Langenscheidt

Taschenwörterbuch Italienisch
Dizionario Tascabile Italiano

Langenscheidt

Dizionario Tascabile Italiano

Italiano – Tedesco
Tedesco – Italiano

Nuova edizione

Realizzato dalla
Redazione Langenscheidt

Langenscheidt

Berlino · Monaco · Vienna · Zurigo
Londra · Madrid · New York · Varsavia

Langenscheidt

Taschenwörterbuch Italienisch

Italienisch – Deutsch
Deutsch – Italienisch

Neubearbeitung

Herausgegeben von der
Langenscheidt-Redaktion

Langenscheidt

Berlin · München · Wien · Zürich
London · Madrid · New York · Warschau

Neubearbeitung 2011:
Projektleitung: Dr. Sabrina Cherubini
Lexikografische Bearbeitung: Veronika Schnorr, Roberta Martignon-Burgholte, Stella Giusto Franetzki, Sibilla Friedrich-Pauly
Info-Klappen: Heike Richini, Dr. Sabrina Cherubini

Neue deutsche Rechtschreibung nach den gültigen amtlichen Regeln und DUDEN-Empfehlung

Wörterbuch-Verlag Nr. 1:
Langenscheidt belegt lt. Marktforschungsinstitut media control GfK den ersten Platz bei **Fremdsprachen-Wörterbüchern**.
Weitere Informationen dazu unter www.langenscheidt.de

Ergänzende Hinweise, für die wir jederzeit dankbar sind, bitten wir zu richten an:
Langenscheidt Verlag, Postfach 40 11 20, 80711 München
redaktion.wb@langenscheidt.de

Typografisches Konzept: KOCHAN & PARTNER GmbH, München
Satz: Hagedorn medien[design], Stuttgart
Druck: Stürtz GmbH, Würzburg
Printed in Germany
ISBN 978-3-468-11192-1

12011

Inhaltsverzeichnis | Indice

Vorwort

Mit dem vorliegenden **Taschenwörterbuch Italienisch** präsentiert der Verlag seinen „Klassiker" in der speziell für Langenscheidt entwickelten Wörterbuch-Gestaltung. Sie sorgt für optimale Lesbarkeit und ermöglicht besonders schnelles Nachschlagen in zweisprachigen Wörterbüchern. Dieses Nachschlagewerk bietet rund 130.000 Stichwörter und Wendungen. Das deutsch-italienische Redaktionsteam hat sich bei der Neubearbeitung neben einer sorgfältigen Wortschatzauswahl vor allem Aktualität, Übersichtlichkeit und optimale Benutzerfreundlichkeit zum Ziel gesetzt.

Im Mittelpunkt steht der heute allgemein gebräuchliche italienische und deutsche Wortschatz. Neu aufgenommen wurden hochaktuelle Begriffe aus allen wichtigen Lebensbereichen. Da idiomatische und umgangssprachliche Wendungen eine Sprache erst lebendig machen, sind sie in diesem Wörterbuch besonders berücksichtigt. Darüber hinaus sind auch schweizerische und österreichische Ausdrücke angemessen vertreten sowie regional gebräuchliche des Italienischen aufgenommen worden.

Die Schreibung des Deutschen folgt den gültigen amtlichen Regelungen und DUDEN-Empfehlungen.

Zahlreiche Anwendungsbeispiele verleihen größtmögliche Sicherheit beim Gebrauch der Stichwörter im jeweiligen Kontext und unterstützen so den Ausbau der eigenen Sprachkenntnisse und die Sprachproduktion.

Die Wörter und Wendungen des italienischen Grundwortschatzes sind im Teil Italienisch-Deutsch markiert.

Abgerundet wird der hohe Informationsgehalt dieses Standardwerks durch die hilfreichen Info-Fenster zu Landeskunde, Wortschatz und Sprache sowie durch eine Kurzgrammatik des Italienischen.

LANGENSCHEIDT VERLAG

Hinweise für die Benutzer

1 Alphabetische Reihenfolge

Die Stichwörter sind streng alphabetisch geordnet. Im deutsch-italienischen Teil werden die Umlaute ä, ö, ü wie a, o, u, das ß wird wie ss behandelt. Aus mehreren Wörtern zusammengesetzte Einträge sind so geordnet, als wären sie zusammengeschrieben. Die weiblichen Entsprechungen männlicher Substantive erscheinen oft unmittelbar nach diesen, ansonsten an alphabetischer Stelle. Für die Schreibung der deutschen Wörter dient als Grundlage die Neuregelung der deutschen Rechtschreibung, gültig seit 01. 08. 2006.

2 Aussprache

Ein Strich unter dem Vokal kennzeichnet die Betonung, bei Stichwörtern mit Akzentzeichen gilt dies als Betonungsangabe.
Bei Fremdwörtern und in allen Fällen, in denen die Aussprache vom Standard der jeweiligen Sprache abweicht, wird in eckigen Klammern die Lautschrift angegeben. Die phonetische Umschrift wird für italienische Stichwörter dort angeführt, wo für deutschsprachige Benutzer Unsicherheiten in der Aussprache bestehen: bei stimmhaftem und stimmlosem s, bei betontem e und o. In der Regel ist hier nur der betreffende Teil des Stichworts in phonetischer Umschrift wiedergegeben; siehe auch S. 22ff.

3 Die Untergliederung der Stichwörter

Großbuchstaben bezeichnen verschiedene grammatische Kategorien; arabische Ziffern trennen verschiedene Bedeutungen (Semantik):

> **ab** **A** PRÄP (*+dat*) **1** (*lokal*) da: (...) **2** (*temporal*) da, a partire da: (...) **3** (*bei Zahlenangaben*) da ... (in su): (...) **B** ADV **1** essere staccato: (...) **2** (*los*) su *od* via: (...)

4 Grammatische Angaben

Grammatische Hinweise (ADJ, ADV, V/T, V/I usw.) stehen in abgekürzter Form und in deutscher Sprache nach dem Stichwort.

Das Geschlecht der Substantive (*m*, *f*, *n* bzw. M, F, N) wird stets angegeben.

Zur Markierung deutscher reflexiver Verben und italienischer Pronominalverben siehe unten.

Bei italienischen Substantiven und Adjektiven wird in spitzen Klammern die Pluralform angegeben, wenn sie eine orthografische oder eine andere Besonderheit aufweist:

> ★**di·to** M ⟨le dita *fpl u.* i diti *mpl*⟩ **1** Finger *m* **2** Zehe *f* (...)

Ebenso wird angegeben, wenn ein Wort im Plural unveränderlich ist: *inv*

> ★**cit·tà** F ⟨*inv*⟩ Stadt *f*

Zur Deklination der Substantive und Adjektive siehe S. 1576 ff.

Stark unregelmäßige Formen des Komparativs und Superlativs der Adjektive und Adverbien werden folgendermaßen angegeben:

> ★**be·ne**[1] [-ɛ-] **A** ADV ⟨*komp:* meglio; *sup:* benissimo/ottimamente⟩ **1** gut; richtig

Bei jedem Verb weisen die in spitzen Klammern stehenden Zahlen und Buchstaben – z. B. **a·ma·re** ⟨1a⟩ – auf das entsprechende Konjugationsmuster hin (s. S. 1590). Ein Verb kann auch nach mehreren Konjugationsmustern konjugiert werden. Das italienische Hilfsverb wird mit av oder es (*avere* oder *essere* – haben oder sein) in spitzen Klammern bzw. zusammen mit dem entsprechenden Konjugationsmuster angegeben. Bei intransitiven Verben folgt der grammatischen Bezeichnung immer die Angabe des Hilfsverbs:

> ★**me·ri·ta·re** ⟨1l *u.* b⟩ **A** V/T **1** verdienen (...) **B** V/I ⟨av⟩ sich lohnen, (...)

> ★**ac·ca·de·re** [-e-] V/I ⟨2c; es⟩ geschehen, passieren, vorkommen (...)

Die Pronominalverben werden beim entsprechenden aktiven Verb aufgeführt, wenn sie nicht zum Grundwortschatz gehören. Sie werden mit Großbuchstaben und jeweils mit V/PR **-rsi** eingeleitet:

> ★**ri·pe·te·re** [-ɛ-] ⟨3a⟩ **A** V/T **1** wiederholen **2** wiedergeben; (...) **B** V/PR **-rsi** sich wiederholen (...)

Gehört das Pronominalverb zum Grundwortschatz, dann wird es als eigenes Stichwort aufgeführt:

> ★**al·zar·si** [al'tsarsi] V/PR **1** sich (er)heben (...)

Bei deutschen Substantiven wird in Spitzklammern der Genitiv Singular und der Nominativ Plural angegeben. Buchstaben in eckigen Klammern sind fakultativ. Unregelmäßige Pluralformen werden immer vollständig angegeben:

> **Atoll** N ⟨-s; -e⟩ atollo *m*

> **Arzt** M ⟨-es; Ärzte⟩ medico *m*, dottore *m* (...)

Diese Angaben stehen bei Grundwörtern. Bei zusammengesetzten Wörtern stehen sie nur, wenn diese in der Deklination vom Grundwort abweichen oder wenn dort mehrere Formen angegeben sind:

> **Ab·druck**[2] M ⟨-[e]s; Abdrücke⟩ impronta *f*

Auch stark unregelmäßige Formen des Komparativs und Superlativs der Adjektive sind angeführt:

> **gut** ⟨*komp*: besser; *sup*: best...⟩ **A** ADJ **1** buono (...)

Bei allen deutschen intransitiven Verben wird das Hilfsverb mit s. oder h. (*sein* oder *haben*) in spitzen Klammern angegeben. Bei unregelmäßigen Grundverben stehen in spitzen Klammern Imperfekt und Partizip:

> **hän·gen**[1] V/I ⟨hing; gehangen; h.⟩ **1**
> essere appeso

Bei zusammengesetzten Verben wird durch die Betonung angegeben, ob im Präsens und im Präteritum die Vorsilbe abgetrennt wird und ob im Partizip ein „-ge-" eingeschoben wird: Dies gilt nur, wenn die Vorsilbe betont wird:

> **durch·lau·fen**[1] ⟨*irr*⟩ **A** V/I ⟨s.⟩ passare
> (...)

> **durch·lau·fen**[2] V/T ⟨*irr*⟩ **1** attraversare
> (di corsa) (...)

Unregelmäßige zusammengesetzte Verben sind mit ⟨*irr*⟩ bezeichnet, die Angaben der unregelmäßigen Formen sind beim Grundverb zu finden.

Starke unregelmäßige Verbformen wurden als Stichwörter in die Wörterverzeichnisse aufgenommen. Ein Pfeil verweist auf die Infinitivform:

> **aß** → essen

> **ging** → gehen

Reflexive Verben werden immer beim entsprechenden Grundverb aufgeführt. Die unmarkierte Pronominalangabe *sich* steht für den Akkusativ. Handelt es sich um einen Dativ, folgt die Angabe (*dat*):

> **an·hö·ren** **A** V/T **1** **ein Konzert ~**
> ascoltare un concerto; (...) **B** V/R **sich ~**
> **1** suonare, sembrare; (...) **2** **sich** (*dat*)
> **etw ~** ascoltarsi qc (...)

5 Erläuternde Hinweise und Sachgebiete

Die Bezeichnungen der sprachlichen oder stilistischen Ebene stehen bei Ausdrücken, die von der Standardsprache abweichen: *geh* gehobener Sprachgebrauch, Schriftsprache, *umg* umgangssprachlich, *vulg* vulgär.

Die fachsprachlichen Bezeichnungen (siehe Liste: Im Wörterbuch verwendete Abkürzungen, S. 31) dienen der Abgrenzung von anderen Bedeutungen oder Homonymen:

> **Kra·nich** M ⟨-s; -e⟩ ZOOL gru *f*

> **ab·bin·den** ⟨*irr*⟩ **A** V/T **1** (*lösen*) slegare: **die Krawatte ~** togliersi la cravatta **2** MED, GASTR legare **B** V/I ⟨h.⟩ BAU far presa

Zusatzangaben zur Bedeutungsdifferenzierung erscheinen in der Sprache des Stichwortes *kursiv* und in Klammern vor der Übersetzung:

> **ab·bre·chen** ⟨*irr*⟩ **A** V/T **1** (*lösen*) staccare **2** (*abreißen*) demolire

6 Übersetzungen

Die Übersetzungen stehen in Normalschrift, durch Kommas getrennt. Wenn ein Teil der Angabe in Klammern steht, so ist die Übersetzung mit und ohne dieses Element gültig.

> **di·ver·ge·re** [-ɛ-] V/I ⟨3uu *u.* 3a; av⟩ **1** auseinandergehen **2** *fig* (voneinander) abweichen

Das Gleichheitszeichen (=) bedeutet, dass das darauf Folgende keine direkte Übersetzung, sondern eine Erklärung des Stichwortes ist:

> ★**pa·net·to·ne** [-o-] M = *traditioneller italienischer Weihnachtskuchen*

7 Beispiele

Die Erläuterung mit Beispielen umfasst grammatische Konstruktionen und typische Satzzusammenhänge, d. h. die festen (Rede-)Wendungen der Sprache.

Flektierte Formen des Stichwortes werden durch einen Bindestrich dargestellt, dem die Endung folgt:

> **Ab·leh·nung** F ⟨-; -en⟩ rifiuto *m*: **auf ~ stoßen** incontrare un rifiuto

> **äl·ter** ADJ (…) **eine -e** (= **ältere**) **Frau** una signora di una certa età

8 Lexikografische Zeichen

Aus Platzgründen stehen abgeleitete und zusammengesetzte Stichwörter oft in Eintragsgruppen.

· Der fette Punkt im Stichwort kennzeichnet die Silbentrennung.

~ Die Tilde vertritt in Wendungen innerhalb des Artikels das ganze, unmittelbar vorhergehende Stichwort:

> **gül·tig** **A** ADJ valido; JUR in vigore **B** ADV **etw für ~** (= **gültig**) **erklären** convalidare qc

★ Das Sternchen kennzeichnet italienische Stichwörter, die zum Grundwortschatz gehören:

> **★col·tel·lo** [-ɛ-] M Messer *n*

® Das Zeichen (eingetragene Marke) kennzeichnet einen geschützten bzw. eingetragenen Markennamen.

1 Gleich geschriebene Wörter verschiedener Abstammung werden mit Hochzahlen gekennzeichnet:

Bord[1] N ⟨-[e]s; -e⟩ mensola *f*

Bord[2] M ⟨-[e]s; -e⟩ SCHIFF, FLUG bordo *m* (…)

♦ Die Raute kennzeichnet idiomatische Redewendungen und feste Nominalverbindungen:

all·ge·mein A ADJ 1 (…) ♦ **im Allgemeinen** in genere; (…)

gat·ta F Katze *f* ♦ **qui ~ ci cova** das geht nicht mit rechten Dingen zu

→ Die Verweise von einem Worteintrag auf einen anderen sind durch einen Pfeil gekennzeichnet:

★**dei**[1] [-e-] → di

9 Die Info-Fenster

Info-Fenster stellen wichtige sprachliche und kulturelle Besonderheiten in Form eines kurzen Artikels dar. Sie befinden sich in beiden Wörterverzeichnissen bei dem Stichwort, auf das sie sich beziehen. Sie bieten zusätzliche grammatikalische Erläuterungen (z. B. Pronomen), Wortschatz (z. B. Computer), Sprechanlässe (z. B. begrüßen) und landeskundliche Angaben aus verschiedenen Themenbereichen (z. B. Biennale di Venezia). Ein Pfeil → innerhalb eines Info-Fensters verweist auf andere Info-Fenster mit nützlichen Zusatzinformationen oder auch genaueren Erläuterungen.
Eine Liste der nach Stichwort alphabetisch sortierten Info-Fenster findet sich auf S. 1629.

Avvertenze per la consultazione

1 L'ordine alfabetico

I lemmi seguono rigorosamente l'ordine alfabetico. Nella sezione tedesco-italiano le vocali ä, ö, ü vengono trattate come a, o, u e la ß dei lemmi è trattata come una doppia s. Le voci composte da più parole sono ordinate alfabeticamente come se fossero scritte unite. Le forme femminili di sostantivi maschili si trovano spesso direttamente dopo il lemma maschile, altrimenti sono portate a lemma autonomo alfabeticamente ordinato. Per l'ortografia delle parole tedesche vale la nuova regolamentazione dell'ortografia tedesca in vigore dal 01.08.2006.

2 Pronuncia

Un trattino sotto la vocale indica l'accento tonico.

Tra parentesi quadre viene fornita la trascrizione fonetica per le parole straniere e per tutti quei lemmi la cui pronuncia si discosta dalle norme fonetiche standard della rispettiva lingua. Per i lemmi italiani la trascrizione fonetica viene indicata soltanto qualora la pronuncia della parola possa suscitare dubbi: ovvero nel caso della s sonora e sorda nonché per e ed o aperte o chiuse. Viene indicata di norma la trascrizione fonetica soltanto della parte del lemma interessata. Vedi anche pag. 22.

3 L'articolazione interna delle voci

Numeri romani segnalano sezioni che identificano categorie grammaticali diverse; numeri arabi distinguono ambiti semantici:

> **ab** **A** PRÄP (*+dat*) **1** (*lokal*) da: (...) **2** (*temporal*) da, a partire da: (...) **3** (*bei Zahlenangaben*) da ... (in su): (...) **B** ADV **1** essere staccato: (...) **2** (*los*) su *od* via: (...)

4 Indicazioni morfologiche

Qualifiche grammaticali (ADJ, ADV, V/T, V/I etc.): compaiono dopo il lemma in forma abbreviata e in lingua tedesca in ambedue le parti del dizionario. Il genere dei sostantivi (*m*, *f*, *n* o M, F, N) è sempre indicato. Per l'indicazione dei verbi riflessivi tedeschi e dei verbi pronominali italiani vedi oltre.

Dopo i sostantivi e gli aggettivi italiani vengono riportate tra parentesi uncinate le desinenze del plurale se queste mostrano una irregolarità ortografica o d'altro tipo:

> ★**di·to** M ⟨le dita *fpl u.* i diti *mpl*⟩ **1** Finger *m* **2** Zehe *f* (…)

I sostantivi il cui plurale è invariabile vengono contrassegnati con l'abbreviazione *inv*:

> ★**cit·tà** F ⟨*inv*⟩ Stadt *f*

Per la declinazione dei sostantivi e aggettivi vedi pagg. 1576.
Sono inoltre riportate come segue le forme irregolari del comparativo e del superlativo di aggettivi e avverbi:

> ★**be·ne**[1] [-ɛ-] **A** ADV ⟨*komp*: meglio; *sup*: benissimo/ottimamente⟩ **1** gut; richtig

I numeri e le lettere tra parentesi uncinate accanto ai verbi italiani – p. es. **a·ma·re** ⟨1a⟩ – si riferiscono ai paradigmi delle coniugazioni (vedi pagg. 1590). È possibile che per un verbo esistano più paradigmi di coniugazioni. Di tutti i verbi viene indicato l'ausiliare con av o es (*avere* o *essere*) tra parentesi uncinate o insieme al paradigma di coniugazione relativo. Nei verbi intransitivi la qualifica grammaticale è seguita dall'indicazione dell'ausiliare:

> ★**me·ri·ta·re** ⟨1l *u.* b⟩ **A** V/T **1** verdienen (…) **B** V/I ⟨av⟩ sich lohnen, (…)

> ★**ac·ca·de·re** [-e-] V/I ⟨2c; es⟩ geschehen, passieren, vorkommen (…)

Verbi pronominali che non appartengono al vocabolario fondamentale vengono registrati all'interno del verbo attivo corrispondente; sono introdotti da un numero romano seguito dall'abbreviazione VPR **-rsi**:

> ★**ri·pe·te·re** [-ɛ-] ⟨3a⟩ **A** V/T **1** wiederholen **2** wiedergeben; (...) **B** V/PR **-rsi** sich wiederholen (...)

Se il verbo pronominale appartiene al vocabolario fondamentale, allora viene lemmatizzato e registrato separatamente:

> ★**al·zar·si** [al'tsarsi] V/PR **1** sich (er)heben (...)

Di ogni sostantivo tedesco viene indicato il genitivo singolare e il nominativo plurale tra parentesi uncinate; le lettere fra parentesi quadre sono facoltative. I plurali irregolari vengono sempre riportati per intero:

> **Atoll** N ⟨-s; -e⟩ atollo *m*

> **Arzt** M ⟨-es; Ärzte⟩ medico *m*, dottore *m* (...)

Queste indicazioni si riferiscono ai vocaboli semplici. Per i sostantivi composti la declinazione viene indicata solo se si allontana da quella della voce semplice o quando quest'ultima ha più forme:

> **Ab·druck²** M ⟨-[e]s; Abdrücke⟩ impronta *f*

Sono inoltre riportate forme molto irregolari del comparativo e superlativo degli aggettivi:

> **gut** ⟨*komp*: besser, *sup*: best...⟩ **A** ADJ **1** buono (...)

Di tutti i verbi tedeschi intransitivi viene indicato l'ausiliare con s. oder h. (*sein* o *haben*) tra parentesi uncinate. Con i verbi semplici irregolari vengono indicati tra parentesi anche l'imperfetto e il participio:

hän·gen[1] V/I ⟨hing; gehangen; h.⟩ **1** essere appeso

Nei verbi composti l'accento tonico indica se al presente e all'imperfetto il prefisso è separabile e se il participio passato si forma aggiungendo la particella „-ge-" tra il prefisso e la forma verbale. Questo vale soltanto quando il prefisso è accentato:

durch·lau·fen[1] ⟨*irr*⟩ **A** V/I ⟨s.⟩ passare (...)

durch·lau·fen[2] V/T ⟨*irr*⟩ **1** attraversare (di corsa) (...)

Nei verbi tedeschi composti irregolari si trova l'indicazione ⟨*irr*⟩, le forme irregolari si trovano alla voce del verbo di base.

Una freccia rimanda alla forma dell'infinito:

aß → essen

ging → gehen

I verbi riflessivi vengono sempre registrati all'interno del verbo attivo corrispondente: il pronome *sich* si intende all'accusativo, se si tratta di un dativo segue l'indicazione (*dat*):

an·hö·ren **A** V/T **1** **ein Konzert ~** ascoltare un concerto; (...) **B** V/R **sich ~** **1** suonare, sembrare; (...) **2** **sich** (*dat*) **etw ~** ascoltarsi qc (...)

5 Uso stilistico e linguaggio settoriale

Le etichette di registro (o stilistiche) identificano i livelli espressivi che più nettamente si discostano dalla lingua standard: *geh* stile scelto, *umg* familiare, *vulg* volgare.

Le etichette di linguaggio settoriale (vedi lista Abbreviazioni usate nel vocabolario, pag. 31) sono introdotte al fine di distinguere un'accezione oppure un omografo da un'altra accezione o un altro omografo:

> **Kra·nich** M ⟨-s; -e⟩ ZOOL gru *f*

> **ab·bin·den** ⟨*irr*⟩ **A** V/T **1** (*lösen*) slegare: **die Krawatte ~** togliersi la cravatta **2** MED, GASTR legare **B** V/I ⟨h.⟩ BAU far presa

Le glosse compaiono prima del traducente tra parentesi, in *corsivo chiaro* e nella lingua del lemma:

> **ab·bre·chen** ⟨*irr*⟩ **A** V/T **1** (*lösen*) staccare **2** (*abreißen*) demolire

6 Traducenti

I traducenti sono dati in tondo chiaro, separati da virgole. Quando una parte del traducente si trova tra parentesi, questa è facoltativa ai fini della traduzione.

> **di·ver·ge·re** [-ɛ-] V/I ⟨3uu *u.* 3a; av⟩ **1** auseinandergehen **2** *fig* (voneinander) abweichen

Il segno di uguale (=) indica che ciò che segue non è una semplice traduzione ma una spiegazione del significato del lemma:

> ★**pa·net·to·ne** [-o-] M = *traditioneller italienischer Weihnachtskuchen*

7 Esempi

Gli esempi comprendono costrutti grammaticali e collocazioni lessicali, locuzioni idiomatiche e frasi di elevata frequenza e tipicità d'uso. Quando il lemma compare in forma flessa è rappresentato da un trattino cui segue la desinenza:

Ab·leh·nung F ⟨-; -en⟩ rifiuto *m*: **auf ~ stoßen** incontrare un rifiuto

äl·ter ADJ (...) **eine -e** (= **ältere**) **Frau** una signora di una certa età

8 Simboli lessicografici

Per ragioni di spazio i derivati e le voci composte sono spesso raggruppati in un unico capoverso.

· Il punto in grassetto nel lemma indica la sillabazione della parola.

~ La tilde sostituisce negli esempi all'interno dell'articolo tutto il lemma a cui si riferisce:

gül·tig **A** ADJ valido; JUR in vigore **B** ADV **etw für ~** (= **gültig**) **erklären** convalidare qc

★ L'asterisco contraddistingue i lemmi italiani che appartengono al vocabolario fondamentale:

★col·tel·lo [-ɛ-] M Messer *n*

® Il simbolo (marchio registrato) indica un marchio protetto e registrato.

1 Voci con la stessa grafia ma di etimologia diversa sono contrassegnate con l'esponente:

Bord[1] N ⟨-[e]s; -e⟩ mensola *f*

Bord[2] M ⟨-[e]s; -e⟩ SCHIFF, FLUG bordo *m* (...)

♦ Il rombo segnala l'inizio di una sezione che contiene le locuzioni idiomatiche e i sintagmi nominali:

all·ge·mein A ADJ 1 (...) ♦ **im Allgemeinen** in genere; (...)

gat·ta F Katze *f* ♦ **qui ~ ci cova** das geht nicht mit rechten Dingen zu

→ I rimandi ad un'altra voce sono segnalati da una freccia:

★**dei**[1] [-e-] → di

9 I box

I box spiegano importanti particolarità linguistiche e culturali in forma di breve articolo. Si trovano immediatamente prima o dopo il lemma a cui si riferiscono; contengono ulteriori spiegazioni grammaticali (p. es. pronomi), vocabolario (p. es. computer), situazioni comunicative (p. es. salutare) e indicazioni relative alla storia e alla cultura italiana (p. es. Biennale di Venezia). Una freccia → all'interno di un box rimanda ad altri box dove si possono trovare ulteriori informazioni o spiegazioni più precise in merito al fenomeno descritto.

La lista dei box ordinata alfabeticamente in base al lemma di riferimento si trova a pag. 1629.

Zur Aussprache des Italienischen

Die phonetische Umschrift erfolgt nach den Regeln der API = Association Phonétique Internationale. Sie wird für italienische Stichwörter nur dort angegeben, wo für deutschsprachige Benutzer Unsicherheiten in der Aussprache bestehen: bei stimmhaftem und stimmlosem **s** sowie bei betontem **e** und **o**. In der Regel ist hier nur der betreffende Teil des Stichworts in phonetischer Umschrift wiedergegeben:

cor·so ['korso]: das **s** wird ausgesprochen wie in Füße, das **o** geschlossen

sba·glio [zb-]: das **s** wird ausgesprochen wie in Hase

ne·ve [-e-]: das **e** wird ausgesprochen wie in Regen

bel·lo [-ɛ-]: das **e** wird ausgesprochen wie in Fenster

ora [o-]: das **o** wird ausgesprochen wie in Rose

por·ta [-ɔ-]: das **o** wird ausgesprochen wie in Topf

1 Betonung und Akzente

In diesem Wörterbuch ist immer ein Betonungsstrich beim Stichwort angegeben: **probabile** (wahrscheinlich), **sabato** (Samstag). Dieser Strich ist ausschließlich als Aussprachehilfe zu verstehen und gehört nicht zur italienischen Rechtschreibung. Im Italienischen wird in der Regel die vorletzte Silbe betont: **fare** ['fa:re] (machen, tun), **appetito** [appe'ti:to] (Appetit).

In der italienischen Schriftsprache gibt es nur zwei Akzente: l'accento grave (`) wie im Wort **caffè** (Kaffee) und l'accento acuto (´) wie im Wort **perché** (warum). Der Akzent wird nur gesetzt, wenn der letzte Buchstabe des Wortes betont ist und bei einigen einsilbigen Wörtern, um sie von anderen gleichlautenden zu unterscheiden: **sì** (ja) gegenüber **si** (man, sich).

2 Aussprache der Vokale

a	offen wie im Wort K**a**tze	**tana** ['ta:na] Bau
e	in betonten Silben und Diphthongen oft offen, wie in M**e**nsch	**bene** ['bɛ:ne] gut **ieri** ['jɛ:ri] gestern
	geschlossen, wenn es unbetont ist oder in der Endung -mente	**correre** ['kor-rere] rennen **brevemente** [breve'mente] kurz
i	in betonten Silben gedehnt, ähnlich wie in B**ie**ne	**isola** ['i:zola] Insel
	vor mehreren Konsonanten und in einsilbigen Wörtern kurz wie in **I**dee	**birra** ['bir-ra] Bier
	vor und zwischen Vokalen wie [j]	**fioraia** [fjo'ra:ja] Blumenhändlerin
o	als Endvokal mit Akzent und in Diphthongen offen wie in W**o**lle	**però** [pe'rɔ] aber, jedoch **chiodo** ['kjɔ:do] Nagel
	geschlossen, wenn es unbetont ist, ähnlich wie in S**oh**n	**collare** [kol'la:re] Halsband
u	wie im Wort Z**u**g	**musica** ['mu:zika] Musik

Die Vokalverbindungen **ie** und **uo** werden auf dem zweiten Vokal betont, der offen ausgesprochen wird: **ieri** ['jɛ:ri] (gestern), **uomo** ['uɔ:mo] (Mensch, Mann).

In den Vokalverbindungen **au, ei** und **eu** behält jeder Vokal seinen Klangcharakter: **auto** ['a:uto] (Auto), **Europa** [eu'rɔ:pa] (Europa).

3 Aussprache der Konsonanten und Konsonantenverbindungen

b	wird stimmhaft ausgesprochen	**bere** ['be:re] trinken
d	wird stimmhaft ausgesprochen	**dado** ['da:do] Würfel
f	wie im Deutschen	**fare** ['fa:re] machen, tun
l	wie im Deutschen	**lago** ['la:go] See
m	wie im Deutschen	**mano** ['ma:no] Hand
n	wie im Deutschen	**nero** ['ne:ro] schwarz
p	wird nicht behaucht	**papà** [pa'pa] Vater
t	wird nicht behaucht	**tavola** ['ta:vola] Tisch
h	wird am Wortanfang nicht ausgesprochen	**hotel** [o'tɛl] Hotel
ch **ca** **co** **cu**	wie das deutsche **k**	**chiesa** ['kjɛ:za] Kirche **casa** ['ka:sa] Haus **coro** ['kɔ:ro] Chor **cucina** [ku'tʃi:na] Küche
ce **ci**	ähnlich wie **tsch** in **tsch**üs	**amici** [a'mi:tʃi] Freunde **cena** ['tʃe:na] Abendessen
cia **cio** **ciu**	das **i** wird nicht ausgesprochen	**ciao** ['tʃa:o] hallo, tschüs **ciuccio** ['tʃut-tʃo] Schnuller
gh **ga** **go** **gu**	wie das deutsche **g**	**ghiro** ['gi:ro] Siebenschläfer **gatto** ['gat-to] Katze **goccia** ['got-tʃa] Tropfen **gusto** ['gusto] Geschmack
ge **gi**	ähnlich wie **dsch** in **Dsch**ungel	**gelato** [dʒe'la:to] Eis **giro** ['dʒi:ro] Runde
gia	das **i** wird nicht ausgesprochen	**giallo** ['dʒal-lo] gelb

gio **giu**		**gioco** ['dʒɔːko] Spiel **giusto** ['dʒusto] richtig
gl	ähnlich wie **l** in Familie, Million	**famiglia** [fa'miːʎa] Familie **moglie** ['moːʎe] Ehefrau
gn	wie in Ko**gn**ak	**gnocchi** ['ɲɔk-ki] Klößchen
qu	das **u** ist deutlich als solches auszusprechen, nicht als **w**-Laut	**qui** ['kui] hier **questo** ['kuesto] dieser
r	gerolltes Zungenspitzen R	**ritirare** [riti'raːre] abholen
s	vor den Konsonanten **f**, **p**, **q** und **t**, nach **l**, **n** und **r**, am Wortanfang vor Vokal und als Doppelkonsonant stimmlos ausgesprochen wie in **S**konto	**specchio** ['spɛk-kjo] Spiegel **corso** ['korso] Kurs **sasso** ['sas-so] Stein
	vor **b**, **d**, **g**, **l**, **m**, **n** und **r**, zwischen Vokalen in der Regel stimmhaft ausgesprochen wie in **S**ache	**sbaglio** ['zbaːʎo] Fehler **chiesa** ['kjɛːza] Kirche
sco **sca** **scu** **schi** **sche**	ähnlich wie in **Sk**onto	**scopa** ['skoːpa] Besen **scarpa** ['skarpa] Schuh **scuola** ['skuɔːla] Schule **boschi** ['bɔski] Wälder **scheda** ['skɛːda] Zettel
sci **sce** **scia** **scio** **sciu**	ähnlich wie in **Sch**atz	**sci** [ʃi] Ski **scena** ['ʃɛːna] Szene **sciarpa** ['ʃarpa] Schal **sciopero** ['ʃɔːpero] Streik **sciupato** [ʃu'paːto] abgetragen
v	wie das deutsche **w**	**vino** ['viːno] Wein
z	stimmlos vor **ia**, **ie**, **io** und in den Endungen **-zione**, **-enza**, **-anza**	**grazie** ['gratsje] danke **stazione** [sta'tsjoːne] Bahnhof

stimmhaft oft zwischen Vokalen und in der Endung **-izzare**	**azzurro** [ad-'dzur-ro] blau **organizzare** [organid-'dzaːre] organisieren

Doppelkonsonanten werden wie zwei Konsonanten gesprochen: **cappuccino** [kap-put-'tʃiːno], **spaghetti** [spa'get-ti].

La pronuncia del tedesco

1 Vocali

La lingua tedesca possiede vocali lunghe, brevi e semilunghe.
Le vocali brevi sono sempre aperte. Le vocali lunghe e semilunghe sono quasi sempre chiuse.

La **e** viene pronunciata come una cosiddetta "vocale mista" con valore fonetico poco distinto nei prefissi **be-** e **ge-**, nei suffissi davanti a **-l, -ln, -lst, -m, -n, -nd, -nt, [-r, -rm, -rn, -rt, -rst], -s** e in fine di parola:

abflauen ['apflauən]

Le vocali sono brevi davanti a consonanti doppie (per es. **ff, mm, tt, ss** e **ck**) e a due o più consonanti:

lassen ['lasən] **matt** [mat] **oft** [ɔft]

Le vocali sono lunghe
- in sillabe aperte e accentate: **Ware** ['vaːrə]
- quando sono raddoppiate: **Paar** [paːɐ]
- quando sono seguite da una **h** muta: **Sahne** ['zaːnə]
- quando sono seguite da una sola consonante: **Tat** [taːt]
  Eccezioni con vocale breve: **ab, an, bin, bis, das, des, es, hin, in, man, mit, -nis, ob, um, un-, ver-, von, was, weg, wes, zer-, zum**
- davanti a **ß**: **Fuß** [fuːs]

Le vocali semilunghe si trovano esclusivamente nelle sillabe atone (non accentate), e soprattutto nelle parole di origine straniera:

monoton [mono'toːn]

Le vocali che stanno all'inizio della parola oppure del secondo elemento di un composto o in combinazione vocalica vengono pronunciate premettendo una cosiddetta occlusiva gutturale (ʔ) che si può definire anche "attacco duro" (da paragonarsi alla **a** in italiano di **preavviso** pronunciato come **pre-avviso**):

Beamte [be'ʔamtə]

2 Dittonghi

Il tedesco possiede tre dittonghi:

au	**Haus** [haus]
ai, ei, ay, ey	**Hai** ['hai], **Heide** ['haidə], **Bayer** ['baiər]
äu, eu, oi, oy	**Käufer** ['kɔyfɐ], **Leute** ['lɔytə]

La prima vocale dei dittonghi è più pronunciata della seconda.

3 La h

La **h** viene pronunciata
- all'inizio della parola: **Hahn** [ha:n]
- davanti a vocali accentate: **behaupten** [be'hauptən]
- davanti ad una sillaba radicale: **Anhang** ['anhaŋ]
- in parole di diverso tipo, specialmente in parole straniere: **Alkohol** ['alkoho:l]

In tutti gli altri casi la **h** è muta:

gehen ['ge:ən] **Ehe** ['e:ə]

4 Le consonanti

p – t – k

Queste occlusive sorde vengono generalmente aspirate nelle posizioni definite qui sotto. L'aspirazione si produce con una specie di soffio, pari ad una debole h, che segue la pronuncia della consonante stessa:
- all'inizio di parola davanti a vocale: **Pause** ['pauzə]
- davanti a **l, n, r** e in **qu**: **Plan** [pla:n]
- nella sillaba accentata all'interno delle parole: **erträglich** [ɛr'trɛ:klıç]
- nelle parole straniere davanti a vocale: **Krokodil** [kroko'di:l]
- alla fine delle parole: **Rock** [rɔk]

In tutti gli altri casi **p, t** e **k** sono aspirate poco o affatto.

b – d – g

Queste occlusive sonore diventano sorde in fine di parola:
- **ab** [ap]
- **und** [unt]
- **Weg** [ve:k]

Lo stesso vale per i gruppi consonantici **-gd, -bt, -gt**:

Jagd [ja:kt] **Abtei** [ap'tai] **bewegt** [bə've:kt]

Anche alla fine di una sillaba e davanti alla consonante della sillaba successiva **b, d, g** si pronunciano sorde, cioè senza vibrazione:

abfahren ['apfa:rən] **endgültig** ['ɛntgʏltɪç] **wegfahren** ['vɛkfa:rən]

Quando s'incontrano due occlusive di simile articolazione, ma appartenenti a due sillabe diverse (per es. **-dt-, -gk-, -bp-**), solo una di esse viene pronunciata distintamente, seppure con un leggero prolungamento della sua articolazione. Così, pronunciando **Handtuch** *asciugamano*, si esita per un attimo dopo **-dt-**, prima di pronunciare la seguente -u-.
La pronuncia delle occlusive doppie come delle consonanti doppie è diversa dall'italiano, dove le consonanti doppie vengono realmente pronunciate come tali: **lot-ta, tap-pa, boc-ca.**

Mitte ['mitə] **Pappe** ['papə]

Quando ad una consonante sorda segue una consonante sonora che sta all'inizio di sillaba, le due consonanti si pronunciano distintamente secondo la loro qualità fonetica (ovvero prima la consonante sorda e poi quella sonora):

aussetzen ['auszɛtsən] **abseits** ['apzaits]

r

In tedesco esistono tre pronuncie della **r**, e cioè:

- una **r** gutturale ben distinta all'inizio delle sillabe e dopo consonanti. Si produce mediante una vibrazione dell'ugola:
  rollen ['rɔlən] **Ware** ['va:rə]
- una **r** prodotta anch'essa con la vibrazione dell'ugola alla fine di una parola e davanti a consonanti; è però più breve della prima e quasi smorzata:
  stark [ʃtark]
- una **r** fortemente vocalizzata nella sillaba finale atona **-er** che si realizza come allofona **a**: **Lehrer** ['le:rɐ]

Im Wörterbuch verwendete Lautschriftzeichen

Vokale und Halbvokale

[a] offenes **a** wie in K**a**mm
[ã] nasales **a** wie in Nu**a**nce
[ɑ] dunkles **a** wie im Englischen c**a**lm
[ʌ] dunkles, leicht geschlossenes **a** wie im Englischen b**u**tter
[ɐ] wie in Ch**or**
[æ] ähnlich wie **ä** in **Ä**hre, aber kürzer
[e] geschlossenes **e** wie in T**e**lefon
[ɛ] offenes **e** wie in **Ä**hre
[ɛ̃] nasales **e** wie in Boh**e**mien
[ə] kurzer, dumpfer **ö**-Laut wie in fies**er**
[i] offenes **i** wie in M**i**tte
[ɪ] wie **i** in Pens**i**on
[j] gleitendes **i** wie in **J**ahr, Ta**i**lle
[o] geschlossenes **o** wie in B**oo**t
[õ] nasales geschlossenes **o** wie in Ann**o**nce
[ɔ] offenes **o** wie in P**o**st
[œ] offenes **ö** wie in k**ö**nnen
[ø] geschlossenes **ö** wie in m**ö**gen
[u] geschlossenes **u** wie in St**u**hl
[ʊ] offenes **u** wie in Sch**u**ss
[w] kurzes **u** wie Englisch **w** in soft**w**are
[y] gleitendes **ü** wie in J**u**ry
[ʏ] konsonantisch benutztes **ü** wie im Französischen habit**u**é

Konsonanten

[b] wie **b** in **B**allon
[ç] wie **ch** in Kir**ch**e
[x] wie **ch** in Ba**ch**
[d] wie **d** in **d**ann
[dʒ] wie **j** in **J**ob
[dz] stimmhaft wie in Wal**ds**aum
[f] wie **f** in Ha**f**t
[g] wie **g** in **G**ott
[ʒ] wie **g** in **G**enie
[h] wie **h** in **H**all
[k] wie **k** in **k**alt
[l] wie **l** in **L**atte
[ʎ] wie **li** in Fami**li**e
[m] wie **m** in **M**atte
[n] wie **n** in **n**ass
[ŋ] wie **ng** in la**ng**
[ɲ] wie **gn** in Ko**gn**ak
[p] wie **p** in **P**ass
[r] Zungenspitzen-**r**, gerollt
[s] stimmloses **s** wie in da**ss**
[ʃ] wie **sch** in **sch**ön
[t] wie **t** in al**t**
[ts] stimmloses **z** wie in **Z**elt
[tʃ] wie **tsch** in Pu**tsch**
[v] wie **w** in **W**elt
[z] stimhhaftes **s** wie in Ha**s**e

[ː] bezeichnet die Länge des unmittelbar davor stehenden Vokals
[ˈ] Betonungszeichen steht unmittelbar vor der betonten Silbe bzw. vor dem betonten Vokal

Im Wörterbuch verwendete Abkürzungen und Zeichen

a.	auch	anche
abk	Abkürzung	abbreviazione
ADJ	Adjektiv	aggettivo
ADMIN	Administration, Verwaltung	amministrazione
ADV	Adverb	avverbio
AGR	Agrar-/Landwirtschaft	agricoltura
akk	Akkusativ	accusativo
ANAT	Anatomie	anatomia
ARCH	Architektur	architettura
ARCHÄOL	Archäologie	archeologia
ART	Artikel	articolo
ASTROL	Astrologie	astrologia
ASTRON	Astronomie	astronomia
attr	attributiv, beifügend	uso attributivo
AUTO	Auto	autoveicoli
av	Hilfsverb avere	verbo ausiliare avere
BAHN	Bahn	ferrovie, ferroviario
BAU	Bauwesen	edilizia
BERGB	Bergbau	miniere, ingegneria mineraria
bes	besonders	specialmente
best	bestimmt	determinativo
BIBEL	Bibel, biblisch	biblico
BIOL	Biologie	biologia
BOT	Botanik	botanica
CHEM	Chemie	chimica
dat	Dativ	dativo
dem	demonstrativ	dimostrativo
DEM PR	Demonstrativpronomen	pronome dimostrativo
dial	Dialekt	dialettale
DIPL	Diplomatie	diplomazia
ecc.	und so weiter	eccetera
e-e	eine	una
ELEK	Elektrotechnik und Elektrizität	elettrotecnica
e-m	einem	a un(o)

e-n	einen	un(o)
e-r	einer	a una, di una
es	Hilfsverb essere	verbo ausiliare essere
e-s	eines	di un(o)
etw	etwas	qualcosa
euph	euphemistisch, beschönigend	eufemismo
F, *f*	Femininum	femminile
fig	figurativ, in übertragenem Sinn	senso figurato
FILM	Film, Kino	cinema
FIN	Finanzen, Bankwesen	bancario
FLUG	Luftfahrt	aeronautica
F/M, *f/m*	Femininum und Maskulinum	femminile e maschile
F/N, *f/n*	Femininum und Neutrum	femminile e neutro
form	formell	formale
FOTO	Fotografie	fotografia
FPL, *fpl*	Femininum Plural	femminile plurale
GASTR	Kochkunst und Gastronomie	gastronomia
geh	gehobener Sprachgebrauch	stile scelto
gen	Genitiv	genitivo
GEOG	Geografie	geografia
GEOL	Geologie	geologia
GEOM	Geometrie	geometria
GRAM	Grammatik	grammatica
h.	Hilfsverb haben	verbo ausiliare haben
HANDEL	Handel	commercio
HIST	Geschichte	storia
hum	humorvoll, scherzhaft	scherzoso
indef	unbestimmt	indefinito
INDEF PR	Indefinitpronomen	pronome indefinito
inf	Infinitiv	infinito
ING	Ingenieurwesen	ingegneria
INT	Interjektion	interiezione
interrog	interrogativ	interrogativo
INTERROG PR	Interrogativpronomen	pronome interrogativo
inv	invariabel, unveränderlich	invariabile
iron	ironisch	ironico
irr	irregulär, unregelmäßig	irregolare

IT	Informatik, Computer und Informationstechnologie	informatica, computer
JAGD	Jagd	arte venatoria, caccia
j-d	jemand	qualcuno
j-m	jemandem	a qualcuno
j-n	jemanden	qualcuno
j-s	jemandes	di qualcuno
JUR	Rechtswesen	diritto
KIRCHE	Kirche, kirchlich	ecclesiastico
komp	Komparativ	comparativo
KONJ	Konjunktion	congiunzione
KUNST	Kunst, Kunstgeschichte	arte
LING	Sprachwissenschaft	linguistica
LIT	Literatur	letteratura
M, *m*	Maskulinum	maschile
MAL	Malerei	pittura
MATH	Mathematik	matematica
MECH	Mechanik	meccanica
MED	Medizin	medicina
METALL	Metallurgie	metallurgia
METEO	Meteorologie	meteorologia
M/F, *m/f*	Maskulinum und Femininum	maschile e femminile
M/F/N, *m/f/n*	Maskulinum und Femininum und Neutrum	maschile e femminile e neutro
MIL	Militär, militärisch	arte militare
MINER	Mineralogie	mineralogia
M/N, *m/n*	Maskulinum und Neutrum	maschile e neutro
MODE	Mode	moda
MPL, *mpl*	Maskulinum Plural	maschile plurale
mst	meist	generalmente
MUS	Musik	musica
MYTH	Mythologie	mitologia
N, *n*	Neutrum, sächlich	neutro
neg!	wird oft als beleidigend empfunden	può essere offensivo
N/F, *n/f*	Neutrum und Feminium	neutro e femminile
N/M, *n/m*	Neutrum und Maskulinum	neutro e maschile
nom	Nominativ	nominativo

NUKL	Kernphysik, Nuklearphysik, Nulkeartechnik	fisica (ingegneria) nucleare
NUM	Zahlwort, Numerale	numerale
obs	obsolet, begrifflich veraltet	obsoleto
od	oder	o
OPT	Optik	ottica
österr	österreichische Variante	variante austriaca
pej	pejorativ, abwertend	spregiativo
PERS PR	Personalpronomen	pronome personale
PHARM	Pharmazie	farmacia
PHIL	Philosophie	filosofia
PHYS	Physik	fisica
PL, *pl*	Plural	plurale
poet	poetisch	poetico
POL	Politik	politica
poss	possessiv	possessivo
POSS PR	Possessivpronomen	pronome possessivo
PPERF	Partizip Perfekt	participio passato
präd	prädikativ	predicativo
PRÄP	Präposition	preposizione
prät	Präteritum	preterito, passato
PRON	Pronomen	pronome
PSYCH	Psychologie	psicologia
qc	etwas	qualcosa
qn	jemand	qualcuno
®	eingetragene Marke	marchio registrato
RADIO	Radio, Rundfunk	radiofonia
REFL PR	Reflexivpronomen	pronome riflessivo
REL	Religion	religione
rel	relativ	relativo
REL PR	Relativpronomen	pronome relativo
s.	Hilfsverb sein	verbo ausiliare sein
SCHIFF	Nautik, Schifffahrt	marineria
schweiz	schweizerische Variante	variante svizzera
sg	Singular	singolare
sl	Slang, saloppe Umgangssprache	popolare
SPORT	Sport	sport, sportivo
sup	Superlativ	superlativo

TECH	Technik	tecnica
TEL	Telefon, Nachrichtentechnik, Telekommunikation	telefonia
TEX	Textilindustrie	industria tessile
THEAT	Theater	teatro
THEOL	Theologie	teologia
TV	Fernsehen	televisione
TYPO	Buchdruck, Typografie	tipografia
u.	und	e
umg	umgangssprachlich	familiare
unbest	unbestimmt	indeterminativo
UNIV	Hochschulwesen, Universität	università
unpers	unpersönlich	impersonale
usw	und so weiter	eccetera
V/I	intransitives Verb	verbo intransitivo
V/MOD	modales Verb	verbo modale
V/PR	Pronominalverb	verbo pronominale
V/R	reflexives Verb	verbo riflessivo
V/T	transitives Verb	verbo transitivo
vulg	vulgär	volgare
WIRTSCH	Wirtschaft, Volkswirtschaft	economia
z. B.	zum Beispiel	per esempio
ZOOL	Zoologie	zoologia
•	Silbentrennung	sillabazione
♦	steht vor Wendungen	si trova davanti a locuzioni
★	steht vor Grundwortschatz	si trova davanti a vocabolario fondamentale
=	Erklärung	spiegazione
→	siehe	vedi

Italienisch – Deutsch

A

a, A F od M ⟨inv⟩ a, A *n* ♦ **dalla a alla zeta** von A bis Z

★**a** PRÄP **1** **dire qc a qn** j-m etw sagen **2** (*moto a luogo*) nach, zu, in, auf: **andare a casa/al cinema** nach Hause/ins Kino gehen **3** an: **andare alla porta** an die Tür gehen **4** (*stato in luogo*) in, auf, zu: **restare a casa** zu Hause bleiben **5** an: **alla finestra** am Fenster **6** (*con nomi geografici*) in **7** bei, an: **lavorare alla FIAT** bei FIAT arbeiten **8** zu: **a Natale** (zu) Weihnachten **9** in: **a maggio** im Mai **10** an: **alla sera** am Abend **11** um: **alle 10** um 10 Uhr **12** **al lunedì** montags **13** mit: **a dieci anni** mit zehn Jahren **14** zu, für: **vendere vino a 2 euro il** (*od* **al**) **litro** Wein für, zu 2 Euro pro Liter verkaufen **15** (*modo o maniera*) **ad alta voce** laut **16** **barca a vela** Segelboot *n* **17** pro: **2 euro al chilo** 2 Euro pro Kilo **18** MATH **due alla seconda** (**al quadrato**) zwei hoch zwei (im Quadrat) ♦ **a domani!** bis morgen!; **a dozzine** dutzendweise; **ad esempio** zum Beispiel; **a grande velocità** mit großer Geschwindigkeit; **a mio parere** meiner Meinung nach; **a piedi** zu Fuß; **a poco a poco** nach und nach; **a presto!** bis bald!; **a uno a uno** einer nach dem anderen; **andare a passeggio** spazieren gehen

Aa·rau F Aarau *n*

a·ba·te M Abt *m*

abat-jour [aba'ʒu:r] M ⟨inv⟩ Nachttischlampe *f*

ab·bac·chia·re ⟨1g⟩ **A** V/T **1** *umg* demütigen **2** herunterschlagen **B** V/PR **-rsi** *umg* mutlos werden **ab·bac·chia·to** ADJ *umg* (*avvilito*) geknickt **ab·bac·chia·tu·ra** F **1** Herunterschlagen *n* **2** Zeit *f* der Kastanien-, Nuss-, Olivenernte

ab·bac·chio M GASTR römischer Lammbraten *m*

ab·ba·ci·na·re V/T ⟨1m⟩ **1** blenden **2** *fig* (*ingannare*) verblenden

ab·ba·glia·men·to [-e-] M Blendung *f* **ab·ba·glian·te** **A** ADJ (*luce*) blendend, grell **B** M Fernlicht *n* **ab·ba·glia·re** ⟨1g⟩ **A** V/T **1** blenden **2** *fig* (*ingannare*) verblenden **B** V/I ⟨av⟩ blenden **ab·ba·glia·to** ADJ ge-, verblendet ♦ **restare ~** geblendet werden

ab·ba·glio M *fig* Versehen *n* ♦ **prendere un ~** einen Bock schießen

ab·ba·ia·re V/I ⟨1i; av⟩ bellen ♦ **can che abbaia non morde** Hunde, die bellen, beißen nicht

ab·ba·i·no M Dachfenster *n*, Dachluke *f*

ab·ba·io M Bellen *n*

★**ab·ban·do·na·re** ⟨1a⟩ **A** V/T **1** verlassen **2** *fig* loslassen: **questo pensiero non mi abbandona** dieser Gedanke lässt mich nicht los **3** ausliefern **4** (*neonati, animali*) aussetzen **5** verwahrlosen lassen **6** fallen lassen: **~ un progetto** einen Plan fallen lassen **7** niederlegen: **~ una carica** ein Amt niederlegen **8** **~ un affare** aus einem Geschäft aussteigen **9** **~ il partito** aus der Partei austreten. **10** SPORT **~ la gara** aufgeben **B** V/PR **-rsi** **1** sich hingeben, sich überlassen **2** sinken: **-rsi su una poltrona** in einen Sessel sinken ♦ **~ un'abitudine** eine Gewohnheit ablegen; **~ gli studi** das Studium aufgeben

ab·ban·do·na·to ADJ **1** verlassen: **un luogo ~ da Dio** ein gottverlassenes Nest *n* **2** (*trascurato*) verwahrlost

ab·ban·do·no [-o-] M **1** Verlassen *n* **2** Verwahrlosung *f* **3** Preisgabe *f* **4** Aufgabe *f* (*a.* SPORT)

ab·bar·bi·ca·re ⟨1m *u.* d⟩ **A** V/I ⟨av⟩ wurzeln **B** V/PR **-rsi** **1** ranken, kriechen **2** *fig* Wurzeln schlagen

ab·bas·sa·lin·gua M ⟨inv⟩ Zungenspatel *m od f*

ab·bas·sa·men·to [-e-] M **1** Senken *n*, Sinken *n* **2** Senkung *f*: **~ dei prezzi** Preissenkung *f*

★**ab·bas·sa·re** ⟨1a⟩ **A** V/T **1** senken: **~ lo sguardo/i prezzi** den Blick/die Preise senken **2** niedriger stellen: **~ i fari** abblenden **3** leiser stellen **4** herunterlassen: **~**

a + Artikel

+	il	lo	i	l'	gli	la	le
a	**al**	**allo**	**ai**	**all'**	**agli**	**alla**	**alle**

le tapparelle die Rollläden herunterlassen **B** V/PR -rsi **1** sinken: **la temperatura si abbassa** die Temperatur sinkt **2** (*chinarsi*) sich bücken **3** *fig* sich erniedrigen ♦ **~ le armi** die Waffen strecken; **~ la cresta** den Schwanz einziehen; **abbassa la voce!** sprich leiser!

ab·bas·so INT nieder mit ...: **~ il governo!** nieder mit der Regierung!

★**ab·ba·stan·za** ADV **1** genug: **avere ~ da mangiare** genug zu essen haben **2** ziemlich: **essere ~ costoso** ziemlich teuer sein ♦ **averne ~ di qn/qc** von j-m/etw genug haben

ab·bat·te·re ⟨3a⟩ **A** V/T **1** ab-, niederreißen **2** *fig* niederdrücken: **la notizia lo ha abbattuto** die Nachricht hat ihn niedergedrückt **3** (*animali*) töten, erlegen **4** (*alberi*) fällen **5** stürzen: **~ un regime** ein Regime stürzen **6** MIL abschießen: **~ un aereo** ein Flugzeug abschießen **B** V/PR **-rsi 1** stürzen, fallen: **-rsi al suolo** auf den Boden stürzen **2** (*di fulmine*) **-rsi su qc** in etw (*akk*) einschlagen **3** *fig* hereinbrechen: **una sciagura si abbattè sul paese** ein Unheil brach über das Land herein **4** *fig* (*avvilirsi*) verzagen

ab·bat·ti·men·to [-e-] M **1** Ab-, Niederreißen *n* **2** (*alberi*) Fällen *n* **3** (*animali*) Töten *n*, Erlegen *n* **4** *fig* Niedergeschlagenheit *f* **5** (*aereo*) Abschuss *m* **ab·bat·tu·to** ADJ *fig* niedergeschlagen

ab·ba·zi·a F Abtei *f*

ab·be·ce·da·rio M Abc-Buch *n*, Fibel *f*

ab·bel·li·men·to [-e-] M **1** Verschönerung *f* **2** Verzierung *f* **ab·bel·li·re** ⟨4d⟩ **A** V/T verschönern, schmücken **B** V/PR **-rsi** sich herausputzen

ab·be·ve·ra·re ⟨1m⟩ **A** V/T tränken **B** V/PR **-rsi** (*animali*) saufen **ab·be·ve·ra·to·io** [-o-] M Tränke *f*

ab·bic·cì M Abc *n* (*a. fig*): **l'~ dell'informatica** das Abc der Informatik

ab·bien·te [-ɛ-] **A** ADJ wohlhabend **B** M/F Wohlhabende *m/f*

★**ab·bi·glia·men·to** [-e-] M Bekleidung *f*, Kleidung *f*: **~ femminile/maschile** Damen-/ Herrenbekleidung *f*; **~ outdoor** Outdoorbekleidung *f*; **capo d'~** Kleidungsstück *n*

ab·bi·glia·re ⟨1g⟩ **A** V/T (an)kleiden **B** V/PR **-rsi** sich (sorgfältig) kleiden

ab·bi·na·men·to [-e-] M Kopplung *f*, Verbindung *f* **ab·bi·na·re** ⟨1a⟩ V/T (miteinander) verbinden, kombinieren

ab·bin·do·la·re V/T ⟨1m⟩ überlisten, einwickeln

ab·bioc·ca·to ADJ müde

ab·bioc·co [-ɔ-] M Anfall *m* von Müdigkeit: **avere l'~** einen Anfall von Müdigkeit haben

ab·bi·so·gna·re V/I ⟨1a; av⟩ benötigen, brauchen: **~ di qc** etw benötigen

ab·boc·ca·men·to [-e-] M Unterredung *f* **ab·boc·ca·re** ⟨1d⟩ **A** V/I ⟨av⟩ anbeißen (*a. fig*) **B** V/PR **-rsi** (**con qn**) (mit j-m) eine Unterredung haben **ab·boc·ca·to** ADJ (*di vino*) lieblich

ab·bo·nac·ciar·si [-s-] V/PR ⟨1f⟩ (*vento*) sich legen

★**ab·bo·na·men·to** M [-e-] **1** Abonnement *n* **2** Dauerkarte *f*; (*mezzi pubblici*) Zeitkarte *f* **3** Rundfunk- und Fernsehgebühr *f* ♦ ★**~ annuale** (*a mezzi pubblici*) Jahreskarte *f*; (*a teatro*) Jahresabonnement *n*; **~ alla televisione** Fernsehgebühren *pl*; **~ telefonico** Telefonvertrag *m*; **concerti in ~** Konzertabonnement *n*

ab·bo·na·re ⟨1c *u.* o⟩ **A** V/T abonnieren: **~ qn a una rivista** eine Zeitschrift für j-n abonnieren **B** V/PR **-rsi a qc** etw abonnieren **ab·bo·na·to** M, **-a** F **1** Abonnent *m*, -in *f* **2** Fernsprechteilnehmer *m*, -in *f* **3** Rundfunk-, Fernsehteilnehmer *m*, -in *f* ♦ **elenco -i** Fernsprechbuch *n*

ab·bon·dan·te ADJ reichlich: **porzioni -i** reichliche Portionen **ab·bon·dan·za** F Überfluss *m*: **~ di qc** Überfluss an etw (*dat*) ♦ **in ~** im Überfluss

ab·bon·da·re V/I ⟨1a⟩ **1** ⟨es⟩ **~ di qc** reichlich vorhanden sein **2** *fig* ⟨av⟩ **~ in** (*od* **di**) **qc** mit etw übertreiben

ab·bor·da·bi·le ADJ **1** erschwinglich **2** (*persona*) zugänglich **ab·bor·dag·gio** M **1** Entern *n* **2** *fig* Annäherungsversuch *m* **ab·bor·da·re** V/T ⟨1a⟩ **1** entern **2** *fig* **~ qn** sich an j-n heranmachen, *umg* j-n anquatschen

ab·bor·rac·cia·re V/T ⟨1f⟩ verpfuschen **ab·bor·rac·cia·to** ADJ stümperhaft

ab·bot·to·na·re V/T ⟨1a⟩ (zu)knöpfen

ab·boz·za·re ⟨1c⟩ V/T **1** entwerfen; skizzieren **2** *fig* andeuten: **~ un sorriso** ein Lächeln andeuten **ab·boz·za·to** ADJ **1** skizzenhaft **2** *fig* angedeutet: **un sorriso ~** ein angedeutetes Lächeln

ab·boz·zo [-ɔ-] M **1** Entwurf *m*; Skizze *f* **2** *fig* Andeutung *f*

ab·brac·cia·re ⟨1f⟩ **A** V/T **1** umarmen **2** umfassen **3** *fig* umspannen: **~ un lasso**

di tempo eine Zeitspanne umfassen **B** V/PR **-rsi** sich umarmen ♦ **~ una professione** einen Beruf ergreifen

ab·brac·cio M Umarmung *f*

ab·bran·ca·re ⟨1d⟩ **A** V/T **1** **~ qc** etw mit den Krallen packen **2** packen, an sich (*akk*) reißen **B** V/PR **-rsi** sich klammern (*a. fig*)

ab·bre·via·re ⟨1k *u.* b⟩ **A** V/T ver-, abkürzen **B** V/PR **-rsi** kürzer werden: **le giornate si abbreviano** die Tage werden kürzer

ab·bre·via·zio·ne [-o-] F Abkürzung *f*

ab·bri·vo M *fig* Fahrt *f* ♦ **prendere l'~** einen Anlauf nehmen, in Schwung kommen

ab·bron·zan·te [-dz-] **A** ADJ bräunend, Bräunungs- **B** M Bräunungsmittel *n* ♦ **crema ~** Bräunungscreme *f*; **lampada ~** Bräunungslampe *f*; **lettino ~** Sonnenbank *f*

ab·bron·za·re [-dz-] ⟨1a⟩ **A** V/T bräunen **B** V/PR **-rsi** sich bräunen, braun werden

★**ab·bron·za·to** ADJ gebräunt: ★ **essere ~** braun sein

ab·bron·za·tu·ra F Bräune *f*

ab·bru·na·re ⟨1a⟩ **A** V/T umfloren: **~ le bandiere** die Fahnen umfloren **B** V/PR **-rsi** Trauer tragen

ab·bru·sto·li·men·to [-e-] M Rösten *n* **ab·bru·sto·li·re** ⟨4d⟩ **A** V/T rösten: **~ il pane** das Brot rösten **B** V/PR *fig hum* **-rsi** (*al sole*) sich rösten

ab·bru·ti·men·to [-e-] M Verrohung *f*

ab·bru·ti·re V/I ⟨4d; es⟩ verrohen

ab·bru·ti·to ADJ verroht

ab·brut·ti·re ⟨4d⟩ **A** V/T hässlich machen **B** V/PR **-rsi** hässlich werden

ab·buf·far·si [-s-] V/PR ⟨1a⟩ sich vollstopfen: **~ di qc** sich mit etw vollstopfen

ab·buf·fa·ta F Gelage *n*: **farsi un'~ di qc** sich mit etw vollstopfen

ab·bu·ia·re ⟨1i⟩ **A** V/T ab-, verdunkeln **B** V/PR **-rsi** **1** (*cielo*) dunkel werden **2** *fig* (*volto, espressione*) sich verfinstern ♦ **mi si abbuia la vista** mir wird schwarz vor den Augen

ab·buo·na·re V/T ⟨1a⟩ erlassen: **~ una pena** eine Strafe erlassen **ab·buo·no** [-ɔ-] M **1** Rabatt *m* **2** SPORT Vorgabe *f*

ab·di·ca·re V/I ⟨1l *u.* d; av⟩ **1** abdanken **2** **~ a qc** auf etw (*akk*) verzichten **ab·di·ca·zio·ne** [-o-] F **1** Abdankung *f* **2** Verzicht *m*: **~ a una carica** Verzicht *m* auf ein Amt

a·ber·ran·te ADJ abweichend: **un comportamento ~** ein abweichendes Verhalten *n*

a·ber·ra·re V/I ⟨1b; av⟩ abweichen (*a. fig*) **a·ber·ra·zio·ne** [-o-] F **1** Abartigkeit *f*, Abweichung *f* **2** MED **~ mentale** Geistesstörung *f*

a·be·ta·ia F Tannenwald *m*

a·be·te [-e-] M Tanne *f* ♦ **~ bianco** Weißtanne *f*; **~ rosso** Fichte *f*

a·be·ti·na F Tannenwald *m*

a·biet·to [-ɛ-] ADJ niederträchtig

a·bie·zio·ne [-o-] F Niederträchtigkeit *f*

★**a·bi·le** ADJ **1** fähig, tauglich: **~ al servizio militare** wehr(dienst)tauglich; **~ al lavoro** arbeitsfähig **2** tüchtig, geschickt **3** schlau: **un'~ manovra** ein schlauer Schachzug

★**a·bi·li·tà** F ⟨*inv*⟩ **1** Fähigkeit *f*: **~ al lavoro** Arbeitsfähigkeit *f* **2** Geschicklichkeit *f*: **~ manuale** Fingerfertigkeit *f*

a·bi·li·ta·nte ADJ qualifizierend: **corsi -i** = *Qualifikationskurse für zukünftige Lehrer*

a·bi·li·ta·re ⟨1l⟩ **A** V/T **1** befähigen: **~ qn a qc** j-n zu etw befähigen **2** zulassen: **~ qn alla professione medica** j-n zur Ausübung des Arztberufes zulassen **B** V/PR **-rsi all'insegnamento** die Lehrbefähigung erwerben **a·bi·li·ta·to** ADJ staatlich geprüft: **insegnanti -i** Lehrer *pl* mit Lehrbefähigung **a·bi·li·ta·zio·ne** [-o-] F Befähigung *f*, Qualifikation *f*: **~ all'insegnamento** Lehrbefähigung *f*

a·bil·men·te [-e-] ADV geschickt

a·bis·sa·le ADJ **1** Tiefsee-: **fauna ~** Tiefseefauna *f* **2** *fig* grenzenlos: **ignoranza ~** grenzenlose Unwissenheit *f*

a·bis·so M **1** Abgrund *m*, Tiefe *f* **2** *fig* (*diversità*) Kluft *f*, Abgrund *m*: **fra noi c'è un ~** uns trennen Abgründe

a·bi·ta·bi·le ADJ **1** bewohnbar, Wohn- **2** bezugsfertig **a·bi·ta·bi·li·tà** F Bewohnbarkeit *f* **a·bi·ta·co·lo** M **1** AUTO Fahrgastraum *m* **2** FLUG Cockpit *n*

★**a·bi·tan·te** **A** ADJ wohnhaft: **~ a Torino** wohnhaft in Turin; **~ in via Dante 12** wohnhaft in der Dantestraße 12 **B** M/F **1** Einwohner *m*, -in *f* **2** Bewohner *m*, -in *f*

★**a·bi·ta·re** ⟨1l⟩ **A** V/T bewohnen **B** V/I ⟨av⟩ wohnen: **abito a Milano** ich wohne in Mailand; **abito in via Mangili 6** ich wohne in der Mangilistraße 6

a·bi·ta·ti·vo ADJ Wohnungs-: **unità -a**

Wohneinheit *f*
a·bi·ta·to A ADJ (*zona, paese, regione*) bevölkert; (*casa, edificio*) bewohnt: **casa non -a** unbewohntes Haus *n*; **centro ~** geschlossene Ortschaft *f* B M 1 Ortschaft *f* 2 Siedlung *f*
★**a·bi·ta·zio·ne** [-o-] F 1 Wohnort *m* 2 Wohnung *f* ♦ JUR **diritto d'~** Wohnrecht *n*
★**a·bi·ti·no** M Kleidchen *n*
★**a·bi·to** M 1 (*da donna*) Kleid *n*; (*da uomo*) Anzug *m* 2 *pl* Kleidung *f* 3 (*di un religioso*) Ordenstracht *f* ♦ **~ da sera** Abendkleid *n*; Abendanzug *m*; **-i firmati** Designerkleidung *f*; **~ jeans** Jeanskleid *n*; **prendere l'~** in den Priesterstand eintreten; **l'~ non fa il monaco** die Kutte macht noch keinen Mönch
a·bi·tua·le ADJ 1 gewohnt: **nel modo ~** auf gewohnte Weise 2 Gewohnheits-: **delinquente ~** Gewohnheitsverbrecher *m*, -in *f* ♦ **cliente ~** Stammkunde *m*, -kundin *f*
a·bi·tua·re V/T ⟨1m⟩ gewöhnen: **~ qn a qc** j-n an etw (*akk*) gewöhnen
★**a·bi·tu·ar·si** [-s-] V/PR ⟨1m⟩ sich gewöhnen: **abituarsi a fare qc** sich daran gewöhnen, etw zu tun
★**a·bi·tua·to** ADJ **essere ~ a qn/qc** an j-n/etw gewöhnt sein; **essere ~ a fare qc** es gewöhnt sein, etw zu tun
a·bi·tu·di·na·rio A ADJ Gewohnheits- B M, **-a** F Gewohnheitsmensch *m*
★**a·bi·tu·di·ne** F 1 (An)Gewohnheit *f*: **per ~** aus Gewohnheit 2 Gewöhnung *f* ♦ **d'~** üblicherweise, gewöhnlich
a·biu·ra F Abschwören *n*
a·biu·ra·re V/T ⟨1a⟩ abschwören: **~ la propria fede** seinem Glauben abschwören
a·blu·zio·ne [-o-] F Waschung *f*
ab·ne·ga·zio·ne [-o-] F Entsagung *f* ♦ **spirito di ~** Opferbereitschaft *f*
ab·nor·me [-ɔ-] ADJ abnorm
ab·nor·mi·tà F ⟨*inv*⟩ Abnormität *f*
a·bo·li·re V/T ⟨4d⟩ 1 abschaffen 2 abstellen: **~ una legge** ein Gesetz außer Kraft setzen; **~ l'ergastolo** die lebenslängliche Freiheitsstrafe abschaffen **a·bo·li·zio·ne** [-o-] F Abschaffung *f* **a·bo·li·zio·ni·smo** M Abolutionismus *m* **a·bo·li·zio·ni·sta** A ADJ abolutionistisch B M/F Abolutionist *m*, -in *f*
a·bo·mi·na·re V/T ⟨1c u. m⟩ verabscheuen **a·bo·mi·ne·vo·le** [-e-] ADJ verabscheuungswert
a·bo·mi·nio M 1 Verabscheuung *f* 2 (*cosa abominevole*) Abscheulichkeit *f*
a·bo·ri·ge·no A ADJ eingeboren B M, **-a** F Eingeborene *m/f*, Ureinwohner *m*, -in *f*
a·bor·ri·men·to [-e-] M Verabscheuung *f*
a·bor·ri·re ⟨4d *u.* c⟩ A V/T verabscheuen B V/I ⟨av⟩ **~ da qc** vor etw (*dat*) zurückschrecken **a·bor·ri·to** ADJ verhasst
a·bor·ti·re V/I ⟨4d⟩ 1 ⟨av⟩ (*spontaneamente*) eine Fehlgeburt haben 2 ⟨av⟩ (*volontariamente*) abtreiben 3 *fig* ⟨es⟩ *fallire* scheitern
a·bor·ti·sta A ADJ abtreibend, Abtreibungs- B M/F Befürworter *m*, -in *f* der Abtreibung **a·bor·ti·vo** ADJ (*farmaco*) Abtreibungs-
a·bor·to [-ɔ-] M 1 (*spontaneo*) Fehlgeburt *f* 2 (*provocato*) Abtreibung *f*: **procurare un ~** eine Abtreibung vornehmen 3 *fig* (*di persona*) Missgeburt *f*
a·bra·sio·ne [-o-] F 1 (*raschiatura*) Abkratzen *n*, Ausradierung *f* 2 MED Abschürfung *f* **a·bra·si·vo** A ADJ Reib-, Scheuer-, Schleif- B M Scheuer-, Schleifmittel *n*
a·bro·ga·bile ADJ aufhebbar
a·bro·ga·re V/T ⟨1e *u.* c *od* 1l⟩ aufheben, abschaffen
a·bro·ga·ti·vo ADJ aufhebend, Aufhebungs-: **con efficacia -a** mit aufhebender Wirkung **a·bro·ga·zio·ne** [-o-] F Aufhebung *f*, Abschaffung *f* **a·bro·ga·zio·ni·sta** A ADJ für die Aufhebung eines Gesetzes B M/F Befürworter *m*, -in *f* der Aufhebung eines Gesetzes
a·bruz·ze·se [-e-] A ADJ abruzzisch B M/F Abruzzese *m*, -sin *f*
A·bruz·zi MPL, **A·bruz·zo** M Abruzzen *pl*
ab·si·de F ARCH Apsis *f*, Altarnische *f*
a·bu·li·a F Willensschwäche *f*, Willenlosigkeit *f* **a·bu·li·ca·men·te** [-e-] ADV willenlos **a·bu·li·co** ADJ willenlos
a·bu·sa·re V/I ⟨1a; av⟩ 1 **~ di qn/qc** j-n/etw missbrauchen 2 ausnützen: **~ della pazienza di qn** j-s Geduld ausnützen 3 **~ di qc** mit etw übertreiben
a·bu·si·vi·smo [-z-] M unerlaubte Tätigkeit *f*: **~ edilizio** ungenehmigte Bautätigkeit *f* **a·bu·si·vi·tà** F Unrechtmäßigkeit *f* **a·bu·si·vo** ADJ unerlaubt, unbefugt ♦ **copia -a** Raubkopie *f*; **costruzioni -e** Schwarzbauten *pl*

a·bu·so M 1 Missbrauch *m*: **fare ~ di qc** Missbrauch mit etw treiben 2 (*uso eccessivo*) **fare ~ di qc** mit etw übertreiben ♦ **~ di alcol/di potere/d'ufficio** Alkohol-/Macht-/Amtsmissbrauch *m*; **~ di farmaci** Arzneimittelmissbrauch *m*; **~ di sostanze stupefacenti** Drogenmissbrauch *m*

a·ca·cia F Akazie *f*

a·ca·ro M Milbe *f*: **~ della polvere** Hausstaubmilbe *f*

a·cat·to·li·co [-ɔ-] A ADJ nicht katholisch B M, **-a** F Nichtkatholik *m*, -in *f*

ac·ca M/F ⟨*inv*⟩ **non capire un'~** nur Bahnhof verstehen; **non valere un'~** keinen (*od* nicht einen) Pfifferling wert sein

ac·ca·de·mia [-ɛ-] F 1 Akademie *f* 2 MAL Zeichnung *f* nach der Natur ♦ **~ di belle arti** Kunstakademie *f*

ac·ca·de·mi·ca·men·te [-e-] ADV (rein) akademisch

ac·ca·de·mi·co [-ɛ-] A ADJ akademisch; Universitäts-, Studien- B M, **-a** F Mitglied *n* einer Akademie

★**ac·ca·de·re** [-e-] V/I ⟨2c; es⟩ geschehen, passieren, vorkommen: **sono cose che accadono** so etwas kommt vor; **può ~ a chiunque** das kann jedem mal passieren **ac·ca·di·men·to** [-e-] M Vorkommnis *n*

ac·ca·du·to M Ereignis *n*

ac·ca·lap·pia·ca·ni M/F ⟨*inv*⟩ Hundefänger *m*, -in *f* **ac·ca·lap·pia·men·to** [-e-] M 1 Einfangen *n* 2 *fig* (*raggiro*) Betrug *m*

ac·ca·lap·pia·re V/T ⟨1k⟩ 1 (ein)fangen 2 *fig* (*raggirare*) betrügen ♦ *hum* **~ un uomo** sich (*dat*) einen Mann angeln

ac·ca·lap·pia·to·re [-o-] M 1 Fänger *m* 2 *fig* Lockvogel *m* **ac·ca·lap·pia·tri·ce** F Lockvogel *m*

ac·cal·car·si [-s-] V/PR ⟨1c⟩ sich drängen

ac·cal·dar·si [-s-] V/PR ⟨1a⟩ sich erhitzen (*a. fig*)

ac·cal·da·to ADJ erhitzt

ac·ca·lo·ra·men·to [-e-] M Ereiferung *f*

ac·ca·lo·ra·re ⟨1a⟩ A V/T echauffieren B V/PR **-rsi** sich ereifern: **-rsi nel discutere** sich im Gespräch ereifern **ac·ca·lo·ra·to** ADJ hitzig, erregt

ac·cam·pa·men·to [-e-] M Lager *n*: **piantare/levare un ~** ein Lager aufschlagen/abbrechen

ac·cam·pa·re ⟨1a⟩ A V/T 1 lagern: **~ le truppe** die Truppen lagern 2 *fig* erheben: **~ pretese su qn/qc** Ansprüche auf j-n/etw erheben 3 *fig* vorbringen: **~ pretesti** Vorwände vorbringen B V/PR **-rsi** 1 lagern 2 *fig umg* kampieren **ac·cam·pa·to** ADJ *fig umg* **essere ~** kampieren

ac·ca·ni·men·to [-e-] M Erbitterung *f*, Verbissenheit *f* ♦ **studiare con ~** unermüdlich lernen

ac·ca·nir·si [-s-] V/PR ⟨4d⟩ 1 sich erbittern, sich erbosen: **~ contro qn per qc** sich gegen j-n über etw (*akk*) erbittern 2 **~ in qc** sich in etw (*akk*) verbeißen

ac·ca·ni·to ADJ verbissen; hartnäckig ♦ **~ fumatore** Kettenraucher *m*; **lavoratore ~** Workaholic *m*

★**ac·can·to** ADV/ADJ ⟨*inv*⟩ daneben, nebenan: **nella stanza accanto** im Zimmer nebenan ♦ ★ **accanto a** neben; **uno accanto all'altro** nebeneinander

ac·can·to·na·men·to [-e-] M 1 Rückstellung *f* (*a.* WIRTSCH) 2 (*somma accantonata*) Rücklage *f* 3 MIL Einquartierung *f*

ac·can·to·na·re V/T ⟨1a⟩ 1 zurückstellen: **~ una proposta** einen Vorschlag zurückstellen 2 WIRTSCH zurücklegen 3 MIL einquartieren

ac·ca·par·ra·men·to [-e-] M 1 Aufkauf *m* 2 Hamstern *n*: **~ di provviste** Hamstern *n* von Vorräten

ac·ca·par·ra·re ⟨1a⟩ A V/T 1 aufkaufen 2 hamstern B V/PR **-rsi** sich (*dat*) verschaffen, *pej* sich (*dat*) erschleichen **ac·ca·par·ra·to·re** [-o-] M, **-tri·ce** F 1 Aufkäufer *m*, -in *f* 2 Hamsterer *m*, -rin *f*

ac·ca·pi·glia·men·to [-e-] M Handgemenge *n* **ac·ca·pi·gliar·si** [-s-] V/PR ⟨1g⟩ *fig* sich in die Haare geraten

ac·cap·pa·to·io [-o-] M Bademantel *m*

ac·cap·po·na·re ⟨1a⟩ A V/T 1 kapaunen 2 (*far rabbrividire*) schaudern lassen B V/PR **-rsi: mi si accappona la pelle** es überläuft mich kalt

ac·ca·rez·za·re V/T ⟨1a⟩ 1 **~ qn/qc** j-n/etw streicheln, über j-n/etw streichen 2 streifen, leicht berühren ♦ **~ l'idea di fare qc** mit dem Gedanken spielen, etw zu tun

ac·car·toc·cia·re ⟨1c *u.* f⟩ A V/T zusammenrollen B V/PR **-rsi** sich zusammenrollen (*a. fig*)

ac·ca·sa·re ⟨1a⟩ A V/T verheiraten B V/PR **-rsi** 1 heiraten 2 einen Hausstand gründen **ac·ca·sa·to** ADJ verheiratet

ac·ca·scia·re ⟨1f⟩ A V/T 1 entkräften

2 umwerfen: **il caldo improvviso mi accascia** die plötzliche Hitze wirft mich um **3** entmutigen **B** VPR **-rsi** **1** (zusammen)sinken **2** *fig* verzagen

ac·ca·scia·to ADJ *fig* entmutigt

ac·ca·ser·ma·re VT ⟨1b⟩ kasernieren

ac·ca·stel·la·re VT ⟨1b⟩ auftürmen: **~ le casse** die Kisten auftürmen

ac·ca·ta·sta·bi·le ADJ **1** stapelbar **2** (*casa, terreno*) ins Grundbuch eintragbar **ac·ca·ta·sta·men·to** [-e-] M **1** (*atto*) Stapeln *n* **2** (*mucchio di cose*) Stapel *m* **3** (*di casa, terreno*) Eintragung *f* ins Grundbuch **ac·ca·ta·sta·re** VT ⟨1a⟩ **1** (auf)schichten; aufhäufen **2** (*casa, terreno*) ins Grundbuch eintragen

ac·cat·ti·van·te ADJ gewinnend: **un sorriso ~** ein gewinnendes Lächeln

ac·cat·ti·var·si [-s-] VPR ⟨1a⟩ sich (*dat*) erwerben, gewinnen: **~ le simpatie di qn** sich (*dat*) j-s Sympathien erwerben

ac·cat·to·nag·gio M Bettelei *f* ♦ **vietato l'~** Betteln verboten

ac·cat·to·ne [-o-] M, **-a** F Bettler *m*, -in *f*

ac·ca·val·la·re ⟨1a⟩ **A** VT übereinanderschlagen: **~ le gambe** die Beine übereinanderschlagen **B** VPR **-rsi** **1** (*onde, nubi*) sich auftürmen **2** sich überschlagen: **gli eventi si accavallano** die Ereignisse überschlagen sich

ac·ce·ca·men·to [-e-] M Blendung *f*, Verblendung *f* (*a. fig*) **ac·ce·can·te** ADJ blendend: **una luce ~** ein blendendes Licht *n*

ac·ce·ca·re VT ⟨1b *u.* d⟩ blind machen, (ver)blenden (*a. fig*) **ac·ce·ca·to** ADJ *fig* verblendet, blind: **~ dall'odio** blind vor Hass

ac·ce·de·re [-e-] VI ⟨3a; es, av⟩ **1** eintreten, Zugang haben: **~ a una sala** in einen Saal eintreten **2** erlangen: **~ alla carica di presidente** das Amt des Präsidenten erlangen **3** **~ alle richieste di qn** j-s Forderungen erfüllen

ac·ce·le·ra·men·to [-e-] M Beschleunigung *f* **ac·ce·le·ra·re** ⟨1b *u.* m⟩ **A** VT **1** beschleunigen **2** forcieren **B** VI ⟨av⟩ beschleunigen: **il treno accelerò** der Zug beschleunigte **ac·ce·le·ra·ta** F **dare un'~** Gas geben **ac·ce·le·ra·to** ADJ beschleunigt: **polso ~** beschleunigter Puls *m* **ac·ce·le·ra·to·re** [-o-] **A** M **1** AUTO Gaspedal *n*: **premere l'~** aufs Gaspedal treten **2** PHYS **~ di particelle** Teilchenbeschleuniger *m* **3** (*cinema*) Zeitraffer *m* **B** ADJ Beschleunigungs- **ac·ce·le·ra·zio·ne** [-o-] F Beschleunigung *f*

★**ac·cen·de·re** [-ɛ-] ⟨3c⟩ **A** VT **1** anzünden: **~ una sigaretta** sich (*dat*) eine Zigarette anzünden **2** einschalten; *umg* anmachen: **~ la luce/la radio** das Licht/das Radio einschalten (*od* anmachen) **3** *fig* entfachen; entflammen: **~ l'odio di qn** j-s Hass entflammen **4** JUR aufnehmen: **~ un prestito** ein Darlehen aufnehmen **B** VPR **-rsi** **1** sich einschalten, *umg* angehen: **la radio non si accende** das Radio geht nicht an **2** sich entzünden, (sich) entflammen (*a. fig*) ♦ **~ un conto** ein Konto eröffnen; **hai da ~?** hast du Feuer?; **~ l'interesse** das Interesse wecken

ac·cen·di·gas M ⟨*inv*⟩ Gasanzünder *m*

★**ac·cen·di·no** M Feuerzeug *n* ♦ **~ usa e getta** Wegwerffeuerzeug *n*

ac·cen·di·si·ga·ri M ⟨*inv*⟩ **1** Feuerzeug *n* **2** (*in macchina*) Zigarettenanzünder *m*

ac·cen·na·re ⟨1a⟩ **A** VI ⟨av⟩ **1** winken **2** nicken **3** Anstalten machen: **nessuno accennava ad alzarsi** niemand machte Anstalten, sich zu erheben **4** *fig* (*trattare brevemente*) **~ a qc** etw streifen **5** anspielen: **a chi accennavi?** auf wen spieltest du an? **B** VT andeuten: **~ un sorriso** ein Lächeln andeuten

ac·cen·no [-e-] M **1** kurze Erwähnung *f* **2** Anspielung *f* **3** Anzeichen *n*

ac·cen·sio·ne [-si'o-] F **1** (*di motori*) Zündung *f* **2** (*di apparecchi elettrici*) Einschalten *n* **3** FIN Aufnahme *f*: **~ di un'ipoteca** Aufnahme *f* einer Hypothek ♦ **mancata ~** Fehlzündung *f*; **~ elettronica** elektronische Zündung *f*; **temperatura d'~** Zündpunkt *m*

ac·cen·ta·re VT ⟨1b⟩ mit Akzent versehen

ac·cen·ta·zio·ne [-o-] F Betonung *f*

★**ac·cen·to** [-ɛ-] M **1** Akzent *m*, Betonung *f* (*a. fig* MUS): **porre l'~ su qc** den Akzent auf etw (*akk*) legen **2** (*cadenza*) Akzent *m*: **senza ~** akzentfrei

ac·cen·tra·men·to [-e-] M Zentralisierung *f*

ac·cen·tra·re ⟨1b⟩ **A** VT **1** zentralisieren **2** vereinigen: **~ tutto nelle proprie mani** alles auf sich (*akk*) konzentrieren; **~ le funzioni** die Funktionen vereinen **3** lenken, ziehen: **~ gli sguardi su di sé** die Blicke auf sich (*akk*) lenken **B** VPR

-rsi sich konzentrieren **ac·cen·tra·to·re** [-o-] **A** ADJ zentralistisch **B** M, **-tri·ce** F Controletti *m*, Kontrollfreak *m*: **Anna è un'accentratrice** Anna will alles selbst kontrollieren, Anna ist ein Kontrollfreak

ac·cen·tua·re ⟨1b *u.* m⟩ **A** V/T betonen, hervorheben (*a. fig*) **B** V/PR **-rsi** sich verstärken **ac·cen·tua·to** ADJ betont **ac·cen·tua·zio·ne** [-o-] F Hervorhebung *f*, Betonung *f*

ac·cer·chia·men·to [-e-] M Umzing(e)lung *f*, Einkreisung *f* (*a.* MIL) **ac·cer·chia·re** V/T ⟨1k⟩ umzingeln, einkreisen

ac·cer·ta·bi·le ADJ erkundbar, feststellbar **ac·cer·ta·bi·li·tà** F ⟨*inv*⟩ Feststellbarkeit *f* **ac·cer·ta·men·to** [-e-] M **1** Feststellung *f*: **~ dei danni** Schadenfeststellung *f* **2** Ermittlung *f*: **fare -i su qn/qc** gegen j-n/etw ermitteln; **~ fiscale** Steuerermittlungsverfahren *n*

ac·cer·ta·re ⟨1b⟩ **A** V/T ermitteln, feststellen **B** V/PR **-rsi** sich vergewissern; **-rsi di qc** sich von etw überzeugen

★**ac·ce·so** [-e-] ADJ **1** angezündet; ELEK eingeschaltet, *umg* an: **la luce è -a** das Licht ist an **2** (*di colore*) leuchtend **3** *fig* hitzig **4** (*ardente*) entflammt **5** (*accalorato*) glühend: **essere ~ in volto** ein glühendes Gesicht haben; *fig* **un ~ sostenitore** ein glühender Anhänger

ac·ces·si·bi·le ADJ **1** zugänglich (*a. fig*) **2** erschwinglich **3** verständlich **ac·ces·si·bi·li·tà** F ⟨*inv*⟩ Zugänglichkeit *f*

ac·ces·so [-ɛ-] M **1** Zugang *m*, Zutritt *m* (*a. fig*): **vietato l'~ ai non addetti** Zutritt für Unbefugte verboten **2** Zufahrt *f* **3** MED Anfall *m* **4** *fig* Ausbruch *m*: **un ~ di collera** ein Wutausbruch *m* **5** IT Zugriff *m*: **avere ~ a un file** auf eine Datei Zugriff haben; **~ Internet** Internetzugang *m*; **~ alla rete** Netzzugang *m* ♦ **divieto di ~** Eintritt verboten

ac·ces·so·ria·to ADJ mit Zubehör: **un'auto completamente -a** ein Auto mit allem Zubehör **ac·ces·so·rio** [-ɔ-] **A** ADJ Neben-: **spese -rie** Nebenkosten *pl* **B** M **1** PL Zubehör *n* **2** MODE Accessoire *n* **ac·ces·so·ri·sta** M/F Händler *m*, -in *f* für Zubehör **ac·ces·so·ri·sti·ca** F AUTO Zubehörindustrie *f*

ac·cet·ta [-e-] F Axt *f* ♦ *fig* **fatto** (*od* **tagliato**) **con l'~** grob ausgeführt; (*di persona*) ungehobelt; grobschlächtig

ac·cet·ta·bi·le ADJ annehmbar, akzeptabel **ac·cet·ta·bi·li·tà** F ⟨*inv*⟩ Annehmbarkeit *f*

ac·cet·tan·za F Akzeptanz *f*

★**ac·cet·ta·re** V/T ⟨1b⟩ **1** an-, entgegennehmen: **accettiamo carte di credito** wir akzeptieren Kreditkarten **2** akzeptieren: **~ un consiglio** einen Ratschlag annehmen **3** aufnehmen: **~ qn come socio** j-n als Mitglied aufnehmen **4** *fig* **~ la sfida** die Herausforderung annehmen **5** (*sopportare*) hinnehmen **ac·cet·ta·zio·ne** [-o-] F **1** Annahme *f*, Entgegennahme *f* **2** Annahmestelle *f* **3** Aufnahme *f* **4** FIN Akzept *n* ♦ **~ bagagli** Gepäckannahme *f*

ac·cet·to [-ɛ-] ADJ genehm, willkommen: **essere bene ~ a qn** j-m genehm sein

ac·ce·zio·ne [-o-] F Bedeutung *f*: **questa parola ha più -i** dieses Wort hat mehrere Bedeutungen

ac·chiap·pa·ca·ni M/F ⟨*inv*⟩ Hundefänger *m*, -in *f* **ac·chiap·pa·far·fal·le** M ⟨*inv*⟩ Schmetterlingsnetz *n* **ac·chiap·pa·mo·sche** [-o-] M/F ⟨*inv*⟩ **1** **acchiappamosche** *m inv* (*strumento*) Fliegenklatsche *f* **2** *fig* Tagedieb *m*, -in *f* **ac·chiap·pa·nu·vo·le** M/F ⟨*inv*⟩ Träumer *m*, -in *f*

ac·chiap·pa·re V/T ⟨1a⟩ **1** (*catturare*) erwischen, fassen **2** (*afferrare*) fassen, packen ♦ **~ qn sul fatto** j-n auf frischer Tat ertappen; **giocare ad -rsi** Fangen spielen, sich haschen

ac·chiap·pa·rel·lo [-ɛ-] Fangen(-spielen) *n*

ac·cia·bat·ta·re ⟨1a⟩ **A** V/I ⟨av⟩ latschen **B** V/T pfuschen

ac·ciac·ca·re V/T ⟨1d⟩ **1** zerdrücken, zerquetschen **2** verbeulen **3** *fig* (*infiacchire*) mitnehmen **ac·ciac·ca·to** ADJ (*infiacchito*) mitgenommen, *umg* kaputt **ac·ciac·ca·tu·ra** F **1** Quetschung *f* **2** (*ammaccatura*) Beule *f*

ac·ciac·co M Gebrechen *n*, Beschwerden *pl*

ac·cia·ia·re V/T ⟨1i⟩ stählen **ac·cia·ie·ri·a** F Stahlwerk *n*, Stahlhütte *f*

★**ac·cia·io** M **1** Stahl *m* **2** *fig* **avere nervi d'~** Nerven wie Drahtseile haben ♦ **costruzione in ~** Stahlbau *m*; **~ fuso** Gussstahl *m*; **~ grezzo** Rohstahl *m*; **~ inossidabile** Edelstahl *m*

ac·ciam·bel·la·re ⟨1b⟩ **A** V/T zusammenrollen **B** V/PR **-rsi** sich zusammenrollen

ac·cia·ri·no M Feuerstein *m*

ac·ciar·pa·men·to [-e-] M Stümperei *f*, Pfuschwerk *n* **ac·ciar·pa·re** V/T ⟨1a⟩ pfuschen

ac·ci·den·ta·le ADJ zufällig **ac·ci·den·ta·li·tà** F ⟨*inv*⟩ 1 Zufälligkeit *f* 2 (*di terreno*) Unebenheit *f* **ac·ci·den·tal·men·te** [-e-] ADV versehentlich **ac·ci·den·ta·to** ADJ 1 (*terreno*) holprig 2 (*vita*) bewegt

ac·ci·den·te [-ɛ-] M 1 Vorkommnis *n*, Vorfall *m*; (*disgrazia*) Unglücksfall *m* 2 *fig* (*persona fastidiosa*) Quälgeist *m* 3 MED Schlag(anfall) *m* 4 MUS Vorzeichen *n* ♦ **non fare un ~ tutto il giorno** den ganzen Tag rein gar nichts tun; **che gli venga un ~** der Schlag soll ihn treffen

ac·ci·den·ti, **ac·ci·der·ba** [-ɛ-] INT Donnerwetter ♦ **~!** zum Teufel! ach du Schreck!; **~ a lui!** ihn soll der Schlag treffen!

ac·ci·dia F Trägheit *f* **ac·ci·dio·so** [-o-] A ADJ träge B M, **-a** F träger Mensch *m*

ac·ci·gliar·si [-s-] V/PR ⟨1g⟩ die Stirn runzeln **ac·ci·glia·to** ADJ mit gerunzelter Stirn; finster dreinblickend

ac·cin·ger·si [-s-] V/PR ⟨3d⟩ sich anschicken: **~ a qc** sich an etw (*akk*) machen; **~ a fare un salto** zu einem Sprung ansetzen

ac·ciot·to·la·re V/T ⟨1c *u.* m⟩ 1 pflastern 2 **~ qc** mit etw klappern, scheppern **ac·ciot·to·la·to** A ADJ gepflastert B M Kopfsteinpflaster *n*

ac·ci·pic·chia INT Donnerwetter

ac·ciuf·fa·re ⟨1a⟩ A V/T fassen, schnappen: **~ un ladro** einen Dieb schnappen B V/PR **-rsi** sich (*dat*) in die Haare geraten

ac·ciu·ga F 1 Sardelle *f* 2 *fig* Hering *m*: **essere (magro come) un'~** dürr wie ein Hering sein

ac·cla·ma·re ⟨1a⟩ A V/T 1 **~ qn** j-m zujubeln 2 ausrufen: **~ qn presidente** j-n zum Präsidenten ausrufen B V/I ⟨av⟩ **~ a qc** etw mit Beifall aufnehmen **ac·cla·ma·zio·ne** [-o-] F Zuruf *m*; Beifallruf *m*; Zustimmung *f*: **eleggere qn per ~** j-n durch, per Akklamation wählen

ac·cli·ma·tar·si [-s-] V/PR ⟨1m⟩ sich akklimatisieren **ac·cli·ma·ta·zio·ne** [-o-] F Akklimatisierung *f*

ac·clu·de·re V/T ⟨3b⟩ beilegen, -fügen **ac·clu·so** ADJ beiliegend, anbei, als (*od* in der) Anlage: **qui ~** beiliegend

ac·coc·co·lar·si [-s-] V/PR ⟨1m *u.* c⟩ sich nieder-, zusammenkauern **ac·coc·co·la·to** ADJ **stare ~** hocken, kauern

ac·co·dar·si [-s-] V/PR ⟨1a⟩ 1 sich anstellen; (*traffico*) sich stauen 2 **~ a qn/qc** sich j-m/etw anschließen

★**ac·co·glien·te** [-ɛ-] ADJ 1 (*ospitale*) gastfreundlich 2 (*di luogo*) gemütlich **ac·co·glien·za** [-ɛ-] F Aufnahme *f*, Empfang *m*

★**ac·co·glie·re** [-ɔ-] V/T ⟨3ss⟩ 1 aufnehmen, empfangen 2 (*accettare*) stattgeben, bewilligen: **~ una richiesta** einem Ersuchen stattgeben 3 (*contenere*) fassen, aufnehmen

ac·co·gli·men·to [-e-] M Aufnahme *f*, Genehmigung *f*, Bewilligung *f*

ac·col·la·re ⟨1c⟩ A V/T aufbürden, aufhalsen B V/PR **-rsi** übernehmen: **-rsi la responsabilità di qc** die Verantwortung für etw übernehmen **ac·col·la·to** ADJ hochgeschlossen: **un abito ~** ein hochgeschlossenes Kleid **ac·col·la·tu·ra** F Halsausschnitt *m*

ac·col·lo [-ɔ-] M 1 Übernahme *f* 2 JUR (*di debito*) Schuldübernahme *f*

ac·col·tel·la·men·to [-e-] M Messerstecherei *f* **ac·col·tel·la·re** V/T ⟨1b⟩ er-, niederstechen **ac·col·tel·la·to·re** [-o-] M, **-tri·ce** F Messerstecher *m*, -in *f*

ac·co·man·dan·te M/F HANDEL Kommanditist *m*, -in *f* **ac·co·man·da·ta·rio** M, **-a** F Komplementär *m*, -in *f* **ac·co·man·di·ta** F **società in ~** Kommanditgesellschaft *f*

ac·co·mia·ta·re ⟨1a⟩ A V/T verabschieden, entlassen B V/PR **-rsi** sich verabschieden; **-rsi da qn** sich von j-m verabschieden

ac·co·mo·da·bi·le ADJ reparabel, reparierbar

ac·co·mo·da·men·to [-e-] M 1 Ausbesserung *f*; Reparatur *f* 2 (*sistemazione*) Anordnung *f* 3 *fig* Schlichtung *f*; Vergleich: **fare un ~** einen Vergleich schließen **ac·co·mo·dan·te** ADJ entgegenkommend

ac·co·mo·da·re V/T ⟨1c *u.* m⟩ 1 ausbessern; reparieren 2 (her)richten, in Ordnung bringen 3 *fig* erledigen 4 *fig* beilegen, schlichten

★**ac·co·mo·dar·si** [-s-] V/PR 1 es sich (*dat*) bequem machen 2 Platz nehmen 3 (*entrare*) eintreten: **si accomodi!** treten Sie ein! 4 sich behelfen 5 sich einigen **ac·co·mo·da·tu·ra** F Ausbesserung *f*, Reparatur *f*

ac·com·pa·gna·men·to [-e-] M 1 Begleitung *f* (*a.* MUS) 2 (*pensione*) Pflegegeld *n*: **ottenere l'~** Pflegegeld bekommen 3 (*corteo*) Geleit *n* ♦ **bolla di ~** Lieferschein *m*; **musica di ~** Begleitmusik *f*

★**ac·com·pa·gna·re** ⟨1a⟩ A V/T 1 begleiten (*a.* MUS): **~ i bambini a scuola** die Kinder zur Schule begleiten; **mi accompagni in stazione?** bringst du mich zum Bahnhof?; **chi lo accompagna dal medico?** wer geht mit ihm zum Arzt? 2 (*scortare*) **~ il feretro di qn** j-m das letzte Geleit geben 3 *fig* **~ qn con lo sguardo** j-m nachblicken 4 beifügen: **~ un dono con una lettera** einem Geschenk einen Brief beifügen B V/PR **-rsi** 1 einhergehen: **alla febbre si accompagna il mal di testa** das Fieber geht mit Kopfschmerzen einher 2 MUS sich begleiten 3 **-rsi a** (*od* **con**) **qn** sich zu j-m gesellen ♦ **la fortuna lo accompagna** das Glück ist ihm gewogen

ac·com·pa·gna·to ADJ begleitet ♦ **carne -a da verdura** Fleisch mit Gemüsebeilage; **meglio soli che male -i** besser allein als in schlechter Gesellschaft

ac·com·pa·gna·to·re [-o-] M Begleiter *m* (*a.* MUS) **ac·com·pa·gna·to·rio** [-ɔ-] ADJ Begleit-: **lettera -a** Begleitbrief *m* **ac·com·pa·gna·tri·ce** F Begleiterin *f* (*a.* MUS)

ac·co·mu·na·re ⟨1a⟩ A V/T vereinen, verbinden B V/PR **-rsi** sich vereinen

ac·con·cia·re ⟨1f⟩ A V/T 1 zurechtmachen: **~ una sposa** eine Braut zurechtmachen 2 frisieren B V/PR **-rsi** 1 sich zurechtmachen 2 **-rsi i capelli** sich (*dat*) die Haare frisieren **ac·con·cia·tu·ra** F 1 Frisur *f* 2 Haarschmuck *m*

ac·con·cio [-o-] ADJ geeignet, passend

ac·con·di·scen·den·te [-ɛ-] ADJ nachgiebig, *pej* willfährig: **essere ~ con qn** j-m gegenüber nachgiebig sein **ac·con·di·scen·den·za** F herablassende Haltung *f*: **con ~** herablassend

ac·con·di·scen·de·re [-e-] V/I ⟨3c; av⟩ **~ a qc** in etw (*akk*) einwilligen

ac·con·sen·ti·re [-s-] V/I ⟨4b; av⟩ **~ a qc** in etw (*akk*) einwilligen, etw (*dat*) zustimmen ♦ **chi tace acconsente** wer schweigt, stimmt zu

ac·con·ten·ta·re ⟨1b⟩ A V/T zufriedenstellen B V/PR **-rsi** sich zufriedengeben: **-rsi di qc** sich mit etw zufriedengeben

ac·con·to [-o-] M Anzahlung *f*: **dare qc in** (*od* **come**) **~** etw anzahlen ♦ **ritenuta d'~** Steuervorauszahlung *f*

ac·cop·pa·re V/T ⟨1a⟩ *umg* umlegen, kaltmachen

ac·cop·pia·men·to [-e-] M 1 Verbindung *f* 2 (*animali*) Paarung *f* 3 MECH Kopp(e)lung *f*

ac·cop·pia·re ⟨1k *u.* c⟩ A V/T 1 verbinden, vereinen: **~ colori** Farben zusammenstellen 2 (*animali*) paaren, begatten 3 MECH koppeln B V/PR **-rsi** 1 sich vereinen 2 (*animali*) sich paaren ♦ **Dio li fa e poi li accoppia** Gleich und Gleich gesellt sich gern **ac·cop·pia·ta** F 1 (*nelle corse dei cavalli*) Zweierwette *f* 2 (*coppia di persone*) Gespann *n*

ac·co·ra·men·to [-e-] M Kummer *m*, Gram *m*

ac·co·ra·re ⟨1c⟩ A V/T (tief) betrüben, grämen B V/PR **-rsi per qc** sich über etw (*akk*) grämen **ac·co·ra·to** ADJ gramerfüllt

ac·cor·cia·men·to [-e-] M (Ab)Kürzung *f*

ac·cor·cia·re ⟨1f⟩ A V/T 1 (ver)kürzen 2 (*distanza*) abkürzen B V/PR **-rsi** sich verkürzen, kürzer werden **ac·cor·cia·ti·vo** A ADJ ver-, abkürzend B M Kurzform *f*

ac·cor·da·bi·le ADJ **qc è ~** etw kann man gewähren, bewilligen

ac·cor·da·re ⟨1c⟩ A V/T 1 gewähren, einräumen; bewilligen 2 *fig* entgegenbringen: **~ fiducia a qn** j-m sein Vertrauen entgegenbringen 3 in Einklang bringen 4 MUS stimmen 5 (aufeinander) abstimmen B V/PR **-rsi con qn su qc** sich mit j-m über etw (*akk*) einigen **ac·cor·da·to·re** [-o-] M, **-tri·ce** F Stimmer *m*, -in *f* **ac·cor·da·tu·ra** F Stimmen *n*

★**ac·cor·do** [-ɔ-] M 1 Einklang *m*: **essere in ~ con qn/qc** mit j-m/etw im Einklang sein 2 (*unità di vedute*) Einvernehmen *n* 3 Einigung *f*: **venire a un ~** zu einer Einigung kommen 4 Abkommen *n* (*a.* POL): **stipulare un ~ con qn** (**su qc**) ein Abkommen mit j-m (über etw (*akk*)) treffen 5 MUS Akkord *m* 6 (*di colori*) Abstimmung *f* ♦ **andare d'~** (**con qn**) sich (mit j-m) vertragen (*od* verstehen); **come d'~** vereinbarungsgemäß; **d'~!** einverstanden!; ★ **essere d'~** einverstanden sein

★**ac·cor·ger·si** [-'kɔrdʒersi] V/PR ⟨3d⟩ **~ di qc** etw (be)merken

ac·cor·gi·men·to [-e-] M 1 (*espediente*) Kunstgriff *m* 2 (*accortezza*) Umsicht *f*

ac·cor·pa·men·to [-e-] M Zusammenlegung *f* **ac·cor·pa·re** V/T ⟨1a⟩ zusammenlegen

ac·cor·re·re [-o-] V/I ⟨3o; es⟩ (herbei)eilen

ac·cor·tez·za [-e-] F 1 Besonnenheit *f*, Umsicht *f* 2 Klugheit *f*

ac·cor·to [-ɔ-] ADJ 1 besonnen, bedacht; vorsichtig 2 klug, schlau ♦ **stare ~** vorsichtig sein, achtgeben

ac·co·sciar·si [-s-] V/PR ⟨1c *u.* f⟩ in die Hocke gehen

ac·co·scia·to ADJ in der Hocke

ac·co·sta·bi·le ADJ 1 erreichbar 2 (*di persona*) umgänglich **ac·co·sta·men·to** [-e-] M Zusammenstellen *n*; (*colori*) Kombination *f*

ac·co·sta·re ⟨1c⟩ A V/T 1 zusammenrücken: **~ due oggetti** zwei Gegenstände nebeneinanderstellen 2 **~ qc a qc** etw an etw (*akk*) heranstellen, heranrücken 3 anlehnen: **~ la porta** die Tür anlehnen 4 **~ le tende** die Vorhänge zuziehen 5 kombinieren: **~ i colori** die Farben kombinieren B V/PR **-rsi** 1 **-rsi a qn/qc** sich j-m/etw nähern (*a. fig*); **accostarsi alla pittura** sich der Malerei zuwenden 2 **un giallo che si accosta al verde** ein Gelb, das ins Grüne spielt

ac·co·sto [-ɔ-] ADV daneben ♦ **~ a** neben; **farsi ~** sich nähern

ac·co·to·na·re V/T ⟨1a⟩ 1 TEX aufrauen 2 mit Baumwolle polstern 3 (*cotonare*) toupieren

ac·count [ak'kaunt] M/F ⟨*inv*⟩ 1 IT **account** *m inv* Benutzerkonto *n* 2 (*in pubblicità*) Kontakter *m*, -in *f*

ac·co·vac·ciar·si [-s-] V/PR ⟨1f⟩ sich (nieder)kauern, in die Hocke gehen **ac·co·vac·cia·to** ADJ kauernd, Kauer-: **stare ~** kauern, hocken

ac·coz·za·glia F Mischmasch *m*, Sammelsurium *n* **ac·coz·za·men·to** [-e-] M bunte Mischung *f* **ac·coz·za·re** V/T ⟨1c⟩ zusammenwürfeln

Ac·cra F Accra *n*

ac·cre·di·ta·bi·le ADJ Gutschrifts- **ac·cre·di·ta·men·to** [-e-] M 1 HANDEL, FIN Gutschrift *f* 2 DIPL Beglaubigung *f*, Akkreditiv *n* **ac·cre·di·ta·nte** A M/F Kreditgeber *m*, -in *f* B ADJ kreditgebend

ac·cre·di·ta·re V/T ⟨1m⟩ 1 HANDEL, FIN gutschreiben 2 DIPL beglaubigen 3 bestätigen: **~ ufficialmente una notizia** eine Nachricht offiziell bestätigen

ac·cre·di·ta·rio M, **-a** F Kreditnehmer *m*, -in *f* **ac·cre·di·ta·to** A ADJ 1 akkreditiert: **un giornalista ~** ein akkreditierter Journalist 2 (*attendibile*) **da fonti -e** von gut unterrichteter Seite B M, **-a** F Akkreditierte *m/f*

ac·cre·di·to [-ɛ-] Gutschrift *f*: **un ~ a favore di qn** eine Gutschrift zu j-s Gunsten; **mediante ~ sul conto corrente** durch Gutschrift aufs Girokonto

ac·cre·sce·re [-e-] ⟨3n⟩ A V/T 1 vergrößern, steigern 2 (*in quantità*) vermehren 3 erhöhen: **l'alcol accresce il pericolo d'infarto** Alkohol erhöht die Infarktgefahr B V/PR **-rsi** 1 sich vergrößern, zunehmen 2 (*in quantità*) sich vermehren, sich erhöhen

ac·cre·sci·men·to [-e-] M 1 Vergrößerung *f*, Steigerung *f* 2 (*quantità*) Vermehrung *f* **ac·cre·sci·ti·vo** A ADJ vergrößernd, Steigerungs- B M Vergrößerungsform *f*

ac·cuc·ciar·si [-s-] V/PR ⟨1f⟩ 1 (sich) kuschen 2 (*di persone*) sich zusammenkauern

ac·cu·di·re ⟨4d⟩ A V/T pflegen, versorgen; (*bambini*) beaufsichtigen B V/I ⟨av⟩ **~ alla casa** den Haushalt besorgen (*od* versehen)

ac·cu·lar·si [-s-] V/PR ⟨1a⟩ sich auf die Hinterbeine setzen

ac·cul·tu·ra·r·si [-s-] V/PR ⟨1a⟩ sich kulturell anpassen, sich integrieren **ac·cul·tu·ra·to** ADJ integriert **ac·cul·tu·ra·zio·ne** [-o-] F kulturelle Anpassung *f*, Integration *f*

ac·cu·mu·la·re ⟨1m⟩ A V/T 1 auf-, anhäufen; (an)sammeln: **~ esperienze** Erfahrungen sammeln; **~ errori su errori** einen Fehler nach dem andern machen 2 (*ammassare*) horten B V/PR **-rsi** sich häufen, sich sammeln **ac·cu·mu·la·to·re** [-o-] M ELEK, IT Akkumulator *m*: **~ idraulico** Druckwasserspeicher *m*; **~ termico** Wärmespeicher *m* **ac·cu·mu·la·zio·ne** [-o-] F 1 Anhäufung *f*, Sammlung *f* 2 WIRTSCH Akkumulation *f* 3 TECH Speicherung *f* ♦ **bacino di ~** Speichersee *m*; **~ di calore** Wärmestau *m*

ac·cu·mu·lo M Haufen *m*, Anhäufung *f*: **un ~ di debiti** ein Haufen Schulden

ac·cu·ra·tez·za [-e-] F Sorgfalt *f*; Genauigkeit *f* **ac·cu·ra·to** ADJ sorgfältig;

genau

★**ac·cu·sa** F 1 Be-, Anschuldigung *f* 2 JUR Anklage *f*: **muovere un'~ di** (*od* **per**) **qc contro qn** eine Anklage gegen j-n wegen etw erheben ♦ **atto d'~** Anklageschrift *f*; **pubblica ~** Staatsanwaltschaft *f*; (*avvocato*) Staatsanwalt *m*, -anwältin *f*

ac·cu·sa·bi·le ADJ anklagbar

★**ac·cu·sa·re** ⟨1a⟩ A V/T 1 beschuldigen, bezichtigen 2 JUR anklagen: **~ qn di corruzione** j-n wegen Korruption anklagen 3 verspüren: **~ un forte mal di testa** starke Kopfschmerzen verspüren 4 zeigen: **il suo viso accusava stanchezza** ihr Gesicht zeigte Müdigkeit B V/PR **-rsi** 1 sich bezichtigen, sich anklagen 2 sich gegenseitig beschuldigen ♦ HANDEL **~ ricevuta di qc** den Empfang von etw bestätigen

ac·cu·sa·ti·vo M Akkusativ *m*, Wenfall *m*

ac·cu·sa·to A ADJ angeklagt, beschuldigt: **~ di furto** des Diebstahls angeklagt B M, **-a** F Angeklagte *m/f* **ac·cu·sa·to·re** [-o-] A ADJ anklagend: **uno sguardo ~** ein anklagender Blick B M, **-tri·ce** F 1 Ankläger *m*, -in *f* 2 JUR Kläger *m*, -in *f*

ac·cu·sa·to·rio [-ɔ-] ADJ anklagend, Anklage-

a·cer·bi·tà F ⟨*inv*⟩ 1 Säure *f*, Herbheit *f* 2 Unreife *f* **a·cer·bo** [-ɛ-] ADJ 1 sauer, herb 2 *fig* **una bellezza -a** eine herbe Schönheit 3 (*frutta*) unreif 4 *fig* (*doloroso*) hart

a·ce·ro M Ahorn *m*

a·cer·ri·mo [-ɛ-] ADJ ⟨*sup von* **acre**⟩ erbittert ♦ **essere ~ nemico di qn** j-s Todfeind sein

a·ce·scen·za [-ɛ-] F *umg* (*vino*) Stich *m*

a·ce·ta·to M Acetat *n* **a·ce·ti·co** [-ɛ-] ADJ essigsauer, essighaltig, Essig-: **acido ~** Essigsäure *f* **a·ce·ti·le** M Acetyl *n* **a·ce·ti·le·ne** [-ɛ-] M Acetylen *n* **a·ce·ti·li·co** ADJ Acetyl- **a·ce·til·sa·li·ci·li·co** ADJ Acetylsalizyl-: **acido ~** Acetylsalizylsäure *f*

★**a·ce·to** [-e-] M Essig *m*: **condire qc con olio e ~** etw mit Öl und Essig anmachen ♦ **~ aromatico/balsamico/di vino** Kräuter-/Balsam-/Weinessig

a·ce·to·lie·ra [-ɛ-] F Ständer *m* mit Essig- und Ölfläschchen **a·ce·to·ne** [-o-] M 1 CHEM Azeton *n* 2 Nagellackentferner *m*

a·ce·to·sa [-o-] F Sauerampfer *m*

a·ce·to·sel·la [-ɛ-] F Sauerklee *m*

A·chil·le M Achilles *m* ♦ **tallone di ~** Achillesferse *f*; **tendine d'~** Achillessehne *f*

a·chil·le·a [-ɛ-] F Schafgarbe *f*

a·ci·da·men·te [-e-] ADV bissig

a·ci·di·fi·can·te ADJ Säure bildend

a·ci·di·fi·ca·re V/T ⟨1d *u.* **n**⟩ säuern

a·ci·di·fi·ca·zio·ne [-o-] F Säurebildung *f*

a·ci·di·tà F ⟨*inv*⟩ 1 Säure *f* 2 CHEM Säuregehalt *m* 3 *fig* (*mordacità*) Bissigkeit *f* ♦ **~ (di stomaco)** Sodbrennen *n*

ac·id mu·sic ['ɛsɪd'mjuzɪk] F Acid Music *f*

★**a·ci·do** A ADJ 1 sauer, Sauer- 2 *fig* säuerlich: **un sorriso ~** ein säuerliches Lächeln 3 bissig: **una battuta -a** eine bissige Bemerkung 4 missmutig B M 1 Säure *f* 2 *sl* (*droga*) Acid *n* ♦ **~ desossiribonucleico** Desoxyribonukleinsäure *f*; **panna -a** saure Sahne *f*, Sauerrahm *m*; **pioggia -a** saurer Regen *m*

a·ci·du·lo ADJ 1 säuerlich 2 *fig* stichelnd

a·ci·no M 1 Beere *f*: **un ~ d'uva** eine Weinbeere 2 ANAT Drüsenbläschen *n*

ac·me F MED Akme *f*, Höhepunkt *m*

ac·ne F Akne *f*

a·con·fes·sio·na·le ADJ konfessionslos

a·con·fes·sio·na·li·tà F Konfessionslosigkeit *f*

a·co·ni·to [-ɔ-] M Eisenhut *m*

★**ac·qua** F 1 Wasser *n*: **~ fredda/calda** kaltes/warmes Wasser; CHEM **~ dura/dolce** hartes/weiches Wasser 2 *pl* Gewässer *n* 3 *pl* Heilquelle *f* ♦ **~ alta** Hochwasser *n*; **essere un buco nell'~** ein Schlag ins Wasser sein; **Acqua di Colonia** Kölnischwasser *n*; **~ corrente** fließendes Wasser; **~ dolce** Süßwasser *n*; **fare ~** leck sein; **~ freatica** Grundwasser *n*; *fig* **~ fresca** kalter Kaffee; **ha l'~ alla gola** das Wasser steht ihm bis zum Hals; ★ **~ minerale** Mineralwasser; *umg* **è ~ passata** das ist Schnee von gestern; **~ pesante** schweres Wasser *n*; **~ potabile** Trinkwasser *n*; **~ del rubinetto** Leitungswasser *n*; **~ viva** Quellwasser *n* → *Seite 50*

ac·qua·for·te [-ɔ-] F KUNST Radierung *f*

ac·qua·io M Ausguss *m*, Spüle *f*

ac·qua·io·lo [-ɔ-] ADJ Wasser-: **serpe -a** Wasserschlange *f* **ac·qua·ma·ri·na** A F Aquamarin *m* B ADJ ⟨*inv*⟩ aquamarin

ac·qua·park M ⟨*inv*⟩ Spaßbad *n*, Erleb-

L'acqua alta

Von November bis April ist es sehr wahrscheinlich, Venedig bei Hochwasser zu erleben. Fast überall, wo Wasser auf den Straßen (auf Venezianisch: **calli**) ist, werden Laufstege hingestellt. Einige kräftige Venezianer (**veneziani**) bieten sich aber auch an, Leute ins Trockene zu tragen. Bevor das Hochwasser (**acqua alta**) kommt, werden die Venezianer von einer Sirene alarmiert. Da wissen sie, dass Gummistiefel nötig sein werden und dass man die ca. 50 cm hohen Metallsperren an den Türen zur Straße aufstellen muss.
Der Wasserspiegel steigt in Venedig jährlich um ca. 5 mm. Der Markusplatz ist am häufigsten überschwemmt. Das Hochwasser entsteht, wenn der Wind vom Wasser aufs Land weht, und bei Hochwasser der Flüsse, die in die Lagune münden. Vor allem die Trockenlegung einiger Lagunenflächen und die Verbreiterung der Wasserwege nach dem Industriehafen Marghera sind verantwortlich für das Absinken Venedigs und **acqua alta.**

nisbad *n* **ac·qua·pla·no** M Wasserski *m* **ac·qua·ra·gia** F Terpentin *n*

ac·qua·rio M **1** (*vasca; edificio*) Aquarium *n* **2** ASTROL **Acquario** Wassermann *m*: **Andrea è dell'Acquario** Andrea ist Wassermann

ac·qua·rio·lo·gi·a F Aquaristik *f*

ac·quar·tie·ra·men·to [-e-] M Einquartierung *f* **ac·quar·tie·ra·re** ⟨1b⟩ **A** V/T einquartieren **B** V/PR **-rsi** sich einquartieren

ac·qua·san·ta [-s-] F Weihwasser *n* ♦ **essere come il diavolo e l'~** wie Hund und Katze sein

ac·qua·san·tie·ra [-san'tiɛ:-] F Weihwasserbecken *n*

ac·qua·scoo·ter [-'skuter] M ⟨*inv*⟩ Jetski *m*

ac·qua·ti·ci·tà F Schwimmtauglichkeit *f*

ac·qua·ti·co ADJ Wasser-: **sport/sci ~** Wassersport *m*/-ski *m od n*

ac·quat·tar·si [-s-] V/PR ⟨1a⟩ sich ducken

ac·qua·vi·te F Schnaps *m*, Branntwein *m*

ac·quaz·zo·ne [-o-] M Platzregen *m*

ac·que·dot·to [-o-] M **1** Wasserwerk *n* **2** HIST Aquädukt *m*

ac·que·mo·to [-ɔ-] M Seebeben *n*

ac·que·o ADJ Wasser-: **vapore ~** Wasserdampf *m*

ac·que·rel·la·re V/T aquarellieren

ac·que·rel·lo [-ɛ-] M **1** Aquarell *n* **2** (*colore*) Wasserfarbe *f*, MAL Aquarellfarbe *f*

ac·que·ru·gio·la F Sprühregen *m*

ac·quet·ta [-e-] F **1** Nieselregen *m* **2** *umg* (*bevanda diluita con acqua*) Brühe *f*

ac·qui·col·tu·ra F Hydrokultur *f*

ac·quie·scen·te [-ɛ-] ADJ nachgiebig, fügsam **ac·quie·scen·za** [-ɛ-] F Nachgiebigkeit *f*, Fügsamkeit *f*

ac·quie·ta·men·to [-e-] M Beschwichtigung *f*, Beruhigung *f* **ac·quie·ta·re** ⟨1b⟩ **A** V/T beruhigen, beschwichtigen **B** V/PR **-rsi** sich beruhigen

ac·qui·fe·ro ADJ Wasser führend ♦ **falda -a** Grundwasser *n*

ac·qui·ren·te [-ɛ-] **A** M/F Käufer *m*, -in *f* **B** ADJ Abnehmer-: **paese ~** Abnehmerland *n*

ac·qui·si·re V/T ⟨4d⟩ **1** erwerben **2** annehmen **ac·qui·si·to** ADJ **1** (*diritto*) erworben **2** (*parente*) angeheiratet: **parente ~** angeheirateter Verwandter *m* **ac·qui·si·to·re** [-o-] M, **-tri·ce** F Akquisiteur *m*, -in *f* **ac·qui·si·zio·ne** [-o-] F **1** Erwerb *m* **2** (*conquista*) Errungenschaft *f*

ac·qui·sta·bi·le ADJ käuflich

★**ac·qui·sta·re** ⟨1a⟩ **A** V/T **1** kaufen **2** an-, einkaufen **3** (*biglietti*) lösen **4** *fig* erwerben: **~ fama** Ruhm erwerben; **~ tempo** Zeit gewinnen **B** V/I ⟨av⟩ gewinnen: **~ in sicurezza** an Sicherheit gewinnen

★**ac·qui·sto** M (Ein)Kauf *m*, Erwerb *m* ♦ **-i in rete** Onlineshopping *n*; **andare a fare -i** einkaufen gehen; **potere d'~** Kaufkraft *f*; **prezzo d'~** Kaufpreis *m*

ac·qui·tri·no M Sumpf *m*, Morast *m* **acqui·tri·no·so** [-o-] ADJ sumpfig, Sumpf-

ac·quo·li·na F: **ho** (*od* **mi viene**) **l'~ in bocca** mir läuft das Wasser im Mund zusammen **ac·quo·si·tà** F Wässrigkeit *f*

ac·quo·so [-o-] ADJ **1** wasserhaltig **2** wässrig: **una minestra -a** eine wässrige Suppe

a·cre ADJ ⟨*sup* acerrimo⟩ herb, sauer (*a. fig*) **a·cre·di·ne** [-ɛ-] F Herbheit *f*, Schärfe *f* (*a. fig*)

a·cri·bi·a F Akribie *f*: **con ~** akribisch

a·cri·li·co ADJ Acryl- ♦ **colori -ci** Acrylfarben *pl*; **vetro ~** Acrylglas *n*
a·cri·mo·nia F Bissigkeit *f*
a·cri·ti·co ADJ unkritisch
a·cro·ba·ta [-ɔ-] M/F Akrobat *m*, -in *f*; (*funambolo*) Seiltänzer *m*, -in *f*
a·cro·ba·ti·ca F Akrobatik *f*
a·cro·ba·ti·co ADJ akrobatisch ♦ **sci ~** Skiakrobatik *f*; **volo ~** Kunstflug *m*
a·cro·ba·ti·smo [-z-] M Akrobatik *f* (*a. fig*)
a·cro·ba·zi·a F Kunststück *n*
a·cro·ma·ti·co ADJ achromatisch
a·cro·po·li [-ɔ-] F ⟨*inv*⟩ Akropolis *f*
a·cu·fe·ne [-ɛ-] M Tinnitus *m*
a·cu·i·re ⟨4d⟩ **A** V/T **1** schärfen: **~ l'ingegno** den Verstand schärfen **2** verschärfen: **~ contrasti** Gegensätze verschärfen **B** V/PR **-rsi** **1** sich verschärfen, zuspitzen **2** (*dolore, malattia*) schlimmer werden **a·cui·tà** F Schärfe *f* ♦ **~ visiva** Sehschärfe *f*
a·cu·le·o M Stachel *m*
a·cu·me M Scharfsinn *m*
a·cu·mi·na·to ADJ spitz
a·cu·sti·ca F Akustik *f* **a·cu·sti·co** ADJ akustisch ♦ **apparecchio ~** Hörgerät *n*; **inquinamento ~** Lärmbelastung *f*; **isolamento ~** Schallschutz *m*; **nervo ~** Gehörnerv *m*
a·cu·tan·go·lo ADJ spitzwink(e)lig
a·cu·tez·za [-e-] F **1** Schärfe *f* (*a. fig*) **2** (*intensità*) Heftigkeit *f*: **l'~ di un dolore** die Heftigkeit eines Schmerzes **a·cu·tiz·za·re** ⟨1a⟩ **A** V/T verschärfen **B** V/PR **-rsi** **1** (*malattia*) sich verschlechtern **2** (*acuirsi*) sich verschärfen **a·cu·tiz·za·zio·ne** [-o-] F **1** Zuspitzung *f* **2** (*malattia*) Verschlechterung *f*
a·cu·to ADJ **1** spitz, scharf **2** MATH **angolo ~** spitzer Winkel *m* **3** (*di suono*) schrill, grell **4** *fig* scharf: **vista -a** scharfe Augen *pl*; **un odore ~** ein stechender Geruch *m* **5** (*perspicace*) scharf(sinnig) **6** (*desiderio*) heftig, brennend **7** MED, LING akut **8** MUS hoch ♦ **un dolore ~** ein stechender Schmerz *m*
ad PRÄP → a
a·dac·qua·men·to [-e-] M Bewässerung *f*
a·dac·qua·re V/T ⟨1a⟩ bewässern
a·da·gia·re ⟨1f⟩ **A** V/T hinlegen, lagern, betten **B** V/PR **-rsi** **1** sich (hin)legen, sich betten **2** *fig* sich hingeben: **-rsi nel lusso** sich dem Luxus hingeben
a·da·gio[1] **A** ADV **1** langsam, gemächlich **2** behutsam, vorsichtig **B** M MUS Adagio *n*
a·da·gio[2] M Sprichwort *n*
a·da·man·ti·no ADJ **1** diamanten **2** *fig* rein, lauter: **una coscienza -a** ein reines Gewissen **3** *fig* (*saldo*) fest, unnachgiebig
a·da·mi·ti·co ADJ **in costume ~** im Adamskostüm
A·da·mo M Adam *m*: **da ~ in qua** seit Adam und Eva ♦ **pomo d'~** Adamsapfel *m*
a·dat·ta·bi·le ADJ **1** anpassungsfähig **2** **~ a qc** zu etw passend **a·dat·ta·bi·li·tà** F ⟨*inv*⟩ Anpassungsfähigkeit *f* **a·dat·ta·men·to** [-e-] M **1** Anpassung *f*: **~ all'ambiente** Anpassung *f* an die Umwelt **2** Bearbeitung *f*: **~ cinematografico** Filmbearbeitung *f* ♦ **spirito di ~** Anpassungsfähigkeit *f*
a·dat·ta·re ⟨1a⟩ **A** V/T **1** anpassen, angleichen **2** ab-, umstellen: **~ la produzione al gusto del pubblico** die Produktion auf den Publikumsgeschmack abstellen **3** (ein)passen: **~ un ripiano alla libreria** ein Brett in das Bücherregal einpassen **4** bearbeiten: **~ qc per il cinema** etw für den Film bearbeiten **5** MUS arrangieren **B** V/PR **-rsi** **1** sich anpassen: **-rsi a qn** sich nach j-m richten **2** sich fügen: **-rsi alla nuova situazione** sich in die neue Situation fügen **3** passen, sich eignen
a·dat·ta·to·re [-o-] M Adapter *m*
★**a·dat·to** ADJ **1** passend, geeignet: **un libro ~ ai bambini** ein für Kinder geeignetes Buch **2** günstig, recht: **al momento ~** zur rechten Zeit **3** (*conveniente*) schicklich ♦ **essere ~ a** (*od* **per**) **qc** zu (*od* für) etw taugen, sich zu etw eignen; **~ allo scopo** zweckmäßig
ad·de·bi·ta·bi·le ADJ zur Last zu legen
ad·de·bi·ta·men·to [-e-] M Belastung *f*
ad·de·bi·ta·re V/T ⟨1m⟩ **1** belasten: **~ una somma sul conto di qn** j-s Konto mit einem Betrag belasten **2** *fig* (*attribuire*) zur Last legen, zuschreiben
ad·de·bi·to [-e-] M **1** Belastung *f* **2** *fig* (*accusa*) Beschuldigung *f* ♦ **nota di ~** Lastschrift *f*
ad·den·sa·men·to [-sa'mento] M **1** Verdichtung *f* **2** (*di nuvole*) Zusammenballung *f* **ad·den·san·te** **A** ADJ Verdickungs- **B** M Verdickungsmittel *n* **ad-**

den·sa·re ⟨1b⟩ **A** VT ein-, verdicken **B** VPR **-rsi** **1** sich verdicken **2** (*di nebbia*) dichter werden **3** (*di nuvole*) sich zusammenballen **4** (*di folla*) zusammenströmen

ad·den·ta·re VT ⟨1b⟩ **1** mit den Zähnen packen, beißen: **~ un panino** in ein Brötchen hineinbeißen **2** (*con tenaglie*) mit der Zange packen **ad·den·ta·tu·ra** F **1** Beißen *n* **2** Biss *m*

ad·den·tel·la·re VT ⟨1b⟩ verzahnen **ad·den·tel·la·to** **A** ADJ verzahnt **B** M **1** Zähnung *f*, Verzahnung *f* **2** *fig* Anhaltspunkt *m*

ad·den·tra·re ⟨1a⟩ **A** VT hineintreiben **B** VPR **-rsi** **1** eindringen: **-rsi nella foresta** in den Wald eindringen **2** *fig* sich einlassen: **-rsi in una discussione** sich auf eine Diskussion einlassen

ad·den·tro [-e-] ADV innen, drinnen ♦ **essere** (**ben**) **~ a** (*od* **in**) **qc** mit etw vertraut sein

ad·de·stra·men·to [-e-] M **1** (*persone*) Schulung *f* **2** (*animali*) Abrichtung *f*, Dressur *f* **ad·de·stra·re** VT ⟨1b⟩ **1** schulen **2** (*animali*) abrichten, dressieren **ad·de·stra·to·re** [-o-] M, **-tri·ce** F **1** Ausbilder *m*, -in *f* **2** (*di animali*) Dresseur *m*, -in *f*

ad·det·to [-e-] **A** ADJ **1** zuständig für; (*assegnato*) beschäftigt bei **2** (*adibito*) **~ a qc** für etw bestimmt **B** M, **-a** F **1** Zuständige *m/f*: **~ a qc** Sachbearbeiter *m* für etw **2** Attaché *m* ♦ **vietato l'ingresso ai non -i ai lavori** Zutritt für Unbefugte verboten

ad·diac·cio M **1** Pferch *m* **2** (*bivacco*) Lager *n*: **passare la notte all'~** die Nacht im Freien verbringen

ad·die·tro [-ɛ-] ADV **tempo ~** früher

ad·di·o **A** INT **1** leb(e) wohl (*od* leben Sie wohl), tschüss **2** *fig* aus, dahin, weg; **~ vacanze!** jetzt ist's vorbei mit dem Urlaub! **B** M **1** Lebewohl *n*: **dire ~ a qn** j-m Lebewohl sagen **2** Abschied *m*: **dare l'~ a qn/qc** von j-m/etw Abschied nehmen

★**ad·di·rit·tu·ra** ADV **1** (*perfino*) sogar **2** geradezu, wirklich: **è ~ incredibile** es ist geradezu unglaublich

ad·dir·si [-s-] VPR ⟨3t⟩ passen, sich ziemen: **un comportamento del genere non si addice ad una ragazzina** ein solches Benehmen gehört sich nicht für ein junges Mädchen

Ad·dis Ab·e·ba F Addis Abeba *n*

ad·di·ta·re VT ⟨1a⟩ deuten, zeigen: **~ qc con un dito** auf etw *akk* mit dem Finger zeigen

ad·di·ti·vo M CHEM Zusatz(stoff) *m*

ad·di·ve·ni·re VI ⟨4p; es⟩ **~ a un accordo** zu einer Einigung gelangen

ad·di·zio·na·le **A** ADJ zusätzlich, Zusatz- **B** F Zusatzsteuer *f* **ad·di·zio·na·re** VT **1** MATH addieren, zusammenzählen **2** hinzufügen: **~ qc a qc** etw zu etw hinzufügen

ad·di·zio·ne [-o-] F MATH, CHEM Addition *f*

ad·dob·ba·re ⟨1c⟩ **A** VT (aus)schmücken: **~ l'albero di Natale** den Christbaum schmücken **B** VPR **-rsi** *hum* sich (mit Schmuck) behängen **ad·dob·ba·to·re** [-o-], M **-tri·ce** F Dekorateur *m*, -in *f* **ad·dob·bo** [-ɔ-] M **1** Schmuck *m*, Dekoration *f* **2** (Aus)Schmücken *n*

ad·dol·ci·re ⟨4d⟩ **A** VT **1** süßen: **~ con zucchero** mit Zucker süßen **2** *fig* versüßen, mildern **3** CHEM, METALL enthärten **B** VPR **-rsi** milder werden (*a. fig*) **ad·dol·ci·to·re** [-ɔ-] M Wasserenthärter *m*

ad·do·lo·ra·re ⟨1a⟩ **A** VT **1** **~ qn** j-m Schmerz zufügen **2** (*rattristare*) betrüben **B** VPR **-rsi** bedauern: **qn si addolora per qc** j-m tut es um etw leid **ad·do·lo·ra·to** ADJ betrübt: **essere ~ per qc** wegen etw betrübt sein

ad·do·me [-ɔ-] M **1** Unterleib *m* **2** ZOOL Hinterleib *m*

ad·do·me·sti·ca·bi·le ADJ **1** zähmbar **2** *fig* bezähmbar

ad·do·me·sti·ca·re VT ⟨1b, d *u.* n⟩ **1** zähmen, bändigen (*a. fig*) **2** abrichten, dressieren **3** *fig* frisieren: **~ un bilancio** eine Bilanz frisieren **ad·do·me·sti·ca·to** ADJ **1** gezähmt **2** *fig* manipuliert

ad·do·mi·na·le ADJ abdominal, Bauch-, Unterleibs-

ad·do·mi·no·pla·sti·ca F MED Bauchdeckenstraffung *f*, Abdominoplastik *f*

ad·dor·men·ta·re VT ⟨1b⟩ **1** einschläfern, zum Schlafen bringen **2** betäuben

★**ad·dor·men·tar·si** [-s-] VPR einschlafen: **~ sui libri** über seinen Büchern einschlafen; *fig* **mi si è addormentato un braccio** mir ist ein Arm eingeschlafen

ad·dor·men·ta·to ADJ **1** eingeschlafen, schlafend **2** *fig* **un tipo ~** eine Schlafmütze *f* **3** betäubt ♦ **la Bella Addormentata** Dornröschen *n*; **cadere ~**

vor Müdigkeit umfallen
ad·dos·sa·re ⟨1c⟩ **A** VT **1** rücken: ~ **le sedie al muro** die Stühle an die Wand rücken **2** *fig* aufbürden: ~ **una responsabilità a qn** j-m eine Verantwortung aufbürden **B** VPR **-rsi** **1** sich anlehnen **2** (*responsabilità*) sich (*dat*) aufbürden: ~ **una colpa** eine Schuld auf sich (*akk*) nehmen **ad·dos·sa·to** ADJ angelehnt
ad·dos·so [-ɔ-] **A** ADV **avere** ~ **una giacca** eine Jacke anhaben; **avere** ~ **grandi responsabilità** große Verantwortung tragen ♦ ~! auf ihn!; **avere molti anni** ~ viele Jahre auf dem Buckel haben; **farsela** ~ sich (*dat*) in die Hosen machen **B** PRÄP ~ **a** auf; **andare** ~ **a qn** gegen j-n stoßen; (*con la macchina*) j-n anfahren; *fig* **dare** ~ **a qn** j-m widersprechen; **saltare** ~ **a qn** j-n angreifen
ad·dot·to·ra·re ⟨1a⟩ **A** VT ~ **qn** (*in Italia*) j-m die Doktorwürde verleihen **B** VPR **-rsi** die Doktorwürde erlangen, promovieren
ad·dot·tri·na·men·to [-e-] M Unterweisung *f* **ad·dot·tri·na·re** VT ⟨1a⟩ belehren, unterweisen **ad·dot·tri·na·to** ADJ gelehrt
ad·dur·re VT ⟨3e⟩ anführen, vorbringen: ~ **una prova per qc** einen Beweis für etw anführen
ad·dut·to·re [-o-] M Zuleitung *f* **ad·du·zio·ne** [-o-] F TECH Zufuhr *f*, Zuleitung *f*
a·de·gua·men·to [-e-] M Anpassung *f*, Angleichung *f*
a·de·gua·re ⟨1a⟩ **A** VT anpassen, angleichen **B** VPR **-rsi** sich anpassen: **-rsi alle circostanze** sich den Umständen anpassen **a·de·gua·tez·za** [-e-] F Angemessenheit *f* **a·de·gua·to** ADJ angemessen ♦ ~ **a** entsprechend, gemäß
a·dem·pie·re [-e-] ⟨4d *u.* g⟩ **A** VT & VI ⟨av⟩ erfüllen: ~ **al proprio dovere** seine Pflicht erfüllen **B** VPR **-rsi** sich erfüllen: **la profezia si adempì** die Prophezeiung erfüllte sich
a·dem·pi·men·to [-e-] M Erfüllung *f*
a·de·no·ma [-ɔ-] M Adenom *n*
a·dep·to [-ɛ-] M, **-a** F Mitglied *n*, Anhänger *m*, -in *f*
a·de·ren·te [-ɛ-] **A** ADJ **1** haftend **2** (*di indumento*) eng anliegend **3** *fig* **traduzione** ~ **al testo** wortgetreue Übersetzung *f*; ~ **alla realtà** wirklichkeitsnah **B** M/F Anhänger *m*, -in *f* **a·de·ren·za** [-ɛ-] F **1** Haftfähigkeit *f*; *fig* Anhänglichkeit *f* **2** *pl fig* Beziehungen *pl*
★**a·de·ri·re** VI ⟨4d; av⟩ **1** haften, kleben **2** (*di indumenti*) eng anliegen **3** *fig* (*accettare*) einwilligen, zustimmen **4** beitreten: ~ **a un partito** einer Partei beitreten **5** anhängen: ~ **a una corrente politica** einer politischen Richtung anhängen
a·de·sca·men·to [-e-] M (An)Lockung *f* **a·de·sca·re** VT ⟨1d⟩ ködern (*a. fig*) **a·de·sca·to·re** [-o-] **A** M, **-tri·ce** F Verführer *m*, -in *f* **B** ADJ verführerisch, verlockend
a·de·sio·ne [-o-] F **1** Haftung *f* **2** Zustimmung *f*, Unterstützung *f* **3** Beitritt *m* **4** PHYS **forza di** ~ Adhäsionskraft *f* **a·de·si·vi·tà** F ⟨*inv*⟩ Haftfähigkeit *f* **a·de·si·vo** **A** ADJ Klebe-, Haft-: **nastro** ~ Klebeband *n* **B** M **1** Klebstoff *m* **2** Aufkleber *m*
★**a·des·so** [-ɛ-] ADV **1** jetzt, nun: **fino a** ~ bis jetzt; **solo** ~ erst jetzt; ~ **basta!** jetzt ist aber Schluss! **2** (*poco fa*) gerade **3** gleich, sofort
ad ho·no·rem [-ɔ-] ADV ehrenhalber, honoris causa: **laurea** ~ Ehrendoktorwürde *f*
a·dia·cen·te [-ɛ-] ADJ **1** (*terreni*) angrenzend: **essere** ~ **a qc** an etw (*akk*) angrenzen **2** (*edifici, stanze*) nebeneinanderliegend **a·dia·cen·ze** [-ɛ-] FPL Umgebung *f*, Nähe *f*
a·di·bi·re VT ⟨4d⟩ ~ **a qc** als (*od* für) etw bestimmen, vorsehen
A·di·ge M Etsch *f* ♦ **Alto** ~ Südtirol *n*
a·di·pe M Fettgewebe *n*, Fett *n*
a·di·po·si·tà F Fettleibigkeit *f* **a·di·po·so** [-o-] ADJ fettleibig, Fett-: **tessuto** ~ Fettgewebe *n*
a·di·rar·si [-s-] VPR ⟨1a⟩ sich erzürnen: ~ **per qc** sich über etw (*akk*) erzürnen **a·di·ra·to** ADJ zornig: **essere** ~ **con qn** auf j-n zornig sein
a·di·re VT ⟨4d⟩ JUR beschreiten: ~ **le vie legali** den Rechtsweg beschreiten
a·di·to M **1** Zugang *m*: **avere** ~ **a** (*od* **in**) **qc** Zugang zu etw haben **2** *fig* Anlass *m*: **dare** ~ **a qc** Anlass zu etw geben
a·doc·chia·re VT ⟨1c⟩ **1** (*cose*) ~ **qc** mit etw liebäugeln **2** (*persone*) ~ **qn** es auf j-n absehen **3** erblicken
a·do·le·scen·te [-ɛ-] **A** ADJ jugendlich, halbwüchsig **B** M/F Jugendliche *m/f*, Heranwachsende *m/f* **a·do·le·scen·za** [-ɛ-] F Jugend *f*, Jugendalter *n* **a·do·le-**

scen·zia·le ADJ Jugend-

a·dom·bra·men·to [-e-] M **1** Beschattung f **2** *fig* (*velato accenno*) Andeutung f

a·dom·bra·re ⟨1a⟩ **A** V/T **1** *geh* beschatten **2** andeuten, versinnbildlichen **B** V/PR **-rsi** **1** (*di cavalli*) scheuen **2** (*di persone*) gekränkt sein

a·do·ne [-o-] M Adonis m: **non è un ~** er ist kein Adonis

a·do·pe·ra·bi·le ADJ verwendbar

a·do·pe·ra·re ⟨1m *u.* c⟩ **A** V/T (ge)brauchen **B** V/PR **-rsi** **1** sich verwenden, sich einsetzen: **-rsi per qn** sich für j-n verwenden **2** (*sforzarsi*) sich bemühen: **-rsi per qc** sich um etw bemühen

a·do·ra·bi·le ADJ bezaubernd

a·do·ra·re V/T ⟨1a⟩ **1** anbeten **2** *fig* vergöttern **3** (*di cose*) lieben **a·do·ra·to·re** [-o-] M, **-tri·ce** F **1** Anbeter m, -in f **2** *fig hum* Verehrer m, -in f **a·do·ra·zio·ne** [-o-] F **1** Anbetung f **2** *fig* Bewunderung f

a·dor·na·re ⟨1a⟩ **A** V/T schmücken: **~ di** (*od* **con**) **qc** mit etw schmücken **B** V/PR **-rsi** sich schmücken

a·dor·no [-o-] ADJ geschmückt

a·dot·ta·bi·le ADJ anwendbar, annehmbar **a·dot·ta·bi·le** ADJ adoptierbar **a·dot·ta·re** V/T ⟨1c⟩ **1** adoptieren **2** anwenden: **~ una strategia** eine Strategie anwenden **3** ergreifen: **~ misure contro qn/qc** Maßnahmen gegen j-n/etw ergreifen

a·dot·ti·vo ADJ Adoptiv-, adoptiert ♦ **figlio ~** Adoptivkind n

a·do·zio·ne [-o-] F **1** Adoption f **2** Anwendung f ♦ **patria di ~** Wahlheimat f

a·dre·na·li·na F Adrenalin n: **scarica di ~** Adrenalinstoß m

a·dria·ti·co **A** ADJ adriatisch **B** M **l'Adriatico** die Adria

a·du·la·re V/T ⟨1a⟩ **~ qn/qc** j-m/etw schmeicheln **a·du·la·to·re** [-o-] **A** ADJ schmeichelnd, schmeichlerisch **B** M, **-tri·ce** F Schmeichler m, -in f **a·du·la·to·rio** [-ɔ-] ADJ schmeichelhaft **a·du·la·zio·ne** [-o-] F Schmeichelei f

a·dul·te·ra·bi·le ADJ verfälschbar

a·dul·te·ra·re V/T ⟨1m⟩ verfälschen; (*vino*) panschen **a·dul·te·ra·to** ADJ verfälscht; (*vino*) gepanscht **a·dul·te·ra·zio·ne** [-o-] F (Ver)Fälschung f; (*vino*) Panschen n

a·dul·te·ri·no ADJ **1** ehebrecherisch **2** außerehelich **a·dul·te·rio** [-ɛ-] M Ehebruch m

a·dul·te·ro **A** ADJ ehebrecherisch **B** M, **-a** F Ehebrecher m, -in f

★**a·dul·to** **A** ADJ **1** erwachsen: **una persona -a** ein Erwachsener m **2** (*animali*) ausgewachsen **3** *fig* reif, ausgereift **B** M, **-a** F Erwachsene m/f: **istruzione per -i** Erwachsenenbildung f

a·du·nan·za F Versammlung f **a·du·na·re** ⟨1a⟩ **A** V/T versammeln, vereinigen **B** V/PR **-rsi** sich versammeln, zusammenkommen **a·du·na·ta** F **1** MIL Appell m **2** Versammlung f, Zusammenkunft f: **luogo di ~** Sammelplatz m

a·dun·co ADJ hakenförmig, Haken-, krumm: **naso ~** Hakennase f

a·dun·ghia·re V/T ⟨1g⟩ mit den Krallen packen

a·e·ra·re V/T ⟨1l⟩ (durch-, be)lüften **a·e·ra·to·re** [-o-] M Lüfter m, Ventilator m **a·e·ra·zio·ne** [-o-] F (Be)Lüftung f: **impianto di ~** Lüftungsanlage f

★**a·e·re·o**[1] [-ɛ-] M Flugzeug n ♦ **~ da combattimento** Kampfflugzeug n; **~ da ricognizione** Aufklärungsflugzeug n; **~ passeggeri** Passagierflugzeug n; **~ supersonico** Überschallflugzeug n

a·e·re·o[2] [-ɛ-] ADJ **1** Luft-: **spazio ~** Luftraum m **2** Flug-, Luft-: **compagnia -a** Fluggesellschaft f; **ponte ~** Luftbrücke m ♦ (**per**) **via -a** per Luftpost

a·e·ri·for·me [-o-] ADJ gasförmig

ae·ro·am·bu·lan·za F Rettungsflugzeug n: **un rimpatrio a bordo dell'~** eine Rückführung mit dem Rettungsflugzeug

a·e·ro·bi·ca [-ɔ-] F Aerobic n

a·e·ro·bi·co [-ɔ-] ADJ BIOL aerob

a·e·ro·ci·ster·na [-ɛ-] F Tankflugzeug n

a·e·ro·club [-'klab] M ⟨*inv*⟩ Flugsportverein m

a·e·ro·di·na F Flugkörper m

a·e·ro·di·na·mi·ca F Strömungslehre f **a·e·ro·di·na·mi·ci·tà** F Aerodynamik f **a·e·ro·di·na·mi·co** ADJ **1** aerodynamisch **2** stromlinienförmig, Stromlinien- **3** Wind-: **galleria -a** Windkanal m

a·e·ro·dro·mo [-ɔ-] Flugplatz m

a·e·ro·fa·gi·a F Luftschlucken n

a·e·ro·fo·to·gra·fi·a F Luftaufnahme f

a·e·ro·fo·to·gram·me·tri·a F Aerofotogrammetrie f

a·e·ro·gra·fi·a F Spritzlackierung f

a·e·ro·gra·fo [-ɔ-] M Spritzpistole f

a·e·ro·gram·ma M Luftpostsendung *f* a·e·ro·li·nea F Fluglinie *f* a·e·ro·mec·ca·ni·ca F Aeromechanik *f* a·e·ro·mo·bi·le [-ɔ-] M Luftfahrzeug *n*

a·e·ro·mo·del·li·smo [-z-] M Flugmodellbau *m* a·e·ro·mo·del·li·sti·co ADJ Flugmodell- a·e·ro·mo·del·lo [-ɛ-] M Flugmodell *n*

a·e·ro·nau·ti·ca F Luftfahrt *f*: **~ civile** zivile Luftfahrt *f*; **~ militare** Luftwaffe *f* a·e·ro·nau·ti·co ADJ Luftfahrt-: **industria -a** Luftfahrtindustrie *f* a·e·ro·na·ve F Luftschiff *n* a·e·ro·na·vi·ga·zio·ne [-o-] F Luftschifffahrt *f*, Flugnavigation *f*

★a·e·ro·pla·no M Flugzeug *n*

★a·e·ro·por·to [-ɔ-] M Flughafen *m*, Flugplatz *m*: **~ civile/militare** Zivil-/Militärflugplatz *m*; **atterrare/fare scalo all'~ di Roma** auf dem Flughafen in Rom landen/zwischenlanden ♦ HANDEL **franco ~** frei Flughafen

a·e·ro·por·tua·le **A** ADJ Flughafen- **B** M/F Flughafenarbeiter *m*, -in *f*, Flughafenangestellte *m/f*

a·e·ro·po·sta·le **A** ADJ Luftpost- **B** M Postflugzeug *n*

a·e·ro·raz·zo M Raketenflugzeug *n* a·e·ro·re·at·to·re [-o-] M Düsenflugzeug *n* a·e·ro·ri·mes·sa [-e-] F Flugzeughalle *f* a·e·ro·sbar·co [-z-] M Luftlandung *f* a·e·ro·sca·lo M Landeplatz *m* a·e·ro·sci·vo·lan·te M Luftkissenfahrzeug *n* a·e·ro·si·lu·ran·te [-s-] M Torpedoflugzeug *n* a·e·ro·si·lu·ro [-s-] M Lufttorpedo *m* a·e·ro·soc·cor·so [-'sokkorso] M Luftrettungsdienst *m*, Flugrettungsdienst *m*

a·e·ro·sol [-ɔ-] M **1** Aerosol *n* **2** (*confezione spray*) Sprühdose *f*

a·e·ro·spa·zia·le ADJ Raumfahrt- a·e·ro·sta·ti·ca F Aerostatik *f* a·e·ro·sta·ti·co ADJ aerostatisch ♦ **pallone ~** Heißluftballon *m*

a·e·ro·sta·to [-ɔ-] M **1** (*senza motore*) Ballon *m*, Freiballon *m* **2** (*con motore*) Luftschiff *n*

a·e·ro·sta·zio·ne [-o-] F Abfertigungsgebäude *n*; Terminal *m* a·e·ro·ta·xi M ⟨*inv*⟩ Lufttaxi *n* a·e·ro·tec·ni·ca [-ɛ-] F Luftfahrttechnik *f* a·e·ro·ter·mi·co [-ɛ-] ADJ Warmluft- a·e·ro·trai·na·re V/T ⟨1l⟩ schleppen a·e·ro·tra·spor·ta·re V/T ⟨1c⟩ mit dem Flugzeug befördern a·e·ro·tra·spor·to [-ɔ-] M Lufttransport *m* a·e·ro·tur·bi·na F Luftturbine *f* a·e·ro·vi·a F Luftstraße *f*

★a·fa F Schwüle *f*: **c'è ~** es ist schwül

a·fa·si·a F Aphasie *f*

af·fa·bi·le ADJ liebenswürdig, umgänglich af·fa·bi·li·tà F ⟨*inv*⟩ Umgänglichkeit *f*; (*dei modi*) Liebenswürdigkeit *f*

af·fac·cen·da·men·to [-e-] M Geschäftigkeit *f* af·fac·cen·da·re ⟨1b⟩ **A** V/T beschäftigen **B** V/PR **-rsi** (*intorno a*) sich (*dat*) zu schaffen machen (an) af·fac·cen·da·to ADJ viel beschäftigt

af·fac·cia·re ⟨1f⟩ **A** V/T aufstellen, vorschlagen **B** V/PR **-rsi** **1** sich zeigen: **-rsi alla finestra** sich am Fenster zeigen **2** hinausgehen: **la stanza si affaccia sul mare** das Zimmer geht aufs Meer hinaus **3** (*venire in mente*) einfallen

af·fa·ma·re V/T ⟨1a⟩ aushungern af·fa·ma·to **A** ADJ hungrig, gierig (*a. fig*): **~ di denaro** geldgierig **B** M, **-a** F Hungernde *m/f*; Hungrige *m/f* af·fa·ma·to·re [-o-] M, **-tri·ce** F *fig* Blutsauger *m*, -in *f*

af·fan·na·re ⟨1a⟩ **A** V/T **1** **~ qn** j-m Atemnot bereiten **2** beunruhigen, ängstigen **B** V/PR **-rsi** **1** sich anstrengen: **-rsi a cercare un lavoro** sich anstrengen, eine Arbeit zu suchen **2** sich (*dat*) Sorgen machen: **non affannarti per noi!** mach dir keine Sorgen um uns! af·fan·na·to ADJ **1** atemlos: **arrivò tutto ~** er kam ganz atemlos an **2** beunruhigt, beängstigt

af·fan·no M **1** Atemnot *f*, Atembeklemmung *f* **2** *fig* Sorge *f*, Kummer *m*; Angst *f*: **darsi ~ per qn/qc** sich (*dat*) Sorgen um j-n/etw machen; **essere in ~ per qn/qc** über j-n/etw bekümmert sein

af·fan·no·sa·men·te [-e-] ADV keuchend

af·fan·no·so [-o-] ADJ **1** keuchend **2** *fig* mühselig, mühevoll

af·far·del·la·re V/T ⟨1b⟩ zusammenpacken, -binden ♦ MIL **~ lo zaino** den Tornister packen

★af·fa·re M **1** Angelegenheit *f*, Sache *f*: **sbrigare un ~** eine Angelegenheit erledigen **2** Geschäft *n*: **avviare/trattare/concludere un ~** ein Geschäft anbahnen/tätigen/abschließen **3** *pl* **entrare in -i con qn** mit j-m ins Geschäft kommen; **come vanno gli -i?** wie gehen die Geschäfte?; **fare loschi -i** dunkle Geschäfte machen; **gli -i sono -i!** Geschäft ist Geschäft!; **un uomo d'-i** ein Geschäftsmann *m* **4** Affäre *f*, Fall *m*: **l'~ Dreyfus** die Affäre Dreyfus **5** *umg* Sache *f*: **un ~ da nulla** eine Kleinigkeit; ♦ **bell'~ hai combinato!** da hast du was Schönes angerichtet!; **brutto ~!** eine schlimme Geschichte!; **sono -i miei!** das sind meine Angelegenheiten!; **non è affar tuo!** das geht dich nichts an!

af·fa·ri·smo [-z-] M Geschäftssinn *m*, *pej* Geschäftemacherei *f*

af·fa·ri·sta M/F Geschäftsmann *m*, -frau *f*, *pej* Geschäftemacher *m*, -in *f* **af·fa·ri·sti·co** ADJ Geschäfts-

af·fa·ro·ne [-o-] M *umg* Bombengeschäft *n*

★**af·fa·sci·nan·te** ADJ bezaubernd, faszinierend **af·fa·sci·na·re** V/T ⟨1m⟩ **1** bezaubern, faszinieren **2** (*con la magia*) verzaubern, behexen **3** (*con il canto*) betören

af·fa·stel·la·men·to [-e-] M **1** Bündeln *n* **2** Anhäufung *f* **af·fa·stel·la·re** V/T ⟨1b⟩ **1** bündeln **2** anhäufen (*a. fig*)

af·fa·ti·ca·men·to [-e-] M Ermüdung *f*, Anstrengung *f* **af·fa·ti·ca·re** ⟨1d⟩ **A** V/T ermüden, anstrengen **B** V/PR **-rsi** **1** sich anstrengen **2** **-rsi gli occhi** seine Augen anstrengen **3** schuften **af·fa·ti·ca·to** ADJ müde, abgearbeitet

★**af·fat·to** ADV **1** (*in frasi negative*) gar nicht, überhaupt nicht: **non è ~ vero!** das ist gar nicht wahr! **2** (*nelle risposte*) gar nicht: **hai fame? – ~!** bist du hungrig? – (nein,) gar nicht! **3** (*in frasi positive*) ganz (und gar), durchaus, vollkommen: **una frase ~ priva di senso** ein ganz (und gar) sinnloser Satz ♦ **niente ~** (ganz und) gar nicht

af·fat·tu·ra·re V/T ⟨1a⟩ **1** verzaubern, verhexen **2** verfälschen; (*vino*) panschen

af·fe·ri·re V/I ⟨4d; av⟩ *form*: **~ a qn** in j-s (*akk*) Zuständigkeit fallen

★**af·fer·ma·re** ⟨1a⟩ **A** V/T **1** behaupten **2** geltend machen: **~ i propri diritti** seine Rechte geltend machen **B** V/PR **-rsi** sich durchsetzen, sich behaupten: **-rsi nella professione** sich im Beruf behaupten ♦ **~ il falso** falsch aussagen; **~ la propria innocenza** seine Unschuld beteuern

af·fer·ma·ti·va·men·te [-e-] ADV bejahend, mit Ja **af·fer·ma·ti·vo** ADJ bejahend **af·fer·ma·to** ADJ anerkannt, bekannt **af·fer·ma·zio·ne** [-o-] F **1** Behauptung *f* **2** Bejahung *f* **3** Erfolg *m*

af·fer·ra·bi·le ADJ **1** greifbar **2** erfassbar, begreifbar **af·fer·ra·re** ⟨1b⟩ **A** V/T **1** ergreifen, packen: **~ qn per il braccio** j-n am Arm packen **2** begreifen, erfassen **B** V/PR **-rsi a qn/qc** sich an j-n/etw (an)klammern (*a. fig*)

af·fet·ta·re[1] V/T ⟨1a⟩ in Scheiben schneiden

af·fet·ta·re[2] V/T ⟨1b⟩ heucheln, vortäuschen

af·fet·ta·to[1] **A** ADJ in Scheiben **B** M Aufschnitt *m* (von Wurst)

af·fet·ta·to[2] ADJ gekünstelt, affektiert

af·fet·ta·tri·ce F Schneidemaschine *f*

af·fet·ta·tu·ra F Aufschneiden *n* **af·fet·ta·zio·ne** [-o-] F Geziertheit *f*, Affektiertheit *f*

af·fet·ti·vi·tà F **1** Gefühlsleben *n* **2** Gefühlsvermögen *n*

af·fet·ti·vo ADJ Gefühls-, gefühlsmäßig: **carenza -a** Gefühlsmangel *m*

af·fet·to[1] [-ɛ-] M **1** Zuneigung *f*, Liebe *f* **2** Gefühl *n* ♦ **con ~** herzlich; (*nelle lettere*) mit herzlichen Grüßen

af·fet·to[2] [-ɛ-] ADJ leidend: **essere ~ da anemia** an Blutarmut leiden

af·fet·tuo·si·tà F ⟨*inv*⟩ Herzlichkeit *f*; Zärtlichkeit *f* **af·fet·tuo·so** [-o-] ADJ liebevoll, zärtlich, lieb

af·fe·zio·na·bi·le ADJ anhänglich

af·fe·zio·na·re ⟨1a⟩ **A** V/T **~ qn a qc** j-s Zuneigung für etw (er)wecken **B** V/PR **-rsi a qn/qc** j-n/etw lieb gewinnen, j-n ins Herz schließen **af·fe·zio·na·to** ADJ **~ a qn/qc** an j-m/etw hängend ♦ **un cliente ~** ein treuer Kunde *m*

af·fe·zio·ne [-o-] F **1** Zuneigung *f*, Wohlwollen *n* **2** Leiden *n*: **~ di stomaco** Magenleiden *n*

af·fian·ca·re ⟨1d⟩ **A** V/T **1** Seite an Seite stellen: **~ qc a qc** etw neben etw (*akk*) stellen **2** **~ qn** j-m zur Seite stehen **3** MIL flankieren **B** V/PR **-rsi a qn** sich an j-s Seite stellen **af·fian·ca·to** ADJ Seite an Seite (stehend), nebeneinander

af·fia·ta·men·to [-e-] M **1** Einvernehmen *n*, Übereinstimmung *f* **2** Zusammenspiel *n*

af·fia·ta·re ⟨1a⟩ **A** V/T **1** miteinander vertraut machen **2** MUS aufeinander einspielen **B** V/PR **-rsi** **1** sich miteinander vertraut machen **2** sich aufeinander einspielen **af·fia·ta·to** ADJ gut eingespielt

af·fib·bia·re V/T ⟨1k⟩ **1** zu-, anschnallen **2** *fig* (*appioppare*) auf-, anhängen **3** (*colpa, responsabilità*) anhängen, zuschieben **4** geben, versetzen: **~ uno schiaffo a qn** j-m eine Ohrfeige versetzen

af·fi·da·bi·le ADJ zuverlässig **af·fi·da·bi·li·tà** F Zuverlässigkeit *f* **af·fi·da·men·to** [-e-] M 1 Anvertrauen *n* 2 JUR Pflege *f*: **dare un bambino in ~** ein Kind in Pflege geben; **bambino in ~** Pflegekind *n*; ♦ **fare ~ su qn/qc** sich auf j-n/etw verlassen

af·fi·da·re ⟨1a⟩ A V/T 1 anvertrauen: **~ una somma di denaro a qn** j-m eine Geldsumme anvertrauen 2 übergeben: **~ il caso all'avvocato** den Fall dem Anwalt übergeben 3 (*assegnare*) betrauen, übertragen B V/PR **-rsi** 1 sich anvertrauen: **-rsi a qn** sich j-m anvertrauen 2 sich hingeben: **-rsi alla sorte** sich dem Schicksal hingeben **af·fi·da·ta·rio** ADJ **madre -a** Pflegemutter *f*; **padre ~** Pflegevater *m* **af·fi·do** M Sorgerecht *n*: **~ condiviso** gemeinsames Sorgerecht *n*

af·fie·vo·li·men·to [-e-] M (Ab)-Schwächung *f* **af·fie·vo·li·re** ⟨4d⟩ A V/T (ab)schwächen B V/PR **-rsi** 1 schwächer werden (*a. fig*) 2 (*di suono*) verklingen 3 (*di speranza*) schwinden

af·fig·ge·re V/T ⟨3mm⟩ anschlagen: **~ un manifesto** ein Plakat anschlagen

af·fi·la·re ⟨1a⟩ A V/T 1 schleifen, schärfen: **~ un coltello** ein Messer schleifen 2 (*matita*) (an)spitzen 3 schmal werden: **la malattia gli ha affilato il viso** sein Gesicht ist durch die Krankheit spitz, schmal geworden B V/PR **-rsi** abmagern **af·fi·la·to** ADJ 1 scharf, spitz 2 (*di naso*) fein, dünn ♦ **~ come un rasoio** messerscharf (*a. fig*)

af·fi·la·to·io [-o-] M Schleifstein *m* **af·fi·la·tri·ce** F Schleifmaschine *f* **af·fi·la·tu·ra** F Schleifen *n*; Schliff *m*; Schärfe *f*

af·fi·lia·re ⟨1g⟩ A V/T aufnehmen: **~ qn a una società** j-n in eine Gesellschaft aufnehmen B V/PR **-rsi** beitreten: **-rsi a un partito** einer Partei beitreten **af·fi·lia·ta** F WIRTSCH 1 Tochtergesellschaft *f* 2 (*socio*) Mitglied *n* **af·fi·lia·to** A ADJ 1 angeschlossen: **~ a una società** einer Gesellschaft angeschlossen 2 Tochter-: **azienda -a** Tochtergesellschaft *f* B M (*socio*) Mitglied *n* **af·fi·lia·zio·ne** [-o-] F Aufnahme *f*

af·fi·na·men·to [-e-] M 1 Schärfung *f* (*a. fig*) 2 Verfeinerung *f*

af·fi·na·re ⟨1a⟩ A V/T 1 spitzen, schärfen 2 *fig* **~ l'orecchio** das Gehör schärfen 3 *fig* verfeinern: **~ il gusto** den Geschmack verfeinern B V/PR **-rsi** 1 sich schärfen 2 sich verfeinern, sich verbessern

★**af·fin·ché** KONJ damit

af·fi·ne A ADJ ähnlich, verwandt: **casi -i** ähnliche Fälle; **lingue -i** verwandte Sprachen B M/F angeheiratete Verwandte *m/f* ♦ **di carattere ~** wesensverwandt; **~ spiritualmente** geistesverwandt

af·fi·ni·tà F ⟨*inv*⟩ Ähnlichkeit *f*; Verwandtschaft *f* ♦ **~ elettiva** Wahlverwandtschaft *f*

af·fio·chi·men·to [-e-] M 1 Dämpfung *f*, Abschwächung *f* 2 (*di voce*) Heiserkeit *f* **af·fio·chi·re** ⟨4b⟩ A V/T dämpfen, abschwächen B V/PR **-rsi** 1 schwächer (*od* leiser) werden 2 (*di voce*) heiser werden

af·fio·ra·men·to [-e-] M Auftauchen *n* **af·fio·ra·re** V/I ⟨1a; es⟩ 1 auftauchen: **~ dal mare** aus dem Meer auftauchen 2 *fig* sich zeigen: **un sorriso affiorò sul suo volto** ein Lächeln zeigte sich auf seinem Gesicht 3 GEOL zutage treten

af·fis·sa·re *geh* ⟨1a⟩ A V/T heften B V/PR **-rsi** sich heften

af·fis·sio·ne [-si'o-] F Anschlagen *n* ♦ **divieto d'~** Plakatankleben verboten

af·fis·so A ADJ **un avviso ~ in bacheca** eine am Schwarzen Brett angeschlagene Anzeige B M Anschlag *m*

af·fit·ta·bi·le ADJ zu vermieten, vermietbar

af·fit·ta·ca·me·re M/F ⟨*inv*⟩ Zimmervermieter *m*, -in *f*

★**af·fit·ta·re** V/T ⟨1a⟩ 1 (*dare in affitto*) vermieten; (*terreno*) verpachten: **affittasi camere** Fremdenzimmer *n*, Zimmer zu vermieten 2 (*prendere in affitto*) mieten; (*terreno*) pachten

af·fit·ti·re ⟨4d⟩ A V/T dicht machen, verdichten B V/PR **-rsi** dicht werden

★**af·fit·to** M 1 Miete *f*: **dare qc in ~** etw vermieten; **prendere qc in ~** etw mieten; **abitare in ~** zur Miete wohnen 2 (*di terreno*) Pacht *f*

af·fit·tua·rio A M, **-a** F 1 Mieter *m*, -in *f* 2 (*di terreno*) Pächter *m*, -in *f* B ADJ 1 Miet- 2 (*di terreno*) Pacht-

af·flig·ge·re ⟨3cc⟩ A V/T 1 quälen, plagen 2 (*rattristare*) betrüben B V/PR **-rsi per qc** sich mit etw quälen, sich über etw (*akk*) betrüben

af·flit·to A ADJ 1 gequält: **essere ~ da una malattia** an einer Krankheit leiden 2 betrübt, kummervoll: **essere ~ per qc** betrübt über etw (*akk*) sein **B** M, **-a** F Betrübte *m/f*, Niedergeschlagene *m/f*

af·fli·zio·ne [-o-] F **1** Betrübnis *f* **2** Leid *n*

af·flo·scia·re ⟨1f⟩ **A** V/T **1** erschlaffen lassen **2** *fig* (*accasciare*) entkräften **B** V/PR **-rsi 1** (*sgonfiarsi*) erschlaffen, zusammenfallen **2** *fig* (*svenire*) zusammensinken, verzagen

af·flu·en·te [-ɛ-] M Nebenfluss *m*, Zufluss *m*

af·flu·en·za [-ɛ-] F **1** Zufluss *m* **2** *fig* Zustrom *m*, Zulauf *m* ♦ **~ alle urne** Wahlbeteiligung *f*; **~ di pubblico** Besucherandrang *m*; **alla manifestazione c'è stata grande ~ di pubblico** die Veranstaltung war sehr gut besucht

af·flu·i·re V/I ⟨4d; es⟩ **1** (zu)fließen, (zu)strömen (*a. fig*) **2** (*di persone*) herbei-, zusammenströmen

af·flus·so M **1** (*di liquidi*) Zufluss *m*, Zustrom *m* **2** MED Andrang *m* **3** *fig* (*di persone*) Zustrom *m*, Zulauf *m*, Andrang *m*

af·fo·ga·men·to [-e-] M **1** (*l'affogare*) Ertränken *n* **2** (*l'affogarsi*) Ertrinken *n* **af·fo·ga·re** ⟨1c *u.* e⟩ **A** V/T ertränken; (*animali*) ersäufen (*a. fig*) **B** V/I ⟨es⟩ ertrinken **C** V/PR **-rsi** sich ertränken **af·fo·ga·to** M, **-a** F Ertrunkene *m/f* ♦ **~ al caffè** Eiskaffee *m*

af·fol·la·men·to [-e-] M Andrang *m*, Gedränge *n* **af·fol·la·re** ⟨1c⟩ **A** V/T (über)füllen: **~ la sala** den Saal füllen **B** V/PR **-rsi 1** sich füllen: **la sala si affollò** der Saal füllte sich **2** sich drängen, sich zusammendrängen **3** *fig* einstürmen: **i pensieri si affollano nella sua mente** die Gedanken stürmen auf ihn ein **af·fol·la·to** ADJ überfüllt, voll

af·fon·da·men·to [-e-] M Versenkung *f*, Sinken *n* **af·fon·da·re** ⟨1a⟩ **A** V/T **1** versenken **2** (ein)rammen: **~ il coltello in qc** das Messer in etw (*akk*) rammen **3** vergraben: **~ le mani nelle tasche** die Hände in die Taschen vergraben **B** V/I ⟨es⟩ ein-, versinken

af·fos·sa·men·to [-e-] M **1** Begraben *n* (*a. fig*) **2** (*avvallamento*) Vertiefung *f*

af·fos·sa·re ⟨1c⟩ **A** V/T **1** (*far fallire*) begraben **2** (*incavare*) Furchen graben in (*akk*) **B** V/PR **-rsi** hohl werden, sich vertiefen

af·fos·sa·to·re [-o-] M, **-tri·ce** F Totengräber *m*, -in *f*

af·fran·ca·men·to [-e-] M Befreiung *f*, Freilassung *f* **af·fran·ca·re** ⟨1d⟩ **A** V/T **1** befreien (*a. fig*) **2** frankieren **B** V/PR **-rsi** sich befreien, sich frei machen (*a. fig*) **af·fran·ca·to** ADJ frankiert **af·fran·ca·tri·ce** F Frankiermaschine *f*

★**af·fran·ca·tu·ra** F Frankierung *f*: **senza ~** unfrei

af·fran·to ADJ niedergeschlagen; erschöpft

af·fra·tel·la·men·to [-e-] M Verbrüderung *f*

af·fra·tel·la·re ⟨1b⟩ **A** V/T verbrüdern **B** V/PR **-rsi** sich verbrüdern

af·fre·sca·re V/T ⟨1d⟩ mit Fresken bemalen

★**af·fre·sco** [-e-] M MAL (*tecnica*) Freskomalerei *f*; (*dipinto*) Fresko *n*

af·fret·ta·re ⟨1a⟩ **A** V/T beschleunigen **B** V/PR **-rsi** sich beeilen; eilen

af·fret·ta·to ADJ hastig, übereilt

★**af·fron·ta·re** ⟨1a⟩ **A** V/T **1** **~ qn/qc** j-m/etw entgegentreten **2** *fig* anpacken, angehen **B** V/PR **-rsi** aneinandergeraten (*a.* SPORT) ♦ **~ le spese** die Kosten auf sich (*akk*) nehmen

af·fron·to [-o-] M Beleidigung *f*, Affront *m*: **fare un ~ a qn** j-n beleidigen

af·fu·mi·ca·re V/T ⟨1d *u.* m⟩ **1** verräuchern **2** GASTR räuchern **af·fu·mi·ca·to** ADJ **1** GASTR geräuchert, Räucher- **2** getönt: **lenti -e** getönte Gläser *pl* **af·fu·mi·ca·to·io** [-o-] M Räucherkammer *f*

af·fu·mi·ca·tu·ra F Räucherung *f*

af·fu·so·la·re V/T ⟨1m⟩ dünn machen

af·fu·so·la·to ADJ (*sottile, snello*) schmal

af·fu·sto M Lafette *f*

★**Af·gha·ni·stan** M Afghanistan *n* **af·g(h)a·no** **A** ADJ afghanisch **B** M, **-a** F Afghane *m*, -nin *f*

a·fi·de M Blattlaus *f*

a·fil·lo ADJ BOT blattlos

a·fo·ni·a F Stimmlosigkeit *f*

a·fo·no ADJ stimmlos

a·fo·ri·sma [-z-] M Aphorismus *m*

a·fo·ri·sti·co ADJ aphoristisch

a·fo·si·tà F Schwüle *f*

a·fo·so [-o-] ADJ schwül

★**A·fri·ca** F Afrika *n*

★**a·fri·ca·na** F Afrikanerin *f*

★**a·fri·ca·no** **A** ADJ afrikanisch **B** M Afrikaner *m*

af·ter-sha·ve ['after'ʃeiv] M ⟨*inv*⟩ Aftershave *n*

a·ga·ri·co M Blätterpilz *m*

a·ga·ta F MINER Achat *m*

a·ga·ve F Agave *f*

a·gen·da [-ɛ-] F 1 Terminkalender *m*, Terminplaner *m*; **~ elettronica** Organizer *m* 2 (*libretto*) Notizbuch *n*

a·gen·di·na F Taschenkalender *m*

a·gen·te [-ɛ-] M/F 1 Agent *m*, -in *f* 2 (*di commercio*) Handelsvertreter *m*, -in *f* 3 (*di polizia*) Polizist *m*, -in *f*: **~ della polizia stradale** Verkehrspolizist *m*, -in *f* 4 CHEM **agente** *m* Wirkstoff *m*: **~ inquinante** Schadstoff *m* 5 **agente** *m* MED Erreger *m*: **~ patogeno** Krankheitserreger *m* ♦ **-i atmosferici** Witterungseinflüsse *pl*; **~ di cambio** Börsenmakler *m*, -in *f*; **~ immobiliare** Immobilienmakler *m*, -in *f*

a·gen·zi·a F 1 (*commerciale*) Agentur *f*, Geschäftsstelle *f* 2 (*succursale*) Zweigstelle *f* ♦ **~ pubblicitaria** Werbeagentur *f*; **~ di lavoro interinale** Zeitarbeitsfirma *f*; **~ di stampa** Nachrichtenagentur *f*; ★ **~ (di) viaggi** Reisebüro *n*

a·ge·vo·la·re V/T ⟨1m⟩ erleichtern: **~ il compito a qn** j-s Aufgabe erleichtern **a·ge·vo·la·to** ADJ FIN zinsgünstig **a·ge·vo·la·zio·ne** [-o-] F Erleichterung *f*: **-i fiscali** Steuererleichterungen *pl*

a·ge·vo·le [-e-] ADJ mühelos, leicht **a·ge·vo·lez·za** [-e-] F Mühelosigkeit *f*, Leichtigkeit *f* **a·ge·vol·men·te** [-e-] ADV leicht, einfach

ag·gan·cia·men·to [-e-] M 1 Ankupp(e)lung *f*, Verkopp(e)lung *f* 2 MECH Kupplung *f*

ag·gan·cia·re ⟨1f⟩ A V/T 1 anhängen; ankuppeln; ankoppeln 2 (den Hörer) auflegen 3 *umg fig* **~ una ragazza** ein Mädchen abschleppen B V/PR **-rsi** sich ankuppeln, sich anhängen

ag·gan·cio M 1 Ankupp(e)lung *f* 2 MECH Kupplung (*od* Kopplung) *f* 3 *fig* (*appiglio*) Ansatzpunkt *m*

ag·geg·gio [-e-] M Ding *n*, Dings *n*

ag·get·tan·te ADJ ARCH vorspringend

ag·get·ta·re V/I ⟨1b; es⟩ ARCH vorspringen

ag·get·ti·va·le ADJ adjektivisch

★**ag·get·ti·vo** M Adjektiv *n*, Eigenschaftswort *n*: **~ qualificativo** Eigenschaftswort *n*; **~ possessivo** Possessivpronomen *n* als Begleiter

ag·get·to [-ɛ-] M 1 Auskragung *f* 2 (*di rocce*) Vorsprung *m*

ag·ghiac·cian·te ADJ grauenhaft **ag·ghiac·cia·re** ⟨1f⟩ A V/T 1 gefrieren 2 *fig* erstarren lassen B V/I ⟨es⟩ & V/PR **-rsi** erstarren (*a. fig*)

ag·ghin·da·re ⟨1a⟩ A V/T herausputzen, zurechtmachen (*a. fig*) B V/PR **-rsi** sich herausputzen

ag·gio M Aufgeld *n*, Agio *n*

ag·gio·ga·re V/T ⟨1e⟩ 1 ins Joch spannen 2 *fig* unterjochen

ag·gior·na·men·to [-e-] M 1 Aktualisierung *f* 2 Fortbildung *f*: **corso di ~** Fort-, Weiterbildungskurs *m* 3 Vertagung *f* 4 IT Upgrade *n* **ag·gior·na·re** ⟨1a⟩ A V/T 1 aktualisieren 2 (*editoria*) neu bearbeiten 3 auf dem Laufenden halten 4 vertagen B V/PR **-rsi** 1 sich auf dem Laufenden halten 2 mit der Zeit gehen 3 sich fortbilden 4 sich vertagen **ag·gior·na·to** ADJ 1 aktualisiert 2 (*editoria*) **edizione -a** neu bearbeitete Auflage 3 **tenersi ~** sich auf dem Laufenden halten

ag·gio·tag·gio M Kurstreiberei *f*, Agiotage *f*

ag·gi·ra·men·to [-e-] M 1 Umgehung *f* (*a. fig*) 2 MIL Umzingelung *f* **ag·gi·ra·re** ⟨1a⟩ A V/T 1 umgehen (*a. fig*): **~ un ostacolo** ein Hindernis umgehen 2 MIL umzingeln B V/PR **-rsi** 1 umher-, herumgehen, herumlaufen: **~rsi per casa** im Haus umhergehen 2 sich belaufen, betragen

ag·giu·di·ca·re ⟨1d *u.* m⟩ A V/T 1 vergeben: **~ un premio** einen Preis vergeben 2 zusprechen, zuerkennen B V/PR **-rsi qc** etw erringen, erlangen **ag·giu·di·ca·ta·rio** M, **-a** F Erwerber *m*, -in *f* **ag·giu·di·ca·zio·ne** [-o-] F Vergabe *f*, Zuschlag *m*

★**ag·giun·ge·re** ⟨3d⟩ A V/T hinzufügen, hinzugeben B V/PR **-rsi** 1 hinzukommen 2 sich anschließen: **si aggiunse alla comitiva** er schloss sich der Reisegesellschaft an

ag·giun·ta F Zusatz *m*, Zugabe *f*

ag·giun·ti·vo ADJ zusätzlich: **benefici -i** Zusatzleistungen *pl*

ag·giun·to ADJ **membro ~** außerordentliches Mitglied *n*; **valore ~** Mehrwert *m*

ag·giu·sta·bi·le ADJ reparierbar **ag·giu·sta·men·to** [-e-] M 1 Reparatur *f* 2 Einigung *f*

★**ag·giu·sta·re** ⟨1a⟩ A V/T 1 reparieren, ausbessern 2 *fig* (*dare una lezione*) **ora ti aggiusto io!** jetzt zeig ich's dir! B V/PR **-rsi** 1 in Ordnung kommen 2 sich einrichten **3** sich einigen ♦ ~ **i conti** die Schulden ausgleichen; *fig* eine Rechnung begleichen; ~ **di sale e pepe** mit Salz und Pfeffer abschmecken

ag·glo·me·ra·men·to [-e-] M Ballung *f*, Anhäufung *f* **ag·glo·me·ran·te** M Bindemittel *n* **ag·glo·me·ra·re** ⟨1c *u.* m⟩ **A** V/T anhäufen, zusammenballen **B** V/PR **-rsi** sich (zusammen)ballen **ag·glo·me·ra·to** M Ballung *f*: ~ **urbano** städtisches Ballungszentrum *n*

ag·glu·ti·nan·te M Binde-, Klebemittel *n* **ag·glu·ti·na·re** V/T ⟨1m⟩ (zusammen)kleben

ag·go·mi·to·la·re V/T ⟨1n⟩ knäueln, aufwickeln

ag·gra·da·re V/I ⟨1a⟩ belieben: **fa' come meglio ti aggrada** tu, wie es dir beliebt

ag·graf·fa·re V/T ⟨1a⟩ **1** (zusammen)heften **2** klammern **3** MECH falzen **ag·graf·fa·tri·ce** F Falzmaschine *f* **ag·graf·fa·tu·ra** F **1** Verklammerung *f* **2** MECH Falz *m*

ag·gran·chia·re V/I ⟨1g; es⟩ erstarren: ~ **per il freddo** vor Kälte erstarren

ag·gran·chi·re ⟨4d⟩ **A** V/T erstarren lassen **B** V/PR **-rsi** starr werden

ag·grap·par·si [-s-] V/PR ⟨1a⟩ sich klammern (*a. fig*): ~ **al braccio di qn/a una speranza** sich an j-s Arm/an eine Hoffnung klammern

ag·gra·va·men·to [-e-] M Verschlechterung *f* **ag·gra·van·te** **A** ADJ JUR erschwerend **B** F erschwerender Umstand *m*

ag·gra·va·re ⟨1a⟩ **A** V/T **1** verschlechtern **2** verschärfen: ~ **una pena** eine Strafe verschärfen **3** belasten (*a. fig*): ~ **la coscienza** das Gewissen belasten **B** V/PR **-rsi** **1** sich verschlechtern **2** sich verschärfen

ag·gra·vio M **1** Last *f*: ~ **fiscale** Steuerlast *f* **2** (*di punizioni*) Verschärfung *f*

ag·gra·zia·to ADJ **1** anmutig **2** (*garbato*) gefällig, freundlich

ag·gre·di·re V/T ⟨4d⟩ **1** angreifen, anfallen **2** (*verbalmente*) anherrschen, anfahren

ag·gre·ga·re ⟨1b *u.* e⟩ **A** V/T ein-, angliedern: ~ **qn a un gruppo** j-n in eine Gruppe eingliedern **B** V/PR **-rsi** **1** sich anschließen **2** CHEM sich verbinden **ag·gre·ga·to** M, **-a** F **1** **aggregato** *m* Ansammlung *f*, Anhäufung *f* **2** **aggregato** *m* Aggregat *n* **3** (*impiegato*) Aushilfe *f* **ag·gre·ga·zio·ne** [-o-] F **1** **centro di ~** Treffpunkt *m* **2** **stato di ~** Aggregatzustand *m*

ag·gres·sio·ne [-si'o-] F **1** Überfall *m*: ~ **contro qc/qn** Überfall auf etw/j-n; ~ **a mano armata** bewaffneter Überfall *m* **2** MIL, PSYCH Aggression *f*, Angriff *m* ♦ **patto di non ~** Nichtangriffspakt *m*

ag·gres·si·vi·tà F ⟨*inv*⟩ Aggressivität *f*, Angriffslust *f* **ag·gres·si·vo** **A** ADJ angriffslustig, aggressiv **B** M Kampfstoff *m*

ag·gres·so·re [-o-] M, **ag·gre·di·tri·ce** F Angreifer *m*, -in *f*, Aggressor *m*, -in *f*

ag·gron·da·to ADJ finster, verärgert

ag·grot·ta·re V/T ⟨1c⟩ **1** runzeln: ~ **la fronte** die Stirn runzeln **2** (*sopracciglia*) zusammenziehen

ag·gro·vi·glia·men·to [-e-] M Verwicklung *f* **ag·gro·vi·glia·re** ⟨1g⟩ **A** V/T verwickeln **B** V/PR **-rsi** sich verwickeln (*a. fig*) **ag·gro·vi·glia·to** ADJ verwickelt (*a. fig*)

ag·gru·mar·si [-s-] V/PR ⟨1a⟩ gerinnen

ag·guan·ta·re V/T ⟨1a⟩ packen, ergreifen

ag·gua·to M Hinterhalt *m* ♦ **stare in ~** auf der Lauer liegen, lauern

ag·guer·ri·re ⟨4d⟩ **A** V/T *fig* abhärten, stählen **B** V/PR **-rsi contro qn/qc** sich gegen j-n/etw abhärten **ag·guer·ri·to** ADJ **1** MIL kampferprobt **2** (*animo, sostenitore*) leidenschaftlich

a·ghet·to [-e-] M Schnürsenkel *m*

a·ghi·fo·glia [-ɔ-] F Nadelbaum *m* **a·ghi·for·me** [-o-] ADJ nadelförmig

a·gia·ta·men·te [-e-] ADV **vivere ~** ein sorgloses Leben führen, ein Leben im Wohlstand führen **a·gia·tez·za** [-e-] F Wohlstand *m* **a·gia·to** ADJ wohlhabend, vermögend, gut situiert

a·gi·bi·le ADJ **1** benutzbar **2** bewohnbar **3** befahrbar; begehbar **4** SPORT bespielbar **a·gi·bi·li·tà** F ⟨*inv*⟩ **1** Benutzbarkeit *f* **2** JUR Abnahme *f* **3** Bewohnbarkeit *f* **4** Befahrbarkeit *f*; Begehbarkeit *f* **5** SPORT Bespielbarkeit *f*

a·gi·le ADJ **1** flink, behänd(e) **2** gelenkig **3** aufgeweckt, rege

a·gi·li·tà F ⟨*inv*⟩ **1** Gelenkigkeit *f* **2** Geschicklichkeit *f* **3** Aufgewecktheit *f* **a·gil·men·te** [-e-] ADV **1** (*con agilità*) leicht, mit Leichtigkeit, behände **2** (*con facilità*) mit Leichtigkeit

a·gio M **1** Bequemlichkeit *f*, Annehmlichkeit *f* **2** *pl* Wohlstand *m*: **vivere negli**

agi im Wohlstand leben **3** MECH Spielraum *m* ♦ **mettersi a proprio ~** es sich (*dat*) gemütlich machen; **sentirsi a proprio ~** sich wohlfühlen

★**a·gi·re** V/I ⟨4d; av⟩ **1** handeln **2** sich verhalten **3** (*essere efficace*) wirken **4** JUR vorgehen: **~ legalmente contro qn** gegen j-n gerichtlich vorgehen ♦ **modo di ~** Handlungsweise *f*

a·gi·ta·men·to [-e-] M Schütteln *n*

★**a·gi·ta·re** ⟨1l⟩ **A** V/T **1** schütteln **2** (*sventolare*) schwenken **3** *fig* aufregen **4** aufwiegeln **B** V/PR **-rsi 1** sich hin und her werfen: **-rsi nel sonno** sich im Schlaf hin und her werfen **2** (*bandiere, fronde*) flattern, wehen **3** *fig* sich er-, aufregen: **-rsi per qc** sich über etw (*akk*) erregen ♦ **~ prima dell'uso** vor Gebrauch schütteln

a·gi·ta·to **A** ADJ **1** bewegt (*a.* MUS) **2** unruhig, aufgeregt **B** M, **-a** F Tobsüchtige *m/f* **a·gi·ta·to·re** [-o-] M, **-tri·ce** F POL Agitator *m*, -in *f*, Aufrührer *m*, -in *f* **a·gi·ta·zio·ne** [-o-] F **1** Auf-, Erregung *f* **2** POL Aufruhr *m*, Agitation *f*

★**a·glio** M Knoblauch *m* ♦ **spicchio d'~** Knoblauchzehe *f*; **testa d'~** Knoblauchknolle *f*

★**a·gnel·lo** [-ɛ-] M Lamm *n* (*a. fig*)

★**a·go** M Nadel *f*: **infilare un ~** eine Nadel einfädeln ♦ *fig* **essere l'~ della bilancia** das Zünglein an der Waage sein; **~ da cucito** Nähnadel *f*; **~ magnetico** Magnetnadel *f*; **cercare un ~ in un pagliaio** eine Stecknadel im Heuhaufen suchen

a·go·gna·re V/T & V/I ⟨1a; av⟩ ersehnen

a·go·ni·a F Todeskampf *m* ♦ **essere in ~** im Sterben liegen

a·go·ni·smo [-z-] M Kampfgeist *m* **a·go·ni·sta** M/F Wettkämpfer *m*, -in *f* **a·go·ni·sti·co** ADJ **1** Wettkampf-, wettkämpferisch **2** *fig* kämpferisch, Kampf-: **spirito ~** Kampfgeist *m* ♦ **sport ~** Leistungssport *m*

a·go·niz·zan·te **A** ADJ **1** sterbend **2** *fig* untergehend: **una civiltà ~** eine untergehende Kultur *f* **B** M/F Sterbende *m/f*

a·go·niz·za·re V/I ⟨1a; av⟩ im Sterben liegen

a·go·pres·sio·ne [-o-] F Akupressur *f*

a·go·pun·to·re M, **-tri·ce** F Akupunkteur *m*, -in *f* **a·go·pun·tu·ra** F Akupunktur *f* **a·go·pun·tu·ri·sta** M/F Akupunkteur *m*, -in *f*

a·go·ra·fo·bi·a F PSYCH Platzangst *f*

a·go·sti·nia·no M, **-a** F Augustiner *m*, -in *f*

★**a·go·sto** [-o-] M August *m*: **in ~** im August; **il 10 ~** 10. August; **oggi abbiamo il 10 di ~** heute ist der 10. August; → a. aprile

a·gra·ria F Agrarwissenschaft *f* **a·gra·rio** **A** ADJ landwirtschaftlich, Landwirtschafts- **B** M, **-a** F **1** Gutsbesitzer *m*, -in *f* **2** Agrarfachmann *m*, -frau *f* **a·gre·ste** [-ɛ-] ADJ ländlich, Land-, bäuerlich

a·gret·to [-e-] **A** ADJ säuerlich, herb **B** M säuerlicher Geschmack *m*, Herbheit *f*

a·grez·za [-e-] F Säuerlichkeit *f*, Herbheit *f*

★**a·gri·co·lo** ADJ landwirtschaftlich, Land-, Agrar-: **riforma -a** Agrarreform *f*

a·gri·col·to·re [-o-] M, **-tri·ce** F Bauer *m*, Bäuerin *f*, Landwirt *m*, -in *f*

★**a·gri·col·tu·ra** F Landwirtschaft *f*, Ackerbau *m*

a·gri·fo·glio [-ɔ-] M Stechpalme *f*

a·gri·gen·ti·no **A** ADJ aus, von Agrigent **B** M, **-a** F Bewohner *m*, -in *f* von Agrigent

A·gri·gen·to [-e-] F Agrigent *n*

a·gri·men·so·re [-men'sore-] M Landvermesser *m*, -in *f* **a·gri·men·su·ra** F Landvermessung *f*

a·gri·tu·ri·smo [-z-] M Ferien *pl* auf dem Bauernhof **a·gri·tu·ri·sti·co** ADJ für Ferien auf dem Bauernhof: **azienda -a** Bauernhof *m* mit Ferienbetrieb; **itinerari -ci** Reiserouten *pl* für Ferien auf dem Bauernhof; **vacanze -che** Ferien *pl* auf dem Bauernhof

a·gro[1] **A** ADJ sauer, säuerlich, herb (*a. fig*) **B** M Säure *f*; saurer Geschmack *m* ♦ **in** (*od* **all'**)**~** sauer eingelegt

a·gro[2] M Acker *m*

a·gro·dol·ce [-o-] ADJ süßsauer (*a. fig*)

a·gro·in·du·stria F Agrar-, Agroindustrie *f* **a·gro·in·du·stria·le** ADJ agrar-, agroindustriell **a·gro·no·mi·a** F Ackerbaukunde *f*

a·gro·no·mo [-ɔ-] M, **-a** F Agronom *m*, -in *f*

a·gru·me M **1** Zitruspflanze *f* **2** Zitrusfrucht *f* **a·gru·me·to** M [-e-] Zitrusplantage *f*

a·guz·za·re V/T ⟨1a⟩ **1** (zu-, an)spitzen **2** *fig* schärfen: **~ la vista** den Blick schärfen ♦ **~ le orecchie** die Ohren spitzen

a·guz·zi·no M **1** Folterknecht *m* **2** *m*, **-a** F *fig* Schinder *m*, -in *f*

a·guz·zo ADJ **1** spitz **2** (*affilato*) scharf

(*a. fig*): **vista -a** scharfer Blick *m*

ah INT ah, oh; ach, ach so; aha: **~, che bello!** oh, wie schön!

ahi INT au, aua: **~, fa male!** au, es tut weh!

ahi·mè INT weh(e), o weh

a·ia F Tenne *f*

AIDS, Aids ['aids] M Aids *n* ♦ **malato di ~** Aidskranke *m*; aidskrank

air-bag [ɛr'beg] M ⟨*inv*⟩ Airbag *m*: **~ guidatore** Fahrerairbag *m*; **~ laterale** Seitenairbag *m*

a·i·re M Anstoß *m*, Antrieb *m* ♦ **dare l'~ a qc** etw in Gang setzen

ai·ro·ne [-o-] M Reiher *m*

ai·tan·te ADJ stattlich, rüstig

a·iuo·la [-ɔ-] F Beet *n*

a·iu·tan·te M/F Helfer *m*, -in *f*, Assistent *m*, -in *f*, Hilfe *f*

★**a·iu·ta·re** ⟨1a⟩ **A** VT **1** **~ qn** j-m helfen **2** erleichtern, fördern: **queste pastiglie aiutano la digestione** diese Tabletten fördern die Verdauung **B** V/PR **-rsi** sich (gegenseitig) helfen

★**a·iu·to** M **1** Hilfe *f*: **chiamare qn in ~** j-n zu Hilfe rufen; **~!** (zu) Hilfe! **2** Helfer *m*, -in *f*; Assistent *m*, -in *f* ♦ **con l'~ di qn** mit j-s Hilfe; **gridare ~** um Hilfe rufen; IT **~ in linea** Onlinehilfe *f*; **~ medico** Assistenzarzt *m*, -ärztin *f*; IT **~ ricerca** Suchhilfe *f*

aiz·za·re VT ⟨1a⟩ **1** hetzen: **~ i cani contro qn** die Hunde auf j-n hetzen **2** *fig* aufhetzen, aufwiegeln **aiz·za·to·re** [-o-] M, **-tri·ce** F Hetzer *m*, -in *f*

★**a·la** F **1** Flügel *m*: **l'~ di un uccello/aereo/edificio** der Flügel eines Vogels/Flugzeugs/Gebäudes **2** POL **l'~ riformista di un partito** der Reformflügel einer Partei **3** SPORT Flügelstürmer *m*, -in *f* ♦ **abbassare le ali** die Flügel hängen lassen; **~ destra** Rechtsaußen *m*

a·la·bar·da F Hellebarde *f*

a·la·ba·stro M Alabaster *m*

a·la·cre ADJ **1** eifrig **2** *fig* munter

a·la·cri·tà F **1** Eifer *m*, Emsigkeit *f* **2** *fig* Munterkeit *f*

a·la·ma·ro M Knebelknopf *m*

a·lam·bic·co M Destillierkolben *m*

a·la·no M Dogge *f*

a·la·re ADJ Flügel-: **apertura ~** Flügelspannweite *f*

A·la·sca F Alaska *n*

a·la·to ADJ **1** ge-, beflügelt, Flügel- **2** *fig* erhaben: **parole -e** geflügelte Worte *pl*

★**al·ba** F Morgengrauen *n*: **dall'~ al tramonto** von Sonnenauf- bis Sonnenuntergang

al·ba·ne·se [-e-] **A** ADJ albanisch **B** M/F Albaner *m*, -in *f*

Al·ba·ni·a F Albanien *n*

al·beg·gia·re V/I ⟨1f; es; *unpers*⟩ **albeggia** es tagt, es dämmert

al·be·ra·re VT ⟨1l⟩ mit Bäumen bepflanzen **al·be·ra·ta** F Baumreihe *f* **al·be·ra·to** ADJ mit Bäumen bepflanzt ♦ **un viale ~** eine Allee *f*

al·be·ra·tu·ra F SCHIFF Bemastung *f*

al·ber·ga·re ⟨1b *u.* e⟩ **A** VT beherbergen, aufnehmen **B** V/I ⟨av⟩ wohnen (*a. fig*)

al·ber·ga·to·re [-o-] M, **-tri·ce** F Hotelbesitzer *m*, -in *f*

al·ber·ghie·ro [-ɛ-] ADJ Hotel-

★**al·ber·go** [-ɛ-] M Hotel *n* ♦ **~ di lusso** Luxushotel; **~ a ore** Stundenhotel *n*; **~ a quattro stelle** Viersternehotel *n*

★**al·be·ro** M **1** Baum *m* **2** SCHIFF Mast *m* **3** TECH Welle *f* ♦ **~ genealogico** Stammbaum *m*; **~ motore** Antriebswelle *f*; **~ di Natale** Weihnachtsbaum *m*, Christbaum *m*

★**al·bi·coc·ca** [-ɔ-] F Aprikose *f* **al·bi·coc·co** M Aprikose *f*, Aprikosenbaum *m*

al·bi·ni·smo [-z-] M Albinismus *m*

al·bi·no M, **-a** F Albino *m*

al·bo M **1** Anschlagbrett *n* **2** Liste *f*, Register *n*: **~ degli architetti/avvocati** Verzeichnis *n* der Architekten/Rechtsanwälte ♦ **l'~ d'oro** das Goldene Buch

al·bo·re [-o-] M **1** *poet* Morgengrauen *n* **2** *pl fig* Frühzeit *f*: **gli -i della civiltà** die Frühzeit der Zivilisation

al·bum M ⟨*inv*⟩ Album *n*: **~ per fotografie** Fotoalbum *n* ♦ **~ da colorare** Malbuch *n*

al·bu·me M Eiweiß *n*

al·bu·mi·na F Eiweißstoff *m*

al·bur·no M Splint *m*, Splintholz *n*

al·ca·li M ⟨*inv*⟩ Alkali *n*

al·ca·li·no ADJ alkalisch: **sale ~** Alkalisalz *n* **al·ca·loi·de** [-ɔ-] M Alkaloid *n*

al·ce F Elch *m*

al·che·chen·gi [-ɛ-] M ⟨*inv*⟩ Physalis *f*

al·chi·mi·a F Alchimie *f* **al·chi·mi·sta** M/F Alchimist *m*, -in *f* **al·chi·mi·sti·co** ADJ alchimistisch

al·col M Alkohol *m* ♦ **~ etilico** Brennspiritus *m*; **~ metilico** Methylalkohol *m*

al·co·le·mi·a F Alkoholspiegel *m*

al·co·li·ci·tà F Alkoholgehalt *m*

al·co·li·co [-ɔ-] **A** ADJ alkoholisch, Alkohol-, alkoholhaltig: **gradazione -a** Alkoholgehalt *m* **B** M Spirituose *f* ♦ **abuso di -ci** Alkoholmissbrauch *m*; **non ~** alkoholfrei; **poco ~** alkoholarm

al·co·li·me·tro M Alkoholtestgerät *n*

al·co·li·smo [-z-] M Alkoholismus *m*

al·co·li·sta M/F Alkoholiker *m*, -in *f*

al·co·liz·za·re ⟨1a⟩ **A** V/T alkoholisieren **B** V/PR **-rsi** Alkoholiker werden **al·co·liz·za·to** **A** ADJ alkoholsüchtig **B** M, **-a** F Alkoholiker *m*, -in *f*

al·col·test [-ɛ-] M ⟨*inv*⟩ Alkoholtest *m*

al·co·pop [-ɔ-] M ⟨*inv*⟩ Alkopop *m*

al·co·va [-ɔ-] F Alkoven *m*

★**al·cu·no** **A** ADJ ⟨*indef*⟩ **1** PL einige, manche **2** *sg* (*in frasi negative*) kein: **non c'è alcun pericolo** es besteht keine Gefahr **3** jeglich, irgendein: **senza alcun dubbio** ohne jeden Zweifel **B** INDEF PR **1** PL einige, manche **2** *sg* (*in frasi negative*) niemand, keiner: **non c'era ~** es war niemand da **3** jemand

al·di·là M Jenseits *n*

a·le·a·to·rie·tà F ⟨*inv*⟩ Zufälligkeit *f*

a·le·a·to·rio [-ɔ-] ADJ zufällig

a·leg·gia·re V/I ⟨1f; av⟩ **1** flattern **2** *fig* wehen

a·le·man·no **A** ADJ alemannisch **B** M, **-a** F Alemanne *m*, -nin *f*

a·le·sag·gio M Bohrung *f* **a·le·sa·re** V/T (aus)bohren; (aus)reiben **a·le·sa·to·re** [-o-] M Reibahle *f* **a·le·sa·tri·ce** F Bohrmaschine *f*

A·les·san·dri·a F Alessandria *f* **a·les·san·dri·no** **A** ADJ alessandrinisch **B** M, **-a** F Alessandriner *m*, -in *f*

a·let·ta [-e-] F **1** Flügelchen *n* **2** (*pinna*) Flosse *f* **3** (*motoristica*) Rippe *f*: **-e di raffreddamento** Kühlrippen *pl* **4** FLUG Klappe *f* ♦ **~ del naso** Nasenflügel *m*; **vite ad ~** Flügelschraube *f*

a·let·to·ne [-o-] M **1** FLUG Querruder *n* **2** AUTO Spoiler *m*

al·fa **A** M/F ⟨*inv*⟩ Alpha *n* **B** ADJ ⟨*inv*⟩ Alpha-: **raggi ~** Alphastrahlen *pl* ♦ **dall'~ all'omega** von A bis Z

al·fa·be·ti·co [-ɛ-] ADJ alphabetisch

★**al·fa·be·to** [-ɛ-] M Alphabet *n*

al·fie·re[1] [-ɛ-] M **1** Fahnenträger *m*, -in *f* **2** *fig* Vorkämpfer *m*, -in *f*

al·fie·re[2] [-ɛ-] M (*scacchi*) Läufer *m*

★**al·ga** F Alge *f*

al·ge·bra F Algebra *f*

al·ge·bri·co [-ɛ-] ADJ algebraisch

Al·ge·ri [-e-] F Algier *n*

Al·ge·ri·a F Algerien *n*

al·ge·ri·no **A** ADJ algerisch **B** M, **-a** F Algerier *m*, -in *f*

al·go·rit·mo M Algorithmus *m*

Al·go·via [-ɔ-] F Allgäu *n*

a·li·an·te M Segelflugzeug *n*

a·lias ADV alias

a·li·bi M Alibi *n*

a·li·ce F Sardelle *f*

a·lie·na·bi·le ADJ JUR veräußerlich

a·lie·nan·te ADJ entfremdend **a·lie·na·re** ⟨1a⟩ **A** V/T **1** JUR veräußern **2** (*allontanare*) entfremden **B** V/PR **-rsi** **1** sich entfremden **2** **-rsi le simpatie della gente** sich (*dat*) die Sympathie der Leute verscherzen **a·lie·na·zio·ne** [-o-] F **1** JUR Veräußerung *f* **2** (*mentale*) Entfremdung *f* **a·lie·ni·sta** M/F Nervenarzt *m*, -ärztin *f*

a·lie·no [-ɛ-] **A** ADJ **essere ~ da qc** etw (*dat*) abgeneigt sein **B** M, **-a** F Außerirdische *m/f*, Alien *m od n*

a·li·men·ta·re[1] ⟨1a⟩ **A** V/T **1** (er)nähren **2** *fig* schüren: **~ l'odio di qn** j-s Hass schüren **3** speisen, versorgen **B** V/PR **-rsi** sich ernähren

a·li·men·ta·re[2] **A** ADJ **1** Nähr-, Ernährungs-: **catena ~** Nahrungskette *f*; **regime ~** Ernährungsweise *f* **2** Lebensmittel-, Nahrungsmittel- **B** MPL Lebensmittel *pl*

⚠ alimentari ≠ Alimente

gli alimentari	=	die Lebensmittel
die Alimente	=	gli alimenti

a·li·men·ta·ri·sta M/F **1** Lebensmittelhändler *m*, -in *f* **2** Ernährungswissenschaftler *m*, -in *f* **a·li·men·ta·to·re** [-o-] M, **-tri·ce** F **1** (*operaio*) Bediener *m*, -in *f* **2** ELEK **alimentatore** *m* Netz(anschluss)gerät *n*

★**a·li·men·ta·zio·ne** [-o-] F **1** Ernährung *f*, Nahrung *f*: **scienza dell'~** Ernährungswissenschaft *f* **2** (*regime alimentare*) Kost *f* **3** TECH Versorgung *f* ♦ IT **~ carta** Papierzufuhr *f*; **~ elettrica** Stromzufuhr *f*; **~ forzata** Zwangsernährung *f*

a·li·men·to [-e-] M **1** Nähr-, Nahrungs-, Lebensmittel *n*: **-i biologici** Biokost *f* **2** *fig* Kost *f*, Nahrung *f*: **~ dello spirito** geistige Kost *f* **3** *pl* JUR Unterhalt *m*, Alimente *pl*; (*pagamento*) Unterhaltszahlung *f*

a·li·quo·ta F **1** Anteil *m* **2** WIRTSCH

Satz *m*: ~ **fiscale** Steuersatz *m*
a·li·sca·fo M Tragflügelboot *n*
a·li·se·o [-'zɛo] ADJ Passat-: **venti -i** Passatwinde *pl*
a·li·ta·re V/I ⟨1l; av⟩ **1** hauchen **2** wehen
a·li·to M Hauch *m*, Atem *m* (*a. fig*): ~ **cattivo** Mundgeruch *m*; ~ **di vento** Windhauch *m*
all', **al·la** → a
al·lac·cia·men·to [-e-] M Anschluss *m*, Verbindung *f*: ~ **dell'acqua** Wasseranschluss *m*
al·lac·cia·re ⟨1f⟩ **A** V/T **1** (zu)schnüren **2** zuschnallen **3** zuknöpfen **4** ~ **relazioni** Beziehungen anknüpfen **5** ~ **la corrente** den Strom anschließen; ~ **il telefono** den Anschluss freischalten **B** V/PR **-rsi le scarpe** sich (*dat*) die Schuhe schnüren ♦ ~ **la cintura di sicurezza** den Sicherheitsgurt anlegen, sich anschnallen
al·lac·cia·tu·ra F Verschluss *m*
al·la·ga·men·to [-e-] M Überschwemmung *f* **al·la·ga·re** ⟨1e⟩ **A** V/T überschwemmen **B** V/PR **-rsi** überschwemmt werden
al·lam·pa·na·to ADJ spindeldürr
al·lar·ga·men·to [-e-] M **1** Verbreiterung *f* **2** Erweiterung *f* (*a. fig*): ~ **dell'Unione Europea** EU-Erweiterung *f*
al·lar·ga·re ⟨1e⟩ **A** V/T **1** verbreitern **2** erweitern (*a. fig*), weiter machen **3** ausbreiten, spreizen: ~ **le braccia** die Arme ausbreiten **B** V/PR **-rsi** **1** sich verbreitern **2** sich ausbreiten, sich erweitern (*a. fig*)
al·lar·man·te ADJ alarmierend
al·lar·ma·re ⟨1a⟩ **A** V/T alarmieren; *fig* beunruhigen **B** V/PR **-rsi** sich beunruhigen: **-rsi per qc** sich wegen etw (*gen*) beunruhigen
al·lar·me M Alarm *m*: **far scattare l'~** den Alarm auslösen; **dare l'~** Alarm schlagen; **falso ~** blinder Alarm *m* ♦ ~ **aereo** Fliegeralarm *m*; ~ **ozono** Ozonalarm *m*; **essere in stato d'~** in (*od* im) Alarmzustand sein
al·lar·mi·smo [-z-] M Panikmache *f* **al·lar·mi·sta** M/F Panikmacher *m*, -in *f*
al·lat·ta·men·to [-e-] M **1** Stillen *n* **2** (*animali*) Säugen *n* **al·lat·ta·re** V/T ⟨1a⟩ **1** stillen **2** (*animali*) säugen
al·le → a
al·le·an·za F Bündnis *n*, Bund *m*: **stringere un'~** ein Bündnis schließen
al·le·ar·si [-s-] V/PR ⟨1b⟩ sich verbünden: ~ **con** (*od* **a**)**/contro qn** sich mit j-m/gegen j-n verbünden **al·le·a·to** M, **-a** F **1** Verbündete *m/f* **2** *pl* HIST Alliierten *pl*
al·le·ga·re[1] V/T ⟨1b *u.* e⟩ anführen: ~ **una prova per qc** einen Beweis für etw anführen
al·le·ga·re[2] V/T ⟨1e⟩ beifügen, beilegen
al·le·ga·to **A** ADJ beiliegend **B** M Anlage *f*: **come da ~** als, in der Anlage
al·leg·ge·ri·men·to [-e-] M **1** Erleichterung *f* (*a. fig*) **2** Entlastung *f*
al·leg·ge·ri·re V/T ⟨4d⟩ **1** erleichtern **2** entlasten: *fig* ~ **la propria coscienza** sein Gewissen entlasten (*od* erleichtern) **3** *fig* lockern: ~ **l'atmosfera** die Stimmung lockern **4** *umg* ~ **qn del portafogli** j-n um seine Brieftasche erleichtern
al·le·go·ri·a F Allegorie *f*; Gleichnis *n*
al·le·go·ri·co [-ɔ-] ADJ allegorisch
al·le·grez·za [-e-] F Fröhlichkeit *f*
★**al·le·gri·a** F Fröhlichkeit *f*, Heiterkeit *f*
★**al·le·gro** [-e-] ADJ **1** lustig, heiter **2** (*umore, colori*) fröhlich **3** *hum* (*brillo*) angeheitert **4** (*spensierato*) unbekümmert
★**al·le·na·men·to** [-e-] M Training *n*: **essere fuori ~** aus der Übung sein **al·le·na·re** V/T ⟨1b⟩ trainieren
★**al·le·nar·si** [-s-] V/PR ⟨1b⟩ trainieren
★**al·le·na·to·re** [-o-] M Trainer *m*
★**al·le·na·tri·ce** F Trainerin *f*
al·len·ta·men·to [-e-] M **1** Lockerung *f* **2** *fig* Nachlassen *n*: **l'~ della tensione** das Nachlassen der Spannung
al·len·ta·re ⟨1b⟩ **A** V/T lockern, lösen: ~ **una vite** eine Schraube lockern; *fig* ~ **la disciplina** die Disziplin lockern **B** V/PR **-rsi** **1** sich lockern, locker werden **2** *fig* nachlassen, sich entspannen **al·len·ta·to** ADJ lose, locker: **un bottone ~** ein loser Knopf
al·ler·gi·a F Allergie *f* (*a. fig*) **al·ler·gi·co** [-ɛ-] ADJ **A** allergisch, Allergie-: **essere ~ a qc** gegen etw allergisch sein (*a. fig hum*) **B** M, **-a** F Allergiker *m*, -in *f*
al·ler·go·lo·go [-ɔ-] M, **-a** F Allergologe *m*, -login *f*
al·ler·ta, **all'er·ta** [-ɛ-] INT Achtung! aufgepasst! ♦ **in ~** in Alarmbereitschaft
al·le·sti·men·to [-e-] M **1** Einrichtung *f*, Ausstattung *f* **2** Veranstaltung *f* **3** THEAT (*cinema*) Inszenierung *f*
al·le·sti·re V/T ⟨4d⟩ **1** gestalten, ausstatten: ~ **una vetrina** ein Schaufenster gestalten **2** (*mostre*) veranstalten **3** THEAT (*cinema*) inszenieren **al·le·sti-**

to·re [-o-] M, **-tri·ce** F Organisator *m*, -in *f*; Ausstatter *m*, -in *f*
al·let·ta·men·to [-e-] M Verlockung *f*, Verführung *f* **al·let·tan·te** ADJ verlockend **al·let·ta·re** V/T ⟨1b⟩ (ver)locken, verführen: **~ qn a qc** j-n zu etw verlocken
★**al·le·va·men·to** [-e-] M 1 Züchtung *f*, Zucht *f*: (*di galline*) **~ a terra** Bodenhaltung *f*; **~ di bestiame** Viehzucht *f* 2 (*di bambini*) Aufziehen *n*, Aufzucht *f*
al·le·va·re V/T ⟨1b⟩ 1 züchten 2 (*bambini*) groß-, aufziehen **al·le·va·to·re** [-o-] M Züchter *m* **al·le·va·tri·ce** F Züchterin *f*
al·le·via·men·to [-e-] M Linderung *f*, Erleichterung *f* **al·le·via·re** V/T ⟨1b *u.* k⟩ lindern, erleichtern
al·li·bi·re V/I ⟨4d; es⟩ bestürzt sein; verblüfft sein
al·li·bi·to ADJ verblüfft; bestürzt
al·li·bra·men·to [-e-] M (Ver)Buchung *f*
al·li·bra·re V/T ⟨1a⟩ (ver)buchen
al·li·bra·to·re [-o-] M, **-tri·ce** F Buchmacher *m*, -in *f*
al·lie·ta·re ⟨1b⟩ A V/T erfreuen B V/PR **-rsi** sich freuen
al·lie·vo [-ɛ-] M, **-a** F 1 Schüler *m*, -in *f* 2 MIL Kadett *m*, -in *f*
al·li·ga·to·re [-o-] M Alligator *m*
al·li·gna·re V/I ⟨1a; es, av⟩ 1 Wurzeln schlagen 2 *fig* sich einbürgern, Fuß fassen
al·li·ne·a·men·to [-e-] M 1 Aufreihung *f* 2 TYPO, IT Ausrichtung *f* 3 Angleichung *f*: **~ dei prezzi** Preisangleichung *f* 4 Anpassung *f*
al·li·ne·a·re ⟨1m⟩ A V/T 1 aufreihen 2 angleichen B V/PR **-rsi** 1 sich (auf)reihen 2 *fig* sich richten: **-rsi a qn/qc** sich nach j-m/etw richten **al·li·ne·a·to** ADJ 1 POL linientreu 2 TYPO, IT bündig: **~ a destra/sinistra** rechts-/linksbündig
al·lit·te·ra·zio·ne [-o-] F Alliteration *f*
al·lo → a
al·loc·co [-ɔ-] M 1 Waldkauz *m* 2 *m*, **-a** F *fig* Dummkopf *m*
al·lo·do·la [-ɔ-] F Lerche *f*
al·lo·ge·no [-ɔ-] A ADJ fremdstämmig B M, **-a** F Fremdstämmige *m/f*
al·log·gia·men·to [-e-] M 1 MIL Unterkunft *f*, Einquartierung *f* 2 (*alloggio*) Quartier *n* 3 TECH Gehäuse *n*, Sitz *m*
al·log·gia·re ⟨1f *u.* c⟩ A V/T 1 unterbringen, beherbergen 2 MIL (ein)quartieren B V/I ⟨av⟩ sich einquartieren, unterkommen
★**al·log·gio** [-ɔ-] M 1 Unterkunft *f* 2 Wohnung *f* ♦ **vitto e ~** Kost und Logis
al·lon·ta·na·men·to [-e-] M 1 Entfernung *f* 2 *fig* Abwendung *f* **al·lon·ta·na·re** ⟨1a⟩ A V/T entfernen; abwenden (*a. fig*): **~ da sé un sospetto** einen Verdacht von sich abwenden B V/PR **-rsi** sich entfernen; abkommen (*a. fig*): **-rsi da casa** sich von zu Hause entfernen
★**al·lo·ra** [-o-] A ADV da, damals B KONJ 1 (*in tal caso*) dann 2 also 3 na, nun C ADJ ⟨*inv*⟩ damalig- ♦ **da ~** seitdem; **da ~ in poi** von da (*od* nun) an
al·lor·ché KONJ als
al·lo·ro [-ɔ-] M 1 Lorbeerbaum *m* 2 Lorbeerblatt *n* ♦ **riposare** (*od* **dormire**) **sugli -i** (sich) auf seinen Lorbeeren ausruhen

▶ allora

allora kann zeitlich verwendet werden, sowohl für Vergangenheit als auch Zukunft:

Allora sì che si stava bene!	Damals war es schön!
Era uscito allora allora.	Er war gerade erst weggegangen.
Quando sarai grande, allora capirai.	Wenn du groß bist, dann wirst du verstehen.

Allora kann ‚dann' als Folge einer Bedingung bedeuten:

Se non vieni, allora mi arrabbio.	Wenn du nicht kommst, dann werde ich böse.

Sehr häufig wird **allora** bei Aufforderungen gebraucht:

Allora, ti muovi!	Mach schon, los!
E allora?	Na und?, Also?

Außerdem leitet es (selten) eine gegensätzliche Feststellung ein:

Ma allora ... sei proprio tu!	Und doch ... du bist es wirklich!

al·lu·ce M große Zehe *f*

al·lu·ci·nan·te ADJ Schrecken erregend; *umg* fürchterlich **al·lu·ci·na·re** VT ⟨1m⟩ blenden (*a. fig*) **al·lu·ci·na·to** A ADJ halluzinierend B M, **-a** F Halluzinierende *m/f* **al·lu·ci·na·zio·ne** [-o-] F Halluzination *f*: **avere -i** halluzinieren **al·lu·ci·no·ge·no** [-ɔ-] A ADJ halluzinogen B M Halluzinogen *n*

al·lu·de·re VI ⟨3q; av⟩ anspielen: **~ a qn/qc** auf j-n/etw anspielen

al·lu·mi·na F Tonerde *f*

★**al·lu·mi·nio** M Aluminium *n*, *umg* Alu *n*

al·lu·nag·gio M Mondlandung *f* **al·lu·na·re** VI ⟨1a; av⟩ auf dem Mond landen

al·lun·ga·bi·le ADJ 1 verlängerbar 2 dehn-, streckbar 3 ausziehbar: **tavolo ~** Ausziehtisch *m* **al·lun·ga·men·to** [-e-] M 1 Verlängerung *f* 2 Dehnung *f*, Streckung *f*

al·lun·ga·re ⟨1e⟩ A VT 1 verlängern 2 (*tavolo*) ausziehen 3 strecken, dehnen: **~ le gambe** die Beine strecken; **~ le braccia** die Arme dehnen 4 (hin)strecken: **~ la mano verso qc** die Hand nach etw ausstrecken 5 *umg* reichen: **allungami il pane** reich mir das Brot 6 verlängern, verdünnen, strecken: **~ qc col latte** etw mit Milch strecken B VPR **-rsi** 1 sich verlängern, länger werden 2 sich (aus)strecken, sich dehnen ♦ **~ le mani** die Hände nicht bei sich behalten können; (*con intenzione violenta*) handgreiflich werden; **~ le orecchie** die Ohren spitzen

al·lu·pa·to ADJ *umg* hungrig, ausgehungert

al·lu·si → alludere

al·lu·sio·ne F Andeutung *f*: **parlare per -i** in Andeutungen sprechen

al·lu·si·vo ADJ anspielungsreich

al·lu·vio·na·le ADJ Schwemm-: **terreno ~** Schwemmland *n* **al·lu·vio·na·to** A ADJ flutgeschädigt, überschwemmt B M, **-a** F Überschwemmungsopfer *n*

al·lu·vio·ne [-o-] F Überschwemmung *f*

al·ma·nac·ca·re VI ⟨1d; av⟩ grübeln

al·ma·nac·ca·to·re [-o-] M Grübler *m*

al·ma·nac·co M Almanach *m*

★**al·me·no** [-e-] ADV wenigstens, mindestens, zumindest

al·no M Erle *f* ♦ **~ nero** Faulbaum *m*

a·lo·e M *od* F ⟨*inv*⟩ Aloe *f*

a·lo·ge·no [-ɔ-] ADJ halogen, Halogen-: **lampada -a** Halogenlampe *f*; **lampadina -a** Halogenbirne *f*; **luce -a** Halogenlicht *n*; **proiettore ~** Halogenscheinwerfer *m*

a·lo·ne [-o-] M 1 (*astri*) Hof *m* 2 FOTO Lichthof *m* 3 Schmutz-, Schweißrand *m* 4 *fig* Nimbus *m*, Hauch *m*

a·lo·pe·ci·a F Psilose *f*

al·pa·ca M ⟨*inv*⟩ Alpaka *n*

al·pe F 1 *poet* (Hoch)Gebirge *n* 2 (*alpeggio*) Almweide *f*

al·peg·gia·re VT ⟨1f⟩ auf die Alm treiben

al·peg·gio [-e-] M Alm *f*, Almweide *f*

al·pe·stre [-ɛ-] ADJ Berg-, Gebirgs-, gebirgig

Al·pi FPL Alpen *pl*

al·pi·ni·smo [-z-] M Bergsteigen *n* **al·pi·ni·sta** M/F Bergsteiger *m*, -in *f* **al·pi·ni·sti·co** ADJ alpinistisch

★**al·pi·no** A ADJ 1 alpin, Alpen- 2 (*montano*) Berg-, Gebirgs- *f* B M, **-a** F Alpen-, Gebirgsjäger *m*, -in *f*

al·quan·to A ADJ ⟨*indef*⟩ etwas, einige: **dopo ~ tempo** nach einiger Zeit B INDEF PR PL manche *pl*, einige *pl* C ADV ziemlich

Al·sa·zia [-ts-] F Elsass *n* ♦ **~-Lorena** Elsass-Lothringen *n* **al·sa·zia·no** [-ts-] A ADJ elsässisch B M, **-a** F Elsässer *m*, -in *f*

alt A INT halt B M ⟨*inv*⟩ 1 MIL Halt *m* 2 IT Alttaste *f*

al·ta fe·del·tà F ⟨*inv*⟩ **impianto ad ~** Hi-Fi-Anlage *f*

al·ta·le·na [-e-] F 1 Wippe *f*; Schaukel *f* 2 *fig* Auf und Ab *n*: **l'~ della vita** das Auf und Ab des Lebens

al·ta·le·na·re VI ⟨av⟩ *fig* schwanken

al·ta·na F Altan *m*

al·ta·re M Altar *m* ♦ **~ maggiore** Hochaltar *m*

al·ta·ri·no M kleiner Altar *m* ♦ *hum* **scoprire gli -i** aus dem Nähkästchen plaudern

Alt·dorf F Altdorf *n*

al·te·a [-ɛ-] F Eibisch *m*

al·te·ra·bi·le ADJ 1 (*deteriorabile*) verderblich 2 *fig* reizbar **al·te·ra·bi·li·tà** F 1 Verderblichkeit *f* 2 *fig* Reizbarkeit *f*

al·te·ra·re ⟨1l⟩ A VT 1 verändern 2 (ver)fälschen; (*voce*) verstellen 3 verdrehen: **~ i fatti** die Tatsachen verdrehen 4 *fig* reizen B VPR **-rsi** 1 sich verändern 2 verderben 3 (*irritarsi*) sich auf-, erregen **al·te·ra·to** ADJ 1 verändert 2 verfälscht **al·te·ra·zio·ne** [-o-] F 1 Veränderung *f* 2 (Ver)Fälschung *f* 3 (*di fatti*) Entstellung *f* 4 *fig* Erregung *f* ♦ **~ del colore** Verfärbung *f*

al·ter·ca·re VI ⟨1b u. d; av⟩ sich zanken
al·ter·co [-ɛ-] M Zank *m*, Streit *m*
al·ter e·go [-ɛ-] M/F Stellvertreter *m*, -in *f*
al·te·ri·gia F Hochmut *m*, Hoffart *f*
al·ter·nan·za F Wechsel *m*: **l'~ del giorno e della notte** der Wechsel von Tag und Nacht
al·ter·na·re ⟨1b⟩ **A** VT abwechseln **B** VPR **-rsi** (sich) abwechseln **al·ter·na·ti·va** F **1** (*avvicendamento*) Wechsel *m* **2** Alternative *f* **al·ter·na·ti·va·men·te** [-e-] ADV alternativ, als Alternative
★**al·ter·na·ti·vo** **A** ADJ **1** abwechselnd: MECH **moto ~** Hin- und Herbewegung *f* **2** alternativ, Alternativ- **B** M, **-a** F Alternative *m/f* **al·ter·na·to** ADJ Wechsel-, abwechselnd: ELEK **corrente -a** Wechselstrom *m* **al·ter·na·to·re** [-o-] M (Wechselstrom)Generator *m*
al·ter·no [-ɛ-] ADJ **1** wechselnd **2** (*variabile*) wechselhaft ♦ **a giorni -i** jeden zweiten Tag
al·te·ro [-ɛ-] ADJ hochmütig, stolz
★**al·tez·za** [-e-] F **1** Höhe *f* (*a.* GEOM, ASTRON, MUS): **avere un'~ di tre metri** drei Meter hoch sein **2** (*quota*) **essere a 800 metri di ~** 800 Meter hoch liegen **3** (*statura*) Größe *f* **4** (*livello*) Stand *m*: **l'~ dell'acqua** der Wasserstand **5** (*profondità*) Tiefe *f* **6** (*di stoffa*) Breite *f* ♦ **all'~ di Roma** auf der Höhe von Rom; *fig* **essere all'~ di un compito** einer Aufgabe gewachsen sein
al·tez·zo·si·tà F Hochmut *m*, Hochmütigkeit *f* **al·tez·zo·so** [-o-] ADJ hochmütig
al·tic·cio ADJ angetrunken
al·ti·me·tri·a F Höhenmessung *f*
al·ti·me·tro M Höhenmesser *m*
al·ti·so·nan·te [-s-] ADJ **1** wohlklingend **2** *fig* (*roboante*) hochtrabend
al·ti·tu·di·ne F Höhe *f*
★**al·to** **A** ADJ ⟨*komp:* più alto/superiore, *sup:* altissimo/supremo/sommo⟩ **1** hoch (*a. fig*) **2** (*di persone*) groß: **è molto ~ per la sua età** er ist sehr groß für sein Alter **3** GEOG Ober-, Nord-: **l'Alta Baviera** Oberbayern *n* **B** M **1** Höhe *f* **2** (*parte superiore*) oberer Teil *m* ♦ **dall'~** von oben; ★ **in ~** oben; **mani in ~!** Hände hoch!; **~ mare** hohe See *f*; **alta nobiltà** Hochadel *m*; MED **pressione alta** Hochdruck *m*; **salto in ~** Hochsprung *m*; **alta società** High Society *f*; **alta stagione** Hochsaison *f*; **parlare a voce alta** laut sprechen
Al·to A·di·ge M Südtirol *n* **al·to·a·te·si·no** **A** M, **-a** F Südtiroler *m*, -in *f* **B** ADJ südtirolerisch
al·to·for·no [-o-] M Hochofen *m*
al·to·lo·ca·to ADJ hoch stehend
al·to·par·lan·te M Lautsprecher *m*
al·to·pia·no M Hochebene *f*
Al·to Vol·ta [-ɔ-] M Obervolta *n*
al·tre·sì [-s-] ADV **1** gleichfalls **2** auch
al·tret·tan·to **A** ADJ ebenso viel **B** PRON **1** genauso viel **2** dasselbe **C** ADV **1** auch, genauso **2** ebenso ♦ **grazie, ~!** danke, gleichfalls!
al·tri INDEF PR ⟨*inv*⟩ ein anderer ♦ **chi ~ avrebbe potuto farlo?** wer sonst hätte das tun können?
★**al·tri·men·ti** [-e-] ADV **1** sonst: **sbrigati, ~ perdi il treno** beeile dich, sonst verpasst du den Zug **2** (*in altro modo*) anders: **non possiamo fare ~** wir können nicht anders handeln
★**al·tro** **A** ADJ **1** and(e)re **2** noch (ein): **desidera ~ caffè?** wünschen Sie noch Kaffee? **3** weitere: **altre informazioni** weitere Auskünfte **4** letzt: **l'altr'anno** letztes Jahr **5** vorletzt **6** nächst: **quest'altr'anno** nächstes Jahr **7** darauffolgend: **l'altra settimana** in der darauffolgenden Woche **B** INDEF PR **1** and(e)re **2** noch ein: **ho finito la birra, dammene un'altra!** ich habe das Bier ausgetrunken, gib mir noch eins! **3** letzt, vorig **4** nächst **5** darauffolgend **6** (*un'altra persona*) **un ~/un'altra** ein anderer/eine andere **7** *pl* **altri** andere **8** (etwas) and(e)res: **pensare ad ~** an etwas anderes denken **9** (*in frasi negative*) nichts (anderes, mehr): **non ho ~** ich habe nichts mehr **10** (*in frasi interrogative*) noch (etwas, mehr): **hai saputo ~?** hast du noch mehr erfahren? ♦ **avanti un ~!** der Nächste bitte!; ★ **se non ~** zumindest; ★ **d'altra parte** andererseits; **per ~** übrigens; **senz'~** ohne Weiteres; **tra l'~** unter anderem; **tutt'~ che …** alles andere als …; **l'un l'~** einander, gegenseitig
al·tro·ché ADV **1** und ob: **sei contento? – ~!** bist du zufrieden? – und ob! **2** doch: **non ti piace? – ~!** gefällt es dir nicht? – doch!
al·tron·de [-o-]: **d'~** übrigens
al·tro·ve [-o-] ADV **1** woanders, *umg* anderswo **2** (*moto*) anderswohin
al·trui ADJ ⟨*poss inv*⟩ fremd, anderer: **sen-**

Gli „altri"

Auch im Italienischen gibt es eine Reihe von Ausdrücken zur Bezeichnung von Minderheiten, Außenseitern oder einfach „Fremden". Hier einige Beispiele, die man als Nicht-Muttersprachler lieber nicht selbst verwenden sollte:

battona, puttana, troia	Nutte, Hure
checca, finocchio, frocio, recchione	Homosexueller
camicia verde	(Grünhemd) Anhänger der Partei Lega Nord
campagnolo	(Landei) jemand, der nicht aus der Stadt kommt
crucco	Deutscher
polentone	(Polentaesser) Norditaliener
terrone, africano, marocchino	(Staubesser, Afrikaner, Marokkaner) Süditaliener
viados	Strichjunge
vù cumpra *oder* **vù accattà**	(Willste kauf') schwarzer Straßenverkäufer

za l'aiuto ~ ohne fremde Hilfe

al·tru·i·smo [-z-] M Selbstlosigkeit *f* **al·tru·i·sti·co** ADJ selbstlos, altruistisch

al·tu·ra F Höhe *f*, Erhebung *f*, Anhöhe *f*

a·lun·no M, **-a** F Schüler *m*, -in *f*

al·ve·a·re M 1 Bienenstock *m* 2 *fig pej* (*casa*) Mietskaserne *f*

al·ve·o M Flussbett *n*

al·za·cri·stal·lo M Fensterheber *m*

★**al·za·re** V/T ⟨1a⟩ 1 (er)heben 2 (*incrementare*) erhöhen 3 höher stellen: ~ **il riscaldamento/lo sgabello** die Heizung/den Hocker höher stellen 4 hochziehen: ~ **il sipario** den Vorhang hochziehen 5 (*bavero*) hochschlagen 6 hochklappen 7 ~ (**il volume di**) **qc** etw lauter stellen 8 errichten: ~ **un muro** eine Mauer errichten, bauen ♦ ~ **una carta** abheben; ~ **le spalle** mit den Achseln zucken

★**al·zar·si** [al'tsarsi] V/PR 1 sich (er)heben 2 (*dal letto*) aufstehen 3 (*aumentare*) sich erhöhen 4 (*temperatura*) steigen

al·za·ta F 1 (Er)Hebung *f* 2 (*di mobile*) Aufsatz *m* ♦ ~ **di spalle** Achselzucken *n*

al·za·tac·cia F *umg* **fare un'~** = *in aller Herrgottsfrühe aufstehen*

al·za·to ADJ **essere** ~ auf sein; **restare** ~ aufbleiben

a·ma·bi·le ADJ 1 liebenswert 2 (*di vino*) lieblich **a·ma·bi·li·tà** F ⟨*inv*⟩ Liebenswürdigkeit *f*

a·ma·ca F Hängematte *f*

a·mal·ga·ma M Amalgam *n* (*a. fig*)

a·mal·ga·ma·re V/T ⟨1m⟩ 1 CHEM verschmelzen (*a. fig*) 2 vermengen

a·ma·ni·ta F ~ **falloide** Fliegenpilz *m*

a·man·te A ADJ -liebend: ~ **dell'ordine** ordnungsliebend B M/F 1 Geliebte *m/f* 2 *fig* Freund *m*, -in *f*, Liebhaber *m*, -in *f*: ~ **degli animali** Tierfreund *m*, -in *f*

a·ma·nuen·se [-'ɛnse] M/F Schreiber *m*, -in *f*

a·ma·ran·to M Amarant *m*

a·ma·ra·sca F Glaskirsche *f*

★**a·ma·re** ⟨1a⟩ A V/T 1 lieben 2 lieben, mögen: ~ **la buona tavola** gutes Essen mögen 3 ~ **fare qc** etw gern tun B V/PR **-rsi** sich, einander lieben

a·ma·reg·gia·re ⟨1f⟩ A V/T verbittern B V/PR **-rsi** verbittert werden, sein **a·ma·reg·gia·to** ADJ verbittert: **essere ~ per qc** über etw (*akk*) verbittert sein

a·ma·re·na [-ɛ-] F Sauerkirsche *f* **a·ma·re·no** [-ɛ-] M Sauerkirschbaum *m* **a·ma·ret·to** [-e-] M 1 Mandelgebäck *n* 2 Mandellikör *m* **a·ma·rez·za** [-e-] F 1 Bitterkeit *f* 2 *fig* Verbitterung *f*

a·ma·ro A ADJ bitter (*a. fig*) B M 1 Bitterkeit *f* 2 (*digestivo*) Magenbitter *m* ♦ **un boccone** ~ eine bittere Pille

a·ma·ro·gno·lo [-ɔ-] ADJ leicht bitter

a·ma·to ADJ geliebt

a·ma·to·re [-o-] M, **-tri·ce** F 1 Liebhaber *m*, -in *f* 2 SPORT **amatore** *m* Amateur *m* **a·ma·to·ria·le** ADJ amateurhaft, Amateur-

a·maz·zo·ne F Amazone *f*

A·maz·zo·nia [-ɔ-] F Amazonien *n* **a·maz·zo·ni·co** [-ɔ-] ADJ amazonisch

am·ba·ge F **rispondere senza -i** ohne Umschweife antworten

am·ba·scia F Kummer *m*

am·ba·scia·ta F Botschaft *f* (*a.* DIPL)

am·ba·scia·to·re [-o-] M, **-tri·ce** F Botschafter *m*, -in *f*

am·be·du·e ADJ & PRON ⟨*inv*⟩ beide

am·bi·de·stro [-ɛ-] ADJ beidhändig, -armig

am·bien·ta·le ADJ Umwelt-: **tutela ~** Umweltschutz *m* **am·bien·ta·li·sta** **A** ADJ Umwelt(schutz)- **B** M/F Umweltschützer *m*, -in *f*

am·bien·ta·men·to [-e-] M Eingewöhnung *f*

am·bien·tar·si [-s-] ⟨1b⟩ V/PR sich eingewöhnen

am·bien·ta·zio·ne [-o-] F THEAT (*cinema*) Bühnenausstattung *f*

★**am·bien·te** [-ɛ-] M **1** Umwelt *f*, Umgebung *f* **2** **~ marino/montano** Meeres-/ /Bergwelt *f* **3** Milieu *n* (*a.* BIOL), Kreis *m*: **frequentare gli -i più esclusivi** in den besten Kreisen verkehren **4** PSYCH Umfeld *n* ♦ **danni all'~** Umweltschäden *pl*; **~ di lavoro** Arbeitsumgebung *f*

am·bi·gui·tà F ⟨*inv*⟩ Zwei-, Doppeldeutigkeit *f* **am·bi·guo** ADJ **1** zwei-, doppeldeutig **2** (*sospetto*) zwielichtig, zweifelhaft

am·bi·re ⟨4d⟩ **A** V/T begehren, erstreben **B** V/I ⟨av⟩ streben: **~ agli onori** nach Ruhm und Ehre streben

am·bi·to[1] ADJ begehrt, ersehnt

am·bi·to[2] M Bereich *m*: **qc non rientra nel mio ~** etw fällt nicht in meinen Bereich

am·bi·zio·ne [-o-] F Ehrgeiz *m* **am·bi·zio·so** [-o-] **A** ADJ ehrgeizig **B** M, **-a** F Ehrgeizige *m/f*, *pej* Streber *m*, -in *f*

am·bo ADJ ⟨*inv*⟩ beide

am·bo·ne [-o-] M Lettner *m* **am·bo·ses·si** [-'sɛ-] ADJ ⟨*inv*⟩ beiderlei Geschlechts

am·bra F Bernstein *m*

am·bu·la·cro M Wandelgang *m* **am·bu·lan·te** ADJ ⟨*inv*⟩ Wander-, Straßen-: **venditore ~** Straßenhändler *m* ♦ **cadavere ~** wandelnder Leichnam *m*

★**am·bu·la·n·za** F Krankenwagen *m*

am·bu·la·to·rial·men·te [-e-] ADV ambulant

★**am·bu·la·to·rio** [-ɔ-] M Praxis *f*, Sprechzimmer *n* ♦ **orario di ~** Sprechstunde *f*

am·bur·ghe·se [-e-] **A** ADJ Hamburger, hamburgisch **B** M/F Hamburger *m*, -in *f*

Am·bur·go F Hamburg *n*

a·me·ba [-ɛ-] F Wechseltierchen *n*, Amöbe *f*

a·men M Amen *n* ♦ **in un ~** im Nu

a·me·ni·tà F ⟨*inv*⟩ **1** Anmut *f*, Lieblichkeit *f* **2** *iron* Unsinn *m* **a·me·no** [-ɛ-] ADJ **1** anmutig, lieblich **2** unterhaltend, Unterhaltungs-: **lettura -a** Unterhaltungslektüre *f*

★**A·me·ri·ca** [-ɛ-] F Amerika *n*: **~ centrale** Mittelamerika *n*; **~ latina** Lateinamerika *n*

★**a·me·ri·ca·na** F Amerikanerin *f*

a·me·ri·ca·ni·sta M/F Amerikanist *m*, -in *f*

★**a·me·ri·ca·no** **A** ADJ amerikanisch **B** M Amerikaner *m*

a·me·ti·sta F Amethyst *m*

a·mian·to M Asbest *m*, Amiant *m*

★**a·mi·ca** F Freundin *f* (*a. euph*)

★**a·mi·che·vo·le** [-e-] **A** ADJ **1** freundschaftlich **2** JUR gütlich: **accordo ~** gütliche Einigung *f* **3** SPORT Freundschafts- **B** F SPORT Freundschaftsspiel *n*

★**a·mi·ci·zia** F **1** Freundschaft *f*: **fare ~ con qn** mit j-m Freundschaft schließen **2** *pl* **le mie -e** meine Freunde

★**a·mi·co** **A** ADJ **1** befreundet: **essere ~ di qn** mit j-m befreundet sein **2** freundschaftlich **B** M Freund *m* (*a. euph*) ♦ **~ del cuore** Busenfreund *m*; **-ci a quattro zampe** vierbeinige Freunde *pl*

a·mi·do M (Wäsche)Stärke *f*

a·mig·da·la F ANAT Mandel *f*

a·mig·da·li·te F Mandelentzündung *f*

am·le·ti·co [-ɛ-] ADJ quälend: **avere un dubbio ~** von Zweifeln geplagt sein

am·mac·ca·re ⟨1d⟩ **A** V/T verbeulen **B** V/PR **-rsi** **1** sich verbeulen **2** (*di frutta*) gequetscht werden **3** **-rsi il ginocchio** sich (*dat*) das Knie aufschlagen **am·mac·ca·tu·ra** F **1** Beule *f* **2** (*di frutta*) Druckstelle *f*

am·ma·e·stra·bi·le ADJ **1** belehrbar **2** (*di animali*) dressierbar **am·ma·e·stra·men·to** [-e-] M **1** Belehrung *f*, Unterweisung *f* **2** (*di animali*) Dressur *f* **am·ma·e·stra·re** V/T ⟨1b⟩ **1** unterweisen, (be)lehren: **~ qn in qc** j-n in etw (*dat*) unterweisen **2** (*animali*) abrichten, dressieren **am·ma·e·stra·to** ADJ Dressur-: **cavallo ~** Dressurpferd *n*

am·ma·glia·re V/T ⟨1g⟩ zu-, einschnüren

am·mai·na·re V/T ⟨1a⟩ einholen: **~ le vele** die Segel einholen

★**am·ma·lar·si** [-s-] V/PR ⟨1a⟩ krank werden, erkranken: **~ di qc** an etw (*dat*) erkranken

★**am·ma·la·to** **A** ADJ krank: **cadere ~** krank werden, erkranken **B** M, **-a** F Kranke *m/f*

am·ma·lian·te ADJ bezaubernd, verführerisch **am·ma·lia·re** V/T ⟨1g⟩ **1** verhexen **2** *fig* bezaubern, verführen

Am·man F Amman *n*

am·man·co M Fehlbetrag *m*

am·ma·net·ta·re V/T ⟨1a⟩ **1** ~ **qn** j-m Handschellen anlegen **2** verhaften

am·ma·ni·ca·to ADJ mit Beziehungen

am·ma·ni·glia·to ADJ *fig* mit Beziehungen

am·man·ni·re V/T ⟨4d⟩ **1** zu-, vorbereiten **2** *hum* (*propinare*) auftischen

am·man·si·re ⟨4d⟩ **A** V/T **1** zähmen **2** (*persone*) besänftigen **B** V/PR **-rsi** **1** zahm werden **2** (*di persone*) sich besänftigen

am·ma·rag·gio M Wasserung *f*

am·ma·ra·re V/I ⟨1a; av⟩ wassern

am·mar·rag·gio M Vertäuung *f*

am·mar·ra·re V/T ⟨1a⟩ **1** vertäuen **2** verankern

am·mas·sa·men·to [-e-] M (An)Häufung *f*, Ansammlung *f* **am·mas·sa·re** ⟨1a⟩ **A** V/T (auf)häufen, ansammeln **B** V/PR **-rsi** **1** sich (an)häufen **2** sich sammeln: **-rsi in piazza** sich auf dem Platz sammeln

am·mas·so M Anhäufung *f*, Haufen *m*: ~ **di rovine** Trümmerhaufen *m*

am·mat·ti·re V/I ⟨4d; es⟩ **1** verrückt werden **2** *fig* ~ **su qc** sich (*dat*) den Kopf über etw (*akk*) zerbrechen

am·mat·to·na·re V/T ⟨1a⟩ (mit Ziegelsteinen) pflastern **am·mat·to·na·to** **A** ADJ Ziegelstein- **B** M Ziegelsteinpflaster *n*

am·maz·za·men·to [-e-] M Töten *n*, Mord *m* **am·maz·za·re** ⟨1a⟩ **A** V/T umbringen, ermorden; (*a colpi, a botte*) tot-, erschlagen; (*sparando*) tot-, erschießen **B** V/PR **-rsi** **1** sich umbringen **2** (*in un incidente*) umkommen **3** *fig* **-rsi di lavoro** sich totarbeiten **am·maz·za·to·io** [-o-] M Schlachthof *m*

am·men·da [-ɛ-] F **1** JUR Bußgeld *n*, Geldbuße *f* **2** (*riparazione*) Wiedergutmachung *f*: **fare ~ di qc** etw wiedergutmachen

am·men·ni·co·lo M **1** Kleinigkeit *f* **2** (*pretesto*) Vorwand *m*

am·mes·so [-e-] ADJ zulässig ♦ ~ **che** ... angenommen, dass ...

★**am·met·te·re** [-e-] V/T ⟨3ee⟩ **1** zulassen: ~ **all'esame** zur Prüfung zulassen; ~ **qn alla maturità** j-n zum Abitur zulassen **2** (*riconoscere*) zugeben **3** (*accogliere*) aufnehmen **4** (*ricevere*) vorlassen **5** (*supporre*) annehmen ♦ **non voler ~ qc** etw nicht wahrhaben (*od* zugeben) wollen

am·mez·za·re V/T ⟨1b⟩ **1** halbieren **2** halb füllen, leeren **am·mez·za·to** M Zwischenstockwerk *n*

am·mic·ca·re V/I ⟨1d; av⟩ ~ **a qn** j-m zuzwinkern

am·mi·ni·stra·re V/T ⟨1a⟩ **1** verwalten **2** (*dosare*) einteilen **3** REL spenden; (*messa*) feiern: ~ **i sacramenti** die Sakramente spenden ♦ ~ **la giustizia** Recht sprechen

am·mi·ni·stra·ti·vo ADJ verwaltungsmäßig, Verwaltungs- ♦ **diritti -i** Bearbeitungsgebühr *f*

am·mi·ni·stra·to·re [-o-] M, **-tri·ce** F Verwalter *m*, -in *f* ♦ ~ **delegato** (*GmbH*) Geschäftsführer *m*; (*AG*) geschäftsführender Vorstand *m*; IT ~ **di database** Datenbankadministrator *m*; IT ~ **di sistema** Systemadministrator *m*

★**am·mi·ni·stra·zio·ne** [-o-] F Verwaltung *f* ♦ ~ **comunale** Gemeindeverwaltung *f*; ~ **fiduciaria** Treuhand *f*; ~ **locale** örtliche Verwaltung *f*

am·mi·no·a·ci·do M Aminosäure *f*

am·mi·ra·glia F Flaggschiff *n* (*a. fig*)

am·mi·ra·glia·to M Admiralität *f*

am·mi·ra·glio M Admiral *m*

★**am·mi·ra·re** V/T ⟨1a⟩ **1** bewundern **2** (*apprezzare*) schätzen: ~ **qn per qc** j-n wegen etw schätzen **am·mi·ra·to** ADJ **1** bewundert **2** erstaunt, verwundert: **rimanere ~ di qc** über etw (*akk*) erstaunt sein **am·mi·ra·to·re** [-o-] M, **-tri·ce** F **1** Bewunderer *m*, Bewunderin *f* **2** (*corteggiatore*) Verehrer *m*, -in *f*

★**am·mi·ra·zio·ne** [-o-] F Bewunderung *f* **am·mi·re·vo·le** [-e-] ADJ bewundernswert

am·mis·si·bi·le ADJ **1** annehmbar **2** (*lecito*) zulässig, erlaubt **am·mis·si·bi·li·tà** F ⟨*inv*⟩ Annehmbarkeit *f*

am·mis·sio·ne F **1** Zulassung *f* **2** (*confessione*) Eingeständnis *n*, Bekenntnis *n*

am·mo·bi·lia·re V/T ⟨1g⟩ einrichten

★**am·mo·bi·lia·to** ADJ möbliert: **camera -a** möbliertes Zimmer *n*

am·mo·der·na·men·to [-e-] M Erneuerung *f* **am·mo·der·na·re** V/T ⟨1a⟩ erneuern

am·mo·do [-ɔ-] ADV/ADJ ⟨*inv*⟩ anständig:

una ragazza ~ ein anständiges Mädchen

am·mo·glia·re ⟨1g⟩ **A** VT verheiraten **B** VPR **-rsi** (eine Frau) heiraten

am·mol·la·re¹ ⟨1c⟩ **A** VT einweichen **B** VPR **-rsi** weich werden; feucht werden

am·mol·la·re² VT ⟨1c⟩ **1** (*allentare*) lockern **2** *fig* versetzen: **~ un ceffone a qn** j-m eine Ohrfeige versetzen

am·mol·li·men·to [-e-] M Er-, Aufweichung *f* **am·mol·li·re** ⟨4d⟩ **A** VT er-, aufweichen **B** VPR **-rsi** **1** weich werden **2** *fig* (*indebolirsi*) verweichlichen

am·mo·ni·a·ca F Ammoniak *n* **am·mo·ni·a·co** ADJ Ammonium-: **sale ~** Salmiak *m*

am·mo·ni·men·to [-e-] M **1** (Er)Mahnung *f*, Warnung *f* **2** (*rimprovero*) Tadel *m*, Rüge *f* **am·mo·ni·re** VT ⟨4d⟩ **1** (er)mahnen **2** (*rimproverare*) tadeln **3** JUR, SPORT verwarnen **am·mo·ni·to·rio** [-ɔ-] ADJ Mahn-: **lettera -a** Mahnbrief *m* **am·mo·ni·zio·ne** [-o-] F JUR, SPORT Verwarnung *f*, Verweis *m*

am·mon·ta·re¹ VI ⟨1a; es⟩ betragen

am·mon·ta·re² M Betrag *m*

am·mon·tic·chia·re VT ⟨1g⟩ (auf)häufen (*a. fig*)

am·mor·ba·re VT ⟨1c⟩ **1** verpesten **2** *fig* (*corrompere*) verderben

am·mor·bi·den·te [-ɛ-] **A** ADJ weich machend **B** M Weichspülmittel *n*

am·mor·bi·di·re ⟨4d⟩ **A** VT **1** weich machen, erweichen **2** *fig* (*mitigare*) mildern **B** VPR **-rsi** weich werden

am·mor·ta·men·to [-e-] M **1** Amortisation *f* **2** WIRTSCH Abschreibung *f*

am·mor·ta·re VT ⟨1c⟩ **1** (*estinguere*) ablösen, tilgen **2** WIRTSCH abschreiben

am·mor·tiz·za·bi·le ADJ tilgbar

am·mor·tiz·za·re VT ⟨1a⟩ **1** WIRTSCH abschreiben **2** TECH dämpfen **am·mor·tiz·za·to·re** [-o-] M **1** MECH Stoßdämpfer *m* **2** MUS Dämpfer *m* ♦ **-i sociali** soziales Netz *n*, Sozialmaßnahmen *pl* **am·mor·tiz·za·zio·ne** [-o-] F TECH Dämpfung *f*

am·mo·scia·to ADJ **1** *umg* schlaff, schlapp **2** *fig* niedergeschlagen, deprimiert

am·mo·sta·re ⟨1a⟩ **A** VT keltern **B** VI Most werden **am·mo·sta·to·io** [-o-] M Kelter *f*

am·muc·chia·men·to [-e-] M An-, Aufhäufung *f* **am·muc·chia·re** ⟨1g⟩ **A** VT anhäufen (*a. fig*) **B** VPR **-rsi** sich aufhäufen (*a. fig*)

am·muf·fi·re VI ⟨4d; es⟩ **1** (ver)schimmeln **2** *fig* versauern **am·muf·fi·to** ADJ **1** schimmelig **2** *fig* überholt, veraltet

am·mu·ti·na·men·to [-e-] M Meuterei *f*

am·mu·ti·nar·si [-s-] VPR ⟨1m⟩ meutern

am·mu·ti·na·to M, **-a** F Meuterer *m*, Meuterin *f*

am·mu·to·li·re ⟨4d; es⟩ VI & VPR **-rsi** verstummen **am·mu·to·li·to** ADJ stumm

am·ne·si·a F Gedächtnisschwund *m*, Amnesie *f*

am·nio·cen·te·si [-e-] F ⟨*inv*⟩ MED Fruchtwasseruntersuchung *f*

am·nio·ti·co [-ɔ-] ADJ **liquido ~** Fruchtwasser *n*

am·ni·sti·a F Amnestie *f*, Straferlass *m*: **beneficiare dell'~** unter die Amnestie fallen **am·ni·stia·re** VT ⟨1h⟩ begnadigen, amnestieren

a·mo M Angelhaken *m*; Angel *f*: **abboccare all'~** anbeißen (*a. fig*)

a·mo·ra·le ADJ amoralisch

a·mo·raz·zo M Liebelei *f*, Techtelmechtel *n*

★**a·mo·re** [-o-] M **1** Liebe *f*: **per ~ (di qn)** aus Liebe (zu j-m) **2** **lavorare con ~** mit Hingabe arbeiten **3** **il primo ~** die erste Liebe **4** (*come appellativo*) Liebling *m* **5** (*persona deliziosa*) Schatz *m* ♦ **vivere d'~ e d'accordo** ein Herz und eine Seele sein; **per l'amor di Dio!** um Gottes willen!; ★ **fare l'~ con qn** j-n lieben, mit j-m schlafen; **per ~ o per forza** wohl oder übel; **mal d'~** Liebeskummer *m*; **essere malato d'~** Liebeskummer haben; **per amor tuo** dir zuliebe; **~ del prossimo** Nächstenliebe *f*; **~ a prima vista** Liebe *f* auf den ersten Blick

a·mo·reg·gia·men·to [-e-] M Liebschaft *f*, Flirt *m* **a·mo·reg·gia·re** VI ⟨1f; av⟩ flirten

a·mo·re·vo·le [-e-] ADJ liebevoll **a·mo·re·vo·lez·za** [-e-] F Liebenswürdigkeit *f*

a·mor·fo [-ɔ-] ADJ **1** formlos **2** *fig* gesichtslos

a·mo·ri·no M Putte *f*

a·mo·ro·sa·men·te [-e-] ADV liebevoll

a·mo·ro·so [-o-] ADJ Liebes-, liebevoll: **pene -e** Liebeskummer *m*

a·mo·vi·bi·le ADJ **1** beweglich **2** (*di persona*) ver-, absetzbar

am·pe·rag·gio M Stromstärke *f*

am·piez·za [-e-] F **1** Weite *f*, Größe *f*; Breite *f*; Geräumigkeit *f* **2** *fig* Reichhaltigkeit *f* **3** Ausführlichkeit *f* ♦ ~ **di vedute** Weitsicht *f*

★**am·pio** ADJ ⟨*sup:* amplissimo⟩ **1** weit, groß; breit; geräumig **2** *fig* reich: **un'-a scelta** eine reiche Auswahl **3** ausführlich, umfangreich ♦ **di ~ respiro** langatmig

am·plia·men·to [-e-] M **1** Erweiterung *f* (*a. fig*); Vergrößerung *f*; Verbreiterung *f*; Vermehrung *f* **2** (*parte aggiunta*) Anbau *m* ♦ IT ~ **della memoria** Speichererweiterung *f*; **lavori di ~** Ausbauarbeiten *pl*

am·plia·re V/T ⟨1l⟩ erweitern (*a. fig*); vergrößern; verbreitern; vermehren

am·pli·fi·ca·re V/T ⟨1m *u.* d⟩ (*suono*) verstärken **am·pli·fi·ca·to·re** [-o-] M Verstärker *m* **am·pli·fi·ca·zio·ne** [-o-] F (*suono*) Verstärkung *f*

am·pol·la [-o-] F **1** Flasche *f*, Fläschchen *n* **2** TECH (Glas)Kolben *m* **am·pol·lie·ra** [-ɛ-] F Öl- und Essigständer *m*

am·pol·lo·si·tà F Schwülstigkeit *f* **am·pol·lo·so** [-o-] ADJ schwülstig, geschwollen

am·pu·ta·re V/T ⟨1l⟩ **1** MED amputieren **2** *fig* (*discorso, scritto*) kürzen

am·pu·ta·zio·ne [-o-] F **1** MED Amputation *f* **2** *fig* (*di scritti*) Kürzung *f*

Am·ster·dam F Amsterdam *n*

a·mu·le·to [-e-] M Amulett *n*

a·nab·ba·glian·te **A** ADJ blendfrei, Abblend- **B** M Abblendlicht *n*

a·na·bo·liz·zan·te M Anabolikum *n*

a·na·con·da [-o-] M Anakonda *f*

a·na·cro·ni·smo [-z-] M Anachronismus *m* **a·na·cro·ni·sti·co** ADJ anachronistisch

a·na·fi·lat·ti·co ADJ anaphylaktisch: **shock ~** Allergieschock *m*

a·na·gra·fe F **1** (*registro*) Einwohnerverzeichnis *n* **2** (*ufficio*) Einwohnermeldeamt *n*, *schweiz* Einwohnerkontrolle *f* **a·na·gra·fi·co** ADJ meldeamtlich ♦ **ufficio ~** Meldeamt *n*, *schweiz* Einwohnerkontrolle *f*

a·na·gram·ma M Anagramm *n*

a·nal·c(o·)o·li·co [-ɔ-] ADJ alkoholfrei

a·na·le ADJ anal, Anal-

a·nal·fa·be·ta [-ɛ-] **A** ADJ analphabetisch **B** M/F Analphabet *m*, -in *f* **a·nal·fa·be·ti·smo** [-z-] M Analphabetentum *n*

a·nal·ge·si·co [-ɛ-] **A** ADJ schmerzstillend **B** M Schmerzmittel *n* Analgetikum *n*

a·na·li·si F ⟨*inv*⟩ Analyse *f* (*a.* PSYCH), Untersuchung *f* ♦ **in ultima ~** letzten Endes; WIRTSCH ~ **di mercato** Marktstudie *f*; IT ~ **di sistemi** Systemanalyse *f*; IT ~ **sintattica** Parsing *n*

a·na·li·sta M/F **1** CHEM Laborant *m*, -in *f* **2** PSYCH, IT Analytiker *m*, -in *f*: ~ **di sistemi** Systemanalytiker *m*, -in *f* **a·na·li·ti·co** ADJ analytisch ♦ **indice ~** Sachregister *n*

a·na·li·z·za·re V/T ⟨1a⟩ analysieren, untersuchen

a·na·lo·ga·men·te [-e-] ADV analog

a·na·lo·gi·a F Analogie *f*

a·na·lo·gi·co [-ɔ-] ADJ **1** analogisch **2** IT, PHYS analog, Analog-: **calcolatore ~** Analogrechner *m*

a·na·lo·go ADJ entsprechend, analog

a·nam·ne·si [-ɛz-] F ⟨*inv*⟩ Anamnese *f*, Vorgeschichte *f*: **l'~ di una malattia** die Krankheitsgeschichte

a·na·nas M ⟨*inv*⟩ Ananas *f*

a·nar·chi·a F Anarchie *f* (*a. fig*)

a·nar·chi·co **A** ADJ **1** POL anarchistisch **2** (*caotico*) anarchisch **B** M, **-a** F Anarchist *m*, -in *f*

a·nar·chi·smo [-z-] M Anarchismus *m*

a·na·te·ma [-ɛ-] M **1** Kirchenbann *m*, Bannfluch *m* **2** *fig* Fluch *m*

A·na·to·lia [-ɔ-] F Anatolien *n*

a·na·to·mi·a F Anatomie *f*

a·na·to·mi·co [-ɔ-] ADJ **1** anatomisch **2** (*modellato*) körpergerecht **3** (*per dissezioni*) Sezier-: **coltello ~** Seziermesser *n*

a·na·to·miz·za·re V/T ⟨1a⟩ *fig* sezieren, zergliedern

★**a·na·tra** F Ente *f*

a·na·troc·co·lo [-ɔ-] M Entenküken *n* ♦ **brutto ~** hässliches Entlein *n*

an·ca F Hüfte *f*

an·cel·la [-ɛ-] F Magd *f*

an·ce·stra·le ADJ Ur-: **la paura ~** die Urangst

★**an·che** KONJ **1** auch **2** (*altrettanto*) ebenfalls **3** (*inoltre*) außerdem **4** (*persino*) sogar, selbst **5** schon: **l'ho aspettato ~ troppo** ich habe schon zu lange auf ihn gewartet **6** auch (*od* selbst) wenn: **~ se è tardi, esce ancora** auch wenn es spät ist, geht er noch aus ♦ **ci mancava ~ questa** das fehlte gerade noch; **non so-**

lo ... ma ~ nicht nur ... sondern auch; **ci voleva ~ questa!** auch das noch!

an·cheg·gia·re VI ⟨1f; av⟩ sich in den Hüften wiegen

an·chi·lo·sa·to ADJ (gelenk)steif

an·chor man ['aŋkor'mɛn] M ⟨*inv*⟩ Anchorman *m*

An·co·na [-o-] F Ancona *n* **an·co·ne·ta·no** **A** ADJ anconisch **B** M, **-a** F Anconer *m*, -in *f*

an·co·ra[1] F Anker *m* (*a.* ELEK): *fig* **~ di salvezza** Rettungsanker *m*

★**an·co·ra**[2] [-o-] ADV **1** (immer) noch: **dorme ~** er schläft noch **2** noch einmal, nochmals ♦ **non ~** noch nicht; **prima ~** bevor noch

an·co·rag·gio M **1** Ankern *n* **2** Ankerplatz *m* **an·co·ra·re** **A** VT **1** verankern **2** WIRTSCH koppeln **B** VPR **-rsi** ankern, vor Anker gehen

an·cor·ché KONJ obgleich

an·da·men·to [-e-] M **1** Verlauf *m*: **~ congiunturale** Konjunkturverlauf *m* **2** Entwicklung *f*: **~ del mercato** Marktentwicklung *f* **3** (*portamento*) Gang *m* **4** MUS Tempo *n*

an·dan·te **A** ADJ **1** gängig **2** mittelmäßig **3** laufend: **l'anno ~** das laufende Jahr **B** M MUS Andante *n*

★**an·da·re**[1] VI ⟨1p; es⟩ **1** gehen: **~ (di corsa)** laufen **2** führen: **dove va questa strada?** wohin führt diese Straße? **3** fahren: **~ in treno** mit der Bahn fahren; **~ in bicicletta/sugli sci** Rad/Ski fahren **4** (*in aereo*) fliegen **5** (*svolgersi*) (ab)laufen; **~ bene** gut gehen; **è andato tutto bene** es ist alles gut gegangen **6** (*macchine, motori*) laufen **7** passen: **~ a pennello** wie angegossen sitzen **8** recht sein: **non mi va** es ist mir nicht recht **9** (*con aggettivi*) sein: **~ pazzo per qn/qc** nach j-m/etw verrückt sein **10** **~ a mangiare** essen gehen **11** **~ ad abitare lontano** weit wegziehen **12** **~ dicendo** (überall) sagen **~ avanti** weitermachen, fortfahren; **andiamo!** los!; **~ a cavallo** reiten; **come va?** wie geht's?; **va da sé** es versteht sich von selbst; **~ a dormire** schlafen gehen; **~ a finire** enden; **~ a fondo** untergehen; **va' all'inferno!** fahr zur Hölle!; **~ a letto** ins Bett gehen; **~ di moda** Mode sein; **~ perduto** verloren gehen; **~ a trovare** besuchen; **~ a vela** segeln; **~ via** weggehen, fortgehen

an·da·re[2] M Gehen *n* ♦ **con l'~ del tempo** im Laufe der Zeit

★**an·dar·se·ne** VPR **1** (fort-, weg)gehen: **vattene!** geh fort! **2** vorbeigehen: **il tempo se ne va** die Zeit geht vorbei **3** *umg* draufgehen: **tutti i miei soldi se ne sono andati** mein ganzes Geld ist draufgegangen

★**an·da·ta** F Hinweg *m*; Hinfahrt *f* ♦ **biglietto di ~ e ritorno** Rückfahrkarte *f*

an·da·to ADJ **1** vergangen **2** *umg* kaputt: **le scarpe sono -e** die Schuhe sind kaputt

an·da·tu·ra F **1** Gang *m* **2** (*di cavalli*)

▶ andare

Ortsangaben nach dem Verb **andare** werden oft mit **a**, aber auch mit **in** oder **da** ausgedrückt:

1. Wenn man zu Personen geht bzw. fährt, benutzt man **da**:

Vado da Mario, dal macellaio.	Ich gehe zu Mario, zum Metzger.

2. Wenn auf **andare** ein Verb folgt, oder wenn man ausdrücken will, dass man an einen öffentlichen Ort geht, so verwendet man **a**:

Vado a dormire.	Ich gehe schlafen.
Vado a scuola, al bar, al cinema, a casa, a Roma.	Ich gehe zur Schule, in die Bar, ins Kino, nach Hause, nach Rom.

3. Wenn man das Verkehrsmittel angibt oder in ein Land geht, heißt es **in**:

Vado in macchina.	Ich fahre mit dem Auto.
Vado in Germania.	Ich gehe nach Deutschland.

4. Wenn man in ein Geschäft geht, das mit **-ia** endet, heißt es **in**:

Vado in pizzeria.	Ich gehe in die Pizzeria.

Außerdem:

Vado in discoteca.	Ich gehe in die Disco.
Vado in spiaggia.	Ich gehe zum Strand.

Gangart *f* **3** (*di nave*) Fahrt *f*
an·daz·zo M Unsitte *f*; (*sul lavoro*) Schlendrian *m*
An·de FPL GEOG Anden *pl*
an·di·ri·vie·ni [-ɛ-] M ⟨*inv*⟩ Kommen und Gehen *n*
an·di·to M Gang *m*, Flur *m*
An·dor·ra F Andorra *n* **an·dor·ra·no** **A** ADJ andorranisch **B** M, **-a** F Andorraner *m*, -in *f*
an·dro·gi·no [-ɔ-] **A** ADJ androgyn, zwittrig **B** M, **-a** F **1** Zwitter *m* **2** *fig* Mannweib *n*
an·dro·lo·go [-ɔ-] M, **-a** F Androloge *m*, -login *f*
an·dro·ne [-o-] M (Haus)Eingang *m*
an·dro·pau·sa F Andropause *f*
a·ned·do·to [-ɛ-] M Anekdote *f*
a·ne·la·re V/I ⟨1b; av⟩ **1** *poet* keuchen **2** *fig* **~ a qc** sich nach etw verzehren
a·ne·li·to [-ɛ-] M *poet* **1** Keuchen *n* **2** *fig* Streben *n*, tiefes Verlangen *n*
★**a·nel·lo** [-ɛ-] M **1** Ring *m* (*a.* CHEM, ANAT, BOT) **2** Glied *n*: **~ di catena** Kettenglied *n* **3** Ringstraße *f*
a·ne·mi·a F Blutarmut *f* **a·ne·mi·co** [-ɛ-] **A** ADJ **1** blutarm **2** blutleer: **un viso ~** ein blutleeres Gesicht *n* **B** M, **-a** F blutarmer Mensch *m*
a·ne·mo·me·tro [-ɔ-] M Windmesser *m*
a·ne·mo·ne [-ɛ-] M/F Anemone *f*, Windröschen *n*
a·ne·ste·si·a F Anästhesie *f*, Betäubung *f*; (Voll)Narkose *f*: **~ locale** örtliche Betäubung *f* **a·ne·ste·si·sta** M/F Anästhesist *m*, -in *f* **a·ne·ste·ti·co** [-ɛ-] **A** ADJ Narkose- **B** M Betäubungsmittel *n* **a·ne·ste·tiz·za·re** V/T ⟨1a⟩ betäuben
a·ne·to M BOT Dill *m*
an·fe·ta·mi·na F Amphetamin *n*
an·fi·bi PL **1** Amphibien *pl*, Lurche *pl* **2** (*stivali*) Springerstiefel *pl*
an·fi·bio **A** ADJ amphibisch, Amphibien- **B** M **1** MIL Amphibienfahrzeug *n* **2** (*aereo*) Amphibienflugzeug *n*
an·fi·te·a·tro M Amphitheater *n*
an·fi·trio·ne [-o-] M Gastgeber *m*
an·fo·ra F Amphore *f*
an·frat·to M Schlucht *f*, Felsspalte *f*
an·ga·ria·re V/T ⟨1k⟩ schikanieren
an·ge·li·co [-ɛ-] ADJ engelhaft
★**an·ge·lo** M Engel *m* (*a. fig*): **~ custode** Schutzengel *m*
an·ghe·ri·a F Schikane *f*
an·gi·na F Angina *f*
an·gio·let·to [-e-] M, **-a** F **1** Engelchen *n* **2** *iron* Unschuldsengel *m*
an·gio·ma [-ɔ-] M Angiom *n*
an·gio·pla·sti·ca F Angioplastik *f*: **~ coronarica** Ballondilatation *f*
an·gli·ca·no **A** ADJ anglikanisch **B** M, **-a** F Anglikaner *m*, -in *f* **an·gli·ci·smo** [-z-] M Anglizismus *m*
an·gli·sta M/F Anglist *m*, -in *f* **an·gli·sti·ca** F Anglistik *f*
an·glo·sas·so·ne [-s-] **A** ADJ angelsächsisch **B** M/F Angelsachse *m*, -sächsin *f*
An·go·la [-ɔ-] F Angola *n* **an·go·la·no** **A** ADJ angolanisch **B** M, **-a** F Angolaner *m*, -in *f*
an·go·la·re ADJ Winkel-, winkelförmig
an·go·la·zio·ne [-o-] F *fig* Blickwinkel *m*
★**an·go·lo** M **1** GEOM Winkel *m*: **~ acuto/ottuso** spitzer/stumpfer Winkel *m* **2** (*luogo*) **un ~ tranquillo** ein ruhiges Fleckchen *n* **3** (*canto*) Ecke *f*: **all'~** an der Ecke ♦ **~ della bocca** Mundwinkel *m*; **~ morto** toter Winkel *m*; **i quattro -i della terra** die vier Himmelsrichtungen
an·go·lo·si·tà F ⟨*inv*⟩ **1** Eckigkeit *f* **2** *fig* Sprödheit *f* **an·go·lo·so** [-o-] ADJ **1** eckig, winkelig, kantig **2** *fig* spröde
an·go·ra F **lana d'~** Angorawolle *f*
an·go·scia [-ɔ-] F Angst *f*, Furcht *f*
an·go·scian·te ADJ beängstigend **an·go·scia·re** ⟨1f⟩ **A** V/T ängstigen, in Angst versetzen **B** V/PR **-rsi** sich fürchten, sich ängstigen: **-rsi per qn/qc** sich um j-n/etw ängstigen **an·go·scia·to** ADJ angsterfüllt, angstvoll **an·go·scio·so** [-o-] ADJ **1** beängstigend, quälend **2** angstvoll
an·guil·la F Aal *m*
an·gu·ria F Wassermelone *f*
an·gu·stia F **1** Knappheit *f*, Enge *f*: **~ di tempo** Zeitknappheit *f*; **~ di spazio** räumliche Enge *f* **2** (*ansia*) Sorge *f* **an·gu·stia·re** ⟨1k⟩ **A** V/T quälen, bedrücken **B** V/PR **-rsi** sich quälen **an·gu·sto** ADJ eng (*a. fig*): **di mente -a** engstirnig
a·ni·ce M Anis *m*
a·ni·dri·de F **~ carbonica** Kohlendioxid *n*
★**a·ni·ma** F Seele *f* (*a.* TECH) ♦ **all'~!** meine Güte!; (**con**) **~ e corpo** mit Leib und Seele; **-e gemelle** verwandte Seelen *pl*; **salvezza dell'~** Seelenheil *n*; **non si vede**

~ **viva** man sieht keine Menschenseele

★**a·ni·ma·le** **A** M Tier *n*: ~ **domestico** Haustier *n*; ~ **di stoffa** Stofftier *n* **B** ADJ Tier-, tierisch: **regno** ~ Tierreich *n* **a·ni·ma·le·sco** [-e-] ADJ tierisch, animalisch **a·ni·ma·li·sta** M/F Tierschützer *m*, -in *f*

a·ni·ma·re ⟨1l⟩ **A** V/T **1** beleben **2** (*stimolare*) animieren **B** V/PR **-rsi** **1** sich beleben **2** lebhaft werden **a·ni·ma·to** ADJ **1** beseelt, lebendig: **esseri -i** Lebewesen *pl* **2** belebt: **una via -a** eine belebte Straße **3** lebhaft, angeregt **4** bewegt, beseelt ♦ **cartoni -i** Zeichentrickfilme *pl*

a·ni·ma·to·re [-o-] M, **-tri·ce** F Animateur *m*, -in *f* **a·ni·ma·zio·ne** [-o-] F **1** Anregung *f* **2** (*movimento*) Treiben *n*, Betrieb *m* **3** (*cinema*) Animation *f* ♦ ~ **a** (*od* **al**) **computer** Computeranimation *f*

a·ni·mel·le [-ɛ-] PL Bries *n*

a·ni·mo M **1** Gemüt *n*, Seele *f*, Geist *m* **2** Mut *m*: **fare ~ a qn** j-m Mut machen; **perdersi d'~** den Mut verlieren **3** Stimmung *f* **4** Herz *n*: **aprire il proprio ~ a qn** j-m sein Herz ausschütten ♦ **di buon ~** gern, mit Vergnügen; **in fondo all'~** im Grund meines Herzens; **di mal ~** ungern; **stato d'~** Gemütsverfassung *f*

a·ni·mo·si·tà F Feindseligkeit *f*

a·ni·mo·so [-o-] ADJ feindselig

a·ni·set·ta [-e-] F Anisette *m*, Anislikör *m*

An·ka·ra F Ankara *n*

an·nac·qua·men·to [-e-] M **1** Verwässerung *f*; (*del vino*) Panschen *n* **2** *fig* Abschwächung *f* **an·nac·qua·re** V/T ⟨1a⟩ **1** verwässern **2** *fig* abschwächen **an·nac·qua·to** ADJ verwässert; (*caffè*) dünn

an·naf·fia·men·to [-e-] M Sprengen *n*; Gießen *n* **an·naf·fia·re** V/T ⟨1k⟩ (be)sprengen; (be)gießen **an·naf·fia·to·io** [-o-] M Gießkanne *f*

an·na·li MPL Jahrbuch *n*, Annalen *pl*

an·na·spa·re ⟨1a⟩ **A** V/T TEX haspeln **B** V/I ⟨av⟩ herumfuchteln; gestikulieren

an·na·ta F Jahrgang *m*: **una buona ~** ein guter Jahrgang ♦ **vino d'~** Jahrgangswein *m*

an·neb·bia·men·to [-e-] M **1** Um-, Verneb(e)lung *f* **2** (*offuscamento*) Trübung *f*

an·neb·bia·re ⟨1k⟩ **A** V/T **1** um-, vernebeln **2** *fig* (*offuscare*) trüben **B** V/PR **-rsi** **1** neblig werden **2** (*offuscarsi*) sich trüben **an·neb·bia·to** ADJ **vista -a** getrübter Blick *m*; **mente -a** verwirrter Geist *m*

an·ne·ga·men·to [-e-] M Ertränken *n*; Ertrinken *n*

an·ne·ga·re ⟨1e⟩ **A** V/T ertränken **B** V/I ⟨es⟩ **1** ertrinken **2** *fig* versinken **C** V/PR **-rsi** sich ertränken **an·ne·ga·to** M, **-a** F Ertrunkene *m/f*

an·ne·ri·men·to [-e-] M Schwärzung *f*

an·ne·ri·re ⟨4d⟩ **A** V/T schwärzen **B** V/PR **-rsi** schwarz werden **an·ne·ri·to** ADJ ~ **dal fumo** rauchgeschwärzt

an·nes·sio·ne [-o-] F **1** Hinzufügung *f*, Verbindung *f* **2** POL Annexion *f* **an·nes·so** [-ɛ-] ADJ **1** (*adiacente*) angrenzend, Neben- **2** (*allegato*) beiliegend

an·net·te·re [-e-] V/T ⟨3m⟩ **1** anschließen, anbauen: ~ **un garage alla casa** eine Garage an das Haus anbauen **2** POL annektieren **3** (*allegare*) beilegen

an·ni·chi·li·men·to [-e-] M Zerstörung *f*

an·ni·chi·li·re ⟨4d⟩ **A** V/T **1** vernichten, zerstören **2** zu Boden schmettern **B** V/PR **-rsi** **1** zunichtewerden **2** (*umiliarsi*) sich demütigen

an·ni·chi·li·to ADJ bestürzt

an·ni·da·men·to [-e-] M Einnisten *n*

an·ni·da·re ⟨1a⟩ **A** V/T *fig* (*accogliere*) beherbergen **B** V/PR **-rsi** **1** ein Nest bauen **2** (*radicarsi*) sich einnisten

an·nien·ta·men·to [-e-] M Vernichtung *f* (*a. fig*) **an·nien·ta·re** V/T ⟨1b⟩ vernichten

an·ni·ver·sa·rio [-s-] M Jahrestag *m*

★**an·no** M **1** Jahr *n*: **un ~ fa** vor einem Jahr; **di ~ in ~** von Jahr zu Jahr; ~ **dopo ~** Jahr um Jahr **2** *pl* (*epoca*) Zeit *f*, Jahre *pl*: **gli -i della giovinezza** die Jugendzeit **3** **gli -i venti** die Zwanzigerjahre **4** (*annata*) Jahrgang *m* ♦ **a trent'-i** mit dreißig Jahren; **avere dieci -i** zehn (Jahre alt) sein; WIRTSCH ~ **finanziario** (*od* **fiscale**) Rechnungsjahr *n*; ~ **luce** Lichtjahr *n*; ~ **scolastico** Schuljahr *n*; **gli -i di piombo** die bleiernen Jahre *pl*

an·no·da·re ⟨1c⟩ **A** V/T **1** (ver)knoten, verknüpfen **2** *fig* (an)knüpfen **B** V/PR **-rsi** sich verknoten ♦ ~ **la cravatta** sich (*dat*) die Krawatte binden

an·no·da·to ADJ ~ **a mano** handgeknüpft; **tappeto ~** Knüpfteppich *m*

an·no·ia·re V/T ⟨1i⟩ langweilen, *umg* anöden

★**an·no·iar·si** [-s-] V/PR sich langweilen: ~

a morte sich zu Tode langweilen

an·no·ia·to ADJ gelangweilt

an·no·na [-ɔ-] F **1** Lebensmittel *pl* **2** Ernährungsamt *n* **an·no·na·rio** ADJ Ernährungs-, Lebensmittel-: **carta -a** Lebensmittelkarte *f*

an·no·so [-o-] ADJ **1** (*vecchio*) bejahrt, alt **2** seit Jahren bestehend: **una discussione -a** eine jahrelange Diskussion

an·no·ta·re VT ⟨1c⟩ **1** notieren, vermerken **2** mit Anmerkungen versehen

an·no·ta·zio·ne [-o-] F **1** Notiz *f*, Vermerk *m* **2** (*postilla*) Anmerkung *f*

an·no·ve·ra·re VT ⟨1c *u.* m⟩ **1** aufzählen: **~ i meriti di qn** j-s Verdienste aufzählen **2** zählen, rechnen: **~ qn tra i propri amici** j-n zu seinen Freunden zählen

an·nu·a·le ADJ **1** jährlich, Jahres-: **abbonamento ~** Jahresabonnement *n*; Jahreskarte *f* **2** (*che dura un anno*) einjährig **an·nua·li·tà** F ⟨*inv*⟩ **1** Jahresrate *f* **2** Jahresbeitrag *m* **3** Jahreseinkommen *n* **an·nu·a·rio** M Jahrbuch *n*

an·nu·i·re VI ⟨4d; av⟩ zustimmen

an·nul·la·men·to [-e-] M **1** Aufhebung *f* **2** Auflösung *f* **3** (*disdetta*) Absage *f* **4** JUR Nichtigkeitserklärung *f* ♦ **~ del matrimonio** Eheungültigkeitserklärung *f* **an·nul·la·re** VT ⟨1a⟩ **1** annullieren, aufheben **2** (*cancellare*) streichen **3** (*sciogliere*) (auf)lösen **4** (*disdire*) absagen **5** stempeln, entwerten

an·nul·lo M Abstempelung *f*, Entwertung *f*

an·nun·cia·re VT ⟨1f⟩ **1** verkünden, ver-, ankündigen **2** (*persona*) (an)melden **3** RADIO, TV ansagen **an·nun·cia·to·re** [-o-] M, **-tri·ce** F RADIO, TV Ansager *m*, -in *f*, Sprecher *m*, -in *f*

an·nun·cia·zio·ne [-o-] F REL, KUNST (Mariä) Verkünd(ig)ung *f*

an·nun·cio M **1** Meldung *f*; (*notizia*) Bekanntgabe *f*: **dare a qn l'annuncio di qc** j-m etw mitteilen **2** Ausrufung *f* **3** (*esposto in bacheca*) Aushang *m* **4** Anzeige *f*, Annonce *f* **5** RADIO, TV Ansage *f* **6** (*presagio*) Ankündigung *f*, Anzeichen *n* ♦ **annuncio economico** Kleinanzeige *f*; **annuncio di morte** Todesanzeige *f*; ★**annuncio pubblicitario** Werbespot *m*; Anzeige *f*

an·nu·o ADJ **1** Jahres-: **stipendio ~** Jahresgehalt *n* **2** jährlich **3** einjährig: **pianta -a** einjährige Pflanze

★**an·nu·sa·re** VT ⟨1a⟩ **1** **~ qc** an etw (*dat*) riechen, schnuppern **2** (*di animali*) beschnüffeln, beschnuppern **3** *fig* wittern

an·nu·vo·la·men·to [-e-] M **1** Bewölkung *f* **2** *fig* Verfinsterung *f* **an·nu·vo·lar·si** [-s-] V/PR **1** sich bewölken **2** *fig* sich verfinstern

a·no M After *m*, MED Anus *m*

a·no·di·co [-ɔ-] ADJ Anoden-

a·no·di·no [-ɔ-] ADJ **1** (*sedativo*) schmerzstillend **2** unbedeutend

a·no·di·z·za·re VT ⟨1a⟩ eloxieren

a·no·do M Anode *f*

a·no·ma·li·a F Unregelmäßigkeit *f*, Anomalie *f* **a·no·ma·lo** [-ɔ-] ADJ unregelmäßig

a·no·ni·ma·to M Anonymität *f*

a·no·ni·mo [-ɔ-] **A** ADJ **1** anonym, namenlos **2** *fig* bedeutungslos: **condurre un'esistenza -a** ein bedeutungsloses Leben führen **B** M, **-a** F (*autore*) Anonymus *m*, Anonyma *f* ♦ **società -a** Aktiengesellschaft *f*

a·no·res·san·te M Appetitzügler *m*

a·no·res·si·a F Magersucht *f*

a·no·res·si·co [-ɛ-] **A** ADJ magersüchtig **B** M, **-a** F Magersüchtige *m/f*

a·nor·ma·le **A** ADJ anormal **B** M/F anormaler Mensch *m* **a·nor·ma·li·tà** F ⟨*inv*⟩ Abnormität *f*

an·sa [-s-] F **1** (*manico*) Henkel *m* **2** (*di fiume*) Schleife *f*

an·sia [-s-] F **1** Beklemmung *f*; Sorge *f*: **essere in ~ per qn** in Sorge um j-n sein **2** Sehnsucht *f*, Verlangen *n*

an·si·man·te [-s-] ADJ keuchend, atemlos **an·si·ma·re** VI ⟨av⟩ keuchen, außer Atem sein

an·sio·li·ti·co M Anxiolytikum *n*, angstlösendes Mittel *n*

★**an·sio·so** [-si'o:zo] **A** ADJ **1** besorgt **2** sehnsüchtig; ungeduldig ♦ PSYCH **stato ~** Angstzustand *m* **B** M, **-a** F Angstneurotiker *m*, -in *f*

an·ta F **1** Tür *f*, Flügel *m* **2** (*imposta*) Fensterladen *m*

an·ta·go·ni·smo [-z-] M Antagonismus *m*

an·ta·go·ni·sta **A** ADJ gegensätzlich **B** M/F Antagonist *m*, -in *f*, Gegner *m*, -in *f* **an·ta·go·ni·sti·co** ADJ antagonistisch, entgegengesetzt

an·tal·gi·co ADJ schmerzstillend

an·tar·ti·co ADJ antarktisch ♦ **circolo polare ~** südlicher Polarkreis *m*

An·tar·ti·de F Antarktis *f*

an·te·ce·den·te [-ɛ-] **A** ADJ vorhergehend **B** M Vorhergehende *n*

an·te·ce·den·za [-ɛ-] F **in ~** vorher

an·te·ces·so·re [-o-] M Vorgänger *m*, -in *f*

an·te·fat·to M Vorgeschichte *f*

an·te·guer·ra [-ɛ-] M ⟨*inv*⟩ Vorkriegszeit *f*

an·te·na·to M, **-a** F Vorfahr *m*, -in *f*, Ahn *m*, -in *f*

an·ten·na [-e-] F **1** ELEK Antenne *f* **2** SCHIFF Rahe *f* **3** (*insetti*) Fühler *m*: **drizzare le -e** die Fühler ausstrecken ♦ **~ centralizzata** Gemeinschaftsantenne *f*; **~ parabolica** Parabolantenne *f*; **~ satellitare** Satellitenschüssel *f*

an·ten·ni·sta M/F Antennentechniker *m*, -in *f*

an·te·por·re [-o-] V/T ⟨3ll⟩ **1** voranstellen **2** *fig* überordnen: **~ il lavoro alla famiglia** den Beruf der Familie überordnen

an·te·pri·ma F Voraufführung *f* ♦ **sapere qc in ~** etw im Voraus wissen

an·te·rio·re [-o-] ADJ **1** (*nello spazio*) vorder, Vorder-: **zampe -i** Vorderbeine *pl* **2** (*nel tempo*) vor, vorherig, früher

an·te·rio·ri·tà F Vorzeitigkeit *f*

an·te·si·gna·no [-s-] M, **-a** F Vorläufer *m*, -in *f*; Vorkämpfer *m*, -in *f*

an·ti·ab·ba·glian·te **A** ADJ Abblend-, blendfrei **B** M AUTO Abblendlicht *n* **an·ti·a·bor·ti·sta** M/F Abtreibungsgegner *m*, -in *f* **an·ti·ac·ne** **A** ADJ ⟨*inv*⟩ gegen Akne **B** M ⟨*inv*⟩ Aknemittel *n* **an·ti·a·cu·sti·co** ADJ schalldämpfend **an·ti·a·de·ren·te** [-ɛ-] ADJ teflonbeschichtet **an·ti·a·e·rea** [-ɛ-] F Luftabwehr *f* **an·ti·a·e·reo** [-ɛ-] ADJ Luftschutz-, Luftabwehr-: **rifugio ~** Luftschutzbunker *m* **an·ti·al·co·li·co** [-ɔ-] ADJ antialkoholisch **an·ti·al·co·li·sta** M/F Antialkoholiker *m*, -in *f*, Alkoholgegner *m*, -in *f* **an·ti·au·to·ri·ta·rio** ADJ antiautoritär **an·ti·bat·te·ri·co** [-ɛ-] ADJ antibakteriell **an·ti·bio·ti·co** [-ɔ-] M Antibiotikum *n* **an·ti·bloc·cag·gio** ADJ ⟨*inv*⟩ Antiblockier-: **sistema ~** Antiblockiersystem *n*

an·ti·ca·glia F **1** (*antichità*) Antiquitäten *pl* **2** *pej* Trödel *m* **an·ti·cal·ca·re** **A** ADJ ⟨*inv*⟩ kalklösend **B** M ⟨*inv*⟩ Entkalkungsmittel *n* **an·ti·ca·me·ra** F Vorzimmer *n* **an·ti·can·ce·ro·so** [-o-] ADJ Krebs bekämpfend **an·ti·car·ro** ADJ Panzerabwehr-: **cannone ~** Panzerabwehrkanone *f*

an·ti·chi·tà F ⟨*inv*⟩ **1** Altertümlichkeit *f* **2** (*età antica*) Altertum *n* **3** (*età greco-romana*) Antike *f* **4** *pl* (*oggetti antichi*) Antiquitäten *pl*

an·ti·ci·clo·ne [-o-] M Hochdruckgebiet *n*

an·ti·ci·pa·re V/T ⟨1m⟩ **1** (*scadenze*) vorverlegen **2** vorwegnehmen **3** (*prestare*) vorschießen **4** vorauszahlen **5** **~ qn in qc** j-m bei (*od* in) etw (*dat*) zuvorkommen **an·ti·ci·pa·ta·men·te** [-e-] ADV vorzeitig **an·ti·ci·pa·to** ADJ vorzeitig, Voraus-: **pagamento ~** Vorauszahlung *f* **an·ti·ci·pa·zio·ne** [-o-] F **1** Vorwegnahme *f*, Vorgreifen *n* **2** (*di una scadenza*) Vorverlegung *f* **3** Vorauszahlung *f*

an·ti·ci·po M **1** (*somma*) Anzahlung *f*, Vorschuss *m* **2** (*nel tempo*) Verfrühung *f*: **in ~** vorzeitig, zu früh; im Voraus; **il treno è arrivato in anticipo** der Zug kam zu früh an; **giocare d'~** j-m zuvorkommen

an·ti·cle·ri·ca·le ADJ kirchenfeindlich

★**an·ti·co** **A** ADJ **1** alt **2** antik: **l'-a Roma** das antike Rom **3** altertümlich **B** M **1** (*periodo*) Alte *n* **2** *pl* (*popolazioni*) Alten *pl* ♦ **all'-a** altmodisch

an·ti·co·a·gu·lan·te ADJ blutgerinnungshemmend **an·ti·co·mu·ni·sta** **A** ADJ antikommunistisch **B** M/F Antikommunist *m*, -in *f* **an·ti·con·ce·zio·na·le** **A** ADJ empfängnisverhütend **B** M Verhütungsmittel *n* ♦ **pillola ~** Antibabypille *f*

an·ti·con·for·mi·smo [-z-] M Nonkonformismus *m* **an·ti·con·ge·lan·te** **A** ADJ frostbeständig **B** M Frostschutzmittel *n* **an·ti·con·giun·tu·ra·le** ADJ antizyklisch, konjunkturdämpfend **an·ti·cor·po** [-ɔ-] M Antikörper *m*, Abwehrstoff *m* **an·ti·co·sti·tu·zio·na·le** ADJ verfassungswidrig **an·ti·cri·mi·ne** ADJ ⟨*inv*⟩ verbrechensbekämpfend **an·ti·cri·sto** M Antichrist *m* **an·ti·crit·to·ga·mi·co** M Pflanzenschutzmittel *n* **an·ti·de·pres·si·vo** **A** ADJ antidepressiv **B** M Antidepressivum *n* **an·ti·de·ra·pan·te** ADJ rutschfest **an·ti·de·to·nan·te** M Antiklopfmittel *n* **an·ti·dif·te·ri·ca** F [-e-] Diphtherieschutzimpfung *f* **an·ti·di·lu·via·no** ADJ vorsintflutlich (*a. hum*) **an·ti·do·lo·ri·fi·co** **A** ADJ schmerzstillend **B** M Schmerzmittel *n*

an·ti·do·ping [-ɔ-] **A** ADJ ⟨*inv*⟩ Doping-

B M ⟨inv⟩ Dopingkontrolle *f*
an·ti·do·to M **1** Gegengift *n* **2** *fig* (*rimedio*) Gegenmittel *n*, Heilmittel *n*
an·ti·dro·ga [-ɔ-] ADJ ⟨inv⟩ Drogen-: **cane ~** Drogenspürhund *m* **an·ti·dum·ping** ADJ ⟨inv⟩ [-'dampiŋ] Antidumping-
an·ti·e·mor·ra·gi·co **A** ADJ blutstillend **B** M blutstillendes Mittel *n* **an·ti·fa·sci·smo** M Antifaschismus *m* **an·ti·fa·sci·sta** **A** ADJ antifaschistisch **B** M/F Antifaschist *m*, -in *f* **an·ti·fe·con·da·ti·vo** **A** ADJ empfängnisverhütend **B** M Empfängnisverhütungsmittel *n*
an·ti·fo·na F **1** MUS Wechselgesang *m* **2** *fig* Leier *f*: **ripetere sempre la stessa ~** immer die alte Leier wiederholen
an·ti·fu·mo ADJ ⟨inv⟩ (*campagna*) Antiraucher-; (*prodotti*) Antirauch-: **candela ~** Rauchverzehrkerze *f* **an·ti·fur·to** **A** ADJ ⟨inv⟩ einbruch-, diebstahlsicher **B** M ⟨inv⟩ Einbruch(s)-, Diebstahlsicherung *f* **an·ti·gas** ADJ ⟨inv⟩ gassicher, Gas-: **maschera ~** Gasmaske *f* **an·ti·ge·lo** [-e-] **A** ADJ ⟨inv⟩ Frostschutz- **B** M ⟨inv⟩ Frostschutzmittel *n* **an·ti·glo·bal** [-ɔ-] **A** ADJ ⟨inv⟩ Antiglobalisierungs- **B** M/F ⟨inv⟩ Globalisierungsgegner *m*, -in *f*
An·ti·gua e Bar·bu·da M Antigua und Barbuda *n*
An·til·le FPL Antillen *pl*: **le ~ francesi** die Französischen Antillen *pl*; **le ~ olandesi** die Holländischen Antillen *pl*; **le piccole ~** die Kleinen Antillen *pl*; **le grandi ~** die Großen Antillen *pl*
an·ti·lo·pe F Antilope *f*
an·ti·mac·chi·a **A** ADJ ⟨inv⟩ schmutzabweisend **B** M ⟨inv⟩ schmutzabweisendes Mittel *n* **an·ti·ma·fia** **A** ADJ ⟨inv⟩ Antimafia- **B** M ⟨inv⟩ Antimafiaausschuss *m* **an·ti·ma·gne·ti·co** [-ɛ-] ADJ antimagnetisch **an·ti·me·ri·dia·no** ADJ Vormittags-: **ora -a** Vormittagsstunde *f* **an·ti·mi·li·ta·ri·sta** **A** ADJ antimilitaristisch **B** M/F Antimilitarist *m*, -in *f* **an·ti·mi·ne** ADJ ⟨inv⟩ Minensuch-
an·ti·mis·si·le ADJ ⟨inv⟩ **difesa ~** Raketenabwehr *f*
an·tim·mi·gra·zio·ne ADJ POL Anti-Einwanderungs-: **decreto ~** Anti-Einwanderungs-Gesetz *n*; **politica ~** Anti-Einwanderungs-Politik *f*
an·tin·cen·dio [-ɛ-] ADJ ⟨inv⟩ Feuer-, Feuerschutz-: **allarme ~** Feuermelder *m*
an·ti·neb·bia [-e-] ADJ ⟨inv⟩ Nebel-: **faro ~** Nebelscheinwerfer *m* **an·ti·ne·ve** [-e-] ADJ ⟨inv⟩ Schnee- ♦ **pneumatici ~** Winterreifen *pl*
an·tin·fiam·ma·to·rio [-ɔ-] **A** ADJ entzündungshemmend **B** M entzündungshemmendes Mittel *n* **an·tin·fla·zio·ni·sti·co** ADJ inflationshemmend: **decreto ~** Verordnung *f* zur Bekämpfung der Inflation **an·tin·fluen·za·le** ADJ Grippeschutz-: **vaccino ~** Grippeschutzimpfung *f* **an·tin·for·tu·ni·sti·co** ADJ Unfallverhütungs-: **misure -che** Unfallverhütungsmaßnahmen *pl* **an·tin·qui·na·men·to** [-e-] ADJ ⟨inv⟩ Umweltschutz-: **norme ~** Umweltschutzgesetze *pl*
an·ti·nu·cle·a·re ADJ Antiatom-: **movimento ~** Antiatombewegung *f* **an·ti·o·ra·rio**, **in senso ~** entgegen dem Uhrzeigersinn **an·ti·os·si·dan·te** **A** ADJ ⟨inv⟩ Antioxidations- **B** M ⟨inv⟩ Antioxidationsmittel *n* **an·ti·pa·ras·si·ta·rio** **A** ADJ schädlingsbekämpfend **B** M Schädlingsbekämpfungsmittel *n*
★**an·ti·pa·sto** M Vorspeise *f*
an·ti·pa·ti·a F Abneigung *f*: **provare ~ per qn/qc** Abneigung gegen j-n/etw empfinden ★**an·ti·pa·ti·co** **A** ADJ **1** (*di persone*) unsympathisch; unfreundlich **2** (*di cose*) unangenehm **B** M, **-a** F unsympathischer Mensch *m*
an·ti·pie·ga [-ɛ-] ADJ ⟨inv⟩ knitterfrei
an·ti·po·de M/F Antipode *m*, -din *f* (*a. fig*)
an·ti·po·lio [-ɔ-] **A** ADJ ⟨inv⟩ gegen Polio **B** F ⟨inv⟩ Polioimpfung *f* **an·ti·pol·ve·re** [-o-] ADJ ⟨inv⟩ staubdicht **an·ti·pro·iet·ti·le** [-ɛ-] ADJ ⟨inv⟩ kugelsicher: **giubbotto ~** kugelsichere Weste *f*; **vetro ~** Panzerglas *n*
an·ti·qua·ria·to M **1** Antiquitätenhandel *m* **2** (*di libri*) Antiquariat *n* **an·ti·qua·rio** **A** ADJ antiquarisch, Antiquitäten- **B** M Antiquar *m*, -in *f*, Antiquitätenhändler *m*, -in *f* **an·ti·qua·to** ADJ veraltet, altmodisch
an·ti·ri·fles·so [-ɛ-] ADJ ⟨inv⟩ entspiegelt, blendfrei **an·ti·rug·gi·ne** **A** ADJ ⟨inv⟩ Rostschutz-: **vernice ~** Rostschutzfarbe *f* **B** M ⟨inv⟩ Rostschutzmittel *n* **an·ti·ru·mo·re** [-o-] ADJ ⟨inv⟩ Schallschutz- **an·ti·scas·so** ADJ ⟨inv⟩ einbruchssicher **an·ti·scheg·ge** [-e-] ADJ ⟨inv⟩ splitterfrei **an·ti·scip·po** ADJ ⟨inv⟩ diebstahlsicher **an·ti·sci·vo·lo** ADJ ⟨inv⟩ rutschfest **an·ti·se·mi·ta** [-s-]

A ADJ antisemitisch **B** M/F Antisemit *m*, -in *f* **an·ti·se·mi·ti·smo** [-z-] M Antisemitismus *m* **an·ti·se·t·ti·co** [-ɛ-] ADJ antiseptisch **an·ti·si·smi·co** [-'sizmiko] ADJ erdbebensicher **an·ti·so·cia·le** ADJ asozial **an·ti·som·mos·sa** [-ɔ-] ADJ ⟨*inv*⟩ **nucleo operativo ~** mobile Truppe *f* zur Aufstandsbekämpfung; **carabinieri in tenuta ~** Bereitschaftspolizisten *pl* in Schutzkleidung **an·ti·spa·sti·co** ADJ krampflösend **an·ti·spor·ti·vo** ADJ unsportlich, unfair **an·ti·sta·mi·ni·co** **A** M Antihistamin *n* **B** ADJ antihistaminisch **an·ti·stan·te** ADJ ⟨*inv*⟩ gegenüberliegend **an·ti·sta·ta·le** ADJ staatsfeindlich **an·ti·sta·ti·co** ADJ antistatisch **an·ti·sta·tu·ta·rio** ADJ satzungswidrig **an·ti·stress** [-ɛ-] ADJ ⟨*inv*⟩ Antistress- **an·ti·tar·mi·co** M Mottenvernichtungsmittel *n* **an·ti·ter·ro·ri·smo** ADJ ⟨*inv*⟩ zur Terrorismusbekämpfung **an·ti·te·ta·ni·ca** F Tetanusschutzimpfung *f* **an·ti·te·ti·co** [-ɛ-] ADJ gegensätzlich **an·ti·trust** [-'trast] ADJ ⟨*inv*⟩ Kartell- **an·ti·ur·to** ADJ ⟨*inv*⟩ stoßfest, stoßsicher **an·ti·va·io·lo·sa** F [-o-] Pockenschutzimpfung *f* **an·ti·vi·rus** ADJ IT **A** ADJ ⟨*inv*⟩ Antiviren-, Virenschutz- **B** M ⟨*inv*⟩ Antivirenprogramm *n*, Virenschutzprogramm *n* **an·ti·vi·vi·se·zio·ni·sta** **A** ADJ gegen die Vivisektion **B** M/F Vivisektionsgegner *m*, -in *f*

an·to·lo·gi·a F Anthologie *f*

an·tra·ci·te ADJ ⟨*inv*⟩ **di colore ~** anthrazitfarben

an·tro M Höhle *f*

an·tro·po·fa·go [-ɔ-] M, **-a** F Menschenfresser *m*, -in *f*

an·tro·po·lo·gi·a F Anthropologie *f* **an·tro·po·lo·gi·co** [-ɔ-] ADJ anthropologisch **an·tro·po·lo·go** [-ɔ-] M, **-a** F Anthropologe *m*, -login *f* **an·tro·po·so·fi·a** F Anthroposophie *f*

a·nu·la·re **A** ADJ ringförmig **B** M Ringfinger *m* ♦ **raccordo ~** Umgehungsstraße *f*

★**an·zi** KONJ **1** im Gegenteil: **disturbo? – ~!** störe ich? – im Gegenteil! **2** (*ma addirittura*) sondern ♦ **poc'~** vorhin

an·zia·ni·tà F **1** Betagtheit *f* **2** (*di servizio*) Dienstalter *n*

★**an·zia·no** **A** ADJ alt, betagt: **le persone -e** die alten Leute **B** M, **-a** F Alte *m/f*, Senior *m*, -in *f*: **gli -i** die Senioren

an·zi·ché KONJ **1** (an)statt … zu **2** lieber (*od* eher) … als

an·zi·det·to [-e-] ADJ vorgenannt

an·zi·tut·to ADV vor allem

a·or·ta [-ɔ-] F Aorta *f*, Hauptschlagader *f*

A·o·sta [-ɔ-] F Aosta *n* **a·o·sta·no** **A** ADJ aus, von Aosta **B** M, **-a** F Bewohner *m*, -in *f* Aostas

a·par·ti·ti·co ADJ unparteilich

a·pa·ti·a F Teilnahmslosigkeit *f*

a·pa·ti·co ADJ teilnahmslos

★**a·pe** F Biene *f*

★**a·pe·ri·ti·vo** M Aperitif *m*

★**a·per·to** [-ɛ-] **A** ADJ offen, geöffnet: **in mare aperto** auf offener See; **essere aperto a qc** für etw aufgeschlossen sein **B** M Freie *n* ★ **all'aperto** im Freien ♦ **a braccia aperte** mit offenen Armen (*a. fig*); **cinema all'aperto** Freilichtkino *n*; **a cuore aperto** offenherzig; **restare aperto** offen bleiben

a·per·tu·ra F **1** Öffnen *n*, Öffnung *f* **2** (*buco*) Loch *n* **3** (*dei negoziati, delle ostilità*) Eröffnung *f* **4** (*inizio*) Beginn *m*: **~ delle scuole** Schulbeginn *m*; **l'~ di un dibattito** die Eröffnung einer Debatte

a·pi·ce M **1** Spitze *f*: ANAT **~ polmonare** Lungenspitze *f* **2** *fig* Gipfel *m*

a·pi·col·to·re [-o-] M, **-tri·ce** F Bienenzüchter *m*, -in *f*

a·pi·col·tu·ra F Bienenzucht *f*

a·pne·a F Atemstillstand *m*: **immergersi in ~** Apnoetauchen *n*

a·po·ca·lis·se F Apokalypse *f* (*a. fig*) **a·po·ca·lit·ti·co** ADJ apokalyptisch (*a. fig*)

a·po·li·de [-ɔ-] **A** ADJ staatenlos **B** M/F Staatenlose *m/f*

a·po·li·ti·co ADJ unpolitisch

a·po·lo·ge·ti·co [-ɛ-] ADJ apologetisch, Verteidigungs-: **discorso ~** Verteidigungsrede *f*

a·po·ples·si·a F Schlaganfall *m*, Apoplexie *f*

a·po·plet·ti·co [-ɛ-] ADJ apoplektisch, Schlag-: **colpo ~** Schlaganfall *m*

a·po·sta·si·a F Abtrünnigkeit *f*

a·po·sta·ta [-ɔ-] M/F Abtrünnige *m/f*

a·po·sta·ta·re V/I ⟨1m⟩ abfallen: **~ dal (proprio) credo religioso** von seinem Glauben abfallen

a·po·sto·la·to M **1** Apostolat *n* **2** Mission *f* **a·po·sto·li·co** [-ɔ-] ADJ apostolisch: **nunzio ~** apostolischer Nuntius *m*

a·po·sto·lo [-ɔ-] M Apostel *m*

a·po·stro·fa·re[1] VT ⟨1m *u.* c⟩ apostrophieren

a·po·stro·fa·re[2] VT ⟨1m *u.* c⟩ anfahren, anherrschen

a·po·stro·fo [-ɔ-] M Apostroph *m*

a·po·te·o·si [-ɔ-] F **1** Apotheose *f* **2** *fig* (*esaltazione*) Verherrlichung *f*

ap·pa·ga·bi·le ADJ erfüllbar **ap·pa·ga·men·to** [-e-] M Befriedigung *f* **ap·pa·ga·re** ⟨1e⟩ **A** VT **1** befriedigen, erfüllen **2** (*saziare*) stillen: **~ la sete** den Durst stillen **B** V/PR **-rsi di qc** sich mit etw zufriedengeben **ap·pa·ga·to** ADJ zufrieden: **sentirsi ~ (di qc)** (mit etw) zufrieden sein

ap·pa·ia·re ⟨1i⟩ **A** VT paaren **B** V/PR **-rsi** sich paaren

ap·pa·le·sa·re VT ⟨1a⟩ offenbaren

ap·pal·lot·to·la·re VT ⟨1c *u.* n⟩ zusammenknüllen

ap·pal·tan·te M/F Auftraggeber *m*, -in *f*

ap·pal·ta·re VT ⟨1a⟩ **1** in Auftrag geben, ausschreiben **2** in Auftrag nehmen

ap·pal·ta·to·re [-o-] M, **-tri·ce** F Auftragnehmer *m*, -in *f*

ap·pal·to M Auftrag *m*, Ausschreibung *f*: **condizioni d'~** Ausschreibungsbedingungen *pl*

ap·pan·nag·gio M **1** Apanage *f* **2** *fig* Vorrecht *n* **ap·pan·na·men·to** [-e-] M **1** Beschlagen *n* **2** *fig* Trübung *f*: **~ della vista** Trübung *f* der Sehkraft

ap·pan·na·re ⟨1a⟩ **A** VT **1** beschlagen **2** *fig* trüben: **l'ira appanna la ragione** der Zorn trübt den Verstand **B** V/PR **-rsi** **1** sich beschlagen, anlaufen **2** (*diventare opaco*) erblinden **3** sich trüben: **mi si appanna la vista** mein Blick trübt sich

ap·pan·na·to ADJ **1** trüb: **vedere tutto ~** alles trüb sehen **2** beschlagen: **vetro ~** beschlagene Scheibe *f*

ap·pa·ra·to M **1** Apparat *m* (*a.* ANAT, *filologia*) **2** Aufwand *m* ♦ **~ di forze** Kräfteaufwand *m*; **~ di partito** Parteiapparat *m*; **~ scenico** Bühnenausstattung *f*

ap·pa·rec·chia·re VT ⟨1g⟩ **1** decken ★ **apparecchiare la tavola** den Tisch decken **2** vorbereiten

ap·pa·rec·chia·tu·ra F **1** Vorrichtung *f* **2** (*impianto*) Einrichtung *f*

★**ap·pa·rec·chio** [-e-] M **1** Apparat *m*, Gerät *n*: **~ acustico** Hörgerät *n* **2** *umg* (*aereo*) Maschine *f* **3** Zahnspange *f*

ap·pa·ren·tar·si [-s-] V/PR ⟨1b⟩ **1** sich verschwägern **2** *fig* sich verbünden

ap·pa·ren·te [-ɛ-] ADJ **1** scheinbar, Schein- **2** (*evidente*) erkennbar, sichtlich: **senza ragione ~** ohne erkennbaren Grund **ap·pa·ren·te·men·te** [-e-] ADV scheinbar

★**ap·pa·ren·za** [-ɛ-] F **1** (An)Schein *m*: **l'~ inganna** der Schein trügt **2** Äußerlichkeit *f* **3** Aussehen *n*, Erscheinung *f*

★**ap·pa·ri·re** VI ⟨4e; es⟩ **1** erscheinen **2** (*di fantasmi*) spuken **3** scheinen **ap·pa·ri·scen·te** [-ɛ-] ADJ auffällig **ap·pa·ri·zio·ne** [-o-] F **1** Erscheinen *n*, Erscheinung *f* **2** Gespenst *n*

★**ap·par·ta·men·to** [-e-] M Wohnung *f*

ap·par·tar·si [-s-] V/PR ⟨1a⟩ sich absondern, sich zurückziehen **ap·par·ta·to** ADJ **1** (*fuori mano*) abgeschieden **2** lauschig: **un angolo ~** ein lauschiges Plätzchen *n*

ap·par·te·nen·te [-ɛ-] **A** ADJ an-, zugehörig **B** M/F Angehörige *m/f* **ap·par·te·nen·za** [-ɛ-] F Zugehörigkeit *f*

★**ap·par·te·ne·re** [-e-] VI ⟨2q; es⟩ **1** (an)gehören: **~ a qn/qc** j-m/etw gehören **2** (*spettare*) zustehen

ap·pas·si·men·to [-e-] M (Ver)Welken *n*

ap·pas·sio·nan·te ADJ fesselnd, spannend **ap·pas·sio·na·re** ⟨1a⟩ **A** VT begeistern: **~ qn a qc** j-n für etw begeistern **B** V/PR **-rsi** sich begeistern

★**ap·pas·sio·na·to** ADJ **A** **1** leidenschaftlich **2** begeistert **B** M, **-a** F Fan *m*, Liebhaber *m*, -in *f*

ap·pas·si·re VI ⟨4d; es⟩ & V/PR **-rsi** (ver)welken

ap·pel·la·bi·le ADJ JUR anfechtbar **ap·pel·la·bi·li·tà** F Anfechtbarkeit *f*

ap·pel·la·re ⟨1b⟩ **A** VT **1** benennen **2** JUR Berufung einlegen **B** V/PR **-rsi** **1** appellieren: **-rsi a qn/qc** an j-n/etw appellieren **2** JUR Berufung einlegen: **-rsi a una sentenza** gegen ein Urteil Berufung einlegen **ap·pel·la·ti·vo** **A** ADJ JUR Berufungs-: **atto ~** Berufungsschrift *f* **B** M (*epiteto*) Beiname *m*

ap·pel·lo [-ɛ-] M **1** Appell *m*, Aufruf *m* **2** Hilferuf *m* **3** Prüfungstermin *m* **4** JUR (*ricorso*) Berufung *f*: **ricorrere in ~** in (die) Berufung gehen ♦ **corte d'~** Berufungsgericht *n*; **giudizio senza ~** Urteil *n* letzter Instanz

★**ap·pe·na** [-e-] **A** ADV **1** kaum: **lo conosco ~** ich kenne ihn kaum **2** (*da poco*) soeben, gerade: **si sono ~ sposati** sie sind frisch verheiratet; **un bambino ~ nato** ein Neugeborenes *n* **3** (*a malapena*) gerade (noch): **arrivò ~ in tempo** er kam gerade rechtzeitig **4** erst: **sono ~ le sei** es ist erst sechs Uhr **5** nur, kaum: **sono ~ 2 km** es sind nur 2 km **B** KONJ sobald, sowie: **vieni ~ puoi** komm, sobald du kannst; **~ possibile** baldmöglichst

★**ap·pen·de·re** [-e-] ⟨3c⟩ **A** V/T **1** (auf)hängen: **~ un quadro** ein Bild aufhängen **2** einhängen: **~ la cornetta** den Hörer einhängen **3** (*impiccare*) auf-, erhängen **B** V/PR **-rsi** sich einhängen: **-rsi al braccio di qn** sich bei j-m einhängen

ap·pen·di·a·bi·ti M ⟨*inv*⟩ Kleiderständer *m*

ap·pen·di·ce F **1** Anhang *m*, Appendix *m* **2** Ergänzungsband *m* **3** ANAT Blinddarm *m* **ap·pen·di·cec·to·mi·a** F Blinddarmoperation *f* **ap·pen·di·ci·te** F Blinddarmentzündung *f*

Ap·pen·ni·ni MPL, **Ap·pen·ni·no** M Apennin *m* **ap·pen·ni·ni·co** ADJ apenninisch

Ap·pen·zel·lo [-ɛ-] M Appenzell *n*: **~ Interno** Appenzell-Innerrhoden; **~ Esterno** Appenzell-Ausserrhoden

ap·pe·san·ti·re ⟨4d⟩ **A** V/T **1** beschweren, schwer machen **2** *fig* belasten **B** V/PR **-rsi** **1** sich schwer machen, schwer werden **2** (*ingrassare*) zunehmen

ap·pe·sta·re V/T ⟨1b⟩ **1** verpesten (*a. fig*) **2** *fig* (*corrompere*) verderben

ap·pe·sta·to M, **-a** F Pestkranke *m/f*

ap·pe·ti·bi·le ADJ attraktiv: **un'offerta ~** ein attraktives Angebot *n* **ap·pe·ti·re** ⟨4d⟩ **A** V/T begehren **B** V/I ⟨es, av⟩ den Appetit erregen

★**ap·pe·ti·to** M **1** Appetit *m*: **buon ~!** guten Appetit!; **avere ~ di qc** auf etw (*akk*) Appetit haben, bekommen **2** *fig* (*desiderio*) Verlangen *n*

ap·pe·ti·to·so [-o-] ADJ appetitlich, verlockend

ap·pez·za·men·to [-e-] M Grundstück *n*

ap·pia·na·men·to [-e-] M **1** Einebnung *f* **2** *fig* Beilegung *f* **ap·pia·na·re** ⟨1a⟩ **A** V/T **1** (ein)ebnen **2** *fig* ausgleichen, schlichten **B** V/PR **-rsi** sich ausgleichen

ap·piat·ti·men·to [-e-] M Abflachung *f* (*a. fig*) **ap·piat·ti·re** ⟨4d⟩ **A** V/T ab-, verflachen **B** V/PR **-rsi** **1** flach werden **2** *fig* abflachen, sich verflachen **ap·piat·ti·to** ADJ flach, platt

ap·pic·ca·re V/T ⟨1m *u.* d⟩ aufhängen ♦ **~ fuoco a qc** etw in Brand setzen

ap·pic·ci·ca·re ⟨1m *u.* d⟩ **A** V/T **1** (an)kleben, anheften **2** anhängen: **~ un soprannome a qn** j-m einen Spitznamen anhängen **3** (*rifilare*) zuschieben, anhängen **B** V/I ⟨av⟩ kleben: **questa colla non appiccica** dieser Kleister klebt nicht **C** V/PR **-rsi** **1** kleben; (*attaccarsi*) haften **2** *fig* (*di persona*) sich hängen

ap·pic·ci·ca·to ADJ **restare ~ a qc** an etw (*dat*) kleben bleiben; an etw (*dat*) haften; **stare ~ a qn/qc** an j-m/etw kleben **ap·pic·ci·co·so** [-o-] ADJ **1** klebrig **2** (*di persona*) lästig, aufdringlich

ap·piè ADV **~ di** am Fuß (*od* zu Füßen) von; am Ende von

ap·pie·dato ADJ unmotorisiert, ohne fahrbaren Untersatz

ap·pie·no [-ɛ-] ADV gänzlich, völlig, vollkommen

ap·pi·gio·na·re V/T ⟨1a⟩ vermieten

ap·pi·gliar·si [-s-] V/PR ⟨1g⟩ **1** sich klammern: **~ a qc** sich an etw (*akk*) klammern **2** *fig* greifen, Zuflucht nehmen: **~ a un pretesto** zu einem Vorwand greifen **3** (*di fuoco*) übergreifen

ap·pi·glio M **1** Halt *m*: **perdere l'~** den Halt verlieren **2** Anlass *m*, Vorwand *m*: **dare ~ a qc** Anlass zu etw bieten

ap·piom·bo [-o-] **A** M Lot *n* **B** ADV lotrecht

ap·piop·pa·re V/T ⟨1c⟩ **1** *umg* (*rifilare*) auf-, anhängen, andrehen **2** **~ un ceffone a qn** j-m eine knallen **3** *umg* (*accollare*) aufbrummen, aufbürden: **~ un lavoro a qn** j-m eine Arbeit aufbrummen; **~ una multa salata a qn** j-m eine saftige Strafe verpassen

ap·pi·so·lar·si [-s-] V/PR ⟨1m⟩ *umg* einnicken

ap·plau·di·re ⟨4a *od* d⟩ **A** V/T **1** **~ qn/qc** j-m/etw Beifall klatschen **2** *fig* loben, begrüßen **B** V/I ⟨av⟩ klatschen

ap·plau·so M **1** Beifall *m*, Applaus *m* **2** *fig* Lob *n*; Zustimmung *f* **ap·plau·so·me·tro** [-ɔ-] M Applausmessgerät *n*

ap·pli·ca·bi·le ADJ anwendbar **ap·pli·ca·bi·li·tà** F ⟨*inv*⟩ Anwendbarkeit *f*

ap·pli·ca·re ⟨1l *u.* d⟩ **A** V/T **1** anbringen, befestigen **2** (*mettere sopra*) (auf)legen **3** (*incollando*) (auf)kleben **4** *fig* anstrengen, gebrauchen: **~ la mente a**

qc seinen Verstand für etw gebrauchen 5 anwenden: **~ un metodo** eine Methode anwenden **B** VPR **-rsi** 1 sich widmen: **-rsi allo studio** sich dem Studium widmen 2 sich bemühen **ap·pli·ca·ti·vo** ADJ IT Anwendungs- ♦ **programma ~** Anwenderprogramm *n*

ap·pli·ca·to **A** ADJ angewandt **B** M, **-a** F niederer Beamter *m*, niedere Beamtin *f*; niedriger Angestellter *m*, niedrige Angestellte *f* **ap·pli·ca·zio·ne** [-o-] F 1 Anbringung *f*, Befestigung *f* 2 (*il mettere sopra*) (Auf)Legen *n* 3 (*incollando*) (Auf)-Kleben *n* 4 Anwendung *f* (*a.* IT): **campo di ~** Anwendungsbereich *m*

ap·pli·que [ap'lik] F ⟨*inv*⟩ Wandleuchter *m*

★**ap·pog·gia·re** **A** VT 1 stellen, legen 2 (an)lehnen 3 (be)gründen, (unter)-stützen **B** VI ⟨es⟩ ruhen: **~ su colonne** auf Säulen ruhen **C** VPR **-rsi** 1 sich lehnen 2 sich stützen (*a. fig*)

ap·pog·gia·te·sta [-ɛ-] M ⟨*inv*⟩ Kopfstütze *f*

ap·pog·gio [-ɔ-] M 1 Stütze *f*, Halt *m* 2 Unterstützung *f* 3 Hilfe *f* ♦ **piede d'~** Standbein *n*; **punto d'~** Stützpunkt *m*

ap·pol·la·iar·si [-s-] VPR ⟨1i⟩ sich niederkauern, sich hocken

ap·por·re [-o-] VT ⟨3ll⟩ 1 setzen: **~ la propria firma a qc** seine Unterschrift unter etw (*akk*) setzen 2 (*munire di*) **~ un visto a qc** etw mit einem Sichtvermerk versehen 3 hinzu-, einfügen

ap·por·ta·re VT ⟨1c⟩ 1 vornehmen: **~ modifiche a qc** Abänderungen an etw (*dat*) vornehmen 2 mit sich bringen, verursachen: **~ danni** Schäden verursachen

ap·por·to [-ɔ-] M 1 Zufuhr *f*: **~ di sangue** Blutzufuhr *f* 2 WIRTSCH Einlage *f*: **~ di capitale** Kapitaleinlage *f* 3 (*contributo*) Beitrag *m*

ap·po·si·to [-ɔ-] ADJ (eigens) dazu bestimmt (*od* dafür vorgesehen)

ap·po·sta [-ɔ-] **A** ADJ ⟨*inv*⟩ extra, eigen **B** ADV 1 absichtlich: **l'hai fatto ~!** das hast du absichtlich getan! 2 eigens, extra

ap·po·sta·men·to [-e-] M 1 Überwachung *f* 2 (*agguato*) Hinterhalt *m* 3 MIL Stellung *f*

ap·po·sta·re ⟨1a *od* c⟩ **A** VT **~ qn/la selvaggina** j-m/dem Wild auflauern **B** VPR **-rsi** 1 Stellung beziehen 2 JAGD sich auf die Lauer legen 3 MIL in Stellung gehen

ap·pren·de·re [-e-] VT ⟨3c⟩ 1 (er)lernen 2 erfahren: **~ qc dai giornali/dalla televisione** etw aus der Zeitung/im Fernsehen erfahren

ap·pren·di·men·to [-e-] M Lernen *n*

★**ap·pren·di·sta** M/F Auszubildende *m/f*, Lehrling *m* **ap·pren·di·sta·to** M 1 Lehre *f*, Ausbildung 2 (*tirocinio*) Praktikum *n* 3 Lehrzeit *f*

ap·pren·sio·ne [-si'o-] F Sorge *f*, Besorgnis *f*

ap·pren·si·vo [-s-] **A** ADJ ängstlich **B** M ängstlicher Mensch *m*

ap·pres·so [-ɛ-] PRÄP 1 nach, nach-: **andare ~ a qn** j-m nachgehen 2 mit, bei sich: **portarsi ~ qn/qc** j-n mitbringen, etw mit sich führen 3 bei, neben

ap·pre·sta·re ⟨1b⟩ **A** VT 1 bereitstellen 2 (*porgere*) leisten **B** VPR **-rsi** sich anschicken: **-rsi a uscire** sich zum Gehen anschicken

ap·pret·to [-ɛ-] M Appretur *f*, Glanzstärke *f*

ap·prez·za·bi·le ADJ 1 schätzenswert 2 bemerkenswert **ap·prez·za·men·to** [-e-] M 1 Würdigung *f*, Wertschätzung *f* 2 (*valutazione*) Beurteilung *f*, Bemerkung *f* 3 WIRTSCH (*aumento di valore*) Aufwertung *f*

ap·prez·za·re VT ⟨1b⟩ schätzen, würdigen: **saper ~ qc** etw zu schätzen wissen **ap·prez·za·to** ADJ geschätzt, anerkannt

ap·proc·cio [-ɔ-] M 1 Annäherungsversuch *m* 2 (*impostazione*) Ansatz *m*

ap·pro·da·re VI ⟨1c; es, av⟩ 1 landen 2 *fig* führen: **i suoi sforzi non approdarono a nulla** seine Bemühungen führten zu nichts **ap·pro·do** [-ɔ-] M 1 Landung *f* 2 Landungsplatz *m*, Anlegeplatz *m* 3 *fig* Endresultat *n*

ap·pro·fit·ta·re **A** VI ⟨1a; av⟩ ★ **approfittare di qc** etw ausnutzen; etw nutzen **B** VPR **approfittarsi di qc** etw ausnutzen

ap·pro·fon·di·men·to [-e-] M Vertiefung *f*

ap·pro·fon·di·re ⟨4d⟩ **A** VT vertiefen (*a. fig*) **B** VPR **-rsi** sich vertiefen **ap·pro·fon·di·to** ADJ gründlich

ap·pron·ta·men·to [-e-] M 1 Bereitstellung *f*, Vorbereitung *f* 2 MIL Ausrüstung *f* **ap·pron·ta·re** VT ⟨1a⟩ bereitstellen, vorbereiten

ap·pro·pria·men·to [-e-] M Aneignen *n*

ap·pro·pria·re ⟨1m *u.* c⟩ **A** V/T anpassen: **~ l'abito alle circostanze** die Kleidung den Umständen anpassen **B** V/PR **-rsi di qc** sich (*dat*) etw aneignen

ap·pro·pria·tez·za [-e-] F Angemessenheit *f*

ap·pro·pri·a·to ADJ **1** passend, geeignet **2** **~ a qc** etw (*dat*) entsprechend

ap·pro·pria·zio·ne [-o-] F Aneignung *f*

ap·pros·si·ma·re ⟨1m *u.* c⟩ **A** V/T (an)nähern **B** V/PR **-rsi** sich (an)nähern (*u. fig*) **ap·pros·si·ma·ti·vo** ADJ **1** annähernd, ungefähr **2** ungenau **ap·pros·si·ma·zio·ne** [-o-] F Annäherung *f*; Näherungswert *m* ♦ **per ~** annähernd, ungefähr

ap·pro·va·bi·le ADJ annehmbar

ap·pro·va·re ⟨1c⟩ V/T **1** billigen, zustimmen **2** (*ratificare*) annehmen, verabschieden **3** genehmigen **ap·pro·va·zio·ne** [-o-] F **1** Billigung *f*, Zustimmung *f* **2** JUR Genehmigung *f*, Verabschiedung *f*

ap·prov·vi·gio·na·men·to [-e-] M **1** Versorgung *f* **2** Vorrat *m* **ap·prov·vi·gio·na·re** ⟨1a⟩ **A** V/T versorgen **B** V/PR **-rsi di qc** sich mit etw versorgen

★**ap·pun·ta·men·to** [-e-] M **1** Termin *m*: **fissare un ~** einen Termin vereinbaren **2** (*incontro*) Verabredung *f*; (*amoroso*) Rendezvous *n*: **darsi ~** sich verabreden ♦ **luogo di** (*od* **dell'**) **~** Treffpunkt *m*; **visite su ~** Sprechstunde *f* nach Vereinbarung

ap·pun·ta·re[1] V/T ⟨1a⟩ (an)stecken

ap·pun·ta·re[2] V/T ⟨1a⟩ notieren

ap·pun·ta·to M Gefreite *m* (der Karabinieri)

ap·pun·ti·re V/T ⟨4d⟩ spitzen: **~ una matita** einen Bleistift spitzen

ap·pun·ti·to ADJ spitz

★**ap·pun·to**[1] M **1** Notiz *f* **2** *pl* (*di lezioni*) Aufzeichnungen *pl* **3** *fig* Vorwurf *m*

ap·pun·to[2] ADV gerade(so), genauso, eben

ap·pu·ra·men·to [-e-] M Ermittlung *f*, Klärung *f* **ap·pu·ra·re** V/T ⟨1a⟩ ermitteln, erkunden, überprüfen

a·pri·bi·le ADJ zu öffnen ♦ AUTO **tettuccio ~** Schiebedach *n*

★**a·pri·bot·ti·glie** M ⟨*inv*⟩ Flaschenöffner *m*

★**a·pri·le** M April *m*: **in** (*od* **nel mese di**) **~** im April; **all'inizio/alla fine di ~** Anfang/Ende April; **il primo/il due** (**di**) **~** am ersten/zweiten April; **a metà ~** Mitte April; **oggi abbiamo il 10 di ~** heute ist der 10. April; **tornerò il 10 ~** ich komme am 10. April zurück ♦ **pesce d'~** Aprilscherz *m*

a pri·o·ri [-e-] ADV im Vorhinein

a·pri·pi·sta M ⟨*inv*⟩ Planierraupe *f*, Bulldozer *m*

a·pri·por·ta [-ɔ-] M ⟨*inv*⟩ Türöffner *m*

★**a·pri·re** ⟨4f⟩ **A** V/T **1** öffnen, aufmachen: **~ la porta/la finestra** die Tür/das Fenster aufmachen; **~ un barattolo/una bottiglia** eine Büchse/eine Flasche aufmachen **2** (*con una chiave*) aufschließen **3** auspacken: **~ un pacco** ein Paket auspacken **4** (*slacciare*) aufknöpfen **5** (*libri*) aufschlagen **6** ausbreiten: **~ le braccia/le ali** die Arme/die Flügel ausbreiten **7** eröffnen: **~ una mostra** eine Ausstellung eröffnen; **~ un conto in banca** ein Bankkonto eröffnen **8** (*mettere in atto*) einleiten: **~ il discorso/una discussione** die Rede/eine Diskussion eröffnen **9** beginnen: **~ i negoziati** die Verhandlungen aufnehmen; **~ il fuoco** das Feuer eröffnen **10** (*rubinetti*) aufdrehen **11** *umg* anstellen: **~ il gas** den Gashahn aufdrehen **B** V/I ⟨av⟩ öffnen: **i negozi aprono alle nove** die Geschäfte öffnen um 9 Uhr **C** V/PR **-rsi** **1** sich öffnen, aufgehen: **la finestra si apre verso l'esterno** das Fenster geht nach außen auf **2** *fig* **-rsi con qn** sich j-m anvertrauen **3** sich aufklären: **il cielo si aprì** der Himmel klärte sich auf

★**a·pri·sca·to·le** M ⟨*inv*⟩ Dosenöffner *m*

aq·ua·pla·ning [akkwa'planing] M ⟨*inv*⟩ Aquaplaning *n*

A·qua·rio M ASTROL Wassermann *m*: **Massimo è dell'~** Massimo ist Wassermann

a·qui·la F **1** Adler *m*: **~ reale** Steinadler *m* **2** *fig* Genie *n*: **non è un ~** er, sie ist nicht gerade ein Genie

a·qui·la·no **A** ADJ aus, von L'Aquila **B** M, **-a** F Bewohner *m*, -in *f* von L'Aquila

a·qui·li·no ADJ Adler-: **naso ~** Adlernase *f*

a·qui·lo·ne [-o-] M Drachen *m*

A·qui·sgra·na [-z-] F Aachen *n*

★**a·ra·ba** F Araberin *f*

a·ra·be·sca·re V/T ⟨1d⟩ vollkritzeln **a·ra·be·sco** [-e-] M **1** Arabeske *f* **2** (*ghi-*

rigoro) Schnörkel *m*
A·ra·bia Sau·di·ta F Saudi-Arabien *n*
a·ra·bi·sti·ca F Arabistik *f*
a·ra·biz·za·re V/T ⟨1a⟩ arabisieren **a·ra·biz·za·zio·ne** [-o-] F Arabisierung *f*
★**a·ra·bo** A ADJ arabisch B M 1 (*abitante*) Araber *m* 2 (*lingua*) Arabisch(e) *n*: **per me è ~** das ist Chinesisch für mich, das sind böhmische Dörfer für mich
a·ra·chi·de F Erdnuss *f*
a·ra·go·sta [-o-] F Languste *f*
a·ral·di·ca F Wappenkunde *f*
a·ral·di·co ADJ Wappen-, heraldisch
a·ran·ce·to [-e-] M Orangenhain *m*
★**a·ran·cia** F Orange *f*
★**a·ran·cia·ta** F Orangeade *f*
a·ran·cio A M Orangenbaum *m* B ADJ ⟨*inv*⟩ orange(n)farben
★**a·ran·cio·ne** [-o-] ADJ (dunkel)orange
a·ra·re V/T ⟨1a⟩ pflügen **a·ra·tro** M Pflug *m*
a·ra·tu·ra F Pflügen *n*
a·raz·zo M Wandteppich *m*
ar·bi·trag·gio M 1 SPORT Schiedsrichteramt *n* 2 WIRTSCH Arbitrage *f* **ar·bi·tra·le** ADJ schiedsrichterlich, Schieds- **ar·bi·tra·re** V/T ⟨1l⟩ JUR, SPORT schiedsrichtern
ar·bi·tra·ria·men·te [-e-] ADV willkürlich **ar·bi·tra·rie·tà** F Eigenmächtigkeit *f* **ar·bi·tra·rio** ADJ willkürlich **ar·bi·tra·to** M 1 JUR (*procedimento*) Schiedsverfahren *n* 2 (*sentenza*) Schiedsspruch *m*
ar·bi·trio M 1 (*discrezione*) Gutdünken *n*, Ermessen *n* 2 (*dispotismo*) Willkür *f* ♦ PHIL **libero ~** freier Wille *m*, Willensfreiheit *f*
★**ar·bi·tro** M, **-a** F 1 Schieds-, Kampfrichter *m*, -in *f*; JUR Schlichter *m*, -in *f* 2 *fig* Herr *m*, -in *f*, Gebieter *m*, -in *f*
ar·bo·re·o [-ɔ-] ADJ Baum-: **vegetazione -a** Baumwuchs *m*
ar·bo·ri·col·to·re [-o-] M, **-tri·ce** F 1 (*coltivatore*) Baumgärtner *m*, -in *f* 2 (*tree climber*) Baumkletterer *m*, -kletterin *f*
ar·bo·ri·col·tu·ra F Baumkultur *f*, Arborikultur *f*
ar·bu·sto M Strauch *m*, Busch *m*: **~ ornamentale** Zierstrauch *m*
ar·ca F 1 Sarkophag *m* 2 Truhe *f* ♦ BIBEL **l'~ (di Noè)** die Arche (Noah)
ar·cai·ci·tà F Altertümlichkeit *f*, Archaik *f* **ar·cai·co** ADJ archaisch
ar·can·ge·lo M Erzengel *m*
ar·ca·no A ADJ geheimnisvoll B M Geheimnis *n*
ar·ca·ta F ARCH Arkade *f*, Bogen *m*
ar·che·o·lo·gi·a F Archäologie *f*, Altertumskunde *f*
ar·che·o·lo·gi·co [-ɔ-] ADJ archäologisch
ar·che·o·lo·go [-ɔ-] M, **-a** F Archäologe *m*, -login *f* Altertumsforscher *m*, -in *f*
ar·che·ti·pi·co ADJ archetypisch
ar·che·ti·po [-ɛ-] M Archetyp *m*, Urbild *n*
ar·chet·to [-e-] M MUS Bogen *m*: **~ del violino** Violinbogen *m*
ar·chi·pen·do·lo [-ɛ-] M Lot *n*, Senkblei *n*
ar·chi·tet·ta·re V/T ⟨1a⟩ ausdenken, schmieden
ar·chi·tet·to [-e-] M 1 Architekt *m*, -in *f* 2 Planer *m*, -in *f* **ar·chi·tet·to·ni·co** [-ɔ-] ADJ architektonisch **ar·chi·tet·tu·ra** F Architektur *f*, Baukunst *f*
ar·chi·tra·ve F Architrav *m*, Sturz *m*
ar·chi·via·re V/T ⟨1k⟩ 1 archivieren 2 (*mettere agli atti*) ablegen 3 JUR einstellen: **~ un procedimento** ein Verfahren einstellen 4 aufgeben, *umg* fallen lassen
ar·chi·via·zio·ne [-o-] F 1 Archivierung *f* 2 JUR (*di un processo*) Einstellung *f*
ar·chi·vio M 1 Archiv *n* 2 IT Datei *f*
ar·chi·vi·sta M/F Archivar *m*, -in *f*
ar·ci·con·ten·to [-ɛ-] ADJ *hum* überglücklich
ar·ci·dio·ce·si [-ɔ-] F ⟨*inv*⟩ Erzdiözese *f*
ar·ci·du·ca M Erzherzog *m*
ar·ci·du·ca·to M Erzherzogtum *n*
ar·ci·du·ches·sa [-e-] F Erzherzogin *f*
ar·cie·re [-ɛ-] M, **-a** F Bogen-, Pfeilschütze *m*, -schützin *f*
ar·ci·gno ADJ mürrisch, finster
ar·cio·ne [-o-] M Sattel *m*
ar·ci·pe·la·go [-ɛ-] M Archipel *m*
ar·ci·stu·fo ADJ *umg* **essere ~ di qc** etw völlig satthaben
ar·ci·ve·sco·va·to M Erzbistum *n*
ar·ci·ve·sco·vo [-e-] M Erzbischof *m*
ar·co M 1 Bogen *m* (*a.* ARCH, MUS) 2 GEOM Kreisbogen *m* ♦ **ad ~** bogenförmig; **concerto per -chi** Streichkonzert *n*; **nell'~ di trent'anni** im Zeitraum von dreißig Jahren; **strumento ad ~** Streichinstrument *n*
ar·co·ba·le·no [-e-] M Regenbogen *m*

ar·co·la·io M Spinnrad *n*

ar·cu·a·re ⟨1l⟩ **A** V/T biegen **B** V/PR **-rsi** sich biegen **ar·cu·a·to** ADJ **1** krumm **2** geschwungen **3** bogenförmig

ar·den·te [-ɛ-] ADJ brennend; glühend (*a. fig*) ♦ **camera ~** Aufbahrungshalle *f*; **stare sui carboni -i** (wie) auf (glühenden) Kohlen sitzen

ar·den·te·men·te [-e-] ADV sehnlich, inbrünstig

ar·de·re ⟨3uu⟩ **A** V/T **1** verbrennen **2** (*inaridire*) ausdörren **B** V/I ⟨es⟩ **1** brennen: **la fiamma arde** die Flamme brennt **2** glühen (*a. fig*): **~ d'amore** in Liebe (er)glühen ♦ **legna da ~** Brennholz *n*

ar·de·sia [-ɛz-] F Schiefer *m*

ar·di·men·to [-e-] M Kühnheit *f*

ar·di·re¹ V/I ⟨4d; av⟩ wagen

ar·di·re² M **1** Verwegenheit *f*, Kühnheit *f* **2** Frechheit *f*

ar·di·tez·za [-e-] F **1** Kühnheit *f* **2** (*rischiosità*) Wagnis *n* **ar·di·to** ADJ **1** tapfer, mutig **2** gewagt **3** *fig* kühn: **un pensiero ~** ein kühner Gedanke

ar·do·re [-o-] M **1** Hitze *f*, Glut *f* **2** *fig* Leidenschaftlichkeit *f* **3** Eifer *m*

ar·duo ADJ **1** schwierig, beschwerlich **2** steil

★**a·re·a** F **1** Fläche *f* (*a.* GEOM) **2** Gebiet *n*, Zone *f* (*a. fig*) **3** Land *n*, Gelände *n* ♦ **~ di alta pressione** Hochdruckgebiet *n*; **~ culturale** Kulturraum *m*; **~ depressa** Notstandsgebiet *n*; **Area Economica Europea** Europäischer Wirtschaftsraum *m*; **~ di servizio** Raststätte *f*

a·re·a·le **A** ADJ Flächen- **B** M Areal *n*

a·re·na¹ [-e-] F *poet* Sand *m*

a·re·na² F [-ɛ-] **1** Arena *f* **2** *fig* Schauplatz *m*: **~ politica** politischer Schauplatz *m*

a·re·na·ria F Sandstein *m* **a·re·na·rio** ADJ sandig, Sand-, Strand- **a·re·nar·si** [-s-] V/PR ⟨1a; es⟩ **1** auf eine Sandbank geraten **2** *fig* (*bloccarsi*) stecken bleiben

a·re·ni·le M Sandfläche *f*, Sandstrand *m*

a·re·no·so [-o-] ADJ sandig, sandreich

a·re·o... [-ɛ-] → aero...

a·re·o·la [-ɛ-] F ANAT Hof *m*: **~ mammaria** Brustwarzenhof *m*

a·re·ti·no **A** ADJ aus, von Arezzo **B** M, **-a** F Bewohner *m*, -in *f* Arezzos

A·rez·zo [-ɛ-] F Arezzo *n*

ar·ga·no M (Seil)Winde *f*

ar·gen·ta·re V/T ⟨1b⟩ versilbern **ar·gen·ta·to** ADJ (*colore*) Silber-, silbrig, silbern: **capelli -i** Silberhaar *n* **ar·gen·ta·tu·ra** F Versilberung *f*

ar·gen·te·o [-ɛ-] ADJ Silber-, silbrig, silbern, silberfarben

ar·gen·te·ri·a F Silberzeug *n*, Silbergeschirr *n* **ar·gen·tie·re** [-ɛ-] M, **-a** F Silberschmied *m*, -in *f*

ar·gen·ti·fe·ro ADJ Silber führend

Ar·gen·ti·na F Argentinien *n* **ar·gen·ti·no**¹ **A** ADJ argentinisch **B** M, **-a** F Argentinier *m*, -in *f*

ar·gen·ti·no² ADJ silberhell: **una voce -a** eine silberhelle Stimme

★**ar·gen·to** [-ɛ-] M Silber *n* ♦ *fig* **avere l'~ vivo addosso** Quecksilber im Leib haben

ar·gil·la F **1** Lehm *m* **2** (Töpfer)Ton *m*

ar·gil·lo·so [-o-] ADJ **1** lehmartig, lehmig **2** tonartig, -haltig

ar·gi·na·men·to [-e-] M Eindämmung *f*

ar·gi·na·re V/T ⟨1l⟩ eindämmen (*a. fig*)

ar·gi·ne M Damm *m* (*a. fig*): **rottura degli -i** Dammbruch *m*; *fig* **mettere** (*od* **porre**) **un ~ a qc** einen Damm gegen etw errichten

ar·go·men·ta·re V/I ⟨1a; av⟩ argumentieren **ar·go·men·ta·zio·ne** [-o-] F Argumentation *f*, Beweisführung *f*

★**ar·go·men·to** [-e-] M **1** Argument *n* **2** Thema *n*, Gegenstand *m*: **attenersi all'~** beim Thema bleiben **3** (*contenuto*) Inhalt *m*, Stoff *m* ♦ **entrare nel vivo dell'~** auf den Kern der Sache kommen

ar·gu·i·re V/T ⟨4d⟩ entnehmen, schließen: **da che cosa lo arguisce?** woraus schließen Sie das?

ar·gu·tez·za [-e-] F Scharfsinnigkeit *f*

ar·gu·to ADJ scharfsinnig, geistvoll **ar·gu·zia** F **1** Scharfsinn *m* **2** (*battuta arguta*) Witz *m*

★**a·ria** F **1** Luft *f*: **~ di mare** Seeluft *f* **2** Wind *m*: **non c'è un filo d'~** es regt sich kein Lüftchen **3** *fig* Miene *f* **4** (*aspetto*) Aussehen *n*: **avere l'~ stanca** müde aussehen **5** MUS Arie *f*; Weise *f*, Melodie *f* ♦ **andare all'~** ins Wasser fallen, platzen; **stare all'~ aperta** an der frischen Luft sein; **cambiare ~** lüften; **darsi delle arie** sich wichtig tun; **~ condizionata** Klimaanlage *f*; **corrente d'~** Luftzug *m*; **pressione dell'~** Luftdruck *m*

a·ria·no **A** ADJ arisch **B** M, **-a** F Arier *m*, -in *f*

a·ri·di·tà F ⟨*inv*⟩ **1** Trockenheit *f*, Dürre

f **2** fig Gefühllosigkeit f, Kälte f
a·ri·do ADJ **1** trocken, dürr **2** fig trocken, nüchtern: **-e cifre** nüchterne Zahlen pl **3** gefühllos, kalt
a·rieg·gia·men·to [-e-] M (Be)Lüftung f **a·rieg·gia·re** V/T ⟨1f⟩ **1** (be)lüften **2** fig nachahmen
a·rie·te M [-ɛ-] **1** Schafbock m **2** ASTROL **Marina è dell'Ariete** Marina ist Widder
a·rin·ga F Hering m: **~ fritta** Brathering m
a·rio·si·tà F Luftigkeit f **a·rio·so** [-o-] ADJ luftig, weit: **uno spazio ~** ein weiter Raum m
a·ri·sta[1] F Granne f
a·ri·sta[2] F GASTR = *gebratenes Schweinelendenstück*
a·ri·sto·cra·ti·co **A** ADJ **1** aristokratisch **2** vornehm: **modi -ci** vornehmes Benehmen n **B** M, **-a** F Aristokrat m, -in f **a·ri·sto·cra·zi·a** F **1** Aristokratie f **2** Adel m **3** fig Elite f: **~ della moda** Modeelite f
a·rit·me·ti·ca [-ɛ-] F Rechnen n **a·rit·me·ti·co** ADJ arithmetisch, rechnerisch
a·rit·mi·a F MED Herzrhythmusstörung f
ar·lec·chi·no M Harlekin m (a. fig)
★**ar·ma** F Waffe f (a. fig): **-i atomiche, biologiche e chimiche** ABC-Waffen pl; **-i spaziali** Weltraumwaffen pl, Weltraumrüstung f; **chiamare alle -i** zu den Waffen rufen; **battere qn con le sue stesse -i** j-n mit seinen eigenen Waffen schlagen ♦ **l'~ azzurra** = *Luftwaffe*; **con -i e bagagli** mit Sack und Pack; **~ bianca** Hiebwaffe f; **~ da fuoco** Schusswaffe f
ar·ma·diet·to [-e-] M **1** Schränkchen n **2** Spind m ♦ **~ dei medicinali** Arzneischrank m
ar·ma·dil·lo M Gürteltier n
★**ar·ma·dio** M Schrank m ♦ **~ a chiusura avvolgibile** Rollschrank m; **~ a muro** Wandschrank m
ar·ma·io·lo [-ɔ-] M, **-a** F Waffenschmied m, -in f
ar·ma·men·ta·rio M Rüstzeug n (a. fig)
ar·ma·men·to [-e-] M Bewaffnung f ♦ **corsa agli -i** Rüstungswettlauf m; **ridurre gli -i** abrüsten
ar·ma·re ⟨1a⟩ **A** V/T **1** bewaffnen, rüsten **2** SCHIFF bestücken, ausrüsten **3** (*caricare*) laden **B** V/PR **-rsi** sich bewaffnen, sich rüsten (a. fig): **-rsi di pazienza** sich mit Geduld wappnen **ar·ma·ta** F **1** (*esercito*) Armee f, Heer n **2** SCHIFF Flotte f **ar·ma·to** **A** ADJ **1** bewaffnet **2** fig (*dotato*) gewappnet **B** M Bewaffnete m ♦ **carro ~** Panzer m; **cemento ~** Stahlbeton m; **forze -e** Streitkräfte pl
ar·ma·to·re [-o-] **A** M, **-tri·ce** F **1** Reeder m, -in f **2** **armatore** m Zimmermann m **B** ADJ **società -trice** Reederei f
ar·ma·to·ria·le ADJ Schiffsausrüstungs- ♦ **società ~** Reederei f
ar·ma·tu·ra F **1** Rüstung f **2** (*edilizia*) Gerüst n
ar·meg·gia·re V/I ⟨1f; av⟩ **1** herumhantieren **2** sich abmühen **ar·meg·gi·o** M Geschäftigsein n **ar·meg·gio·ne** [-o-] M, **-a** F Ränkeschmied m, -in f
Ar·me·nia [-ɛ-] F Armenien n **ar·me·no** [-ɛ-] **A** ADJ armenisch **B** M, **-a** F Armenier m, -in f
ar·men·to [-e-] M Herde f
ar·me·ri·a F **1** Waffenarsenal n **2** Waffengeschäft n **ar·mi·ge·ro** M Knappe m **ar·mi·sti·zio** M Waffenstillstand m
ar·mo·ni·a F Ein-, Wohlklang m; fig **~ di colori** Harmonie f der Farben ♦ **vivere in buona ~** in Frieden und Eintracht leben
ar·mo·ni·ca [-ɔ-] F Harmonika f: **~ a bocca** Mundharmonika f
ar·mo·ni·co [-ɔ-] ADJ harmonisch
ar·mo·nio·so [-o-] ADJ harmonisch: **voce -a** harmonische Stimme f
ar·mo·niz·za·re ⟨1a⟩ **A** V/T harmonisieren (a. fig) **B** V/I ⟨av⟩ zusammenpassen **C** V/PR **-rsi** harmonieren **ar·mo·niz·za·zio·ne** [-o-] F Harmonisierung f: **~ fiscale** Steuerharmonisierung f
ar·ne·se [-e-] M **1** Werkzeug n, Gerät n: **-i del mestiere** Handwerkszeug n **2** umg Ding n ♦ fig **essere bene/male in ~** in gutem/schlechtem Zustand sein
ar·nia F Bienenstock m
ar·ni·ca F BOT Arnika f
a·ro·ma [-ɔ-] M **1** Aroma n **2** GASTR Würze f
a·ro·ma·te·ra·pi·a F Aromatherapie f
a·ro·ma·ti·co ADJ **1** aromatisch **2** GASTR würzig, Gewürz-: **erba -a** Gewürzkraut n
a·ro·ma·tiz·zan·te **A** ADJ würzend, Würz- **B** M Aromastoff m **a·ro·ma·tiz·za·re** V/T ⟨1a⟩ würzen
ar·pa F Harfe f: **pizzicare l'~** die Harfe zupfen

ar·pi·a F **1** (*persona avara*) Geizhals *m* **2** (*donna intrattabile*) Hexe *f*

ar·pio·na·re VT ⟨1a⟩ harpunieren **ar·pio·ne** [-o-] M **1** (*cardine*) Angel *f*, Zapfen *m* **2** (*fiocina*) Harpune *f*

ar·pi·sta M/F Harfenist *m*, -in *f*

ar·ra·bat·tar·si [-s-] V/PR ⟨1a⟩ sich abmühen

ar·rab·bia·re VI ⟨1k; es⟩ MED tollwütig werden

★**ar·rab·biar·si** [-s-] V/PR ⟨1k⟩ sich ärgern, böse werden: **~ con qn per qc** sich über j-n wegen etw (*gen*) ärgern

★**ar·rab·bia·to** ADJ **1** (*idrofobo*) tollwütig **2** böse, sauer, zornig, wütend ♦ GASTR **all'-a** = *scharf gewürzt*

ar·rab·bia·tu·ra F Ärger *m*

ar·raf·fa·re VT ⟨1a⟩ (zusammen)raffen, an sich (*akk*) reißen **ar·raf·fa·to·re** [-o-] M, **-tri·ce** F **1** Raffke *m* **2** Dieb *m*, -in *f* **ar·raf·fo·ne** [-o-] M, **-a** F Raffzahn *m*

ar·ram·pi·ca·re ⟨1m *u.* d⟩ **A** VI ⟨av⟩ klettern **B** V/PR **-rsi** **1** klettern: **-rsi su una montagna** auf einen Berg klettern **2** (*di piante*) sich (hoch)ranken ♦ *fig* **-rsi sugli specchi** sich in etw (*akk*) verrennen

ar·ram·pi·ca·ta F Kletterei *f*: **~ libera** Freeclimbing *n*, Freiklettern *n*; **fare ~ libera** Freeclimbing machen **ar·ram·pi·ca·to·re** [-o-] M, **-tri·ce** F **1** Kletterer *m*, Kletterin *f* **2** *fig* Aufsteiger *m*, -in *f*: **~ sociale** Emporkömmling *m*

ar·ran·ca·re VI ⟨1d; av⟩ **1** humpeln, hinken **2** (*procedere con fatica*) sich schleppen

ar·ran·gia·men·to [-e-] M **1** Vereinbarung *f* **2** MUS Arrangement *n*

ar·ran·gia·re ⟨1f⟩ **A** VT **1** arrangieren (*a.* MUS) **2** *umg* zurechtmachen **3** *fig iron* es j-m geben, zeigen: **ti arrangio io!** ich werd's dir geben! **B** V/PR **-rsi** **1** sich arrangieren, zurechtkommen **2** (*cavarsela*) durchkommen **3** (*industriarsi*) sich behelfen **4** sich einigen **ar·ran·gia·to·re** [-o-] M, **-tri·ce** F Arrangeur *m*, -in *f*, Bearbeiter *m*, -in *f*

ar·re·ca·re VT ⟨1b *u.* d⟩ **1** bringen **2** *fig* bereiten, anrichten, zufügen: **~ danno** Schaden anrichten

ar·re·da·men·to [-e-] M **1** Einrichtung *f* **2** Ausstattung *f* **3** Mobiliar *n* ♦ **~ d'interni** Innenausstattung *f*

★**ar·re·da·re** VT ⟨1b⟩ einrichten, ausstatten

ar·re·da·to·re [-o-] M, **-tri·ce** F Raumgestalter *m*, -in *f*

ar·re·do [-ɛ-] M Einrichtungsgegenstand *m*; Ausstattung *f*

ar·rem·bag·gio M Enterung *f*, Entern *n*; *fig* **buttarsi all'~ di qc** sich auf etw (*akk*) stürzen **ar·rem·ba·re** VT ⟨1b⟩ entern

ar·ren·der·si [-'rendersi] V/PR ⟨3c⟩ **1** sich ergeben: **~ a qn/qc** sich j-m/etw ergeben **2** sich fügen

ar·ren·de·vo·le [-e-] ADJ nachgiebig **ar·ren·de·vo·lez·za** [-e-] F Nachgiebigkeit *f*

★**ar·re·sta·re** ⟨1h⟩ **A** VT **1** verhaften, festnehmen **2** anhalten, zum Stillstand bringen **3** aufhalten **4** (*fermare un flusso*) stillen **B** V/PR **-rsi** **1** stehen bleiben, anhalten **2** (*interrompersi*) stocken **ar·re·sta·to** M, **-a** F Verhaftete *m/f*

★**ar·re·sto** [-ɛ-] M **1** Stillstand *m*; Stillung *f* **2** JUR Verhaftung *f*, Festnahme *f* **3** *pl* MIL Arrest *m* ♦ *fig* **subire una battuta d'~** ins Stocken geraten; **~ cardiaco** Herzstillstand *m*; **-i domiciliari** Hausarrest *m*; **mandato d'~** Haftbefehl *m*; **segnale d'~** Haltesignal *n*

ar·re·tra·men·to [-e-] M **1** Rückzug *m* **2** Rückgang *m*: **~ delle quotazioni** Kursverluste *pl*

ar·re·tra·re ⟨1b⟩ **A** VT zurückziehen **B** VI ⟨es⟩ sich zurückziehen, zurückweichen (*a. fig*): **~ per la paura** vor Angst zurückweichen **ar·re·tra·tez·za** [-e-] F Rückständigkeit *f* **ar·re·tra·to** **A** ADJ **1** rückständig **2** (*non saldato*) **fatture -e** ausstehende Rechnungen *pl* **B** M Rückstand *m*: **essere in ~ con i pagamenti** mit den Zahlungen im Rückstand sein ♦ **lavoro ~** Arbeitsrückstand *m*

ar·ric·chi·men·to [-e-] M **1** Bereicherung *f* **2** CHEM Anreicherung *f*

ar·ric·chi·re ⟨4d⟩ **A** VT **1** bereichern (*a. fig*) **2** CHEM anreichern **B** V/PR **-rsi** sich bereichern: **-rsi a spese altrui** sich auf Kosten anderer bereichern **ar·ric·chi·to** **A** ADJ **1** **sangue ~ di ossigeno** mit Sauerstoff angereichertes Blut **2** *pej* neureich **B** M, **-a** F Neureiche *m/f*

ar·ric·cia·re ⟨1f⟩ **A** VT **1** locken **2** kräuseln, verknittern: **~ il naso per qc/qn** über etw/j-n die Nase rümpfen **B** V/PR **-rsi** **1** sich kräuseln: **i suoi capelli si arricciano facilmente** seine Haare kräuseln sich leicht **2** (*baffi*) (auf)zwirbeln

ar·ric·cia·to ADJ gelockt, gekräuselt **ar·ric·cia·tu·ra** F Kräuselung *f* **ar·ric·cio·la·re** V/T ⟨1m⟩ locken, kräuseln

ar·ri·de·re V/I ⟨3b⟩ (zu)lächeln: **la fortuna gli ha arriso** das Glück hat ihnen gelacht

ar·rin·ga F **1** JUR Plädoyer *n* **2** (*discorso pubblico*) Volksrede *f* **ar·rin·ga·re** V/T ⟨1e⟩ sprechen zu: ~ **il popolo** zum Volk sprechen

ar·ri·schia·re ⟨1g⟩ **A** V/T riskieren **B** V/PR **-rsi** sich wagen **ar·ri·schia·to** ADJ wagemutig

★**ar·ri·va·re** V/I ⟨1a; es⟩ **1** (an)kommen: ~ **a Roma/in città** in Rom/in der Stadt ankommen; **dove sei arrivato col tuo lavoro?** wie weit bist du mit deiner Arbeit (gekommen)?; SPORT ~ **al traguardo** ans Ziel kommen **2** (*provenire*) kommen: **il treno arriva dalla Francia** der Zug kommt aus Frankreich **3** gehen; fahren **4** *fig* ~ **a qc** zu etw kommen, etw erreichen **5** **a qn arriva qc** j-d bekommt, erhält etw **6** reichen: **il bosco arriva fino al fiume** der Wald reicht bis zum Fluss **7** reichen, gehen, langen: (**fin**) **dove arriva lo sguardo** so weit das Auge reicht **8** ~ **a novant'anni** die neunzig erreichen **9** ~ **a fare qc** etw schaffen **10** *umg* begreifen: **possibile che non ci arrivi?** ist es möglich, dass du das nicht begreifst? ♦ ~ **in alto** hoch-, emporkommen; **dove vuoi ~?** worauf willst du hinaus?; ~ **a proposito** wie gerufen kommen

ar·ri·va·to **A** ADJ arriviert **B** M, **-a** F Emporkömmling *m* ♦ **ben ~!** willkommen!

ar·ri·ve·der·ci [-e-] INT auf Wiedersehen

ar·ri·vi·smo [-z-] M Strebertum *n*; Karrieremacherei *f* **ar·ri·vi·sta** M/F Streber *m*, -in *f*; Karrieremacher *m*, -in *f*

★**ar·ri·vo** M **1** Ankunft *f* **2** SPORT Ziel *n* **3** Erhalt *m*, Empfang *m* ♦ SPORT **dirittura di ~** Zielgerade *f*; **posta in ~** eingehende Post

ar·roc·ca·re ⟨1c *u.* d⟩ **A** V/T (*scacchi*) rochieren **B** V/PR **-rsi** MIL sich verschanzen (*a. fig*)

ar·roc·co [-ɔ-] M (*scacchi*) Rochade *f*

ar·ro·chi·re V/I ⟨4d; es⟩ heiser werden **ar·ro·chi·to** ADJ heiser

ar·ro·gan·te ADJ arrogant, überheblich **ar·ro·gan·za** F Arroganz *f*, Überheblichkeit *f* **ar·ro·gar·si** [-s-] V/PR ⟨1c *u.* g⟩ ~ **qc** sich (*dat*) etw anmaßen, herausnehmen; ~ **il diritto di fare qc** sich (*dat*) das Recht herausnehmen, etw zu tun

ar·ros·sa·men·to [-e-] M Rötung *f*

ar·ros·sa·re ⟨1a⟩ **A** V/T röten **B** V/PR **-rsi** sich röten, rot werden **ar·ros·sa·to** ADJ gerötet, rot

ar·ros·si·re V/I ⟨4d; es⟩ erröten, rot werden: ~ **per qc/di vergogna** über etw (*akk*)/vor Scham erröten

ar·ro·sti·men·to [-e-] M Röstung *f*

★**ar·ro·sti·re** ⟨4d⟩ **A** V/T **1** braten **2** (*castagne, pane*) rösten **B** V/I ⟨es⟩ braten; (*di castagne*) rösten ♦ *fig* **-rsi al sole** sich in der Sonne braten

ar·ro·sto [-ɔ-] **A** M Braten *m* **B** ADJ ⟨*inv*⟩ gebraten, Brat-: **patate ~** Bratkartoffeln *pl*

ar·ro·ta·re V/T ⟨1c *od* o⟩ **1** schärfen **2** schleifen, polieren, glätten **3** *umg* (*investire*) überfahren **ar·ro·ta·tri·ce** F Schleifmaschine *f* **ar·ro·ta·tu·ra** F Schleifen *n*, Schärfen *n*

ar·ro·ti·no M, **-a** F (Scheren)Schleifer *m*, -in *f*

ar·ro·to·la·men·to [-e-] M (Zusammen-, Ein)Rollen *n* **ar·ro·to·la·re** ⟨1m *u.* c⟩ **A** V/T **1** (zusammen-, ein)rollen **2** drehen: ~ **una sigaretta** eine Zigarette drehen **B** V/PR **-rsi** sich einrollen

ar·ro·ton·da·men·to [-e-] M Abrundung *f*

ar·ro·ton·da·re V/T ⟨1a⟩ abrunden ♦ *fig* ~ **lo stipendio** das Gehalt aufbessern

ar·ro·vel·la·men·to [-e-] M **1** Ärger *m* **2** (*l'affannarsi*) Sichabmühen *n*

ar·ro·vel·lar·si [-s-] V/PR ⟨1b⟩ **1** sich ärgern **2** sich abmühen ♦ ~ **il cervello** sich (*dat*) das Gehirn zermartern

ar·ro·ven·ta·re ⟨1b⟩ **A** V/T **1** zum Glühen bringen **2** *fig* erhitzen **B** V/PR **-rsi** **1** glühend werden **2** *fig* sich erhitzen

ar·ruf·fa·men·to [-e-] M (Zer)Zausen *n*; (*del pelo*) Sträuben *n* **ar·ruf·fa·po·po·li** [-ɔ-] M/F ⟨*inv*⟩ Volksaufwiegler *m*, -in *f*

ar·ruf·fa·re ⟨1a⟩ **A** V/T **1** sträuben **2** (zer)zausen **3** *fig* verwirren **B** V/PR **-rsi** **1** sich sträuben **2** *fig* sich verwirren

ar·ruf·fa·to ADJ **1** zerzaust, strubbelig, struppig **2** *fig* verworren

ar·ruf·fia·nar·si [-s-] V/PR ⟨1a⟩ ~ **qn** j-m schmeicheln

ar·rug·gi·ni·men·to [-e-] M Rosten *n*

ar·rug·gi·ni·re ⟨4d⟩ **A** V/T rosten lassen **B** VI ⟨es⟩ & VPR **-rsi** **1** (ver)rosten, rostig werden **2** *fig* (*perdere l'esercizio*) (ein)rosten **ar·rug·gi·ni·to** ADJ eingerostet, rostig (*a. fig*)

ar·ruo·la·men·to [-e-] M MIL Anwerbung *f*, Einberufung *f*

ar·ruo·la·re ⟨1o⟩ **A** VT anwerben, einziehen, einberufen **B** VPR **-rsi** sich melden: **-rsi volontario** sich freiwillig melden

ar·se·na·le M **1** MIL Schiffswerft *f* **2** (Waffen)Arsenal *n*

ar·se·ni·co [-'sɛniko] **A** M Arsen *n* **B** ADJ Arsen-, arsenhaltig: **acido ~** Arsensäure *f*

ar·si [-s-] → ardere

ar·so [-s-] ADJ **1** verbrannt, versengt **2** (*secco*) ausgedorrt, vertrocknet **3** ausgetrocknet: **pelle -a dal sole** von der Sonne ausgetrocknete Haut **4** *fig* trocken: **avere la gola -a** eine trockene Kehle haben

ar·su·ra [-s-] F **1** Hitze *f*, Glut *f* **2** Dürre *f*, Trockenheit *f* **3** brennender Durst *m*

art di·rec·tor ['artdi'rɛktor] M ⟨*inv*⟩ Art-director *m*

★**ar·te** F **1** Kunst *f* **2** **le -i della seduzione** die Verführungskünste *pl* **3** *obs* Handwerk *n* **4** HIST (*corporazione*) Zunft *f* ♦ **ad ~** absichtlich; **~ culinaria** Kochkunst *f*; **nome d'~** Künstlername *m*; **opera d'~** Kunstwerk *n*; **non avere né ~ né parte** weder Wissen noch Geld haben; **a regola d'~** kunstgerecht; **impara l'~ e mettila da parte** gelernt ist gelernt

ar·te·fat·to ADJ gekünstelt, gefälscht

ar·te·fi·ce [-e-] M/F Urheber *m*, -in *f*; Schöpfer *m*, -in *f*

ar·te·mi·sia F Beifuß *m*

ar·te·ria [-ɛ-] F **1** Schlagader *f* **2** *fig* Verkehrsader *f*

ar·te·rio·scle·ro·si [-ɛ-] F Arterienverkalkung *f*, Arteriosklerose *f* **ar·te·rio·scle·ro·ti·co** [-ɔ-] **A** ADJ **1** sklerotisch **2** *fig* senil **B** M, **-a** F Arterioskleroseкranke *m/f*

ar·te·rio·so [-o-] ADJ Arterien-, arteriell

ar·te·sia·no ADJ artesisch: **pozzo ~** artesischer Brunnen *m*

ar·ti·co ADJ arktisch ♦ **circolo polare ~** nördlicher Polarkreis *m*; **polo ~** Nordpol *m*

ar·ti·co·la·re[1] ⟨1m⟩ **A** VT **1** bewegen **2** artikulieren **3** gliedern **B** VPR **-rsi** **1** sich bewegen **2** sich gliedern

ar·ti·co·la·re[2] ADJ Gelenk-, Glieder-: **dolore ~** Gliederreißen *n*, Gliederschmerz *m*

ar·ti·co·la·ti MPL Gliedertiere *pl* **ar·ti·co·la·to** ADJ **1** TECH gelenkartig, Gelenk- **2** *fig* gegliedert **ar·ti·co·la·zio·ne** [-o-] F **1** Gliederung *f* **2** Artikulation *f* **3** ANAT, BOT, MECH Gelenk *n*

ar·ti·co·li·sta M/F Artikelschreiber *m*, -in *f*

★**ar·ti·co·lo** M Artikel *m* ♦ **-i di cancelleria** Schreibwaren *pl*; **~ di fondo** Leitartikel *m*

Ar·ti·de M Arktis *f*

★**ar·ti·fi·cia·le** ADJ künstlich, Kunst (*a. fig*) ♦ **fuochi -i** Feuerwerk *n*

ar·ti·fi·cia·li·tà F ⟨*inv*⟩ Künstlichkeit *f*

ar·ti·fi·cial·men·te [-e-] ADV künstlich

ar·ti·fi·cie·re [-ɛ-] M, **-a** F **1** MIL Munitionstechniker *m*, -in *f* **2** Feuerwerker *m*, -in *f*

ar·ti·fi·cio M **1** Kunstgriff *m*, Finesse *f* **2** *fig* Feinheit *f* **3** Zünder *m*

ar·ti·fi·cio·si·tà F ⟨*inv*⟩ Künstlichkeit *f*, Künstelei *f* **ar·ti·fi·cio·so** [-o-] ADJ künstlich

ar·ti·gia·na·le ADJ handwerklich, Handwerks- **ar·ti·gia·nal·men·te** [-e-] ADV von Hand: **gelato prodotto ~** hausgemachtes Eis *n*; **pasta tradizionale prodotta ~** Nudeln *pl* nach Hausmacherart; **contadini che producono ~ olio** Bauern, die ihr eigenes Öl herstellen **ar·ti·gia·na·to** M **1** Handwerk *n* **2** Handwerkerschaft *f*

ar·ti·gia·no **A** M, **-a** F Handwerker *m*, -in *f* **B** ADJ Handwerks-, handwerklich: **azienda -a** Handwerksbetrieb *m*

ar·ti·glie·re [-ɛ-] M Artillerist *m*

ar·ti·glie·ri·a F Artillerie *f*

ar·ti·glio M Kralle *f*, Klaue *f*

★**ar·ti·sta** M/F **1** Künstler *m*, -in *f* **2** Artist *m*, -in *f*

ar·ti·sti·co ADJ künstlerisch, Kunst-

ar·to M Glied *n*, Extremität *f*, Gliedmaße *f*

ar·tri·te F Gelenkentzündung *f*, Arthritis *f* **ar·tri·ti·co** ADJ arthritisch, Gelenk-

ar·tro·si [-ɔ-] F Arthrose *f*

ar·zi·go·go·la·re VI ⟨1n *u.* c⟩ **~ su qc** etw austüfteln, grübeln **ar·zi·go·go·la·to** ADJ spitzfindig

ar·zi·go·go·lo [-ɔ-] M **1** Grübelei *f* **2** Spitzfindigkeit *f*

ar·zil·lo ADJ rüstig, rege

a·sbe·sto [az'bɛsto] M Asbest *m*

a·scel·la [-ɛ-] F ANAT Achsel(höhle) *f*

a·scen·den·te [-ɛ-] **A** ADJ **1** Aufwärts-:

moto ~ Aufwärtsbewegung *f* **2** MUS ansteigend **B** M **1** Einfluss *m* **2** ASTROL Aszendent *m*

a·scen·de·re [-e-] VI ⟨3c; es⟩ *poet* **1** ~ **a qc** zu etw aufsteigen, etw besteigen **2** REL ~ **al cielo** zum Himmel auffahren

a·scen·sio·na·le ADJ PHYS **spinta** ~ Auftrieb *m* **a·scen·sio·ne** [-o-] F **1** (*alpinismo*) Aufstieg *m*, Besteigung *f* **2** REL Himmelfahrt *f*

★**a·scen·so·re** [-'so:-] M Aufzug *m*, Fahrstuhl *m*: **salire in** (*od* **con**) **l'~** mit dem Aufzug fahren **a·scen·so·ri·sta** M/F Aufzugsmechaniker *m*, -in *f*

a·sce·sa [-e-] F **1** (*salita*) Aufstieg *m* **2** ~ **al trono** Thronbesteigung *f* **3** Wachstum *n*

a·sce·si [-ɛ-] F Askese *f*

a·sces·so [-ɛ-] M Abszess *m*

a·sce·ta [-ɛ-] M/F Asket *m*, -in *f* (*a. fig*)

a·sce·ti·co [-ɛ-] ADJ asketisch

a·sce·ti·smo [-z-] M Askese *f*

a·scia F Axt *f*, Beil *n*

a·sciu·ga·bian·che·ri·a M ⟨*inv*⟩ Wäschetrockner *m*

★**a·sciu·ga·ca·pel·li** [-e-] M ⟨*inv*⟩ Haartrockner *m*

★**a·sciu·ga·ma·no** M Handtuch *n*

a·sciu·gan·te ADJ Lösch-: **carta** ~ Löschpapier *n*

★**a·sciu·ga·re** ⟨1e⟩ **A** VT **1** trocknen **2** (*seccare*) austrocknen **3** abtrocknen **4** (*cappelli*) föhnen **5** (*sudore*) abwischen: ~ **le lacrime a qn** j-m die Tränen abwischen **B** VI ⟨es⟩ trocknen: **la vernice asciuga subito** der Lack trocknet sofort

a·sciu·gar·si [-s-] V/PR ⟨1e⟩ **1** sich (ab)trocknen **2** *fig* abmagern **3** (*diventare asciutto*) trocknen

a·sciu·ga·ta F Abtrocknen *n* ♦ **darsi un'~ ai capelli** sich *dat* die Haare föhnen

a·sciu·ga·to·re [-ɔ-] M Händetrockner *m*

a·sciu·ga·tri·ce F Wäschetrockner *m*

a·sciut·tez·za [-e-] F Trockenheit *f*, Dürre *f* (*a. fig*)

★**a·sciut·to** ADJ **1** trocken: **abiti -i** trockene Kleider *pl* **2** (*di vino*) trocken, herb **3** hager, drahtig **4** *fig* trocken, wortkarg ♦ *fig* **essere** (*od* **rimanere**) **all'~** auf dem Trockenen sitzen

a·sco·la·no **A** ADJ aus, von Ascoli Piceno **B** M, **-a** F Bewohner *m*, -in *f* von Ascoli Piceno

A·sco·li Pi·ce·no F Ascoli Piceno *n*

★**a·scol·ta·re** VT ⟨1a⟩ **1** (an-, zu)hören: ~ **qn/qc** j-n/etw (an)hören, j-m/etw zuhören; **ascolta!** hör mal zu! **2** (*origliare*) horchen, lauschen **3** (*sentire casualmente*) mithören **4** erhören ♦ **farsi** ~ sich (*dat*) Gehör verschaffen

a·scol·ta·to·re [-o-] M, **-tri·ce** F (Zu)-Hörer *m*, -in *f*

a·scol·to [-o-] M **1** (Zu)Hören *n* **2** Empfang *m*: **mettersi all'~** auf Empfang gehen ♦ **dare ~ a qn/qc** auf j-n/etw hören; **indice di ~** Einschaltquote *f*; **prestare ~** Gehör schenken

a·scor·bi·co [-ɔ-] ADJ Askorbin-: **acido ~** Askorbinsäure *f*

a·scri·ve·re VT ⟨3tt⟩ **1** (*annoverare*) zählen **2** zuschreiben: ~ **il merito di qc a qn** j-m das Verdienst an etw (*dat*) zuschreiben

a·ses·sua·le ADJ ungeschlechtlich

a·ses·sua·to ADJ geschlechtslos

a·set·ti·co [-'sɛt-] ADJ **1** (*sterilizzato*) keimfrei **2** *fig* kühl, unpersönlich

a·sfal·ta·re VT ⟨1a⟩ asphaltieren **a·sfal·ta·to** ADJ Asphalt-: **strada -a** Asphaltstraße *f*

a·sfal·to M **1** Asphalt *m* **2** Straße *f*

a·sfis·si·a F Erstickung *f* **a·sfis·sian·te** ADJ **1** erstickend **2** *fig* aufdringlich

a·sfis·sia·re ⟨1k⟩ **A** VT **1** ersticken **2** *fig* belästigen, *umg* anöden **B** VI ⟨es⟩ ersticken

★**A·sia** F Asien *n*: ~ **anteriore** Vorderasien *n* **a·sia·ti·co** **A** ADJ asiatisch **B** M, **-a** F Asiat *m*, -in *f*

★**a·si·lo** M **1** Kindergarten *m* **2** JUR Asyl *n*: **chiedere ~** um Asyl bitten, JUR Asyl beantragen **3** Obdach *n*: **dare ~ a qn** j-m Obdach gewähren ♦ ~ **nido** Kinderkrippe *f*

a·sim·me·tri·a F Asymmetrie *f* **a·sim·me·tri·co** [-ɛ-] ADJ asymmetrisch, unsymmetrisch

a·si·na F Eselin *f* **a·si·na·ta** F ⟨*inv*⟩ Eselei *f*

★**a·si·no** M Esel *m* (*a. fig*) ♦ **qui casca l'~** da liegt der Hund begraben

a·sma F Asthma *n*

A·sma·ra F Asmara *n*

a·sma·ti·co **A** ADJ asthmatisch **B** M, **-a** F Asthmatiker *m*, -in *f*

a·so·cia·le ADJ **A** asozial **B** M/F Eigenbrötler *m*, -in *f*

a·so·la F **1** TEX Knopfloch *n* **2** Öse *f*

a·spa·ra·go M Spargel *m*

a·sper·ge·re [-ɛ-] VT ⟨3uu⟩ besprengen: **~ qn/qc d'acqua benedetta** j-n/etw mit Weihwasser besprengen
a·spe·ri·tà F ⟨inv⟩ 1 Unebenheit f 2 *fig* Widrigkeit f
a·sper·sio·ne [-si'o-] F Besprengung f
★**a·spet·ta·re** VT ⟨1b⟩ **~ qn/qc** auf j-n/etw warten, j-n/etw erwarten; **~ invano** vergeblich warten ♦ **~ un bambino** ein Kind erwarten
★**a·spet·tar·si** [-s-] VPR erwarten: **aspettarsi qc da qn/qc** (sich) etw von j-m/etw erwarten ♦ ★ **me l'aspettavo!** ich hatte damit gerechnet!
a·spet·ta·ti·va F 1 Erwartung f 2 JUR Beurlaubung f
★**a·spet·to**¹ [-ɛ-] M 1 Aussehen n, Äußere n 2 Aspekt m, Hinsicht f: **sotto tutti gli -i** in jeder Hinsicht
a·spet·to² [-ɛ-] M **sala d'~** (*di stazione*) Wartesaal m; (*di un medico*) Wartezimmer n
a·spic [a'spik] M ⟨inv⟩ GASTR Aspik m
a·spi·ran·te A ADJ Saug-, saugend B M/F Anwärter m, -in f, Aspirant m, -in f: **~ al titolo** Titelanwärter m, -in f
★**a·spi·ra·pol·ve·re** [-o-] M ⟨inv⟩ Staubsauger m
a·spi·ra·re ⟨1a⟩ A VT 1 einatmen 2 (*con apparecchi*) ein-, ab-, aufsaugen B VI ⟨av⟩ **~ a qc** etw anstreben, nach etw streben **a·spi·ra·zio·ne** [-o-] F 1 Absaugen n 2 (*ambizione*) Streben n, Bestrebung f
a·spi·ri·na® F Aspirin® n
a·spor·ta·re VT ⟨1c⟩ entfernen, fortbringen, forttragen **a·spor·ta·zio·ne** [-o-] F Entfernung f
a·spor·to [-ɔ-] M Entfernung f ♦ **pizza da ~** Pizza f zum Mitnehmen
a·sprez·za [-e-] F 1 Herbe f, Herbheit f 2 *fig* Härte f 3 *fig* Sprödigkeit f 4 Rauheit f **a·spri·gno** ADJ säuerlich, herb
a·spro ADJ ⟨*sup*: asprissimo/asperrimo⟩ 1 herb, sauer (*a. fig*) 2 rau: **un clima ~** ein raues Klima 3 erbittert 4 beschwerlich
as·sag·gia·re VT ⟨1f⟩ kosten, schmecken, probieren **as·sag·gia·to·re** [-o-] M, **-tri·ce** F (*di cibi*) Lebensmittelprüfer m, -in f; (*di vini*) Weinprüfer m, -in f
as·sag·gio M 1 Kostprobe f 2 *fig* Vorgeschmack m
★**as·sai** A ADV 1 (*abbastanza*) genug 2 sehr; viel B ADJ ⟨inv⟩ viel: **c'era ~ rumore** es gab viel Lärm ♦ **m'importa ~** mir liegt viel daran
as·sa·li·re VT ⟨4m⟩ 1 über-, her-, anfallen (*a. fig*) 2 *fig* überkommen, aufsteigen: **la noia mi assale** Langeweile überkommt mich
as·sa·li·to·re [-o-] M, **-tri·ce** F Angreifer m, -in f
as·sal·ta·re VT ⟨1a⟩ stürmen, überfallen
as·sal·ta·to·re [-o-] M, **-tri·ce** F Angreifer m, -in f
as·sal·to M Überfall m; (An)Sturm m; Angriff m ♦ **all'~!** zum Angriff!
as·sa·po·ra·men·to [-e-] M Kosten n, Schmecken n **as·sa·po·ra·re** VT ⟨1a⟩ 1 kosten, schmecken, probieren 2 *fig* auskosten
★**as·sas·si·na·re** VT ⟨1a⟩ 1 ermorden 2 *fig* verunstalten **as·sas·si·nio** M Mord m, Ermordung f **as·sas·si·no** A M, **-a** F Mörder m, -in f B ADJ 1 mörderisch, Mörder- 2 kriminell 3 *fig* verführerisch
as·sa·ta·na·to ADJ 1 besessen 2 *fig* aufgegeilt, geil
as·se¹ F Brett n
as·se² M MATH, GEOG, MECH, HIST Achse f ♦ **~ stradale** Verkehrsachse f; **~ terrestre** Erdachse f
as·se·con·da·re VT ⟨1a⟩ 1 unterstützen, begünstigen 2 (*esaudire*) **~ qc** etw (*dat*) nachkommen
as·se·dian·te A ADJ belagernd, Belagerungs- B M/F Belagerer m, Belagerin f
as·se·dia·re VT ⟨1k⟩ 1 belagern 2 bedrängen, bestürmen: **~ qn di domande** j-n mit Fragen bestürmen **as·se·dia·to** A ADJ belagert B M, **-a** F Belagerte m/f
as·se·dio [-ɛ-] M 1 Belagerung f 2 *fig* Bestürmung f, Bedrängung f
as·se·gna·men·to [-e-] M **fare ~ su qn/qc** auf j-n/etw rechnen
as·se·gna·re VT ⟨1a⟩ 1 zuteilen, an-, zuweisen 2 zusprechen 3 **~ una punizione** eine Strafe erteilen **as·se·gna·ta·rio** M, **-a** F Empfänger m, -in f **as·se·gna·zio·ne** [-o-] F 1 Zuteilung f, An-, Zuweisung f 2 Vergabe f, Besetzung f
★**as·se·gno** [-e-] M 1 Scheck m 2 Zulage f ♦ **~ in bianco** Blankoscheck m; **~ circolare** Barscheck m; **-i familiari** Kindergeld n; **~ di maternità** Erziehungsgeld n; **~ di studio** Studienbeihilfe f
as·sem·blag·gio M Zusammenbau m, Montage f **as·sem·bla·re** VT ⟨1a⟩ zu-

sammenbauen, montieren

as·sem·ble·a [-ɛ-] F Versammlung *f*: **convocare un'~** eine Versammlung einberufen ♦ **~ generale** Hauptversammlung *f*

as·sem·bra·men·to [-e-] M Auflauf *m*, Ansammlung *f* **as·sem·brar·si** [-s-] V/PR ⟨1a⟩ sich ver-, ansammeln

as·sen·na·tez·za [-e-] F Vernünftigkeit *f*, Klugheit *f*, Besonnenheit *f* **as·sen·na·to** ADJ vernünftig, besonnen

as·sen·so [-'sɛnso] M Einverständnis *n*, Zustimmung *f*, Einwilligung *f*

as·sen·tar·si [-s-] V/PR ⟨1a⟩ weggehen, fernbleiben, fehlen

★**as·sen·te** A ADJ 1 abwesend: **essere ~** fehlen 2 *fig* entrückt B M/F Abwesende *m/f*

as·sen·te·i·smo [-z-] M 1 (gewohnheitsmäßiges) Fernbleiben *n* 2 (*nel lavoro*) Blaumachen *n*, Drückebergerei *f* **as·sen·te·i·sta** M/F Drückeberger *m*, -in *f*

as·sen·ti·re V/I ⟨4b; av⟩ zu-, beistimmen, einwilligen: **~ a una richiesta** einer Forderung zustimmen

as·sen·za [-ɛ-] F 1 Abwesenheit *f*, Fehlen *n*: **~ per malattia** Abwesenheit *f* wegen Krankheit; **in sua ~** ohne sein Beisein 2 **~ di qc** Mangel an etw (*dat*) ♦ **in ~ di qc** mangels einer Sache

as·sen·zien·te [-ɛ-] ADJ zu-, beistimmend

as·sen·zio [-ɛ-] M 1 Wermut *m* 2 *fig* Bitterkeit *f*: **amaro come l'~** gallenbitter

as·se·ri·re V/T ⟨4d⟩ behaupten, versichern, beteuern

as·ser·ra·gliar·si [-s-] V/PR ⟨1g⟩ **~ in qc** sich in etw (*dat*) verbarrikadieren

as·ser·ti·vo ADJ bejahend, behauptend **as·ser·to·re** [-o-] M, **-tri·ce** F Befürworter *m*, -in *f*, Verfechter *m*, -in *f*

as·ser·vi·men·to [-e-] M Versklavung *f*, Knechtung *f* (*a. fig*) **as·ser·vi·re** V/T ⟨4d⟩ versklaven, knechten (*a. fig*)

as·ser·zio·ne [-o-] F Behauptung *f*, Beteuerung *f*

as·ses·so·ra·to M Referat *n*: **~ alla cultura** Kulturreferat *n*

as·ses·so·re [-o-] M Referent *m*, -in *f*: **~ comunale** Stadtrat *m*, -rätin *f*; **~ regionale** Landrat *m*, -rätin *f*

as·se·sta·men·to [-e-] M Regelung *f*, Ordnung *f* **as·se·sta·re** ⟨1b⟩ A V/T 1 ordnen, zurechtlegen 2 einstellen: **~ la mira** das Ziel einstellen 3 **~ un colpo a qn** j-m einen Hieb (*od* Stoß) versetzen B V/PR **-rsi** 1 (*di terreno*) sich setzen 2 (*sistemarsi in una casa*) sich einrichten **as·se·sta·ta** F **dare un'~ alla casa** das Haus in Ordnung bringen

as·se·sta·to ADJ 1 **il colpo è ben ~** der Hieb sitzt gut 2 geordnet, geregelt

as·se·ta·re V/T ⟨1a⟩ durstig machen **as·se·ta·to** A ADJ 1 durstig (*a. fig*): **~ di vendetta** rachedurstig 2 ausgetrocknet B M, **-a** F Durstige *m/f*, Dürstende *m/f*

as·set·ta·re ⟨1b⟩ A V/T ordnen B V/PR **-rsi** sich zurechtmachen

as·set·to [-ɛ-] M 1 Ordnung *f* 2 Ausrüstung *f*

as·se·ve·ra·men·to [-e-] M Beteuerung *f*, Versicherung *f*; Beeidigung *f* **as·se·ve·ra·re** V/T ⟨1m *u.* b⟩ beteuern, versichern; beeid(ig)en

As·sia F Hessen *n*: **abitante dell'~** Hesse *m*, -sin *f*

as·sia·le ADJ axial, Achsen-, Achs-: **carico ~** Achslast *f*

as·si·cel·la [-ɛ-] F Brettchen *n*, Latte *f*, Diele *f*

as·si·cu·ra·bi·le ADJ versicherbar **as·si·cu·ran·te** M/F JUR Versicherungsnehmer *m*, -in *f*

★**as·si·cu·ra·re** ⟨1a⟩ A V/T 1 (*garantire*) sichern, gewährleisten 2 (*fissare*) (ab)sichern, befestigen; anbinden 3 zusagen, versichern 4 **~ qc contro gli incendi** etw gegen Feuer versichern B V/PR **-rsi** 1 sich vergewissern, sich überzeugen 2 **-rsi contro gli infortuni** sich gegen Unfall versichern 3 **-rsi qc** sich (*dat*) etw zurücklegen lassen

as·si·cu·ra·ti·vo ADJ Versicherungs-: **agente ~** Versicherungsvertreter *m* **as·si·cu·ra·to** A ADJ versichert, Versicherungs- B M, **-a** F Versicherungsnehmer *m*, -in *f* **as·si·cu·ra·to·re** [-o-] M, **-tri·ce** F Versicherungskaufmann *m*, -kauffrau *f*

★**as·si·cu·ra·zio·ne** [-o-] F 1 Versicherung *f*: **un'~ contro gli incendi** eine Versicherung gegen Feuer 2 Gewährleistung *f* 3 Zusage *f*, Beteuerung *f* ♦ **~ annullamento viaggio** Reiserücktrittversicherung *f*; **~ autoveicoli** Kraftfahrzeugversicherung *f*; **~ bagagli** Gepäckversicherung *f*; **~ di responsabilità civile** Haftpflichtversicherung *f*; **~ sanitaria** Krankenversicherung *f*; **società di -i** Versicherungsgesellschaft *f*; **~ per la vec-**

chiaia Altersversicherung *f*; ~ **spese legali** Rechtsschutzversicherung *f*; ~ **sulla vita** Lebensversicherung *f*

as·si·de·ra·men·to [-e-] M Erfrierung *f*: **morte per** ~ Erfrierungstod *m* **as·si·de·ra·re** V/I ⟨1m; es⟩, **as·si·de·rar·si** [-s-] V/PR ⟨1m⟩ erfrieren

as·si·dui·tà F 1 Beharrlichkeit *f*, Ausdauer *f* 2 regelmäßiger Besuch *m* 3 Fleiß *m*, Eifer *m*

as·si·duo ADJ 1 beharrlich; unermüdlich 2 (be)ständig: **un cliente** ~ ein Stammgast 3 eifrig

★**as·sie·me** [-ɛ-] A ADV zusammen: ~ **a qn/qc** zusammen mit j-m/etw B M Gesamtheit *f*

as·sie·pa·men·to [-e-] M Gedränge *n*, Ansammlung *f* **as·sie·pa·re** ⟨1a⟩ A V/T überfüllen B V/PR **-rsi** sich zusammendrängen

as·sil·lan·te ADJ 1 (*di persona*) aufdringlich 2 quälend, plagend **as·sil·la·re** V/T ⟨1a⟩ quälen, plagen: **essere assillato dai dubbi** sich mit Zweifeln quälen

as·sil·lo M 1 Bremse *f*, Stechfliege *f* 2 *fig* quälende Sorge *f*

as·si·mi·la·bi·le ADJ assimilierbar **as·si·mi·la·bi·li·tà** F Assimilierbarkeit *f*

as·si·mi·la·re V/T ⟨1m⟩ assimilieren, verarbeiten, aufnehmen (*a. fig*) **as·si·mi·la·zio·ne** [-o-] F Assimilierung *f*, Verarbeitung *f*, Aufnahme *f* (*a. fig*): **l'~ di un'idea** die Aufnahme einer Idee

as·sio·lo [-ɔ-] M Zwergohreule *f*

as·sio·ma [-ɔ-] M Axiom *n*

as·si·se FPL 1 Schwurgericht *n* 2 *fig* Versammlung *f*

★**as·si·sten·te** [-ɛ-] M/F 1 Assistent *m*, -in *f* 2 Helfer *m*, -in *f*, Gehilfe *m*, -hilfin *f* ♦ ~ **geriatrico** Altenpfleger *m*; ~ **di laboratorio** Laborant *m*, -in *f*; **medico** ~ Assistenzarzt *m*, -ärztin *f*; ~ **odontoiatrico** Zahnarzthelfer *m*; ~ **ospedaliero** Krankenpfleger *m*; ~ **sociale** Sozialarbeiter *m*, -in *f*

as·si·sten·za [-ɛ-] F 1 Hilfe *f*, Beistand *m* 2 Pflege *f*, Betreuung *f* 3 Fürsorge *f* 4 TECH Wartung *f* ♦ ~ **alla clientela** Kundendienst *m*; ~ **sanitaria** Gesundheitswesen *n*; IT ~ **online** Onlinesupport *m*; ~ **tecnica** Kundendienst *m*; IT Support *m*

as·si·sten·zia·le ADJ fürsorgerisch, Fürsorge-, Sozial-, Hilfs-: **ente** ~ Sozialamt *n*; **stato** ~ Wohlfahrtsstaat *m*; **sussidio** ~ **pubblico** Fürsorgeunterstützung *f* **as·si·sten·zia·li·smo** M Auswüchse *pl* des Wohlfahrtsstaats **as·si·sten·zia·li·sta** ADJ Fürsorge-: **lo stato** ~ der Fürsorgestaat **as·si·sten·zia·li·sti·co** ADJ Fürsorge-

as·si·ste·re ⟨3f⟩ A V/I ⟨av⟩ beiwohnen B V/T 1 ~ **qn** (**in qc**) j-m (bei etw) helfen 2 pflegen, betreuen **as·si·sti·to** M, **-a** F (*di assicurazione*) Versicherte *m/f*; (*di avvocato*) Klient *m*, -in *f*: ~ **della previdenza sociale** Sozialhilfeempfänger *m*

as·so[1] M 1 Ass *n* 2 *fig* Ass *n*, Kanone *f*, Crack *m*

as·so[2] M: **piantare in** ~ **qn** j-n im Stich lassen

as·so·cia·re ⟨1f⟩ A V/T 1 als Mitglied (*od* Teilhaber) aufnehmen 2 (*riunire*) vereinigen 3 assoziieren B V/PR **-rsi** 1 Mitglied (*od* Teilhaber) werden 2 sich zusammenschließen 3 *fig* **-rsi a qc** an etw (*dat*) teilnehmen, etw teilen 4 *fig* **-rsi a una decisione** sich einer Entscheidung anschließen **as·so·cia·ti·vo** ADJ **quote -e** Mitgliedsbeiträge *pl*; **vita -a** Vereinsleben *n* **as·so·cia·to** A ADJ vereinigt, assoziiert B M, **-a** F 1 Mitglied *n* 2 Gesellschafter *m*, -in *f* **as·so·cia·zio·ne** [-o-] F 1 Vereinigung *f*, Verbindung *f* 2 Verein *m*, Verband *m* 3 Gesellschaft *f* 4 *fig* Assoziation *f* ♦ ~ **benefica** Wohltätigkeitsverein *m*; ~ **a** (*od* **per**) **delinquere** kriminelle Vereinigung *f*; ~ **segreta** Geheimbund *m*; ~ **sindacale** Gewerkschaftsbund *m*; ~ **studentesca** Studentenverbindung *f*

as·so·da·men·to [-e-] M 1 Festigung *f*, Härtung *f* 2 Feststellung *f* **as·so·da·re** V/T ⟨1c⟩ 1 härten, hart machen; festigen 2 feststellen

as·sog·get·ta·men·to [-e-] M 1 Unterwerfung *f* 2 Unterordnung *f*

as·sog·get·ta·re ⟨1b⟩ A V/T unterwerfen B V/PR **-rsi** sich unterwerfen ♦ ~ **qc a imposta** etw besteuern

as·so·la·to ADJ sonnig

as·sol·da·re V/T ⟨1c⟩ anwerben

as·so·lo M Solo *n*

as·sol·si, **as·sol·to** [-ɔ-] → assolvere

★**as·so·lu·ta·men·te** [-e-] ADV 1 absolut, unbedingt 2 überhaupt, völlig: **è** ~ **impossibile** das ist völlig unmöglich **as·so·lu·tez·za** [-e-] F Absolutheit *f* **as·so·lu·ti·smo** [-z-] M Absolutismus *m* **as·so·lu·ti·sta** ADJ absolutistisch

as·so·lu·to ADJ 1 absolut 2 unbedingt

♦ **è il migliore in ~** er ist mit Abstand der Beste; **potere ~** unumschränkte Vollmacht *f*

as·so·lu·to·rio [-ɔ-] ADJ freisprechend: **sentenza -a** Freispruch *m* **as·so·lu·zio·ne** [-o-] F 1 JUR Freispruch *m* 2 REL Absolution *f*

★**as·sol·ve·re** [-ɔ-] V/T ⟨3g⟩ 1 JUR freisprechen 2 REL **~ qn** j-m die Absolution erteilen 3 absolvieren

as·so·mi·glia·re ⟨1g⟩ A V/I ⟨av⟩ **~ a qn/qc** j-m/etw ähnlich sehen; j-m gleichen B V/PR **-rsi** sich (*dat*) ähneln

as·som·ma·re ⟨1a⟩ A V/I ⟨es⟩ sich belaufen, betragen: **il debito assomma a due milioni** die Schuld beläuft sich auf zwei Millionen B V/T **~ qc in sé** etw in sich (*dat*) vereinigen C V/PR **-rsi** sich vereinigen

as·son·na·to ADJ schläfrig, verschlafen

as·so·pi·men·to [-e-] M 1 Schläfrigkeit *f* 2 Schlummer *m* **as·so·pi·re** ⟨4d⟩ A V/T 1 einschläfern 2 *fig* lindern, beruhigen B V/PR **-rsi** 1 einschlummern 2 *fig* sich beruhigen

as·sor·ben·te [-ɛ-] A ADJ aufsaugend, saugfähig B M **~ (igienico)** Monatsbinde *f*; **~ (igienico) interno** Tampon *m*

as·sor·bi·men·to [-e-] M 1 Aufsaugung *f*, Aufnahme *f* 2 Einverleibung *f* **as·sor·bi·re** V/T ⟨4c *od* 4d⟩ 1 (auf)saugen 2 *fig* in Anspruch nehmen: **il lavoro lo assorbe completamente** die Arbeit nimmt ihn völlig in Anspruch 3 einverleiben 4 aufnehmen

as·sor·da·men·to [-e-] M Betäubung *f*

as·sor·dan·te ADJ (ohren)betäubend

as·sor·da·re V/T ⟨1a⟩ 1 taub machen 2 betäuben

as·sor·ti·men·to [-e-] M Sortiment *n*, Auswahl *f* **as·sor·ti·re** V/T ⟨4d⟩ 1 sortieren 2 zusammenstellen **as·sor·ti·to** ADJ 1 sortiert, zusammengestellt 2 gemischt: **cioccolatini -i** gemischte Pralinen *pl* 3 (zusammen)passend

as·sor·to [-ɔ-] ADJ versunken, vertieft: **essere ~ nei pensieri** in Gedanken versunken sein

as·sot·ti·glia·men·to [-e-] M 1 Verdünnung *f*, Verdünnen *n* 2 Verringerung *f*

as·sot·ti·glia·re ⟨1g⟩ A V/T 1 dünner (*od* schmaler) machen 2 mindern, verringern 3 schärfen: **~ l'ingegno** den Verstand schärfen B V/PR **-rsi** 1 schmal werden 2 schrumpfen

as·sue·fa·re ⟨3aa⟩ A V/T **~ qn a qc** j-n an etw (*akk*) gewöhnen B V/PR **-rsi a qc** sich (*dat*) etw angewöhnen **as·sue·fa·zio·ne** [-o-] F (An)Gewöhnung *f*; Abhängigkeit *f*

★**as·su·me·re** ⟨3h⟩ A V/T 1 an-, einnehmen: **~ un atteggiamento** eine Haltung einnehmen 2 übernehmen 3 (*personale*) ein-, anstellen 4 MED **~ medicinali** Arzneimittel einnehmen B V/PR **-rsi** übernehmen, auf sich (*akk*) nehmen ♦ **~ importanza** an Bedeutung gewinnen

As·sun·ta F 1 Heilige Jungfrau *f* 2 Mariä Himmelfahrt *f*

as·sun·to A ADJ 1 angenommen 2 (*di personale*) an-, eingestellt B M, **-a** F 1 Angestellte *m/f* 2 **assunto** *m* These *f*, Annahme *f*

as·sun·zio·ne [-o-] F 1 Über-, Aufnahme *f*: **~ del potere** Machtübernahme *f*; **~ di prove** Beweisaufnahme *f* 2 (*di cibi*) Auf-, Einnahme *f* 3 (*di personale*) An-, Einstellung *f* 4 REL **Assunzione di Maria** Mariä Himmelfahrt *f* ♦ **blocco delle -i** Einstellungsstopp *m*; **contratto di ~** Anstellungsvertrag *m*

as·sur·di·tà F ⟨*inv*⟩ Absurdität *f*; Unsinn *m* **as·sur·do** A ADJ absurd B M Absurdität *f*

as·sur·ge·re V/I ⟨3d; es⟩ emporsteigen

a·sta F 1 Stange *f*, Stab *m*; Schaft *m* 2 SPORT **salto con l'~** Stabhochsprung *m* 3 Auktion *f*, Versteigerung *f*: **mettere all'~** versteigern ♦ **~ giudiziaria** Zwangsversteigerung *f*; **~ di livello dell'olio** Ölmessstab *m*; **a mezz'~** auf halbmast

a·stan·te M/F Anwesende *m/f*

a·ste·mio [-ɛ-] A ADJ abstinent B M, **-a** F Abstinenzler *m*, -in *f*

a·ste·ner·si [-'nersi] V/PR ⟨2q⟩ 1 sich enthalten: **~ dal voto** sich der Stimme enthalten 2 (ver)meiden: **~ dall'alcol** Alkohol meiden

a·sten·sio·ne [-si'o-] F Enthaltung *f*

a·ste·roi·de [-ɔ-] M Asteroid *m*

A·sti F Asti *n*

a·sti·ce M Hummer *m*

a·sti·cel·la [-ɛ-] F SPORT Sprunglatte *f*, Messlatte *f*

a·sti·gia·no A ADJ aus, von Asti B M, **-a** F Bewohner *m*, -in *f* Astis

a·stig·ma·ti·co ADJ astigmatisch **a·stig·ma·ti·smo** [-z-] M Astigmatismus *m*

a·sti·nen·te [-ɛ-] ADJ abstinent, enthaltsam **a·sti·nen·za** [-ɛ-] F Abstinenz *f*, Enthaltsamkeit *f* ♦ **crisi di ~** Entzugserscheinung *f*
a·stio M Groll *m* **a·stio·si·tà** F Groll *m*
a·stio·so [-o-] ADJ grollend
a·sto·re M (Hühner)Habicht *m*
a·stra·le ADJ astral, Astral-, Stern-
a·strar·re ⟨3xx⟩ **A** V/T **1** abstrahieren **2** entfernen: **~ la mente da qc** sich von etw entfernen **B** V/I ⟨av⟩ **~ da qc** von etw absehen **C** V/PR **-rsi** sich gedanklich absondern
a·strat·tez·za [-e-] F Abstraktheit *f* **a·strat·ti·smo** [-z-] M abstrakte Kunst *f*
a·strat·ti·sta M/F abstrakter Künstler *m*, abstrakte Künstlerin *f*
a·strat·to ADJ abstrakt
a·stra·zio·ne [-o-] F Abstrahierung *f*
a·strin·gen·te [-ɛ-] **A** ADJ adstringierend **B** M adstringierendes Mittel *n*
a·stro M **1** Gestirn *n*, Stern *m* **2** *fig* Star *m* ♦ **leggere gli -i** in den Sternen lesen
a·stro·fi·si·ca F Astrophysik *f*
a·stro·fi·si·co **A** M, **-a** F Astrophysiker *m*, -in *f* **B** ADJ astrophysikalisch
a·stro·lo·gi·a F Astrologie *f*, Sterndeutung *f*
a·stro·lo·gi·co [-ɔ-] ADJ astrologisch
a·stro·lo·go [-ɔ-] M, **-a** F Astrologe *m*, -login *f*
★**a·stro·nau·ta** M/F Astronaut *m*, -in *f* **a·stro·nau·ti·ca** F Raumfahrt *f* **a·stro·nau·ti·co** ADJ astronautisch **a·stro·na·ve** F Raumschiff *n* **a·stro·no·mi·a** F Sternkunde *f* **a·stro·no·mi·co** [-ɔ-] ADJ **1** astronomisch, Stern-: **osservatorio ~** Sternwarte *f* **2** *fig* **prezzi -ci** astronomische Preise *pl*
a·stro·no·mo [-ɔ-] M, **-a** F Sternkundige *m/f*
a·stru·si·tà F ⟨*inv*⟩ **1** Abstrusität *f*; Unverständlichkeit *f* **2** abstruses Zeug *n*
a·stru·so ADJ abstrus; unverständlich
a·stuc·cio M **1** Etui *n*, Futteral *n*: **~ per gli occhiali** Brillenetui *n* **2** Kasten *m* **3** Federmäppchen *n*
★**a·stu·to** ADJ schlau **a·stu·zia** F **1** Schlauheit *f* **2** List *f*, Trick *m*
a·ta·vi·co ADJ atavistisch
a·ta·vi·smo [-z-] M Atavismus *m*
a·te·i·smo [-z-] M Atheismus *m*
a·te·i·sti·co ADJ atheistisch
a·tem·po·ra·le ADJ zeitlos
A·te·ne [-e-] F Athen *n*
a·te·ne·o [-ɛ-] M Universität *f*
a·te·o **A** M, **-a** F Atheist *m*, -in *f* **B** ADJ atheistisch
a·ti·pi·ci·tà F ⟨*inv*⟩ atypische Beschaffenheit *f* **a·ti·pi·co** ADJ atypisch
a·tlan·te M Atlas *m* (*a.* ANAT)
a·tlan·ti·co ADJ atlantisch, Atlantik- ♦ **l'oceano Atlantico** der Atlantische Ozean
★**a·tle·ta** [-ɛ-] M/F Athlet *m*, -in *f* **a·tle·ti·ca** F Athletik *f*: **~ leggera/pesante** Leicht-/Schwerathletik **a·tle·ti·co** ADJ athletisch
a·tle·ti·smo [-z-] M Athletik *f*
★**at·mo·sfe·ra** [-ɛ-] F **1** Atmosphäre *f*, Lufthülle *f* **2** *fig* Stimmung *f* **at·mo·sfe·ri·co** [-ɛ-] ADJ **1** atmosphärisch, Atmosphären-, Luft- **2** Witterungs-, Wetter-: **condizioni -che** Wetterlage *f*; **agenti -ci** Witterungseinflüsse *pl*
a·tol·lo [-ɔ-] M Atoll *n*
a·to·mi·ca [-ɔ-] F Atombombe *f* **a·to·mi·co** [-ɔ-] ADJ atomar, Atom-: **centrale -a** Atomkraftwerk *n* **a·to·miz·za·re** V/T ⟨1a⟩ atomisieren, zerstäuben **a·to·mo** M Atom *n*
a·tos·si·co [-ɔ-] ADJ atoxisch, ungiftig
a·trio M **1** (Vor)Halle *f* **2** Diele *f*, Vorzimmer *n*
a·tro·ce [-o-] ADJ **1** grauenhaft, schrecklich **2** grausam **3** **dubbi -i** quälende Zweifel *pl* **4** *fig umg* grausam, schrecklich: **una fame ~** ein schrecklicher Hunger
a·tro·ci·tà F ⟨*inv*⟩ **1** Schrecklichkeit *f* **2** Grausamkeit *f* **3** Gräueltat *f*
a·tro·fi·a F Atrophie *f*
a·tro·fi·co [-ɔ-] ADJ atrophisch
a·tro·fiz·za·re ⟨1a⟩ **A** V/T schrumpfen lassen (*a. fig*) **B** V/PR **-rsi** *fig* schrumpfen
at·tac·ca·bi·le ADJ **1** (an)klebbar **2** anfechtbar, angreifbar
at·tac·ca·bot·to·ni [-o-] M/F ⟨*inv*⟩ aufdringlicher Mensch *m*; Schwätzer *m*, -in *f*
at·tac·ca·bri·ghe M/F ⟨*inv*⟩ Raufbold *m*, Streithammel *m*, Schläger *m*, -in *f*
at·tac·ca·men·to [-e-] M Verbundenheit *f*, Treue *f* **at·tac·can·te** M/F Angreifer *m*, -in *f*, Stürmer *m*, -in *f*
at·tac·ca·pan·ni M ⟨*inv*⟩ **1** Kleiderständer *m* **2** Kleiderhaken *m*
★**at·tac·ca·re** ⟨1d⟩ **A** V/T **1** befestigen, anbringen **2** (an)kleben, zusammenkleben: **~ le figurine sull'album** die Bildchen ins Album kleben **3** (an)hängen:

~ **un quadro alla parete** ein Bild an die Wand hängen **4** an-, zusammennähen: ~ **un bottone alla giacca** einen Knopf an die Jacke nähen; *fig* ~ **un bottone a qn** j-n zutexten **5** (ver-, an)koppeln: ~ **la roulotte all'auto** den Wohnwagen ans Auto koppeln; ~ **il canotto alla barca** das Gummiboot am Schiff befestigen **6** ELEK an-, einstecken: ~ **la presa alla corrente** die Steckdose an den Strom anschließen; ~ **la corrente** den Strom anstellen **7** anstecken: ~ **l'influenza a qn** j-n mit einer Grippe anstecken **8** angreifen, anfallen: ~ **il nemico** den Feind angreifen **9** MUS anstimmen **B** V/I ⟨av⟩ **1** kleben: **una colla che non attacca** ein Klebstoff, der nicht klebt **2** an-, festwachsen **3** *umg* funktionieren: **non attacca!** das funktioniert nicht! **C** V/PR **-rsi** **1** (an-, zusammen)kleben **2** ansetzen, anbrennen: **il sugo si è attaccato** die Soße ist angebrannt **3** sich (fest)halten: **si è attaccata a lui per non cadere** sie hielt sich an ihm fest, um nicht zu fallen **4** (*affezionarsi*) **-rsi a qn** j-n lieb gewinnen; ♦ *umg* **-rsi alla bottiglia** zur Flasche greifen, an der Flasche hängen; **attaccar briga con qn** mit j-m Streit anfangen

at·tac·ca·tic·cio ADJ **1** klebrig, pappig **2** *fig* (*di persona*) lästig, aufdringlich

at·tac·ca·to ADJ **1** **essere** ~ **a qn/qc** an j-m/etw hängen **2** ergeben, treu

at·tac·ca·tu·ra F Ansatz *m*

at·tac·ca·tut·to M ⟨*inv*⟩ Alleskleber *m*

at·tac·chi·no M, **-a** F Plakatankleber *m*, -in *f*

★**at·tac·co** M **1** Angriff *m*, Attacke *f* (*a. fig*) **2** SPORT Angriff *m* **3** Anfall *m*: ~ **cardiaco** Herzanfall *m* **4** Ansatz *m*, Anfang *m* **5** MUS, THEAT Einsatz *m* **6** ELEK Anschluss *m* **7** Skibindung *f*

at·ta·na·glia·re V/T ⟨1g⟩ **1** mit Zangen fassen **2** festhalten **3** *fig* peinigen

at·tar·dar·si [-s-] V/PR ⟨1a⟩ verweilen, sich aufhalten **at·tar·da·to** ADJ *fig* veraltet

at·tec·chi·men·to [-e-] M **1** BOT Wurzelnschlagen *n*, Verwurzelung *f* **2** *fig* Verbreitung *f* **at·tec·chi·re** V/I ⟨4d; av⟩ **1** BOT Wurzeln schlagen **2** *fig* Fuß fassen

at·teg·gia·men·to [-e-] M **1** Haltung *f*, Verhalten *n* **2** (Ein)Stellung *f*

at·teg·gia·re ⟨1f⟩ **A** V/T machen: ~ **il viso a sorpresa** ein verwundertes Gesicht machen **B** V/PR **-rsi** **1** sich gebärden, sich aufspielen: **-rsi a martire** sich als Märtyrer aufspielen **2** sich wichtigtun

at·tem·pa·to ADJ betagt, bejahrt

at·ten·dar·si [-s-] V/PR ⟨1b⟩ zelten

at·ten·den·te [-ɛ-] M Offiziersdiener *m*

★**at·ten·de·re** [-e-] ⟨3c⟩ **A** V/T ~ **qc/qn** auf j-n/etw warten; **attenda, prego!** warten Sie, bitte! **B** V/I ⟨av⟩ **1** nachgehen: ~ **al proprio lavoro** seiner Arbeit nachgehen **2** sich kümmern: ~ **ai bambini** sich um die Kinder kümmern **C** V/PR **-rsi qc** (sich [*dat*]) etw erwarten

at·ten·di·bi·le ADJ glaubwürdig

at·ten·di·bi·li·tà F Glaubwürdigkeit *f*

at·te·ne·re [-e-] ⟨2q⟩ **A** V/I ⟨es⟩ betreffen **B** V/PR **-rsi** befolgen, sich halten: **-rsi ai fatti** sich an die Tatsachen halten

at·ten·ta·re V/I ⟨1b; av⟩ **1** ein Attentat (*od* einen Anschlag) verüben: ~ **alla propria vita** Hand an sich (*akk*) legen **2** gefährden **at·ten·ta·to** M Attentat *n*, Anschlag *m* (*a. fig*): **compiere un** ~ (**contro qn**) ein Attentat (auf j-n) verüben; ~ **alla libertà** Anschlag *m* auf die Freiheit **at·ten·ta·to·re** [-o-] M, **-tri·ce** F Attentäter *m*, -in *f*

at·ten·ti [-ɛ-] **A** INT **1** Achtung! Vorsicht! **2** MIL stillgestanden! **B** M MIL Habtachtstellung *f*; **mettersi sull'~** strammstehen

★**at·ten·to** [-ɛ-] ADJ **1** aufmerksam, wach **2** sorgfältig, gewissenhaft ♦ **stare** ~ **a qn/qc** auf j-n/etw aufpassen

at·te·nua·men·to [-e-] M **1** Milderung *f*, Linderung *f* **2** Abschwächung *f* **at·te·nu·an·te** **A** ADJ mildernd, lindernd: **circostanze -i** mildernde Umstände *pl* **B** F Milderungsgrund *m*

at·te·nua·re ⟨1m *u.* b⟩ **A** V/T **1** dämpfen, abschwächen **2** mildern, dämpfen **B** V/PR **-rsi** sich mildern, schwächer werden

at·te·nua·zio·ne [-o-] F **1** Dämpfung *f*, Abschwächung *f* **2** Milderung *f*: ~ **di una pena** Strafmilderung *f*

★**at·ten·zio·ne** [-o-] F **1** Aufmerksamkeit *f*: **rivolgere l'attenzione a qn/qc** die Aufmerksamkeit auf j-n/etw richten **2** Beachtung *f* **3** Sorgfalt *f* ♦ ★**fare attenzione** aufpassen; vorsichtig sein; **attenzione!** Achtung!; **degno di attenzione** beachtenswert

at·ter·rag·gio M FLUG Landung *f*: ~ **di fortuna** Notlandung *f*

★**at·ter·ra·re** ⟨1b⟩ **A** V/I ⟨av, es⟩ FLUG

landen **B** VT zu Boden schlagen; niederwerfen (*a.* SPORT)

at·ter·ri·re ⟨4d⟩ **A** VT erschrecken, entsetzen **B** VI ⟨es⟩ erschrecken, sich entsetzen: ~ **alla vista di qn** sich bei j-s Anblick entsetzen **at·ter·ri·to** ADJ entsetzt, erschrocken: **essere ~ da qc** über etw (*akk*) entsetzt sein

at·te·sa [-e-] F **1** Warten *n* **2** Wartezeit *f* **3** *pl* Erwartung *f* **4** TECH Stand-by *n* ♦ HANDEL **in ~ di una risposta** in Erwartung einer Antwort; **sala di ~** Wartesaal *m*, Wartezimmer *n*

at·te·so [-e-] ADJ ersehnt, erwartet

at·te·sta·re VT ⟨1b⟩ **1** bezeugen **2** beweisen **3** bescheinigen, bestätigen

at·te·sta·to¹ M **1** Bescheinigung *f*; Zeugnis *n*; Attest *n* **2** *fig* Beweis *m* ♦ ~ **di buona condotta** Führungszeugnis *n*; ~ **di servizio** Arbeitszeugnis *n*

at·te·sta·to² ADJ nachweisbar, bezeugt

at·te·sta·zio·ne [-o-] F **1** Bezeugung *f*, Aussage *f* **2** Bescheinigung *f*; Zeugnis *n*; Attest *n* **3** *fig* Beweis *m* **4** Beleg *m*

at·ti·co M Penthouse *n*

at·ti·guo ADJ angrenzend, Neben- ♦ **essere ~ a qc** neben etw (*dat*) liegen

at·til·la·to ADJ eng anliegend

★**at·ti·mo** M Augenblick *m* ♦ **in un ~** im Nu

at·ti·nen·te [-ɛ-] ADJ betreffend; zusammenhängend ♦ **essere ~ a qc** etw betreffen

at·ti·nen·za [-ɛ-] F Zusammenhang *m*, Bezug *m*

at·tin·ge·re VT ⟨3d⟩ **1** schöpfen: ~ **acqua alla fonte** Wasser aus dem Brunnen schöpfen **2** *fig* beziehen, entnehmen **3** *fig* zurückgreifen: ~ **ai propri risparmi** auf seine Ersparnisse zurückgreifen

at·ti·nia F Seeanemone *f*

at·ti·ra·re VT ⟨1a⟩ **1** (an)ziehen (*a. fig*) **2** *fig* (*allettare*) reizen, verlocken

at·ti·tu·di·na·le ADJ Befähigungs-, Eignungs-: **test ~** Eignungstest *m* **at·ti·tu·di·ne** F Anlage *f*, Begabung *f*, Eignung *f*

at·ti·va·re VT ⟨1a⟩ **1** betätigen, in Gang setzen **2** fördern **at·ti·va·zio·ne** [-o-] F Aktivierung *f*, Förderung *f* **at·ti·vi·smo** [-z-] M Aktivismus *m* **at·ti·vi·sta** M/F Aktivist *m*, -in *f*

★**at·ti·vi·tà** F ⟨*inv*⟩ **1** Tätigkeit *f*, Aktivität *f* **2** Geschäftigkeit *f*, Betriebsamkeit *f* **3** Beschäftigung *f* **4** Betrieb *m*: **essere in piena ~** voll beschäftigt sein **5** WIRTSCH Aktiva *pl*: ~ **di esercizio** Gewerbetätigkeit *f* ♦ ~ **bancaria** Bankwesen *n*; ~ **secondaria** Nebenerwerb *m*

★**at·ti·vo** **A** ADJ **1** tätig, aktiv: **un vulcano ~** ein tätiger Vulkan; **la popolazione -a** die werktätige Bevölkerung **2** wirksam: **principi -i** Wirkstoffe *pl* **3** WIRTSCH **saldo ~** Aktivsaldo *m* **B** M **1** WIRTSCH Aktivbestand *m* **2** Aktiva *pl* ♦ **chiudere in ~** mit Gewinn abschließen; **elettorato ~** aktives Wahlrecht *n*; **un soldato in servizio ~** ein Soldat im Dienst

at·tiz·za·re VT ⟨1a⟩ schüren (*a. fig*) **at·tiz·za·to·io** [-o-] M Schüreisen *n*, Feuerhaken *m*

★**at·to¹** M **1** Akt *m*, Tat *f*, Handlung *f*: ~ **creativo** Schöpfungsakt *m*; ~ **di violenza** Gewalttat *f*; ~ **arbitrario** Willkürakt *m*; ~ **sessuale** Geschlechtsakt *m*; ~ **di clemenza** Gnadenakt *m* **2** Akt *m*, Urkunde *f*: ~ **di matrimonio** Heiratsurkunde *f*; ~ **di accusa** Anklageschrift *f*; **mettere qc agli -i** etw zu den Akten legen **3** THEAT Akt *m* ♦ **falso in ~ pubblico** Urkundenfälschung *f*; **fare l'~ di** sich anschicken zu; **mettere in ~ qc** etw in die Tat umsetzen; **nell'~ di …** in dem Augenblick, als …; **prendere ~ di qc** von etw Kenntnis nehmen

at·to² ADJ ~ **a qc** zu etw fähig; ~ **alla navigazione** seetüchtig; ~ **a deliberare** beschlussfähig

at·to·ni·to [-ɔ-] ADJ entgeistert

at·tor·ci·glia·men·to [-e-] M Aufwickeln *n* **at·tor·ci·glia·re** ⟨1g⟩ **A** VT (auf)wickeln **B** V/PR **-rsi** sich ringeln, sich verwickeln ♦ ~ **i baffi** den Schnurrbart zwirbeln

★**at·to·re** [-o-] M **1** Schauspieler *m* **2** JUR Kläger *m* ♦ ~ **cinematografico** Filmschauspieler *m*; ~ **protagonista** Hauptdarsteller *m*; ~ **non protagonista** Nebendarsteller *m*

at·tor·nia·re ⟨1g⟩ **A** VT umringen, umgeben **B** V/PR **-rsi** sich umgeben: **-rsi di amici** sich mit Freunden umgeben

at·tor·no [-o-] ADV **qui attorno** hierherum; **tutt'attorno** ringsherum, ringsum ♦ ★ **attorno a** um (herum); **andare attorno** sich herumtreiben; **darsi d'attorno per qc** sich um etw bemühen; **girare attorno a un problema** sich um ein Problem herumdrücken; **guardarsi attorno** sich umschauen; *fig* sich umtun; **levarsi qn d'attorno** sich (*dat*) j-n vom Hals schaffen

at·trac·ca·re ⟨1d⟩ **A** VT festmachen: ~ **una nave alla banchina** ein Schiff am Kai festmachen **B** VI ⟨es⟩ anlegen **at·trac·co** M **1** Anlegen *n* **2** Anlegeplatz *m*

★**at·tra·en·te** [-ɛ-] ADJ attraktiv, verlockend

at·trar·re VT ⟨3xx⟩ **1** anziehen **2** verlocken; reizen, fesseln **at·trat·ti·va** F **1** Anziehungskraft *f*, Reiz *m* **2** *pl* Attraktionen *pl*, Sehenswürdigkeiten *pl*

at·tra·ver·sa·men·to [-sa'mento] M **1** Überqueren *n*, Durchquerung *f* **2** Übergang *m*: ~ **pedonale** Fußgängerübergang *m*

★**at·tra·ver·sa·re** VT ⟨1b⟩ **1** über-, durchqueren; durchfahren; überfliegen; durchfließen; durchziehen **2** *fig* schießen, gehen: **un pensiero gli attraversò la mente** ein Gedanke ging (*od* schoss) ihm durch den Kopf **3** durchbohren **4** *fig* durchmachen: ~ **un periodo difficile** eine schwere Zeit durchmachen ♦ **vietato** ~ **i binari** Betreten der Gleise verboten; ~ **la strada** die Straße überqueren

★**at·tra·ver·so** [-'vɛrso] **A** PRÄP **1** durch **2** mittels **B** ADV **1** querdurch **2** *fig* schief

at·tra·zio·ne [-o-] F **1** PHYS Anziehung *f* (*a. fig*): **forza di** ~ Anziehungskraft *f* **2** Attraktion *f*: ~ **principale** Hauptattraktion *f*, Glanznummer *f*

at·trez·za·re ⟨1a⟩ **A** VT ausrüsten, ausstatten **B** VPR **-rsi** sich ausrüsten **at·trez·za·tu·ra** F **1** Ausrüstung *f*, Ausstattung *f* **2** Werkzeug *n*, Gerät *n* **at·trez·zi·sta** M/F Geräteturner *m*, -in *f* **at·trez·zi·sti·ca** F Geräteturnen *n*

★**at·trez·zo** [-e-] M **1** Gerät *n*, Werkzeug *n* **2** SPORT Turngerät *n*

at·tri·bu·i·re ⟨4d⟩ **A** VT **1** zuschreiben: ~ **il merito di qc a qn** j-m das Verdienst an etw (*dat*) zuschreiben **2** (*ascrivere*) beimessen, beilegen **3** (*conferire*) zuerkennen **4** beschuldigen **B** VPR **-rsi** sich (*dat*) zuschreiben, sich (*dat*) anmaßen

at·tri·bu·to M Merkmal *n*, Attribut *n* (*a.* GRAM): IT ~ **del file** Dateiattribut *n* **at·tri·bu·zio·ne** [-o-] F **1** Zuerkennung *f* **2** *pl* Kompetenz-, Aufgabenbereich *m*

★**at·tri·ce** F **1** Schauspielerin *f* **2** JUR Klägerin *f*

at·tri·to M PHYS Reibung *f* (*a. fig*): **forza di** ~ Reibungskraft *f*

at·tua·bi·le ADJ durchführbar

at·tua·bi·li·tà F Durchführbarkeit *f*

★**at·tua·le** ADJ **1** gegenwärtig, derzeitig **2** aktuell, zeitgemäß

★**at·tua·li·tà** F ⟨*inv*⟩ Aktualität *f* ♦ **di grande** ~ hochaktuell, *umg* brandaktuell; **notizie d'**~ neueste Nachrichten *pl*; TV **programma d'**~ Magazin *n*; **rivista d'**~ Nachrichtenmagazin *n*

at·tua·liz·za·re VT ⟨1a⟩ aktualisieren

at·tua·liz·za·zio·ne [-o-] F Aktualisierung *f*

at·tua·re ⟨1l⟩ **A** VT verwirklichen, durch-, ausführen **B** VPR **-rsi** sich verwirklichen

at·tua·ti·vo ADJ ausführend, in Kraft setzend

at·tua·zio·ne [-o-] F **1** Verwirklichung *f* **2** Aus-, Durchführung *f*

at·tu·ti·men·to [-e-] M Dämpfung *f*, Milderung *f* **at·tu·ti·re** **A** VT ⟨4d⟩ abschwächen, (ab)dämpfen, (ab)mildern **B** VPR **-rsi** sich mildern, nachlassen

au·da·ce ADJ **1** kühn, verwegen, wagemutig **2** gewagt: **una scollatura** ~ ein gewagtes Dekolleté *n* **3** frech: **storielle -i** freche Witze *pl*

au·da·cia F **1** Kühnheit **2** Gewagtheit *f*, Verwegenheit *f* **3** Frechheit *f*

au·di·ence ['ɔdjens] F ⟨*inv*⟩ Einschaltquote *f*

au·dio **A** M ⟨*inv*⟩ Ton *m* **B** ADJ ⟨*inv*⟩ Ton-: **tecnico** ~ Tontechniker *m*; **supporto** ~ Tonträger *m*

au·dio·cas·set·ta [-e-] F Audiokassette *f* **au·dio·le·so** [-e-] **A** ADJ hörbehindert **B** M, **-a** F Hörbehinderte *m/f* **au·dio·li·bro** M Hörbuch *n* **au·dio·me·tri·co** [-e-] ADJ audiometrisch: **esame** ~ Gehörprüfung *f* **au·dio·vi·si·vo** ADJ audiovisuell

au·di·tel M ⟨*inv*⟩ Einschaltquotenmesser *m*

au·di·to·rio [-ɔ-] M Auditorium *n*

au·di·zio·ne [-o-] F **1** Hören *n* **2** THEAT (*cinema*) Vorsingen *n*; Vorsprechen *n*; Vortanzen *n* **3** JUR Anhörung *f*

au·ge F: **essere in** ~ auf dem Höhepunkt sein

au·gu·ra·bi·le ADJ wünschenswert

au·gu·ra·le ADJ Glückwunsch-

au·gu·ra·re ⟨1l⟩ **A** VT **1** wünschen: ~ **buona fortuna** viel Glück wünschen **2** gratulieren: ~ **buon compleanno a qn** j-m zum Geburtstag gratulieren **B** VI ⟨av⟩ wahrsagen **C** VPR **-rsi** sich (*dat*) wünschen: **mi auguro che questa cosa finisca presto** ich wünsche mir, dass diese Sache bald vorbei ist

★**au·gu·rio** M 1 (Glück)Wunsch *m*: **tanti -ri!** herzlichen Glückwunsch!; **fare** (*od* **porgere**) **gli -ri a qn** j-m seine Glückwünsche aussprechen 2 Vorzeichen *n*

Au·gu·sta F Augsburg *n*

★**au·la** F 1 Klassenzimmer *n* 2 Hörsaal *m* ♦ **~ magna** Auditorium maximum *n*; **~ bunker** Gerichtssaal *m* mit höchsten Sicherheitsmaßnahmen

au·li·co ADJ 1 höfisch, Hof- 2 erhaben, gehoben

★**au·men·ta·re** ⟨1a⟩ A V/T 1 steigern, erhöhen 2 vermehren, verstärken, vergrößern B V/I ⟨es⟩ 1 zunehmen: **~ di peso** an Gewicht zunehmen 2 steigen: **~ di valore** im Wert steigen 3 (*crescere*) sich vermehren 4 sich steigern **au·men·ti·sta** M/F Preistreiber *m*, -in *f*

★**au·men·to** [-e-] M 1 Erhöhung *f*, Steigerung *f*: **~ salariale** Lohnerhöhung *f* 2 Zunahme *f*, Vermehrung *f* ♦ **~ di capitale** Kapitalerhöhung *f*; **essere in ~** steigen, zunehmen; **~ della temperatura** Temperaturanstieg *m*

au·ra F 1 (Luft)Hauch *m* 2 *fig* (An)-Hauch *m*

au·re·o ADJ golden, Gold- (*a. fig*): **periodo ~** goldenes Zeitalter *n*; **sistema ~** Goldstandard *m*

au·re·o·la [-ɛ-] F Heiligenschein *m*

au·ri·co·la·re A ADJ Ohr(en)- B M Kopfhörer *m*

au·ri·fe·ro ADJ 1 goldhaltig 2 Gold führend, Gold-: **miniera -a** Goldbergwerk *n*

au·ro·ra [-ɔ-] F Morgenrot *n* (*a. fig*)

au·scul·ta·re V/T ⟨1a⟩ abhorchen

au·scul·ta·zio·ne [-o-] F Abhorchen *n*

au·si·lia·re A ADJ Hilfs- B M GRAM Hilfsverb *n* C M/F Aushilfe *f*, Helfer *m*, -in *f* **au·si·lia·rio** A ADJ Hilfs- B M, **-a** F 1 Helfer *m*, -in *f* 2 MED Stationshilfe *f* 3 MIL **ausiliario** *m* Offizier *m* der Reserve ♦ **infermiera -a** Schwesternhelferin *f*; **personale ~** Aushilfspersonal *n*

au·si·lio M Hilfe *f*

au·spi·ca·bi·le ADJ erstrebenswert

au·spi·ca·re V/T ⟨1d⟩ **~ qc** etw herbeiwünschen, erhoffen

au·spi·ce M *fig* Schirmherr *m*

au·spi·cio M 1 Vorzeichen *n* 2 Schirmherrschaft *f*

au·ste·ri·tà F 1 (Sitten)Strenge *f* 2 WIRTSCH Sparmaßnahmen *pl* **au·ste·ro** [-ɛ-] ADJ 1 streng, hart 2 würdevoll 3 karg, schlicht

au·stra·le ADJ südlich, Süd-: **emisfero ~** südliche Halbkugel *f*

★**Au·stra·lia** F Australien *n* ★**au·stra·lia·no** A ADJ australisch B M, **-a** F Australier *m*, -in *f*

★**Au·stria** F Österreich *n*: **~ inferiore** Niederösterreich *n*; **~ superiore** Oberösterreich *n*

★**au·stri·a·ca** F Österreicherin *f*

★**au·stri·a·co** A ADJ österreichisch B M Österreicher *m*

au·tar·chi·a F WIRTSCH, JUR Autarkie *f*

au·tar·chi·co ADJ WIRTSCH, JUR autark

aut aut M Entweder-oder *n*: **mi ha dato l'~** er hat mich vor die Alternative gestellt

au·ten·ti·ca [-ɛ-] F Beglaubigung *f*

au·ten·ti·ca·re V/T ⟨1m *u.* d⟩ 1 JUR beglaubigen 2 (*opere d'arte*) für authentisch erklären **au·ten·ti·ca·to** ADJ beglaubigt **au·ten·ti·ca·zio·ne** [-o-] F JUR Beglaubigung *f* **au·ten·ti·ci·tà** F Echtheit *f*

au·ten·ti·co [-ɛ-] ADJ 1 echt, authentisch 2 (*originale*) original 3 (*vero*) richtig, recht 4 typisch

au·tho·ri·ty [au'tɔriti] F ⟨*inv*⟩ **~ per la concorrenza** Wettbewerbsbehörde *f*; **~ per le telecomunicazioni** Regulierungsbehörde *f*

au·ti·smo [-z-] M Autismus *m*

★**au·ti·sta**[1] M/F Fahrer *m*, -in *f*

au·ti·sta[2] M/F PSYCH Autist *m*, -in *f*

au·ti·sti·co ADJ autistisch

au·to F ⟨*inv*⟩ Auto *n*, Wagen *m* ♦ **~ da corsa** Rennwagen *m*; **~ con il cambio automatico** Automatikwagen *m*; **~ a idrogeno** Wasserstoffauto *n*; **~ pubblica** Taxi *n*; **~ a noleggio** Mietwagen *m*

au·to·ab·bron·zan·te [-dz-] A ADJ selbstbräunend B M Selbstbräunungscreme *f* **au·to·ac·cen·sio·ne** [-si'o-] F Selbstzündung *f* **au·to·ac·ces·so·ri** [-ɔ-] MPL Autozubehör *n* **au·to·ac·cu·sa** F Selbstanklage *f* **au·to·a·de·si·vo** A ADJ selbstklebend B M Aufkleber *m*: **~ rimovibile** Haftnotiz *f* **au·to·af·fer·ma·zio·ne** [-o-] F Selbstbehauptung *f* **au·to·am·bu·lan·za** F Krankenwagen *m* **au·to·a·na·li·si** F ⟨*inv*⟩ Selbstanalyse *f* **au·to·an·nien·ta·men·to** [-e-] M Selbstvernichtung *f* **au·to·ap-**

pren·di·men·to [-e-] M **1** (*senza insegnante*) Selbststudium *n* **2** IT selbstlernendes Expertensystem *n* **au·to·ar·ti·co·la·to** M Sattelschlepper *m* **au·to·bio·gra·fi·a** F Autobiografie *f* **au·to·bio·gra·fi·co** ADJ autobiografisch **au·to·blin·da·to** ADJ Panzer-, gepanzert **au·to·blin·do** M ⟨*inv*⟩ Panzerspähwagen *m* **au·to·bloc·can·te** ADJ selbstsperrend **au·to·bom·ba** [-o-] F Autobombe *f* **au·to·bot·te** [-o-] F Tankwagen *m*, Tankfahrzeug *n*

★**au·to·bus** M ⟨*inv*⟩ (Auto)Bus *m*

au·to·car·ro M Lastkraftwagen *m*

au·to·cen·su·ra [-s-] F Selbstzensur *f* **au·to·cer·ti·fi·ca·zio·ne** F Selbstbescheinigung *f* **au·to·cin·go·la·to** M Kettenfahrzeug *n* **au·to·ci·ster·na** [-ɛ-] F Tankfahrzeug *n*, Tankwagen *m* **au·to·cla·ve** F Druckkessel *m* **au·to·co·lon·na** [-ɔ-] F Autokolonne *f* **au·to·com·bu·stio·ne** [-o-] F Selbstentzündung *f* **au·to·com·mi·se·ra·zio·ne** [-ratsi'o-] F Selbstmitleid *n* **au·to·com·pia·ci·men·to** [-e-] M Selbstgefälligkeit *f* **au·to·con·ser·va·zio·ne** [-sɛrvatsi'o-] F Selbsterhaltung *f*: **istinto di ~** Selbsterhaltungstrieb *m* **au·to·con·trol·lo** [-ɔ-] M Selbstbeherrschung *f* **au·to·cor·rie·ra** [-ɛ-] F (Auto)Bus *m* **au·to·co·scien·za** [-ɛ-] F **1** PHIL Selbstbewusstsein *n* **2** PSYCH Selbsterfahrung *f*

au·to·cra·te [-ɔ-] M/F Selbstherrscher *m*, -in *f*

au·to·cra·ti·co ADJ selbstherrlich **au·to·cra·zi·a** F Selbstherrlichkeit *f* **au·to·cri·ti·ca** F Selbstkritik *f*: **fare ~** Selbstkritik üben **au·to·cri·ti·co** ADJ selbstkritisch **au·to·de·ci·sio·ne** [-o-] F Selbstbestimmung *f* **au·to·de·nun·cia** F Selbstanzeige *f* **au·to·de·pu·ra·zio·ne** [-o-] F Selbstreinigung *f* **au·to·de·ter·mi·na·zio·ne** [-o-] F Selbstbestimmung *f*: **diritto all'~** Selbstbestimmungsrecht **au·to·di·dat·ta** M/F Autodidakt *m*, -in *f* **au·to·di·dat·ti·co** ADJ autodidaktisch **au·to·di·fen·der·si** ⟨3c⟩ V/PR sich selbst verteidigen **au·to·di·fe·sa** [-e-] F **1** Selbstverteidigung *f* **2** JUR Selbsthilfe *f* **au·to·di·sci·pli·na** F Selbstdisziplin *f* **au·to·di·strut·ti·vo** ADJ selbstzerstörerisch **au·to·di·stru·zio·ne** [-o-] F Selbstzerstörung *f*

au·to·dro·mo [-ɔ-] M Autorennbahn *f* **au·to·e·ro·ti·smo** [-z-] M Selbstbefriedigung *f* **au·to·e·sal·ta·zio·ne** [-o-] F Selbstlob *n* **au·to·e·stra·en·te** [-e-] ADJ IT selbstentpackend

au·to·fer·ro·tran·vie·re M, **-a** F Angestellte *m/f* bei den öffentlichen Verkehrsmitteln

au·tof·fi·ci·na F Autowerkstatt *f*

au·to·fi·nan·zia·men·to [-e-] M Selbst-, Eigenfinanzierung *f*

au·to·fur·go·ne [-o-] M Lieferwagen *m*

au·to·ge·no [-ɔ-] ADJ autogen, Autogen-: **training ~** autogenes Training *n*

au·to·ge·stio·ne [-o-] F Selbstverwaltung *f*

au·to·gol [-ɔ-] M ⟨*inv*⟩ Eigentor *n* (*a. fig*)

au·to·gra·fo [-ɔ-] **A** ADJ eigenhändig (geschrieben): **firma -a** eigenhändige Unterschrift *f* **B** M Autogramm *n*

au·to·grill® M ⟨*inv*⟩ Autobahnraststätte *f* **au·to·grù** F ⟨*inv*⟩ Kranwagen *m* **au·to·in·cen·sa·men·to** [-sa'mento] M Selbstbeweihräucherung *f* **au·to·in·gan·no** M Selbstbetrug *m* **au·to·la·vag·gio** M Autowaschanlage *f* **au·to·le·sio·ni·smo** [-z-] M Selbstverstümmelung *f* **au·to·li·mi·ta·zio·ne** [-o-] F Selbstbeschränkung *f* **au·to·lu·bri·fi·can·te** ADJ selbstschmierend

au·to·ma [-ɔ-] M Roboter *m*, Automat *m* ♦ **come un ~** wie aufgezogen

au·to·ma·ti·ca·men·te [-e-] ADV automatisch

au·to·ma·ti·ci·tà F Automatik *f*

★**au·to·ma·ti·co** ADJ **1** automatisch, selbsttätig, Selbst- **2** Automatik-: **cambio ~** Automatikgetriebe *n* ♦ **distributore ~** Automat *m*

au·to·ma·ti·smo [-z-] M Automatismus *m*, Automatik *f*

au·to·ma·tiz·za·re V/T ⟨1a⟩ automatisieren **au·to·ma·tiz·za·zio·ne** [-o-] F Automatisierung *f*

au·to·ma·zio·ne [-o-] F Automation *f*

★**au·to·mez·zo** [-ɛ-] M Kraftfahrzeug *n*

★**au·to·mo·bi·le** [-ɔ-] F Auto(mobil) *n*

au·to·mo·bi·li·na F Spielzeugauto *n*

au·to·mo·bi·li·smo [-z-] M **1** Kraftfahrwesen *n* **2** Rennsport *m*

★**au·to·mo·bi·li·sta** M/F Autofahrer *m*, -in *f* **au·to·mo·bi·li·sti·co** ADJ Automobil-, Auto-

au·to·mo·tri·ce F Triebwagen *m*

au·to·no·leg·gia·to·re [-o-] M, **-tri·ce** F Autoverleiher *m*, -in *f* **au·to·no·leg·gio** [-e-] M Autoverleih *m*

au·to·no·mi·a F (finanzielle) Unabhängigkeit *f*; Selbstständigkeit *f*; (*di mezzi di trasporto*) Reichweite *f* ♦ ~ **amministrativa** Selbstverwaltung *f*

au·to·no·mo [-ɔ-] ADJ selbstständig, unabhängig; POL autonom ♦ **lavoratore** ~ Selbstständige *m*

au·to·par·cheg·gio [-e-] M Autoparkplatz *m* **au·to·par·co** M Fuhrpark *m* **au·to·pat·tu·glia** F Streifenwagen *m* **au·to·pi·lo·ta** [-ɔ-] M Autopilot *m* **au·to·pom·pa** [-o-] F Feuerwehrauto *n*, Löschfahrzeug *n* **au·to·psi·a** F Autopsie *f*, Obduktion *f* **au·to·pu·len·te** [-e-] ADJ selbstreinigend **au·to·pull·man** M Reisebus *m* **au·to·ra·dio** F ⟨*inv*⟩ Autoradio *n* **au·to·ra·du·no** M Sternfahrt *f*

★**au·to·re** [-o-] M **1** Urheber *m*; Täter *m* **2** Autor *m*, Verfasser *m* ♦ **diritti d'~** Urheberrechte *pl*

au·to·re·a·liz·za·zio·ne [-o-] F Selbstverwirklichung *f*

au·to·reg·gen·te [-e-] ADJ halterlos

au·to·re·vo·le [-e-] ADJ **1** maßgeblich **2** (*di persone*) maßgebend; angesehen

au·to·re·vo·lez·za [-e-] F **1** Maßgeblichkeit *f* **2** (*di persone*) Ansehen *n*

au·to·ri·ca·ri·ca·bi·le ADJ TEL mit Direktaufladung

au·to·ri·mes·sa [-e-] F Autogarage *f*

au·to·ri·pa·ra·zio·ne [-o-] F Autoreparatur *f*

★**au·to·ri·tà** F ⟨*inv*⟩ **1** Autorität *f*, Gewalt *f*; Macht *f* **2** ADMIN Amtsgewalt *f* **3** Behörde *f*: ~ **per le telecomunicazioni** Regulierungsbehörde *f* ♦ **abuso d'~** Amtsmissbrauch *m*; **agire d'~** eigenmächtig handeln

au·to·ri·ta·rio ADJ autoritär

au·to·ri·trat·to M Selbstbildnis *n*

★**au·to·riz·za·re** V/T ⟨1a⟩ **1** genehmigen, bewilligen; erlauben **2** bevoll-, ermächtigen; berechtigen (*a. fig*) **au·to·riz·za·to** ADJ berechtigt, erlaubt ♦ **officina -a** Vertragswerkstatt *f*; **persona non -a** Unbefugte *m/f*

au·to·riz·za·zio·ne [-o-] F **1** Genehmigung *f*, Bewilligung *f*; Erlaubnis *f*: IT ~ **di accesso** Zugriffsberechtigung *f* **2** Bevoll-, Ermächtigung *f* **3** Berechtigung *f* ♦ ~ **all'esportazione** Ausfuhrgenehmigung *f*

au·to·sa·lo·ne [-sa'lo:-] M Auto(mobil)salon *m* **au·to·scat·to** M Selbstauslöser *m* **au·to·scon·tro** [-o-] M Autoskooter *m* **au·to·scuo·la** [-ɔ-] F Fahrschule *f* **au·to·si·lo** M Parkhaus *n* **au·to·soc·cor·so** [-'korso] M Pannenhilfe *f*, Abschleppdienst *m* **au·to·sta·zio·ne** [-o-] F Omnibusbahnhof *m* **au·to·sti·ma** F Selbstachtung *f*

★**au·to·stop** [-ɔ-] M ⟨*inv*⟩ Autostopp *m*: **fare l'~** trampen **au·to·stop·pi·sta** M/F Anhalter *m*, -in *f*

★**au·to·stra·da** F Autobahn *f*: **entrata/uscita dell'~** Autobahnauffahrt *f*/-ausfahrt *f* ♦ IT ~ **informatica** Datenautobahn *f*

au·to·stra·da·le ADJ Autobahn-: **raccordo** ~ Autobahnzubringer *m*

au·to·suf·fi·cien·te [-suffi'tʃɛnte] ADJ selbstgenügsam; unabhängig ♦ **un anziano non** ~ ein pflegebedürftiger alter Mensch

au·to·suf·fi·cien·za [-suffi'tʃɛntsa] F Selbstgenügsamkeit *f*; Unabhängigkeit *f*

au·to·sug·ge·stio·ne [-suddʒesti'one] F Autosuggestion *f* **au·to·te·la·io** M Fahrgestell *n* **au·to·tra·spor·ta·to·re** [-o-] M, **-tri·ce** F Lasttransportunternehmer *m*, -in *f* **au·to·tra·spor·to** [-ɔ-] M Lastwagentransport *m* **au·to·tre·no** [-ɛ-] M Sattelzug *m* **au·to·vac·ci·no** M Eigenimpfstoff *m* **au·to·ve·i·co·lo** M Kraftfahrzeug *n*

Au·to·ve·lox® [-ɛ-] M ⟨*inv*⟩ Radargerät *n*, *umg* Blitzer *m*

autovet·tu·ra F (Personen)Kraftwagen *m*

★**au·tri·ce** F **1** Urheberin *f*; Täterin *f* **2** Autorin *f*, Verfasserin *f*

au·tun·na·le ADJ herbstlich, Herbst-

★**au·tun·no** M Herbst *m*: **in** ~ im Herbst

a·va F Urahne *f*, Ahne *f*

a·val·lan·te M/F Wechselbürge *m*, -bürgin *f* **a·val·la·re** V/T ⟨1a⟩ **1** avalieren **2** *fig* bestätigen

a·val·lo M Aval *m*, Wechselbürgschaft *f*

a·vam·brac·cio M Unterarm *m*

a·vam·po·sto [-o-] M Vorposten *m*

a·van·cor·po [-ɔ-] M (*edilizia*) Vorbau *m* **a·van·guar·dia** F **1** MIL Vorhut *f* **2** Avantgarde *f* ♦ **essere all'~** seiner Zeit voraus sein

a·van·guar·di·smo [-z-] M Avantgardismus *m* **a·van·guar·di·sta** M/F Avantgardist *m*, -in *f* **a·van·guar·di·sti·co** ADJ avantgardistisch

a·van·sco·per·ta [-ɛ-] F MIL Aufklärung *f*, Erkundung *f*

★**a·van·ti** A ADV 1 vorn(e), voran, voraus 2 (*davanti*) nach vorn(e), vorwärts, näher, voran: **vieni più ~** komm näher 3 (*nel tempo*) voraus 4 **ne riparleremo più ~** wir sprechen später noch einmal darüber B INT 1 herein: **permesso? – ~!** darf ich? – herein! 2 los, geh: **~, sbrigati!** los, beeil dich! ♦ **andare ~** nach vorne gehen; vorausgehen; **farsi ~** vortreten; *fig* sich durchsetzen; **di qui in ~** von hier ab; von nun an; **da allora in ~** seit damals; **~ e indietro** hin und her, auf und ab; **l'orologio è** (*od* **va**) **~** die Uhr geht vor; **mettere ~ l'orologio** die Uhr vorstellen; **tirare ~** sich durchschlagen

a·van·tie·ri [-ɛ-] ADV vorgestern

a·van·za·men·to [-e-] M 1 Fortkommen *n*, Fortschritt *m* 2 Aufstieg *m*, Beförderung *f* ♦ **~ carta** Papiervorschub *m*; **~ rapido** Schnellvorlauf *m*

★**a·van·za·re**[1] ⟨1a⟩ A V/I ⟨es⟩ 1 vorrücken; vorwärtskommen, -gehen, -fahren 2 vorankommen, fortschreiten B V/T 1 vorrücken 2 überholen 3 (*di posto*) befördern 4 (*presentare*) vorbringen; einreichen C V/PR **-rsi** sich nähern, heranrücken ♦ **~ pretese** Forderungen erheben

a·van·za·re[2] ⟨1a⟩ A V/T 1 übrig lassen 2 (*essere creditore*) guthaben B V/I ⟨es⟩ 1 übrig bleiben 2 reichlich vorhanden sein 3 MATH als Rest bleiben

a·van·za·ta F Vormarsch *m*, Vorstoß *m*

a·van·za·to ADJ 1 (*in avanti*) vorgerückt, vorgeschoben 2 *fig* **in età -a** in fortgeschrittenem Alter; **a notte -a** spät in der Nacht 3 fortgeschritten: **idee -e** fortschrittliche Ideen *pl*

a·van·zo M 1 (Über)Rest *m*, Überbleibsel *n* 2 *pl* Abfälle *pl* 3 MATH Rest *m* 4 WIRTSCH Überschuss *m*

a·va·rac·cio M, **-a** F Geizhals *m*

a·va·ri·a F 1 (*nave, motore*) Havarie *f*, Schaden *m* 2 (*merce*) Verfall *m*

a·va·ria·re ⟨1k⟩ A V/T beschädigen, havarieren B V/PR **-rsi** verderben **a·va·ria·to** ADJ 1 (*nave, motore*) beschädigt 2 (*merce*) verdorben

a·va·ri·zia F Geiz *m*

★**a·va·ro** A ADJ 1 geizig 2 karg: **~ di parole** wortkarg B M, **-a** F Geizkragen *m*

a·vel·la·na F Haselnuss *f*

a·vel·li·ne·se [-e-] A ADJ aus, von Avellino B M/F Bewohner *m*, -in *f* von Avellino **A·vel·li·no** F Avellino *n*

a·ve·na [-e-] F Hafer *m*: **fiocchi d'~** Haferflocken *pl*

a·ver → avere[1]

★**a·ve·re**[1] [-e-] ⟨2b⟩ A V/T 1 haben 2 **avere vent'anni** zwanzig Jahre alt sein 3 (*indossare*) anhaben 4 bekommen: **avere notizie da qn** Nachricht von j-m bekommen; **ha avuto una bambina** sie hat ein Mädchen bekommen 5 haben zu, müssen: **ho da fare** ich habe zu tun 6 **non avere da mangiare** nichts zu essen haben B V/I (*come ausiliare*) haben, sein: **ho mangiato** ich habe gegessen ♦ ★ **aver bisogno di qc.** etwas brauchen; **avercela con qn** auf j-n böse sein; **ho caldo** mir ist heiß; **avere qc contro qn** etw gegen j-n haben; **che cos'hai?** was hast du? was fehlt dir?; **non avere a che fare con qn** nichts mit j-m zu tun haben; **avere i nervi** nervös sein; **quanti ne abbiamo oggi?** den Wievielten haben wir heute?; ★ **avere ragione** recht haben; ★ **avere torto** unrecht haben

a·ve·re[2] [-e-] M 1 Vermögen *n*, Gut *n* 2 Guthaben *n*

a·via·rio ADJ Vogel-: **influenza -a** Vogelgrippe *f*

a·via·to·re [-o-] M, **-tri·ce** Flieger *m*, -in *f* **a·via·to·rio** [-ɔ-] ADJ Flugzeug-, Flug-, Flieger- **a·via·zio·ne** [-o-] F 1 Luftfahrt *f* 2 **~ militare** Luftwaffe *f*

a·vi·co·lo ADJ Hühner-, Geflügel-: **azienda -a** Hühnerfarm *f*

a·vi·col·tu·ra F Geflügelzucht *f*

a·vi·di·tà F 1 Gier *f*, Sucht *f* 2 Habgier *f* 3 Gefräßigkeit *f* ♦ **~ di guadagno** Raffgier *f*

a·vi·do ADJ 1 (be)gierig, süchtig, lüstern: **essere ~ di qc** auf etw (*akk*) gierig sein 2 habgierig

a·vie·re [-ɛ-] M MIL Flieger *m*, -in *f*

a·vi·fau·na F Vogelwelt *f*

a·vio·get·to [-ɛ-] M Düsenflugzeug *n* **a·vio·li·nea** F Fluglinie *f* **a·vio·ri·mes·sa** [-e-] F Flugzeughalle *f*, Flughalle *f* **a·vio·tra·spor·ta·to** ADJ **reparto ~** Luftlandetruppe *f*

a·vo M Ahn *m*, Vorfahr *m*

a·vo·ca·do M ⟨inv⟩ Avocado *f*

a·vo·ca·re V/T ⟨1d *u.* l⟩ 1 JUR an sich (*akk*) ziehen, für sich in Anspruch neh-

men 2 beschlagnahmen
a·vo·ca·zio·ne [-o-] F 1 JUR Übernahme *f* 2 Beschlagnahme *f*
a·vo·rio [-ɔ-] A M 1 Elfenbein *n* 2 Elfenbeinfarbe *f* B ADJ ⟨*inv*⟩ 1 elfenbeinern, Elfenbein- 2 elfenbeinfarben ♦ **pelle d'~** mattweiße Haut *f*; *fig* **chiudersi in una torre d'~** sich in einen (*od* einem) Elfenbeinturm einschließen
a·vul·sio·ne [-si'o-] F Extraktion *f*, Herausziehen *n* **a·vul·so** [-s-] ADJ herausgerissen, losgelöst: **~ dal proprio ambiente** aus der gewohnten Umgebung herausgerissen ♦ **~ dalla realtà** wirklichkeitsfremd
av·va·ler·si [-'lersi] V/PR ⟨2r⟩ **~ di qc** sich etw (*gen*) bedienen, von etw Gebrauch machen
av·val·la·men·to [-e-] M Vertiefung *f*, Mulde *f* **av·val·lar·si** [-s-] V/PR ⟨1a⟩ sich senken, absinken
av·val·la·to ADJ eingesunken
av·va·lo·ra·men·to [-e-] M Bekräftigung *f*, Bestätigung *f* **av·va·lo·ra·re** ⟨1a⟩ A V/T bekräftigen, bestätigen B V/PR **-rsi** sich bestätigen, an Wert gewinnen
av·vam·pa·re V/I ⟨1a; es⟩ 1 (auf)lodern 2 (er)glühen 3 *fig* erröten 4 *fig* entbrennen
av·van·tag·gia·re ⟨1f⟩ A V/T 1 begünstigen, bevorteilen 2 fördern B V/PR **-rsi** 1 **-rsi di una situazione** aus einer Situation Vorteil ziehen 2 Zeit, einen Vorsprung gewinnen
av·ve·der·si [-'dersi] V/PR ⟨2s⟩ **~ di qc** etw bemerken, wahrnehmen **av·ve·du·tez·za** [-e-] F Umsicht *f*, Besonnenheit *f* **av·ve·du·to** ADJ umsichtig, besonnen
av·ve·le·na·men·to [-e-] M 1 Vergiftung *f* 2 Giftmord *m*
av·ve·le·na·re ⟨1a⟩ A V/T 1 vergiften 2 verpesten 3 *fig* vergällen B V/PR **-rsi con qc** sich mit etw vergiften **av·ve·le·na·to** ADJ giftig **av·ve·le·na·to·re** [-o-] M, **-tri·ce** F Giftmischer *m*, -in *f*, Giftmörder *m*, -in *f*
av·ve·nen·te [-ɛ-] ADJ attraktiv, anziehend **av·ve·nen·za** [-ɛ-] F Attraktivität *f*, Schönheit *f*
★**av·ve·ni·men·to** [-e-] M Ereignis *n*, Vorfall *m*
★**av·ve·ni·re**[1] V/I ⟨4p; es⟩ 1 geschehen, passieren 2 erfolgen, eintreten
av·ve·ni·re[2] A ADJ ⟨*inv*⟩ künftig, kommend B M ⟨*inv*⟩ Zukunft *f*: **in ~** in Zukunft, (zu)künftig **av·ve·ni·ri·smo** [-z-] M Zukunftsglaube *m* **av·ve·ni·ri·sti·co** ADJ zukunftsweisend, futuristisch
av·ven·ta·re ⟨1b⟩ A V/T 1 *poet* schleudern 2 *fig* sich (*dat*) anmaßen B V/PR **-rsi su qn/qc** sich auf j-n/etw stürzen **av·ven·ta·tez·za** [-e-] F Unbesonnenheit *f*, Leichtsinnigkeit *f* **av·ven·ta·to** ADJ 1 leichtsinnig, unbesonnen 2 überstürzt, voreilig
av·ven·ti·zio A ADJ 1 nicht ansässig 2 Aushilfs- B M, **-a** F Aushilfskraft *f* ♦ **clienti -zi** Laufkundschaft *f*
av·ven·to [-ɛ-] M 1 Anbruch *m*: **l'~ di una nuova era** der Anbruch einer neuen Ära 2 Besteigung *f*; Erhebung *f* 3 REL Advent *m*
av·ven·to·re [-o-] M, **-tri·ce** F Kunde *m*, Kundin *f*; Gast *m*
★**av·ven·tu·ra** F 1 Abenteuer *n*: **andare in cerca di -e** auf Abenteuer ausgehen; **imbarcarsi in un'~** sich auf ein Abenteuer einlassen 2 Liebesaffäre *f*
av·ven·tu·rar·si [-s-] V/PR ⟨1a⟩ sich wagen (*a. fig*): **~ in qc** sich auf etw (*akk*) einlassen
av·ven·tu·rie·ro [-ɛ-] M, **-a** F 1 Abenteurer *m*, -in *f* 2 Hochstapler *m*, -in *f* **av·ven·tu·ro·so** [-o-] ADJ 1 abenteuerlich 2 abenteuerlustig
av·ve·ra·men·to [-e-] M Bewahrheitung *f*, Erfüllung *f* **av·ve·ra·re** ⟨1a⟩ A V/T verwirklichen B V/PR **-rsi** sich erfüllen, sich bewahrheiten
av·ver·bia·le ADJ adverbial, Adverbial-, Umstands-
★**av·ver·bio** [-ɛ-] M Adverb *n*, Umstandswort *n*
av·ver·sa·re V/T ⟨1b⟩ 1 **~ qn/qc** j-n/etw bekämpfen 2 behindern, entgegentreten **av·ver·sa·rio** A ADJ 1 gegnerisch 2 feindlich B M, **-a** F Gegner *m*, -in *f*; *pl* Gegenpartei *f* ♦ JUR **parte -a** Gegenseite *f*
av·ver·sio·ne [-si'o-] F 1 Abneigung *f*: **provare ~ per** (*od* **verso**) **qn/qc** vor j-m/etw Abneigung empfinden 2 Aversion *f*, Abscheu *f*, Widerwille *m* **av·ver·si·tà** F ⟨*inv*⟩ 1 Ungunst *f* 2 *pl* Widrigkeit *f*
av·ver·so [-'vɛrso] ADJ 1 ungünstig 2 widrig ♦ JUR **parte -a** Gegenpartei *f*
av·ver·ten·za [-ɛ-] F 1 Aufmerksamkeit *f*, Vorsicht *f* 2 Hinweis *m*, Warnung *f* 3 Vorbemerkung *f* 4 *pl* (Gebrauchs)Anweisung *f* **av·ver·ti·bi·le** ADJ wahrnehmbar, spürbar **av·ver·ti·men·to**

[-e-] M 1 Benachrichtigung *f* 2 Hinweis *m* 3 Warnung *f*, Abschreckung *f*

★**av·ver·ti·re** VT ⟨4b⟩ 1 benachrichtigen: **~ qn di qc** j-n von etw benachrichtigen 2 hinweisen 3 warnen 4 spüren, fühlen

av·ver·ti·to ADJ umsichtig, besonnen

av·vez·za·re ⟨1a⟩ A VT gewöhnen: **~ qn a qc** j-n an etw (*akk*) gewöhnen B VPR **-rsi a qn/qc** sich an j-n/etw gewöhnen

av·vez·zo [-e-] ADJ gewohnt, gewöhnt

av·vi·a·men·to [-e-] M 1 Einführung *f*, Anleitung *f*: **~ allo studio della filosofia** Einführung *f* in die Philosophie 2 TECH Start *m*, Inbetriebsetzung *f* 3 TECH Anlasser *m*, Starter *m* ♦ WIRTSCH **capitale d'~** Anfangskapital *n*; **~ professionale** berufliche Ausbildung *f*

av·via·re ⟨1h⟩ A VT 1 einleiten, anbahnen 2 **~ un'impresa commerciale** ein Handelsgeschäft aufbauen 3 leiten, führen 4 *fig* anleiten, einführen 5 anlassen, anwerfen: IT **~ (il sistema)** booten B VPR **-rsi** 1 sich auf den Weg machen; (*di, con un mezzo*) anfahren 2 zustreben, sich zubewegen: **-rsi verso l'uscita** auf den Ausgang zustreben 3 anlaufen, starten

av·via·to ADJ gut gehend: **un'azienda ben -a** ein gut gehender Betrieb

av·vi·cen·da·men·to [-e-] M 1 Abwechslung *f*, Wechsel *m* 2 *euph* Ablösung *f* **av·vi·cen·da·re** ⟨1b⟩ A VT abwechseln B VPR **-rsi** 1 (sich) abwechseln 2 aufeinanderfolgen

av·vi·ci·na·bi·le ADJ zugänglich

av·vi·ci·na·men·to [-e-] M Annäherung *f*

av·vi·ci·na·re VT ⟨1a⟩ 1 heranrücken, näher heranstellen 2 **~ qn** sich j-m nähern 3 näherbringen: **~ qn alla musica classica** j-m die klassische Musik näherbringen

★**av·vi·ci·nar·si** [-s-] VPR 1 nahen, näher kommen: **si avvicini!** treten Sie näher! 2 **~ a qn/qc** sich j-m/etw nähern 3 (*assomogliare*) **~ a qc** sich etw (*dat*) annähern: **~ alla verità** der Wahrheit nahekommen

av·vi·len·te [-ɛ-] ADJ entmutigend; deprimierend **av·vi·li·men·to** [-e-] M Niedergeschlagenheit *f*

av·vi·li·re ⟨4d⟩ A VT 1 herabwürdigen 2 deprimieren B VPR **-rsi** den Mut verlieren **av·vi·li·to** ADJ deprimiert

av·vi·lup·pa·re ⟨1a⟩ A VT 1 (ein)wickeln, einhüllen 2 verwickeln B VPR **-rsi** 1 sich (ein)wickeln, sich einhüllen 2 sich verwickeln

av·vi·naz·za·to ADJ betrunken

av·vin·cen·te [-ɛ-] ADJ spannend, fesselnd

av·vin·ce·re VT ⟨3d⟩ fesseln, anziehen

av·vin·ghia·re ⟨1g⟩ A VT umklammern, umschlingen B VPR **-rsi** sich klammern: **-rsi a qc** sich an etw (*akk*) klammern

av·vi·o M Einleitung *f*, Anbahnung *f*, Start *m* ♦ **dare l'~ a qc** etw in Gang bringen

av·vi·sa·glia F 1 Anzeichen *n* 2 Vorgefecht *n*

★**av·vi·sa·re** [-z-] VT ⟨1a⟩ 1 benachrichtigen, verständigen 2 ermahnen, (ver)warnen

av·vi·sa·to·re [-za'to-] M, **-tri·ce** F 1 Warner *m*, -in *f*, Ermahner *m*, -in *f* 2 **avvisatore** *m* Warnanlage *f* ♦ **~ d'incendio** Feuermelder *m*

av·vi·so [-z-] M 1 Benachrichtigung *f*, Bekanntmachung *f*; Meldung *f* 2 JUR Anzeige *f* 3 Anschlag *m*, Aushang *m* 4 Warnung *f* 5 Ansicht *f*: **a mio ~** meines Erachtens ♦ **fino a nuovo ~** bis auf Weiteres; JUR **~ di garanzia** Ermittlungsbescheid *m*; **~ di pagamento** Zahlungsaufforderung *f*; **~ di ricevimento** Empfangsbescheinigung *f*; **~ di sinistro** Schadensmeldung *f*; **stare sull'~** auf der Hut sein

av·vi·sta·men·to M Sichtung *f* **av·vi·sta·re** VT ⟨1a⟩ erblicken, sichten

av·vi·ta·men·to [-e-] M 1 Verschraubung *f* 2 SPORT Schraube *f* 3 FLUG Trudeln *n*

av·vi·ta·re VT ⟨1a⟩ (ver-, an-, ein)schrauben

av·vi·ta·to ADJ eng anliegend, tailliert

av·vi·ta·tri·ce F Schrauber *m*

av·vi·tic·chia·re ⟨1g⟩ A VT umschlingen, umklammern B VPR **-rsi** sich (empor)ranken

av·vi·va·re VT ⟨1a⟩ 1 beleben, anregen 2 **~ il fuoco** das Feuer wieder entfachen

av·viz·zi·men·to [-e-] M (Ver)Welken *n* **av·viz·zi·re** ⟨4d⟩ A VI ⟨es⟩ (ver)welken B VT verwelken lassen **av·viz·zi·to** ADJ welk

av·vo·ca·tes·sa [-e-] F (Rechts)Anwältin *f*

★**av·vo·ca·to** M (Rechts)Anwalt *m* ♦ **~ delle cause perse** = *jemand, der auf ver-*

lorenem Posten kämpft; ~ **difensore** Strafverteidiger *m;* **ordine degli -i** Rechtsanwaltskammer *f*

av·vo·ca·tu·ra F **1** Anwaltschaft *f* **2** Rechtsanwaltsberuf *m*

av·vol·gen·te [-ɛ-] ADJ **1** ein-, umhüllend (*a. fig*) **2** Schalen-: **poltrona** ~ Schalensessel *m* **3** Umgehungs-: **manovra** ~ Umgehungsmanöver *n*

★**av·vol·ge·re** [-ɔ-] ⟨3d⟩ **A** V/T **1** (ein-, auf)wickeln **2** (ein-, ver)hüllen **B** V/PR **-rsi** **1** sich zusammenrollen **2** sich (ein)hüllen

av·vol·gi·bi·le **A** ADJ einrollbar; Roll-: **tenda** ~ Rollo *n* **B** M Rollladen *m* **av·vol·gi·men·to** [-e-] M **1** Aufwickeln *n*, Umwick(e)lung *f* **2** ELEK Wick(e)lung *f*

av·vol·to·io [-o-] M **1** Geier *m* **2** *fig* Aasgeier *m*

av·vol·to·la·re ⟨1m *u.* c⟩ **A** V/T einwickeln **B** V/PR **-rsi** **1** sich einwickeln **2** sich (herum)wälzen

a·za·le·a [-ɛ-] F Azalee *f*

A·zer·bai·gian M Aserbaidschan *n* **a·zer·bai·gia·no** **A** ADJ aserbaidschanisch **B** M, **-a** F Aserbaidschaner *m*, -in *f*

★**a·zien·da** [-ɛ-] F Betrieb *m;* Unternehmen *n:* **piccola/media/grande** ~ Klein-/Mittel-/Großbetrieb *m* ♦ ~ **elettrica** Energieversorgungsunternehmen *n;* ~ **sanitaria locale** (*mutua*) Gebietskrankenkasse *f;* (*ufficio igiene*) städtisches Gesundheitsamt *n;* ~ **di soggiorno** Verkehrsverein *m*

a·zien·da·le ADJ betrieblich, Betriebs-: **economia** ~ Betriebswirtschaft *f* **a·zien·da·li·sta** M/F Betriebswirt *m*, -in *f*

a·zio·na·men·to [-e-] M **1** Betätigung *f* **2** MECH Antrieb *m* **a·zio·na·re** V/T ⟨1a⟩ **1** betätigen, in Gang setzen **2** be-, antreiben **a·zio·na·ria·to** M Aktionäre *pl* **a·zio·na·rio** ADJ Aktien-: **pacchetto** ~ Aktienpaket *n* **a·zio·na·to** ADJ ~ **a distanza** ferngesteuert; ~ **a mano** handbetrieben

★**a·zio·ne**[1] [-o-] F **1** Tat *f*, Handlung *f:* ~ **delittuosa** strafbare Handlung *f* **2** Tätigkeit *f*, Aktion *f* **3** Gang *m*, Betrieb *m:* **la macchina è in** ~ die Maschine ist in Betrieb **4** (*di dramma, film, romanzo*) Handlung *f* **5** **un film d'**~ ein Actionfilm **6** Wirkung *f*, Einfluss *m* **7** JUR Verfahren *n*, Klage *f* ♦ **campo d'**~ Wirkungsfeld *n*, Tätigkeitsbereich *m;* **un uomo d'**~ ein Mann *m* der Tat

a·zio·ne[2] [-o-] F WIRTSCH Aktie *f* ♦ **-i nominative** Namensaktien *pl;* **-i ordinarie** Stammaktien *pl;* **-i al portatore** Inhaberaktien *pl;* **-i privilegiate** Vorzugsaktien *pl*

a·zio·ni·sta M/F Aktionär *m*, -in *f* ♦ ~ **di maggioranza** Hauptaktionär *m*, -in *f*

a·zo·to [-ɔ-] M Stickstoff *m*

az·za F Streitaxt *f*

az·zan·na·re ⟨1a⟩ **A** V/T (zu)schnappen, beißen **B** V/PR **-rsi** sich (ver)beißen (*a. fig*)

az·zar·da·re ⟨1a⟩ **A** V/T wagen, riskieren **B** V/PR **-rsi** (sich) wagen, sich unterstehen

az·zar·da·to ADJ gewagt, riskant

az·zar·do M Wagnis *n*, Risiko *n* ♦ **gioco d'**~ Glücks-, Hasardspiel *n*

az·zar·do·so [-o-] ADJ **1** gewagt, riskant **2** wagemutig, waghalsig

az·zec·ca·gar·bu·gli M *pej* Winkeladvokat *m*, Rechtsverdreher *m*

az·zec·ca·re V/T ⟨1d *u.* b⟩ **1** treffen: ~ **il bersaglio** das Ziel treffen **2** *fig* erraten **3** erwischen: ~ **il momento giusto** den richtigen Augenblick erwischen **az·zec·ca·to** ADJ **1** richtig **2** (*efficace*) wirkungsvoll

az·ze·ra·men·to [-e-] M Nullstellung *f* **az·ze·ra·re** V/T ⟨1b⟩ **1** auf null stellen **2** streichen

az·zi·ma·re ⟨1l⟩ **A** V/T herausputzen **B** V/PR **-rsi** sich herausputzen

az·zi·mo ADJ **pane** ~ ungesäuertes Brot *n*

az·zit·ti·re ⟨4d⟩ **A** V/T zum Schweigen bringen **B** V/I ⟨es⟩ & V/PR **-rsi** verstummen, still werden

az·zop·pa·re ⟨1c⟩ **A** V/T lahm machen, am (*od* an einem) Bein verletzen **B** V/PR **-rsi** lahm werden **az·zop·pa·to** ADJ lahm

Az·zor·re [-ɔ-] FPL Azoren *pl*

az·zuf·far·si [-s-] V/PR ⟨1a⟩ (sich) raufen

★**az·zur·ro** **A** ADJ **1** (hell)blau **2** SPORT **la squadra -a** = *die italienische Nationalmannschaft* **B** M Blau(e) *n* ♦ **principe** ~ Märchenprinz *m*

B

b, B F od M ⟨inv⟩ b, B *n*
ba·bau M ⟨inv⟩ Butzemann *m*
bab·be·o [-ɛ-] **A** M **-a** F Tölpel *m*, Trampel *m* **B** ADJ tölpelhaft
bab·bo M Vati *m*, Papa *m* ♦ **Babbo Natale** Weihnachtsmann *m*
bab·bu·i·no M **1** Pavian *m* **2** *fig* (*sciocco*) Affe *m*, Kamel *n*
ba·bi·lo·nia [-ɔ-] F (heilloses) Durcheinander *n*
ba·bor·do [-o-] M Backbord *n*
ba·by [ˈbɛbi] M/F ⟨inv⟩ Baby *n* ♦ **~ pensionato** Frührentner *m*
ba·by sit·ter [-ˈsitter] F/M ⟨inv⟩ Babysitter *m*: **fare il/la ~** babysitten
ba·car·si [-s-] V/PR ⟨1d⟩ wurmstichig werden
ba·ca·to ADJ wurmstichig, wurmig
bac·ca F Beere *f*
bac·ca·là M ⟨inv⟩ **1** Klipp-, Stockfisch *m* **2** *fig* Stockfisch *m*, Trottel *m*: **non stare lì impalato come un ~, aiutami!** steh nicht so dumm rum, hilf mir lieber!
bac·ca·no M Lärm *m*, Radau *m*
bac·cel·lo [-ɛ-] M Hülse *f*, Schote *f*
bac·chet·ta [-e-] F **1** Stab *m*, Stock *m* **2** MUS Taktstock *m* **3** Zeigestock *m* **4** (Ess)Stäbchen *n* ♦ **comandare qn a ~** j-n herumkommandieren; **~ magica** Zauberstab *m*; **-e cinesi** Essstäbchen *pl*
bac·chet·ta·re V/T ⟨1a⟩ mit der Rute (*od* dem Stock) schlagen **bac·chet·ta·ta** F Stockhieb *m*
bac·chet·to·ne **A** ADJ frömmlerisch, bigott **B** M, **-a** F Frömmler *m*, -in *f*, Moralapostel *m*
Bac·co M Bacchus *m* ♦ **per ~!** zum Donnerwetter!
ba·che·ca [-ɛ-] F **1** Schaukasten *m* **2** Schwarzes Brett *n*, Schautafel *f* **3** IT Nachrichtenbrett *n*
ba·che·li·te F Bakelit *n*
ba·cia·ma·no M Handkuss *m* **ba·cia·pi·le** M/F ⟨inv⟩ Betbruder *m*, -schwester *f*
★**ba·cia·re** V/T ⟨1f⟩ küssen ♦ **essere baciato dalla fortuna** ein Glückskind sein
★**ba·ciar·si** [-s-] V/PR ⟨1f⟩ sich küssen
ba·ci·le M Becken *n*
ba·cil·lo M Bazillus *m*
ba·ci·nel·la [-ɛ-] F (Wasch)Schüssel *f*
ba·ci·no[1] M **1** Becken *n* (*a.* GEOG, ANAT), Schale *f*: **~ del Mediterraneo** Mittelmeergebiet *n* **2** SCHIFF Dock *n*: **~ a secco** Trockendock *n*
ba·ci·no[2] M Küsschen *n*
★**ba·cio** M Kuss *m* ♦ **mangiare qn di -ci** j-n abküssen; **saluti e -ci** Gruß und Kuss
back·up [bækˈʌp] M IT Back-up *n*, Sicherungskopie *f*, Sicherheitskopie *f*
ba·co M **1** ZOOL Made *f*; (Seiden)Raupe *f* **2** IT Computervirus *m od n*
ba·cuc·co ADJ vertrottelt, trottelig
ba·da F: **tenere a ~** hinhalten; in Schach halten
ba·dan·te M/F Pfleger *m*, -in *f*, Pflegekraft *f*
ba·da·re ⟨1a⟩ **A** V/I ⟨av⟩ ★ **badare a qn/qc** sich um j-n/etw kümmern (*a. fig*); auf j-n/etw achtgeben, aufpassen **B** V/T hüten ♦ **bada di essere puntuale!** sei bloß pünktlich!; **bada ai fatti tuoi** kümmere dich um deine eigenen Angelegenheiten
ba·des·sa [-e-] F Äbtissin *f* **ba·di·a** F Abtei *f*
ba·di·le M Schaufel *f*, Schippe *f*
★**baf·fo** M **1** PL Schnurrbart *m* **2** Klecks *m*, Fleck *m* ♦ *fig* **coi -i** ausgezeichnet; **farsene un ~** (**di qc**) auf etw (*akk*) pfeifen; **ridere sotto i -i** sich (*dat*) ins Fäustchen lachen
baf·fu·to ADJ schnurr-, schnauzbärtig
ba·ga·glia·io M **1** Kofferraum *m* **2** (*nave*) Gepäckraum **3** BAHN Gepäckwagen *m*
★**ba·ga·glio** M Gepäck *n*, Gepäckstück *n*: **fare/disfare i -gli** die Koffer packen/auspacken ♦ **con armi e -gli** mit Sack und Pack; **~ culturale** Bildungsgut *n*; **deposito -gli** Gepäckaufbewahrung *f*
ba·ga·scia F *vulg* Hure *f*, Dirne *f*
ba·ga·tel·la [-ɛ-] F Bagatelle *f* (*a.* MUS)
Bag·dad F Bagdad *n*
bag·gia·na·ta F Unsinn *m*
bag·gia·no M Dummkopf *m*
ba·glio·re [-o-] M Schimmer *m* (*a. fig*), Leuchten *n*, Schein *m*: METEO **-i di calore** Wetterleuchten *n*
ba·gnan·te M/F **1** Badende *m/f* **2** Badegast *m* **ba·gna·re** ⟨1a⟩ **A** V/T **1** benetzen, befeuchten: **~ la biancheria con lo spruzzino** die Wäsche einsprühen; **le ho bagnato la fronte con il fazzoletto** ich

habe ihr die Stirn mit dem Taschentuch befeuchtet 2 nass machen: **la pioggia bagna le strade** der Regen macht die Straßen nass 3 (ein)tauchen, einweichen: **cantuccini da ~ nel vino** Kekse *pl*, die man in den Wein eintaucht 4 gießen, wässern: **ricordati di ~ le piante** vergiss nicht, die Pfanzen zu gießen 5 **il Po bagna Torino** der Po fließt durch Turin B V/PR **-rsi** nass werden: **ci siamo bagnati tutti** wir sind alle nass geworden

★**ba·gna·to** A ADJ nass B M nasser Boden *m*; Nässe *f* ♦ **~ fradicio** patschnass; **~ fino alle ossa** nass bis auf die Haut; **piove sul ~** ein Unglück kommt selten allein

ba·gni·no M, **-a** F Bademeister *m*, -in *f*: **~ di salvataggio** Rettungsschwimmer *m*

★**ba·gno** M 1 Bad *n*; Badezimmer *n*: **fare un bagno** ein Bad nehmen; ★**fare il bagno (a qn)** (j-n) baden 2 Toilette *f* 3 *pl* Bade-, Kurort *m* ♦ **mettere a bagno qc** etw einweichen; ★**costume da bagno** Badeanzug *m*; Badehose *f*; **bagno penale** Zuchthaus *n*; **bagno di sole** Sonnenbad *n*; **bagno di vapore** Dampfbad *n*

ba·gno·ma·ri·a M ⟨*inv*⟩ **a ~** im Wasserbad **ba·gno·schiu·ma** M ⟨*inv*⟩ Schaumbad *n*

ba·gor·do [-o-] M Schwelgerei *f*, Prasserei *f*: **fare -i** in Saus und Braus leben

ba·guet·te [ba'gɛt] F ⟨*inv*⟩ Baguette *n*, Stangenbrot *n*

Ba·ha·mas FPL Bahamas *pl*, Bahamainseln *pl*: **andare alle ~** auf die Bahamas fahren

Bah·re·in [-e-] M **il ~** Bahrain *n*

ba·ia F Bucht *f*

ba·io A ADJ rotbraun B M (*cavallo*) Fuchs *m*

ba·io·net·ta [-e-] F Bajonett *n*, Seitengewehr *n*

bai·ta F Berg-, Almhütte *f*

Ba·ku F Baku *n*

ba·la·u·stra F, **ba·lau·stra·ta** F Balustrade *f*, Geländer *n*

bal·bet·ta·men·to [-e-] M Stottern *n*; Stammeln *n* **bal·bet·ta·re** ⟨1a⟩ A V/I ⟨av⟩ stottern; stammeln B V/T **~ una scusa** eine Entschuldigung stammeln ♦ **~ un po' di italiano** etwas Italienisch radebrechen

bal·bet·ti·o M Gestammel *n*, Gestotter *n*

bal·bu·zie F ⟨*inv*⟩ Stottern *n*; Stammeln *n*

bal·bu·zien·te [-ɛ-] A ADJ stotternd, stammelnd B M/F Stotterer *m*, Stotterin *f*

Bal·ca·ni MPL Balkan *m* **bal·ca·ni·co** ADJ balkanisch, Balkan-: **penisola -a** Balkanhalbinsel *f*

bal·co·na·ta F (langer) Balkon *m* (*a.* THEAT)

★**bal·co·ne** [-o-] M Balkon *m*

bal·dac·chi·no M Baldachin *m* ♦ **letto a ~** Himmelbett *n*

bal·dan·za F Übermut *m*, Überheblichkeit *f* **bal·dan·zo·so** [-o-] ADJ anmaßend, forsch

bal·do ADJ selbstsicher, kühn

bal·do·ria [-ɔ-] F Trubel *m*, Ausgelassenheit *f* ♦ **fare ~** *umg* einen draufmachen

Ba·le·a·ri FPL Balearen *pl*: **andare alle ~** auf die Balearen fahren

ba·le·na [-e-] F 1 Wal(fisch) *m* 2 *umg fig* Tonne *f* ♦ **stecca di ~** Fischbein *n*

ba·le·na·men·to [-e-] M (Auf)Blitzen *n*, Aufleuchten *n* **ba·le·na·re** V/I ⟨1a; *unpers*; av⟩ 1 **balena** es blitzt 2 ⟨av, es⟩ (auf)blitzen, (auf)leuchten ♦ **~ a secco** wetterleuchten

ba·le·nie·ra [-ɛ-] F Walfangschiff *n*

ba·le·nie·re [-ɛ-] M Walfänger *m*

ba·le·ni·o M (*lampi*) Blitzen *n*; Wetterleuchten *n* **ba·le·no** [-e-] M Blitz *m* ♦ **in un ~** blitzschnell, im Nu

ba·le·ra [-ɛ-] F Tanzlokal *n*

ba·le·stra [-ɛ-] F 1 (*arma*) Armbrust *f* 2 MECH Blattfeder *f*

ba·lia[1] F Amme *f* ♦ *fig* **far(e) da ~ a qn** j-s Kindermädchen sein; **spilla da ~** Sicherheitsnadel *f*

ba·li·a[2] F Gewalt *f*, Herrschaft *f* ♦ **essere in ~ di qn/qc** j-m/etw ausgeliefert sein

ba·li·pe·dio [-ɛ-] M Schießplatz *m*

ba·li·sti·ca F Ballistik *f*

bal·la[1] F Ballen *m*: **una ~ di fieno** ein Heuballen *m*

bal·la[2] F *umg* Märchen *n*, Schmarren *m*: **raccontare -e** Märchen erzählen

bal·la·bi·le A ADJ Tanz- B M Tanzlied *n*

★**bal·la·re** ⟨1a⟩ A V/I ⟨av⟩ 1 tanzen (*a. fig*) 2 wackeln 3 (*immagine televisiva*) flimmern B V/T tanzen: **~ un valzer** einen Walzer tanzen ♦ **quando si è in ballo si deve ~** wer A sagt, muss auch B sagen

bal·la·ta F 1 (*in liturgia*) Ballade *f* 2 Tanzlied *n*

bal·la·to·io [-o-] M 1 Treppenabsatz *m*

2 (Innen)Balkon *m*

★**bal·le·ri·na** F **1** (Ballett)Tänzerin *f*, Ballerina *f*: **prima ~** Primaballerina *f* **2** Tänzerin *f* **3** (*scarpa*) Ballerina *m*

★**bal·le·ri·no** M **1** (Ballett)Tänzer *m* **2** Tänzer *m*

★**bal·let·to** [-e-] M Ballett *n*

bal·lo M **1** Ball *m* **2** Tanz *m* ♦ **essere in ~** auf dem Spiel stehen; *fig* **tirare in ~ qc** etw aufs Tapet bringen

bal·lon·zo·la·re V/I ⟨1l; av⟩ herumhopsen

bal·lot·tag·gio M **1** Stichwahl *f* **2** SPORT Stichkampf *m* **bal·lot·ta·re** V/T ⟨1c⟩ durch Stichwahl abstimmen

bal·ne·a·re ADJ Bade-: **località ~** Badeort *m* **bal·ne·a·zio·ne** [-o-] F Baden *n* ♦ **divieto di ~** Badeverbot *n*

ba·loc·ca·re ⟨1c *u.* d⟩ **A** V/T unterhalten **B** V/PR **-rsi 1** sich vergnügen **2** trödeln

ba·loc·co [-ɔ-] M Spielzeug *n* ♦ **il paese dei -chi** das Schlaraffenland

ba·lor·dag·gi·ne F Tölpelhaftigkeit *f* **ba·lor·do** [-o-] F **A** ADJ **1** unsinnig, dumm **2** betäubt **B** M, **-a** F Dummkopf *m* ♦ **idea -a** Schnapsidee *f*

bal·sa F Balsaholz *n*

bal·sa·mi·co [-s-] ADJ Balsam-, balsamisch: **aceto ~** Balsamessig *m*

bal·sa·mo [-s-] M Balsam *m* (*a. fig*): **~ per capelli** Haarspülung *f*

bal·ti·co ADJ baltisch, Ostsee- ♦ **mar Baltico** Ostsee *f*; **paesi -ci** Baltikum *n*, baltische Länder *pl*; **abitante dei paesi -ci** Balte *m*, -tin *f*

ba·luar·do M Bollwerk *n* (*a. fig*)

ba·lu·gi·na·re V/I ⟨1m; es⟩ aufleuchten **ba·lu·gi·ni·o** M Aufleuchten *n*, Blitzen *n*

bal·za F **1** Steilhang *m*, Absturz *m* **2** (*in sartoria*) Rüsche *f*

bal·za·re V/I ⟨1a; es⟩ **1** springen, schnellen: **~ in piedi** aufspringen, hochschnellen **2** *fig* klopfen, schlagen: **le balzò il cuore in gola** das Herz schlug ihr bis zum Hals ♦ **~ addosso a qn** sich auf j-n stürzen

bal·zel·la·re V/I ⟨1b; es, av⟩ hüpfen **bal·zel·lo·ni** [-o-] ADV (**a**) **~** hüpfend, springend

bal·zo M **1** Sprung *m*; Satz *m* (*a. fig*): **~ di carriera** ein Karrieresprung *m* **2** Ruck *m* ♦ **cogliere la palla al ~** die Gelegenheit beim Schopfe packen

bam·ba·gia F Watte *f*

★**bam·bi·na** F (kleines) Mädchen *n*; Kind *n*

bam·bi·na·ia F Kindermädchen *n* **bam·bi·na·ta** F Kinderei *f* **bam·bi·ne·sco** [-e-] ADJ kindisch

★**bam·bi·ni** PL Kinder *pl*

★**bam·bi·no** **A** M **1** Kind *n* **2** Junge *m* **B** ADJ naiv ♦ **fin da ~** von Kindesbeinen an; **Gesù Bambino** Jesuskind *n*

bam·boc·cia·ta F Kinderei *f* **bam·boc·cio** [-ɔ-] M, **-a** F **1** Pummelchen *n* **2** Trottel *m*

★**bam·bo·la** F Puppe *f* (*a. fig*)

bam·bo·leg·gia·re V/I ⟨1f; av⟩ sich kindisch, affektiert benehmen

bam·bù M ⟨*inv*⟩ Bambus *m*, Bambusrohr *n*

ba·na·le ADJ **1** banal; alltäglich **2** geringfügig **3** gewöhnlich

ba·na·li·tà F ⟨*inv*⟩ Banalität *f*

★**ba·na·na** F **1** Banane *f* **2** (Haar)Tolle *f*

ba·na·no M Bananenstaude *f*

★**ban·ca** F **1** Bank *f* **2** *pl* Bankwesen *n* ♦ IT **~ dati** Datenbank *f*; **Banca Federale Tedesca** Deutsche Bundesbank *f*; **impiegato di ~** Bankangestellte *m*; **rapina in ~** Bankraub *m*

ban·ca·le M **1** Bank *f* **2** TECH Bett *n*

ban·ca·rel·la [-ɛ-] F (Verkaufs)Stand *m*

ban·ca·rio **A** ADJ Bank-: **assegno ~** Bankscheck *m*; **bonifico ~** Banküberweisung *f* **B** M **-a** F Bankangestellte *m/f*, *umg* Banker *m*, -in *f*

ban·ca·rot·ta [-o-] F Bankrott *m*

ban·chet·ta·re V/I ⟨1a; av⟩ tafeln

ban·chet·to [-e-] M Festmahl *n*, Festessen *n* ♦ **~ nuziale** Hochzeitsmahl *n*

ban·chie·re [-ɛ-] M, **-a** F Bankier *m*, Bankkaufmann *m*, -kauffrau *f*

ban·chi·na F **1** BAHN Bahnsteig *m* **2** (*porto*) Kai *m* **3** (Straßen)Bankett *n* ♦ **~ di carico** Laderampe *f*; **~ spartitraffico** Mittelstreifen *m*

ban·chi·sa F Packeis *n*

★**ban·co** M **1** (Sitz)Bank *f* **2** Ladentisch *m* **3** Theke *f* **4** TECH Werkbank *f* **5** **-chi di nebbia** Nebelbänke *pl* ♦ **il ~ alimentare** die Tafel (*Lebensmittelspendenverein*); **~ dei pegni** Pfandhaus *n*; **~ di prova** Prüfstand *m*; (*nel gioco*) **far saltare il ~** die Bank sprengen; *fig* **vendere qc sotto ~** etw unter der Hand verkaufen

★**Ban·co·mat®** M ⟨*inv*⟩ **1** Bankautomat *m*, Geldautomat *m*: *umg* **fare un ~** Geld ziehen, am Automaten abheben **2** EC-Karte *f*

ban·co·ne [-o-] M **1** Werk-, Arbeitstisch *m* **2** (*di negozio*) Ladentisch *m* **3** (*di bar*) Theke *f* **4** Schalter *m*

★**ban·co·no·ta** [-ɔ-] F Geldschein *m*, Banknote *f*: **~ da dieci euro** Zehneuroschein *m*; **~ da venti euro** Zwanzigeuroschein *m* **ban·co·po·sta** [-ɔ-] M Postbank *f*

ban·da[1] F **1** Bande *f*, Clique *f* **2** Musikkapelle *f*

ban·da[2] F **1** Streifen *m*; Band *n* (*a.* PHYS) **2** RADIO, IT (Frequenz)Band *n*: **~ di frequenza** Frequenzband *n*; IT **~ larga** Breitband *n* ♦ **~ magnetica** Magnetstreifen *m*; **~ perforata** Lochstreifen *m*; **~ sonora** Tonspur *f*

ban·del·la [-ɛ-] F **1** Blech-, Bandstreifen *m* **2** (*porta*) Beschlag *m*

ban·de·ruo·la [-ɔ-] F Wetterfahne *f* (*a. fig*)

★**ban·die·ra** [-ɛ-] F **1** Fahne *f*, Flagge *f* **2** (*simbolo*) Zeichen *n*, Sinnbild *n* ♦ *fig* **alzare ~ bianca** die weiße Fahne hissen; **tenere alta la ~** die Fahne hochhalten; **battere ~ britannica** unter britischer Fahne fahren; (*sulle spiagge*) **~ blu** blaue Fahne, Flagge; **gol della ~** Ehrentor *n*

ban·die·ri·na F **1** Fähnchen *n* **2** SPORT Eckfahne *f*

ban·di·re V/T ⟨4d⟩ **1** ausschreiben: **~ un concorso** einen Wettbewerb ausschreiben **2** *fig* ausposaunen **3** verbannen (*a. fig*)

ban·di·sta M/F Musikant *m*, -in *f*

ban·di·te·sco [-e-] ADJ verbrecherisch, kriminell **ban·di·ti·smo** [-z-] M Banditentum *n*

★**ban·di·to** **A** ADJ **corte -a** offenes Haus *n* **B** M **-a** F **1** Bandit *m*, -in *f*, Räuber *m*, -in *f* **2** Verbannte *m/f*

ban·di·to·re [-o-] M, **-tri·ce** F Auktionator *m*, -in *f*, Versteigerer *m*, Versteigerin *f*

ban·do M **1** Ausschreibung *f*: **~ di concorso per posti vacanti** Stellenausschreibung *f* **2** Verbannung *f* ♦ **~ alle chiacchiere** zur Sache!; **~ agli scherzi!** Scherz beiseite

ban·do·lo M Fadenende *n* ♦ *fig* **cercare il ~ (della matassa)** des Rätsels Lösung suchen; *fig* **perdere il ~** den Faden verlieren

bang [baŋ] M ⟨*inv*⟩ Knall *m*: FLUG **~ sonico** Überschallknall *m*

Bang·kok F Bangkok *n*

Ban·gla·desh M **il ~** Bangladesch *n*

ban·ner ['banner] M ⟨*inv*⟩ Banner *n*: **~ pubblicitario** Werbebanner *n*

ban·que·ting ['baŋkwetiŋ] M ⟨*inv*⟩ Partyservice *m*

ba·o·bab M ⟨*inv*⟩ Affenbrotbaum *m*

★**bar** M ⟨*inv*⟩ **1** (Straßen)Café *n* **2** Bar *f* **3** Hausbar *f*

ba·ra F Sarg *m* ♦ **avere un piede nella ~** mit einem Fuß im Grab(e) stehen

ba·rac·ca F **1** Baracke *f*, Verschlag *m* **2** Schuppen *m* **3** *fig pej* (Bruch)Bude *f* ♦ *fig* **piantare ~ e burattini** den (ganzen) Kram hinschmeißen; **mandare avanti la ~** den Laden schmeißen; *fig* **salvare la ~** die Karre aus dem Dreck ziehen

ba·rac·ca·men·to [-e-] M Barackenlager *n*

ba·rac·co·ne [-o-] M (*al luna park*) Bude *f*

ba·ra·on·da [-o-] F **1** Tohuwabohu *n* **2** Trubel *m* **3** Getümmel *n*

ba·ra·re V/I ⟨1a; av⟩ **1** falschspielen; *umg* mogeln **2** *fig* (*ingannare*) betrügen

ba·ra·tro M Abgrund *m* (*a. fig*)

ba·rat·ta·re ⟨1a⟩ V/T (ein)tauschen (*a. fig*) ♦ **~ le carte in mano a qn** j-m die

Il bar

Il bar ist einer der wichtigsten Treffpunkte in Italien. Hierher kommt man zum schnellen Frühstück, zu einer kleinen Zwischenmahlzeit, zu einem **caffè** im Stehen, zum Aperitiv und nach dem Essen. Zigaretten, Busfahrkarten, Telefonkarten gibt es hier auch. Normalerweise zahlt man im Voraus an der Kasse. Gegen den Kassenbon bekommt man das Bestellte an der Theke, wo man es im Stehen verzehrt. Wenn es Tische gibt und man sitzen will, so gilt meistens **servizio ai tavoli**: Man wird bedient.

Vorrei un espresso e una brioche.	Ich möchte einen Kaffee und ein Croissant.
Mi dà questo qui, per favore?	Ich möchte das hier, bitte.
Mi può riscaldare un pezzo di pizza?	Machen Sie mir ein Stück Pizza warm?
Quant'è?	Wie viel macht das?

Worte im Munde (her)umdrehen

ba·rat·to M Tauschhandel *m*; Tausch *m*

ba·rat·to·lo M 1 Büchse *f*, Dose *f* 2 (Einmach)Glas *n*

★**bar·ba** F 1 Bart *m*: ★ **farsi la barba** sich rasieren; **~ di tre giorni** Dreitagebart *m* 2 BOT Wurzel *f* ♦ **averne una barba di qc** etw bis obenhin satthaben; *fig* **servire qn di barba e capelli** j-n übel zurichten; **barba alla cappuccina** Vollbart *m*; *umg* **che ~!** so was Ödes!

bar·ba·bie·to·la [-ɛ-] F Rote Rübe *f*, Rote Bete *f*, *schweiz* Rande *f* ♦ **~ da zucchero** Zuckerrübe *f*

Bar·ba·dos F Barbados *n*

bar·ba·for·te [-ɔ-] M Meerrettich *m*

bar·ba·gian·ni M ⟨*inv*⟩ 1 Schleiereule *f* 2 *fig* Trottel *m*

bar·ba·glio[1] M 1 Blendung *f*, Blenden *n* 2 (*luce abbagliante*) blendender Schein *m*

bar·ba·gli·o[2] M Blinken *n*

bar·ba·ri·co ADJ barbarisch (*a. fig*)

bar·ba·rie F Barbarei *f* **bar·ba·ro** A ADJ 1 HIST Barbaren-, barbarisch 2 unzivilisiert 3 *fig* grausam B M, **-a** F Barbar *m*, -in *f*

bar·bet·ta [-e-] F Bärtchen *n*; Kinnbart *m*

★**bar·bie·re** [-ɛ-] M, **-a** F (Herren)Friseur *m*, -in *f*

bar·bi·glio M 1 Widerhaken *m* 2 (*di pesci*) Bartel *f*

bar·bi·no ADJ *umg* 1 kleinlich, engherzig 2 unerträglich ♦ **che figura -a!** so eine Blamage!

bar·bio M Barbe *f*

bar·bi·tu·ri·co M Barbiturat *n*

bar·bo·gio [-ɔ-] ADJ 1 altersschwach 2 mürrisch

bar·bon·ci·no M Pudel *m*

bar·bo·ne [-o-] M A 1 Vollbart *m* 2 bärtiger Mann *m* 3 Pudel *m* B M, **-a** F Landstreicher *m*, -in *f*

bar·bo·so [-o-] ADJ *umg* langweilig

bar·bu·to ADJ bärtig

★**bar·ca**[1] F Boot *n*, Kahn *m*: **~ a vela** Segelboot *n*; **~ a remi** Ruderboot *n* ♦ *fig* **andare in ~** völlig durcheinander sein; *fig* **siamo tutti nella stessa ~** wir sitzen alle im gleichen Boot

bar·ca[2] F *fig* Haufen *m*: **avere una ~ di soldi** haufenweise Geld haben

bar·cac·cia F 1 Barkasse *f* 2 THEAT Proszeniumsloge *f*

bar·ca·io·lo [-ɔ-] M, **-a** F 1 Bootsführer *m*, -in *f* 2 Bootsverleiher *m*, -in *f*

bar·ca·me·nar·si [-s-] V/PR ⟨1a⟩ (sich) lavieren

bar·ca·riz·zo M SCHIFF Fallreep *n*

bar·ca·ta F Schiffsladung *f*

bar·chet·ta [-e-] F Bötchen *n*; Barke *f*

bar·col·la·men·to [-e-] M Schwanken *n*, Wanken *n* (*a. fig*) **bar·col·la·re** V/I ⟨1c; av⟩ taumeln, schwanken, wanken (*a. fig*)

bar·co·ne [-o-] M Last-, Schleppkahn *m*

bar·da·re ⟨1a⟩ A V/T 1 aufzäumen; ein-, anschirren 2 herausputzen B V/PR **-rsi** sich auftakeln **bar·da·tu·ra** F 1 Aufzäumen *n*; Anschirren *n* 2 Zaumzeug *n*

bar·dot·to [-ɔ-] M Maulesel *m*

ba·rel·la [-ɛ-] F 1 (Trag-, Kranken)Bahre *f* 2 Traggestell *n*

ba·rel·lie·re [-ɛ-] M, **-a** F Krankenträger *m*, -in *f*

ba·re·na [-e-] F Sandbank *f*

ba·re·se [-e-] A ADJ aus, von Bari B M/F Bewohner *m*, -in *f* von Bari

Ba·ri F Bari *n*

ba·ri·cen·tro [-ɛ-] M Schwerpunkt *m*

ba·ri·la·io M Böttcher *m*, -in *f* **ba·ri·le** M Tonne *f*, Fass *n* (*a. fig*) **ba·ri·lot·to** [-ɔ-] M Fässchen *n* ♦ **far ~** ins Schwarze treffen

ba·ri·sta M/F 1 Barmann *m*, -frau *f* 2 Barbesitzer *m*, -in *f*

ba·ri·to·no M Bariton *m*

bar·lu·me M Schimmer *m* (*a. fig*)

ba·ro M, **-a** F 1 Falschspieler *m*, -in *f* 2 Betrüger *m*, -in *f*

ba·roc·co [-ɔ-] A M Barock *n od m* B ADJ barock, Barock- (*a. fig*): **chiesa -a** Barockkirche *f*

ba·ro·me·tri·co [-ɛ-] ADJ Barometer-

ba·ro·me·tro M Luftdruckmesser *m*; Barometer *n* (*a. fig*)

ba·ro·ne [-o-] M 1 Baron *m* 2 *fig* Größe *f*: **i -i della finanza** die Finanzmagnaten *pl*; **i -i della medicina** die Spitzenmediziner *pl*

ba·ro·nes·sa [-e-] F Baronin *f*

ba·ro·nes·si·na F Baronesse *f*

bar·ra F 1 Stange *f*, Stab *m* 2 Schranke *f*; Schlagbaum *m* 3 (*di metallo*) Barren *m* 4 Ruderpinne *f* ♦ IT **~ d'avanzamento** Fortschrittsanzeige *f*; IT **~ di caricamento** Übertragungsanzeige *f*; IT **~ dei comandi** (Befehls)Schaltfläche *f*; FLUG **~ di comando** Steuerknüppel *m*; **~ (di)**

combustibile Brennstab *m*, Brennelement *n*; IT ~ **inversa** Backslash *m*; IT ~ **dei menù** Menüleiste *f*; IT ~ **di scorrimento** Bildlaufleiste *f*; IT ~ **spaziatrice** Leertaste *f*; IT ~ **degli strumenti** Symbolleiste *f*, Taskleiste *f*; ~ **di traino** Abschleppstange *f*

bar·ra·re VT ⟨1a⟩ (durch)streichen
bar·ra·to ADJ **assegno** ~ Verrechnungsscheck *m*

bar·ret·ta [-e-] F ~ **di cioccolato** Schokoriegel *m*

bar·ri·ca·die·ro ADJ extremistisch, revolutionär

bar·ri·ca·re ⟨1l u. d⟩ **A** VT verbarrikadieren, *umg* verrammeln **B** V/PR **-rsi** sich verbarrikadieren, sich einschließen (*a. fig*)

bar·ri·ca·ta F Barrikade *f* (*a. fig*): **fare le -e** auf die Barrikaden gehen

bar·rie·ra [-ɛ-] F **1** Barriere *f*, Sperre *f* **2** Schlagbaum *m* **3** Bahnschranke *f* **4** *fig* Schranke *f*: **-e sociali** soziale Schranken *pl* ♦ ~ **antirumore** Lärmschutzwall *m*; ~ **commerciale** Handelsschranke *f*; ~ **fotoelettrica** Lichtschranke *f*; ~ **di fuoco** Sperrfeuer *n*; ~ **di protezione** Leitplanke *f*; ~ **del suono** Schallmauer *f*

bar·ri·re VI ⟨4d; av⟩ trompeten, schreien

bar·roc·cia·io M, **-a** F Fuhrmann *m*, -frau *f*

bar·roc·cio [-ɔ-] M Karren *m*

ba·ruf·fa F Schlägerei *f* ♦ **far** ~ raufen

ba·ruf·fa·re VI ⟨1a; av⟩ raufen, zanken

★**bar·zel·let·ta** [-e-] F Witz *m* (*a. fig*) ♦ **prendere qc in** ~ etw nicht ernst nehmen

ba·sal·ti·co ADJ basaltisch

ba·sal·to M Basalt *m*

ba·sa·men·to [-e-] M **1** Fundament *n*, Unterbau *m* **2** Sockel *m* **3** Motor-, Kurbelgehäuse *n*

ba·sa·re ⟨1a⟩ **A** VT gründen, stützen **B** V/PR **-rsi su qc** sich auf etw (*akk*) stützen

ba·sco **A** ADJ baskisch **B** M, **-a** F **1** (*abitante*) Baske *m*, -kin *f* **2** **basco** *m* Baskenmütze *f*

ba·scu·la F Tafelwaage *f*

ba·se **A** F **1** Basis *f*, Fundament *n* **2** Fuß *m*, Sockel *m* **3** Grundlage *f* **4** *pl* Grundbegriff *m* **5** Ursprung *m* **6** MIL Stützpunkt *m* **7** GEOM Grundlinie *f* **8** Grundfläche *f* **9** MATH Grundzahl *f* **10** CHEM Base *f* **B** ADJ Grund-: **paga** ~ Ecklohn *m* ♦ **essere alla** ~ **di qc** etw (*dat*) zugrunde liegen; **in** ~ **a** aufgrund von; **industria** ~ Grundstoffindustrie *f*; IT ~ **dati** Datenbestand *m*; ~ **di lancio** Abschussbasis *f*; ~ **di partenza** Ausgangsbasis *f*; ~ **missilistica** Raketenstützpunkt *m*; **ricerca di** ~ Grundlagenforschung *f*

ba·se·ball [ˈbɛzbol] M ⟨*inv*⟩ Baseball *m*

ba·set·te [-e-] FPL Koteletten *pl*

ba·si·co ADJ **1** CHEM basisch **2** Grund-

ba·si·la·re ADJ grundlegend, Grund-

Ba·si·lea [-e-] F Basel *n*

★**ba·si·li·ca** F ARCH Basilika *f*

Ba·si·li·ca·ta F Basilicata *n*

★**ba·si·li·co** M Basilikum *n*

ba·so·la·to M Pflaster *n*, Pflasterung *f*

ba·so·lo M Pflasterstein *m*

bas·sa F Tiefebene *f*

bas·sez·za [-e-] F **1** Kleinheit *f*; Kleinwuchs *m* **2** *fig* Niederträchtigkeit *f*

★**bas·so** **A** ADJ ⟨*komp*: più basso/inferiore; *sup*: bassissimo/infimo⟩ **1** niedrig (*a. fig*) **2** klein: **di -a statura** von kleiner Gestalt **3** *fig pej* niederträchtig **4** nieder: **ceti -i** niedere Schichten *pl* **5** leise: **a -a voce** mit leiser Stimme **6** MUS tief **7** GEOG Nieder-, Unter-: **il** ~ **Reno** der Niederrhein **8** Spät-: ~ **Medioevo** Spätmittelalter *n* **B** ADV niedrig, tief: **volare** ~ tief fliegen **C** M **1** unterer Teil *m* **2** MUS Bass *m* **3** MUS (*persona*) Bassist *m* ♦ **gli alti e i -i della vita** das Auf und Ab des Lebens; **Camera Bassa** Unterhaus *n*; **in** ~ unten; *fig* **fare man -a di qc** bei etw ganz schön abräumen; **-a marea** Ebbe *f*; **-a stagione** Nebensaison *f*; **a testa -a** mit hängendem Kopf

bas·so·fon·do [-o-] M ⟨bassifondi⟩ Untiefe *f*

bas·so·pia·no M Tiefebene *f*

bas·so·ri·lie·vo [-ɛ-] M Bas-, Flachrelief *n*

bas·sot·to [-ɔ-] **A** M Dackel *m* **B** ADJ klein, kurz; untersetzt

bas·so·ven·tre [-ɛ-] M Unterleib *m*

ba·sta[1] INT Schluss, genug, *umg* basta: ~ (**così**)! Schluss (damit)! ♦ ~ **che** … nur wenn …

ba·sta[2] F (*in sartoria*) Umschlag *m*

ba·stan·te ADJ genügend, ausreichend

ba·star·da·ta F Schurkerei *f*

ba·star·do **A** ADJ **1** unehelich **2** nicht reinrassig **3** unecht **B** M, **-a** F Bastard *m* (*a.* BIOL)

★**ba·sta·re** VI ⟨1a; es⟩ **1** (aus)reichen **2** *unpers* **basta** es reicht; **mi basta** es genügt mir ♦ **basti dire che …** man braucht nur zu erwähnen, dass …; **come se non bastasse** als ob das nicht schon genug wäre; **far ~ qc** mit etw auskommen

ba·ste·vo·le [-e-] ADJ ausreichend, genügend

ba·stian con·tra·rio M Neinsager *m*, -in *f*

ba·sti·men·to [-e-] M **1** Frachtschiff *n*, Frachter *m* **2** Schiffsladung *f*

ba·stio·na·to ADJ befestigt **ba·stio·ne** [-o-] M Bastion *f*; Bollwerk *n* (*a. fig*)

ba·sto·na·re ⟨1a⟩ **A** V/T **1** schlagen, (ver)prügeln **2** *fig* verreißen **B** V/PR **-rsi** sich verprügeln **ba·sto·na·ta** F **1** Stockschlag *m* **2** *fig* Schlappe *f* **ba·sto·na·tu·ra** F Verprügeln *n*, Schlagen *n*

ba·ston·ci·no M **1** Stöckchen *n*; Stäbchen *n*: **~ di ovatta** Wattestäbchen *n*; **~ di pesce** Fischstäbchen *n*; **-i cinesi** Essstäbchen *pl* **2** Stange *f* **3** (*da sci*) Skistock *m*

★**ba·sto·ne** [-o-] M **1** (Spazier)Stock *m* **2** SPORT Schläger *m*: **~ da golf** Golfschläger *m* **3** *fig* Stütze *f* ♦ **col ~ e la carota** mit Zuckerbrot und Peitsche; **~ di maresciallo** Marschall(s)stab *m*; **~ pastorale** Bischofsstab *m*; **mettere i -i fra le ruote a qn** j-m einen Knüppel zwischen die Beine werfen

ba·tac·chio M **1** Glockenschwengel *m*, Klöppel *m* **2** Türklopfer *m*

ba·tik M ⟨*inv*⟩ Batik *f*

ba·ti·sta F Batist *m*

ba·to·sta [-ɔ-] F **1** Schlag *m* **2** *fig* Schlappe *f*

★**bat·ta·glia** F Schlacht *f*, Kampf *m* (*a. fig*): **~ elettorale** Wahlkampf *m* ♦ (*gioco*) **~ navale** Schiffeversenken *n*; **campo di ~** Schlachtfeld *n* (*a. fig*); *fig* **cavallo di ~** Glanznummer *f*

bat·ta·glia·re V/I ⟨1g; av⟩ kämpfen (*a. fig*)

bat·ta·glie·ro [-ɛ-] ADJ kämpferisch (*a. fig*)

bat·ta·glio M **1** Klöppel *m*, Schwengel *m* **2** Türklopfer *m*

bat·ta·glio·ne [-o-] M Bataillon *n*

bat·ta·na F Paddelboot *n* **bat·tel·lie·re** [-ɛ-] M, **-a** F Fährmann *m*, -frau *f* **bat·tel·lo** [-ɛ-] M Boot *n*, Kahn *m*

bat·ten·te [-ɛ-] **A** ADJ **pioggia ~** prasselnder Regen *m* **B** M **1** Flügel *m*: **~ della porta** Türflügel *m* **2** Türklopfer *m* ♦ *umg fig* **chiudere i -i** den Laden dichtmachen

★**bat·te·re** ⟨3a⟩ **A** V/T **1** schlagen (*a. fig*): **~ il nemico** den Feind schlagen; **~ un record** einen Rekord brechen; **~ le ore** die Stunden schlagen **2** (aus)klopfen: **~ i tappeti** die Teppiche klopfen **3** *fig* beschreiten: **~ nuove strade** neue Wege beschreiten **4** tippen: **~ una lettera** einen Brief tippen **5** TECH **~ il ferro** das Eisen schmieden **6** dreschen **B** V/I ⟨av⟩ **1** klopfen, schlagen, pochen **2** (*sole*) stechen **3** auf den Strich gehen **C** V/PR **-rsi** sich schlagen, kämpfen ♦ **senza batter(e) ciglio** ohne mit der Wimper zu zucken; **batto i denti per il freddo** mir klappern die Zähne vor Kälte; **~ le mani** klatschen; **in un batter d'occhio** im Nu; **~ i piedi** mit den Füßen stampfen

★**bat·te·ri·a** F **1** ELEK, MIL Batterie *f* **2** MUS Schlagzeug *n* **3** Satz *m*: **~ da cucina** Satz *m* Kochtöpfe ♦ *fig* **~ solare** Solarbatterie *f*

bat·te·ri·co [-ɛ-] ADJ bakteriell, Bakterien- ♦ **coltura -a** Bakterienkultur *f*

bat·te·rio [-ɛ-] M Bakterie *f*

bat·te·rio·lo·gi·co [-ɔ-] ADJ bakteriologisch, Bakterien- ♦ **guerra -a** bakteriologischer Krieg *m*

bat·te·rio·lo·go [-ɔ-] M, **-a** F Bakteriologe *m*, -login *f*

bat·te·ri·sta M/F Schlagzeuger *m*, -in *f*

bat·te·si·ma·le ADJ Tauf-: **fonte ~** Taufbecken *n*, Taufstein *m*

bat·te·si·mo [-e-] M Taufe *f* (*a. fig*): **tenere qn a ~** j-n aus der Taufe heben ♦ *fig* **tenere qc a ~** etw aus der Taufe heben; **~ del fuoco** Feuertaufe *f*

bat·tez·zan·do M, **-a** F Täufling *m* **bat·tez·zan·te** M Täufer *m* **bat·tez·za·re** ⟨1a⟩ **A** V/T taufen (*a. fig*) **B** V/PR **-rsi** sich taufen lassen

bat·ti·ba·le·no [-e-], **in un ~** im Handumdrehen

bat·ti·bec·ca·re V/I ⟨1d; av⟩ sich (herum)zanken **bat·ti·bec·co** [-e-] M Gezanke *n*

bat·ti·car·ne M ⟨*inv*⟩ Fleischklopfer *m* **bat·ti·co·da** [-o-] F ⟨*inv*⟩ Bachstelze *f* **bat·ti·cuo·re** M Herzklopfen *n*: **mi è venuto il ~ per l'agitazione** mir klopft das Herz vor Aufregung **bat·ti·fiac·ca** M/F ⟨*inv*⟩ Müßiggänger *m*, -in *f* **bat·ti·lar·do** M ⟨*inv*⟩ Hackbrett *n* **bat·ti·ma·ni** M ⟨*inv*⟩ Händeklatschen *n* **bat·ti·men·to** [-e-] M Schlagen *n*; Klopfen *n* **bat·ti·pa·lo** M Ramme *f* **bat·ti·pan-**

ni M ⟨*inv*⟩ Teppichklopfer *m* **bat·ti·pi·sta** M ⟨*inv*⟩ Schneeraupe *f* **bat·ti·por·ta** [-ɔ-] M **1** Doppeltür *f* **2** Türklopfer *m* **bat·ti·sco·pa** [-o-] M ⟨*inv*⟩ Fuß-, Sockelleiste *f*

bat·ti·sta **A** M/F Baptist *m*, -in *f* **B** ADJ Baptisten- ♦ **Giovanni il Battista** Johannes der Täufer

bat·ti·ste·ro [-ɛ-] M Taufkirche *f*

bat·ti·stra·da M/F ⟨*inv*⟩ **1** Vorreiter *m*, -in *f*, Wegbereiter *m*, -in *f* **2** SPORT Schrittmacher *m*, -in *f* **3** AUTO **battistrada** *m* (Reifen)Profil *n* **bat·ti·tap·pe·ti** [-e-] M ⟨*inv*⟩ Teppichkehrmaschine *f*

bat·ti·to M **1** (*cuore*) Schlag *m*, Klopfen *n* (*a.* AUTO) **2** (*pulsazione*) Pulsschlag *m* **3** Ticken *n* ♦ **~ d'ala** Flügelschlag *m*; **~ di ciglia** Wimpernzucken *n*

bat·ti·to·io [-o-] M Türleiste *f* **bat·ti·to·re** [-o-] M, **-tri·ce** F **1** **battitore** *m* Schläger *m*, Klopfer *m*; Drescher *m* **2** SPORT (Auf)Schläger *m*, -in *f* **bat·ti·tu·ra** F **1** Schlagen *n*, Klopfen *n* **2** Dreschen *n* **3** Tippen *n* ♦ **errore di ~** Tippfehler *m*

bat·tu·ta F **1** Schlagen *n* **2** Schlag *m* **3** (*scrittura a macchina*) Anschlag *m* **4** MUS Takt *m* **5** THEAT Stichwort *n* **6** Witz *m*: **fare una ~** eine witzige Bemerkung machen **7** SPORT Aufschlag *m* ♦ **~ d'arresto** Unterbrechung *f*; **~ di caccia** Treibjagd *f*; *fig* **in poche -e** in wenigen Sätzen; **avere la ~ pronta** schlagfertig sein

bat·tu·to **A** ADJ **una strada -a** eine befahrene Straße **B** M Estrich *m* ♦ **ferro ~** Schmiedeeisen *n*

ba·tuf·fo·lo M **1** **~ di cotone** Wattebausch *m* **2** Kuscheltier *n*

bau INT wau: **fare ~, ~** wau, wau machen

baud M ⟨*inv*⟩ IT Baud *n*

baud rate ['baud'reit] F ⟨*inv*⟩ IT Datenübertragungsrate *f*

ba·u·le M **1** Koffer *m* **2** AUTO Kofferraum *m*

bau·let·to [-e-] M **1** kleiner Koffer *m* **2** Kosmetikkoffer *m* **3** (*motocicli*) Gepäcktasche *f*

ba·va F Schleim *m*, Geifer *m*; **fare la ~** geifern ♦ *fig* **avere la ~ alla bocca** vor Wut schäumen

ba·va·gli·no M Lätzchen *n* **ba·va·glio** M Knebel *m* ♦ *fig* **mettere il ~ a qn** j-m einen Maulkorb anlegen (*od* umbinden)

ba·va·re·se [-e-] **A** ADJ bay(e)risch **B** M/F Bayer *m*, -in *f*

ba·ve·ro M Kragen *m*

Ba·vie·ra [-ɛ-] F Bayern *n*

ba·zar M ⟨*inv*⟩ Bazar *m*

baz·za F **1** Dusel *m*, Glück *n*: **che ~!** so ein Glück! **2** (*nel gioco delle carte*) Stich *m*

baz·ze·co·la [-e-] F Lappalie *f*; Kleinigkeit *f*

baz·zi·ca·re ⟨1l *u.* d⟩ *umg* **A** V/T **~ qn** mit j-m verkehren; **~ un luogo** an einem Ort verkehren **B** V/I ⟨*av*⟩ verkehren

baz·zot·to [-ɔ-] ADJ **uovo ~** weich gekochtes Ei *n*

be·ar·si [-s-] V/PR ⟨1b⟩ **~ di** (*od* **in**) **qc** in etw (*dat*) schwelgen

be·a·ti·fi·ca·re V/T ⟨1n *u.* d⟩ REL seligsprechen

be·a·ti·fi·ca·zio·ne [-o-] F Seligsprechung *f*

be·a·ti·fi·co ADJ selig machend

be·a·ti·tu·di·ne F (Glück)Seligkeit *f* (*a.* REL)

be·a·to ADJ glücklich, (glück)selig (*a.* REL) ♦ *hum* **~ tra le donne** Hahn *m* im Korb; **~ te!** du Glücklicher!

beau·ty-case ['bju:ti'keis] M ⟨*inv*⟩ Kosmetikkoffer *m*

be·bè M ⟨*inv*⟩ Baby *n*

bec·cac·cia F (Wald)Schnepfe *f*

bec·ca·fi·co M Grasmücke *f*

bec·ca·re ⟨1d⟩ **A** V/T **1** (auf)picken, hacken **2** *umg fig* erwischen: **~ qn a rubare** j-n beim Stehlen erwischen **B** V/PR **-rsi** **1** sich gegenseitig hacken **2** *fig umg* sich zanken **3** kriegen: **-rsi una multa** eine Strafe kriegen **4** sich (*dat*) zuziehen: **-rsi una malattia** sich eine Krankheit zuziehen

bec·ca·ta F **1** Schnabelhieb *m* **2** *fig* gehässige Bemerkung *f*

bec·cheg·gia·re V/I ⟨1f; av⟩ stampfen

bec·cheg·gio [-e-] M Stampfen *n*

bec·chi·me M Vogel-, Hühnerfutter *n*

bec·chi·no M, **-a** F Leichenbestatter *m*, -in *f*

bec·co[1] [-e-] M **1** Schnabel *m* (*a. umg*): **chiudi il ~!** halt den Schnabel! **2** TECH Brenner *m*: **~ di Bunsen** Bunsenbrenner *m* ♦ **restare a ~ asciutto** mit leeren Händen ausgehen; **mettere (il) ~ in qc** in etw (*akk*) die Nase stecken

bec·co[2] [-e-] M **1** Ziegenbock *m* **2** *umg fig* Hahnrei *m*

bec·cuc·cio M **1** Schnabel *m*, Tülle *f* **2** (Haar)Klammer *f*

be·du·i·no **A** ADJ beduinisch **B** M, **-a**

Beh!

beh leitet oft eine Antwort ein und entspricht somit dem deutschen ‚also':

Allora, com'è andata? – Beh, non c'è male ...	Wie wars denn? Also, nicht schlecht ...

Als Einleitung von Fragen drückt **beh** Ungeduld aus:

Beh, ce l'hai fatta o no?	Also, hast du es geschafft oder nicht?

Beh kann für eine ganze Frage stehen:

Ho lavato i piatti. – E beh?	Ich habe abgespült. – Na und?
Finalmente l'ho incontrato! – Beh?	Ich habe ihn endlich gesehen! – Und, wie wars? *oder* Ja, und?

Beh kann eine Schlussbemerkung einleiten:

Beh, fa come vuoi.	Na gut, mach doch, was du willst.
Beh, andiamocene adesso.	Also, lasst uns jetzt gehen.

F Beduine *m*, -nin *f*

bee·per ['biper] M ⟨*inv*⟩ (*cercapersone*) Piep(s)er *m*

be·fa·na F **1** Dreikönigsfest *n* **2** ≈ *in der Sage: alte Frau, die Kinder in der Dreikönigsnacht beschenkt* **3** *umg* Schreckschraube *f*

bef·fa [-ɛ-] F **1** Spott *m*: **farsi -e di qn** j-n zum Narren halten **2** (*scherzo*) Streich *m*

bef·far·do ADJ spöttisch, höhnisch

bef·fa·re ⟨1b⟩ **A** V/T verspotten, verhöhnen **B** V/PR **-rsi 1 -rsi di qn/qc** sich über j-n/etw lustig machen **2** missachten

bef·feg·gia·re V/T ⟨1f⟩ hänseln, auslachen

be·ga [-e-] F **1** Zank *m*: **avere -ghe con qn** Zank mit j-m haben **2** Schererei *f*

be·gli [-ɛ-] → bello

be·go·nia F Begonie *f*

bei [-ɛ-] → bello

beige [bɛʒ] **A** M ⟨*inv*⟩ Beige *n* **B** ADJ ⟨*inv*⟩ beige

Bei·rut F Beirut *n*

bel [-ɛ-] → bello

be·la·re V/I ⟨1b; av⟩ **1** (*pecore*) blöken **2** (*capre*) meckern **3** *fig* jammern **be·la·to** M **1** (*pecore*) Blöken *n* **2** (*capre*) Meckern *n* **3** *fig* Gejammer *n*

bel·ga [-ɛ-] **A** ADJ belgisch **B** M/F Belgier *m*, -in *f* ♦ **insalata ~** Chicorée *f*

★**Bel·gio** [-ɛ-] M Belgien *n*

Bel·gra·do F Belgrad *n*

Be·li·ze M Belize *n*

bel·la [-ɛ-] F **1** Schöne *f*, Schönheit *f* **2 ~ mia** meine Liebe **3** Reinschrift *f* **4** SPORT Entscheidungsspiel *n* ♦ **La ~ addormentata nel bosco** Dornröschen *n*; **ne sentirai delle -e!** da wirst du was zu hören bekommen!

bel·la·don·na [-ɔ-] F ⟨belledonne⟩ Tollkirsche *f*

bel·let·to [-e-] M Schminke *f*

bel·let·tri·sti·ca F Belletristik *f*

bel·let·tri·sti·co ADJ belletristisch

★**bel·lez·za** [-e-] F Schönheit *f* ♦ **chiudere in ~** glanzvoll enden; **concorso di ~** Schönheitswettbewerb *m*; *iron* **costa la ~ di ...** es kostet die Kleinigkeit von ...

bel·li·ci·smo [-z-] M Kriegshetze *f*

bel·li·co [-ɛ-] ADJ kriegerisch, Kriegs-: **industria -a** Rüstungsindustrie *f*

bel·li·co·so [-o-] ADJ kriegerisch, streitbar

bel·li·ge·ran·te ADJ Krieg führend

bel·li·ge·ran·za F Kriegsbeteiligung *f*

bel·lim·bu·sto M Geck *m*, Fatzke *m*

Bel·lin·zo·na [-o-] F Bellinzona *n*

★**bel·lo**[1] [-ɛ-] ADJ ⟨bel, bella, bell'; *pl* begli, bei, belle⟩ **1** schön **2** *iron* **sei proprio un bell'amico!** du bist mir ein schöner Freund!; **bell'affare!** das ist ja eine schöne Bescherung! **3** (*buono*) gut: **hai fatto un bel lavoro** du hast eine gute Arbeit gemacht ♦ **bel ~** in aller Ruhe; **un bel no** ein entschiedenes Nein; **una bugia bell'e buona** eine ausgemachte Lüge; **tante -e cose** alles Gute; **dirne delle -e** Schauermärchen erzählen; *fig* **farsi ~ di qc** sich mit etw brüsten; **bell'e fatto** schon erledigt; **essere bell'e finito** fix und fertig sein; **alla bell'e meglio** mehr schlecht als recht; **scamparla -a** glücklich davonkommen

bel·lo[2] [-ɛ-] M **1** Schöne *n* **2** METEO **mettersi al ~** schön werden **3** (*bell'uomo*) *iron* Schönling *m* ♦ **ci è voluto del ~ e**

del buono es hat einige Mühe gekostet; **sul più ~** mittendrin; **il ~ deve ancora venire** nun kommt das Schönste; *iron* das dicke Ende kommt noch

bel·lu·ne·se [-e-] **A** ADJ aus, von Belluno **B** M/F Bewohner *m*, -in *f* von Belluno

Bel·lu·no F Belluno *n*

bel·va [-e-] F **1** Raubtier *n* **2** *fig* Unmensch *m*

bel·ve·de·re [-e-] M Aussichtspunkt *m*, Aussichtsturm *m*

be·mol·le [-ɔ-] M MUS B *n*

be·nar·ri·va·to **A** ADJ willkommen **B** M **dare il ~ a qn** j-n willkommen heißen

★**ben·ché** KONJ obwohl, obgleich, obschon

ben·da [-ε-] F Binde *f*: **~ di garza** Mullbinde *f*

ben·dag·gio M Verband *m*, Bandage *f*

ben·da·re ⟨1b⟩ **A** V/T verbinden, bandagieren **B** V/PR **-rsi** sich ver-, zubinden **ben·da·tu·ra** F **1** Verbinden *n* **2** Bandage *f*, Verband *m*

ben·di·spo·sto [-o-] ADJ wohlgesinnt, gewogen: **essere ~ verso qn** j-m gewogen sein

★**be·ne**[1] [-ε-] **A** ADV ⟨*komp*: meglio; *sup*: benissimo/ottimamente⟩ **1** gut; richtig: **come stai? – bene, grazie** wie geht es dir? – danke, gut **2** ganz: **ne sei ben sicuro?** bist du dessen ganz sicher? **3** sehr: **ben volentieri** sehr gern **4** sicher, wohl, doch: **lo credo bene** das glaube ich wohl; **sai bene che …** du weißt doch, dass … **5** gut, in Ordnung: **allora, va bene!** also, gut!; **tutto bene** alles in Ordnung **B** ADJ ⟨*inv*⟩ vornehm: **la gente bene** die gute Gesellschaft ♦ **gli è andata bene** er hat Glück gehabt; ★ **fare bene** guttun; **bene o male** wohl oder übel; **di bene in meglio** immer besser; **una persona per bene** ein anständiger Mensch; **ti sta bene!** das geschieht dir recht!; **star bene (a soldi)** gut bei Kasse sein; **venir bene** gelingen

Bene o buono?

Bene bezieht sich aufs Verb, d.h. es antwortet auf die Frage ‚wie?'.
Buono bezieht sich immer auf ein Substantiv und passt seine Endung Geschlecht und Zahl des Substantivs an:

Sie singt gut.	**(Lei) canta bene.**
Sie ist eine gute Sängerin.	**Lei è una buona cantante.**
Der Film ist gut.	**Il film è buono.**

be·ne[2] [-ε-] M **1** Gute *n*: **augurare ogni ~** alles Gute wünschen; **voler ~ a qn** j-n lieb haben **2** Wohl *n*, Beste *n*: **è per il tuo ~** das ist (nur) zu deinem Besten **3** Gut *n*; **-i immobili** Immobilien *pl* ♦ **ogni ben di Dio** alles, was das Herz begehrt; **nel ~ e nel male** im Guten wie im Bösen

be·ne·det·ti·no M, **-a** F **1** REL Benediktiner *m*, -in *f* **2** GASTR **benedettino** *m* Benediktiner(likör) *m*

be·ne·det·to [-e-] ADJ **1** gesegnet (*a. fig*) **2** geweiht, Weih- **3** heilig **4** *iron* **~ ragazzo!** mein lieber Junge! **5** *umg euph* **-i soldi!** verdammtes Geld!

be·ne·di·re V/T ⟨3t⟩ **1** (ein)segnen **2** weihen ♦ *umg* **andare a farsi ~** zum Teufel gehen; **mandare qn a farsi ~** j-n zum Teufel schicken

be·ne·di·zio·ne [-o-] F Segen *m* (*a. fig*): **è una vera ~!** das ist ein wahrer Segen

be·ne·du·ca·to ADJ wohlerzogen

be·ne·fat·to·re [-o-] M, **-tri·ce** F Wohltäter *m*, -in *f*

be·ne·fi·ca·re V/T ⟨1m, b *u.* d⟩ **1** beschenken **2** unterstützen

be·ne·fi·cen·za [-ε-] F Wohltätigkeit *f*

be·ne·fi·cia·re V/I ⟨1f; av⟩ genießen: **~ di qc** etw genießen

be·ne·fi·cia·rio **A** ADJ Empfänger-: **paese ~** Empfängerland *n* **B** M, **-a** F **1** Empfänger *m*, -in *f* **2** (*di testamento, assicurazione*) Begünstigte *m/f* **3** HANDEL (*di una cambiale*) Wechselnehmer *m*, -in *f*; (*di un credito*) Kreditnehmer *m*, -in *f*

be·ne·fi·cio M Vorteil *m*: **trarre ~ da qc** aus etw Vorteil ziehen ♦ WIRTSCH **analisi costi-benefici** Kosten-Nutzen-Analyse *f*; **-i fiscali** Steuererleichterungen *pl*

be·ne·fi·co [-ε-] ADJ ⟨*sup*: beneficentissimo⟩ **1** wohltuend **2** wohltätig, Wohltätigkeits-: **a scopi -ci** für wohltätige Zwecke

be·ne·fit [-e-] M ⟨*inv*⟩ Vergünstigung *f*; Leistung *f* ♦ **fringe ~** zusätzliche Leistungen *pl*

Be·ne·lux [-e-] M Beneluxstaaten *pl*

be·ne·me·ren·za [-ε-] F Verdienst *n*: **attestato di ~** Ehrenurkunde *f* **be·ne·me·ri·to** [-ε-] ADJ verdient, verdienstvoll: **rendersi ~ di qc** sich um etw verdient machen

be·ne·pla·ci·to M Einwilligung *f*

be·nes·se·re [-ε-] M **1** Wohl *n*, Wohlergehen *n*: **il ~ fisico** das Wohlbefinden; **senso di ~** Wohlgefühl *n*, Wohlbehagen *n* **2** Wohlstand *m*: **società del ~** Wohlstandsgesellschaft *f*; **malattia del ~** Zivilisationskrankheit *f*

★**be·ne·stan·te** **A** ADJ wohlhabend, vermögend **B** M/F Wohlhabende *m/f*

be·ne·sta·re M ⟨*inv*⟩ Einverständnis *n*; Genehmigung *f*: **dare il proprio ~ a qn/qc** j-m, zu etw seine Einwilligung geben

be·ne·ven·ta·no **A** ADJ aus, von Benevento **B** M, **-a** F Bewohner *m*, -in *f* Beneventos

Be·ne·ven·to [-e-] F Benevento *n*

be·ne·vo·len·za [-ɛ-] F **1** Wohlwollen *n* **2** Gunst *f* **be·ne·vo·lo** [-ɛ-] ADJ **1** wohlwollend **2** geneigt **3** mild, gnädig

ben·fat·to ADJ wohlgeformt, wohlgestaltet

ben·ga·la M **1** bengalisches Feuer *n* **2** Leuchtrakete *f*

ben·go·di [-ɔ-] M (**paese di**) ~ Schlaraffenland *n*

be·nia·mi·no M, **-a** F **1** Liebling *m*: **~ del pubblico** Publikumsliebling *m* **2** Lieblings-, Schoßkind *n*

be·ni·gni·tà F **1** Güte *f*, Wohlwollen *n* **2** MED Gutartigkeit *f* **be·ni·gno** ADJ **1** wohlwollend, gütig **2** geneigt: **~ lettore!** geneigter Leser! **3** MED gutartig

Be·nin M Benin *n*

be·nin·for·ma·to ADJ gut unterrichtet: **da fonte -a** von gut unterrichteter Seite

be·ni·no ADV **1** recht gut **2** gründlich: **fare le cose per ~** Nägel mit Köpfen machen

be·nin·ten·zio·na·to ADJ gut gesinnt: **essere ~ verso qn** j-m gut gesinnt sein

be·nin·te·so [-e-] ADV wohlgemerkt: **~, la cosa rimane tra noi** wohlgemerkt, die Sache bleibt unter uns

ben·pen·san·te [-s-] **A** ADJ **1** rechtschaffen **2** *pej* spießig **B** M/F **1** rechtschaffener Mensch *m* **2** *pej* Spießer *m*, -in *f*

ben·ser·vi·to [-s-], **dare il ~ a qn** j-m den Laufpass geben

ben·sì [-s-] KONJ **1** sondern **2** zwar

ben·tor·na·to ADJ willkommen: **~ a casa!** herzlich willkommen zu Hause!

★**ben·ve·nu·to** **A** ADJ willkommen **B** M, **-a** F **1** willkommener Gast *m* **2** **dare il ~ a qn** j-n willkommen heißen

ben·vi·sto ADJ gern gesehen

ben·vo·le·re [-e-] V/T ⟨2t⟩ **farsi ~ da qn** sich beliebt bei j-m machen **ben·vo·lu·to** ADJ **essere ~ da tutti** bei allen beliebt sein

★**ben·zi·na** F Benzin *n*: **distributore di ~** Tankstelle *f*; **fare** (**il pieno di**) **~** (voll)tanken; **~ verde** (*od* **senza piombo**) bleifreies Benzin

ben·zi·na·io M, **-a** F **1** Tankwart *m*, -in *f* **2** (*distributore di benzina*) **benzinaio** *m* Tankstelle *f*

ben·zo·lo [-ɔ-] M Benzol *n*

be·o·ne [-o-] M, **-a** F *pej* Saufbold *m*, Säufer *m*, -in *f*

★**be·re** [-e-] ⟨3i⟩ **A** V/T **1** trinken: **~ alla salute di qn** auf j-s Wohl trinken **2** (*animali*) saufen **3** *umg fig* **questa non la bevo!** das lass ich mir nicht weismachen! **B** V/I ⟨av⟩ **1** (*bere alcolici*) trinken **2** (*nuotando*) Wasser schlucken **3** *umg* schlucken: **questo motore beve molto** dieser Motor schluckt viel **C** V/PR **-rsi** trinken: **-rsi una birra** ein Bier trinken ♦ **~ a collo** aus der Flasche trinken; **offrire** (*od* **pagare**) **da ~ a qn** j-m einen ausgeben; **darla a ~ a qn** j-m einen Bären aufbinden

ber·ga·ma·sco **A** ADJ aus, von Bergamo **B** M, **-a** F Bewohner *m*, -in *f* Bergamos

Ber·ga·mo F Bergamo *n*

ber·ga·mot·to [-ɔ-] M Bergamotte *f*

be·ril·lio M Beryllium *n* **be·ril·lo** M Beryll *m*

ber·li·na[1] F Limousine *f*

ber·li·na[2] F HIST Pranger *m*: **mettere qn alla ~** j-n an den Pranger stellen (*a. fig*)

ber·li·ne·se [-e-] **A** ADJ Berliner **B** M/F Berliner *m*, -in *f*

Ber·li·no F Berlin *n*

ber·mu·da MPL Bermudashorts *pl*

Ber·mu·da FPL Bermudas *pl*: **le isole ~** die Bermudainseln; **il triangolo delle ~** das Bermudadreieck

Ber·na [-ɛ-] F Bern *n*

ber·nar·di·no M Bernhardiner(hund) *m*

ber·noc·co·lo [-ɔ-] M **1** Beule *f* **2** *fig* Neigung *f*, Veranlagung *f*: **avere il ~ degli affari** Geschäftssinn haben

ber·ret·ta [-e-] F Mütze *f*; Haube *f*

★**ber·ret·to** [-e-] M Mütze *f*, Kappe *f*

ber·sa·glia·re [-s-] V/T ⟨1g⟩ **1** MIL unter Beschuss nehmen **2** *fig* **essere bersagliato dalla critica** im Kreuzfeuer der Kritik stehen

ber·sa·glie·re [-s-] M, **-a** F 1 (*soldato*) **bersagliere** *m* Scharfschütze *m* 2 (*persona energica*) Macher *m*, -in *f*, Dynamiker *m*, -in *f*

ber·sa·glio [-s-] M 1 Ziel *n*: **colpire/mancare il ~** das Ziel treffen/verfehlen 2 Schießscheibe *f*; Zielscheibe *f* (*a. fig*)

be·scia·mel·la [-ɛ-] F Béchamelsoße *f*

be·stem·mia [-e-] F Fluch *m*, Gotteslästerung *f*: **dire -e** fluchen

be·stem·mia·re ⟨1k⟩ A V/I ⟨av⟩ fluchen: **~ contro qn/qc** auf j-n/etw fluchen B V/T verfluchen **be·stem·mia·to·re** [-o-] M, **-tri·ce** F Gotteslästerer *m*, -lästerin *f*

★**be·stia** [-e-] F 1 Tier *n* 2 Ungeziefer *n* 3 (*persona ignorante*) Esel *m* ♦ **lavorare come una ~** wie ein Pferd arbeiten; **montare in ~** in Rage kommen; **la matematica è la sua ~ nera** Mathematik ist sein Schreckgespenst

be·stia·le ADJ 1 tierisch: **istinto ~** tierischer Instinkt *m* 2 *umg* Mords-: **una fame ~** ein Mordshunger **be·stia·li·tà** F ⟨*inv*⟩ 1 Bestialität *f* 2 Blödsinn *m*: **fare ~** Blödsinn machen

★**be·stia·me** M (Rind)Vieh *n*, Tiere *pl* ♦ **capo di ~** Stück *n* Vieh

be·stio·la [-ɔ-] F Tierchen *n* **be·stio·ne** [-o-] M, **-a** F 1 Riesentier *n* 2 *fig* Mordsbrocken *m*

best sel·ler ['bɛst'sɛller] M ⟨*inv*⟩ Bestseller *m*

be·ta·bloc·can·te M Betablocker *m*

Be·tlem·me [-ɛ-] F Bethlehem *n*

be·ton [-ɔ-] M ⟨*inv*⟩ Beton *m* **be·to·nag·gio** M Betonierung *f* **be·to·nie·ra** [-ɛ-] F Betonmischmaschine *f*

bet·to·la [-e-] F Spelunke *f*, Kaschemme *f* ♦ **da ~** unflätig, pöbelhaft

be·tul·la F Birke *f*

be·van·da F Getränk *n*: **~ isotonica** Isodrink *m* **be·ve·ro·ne** [-o-] M 1 Viehtrank *m* 2 *pej* Gesöff *n* **be·vi·bi·le** ADJ trinkbar **be·vi·bi·li·tà** F Trinkbarkeit *f*

be·vic·chia·re ⟨1g⟩ V/T 1 nippen 2 bechern **be·vi·to·re** [-o-] M, **-tri·ce** F Trinker *m*, -in *f* **be·vu·ta** F 1 Trinken *n*: **facciamoci una ~!** trinken wir was zusammen! 2 (*nuotando*) **fare una ~** Wasser schlucken 3 Umtrunk *m*

bev·vi [-e-] → bere

Bhu·tan M Bhutan *n*

bia·da F Hafer *m*; Futtergetreide *n*

Bian·ca·ne·ve [-e-] F Schneewittchen *n*

bian·ca·stro ADJ weißlich

bian·cheg·gia·re V/T ⟨1f⟩ weißen

★**bian·che·ri·a** F (Weiß)Wäsche *f* ♦ **~ colorata** Buntwäsche *f*; **~ delicata** Feinwäsche *f*; **~ di lana** Wollwäsche *f*; **~ intima** Unterwäsche *f*

bian·chet·to [-e-] M 1 Schminkweiß *n* 2 Bleichmittel *n* 3 Tipp-Ex®, Korrekturflüssigkeit *f* **bian·chez·za** [-e-] F Weiß *n*, Weiße *f* **bian·chi·re** V/T ⟨4d⟩ 1 TECH bleichen 2 (*metalli preziosi*) polieren

★**bian·co** A ADJ 1 weiß 2 rein 3 (*di pagine*) unbeschrieben 4 bleich B M 1 Weiß *n* 2 Weiße *n*: **il ~ degli occhi** das Weiße im Auge; **il ~ dell'uovo** das Eiweiß C M, **-a** F (*persona di pelle bianca*) Weiße *m/f* ♦ **andare in ~** einen Reinfall erleben; **dare carta -a a qn** j-m uneingeschränkte Vollmacht geben; **dare il ~ a qc** etw weißen; **firmare in ~** blanko unterschreiben; **far vedere a qn (il) nero per (il) ~** j-m ein X für ein U vormachen; **passare la notte in ~** eine schlaflose Nacht verbringen

bian·co·spi·no M Weißdorn *m*

bia·sci·ca·men·to [-e-] M 1 Schmatzen *n* 2 *fig* Nuscheln *n* **bia·sci·ca·re** V/T ⟨1l *u.* d⟩ 1 schmatzen 2 *fig* nuscheln

bia·si·ma·re V/T ⟨1l⟩ tadeln, rügen

bia·si·me·vo·le [-e-] ADJ tadelnswert

bia·si·mo M Tadel *m*, Rüge *f*, Verweis *m*

bi·a·thlon M Biathlon *m*

★**Bib·bia** F Bibel *f* (*a. fig*)

bi·be·ron [-ɔ-] M ⟨*inv*⟩ (Nuckel)Flasche *f*

★**bi·bi·ta** F Getränk *n*

bi·bli·co ADJ biblisch, Bibel-

bi·blio·gra·fi·a F Bibliografie *f* **bi·blio·gra·fi·co** ADJ bibliografisch

bi·blio·gra·fo [-ɔ-] M, **-a** F Bibliograf *m*, -in *f*

★**bi·blio·te·ca** [-ɛ-] F 1 Bibliothek *f*, Bücherei *f*: **~ circolante** Leihbücherei *f* 2 Büchersammlung *f* 3 IT Datenbibliothek *f*: **~ online** Onlinebibliothek *f*

bi·blio·te·ca·rio M, **-a** F Bibliothekar *m*, -in *f*

bi·ca·me·ra·le ADJ Zweikammer- **bi·ca·me·ra·li·smo** [-z-] M Zweikammersystem *n*

bic·chie·ra·ta F Umtrunk *m*

★**bic·chie·re** [-ɛ-] M Glas *n*: **un ~ da vino** ein Weinglas; **un ~ di vino** ein Glas Wein

bic·chie·ri·no M Gläschen *n*, Glas *n*: **far-**

Bibite	Getränke
l'acqua minerale	Mineralwasser
gassata	mit Kohlensäure
naturale	ohne Kohlensäure
l'amaro	Magenbitter
l'aperitivo	Aperitif
l'acquavite	Schnaps
l'aranciata	Orangensaft
la birra	Bier (*1/4 Liter*):
bruna	Dunkles
chiara *oder* **bionda**	Helles
rossa	*Art Märzenbier*
alla spina	vom Fass
il birrino	kleines Bier (*1/8 Liter*)
il caffè (freddo)	(kalter) Kaffee
con ghiaccio	mit Eiswürfeln
il frappè	Milchmix mit Fruchtsirup
il frullato	Milchmix mit frischem Obst
la gassosa	Limonade
la granita	gestoßenes Eis mit Sirup
la limonata	Zitronenlimonade
il liquore	Likör
liscio	pur
il prosecco	Prosecco (*trockener Perlwein*)
la spremuta d'arancia	frisch gepresster Orangensaft
il succo di frutta	(*dicker und sehr süßer*) Fruchtsaft
il succo di mele	Apfelsaft
il the al limone	Zitronentee
il the alla pesca	Pfirsichtee
il the freddo	kalter Tee, Eistee
il vino (della casa):	Wein (des Hauses):
bianco	weiß
rosato *oder* **rosé**	Rosé
rosso	rot
sfuso	offen, im Krug ausgeschenkt

Spirituosensorten heißen auf Italienisch so wie im Deutschen.

si un ~ einen trinken

bi·ci F ⟨*inv*⟩ *umg* ⟨*abk von* bicicletta⟩ Rad *n*: **~ elettrica** Elektrofahrrad *n*

★**bi·ci·clet·ta** [-e-] F (Fahr)Rad *n*: **~ da donna** Damenfahrrad *n*; **~ da turismo/da corsa** Touren-/Rennrad *n* **~ pieghevole** Klappfahrrad *n*; **andare in ~** Fahrrad fahren; **giro in ~** Fahrradtour *f*; **gita in ~** Radwanderung *f*

bi·ci·pi·te A M Bizeps *m* B ADJ zwei-, doppelköpfig: **aquila ~** Doppeladler *m*

bi·coc·ca [-ɔ-] F Bruchbude *f*

bi·co·lo·re [-o-] ADJ zweifarbig

bi·dè M ⟨*inv*⟩ Bidet *n*

bi·del·lo [-ɛ-] M, **-a** F Schuldiener *m*, -in *f*, Hausmeister *m*, -in *f*, *österr* Hauswart *m*, -in *f*

bi·den·te [-ɛ-] M 1 zweizackige (*od* zweizinkige) Hacke *f* 2 Zweizack *m*

bi·di·men·sio·na·le [-s-] ADJ zweidimensional **bi·di·re·zio·na·le** ADJ IT bidirektional: **trasmissione dati ~** bidirektionale Datenübertragung *f*

bi·do·na·re V/T ⟨1a⟩ *umg* beschummeln, hereinlegen **bi·do·na·ta** F *umg* 1 Schwindel *m* 2 Reinfall *m*

bi·don·ci·no M Kanister *m* **bi·do·ne** [-o-] M 1 Tonne *f* 2 *umg* Schwindel *m*, Betrug *m* ♦ **fare un ~ a qn** j-n sitzen lassen; j-n hereinlegen; **prendersi un ~** reingelegt werden

bie·co [-ɛ-] ADJ 1 scheel 2 *fig* hinterlistig

biel·la [-ɛ-] F Pleuel *m*, Pleuelstange *f*

Biel·la [-ɛ-] F Biella *n* **biel·le·se** [-e-] A ADJ aus, von Biella B M/F Bewohner *m*, -in *f* von Biella

Bie·lo·rus·sia F Weißrussland *n*

bi·en·na·le ADJ **1** Zweijahres-, zweijährig **2** zweijährlich: **fiera ~** zweijährliche Messe *f*

La Biennale di Venezia

La Biennale di Venezia ist eine internationale Ausstellung v. a. der bildenden Kunst, die inzwischen jährlich in Venedig stattfindet. Die repräsentativsten Kunstwerke werden in **padiglioni** (Hallen) länderweise ausgestellt. Anfang September findet im Rahmen der Biennale auch die **Mostra del Cinema** statt, ein internationales Kinofestival.

bi·en·nio [-ɛ-] M **1** Zeitraum *m* von zwei Jahren **2** Zweijahreskurs *m*
bie·to·la [-ɛ-] F Mangold *m*
biet·ta [-ɛ-] F Keil *m*
bi·fa·mi·lia·re ADJ Zweifamilien-: **casa ~** Zweifamilienhaus *n*
bi·fa·se ADJ zweiphasig, Zweiphasen-: **corrente ~** Zweiphasenstrom *m*
bif·fa·re V/T ⟨1a⟩ abstecken: **~ un'area fabbricabile** einen Baugrund abstecken
bi·fo·ca·le ADJ bifokal, Bifokal-: **occhiali -i** Bifokalbrille *f*
bi·fo·ra **A** ADJ F zweibogig **B** F zweibogiges Fenster *n*
bi·for·ca·re ⟨1d⟩ **A** V/T zweiteilen **B** V/PR **-rsi** sich gabeln **bi·for·ca·to** ADJ gabelförmig **bi·for·ca·tu·ra** F Gabel *f*, Gabelung *f* **bi·for·ca·zio·ne** [-o-] F Gabelung *f*, Abzweigung *f* **bi·for·cu·to** ADJ gabelförmig ♦ **lingua -a** gespaltene Zunge *f* (*a. fig*)
bi·fron·te [-o-] ADJ doppelgesichtig, janusköpfig (*a. fig*)
bi·ga·mi·a F Bigamie *f* **bi·ga·mo** **A** ADJ bigamistisch **B** M, **-a** F Bigamist *m*, -in *f*
bi·ghel·lo·na·re V/I ⟨1a; av⟩ bummeln, schlendern **bi·ghel·lo·ne** [-o-] M, **-a** F Bummler *m*, -in *f*, Bummelant *m*, -in *f* **bi·ghel·lo·ni** [-o-] ADV **andare ~** herumbummeln, flanieren
bi·gio **A** ADJ **1** (asch)grau **2** *fig* trübe: **tempo ~** trübes Wetter *n* **B** M (Asch)-Grau *n*
bi·giot·te·ri·a F **1** Modeschmuck *m* **2** Modeschmuckgeschäft *n*
bi·gliet·ta·io M, **-a** F (Fahr)Kartenverkäufer *m*, -in *f*; Schaffner *m*, -in *f*
★**bi·gliet·te·ri·a** F **1** Fahrkartenschalter *m*: **~ automatica** Fahrkartenautomat *m* **2** (*biglietti d'ingresso*) Kasse *f*
★**bi·gliet·to** [-e-] M **1** Karte *f*: **biglietto d'auguri** Glückwunschkarte *f* **2** (*di cinema, teatro*) (Eintritts)Karte *f* **3** (*di autobus, treno*) Fahrkarte *f*, Fahrschein *m*; (*di aereo*) Flugschein *m*, Ticket *n* **4** (*foglietto*) Zettel *m* **5** (*di lotteria*) Los *n*: **biglietto vincente** Gewinnlos *n* **6** FIN Banknote *f* ♦ ★**biglietto d'ingresso** Eintrittskarte *f*; **biglietto di sola andata** einfache Fahrkarte *f*; **biglietto di andata e ritorno** Rückfahrkarte *f*; **biglietto last-minute** Last-Minute-Ticket *n*; **biglietto omaggio** Freikarte *f*; **biglietto del parcheggio** Parkschein *m*; **biglietto ridotto** Fahrkarte *f* zu reduziertem Preis; (*per bambini*) Kinderfahrkarte *f*; **biglietto ridotto scolaresche** Schülerfahrkarte *f*; **biglietto da visita** Visitenkarte *f*
bi·go·di·no M Lockenwickler *m*
bi·got·te·ri·a F Bigotterie *f*; Frömmelei *f* **bi·got·to** [-ɔ-] *pej* **A** ADJ bigott; frömmelnd **B** M, **-a** F Betbruder *m*, -schwester *f*; Scheinheilige *m/f*
bi·jou [biˈʒu] M ⟨*inv*⟩ Schmuckstück *n*
bi·ki·ni M ⟨*inv*⟩ Bikini *m*
★**bi·lan·cia** F **1** Waage **2** WIRTSCH Bilanz *f* **3** ASTROL **Roberta è della Bilancia** Roberta ist Waage ♦ *fig* **essere l'ago della ~** das Zünglein an der Waage sein; **~ a molla** Federwaage *f*; **~ pesalettere** Briefwaage *f*; **~ a piatti** Balkenwaage *f*
bi·lan·cia·re ⟨1f⟩ **A** V/T **1** (aus)balancieren **2** ausgleichen, wettmachen **3** WIRTSCH bilanzieren **4** MECH auswuchten **B** V/PR **-rsi** **1** sich ausbalancieren **2** sich die Waage halten
bi·lan·cie·re [-ɛ-] M **1** MECH Schwing-, Kipphebel *m* **2** Unruh *f* **3** Balancierstange *f* **4** Prägestock *m*
bi·lan·ci·no M Feinwaage *f* ♦ *fig* **pesare qc col ~** etw auf die Goldwaage legen
★**bi·lan·cio** M **1** *fig* WIRTSCH Bilanz *f* **2** Haushalt *m*, Etat *m* ♦ **~ economico** Handelsbilanz *f*; **~ d'esercizio** Jahresbilanz *f*; **fare il ~** Bilanz ziehen; **fuori ~** außerplanmäßig; **~ dello stato** Staatshaushalt *m*
bi·la·te·ra·le ADJ **1** bilateral, zweiseitig **2** gegenseitig
bi·le F Galle *f* ♦ **rodersi dalla ~** vor Wut platzen; **verde dalla ~** grün vor Ärger
bi·lia F **1** Murmel *f* **2** (*di biliardo*) Billardkugel *f*; (*buco*) Billardloch *n*

bi·liar·di·no M 1 kleines Billard *n* 2 Flipper *m* **bi·liar·do** M 1 (*gioco*) Billard *n* 2 (*tavolo*) Billardtisch *m*
bi·lia·re ADJ Gallen-: **calcoli -i** Gallensteine *pl*
bi·li·co M (*bilancia*) Zapfen *m* ♦ **essere in ~** auf der Kippe stehen; **tenersi in ~** die Balance halten
bi·lin·gue ADJ zweisprachig
bi·lin·gui·smo [-z-] M Zweisprachigkeit *f*
bi·lio·ne [-o-] M Billion *f*
bi·lio·so [-o-] ADJ jähzornig
bi·lo·ca·le M Zweizimmerwohnung *f*
bim·ba F (kleines) Mädchen *n* **bim·bo** M (kleines) Kind *n;* (kleiner) Junge *m*
bi·men·si·le [-s-] ADJ halbmonatlich
bi·me·stra·le ADJ 1 zweimonatlich, Zweimonats- 2 zweimonatig
bi·me·stre [-ε-] M zwei Monate *pl*
bi·me·tal·lo M Bimetall *n*
bi·mo·to·re [-o-] A ADJ zweimotorig B M zweimotoriges Flugzeug *n*
★**bi·na·rio**[1] M Gleis *n* ♦ **~ di manovra** Rangiergleis *n;* **~ morto** totes Gleis *n*, Abstellgleis *n;* **uscire dai -i** entgleisen
bi·na·rio[2] ADJ binär, binar(isch), Binär-: IT **codice ~** Binärcode *m*
bin·do·lo M 1 (*in idraulica*) Tretwerk *n* 2 (Garn)Haspel *f* 3 *fig* Betrug *m*, Schwindel *m*
bi·no·co·lo [-ɔ-] M Fernglas *n*
bio·a·gri·col·tu·ra F biodynamische Landwirtschaft *f*
bio·car·bu·ran·te M Biosprit *m umg*
bioc·co·lo [-ɔ-] M Flocke *f*
bio·chi·mi·ca F Biochemie *f* **bio·chi·mi·co** A ADJ biochemisch B M, **-a** F Biochemiker *m*, -in *f*
bio·de·gra·da·bi·le ADJ biologisch abbaubar **bio·de·gra·da·zio·ne** [-o-] F biologischer Abbau *m*
bio·di·na·mi·co ADJ biodynamisch
bio·di·ver·si·tà F ⟨*inv*⟩ Artenvielfalt *f*
bio·e·ner·ge·ti·co [-ε-] ADJ bioenergetisch
bio·e·ti·ca [-ε-] F Bioethik *f*
bio·fi·si·ca F Biophysik *f*
bio·gas M ⟨*inv*⟩ Biogas *n*
bio·ge·ne·ti·ca [-ε-] F Evolutionstheorie *f*
bio·ge·ne·ti·co [-ε-] ADJ biogenetisch
bio·gra·fi·a F Biografie *f*
bio·gra·fi·co ADJ biografisch
bi·o·gra·fo [-ɔ-] M, **-a** F Biograf *m*, -in *f*
★**bio·lo·gi·a** F Biologie *f* **bio·lo·gi·co** [-ɔ-] ADJ biologisch, Bio- **bi·o·lo·go** [-ɔ-] M, **-a** F Biologe *m*, -login *f*
bio·me·tri·co [-ε-] ADJ biometrisch
bion·da [-o-] F 1 Blondine *f*, Blonde *f* 2 *umg* blondes Bier *n*
bion·da·stro ADJ strohblond **bion·deg·gia·re** V/I ⟨1f; av⟩ gelb sein, werden
bion·di·na F blondes Mädchen *n*, Blondine *f* **bion·di·no** M blonder Junge *m*
★**bion·do** [-o-] A ADJ blond B M 1 (*colore*) Blond *n* 2 (*uomo*) Blonde *m*
bio·rit·mo M Biorhythmus *m*
bio·sfe·ra [-ε-] F Biosphäre *f*
bi·os·si·do [-ɔ-] M Dioxid *n*: **~ di carbonio/di zolfo** Kohlen-/Schwefeldioxid *n*
bi·o·to·po [-ɔ-] M Biotop *m od n*
bi·o·vu·la·re ADJ zweieiig
bi·par·ti·re ⟨4d⟩ A V/T zweiteilen, halbieren B V/PR **-rsi** sich teilen **bi·par·ti·ti·co** ADJ Zweiparteien- **bi·par·ti·ti·smo** [-z-] M Zweiparteiensystem *n* **bi·par·ti·to** ADJ zweiteilig, zweigeteilt **bi·par·ti·zio·ne** [-o-] F Zweiteilung *f*
bi·pe·de A ADJ zweibeinig B M/F 1 (*animale*) **bipede** *m* Zweifüßer *m* 2 *hum* (*essere umano*) Zweibeiner *m*, -in *f*
bi·po·la·re ADJ zweipolig **bi·po·la·ri·smo** [-z-] M bipolares System *n* **bi·po·la·ri·tà** F ⟨*inv*⟩ Zweipoligkeit *f*
bi·po·lo [-ɔ-] M Doppelpol *m*
bi·po·sto [-o-] A ADJ zweisitzig: **un aereo ~** ein zweisitziges Flugzeug *n* B M Zweisitzer *m*
bir·ba F Bengel *m*, Spitzbube *m*
bir·ban·te M/F 1 Gauner *m*, -in *f* 2 *hum* Schlingel *m* **bir·ban·te·ri·a** F 1 Durchtriebenheit *f* 2 Schelmenstreich *m*
bir·bo·ne [-o-] A M, **-a** F 1 Gauner *m*, -in *f* 2 *hum* Schelm *m*, -in *f* B ADJ schelmisch: **giocare un tiro ~ a qn** j-m einen Streich spielen
bir·bo·ne·ri·a F Gaunerei *f*
bi·re·at·to·re [-o-] A ADJ zweistrahlig B M zweistrahliges Flugzeug *n*
bi·ri·chi·na·ta F Spitzbüberei *f* **bi·ri·chi·no** M A ADJ spitzbübisch B M, **-a** F Spitzbube *m*, -bübin *f*
bi·ril·lo M Kegel *m* ♦ **giocare a -i** kegeln
Bir·ma·nia F Birma *n* **bir·ma·no** A ADJ birmanisch B M, **-a** F Birmane *m*, -nin *f*
bi·ro® F ⟨*inv*⟩ *umg* Kuli *m*
★**bir·ra** F Bier *n*: **~ chiara/scura** helles/

dunkles Bier *n*; **fabbricare ~** Bier brauen ♦ **~ in bottiglia** Flaschenbier *n*; **fabbrica di ~** Bierbrauerei *f*; **~ alla spina** Bier *n* vom Fass; *umg* **a tutta ~** volle Pulle

bir·ra·io M, **-a** F (Bier)Brauer *m*, -in *f*

bir·re·ri·a F Bierlokal *n*: **~ all'aperto** Biergarten *m*

bir·ri·fi·cio M Bierbrauerei *f*

bis A INT **~!** da capo! B M ⟨*inv*⟩ Zugabe *f* C ADJ Sonder-, zusätzlich: **treno ~** Sonderzug *m*; **fare il ~ di qc** etw wiederholen

bi·sac·cia F Satteltasche *f*

bi·sar·ca F Autotransporter *m*

bi·sa·vo·la F Urgroßmutter *f*

bi·sa·vo·lo M Urgroßvater *m*

bi·sbe·ti·ca [biz'bɛ-] F Xanthippe *f*

bi·sbe·ti·co [biz'bɛ-] ADJ zickig, launisch

bi·sbi·glia·re [-z-] ⟨1g⟩ A V/I ⟨av⟩ 1 flüstern, wispern 2 tuscheln: **~ alle spalle di qn** hinter j-s Rücken tuscheln B V/T flüstern: **~ qc all'orecchio di qn** j-m etw ins Ohr flüstern

bi·sbi·glio [-z-] M Flüstern *n*, Wispern *n*

bi·sboc·cia [biz'bɔ-] F *umg* Sauferei *f*: **fare ~** versumpfen

bi·sca F Spielhölle *f*

Bi·sca·glia F **il Golfo di ~** der Golf von Biskaya

bi·scia F (ungiftige) Schlange *f* ♦ **~ dal collare** Ringelnatter *f*

bi·scot·ta·re V/T ⟨1c⟩ rösten **bi·scot·ta·to** ADJ **fette -e** Zwieback *m* **bi·scot·te·ri·a** F Gebäck *n*, Backwerk *n* **bi·scot·tie·ra** [-ɛ-] F Keksdose *f*

bi·scot·ti·no M Keks *m od n*

★**bi·scot·to** [-ɔ-] M Keks *m od n*, Plätzchen *n* ♦ **~ per cani** Hundekuchen *m*; **-i da tè** Teegebäck *n*

bi·sel·la·re V/T ⟨1a⟩ abschrägen, abkanten

bi·ses·sua·le [-ses-] ADJ bisexuell

bi·ses·sua·li·tà [-ses-] F Bisexualität *f*

bi·se·sti·le [-zes-] ADJ Schalt-: **anno ~** Schaltjahr *n*

bi·set·ti·ma·na·le [-set-] ADJ zweimal wöchentlich

bi·set·tri·ce [-s-] F Winkelhalbierende *f*

bi·sex [bi'sɛks] A ADJ ⟨*inv*⟩ *umg* bi B M/F Bisexuelle *m/f*

bi·sil·la·bi·co [-s-] ADJ zweisilbig

bi·sil·la·bo [-s-] A ADJ zweisilbig B M zweisilbiges Wort *n*

bi·slac·co [-z-] ADJ verschroben

bi·slun·go [-z-] ADJ länglich

bi·smu·to [-z-] M Wismut *n*

bi·sni·po·te [bizni'pote] M/F 1 Urenkel *m*, -in *f* 2 Großneffe *m*, -nichte *f*

bi·snon·na [biz'nɔ-] F Urgroßmutter *f*

bi·snon·no [biz'nɔ-] M Urgroßvater *m*

★**bi·so·gna·re** V/I ⟨1a; es⟩ 1 *unpers* müssen, sollen: **bisogna che tu vada** du musst gehen; **bisognerebbe telefonargli** man sollte (*od* müsste) ihn anrufen 2 dürfen: **non bisogna rubare** man darf nicht stehlen

bi·so·gne·vo·le [-e-] ADJ 1 nötig, notwendig 2 bedürftig **bi·so·gni·no** M *umg* **fare un ~** sein Geschäft verrichten

★**bi·so·gno** [-o-] M 1 Bedarf *m*: ★ **avere bisogno di qc** etw brauchen 2 Bedürfnis *n*: **bisogno di tranquillità** Bedürfnis *n* nach Ruhe 3 Not *f* 4 Notdurft *f* ♦ **in caso di bisogno** bei Bedarf; **di quanto tempo c'è bisogno?** wie lange braucht man (dazu)?; **per bisogno** aus Not

▶ bisogna ≠ bisogno

bisogna drückt eine Notwendigkeit aus und kann mit ‚man muss' übersetzt werden:

Bisogna andare.	Man muss gehen.
Bisogna che andiamo.	Wir müssen gehen.

Avere bisogno bedeutet ‚brauchen':

Ho bisogno di un caffè.	Ich brauche einen Espresso.
Ho bisogno di mangiare.	Ich brauche was zu essen.

bi·so·gno·so [-o-] ADJ bedürftig: **~ d'affetto** liebebedürftig; **~ di cure** pflegebedürftig

bi·son·te [-o-] M Wisent *m*; Bison *m*

★**bi·stec·ca** [-e-] F (Beef)Steak *n*

bi·stec·chie·ra [-ɛ-] F Grillpfanne *f*

bi·stic·cia·re V/I ⟨1f; av⟩ & V/PR **-rsi** *umg* streiten, (sich) zanken: **~ con qn per qc** sich mit j-m um etw zanken

bi·stic·cio M *umg* Streiterei *f*, Zank *m*

bi·strat·ta·re V/T ⟨1a⟩ 1 misshandeln 2 unsachgemäß behandeln

bi·strò, **bi·strot** [-o-] M ⟨*inv*⟩ Bistro *n*

bi·stu·ri M ⟨*inv*⟩ Skalpell *n*, Messer *n*

bi·sun·to ADJ speckig, schmierig, verschmutzt ♦ **unto e ~** vor Dreck starrend

bit M ⟨*inv*⟩ IT Bit *n*

bi·tor·zo·lo [-o-] M Höcker *m*; Beule *f*; Pickel *m*

bit·ter M ⟨*inv*⟩ = *Aperitif mit leicht bitterem Geschmack*
bi·tu·ma·tri·ce F Asphaltiermaschine *f*
bi·tu·me M Bitumen *n*
bi·vac·ca·re V/I ⟨1d; av⟩ biwakieren **bi·vac·co** M 1 Biwak *n* 2 Behelfsunterkunft *f*
bi·va·len·te [-ɛ-] ADJ zweiwertig
bi·vio M 1 (Straßen)Gabelung *f*, Abzweigung *f* 2 *fig* Scheideweg *m*
bi·zan·ti·ni·smo [-z-] M 1 Byzantinismus *m* 2 *fig* Haarspalterei *f*
bi·zan·ti·no A ADJ 1 byzantinisch 2 *fig* haarspalterisch B M, **-a** F Byzantiner *m*, -in *f*
biz·za F Schrulle *f* ♦ **fare le -e** bocken
biz·zar·ri·a F Seltsamkeit *f* **biz·zar·ro** ADJ 1 seltsam, bizarr 2 scheuend
biz·zef·fe [-ɛ-], **a ~** in Hülle und Fülle
biz·zo·so [-o-] ADJ 1 bockig; launenhaft 2 scheuend
blan·di·re V/T ⟨4d⟩ 1 **~ qn/qc** j-m/etw schmeicheln; j-n/etw umschmeicheln 2 liebkosen **blan·di·zie** FPL 1 Schmeicheleien *pl* 2 Liebkosungen *pl*
blan·do ADJ 1 leicht, schwach 2 mild: **una -a punizione** eine milde Strafe 3 sanft: **una voce -a** eine sanfte Stimme
bla·sfe·mo [-ɛ-] A ADJ gotteslästerlich B M, **-a** F Gotteslästerer *m*, -rin *f*, Blasphemist *m*, -in *f*
bla·so·ne [-o-] M 1 Wappen *n* 2 adelige Abstammung *f*
bla·te·ra·re V/I ⟨1b; av⟩ *pej* schwatzen
bla·zer ['blɛzer] M ⟨*inv*⟩ Blazer *m*
blef·fa·re V/I ⟨1a; av⟩ mogeln
ble·si·tà F Lispeln *n* **ble·so** [-ɛ-] ADJ lispelnd
blin·da·re V/T ⟨1a⟩ panzern **blin·da·to** A ADJ gepanzert, Panzer- B M MIL Panzerwagen *m* ♦ **camera -a** Tresorraum *m*
blin·ker M ⟨*inv*⟩ Warnblinkanlage *f*
blitz M ⟨*inv*⟩ Blitzaktion *f*; Blitzangriff *m*

> ⚠ **blitz ≠ Blitz**
>
> | | | |
> |---|---|---|
> | il blitz | = | die Blitzaktion |
> | der Blitz | = | il fulmine |

blob [-ɔ-] M ⟨*inv*⟩ satirische Filmcollage *f*
bloc·ca·por·te [-ɔ-] M ⟨*inv*⟩ Zentralverriegelung *f*
★**bloc·ca·re** ⟨1c *u.* d⟩ A V/T 1 stoppen 2 festklemmen 3 aufhalten: **~ qn per più di un'ora** j-n über eine Stunde aufhalten 4 lähmen, lahmlegen 5 (*serrare*) an-, festziehen 6 blockieren, sperren (*a.* FIN, PSYCH) B V/PR **-rsi** 1 stehen bleiben: **l'auto si è bloccata** das Auto ist stehen geblieben 2 **la porta si è bloccata** die Tür klemmt 3 (*incastrarsi*) stecken bleiben 4 (*arrestarsi*) stoppen, anhalten 5 stocken 6 PSYCH blockiert sein
bloc·ca·ruo·te [-ɔ-] M ⟨*inv*⟩ Parkkralle *f*
bloc·ca·ster·zo [-ɛ-] M Lenkradschloss *n*
bloc·ca·to ADJ 1 versperrt, blockiert 2 WIRTSCH eingefroren 3 FIN **conto ~** Sperrkonto *n* 4 PSYCH verklemmt
★**bloc·chet·to** [-e-] M 1 (kleiner) Block *m* 2 Heft *n*: **~ degli assegni** Scheckheft *n*
bloc·co[1] [-ɔ-] M 1 Block *m*: **un ~ di granito** ein Granitblock 2 (Notiz)Block *m* ♦ **~ da disegno** Zeichenblock *m*; **in ~** im Ganzen, pauschal; **~ motore** Motorblock *m*; **~ orientale** Ostblock *m*; **~ di potenze** Machtblock *m*
bloc·co[2] [-ɔ-] M 1 Sperre *f*, Block *m* 2 WIRTSCH Stopp *m*: **~ dei prezzi** Preisstopp *m* 3 MED Versagen *n* 4 PSYCH Verklemmtheit *f* 5 Gedächtnislücke *f* ♦ **posto di ~** Absperrung *f*
bloc-no·tes [blok'nɔtes] M ⟨*inv*⟩ Notizblock *m*
blog M ⟨*inv*⟩ (*Internet*) Blog *n*
blog·gare V/I ⟨1e⟩ (*Internet*) bloggen
blog·ger M/F ⟨*inv*⟩ (*Internet*) Blogger *m*, -in *f*
blo·go·sfe·ra F (*Internet*) Bloggerszene *f*, Blogosphäre *f*
★**blu** A ADJ ⟨*inv*⟩ blau B M ⟨*inv*⟩ Blau *n* ♦ **caschi ~** Blauhelme *pl*
blua·stro ADJ bläulich
blue-jeans [blu'dʒins] MPL Bluejeans *pl*
bluf·fa·re [bluf'fare] V/I ⟨1a; av⟩ bluffen
blu·sa F Bluse *f* **blu·sot·to** [-ɔ-] M Kittel *m*
bo·a[1] [-ɔ-] M ⟨*inv*⟩ ZOOL, MODE Boa *f*
bo·a[2] [-ɔ-] F Boje *f* *fig* ♦ **giro di ~** Wende *f*
bo·a·to M 1 Donnern *n*, Knall *m* 2 (*della folla*) Aufschrei *m*
bob [-ɔ-] M ⟨*inv*⟩ Bob *m*: **~ a quattro** Viererbob *m*
bob·bi·sta M/F Bobfahrer *m*, -in *f*
bo·bi·na F Spule *f* (*a.* FOTO, ELEK, *cinema*)
★**boc·ca** [-o-] F 1 Mund *m* 2 (*di animale*) Maul *n* 3 *fig* Geschmack *m*: **avere la ~ amara** einen bitteren Geschmack (im

Mund) haben **4** Öffnung *f*: **la ~ di un recipiente** die Öffnung eines Gefäßes *fig* ♦ **acqua in ~!** kein Wort davon!; **restare a ~ aperta** mit offenem Mund dastehen; *fig* **restare a ~ asciutta** leer ausgehen; **~ da fuoco** Geschütz *n*; **in ~ al lupo!** Hals- und Beinbruch!; **mettere delle parole in ~ a qn** j-m Worte in den Mund legen; **essere sulla ~ di tutti** in aller Munde sein; **togliere le parole di ~ a qn** j-m das Wort aus dem Mund nehmen

boc·cac·cia F **1** *pej* Schnauze *f*: **chiudi quella ~!** halt die Schnauze! **2** Grimasse *f*: **fare le -ce** Grimassen schneiden **3** *fig* Lästermaul *n* **boc·ca·glio** M **1** TECH Düse *f* **2** Mundstück *n*, Schnorchel *m*

boc·ca·le M Trinkkrug *m*

boc·ca·por·to [-ɔ-] M (Schiffs)Luke *f*

boc·ca·ta F **1** Mundvoll *m*; Schluck *m* **2** (*di fumo*) Zug *m* ♦ **prendere una ~ d'aria (fresca)** frische Luft schnappen

boc·cet·ta [-e-] F Fläschchen *n*, Flakon *m*

boc·cheg·gian·te ADJ **1** nach Luft schnappend **2** *fig* krisengeschüttelt

boc·cheg·gia·re V/I ⟨1f; av⟩ nach Luft schnappen (*a. fig*)

boc·chet·ta [-e-] F **1** (kleine) Öffnung *f* **2** MUS Mundstück *n* **boc·chet·to·ne** M (Einfüll)Stutzen *m* **boc·chi·no** M **1** MUS Mundstück *n* **2** Zigarettenspitze *f*

boc·cia [-ɔ-] F **1** Karaffe *f* **2** Kugel *f* **3** *pl* Boccia *n od f*

★**boc·cia·re** V/T ⟨1c *u.* f⟩ **1** ablehnen **2** durchfallen lassen **boc·cia·to** ADJ **essere ~** durchfallen, sitzen bleiben **boc·cia·tu·ra** F **1** Ablehnung *f* **2** Durchfallen *n*, Sitzenbleiben *n*

boc·cio [-ɔ-] M Knospe *f*

boc·cio·lo [-ɔ-] M (Blüten)Knospe *f*

boc·co·la [-o-] F **1** Buchse *f* **2** Niete *f*

boc·co·lo [-o-] M (Korkenzieher)Locke *f*

boc·con·ci·no M Häppchen *n*, Leckerbissen *m*

boc·co·ne [-o-] M (Lecker)Bissen *m*, Happen *m* ♦ **a -i** bissenweise; *fig* **un ~ amaro** eine bittere Pille *f*; *fig* **mangiare un ~** einen Happen essen

boc·co·ni [-o-] ADV bäuchlings

bo·dy ['bɔdi] M ⟨*inv*⟩ Body *m*

bo·dy-buil·ding ['bɔdi'bildiŋ] M ⟨*inv*⟩ Bodybuilding *n*

bo·fon·chia·re V/I ⟨1g; av⟩ murren, brummen

Boh!

Die Antwort **boh** bedeutet ‚keine Ahnung!', ‚wer weiß?':

Viene anche lui? – Boh!
Kommt er auch? – Keine Ahnung. 

Bo·go·tà F Bogotá *n*

bo·ia [-ɔ-] **A** M ⟨*inv*⟩ **1** Henker *m*, Scharfrichter *m* **2** Verbrecher *m* **B** ADJ *umg* Wahnsinns-: **un freddo ~** eine Wahnsinnskälte

bo·ia·ta F *umg* Schmarren *m*, Schund *m*

boi·cot·tag·gio M Boykott *m*

boi·cot·ta·re V/T ⟨1c⟩ boykottieren

boil·er [-ɔ-] M ⟨*inv*⟩ Boiler *m*

bo·le·to [-ɛ-] M Röhrenpilz *m*, Röhrling *m*

bol·gia [-ɔ-] F *umg* **questo posto è una ~** hier ist die Hölle los

bo·li·de [-ɔ-] M **1** ASTRON Bolid *m* **2** AUTO Flitzer *m*

Bo·li·via F Bolivien *n* **bo·li·via·no** **A** ADJ bolivianisch **B** M, **-a** F Bolivianer *m*, -in *f*

bol·la[1] [-o-] F **1** Blase *f*: **~ d'aria** Luftblase *f* **2** Wasserblase *f* **3** Wasserwaage *f* ♦ **finire in una ~ di sapone** sich in nichts auflösen

bol·la[2] [-o-] F **1** Bulle *f* **2** HANDEL Schein *m*: **~ di spedizione** Lieferschein *m*

bol·la·re V/T ⟨1a⟩ **1** (ab)stempeln **2** *fig* brandmarken: **~ qn come traditore** j-n als Verräter brandmarken **bol·la·to** ADJ **carta -a** Stempelpapier *n*

bol·la·tu·ra F (Ab)Stempelung *f*

bol·len·te [-ɛ-] ADJ kochend (heiß); glühend

bol·let·ta [-e-] F **1** Schein *m*: **~ di carico** Ladeschein *m* **2** Rechnung *f*: **~ del gas** Gasrechnung *f*; **~ della luce** Stromrechnung *f*; **~ del telefono** Telefonrechnung *f* ♦ **essere in ~** blank sein

bol·let·ti·no M **1** Bericht *m*: **~ medico** Krankenbericht *m*; **~ meteorologico** Wetterbericht *m* **2** Schein *m*: **~ di ordinazione** Bestellschein *m* **3** Bulletin *n*

bol·li·ci·na F Bläschen *n*

bol·li·lat·te M ⟨*inv*⟩ Milchtopf *m*

bol·li·no M (Beitrags)Marke *f* ♦ AUTO **~ blu** ASU-Plakette *f*; **~ di garanzia** Garantieschein *m*

★**bol·li·re** ⟨4c⟩ **A** V/T kochen **B** V/I ⟨av⟩ **1** kochen, sieden **2** *fig* gären: **~ di rabbia** vor Wut kochen ♦ **che cosa bolle in pentola?** was geht hier vor?

bol·li·to **A** ADJ gekocht, gesotten **B** M gekochtes (Rind)Fleisch *n* **bol·li·to·re** [-o-] M (Wasser)Kessel *m*, Topf *m*

bol·li·tu·ra F Kochen *n*, Sieden *n*

bol·lo [-o-] M **1** Stempel *m*: **~ postale** Poststempel *m* **2** Marke *f* **3** Kraftfahrzeugsteuer *f* ♦ **carta da ~** Stempelpapier *n*; **esente da ~** stempelfrei; **marca da ~** Gebührenmarke *f*

bol·lo·re [-o-] M **1** Kochen *n*, Sieden *n* **2** (brütende) Hitze *f* **3** *pl* Ungestüm *n*: **i -i della giovinezza** jugendliches Ungestüm

Bo·lo·gna [-o-] F Bologna *n* **bo·lo·gne·se** [-e-] **A** ADJ aus Bologna, bolognesisch **B** M/F Bologneser *m*, -in *f* ♦ **alla ~** = *mit Fleisch-Tomatensoße*

bol·sag·gi·ne [-s-] F *fig* Schlaffheit *f*

bol·so ['bolso] ADJ **1** kurzatmig **2** *fig* schlaff

bol·za·ni·no [-ts-] **A** ADJ Bozener **B** M, **-a** F Bozener *m*, -in *f*

Bol·za·no [-ts-] F Bozen *n*

★**bom·ba**[1] [-o-] F **1** Bombe *f* (*a. fig*) **2** Skandal *m* ♦ **~ atomica** Atombombe *f*; **a prova di ~** bombensicher; **~ a tempo** Zeitbombe *f*

bom·ba[2] [-o-] F **tornare a ~** zur Sache zurückkommen

bom·bar·da·men·to [-e-] M Bombardierung *f*; Beschuss *m* (*a. fig*) ♦ **~ a tappeto** Flächenbombardierung *f*

bom·bar·da·re V/T ⟨1a⟩ bombardieren (*a. fig*)

bom·bar·die·re [-ɛ-] M Bomber *m*

bom·ba·ro·lo [-ɔ-] M, **-a** F *umg* Bombenleger *m*, -in *f*

bom·ba·to ADJ gewölbt

bom·ba·tu·ra F Wölbung *f*

bom·ber [-ɔ-] M ⟨*inv*⟩ Bomberjacke *f*

bom·bet·ta [-e-] F (*cappello*) Melone *f*

bom·bo [-o-] M Hummel *f*

bom·bo·la [-o-] F Stahlflasche *f*: **una ~ di aria compressa** eine Pressluftflasche; **-e da sub** Tauchflaschen *pl*

bom·bo·let·ta [-e-] F Sprüh-, Spraydose *f*

bom·bo·nie·ra [-ɛ-] F Bonbonniere *f*

bo·nac·cia F **1** Windstille *f* **2** *fig* Ruhe *f*, Stille *f* **3** Flaute *f*, Stillstand *m*

bo·nac·cio·ne [-o-] M, **-a** F gutmütige Seele *f*

bo·na·rie·tà F Gutmütigkeit *f*

 **Le bomboniere**

Le bomboniere werden zu Hochzeiten, Taufen, Firmungen und Erstkommunionen Freunden und Bekannten geschenkt. Das sind kleine Tülltüten voller **confetti** (Mandeln in Zuckerguss), mit Schleifchen und Blümchen dekoriert. In der Regel werden sie von kleinem Nippes begleitet, den man dann ins Regal stellt.

bo·na·rio ADJ gutmütig

bo·ni·fi·ca F **1** Trockenlegung *f* **2** Entminung *f* **bo·ni·fi·ca·re** V/T ⟨1m *u.* d⟩ **1** trockenlegen **2** entminen **3** *fig* säubern: **~ un quartiere dalla malavita** ein Viertel von Verbrechern säubern **4** FIN überweisen

bo·ni·fi·co M **1** Überweisung *f*: **~ bancario** Banküberweisung *f* **2** Preisnachlass *m*

bo·no·mi·a F Gutmütigkeit *f*

bon·tà F **1** Güte *f*, Gutmütigkeit *f* **2** Qualität *f* **3** Wohlgeschmack *m*

bo·nus [-ɔ-] M ⟨*inv*⟩ Bonus *m* **bo·nus ma·lus** [-ɔ-] M ⟨*inv*⟩ Schadenfreiheitsrabatt *m*

bon·zo [-o-] M Bonze *m*

book·mark ['bukmark] M ⟨*inv*⟩ IT Lesezeichen *n*

boo·le·a·no ADJ boolesch

boom [bu:m] M ⟨*inv*⟩ Boom *m*: **~ dell'edilizia** Bauboom *m*; **~ dei viaggi all'estero** Reiseboom *m* ins Ausland; **~ di visitatori** Besucherandrang *m*

boo·mer·ang ['bumerang] M ⟨*inv*⟩ Bumerang *m* (*a. fig*)

boot ['but] M ⟨*inv*⟩ IT Booten *n*: **fare il ~** booten

bo·ra [-ɔ-] F Bora *f*

bo·ra·ce M Borax *m*

bor·bot·ta·men·to [-e-] M Murmeln *n*, Brummen *n*

bor·bot·ta·re ⟨1a⟩ V/T & V/I ⟨av⟩ murmeln, brumme(l)n **bor·bot·ti·o** M Gemurmel *n*, Gebrumm(e) *n* **bor·bot·to·ne** [-o-] M, **-a** F Brummbär *m*, brummige Person *f*

bor·chia [-ɔ-] F Niete *f*

bor·da·re V/T ⟨1a⟩ **1** (ein)säumen **2** einfassen **3** TECH bördeln **bor·da·ta** F **1** MIL Breitseite *f* **2** *fig* Kanonade *f* **bor·da·tu·ra** F **1** Umrandung *f*, Einfassung *f* **2** TECH Bördelung *f*

bor·del·lo [-ɛ-] M **1** Bordell *n* **2** *fig pej*

Lasterhöhle *f* **3** *umg* **che ~!** was für ein Durcheinander!

★**bor·do** [-o-] M **1** SCHIFF, FLUG Bord *m* **2** Rand *m* **3** Kante *f* **4** (*in sartoria*) Saum *m* ♦ *fig* **gente d'alto ~** angesehene Personen *pl*

bor·do·ne [-o-], **tenere ~ a qn** j-m Vorschub leisten

bor·du·ra F **1** Einfassung *f* **2** (*in sartoria*) Bordüre *f*

bo·re·a·le ADJ nördlich, Nord-: **aurora ~** Nordlicht *n*

bor·ga·ta F kleine Ortschaft *f*, Flecken *m*

bor·ghe·se [-e-] **A** ADJ **1** bürgerlich, Bürger- **2** Zivil-: **abiti -i** Zivilkleidung *f*; **in ~** in Zivil **B** M/F Bürgerliche *m/f*; Bürger *m*, -in *f*: **piccolo ~** Kleinbürger *m*

bor·ghe·si·a F Bürgertum *n*: **media ~** Mittelstand *m*

bor·ghe·suc·cio M, **-a** F Spießer *m*, -in *f*

bor·go [-o-] M **1** Ortschaft *f* **2** Vorstadtviertel *n*

Bor·go·gna [-o-] F Burgund *n*

bor·go·ma·stro M Bürgermeister *m*, -in *f*

bo·ria [-ɔ-] F Hochmut *m*, Aufgeblasenheit *f*: **essere pieno di ~** hochmütig sein

bo·rio·si·tà F Hochmütigkeit *f*

bo·rio·so [-o-] ADJ hochmütig, aufgeblasen, prahlerisch

bo·ro [-ɔ-] M Bor *n*

bo·ro·tal·co M (Talkum)Puder *m*

bor·rac·cia F Feldflasche *f*

bor·ra·gi·ne F Borretsch *m*

★**bor·sa**¹ ['borsa] F **1** (Trage)Tasche *f* **2** SPORT Börse *f* **3** *umg* Tränensack *m* ♦ **~ dell'acqua calda** Wärmflasche *f*; **~ del ghiaccio** Eisbeutel *m*; **metter mano alla ~** tief in die Tasche greifen; **~ nazionale del lavoro** nationale Arbeitsmarktbörse *f*; **~ della spesa** Einkaufstasche *f*; **~ di studio** Stipendium *n*

bor·sa² ['borsa] F WIRTSCH Börse *f* ♦ **agente di ~** Börsenmakler *m*, -in *f*; **crollo della ~** Börsensturz *m*; **~ merci** Warenbörse *f*; **~ valori** Effektenbörse *f*, Wertpapierbörse *f*

bor·sa·ne·ra [-sa'ne:-] F Schwarzhandel *m* **bor·sa·ne·ri·sta** M/F Schwarzhändler *m*, -in *f*

bor·seg·gia·re [-s-] V/T ⟨1f⟩ **~ qn** j-m die (Hand)Tasche stehlen

bor·seg·gia·to·re [-seddʒa'tore] M, **-tri·ce** F Taschendieb *m*, -in *f*

bor·seg·gio [-se-] M Taschendiebstahl *m*

bor·sel·li·no [-se-] M Geldbeutel *m*, Portemonnaie *n* **bor·sel·lo** [-ɛ-] M Herrenhandtasche *f*

★**bor·set·ta** [-set-] F Handtasche *f*

bor·si·sta¹ [-s-] M/F Börsenspekulant *m*, -in *f*

bor·si·sta² [-s-] M/F Stipendiat *m*, -in *f*

bor·si·sti·co [-s-] ADJ Börsen-: **operazioni -che** Börsengeschäfte *pl*

bo·sca·glia F Gehölz *n*; Dickicht *n*

bo·sca·io·lo [-ɔ-] M, **-a** F Holzfäller *m*, -in *f*: **alla -a** nach Holzfällerart (*mit Tomaten- und Pilzsoße*)

bo·schet·to [-e-] M Wäldchen *n* **bo·schi·vo** ADJ waldig, Wald-: **terreno ~** Waldland *n*

★**bo·sco** [-ɔ-] M Wald *m* ♦ **~ ceduo** Nutzwald *m*; **nel fitto del ~** im Dunkel des Waldes; **moria dei -chi** Waldsterben *n*

bo·sco·si·tà F ⟨inv⟩ Bewaldung *f* **bo·sco·so** [-ozo] ADJ waldig, waldreich, bewaldet, Wald-

Bo·sfo·ro [-ɔ-] M Bosporus *m*

Bo·snia ['boznia] F Bosnien *n*: **Bosnia Erzegovina** Bosnien-Herzegowina *n* **bo·sni·a·co** **A** ADJ bosnisch **B** M, **-a** F Bosnier *m*, -in *f*

bos·so [-ɔ-] M Buchsbaum *m*

bos·so·lo [-ɔ-] M **1** Wahlurne *f* **2** Würfelbecher *m* **3** Sammelbüchse *f* **4** Patronenhülse *f*

bo·ta·ni·ca F Botanik *f*

bo·ta·ni·co **A** ADJ botanisch: **orto ~** botanischer Garten *m* **B** M, **-a** F Botaniker *m*, -in *f*

bo·to·la [-ɔ-] F Falltür *f*

bo·to·lo [-ɔ-] M Mops *m* (*a. fig*)

Bo·tswa·na M Botsuana *n*

bot·ta [-ɔ-] F **1** Schlag *m* (*a. fig*), Stoß *m* **2** Beule *f*; blauer Fleck *m* **3** *pl* Prügel *pl*: **prendere/dare -e** Prügel bekommen/geben ♦ **a ~ calda** auf der Stelle

bot·ta·io M, **-a** F Böttcher *m*, -in *f*, Fassbinder *m*, -in *f*

bot·te [-o-] F **1** Fass *n* **2** Tonne *f* (*a. fig*) ♦ **essere in una ~ di ferro** fest im Sattel sitzen; **volta a ~** Tonnengewölbe *n*

bot·te·ga [-e-] F **1** Laden *m*, Geschäft *n* **2** Werkstatt *f* **3** *hum* Hosenladen *m*

bot·te·ga·io M, **-a** F Krämer *m*, -in *f* (*a. pej*)

bot·te·ghi·no M **1** Kartenschalter *m*; Theaterkasse *f* **2** Lottoannahmestelle *f*

★**bot·ti·glia** F Flasche *f*: **una ~ da un litro** eine Einliterflasche ♦ *umg* **attaccarsi alla ~** an der Flasche hängen; **~ di birra** Bierflasche *f*; **~ di plastica** Plastikflasche *f*

bot·ti·no M Beute *f*

bot·to [-ɔ-] M **1** Knall *m* **2** Knallkörper *m* ♦ **di ~** schlagartig; **in un ~** in einem Nu

★**bot·to·ne** [-o-] M **1** Knopf *m* (*a.* TECH) **2** Knospe *f* ♦ *fig* **attaccare un ~ a qn** j-n vollquasseln; **~ automatico** Druckknopf *m*; *fig* **non valere un ~** keinen Pfennig wert sein

bo·tu·li·no M Botox *n*

bou·le [bul] F ⟨*inv*⟩ **1** Wärmflasche *f* **2** Eisbeutel *m*

bou·ti·que [bu'tik] F ⟨*inv*⟩ Boutique *f*

bo·va·ro M, **-a** F **1** Kuhhirt(e) *m*, -hirtin *f* **2** *pej* Rüpel *m*, rüpelhafte Person *f*

bo·vi·no **A** M Rind *n*: **i -i** das Rindvieh **B** ADJ Ochsen-, Rind-: **carne -a** Rindfleisch *n*

bow·ling ['buliŋ] M ⟨*inv*⟩ Bowling *n*

box [-ɔ-] M ⟨*inv*⟩ **1** Stand *m* **2** (*di autodromi, scuderie*) Box *f* **3** Garage *f* **4** Laufstall *m* **5** IT Box *f*: **~ di dialogo** Dialogbox *f*

bo·xa·re V/I ⟨1a; av⟩ boxen **bo·xe** [bɔks] F Boxen *n* ♦ **tirare di ~** boxen

bo·xer [-ɔ-] **1** M (*cane*) Boxer *m* **2** *mpl* (*mutande*) Boxershorts *pl*

bo·xeur [bɔk'səːr] M ⟨*inv*⟩ Boxer *m*

boy-scout ['bɔiskaut] M ⟨*inv*⟩ Pfadfinder *m*

boz·za [-ɔ-] F **1** TYPO (Korrektur)Fahne *f* **2** Entwurf *m*, Skizze *f* ♦ **~ di contratto** Vertragsentwurf *m*; **-e di stampa** Druckfahnen *pl*

boz·zet·ti·sta M/F Entwurfszeichner *m*, -in *f* **boz·zet·ti·sti·co** ADJ skizzenhaft

boz·zet·to [-e-] M Entwurf *m*, Skizze *f*

boz·zo [-ɔ-] M **1** Pfütze *f* **2** Beule *f*; Höcker *m*

boz·zo·lo [-ɔ-] M **1** Kokon *m* **2** Knoten *m* **3** Klümpchen *n*

brac·ca·re V/T ⟨1d⟩ JAGD hetzen (*a. fig*)

brac·ca·ta F JAGD Hetzjagd *f* (*a. fig*)

brac·cet·to [-e-], **andare a ~ (con qn)** (mit j-m) Arm in Arm gehen

brac·cia·le M **1** Armband *n*; Armreif *m* **2** Armbinde *f* **3** Schwimmflügel *m*

brac·cia·let·to [-e-] M Armband *n*: (*per detenuti*) **~ elettronico** elektronische Fessel *f*, elektronisches Armband *n*

brac·cian·te M/F Tagelöhner *m*, -in *f*; **~ agricolo** landwirtschaftlicher Hilfsarbeiter

brac·cia·ta F **1** Armvoll *m* **2** (*nel nuoto*) Zug *m* ♦ **a -e** haufenweise, in Mengen

★**brac·cio** M **1** ⟨*pl* -cia⟩ (Ober)Arm *m* **2** *fig* ⟨*pl* -cia⟩ Arbeitskräfte *pl* **3** TECH ⟨*pl* -ci⟩ Arm *m*, Ausleger *m*: **~ snodato** Gelenkarm *m* **4** ARCH ⟨*pl* -ci⟩ Flügel *m*: **~ di massima sicurezza** Hochsicherheitstrakt *m* ♦ **tenere un discorso a ~** eine Rede aus dem Stegreif halten; **a -cia aperte** mit offenen Armen; **~ della bilancia** Waagebalken *m*; **cadere fra le -cia di qn** in j-s Arme fallen; **far cadere le -cia** den Mut sinken lassen; **tenere in ~** auf dem Arm halten; *fig* **essere il ~ destro di qn** j-s rechte Hand sein; **incrociare le -cia** die Arme verschränken; *fig* streiken; **il ~ della legge** der Arm des Gesetzes; **prendere qn sotto ~** sich bei j-m einhängen

braccio – braccia

Folgende Substantive sind in der Mehrzahl feminin, in der Einzahl maskulin:

il braccio	Arm	**le braccia**
il ciglio	Wimper	**le ciglia**
il dito	Finger	**le dita**
il ginocchio	Knie	**le ginocchia**
il labbro	Lippe	**le labbra**
il membro	Glied	**le membra**
l'osso	Knochen	**le ossa**
il miglio	Meile	**le miglia**
il paio	Paar	**le paia**
l'uovo	Ei	**le uova**
l'orecchio	Ohr	**le orecchie**

brac·cio·lo [-ɔ-] M **1** (Arm)Lehne *f* **2** (*mancorrente*) Handlauf *m*

brac·co M Bracke *m*, Spürhund *m*

brac·co·nag·gio M Wilddieberei *f*

brac·co·nie·re M Wilddieb *m*, Wilderer *m*

bra·ce F Glut *f* ♦ GASTR **carne alla ~** Fleisch *n* vom Grill; **cadere dalla padella nella ~** vom Regen in die Traufe kommen

bra·cio·la [-ɔ-] F Kotelett *n*

bra·do ADJ wild lebend, ungezähmt

brain·stor·ming ['brein'stɔrmiŋ] M ⟨*inv*⟩ Brainstorming *n*

bra·ma F Gier *f*, Begierde *f*, (Sehn)Sucht *f*: **~ di potere** Machtgier *f*

bra·ma·re VT ⟨1a⟩ begehren
bra·mi·re VI ⟨4d; av⟩ **1** (*cervo*) röhren **2** (*orso*) brummen **3** *fig* brüllen
bra·mi·to M **1** (*cervo*) Röhren *n* **2** (*orso*) Brummen *n* **3** Brüllen *n*
bra·mo·si·a F *poet* Begierde *f*, Gier *f* (*a. fig*) **bra·mo·so** [-o-] ADJ (be)gierig: **essere ~ di qc** nach etw (*od* auf etw (*akk*)) (be)gierig sein
bran·ca F **1** Pfote *f*, Klaue *f*; (*uccelli, felini*) Kralle *f* **2** (*grossi animali*) Pranke *f*, Tatze *f* **3** *pl fig* Klauen *pl*, Hände *pl*: **cadere nelle -che di qn** in j-s Klauen geraten **4** Ast *m* **5** *fig* Gebiet *n*; WIRTSCH Branche *f*
bran·chia F Kieme *f*
bran·co M **1** (*lupi*) Rudel *n* **2** (*pecore*) Herde *f* **3** (*pesci, uccelli*) Schwarm *m* **4** *pej* (*persone*) Haufen *m*
bran·co·la·men·to [-e-] M (Herum)-Tappen *n*
bran·co·la·re VI ⟨1l; av⟩ (herum)tappen: *fig* **~ nel buio** im Dunkeln tappen
bran·da F **1** Liege *f* **2** MIL Feldbett *n*
Bran·de·bur·go M Brandenburg *n*
bran·del·lo [-ɛ-] M **1** Fetzen *m*; Stück *n* (*a. fig*): **ridurre a -i qc** etw in Fetzen (zer)reißen **2** *fig* (*briciolo*) Spur *f*, Funke *m*
bran·di·na F **1** Liege *f*: **~ pieghevole** Klappliege *f* **2** MIL Feldbett *n* **bran·di·re** VT ⟨4d⟩ **1** zücken: **~ un'arma** eine Waffe zücken **2** schwingen: **~ un bastone** einen Stock schwingen
bra·no M **1** Stück *n*; Fetzen *m* **2** Stelle *f*, Stück *n*, Abschnitt *m*: **~ di lettura** Lesestück *n*
bra·sa·re VT ⟨1a⟩ **1** GASTR schmoren **2** METALL (ver)löten **bra·sa·to** **A** ADJ **1** GASTR geschmort, Schmor-: **carne -a** Schmorbraten *m* **2** METALL gelötet, Löt-: **~ a forte/a dolce** hart-/weichgelötet **B** M Schmorbraten *m* **bra·sa·tu·ra** F METALL Löten *n*
Bra·si·le M Brasilien *n* **Bra·si·lia** F Brasilia *n* **bra·si·lia·no** **A** ADJ brasilianisch **B** M, **-a** F Brasilianer *m*, -in *f*
Bra·ti·sla·va F Bratislava *n*
bra·va·ta F **1** gewagtes Unternehmen *n* **2** Prahlerei *f*, Aufschneiderei *f*
★**bra·vo** **A** ADJ **1** gut: **essere ~ a (fare) qc** etw gut (machen) können; **non sono -a in matematica** ich bin keine gute Rechnerin, ich bin in Mathematik nicht gut **2** (*abile*) tüchtig, fähig; geschickt **3** (*onesto*) ehrlich **4** (*buono*) anständig **5** (*bambino*) artig, brav **B** INT bravo ♦ **fare il ~** artig (*od* brav, lieb) sein
bra·vu·ra F **1** Tüchtigkeit *f*, Können *n* **2** (*abilità*) Geschicklichkeit *f* **3** (*di un musicista, artista*) Bravour *f*: **pezzo di ~** Bravourstück *n*
brec·cia[1] [-e-] F **1** Bresche *f* (*a.* MIL) **2** *fig* **fare ~ nel cuore di qn** j-n für sich einnehmen ♦ **essere sulla ~** in vorderster Linie stehen
brec·cia[2] [-e-] F Schotter *m*
bre·fo·tro·fio [-ɔ-] M Kinderheim *n*
Bre·ma [-ɛ-] F Bremen *n*
Bre·scia [-e-] F Brescia *n* **bre·scia·no** **A** ADJ aus, von Brescia **B** M, **-a** F Bewohner *m*, -in *f* Brescias
Bres·sa·no·ne [-o-] F Brixen *n*
Bre·ta·gna F Bretagne *f*
bre·tel·la [-ɛ-] F **1** PL (Hosen)Träger *pl* **2** Zubringer *m*, Zubringerstraße *f* **3** Schwelle *f*
bre·to·ne [-ɛ-] **A** ADJ bretonisch **B** M/F Bretone *m*, -nin *f*
bre·ve [-ɛ-] ADJ kurz: **un ~ tratto** eine kurze Strecke; **in ~ tempo** in kurzer Zeit ♦ **essere ~** sich kurzfassen; **falla ~!** mach's kurz!; **fra** (*od* **tra**) **~** gleich; **in ~** kurz, knapp; **a ~ scadenza** kurzfristig
bre·vet·ta·re VT ⟨1a⟩ patentieren
bre·vet·to [-e-] M **1** Patent *n*: **rilasciare/depositare/ottenere un ~** ein Patent erteilen/anmelden/erlangen **2** **prendere il ~ da pilota** den Pilotenschein machen ♦ **consulente -i** Patentanwalt *m*, -anwältin *f*; **ufficio -i** Patentamt *n*
bre·via·rio M Brevier *n*
bre·vi·tà F Kürze *f*
brez·za [-e-] F Brise *f*, Lüftchen *n*
bric·chet·to [-e-] M Kännchen *n* **bric·co** M Kanne *f*: **~ del caffè** Kaffeekanne *f*
bric·co·na·ta F **1** Gaunerei *f* **2** *hum* Halunkenstreich *m* **bric·con·cel·lo** [-ɛ-] M, **-a** F Schlingel *m*, Schelm *m*, -in *f*
bric·co·ne [-o-] M, **-a** F **1** Gauner *m*, -in *f*, Schurke *m*, -kin *f* **2** *hum* Schelm *m*, -in *f*, Schlingel *m* **bric·co·ne·sco** [-e-] ADJ schurkisch, schelmisch
bri·cio·la F **1** (*pane*) Krümel *m* **2** (*parte minimum*) Überbleibsel *n* **3** *fig* Spur *f*: **non avere una ~ d'intelligenza** keine Spur Intelligenz haben
bri·cio·lo M **1** Bisschen *n* **2** *fig* Funke *m*: **un ~ di speranza** ein Funke Hoffnung
bri·co·la·ge [briko'laʒ] M ⟨*inv*⟩ Basteln *n*; Bastelarbeit *f*; Heimwerkerei *f*

brie·fing ['bri:fiŋ] M ⟨inv⟩ Briefing *n*
bri·ga F 1 Unannehmlichkeit *f*, Schererei *f* 2 Händel *pl*, Streit *m*, Zank *m*: **attaccar ~ con qn** mit j-m Streit anfangen
bri·gan·te M, **-es·sa** F 1 Bandit *m*, -in *f*, (Straßen)Räuber *m*, -in *f* 2 *fig* skrupelloser Mensch *m* 3 *hum* Schelm *m*, Schlingel *m* ♦ **covo di -i** Räuberhöhle *f*
bri·gan·te·sco [-e-] ADJ räuberisch, Räuber-
bri·ga·re V/I ⟨1e; av⟩ sich (eifrig) bemühen, (eifrig) bemüht sein: **~ per** (**ottenere**) **qc** sich um etw bemühen
bri·ga·ta F 1 Runde *f* 2 MIL Brigade *f* ♦ **~ aerea** Geschwader *n*
bri·glia F 1 Zügel *m*, Zaum *m* (*a. fig*) 2 MECH Mitnehmer *m* 3 Flansch *m* ♦ **a ~ sciolta** mit schleifenden Zügeln; *fig* zügellos
bril·lan·tan·te M Klarspülmittel *n*
bril·lan·ta·re V/T ⟨1a⟩ 1 schneiden; schleifen; facettieren 2 polieren 3 GASTR glasieren
bril·lan·ta·tu·ra F 1 Schleifen *n*, Facettieren *n* 2 GASTR Glasieren *n*
bril·lan·te A ADJ 1 leuchtend, strahlend: **colori -i** leuchtende Farben *pl* 2 *fig* glänzend, brillant: **una carriera ~** eine glänzende Karriere B M Brillant *m* ♦ **acqua ~** Tonic *n*; **un attore ~** ein Filmkomiker *m*
bril·lan·tez·za [-e-] F Glanz *m*
bril·lan·ti·na F Brillantine *f*, Pomade *f*
★**bril·la·re** A V/I ⟨1a; av⟩ glänzen, leuchten, strahlen (*a. fig*) B V/T 1 (*mine*) zünden 2 (*riso*) polieren, schälen
bril·la·tu·ra F Polieren *n*, Schälen *n*
bril·lo ADJ beschwipst
bri·na F (Rau)Reif *m*
bri·na·re V/I ⟨1a; es, *umg* av; *unpers*⟩ **stanotte è brinato** heute Nacht hat es Raureif gegeben
★**brin·da·re** V/I ⟨1a; av⟩ anstoßen: **~ a qc** auf etw (*akk*) anstoßen
brin·di·si M ⟨*inv*⟩ Trinkspruch *m*: **fare un ~ a qn/qc** auf j-n/etw anstoßen
Brin·di·si F Brindisi *n* **brin·di·si·no** A ADJ aus, von Brindisi B M, **-a** F Bewohner *m*, -in *f* von Brindisi
bri·o M Schwung *m*, Spritzigkeit *f*
brio·si·tà F Schwung *m*, Lebhaftigkeit *f*, Spritzigkeit *f* **bri·o·so** [-o-] ADJ sprühend, spritzig: **vino ~** spritziger Wein
★**bri·tan·ni·ca** F Britin *f*
★**bri·tan·ni·co** A ADJ britisch B M Brite *m*
bri·vi·do M 1 Schauder *m*, Schauer *m*: **~ di freddo** Kälteschauder *m*; **avere i -i di freddo** frösteln 2 MED Schüttelfrost *m* 3 *fig* **un ~ di piacere** ein prickelndes Vergnügen *n*; **il ~ della velocità** Geschwindigkeitsrausch *m*
briz·zo·la·to ADJ (grau) meliert, angegraut: **capelli -i** grau melierte Haare
broc·ca [-ɔ-] F Krug *m*, Kanne *f*
broc·ca·to M Brokat *m*
broc·co [-ɔ-] M 1 Dornenzweig *m*; Reis *n* 2 *pej* Klepper *m* 3 *fig* Niete *f*, Flasche *f*
broc·co·lo [-ɔ-] M 1 PL Brokkoli *pl* 2 *fig* Dummkopf *m*
bro·da [-ɔ-] F Kochwasser *n*, Brühe *f* (*a. pej*)
bro·da·glia F 1 Wassersuppe *f*, Brühe *f* (*a. pej*) 2 *fig pej* Geschwafel *n*, Gewäsch *n*
bro·det·to [-e-] M Fischsuppe *f*
★**bro·do** [-ɔ-] M 1 (Fleisch)Brühe *f*, Bouillon *f*: **~ lungo/ristretto** dünne/kräftige Brühe (*od* Kraftbrühe *f*) 2 Suppe *f*, Brühe *f* mit Einlage ♦ BIOL **~ di coltura** Nährlösung *f*; *fig* **tutto fa ~** Kleinvieh macht auch Mist; **andare in ~ di giuggiole** aus dem Häuschen geraten
bro·glia·re V/I ⟨1g; av⟩ Ränke schmieden
bro·glio [-ɔ-] M Machenschaft *f*, Umtriebe *pl*; Wahlmanipulation *f*
bro·ma·to·lo·gi·a F Lebensmittelchemie *f*
bro·mo [-ɔ-] M Brom *n*
bro·mu·ro M Bromid *n*
bron·chia·le ADJ bronchial-: **asma ~** Bronchialasthma *n*; **catarro ~** Bronchialkatarrh *m*
bron·chi·te F Bronchitis *f* **bron·chi·ti·co** A ADJ bronchitisch B M, **-a** F Bronchitiker *m*, -in *f*
bron·cio [-o-] M Schmollmund *m*: **fare il ~** einen Schmollmund machen (*od* ziehen); **tenere il ~ a qn** mit j-m schmollen
bron·co [-o-] M Bronchie *f*
bron·co·pol·mo·ni·te F Lungenentzündung *f*
bron·to·la·men·to [-e-] M Brummen *n*, Murren *n*
bron·to·la·re ⟨1l⟩ A V/I ⟨av⟩ 1 murren, meckern 2 (*tuono*) grollen 3 (*stomaco*) knurren B V/T brummen, murmeln: **~ qc fra i denti** etw in seinen Bart murmeln
bron·to·li·o M 1 Gebrumm(e) *n*, Gemurre *n* 2 (*tuono*) Grollen *n* 3 (*stomaco*)

Knurren *n* **bron·to·lo·ne** [-o-] *umg* **A** ADJ mürrisch **B** M, **-a** F Brummbär *m;* Meckerer *m,* Meckerin *f*

bron·to·sau·ro [-s-] M Brontosaurier *m*

bron·za·re V/T ⟨1a⟩ bronzieren **bron·za·to** ADJ **1** bronzebeschichtet **2** bronzefarbig

bron·za·tu·ra F **1** Bronzieren *n* **2** Bronzeschicht *f*

bron·ze·o [-o-] ADJ **1** bronzen, bronzeartig, Bronze-: **statua -a** Bronzestatue *f* **2** bronzefarbig **3** (*abbronzato*) gebräunt

bron·zet·to [-e-] M Bronzefigur *f,* Bronze *f*

bron·zo [-o-] M **1** Bronze *f* **2** SPORT Bronze(medaille) *f* ♦ **età del ~** Bronzezeit *f*

bros·su·ra F Broschüre *f* ♦ **in ~** broschiert

brow·ser ['brauzer] M ⟨*inv*⟩ IT Browser *m*

bru·ca·re ⟨1d⟩ V/T **1** abweiden **2** grasen, äsen

bru·ciac·chia·re ⟨1g⟩ **A** V/T ver-, ansengen **B** V/PR **1** **-rsi i capelli** sich (*dat*) die Haare versengen **2** **la carne si è bruciacchiata** das Fleisch ist verbrutzelt **bru·ciac·chia·tu·ra** F Brandmal *n;* Brandstelle *f*

bru·cian·te ADJ **1** heiß, glühend (*a. fig*) **2** *fig* verletzend, beleidigend **3** *fig* blitzschnell

bru·cia·pe·lo [-e-], **a ~** **1** aus nächster Nähe **2** *fig* unvermittelt: **chiedere qc a ~** etw aus heiterem Himmel fragen

★**bru·cia·re** ⟨1f⟩ **A** V/T **1** verbrennen; verheizen **2** nieder-, abbrennen **3** (*cibi*) verbrennen lassen **4** ver-, ansengen **5** (*irritare*) reizen **6** *fig* verspielen: **~ una carriera** eine Karriere verspielen **B** V/I ⟨es⟩ **1** (ver)brennen **2** nieder-, abbrennen **3** (*cibi*) heiß sein **4** **mi bruciano gli occhi** mir brennen die Augen **5** *fig* **~ dalla curiosità** vor Neugier brennen **C** V/PR **-rsi** **1** sich verbrennen **2** sich verbrühen **3** (*cibi*) verbrennen **4** **la lampadina si è bruciata** die Glühbirne ist durchgebrannt ♦ *fig* **-rsi le ali** sich (*dat*) die Finger verbrennen; **~ le cervella a qn** j-m eine Kugel durch den Kopf jagen; **~ di rabbia** vor Wut kochen; *fig* **~ le tappe** eine Blitzkarriere machen

bru·cia·tic·cio **A** ADJ verbrutzelt **B** M Angebrannte *n*: **sapere di ~** angebrannt schmecken **bru·cia·to** ADJ **1** ruiniert: **come politico è ~** als Politiker ist er ruiniert **2** sonnenverbrannt

bru·cia·to·re [-o-] M Brenner *m* **bru·cia·tu·ra** F **1** Verbrennung *f* **2** Brandwunde *f* **3** Verbrühung *f* **4** Brandmal *n;* Brandfleck *m*

bru·cio·re [-o-] M **1** Brennen *n*: **~ di stomaco** Sodbrennen *n* **2** *fig* (brennender) Schmerz *m*

bru·co M Raupe *f*

bru·fo·lo M Pickel *m*

bru·fo·lo·so [-o-] ADJ pick(e)lig

bru·ghie·ra [-ɛ-] F Heide *f,* Heideland *n*

bru·go M Heidekraut *n*

bru·li·ca·re V/I ⟨1l u. d; av⟩ wimmeln: **~ di gente** von Leuten wimmeln **bru·li·chi·o** M Gewimmel *n*

brul·lo ADJ kahl, nackt: **un terreno ~** ein kahler Boden

bru·ma F Nebel *m*

bru·mo·so [-o-] ADJ neb(e)lig, dunstig

bru·na F Brünette *f*

bru·na·stro ADJ bräunlich

brunch [brantʃ] M ⟨*inv*⟩ Brunch *n*

Bru·ne·i M Brunei *n*

bru·net·ta [-e-] F Brünette *f*

bru·ni·re V/T ⟨4d⟩ **1** METALL brünieren **2** tönen **bru·ni·to** ADJ gebräunt: **una pelle -a** eine gebräunte Haut

bru·ni·tu·ra F Brünieren *n*

bru·no **A** ADJ braun, brünett; braunhaarig **B** M **1** (*colore*) Braun *n* **2** (*uomo*) Brünette *m,* Braunhaarige *m*

bru·schi·no M Scheuerbürste *f*

bru·sco ADJ **1** herb: **un vino ~** ein herber Wein **2** brüsk, barsch **3** ruckartig, heftig

bru·sco·lo M Stäubchen *n,* Körnchen *n* ♦ **ho un ~ nell'occhio** ich habe etwas im Auge

bru·si·o M Geräusch *n,* Rauschen *n;* Stimmengewirr *n,* Gemurmel *n*

bru·ta·le ADJ **1** brutal, roh: **istinti -i** rohe Triebe *pl* **2** schonunglos: **con ~ sincerità** mit schonungsloser Offenheit

bru·ta·li·tà F ⟨*inv*⟩ **1** Brutalität *f;* Rohheit *f* **2** Schonungslosigkeit *f* **bru·ta·liz·za·re** V/T ⟨1a⟩ brutal behandeln; misshandeln

bru·to **A** ADJ **1** brutal, roh; bestialisch: **forza -a** rohe Gewalt *f* **2** träge: **materia -a** träge Masse *f* **B** M **1** Unmensch *m;* Bestie *f* **2** Sexualtäter *m*

brut·ta F Konzept *n* ♦ **scrivere qc in ~** etw ins Unreine schreiben

brut·tez·za [-e-] F Hässlichkeit *f*

★**brut·to** A ADJ 1 hässlich 2 schlecht: **oggi c'è ~ tempo** heute ist schlechtes Wetter 3 schlimm: **una -a faccenda/ferita** eine schlimme Angelegenheit/Verletzung 4 blöd: **~ stupido!** Blödmann! B M 1 Hässliche *n* 2 Schlimme *n*; Schlechte *n* ♦ **alle -e** schlimmstenfalls; **il ~ anatroccolo** das hässliche Entlein; **tira una -a aria** hier ist dicke Luft; **avere una -a cera** schlecht aussehen; **fa ~** es ist schlechtes Wetter; **fare una -a figura** sich blamieren; **fare una -a fine** ein schlimmes Ende nehmen; **~ segno!** schlechtes Zeichen!; **vedersela -a** schlimm dran sein

brut·tu·ra F 1 Hässlichkeit *f*, Scheußlichkeit *f* 2 Schandtat *f* 3 Schmutz *m*, Widerlichkeit *f*

Brux·elles [bruk'sɛl] F Brüssel *n*

bub·bo·la F 1 Märchen *n*, Lüge *f*: **non raccontare -e!** erzähl keine Märchen! 2 Bagatelle *f*, Kleinigkeit *f*

bub·bo·lo M Schelle *f*

bub·bo·ne [-o-] M MED (Eiter)Beule *f* (*a. fig*)

bub·bo·ni·co [-ɔ-] ADJ Beulen-: **peste -a** Beulenpest *f*

bu·ca F 1 Loch *n* 2 Schlagloch *n* ♦ ★ **buca delle lettere** Briefkasten *m*, Briefeinwurf *m*

bu·ca·ne·ve [-e-] M ⟨*inv*⟩ Schneeglöckchen *n*

★**bu·ca·re** ⟨1d⟩ A V/T 1 ein Loch machen in (*akk*), durchlöchern 2 **ho bucato una gomma** ich habe einen Platten 3 lochen B V/PR **-rsi** 1 ein Loch, Löcher bekommen 2 sich stechen: **-rsi con un ago** sich mit einer Nadel stechen 3 *sl* fixen, spritzen

Bu·ca·rest F Bukarest *n*

bu·ca·to M Wäsche *f* ♦ **~ colorato** Buntwäsche *f*; **fare il ~** waschen; **fresco di ~** frisch gewaschen; **~ a mano** Handwäsche *f*

bu·ca·tu·ra F 1 Durchbohren *n*, Durchlöchern *n* 2 Reifenpanne *f*

★**buc·cia** F 1 Schale *f* 2 (*baccello*) Hülse *f* 3 (*formaggio*) Rinde *f* 4 (*salume*) Haut *f*, Darm *m* ♦ **pelle a ~ d'arancia** Orangenhaut *f*; **avere la ~ dura** ein dickes Fell haben; **rivedere le -ce a qn** j-m auf die Finger schauen

★**bu·co** M 1 Loch *n* (*a. fig*) 2 Leck *n* 3 Lücke *f* 4 *umg* **vivere in un ~** in einem Loch hausen 5 (*paese*) Nest *n*: **questo paese è un ~!** dieses Dorf ist ein Nest! 6 *sl* Schuss *m*, Druck *m* ♦ **fare un ~ nell'acqua** einen Reinfall erleben; **essere un ~ nell'acqua** ein Schlag ins Wasser sein; **~ nero** schwarzes Loch *n*; **~ nell'ozono** Ozonloch *n*; *fig* **avere un ~ allo stomaco** (*Hunger haben*) ein Loch im Bauch haben; **tappare un ~** Schulden bezahlen; **cercare in tutti i -chi** überall suchen

Bu·da·pest F Budapest *n*

bud·di·smo [-z-] M Buddhismus *m*

bud·di·sta A ADJ buddhistisch B M/F Buddhist *m*, -in *f*

bu·del·lo [-ɛ-] M 1 ⟨*pl* -a⟩ Darm *m*, Gedärm *n* 2 ⟨*pl* -i⟩ Schlauch *m* ♦ **mi sento torcere le -a** mir dreht sich der Magen um

bu·di·no M Pudding *m*

★**bu·e** M ⟨buoi⟩ Ochse *m* (*a. fig umg*) ♦ **lavorare come un ~** ochsen

Buenos Aires F Buenos Aires *n*

bu·fa·la F 1 ZOOL Büffelkuh *f* 2 *sl* (Zeitungs)Ente *f* **bu·fa·lo** M Büffel *m*

bu·fe·ra [-ɛ-] F Sturm *m* (*a. fig*)

buf·fet [buf'fe] M ⟨*inv*⟩ 1 (*rinfresco*) Büfett *n* 2 (*di stazione, aeroporto*) Imbiss *m* 3 (*mobile*) Anrichte *f* ♦ **il ~ della prima colazione** das Frühstücksbüfett

buf·fet·te·ri·a F Büfett *n*

buf·fet·to [-e-] M Klaps *m*

buf·fo¹ A ADJ komisch, drollig; seltsam B M THEAT, MUS Buffo *m* ♦ MUS **opera -a** komische Oper *f*

buf·fo² M (Wind)Bö(e) *f*

buf·fo·nag·gi·ne F, **buf·fo·na·ta** F Dummheit *f*, Narrenposse *f*, Albernheit *f*

buf·fo·ne [-o-] M, **-a** F 1 Narr *m*, Närrin *f*: **~ di corte** Hofnarr *m* 2 Hanswurst *m*, Possenreißer *m*, -in *f*

buf·fo·ne·ri·a F Possenhaftigkeit *f*

★**bu·gi·a** F Lüge *f*: **dire -e** lügen

bu·giar·dag·gi·ne F Lügenhaftigkeit *f*, Verlogenheit *f*

bu·giar·do A ADJ 1 verlogen, lügnerisch 2 lügenhaft, unwahr B M, **-a** F Lügner *m*, -in *f*

bu·gi·gat·to·lo M 1 Abstellraum *m*; Kabuff *n* 2 Loch *n*, Verschlag *m*

bu·gno M Bienenstock *m*

★**bu·io** A ADJ 1 dunkel, finster 2 *fig* **farsi ~ in volto** ein finsteres Gesicht machen 3 düster, schlecht: **tempi bui** schlechte Zeiten *pl* B M Dunkel *n*; Finsternis *f*, Dunkelheit *f*: **al ~** im Dunkeln ♦ **fare un salto nel ~** einen Sprung ins Ungewisse tun; **tenere qn al ~ di qc** j-n über etw (*akk*) im Dunklen lassen

bul·bo M BOT Zwiebel *f*, Knolle *f* ♦ ~ **oculare** Augapfel *m*
bul·bo·so [-o-] ADJ Zwiebel-
Bul·ga·ri·a F Bulgarien *n* **bul·ga·ro** A ADJ bulgarisch B M, **-a** F Bulgare *m*, -garin *f*
bu·li·mi·a F Bulimie *f*, Fresssucht *f*
bu·li·na·re VT ⟨1a⟩ stechen **bu·li·na·to·re** [-o-] M, **-tri·ce** F Stecher *m*, -in *f* **bu·li·na·tu·ra** F (Kupfer)Stich *m*
bu·li·no M Grabstichel *m*
bull·do·zer [bul'dɔddzer] M ⟨*inv*⟩ Planierraupe *f*, Bulldozer *m*
bul·let·ta [-e-] F 1 Zwecke *f* 2 Tapeziernagel *m*
bul·li·smo M Mobbing *n* in der Schule
bul·lo M (*teppista*) Halbstarke *m*
bul·lo·ne [-o-] M Bolzen *m*, Schraube *f*
bun·gee jum·ping ['bandʒi'dʒampiŋ] M Bungeejumping *n*
bun·ker ['bunker] M ⟨*inv*⟩ Bunker *m*: ~ **antiatomico** Atombunker *m*
buoi [-ɔ-] → bue
buon [-ɔ-] → buono
buo·na·fe·de [-e-] F guter Glaube *m*: **agire in** ~ im guten Glauben handeln
buo·na·ni·ma A F Selige *m/f*: **la** ~ **di mio zio** mein seliger Onkel B ADJ selig: **mia nonna** ~ meine Großmutter selig
buo·na·not·te [-ɔ-] INT gute Nacht
buo·na·se·ra [-'se:-] INT guten Abend: **dare la** ~ **a qn** j-m guten Abend sagen
buon·co·stu·me F Sittenpolizei *f*
buon·gior·no [-o-] INT guten Morgen, guten Tag: **dare il** ~ **a qn** j-m einen guten Morgen wünschen
buon·gra·do M **di** ~ gern
buon·gu·sta·io M, **-a** F Feinschmecker *m*, -in *f*, Gourmet *m* **buon·gu·sto** M 1 (guter) Geschmack *m* 2 Taktgefühl *n*, Feinfühligkeit *f*
★**buo·no**[1] [-ɔ-] A ADJ ⟨buon, buona, buon'; *komp*: più buono/migliore; *sup*: buonissimo/ottimo⟩ 1 gut: **una -a azione** eine gute Tat; **-a volontà** guter Wille; **essere in -i rapporti con qn** mit j-m gut stehen; **il salotto** ~ die gute Stube; **di -a famiglia** aus gutem Hause; **un'ora -a** eine gute Stunde 2 brav, artig, still: **stai** ~ sei brav 3 angenehm; **avere un buon odore** gut riechen; **avere un buon sapore** gut schmecken 4 *umg* essbar, genießbar 5 gültig: **il biglietto non è** ~ die Fahrkarte ist nicht gültig 6 **-a fortuna!** viel Glück!; **buon divertimento!** viel Spaß! B M Gute *n* C M, **-a** F (*persona buona*) guter Mensch *m* ♦ **alla -a** zwanglos, formlos; **con le -e** auf gütlichem Wege; **il buon Dio** der liebe Gott; **a buon diritto** mit vollem Recht; **in -a fede** im guten Glauben; *fig* **avere buon gioco** leichtes Spiel haben; **a buon mercato** billig, preiswert; **avere buon naso** gewitzt, schlau sein; **un** ~ **a nulla** ein Blindgänger *m*; **essere** ~ **a nulla** zu nichts taugen; **essere a buon punto** (**con qc**) (mit etw) gut vorangekommen sein; **in** ~ **stato** in gutem Zustand; **una -a volta** endlich einmal
buo·no[2] [-ɔ-] M Bon *m*, Gutschein *m* ♦ ~ **d'acquisto** Bezugsschein *m*; ~ **pasto** Essen(s)marke *f*; ~ **regalo** Geschenkgutschein *m*
buo·no·ra [-o-], **di** ~ früh(zeitig), in aller Frühe; **alla** ~! nun gerade! endlich!
buon·sen·so [-'sɛnso] M gesunder Menschenverstand *m*
buon·tem·po [-ɛ-], **darsi al** ~ sich (*dat*) einen schönen Tag machen
buon·tem·po·ne [-o-] M, **-a** F Frohnatur *f*
buo·nu·mo·re [-o-] M gute Laune *f*: **essere di** ~ gut gelaunt sein
buo·nuo·mo [-ɔ-] M guter Kerl *m*
buo·nu·sci·ta F 1 Abfindung *f* 2 Ablösesumme *f*
bu·rat·ti·na·io M, **-a** F 1 Puppenspieler *m*, -in *f* 2 *fig* Drahtzieher *m*, -in *f*
bu·rat·ti·na·ta F Narrheit *f*, Albernheit *f* **bu·rat·ti·ne·sco** [-e-] ADJ lächerlich, albern
bu·rat·ti·no M Handpuppe *f*: **teatro dei -i** Puppentheater *n*
bur·be·ro A ADJ mürrisch; raubeinig B M, **-a** F Brummbär *m*, mürrische Person *f*
Bur·ki·na Fa·so M Burkina Faso *n*
bur·la F 1 Spaß *m*, Scherz *m* 2 Lappalie *f* ♦ **personaggio da** ~ Witzfigur *f*
bur·la·re ⟨1a⟩ A VT verulken, verspotten B V/PR **-rsi di qn** sich über j-n lustig machen
bur·la·to·re [-o-] M, **-tri·ce** F Spötter *m*, -in *f*, Spaßvogel *m*
bur·le·sco [-e-] ADJ 1 Scherz-, scherzhaft 2 (*in liturgia*) burlesk
bur·let·ta [-e-] F Spaß *m*: **mettere qn/qc in** ~ j-n/etw ins Lächerliche ziehen
bur·lo·ne [-o-] M, **-a** F Witzbold *m*, Spaßvogel *m*
bu·ro·cra·te [-ɔ-] M/F Bürokrat *m*, -in *f*
bu·ro·cra·ti·co ADJ bürokratisch

C

bu·ro·cra·zi·a F Bürokratie *f* (*a. fig*)
bur·ra·sca F Sturm *m* ♦ **c'è aria di ~** das Barometer steht auf Sturm; *fig* es herrscht dicke Luft
bur·ra·sco·so [-o-] ADJ stürmisch (*a. fig*)
bur·rie·ra [-ɛ-] F Butterdose *f*
bur·ri·fi·ca·re V/T ⟨1n *u.* d⟩ zu Butter machen, schlagen **bur·ri·fi·cio** M Molkerei *f*
★**bur·ro** M Butter *f*: **~ di cacao** Lippenpflegestift *m*; **spalmare ~ sul pane** Butter aufs Brot streichen, schmieren
bur·ro·ne [-o-] M Abgrund *m*, Schlucht *f*
Bu·run·di M Burundi *n*
bus M ⟨*inv*⟩ 1 (*mezzo di trasporto*) Bus *m*: **prendere il ~** den Bus nehmen; **andare in ~** mit dem Bus fahren 2 IT Bus *m*
bu·sca·re *umg* ⟨1d⟩ V/T & V/PR **-rsi** kriegen, sich (*dat*) zuziehen: **mi sono buscata l'influenza** ich habe mir die Grippe geholt ♦ **buscarle, buscarne** Schläge kriegen
bu·si·ness[1] ['biznes] M ⟨*inv*⟩ (*affari*) Geschäft *n*
bu·si·ness[2] ['biznes] F ⟨*inv*⟩ FLUG Businessclass *f*
★**bus·sa·re** V/I ⟨1a; av⟩ (an)klopfen, pochen: **~ alla porta** an die Tür klopfen; **bussano** es klopft **bus·sa·ta** F (An)-Klopfen *n*, Pochen *n*
bus·so·la F Kompass *m* ♦ *fig* **perdere la ~** außer Fassung geraten
bus·so·lot·to [-ɔ-] M Würfel-, Knobelbecher *m*
★**bu·sta** F 1 Umschlag *m* 2 Hülle *f*; Mappe *f* 3 Etui *n* 4 Tüte *f* ♦ **~ paga** Lohntüte *f*
bu·sta·rel·la [-ɛ-] F Schmier-, Bestechungsgeld *n*
bu·stier [bus'tje] M ⟨*inv*⟩ Bustier *n*
bu·sti·na F 1 kleiner Umschlag *m* 2 Tütchen *n* 3 Beutel *m*: **~ di tè** Teebeutel *m*
bu·sti·no M 1 (*corsetto*) Mieder *n* 2 (*di abito*) Oberteil *n*
bu·sto M 1 ANAT Rumpf *m*, Oberkörper *m* 2 KUNST Büste *f* 3 Mieder *n* 4 MED Korsett *n*: **~ ortopedico** Stützkorsett *n* ♦ **fotografia a mezzo ~** Brustbild *n*
bu·ta·no M Butan *n*: **gas ~** Butangas *n*
but·ta·fuo·ri [-ɔ-] M/F Rausschmeißer *m*, -in *f*
but·ta·re ⟨1a⟩ A V/T 1 werfen; *umg* hauen, schmeißen: **buttare qn fuori dalla camera** j-n aus dem Zimmer werfen 2 (hinunter)stürzen, stoßen B V/I ⟨av⟩ sich wenden, werden: **la situazione butta al peggio** die Lage wendet sich zum Schlechten C V/PR **buttarsi** 1 sich werfen, sich stürzen 2 **buttarsi al collo di qn** sich j-m an den Hals werfen; **buttarsi in ginocchio** sich auf die Knie werfen 3 *fig* **buttarsi nel lavoro** sich in die Arbeit stürzen 4 wagen ♦ **buttare il denaro (fuori) dalla finestra** das Geld zum Fenster hinauswerfen; **buttare giù un bicchiere di whisky** ein Glas Whiskey kippen; **buttare uno sguardo su qc** einen Blick auf etw (*akk*) werfen; ★ **buttare via** wegwerfen
but·te·ra·to ADJ pockennarbig, pockig
but·te·ro M (*cicatrice*) Pockennarbe *f*
buz·zur·ro M, **-a** F Grobian *m*, Flegel *m*, rüpelhafte Person *f*
by-pass [bai'pas] M ⟨*inv*⟩ 1 MED Bypass *m* 2 ELEK (*in idraulica*) Überbrückung *f*, Nebenleitung *f*
by·pas·sa·re [bai-] V/T ⟨1a⟩ 1 ELEK überbrücken 2 (*in idraulica*) umleiten 3 *fig* umgehen: **~ una difficoltà** eine Schwierigkeit umgehen
byte [bait] M ⟨*inv*⟩ IT Byte *n*

c, C F *od* M ⟨*inv*⟩ c, C *n*
ca·ba·la F 1 REL Kabbala *f* 2 (*arte divinatoria*) Hellseherei *f*
ca·ba·li·sta M/F 1 REL Kabbalist *m*, -in *f* 2 Hellseher *m*, -in *f*
ca·ba·li·sti·co ADJ kabbalistisch
ca·ba·ret [kaba'rɛ] M ⟨*inv*⟩ Kabarett *n*
ca·ba·ret·ti·sta M/F Kabarettist *m*, -in *f*
ca·ba·ret·ti·sti·co ADJ kabarettistisch
ca·bi·na F 1 Kabine *f* 2 Telefonzelle *f* ♦ **cabina doccia** Duschkabine *f*; **cabina elettorale** Wahlkabine *f*; **cabina di pilotaggio** Cockpit *n*; **cabina di prova** Ankleidekabine *f*; ★ **cabina telefonica** Telefonzelle *f*
ca·bi·na·to M Kabinenboot *n*
ca·bi·no·vi·a F Kabinenbahn *f*
ca·blag·gio M Verkabelung *f*
ca·bla·re V/T ⟨1a⟩ ELEK verdrahten, ver-

kabeln
ca·bo·tag·gio M Küstenschifffahrt *f*
ca·bri·o·lè, ca·bri·o·let [kabrio'lɛ] M *od* F ⟨*inv*⟩ (*automobile*) Kabrio *n*, Cabrio *n*
ca·ca·o M Kakao *m* ♦ **burro di ~** Lippenpflegestift *m*
ca·ca·re *vulg* VI ⟨1d; av⟩ scheißen: *fig* **va' a ~!** verpiss dich! ♦ *fig* **mandare a ~ qn** j-n zum Teufel schicken; *fig* **-rsi sotto dalla paura** vor Angst in die Hosen machen
ca·ca·rel·la [-ɛ-] F *umg* 1 Dünnpfiff *m*, Scheißerei *f* 2 *fig* (*paura*) Schiss *m*
ca·ca·sen·no [-'sen-] M/F ⟨*inv*⟩ *umg* Klugscheißer *m*, -in *f*
ca·ca·sot·to [-'sot-] M/F ⟨*inv*⟩ *umg* Hosenscheißer *m*, -in *f*
ca·ca·ta F *vulg* 1 Scheißen *n* 2 (*feci*) Scheiße *f* 3 *fig* Scheiß *m*
ca·ca·to·a [-ɔ-], **ca·ca·tu·a** M ⟨*inv*⟩ Kakadu *m*
cac·ca F *umg* Kacke *f* ♦ *umg* **fare la ~** (*bambini*) Aa machen
cac·cia[1] F Jagd *f*: **andare a ~ di qc** auf die Jagd nach etw gehen (*a. fig*); *fig* **dare la ~ a qn/qc** j-n/etw jagen ♦ **battuta di ~** Treibjagd *f*; **divieto di ~** Jagdverbot *n*; **~ di frodo** Wilderei *f*; **~ di selezione** selektive Jagd *f*; **~ al tesoro** Schnitzeljagd *f*; **~ all'uomo** Verfolgungsjagd *f*
cac·cia[2] M ⟨*inv*⟩ Jagdflugzeug *n*, *umg* Jäger *m*
cac·cia·bom·bar·die·re [-ɛ-] M Jagdbomber *m*
cac·cia·gio·ne [-o-] F 1 Jagdbeute *f* 2 GASTR Wild(bret) *n*
cac·cia·mi·ne M ⟨*inv*⟩ Minenräumboot *n*
cac·cia·re ⟨1f⟩ A VT 1 jagen 2 hinaus-, verjagen, vertreiben (*a. fig*) 3 *umg* stecken: **~ le mani in tasca** die Hände in die Taschen stecken 4 *umg* bringen, hineinreiten: **~ qn in una situazione difficile** j-n in eine schwierige Lage bringen 5 *umg* herausrücken: **~ i soldi** das Geld herausrücken B VPR **-rsi** *umg* 1 sich (*dat*) einbrocken: **-rsi in un pasticcio** sich (*dat*) eine schöne Suppe einbrocken 2 stecken, abbleiben: **dove si sono cacciati i miei occhiali?** wo steckt bloß meine Brille? ♦ **~ di frodo** wildern; **-rsi in testa qc** sich (*dat*) etw in den Kopf setzen
cac·cia·ta F Vertreibung *f*
cac·cia·to·re [-o-] M, **-tri·ce** F Jäger *m*, -in *f* (*a. fig*) ♦ **~ di frodo** Wilderer *m*
cac·cia·tor·pe·di·nie·re [-ɛ-] M Zerstörer *m*
★**cac·cia·vi·te** M Schraubenzieher *m*: **~ a croce** Kreuzschlitzschraubendreher *m*, Kreuzschlitzschraubenzieher *m*
cac·co·la F *umg* Popel *m*
ca·che·mi·re [kaʃ'mi:r] M ⟨*inv*⟩ Kaschmirwolle *f*: **maglione di ~** Kaschmirpullover *m*
ca·chet [ka'ʃɛ] M ⟨*inv*⟩ 1 PHARM Kapsel *f* 2 *umg* Schmerztablette *f* 3 Haartönung *f* 4 Honorar *n*; Gage *f*
ca·chi[1] M ⟨*inv*⟩ 1 Kakibaum *m* 2 Kakipflaume *f*
ca·chi[2] A ADJ ⟨*inv*⟩ kakifarben B M Kaki *n*
ca·cio M Käse *m* ♦ **essere (alto come) un soldo di ~** ein Dreikäsehoch sein
ca·co·fo·ni·a F Kakofonie *f*
cac·tus M ⟨*inv*⟩ Kaktus *m*, Kaktee *f*
CAD M ⟨*inv*⟩ (Computer Aided Design) CAD *n*
ca·da·u·no ADJ & PRON ⟨*indef inv*⟩ das (*od* pro) Stück, je, jeder
★**ca·da·ve·re** M Leiche *f*, Kadaver *m*: **pallido come un ~** leichenblass
ca·da·ve·ri·co [-ɛ-] ADJ Leichen-, Toten-: **rigidità -a** Leichenstarre *f*
ca·den·te [-ɛ-] ADJ 1 hinfällig, gebrechlich 2 baufällig ♦ **stella ~** Sternschnuppe *f*
ca·den·za [-ɛ-] F 1 Tonfall *m* 2 Schritt *m* 3 MUS Kadenz *f* ♦ **a (***od* **con) ~ bimestrale** zweimonatlich
ca·den·za·re VT ⟨1a⟩ skandieren: **~ il passo** gleichmäßig Schritt halten
ca·den·za·to ADJ gleichmäßig, Gleich-: **passo ~** Gleichschritt *m*
★**ca·de·re** [-e-] VI ⟨2c; es⟩ 1 fallen: **cadere a (***od* **per) terra** zu Boden fallen, hinfallen; ★ **far cadere** fallen lassen 2 *fig* **cadere in guerra** im Krieg fallen 3 *fig* geraten: **cadere in tentazione** in Versuchung geraten 4 (*capelli, denti*) ausfallen 5 hinunterfallen, stürzen: **è caduto un aereo** ein Flugzeug ist abgestürzt 6 (*fulmini*) einschlagen 7 (*edifici*) einstürzen 8 (*abiti*) fallen: **un cappotto che cade bene** ein Mantel, der gut fällt 9 (*esami*) durchfallen ♦ **cadere ammalato** krank werden; TEL **è caduta la linea** die Leitung ist tot; **cadere male** *fig* an den Falschen geraten; **cadere dalla padella nella brace** vom Regen in die Traufe kommen; **cadere in rovina** zerfallen
ca·det·to [-e-] M MIL Kadett *m*

C

cad·mio M Kadmium *n*

★**ca·du·ta** F **1** Fallen *n*, Fall *m* (*a. fig*) **2** Sturz *m* **3** (*aereo*) Absturz *m* **4** (*fulmine*) Einschlag *m* **5** (*capelli, denti*) Ausfall *m* **6** *fig* (*rovina*) Untergang *m*, Zerfall *m* **7** WIRTSCH **la ~ delle azioni** der Fall der Aktien; **la ~ del dollaro** der Sturz des Dollars ♦ PHYS **~ libera** freier Fall *m*; **~ massi!** Steinschlag!

ca·du·to M (Kriegs)Gefallene *m*

★**caf·fè** M ⟨*inv*⟩ **1** Kaffee *m*: **~ decaffeinato** koffeinfreier Kaffee *m* **2** (*locale*) Café *n*

caf·fe·i·na F Koffein *n*: **con ~** koffeinhaltig; **senza ~** koffeinfrei

caf·fe(l)·lat·te M ⟨*inv*⟩ Milchkaffee *m*

caf·fet·te·ri·a F Cafeteria *f*

★**caf·fet·tie·ra** [-ɛ-] F **1** Kaffeemaschine *f* **2** Kaffeekanne *f*

ca·fo·na·ta F Rüpelei *f*, Flegelei *f*: **fare una ~** sich rüpelhaft benehmen

ca·fo·ne [-o-] **A** M, **-a** F Rüpel *m*, Flegel *m*, ungehobelte Person *f* **B** ADJ flegelhaft, ungehobelt

ca·gio·na·re V/T ⟨1a⟩ verursachen

ca·gio·ne·vo·le [-e-] ADJ schwach, labil

ca·gio·ne·vo·lez·za [-e-] F Anfälligkeit *f*

ca·glia·re V/I ⟨1g; es⟩ gerinnen, stocken

Ca·glia·ri F Cagliari *n* **ca·glia·ri·ta·no** **A** ADJ aus, von Cagliari **B** M, **-a** F Bewohner *m*, -in *f* von Cagliari

ca·glio M **1** Lab *n* **2** BOT Labkraut *n*

ca·gna F **1** Hündin *f* **2** *pej* Flittchen *n*

ca·gnac·cio M *pej* Köter *m* **ca·gna·ra** F *umg* Radau *m* **ca·gne·sco** [-e-] ADJ hündisch **ca·gno·li·no** M Hündchen *n*

cai·ma·no M Kaiman *m*

ca·la F Bucht *f*

ca·la·bre·se [-e-] **A** ADJ kalabrisch **B** M/F Kalabrier *m*, -in *f*

Ca·la·bria F Kalabrien *n*

ca·la·bro·ne [-o-] M Hornisse *f*

ca·la·ma·io M Tintenfass *n*

ca·la·ma·ro M Kalmar *m*

ca·la·mi·ta F Magnet *m* (*a. fig*)

ca·la·mi·tà F ⟨*inv*⟩ **1** Unheil *n*, Katastrophe *f* **2** *fig* Plage *f*; *umg* Nervensäge *f*

ca·la·mi·ta·re V/T ⟨1a⟩ **1** magnetisieren **2** *fig* auf sich (*akk*) ziehen: **~ l'attenzione** die Aufmerksamkeit auf sich ziehen

ca·la·mo M **1** BOT Rohr *n* **2** (*stelo*) Halm *m* **3** HIST (*penna*) Federkiel *m*

ca·lan·dra F AUTO Kühlerhaube *f*, Kühlergrill *m*

ca·lan·te ADJ sinkend, fallend, abnehmend (*a.* ASTRON): **luna ~** abnehmender Mond *m*

ca·lap·pio M Schlinge *f*

ca·la·re[1] ⟨1a⟩ **A** V/T **1** herablassen, senken **2** ein-, niederholen: **~ le vele** die Segel einholen **3** (*prezzi*) senken **4** (*reti*) auswerfen **B** V/I ⟨es⟩ **1** sinken (*a.* ASTRON), sich senken (*a. fig*) **2** hereinbrechen: **cala la notte** die Nacht bricht herein **3** nachlassen: **~ nel proprio rendimento** in seinen Leistungen nachlassen **4** abnehmen: **~ di peso** an Gewicht abnehmen **C** V/PR **-rsi** sich herab-, sich herunterlassen

ca·la·re[2] M **1** Sinken *n* **2** **al ~ del sole** bei Sonnenuntergang **3** Einbruch *m*: **al ~ della notte** bei Einbruch der Nacht

ca·la·ta F **1** Sinken *n* **2** (*invasione*) Einfall *m*

cal·ca F Andrang *m* ♦ **fare ~** sich drängen

cal·ca·gno M **1** ANAT ⟨*pl* -gni⟩ Ferse *f* **2** (*osso*) Fersenbein *n* **3** *fig* ⟨*pl* -gna⟩ Ferse *f*: **mettersi alle -gna di qn** sich an j-s

Il caffè

Unter **caffè** versteht jeder Italiener **Espresso**. Espresso findet man in italienischen Bars in vielen Variationen:

espresso	Espresso
macchiato freddo	Espresso mit einem Schuss kalter Milch
macchiato caldo	Espresso mit einem Schuss geschäumter Milch
lungo	Espresso mit Wasser verdünnt
ristretto	Espresso mit wenig Wasser
cappuccino *oder* **cappuccio**	Espresso mit geschäumter Milch
caffè Hag®	entkoffeinierter Espresso
corretto (*meistens mit Grappa*)	Espresso mit einem Schuss Schnaps

Fersen heften; **stare alle -gna di qn** jmd auf den Fersen sein

cal·ca·re¹ V/T ⟨1d⟩ **1** stampfen **2** ~ **qc** auf etw (*dat*) gehen **3** betonen, hervorheben ♦ *fig* ~ **la mano** zu weit gehen; *fig* ~ **le orme di qn** in j-s Fußstapfen treten; ~ **le scene** auf der Bühne stehen

cal·ca·re² M Kalkstein *m*

cal·ca·re·o ADJ kalkhaltig, kalkig, Kalk-

cal·ce¹ F Kalk *m* ♦ ~ **spenta** Löschkalk *m*

cal·ce² M JUR **in** ~ am unteren Rand

★**cal·ce·struz·zo** M Beton *m*

cal·cia·re ⟨1f⟩ **A** V/T **1** treten **2** SPORT schießen **B** V/I ⟨av⟩ **1** ~ **contro la porta** gegen die Tür treten **2** (*animali*) ausschlagen

cal·cia·to·re [-o-] M, **-tri·ce** F Fußballspieler *m*, -in *f*

cal·ci·fi·ca·re ⟨1m *u.* d⟩ **A** V/T verkalken lassen **B** V/PR **-rsi** MED verkalken **cal·ci·fi·ca·zio·ne** [-o-] F Kalkablagerung *f*; MED Verkalkung *f*

cal·ci·na F Kalkmörtel *m*

cal·ci·nac·ci MPL (*rovine*) Bauschutt *m*

cal·ci·na·re V/T ⟨1a⟩ AGR kalken **cal·ci·na·tu·ra** F AGR Kalken *n* **cal·ci·na·zio·ne** [-o-] F Kalzinierung *f* ♦ **forno di** ~ Brennofen *m*

cal·cin·cu·lo M ⟨*inv*⟩ *umg* Kettenkarussell *n*

★**cal·cio¹** M **1** SPORT Fußball *m*: **giocare a** ~ Fußball spielen **2** (Fuß)Tritt *m*: **prendere a -i qn/qc** j-n/etw treten ♦ **partita di** ~ Fußballspiel *n*; ~ **d'angolo** Eckstoß *m*; ~ **di punizione** Freistoß *m*; ~ **di rigore** Strafstoß *m*, Elfmeter *m*; *fig* **dare un** ~ **alla fortuna** sein Glück mit Füßen treten

cal·cio² M (*d'arma*) (Gewehr)Kolben *m*; Griff *m*, Knauf *m*: ~ **della pistola** Pistolenknauf *m*

cal·cio³ M CHEM Kalzium *n*

cal·cio·ba·lil·la M ⟨*inv*⟩ Tischfußballspiel *n* **cal·cio·mer·ca·to** M ⟨*inv*⟩ Transfermarkt *m*

cal·ci·sti·co ADJ Fußball-: **incontro** ~ Fußballspiel *n*; **torneo** ~ Fußballturnier *n*

cal·co M **1** (*scultura*) Abdruck *m* **2** Abguss *m* **3** (*ricalco*) Pause *f* **4** TYPO Abzug *m*

cal·co·gra·fi·a F Kupferstich *m*

cal·co·gra·fo [-ɔ-] M, **-a** F Kupferstecher *m*, -in *f*

cal·co·la·bi·le ADJ berechenbar

★**cal·co·la·re** V/T ⟨1l⟩ **1** (be-, er-, aus)rechnen (*a. fig*) **2** veranschlagen; HANDEL kalkulieren ♦ ~ **a occhio e croce** über den Daumen peilen

cal·co·la·to·re [-o-] **A** ADJ **1** Rechen-: **regolo** ~ Rechenschieber *m* **2** *fig* berechnend **B** M, **-tri·ce** F **1** **calcolatore** *m* Rechner *m*; Computer *m*: ~ **parallelo** Parallelrechner *m* **2** (*persona*) Rechner *m*, -in *f*: **un freddo** ~ ein kühler Rechner

cal·co·la·tri·ce F ~ **tascabile** Taschenrechner *m*

cal·co·lo¹ M **1** (Be)Rechnung *f* (*a. fig*) **2** Überschlag *m*: **fare un** ~ (**approssimativo**) **di qc** etw überschlagen **3** (*valutazione*) Veranschlagung *f* **4** HANDEL Voranschlag *m* ♦ ~ **percentuale** Prozentrechnung *f*; **far male i -i** sich verrechnen; *fig* **agire per** ~ etw aus Berechnung tun

cal·co·lo² M MED Stein *m*: ~ **biliare** Gallenstein *m*

cal·co·ma·ni·a F Abziehbild *n*

cal·da·ia F **1** (Heiz)Kessel *m* **2** Kesselraum *m* **cal·da·na** F **1** Hitzewallung *f*: **avere le -e** fliegende Hitze haben **2** *fig* Zornausbruch *m*

cal·dar·ro·sta [-ɔ-] F geröstete Kastanie *f*

cal·deg·gia·re V/T ⟨1f⟩ befürworten; unterstützen

cal·de·ro·ne [-o-] **1** (großer) Kessel *m* **2** *fig* Mischmasch *m* ♦ *fig* **mettere tutto nello stesso** ~ alles in einen Topf werfen

★**cal·do** **A** ADJ **1** warm (*a. fig*), heiß **2** *fig* herzlich **3** *fig* heißblütig **4** *fig* Krisen-: **le aree -e del mondo** die Krisengebiete in der Welt **B** M **1** Wärme *f*, Hitze *f* **2** *fig* Eifer *m* ♦ **a** ~ im ersten Moment; **fa** ~ es ist warm, heiß; *fig* **non mi fa né** ~ **né freddo** das lässt mich völlig kalt; **mettere in** ~ **qc** etw warm stellen; *fig* **tenersi in** ~ **qn** sich (*dat*) j-n warmhalten; *fig* **testa -a** Hitzkopf *m*

ca·lei·do·sco·pio [-ɔ-] M Kaleidoskop *n*

ca·len·da·rio M Kalender *m*: **un** ~ **perpetuo** ein immerwährender Kalender *m* ♦ ~ **dell'Avvento** Adventskalender *m*; ~ **a fogli staccabili** Abreißkalender *m*; ~ **delle lezioni** Vorlesungsprogramm *n*; ~ **delle manifestazioni** Veranstaltungskalender *m*

ca·len·de [-ɛ-] FPL *fig* **rimandare qc alle** ~ **greche** etw bis zum Sankt-Nimmerleins-Tag verschieben

ca·let·ta [-e-] F Nut *f*, Zapfen *m*

ca·let·ta·re ⟨1a⟩ **A** V/T verzahnen, ver-

C

zapfen **B** VI ⟨av⟩ zusammenpassen, sich zusammenfügen **ca·let·ta·tu·ra** F Verzapfung *f*, Verzahnung *f*

ca·li·bra·re VT ⟨1l⟩ **1** kalibrieren, eichen **2** *fig* abwägen **ca·li·bra·to** ADJ **1** *fig* **taglie -e** Sondergrößen *pl* **2** *fig* ausgewogen

ca·li·bro M **1** TECH Lehre *f* **2** (*d'arma*) *fig* Kaliber *n*

ca·li·ce[1] M **1** Kelch *m*, Kelchglas *n* **2** (*in liturgia*) Messkelch *m* ♦ **levare i -i** anstoßen, die Gläser erheben

ca·li·ce[2] M BOT Blütenkelch *m*

ca·lif·fa·to M Kalifat *n*

ca·lif·fo M Kalif *m*

ca·li·gi·ne F Dunst(schleier) *m*

ca·li·gi·no·so [-o-] ADJ **1** dunstig, diesig **2** *fig* dunkel, düster

call cen·ter ['kol'sɛnter] M ⟨*inv*⟩ Callcenter *n*

cal·li·gra·fi·a F **1** Schönschreiben *n* **2** Handschrift *f* **cal·li·gra·fi·co** ADJ **1** kalligrafisch **2** Schrift-: TYPO **carattere ~** Schrifttype *f* **cal·li·gra·fo** M, **-a** F Kalligraf *m*, -in *f* ♦ JUR **perito ~** Schriftsachverständige *m*

cal·li·sta M/F Fußpfleger *m*, -in *f*

cal·lo M **1** Hornhaut *f* **2** (*mani*) Schwiele *f* **3** (*piedi*) Hühnerauge *n*

cal·lo·si·tà F ⟨*inv*⟩ Hornhautverhärtung *f*

cal·lo·so [-o-] ADJ schwielig, verhornt

cal·ma F **1** Ruhe *f* **2** Stille *f* **3** Gelassenheit *f* **4** METEO Windstille *f* ♦ **con ~!** immer mit der Ruhe!; **prendersela con ~** sich (*dat*) Zeit lassen, *umg* die Ruhe weghaben

cal·man·te **A** ADJ **1** beruhigend **2** schmerzlindernd **B** M Beruhigungsmittel *n*

cal·ma·re ⟨1a⟩ **A** VT **1** beruhigen, besänftigen **2** lindern **B** V/PR **-rsi** **1** sich beruhigen **2** (*dolori*) nachlassen

cal·mie·ra·re VT ⟨1b⟩ **~ qc** den Höchstpreis von etw (amtlich) festsetzen

cal·mie·ra·to·re [-o-] ADJ preisdämpfend

cal·mie·re [-ɛ-] M **prezzo di ~** (behördlich festgesetzter) Höchstpreis *m*

★**cal·mo** ADJ ruhig, still

ca·lo M **1** Abnahme *f*: **~ di peso** Gewichtsabnahme *f* **2** Rückgang *m* **3** *fig* Verlust *m*: **~ di popolarità** Popularitätsverlust *m*

ca·lo·re [-o-] M **1** Wärme *f* (*a. fig*), Hitze *f*: **il ~ della famiglia** die Nestwärme **2** ZOOL Brunst *f*

ca·lo·ri·a F Kalorie *f* **ca·lo·ri·co** [-o-] ADJ **1** PHYS kalorisch **2** MED Kalorien-: **a basso contenuto ~** kalorienarm; **ad alto contenuto ~** kalorienreich

ca·lo·ri·fe·ro M Heizkörper *m* **ca·lo·ri·fi·co** ADJ Heiz-: **potere ~** Heizwert *m*

ca·lo·ro·si·tà F Wärme *f*, Warmherzigkeit *f* **ca·lo·ro·so** [-o-] ADJ **1** (*cibi, bevande*) wärmend **2** *fig* herzlich

ca·lot·ta [-ɔ-] F **1** GEOM, ARCH, MED Kalotte *f* **2** MECH Kappe *f* ♦ **~ cranica** Schädeldecke *f*; **~ polare** Polkappe *f*, polare Eiskappe *f*

cal·pe·sta·re VT ⟨1a⟩ **~ qc** auf etw (*akk*) (mit Füßen) treten (*a. fig*), etw zertrampeln ♦ **vietato ~ le aiuole** Betreten des Rasens verboten

Cal·ta·ni·sset·ta [-ɛ-] F Caltanissetta *n*

ca·lu·gi·ne, ca·lug·gi·ne F Flaum *m*

ca·lun·nia F Verleumdung *f*

ca·lun·nia·re VT ⟨1k⟩ verleumden **ca·lun·nia·to·re** [-o-] M, **-tri·ce** F Verleumder *m*, -in *f* **ca·lun·nio·so** [-o-] ADJ verleumderisch

ca·lu·ra F Hitze *f*: **~ estiva** Sommerhitze *f*

cal·va·rio M *fig* Leidensweg *m*, Martyrium *n* **Cal·va·rio** M Kalvarienberg *m*

cal·vi·ni·smo [-z-] M Kalvinismus *m*

cal·vi·ni·sta M/F Kalvinist *m*, -in *f* **cal·vi·ni·sti·co** ADJ kalvinistisch

cal·vi·zie F ⟨*inv*⟩ Kahlköpfigkeit *f*

cal·vo **A** ADJ kahl(köpfig) **B** M, **-a** F Kahl-, Glatzkopf *m*, Glatzköpfige *m/f*

★**cal·za** F Strumpf *m*; Socke *f* ♦ **fare la ~** stricken; **ferri da ~** Stricknadeln *pl*

★**cal·za·ma·glia** F ⟨calzemaglie⟩ Strumpfhose *f* **cal·zan·te** **A** ADJ **1** passend, gut sitzend **2** *fig* passend, treffend **B** M Schuhanzieher *m*

cal·za·re ⟨1a⟩ **A** VT anziehen; tragen **B** VI **1** ⟨av⟩ passen: **queste scarpe gli calzano perfettamente** diese Schuhe passen ihm ganz genau **2** ⟨es⟩ *fig* passen, zutreffen

cal·za·scar·pe M ⟨*inv*⟩ Schuhanzieher *m*, Schuhlöffel *m*

cal·za·to·ia [-o-] F **1** Hemmschuh *m*, Bremsklotz *m* **2** Schemel *m* **cal·za·to·io** [-o-] M Schuhlöffel *m* **cal·za·tu·ra** F Schuhwerk *n*: **negozio di -e** Schuhgeschäft *n* **cal·za·tu·rie·ro** [-ɛ-] ADJ Schuh-: **industria -a** Schuhindustrie *f*

cal·za·tu·ri·fi·cio M Schuhfabrik *f*
cal·ze·rot·to [-ɔ-] M (lange) Socke *f*
cal·zet·ta [-e-] F *fig* **essere una mezza ~** ein kleines Würstchen sein **cal·zet·to·ne** [-o-] M Kniestrumpf *m*
★**cal·zi·no** M Socke *f*
cal·zo·la·io M, **-a** F Schuhmacher *m*, -in *f*, Schuster *m*, -in *f* **cal·zo·le·ri·a** F Schuhmacherei *f*
cal·zon·ci·ni MPL Höschen *n*; (kurze) Hose *f*, Shorts *pl*
cal·zo·ne [-o-] M Hose *f*: **un paio di -i** eine Hose ♦ *fig* **portare i -i** die Hosen anhaben
ca·ma·le·on·te [-o-] M Chamäleon *n* (*a. fig*) **ca·ma·leon·ti·smo** [-z-] M Wankelmut *m*
cam·bia·bi·le ADJ (aus)wechselbar
cam·bia·le F Wechsel *m*: **-i in scadenza** fällige Wechsel *pl*; **~ a breve/lunga scadenza** kurzfristiger/langfristiger Wechsel *m* ♦ **avallare una ~** eine Wechselbürgschaft leisten
★**cam·bia·men·to** [-e-] M (Ver)Änderung *f*; Wechsel *m*, Wandel *m* ♦ **~ d'aria** Luftveränderung *f*; **~ di rotta** Kurswechsel *m*; **salvo -i** Änderungen vorbehalten; **sensibile ai -i del tempo** wetterfühlig; **~ di tempo** Wetterumschlag *m*
★**cam·bia·re** ⟨1k⟩ **A** V/T **1** (ver)ändern; wechseln **2** (*denaro*) wechseln **3** (um)tauschen **B** V/I ⟨es⟩ **1** wechseln, sich (ver)ändern: **sei cambiato in meglio** du hast dich zu deinem Vorteil verändert **2** tauschen **3** (*motoristica*) schalten ♦ **cambiare aria** lüften; **cambiare le carte in tavola** den Spieß umdrehen; ★**cambiare casa** umziehen; **cambiare le lenzuola** das Bett frisch beziehen; **cambiare treno** umsteigen
cam·bia·rio ADJ Wechsel-: **debito ~** Wechselschuld *f*; **avallo ~** Wechselbürgschaft *f*
★**cam·biar·si** [-s-] V/PR **1** sich umziehen **2** sich verwandeln
cam·bia·va·lu·te M/F ⟨*inv*⟩ Geldwechsler *m*, -in *f* ♦ **~ automatico** Geldwechselautomat *m*
★**cam·bio** M **1** Wechsel *m*, Tausch *m* **2** WIRTSCH Wechselkurs *m* **3** (*motoristica*) **~ automatico** Automatikschaltung *f*, Automatikgetriebe *n*; **~ (di velocità)** Wechselgetriebe *n*; **dare il ~ a qn** j-n ablösen; **in ~ di qc** (an)statt etw (*gen*), dafür
cam·bi·sta M/F WIRTSCH Devisenhändler *m*, -in *f*; Geldwechsler *m*, -in *f*
Cam·bo·gia [-ɔ-] F Kambodscha *n*
cam·bo·gia·no **A** ADJ kambodschanisch **B** M, **-a** F Kambodschaner *m*, -in *f*
cam·bu·sa F Kombüse *f*
cam·bu·sie·re [-ɛ-] M Schiffskoch *m*
cam·cor·der [kam'kɔrder] M ⟨*inv*⟩ Camcorder *m*
ca·me·lia [-ɛ-] F BOT Kamelie *f*
★**ca·me·ra** F **1** Zimmer *n*: **~ da letto** Schlafzimmer *n*; **~ matrimoniale/singola** Doppelbett-/Einzelzimmer *n* **2** POL Kammer *f*, Haus *n*: **~ dei deputati** Abgeordnetenhaus *n* ♦ **~ d'aria** (Luft)Schlauch *m*; **~ di commercio** Handelskammer *f*; **musica da ~** Kammermusik *f*; **~ operatoria** Operationssaal *m*; **~ oscura** Dunkelkammer *f*; **veste da ~** Morgenrock *m*

camera doppia

In einer **camera doppia** sind zwei Einzelbetten, in der **camera matrimoniale** ist ein Ehebett.

ca·me·ra·man ['kameramɛn] M/F ⟨*inv*⟩ Kameramann *m*, -frau *f*
ca·me·ra·sog·gior·no [-o-] M Wohnschlafzimmer *n*
ca·me·ra·ta[1] F Schlafsaal *m*; Stube *f*
ca·me·ra·ta[2] M/F Kamerad *m*, -in *f*
ca·me·ra·te·sco [-e-] ADJ kameradschaftlich, Kameradschaft- **ca·me·ra·ti·smo** [-z-] M Kameradschaft *f*
★**ca·me·rie·ra** [-ɛ-] F **1** Kellnerin *f* **2** Zimmermädchen *n*
★**ca·me·rie·re** [-ɛ-] M Kellner *m*, Ober *m*
ca·me·ri·no M THEAT Garderobe *f*
Ca·me·run N Kamerun *n* **ca·me·ru·ne·se** **A** ADJ kamerunisch **B** M/F Kameruner *m*, -in *f*
ca·mi·ce M Kittel *m* **ca·mi·ce·ri·a** F **1** Hemdenfabrik *f* **2** Hemdengeschäft *n*
★**ca·mi·cet·ta** [-e-] F Bluse *f*
★**ca·mi·cia** F **1** (*da uomo*) (Ober)Hemd *n*; (*da donna*) (Hemd)Bluse *f* **2** TECH (*edilizia*) Mantel *m* ♦ **~ di forza** Zwangsjacke *f*; **~ jeans** Jeanshemd *n*; *fig* **lasciare qn in ~** j-n bis aufs Hemd ausziehen; **in maniche di ~** hemdsärmelig (*a. fig*); **essere nato con la ~** ein Sonntagskind (*od* ein Glückspilz) sein
ca·mi·cia·ia F Hemdennäherin *f*
ca·mi·cia·io M Hemdenmacher *m* **ca·mi·cio·la** [-ɔ-] F **1** Unterhemd *n* **2**

C

kurzärmeliges Hemd *n* **ca·mi·ciot·to** [-ɔ-] M **1** kurzärmeliges Hemd *n* **2** Arbeitskittel *m*

ca·mi·no M **1** Kamin *m* (*a. alpinismo*) **2** Schornstein *m* (*a.* BAHN)

★**ca·mion** M ⟨*inv*⟩ LKW *m*, Lastwagen *m*

ca·mion·ci·no M Lieferwagen *m* **ca·mio·net·ta** [-e-] F Mannschaftswagen *m* **ca·mio·ni·sta** M/F LKW-Fahrer *m*, -in *f*

cam·ma F Nocken *m*: **albero a -e** Nockenwelle *f*

cam·mel·lo [-ɛ-] **A** M **1** Kamel *n* **2** Kamelhaar *n* **B** ADJ ⟨*inv*⟩ (**color**) ~ kamelhaarfarben

cam·mi·na·men·to [-e-] M MIL Laufgraben *m*

★**cam·mi·na·re** V/I ⟨1a; av⟩ **1** gehen, laufen **2** *umg* **la macchina non cammina più** das Auto läuft nicht mehr; **l'orologio non cammina più** die Uhr geht nicht mehr **3** wandern **cam·mi·na·ta** F **1** Spaziergang *m*, Wanderung *f* **2** (*andatura*) Gang *m* **cam·mi·na·to·re** [-o-] M, **-tri·ce** F Geher *m*, -in *f*; Wanderer *m*, Wandrerin *f* ♦ **essere un buon/cattivo ~** gut/schlecht zu Fuß sein

cam·mi·no M **1** (Fuß)Weg *m* (*a. fig*): **essere in ~** unterwegs sein; **mettersi in ~** sich auf den Weg machen **2** Lauf *m*: **il ~ del sole** der Lauf der Sonne ♦ **cammin facendo** unterwegs

ca·mo·mil·la F **1** BOT Kamille *f* **2** Kamillentee *m*

ca·mor·ra [-ɔ-] F Kamorra *f*

ca·mo·scio [-ɔ-] M **1** Gämse *f*; Gämsbock *m* **2** Wildleder *n*

★**cam·pa·gna** F **1** Land *n*: **vivere in ~** auf dem Land leben **2** MIL Feldzug *m* **3** *fig* Kampagne *f* ♦ **casa di ~** Landhaus *n*; **di** (*od* **della**) **~** ländlich, Land-; **~ antifumo** Antiraucherkampagne *f*; **~ denigratoria** Schlammschlacht *f*; **~ elettorale** Wahlkampf *m*; **~ pubblicitaria** Werbekampagne *f*

cam·pa·gno·lo [-ɔ-] **A** ADJ **1** ländlich, Land- **2** *pej* bäurisch **B** M, **-a** F **1** Landbewohner *m*, -in *f* **2** *pej* Bauer *m*, Bäuerin *f*

★**cam·pa·na** F **1** Glocke *f* **2** (Schutz)Glocke *f* **3** Altglascontainer *m* ♦ **sordo come una ~** stocktaub; **sentire tutte le -e** beide Meinungen (*od* Parteien) hören

cam·pa·nac·cio M Kuhglocke *f* **cam·pa·na·rio** ADJ Glocken-: **torre -a** Glockenturm *m* **cam·pa·na·ro** M, **-a** F Glöckner *m*, -in *f* **cam·pa·nel·la** [-ɛ-] F **1** Glocke *f*: **la ~ della scuola** die Schulglocke **2** BOT Glockenblume *f*

★**cam·pa·nel·lo** [-ɛ-] M **1** Klingel *f*: **suonare il ~** klingeln **2** Fahrradklingel *f* **3** MUS *pl* Glockenspiel *n* ♦ **~ d'allarme** Alarmglocke *f* (*a. fig*)

Cam·pa·nia F Kampanien *n*

★**cam·pa·ni·le** M (Glocken)Turm *m*

cam·pa·ni·li·smo [-z-] M Lokalpatriotismus *m* **cam·pa·ni·li·sta** M/F Lokalpatriot *m*, -in *f*

cam·pa·no ADJ **A** kampanisch **B** M, **-a** F Kampanier *m*, -in *f*

cam·pa·nu·la F Glockenblume *f*

cam·pa·re[1] V/I ⟨1a; es⟩ *umg* leben, sich durchschlagen: **~ del proprio lavoro** von seiner Arbeit leben ♦ **tirare a ~** sich durchs Leben schlagen (*od* sein Leben fristen)

cam·pa·re[2] V/T ⟨1a⟩ hervorheben

cam·pa·ta F (*edilizia*) Spann-, Bogenweite *f*

cam·pa·to ADJ **un'affermazione -a in aria** eine aus der Luft gegriffene Behauptung

cam·peg·gia·re V/I ⟨1f; av⟩ **1** zelten, campen **2** sich abheben, hervorstechen **3** im Vordergrund stehen

cam·peg·gia·to·re [-o-] M, **-tri·ce** F Camper *m*, -in *f*

★**cam·peg·gio** [-e-] M **1** Zelten *n*, Camping *n*: **fare il ~** zelten, campen **2** Zelt-, Campingplatz *m*; Zeltlager *n* ♦ **fare ~ libero** wild zelten

cam·per M ⟨*inv*⟩ Wohnmobil *n*

cam·pe·stre [-ɛ-] ADJ Feld-, Land-: **fiori -i** Feldblumen *pl*; **vita ~** Landleben *n* ♦ **corsa ~** Geländelauf *m*

cam·pic·chia·re V/I ⟨1g; av⟩ sich durchschlagen

cam·pio·na·re V/T ⟨1a⟩ **~ qc** eine Stichprobe bei etw machen **cam·pio·na·rio** **A** M **1** Musterkollektion *f* **2** Musterbuch *n* **B** ADJ Muster-: **fiera -a** Mustermesse *f* ♦ **valigetta del ~** Musterkoffer *m*

★**cam·pio·na·to** M **1** Meisterschaft *f*: **~ mondiale/europeo** Welt-/Europameisterschaft *f* **2** Liga *f* ♦ **~ di serie A/di serie B** 1./2. Liga

cam·pion·ci·no M Probepackung *f*

★**cam·pio·ne** [-ɔ-] **A** M **1** SPORT Meister *m*, Sieger *m*, Champion *m*: **~ nazionale** Landesmeister *m*; **~ olimpico** Olympiasieger *m* **2** Spitzensportler *m*, -spieler *m* **3** *fig* Modell *n*, Muster *n* **4** HANDEL Muster *n*, Probe *f*: **~ senza valore** Muster *n* ohne Wert; **~ gratuito** (*od* **omaggio**) Gratisprobe *f* **5** MED, BERGB, TECH Probe *f* **B** ADJ ⟨inv⟩ **1** Sieger-: **squadra ~** Siegermannschaft *f* **2** **indagine ~** Stichprobenuntersuchung *f* ♦ **conforme al ~** mustergetreu; **controllo (qualità) a ~** Stichprobe *f*; **~ delle vendite** Verkaufshit *m*

★**cam·pio·nes·sa** [-e-] F **1** Meisterin *f*: **~ nazionale** Landesmeisterin *f*; **~ olimpica** Olympiasiegerin *f* **2** Spitzensportlerin *f*

cam·pio·nis·si·mo M, **-a** F SPORT **1** Ausnahmeerscheinung *f* **2** Weltbeste *m/f*

★**cam·po** M **1** Feld *n*, Acker *m* **2** SPORT Platz *m*: **~ da tennis** Tennisplatz *m*; **~ da tennis in terra battuta** Sandplatz *m* **3** MIL Feld *n* **4** Lager *n*: **un ~ di profughi** ein Flüchtlingslager **5** Grund *m*: **una croce blu in ~ rosso** ein blaues Kreuz auf rotem Grund **6** *fig* Gebiet *n*, Bereich *m*: **in ~ artistico** auf künstlerischem Gebiet **7** ELEK, PHYS, OPT Feld *n*: **~ magnetico** Magnetfeld *n* **8** BERGB -feld *n*, Vorkommen *n* ♦ **abbandonare il ~** das Feld räumen (*a. fig*); **~ d'atterraggio** Landeplatz *m*; **~ d'aviazione** Flugplatz *m*; **~ di battaglia** Schlachtfeld *n* (*a. fig*); **cambio del ~** Seitenwechsel *m*; **~ di concentramento** Konzentrationslager *n*; **avere ~ libero** freie Hand haben; **~ minato** Minenfeld *n*; *fig* gefährliches Terrain *n*; **~ di prigionia** Gefangenenlager *n*; **~ di raccolta** Auffang-, Sammellager *n*; SPORT **scelta del ~** Seitenwahl *f*

cam·po·bas·sa·no **A** ADJ aus, von Campobasso **B** M, **-a** F Bewohner *m*, -in *f* von Campobasso

Cam·po·bas·so F Campobasso *n*

cam·po·san·to [-s-] M Friedhof *m*

cam·pus ['kampus] M ⟨inv⟩ **1** (*di università*) Campus *m* **2** (*per ragazzi*) **~ estivo** Ferienlager *n*; **~ estivo di calcio** Sommertrainingslager *n* für Fußball

ca·muf·fa·re ⟨1a⟩ **A** V/T **1** verkleiden, vermummen **2** *fig* verschleiern **B** V/PR **-rsi** **1** sich vermummen, sich tarnen **2** *fig* sich ausgeben: **-rsi da galantuomo** sich als Gentleman ausgeben

ca·mu·so ADJ **naso ~** platte Nase *f*

Ca·na·da M Kanada *n*

ca·na·de·se[1] [-e-] **A** ADJ kanadisch **B** M/F Kanadier *m*, -in *f*

ca·na·de·se[2] [-e-] F **1** (*tenda*) Hauszelt *n* **2** (*canoa*) Kanadier *m*

ca·na·glia F **1** Schurke *m* **2** Gesindel *n*

ca·na·glia·ta F Schweinerei *f*

ca·na·glie·sco [-e-] ADJ schurkisch

★**ca·na·le** M **1** Kanal *m* **2** *fig* **i -i diplomatici** die diplomatischen Kanäle *pl* **3** Kanal *m*, Programm *n*, Sender *m* **4** ELEK, TEL Leitung *f* **5** ANAT Kanal *m*, Gang *m* ♦ **~ a chiuse** Schleusenkanal *m*; HANDEL **~ di distribuzione** Absatzweg *m*; **~ della Manica** Ärmelkanal *m*

ca·na·liz·za·re V/T ⟨1a⟩ kanalisieren (*a. fig*)

ca·na·liz·za·zio·ne [-o-] F **1** Kanalisation *f* **2** Leitungssystem *n*

ca·na·pa F Hanf *m*: **~ indiana** Cannabis *m*

Ca·na·rie FPL **le ~** die Kanarischen Inseln *pl*; **delle ~** kanarisch

ca·na·ri·no M Kanarienvogel *m*

Can·ber·ra [-ɛ-] F Canberra *n*

can·cel·la·bi·le ADJ **1** streichbar **2** (*registrazione*) löschbar

★**can·cel·la·re** ⟨1b⟩ **A** V/T **1** (aus)streichen (*a. fig*): **~ la parte che non interessa** Nichtzutreffendes bitte streichen **2** löschen: **~ una cassetta/un file** eine Kassette/eine Datei löschen **3** absagen **4** (*volo, prenotazione*) stornieren **5** (*debiti*) tilgen **B** V/PR **-rsi** verblassen

can·cel·la·ta F Gitter *n*, Gatter *n*

can·cel·la·tu·ra F **1** Streichung *f* **2** durchgestrichene Stelle *f* **can·cel·la·zio·ne** [-o-] F **1** Streichung *f*; (*di registrazione*) Löschung *f* **2** HANDEL Stornierung *f* **3** Tilgung *f* **can·cel·le·ri·a** F **1** Kanzlei *f* **2** Schreibwaren *pl*, Bürobedarf *m* **can·cel·lie·re** [-ɛ-] M **1** **~ federale** Bundeskanzler *m*, -in *f* **2** Urkundsbeamte *m*, -beamtin *f*; **~ di tribunale** Gerichtsschreiber *m*, -in *f* **can·cel·li·no** M Tintenlöscher *m*

★**can·cel·lo** [-ɛ-] M Gittertor *n*, Gittertür *f*

can·ce·ro·ge·no [-ɔ-] ADJ krebserregend

can·ce·ro·so [-o-] ADJ krebsartig

can·cre·na [-ɛ-] F (Wund)Brand *m*

★**can·cro** M **1** MED Krebs *m* **2** *fig* Übel *n* **3** ASTROL **Alessandro è del Cancro** Alessandro ist Krebs ♦ **~ al fegato/della pelle/ai polmoni** Leber-/Haut-/Lungenkrebs *m*; **malato di ~** krebskrank

can·deg·gian·te M Bleichmittel *n*

can·deg·gia·re V/T ⟨1f⟩ bleichen

★**can·de·la** [-e-] F **1** Kerze *f* **2** (*motoristi-*

C

ca) (Zünd)Kerze *f* ♦ **a lume di ~** bei Kerzenlicht

can·de·la·bro M Armleuchter *m*

can·de·la·io M, **-a** F Kerzengießer *m*, -in *f*

can·de·let·ta [-e-] F PHARM Zäpfchen *n*

can·de·lie·re [-ɛ-] M Kerzenleuchter *m*

Can·de·lo·ra [-ɔ-] F Mariä Lichtmess *f*

can·de·lot·to [-ɔ-] M Patrone *f*: **~ lacrimogeno** Tränengaspatrone *f*

can·di·da·re ⟨1l⟩ **A** VT als Kandidaten aufstellen **B** V/PR **-rsi** sich bewerben, kandidieren: **-rsi per una carica** für ein Amt kandidieren **can·di·da·to** M, **-a** F Kandidat *m*, -in *f*; Bewerber *m*, -in *f*: **~ a un esame** Prüfungskandidat *m* **can·di·da·tu·ra** F Kandidatur *f*; Bewerbung *f*

can·di·do ADJ **1** (schnee)weiß **2** unschuldig, rein; naiv

can·di·re VT ⟨4d⟩ kandieren **can·di·to** **A** ADJ kandiert, Kandis- **B** M kandierte Frucht *f*

can·do·re [-o-] M **1** Weiße *f* **2** Unschuld *f*, Reinheit *f*; Naivität *f*

★**ca·ne** **A** M **1** Hund *m* (*a. fig pej*) **2** (*d'arma*) Hahn *m* **B** ADJ ⟨*inv*⟩ *pej* Hunde-: **fa un freddo ~** es ist hundekalt ♦ **~ antidroga** Drogenspürhund *m*; **~ da combattimento** Kampfhund *m*; **attenti al ~!** Vorsicht, bissiger Hund!; **~ da caccia** Jagdhund *m*; **sto da -i** mir ist hundeelend; **da -i** unter aller Sau; **essere come ~ e gatto** wie Hund und Katze sein; **non menare il can per l'aia!** schiebe es nicht auf die lange Bank!; **~ poliziotto** Polizeihund *m*; **porco ~!** verdammt noch mal!; **~ da seguito** Spürhund *m*

ca·ne·stra [-ɛ-] F großer Korb *m*

ca·ne·stra·io M, **-a** F Korbmacher *m*, -in *f*

ca·ne·stro [-ɛ-] M Korb *m* (*a.* SPORT)

can·fo·ra F Kampfer *m*

can·gian·te ADJ schillernd

can·gu·ro M Känguru *n*

ca·ni·co·la F **1** Hundsstern *m* **2** Hundstage *pl*

ca·ni·le M **1** (Hunde)Hütte *f* **2** (Hunde)Zwinger *m*

ca·ni·no **A** ADJ Hunde-: **razza -a** Hunderasse *f* **B** M Eckzahn *m* ♦ **rosa -a** Heckenrose *f*; *umg* **tosse -a** Keuchhusten *m*

ca·ni·zie F ⟨*inv*⟩ **1** Ergrauen *n* **2** weißes Haar *n* **3** Greisenalter *n*

can·na F **1** Rohr *n*; Schilf(gras) *n*: **~ di bambù** Bambusrohr *n* **2** Angel(rute) *f* **3** Rohr *n*, Stange *f* **4** (*armi da fuoco*) Rohr *n*, Lauf *m* **5** MUS Pfeife *f* **6** *sl* Joint *m*: **farsi una ~** sich (*dat*) einen Joint drehen ♦ **bere a ~** aus der Flasche trinken; **povero in ~** bettelarm; **tremare come una ~** wie Espenlaub zittern

can·na·bis F Cannabis *m*

can·na·re VT ⟨1a⟩ *sl* **1** ver-, danebenhauen: **~ un esercizio** eine Übung verhauen **2** (*bocciare*) durchfallen lassen

can·nel·la[1] [-ɛ-] F **1** Röhrchen *n* **2** (*della botte*) Zapfen *m*, Hahn *m*

can·nel·la[2] [-ɛ-] F Zimt *m*

can·nel·lo [-ɛ-] M **1** Röhrchen *n* (*a.* TECH) **2** Pfeifenrohr *n* **3** MED Kanüle *f*

can·ne·to [-e-] M Röhricht *n*; Schilf *n*

can·ni·ba·le M/F Kannibale *m*, -lin *f*

can·ni·ba·li·smo [-z-] M Kannibalismus *m*

can·noc·chia·le M Fernrohr *n*

can·no·na·ta F **1** Kanonenschlag *m*, -schuss *m* **2** *fig umg* (*cosa formidabile*) Hammer *m* **can·no·ne** [-o-] M Kanone *f* (*a. umg fig*) ♦ **~ da neve** Schneekanone *f*

can·no·neg·gia·re VT ⟨1f⟩ unter Kanonenbeschuss nehmen **can·no·nie·ra** [-ɛ-] F **1** Kanonenboot *n* **2** Schießscharte *f*

can·no·nie·re [-ɛ-] M MIL Kanonier *m*

can·nuc·cia F **1** Trink-, Strohhalm *m* **2** Röhrchen *n*

ca·no·a [-ɔ-] F Kanu *n*; Ruderboot *n*

ca·no·ne M **1** MUS, REL, KUNST Kanon *m* **2** Maßstab *m*, Richtschnur *f* **3** Gebühr *f* **4** Rundfunk- und Fernsehgebühr *f* **5** TEL Grundgebühr *f* ♦ **~ d'affitto** Miete *f*, Mietzins *m*

ca·no·ni·ca [-ɔ-] F Pfarrhaus *n*

ca·no·ni·co[1] [-ɔ-] ADJ REL, KUNST kanonisch ♦ *fig* **all'ora -a** zur gewohnten Stunde

ca·no·ni·co[2] [-ɔ-] M Kanoniker *m*

ca·no·niz·za·re VT ⟨1a⟩ heiligsprechen **ca·no·niz·za·zio·ne** [-o-] F Heiligsprechung *f*

ca·no·ro [-ɔ-] ADJ **1** Sing-: **uccello ~** Singvogel *m* **2** wohlklingend **3** Schlager-: **manifestazione -a** Schlagerfestival *n*

ca·not·tag·gio M Rudersport *m*: **fare ~** rudern **ca·not·tie·ra** [-ɛ-] F (*maglietta*) Unterhemd *n* **ca·not·tie·re** [-ɛ-] M, **-a** F (*atleta*) Ruderer *m*, -rin *f*

ca·not·to [-ɔ-] M Schlauchboot *n*: **~ di**

salvataggio Rettungsboot *n*
ca·no·vac·cio M **1** Geschirrtuch *n* **2** TEX, THEAT Kanevas *m*
can·ta·bi·le ADJ singbar
★**can·tan·te** M/F Sänger *m*, -in *f*: ~ **lirico** Opernsänger *m*; ~ **di musica leggera** Schlagersänger *m*, -in *f*
★**can·ta·re** ⟨1a⟩ **A** V/I ⟨av⟩ **1** singen **2** (*usignolo*) singen, schlagen; (*gallo*) krähen; (*grillo*) zirpen **3** *fig umg* singen, auspacken **B** V/T singen: ~ **una canzone** ein Lied singen ♦ **cantarle chiare a qn** j-m die Meinung geigen
can·ta·sto·rie [-ɔ-] M/F ⟨*inv*⟩ Bänkelsänger *m*, -in *f*
can·ta·ta F MUS Kantate *f*
can·tau·to·re [-o-] M, **-tri·ce** F Liedermacher *m*, -in *f*
can·te·ri·no ADJ **1** Sing-: **uccello** ~ Singvogel *m* **2** sangesfreudig
can·tic·chia·re ⟨1g⟩ **A** V/I ⟨av⟩ vor sich hin singen; (*a bocca chiusa*) summen **B** V/T ~ **un motivetto** ein Liedchen trällern
can·ti·co M ~ **di lode** Loblied *n*
can·tie·re [-ɛ-] M **1** SCHIFF Werft *f* **2** (*edilizia*) Baustelle *f* **can·tie·ri·sti·ca** F **1** SCHIFF Schiffsbauindustrie *f* **2** (*edilizia*) Bauindustrie *f*
can·ti·le·na [-ɛ-] F **1** Singsang *m* **2** Wiegenlied *n* **3** leiernder Tonfall *m* ♦ *fig* **sempre la stessa** ~ immer die alte Leier
★**can·ti·na** F **1** Keller *m*; Weinkeller *m* **2** Kellerei *f*: ~ **sociale** Winzergenossenschaft *f* **can·ti·nie·re** [-ɛ-] M, **-a** F Kellermeister *m*, -in *f*
can·to[1] M **1** Gesang *m*, Singen *n* **2** (*uccelli*) Gesang *m*; (*grillo*) Zirpen *n*; (*gallo*) Krähen *n* ♦ ~ **popolare** Volkslied *n*
can·to[2] M **1** Ecke *f*, Winkel *m* **2** Seite *f* ♦ **d'altro** ~ andererseits
can·to·na·le ADJ kantonal, Kantons-
can·to·na·ta F Straßenecke *f* ♦ *fig* **prendere una** ~ einen Bock schießen
can·to·ne[1] [-o-] M Ecke *f*
can·to·ne[2] [-o-] M Kanton *m*: **Canton Argovia** Aargau *m*; **Canton Berna** Bern *n*; ~ **Basilea Campagna** Basel-Landschaft *n*; ~ **Basilea Città** Basel-Stadt *n*; **Canton Friburgo** Freiburg *n*; **Canton Ginevra** Genf *n*; **Canton Glarona** Glarus *n*; ~ **dei Grigioni** Graubünden *n*; **Canton Jura** Jura *n*; **Canton Lucerna** Luzern *n*; **Canton Neuchâtel** Neuenburg *n*; **Canton Nidwaldo** Nidwalden *n*; **Canton Obwaldo** Obwalden *n*; **Canton San Gallo** Sankt Gallen *n*; **Canton Sciaffusa** Schaffhausen *n*; **Canton Soletta** Solothurn *n*; **Canton Svitto** Schwyz *n*; **Canton Ticino** Tessin *n*; **Canton Thurgovia** Thurgau *n*; **Canton Uri** Uri *n*; **Canton Vaud** Waadt *f*; **Canton Zugo** Zug *n*; **Canton Zurigo** Zürich *n*
can·to·nie·ra [-ɛ-] F (**casa**) ~ Straßenwärterhaus *n*; BAHN Bahnwärterhaus *n*
can·tuc·cio M Eckchen *n*, Winkel *m* ♦ (**re**)**stare in un** ~ abseitsstehen
ca·nu·to ADJ weiß(haarig)
ca·nyo·ning ['kɛnjoniŋg] M ⟨*inv*⟩ Canyoning *n*
can·zo·na·re V/T ⟨1a⟩ necken **can·zo·na·to·re** [-o-] **A** M, **-tri·ce** F Spötter *m*, -in *f* **B** ADJ neckisch **can·zo·na·to·rio** [-ɔ-] ADJ spöttisch: **sorriso** ~ spöttisches Lächeln *n*
★**can·zo·ne** [-o-] F Lied *n* ♦ ~ **popolare** Volkslied *n*; ~ **sdolcinata** Schnulze *f*
can·zo·net·ta [-e-] F Schlager *m*
ca·os M Chaos *n* (*a. fig*)
ca·o·ti·co [-ɔ-] ADJ chaotisch
★**ca·pa·ce** ADJ **1** fähig: **essere** ~ **di fare qc** fähig sein, etw zu tun **2** (*abile*) tüchtig **3** geräumig, groß ♦ JUR ~ **di intendere e di volere** zurechnungsfähig
ca·pa·ci·tà F ⟨*inv*⟩ **1** Fähigkeit *f*: ~ **di intendere e di volere** Zurechnungsfähigkeit *f* **2** Fassungsvermögen *n* **3** PHYS, IT Kapazität *f*: ~ **di memoria** Speicherkapazität *f*
ca·pa·ci·ta·re ⟨1m⟩ **A** V/T ~ **qn di qc** j-n von etw überzeugen **B** V/PR **-rsi** fassen: **non -rsi dell'accaduto** etw nicht fassen können
ca·pan·na F Hütte *f*
ca·pan·no M Verschlag *m*
ca·pan·no·ne [-o-] M **1** Schuppen *m* **2** (Lager)Halle *f* **3** FLUG Hangar *m*
ca·par·bie·tà F Eigensinn *m*
ca·par·bio ADJ eigensinnig, störrisch
ca·par·ra F Anzahlung *f*
ca·pa·ti·na F *umg* Stippvisite *f*
ca·peg·gia·re V/T ⟨1b⟩ anführen; MIL befehligen
★**ca·pel·lo** [-e-] M Haar *n* ♦ **mettersi le mani nei -i** sich (*dat*) die Haare raufen; **averne fin sopra i -i di qn/qc** von j-m/etw die Nase voll haben; **spaccare il** ~ **in quattro** Haarspalterei betreiben; **tirare qc per i -i** etw an, bei den Haaren herbeiziehen; **non torcere un** ~ **a qn** j-m kein Haar krümmen

C

ca·pel·lo·ne [-o-] **A** ADJ langhaarig **B** M, **-a** F Langhaarige *m/f*; *pej* Gammler *m*, -in *f* **ca·pel·lu·to** ADJ behaart ♦ **cuoio ~** Kopfhaut *f*

ca·pe·stro [-ɛ-] M Strang *m*, Strick *m*

ca·pez·za·le M **1** Keilkissen *n*, Kopfkeil *m* **2** Kopfende *n*

ca·pez·zo·lo [-e-] M **1** Brustwarze *f* **2** (*di mammiferi*) Zitze *f*

ca·pien·te [-ɛ-] ADJ geräumig, groß

ca·pien·za [-ɛ-] F Fassungsvermögen *n*

ca·pi·glia·tu·ra F (Kopf)Haar *n*

ca·pil·la·re ADJ **1** Kapillar-: **vaso ~** Kapillargefäß *n* **2** *fig* engmaschig

★**ca·pi·re** ⟨4d⟩ **A** V/T verstehen; *umg* kapieren **B** V/PR **-rsi** sich verstehen ♦ **~ una cosa per l'altra** etw missverstehen; **si capisce!** selbstverständlich!

ca·pi·ta·le[1] ADJ **1** Todes-: **pena ~** Todesstrafe *f* **2** *fig* wesentlich, grundlegend

★**ca·pi·ta·le**[2] F Hauptstadt *f*

ca·pi·ta·le[3] M Kapital *n* (*a. fig*); Vermögen *n* (*a. fig*) ♦ **aumento di ~** Kapitalerhöhung *f*; **~ d'esercizio** Betriebskapital *n*; **fare ~ di qc** Kapital aus etw schlagen; **fuga di -i** Kapitalflucht *f*

ca·pi·ta·li·smo [-z-] M Kapitalismus *m*

ca·pi·ta·li·sta **A** M/F Kapitalist *m*, -in *f* **B** ADJ kapitalistisch **ca·pi·ta·li·sti·co** ADJ kapitalistisch

ca·pi·ta·liz·za·re V/T ⟨1a⟩ kapitalisieren

ca·pi·ta·na·re V/T ⟨1a⟩ (an)führen **ca·pi·ta·ne·ri·a** F **~ di porto** Hafenamt *n*

★**ca·pi·ta·no** M **1** MIL Hauptmann *m* **2** SCHIFF, SPORT Kapitän *m*

ca·pi·ta·re V/I ⟨1l; es⟩ **1** kommen **2** (hinein-, hin)geraten: **~ nelle mani di qn** j-m in die Hände geraten **3** sich bieten: **mi è capitata una buona occasione** mir hat sich eine gute Gelegenheit geboten **4** passieren ♦ **come capita** wie es kommt; **~ a proposito** gerade recht kommen; **quando capita** bei Gelegenheit

ca·pi·tel·lo [-ɛ-] M ARCH Kapitell *n*

ca·pi·to·la·re V/I ⟨1m; es⟩ kapitulieren (*a. fig*): **~ di fronte a qc** vor etw (*dat*) kapitulieren **ca·pi·to·la·to** M JUR (Vertrags)Modalitäten *pl* **ca·pi·to·la·zio·ne** [-o-] F Kapitulation *f*

ca·pi·to·lo M **1** Kapitel *n* (*a. fig*) **2** (*paragrafo*) Abschnitt *m* ♦ **non avere/avere voce in ~** nichts/ein Wörtchen mitzureden haben

ca·pi·tom·bo·lo [-o-] M *umg* Sturz *m*; Purzelbaum *m* ♦ **fare un ~** kopfüber fallen

★**ca·po** **A** M **1** Kopf *m* **2** Chef *m*, -in *f*, Leiter *m*, -in *f* **3** Kopf *m*, Führer *m*, -in *f*: **il ~ della famiglia** das Familienoberhaupt **4** (Kleidungs)Stück *n* **5** Stück *n* Vieh **6** Endstück *n*; **il ~ di una fune** das Ende eines Seils **7** Anfangsstück *n*: **il ~ di un gomitolo** der Anfang eines Knäuels **8** Kap *n* **B** ADJ ⟨*inv*⟩ Chef-, Haupt-, leitend ♦ **punto, a ~!** Punkt, (neuer) Absatz!; **non avere né ~ né coda** weder Hand noch Fuß haben; **ricominciare da ~** einen neuen Anfang machen (*a. fig*); **da ~ a fondo** von Anfang bis Ende; **mettersi in ~ una cosa** sich (*dat*) etw in den Kopf setzen; **~ su misura** Maßkonfektion *f*; **rompersi il ~ su qc** sich (*dat*) den Kopf über etw (*akk*) zerbrechen; **per sommi -i** in groben Zügen; **venire a ~ di qc** mit etw klar-, zurechtkommen

ca·po·ban·da M/F **1** Bandenführer *m*, -in *f* **2** MUS Kapellmeister *m*, -in *f*

ca·po·ca·me·rie·re [-ɛ-] M, **-a** F Oberkellner *m*, -in *f*

ca·po·can·tie·re [-ɛ-] M/F Bauleiter *m*, -in *f*

ca·poc·chia [-ɔ-] F Kopf *m*: **la ~ dello spillo** der Stecknadelkopf

ca·poc·cia [-ɔ-] M **1** Aufseher *m*, -in *f*; Vorarbeiter *m*, -in *f* **2** *hum* Chef *m*, -in *f*, Boss *m*

ca·poc·cia·ta F *umg* **prendere una ~** sich (*dat*) den Kopf anstoßen

ca·po·clas·se M/F ⟨*inv*⟩ Klassensprecher *m*, -in *f* **ca·po·co·mi·ti·va** M/F Reiseleiter *m*, -in *f* **ca·po·cuo·co** [-ɔ-] M, **-a** F Küchenchef *m*, -in *f*

★**Ca·po·dan·no** M Neujahr *n*

ca·po·do·glio [-ɔ-] M Pottwal *m*

ca·po·fa·mi·glia M/F ⟨*inv*⟩ Familienoberhaupt *n* **ca·pof·fi·ci·na** M/F ⟨*inv*⟩ Werkmeister *m*, -in *f* **ca·po·fi·la** M/F ⟨*inv*⟩ **1** Spitze *f* **2** Hauptvertreter *m*, -in *f*

ca·po·fit·to ADJ *fig* **a ~** kopfüber

ca·po·gi·ro M Schwindel *m*

ca·po·grup·po **A** M/F ⟨*inv*⟩ **1** Gruppenleiter *m*, -in *f* **2** POL Fraktionsvorsitzende *m/f* **B** F ⟨*inv*⟩ WIRTSCH Konzernspitze *f*

ca·po·in·fer·mie·ra [-ɛ-] F Oberschwester *f* **ca·po·la·vo·ro** [-o-] M **1** Meisterwerk *n* **2** *fig* Meisterstück *n* **ca·po·li·ne·a** M Endstation *f* (*a. fig*)

ca·po·li·no M **fare ~** hervorblicken, hervorgucken

ca·po·li·sta M/F ⟨inv⟩ **1** Listenführer *m*, -in *f* **2** POL Spitzenkandidat *m*, -in *f*

ca·po·luo·go [-ɔ-] M Hauptstadt *f*

ca·po·mac·chi·ni·sta M/F Maschinenmeister *m*, -in *f* **ca·po·ma·fia** M/F Mafiaboss *m* **ca·po·ma·stro** M Maurermeister *m*, Maurerpolier *m* **ca·po·mo·vi·men·to** [-e-] M/F ⟨inv⟩ BAHN Fahrdienstleiter *m*, -in *f*

ca·po·nag·gi·ne F Dickköpfigkeit *f*

ca·po·par·ti·to M/F ⟨inv⟩ Parteiführer *m*, -in *f*

ca·po·ra·la·to M Vermittlung *f* von Schwarzarbeitern

ca·po·ra·le M Gefreite *m*

ca·po·re·dat·to·re [-o-] M Chefredakteur *m* **ca·po·re·dat·tri·ce** F Chefredakteurin *f*

ca·po·re·par·to M/F ⟨inv⟩ Abteilungsleiter *m*, -in *f* **ca·po·rio·ne** [-o-] M, **-a** F *pej* Rädelsführer *m*, -in *f*, Anführer *m*, -in *f*

ca·po·sal·do [-s-] M **1** MIL Bollwerk *n* **2** *fig* Eckpfeiler *m*

ca·po·squa·dra M/F ⟨inv⟩ Vorarbeiter *m*, -in *f* **ca·po·sta·zio·ne** [-o-] M/F ⟨inv⟩ Bahnhofsvorsteher *m*, -in *f* **ca·po·sti·pi·te** M/F Stammvater *m*, -mutter *f* (*a. fig*)

ca·po·ta·vo·la M **sedere a ~** am Kopf des Tisches (*od* auf dem Ehrenplatz) sitzen

ca·po·te [ka'pɔt] F ⟨inv⟩ (Klapp)Verdeck *n*

ca·po·tre·no [-ɛ-] M/F ⟨inv⟩ Zugführer *m*, -in *f* **ca·po·tri·bù** M/F ⟨inv⟩ Stammeshäuptling *m*

ca·pot·ta·re V/I ⟨1a; av⟩ sich überschlagen

ca·po·uf·fi·cio M/F ⟨inv⟩ Büroleiter *m*, -in *f*

Capo Verde [-e-] M Kap Verde *n*

ca·po·ver·so [-'vɛrso] M Absatz *m*, Abschnitt *m*

ca·po·vol·ge·re [-ɔ-] ⟨3d⟩ **A** V/T **1** stürzen, umkippen, auf den Kopf stellen **2** *fig* umkehren, umstürzen **B** V/PR **-rsi 1** umstürzen, umkippen; *fig* sich umkehren **2** SCHIFF kentern **ca·po·vol·gi·men·to** [-e-] M **1** SCHIFF Kentern *n* **2** *fig* Umsturz *m*, Umwälzung *f*

cap·pa F **1** (*mantello*) Cape *n* **2** *fig* Glocke *f*: **una ~ di fumo** eine Rauchglocke **3** Dunstabzug *m*: **~ del camino** Rauchfang *m*

cap·pel·la[1] [-ɛ-] F Kapelle *f* ♦ **~ privata** Hauskapelle *f*; MUS **maestro di ~** Kapellmeister *m*

cap·pel·la[2] [-ɛ-] F **1** (*di fungo*) Hut *m* **2** MIL *sl* Rekrut *m*

cap·pel·la·io M, **-a** F **1** Hutmacher *m*, -in *f* **2** Hutverkäufer *m*, -in *f*

cap·pel·la·no M Kaplan *m*; Gefängnisgeistliche *m*

cap·pel·la·ta F *umg* Reinfall *m*: **prendere una ~** einen Bock schießen

cap·pel·le·ri·a F Hutgeschäft *n* **cap·pel·lie·ra** [-ɛ-] F Hutschachtel *f* **cap·pel·li·fi·cio** M Hutfabrik *f*

★**cap·pel·lo** [-ɛ-] M **1** Hut *m* **2** Nagelkopf *m* **3** Vorspann *m* ♦ **~ da cuoco** Kochmütze *f*; **tanto di ~!** Hut ab!

cap·pe·ro M **1** Kaper *f* **2** *pl* (*esclamazione*) **-i!** Donnerwetter!

cap·pio M **1** Schlinge *f*, Schlaufe *f* **2** Strang *m*

cap·po·na·re V/T ⟨1a⟩ kappen **cap·po·ne** [-o-] M **1** Kapaun *m* **2** Knurrhahn *m*

★**cap·pot·to** [-ɔ-] M Mantel *m*

cap·puc·ci·no[1] **A** ADJ Kapuziner-: **frate ~** Kapuzinermönch *m* **B** M, **-a** F Kapuziner *m*, -in *f*

★**cap·puc·ci·no**[2] M Cappuccino *m*

cap·puc·cio M Kapuze *f*

★**ca·pra** F Ziege *f*

ca·pret·to [-e-] M **1** Zicklein *n* **2** (*pelle*) Ziegenleder *n*

Ca·pri F Capri *n*

ca·pri·a·ta F Dachstuhl *m*, Hängewerk *n*

ca·pric·cio M **1** Laune *f* (*a. fig*) **2** Liebelei *f* **3** Überspanntheit *f*, Extravaganz *f* ♦ **qn fa i -ci** j-d ist bockig

ca·pric·cio·so [-o-] ADJ **1** launisch **2** extravagant

ca·pri·cor·no [-ɔ-] M **1** ZOOL Steinbock *m* **2** ASTROL **Silvio è del Capricorno** Silvio ist Steinbock

ca·pri·fo·glio [-ɔ-] M BOT Geißblatt *n*

ca·pri·no **A** ADJ Ziegen-: **latte ~** Ziegenmilch *f* **B** M GASTR Ziegenkäse *m*

ca·prio·la[1] [-ɔ-] F **1** Purzelbaum *m*: **fare una ~** einen Purzelbaum schlagen **2** SPORT (*ginnastica*) Rolle *f*; (*tuffi*) Salto *m*

ca·prio·la[2] [-ɔ-] F ZOOL Rehgeiß *f*

ca·prio·lo [-ɔ-] M Reh *n*

ca·pro M (Ziegen)Bock *m* ♦ **fare di qn il ~ espiatorio** j-n zum Sündenbock machen

C

ca·pro·ne [-o-] M 1 (Ziegen)Bock *m* 2 *fig pej* Schlamper *m*
ca·psu·la F 1 Kapsel *f* (*a.* BOT, MED) 2 (*dentaria*) Krone *f* 3 Zündkapsel *f* 4 CHEM Schale *f* ♦ ~ **per caffè espresso** Kaffeekapsel *f*; ~ **spaziale** Weltraumkapsel *f*
cap·ta·re V/T ⟨1a⟩ 1 empfangen 2 *fig* spüren, erfassen
cap·zio·si·tà F Spitzfindigkeit *f* **cap·zio·so** [-o-] ADJ spitzfindig: **domanda -a** Fangfrage *f*
ca·ra·bat·to·la F 1 PL Kram *m*, Plunder *m* 2 (*inezia*) Kleinigkeit *f*
ca·ra·bi·na F Karabiner *m*
★**ca·ra·bi·nie·re** [-ɛ-] M Karabiniere *m*
★**ca·ra·bi·nie·ri** [-ɛ-] PL Karabinieri *pl*

I carabinieri

I carabinieri sind eine Truppe der italienischen Armee mit polizeilichen Aufgaben, z. B. der Verkehrsüberwachung auf Autobahnen. Umgangsprachlich nennt man sie auch **i caramba**.

Ca·ra·cas F Caracas *n*
ca·ra·col·la·re V/I ⟨1c; av⟩ *umg* (*trotterellare*) sich tummeln
ca·raf·fa F Karaffe *f*
ca·ram·bo·la[1] F (*incidente*) Karambolage *f*
ca·ram·bo·la[2] F BOT Sternfrucht *f*
★**ca·ra·mel·la** [-ɛ-] F Bonbon *m/n* **ca·ra·mel·la·re** V/T ⟨1b⟩ karamellisieren **ca·ra·mel·lo** [-ɛ-] M Karamell *m* **ca·ra·mel·lo·so** [-o-] ADJ süßlich
ca·ra·to M Karat *n*; Goldgewicht *n*: **oro a 24 -i** 24-karätiges Gold *n*
★**ca·rat·te·re** M 1 Charakter *m* 2 (Wesens)Art *f* 3 *pl* (*scrittura*) Schrift *f* 4 Schriftzeichen *n* 5 TYPO Druckbuchstabe *m*; (*serie di caratteri*) Font *m*: **-i di stampa** Druckschrift *f* 6 IT Zeichen *n*; (*serie di caratteri*) Font *m*: ~ **di comando** (*od* **di controllo**) Steuerzeichen *n*; ~ **speciale** Sonderzeichen *n* 7 BIOL Merkmal *n*: **-i ereditari** Erbmerkmale *pl* ♦ **di ~ fermo** charakterfest; **tratto del ~** Charakterzug *m*
ca·rat·te·ria·le ADJ 1 charakterlich, Charakter- 2 PSYCH verhaltensgestört
ca·rat·te·ri·sta M/F Charakterdarsteller *m*, -in *f* **ca·rat·te·ri·sti·ca** F 1 Eigenheit *f* 2 Kennzeichen *n* 3 MATH Kennziffer *f* **ca·rat·te·ri·sti·co** ADJ 1 Charakter-, charakteristisch: ~ **di qn/qc** charakteristisch für j-n/etw 2 typisch 3 eigen
ca·rat·te·riz·za·re V/T ⟨1a⟩ charakterisieren **ca·rat·te·riz·za·zio·ne** [-o-] F Charakterisierung *f*
ca·ra·tu·ra F 1 Karatmessung *f* 2 *fig* Format *n*
ca·ra·van M ⟨*inv*⟩ Caravan *m*, Wohnwagen *m*
ca·ra·vel·la [-ɛ-] F Karavelle *f*
car·bo·i·dra·to M Kohlehydrat *n*
car·bo·na·ia F 1 Köhlerei *f* 2 Kohlenkeller *m* **car·bo·na·io** M, **-a** F Köhler *m*, -in *f*
car·bon·chio [-o-] M MED Karbunkel *m*, Geschwür *n*
car·bon·ci·no M 1 (Zeichen)Kohle *f*, Kohlestift *m* 2 (**disegno a**) ~ Kohlezeichnung *f*
★**car·bo·ne** [-o-] M Kohle *f* ♦ **essere** (**stare**) **sui -i ardenti** (wie) auf (glühenden) Kohlen sitzen; **carta ~** Kohlepapier *n*; **carbon fossile** Steinkohle *f*
car·bo·ni·co [-ɔ-] ADJ Kohlen-: **anidride -a** Kohlendioxid *n*; **acido ~** Kohlensäure *f*
car·bo·ni·fe·ro ADJ Kohle(n)-: **bacino ~** Kohlenbecken *n*
car·bo·nio [-ɔ-] M Kohlenstoff *m* ♦ (**mon**)**ossido di ~** Kohlen(mon)oxid *n*
car·bo·niz·za·re ⟨1a⟩ A V/T 1 verkohlen 2 verbrennen lassen B V/PR **-rsi** 1 verkohlen 2 verbrennen **car·bo·niz·za·zio·ne** [-o-] F Verkohlung *f*
car·bu·ran·te M Treib-, Kraftstoff *m*: **rifornirsi di ~** (auf)tanken
car·bu·ra·re V/T ⟨1a⟩ vergasen **car·bu·ra·to·re** [-o-] M Vergaser *m* **car·bu·ra·zio·ne** [-o-] F Vergasung *f*: **motore a ~** Vergasermotor *m*
car·cas·sa F 1 Tiergerippe *n* 2 TECH Gehäuse *n* 3 *pej* AUTO (Klapper)Kiste *f*
car·ce·ra·re V/T ⟨1l⟩ inhaftieren **car·ce·ra·to** M, **-a** F Gefangene *m/f* **car·ce·ra·zio·ne** [-o-] F 1 Inhaftierung *f* 2 Haft *f* ♦ ~ **preventiva** Untersuchungshaft *f*
★**car·ce·re** M ⟨carceri *fpl*⟩ 1 Gefängnis *n* 2 (*pena*) Freiheitsstrafe *f* ♦ **-i giudiziarie** Untersuchungsgefängnis *n*; ~ **di massima sicurezza** Hochsicherheitsgefängnis *n*; ~ **preventivo** Untersuchungshaft *f*
car·ce·rie·re [-ɛ-] M, **-a** F Gefangenenaufseher *m*, -in *f*
car·ci·no·ma [-ɔ-] M Krebsgeschwulst *f*
car·cio·fo [-ɔ-] M Artischocke *f*

car·da·mo·mo [-ɔ-] M Kardamom *m od n*

car·da·ni·co ADJ Kardan-: **trasmissione -a** Kardanantrieb *m*

car·da·no M Kardan *m*

car·da·re V/T ⟨1a⟩ (*lana*) kämmen, krempeln

car·da·tri·ce F Krempel *f*

car·del·li·no M Stieglitz *m*

car·di·a·co ADJ Herz-: **attacco ~** Herzanfall *m*; **battito ~** Herzschlag *m*

car·di·na·le[1] ADJ Haupt- ♦ **numeri -i** Kardinal-, Grundzahlen *pl*; **punti -i** Himmelsrichtungen *pl*

★**car·di·na·le**[2] M Kardinal *m* (*a.* ZOOL)

car·di·ne M **1** Angel *f* **2** *fig* Angelpunkt *m*

car·dio·chi·rur·gi·a F Herzchirurgie *f* **car·dio·chi·rur·go** M Herzchirurg *m*, -in *f* **car·dio·cir·co·la·to·rio** [-ɔ-] ADJ Herz-Kreislauf-

car·dio·lo·go [-ɔ-] M, **-a** F Herzspezialist *m*, -in *f*

car·dio·pal·mo M Herzklopfen *n* **car·dio·pa·ti·a** F Herzleiden *n* **car·dio·pa·ti·co** **A** ADJ herzkrank **B** M, **-a** F Herzkranke *m/f* **car·dio·to·ni·co** [-ɔ-] **A** ADJ herzstärkend **B** M Herzmittel *n*

car·do M BOT (Karden)Distel *f*

ca·re·na [-ɛ-] F Kiel *m*

ca·re·nag·gio M Kielholen *n* ♦ **bacino di ~** (Trocken)Dock *n*

ca·re·na·re V/T ⟨1b⟩ kielholen **ca·re·na·to** ADJ keilförmig **ca·re·na·tu·ra** F FLUG Verkleidung *f*

ca·ren·te [-ɛ-] ADJ -arm: **~ di ferro** eisenarm

ca·ren·za [-ɛ-] F Mangel *m* (*a.* MED, JUR) ♦ **~ affettiva** Liebesentzug *m*; **~ di alloggi** Wohnungsmangel *m*; **~ di parcheggi** Parkplatzmangel *m*; **~ vitaminica** Vitaminmangel *m*

ca·re·sti·a F **1** Hungersnot *f* **2** Not *f*

ca·rez·za [-e-] F Streicheln *n*, Liebkosung *f*: **fare una ~ a qn** j-n streicheln

ca·rez·za·re V/T ⟨1a⟩ streicheln, liebkosen

ca·rez·ze·vo·le [-e-] ADJ schmeichelnd

car·go M ⟨*inv*⟩ **1** SCHIFF Frachtschiff *n*, Frachter *m* **2** FLUG Transportflugzeug *n*

ca·ria·re ⟨1k⟩ **A** V/T **~ i denti** die Zähne angreifen **B** V/PR **-rsi** faulen, kariös werden

ca·ria·to ADJ kariös

★**ca·ri·ca** F **1** Amt *n* **2** TECH, ELEK Ladung *f* **3** MIL, SPORT Angriff *m* ♦ **dare la ~ all'orologio** die Uhr aufziehen; **~ onorifica** Ehrenamt *n*

ca·ri·ca·bat·te·ri·a M ⟨*inv*⟩ Ladegerät *n*

ca·ri·ca·men·to [-e-] M **1** Verladung *f* **2** IT **~ di un programma** Laden *n* eines Programms ♦ **piano di ~** Laderampe *f*

★**ca·ri·ca·re** ⟨1d *u.* l⟩ **A** V/T **1** (be-, ver)-laden: **~ un camion** einen Lastwagen beladen; **~ la merce** die Ware aufladen; **ho caricato un autostoppista** ich habe einen Anhalter mitgenommen **2** *fig* überhäufen: **mi hanno caricato di lavoro/di compiti** sie haben mich mit Arbeit/Hausaufgaben überhäuft **3** MIL, SPORT attackieren, angreifen **4** (*arma*) ELEK, IT laden: **~ un'arma** eine Waffe laden; **~ le batterie** die Batterien aufladen; **~ un file sul server** eine Datei auf den Server (hoch)laden **B** V/PR **-rsi** **1** sich beladen, sich aufbürden (*a. fig*): **-rsi di lavoro** sich (*dat*) Arbeit aufladen **2** ELEK sich aufladen ♦ **~ la sveglia** den Wecker aufziehen; **~ la pipa** die Pfeife stopfen

ca·ri·ca·to ADJ überladen; affektiert **ca·ri·ca·to·re** [-o-] M **1** Ladearbeiter *m* **2** FOTO Filmkassette *f*; Diamagazin *n* **3** (*d'arma*) Magazin *n* **ca·ri·ca·tri·ce** F Lademaschine *f*

ca·ri·ca·tu·ra F Karikatur *f* (*a. fig*)

ca·ri·ca·tu·ra·re V/T ⟨1a⟩ karikieren

ca·ri·ca·tu·ri·sta M/F Karikaturist *m*, -in *f*

★**ca·ri·co**[1] ADJ **1** beladen; voller: **~ di frutti** voller Früchte **2** (*arma*) geladen **3** (*orologi*) aufgezogen **4** (*colori*) kräftig **5** (*caffè, tè*) stark **6** (*sovraeccitato*) überdreht ♦ **~ di debiti** hoch verschuldet

ca·ri·co[2] M **1** (Ver)Ladung *f* **2** Ladung *f*; Last *f* (*a. fig* ELEK) **3** HANDEL **spese a ~ del destinatario** Kosten *pl* zu Lasten des Empfängers ♦ **vivere a ~ di qn** auf j-s Kosten leben; **farsi ~ delle spese** die Kosten tragen; **~ fiscale** Steuerlast *f*; **prove a ~** Belastungsmaterial *n*; **testimone a ~** Belastungszeuge *m*

ca·rie F ⟨*inv*⟩ MED Karies *f*

ca·ril·lon [kari'jõ] M ⟨*inv*⟩ **1** Glockenspiel *n* **2** (*scatola armonica*) Spieluhr *f*

★**ca·ri·no** ADJ **1** hübsch **2** lieb, nett

Ca·rin·zia F Kärnten *n*

ca·ri·sma [-z-] M REL *fig* Charisma *n*

ca·ri·sma·ti·co [-z-] ADJ charismatisch

★**ca·ri·tà** F **1** REL Liebe *f* **2** Nächstenliebe

C

f **3** Barmherzigkeit f **4** (*elemosina*) Almosen n: **fare la ~ a qn** j-m ein Almosen geben **5** Gefallen m: **fammi la ~ di … tu** mir den Gefallen, und … ♦ **per ~!** um Gottes willen!

ca·ri·ta·te·vo·le [-e-] ADJ **1** barmherzig **2** wohltätig **ca·ri·ta·ti·vo** ADJ karitativ

car·li·no M (*cane*) Mops m

car·lo·na [-o-] *umg* **alla ~** schlud(e)rig, schlampig

car·me·li·ta·no **A** ADJ Karmeliter-: **ordine ~** Karmeliterorden m **B** M, **-a** F Karmelit(er) m, -in f

car·mi·nio **A** M Karmin n **B** ADJ karmin-

car·na·gio·ne [-o-] F Teint m, Hautfarbe f

car·na·io M **1** Gemetzel n, Massaker n **2** *pej* Menschenmasse f

car·na·le ADJ **1** körperlich, Fleisches-: **piacere ~** Fleischeslust f **2** leiblich: **figli -i** leibliche Kinder *pl* **car·na·li·tà** F Sinnlichkeit f

★**car·ne** F **1** Fleisch n (*a. fig*) **2** (*polpa*) Fruchtfleisch n ♦ **~ bovina** Rindfleisch n; **essere bene in ~** gut genährt sein; **in ~ e ossa** leibhaftig; **non essere né ~ né pesce** weder Fisch noch Fleisch sein; **~ tritata** Hackfleisch n

car·ne·fi·ce [-e-] M/F **1** Henker m **2** *fig* Peiniger m, -in f **car·ne·fi·ci·na** F Blutbad n

car·net [kar'nɛ] M ⟨*inv*⟩ **1** Heft n: **~ di assegni** Scheckheft n **2** HANDEL Auftragsbestand m

car·ne·va·la·ta F Karnevalstreiben n

★**car·ne·va·le** M Karneval m, Fastnacht f

car·ne·va·le·sco [-e-] ADJ Karnevals-

car·nie·re [-ɛ-] M Jagdtasche f

car·ni·vo·ro **A** ADJ fleischfressend **B** M Fleischfresser m **car·no·so** [-o-] ADJ fleischig

★**ca·ro**[1] **A** ADJ **1** lieb, nett, *geh* teuer **2** teuer: **affitti -i** teure Mieten *pl* **B** ADV teuer: **costare ~** teuer sein **C** M Liebe m: **i miei -i** meine Lieben ♦ **aver ~ qn** j-n gernhaben; **pagarla -a** es teuer bezahlen; **tenersi ~ qn** sich (*dat*) j-n warmhalten

▶ ⚠ **caro**

un caro ragazzo	ein lieber Junge
un negozio caro	ein teures Geschäft

ca·ro[2] M (Ver)Teuerung f

ca·ro·gna [-o-] F (*animale*) Aas n (*a. fig pej*)

ca·ro·gna·ta F *umg* Gemeinheit f

ca·ro·sel·lo [-'zɛl-] M (*giostra*) Karussell n

★**ca·ro·ta** [-ɔ-] F Karotte f, Möhre f

ca·ro·te·ne [-ɛ-] M Karotin n

ca·ro·ti·de [-ɔ-] F Halsschlagader f

ca·ro·va·na F Karawane f (*a. fig*)

ca·ro·vi·ta M ⟨*inv*⟩ Teuerung f

car·pa F Karpfen m

car·pen·te·ri·a F **1** Zimmer(er)handwerk n **2** (*officina*) Zimmerwerkstatt f

car·pen·tie·re [-ɛ-] M Zimmermann m

car·pi·re V/T ⟨4d⟩ heraus-, entlocken: **~ qc a qn** etw aus j-m herauslocken

car·po M Handwurzel f

car·po·ni [-o-] ADV auf allen vieren

car·ra·bi·le ADJ befahrbar: **passo ~** Einfahrt f

car·ra·re·se [-e-] **A** ADJ carrarisch **B** M/F Carrarer m, -in f

car·reg·gia·bi·le ADJ befahrbar

car·reg·gia·ta F **1** Fahrbahn f **2** *fig* Gleis n, Bahn f **3** Wagenspur f **4** (*distanza fra ruote*) Spurweite f

car·rel·la·ta F **1** (*cinema*) TV Schwenk m **2** *fig* Überblick m: **una ~ di notizie** ein Nachrichtenüberblick

★**car·rel·lo** [-ɛ-] M **1** Wagen m **2** (*per spesa*) Einkaufswagen m **3** (*per bagagli*) Gepäckkarren m; Kofferkuli m **4** Servierwagen m **5** BERGB Förderwagen m **6** FLUG Fahrwerk n ♦ **~ elevatore** Hubstapler m; (*a forche frontali*) Gabelstapler m

car·ret·ta [-e-] F Karre f, Karren m (*a.* AUTO *pej*) ♦ **~ del mare** Flüchtlingsboot n **car·ret·ta·ta** F Fuhre f ♦ **a -e** haufenweise

car·ret·tie·re [-ɛ-] M, **-a** F Fuhrmann m, -frau f **car·ret·to** [-e-] M Karre f; (*a mano*) Handwagen m

car·rie·ra [-ɛ-] F Karriere f, Laufbahn f: **fare ~** Karriere machen ♦ **andare di (gran) ~** schnell laufen, rennen; **donna in ~** Karrierefrau f; **ufficiale di ~** Berufsoffizier m

car·rie·ri·smo [-z-] M Karrieremacherei f **car·rie·ri·sta** M/F Karrieremacher m, -in f

car·rio·la [-ɔ-] F Schubkarre f, Schubkarren m

car·ri·sta M/F Panzerfahrer m, -in f

car·ro M 1 Wagen *m*; Karren *m* 2 Fuhre *f*, Wagenladung *f* ♦ ~ **armato** Panzer *m*; ~ **attrezzi** Abschleppwagen *m*; ~ **bestiame** Viehwaggon *m*; ~ **cisterna** Tankwagen *m*; ~ **funebre** Leichenwagen *m*; **essere l'ultima ruota del** ~ das fünfte Rad am Wagen sein

car·ro·pon·te [-o-] M Laufkran *m*

car·roz·za [-ɔ-] F 1 Kutsche *f*; Wagen *m* 2 BAHN Waggon *m*, Wagen *m*: **in ~!** alles einsteigen, bitte!; ~ **passeggeri** Personenwagen *m*; ~ **ristorante** Speisewagen *m*

car·roz·za·bi·le ADJ befahrbar: **strada** ~ Fahrstraße *f* **car·roz·za·io** M Wagenbauer *m* **car·roz·zel·la** [-ɛ-] F 1 Kutsche *f*; Droschke *f* 2 Rollstuhl *m* **car·roz·ze·ri·a** F 1 Karosserie *f* 2 (Karosserie)Werkstatt *f* **car·roz·zie·re** [-ɛ-] M 1 Karosseriebauer *m*, -in *f* 2 Autoschlosser *m*, -in *f* **car·roz·zi·na** F (Kinder)Wagen *m* **car·roz·zo·ne** [-o-] M Zirkuswagen *m*, Wohnwagen *m*

car·ru·ba F Johannisbrot *n*

car·ru·co·la F (Lauf)Rolle *f*

car sha·ring ['kar'ʃɛring] M ⟨*inv*⟩ Carsharing *n*

★**car·ta** F 1 Papier *n* 2 *pl* Papiere *pl* 3 *pl* Unterlagen *pl* 4 Charta *f*, Konvention *f* 5 (Land)Karte *f*; Stadtplan *m* 6 (Spiel)Karte *f* 7 Speisekarte *f*: **la carta dei vini** die Weinkarte; **mangiare alla carta** à la carte essen ♦ ~ **d'argento** Seniorenpass *m*; **carta assegni** Scheckkarte *f*; **carta automobilistica** Autokarte *f*; **dare carta bianca a qn** j-m uneingeschränkte Vollmacht geben; **carta bollata** (*od* **da bollo**) Stempelpapier *n*; ~ **cellofanata** Frischhaltefolie *f*; ★ **carta di credito** Kreditkarte *f*; **carta ecologica** Umweltschutzpapier *n*; **carta forno** Backpapier *n*; ★ **carta d'identità** Personalausweis *m*; **carta igienica** Toilettenpapier *n*; **carta d'imbarco** Bordkarte *f*, Einsteigekarte *f*; ★ **carta geografica** Landkarte *f*; **carta oleata** Butterbrotpapier *n*; **carta da parati** Tapete *f*; **carta stagnola** Alufolie *f*; *fig* **giocare a carte scoperte** mit offenen Karten spielen; ★ **carta telefonica** Telefonkarte *f*; **carta SIM** SIM-Karte *f*; **carta verde** Auslandsschutzbrief *m*

> ⚠ **carta ≠ Karte**
>
> **la carta** = das Papier
> die Karte = **la cartolina**

car·tac·cia F Altpapier *n* **car·ta·ce·o** ADJ Papier-: **moneta -a** Papiergeld *n*

car·ta·mo·del·lo [-ɛ-] M Schnittmuster *n* **car·ta·mo·ne·ta** [-e-] F Papiergeld *n* **car·ta·pe·sta** [-e-] F Pappmaché *n*

car·ta·strac·cia F Altpapier *n*; Makulatur *f*

car·ta·ve·tra·re V/T ⟨1a⟩ (ab)schmirgeln

car·teg·gio [-e-] M Briefwechsel *m*, Korrespondenz *f*

car·tel·la [-ɛ-] F 1 Karte *f*; Schein *m* 2 Seite *f* 3 (Sammel)Mappe *f* 4 Aktentasche *f* 5 (*degli scolari*) (Schul)Ranzen *m* ♦ ~ **clinica** Krankenblatt *n*

car·tel·li·no M 1 Schild(chen) *n*: ~ **del prezzo** Preisschild *n* 2 ADMIN Stechkarte *f* 3 Karteikarte *f* ♦ SPORT **il ~ giallo/rosso** die Gelbe/Rote Karte

car·tel·lo[1] [-ɛ-] M 1 Schild *n*; Plakat *n*: ~ **stradale** Verkehrsschild *n* 2 Ladenschild *n*

car·tel·lo[2] [-ɛ-] M WIRTSCH, POL Kartell *n*

car·tel·lo·ne [-o-] M 1 Spielplan *m* 2 Plakat *n*: ~ **pubblicitario** Werbeplakat *n* **car·tel·lo·ni·sta** M/F Plakatmaler *m*, -in *f*

car·ter ['karter] M ⟨*inv*⟩ 1 Kurbelgehäuse *n*; Ölwanne *f* 2 (*copricatena*) Kettenschutz *m*

car·tie·ra [-ɛ-] F Papierfabrik *f*

car·ti·la·gi·ne F Knorpel *m*

car·ti·la·gi·no·so [-o-] ADJ knorp(e)lig

car·ti·na F 1 (Land)Karte *f*; Stadtplan *m* 2 Zigarettenpapier *n*

car·toc·cio [-ɔ-] M Tüte *f* ♦ GASTR **al ~** in Folie

car·to·gra·fi·a F Kartografie *f*

car·to·gra·fi·co ADJ kartografisch

car·to·gra·fo [-ɔ-] M, **-a** F Kartograf *m*, -in *f*

car·to·la·io M, **-a** F 1 Schreibwarenhändler *m*, -in *f* 2 (*negozio*) **cartolaio** *m* Schreibwarengeschäft *n*, *schweiz* Papeterie *f*

car·to·le·ri·a F Schreibwarengeschäft *n*, *schweiz* Papeterie *f*

car·to·li·bre·ri·a F Buch- und Schreibwarenhandlung *f*

★**car·to·li·na** F Karte *f*: ~ **illustrata/postale** Ansichts-/Postkarte *f* ♦ MIL ~ **precet-**

C

to (*od* **rosa**) Einberufungsbefehl *m*
car·to·man·te M/F Kartenleger *m*, -in *f*
car·to·man·zi·a F Kartenlegen *n*
car·to·nag·gio M Kartonage *f* **car·to·na·to** **A** ADJ Papp-, kartoniert **B** M Kartonage *f*
car·ton·ci·no M **1** Karton *m* **2** (Brief-)Karte *f* **car·to·ne** [-o-] M **1** Pappe *f*, Karton *m* **2** (*imballaggio*) Pappschachtel *f* ♦ ~ **animato** (Zeichen)Trickfilm *m*; ~ **ondulato** Wellpappe *f*
car·to·ni·sta M/F Trickfilmzeichner *m*, -in *f* **car·to·te·ca** [-ɛ-] F **1** Landkartensammlung *f* **2** Kartei *f*; Karteikasten *m*
car·to·tec·ni·ca [-ɛ-] F Papierverarbeitung *f*
car·tuc·cia F **1** (*d'arma*) Patrone *f* **2** (Tinten)Patrone *f*: ~ **toner** Tonerkassette *f*; ~ **colore** Farbpatrone *f* ♦ *umg* **essere una mezza** ~ eine halbe Portion sein
car·tuc·cie·ra [-ɛ-] F Patronengurt *m*
car·ving ['karviŋ] M ⟨*inv*⟩ Carving *n*
★**ca·sa** F **1** Haus *n*; Wohnung *f*; Heim *n*: **essere a** (*od* **in**) ~ zu Hause sein; **essere fuori** ~ außer Hause sein **2** Familie *f* **3** Dynastie *f* **4** HANDEL (Handels)Haus *n*, Firma *f* ♦ **a** ~ **mia** bei mir (zu Hause); ~ **in affitto** Mietshaus *n*; Mietwohnung *f*; ~ **albergo** Apartmenthaus *n*; ~ **di bambola** Puppenhaus *n* (*a. fig*); **cambiare** ~ umziehen; ~ **chiusa** Freudenhaus *n*; **fatto in** ~ hausgemacht; HANDEL ~ **madre** Stammhaus *n*; ~ **popolare** Sozialwohnung *f*; ~ **di proprietà** Eigenheim *n*; ~ **di riposo per anziani** Altenheim *n*, Altersheim *n*; ~ **a schiera** Reihenhaus *n*; **sentirsi** (**come**) **a** ~ **propria** sich wie zu Hause fühlen; ~ **dello studente** Studentenheim *n*, Studentenwohnheim *n*
ca·sac·ca F (Uniform)Jacke *f* ♦ **voltare** ~ sein Mäntelchen nach dem Wind hängen
ca·sac·cio M **a** ~ aufs Geratewohl
ca·sa·le M **1** Weiler *m*, Gehöft *n* **2** Bauernhaus *n*
★**ca·sa·lin·ga** F Hausfrau *f* **ca·sa·lin·go** **A** ADJ häuslich, Haus- **B** M **1** Hausmann *m* **2** *pl* Haushaltswaren *pl* ♦ GASTR **alla -a** nach Hausfrauenart; **cucina -a** bürgerliche Küche
ca·sa·men·to [-e-] M Wohnblock *m*
ca·sa·ta F Geschlecht *n*, Haus *n*
ca·sca·me M Abfall *m*: **-i di cotone** Baumwollabfälle *pl*
ca·sca·mor·to [-ɔ-] M **fare il** ~ Süßholz raspeln
ca·sca·re V/I ⟨1d; es⟩ **1** (hin)fallen **2** *fig* umfallen: ~ **dal sonno** zum Umfallen müde sein ♦ **qui casca l'asino** da liegt der Hase im Pfeffer; **far** ~ **le braccia** den Mut sinken lassen; **cascarci** (**in pieno**) (he)reinfallen
ca·sca·ta F GEOG Wasserfall *m*; Kaskade *f* (*a.* TECH, ELEK) **ca·sca·to·re** [-o-] M, **-tri·ce** F Stuntman *m*, -woman *f*
ca·schet·to [-e-] M Pagenkopf *m*
ca·sci·na F Bauernhof *m* **ca·sci·na·le** M Bauerngut *n*, Landhaus *n*
★**ca·sco**[1] M **1** Sturz-, Schutzhelm *m* **2** (*da parrucchiere*) (Trocken)Haube *f* ♦ ~ **di banane** Bananenbüschel *n*; **-schi blu** Blauhelme *pl*; ~ **coloniale** Tropenhelm *m*; ~ **integrale** Integralhelm *m*
ca·sco[2] ADJ ⟨*inv*⟩ Kasko-: **assicurazione** (*od* **polizza**) ~ Kaskoversicherung *f*
ca·se·a·rio ADJ Molkerei-, Käse-: **prodotti -ri** Molkereiprodukte *pl*
ca·seg·gia·to M **1** Wohngebäude *n* **2** Wohnblock *m*
ca·sei·fi·cio M Molkerei *f*, Käserei *f*
ca·sel·la [-ɛ-] F **1** (Schrank)Fach *n* **2** (*riquadro*) Kästchen *n* **3** (*di scacchiera*) Feld *n* ♦ ~ **postale** Post(schließ)fach *n*
ca·sel·lan·te M/F **1** Bahnwärter *m*, -in *f* **2** Kassierer *m*, -in *f* an der Autobahnzahlstelle
ca·sel·la·rio M **1** Aktenschrank *m* **2** Kartei *f* ♦ ~ **giudiziario** Strafregister *n*; ~ **postale** Postschließfächer *pl*
ca·sel·lo [-ɛ-] M **1** Bahnwärterhaus *n* **2** ~ **autostradale** Autobahnzahlstelle *f*
ca·se·rec·cio [-e-] ADJ nach Hausfrauenart ♦ **pane** ~ Bauernbrot *n*, Landbrot *n*
ca·ser·ma [-ɛ-] F Kaserne *f*
ca·ser·mo·ne [-o-] M Mietskaserne *f*
Ca·ser·ta [-ɛ-] F Caserta *n* **ca·ser·ta·no** **A** ADJ aus, von Caserta **B** M, **-a** F Bewohner *m*, -in *f* von Caserta
cash and carry ['kɛʃeŋ'karrı] M ⟨*inv*⟩ Abholmarkt *m*
ca·si·ni·sta M/F Chaot *m*, -in *f*
★**ca·si·no** M **1** *umg* Puff *m od n* **2** *fig umg* Radau *m*, Krach *m*: **fare** ~ Krach machen **3** Schlamassel *m* **4** *umg* Haufen *m* ♦ **che** ~! was für ein Saustall! so ein Mist!
ca·si·nò M ⟨*inv*⟩ Spielkasino *n*
★**ca·so** M **1** Zufall *m* **2** Fall *m* (*a.* JUR, MED, GRAM): **non è questo il caso** das ist nicht der Fall ♦ **a caso** auf gut Glück; **in caso contrario** andernfalls; **caso di co-**

scienza Gewissensfrage *f*; **non farci caso!** mach dir nichts daraus!; **guarda caso** wie's der Zufall will, ★ **caso mai** gegebenenfalls; **nel migliore dei casi** bestenfalls; **in nessun caso** keinesfalls; ★ **in ogni caso** auf jeden Fall; **per caso** durch Zufall, zufällig

ca·so·la·re M (abgelegenes) Landhaus *n*

ca·so·mai KONJ falls, im Falle, dass ...

ca·sot·to [-ɔ-] M Strandkabine *f*

ca·spi·ta INT Donnerwetter

★**cas·sa** F 1 Kiste *f*; Kasten *m* 2 Kasse *f*: **stare in coda alla cassa** an der Kasse anstehen 3 **fare cassa comune** gemeinsame Kasse machen 4 Lautsprecherbox *f* 5 (Uhr)Gehäuse *n* ♦ **cassa armonica** Resonanzboden *m*; **cassa automatica prelievi** Geldautomat *m*; **cassa malattia** Krankenkasse *f*; **cassa da morto** Sarg *m*; **pronta cassa** gegen bar; ★ **cassa di risparmio** Sparkasse *f*

cas·sa·for·te [-ɔ-] F Tresor *m*, Geldschrank *m*

cas·sa·pan·ca F Truhe *f*

cas·sa·re V/T ⟨1a⟩ 1 (aus)streichen 2 JUR kassieren: **~ una sentenza** ein Urteil kassieren **cas·sa·zio·ne** [-o-] F JUR Kassation *f*, Aufhebung *f* ♦ **ricorso in** (*od* **per**) **~** Revision *f*; **Corte di Cassazione** Revisionsgericht *n*

cas·se·ruo·la [-ɔ-] F Kasserolle *f*

★**cas·set·ta** [-e-] F 1 Kasten *m*; Kiste *f* 2 Tonband-, Videokassette *f* ♦ **cassetta degli attrezzi** Werkzeugkasten *m*; ★ **cassetta delle lettere** Briefkasten *m*; **pane a** (*od* **in**) **cassetta** Kastenbrot *n*; **cassetta pirata** Raubkopie *f*; **cassetta di sicurezza** Banksafe *m*, (Bank)Schließfach *n*; **cassetta di pronto soccorso** Verband(s)kasten *m*; **spettacolo di cassetta** Kassenschlager *m*

cas·set·tie·ra [-ɛ-] F Kommode *f*

★**cas·set·to** [-e-] M Schublade *f* **cas·set·to·ne** [-o-] M 1 (Wäsche)Kommode *f* 2 ARCH Kassette *f*: **soffitto a -i** Kassettendecke *f*

★**cas·sie·ra** [-ɛ-] F Kassiererin *f*; Kassenführerin *f*

★**cas·sie·re** [-ɛ-] M Kassierer *m*; Kassenführer *m*

cas·so·ne [-o-] M 1 Kasten *m*; große Kiste *f* 2 Truhe *f* ♦ **autocarro a ~** Pritschenwagen *m*; **carro a ~** Kastenwagen *m*

cas·so·net·to [-e-] M Müllcontainer *m*: **~ della carta** Papiercontainer *m*

cast M ⟨inv⟩ (*cinema*) THEAT Besetzung *f*

ca·sta F Kaste *f* (*a. pej*)

ca·sta·gna F Kastanie *f* ♦ **prendere qn in ~** j-n ertappen

ca·sta·gne·to [-e-] M Kastanienwald *m*

ca·sta·gno M Kastanienbaum *m*

ca·sta·gno·la [-ɔ-] F Knallerbse *f*

★**ca·sta·no** ADJ kastanienbraun

ca·stel·la·na F Schlossfrau *f*, Burgfrau *f* **ca·stel·la·no** M Schlossherr *m*, Burgherr *m*

★**ca·stel·lo** [-ɛ-] M 1 Burg *f* 2 Schloss *n* 3 SCHIFF **~** (**di prua**) Back *f* 4 TECH Gerüst *n*, Turm *m* ♦ **fare -i in aria** Luftschlösser bauen; **~ di carte** Kartenhaus *n*; **letto a ~** Stockbett *n*

ca·sti·ga·re V/T ⟨1e⟩ züchtigen, (be)strafen

ca·sti·ga·tez·za [-e-] F Sittsamkeit *f*

ca·sti·ga·to ADJ 1 züchtig, sittsam 2 (*stile, linguaggio*) gepflegt

ca·sti·go M Strafe *f*; Bestrafung *f*: **per ~** zur Strafe (dafür)

ca·sti·tà F Keuschheit *f* **ca·sto** ADJ 1 keusch 2 rein, unschuldig

ca·sto·ri·no M Nutria *f*, Biberratte *f*

ca·sto·ro [-ɔ-] M Biber *m*

ca·stra·re V/T ⟨1a⟩ kastrieren **ca·stra·to** M 1 (*evirato*) Kastrat *m* 2 Hammel *m* 3 (*cavallo*) Wallach *m* **ca·stra·zio·ne** [-o-] F Kastration *f* **ca·stro·ne** [-o-] M 1 Hammel *m*; (*cavallo*) Wallach *m* 2 *umg fig* Schafskopf *m*

ca·stro·ne·ri·a F *umg* Quatsch *m*

ca·sual ['kasual] ADJ ⟨inv⟩ & ADV sportlich; salopp: **abbigliamento ~** Freizeitkleidung *f*

ca·sua·le ADJ zufällig, beiläufig ♦ **conoscenza ~** Zufallsbekanntschaft *f*

ca·sua·li·tà F Zufälligkeit *f*, Beiläufigkeit

ca·su·po·la F Hütte *f*, Kate *f*

ca·ta·cli·sma [-z-] M 1 Naturkatastrophe *f* 2 *fig* Umbruch *m*, Umwälzung *f* **ca·ta·com·ba** [-o-] F Katakombe *f* **ca·ta·di·ot·tro** [-ɔ-] M Rückstrahler *m*, Katzenauge *n* **ca·ta·fal·co** M Totenbahre *f* **ca·ta·fa·scio** M: **tutto va a ~** alles geht zugrunde, in die Brüche

ca·ta·li·si F Katalyse *f* **ca·ta·li·ti·co** ADJ katalytisch ♦ **marmitta -a** Katalysator *m*, *umg* Kat *m*

ca·ta·liz·za·to·re [-o-] M Katalysator *m*

ca·ta·lo·ga·re VT ⟨1m *u.* e⟩ **1** katalogisieren **2** aufzählen **ca·ta·lo·go** M Katalog *m*
ca·ta·ne·se [-e-] **A** ADJ aus, von Catania **B** M/F Bewohner *m*, -in *f* von Catania
Ca·ta·nia F Catania *n*
ca·tan·za·re·se [-e-] **A** ADJ aus, von Catanzaro **B** M/F Bewohner *m*, -in *f* von Catanzaro
Ca·tan·za·ro F Catanzaro *n*
ca·ta·pec·chia [-e-] F Hütte *f*, Bruchbude *f*
ca·ta·pul·ta F Katapult *n od m*
ca·ta·pul·ta·re ⟨1a⟩ **A** VT katapultieren **B** V/PR **-rsi** sich katapultieren
ca·ta·ri·fran·gen·te [-ɛ-] M Rückstrahler *m*, Katzenauge *n*
ca·tar·ro M Katarr(h) *m*
ca·ta·sta F Stapel *m*, Stoß *m*: **fare una ~ di qc** etw stapeln
ca·ta·sta·le ADJ Kataster-: **estratto ~** Katasterauszug *m* **ca·ta·sto** M Kataster *m od n*: **ufficio del ~** Katasteramt *n*
ca·ta·stro·fe F Katastrophe *f*
ca·ta·stro·fi·co [-ɔ-] ADJ **1** katastrophal **2** vernichtend
ca·te·chi·smo [-z-] M Katechismus *m*
ca·te·chi·sta M/F Katechet *m*, -in *f*
ca·te·go·ri·a F **1** Kategorie *f* (*a.* PHIL) **2** (Handels-, Güte)Klasse *f* **3** SPORT (Spiel-, Gewichts)Klasse *f* ♦ **associazione di ~** Berufsverband *m*; **di prima ~** erstklassig; **~ professionale** Berufsstand *m*
ca·te·go·ri·co [-ɔ-] ADJ kategorisch
★**ca·te·na** [-e-] F **1** Kette *f* (*a.* CHEM, HANDEL) **2** *fig* Kette *f*, Fessel *f* ♦ **~ alimentare** Nahrungskette *f*; **~ di distribuzione** Vertriebsnetz *n*; **~ del freddo** Kühlkette *f*; **~ di montaggio** Montageband *n*; **~ montuosa** Bergkette *f*; **~ da neve** Schneekette *f*; **reazione a ~** Kettenreaktion *f*; **~ di Sant'Antonio** Kettenbrief *m*; **~ umana** Menschenkette *f*
ca·te·nac·cio M Riegel *m*: **chiudere col ~** ver-, zuriegeln; **levare il ~** entriegeln
ca·te·ni·na F Kettchen *n*, Halskette *f*
ca·te·rat·ta F **1** Schleuse *f* **2** Stromschnelle *f* **3** MED (grauer) Star *m*
ca·te·ring ['kɛterıŋ] M ⟨*inv*⟩ Partyservice *m*
ca·ter·va [-ɛ-] F Haufen *m*, Menge *f*
ca·te·te·re [-ɛ-] M Katheter *m*: **~ dilatatore a palloncino** Ballonkatheder *m*
ca·te·to [-ɛ-] M Kathete *f*
ca·ti·nel·la [-ɛ-] F Waschschüssel *f* ♦ **piove a -e** es regnet in Strömen
ca·ti·no M Schüssel *f*, Becken *n*
ca·to·di·co [-ɔ-] ADJ Kathoden-: **raggio ~** Kathodenstrahl *m* ♦ TV **tubo ~** Bildröhre *f*
ca·to·do M Kathode *f*
ca·tor·cio [-ɔ-] M *hum* AUTO Karre *f*, Rostlaube *f*
ca·tra·ma·re VT ⟨1a⟩ teeren **ca·tra·ma·to** ADJ Teer-, teerig **ca·tra·ma·tri·ce** F Teermaschine *f*
ca·tra·me M Teer *m*
cat·te·dra F **1** Katheder *m od n*, Pult *n* **2** Lehrstuhl *m*, Professur *f*: **essere titolare di una ~** einen Lehrstuhl innehaben
cat·te·dra·le F Kathedrale *f*, Dom *m*
cat·te·dra·ti·co **A** ADJ *fig pej* dozierend: **in tono ~** im Kanzelton, dozierend **B** M Professor *m*, -in *f*
cat·ti·ve·ria [-ɛ-] F Boshaftigkeit *f*: **fare qc per pura ~** etw aus reiner Bosheit tun
cat·ti·vi·tà F Gefangenschaft *f*: **tenere animali in ~** Tiere in Gefangenschaft halten
★**cat·ti·vo** ADJ ⟨*komp*: più cattivo/peggiore; *sup*: cattivissimo/pessimo⟩ **1** böse, boshaft **2** schlecht **3** schlimm, übel ♦ **alito ~** Mundgeruch *m*; **-e compagnie** schlechter Umgang *m*; **fare buon viso a ~ gioco** gute Miene zum bösen Spiel machen; **di -a qualità** minderwertig; **-a sorte** Unglück *n*; **essere sulla -a strada** auf Abwegen sein; **essere di ~ umore** schlechte Laune haben
cat·to·li·ce·si·mo [-e-] M **1** Katholizismus *m* **2** (Gesamtheit *f* der) Katholiken *pl*
★**cat·to·li·co** [-ɔ-] **A** ADJ katholisch: **~ romano** römisch-katholisch **B** M, **-a** F Katholik *m*, -in *f*
cat·tu·ra F **1** Ergreifung *f*, Gefangennahme *f* **2** (*di animali*) Fang *m* **3** SCHIFF Kaperung *f* ♦ **ordine di ~** Haftbefehl *m*
cat·tu·ra·re VT ⟨1a⟩ **1** ergreifen; gefangen nehmen **2** (*animali*) (ein)fangen **3** *fig* **~ l'attenzione** die Aufmerksamkeit auf sich (*akk*) ziehen **4** SCHIFF aufbringen
cauc·ciù M ⟨*inv*⟩ Kautschuk *m*
cau·da·ti MPL ZOOL Molche *pl*
★**cau·sa** F **1** Ursache *f*; Grund *m* **2** JUR Rechtssache *f*; Prozess *m*; Klage *f*: **fare** (*od* **muovere**) **causa a** (*od* **contro**) **qn** gegen j-n prozessieren **3** *fig* Sache *f*: **abbracciare la causa di qn** für j-s Sache eintreten ♦ ★**a causa di qc** wegen, auf

Grund etw (*gen*); **fare causa comune** (**con qn**) (mit j-m) gemeinsame Sache machen

cau·sa·le **A** ADJ ursächlich, kausal; Kausal- (*a.* GRAM) **B** F JUR **~ di versamento** Zahlungszweck *m*

cau·sa·li·tà F Ursächlichkeit *f*

★**cau·sa·re** V/T ⟨1a⟩ verursachen

cau·sti·co **A** ADJ ätzend, Ätz-: **soda -a** Ätznatron *n*; *fig* **una battuta -a** ein beißender Witz **B** M Ätzmittel *n*

cau·te·la [-ɛ-] F **1** Vor-, Umsicht *f*: **agire con ~** vorsichtig handeln **2** *pl* Vorsorge *f*

cau·te·la·re[1] ADJ Vorsichts-: **provvedimenti -i** Vorsichtsmaßnahmen *pl* ♦ JUR **custodia ~** Untersuchungshaft *f*

cau·te·la·re[2] V/T ⟨1b⟩ wahren, schützen

cau·to ADJ vor-, umsichtig, behutsam

cau·zio·ne [-o-] F Kaution *f*, Bürgschaft *f*: **su ~** gegen Hinterlegung einer Kaution

ca·va F Grube *f*: **~ di pietra** Steinbruch *m*

ca·val·ca·re ⟨1d⟩ **A** V/T **1** reiten **2** *fig* **~ una crisi** eine Krise zu meistern versuchen **B** V/I ⟨av⟩ reiten **ca·val·ca·ta** F (Spazier-, Aus)Ritt *m* **ca·val·ca·tu·ra** F Reittier *n*

ca·val·ca·vi·a M ⟨*inv*⟩ Übergang *m*; Eisenbahn-, Straßenüberführung *f*

ca·val·cio·ni [-o-], **a ~** rittlings

ca·va·lie·re [-ɛ-] M **1** Reiter *m*, -in *f* **2** HIST Ritter *m* **3** Kavalier *m* ♦ **~ d'industria** Hochstapler *m*, -in *f*

ca·val·la F Stute *f*

ca·val·le·re·sco [-e-] ADJ ritterlich, Ritter- (*a. fig*) **ca·val·le·ri·a** F **1** Kavallerie *f*, Reiterei *f* **2** Ritterwesen *n* **3** Ritterlichkeit *f* **ca·val·le·riz·za** F (*maneggio*) Reitbahn *f* **ca·val·le·riz·zo** M, **-a** F **1** (Kunst)Reiter *m*, -in *f* **2** Reitlehrer *m*, -in *f*

ca·val·let·ta [-e-] F **1** Heuschrecke *f* **2** *fig* Gierhals *m* **ca·val·let·to** [-e-] M **1** Bock *m*: **~ per segare** Sägebock *m* **2** MAL Staffelei *f* **3** FOTO (*cinema*) Stativ *n* **ca·val·li·na** F SPORT Bock *m*: **salto della ~** Bockspringen *n* ♦ **correre la ~** in Saus und Braus leben

ca·val·li·no ADJ Pferde-

★**ca·val·lo** M **1** Pferd *n* (*a.* SPORT) **2** (*scacchi*) Springer *m* **3** (*pantaloni*) Schritt *m* **4** PHYS Pferdestärke *f* ♦ **a ~ di** rittlings auf; **a ~ del secolo** um die Jahrhundertwende; *fig* **~ di battaglia** Stärke *f*; (*di artista*) Glanznummer *f*; **~ bianco** Schimmel *m*; **~ a dondolo** Schaukelpferd *n*; **ferro di ~** Hufeisen *n*

ca·val·lo·ne [-o-] M **1** Brecher *m*, große Welle *f* **2** *fig* grobschlächtiger Mensch *m*

ca·val·luc·cio M Pferdchen *n*: **~ marino** Seepferd *n* ♦ **portare qn a ~** j-n huckepack tragen

ca·va·pie·tre [-ɛ-] M ⟨*inv*⟩ Steinbrucharbeiter *m*

ca·va·re ⟨1a⟩ **A** V/T **1** herausholen, -nehmen, -ziehen **2** (*dente*) ziehen **3** (*pietra*) herausbrechen **4** (*levare*) ab-, wegnehmen **B** V/PR **cavarsi** **1** sich herausziehen **2** (*indumenti*) ausziehen **3** (*capello*) abnehmen **4** ★**cavarsela** davonkommen, sich behelfen; **saper cavarsela da solo** sich (*dat*) allein zu helfen wissen ♦ **cavarsi d'impaccio** sich aus der Klemme ziehen; **cavare gli occhi a qn** j-m die Augen auskratzen; *fig* **cavarsi gli occhi** sich (*dat*) die Augen verderben; **cavare le parole di bocca a qn** j-m jedes Wort aus der Nase ziehen; **cavarsi la voglia** (**di qc**) seine Lust (auf etw [*akk*]) befriedigen

★**ca·va·tap·pi** M ⟨*inv*⟩ Korkenzieher *m*

ca·ve·a F Zuschauerraum *m*

ca·veau [ka'vo] M ⟨*inv*⟩ Tresorraum *m*

ca·ver·na [-ɛ-] F **1** Höhle *f* **2** GEOL, MED Kaverne *f* **3** *fig* Loch *n*: **vivere in una ~** in einem Loch hausen ♦ **uomo delle -e** Höhlenmensch *m*

ca·ver·ni·co·lo **A** ADJ Höhlen- **B** M, **-a** F Höhlenmensch *m*; *fig* Eigenbrötler *m*, -in *f*

ca·ver·no·si·tà F ⟨*inv*⟩ **1** Hohlheit *f* **2** MED Hohlraum *m* **ca·ver·no·so** [-o-] ADJ **1** reich an Höhlen **2** höhlenartig **3** *fig* hohl; tief: **una voce -a** eine tiefe Stimme

ca·vet·to [-e-] M Litze *f*

ca·vez·za [-e-] F Halfter *m od n*, Pferdeleine *f*

ca·via F **1** Meerschweinchen *n* **2** Versuchstier *n* **3** *fig* Versuchskaninchen *n*

ca·via·le M Kaviar *m*

ca·vic·chio M **1** Pflock *m* **2** Pflanzholz *n*

★**ca·vi·glia** F **1** (Fuß)Knöchel *m*; Fessel *f* **2** Pflock *m* **3** (*tassello*) Dübel *m*

ca·vil·la·re V/I ⟨1a; av⟩ deuteln: **~ su qc** an etw (*dat*) deuteln **ca·vil·la·to·re** [-o-] M, **-tri·ce** F Haarspalter *m*, -in *f*, Wortklauber *m*, -in *f* **ca·vil·lo** M Spitzfindigkeit *f*; Haarspalterei *f* **ca·vil·lo·so** [-o-] ADJ haarspalterisch: **discorso ~**

C

cavolo und die Umgangssprache

Das Wort **cazzo** (Schwanz) und daraus abgeleitete Ausdrücke hört man sehr oft in Italien. **Cazzo** wird gern in der Jugendsprache und niederen Umgangssprache als Füllwort benutzt, um der Äußerung mehr Gewicht zu verleihen. Ein deutsches Äquivalent ist das ebenso vulgäre Wort ‚Scheiße'. Die „feinere" Variante dafür ist **cacchio** bzw. **cavolo**. Als Nicht-Muttersprachler ist es schwer, das Wort richtig zu verwenden. Da es sich um einen besonders groben und vulgären Ausdruck handelt, sollte man es zwar verstehen, aber lieber nicht selbst anwenden.

Haarspalterei *f*

ca·vi·tà F ⟨*inv*⟩ **1** (Aus)Höhlung *f* **2** Höhle *f*, Hohlraum *m* (*a.* ANAT): **~ orale** Mundhöhle *f*

ca·vo¹ **A** ADJ hohl, Hohl- **B** M Höhle *f* (*a.* ANAT): **nel ~ della mano** in der hohlen Hand

★**ca·vo²** M **1** Tau *n*, Trosse *f*; Seil *n* **2** (*metallico*) Kabel *n* ♦ **televisione via ~** Kabelfernsehen *n*; **ricevere la TV via ~** verkabelt sein

ca·vo·la·ia F ZOOL Kohlweißling *m*

ca·vo·la·ta F **1** Kohleintopf *m* **2** *umg* Unsinn *m*

ca·vol·fio·re [-o-] M Blumenkohl *m*

ca·vo·lo M **1** Kohl *m* **2** *pl* Angelegenheiten *pl* **3** *int* **~!** verdammt! ♦ **~ bianco** Weißkohl *m*; **~ di Bruxelles** Rosenkohl *m*; **non ne capisce un ~** er versteht einen Schmarren davon; **non fare un ~** keinen Strich tun; **non me ne importa un ~** das ist mir wurst; **(non) sono -i miei** das ist (nicht) mein Bier; **~ rosso** Rotkohl *m*; **~ verza** Chinakohl *m*

caz·za·ta F *vulg* Scheiß(dreck) *m*

caz·zeg·gia·re V/I ⟨1f; av⟩ *vulg* **1** blödeln **2** seine Zeit mit Unsinn verplempern

caz·zo M *vulg* **1** Schwanz *m* **2** **~!** Scheiße! Mist! ♦ **fatti i -i tuoi!** kümmere dich um deinen eigenen Scheiß!; **non me ne frega un ~** das ist mir scheißegal

caz·zot·to [-ɔ-] M *umg* Faustschlag *m* ♦ **fare a -i con qn** sich mit j-m prügeln

caz·zuo·la [-ɔ-] F (Maurer)Kelle *f*

★**CD** M ⟨*inv*⟩ CD *f*: **~ vergine** CD-Rohling *m*; **lettore (di) ~** CD-Player *m*

Cd-Rom [-ɔ-] M CD-ROM *f*: **~ multimediale** Multimedia-CD-ROM *f*; **unità per ~** CD-ROM-Laufwerk *n*

ce [-e-] **A** PERS PR uns: **~ l'ha dato** er hat es uns gegeben; **diccelo!** sag es uns! **B** ADV da, dabei: **~ l'hai una biro?** hast du einen Kuli (dabei)?; **~ ne sono ancora?** sind noch welche da?

cec·chi·no M Heckenschütze *m*

Ce·ce·nia [-e-] F Tschetschenien *n* **ce·ce·no** **A** ADJ tschetschenisch **B** M, **-a** F Tschetschene *m*, -nin *f*

ce·ci·tà F **1** Blindheit *f* **2** *fig* Verblendung *f*

ce·co [-ɛ-] **A** ADJ tschechisch **B** M, **-a** F Tscheche *m*, -chin *f*

ce·de·re [-e-] ⟨3a⟩ **A** V/I ⟨av⟩ **1** nachgeben **2** (zurück)weichen: **~ al nemico** vor dem Feind zurückweichen **3** einstürzen **4** **non ~** hart bleiben **B** V/T **1** überlassen, abtreten (*a. fig*) **2** JUR auflassen, abtreten: **~ un terreno** ein Grundstück auflassen ♦ **~ le armi** die Waffen strecken; *fig* **~ il campo** das Feld räumen; **~ il passo a qn** j-m den Vortritt lassen

ce·de·vo·le [-e-] ADJ nachgiebig (*a. fig*) **ce·de·vo·lez·za** [-e-] F Nachgiebigkeit *f* (*a. fig*) **ce·di·bi·le** ADJ übertragbar: **biglietto non ~** nicht übertragbare Fahrkarte **ce·di·men·to** [-e-] M **1** Nachlassen *n* (*a. fig*) **2** (*avvallamento*) Senkung *f* **3** WIRTSCH Nachgeben *n* ♦ **~ dei cambi** Kursverlust *m*

ce·do·la [-ɛ-] F Schein *m*, Kupon *m* (*a.* WIRTSCH)

ce·dra·ta F = *Getränk aus Zedratzitronensirup*

ce·dro [-e-] M **1** Zeder *f* **2** (*frutto*) Zedratzitrone *f* **3** Zitronat *n*

ce·dro·ne [-o-], **gallo ~** Auerhahn *m*

ce·duo [-ɛ-] ADJ **bosco ~** Niederwald *m*

ce·fa·le·a [-ɛ-] F (heftiger) Kopfschmerz *m*

c'è und ci sono

c'è bedeutet ‚es gibt, da ist' in der Einzahl. **ci sono** bedeutet ‚es gibt, da sind' in der Mehrzahl.

C'è molto pane.	Es gibt viel Brot.
Qui ci sono molti bambini.	Hier gibt es viele Kinder.

ce·fa·li·co ADJ Kopf-: **vena -a** Kopfader *f*

ce·fa·lo [-ɛ-] M ZOOL Meeräsche *f*

cef·fo [-ɛ-] M 1 *(faccia)* Fratze *f* 2 *umg* **un brutto ~** ein Galgengesicht *n*, ein übler Typ *m*

cef·fo·ne [-o-] M Ohrfeige *f*: **prendere a -i qn** j-n ohrfeigen

ce·la·re ⟨1b⟩ A V/T verbergen, verhehlen B V/PR **-rsi** sich verbergen **ce·la·to** ADJ verhohlen: **invidia mal -a** unverhohlener Neid *m*

★**ce·le·bra·re** V/T ⟨1l *u.* b⟩ 1 feiern, begehen 2 *(una messa)* (ab)halten: **~ una messa** eine Messe zelebrieren 3 JUR **~ un processo** einen Prozess veranstalten 4 rühmen, preisen **ce·le·bra·ti·vo** ADJ Fest-: **scritto ~** Festschrift *f* **ce·le·bra·zio·ne** [-o-] F 1 Feier *f* (*a. liturgica*) 2 JUR *(di un processo)* (Durch)Führung *f*

ce·le·bre [-ɛ-] ADJ ⟨*sup:* celeberrimo⟩ berühmt, bekannt ♦ **detto ~** Ausspruch *m*

ce·le·bri·tà F ⟨*inv*⟩ 1 Ruhm *m*, Berühmtheit *f* 2 *(persona)* Berühmtheit *f*

ce·le·re [-ɛ-] ADJ ⟨*sup:* celerissimo/celerrimo⟩ schnell, Eil-: **posta ~** Eilpost *f*

ce·le·ri·tà F Geschwindigkeit *f*, Schnelligkeit *f*

★**ce·le·ste** [-ɛ-] ADJ 1 himmelblau 2 himmlisch 3 Himmels-: **corpo ~** Himmelskörper *m* ♦ **volta ~** Himmelsgewölbe *n*

ce·le·stia·le ADJ himmlisch (*a. fig*); **una pace ~** eine göttliche Ruhe

ce·lia·re V/I ⟨1b *u.* k; av⟩ scherzen, spaßen

ce·li·ba·ta·rio M Junggeselle *m*, Ledige *m* **ce·li·ba·to** M 1 Ehelosigkeit *f* 2 REL Zölibat *n od m*

★**ce·li·be** [-ɛ-] A ADJ *(uomo)* ledig B M Ledige *m*

cel·la [-ɛ-] F Zelle *f* (*a.* ELEK) ♦ **~ frigorifera** Kühlraum *m*; **~ solare** Solarzelle *f*

cel·lo·fan [-ɛ-] M Zellophan *n*

cel·lo·fa·na·re V/T ⟨1a⟩ einschweißen

cel·lu·la [-ɛ-] F MED, POL, TECH Zelle *f*: **~ cancerosa** Krebszelle *f*; **~ fotoelettrica** Fotozelle *f*

★**cel·lu·la·re** A M 1 Mobiltelefon *n*, *umg* Handy *n*: **~ per auto** Autotelefon *n* 2 Polizeiwagen *m* zum Gefangenentransport B ADJ zellular, Zell-: **scissione ~** Zellteilung *f*

cel·lu·li·te F Zellulitis *f*, Orangenhaut *f*

cel·lu·loi·de [-ɔ-] F Zelluloid *n*; *fig* **il mondo della ~** die Filmwelt **cel·lu·lo·sa** [-o-] F Zellulose *f* **cel·lu·lo·so** [-o-] ADJ 1 zellig, Zell(en)- 2 schwammig

cel·ta [-ɛ-] M/F Kelte *m*, -tin *f* **cel·ti·co** ADJ keltisch

cem·ba·lo [-e-] M Cembalo *n*

ce·men·ta·re ⟨1a⟩ A V/T 1 *(edilizia)* (aus)zementieren 2 *fig* festigen: **~ un'amicizia** eine Freundschaft festigen B V/PR **-rsi** 1 fest (*od* hart) werden 2 *fig* sich festigen **ce·men·ta·zio·ne** [-o-] F 1 *(edilizia)* Zementierung *f* 2 *fig* Festigung *f* **ce·men·ti·fi·ca·re** V/T ⟨1m *u.* d⟩ zubetonieren **ce·men·ti·fi·cio** M Zementfabrik *f*

ce·men·ti·zio ADJ Zement-

★**ce·men·to** [-e-] M Zement *m* (*a.* MED): **~ armato** Stahlbeton *m*

★**ce·na** [-e-] F Abendessen *n* ♦ **~ in piedi** Stehempfang *m*; REL **l'Ultima Cena** das Letzte Abendmahl

ce·na·co·lo M 1 REL Abendmahl *n* 2 *fig* Künstler-, Intellektuellentreffpunkt *m*

★**ce·na·re** V/I ⟨1a; av⟩ zu Abend essen

cen·cio [-e-] M Lumpen *m*; Lappen *m* ♦ **pallido come un ~** kreidebleich

cen·cio·so [-o-] ADJ zerlumpt

ce·ne·re [-e-] A F 1 Asche *f*: **ridurre in ~ qc** etw in (Schutt und) Asche legen (*a. fig*) 2 *pl* *(resti mortali)* Asche *f*, Staub *m* B ADJ ⟨*inv*⟩ asch(en)farbig, asch-: **biondo ~** aschblond ♦ **mercoledì delle Ceneri** Aschermittwoch *m*

Ce·ne·ren·to·la [-ɛ-] F Aschenputtel *n*

★**cen·no** [-e-] M 1 Zeichen *n*, Wink *m* 2 Hinweis *m*, Andeutung *f* 3 *fig* Anzeichen *n* ♦ **far ~ a qc** etw andeuten; **~ di riscontro** Empfangsbestätigung *f*

ce·no·ne [-o-] M **~ (di Capodanno)** Silvesteressen *n*; **~ di Natale** Weihnachtsmahl *n*

cen·si·men·to [-si'mento] M Zählung *f*: **~ della circolazione** Verkehrszählung *f*; **~ della popolazione** Volkszählung *f*

cen·si·re [-s-] V/T ⟨4d; av⟩ 1 statistisch erfassen 2 ADMIN ins Grundbuch eintragen

cen·so ['ʧɛnso] M 1 Vermögen *n* 2 HIST Zensus *m*

cen·so·re [-'so:-] M 1 Zensor *m*, -in *f* (*a.* HIST) 2 *fig* Sittenrichter *m*, -in *f* **cen·so·rio** [-'sɔ:-] ADJ zensorisch, Zensur- **cen·su·ra** F 1 Zensur *f* (*a.* HIST) 2 *fig* strenge, harte Kritik *f* 3 JUR Verweis *m*, Rüge *f*

C

cen·su·ra·re V/T **1** zensieren **2** *fig* rügen
cent M ‹*inv*› Cent *m*
cen·tau·ro M, **-a** F **1** MYTH **centauro** *m* Kentaur *m*, Zentaur *m* **2** Motorradrennfahrer *m*, -in *f*
cen·tel·li·na·re V/T ‹1a› **1** nippen **2** auskosten
cen·te·na·rio **A** ADJ **1** hundertjährig **2** jahrhundertealt **3** Hundertjahr-: **celebrazione -a** Hundertjahrfeier *f* **B** M, **-a** F **1** Hundertjährige *m/f* **2** **centenario** *m* Hundertjahrfeier *f*
cen·ten·nio [-ɛ-] M Jahrhundert *n*
cen·te·si·ma·le ADJ Zentesimal-, hundertteilig **cen·te·si·mo** [-ɛ-] **A** ADJ hundertste **B** M **1** Hundertstel *n* **2** (*di Euro*) Cent *m* **3** *umg* (*quattrino*) Pfennig *m*: **non avere un ~** keinen Pfennig haben
cen·ti·gra·do ADJ Celsius, Celsius-: **scala -a** Celsiusskala *f*; **grado ~** Grad *m* Celsius
cen·ti·gram·mo M Zentigramm *n*
cen·ti·li·tro M Zentiliter *m od n*
★**cen·ti·me·tro** M **1** Zentimeter *m*: **~ cubo/quadrato** Kubik-/Quadratzentimeter *m* **2** (*nastro*) Zentimetermaß *n*
cen·ti·na·io M ‹-a *fpl*› Hundert *n*; etwa hundert: **essere nell'ordine delle centinaia** in die Hunderte gehen ♦ **a centinaia** zu Hunderten; ★ **un centinaio di …** etwa hundert …
★**cen·to** [-ɛ-] ADJ ‹*inv*› (ein)hundert; → a. cinquanta ♦ **per ~** Prozent *n*; **al ~ per ~** hundertprozentig
cen·to·fo·glie [-ɔ-] M ‹*inv*› Schafgarbe *f*
cen·to·mi·la ADJ ‹*inv*› hunderttausend
cen·tra·fri·ca·no **A** ADJ zentralafrikanisch **B** M, **-a** F Zentralafrikaner *m*, -in *f* ♦ **Repubblica** *f* **Centrafricana** Zentralafrikanische Republik *f*
★**cen·tra·le** **A** ADJ **1** mittlere **2** Haupt-, zentral, Zentral- (*a. fig*): (**sede**) **centrale** Hauptsitz *m*; **il punto centrale** der Kernpunkt **3** zentral gelegen **4** GEOG Mittel-, Zentral- **B** F **1** Zentrale *f* **2** ELEK (Kraft-)Werk *n*: **centrale atomica** Atomkraftwerk *n*; ★ **centrale elettrica** Elektrizitätswerk *n*, Kraftwerk *n*; **centrale idroelettrica** Wasserkraftwerk *n*; **centrale nucleare** Kernkraftwerk *n*; **centrale termoelettrica** Blockheizkraftwerk *n*, BHKW *n*
cen·tra·li·na F **1** Steuerung *f*, Steuergerät *n* **2** Verteilerkasten *m* **cen·tra·li·ni·sta** M/F Telefonist *m*, -in *f* **cen·tra·li·no** M **1** Fernsprechvermittlung *f*, Amt *n* **2** Telefonzentrale *f*, Vermittlung *f*
cen·tra·li·smo [-z-] M Zentralismus *m*
cen·tra·li·sti·co ADJ zentralistisch
cen·tra·liz·za·re V/T ‹1a› zentralisieren
cen·tra·liz·za·to ADJ Zentral-: **riscaldamento ~** Zentralheizung *f*; AUTO **chiusura -a** Zentralverriegelung *f* **cen·tra·liz·za·zio·ne** [-o-] F Zentralisierung *f*
cen·tra·re V/T ‹1b› **1** treffen: **~ un obiettivo** ein Ziel treffen; *fig* ein Ziel erreichen **2** *fig* erfassen: **~ un problema** ein Problem erfassen **3** TECH zentrieren; auswuchten **cen·tra·to** ADJ **1** getroffen **2** **un pugno ben ~** ein gut gezielter Faustschlag *m* **3** treffend
cen·tra·tu·ra F MECH Zentrierung *f*
cen·tra·van·ti M ‹*inv*› SPORT Mittelstürmer *m*, -in *f*
cen·tri·fu·ga F **1** Schleuder *f* **2** Wäscheschleuder *f* **cen·tri·fu·ga·re** V/T ‹1e *u.* m› zentrifugieren; schleudern
cen·tri·fu·go ADJ zentrifugal, Zentrifugal- ♦ **forza -a** Fliehkraft *f*, Schwungkraft *f*
cen·tri·no M Häkel-, Spitzendeckchen *n*
cen·tri·pe·to ADJ zentripetal, Zentripetal-: **forza -a** Zentripetalkraft *f*
★**cen·tro** [-ɛ-] M **1** Mitte *f* (*a.* POL), Mittelpunkt *m* (*a. fig*) **2** Treffer *m* **3** Zentrum *n* ♦ **~ abitato** (geschlossene) Ortschaft *f*; **~ balneare** Badeort *m*; **~ benessere** Gesundheitsfarm *f*; **~ di calcolo** Rechenzentrum *n*; **~ elaborazione dati** Datenverarbeitungszentrum *n*; **fare ~** ins Schwarze treffen (*a. fig*); **~ di raccolta** Sammelstelle *f*; Auffanglager *n*; **~ di riabilitazione** Rehabilitationszentrum *n*; **~ storico** Altstadt *f*
cen·tro·cam·pi·sta M/F Mittelfeldspieler *m*, -in *f* **cen·tro·cam·po** M Mittelfeld *n*
cen·tu·pli·ca·re V/T ‹1m *u.* d› **1** verhundertfachen **2** vervielfältigen, verstärken: **~ gli sforzi** seine Anstrengungen verstärken
cen·tu·plo [-ɛ-] **A** ADJ hundertfach **B** M Hundertfache *n*
cep·pa·ia F Kahlschlag *m*
cep·po [-e-] M **1** Wurzelstock *m*; Baumstumpf *m* **2** Holzklotz *m* **3** *fig* Stamm *m*, Ursprung *m* ♦ *fig* **liberarsi dai -i** die Fesseln sprengen
ce·ra [-e-] F Wachs *n*: **dare la ~** (**al pavimento**) den Boden wachsen (*od* boh-

nern) ♦ **museo delle -e** Wachsfigurenkabinett *n*

ce·ra·lac·ca F Siegellack *m*, Siegelwachs *n*

ce·ra·mi·ca F **1** Keramik *f* **2** Ton *m*, Steingut *n* **3** Töpferkunst *f*

ce·ra·mi·co ADJ keramisch, Keramik-

ce·ra·mi·sta M/F Keramiker *m*, -in *f*

ce·ra·ta F Öljacke *f* **ce·ra·to** ADJ Wachs-: **tela -a** Wachs-, Öltuch *n*

Cer·be·ro [-ɛ-] M Zerberus *m*

cer·biat·to M Hirschkalb *n*

cer·bot·ta·na F Blasrohr *n*

cer·ca [-e-] F Suche *f*: **essere in ~ di qn/qc** auf der Suche nach j-m/etw sein

cer·ca·mi·ne M ⟨inv⟩ Minensuchgerät *n*

cer·ca·per·so·ne [-o-] M ⟨inv⟩ Piepser *m*

★**cer·ca·re** ⟨1d⟩ **A** V/T suchen (*a. fig*): **~ qn/qc** nach j-m/etw suchen; **se l'è proprio cercata** er hat es darauf angelegt **B** V/I ⟨av⟩ (ver)suchen: **~ di capire qc** etw zu verstehen suchen ♦ **chi cerca?** wen wünschen Sie?; **cerca di sbrigarti!** mach schnell!; **chi cerca trova** wer sucht, der findet

cer·ca·to·re [-o-] M, **-tri·ce** F Sucher *m*, -in *f*, Sammler *m*, -in *f*: **~ di funghi** Pilzsammler *m*

cer·chia [-e-] F **1** Ring *m*: **~ di mura** Mauerring *m* **2** Kreis *m*, Runde *f*: **una ~ di conoscenze** ein Bekanntenkreis *m* **3** *fig* Bereich *m*: **~ degli affari** Geschäftsbereich *m*

cer·chia·re V/T ⟨1k⟩ **1** bereifen **2** umgeben **cer·chia·to** ADJ **occhi -i** dunkel umränderte Augen **cer·chiet·to** [-e-] M Haarreif *m*

★**cer·chio** [-e-] M **1** Kreis *m* **2** Ring *m*, Reifen *m* **3** *fig* Kreis *m*, Ring *m*: **un ~ di luce** ein Lichtkreis *m* **4** Radfelge *f* ♦ BOT **-chi annuali** Jahresringe *pl*; **quadratura del ~** Quadratur *f* des Kreises

cer·chio·ne [-o-] M Felge *f*

★**ce·re·a·le** **A** M Getreide *n* **B** ADJ Getreide- ♦ ★ (**fiocchi di**) **cereali** Getreideflocken *pl*

ce·re·bra·le ADJ **1** (Ge)Hirn-: **commozione ~** Gehirnerschütterung *f* **2** *fig* kopflastig

ce·re·bro·le·so [-e-] **A** ADJ hirngeschädigt **B** M, **-a** F Hirngeschädigte *m/f*

ce·re·o [-ɛ-] ADJ **1** wächsern, Wachs- **2** wachsartig **3** wachsbleich, wächsern

cer·fo·glio [-ɔ-] M Kerbel *m*, Kerbelkraut *n*

ce·ri·mo·nia [-ɔ-] F **1** Zeremonie *f*, Feier *f*: **~ nuziale** Hochzeitsfeier *f* **2** *pl* Umstände *pl*: **non fare tante -e!** mach nicht so viele Umstände!

ce·ri·mo·nia·le **A** ADJ zeremoniell **B** M Zeremoniell *n* **ce·ri·mo·nie·re** [-ɛ-] M Zeremonienmeister *m* **ce·ri·mo·nio·so** [-o-] ADJ zeremoniell; förmlich ♦ **non fare tanto il ~!** sei doch nicht so förmlich!

ce·ri·no M Wachsstreichholz *n*

cer·nia [-ɛ-] F Zackenbarsch *m*

cer·nie·ra [-ɛ-] F **1** ★ **cerniera** (**lampo**) Reißverschluss *m* **2** MECH Scharnier *n* **3** *fig* Zusammenhalt *m*

cer·ni·ta [-ɛ-] F Auslese *f*, Sortierung *f*

ce·ro [-e-] M (große) Kerze *f*, Altarkerze *f*

ce·ro·ne [-o-] M Schminke *f*

ce·rot·to [-ɔ-] M (Heft)Pflaster *n*

★**cer·ta·men·te** [-e-] ADV gewiss, sicher

★**cer·tez·za** [-e-] F Gewissheit *f*, Bestimmtheit *f*; Sicherheit *f*: **avere la ~ di qc** Gewissheit über etw (*akk*) haben

cer·ti·fi·ca·re V/T ⟨1m *u.* d⟩ bescheinigen, bestätigen

★**cer·ti·fi·ca·to** M Bescheinigung *f*, Urkunde *f*, Zeugnis *n* ♦ **~ di assicurazione sanitaria all'estero** Auslandskrankenschein *m*; **~ di buona condotta** Führungszeugnis *n*; **~ di garanzia** Garantieschein *m*; **~ medico** ärztliches Attest *n*; **~ di morte** Totenschein *m*; **~ di nascita** Geburtsurkunde *f*

cer·ti·fi·ca·zio·ne [-o-] F Bestätigung *f*, Beglaubigung *f*: **~ notarile** notarielle Beurkundung *f*

★**cer·to**[1] [-ɛ-] **A** ADJ sicher, gewiss **B** ADV gewiss, sicher, bestimmt ♦ **essere cosa -a** feststehen; **di ~** sicher, gewiss; **no di ~! ~ che no!** gewiss, bestimmt nicht!; **sapere qc per ~** etw ganz sicher wissen

★**cer·to**[2] [-ɛ-] **A** ADJ ⟨*indef*⟩ **1** gewiss, bestimmt: **in un ~ senso** in einem gewissen Sinn **2** *pl* einige, ein paar **3** **un ~ signor Bianchi** ein gewisser Herr Bianchi **4** ziemlich: **avere un ~ appetito** einen ziemlichen Hunger haben **B** INDEF PR PL **certi** manche, einige ♦ **un ~ non so che** ein gewisses Etwas; **in ~ qual modo** einigermaßen

cer·to·sa [-ɔ-] F Kartause *f*

cer·to·si·no **A** M, **-a** F Kartäuser *m*, -in

f **B** ADJ Kartäuser- ♦ **lavoro da ~** Geduldsarbeit *f*; **pazienza da ~** Engelsgeduld *f*

cer·tu·ni ADJ & INDEF PR PL manche

ce·ru·me M Ohrenschmalz *n*

cer·vel·let·to [-e-] M Kleinhirn *n*

★**cer·vel·lo** [-ɛ-] M **1** ⟨*pl* -i⟩ Gehirn *n* **2** *fig* Verstand *m* **3** GASTR ⟨*pl* -a⟩ (Kalbs)-Hirn *n* **4** ⟨*pl* -i⟩ Kopf *m*, Geist *m*: **un ~ fino** ein kluger Kopf *m* ♦ **non avere il ~ a posto** nicht ganz richtig im Kopf sein; **~ elettronico** Elektronen(ge)hirn *n*; **lavaggio del ~** Gehirnwäsche *f*; **farsi saltare le -a** sich (*dat*) eine Kugel durch den Kopf jagen

cer·vi·ca·le ADJ Hals-, zervikal: **vertebra ~** Halswirbel *m*

cer·vi·ce F Nacken *m*; Genick *n*

Cer·vi·no M Matterhorn *n*

cer·vo [-ɛ-] M Hirsch *m*

ce·sa·re·o ADJ MED **taglio ~** Kaiserschnitt *m*

ce·sel·la·re V/T ⟨1b⟩ ziselieren

ce·sel·la·tu·ra F Ziselierung *f*

ce·sel·lo [-ɛ-] M (*bulino*) Grabstichel *m*

ce·sio [-ɛ-] M Cäsium *n*

ce·so·ia [-o-] F **1** Schere *f*: **~ per lamiera** Blechschere *f* **2** *pl* Garten-, Baumschere *f*

ce·spi·te [-ɛ-] M Einnahmequelle *f*

ce·spo [-e-] M Blätter-, Grasbüschel *n* ♦ **un ~ d'insalata** ein Kopf *m* Salat

ce·spu·glio M Busch *m*, Strauch *m*; *pl* Gebüsch *n* **ce·spu·glio·so** [-o-] ADJ **1** strauchig **2** *fig hum* (*peli*) buschig

ces·sa·re ⟨1b⟩ **A** V/I ⟨es, av⟩ aufhören: **è cessato di piovere** es hat aufgehört zu regnen **B** V/T einstellen: **~ il fuoco** das Feuer einstellen **ces·sa·zio·ne** [-o-] F **1** Beendigung *f* **2** Einstellung *f*: **~ dei pagamenti** Zahlungseinstellung *f* **3** HANDEL **~ di attività** Geschäftsaufgabe *f* **ces·sio·na·rio** M, **-a** F Übernehmer *m*, -in *f*: **~ di un appalto** Pachtübernehmer *m*

ces·sio·ne [-o-] F **1** Abtretung *f* **2** JUR Auf-, Überlassung *f*

ces·so [-ɛ-] M *umg* **1** Klo *n* **2** *fig* Saustall *m*

ce·sta [-e-] F Korb *m* **ce·sta·io** M, **-a** F Korbmacher *m*, -in *f* **ce·stel·lo** [-ɛ-] M **1** Körbchen *n* **2** (*nelle lavatrici*) Trommel *f*

ce·sti·na·re V/T ⟨1a⟩ **1** in den Papierkorb werfen **2** *fig* ablehnen

★**ce·sti·no** M Korb *m*, Körbchen *n*; (*della carta*) Papierkorb *m*

★**ce·sto** [-e-] M Korb *m*

ce·su·ra F LIT, MUS Zäsur *f* (*a. fig*)

ce·ta·ce·o M Wal(fisch) *m*

ce·to [-ɛ-] M Stand *m*, Schicht *f*: **~ medio** Mittelstand *m*; **~ operaio** Arbeiterklasse *f*

ce·tra [-e-] F Zither *f*

ce·trio·li·no M Gürkchen *n* **ce·trio·lo** [-ɔ-] M Gurke *f* ♦ **~ sott'aceto** Essiggurke *f*

Cham·pi·ons League ['tʃampiɔns'lig] F ⟨*inv*⟩ Champions League *f*

char·ter ['tʃarter] M ⟨*inv*⟩ **1** (*volo*) Charterflug *m* **2** (*aereo*) Charterflugzeug *n* **3** SCHIFF (*noleggio di barca*) Bootscharter *m*

chat [tʃat] F ⟨*inv*⟩ Chat *m*

chat room ['tʃat'rum] F ⟨*inv*⟩ Chatroom *m*

chat·ta·re V/I chatten

chat·ti·quette [tʃati'kɛt] F ⟨*inv*⟩ Chatiquette *f*

★**che**[1] [-e] **A** REL PR **1** der, die, das **2** **ciò che, cosa che, il che** was; **tutto ciò che mi riguarda** alles, was mich betrifft; (*con preposizioni*) womit, worauf, wovon, worüber ... **3** *umg* (*in cui*) an dem, an der, in dem, in der, als: **l'estate che ci siamo conosciuti** der Sommer, in dem wir uns kennengelernt haben **B** INTERROG PR **1** ★**che cosa** was: **che cosa c'è?** was ist los? **2** (*quale*) welcher, welche, welches: **a che pagina?** auf welcher Seite? **3** (*di che genere*) was für ein(e) **4** (*in frasi esclamative*) was (für ein), wie **C** INDEF PR etwas: **aveva un che di strano** er hatte etwas Komisches an sich; **non ho fatto un gran che** ich habe nicht besonders viel getan ♦ **non avere nulla a che fare** nichts zu tun haben; **non c'è di che!** nichts zu danken!

★**che**[2] [-e] KONJ **1** dass **2** so ..., dass **3** weil, denn **4** damit **5** **dopo ~** nachdem; **prima ~** bevor **6** (*comparativa*) als: **è andata meglio ~ non credessi** es ging besser, als ich gedacht hatte **7** nichts als, nur: **non pensa ~ a lui** sie denkt nur an ihn **8** soweit, soviel: **~ io sappia** soweit ich weiß ♦ **a meno che ...** es sei denn, dass ...; **senza ~ ...** ohne dass ...; **ogni volta ~ ...** jedes Mal, wenn ...

ché [-e] KONJ *poet* **1** weil, da **2** damit, um ... zu

chec·ca [-e-] F *pej* Tunte *f*, Schwuchtel *f*

chec·ché [-e-] REL PR was auch immer: **~ tu dica** was auch immer du sagst

check-in [tʃɛk'in] M ⟨*inv*⟩ Check-in *m*;

(*sportello*) Abfertigungsschalter *m*, Check-in-Schalter *m*: **fare il ~** einchecken

check-up [tʃɛk'ap] M ⟨*inv*⟩ MED, TECH Check-up *m*: **fare un ~** einen Check-up machen

chef [ʃɛf] M ⟨*inv*⟩ Chefkoch *m*

⚠ chef ≠ Chef

lo chef	=	der Chefkoch
der Chef	=	il capo, il boss

che·la [-ɛ-] F (*crostacei*) Schere *f*

che·mio·te·ra·pi·a F Chemotherapie *f*

che·ro·se·ne [-ɛ-] M Kerosin *n*

che·ti·chel·la [-ɛ-], **alla ~** heimlich, in aller Stille

che·to [-ɛ-] ADJ ruhig, still ♦ **l'acqua -a rompe i ponti** stille Wasser sind (*od* gründen) tief

chew·ing-gum ['tʃuiŋgam] M ⟨*inv*⟩ Kaugummi *m od n*

★**chi** A REL PR wer: **a ~ non piace ...** wem das nicht gefällt ... B INDEF REL PR 1 jemand, der; einer, der 2 keiner, der; niemand, der C INTERROG PR wer: **~ è?** wer ist das? (*alla porta*) wer ist da?; **~ hai visto?** wen hast du gesehen?; **con ~ esci?** mit wem gehst du aus? ♦ **~ ... ~ ...** der eine ... der andere ...; **~ altri? ~ altro?** wer sonst?; **chissà ~** Wunder wer; **a ~ lo dici!** wem sagst du das; **~ me lo fa fare?** wie komme ich dazu?; **senti ~ parla!** gerade du musst reden!; (**toh**) **~ si vede!** ja, wen sieht man denn da!

chiac·chie·ra F 1 PL Schwatz *m* ★ **fare quattro chiacchere con qn** einen kleinen Schwatz mit j-m halten 2 Klatsch *m*, Gerede *n*

★**chiac·chie·ra·re** V/I ⟨1l; av⟩ plaudern, schwatzen **chiac·chie·ra·ta** F Plauderei *f*, Schwatz *m* **chiac·chie·ra·ti·na** F Schwätzchen *n* **chiac·chie·ro·ne** [-o-] A ADJ geschwätzig, gesprächig B M, **-a** F *pej* Schwätzer *m*, -in *f*; (*pettegolo*) Tratschmaul *n*

chia·ma F Aufruf *m*

★**chia·ma·re** V/T ⟨1a⟩ 1 rufen 2 anrufen: **~ qn al** (**numero**) **7512** j-n unter der Nummer 7512 anrufen 3 (be)nennen 4 berufen, ernennen: **~ qn alla presidenza** j-n zum Vorsitzenden berufen ♦ **andare a ~ qn** j-n holen; **mandare a ~ qn** j-n rufen lassen; **~ qn per nome** j-n bei seinem Vornamen nennen

★**chia·mar·si** [-s-] V/PR heißen: **come ti chiami?** wie heißt du?; **mi chiamo David** ich heiße David ♦ **-rsi vinto** sich geschlagen geben

★**chia·ma·ta** F 1 Ruf *m*: **chiamata alle armi** Einberufung *f* 2 (Telefon)Anruf *m* ♦ **chiamata d'emergenza** Notruf *m*; ★ **chiamata interurbana** Ferngespräch *n*

chiap·pa F *umg* Pobacke *f*

chia·ra F 1 Eiweiß *n* 2 *umg* (*birra*) Helle *n*

chia·ra·men·te [-e-] ADV 1 klar, deutlich 2 *fig* offen: **parlare ~ a qn** mit j-m offen reden

chia·rez·za [-e-] F Klarheit *f* (*a. fig*): **con ~** klar, deutlich; **fare ~** Klarheit schaffen

chia·ri·fi·ca·re V/T ⟨1m *u.* d⟩ klären (*a. fig*) **chia·ri·fi·ca·to·re** [-o-] ADJ klärend: **parole -trici** klärende Worte *pl* **chia·ri·fi·ca·zio·ne** [-o-] F Klärung *f* (*a. fig*): **impianto di ~** Kläranlage *f*

chia·ri·men·to [-e-] M 1 Klarstellung *f* 2 Erklärung *f*, Aufklärung *f*

chia·ri·re ⟨4d⟩ A V/T 1 klären; *umg* klarmachen 2 erklären 3 aufklären 4 klarstellen B V/PR **-rsi** 1 sich klären 2 **-rsi con qn** sich mit j-m aussprechen

chia·ris·si·mo ADJ sehr verehrt: **~ professore** sehr verehrter Herr Professor

★**chia·ro** A ADJ 1 klar 2 hell: **verde chiaro** hellgrün 3 eindeutig 4 deutlich, verständlich 5 offensichtlich B ADV 1 deutlich: **scrivere chiaro** deutlich schreiben 2 offen: **parlare chiaro** offen reden C M Helle *f*: **si fa già chiaro** es wird schon hell; **al chiaro di luna** bei Mondschein ♦ ★ **chiaro e tondo** klar und deutlich

chia·ro·re [-o-] M Schimmer *m*, Schein *m*

chia·ro·scu·ro M 1 Helldunkel *n* 2 *fig* Kontrast *m* 3 Auf und Ab *n*

chia·ro·veg·gen·te [-ɛ-] A ADJ 1 hellseherisch 2 *fig* hellsichtig B M/F Hellseher *m*, -in *f* **chia·ro·veg·gen·za** [-ɛ-] F 1 Hellseherei *f* 2 *fig* Scharfblick *m*

chias·sa·ta F Krach *m* (*a. fig*), Lärm *m*: **fare una ~** eine Szene machen

chias·so M Lärm *m*, Krach *m*

chias·so·ne [-o-] A M, **-a** F Krakeeler *m*, -in *f* B ADJ laut, lärmend **chias·so·so** [-o-] ADJ 1 laut, lärmend 2 grell, knallig: **colori -i** grelle Farben *pl*

chiat·ta F Schleppkahn *m*, Lastkahn *m*

chia·vac·cio M Riegel *m*

chia·var·da F Anker *m*, Bolzen *m*

C

chia·va·re VT ⟨1a⟩ *vulg* vögeln, bumsen

★**chia·ve** **A** F **1** Schlüssel *m* (*a. fig*): **-i della macchina** Autoschlüssel *pl*; **-i di casa** Hausschlüssel *pl* **2** TECH (Schrauben-)Schlüssel *m*: **~ a croce** Kreuzschlüssel *m* **3** MUS **~ di violino** Violinschlüssel *m* **B** ADJ ⟨inv⟩ Schlüssel-: **esperienza ~** Schlüsselerlebnis *n* ♦ **~ di accesso** Zugang *m*; IT Kode *m*; IT **~ USB** USB-Stick *m*; **chiudere a ~** abschließen

chia·vet·ta [-e-] F MECH Keil *m*

chia·vi·stel·lo [-ɛ-] M Riegel *m*, Schieber *m*

chiaz·za F Fleck(en) *m*; (*colore*) Klecks *m*

chiaz·za·re ⟨1a⟩ **A** VT beflecken; (*con colore*) beklecksen **B** VPR **-rsi** fleckig werden

chic·ca F Bonbon *m od n*

chic·ches·si·a INDEF PR ⟨inv⟩ M/F **1** wer auch immer **2** (*in frasi negative*) gar niemand

chic·co M **1** Korn *n*: **~ di riso** Reiskorn *n*; **~ di grandine** Hagelkorn *n* **2** (*di caffè*) Bohne *f*; (*d'uva*) Traube *f*, Beere *f*

★**chie·de·re** [-ɛ-] ⟨3k⟩ **A** VT **1** fragen: **~ qc a qn** j-n (nach) etw fragen **2** bitten: **~ un piacere a qn** j-n um einen Gefallen bitten; **~ scusa** um Entschuldigung bitten **3** verlangen: **~ una spiegazione** eine Erklärung verlangen **B** VI ⟨av⟩ **~ a qn di qn/qc** j-n nach j-m/etw fragen

chie·ri·ca [-ɛ-] F Tonsur *f*

chie·ri·ca·to M **1** Priesterstand *m* **2** Geistlichen *pl* **chie·ri·chet·to** [-e-] M Ministrant *m*, -in *f*, Messdiener *m*, -in *f*

chie·ri·co [-ɛ-] M **1** Geistliche *m/f* **2** Seminarist *m*, -in *f*

★**chie·sa** [-ɛ-] F Kirche *f*: **andare in ~** in die Kirche gehen ♦ **stato della ~** Kirchenstaat *m*

chie·si, **chie·sto** [-ɛ-] → chiedere

Chie·ti [-ɛ-] F Chieti *n* **chie·ti·no** **A** ADJ aus, von Chieti **B** M, **-a** F Bewohner *m*, -in *f* von Chieti

chi·glia F Kiel *m*

★**chi·lo** M Kilo *n*

chi·lo·ca·lo·ri·a F Kilokalorie *f* **chi·lo·ci·clo** M Kilohertz *n*

★**chi·lo·gram·mo** M Kilogramm *n* **chi·lo·me·trag·gio** M Kilometerstand *m*: **a ~ illimitato** unbegrenzte Kilometer *pl*

chi·lo·me·tri·co [-ɛ-] ADJ **1** Kilometer-: **rimborso ~** Kilometergeld *n* **2** kilometerweit, -lang: **sentire qc a una distanza -a** etw kilometerweit hören

★**chi·lo·me·tro** [-ɔ-] M Kilometer *m*

chi·lo·volt [-ɔ-] M ⟨inv⟩ Kilovolt *n*

chi·lo·watt M Kilowatt *n* **chi·lo·wat·to·ra** [-o-] M ⟨inv⟩ Kilowattstunde *f*

chi·me·ra [-ɛ-] F **1** Chimäre *f* **2** Seekatze *f*

★**chi·mi·ca** F Chemie *f*

★**chi·mi·co** **A** ADJ chemisch, Chemie- **B** M, **-a** F Chemiker *m*, -in *f* ♦ **prodotto ~** Chemikalie *f*

chi·na[1] F (Ab)Hang *m* ♦ *fig* **mettersi su una brutta ~** auf die schiefe Bahn geraten; **risalire la ~** *fig* wieder nach oben kommen

chi·na[2] F **1** Tusche *f* **2** (*disegno*) Tuschzeichnung *f* ♦ **inchiostro di ~** Tusche *f*

chi·na[3] F Chinarindenbaum *m*

chi·na·re ⟨1a⟩ **A** VT **1** neigen, beugen **2** senken: **~ lo sguardo** den Blick senken **B** VPR **-rsi** sich bücken, sich neigen

chin·ca·glie·ri·a F Nippfigur *f*; Nippes *pl*

chi·ni·na F Chinin *n*

chi·ni·no M Chininpräparat *n*

chi·no ADJ gebeugt, gebückt, geneigt ♦ *fig* **a capo ~** mit gesenktem, geneigtem Kopf

chi·not·to [-ɔ-] M **1** BOT Bitterorange *f*, Pomeranze *f* **2** = *Limonade aus Bitterorangen*

chioc·cia [-ɔ-] F Gluckhenne *f* (*a. fig*)

chioc·cia·re VI ⟨1f *u.* c; av⟩ **1** glucken **2** brüten

chioc·cio·la [-ɔ-] F **1** Schnecke *f* **2** IT At-Zeichen *n*, *umg* Affenschwanz *m* ♦ **scala a ~** Wendeltreppe *f*

chio·da·re VT ⟨1c⟩ (be)nageln, nieten

chio·da·to ADJ Nagel-, benagelt: **scarpe -e** SPORT Spikes *pl* ♦ **pneumatico ~** Spikereifen *m*

chio·da·tri·ce F Nietmaschine *f*, Nieter *m* **chio·di·no** M **1** BOT Hallimasch *m* **2** Zwecke *f*

★**chio·do** [-ɔ-] M **1** Nagel *m*: **piantare un ~** einen Nagel einschlagen **2** Spike *m* **3** (*alpinismo*) Haken *m* ♦ *fig* **avere un ~ fisso** eine fixe Idee haben

chio·ma [-ɔ-] F **1** Haar *n* **2** Mähne *f* (*a. hum*) ♦ *hum* **fluenti -e** Haarpracht *f*

chio·ma·to ADJ **1** behaart **2** belaubt

chio·sa [-ɔ-] F Glosse *f*

chio·sa·re VT ⟨1c⟩ glossieren

chio·sa·to·re [-o-] M, **-tri·ce** F Glossenschreiber *m*, -in *f*

chio·sco [-ɔ-] M 1 Kiosk *m*, Bude *f* 2 Laube *f*
chio·stro [-ɔ-] M 1 ARCH Kreuzgang *m* 2 Kloster *n* 3 *fig* Klosterleben *n*
chiot·to [-ɔ-] ADJ *umg* mäuschenstill
chip [tʃip] M ⟨*inv*⟩ Chip *m* (*a.* IT)
chi·ro·gra·fo [-ɔ-] M 1 Handschrift *f* 2 JUR handschriftliche Urkunde *f*
chi·ro·man·te M/F Handleser *m*, -in *f*
chi·ro·man·zi·a F Handlesekunst *f*
chi·ro·pra·ti·ca F Chiropraktik *f*
chi·ro·pra·ti·co M, **-a** F Chiropraktiker *m*, -in *f*
chi·rur·gi·a F Chirurgie *f*: **~ estetica** Schönheitschirurgie *f*; **~ gentile** (*od* **conservativa**) sanfte, erhaltende Chirurgie *f*; **~ non invasiva** Schlüssellochchirurgie *f* **chi·rur·gi·co** ADJ chirurgisch: **sala -a** Operationssaal *m*
★**chi·rur·go** M Chirurg *m*, -in *f*
chis·sà ADV 1 wer weiß 2 möglicherweise, vielleicht: **~ che non venga domani** möglicherweise kommt er morgen ♦ **si crede ~ chi** er hält sich für Gott weiß wen
★**chi·tar·ra** F Gitarre *f* **chi·tar·ri·sta** M/F Gitarrenspieler *m*, -in *f*
chi·ti·na F Chitin *n*
★**chiu·de·re** ⟨3b⟩ A V/T 1 schließen, zumachen: **chiudere la porta/le finestre** die Tür/die Fenster zumachen; **chiudere l'ombrello** den Schirm zumachen 2 zuziehen: **chiudere le tende** die Vorhänge zuziehen 3 zudrehen: **chiudere il rubinetto dell'acqua** den Wasserhahn zudrehen 4 (ver)sperren: **chiudere una strada al traffico** eine Straße für den Verkehr sperren 5 ein-, verschließen: **chiudere qn in casa** j-n im Haus einsperren 6 abstellen: **chiudere il gas** das Gas abstellen 7 schließen, stilllegen: **chiudere una fabbrica** eine Fabrik schließen 8 HANDEL abschließen 9 FIN auflösen: **chiudere un conto** ein Konto auflösen B V/I ⟨av⟩ 1 schließen, zumachen: **la finestra non chiude bene** das Fenster schließt nicht richtig; **i negozi chiudono alle otto** die Geschäfte machen um acht Uhr zu 2 HANDEL abschließen: **chiudere in attivo/in passivo** mit Gewinn/mit Verlust abschließen 3 **chiudere con qn/qc** mit j-m/etw abschließen C V/PR **-rsi** 1 sich schließen 2 sich zurückziehen (*a. fig*) ♦ **chiudere in bellezza** glanzvoll abschließen; *fig* **chiudere la bocca** den Mund halten; ★**chiudere a chiave** verschließen, abschließen; **chiudere un occhio su qc** bei etw ein Auge zudrücken
chiu·di·por·ta [-ɔ-] M ⟨*inv*⟩ Türschließer *m*
chi·un·que A INDEF PR jeder(mann) B INDEF REL PR wer; jeder, der; wer auch immer: **~ sia** wer auch immer es sein mag
chiu·sa F 1 (*in idraulica*) Schleuse *f* 2 GEOL Klause *f*, Talenge *f* 3 Schluss *m*, Schlussformel *f*
chiu·si → chiudere
★**chiu·so** A ADJ 1 geschlossen, *umg* zu: **abito ~** hochgeschlossenes Kleid *n* 2 *fig* verschlossen 3 erledigt, abgeschlossen B M **al ~** drinnen ♦ **tenere la bocca -a** den Mund halten; **circolo ~** *fig* Teufelskreis *m*; **mentalità -a** engstirnige Denkweise *f*; **naso ~** verstopfte Nase *f*; **numero ~** Numerus clausus *m*
chiu·su·ra F 1 HANDEL Abschluss *m*: **la ~ dei conti** der Abschluss der Konten 2 Schluss *m*, Ende *n* 3 (*negozi*) Ladenschluss *m* 4 Verschluss *m* 5 Stilllegung *f*, Schließung *f* ♦ (*di azienda*) **~ annuale** Betriebsferien *pl*; **a ~ automatica** selbstschließend; (*motoristica*) **~ centralizzata** Zentralverriegelung *f*; (*motoristica*) **~ di sicurezza per bambini** Kindersicherung *f*; **giorno di ~** Ruhetag *m*; **~ lampo** Reißverschluss *m*
★**ci** A PERS PR PL uns B DEM PR 1 daran, darauf, darüber, davon: **non ~ credo** daran glaube ich nicht 2 *umg* mit ihm, mit ihr, mit ihnen: **~ ho fatto un viaggio** (**insieme**) mit ihm habe ich eine Reise gemacht C ADV 1 hier; hierher, hierhin 2 da, dort; da-, dorthin 3 **c'è, ~ sono** es gibt 4 **esserci** da sein ♦ **eccoci!** da sind wir also!; **quanto ~ si mette?** wie lange braucht man (dazu)?; **non c'è niente da fare** da kann man nichts machen; (**io**) **~ sto** ich bin dabei; **c'era una volta** … es war einmal …
cia·bat·ta F 1 Pantoffel *m* 2 *pl* Latschen *pl* **cia·bat·ta·re** V/I ⟨1a; av⟩ schlurfen; latschen
cia·bat·ti·no M, **-a** F (Flick)Schuster *m*, -in *f*
Ciad M Tschad *m*
cial·da F Oblate *f* (*a.* PHARM) ♦ **caffè in -e** Kaffeepads *pl*
cial·tro·na·ta F Schurkerei *f* **cial·tro·ne** [-o-] M, **-a** F 1 Schurke *m*, -kin *f*, Lump *m* 2 Schlamper *m*, -in *f*
cial·tro·ne·ri·a F 1 Schurkerei *f* 2

 **ci**

Ci hat im Deutschen nicht immer eine Eins-zu-Eins-Entsprechung

Es kann entweder für eine bereits genannte Ortsangabe stehen und bedeutet ‚hier', ‚hierher', ‚da', ‚dort', ‚dorthin':

Sei stato dal barbiere?	Warst du beim Friseur?
Ci sono stato ieri.	Ich war gestern bei ihm *oder* Da war ich gestern.
Come vai al mare?	Wie fährst du ans Meer?
Ci vado in treno.	Ich fahre mit dem Zug (dorthin).

oder es steht für eine Ergänzung, die mit **a** eingeleitet ist:

Pensi spesso alla tua città?	Denkst du oft an deine Heimatstadt?
Sì, ci penso spesso.	Ja, ich denke oft daran.
Prova a telefonare!	Versuche anzurufen!
Ci provo subito.	Ich versuche es sofort.

→ *Info bei da(r) ...*

Schlampigkeit *f*

ciam·bel·la [-ɛ-] F **1** GASTR Kranzkuchen *m*; Kringel *m* **2** ~ (**di salvataggio**) Rettungsring *m*

cian·cia F **1** Geschwätz *n*; Schwafelei *f* **2** Tratsch *m* **cian·cia·re** V/I ⟨1f; av⟩ **1** schwatzen; schwafeln **2** tratschen

cian·ci·ca·re V/I ⟨1l *u.* d; av⟩ **1** stottern, stammeln **2** (*masticare con difficoltà*) mühsam kauen

cian·fru·sa·glie FPL Krimskrams *m*, Schnickschnack *m*

cia·ni·dri·co ADJ Blau-: **acido** ~ Blausäure *f* **cia·no** M CHEM Zyan *n*

cia·no·gra·fi·ca F Blaupause *f*

cia·nu·ro M Zyanid *n*

cia·o INT **1** hallo **2** tschüs(s)

 **Ciao!**

Ciao [tʃao] ist in Italien eine informelle Begrüßungs- und Abschiedsformel.
Das Wort stammt aus dem venezianischen **sciavo** (Sklave) und entspricht somit dem bairischen ‚Servus'.

cia·ra·mel·la [-ɛ-] F Schalmei *f*

ciar·la·ta·ne·ri·a F **1** Scharlatanerie *f* **2** Quacksalberei *f* **ciar·la·ta·ne·sco** [-e-] ADJ **1** quacksalberisch **2** marktschreierisch **ciar·la·ta·no** M, **-a** F **1** Scharlatan *m*, -in *f* **2** Marktschreier *m*, -in *f* **3** Quacksalber *m*, -in *f*

ciar·lie·ro [-ɛ-] ADJ schwatzhaft, redselig

ciar·lo·ne [-o-] **A** ADJ schwatzhaft **B** M, **-a** F Schwätzer *m*, -in *f*

ciar·pa·me M Kram *m*, Gerümpel *n*

★**cia·scu·no** ADJ & INDEF PR jeder

ci·ba·re ⟨1a⟩ **A** V/T (er)nähren **B** V/PR **-rsi** sich (er)nähren **ci·ba·rie** FPL Nahrungs-, Lebensmittel *pl*

ci·ber·ne·ti·ca [-ɛ-] F Kybernetik *f* **ci·ber·ne·ti·co** [-ɛ-] **A** ADJ kybernetisch **B** M, **-a** F (*scienziato*) Kybernetiker *m*, -in *f* **ci·ber·spa·zio** M Cyberspace *m*

★**ci·bo** M **1** Speise *f*, Nahrung *f*, Essen *n*, Kost *f* (*a. fig*): ~ **dello spirito** geistige Kost *f* **2** Futter *n* ♦ **-i biologici** Biokost *f*; **-i funzionali** funktionelle Lebensmittel *pl*; **-i precotti** Fertiggerichte *pl*; **-i in scatola** Dosengerichte *pl*; ~ **spazzatura** Junkfood *n*; **-i surgelati** Tiefkühlkost *f*

ci·ca·la F Zikade *f*

ci·ca·la·re V/I ⟨1a; av⟩ *umg* kakeln

ci·ca·lec·cio [-e-] M *fig* Geschnatter *n*

ci·ca·li·no M TECH Piepser *m*

ci·ca·tri·ce F Narbe *f* (*a. fig*)

ci·ca·triz·zan·te **A** ADJ Wund-: **pomata** ~ Wundsalbe *f* **B** M Wundheilmittel *n*

ci·ca·triz·zar·si [-s-] V/PR ⟨1a⟩ vernarben, zuheilen **ci·ca·triz·za·zio·ne** [-o-] F Vernarbung *f*, Narbenbildung *f*

cic·ca[1] F Kippe *f*, Stummel *m* ♦ **non valere una** ~ keinen Pfifferling wert sein

cic·ca[2] F Kaugummi *m od n*

cic·chet·to [-e-] M Gläschen *n*: **farsi** (*od* **bersi**) **un** ~ einen kippen, sich (*dat*) einen genehmigen

cic·cia F *umg* **1** Fleisch *n* **2** *hum* Fett *n*: **mettere su** ~ Fett ansetzen **cic·cio·lo** M Griebe *f*, *österr* Grammel *f* **cic·cio·ne** [-o-] **A** M, **-a** F *hum* Dicke *m/f*; *pej* Fettkloß *m* **B** ADJ mollig, pummelig

cic·ciot·tel·lo [-ɛ-] **A** M Dickerchen *n*, Pummelchen *n* **B** ADJ pummelig

ci·ci·sbe·o [-zˈbɛːo] M Schönling *m*, Laffe *m*

ci·cla·bi·le ADJ Fahrrad-: **pista ~** (Fahr)-Radweg *m*

ci·cla·mi·no M Alpenveilchen *n*

ci·cli·ci·tà F zyklischer Ablauf *m*

ci·cli·co ADJ **1** zyklisch, Zyklus- **2** Kreis-, kreisförmig

ci·cli·smo [-z-] M Radsport *m* **ci·cli·sta** M/F **1** Rad(renn)fahrer *m*, -in *f* **2** Fahrradmechaniker *m*, -in *f*

ci·cli·sti·co ADJ Fahrrad-, Rad-: **gara** (*od* **corsa**) **-a** Radrennen *n*

ci·clo[1] M **1** Zyklus *m* (*a.* WIRTSCH, MED, MATH) **2** Reihe *f*: **un ~ di trasmissioni** eine Sendereihe **3** BIOL, CHEM Kreislauf *m* **4** (*mestruazioni*) Regel *f*, Periode *f* **5** TECH Takt *m* ♦ **~ di lavaggio** Waschgang *m*; **~ di studi** Studienabschnitt *m*

ci·clo[2] M (Fahr)Rad *n*

ci·clo·cross [-ɔ-] M ⟨*inv*⟩ Querfeldeinrennen *n*

ci·clo·mo·to·re [-o-] M Mofa *n*

ci·clo·ne [-o-] M **1** Wirbelsturm *m* **2** *fig* (*persona*) Wirbelwind *m* **ci·clo·ni·co** [-ɔ-] ADJ Tiefdruck-: **area -a** Tiefdruckgebiet *n*

ci·clo·pe [-ɔ-] M Zyklop *m*

ci·clo·pi·sta F (Fahr)Radweg *m*

ci·clo·tu·ri·smo [-z-] M Fahrradtourismus *m* **ci·clo·tu·ri·sta** M/F Fahrradtourist *m*, -in *f*

ci·co·gna [-o-] F Storch *m*; *hum* Klapperstorch *m*

ci·co·ria [-ɔ-] F Wegwarte *f*, Zichorie *f* ♦ **~ belga** Chicorée *m od f*

ci·cu·ta F BOT Schierling *m*

★**cie·co** [-ɛ-] **A** ADJ blind (*a. fig*) **B** M, **-a** F Blinde *m/f* ♦ **alla -a** blindlings, blind; **diventare ~** erblinden, blind werden; **scrittura per -chi** Blindenschrift *f*; **vicolo ~** Sackgasse *f*

★**cie·lo** [-ɛ-] M **1** Himmel *m* **2** FLUG Luftraum *m* ♦ **per amor del ~!** um Himmels willen! *fig*; **qc non cade dal ~** etw fällt nicht (einfach) vom Himmel; **grazie al ~** dem Himmel sei Dank; **essere al settimo ~** im sieb(en)ten Himmel sein; **non stare né in ~ né in terra** weder Hand noch Fuß haben

★**ci·fra** F **1** Ziffer *f*, Zahl *f* **2** Summe *f*, Preis *m* **3** Monogramm *n* **4** Chiffre *f* ♦ **a una ~** einstellig; **a due -e** zweistellig; **parola in ~** Schlüsselwort *n*; **~ record** Rekordzahl *f*

ci·fra·re V/T ⟨1a⟩ **1** mit einem Monogramm versehen **2** chiffrieren **ci·fra·rio** M Chiffreschlüssel *m*, Code *m* **ci·fra·to** ADJ chiffriert, verschlüsselt (*a. fig*)

ci·glio M **1** ⟨*pl* ciglia⟩ (Augen)Wimper *f* **2** ⟨*pl* cigli⟩ Rand *m*: **~ della strada** Straßenrand *m* ♦ **senza battere ~** ohne mit der Wimper zu zucken

ci·gno M Schwan *m*

ci·go·la·re V/I ⟨1l; av⟩ quietschen, knarren

ci·go·li·o M Quietschen *n*, Knarren *n*

Ci·le M Chile *n*

ci·lec·ca [-e-], **far(e) ~** daneben-, vorbeischießen; *fig* versagen

ci·le·no [-ɛ-] **A** ADJ chilenisch **B** M, **-a** F Chilene *m*, -nin *f*

ci·li·cio M **1** Büßerstrick *m* **2** *fig* Qual *f*

★**ci·lie·gia** [-ɛ-] F Kirsche *f* **ci·lie·gi·na** F kandierte Kirsche *f* ♦ **questa è la ~ sulla torta** das ist die Krönung des Ganzen

ci·lie·gio [-ɛ-] M Kirschbaum *m*

ci·lin·dra·ta F **1** MECH Hubraum *m* **2** Klasse *f*: **un'auto di media ~** ein Wagen der Mittelklasse **ci·lin·dra·to·io** [-o-] M TECH Walzmaschine *n* **ci·lin·dra·tu·ra** F TECH Walzen *n*

ci·lin·dri·co ADJ zylindrisch

ci·lin·dro M **1** GEOM (*motoristica*) Zylinder *m* **2** Zylinder(hut) *m* **3** TECH Walze *f*, Rolle *f*; (*tamburo*) Trommel *f* ♦ **blocco -i** Zylinderblock *m*

★**ci·ma** F **1** Spitze *f* (*a. fig*) **2** (Berg)Gipfel *m* **3** (Baum)Wipfel *m* **4** *umg* Held *m*, Licht *n*, Leuchte *f*: **non essere una cima** kein großes Licht sein ♦ **da cima a fondo** von oben bis unten; von vorn bis hinten; durch und durch; ★ **in cima** oben; **in cima a** auf

ci·men·ta·re ⟨1a⟩ **A** V/T herausfordern; aufreizen **B** V/PR **1** **-rsi con qn** sich mit j-m messen **2** **-rsi in qc** sich in, an etw (*dat*) versuchen **ci·men·to** [-e-] M Wagnis *n* ♦ **mettere a ~** auf die Probe stellen

ci·mi·ce F **1** ZOOL Wanze *f* **2** (*microspia*) (Abhör)Wanze *f*

ci·mi·nie·ra [-ɛ-] F Schornstein *m* ♦ **fumare come una ~** wie ein Schlot rauchen

ci·mi·te·ro [-ɛ-] M **1** Friedhof *m* **2** *fig* ausgestorbener Ort *m* ♦ **~ delle automobili** Autofriedhof *m*

ci·mo·sa [-o-] F Webkante *f*

ci·mur·ro M (Hunde)Staupe *f*

C

★**ci·na** F China *n*
ci·na·bro M Zinnober *m*
cin·cia F (Tannen)Meise *f*
cin·cial·le·gra [-e-] F Kohlmeise *f*
cin·cia·rel·la [-ɛ-] F Blaumeise *f*
cin·cil·là M ⟨*inv*⟩ Chinchilla *n*
cin cin INT prost, prosit ♦ **fare ~** anstoßen, sich zuprosten

Cin cin!

Cin cin!, oder **salute!** sagen die Italiener beim Anstoßen mit Getränken. Der Ausdruck soll das Klingen der Gläser nachmachen und stammt aus der chinesischen Höflichkeitsformel ‚qing qing' (ausgesprochen ‚tschin, tschin'), was ‚bitte, bitte' bedeutet.

cin·ci·schia·re ⟨1g⟩ **A** V/T **1** schnipseln **2** zerknittern **3** stammeln **B** V/I ⟨av⟩ *umg* trödeln, bummeln
ci·ne M ⟨*inv*⟩ *umg* Kino *n*
ci·ne·a·sta M/F Cineast *m*, -in *f*
ci·ne·ca·me·ra F Filmkamera *f*
ci·ne·fi·li·a F Kinobegeisterung *f*
ci·ne·fi·lo [-ɛ-] M, **-a** F Kinoliebhaber *m*, -in *f*
ci·ne·fo·rum [-ɔ-] M ⟨*inv*⟩ Filmforum *n*
★**ci·ne·ma** M Film *m*, Kino *n* ♦ **~ all'aperto** Freilichtkino *n*; **~ d'essai** Programmkino *n*; **~ multisala** Multiplexkino *n*; **~ muto** Stummfilm *m*; **~ sonoro** Tonfilm *m*
ci·ne·ma·sco·pe ['tʃinema'skop] M ⟨*inv*⟩ Cinemascope® *n*
ci·ne·ma·to·gra·fa·re V/T ⟨1n *u.* c⟩ filmen **ci·ne·ma·to·gra·fi·a** F Filmwissenschaft *f* **ci·ne·ma·to·gra·fi·co** ADJ Kino-, Film-: **attore ~** Filmschauspieler *m*; **industria -a** Filmindustrie *f*; **rassegna -a** Filmzyklus *m*
ci·ne·o·pe·ra·to·re [-o-] M, **-tri·ce** F Kameramann *m*, -frau *f*
ci·ne·pre·sa [-e-] F Filmkamera *f*
ci·ne·ra·rio ADJ Aschen-: **urna -a** Aschenurne *f* **ci·ne·re·o** [-ɛ-] ADJ aschfarben
ci·ne·sco·pio [-ɔ-] M Bildröhre *f*
★**ci·ne·se** [-e-] **A** ADJ chinesisch, China-, Chinesen- **B** M/F Chinese *m*, -sin *f*
ci·ne·te·ca [-ɛ-] F **1** Filmothek *f* **2** Filmklub *m*
ci·ne·ti·ca [-ɛ-] F Kinetik *f*
ci·ne·ti·co [-ɛ-] ADJ kinetisch, Bewegungs-: **energia -a** kinetische Energie *f*
cin·ge·re ⟨3d⟩ V/T **1** umgeben, umschließen **2** umfassen, umarmen ♦ **~ d'alloro** mit Lorbeer bekränzen; **~ d'assedio** belagern
cin·ghia F Riemen *m* (*a.* MECH), Gurt *m*, Gürtel *m* ♦ *fig* **tirare la ~** den Gürtel enger schnallen; **~ trapezoidale** Keilriemen *m*
cin·ghia·le M Wildschwein *n*
cin·go·la·to **A** ADJ Raupen-, Ketten- **B** M Kettenfahrzeug *n*
cin·go·lo M Raupe *f*, Raupenkette *f*
cin·guet·ta·re V/I ⟨1a; av⟩ **1** zwitschern **2** *fig* plappern **cin·guet·ti·o** M **1** Zwitschern *n* **2** *fig* Schwatzen *n*
ci·ni·co **A** ADJ zynisch **B** M, **-a** F Zyniker *m*, -in *f*
ci·ni·glia F Chenille *f*, Chenillegarn *n*
ci·ni·smo [-z-] M Zynismus *m*
ci·no·dro·mo [-ɔ-] M Hunderennbahn *f*
ci·no·fi·lo [-ɔ-] **A** ADJ hundefreundlich **B** M, **-a** F Hundefreund *m*, -in *f*
★**cin·quan·ta** ADJ ⟨*inv*⟩ fünfzig: **avere cinquant'anni** fünfzig Jahre alt sein; **aver superato i ~** über fünfzig sein; **è nato nel ~** er ist 50 geboren; (*linea del bus, tram*) **prendere il ~** die 50 nehmen; **a pagina ~** auf Seite 50; **~ volte** fünfzigmal; **gli anni Cinquanta** die Fünfzigerjahre
cin·quan·te·na·rio **A** ADJ fünfzigjährig **B** M Fünfzigjahrfeier *f* **cin·quan·ten·ne** [-ɛ-] **A** ADJ fünfzigjährig **B** M/F Fünfzigjährige *m/f*
cin·quan·te·si·mo [-ɛ-] **A** ADJ fünfzigste **B** M, **-a** F **1** Fünfzigste *m/f* **2** **cinquantesimo** *m* Fünfzigstel *n*
★**cin·que** ADJ ⟨*inv*⟩ fünf: **avere ~ anni** fünf Jahre alt sein; **di ~ anni** fünfjährig; **fra ~ giorni** in fünf Tagen; **il ~ (di) maggio** am fünften Mai; **in ~** zu fünft; **sono le ~** es ist fünf Uhr; **a pagina ~** auf Seite fünf; **~ volte** fünfmal
cin·que·cen·te·sco [-e-] ADJ aus dem sechzehnten Jahrhundert **cin·que·cen·to** [-ɛ-] ADJ ⟨*inv*⟩ fünfhundert
Cin·que·cen·to [-ɛ-] M sechzehntes Jahrhundert *n*
cin·que·mi·la ADJ ⟨*inv*⟩ fünftausend
cin·qui·na F (*lotto*) Fünfer *m*
cin·si [-s-] → cingere
cin·ta F **1** Ringmauer *f*; Befestigungsgürtel *m* **2** Gürtel *m* ♦ **muro di ~** Umfassungsmauer *f*
cin·ta·re V/T ⟨1a⟩ umgeben, einzäunen, einfrieden
cin·to·la F **1** Gürtel *m* **2** Taille *f*
★**cin·tu·ra** F **1** Gürtel *m* **2** Taille *f* **3** **la**

cintura industriale di Milano der Industriegürtel von Mailand ♦ **cintura di castità** Keuschheitsgürtel *m*; **cintura di salvataggio** Rettungsring *m*; ★ **cintura di sicurezza** Sicherheitsgurt *m*; **mettersi la cintura di sicurezza** sich anschnallen

cin·tu·ri·no M (kleines) Band *n*, (kleiner) Riemen *m*; (*in sartoria*) Bund *m* ♦ ~ **dell'orologio** Uhr(arm)band *n*

cin·tu·ro·ne [-o-] M 1 MIL Koppel *n* 2 Pistolengürtel *m*, Gurt *m*

★**ciò** DEM PR 1 das, dies 2 ~ **che** … (das), was …; **fa' ~ che credi** mach doch, was du meinst ♦ **a ~** dafür, dazu, hierzu; **con ~** damit; **oltre a ~** außerdem, zudem

cioc·ca [-ɔ-] F (*di capelli*) Strähne *f*, Büschel *n*

cioc·co [-ɔ-] M (Holz)Klotz *m*, Holzblock *m*

★**cioc·co·la·ta** F Schokolade *f*, Kakao *m*

cioc·co·la·ti·no M Praline *f*

cioc·co·la·to M Schokolade *f*: **una tavoletta di ~** eine Tafel Schokolade

★**cio·è** ADV 1 das heißt, also, und zwar 2 beziehungsweise; besser gesagt

cion·do·la·re ⟨1l⟩ A V/T ~ **le braccia** die Arme schlenkern; ~ **la testa** den Kopf hängen lassen B V/I ⟨1l; av⟩ 1 baumeln; hängen 2 schwanken, taumeln 3 trödeln

cion·do·lo [-o-] M Anhänger *m*

cion·do·lo·ne [-o-] M, **-a** F Trödler *m*, -in *f*, Faulenzer *m*, -in *f* **cion·do·lo·ni** [-o-] ADV schlenkernd, baumelnd: **con le gambe ~** mit baumelnden Beinen

cio·no·no·stan·te ADV dennoch, dessen ungeachtet

cio·to·la [-ɔ-] F 1 Schüssel *f*, Schale *f* 2 Fressnapf *m*

ciot·to·la·to M Kopfsteinpflaster *n*

ciot·to·lo [-ɔ-] M Kiesel(stein) *m*

ci·pi·glio M finstere Miene *f*

★**ci·pol·la** [-o-] F BOT Zwiebel *f*

ci·pol·li·na A F Silberzwiebel *f* B ADJ **erba ~** Schnittlauch *m*

cip·po M Säulenstumpf *m*

ci·pres·so [-ɛ-] M Zypresse *f*

ci·pria F Puder *m*: **darsi la ~** sich pudern

ci·pri·o·ta [-ɔ-] A ADJ zypriotisch, zyprisch B M/F Zyprer *m*, -in *f*, Zypriot *m*, -in *f*

Ci·pro F Zypern *n*

★**cir·ca** A PRÄP über, von; *form* betreffs, bezüglich: **non so nulla ~ quel fatto** ich weiß nichts darüber B ADV circa, etwa, ungefähr

cir·cen·se [-'tʃɛnse] ADJ Zirkus-

cir·co M Zirkus *m* (*a.* HIST) ♦ ~ **ambulante** Wanderzirkus *m*

cir·co·lan·te A ADJ umlaufend: **moneta ~** umlaufendes Geld *n* B M WIRTSCH Geldumlauf *m*

★**cir·co·la·re**[1] A ADJ kreisförmig, Kreis- (*a.* GEOM): **moto ~** Kreisbewegung *f* B F Rundschreiben *n* ♦ FIN **assegno ~** Barscheck *m*

★**cir·co·la·re**[2] V/I ⟨1l; es, av⟩ 1 kreisen, zirkulieren 2 verkehren: **l'autobus non circola di domenica** der Bus verkehrt sonntags nicht 3 (herum)gehen 4 herumgeben, -reichen 5 im Umlauf sein 6 *fig* umgehen, kursieren: **circola voce che** … es geht das Gerücht um, dass … ♦ **far ~ aria** lüften

cir·co·la·ri·tà F 1 Kreisförmigkeit *f* 2 Kreisbewegung *f* **cir·co·la·to·rio** [-ɔ-] ADJ Kreislauf-: **disturbo ~** Kreislaufstörung *f* **cir·co·la·zio·ne** [-o-] F 1 Umlauf *m* (*a. fig*): **essere in ~** in (*od* im) Umlauf sein 2 (*traffico*) Verkehr *m* 3 ANAT Kreislauf *m* ♦ **carta di ~** Kraftfahrzeugschein *m*; **divieto di ~** Fahrverbot *n*; **tassa di ~** Kraftfahrzeugsteuer *f*; **togliere qc dalla ~** etw aus dem Verkehr ziehen

★**cir·co·lo** M 1 Kreis *m* 2 ANAT (Blut)Kreislauf *m* 3 Klub *m*, Verein *m* 4 Kreis *m*, Milieu *n* ♦ GEOG ~ **polare** Polarkreis *m*; *fig* ~ **vizioso** Teufelskreis *m*; ~ **ufficiali** Offizierskasino *n*

cir·con·ci·de·re V/T ⟨3q⟩ beschneiden

cir·con·ci·sio·ne [-o-] F Beschneidung *f*

★**cir·con·da·re** ⟨1a⟩ A V/T 1 ein-, umschließen, umgeben (*a. fig*) 2 MIL umzingeln, umstellen B V/PR **-rsi** sich umgeben (*a. fig*): **-rsi di amici** sich mit Freunden umgeben

cir·con·da·rio M 1 Bezirk *m* 2 Umkreis *m* **cir·con·fe·ren·za** [-ɛ-] F 1 GEOM Kreis(umfang) *m* 2 Umfang *m*, (*in sartoria*) Weite *f*: ~ **terrestre** Erdumfang *m*; ~ **seno** Oberweite *f*; ~ **torace** Oberweite *f*

cir·con·fles·so [-ɛ-] ADJ 1 LING **accento ~** Zirkumflex *m* 2 krumm **cir·con·lo·cu·zio·ne** [-o-] F Umschreibung *f*

cir·con·val·la·zio·ne [-o-] F Umgehungsstraße *f* **cir·con·ven·zio·ne** [-o-] F Hintergehung *f*

cir·co·scri·ve·re V/T ⟨3tt⟩ 1 GEOM umschreiben 2 eingrenzen (*a. fig*) 3 ein-

C

dämmen (*a. fig*) **cir·co·scri·zio·na·le** ADJ Kreis-, Bezirk-: **ufficio** ~ Kreisamt *n*

cir·co·scri·zio·ne [-o-] F 1 Ein-, Beschränkung *f* 2 JUR Kreis *m*: ~ **amministrativa** Verwaltungsbezirk *m*; ~ **elettorale** Wahlkreis *m*

cir·co·spet·to [-ɛ-] ADJ umsichtig, bedächtig **cir·co·spe·zio·ne** [-o-] F Umsicht *f*, Bedächtigkeit *f* **cir·co·stan·te** ADJ 1 umliegend 2 umstehend

★**cir·co·stan·za** F 1 Umstand *m*, Gegebenheit *f* 2 Anlass *m* ♦ **date le -e** unter diesen Umständen; **frase di** ~ Höflichkeitsfloskel *f*

cir·cu·i·re VT ⟨4d⟩ *fig* umgarnen, umstricken

cir·cui·to M 1 SPORT Rundstrecke *f*, Ring *m* 2 ELEK Kreis *m*: ~ **elettrico** Stromkreis *m* 3 ELEK Schaltung *f*: ~ **integrato** integrierte Schaltung *f* 4 TECH Kreislauf *m* ♦ **andare in corto** ~ einen Kurzschluss haben; ELEK ~ **logico** Schaltkreis *m*

cir·ro M 1 METEO Feder-, Zirruswolke *f* 2 BOT Ranke *f*

cir·ro·si [-ɔ-] F Zirrhose *f*: ~ **epatica** Leberzirrhose *f*, Leberschrumpfung *f*

ci·spa F Augensekret *n*

ci·spo·so [-o-] ADJ **occhio** ~ Triefauge *n*

ci·ster·c(i)en·se [-'tʃɛnse] M/F Zisterzienser *m*, -in *f*

ci·ster·na [-ɛ-] F 1 Zisterne *f* 2 Tank *m*, Behälter *m* ♦ **auto** ~ Tankfahrzeug *n*; **nave** ~ Tanker *m*

ci·sti F MED, ZOOL Zyste *f*

ci·sti·fel·le·a [-ɛ-] F Gallenblase *f*

ci·sti·te F Blasenentzündung *f*

ci·ta·re VT ⟨1a⟩ 1 JUR (vor)laden 2 (ver)klagen: ~ **qn per danni** j-n auf Schadenersatz verklagen 3 zitieren 4 (*menzionare*) anführen **ci·ta·to** ADJ **non** ~ unerwähnt; **sopra** ~ oben erwähnt

ci·ta·zio·ne [-o-] F 1 JUR (Vor)Ladung *f*: ~ **in giudizio** gerichtliche Vorladung *f* 2 Klage *f* 3 Zitat *n*, Anführung *f* 4 Erwähnung *f*

ci·ti·so M BOT Goldregen *m*

ci·to·fo·no [-ɔ-] M Sprechanlage *f*

ci·to·lo·gi·a F Zellenlehre *f* **ci·to·pla·sma** M Zytoplasma *n*, Zellplasma *n*

ci·tra·to M Zitrat *n* **ci·tri·co** ADJ 1 Zitronen-: **acido** ~ Zitronensäure *f* 2 zitronensauer **ci·tro·nel·la** [-ɛ-] F Zitronellgras *n*

ci·trul·lo M Dummkopf *m*

★**cit·tà** F ⟨*inv*⟩ Stadt *f* ♦ **centro** ~ Stadtzentrum *n*; **cuore della** ~ Stadtkern *m*; ~ **dormitorio** Schlafstadt *f*; ~ **natale** Heimatstadt *f*; ~ **satellite** Trabantenstadt *f*; **visita della** ~ Stadt(rund)fahrt *f*

Cit·tà del Ca·po F Kapstadt *n*

Cit·tà del Gua·te·ma·la F Guatemala--Stadt *f*

cit·ta·del·la [-ɛ-] F 1 Zitadelle *f* 2 *fig* Hochburg *f*

Cit·tà del Mes·si·co [-ɛ-] F Mexiko--Stadt *f*

Cit·tà del Va·ti·ca·no F Vatikanstadt *f*

★**cit·ta·di·na** F 1 Stadtbewohnerin *f* 2 Staatsangehörige *f* 3 Kleinstadt *f* **cit·ta·di·nan·za** F 1 Stadtbevölkerung *f* 2 (*di uno stato*) Bürgerschaft *f* 3 JUR Staatsangehörigkeit *f* ♦ **doppia** ~ doppelte Staatsangehörigkeit *f*

★**cit·ta·di·no** A M 1 Bürger *m* 2 JUR Staatsangehörige *m*, Staatsbürger *m* 3 Städter *m*; *pl* Stadtbevölkerung *f* B ADJ städtisch, Stadt-

ciuc·cia·re ⟨1f⟩ *umg* A VT 1 lutschen, nuckeln 2 (*di neonati*) saugen B VI ⟨av⟩ saugen C VPR **-rsi qc** an etw (*dat*) nuckeln: **-rsi il dito** am Daumen lutschen

ciuc·cio M Schnuller *m*

ciu·co M Esel *m*

ciuf·fo M 1 Schopf *m*, Büschel *n* (*a.* BOT) 2 ZOOL (*di piume*) Haube *f*

ciuf·fo·lot·to [-ɔ-] M ZOOL Dompfaff *m*

ciur·ma F 1 SCHIFF Schiffsbesatzung *f*, Mannschaft *f* 2 *fig pej* Pack *n*, Gesindel *n*

ci·vet·ta [-e-] F 1 ZOOL Kauz *m* 2 *fig* kokette Frau *f* ♦ **auto** ~ Streifenwagen *m* der Polizei

ci·vet·ta·re VI ⟨1a; av⟩ kokettieren **ci·vet·te·ri·a** F Koketterie *f* **ci·vet·tuo·lo** [-ɔ-] ADJ kokett

ci·vi·co ADJ 1 (Staats)Bürger-, staatsbürgerlich: **dovere** ~ Staatsbürgerpflicht *f* 2 städtisch, Stadt- ♦ **numero** ~ Hausnummer *f*; **senso** ~ Gemeinsinn *m*

★**ci·vi·le** A ADJ 1 zivil, Zivil- 2 bürgerlich, Bürger-: **i diritti -i** die bürgerlichen Rechte *pl* 3 *fig* gesittet 4 Kultur-: **società** ~ zivilisierte Gesellschaft *f* B M Zivilist *m*, Zivilperson *f* ♦ **codice** ~ Bürgerliches Gesetzbuch *n*; **guerra** ~ Bürgerkrieg *m*; **matrimonio** ~ standesamtliche Trauung *f*; **stato** ~ Familienstand *m*

ci·vi·li·sti·co ADJ zivilrechtlich

ci·vi·liz·za·re VT ⟨1a⟩ zivilisieren **ci·vi·liz·za·zio·ne** [-o-] F 1 Zivilisierung *f* 2 Zivilisation *f*

★**ci·vil·tà** F ⟨inv⟩ 1 Kultur f 2 Zivilisation f 3 Kultiviertheit f ♦ ~ **industriale** Industriegesellschaft f

clac·son M ⟨inv⟩ Hupe f: **suonare il ~** hupen

cla·mo·re [-o-] M 1 Lärm m; Rummel m 2 Aufsehen n, Wirbel m

cla·mo·ro·so [-o-] ADJ 1 laut, geräuschvoll: ~ **applauso** stürmischer Beifall m 2 aufsehenerregend, eklatant

clan M ⟨inv⟩ 1 Klan m, Sippe f 2 Clique f

clan·de·sti·ni·tà F 1 Heimlichkeit f; Illegalität f 2 POL Untergrund m: **darsi alla ~** in den Untergrund gehen **clan·de·sti·no** A ADJ heimlich; illegal, schwarz: **mercato ~** Schwarzmarkt m B M, **-a** F 1 blinder Passagier m 2 illegaler Einwanderer m, illegale Einwanderin f ♦ **organizzazione -a** Untergrundorganisation f

cla·ri·net·ti·sta M/F Klarinettist m, -in f

cla·ri·net·to [-e-] M Klarinette f

★**clas·se** F 1 (scolastica; sociale) Klasse f (a. BOT, ZOOL) 2 **viaggiare in prima ~** erster Klasse fahren 3 fig (Güte)Klasse f: **merce di prima ~** Ware erster Güte 4 Stil m: **una donna di ~** eine Frau mit Stil ♦ **lotta di ~** Klassenkampf m; **nemico di ~** Klassenfeind m

clas·si·ci·smo [-z-] M Klassizismus m

clas·si·ci·sti·co ADJ klassizistisch

clas·si·ci·tà F Klassik f

★**clas·si·co** A ADJ 1 klassisch 2 **un esempio ~** ein klassisches Beispiel n 3 (studi) humanistisch B M Klassiker m ♦ **liceo ~** humanistisches Gymnasium n

clas·si·fi·ca F 1 SPORT Tabelle f, Rangliste f 2 JUR Wertung f, Einstufung f: ~ **generale** Gesamtwertung f ♦ **primo in ~** Tabellenerste m; **ultimo in ~** Tabellenletzte m

clas·si·fi·ca·re ⟨1m u. d⟩ A V/T 1 einteilen, klassifizieren 2 (scuola) zensieren B V/PR **-rsi** sich platzieren: **-rsi primo** der Erste sein; **-rsi bene** gut abschneiden

clas·si·fi·ca·to·re [-o-] M Ordner m

clas·si·fi·ca·zio·ne [-o-] F 1 Klassifizierung f, Klassifikation f 2 Bewertung f

clas·si·sta ADJ Klassen-: **società ~** Klassengesellschaft f

clau·so·la F Klausel f (a. MUS) ♦ ~ **contrattuale** Vertragsklausel f

clau·stro·fo·bi·a F Klaustrophobie f

clau·su·ra F REL Klausur f

cla·va F Keule f

cla·vi·cem·ba·li·sta M/F Cembalist m, -in f **cla·vi·cem·ba·lo** [-e-] M Cembalo n

cla·vi·co·la F ANAT Schlüsselbein n

cle·men·te [-ɛ-] ADJ 1 gnädig, nachsichtig: **essere ~ con** (od **verso**) **qn** zu j-m gnädig sein 2 (clima) mild

cle·men·ti·na F Klementine f

cle·men·za [-ɛ-] F 1 Gnade f, Nachsicht f 2 (clima) Milde f ♦ JUR **provvedimento di ~** Gnadenerlass m

clep·to·ma·ne [-ɔ-] A ADJ kleptomanisch B M/F Kleptomane m, -nin f

clep·to·ma·ni·a F Kleptomanie f

cle·ri·ca·le ADJ klerikal

cle·ro [-ɛ-] M Geistlichkeit f, Priesterschaft f

cles·si·dra F 1 Sanduhr f 2 Wasseruhr f

clic·ca·re V/I ⟨1d⟩ IT (an)klicken: ~ **due volte su qc** etw doppelklicken

cli·ché [kli'ʃe] M ⟨inv⟩ Klischee n (a. fig)

★**clien·te** [-ɛ-] M/F 1 Kunde m, Kundin f; Klient m, -in f 2 GASTR Gast m 3 Patient m, -in f ♦ ~ **abituale** (od **fisso**) Stammkunde m; **servizio di assistenza ai -i** Kundendienst m

★**clien·te·la** [-ɛ-] F 1 Kundschaft f; Klientel f 2 Publikum n ♦ ~ **abituale** Stammkundschaft f; ~ **di passaggio** Laufkundschaft f

★**cli·ma** M Klima n; fig Atmosphäre f ♦ **cambiamento di ~** Klimawechsel m

cli·ma·te·rio [-ɛ-] M Klimakterium n, MED Klimax f

cli·ma·ti·co ADJ klimatisch, Klima- ♦ **stazione -a** Luftkurort m

cli·ma·tiz·za·re V/T ⟨1a⟩ klimatisieren

cli·ma·tiz·za·to·re [-o-] M Klimaanlage f **cli·ma·tiz·za·zio·ne** [-o-] F Klimatisierung f

★**cli·ni·ca** F Klinik f: ~ **neurologica** Nervenheilanstalt f

cli·ni·co A ADJ klinisch B M Kliniker m, -in f

clip[1] F ⟨inv⟩ 1 Büroklammer f 2 Klipp m: **orecchino a ~** Ohrklipp m

clip[2] M od F ⟨inv⟩ (Video)Clip m

cli·ste·re [-ɛ-] M MED Klistier n, Einlauf m

cli·to·ri·de [-ɔ-] F/M Klitoris f

cli·via F BOT Klivie f

clo·a·ca F 1 Kloake f 2 fig Sumpf m

clo·che [klɔʃ] F ⟨inv⟩ 1 FLUG Steuerknüppel m 2 AUTO Schaltknüppel m 3 Glocke f

C

clo·na·re VT ⟨1a⟩ klonen
clo·ne [-o-] M 1 BIOL Klon *m* 2 Kopie *f*
clo·ra·to A M Chlorat *n* B ADJ gechlort
clo·ri·dri·co ADJ **acido ~** Salzsäure *f*
clo·ri·to M Chlorit *n* **clo·ro** [-ɔ-] M Chlor *n*
clo·ro·fil·la F Chlorophyll *n*, Blattgrün *n*
clo·ro·fluo·ro·car·bu·ro M Fluorchlorkohlenwasserstoff *m*
clo·ro·for·mio [-ɔ-] M Chloroform *n*
clo·ru·ro M Chlorid *n*
clou [klu] M ⟨*inv*⟩ Clou *m*, Glanzpunkt *m*
club [klab, klub] M Klub *m*; Verein *m* ♦ **~ alpino** Alpenverein *m*
co·a·bi·ta·re VI ⟨1m; av⟩ zusammenwohnen **co·a·bi·ta·zio·ne** [-o-] F Wohngemeinschaft *f*
co·a·cer·vo [-ɛ-] M (An)Häufung *f*, Gemisch *n*
co·a·diu·to·re [-o-] M, **-tri·ce** F 1 Gehilfe *m*, -fin *f* 2 Stellvertreter *m*, -in *f* **co·a·diu·van·te** A M/F Gehilfe *m*, -fin *f* B ADJ Hilfs- **co·a·diu·va·re** VT ⟨1m⟩ **~ qn** j-m helfen
co·a·gu·lan·te A ADJ Gerinnungs- B M Koagulans *n* **co·a·gu·la·re** ⟨1m⟩ A VT gerinnen lassen B VI ⟨es⟩ & VPR **-rsi** gerinnen
co·a·gu·la·zio·ne [-o-] F Gerinnung *f*: **~ del sangue** Blutgerinnung *f*
co·a·gu·lo M Gerinnsel *n*: **~ di sangue** Blutgerinnsel *n*
co·a·li·zio·ne [-o-] F Koalition *f*, Bündnis *n*: **governo di ~** Koalitionsregierung *f*
co·a·liz·za·re ⟨1a⟩ A VT verbinden, vereinen B VPR **-rsi** sich verbünden
co·as·sia·le ADJ koaxial, Koaxial-, gleichachsig: **cavo ~** Koaxialkabel *n*
co·at·ti·vo ADJ zwingend, Zwangs- (*a.* JUR): **asta -a** Zwangsversteigerung *f*
co·at·to ADJ zwangsmäßig, Zwangs- ♦ PSYCH **azione -a** Zwangshandlung *f*
co·at·to·re [-o-] M, **-tri·ce** F JUR Mitkläger *m*, -in *f*
co·au·to·re [-o-] M, **-tri·ce** F Mitverfasser *m*, -in *f*, Koautor *m*, -in *f*
co·bal·to M CHEM Kobalt *n*
co·bal·to·te·ra·pia F Kobaltbestrahlung *f*
Co·blen·za [-e-] F Koblenz *n*
co·bol·do [-ɔ-] M Kobold *m*
co·bra [-ɔ-] M Kobra *f*
co·ca [-ɔ-] F 1 BOT Koka *f*: **pianta di ~** Kokastrauch *m* 2 (*bibita*) Cola *f* 3 *umg* Koks *m*: **farsi di ~** koksen
co·ca·i·na F Kokain *n*: **sniffare ~** Kokain schnupfen **co·cai·no·ma·ne** M/F Kokainsüchtige *m/f*, *sl* Kokser *m*, -in *f*
coc·ca [-ɔ-] F 1 Kerbe *f* 2 Zipfel *m*: **~ del lenzuolo** Bettzipfel *m*
coc·car·da F Kokarde *f*
coc·chie·re [-ɛ-] M Kutscher *m*
coc·chio [-ɔ-] M Kutsche *f*
coc·ci·ge M ANAT Steißbein *n*, Steiß *m*
coc·ci·nel·la [-ɛ-] F Marienkäfer *m*
coc·ci·ni·glia F Schildlaus *f*
coc·cio [-ɔ-] M 1 (*terracotta*) Ton *m* 2 Tonware *f* 3 (*frammento*) Scherbe *f*
coc·ciu·tag·gi·ne F Starrsinn *m*, Bockigkeit *f* **coc·ciu·to** ADJ stur, bockig
coc·co[1] [-ɔ-] M 1 Kokospalme *f* 2 Kokosnuss *f*
coc·co[2] [-ɔ-] M *umg* Liebling *m*, Schätzchen *n*
coc·co·dè INT **fare ~** gackern
coc·co·dril·lo M 1 Krokodil *n* 2 Krokodilleder *n* ♦ *fig* **versare lacrime di ~** Krokodilstränen vergießen
coc·co·la[1] [-ɔ-] F BOT Beere *f*: **~ della rosa canina** Hagebutte *f*
coc·co·la[2] [-ɔ-] F *umg* Liebkosung *f*: **fare le -e a qn** j-n liebkosen
coc·co·la·re VT ⟨1l *u.* c⟩ *umg* liebkosen, hätscheln
coc·co·lo·ni [-o-], **stare ~** in der Hocke sitzen
co·cen·te [-ɛ-] ADJ 1 brennend, glühend heiß 2 *fig* brennend, stechend: **un dolore ~** ein stechender Schmerz *m*
co·cker ['kɔker] M Cockerspaniel *m*
cock·tail ['kɔktel] M ⟨*inv*⟩ 1 (*bevanda*) Cocktail *m* 2 (*festa*) Cocktailparty *f*
★**co·co·me·ro** [-o-] M Wassermelone *f*
co·co·ri·ta F Wellensittich *m*
co·cuz·zo·lo M 1 (*del capo*) Scheitel *m*, Wirbel *m* 2 Bergspitze *f*, Gipfel *m*
★**co·da** [-o-] F 1 Schwanz *m*; Schweif *m* 2 (*acconciatura*) Pferdeschwanz *m* 3 ASTRON Schweif *m* 4 *fig* Schlange *f*: **stare in ~** Schlange stehen; **fare la ~** sich anstellen 5 FLUG, AUTO Heck *n*: **~ filante** Fließheck *n* ♦ **fanalino di ~** Rücklicht *n*; *fig* Schlusslicht *n*; **in ~** (**al treno**) am Ende des Zuges; **guardare con la ~ dell'occhio** aus den Augenwinkeln betrachten; MUS **pianoforte a ~** Flügel *m*; **~ di rospo** Anglerfisch *m*
co·dar·di·a F 1 Feigheit *f* 2 feige Tat *f*
co·dar·do A ADJ feig B M, **-a** F Feigling *m*

co·daz·zo M *fig* Schwarm *m*: **un ~ di ammiratori** ein Schwarm von Verehrern

★**co·di·ce** [-ɔ-] M 1 (*biblioteca*) JUR, HIST Kodex *m*; Gesetz *n* 2 IT Code *m* 3 Geheimschrift *f* ♦ **~ di avviamento postale** Postleitzahl *f*; **~ bancario** Bankleitzahl *f*; **~ a barre** Strichcode *m*, Balkencode *m*; **~ fiscale** Steuernummer *f*; **~ della strada** Straßenverkehrsordnung *f*; **~ segreto** Geheimzahl *f*; IT **~ sorgente** Quellcode *m*

co·di·fi·ca·re V/T ⟨1m *u.* d⟩ 1 JUR kodifizieren 2 IT kodieren, verschlüsseln **co·di·fi·ca·to·re** [-o-] M, **-tri·ce** F 1 Verfasser *m*, -in *f* eines Gesetzbuches 2 IT Kodierer *m*, -in *f*, Verschlüssler *m*, -in *f* **co·di·fi·ca·zio·ne** [-o-] F 1 JUR Kodifizierung *f* 2 IT Kodierung *f*

co·di·ros·so M Rotschwänzchen *n*

co·do·lo [-o-] M Schaft *m*

co·drio·ne [-o-] M Bürzel *m*

co·e·di·to·re [-o-] M, **-tri·ce** F Mitherausgeber *m*, -in *f*

co·ef·fi·cien·te [-ɛ-] M Koeffizient *m*

co·er·ci·ti·vo ADJ Zwangs-: **misure -e** Zwangsmaßnahmen *pl*

co·er·ci·zio·ne [-o-] F Nötigung *f*, Zwang *m*

co·e·re·de [-ɛ-] M/F Miterbe *m*, -erbin *f*

co·e·ren·te [-ɛ-] ADJ 1 zusammenhängend: **essere ~ con qc** mit etw zusammenhängen 2 *fig* konsequent **co·e·ren·za** [-ɛ-] F 1 Zusammenhang *m* 2 *fig* Folgerichtigkeit *f* ♦ **privo di ~** zusammenhang(s)los

co·e·sio·ne [-o-] F 1 Kohäsion *f*: **forza di ~** Kohäsionskraft *f* 2 *fig* Zusammenhalt *m*

co·e·si·sten·te [-ɛ-] ADJ nebeneinander bestehend **co·e·si·sten·za** [-ɛ-] F Koexistenz *f*

co·e·si·ste·re V/I ⟨3f; es⟩ nebeneinander (*od* miteinander) bestehen

co·e·ta·ne·o A ADJ gleichalt(e)rig: **essere ~ di qn** mit j-m gleichaltrig sein B M, **-a** F Altersgenosse *m*, -genossin *f*

co·e·vo [-ɛ-] ADJ zeitgenössisch

co·fa·net·to [-e-] M 1 (Schmuck)Kästchen *n* 2 (*per libri ecc.*) Schuber *m*; Kassette *f* **co·fa·no** [-ɔ-] M 1 AUTO Motorhaube *f* 2 Truhe *f*

co·fir·ma·ta·rio M, **-a** F Mitunterzeichner *m*, -in *f*

co·ge·stio·ne [-o-] F Mitbestimmung *f*

co·ge·sti·re V/T ⟨4d⟩ mitbestimmen

★**co·glie·re** [-ɔ-] V/T ⟨3ss⟩ 1 (ab)pflücken 2 überraschen 3 *fig* begreifen, erfassen ♦ **~ qn sul fatto** j-n auf frischer Tat ertappen; **~ l'occasione** die Gelegenheit ergreifen; **~ nel segno** ins Schwarze treffen

co·glio·na·ta F *vulg* Scheiß *m* **co·glio·ne** [-o-] M, **-a** F *vulg* 1 **coglione** *m* Ei *n*: *fig* **rompere i -i a qn** j-m auf den Sack gehen 2 (*persona*) Idiot *m*, -in *f*

co·gnac [-ɔ-] M ⟨*inv*⟩ Kognac *m*

★**co·gna·ta** F Schwägerin *f*

★**co·gna·to** M Schwager *m*

co·gni·zio·ne [-o-] F 1 (Er)Kenntnis *f* 2 JUR Zuständigkeit *f*

★**co·gno·me** [-o-] M Familienname *m*, Nachname *m* ♦ **~ da ragazza** Mädchenname *m*

coi·ben·ta·zio·ne [-o-] F Dämmung *f*, Isolierung *f* **coi·ben·te** [-ɛ-] ADJ Dämm-, isolierend: **materiale ~** Dämmstoff *m*

co·in·ci·den·te [-ɛ-] ADJ zusammenfallend, deckungsgleich ♦ **treno ~** Anschlusszug *m*

★**co·in·ci·den·za** [-ɛ-] F 1 Zusammentreffen *n* 2 *umg* BAHN Anschluss *m*, Verbindung *f*; FLUG Anschlussflug *m*: **perdere la ~** den Anschluss verpassen ♦ **che ~!** so ein Zufall!

co·in·ci·de·re V/I ⟨3q; av⟩ 1 zusammenfallen, -treffen 2 *fig* übereinstimmen, sich decken

co·in·qui·li·no M, **-a** F Mitbewohner *m*, -in *f*

co·in·te·res·sa·re V/T ⟨1b⟩ WIRTSCH teilhaben lassen, beteiligen: **~ qn in qc** j-n an etw (*dat*) beteiligen **co·in·te·res·sa·to** M, **-a** F WIRTSCH Teilhaber *m*, -in *f*

co·in·vol·gen·te [-ɛ-] ADJ mitreißend

co·in·vol·ge·re [-ɔ-] V/T ⟨3d⟩ 1 verwickeln, hineinziehen 2 betreffen, in Mitleidenschaft ziehen 3 mit einbeziehen 4 (*commuovere*) berühren

co·in·vol·gi·men·to [-e-] M 1 Verwicklung *f*, Beteiligung *f* 2 Betroffenheit *f*, Ergriffenheit *f* **co·in·vol·to** [-ɔ-] ADJ 1 verwickelt, beteiligt 2 betroffen; gepackt

Coi·ra F Chur *n*

coi·to [-ɔ-] M Koitus *m*, Beischlaf *m*

co·ke [kɔk] M ⟨*inv*⟩ (**carbone**) **~** Koks *m*

col [-o-] → con

co·la·bro·do [-o-] M ⟨*inv*⟩ Sieb *n*

co·la·pa·sta M ⟨*inv*⟩ Nudelsieb *n*

co·la·re ⟨1a⟩ A V/T 1 (durch)seihen 2

C

abgießen **3** METALL gießen **4** **la ferita cola sangue** aus der Wunde tropft Blut **B** V/I **1** ⟨es⟩ rinnen, tropfen, laufen **2** ⟨av⟩ *perdere liquido* undicht sein ♦ **mi cola il naso** mir tropft (*od* läuft) die Nase; SCHIFF **~ a picco** untergehen

co·la·ta F **1** GEOL Strom *m*: **~ lavica** Lavastrom *m* **2** METALL Guss *m* **co·la·to** ADJ METALL gegossen, Guss- ♦ **prendere qc per oro ~** etw für bare Münze nehmen

★**co·la·zio·ne** [-o-] F **1** Frühstück *n*: **fare ~** frühstücken **2** Mittagessen *n* ♦ **~ di lavoro** Arbeitsessen *n*; **~ al sacco** Lunchpaket *n*; **prima ~** Frühstück *n*, *schweiz* Morgenessen *n*

co·le·ot·te·ro [-ɔ-] M Käfer *m*

co·le·ra [-ɛ-] M Cholera *f*

co·le·ste·ro·lo [-ɔ-] M Cholesterin *f*

colf [-ɔ-] F ⟨*inv*⟩ Haushaltshilfe *f*

co·li·brì M ⟨*inv*⟩ Kolibri *m*

co·li·ca [-ɔ-] F Kolik *f*

co·li·no M (kleines) Sieb *n*; Teesieb *n*

col·la[1] [-ɔ-] F Klebstoff *m*, *umg* Kleber *m*; (*per legno, stoffa*) Leim *m*; (*d'amido*) Kleister *m* ♦ **~ da falegname** Holzleim *m*; **~ istantanea** Sekundenkleber *m*; **~ universale** Alleskleber *m*

col·la[2] [-o-] → con

col·la·bo·ra·re V/I ⟨1m; av⟩ **1** mitarbeiten: **~ a un progetto** an einem Projekt mitarbeiten **2** zusammenarbeiten **3** kollaborieren **col·la·bo·ra·to·re** [-o-] M, **-tri·ce** F Mitarbeiter *m*, -in *f* ♦ **collaboratrice domestica** Haushaltshilfe *f*

★**col·la·bo·ra·zio·ne** [-o-] F **1** Mitarbeit *f* **2** Zusammenarbeit *f* **3** Hilfe *f* ♦ **con la ~ di** … unter Mitwirkung von …; **in ~ con** … in Zusammenarbeit mit …

col·la·bo·ra·zio·ni·smo [-z-] M Kollaboration *f* **col·la·bo·ra·zio·ni·sta** M/F Kollaborateur *m*, -in *f*

col·la·ge [kol'laʒ] M ⟨*inv*⟩ Collage *f*

col·la·na F **1** (Hals)Kette *f* **2** (*editoria*) Reihe *f*

col·lant [kol'lan] M ⟨*inv*⟩ Strumpfhose *f*

col·lan·te **A** ADJ klebend **B** M Klebstoff *m*

col·la·re M Halsband *n* ♦ **biscia dal ~** Ringelnatter *f*

col·las·sa·re V/I ⟨1a; av, es⟩ **1** kollabieren (*a.* ASTRON) **2** *fig* (völlig) zusammenbrechen

col·las·so M **1** Kollaps *m* **2** *fig* Zusammenbruch *m* ♦ **~ cardiaco** Herzversagen *n*; **~ circolatorio** Kreislaufkollaps *m*; **~ nervoso** Nervenzusammenbruch *m*

col·la·te·ra·le ADJ Neben-, Seiten-, seitlich ♦ **danni -i** Kollateralschäden *pl*; **effetti -i** Nebenwirkungen *pl*

col·lau·da·re V/T ⟨1a⟩ **1** TECH prüfen, testen **2** abnehmen: **~ un edificio** ein Gebäude abnehmen **3** *fig* auf die Probe stellen **col·lau·da·to** ADJ erprobt, bewährt **col·lau·da·to·re** [-o-] M, **-tri·ce** F Prüfer *m*, -in *f* ♦ **pilota ~** Testfahrer *m*; FLUG Testpilot *m*

col·lau·do M **1** TECH Test *m*, Prüfung *f*: **pista di ~** Teststrecke *f* **2** Abnahme *f*

col·le[1] [-o-] → con

col·le[2] [-ɔ-] M Hügel *m*

★**col·le·ga** [-ɛ-] M/F Kollege *m*, -gin *f*

col·le·ga·men·to [-e-] M **1** Verbindung *f*: **~ ferroviario** Zugverbindung *f* **2** TECH, RADIO, TV Anschluss *m*; Schaltung *f* **3** IT (*in Windows*) Verknüpfung *f* **4** Zusammenhang *m* ♦ **agente di ~** Kontaktmann *m*, -frau *f*; **~ alla rete** Netzzugang *m*; **~ in rete** Vernetzung *f*; IT **~ ipertestuale** (Hyper)Link *m*

★**col·le·ga·re** ⟨1a⟩ **A** V/T **1** verbinden **2** TECH (an)schließen, einstecken: **~ il telefono** das Telefon einstecken **3** *fig* verknüpfen: **~ il nome di qn a qc** j-s Namen mit etw verknüpfen **B** V/PR **-rsi** **1** sich in Verbindung setzen **2** RADIO, TV (um)schalten: **ci colleghiamo con Milano** wir schalten nach Mailand **3** *fig* anknüpfen ♦ IT **~ in rete** vernetzen; IT **-rsi alla rete** sich ans Internet anschließen

col·le·gia·le **A** ADJ **1** kollegial, gemeinschaftlich **2** Internats- **B** M/F Internatsschüler *m*, -in *f* **col·le·gia·li·tà** F Kollegialität *f*

col·le·gio [-ɛ-] M **1** Kollegium *n* **2** Internat *n* ♦ **~ elettorale** Wahlkreis *m*, Wahlbezirk *m*

col·le·ra [-ɔ-] F Wut *f*, Zorn *m*: **andare in ~** in Wut geraten; **essere in ~ con qn** eine Wut auf j-n haben

col·le·ri·co [-ɛ-] **A** ADJ aufbrausend, jähzornig, cholerisch **B** M, **-a** F Choleriker *m*, -in *f*

col·let·ta [-e-] F **1** (Geld)Sammlung *f* **2** (*in chiesa*) Kollekte *f*

col·let·ta·me M Stück-, Sammelgut *n*

col·let·ti·vi·tà F Gemeinschaft *f* **col·let·ti·vo** ADJ Kollektiv-, gemeinschaftlich ♦ **biglietto ~** Sammelfahrkarte *f*

★**col·let·to** [-e-] M **1** Kragen *m* **2** ANAT Zahnhals *m* ♦ **-i bianchi** = *die Angestell-*

ten; **-i blu** = *die Fabrikarbeiter*; **misura del ~** Kragenweite *f*

col·let·to·re [-o-] **A** ADJ Sammel-, -sammler **B** M ELEK, PHYS Kollektor *m*

★**col·le·zio·na·re** V/T ⟨1m⟩ sammeln (*a. fig*)

★**col·le·zio·ne** [-o-] F **1** Sammlung *f* **2** (*editoria*) Reihe *f* **3** MODE Kollektion *f*

col·le·zio·ni·sta M/F Sammler *m*, -in *f*

col·li·de·re V/I ⟨3q; av⟩ zusammenstoßen, kollidieren

col·li·ma·re V/I ⟨1a; av⟩ übereinstimmen, sich decken

★**col·li·na** F Hügel *m* **col·li·na·re** ADJ hüg(e)lig, Hügel-: **zona ~** Hügelland *n*

col·li·no·so [-o-] ADJ hüg(e)lig, Hügel-

col·li·rio M Augenwasser *n*

col·li·sio·ne [-o-] F **1** Zusammenstoß *m*, Kollision *f* **2** Konflikt *m* ♦ **entrare in ~ con qc** mit etw kollidieren

★**col·lo**[1] [-ɔ-] M **1** Hals *m* **2** Kragen *m* ♦ **allungare il ~** den Hals recken; **maglione a ~ alto** Rollkragenpullover *m*; **essere indebitato fino al ~** bis zum Hals in Schulden stecken; *fig* **rischiare il ~** seinen Hals riskieren; **rompersi il ~** sich (*dat*) den Hals brechen; **a rotta di ~** Hals über Kopf

col·lo[2] [-ɔ-] M Frachtstück *n*, Kollo *n*

col·lo[3] [-o-] → con

col·lo·ca·men·to [-e-] M **1** (Auf)Stellung *f* **2** (*sistemazione*) Unterbringung *f* **3** Anstellung *f*, Stelle *f* **4** HANDEL Verkauf *m* **5** WIRTSCH Anlage *f* ♦ **agenzia di ~** Stellenvermittlung *f*

col·lo·ca·re ⟨1l *u.* d⟩ **A** V/T **1** stellen; legen **2** anstellen, unterbringen **3** HANDEL absetzen **4** WIRTSCH anlegen **B** V/PR **-rsi** sich (auf)stellen ♦ **~ qn a riposo** j-n in den Ruhestand versetzen

col·lo·ca·zio·ne [-o-] F (Auf)Stellung *f*, Anordnung *f*

col·lo·dio [-ɔ-] M Kollodium *n*

col·lo·quia·le ADJ umgangssprachlich: **linguaggio ~** Umgangssprache *f*

★**col·lo·quio** [-ɔ-] M **1** Besprechung *f*, Unterredung *f* **2** Unterhaltung *f*

col·lo·si·tà F Klebrigkeit *f* **col·lo·so** [-o-] ADJ leimig; klebrig

col·lot·to·la [-ɔ-] F Nacken *m*, Genick *n* ♦ **afferrare qn per la ~** j-n am Kragen packen

col·lu·sio·ne [-o-] F heimliches Einverständnis *n*

col·lu·to·rio [-ɔ-] M Mundwasser *n*

col·lut·ta·re V/I ⟨1a; av⟩ raufen **collut·ta·zio·ne** [-o-] F **1** Rauferei *f*, Handgemenge *n*: **entrare in ~ con qn** sich mit j-m in die Haare geraten **2** *fig* Zank *m*

col·ma·re ⟨1a⟩ **A** V/T **1** (auf)füllen **2** *fig* **~ una lacuna** eine Lücke ausfüllen **3** *fig* erfüllen: **la notizia mi colmò di gioia** die Nachricht erfüllte mich mit Freude **4** *fig* überhäufen **B** V/PR **-rsi** sich füllen ♦ **~ la misura** das Maß vollmachen

col·mo[1] [-o-] M **1** Gipfel *m*, Spitze *f* (*a. fig*); Höhepunkt *m* **2** (*edilizia*) First *m* ♦ **questo è il ~ (dei colmi)!** das ist (doch) die Höhe!; **per ~ di sventura** zu allem Unglück

col·mo[2] [-o-] ADJ (rand)voll (*a. fig*); erfüllt ♦ **la misura è -a!** das Maß ist voll!

co·lom·ba [-o-] F Taube *f*: **~ della pace** Friedenstaube *f*

co·lom·ba·ia F Taubenschlag *m*

co·lom·ba·rio M Urnenhalle *f*

Co·lom·bia F [-o-] Kolumbien *n*

co·lom·bia·no **A** ADJ kolumbianisch **B** M, **-a** F Kolumbianer *m*, -in *f*

★**co·lom·bo** [-o-] M Taube *f*

Co·lom·bo [-o-] F Colombo *n*

co·lo·nia[1] [-ɔ-] F **1** Kolonie *f* **2** BIOL Volk *n*: **~ di api** Bienenvolk *n* **3** Ferienlager *n*

co·lo·nia[2] [-ɔ-] F Kölnischwasser *n*

Co·lo·nia [-ɔ-] F Köln *n*

co·lo·nia·le **A** ADJ kolonial, Kolonial- (*a.* BIOL) **B** MPL Kolonialwaren *pl*

co·lo·nia·li·smo [-z-] M Kolonialismus *m* **co·lo·nia·li·sti·co** ADJ kolonialistisch

co·lo·ni·co [-ɔ-] ADJ Bauern-: **casa -a** Bauernhaus *n*

co·lo·niz·za·re V/T ⟨1a⟩ besiedeln, kolonisieren **co·lo·niz·za·to·re** [-o-] M, **-tri·ce** F Kolonisator *m*, -in *f* **co·lo·niz·za·zio·ne** [-o-] F Besied(e)lung *f*, Kolonisierung *f*

★**co·lon·na** [-o-] F **1** Säule *f* (*a. fig*) **2** *fig* Stütze *f* **3** Kolonne *f*: **~ di numeri/vetture** Zahlen-/Wagenkolonne *f* **4** TYPO, IT Spalte *f*, Kolumne *f* ♦ **~ sonora** Tonspur *f*, Filmmusik *f*; **~ vertebrale** Wirbelsäule *f*

co·lon·na·to **A** ADJ Säulen-: **portico ~** Säulenhalle *f* **B** M Säulengang *m*

co·lon·nel·lo [-ɛ-] M Oberst *m*: **tenente ~** Oberstleutnant *m*

co·lon·ni·na F **1** Säulchen *n*; Säule *f*: **~ di soccorso** Notrufsäule *f* **2** Tanksäule *f*

co·lo·no [-ɔ-] M **1** *poet* Bauer *m* **2** (An)-Siedler *m*

C

co·lo·ran·te A ADJ Farb-, Färbe- B M Farbstoff *m* **co·lo·ra·re** ⟨1a⟩ A V/T 1 färben: ~ **qc di blu** etw blau färben 2 ausmalen B V/PR **-rsi** sich färben (*a. fig*) ♦ **album da** ~ Malbuch *n*

★**co·lo·ra·to** ADJ farbig, bunt, Bunt-, Farb-: **capi -i** Buntwäsche *f*

co·lo·ra·zio·ne [-o-] F Färbung *f* (*a. fig*)

★**co·lo·re** [-o-] M 1 Farbe *f* 2 Gesinnung *f*: ~ **politico** politische Gesinnung *f* ♦ **a -i** in Farbe, bunt; **uomo/donna di** ~ Farbige *m/f*; *umg* **dirne di tutti i -i a qn** j-m die Meinung geigen; **diventare di tutti i -i** rot werden; **farne di tutti i -i** es bunt treiben; **dare una mano di** ~ **a una parete** eine Wand streichen; ~ **a olio** Ölfarbe *f*

co·lo·ri·fi·cio M 1 Farbenfabrik *f* 2 Farbengeschäft *n*

co·lo·ri·re ⟨4d⟩ A V/T 1 *fig* ausschmücken 2 MAL, MUS kolorieren B V/PR **-rsi** Farbe bekommen **co·lo·ri·to** A ADJ 1 (*viso*) rosig 2 *fig* farbig B M (Gesichts)-Farbe *f*

co·lo·ro [-o-] DEM PR PL diejenigen, *umg* die

co·los·sa·le ADJ 1 kolossal, riesig, Riesen- (*a. fig*) 2 grob **co·los·so** [-ɔ-] M 1 Koloss *m* (*a. fig*) 2 *fig* Riese *m*, Größe *f*

★**col·pa** [-o-] F Schuld *f* (*a.* PSYCH, JUR): **dare a qn la** ~ **di qc** j-m die Schuld für etw geben; **di chi è la** ~? wer ist schuld?; **è** ~ **mia** ich bin schuld (daran) ♦ **per** ~ **di qn/qc** wegen j-s/etw Schuld; **per** ~ **mia** meinetwegen; **senso di** ~ Schuldgefühl *n*

★**col·pe·vo·le** [-e-] A ADJ 1 schuldig, schuld: ~ **di furto** des Diebstahls schuldig; **essere** ~ **di qc** schuld an etw (*dat*) sein 2 schuldhaft B M/F Schuldige *m/f*, Täter *m*, -in *f*

col·pe·vo·lez·za [-e-] F Schuld *f*

col·pe·vo·liz·za·re V/T ⟨1a⟩ ~ **qn di qc** j-m Schuld an etw (*dat*) geben

★**col·pi·re** ⟨4d⟩ A V/T 1 schlagen 2 treffen (*a. fig*): ~ **a morte qn** j-n tödlich treffen 3 (*ferire*) verletzen (*a. fig*) 4 heimsuchen 5 bestrafen 6 auffallen B V/I ⟨av⟩ zuschlagen: **la mafia ha colpito ancora** die Mafia hat wieder zugeschlagen ♦ ~ **basso** *fig* unter die Gürtellinie schlagen; *fig* ~ **nel segno** ins Schwarze treffen; ~ **di striscio** streifen

col·po [-o-] M 1 Schlag *m* (*a. fig*), Hieb *m*, Stoß *m*; Stich *m*: **essere un duro colpo** ein harter Schlag sein; **a qn è preso** (*od* **venuto**) **un colpo** j-d ist wie vom Schlag getroffen 2 Schuss *m*: **colpo di fucile** Gewehrschuss *m* 3 Tritt *m*: **un colpo di freno** ein Tritt auf die Bremse 4 Coup *m* ♦ MED **colpo apoplettico** Schlaganfall *m*; **colpo d'aria** Luftzug *m*; SPORT **colpo basso** Tiefschlag *m*; **colpo di calore** Hitzschlag *m*; (**tutto**) **di** (**un**) **colpo** mit einem Schlag, plötzlich; *umg* **fare colpo su qn** auf j-n Eindruck machen; **colpo di fortuna** Glücksfall *m*; **colpo di frusta** Schleudertrauma *n*; *fig* **colpo di fulmine** Liebe *f* auf den ersten Blick; **colpo di grazia** Gnadenschuss *m*; *fig* Todesstoß *m*; **colpo da maestro** Meisterstück *n*; MIL **colpo di mano** Handstreich *m*; **a colpo d'occhio** auf den ersten Blick; **al primo colpo** auf Anhieb; **colpo di scena** Knalleffekt *m*; **andare a colpo sicuro** ganz sicher gehen; **colpo di sole** Sonnenstich *m*; **colpo di stato** Staatsstreich *m*; *umg* **colpo della strega** Hexenschuss *m*; ★ **colpo di telefono** Anruf *m*; **colpo di vento** Windstoß *m*

col·po·so [-o-] ADJ fahrlässig: **omicidio** ~ fahrlässige Tötung *f*

col·tel·la·ta F 1 (Messer)Stich *m* 2 *fig* Schlag *m*

★**col·tel·lo** [-ɛ-] M Messer *n* ♦ *fig* **avere il** ~ **dalla parte del manico** am längeren Hebel sitzen; ~ **multiuso** Taschenmesser *n*; ~ **a scatto** Schnappmesser *n*

col·ti·va·bi·le ADJ anbaufähig; Anbau-: **superficie** ~ Anbaufläche *f* ♦ **terreno** ~ Ackerboden *m*

★**col·ti·va·re** ⟨1a⟩ A V/T 1 bebauen, bestellen 2 anbauen, anpflanzen 3 züchten 4 *fig* pflegen: ~ **un'amicizia** eine Freundschaft pflegen B V/PR **-rsi** *umg* sich bilden **col·ti·va·to** ADJ gezüchtet, Zucht-: **perla -a** Zuchtperle *f* **col·ti·va·to·re** [-o-] M, **-tri·ce** F 1 Bauer *m*, Bäuerin *f*, Landwirt *m*, -in *f* 2 Züchter *m*, -in *f*

col·ti·va·zio·ne [-o-] F 1 Bebauung *f*, Bestellung *f*, Bewirtschaftung *f* 2 Anbau *m* 3 Zucht *f*, Züchtung *f*

col·to[1] [-o-] ADJ 1 gebildet 2 gehoben: **lingua -a** gehobene Sprache *f*

col·to[2] [-ɔ-] → cogliere

col·tre [-o-] F (Bett)Decke *f* (*a. fig*): ~ **di neve** Schneedecke *f*

col·tro·ne [-o-] M Steppdecke *f*

col·tu·ra F 1 Anbau *m*, Kultur *f* (*a.* BIOL): ~ **in vitro** Kultur unter Glas 2 Zucht *f*

co·lu·bro M Natter *f*
co·lui DEM PR M derjenige, *umg* der
col·za [-ɔ-] F Raps *m* ♦ **olio di ~** Rapsöl *n*
co·ma [-ɔ-] M Koma *n*: **essere in ~** im Koma liegen; *fig hum* todmüde sein
co·man·da·men·to [-e-] M REL Gebot *n*
co·man·dan·te M/F 1 MIL Kommandant *m*, -in *f*, Kommandeur *m*, -in *f* 2 Führer *m* ♦ **~ in capo** Oberbefehlshaber *m*, -in *f*
co·man·da·re ⟨1a⟩ A VT 1 befehlen: **~ a qn di fare qc** j-m befehlen, etw zu tun 2 kommandieren, führen 3 MECH steuern, ELEK schalten; (*apparecchi*) bedienen B VI ⟨av⟩ befehlen, kommandieren ♦ **comandi!** bitte! MIL zu Befehl!; **~ qn a bacchetta** j-n herumkommandieren; **~ a distanza** fernsteuern; fernbedienen
co·man·do M 1 Befehl *m* (*a.* IT); Kommando *n* (*a.* MIL) 2 TECH Steuerung *f*, Bedienung *f* 3 SPORT Führung *f*: **~ della classifica** Tabellenführung *f*; **essere al ~** in Führung liegen ♦ **centrale di ~** Kontrollzentrum *n*; IT **~ copia** Kopierbefehl *m*; **~ a distanza** Fernbedienung *f*, Fernsteuerung *f*; IT **~ di interruzione** Unterbrechungsbefehl *m*; IT **~ del menù** Menübefehl *m*; IT **~ modifica** Ersetzebefehl *m*; **pannello dei -i** AUTO Armaturenbrett *n*; ELEK Schaltbrett *n*; **avere una posizione di ~** in leitender Position sein
co·ma·sco ADJ A aus, von Como, Comer B M, **-a** F Bewohner *m*, -in *f* von Como
com·ba·cia·re VI ⟨1f; av⟩ 1 (genau) ineinanderpassen 2 *fig* miteinander übereinstimmen
com·bat·ten·te [-ɛ-] A ADJ Kampf-, kämpfend B M/F Kämpfer *m*, -in *f*; (*per ideali*) Streiter *m*, -in *f*
★**com·bat·te·re** ⟨3a⟩ A VI ⟨av⟩ kämpfen B VT 1 (be)kämpfen 2 ankämpfen: **~ il sonno** gegen den Schlaf ankämpfen C VPR **-rsi** sich bekämpfen ♦ **~ una battaglia persa** auf verlorenem Posten kämpfen; **senza ~** kampflos
com·bat·ti·men·to [-e-] M Kampf *m*, Gefecht *n* (*a.* SPORT *fig*): **mettere qn fuori ~** j-n außer Gefecht setzen **com·bat·ti·vi·tà** F Kampfgeist *m* **com·bat·ti·vo** ADJ kämpferisch; SPORT kampfbetont
com·bat·tu·to ADJ 1 SPORT umkämpft 2 *fig* unschlüssig: **essere ~ fra due alternative** zwischen zwei Alternativen hin und her gerissen sein
★**com·bi·na·re** ⟨1a⟩ A VT 1 zusammenstellen; kombinieren 2 vereinen 3 vereinbaren 4 (*concludere*) abschließen 5 *umg* anstellen: **che cosa hai combinato!** was hast du da angestellt! B VPR **-rsi** zusammenpassen ♦ **non ~ nulla** nichts zustande bringen
com·bi·na·ta F SPORT **~ nordica** nordische Kombination *f* **com·bi·na·to** ADJ abgekartet: **una partita -a** ein abgekartetes Spiel *n* **com·bi·na·to·re** [-o-] ADJ **disco ~** Wählscheibe *f* **com·bi·na·zio·ne** [-o-] F 1 Kombination *f*, Zusammenstellung *f* 2 (*di cassaforte*) Zahlenkombination *f* 3 Zufall *m*: **per ~** zufällig ♦ IT **~ di tasti** Tastenkombination *f*
com·bric·co·la F Bande *f*, Clique *f*
com·bu·sti·bi·le A ADJ (ver)brennbar, Brenn-, Heiz-: **olio ~** Heizöl *n* B M Brennstoff *m* **com·bu·sti·bi·li·tà** F (Ver)Brennbarkeit *f* **com·bu·stio·ne** [-o-] F Verbrennung *f* ♦ **~ lenta** Schwelbrand *m*; **~ a nafta** Ölfeuerung *f*
com·bu·sto ADJ verbrannt
com·but·ta F **essere in ~ con qn** mit j-m unter einer Decke stecken
★**co·me** [-o-] A ADV 1 wie: **~ stai?** wie geht es dir?; **com'è bello!** wie schön!; **faccio ~ vuoi** ich mache es, wie du willst 2 als: **noto ~ attore** als Schauspieler bekannt; **prendere qc ~ un'offesa** etw als Beleidigung empfinden 3 so … wie: **è alto ~ te** er ist so groß wie du B KONJ 1 wie, als, sobald: **~ (già) detto** wie (schon) gesagt 2 **~ (se)** als (ob) C M Wie *n*: **il ~, il dove e il quando** das Wie, Wo und Wann ♦ **~ (hai detto)?** wie bitte?; **così** …; **~ so** … wie; **~ d'accordo** wie vereinbart; **~ non detto** vergiss es (*od* schon gut!); **ma ~!** wie denn!; **~ mai?** wieso?; **~ no!** aber sicher!; **oggi ~ oggi** heutzutage; **~ lo sai?** woher weißt du das?; **~ sempre** wie gehabt; **~ al solito** wie üblich
co·mec·ches·si·a ADV wie dem auch sei
co·me·do·ne [-o-] M Mitesser *m*
co·me·ta [-e-] F Komet *m*
com·fort [kom'fɔr] M ⟨*inv*⟩ Komfort *m*
co·mi·ca [-ɔ-] F Stummfilmsketch *m*
co·mi·ci·tà F Komik *f*
★**co·mi·co** [-ɔ-] A ADJ 1 komisch, drollig 2 Komödien- B M, **-a** F Komiker *m*, -in *f*
co·mi·gno·lo M Schornstein *m*
★**co·min·cia·re** ⟨1f⟩ VT & VI ⟨av, es⟩ anfangen, beginnen: **~ qc** mit etw anfan-

C

gen; ~ **a fare qc** beginnen, etw zu tun; *iron* **si comincia bene!** das fängt ja gut an! ♦ **a ~ da oggi** ab heute; **per ~** zunächst

co·mi·ta·to M Ausschuss *m*, Komitee *n*, Gremium *n* ♦ **~ olimpico** Olympisches Komitee *n*; **~ di partito** Parteiausschuss *m*

co·mi·ti·va F (Reise)Gruppe *f*: **viaggio in ~** Gruppenreise *f*; **sconti per -e** Gruppenermäßigung *f*

co·mi·zio M 1 Versammlung *f*: **~ elettorale** Wahlversammlung *f* 2 *fig* Volksrede *f*

com·ma [-ɔ-] M JUR Absatz *m*, Ziffer *f*

com·man·do M Kommando *n*

★**com·me·dia** [-ɛ-] F 1 Lustspiel *n* 2 *fig* Komödie *f*, Theater *n*: **era tutta una ~!** das war alles nur Theater! ♦ (*cinema*) **~ brillante** Filmkomödie *f*; **~ musicale** Musical *n*

▶ La commedia dell'arte

La commedia dell'arte ist eine im 16. Jahrhundert entstandene Theaterform, in der die Schauspieler, von einem sogenannten **canovaccio** (Kanevas = Handlungsrahmen) ausgehend, aus dem Stegreif spielen. Die **Commedia dell'arte** ist von Stereotypen (**maschere**) charakterisiert. Hier einige davon: die bauernschlauen Diener **Pulcinella** aus Neapel, **Arlecchino** aus Venedig und **Brighella** aus Bergamo, derreiche, einfältige venezianische Kaufmann **Pantalone**, **il dottore**, der vertrottelte Gelehrte aus Bologna, **Colombina** als kokettes Weib, **Truffaldino** der Bauer(ntölpel). Auf dieser Grundlage bildet sich eine Commedia mit vorgeschriebenen Dialogen im 18. Jahrhundert heraus, wobei die Stücke des Venezianers Carlo Goldoni (1707–1793) auch heute noch sehr populär sind. ◀

com·me·dian·te M/F Komödiant *m*, -in *f* **com·me·dio·gra·fo** [-ɔ-] M, **-a** F Lustspieldichter *m*, -in *f*

com·me·mo·ra·re V/T ⟨1m *u.* b⟩ **~ qn/qc** j-s/etw gedenken **com·me·mo·ra·ti·vo** ADJ Gedenk-: **monumento ~** Gedenkstätte *f* **com·me·mo·ra·zio·ne** [-o-] F Gedenkfeier *f*

com·men·sa·le [-s-] M/F Tischgast *m*

com·men·su·ra·bi·le [-s-] ADJ vergleichbar

com·men·ta·re V/T ⟨1a⟩ 1 erläutern, kommentieren, erklären, auslegen 2 beurteilen **com·men·ta·rio** M Kommentar *m* **com·men·ta·to·re** [-o-] M, **-tri·ce** F Kommentator *m*, -in *f*

com·men·to [-e-] M 1 Erläuterung *f*, Kommentar *m* 2 Beurteilung *f*

com·mer·cia·bi·le ADJ verkäuflich **com·mer·cia·bi·li·tà** F Verkäuflichkeit *f*

★**com·mer·cia·le** ADJ 1 Handels-, kaufmännisch: **marchio ~** Handelsmarke *f* 2 *pej* kommerziell ♦ **quartiere ~** Geschäftsviertel *n*

com·mer·cia·li·sta M/F Steuerberater *m*, -in *f*

com·mer·cia·liz·za·re V/T ⟨1a⟩ vermarkten **com·mer·cia·liz·za·zio·ne** [-o-] F Vermarktung *f*

★**com·mer·cian·te** M/F Händler *m*, -in *f*, Kaufmann *m*, -frau *f* ♦ **~ ambulante** Straßenhändler *m*, -in *f*; **~ all'ingrosso** Großhändler *m*, -in *f*; **~ al minuto** Einzelhändler *m*, -in *f*

com·mer·cia·re ⟨1b *u.* f⟩ **A** V/I ⟨av⟩ handeln, Handel (be)treiben **B** V/T **~ qc** in, mit etw handeln

★**com·mer·cio** [-ɛ-] M 1 Handel *m*: **~ in** (*od* **di**) **qc** Handel in (*od* mit) etw; **essere in ~** im Handel sein; **essere fuori ~** nicht mehr im Handel sein 2 *pej* Kommerz *m* ♦ **agente di ~** Handelsvertreter *m*, -in *f*; **~ elettronico** E-Commerce *m*; **~ all'ingrosso/al dettaglio** Groß-/Einzelhandel *m*; **~ estero** Außenhandel *m*; **~ interno** Binnenhandel *m*

★**com·mes·sa**[1] [-e-] F Verkäuferin *f*

com·mes·sa[2] [-e-] F Auftrag *m*, Bestellung *f*

★**com·mes·so** [-e-] M 1 Verkäufer *m* 2 Amtsdiener *m* ♦ **~ viaggiatore** Handelsreisende *m*

com·mes·su·ra F (*edilizia*) Fuge *f*

com·me·sti·bi·le **A** ADJ essbar, Speise-: **funghi -i** Speisepilze *pl*; **non ~** ungenießbar **B** MPL Lebensmittel *pl*

★**com·met·te·re** [-e-] ⟨3ee⟩ **A** V/T 1 begehen, verüben: **~ un errore/un delitto** einen Irrtum/ein Verbrechen begehen 2 TECH fugen, verbinden **B** V/I ⟨es⟩ zueinanderpassen

com·met·ti·tu·ra F 1 Fugung *f*, Zusammenfügung *f* 2 Fuge *f*

com·mia·to M Abschied *m*, Abschiedsgruß *m*: **prendere ~ da qn** von j-m Abschied nehmen

com·mi·li·to·ne [-o-] M Kamerad *m*
com·mi·na·re V/T ⟨1a⟩ JUR androhen **com·mi·na·to·ria** [-ɔ-] F JUR Strafandrohung *f*
com·mi·nu·to ADJ Splitter-: **frattura -a** Splitterbruch *m*
com·mi·se·ra·bi·le ADJ bedauernswert **com·mi·se·ra·re** ⟨1m⟩ **A** V/T bemitleiden, bedauern **B** V/PR **-rsi** sich bemitleiden
com·mi·se·ra·zio·ne [-o-] F Bedauern *n*
com·mis·sa·ria·to M Kommissariat *n*: **~ di polizia** Polizeikommissariat *n* **com·mis·sa·rio** M, **-a** F **1** Kommissar *m*, -in *f*; Beauftragte *m/f* **2** Kommissionsmitglied *n*
com·mis·sio·na·re V/T ⟨1a⟩ in Auftrag geben **com·mis·sio·na·rio** **A** ADJ Kommissions- **B** M, **-a** F **1** Kommissionär *m*, -in *f* **2** Auftragnehmer *m*, -in *f*
com·mis·sio·ne [-o-] F **1** Auftrag *m* **2** Bestellung *f* **3** *pl* Bankspesen *pl* **4** **fare -i** Besorgungen machen **5** Kommission *f* **6** Ausschuss *m* ♦ **~ d'esame** Prüfungskommission *f*; **~ interna** Betriebsrat *m*, **~ parlamentare d'inchiesta** parlamentarischer Untersuchungsausschuss *m*
com·mi·su·ra·re V/T ⟨1a⟩ bemessen, anpassen **com·mi·su·ra·to** ADJ angemessen; entsprechend
com·mit·ten·te [-ɛ-] M/F Auftraggeber *m*, -in *f*
com·mos·so [-ɔ-] ADJ gerührt, bewegt
com·mo·ven·te [-ɛ-] ADJ ergreifend, bewegend **com·mo·zio·ne** [-o-] F **1** Rührung *f*, Ergriffenheit *f* **2** **~ cerebrale** Gehirnerschütterung *f*
★**com·muo·ve·re** [-ɔ-] ⟨3ff⟩ **A** V/T rühren, bewegen **B** V/PR **-rsi** gerührt sein
com·mu·ta·bi·le ADJ austauschbar **com·mu·ta·bi·li·tà** F Austauschbarkeit *f*
com·mu·ta·re ⟨1a⟩ V/T **1** ver-, austauschen, auswechseln **2** JUR **~ una pena** eine Strafe umwandeln **3** ELEK umschalten **com·mu·ta·to·re** [-o-] M Um-, Wechselschalter *m* **com·mu·ta·zio·ne** [-o-] F **1** Austausch *m* **2** JUR **~ della pena** Strafumwandlung *f* **3** ELEK Umschaltung *f* ♦ **circuito di ~** Schaltkreis *m*
Co·mo [-o-] F Como *n*
co·mò M ⟨*inv*⟩ Kommode *f*
co·mo·da·ta·rio M, **-a** F Darlehensempfänger *m*, -in *f* **co·mo·da·ta·to** M Darlehen *n*
co·mo·di·no M Nachttisch *m*
co·mo·di·tà F ⟨*inv*⟩ Bequemlichkeit *f*, Komfort *m* ♦ **con tutta ~** in aller Ruhe
★**co·mo·do** [-ɔ-] **A** ADJ **1** bequem **2** behaglich, wohnlich, komfortabel **B** M Bequemlichkeit *f* ♦ **fa' con ~** lass dir Zeit; **fare ~ a qn** j-m gelegen kommen; **prego, stia ~!** bitte, bleiben Sie sitzen!; **prendersela -a** sich (*dat*) kein Bein ausreißen; **soluzione di ~** Verlegenheitslösung *f*
com·pact disc ['kompakt'disk] M Compact Disc *f* ♦ **lettore di ~** CD-Player *m*
com·pa·e·sa·no M, **-a** F Landsmann *m*, -männin *f*
com·pa·gi·ne F Gefüge *n*: **la ~ dello Stato** das Staatsgefüge
★**com·pa·gna** F **1** Kameradin *f* **2** Lebensgefährtin *f*, Freundin *f* **3** POL Genossin *f* ♦ **~ di banco** Banknachbarin *f*; **~ di partito** Parteifreundin *f*; **~ di viaggio** Mitreisende *f*, Mitfahrerin *f*
★**com·pa·gni·a** F **1** Gesellschaft *f*, Umgang *m*: **fare ~ a qn** j-m Gesellschaft leisten; **un'allegra ~** eine lustige Runde *f*; **frequentare cattive -e** schlechten Umgang haben **2** MIL Kompanie *f* **~ di volo** (*od* **aerea**) Fluggesellschaft *f*; **~ assicurativa** Versicherungsgesellschaft *f*; **~ di ballo** Balletttruppe *f*; **e ~ bella** und so weiter; **essere di ~** gesellig sein
★**com·pa·gno** M **1** Kamerad *m* **2** Lebensgefährte *m*, Freund *m* **3** POL Genosse *m* ♦ **~ di camera** Zimmergenosse *m*; **~ di partito** Parteifreund *m*; SPORT **~ di squadra** Mitspieler *m*; **~ di sventura** Leidensgenosse *m*; **~ di viaggio** Mitreisende *m*, Mitfahrer *m*
com·pa·na·ti·co M Brotbelag *m*
com·pa·ra·bi·le ADJ vergleichbar
com·pa·ra·re V/T ⟨1a⟩ **~ qc con qc** etw mit etw vergleichen **com·pa·ra·ti·vo** **A** ADJ GRAM Vergleichs-, Komparativ-, Steigerungs-: **grado ~** Steigerungsstufe *f* **B** M Komparativ *m* **com·pa·ra·zio·ne** [-o-] F **1** Vergleich *m* **2** GRAM Steigerung *f*
com·pa·ri·re V/I ⟨4e; es⟩ erscheinen; auftreten: **~ in pubblico** in der Öffentlichkeit auftreten
com·pa·ri·zio·ne [-o-] F JUR Erscheinen *n*: **mandato di ~** Vorladung *f*
com·par·sa [-s-] F **1** Erscheinen *n*, Auftreten *n*; THEAT Auftritt *m* **2** THEAT (*cinema*) Statist *m*, -in *f*, Komparse *m*, -sin *f* ♦

C

fare una ~ sich sehen lassen
com·par·so [-s-] → comparire
com·par·te·ci·pa·re VI ⟨1n; av⟩ **~ a qc** an etw (*dat*) teilhaben **com·par·te·ci·pa·zio·ne** [-o-] F Teilhaberschaft *f*, Beteiligung *f*: **~ a qc** Teilhaberschaft *f* an etw (*dat*)
com·par·te·ci·pe [-e-] M/F WIRTSCH Teilhaber *m*, -in *f*
com·par·ti·men·to [-e-] M **1** ADMIN Bezirk *m* **2** Abteilung *f* **3** BAHN Abteil *n* ♦ *fig* **ragionare a -i stagni** eingleisig denken
com·par·to M **1** Fach *n*: **~ del ghiaccio** Eisfach *n* **2** WIRTSCH Branche *f*
com·pas·sa·to ADJ beherrscht; gemessen: **modi -i** beherrschtes Benehmen *n*
★**com·pas·sio·ne** [-o-] F Mitgefühl *n*, Mitleid *n*: **avere ~ di qn/qc** für j-n/etw Mitgefühl haben; **fare ~ a qn** j-s Mitleid erregen **com·pas·sio·ne·vo·le** [-e-] ADJ **1** mitleidig **2** bedauernswert
com·pas·so M **1** Zirkel *m* **2** SCHIFF, FLUG Kompass *m*
com·pa·ti·bi·le ADJ **1** vereinbar; verträglich (*a.* MED) **2** IT kompatibel **com·pa·ti·bi·li·tà** F **1** Vereinbarkeit *f*; Verträglichkeit *f* (*a.* MED) **2** IT Kompatibilität *f*
com·pa·ti·men·to [-e-] M Mitleid *n*, Bedauern *n*
com·pa·ti·re VT ⟨4d⟩ **1** bemitleiden, bedauern **2** nachsehen, verzeihen
com·pa·trio·ta [-ɔ-] M/F Landsmann *m*, -männin *f*
com·pat·ta·re VT ⟨1a⟩ **1** verdichten **2** *fig* festigen **com·pat·tez·za** [-e-] F **1** Kompaktheit *f* **2** Geschlossenheit *f*
com·pat·to ADJ **1** kompakt, fest **2** *fig* geschlossen, einig **3** dicht: **una folla -a** eine dichte Menge
com·pen·dia·re VT ⟨1b *u.* k⟩ kurz darstellen; zusammenfassen **com·pen·dio** [-ɛ-] M **1** Grundriss *m*, Auszug *m* **2** Zusammen-, Kurzfassung *f* ♦ **in ~** kurz gefasst
com·pe·ne·tra·re ⟨1m *u.* b⟩ **A** VT durchdringen (*a. fig*) **B** VPR **-rsi** **1** sich durchdringen **2** *fig* **-rsi in una situazione** sich in eine Lage hineinversetzen **com·pe·ne·tra·zio·ne** [-o-] F Durchdringung *f*
com·pen·sa·re [-s-] ⟨1b⟩ **A** VT **1** ausgleichen, wettmachen, kompensieren **2** entlohnen **3** **~ qn di qc** j-n für etw entschädigen **4** belohnen **B** VPR **-rsi** sich ausgleichen **com·pen·sa·to** **A** ADJ WIRTSCH Ausgleichs- **B** M Sperrholz *n*
com·pen·sa·to·re [-o-] **A** ADJ ausgleichend **B** M RADIO, ELEK Trimmer *m*
com·pen·sa·zio·ne [-o-] F **1** Ausgleich *m* **2** FIN, WIRTSCH Ab-, Verrechnung *f*
com·pen·so [-ˈpɛnso] M **1** Ausgleich *m* **2** Vergütung *f*, Entgelt *n*: **dietro ~** gegen Entgelt **3** Honorar *n* **4** Belohnung *f* **5** Entschädigung *f* ♦ **~ forfettario** Pauschallohn *m*
com·pe·ra·re → comprare
com·pe·ten·te [-ɛ-] **A** ADJ **1** kompetent, sachkundig **2** JUR zuständig **B** M/F Sachverständige *m/f* **com·pe·ten·za** [-ɛ-] F **1** Sachverstand *m*, Kompetenz *f* **2** JUR Zuständigkeit *f*
com·pe·te·re [-ɛ-] VI ⟨3a⟩ **1** wetteifern; HANDEL konkurrieren **2** zustehen
com·pe·ti·ti·vi·tà F ⟨*inv*⟩ **1** SPORT Leistungsstärke *f* **2** Konkurrenzfähigkeit *f* **com·pe·ti·ti·vo** ADJ **1** Leistungs-, Wett-; SPORT leistungsstark **2** konkurrenzfähig **com·pe·ti·zio·ne** [-o-] F **1** Wettstreit *m*; Konkurrenz *f* **2** SPORT Wettkampf *m*
com·pia·cen·te [-ɛ-] ADJ **1** entgegenkommend **2** willfährig: **una ragazza ~** ein leichtes Mädchen *n* **com·pia·cen·za** [-ɛ-] F **1** Gefälligkeit *f*, Entgegenkommen *n*: **fare qc per ~** etw aus Gefälligkeit tun **2** Willfährigkeit *f*
com·pia·ce·re [-e-] ⟨2k⟩ **A** VT zufriedenstellen **B** VI ⟨av⟩ gefällig sein, entgegenkommen **C** VPR **1** **-rsi di qc** an etw (*dat*) Gefallen finden **2** **-rsi con qn per la sua fortuna** j-m zu seinem Glück gratulieren
com·pia·ci·men·to [-e-] M **1** Wohlgefallen *n*; Genugtuung *f* **2** **~ di sé** Selbstgefälligkeit *f* **com·pia·ciu·to** ADJ wohlgefällig; zufrieden
com·pian·ge·re ⟨3d⟩ **A** VT bedauern, bemitleiden **B** VPR **-rsi** sich selbst bemitleiden
com·pian·to **A** ADJ betrauert; verstorben **B** M Trauer *f*
com·pie·re [-o-] ⟨4g⟩ **A** VT **1** verrichten, tun **2** erfüllen: **~ il proprio dovere** seine Pflicht erfüllen **3** begehen: **~ un delitto** ein Verbrechen begehen **4** vollenden **B** VPR **-rsi** **1** sich vollenden **2** (*avverarsi*) sich erfüllen ♦ **~ gli anni** Geburts-

tag haben; ~ **trent'anni** dreißig Jahre alt werden

★**com·pi·la·re** V/T ⟨1a⟩ **1** zusammenstellen, verfassen; (*elenco, bilancio*) aufstellen **2** ausfüllen: ~ **moduli** Formulare ausfüllen **com·pi·la·to·re** [-o-] M IT Compiler *m* **com·pi·la·zio·ne** [-o-] F **1** Zusammenstellung *f* **2** Ausfüllung *f* **3** Sammelwerk *n*

com·pil·er [kom'pailer] M ⟨*inv*⟩ IT Compiler *m*

com·pi·men·to [-e-] M **1** Verrichtung *f*; Aus-, Durchführung *f* **2** (*l'avverarsi*) Erfüllung *f* **3** Vollendung *f*: **portare qc a** ~ etw vollenden **4** (*di studi*) Absolvierung *f*

com·pi·ta·re V/T ⟨1l⟩ buchstabieren

com·pi·tez·za [-e-] F Höflichkeit *f*

com·pi·to[1] ADJ höflich; artig

★**com·pi·to**[2] [-o-] M Aufgabe *f*, Auftrag *m* ♦ ~ **a** (*od* **per**) **casa** Hausaufgabe *f*; ~ **in classe** Klassenarbeit *f*

com·piu·tez·za [-e-] F Vollendung *f*; Vollkommenheit *f* **com·piu·to** ADJ vollendet, abgeschlossen; vollkommen ♦ **avere vent'anni -i** sein zwanzigstes Lebensjahr vollendet haben

★**com·ple·an·no** M Geburtstag *m*: **buon** ~! alles Gute zum Geburtstag!

com·ple·men·ta·re ADJ **1** ergänzend, Zusatz-: **essere -i** sich ergänzen **2** nebensächlich, Neben- ♦ **colori -i** Komplementärfarben *pl*; **imposta** ~ Ergänzungsabgabe *f*

com·ple·men·to [-e-] M Ergänzung *f*; Vervollständigung *f* ♦ **ufficiale di** ~ Offizier *m* auf Zeit

com·ples·si·tà F ⟨*inv*⟩ Vielschichtigkeit *f*

com·ples·si·vo ADJ gesamt, Gesamt-

com·ples·so [-ɛ-] **A** ADJ komplex; verwickelt **B** M **1** Gesamtheit *f*, Komplex *m*; Reihe *f* **2** MUS Gruppe *f*, Band *f* **3** PSYCH Komplex *m* ♦ ~ **d'inferiorità** Minderwertigkeitskomplex *m*; **in** (*od* **nel**) ~ insgesamt; im Großen und Ganzen

★**com·ple·ta·men·te** [-e-] ADV ganz, völlig, vollkommen

com·ple·ta·men·to [-e-] M Ergänzung *f*, Vervollständigung *f*; Fertigstellung *f*

com·ple·ta·re ⟨1b⟩ **A** V/T ergänzen, vervollständigen, fertigstellen **B** V/PR **-rsi** sich ergänzen

com·ple·tez·za [-e-] F Vollständigkeit *f*

★**com·ple·to** [-ɛ-] **A** ADJ **1** vollständig, komplett **2** voll (besetzt) **3** völlig, vollkommen **B** M **1** (*abito maschile*) Anzug *m*; (*da donna*) Kostüm *n* **2** Satz *m*, Set *n* ♦ **oggi siamo al** (**gran**) ~ heute sind wir vollzählig; **pensione -a** Vollpension *f*

com·pli·ca·re ⟨1l *u.* d⟩ **A** V/T komplizieren, erschweren **B** V/PR **-rsi** sich komplizieren; **-rsi la vita** sich (*dat*) das Leben schwer machen **com·pli·ca·to** ADJ kompliziert, schwierig **com·pli·ca·zio·ne** [-o-] F Komplikation *f* (*a.* MED)

com·pli·ce [-ɔ-] M/F Komplize *m*, -zin *f*, Helfershelfer *m*, -in *f*: **essere ~ di un delitto** mitschuldig an einer Straftat sein ♦ **fare da ~ a qn** j-m Handlangerdienste leisten; **uno sguardo** ~ ein verschwörerischer Blick *m*

com·pli·ci·tà F ⟨*inv*⟩ Komplizenschaft *f*, Mittäterschaft *f*; Handlangerdienst *m*

com·pli·men·tar·si [-s-] V/PR ⟨1a⟩ beglückwünschen, gratulieren: ~ **con qn per qc** j-n zu etw beglückwünschen

com·pli·men·to [-e-] M **1** Kompliment *n*: **-i!** gratuliere! **2** *pl* Umstände *pl*: **niente -i!** nur keine Umstände!

Complimenti!

Italiener lieben es, für alles Komplimente zu machen und zu bekommen, z. B. **Complimenti per la bella casa!** (Gratuliere zum schönen Haus!) oder **Complimenti, che bei bambini!** (Gratuliere zu den schönen Kindern!). **Complimenti** werden auch schmeichelnd in Diskussionen verwendet, um Äußerungen der Kritik zu mildern: **Lei ha perfettamente ragione, ma forse ...** (Sie haben selbstverständlich recht, aber vielleicht ...).

com·plot·ta·re ⟨1c⟩ **A** V/I ⟨av⟩ **1** sich verschwören **2** *hum* tuscheln **B** V/T *umg* aushecken

com·plot·to [-ɔ-] M Komplott *n*, Verschwörung *f*

com·po·nen·te [-ɛ-] M/F **1** Mitglied *n* **2** Komponente *f*, (Bestand)Teil *m* **3** TECH Bauelement *n* **com·po·nen·ti·sti·ca** F Zulieferindustrie *f* **com·po·ni·bi·le** ADJ Anbau-, Einbau-: **cucina** ~ Einbauküche *f*

com·po·ni·men·to [-e-] M **1** (Schul)Aufsatz *m* **2** (*liturgico*) Werk *n* **3** MUS Komposition *f*

★**com·por·re** [-o-] ⟨3ll⟩ **A** V/T **1** zusammenstellen, zusammensetzen **2** verfas-

C

sen, schreiben **3** MUS komponieren **4** JUR beilegen, schlichten **5** TEL wählen **B** V/PR -**rsi** bestehen ♦ **componiti!** setz dich ordentlich hin!

com·por·ta·men·ta·le ADJ Verhaltens-: **disturbo ~** Verhaltensstörung *f*

★**com·por·ta·men·to** [-e-] M Verhalten *n*, Benehmen *n*

com·por·ta·re V/T ⟨1c⟩ **~ qc** etw mit sich bringen; bedingen

★**com·por·tar·si** [-s-] V/PR sich verhalten; sich benehmen: **~ da idiota** sich wie ein Idiot aufführen

com·po·si·to [-ɔ-] ADJ zusammengesetzt

★**com·po·si·to·re** [-o-] M **1** MUS Komponist *m* **2** TYPO Setzer *m*

★**com·po·si·tri·ce** F **1** MUS Komponistin *f* **2** TYPO Setzerin *f*

com·po·si·zio·ne [-o-] F **1** Zusammensetzung *f*, -stellung *f* **2** MUS Komposition *f* **3** (*di un testo*) Abfassung *f* **4** (*tema scolastico*) Aufsatz *m* **5** (*struttura*) Aufbau *m* **6** JUR Beilegung *f*, Schlichtung *f* **7** TYPO Satz *m*

com·post [-ɔ-] M ⟨*inv*⟩ Kompost *m*

com·po·sta [-ɔ-] F **1** Kompott *n* **2** Kompost *m*

com·po·stag·gio M Kompostierung *f*

com·po·stez·za [-e-] F **1** Anstand *m*: **agire con ~** sich anständig benehmen **2** *fig* Gesetztheit *f*

com·po·sto [-ɔ-] **A** ADJ **1** zusammengesetzt (*a.* LING), bestehend: **~ da due parti** aus zwei Teilen zusammengesetzt; **essere ~ di** bestehen aus **2** geordnet **3** gesittet, anständig **B** M **1** Zusammensetzung *f*, Mischung *f* **2** CHEM Verbindung *f*

★**com·pra·re** V/T ⟨1a⟩ (ein-, an)kaufen

com·pra·to·re [-o-] M, **-tri·ce** F Käufer *m*, -in *f*; HANDEL Einkäufer *m*, -in *f*

com·pra·ven·di·ta [-e-] F An- und Verkauf *m*: **contratto di ~** Kaufvertrag *m*

★**com·pren·de·re** [-e-] ⟨3c⟩ **A** V/T **1** begreifen, verstehen **2** einbeziehen, einkalkulieren **3** umfassen, enthalten **B** V/PR -**rsi** sich verstehen ♦ **capacità di ~** Auffassungsgabe *f*

com·pren·do·nio [-ɔ-] M *umg* Grips *m*: **essere duro di ~** schwer von Begriff sein

com·pren·si·bi·le [-s-] ADJ verständlich: **~ a tutti** allgemein verständlich

com·pren·si·bi·li·tà F Verständlichkeit *f* **com·pren·sio·ne** [-o-] F **1** Verständnis *n*, Verstehen *n* **2** Einsicht *f* ♦ **pieno di ~** verständnisvoll; **privo di ~** verständnislos

com·pren·si·vo [-s-] ADJ **1** verständnisvoll, einfühlsam **2** HANDEL einschließlich: **~ d'IVA** einschließlich MwSt.

com·pren·so·rio [-'sɔː-] M Gebiet *n*, Bezirk *m*

com·pre·so [-e-] ADJ inbegriffen ♦ **tutto ~** alles inbegriffen; **viaggio tutto ~** Pauschalreise *f*

com·pres·sa [-ɛ-] F **1** Tablette *f* **2** Kompresse *f*, Umschlag *m* **com·pres·sio·ne** [-o-] F **1** Zusammendrücken *n*, Druck *m* **2** PHYS Kompression *f*, Verdichtung *f* ♦ IT **~ dati** Datenkomprimierung *f* **com·pres·so** [-ɛ-] ADJ **1** PHYS komprimiert, verdichtet **2** *fig* unterdrückt ♦ **aria -a** Druckluft *f*

com·pres·so·re [-o-] M **1** Kompressor *m*, Verdichter *m* **2** (Straßen)Walze *f*

com·pri·me·re V/T ⟨3r⟩ **1** (zusammen)drücken, zusammenpressen **2** PHYS komprimieren, verdichten **3** IT zippen, komprimieren, packen **4** *fig* unterdrücken: **~ le lacrime** die Tränen unterdrücken

com·pro·mes·so[1] [-e-] M Kompromiss *m*: **fare un ~ con qn** mit j-m einen Kompromiss schließen ♦ **soluzione di ~** Kompromisslösung *f*

com·pro·mes·so[2] [-e-] ADJ **1** geschädigt **2** *fig* verfahren: **una situazione -a** eine verfahrene Situation *f*

com·pro·met·ten·te [-ɛ-] ADJ kompromittierend: **foto -i** kompromittierende Fotos *pl*

com·pro·met·te·re [-e-] ⟨3ee⟩ **A** V/T **1** gefährden **2** kompromittieren, bloßstellen **B** V/PR -**rsi** sich kompromittieren, sich bloßstellen

com·pro·prie·tà F JUR Mitbesitz *m*

com·pro·prie·ta·rio M, **-a** F JUR Mitbesitzer *m*, -in *f*

com·pro·va [-ɔ-] F Bestätigung *f*, Nachweis *m*

com·pro·va·bi·le ADJ nachweisbar

com·pro·va·re V/T ⟨1c⟩ bestätigen, nachweisen

com·pun·to ADJ reumütig, zerknirscht

com·pun·zio·ne [-o-] F Reue *f*, Zerknirschtheit *f*

com·pu·ta·bi·le ADJ berechenbar

com·pu·ta·re V/T ⟨1l⟩ (an-, auf-, be)rechnen, kalkulieren

★**com·pu̲t·er** [kom'pjuter] M ⟨*inv*⟩ Computer *m* ♦ ~ **portatile** Laptop *m*, Notebook *n*

com·pu·ter gra·phics [kom'pjuter-'grafiks] F Bildverarbeitung *f*

com·pu·te·riz·za̲·re V/T ⟨1a⟩ computerisieren **com·pu·te·riz·za̲·to** ADJ **1** Computer-: **tomografia assiale -a** Computertomografie *f* **2** computergesteuert **com·pu·te·riz·za·zio̲·ne** [-o-] F Computerisierung *f*

com·pu·ti̲·sta M/F Buchhalter *m*, -in *f*

com·pu·ti·ste·ri̲·a F Buchhaltung *f*

co·mu·na̲·le ADJ kommunal, Kommunal-, Gemeinde-: **palazzo ~** Rathaus *n*

co·mu·nan̲·za F Gemeinschaft *f*: **~ dei beni** Gütergemeinschaft *f*

★**co·mu̲·ne**[1] ADJ **1** gemeinsam **2** allgemein **3** gewöhnlich **4** Gemein-: **bene ~** Gemeinwohl *n* **5** geläufig ♦ **di ~ accordo** einvernehmlich; **fare causa ~ con qn** mit j-m gemeinsame Sache machen; **avere qc in ~** (**con qn**) (mit j-m) etw gemeinsam haben; *fig* **luogo ~** Gemeinplatz *m*

★**co·mu̲·ne**[2] **A** M **1** ADMIN Kommune *f* **2** Gemeinde *f*; Stadt *f* **B** F Wohngemeinschaft *f* ♦ POL **Camera dei Comuni** Unterhaus *n*; **sposarsi in ~** standesamtlich heiraten

co·mu·nel̲·la [-ɛ-] F *umg* **fare ~** (**con qn**) zusammenglucken, sich (mit j-m) zusammentun

co·mu·ni·ca̲·bi·le ADJ mitteilbar, vermittelbar **co·mu·ni·ca·bi·li·tà** F ⟨*inv*⟩ Mitteilbarkeit *f*, Vermittelbarkeit *f*

co·mu·ni·ca̲·re ⟨1m *u.* d⟩ **A** V/T **1** mitteilen; (*via etere*) durchsagen **2** bekannt geben; verlautbaren **3** übertragen (*a.* TECH): **~ a qn il proprio entusiasmo** seine Begeisterung auf j-n übertragen **B** V/I ⟨av⟩ **1** verbunden sein, Verbindung haben **2** sich verständigen **co·mu·ni·ca·ti̲·va** F **1** Mitteilsamkeit *f* **2** Kommunikationsfähigkeit *f* (*a.* PSYCH) **co·mu·ni·ca·ti̲·vo** ADJ **1** kommunikativ, Kommunikations- **2** mitteilsam, gesprächig ♦ **poco ~** kontaktarm

co·mu·ni·ca̲·to M Meldung *f* ♦ **~ d'agenzia** Agenturmeldung *f*; **~ commerciale** Werbespot *m*; **~ stampa** Pressemeldung *f*

★**co·mu·ni·ca·zio̲·ne** [-o-] F **1** Mitteilung *f*, Meldung *f* **2** Gespräch *n*, Anruf *m*: **~ interurbana** Ferngespräch *n* **3** Verbindung *f* ♦ **mezzi di ~** Verkehrsmittel *pl*

comu·nio̲·ne [-o-] F **1** Gemeinschaft *f* **2** REL Kommunion *f*: **prima ~** Erstkommunion *f*

co·mu·ni̲·smo [-z-] M Kommunismus *m*

co·mu·ni̲·sta **A** ADJ kommunistisch **B** M/F Kommunist *m*, -in *f*

★**co·mu·ni·tà** F ⟨*inv*⟩ **1** Gemeinschaft *f* **2** Gemeinde *f*: **la ~ ebraica** die jüdische Gemeinde **3** Wohngemeinschaft *f*

co·mu·ni·ta̲·rio ADJ **1** Gemeinschafts- **2** EU-, Euro-: **diritto ~** EU-Recht *n*

★**co·mun̲·que** **A** ADV **1** jedenfalls; sowieso **2** letztlich, immerhin **B** KONJ **1** ganz gleich, wie auch immer **2** dennoch, jedoch

★**con** [-o-] PRÄP ⟨col, collo, colla, coll'; *pl* coi, cogli, colle⟩ **1** mit **2** bei: **abitare ~ i genitori** bei den Eltern wohnen; **non ho denaro ~ me** ich habe kein Geld bei mir; **~ questo rumore non si riesce a dormire** bei diesem Lärm kann man nicht schlafen; **col bel tempo** bei schönem Wetter **3** zu: **essere cattivo ~ qn** böse zu j-m sein; **~ mio rincrescimento** zu meinem Bedauern **4** unter: **~ la premessa di ...** unter der Voraussetzung, dass ... **5** *umg* trotz ♦ **~ tutto il cuore** von ganzem Herzen; **~ permesso!** wenn Sie erlauben!; **~ tutto che** obwohl, wenn auch

co·na̲·to M Anstrengung *f*; Versuch *m* ♦ **~ di vomito** Brechreiz *m*

co̲n·ca [-o-] F **1** Becken *n*: **una ~ d'acqua** ein Wasserbecken *n* **2** GEOG (Tal-)Kessel *m*

con·ca·te·na̲·re V/T ⟨1a⟩ verketten

con·ca·te·na·zio̲·ne [-o-] F Verkettung *f*

con·ca̲u·sa F Mitursache *f*

co̲n·ca·vo [-ɔ-] ADJ konkav, hohl: **lenti -e** Konkavlinsen *pl*

con·ce̲·de·re [-e-] ⟨3l⟩ **A** V/T **1** gewähren, geben, erlauben: **~ un credito a qn** j-m einen Kredit gewähren; **~ un'intervista** ein Interview geben **2** erteilen: **~ un permesso a qn** j-m eine Erlaubnis erteilen **3** bewilligen **4** (*ammettere*) annehmen **B** V/PR **-rsi** **1** sich hingeben **2** **-rsi qc** sich (*dat*) etw erlauben, gönnen, leisten

con·cen·tra·me̲n·to [-e-] M Konzentration *f*, Ansammlung *f* ♦ **campo di ~** Konzentrationslager *n*

con·cen·tra̲·re ⟨1b⟩ **A** V/T zusammen-

C

ballen; konzentrieren (*a. fig*) **B** V/PR **-rsi** sich konzentrieren (*a. fig*) **con·cen·tra·to** **A** ADJ konzentriert (*a. fig*) **B** M Konzentrat *n* ♦ **estratto ~ di carne** Fleischextrakt *m*; **~ di pomodoro** Tomatenmark *n*

★**con·cen·tra·zio·ne** [-o-] F **1** Konzentration *f* (*a. fig*) **2** CHEM Konzentrierung *f* ♦ **regione ad alta ~ (di popolazione)** Ballungsraum *m*

con·cen·tri·co [-ɛ-] ADJ konzentrisch

con·ce·pi·bi·le ADJ **1** denkbar, vorstellbar **2** annehmbar **con·ce·pi·men·to** [-e-] M **1** Empfängnis *f* **2** *fig* Konzeption *f*, Entwurf *m*

con·ce·pi·re V/T ⟨4d⟩ **1** empfangen: **~ un figlio** ein Kind empfangen **2** *fig* (sich [*dat*]) ausdenken **3** fühlen: **~ affetto per qn** Zuneigung für j-n empfinden **4** begreifen, verstehen **5** (*immaginare*) sich (*dat*) vorstellen

con·ce·ri·a F Gerberei *f*

con·cer·nen·te [-ɛ-] ADJ betreffend

con·cer·ne·re [-ɛ-] V/T ⟨3a⟩ betreffen, angehen: **per quanto mi concerne** was mich betrifft

con·cer·ta·re V/T ⟨1b⟩ **1** MUS einstudieren **2** *fig* (*ordire*) abstimmen, verabreden **con·cer·ta·to** ADJ konzertiert: **un'azione -a** eine konzertierte Aktion *f* **con·cer·ta·to·re** [-o-] ADJ & M MUS (**maestro**) **~** Korrepetitor *m* **con·cer·ti·sta** M/F MUS Solist *m*, -in *f*

★**con·cer·to** [-ɛ-] M Konzert *n*: **~ sinfonico** Sinfoniekonzert *n*

con·ces·sio·na·ria F (*ditta*) Vertretung *f* **con·ces·sio·na·rio** **A** ADJ Konzessions- **B** M, **-a** F **1** JUR Konzessionär *m*, -in *f* **2** AUTO **concessionario** *m* Vertretung *f*: **c'è un ~ FIAT qui vicino?** gibt es hier in der Nähe eine FIAT-Vertragswerkstatt?; **~ esclusivo** Alleinvertreter *m*

con·ces·sio·ne [-o-] F **1** Gewährung *f*, Bewilligung *f* **2** JUR Konzession *f* **3** Zugeständnis *n*: **fare -i a qn** j-m Zugeständnisse machen ♦ **~ edilizia** Baugenehmigung *f*

con·cet·to [-ɛ-] M **1** Begriff *m*, Konzept *n* **2** Auffassung *f*: **~ del dovere** Pflichtauffassung *f* **3** Vorstellung *f*, Meinung *f* ♦ **~ fondamentale** Grundbegriff *m*; **impiegato di ~** Beamte *m*, *od* Angestellte *m* des mittleren Dienstes

con·ce·zio·ne [-o-] F Auffassung *f*, Konzeption *f* ♦ **Immacolata Concezione** Unbefleckte Empfängnis *f*; **~ del mondo** Weltanschauung *f*

★**con·chi·glia** F Muschel(schale) *f*

con·cia [-o-] F **1** Gerben *n* **2** (*di tabacco, sementi*) Beize *f* **con·cia·re** ⟨1f⟩ **A** V/T **1** gerben **2** (*tabacco, sementi*) beizen **3** *fig umg* **~ male qn** j-n übel zurichten **B** V/PR **-rsi** **1** sich (übel) zurichten **2** MODE *umg* sich herrichten: **come ti sei conciato!** wie hast du dich denn hergerichtet! ♦ **~ qn per le feste** j-m das Fell gerben

con·cia·to·re [-o-] M, **-tri·ce** F Gerber *m*, -in *f*

con·ci·lia·bi·le ADJ vereinbar

con·ci·lia·re ⟨1k⟩ **A** V/T **1** vereinbaren, in Einklang bringen **2** versöhnen **3** **~ il sonno** einschläfernd wirken **B** V/PR **-rsi** **1** sich versöhnen **2** gewinnen: **-rsi il favore di qn** j-s Gunst gewinnen **con·ci·lia·to·re** [-o-] **A** ADJ versöhnend, versöhnlich **B** M, **-tri·ce** F Vermittler *m*, -in *f*, Schlichter *m*, -in *f*; JUR **giudice ~** Schiedsrichter *m* **con·ci·lia·zio·ne** [-o-] F **1** Versöhnung *f* **2** JUR Vergleich *m* ♦ JUR **procedura di ~** Schiedsverfahren *n*

con·ci·lio M Konzil *n*

con·ci·ma·re V/T ⟨1a⟩ düngen

con·ci·ma·zio·ne [-o-] F Düngung *f*

con·ci·me M Dünger *m*, Düngemittel *n*: **~ artificiale** Kunstdünger *m*

con·cio [-o-] M Quader(stein) *m*

con·ci·so ADJ bündig, knapp

con·ci·ta·to ADJ erregt, aufgeregt

con·ci·ta·zio·ne [-o-] F Aufregung *f*

con·cit·ta·di·no M, **-a** F Mitbürger *m*, -in *f*

con·cla·ma·re V/T ⟨1a⟩ ausrufen

con·cla·ma·to ADJ unbestritten

con·cla·ve M Konklave *n*

con·clu·den·te [-ɛ-] ADJ **1** schlüssig **2** **essere poco ~** wenig zustande bringen

★**con·clu·de·re** ⟨3q⟩ **A** V/T **1** abschließen: **~ un affare** ein Geschäft abschließen **2** beenden **3** schaffen: **oggi ho concluso poco** heute habe ich wenig geschafft **4** schließen, schlussfolgern **B** V/PR **-rsi** schließen, enden, ausgehen ♦ **senza aver concluso nulla** unverrichteter Dinge

★**con·clu·sio·ne** [-o-] F **1** (Ab)Schluss *m*, Ende *n* **2** Schluss *m*, Schlussfolgerung *f*: **trarre le proprie -i da qc** aus etw seine Schlüsse ziehen ♦ **in ~** zum Schluss, schließlich

con·clu·si·vo ADJ abschließend, Schluss-: **considerazioni -e** Schlussbemerkungen *pl* **con·clu·so** ADJ abgeschlossen, entschieden ♦ **considerare ~ qc** einen Schlusspunkt hinter etw (*akk*) setzen

con·co·mi·tan·te ADJ begleitend, Begleit-: **fenomeno ~** Begleiterscheinung *f* **con·co·mi·tan·za** F Mitwirkung *f*: **in ~ con qc** als Begleiterscheinung von etw

con·cor·dan·za F Übereinstimmung *f*

con·cor·da·re ⟨1c⟩ **A** VT **1** in Einklang bringen **2** vereinbaren, abmachen **B** VI ⟨av⟩ **1** übercin, zustimmen: **~ con qn su qc** mit j-m in etw (*dat*) übereinstimmen, j-m in etw (*dat*) zustimmen **con·cor·da·to** M **1** JUR Vergleich *m* **2** HIST Konkordat *n*

con·cor·de [-ɔ-] ADJ **1** einstimmig, einhellig: **un giudizio ~** ein einstimmiges Urteil *n* **2** übereinstimmend, einig **con·cor·dia** [-ɔ-] F Übereinstimmung *f*, Eintracht *f*, Einigkeit *f*

★**con·cor·ren·te** [-ɛ-] **A** ADJ **1** Konkurrenz- **2** mitwirkend, zusammentreffend **B** M/F Konkurrent *m*, -in *f*; Mitbewerber *m*, -in *f*; SPORT Wettkämpfer *m*, -in *f*

★**con·cor·ren·za** [-ɛ-] F Konkurrenz *f*, Wettbewerb *m*: **~ sleale** unlauterer Wettbewerb *m*; **fare ~ a qn** (**con qc**) j-m (mit etw) Konkurrenz machen; **farsi ~** konkurrieren **con·cor·ren·zia·le** ADJ konkurrenz-, wettbewerbsfähig: **prezzi -i** Kampfpreise *pl* **con·cor·ren·zia·li·tà** F Wettbewerbsfähigkeit *f*

con·cor·re·re [-o-] VI ⟨3o; av⟩ **1** sich bewerben: **~ per un posto** sich um eine Stelle bewerben **2** zusammenlaufen, herbeiströmen **3** *fig* beitragen, mitwirken; zusammentreffen

con·cor·so [-'korso] M **1** Wettbewerb *m*; SPORT Wettkampf *m* **2** Zusammenströmen *n*: **un grande ~ di persone** ein großer Menschenauflauf *m* **3** *fig* Zusammentreffen *n*, -wirken *n* **4** JUR Beihilfe *f*: **~ in truffa** Beihilfe *f* zum Betrug ♦ **~ di bellezza** Schönheitswettbewerb *m*; **fuori ~** außer Konkurrenz; **~ ippico** Reitturnier *n*; **~ a premi** Preisausschreiben *n*

con·cre·tez·za [-e-] F Konkretheit *f*, Gegenständlichkeit *f*

con·cre·tiz·za·re ⟨1a⟩ **A** VT Gestalt verleihen, verwirklichen **B** VPR **-rsi** Gestalt annehmen; sich verwirklichen **con·cre·tiz·za·zio·ne** [-o-] F Konkretisierung *f*, Verwirklichung *f*

con·cre·to [-ɛ-] **A** ADJ konkret, wirklich **B** M Konkrete *n* ♦ **veniamo al ~!** kommen wir zur Sache!

con·cu·bi·na F Konkubine *f*

con·cu·pi·re VT ⟨4d⟩ begehren

con·cu·pi·scen·za [-ɛ-] F Begier(de) *f*

con·cus·sio·ne [-o-] F Amtsmissbrauch *m*

con·dan·na F **1** Verurteilung *f*; Urteil *n*; Strafe *f* **2** REL Verdammnis *f* **3** *fig* Missbilligung *f* ♦ **~ a morte** Todesurteil *n* (*a. fig*)

con·dan·na·bi·le ADJ strafbar

★**con·dan·na·re** VT ⟨1a⟩ verurteilen (*a. fig*); REL verdammen: **~ qn a morte** j-n zum Tode verurteilen **con·dan·na·to** **A** ADJ *fig* unheilbar krank **B** M, **-a** F Verurteilte *m/f*

con·den·sa [-'dɛnsa] F Kondenswasser *n*

con·den·sa·men·to [-s-] M Verdichtung *f*

con·den·sa·re [-s-] ⟨1b⟩ **A** VT **1** verdichten; kondensieren (*a.* PHYS) **2** *fig* zusammenfassen **B** VPR **-rsi** sich verdichten; kondensieren (*a.* PHYS) **con·den·sa·to** M **1** PHYS Kondensat *n* **2** *fig* (*di libro*) Zusammenfassung *f* ♦ **latte ~** Kondens-, Dosenmilch *f*

con·den·sa·to·re [-densa'tore] M TECH Kondensator *m* **con·den·sa·zio·ne** [-o-] F Verdichtung *f*, Kondensation *f* (*a.* PHYS, CHEM) ♦ **acqua di ~** Kondenswasser *n*

con·di·men·to [-e-] M **1** Soße *f* **2** *fig* Würze *f*, Pep *m*

★**con·di·re** VT ⟨4d⟩ **1** (*insalata*) anmachen **2** würzen (*a. fig*)

con·di·scen·den·te [-ɛ-] ADJ **1** nachgiebig: **essere ~ verso qn** gegenüber j-m nachgiebig sein **2** nachsichtig **con·di·scen·den·za** [-ɛ-] F **1** Nachgiebigkeit *f* **2** Nachsicht *f*

con·di·sce·po·lo [-e-] M, **-a** F Mitschüler *m*, -in *f*

con·di·to ADJ gewürzt (*a. fig*)

con·di·vi·de·re VT ⟨3q⟩ teilen, vertreten: **~ l'opinione di qn** j-s Meinung teilen

con·di·vi·si·bi·le ADJ nachvollziehbar, vertretbar

con·di·zio·na·le **A** ADJ **1** konditional, Bedingungs- **2** GRAM **modo ~** Konditional *m* **B** F JUR Bewährung *f*: **sospendere una pena in ~** eine Strafe zur Bewährung

C

aussetzen **con·di·zio·na·men·to** [-e-] M 1 Bedingtheit *f* 2 PSYCH Konditionierung *f* 3 TECH Klimatisierung *f* ♦ **impianto di ~** (**dell'aria**) Klimaanlage *f*

con·di·zio·na·re ⟨1a⟩ A V/T 1 **~ a qc** von etw abhängig machen 2 bedingen 3 PSYCH konditionieren 4 TECH klimatisieren 5 verpacken B V/PR **-rsi a vicenda** sich gegenseitig bedingen **con·di·zio·na·to** ADJ bedingt (*a.* JUR): **~ dall'ambiente** umweltbedingt ♦ *umg* **aria -a** Klimaanlage *f*

★**con·di·zio·ne** [-o-] F 1 Bedingung *f* 2 *fig* Lage *f* 3 **-i** *pl* Zustand *m*, Verfassung *f*: **essere in buone -i di salute** in gutem Gesundheitszustand sein 4 Verhältnisse *pl*: **vivere in misere -i** in ärmlichen Verhältnissen leben ♦ **a ~ che ...** unter der Bedingung, dass ...; **solo a determinate -i** nur unter bestimmten Bedingungen; **-i ambientali** Umweltbedingungen *pl*; SPORT **-i del campo** Platzverhältnisse *pl*; **-i contrattuali** Vertragsbedingungen *pl*; **essere in ~ di fare qc** in der Lage (*od* imstande) sein, etw zu tun; **-i di lavoro** Arbeitsbedingungen *pl*; **-i di pagamento** Zahlungsbedingungen *pl*; **-i della strada** Straßenzustand *m*

con·do·glian·ze FPL Beileid *n*: **~ vivissime** aufrichtiges Beileid *n*; **fare a qn le ~** j-m kondolieren, sein Beileid ausdrücken ♦ **visita di ~** Beileidsbesuch *m*

con·do·ler·si [-'lersi] V/PR ⟨2e⟩ mitfühlen: **~ con qn di** (**per**) **qc** mit j-m in etw (*dat*) mitfühlen

con·dom [-ɔ-] M ⟨*inv*⟩ Kondom *n od m*

con·do·mi·nio M 1 Mehrfamilienhaus *n* 2 JUR Miteigentum *n* ♦ **assemblea di ~** Eigentümerversammlung *f*; **regolamento di ~** Hausordnung *f*

con·do·mi·no [-ɔ-] M, **-a** F Miteigentümer *m*, -in *f*; Hausbewohner *m*, -in *f*

con·do·na·re V/T ⟨1a⟩ erlassen: **~ una pena a qn** j-m eine Strafe erlassen

con·do·no [-o-] M Erlass *m*

con·dot·ta [-o-] F 1 Benehmen *n*, Betragen *n* 2 Führung *f* (*a.* JUR): **~ degli affari** Geschäftsführung *f* 3 TECH Leitung *f*: **~ dell'acqua** Wasserleitung *f* ♦ **certificato di buona ~** Führungszeugnis *n*; **~ di vita** Lebenswandel *m*

con·dot·tie·ro [-ɛ-] M HIST Feldherr *m*

con·dot·to¹ [-o-] ADJ **medico ~** Amtsarzt *m*

con·dot·to² [-ɔ-] M 1 TECH (Zu)Leitung *f* 2 ANAT Gang *m*: **~ intestinale** Darmtrakt *m*

con·du·cen·te [-ɛ-] M/F (Auto)Fahrer *m*, -in *f*: **~ d'autobus** Busfahrer *m*, -in *f* ♦ **senza ~** führerlos

con·du·ci·bi·li·tà F PHYS Leitfähigkeit *f*

★**con·dur·re** ⟨3e⟩ A V/T 1 führen (*a. fig* SPORT) 2 fahren: **~ un camion** einen LKW fahren 3 leiten, führen (*a.* PHYS) B V/I ⟨av⟩ führen: **dove conduce questa strada?** wohin führt diese Straße? C V/PR **-rsi** sich führen, sich verhalten ♦ **~ a buon fine qc** etw zu einem glücklichen Ende führen; **~ in porto qc** etw über die Bühne bringen; **~ a termine qc** etw zum Abschluss bringen; **~ una vita tranquilla** ein ruhiges Leben führen

con·dut·to·re [-o-] A ADJ 1 leitend, Leit- 2 PHYS, ELEK leitend, Leitungs- B M, **-tri·ce** F 1 Führer *m*, -in *f*; Fahrer *m*, -in *f* 2 BAHN Zugführer *m*, -in *f*; Schaffner *m*, -in *f* 3 PHYS, ELEK **conduttore** *m* Leiter *m*, Leitung *f* 4 TV Moderator *m*, -in *f* ♦ *fig* **il filo ~** der rote Faden; **motivo ~** Leitmotiv *n*; **~ di terra** Erdung *f*

con·dut·tu·ra F TECH Leitung *f*: **~ elettrica** Stromleitung *f*

con·du·zio·ne [-o-] F 1 Führung *f*, Leitung *f* 2 TV Moderation *f* 3 PHYS Leitung *f*: **~ termica** Wärmeleitung *f* ♦ **azienda a ~ familiare** Familienbetrieb *m*

con·fa·bu·la·re V/I ⟨1m; av⟩ tuscheln

con·fa·cen·te [-ɛ-] ADJ passend; geeignet

con·far·si [-s-] V/PR ⟨3aa⟩ 1 **~ a qn/qc** für j-n/etw passen, sich für j-n/etw schicken 2 guttun, gut sein: **l'aria di mare non mi si confà** Meerluft tut mir nicht gut

con·fe·de·ra·le ADJ 1 Verband- 2 Bundes-, Bündnis-; *schweiz* eidgenössisch

con·fe·de·ra·re ⟨1m *u.* b⟩ A V/T zusammenschließen, vereinigen B V/PR **-rsi** 1 sich zusammenschließen 2 sich verbünden **con·fe·de·ra·ti·vo** ADJ Bündnis-, Bundes- **con·fe·de·ra·to** A ADJ verbündet B M, **-a** F Verbündete *m/f*

con·fe·de·ra·zio·ne [-o-] F 1 Verband *m* 2 Bund *m*: **~ sindacale** Gewerkschaftsbund *m* ♦ **Confederazione Elvetica** Schweizerische Eidgenossenschaft *f*

★**con·fe·ren·za** [-ɛ-] F 1 Konferenz *f* 2 Vortrag *m*: **tenere una ~ su qc** einen Vortrag über etw (*akk*) halten ♦ **~ stampa**

Pressekonferenz *f*; **~ al vertice** Gipfelkonferenz *f*

con·fe·ren·zie·re [-ɛ-] M, **-a** F Redner *m*, -in *f*

con·fe·ri·men·to [-e-] M **1** Übertragung *f*, Erteilung *f* **2** Verleihung *f*

con·fe·ri·re ⟨4d⟩ **A** V/T **1** erteilen, übertragen: **~ una carica a qn** j-m ein Amt übertragen **2** verleihen, zuerkennen: **~ a qn un titolo** j-m einen Titel verleihen **B** V/I ⟨av⟩ **~ con qn** sich mit j-m besprechen

con·fer·ma [-e-] F Bestätigung *f* (*a. fig*) ♦ **a ~ di** zur Bestätigung von; **~ d'ordine** Auftragsbestätigung *f*

★**con·fer·ma·re** ⟨1a⟩ **A** V/T bestätigen; bestärken **B** V/PR **-rsi** sich bestätigen

con·fer·ma·zio·ne [-o-] F Firmung *f*; (*nella chiesa evangelica*) Konfirmation *f*

★**con·fes·sa·re** V/T ⟨1b⟩ **1** gestehen **2** REL bekennen, beichten **3** **~ qn** j-m die Beichte abnehmen

★**con·fes·sar·si** [-s-] V/PR ⟨1b⟩ **1** beichten **2** **~ con qn** sich j-m anvertrauen

con·fes·sio·na·le M Beichtstuhl *m*

★**con·fes·sio·ne** [-o-] F **1** Geständnis *n*, Bekenntnis *n* **2** REL Beichte *f* **3** Konfession *f*

con·fes·so·re [-o-] M Beichtvater *m*

con·fet·te·ri·a F **1** Konfekt *n* **2** Süßwarengeschäft *n* **con·fet·tie·ra** [-ɛ-] F Bonbonniere *f*

con·fet·to [-ɛ-] M **1** = *Zuckermandeln für Hochzeiten, Taufen usw* **2** PHARM Dragée *n* ♦ *fig* **a quando i -i?** wann ist die Hochzeit?

I confetti

I confetti sind in Italien nicht aus Papier und man wirft damit auch nicht um sich: Es handelt sich um Mandeln in Zuckerguss, die bei Hochzeiten, Taufen, Firmungen und Erstkommunionen Freunden und Bekannten geschenkt werden. Zu Hochzeiten sind sie weiß, ansonsten blau für Jungen, rosa für Mädchen. Auch zu Silber- und Goldhochzeiten gibt es **confetti**: eben in Silber oder Gold.

con·fet·tu·ra F Konfitüre *f*

con·fe·zio·na·men·to [-e-] M Verpackung *f* ♦ **data di ~** Verpackungsdatum *n*

con·fe·zio·na·re V/T ⟨1a⟩ **1** anfertigen, schneidern **2** ver-, einpacken **con·fe·zio·na·to** ADJ **1** Konfektions-: **abiti -i** Konfektionskleidung *f* **2** verpackt ♦ **~ su misura** maßgeschneidert

con·fe·zio·ne [-o-] F **1** Anfertigung *f* **2** *pl* Konfektion *f* **3** Verpacken *n* **4** (Ver)Packung *f* ♦ **~ famiglia** Familienpackung *f*; **~ regalo** Geschenkpackung *f*; **~ di ricambio** Nachfüllpackung *f*; **~ di ricarica** Nachfüllpack *m*; **~ da sei** Sechserpack *m*

con·fic·ca·re ⟨1d⟩ **A** V/T (hinein)schlagen, (hinein)stoßen **B** V/PR **-rsi** eindringen, stecken bleiben **con·fic·ca·to** ADJ **essere ~ in qc** in etw (*dat*) stecken

con·fi·da·re ⟨1a⟩ **A** V/T anvertrauen, offenbaren **B** V/I ⟨av⟩ **~ in qn/qc** auf j-n/etw vertrauen **C** V/PR **-rsi con qn** sich j-m anvertrauen **con·fi·den·te** [-ɛ-] M/F **1** Vertraute *m/f* **2** (*informatore*) Spitzel *m* **con·fi·den·za** [-ɛ-] F **1** Vertrauen *n*; Vertrautheit *f*: **fare una ~ a qn** j-m etwas anvertrauen; **dare ~ a qn** j-m (ver)trauen **2** *pl* Vertraulichkeiten *pl*: **prendersi delle -e con qn** sich (*dat*) gegen j-n Vertraulichkeiten herausnehmen ♦ **detto in ~** im Vertrauen gesagt; **in tutta ~** in aller Vertraulichkeit

con·fi·den·zia·le ADJ vertraulich: **strettamente ~** streng vertraulich

con·fi·gu·ra·re ⟨1a⟩ **A** V/T gestalten, konfigurieren (*a.* IT) **B** V/PR **-rsi** sich gestalten **con·fi·gu·ra·zio·ne** [-o-] F **1** Konfiguration *f* (*a.* IT): **~ utente** benutzerdefinierte Konfiguration *f* **2** Gestaltung *f*, Gestalt *f* **3** Beschaffenheit *f*: **~ del terreno** Bodenbeschaffenheit *f*

con·fi·nan·te ADJ **1** benachbart, Nachbar- **2** (*adiacente*) angrenzend **con·fi·na·re** ⟨1a⟩ **A** V/I ⟨av⟩ (an)grenzen (*a. fig*): **l'Italia confina con la Francia** Italien grenzt an Frankreich **B** V/T verbannen (*a. fig*) **C** V/PR **-rsi** sich zurückziehen: **-rsi in casa** sich ins Haus zurückziehen

con·fi·na·to M, **-a** F Verbannte *m/f*

★**con·fi·ne** M Grenze *f* (*a. fig*): **al ~ con la Germania** an der Grenze zu Deutschland ♦ *fig* **ai -i del mondo** am Ende der Welt; **senza -i** grenzenlos

con·fi·no M Verbannung *f*

con·fi·sca F Beschlagnahme *f*, Einziehung *f* **con·fi·sca·re** V/T ⟨1d⟩ beschlagnahmen, einziehen

★**con·flit·to** M Konflikt *m*; (*guerra*) Krieg *m* ♦ **~ di classe** Klassenkampf *m*; **~ a fuoco** Schusswechsel *m*; **~ di interessi** Inte-

C

ressenkonflikt *m*

con·flu̲en·te [-ɛ-] M Nebenfluss *m*

con·flu̲en·za [-ɛ-] F 1 Zusammenfließen *n*; Zusammenfluss *m* 2 *fig* Zusammentreffen *n*

con·flu·i̲·re V/I ⟨4d; av, es⟩ 1 zusammenfließen (*a. fig*) 2 (*sfociare*) münden

★**con·fo̲n·de·re** [-o-] ⟨3bb⟩ A V/T 1 verwechseln 2 durcheinanderbringen 3 *fig* verwirren, irremachen B V/PR **-rsi** 1 sich mischen, sich mengen 2 in Verwirrung geraten 3 sich irren

con·fon·di̲·bi·le ADJ verwechselbar

con·for·ma̲·re ⟨1a⟩ A V/T 1 formen, gestalten 2 anpassen B V/PR **-rsi** sich anpassen: **-rsi ai regolamenti** sich nach den Vorschriften richten **con·for·ma·zio̲·ne** [-o-] F 1 Beschaffenheit *f*: **~ del terreno** Bodenbeschaffenheit *f* 2 Gestaltung *f*, Form *f*

con·fo̲r·me [-o-] ADJ 1 getreu, entsprechend: **~ all'originale** originalgetreu 2 gemäß: **~ al vero** wahrheitsgemäß

con·for·mi̲·smo [-z-] M Konformismus *m* **con·for·mi̲·sta** A ADJ konformistisch B M/F Konformist *m*, -in *f* **con·for·mi·tà** F ⟨*inv*⟩ Übereinstimmung *f* (*a. fig*): **agire in ~ con qn** in Übereinstimmung mit j-m handeln ♦ **in ~ di** (*od* **a**) **qc** etw (*dat*) gemäß

con·for·ta̲n·te ADJ tröstend, tröstlich

con·for·ta̲·re ⟨1c⟩ A V/T 1 trösten 2 *fig* bekräftigen, bestärken B V/PR **-rsi** sich trösten **con·for·te̲·vo·le** [-e-] ADJ 1 bequem 2 komfortabel

con·fo̲r·to [-ɔ-] M 1 Trost *m* 2 *fig* Bekräftigung *f* 3 *pl* Komfort *m*

con·fra·te̲r·ni·ta [-ɛ-] F Bruderschaft *f*

★**con·fron·ta̲·re** ⟨1a⟩ A V/T 1 vergleichen, gegenüberstellen 2 JUR konfrontieren B V/PR **-rsi** 1 sich auseinandersetzen 2 SPORT gegeneinander antreten

★**con·fro̲n·to** [-o-] M 1 Vergleich *m*: **mettere a ~ qc con qc** etw mit etw vergleichen 2 JUR Gegenüberstellung *f* 3 SPORT Wettkampf *m* ♦ **in ~ a** im Vergleich zu; **nei -i di qn** j-m gegenüber

con·fu·sio·na̲·le ADJ **stato ~** Zustand *m* geistiger Verwirrung

con·fu·sio·na̲·rio A ADJ wirrköpfig, chaotisch B M, **-a** F Wirrkopf *m*, Chaot *m*, -in *f*

★**con·fu·sio̲·ne** [-o-] F 1 Durcheinander *n* 2 Verwirrung *f* 3 Verwechslung *f*

con·fu̲·so ADJ 1 verworren, wirr 2 *fig* verwirrt, konfus, verlegen

con·fu·ta̲·bi·le ADJ widerlegbar

con·fu·ta̲·re V/T ⟨1l⟩ widerlegen

con·fu·ta·zio̲·ne [-o-] F Widerlegung *f*

con·ge·da̲·re ⟨1b⟩ A V/T verabschieden (*a.* MIL) B V/PR 1 **-rsi da qn** sich von j-m verabschieden 2 MIL entlassen werden

con·ge̲·do [-ɛ-] M 1 Abschied *m*, Verabschiedung *f*: **prendere ~ da qn** von j-m Abschied nehmen 2 MIL Entlassung *f* 3 ADMIN Beurlaubung *f*; Urlaub *m* ♦ **~ per maternità** Mutterschaftsurlaub *m*; **~ parentale** Erziehungsurlaub *m*

con·ge̲·gno [-e-] M 1 Mechanismus *m*; Vorrichtung *f* 2 Gerät *n*

con·ge·la·me̲n·to [-e-] M 1 Gefrieren *n* 2 WIRTSCH Einfrieren *n*: **il ~ dei salari** das Einfrieren der Löhne 3 MED Erfrierung *f* ♦ **punto di ~** Gefrierpunkt *m*

con·ge·la̲·re ⟨1b⟩ A V/T 1 einfrieren (*a.* WIRTSCH) 2 TECH frosten 3 *fig* auf Eis legen 4 erfrieren lassen B V/PR **-rsi** 1 gefrieren 2 ab-, erfrieren **con·ge·la̲·to** ADJ 1 Gefrier-: **carne -a** Gefrierfleisch *n* 2 WIRTSCH eingefroren

★**con·ge·la·to̲·re** [-o-] A ADJ Gefrier- B M 1 Tiefkühltruhe *f* 2 Gefrierfach *n*

con·ge·nia·li·tà F ⟨*inv*⟩ Kongenialität *f*

con·ge̲·ni·to [-ɛ-] ADJ angeboren

con·ge·stio·na̲·re ⟨1a⟩ A V/T verstopfen B V/PR **-rsi** (*traffico*) sich stauen **con·ge·stio·na̲·to** ADJ 1 blutunterlaufen 2 gerötet 3 (*strade*) verstopft

con·ge·stio̲·ne [-o-] F 1 MED Blutandrang *m* 2 (Verkehrs)Stau *m*

con·get·tu̲·ra F Mutmaßung *f*, Vermutung *f* **con·get·tu·ra̲·le** ADJ mutmaßlich, vermutlich **con·get·tu·ra̲·re** V/T ⟨1a⟩ vermuten, mutmaßen

con·giu̲n·ge·re ⟨3d⟩ A V/T verbinden, zusammenfügen B V/PR **-rsi** sich verbinden, sich vereinigen

con·giun·ti̲·va F Bindehaut *f* **con·giun·ti·vi̲·te** F Bindehautentzündung *f* **con·giun·ti̲·vo** A ADJ 1 verbindend, Binde- 2 GRAM Konjunktiv- B M Konjunktiv *m*

con·giu̲n·to M, **-a** F (Familien)Angehörige *m/f*

con·giun·tu̲·ra F 1 WIRTSCH Konjunktur *f*: **~ alta** Hochkonjunktur *f* 2 ANAT, TECH Gelenk *n* **con·giun·tu·ra̲·le** ADJ Konjunktur-, konjunkturell: **ripresa ~** Konjunkturaufschwung *m*

con·giun·zio̲·ne [-o-] F 1 Verbindung

f **2** GRAM Konjunktion f
con·giu·ra F Verschwörung f
con·giu·ra·re V/I ⟨1a; av⟩ sich verschwören
con·giu·ra·to M, **-a** F Verschwörer m, -in f
con·glo·ba·men·to [-e-] M **1** (An-)Häufung f **2** Zusammenrechnung f **con·glo·ba·re** V/T ⟨1l u. c⟩ **1** (an)häufen **2** WIRTSCH zusammenrechnen
con·glo·me·ra·re ⟨1m u. c⟩ **A** V/T (zusammen)ballen **B** V/PR **-rsi** sich zusammenballen **con·glo·me·ra·to** M **1** Konglomerat n (a. GEOL) **2** (edilizia) Bindemittel n **con·glo·me·ra·zio·ne** [-o-] F **1** Zusammenballung f **2** Ballungsgebiet n
Con·go [-o-] M Kongo m **con·go·le·se** [-e-] **A** ADJ kongolesisch **B** M/F Kongolese m, -sin f
con·gra·tu·lar·si [-s-] V/PR ⟨1m⟩ ★ **~ con qn** (**per qc**) j-n (zu etw) beglückwünschen
★**con·gra·tu·la·zio·ne** [-o-] F Glückwunsch m, Gratulation f ♦ (**le mie**) **-i!** (ich) gratuliere!
con·gre·ga [-ɛ-] F **1** Kongregation f **2** pej Bande f, Clique f **con·gre·ga·re** ⟨1b u. e⟩ **A** V/T versammeln, vereinigen **B** V/PR **-rsi** sich versammeln **con·gre·ga·zio·ne** [-o-] F **1** REL Kongregation f **2** Versammlung f
con·gres·si·sta M/F Kongressteilnehmer m, -in f
★**con·gres·so** [-ɛ-] M Kongress m, Tagung f ♦ **~ di partito** Parteitag m
con·gres·sua·le ADJ Kongress-, Tagungs-
con·gru·en·te [-ɛ-] ADJ **1** übereinstimmend **2** GEOM kongruent **con·gru·en·za** [-ɛ-] F **1** Übereinstimmung f **2** GEOM Kongruenz f
con·gruo [-ɔ-] ADJ angemessen
con·gua·glia·re V/T ⟨1g⟩ ausgleichen
con·gua·glio M Ausgleich m: **~ salariale** Lohnausgleich m
co·nia·re V/T ⟨1k u. c⟩ prägen (a. fig) **co·nia·to·re** [-o-] M, **-tri·ce** F **1** Präger m, -in f **2** fig Erfinder m, -in f, Trendsetter m, -in f **co·nia·zio·ne** [-o-] F Prägung f (a. fig)
co·ni·ca [-ɔ-] F Kegelschnitt m
co·ni·co [-ɔ-] ADJ kegelförmig, konisch
co·ni·fe·ra F Nadelbaum m
co·ni·glie·ra [-ɛ-] F Kaninchenstall m
★**co·ni·glio** M **1** Kaninchen n **2** fig Angsthase m
co·nio [-ɔ-] M **1** Prägestempel m **2** Prägung f (a. fig) **3** fig pej Schlag m, Art f
co·niu·ga·le ADJ ehelich, Ehe-
co·niu·ga·re ⟨1l, c u. e⟩ **A** V/T **1** konjugieren **2** fig verbinden **B** V/PR **-rsi** **1** konjugiert werden **2** fig sich verbinden **3** (sposarsi) heiraten **co·niu·ga·zio·ne** [-o-] F GRAM, BIOL Konjugation f
co·niu·ge [-o-] M/F **1** Ehegatte m, -gattin f **2** pl Eheleute pl, Ehepaar n
con·na·tu·ra·le ADJ angeboren
con·na·zio·na·le M/F Landsmann m, -männin f
con·nes·si [-ɛ-] → connettere
con·nes·sio·ne [-o-] F **1** Verbindung f **2** fig Zusammenhang m **3** ELEK Anschluss m
con·nes·so [-ɛ-] ADJ eng verbunden, zusammenhängend: **strettamente ~ con qc** eng verbunden mit etw
con·net·te·re [-ɛ-] ⟨3m⟩ **A** V/T zusammenfügen, verbinden **B** V/PR **-rsi** verbunden sein, zusammenhängen
con·net·ti·vo **A** ADJ Binde-: BIOL **tessuto ~** Bindegewebe n **B** M Bindeglied n
con·ni·ven·te [-ɛ-] M/F Mitwisser m, -in f
con·ni·ven·za [-ɛ-] F Mitwisserschaft f
con·no·ta·re V/T ⟨1c⟩ kennzeichnen
con·no·ta·to M **1** Kennzeichen n **2** pl Personenbeschreibung f **con·no·ta·zio·ne** [-o-] F Kennzeichnung f
co·no [-ɔ-] M Kegel m ♦ **a** (**forma di**) **~** kegelförmig, keg(e)lig; **~ gelato** Eistüte f; **~ di luce** Lichtkegel m
★**co·no·scen·te** [-ɛ-] M/F Bekannte m/f
★**co·no·scen·za** [-ɛ-] F **1** Kenntnis f: **venire a ~ di qc** etw erfahren; form **per ~** zur Kenntnisnahme **2** Bekanntschaft f: **fare la ~ di qn** j-n kennenlernen **3** Bewusstsein n: **privo di ~** bewusstlos
★**co·no·sce·re** [-o-] ⟨3n⟩ **A** V/T **1** kennen: **~ di vista** vom Sehen her kennen **2** kennenlernen **3** können, beherrschen **4** erkennen: **~ qn dalla voce** j-n an der Stimme erkennen **B** V/PR **-rsi** sich kennen ♦ **far ~ qn a qn** j-n mit j-m bekannt machen; **farsi ~** sich zu erkennen geben
co·no·sci·bi·le ADJ erkennbar **co·no·sci·to·re** [-o-] M, **-tri·ce** F Kenner m, -in f **co·no·sciu·to** ADJ bekannt: **~ in tutto il mondo** weltbekannt
con·qui·sta F **1** Eroberung f **2** fig Er-

C

conoscere

Conoscere ändert seine Bedeutung je nachdem, ob es im Perfekt oder im Imperfekt steht:

La conosceva da tanti anni.
Er kannte sie schon lange.

L'ha conosciuta tanti anni fa.
Er hat sie vor vielen Jahren kennengelernt.

rungenschaft *f* **3** (*alpinismo*) Bezwingung *f*

con·qui·sta·re V/T ⟨1a⟩ **1** erobern, einnehmen (*a. fig*) **2** (*alpinismo*) bezwingen **con·qui·sta·to·re** [-o-] M, **-tri·ce** F **1** Eroberer *m*, -rin *f* **2** *fig* Herzensbrecher *m*, -in *f*

con·sa·cra·re [-s-] ⟨1a⟩ **A** V/T **1** weihen **2** *fig* widmen **B** V/PR **-rsi 1** sich weihen **2** *fig* sich verschreiben: **-rsi allo studio** sich dem Studium verschreiben

con·sa·cra·zio·ne [-sakratsi'o-] F Weihe *f*

con·san·gui·nei·tà [-s-] F ⟨*inv*⟩ Blutsverwandtschaft *f* **con·san·gui·ne·o** **A** ADJ blutsverwandt **B** M, **-a** F Blutsverwandte *m/f*

con·sa·pe·vo·le [-sa'pe:-] ADJ bewusst: **essere ~ di qc** sich (*dat*) etw (*gen*) bewusst sein

con·sa·pe·vo·lez·za [-sa'pe:-] F Bewusstsein *n*: **avere (la) ~ della propria forza** sich (*dat*) seiner Kraft bewusst sein

con·scio [-ɔ-] ADJ bewusst: **essere ~ di qc** sich (*dat*) etw (*gen*) bewusst sein

con·se·cu·ti·vo [-s-] ADJ hinter-, nacheinander

con·se·gna [-'seɲa] F **1** Abgabe *f* **2** HANDEL (Aus)Lieferung *f* **3** Verwahrung *f*: **dare qn/qc in ~** j-n/etw in Verwahrung geben **4** MIL Befehl *m* **5** MIL Ausgangssperre *f* ♦ **~ a domicilio** Lieferung *f* frei Haus; **termine di ~** Lieferfrist *f*

★**con·se·gna·re** [-s-] ⟨1a⟩ **A** V/T **1** abgeben; aushändigen **2** HANDEL (ab)liefern **3** übergeben **B** V/PR **-rsi alla polizia** sich der Polizei stellen **con·se·gna·ta·rio** M, **-a** F Empfänger *m*, -in *f*

con·se·guen·te [-segu'ɛn-] ADJ **1** sich ergebend, folgend **2** folgerichtig, konsequent

★**con·se·guen·za** [-segu'ɛn-] F **1** Folge *f*, Auswirkung *f* **2** Konsequenz *f*: **trarre le -e da qc** aus etw die Konsequenzen ziehen ♦ **di ~** daher; **in ~ di qc** infolge von etw; **senza -e** folgenlos

con·se·gui·bi·le ADJ erreichbar

con·se·gui·men·to [-segui'mento] M Erzielung *f*, Erreichung *f* **con·se·gui·re** ⟨4a⟩ **A** V/T erzielen, erreichen **B** V/I ⟨es⟩ folgen: **ne consegue che …** daraus folgt, dass …

con·sen·so [-'sɛnso] M **1** Zustimmung *f*, Einwilligung *f* **2** Anklang *m*, Zuspruch *m* **3** Einverständnis *n*, Einvernehmen *n*: MED **~ informato** Patienteneinwilligung *f*

con·sen·sua·le [-sens-] ADJ einvernehmlich

con·sen·ti·re [-s-] ⟨4b⟩ **A** V/T erlauben, gestatten **B** V/I ⟨av⟩ **1** zustimmen: **~ con qn su qc** j-m in etw (*dat*) zustimmen **2** einwilligen **con·sen·ti·to** ADJ zulässig: **velocità massima -a** zulässige Höchstgeschwindigkeit *f*

con·sen·zien·te [-sentsi'ɛnte] ADJ zustimmend ♦ **essere ~ a qc** in etw (*akk*) einwilligen

con·ser·to [-'sɛr-] ADJ **a braccia -e** mit verschränkten Armen

con·ser·va [-'sɛr-] F Eingemachte *n*, Konserve *f* ♦ **mettere in ~ qc** etw einmachen; **~ di frutta** (*od* **verdura**) Eingemachte *n*; **~ di pomodoro** Tomatenkonserve *f*

con·ser·van·te [-s-] M Konservierungsmittel *n*

★**con·ser·va·re** [-s-] ⟨1b⟩ **A** V/T **1** konservieren, einmachen **2** aufbewahren: **~ in luogo asciutto** trocken aufbewahren **3** bewahren: **~ la calma** Ruhe bewahren **4** **~ il proprio posto** seinen Platz behaupten **5** aufbewahren **6** verwahren **B** V/PR **-rsi** sich halten: **la carne si conserva due giorni** das Fleisch hält sich zwei Tage; **si è conservato bene** er hat sich gut gehalten

con·ser·va·ti·vo [-s-] ADJ konservativ

con·ser·va·to ADJ **1 ben ~** gut erhalten **2** konserviert ♦ MED **sangue ~** Blutkonserve *f*

con·ser·va·to·re [-serva'to:-] **A** ADJ konservativ **B** M, **-tri·ce** F **1** Konservative *m/f* **2** Konservator *m*, -in *f*

con·ser·va·to·rio [-serva'tɔ:-] M Musikhochschule *f*

con·ser·va·zio·ne [-servatsi'o:-] F **1** Konservierung *f* **2** Erhaltung *f* **3** BIOL Selbsterhaltung *f* ♦ **data di ~** Haltbar-

keitsdatum *n*; **istinto di ~** Selbsterhaltungstrieb *m*; **latte a lunga ~** H-Milch *f*
con·ser·vi·fi·cio [-s-] M Konservenfabrik *f*
con·ses·so [-'sɛs-] M 1 Versammlung *f* 2 *fig* Vereinigung *f*: **~ di popoli** Völkervereinigung *f*
★**con·si·de·ra·re** ⟨1m⟩ A V/T 1 betrachten, bedenken; erwägen 2 beachten, in Betracht ziehen 3 betrachten, erachten: **~ qc** (**come**) **necessario** etw als notwendig erachten 4 achten, schätzen 5 vorsehen B V/PR **-rsi molto intelligente** sich für sehr klug halten ♦ ★**considerando** (*od* **considerato**) **che** wenn man bedenkt, dass; in Anbetracht der Tatsache, dass; **tutto considerato** alles in allem
con·si·de·ra·to [-s-] ADJ angesehen, geschätzt **con·si·de·ra·zio·ne** [-o-] F 1 Achtung *f*, Ansehen *n*: **tenere qn in grande ~** j-n hoch achten 2 Überlegung *f*: **dopo attente -i** nach reiflicher Überlegung 3 Betrachtung *f*: **fare -i su qc** Betrachtungen über etw (*akk*) anstellen 4 Rücksicht *f*: **non avere alcuna ~ per la propria salute** keine Rücksicht auf seine Gesundheit nehmen ♦ **prendere in ~ qc** etw in Betracht ziehen
con·si·de·re·vo·le [-side're:-] ADJ beträchtlich
con·si·glia·bi·le [-s-] ADJ ratsam
★**con·si·glia·re** [-s-] ⟨1g⟩ A V/T 1 **~ qc a qn** j-m (zu) etw raten 2 empfehlen 3 beraten B V/PR **-rsi** sich besprechen; sich beraten
con·si·glie·re [-si'ʎɛ:re-] M, **-a** F 1 Ratgeber *m*, -in *f*, Berater *m*, -in *f* 2 Rat *m*, Rätin *f*: **~ comunale** Gemeinde-, Stadtrat *m*; **~ segreto** Geheimrat *m*
★**con·si·glio** [-s-] M 1 Rat(schlag) *m* 2 Empfehlung *f* 3 (*assemblea*) Rat *m* ♦ **~ d'amministrazione** Verwaltungsrat *m*; **~ comunale** Gemeinderat *m*; Stadtrat *m*; **~ di fabbrica** Betriebsrat *m*; **~ dei ministri** Ministerrat *m*, Kabinett *n*; **su ~ del medico** auf Anraten des Arztes
con·si·sten·te [-si'stɛnte] ADJ 1 bestehend: **un appartamento ~ in** (*od* **di**) **due stanze** eine Zweizimmerwohnung 2 TEX strapazierfähig 3 GASTR fest, dick 4 beträchtlich 5 fundiert, stichhaltig
con·si·sten·za [-ɛ-] F 1 Beschaffenheit *f* 2 Festigkeit *f* 3 Umfang *m*, Größenordnung *f*
★**con·si·ste·re** [-s-] V/I ⟨3f; es⟩ bestehen: **in che cosa consiste la differenza?** worin besteht der Unterschied?; **l'opera consiste di tre volumi** das Werk besteht aus drei Bänden
con·so·cia·re [-s-] ⟨1c *u.* f⟩ A V/T zusammenschließen B V/PR **-rsi** sich zusammenschließen **con·so·cia·ta** F Tochtergesellschaft *f* **con·so·cia·to** A ADJ angeschlossen; zusammengeschlossen B M, **-a** F Teilhaber *m*, -in *f* **con·so·cia·zio·ne** [-o-] F Zusammenschluss *m*
con·so·cio [-'sɔ-] M, **-a** F Gesellschafter *m*, -in *f*
con·so·lan·te [-s-] ADJ tröstlich, tröstend
con·so·la·re[1] [-s-] ⟨1c⟩ A V/T 1 trösten: **~ qn di** (*od* **per**) **qc** j-n über etw (*akk*) trösten 2 aufmuntern, *umg* aufbauen B V/PR **-rsi** sich trösten
con·so·la·re[2] [-s-] ADJ konsularisch, Konsular-
con·so·la·to [-s-] M Konsulat *n*
con·so·la·to·re [-sola'tore] A ADJ tröstlich, Trost-: **parole -trici** Trostworte *pl* B M, **-tri·ce** F Tröster *m*, -in *f* **con·so·la·to·rio** [-ɔ-] ADJ trostbringend **con·so·la·zio·ne** [-o-] F Trost *m* ♦ **premio di ~** Trostpreis *m*
con·so·le[1] ['kɔnsole] M DIPL, HIST Konsul *m*, -in *f*
con·so·le[2] [kons'ɔl] F ⟨*inv*⟩ 1 (*mobile*) Konsole *f* 2 ELEK Schalt-, Steuerpult *n* ♦ **~di gioco** Spielekonsole *f*
con·so·li·da·men·to [-solida'mento] M 1 (Be)Festigung *f* (*a. fig*) 2 WIRTSCH Konsolidierung *f*
con·so·li·da·re [-s-] ⟨1m *u.* c⟩ A V/T 1 (be)festigen (*a. fig*) 2 WIRTSCH konsolidieren B V/PR **-rsi** fest werden; sich festigen (*a. fig*) **con·so·li·da·to** ADJ 1 gefestigt, fundiert 2 WIRTSCH konsolidiert
con·so·nan·te F Mitlaut *m*, Konsonant *m* **con·so·nan·za** F 1 MUS Konsonanz *f* 2 *fig* Einklang *m*
con·so·no ['kɔnsono] ADJ **~ a qc** mit etw übereinstimmend, etw (*dat*) gemäß
con·sor·te [-'sɔr-] M/F Gemahl *m*, -in *f*
con·sor·zia·le [-s-] ADJ genossenschaftlich
con·sor·zio [-'sɔr-] M Konsortium *n*; Genossenschaft *f*
con·sta·re V/I ⟨1a; es⟩ 1 bestehen: **~ di due parti** aus zwei Teilen bestehen 2 bekannt sein: **non mi consta che …** es ist mir nicht bekannt, dass … ♦ **per quanto**

C

mi consta meines Wissens
con·sta·ta·re VT ⟨1l⟩ feststellen
con·sta·ta·zio·ne [-o-] F Feststellung *f*
con·sue·to [-su'ɛ:to] ADJ üblich, gewohnt ♦ **come di ~** wie gewöhnlich
con·sue·tu·di·na·rio [-s-] **A** ADJ Gewohnheits-: **diritto ~** Gewohnheitsrecht *n* **B** M, **-a** F Gewohnheitsmensch *m*
con·sue·tu·di·ne [-s-] F **1** Gewohnheit *f* **2** Brauch *m*
con·su·len·te [-su'lɛnte] M/F Berater *m*, -in *f* ♦ **~ aziendale** Unternehmensberater *m*, -in *f*; **~ fiscale** Steuerberater *m*, -in *f*; **~ di gestione patrimoniale** Vermögensverwalter *m*, -in *f* **~ matrimoniale** Eheberater *m*, -in *f*; **~ di orientamento** Berufsberater *m*, -in *f*
con·su·len·za [-su'lɛntsa] F Beratung *f* ♦ **contratto di ~** Beratervertrag *m*
con·sul·ta [-s-] F beratende Versammlung *f*
con·sul·ta·bi·le [-s-] ADJ einsehbar, zugänglich **con·sul·ta·re** ⟨1a⟩ **A** VT **1** zu Rate ziehen **2** **~ qc** in etw (*dat*) nachsehen **3** befragen **4** IT **~ dati** Daten abfragen **B** VPR **-rsi con qn su qc** mit j-m (über) etw (*akk*) beratschlagen **con·sul·ta·zio·ne** [-o-] F **1** Beratung *f* **2** MED Untersuchung *f* **3** *pl* POL Beratungen *pl* ♦ **opera di ~** Nachschlagewerk *n*
con·sul·ti·vo [-s-] ADJ beratend, Beratungs-
con·sul·to [-s-] M **1** Konsultation *f*, Beratung *f* **2** ärztliche Visite *f* **3** Beratungsgespräch *n*
con·sul·to·rio [-sul'tɔ-] M Beratungsstelle *f*
★**con·su·ma·re** ⟨1a⟩ **A** VT **1** verbrauchen, konsumieren **2** aufbrauchen **3** abnutzen, verschleißen **4** (*cibi e bevande*) verzehren **B** VPR **-rsi** **1** sich verbrauchen **2** sich abnutzen, (sich) verschleißen ♦ **da -rsi preferibilmente entro il ...** mindestens haltbar bis ...
con·su·ma·to [-s-] ADJ *fig* erfahren
★**con·su·ma·to·re** [-o-] M Verbraucher *m*: **difesa del ~** Verbraucherschutz *m*
★**con·su·ma·tri·ce** F Verbraucherin *f*
con·su·ma·zio·ne [-o-] F **1** (*cibi e bevande*) Verzehr *m* **2** Verbrauch *m*
con·su·mi·smo [-su'mizmo] M Konsumdenken *n* **con·su·mi·sta** M/F Konsument *m*, -in *f* **con·su·mi·sti·co** ADJ Konsum-
con·su·mo [-s-] M **1** Verbrauch *m*, Konsum *m* **2** Verschleiß *m*, Abnutzung *f* ♦ **articolo di ~** Gebrauchsartikel *m*; **~ di benzina** Benzinverbrauch *m*; **~ di carburante** Kraftstoffverbrauch *m*; **società dei -i** Konsumgesellschaft *f*; *fig* **a proprio uso e ~** für den Hausgebrauch
con·sun·ti·vo [-s-] **A** ADJ Schluss-: **relazione -a** Schlussbericht *m* **B** M **1** Abschlussrechnung *f* **2** *fig* Bilanz *f*
con·sun·to [-s-] ADJ **1** abgenutzt, verbraucht, schäbig **2** abgezehrt
con·sun·zio·ne [-suntsi'one] F **1** Auszehrung *f* **2** *fig* Demoralisierung *f*, Zerrüttung *f* ♦ **febbre di ~** zehrendes Fieber *n*
con·ta [-o-] F **1** (Aus)Zählung *f* **2** Abzählvers *m*: **fare la ~** abzählen
con·ta·bal·le M/F ⟨*inv*⟩ *umg* Lügenmaul *n*
con·ta·bi·le **A** ADJ Buchungs-, Buch-, Rechnungs- **B** M/F Buchhalter *m*, -in *f* ♦ **errore ~** Buchungsfehler *m*; **libro ~** Rechnungsbuch *n*
con·ta·bi·li·tà F ⟨*inv*⟩ Buchhaltung *f*; Buchführung *f*: **~ a partita semplice/doppia** einfache/doppelte Buchführung *f*
con·ta·bi·liz·za·re VT ⟨1a⟩ (ver)buchen
con·ta·chi·lo·me·tri [-ɔ-] M ⟨*inv*⟩ Kilometerzähler *m*
★**con·ta·di·na** F Bäuerin *f* **con·ta·di·ne·sco** [-e-] ADJ **1** bäuerlich, ländlich **2** *pej* bäurisch
★**con·ta·di·no** **A** M Bauer *m* (*a. pej*), Landwirt *m* **B** ADJ bäuerlich, Bauern-
con·ta·do M Umland *n*
con·ta·gia·re ⟨1f⟩ **A** VT anstecken (*a. fig*) **B** VPR **-rsi da qn** sich bei j-m anstecken
con·ta·gio M Ansteckung *f*
con·ta·gio·so [-o-] ADJ ansteckend (*a. fig*)
con·ta·gi·ri M ⟨*inv*⟩ Drehzahlmesser *m*
con·ta·goc·ce M ⟨*inv*⟩ Pipette *f*
con·tai·ner [kon'teiner] M ⟨*inv*⟩ Container *m*
con·ta·mi·na·re ⟨1m⟩ VT **1** verseuchen, verunreinigen **2** verstrahlen **3** *fig* verderben **con·ta·mi·na·to** ADJ verseucht; Seuchen-: **~ da radiazioni** strahlenverseucht; **zona -a** Seuchengebiet *n* **con·ta·mi·na·zio·ne** [-o-] F **1** Verunreinigung *f*; Verseuchung *f*: **~ radioattiva** Verstrahlung *f* **2** *fig* Verderbtheit *f* ♦ **~ ambientale** Umweltverschmutzung *f*

C

con·ta·mi·nu·ti M ⟨*inv*⟩ Eieruhr *f*

★**con·tan·te** A ADJ bar, Bar- B M Bargeld *n* ♦ **pagare in -i** (in) bar (be)zahlen; **non in -i, senza -i** bargeldlos; **vendita per -i** Barverkauf *m*

con·ta·re ⟨1a⟩ A V/T 1 zählen 2 (*mettere in conto*) berechnen 3 **~ di fare qc** sich (*dat*) vornehmen, etw zu tun B V/I ⟨av⟩ 1 zählen, rechnen: **imparare a ~** rechnen lernen 2 **~ su qn/qc** auf j-n zählen, mit j-m/etw rechnen 3 zählen, bedeuten: **non ~ nulla** nicht zählen ♦ *fig* **~ balle** Märchen erzählen; **dover ~ il centesimo** mit jedem Pfennig rechnen müssen; **~ qc sulle dita** etw an den Fingern abzählen; **~ a mente** kopfrechnen; **sbagliare a ~** sich verzählen; **senza ~ che ...** ohne zu berücksichtigen, dass ...

con·ta·scat·ti M ⟨*inv*⟩ Gebührenzähler *m*

con·ta·to ADJ 1 (*denaro*) abgezählt 2 knapp bemessen: **avere i minuti -i** es eilig haben **con·ta·to·re** [-o-] M Zähler *m*: **leggere il ~** den Zähler ablesen ♦ **~ elettrico** Stromzähler *m*; **~ Geiger** Geigerzähler *m*

con·tat·ta·re V/T ⟨1a⟩ 1 **~ qn** sich mit j-m in Verbindung setzen 2 HANDEL kontaktieren

★**con·tat·to** M 1 Kontakt *m* (*a.* ELEK); Berührung *f*: **~ visivo** Blickkontakt *m*; **mettersi in ~ con qn** sich mit j-m in Verbindung setzen 2 TEL Verbindung *f* ♦ FOTO **copia a ~** Kontaktabzug *m*; **lente a ~** Kontaktlinse *f*

con·te [-o-] M Graf *m* **con·te·a** [-ɛ-] F Grafschaft *f*

con·teg·gia·re ⟨1f⟩ A V/T 1 in Rechnung stellen 2 (*calcolare*) berechnen B V/I ⟨av⟩ rechnen, zählen **con·teg·gio** [-e-] M 1 Anrechnung *f* 2 (*calcolo*) Berechnung *f* ♦ **~ alla rovescia** Countdown *m od n*

con·te·gno [-e-] M 1 Verhalten *n*, Benehmen *n* 2 Haltung *f*: **darsi un ~** Haltung annehmen

con·te·gno·so [-o-] ADJ zurückhaltend

con·tem·pla·re V/T ⟨1b⟩ 1 betrachten 2 REL kontemplieren 3 berücksichtigen

con·tem·pla·ti·vo ADJ beschaulich

con·tem·pla·zio·ne [-o-] F Betrachtung *f*; REL Kontemplation *f*

con·tem·po [-ɛ-], **nel ~** gleichzeitig, zugleich

con·tem·po·ra·nei·tà F ⟨*inv*⟩ Gleichzeitigkeit *f* **con·tem·po·ra·ne·o** A ADJ 1 gleichzeitig 2 zeitgenössisch B M, **-a** F Zeitgenosse *m*, -genossin *f*

con·ten·den·te [-ɛ-] A ADJ streitend B M/F Gegner *m*, -in *f* **con·ten·de·re** [-ɛ-] ⟨3c⟩ A V/T streitig machen B V/I ⟨av⟩ streiten, kämpfen C V/PR **-rsi** streiten, rivalisieren

con·te·nen·te [-ɛ-] ADJ -haltig, enthaltend

★**con·te·ne·re** [-e-] ⟨2q⟩ A V/T 1 enthalten (*a. fig*) 2 fassen: **la sala contiene 1000 persone** der Saal fasst 1000 Menschen 3 *fig* bändigen, zurückhalten 4 einschränken: **~ le spese** die Ausgaben einschränken B V/PR **-rsi** 1 sich beherrschen 2 sich einschränken

con·te·ni·men·to [-e-] M Einschränkung *f*: **~ dei costi** Kostendämpfung *f*

★**con·te·ni·to·re** [-o-] M Behälter *m*

con·ten·ta·re ⟨1b⟩ A V/T zufriedenstellen B V/PR **-rsi di qc** sich mit etw begnügen

con·ten·tez·za [-e-] F Zufriedenheit *f*

con·ten·ti·no M Trostpflaster *n*

★**con·ten·to** [-ɛ-] ADJ 1 **essere ~ di qn/qc** mit j-m/etw zufrieden sein 2 **essere ~ per qc** über etw (*akk*) froh sein

con·te·nu·ti·sti·co ADJ inhaltlich

★**con·te·nu·to**[1] M Inhalt *m*, Gehalt *m* (*a. fig*) ♦ **~ calorico** Kaloriengehalt *m*; **~ di carne** Fleischeinwaage *f*; **~ di grassi** Fettgehalt *m*; **~ di un serbatoio** Tankfüllung *f*

con·te·nu·to[2] ADJ 1 verhalten, maßvoll 2 mäßig: **spese -e** mäßige Ausgaben *pl*

con·ten·zio·so [-o-] A ADJ streitig, Streit- B M 1 Streitsache *f* 2 Kontroverse *f*

con·te·sa [-e-] F 1 Streit *m*, Auseinandersetzung *f* 2 (*gara*) Wettkampf *m*

con·te·so ADJ 1 umkämpft 2 begehrt, angestrebt

con·tes·sa [-e-] F Gräfin *f*

con·te·sta·bi·le ADJ angreifbar; anfechtbar

con·te·sta·re V/T ⟨1b⟩ 1 **~ qn/qc** gegen j-n/etw protestieren 2 *fig* angreifen 3 be-, abstreiten; beanstanden 4 anfechten **con·te·sta·zio·ne** [-o-] F 1 Protest *m* 2 (*movimento*) Protestbewegung *f* 3 Bestreiten *n*; Beanstandung *f*

con·te·sto [-ɛ-] M Zusammenhang *m*, Kontext *m*

con·ti·gui·tà F ⟨*inv*⟩ Angrenzen *n*, Nähe *f*

con·ti·guo ADJ angrenzend

con·ti·nen·ta·le ADJ Kontinental-: **clima ~** Kontinentalklima *n*

★**con·ti·nen·te** [-ɛ-] M Kontinent *m*

con·ti·nen·za [-ɛ-] F Mäßigkeit *f*

con·tin·gen·ta·men·to [-e-] M WIRTSCH Kontingentierung *f* **con·tin·gen·ta·re** V/T ⟨1b⟩ kontingentieren

con·tin·gen·te[1] [-ɛ-] ADJ unvorhergesehen

con·tin·gen·te[2] [-ɛ-] M Kontingent *n* (*a.* MIL)

con·tin·gen·za [-ɛ-] F zufälliger Umstand *m*

★**con·ti·nua·re** ⟨1m⟩ **A** V/T fortsetzen, fortführen **B** V/I ⟨*auf Personen bezogen*: av; *auf Sachen bezogen*: es, av⟩ **1** weitergehen; fortfahren **2** andauern, anhalten ♦ **continua** Fortsetzung folgt; **~ a fare qc** etw weitermachen

con·ti·nua·ta·men·te [-e-] ADV fortlaufend, fortwährend **con·ti·nua·ti·vo** ADJ anhaltend, Dauer- **con·ti·nua·to** ADJ durchgehend: **orario ~** durchgehende Öffnungszeit *f*

★**con·ti·nua·zio·ne** [-o-] F **1** Fortführung *f* **2** Fortsetzung *f* ♦ **in ~** ständig

con·ti·nui·tà F ⟨*inv*⟩ **1** Stetigkeit *f*, Kontinuität *f* **2** Beständigkeit *f*: **con ~** beständig

con·ti·nuo ADJ **1** ständig **2** ununterbrochen **3** anhaltend, andauernd ♦ **corrente -a** Gleichstrom *m*; **di ~** dauernd, permanent

con·ti·to·la·re M/F Mitinhaber *m*, -in *f*

★**con·to** [-o-] M **1** Rechnung *f*: **il ~, per favore!** zahlen, bitte! **2** WIRTSCH Konto *n* ♦ **questo è un altro ~** das ist ein Kapitel für sich; **per un ~ … per l'altro** einerseits … andererseits; *fig* **avere un ~ aperto con qn** mit j-m eine Rechnung zu begleichen haben; **chiedere ~ di qc a qn** von j-m über etw (*akk*) Rechenschaft verlangen; **~ corrente bancario** Girokonto *n*, Bankkonto *n*; **~ corrente postale** Postgirokonto *n*; **Corte dei -i** Rechnungshof *m*; *fig* **fare i -i con qn** mit j-m abrechnen; **fare ~ su qn/qc** auf j-n/etw bauen; **in fin dei -i** letzten Endes; **tenere in gran ~ qn/qc** j-n/etw hoch achten; **per ~ di qn** in j-s Namen; HANDEL **per proprio ~** auf eigene Rechnung; **rendere ~ a qn di qc** j-m über etw (*akk*) Rechenschaft ablegen; **rendersi ~ di qc** sich (*dat*) etw (*gen*) bewusst werden; *fig* **i -i non tornano** die Rechnung geht nicht auf

con·tor·ce·re [-ɔ-] ⟨3d⟩ **A** V/T verdrehen, verrenken **B** V/PR **-rsi** **1** sich verrenken **2** sich winden

con·tor·ci·men·to [-e-] M Verdrehung *f*, Verrenkung *f*

con·tor·na·re ⟨1a⟩ **A** V/T umgeben (*a. fig*): **~ la casa di una siepe** das Haus mit einer Hecke umgeben **B** V/PR **-rsi** sich umgeben

con·tor·no [-o-] M **1** Umrandung *f*, Rand *m* **2** Kontur *f*, Umriss *m* **3** GASTR Beilage *f*

con·tor·sio·ne [-si'o-] F Verrenkung *f* (*a. fig*) **con·tor·sio·ni·sta** M/F Schlangenmensch *m*

con·tor·to [-ɔ-] ADJ **1** verkrüppelt **2** *fig* (*di stile*) geschraubt

con·trab·ban·da·re V/T ⟨1a⟩ schmuggeln **con·trab·ban·die·re** [-ɛ-] **A** M, **-a** F Schmuggler *m*, -in *f* **B** ADJ Schmuggler-: **nave -a** Schmugglerschiff *n*

con·trab·ban·do M Schmuggel *m* ♦ **merce di ~** Schmuggelware *f*

con·trab·bas·so M Kontrabass *m*

con·trac·cam·bia·re V/T ⟨1k⟩ **1** erwidern: **~ un saluto** einen Gruß erwidern **2** **~ qc** sich für etw revanchieren **con·trac·cam·bio** M Erwiderung *f* ♦ **in ~** dafür; **rendere il ~** Gleiches mit Gleichem vergelten

con·trac·cet·ti·vo **A** ADJ empfängnisverhütend, Verhütungs- **B** M Verhütungsmittel *n* **con·trac·ce·zio·ne** [-o-] F (Empfängnis)Verhütung *f*

con·trac·col·po [-o-] M **1** Gegenschlag *m* **2** *fig* Rückwirkung *f* **3** (*d'arma*) Rückstoß *m*

con·tra·da F (Stadt)Viertel *n*

con·trad·di·re ⟨3t⟩ **A** V/T **~ qn/qc** j-m/etw widersprechen **B** V/I ⟨av⟩ **qc contraddice a un principio** etw widerspricht einem Prinzip **C** V/PR **-rsi** sich (*dat*) widersprechen

con·trad·di·stin·gue·re ⟨3d⟩ **A** V/T kennzeichnen **B** V/PR **-rsi per qc** sich durch etw auszeichnen

con·trad·dit·to·rie·tà F ⟨*inv*⟩ Widersprüchlichkeit *f* **con·trad·dit·to·rio** [-ɔ-] **A** ADJ sich widersprechend, widersprüchlich **B** M Streitgespräch *n* **con·trad·di·zio·ne** [-o-] F Widerspruch *m*: **cadere in ~** sich in Widersprüche verwickeln ♦ **spirito di ~** Widerspruchsgeist *m*

con·tra·en·te [-ɛ-] **A** ADJ vertragschließend, Vertrags- **B** M/F Vertragspartner *m*, -in *f*

con·tra·e·re·a [-ɛ-] F Flugabwehrartillerie *f*, Flak *f* **con·tra·e·re·o** [-ɛ-] ADJ Flugabwehr-, Flak-

con·traf·fa·re V/T ⟨3aa⟩ **1** (ver)fälschen **2** (*di voce*) verstellen **con·traf·fat·to** ADJ **1** ge-, verfälscht, falsch **2** **con voce -a** mit verstellter Stimme **con·traf·fat·to·re** [-o-] M, **-tri·ce** F Fälscher *m* **con·traf·fa·zio·ne** [-o-] F **1** (Ver)Fälschung *f*: **~ di articoli di marca** Produktpiraterie *f* **2** (*di voce*) Verstellung *f*

con·traf·for·te [-ɔ-] M ARCH Strebepfeiler *m*

con·tral·ta·re M *fig* Gegensatz *m*: **fare da ~ a qn/qc** der Gegensatz von j-m/etw sein

con·tral·to M **1** Altstimme *f* **2** Altistin *f*

con·tram·mi·ra·glio M Konteradmiral *m*

con·trap·pe·sa·re V/T ⟨1a⟩ **1** aufwiegen **2** *fig* abwägen **con·trap·pe·so** [-e-] M Gegengewicht *n* (*a. fig*)

con·trap·por·re [-o-] ⟨3ll⟩ **A** V/T **1** entgegensetzen, -stellen **2** *fig* gegenüberstellen **B** V/PR **-rsi** sich entgegenstellen, sich widersetzen **con·trap·po·si·zio·ne** [-o-] F **1** Entgegenstellung *f* **2** *fig* Gegenüberstellung *f* **con·trap·po·sto** [-o-] **A** ADJ *fig* gegensätzlich **B** M Gegensatz *m* **con·trap·pun·to** M Kontrapunkt *m*

con·tra·ria·re V/T ⟨1k⟩ **1** verärgern **2** behindern, durchkreuzen

★**con·tra·ria·to** ADJ verärgert, ärgerlich **con·tra·rie·tà** F ⟨*inv*⟩ **1** Missbilligung *f*; Abneigung *f* **2** *pl* Unannehmlichkeiten *pl*

★**con·tra·rio** **A** ADJ **1** gegensätzlich, gegenteilig **2** ungünstig, widrig **B** M **1** Gegenteil *n* **2** Gegensatz *m* ♦ **al ~** andersherum; im Gegenteil; **in caso ~** andernfalls; **essere ~** dagegen sein; **non avere niente in ~** nichts dagegen haben

con·trar·re ⟨3xx⟩ **A** V/T **1** (ab)schließen: **~ matrimonio/un patto** die Ehe/einen Pakt schließen **2** aufnehmen: **~ un debito** Schulden aufnehmen **3** **~ un'abitudine** eine Gewohnheit annehmen **4** (*di infezioni*) sich (*dat*) zuziehen **5** zusammenziehen: **~ i muscoli** die Muskeln anspannen **B** V/PR **-rsi** **1** sich zusammenziehen **2** (*di viso*) sich verziehen, sich verzerren

con·tras·se·gna·re V/T ⟨1a⟩ aus-, kennzeichnen **con·tras·se·gno** [-e-] M (Kenn)Zeichen *n*, Merkmal *n* ♦ HANDEL **spedizione in ~** per Nachnahme

con·tra·stan·te ADJ gegensätzlich; widerstreitend: **con sentimenti -i** mit gemischten Gefühlen ♦ **colori -i** Kontrastfarben *pl*

con·tra·sta·re ⟨1a⟩ **A** V/I ⟨av⟩ voneinander abweichen: **~ con qc** von etw abweichen **B** V/T behindern; (*progetto*) konterkarieren **con·tra·sta·to** ADJ hart erkämpft ♦ **molto ~** kontrastreich; **poco ~** kontrastarm

con·tra·sto M **1** Gegensatz *m*, Kontrast *m* (*a.* TV) **2** Streit *m*

con·trat·tac·ca·re V/T ⟨1d⟩ einen Gegenangriff (*od* Gegenschlag) führen gegen **con·trat·tac·co** M Gegenangriff *m*, Gegenschlag *m* (*a. fig*)

con·trat·ta·re ⟨1d⟩ **A** V/T aushandeln **B** V/I ⟨av⟩ (ver)handeln, feilschen: **~ sul prezzo** um den Preis feilschen

con·trat·ta·zio·ne [-o-] F Verhandlung *f*

con·trat·tem·po [-ɛ-] M Zwischenfall *m*, Missgeschick *n*: **ho avuto un ~** mir ist etwas dazwischen gekommen

con·trat·ti·sta M/F Angestellte *m/f* mit Zeitvertrag

★**con·trat·to**[1] M Vertrag *m* ♦ **~ d'affitto** Mietvertrag *m*; **~ collettivo di lavoro** Tarifvertrag *m*; **come da ~** laut Vertrag; **~ di compravendita** Kaufvertrag *m*; **~ di formazione e lavoro** Ausbildungsvertrag *m*; **~ prematrimoniale** Ehevertrag *m*; **rottura del ~** Vertragsbruch *m*; **non conforme ai termini del ~** vertragswidrig; **~ a tempo indeterminato** unbefristeter Vertrag *m*; **~ a tempo determinato** Zeitvertrag *m*

con·trat·to[2] ADJ **1** (*di viso*) verzogen, verkniffen **2** MED kontrahiert

con·trat·tua·le ADJ **1** HANDEL vertraglich, Vertrags-: **clausola ~** Vertragsklausel *f* **2** Tarif-: **negoziazione ~** Tarifverhandlung *f*

con·trav·ve·le·no [-e-] M Gegengift *n*

con·trav·ve·ni·re V/I ⟨4p; av⟩ verstoßen, zuwiderhandeln: **~ a una legge** gegen ein Gesetz verstoßen **con·trav·ven·to·re** [-o-] M, **-tri·ce** F Gesetzesbrecher *m*, -in *f* ♦ **~ al codice della strada** Verkehrssünder *m*

C

con·trav·ven·zio·ne [-o-] F **1** Verstoß *m*, Zuwiderhandlung *f* **2** JUR Geldstrafe *f*

con·tra·zio·ne [-o-] F **1** MED Kontraktion *f* **2** Rückgang *m*: ~ **delle vendite** Verkaufsrückgang *m* **3** Aufnahme *f*: **la ~ di un debito** die Aufnahme von Schulden

con·tri·buen·te [-ɛ-] M/F Steuerzahler *m*, -in *f*

★**con·tri·bu·i·re** V/I ⟨4d; av⟩ beitragen, mitwirken **con·tri·bu·ti·vo** ADJ Beitrags-: **fascia -a** Beitragsklasse *f*

con·tri·bu·to M **1** Beitrag *m* **2** *pl* Abgaben *pl*: **-i sociali** Sozialabgaben *pl*

con·tri·to ADJ zerknirscht

con·tri·zio·ne [-o-] F Zerknirschtheit *f*

★**con·tro** [-o-] **A** PRÄP **1** gegen, wider **2** vor: **tutelarsi ~ un rischio** sich vor einem Risiko schützen **B** ADV dagegen: **votare ~** dagegen stimmen **C** M Kontra *n*: **valutare il pro e il ~** das Pro und das Kontra abwägen ♦ **dare ~ a qn** j-m widersprechen

con·tro·ac·cu·sa F Gegenklage *f*

con·tro·bat·te·re V/T ⟨3a⟩ **1** zurückschlagen **2** *fig* widerlegen **3** erwidern

con·tro·bi·lan·cia·re ⟨1f⟩ **A** V/T ausgleichen, aufwiegen (*a. fig*) **B** V/PR **-rsi** sich (*dat*) die Waage halten, sich (*akk*) ausgleichen

con·tro·chia·ve F Nachschlüssel *m*

con·tro·cor·ren·te [-ɛ-] **A** F Gegenströmung *f* **B** ADV stromaufwärts: *fig* **andare ~** gegen den Strom schwimmen

con·tro·cul·tu·ra F Gegenkultur *f*

con·tro·da·do M Konter-, Gegenmutter *f* **con·tro·di·chia·ra·zio·ne** [-o-] F Gegenerklärung *f* **con·tro·do·man·da** F Gegenfrage; Rückfrage *f* **con·tro·e·sem·pio** [-ɛ-] M Gegenbeispiel *n*

con·trof·fen·si·va F Gegenangriff *m* (*a. fig*) **con·trof·fer·ta** [-ɛ-] F Gegenangebot *n*

con·tro·fi·gu·ra F **1** (*cinema*) Double *n* **2** Doppelgänger *m*, -in *f* **con·tro·fir·ma·re** V/T ⟨1a⟩ gegenzeichnen **con·tro·in·di·ca·zio·ne** [-o-] F Gegenanzeige *f*

con·trol [kon'trɔl] M ⟨*inv*⟩ IT Steuerungstaste *f*

con·trol·la·bi·le ADJ nachprüfbar

★**con·trol·la·re** ⟨1c⟩ **A** V/T **1** kontrollieren, überprüfen **2** überwachen: ~ **il traffico** den Verkehr überwachen **3** (*emozioni*) beherrschen **B** V/PR **-rsi** sich beherrschen; sich zurückhalten **con·trol·la·to** ADJ **1** gesteuert **2** maßvoll ♦ **società -a** Tochtergesellschaft *f*

con·trol·ler [-ɔ-] **A** M ⟨*inv*⟩ IT Schnittstelle *f* **B** M/F ⟨*inv*⟩ WIRTSCH Controller *m*, -in *f*

★**con·trol·lo** [-ɔ-] M **1** Kontrolle *f* **2** (*supervisione*) Überwachung *f*, Aufsicht *f* **3** TECH Regulierung *f*; Steuerung *f* ♦ ~ **degli armamenti** Rüstungskontrolle *f*; ~ **di flusso** Quittungsaustausch *m*; ~ **di gestione** Controlling *n*; ~ **ortografico** Rechtschreibprüfung *f*; ~ **di sé** Selbstbeherrschung *f*; **essere fuori ~** außer Kontrolle sein; **è tutto sotto ~!** es ist alles in Ordnung!; IT **unità di ~** Steuer-, Leitwerk *n*

★**con·trol·lo·re** [-o-] M **1** Kontrolleur *m*, -in *f* **2** Schaffner *m*, -in *f*, Zugbegleiter *m*, -in *f* **3** IT Steuerung *f* ♦ ~ **di volo** Fluglotse *m*, -lotsin *f*

con·tro·lu·ce **A** F **1** Gegenlicht *n* **2** Gegenlichtaufnahme *f* **B** ADV (**in**) ~ im Gegenlicht, gegen das Licht **con·tro·ma·no** ADV **andare** (**in**) ~ auf der falschen Straßenseite fahren **con·tro·mar·ca** F Garderobenmarke *f* **con·tro·mi·su·ra** F Gegenmaßnahme *f* **con·tro·mos·sa** [-ɔ-] F Gegenzug *m* (*a. fig*)

con·tro·par·te F **1** Verhandlungspartner *m*, -in *f* **2** JUR Gegenpartei *f* **con·tro·par·ti·ta** F *fig* Gegenleistung *f*: **chiedere qc in** (*od* **come**) ~ etw als Gegenleistung verlangen **con·tro·pe·lo** [-e-], **spazzolare ~** gegen den Strich bürsten ♦ *fig* **fare il pelo e il ~ a qn** kein gutes Haar an j-m lassen

con·tro·pe·ri·zia F Gegengutachten *n*

con·tro·pie·de [-ɛ-] M SPORT Gegenzug *m* ♦ *fig* **prendere qn in ~** j-n überraschen, überrumpeln

con·tro·pro·du·cen·te [-ɛ-] ADJ kontraproduktiv

con·tro·pro·po·sta [-o-] F Gegenvorschlag *m* **con·tro·pro·va** [-ɔ-] F **1** JUR Gegenbeweis *m* **2** Gegenprobe *f*

con·tro·que·re·la [-ɛ-] F Gegen-, Widerklage *f*

con·tror·di·ne [-o-] M Gegenbefehl *m*

con·tro·ri·for·ma [-o-] F HIST Gegenreformation *f* **con·tro·ri·vo·lu·zio·na·rio** **A** ADJ konterrevolutionär **B** M, **-a** F Konterrevolutionär *m*, -in *f* **con·tro·ri·vo·lu·zio·ne** [-o-] F Gegenrevolution *f*

con·tro·sen·so [-'sɛnso] M Widersinn *m*; Widerspruch *m* **con·tro·sof·fit·to** M Zwischendecke *f* **con·tro·spal·li·na** F Achsel-, Schulterklappe *f* **con·tro·spio·nag·gio** M Spionageabwehr *f* **con·tro·ten·den·za** [-ɛ-] F gegenläufige Tendenz *f*: **in ~** entgegen dem Trend **con·tro·va·lo·re** [-o-] M Gegenwert *m*

con·tro·ver·sia [-'vɛrsia] F 1 Streit *m* (*a.* JUR), Streitigkeit *f* 2 Streitfall *m* (*a. fig*) **con·tro·ver·so** [-ɛ-] ADJ strittig, umstritten, Streit-

con·tro·vo·glia [-ɔ-] ADV widerwillig

con·tu·ma·ce ADJ JUR (*nei processi penali*) abwesend; (*nei processi civili*) säumig **con·tu·ma·cia** F JUR (*nei processi penali*) Abwesenheit *f*; (*nei processi civili*) Säumnis *f*: **condannare qn in ~** j-n in Abwesenheit verurteilen **con·tu·ma·cia·le** ADJ **giudizio ~** Versäumnisurteil *n*

con·tun·den·te [-ɛ-] ADJ **corpo ~** stumpfer Gegenstand *m*

con·tur·ban·te ADJ aufregend, verwirrend **con·tur·ba·re** ⟨1a⟩ A VT aufwühlen, verwirren, tief beunruhigen B V/PR **-rsi** sich zutiefst beunruhigen

con·tu·sio·ne [-o-] F Prellung *f*, Quetschung *f*

con·va·le·scen·te [-ɛ-] A ADJ genesend B M/F Genesende *m/f* **con·va·le·scen·za** [-ɛ-] F (Re)Konvaleszenz *f*; Genesung *f*

con·va·li·da F 1 Beglaubigung *f* 2 (*obliterazione*) Entwertung *f* 3 Bekräftigung *f*; Bestätigung *f*

con·va·li·da·re VT ⟨1m⟩ 1 JUR beglaubigen, bestätigen 2 (*biglietti*) entwerten 3 bestärken; bestätigen

con·ve·gno [-e-] M Tagung *f* ♦ **darsi ~** zusammentreffen; sich verabreden

con·ve·ne·vo·li [-e-] MPL Umstände *pl*; Höflichkeiten *pl*: **scambiarsi ~** Höflichkeiten austauschen

con·ve·nien·te [-ɛ-] ADJ 1 (preis)günstig 2 passend, angemessen **con·ve·nien·za** [-ɛ-] F 1 Vorteil *m* 2 Preisvorteil *m* 3 Wirtschaftlichkeit *f* 4 Angemessenheit *f*; Nützlichkeit *f* 5 Nutzen *m*: **fare qc per ~** etw aus Eigennutz tun 6 *pl* Anstandsregeln *pl*, Sitten *pl* ♦ **matrimonio di ~** Vernunftehe *f*; **visita di ~** Höflichkeitsbesuch *m*

con·ve·ni·re ⟨4p⟩ A VI 1 ⟨es⟩ zusammenkommen 2 ⟨av⟩ **~ con qn su qc** sich mit j-m über etw (*akk*) einigen 3 ⟨av⟩ (*ammettere*) zugeben 4 ⟨es⟩ günstig sein, sich lohnen 5 *unpers* ⟨es⟩ **conviene** (*è meglio*) es ist besser 6 *unpers* ⟨es⟩ **conviene** (*vale la pena*) es lohnt sich 7 *unpers* ⟨es⟩ **conviene** (*è necessario*) es ist nötig B VT vereinbaren C V/PR **-rsi** sich ziemen, sich gehören ♦ **prezzo da -rsi** Preis *m* nach Vereinbarung

con·ven·to [-ɛ-] M Kloster *n*, Konvent *m* **con·ven·tua·le** ADJ klösterlich, Kloster-

con·ve·nu·to A ADJ verabredet; vereinbart B M, **-a** F JUR Beklagte *m/f* ♦ **come ~** vereinbarungsgemäß

con·ven·zio·na·le ADJ konventionell; herkömmlich **con·ven·zio·na·re** ⟨1a⟩ A VT vereinbaren, absprechen B V/PR **-rsi** übereinkommen, Abmachungen treffen **con·ven·zio·na·to** ADJ vertragsgebunden

con·ven·zio·ne [-o-] F 1 Abkommen *n*, Vertrag *m*; Konvention *f* 2 Vereinbarung *f*

con·ver·gen·te [-ɛ-] ADJ übereinstimmend, sich überschneidend **con·ver·gen·za** [-ɛ-] F 1 Konvergenz *f*, Übereinstimmung *f* 2 AUTO Spur *f*: **mettere a punto la ~** die Spur einstellen

con·ver·ge·re [-ɛ-] VI ⟨3uu; es⟩ 1 zusammenlaufen 2 *fig* übereinstimmen

con·ver·sa·re [-s-] VI ⟨1b; av⟩ sich unterhalten, plaudern: **~ di qc** sich über etw (*akk*) unterhalten

★**con·ver·sa·zio·ne** [-o-] F Unterhaltung *f*, Gespräch *n*: **fare ~** sich unterhalten, plaudern ♦ **durata della ~** Sprechzeit *f*; **~ telefonica** Telefongespräch *n*

con·ver·si [-'vɛrsi] → convergere

con·ver·sio·ne [-si'o-] F 1 Bekehrung *f* 2 Übertritt *m*: **la ~ al cristianesimo** der Übertritt zum Christentum 3 Ver-, Umwandlung *f* 4 WIRTSCH (Um)Tausch *m*; Umrechnung *f* 5 IT Übertragung *f*, Konvertierung *f* ♦ **~ di** (*od* **del**) **debito** Schuldumwandlung *f*; **~ di rotta** Kursänderung *f*

con·ver·so [-'vɛrso] M, **-a** F Laienbruder *m*, -schwester *f*

con·ver·ti·bi·le ADJ umwandelbar, umtauschbar, konvertierbar **con·ver·ti·bi·li·tà** F Umtauschbarkeit *f*, Konvertierbarkeit *f*

con·ver·ti·re ⟨4b *od* d⟩ A VT 1 bekehren: **~ qn al cristianesimo** j-n zum Chris-

C

tentum bekehren **2** ver-, umwandeln: **~ l'energia in calore** Energie in Wärme umwandeln **3** WIRTSCH umtauschen, umrechnen **4** IT übertragen, konvertieren **B** V/PR **-rsi** **1** sich bekehren **2** sich ver-, umwandeln

con·ver·ti·to M, **-a** F Bekehrte *m/f*, Konvertit *m*, -in *f* **con·ver·ti·to·re** [-o-] M, **-tri·ce** F **1** Bekehrer *m*, -in *f* **2** METALL **convertitore** *m* Konverter *m* ♦ **~ di frequenza** Frequenzwandler *m*

con·ves·si·tà F ⟨*inv*⟩ Konvexität *f*

con·ves·so [-ɛ-] ADJ gewölbt, konvex

con·vin·cen·te [-ɛ-] ADJ überzeugend, schlagend: **una prova ~** ein schlagender Beweis *m*

★**con·vin·ce·re** ⟨3d⟩ **A** V/T überzeugen: **~ qn di qc** j-n von etw überzeugen **B** V/PR **-rsi** sich überzeugen; einsehen

con·vin·to ADJ überzeugt: **essere ~ di qc** von etw überzeugt sein

con·vin·zio·ne [-o-] F Überzeugung *f*

con·vi·to M Gast-, Festmahl *n*

con·vit·to M Internat *n*

con·vi·ven·te [-ɛ-] M/F Mitbewohner *m*, -in *f*

con·vi·ven·za [-ɛ-] F Zusammenleben *n*

con·vi·ve·re V/I ⟨3zz; av⟩ **1** zusammenleben **2** zusammenwohnen

con·vi·via·le ADJ Tisch-, Tafel-: **discorso ~** Tischrede *f*; **musica ~** Tafelmusik *f*

con·vo·ca·re V/T ⟨1l, c *u.* d⟩ **1** zu sich rufen, zusammenrufen **2** ADMIN, POL einberufen

con·vo·ca·zio·ne [-o-] F Einberufung *f*

con·vo·glia·re V/T ⟨1g *u.* c⟩ **1** (hinein)leiten **2** *fig* konzentrieren, richten: **~ tutti gli sforzi in qc** alle Anstrengungen auf etw (*akk*) richten **3** befördern

con·vo·glia·to·re [-o-] M Förderwerk *n*

con·vo·glio [-ɔ-] M Konvoi *m*, Geleitzug *m*, Kolonne *f*

con·vo·la·re V/I ⟨1a; es⟩, **~ a giuste nozze con qn** j-n heiraten

con·vol·vo·lo [-ɔ-] M BOT Winde *f*

con·vul·sio·ne [-si'o-] F Krampf *m*

con·vul·so [-so] ADJ **1** krampfhaft, Krampf- **2** wirr **3** hektisch, fieberhaft ♦ **pianto ~** Weinkrampf *m*; **tremito ~** Schüttelfrost *m*

coo·kie ['kukɪ] M ⟨*inv*⟩ IT Cookie *n*

co·o·pe·ra·re V/I ⟨1m *u.* c; av⟩ zusammenarbeiten; WIRTSCH kooperieren; mitwirken **co·o·pe·ra·ti·va** F Genossenschaft *f* **co·o·pe·ra·ti·vo** ADJ genossenschaftlich: **società -a** Genossenschaft *f* **co·o·pe·ra·zio·ne** [-o-] F Zusammenarbeit *f*, Mitwirkung *f*; WIRTSCH Kooperation *f*

co·or·di·na·men·to [-e-] M Koordinierung *f*

co·or·di·na·re V/T ⟨1m⟩ koordinieren ♦ **~ le idee** seine Gedanken ordnen, sammeln

co·or·di·na·ta F MATH, GEOG Koordinate *f* **co·or·di·na·to** **A** ADJ **1** abgestimmt: **tende -e** farblich abgestimmte Vorhänge *pl* **2** MATH Koordinaten-: **sistema ~** Koordinatensystem *n* **B** M MODE Kombination *f*, Set *n* **co·or·di·na·to·re** [-o-] M, **-tri·ce** F Koordinator *m*, -in *f* **co·or·di·na·zio·ne** [-o-] F Koordination *f* (*a.* CHEM)

Co·pen·ha·gen F Kopenhagen *n*

★**co·per·chio** [-ɛ-] M Deckel *m*

★**co·per·ta** [-ɛ-] F **1** Decke *f* **2** SCHIFF Deck *n*: **in/sotto ~** auf/unter Deck **co·per·ti·na** F **1** (Buch)Deckel *m*, (Buch)Einband *m* **2** (Schallplatten)Hülle *f* **3** Umschlag *m* ♦ **~ di cartone** Pappeinband *m*; **ragazza ~** Covergirl *n*

★**co·per·to**[1] [-ɛ-] ADJ **1** bedeckt (*a. fig* METEO) **2** überdacht **3** WIRTSCH gedeckt: **un assegno ~** ein gedeckter Scheck *m* **4** bewachsen: **~ di edera** efeubewachsen **5** **essere ben ~** warm angezogen sein **6** versteckt: **minacce -e** versteckte Drohungen *pl* ♦ **mettersi al ~** sich unterstellen; **piscina -a** Hallenbad *n*

★**co·per·to**[2] [-ɛ-] M (*al ristorante*) Gedeck *n*

co·per·to·ne [-o-] M Reifendecke *f*, Reifenmantel *m* **co·per·tu·ra** F **1** Deckung *f* (*a. fig*), Decke *f*, Bedeckung *f* **2** (*rivestimento*) Verkleidung *f* **3** *fig* Tarnung *f* **4** (*edilizia*) Dach *n* **5** WIRTSCH (Ab)Deckung *f* ♦ **~ assicurativa** Versicherungsschutz *m*

★**co·pia** [-ɔ-] F **1** Kopie *f* **2** Abschrift *f*: **~ autenticata** beglaubigte Abschrift *f* **3** JUR Ausfertigung *f*: **inviare la domanda in duplice ~** die Bewerbung in zweifacher Ausfertigung schicken **4** Abbild *n* **5** FOTO Abzug *m* **6** TYPO Exemplar *n* ♦ IT **~ di back-up** Sicherungskopie *f*; **bella ~** Reinschrift *f*; **brutta ~** Konzept *n*; **scrivere qc in bella/brutta ~** etw ins Reine/Unreine schreiben; ~ **omaggio** Freiexemplar *n*; ~ **pirata** Raubkopie *f*; ~ **di sicurezza** Sicherheitskopie *f*, Sicherungskopie *f*, Back-up *n*

★**co·pia·re** VT ⟨1k *u.* c⟩ 1 (*trascrivere*) abschreiben 2 kopieren 3 nachahmen 4 abbilden 5 (*disegni*) ab-, nachzeichnen 6 (*scuola*) abschreiben, *umg* spicken ♦ ~ **dal vero** naturgetreu nachbilden

co·pia·tri·ce F Kopiergerät *n*, Kopierer *m* **co·pia·tu·ra** F Abschreiben *n*, Kopieren *n*

co·pi·lo·ta [-ɔ-] M/F Kopilot *m*, -in *f*

co·pio·ne [-o-] M 1 THEAT Regiebuch *n* 2 (*cinema*) Drehbuch *n*

co·pio·si·tà F Fülle *f*

co·pio·so [-o-] ADJ reichlich, ansehnlich

co·pi·ste·ri·a F Copyshop *m*

cop·pa[1] [-ɔ-] F 1 Becher *m*, Kelch *m*, (Trink)Schale *f* 2 Pokal *m* (*a.* SPORT) 3 TECH Wanne *f* ♦ ~ **dell'olio** Ölwanne *f*

cop·pa[2] [-ɔ-] F GASTR 1 (Schweine)-Kamm *m*, Nackenstück *n* 2 = *Wurst aus dem Nackenstück vom Schwein oder Rind*

★**cop·pia** [-ɔ-] F 1 Paar *n*: **fare ~ fissa** ein festes Paar sein; *fig* **viaggiare sempre in ~** unzertrennlich sein 2 MUS Duo *n* 3 MECH Drehmoment *n* ♦ **a -e** zu Paaren, paarweise; ~ **di coniugi** Ehepaar *n*, Eheleute *pl*; ~ **di fatto** eheähnliche Gemeinschaft *f*; ~ **di innamorati** Liebespaar *n*

cop·po [-o-] M 1 Ölkrug *m* 2 (Dach)Pfanne *f*

co·pren·te [-ɛ-] ADJ deckend, Deck-: **colore ~** Deckfarbe *f*

co·pri·ca·po M Kopfbedeckung *f*

co·pri·co·stu·me M ⟨*inv*⟩ Strandkleid *n*

co·pri·fuo·co [-ɔ-] M ⟨*inv*⟩ Ausgangssperre *f*

co·pri·let·to [-ɛ-] M ⟨*inv*⟩ Tagesdecke *f*

co·pri·piu·mi·no M ⟨*inv*⟩ Bettbezug *m*

★**co·pri·re** ⟨4f *u.* c⟩ A VT 1 (be)decken (*a. fig* WIRTSCH) 2 überhäufen: ~ **qn di regali** j-n mit Geschenken überhäufen 3 zudecken 4 ~ **le spalle a qn** j-m den Rücken decken 5 bekleiden, innehaben: ~ **una carica** ein Amt innehaben 6 ~ **un tratto** eine Strecke zurücklegen B VPR **-rsi** 1 (sich) bedecken (*a. fig*) 2 **-rsi bene** sich warm anziehen ♦ **-rsi di muffa** verschimmeln; **-rsi di ruggine** verrosten

co·pri·ruo·ta [-ɔ-] M ⟨*inv*⟩ Radkappe *f*

co·pri·tet·to [-e-] M ⟨*inv*⟩ Dachdecker *m*, -in *f*

co·pro·ces·so·re [-o-] M Koprozessor *m*

co·pro·du·zio·ne [-o-] F Koproduktion *f*, Gemeinschaftsproduktion *f*

co·pu·la·re ⟨1l *u.* c⟩ A VT 1 paaren, vereinigen 2 kopulieren B VPR **-rsi** sich vereinigen

co·py ['kɔpı] M/F ⟨*inv*⟩ Werbetexter *m*, -in *f*

co·py·right [kɔpi'rait] M ⟨*inv*⟩ Urheberrecht *n*, Copyright *n*

co·py·wri·ter [kɔpi'raiter] M/F ⟨*inv*⟩ Werbetexter *m*, -in *f*

co·que [kɔk], **uovo à la ~** weiches Ei *n*

★**co·rag·gio** A M 1 Mut *m*: **perdere ~** den Mut verlieren 2 Unverschämtheit *f*, Frechheit *f* B INT 1 Kopf hoch, keine Angst: **su, ~!** nur Mut! 2 los: **~, andiamo!** los, gehen wir! ♦ ~ **civile** Zivilcourage *f*; **prova di ~** Mutprobe *f*

★**co·rag·gio·so** [-o-] ADJ mutig

co·ra·le A ADJ 1 Chor-: **canto ~** Chorgesang *m* 2 *fig* einhellig: **una protesta ~** ein einhelliger Protest *m* B M MUS Choral *m* ♦ **società ~** Gesang(s)verein *m*

co·ral·li·no ADJ Korallen-: **barriera -a** Korallenriff *n*

co·ral·lo M Koralle *f* ♦ **banco di -i** Korallenbank *f*; **rosso ~** korallenrot

co·ra·me M (bearbeitetes) Leder *n*

Co·ra·no M Koran *m*

co·ra·ta, **co·ra·tel·la** [-ɛ-] F GASTR Geschling(e) *n*: ~ **di vitello** Kalbsgeschlinge *n*

co·raz·za F 1 HIST Panzer *m* (*a.* ZOOL), Harnisch *m* 2 Panzerung *f* 3 *fig* Selbstschutz *m*

co·raz·za·re ⟨1a⟩ A VT 1 panzern 2 *fig* abschirmen B VPR **-rsi** sich abschirmen **co·raz·za·ta** F Panzerkreuzer *m*

co·raz·za·to ADJ 1 Panzer-, gepanzert: **mezzo ~** Panzerfahrzeug *n* 2 *fig* gewappnet

cor·bel·la·re VT ⟨1b⟩ 1 foppen, verspotten 2 überlisten, hintergehen **cor·bel·le·ri·a** F Dummheit *f*, Unsinn *m*

cor·bel·lo [-ɛ-] M Korb *m*

cor·bez·zo·li [-e-] INT Donnerwetter!

★**cor·da** [-ɔ-] F 1 Seil *n*, Strang *m*, Strick *m* 2 Schnur *f*, Leine *f* 3 MUS Saite *f* 4 (Bogen)Sehne *f* (*a.* GEOM) 5 (*alpinismo*) (Kletter)Seil *n* ♦ **essere** (**messo**) **alle -e** in den Seilen hängen (*a. fig*); **essere giù di ~** niedergeschlagen sein; ~ **metal-**

C

lica Drahtseil *n*; **saltare la ~** seilspringen; **salto della ~** Seilspringen *n*; **scala di ~** Strickleiter *f*; **scarpe di ~** Bastschuhe *pl*; **strumento a ~** Saiteninstrument *n*; *fig* **tagliare la ~** sich abseilen; **tenere qn sulla ~** j-n auf die Folter spannen; *fig* **tirare troppo la ~** den Bogen überspannen; **toccare una ~ sensibile** eine empfindliche Seite berühren; **~ vocale** Stimmband *n*

cor·da·io M, **-a** F Seiler *m*, -in *f*

cor·da·me M **1** PL Seilerwaren *pl* **2** SCHIFF Tauwerk *n* **cor·da·ta** F Seilschaft *f* (*a. fig*) ♦ **salire in ~** angeseilt aufsteigen

cor·dia·le[1] ADJ herzlich, warmherzig; freundlich ♦ **-i saluti** mit herzlichen (*od* freundlichen) Grüßen

cor·dia·le[2] M = *stärkendes, stark alkoholisches Getränk*

cor·dia·li·tà F ⟨inv⟩ Herzlichkeit *f*, Warmherzigkeit *f*; Freundlichkeit *f*

cor·di·cel·la [-ɛ-] F Schnürchen *n*; Schnur *f* **cor·di·no** M **1** Schnur *f* **2** (*alpinismo*) Reepschnur *f*

cord·less [-ɔ-] M ⟨inv⟩ schnurloses Telefon *n*

★**cor·do·glio** [-ɔ-] M Trauer *f*: **esprimere a qn il proprio ~** j-m sein Beileid ausdrücken

cor·do·na·re VT ⟨1a⟩ umranden; mit einer Absperrung umgeben **cor·do·na·to** ADJ gerippt, Ripp-: **tessuto ~** Rippstoff *m*

cor·do·ne [-o-] M **1** Schnur *f* **2** (*dell'aiuola*) Beetumrandung *f* **3** *fig* Kordon *m* ♦ **~ ombelicale** Nabelschnur *f*; *fig* **tagliare il ~ ombelicale** sich abnabeln; **~ di saldatura** Schweißnaht *f*

Co·re·a [-ɛ-] F **~ del Nord** Nordkorea *n*; **~ del Sud** Südkorea *n* **co·re·a·no** **A** ADJ koreanisch **B** M, **-a** F Koreaner *m*, -in *f*

co·re·go·ne [-o-] M Renke *f*

co·reo·gra·fi·a F **1** Choreografie *f* **2** Zusammenspiel *n* **co·reo·gra·fi·co** ADJ **1** choreografisch **2** *fig* prunkvoll, imposant

co·re·o·gra·fo [-ɔ-] M, **-a** F Choreograf *m*, -in *f*

co·ria·ce·o ADJ **1** ledern, lederartig: **pelle -a** lederne Haut *f* **2** *fig* dickfellig

co·rian·do·lo M **1** BOT Koriander *m* **2** *pl* Konfetti *pl*

co·ri·ca·re ⟨1l, c u. d⟩ **A** VT (nieder)legen **B** V/PR **-rsi** sich hin-, niederlegen **co·ri·ca·to** ADJ liegend

co·rin·zio ADJ korinthisch

co·ri·sta **A** M/F **1** Chorsänger *m*, -in *f* **2** Chorleiter *m*, -in *f* **B** M Stimmgabel *f*

cor·mo·ra·no M Kormoran *m*

cor·nac·chia F Krähe *f*

cor·na·mu·sa F Dudelsack *m*

cor·na·ta F Hörnerstoß *m*

cor·na·tu·ra F Gehörn *n*; Geweih *n*

cor·ne·a [-ɔ-] F Hornhaut *f*

cor·ne·o [-ɔ-] ADJ hornig, Horn-

cor·ner [-ɔ-] M ⟨inv⟩ Eckball *m*, Eckstoß *m*

cor·net·ta [-e-] F **1** TEL **~** (**del telefono**) Telefonhörer *m*: **mettere giù la ~** (den Hörer) auflegen **2** MUS Kornett *n*

cor·net·to [-e-] M Hörnchen *n* (*a.* GASTR)

cor·ni·ce F Rahmen *m* (*a. fig*); Einfassung *f*: **~ per quadri** Bilderrahmen *m*; **fare da ~ a qc** einen Rahmen für etw abgeben

cor·ni·cio·ne [-o-] M (Kranz)Gesims *n*, Sims *n*

cor·nio·la [-ɔ-] F **1** Kornelkirsche *f* **2** BERGB Karneol *m*

cor·ni·sta M/F Hornist *m*, -in *f*

cor·no [-ɔ-] M **1** ⟨*pl* -a⟩ Horn *n*: **le -a del toro** die Hörner des Stiers; **le -a del cervo** das Geweih des Hirsches **2** ⟨*pl* -i⟩ MUS Horn *n* **3** *umg* gar nichts: **non capire un ~** rein gar nichts verstehen ♦ **~ alpino** Alphorn *n*; **~ da caccia** Jagdhorn *n*; **dire** (**peste e**) **-a di qn** kein gutes Haar an j-m lassen; **fare le -a** = *dreimal auf Holz klopfen*; **fare le -a al marito** dem Ehemann Hörner aufsetzen; **~ da scarpe** Schuhlöffel *m*

Facciamo le corna!

Facciamo le corna! (machen wir die Hörner!) sagen abergläubische Italiener, um Unglück fernzuhalten. Dabei strecken sie Zeigefinger und kleinen Finger. Die Hörnergeste wird auch als Beleidigung verwendet; in diesem Fall wird mit den Hörnern auf das Gegenüber gezeigt.

cor·nu·co·pia [-ɔ-] F Füllhorn *n*

cor·nu·to **A** ADJ **1** gehörnt, Horn- **2** *fig* betrogen, gehörnt **B** M, **-a** F betrogener Ehemann *m*, betrogene Ehefrau *f*

co·ro [-ɔ-] M Chor *m* (*a.* ARCH) ♦ **~ di**

voci bianche Knabenchor *m*

co·rol·la [-ɔ-] F BOT Korolla *f*, (Blüten)Krone *f*

co·rol·la·rio M (*aggiunto*) Zusatz *m*

co·ro·na [-o-] F **1** Krone *f* **2** Kranz *m* **3** *fig* Kreis *m*: **far ~ intorno a qn/qc** einen Kreis um j-n/etw bilden **4** ASTRON Hof *m* ♦ **~ d'alloro** Lorbeerkranz *m*; **~ dentaria** Zahnkrone *f*; **~ del rosario** Rosenkranz *m*

co·ro·na·men·to [-e-] M *fig* Krönung *f* (*a.* ARCH), Vollendung *f*

co·ro·na·re V/T ⟨1a⟩ **1** (be)krönen **2** *fig* verwirklichen **co·ro·na·ria** F Herzkranzgefäß *n* **co·ro·na·rio** ADJ Koronar-, Kranz-

cor·pac·ciu·to ADJ beleibt, dickbäuchig

cor·pet·to [-e-] M **1** Mieder *n* **2** Weste *f*

cor·pi·no M Mieder *n*

★**cor·po** [-ɔ-] M **1** Körper *m* (*a.* CHEM), Leib *m* **2** Hauptteil *m* (*a. fig*) **3** Truppe *f* **4** Sammlung *f*: **un ~ di leggi** eine Gesetzessammlung *f* **5** Leiche *f* ♦ **lottare ~ a ~** Mann gegen Mann kämpfen; **andare di ~** Stuhlgang haben; **~ di Bacco!** Donnerwetter!; **dare ~ a qc** etw (*dat*) Gestalt verleihen; **~ di un edificio** Baukörper *m*; **~ estraneo** Fremdkörper *m*; **guardia del ~** Leibwache *f*; (*persona*) Leibwächter *m*; **~ insegnante** Lehrkörper *m*; **a ~ morto** kopfüber (*a. fig*); *fig* **passare sul ~ di qn** über j-s Leiche gehen; **prendere ~** Gestalt annehmen; JUR **~ del reato** Beweisstück *n*

cor·po·ra·le ADJ körperlich, Leibes- **cor·po·ra·li·tà** F Leiblichkeit *f* **cor·po·ra·tu·ra** F Körperbau *m* **cor·po·ra·zio·ne** [-o-] F HIST Zunft *f*

cor·po·rei·tà F Körperlichkeit *f*

cor·po·re·o [-ɔ-] ADJ **1** Körper-: **temperatura -a** Körpertemperatur *f* **2** körperlich **cor·po·si·tà** F Dichte *f*, Körper *m*: **~ di un vino** Körper *m* eines Weins

cor·po·so [-o-] ADJ **1** satt, voll: **tinte -e** satte Farben *pl* **2** (*di vino*) vollmundig

cor·pu·len·to [-e-] ADJ **1** beleibt **2** *fig* kräftig, stark **cor·pu·len·za** [-ɛ-] F Körperfülle *f*, Beleibtheit *f*

cor·pu·sco·lo M **1** Körperchen *n* **2** PHYS Korpuskel *n od f*

Cor·pus Do·mi·ni [-ɔ-] M Fronleichnam *m*

cor·re·da·re V/T ⟨1b⟩ ausstatten: **~ di libri una biblioteca** eine Bibliothek mit Büchern ausstatten **cor·re·da·to** ADJ versehen: **un testo ~ di note** ein mit Anmerkungen versehener Text

cor·re·di·no M Baby-, Säuglingsausstattung *f*

cor·re·do [-ɛ-] M **1** Aussteuer *f* **2** Ausstattung *f*, Ausrüstung *f* **3** *fig* Schatz *m*, Fundus *m*

★**cor·reg·ge·re** [-ɛ-] ⟨3cc⟩ **A** V/T **1** korrigieren, verbessern: **~ i compiti** die Arbeiten korrigieren **2** ändern **3** **~ qn per qc** j-n wegen etw zurechtweisen **B** V/PR **-rsi** **1** sich verbessern, sich korrigieren **2** sich bessern

cor·rei·tà F Mitschuld *f*

cor·re·la·ti·vo ADJ korrelativ, wechselseitig **cor·re·la·to·re** [-o-] M, **-tri·ce** F Korreferent *m*, -in *f* **cor·re·la·zio·ne** [-o-] F Korrelation *f*, Wechselbeziehung *f*

cor·re·li·gio·na·rio M, **-a** F Glaubensgenosse *m*, -genossin *f*

★**cor·ren·te**[1] [-ɛ-] ADJ **1** fließend: **acqua ~** fließendes Wasser *n* **2** laufend: **mese ~** laufender Monat *m* **3** gültig: **moneta ~** gültige Währung *f* **4** geläufig ♦ **essere al ~ di qc** über etw (*akk*) auf dem Laufenden sein; **mettere qn al ~ di qc** j-n über etw (*akk*) unterrichten; **in modo ~** fließend, flüssig; **opinione ~** landläufige Meinung *f*

★**cor·ren·te**[2] [-ɛ-] F **1** Strömung *f* (*a. fig*) **2** ELEK Strom *m* **3** POL Flügel *m* ♦ **~ alternata** Wechselstrom *m*; **~ d'aria** Luftzug *m*; **~ continua** Gleichstrom *m*; **andare contro ~** gegen den Strom schwimmen (*a. fig*); **mancanza di ~** Stromausfall *m*; *fig* **seguire la ~** mit dem Strom schwimmen; **~ ad alta tensione** Starkstrom *m*; **~ a bassa tensione** Schwachstrom *m*

cor·ren·ti·sta M/F Kontoinhaber *m*, -in *f*

cor·re·o [-ɛ-] M, **-a** F Mitschuldige *m/f*

★**cor·re·re** [-o-] ⟨3o⟩ **A** V/I **1** ⟨es, av⟩ laufen, rennen **2** ⟨es, av⟩ (schnell) fahren **3** ⟨es⟩ eilen: **~ in aiuto di qn** j-m zu Hilfe eilen; **~ a fare qc** sich beeilen, etw zu tun **4** ⟨es⟩ ver-, entlanglaufen: **la strada corre lungo il fiume** die Straße verläuft längs des Flusses **5** ⟨es⟩ fließen: **il sangue corre nelle vene** das Blut fließt durch die Adern **B** V/T SPORT laufen: **~ i 100 m** die 100 m laufen ♦ **correva l'anno …** es war im Jahr …; **~ dietro a qn** j-m nach-, hinterherlaufen (*a. fig*); **non ~ pericolo** nicht gefährdet sein; **~ ai ripari** Abhilfe schaffen; **~ il rischio di …** Gefahr

C

laufen, zu …; **con i tempi che corrono!** in der heutigen Zeit; **corre voce che …** es geht das Gerücht um, dass …

cor·re·spon·sa·bi·le [-s-] ADJ mitverantwortlich: **essere ~ di qc** für etw mitverantwortlich sein **cor·re·spon·sa·bi·li·tà** F Mitverantwortung *f*

cor·re·spon·sio·ne [-si'o-] F **1** Entrichtung *f*, Auszahlung *f* **2** (*di affetti*) Erwiderung *f*

cor·res·si [-ɛ-] → correggere

cor·ret·tez·za [-e-] F **1** Korrektheit *f*, Anständigkeit *f* **2** SPORT Fairness *f*

cor·ret·ti·vo **A** ADJ korrigierend, verbessernd **B** M Korrektiv *n*

★**cor·ret·to** [-ɛ-] ADJ **1** korrekt, richtig **2** fair (*a.* SPORT) ♦ **caffè ~** Kaffee *m* mit Schuss Schnaps

cor·ret·to·re [-o-] M, **-tri·ce** F **1** **~ (-trice) di bozze** Korrektor *m*, -in *f* **2** (*liquido*) **correttore** *m* Korrekturflüssigkeit *f* ♦ **~ ortografico automatico** Rechtschreibhilfe *f* **cor·re·zio·ne** [-o-] F **1** Verbesserung *f*, Korrektur *f* **2** Änderung *f* ♦ **casa di ~** Besserungsanstalt *f*; **~ di rotta** Kurskorrektur *f* (*a. fig*)

★**cor·ri·do·io** [-o-] M **1** Flur *m*; Gang *m* **2** FLUG Schneise *f*: **~ di atterraggio** Einflugschneise *f* ♦ **voci di ~** Gerüchte *pl*

cor·ri·do·re [-o-] M, **cor·ri·tri·ce** F **1** Läufer *m*, -in *f* **2** (*in auto, moto, bicicletta*) Rennfahrer *m*, -in *f*

★**cor·rie·ra** [-ɛ-] F Überlandbus *m*, *schweiz* Car *m* **cor·rie·re** [-ɛ-] M Kurier *m*, Bote *m* ♦ **~ espresso** Eilbote *m*; **servizio di ~** Kurierdienst *m*; **a volta di ~** postwendend

cor·ri·ma·no M Handlauf *m*

cor·ri·spet·ti·vo **A** ADJ entsprechend **B** M Gegenleistung *f*; Vergütung *f*

cor·ri·spon·den·te [-ɛ-] **A** ADJ **1** entsprechend **2** angemessen **B** M/F **1** Briefpartner *m*, -in *f* **2** Berichterstatter *m*, -in *f*: **~ all'estero** Auslandskorrespondent *m*, -in *f*

★**cor·ri·spon·den·za** [-ɛ-] F **1** Entsprechung *f*, Übereinstimmung *f* **2** Korrespondenz *f*; Briefwechsel *m* ♦ **corso per ~** Fernkurs *m*; **vendita per ~** Versandhandel *m*; **voto per ~** Briefwahl *f*

cor·ri·spon·de·re [-o-] ⟨3hh⟩ **A** V/I ⟨av⟩ **1** entsprechen: **~ al vero** der Wahrheit entsprechen **2** korrespondieren **3** erwidern: **~ all'amore di qn** j-s Liebe erwidern **B** V/T auszahlen: **~ un onorario** ein Honorar auszahlen

cor·ri·spo·sto [-o-] ADJ **1** erwidert **2** bezahlt

cor·ri·vi·tà F **1** Voreiligkeit *f* **2** Gefälligkeit *f* **cor·ri·vo** ADJ **1** voreilig **2** gefällig

cor·ro·bo·ran·te **A** ADJ stärkend, kräftigend **B** M Stärkungsmittel *n* **cor·ro·bo·ra·re** ⟨1m *u.* c⟩ **A** V/T **1** stärken, kräftigen **2** *fig* erhärten **B** V/PR **-rsi** sich kräftigen

cor·ro·de·re [-o-] ⟨3b⟩ **A** V/T **1** zerfressen (*a. fig*) **2** (*di acidi*) (ver)ätzen, beizen **B** V/PR **-rsi** **1** korrodieren **2** (*di acidi*) sich zersetzen

cor·rom·pe·re [-o-] V/T ⟨3rr⟩ **1** verderben (*a. fig*) **2** bestechen

cor·ro·sio·ne [-o-] F **1** Korrosion *f* **2** (*con acidi*) (Ver)Ätzung *f*, Beizen *n* **cor·ro·si·vo** **A** ADJ **1** korrosiv, Korrosions- **2** ätzend (*a. fig*): **acido ~** ätzende Säure *f*; **ironia -a** beißende Ironie *f* **B** M Ätz-, Beizmittel *n*

cor·rot·to [-o-] ADJ korrupt

cor·ruc·cia·re ⟨1f⟩ **A** V/T ärgern **B** V/PR **-rsi** sich ärgern **cor·ruc·cia·to** ADJ ärgerlich, verdrießlich

cor·ruc·cio M Verdruss *m*, Ärger *m*

cor·ru·ga·re ⟨1e⟩ **A** V/T runzeln **B** V/PR **-rsi** sich runzeln **cor·ru·ga·to** ADJ runz(e)lig, gerunzelt: **fronte -a** gerunzelte Stirn

cor·rut·ti·bi·le ADJ **1** verderblich: **merce ~** verderbliche Ware *f* **2** *fig* bestechlich **cor·rut·ti·bi·li·tà** F **1** Verderblichkeit *f* **2** *fig* Bestechlichkeit *f* **cor·rut·to·re** [-o-] M, **-tri·ce** F **1** Verderber *m*, -in *f* **2** Bestecher *m*, -in *f* **3** Verführer *m*, -in *f*

cor·ru·zio·ne [-o-] F **1** Verwesung *f* **2** Verdorbenheit *f* **3** Verführung *f*: **~ di minorenni** Verführung *f* Minderjähriger **4** *fig* Bestechung *f* ♦ **~ di pubblico ufficiale** Beamtenbestechung *f*

★**cor·sa**[1] ['korsa] F **1** Lauf *m*; Laufen *n* **2** *fig* **essere di ~** in Eile sein **3** Fahrt *f*: **quand'è la prossima ~ (dell'autobus)?** wann fährt der nächste Bus? **4** SPORT (Wett)Rennen *n*; (*a piedi*) (Wett)Lauf *m* **5** MECH Hub *m* ♦ **~ agli armamenti** Rüstungswettlauf *m*; **~ automobilistica** Autorennen *n*; **~ campestre** Geländelauf *m*; **~ di fondo** Dauerlauf *m*, Joggen *n*; **~ di resistenza** Dauerlauf *m*; **~ nei sacchi** Sackhüpfen *n*

cor·sa[2] ['kɔrsa] F GEOG Korsin *f*

cor·sa·ro [-s-] M Korsar *m*, Freibeuter *m*

cor·seg·gia·re [-s-] VT ⟨1f⟩ kapern

cor·set·te·ri·a [-s-] F Miederwaren *pl*

cor·set·to [-e-] M **1** Mieder *n* **2** MED Stützkorsett *n*

cor·si ['korsi] → correre

cor·si·a [-s'ia] F **1** Fahrspur *f* **2** SPORT Bahn *f* **3** (*di ospedale*) Krankensaal *m* **4** (Mittel)Gang *m* ♦ **a una ~/a due -e** einspurig/zweispurig; **~ di emergenza** Standspur *f*; **~ di sorpasso** Überholspur *f*

Cor·si·ca [-ɔ-] F Korsika *n*

cor·si·sta M/F Kursteilnehmer *m*, -in *f*

cor·si·vi·sta M/F Kommentator *m*, -in *f*

cor·si·vo **A** ADJ kursiv **B** M **1** Schreibschrift *f* **2** TYPO Kursivschrift *f* **3** Kommentar *m*

★**cor·so**[1] ['korso] M **1** Lauf *m*: **~ d'acqua** Wasserlauf *m*; **nel ~ dei secoli** im Lauf(e) der Jahrhunderte **2** Ver-, Ablauf *m* **3** Kurs *m* (*a.* WIRTSCH): **~ azionario** Aktienkurs *m* **4** (*via*) Hauptstraße *f*; Allee *f* **5** (Um)Zug *m*, Korso *m* ♦ **dare a qc il suo giusto ~** etw in die richtige Bahn lenken; **~ estivo** Ferienkurs *m*; **~ di formazione** Ausbildungslehrgang *m*; **studente fuori ~** Langzeitstudent *m*; **l'anno in ~** das laufende Jahr; **lavori in ~** Baustelle *f*; **~ di perfezionamento** Fortbildungskurs *m*; **~ per principianti** Anfängerkurs *m*

cor·so[2] ['kɔrso] **A** ADJ korsisch **B** M Korse *m*

cor·so[3] ['korso] → correre

★**cor·te** [-o-] F **1** Hof *m*: **la ~ del re** der Königshof **2** *fig* **fare la ~ a qn** j-m den Hof machen **3** JUR Gericht *n* ♦ **~ amministrativa** Verwaltungsgericht *n*; **~ d'appello** Berufungsgericht *n*; **~ d'assise** Schwurgerichtshof *m*; **~ di cassazione** Revisionsgericht *n*; **~ dei conti** Rechnungshof *m*; **~ costituzionale** Verfassungsgericht *n*; **~ marziale** Kriegsgericht *n*

cor·tec·cia [-e-] F **1** BOT, ANAT Rinde *f*: **~ cerebrale** Gehirnrinde *f* **2** *fig* äußere Erscheinung *f*, Schale *f*

cor·teg·gia·men·to [-e-] M **1** Umwerben *n* **2** ZOOL Balz *f* **cor·teg·gia·re** VT ⟨1f⟩ **1** umwerben **2** ZOOL balzen **cor·teg·gia·to·re** [-o-] M, **-tri·ce** F Verehrer *m*, -in *f*

cor·te·o [-ɛ-] M **1** (Um)Zug *m* **2** Kolonne *f* ♦ **~ funebre** Trauerzug *m*; **~ nuziale** Hochzeitszug *m*

★**cor·te·se** [-e-] ADJ höflich, gefällig

cor·te·se·men·te [-e-] ADV freundlicherweise

cor·te·si·a F **1** Höflichkeit *f*, Gefälligkeit *f* **2** Güte *f*: **mi farebbe la ~ di aiutarmi?** wären Sie so nett, mir zu helfen? **3** Gefallen *m*: **fammi la ~ di stare zitto!** tu mir den Gefallen und sei still! ♦ **attenda, per ~!** warten Sie bitte!; **visita di ~** Anstandsbesuch *m*

cor·ti·gia·na F **1** Hofdame *f* **2** *fig* Kurtisane *f* **cor·ti·gia·no** **A** ADJ höfisch, Hof- **B** M **1** Höfling *m* **2** *pej* Schleimer *m*

★**cor·ti·le** M Hof *m* ♦ **animali da ~** Kleinvieh *n*; **~ a lucernario** Lichthof *m*

cor·ti·na F **1** Vorhang *m* **2** **~ di nebbia** Nebelschleier *m*; **~ di fumo** Rauchschwaden *m*

cor·ti·so·ne [-o-] M Kortison *n*

★**cor·to** [-o-] ADJ **1** kurz **2** *fig* knapp, gering ♦ **essere a ~ di denaro** knapp bei Kasse sein; **andare per le -e** sich kurzfassen; **per farla -a** kurz und gut; **essere ai ferri -i con qn** mit j-m über Kreuz sein; *umg* **taglia ~!** mach's kurz!; **~ di udito** schwerhörig; **~ di vista** kurzsichtig

cor·to·cir·cui·to M Kurzschluss *m* (*a. fig*): **andare in ~** einen Kurzschluss haben

cor·to·me·trag·gio M Kurzfilm *m*

cor·vet·ta [-e-] F SCHIFF Korvette *f*

cor·vi·no ADJ **1** Raben- **2** rabenschwarz

cor·vo [-ɔ-] M Rabe *m*

★**co·sa** ['kɔza] **A** F **1** Ding *n* **2** Sache *f* (*a. fig*), Angelegenheit *f*: **raccogliere le proprie -e** seine Sachen zusammenpacken **B** INTERROG PR (**che**) **~** was; **cos'è questo?** was ist das?; **non sapere ~ dire** nicht wissen, was man sagen soll; **a ~ pensi?** woran denkst du?; **di ~ parli?** wovon sprichst du?; **di ~ si tratta?** worum geht es?; **ma ~ dici!** was du nicht sagst! ♦ **alcune -e** einiges, etwas; **un'altra ~** noch etwas; etwas anderes; **una ~ o l'altra** das eine oder das andere; (**sono**) **-e che capitano!** so was kann passieren! so etwas kommt vor!; **dimmi** (**un po'**) **una ~** sag mal; **fra le altre -e** unter anderem; **una ~ del genere** so etwas; **la ~ migliore sarebbe ...** das Beste wäre ...; **molte -e** viel, vieles; **da ~ nasce ~** eins kommt zum anderen; **per necessità di -e** notgedrungen; **nessuna ~** nichts; **-e da pazzi!** unglaublich!; **è poca ~** das ist nichts; **per prima ~** zuerst, als Erstes, vor allem; **qualche ~** etwas; **è una ~ da ridere** das ist ein Kinderspiel; **tante** (**buone**)

C

-e! alles Gute!

co·sà [-z-] ADV **così e ~** so und so

co·sac·co M, **-a** F Kosak *m*, -in *f*

co·scia [-ɔ-] F **1** ANAT (Ober)Schenkel *m* **2** GASTR Schenkel *m*; Keule *f* ♦ **stivali a mezza ~** Halbstiefel *pl*

co·scien·te [-ɛ-] ADJ bewusst: **essere ~ dei propri limiti** sich (*dat*) seiner Grenzen bewusst sein ♦ MED **non essere ~** bewusstlos sein

★**co·scien·za** [-ɛ-] F **1** Gewissen *n*: **avere la ~ a posto** ein gutes Gewissen haben; **gli rimorde la ~** er hat Gewissensbisse **2** Bewusstsein *n* **3** Gewissenhaftigkeit *f* ♦ **caso di ~** Gewissensfrage *f*; **~ civile** Bürgersinn *m*; **fare un esame di ~** sein Gewissen prüfen; **in tutta ~** ehrlich gesagt; **obiettore di ~** Wehrdienstverweigerer *m*; **~ di sé** Selbstbewusstsein *n*

co·scien·zio·so [-o-] ADJ gewissenhaft

co·sciot·to [-ɔ-] M Keule *f*

co·scrit·to **A** ADJ einberufen **B** M Rekrut *m*

co·scri·vi·bi·le ADJ wehrpflichtig

co·scri·zio·ne [-o-] F Einberufung *f* ♦ **~ obbligatoria** Wehrpflicht *f*

co·se·no [-e-] M Kosinus *m*

co·sen·ti·no **A** ADJ aus, von Cosenza **B** M, **-a** F Bewohner *m*, -in *f* von Cosenza

Co·sen·za [-e-] F Cosenza *n*

co·set·ta [-e-] F (kleine) Sache *f*, Kleinigkeit *f*

★**co·sì** **A** ADV so, auf diese Weise: **le cose stanno ~** die Sache verhält sich so **B** ADJ ⟨*inv*⟩ so ein, ein solcher: **gente ~** solche Leute **C** KONJ **1** deshalb, daher, so **2** also **3** **~ … come** so … wie; **lasciare tutto ~ com'è** alles so lassen, wie es ist **4** **~ che** so dass **5** wenn, doch: **~ fosse!** wenn es so wäre! ♦ **ah, è ~?** ach, so ist das?; **grazie, basta ~!** genug so, danke!; **(va) bene ~!** gut so! *umg*; **è un libro ~ ~** das Buch ist so lala; **per ~ dire** sozusagen; **~ facendo …** auf diese Weise …; **meglio ~!** besser so!; **proprio ~!** genau so!; **e ~ via** und so weiter

co·sid·det·to [-e-] ADJ sogenannt

co·si·na F *umg* kleines Ding *n*

co·sme·si [-'zm-] F Kosmetik *f* **co·sme·ti·co** [-ɛ-] **A** ADJ kosmetisch, Schönheits- **B** M Schönheitsmittel *n*

co·smi·co ['kɔz-] ADJ kosmisch, Weltraum- ♦ **dolore ~** Weltschmerz *m*

co·smo ['kɔzmo] M Weltall *n*, Weltraum *m*

co·smo·lo·gi·a [kozmo-] F Kosmologie *f* **co·smo·nau·ta** M/F (Welt)Raumfahrer *m*, -in *f* **co·smo·nau·ti·ca** F (Welt)Raumfahrt *f* **co·smo·na·ve** F Raumschiff *n*

co·smo·po·li·ta [-zm-] **A** ADJ kosmopolitisch, Welt-: **città ~** Weltstadt *f* **B** M/F Weltbürger *m*, -in *f*, Kosmopolit *m*, -in *f* **co·smo·po·li·ti·co** ADJ kosmopolitisch

co·so ['kɔzo] M *umg* **1** Dings(bums) *n* **2** (*di persona*) Dings(da) *m/f*

co·spar·ge·re ⟨3uu⟩ **A** V/T **1** (be-, über)streuen **2** übergießen **B** V/PR **-rsi di qc** sich mit etw bedecken: **-rsi il capo di cenere** sich (*dat*) Asche aufs Haupt streuen (*a. fig*)

co·spar·so ADJ besät, bedeckt

co·spet·to [-ɛ-] M, **al ~ di qn/qc** in Gegenwart von j-m/etw, angesichts j-s/etw

co·spi·cui·tà F Beträchtlichkeit *f*, Beachtlichkeit *f* **co·spi·cuo** ADJ beträchtlich, beachtlich

co·spi·ra·re V/I ⟨1a; av⟩ sich verschwören (*a. fig*): **tutto sembrava aver cospirato contro di lui** alles schien sich gegen ihn verschworen zu haben **co·spi·ra·ti·vo** ADJ konspirativ **co·spi·ra·to·re** [-o-] M, **-tri·ce** F Verschworene *m/f*, Verschwörer *m*, -in *f* **co·spi·ra·zio·ne** [-o-] F Verschwörung *f*: **ordire una ~** eine Verschwörung anzetteln

★**co·sta** [-ɔ-] F **1** Küste *f* **2** (Steil)Hang *m* **3** (Buch)Rücken *m* ♦ TEX **velluto a -e** Kordsamt *m*

Co·sta d'Avorio [-ɔ-] F Elfenbeinküste *f*

co·sta·le ADJ Rippen-

co·stan·te **A** ADJ konstant, (be)ständig **B** F Konstante *f* (*a. fig*)

co·stan·za F **1** Beständigkeit *f* **2** Konstanz *f*

Co·stan·za F Konstanz *n*: **lago di ~** Bodensee *m*

★**co·sta·re** V/I ⟨1c; es⟩ kosten (*a. fig*) ♦ **~ caro** teuer sein; **costa un occhio della testa** das kostet ein Heidengeld; **costi quel che costi** koste es, was es wolle; **quanto costa?** wie viel kostet es?

Co·sta Ri·ca [-ɔ-] F Costa Rica *n* **co·sta·ri·ca·no** **A** ADJ costa-ricanisch **B** M, **-a** F Costa Ricaner *m*, -in *f*

co·sta·ta F Rippenstück *n*: **~ di manzo** Rumpsteak *n* **co·sta·to** M Brustkorb *m*

co·steg·gia·re V/T ⟨1f⟩ **1** entlangfahren, -gehen **2** entlang-, vorbeiführen: **la strada costeggia il fiume** der Weg führt den Fluss entlang, am Fluss vorbei

co·stei [-ɛ-] → costui

co·stel·la·re VT ⟨1a *u.* b⟩ bestreuen, übersäen **co·stel·la·to** ADJ übersät, bedeckt: **il cielo ~ di stelle** der bestirnte Himmel

co·stel·la·zio·ne [-o-] F Sternbild *n*

co·ster·na·re VT ⟨1b⟩ bestürzen **co·ster·na·to** ADJ bestürzt, konsterniert **co·ster·na·zio·ne** [-o-] F Bestürzung *f*, Niedergeschlagenheit *f*

co·stie·ra [-ɛ-] F **1** Küste *f*, Küstengebiet *n* **2** (Steil)Hang *m* **co·stie·ro** [-ɛ-] ADJ Küsten-: **guardia -a** Küstenwacht *f*

co·sti·pa·re ⟨1a⟩ **A** VT **1** (fest)stampfen **2** (*intestino, naso*) verstopfen **B** VPR **-rsi** verstopft sein **co·sti·pa·to** ADJ (*di intestino, naso*) verstopft **co·sti·pa·zio·ne** [-o-] F Verstopfung *f*

co·sti·tuen·te [-ɛ-] **A** ADJ konstituierend, verfassunggebend **B** M Bestandteil *m*

co·sti·tu·i·re ⟨4d⟩ **A** VT **1** gründen, errichten **2** bilden, darstellen, formieren: **~ un'eccezione** eine Ausnahme bilden **B** VPR **-rsi** **1** sich bilden, sich konstituieren **2** sich zusammenschließen **3** sich stellen: **-rsi alla polizia** sich der Polizei stellen **co·sti·tu·i·to** ADJ bestehend: **l'appartamento è ~ da tre stanze** die Wohnung besteht aus drei Zimmern

co·sti·tu·zio·na·le ADJ verfassungsmäßig: **carta ~** Verfassung *f* **co·sti·tu·zio·na·li·tà** F Verfassungsmäßigkeit *f*

★**co·sti·tu·zio·ne** [-o-] F **1** Gründung *f*, Errichtung *f* **2** Bildung *f*, Formierung *f* **3** MED Konstitution *f* **4** JUR Verfassung *f* ♦ **certificato di sana e robusta ~** Gesundheitsattest *n*; **tutela della ~** Verfassungsschutz *m*

★**co·sto** [-ɔ-] M **1** Preis *m* **2** *pl* (Un)Kosten *pl* ♦ **a ~ di ...** auf die Gefahr hin, dass ...; **~ del lavoro** Lohnkosten *pl*; **a nessun ~** um keinen Preis; **a ogni ~** um jeden Preis; **prezzo di ~** Selbstkostenpreis *m*; **~ della vita** Lebenshaltungskosten *pl*

co·sto·la [-ɔ-] F **1** Rippe *f* (*a.* BOT, ARCH) **2** Rücken *m*: **la ~ di un libro** der Buchrücken ♦ **stare** (*od* **mettersi**) **alle -e di qn** hinter j-m her sein

co·sto·let·ta [-e-] F Rippchen *n*, Kotelett *n*

co·sto·ne [-o-] M Grat *m*

co·sto·ro [-o-] → costui

★**co·sto·so** [-o-] ADJ teuer (*a. fig*)

★**co·strin·ge·re** ⟨3d⟩ **A** VT **1** zwingen: **~ qn a fare qc** j-n zwingen, etw zu tun **2** *fig* (hinein)zwängen **B** VPR **-rsi a qc** sich zu etw zwingen

co·strit·ti·vo ADJ Zwangs-

co·stri·zio·ne [-o-] F Zwang *m* ♦ **~ morale** Gewissenszwang *m*

★**co·stru·i·re** ⟨4d⟩ VT (er-, auf)bauen (*a. fig*)

co·strut·ti·vo ADJ konstruktiv (*a. fig*), Bau-: **sistema ~** Bauweise *f*

co·strut·to M **1** (Wort)Fügung *f* **2** Zusammenhang *m* **3** Zweck *m*

co·strut·to·re [-o-] M, **-tri·ce** F **1** (*nell'edilizia*) Bauunternehmer *m*, -in *f*: (*committente*) **costruttore** *m* Bauherr *m* **2** (*produttore*) **~ di aerei** Flugzeugbauer *m*; **~ di macchine** Maschinenbauer *m*

co·stru·zio·ne [-o-] F Bau *m*, Bauwerk *n*: **essere in ~** im (*od* in) Bau sein ♦ (**gioco di**) **-i** Baukasten *m*; **materiale da ~** Baumaterial *n*

co·stui DEM PR M ⟨*f* costei, *pl* costoro⟩ dieser

co·stu·ma·tez·za [-e-] F Sittsamkeit *f*

★**co·stu·me** M **1** Sitte *f*: **gli usi e -i** die Sitten und Gebräuche **2** Tracht *f* **3** Kostüm *n* ♦ ★ **~ da bagno** Badeanzug *m*; Badehose *f*; **ballo in ~** Kostümball *m*; **la buon ~** die Sittenpolizei; **donna di facili -i** leichtes Mädchen *n*

co·stu·mi·sta M/F Kostümbildner *m*, -in *f*

co·tan·gen·te [-ɛ-] F Kotangens *m*

co·te·chi·no M GASTR = *Kochwurst aus Schweinefleisch*

co·ten·na [-e-] F (Speck)Schwarte *f*

co·to·gna [-o-] F Quitte *f*

co·to·gno [-o-] M Quittenbaum *m*

co·to·let·ta [-e-] F Kotelett *n*, Schnitzel *n*

co·to·na·re ⟨1a⟩ **A** VT toupieren **B** VPR **-rsi i capelli** sich (*dat*) die Haare toupieren

★**co·to·ne** [-o-] M **1** Baumwolle *f* **2** Watte *f* ♦ **batuffolo di ~** Wattebausch *m*; **filato di ~** Baumwollgarn *n*; **~ idrofilo** Verbandwatte *f*

co·to·nie·ro [-ɛ-] ADJ Baumwoll- **co·to·ni·fi·cio** M Baumwollspinnerei *f* **co·to·ni·na** F Kattun *m*

cot·ta [-ɔ-] F **1** Ankochen *n*; Anbraten *n* **2** *fig* Verliebtheit *f*: **prendersi una ~** (**per**

C

qn) sich (in j-n) verknallen ♦ *fig* **un furbo di tre -e** ein ausgekochter Gauner *m*

cot·ti·mi·sta M/F Akkordarbeiter *m*, -in *f*

cot·ti·mo [-ɔ-] M Akkord *m*: **lavoro a ~** Akkordarbeit *f*

★**cot·to** [-ɔ-] **A** ADJ **1** (gar) gekocht **2** *fig* verknallt: **essere ~ di qn** in j-n verknallt sein **3** *umg* fix und fertig **B** M Terrakottafliese *f* ♦ *fig* **dirne di -e e di crude a qn** j-m die Meinung geigen; *fig* **farne di -e e di crude** es bunt treiben; **~ a puntino** gar gekocht

cot·tu·ra F **1** Kochen *n*; Backen *n* **2** Koch-, Garzeit *f* ♦ **angolo ~** Kochnische *f*; **~ a fuoco lento** Köcheln *n*; **portare a ~** garen

countdown [kaunt'daun] M ⟨*inv*⟩ Countdown *m od n*: **è partito il ~** der Countdown läuft

cou·pon [ku'pɔn] M ⟨*inv*⟩ Voucher *m*

co·u·ten·te [-ɛ-] M/F Mitbenutzer *m*, -in *f*

co·va [-o-] F Brut *f*, Brüten *n*

co·va·re ⟨1a⟩ **A** V/T ausbrüten (*a. fig*) **B** V/I ⟨av⟩ schwelen, glimmen (*a. fig*) **co·va·ta** F **1** Brut *f* **2** Gelege *n*

co·vi·le M Höhle *f* (*a. fig*); Bau *m* **co·vo** [-o-] M Höhle *f*, Bau *m*, Nest *n* (*a. fig*): **~ di briganti** Räuberhöhle *f* **co·vo·ne** [-o-] M Garbe *f*: **~ di fieno** Heugarbe *f*

cow·boy [kau'bɔi] M ⟨*inv*⟩ Cowboy *m*

coz·za [-ɔ-] F Mies-, Pfahlmuschel *f*

coz·za·re ⟨1c⟩ **A** V/I ⟨av⟩ **1** (mit den Hörnern) stoßen **2** (zusammen)stoßen **3** *fig* aufeinanderprallen **B** V/T stoßen: **~ il capo contro il muro** den Kopf gegen die Mauer stoßen **C** V/PR **-rsi** **1** sich (mit den Hörnern) stoßen **2** zusammenstoßen, aufeinanderprallen

coz·zo [-ɔ-] M **1** Hörnerstoß *m* **2** An-, Aufprall *m* **3** Zusammenstoß *m*

crac M ⟨*inv*⟩ WIRTSCH Zusammenbruch *m* ♦ **il ~ della borsa** Börsencrash *m*

crack [krak] M ⟨*inv*⟩ Crack *n*

cram·po M Krampf *m*

cra·ni·co ADJ Schädel-: **frattura -a** Schädelbruch *m*

cra·nio M Schädel *m* ♦ *umg* **a ~** pro Nase

cra·pu·lo·ne [-o-] M, **-a** F Prasser *m*, -in *f*

crash [kraʃ] M ⟨*inv*⟩ IT **~ del sistema** Systemabsturz *m*

cras·so ADJ **1** *fig* krass, grob: **ignoranza -a** krasse Unwissenheit *f* **2** ANAT **intestino ~** Dickdarm *m*

cra·te·re [-ɛ-] M Krater *m*, Trichter *m*

crau·ti MPL Sauerkraut *n*

★**cra·vat·ta** F Krawatte *f*, Schlips *m* ♦ **~ a farfalla** Fliege *f*

cre·an·za F Anstand *m*: **avere ~** Anstand haben; **mala ~** Ungezogenheit *f*

★**cre·a·re** ⟨1b⟩ **A** V/T **1** (er)schaffen **2** *fig* verursachen **3** ernennen: **~ qn presidente** j-n zum Vorsitzenden ernennen **B** V/PR **-rsi** sich (*dat*) schaffen: **-rsi dei nemici** sich (*dat*) Feinde schaffen

crea·ti·vi·tà F Kreativität *f* **crea·ti·vo** ADJ schöpferisch, kreativ **cre·a·to** **A** ADJ geschaffen **B** M Schöpfung *f* **crea·to·re** [-o-] **A** ADJ Schöpfer-: **mano -trice** Schöpferhand *f* **B** M, **-tri·ce** F **1** Schöpfer *m*, -in *f*, Erschaffer *m*, -in *f*: **~ di moda** Modeschöpfer *m* **2** (*Dio*) **il Creatore** der Schöpfer ♦ *umg* **andare al Creatore** das Zeitliche segnen; *umg* **mandare qn al Creatore** j-n ins Jenseits befördern

★**cre·a·tu·ra** F Geschöpf *n*, Wesen *n*, Kreatur *f* **cre·a·zio·ne** [-o-] F **1** Erschaffung *f* **2** Schöpfung *f*; Schaffen *n* **3** (*in sartoria*) Kreation *f* **4** Gründung *f*

creb·bi [-e-] → crescere

cre·den·te [-ɛ-] **A** ADJ gläubig **B** M/F Gläubige *m/f*: **non ~** Ungläubige *m/f*

★**cre·den·za**[1] [-ɛ-] F Glaube *m* ♦ **falsa ~** Irrglaube *m*; **~ popolare** Volksglaube *m*

★**cre·den·za**[2] [-ɛ-] F Küchen-, Geschirrschrank *m*

cre·den·zia·li FPL DIPL Beglaubigungsschreiben *n* ♦ *fig* **avere buone ~ presso qn** bei j-m gut angeschrieben sein

★**cre·de·re**[1] ⟨3a⟩ [-e-] **A** V/T **1** glauben, meinen **2** halten: **lo credevo un amico** ich hielt ihn für (m)einen Freund **B** V/I ⟨av⟩ **1** glauben: **~ a qn/a qc** j-m/etw glauben; **~ in qn/in qc** an j-n/etw glauben **2** trauen: **non ~ ai propri occhi** seinen Augen nicht trauen **C** V/PR **1** **-rsi al sicuro** sich in Sicherheit glauben **2** **-rsi furbo** sich für schlau halten ♦ **beato chi ci crede!** wer's glaubt, wird selig!; **~ qn capace di qc** j-m etw zutrauen; **chi credi di essere?** für wen hältst du dich eigentlich?; **da non ~!** nicht zu glauben!

cre·de·re[2] [-e-] M Meinung *f*, Glaube *m*: **a mio ~** meiner Meinung nach ♦ **oltre ogni ~** über alle Maßen

cre·di·bi·le ADJ glaubhaft; glaubwürdig

cre·di·bi·li·tà F Glaubwürdigkeit *f*, Glaubhaftigkeit *f*

cre·di·ti·zio ADJ Kredit-

★**cre·di·to** [-e-] M **1** Glaube *m*: **dar ~ a**

qn/qc j-m/etw Glauben schenken **2** Ansehen *n* **3** WIRTSCH, JUR Kredit *m*, Guthaben *n* ♦ **comprare a ~** auf Kredit kaufen; **~ bancario** Bankkredit *m*; **carta di ~** Kreditkarte *f*

cre·di·to·re [-o-] M, **-tri·ce** F Gläubiger *m*, -in *f*: **assemblea dei -i** Gläubigerversammlung *f*

cre·do [-ɛ-] M Glaubensbekenntnis *n* (*a. fig*)

cre·du·li·tà F Leichtgläubigkeit *f* **cre·du·lo** ADJ leichtgläubig **cre·du·lo·ne** [-o-] **A** ADJ leichtgläubig **B** M, **-a** F Naivling *m*

★**cre·ma** [-ɛ-] F **1** Creme *f* **2** GASTR Creme (-suppe) *f* **3** *fig* **la ~ della società** die Creme der Gesellschaft ♦ **~ antirughe** Antifaltencreme *f*; **~ da barba** Rasiercreme *f*; **~ di bellezza** Schönheitscreme *f*; **~ solare** Sonnencreme *f*

cre·ma·glie·ra [-ɛ-] F TECH Zahnstange *f* ♦ **ferrovia a ~** Zahnradbahn *f*

cre·ma·re V/T ⟨1b⟩ einäschern, verbrennen **cre·ma·to·rio** [-ɔ-] M Krematorium *n* **cre·ma·zio·ne** [-o-] F Einäscherung *f*, Verbrennung *f*

cre·mi·si [-ɛ-] M Karmin *n*, Karmesin *n*

Cre·mo·na [-o-] F Cremona *n* **cre·mo·ne·se** **A** ADJ aus, von Cremona **B** M/F Bewohner *m*, -in *f* von Cremona

cre·mo·so [-o-] ADJ cremig, sahnig

cren [-ɛ-] M Meerrettich *m*, Kren *m*

cre·pa [-ɛ-] F Riss *m* (*a. fig*); Spalt *m*, Spalte *f*

cre·pac·cio M (Fels)Spalte *f*

cre·pa·cuo·re [-ɔ-] M Herzeleid *n*: **morire di ~** an gebrochenem Herzen sterben **cre·pa·pel·le** [-ɛ-], **ridere a ~** sich kaputtlachen; **mangiare a ~** sich (*dat*) den Bauch vollschlagen

cre·pa·re ⟨1b⟩ V/I ⟨es⟩ & V/PR **-rsi** **1** auseinanderbrechen, bersten **2** einen Sprung, Risse bekommen **3** (*screpolarsi*) aufspringen; rissig werden **4** (*solo v/i*) *umg* krepieren **5** (*solo v/i*) *umg* platzen: **~ dalle risate** vor Lachen platzen **6** (*morire*) umkommen: **~ dal caldo** vor Hitze umkommen ♦ **crepa!** geh zum Teufel!; **crepi il lupo** Hals- und Beinbruch!; **~ di salute** vor Gesundheit strotzen

cre·pa·to ADJ rissig, gesprungen

cre·pa·tu·ra F Sprung *m*; Riss *m*

cre·pi·ta·re V/I ⟨1l *u.* b; av⟩ prasseln; (*fuoco*) knistern; (*armi*) knattern, rattern

cre·pi·ti·o M Prasseln *n*; (*armi*) Knattern *n*

cre·pu·sco·la·re ADJ Dämmer-, dämm(e)rig: MED, PSYCH **stato ~** Dämmerzustand *m*

cre·pu·sco·lo M **1** Dämmerung *f*: **~ della sera** Abenddämmerung *f*; **al ~** bei, mit Einbruch der Dämmerung **2** *fig* Untergang *m* ♦ **~ degli dei** Götterdämmerung *f*

cre·scen·do [-e-] M ⟨*inv*⟩ **1** MUS Crescendo *n* **2** Anwachsen *n*, Zunehmen *n*

cre·scen·te [-ɛ-] ADJ **1** zunehmend: **luna ~** zunehmender Mond *m* **2** wachsend, steigend

★**cre·sce·re** [-e-] ⟨3n⟩ **A** V/I ⟨es⟩ **1** wachsen **2** zunehmen **3** steigen, sich steigern **4** aufwachsen; erzogen werden **5** *umg* übrig bleiben **B** V/T groß-, aufziehen ♦ **farsi ~ i capelli** sich (*dat*) die Haare wachsen lassen

cre·scio·ne [-o-] M Kresse *f*

cre·sci·ta [-e-] F **1** Wachstum *n*, Wuchs *m* **2** Steigerung *f* ♦ **~ economica** Wirtschaftswachstum *n*; **in ~** steigend, zunehmend; **tasso di ~** Wachstumsrate *f*; **~ zero** Nullwachstum *n*

cre·si·ma [-ɛ-] F Firmung *f*, Konfirmation *f* **cre·si·man·do** M, **-a** F Firmling *m*, Konfirmand *m*, -in *f* **cre·si·ma·re** V/T ⟨1l *u.* b⟩ firmen, konfirmieren

cre·spa [-e-] F Falte *f*

cre·spa·to ADJ kreppartig, Krepp-: **carta -a** Krepppapier *n* **cre·spa·tu·ra** F Kräuselung *f*

cre·spo [-e-] ADJ **1** kraus, Kraus- **2** kreppig, Krepp-

cre·sta [-e-] F **1** Kamm *m* **2** Wellenkamm *m* **3** Gebirgskamm *m* ♦ *fig* **abbassare la ~** den Schwanz einziehen; **qn alza la ~** j-m schwillt der Kamm; **la ~ del gallo** der Hahnenkamm

Cre·ta [-e-] F Kreta *n*

cre·ta [-e-] F **1** GEOL Kreide *f* **2** Ton *m* **cre·ta·ce·o** ADJ kreideartig, kreidig, Kreide-

cre·ti·na·ta F *umg* **1** Blödsinn *m* **2** Kleinigkeit *f* **cre·ti·no** **A** ADJ blöd, dumm **B** M, **-a** F *umg pej* Idiot *m*, -in *f*, Trottel *m*

crib·bio INT potztausend

cric M ⟨*inv*⟩ Wagenheber *m*

cric·ca F Klüngel *m*, Clique *f*

cric·chia·re V/I ⟨1k; av⟩ knistern

cric·chio M Knistern *n*, Knacken *n*

cri·ce·to [-e-] M Hamster *m*

Cri·me·a [-ɛ-] F Krim *f*

C

★**cri·mi·na·le** A ADJ 1 Kriminal- 2 kriminell, verbrecherisch B M/F Verbrecher *m*, -in *f*: ~ **di guerra** Kriegsverbrecher *m*, -in *f*

cri·mi·na·li·tà F Kriminalität *f*: **lotta alla** ~ Verbrechensbekämpfung *f*; ~ **organizzata** organisiertes Verbrechen *n*

Cri·mi·nal·pol F = *Kriminalpolizei*

★**cri·mi·ne** M Verbrechen *n*

cri·mi·no·lo·gi·a F Kriminalistik *f*

cri·mi·no·so [-o-] ADJ kriminell

cri·na·le M (Gebirgs)Kamm *m*; Grat *m*

cri·ne M Pferdehaar *n*

cri·nie·ra [-ɛ-] F Mähne *f* (*a. fig*): ~ **al vento** mit fliegender Mähne

crip·ta F ARCH Krypta *f*

crip·ta·re V/T ⟨1a⟩ verschlüsseln, kodieren

cri·sa·li·de F ZOOL Puppe *f*: **trasformarsi in** ~ sich verpuppen

cri·san·te·mo [-ɛ-] M Chrysantheme *f*

★**cri·si** F Krise *f* (*a.* MED) ♦ ~ **degli alloggi** Wohnungsnot *f*; ~ **di astinenza** Entzugserscheinung *f*; ~ **economica** Wirtschaftskrise *f*; ~ **epilettica** epileptischer Anfall *m*; ~ **di governo** Regierungskrise *f*; ~ **di nervi** Nervenzusammenbruch *m*; ~ **di pianto** Weinkrampf *m*; **zona di** ~ Krisengebiet *n*

cri·sma [-z-] M 1 (*liturgico*) Salböl *n* 2 *fig* Zustimmung *f* ♦ **con tutti i -i** mit allem, was dazu gehört

cri·stal·le·ri·a F 1 Kristallwaren *pl* 2 Kristallwarengeschäft *n* **cri·stal·lie·ra** [-ɛ-] F Glasschrank *m* **cri·stal·li·no** A ADJ 1 Kristall-: **reticolo** ~ Kristallgitter *n*; **vetro** ~ Kristallglas *n* 2 *fig* (kristall)klar, rein: **coscienza -a** reines Gewissen *n* B M ANAT Linse *f*

cri·stal·liz·za·re ⟨1a⟩ A V/T auskristallisieren B V/I ⟨es⟩ & V/PR **-rsi** 1 (sich) kristallisieren 2 *fig* erstarren **cri·stal·liz·za·zio·ne** [-o-] F Kristallisierung *f*, Kristallisation *f* (*a. fig*)

cri·stal·lo M 1 Kristall(glas) *n*: **bicchieri di** ~ Kristallgläser *pl*; ~ **della vetrina** Schaufensterglas *n* 2 CHEM Kristall *m* ♦ **display a -i liquidi** Flüssigkristallanzeige *f*; ~ **di rocca** Bergkristall *m*

★**cri·stia·na** F Christin *f* **cri·stia·ne·si·mo** [-e-] M Christentum *n* **cri·stia·ni·tà** F 1 Christlichkeit *f* 2 Christenheit *f*

cri·stia·niz·za·re V/T ⟨1a⟩ christianisieren **cri·stia·niz·za·zio·ne** [-o-] F Christianisierung *f*

★**cri·stia·no** A ADJ 1 christlich, Christen 2 *umg* (*conveniente*) anständig, vernünftig B M 1 Christ *m* 2 Mensch *m*, Menschenseele *f*: **un povero** ~ ein armer Kerl *m* ♦ **da** ~ anständig; vernünftig

Cri·sto M 1 Christus *m* 2 *umg* **povero cristo!** armer Teufel! ♦ **avanti** ~ vor Christus; **dopo** ~ nach Christus

cri·te·rio [-ɛ-] M 1 Kriterium *n*, Maßstab *m*: **stabilire dei -ri per qc** Maßstäbe für etw setzen 2 Vernunft *f*, Verstand *m* ♦ ~ **di massima** Leitsatz *m*, Richtlinie *f*; **-i di convergenza** Konvergenzkriterien *pl*

★**cri·ti·ca** F Kritik *f*: **muovere una** ~ **a qn** Kritik an j-m üben

★**cri·ti·ca·re** V/T ⟨1l *u.* d⟩ 1 kritisieren, tadeln 2 rezensieren

★**cri·ti·co** A ADJ kritisch B M, **-a** F Kritiker *m*, -in *f* ♦ **capacità -a** Urteilsfähigkeit *f*; NUKL **massa -a** kritische Masse *f*

cri·ti·co·ne [-o-] M, **-a** F *umg* Nörgler *m*, -in *f*

cri·vel·la·re V/T ⟨1b⟩ durchlöchern, durchsieben **cri·vel·lo** [-ɛ-] M Sieb *n*

cro·a·to ADJ A kroatisch B M, **-a** F Kroate *m*, -tin *f*

Cro·a·zia F Kroatien *n*

croc·can·te A ADJ knusp(e)rig B M Krokant *m* **croc·chet·ta** [-e-] F Krokette *f*

croc·chia [-ɔ-] F (Haar)Knoten *m*

croc·chio [-ɔ-] M Gruppe *f*, Grüppchen *n*

★**cro·ce** [-o-] F Kreuz *n* ♦ **a** ~ kreuzförmig, Kreuz-; **cacciavite a** ~ Kreuzschlitzschraubendreher *m*; *hum* ~ **e delizia** Freud und Leid; **gettare la** ~ **addosso a qn** j-m etw anhängen; ~ **al merito** Verdienstkreuz *n*; **a occhio e** ~ über den Daumen gepeilt; **punto** ~ Kreuzstich *m*; **Croce Rossa** Rotes Kreuz *n*; **fare il segno di** (*od* **della**) ~ sich bekreuzigen; **testa o** ~ Kopf oder Zahl

cro·ce·ros·si·na F Rotkreuzschwester *f*

cro·cet·ta [-e-] F (kleines) Kreuz *n*, Kreuzchen *n*: **fare una** ~ **su qc** etw ankreuzen

cro·ce·vi·a M ⟨*inv*⟩ 1 Kreuzung *f* 2 *fig* Kreuzungspunkt *m*

cro·chet [kro'ʃe] M ⟨*inv*⟩ 1 Häkelnadel *f* 2 Häkelarbeit *f*, Häkelei *f*

cro·cia·ta F HIST Kreuzzug *m* (*a. fig*) **cro·cia·to** M HIST Kreuzfahrer *m*, -ritter *m*

cro·cic·chio M Kreuzung *f*

★**cro·cie·ra**[1] [-ɛ-] F Kreuzfahrt *f* ♦ **velocità**

di ~ Reisegeschwindigkeit *f*

★**cro·cie·ra**[2] [-ɛ-] F **volta a ~** Kreuzgewölbe *n*

cro·ci·fig·ge·re V/T ⟨3mm⟩ kreuzigen **cro·ci·fis·sio·ne** [-o-] F Kreuzigung *f* **cro·ci·fis·so** M Kruzifix *n*

cro·co [-ɔ-] M Krokus *m*

cro·gio·la·re ⟨1l *u.* c⟩ A V/T 1 köcheln (lassen) 2 (*vetro*) langsam abkühlen lassen B V/PR 1 **-rsi al sole** sich in der Sonne aalen 2 **-rsi in un ricordo** sich einer Erinnerung hingeben **cro·gio·lo** [-ɔ-] M 1 (Schmelz)Tiegel *m* 2 *fig* Sammelbecken *n*

crois·sant [krwa'sɑ̃] M ⟨*inv*⟩ Croissant *n*

crol·la·re V/I ⟨1c; es⟩ 1 einstürzen, zusammenbrechen (*a. fig* PSYCH) 2 sich fallen lassen 3 *fig* (*di prezzi, azioni, valute*) fallen ♦ **le crollò il mondo addosso** für sie brach eine Welt zusammen; **non crolla certo il mondo per questo** davon geht die Welt nicht unter; **~ dal sonno** vor Müdigkeit umfallen

crol·lo [-ɔ-] M 1 Einsturz *m*, Zusammenbruch *m* (*a. fig* PSYCH) 2 *fig* Sturz *m*, Einbruch *m*: **il ~ dei prezzi** der Preissturz ♦ **~ demografico** Bevölkerungsschwund *m*

cro·ma [-ɔ-] F MUS Achtelnote *f*, Achtel *n*

cro·ma·re V/T ⟨1c⟩ verchromen **cro·ma·ti·ci·tà** F Farbgebung *f* **cro·ma·ti·co** ADJ 1 Farb(en)-, farblich: **spettro ~** Farbspektrum *n* 2 MUS chromatisch **cro·ma·to** ADJ verchromt **cro·ma·tu·ra** F Verchromung *f*

cro·mo [-ɔ-] M Chrom *n* **cro·mo·fo·to·gra·fi·a** F Farbfotografie *f*

cro·mo·so·ma [-ɔ-] M Chromosom *n*

cro·na·ca [-ɔ-] F 1 Reportage *f*, Bericht *m* 2 Nachrichten *pl*, -teil *m*, -seite *f* ♦ **~ cittadina** Lokalteil *m*; **fatto di ~** Tagesereignis *n*; **~ nera** = *Verbrechens- und Unfallberichte*; *umg* **per la ~** zur Information; **~ rosa** Klatschspalte *f*

cro·ni·co [-ɔ-] ADJ chronisch (*a. fig*)

cro·ni·sta M/F Berichterstatter *m*, -in *f*

cro·no·lo·gi·a F Chronologie *f*, Zeitmessung *f* **cro·no·lo·gi·co** [-ɔ-] ADJ chronologisch ♦ **tavola -a** Zeittafel *f*

cro·no·me·trag·gio M Zeitnahme *f* **cro·no·me·tra·re** V/T ⟨1a⟩ stoppen, die Zeit nehmen **cro·no·me·tri·co** [-ɛ-] ADJ 1 chronometrisch 2 *fig* **precisione -a** äußerste Genauigkeit *f* **cro·no·me·tri·sta** M/F Zeitnehmer *m*, -in *f* **cro·no·me·tro** [-ɔ-] M 1 Chronometer *n*, Zeitmesser *m* 2 SPORT Stoppuhr *f*

cross M ⟨*inv*⟩ SPORT Flanke *f*, Flankenball *m*

cros·sa·re V/I ⟨1a; av⟩ flanken

cro·sta [-ɔ-] F 1 Kruste *f*: **la ~ del pane** die Brotkruste 2 (*del formaggio*) Rinde *f* 3 MED Schorf *m* 4 ZOOL Panzer *m*, Schale *f* ♦ **~ di ghiaccio** (*su strade, laghi*) Eisdecke *f*; GASTR **arrosto in ~** Braten *m* im Teigmantel

cro·sta·ce·o M Krusten-, Krebstier *n*

cro·sta·ta F (Mürbeteig)Kuchen *m*

cro·sti·no M = *geröstetes Weißbrotschelbchen mit Belag*

cro·sto·so [-o-] ADJ krustig

cro·ta·lo [-ɔ-] M Klapperschlange *f*

Cro·to·ne [-o-] F Crotone *n* **cro·to·ne·se** [-e-] A ADJ aus, von Crotone B M/F Bewohner *m*, -in *f* von Crotone

crou·pier [kru'pje] M ⟨*inv*⟩ Croupier *m*

cruc·cia·re ⟨1f⟩ A V/T grämen, betrüben B V/PR **-rsi per qn/qc** sich über, um j-n/etw grämen **cruc·cia·to** ADJ gramerfüllt

cruc·cio M Gram *m*, Kummer *m*

cru·cia·le ADJ entscheidend, Entscheidungs- ♦ **punto ~** kritischer Punkt *m*

cru·ci·ver·ba [-ɛ-] M ⟨*inv*⟩ Kreuzworträtsel *n*

★**cru·de·le** [-ɛ-] ADJ grausam (*a. fig*) **cru·del·tà** F ⟨*inv*⟩ Grausamkeit *f* **cru·dez·za** [-e-] F 1 (*del clima*) Rauheit *f* 2 *fig* Härte *f*, Krassheit *f*

cru·di·tés [krydi'te:] FPL Rohkost *f*

★**cru·do** ADJ 1 roh, Roh- 2 (*clima*) rau 3 *fig* krass, hart ♦ **seta -a** Rohseide *f*

cru·en·to [-ɛ-] ADJ blutig

cru·mi·ro M, **-a** F Streikbrecher *m*, -in *f*

cru·na F Öhr *n*: **~ dell'ago** Nadelöhr *n*

cru·ra·le ADJ MED Schenkel-

cru·sca F Kleie *f*

cru·scot·to [-ɔ-] M Armaturenbrett *n*

Cu·ba F Kuba *n* **cu·ba·no** A ADJ kubanisch B M, **-a** F Kubaner *m*, -in *f*

cu·bet·to [-e-] M Würfel *m*: **~ di ghiaccio** Eiswürfel *m* **cu·bi·co** ADJ 1 kubisch 2 MATH Kubik-: **radice -a** Kubikwurzel *f*

cu·bi·ta·le ADJ *fig* riesengroß ♦ **titolo a caratteri -i** Balkenüberschrift *f*

cu·bi·to M Elle *f*

cu·bo A M Würfel *m*; GEOM, MATH Kubus *m*: **tre al ~** drei hoch drei B ADJ ⟨*inv*⟩ Kubik-: **metro ~** Kubikmeter *m od n*

C

cuc·ca·gna F Schlaraffenland *n*

cuc·ca·re V/T ⟨1d⟩ *umg* 1 erwischen 2 abschleppen

★**cuc·cet·ta** [-e-] F 1 Platz *m* im Liegewagen, *schweiz* Couchette *f* 2 (*su navi*) Koje *f* ♦ **carrozza** (**con**) **-e** Liegewagen *m*

cuc·chia·ia F 1 Schöpflöffel *m* 2 (*edilizia*) (Maurer)Kelle *f*

cuc·chia·ia·ta F Löffel *m*: **a -e** (ess)löffelweise

★**cuc·chia·i·no** M Tee-, Kaffee-, Dessertlöffel *m*

★**cuc·chia·io** M (Ess)Löffel *m* ♦ **~ di legno** Kochlöffel *m*

cuc·chia·io·ne [-o-] M Schöpfkelle *f*

cuc·cia F 1 Hundehütte *f* 2 *umg* (*letto*) Falle *f*, Kiste *f*: **andare** (*od* **mettersi**) **a ~** sich in die Falle hauen ♦ (**fai la**) **~!** kusch (dich)!

cuc·cio·la·ta F 1 (*animali*) Wurf *m* 2 *umg* Kinderschar *f* **cuc·cio·lo** M 1 Tierjunge *n* 2 (*di cane*) Welpe *m* 3 *fig* (*giovane inesperto*) Grünschnabel *m*

cuc·cu·ma F Kaffeekanne *f*

★**cu·ci·na** F 1 Küche *f* (*a.* GASTR): **~ casalinga** bürgerliche Küche *f* 2 (Küchen-, Koch)Herd *m* 3 Kochen *n* ♦ **~ abitabile** Wohnküche *f*; **~ americana** Einbauküche *f*; **uso ~** Kochgelegenheit *f*

★**cu·ci·na·re** V/T ⟨1a⟩ 1 kochen, zubereiten: **~ al forno** backen, braten 2 *umg fig* (*conciare*) **~ per bene qn** j-n zurichten

cu·ci·nie·re [-ɛ-] M, **-a** F Koch *m*, Köchin *f* **cu·ci·not·to** [-ɔ-] M 1 Kochzeile *f* 2 kleine Küche *f*

★**cu·ci·re** V/T ⟨4a⟩ 1 nähen: **macchina da ~** Nähmaschine *f* 2 (*in sartoria*) schneidern 3 (*editoria*) (zusammen)heften

cu·ci·ri·no M Nähgarn *n* **cu·ci·to** M Näharbeit *f* **cu·ci·tri·ce** F 1 Nähmaschine *f* 2 Näherin *f* 3 (*editoria*) Heftmaschine *f* **cu·ci·tu·ra** F 1 Naht *f* 2 (*editoria*) Fadenheftung *f*

cu·cù M ⟨*inv*⟩, **cu·cu·lo** M Kuckuck *m* ♦ **orologio a ~** Kuckucksuhr *f*

cuf·fia F 1 Haube *f* (*a.* TECH), Kappe *f*: **~ del radiatore** Kühlerhaube *f* 2 Kopfhörer *m* ♦ **~ da bagno** Bademütze *f*, Badekappe *f*; **cavarsela per il rotto della ~** mit heiler Haut davonkommen

★**cu·gi·na** F Kusine *f*

★**cu·gi·no** M Cousin *m*, Vetter *m*

cui REL PR ⟨*inv*⟩ 1 (*con preposizione*) **la città da ~ provengo** die Stadt, aus der ich komme; **i film di ~ tutti parlano** die Filme, von denen alle reden; **la casa in ~ abiti** das Haus, in dem du wohnst 2 **la donna a ~ penso** die Frau, an die ich denke 3 dessen *m/n*, deren *fpl*: **un uomo il ~ coraggio è noto a tutti** ein Mann, dessen Mut alle kennen ♦ *umg* **per ~** deshalb, deswegen; weshalb

cu·let·to [-e-] M Popo *m*, Po *m*

cu·li·na·ria F Kochkunst *f*

cu·li·na·rio ADJ kulinarisch

cul·la F Wiege *f* (*a. fig*) ♦ **~ termica** Brutkasten *m*

cul·la·re ⟨1a⟩ A V/T 1 wiegen, schaukeln 2 *fig* sich hingeben: **~ una speranza** sich (*dat*) einer Hoffnung hingeben 3 *fig* (*illudere*) **~ qn** j-n hinhalten B V/PR **-rsi** sich wiegen (*a. fig*)

cul·mi·nan·te ADJ *fig* Höhe-, Gipfel-: **momento ~** Höhepunkt *m* **cul·mi·na·re** V/I ⟨1l; es⟩ *fig* **~ in qc** in etw (*dat*) gipfeln

cul·mi·ne M 1 Gipfel *m*, Spitze *f* 2 *fig* Höhepunkt *m*

cul·mo M Halm *m*

cu·lo M *umg* 1 Hintern *m*, *vulg* Arsch *m* 2 **il ~ di una bottiglia** der Boden einer Flasche ♦ **avere ~** Schwein haben; **in ~ alla balena!** Hals- und Beinbruch!; **essere ~ e camicia con qn** mit j-m dick befreundet sein; **prendere per il ~ qn** j-n verarschen

cu·lot·tes [ky'lɔt] FPL Damenschlüpfer *m*

cul·to M Verehrung *f*, Kult *m*: **luogo di ~** Kultstätte *f*; *fig* **~ della personalità** Personenkult *m*

cul·to·re [-o-] M, **-tri·ce** F Liebhaber *m*, -in *f*, Freund *m*, -in *f*: **un ~ dell'arte** ein Kunstliebhaber *m*

★**cul·tu·ra** F 1 Kultur *f* 2 Bildung *f*; Wissen *n*: **~ generale** Allgemeinbildung *f* ♦ **farsi una ~** sich bilden; **~ fisica** Fitnesstraining *n*

cul·tu·ra·le ADJ 1 Kultur-, kulturell 2 Bildungs-: **livello ~** Bildungsgrad *m*

cul·tu·ri·smo [-z-] M Bodybuilding *n*

cul·tu·ri·sta M/F Bodybuilder *m*, -in *f*

cu·mi·no M Kümmel *m*

cu·mu·la·re V/T ⟨1l⟩ häufen **cu·mu·la·ti·vo** ADJ kumulativ, Sammel-

cu·mu·lo M 1 Haufen *m* (*a. fig*) 2 (An)Häufung *f* 3 METEO Haufenwolke *f* ♦ **~ di neve** Schneewehe *f*

cu·ne·e·se [-e-] A ADJ aus, von Cuneo B M/F Bewohner *m*, -in *f* von Cuneo

cu·nei·for·me [-o-] ADJ keilförmig,

Keil-: **scrittura ~** Keilschrift *f*

cu·ne·o M Keil *m* (*a. fig*)

Cu·ne·o M Cuneo *n*

cu·net·ta [-e-] F 1 Rinnstein *m*, Gosse *f* 2 (*di strada*) Querrinne *f*

cu·ni·co·lo M Stollen(gang) *m*

cu·ni·col·to·re [-o-] M, **-tri·ce** F Kaninchenzüchter *m*, -in *f*

cu·ni·col·tu·ra F Kaninchenzucht *f*

★**cuo·ca** [-ɔ-] F Köchin *f*

cuo·ce·re [-ɔ-] ⟨3p⟩ A V/T 1 kochen 2 TECH brennen B V/I ⟨es⟩ 1 kochen: **il riso deve ~ 20 minuti** der Reis muss 20 Minuten kochen 2 *fig* bedrücken ♦ **lasciare ~ qn nel proprio brodo** j-n im eigenen Saft schmoren lassen; **~ al forno** backen; **~ alla griglia** grillen; **~ in padella** braten; **~ al vapore** dämpfen

★**cuo·co** [-ɔ-] M Koch *m*

cuo·io [-ɔ-] M 1 ⟨*pl* cuoi⟩ Leder *n* 2 ⟨*pl* cuoia⟩ (*pelle umana*) Haut *f* ♦ *fig* **avere il ~ duro** zäh sein; **tirare le -ia** (*di animali*) alle viere von sich strecken

★**cuo·re** [-ɔ-] M 1 Herz *n* (*a. fig*) 2 *pl* (*nel gioco delle carte*) Herz *n*: **re di -i** Herzkönig *m* ♦ **amico del ~** Busenfreund *m*; **andare al ~** zu Herzen gehen; **aprire il proprio ~ a qn** j-m sein Herz ausschütten; **avere buon ~** ein gutes Herz haben; **di ~** von Herzen gern; **grazie di ~!** herzlichen Dank!; **nel ~ della notte** mitten in der Nacht; **mettersi il ~ in pace** sich abfinden; **prendersi a ~ qc** sich (*dat*) etw zu Herzen nehmen; **ridere di ~** aus vollem Halse lachen; **spezzare il ~ a qn** j-m das Herz brechen

cu·pez·za [-e-] F Düsterkeit *f* (*a. fig*)

cu·pi·di·gia, **cu·pi·di·tà** F Gier *f*, Begierde *f* **cu·pi·do** ADJ **~ di qc** gierig nach etw (*dat*)

cu·po ADJ 1 tief 2 düster, finster 3 satt, dunkel: **rosso ~** dunkelrot 4 (*di suono*) dumpf 5 *fig* dumpf, trübe: **un'atmosfera -a** eine dumpfe Atmosphäre

cu·po·la F ARCH Kuppel *f* ♦ **a ~** kuppelförmig; *fig* **~ del cielo** Himmelsgewölbe *n*

★**cu·ra** F 1 Pflege *f*, Sorge *f*: **~ del corpo** Körperpflege *f* 2 MED Behandlung *f*: **da chi sei in ~?** bei wem bist du in Behandlung? 3 Sorgfalt *f* 4 JUR Pflegschaft *f* ♦ (*editoria*) **a ~ di** von, herausgegeben von; **~ d'anime** Seelsorge *f*; **avere ~ di qn/qc** sich um j-n/etw kümmern; **abbi ~ di te!** mach's gut!; **~ dimagrante** Schlankheitskur *f*; **prendersi ~ di qc** sich kümmern um etw; **soggiorno di ~** Kuraufenthalt *m*

cu·ra·bi·le ADJ heilbar **cu·ra·bi·li·tà** F Heilbarkeit *f* **cu·ran·te** ADJ **il medico ~** der behandelnde Arzt

★**cu·ra·re** ⟨1a⟩ A V/T 1 pflegen 2 **~ la casa** den Haushalt besorgen 3 (*editoria*) herausgeben 4 **~ gli affari di qn** j-s Geschäfte wahrnehmen 5 sorgen: **curate che tutto sia in ordine** sorgen Sie dafür, dass alles in Ordnung ist 6 MED behandeln B V/PR **-rsi** 1 sich pflegen 2 **-rsi di qc** sich um etw kümmern

cu·ra·te·la [-ɛ-] F Vormundschaft *f* **cu·ra·ti·vo** ADJ Heil-, Pflege-, heilkräftig: **potere ~** Heilkraft *f* **cu·ra·to** M Pfarrer *m* **cu·ra·to·re** [-o-] M, **-tri·ce** F 1 JUR Verwalter *m*, -in *f* 2 (*editoria*) Herausgeber *m*, -in *f*

cu·ria F 1 KIRCHE, HIST Kurie *f* 2 Richterschaft *f*

cu·rio·sa·re V/I ⟨1a; av⟩ herumschauen, -schnüffeln: **~ negli affari altrui** in fremden Angelegenheiten schnüffeln; **~ in giro** herumschnüffeln

★**cu·rio·si·tà** F ⟨*inv*⟩ 1 Neugier(de) *f* 2 Merkwürdigkeit *f*, Kuriosität *f*

★**cu·rio·so** [-o-] A ADJ 1 **~ di qc** neugierig auf etw (*akk*) 2 merkwürdig, sonderbar B M, **-a** F Neugierige *m/f*: **-i** (**che rallentano la circolazione**) Schaulustige *pl* (, die den Verkehr behindern)

cu·rio·so·ne [-o-] M, **-a** F neugieriger Mensch *m*, Schnüffler *m*, -in *f*

cur·ri·co·lo M Lebenslauf *m*

cur·ry ['kɛrri] M ⟨*inv*⟩ 1 (*piatto*) Curry *n od m* 2 (*spezia*) Currypulver *n*

cur·so·re [-'so:-] M 1 IT Cursor *m* 2 TECH Schieber *m*

★**cur·va** F Kurve *f* (*a.* GEOM, SPORT); Biegung *f*: **una ~ a destra** eine Rechtskurve; **sbandare in ~** in der Kurve schleudern ♦ **a -e** kurvig, kurvenreich; **~ altimetrica** Höhenlinie *f*

cur·va·re ⟨1a⟩ A V/T 1 biegen; krümmen: **~ la schiena** den Rücken krümmen 2 beugen, neigen: **~ il capo** das Haupt neigen B V/I ⟨av⟩ (ab-, ein)biegen C V/PR **-rsi** 1 sich biegen 2 sich bücken, sich neigen 3 sich beugen; sich krümmen

cur·vi·li·ne·o ADJ kurvenförmig

cur·vo ADJ 1 krumm 2 gekrümmt, gebeugt ♦ **essere ~ sui libri** über den Büchern hocken

cu·sci·net·to [-e-] M 1 kleines Kissen *n*

2 TECH Lager *n* ♦ TECH ~ **d'aria** Luftkissen *n*; ~ **di grasso** Fettpolster *n*; TECH ~ **a sfere** Kugellager *n*; **stato** ~ Pufferstaat *m*

★**cu·sci·no** M 1 Kissen *n*; Kopfkissen *n* 2 Luftkissen *n*; Luftpolster *n*

cu·spi·de F 1 Spitze *f* 2 ARCH (Spitz)Giebel *m* 3 ANAT Segel *n*

cu·sto·de [-ɔ-] M/F 1 Wärter *m*, -in *f*, Aufseher *m*, -in *f* 2 Hausmeister *m*, -in *f* 3 *fig* Hüter *m*, -in *f*, Bewahrer *m*, -in *f*: ~ **dell'ordine** Ordnungshüter *m*, -in *f* ♦ **angelo** ~ Schutzengel *m*

cu·sto·dia [-ɔ-] F 1 Verwahrung *f*, (Ob)Hut *f*: **avere qc in** ~ etw in Verwahrung haben 2 Aufbewahrung *f*: ~ **dei bagagli** Gepäckaufbewahrung *f* 3 Bewachung *f* 4 JUR Gewahrsam *m*: **prendere qn in** ~ j-n in Gewahrsam nehmen 5 Etui *n* 6 ~ **del violino** Geigenkasten *m* 7 (*fodera*) (Schutz)Hülle *f* ♦ JUR ~ **cautelare** Untersuchungshaft *f*

cu·sto·di·re V/T ⟨4d⟩ 1 aufbewahren, verwahren 2 hüten (*a. fig*), beaufsichtigen **cu·sto·di·to** ADJ **un segreto ben** ~ ein gut gehütetes Geheimnis *n* ♦ **un passaggio a livello non** ~ ein ungesicherter Bahnübergang *m*

cu·ta·ne·o ADJ Haut-: **eruzione -a** Hautausschlag *m* **cu·te** F Haut *f*

cu·ti·co·la F Häutchen *n*

cy·clet·te [si'klɛt] F ⟨*inv*⟩ Heimtrainer *m*

D

d, D F *od* M ⟨*inv*⟩ d, D *n*

★**da** PRÄP 1 (*moto da luogo; origine; distanza*) von, aus: **il treno parte** ~ **Roma** der Zug fährt von Rom ab; **viene dall'America** er kommt aus Amerika; **il paese dista 20 km dal confine** das Dorf liegt 20 km von der Grenze entfernt 2 (*agente o causa*) von, durch: **essere amato** ~ **qn** von j-m geliebt werden; **la città fu distrutta** ~ **un terremoto** die Stadt wurde durch ein Erdbeben zerstört 3 (*tempo*) ab, von … an, seit: **non dormo** ~ **due notti** seit zwei Nächten schlafe ich nicht; **l'appartamento è libero dal tre maggio** die Wohnung ist ab dem dritten Mai frei 4 (*con persone o pers pr*) bei, zu: **abitare** ~ **un amico** bei einem Freund wohnen; **devo andare** ~ **lui** ich muss zu ihm 5 (*moto per luogo*) durch, über: **entrare dal cortile** durch den Hof hereinkommen 6 als, wie: **te lo dico** ~ **amico** ich sage es dir als Freund; **comportarsi** ~ **vigliacco** sich wie ein Feigling benehmen 7 mit: **la ragazza dai capelli rossi** das Mädchen mit den roten Haaren 8 (*valore*) zu: **una banconota** ~ **50 euro** ein 50 Euroschein 9 an: **riconoscere qn dal passo** j-n am Schritt erkennen 10 vor: **tremare dal freddo** vor Kälte zittern 11 (*fine*) zu, als: **servire solo** ~ **ornamento** nur zur Zierde dienen; **macchina** ~ **scrivere** Schreibmaschine *f* 12 (*con infinito*) dass, zu: **non avere niente** ~ **bere** nichts zu trinken haben; **non c'è più nulla** ~ **fare** man kann nichts mehr tun ♦ ~ **allora** seitdem; **a cominciare** ~ **oggi** von heute an; ~ **dove** woher; **fin** ~ seit; ~ **principio** anfangs; ~ **sé** von selbst; ~ **solo** allein; ~ **ultimo** zuletzt, schließlich

dà → dare

dab·bas·so ADV 1 unten 2 herunter 3 hinunter

dab·be·nag·gi·ne F 1 Einfältigkeit *f* 2 Naivität *f* **dab·be·ne** [-ɛ-] ADJ ⟨*inv*⟩ rechtschaffen, redlich

dac·ca·po ADV von vorn, noch einmal

dac·ché KONJ 1 seitdem, seit 2 da, weil

da·cia F Datscha *f*

da·da·i·smo [-z-] M Dadaismus *m* **da·da·i·sta** A M/F Dadaist *m*, -in *f* B ADJ dadaistisch

da·do M 1 Würfel *m* 2 TECH (Schrauben)Mutter *f* ♦ ~ **da brodo** Brühwürfel *m*; **il** ~ **è tratto** die Würfel sind gefallen

daf·fa·re M ⟨*inv*⟩ Mühe *f*: **avere il proprio (bel)** ~ **con qn/qc** seine (liebe) Mühe mit j-m/etw haben; **darsi un gran**

da + Artikel

+	il	lo	i	l'	gli	la	le
da	**dal**	**dallo**	**dai**	**dall'**	**dagli**	**dalla**	**dalle**

~ sich (*dat*) große Mühe geben

da·gli[1] → da

da·gli[2] INT **~ al ladro** haltet den Dieb!; **e ~!** schon wieder!

dai[1] → da

dai[2] INT 1 los: **~, sbrigati!** los, beeil dich! 2 **ma ~!** ach was!

dai·no M Damhirsch *m*

Da·kar F Dakar *n*

dal → da

da·lia F Dahlie *f*

dal·la, **dal·le**, **dal·lo** → da

dal·ma·ta M (*cane*) Dalmatiner *m*

dal·to·ni·co [-ɔ-] ADJ farbenblind

dal·to·ni·smo [-z-] M Farbenblindheit *f*

da·ma F 1 Dame *f* 2 Tanzpartnerin *f* 3 (*gioco*) Damespiel *n*

da·ma·sca·to ADJ damastartig

da·ma·sco M Damast *m*

Da·ma·sco F Damaskus *n*

da·me·ri·no M Geck *m*, Schönling *m*

da·mi·gel·la [-ɛ-] F **~ d'onore** Brautjungfer *f*

da·mi·gia·na F große Korbflasche *f*

da·na·ro·so [-o-] ADJ vermögend, reich

da·ne·se [-e-] A ADJ dänisch B M/F Däne *m*, Dänin *f*

Da·ni·mar·ca F Dänemark *n*

dan·na·re ⟨1a⟩ A V/T verdammen B V/PR *umg* **-rsi per qc** sich mit etw plagen

★**dan·na·to** A ADJ verdammt B M, **-a** F 1 Verdammte *m/f* 2 Verrückte *m/f*: **lavorare come un ~** wie ein Verrückter arbeiten

dan·na·zio·ne [-o-] F 1 REL Verdammnis *f* 2 Plage *f*

dan·neg·gia·men·to [-e-] M (Be)-Schädigung *f*

★**dan·neg·gia·re** ⟨1f⟩ A V/T schaden, beschädigen: **~ qn/qc** j-m/etw schaden B V/PR **-rsi** 1 beschädigt werden 2 sich (*dat*) schaden

★**dan·no** M 1 Schaden *m*: **causare un ~** einen Schaden verursachen 2 *pl* Schadenersatz *m*: **chiedere i -i** Schadenersatz fordern ♦ **-i collaterali** Kollateralschäden *pl*; **ai -i di qn** zu j-s Schaden; **assicurazione contro i -i** Schadenversicherung *f*; **-i alle cose** Sachschäden *pl*; **risarcimento -i** Schadenersatz *m*

dan·no·si·tà F ⟨*inv*⟩ Schädlichkeit *f*

dan·no·so [-o-] ADJ schädlich: **essere ~ a qn/qc** für j-n/etw schädlich sein ♦ **insetti -i** Schädlinge *pl*

Da·nu·bio M Donau *f*

★**dan·za** F Tanz *m* ♦ **corso di ~** Tanzkurs *m*; **~ sul ghiaccio** Eistanz *m*; **~ del ventre** Bauchtanz *m*

dan·zan·te ADJ Tanz-: **serata ~** Tanzabend *m* **dan·za·re** ⟨1a⟩ V/T & V/I ⟨av⟩ tanzen **dan·za·to·re** [-o-] M, **-tri·ce** F Tänzer *m*, -in *f*

dap·per·tut·to ADV überall(hin)

dap·pri·ma ADV anfangs, zuerst

dar·do M Pfeil *m*

★**da·re**[1] ⟨1r⟩ A V/T 1 geben: **~ da mangiare a qn** j-m zu essen geben; *umg* **che cosa danno in tivù?** was wird im Fernsehen gegeben? 2 aufgeben: **~ molti compiti** viele Aufgaben aufgeben 3 erteilen, auferlegen: **~ una multa** eine Geldstrafe auferlegen 4 sagen, wünschen: **~ la buonanotte a qn** j-m gute Nacht sagen 5 halten, schätzen: **quanti anni le dai?** für wie alt hältst du sie? 6 (er)geben: **tre per tre dà nove** drei mal drei gibt neun B V/I ⟨av⟩ gehen: **la mia finestra dà sulla piazza** mein Fenster geht auf den Platz; **~ con il ginocchio contro il tavolo** sich (*dat*) das Knie am Tisch stoßen C V/PR **-rsi** 1 sich widmen: **-rsi allo studio** sich dem Studium widmen 2 sich hingeben: **-rsi al bere** sich der Trinksucht hingeben 3 **-rsi a gridare** anfangen zu schreien 4 sich geben: **-rsi un bacio** sich einen Kuss geben **~ addosso a qn** j-m auf den Leib rücken, *fig* auf j-n losgehen; **~ in affitto** verpachten, vermieten; **~ ascolto a qn/qc** auf j-n/etw hören; **darla a bere a qn** j-m einen Bären aufbinden; **si dà il caso che ...** der Zufall will es, dass ...; **darle a qn** j-n verprügeln; **~ del Lei a qn** j-n siezen; **~ del tu a qn** j-n duzen; **darci dentro** (**con qc**) sich (in etw [*akk*]) hineinknien; **~ le dimissioni** kündigen, zurücktreten; **~ un esame** eine Prüfung ablegen; **-rsi da fare** (**per qc**) sich (an etw [*akk*]) dranmachen; **-rsi da fare per qn** sich für j-n einsetzen; **darsela a gambe** die Beine unter die Arme nehmen; **~ lavoro** beschäftigen, einstellen; **~ alla luce** zur Welt bringen; **~ ai** (*od* **sui nervi**) **a qn** j-m auf die Nerven gehen; **~ i numeri** spinnen; **~ nell'occhio** auffallen; **può -rsi che ...** es kann sein, dass ...; **~ nel segno** ins Schwarze treffen; **~ alla testa a qn** j-m in den, zu Kopf steigen

da·re[2] M Soll *n*: **il ~ e l'avere** Soll und Haben

Dar es Salam F Daressalam *n*

D

dar·se·na [-s-] F Hafenbecken *n*
dar·wi·ni·smo [-z-] M Darwinismus *m*
★**da·ta** F **1** Datum *n*: **in ~ odierna** mit heutigem Datum **2** Termin *m*: **fissare una ~** einen Termin festsetzen ♦ **~ di consegna** Lieferfrist *f*, Liefertermin *m*; **~ di nascita** Geburtsdatum *n*; **~ di scadenza** Verfallsdatum *n*; (*di cibi*) Haltbarkeitsdatum *n*
da·ta·bi·le ADJ datierbar
da·ta·re ⟨1a⟩ V/T & V/I datieren **da·ta·rio** M **1** Datumsstempel *m* **2** Kalender *m* **da·ta·to** ADJ **1** datiert **2** *fig* überholt **da·ta·zio·ne** [-o-] F **1** Datierung *f* **2** Datum *n*
da·ti·vo M Dativ *m*, Wemfall *m*
da·to[1] ADJ bestimmt, gegeben: **in -e condizioni** unter gegebenen Umständen; **~ che ...** angesichts der Tatsache, dass ...; **mantenere la parola -a** sein Wort halten
★**da·to**[2] M **1** Tatsache *f* **2** *pl* Angaben *pl*, Daten *pl* (*a.* IT): **inserire -i** Daten eingeben ♦ **banca -i** Datenbank *f*; **elaborazione -i** Datenverarbeitung *f*; **~ di fatto** Tatsache *f*, Fakt *m*; **supporto -i** Datenträger *m*
★**da·to·re** [-o-] M Geber *m*: **~ di lavoro** Arbeitgeber *m*
★**da·tri·ce** F **~ di lavoro** Arbeitgeberin *f*
dat·te·ro M Dattel *f*
dat·ti·lo·gra·fa [-ɔ-] F Schreibkraft *f*
dat·ti·lo·gra·fa·re V/T ⟨1n⟩ auf der Schreibmaschine schreiben **dat·ti·lo·gra·fi·a** F Maschine(n)schreiben *n*
dat·ti·lo·gra·fo [-ɔ-] M (männliche) Schreibkraft *f*
dat·ti·lo·sco·pi·a F Fingerabdruckverfahren *n* **dat·ti·lo·sco·pi·co** [-ɔ-] ADJ Fingerabdruck-
dat·ti·lo·scrit·to M maschine(n)-geschriebener Text *m*
dat·tor·no [-o-] ADV umher, herum: **guardarsi ~** sich umsehen ♦ **~ a** um ... (herum); **avere gente ~** Leute um sich (herum) haben; **togliersi ~** verschwinden; **togliersi qn ~** j-n loswerden
★**da·van·ti** **A** ADV **1** vorn(e) **2** davor **B** ADJ ⟨*inv*⟩ Vorder-, vordere: **le ruote ~** die Vorderräder *pl* **C** M Vorderteil *n*; Vorderseite *f*: **il ~ della giacca** das Vorderteil der Jacke ♦ **~ a** vor; gegenüber: **aspettare ~ alla stazione** vor dem Bahnhof warten; **abito ~ alla scuola** ich wohne gegenüber der Schule; **giurare ~ a Dio** bei Gott schwören
da·van·za·le M Fensterbrett *n*; Fenstersims *m* ♦ **stare al ~** am Fenster stehen
★**dav·ve·ro** [-e-] ADV **1** wirklich; ja: **mi dispiace ~ molto!** das tut mir ja so leid! **2** im Ernst; bestimmt: **lo farà ~!** er wird es bestimmt tun!; **dici ~?** ist das dein Ernst? ♦ **questa è ~ bella!** das ist wirklich unglaublich!
day-hos·pi·tal [dei 'ɔspital] M ⟨*inv*⟩ Tagesklinik *f*
da·zia·rio ADJ Zoll- **da·zie·re** [-ɛ-] M Zöllner *m*, -in *f* **da·zio** M **1** Zoll *m* **2** Zollamt *n* ♦ **esente da ~** zollfrei; **~ di esportazione** Ausfuhrzoll *m*; **soggetto a ~** zollpflichtig
de·a [-ɛ-] F Göttin *f* (*a. fig*)
dé·bâ·cle [de'bakl] F ⟨*inv*⟩ Debakel *n*
de·bel·la·re V/T ⟨1b⟩ **1** bezwingen **2** *fig* ausrotten: **~ una malattia** eine Krankheit ausrotten
de·bi·li·ta·re ⟨1m⟩ **A** V/T schwächen, entkräften **B** V/PR **-rsi** körperlich verfallen
de·bi·li·ta·zio·ne [-o-] F Schwächung *f*, Entkräftung *f*
de·bi·ta·men·te [-e-] ADV gebührend (-erweise)
★**de·bi·to**[1] [-e-] M Schuld *f* (*a. fig* REL): **fare molti -i** viele Schulden machen ♦ **-i di gioco** Spielschulden *pl*; **avere un ~ di gratitudine con qn** j-m zu Dank verpflichtet sein; **essere in ~ di qc con** (*od* **verso**) **qn** j-m etw schulden (*od* schuldig sein); **~ pubblico** Staatsschulden *pl*
de·bi·to[2] [-e-] ADJ **1** schuldig **2** gebührend; nötig ♦ **a tempo ~** zu gegebener Zeit
de·bi·to·re [-o-] **A** ADJ **1** schuldig: **ti sono ~ di un favore** ich bin dir einen Gefallen schuldig **2** dankbar: **gli sarò per sempre ~** ich werde ihm immer dankbar sein **B** M, **-tri·ce** F Schuldner *m*, -in *f*
★**de·bo·le** [-e-] **A** ADJ schwach (*a. fig*) **B** M Schwäche *f*: **avere un ~ per qn/qc** eine Schwäche für j-n/etw haben ♦ **punto ~** Schwachpunkt *m*; **il sesso ~** das schwache Geschlecht **C** M/F *umg* Softie *m*
de·bo·lez·za [-e-] F Schwäche *f* (*a. fig*) ♦ **in un momento di ~** in einem schwachen Augenblick
de·bor·da·re V/I ⟨1a; av⟩ überfließen, -laufen
de·bo·scia·to **A** ADJ ausschweifend **B** M Wüstling *m*

de·bug·ging [de'bagiŋ] M ⟨*inv*⟩ IT Debuggen *n*: **fare il ~ di** debuggen

de·but·tan·te M/F Debütant *m*, -in *f*

de·but·ta·re V/I ⟨1a; av⟩ **1** debütieren **2** Premiere haben **de·but·to** M Debüt *n*: **~ in borsa** Börsengang *m*

de·ca·de [-ɛ-] F Dekade *f*

de·ca·den·te [-ɛ-] ADJ dekadent **de·ca·den·za** [-ɛ-] F Verfall *m*, Niedergang *m*, Dekadenz *f*

de·ca·de·re [-e-] V/I ⟨2c; es⟩ **1** ver-, zerfallen **2** *fig* sinken **3** JUR ablaufen **4** außer Kraft treten **5** **~ dal diritto** das Recht verwirken

de·ca·di·men·to [-e-] M **1** Verfall *m*: **~ di costumi** Sittenverfall *m* **2** PHYS Zerfall *m*: **prodotto di ~** Zerfallsprodukt *n*

de·ca·du·to ADJ verarmt

de·ca·e·dro [-ɛ-] M Dekaeder *n*

de·caf·fei·na·to ADJ koffeinfrei

de·ca·go·no M Zehneck *m*

de·ca·gram·mo M Dekagramm *n*

de·cal·ci·fi·ca·re V/T ⟨1m *u.* d⟩ entkalken

de·cal·ci·fi·ca·zio·ne [-o-] F Entkalkung *f*

de·cal·co·ma·ni·a F Abziehbild *n*

de·ca·lo·go M Zehn Gebote *pl*

de·ca·na·to M Dekanat *n*

de·ca·no M Dekan *m*

de·can·ta·re[1] V/T ⟨1a⟩ rühmen: **~ qc a qn** etw an j-m rühmen

de·can·ta·re[2] V/T ⟨1a⟩ **1** CHEM dekantieren, abklären **2** *fig* läutern, reinigen

de·ca·pi·ta·re V/T ⟨1m⟩ enthaupten, köpfen **de·ca·pi·ta·zio·ne** [-o-] F Enthauptung *f*, Köpfen *n*

de·cap·pot·ta·bi·le **A** ADJ AUTO mit Klappverdeck **B** F Kabrio(lett) *n*

de·ca·sil·la·bo [-s-] **A** ADJ zehnsilbig **B** M zehnsilbiger Vers *m*

de·ca·thlon [-ɛ-] M Zehnkampf *m*

de·ca·tle·ta [-ɛ-] M Zehnkämpfer *m*

de·ce·de·re [-e-] V/I ⟨3l; es⟩ versterben

de·ce·le·ra·re ⟨1b *u.* m⟩ **A** V/T verlangsamen **B** V/I ⟨av⟩ sich verlangsamen; AUTO die Geschwindigkeit drosseln

de·cen·na·le **A** ADJ **1** zehnjährig, Zehnjahres- **2** zehnjährlich **B** M **1** zehnter Jahrstag *m* **2** Zehnjahr(es)feier *f*

de·cen·ne [-ɛ-] ADJ zehnjährig

de·cen·nio [-ɛ-] M zehn Jahre *pl*; Jahrzehnt *n*

de·cen·te [-ɛ-] ADJ **1** anständig **2** passabel

de·cen·tra·men·to [-e-] M Dezentralisierung *f* **de·cen·tra·re** V/T ⟨1b⟩ dezentralisieren

de·cen·za [-ɛ-] F **1** Anstand *m* **2** Annehmbarkeit *f* ♦ **luogo di ~** Abort *m*

de·ces·so [-ɛ-] M Ableben *n*; Sterbefall *m* ♦ **atto di ~** Totenschein *m*

★**de·ci·de·re** ⟨3q⟩ **A** V/T **1** beschließen; entscheiden; bestimmen **2** festsetzen **B** V/I ⟨av⟩ entscheiden: **~ del futuro di qn** über j-s Zukunft entscheiden **C** V/PR **-rsi** sich entschließen; sich entscheiden: **-rsi a fare qc** sich zu etw entschließen

de·ci·fra·bi·le ADJ entzifferbar, dechiffrierbar **de·ci·fra·re** V/T ⟨1a⟩ **1** entschlüsseln (*a. fig*) **2** entziffern: **~ una grafia** eine Schrift entziffern **de·ci·fra·to·re** [-o-] ADJ Entschlüsselungs-; Entzifferungs- **de·ci·fra·zio·ne** [-o-] F Entschlüsselung *f*; Entzifferung *f*

de·ci·gram·mo M Dezigramm *n*

de·ci·li·tro M Deziliter *m od n*

de·ci·ma·le ADJ dezimal, Dezimal-: **cifra ~** Dezimalzahl *f*; **sistema ~** Dezimalsystem *n* **de·ci·ma·re** V/T ⟨1l *u.* b⟩ dezimieren (*a. fig*) **de·ci·ma·zio·ne** [-o-] F Dezimierung *f* (*a. fig*)

de·ci·me·tro M Dezimeter *m od n*

de·ci·mo [-ɛ-] **A** ADJ zehnte **B** M, **-a** F **1** Zehnte *m/f* **2** **decimo** *m* Zehntel *n*: **un ~ di secondo** eine Zehntelsekunde; → a. quinto

de·ci·mo·no·no [-ɛ-] ADJ neunzehnte **de·ci·mo·pri·mo** ADJ elfte **de·ci·mo·quar·to** ADJ vierzehnte **de·ci·mo·quin·to** ADJ fünfzehnte **de·ci·mo·se·con·do** [-se'kondo] ADJ zwölfte **de·ci·mo·set·ti·mo** [-ɛ-] ADJ siebzehnte **de·ci·mo·ter·zo** [-ɛ-] ADJ dreizehnte

de·ci·mot·ta·vo ADJ achtzehnte

de·ci·na F **1** Zehner *m* **2** etwa zehn ♦ **a -e** dutzendweise; **una ~ di …** etwa zehn …; **una ~ di volte** zehnmal

de·ci·sa·men·te [-e-] ADV **1** entschieden, entschlossen **2** unzweifelhaft

de·ci·si → decidere

de·ci·sio·na·le ADJ Entscheidungs-: **potere ~** Entscheidungsgewalt *f*

★**de·ci·sio·ne** [-o-] F **1** Entscheidung *f*; Be-, Entschluss *m*: **prendere una ~** eine Entscheidung treffen **2** Entschiedenheit *f*, Entschlossenheit *f* **3** JUR Entscheid *m*, Urteil *n* ♦ **~ a** (*od* **della**) **maggioranza** Mehrheitsbeschluss *m*

D

de·ci·si·vo ADJ entscheidend, Entscheidungs- **de·ci·so** ADJ **1** entschieden, beschlossen **2** **essere ~ a tutto** zu allem entschlossen sein

de·cla·ma·re V/T ⟨1a⟩ vortragen, deklarieren

de·cla·ma·zio·ne [-o-] F Vortrag *m*

de·clas·sa·men·to [-e-] M Zurückstufung *f*, Deklassierung *f* **de·clas·sa·re** V/T ⟨1a⟩ zurückstufen, deklassieren

de·cli·na·bi·le ADJ GRAM deklinierbar

de·cli·na·re¹ ⟨1a⟩ **A** V/T **1** ablehnen: **~ ogni responsabilità** jede Verantwortung ablehnen **2** *form* angeben: **~ le proprie generalità** seine Personalien angeben **3** GRAM deklinieren **B** V/I ⟨av⟩ **1** abfallen: **i monti declinano verso il mare** die Berge fallen zum Meer hin ab **2** *fig* nachlassen: **le sue forze declinano** seine Kräfte lassen nach **3** sich dem Ende zuneigen **4** untergehen **5** PHYS, ASTRON abweichen

de·cli·na·re² M Neige *f*: **al ~ del sole** bei Sonnenuntergang

de·cli·na·zio·ne [-o-] F **1** GRAM Deklination *f*, Beugung *f* **2** PHYS, ASTRON Abweichung *f*

de·cli·no M Verfall *m*; Untergang *m*

de·cli·vio M Abhang *m*, Halde *f*

de·co·der [de'kɔder] M ⟨*inv*⟩ Decoder *m*

de·co·di·fi·ca F Dekodierung *f*

de·co·di·fi·ca·re V/T ⟨1m *u.* d⟩ dekodieren, entschlüsseln **de·co·di·fi·ca·to·re** [-o-] M Decoder *m* **de·co·di·fi·ca·zio·ne** [-o-] F Dekodierung *f*, Entschlüsselung *f*

★**de·col·la·re¹** V/I ⟨1c; es⟩ FLUG abheben; starten (*a. fig*)

de·col·la·re² V/T ⟨1c⟩ enthaupten, köpfen

de·col·lo [-ɛ-] M **1** FLUG Abflug *m*; Start *m* **2** *fig* Aufschwung *m* ♦ **pista di ~** Startbahn *f*; **pronto al** (*od* **per il**) **~** startbereit; **~ verticale** Senkrechtstart *m*; **aereo a ~ verticale** Senkrechtstarter *m*

de·co·lo·ran·te M Entfärber *m*, Bleichmittel *n* **de·co·lo·ra·re** V/T ⟨1a⟩ **1** entfärben, bleichen **2** blondieren

de·com·po·ni·bi·le ADJ zerlegbar, zersetzbar: **sostanze -i** zersetzbare Substanzen *pl*

de·com·por·re [-o-] ⟨3ll⟩ **A** V/T **1** zerlegen, auseinandernehmen **2** CHEM, BIOL zersetzen **B** V/PR **-rsi** **1** CHEM sich zersetzen **2** verwesen

de·com·po·si·zio·ne [-o-] F **1** CHEM Zersetzung *f* **2** Verwesung *f*

de·com·pri·me·re V/T ⟨3r⟩ **1** CHEM, PHYS dekomprimieren **2** IT dekomprimieren, entpacken, entzippen

de·con·cen·tra·re ⟨1b⟩ **A** V/T WIRTSCH entflechten **B** V/PR **-rsi** sich ablenken **de·con·cen·tra·to** ADJ unkonzentriert **de·con·cen·tra·zio·ne** [-o-] F **1** Unkonzentriertheit *f* **2** WIRTSCH Entflechtung *f*

de·con·ge·stio·na·men·to [-e-] M **1** MED Abschwellung *f* **2** *fig* Entlastung *f*: **il ~ del traffico** Verkehrsentlastung *f*

de·con·ta·mi·na·re V/T ⟨1m⟩ dekontaminieren, entseuchen **de·con·ta·mi·na·zio·ne** [-o-] F Dekontamination *f*, Entseuchung *f*

de·co·ra·re V/T ⟨1b⟩ **1** verzieren **2** dekorieren, schmücken **3** auszeichnen: **~ qn con la croce al merito** j-n mit dem Verdienstkreuz auszeichnen **de·co·ra·ti·vo** ADJ dekorativ, schmückend **de·co·ra·to** **A** ADJ **1** verziert **2** ordengeschmückt, dekoriert **B** M, **-a** F Ordensträger *m*, -in *f* **de·co·ra·to·re** [-o-] M, **-tri·ce** F Dekorateur *m*, -in *f*

★**de·co·ra·zio·ne** [-o-] F **1** Verzierung *f*; Zierrat *m* (*a.* ARCH) **2** Schmuck *m*, Dekoration *f* **3** Orden *m*, Ehrenzeichen *n*

de·co·ro [-ɔ-] M **1** Anstand *m* **2** *fig* Zierde *f*

de·co·ro·so [-o-] ADJ **1** anständig **2** schicklich

de·cor·ren·za [-ɛ-] F **1** Frist *f* **2** Laufzeit *f* ♦ **con ~ immediata** ab sofort gültig

de·cor·re·re [-o-] V/I ⟨3o; es⟩ laufen, verstreichen ♦ **a ~ da oggi** ab heute, von heute an

de·cor·so¹ [-'korso] ADJ **1** vergangen **2** (*scaduto*) abgelaufen

de·cor·so² [-'korso] M Ver-, Ablauf *m*: **~ della malattia** Krankheitsverlauf *m*

de·cot·to [-ɔ-] M Absud *m*

de·cre·men·to [-e-] M Abnahme *f*: **il ~ delle nascite** der Geburtenrückgang

de·cre·pi·tez·za [-e-] F Altersschwäche *f*, Hinfälligkeit *f*

de·cre·pi·to [-ɛ-] ADJ **1** altersschwach; hinfällig **2** *fig* überaltert, veraltet

de·cre·scen·za [-ɛ-] F Abnahme *f*

de·cre·sce·re [-e-] V/I ⟨3n; es⟩ abnehmen, zurückgehen

de·cre·ta·re V/T ⟨1a⟩ **1** verordnen, bestimmen **2** verhängen **de·cre·to** [-e-]

M JUR Erlass *m*; Beschluss *m*; Dekret *n* ♦ **-i delegati** Ermächtigungsgesetze *pl*

de·cu·pli·ca·re V/T ⟨1m *u.* d⟩ verzehnfachen

de·cu·plo [-ɛ-] A ADJ zehnfach B M Zehnfache *n*

de·cur·ta·re V/T ⟨1a⟩ kürzen: **~ lo stipendio a qn** j-m das Gehalt kürzen

de·cur·ta·zio·ne [-o-] F Kürzung *f*

de·da·lo [-ɛ-] M Labyrinth *n*

de·di·ca [-ɛ-] F Widmung *f*

de·di·ca·re ⟨1b *u.* d⟩ A V/T 1 widmen 2 weihen (*a. fig*) B V/PR **-rsi a qn/qc** sich j-m/etw widmen

de·di·to [-ɛ-] ADJ 1 ergeben 2 verfallen: **~ all'alcol** dem Alkohol verfallen

de·di·zio·ne [-o-] F Hingabe *f*

de·du·ci·bi·le ADJ 1 ableitbar 2 absetzbar: **spese -i** absetzbare Ausgaben *pl*

de·dur·re V/T ⟨3e⟩ 1 folgern, schließen: **~ qc da qc** etw aus etw folgern 2 HANDEL abziehen **de·du·zio·ne** [-o-] F 1 Folgerung *f* 2 HANDEL Abzug *m*

de·fal·ca·re V/T ⟨1d⟩ abziehen: **~ una somma da qc** eine Summe von etw abziehen

de·fal·co M Abzug *m*

de·fault [di'fɔ:lt] IT **di ~** Standard-, vorgegeben

de·fe·ca·re V/I ⟨1b *u.* d; av⟩ Stuhlgang haben

de·fe·ca·zio·ne [-o-] F Stuhlgang *m*

de·fe·ren·te [-ɛ-] ADJ ehrerbietig

de·fe·ren·za [-ɛ-] F Ehrerbietung *f*

de·fe·ri·re V/T ⟨4d⟩ JUR 1 überweisen: **~ una pratica a una commissione** einen Vorgang an einen Ausschuss überweisen 2 belangen, anzeigen

de·fe·zio·na·re V/I ⟨1a; av⟩ abfallen: **~ da un partito** von einer Partei abfallen

de·fe·zio·ne [-o-] F POL Abfall *m*

de·fi·cien·te [-ɛ-] A ADJ 1 schwachsinnig (*a.* MED) 2 -arm: **una dieta ~ di vitamine** eine vitaminarme Diät *f* B M/F 1 Schwachsinnige *m/f* 2 *pej* Idiot *m*, -in *f*

de·fi·cien·za [-ɛ-] F 1 Schwachsinn *m* (*a.* MED) 2 Mangel *m* 3 (Wissens)Lücke *f*

de·fi·cit [-ɛ-] M ⟨*inv*⟩ 1 Defizit *n*, Fehlbetrag *m* 2 *fig* Mangel *m* **de·fi·ci·ta·rio** ADJ 1 defizitär 2 *fig* mangelhaft

dé·fi·lé M ⟨*inv*⟩ Mode(n)schau *f*

de·fi·ni·bi·le ADJ bestimmbar, definierbar **de·fi·ni·re** ⟨4d⟩ A V/T 1 bestimmen, definieren 2 festlegen 3 entscheiden: **~ una controversia** eine Streitigkeit entscheiden B V/PR **-rsi** 1 sich bezeichnen 2 **-rsi attraverso qc/qn** sich durch etw/j-n äußern (*od* zeigen)

★**de·fi·ni·ti·vo** ADJ endgültig, definitiv

de·fi·ni·to ADJ 1 fest: **assumere una forma -a** feste Gestalt annehmen 2 festgelegt 3 FOTO, TV (*cinema*) scharf: **immagine (poco) -a** (un)scharfes Bild *n*

de·fi·ni·zio·ne [-o-] F 1 Definition *f* 2 Entscheidung *f*: **la ~ di una controversia** die Entscheidung einer Streitigkeit 3 (*cinema*) TV **~ dell'immagine** Bildauflösung *f*

de·fla·gra·re V/I ⟨1a; av⟩ detonieren

de·fla·zio·ne [-o-] F WIRTSCH Deflation *f*

de·flet·te·re [-ɛ-] V/I ⟨3qq ; av⟩ abweichen (*a. fig*)

de·flet·to·re [-o-] M AUTO Ausstellfenster *n*

de·flo·ra·re V/T ⟨1c⟩ entjungfern, deflorieren **de·flo·ra·zio·ne** [-o-] F Entjungferung *f*, Defloration *f*

de·flui·re V/I ⟨4d; es⟩ 1 ab-, herabfließen 2 (*persone*) (hinaus)strömen

de·flus·so M 1 Ab-, Rückfluss *m* 2 (*persone*) Herausströmen *n*

de·fo·(g)lian·te M Entlaubungsmittel *n*

de·fo·re·sta·zio·ne [-o-] F Abholzung *f*, Rodung *f*

de·for·man·te ADJ verzerrend, Zerr-: **specchio ~** Zerrspiegel *m*

de·for·ma·re ⟨1a⟩ A V/T 1 verformen, verbiegen 2 verzerren 3 verkrümmen 4 entstellen, verunstalten (*a. fig*) B V/PR **-rsi** 1 sich verformen 2 (*legno*) sich verziehen 3 sich verzerren 4 entstellt werden (*a. fig*) **de·for·ma·to** ADJ entstellt **de·for·ma·zio·ne** [-o-] F 1 Verformung *f* 2 Verkrümmung *f* 3 OPT *fig* Verzerrung *f* ♦ **~ professionale** Betriebsblindheit *f*, Berufskrankheit *f*

de·for·me [-o-] ADJ 1 missgebildet 2 (*storpio*) verkrüppelt 3 (*di rami, alberi*) krüpp(e)lig

de·for·mi·tà F ⟨*inv*⟩ Missbildung *f*

de·fram·men·ta·zio·ne [-o-] F IT Defragmentierung *f*: **effettuare la ~ di qc** etw defragmentieren

de·frau·da·re V/T ⟨1a⟩ **~ qn di qc** j-n um etw betrügen **de·frau·da·to** ADJ **sentirsi ~ di qc** sich um etw betrogen fühlen

de·fun·to **A** ADJ verstorben **B** M, **-a** F Verstorbene *m/f*

de·ge·ne·ra·re V/I ⟨1m *u.* b; av, es⟩ **1** ent-, ausarten (*a.* BIOL, MED *fig*): **~ in una rissa** in eine Schlägerei ausarten **2** (moralisch) verkommen **de·ge·ne·ra·ti·vo** ADJ degenerativ **de·ge·ne·ra·zio·ne** [-o-] F **1** Entartung *f* **2** Verkommenheit *f* **3** BIOL Degeneration *f*

de·ge·ne·re [-ɛ-] ADJ ungeraten: **un figlio ~** ein ungeratener Sohn *m*

de·gen·te [-ɛ-] ADJ bettlägerig: **essere ~ in ospedale** im Krankenhaus liegen

de·gen·za [-ɛ-] F **~ in ospedale** (*od* **ospedaliera**) Krankenhausaufenthalt *m*

★**de·gli** [-e-] → di

de·glu·ti·re V/T ⟨4d⟩ (ver)schlucken

de·gna·re ⟨1a⟩ **A** V/T würdigen: **non ~ qn di uno sguardo** j-n keines Blickes würdigen **B** V/I ⟨es⟩ & V/PR **-rsi** sich herablassen: **-rsi di fare qc** sich zu etw bequemen

de·gna·zio·ne [-o-] F Herablassung *f*

de·gno [-e-] ADJ **1** würdig, wert: **~ di lode** lobenswert; **~ di nota** bemerkenswert; **~ di un uomo** menschenwürdig **2** achtbar **3** lobenswert

de·gra·da·bi·le ADJ CHEM abbaubar

de·gra·da·re ⟨1a⟩ **A** V/T **1** MIL, PHYS degradieren **2** erniedrigen; entwürdigen **3** verschlechtern: **~ l'ambiente** die Umwelt schädigen **4** GEOL verwittern **5** CHEM abbauen, zersetzen **B** V/PR **-rsi** **1** verrohen; sich erniedrigen **2** verfallen **3** CHEM sich zersetzen **de·gra·da·zio·ne** [-o-] F **1** MIL, PHYS Degradierung *f* **2** *fig* Verrohung *f* **3** GEOL Verwitterung *f* **4** CHEM Abbau *m*, Zersetzung *f*

de·gra·do M Verfall *m*: **un edificio in stato di ~** ein verfallenes Gebäude *n* ♦ **~ ambientale** Umweltschäden *pl*

de·gu·sta·re V/T ⟨1a⟩ (ver)kosten

de·gu·sta·zio·ne [-o-] F **1** (Ver)Kosten *n* **2** Verkostung *f*; Kostprobe *f* ♦ **~ del vino** Weinprobe *f*

★**dei**[1] [-e-] → di

dei[2] [-ɛ-] → Dio

de·ie·zio·ne [-o-] F **1** Schutthalde *f* **2** (*da vulcano*) Auswurf *m* **3** MED Stuhlgang *m*

dei·fi·ca·re V/T ⟨1m *u.* d⟩ vergöttlichen

de·in·stal·la·re V/T ⟨1a⟩ deinstallieren

★**del** [-e-] → di

de·la·to·re [-o-] M, **-tri·ce** F Denunziant *m*, -in *f* **de·la·to·rio** [-ɔ-] ADJ denunzierend **de·la·zio·ne** [-o-] F Denunziation *f*

de·le·ga [-ɛ-] F Vollmacht *f* ♦ **per ~** im Auftrag

de·le·ga·re V/T ⟨1l *u.* b *u.* e⟩ beauftragen, ermächtigen; POL delegieren: **~ qc a qn** j-n mit etw beauftragen, j-n zu etw ermächtigen **de·le·ga·to** M, **-a** F Beauftragte *m/f*, Bevollmächtigte *m/f*; Delegierte *m/f* **de·le·ga·zio·ne** [-o-] F **1** Bevollmächtigung *f* **2** Abordnung *f*

De·le·mon·te [-o-] F Delsberg *n*, Delémont *n*

de·le·te·rio [-ɛ-] ADJ verderblich, schädlich

★**del·fi·no** M Delfin *m*

de·li·be·ra F JUR Beschluss *m*

de·li·be·ra·re ⟨1m⟩ **A** V/T beschließen; beraten **B** V/I ⟨av⟩ **~ in** (*od* **su**) **qc** über etw (*akk*) beschließen (*od* beraten) **de·li·be·ra·to** ADJ **1** absichtlich **2** entschlossen **de·li·be·ra·zio·ne** [-o-] F Beschluss *m*; Beratung *f*: **prendere una ~** einen Beschluss fassen

de·li·ca·tez·za [-e-] F **1** Zartheit *f*, Feinheit *f* **2** Empfindlichkeit *f* **3** Schwächlichkeit *f* **4** Feinfühligkeit *f*; Taktgefühl *n*; Rücksicht *f*

de·li·ca·to ADJ **1** zart **2** fein, delikat **3** empfindlich **4** heikel: **un incarico ~** ein heikler Auftrag *m* **5** feinfühlig **6** (*di detersivi*) schonend

de·li·mi·ta·re V/T ⟨1m⟩ **1** be-, abgrenzen (*a. fig*) **2** umgrenzen **de·li·mi·ta·zio·ne** [-o-] F Be-, Abgrenzung *f*, Umgrenzung *f*

de·li·ne·a·re ⟨1m⟩ **A** V/T umreißen (*a. fig*) **B** V/PR **-rsi** sich abzeichnen (*a. fig*)

de·lin·quen·te [-ɛ-] M/F **1** Verbrecher *m*, -in *f* **2** Gauner *m*, -in *f* ♦ **~ abituale** Gewohnheitsverbrecher *m*, -in *f*; **~ recidivo** Wiederholungstäter *m*

de·lin·quen·za [-ɛ-] F Kriminalität *f*

de·lin·que·re V/I ⟨3a⟩ JUR **associazione a ~** kriminelle Vereinigung

de·li·quio M Ohnmacht *f*

de·li·ran·te ADJ **1** im Delirium **2** *fig* absurd **3** tobend **de·li·ra·re** V/I ⟨1a; av⟩ **1** delirieren **2** fantasieren **3** außer sich sein **de·li·rio** M **1** Wahn *m* **2** Wahnvorstellung *f* **3** Begeisterungstaumel *m* **4** Rausch *m*: **~ dei sensi** Rausch *m* der Sinne

★**de·lit·to** M Verbrechen *n* (*a. fig*), Delikt *n*; JUR Straftat *f*: **commettere un ~** ein Verbrechen begehen ♦ **arma del ~** Mordwaffe *f*; **autore del ~** Täter *m*; **luogo del**

~ Tatort *m*; ~ **passionale** Affekthandlung *f*; ~ **a sfondo sessuale** Triebverbrechen *n*
de·li·zia F 1 Wonne *f*, Vergnügen *n*; Genuss *m* 2 Köstlichkeit *f* ♦ **croce e ~** Freude und Leid; ~ **del palato** Gaumenkitzel *m*
de·li·zio·so [-o-] ADJ 1 entzückend, reizend 2 köstlich
★**dell', del·la, del·le, del·lo** [-e-] → di
del·ta [-ɛ-] M ⟨*inv*⟩ Delta *n*
del·ta·pla·no M FLUG Drachen *m*
de·lu·ci·da·re V/T ⟨1m⟩ erklären
de·lu·ci·da·zio·ne [-o-] F Erklärung *f*
de·lu·den·te [-ɛ-] ADJ enttäuschend
de·lu·de·re V/T ⟨3q⟩ enttäuschen
★**de·lu·sio·ne** [-o-] F Enttäuschung *f*
de·ma·go·gi·a F Demagogie *f*
de·ma·go·go [-ɔ-] A ADJ demagogisch B M HIST Demagoge *m*
de·man·da·re V/T ⟨1a⟩ übertragen: ~ **un incarico a qn** j-m eine Aufgabe übertragen
de·ma·nia·le ADJ Domanial-; **beni -i** Staatsgüter *pl* **de·ma·nio** M 1 Domäne *f* 2 Domänenverwaltung *f*
de·mar·ca·re V/T ⟨1d⟩ demarkieren; (*confini*) festlegen **de·mar·ca·zio·ne** [-o-] F Demarkation *f*: **linea di ~** Demarkationslinie *f*
de·men·te [-ɛ-] A ADJ 1 schwachsinnig (*a.* MED) 2 blöd(e) B M/F 1 Schwachsinnige *m/f* 2 Idiot *m*, -in *f*, Irre *m/f* **de·men·za** [-ɛ-] F 1 Schwachsinn *m* (*a.* MED) 2 Blödheit *f* **de·men·zia·le** ADJ **sintomi -i** Anzeichen *pl* von Demenz; **atti -i** Schwachsinnigkeiten *pl*
de·me·ri·ta·re V/T ⟨1m *u.* b⟩ ~ **qc** etw nicht verdienen **de·me·ri·to** [-ɛ-] M Vergehen *n*, Schuld *f*; Versäumnis *n* ♦ **nota di ~** Verweis *m*, Tadel *m*
de·mi·li·ta·riz·za·re V/T ⟨1a⟩ entmilitarisieren
de·mi·sti·fi·ca·re V/T ⟨1m *u.* d⟩ entmystifizieren
★**de·mo·cra·ti·co** A ADJ demokratisch B M, **-a** F Demokrat *m*, -in *f* **de·mo·cra·tiz·za·re** V/T ⟨1a⟩ demokratisieren
★**de·mo·cra·zi·a** F Demokratie *f*
de·mo·cri·stia·no A ADJ christdemokratisch B M, **-a** F Christdemokrat *m*, -in *f*
dé·mo·dé ADJ ⟨*inv*⟩ aus der Mode
de·mo·gra·fi·a F Demografie *f* **de·mo·gra·fi·co** ADJ demografisch, Bevölkerungs-: **boom ~** Bevölkerungsexplosion *f*
de·mo·li·re V/T ⟨4d⟩ 1 ab-, niederreißen 2 sprengen: ~ **un ponte** eine Brücke sprengen 3 AUTO verschrotten 4 *umg* zu Schrott fahren 5 zerstören 6 *fig* verreißen **de·mo·li·to·re** [-o-] ADJ 1 Abriss- 2 zerstörerisch 3 *fig* vernichtend **de·mo·li·zio·ne** [-o-] F 1 Abriss *m* 2 Sprengung *f* 3 Verschrottung *f* 4 Zerstörung *f* 5 *fig* Verriss *m* 6 CHEM Abbau *m* ♦ **edificio in ~** Abrissgebäude *n*
de·mol·ti·pli·ca·re V/T ⟨1d⟩ TECH untersetzen **de·mol·ti·pli·ca·zio·ne** [-o-] F TECH Untersetzung *f*
de·mo·ne [-ɛ-] M 1 Dämon *m* 2 *fig* Teufel *m*
de·mo·ni·a·co ADJ 1 dämonisch 2 teuflisch **de·mo·nio** [-ɔ-] M 1 Teufel *m* 2 *fig* Satansbraten *m* 3 *fig* Teufelskerl *m*
de·mo·niz·za·re V/T ⟨1a⟩ verteufeln
de·mo·ra·liz·zan·te ADJ entmutigend
de·mo·ra·liz·za·re ⟨1a⟩ A V/T entmutigen; frustrieren B V/PR **-rsi** den Mut verlieren **de·mo·ra·liz·za·zio·ne** [-o-] F Entmutigung *f*
de·mor·de·re [-ɔ-] V/I ⟨3uu; av⟩ ablassen: **non demordo** (**da qc**) davon lasse ich nicht ab
de·mo·sco·pi·a F Meinungsforschung *f*, Demoskopie *f*
de·mo·sco·pi·co [-ɔ-] ADJ Meinungsforschungs-, demoskopisch: **istituto ~** Meinungsforschungsinstitut *n*
de·mo·ti·va·re ⟨1a⟩ A V/T demotivieren B V/PR **-rsi** demotiviert werden (*od* sein)
★**de·na·ro** M Geld *n*: ~ **in contanti** Bargeld *n*; *fig* ~ **che scotta** heißes Geld *n* ♦ **buttare il ~ dalla finestra** das Geld zum Fenster hinauswerfen; **avere ~ a palate** Geld wie Heu haben; **il ~ fa girare il mondo** Geld regiert die Welt; **il tempo è ~** Zeit ist Geld
de·na·ta·li·tà F Geburtenrückgang *m*
de·na·tu·ra·re V/T ⟨1a⟩ denaturieren, vergällen **de·na·tu·ra·to** ADJ denaturiert, vergällt: **alcol ~** denaturierter Alkohol *m*
de·ne·ga·re V/T ⟨1l *u.* b *u.* e *od* 1b *u.* e⟩ 1 verneinen, abstreiten 2 verweigern
de·ni·gra·re V/T ⟨1a⟩ verleumden **de·ni·gra·to·re** [-o-] M, **-tri·ce** F Verleumder *m*, -in *f* **de·ni·gra·to·rio** [-ɔ-] ADJ verleumderisch **de·ni·gra-**

D

zio·ne [-o-] F Verleumdung *f*

de·noc·cio·la·re VT ⟨1m *u.* c⟩ entkernen

de·no·mi·na·re ⟨1m *u.* c⟩ **A** VT (be)nennen, bezeichnen: **~ qc/qn** (**col nome di qn**) etw/j-n (nach j-m) benennen **B** VPR **-rsi** sich nennen, heißen **de·no·mi·na·to·re** [-o-] M MATH Nenner *m*: *fig* **trovare un ~ comune** einen gemeinsamen Nenner finden **de·no·mi·na·zio·ne** [-o-] F Benennung *f*, Bezeichnung *f* ♦ **~ di origine controllata** = *regionales Qualitätssiegel für z. B. Weine*; **~ sociale** Firma *f*, Firmenbezeichnung *f*

de·no·ta·re VT ⟨1l *u.* b *od* 1c⟩ **~ qc** auf etw (*akk*) hindeuten **de·no·ta·zio·ne** [-o-] F Andeutung *f*

den·si·tà [-s-] F **1** Dichte *f* (*a.* PHYS): **~ di popolazione** Bevölkerungsdichte *f* **2** Dickflüssigkeit *f* ♦ IT **dischetto ad alta ~** Highdensity-Diskette *f*

den·so ['dɛnso] ADJ **1** dicht, dick **2** dicht gedrängt: **un ~ programma** ein dicht gedrängter Terminplan **3** dickflüssig **4** *fig* **~ di qc** voll von etw, reich an etw (*dat*); **~ di significato** bedeutungsvoll

den·ta·le ADJ Zahn-, dental: **igiene ~** Zahnpflege *f* **den·ta·rio** ADJ Zahn-, dental: **placca -a** Zahnbelag *m* **den·ta·to** ADJ Zahn-, gezähnt: **ruota -a** Zahnrad *n*

den·ta·tu·ra F **1** Gebiss *n* **2** MECH Verzahnung *f*

★**den·te** [-ɛ-] M **1** Zahn *m* (*a.* TECH): **lavarsi i denti** sich (*dat*) die Zähne putzen **2** Zinke *f*, Zacke *f* ♦ ★ **al dente** bissfest; **battere i denti** mit den Zähnen klappern; **dente incisivo** Schneidezahn *m*; BOT **dente di leone** Löwenzahn *m*; **mal di denti** Zahnschmerzen *pl*; **dente molare** Backenzahn *m*; *fig* **mostrare i denti a qn** j-m die Zähne zeigen; **stringere i denti** die Zähne zusammenbeißen (*a. fig*); **tirare qc coi denti** etw an den Haaren herbeiziehen

den·tel·la·tu·ra F Zahnung *f*, Zähnung *f* **den·tel·lo** [-ɛ-] M Zacke *f*

den·ti·ce [-ɛ-] M ZOOL Zahnbrasse *f*

den·tie·ra [-ɛ-] F **1** (künstliches) Gebiss *n* **2** MECH Zahnstange *f* ♦ **ferrovia a ~** Zahnradbahn *f*

★**den·ti·fri·cio** M Zahnpasta *f*

den·ti·na F Zahnbein *n*

★**den·ti·sta** M/F Zahnarzt *m*, -ärztin *f*

den·ti·sti·co ADJ **studio ~** Zahnarztpraxis *f*

den·ti·zio·ne [-o-] F Zahnen *n*

★**den·tro** [-e-] **A** ADV **1** darin(nen); *umg* drin(nen) **2** herein **3** hinein **4** *umg* (*in prigione*) **essere ~** sitzen; **mettere ~ qn** j-n einlochen **5** *fig* (*nell'animo*) im Inner(ste)n **B** PRÄP **1** (*stato in luogo*) in (+*dat*): **il tuo cappotto è appeso ~ l'armadio** dein Mantel hängt im Schrank **2** (*moto a luogo*) in (+*akk*): **appendere i vestiti ~ un armadio** die Kleider in einen Schrank hängen **C** M Innere *n* ♦ **da ~** von (dr)innen; **darci ~** (**con qc**) sich (in etw [*akk*]) hineinknien; **là ~** da drinnen

de·nu·cle·a·riz·za·re VT ⟨1a⟩ entnuklearisieren, atomwaffenfrei machen **de·nu·cle·a·riz·za·to** ADJ atomwaffenfrei: **zona -a** atomwaffenfreie Zone *f* **de·nu·cle·a·riz·za·zio·ne** [-o-] F Kernwaffenabrüstung *f*

de·nu·da·re ⟨1a⟩ **A** VT entblößen (*a. fig*) **B** VPR **-rsi** sich entblößen

de·nun·cia F **1** Anzeige *f* **2** Meldung *f* **3** JUR Kündigung *f* ♦ **~ di morte** Todesanzeige *f*; **~ di reato** Strafanzeige *f*; **~ dei redditi** Einkommen(s)steuererklärung *f*

de·nun·cia·re VT ⟨1f⟩ **1** anzeigen: **~ qn alla polizia** j-n bei der Polizei anzeigen **2** (an)melden: **~ uno smarrimento** einen Verlust melden **3** angeben: **~ i redditi al fisco** das Einkommen bei der Steuerbehörde angeben **4** kündigen

de·nu·tri·to ADJ unterernährt

de·nu·tri·zio·ne [-o-] F Unterernährung *f*

de·o·do·ran·te M Deodorant *n*: **~ roll-on** Deoroller *m*; **~ spray** Deospray *m od n*; **~ stick** Deostift *m*

de·pau·pe·ra·men·to [-e-] M Verarmung *f*; (*di terreni*) Auslaugung *f* **de·pau·pe·ra·re** VT ⟨1m⟩ verarmen; (*terreni*) auslaugen

de·pen·na·re VT ⟨1a⟩ streichen: **~ un nome dalla lista** einen Namen von der Liste streichen

de·pe·ri·bi·le ADJ verderblich: **merce ~** verderbliche Ware *f* **de·pe·ri·bi·li·tà** F Verderblichkeit *f* **de·pe·ri·men·to** [-e-] M **1** Verfall *m* **2** (*di piante*) Verkümmerung *f* ♦ **alimentari soggetti a ~** verderbliche Lebensmittel

de·pe·ri·re VI ⟨4d; es⟩ **1** verfallen **2** (*piante*) verkümmern **3** (*merci*) verderben

de·pi·la·re ⟨1a⟩ **A** V/T enthaaren **B** V/PR **-rsi** sich enthaaren **de·pi·la·to·rio** [-ɔ-] **A** ADJ Enthaarungs-: **crema** ~**a** Enthaarungscreme *f* **B** M Enthaarungsmittel *n* **de·pi·la·zio·ne** [-o-] F Enthaarung *f*
de·pi·stag·gio M Irreleitung *f*
de·pi·sta·re V/T ⟨1a⟩ irreleiten
dé·pliant ['deplian] M ⟨*inv*⟩ Prospekt *m*
de·plo·ra·re V/T ⟨1c⟩ **1** tadeln **2** beklagen, bedauern **de·plo·ra·zio·ne** [-o-] F **1** Tadel *m* **2** Bedauern *n* **de·plo·re·vo·le** [-e-] ADJ **1** tadelnswert **2** beklagenswert, bedauerlich
de·por·re [-o-] ⟨3ll⟩ **A** V/T **1** absetzen; ab-, niederlegen (*a. fig*): ~ **il mandato** das Mandat niederlegen **2** (*uova*) legen **3** JUR ~ (**il falso**) eine (falsche) Aussage machen **B** V/I ⟨av⟩ JUR aussagen ♦ ~ **le armi** die Waffen strecken (*a. fig*); *fig* **qc depone a favore di qn** etw spricht für j-n
de·por·ta·re V/T ⟨1c⟩ deportieren **de·por·ta·to** M, **-a** F Deportierte *m/f* **de·por·ta·zio·ne** [-o-] F Deportation *f*
de·por·to [-ɔ-] M Deport *m*, Kursabzug *m*
de·po·si·tan·te **A** ADJ hinterlegend **B** M/F **1** Hinter-, Einleger *m*, -in *f* **2** (*di brevetto*) Patentanmelder *m*, -in *f*
de·po·si·ta·re ⟨1m *u.* c⟩ **A** V/T **1** abstellen, abgeben **2** FIN, JUR hinter-, einlegen **3** (*brevetto*) anmelden **4** lagern, deponieren **B** V/PR **-rsi** **1** sich (ab)setzen: **la polvere si deposita** der Staub setzt sich ab **2** CHEM sich niederschlagen **de·po·si·ta·rio** **A** ADJ verwahrend **B** M, **-a** F **1** Verwahrer *m*, -in *f* **2** *fig* Hüter *m*, -in *f* **de·po·si·ta·to** ADJ **marchio** ~ eingetragenes Warenzeichen *n*; **somma** ~**a** Hinterlegungssumme *f*
de·po·si·to [-ɔ-] M **1** FIN, JUR Hinterlegung *f* **2** FIN Einlage *f* **3** FIN Depotgeschäft *n* **4** Aufbewahrung *f* **5** Aufbewahrungsort *m*, Depot *n* (*a.* FIN) **6** (Waren-)Lager *n* **7** Lagerung *f* **8** Ablagerung *f* (*a.* GEOL, MED) ♦ ~ **di armi** Waffenlager *n*; ~ **bagagli** Gepäckaufbewahrung *f*; HANDEL **franco** ~ ab Lager; ~ **vincolato** Festgeld *n*
de·po·si·zio·ne [-o-] F **1** Niederlegung *f* **2** Absetzung *f* **3** JUR (Zeugen)Aussage *f* **4** ZOOL Eiablage *f*
de·pra·va·re V/T ⟨1a⟩ verderben
de·pre·ca·bi·le ADJ **1** verwerflich, tadelnswert **2** unwillkommen, unliebsam
de·pre·ca·re V/T ⟨1l *u.* b *u.* d *od* 1b *u.* d⟩ **1** missbilligen, tadeln **2** beschwören
de·pre·ca·zio·ne [-o-] F **1** Missbilligung *f*, Tadel *m* **2** Beschwörung *f*
de·pre·da·re V/T ⟨1b⟩ (aus)plündern, berauben **de·pre·da·to·re** [-o-] M, **-tri·ce** F Plünderer *m*, -rin *f*
de·pres·sio·ne [-o-] F **1** Senke *f*, Niederung *f* **2** METEO Tiefdruck *m*, Tief *n* **3** WIRTSCH Tiefstand *m*, Depression *f* (*a.* PSYCH) **de·pres·si·vo** ADJ depressiv
de·pres·so [-ɛ-] ADJ **1** niedergeschlagen **2** WIRTSCH rückständig
de·prez·za·men·to [-e-] M **1** Preissenkung *f* **2** Ent-, Abwertung *f*
de·prez·za·re ⟨1b⟩ **A** V/T **1** ~ **una merce** den Preis einer Ware senken **2** ent-, abwerten **B** V/PR **-rsi** an Wert verlieren
de·pri·men·te [-e-] ADJ deprimierend
de·pri·me·re ⟨3r⟩ **A** V/T **1** deprimieren; (*scoraggiare*) entmutigen **2** (*aggressività, eccitazione*) abschwächen; (*capacità di reazione*) vermindern **3** (*terreno*) sinken lassen **4** (*umiliare*) demütigen **B** V/PR **-rsi** deprimiert werden; entmutigt werden ♦ ~ **il mercato** den Markt drücken
de·pu·ra·re ⟨1a⟩ **A** V/T **1** reinigen, entgiften **2** CHEM klären **B** V/PR **-rsi** **1** sich reinigen **2** CHEM sich klären **de·pu·ra·ti·vo** **A** ADJ entschlackend **B** M Entschlackungsmittel *n* **de·pu·ra·to·re** [-o-] **A** ADJ Reinigungs-, Klär- **B** M Kläranlage *f* **de·pu·ra·zio·ne** [-o-] F **1** Reinigung *f*, Entgiftung *f*; (*di acqua*) Aufbereitung *f* **2** CHEM Klärung *f* ♦ ~ **dell'aria** Luftreinhaltung *f*; **impianto di** ~ Kläranlage *f*
de·pu·ta·re V/T ⟨1l *u.* b⟩ beauftragen, abordnen
★**de·pu·ta·ta** F Abgeordnete *f*
★**de·pu·ta·to** M, **-a** F Abgeordnete *m/f*: ~ **europeo** Europaabgeordnete *m*; **Camera dei ~i** Abgeordnetenhaus *n*
de·pu·ta·zio·ne [-o-] F Abordnung *f*
de·ra·glia·men·to [-e-] M Entgleisung *f*
de·ra·glia·re V/I ⟨1g; av⟩ entgleisen
de·re·go·la·men·ta·re V/T ⟨1a⟩ deregulieren
de·re·lit·to ADJ verlassen, vereinsamt
de·re·ta·no M Gesäß *n*, Hintern *m*
de·ri·de·re V/T ⟨3g⟩ auslachen, verspotten
de·ri·sio·ne [-o-] F Spott *m*, Verhöhnung *f*
de·ri·va F **1** Drift *f* **2** Abdrift *f* ♦ **andare**

alla ~ (ab)driften; *fig* sich treiben lassen; ~ **dei continenti** Kontinentalverschiebung *f*; **ghiaccio alla** ~ Treibeis *n*

D

de·ri·va·bi·le ADJ ableitbar, herleitbar

de·ri·va·re[1] ⟨1a⟩ **A** V/I ⟨es⟩ **1** herkommen, herrühren **2** entstehen **3** (*di corsi d'acqua*) entspringen **4** LING (ab)stammen **B** V/T ab-, herleiten ♦ **ne deriva che ...** daraus folgt, dass ...

de·ri·va·re[2] V/I ⟨1a; es⟩ SCHIFF, FLUG abdriften

de·ri·va·to M **1** LING abgeleitetes Wort *n* **2** CHEM Derivat *n*, Folgeprodukt *n* ♦ **-i del petrolio** die Erdölprodukte *pl*

de·ri·va·zio·ne [-o-] F **1** Ab-, Herleitung *f* **2** TECH, ELEK Abzweigung *f* **3** LING Ableitung *f*

der·ma·ti·te F Hautentzündung *f* **der·ma·to·lo·gi·a** F Dermatologie *f* **der·ma·to·lo·go** [-ɔ-] M, **-a** F Hautarzt *m*, -ärztin *f* **der·ma·to·pla·sti·ca** F Hauttransplantation *f* **der·ma·to·si** [-o-] F Hautkrankheit *f*

de·ro·ga [-ɛ-] F Abweichung *f*

de·ro·ga·re V/I ⟨1l *u.* b *u.* e; av⟩ abweichen, abgehen: ~ **ai propri principi** von seinen Grundsätzen abweichen

der·ra·ta F **1** Lebensmittel *n* **2** Ware *f*

de·ru·ba·re V/T ⟨1a⟩ berauben

de·sco [-e-] M Tisch *m*

de·scrit·ti·vo ADJ beschreibend

★**de·scri·ve·re** V/T ⟨3tt⟩ **1** beschreiben, schildern **2** ~ **una circonferenza** einen Kreis beschreiben **de·scri·zio·ne** [-o-] F Beschreibung *f*, Schilderung *f*

de·ser·ti·co [-ɛ-] ADJ wüstenhaft, Wüsten-

★**de·ser·to** [-ɛ-] **A** ADJ öde, verlassen **B** M Wüste *f*, (Ein)Öde *f*

de·si·de·ra·bi·le ADJ **1** begehrenswert, erstrebenswert **2** wünschenswert

★**de·si·de·ra·re** V/T ⟨1m⟩ **1** wünschen; mögen: **desidera una birra?** möchten Sie ein Bier? **2** verlangen: ~ **qn al telefono** j-n am Telefon verlangen ♦ **lasciare a** ~ zu wünschen übrig lassen

de·si·de·rio [-ɛ-] M **1** Wunsch *m*; Verlangen *n* **2** (*sessuale*) Begierde *f*

de·si·de·ro·so [-o-] ADJ begierig, begehrlich ♦ ~ **di riposo** Erholung suchend

de·si·gna·re V/T ⟨1a⟩ **1** bestimmen, festsetzen **2** (*di termini*) bezeichnen

de·si·gna·zio·ne [-o-] F Bestimmung *f*

de·si·nen·za [-ɛ-] F GRAM Endung *f*

de·si·ste·re V/I ⟨3f; av⟩ ablassen, abgehen: ~ **da un proposito** von einem Vorhaben ablassen

desk·top [dɛsk'tɔp] M ⟨*inv*⟩ IT Desktop *m*, Arbeitsoberfläche *f*

desk·top pu·bli·shing [dɛsk'tɔp-'pabliʃiŋ] M ⟨*inv*⟩ Desktop-Publishing *n*

de·so·lan·te ADJ trostlos

de·so·la·re V/T ⟨1a *od* 1l *u.* b⟩ **1** betrüben **2** verwüsten **de·so·la·to** ADJ trübselig; trostlos **de·so·la·zio·ne** [-o-] F Trostlosigkeit *f*; Trübseligkeit *f*

de·sol·fo·ra·zio·ne [-o-] F Entschwefelung *f*

de·sos·si·ri·bo·nu·clei·co [-ɛ-] ADJ **acido** ~ Desoxyribonukleinsäure *f*

de·spo·ta [-ɛ-] M Despot *m* (*a. fig*)

de·squa·ma·re ⟨1a⟩ **A** V/T (ab)schuppen **B** V/PR **-rsi** (sich) (ab)schuppen

★**des·sert** [des'sɛrt] M ⟨*inv*⟩ Nachtisch *m*

de·sta·bi·liz·za·re V/T ⟨1a⟩ destabilisieren

de·sta·gio·na·liz·za·to ADJ saisonbereinigt: **dati -i** saisonbereinigte Angaben *pl*

de·sta·re ⟨1a⟩ **A** V/T **1** wecken **2** *fig* (er)wecken, erregen: ~ **sospetti** Argwohn erregen **B** V/PR **-rsi** auf-, erwachen (*a. fig*)

de·sti·na·re V/T ⟨1a⟩ **1** bestimmen **2** ausersehen **3** vorsehen, zuweisen: ~ **qn a una carica** j-n für ein Amt vorsehen **4** MIL abkommandieren **5** anweisen: **gli fu destinato un posto** ihm wurde ein Platz angewiesen **6** widmen

de·sti·na·ta·rio M, **-a** F Empfänger *m*, -in *f*, Adressat *m*, -in *f* ♦ **chiamata a carico del** ~ R-Gespräch *n*; **tassa a carico del** ~ Postgebühr *f* bezahlt der Empfänger; ~ **sconosciuto** Empfänger unbekannt

de·sti·na·to ADJ **1** bestimmt; geweiht: **essere** ~ **alla rovina** dem Untergang geweiht sein **2** adressiert: **il pacco è** ~ **a lui** das Paket ist an ihn adressiert

de·sti·na·zio·ne [-o-] F **1** Bestimmungsort *m* **2** Bestimmung *f* ♦ **franco** ~ frei Bestimmungsort

★**de·sti·no** M Schicksal *n* ♦ **la forza del** ~ die Macht des Schicksals; **un segno del** ~ ein Wink *m* des Schicksals

de·sti·tu·i·re V/T ⟨4d⟩ absetzen, entlassen: ~ **qn da una carica** j-n aus seinem Amt entlassen **de·sti·tu·i·to** ADJ ~ **di significato** bedeutungslos **de·sti·tu·zio·ne** [-o-] F Absetzung *f*, Entlassung *f*

de·sto [-e-] ADJ wach (*a. fig*)

de·stra [-ɛ-] F Rechte *f* ♦ ★ **a ~** rechts; **circolazione a ~** Rechtsverkehr *m*; **curva a ~** Rechtskurve *f*; **partito di ~** Rechtspartei *f*; **essere di ~** rechts sein; **di estrema ~** rechtsradikal; **a ~ e manca** überall; **scrivere con la ~** mit rechts schreiben; **sulla ~** auf der rechten Seite; **tenere la ~** sich rechts halten

de·streg·giar·si [-s-] V/PR ⟨1f⟩ sich durchwinden, durchschlängeln (*a. fig*)

de·strez·za [-e-] F **1** Geschicklichkeit *f*, Fertigkeit *f* **2** Klugheit *f* ♦ **giochi di ~** Geschicklichkeitsspiele *pl*; **~ di mano** Fingerfertigkeit *f*

de·stri·ma·no **A** ADJ rechtshändig **B** M, **-a** F Rechtshänder *m*, -in *f*

★**de·stro** [-ɛ-] **A** ADJ **1** recht: **la mano -a** die rechte Hand; **sul lato ~** auf der rechten Seite **2** geschickt, tüchtig **B** M Gelegenheit *f*: **cogliere il ~** die Gelegenheit nutzen, wahrnehmen ♦ *fig* **braccio ~** rechte Hand *f*; **essere ~ di mano** fingerfertig sein

de·stror·so [-ɔ-] ADJ TECH rechtsdrehend, rechtsläufig

de·sue·to [-su'eto] ADJ veraltet **de·sue·tu·di·ne** F Veraltetsein *n* ♦ **cadere in ~** veralten

de·su·me·re ⟨3h⟩ **A** V/T **1** folgern, (er)schließen **2** entnehmen: **~ le proprie informazioni dai giornali** seine Informationen aus den Zeitungen entnehmen **B** V/PR **-rsi** sich erschließen

de·su·mi·bi·le ADJ erschließbar, ableitbar: **~ da qc** aus etw erschließbar

de·tas·sa·zio·ne [-o-] F Steuerbefreiung *f*

de·tec·ti·ve [de'tɛktiv] M/F ⟨*inv*⟩ Detektiv *m*, -in *f*

de·te·ne·re [-e-] V/T ⟨2q⟩ (inne)haben (*a.* SPORT): **~ il monopolio** das Monopol haben; **~ un primato** einen Rekord halten

de·ten·ti·vo ADJ Haft-, Gefängnis- ♦ **pena -a** Freiheitsstrafe *f*

de·ten·to·re [-o-] M, **-tri·ce** F **1** Inhaber *m*, -in *f* (*a.* SPORT): **il ~ di una carica** der Inhaber eines Amts; **il ~ del record** der Rekordhalter **2** Besitzer *m*, -in *f*

★**de·te·nu·ta** F Gefangene *f*

★**de·te·nu·to** **A** ADJ inhaftiert **B** M Häftling *m*, Gefangene *m* **de·ten·zio·ne** [-o-] F **1** Besitz *m*: **~ abusiva di armi** unerlaubter Waffenbesitz *m* **2** Haft *f*

de·ter·gen·te [-ɛ-] **A** ADJ reinigend, Reinigungs-: **latte ~** Reinigungsmilch *f* **B** M Reinigungsmittel *n*

de·ter·ge·re [-ɛ-] V/T ⟨3uu⟩ reinigen

de·te·rio·ra·bi·le ADJ leicht verderblich **de·te·rio·ra·men·to** [-e-] M Verderben *n*

de·te·rio·ra·re ⟨1a⟩ **A** V/T **1** verderben **2** beschädigen **3** *fig* verschlechtern **B** V/PR **-rsi** **1** verderben **2** *fig* sich verschlechtern **de·te·rio·ra·to** ADJ verdorben; beschädigt

de·te·rio·re [-o-] ADJ minder(wertig)

de·ter·mi·na·bi·le ADJ bestimmbar

de·ter·mi·nan·te ADJ ausschlaggebend

de·ter·mi·na·re V/T ⟨1m *u.* b⟩ **1** bestimmen; festsetzen **2** bedingen, verursachen **3** ausschlaggebend sein für **de·ter·mi·na·tez·za** [-e-] F **1** Bestimmtheit *f*; Genauigkeit *f* **2** Entschiedenheit *f*

de·ter·mi·na·ti·vo ADJ bestimmend ♦ **articolo ~** bestimmter Artikel *m*

de·ter·mi·na·to ADJ **1** festgesetzt **2** bestimmt: **in -e circostanze** unter bestimmten Umständen **3** eindeutig, klar **4** -bedingt: **~ dall'età** altersbedingt **5** resolut ♦ **lavoro a tempo ~** befristetes Arbeitsverhältnis *n*

de·ter·mi·na·zio·ne [-o-] F **1** Bestimmung *f*; Festlegung *f* **2** *fig* Entschlossenheit *f*, Bestimmtheit *f*

de·ter·ren·te [-ɛ-] **A** ADJ abschreckend, Abschreckungs- **B** M Abschreckungsmittel *n*

★**de·ter·si·vo** [-s-] **A** ADJ Reinigungs-, Wasch- **B** M Reinigungs-, Waschmittel *n* ♦ **~ per capi delicati** Feinwaschmittel *n*; **~ per (i) piatti** Spülmittel *n*; **~ universale** Vollwaschmittel *n*

de·te·sta·bi·le ADJ verabscheuenswert

de·te·sta·re ⟨1b⟩ **A** V/T verabscheuen **B** V/PR **-rsi** sich verabscheuen

de·to·nan·te **A** ADJ Spreng- **B** M Spreng-, Zündstoff *m* **de·to·na·re** V/I ⟨1c; av⟩ detonieren **de·to·na·zio·ne** [-o-] F Detonation *f*

de·tra·i·bi·le ADJ abzugsfähig

de·trar·re V/T ⟨3xx⟩ abziehen; abschreiben: **~ l'IVA** die MwSt. abziehen

de·trat·to·re [-o-] M, **-tri·ce** F Verleumder *m*, -in *f*

de·tra·zio·ne [-o-] F Abzug *m*; Abschreibung *f* ♦ **~ d'imposta** Steuerabzug *m*; **soggetto a ~** abzugspflichtig

de·tri·men·to [-e-], **a ~ di qn** zu j-s

D

Schaden
de·tri·ti MPL **1** GEOL Geröll *n* **2** Schutt *m*
de·tro·niz·za·re V/T ⟨1a⟩ entthronen (*a. fig*)
det·ta [-e-], **a ~ di qn** nach Aussage von j-m
det·ta·glian·te M/F Einzelhändler *m*, -in *f* **det·ta·glia·to** ADJ detailliert, ausführlich
det·ta·glio M Einzelheit *f*, Detail *n*: **entrare nel ~** ins Detail gehen; **in ~** eingehend; **vendita al ~** Einzelverkauf *m*
det·ta·me M Gebot *n*; Diktat *n*
det·ta·re V/T ⟨1a⟩ **1** diktieren (*a. fig*) **2** auferlegen ♦ **dettar legge** den Ton angeben
det·ta·to **A** ADJ -bedingt: **~ dalle circostanze** situationsbedingt **B** M **1** Diktat *n* **2** Vorschrift *f* **det·ta·tu·ra** F Diktat *n*: **scrivere sotto ~** nach Diktat schreiben
det·ti [-ɛ-] → dare[1]
det·to [-e-] **A** ADJ besagt, (oben) genannt **B** M (Aus)Spruch *m* ♦ **altrimenti ~** anders ausgedrückt; **~ fatto** gesagt, getan; **come non ~** vergiss es
de·tur·pa·men·to [-e-] M Entstellung *f*, Verunstaltung *f* **de·tur·pa·re** V/T ⟨1a⟩ entstellen, verunstalten, verschandeln
de·va·lu·ta·zio·ne [-o-] F WIRTSCH Abwertung *f*
de·va·stan·te ADJ verheerend
de·va·sta·re V/T ⟨1a⟩ **1** verwüsten, verheeren **2** zerstören **de·va·sta·to** ADJ **1** verwüstet **2** verunstaltet **3** zerstört **de·va·sta·to·re** [-o-] **A** ADJ verheerend, zerstörerisch **B** M, **-tri·ce** F Zerstörer *m*, -in *f* **de·va·sta·zio·ne** [-o-] F Verwüstung *f*, Verheerung *f*
de·vian·za F Abweichung *f*
de·via·re **A** V/I ⟨1h; av⟩ **1** abweichen (*a. fig*); abbiegen: **~ a sinistra** nach links abbiegen; **~ dalla rotta** vom Kurs abweichen **2** abzweigen **3** abschweifen, abkommen **B** V/T **1** ablenken (*a.* SPORT), ableiten **2** (*traffico, corsi d'acqua*) umleiten
de·via·zio·ne [-o-] F **1** Abweichung *f* (*a. fig*), Ableitung *f* **2** PHYS, SPORT Ablenkung *f* **3** Umweg *m*: **fare una ~** einen Umweg machen **4** (*di strade*) Abzweigung *f* **5** (*del traffico*) Umleitung *f* ♦ TEL **~ di chiamata** (An)Rufumleitung *f*
de·vo·lu·zio·ne [-o-] F Zuwendung *f*, Übertragung *f*
de·vol·ve·re [-ɔ-] V/T ⟨3g⟩ übertragen, zuwenden
de·vo·to [-ɔ-] ADJ **1** hingebungsvoll; ergeben: **essere ~ a qn** j-m ergeben sein **2** fromm, gottesfürchtig
de·vo·zio·ne [-o-] F **1** Ergebenheit *f*; Hingabe *f*: **~ per i (ai) genitori** Hingabe *f* an die Eltern **2** REL Verehrung *f* **3** *pl* Gebete *pl*
★**di** PRÄP **1** von (*tradotto anche con genitivo o composto*): **il padre ~ Luca** der Vater von Luca (*od* Lucas Vater); **il duomo ~ Milano** der Mailänder Dom; **un bambino ~ dieci anni** ein zehnjähriges Kind **2** (*non tradotto*) **la città ~ Torino** die Stadt Turin; **il mese ~ aprile** der Monat April; **un pezzo ~ pane** ein Stück Brot **3** über: **parlare ~ politica** über Politik sprechen; **un libro ~ storia** ein Geschichtsbuch **4** aus; **una giacca ~ pelle** eine Lederjacke; **è nativo dell'Umbria** er stammt aus Umbrien **5** vor: **piangere ~ gioia** vor Freude weinen **6** (*paragone*) als: **Davide è più (meno) alto ~ te** David ist größer (kleiner) als du **7** (*moto*) von; nach: **andare via ~ casa** von zu Hause weggehen; **vado ~ sopra (~ là)** ich gehe nach oben (nach nebenan) **8** (*determinazione di tempo*) in, an, während: **~ notte** in der Nacht (*od* nachts); **~ lunedì** montags **9** mit: **spalmare il pane ~ burro** das Brot mit Butter bestreichen **10** zu ..., dass ...: **capita ~ sbagliare** es kann passieren, dass man sich irrt; **è ora ~ partire** es ist Zeit zu gehen ♦ **a causa ~ qn/qc** wegen j-s/etw (*gen*); **dopo ~ Lei, prego!** bitte nach Ihnen!; **a fianco ~ qn/qc** neben j-m/etw; **la casa ~ fronte** das Haus gegenüber; **(al ~) fuori ~** außerhalb (+*gen*); **~ gran lunga** bei Weitem; **al ~ là ~** jenseits von; **~ meno** weniger; **pieno ~** voll (von); **al posto ~ qn** an j-s Stelle; **povero ~** arm an; **~ più** mehr; **un po' ~**

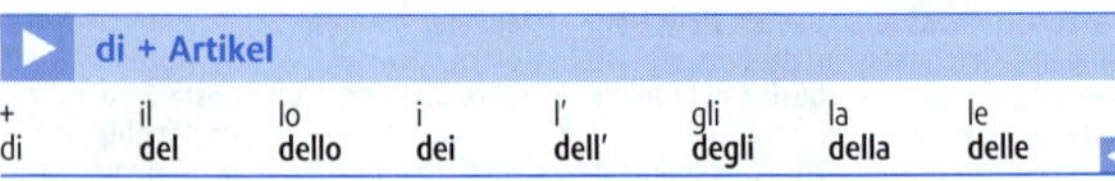

di + Artikel

+	il	lo	i	l'	gli	la	le
di	**del**	**dello**	**dei**	**dell'**	**degli**	**della**	**delle**

vino ein wenig Wein; **privo ~** ohne, -los; **privo ~ tatto** taktlos; **~ recente** kürzlich; **ricco ~** reich an, -reich

dì M *poet* Tag *m* ♦ **notte e ~** Tag und Nacht

dia·be·te [-ɛ-] M Zuckerkrankheit *f* **dia·be·ti·co** [-ɛ-] A ADJ zuckerkrank B M, **-a** F Zuckerkranke *m/f*

dia·bo·li·co [-ɔ-] ADJ teuflisch, *poet* diabolisch

dia·co·nes·sa [-e-] F Diakonisse *f*

dia·co·no M Diakon *m*

dia·de·ma [-ɛ-] M Diadem *n*

dia·fa·no ADJ durchsichtig, -scheinend

dia·fo·re·ti·co [-ɛ-] ADJ schweißtreibend

dia·fram·ma M 1 Scheidewand *f*; Barriere *f* 2 ANAT Zwerchfell *n* 3 FOTO Blende *f* 4 Diaphragma *n* **dia·fram·ma·re** ⟨1a⟩ A V/T mit einer Blende versehen B V/I ⟨av⟩ FOTO die Blende einstellen

dia·gno·si F Diagnose *f* (*a. fig*): **~ sbagliata** Fehldiagnose *f*

dia·gno·sti·ca [-ɔ-] F Diagnostik *f*: **~ computerizzata** Computerdiagnostik *f*

dia·gno·sti·ca·re V/T ⟨1n *u.* c *u.* d⟩ diagnostizieren

dia·gno·sti·co [-ɔ-] ADJ Diagnose-: **centro ~** Diagnosezentrum *n*

dia·go·na·le A ADJ diagonal (*a.* GEOM), Diagonal-, schräg B F Diagonale *f* (*a.* GEOM) ♦ **in ~** schräg, quer

dia·gram·ma M Diagramm *n*, Schaubild *n*: **~ a torta** Tortendiagramm *n*

dia·let·ta·le ADJ mundartlich

dia·let·ti·ca [-ɛ-] F Dialektik *f*

dia·let·to [-ɛ-] M Mundart *f*, Dialekt *m*

dia·li·si F ⟨*inv*⟩ Dialyse *f*

dia·liz·za·to·re [-o-] M 1 CHEM Dialysator *m* 2 MED Dialysegerät *n*

dia·lo·ga·re V/I ⟨1l *u.* e; av⟩ sich unterhalten, miteinander reden: **~ con qn di qc** sich mit j-m über etw (*akk*) unterhalten

dia·lo·go M (Zwie)Gespräch *n*; Dialog *m* (*a. cinema* TV, IT): **~ computer e stampante** Dialog *m* zwischen Computer und Drucker

★**dia·man·te** M Diamant *m* ♦ **~ grezzo** Rohdiamant *m*; *fig* **la punta di ~ di qc** die Spitzenkraft von etw

dia·me·tra·le ADJ diametral **dia·me·tro** M 1 Durchmesser *m* 2 TECH Weite *f*

dia·mi·ne INT verdammt, Mensch, zum Teufel

dia·pa·son M ⟨*inv*⟩ Stimmgabel *f*

dia·po·si·ti·va F Dia(positiv) *n* ♦ **proiettore per -e** Diaprojektor *m*

dia·ria F 1 Tagegeld *n* 2 Diäten *pl*

dia·rio M Tagebuch *n* ♦ SCHIFF **~ di bordo** Logbuch *n*

diar·re·a [-ɛ-] F Durchfall *m*

dia·sco·pi·a F Röntgendurchleuchtung *f*

dia·spo·ra F HIST Diaspora *f*

dia·spro M Jaspis *m*

dia·vo·le·ri·a F 1 Teufelei *f* 2 böser Streich *m* **dia·vo·let·to** [-e-] M 1 Teufelchen *n* 2 *hum* Schlingel *m* 3 Lockenwickler *m*

★**dia·vo·lo** M Teufel *m* (*a. fig*): **chissà dove ~ è!** weiß der Teufel, wo das ist! ♦ **essere come il ~ e l'acqua santa** wie Hund und Katze sein; **al ~!** zum Teufel!; **avere un ~ per capello** fuchsteufelswild sein; **abitare a casa del ~** am Ende der Welt wohnen; **fa un freddo del ~** es ist teuflisch kalt; **mandare al ~ qn** j-n zum Teufel wünschen, jagen; **mandare tutto al ~** den ganzen Kram hinwerfen; **un povero ~** ein armer Teufel *m*; **fare il ~ a quattro** den wilden Mann spielen; **va' al ~** geh, scher dich zum Teufel!

di·bat·te·re ⟨3a⟩ A V/T 1 erörtern, debattieren 2 JUR verhandeln B V/PR **-rsi** 1 um sich schlagen, zappeln 2 *fig* ringen: **-rsi nel dubbio** mit Zweifeln ringen

di·bat·ti·men·to [-e-] M Debatte *f*; Verhandlung *f* (*a.* JUR) **di·bat·ti·to** M Debatte *f*; Beratung *f*: **~ televisivo** Fernsehdebatte *f* **di·bat·tu·to** ADJ strittig, umstritten

di·ca·ste·ro [-ɛ-] M Ministerium *n*

★**di·cem·bre** [-ɛ-] M Dezember *m*: **in ~** im Dezember; **il 10 ~** (am) 10. Dezember; → a. aprile

di·ce·ri·a F Gerücht *n*; Gerede *n*

★**di·chia·ra·re** ⟨1a⟩ A V/T 1 erklären; kundtun, äußern 2 angeben: **~ le proprie generalità** seine Personalien angeben B V/PR **-rsi** sich erklären ♦ **niente da ~?** haben Sie etwas zu verzollen?

di·chia·ra·ti·vo ADJ erklärend ♦ **giuramento ~** Offenbarungseid *m*

di·chia·ra·to ADJ erklärt: **un nemico ~** ein erklärter Gegner, Feind

★**di·chia·ra·zio·ne** [-o-] F 1 Erklärung *f*, Angabe *f*, Deklaration *f* (*a.* HANDEL, JUR) 2 Aussage *f*; Äußerung *f*: **~ giurata** eidesstattliche Erklärung *f* ♦ ~ **d'amore** Liebeserklärung *f*; ~ **dei diritti dell'uomo** Menschenrechtserklärung *f*; ~ **di guerra** Kriegserklärung *f*; ~ **dei redditi** Einkommen(s)steuererklärung *f*

D

★**di·cian·no·ve** [-o-] ADJ ⟨*inv*⟩ neunzehn **di·cian·no·ven·ne** [-ɛ-] ADJ neunzehnjährig **di·cian·no·ve·si·mo** [-ɛ-] **A** ADJ neunzehnte **B** M, **-a** F **1** Neunzehnte *m/f* **2** **diciannovesimo** *m* Neunzehntel *n*; → a. quinto

★**di·cias·set·te** [-ɛ-] ADJ ⟨*inv*⟩ siebzehn **di·cias·set·ten·ne** [-ɛ-] ADJ siebzehnjährig **di·cias·set·te·si·mo** [-ɛ-] **A** ADJ siebzehnte **B** M, **-a** F **1** Siebzehnte *m/f* **2** **diciassettesimo** *m* Siebzehntel *n*; → a. quinto

di·ciot·ten·ne [-ɛ-] ADJ achtzehnjährig *f*

di·ciot·te·si·mo [-ɛ-] **A** ADJ achtzehnte **B** M, **-a** F **1** Achtzehnte *m/f* **2** **diciottesimo** *m* Achtzehntel *n*; → a. quinto

★**di·ciot·to** [-ɔ-] ADJ ⟨*inv*⟩ achtzehn

di·ci·tu·ra F Aufschrift *f*, Beschriftung *f*

di·da·sca·li·a F **1** Bildunterschrift *f*, Legende *f* **2** (*cinema*) Untertitel *m* **3** THEAT Regieanweisung *f* **di·da·sca·li·co** ADJ lehrhaft, Lehr-

di·dat·ti·ca F Didaktik *f*

di·dat·ti·co ADJ **1** didaktisch, Lehr-, Unterrichts- **2** *fig* belehrend

di·den·tro [-e-] M ⟨*inv*⟩ Innere *n*: **guardare qc dal** ~ etw von innen betrachten

di·die·tro [-ɛ-] **A** ADJ ⟨*inv*⟩ hintere, Hinter- **B** M ⟨*inv*⟩ **1** Hinterseite *f* **2** *umg* Hintern *m*

★**die·ci** [-ɛ-] ADJ ⟨*inv*⟩ zehn: **erano in** ~ sie waren zu zehnt; → a. cinque

die·ci·mi·la ADJ ⟨*inv*⟩ zehntausend

die·di [-ɛ-] → dare[1]

die·sel [-iː-] **A** ADJ ⟨*inv*⟩ diesel-, Diesel-: **motore** ~ Dieselmotor *m* **B** M ⟨*inv*⟩ Diesel *m*

die·sis [-ɛ-] M ⟨*inv*⟩ MUS Kreuz *n*: **do** ~ cis, Cis

★**die·ta**[1] [-ɛ-] F Diät *f* ♦ **essere a** ~ auf Diät sein; ~ **dimagrante** Schlankheits-, Abmagerungskur *f*

die·ta[2] [-ɛ-] F **1** Versammlung *f* **2** HIST Reichstag *m*; Landtag *m*

die·te·ti·ca [-ɛ-] F Ernährungslehre *f*, Diätetik *f* **die·te·ti·co** [-ɛ-] ADJ diätetisch, Diät-: **alimentazione -a** Diätkost *f*

★**die·tro** [-ɛ-] **A** ADV hinten **B** PRÄP **1** (*stato in luogo*) hinter (+*dat*): **stare** ~ **(al)la porta** hinter der Tür stehen; **erano seduti** ~ **di me** sie saßen hinter mir **2** (*moto a luogo*) hinter (+*akk*): **cadere** ~ **(al)l'armadio** hinter den Schrank fallen **3** HANDEL, JUR gegen, auf: ~ **ricevuta** gegen Quittung; ~ **domanda** auf Anfrage **C** M Hinter-, Rückseite *f* ♦ **andare** ~ **a qn/qc** hinter j-m/etw hergehen, j-m/etw nachgehen (*a. fig*); **mettersi in fila** ~ **agli altri** sich hinten anstellen; **portarsi** ~ **qn/qc** j-n/etw mitbringen; **ridere** ~ **a qn** hinter j-s Rücken lachen; **star** ~ **a qn** j-m nachgehen; sich um j-n kümmern; hinter j-m/etw her sein

die·tro·front [-o-] M ⟨*inv*⟩ Kehrtwendung *f* (*a. fig*) ♦ **fare** ~ kehrtmachen (*a. fig*)

di·fat·ti KONJ in der Tat

★**di·fen·de·re** [-e-] ⟨3c⟩ **A** V/T **1** verteidigen **2** wahren, wahrnehmen **3** schützen **B** V/PR **-rsi** **1** sich verteidigen: **-rsi da accuse ingiuste** sich gegen ungerechte Beschuldigungen verteidigen **2** sich schützen: **-rsi dal freddo** sich vor Kälte schützen **3** *umg* sich gut, wacker schlagen

di·fen·di·bi·le ADJ gut zu verteidigen

di·fen·si·va [-s-] F Defensive *f* (*a. fig*): **stare sulla** ~ in der Defensive sein **di·fen·si·vo** ADJ Verteidigungs-, Defensiv-

di·fen·so·re [-o-] M, **di·fen·di·tri·ce** F Verteidiger *m*, -in *f* (*a.* JUR, SPORT) ♦ **avvocato** ~ Strafverteidiger *m*; ~ **civico** Ombudsmann *m*

★**di·fe·sa** [-e-] F **1** Verteidigung *f* (*a.* MIL, SPORT, JUR): **assumere la** ~ **di qn** j-s Verteidigung übernehmen **2** JUR Plädoyer *n*; Verteidigungsschrift *f* **3** Schutz *m*: **cercare** ~ **dal vento** Schutz vor dem Wind suchen ♦ ~ **aerea** Flugabwehr *f*; ~ **dell'ambiente** Umweltschutz *m*; **-e immunitarie** Abwehrkräfte *pl*; **per legittima** ~ aus, in Notwehr *f*; **prendere le -e di qn** j-s Partei ergreifen; **privo di** ~ wehrlos

di·fe·so [-e-] ADJ **1** verteidigt **2** geschützt

di·fet·ta·re V/I ⟨1b; av⟩ mangeln: **a qn difetta** (*od* **qn difetta di**) **qc** j-m mangelt es an etw (*dat*) **di·fet·to** [-ɛ-] M Fehler *m*, Mangel *m* ♦ **esente da -i** einwandfrei; ~ **di fabbricazione** Herstellungsfehler *m*; **far** ~ fehlen; **sentirsi in** ~ sich schuldig fühlen

di·fet·to·si·tà F Fehler-, Mangelhaftigkeit *f* **di·fet·to·so** [-o-] ADJ **1** defekt

2 fehler-, mangelhaft
dif·fa·ma·re VT ⟨1a⟩ verleumden, diffamieren **dif·fa·ma·to·re** [-o-] M, **-tri·ce** F Verleumder *m*, -in *f* **dif·fa·ma·to·rio** [-ɔ-] ADJ verleumderisch, Verleumdungs- **dif·fa·ma·zio·ne** [-o-] F **1** Verleumdung *f* **2** JUR üble Nachrede *f* ♦ JUR **querela per ~** Verleumdungsklage *f*
dif·fe·ren·te [-ɛ-] ADJ verschieden, unterschiedlich, anders
★**dif·fe·ren·za** [-ɛ-] F **1** Unterschied *m* **2** MATH Differenz *f* **3** Restbetrag *m* ♦ **~ d'età** Altersunterschied *m*; **a ~ di te** im Unterschied zu dir; **con la ~ che** … mit dem Unterschied, dass …; **(non) fare -e** (keine) Unterschiede machen
dif·fe·ren·zia·le **A** ADJ differenziell; Differenzial- **B** M MECH, MATH Differenzial *n* ♦ MATH **calcolo ~** Differenzialrechnung *f*
dif·fe·ren·zia·re ⟨1f⟩ **A** VT unterscheiden: **~ qc da qc** etw von etw unterscheiden **B** VPR **-rsi** sich unterscheiden: **-rsi da qn/qc in qc** sich von j-m/etw in etw (*dat*) unterscheiden; **-rsi per qc** sich durch etw unterscheiden
dif·fe·ren·zia·to ADJ unterschiedlich, unterschieden ♦ **raccolta -a** Mülltrennung *f*
dif·fe·ren·zia·zio·ne [-o-] F Unterscheidung *f*, Differenzierung *f*
dif·fe·ri·bi·le ADJ auf-, verschiebbar
dif·fe·ri·men·to [-e-] M Aufschub *m*, Aufschieben *n*
dif·fe·ri·re ⟨4d⟩ **A** VI ⟨av⟩ abweichen: **~ in** (*od* **per**) **qc** in etw (*dat*) abweichen **B** VT auf-, verschieben **dif·fe·ri·to** ADJ zeitversetzt: **trasmissione -a** zeitversetzte Übertragung
★**dif·fi·ci·le** ADJ **1** schwer, schwierig, heikel: **è ~ a dirsi** das ist schwer zu sagen **2** kaum, schwerlich ♦ **fare il/la ~** sich bitten lassen; **essere di gusti -i** wählerisch sein; **riuscire ~** schwerfallen
★**dif·fi·col·tà** F ⟨inv⟩ Schwierigkeit *f*: **essere in ~** in Schwierigkeiten geraten ♦ **grado di ~** Schwierigkeitsgrad *m*; **mettere avanti delle ~** Einwände vorbringen
dif·fi·col·to·so [-o-] ADJ schwierig, schwer, haarig
dif·fi·da F JUR, SPORT Verwarnung *f*
dif·fi·da·re ⟨1a⟩ **A** VI ⟨av⟩ misstrauen: **~ di qn/qc** j-m/etw misstrauen **B** VT JUR verwarnen: **~ qn dal fare qc** j-n wegen etw (*gen*) verwarnen **dif·fi·den·te** [-ɛ-] ADJ misstrauisch **dif·fi·den·za** [-ɛ-] F Misstrauen *n*, Argwohn *m* ♦ **guardare con ~** misstrauisch blicken
dif·fon·de·re [-o-] ⟨3bb⟩ **A** VT **1** verbreiten **2** ausströmen **3** RADIO, TV ausstrahlen, senden **B** VPR **-rsi** **1** sich ausbreiten **2** *fig* sich auslassen, sich verbreiten
dif·for·me [-o-] ADJ ungleich; verschieden
dif·for·mi·tà F ⟨inv⟩ Ungleichheit *f*; Verschiedenheit *f*
dif·fra·zio·ne [-o-] F Beugung *f*, Diffraktion *f*
dif·fu·sio·ne [-o-] F **1** Verbreitung *f*: **un quotidiano di grande ~** eine weitverbreitete Tageszeitung **2** Ausbreitung *f* **3** RADIO, TV Ausstrahlung *f* ♦ RADIO, TV **area di ~** Sendebereich *m*; **la ~ della luce** die Streuung des Lichts
dif·fu·so ADJ **1** verbreitet **2** ausführlich ♦ **luce -a** diffuses Licht *n*; **avere dolori -i** diffuse Schmerzen haben
di·fi·la·to ADV **1** geradewegs, schnurstracks **2** ununterbrochen
dif·te·ri·te F Diphtherie *f*
di·ga F Damm *m* (*a. fig*); Deich *m*: **~ di protezione** Schutzdamm *m*; **~ di sbarramento** Staudamm *m*
di·ge·ren·te [-ɛ-] ADJ Verdauungs-
di·ge·ri·bi·le ADJ verdaulich (*a. fig*)
di·ge·ri·bi·li·tà F Verdaulichkeit *f*
di·ge·ri·re VT ⟨4d⟩ verdauen (*a. fig*) **di·ge·stio·ne** [-o-] F Verdauung *f* **di·ge·sti·vo** **A** ADJ **1** Verdauungs- **2** verdauungsfördernd **B** M Magenbitter *m*
di·gi·ta·le[1] ADJ Finger-: **impronta ~** Fingerabdruck *m*
di·gi·ta·le[2] ADJ TECH digital, Digital-: **orologio ~** Digitaluhr *f*
di·gi·ta·le[3] F BOT Fingerhut *m*
di·gi·ta·liz·za·re VT ⟨1a⟩ digitalisieren **di·gi·ta·liz·za·zio·ne** [-o-] F Digitalisierung *f*
di·gi·ta·re VT ⟨1l⟩ eintippen; (*su computer*) eingeben
di·giu·na·re VI ⟨1a; av⟩ fasten
di·giu·no[1] ADJ **1** **essere ~** hungern **2** nüchtern: **a stomaco ~** auf nüchternen Magen **3** *fig* **essere ~ di notizie** ohne Nachricht(en) sein **4** **essere ~ di chimica** nichts von Chemie verstehen
di·giu·no[2] M Fasten *n* (*a.* REL) ♦ **a ~** nüchtern; **giorno di ~** Fasttag *m*; **lasciare a ~ qn** j-n hungern lassen; **periodo del ~**

D

Fastenzeit *f*; **stare a ~** hungern
di·gni·tà F Würde *f*
di·gni·ta·rio M, **-a** F Würdenträger *m*, -in *f*
di·gni·to·so [-o-] ADJ würdig, würdevoll
di·gra·da·men·to [-e-] M (*di colori, suoni*) Abtönung *f*, Abstufung *f* **di·gra·dan·te** ADJ abfallend **di·gra·da·re** V/I ⟨1a; es⟩ **1** abfallen, sich neigen **2** (*di colori*) abtönen, abstufen **3** (*di suoni*) ab-, ausklingen
di·gres·sio·ne [-o-] F Abschweifung *f*
di·gres·si·vo ADJ abschweifend
di·gri·gna·re V/T ⟨1a⟩ fletschen, blecken
di·gros·sa·re V/T ⟨1c⟩ behauen; (*diamante*) schleifen
di·guaz·za·re V/I ⟨1a; av⟩ planschen
di·la·ce·ra·re V/T ⟨1l⟩ zerreißen, zerfetzen
di·la·gan·te ADJ grassierend
di·la·ga·re V/I ⟨1e; av⟩ grassieren
di·la·nia·re V/T ⟨1k⟩ **1** zerreißen, zerfetzen **2** *fig* **~ qn** j-n quälen, an j-m nagen
di·la·pi·da·re V/T ⟨1m⟩ verschleudern, vergeuden **di·la·pi·da·to·re** [-o-] **A** ADJ verschwenderisch **B** M, **-tri·ce** F Verschwender *m*, -in *f* **di·la·pi·da·zio·ne** [-o-] F Verschwendung *f*, Vergeudung *f*
di·la·ta·bi·le ADJ (aus)dehnbar
di·la·ta·re ⟨1a⟩ **A** V/T **1** (aus)dehnen, erweitern **2** (auf)blähen: **~ le narici** die Nüstern blähen **3** öffnen, aufreißen **4** *fig* ausweiten, vergrößern **B** V/PR **-rsi** sich ausweiten, sich ausdehnen, sich vergrößern (*a. fig* PHYS) **di·la·ta·to** ADJ erweitert: **pupille -e** erweiterte Pupillen *pl* **di·la·ta·zio·ne** [-o-] F (Aus)Dehnung *f*, Erweiterung *f* (*a.* MED, PHYS): **~ termica** Wärmeausdehnung *f*
di·la·to·rio [-ɔ-] ADJ Verschleppungs-, Verzögerungs-: **tattica -a** Verzögerungstaktik *f*
di·la·va·men·to [-e-] M GEOL Auswaschung *f* **di·la·va·re** V/T ⟨1a⟩ GEOL auswaschen, -schwemmen **di·la·va·to** ADJ GEOL verwaschen
di·la·zio·na·re V/T ⟨1a⟩ auf-, verschieben; (*pagamento*) stunden **di·la·zio·ne** [-o-] F Aufschub *m*: **~ di pagamento** Zahlungsaufschub *m*
di·leg·gia·re V/T ⟨1f⟩ verhöhnen, verspotten, veralbern **di·leg·gio** [-e-] M **1** Verhöhnung *f*, Verspottung *f*, Veralberung *f* **2** Hohn *m*, Spott *m*
di·le·gua·re ⟨1a⟩ **A** V/T *fig* zerstreuen, verscheuchen **B** V/PR **-rsi** *poet* & V/I ⟨es⟩ **1** sich verziehen: **la nebbia si dilegua** der Nebel verzieht sich **2** (*di suoni*) verklingen **3** (ver)schwinden (*a. fig*)
di·lem·ma [-ɛ-] M Dilemma *n*
di·let·tan·te **A** ADJ **1** Amateur- **2** Laien-; aus Liebhaberei **B** M/F **1** Amateur *m*, -in *f* **2** Laie *m* **3** Dilettant *m*, -in *f*
di·let·tan·te·sco [-e-] ADJ *pej* dilettantisch **di·let·tan·ti·smo** [-z-] M **1** SPORT Amateurstatus *m* **2** *pej* Dilettantismus *m* **di·let·tan·ti·sti·co** ADJ **1** Amateur-, amateurhaft **2** *pej* dilettantisch
di·let·ta·re ⟨1a⟩ **A** V/T *poet* ergötzen, erfreuen **B** V/PR **-rsi** **1** *poet* sich ergötzen **2** **-rsi di musica** sich (zum Vergnügen) mit Musik beschäftigen **di·let·te·vo·le** [-e-] ADJ *poet* ergötzlich, kurzweilig ♦ **unire l'utile al ~** das Angenehme mit dem Nützlichen verbinden
di·let·to[1] [-ɛ-] *poet* **A** ADJ geliebt **B** M, **-a** F Liebste *m/f*, Geliebte *m/f*
di·let·to[2] [-ɛ-] M Vergnügen *n*
di·li·gen·te [-ɛ-] ADJ **1** fleißig **2** sorgfältig
di·li·gen·za[1] [-ɛ-] F **1** Fleiß *m* **2** Sorgfalt *f*
di·li·gen·za[2] [-ɛ-] F (Post)Kutsche *f*
di·li·sca·re V/T ⟨1d⟩ entgräten
di·luen·te [-ɛ-] **A** ADJ verdünnend, Verdünnungs- **B** M Verdünnungsmittel *n*
di·lu·i·re V/T ⟨4d⟩ **1** verdünnen **2** GASTR verlängern
di·lui·zio·ne [-o-] F Verdünnung *f*
di·lun·gar·si [-s-] V/PR ⟨1e⟩ sich verbreiten: **~ su un tema** sich über ein Thema verbreiten
di·lu·via·le ADJ **1** sintflutartig **2** GEOL diluvial **di·lu·via·re** V/I ⟨1k; es, av; unpers⟩ **diluvia** es regnet in Strömen, es gießt
di·lu·vio M **1** Sintflut *f* **2** strömender Regen *m* **3** *fig* Schwall *m*, Hagel *m*: **un ~ di parole** ein Schwall *m* von Worten
di·ma·gran·te ADJ Schlankheits-: **dieta ~** Schlankheitskur *f*; *umg* **prodotti -i** Schlankmacher *pl*
di·ma·gri·re ⟨4d⟩ **A** V/I ⟨es⟩ abnehmen; abmagern **B** V/T schlank machen
di·ma·gri·to ADJ abgemagert, mager
di·me·na·re ⟨1a⟩ **A** V/T hin und her bewegen: **~ i fianchi** mit den Hüften wackeln; **~ la coda** mit dem Schwanz we-

deln **B** V/PR **-rsi** wild um sich schlagen

di·men·sio·na·re [-sio-] V/T ⟨1a⟩ TECH dimensionieren **di·men·sio·ne** [-si'o-] F **1** Dimension *f* (*a. fig*) **2** Größe *f* **3** *pl fig* Ausmaße *pl* ♦ **a tre -i** dreidimensional; **a ~ d'uomo** menschengerecht

di·men·ti·can·za F **1** Vergessen *n*; Versehen *n*; Unterlassung *f* **2** Vergesslichkeit *f*

★**di·men·ti·ca·re** ⟨1m *u.* d⟩ **A** V/T **1** vergessen: **non dimenticarti di chiamare** vergiss nicht anzurufen **2** vernachlässigen **B** V/PR **-rsi di qc** etw vergessen

di·men·ti·ca·to·io [-o-] M **cadere** (*od* **finire**) **nel ~** in Vergessenheit geraten

di·mes·so [-e-] ADJ **1** bescheiden, demütig **2** sehr schlicht; nachlässig

di·me·sti·chez·za [-e-] F Vertraulichkeit *f*; Vertrautheit *f*: **prendere ~ con qc** mit etw vertraut werden

di·met·te·re [-e-] ⟨3aa⟩ **A** V/T entlassen **B** V/PR **-rsi** zurücktreten, abdanken

di·mez·za·men·to [-e-] M Halbierung *f*

di·mez·za·re ⟨1b⟩ **A** V/T halbieren **B** V/PR **-rsi** sich halbieren

★**di·mi·nu·i·re** ⟨4d⟩ **A** V/T **1** (ver)mindern, verringern **2** herabsetzen, senken **3** verkleinern, schmälern **B** V/I ⟨es⟩ **1** sinken: **~ di valore** im Wert sinken **2** nachlassen, schwinden **3** sich verringern, sich verkleinern, abnehmen

di·mi·nu·zio·ne [-o-] F **1** Verminderung *f*, Verringerung *f*, Verkleinerung *f* **2** Senkung *f*; Kürzung *f* **3** Schwund *m* **4** Rückgang *m* ♦ **in ~** sinkend, rückläufig; **~ delle nascite** Geburtenrückgang *m*; **~ di pena** Strafmilderung *f*; **~ del personale** Personalabbau *m*

di·mis·sio·na·rio ADJ zurückgetreten

di·mis·sio·ne [-o-] F **1** Entlassung *f* **2** *pl* Kündigung *f*: **dare le -i** kündigen **3** *pl* Rücktritt *m*, Amtsniederlegung *f*

dim·mer ['dimmer] M ⟨*inv*⟩ Dimmer *m*

di·mo·do·ché KONJ so dass

di·mo·ra [-ɔ-] F **1** Wohnsitz *m*, Aufenthaltsort *m* **2** Wohnung *f*, Heim *n* ♦ AGR **mettere a ~** ein-, anpflanzen; **senza fissa ~** ohne festen Wohnsitz; **ultima ~** letzte Ruhestatt *f*

di·mo·ra·re V/I ⟨1c; av⟩ sich aufhalten, wohnen

di·mo·stra·bi·le ADJ be-, er-, nachweisbar **di·mo·stran·te** **A** ADJ demonstrierend **B** M/F Demonstrant *m*, -in *f*

di·mo·stra·re V/T ⟨1a⟩ **1** bekunden, zeigen, erweisen: **~ interesse verso qc** Interesse an etw (*dat*) zeigen; **~ rispetto a qn** j-m Achtung erweisen **2** **non dimostri la tua età** man sieht dir dein Alter nicht an **3** be-, nachweisen **4** vorführen (*a.* SPORT) **5** demonstrieren

★**di·mo·strar·si** [-s-] V/PR ⟨1a⟩ sich erweisen; sich zeigen: **~ coraggioso** sich als mutig erweisen

dimostra·ti·vo ADJ **1** Demonstrations- **2** demonstrativ **3** GRAM Demonstrativ-

dimostra·zio·ne [-o-] F **1** Bezeigung *f* **2** Be-, Nachweis *m*: **dare la ~ di qc** den Beweis für etw liefern **3** Vorführung *f* (*a.* SPORT) **4** Demonstration *f*, Kundgebung *f*

di·na·mi·ca F Dynamik *f* (*a.* PHYS, MUS)

di·na·mi·co ADJ **1** dynamisch, Dynamik- **2** *fig* tatkräftig, schwungvoll

di·na·mi·tar·do **A** ADJ Sprengstoff-, Bomben- **B** M, **-a** F Sprengstoffattentäter *m*, -in *f*

di·na·mi·te F Dynamit *n* (*a. fig*)

di·na·mo F ⟨*inv*⟩ Dynamo *m*

di·nan·zi **A** ADV vorn(e) **B** ADJ ⟨*inv*⟩ gegenüber(liegend) ♦ **~ a** vor; gegenüber

di·na·sti·a F Dynastie *f*: **~ regnante** Herrschergeschlecht *n*

di·nie·go [-ɛ-] M Verweigerung *f*, Versagung *f*

din·nan·zi → dinanzi

di·noc·co·la·to ADJ schlaksig

di·no·sau·ro [-s-] M (Dino)Saurier *m*

★**din·tor·ni** [-o-] MPL Umgebung *f*, Umgegend *f*: **nei ~ di …** in der Umgebung von …

★**Di·o** M ⟨dei⟩ **1** Gott *m*: **il buon ~** der liebe Gott **2** *fig* (Ab)Gott *m* ♦ **per l'amor di ~!** um Gottes willen!; **casa di ~** Gotteshaus *n*; **castigo di ~** Gottesgericht *n*; **come ~ comanda** wie es sich gehört; **grazie a ~** Gott sei Dank!; **~ me ne guardi!** Gott bewahre!; **~ te ne renda merito!** vergelt's Gott!; **per ~!** gottverdammt!; **a ~ piacendo** so Gott will; **~ santo!** verflucht noch mal!; **com'è vero ~** so wahr mir Gott helfe

dio·ce·sa·no ADJ Diözesan-

dio·ce·si [-ɔ-] F Diözese *f*

di·o·do M Diode *f* ♦ **~ luminoso** Leuchtdiode *f*

dios·si·do [-ɔ-] M Dioxid *n*

dios·si·na F Dioxin *n*

di·ot·tri·a F Dioptrie *f*
di·pa·na·re V/T ⟨1a⟩ 1 abwickeln, abhaspeln 2 *fig* entwirren
D ★**di·par·ti·men·to** [-e-] M 1 Departement *n* 2 UNIV Fachbereich *m*
di·par·tir·si [-s-] V/PR ⟨4a⟩ 1 *fig poet* hinscheiden 2 ausgehen, abzweigen
di·par·ti·ta F *fig poet* Hinscheiden *n*
★**di·pen·den·te** [-ɛ-] A ADJ 1 abhängig (*a.* GRAM, MATH): **essere ~ da qn** von j-m abhängig sein 2 süchtig 3 unselbstständig B M/F 1 Angestellte *m/f* 2 *pl* Belegschaft *f* **di·pen·den·za** [-ɛ-] F 1 Abhängigkeit *f* (*a.* PSYCH); Sucht *f*: **rapporto di ~** Abhängigkeitsverhältnis *n*; **~ dalla droga** Drogenabhängigkeit *f* 2 Nebengebäude *n* 3 HANDEL Filiale *f* ♦ **essere alle -e di qn** bei j-m angestellt sein
di·pen·de·re [-e-] V/I ⟨3c; es⟩ 1 abhängen (*a.* GRAM) ★ **~ da qn/qc** von j-m/etw abhängen; (*come risposta*) **dipende** es kommt darauf an 2 abhängig sein (*a.* PSYCH), angewiesen sein 3 **~ da qn/qc** j-m/etw unterstehen
★**di·pin·ge·re** ⟨3d⟩ A V/T 1 (aus-, be)-malen (*a. fig*): **~ a olio** in Öl malen 2 anstreichen B V/PR **-rsi** 1 sich abzeichnen 2 sich an-, bemalen
★**di·pin·to** M Gemälde *n* ♦ *umg* **neanche ~** nicht im Traum; **soffitto ~** Deckengemälde *n*, Deckenmalerei *f*
★**di·plo·ma** [-ɔ-] M 1 Diplom *n* 2 Diplomprüfung *f* 3 (Abschluss)Zeugnis *n*: **~ di laurea** Hochschulabschluss *m*; **~ di maturità** Abiturzeugnis *n*; **~ universitario** Studienabschluss *m*
di·plo·ma·re ⟨1c⟩ A V/T **~ qn** j-m ein Abschlusszeugnis ausstellen B V/PR **-rsi** ein Abschlusszeugnis erwerben: **si è diplomato all'accademia di belle arti** er hat einen Abschluss an der Kunstakademie gemacht; **si è diplomata in violino al conservatorio** er hat einen Abschluss als Geiger an der Musikhochschule gemacht
di·plo·ma·ti·ca F Diplomatik *f* **di·plo·ma·ti·co** A ADJ 1 Diplomaten-, diplomatisch (*a. fig*): **corpo ~** diplomatisches Korps *n* 2 urkundlich B M, **-a** F Diplomat *m*, -in *f* **di·plo·ma·to** A ADJ diplomiert, Diplom- B M, **-a** F 1 Absolvent *m*, -in *f* 2 Schulabgänger *m*, -in *f* **di·plo·ma·zi·a** F Diplomatie *f*
di·po·lo [-ɔ-] M PHYS Dipol *m*
di·por·to [-ɔ-] M **imbarcazione da ~** Freizeitboot *n*
di·ra·da·men·to [-e-] M Lichten *n*, Ausdünnen *n*
di·ra·da·re ⟨1a⟩ A V/T 1 lichten 2 vertreiben: **il vento dirada le nuvole** der Wind vertreibt die Wolken 3 einschränken, verringern B V/PR **-rsi** sich lichten (*a. fig*)
di·ra·ma·re ⟨1a⟩ A V/T weiterleiten, verbreiten B V/PR **-rsi** 1 abzweigen, ab-, ausgehen (*a. fig*) 2 sich verzweigen 3 *fig* herrühren 4 sich verbreiten **di·ra·ma·zio·ne** [-o-] F 1 Verzweigung *f*, Verästelung *f* 2 Abzweigung *f* 3 (*di fiume*) Seitenarm *m* 4 Zweigstelle *f* 5 Weiterleitung *f*, Verbreitung *f*
★**di·re**[1] ⟨3t⟩ A V/T 1 sagen 2 *unpers* **dicono** (*od* **si dice**) **che sia molto ricco** man sagt, er sei sehr reich 3 aufsagen 4 erzählen 5 besagen 6 melden: **il giornale dice che …** die Zeitung meldet, dass … 7 aussagen (*a. fig*): **~ qc sotto giuramento** etw unter Eid aussagen; **un libro che dice poco** ein Buch, das wenig aussagt 8 zu verstehen geben 9 meinen 10 nennen: **questo si dice coraggio!** das nennt man Mut! 11 halten, denken: **che ne dici del suo ultimo libro?** was hältst du von seinem letzten Buch? B V/PR **-rsi** 1 sich schätzen: **puoi dirti fortunato** du kannst dich glücklich schätzen 2 sich nennen: **si diceva mio amico** er nannte sich mein Freund 3 sich ausgeben: **si diceva figlia di un conte** sie gab sich für die Tochter eines Grafen aus ♦ **~ addio a qn** j-m Lebewohl sagen; **dico bene?** nicht wahr?; **che ~?** was soll ich dazu sagen?; **non c'è che ~** dagegen ist nichts zu sagen; **a chi lo dici!** wem sagst du das!; **cioè a ~** das heißt; **come si suol ~** wie man zu sagen pflegt; **come sarebbe a ~?** was soll das heißen?; **~ le cose come stanno** die Dinge beim Namen nennen; **per così ~** sozusagen; **~ qc in faccia a qn** j-m etw ins Gesicht sagen; **è più facile a dirsi che a farsi** das ist leichter gesagt als getan; **~ a qn il fatto suo** j-m die Meinung sagen; *umg* **puoi dirlo forte!** das kannst du laut sagen!; **dirle grosse** den Mund voll nehmen; **~ male di qn** schlecht von j-m reden; **mandare a ~ qc a qn** j-m etw ausrichten lassen; **per meglio ~** besser gesagt; **in men che non si dica** in null Komma nichts; **~ (di) no/(di) sì a qn/qc** zu j-m/etw Nein/

Ja sagen; (**ma**) **non mi ~!** tatsächlich!; **non è detto che ...** es ist nicht gesagt, dass ...; **si fa per ~** das ist nicht ernst gemeint; (*in negozi, uffici*) **dica pure!** kann ich Ihnen helfen?; **sarebbe a ~ che ...** das heißt, dass ...; **per sentito ~** vom Hörensagen; (**il che**) **è tutto ~!** damit ist alles gesagt!; **vale a ~** das heißt, nämlich; **a ~ la verità** (*od* **il vero**) offen (*od* ehrlich) gesagt; **e via dicendo** und so weiter; **voler ~** bedeuten, heißen; **voglio ben ~!** das will ich meinen!

di·re[2] M Sagen *n*, Reden *n*, Rede *f* ♦ **avere un bel ~** gut reden haben

di·rec·tory [daiˈrɛktəri] F ⟨*inv*⟩ IT Verzeichnis *n*, Directory *n*

di·ret·ta [-ɛ-] F RADIO, TV ★ **in ~** live; **trasmissione in ~** Direktübertragung *f*

di·ret·tis·si·ma F BAHN Fernverbindung *f* ♦ JUR **processare qn per ~** j-n im Schnellverfahren verurteilen

di·ret·tis·si·mo M BAHN D-Zug *m* ♦ JUR **giudizio ~** Schnellverfahren *n*

di·ret·ti·va F Richtlinie *f*, Vorgabe *f*, Direktive *f*: **~ europea** EU-Richtlinie *f* **di·ret·ti·vo** A ADJ 1 leitend, Leitungs-, Führungs- 2 TECH Richt-: **antenna -a** Richtantenne *f* B M Leitung *f*, Führung *f*, Präsidium *n*

★**di·ret·to** [-ɛ-] A ADJ 1 auf dem Weg, in Richtung: **un autobus ~ all'aeroporto** ein Bus in Richtung Flughafen 2 **~ a qc/a qn** auf etw (*akk*)/an j-n gerichtet 3 direkt; unmittelbar: **luce -a** direktes Licht *n*; **la conseguenza -a** die unmittelbare Folge; WIRTSCH **imposte -e** direkte Steuern *pl*; GRAM **discorso ~** direkte Rede *f*; IT **accesso ~** direkter Zugriff *m* B ADV geradewegs ♦ **avere un filo ~ con qn** einen direkten Draht zu j-m haben; **treno ~** Eilzug *m*; **volo ~** Direktflug *m*

★**di·ret·to·re** [-o-] A M Direktor *m*, Leiter *m*; (*di scuola elementare*) Rektor *m* B ADJ Leit-, Richt-: **linea -trice** Leitlinie *f* ♦ **~ commerciale** Vertriebsleiter *m*; **~ generale** Generaldirektor *m*; RADIO, TV Intendant *m*; **~ d'orchestra** Dirigent *m*

di·ret·to·rio [-ɔ-] M Direktorium *n* (*a.* KIRCHE)

★**di·ret·tri·ce** F 1 Direktorin *f*, Leiterin *f*; (*di scuola elementare*) Rektorin *f* 2 *fig* Leitlinie *f*, Richtung *f*

di·re·zio·na·le ADJ 1 Richt-, Richtungs-: **microfono ~** Richtmikrofon *n* 2 Direktions-, Direktoren- ♦ **centro ~** Verwaltungsviertel *n*; **freccia ~** Richtungspfeil *m*; AUTO Blinker *m*

★**di·re·zio·ne** [-o-] F 1 Richtung *f* 2 Leitung *f*, Führung *f*, Direktion *f* ♦ **cambiamento di ~** Richtungsänderung *f*; **da ogni ~** aus allen Richtungen; **~ generale** Vorstand *m*; RADIO, TV Intendanz *f*

★**di·ri·gen·te** [-ɛ-] A ADJ Führungs-, leitend, Leitungs- B M/F Leiter *m*, -in *f*

di·ri·gen·za [-ɛ-] F Leitung *f*, Führung *f*: **~ aziendale** Betriebsleitung *f*

★**di·ri·ge·re** ⟨3u⟩ A V/T 1 richten, lenken: **~ lo sguardo verso qc** den Blick auf etw (*akk*) richten 2 leiten, führen: **~ il traffico** den Verkehr regeln B V/PR **-rsi** (zu)streben, zusteuern, zufahren: **-rsi alla** (*od* **verso la**) **stazione** auf den Bahnhof zusteuern

di·ri·gi·bi·le M Luftschiff *n*

di·ri·me·re V/T ⟨3a⟩ beilegen, schlichten

di·rim·pet·ta·io M, **-a** F Nachbar *m*, -in *f* von gegenüber

di·rim·pet·to [-ɛ-] ADV & ADJ ⟨*inv*⟩ gegenüber: **la casa ~** das gegenüberliegende Haus ♦ **~ a qc** gegenüber etw (*dat*)

di·rit·ta → dritta

★**di·rit·to**[1] A ADJ 1 gerade 2 recht: **una maglia -a** eine rechte Masche 3 aufrecht: **mettere qc ~** etw aufrecht hinstellen B ADV 1 gerade(aus) 2 direkt: **andare ~ a casa** direkt nach Hause gehen C M (*in sartoria*) rechte Seite *f* ♦ **andare ~ allo scopo** weder rechts noch links schauen; **tirare ~ per la propria strada** unbeirrt seinen Weg gehen

★**di·rit·to**[2] M 1 Recht *n*: **avere il ~ di fare qc** das Recht (dazu) haben, etw zu tun 2 Jura *pl* 3 Anspruch *m*, Berechtigung *f* 4 *pl* Gebühr *f*, Gebühren *pl* ♦ **a ~** mit Recht; **~ amministrativo** Verwaltungsrecht *n*; **-i d'autore** Urheberrechte *pl*; **avente ~** Berechtigte *m/f*; **a buon ~** mit Fug und Recht; **dare ~ a qc** zu etw berechtigen; **di ~** von Rechts wegen; **~ esclusivo** Alleinberechtigung *f*; **~ fondamentale** Grundrecht *n*; **~ internazionale** Völkerrecht *n*; **~ di locazione** Mietrecht *n*; **~ penale** Strafrecht *n*; **a pieno ~** mit vollem Recht; **~ di precedenza** Vorfahrt(s)recht *n*; **~ al risarcimento danni** Schadenersatzanspruch *m*; **tutti i -i riservati** alle Rechte vorbehalten; **-i di segreteria** Bearbeitungsgebühr *f*; **senza ~** rechtlos; **stato di ~** Rechtsstaat *m*; **~ tributario**

D

Steuerrecht *n*; **-i dell'uomo** Menschenrechte *pl*; **~ di voto** Wahl-, Stimmrecht *n*
di·rit·tu·ra F **1** SPORT Gerade *f* **2** Geradheit *f*, Redlichkeit *f* ♦ **~ di partenza e arrivo** Start- und Zielgerade *f*
di·roc·ca·re V/T ⟨1c *u.* d⟩ ab-, niederreißen **di·roc·ca·to** ADJ **1** verfallen **2** baufällig
di·rom·pen·te [-ɛ-] ADJ **1** Spreng-, Splitter-: **bomba ~** Sprengbombe *f* **2** *fig* brisant, explosiv ♦ **forza ~** Brisanz *f*
di·rot·ta·men·to [-e-] M **1** Kursänderung *f* **2** (*del traffico*) Umleitung *f* **3** Entführung *f*: **~ aereo** Flugzeugentführung *f*
di·rot·ta·re V/T ⟨1c⟩ **1** (*su una rotta diversa*) **~ un aereo** den Kurs eines Flugzeugs ändern; (*con la violenza*) ein Flugzeug entführen **2** **~ il traffico** den Verkehr umleiten
di·rot·ta·to·re [-o-] M, **-tri·ce** F Entführer *m*, -in *f*
di·rot·to [-o-] ADJ heftig: **pianto ~** heftiges Weinen *n* ♦ **piove a ~** es regnet Bindfäden
di·roz·za·re ⟨1a⟩ **A** V/T **1** grob bearbeiten **2** *fig* verfeinern **B** V/PR **-rsi** sich verfeinern
di·rug·gi·ni·re V/T ⟨4d⟩ **1** entrosten **2** *fig* (*sgranchire*) strecken **3** *fig* **~ le idee** seine Ideen auffrischen
di·ru·pa·to ADJ abschüssig, schroff
di·ru·po M Absturz *m*
di·sa·bi·le **A** ADJ behindert: **~ fisico** körperbehindert **B** M/F Behinderte *m/f*: **~ fisico** Körperbehinderte *m*
di·sa·bi·li·ta·re V/T ⟨1m⟩ **1** außer Betrieb setzen, stilllegen **2** abqualifizieren: **~ qn al lavoro** j-n für arbeitsunfähig erklären **di·sa·bi·li·ta·to** ADJ außer Dienst, außer Betrieb
di·sa·bi·ta·to ADJ unbewohnt
di·sa·bi·tua·re ⟨1n⟩ **A** V/T ent-, abgewöhnen: **~ qn a qc** j-m etw abgewöhnen **B** V/PR **-rsi a qc** sich (*dat*) etw abgewöhnen
di·sac·cor·do [-ɔ-] M Uneinigkeit *f*: **essere in ~ con qn su qc** mit j-m in etw (*dat*), über etw (*akk*) uneinig sein
di·sa·dat·ta·men·to [-e-] M Unangepasstheit *f*; mangelndes Anpassungsvermögen *n*
di·sa·dat·ta·to **A** ADJ **1** unangepasst; nicht anpassungsfähig **2** verhaltensgestört **B** M, **-a** F Verhaltensgestörte *m/f*
di·sa·dat·to ADJ ungeeignet; unfähig: **essere ~ a** (*od* **per**) **qc** für (*od* zu) etw ungeeignet sein, zu etw unfähig sein
di·sa·dor·no [-o-] ADJ schmucklos (*a. fig*)
di·saf·fe·zio·na·re ⟨1a⟩ **A** V/T entfremden: **~ qn da qn/qc** j-n j-m/etw entfremden **B** V/PR **1** **-rsi a** (*od* **da**) **qn** sich j-m entfremden **2** **-rsi da qc** das Interesse an etw (*dat*) verlieren
di·saf·fe·zio·ne [-o-] F Entfremdung *f*
di·sa·ge·vo·le [-e-] ADJ beschwerlich, mühsam, unkomfortabel
di·sag·gio M WIRTSCH Abschlag *m*, Disagio *n*
di·sa·gia·to ADJ **1** unbequem; unbehaglich **2** armselig, dürftig **di·sa·gio** M **1** Unannehmlichkeit *f*; Entbehrung *f* **2** Unbehagen *n*: **sentirsi a ~** sich unbehaglich fühlen
di·sam·bien·ta·to ADJ unvertraut, fremd
di·sa·mi·na F Prüfung *f*, Untersuchung *f* (*a.* JUR): **passare in ~** genau prüfen
di·sa·mo·ra·re ⟨1a⟩ **A** V/T **~ qn a** (*od* **da**) **qc** j-m die Freude (*od* Lust) an etw (*dat*) verleiden **B** V/PR **1** **-rsi del lavoro** die Freude an der Arbeit verlieren **2** **-rsi degli amici** sich den Freunden entfremden
di·sa·mo·ra·to ADJ **1** lieblos **2** gleichgültig: **essere ~ di tutto** gleichgültig gegen alles sein **di·sa·mo·re** [-o-] M **1** Lieblosigkeit *f* **2** Abneigung *f*
di·sap·pe·ten·za [-ɛ-] F Appetitlosigkeit *f*
di·sap·pro·va·re V/T ⟨1c⟩ missbilligen
di·sap·pro·va·zio·ne [-o-] F Missbilligung *f*
di·sap·pun·to M Ärger *m*; Enttäuschung *f*
di·sar·man·te ADJ entwaffnend
di·sar·ma·re ⟨1a⟩ **A** V/T **1** entwaffnen (*a. fig*) **2** abrüsten (*a. edilizia*) **B** V/I ⟨av⟩ **1** abrüsten **2** *fig* aufgeben **di·sar·ma·to** ADJ **1** unbewaffnet **2** *fig* hilf-, wehrlos
di·sar·mo M **1** Entwaffnung *f* (*a. fig*) **2** Abrüstung *f* (*a. edilizia*): **conferenza per il ~** Abrüstungskonferenz *f*
di·sar·mo·ni·a F **1** Missklang *m* **2** *fig* Uneinigkeit *f*
di·sar·mo·ni·co ADJ **1** disharmonisch: **voce -a** misstönende Stimme *f* **2** unausgeglichen, unproportioniert
di·sar·ti·co·la·re ⟨1n⟩ **A** V/T **1** aus

dem Gelenk herauslösen **2** *fig* zerlegen **B** VPR **-rsi** sich aus dem Gelenk lösen, sich auskugeln

di·sar·ti·co·la·to ADJ unzusammenhängend: **suoni -i** unartikulierte Laute *pl*

di·sas·sue·fa·re ⟨3aa⟩ **A** V/T ent-, abgewöhnen: **~ qn dal fumo** j-m das Rauchen abgewöhnen **B** V/PR **-rsi dal qc** sich (*dat*) etw abgewöhnen

di·sa·stra·to **A** ADJ **1** zerstört, Katastrophen-: **zona -a** Katastrophengebiet *n* **2** (*di persone*) geschädigt **B** M, **-a** F Katastrophenopfer *n*

di·sa·stro M **1** Unglück *n*; Unheil *n*; Katastrophe *f* (*a. fig*) **2** Fiasko *n*, Desaster *n* ♦ **~ aereo/ferroviario** Flugzeug-/Zugunglück *n*; **~ ecologico** Umweltkatastrophe *f*; **sei un ~!** du bist unmöglich!

di·sa·stro·so [-o-] ADJ verheerend, katastrophal

di·sat·ten·de·re [-e-] V/T ⟨3a⟩ **1** nicht beachten **2** **~ le aspettative** die Erwartungen nicht erfüllen **di·sat·ten·to** [-e-] ADJ **1** unaufmerksam **2** oberflächlich

di·sat·ten·zio·ne [-o-] F Unaufmerksamkeit *f* ♦ **errore di ~** Flüchtigkeitsfehler *m*

di·sat·ti·va·re V/T ⟨1a⟩ **1** einstellen: **~ un servizio** einen Dienst einstellen **2** TECH aus-, abschalten **3** entschärfen **4** IT deaktivieren: (*comando*) **disattiva** deaktivieren **di·sat·ti·va·to** ADJ deaktiviert **di·sat·ti·va·zio·ne** [-o-] F Deaktivierung *f*

di·sa·van·zo M Fehlbetrag *m*, Defizit *n* ♦ **~ pubblico** Haushaltsdefizit *n*

di·sav·ve·du·to ADJ unbedacht

di·sav·ven·tu·ra F **1** Unannehmlichkeit *f* **2** Unglück *n* ♦ **per ~** unglücklicherweise

di·sav·ver·ten·za [-ɛ-] F Versehen *n*

di·sav·vez·zo [-e-] ADJ entwöhnt: **essere ~ a qc** etw (*dat*) entwöhnt sein

di·sbo·sca·men·to [-e-] M Abholzung *f*

di·sbo·sca·re V/T ⟨1d⟩ abholzen, entwalden

di·sbri·ga·re V/T ⟨1e⟩ erledigen

di·sbri·go M Erledigung *f*

di·sca·pi·to M **qc va a ~ di qn** etw gereicht j-m zum Nachteil

★**di·sca·ri·ca** F Mülldeponie *f*, Müllabladeplatz *m* ♦ **divieto di ~** Schutt abladen verboten

di·sca·ri·co M Entlastung *f*: **a mio ~** zu meiner Entlastung ♦ **testimone a ~** Entlastungszeuge *m*, -zeugin *f*

di·scen·den·te [-ɛ-] **A** ADJ absteigend: **in linea ~** in absteigender Linie **B** M/F Nachkomme *m* **di·scen·den·za** [-ɛ-] F **1** Abstammung *f*, Herkunft *f* **2** Nachkommenschaft *f*

di·scen·de·re [-e-] ⟨3c⟩ **A** V/I ⟨es, av⟩ **1** **~ da qn** von j-m (ab)stammen **2** herrühren **3** hinunter-, hinabsteigen **4** aus-, absteigen: **~ dal treno** aus dem Zug aussteigen **5** (*di monti*) abfallen **B** V/T hinuntergehen, -fahren

di·scen·te [-ɛ-] M/F Schüler *m*, -in *f*

di·sce·po·lo [-e-] M, **-a** F **1** Jünger *m*, -in *f* **2** Schüler *m*, -in *f*

di·scer·ne·re [-ɛ-] V/T ⟨3a⟩ **1** erkennen **2** unterscheiden **di·scer·ni·men·to** [-e-] M Unterscheidungsvermögen *n*

di·sce·sa [-e-] F **1** Abstieg *m*; Abfahrt *f* **2** Gefälle *n* ♦ **percorso in ~** Gefällstrecke *f*; **in ~** bergab; SPORT **~ libera** Abfahrt(s)rennen *n*

di·sce·si·sta M/F Abfahrt(s)läufer *m*, -in *f*

★**di·schet·to** [-e-] M IT Diskette *f*: **~ ZIP®** ZIP-Diskette® *f*

di·schiu·de·re ⟨3b⟩ **A** V/T aufschließen **B** V/PR **-rsi** **1** sich erschließen **2** (*di fiori*) aufbrechen

di·scin·to ADJ unordentlich angezogen

di·scio·glie·re [-ɔ-] ⟨3ss⟩ **A** V/T **1** (auf)lösen **2** (*neve*) zum Schmelzen bringen **B** V/PR **-rsi** **1** sich auflösen **2** (*della neve*) schmelzen

di·sci·pli·na F **1** Disziplin *f*, Zucht *f* **2** (Lehr)Fach *n*, Disziplin *f*

di·sci·pli·na·re[1] **A** ADJ disziplinarisch, Disziplinar- **B** M Bestimmungen *pl*

di·sci·pli·na·re[2] V/T ⟨1a⟩ **1** disziplinieren **2** reglementieren; regeln

di·sci·pli·na·to ADJ **1** diszipliniert **2** **traffico ~** geregelter Verkehr *m*

disc jo·ckey ['disk 'dʒɔkei] M/F ⟨*inv*⟩ Diskjockey *m*

disc·man® ['diskman] M ⟨*inv*⟩ Discman® *m*

★**di·sco**[1] M **1** Scheibe *f* **2** SPORT Diskus *m* **3** MUS Schallplatte *f*: **~ a 33 giri** Langspielplatte *f*; **~ a 45 giri** Single *f* **4** IT Platte *f* **5** ANAT Bandscheibe *f* ♦ *fig* **cambiare ~** eine andere Platte auflegen; **ernia del ~** Bandscheibenvorfall *m*; IT ★**~ fisso** Festplatte *f*; IT **~ magnetico** Diskette *f*;

~ **orario** Parkscheibe *f*; IT **unità** ~ Diskettenlaufwerk *n*; IT ~ **rigido rinnovabile** Wechselplatte *f*; IT ~ **rimovibile** Wechselplatte *f*; ~**volante** fliegende Untertasse *f*

D

di·sco² F ⟨*inv*⟩ *umg* ⟨*abk von* **discoteca**⟩ Disko *f*

di·sco·bo·lo [-ɔ-] M, **-a** F Diskuswerfer *m*, -in *f*

di·sco·gra·fi·co A ADJ (Schall)Platten-: **casa -a** Schallplattenfirma *f* B M, **-a** F Schallplattenproduzent *m*, -in *f*

di·sco·lo M, **-a** F Wildfang *m*

di·scol·pa [-o-] F Entlastung *f* (*a.* JUR)

di·scol·pa·re ⟨1a⟩ A V/T entlasten (*a.* JUR) B V/PR **-rsi** sich entlasten (*a.* JUR)

di·sco mu·sic ['disko'mjuzik] F Diskomusik *f*

di·scon·net·te·re [-e-] V/T ⟨3m⟩ A (*separare*) trennen B V/PR IT **-rsi** sich ausloggen

di·sco·no·sce·re [-o-] V/T ⟨3n⟩ nicht anerkennen **di·sco·no·sci·men·to** [-e-] M Nichtanerkennung *f*

di·scon·ti·nui·tà F ⟨*inv*⟩ 1 Diskontinuität *f* 2 Unbeständigkeit *f*

di·scon·ti·nuo ADJ 1 unterbrochen 2 unbeständig ♦ **andamento ~ delle sue prestazioni** unbeständige Leistungen *pl*; **rendimento ~** Unbeständigkeit *f*

di·scor·dan·te ADJ 1 **essere di parere ~** geteilter Meinung sein 2 zwiespältig, widerstreitend **di·scor·dan·za** F 1 Uneinigkeit *f* 2 Verschiedenheit *f*

di·scor·da·re V/I ⟨1c; av⟩ 1 nicht übereinstimmen; uneinig sein 2 verschieden sein

di·scor·de [-ɔ-] ADJ 1 uneinig, unstimmig 2 gegensätzlich **di·scor·dia** [-ɔ-] F 1 Uneinigkeit *f*; Zwietracht *f* 2 Verschiedenheit *f* ♦ **pomo della ~** *fig* Zankapfel *m*

di·scor·re·re [-o-] V/I ⟨3o; av⟩ sich unterhalten, plaudern: **~ con qn del più e del meno** sich mit j-m über dieses und jenes unterhalten ♦ **e via discorrendo** und so weiter

di·scor·si·vo [-s-] ADJ 1 Plauder-, unterhaltend: **tono ~** Plauderton *m* 2 gesprächig

★**di·scor·so** [-'korso] M 1 Rede *f*; Ansprache *f* 2 *pl* Gerede *n* 3 Thema *n* ♦ **~ di apertura** Eröffnungsrede *f*; **che -i sono (questi)?** was soll das (denn) heißen?; **pochi -i** zur Sache; **fare un ~ serio a qn** mit j-m ein ernstes Wort reden

di·sco·sta·re ⟨1c⟩ A V/T abrücken B V/PR **-rsi** sich entfernen: **-rsi dalla verità** sich von der Wahrheit entfernen

di·sco·sto [-ɔ-] A ADJ abgelegen B ADV abseits ♦ **starsene ~ dal gruppo** abseits von der Gruppe stehen

★**di·sco·te·ca** [-ɛ-] F 1 Diskothek *f* 2 Schallplattensammlung *f*

dis·count [dis'kaunt] M ⟨*inv*⟩ Billiganbieter *m*; (*supermercato*) Discountladen *m*

di·scre·di·ta·re V/T ⟨1m⟩ diskreditieren

di·scre·di·to [-e-] M **cadere in ~** in Misskredit (*od* Verruf) geraten, kommen

di·scre·pan·te ADJ widersprüchlich

di·scre·pan·za F Widersprüchlichkeit *f*

di·scre·ta·men·te [-e-] ADV 1 einigermaßen, ganz gut: **come stai? – ~** wie geht's dir? – ganz gut 2 leidlich 3 diskret, taktvoll

di·scre·tez·za [-e-] F Diskretion *f*

di·scre·to [-e-] ADJ 1 ziemlich (gut) 2 einigermaßen 3 diskret, taktvoll 4 dezent, unaufdringlich 5 (*voto a scuola*) befriedigend

di·scre·zio·na·le ADJ **questione ~** Ermessensfrage *f* **di·scre·zio·ne** [-o-] F 1 Diskretion *f* 2 Ermessen *n*: **qc è a sua ~** etw liegt in seinem Ermessen 3 Mäßigung *f* ♦ **a ~** nach Belieben

di·scri·mi·nan·te ADJ diskriminierend

di·scri·mi·na·re V/T ⟨1m⟩ diskriminieren **di·scri·mi·na·zio·ne** [-o-] F Diskriminierung *f*

di·scus·si → discutere

★**di·scus·sio·ne** [-o-] F 1 Diskussion *f*, Erörterung *f*; Debatte *f* 2 Auseinandersetzung *f* 3 JUR Aussprache *f* ♦ **essere fuori ~** außer Frage stehen; **essere in ~** zur Diskussion stehen

di·scus·so ADJ umstritten, strittig

★**di·scu·te·re** ⟨3v⟩ A V/T besprechen, diskutieren, erörtern B V/I ⟨av⟩ 1 diskutieren, besprechen 2 **~ sul prezzo** über den Preis verhandeln 3 streiten

di·scu·ti·bi·le ADJ fragwürdig

di·scu·ti·bi·li·tà F ⟨*inv*⟩ Fragwürdigkeit *f*

di·sde·gna·re [-z-] V/T ⟨1a⟩ verschmähen, verachten **di·sde·gno** [-'zde:-] M Verschmähung *f*, Verachtung *f* **di·sde·gno·so** [-o-] ADJ verächtlich, geringschätzig

di·sdet·ta [-z'det-] F 1 Kündigung *f*; Abbestellung *f* 2 Pech *n*: **che ~!** was für ein Pech!

di·sdi·ce·vo·le [-zdi'e:-] ADJ ungehörig

di·sdi·re ⟨3t⟩ **A** V/T **1** ab-, verleugnen **2** widerrufen, zurücknehmen **3** absagen **4** (*di contratto*) kündigen **5** abbestellen **B** V/PR **-rsi** sich widersprechen

★**di·se·gna·re** V/T ⟨1a⟩ **1** zeichnen **2** *fig* entwerfen **3** *fig* beschreiben

di·se·gna·to·re [-o-] M, **-tri·ce** F Zeichner *m*, -in *f*

di·se·gno [-e-] M **1** (*atto*) Zeichnen *n* **2** Zeichnung *f* **3** Musterung *f*, Muster *n* **4** Zeichenkunst *f* **5** *fig* Plan *m*, Absicht *f* ♦ **a -i florali** geblümt; **a -i geometrici** mit geometrischem Muster; **~ animato** Zeichentrickfilm *m*; **~ di legge** Gesetzentwurf *m*

di·ser·ban·te M Unkrautvertilgungsmittel *n*

di·se·re·da·re V/T ⟨1b⟩ enterben

di·se·re·da·to M, **-a** F **1** Enterbte *m/f* **2** (*emarginato*) gesellschaftlich Ausgegrenzte *m/f*

di·ser·ta·re ⟨1b⟩ **A** V/T fernbleiben **B** V/I ⟨av⟩ **1** MIL Fahnenflucht begehen, desertieren **2** *fig* abtrünnig (*od* untreu) werden

di·ser·to·re [-o-] M, **-tri·ce** F **1** Fahnenflüchtige *m/f*, Deserteur *m*, -in *f* **2** *fig* Abtrünnige *m/f*

di·ser·zio·ne [-o-] F **1** Fahnenflucht *f* **2** *fig* Abfall *m*, Untreue *f*

di·sfa·ci·men·to [-e-] M **1** Auflösung *f*, Zerfall *m* **2** *fig* Verfall *m*, Niedergang *m*

di·sfa·re ⟨3aa⟩ **A** V/T **1** auftrennen, lösen **2** auseinandernehmen **3** niederreißen **4** zerstören **B** V/PR **-rsi** **1** (*di carne, frutta*) verderben **2** aufgehen, sich auflösen **3** *fig* zer-, verfallen **4** **-rsi di qn/qc** j-n/etw loswerden ♦ **~ il letto** das Bett abziehen; **~ le valigie** die Koffer auspacken

di·sfat·ta F vernichtende Niederlage *f* (*a. fig*)

di·sfat·ti·smo [-z-] M Defätismus *m* **di·sfat·ti·sta** **A** ADJ defätistisch **B** M/F **1** Defätist *m*, -in *f* **2** Miesmacher *m*, -in *f*

di·sfat·to ADJ *fig* aufgelöst, erschöpft

di·sfi·da F *poet* Herausforderung *f*

di·sfun·zio·ne [-o-] F **1** MED Funktionsstörung *f* **2** Missstand *m*

di·sge·la·re ⟨1b⟩ **A** V/T auftauen, enteisen **B** V/I ⟨es, av⟩ & V/PR **-rsi** (auf)tauen

di·sge·lo [-ɛ-] M Schneeschmelze *f*; Tauwetter *n* (*a. fig*)

di·sgiun·ge·re ⟨3d⟩ **A** V/T trennen, lösen **B** V/PR **-rsi** sich trennen, sich lösen

di·sgiun·zio·ne [-o-] F Trennung *f*, Scheidung *f*

★**di·sgra·zia** F **1** Ungnade *f*: **cadere in ~** (**di** *od* **presso qn**) (bei j-m) in Ungnade fallen **2** Unglück *n* **3** Pech *n* ♦ **per ~** unglücklicherweise; **per colmo di ~** zu allem Unglück

di·sgra·zia·to **A** ADJ **1** vom Pech verfolgt: **un uomo ~** ein Pechvogel *m* **2** unglücklich: **un caso ~** ein unglücklicher Zufall *m* **B** M, **-a** F **1** Unglückliche *m/f*, *umg* Pechvogel *m* **2** Miststück *n*

di·sgre·ga·re ⟨1b⟩ **A** V/T **1** zersetzen; zerbröckeln **2** *fig* auseinandertreiben **3** CHEM zersetzen; auflösen **B** V/PR **-rsi** **1** sich zersetzen **2** (*andare in pezzi*) auseinandergehen **3** *fig* auseinanderfallen

di·sgre·ga·zio·ne [-o-] F **1** Zersetzung *f* **2** *fig* Auflösung *f*

di·sgui·do M **1** Irre-, Fehlleitung *f* **2** Missverständnis *n*; Versehen *n*

di·sgu·sta·re ⟨1a⟩ **A** V/T anekeln, anwidern **B** V/PR **-rsi di qc** sich vor etw (*dat*) ekeln

di·sgu·sta·to ADJ angeekelt, angewidert ♦ **rimanere ~ da qc** von etw angewidert sein

di·sgu·sto M Ekel *m*, Widerwille(n) *m*

di·sgu·sto·so [-o-] ADJ widerlich, ekelhaft

di·si·dra·ta·re ⟨1a⟩ **A** V/T austrocknen **B** V/PR **-rsi** trocken werden, austrocknen

di·si·dra·ta·to ADJ (aus)getrocknet, entwässert: **pelle -a** trockene Haut *f*

di·sil·lu·de·re ⟨3b⟩ **A** V/T ernüchtern, desillusionieren **B** V/PR **-rsi** ernüchtert werden

di·sil·lu·sio·ne [-o-] F Ernüchterung *f*

di·sil·lu·so ADJ ernüchtert

di·sim·bal·la·re V/T ⟨1a⟩ auspacken

di·sim·pa·ra·re V/T ⟨1a⟩ verlernen

di·sim·pe·gna·re ⟨1a⟩ **A** V/T **1** entbinden: **~ qn da una promessa** j-n von einem Versprechen entbinden **2** (*riscattare da pegno*) einlösen **3** erledigen **4** MIL entsetzen, befreien **B** V/PR **-rsi** **1** sich entledigen: **-rsi da un obbligo** sich einer Verpflichtung entledigen **2** **-rsi bene a fare qc** gut mit etw zurechtkommen

di·sim·pe·gno [-e-] M **1** Entbindung *f* **2** Einlösung *f* **3** Vorraum *m* **4** Abstellraum *m* **5** Erledigung *f* **6** MIL Entsetzung *f* **7** fehlendes Engagement *n*

di·sin·ca·glia·re ⟨1g⟩ **A** V/T **1** SCHIFF wieder flottmachen **2** *fig* wieder aufnehmen **B** V/PR **-rsi** *fig* wieder in Gang kommen

di·sin·can·ta·re V/T ⟨1a⟩ **1** ernüchtern **2** entzaubern **di·sin·can·ta·to** ADJ ernüchtert: **essere ~ nei confronti di qc** von etw ernüchtert sein

di·sin·can·to M Ernüchterung *f*

di·sin·cen·ti·va·re V/T ⟨1a⟩ (durch bestimmte Maßnahmen) einschränken; behindern

di·sin·cen·ti·vo M Einschränkung *f*; Behinderung *f*

di·sin·fe·stan·te M Schädlingsbekämpfungsmittel *n* **di·sin·fe·sta·re** V/T ⟨1a⟩ befreien; *fig* säubern: **~ una casa dai topi** ein Haus von Mäusen befreien

di·sin·fet·tan·te M Desinfektionsmittel *n* **di·sin·fet·ta·re** V/T ⟨1b⟩ desinfizieren

di·sin·fe·zio·ne [-o-] F Desinfektion *f*

di·sin·for·ma·to ADJ uninformiert **di·sin·for·ma·zio·ne** [-o-] F Mangel *m* an Information

di·sin·gan·na·re ⟨1a⟩ **A** V/T ernüchtern **B** V/PR **-rsi** ernüchtert werden

di·sin·gan·no M Ernüchterung *f*

di·si·ni·bi·re ⟨4d⟩ **A** V/T enthemmen **B** V/PR **-rsi** seine Hemmungen verlieren

di·sin·na·mo·rar·si [-s-] V/PR ⟨1a⟩ **~ di qn** j-n nicht mehr lieben, sich von j-m abwenden

di·sin·ne·sca·re V/T ⟨1d⟩ entschärfen (*a. fig*)

di·sin·ne·sta·re ⟨1b⟩ **A** V/T **1** **~ la frizione** auskuppeln **2** abschalten **3** **~ la spina** den Stecker herausziehen **B** V/PR **-rsi** ELEK sich ausschalten

di·sin·ne·sto [-ɛ-] M **1** Auskupplung *f* **2** Abschaltung *f*; Unterbrechung *f*

di·sin·qui·na·men·to [-e-] M Entseuchung *f*

di·sin·qui·na·re V/T ⟨1a⟩ entseuchen

di·sin·se·ri·re [-se'ri:re] V/T ⟨4d⟩ **1** ab-, ausschalten **2** **~ la frizione** auskuppeln **3** ELEK unterbrechen **4** **~ la chiave/la spina** den Schlüssel/den Stecker herausziehen

di·sin·stal·la·re V/T ⟨1a⟩ IT (*programma*) deinstallieren

di·sin·te·gra·re ⟨1m⟩ **A** V/T **1** PHYS spalten **2** (völlig) zerstören **3** *fig* zersplittern **B** V/PR **-rsi** **1** PHYS zerfallen **2** (völlig) zerstört werden; (*di aerei, navi*) zerschellen **3** *fig* sich auflösen

di·sin·te·gra·zio·ne [-o-] F **1** (völlige) Zerstörung *f* **2** *fig* Auflösung *f* ♦ PHYS **~ atomica** atomarer Zerfall *m*

di·sin·te·res·sar·si [-s-] V/PR ⟨1b⟩ sich nicht mehr interessieren, sich nicht mehr kümmern: **~ della politica** sich nicht mehr für die Politik interessieren **di·sin·te·res·sa·to** ADJ **1** desinteressiert **2** selbstlos, uneigennützig

di·sin·te·res·se [-ɛ-] M **1** Interesselosigkeit *f*, Desinteresse *n* **2** Selbstlosigkeit *f*

di·sin·tos·si·can·te ADJ **cura ~** Entschlackungskur *f*; Entziehungskur *f* **di·sin·tos·si·ca·re** ⟨1c, d *u.* n⟩ **A** V/T **1** entschlacken **2** entwöhnen: **~ dall'eroina** vom Heroin entwöhnen **B** V/PR **-rsi** **1** sich entschlacken **2** sich entwöhnen **di·sin·tos·si·ca·zio·ne** [-o-] F **1** Entgiftung *f* **2** (*da alcol, droga*) Entzug *m* **3** (*cura*) Entziehungskur *f*

di·sin·vol·to [-ɔ-] ADJ **1** (*spigliato*) ungezwungen **2** (*senza inibizioni*) ohne Hemmungen **3** leichtsinnig **4** (*disinvolto*) ungeniert, dreist **di·sin·vol·tu·ra** F **1** Ungezwungenheit *f* **2** Ungeniertheit *f* **3** Leichtsinnigkeit *f*

di·si·sti·ma F Geringschätzung *f*

di·si·sti·ma·re V/T ⟨1a⟩ gering schätzen

di·sles·sia F Legasthenie *f*

di·sli·vel·lo [-zli'vɛl-] M **1** Höhen-, Niveauunterschied *m* **2** *fig* **un forte ~ economico** ein starkes wirtschaftliches Gefälle *n*

di·slo·ca·men·to [-zloka'men-] M **1** MIL Stationierung *f* **2** SCHIFF Wasserverdrängung *f*

di·slo·ca·re [-z-] V/T ⟨1d⟩ **1** MIL stationieren **2** SCHIFF verdrängen

di·smet·te·re [-z-] V/T ⟨3ee⟩ **1** ablegen: **~ un abito** ein Kleid ablegen **2** WIRTSCH veräußern

di·smi·su·ra [-z-] F Übermaß *n* ♦ **a ~** übermäßig; **crescere a ~** ins Kraut schießen

di·sob·bli·ga·re ⟨1m *u.* c *u.* e⟩ **A** V/T entbinden **B** V/PR **-rsi con qn per qc** sich bei j-m für etw revanchieren

★**di·soc·cu·pa·to** **A** ADJ arbeitslos **B** M, **-a** F Arbeitslose *m/f*: **~ di lunga durata** Langzeitarbeitsloser *m*

★**di·soc·cu·pa·zio·ne** [-o-] F Arbeitslosigkeit *f*: **indennità di ~** Arbeitslosengeld *n*

di·so·ne·stà F ⟨*inv*⟩ Unehrlichkeit *f* **di·so·ne·sto** [-ɛ-] ADJ **1** unehrlich **2** unanständig

di·so·no·ra·re VT ⟨1a⟩ entehren **di·so·no·re** [-o-] M Unehre *f*, Schande *f* **di·so·no·re·vo·le** [-e-] ADJ unehrenhaft, schmachvoll

di·so·pra [-o-] **A** ADV & ADJ ⟨*inv*⟩. → sopra **B** M Oberteil *n*, Oberseite *f*

di·sor·di·na·re VT ⟨1m⟩ in Unordnung bringen, durcheinanderbringen **di·sor·di·na·to** ADJ **1** unordentlich **2** regellos, ungeregelt **3** wirr

★**di·sor·di·ne** [-o-] M **1** Unordnung *f*; Durcheinander *n* **2** Wirrwarr *m* **3** *pl* Unruhen *pl*: **-i studenteschi** Studentenunruhen *pl*

di·sor·ga·ni·co ADJ un-, anorganisch

di·sor·ga·niz·za·re ⟨1a⟩ **A** VT desorganisieren, zerrütten **B** V/PR **-rsi** sich auflösen **di·sor·ga·niz·za·zio·ne** [-o-] F Desorganisation *f*

di·so·rien·ta·men·to [-e-] M Orientierungs-, Richtungslosigkeit *f* **di·so·rien·ta·re** VT ⟨1b⟩ **1** desorientieren **2** *fig* verunsichern **di·so·rien·ta·to** ADJ richtungs-, orientierungslos

di·sos·sa·re VT ⟨1c⟩ entbeinen

di·sos·sa·to ADJ *fig* flau, schlaff

di·sos·si·dan·te M Desoxidationsmittel *n* **di·sos·si·da·zio·ne** [-o-] F Desoxidation *f*

di·sot·to [-o-] **A** ADV & ADJ ⟨*inv*⟩ → sotto **B** M Unterteil *n*, Unterseite *f*

di·spac·cio M **1** Depesche *f* **2** Meldung *f*: **~ di agenzia** Agenturmeldung *f*

di·spa·ra·to ADJ unterschiedlich

di·spa·ri ADJ ⟨*inv*⟩ **1** ungerade: **numeri ~** ungerade Zahlen *pl* **2** ungleich

di·spa·ri·tà F ⟨*inv*⟩ **1** Ungleichheit *f*: **~ di retribuzione** (*od* **salariale**) Lohngefälle *n* **2** Verschiedenheit *f*: **~ di idee** Meinungsverschiedenheit *f*

di·spar·te ADV **in ~** beiseite; abseits; **stare in ~** abseitsstehen

di·spen·dio [-ɛ-] M Aufwand *m*: **~ di forze** Kraftaufwand *m* **di·spen·dio·so** [-o-] ADJ aufwendig: **un tenore di vita ~** ein aufwendiger Lebensstil *m*

di·spen·sa [-'spɛnsa] F **1** Speiseschrank *m*; Speisekammer *f* **2** Befreiung *f*: **~ dal servizio militare** Befreiung *f* vom Militärdienst **3** (*editoria*) (Einzel)Lieferung *f*; Heft *n* **4** Vorlesungsskript *n* ♦ JUR **~ dal servizio** Amtsenthebung *f*

di·spen·sa·re VT ⟨1b⟩ **1** befreien, entbinden: **~ qn da un obbligo** j-n von einer Pflicht befreien **2** spenden **3** **~ favori** Gefallen erweisen **di·spen·sa·rio** M medizinische Fürsorgestelle *f*

di·spen·ser [di'spɛnser] M ⟨*inv*⟩ Spender *m*

di·spe·ra·re [-s-] ⟨1b⟩ VI ⟨av⟩ & V/PR **-rsi** verzweifeln: **~ di qc** an etw (*dat*) verzweifeln

★**di·spe·ra·to** **A** ADJ **1** verzweifelt, Verzweiflungs- **2** hoffnungslos **B** M, **-a** F Verzweifelte *m/f*: **lavorare come un ~** wie ein Besessener arbeiten

di·spe·ra·zio·ne [-o-] F Verzweiflung *f*: **per ~** aus Verzweiflung

di·sper·de·re ⟨3uu⟩ **A** VT **1** zerstreuen, auseinandertreiben **2** MIL versprengen **3** *fig* vergeuden **B** V/PR **-rsi** **1** sich zerstreuen **2** sich verflüchtigen, sich verziehen **3** *fig* **-rsi in qc** sich in etw (*dat*) verlieren

di·sper·sio·ne [-si'o-] F **1** Zerstreuung *f* **2** MIL Versprengung *f* **3** *fig* Vergeudung *f* ♦ **~ termica** Wärmeverlust *m*

di·sper·so [-'sperso] **A** ADJ vermisst: **dare qn per ~** j-n als vermisst melden **B** M, **-a** F Vermisste *m/f*

di·spet·to [-ɛ-] M **1** böser Streich *m*: **fare i -i a qn** j-n ärgern **2** Missvergnügen *n*, Ärger *m* ♦ **a ~ di qn/qc** j-m/etw zum Trotz

di·spet·to·so [-o-] ADJ **1** (*bambino*) frech **2** lästig: **un tempo ~** ein launisches Wetter *n* **3** **atto ~** Schelmenstreich *m*

★**di·spia·ce·re**[1] [-e-] ⟨2k⟩ **A** VI ⟨es⟩ **1** **qc dispiace a qn** etw tut j-m leid, j-d bedauert etw **2** **non ~** (ganz gut) gefallen; (ganz gut) schmecken **3** **Le dispiacerebbe ...?** würde es Ihnen etwas ausmachen ...? **B** V/PR **-rsi di** (*od* **per**) **qc** etw bedauern

★**di·spia·ce·re**[2] [-e-] M **1** Bedauern *n*: **con mio grande ~** zu meinem großen Bedauern **2** *pl* Kummer *m*

di·spia·ciu·to ADJ **essere** (**molto**) **~ per qc** etw (sehr) bedauern

di·spie·ga·men·to [-e-] M Aufgebot *n*: **un ~ di forze di polizia** ein Polizeiaufgebot *n*

di·spie·ga·re VT ⟨1b *u.* e⟩ **1** ausbreiten: **~ le ali** die Flügel ausbreiten **2** aufbieten: **~ tutte le forze** alle Kräfte aufbieten

di·spie·go [-ɛ-] M **1** Aufgebot *n* **2** *fig* Aufwand *m*

dis·play [dis'plɛi] M ⟨*inv*⟩ Anzeige *f*, Display *n*: **~ a cristalli liquidi** Flüssigkristallanzeige, LCD-Anzeige *f*; ~ **luminoso** Leuchtanzeige *f*

★**di·spo·ni·bi·le** ADJ 1 verfügbar, vorhanden: **essere** ~ zur Verfügung stehen 2 lieferbar; vorrätig 3 erhältlich 4 **posti -i** freie Plätze *pl* 5 abkömmlich 6 hilfsbereit, willig 7 -bereit: ~ **al dialogo** gesprächsbereit ♦ **dichiararsi** ~ **a qc** sich für etw zur Verfügung stellen

di·spo·ni·bi·li·tà F ⟨*inv*⟩ 1 Verfügbarkeit *f* 2 Hilfsbereitschaft *f*

★**di·spor·re** [-o-] ⟨3ll⟩ A V/T 1 aufstellen, (an)ordnen 2 vorbereiten 3 verfügen, veranlassen B V/I ⟨av⟩ 1 ~ **di qn/qc** über j-n/etw verfügen 2 bestimmen C V/PR **-rsi** 1 sich aufstellen 2 **-rsi a fare qc** sich darauf vorbereiten, etw zu tun

di·spo·si·ti·vo M 1 Vorrichtung *f* 2 JUR Tenor *m*: **il** ~ **della sentenza** der Tenor des Urteils ♦ AUTO ~ **di accensione** Zündanlage *f*; ~ **antifurto** Einbruch(s)sicherung *f*; ~ **di chiusura** Schließvorrichtung *f*

★**di·spo·si·zio·ne** [-o-] F 1 Anordnung *f*, Aufstellung *f* 2 Stimmung *f* 3 Begabung *f*, Veranlagung *f* 4 An-, Verordnung *f*: ~ **testamentaria** letztwillige Verfügung *f* 5 Bestimmung *f*: **-i di legge** gesetzliche Bestimmungen *pl* ♦ **essere a** ~ **di qn** j-m zur Verfügung stehen

di·spo·sto [-ɔ-] ADJ 1 angeordnet, aufgestellt 2 bereit: **essere** ~ **a fare qc** bereit sein, etw zu tun 3 vorgeschrieben ♦ **essere ben** ~ **verso qn** j-m wohlgesinnt sein

di·spo·ti·co [-ɔ-] ADJ despotisch, herrisch: **un carattere** ~ ein herrisches Wesen *n*

di·spo·ti·smo [-z-] M 1 Gewaltherrschaft *f* 2 *fig* Herrschsucht *f*, Willkür *f*

di·sprez·za·bi·le ADJ verachtenswert

di·sprez·za·re V/T ⟨1b⟩ verachten; missachten

di·sprez·zo [-ɛ-] M Verachtung *f*; Missachtung *f*: **avere** ~ **per qn** j-n verachten

di·spu·ta F 1 Streitgespräch *n*, Disput *m*; Wortgefecht *n* 2 SPORT Austragung *f*

di·spu·ta·re ⟨1l⟩ A V/I ⟨av⟩ ~ **con qn su qc** mit j-m über etw (*akk*) disputieren B V/T 1 (*di gara*) austragen 2 streitig machen C V/PR **-rsi** kämpfen, streiten: **-rsi un premio** um einen Preis streiten

dis·sa·la·re V/T ⟨1a⟩ 1 entsalzen 2 (*pesce*) wässern **dis·sa·la·to·re** [-o-] M Entsalzungsanlage *f* **dis·sa·la·zio·ne** [-o-] F Entsalzung *f*

dis·sal·da·re V/T ⟨1a⟩ aufschweißen, trennen

dis·san·gua·men·to [-e-] M Verblutung *f*; Ausblutung *f* (*a. fig*): **subire un** ~ **economico** wirtschaftlich ausbluten

dis·san·gua·re ⟨1a⟩ A V/T 1 verbluten lassen 2 *fig* ausbluten lassen B V/PR **-rsi** 1 verbluten 2 *fig* ausbluten

dis·sa·po·re [-o-] M Unstimmigkeit *f*, Zwist *m*

dis·sec·ca·re ⟨1d⟩ V/T & V/PR **-rsi** (aus)trocknen

dis·sel·cia·re V/T ⟨1f⟩ ~ **una strada** das Pflaster (einer Straße) aufreißen

dis·se·mi·na·re V/T ⟨1m⟩ 1 ver-, ausstreuen 2 *fig* verbreiten, säen **dis·se·mi·na·to** ADJ ~ **di qc** mit, von etw übersät **dis·se·mi·na·zio·ne** [-o-] F 1 Verstreuung *f*, Verbreitung *f* 2 BOT (Aus)Saat *f*

dis·sen·na·tez·za [-e-] F Unvernunft *f*

dis·sen·na·to ADJ unvernünftig

dis·sen·so [-'sɛnso] M 1 Missbilligung *f* 2 ~ **di opinioni** Meinungsverschiedenheit *f*

dis·sen·te·ri·a F Durchfall *m*, Ruhr *f*

dis·sen·ti·re V/I ⟨4b; av⟩ nicht übereinstimmen: ~ **da qn su alcuni punti** mit j-m in einigen Punkten nicht übereinstimmen

dis·sep·pel·li·re V/T ⟨4d⟩ ausgraben (*a. fig*)

dis·se·que·stra·re V/T ⟨1b⟩ freigeben

dis·se·que·stro [-ɛ-] M Freigabe *f*

dis·ser·ta·re V/I ⟨1b; av⟩ ~ **di** (*od* **su**) **qc** etw abhandeln **dis·ser·ta·zio·ne** [-o-] F 1 Abhandlung *f* 2 Dissertation *f*, Doktorarbeit *f*

dis·ser·vi·zio M 1 schlechtes Funktionieren *n*: ~ **postale** schlechtes Funktionieren *n* der Post 2 Misswirtschaft *f*

dis·se·sta·re ⟨1b⟩ A V/T in Unordnung bringen (*a. fig*) B V/PR **-rsi** in Unordnung geraten **dis·se·sta·to** ADJ **strade -e** holp(e)rige Straßen *pl*

dis·se·sto [-ɛ-] M Unordnung *f* ♦ **finanze in** ~ zerrüttete Vermögensverhältnisse *pl*

dis·se·tan·te A ADJ durststillend B M Durstlöscher *m* **dis·se·ta·re** ⟨1a⟩ A V/T den Durst stillen (*od* löschen): ~ **qn** j-s Durst stillen B V/PR **-rsi** seinen Durst löschen

dis·se·zio·na·re V/T ⟨1a⟩ sezieren, zergliedern **dis·se·zio·ne** [-o-] F Zergliederung *f* (*a. fig*)

dis·si → dire[1]

dis·si·den·te [-ɛ-] **A** ADJ andersdenkend **B** M/F Andersdenkende *m/f*, Dissident *m*, -in *f* ♦ POL **gruppo ~** Splittergruppe *f*

dis·si·dio M **1** Zwist *m* **2** Zwiespalt *m*

dis·si·mi·le ADJ unähnlich: **essere ~ da qn/qc** j-m/etw unähnlich sein

dis·si·mu·la·re VT ⟨1m⟩ **1** verhehlen, verbergen **2** heucheln **dis·si·mu·la·to** ADJ **1** verhohlen: **invidia mal -a** schlecht verhohlener Neid *m* **2** geheuchelt **dis·si·mu·la·to·re** [-o-] M, **-tri·ce** F Heuchler *m*, -in *f* **dis·si·mu·la·zio·ne** [-o-] F **1** Verhehlen *n*, Verbergen *n* **2** Heucheln *n*

dis·si·pa·re ⟨1l⟩ **A** VT **1** (*nebbia, nuvole*) vertreiben **2** *fig* zerstreuen: **~ i dubbi di qn** j-s Zweifel zerstreuen **3** verprassen **B** VPR **-rsi 1** (*nebbia, nuvole*) sich zerteilen **2** *fig* weichen, sich zerstreuen **dis·si·pa·tez·za** [-e-] F Zügellosigkeit *f* **dis·si·pa·to** ADJ zügellos **dis·si·pa·to·re** [-o-] M, **-tri·ce** F Verschwender *m*, -in *f* **dis·si·pa·zio·ne** [-o-] F **1** Verschwendung *f* **2** Zerteilung *f*; Zerstreuung *f*

dis·so·cia·re ⟨1f⟩ **A** VT dissoziieren (*a.* CHEM) **B** VPR **-rsi** sich distanzieren: **-rsi da qn/qc** sich von j-m/etw distanzieren **dis·so·cia·to A** ADJ **1** PSYCH **coscienza -a** gespaltenes Bewusstsein *n* **2** **dieta -a** Trennkost *f* **B** M, **-a** F **1** *fig* Wirrkopf *m* **2** POL Abgefallene *m/f* **dis·so·cia·zio·ne** [-o-] F **1** Trennung *f*, Dissoziation *f* (*a.* CHEM) **2** PSYCH Spaltung *f*

dis·so·da·men·to [-e-] M Rodung *f*; Roden *n* **dis·so·da·re** VT ⟨1c⟩ roden

dis·so·lu·bi·le ADJ **1** auflösbar **2** CHEM löslich

dis·so·lu·tez·za [-e-] F Ausschweifung *f*; Liederlichkeit *f* ♦ **~ dei costumi** Sittenlosigkeit *f*

dis·so·lu·to ADJ ausschweifend, liederlich

dis·so·lu·zio·ne [-o-] F Auflösung *f* (*a. fig*)

dis·sol·ven·za [-ɛ-] F (*in apertura*) Einblendung *f*; (*in chiusura*) Ausblendung *f*: **~ incrociata** Überblendung *f* **dis·sol·ve·re** [-ɔ-] ⟨3g⟩ **A** VT **1** auflösen: **~ un vincolo** ein Band auflösen **2** *fig* zerstreuen: **~ i sospetti di qn** j-s Verdacht zerstreuen **B** VPR **-rsi 1** sich auflösen **2** *fig* sich zerstreuen ♦ FOTO (*cinema*) **~ in apertura** aufblenden; FOTO (*cinema*) **~ in chiusura** abblenden

dis·so·mi·glian·te ADJ unähnlich: **essere ~ da qn/qc** j-m/etw unähnlich sein **dis·so·mi·glian·za** F Unähnlichkeit *f*

dis·so·nan·za F Dissonanz *f*, Kontrast *m*

dis·sot·ter·ra·men·to [-e-] M Ausgrabung *f* **dis·sot·ter·ra·re** VT ⟨1b⟩ ausgraben

dis·sua·de·re [-e-] VT ⟨2i⟩ abbringen, ausreden: **~ qn da qc** j-m etw ausreden

dis·sua·sio·ne [-o-] F Abraten *n*; Abschreckung *f* **dis·sua·si·vo** ADJ Abschreckungs-

di·stac·ca·men·to [-e-] M (Ab)Trennung *f*

di·stac·ca·re ⟨1d⟩ **A** VT **1** abtrennen, -lösen, -reißen **2** *fig* trennen **3** SPORT abhängen **4** MIL abkommandieren **B** VPR **-rsi 1** sich (los)lösen, abgehen: **il colore si distacca dalla parete** die Farbe löst sich von der Wand **2** *fig* sich abwenden **3** *fig* sich abheben

di·stac·ca·to ADJ **1** Außen-: **sede -a** Außenstelle *f* **2** *fig* unbeteiligt

di·stac·co M **1** Trennung *f* (*a. fig*), Loslösung *f* **2** *fig* Unbeteiligtsein *n* **3** SPORT Abstand *m* ♦ **~ dalla realtà** Weltfremdheit *f*

di·stan·te ADJ & ADV **1** fern, weit, entfernt, entlegen: **abitare ~ dal centro** weit vom Zentrum wohnen **2** *fig* verschieden **3** *fig* distanziert ♦ **da ~** von fern; **tenere ~ qn** j-n auf Abstand halten

★**di·stan·za** F **1** Entfernung *f*, Abstand *m*, Distanz *f*: **tenersi a ~** (**da qn**) sich (von j-m) fernhalten; **a ~ di sei ore** in sechsstündigem Abstand **2** Strecke *f* **3** *fig* Unterschied *m* ♦ **comandato a ~** ferngesteuert; **comando a ~** Fernbedienung *f*; **mantenere le -e** Distanz wahren; **prendere le -e da qn/qc** auf Abstand zu j-m/etw gehen; **a ~ ravvicinata** aus nächster Nähe; **~ di sicurezza** Sicherheitsabstand *m*

di·stan·zia·re VT ⟨1g⟩ **1** in einem (gewissen) Abstand aufstellen; auseinanderrücken **2** SPORT distanzieren **3** *fig* weit hinter sich (*dat*) lassen

di·sta·re VI ⟨1a; av⟩ **1** entfernt sein: **il paese dista un chilometro dalla stazione** das Dorf ist einen Kilometer vom Bahnhof entfernt **2** *fig* (*di opinioni*) auseinandergehen

di·sten·de·re [-e-] ⟨3c⟩ **A** VT **1** aus-

D

strecken **2** ausbreiten **3** legen: **~ qn sul letto** j-n aufs Bett legen **4** **~ i muscoli** die Muskeln entspannen **B** VPR **-rsi** **1** sich ausstrecken, sich hinlegen **2** sich ausdehnen **3** sich entspannen ♦ **~ la pasta** den Teig ausrollen

di·sten·sio·ne [-si'o-] F **1** Ausstrecken *n* **2** Entspannung *f* (*a.* POL): **politica di ~** Entspannungspolitik *f* **di·sten·si·vo** ADJ **1** entspannend **2** POL **politica -a** Entspannungspolitik *f*

di·ste·sa [-e-] F **1** Weite *f*: **la ~ del mare** die Weite des Meeres **2** (große) Fläche *f* ♦ **una ~ di cemento** eine Betonwüste; **una ~ di tetti** ein Meer *n* von Dächern

di·ste·so [-e-] ADJ entspannt ♦ **essere** (*od* **stare**) **~ a letto** im Bett liegen; **cadere lungo ~ per terra** der Länge nach hinfallen; **per ~** ausführlich

di·stil·la·re VT ⟨1a⟩ **1** destillieren **2** (*acquavite*) brennen **di·stil·la·to** **A** ADJ destilliert **B** M **1** TECH Destillat *n* **2** **~ di vinacce** Weingeist *m* **di·stil·la·zio·ne** [-o-] F **1** Destillation *f* **2** Brennerei *f* **di·stil·le·ri·a** F Brennerei *f*

di·stin·gue·re ⟨3d⟩ **A** VT **1** unterscheiden: **~ il bene dal male** Gutes von Bösem unterscheiden **2** erkennen **3** kennzeichnen, auszeichnen **4** einteilen, gliedern **B** VI ⟨av⟩ einen Unterschied machen, unterscheiden **C** VPR **-rsi** **1** sich unterscheiden **2** sich hervorheben

di·stin·gui·bi·le ADJ **1** unterscheidbar **2** erkennbar

di·stin·guo M ⟨inv⟩ Unterschied *m*: **fare dei ~** Unterschiede machen

di·stin·si [-s-] → distinguere

di·stin·ta F **1** Aufstellung *f*, Verzeichnis *n* **2** Formular *n*

di·stin·ti·vo **A** ADJ **1** unterscheidend: **segni -i** Unterscheidungsmerkmale *pl* **2** hervorstechend **3** **numero ~** Kennzahl *f* **B** M Abzeichen *n*

di·stin·to ADJ **1** verschieden **2** vornehm, distinguiert ♦ THEAT **posto ~** Sperrsitz *m*; **-i saluti** mit freundlichen Grüßen

di·stin·zio·ne [-o-] F **1** Unterscheidung *f*; Unterschied *m* **2** Vornehmheit *f*

di·sto·glie·re [-ɔ-] VT ⟨3ss⟩ **1** abbringen: **~ qn da un proposito** j-n von einem Vorhaben abbringen **2** ablenken, abhalten

di·stor·ce·re [-ɔ-] ⟨3d⟩ **A** VT **1** verzerren (*a.* PHYS *fig*) **2** verdrehen: **~ il braccio a qn** j-m den Arm verdrehen **B** VPR **-rsi** **1** sich winden **2** **-rsi il piede** sich (*dat*) den Fuß verstauchen **di·stor·sio·ne** [-si'o-] F **1** Verzerrung *f* (*a.* PHYS *fig*) **2** MED Verstauchung *f*: **~ ai legamenti** Bänderzerrung *f*

di·strar·re ⟨3xx⟩ **A** VT **1** ablenken, abhalten: **~ qn dallo studio** j-n vom Lernen ablenken **2** (*divertire*) unterhalten **3** unterschlagen, veruntreuen **B** VPR **-rsi** **1** sich ablenken lassen **2** sich unterhalten; sich zerstreuen

di·strat·to ADJ **1** zerstreut **2** abgelenkt, unaufmerksam

di·stra·zio·ne [-o-] F **1** Zerstreutheit *f* **2** Zerstreuung *f*, Ablenkung *f* **3** MED Zerrung *f* ♦ **errore di ~** Flüchtigkeitsfehler *m*

di·stret·to [-e-] M **1** Bezirk *m*, Kreis *m* **2** Revier *n*, Gebiet *n*: **~ industriale** Industriegebiet *n*; **~ di polizia** Polizeirevier *n*

di·stret·tua·le ADJ Bezirks-, Kreis-: **tribunale ~** Bezirksgericht *n*; **consiglio ~** Kreistag *m*

★**di·stri·bu·i·re** ⟨4d⟩ **A** VT **1** ver-, austeilen **2** einteilen **3** (*merci*) vertreiben **4** in den Verleih bringen **5** (*gas, elettricità*) **~ qc** mit etw versorgen **6** WIRTSCH ausschütten: **~ gli utili** Gewinn ausschütten **7** (ein)ordnen **B** VPR **-rsi** sich verteilen ♦ **~ le carte** (die Karten) geben

di·stri·bu·ti·vo ADJ Verteilungs- ♦ **giustizia -a** ausgleichende Gerechtigkeit *f*

di·stri·bu·to·re [-o-] M, **-tri·ce** F **1** (*addetto*) Vertreiber *m*, -in *f*; Händler *m*, -in *f* **2** (*cinema*) Filmverleiher *m*, -in *f* **3** ELEK, TEL **distributore** *m* Verteiler *m* **4** AUTO **~** (**d'accensione**) Verteiler *m* **5** (*macchina*) **distributore** *m* Automat *m*: ★ **~ di benzina** Tankstelle *f*; Tanksäule *f*; **~ automatico di bevande** Getränkeautomat *m*; **~ automatico di biglietti** Fahrscheinautomat *m*; **~ automatico di francobolli** Briefmarkenautomat *m*

di·stri·bu·zio·ne [-o-] F **1** Ver-, Aus-, Aufteilung *f* **2** Vertrieb *m* **3** Versorgung *f*: **~ dell'energia elettrica** Stromversorgung *f* **4** (*cinema*) Filmverleih *m* **5** WIRTSCH (Gewinn)Ausschüttung *f*: **~ dei dividendi/degli utili** Dividenden-/Gewinnausschüttung *f* **6** HANDEL Auslieferung *f* ♦ **~ dei doni** Bescherung *f*; **grande ~** Großhandel *m*; ELEK **impianto di ~** Schaltanlage *f*; **rete di ~** Vertriebsnetz *n*

di·stri·ca·re ⟨1d⟩ **A** VT entwirren (*a.*

fig) **B** V/PR **-rsi da qc** sich aus etw herauswinden

★**di·strug·ge·re** ⟨3cc⟩ **A** V/T **1** zerstören; vernichten **2** zunichtemachen **3** *umg* kaputtmachen **4** *umg* **~ la concorrenza** die Konkurrenz ausschalten **B** V/PR **-rsi** sich zugrunde richten; **-rsi l'esistenza** sich (*dat*) sein Leben zerstören

di·strug·gi·do·cu·men·ti [-e-] M ⟨*inv*⟩ Aktenvernichter *m*, Reißwolf *m*; Schredder *m*

di·strut·ti·vo ADJ zerstörerisch; vernichtend **di·strut·to** ADJ **1** *fig* gebrochen **2** zerschlagen, erledigt, *umg* kaputt ♦ **~ dalle bombe** ausgebombt; zerbombt

di·strut·tore [-o-] M, **-trice** F Zerstörer *m*, -in *f*

★**di·stru·zio·ne** [-o-] F Zerstörung *f*

★**di·stur·ba·re** ⟨1a⟩ **A** V/T stören, belästigen **B** V/PR **-rsi** **1** sich (*dat*) Umstände machen: **non si disturbi!** machen Sie sich keine Umstände! **2** **-rsi a fare qc** sich (*dat*) die Mühe machen, etw zu tun

di·stur·ba·to ADJ **1** RADIO, TV gestört: **ricezione -a** gestörter Empfang *m* **2** **sentirsi** (**un po'**) **~** sich unwohl fühlen **3** **stomaco ~** verstimmter Magen *m* **4** PSYCH geistig gestört **di·stur·ba·to·re** [-o-] M, **-tri·ce** F Störer *m*, -in *f*, Störenfried *m*

di·stur·bo M **1** Störung *f* (*a.* PSYCH, MED, METEO, RADIO, TV): **scusi il ~** entschuldigen Sie die Störung **2** Mühe *f*: **prendersi il ~ di fare qc** sich (*dat*) die Mühe machen, etw zu tun **3** *pl* Beschwerden *pl*: **avere** (**dei**) **-i** Beschwerden haben ♦ **~ dell'immagine** Bildstörung *f*; **fattore di ~** Störfaktor *m*; **~ della quiete pubblica** öffentliche Ruhestörung *f*; **togliere il ~** nicht länger stören wollen

di·sub·bi·dien·te [-ε-] ADJ ungehorsam

di·sub·bi·dien·za [-ε-] F Ungehorsam *m*

di·sub·bi·di·re V/I ⟨4d; av⟩ **~ a qn** j-m nicht gehorchen

di·su·gua·glian·za F **1** Ungleichheit *f* **2** Unebenheit *f*

di·su·gua·le ADJ **1** ungleich **2** uneben

di·su·ma·ni·tà F ⟨*inv*⟩ Unmenschlichkeit *f* **di·su·ma·no** ADJ menschenunwürdig; unmenschlich (*a. umg fig*)

di·su·ni·for·me [-o-] ADJ ungleichförmig

di·su·nio·ne [-o-] F **1** Trennung *f* **2** *fig* Entzweiung *f*; Zwietracht *f*

di·su·ni·re ⟨4d⟩ **A** V/T **1** trennen **2** *fig* entzweien **B** V/PR **-rsi** **1** sich trennen **2** *fig* sich entzweien **di·su·ni·to** ADJ uneinig: **una famiglia -a** eine Familie ohne Zusammenhalt

di·su·sa·to ADJ veraltet **di·su·so** M **cadere in ~** außer Gebrauch kommen

di·ta → dito

di·ta·le M **1** Fingerhut *m* **2** Fingerling *m*

di·teg·gia·tu·ra F **1** MUS Griff *m* **2** (*sulla partitura*) Fingersatz *m*

★**di·to** M ⟨le dita *fpl u.* i diti *mpl*⟩ **1** Finger *m* **2** Zehe *f* **3** Fingerbreit *m*: **sui mobili c'è un ~ di polvere** auf den Möbeln liegt der Staub fingerdick **4** (*di liquidi*) Schluck *m* ♦ **non alzare un ~** keinen Finger rühren; **contare sulle -a** an den Fingern abzählen; **mettere il ~ sulla piaga** den Finger auf die Wunde legen; **segnare qn a ~** mit Fingern (*od* mit dem Finger) auf j-n zeigen

★**dit·ta** F Firma *f*; Betrieb *m* ♦ **~ affiliata** Tochterfirma *f*; **~ costruttrice** Baufirma *f*; **~ di vendite per corrispondenza** Versandhaus *n*

dit·ta·fo·no M Diktiergerät *n*

dit·ta·to·re [-o-] M, **-tri·ce** F Diktator *m*, -in *f* (*a. fig*)

dit·ta·to·ria·le ADJ diktatorisch (*a. fig*)

dit·ta·tu·ra F Diktatur *f* (*a. fig*): **~ militare** Militärdiktatur *f*

dit·ton·go [-ɔ-] M Diphthong *m*, Doppellaut *m*

diu·re·ti·co [-ε-] ADJ harntreibend

diur·no ADJ **1** Tag-, Tages-: **albergo ~** Tageshotel *n* **2** ZOOL tagaktiv

di·va·ga·re ⟨1e⟩ **A** V/I ⟨av⟩ abschweifen: **~ dal tema** vom Thema abschweifen **B** V/PR **-rsi** sich zerstreuen, sich ablenken

di·va·ga·zio·ne [-o-] F **1** Abschweifen *n* **2** Abschweifung *f*

di·vam·pa·re V/I ⟨1a; es⟩ auflodern, aufflammen (*a. fig*)

★**di·va·no** M Sofa *n* ♦ **~ letto** Schlafcouch *f*

di·va·ri·ca·re V/T ⟨1m *u.* d⟩ spreizen

di·va·rio M Unterschied *m*; *fig* Gefälle *n* ♦ **~ nord-sud** Nord-Süd-Gefälle *n*

di·ve·ni·re ⟨4p⟩ **A** V/I → diventare **B** M Werden *n*

★**di·ven·ta·re** V/I ⟨1b; es⟩ **1** werden: **~ vecchio** alt werden **2** **~ qc** zu etw werden ♦ **~ di tutti i colori** über und über rot werden; **far ~ matto qn** j-n verrückt machen

di·ver·bio [-ɛ-] M Wortgefecht *n*, Streitigkeit *f*

di·ver·gen·te [-ɛ-] ADJ **1** auseinandergehend **2** *fig* abweichend **di·ver·gen·za** [-ɛ-] F Abweichung *f*

di·ver·ge·re [-ɛ-] V/I ⟨3uu *u.* 3a; av⟩ **1** auseinandergehen **2** *fig* (voneinander) abweichen

di·ver·sa·men·te [-sa'men-] ADV **1** anders **2** ander(e)nfalls ♦ **~ abili** Behinderte *pl*

di·ver·si·fi·ca·re [-s-] V/T ⟨1n *u.* d⟩ **1** unterscheiden **2** diversifizieren **di·ver·si·fi·ca·zio·ne** [-o-] F **1** Unterscheidung *f* **2** Unterschiedlichkeit *f* **3** WIRTSCH Diversifizierung *f*

di·ver·sio·ne [-si'o-] F **1** Um-, Ableitung *f* **2** MIL Ablenkungsmanöver *n* (*a. fig*)

di·ver·si·tà [-s-] F ⟨*inv*⟩ **1** Verschiedenheit *f* **2** Unterschied *m*

di·ver·si·vo [-s-] **A** ADJ Ablenkungs-: **manovra -a** Ablenkungsmanöver *n* **B** M Abwechslung *f*

★**di·ver·so** [-'vɛrso] **A** ADJ **1** verschieden, unterschiedlich **2** anders: **essere ~ da qc** anders als etw sein **B** INDEF PR PL einige **C** M, **-a** F Außenseiter *m*, -in *f*

★**di·ver·ten·te** [-ɛ-] ADJ **1** unterhaltsam, vergnüglich, amüsant **2** komisch

★**di·ver·ti·men·to** [-e-] M Unterhaltung *f*, Vergnügen *n*, Spaß *m*: **buon ~!** viel Spaß! ♦ **parco dei -i** Vergnügungspark *m*

di·ver·ti·re V/T ⟨4b⟩ Spaß machen, amüsieren

★**di·ver·tir·si** [-s-] V/PR sich unterhalten, sich amüsieren, Spaß haben: **~ un mondo** sich riesig amüsieren

di·ver·ti·to ADJ vergnügt, amüsiert

di·vez·za·men·to [-e-] M Abstillen *n*

di·vez·za·re ⟨1a⟩ **A** V/T **1** abstillen, entwöhnen **2** *fig* **~ qn da qc** j-m etw abgewöhnen **B** V/PR **-rsi da qc** sich (*dat*) etw abgewöhnen

di·vi·den·do [-ɛ-] M **1** MATH Dividend *m* **2** WIRTSCH Dividende *f*: **distribuzione dei -i** Dividendenausschüttung *f*

★**di·vi·de·re** ⟨3q⟩ **A** V/T **1** teilen **2** ein-, auf-, unterteilen **3** trennen **4** MATH dividieren: **~ 16 per 4** 16 durch 4 teilen **B** V/PR **-rsi** **1** sich teilen: **-rsi le spese** sich die Kosten teilen **2** sich trennen (*a. fig*): **si è divisa dal marito** sie hat sich von ihrem Mann getrennt **3** aufgeteilt sein **4** MATH teilbar sein

di·vie·to [-ɛ-] M Verbot *n* ♦ **~ di accesso** Zu-, Eintritt verboten; **~ di sosta** Halteverbot *n*; **~ di sorpasso** Überholverbot *n*; **~ di transito** Durchfahrt verboten

di·vi·na·to·rio [-ɔ-] ADJ wahrsagerisch, Wahrsage- **di·vi·na·zio·ne** [-o-] F **1** *pej* Wahrsagerei *f* **2** Wahrsagung *f*

di·vin·co·lar·si [-s-] V/PR ⟨1m⟩ sich durchwinden

di·vi·ni·tà F ⟨*inv*⟩ **1** Gottheit *f* **2** Göttlichkeit *f*

di·vi·niz·za·re V/T ⟨1a⟩ vergöttlichen

di·vi·niz·za·zio·ne [-o-] F Vergöttlichung *f*

di·vi·no ADJ göttlich, himmlisch (*a. fig*)

di·vi·sa[1] F **1** Uniform *f* **2** Dienstkleidung *f*: **~ da infermiera** Schwesterntracht *f*

di·vi·sa[2] F Devisen *pl*

di·vi·si·bi·le ADJ teilbar (*a.* MATH)

di·vi·si·bi·li·tà F Teilbarkeit *f*

di·vi·sio·ne [-o-] F **1** (Ver)Teilung *f* **2** Ein-, Unterteilung *f* **3** MATH, MIL Division *f* **4** Trennung *f*: **parete di ~** Trennwand *f* **5** Abteilung *f*, Ressort *n* ♦ **~ dei compiti** Aufgabenverteilung *f*; **~ dei poteri** Gewaltenteilung *f*; **~ dei ruoli** Rollenverteilung *f*; **~ in sillabe** Silbentrennung *f*

di·vi·smo [-z-] M *pej* Starkult *m*

di·vi·so ADJ **1** *fig* geteilt: **i pareri sono -i** die Meinungen sind geteilt **2** MATH dividiert, geteilt: **12 ~ 3 fa 4** 12 geteilt durch 3 ist 4

di·vi·so·re [-o-] M MATH Teiler *m*, Divisor *m* **di·vi·so·rio** [-ɔ-] ADJ Trenn-: **linea -a** Trennlinie *f*

di·vi·sti·co ADJ Star-: **atteggiamenti -ci** Starallüren *pl*

di·vo M, **-a** F Star *m*

di·vo·ran·te ADJ verzehrend, glühend

di·vo·ra·re ⟨1c⟩ **A** V/T **1** verschlingen, fressen (*a. fig*) **2** zerfressen (*a. fig*): **essere divorato dalla gelosia** von Eifersucht zerfressen werden **3** *fig* **~ un patrimonio** ein Vermögen durchbringen **B** V/PR **-rsi** sich verzehren: **-rsi di passione** sich vor Leidenschaft verzehren **di·vo·ra·to·re** [-o-] M, **-tri·ce** F Esser *m*, -in *f*: **un ~ di dolciumi** eine Naschkatze *f*; **Luca è un ~ di biscotti** Luca isst Unmengen von Keksen; **~ di libri** Leseratte *f*

★**di·vor·zia·re** V/I ⟨1c *u.* g; av⟩ sich scheiden lassen

★**di·vor·zia·to** ADJ **A** geschieden **B** M,

-a F Geschiedene *m/f*

di·vor·zio [-ɔ-] M (Ehe)Scheidung *f*: ~ **consensuale** einvernehmliche Scheidung *f*; **chiedere il** ~ die Scheidung einreichen; **ottenere il** ~ geschieden werden

di·vul·ga·re V/T ⟨1e⟩ bekannt machen, verbreiten **di·vul·ga·ti·vo** ADJ populärwissenschaftlich **di·vul·ga·zio·ne** [-o-] F Bekanntmachung *f*, Verbreitung *f*

di·zio·na·rio M Wörterbuch *n* ♦ ~ **enciclopedico** Lexikon *n*; ~ **tascabile** Taschenwörterbuch *n*; ~ **tecnico** Fachwörterbuch *n*

di·zio·ne [-o-] F Diktion *f*, Aussprache

do¹ [-ɔ-] M ⟨inv⟩ c, C *n*: ~ **maggiore** C-Dur *n*; ~ **minore** c-Moll *n*; **chiave di** ~ C-Schlüssel *m*

do² [-ɔ-] → dare

doc, DOC [-ɔ-] ADJ ⟨inv⟩ 1 **vino** ~ Wein *m* mit kontrollierter Herkunftsbezeichnung 2 *hum* echt: **un toscano** ~ ein echter Toskaner *m*

★**doc·cia** [-o-] F 1 Dusche *f*: **fare una** ~ **calda** eine warme Dusche nehmen, warm duschen 2 *pl* Duschraum *m*

doc·cia·schiu·ma® F Duschgel *n*

doc·cio·ne [-o-] M Regenabflussrohr *n*

do·cen·te [-ɛ-] A ADJ Lehr-, Lehrer-: **corpo** ~ Lehrkörper *m* B M/F Lehrer *m*, -in *f*; Dozent *m*, -in *f*, Professor *m*, -in *f*: **libero** ~ Privatdozent *m*

do·cen·za [-ɛ-] F Lehrberuf *m*; Professur *f*

★**do·ci·le** [-ɔ-] ADJ 1 fügsam, folgsam 2 (*di animali*) zahm, zutraulich

do·ci·li·tà F 1 Folgsamkeit *f* 2 Zahmheit *f* 3 Geschmeidigkeit *f*

do·cu·men·ta·re ⟨1a⟩ A V/T 1 JUR beurkunden; dokumentieren 2 beweisen B V/PR **-rsi** sich informieren **do·cu·men·ta·rio** A ADJ Dokumentar-, dokumentarisch B M Dokumentarfilm *m* **do·cu·men·ta·to** ADJ 1 urkundlich belegt 2 informiert **do·cu·men·ta·zio·ne** [-o-] F 1 Dokumentation *f* 2 Unterlagen *pl*

★**do·cu·men·to** [-e-] M 1 Schriftstück *n*; Urkunde *f*, Dokument *n* (*a. fig*): ~ **del tempo** ein Zeitdokument *n* 2 *pl* Unterlagen *pl* 3 Ausweis *m* 4 *pl* Papiere *pl*: **-i dell'auto** Kraftfahrzeugpapiere *pl* ♦ **-i di accompagnamento** Begleitpapiere *pl*; **controllo (dei) -i** Ausweiskontrolle *f*; ~ **d'identità** Personalausweis *m*; ~ **di programmazione economica** Haushaltsplan *m*

do·de·ca·e·dro [-ɛ-] M Zwölfflächner *m*

do·de·ca·fo·ni·a F Zwölftonmusik *f*

do·de·ca·go·no M Zwölfeck *n*

do·di·cen·ne [-ɛ-] ADJ zwölfjährig

do·di·ce·si·mo [-ɛ-] A ADJ zwölfte B M, **-a** F 1 Zwölfte *m/f* 2 **dodicesimo** *m* Zwölftel *n*; → a. quinto

★**do·di·ci** [-o-] ADJ ⟨inv⟩ zwölf: **erano in** ~ sie waren zu zwölft; → a. cinque

do·ga [-o-] F (Fass)Daube *f*

★**do·ga·na** F 1 Zollamt *n* 2 Zoll *m* ♦ **franco (di)** ~ zollfrei; **soggetto a** ~ zollpflichtig

do·ga·na·le ADJ Zoll-, zollamtlich: **formalità -i** Zollformalitäten *pl*; **controllo** ~ Zollkontrolle *f*; **tariffa** ~ Zolltarif *m*; **dichiarazione** ~ Zollerklärung *f*

do·ga·nie·re [-ɛ-] M, **-a** F Zollbeamte *m*, -beamtin *f*

do·ga·res·sa [-e-] F Dogin *f*, Frau *f* des Dogen

do·ge [-ɔ-] M Doge *m*

do·ghe [-ɔ-] FPL Lattenrost *m*

do·glia [-ɔ-] F Wehe *f*

dog·ma [-ɔ-] M Dogma *n* (*a. fig*)

dog·ma·ti·ca F Dogmatik *f* **dog·ma·ti·co** A ADJ dogmatisch B M, **-a** F Dogmatiker *m*, -in *f*

★**dol·ce** [-o-] A ADJ 1 süß (*a. fig*) 2 sanft: **parto** ~ sanfte Geburt *f* 3 mild 4 weich B M 1 Süße *n* 2 Süßigkeit *f*; *pl* Süßwaren *pl* 3 Nachtisch *m* 4 Kuchen *m* ♦ ~ **al cucchiaio** weiches Dessert *n*; **energia** ~ sanfte Energie *f*; **il** ~ **far niente** das süße Nichtstun; **fare gli occhi -i a qn** j-m schöne Augen machen; ~ **morte** Sterbehilfe *f*; **la** ~ **vita** das süße Leben

dol·ce·a·ma·ro ADJ bittersüß

dol·ce·vi·ta F ⟨inv⟩ Rollkragenpullover *m*

dol·cez·za [-e-] F 1 Süße *f*, Süßigkeit *f* (*a. fig*) 2 Sanftheit *f*; Sanftmut *f* 3 Milde *f* 4 *pl* Freuden *pl*: **le -e dell'amore** die Freuden der Liebe

dol·cia·rio ADJ Süßwaren-

dol·cia·stro ADJ süßlich (*a. fig pej*)

dol·ci·fi·can·te A ADJ süßend, Süß- B M Süßstoff *m* **dol·ci·fi·ca·re** V/T ⟨1m *u.* d⟩ süßen

dol·ci·fi·ca·to·re [-o-] M Wasserenthärter *m*

dol·ciu·me M Süßigkeit *f*; *pl* Süßwaren

D

pl

do·len·te [-ɛ-] ADJ **1** schmerzend **2** schmerzlich: **sono ~ per quanto è successo** ich bedauere sehr, was geschehen ist ♦ **punto ~** wunder Punkt *m*

do·le·re [-e-] ⟨2e⟩ **A** VI ⟨es⟩ **1** schmerzen, wehtun: **mi duole la schiena** mir tut der Rücken weh **2** leidtun **B** VPR **-rsi** bedauern: **-rsi di** (*od* **per**) **qc** etw bedauern, über etw (*akk*) betrübt sein

dol·la·ro [-ɔ-] M Dollar *m*: **~ americano/ australiano/canadese** amerikanischer/ australischer/kanadischer Dollar *m*

do·lo [-ɔ-] M JUR Vorsatz *m*, Mutwille *m*

Do·lo·mi·ti FPL Dolomiten *pl*

do·lo·ran·te ADJ weh: **avere i piedi -i** wehe Füße haben

★**do·lo·re** [-o-] M **1** Schmerz *m*, Weh *n* **2** Kummer *m*, Leid *n* ♦ **~ di denti** Zahnschmerzen *pl*; **insensibile al ~** schmerzunempfindlich; **~ alla pancia** Bauchschmerzen *pl*

do·lo·ri·no M *umg* Wehwehchen *n*

do·lo·ro·si·tà F Schmerzhaftigkeit *f*

do·lo·ro·so [-o-] ADJ **1** schmerzend, schmerzhaft **2** schmerzlich

do·lo·si·tà F Vorsätzlichkeit *f*; Arglist *f*

do·lo·so [-o-] ADJ **1** JUR vorsätzlich, mutwillig **2** böswillig, betrügerisch

do·ma·bi·le ADJ (be)zähmbar

★**do·man·da** F **1** Frage *f*: **fare una ~ a qn** j-m (*od* an j-n) eine Frage stellen **2** Anfrage *f*; JUR Antrag *m*; Bitte *f* **3** Bewerbung *f*; ★ **fare ~ di lavoro presso una ditta** sich bei einer Firma um eine Stelle bewerben **4** WIRTSCH Nachfrage *f* ♦ **~ d'asilo** Asylantrag *m*; **~ di assunzione** (*od* **di impiego** *od* **di lavoro**) Bewerbungsschreiben *n*, Bewerbung *f*; **~ di estradizione** Auslieferungsantrag *m*; **~ di grazia** Gnadengesuch *n*; **punto di ~** Fragezeichen *n*

★**do·man·da·re** ⟨1a⟩ **A** VT **1** fragen: **~ qc a qn** j-n etw (*od* nach etw) fragen **2** bitten: **mi ha domandato di aiutarlo** er hat mich darum gebeten, ihm zu helfen; **~ la parola** um das Wort bitten **3** verlangen **B** VI ⟨av⟩ fragen, sich erkundigen, nachfragen ♦ *umg* **e me lo domandi!** das ist doch selbstverständlich!

★**do·man·dar·si** [-s-] VPR ⟨1a⟩ **~ qc** sich (*akk*) etw fragen

★**do·ma·ni** **A** ADV morgen: **~ mattina** morgen früh, morgen Vormittag **B** M Zukunft *f*, Morgen *n* ♦ **~ l'altro** übermorgen; **dagli oggi e dagli ~** auf Dauer; **di ~** von morgen, morgig-; **dopo ~** übermorgen; **dall'oggi al ~** von heute auf morgen; *iron* **sì, ~!** schön wär's!

do·ma·re VT ⟨1a⟩ **1** zähmen, dressieren, bändigen **2** *fig* (be)zähmen, bezwingen

do·ma·to·re [-o-] M, **-tri·ce** F (Tier)-Bändiger *m*, -in *f*, Dompteur *m*, -in *f*

do·mat·ti·na ADV morgen Vormittag

★**do·me·ni·ca** [-e-] F Sonntag *m*; → a. lunedì ♦ *fig* **automobilista della ~** Sonntagsfahrer *m*, -in *f*; **edizione della ~** Sonntagsausgabe *f*

do·me·ni·ca·le ADJ sonntäglich, Sonntags-

do·me·ni·ca·no **A** ADJ dominikanisch, Dominikaner- **B** M, **-a** F Dominikaner *m*, -in *f*

★**do·me·sti·co** [-ɛ-] **A** ADJ **1** häuslich, Haus-, Heim-, heimisch: **animale ~** Haustier *n*; **di uso ~** für den Hausgebrauch **2** zahm, gezähmt **B** M, **-a** F Hausangestellte *m/f*; (*a ore*) Putzhilfe *f* ♦ **vita -a** Familienleben *n*

do·mi·ci·lia·re ADJ Haus-: **arresti -i** Hausarrest *m* **do·mi·ci·liar·si** [-s-] VPR sich niederlassen **do·mi·ci·lia·to** ADJ JUR wohnhaft

do·mi·ci·lio M **1** Wohnsitz *m* **2** Haus *n*: **franco ~** frei Haus ♦ **lavoro a ~** Heimarbeit *f*; **servizio a ~** Heimservice *m*; **violazione di ~** Hausfriedensbruch *m*

do·mi·nan·te **A** ADJ (be)herrschend **B** F Dominante *f* **do·mi·na·re** ⟨1l *u.* c⟩ **A** VT beherrschen, dominieren (*a. fig*) **B** VI ⟨av⟩ **1** herrschen: **~ su qn/qc** über j-n/etw herrschen **2** *fig* vorherrschen, dominieren **C** VPR **-rsi** sich beherrschen

do·mi·na·to·re [-o-] **A** ADJ (be)herrschend **B** M, **-tri·ce** F (Be)Herrscher *m*, -in *f* **do·mi·na·zio·ne** [-o-] F Herrschaft *f*

do·mi·ni·ca·no **A** ADJ dominikanisch **B** M, **-a** F Dominikaner *m*, -in *f*

do·mi·nio M **1** Herrschaft *f* **2** Herrschaftsbereich *m* **3** IT Domain *n*, Domäne *f* **4** *fig* Beherrschung *f* ♦ JUR **~ pubblico** Gemeingut *n*; **di ~ pubblico** JUR zum öffentlichen Gebrauch; *fig* allgemein bekannt; **~ di sé** Selbstbeherrschung *f*

do·mi·no [-ɔ-] M (*gioco*) Dominospiel *n*

do·mo·ti·ca [-ɔ-] F Domotik *f*, Automation *f* des Hauses

do·na·re ⟨1a⟩ **A** VT **1** **~ qc a qn** j-m etw

schenken, verleihen (*a. fig*) **2** hingeben: **~ tutto se stesso** sich ganz hingeben **3** MED spenden **B** V/I ⟨av⟩ **1** JUR eine Schenkung machen **2** *fig* **questo colore ti dona** diese Farbe steht dir (gut) **C** V/PR **-rsi** sich widmen, sich hingeben

do·na·to·re [-o-] M, **-tri·ce** F Geber *m*, -in *f*; Spender *m*, -in *f* (*a.* MED): **~ di organi** Organspender *m*; **~ di sangue** Blutspender *m* **do·na·zio·ne** [-o-] F (Be)Schenkung *f*; Spende *f* (*a.* MED): **~ di organi** Organspende *f*

don·do·la·re ⟨1l⟩ **A** V/T **1** schaukeln **2** wackeln: **~ il capo** mit dem Kopf wackeln **3** schlenkern: **~ le gambe** die Beine schlenkern **B** V/I ⟨av⟩ schaukeln, schwingen **C** V/PR **-rsi** (sich) schaukeln

don·do·li·o M Geschaukel *n*, Schaukelei *f* **don·do·lo** [-o-] M **1** Hollywoodschaukel *f* **2** **cavallo a ~** Schaukelpferd *n*

don·do·lo·ni [-o-] ADV **andare (a) ~** bummeln, schlendern

★**don·na** [-ɔ-] F **1** Frau *f* **2** *umg* Putzfrau *f* **3** (*carta da gioco*) Dame *f* **4** (*negli scacchi*) Königin *f* **~ d'affari** Geschäftsfrau *f*; **andare a -e** hinter den Weibern her sein; **buona~** einfache Frau *f*; *pej* Dirne *f*; **~ in carriera** Karrierefrau *f*; **~ di casa** Hausfrau *f*; **da ~** Damen-; **~ delle pulizie** Putzfrau *f*; **~ di servizio** Haushaltshilfe *f*; **~ dei sogni** Traumfrau *f*

don·na·io·lo [-ɔ-] M Frauenheld *m*

don·ni·na F (zierliches) Persönchen *n* ♦ **~ di casa** Hausmütterchen *n*

don·no·la [-ɔ-] F Wiesel *n*

do·no [-o-] M **1** Geschenk *n*, *poet* Gabe *f* **2** *fig* Gabe *f*, Begabung *f*

do·pan·te M Dopingmittel *n*

do·pa·re ⟨1a⟩ **A** V/T **~ qn** j-n dopen **B** V/PR **-rsi** sich dopen **dop·ing** ['dɔpiŋ] M ⟨inv⟩ Doping *n*; Dopingmittel *n*

★**do·po** [-o-] **A** ADV dann, danach; später **B** PRÄP nach: **~ un anno** nach einem Jahr; **prego, ~ di Lei!** bitte, nach Ihnen! **C** KONJ **1** **~ (che)** nachdem; **~ che gli hanno dato il premio** nachdem sie ihm den Preis verliehen haben **2** **~ che** seit; **~ che ci siamo trasferiti in Italia ...** seit wir nach Italien gezogen sind ... **D** ADJ ⟨inv⟩ folgend, nächst: **il giorno ~** am folgenden Tag; **la fermata ~** die nächste Haltestelle **E** M ⟨inv⟩ **1** Nachher *n* **2** **il ~ elezioni** die Zeit unmittelbar nach den Wahlen ♦ **a ~** bis dann, bis später; **~ Cristo** nach Christi; **~ di che** darauf, danach; **e ~?** was dann?; **giorno ~ giorno** Tag für Tag; **molto tempo ~** lange danach; **poco ~** kurz danach (*od* darauf); **prima o ~** früher oder später; **~ tutto** schließlich

do·po·bar·ba M ⟨inv⟩ Rasierwasser *n*

do·po·bor·sa [-'borsa] M ⟨inv⟩ Nachbörse *f* **do·po·ce·na** [-e-] M ⟨inv⟩ **invitare qn per il ~** j-n für den späteren Abend einladen

do·po·ché KONJ nachdem; seitdem

do·po·di·ché ADV danach, darauf

★**do·po·do·ma·ni** ADV übermorgen **do·po·guer·ra** [-ɛ-] M ⟨inv⟩ Nachkriegszeit *f* **do·po·scì** **A** ADJ ⟨inv⟩ Après-Ski- **B** M ⟨inv⟩ (Moon)Boots *pl* **do·po·scuo·la** [-ɔ-] M ⟨inv⟩ Kinderhort *m* **do·po·so·le** [-o-] ADJ ⟨inv⟩ Après-Sun-

do·po·tut·to ADV schließlich, letztendlich

dop·pia [-o-] F **1** Doppelzimmer *n* **2** Doppelkonsonant *m*

dop·piag·gio M (*cinema*) Synchronisation *f*

dop·pia·re[1] V/T ⟨1k⟩ **1** umschiffen **2** SPORT überrunden

dop·pia·re[2] V/T ⟨1k⟩ (*cinema*) synchronisieren

dop·pia·to·re [-o-] M, **-tri·ce** F Synchronsprecher *m*, -in *f*

dop·piet·ta [-e-] F **1** (*fucile*) Doppelflinte *f* **2** AUTO Zwischengas *n*: **fare la doppietta** Zwischengas geben

dop·piez·za [-e-] F Doppelzüngigkeit *f*

★**dop·pio** [-o-] **A** ADJ **1** doppelt, Doppel-, zweifach **2** doppelzüngig, falsch **B** M **1** Doppelte *n*, Zweifache *n*: **essere largo/lungo il ~ (di qc)** doppelt so breit/lang (wie etw) sein **2** SPORT Doppel *n*: **~ misto** gemischtes Doppel *n* ♦ **a ~ binario** zweigleisig, zweispurig; IT **~ clic** Doppelklick *m*; **~ cognome** Doppelname *m*; **strada a -a corsia** zweispurige Straße *f*; AUTO **essere (posteggiato) in -a fila** in zweiter Reihe stehen; **~ mento** Doppelkinn *m*; **partita -a** doppelte Buchführung *f*; (*di capelli*) **-e punte** Haarspliss *m*, Spliss *m*; **-pi servizi** zwei Bäder *pl*; *fig* **un'arma a ~ taglio** ein zweischneidiges Schwert *n*; **vedere ~** doppelt sehen; **-pi vetri** Doppelverglasung *f*

dop·pio·fon·do [-o-] M doppelter Boden *m*

dop·pio·gio·co [-ɔ-] M Doppelspiel *n*: *fig* **fare il ~** ein Doppelspiel treiben

D

dop·pio·ne [-o-] M 1 Doppel (-exemplar) *n* 2 (*di francobolli, monete*) Dublette *f* 3 Zweitschlüssel *m*

dop·pio·pet·to [-ɛ-] A ADJ ⟨*inv*⟩ zweireihig B M ⟨*inv*⟩ Zweireiher *m*

do·ra·re VT ⟨1c⟩ 1 vergolden 2 GASTR anschwitzen, anbräunen **do·ra·to** ADJ 1 vergoldet, Gold- 2 goldfarben

do·ri·co ADJ dorisch

do·ri·fo·ra F Kartoffelkäfer *m*

dor·mic·chia·re VI ⟨1k; av⟩ dämmern, *umg* dösen **dor·mien·te** [-ɛ-] A ADJ schlafend B M/F Schlafende *m/f* **dor·mi·glio·ne** [-o-] M, **-a** F *umg* Langschläfer *m*, -in *f*; Schlafmütze *f*

★**dor·mi·re** VI ⟨4c; av⟩ 1 schlafen: ~ **come un ghiro** wie ein Murmeltier schlafen 2 *fig* ruhen, liegen (bleiben) ♦ ~ **sugli allori** (sich) auf seinen Lorbeeren ausruhen; **dormici sopra!** schlaf noch einmal darüber!; (**ma**) **va' a ~!** scher dich zum Kuckuck!

dor·mi·ta F Schlaf *m*

dor·mi·ti·na F Nickerchen *n*; **farsi una ~** ein Schläfchen machen (*od* halten)

dor·mi·to·rio [-ɔ-] M 1 Schlafsaal *m* 2 Nachtasyl *n* ♦ **città** (*od* **quartiere**) ~ Schlafstadt *f*

dor·mi·ve·glia [-e-] M ⟨*inv*⟩ Halbschlaf *m*

dor·sa·le [-s-] A ADJ Rücken- B F Bergrücken *m*; Gebirgskette *f* C M Rückenlehne *f* ♦ **spina ~** Rückgrat *n*; *fig* **non avere spina ~** kein Rückgrat haben

dor·si·sta M/F Rückenschwimmer *m*, -in *f*

dor·so [-'dorso] M 1 Rücken *m* 2 Rückenschwimmen *n*

do·sag·gio M Dosierung *f*

do·sa·re VT ⟨1c⟩ 1 dosieren, bemessen 2 *fig* einteilen: ~ **le forze** seine Kräfte einteilen 3 abwägen: ~ **le parole** seine Worte abwägen

do·sa·to ADJ abgewogen: **parole ben -e** sorgfältig abgewogene Worte *pl*

do·se [-ɔ-] F 1 Menge *f*; Dosis *f* (*a.* PHARM) 2 *fig* Portion *f*: **ci vuole una buona ~ di coraggio** es gehört eine tüchtige Portion Mut dazu; **una buona ~ di bastonate** eine ordentliche Tracht Prügel ♦ *umg* **~ da cavallo** = *starke Dosis*

dos·sier [dos'sjeː] M ⟨*inv*⟩ 1 Dossier *n*; Akte *f* 2 Datenmaterial *n*

dos·so [-ɔ-] M 1 Erhebung *f* 2 Kuppe *f* ♦ **togliersi qc di ~** sich (*dat*) etw ausziehen; *fig* **togliersi un peso di ~** sich (*dat*) etwas vom Halse schaffen

do·ta·le ADJ Ausstattungs-, Aussteuer-

do·ta·re VT ⟨1c⟩ ausstatten, versehen, ausrüsten: ~ **un'azienda di macchinari modernissimi** einen Betrieb mit den modernsten Maschinen ausrüsten **do·ta·to** ADJ 1 ausgestattet: **una stanza -a di tutti i confort** ein komfortabel ausgestattetes Zimmer 2 begabt: **essere ~ per qc** für etw begabt sein

do·ta·zio·ne [-o-] F 1 Ausstattung *f*, Ausrüstung *f* 2 Zuwendung *f*; Dotierung *f* ♦ ~ **di bordo** Bordausrüstung *f*; ~ **di capitale** Kapitalausstattung *f*; **avere qc in ~** mit etw ausgestattet, ausgerüstet sein

do·te [-ɔ-] F 1 Aussteuer *f*, Mitgift *f* 2 Gabe *f*, Begabung *f* ♦ **cacciatore di ~** Mitgiftjäger *m*; ~ **naturale** Naturbegabung *f*

dot·to¹ [-ɔ-] A ADJ gelehrt B M, **-a** F Gelehrte *m/f*

dot·to² [-o-] M ANAT Gang *m*, Kanal *m*

dot·to·ran·do M, **-a** F Doktorand *m*, -in *f* **dot·to·ra·to** M 1 Doktortitel *m* 2 Promotion *f*

★**dot·to·re** [-o-] M 1 Doktor *m* 2 Arzt *m*

★**dot·to·res·sa** [-e-] F 1 Doktorin *f* 2 Ärztin *f*

dot·tri·na F 1 Wissen *n*, Bildung *f*; Gelehrtheit *f* 2 Lehre *f*, Doktrin *f* 3 Glaubenslehre *f* 4 JUR Rechtslehre *f*

dot·tri·na·le ADJ 1 theoretisch 2 belehrend

★**do·ve** [-o-] A ADV 1 wo 2 wohin 3 wo, in dem, in der, in denen: **il paese ~ vissi** das Land, in dem ich wohnte 4 wohin, in den, in die, in das: **il cinema ~ siamo andati** das Kino, in das wir gegangen sind B M ⟨*inv*⟩ Wo *n*: **il ~ e il quando** das Wo und das Wann ♦ **chissà ~** wer weiß wo; wer weiß wohin; **da/di ~** woher; **in** (*od* **per**) **ogni ~** überall(hin)

★**do·ve·re**¹ [-e-] ⟨2f⟩ A V/MOD 1 müssen 2 brauchen: **non devi restare a casa** du brauchst nicht zu Hause zu bleiben 3 dürfen: **non si deve passare col rosso** man darf bei Rot nicht fahren, über die Straße gehen 4 sollen B VT 1 schulden, schuldig sein: **quanto Le devo?** was bin ich Ihnen schuldig? 2 *fig* verdanken 3 *unpers* **gli errori sono dovuti alla tua disattenzione** die Fehler sind auf deine Unaufmerksamkeit zurückzuführen ♦ **come si deve** wie es sich gehört; **una persona come si deve** ein anständiger Mensch *m*

do·ve·re² [-e-] M Pflicht *f*, Schuldigkeit

f: **più del ~** über Gebühr ♦ **a ~** gehörig; **adempimento del ~** Pflichterfüllung *f*; **rivolgersi a chi di ~** sich an den Zuständigen richten; **conscio del proprio ~** pflichtbewusst; **senso del ~** Pflichtgefühl *n*; **sentirsi in ~** sich verpflichtet fühlen

do·ve·ro·so [-o-] ADJ pflichtgemäß, gebührend, gehörig

do·vi·zia F Reichtum *m*, (große) Fülle *f*

★**do·vun·que** **A** ADV überall(hin) **B** KONJ wo(hin) (auch) immer

do·vu·to ADJ **1** zustehend **2** gebührend, schuldig **3** bedingt: **gli acciacchi -i all'età** die altersbedingten Beschwerden *pl*

down·load ['daun'lod] M ⟨*inv*⟩ IT Download *m*: **fare il ~ di qc** etw herunterladen

★**doz·zi·na** F Dutzend *n* ♦ **a -e** zu Dutzenden, dutzendweise

doz·zi·na·le ADJ Dutzend-; Schund-: **romanzo ~** Schundroman *m*

dra·co·nia·no ADJ drakonisch

dra·ga F Schwimmbagger *m*

dra·gag·gio M Ausbaggerung *f*

dra·ga·mi·ne M ⟨*inv*⟩ Minensuchboot *n*

dra·ga·re V/T ⟨1e⟩ ausbaggern

dra·go M Drache *m*

dra·gon·cel·lo [-ɛ-] M BOT Estragon *m*

dra·go·ne [-o-] M **1** Drache *m* **2** Dragoner *m*

dram·ma M Drama *n* (*a. fig*); Theaterstück *n* ♦ **~ comico** Lustspiel *n*; **senza -i** undramatisch; **~ tragico** Trauerspiel *n*

dram·ma·ti·ci·tà F Dramatik *f*

dram·ma·ti·co ADJ **1** dramatisch **2** schauspielerisch ♦ **arte -a** Schauspielkunst *f* **dram·ma·tiz·za·re** V/T ⟨1a⟩ dramatisieren (*a. fig*)

dram·ma·tur·gi·a F Dramaturgie *f*

dram·ma·tur·go M, **-a** F Dramaturg *m*, -in *f*

dram·mo·ne [-o-] M Melodrama *n*, Schnulze *f*

drap·peg·gia·re V/T ⟨1f⟩ drapieren

drap·peg·gio [-e-] M Faltenwurf *m*

drap·pel·lo [-ɛ-] M **1** Trupp *m* **2** Grüppchen *n*

drap·pe·ri·a F **1** Stoffe *pl*, Textilwaren *pl* **2** Stoffhandel *m*, Stoffgeschäft *n*

drap·po M Tuch *n*

dra·sti·co ADJ drastisch

dre·nag·gio M (*idraulica*) Dränung *f*, Drainage *f* (*a. chirurgia*): **~ fiscale** fiskalpolitische Bremswirkung *f*, Steuerhemmschuh *m*

Dre·sda [-e-] F Dresden *n*

dres·sag·gio M Dressur *f*, Abrichtung *f*; (*di cavalli*) Dressurreiten *n*

drib·bla·re V/T ⟨1a⟩ **1** umspielen **2** dribbeln **3** *fig* ausweichen: **~ un ostacolo** einem Hindernis ausweichen

drib·bling ['dribliŋ] M ⟨*inv*⟩ (*nel calcio*) Dribbling *n*

drink M ⟨*inv*⟩ Drink *m*

drit·ta F **1** (*mano destra*) Rechte *f* **2** SCHIFF Steuerbord *n* **3** *umg* Tipp *m* ♦ **a ~ e a manca** rechts und links; *fig* überall

drit·to **A** ADJ **1** → diritto[1] **2** schlau, listig, verschlagen **B** M, **-a** F *umg* Schlauberger *m*, -in *f*

drive ['draıv] M ⟨*inv*⟩ IT Laufwerk *n*: **~ di destinazione** Ziellaufwerk *n*; **~ per dischetto** Diskettenlaufwerk *n*; **~ (per) DVD** DVD-Laufwerk *n*; **~ sorgente** Quelllaufwerk *n*

drive-in M ⟨*inv*⟩ Autokino *n*

dri·ver ['draiver] M ⟨*inv*⟩ IT Treiber *m*: **~ stampante** Druckertreiber *m*

driz·za·re ⟨1a⟩ **A** V/T **1** aufrichten **2** gerade richten, gerade machen **3** sträuben: **il gatto drizza il pelo** die Katze sträubt das Fell **B** V/PR **-rsi** **1** sich aufrichten **2** sich sträuben ♦ **~ le orecchie** die Ohren spitzen

dro·ga [-ɔ-] F **1** GASTR Gewürz *n* **2** Droge *f* (*a.* PHARM); Rauschgift *n*: **-ghe leggere/pesanti** weiche/harte Drogen *pl* ♦ **abuso di ~** Drogenmissbrauch *m*; **dedito alla ~** drogenabhängig; **il mondo della ~** die Drogenszene; **spacciatore di ~** Dealer *m*; **traffico di ~** Rauschgifthandel *m*

dro·gag·gio M Doping *n*

dro·ga·re ⟨1c *u.* e⟩ **A** V/T **1** **~ qn** j-m Rauschgift verabreichen **2** GASTR würzen **3** SPORT dopen **B** V/PR **-rsi** **1** Drogen nehmen **2** SPORT sich dopen **dro·ga·to** **A** ADJ drogenabhängig **B** M, **-a** F Drogenabhängige *m/f*

dro·ghe·ri·a F Drogerie *f*

dro·ghie·re [-ɛ-] M, **-a** F Drogist *m*, -in *f*

dro·me·da·rio M Dromedar *n*

drui·do M, **-a** F Druide *m*, Druidin *f*

dru·pa BOT F Steinfrucht *f*

dua·le ADJ dual: **sistema ~** duales System *n*

dua·li·smo [-z-] M Dualismus *m* **dua·li·sti·co** ADJ dualistisch **dua·li·tà** F ⟨*inv*⟩ Dualität *f*

★**dub·bio** **A** M Zweifel *m*: **nutrire -bi su**

qc an etw (*dat*) Zweifel hegen; **in caso di ~** im Zweifelsfall; **senza ~** zweifellos; **mettere in ~ qc** etw in Zweifel ziehen **B** ADJ zweifelhaft, fraglich, fragwürdig

dub·bio·so [-o-] **A** ADJ **1** zweifelnd, bedenklich **2** unschlüssig **B** M, **-a** F Zweifler *m*, -in *f*

★**du·bi·ta·re** V/I ⟨1l; av⟩ **1** **~ di qn** an j-m zweifeln; **~ di qc** an etw zweifeln, etw bezweifeln **2** (be)fürchten

Du·bli·no F Dublin *n*

du·ca M Herzog *m* **du·ca·le** ADJ herzoglich **du·ca·to** M Herzogtum *n*

du·ce M **1** *poet* Führer *m* **2** HIST Duce *m*

du·ches·sa [-e-] F Herzogin *f*

★**du·e** **A** ADJ ⟨*inv*⟩ **1** zwei **2** ein paar, einige: **dire ~ parole** ein paar Worte sagen **B** M **1** Zwei *f* **2** beide: **noi/voi ~** wir/ihr beide; **erano in ~** sie waren zu zweit; → a. cinque ♦ **di ~ anni** zweijährig, zweijährlich; **camera a ~ letti** Zweibettzimmer *n*; **a** (*od* **di**) **~ cifre** zweistellig; **su ~ piedi** auf der Stelle; **rapporto a ~** Zweierbeziehung *f*; **tutti e ~** (alle) beide; **tutt'e ~ le cose** beides

due·cen·to [-ɛ-] ADJ ⟨*inv*⟩ zweihundert

Due·cen·to [-ɛ-] M dreizehntes Jahrhundert *n*

duel·la·re V/I ⟨1b; av⟩ **~ con qn** sich mit j-m duellieren **duel·lo** [-ɛ-] M Zweikampf *m*, Duell *n* (*a. fig*)

due·mi·la ADJ ⟨*inv*⟩ zweitausend

due·pez·zi [-ɛ-] M ⟨*inv*⟩ Zweiteiler *m*, Bikini *m*

duet·to [-e-] M Duett *n*

du·na F Düne *f*: **~ di sabbia** Sanddüne *f*

dun·que KONJ **1** also, folglich, demnach **2** na, nun, also ♦ **venire al ~** zur Sache kommen

du·o M ⟨*inv*⟩ **1** Duo *n* **2** Paar *n*

duo·de·no [-ɛ-] M Zwölffingerdarm *m*

★**duo·mo** [-ɔ-] M Dom *m*, Münster *n*

du·plex M ⟨*inv*⟩ (*telefono*) Zweieranschluss *m*

du·pli·ca·re V/T ⟨1l *u.* d⟩ **1** **~ qc** eine Zweitschrift von etw ausstellen **2** **~ una chiave** einen Schlüssel nachmachen **3** **~ una cassetta** eine Kassette überspielen **4** verdoppeln **du·pli·ca·to** M **1** Zweitschrift *f*, Duplikat *n* **2** Kopie *f* **3** Zweitschlüssel *m* **du·pli·ca·to·re** [-o-] M Vervielfältigungsapparat *m* **du·pli·ca·zio·ne** [-o-] F Verdopplung *f*

du·pli·ce ADJ **in ~ copia** in zweifacher Ausfertigung

du·pli·ci·tà F Duplizität *f*

★**du·ran·te** PRÄP während

★**du·ra·re** V/I ⟨1a; es, av⟩ **1** (an)dauern, währen **2** (sich) halten: **questo materiale dura in eterno** dieses Material hält ewig ♦ *umg* **finché dura** … solange es gut geht …; **così non può ~** so kann es nicht weitergehen

★**du·ra·ta** F Dauer *f*; Zeit *f*: **di ~ limitata** von begrenzter Dauer ♦ **essere di ~** von Dauer sein

du·ra·tu·ro ADJ dauerhaft, nachhaltig

du·re·vo·le [-e-] ADJ dauerhaft, haltbar ♦ WIRTSCH **beni -i** langlebige Konsumgüter *pl*

du·re·vo·lez·za [-e-] F Haltbarkeit *f*

du·rez·za [-e-] F Härte *f* (*a. fig*) ♦ CHEM **~ dell'acqua** Wasserhärte *f*; *fig* **~ d'animo** Hartherzigkeit *f*

★**du·ro** ADJ & ADV **1** hart (*a. fig*) **2** unreif: **una mela -a** ein unreifer Apfel *m* ♦ **~ di cuore** hartherzig; **~ d'orecchi** schwerhörig; *fig* **avere la pelle -a** ein dickes Fell haben; **avere la testa -a** ein Dickkopf sein

du·ro·ne [-o-] M Hornhaut *f*

dut·ti·le ADJ **1** *fig* geschmeidig **2** *fig* flexibel **dut·ti·li·tà** F **1** *fig* Anpassungsfähigkeit *f* **2** *fig* Flexibilität *f*

DVD M (Digital Versatile Disc) DVD® *f*

e, E F *od* M ⟨*inv*⟩ e, E *n*

★**e** [e] KONJ ⟨*vor Vokal auch* **ed**⟩ **1** und **2** **~ … ~ …** sowohl … als (auch) … **3** doch: **~ vieni!** komm doch! ♦ **~ allora?** na und?; **~ perché?** warum denn?; **tutti ~ due** (alle) beide

e·ba·ni·sta M/F Kunsttischler *m*, -in *f*

e·ba·ni·ste·ri·a F Kunsttischlerei *f*

e·ba·ni·te F Hartgummi *n*

e·ba·no [ɛ-] M **1** Ebenholzbaum *m* **2** Ebenholz *n*

eb·be·ne [-ɛ-] KONJ **1** also **2** und, nun: **~, che c'è di nuovo?** und, was gibt's Neues? ♦ **~?** na und?

eb·bi [ɛ-] → avere

eb·brez·za [-e-] F **1** Trunkenheit *f*: **guida in stato di ~** Trunkenheit am Steuer **2**

fig Rausch *m*: **l'~ della velocità** der Geschwindigkeitsrausch

eb·bro [ɛ-] ADJ trunken, berauscht (*a. fig*)

eb·do·ma·da·rio **A** ADJ wöchentlich **B** M Wochenblatt *n*

e·be·te [ɛ-] **A** ADJ schwachsinnig **B** M/F Schwachsinnige *m/f*

e·be·ti·smo [-z-] M Schwachsinnigkeit *f*

e·bol·li·zio·ne [-o-] F Sieden *n*, Kochen *n*; Wallung *f*: **portare qc a ~** etw zum Kochen bringen; **andare in ~** *fig* in Wallung geraten

e·brai·co **A** ADJ **1** jüdisch **2** hebräisch **B** M Hebräisch(e) *n* **e·bra·i·smo** [-z-] M **1** Judentum *n* **2** LING Hebraismus *m*

e·bre·o [-ɛ-] **A** ADJ jüdisch **B** M, **-a** F Jude *m*, Jüdin *f*; Hebräer *m*, -in *f* ♦ **persecuzione degli -i** Judenverfolgung *f*

e·bur·ne·o ADJ elfenbeinern

ec·ce·den·te [-ɛ-] **A** ADJ **1** überschüssig, Über-: **bagaglio ~** Übergepäck *n* **2** überflüssig **B** M Überschuss *m* **ec·ce·den·za** [-ɛ-] F **1** Überschuss *m*, Übermaß *n*: **avere qc in ~** etw im Übermaß besitzen **2** FIN Plus *n* ♦ **in ~** überschüssig; **~ delle nascite** Geburtenüberschuss *m*; **~ di personale** Personalüberhang *m*; **somma in ~** Plusbetrag *m*

ec·ce·de·re [-ɛ-] ⟨3a⟩ **A** V/T überschreiten: **~ la competenza** seine Zuständigkeit überschreiten **B** V/I ⟨av⟩ übertreiben; sich übernehmen: **~ nel bere** mit dem Trinken übertreiben

★**ec·cel·len·te** [-ɛ-] ADJ hervorragend, ausgezeichnet, vorzüglich **ec·cel·len·za** [-ɛ-] F **1** hervorragende Qualität *f* **2** Exzellenz *f* ♦ **per ~** schlechthin

ec·cel·le·re [-ɛ-] V/I ⟨3o⟩ hervorragen, sich auszeichnen: **~ per lo zelo** sich durch Fleiß auszeichnen

ec·cel·so [-'ɛlso] ADJ **1** höchste **2** erhaben **3** hervorragend, vorzüglich

ec·cen·tri·ci·tà F ⟨*inv*⟩ **1** MATH, ASTRON *fig* Exzentrizität *f* **2** Entlegenheit *f* **3** *fig* Exzentrik *f*, Überspanntheit *f*

ec·cen·tri·co [-ɛ-] **A** ADJ **1** MATH *fig* exzentrisch **2** entlegen **B** M, **-a** F **1** Exzentriker *m*, -in *f* **2** MECH **eccentrico** *m* Exzenterscheibe *f*

ec·ce·pi·re V/T ⟨4d⟩ einwenden; **non ho nulla da ~** ich habe nichts dagegen

ec·ces·si·vi·tà F **1** Übertriebenheit *f*, Übermaß *n* **2** Überschwänglichkeit *f* **ec·ces·si·vo** ADJ **1** übertrieben, übermäßig **2** überschwänglich **3** überhöht: **prezzi -i** überhöhte Preise *pl*

ec·ces·so [-ɛ-] M **1** Übertriebenheit *f* **2** Überschuss *m*, Überhang *m*, Übermaß *n* **3** Ausschweifung *f* **4** Exzess *m*: **spingere qc all'~** etw bis zum Exzess treiben ♦ **all'~** übertrieben, übermäßig; **~ di velocità** Geschwindigkeitsüberschreitung *f*

ec·ce·te·ra [-ɛ-] ADV und so weiter, und so fort

★**ec·cet·to** [-ɛ-] PRÄP außer, ausgenommen ♦ **~ che** ausgenommen, außer, es sei denn

ec·cet·tua·re V/T ⟨1m *u.* b⟩ ausnehmen

ec·ce·zio·na·le ADJ außergewöhnlich ♦ **caso ~** Ausnahmefall *m*; **in via ~** ausnahmsweise

ec·ce·zio·nal·men·te [-e-] ADV ausnahmsweise

★**ec·ce·zio·ne** [-o-] F **1** Ausnahme *f*: **un'~ alla regola** eine Ausnahme von der Regel **2** JUR Einrede *f* ♦ **senza ~** ausnahmslos; **l'~ conferma la regola** Ausnahmen bestätigen die Regel

ec·chi·mo·si F ⟨*inv*⟩ Bluterguss *m*

ec·cì INT hatschi

ec·ci·dio M Gemetzel *n*

ec·ci·pien·te M Trägerstoff *m*

ec·ci·ta·bi·le ADJ erregbar **ec·ci·ta·bi·li·tà** F Erregbarkeit *f* **ec·ci·ta·men·to** [-e-] M **1** Aufreizung *f*, Anstachelung *f* **2** Anreiz *m*, Anregung *f* **3** Er-, Aufregung *f*

★**ec·ci·tan·te** **A** ADJ er-, auf-, anregend **B** M anregendes Mittel *n*, Aufputschmittel *n*; MED Reizmittel *n*

ec·ci·ta·re ⟨1l *u.* b⟩ **A** V/T **1** er-, an-, aufregen **2** aufputschen **3** (auf)reizen **4** anstacheln **B** V/PR **-rsi** **1** sich er-, aufregen: **-rsi per qc** sich über etw (*akk*) aufregen **2** sich erregen

★**ec·ci·ta·to** ADJ **1** er-, aufgeregt **2** gereizt

ec·ci·ta·zio·ne [-o-] F Erregung *f*, Aufgeregtheit *f*; Auf-, Anregung *f*

ec·cle·sia·sti·co **A** ADJ kirchlich, Kirchen-, geistlich **B** M, **-a** F Geistliche *m/f*

ec·co [ɛ-] **A** ADV **1** da, hier: **~ il libro** da, hier hast du das Buch; **eccomi, eccoti** da bin ich, da bist du ja; **eccoci arrivati** da sind wir **2** so: **~ come stanno le cose** so steht die Sache **B** INT doch: **~, te l'avevo detto!** das habe ich dir doch gesagt! ♦ **~ fatto** fertig; **~ perché ...** das ist der Grund, warum ...; **quand'~** als plötzlich;

~ **qui!** da haben wir es!; ~ **tutto** das ist alles

ec·co·me [-o-] ADV und wie, (na) und ob

e·cheg·gia·re ⟨1f⟩ **A** VI ⟨av, es⟩ (wider)hallen; dröhnen **B** VT **1** echoen **2** *fig* ~ **qc** an etw (*akk*) anklingen

e·cla·tan·te ADJ eklatant

e·clet·ti·ci·tà F Vielseitigkeit *f*

e·clet·ti·co [-ɛ-] **A** ADJ **1** vielseitig **2** PHIL eklektisch **B** M, **-a** F Eklektiker *m*, -in *f*

e·clis·sa·men·to [-e-] M Verfinsterung *f*

e·clis·sa·re ⟨1a⟩ **A** VT **1** ASTRON verdunkeln, verfinstern **2** *fig* in den Schatten stellen **B** VPR **-rsi** **1** ASTRON sich verfinstern **2** *fig* verschwinden

e·clis·si F ⟨*inv*⟩ Finsternis *f*: ~ **di sole/di luna** Sonnen-/Mondfinsternis *f*

e·co [ɛ-] F/M Echo *n*, Widerhall *m* (*a. fig*)

e·co·ca·ta·stro·fe F Ökokatastrophe *f*

e·co·gra·fia F Ultraschallaufnahme *f*; Ultraschalluntersuchung *f*

e·co·gra·fo [-ɔ-] M Ultraschallgerät *n*

e·co·lo·gi·a F **1** Umweltforschung *f* **2** Umweltschutz *m* **e·co·lo·gi·co** [-ɔ-] ADJ **1** ökologisch, Öko- **2** umweltfreundlich, Umweltschutz-: **carta -a** Umweltschutzpapier *n* **e·co·lo·gi·sta** **A** ADJ Umweltschutz-: **partito** ~ Ökopartei *f* **B** M/F Umweltschützer *m*, -in *f*

e·co·lo·go [-ɔ-] M, **-a** F Ökologe *m*, -login *f*, Umweltforscher *m*, -in *f* **e·co·me·tro** [-ɔ-] M Echolot *n*

e·com·mer·ce [i'kɔmmers] M ⟨*inv*⟩ E-Commerce *m*

e·co·no·ma·to M Verwaltung *f*

★**e·co·no·mi·a** F **1** Wirtschaft *f* **2** Wirtschaftswissenschaft *f*; Wirtschaftslehre *f* **3** Einsparung *f*, Sparsamkeit *f* **4** *pl* Ersparnisse *pl* ♦ ~ **aziendale** Betriebswirtschaft *f*; **fare** ~ (ein)sparen; ~ **di libero mercato** freie Marktwirtschaft *f*; ~ **politica** Volkswirtschaft *f*; ~ **rurale** Landwirtschaft *f*; ~ **sommersa** Schattenwirtschaft *f*

e·co·no·mi·ci·tà F Wirtschaftlichkeit *f*

★**e·co·no·mi·co** [-ɔ-] ADJ **1** wirtschaftlich, ökonomisch, Wirtschafts-: **ripresa -a** Wirtschaftsaufschwung *m* **2** kostengünstig, billig **e·co·no·mi·sta** M/F Wirtschaftswissenschaftler *m*, -in *f* **e·co·no·miz·za·re** ⟨1a⟩ **A** VT ~ **qc** mit etw sparsam umgehen **B** VI ⟨av⟩ sparen, haushalten **e·co·no·mo** [-ɔ-] **A** M, **-a** F Verwalter *m*, -in *f*; Wirtschafter *m*, -in *f* **B** ADJ sparsam

e·co·no·my [e'kɔnomi] F ⟨*inv*⟩ Economyclass *f*: **viaggiare in** ~ Economy, (in der) Economyclass fliegen

e·co·ri·ca·ri·ca F Nachfüllpack *m*

e·co·si·ste·ma [-si'stɛma] M Ökosystem *n*

e·co·tec·no·lo·gia F Ökotechnik *f*

e·co·tec·no·lo·gi·co [-ɔ-] ADJ ökotechnisch

ec·sta·sy ['ɛkstazi] F ⟨*inv*⟩ Ecstasy *f od n*

E·cua·dor M Ecuador *n* **e·cua·do·ria·no** **A** ADJ ecuadorianisch **B** M, **-a** F Ecuadorianer *m*, -in *f*

e·cu·me·ne [-ɛ-] F Ökumene *f*

e·cu·me·ni·co [-ɛ-] ADJ ökumenisch

ec·ze·ma [-ɛ-] M Ekzem *n*

ed [ed] → e

e·de·ma [-e-] M Ödem *n*

e·den [ɛ-] M Eden *n* (*a. fig*)

e·de·ra [e-] F Efeu *m*

e·di·co·la F Zeitungskiosk *m*

e·di·co·lan·te M/F Zeitungsverkäufer *m*, -in *f* am Kiosk

e·di·fi·ca·bi·le ADJ bebaubar **e·di·fi·ca·bi·li·tà** F Bebaubarkeit *f* **e·di·fi·can·te** ADJ erbaulich **e·di·fi·ca·re** VT ⟨1m *u.* d⟩ **1** (er)bauen (*a. fig*), errichten: ~ **una casa** ein Gebäude errichten **2** gründen, aufbauen

★**e·di·fi·cio** M **1** Gebäude *n*, Bau *m*, Bauwerk *n* **2** Aufbau *m*, Gefüge *n* ♦ ~ **amministrativo** Verwaltungsgebäude *n*

e·di·le **A** ADJ Bau-, baulich: **impresa** ~ Bauunternehmen *n* **B** M/F Bauarbeiter *m*, -in *f*

e·di·li·zia F Bauwesen *n*; Baugewerbe *n* ♦ ~ **popolare** sozialer Wohnungsbau *m*

e·di·li·zio ADJ Bau-, baulich: **concessione -a** Baugenehmigung *f*

e·di·pi·co ADJ Ödipus-, ödipal: **complesso** ~ Ödipuskomplex *m*

e·di·ta·re VT ⟨1a⟩ IT editieren

e·di·ting ['editiŋ] M ⟨*inv*⟩ Textbearbeitung *f*

e·di·to [ɛ-] ADJ herausgegeben, veröffentlicht

e·di·tor ['ɛditor] M/F ⟨*inv*⟩ **1** Lektor *m*, -in *f* **2** IT **editor** *m* Editor *m*

e·di·to·re [-o-] **A** ADJ Verlags-: **casa -trice** Verlag *m* **B** M, **-tri·ce** F **1** Verleger *m*, -in *f* **2** Herausgeber *m*, -in *f* **e·di·to·ri·a** F Verlagswesen *n* **e·di·to·ria·le**

A ADJ verlegerisch, Verlags-: **redattore ~** Verlagsredakteur *m* **B** M Leitartikel *m*

e·dit·to M **1** Edikt *n* **2** Erlass *m*

e·di·zio·ne [-o-] F **1** Aus-, Herausgabe *f* **2** Auflage *f* **3** Auflage(n)höhe *f* **4** Veranstaltung *f* ♦ **~ clandestina** Raubdruck *m*; **~ integrale** vollständige, ungekürzte Ausgabe *f*; **~ del mattino** Morgenzeitung *f*; **~ originale** Originalausgabe *f*; **~ riveduta e corretta** neu bearbeitete und verbesserte Auflage *f*; **~ straordinaria** Extrablatt *n*, Sonderausgabe *f*; **~ tascabile** Taschenausgabe *f*

e·dot·to [-ɔ-] ADJ informiert, unterrichtet

e·du·can·da F **1** Stiftsfräulein *n*; Zögling *m* **2** *fig hum* = *schamhaftes Mädchen*

e·du·can·da·to M Stift *n*

★**e·du·ca·re** V/T ⟨1l, b *u.* d⟩ **1** erziehen **2** (aus)bilden **e·du·ca·ti·vo** ADJ erzieherisch, Erziehungs-, Bildungs-: **giochi -i** Lernspiele *pl* **e·du·ca·to** ADJ **1** wohlerzogen **2** höflich **e·du·ca·to·re** [-o-] M, **-tri·ce** F Erzieher *m*, -in *f*

★**e·du·ca·zio·ne** [-o-] F **1** Erziehung *f* **2** Anstand *m*, (gutes) Benehmen *n* **3** Ausbildung *f* ♦ **~ civica** Sozialkunde *f*; **~ fisica** Sportunterricht *m*; **~ sessuale** Sexualaufklärung *f*; (*a scuola*) Sexualkunde *f*

e·dul·co·ran·te **A** ADJ Süß-, süßend **B** M Süßstoff *m* **e·dul·co·ra·re** V/T ⟨1l⟩ **1** süßen **2** *fig* abschwächen, mildern **e·dul·co·ra·to** ADJ *fig* abgeschwächt, geschönt

e·du·le ADJ essbar, genießbar

e·fe·li·di [-ɛ-] FPL Sommersprossen *pl*

ef·fe·mi·na·re V/T ⟨1m⟩ verweichlichen **ef·fe·mi·na·tez·za** [-e-] F Verweichlichung *f* **ef·fe·mi·na·to** ADJ weiblich; *pej* weibisch

ef·fe·ra·tez·za [-e-] F Grausamkeit *f*, Abscheulichkeit *f*

ef·fe·ra·to ADJ grausam, abscheulich

ef·fer·ve·scen·te [-ɛ-] ADJ **1** Brause-: **pastiglia ~** Brausetablette *f* **2** *fig* spritzig, sprudelnd; lebhaft **ef·fer·ve·scen·za** [-ɛ-] F **1** Sprudeln *n* **2** *fig* Spritzigkeit *f*; Lebhaftigkeit *f* ♦ **~ naturale** natürliche Kohlensäure *f*

★**ef·fet·ti·va·men·te** [-e-] ADV effektiv, wirklich, tatsächlich

ef·fet·ti·vo **A** ADJ **1** effektiv, tatsächlich, wirklich **2** ordentlich; fest angestellt: **socio ~** ordentliches Mitglied *n*, Vollmitglied *n* **B** M **1** MIL Iststärke *f* **2** WIRTSCH Aktivbestand *m* ♦ **personale ~** Personalbestand *m*

★**ef·fet·to** [-ɛ-] M **1** Wirkung *f*, Effekt *m* **2** Folge *f*; (Nach)Wirkung *f* **3** Reaktion *f* **4** Einfluss *m*, Eindruck *m* **5** FIN Wechsel *m* ♦ **-i bancari** Bankpapiere *pl*; **causa ed ~** Ursache und Wirkung; **-i collaterali** Nebenwirkungen *pl*; **con ~ dal …** mit Wirkung vom …; **sortire l'~ contrario** das Gegenteil bewirken; **di grande ~** wirkungsvoll, beeindruckend; **in -i** in der Tat; **per ~ di …** aufgrund von …; **-i personali** persönliche Gegenstände *pl*; **-i speciali** Spezialeffekte *pl*; **~ serra** Treibhauseffekt *m*; **~ sorpresa** Überraschungseffekt *m*

ef·fet·tua·bi·le ADJ durch-, ausführbar

ef·fet·tua·re V/T ⟨1m *u.* b⟩ vornehmen; ausführen

★**ef·fi·ca·ce** ADJ **1** wirksam, wirkungsvoll; erfolgreich **2** schlagkräftig, eindrucksvoll **ef·fi·ca·cia** F **1** Wirksamkeit *f* **2** Schlagkraft *f* **3** Gültigkeit *f* ♦ **un mezzo di provata ~** ein bewährtes Mittel *n*

ef·fi·cien·te [-ɛ-] ADJ **1** leistungsfähig, effizient **2** funktionstüchtig ♦ **causa ~** Wirkungsursache *f*

ef·fi·cien·ti·smo [-z-] M Leistungsorientierung *f* **ef·fi·cien·ti·sta** **A** ADJ leistungsorientiert, Leistungs-: **società ~** Leistungsgesellschaft *f* **B** M/F leistungsorientierter Mensch *m*

ef·fi·cien·za [-ɛ-] F Leistungsfähigkeit *f*, Effizienz *f* ♦ **~ bellica** Kampf-, Schlagkraft *f*; **essere in ~** funktionstüchtig sein; **grado di ~** Wirkungsgrad *m*

ef·fi·gie F **1** (Ab)Bild *n* **2** Aussehen *n*

ef·fi·me·ra F Eintagsfliege *f* **ef·fi·me·ro** ADJ flüchtig, vorübergehend; kurzlebig

ef·flus·so M Ausfluss *m*, Ausströmung *f*

ef·flu·vio M **1** Geruch *m*; Duft *m* **2** Strom *m*: **~ di luce** Lichtstrom *m*

ef·fon·de·re [-o-] ⟨3bb⟩ **A** V/T **1** verströmen **2** (*luce*) verbreiten **3** vergießen **B** V/PR **-rsi** sich ausbreiten, sich ergießen

ef·fra·zio·ne [-o-] F JUR Einbruch *m*

ef·fu·sio·ne [-o-] F **1** GEOL Effusion *f*, Erguss *m* **2** Herzlichkeit *f*, Wärme *f* **3** *pl* Zärtlichkeiten *pl*: **scambiarsi (tenere) -i** Zärtlichkeiten austauschen ♦ **~ di gioia** Freudenausbruch *m*

e·ge·mo·ni·a F Vorherrschaft *f*

e·ge·mo·ni·co [-ɔ-] ADJ hegemonial

E·ge·o [-ɛ-] M **l'~, il mar ~** die Ägäis, das

E

Ägäische Meer

e·gi·da [ɛ-] F *fig* Ägide *f*, Schutz *m*

E·git·to M Ägypten *n* **e·gi·zia·no** A ADJ ägyptisch B M, **-a** F Ägypter *m*, -in *f*

★**e·gli** [e-] PERS PR M er: **~ stesso** er selbst

e·go·cen·tri·co [-ɛ-] A ADJ egozentrisch B M, **-a** F Egozentriker *m*, -in *f*

e·go·i·smo [-z-] M Egoismus *m*, Ich-, Selbstsucht *f* **e·go·i·sta** A ADJ egoistisch, ich-, selbstsüchtig B M/F Egoist *m*, -in *f* **e·go·i·sti·co** ADJ egoistisch, selbstsüchtig

e·gre·gio [-ɛ-] ADJ 1 ausgezeichnet, vortrefflich 2 (*nella corrispondenza*) **~ signor Ferri** sehr geehrter Herr Ferri

e·gua·glia·re V/T ⟨1g⟩ 1 gleichkommen 2 SPORT **~ un primato** einen Rekord einstellen

e·gua·le ADJ gleich, egal

e·gua·li·ta·rio ADJ egalitär, Gleichheits-: **principi -ri** Gleichheitsgrundsätze *pl*

eh [ɛ:] INT 1 eh, he 2 jaja, na ja 3 oder, nicht wahr: **bello, ~?** schön, oder?

ehi [ɛi] INT *umg* he, oh, oho, hallo

ehm [ɛ:m] INT hm

e·ia·cu·la·re V/I ⟨1l *u.* b; av⟩ ejakulieren

e·ia·cu·la·zio·ne [-o-] F Samenerguss *m*

e·iet·ta·bi·le ADJ Schleuder-: **sedile ~** Schleudersitz *m*

e·la·bo·ra·re V/T ⟨1m⟩ 1 aus-, erarbeiten 2 auswerten 3 IT **~ dati** Daten verarbeiten **e·la·bo·ra·to** ADJ 1 (*di stile*) ausgefeilt 2 (*in motoristica*) frisiert **e·la·bo·ra·to·re** [-o-] A ADJ aus-, verarbeitend, Verarbeitungs- B M Computer *m*: **~ elettronico** EDV-Anlage *f* **e·la·bo·ra·zio·ne** [-o-] F 1 Aus-, Bearbeitung *f* 2 Auswertung *f* 3 PSYCH, IT Verarbeitung *f*: **~ (elettronica dei) dati** (elektronische) Datenverarbeitung *f*; **centro ~ dati** Datenverarbeitungszentrum *n*; **~ immagini** Bildbearbeitung *f*; **~ testi** Textverarbeitung *f*

e·lar·gi·re V/T ⟨4d⟩ spenden, stiften **e·lar·gi·zio·ne** [-o-] F 1 Spenden *n* 2 Spende *f*

e·la·sti·ci·tà F ⟨*inv*⟩ 1 Elastizität *f*; Dehnbarkeit *f* (*a. fig*) 2 *fig* Beweglichkeit *f*: **~ mentale** geistige Beweglichkeit *f* 3 Gelenkigkeit *f* **e·la·sti·ciz·za·to** ADJ Stretch-: **tessuto ~** Stretchgewebe *n*

e·la·sti·co A ADJ 1 elastisch, dehnbar (*a. fig*): **un concetto ~** ein dehnbarer Begriff *m* 2 federnd, Feder- 3 *fig* gelenkig, geschmeidig B M Gummiband *n*, Gummiring *m*; Haargummi *n* ♦ **orario (di lavoro) ~** gleitende Arbeitszeit *f*

El·ba[1] F (*isola*) Elba *n*: **Isola d'~** Elba *n*

El·ba[2] M (*fiume*) Elbe *f*

el·ce [e-] M Steineiche *f*

★**e·le·fan·te** M Elefant *m*

e·le·fan·tes·sa [-e-] F Elefantenkuh *f*

★**e·le·gan·te** ADJ elegant, fein, vornehm **e·le·gan·to·ne** [-o-] M, **-a** F (Mode)-Geck *m*, Modepuppe *f*

e·le·gan·za F 1 Eleganz *f* 2 Vornehmheit *f* 3 *pl* Erlesenheit *f*, Gewähltheit *f*

e·leg·ge·re [-ɛ-] V/T ⟨3cc⟩ (er)wählen: **~ qn presidente** j-n zum Vorsitzenden wählen

e·leg·gi·bi·le ADJ wählbar

e·leg·gi·bi·li·tà F Wählbarkeit *f*

e·le·gi·a F Elegie *f*

e·le·men·ta·re A ADJ elementar, Grund-: **nozioni -i** Grundkenntnisse *pl*; **corso ~** Grundkurs *m* B FPL **le -i** die Grundschule

e·le·men·to [-e-] M 1 Bestandteil *m*, Teil *m od n*, Element *n* 2 Rippe *f*: **un radiatore con sei -i** ein Heizkörper mit sechs Rippen 3 CHEM *fig* Element *n*, Grundstoff *m*: **sentirsi nel proprio ~** sich

Eh!

Eh, fai attenzione!	Pass auf, Mensch!
Eh no, così non va!	Aber nein, so gehts ja nicht!
Eh? Sei matto?	Du spinnst wohl, hä!
Bella giornata, eh?	Schöner Tag, oder?
Come va? – Eh!	Wie gehts? – Na ja.
Konjugationstabellen! – Eh?	Konjugationstabellen! – Was?
Ce l'hai fatta – Eh sì ...	Hast du es geschafft? – Ja schon ...
Eh no, questa volta no!	Auf keinen Fall, diesmal auf keinen Fall!

in seinem Element fühlen **4** *pl* (*di giudizio*) Basis *f*, Kriterium *n* **5** *pl* Grundbegriffe *pl* ♦ *umg* **che ~!** was für ein Typ!

e·le·mo·si·na [-ɔ-] F Almosen *n*: **chiedere l'~** betteln **e·le·mo·si·na·re** ⟨1n *u.* c⟩ **A** V/T **~ qc** um etw betteln **B** V/I ⟨av⟩ betteln

e·len·ca·re V/T ⟨1b *u.* d⟩ **1** auflisten, verzeichnen **2** aufzählen, aufführen **e·len·ca·zio·ne** [-o-] F **1** Auflistung *f* **2** Aufzählung *f*, Aufführung *f*

★**e·len·co** [-ɛ-] M Liste *f*, Verzeichnis *n* ♦ **~ delle abbreviazioni** Abkürzungsverzeichnis *n*; **~ dei partecipanti** Teilnehmerliste *f*; ★ **~ telefonico** (*od* **del telefono**) Telefonbuch *n*

e·let·ti·vo ADJ Wahl-: **carica -a** Wahlamt *n*; *poet* **affinità -a** Wahlverwandtschaft *f*

e·let·to [-ɛ-] ADJ **1** auserwählt **2** erlesen

e·let·to·ra·le ADJ Wahl-: **campagna ~** Wahlkampf *m* **e·let·to·ra·to** M **1** Wählerschaft *f* **2** JUR Wahlrecht *n*: **~ attivo/passivo** aktive/passive Wählerschaft *f*

e·let·to·re [-o-] M, **-tri·ce** F Wähler *m*, -in *f* ♦ **appello agli -i** Wahlaufruf *m*

e·let·trau·to M ⟨*inv*⟩ **1** Kraftfahrzeugelektriker *m*, -in *f* **2** Elektrodienst *m* für Kraftfahrzeuge

★**e·let·tri·ci·sta** M/F Elektriker *m*, -in *f*

★**e·let·tri·ci·tà** F **1** Elektrizität *f* **2** *umg* Strom *m*: **è mancata l'~** der Strom ist ausgefallen; **è tornata l'~** der Strom ist wieder da **3** *fig umg* Spannung *f*

★**e·let·tri·co** [-ɛ-] **A** ADJ **1** elektrisch **2** Elektrizitäts-: **centrale -a** Elektrizitätswerk *n* **3** *fig* geladen, gespannt: **atmosfera -a** gespannte Atmosphäre *f* **B** **elettrici** *mpl* Elektriker *pl* ♦ **circuito ~** Stromkreis *m*; **quadro ~** Schalttafel *f*; **rasoio ~** Elektrorasierer *m*

e·let·tri·fi·ca·re V/T ⟨1n *u.* d⟩ elektrifizieren **e·let·tri·fi·ca·zio·ne** [-o-] F Elektrifizierung *f*

e·let·triz·za·re V/T ⟨1a⟩ elektrisieren (*a. fig*) **e·let·triz·za·zio·ne** [-o-] F Elektrisierung *f*

e·let·tro·car·dio·gra·fi·a F Elektrokardiografie *f* **e·let·tro·car·dio·gram·ma** M Elektrokardiogramm *n* **e·let·tro·chi·mi·ca** F Elektrochemie *f*

e·let·tro·chi·rur·gi·a F Elektrochirurgie *f* **e·let·tro·di·na·mi·ca** F Elektrodynamik *f*

elet·tro·do [-ɛ-] M Elektrode *f*

e·let·tro·do·me·sti·co [-ɛ-] M Haushaltsgerät *n*: (**piccolo**) **~ da cucina** Küchengerät *n*; **negozio di -ci** Haushaltswarengeschäft *n*

e·let·tro·dot·to [-o-] M Überlandleitung *f*

e·let·tro·en·ce·fa·lo·gra·fi·a F Elektroenzephalografie *f* **e·let·tro·en·ce·fa·lo·gram·ma** M Elektroenzephalogramm *n*

e·let·tro·ge·no [-ɔ-] ADJ Strom erzeugend ♦ **gruppo ~ d'emergenza** Notstromaggregat *n*

e·let·tro·li·si F ⟨*inv*⟩ Elektrolyse *f* **e·let·tro·li·ta** M Elektrolyt *m* **e·let·tro·lo·gi·a** F Elektrizitätslehre *f* **e·let·tro·ma·gne·te** [-ɛ-] M Elektromagnet *m* **e·let·tro·ma·gne·ti·co** [-ɛ-] ADJ elektromagnetisch **e·let·tro·mec·ca·ni·ca** F Elektromechanik *f* **e·let·tro·mo·to·re** [-o-] M Elektromotor *m* **e·let·tro·mo·tri·ce** F Elektrotriebwagen *m*

e·let·tro·ne [-o-] M Elektron *n*

e·let·tro·ni·ca [-ɔ-] F Elektronik *f* ♦ **~ di consumo** Gebrauchselektronik *f*

★**e·let·tro·ni·co** [-ɔ-] ADJ Elektronen-, elektronisch ♦ *umg* **cervello ~** Elektronen(ge)hirn *n*; **elaborazione -a dei dati** elektronische Datenverarbeitung *f*; **giochino ~** Gameboy *m*; (*su computer*) **gioco ~** Computerspiel *n*; **ingegnere ~** Elektroingenieur *m*; **microscopio ~** Elektronenmikroskop *n*; **perito ~** Elektroniker *m*; **posta -a** E-mail *f*; SPORT **tabellone ~** elektronische Anzeigetafel *f*; **tesserino ~** Chipkarte *f*; **tubo ~** Elektronenröhre *f*

e·let·tro·sco·pio [-ɔ-] M Elektroskop *n*

e·let·tro·shock·te·ra·pi·a F Elektroschockbehandlung *f* **e·let·tro·smog** [-ɔ-] M ⟨*inv*⟩ Elektrosmog *m* **e·let·tro·sta·ti·ca** F Elektrostatik *f* **e·let·tro·sta·ti·co** ADJ elektrostatisch: **carica -a** elektrostatische Aufladung *f* **e·let·tro·tec·ni·ca** [-ɛ-] F Elektrotechnik *f* **e·let·tro·tec·ni·co** [-ɛ-] **A** ADJ elektrotechnisch, Elektro-: **industria -a** Elektroindustrie *f*; **ingegneria -a** Elektrotechnik *f*; **ingegnere ~** Elektroingenieur *m* **B** M, **-a** F Elektrotechniker *m*, -in *f* **e·let·tro·te·ra·pi·a** F Elektrotherapie *f* **e·let·tro·tra·zio·ne** [-o-] F Elektroantrieb *m*

e·le·va·men·to [-e-] M (Er)Hebung *f*

e·le·va·re ⟨1b⟩ **A** V/T **1** erhöhen **2** (er-, an)heben **3** JUR einlegen: **~ protesto** Einspruch einlegen **4** MATH erheben:

~ **un numero** eine Zahl potenzieren **B** V/PR **-rsi** sich erheben (*a. fig*) **e·le·va·tez·za** [-e-] F Erhabenheit *f*

e·le·va·to ADJ **1** hoch (*a. fig*) **2** *fig* erhaben **3** gehoben: **stile ~** gehobener Stil *m*

E

e·le·va·to·re [-o-] **A** ADJ Hebe-, Hub-: **carrello ~** Hubstapler *m* **B** M TECH Hebezeug *n*

e·le·va·zio·ne [-o-] F Erhebung *f*, Erhöhung *f* (*a. fig*): **~ spirituale** geistige Erbauung

★**e·le·zio·ne** [-o-] F Wahl *f*, Abstimmung *f* ♦ **-i amministrative** Kommunalwahlen *pl*; **giorno delle -i** Wahltag *m*; **-i europee** Europawahlen *pl*; **-i politiche** Parlamentswahlen *pl*

e·li·am·bu·lan·za F Rettungshubschrauber *m*

e·li·ca [ɛ-] F SCHIFF, FLUG Propeller *m*, Schraube *f*

e·li·coi·da·le ADJ Schrauben-, Spiral-

★**e·li·cot·te·ro** [-ɔ-] M Hubschrauber *m*, Helikopter *m*

e·li·de·re ⟨3q⟩ **A** V/T **1** aufheben **2** GRAM ausstoßen **B** V/PR **-rsi** sich aufheben

e·li·mi·na·re V/T ⟨1m⟩ **1** ausschalten: **~ gli avversari** die Gegner ausschalten **2** beseitigen, entfernen: **~ macchie** Flecken beseitigen **3** aussondern, aussortieren **e·li·mi·na·to·ria** [-ɔ-] F SPORT Ausscheidungsspiel *n*; Ausscheidungskampf *m*; Vorlauf *m* **e·li·mi·na·to·rio** [-ɔ-] ADJ Ausscheidungs- **e·li·mi·na·zio·ne** [-o-] F **1** Ausschaltung *f*, Eliminierung *f* **2** Beseitigung *f*, Behebung *f* **3** Ausscheidung *f* (*a.* SPORT) ♦ **~ di massa** Massenvernichtung *f*

e·lio [ɛ-] M Helium *n*

e·li·por·to [-ɔ-] M, **e·li·sca·lo** M Hubschrauberlandeplatz *m*

e·li·si → elidere

e·li·sio·ne [-o-] F **1** Aufhebung *f* **2** GRAM Elision *f*, Ausstoßung *f*

e·li·sir M ⟨*inv*⟩ Elixier *n* ♦ **~ di lunga vita** Lebenselixier *n*

e·li·so[1] M Elysium *n*

e·li·so[2] → elidere

e·li·soc·cor·so [-sok'korso] M Hubschrauberrettungsdienst *m*

e·li·ta·rio ADJ elitär **e·li·ta·ri·smo** [-z-] M Elitedenken *n*, Elitebewusstsein *n*

e·li·ta·xi M ⟨*inv*⟩ Hubschrauber-, Helikoptertaxi *n*

é·li·te [e'lit] F Elite *f*

el·la [e-] PERS PR F sie: **~ stessa** sie selbst

el·le·ni·co [-ɛ-] ADJ hellenisch, altgriechisch

el·le·pì M ⟨*inv*⟩ LP *f*

el·lis·se F GEOM Ellipse *f*

el·mo [e-] M **1** Helm *m* **2** Schutz-, Stahlhelm *m*

e·lo·cu·zio·ne [-o-] F Rede-, Ausdrucksweise *f*

e·lo·gia·re V/T ⟨1f *u.* c⟩ loben, rühmen, preisen

e·lo·gio [-ɔ-] M Lob *n*: **fare l'~ di qn** j-m Lob spenden ♦ **~ funebre** Trauerrede *f*

e·lo·quen·te [-ɛ-] ADJ **1** eloquent, wort-, redegewandt **2** vielsagend, beredt **e·lo·quen·za** [-ɛ-] F **1** Beredsamkeit *f*, Wortgewandtheit *f* **2** Beredtheit *f*

e·lo·quio [-ɔ-] M Ausdrucks-, Redeweise *f*

El Sal·va·dor [-ɔ-] M El Salvador *n*

e·lu·cu·bra·re V/T ⟨1m⟩ ausklügeln, austüfteln

e·lu·de·re V/T ⟨3q⟩ ausweichen, umgehen: **~ una domanda** einer Frage ausweichen **e·lu·sio·ne** [-o-] ⟨3q⟩ F Ausweichen *n*, Umgehung *f*: **~ fiscale** Steuerumgehung *f* **e·lu·si·vo** ADJ ausweichend

el·ve·ti·co [-ɛ-] ADJ **1** schweizerisch **2** HIST helvetisch

e·ma·cia·to ADJ abgemagert, ausgemergelt

e-mail M *od* F ⟨*inv*⟩ (*messaggio, programma*) E-Mail *f*: **indirizzo** *m* **~** E-Mail-Adresse *f*

e·ma·na·re V/T ⟨1a⟩ **1** ausstrahlen; verströmen (*a. fig*) **2** *fig* erlassen: **~ una legge** ein Gesetz erlassen **e·ma·na·zio·ne** [-o-] F **1** Ausstrahlung *f*; Verströmung *f* **2** *fig* Erlass *m*

e·man·ci·pa·re ⟨1m⟩ **A** V/T befreien **B** V/PR **-rsi** sich emanzipieren **e·man·ci·pa·to** ADJ emanzipiert **e·man·ci·pa·zio·ne** [-o-] F Emanzipation *f*

e·mar·gi·na·re V/T ⟨1m⟩ *fig* ausgrenzen, an den Rand drängen **e·mar·gi·na·to** **A** ADJ ausgestoßen, ausgegrenzt; randständig **B** M, **-a** F Außenseiter *m*, -in *f*; Randständige *m/f* **e·mar·gi·na·zio·ne** [-o-] F Ausgrenzung *f* (*a. fig*)

e·ma·ti·co ADJ Blut-: **cellule -che** Blutzellen *pl* **e·ma·to·lo·gi·co** [-ɔ-] ADJ Blut-: **quadro ~** Blutbild *n*

e·ma·to·ma [-ɔ-] M Bluterguss *m*

em·bar·go M Embargo *n*

em·ble·ma [-ɛ-] M **1** Emblem *n* **2** *fig* Sinnbild *n* **em·ble·ma·ti·co** ADJ **1** emblematisch **2** *fig* sinnbildlich

em·bo·li·a F Embolie *f*

em·bo·lo [e-] M Gefäßpfropf *m*

em·bri·ce [e-] M Flachziegel *m*

em·brio·na·le ADJ **1** embryonal **2** *fig* Anfangs-: **fase ~** Anfangsstadium *n*

em·brio·ne [-o-] M Embryo *m;* Keim *m* (*a. fig*)

e·men·da·men·to [-e-] M **1** Berichtigung *f*, Verbesserung *f* **2** JUR, POL Novelle *f*, Abänderung *f*, Gesetzesänderung *f*

e·men·da·re V/T ⟨1b⟩ **1** berichtigen, verbessern **2** JUR, POL novellieren, abändern **e·men·da·zio·ne** [-o-] F **1** Berichtigung *f*, Verbesserung *f* **2** JUR, POL Novellierung *f*

e·me·ra·lo·pi·a F Nachtblindheit *f*

e·me·ra·lo·po ADJ nachtblind

e·mer·gen·te [-ɛ-] ADJ aufsteigend; aufstrebend: **paese ~** Schwellenland *n* **e·mer·gen·za** [-ɛ-] F **1** Not-, Ernstfall *m*: **in caso di ~** im Notfall **2** *fig* Notstand *m* ♦ **chiamata di ~** Notruf *m;* **freno di ~** Notbremse *f;* **luci di ~** Warnblinkanlage *f;* **uscita di ~** Notausgang *m*

e·mer·ge·re [-ɛ-] V/I ⟨3uu; es⟩ **1** auftauchen **2** *fig* **~ da qc** sich aus etw ergeben **3** *fig* **~ per qc** sich durch etw auszeichnen **4** *fig* (*fare carriera*) aufsteigen

e·me·ri·to [-ɛ-] ADJ **1** emeritiert **2** stadtbekannt (*a. hum*)

e·me·ro·te·ca [-ɛ-] F **1** Zeitschriftensammlung *f* **2** Zeitschriftenlesesaal *m*

e·mer·sio·ne [-si'o-] F Auftauchen *n*

e·mes·so [-e-] ADJ ausgegeben: **capitale ~** ausgegebenes Kapital *n*

e·met·te·re [-e-] V/T ⟨3ee⟩ **1** ausstoßen: **~ un sospiro** einen Seufzer ausstoßen **2** (*diffondere*) ausströmen **3** (*irradiare*) aussenden **4** FIN **~ azioni** Aktien ausgeben; **~ un assegno** einen Scheck ausstellen

e·mi·ci·clo M Halbrunde *f*, Halbkreis *m*

e·mi·cra·nia F Migräne *f*

e·mi·gran·te **A** ADJ auswandernd **B** M/F Auswanderer *m*, -in *f* **e·mi·gra·re** V/I ⟨1a; es, av⟩ auswandern **e·mi·gra·to** **A** ADJ ausgewandert **B** M, **-a** F Emigrierte *m/f* **e·mi·gra·zio·ne** [-o-] F **1** Auswanderung *f* **2** FIN (*di capitali*) Abwanderung *f*

e·mi·lia·no **A** ADJ aus der Emilia-Romagna **B** M, **-a** F Bewohner *m*, -in *f* der Emilia-Romagna

E·mi·lia-Ro·ma·gna F Emilia-Romagna *f*

e·mi·nen·te [-ɛ-] ADJ **1** herausragend, erhöht **2** *fig* hervorragend **3** *fig* prominent

e·mi·nen·za [-ɛ-] F **1** Vortrefflichkeit *f* **2** Eminenz *f* ♦ **~ grigia** graue Eminenz *f*

E·mi·ra·ti A·ra·bi U·ni·ti MPL Vereinigte Arabische Emirate *pl*

e·mi·ra·to M Emirat *n*

e·mi·sfe·ro [-ɛ-] M Halbkugel *f*; Erdhälfte *f*

e·mis·sa·rio M, **-a** F **1** Emissär *m*, -in *f* **2** (*fiume*) **emissario** *m* Abfluss *m* **e·mis·sio·ne** [-o-] F **1** Emission *f* **2** (*di suoni, vapore*) Ausstoßen *n* **3** Ausstrahlung *f*: **a bassa ~ di radiazioni** strahlungsarm; **~ di luce** Lichtausstrahlung *f* **4** Ausströmen *n*, Austreten *n* **5** Ausgabe *f*; WIRTSCH Emission *f*; (*di assegni*) Ausstellung *f* ♦ **banca di ~** Notenbank *f*; **data/luogo di ~** Ausstellungsdatum *n*/-ort *m*

e·mit·ten·te [-ɛ-] **A** ADJ **1** Emissions-, emittierend **2** RADIO, TV Sende-: **stazione radio ~** Sendestation *f* **B** F Sender *m*: **~ radiofonica** Rundfunksender *m*

e·mit·ten·za [-ɛ-] F **1** Sendung *f*: **~ televisiva** Fernsehsendung *f* **2** Sendeanstalten *pl*

e·mo·dia·li·si F ⟨*inv*⟩ Blutwäsche *f* **e·mo·fi·li·a** F Bluterkrankheit *f* **e·mo·fi·li·a·co** M Bluter *m* **e·mo·glo·bi·na** F Hämoglobin *n*, Blutfarbstoff *m*

e·mol·lien·te [-ɛ-] ADJ **1** entzündungshemmend **2** schleimlösend

e·mo·lu·men·ti [-e-] MPL Verdienst *m*, Bezüge *pl*

e·mor·ra·gi·a F **1** Blutung *f* **2** *fig* Abfluss *m*: **~ di capitali** Kapitalabfluss *m*

e·mor·roi·di [-ɔ-] FPL Hämorrhoiden *pl*

e·mo·sta·si F ⟨*inv*⟩ Blutstillung *f* **e·mo·sta·ti·co** ADJ blutstillend **e·mo·te·ca** [-ɛ-] F Blutbank *f*

e·mo·ti·con [-ɔ-] M ⟨*inv*⟩ IT Emoticon *n*; Smiley *m*

e·mo·ti·vi·tà F Gefühlsbetontheit *f* **e·mo·ti·vo** ADJ emotional, gefühlsbetont: **vita -a** Gefühlsleben *n*

e·mo·zio·nan·te ADJ spannend, packend **e·mo·zio·na·re** ⟨1a⟩ **A** V/T aufregen; bewegen, rühren **B** V/PR **-rsi** sich aufregen **e·mo·zio·na·to** ADJ aufgeregt; bewegt, gerührt

e·mo·zio·ne [-o-] F **1** Gefühlsregung *f*; Bewegtheit *f* **2** Gefühl *n*

E

em·pie·re [e-] ⟨4g⟩ → riempire **em·pie·tà** F ⟨inv⟩ Gottlosigkeit *f*, Lästerlichkeit *f* **em·pio** [e-] ADJ **1** gottlos; gotteslästerlich **2** grausam **em·pi·re** → riempire

em·pi·ri·co **A** ADJ erfahrungsmäßig, Erfahrungs-, empirisch **B** M Empiriker *m*, -in *f*

em·po·rio [-ɔ-] M **1** Handelsplatz *m* **2** Gemischtwarenhandlung *f* **3** Kaufhaus *n*

e·mu·la·re V/T ⟨1l *u.* b⟩ ~ **qn in qc** j-m in etw (*dat*) nacheifern **e·mu·la·to·re** [-o-] M, **-tri·ce** F Nacheiferer *m*, -eiferin *f* **e·mu·la·zio·ne** [-o-] F Nacheifern *n* ♦ **spirito di ~** Nachahmungstrieb *m*

e·mu·lo [ɛ-] M, **-a** F Nacheiferer *m*, -eiferin *f*: **non avere -i** nicht seinesgleichen haben

e·mul·sio·nan·te [-sio-] M Emulgator *m*

e·mul·sio·na·re [-sio-] V/T ⟨1a⟩ emulgieren

e·mul·sio·ne [-'sio-] F Emulsion *f*

en·ce·fa·li·te F Gehirnentzündung *f* **en·ce·fa·lo** [-ɛ-] M Gehirn *n* **en·ce·fa·lo·gram·ma** M Enzephalogramm *n* **en·ce·fa·lo·pa·tia** F ~ **spongiforme bovina** bovine spongiforme Enzephalopathie *f*, BSE *n*

en·ci·cli·ca F Enzyklika *f*

★**en·ci·clo·pe·di·a** F Enzyklopädie *f*, Lexikon *n* **en·ci·clo·pe·di·co** [-ɛ-] ADJ **1** enzyklopädisch **2** *fig* allumfassend

en·cla·ve [an'klav] F ⟨inv⟩ Enklave *f*

en·co·mia·bi·le ADJ lobenswert **en·co·mia·re** V/T ⟨1c *u.* k⟩ loben **en·co·mia·sti·co** ADJ Lob-, lobend: **discorso ~** Lobrede *f*

en·co·mio [-ɔ-] M Belobigung *f*, Lob *n*; Lobrede *f* ♦ **degno di ~** lobenswert, löblich

en·de·ca·sil·la·bo [-s-] **A** ADJ elfsilbig **B** M (italienischer) elfsilbiger Vers *m*

en·de·mi·co [-ɛ-] ADJ **1** MED, BIOL endemisch **2** *fig* (orts)spezifisch, ständig

en·do·ge·no [-ɔ-] ADJ endogen (*a.* GEOL): **malattia -a** endogene Krankheit *f*

en·do·sco·pi·a F Endoskopie *f* **en·do·sco·pio** [-ɔ-] M Endoskop *n* **en·do·ve·na** [-e-] F intravenöse Injektion *f* ♦ **per ~** intravenös

en·do·ve·no·sa [-o-] F intravenöse Injektion *f* **en·do·ve·no·so** [-o-] ADJ intravenös

e·ner·ge·ti·co [-ɛ-] **A** ADJ energetisch, Energie-: **fonti -che** Energiequellen *pl* **B** M Kräftigungsmittel *n*

★**e·ner·gi·a** F **1** Energie *f*, Kraft *f* (*a.* PHYS) **2** Entschlossenheit *f*; Nachdruck *m* ♦ **~ alternativa** Alternativenergie *f*; **~ dolce** sanfte Energie *f*; **~ eolica** Windenergie *f*; **~ nucleare** Kernenergie *f*; **pieno di ~** (*od* **di -e**) energiegeladen; **privo di ~** (*od* **di -e**) energielos; **~ rinnovabile** erneuerbare Energie *f*; **~ solare** Solarenergie *f*; **-e pulite** saubere Energiegewinnung *f*

e·ner·gi·co [-ɛ-] ADJ **1** energisch, tatkräftig **2** (*di misure*) durchgreifend

e·ner·gu·me·no M, **-a** F *fig* Berserker *m*, -in *f*

en·fa·si [ɛ-] F ⟨inv⟩ **1** Emphase *f* **2** Nachdruck *m*: **porre l'~ su qc** Nachdruck auf etw (*akk*) legen

en·fa·ti·co ADJ *pej* pathetisch

en·fa·tiz·za·re V/T ⟨1a⟩ **1** emphatisch aussprechen **2** ~ **qc** etw nachdrücklich betonen

en·fi·se·ma [-ɛ-] M Emphysem *n*

en·fi·teu·si [-ɛ-] F ⟨inv⟩ JUR Erbpacht *f*

En·ga·di·na F Engadin *n*

e·nig·ma M Rätsel *n*: **parlare per -i** in Rätseln sprechen

e·nig·ma·ti·co ADJ rätselhaft **e·nig·mi·sta** M/F Rätselfreund *m*, -in *f* **e·nig·mi·sti·ca** F Rätselraten *n* **e·nig·mi·sti·co** ADJ **rivista -a** Rätselzeitschrift *f*

En·na F Enna *n* **en·ne·se** **A** ADJ aus, von Enna **B** M/F Bewohner *m*, -in *f* von Enna

en·ne·si·mo [-ɛ-] ADJ **1** MATH n-te **2** x-te: **l'~ tentativo** der x-te Versuch

e·no·ga·stro·no·mi·co [-o-] ADJ önogastronomisch: **turismo ~** Wein- und Gastronomie-Tourismus *m*

e·no·lo·gi·a F Wein(bau)kunde *f*

e·no·lo·gi·co [-ɔ-] ADJ weinkundlich

e·no·lo·go [-ɔ-] M, **-a** F Önologe *m*, -login *f*

★**e·nor·me** [-o-] ADJ enorm, ungeheuer, riesig, Riesen-: **un ~ successo** ein Riesenerfolg *m*

e·nor·mi·tà F ⟨inv⟩ Ungeheuerlichkeit *f*

e·no·te·ca [-ɛ-] F Önothek *f*, Weinlokal *n*

en·te [ɛ-] M **1** JUR Körperschaft *f* **2** Anstalt *f*, Einrichtung *f* **3** PHIL Wesen *n* ♦ **~ assistenziale** Sozialamt *n*; **~ per il turismo** Fremdenverkehrsamt *n*

en·te·ro·cli·si F ⟨inv⟩ Darmeinlauf *m*

en·te·ro·sco·pi·a F Enteroskopie *f*
en·ti·tà F ⟨*inv*⟩ 1 Umfang *m*: **~ del danno** Schadensumfang *m* 2 PHIL Entität *f* ♦ **di lieve** (*od* **scarsa**) **~** von geringem Belang; **di nessuna ~** belanglos
en·to·mo·lo·gi·a F Insektenkunde *f*
en·tou·ra·ge [ãtu'raːʒ] M ⟨*inv*⟩ Gefolge *n*, Umkreis *m*
en·traî·neu·se [ãtrɛ'nøːz] F ⟨*inv*⟩ Bardame *f*
★**en·tram·be, en·tram·bi** A PRON beide B ADJ **~ i genitori** beide Eltern
en·tran·te ADJ 1 kommend: **la settimana ~** die kommende Woche 2 JUR neu: **la commissione ~** die neue Kommission
★**en·tra·re** V/I ⟨1a; es⟩ 1 (ein-, hinein)treten; hereinkommen: **~ in casa** ins Haus treten; **entri pure** treten Sie bitte ein; **entri!** herein! 2 hinein-, hereinfahren 3 (*di treno*) **~ in stazione** (in den Bahnhof) einfahren 4 (*in auto*) einsteigen 5 einreisen: **~ clandestinamente in Francia** illegal in Frankreich einreisen 6 *fig* (ein)treten: **~ nel sessantesimo anno di età** ins 60. Lebensjahr kommen 7 ein-, beitreten: **~ in un partito** in eine Partei eintreten 8 angestellt werden 9 (hinein)passen; passen: **la gonna non mi entra più** der Rock passt mir nicht mehr 10 mit etwas zu tun haben: **che** (**cosa**) **c'entra?** was hat das damit zu tun? ♦ **~ in azione** in Aktion treten; **~ in carica** ein Amt antreten; **~ in confidenza con qn** j-s Vertrauen gewinnen; **~ in contatto con qn** mit j-m in Verbindung treten; **~ correndo** (*od* **di corsa**) hereinlaufen, -rennen; **~ in gioco** ins Spiel kommen (*a. fig*); **~ in guerra** in den Krieg eintreten; **~ a far parte di qc** in etw (*akk*) eintreten; **~ nei** (*od* **in**) **particolari** auf Einzelheiten eingehen; **~ in scena** die Bühne betreten; *fig* auf den Plan treten; **~ in sciopero** in Streik treten; **vietato ~** Eintritt verboten; **~ in vigore** in Kraft treten
★**en·tra·ta** F 1 Ein-, Zu-, Beitritt *m* (*a. fig*): **~ libera** Eintritt frei 2 Eingang *m*; Einfahrt *f* 3 Einreise *f* 4 (*su veicoli*) Einstieg *m* 5 Einlass *m* 6 Einnahme *f*, Einkommen *n*: **-e e uscite** Einnahmen und Ausgaben 7 IT Eingabe *f* ♦ **~ anteriore** Vordereingang *m*; **dazio d'~** Einfuhrzoll *m*; **~ di favore** ermäßigter Eintritt *m*; **permesso d'~** Einreisegenehmigung *f*; **raccordo di ~** Autobahnauffahrt *f*; THEAT **~ in scena** Auftritt *m*; **~ secondaria** Nebeneingang *m*; **~ di servizio** Lieferanteneingang *m*; **visto d'~** Einreisevisum *n*
★**en·tro** [e-] PRÄP (*tempo e luogo*) in, innerhalb, *schweiz* innert: **~ due ore** in zwei Stunden; **~ l'edificio** in dem Gebäude
en·tro·bor·do [-o-] M ⟨*inv*⟩ 1 Einbaumotor *m* 2 Motorboot *n* **en·tro·ter·ra** [-ɛ-] M ⟨*inv*⟩ Hinter-, Binnenland *n*
en·tu·sia·sma·re [-z-] ⟨1a⟩ A V/T begeistern, mitreißen, entzücken B V/PR **-rsi per qc** sich für etw begeistern
★**en·tu·sia·smo** [-z-] M Begeisterung *f* ♦ **con ~** begeistert; **ondata di ~** Begeisterungssturm *m*
★**en·tu·sia·sta** A ADJ **essere ~ di qc** von etw begeistert sein B M/F Schwärmer *m*, -in *f* **en·tu·sia·sti·co** ADJ begeistert, schwärmerisch
e·nu·cle·a·re V/T ⟨1a⟩ **~ un problema** ein Problem (klar) herausarbeiten
e·nu·me·ra·re V/T ⟨1m⟩ aufzählen; vorrechnen: **~ a qn i suoi errori** j-m seine Fehler vorrechnen **e·nu·me·ra·zio·ne** [-o-] F Aufzählung *f*
e·nun·cia·re V/T ⟨1f⟩ aufstellen, formulieren **e·nun·cia·to** M 1 Aussage *f* 2 MATH Ansatz *m* **e·nun·cia·zio·ne** [-o-] F Aufstellung *f*, Formulierung *f*
en·zi·ma M Enzym *n*
e·o·li·co [-ɔ-] A ADJ Wind-: **energia -a** Windenergie *f*; **arpa -a** Äolsharfe *f*; **generatore ~** Windgenerator *m*; **impianto ~** Windkraftanlage *f*; **industria -a** Wind(kraft)industrie *f* B M Windenergie *f*
e·pa·ti·co A ADJ Leber-: **cirrosi -a** Leberschrumpfung *f* B M, **-a** F Leberkranke *m/f* **e·pa·ti·te** F Leberentzündung *f*, Hepatitis *f*
e·pi·ca [ɛ-] F Epik *f*
e·pi·cen·tro [-ɛ-] M Herd *m*; Epizentrum *n* (*a. fig*)
e·pi·co [ɛ-] ADJ episch (*a. fig*)
e·pi·cu·re·o [-ɛ-] A ADJ epikureisch B M, **-a** F Genießer *m*, -in *f*, Genussmensch *m*
e·pi·de·mi·a F 1 Epidemie *f*, Seuche *f* 2 *fig* Plage *f* ♦ **~ influenzale** Grippeepidemie *f*; **pericolo di -e** Seuchengefahr *f*
e·pi·de·mi·co ADJ epidemisch
e·pi·der·mi·co [-ɛ-] ADJ 1 Oberhaut- 2 *fig* oberflächlich **e·pi·der·mi·de** [-ɛ-] F 1 ANAT Oberhaut *f* 2 *fig* Oberfläche *f*
e·pi·du·ra·le ADJ epidural: **anestesia ~** Epiduralanästhesie *f*
E·pi·fa·ni·a F Dreikönigsfest *n*

E

e·pi·ga·strio M Magengrube *f*
e·pi·go·no M Epigone *m*
e·pi·gra·fe F 1 Inschrift *f* 2 Widmung *f*
e·pi·gra·fi·co ADJ 1 inschriftlich, Inschriften- 2 *fig* (*di stile*) bündig
e·pi·gram·ma M Epigramm *n*
e·pi·la·zio·ne [-o-] F Enthaarung *f*
e·pi·les·si·a F Epilepsie *f*
e·pi·let·ti·co [-ɛ-] A ADJ epileptisch: **attacco ~** epileptischer Anfall *m* B M, **-a** F Epileptiker *m*, -in *f*
e·pi·lo·go M 1 (*in liturgia*) Nachwort *n* 2 THEAT *fig* Nachspiel *n*
e·pi·sco·pa·le ADJ bischöflich, Bischofs-: **carica ~** Bischofsamt *n*
e·pi·sco·pa·to M Episkopat *m od n*
e·pi·so·di·co [-ɔ-] ADJ episodisch, Episoden-
e·pi·so·dio [-ɔ-] M 1 Episode *f* 2 Vorfall *m*
e·pi·stas·si F ⟨*inv*⟩ Nasenbluten *n*
e·pi·sto·la F (*in liturgia*) Epistel *f*, Brief *m*
e·pi·sto·la·re ADJ brieflich, Brief-: **rapporti -i** Briefwechsel *m*, -verkehr *m*
e·pi·taf·fio M Epitaph *n*, Grabschrift *f*
e·pi·te·to M 1 Beiwort *n*: **~ esornativo** schmückendes Beiwort *n* 2 Schimpfwort *n*: **coprire qn di -i** j-n mit Schimpfwörtern überhäufen
e·pi·zo·o·ti·co [-ɔ-] ADJ **afta -a** Maul- und Klauenseuche *f*
e·pi·zo·o·zi·a F Tierseuche *f*
★**e·po·ca** [ɛ-] F Zeit *f*, Epoche *f* ♦ **a quell'~** zu jener Zeit; **auto d'~** Oldtimer *m*; **casa d'~** Altbau *m*; **fare ~** Epoche machen
e·po·ca·le ADJ epochal; Zeiten-: **svolta ~** Zeitenwende *f*
e·po·pe·a [-ɛ-] F 1 Epos *n* 2 Epik *f*
★**ep·pu·re** KONJ 1 aber (doch): **è giovane, ~ è molto abile** er ist zwar jung, aber sehr tüchtig 2 (und) doch: **~ mente!** er lügt doch!
e·pu·ra·re V/T ⟨1a⟩ säubern
e·pu·ra·zio·ne [-o-] F Säuberung *f*
e·qua·liz·za·to·re [-o-] M Equalizer *m*
e·qua·ni·me ADJ gerecht; unvoreingenommen **e·qua·ni·mi·tà** F Gerechtigkeit *f*; Unvoreingenommenheit *f*
e·qua·to·re [-o-] M Äquator *m* **e·qua·to·ria·le** ADJ äquatorial, Äquatorial-
e·qua·zio·ne [-o-] F 1 Gleichung *f* 2 *fig* Gleichheit *f*
e·que·stre [-ɛ-] ADJ 1 Reiter- 2 Ritter-
e·qui·an·go·lo ADJ gleichwink(e)lig
e·qui·di·stan·te ADJ gleich weit entfernt **e·qui·di·stan·za** F gleicher Abstand *m*
e·qui·la·te·ro ADJ gleichseitig: **triangolo ~** gleichseitiges Dreieck *n*
e·qui·li·bra·re ⟨1a⟩ A V/T 1 ausgleichen 2 TECH auswuchten 3 FLUG, SCHIFF trimmen B V/PR **-rsi** sich ausgleichen **e·qui·li·bra·to** ADJ ausgeglichen (*a. fig*); ausgewogen
★**e·qui·li·brio** M Gleichgewicht *n*; Ausgewogenheit *f* ♦ **alterazione dell'~** Gleichgewichtsstörung *f*
e·qui·li·bri·smo [-z-] M Balanceakt *m* (*a. fig*) **e·qui·li·bri·sta** M/F 1 Gleichgewichtskünstler *m*, -in *f* 2 *fig umg* Überlebenskünstler *m*, -in *f*
e·qui·no ADJ Pferde-
e·qui·no·zio [-ɔ-] M Tagundnachtgleiche *f*
e·qui·pag·gia·men·to [-e-] M 1 Ausrüstung *f*; Ausstattung *f*: **~ da sci** Skiausrüstung *f*; (*di auto*) **~ di serie** Serienausstattung *f* 2 MIL Ausrüstung *f*, Gepäck *n*
e·qui·pag·gia·re ⟨1f⟩ A V/T ausrüsten, ausstatten B V/PR **-rsi** sich ausrüsten
e·qui·pag·gio M 1 SCHIFF, FLUG Besatzung *f*, Mannschaft *f* (*a.* SPORT) 2 MIL Ausrüstung *f*, Gepäck *n* ♦ SCHIFF **~ in coperta!** alle Mann an Deck!
e·qui·pa·ra·re V/T ⟨1m⟩ gleichstellen, angleichen: **~ i salari ai prezzi** die Löhne an die Preise angleichen **e·qui·pa·ra·to** ADJ gleichgestellt, gleich: **con diritti -i** gleichberechtigt **e·qui·pa·ra·zio·ne** [-o-] F Gleichstellung *f*: **~ dei diritti** Gleichberechtigung *f*
é·quipe [e'kip] F ⟨*inv*⟩ Equipe *f*, Team *n*
e·qui·pol·len·te [-ɛ-] ADJ JUR gleichwertig **e·qui·pol·len·za** [-ɛ-] F JUR Gleichwertigkeit *f*
e·qui·tà F Gerechtigkeit *f*, Angemessenheit *f* ♦ **~ fiscale** Steuergerechtigkeit *f*
e·qui·ta·zio·ne [-o-] F 1 Reitkunst *f* 2 Reiten *n*, Reitsport *m* ♦ **lezione di ~** Reitstunde *f*
e·qui·va·len·te [-ɛ-] A ADJ 1 gleichwertig 2 MATH äquivalent 3 gleichbedeutend, entsprechend: **essere ~ a qc** mit etw gleichbedeutend sein B M Gegenwert *m* **e·qui·va·len·za** [-ɛ-] F 1 Gleichwertigkeit *f* 2 MATH Äquivalenz *f*
e·qui·va·le·re [-e-] A V/I ⟨2r; es, av⟩ 1 **~ a qc** den gleichen Wert wie etw haben 2 wert sein: **l'euro equivale a 1936,27**

lire der Euro ist 1936,27 Lire wert **3** entsprechen, gleichkommen: **questo equivale a un'offesa** das kommt einer Beleidigung gleich **B** V/PR **-rsi** **1** gleichwertig sein **2** gleichbedeutend sein **3** entsprechen

e·qui·vo·ca·re V/I ⟨1m *u.* d; av⟩ ~ **su qc** etw missverstehen **e·qui·vo·ci·tà** F ⟨*inv*⟩ **1** Zweideutigkeit *f* **2** Fragwürdigkeit *f*

e·qui·vo·co **A** ADJ **1** missverständlich; zweideutig **2** *fig* zwielichtig, fragwürdig **B** M Missverständnis *n* ♦ **a scanso di -ci** um Missverständnisse zu vermeiden

e·quo [ε-] ADJ **1** gerecht, angemessen **2** reell: **un prezzo ~** ein reeller Preis *m*

e·quo·so·li·da·le **A** ADJ fair gehandelt: **commercio ~** Fairer Handel *m*; **prodotti -i** Produkte *pl* aus dem Fairen Handel **B** M Fairer Handel *m*

★**e·ra** [ε-] F Ära *f*, Zeitalter *n*

e·ra·ria·le ADJ staatlich, Staats- **e·ra·rio** M Fiskus *m*; Staatskasse *f*; Staatsfinanzen *pl*

★**er·ba** [ε-] F **1** Gras *n*, Kraut *n* **2** Rasen *m* **3** *pl* GASTR Kräuter *pl* **4** *pl* Heilpflanzen *pl*, -kräuter *pl* **5** *sl* (*marijuana*) Gras *n* ♦ **-e aromatiche** Gewürzkräuter *pl*; ~ **cipollina** Schnittlauch *m*; **in ~** unerfahren; **un medico in ~** ein angehender Arzt *m*; **liquore alle -e** Kräuterlikör *m*; ~ **medicinale** Heilpflanze *f*; **non essere ~ del suo orto** nicht auf seinem Mist gewachsen sein; **vietato calpestare l'~** (das) Betreten des Rasens (ist) verboten! *fig*; **fare d'ogni ~** (*od* **di tutta l'~**) **un fascio** alles in einen Topf werfen

er·bac·cia F Unkraut *n* **er·ba·ce·o** ADJ grasartig, grasig **er·bag·gio** M Gemüse *n* **er·ba·rio** M **1** Kräuterbuch *n* **2** Herbarium *n* **er·bi·ci·da** M Unkrautvertilgungsmittel *n* **er·bi·ven·do·lo** [-e-] M, **-a** F Gemüsehändler *m*, -in *f* **er·bi·vo·ro** **A** ADJ Gras fressend **B** M Pflanzenfresser *m* **er·bo·ri·sta** M/F **1** Pflanzensammler *m*, -in *f* **2** Drogist *m*, -in *f* **er·bo·ri·ste·ri·a** F **1** Heilpflanzenkunde *f* **2** Reformhaus *n*, Drogerie *f* **er·bo·so** [-o-] ADJ grasig, Gras-

er·co·le [ε-] M Herkules *m*

er·cu·le·o ADJ herkulisch, riesenstark

e·re·de [-ε-] M/F **1** Erbe *m*, Erbin *f* **2** *umg hum* Stammhalter *m* ♦ ~ **unico** Alleinerbe *m*; ~ **universale** Universalerbe *m*, -erbin *f*

e·re·di·tà F ⟨*inv*⟩ Erbschaft *f*; Erbe *n* (*a. fig*); **ricevere qc in ~** etw erben; **lasciare qc in ~ a qn** j-m etw vererben

★**e·re·di·ta·re** V/T ⟨1m *u.* b⟩ erben **e·re·di·ta·rie·tà** F Erblichkeit *f*, Vererbung *f* (*a.* BIOL) **e·re·di·ta·rio** ADJ Erb-, erblich (*a.* BIOL): **malattia -a** Erbkrankheit *f*; **patrimonio ~** Erbgut *n* ♦ **per via -a** erblich

e·re·di·tie·ra [-ε-] F Erbin *f*

e·re·mi·ta M/F **1** Eremit *m*, -in *f*, Einsiedler *m*, -in *f* (*a. fig*) **2** ZOOL Einsiedlerkrebs *m* **e·re·mi·tag·gio** M Einsiedelei *f* **e·re·mi·ti·co** ADJ Einsiedler-: **vita -a** Einsiedlerleben *n*

e·re·mo [ε-] M Einsiedelei *f*, Klause *f*

e·re·si·a F **1** REL Häresie *f*; Ketzerei *f* (*a. fig*) **2** *fig* Unsinn *m*: **dire -e** Unsinn reden

e·res·si [-ε-] → erigere

e·re·ti·co [-ε-] **A** ADJ ketzerisch, häretisch **B** M, **-a** F **1** Ketzer *m*, -in *f* **2** Ungläubige *m/f*

e·ret·to [-ε-] ADJ **1** aufrecht: **portamento ~** aufrechte Haltung *f* **2** erigiert

e·re·zio·ne [-o-] F **1** Errichtung *f*, Bau *m* **2** Erektion *f*

er·ga·sto·la·no M, **-a** F zu lebenslänglich Verurteilte *m/f*

er·ga·sto·lo M lebenslängliche Freiheitsstrafe *f*

er·ge·re [ε-] ⟨3d⟩ **A** V/T emporheben **B** V/PR **-rsi** (empor)ragen

er·go·no·mi·a F Ergonomie *f* **er·go·no·mi·co** [-ɔ-] ADJ ergonomisch **er·go·te·ra·pi·a** F Ergotherapie *f*

e·ri·ca [ε-] F Erika *f*, Heidekraut *n*

e·ri·ge·re ⟨3u⟩ **A** V/T **1** er-, aufrichten (*a. fig*) **2** gründen **3** erheben **B** V/PR **-rsi** **1** sich aufrichten **2** *fig* sich erheben

e·ri·te·ma [-ε-] M ~ **solare** Sonnenbrand *m*

E·ri·tre·a [-ε-] F Eritrea *n* **e·ri·tre·o** [-ε-] **A** ADJ eritreisch **B** M, **-a** F Eritreer *m*, -in *f*

er·ma·fro·di·smo [-z-] M Hermaphrodismus *m*, Zwittertum *n* **er·ma·fro·di·to** **A** ADJ zwitt(e)rig **B** M Hermaphrodit *m*, Zwitter *m*

er·mel·li·no M **1** Hermelin *n* **2** (*pelliccia*) Hermelin *m*

er·me·ti·ci·tà F **1** Dichte *f* **2** *fig* Undurchsichtigkeit *f* **er·me·ti·co** [-ε-] ADJ **1** hermetisch, (luft)dicht **2** *fig* dunkel

er·nia [ε-] F Bruch *m*: ~ **inguinale** Leistenbruch *m*; ~ **del disco** Bandscheibenschaden *m*, Bandscheibenvorfall *m*

e·ro·de·re [-o-] VT ⟨3b⟩ GEOL erodieren; ausschwemmen

★**e·ro·e** [-ɔ-] M Held m (a. fig hum) ♦ **da ~** heldenhaft; **~ nazionale** Volksheld m

e·ro·ga·re VT ⟨1l u. e⟩ 1 **~ qc** mit etw versorgen; **~ acqua in città** die Stadt mit Wasser versorgen 2 spenden **e·ro·ga·to·re** [-o-] ADJ A Versorgungs-: **società -trice dell'elettricità** Elektrizitätsversorgungsunternehmen n B M (per subacquei) Atemregler m **e·ro·ga·zio·ne** [-o-] F 1 Versorgung f 2 Spende f

e·ro·ge·no [-ɔ-] ADJ **zone -e** erogene Zonen pl

e·roi·ci·tà F Heldenhaftigkeit f

e·roi·co [-ɔ-] ADJ Helden-, heldenhaft: **atto ~, azione** (od **impresa**) **-a** Heldentat f

e·ro·i·na[1] F Heldin f

e·ro·i·na[2] F Heroin n

e·roi·no·ma·ne [-ɔ-] A ADJ heroinsüchtig B M/F Heroinsüchtige m/f

e·ro·i·smo [-z-] M Heldentum n, Heldenmut m ♦ **atto di ~** Heldentat f

e·rom·pe·re [-o-] VI ⟨3rr⟩ 1 (hervor)brechen 2 fig **~ in pianto** in Tränen ausbrechen

e·ro·sio·ne [-o-] F GEOL Erosion f; Ausschwemmung f

e·ro·so [-o-] ADJ GEOL erodiert, ausgewaschen

e·ro·ti·co [-ɔ-] ADJ erotisch, Liebes-: **scena -a** Liebesszene f

e·ro·ti·smo [-z-] M Erotik f

e·ro·tiz·za·re VT ⟨1a⟩ erotisieren

er·pe·te [ɛ-] M Herpes m

er·pi·ca·re VT ⟨1l u. d⟩ (ab)eggen

er·pi·ce [e-] M Egge f

er·ran·te ADJ (umher)irrend ♦ **cavaliere ~** fahrender Ritter m; **l'ebreo ~** der Ewige Jude

er·ra·re VI ⟨1b; av⟩ 1 (umher)irren 2 (sich) irren: **se non erro ...** wenn ich (mich) nicht irre ... 3 REL (commettere peccato) fehlen **er·ra·ti·co** ADJ erratisch: GEOL **masso ~** erratischer Block m, Findling m **er·ra·to** ADJ 1 Fehl-, falsch: **decisione -a** Fehlentscheidung f 2 fehlerhaft

er·ro·ne·a·men·te [-e-] ADV irrtümlich, versehentlich **er·ro·ne·o** [-ɔ-] ADJ Fehl-, irrig, falsch: **giudizio ~** Fehlurteil n

★**er·ro·re** [-o-] M Fehler m, Irrtum m: **~ giudiziario** Justizirrtum m; **un ~ di gioventù** eine Jugendsünde ♦ **~ di calcolo** Rechenfehler m; IT **~ di lettura file** Lesefehler m; **per ~** versehentlich; **privo di -i** fehlerfrei, -los; **salvo ~** Irrtum vorbehalten; IT **~ di programmazione** Programmierfehler m; **~ di stampa** Druckfehler m

er·ta [e-] F Steigung f, Aufstieg m ♦ **all'~!** aufgepasst!; **stare all'~** auf der Hut sein

er·to [e-] ADJ steil, schroff

e·ru·di·to A ADJ belesen; gelehrt (a. fig) B M, **-a** F Gelehrte m/f **e·ru·di·zio·ne** [-o-] F Belesenheit f; Gelehrtheit f

e·rut·ta·re ⟨1a⟩ A VT auswerfen, ausstoßen B VI ⟨av⟩ (ruttare) aufstoßen **e·rut·ti·vo** ADJ Eruptiv-, eruptiv: **roccia -a** Eruptivgestein n **e·ru·zio·ne** [-o-] F 1 GEOL Ausbruch m, Eruption f 2 MED Ausschlag m: **~ cutanea** Hautausschlag m

e·sa·cer·ba·re ⟨1b⟩ A VT 1 verschärfen 2 (di malattia) verschlimmern 3 **~** (**l'animo di**) **qn** j-n verbittern B VPR **-rsi** sich verschärfen **e·sa·cer·ba·to** ADJ er-, verbittert **e·sa·cer·ba·zio·ne** [-o-] F 1 Verschärfung f 2 Verschlimmerung f 3 Er-, Verbitterung f

e·sa·e·dro [-ɛ-] M Hexaeder n, Sechsflach n

★**e·sa·ge·ra·re** ⟨1m⟩ VT & VI ⟨av⟩ übertreiben: **~ nel bere** es mit dem Trinken übertreiben **e·sa·ge·ra·to** ADJ 1 übertrieben 2 überhöht: **prezzo ~** überhöhter Preis m

e·sa·ge·ra·zio·ne [-o-] F 1 Übertreibung f 2 Übertriebenheit f

e·sa·gi·ta·to ADJ (esaltato) aufgedreht

e·sa·go·na·le ADJ sechseckig

e·sa·go·no M Sechseck n

e·sa·la·re ⟨1a⟩ A VT 1 aus-, verströmen; ausdünsten 2 fig ver-, aushauchen: **~ lo spirito** den Geist aushauchen B VI ⟨av⟩ ausströmen **e·sa·la·zio·ne** [-o-] F 1 Ausströmung f, Ausdünstung f 2 Dunst m: **-i velenose** giftige Dünste pl

e·sal·tan·te ADJ begeisternd

e·sal·ta·re ⟨1a⟩ A VT 1 preisen, verherrlichen 2 begeistern 3 hervorheben, unterstreichen B VPR **-rsi** 1 sich (selbst) preisen 2 **-rsi per qn/qc** sich für j-n/etw begeistern **e·sal·ta·to** A ADJ überspannt; überschwänglich B M, **-a** F Fanatiker m, -in f; Schwärmer m, -in f **e·sal·ta·to·re** [-o-] M, **-tri·ce** F 1 Lobredner m, -in f 2 **esaltatore** m **di sapidità** Geschmacksverstärker m **e·sal·ta·zio·ne** [-o-] F 1 Verherrlichung f 2 Exaltiertheit f, Überspanntheit f

★**e·sa·me** M Untersuchung f (a. MED); Prüfung f ♦ **~ allergologico** Allergietest m; **commissione d'~** Prüfungsausschuss m; **fare un ~ di coscienza** sein Gewissen prüfen; **~ di guida** Führerscheinprüfung f; **~ di idoneità** Eignungsprüfung f; **~ di maturità** Abitur n; **prendere in ~ qc** etw prüfen; **prova d'~** Prüfungsarbeit f; **~ del sangue** Blutuntersuchung f; **~ di stato** Staatsexamen n

e·sa·me·tro M Hexameter m

e·sa·mi·na·bi·le ADJ prüfbar

e·sa·mi·nan·do M, **-a** F Prüfling m

★**e·sa·mi·na·re** V/T ⟨1m⟩ 1 untersuchen 2 prüfen 3 besehen, betrachten: **~ qc alla luce** etw bei Licht besehen; **~ qc da vicino** etw aus der Nähe betrachten 4 durch-, einsehen: **~ gli atti** die Akten einsehen 5 MED untersuchen 6 **~ i testi** die Zeugen verhören (od vernehmen)

e·sa·mi·na·to·re [-o-] M, **-tri·ce** F Prüfer m, -in f

e·san·gue [-z-] ADJ blutleer (a. fig)

e·sa·ni·me ADJ leblos, entseelt

e·san·te·ma [-ɛ-] M Hautausschlag m

e·sa·spe·ran·te ADJ nervtötend

e·sa·spe·ra·re ⟨1m⟩ A V/T 1 (ent)nerven 2 aufbringen, (aufs Äußerste) reizen 3 verschlimmern B V/PR **-rsi** 1 wütend werden 2 sich verschärfen **e·sa·spe·ra·to** ADJ 1 genervt 2 übertrieben

e·sa·spe·ra·zio·ne [-o-] F 1 Gereiztheit f 2 Verschärfung f, Verschlimmerung f

e·sat·ta·men·te [-e-] ADV 1 genau: **ha ~ la tua età** er ist genauso alt wie du 2 richtig, korrekt **e·sat·tez·za** [-e-] F 1 Genauigkeit f 2 Richtigkeit f ♦ **per l'~** genauer (gesagt)

★**e·sat·to** ADJ 1 genau, exakt, präzis 2 richtig, korrekt ♦ **è l'-a copia di sua madre** sie ist das genaue Abbild ihrer Mutter; **sono le tre -e** es ist genau drei Uhr

e·sat·to·re [-o-] M, **-tri·ce** F Eintreiber m, -in f: **~ delle tasse** Steuereinnehmer m

e·sat·to·ri·a F Finanzamt n

e·sau·di·re V/T ⟨4d⟩ 1 erfüllen: **~ i desideri di qn** j-s Wünsche erfüllen 2 erhören

e·sau·ri·bi·le ADJ erschöpfbar **e·sau·rien·te** [-ɛ-] ADJ 1 erschöpfend, vollständig 2 ausreichend 3 ausführlich **e·sau·ri·men·to** [-e-] M Erschöpfung f; (professionale) Burn-out m: ♦ **~ fisico** körperliche Erschöpfung f; **~ nervoso** Nervenzusammenbruch m; **~ delle scorte** Erschöpfung f der Vorräte; **fino a ~ delle scorte** solang(e) der Vorrat reicht

e·sau·ri·re ⟨4d⟩ A V/T 1 erschöpfen (a. fig), aufbrauchen 2 fig **~ ogni possibilità** alle Möglichkeiten ausschöpfen 3 **~ un tema** ein Thema erschöpfend behandeln 4 zum Abschluss bringen, abschließen B V/PR **-rsi** 1 sich erschöpfen; (di pozzi ecc.) versiegen 2 fig **la sua pazienza si sta esaurendo** seine Geduld geht zu Ende 3 ausverkauft werden 4 (di persona) zusammenbrechen

e·sau·ri·to ADJ 1 versiegt 2 ausverkauft 3 (editoria) vergriffen 4 erschöpft, ermattet ♦ **tutto ~** (alles) ausverkauft; **l'albergo ha il tutto ~** das Hotel ist ausgebucht

e·sau·sto ADJ erschöpft

e·sau·to·ra·re V/T ⟨1m⟩ entmachten **e·sau·to·ra·to** ADJ fig einflusslos **e·sau·to·ra·zio·ne** [-o-] F Entmachtung f

e·sa·zio·ne [-o-] F Einnahme f, Einzug m: **~ fiscale** (od **delle imposte**) Steuereinnahme f

e·sca [e-] F Köder m (a. fig) ♦ **dare ~ alla passione** die Leidenschaft anfachen

e·sca·la·tion [eska'leʃon] F Eskalation f

e·scan·de·scen·za [-ɛ-] F **dare in -e** einen Tobsuchtsanfall bekommen

e·sca·pe [e'skeip] M ⟨inv⟩ IT Escape-Taste f

e·sca·va·to·re [-o-] M, **e·sca·va·tri·ce** F Bagger m

e·sca·va·zio·ne [-o-] F Ausbaggerung f

e·schi·me·se [-e-] M/F Eskimo m, -frau f

e·scla·ma·re V/I ⟨1a; av⟩ ausrufen **e·scla·ma·ti·vo** ADJ Ausrufe-: **punto ~** Ausrufezeichen n **e·scla·ma·zio·ne** [-o-] F Ausruf m

e·sclu·de·re ⟨3q⟩ A V/T 1 ausschließen 2 streichen: **~ qc dal programma** etw aus dem Programm streichen B V/PR **-rsi** 1 sich isolieren 2 sich ausschließen

e·sclu·sio·ne [-o-] F 1 Ausschluss m 2 (annullamento) Streichen n ♦ **a(d) ~ di** außer, mit Ausnahme von

e·sclu·si·va F 1 Alleinrecht n, Alleinberechtigung f 2 Alleinverkauf m; Alleinvertrieb m 3 Alleinvertretung f **e·sclu·si·vi·sta** A M/F 1 Alleinverkäufer m, -in f 2 Alleinvertreter m, -in f 3 POL, WIRTSCH Monopolist m, -in f B ADJ monopolistisch; rechthaberisch **e·sclu·si·vi·tà** F ⟨inv⟩ Ausschließlichkeit *f* **e·sclu·si·vo** ADJ exklusiv, ausschließlich, Exklusiv-, Allein-: **rappresentanza -a** Alleinvertretung *f*; **intervista -a** Exklusivinterview *n*

E

e·sclu·so A ADJ 1 ausgeschlossen 2 ausgenommen 3 zuzüglich: **-e le spese di spedizione** zuzüglich der Versandkosten B M, **-a** F Ausgeschlossene *m/f*

e·sco·gi·ta·re V/T ⟨1m *u.* c⟩ ersinnen, sich (*dat*) ausdenken; *hum iron* ausklügeln, aushecken

e·sco·ria·re ⟨1k *u.* c⟩ A V/T ab-, aufschürfen B V/PR **-rsi qc** sich (*dat*) etw ab-, aufschürfen **e·sco·ria·zio·ne** [-o-] F Ab-, Aufschürfung *f*

e·scre·men·to [-e-] M *mst* PL Exkrement *n* **e·scre·scen·za** [-ɛ-] F Auswuchs *m* **e·scre·zio·ne** [-o-] F Ausscheidung *f*, Absonderung *f*

e·scur·sio·ne [-si'o-] F Ausflug *m*; (Lehr)Wanderung *f* ♦ **~ in montagna** Bergtour *f*; **~ a piedi** Fußwanderung *f*

e·scur·sio·ni·smo [-sio'nizmo] M Wandersport *m*

e·scur·sio·ni·sta [-sio'nista] M/F Ausflügler *m*, -in *f*, Wanderer *m*, Wanderin *f*

e·scus·si → escutere

e·scus·sio·ne [-o-] F JUR Vernehmung *f*

e·scu·te·re V/T ⟨3v⟩ JUR vernehmen

e·se·cra·bi·le ADJ verabscheuenswert

e·se·cra·re V/T ⟨1l *u.* b⟩ verabscheuen

e·se·cra·zio·ne [-o-] F Verabscheuung *f*

e·se·cu·ti·vo A ADJ 1 auszuführend: **un progetto ~** ein auszuführender Plan *m* 2 POL ausführend, Exekutiv-: **potere ~** Exekutivgewalt *f* 3 JUR vollstreckbar B M 1 (*potere*) Exekutive *f* 2 (*comitato*) Exekutivausschuss *m* **e·se·cu·to·re** [-o-] M, **-tri·ce** F 1 (*musicale*) Vortragende *m/f* 2 (*di delitto*) (Straf)Täter *m*, -in *f* 3 JUR Vollstrecker *m*, -in *f*: **~ testamentario** Testamentsvollstrecker *m*; **~ giudiziario** Gerichtsvollzieher *m* **e·se·cu·to·rie·tà** F Vollstreckbarkeit *f* **e·se·cu·to·rio** [-ɔ-] ADJ JUR vollstreckbar

e·se·cu·zio·ne [-o-] F 1 Aus-, Durchführung *f* 2 Aufführung *f*, Darbietung *f* 3 JUR Vollstreckung *f*, Vollzug *m* 4 IT (*di un programma*) Ausführung *f* ♦ **~ capitale** Hinrichtung *f*; **~ della pena** Strafvollzug *m*; **~ di sfratto** Zwangsräumung *f*

e·se·ge·si [-ɛ-] F ⟨inv⟩ Auslegung *f*

e·se·gui·bi·le ADJ 1 aus-, durchführbar 2 vollziehbar 3 MUS aufführbar

e·se·gui·bi·li·tà F 1 Aus-, Durchführbarkeit *f* 2 Vollziehbarkeit *f* 3 MUS Aufführbarkeit *f*

e·se·gui·re V/T ⟨4b⟩ 1 aus-, durchführen 2 vollziehen 3 MUS vortragen, aufführen, spielen ♦ **~ un pagamento** eine Zahlung leisten

★**e·sem·pio** [-ɛ-] M Beispiel *n*; Muster *n* ♦ **a mo'** (*od* **a titolo**) **di ~** beispielsweise; **dare il buon ~** mit gutem Beispiel vorangehen; **per** (*od* **ad**) **~** zum Beispiel; **prendere ~ da qn** sich (*dat*) an j-m ein Beispiel nehmen; **senza ~** beispiellos

e·sem·pla·re[1] ADJ beispielhaft

e·sem·pla·re[2] M 1 Exemplar *n*; Stück *n* 2 Muster(beispiel) *n*

e·sem·pla·ri·tà F Beispielhaftigkeit *f*

e·sem·pli·fi·ca·re V/T ⟨1n *u.* d⟩ durch Beispiele erläutern **e·sem·pli·fi·ca·zio·ne** [-o-] F Veranschaulichung *f*, Erklärung *f* an Beispielen

e·sen·ta·re ⟨1b⟩ A V/T **~ qn da qc** j-n von etw befreien B V/PR **-rsi da qc** sich von etw befreien

e·sen·tas·se ADJ ⟨inv⟩ steuerfrei

e·sen·te [-ɛ-] ADJ -frei: **~ da difetti** fehlerfrei

e·sen·zio·ne [-o-] F Befreiung *f*, Erlass *m* ♦ **~ fiscale** Steuerbefreiung *f*

e·se·quie [-ɛ-] FPL Begräbnisfeier *f*

e·ser·cen·te [-ɛ-] M/F Betreiber *m*, -in *f*, Gewerbetreibende *m/f*

e·ser·ci·ta·re ⟨1m *u.* b⟩ A V/T 1 üben; trainieren (*a.* SPORT) 2 (*un'attività*) ausüben 3 MED praktizieren B V/PR **-rsi** 1 (sich) üben: **-rsi a scrivere** sich im Schreiben üben 2 SPORT üben, trainieren **e·ser·ci·ta·to** ADJ **essere ~ in qc** in etw (*dat*) Übung haben **e·ser·ci·ta·zio·ne** [-o-] F 1 Übung *f* (*a.* MIL) 2 Seminarübung *f* 3 MIL Manöver *n*: **-i militari** Wehrübungen *pl* ♦ **andare a fare le -i** ins Manöver ziehen; **~ sulla carta** Planspiel *n*

★**e·ser·ci·to** [-ɛ-] M Armee *f*; Heer *n* (*a. fig*): **un ~ di studenti** ein Heer von Studenten ♦ **~ federale** Bundeswehr *f*; **~ della salvezza** Heilsarmee *f*

e·ser·ci·zia·rio M Übungsbuch *n*

★**e·ser·ci·zio** M 1 Übung *f*: **essere fuori ~** außer Übung sein 2 Ausübung *f*: **~ del potere** Machtausübung *f* 3 HANDEL Geschäft *n*, Betrieb *m* 4 WIRTSCH Geschäftsjahr *n* **5** TECH **in/fuori ~** in/außer Betrieb ♦ **capitale d'~** Betriebskapital *n*; **cessazione d'~** Geschäftsauflösung *f*; **licenza d'~** Betriebserlaubnis *f*; **~ pubblico** öffentliches Lokal *n*; **qc è solo una questione di ~** etw ist reine Übungssache *f*

e·si·bi·re ⟨4d⟩ **A** V/T **1** vorweisen, vorzeigen, vorlegen **2** herauskehren, zur Schau stellen **B** V/PR **-rsi 1** THEAT, MUS auftreten **2** sich in Szene setzen **e·si·bi·zio·ne** [-o-] F **1** Vorlage *f*, Vorzeigen *n* **2** THEAT, MUS Auftritt *m*, Darbietung *f* **3 fare ~ di qc** mit etw prahlen

e·si·bi·zio·ni·smo [-z-] M **1** Prahlerei *f* **2** PSYCH Exhibitionismus *m* **e·si·bi·zio·ni·sta** M/F **1** Prahler *m*, -in *f* **2** PSYCH Exhibitionist *m*, -in *f* **e·si·bi·zio·ni·sti·co** ADJ exhibitionistisch

e·si·gen·te [-ɛ-] ADJ anspruchsvoll; wählerisch **e·si·gen·za** [-ɛ-] F **1** Erfordernis *n*, Bedürfnis *n* **2** Forderung *f*, Anspruch *m* ♦ **secondo le -e del caso** je nach Bedarf; **vicino alle -e dei cittadini** bürgernah

e·si·ge·re V/T ⟨3w⟩ **1** fordern, verlangen **2** erfordern, gebieten **3** JUR einfordern, einklagen ♦ **~** (**troppo**) **poco da qn** j-n unterfordern; **~ troppo da qn** j-n überfordern

e·si·gi·bi·le ADJ fällig, einlösbar

e·si·gi·bi·li·tà F ⟨*inv*⟩ JUR Fälligkeit *f*

e·si·gui·tà F Spärlichkeit *f*, Knappheit *f*

e·si·guo ADJ gering, schmal, knapp

e·si·la·ran·te ADJ erheiternd, belustigend ♦ **gas ~** Lachgas *n*

e·si·le [ɛ-] ADJ **1** dünn, schmächtig **2** *fig* schwach: **una voce ~** eine dünne Stimme

e·si·lia·re ⟨1k⟩ **A** V/T **1** verbannen **2** ausschließen **B** V/PR **-rsi 1** in die Verbannung gehen **2** sich abkehren, sich absondern

e·si·lia·to M, **-a** F Verbannte *m/f*

e·si·lio M **1** Verbannung *f*, Exil *n*: **mandare qn in ~** j-n in die Verbannung schicken **2** *fig* Abkehr *f*: **~ dal mondo** Abkehr von der Welt

e·si·li·tà F Dünne *f*, Schmächtigkeit *f*

e·si·me·re ⟨3x⟩ **A** V/T entbinden, befreien: **~ qn da qc** j-n von etw entbinden **B** V/PR **-rsi da qc** sich etw (*dat*) entziehen

e·si·mio ADJ **1** hervorragend, ehrenwert, verehrt **2** (*nelle lettere*) sehr geehrt

e·si·sten·te [-ɛ-] ADJ vorhanden, bestehend

★**e·si·sten·za** [-ɛ-] F **1** Existenz *f*, Vorhandensein *n* **2** Dasein *n*: **condurre un'~ tranquilla** ein beschauliches Dasein führen

e·si·sten·zia·le ADJ Daseins-, Existenz-, Lebens-: **angoscia ~** Existenzangst *f* **e·si·sten·zia·li·smo** [-z-] M Existenzialismus *m* **e·si·sten·zia·li·sta A** M/F Existenzialist *m*, -in *f* **B** ADJ existenzialistisch

★**e·si·ste·re** V/I ⟨3f; es⟩ **1** bestehen, existieren: **Dio esiste** es gibt einen Gott **2** geben, vorhanden sein: **quanti tipi di birra esistono?** wie viele Biersorten gibt es?; **per lei esiste soltanto il marito** für sie gibt es nur ihren Mann **3** leben: **penso dunque esisto** ich denke, also bin ich ♦ **non esiste!** das gibt's doch gar nicht!

e·si·tan·te ADJ zögernd **e·si·ta·re** V/I ⟨1l u. b; av⟩ zögern, zaudern **e·si·ta·zio·ne** [-o-] F Zögern *n*

e·si·to [ɛ-] M **1** Ausgang *m*, Ergebnis *n* **2** Erfolg *m* ♦ MED **~ positivo** positiver Befund; **~ negativo** ohne Befund

e·ski·mo [-ɛ-] M ⟨*inv*⟩ (*giacca*) Parka *m*

e·so·do [ɛ-] M **1** Auszug *m*, Exodus *m* (*a. fig*) **2** Abwanderung *f* ♦ **~ dalle campagne** Landflucht *f*; **~ di capitali** Kapitalflucht *f*; **~ dalle città** Stadtflucht *f*

e·so·fa·go [-ɔ-] M Speiseröhre *f*

e·son·da·zio·ne [-o-] F Hochwasser *n*

e·so·ne·ra·re ⟨1m u. c⟩ **A** V/T **1** befreien, freistellen; erlassen: **~ qn dal servizio militare** j-n vom Wehrdienst freistellen; **~ qn dalle tasse** j-m die Steuern erlassen **2** entheben: **~ da una carica** eines Amtes entheben **B** V/PR **-rsi da qc** sich von etw befreien

e·so·ne·ro [-ɔ-] M Freistellung *f*; Erlass *m*

e·sor·bi·tan·te ADJ (maßlos) überhöht

e·sor·bi·ta·re V/I ⟨1m u. c; av⟩ **~ da qc** etw überschreiten

e·sor·ci·smo [-z-] M Exorzismus *m*, Teufelsaustreibung *f* **e·sor·ci·sta** M/F Exorzist *m*, -in *f*

e·sor·ciz·za·re V/T ⟨1a⟩ **1** exorzieren, austreiben **2** *fig* aus-, vertreiben **e·sor·ciz·za·zio·ne** [-o-] F **1** Teufelsaustreibung *f* **2** *fig* Vertreibung *f*

e·sor·dien·te [-ɛ-] **A** ADJ angehend **B** M/F Debütant *m*, -in *f*

e·sor·dio [-ɔ-] M **1** Anfang *m*, Beginn *m*: **agli -di della carriera** zu Beginn der Karriere **2** Debüt *n* (*a.* SPORT) **3** Einleitung *f*

e·sor·di·re V/I ⟨4d; av⟩ **1** beginnen, anfangen **2** debütieren (*a.* SPORT) **3 ~ in politica** in die Politik einsteigen

E

e·sor·ta·re VT ⟨1c⟩ (er)mahnen, auffordern: ~ **alla prudenza** zur Vorsicht mahnen **e·sor·ta·ti·vo** ADJ (er)mahnend, auffordernd **e·sor·ta·to·re** [-o-] M, **-tri·ce** F Mahner *m*, -in *f* **e·sor·ta·zio·ne** [-o-] F (Er)Mahnung *f*, Aufforderung *f*

e·so·si·tà F Gewinnsucht *f* **e·so·so** [-ɔ-] ADJ 1 gewinnsüchtig 2 übertrieben, wucherisch: **un prezzo** ~ ein Wucherpreis *m*

e·so·te·ri·co [-ɛ-] ADJ esoterisch

e·so·te·ri·smo [-z-] M Esoterik *f*

e·so·ti·co [-ɔ-] ADJ exotisch (*a. fig*)

e·span·de·re ⟨3uu⟩ A VT ausdehnen B VPR **-rsi** 1 sich ausdehnen, expandieren (*a.* PHYS) 2 sich ausbreiten, sich verbreiten

e·span·si·bi·le [-s-] ADJ ausdehnbar (*a.* PHYS) **e·span·sio·ne** [-o-] F 1 Ausdehnung *f*, Expansion *f* (*a.* PHYS) 2 Überschwang *m*, Überschwänglichkeit *f* ♦ **in** ~ expandierend

e·span·sio·ni·smo [-sio'nizmo] M Expansionspolitik *f* **e·span·sio·ni·sti·co** ADJ expansiv, Expansions- **e·span·si·vi·tà** F 1 Ausdehnbarkeit *f* 2 *fig* Mitteilsamkeit *f* **e·span·si·vo** ADJ 1 PHYS expansiv, Expansions- 2 mitteilsam

e·span·so [-s-] M CHEM Schaumstoff *m*

e·spa·tria·re VI ⟨1m *u.* k; es, av⟩ ausreisen, auswandern **e·spa·trio** M Ausreise *f* ♦ **permesso di** ~ Ausreiseerlaubnis *f*, Ausreisegenehmigung *f*

e·spe·dien·te [-ɛ-] M Notbehelf *m*; Trick *m* ♦ ~ **mnemonico** Gedächtnisstütze *f*; **vivere di -i** sich recht und schlecht durchschlagen

e·spel·le·re [-ɛ-] VT ⟨3y⟩ 1 (ver-, aus)weisen: ~ **dalla scuola** von der Schule verweisen 2 (*emettere*) ausstoßen

e·spe·ran·to M Esperanto *n*

★**e·spe·rien·za** [-ɛ-] F 1 Erfahrung *f*: **avere** ~ **in qc** in etw (*dat*) Erfahrung haben 2 Erlebnis *n* 3 Experiment *n*, Versuch *m* ♦ **bagaglio di -e** Erfahrungsschatz *m*; ~ **professionale** Berufserfahrung *f*

★**e·spe·ri·men·to** [-e-] M Experiment *n*, Versuch *m* ♦ ~ **su** (*od* **con**) **animali** Tierversuch *m*

e·spe·ri·re VT ⟨4d⟩ anstellen: ~ **un'indagine** eine Nachforschung anstellen

★**e·sper·ta** [-ɛ-] F Expertin *f*, Fachfrau *f*

★**e·sper·to** [-ɛ-] A ADJ 1 erfahren: **essere** ~ **di qc** in etw (*dat*) erfahren sein 2 (sach-, fach)kundig B M Experte *m*, Fachmann *m* ♦ IT **sistema** ~ Expertensystem *n*

e·spet·to·ran·te A ADJ schleimlösend B M Hustenmittel *n* **e·spet·to·ra·re** VT ⟨1m *u.* b⟩ aus-, abhusten **e·spet·to·ra·to** M Auswurf *m*

e·spia·re VT ⟨1h⟩ (ab-, ver)büßen, sühnen **e·spia·to·rio** [-ɔ-] ADJ **sacrificio** ~ Sühn(e)opfer *n* ♦ *fig* **capro** ~ Sündenbock *m*

e·spia·zio·ne [-o-] F Abbüßung *f*, Sühne *f*

e·spi·ra·re VT ⟨1a⟩ ausatmen

e·spi·ra·zio·ne [-o-] F Ausatmung *f*

e·sple·ta·men·to [-e-] M JUR Erledigung *f* **e·sple·ta·re** VT ⟨1b⟩ JUR erledigen

e·spli·ca·re ⟨1l, b *u.* d⟩ A VT 1 entfalten, ausüben 2 *geh* erläutern, darlegen B VPR **-rsi** sich entfalten **e·spli·ca·ti·vo** ADJ erklärend, verdeutlichend **e·spli·ca·zio·ne** [-o-] F 1 Entfaltung *f*, Ausübung *f* 2 Erläuterung *f*, Darlegung *f*

e·spli·ci·ta·re VT ⟨1l, b *u.* d⟩ deutlich machen

e·spli·ci·to ADJ ausdrücklich, deutlich

★**e·splo·de·re** [-ɔ-] ⟨3q⟩ A VI ⟨es⟩ 1 explodieren, platzen (*a. fig*) 2 ausbrechen (*a. fig*): **esplose un'epidemia** eine Epidemie brach aus B VT abfeuern

e·splo·ra·re VT ⟨1c⟩ 1 erforschen (*a. fig*), erkunden 2 absuchen **e·splo·ra·ti·vo** ADJ Forschungs- ♦ **colloqui -i** Sondierungsgespräche *pl*

e·splo·ra·to·re [-o-] A ADJ Forschungs- B M, **-tri·ce** F Erforscher *m*, -in *f* ♦ **giovani -i** Pfadfinder *pl*; ~ **polare** Polarforscher *m*

e·splo·ra·zio·ne [-o-] F 1 Erforschung *f*, Erkundung *f* 2 Absuchung *f* ♦ ~ **dello spazio** (Welt)Raumforschung *f*; **viaggio di** ~ Forschungsreise *f*

★**e·splo·sio·ne** [-o-] F 1 Explosion *f* 2 Knall *m* 3 *fig* Ausbruch *m* ♦ ~ **demografica** Bevölkerungsexplosion *f*; **pericolo di** ~ Explosionsgefahr *f*

e·splo·si·vi·tà F Brisanz *f* (*a. fig*) **e·splo·si·vo** A ADJ 1 Spreng-, Explosiv-: **ordigno** ~ Sprengkörper *m* 2 *fig* explosiv, brisant B M Sprengstoff *m*: **far saltare qc con l'**~ etw sprengen ♦ **pacco** (**contenente**) ~ Sprengstoffpaket *n*

e·splo·so [-ɔ-] → esplodere

e·spo·nen·te [-ɛ-] A M/F Vertreter *m*,

-in *f* **B** M MATH Exponent *m* **e·spo·nen·zia·le** ADJ **1** exponentiell, Exponential- **2** *fig* **in modo ~** übermäßig

★**e·spor·re** [-o-] ⟨3ll⟩ **A** V/T **1** ausstellen; auslegen: **~ quadri in una galleria** Bilder in einer Galerie ausstellen **2** aushängen **3** *fig* aussetzen: **~ qn a un pericolo** j-n einer Gefahr aussetzen **4** darlegen, ausführen **5** FOTO belichten **B** V/PR **-rsi 1** sich aussetzen (*a. fig*): **-rsi alle critiche** sich der Kritik aussetzen **2** sich exponieren **3** sich bloßstellen ♦ **~ alla fiera** auf der Messe ausstellen

★**e·spor·ta·re** V/T ⟨1c⟩ ausführen, exportieren **e·spor·ta·to·re** [-o-] **A** ADJ ausführend, Ausfuhr-, Export-: **paese ~** Ausfuhrland *n* **B** M, **-tri·ce** F Exporteur *m*, -in *f* **e·spor·ta·zio·ne** [-o-] F Ausfuhr *f*, Export *m*

e·spo·si·me·tro M Belichtungsmesser *m*

e·spo·si·ti·vo ADJ Ausstellungs-: **area -a** Ausstellungsgelände *n* **e·spo·si·to·re** [-o-] **A** ADJ ausstellend: **ditta -trice** Ausstellerfirma *f* **B** M, **-tri·ce** F **1** Aussteller *m*, -in *f* **2** **espositore** *m* Ausstellungsregal *n*

★**e·spo·si·zio·ne** [-o-] F **1** Ausstellung *f*, Auslegung *f* **2** (*mostra*) Ausstellung *f*; (*fiera*) Messe *f* **3** Darlegung *f*, Ausführung *f* **4** FOTO Belichtung *f* **5** Lage *f*: **con ~ a sud** nach Süden gelegen ♦ **pezzo da ~** Ausstellungsstück *n*; **~ universale** Weltausstellung *f*

e·spo·sto [-o-] **A** ADJ **1** ausgestellt, ausgelegt **2** **essere ~** aushängen **3** ausgesetzt: **essere ~ alle critiche** den Kritiken ausgesetzt sein **4** dargelegt, ausgeführt **5** **un giardino ~ a sud** ein nach Süden gelegener Garten **B** M Bericht *m* ♦ **~ alle correnti d'aria** zugig

e·spres·sa·men·te [-e-] ADV ausdrücklich, eigens

★**e·spres·sio·ne** [-o-] F **1** Ausdruck *m* (*a.* LING): **dare ~ al proprio sdegno** seine Wut zum Ausdruck bringen; **un'~ dialettale** ein Dialektausdruck *m* **2** Gesichtsausdruck *m*, Miene *f* **3** Aussagekraft *f*

e·spres·sio·ni·smo [-zmo] M Expressionismus *m* **e·spres·sio·ni·sta** **A** ADJ expressionistisch **B** M/F Expressionist *m*, -in *f*

e·spres·si·vi·tà F Ausdruckskraft *f*

e·spres·si·vo ADJ **1** ausdrucksvoll **2** Ausdrucks-: **mezzi -i** Ausdrucksmittel *pl*

★**e·spres·so** [-ɛ-] **A** ADJ **1** Eil-: **corriere ~** Eilbote *m*; **pacco ~** Schnellpaket *n* **2** ausdrücklich: **per suo ~ desiderio** auf seinen ausdrücklichen Wunsch **B** M **1** (*caffè*) Espresso *m* **2** (*lettera*) Eilbrief *m* **3** (*treno*) D-Zug *m*

★**e·spri·me·re** ⟨3r⟩ **A** V/T ausdrücken, äußern, aussprechen **B** V/PR **-rsi 1** sich ausdrücken: **-rsi a gesti** sich mit Gesten ausdrücken **2** sich äußern

e·spro·pria·re V/T ⟨1m *u.* c⟩ **1** enteignen **2** *fig* berauben **e·spro·pria·to** M, **-a** F Enteignete *m/f*

e·spro·pria·zio·ne [-o-] F Enteignung *f*

e·spro·prio [-ɔ-] M Enteignung *f*

e·spu·gna·re V/T ⟨1a⟩ einnehmen, erobern **e·spu·gna·zio·ne** [-o-] F Einnahme *f*, Eroberung *f*

e·spul·si [-s-] → espellere

e·spul·sio·ne [-si'o-] F **1** Ausschluss *m* **2** (*da uno stato*) Ausweisung *f*, Abschiebung *f* **3** SPORT **~ dal campo** (**di gara**) Platzverweis *m* **4** MED Ausscheidung *f* **5** (*emissione*) Ausstoß *m* **e·spul·si·vo** ADJ ausstoßend

e·spul·so [-s-] **A** ADJ ausgeschlossen **B** M, **-a** F **1** Ausgeschlossene *m/f*, Ausgestoßene *m/f* **2** (*dallo stato*) Vertriebene *m/f*

e·spun·ge·re V/T ⟨3d⟩ streichen: **~ brani da un testo** Stücke aus einem Text streichen

e·spun·zio·ne [-o-] F Streichung *f*

e·squi·me·se [-e-] → eschimese

★**es·sa** [e-] PERS PR F sie

es·sai [es'sɛ] M ⟨*inv*⟩ **cinema d'~** Programmkino *n*

★**es·se** [e-] PERS PR FPL sie

es·sen·za [-ɛ-] F **1** Wesen *n* (*a.* PHIL) **2** Essenz *f* (*a.* CHEM), Wesentliche *n* ♦ **~ di arancia** Orangenöl *n*

es·sen·zia·le **A** ADJ **1** wesentlich; Haupt-: **la cosa ~** die Hauptsache **2** notwendig, nötig **3** nüchtern, knapp **4** CHEM **oli -i** ätherische Öle *pl* **B** M **1** Wesentliche *n*: **badare all'~** auf das Wesentliche achten **2** Hauptsache *f* **es·sen·zia·li·tà** F Wesentlichkeit *f* **es·sen·zial·men·te** [-e-] ADV im Wesentlichen

★**es·se·rci** [ɛ-] V/I ⟨ *unpers geh* **esservi**⟩ ⟨3z; es⟩ **1** (da) sein, geben: **c'è un libro** es gibt ein Buch; **ci sono molti libri** es gibt viele Bücher; **c'è molto da fare** es gibt viel zu tun; **cosa c'è di nuovo?** was gibt es Neues? **2** stehen: **c'è sul dizionario** es steht im Wörterbuch **3** (*avere luogo*) stattfinden ♦ **che c'è?** was ist (los)?; **ci sei?** (*vieni anche tu?*) kommst du auch mit? (*sei pronto?*) bist du fertig? (*hai capito?*) hast du es verstanden?; **ci siamo!** wir sind da! jetzt geht's los!; **ci sono!** ich hab's!

E

★**es·se·re**[1] [ɛ-] ⟨3z⟩ VI ⟨es⟩ **1** sein **2** gehören: **questa borsa è sua** diese Tasche gehört ihr **3** liegen; stehen: **il vaso è sul tavolo** die Vase steht auf dem Tisch; **il libro è sul tavolo** das Buch liegt auf dem Tisch; **la città è sul mare** die Stadt liegt am Meer **4** *fig* stecken: **~ in difficoltà** in Schwierigkeiten stecken **5** stammen: **~ di Milano** aus Mailand stammen **6** bestehen: **il difficile è nel cominciare** die Schwierigkeit besteht darin anzufangen **7** machen, kosten: **quant'è in tutto?** wie viel macht das insgesamt? ♦ **chi è?** wer ist da? *fig*; **sono con te** ich bin auf deiner Seite; **non è da te** das passt nicht zu dir; **non ~ in sé** außer sich sein; **se io fossi in te ...** wenn ich du wäre ...; **che ora è? – sono le 3** wie spät ist es? – es ist drei Uhr; **è per te, per il tuo bene** es ist nur zu deinem Besten; **quand'è che ...?** wann ...?; **e sia!** meinetwegen!; ★ **~ composto di** bestehen aus; ★ **~ di qn** j-m gehören; **è il libro di Paolo** das Buch gehört Paolo

es·se·re[2] [ɛ-] M **1** Sein *n* (*a.* PHIL) **2** Wesen *n*: **-i viventi** Lebewesen *pl* ♦ **porre in ~ qc** etw verwirklichen; ★ **~** *m* **umano** Mensch *m*

★**es·si** [e-] PERS PR MPL sie

es·sic·ca·men·to [-e-] M **1** Entwässerung *f* **2** Austrocknung *f* **3** Dörren *n*

es·sic·ca·re ⟨1d⟩ **A** VT **1** trockenlegen, entwässern **2** austrocknen **3** dörren, trocknen **B** VPR **-rsi 1** austrocknen **2** dörren **3** *fig* versiegen **es·sic·ca·to** ADJ gedörrt, Dörr-: **frutta -a** Dörrobst *n* ♦ **~ all'aria** luftgetrocknet

es·sic·ca·to·io [-o-] M **1** Trockner *m* **2** Trockenraum *m* **es·sic·ca·zio·ne** [-o-] F **1** Trocknung *f* **2** Entwässerung *f*

★**es·so** [e-] PERS PR M er ♦ **o chi per ~** oder sein Stellvertreter

★**est** [ɛ-] M ⟨inv⟩ Osten *m* ♦ **a ~ di Milano** östlich von Mailand; **Europa dell'~** Osteuropa *n*; **verso ~** ostwärts

e·sta·si [ɛ-] F ⟨inv⟩ Verzückung *f*, Ekstase *f*: **andare in ~ per qc** durch etw in Ekstase geraten **e·sta·sia·re** ⟨1k⟩ **A** VT **~ qn** j-n verzücken **B** VPR **-rsi** in Verzückung geraten

★**e·sta·te** F Sommer *m*: **in** (*od* **d'**)**~** im Sommer; **in piena ~** im Hochsommer ♦ **~ di San Martino** Altweibersommer *m*

e·sta·ti·co ADJ verzückt, ekstatisch

e·stem·po·ra·ne·o ADJ Stegreif-, improvisiert: **discorso ~** improvisierte Rede *f*

e·sten·de·re [-ɛ-] ⟨3c⟩ **A** VT **1** ausdehnen, ausweiten; erweitern, vergrößern (*a. fig*) **2** ausstrecken **B** VPR **-rsi 1** sich erstrecken, sich ausdehnen **2** sich ausbreiten **3** *fig* betreffen

e·sten·si·bi·le [-'si:-] ADJ (aus)dehnbar

e·sten·si·bi·li·tà [-si-] F (Aus)Dehnbarkeit *f* **e·sten·sio·ne** [-si'o-] F **1** Ausdehnung *f*, Weite *f* **2** Verbreitung *f* **3** IT Erweiterung *f*: **~ del file** Dateierweiterung *f*, Dateiendung *f*, Extension *f* **e·sten·si·vo** ADJ **1** extensiv **2** LING erweitert: **significato ~** erweiterte Bedeutung *f* **e·sten·so·re** [-o-] **A** ADJ Streck-: **muscolo ~** Streckmuskel *m* **B** M Expander *m*

e·ste·nuan·te ADJ zermürbend

e·ste·nua·re ⟨1m *u.* b⟩ **A** VT **1** auszehren, erschöpfen **2** zermürben, aufreiben **B** VPR **-rsi** sich erschöpfen **e·ste·nua·to** ADJ ausgezehrt **e·ste·nua·zio·ne** [-o-] F **1** Auszehrung *f*, Erschöpfung *f* **2** Zermürbung *f*

e·ste·re [ɛ-] M Ester *m*

e·ste·rio·re [-o-] ADJ äußere, äußerlich, Außen- (*a. fig*) ♦ **aspetto ~** Äußere *n*

e·ste·rio·ri·tà F ⟨inv⟩ **1** Äußere *n*, äußerer Eindruck *m* **2** Äußerlichkeit *f*; Äußerliche *n* **e·ste·rio·riz·za·re** VT ⟨1a⟩ äußern

e·ster·na·liz·za·zio·ne [-o-] F Outsourcing *n*

e·ster·na·re ⟨1b⟩ **A** VT äußern, Ausdruck verleihen **B** VPR **-rsi** (*manifestarsi*) sich äußern, sich ausdrücken **e·ster·na·zio·ne** [-o-] F **1** Ausdruck *m* **2** Äußerung *f*

★**e·ster·no** [-ɛ-] **A** ADJ **1** Außen-, äußere: **parete -a** Außenwand *f* **2** extern, auswärtig; **collaboratore ~** freier Mitarbeiter *m* **B** M, **-a** F **1** (*in un collegio*) Externe *m/f*; (*a un esame*) externer Prüfling *m* **2** SPORT **esterno** Außenstürmer *m*, -in *f* **3** **esterno** *m* Außenseite *f*, Äußere *n* **4** (*ci-*

nema) **esterni** *mpl* Außenaufnahmen *pl* ♦ **all'~** außen; **dall'~** von außen; **per uso ~** zum äußerlichen Gebrauch; **verso l'~** nach außen (hin)

★**e·ste·ro** [ɛ-] **A** ADJ **1** ausländisch, Auslands-: **mercato ~** Auslandsmarkt *m* **2** POL Außen-, auswärtig: **politica -a** Außenpolitik *f* **B** M Ausland *n* ♦ ★**all'~** im Ausland, ins Ausland; **andare all'~** ins Ausland fahren; **corrispondente ~** Auslandskorrespondent *m*; **Ministero degli (Affari) Esteri** Außenministerium *n*

e·ste·ro·fi·li·a F Ausländerfreundlichkeit *f* **e·ste·ro·fi·lo** [-ɔ-] ADJ ausländerfreundlich **e·ste·ro·fo·bi·a** F Ausländerfeindlichkeit *f* **e·ste·ro·fo·bo** [-ɔ-] ADJ ausländerfeindlich

e·ster·re·fat·to ADJ fassungslos

e·ste·so [-e-] ADJ **1** ausgedehnt **2** LING **significato ~** erweiterte Bedeutung *f* ♦ **per ~** ungekürzt

e·ste·ta [-ɛ-] M/F Ästhet *m*, -in *f* **e·ste·ti·ca** [-ɛ-] F **1** PHIL Ästhetik *f* **2** Schönheit *f*: **salone di ~** Schönheitssalon *m* **e·ste·ti·co** [-ɛ-] ADJ **1** ästhetisch **2** schön ♦ **chirurgia -a** Schönheitschirurgie *f*

e·ste·ti·sta M/F Kosmetiker *m*, -in *f*

e·sti·ma·to·re [-o-] M, **-tri·ce** F **1** Verehrer *m*, -in *f* **2** Schätzer *m*, -in *f* **e·sti·mo** [ɛ-] M (Ein)Schätzung *f*

e·stin·gue·re ⟨3d⟩ **A** V/T **1** löschen (*a. fig*) **2** tilgen: **~ un debito** eine Schuld tilgen **B** V/PR **-rsi 1** erlöschen **2** aussterben

e·stin·gui·bi·le ADJ **1** löschbar **2** HANDEL tilgbar

e·stin·to **A** ADJ **1** erloschen **2** ausgestorben **B** M, **-a** F Verstorbene *m/f* **e·stin·to·re** [-o-] M (Feuer)Löscher *m* **e·stin·zio·ne** [-o-] F **1** Löschen *n* **2** Erlöschen *n* **3** HANDEL Tilgung *f* **4** Aussterben *n*: **~ della specie** Artensterben *n*

e·stir·pa·re V/T ⟨1a⟩ **1** vertilgen **2** (*chirurgia*) herausschneiden **3** *fig* ausrotten: **~ un male alla radice** ein Übel mit der Wurzel ausrotten

e·stir·pa·zio·ne [-o-] F Ausrottung *f*

e·sti·vo ADJ sommerlich, Sommer-: **vacanze -e** Sommerferien *pl*

e·sto·ne [-ɛ-] **A** ADJ estnisch **B** M/F Este *m*, -tin *f*, Estländer *m*, -in *f* **C** M Estnisch(e) *n* **E·sto·nia** [-ɔ-] F Estland *n*

e·stor·ce·re [-ɔ-] V/T ⟨3d⟩ er-, abpressen: **~ qc a qn** etw von j-m erpressen

e·stor·sio·ne [-si'o-] F Erpressung *f*

e·stra·da·re V/T ⟨1a⟩ ausliefern **e·stra·di·zio·ne** [-o-] F Auslieferung *f*: **domanda di estradizione** Auslieferungsantrag *m*

e·stra·i·bi·le ADJ (her)ausziehbar

e·stra·nei·tà F **1** Fremdheit *f* **2** Nichtbeteiligung *f* **3** Nichtzugehörigkeit *f*

e·stra·ne·o **A** ADJ **1** fremd **2** unbeteiligt: **essere ~ a qc** an etw (*dat*) unbeteiligt sein **B** M, **-a** F **1** Fremde *m/f*, Außenstehende *m/f* **2** Unbefugte *m*: **vietato l'accesso agli -i** Zutritt für Unbefugte verboten ♦ **corpo ~** Fremdkörper *m*; **cadere in mani -e** in fremde Hände fallen; **mantenersi ~ a qc** sich von etw fernhalten; BIOL **~ alla specie** artfremd

e·stra·nia·re ⟨1k⟩ **A** V/T entfremden **B** V/PR **-rsi** sich entfremden: **-rsi dal mondo** sich der Welt entfremden **e·stra·nia·to** ADJ **1** entfremdet **2** geistesabwesend

e·strar·re V/T ⟨3xx⟩ **1** (aus-, heraus)ziehen **2** BERGB abbauen, fördern **3** gewinnen: **~ un'essenza dalle erbe** eine Essenz aus Kräutern gewinnen **4** ziehen: **~ il numero vincente** das Gewinnlos ziehen **5** aus-, verlosen: **~ i premi** die Prämien auslosen **6** MED, CHEM extrahieren

e·strat·ti·vo ADJ BERGB Abbau-, Förder- ♦ **industria -a** Bergbau *m*

e·strat·to **A** ADJ **1** ausgelost **2** BERGB Förder-: **materiale ~** Fördergut *n* **B** M **1** Extrakt *m* **2** Exzerpt *n*, Auszug *m* **3** gezogenes Los *n* ♦ FIN **~ conto** Kontoauszug *m*

e·stra·zio·ne [-o-] F **1** Ziehung *f*, Ziehen *n* **2** BERGB Abbau *m*, Förderung *f* **3** Ziehung *f*, Auslosung *f*: **-i del lotto** Ziehung *f* der Lottozahlen **4** MED, CHEM Extraktion *f* **5** Abstammung *f* ♦ **torre di ~** Förderturm *m*

e·stre·mi·smo [-zmo] M Extremismus *m* **e·stre·mi·sta** **A** M/F Extremist *m*, -in *f* **B** ADJ extrem, extremistisch **e·stre·mi·tà** F ⟨*inv*⟩ **1** Ende *n* **2** *pl* Extremitäten *pl*

e·stre·miz·za·re V/T ⟨1a⟩ radikalisieren

★**e·stre·mo** [-ɛ-] **A** ADJ **1** äußerst, letzt **2** POL extrem: **-a destra/sinistra** die extreme Rechte/Linke **B** M **1** Ende *n* (*a. fig*): **i due -i di un cavo** die zwei Enden eines Kabels; **essere all'~ delle forze** am Ende seiner Kräfte sein **2** *pl* JUR Daten *pl* **3** *pl* JUR Tatbestand *m* **4** *fig* Extrem *n*: **passare da un ~ all'altro** von einem Extrem ins andere fallen ♦ **fino all'~** bis zum Äußersten; **l'~ Oriente** der Ferne Osten; **sport** ~ Extremsport *m*

e·strin·se·ca·re [-se-] ⟨1m *u.* d⟩ **A** VT äußern, ausdrücken **B** VPR **-rsi** sich äußern, sich ausdrücken **e·strin·se·ca·zio·ne** [-o-] F Äußerung *f*

e·strin·se·co [-se-] ADJ äußere, äußerlich

E

e·stro[1] [ɛ-] M **1** Inspiration *f*, Eingebung *f* **2** Einfall *m*, Idee *f* **3** ZOOL Brunst *f*

e·stro[2] [ɛ-] M Dasselfliege *f*, Bremse *f*

e·stro·ge·no [-ɔ-] M Östrogen *n*

e·stro·met·te·re [-e-] ⟨3ee⟩ **A** VT ausschließen **B** VPR **-rsi** sich ausschließen

e·stro·mis·sio·ne [-o-] F Ausschluss *m*

e·stro·si·tà F Launenhaftigkeit *f*

e·stro·so [-ozo] ADJ **1** launisch, launenhaft **2** einfallsreich, originell

e·stro·ver·sio·ne [-si'o-] F Extravertiertheit *f*

e·stro·ver·so [-'vɛrso] **A** ADJ extravertiert **B** M, **-a** F Extravertierte *m/f*

e·stua·rio M Trichtermündung *f*

e·su·be·ran·te ADJ **1** übermäßig, Überschuss- **2** üppig **3** *fig* übermütig, überschwänglich **e·su·be·ran·za** F **1** Übermaß *n*, Überschuss *m* **2** Übermut *m*, Überschwang *m*

e·su·be·ro M Überschuss *m*: **~ di nascite** Geburtenüberschuss *m*

e·su·la·re VI ⟨1l *u.* b; av⟩ **~ da qc** über etw (*akk*) hinausgehen

e·sul·ce·ra·zio·ne [-o-] F Geschwürbildung *f*

e·su·le [ɛ-] **A** ADJ verbannt **B** M/F Verbannte *m/f*

e·sul·tan·te ADJ jubelnd: **essere ~ per qc** über etw (*akk*) jubeln **e·sul·tan·za** F Jubel *m* **e·sul·ta·re** VI ⟨1a; av⟩ jubeln, jauchzen, frohlocken: **~ per l'entusiasmo** vor Begeisterung jubeln

e·su·ma·re VT ⟨1a⟩ ausgraben, exhumieren

e·su·ma·zio·ne [-o-] F Exhumierung *f*

★**e·tà** F ⟨*inv*⟩ **1** Alter *n* **2** Zeitalter *n*, Zeit *f* ♦ **~ adulta** Erwachsenenalter *n*; **all'~ di 80 anni** im Alter von 80 Jahren; **in ~ avanzata** in vorgerücktem Alter; **un signore di una certa ~** ein älterer Herr; **raggiungere la maggiore ~** volljährig werden; **~ media** Durchschnittsalter *n*; **mezza ~** Lebensmitte *f*; **minore ~** Minderjährigkeit *f*; **~ pensionabile** Pensions-, Rentenalter *n*; **~ della pietra** Steinzeit *f*; **~ scolare** Schulalter *n*; **fino a tarda ~** bis ins hohe Alter; **sport per la terza ~** Seniorensport *m*

e·te·re [ɛ-] M Äther *m* (*a.* CHEM, PHIL)

e·te·re·o [-ɛ-] ADJ Äther-, ätherisch

e·ter·na·re VT ⟨1b⟩ verewigen **e·ter·ni·tà** F Ewigkeit *f*

★**e·ter·no** [-ɛ-] ADJ **1** ewig (*a. fig*) **2** endlos ♦ **l'~ femminino** das Ewigweibliche; **in ~** (immer und) ewig, in Ewigkeit

e·te·ro [ɛ-] *umg* **A** ADJ hetero **B** M/F ⟨*inv*⟩ Hetero *m*, Hetera *f*

e·te·ro·dos·si·a F Irrlehre *f* **e·te·ro·dos·so** [-ɔ-] **A** ADJ **1** andersgläubig **2** nicht-, unorthodox **B** M, **-a** F **1** REL Andersgläubige *m/f* **2** Abweichler *m*, -in *f* **e·te·ro·ge·nei·tà** F Verschiedenartigkeit *f* **e·te·ro·ge·ne·o** [-ɛ-] ADJ verschiedenartig, heterogen **e·te·ro·ses·sua·le** **A** ADJ heterosexuell **B** M/F Heterosexuelle *m/f* **e·te·ro·ses·sua·li·tà** F Heterosexualität *f*

e·ti·ca [ɛ-] F Ethik *f*: **~ professionale** Berufsethos *n*

e·ti·chet·ta[1] [-e-] F Etikett *n*, Schild *n* ♦ **~ autoadesiva** Aufkleber *m*; **~ discografica** Plattenlabel *n*; **~ del prezzo** Preisschild *n*

e·ti·chet·ta[2] [-e-] F Etikette *f*: **osservare l'~** die Etikette einhalten; **venire meno all'~** gegen die Etikette verstoßen

e·ti·chet·ta·re VT ⟨1a⟩ etikettieren (*a. fig*)

e·ti·co [ɛ-] ADJ ethisch, sittlich

e·ti·le M Äthyl *n* **e·ti·le·ne** [-ɛ-] M Äthylen *n* **e·ti·li·co** ADJ Äthyl-: **alcol ~** Äthylalkohol *m* **e·ti·li·smo** [-z-] M Alkoholismus *m*; MED Alkoholvergiftung *f*

e·ti·li·sta M/F Alkoholiker *m*, -in *f*

e·ti·lo·me·tro [-ɔ-] M Alkoholtestgerät *n*, *umg* Röhrchen *n*

e·ti·mo [ɛ-] M Wurzel-, Stammwort *n*

e·ti·mo·lo·gi·a F Etymologie *f*, Wortgeschichte *f* **e·ti·mo·lo·gi·co** [-ɔ-] ADJ etymologisch

e·ti·o·pe **A** ADJ äthiopisch **B** M/F Äthiopier *m*, -in *f*

E·ti·o·pia [-ɔ-] F Äthiopien *n*

e·ti·o·pi·co [-ɔ-] **A** ADJ äthiopisch **B** M, **-a** F Äthiopier *m*, -in *f*

Et·na M Ätna *m*

et·ni·a F Ethnie *f*, Volksgruppe *f*

et·ni·co [ɛ-] ADJ ethnisch, Volks-: **minoranza -a** ethnische Minderheit *f*; **polizia -a** ethnische Säuberung *f*

et·no·lo·gi·a F Völkerkunde *f*, Ethnologie *f*

et·no·lo·gi·co [-ɔ-] ADJ völkerkundlich, ethnologisch
et·no·lo·go [-ɔ-] M, **-a** F Völkerkundler *m*, -in *f*, Ethnologe *m*, -login *f*
e·tru·sco A ADJ etruskisch B M, **-a** F Etrusker *m*, -in *f*
et·ta·go·na·le ADJ siebeneckig
et·ta·go·no M Siebeneck *n*
et·ta·ro [ɛ-] M Hektar *n*
★**et·to** [ɛ-] M, **et·to·gram·mo** M hundert Gramm *pl*
et·to·li·tro [-ɔ-] M Hektoliter *m od n*
eu·ca·lip·to M Eukalyptus *m*
eu·ca·ri·sti·a F Eucharistie *f*
eu·ca·ri·sti·co ADJ eucharistisch ♦ **cena -a, convito ~** heiliges Abendmahl *n*
eu·fe·mi·smo [-z-] M Euphemismus *m*
eu·fe·mi·sti·co ADJ verhüllend, euphemistisch
eu·fo·ni·a F Wohlklang *m*
eu·fo·ni·co [-ɔ-] ADJ wohlklingend
eu·for·bia [-ɔ-] F BOT Wolfsmilch *f*, Euphorbie *f*
eu·fo·ri·a F Euphorie *f*
eu·fo·ri·co [-ɔ-] ADJ euphorisch
eu·nu·co M 1 Eunuch *m* (*a.* HIST) 2 *fig pej* Schwächling *m*, Waschlappen *m*
★**eu·ro** [ɛ-] M ⟨*inv*⟩ Euro *m*
eu·ro·cent [-ˈtʃɛnt *od* -ˈsɛnt] M ⟨*inv*⟩ Cent *m*
eu·ro·chè·que [-ˈʃɛk] M ⟨*inv*⟩ Euroscheck *m* **eu·ro·ci·ty** [-ˈsiti] ADJ (**treno**) ~ Eurocity(zug) *m* **eu·ro·co·mu·ni·smo** [-z-] M Eurokommunismus *m*
eu·ro·cra·te [-ɔ-] M/F Eurokrat *m*, -in *f*
eu·ro·de·pu·ta·to M, **-a** F Europaabgeordnete *m/f* **eu·ro·mer·ca·to** M Euromarkt *m*
★**Eu·ro·pa** [-ɔ-] F Europa *n*
eu·ro·par·la·men·ta·re M/F Europaparlamentarier *m*, -in *f* **eu·ro·par·la·men·to** [-e-] M Europaparlament *n*
★**eu·ro·pe·a** [-ɛ-] F Europäerin *f*
eu·ro·pe·i·smo M Europagedanke *m*
eu·ro·pe·i·sta A ADJ Europa-: **politica ~** Europapolitik *f* B M/F Verfechter *m*, -in *f* des Europagedankens
★**eu·ro·pe·o** [-ɛ-] A ADJ europäisch, Europa-: (**auto**)**strada -a** Europastraße *f* B M Europäer *m* ♦ **Parlamento Europeo** Europäisches Parlament *n*; **Unione Europea** Europäische Union *f*
Eu·ro·pol [-ɔ-] F Europol *f*
eu·ro·scet·ti·co [-ɛ-] M, **-a** F Euroskeptiker *m*, -in *f*
Eu·ro·tun·nel M ⟨*inv*⟩ Eurotunnel *m*
eu·ro·vi·sio·ne [-o-] F Eurovision *f*: **programma in ~** Eurovisionssendung *f*
eu·ta·na·si·a F Sterbehilfe *f*, Euthanasie *f*
e·va·cua·re V/T ⟨1m⟩ 1 evakuieren, räumen 2 Stuhlgang haben **e·va·cua·zio·ne** [-o-] F 1 Evakuierung *f*, Räumung *f* 2 Darm-, Stuhlentleerung *f*
★**e·va·de·re** ⟨3q⟩ A V/I ⟨es⟩ 1 ausbrechen: **~ dal carcere** aus dem Gefängnis ausbrechen 2 *fig* entfliehen, sich entziehen B V/T 1 JUR erledigen 2 **~ il fisco** Steuern hinterziehen
e·va·ne·scen·te [-ɛ-] ADJ 1 (*di immagini*) verschwommen 2 (*di suoni*) undeutlich 3 schmächtig, zart 4 *fig* inhaltslos
e·va·ne·scen·za [-ɛ-] F 1 (*di immagini*) Verschwommenheit *f* 2 (*di suoni*) Undeutlichkeit *f*
e·van·ge·lia·rio M Evangelienbuch *n*
e·van·ge·li·co [-ɛ-] ADJ 1 des Evangeliums 2 evangelisch **e·van·ge·li·sta** M/F 1 **evangelista** M Evangelist *m* 2 (*protestante*) Protestant *m*, -in *f* **e·van·ge·liz·za·re** V/T ⟨1a⟩ evangelisieren **e·van·ge·liz·za·zio·ne** [-o-] F Evangelisierung *f*
e·va·po·ra·bi·le ADJ verdunstend
e·va·po·ra·re ⟨1m⟩ A V/I ⟨es⟩ 1 verdunsten 2 verdampfen 3 sich verflüchtigen B V/T verdampfen; CHEM eindampfen **e·va·po·ra·to·re** [-o-] M Verdunster *m* **e·va·po·ra·zio·ne** [-o-] F 1 Verdampfung *f*; Verdunstung *f*; CHEM Eindampfung *f* 2 Verflüchtigung *f*
e·va·si → evadere
e·va·sio·ne [-o-] F 1 Ausbruch *m*, Flucht *f* (*a. fig*): **~ dalla realtà** Flucht *f* aus der Wirklichkeit 2 **~ fiscale** Steuerhinterziehung *f* 3 JUR Erledigung *f* ♦ **romanzo d'~** Trivialroman *m*
e·va·si·vo ADJ ausweichend **e·va·so** M, **-a** F Ausbrecher *m*, -in *f* **e·va·so·re** [-o-] M, **e·va·di·tri·ce** F **~ (fiscale)** Steuerhinterzieher *m*, -in *f*
e·ve·nien·za [-ɛ-] F Fall *m*, Gelegenheit *f*: **per ogni ~** für alle Fälle; **nell'~ che** … für den Fall, dass …; **all'~** bei Gelegenheit
★**e·ven·to** [-ɛ-] M Ereignis *n*, Vorkommnis *n*, *sl* Event *n od m* ♦ **un lieto ~** ein freudiges Ereignis *n*; **~ luttuoso** Trauerfall *m*; **in ogni ~** auf jeden Fall
e·ven·tua·le ADJ eventuell, Eventual-,

etwaig **e·ven·tua·li·tà** F ⟨inv⟩ Eventualität *f*, Fall *m*: **nell'~ che** (*od* **in cui**)... für den Fall, dass ... **e·ven·tual·men·te** [-e-] ADV eventuell, gegebenenfalls, unter Umständen ♦ **~ dovessi tardare** ... für den Fall, dass ich zu spät komme ...

e·ver·sio·ne [-si'o-] F POL (gesellschaftlicher) Umsturz *m* **e·ver·si·vo** ADJ umstürzlerisch, Umsturz- **e·ver·so·re** [-o-] M Umstürzler *m*, -in *f*

F

★**e·vi·den·te** [-ɛ-] ADJ offensichtlich, offenkundig, (er)sichtlich ♦ **essere ~** klar zutage liegen

e·vi·den·za [-ɛ-] F 1 Offensichtlichkeit *f*, Offenkundigkeit *f* 2 offensichtlicher Tatbestand *m* 3 Anschaulichkeit *f* ♦ **mettere in ~** hervorheben, herausstellen

e·vi·den·zia·re V/T ⟨1b⟩ 1 hervorheben 2 markieren **e·vi·den·zia·to·re** [-o-] M Textmarker *m*, Leuchtstift *m*

e·vin·ce·re V/T ⟨3d⟩ **~ qc da qc** etw aus etw entnehmen

e·vi·ra·re V/T ⟨1a⟩ entmannen

e·vi·ra·zio·ne [-o-] F Entmannung *f*

e·vi·ta·bi·le ADJ vermeidbar

★**e·vi·ta·re** ⟨1l *u.* b⟩ A V/T 1 (ver)meiden 2 **~ qc a qn** j-m etw ersparen B V/PR **-rsi** einander meiden

e·vo [ɛ-] M (Zeit)Alter *n*: **medio ~** Mittelalter *n*

e·vo·ca·re V/T ⟨1l, b *u.* d *od* 1c *u.* d⟩ heraufbeschwören (*a. fig*) **e·vo·ca·zio·ne** [-o-] F 1 Heraufbeschwören *n* 2 *fig* Beschwörung *f*

e·vo·lu·ti·vo ADJ Evolutions-, Entwicklungs-: **stadio ~** Entwicklungsstadium *n* **e·vo·lu·to** ADJ 1 BIOL entwickelt 2 *fig* fortgeschritten 3 *fig* aufgeklärt

e·vo·lu·zio·ne [-o-] F 1 (Fort)Entwicklung *f* 2 BIOL Evolution *f* 3 FLUG **compiere -i nel cielo** am Himmel Figuren fliegen 4 SPORT **compiere -i alle parallele** Übungen am Barren machen ♦ **in ~** im Entwicklungsstadium

e·vol·ve·re [-ɔ-] ⟨3s⟩ V/I ⟨es⟩ & V/PR **-rsi** sich fort-, weiterentwickeln

ev·vi·va A INT es lebe, hoch lebe! B M ⟨inv⟩ Hochruf *m*, Hoch *n*

ex [ɛks] A ADJ ⟨inv⟩ Alt-, ehemalig, früher: **~ ministro** ehemaliger Minister *m* B M/F ⟨inv⟩ Ex *m*/*f*

ex·ploit [ɛks'plwa] M ⟨inv⟩ Höchstleistung *f*

ex·tra [ɛ-] A ADJ ⟨inv⟩ 1 Extra-, Neben-: **lavoro ~** Nebenjob *m* 2 extra, besonder B M ⟨inv⟩ Extra *n*: **compresi gli ~** Extras inbegriffen

★**ex·tra·co·mu·ni·ta·ria** M Bürgerin *f* eines Nicht-EU-Staates

★**ex·tra·co·mu·ni·ta·rio** A ADJ nicht EU-angehörig B M Bürger *m* eines Nicht-EU-Staates **ex·tra·co·niu·ga·le** ADJ außerehelich: **relazione ~** außereheliche Beziehung *f* **ex·tra·con·trat·tua·le** ADJ außervertraglich; außertariflich **ex·tra·eu·ro·pe·o** [-ɛ-] ADJ außereuropäisch **ex·tra·fi·no** ADJ extrafein **ex·tra·par·la·men·ta·re** A ADJ außerparlamentarisch B M/F Mitglied *n* einer außerparlamentarischen Gruppe **ex·tra·sen·so·ria·le** ADJ übersinnlich: **percezione ~** übersinnliche Wahrnehmung *f* **ex·tra·ter·re·stre** [-ɛ-] A ADJ außerirdisch B M/F außerirdisches Wesen *n* **ex·tra·ter·ri·to·ria·le** ADJ exterritorial **ex·tra·ur·ba·no** ADJ außerhalb der Stadtgrenze ♦ **linea -a** Überlandverkehrslinie *f*

ex·tra·ver·gi·ne [-e-] ADJ **olio ~ di oliva** kalt gepresstes Olivenöl *n* (*1. Pressung*)

eye·li·ner [ai'lainer] M ⟨inv⟩ Eyeliner *m*

F

f, F F *od* M ⟨inv⟩ f, F *n*

fa[1] M ⟨inv⟩ MUS f, F *n* ♦ **chiave di ~** F-Schlüssel *m*; **~ diesis maggiore** Fis-Dur *n*; **~ diesis minore** fis-Moll *n*

★**fa**[2] ADV vor: **un anno ~** vor einem Jahr

fa[3] → fare

fab·bi·so·gno [-o-] M Bedarf *m*: **coprire il ~ di qc** den Bedarf an etw (*dat*) decken ♦ **~ giornaliero** Tagesbedarf *m*; **proprio ~** Eigenbedarf *m*

★**fab·bri·ca** F Fabrik *f*, Werk *n* ♦ **~ di birra** Bierbrauerei *f*; **consiglio di ~** Betriebsrat *m*; **marchio di ~** Warenzeichen *n*; **nuovo di ~** fabrikneu; **prezzo di ~** Fabrikpreis *m*; **scarto di ~** Ausschussware *f*

fab·bri·ca·bi·le ADJ 1 herstellbar 2 Bau-: **terreno ~** Bauland *n* **fab·bri·can·te** M/F Fabrikant *m*, -in *f*; Hersteller *m*, -in *f*, Erzeuger *m*, -in *f*

fab·bri·ca·re ⟨1l *u.* d⟩ **A** VT **1** herstellen, erzeugen **2** (er-, auf)bauen **3** *fig* erfinden, ersinnen **B** VPR **1** **-rsi qc da solo** sich (*dat*) etw basteln, anfertigen **2** *fig* **-rsi qc** sich (*dat*) etw ausdenken **fab·bri·ca·to** M Bau *m*, Gebäude *n*: **complesso di -i** Gebäudekomplex *m* **fab·bri·ca·to·re** [-o-] M, **-tri·ce** F **1** Hersteller *m*, -in *f*, Erzeuger *m*, -in *f* **2** Erbauer *m*, -in *f* **fab·bri·ca·zio·ne** [-o-] F **1** Herstellung *f*, Erzeugung *f*: **~ in** (*od* **di**) **serie** Serienfertigung *f* **2** Bebauung *f* ♦ **data di ~** Herstellungsdatum *n*; **difetto di ~** Fabrikationsfehler *m*; **processo di ~** Herstellungsverfahren *n*

fab·bro M **1** Schmied *m*, -in *f* **2** Schlosser *m*, -in *f*

★**fac·cen·da** [-ɛ-] F **1** Angelegenheit *f* **2** Sache *f*, Geschichte *f*: **una brutta ~** eine üble Geschichte **3** *pl* Hausarbeit *f*

fac·cen·die·re [-ɛ-] M, **-a** F Geschäftemacher *m*, -in *f*

fac·cet·ta [-e-] F **1** Gesichtchen *n* **2** Facette *f*

fac·chi·no M, **-a** F **1** (Gepäck)Träger *m*, -in *f* **2** *fig* Rüpel *m* ♦ *pej* **da ~** rüpelhaft; *umg fig* **fare il ~** malochen, wie ein Kuli arbeiten

★**fac·cia** F **1** Gesicht *n*: **guardare in ~ qn** j-m ins Gesicht sehen **2** (*espressione*) Miene *f* **3** Oberfläche *f*: **sulla ~ della Terra** auf der Erdoberfläche **4** Seite *f* (*a. fig*): **le -ce di un dado** die Seiten eines Würfels ♦ **(a) ~ a ~** von Angesicht zu Angesicht; *umg* **alla ~!** Donnerwetter!; **di ~, di ~ a** gegenüber; **fare le -ce** Grimassen *pl* schneiden; **fare una ~ da funerale** ein Gesicht machen wie drei Tage Regenwetter; **giocarsi la ~ in qc** seinen Ruf bei etw aufs Spiel setzen; **guardare in ~ la realtà** den Tatsachen ins Auge sehen; **in ~ a** angesichts; **dire qc in ~ a qn** j-m etw ins Gesicht sagen; **fare la ~ lunga** ein langes Gesicht machen; **chiudere la porta in ~ a qn** j-m die Tür vor der Nase zuschlagen; **salvare la ~** das Gesicht wahren; **avere una ~ stanca** müde aussehen; **avere una (bella) ~ tosta** unverschämt sein

fac·cia·le ADJ Gesichts-: **paralisi ~** Gesichtslähmung *f*

★**fac·cia·ta** F **1** Fassade *f* (*a. fig*), Vorderseite *f* **2** (Blatt)Seite *f*

fac·ci·na F IT Smiley *m*

fa·cen·te [-ɛ-] **A** ADJ **~ parte di qc** zu etw gehörig; **~ funzione** stellvertretend **B** M/F **~ funzione** Stellvertreter *m*, -in *f*

fa·ce·to [-ɛ-] ADJ launig, witzig: **tra il serio e il ~** halb im Spaß, halb im Ernst

fa·chi·ro M Fakir *m*

★**fa·ci·le** ADJ **1** leicht, einfach **2** *fig* **una ragazza ~** ein leichtes Mädchen *n* **3** umgänglich ♦ **averla ~ con qn** es leicht mit j-m haben; **è più ~ a dirsi che a farsi** das ist leichter gesagt als getan; **~ a dirsi!** das sagt sich so leicht!; **essere ~ alla collera** zu Wutausbrüchen neigen; **è ~ che …** es ist leicht möglich, dass …; **avere gioco ~ (con qn/qc)** (mit j-m/etw) leichtes Spiel haben; **niente di più ~!** nichts leichter als das!; **uno stile ~** ein flüssiger Stil *m*

fa·ci·li·tà F Leichtigkeit *f*, Mühelosigkeit *f* ♦ **~ di intendere** Auffassungsvermögen *n*; **avere ~ di parola** wortgewandt sein

fa·ci·li·ta·re ⟨1m⟩ **A** VT erleichtern **B** VPR **-rsi qc** sich (*dat*) etw leicht(er) machen

fa·ci·li·ta·to ADJ begünstigt; gefördert: **essere ~ in qc** in etw (*dat*) begünstigt sein **fa·ci·li·ta·zio·ne** [-o-] F Erleichterung *f*, Vergünstigung *f*

fa·cil·men·te [-e-] ADV **1** leicht, mühelos **2** **~ mi telefonerà domani** es ist leicht möglich, dass er mich morgen anruft

fa·ci·lo·ne [-o-] M, **-a** F leichtsinnige Person *f* **fa·ci·lo·ne·ri·a** F Leichtfertigkeit *f*

fa·ci·no·ro·so [-o-] **A** ADJ gewalttätig **B** M, **-a** F Gewalttäter *m*, -in *f*

★**fa·col·tà** F ⟨*inv*⟩ **1** Vermögen *n*, Fähigkeit *f* **2** Befugnis *f*, Berechtigung *f*: **~ di decidere** Entscheidungsbefugnis *f*; **qc è nelle mie ~** etw liegt, steht in meiner Macht **3** (*università*) Fakultät *f* **4** *pl* Vermögen *n* ♦ JUR **~ di intendere e di volere** Zurechnungsfähigkeit *f*

fa·col·ta·ti·vo ADJ wahlfrei, Wahl-, fakultativ **fa·col·to·so** [-o-] ADJ vermögend, potent

fa·con·dia [-o-] F Wortgewandtheit *f*

fa·con·do [-o-] ADJ wortgewandt

fac·si·mi·le [-s-] M **1** Faksimile *n* **2** *fig* Ab-, Ebenbild *n*

fag·ge·ta F, **fag·ge·to** [-e-] M Buchenwald *m*

fag·gio M Buche *f*: **~ rosso** Blutbuche *f*

fag·gio·la [-ɔ-] F Buchecker *f*

fa·gia·no M Fasan *m*

fa·gio·li·ni MPL grüne Bohnen *pl*

★**fa·gio·lo** [-ɔ-] M Bohne *f* ♦ **andare a ~ a**

qn j-m in den Kram passen; **capita proprio a ~** das kommt gerade recht; **a forma di ~** nierenförmig

fa·glia F GEOL Verwerfung *f*, Bruch *m*

fa·go·ci·ta·re V/T ⟨1a⟩ *fig* einverleiben

fa·got·to[1] [-ɔ-] M Bündel *n*: **fare un ~ di qc** etw bündeln; *fig* **far ~** sein Bündel schnüren

F

fa·got·to[2] [-ɔ-] M MUS Fagott *n*

fai·da F HIST Fehde *f*

fai da te [-e-] M ⟨*inv*⟩ Do-it-yourself *n*

fa·i·na F Steinmarder *m*

fa·lan·ge F **1** HIST, MIL Phalanx *f* **2** ANAT Glied *n*: **~ del dito** Fingerglied *n*

fa·lan·gi·sta M/F POL Falangist *m*, -in *f*

fal·ca·ta F SPORT **1** Schritt *m*, Schrittweite *f* **2** (*salto del cavallo*) Sprung *m*

fal·ce F Sichel *f*; (*da fieno*) Sense *f* ♦ *fig* **~ di luna** Mondsichel *f*

fal·cia·re V/T ⟨1f⟩ **1** (ab)mähen **2** *fig* (*abbattere*) niedermähen **3** *fig* (*mietere*) dahinraffen **fal·cia·to·re** [-o-] M, **-tri·ce** F Mäher *m*, -in *f* **fal·cia·tri·ce** F (*macchina*) Mähmaschine *f*; Rasenmäher *m* **fal·cia·tu·ra** F (*periodo*) Zeit *f* des Mähens

fal·ci·dia F **1** Kürzung *f*; Verminderung *f* **2** Gemetzel *n*, Blutbad *n* **fal·ci·dia·re** V/T ⟨1k⟩ **1** kürzen; vermindern **2** dezimieren

fal·co M **1** Falke *m* **2** *fig* cleverer Mensch *m* **fal·co·ne** [-o-] M Falke *m*: **~ da caccia** Beizfalke *m*

fal·co·nie·re [-ε-] M Falkner *m*, -in *f*

fal·da F **1** Schicht *f* (*a.* GEOL) **2** Schneeflocke *f* **3** Krempe *f* ♦ **~ acquifera** Grundwasser *n*; **alle -e del monte** am Fuß(e) des Berges

★**fa·le·gna·me** M Tischler *m*, -in *f*

fa·le·gna·me·ri·a F Tischlerei *f*

fa·le·na [-e-] F Nachtfalter *m*

fal·la F **1** Loch *n*, Riss *m* **2** Leck *n*

fal·la·ce ADJ trügerisch

fal·la·cia F Trug *m*, Täuschung *f*

fal·la·to ADJ **1** (*editoria*) **copia -a** Mängelexemplar *n* **2** TEX **stoffa -a** Stoff *m* mit Webfehlern **fal·li·bi·le** ADJ fehlbar **fal·li·bi·li·tà** F Fehlbarkeit *f*

fal·li·co ADJ phallisch, Phallus-

fal·li·men·ta·re ADJ **1** Konkurs-: **procedimento ~** Konkursverfahren *n*; **curatore ~** Konkursverwalter *m* **2** *fig* katastrophal **fal·li·men·to** [-e-] M **1** Scheitern *n*, Misslingen *n* **2** JUR Konkurs *m*: **fare ~** Konkurs machen **3** *fig* Katastrophe *f*

fal·li·re ⟨4d⟩ **A** V/I **1** ⟨av⟩ **~ in qc** mit etw, an etw (*dat*) scheitern **2** ⟨es⟩ misslingen **3** JUR ⟨es⟩ Konkurs machen **B** V/T verfehlen: **~ il bersaglio** das Ziel verfehlen **fal·li·to** **A** ADJ **1** gescheitert, misslungen **2** bankrott **B** M, **-a** F **1** Versager *m*, -in *f* **2** JUR Gemeinschuldner *m*, -in *f*

fal·lo[1] M **1** Verfehlung *f*, Verstoß *m*; *poet* Fehltritt *m* **2** SPORT Foul *n*: **commettere (un) ~ su qn** j-n foulen **3** Fehler *m*, Mangel *m* ♦ **cogliere qn in ~** j-n auf frischer Tat ertappen; **~ laterale** Seitenaus *n*; **~ di mano** Handspiel *n*

fal·lo[2] M Phallus *m*

fal·lo·so [-o-] ADJ foul, Foul-

fa·lò M ⟨*inv*⟩ (Lager)Feuer *n*

fal·sa·re [-s-] V/T ⟨1a⟩ verfälschen, entstellen

fal·sa·ri·ga [-s-] F **1** Linienblatt *n* **2** *fig* Muster *n*, Beispiel *n*: **sulla ~ di qn/qc** nach dem Muster (*od* Beispiel) von j-m/etw

fal·sa·rio [-s-] M, **-a** F Fälscher *m*, -in *f*; Falschmünzer *m*, -in *f*

fal·set·to [-'se-] M Falsett *n*

fal·si·fi·ca·re [-s-] V/T ⟨1m *u.* d⟩ **1** fälschen **2** verfälschen, entstellen **fal·si·fi·ca·to·re** [-o-] M, **-tri·ce** F Fälscher *m*, -in *f*; Falschmünzer *m*, -in *f* **fal·si·fi·ca·zio·ne** [-o-] F (Ver)Fälschung *f*

fal·si·tà [-s-] F ⟨*inv*⟩ **1** Falschheit *f*, Unwahrheit *f* **2** Unaufrichtigkeit *f* **3** Lüge *f*

★**fal·so** [-s-] **A** ADJ **1** falsch, Falsch-, unwahr, unrichtig **2** irrig, Irr-: **-a credenza** Irrglaube *m* **3** künstlich: **denti -i** falsche Zähne *pl* **4** unaufrichtig: **-a modestia** falsche Bescheidenheit *f* **B** M **1** Falsche *n* **2** Fälschung *f* **3** JUR (Ver)Fälschung *f* ♦ **~ allarme** blinder Alarm (*a. fig*); **~ giuramento** Meineid *m*; **giurare il ~** einen Meineid leisten; SPORT **-a partenza** Fehlstart *m*

fa·ma F **1** Ruf *m*, Leumund *m* **2** Ruhm *m* **3** *geh* Gerücht *n* ♦ **fare qc per la ~** etw ehrenhalber tun

★**fa·me** F Hunger *m* (*a. fig*): **avere ~** hungrig sein ♦ **fare la ~** am Hungertuch nagen; **~ da lupo** Bärenhunger *m*; **morto di ~** *fig pej* Hungerleider *m*; **salario da ~** Hungerlohn *m*; **~ di sapere** Wissensdurst *m*; **sciopero della ~** Hungerstreik *m*

fa·me·li·co [-ε-] ADJ hungrig

fa·mi·ge·ra·to ADJ berüchtigt, verrufen

★**fa·mi·glia** F **1** Familie *f* (*a.* ZOOL, BOT) **2** Geschlecht *n*, Haus *n* ♦ **essere di ~** zur Familie gehören; **confezione formato ~**

Familienpackung *f*; **medico di ~** Hausarzt *m*, -ärztin *f*; **membro della ~** Familienangehörige *m/f*; **capita** (*od* **succede**) **nelle migliori -e** das kommt in den besten Familien vor

La famiglia

In Italien wohnen viele Jugendliche im Elternhaus, bis sie heiraten. Es ist unüblich, vorher auszuziehen, es sei denn, man ist gezwungen, sehr weit weg vom Heimatort zu studieren oder zu arbeiten. Auch nach der Heirat bleiben die Kinder oft im gleichen Viertel, auf alle Fälle in der gleichen Stadt. Vor allem außerhalb der Metropolen übernimmt die Familie noch oft soziale Aufgaben wie die Aufsicht von Kindern, die Pflege von Kranken und Alten.
Entgegen einem weit verbreiteten Vorurteil gehört Italien zu den Ländern mit der niedrigsten Geburtenrate (zwischen 1 und 1,5 Kinder pro Frau im gebärfähigen Alter).

★**fa·mi·lia·re** A ADJ 1 familiär, häuslich, Familien- 2 vertraulich 3 vertraut; geläufig: **essere ~ a qn** j-m geläufig sein 4 zwanglos 5 (*di cucina*) gutbürgerlich B M/F Familienangehörige *m/f* C F Kombi(wagen) *m* ♦ **assegni -i** Kindergeld *n*; **azienda a conduzione ~** Familienbetrieb *m*

fa·mi·lia·ri·tà F Vertraulichkeit *f*, Vertrautheit *f*: **avere ~ con qn/qc** mit j-m/etw vertraut sein

fa·mi·lia·riz·zar·si [-s-] V/PR ⟨1a⟩ **~ con qn/qc** sich mit j-m/etw vertraut machen

★**fa·mo·so** [-o-] ADJ berühmt

fan [fan] M/F ⟨*inv*⟩ Fan *m*

fa·na·le M Scheinwerfer *m*, Licht *n*, Lampe *f* **fa·na·li·no** M kleines Licht *n*; Rücklicht *n* ♦ **~ di coda** Rücklicht *n*; *fig* Schlusslicht *n*

fa·na·ti·co A ADJ fanatisch, schwärmerisch; **essere ~ di** (*od* **per**) **qc** von etw besessen sein, für etw schwärmen B M, **-a** F 1 Fanatiker *m*, -in *f* 2 Schwärmer *m*, -in *f*, Besessene *m/f* **fa·na·ti·smo** [-z-] M 1 Fanatismus *m* 2 Schwärmerei *f*

fan·ciul·la F (junges) Mädchen *n*

fan·ciul·le·sco [-e-] ADJ 1 kindlich, Kinder- 2 kindisch **fan·ciul·lez·za** [-e-] F Knabenalter *n*, Kindheit *f*

fan·ciul·lo M Knabe *m*, Kind *n*

fan·do·nia [-ɔ-] F Märchen *n*: **-e!** alles Märchen!

fan·fa·lu·ca F Firlefanz *m*; Flause *f*

fan·fa·ra F 1 Militärkapelle *f* 2 (*pezzo musicale*) Fanfare *f*

fan·fa·ro·na·ta F Angeberei *f*

fan·fa·ro·ne [-o-] M, **-a** F Angeber *m*, -in *f*, Prahler *m*, -in *f*

fan·ga·tu·ra F 1 Fangobad *n* 2 Fangopackung *f*

fan·ghi·glia F Schlamm *m*, Matsch *m*

★**fan·go** M 1 Schlamm *m*, *umg* Dreck *m* 2 *pl* Fangobad *n*; Fangopackungen *pl*: **fare i -ghi** eine Fangokur machen ♦ *fig* **cadere nel ~** in der Gosse landen

fan·nul·lo·ne [-o-] M, **-a** F Faulenzer *m*, -in *f*, Faulpelz *m*

fan·ta·po·li·ti·ca F Politsatire *f*

fan·ta·scien·ti·fi·co ADJ Science-Fiction- **fan·ta·scien·za** [-ɛ-] F Science-Fiction *f*

fan·ta·si·a F 1 Fantasie *f* 2 Einbildung *f*, Vorstellung *f* 3 Fantasiegebilde *n* 4 komische Idee *f* 5 TEX Muster *n*: **una ~ a fiori** ein Blumenmuster *n* **fan·ta·sio·so** [-o-] ADJ 1 fantasievoll 2 fantastisch

fan·ta·sma [-z-] A M 1 Gespenst *n*, Spuk *m* 2 Fantasiegebilde *n*, Einbildung *f* 3 Schatten *m*: **i -i del passato** die Schatten der Vergangenheit B ADJ ⟨*inv*⟩ Geister-, Spuk-, Phantom-: **città ~** Geisterstadt *f* ♦ **governo ~** Scheinregierung *f*; **scrittore ~** Ghostwriter *m*

fan·ta·sma·go·ri·a [-z-] F Phantasmagorie *f*

fan·ta·sti·ca·re V/I ⟨1m *u.* d⟩ fantasieren

fan·ta·sti·che·ri·a F Fantasterei *f*

fan·ta·sti·co ADJ 1 Wunder-, Fabel- 2 fantastisch, *umg* toll

fan·te M 1 MIL Infanterist *m* 2 (*nelle carte*) Bube *m* **fan·te·ri·a** F Infanterie *f*

fan·ti·no M, **-a** F Jockey *m*

fan·toc·cio [-ɔ-] M 1 Puppe *f* 2 *fig* Marionette *f*, Popanz *m*: **governo ~** Marionettenregierung *f*

fan·to·ma·ti·co ADJ 1 nicht fassbar, unauffindbar 2 unwirklich, imaginär

fa·ra·but·to M, **-a** F Schurke *m*, -kin *f*, Halunke *m*, -kin *f*

fa·ra·glio·ne [-o-] M Klippe *f*

fa·ra·o·na [-o-] F (**gallina**) **~** Perlhuhn *n*

fa·ra·o·ne [-o-] M Pharao *m*

fa·ra·o·ni·co [-ɔ-] ADJ 1 pharaonisch,

F

Pharaonen- **2** pompös, großartig: **una villa -a** eine pompöse Villa

far·cia F Farce *f*, Füllung *f*, Füllmasse *f*

far·ci·re V/T ⟨4d⟩ **1** farcieren, füllen **2** spicken (*a. fig*): **~ qc con** (*od* **di**) **qc** etw mit etw spicken **far·ci·to** ADJ **1** **pollo ~** gefülltes Huhn *n* **2** gespickt (*a. fig*): **~ di errori** mit Fehlern gespickt

fard M ⟨*inv*⟩ Rouge *n*

far·del·lo [-ɛ-] M **1** Bündel *n* **2** *fig* Bürde *f*, Last *f*: **portare il proprio ~** sein Bündel tragen

★**fa·re**[1]

⟨3aa⟩

A transitives Verb | B intransitives Verb | C Pronominalverb | D Wendungen

— A transitives Verb —

1 machen, tun: **cosa fai** (**qui**)? was machst du denn (hier)?; **cosa c'è da ~** was ist zu tun?; **avere molto/poco da ~** viel/wenig zu tun haben; **~ del bene/del male** (**a qn**) (j-m) Gutes/Böses tun; **~ i compiti** die Hausaufgaben machen; **~ qn sindaco** j-n zum Bürgermeister machen; **~ un figlio** (**con qn**) (mit j-m) ein Kind machen; **~** (**una**) **buona/cattiva impressione su qn** auf j-n einen guten/schlechten Eindruck machen **2** erschaffen: **Dio fece il mondo** Gott erschuf die Welt **3** herstellen, anfertigen **4** zubereiten, kochen: **~ da mangiare** Essen machen **5** **~ sport** Sport treiben **6** lernen, *umg* studieren: **~ tedesco** Deutsch lernen; **~ legge** Jura studieren **7** **~ il furbo** den Oberschlauen spielen; *umg* **~** (**la parte di**) **Wallenstein** den Wallenstein spielen **8** **~ il medico** Arzt sein **9** **quanto fa tre per due?** wie viel ist dreimal zwei?; **quanto fa? – fanno 10 euro** wie viel (*od* was) macht das? – das macht 10 Euro **10** zurücklegen, fahren: **~ 10 km a piedi** 10 km zu Fuß zurücklegen; **la mia auto fa i 200 all'ora** mein Auto fährt 200 km/h **11** *umg* **oggi in TV fanno un bel film** heute bringen sie im Fernsehen einen schönen Film **12** *umg* **che ora fa il tuo orologio?** wie spät ist es auf deiner Uhr?; **che ora hai** (*od* **avete**) **fatto ieri sera?** wie spät ist es gestern Abend geworden? **13** ★**far cadere qc** etw fallen lassen

— B intransitives Verb —

⟨av⟩ **1** tun, machen: **fai** (*od* **fa'**) **come credi** mach, wie du meinst; **fai** (*od* **fa'**) **come vuoi** mach, was du willst **2** **questo film non fa per me** dieser Film ist nichts für mich **3** **~ da padre a qn** für j-n als Vater fungieren **4** **~ per ...** Anstalten machen ... **5** entscheiden: **fai** (*od* **fa'**) **un po' tu!** entscheide du! **6** *unpers* **oggi fa freddo** heute ist es kalt

— C Pronominalverb —

-rsi **1** werden: **-rsi grande** groß werden **2** *unpers* **si fa buio** es wird dunkel **3** sich (*dat*) machen: **-rsi un nome** sich einen Namen machen **4** *sl* sich (*dat*) zulegen: **-rsi la macchina** sich ein Auto zulegen **5** *umg* drücken, fixen **6** lassen: **-rsi aiutare** sich (*dat*) helfen lassen

— D Wendungen —

~ acqua lecken, leck sein; *fig* **la ditta fa acqua** (**da tutte le parti**) die Firma geht baden; ★**~ l'amore con qn** mit j-m schlafen; **~ un bambino** ein Kind bekommen; **-rsi la barba** sich rasieren; **~ benzina** tanken; **~ a botte** (**con qn**) sich (mit j-m) prügeln; **tutto fa brodo** Kleinvieh macht auch Mist; **~ le carte** die Karten (mischen und) austeilen; **che classe fai?** in welche Klasse gehst du?; **fatti coraggio!** Kopf hoch!; ★**farcela** es schaffen; **ce l'abbiamo fatta** wir haben es geschafft; **non ce la faccio più** ich halte es nicht mehr aus; **farla breve** sich kurzfassen; **farla finita con qn/qc** mit j-m/etw Schluss machen; **farsela addosso** (*od* **sotto**) (sich [*dat*]) in die Hose(n) machen; **~ finta** nur so tun; **~ male** wehtun, schmerzen; schaden, nicht guttun; **-rsi male** sich wehtun; **~ in modo** (*od* **~ sì**) **che ...** es so einrichten, dass ...; **non fa niente** (*od* **nulla**) das macht nichts; **~ le ore piccole** es (*nachts*) sehr spät werden lassen; **~ il pieno** volltanken; *fig* sich vollstopfen; **~ presto** (*od* **in fretta**) sich beeilen; **~ scena muta** sich ausschweigen; **~ schifo** (**a qn**) (j-n) ankotzen; *umg* **~ secco qn** j-n kaltmachen; (**per me**) **fa lo stesso** es ist (mir) egal; **~ tardi** es spät werden lassen; zu spät kommen; **~ di tutto per ...** alles tun, um ...; **~ visita a qn** j-n besuchen; *umg* **~ la vita** sich prostituieren

fa·re[2] M **1** Tun *n*, Machen *n* **2** Handlungsweise *f*, Benehmen *n* ♦ **il dolce far niente** das süße Nichtstun; **sul ~ del giorno** bei Tagesanbruch *m*

fa·re·tra [-ɛ-] F (Pfeil)Köcher *m*

★**far·fal·la** F 1 Schmetterling *m*, Falter *m* 2 SPORT Schmetterlingsstil *m* 3 MODE Fliege *f* 4 TECH Drosselklappe *f*

far·fal·lo·ne [-o-] M, **-a** F Luftikus *m*, leichtfertige Person *f*

far·fa·ro M Huflattich *m*

far·fu·glia·re V/I ⟨1g; av⟩ nuscheln

★**fa·ri·na** F Mehl *n* ♦ **~ bianca** Weißmehl *n*; **~ di frumento** Weizenmehl *n*; **~ gialla** Maismehl *n*; **pappa di ~ lattea** Milchbrei *m*; *umg* **non è ~ del suo sacco** das ist nicht auf seinem Mist gewachsen

fa·ri·na·ta F GASTR 1 = *Art Mehlsuppe* 2 *dünner Fladen aus Kichererbsenmehl*

fa·rin·ge F Rachen *m*, Schlund *m*

fa·rin·gi·te F Rachenentzündung *f*

fa·ri·no·so [-o-] ADJ mehlig, mehlartig: **neve -a** Pulverschnee *m*

fa·ri·se·o [-ɛ-] M, **-a** F Pharisäer *m*, -in *f* (*a. fig pej*)

far·ma·ceu·ti·ca [-ɛ-] F Pharmazeutik *f*, Arzneikunde *f*

far·ma·ceu·ti·co [-ɛ-] ADJ Pharma-, pharmazeutisch: **industria -a** Pharmaindustrie *f*

★**far·ma·ci·a** F Apotheke *f*: **da vendersi soltanto in ~** apothekenpflichtig; **~ di turno** Apotheke *f* mit Feiertagsdienst; **~ notturna** Apotheke *f* mit Nachtdienst

★**far·ma·ci·sta** M/F Apotheker *m*, -in *f*

far·ma·co M Arznei-, Heilmittel *n*, Medikament *n*: **-ci da banco** rezeptfreie Arzneimittel *pl*

far·ma·co·di·pen·den·za [-ɛ-] F Arzneimittelabhängigkeit *f* **far·ma·co·lo·gi·a** F Pharmakologie *f* **far·ma·co·pe·a** [-ɛ-] F (amtliches) Arzneibuch *n*

far·ne·ti·ca·men·to [-e-] M Wahnvorstellung *f* **far·ne·ti·ca·re** V/I ⟨1m, b *u.* d; av⟩ fantasieren, irrereden (*a. fig*)

fa·ro M 1 Leuchtturm *m* 2 Scheinwerfer *m*: **~ abbagliante** Fernlicht *n*; **~ anabbagliante** Abblendlicht *n*; **~ antinebbia** Nebelscheinwerfer *m*

far·ra·gi·ne F Sammelsurium *n*

far·ra·gi·no·so [-o-] ADJ verworren

far·ro M Dinkel *m*

far·sa [-s-] A F 1 THEAT Schwank *m* 2 *fig* Farce *f* B ADJ ⟨*inv*⟩ lächerlich

far·set·to [-'se-] M (Strick)Weste *f*

fa·scet·ta [-e-] F 1 Bändchen *n* 2 (*di libri, sigari*) Bauchbinde *f* 3 (*di sigarette*) Banderole *f*: **~ fiscale** Steuerbanderole *f*

fa·scia F 1 Band *n* 2 Binde *f* 3 Windel *f* 4 Gruppe *f*, Klasse *f*: **~ contributiva** Beitragsklasse *f*; **~ retributiva** Gehaltsgruppe *f* 5 SPORT Flanke *f*, Flügel *m* 6 (*di territorio*) Streifen *m*, Strich *m*: **~ costiera** Küstenstrich *m* ♦ **bambino in -sce** Wickelkind *n*; **~ oraria** Zeitspanne *f*; **~ dell'ozono** Ozonschicht *f*

fa·scia·me M Schiffshaut *f*

fa·scia·re ⟨1f⟩ A V/T 1 verbinden: **~ una ferita** eine Wunde verbinden 2 umwickeln 3 MODE eng anliegen 4 (*di bambini*) wickeln B V/PR **-rsi** sich verbinden ♦ **-rsi il capo prima di rompersela** sich um ungelegte Eier kümmern

fa·scia·to·io [-o-] M Wickelkommode *f*

fa·scia·tu·ra F Verband *m*, Bandage *f*

fa·sci·co·lo M Heft *n* (*a. editoria*), Akte *f*: **a -i** heftweise ♦ **~ illustrato** Bildbeilage *f*; **~ mensile** Monatsheft *n*; **~ personale** Personalakte *f*

fa·sci·na F **~ di sterpi** Reisigbündel *n*

fa·sci·no M Reiz *m*, Zauber *m*, Charme *m*

fa·sci·no·so [-o-] ADJ charmant, bezaubernd

fa·scio M 1 Bündel *n* (*a.* ANAT, PHYS, BOT) 2 PHYS Strahl *m*: **~ di ioni** Ionenstrahl *m* 3 *umg* faschistische Partei *f* 4 *sl* (*persona*) Fascho *m* ♦ **a -sci** bündelweise; **~ di nervi** Nervenbündel *n* (*a. fig*)

fa·sci·smo [-zmo] M Faschismus *m* **fa·sci·sta** A ADJ faschistisch B M/F Faschist *m*, -in *f*

fa·se F 1 Phase *f* (*a.* PHYS, ASTRON, ELEK) 2 Stadium *n* 3 (*in motoristica*) Takt *m* ♦ *fig* **essere fuori ~** nicht in Form sein; (*in motoristica*) **mettere in ~** einstellen; **~ di lavaggio** Waschgang *m*; **~ di lavorazione** Arbeitsgang *m*; **~ lunare** Mondphase *f*; **~ di transizione** Übergangsphase *f*

fa·stel·lo [-ɛ-] M Bund *n*, Bündel *n*

fast food ['fast'fud] M ⟨*inv*⟩ 1 (*pasto*) Fastfood *n* 2 (*locale*) Schnellgaststätte *f*, Fastfoodrestaurant *n*

fa·sti·dio M 1 Störung *f*, Belästigung *f*: **dare ~ a qn** j-n belästigen, stören 2 Unannehmlichkeit *f* 3 Ekel *m*

fa·sti·dio·so [-o-] ADJ 1 störend 2 lästig 3 unangenehm

fa·sti·gio M 1 Giebel *m* 2 *fig* Gipfel *m*

fa·sto M Pracht *f*, Prunk *m*, Pomp *m*

fa·sto·si·tà F ⟨*inv*⟩ Prächtigkeit *f* **fa-**

sto·so [-o-] ADJ prächtig, prachtvoll, prunkvoll
fa·sul·lo ADJ falsch: **promesse -e** leere Versprechungen *pl*
fa·ta F Fee *f*
fa·ta·le ADJ 1 verhängnisvoll, *geh* fatal 2 schicksalhaft, Schicksals- 3 *hum* unwiderstehlich ♦ **donna ~** Femme fatale *f*; **ora ~** Schicksalsstunde *f*

F

fa·ta·li·smo [-z-] M Fatalismus *m* **fa·ta·li·sta** M/F Fatalist *m*, -in *f* **fa·ta·li·sti·co** ADJ fatalistisch **fa·ta·li·tà** F ⟨*inv*⟩ 1 Verhängnis *n*, Fatalität *f* 2 Unglück *n*: **per ~** zum Unglück
fa·ta·lo·ne [-o-] M, **-a** F Herzensbrecher *m*, -in *f*
fa·ta mor·ga·na F Fata Morgana *f*
fa·ta·to ADJ Zauber-, verzaubert: **castello ~** Zauberschloss *n*; **anello ~** Zauberring *m*
★**fa·ti·ca** F 1 Mühe *f*, Anstrengung *f* 2 Müdigkeit *f* ♦ **a ~** mit Mühe; *fig* mit Müh und Not; **fare ~ a fare qc** Mühe haben, etw zu tun; **senza ~** mühelos; **~ di Sisifo** Sisyphusarbeit *f* (*a. fig*)
fa·ti·cac·cia F Strapaze *f*
fa·ti·ca·re V/I ⟨1d; av⟩ 1 sich abmühen, sich (ab)plagen 2 **~ a fare qc** Mühe haben, etw zu tun **fa·ti·ca·ta** F Anstrengung *f*; Schinderei *f* **fa·ti·co·so** [-o-] ADJ anstrengend, mühsam
fa·ti·di·co ADJ schicksalhaft
fa·ti·scen·te [-ɛ-] ADJ baufällig
fa·to M Fatum *n*, Schicksal *n*
fat·ta F Art *f*, Schlag *m*: **gente di tal ~** Leute solcher Art
fat·tac·cio M üble Geschichte *f*
fat·te·rel·lo [-ɛ-] M 1 unbedeutender Vorfall *m* 2 Anekdote *f*, Schnurre *f*
fat·tez·ze [-e-] FPL (Gesichts)Züge *pl*
fat·ti·bi·le ADJ machbar: **fare il ~** sein Möglichstes tun **fat·ti·bi·li·tà** F ⟨*inv*⟩ Machbarkeit *f*
fat·ti·spe·cie [-ɛ-] F ⟨*inv*⟩ JUR Tatbestand *m*, Sachverhalt *m* ♦ **nella ~** im vorliegenden Fall
fat·ti·vo ADJ tätig, tatkräftig
★**fat·to**[1] ADJ 1 gemacht, geschaffen: (**non**) **essere ~ per qc** für etw (nicht) geschaffen sein; **sono -i l'uno per l'altro** sie sind wie füreinander geschaffen 2 -gemacht, hergestellt: **~ in casa** hausgemacht; **~ a mano** handgemacht 3 -förmig: **~ a stella** sternförmig 4 erwachsen: **una donna -a** eine erwachsene Frau 5 *sl* (*drogato*) high, breit ♦ **a conti -i** nach reiflicher Überlegung; **detto ~** gesagt, getan; **è -a!** das wäre geschafft!; **ecco ~** fertig; **notte -a** tiefe Nacht *f*
★**fat·to**[2] M 1 Tat(sache) *f* (*a.* JUR); Fakt *m od n*: **con le parole e coi -i** mit Rat und Tat 2 Ereignis *n*, Geschehen *n* 3 Geschichte *f*, Handlung *f* 4 *pl* Angelegenheit *f*, Sache *f*: **badare ai**, *umg* **farsi i -i propri** sich um seine eigenen Angelegenheiten kümmern 5 Umstand *m*, Tatsache *f*: **~ sta che …, sta di ~ che …** Tatsache ist, dass … ♦ **dato di ~** Tatsache *f*, Gegebenheit *f*; **di ~** tatsächlich; **in ~ di** in Bezug auf; **per il ~ che …** aufgrund der Tatsache, dass …; **cogliere qn sul ~** j-n auf frischer Tat ertappen; **veniamo ai -i** kommen wir zur Sache
fat·to·re[1] [-o-] M, **-to·res·sa** F Gutsverwalter *m*, -in *f*
fat·to·re[2] [-o-] M Faktor *m*: **~ di disturbo** Störfaktor *m*; **~ ereditario** Erbfaktor *m*; **~ di protezione solare** Lichtschutzfaktor
fat·to·ri·a F 1 Gut *n*, Hof *m* 2 landwirtschaftlicher Betrieb *m* 3 Guts-, Bauernhaus *n* ♦ **~ eolica** Windfarm *f*
fat·to·ria·le ADJ Faktoren-, faktoriell
fat·to·ri·no M, **-a** F Bote *m*, -tin *f*; Laufbursche *m*, -mädchen *n*
fat·tua·le ADJ tatsächlich, wirklich
fat·tuc·chie·ra [-ɛ-] F Zauberin *f*, Hexe *f* **fat·tuc·chie·re** [-ɛ-] M Zauberer *m*, Hexer *m*
fat·tu·ra F 1 Anfertigung *f*, Herstellung *f* 2 Ausführung *f* 3 HANDEL Rechnung *f* 4 Zauber *m*: **fare la** (*od* **una**) **~ a qn** j-n verhexen (*od* verzaubern)
fat·tu·ra·re V/T ⟨1a⟩ 1 berechnen, in Rechnung stellen 2 umsetzen: **~ due milioni all'anno** zwei Millionen im Jahr umsetzen **fat·tu·ra·to** M Umsatz *m* **fat·tu·ra·zio·ne** [-o-] F Rechnungsausstellung *f*, Fakturierung *f*
fa·tui·tà F ⟨*inv*⟩ 1 Eitelkeit *f* 2 Oberflächlichkeit *f* **fa·tuo** ADJ 1 eitel 2 oberflächlich ♦ **fuoco ~** Irrlicht *n*; *fig* Trugbild *n*
fau·ci FPL Rachen *m*, Schlund *m* ♦ *fig* **cadere nelle ~ di qn** j-m in die Fänge geraten
fau·na F Fauna *f*, Tierwelt *f* **fau·ni·sti·co** ADJ Tier-: **oasi -a** Tierreservat *n*
fau·sto ADJ 1 günstig, Glücks-: **giorni -i** Glückstage *pl* 2 **~ evento** freudiges Er-

eignis *n*

fau·to·re [-o-] M, **-tri·ce** F Förderer *m*, Förderin *f*; Anhänger *m*, -in *f*

fa·va F Saubohne *f* ♦ **prendere due piccioni con una ~** zwei Fliegen mit einer Klappe schlagen

fa·vel·la [-ɛ-] F *poet* Sprache *f*

fa·vil·la F Funke *m* (*a. fig*) ♦ **far -e** glänzen; **manda -e dagli occhi** seine Augen funkeln

fa·vo M (Honig-, Bienen)Wabe *f*

fa·vo·la F Fabel *f*; Märchen *n* (*a. fig*): **sono tutte -e!** das sind alles Märchen! **da** (*od* **di**) **~** märchenhaft; **essere la ~ del paese** in aller Mund (*od* Stadtgespräch) sein

fa·vo·li·sta M/F Fabeldichter *m*, -in *f*

fa·vo·lo·so [-o-] ADJ 1 Fabel-; märchenhaft, Märchen- 2 *umg* fabelhaft, großartig, toll

fa·vo·nio [-ɔ-] M Föhn(wind) *m*

★**fa·vo·re** [-o-] M 1 Gunst *f* 2 Gefallen *m*, Gefälligkeit *f*: **fare un ~ a qn** j-m einen Gefallen tun; **chiedere un ~ a qn** j-n um eine Gefälligkeit bitten ♦ **a ~** dafür; **essere a ~** dafür sein; ★ **a** (*od* **in**) **~ di qn** zu j-s Gunsten; **biglietto di ~** Freikarte *f*; (**ma**) **mi faccia il ~!** hören Sie doch bitte damit auf!; **per ~!** bitte!; **prezzo di ~** Vorzugspreis *m*; **volgere le cose a proprio ~** die Dinge zu seinem Vorteil drehen; POL **voto a ~** Jastimme *f*

fa·vo·reg·gia·men·to [-e-] M JUR Begünstigung *f* **fa·vo·reg·gia·re** V/T ⟨1f⟩ JUR begünstigen

★**fa·vo·re·vo·le** [-e-] ADJ 1 günstig 2 glücklich 3 positiv 4 **essere ~ a qc** für etw sein; **sei ~ o contrario?** bist du dafür oder dagegen?

fa·vo·ri·re ⟨4d⟩ A V/T 1 fördern 2 begünstigen, bevorteilen 3 (*in forme di cortesia*) (**mi**) **favorisca i documenti** geben Sie mir bitte Ihren Ausweis B V/I ⟨av⟩ 1 (*in forme di cortesia*) sich begeben: **favorisca alla cassa!** begeben Sie sich bitte an die Kasse! ♦ **tanto per ~** um Ihnen einen Gefallen zu tun; **vuol ~?** möchten Sie?

fa·vo·ri·ta F 1 Liebling *m*: **la ~ della maestra** der Liebling der Lehrerin 2 Lieblingsfrau *f* 3 SPORT favorisierte Mannschaft *f*, Favorit *m* **fa·vo·ri·tismo** [-z-] M Bevorzugung *f*; *umg* Schiebung *f*: **fare** (**dei**) **-i** jemanden bevorzugen **fa·vo·ri·to** A ADJ 1 SPORT favorisiert 2 bevorzugt, Lieblings- B M 1 Liebling *m*, Favorit *m* (*a.* SPORT), *pej* Günstling *m* 2 *pl* Backenbart *m*

★**fax** M ⟨*inv*⟩ 1 Fax *n* 2 Faxgerät *n*

fa·xa·re V/T ⟨1a⟩ faxen

fa·zio·ne [-o-] F Partei *f*, Gruppe *f* **fa·zio·si·tà** F ⟨*inv*⟩ Parteilichkeit *f* **fa·zio·so** [-o-] A ADJ 1 parteiisch 2 aufwieglerisch B M, **-a** F 1 Parteigänger *m*, -in *f* 2 Aufwiegler *m*, -in *f*

★**faz·zo·let·to** [-e-] M 1 Taschentuch *n*: **~ di carta** Papiertaschentuch *n* 2 (Kopf-, Hals)Tuch *n* 3 Einstecktuch *n*

★**feb·bra·io** M Februar *m*, *österr* Feber *m*: **in ~** im Februar; **il 10 ~** (am) 10. Februar; → a. aprile

★**feb·bre** [-ɛ-] F 1 Fieber *n* (*a. fig*) 2 *umg* Herpesausschlag *m* ♦ **accesso** (*od* **attacco**) **di ~** Fieberanfall *m*; *umg* **~ da cavallo** = *sehr hohes Fieber*; **~ dell'oro** Goldrausch *m*

feb·bri·ci·tan·te ADJ fiebrig, fieberkrank: **essere ~** fiebern **feb·bri·fu·go** M Fiebermittel *n* **feb·bri·le** ADJ 1 Fieber- 2 *fig* fieberhaft: **attività ~** fieberhafte Tätigkeit *f*

fe·ca·le ADJ fäkal, Fäkal-

fec·cia [-ɛ-] F (Boden)Satz *m* (*a. fig pej*): **la ~ dell'umanità** der Abschaum der Menschheit

fe·ci[1] [-ɛ-] FPL Stuhl *m*, Kot *m*

fe·ci[2] [-e-] → fare

fe·co·la [-ɛ-] F Stärkemehl *n*: **~ di patate** Kartoffelmehl *n*

fe·con·da·re V/T ⟨1a⟩ 1 befruchten (*a. fig*) 2 fruchtbar machen **fe·con·da·zio·ne** [-o-] F Befruchtung *f* ♦ **~ artificiale** künstliche Befruchtung *f*; **~ in vitro** In-vitro-Fertilisation *f*

fe·con·di·tà F Fruchtbarkeit *f* (*a. fig*)

fe·con·do [-o-] ADJ fruchtbar (*a. fig*) ♦ **un matrimonio ~** eine kinderreiche Ehe

★**fe·de** [-e-] F 1 Glaube *m*, Vertrauen *n*: **avere ~ in Dio** auf Gott vertrauen; **aver ~ in qn** j-m vertrauen 2 Gesinnung *f*, Überzeugung *f* 3 Trau-, Ehering *m* ♦ **atto di ~** Glaubensbekenntnis *n*; **essere in buona ~** im guten Glauben sein; **approfittare della buona ~ di qn** j-s Gutgläubigkeit ausnützen; **degno di ~** glaubwürdig; **fa ~ la data del timbro postale** es gilt das Datum des Poststempels; *form* **in ~** für die Richtigkeit; **in mala ~** böswillig; **prestar ~ a qn** j-m Glauben schenken

★**fe·de·le** [-e-] A ADJ 1 treu (*a. fig*) 2 -getreu: **~ alla realtà** wirklichkeitsgetreu;

una traduzione ~ eine wortgetreue Übersetzung **3** ~ (**all'opera**) werkgetreu **4** naturgetreu **B** M/F **1** REL Gläubige *m/f* **2** (*seguace*) Getreue *m/f*

fe·de·lis·si·mo M, **-a** F SPORT, POL treuer Anhänger *m*, treue Anhängerin *f*

fe·del·tà F **1** Treue *f* **2** Naturtreue *f* **3** Wirklichkeitstreue *f* ♦ **alta ~** High Fidelity *f*; **impianto ad alta ~** Hi-Fi-Anlage *f*; **premio** (**di**) **~** Treueprämie *f*

fe·de·ra [-ɛ-] F Kissenbezug *m*, -überzug *m*

fe·de·ra·le ADJ **1** Bundes-, föderal: **stato ~** Bundesstaat *m*; **governo ~** Bundesregierung *f* **2** Verbands-, Vereins-: **presidente ~** Verbandsvorsitzende *m* ♦ **Repubblica Federale Tedesca** (*od* **di Germania**) Bundesrepublik Deutschland

fe·de·ra·li·smo [-zmo] M Föderalismus *m*

fe·de·ra·re ⟨1l⟩ **A** V/T zu einem Bund vereinigen **B** V/PR **-rsi** sich (miteinander) verbünden **fe·de·ra·ti·vo** ADJ föderativ **fe·de·ra·to** ADJ föderiert, Bundes- **fe·de·ra·zio·ne** [-o-] F **1** POL Föderation *f*, Bund *m* **2** SPORT Verband *m*

fe·di·na F **~** (**penale**) Auszug *m* aus dem Strafregister ♦ *umg* **avere la ~ pulita** eine weiße (*od* saubere) Weste haben **avere la ~ sporca** keine weiße (*od* saubere) Weste haben

fe·di·ne FPL Backenbart *m*

feed·back [fid'bɛk] M ⟨*inv*⟩ Feedback *n*

fe·ga·tel·lo [-ɛ-] M = *Schweineleberspießchen* **fe·ga·ti·ni** MPL = *Geflügelleber*

fe·ga·to [-e-] M **1** Leber *f* **2** *umg* Mumm *m*: **avere ~** Mumm haben ♦ *fig* **far venire il mal di ~ a qn** j-m Bauchschmerzen bereiten; **mangiarsi il ~** (**per la rabbia**) sich krankärgern; **olio di ~ di merluzzo** Lebertran *m*

fe·ga·to·so [-o-] ADJ **1** leberleidend **2** *fig* jähzornig

fel·ce [-e-] F Farn *m*, Farnkraut *n*

feld·spa·to M Feldspat *m*

★**fe·li·ce** ADJ **1** glücklich: **essere ~ per** (*od* **di**) **qc** über etw (*akk*) glücklich sein **2** angenehm, gut ♦ **~ anno nuovo!** ein glückliches neues Jahr!; **~ di fare la sua conoscenza! ~ di conoscerla!** es freut mich, Ihre Bekannschaft zu machen

★**fe·li·ci·tà** F Glück *n*, Glückseligkeit *f* ♦ **augurare a qn ogni ~** j-m alles erdenkliche Glück wünschen; **fare la ~ di qn** j-s ganzes Glück sein

fe·li·ci·tar·si [-s-] V/PR ⟨1m⟩ **1** **~ di qc** sich über etw (*akk*) freuen **2** **~ con qn per qc** j-n zu etw beglückwünschen **fe·li·ci·ta·zio·ni** [-o-] FPL Glückwünsche *pl*

fe·li·no **A** ADJ **1** Katzen- **2** *fig* katzenhaft, katzengleich **B** M Katze *f*

fel·pa [-e-] F Sweatshirt *n*

fel·pa·to ADJ **1** TEX Flausch- **2** *fig* **con passo ~** auf leisen Sohlen

fel·tra·re V/T ⟨1a⟩ **1** TEX walken **2** mit Filz beziehen

fel·tro [-e-] M Filz *m* **fel·tro·so** [-o-] ADJ filzig

★**fem·mi·na** [-e-] F **1** (*di animali*) Weibchen *n* **2** Mädchen *n*: **maschi e -e** Jungen und Mädchen **3** *pej* Weib *n* **4** TECH Nut *f* **5** TECH Schraubenmutter *f*

fem·mi·ne·o ADJ weiblich, feminin

★**fem·mi·ni·le** **A** ADJ **1** weiblich (*a.* GRAM) **2** frauenhaft; Frauen-, Damen- (*a.* SPORT): **rivista ~** Frauenzeitschrift *f* **B** M GRAM Femininum *n* **fem·mi·ni·li·tà** F Weiblichkeit *f*, Fraulichkeit *f* **fem·mi·ni·no** **A** ADJ weiblich, fraulich **B** M Weibliche *n* **fem·mi·ni·smo** [-zmo] M Frauenbewegung *f* **fem·mi·ni·sta** **A** M/F Feminist *m*, -in *f* **B** ADJ feministisch **fem·mi·nuc·cia** F **1** Mädchen *n* (*a. pej*) **2** *pej* (*di uomo*) Waschlappen *m*

fe·mo·ra·le ADJ (Ober)Schenkel-

fe·mo·re [-ɛ-] M Oberschenkelknochen *m*

fen·den·te [-ɛ-] M **1** Säbelhieb *m* **2** SPORT *sl* = *scharfer Torschuss*

fen·de·re [-ɛ-] ⟨3l⟩ *poet* **A** V/T **1** (auf)spalten **2** (*nebbia*) zerteilen, zerreißen **B** V/PR **-rsi** **1** (*di roccia*) sich spalten **2** bersten, zerspringen: **il ghiaccio si fende** das Eis birst

fen·di·neb·bia [-e-] M ⟨*inv*⟩ Nebelscheinwerfer *m*

fen·di·tu·ra F **1** Spaltung *f* **2** Spalt *m*, Spalte *f*, Ritze *f*

feng shui ['fɛŋ'ʃui] M ⟨*inv*⟩ Feng-Shui *n*

fe·ni·ce F Phönix *m*

fe·ni·co [-ɛ-] ADJ **acido ~** Phenol *n*

fe·ni·cot·te·ro [-ɔ-] M Flamingo *m*

fe·ni·le M Phenyl *n*

fe·no·lo [-ɔ-] M Phenol *n*

★**fe·no·me·na·le** ADJ **1** phänomenal **2** großartig, außerordentlich

fe·no·me·no [-ɔ-] M Phänomen *n* (*a.*

PHIL *fig*), Erscheinung *f*: **~ di massa** Massenerscheinung *f* ♦ **un ~ da baraccone** Schießbudenfigur *f*

fe·no·pla·sto M Phenolharz *n*

fe·re·tro [-ɛ-] M Sarg *m*; Bahre *f*

fe·ria·le ADJ Wochen-, Werk-: **giorno ~** Werktag *m*; **nei giorni -i** wochen-, werktags

★**fe·rie** [-ɛ-] FPL Ferien *pl*, Urlaub *m* ♦ **~ annuali** Jahresurlaub *m*; **~ aziendali** Betriebs-, Werksferien *pl*; **~ estive** Sommerferien *pl*; **giorno di ~** Ferientag *m*

fe·ri·men·to [-e-] M Verletzung *f*, Verwundung *f*

fe·ri·no ADJ 1 raubtierhaft, Raubtier- 2 *fig* bestialisch

★**fe·ri·re** V/T ⟨4d⟩ verletzen, verwunden (*a. fig*)

★**fe·rir·si** [-s-] V/PR ⟨4d⟩ sich verletzen

★**fe·ri·ta** F Wunde *f*, Verletzung *f* (*a. fig*) ♦ **~ d'arma da fuoco** Schussverletzung *f*; **leccarsi le -e** sich (*dat*) seine Wunden lecken; **~ da punta** Stichwunde *f*; **~ di striscio** Schürfwunde *f*; Streifschuss *m*

fe·ri·to M, **-a** F Verletzte *m/f*, Verwundete *m/f*

fe·ri·to·ia [-o-] F 1 Schießscharte *f* 2 Münzschlitz *m*

fer·ma [-e-] F 1 MIL (Wehr)Dienstzeit *f* 2 JAGD **cane da ~** Vorstehhund *m*

fer·ma·ca·pel·li [-e-] M ⟨*inv*⟩ Haarspange *f* **fer·ma·car·te** M ⟨*inv*⟩ Briefbeschwerer *m* **fer·ma·cra·vat·ta** M ⟨*inv*⟩ Krawattenhalter *m*

fer·ma·glio M 1 Spange *f* 2 Brosche *f* 3 (*di collane*) Verschluss *m* 4 Heft-, Büroklammer *f*

★**fer·ma·re** ⟨1a⟩ A V/T 1 (an-, auf)halten: **~ il traffico** den Verkehr aufhalten 2 unterbrechen: **~ i lavori** die Arbeiten unterbrechen 3 befestigen, festmachen; an-, festnageln; an-, festschrauben B V/I ⟨av⟩ halten: **~ in tutte le stazioni** an jedem Bahnhof halten C V/PR **-rsi** 1 (an)halten, stehen bleiben (*a. fig*): **l'orologio si è fermato** die Uhr ist stehen geblieben 2 (*rimanere*) bleiben, sich aufhalten ♦ **~ un'emorragia** eine Blutung stillen; **senza -rsi** ununterbrochen

★**fer·ma·ta** F 1 Halten *n*: **divieto di ~** Halten verboten 2 Haltestelle *f* 3 Aufenthalt *m*; Rast *f*: **fare una ~** die Fahrt unterbrechen; (*autobus, treno*) anhalten ♦ **~ facoltativa** Bedarfshaltestelle *f*; **~ intermedia** Zwischenstopp *m*; **~ obbligatoria** planmäßige Haltestelle *f*; **~ a richiesta** Bedarfshaltestelle *f*; **ultima ~** Endstation *f*

fer·men·ta·re V/I ⟨1a; av⟩ 1 (ver)gären 2 aufgehen: **la pasta fermenta** der Teig geht auf **fer·men·ta·zio·ne** [-o-] F Gärung *f*, Fermentation *f*

fer·men·to [-e-] M 1 Gärmittel *n*, Gärstoff *m* 2 Gärung *f* (*a. fig*): **il popolo è in ~** im Volk gärt es

fer·mez·za [-e-] F 1 Festigkeit *f* 2 *fig* Bestimmtheit *f*, Standhaftigkeit *f*: **~ di carattere** Charakterstärke *f* ♦ **con ~** standhaft, eisern

★**fer·mo** [-e-] A ADJ 1 still, unbeweglich 2 stehend: **le auto -e nel parcheggio** die auf dem Parkplatz stehenden Autos; **acqua -a** stehendes Gewässer *n* 3 fest: **un ~ proposito** ein fester Vorsatz *m* 4 entschieden, entschlossen 5 nachdrücklich B M 1 Verriegelung *f*, Sperre *f* 2 JUR (vorläufige) Festnahme *f* ♦ **essere ~** (still)stehen; **l'orologio è ~** die Uhr steht; WIRTSCH **gli affari sono -i** die Geschäfte stagnieren; **~ là!** halt, stehen bleiben! *fig*; **il lavoro resta ~** die Arbeit bleibt liegen; **sta' ~!** halt still!; **tenere ~** festhalten, ruhig halten; **terra -a** fester Boden *m*; **-i tutti!** keine Bewegung!

fer·mo·po·sta [-ɔ-] ADV postlagernd

★**fe·ro·ce** [-o-] ADJ 1 wild: **un animale ~** ein wildes Tier *n* 2 grausam 3 *fig* scharf: **un'occhiata ~** ein scharfer Blick *m* 4 bissig: **una critica ~** eine bissige Kritik *f*

fe·ro·cia [-ɔ-] F 1 Wildheit *f* 2 Grausamkeit *f* 3 *fig* Schärfe *f*, Bissigkeit *f*

fe·ro·do [-ɔ-] M (Brems)Belag *m*

fer·ra·glia F Schrott *m*, Alteisen *n*

fer·ra·go·sto [-o-] M 1 Mariä Himmelfahrt *f* 2 = *Ferien Mitte August*

fer·ra·io ADJ **fabbro ~** Schmied *m*, -in *f*

fer·ra·io·lo [-ɔ-] M, **-a** F Bauschlosser *m*, -in *f* **fer·ra·me** M Schrott *m* **fer·ra·men·ta** [-e-] A FPL Eisen-, Metallwaren *pl* B M ⟨*inv*⟩ Eisenwarenhandlung *f*

fer·ra·men·to [-e-] M Beschlag *m*

Fer·rara F Ferrara *n*

fer·ra·re V/T ⟨1b⟩ 1 (*cavallo*) beschlagen 2 (*botte*) bereifen

fer·ra·re·se A ADJ aus, von Ferrara B M/F Bewohner *m*, -in *f* von Ferrara

fer·ra·ta F (*alpinismo*) Klettersteig *m*

fer·ra·to ADJ 1 Nagel-: **scarpa -a** Nagelschuh *m* 2 *fig* beschlagen, bewandert: **non sono molto ~ in geografia** in Geografie bin ich nicht sehr bewandert ♦ **mazza -a** Totschläger *m*; **strada -a** Eisenbahn *f*

fer·re·o [-ɛ-] ADJ **1** eisern (*a. fig*) **2** *fig* zwingend: **una logica -a** eine zwingende Logik

fer·ret·to [-e-] M **1** (Eisen)Draht *m* **2** Stricknadel *f* **fer·rie·ra** [-ɛ-] F Eisenhütte *f*

F

fer·ri·te F Ferrit *m*

★**fer·ro** [-ɛ-] M **1** Eisen *n* **2** Bügeleisen *n* **3** Stricknadel *f*: **lavorare ai -i** stricken **4** Brenneisen *n* **5** *pl* (*chirurgia*) Besteck *n*, *umg* Messer *n*: **-i chirurgici** chirurgisches Besteck *n*; **dover andare sotto i -i** unters Messer müssen ♦ GASTR **ai -i** vom Grill (*od* Rost); **fare qc ai -i** etw grillen; **in ~ battuto** schmiedeeisern; **~ di cavallo** Hufeisen *n*; **venire ai -i corti con qn** mit j-m aneinandergeraten; **filo di ~** Eisendraht *m*; **~ da ghiaccio** Steigeisen *n*; *umg* **memoria di ~** Bombengedächtnis *n*; **-i del mestiere** Handwerkszeug *n*; **minerale di ~** Eisenerz *n*; **~ piatto** Flacheisen *n*; **pugno di ~** Schlagring *m*; *fig* **con (il) pugno di ~** mit eiserner Faust; **salute di ~** eiserne Gesundheit *f*; **~ da stiro** Bügeleisen *n*; **~ da stiro a vapore** Dampfbügeleisen *n*; *fig* **toccare ~** auf Holz klopfen; **tocca ~!** toi, toi, toi!

fer·ro·mo·del·li·smo [-zmo] M Modelleisenbahnbau *m* **fer·ro·mo·del·li·sta** M/F Modelleisenbahnbauer *m*, -in *f*

fer·ro·so [-o-] ADJ eisenhaltig

fer·ro·tran·vie·re [-ɛ-] M, **-a** F Straßenbahner *m*, -in *f*

fer·ro·vec·chio [-ɛ-] M **1** Alteisen *n*, Schrott *m* **2** Schrotthändler *m*, -in *f* ♦ *fig* **essere un ~** zum alten Eisen gehören

★**fer·ro·vi·a** F **1** (Eisen)Bahn *f* **2** (Eisen)Bahnlinie *f* ♦ **~ a cremagliera** Zahnradbahn *f*; **Ferrovie dello Stato** = *Italienische Staatsbahn*

fer·ro·via·rio ADJ (Eisen)Bahn-, Zug-: **orario ~** Zugfahrplan *m*; **stazione -a** Bahnhof *m* **fer·ro·vie·re** [-e-] M, **-a** F Eisenbahner *m*, -in *f*

fer·ru·gi·no·so [-o-] ADJ eisenhaltig, Eisen-

fer·ry-boat ['fɛrribot] M ⟨*inv*⟩ Fähre *f*

fer·ti·le [-ɛ-] ADJ **1** fruchtbar **2** gebärfähig **3** *fig* schöpferisch

fer·ti·li·tà F **1** Fruchtbarkeit *f* (*a. fig*) **2** Gebärfähigkeit *f*

fer·ti·liz·zan·te M Düngemittel *n*, Dünger *m* **fer·ti·liz·za·re** V/T ⟨1a⟩ düngen, fruchtbar machen **fer·ti·liz·za·zio·ne** [-o-] F Düngung *f*

fer·ven·te [-ɛ-] ADJ **1** *fig* Erz-: **cattolico ~** Erzkatholik *m* **2** *fig* heiß; inbrünstig

fer·ve·re [-ɛ-] V/I ⟨3a⟩ **1** *poet* glühen, brennen **2** *fig* in vollem Gang sein **fer·vi·do** ADJ **1** *fig* heiß, leidenschaftlich, inbrünstig **2** *fig* herzlich: **con i più -i auguri** mit den herzlichsten Glückwünschen **3** *fig* **una -a immaginazione** eine blühende Fantasie

fer·vo·re [-o-] M **1** Inbrunst *f*; Feuereifer *m* **2** *fig* Hitze *f*: **nel ~ della lotta** in der Hitze des Gefechtes **fer·vo·ro·so** [-o-] ADJ **1** *fig* leidenschaftlich, inbrünstig **2** *fig* (*di auguri*) herzlich

fe·sa [-e-] F **~ di vitello** Kalbsnuss *f*

fes·se·ri·a F **1** Dummheit *f*; Unsinn *m*, Quatsch *m* **2** Kleinigkeit *f*

fes·so[1] [-e-] ADJ **1** rissig, gesprungen **2** (*di suono*) dumpf, unrein ♦ **voce -a** schrille Stimme *f*

fes·so[2] [-e-] *umg* **A** ADJ dumm, blöd: **far ~ qn** j-n für dumm verkaufen **B** M, **-a** F Dumme *m/f*, Dummkopf *m*

fes·su·ra F **1** Ritze *f*, Spalte *f*: **una ~ nella roccia** eine Felsspalte **2** Schlitz *m*, Einwurf *m*: **introdurre le monete nella ~** die Münzen in den Schlitz einwerfen

★**fe·sta** [-ɛ-] F **1** Feiertag *m* **2** Feier *f*, Party *f*; Fest *n* **3** *umg* Geburtstag *m*; Namenstag *m* **4** *fig* Freude *f* ♦ **essere vestito a ~** festlich gekleidet sein; **~ di compleanno** Geburtstagsfeier *f*; **conciare qn per le -e** j-m das Fell gerben; **fare ~ a qn** j-n herzlich empfangen; *fig* **fare la ~ a qn** j-n um die Ecke bringen; **~ del lavoro** Tag *m* der Arbeit; **~ della mamma** Muttertag *m*; **~ nazionale** Nationalfeiertag *m*; **~ del papà** Vatertag *m*

fe·sta·io·lo [-ɔ-] **A** ADJ **gente -a** Leute, die gern feiern **B** M, **-a** F Liebhaber *m*, -in *f* von Festen

fe·stan·te ADJ **1** feiernd, festlich gestimmt **2** freudig, fröhlich, ausgelassen

fe·steg·gia·men·to [-e-] M Feierlichkeit *f*

★**fe·steg·gia·re** V/T ⟨1f⟩ feiern

fe·steg·gia·to M, **-a** F Gefeierte *m/f*; (*per il compleanno*) Geburtstagskind *n*

fe·sti·no M Fest *n*, Party *f*

fe·sti·val [-ɛ-] M ⟨*inv*⟩ Festival *n*, Festspiele *pl*: **~ del cinema** Filmfestival *n*; **~ di Salisburgo** Salzburger Festspiele *pl*

Feste Italiane — Italienische Feiertage

1. Januar	**Capodanno**	Neujahr
6. Januar	**Epifania**	Heilige Drei Könige
März/April	**Pasqua**	Ostersonntag
März/April	**Pasquetta**	Ostermontag
25. April	**Giorno della Liberazione**	Tag der Befreiung
1. Mai	**Festa dei Lavoratori**	Tag der Arbeit
Ende Mai	**Pentecoste**	Pfingsten
15. August	**Ferragosto** *oder* **Assunzione**	Mariä Himmelfahrt
1. November	**Ognissanti**	Allerheiligen
2. November	**I Morti**	Allerseelen
8. Dezember	**Immacolata Concezione**	Mariä Empfängnis
25. Dezember	**Natale**	1. Weihnachtstag
26. Dezember	**Santo Stefano**	2. Weihnachtstag
31. Dezember	**San Silvestro**	Silvester

Ascensione (Christi Himmelfahrt) ist in Italien kein Feiertag.

fe·sti·vi·tà F ⟨inv⟩ Feiertag *m*, Festtag *m*
fe·sti·vo ADJ 1 Fest-, Feier-: **giorno ~** Feiertag *m* 2 Sonn- und Feiertags-; Sonntags-: **turno ~** Sonn- und Feiertagsdienst *m* **fe·sto·ne** [-o-] M Girlande *f* **fe·sto·si·tà** F ⟨inv⟩ Festlichkeit *f* **fe·sto·so** [-o-] ADJ festlich, freudig
fe·stu·ca F (Stroh)Halm *m*
fe·ten·te [-ɛ-] A ADJ 1 stinkend, miefig 2 *fig umg* gemein B M/F *fig umg* Aas *n*
fe·tic·cio M Fetisch *m*
fe·ti·ci·smo [-zmo] M Fetischismus *m*
fe·ti·ci·sta M/F Fetischist *m*, -in *f*
fe·ti·do [-ɛ-] ADJ 1 stinkend 2 *fig* ekelhaft
fe·to [-ɛ-] M Fötus *m*
fe·to·re [-o-] M Gestank *m*, übler Geruch *m*
★**fet·ta** [-e-] F 1 Scheibe *f*, Schnitte *f* 2 (*di torta*) Stück *n* 3 *fig* Teil *m*: **~ di mercato** Marktanteil *m* ♦ **~ biscottata** Zwieback *m*; *umg* **fare a -e qn** j-n in Stücke reißen
fet·ti·na F 1 Scheibchen *n* 2 GASTR Steak *n*; Kalbsschnitzel *n*
fet·tuc·ci·ne FPL = *Art Bandnudeln*
feu·da·le ADJ HIST feudal, Feudal-, Lehns-: **dominio ~** Feudalherrschaft *f*; **diritto ~** Lehnsrecht *n* **feu·da·le·si·mo** [-e-] M Feudalismus *m*; Lehnswesen *n*
feu·da·ta·rio M, **-a** F 1 HIST Lehnsherr *m*, -in *f* 2 Großgrundbesitzer *m*, -in *f*
feu·do [-ɛ-] M 1 HIST Lehen *n*; Lehn(s)gut *n* 2 *fig* Domäne *f*

fia·ba F Märchen *n*
fia·be·sco [-e-] ADJ Märchen-, märchenhaft
fiac·ca F Mattigkeit *f*: **avere la ~** matt sein ♦ *umg* **battere la ~** eine ruhige Kugel schieben
fiac·ca·re ⟨1d⟩ A V/T ermatten; entkräften B V/PR **-rsi** ermatten
fiac·chez·za [-e-] F 1 Ermattung *f*, Mattigkeit *f* 2 *fig* Lahmheit *f*
fiac·co ADJ 1 matt, schlaff, schlapp 2 *fig* lahm, schwach 3 WIRTSCH flau, lustlos: **borsa -a** flaue Börse *f*
fiac·co·la F Fackel *f*
fiac·co·la·ta F Fackelzug *m*
fia·la F, **fia·let·ta** [-e-] F Ampulle *f*
★**fiam·ma** A F 1 Flamme *f*: **~ pilota** Zündflamme *f* 2 *fig* Glut *f* B ADJ ⟨inv⟩ **rosso ~** feuerrot ♦ GASTR **alla ~** flambiert; **andare in -e** in Flammen aufgehen; *fig* **diventare di ~** feuerrot werden; **mare di -e** Flammenmeer *n*
fiam·man·te ADJ flammend ♦ *fig* **nuovo ~** (funkel)nagelneu
fiam·ma·ta F 1 Stichflamme *f* 2 *fig* Aufflammen *n* ♦ **fare una ~ di qc** etw in Flammen setzen
fiam·meg·gia·re ⟨1f⟩ A V/I ⟨av⟩ 1 lodern 2 *fig* (*di occhi*) funkeln 3 (*di cielo*) rot leuchten B V/T GASTR flambieren
★**fiam·mi·fe·ro** M Streichholz *n*
fiam·min·go[1] A ADJ flämisch B M, **-a** F Flame *m*, Flamin *f*

fiam·min·go² M ZOOL Flamingo *m*

fian·ca·ta F Seite *f*, Seitenwand *f*

fian·cheg·gia·men·to [-e-] M **1** MIL Seiten-, Flankendeckung *f* **2** Unterstützung *f* **fian·cheg·gia·re** V/T ⟨1f⟩ **1** flankieren (*a.* MIL), säumen **2** *fig* unterstützen **fian·cheg·gia·to·re** [-o-] **A** ADJ unterstützend, flankierend **B** M, **-tri·ce** F Unterstützer *m*, -in *f*

fian·co M **1** Hüfte *f* **2** Flanke *f*, Seite *f* **3** (*di nave*) (Breit)Seite *f* ♦ **~ a ~** Seite an Seite, nebeneinander; **a ~** nebenan, Neben-, nächst; **di ~** nebenan, daneben; ★ **a ~ a** neben

fia·sca M bauchige Flasche *f*

fia·schet·ta [-e-] F **1** Fläschchen *n* **2** Feldflasche *f* **fia·schet·te·ri·a** F Weinhandlung *f*

fia·sco M **1** Korbflasche *f* **2** *fig* Fiasko *n*, Reinfall *m*, Flop *m*

fia·ta·re V/I ⟨1a; av⟩ **1** atmen **2** den Mund aufmachen, sprechen: **non ~!** keinen Laut! ♦ **senza ~** widerspruchslos

fia·ti MPL Blasinstrumente *pl*

★**fia·to** M **1** Hauch *m*: **scaldarsi le mani col ~** in die Hände hauchen **2** Atem *m* ♦ **non avere ~** keine Puste haben; **avere il ~ corto** kurzatmig sein; **bere** (**tutto**) **d'un ~** auf einen Zug austrinken; **avere il ~ grosso** außer Atem sein; **avere il ~ pesante** Mundgeruch haben; **risparmia il ~!** spar dir deine Worte!; **è ~ sprecato!** das ist vergebliche Liebesmüh!; **tirare il ~** Luft holen

fib·bia F Schnalle *f*

★**fi·bra** F **1** Faser *f*, Fiber *f* **2** *pl* Ballaststoffe *pl* **3** *fig* Konstitution *f* ♦ **-e sintetiche** Chemiefasern *pl*; **~ di vetro** Glasfaser *f*

fi·bril·la F Fibrille *f*

fi·bril·la·re ADJ feinfaserig

fi·bril·la·zio·ne [-o-] F Herzflimmern *n*

fi·bri·na F Fibrin *n*, Blutfaserstoff *m*

fi·bro·so [-o-] ADJ Faser-, faserig

fi·bu·la F ANAT Wadenbein *n*

fi·ca F **1** *vulg* Fotze *f*, Möse *f* **2** tolle Puppe *f*

fic·ca·na·sa·re V/I ⟨1a; av⟩ *umg* schnüffeln

fic·ca·na·so M/F ⟨*inv*⟩ Schnüffler *m*, -in *f*

fic·ca·re ⟨1d⟩ **A** V/T **1** (hinein)stecken **2** (hinein)schlagen, (hinein)stoßen **3** *fig* **~ qn nei guai** j-n in Schwierigkeiten bringen **B** V/PR **-rsi** *umg* **1** schlüpfen, sich legen: **-rsi a letto** sich ins Bett legen **2** stecken; (ab)bleiben: **dove si è ficcato?** wo ist er geblieben? wo steckt er? ♦ **-rsi le dita nel naso** in der Nase bohren; **~ il naso in qc** seine Nase in etw (*akk*) stecken; *fig* **-rsi in un bel pasticcio** sich (*dat*) eine schöne Suppe einbrocken; **-rsi qc in testa** sich (*dat*) etw in den Kopf setzen

fi·che [fiʃ] F ⟨*inv*⟩ (Spiel)Marke *f*

fichet·ta F **1** *vulg* Fotze *f*, Möse *f* **2** tolle Puppe *f*

fi·chet·to [-e-] M *sl* F Schönling *m*

fi·co¹ M **1** Feigenbaum *m* **2** (*frutto*) Feige *f* ♦ *umg* **non me ne importa un ~** (**secco**) das ist mir völlig wurst; *umg* **non valere un ~** (**secco**) keinen Pfifferling wert sein

fi·co² *umg* ADJ toll: **un tipo ~** ein toller Typ *m*

fi·co·din·dia M Feigenkaktus *m*

fi·cus M ⟨*inv*⟩ Gummibaum *m*

fi·dan·za·men·to [-e-] M Verlobung *f*

fi·dan·za·re ⟨1a⟩ **A** V/T verloben **B** V/PR **-rsi con qn** sich mit j-m verloben

★**fi·dan·za·ta** F **1** Verlobte *f* **2** *umg* Freundin *f*

★**fi·dan·za·to** M **1** Verlobte *m* **2** *umg* Freund *m*

fi·da·re V/I ⟨1a; av⟩ **~ in qn/qc** auf j-n/etw vertrauen, sich auf j-n/etw verlassen

fi·dar·si [-s-] V/PR ⟨1a⟩ **1** ★ **~ di qn/qc** j-m/etw (ver)trauen **2** (**non**) **~ a fare qc** sich (nicht) trauen, etw zu tun

fi·da·tez·za [-e-] F Zuverlässigkeit *f*

fi·da·to ADJ zuverlässig, treu

fi·de·ius·sio·ne [-o-] F Bürgschaft *f* **fi·de·ius·so·re** [-o-] M Bürge *m*, Bürgin *f* **fi·de·ius·so·rio** [-ɔ-] ADJ Bürgschafts-

fi·de·li·ty card [fi'dɛliti'kard] F ⟨*inv*⟩ Kundenkreditkarte *f*

fi·do¹ ADJ *poet* treu

fi·do² M Kredit *m*

★**fi·du·cia** F Vertrauen *n*: **avere una ~ cieca in qn** blindes Vertrauen zu j-m haben ♦ **degno di ~** vertrauenswürdig; **~ in se stessi** Selbstvertrauen *n*

fi·du·cia·ria F Treuhandgesellschaft *f*

fi·du·cia·rio **A** ADJ **1** Vertrauens-: **rapporto ~** Vertrauensverhältnis *n* **2** WIRTSCH Treuhand-, treuhänderisch: **moneta -a** Papierwährung *f* **B** M, **-a** F Treuhänder *m*, -in *f* **fi·du·cio·so** [-o-] ADJ vertrauensvoll, zuversichtlich

fie·le [-ɛ-] M **1** Galle *f* **2** Groll *m*

fie·na·gio·ne [-o-] F Heuernte *f* **fie-**

La figura

Italiener sind sehr darauf bedacht, wie sie nach außen wirken, und das spiegelt sich in der Sprache wieder. **La figura**, d. h. ‚Image', ‚Ansehen' bei anderen Menschen, ist deshalb ein wichtiger italienischer Begriff:

Ma che figura ci faccio?	Was wird man von mir halten?
Ci faccio la figura del taccagno!	Man wird mich für einen Geizhals halten!
Questa macchina fa la sua figura!	Dieses Auto nimmt sich gut aus!
Ma che figura mi fai fare?	Du blamierst mich!
Ha fatto una figuraccia!	Er/Sie hat sich richtig blamiert!
Mi hai fatto fare brutta figura!	Du hast mich blamiert!
Non farmi sfigurare!	Blamiere mich nicht!

F

na·io ADJ Heu- **fie·ni·le** M 1 Heuspeicher *m* 2 Heuboden *m*

★**fie·no** [-ɛ-] M Heu *n* ♦ **raffreddore da ~** Heuschnupfen *m*

fie·ra[1] [-ɛ-] F 1 Jahrmarkt *m* 2 Messe *f* ♦ **~ di beneficenza** Wohltätigkeitsbasar *m*; **~ del libro** Buchmesse *f*

fie·ra[2] [-ɛ-] F *poet* Bestie *f*

fie·rez·za [-e-] F 1 Stolz *m* 2 Würde *f*

fie·ri·sti·co ADJ Messe-: **quartiere ~** Messegelände *n*

fie·ro [-ɛ-] ADJ 1 stolz: **essere ~ di qn/qc** stolz auf j-n/etw sein 2 kühn

fie·vo·le [-e-] ADJ schwach, matt

fi·fa F *umg* Bammel *m*: **una ~ blu** ein Heidenbammel *m*

fi·fo·ne [-o-] M, **-a** F *umg* Angsthase *m*

fi·ga F → fica

fi·ga·ta F *umg* **è una ~, che ~!** echt geil!

fig·ge·re ⟨3cc⟩ *poet* A V/T hineinschlagen B V/PR **-rsi** 1 eindringen 2 *fig* **-rsi qc nella memoria** sich (*dat*) etw ins Gedächtnis einprägen

★**fi·gli** MPL 1 Kinder *pl* 2 Söhne *pl*

★**fi·glia** F 1 Tochter *f* 2 (*ragazza*) Mädchen *n* 3 Abschnitt *m*, Coupon *m*

fi·glia·re V/T ⟨1g⟩ (*di cani, gatti*) werfen; (*di bovini*) kalben

fi·glia·stro M, **-a** F Stiefkind *n*; Stiefsohn *m*, -tochter *f* **fi·glia·ta** F Wurf *m*: **una ~ di conigli** ein Wurf Kaninchen

★**fi·glio** M 1 Kind *n* (*a. fig*) 2 Sohn *m* 3 (*ragazzo*) Junge *m* ♦ **~ della fortuna** Glückskind *n*; **~ di migranti** Migrantenkind *n*; *pej* **~ di mamma** Muttersöhnchen *n*; *pej* **~ di papà** Sohn *m* aus reichem Haus; **~ unico** Einzelkind *n*

fi·glioc·cio [-ɔ-] M, **-a** F Patenkind *n*; Patensohn *m*, -tochter *f*, *schweiz* Göttikind *n*

fi·glio·la [-ɔ-] F *umg* Tochter *f*, Mädchen *n*

fi·glio·lo [-ɔ-] M *umg* Sohn *m*, Junge *m* ♦ **il figliol prodigo** der verlorene Sohn

fi·go M → fico

fi·gu·ra F 1 Gestalt *f*, Form *f* 2 Gebilde *n* 3 Figur *f*, Gestalt *f* (*a. fig*): **avere una bella ~** eine schöne Figur haben 4 Abbildung *f*, Bild *n* ♦ **che ~!** so eine Blamage! wie peinlich!; **fare una bella/brutta ~** eine gute/schlechte Figur abgeben

fi·gu·rac·cia F Blamage *f*, schlechte Figur *f*: **fare una ~** sich blamieren; **far fare una ~ a qn** j-n blamieren

fi·gu·ran·te M/F (*cinema*) THEAT Statist *m*, -in *f*

fi·gu·ra·re ⟨1a⟩ A V/T 1 darstellen 2 versinnbildlichen B V/I ⟨av⟩ 1 verzeichnet sein: **~ in un elenco** in einer Liste verzeichnet sein 2 sich ausnehmen: **ben ~** sich gut ausnehmen

★**fi·gu·rar·si** [-s-] V/PR ⟨1a⟩ 1 sich (*dat*) vorstellen, sich (*dat*) denken: *umg* **figurati un po'!** stell dir einmal vor!; **figuriamoci** (*od* **figurati**) **se ci credo!** denkst du wirklich, dass ich das glaube? 2 *umg* **figurati!**, **figuriamoci!** wo denkst du hin! 3 (*come risposta*) **si figuri!** nichts zu danken!

fi·gu·ra·ti·vo ADJ bildend, darstellend: **arti -e** bildende Kunst *f* **fi·gu·ra·to** ADJ 1 figurativ, Bilder-: **linguaggio ~** Bildersprache *f* 2 übertragen: **in senso ~** im übertragenen Sinn 3 bebildert **fi·gu·ri·na** F 1 Figürchen *n* 2 Figurine *f* 3 Bildchen *n*, Bild *n* **fi·gu·ri·ni·sta** M/F Modezeichner *m*, -in *f* **fi·gu·ri·no** M Modeskizze *f*; Kostümentwurf *m*

fi·gu·ro M **un losco ~** ein linker Vogel *m*

★**fi·la** F Reihe *f* (*a. fig*), Serie *f*, Schlange *f*:

una ~ di disgrazie eine Serie von Unglücksfällen; **serrare le -e** die Reihen schließen (*a. fig*) ♦ **fare la ~** Schlange stehen; **per tre giorni di ~** an drei Tagen hintereinander; **in ~ indiana** im Gänsemarsch; **mettersi in ~** sich anstellen

fi·la·men·to [-e-] M **1** ANAT Faser *f* **2** ELEK Glühfaden *m* **3** BOT Staubfaden *m*

F

fi·lan·da F (Seiden)Spinnerei *f*

fi·lan·te ADJ fädig ♦ **formaggio ~** Schmelzkäse *m*; **stella ~** Sternschnuppe *f*; Luftschlange *f*

fi·lan·tro·pi·a F Menschenliebe *f* **fi·lan·tro·pi·co** [-ɔ-] ADJ menschenfreundlich

fi·lan·tro·po M, **-a** F Menschenfreund *m*, -in *f*

fi·la·re[1] ⟨1a⟩ **A** V/T **1** (ver)spinnen **2** ziehen: **~ il vetro** Glas ziehen **B** V/I **1** ⟨av⟩ spinnen **2** ⟨av⟩ Fäden ziehen: **un formaggio che fila** ein Käse, der Fäden zieht **3** ⟨es⟩ flüssig sein: **il discorso fila** die Rede ist flüssig **4** ⟨es⟩ (*sfrecciare*) flitzen **5** *umg* ⟨av⟩ flirten **6** *umg* ⟨es⟩ sich scheren, sich verziehen: **fila a casa!** scher dich nach Hause! **C** V/PR **filarsela** sich verziehen, sich verdrücken

fi·la·re[2] M (*di alberi*) Reihe *f*

fi·lar·mo·ni·ca [-ɔ-] F Philharmonie *f*

fi·lar·mo·ni·co [-ɔ-] **A** ADJ philharmonisch **B** M Philharmoniker *m*, -in *f*

fi·la·stroc·ca [-ɔ-] F **1** Kinderreim *m* **2** **recitare sempre la stessa ~** immer dieselbe Leier herunterbeten

fi·la·te·li·a F Briefmarkenkunde *f* **fi·la·te·li·sta** M/F Briefmarkensammler *m*, -in *f*

fi·la·to **A** ADJ ununterbrochen: **parlare per tre ore -e** drei Stunden ununterbrochen reden **B** M Garn *n*: **~ cucirino** Nähgarn *n* ♦ **~ ritorto** Zwirn *m*; **zucchero ~** Zuckerwatte *f*

fi·la·to·io [-o-] M Spinnmaschine *f*; Spinnrad *n* **fi·la·to·re** [-o-] M, **-tri·ce** F Spinner *m*, -in *f* **fi·la·tri·ce** F (*macchina*) Spinnmaschine *f* **fi·la·tu·ra** F **1** Spinnen *n* **2** Spinnerei *f*

★**file** [faɪl] M ⟨*inv*⟩ IT Datei *f*: **~ di destinazione** Zieldatei *f*; **~ infettato** virenverseuchte Datei *f*; **~ di programma** Programmdatei *f*; **~ readme** (*od* **leggimi**) Lies-mich-Datei *f*, Read-me-Datei *f*; **~ di set-up** Setup-Datei *f*; **~ sorgente** Quelldatei *f*; **~ illeggibili** Datenschrott *m*

fi·le ma·na·ger ['faɪl'mɛnedʒer] M ⟨*inv*⟩ Dateimanager *m*

fi·let·ta·re V/T ⟨1a⟩ MECH **~ una vite** in eine Schraube ein Gewinde schneiden

fi·let·ta·to ADJ Gewinde-

fi·let·ta·tri·ce F Gewindeschneidmaschine *f* **fi·let·ta·tu·ra** F **1** Gewindeschneiden *n* **2** MECH Gewinde *n*

fi·let·to [-e-] M **1** Schnur *f* **2** MECH Gewinde *n* **3** (*gioco*) Mühle *f* **4** GASTR Filet *n*

fi·lia·le[1] ADJ kindlich, Kindes-

fi·lia·le[2] F Filiale *f*, Niederlassung *f*

fi·li·bu·stie·re [-ɛ-] M, **-a** F **1** **filibustiere** M Freibeuter *m* **2** *fig* (*persona spregiudicata*) skrupellose Person *f*

fi·lie·ra[1] [-ɛ-] F MECH Schneideisen *n*

fi·lie·ra [-ɛ-] F (*percorso*) Produktionsweg *m*: **la ~ del caffè** der Produktionsweg des Kaffees

fi·li·for·me [-o-] ADJ fadenförmig

fi·li·gra·na F **1** Filigran *n*, Filigranarbeit *f* **2** Filigranschmuck *m* **3** *fig* Feinarbeit *f* **4** Wasserzeichen *n*

Fi·lip·pi·ne FPL Philippinen *pl* **fi·lip·pi·no** **A** ADJ philippinisch **B** M, **-a** F Philippiner *m*, -in *f*, Filipino *m*, Filipina *f*

fi·li·ste·o [-ɛ-] **A** ADJ philisterhaft **B** M, **-a** F **1** HIST Philister *m*, -in *f* **2** Spießbürger *m*, -in *f*

★**film** M ⟨*inv*⟩ Film *m*: **andare a vedere un ~** in einen Film gehen; **fare** (*od* **girare**) **un ~** filmen, einen Film machen (*od* drehen) ♦ **~ d'amore** Liebesfilm *m*; **~ d'azione** Actionfilm *m*; **~ in bianco e nero** Schwarz-Weiß-Film *m*; **~ di cassetta** Reißer *m*; **~ a colori** Farbfilm *m*; **~ giallo** Kriminalfilm *m*; **~ muto** Stummfilm *m*; **~ protettivo** Schutzfilm *m*

fil·ma·re V/T ⟨1a⟩ **1** **~ qn/qc** j-n/etw filmen **2** verfilmen **fil·ma·to** **A** ADJ Film-: **riprese -e** Filmaufnahmen *pl* **B** M Filmreportage *f*

★**fi·lo** M **1** Faden *m* ⟨*a. fig*; *pl* -a⟩; Garn *n* **2** TEX gekämmte Baumwolle *f* **3** Halm *m*: **un ~ d'erba** ein Grashalm *m* **4** Draht *m* **5** TEL Leitung *f* **6** ELEK Kabel *n*, *umg* Schnur *f* **7** Schnur *f*: **un ~ di perle** eine Perlenschnur **8** Seil *n* **9** (Wäsche)Leine *f* **10** Schneide *f*, Schärfe *f*: **perdere il ~** stumpf werden **11** Tropfen *m*: **un ~ d'olio** ein Tropfen Öl **12** *fig* Funke(n) *m*, (ein) bisschen: **un ~ di speranza** ein Funken Hoffnung ♦ **essere appeso a un ~** an einem (seidenen) Faden hängen; **~ conduttore** Leitungsdraht *m*; *fig* roter Faden m; ~ **per cucire** (*od* **cucirino**) Nähgarn *n*; *fig* **avere un ~ diretto con qn** zu j-m einen direkten Draht haben; *umg* **fare il ~ a qn** j-m den Hof machen; **fil di ferro** (Eisen)Draht *m*; ~ **interdentale** Zahnseide *f*; *fig* **perdere il** ~ den Faden verlieren; **essere sul ~ del rasoio** auf des Messers Schneide stehen; **per ~ e per segno** in allen Einzelheiten, haarklein; ~ **spinato** Stacheldraht *m*; **tagliare i -i della luce** den Strom sperren; **tagliare i -i del telefono** das Telefon sperren; **telefono senza -i** schnurloses Telefon; (*gioco*) stille Post *f*; **tirare le -a** (**di qc**) die Fäden von etw in der Hand haben

fi·lo·bus M ⟨*inv*⟩ Oberleitungsomnibus *m*

fi·lo·den·dro [-ɛ-] M Philodendron *m od n*

fi·lo·dif·fu·sio·ne [-o-] F Drahtfunk *m*

fi·lo·dram·ma·ti·ca F Laientheater *n*

fi·lo·dram·ma·ti·co A ADJ **compagnia -a** Laienspielgruppe *f* B M, **-a** F Laienschauspieler *m*, -in *f*

fi·lo·go·ver·na·ti·vo ADJ regierungsfreundlich

fi·lo·lo·gi·a F Philologie *f*

fi·lo·lo·gi·co [-ɔ-] ADJ philologisch

fi·lo·lo·go [-ɔ-] M, **-a** F Philologe *m*, -login *f*: ~ **classico** Altphilologe *m*

fi·lon·ci·no M = *kleines Stangenbrot*

fi·lo·ne [-o-] M 1 GEOL Ader *f*, Gang *m*; Flöz *n* 2 (*di pane*) Stange *f* 3 *fig* Strömung *f*, Richtung *f*

fi·lo·so·fa·le ADJ **la pietra** ~ der Stein der Weisen **fi·lo·so·fa·re** V/I ⟨1m *u.* c; av⟩ philosophieren **fi·lo·so·fi·a** F Philosophie *f* (*a. fig*): **prendere qc con ~** etw gelassen nehmen

fi·lo·so·fi·co [-ɔ-] ADJ 1 philosophisch 2 gelassen **fi·lo·so·fo** [-ɔ-] M, **-a** F Philosoph *m*, -in *f* ♦ **da ~** gelassen

fi·lo·vi·a F Oberleitungsomnibuslinie *f*

fil·tra·bi·le ADJ filtrierbar **fil·trag·gio** M Filterung *f* **fil·tran·te** ADJ 1 Filter-: **cartuccia ~** Filtereinsatz *m* 2 (*edilizia, idraulica*) Sicker-: **pozzo ~** Sickerschacht *m*

fil·tra·re ⟨1a⟩ A V/T 1 filtern (*a. fig*), durchseihen 2 ~ **le amicizie** seine Freunde auswählen B V/I ⟨es⟩ 1 (ver-, durch)sickern (*a. fig*) 2 (*di luce*) (durch)scheinen, (durch)dringen **fil·tra·zio·ne** [-o-] F Filtration *f*, Filtrierung *f*

fil·tro[1] M 1 Filter *m od n* (*a.* FOTO *fig*) 2 Teebeutel *m* ♦ ~ **antifuligine** Rußfilter *m*; ~ **dell'aria** Luftfilter *m*; ~ **di carta** (*per caffè*) Filtertüte *f*; FOTO ~ **diffusore** Weichzeichner *m*; ~ **dell'olio** Ölfilter *m*; IT ~ **spam** Spamfilter *m*; **sigaretta con ~** Filterzigarette *f*; **sigaretta senza ~** filterlose Zigarette *f*

fil·tro[2] M Trank *m*: ~ **magico** Zaubertrank *m*

fil·za F 1 Schnur *f*: **una ~ di perline di vetro** eine Schnur Glasperlen 2 *fig* Reihe *f*

★**fi·na·le** A ADJ Schluss-, End-, abschließend: **risultato ~** Endergebnis *n* B M 1 Schluss *m*, Ende *n* 2 THEAT (*cinema*) Finale *n* 3 SPORT Endspurt *m* C F 1 LING Auslaut *m* 2 GRAM Finalsatz *m* 3 SPORT Finale *n*, Endspiel *n*, Endkampf *m* ♦ **il giudizio ~** das Jüngste Gericht; **quarti di ~** Viertelfinale *n*; **ottavi di ~** Achtelfinale *n*

fi·na·li·sta M/F Endrundenteilnehmer *m*, -in *f*

fi·na·li·tà F ⟨*inv*⟩ Zweck *m*

fi·na·liz·za·re V/T ⟨1a⟩ ~ **qc a qc** etw auf etw (*akk*) ausrichten **fi·na·liz·za·to** ADJ zweck-, zielgerichtet

★**fi·nal·men·te** [-e-] ADV 1 endlich 2 schließlich

fi·nan·che ADV sogar, auch

fi·nan·za F 1 Finanz *f*; Geld-, Finanzwesen *n* 2 Finanzleute *pl* 3 *pl hum* Finanzen *pl*: **le mie -e non mi permettono grandi spese** meine Finanzen lassen keine großen Ausgaben zu ♦ **alta ~** Hochfinanz *f*; **Guardia di ~** = *Polizeikorps für die Zoll- und Steuerkontrolle*; **Intendenza di ~** Finanzamt *n*

fi·nan·zia·men·to [-e-] M Finanzierung *f*

fi·nan·zia·re V/T ⟨1g⟩ finanzieren **fi·nan·zia·ria** F 1 Finanzgesellschaft *f* 2 Haushaltsgesetz *n*

★**fi·nan·zia·rio** ADJ finanziell, Finanz-

fi·nan·zia·to·re [-o-] A ADJ Finanzierungs-: **ente ~** Finanzierungsträger *m* B M, **-tri·ce** F Geldgeber *m*, -in *f*

fi·nan·zie·re [-ɛ-] M, **-a** F 1 Finanzier *m*, Finanzfachmann *m*, -frau *f* 2 (*della guardia di finanza*) **finanziere** *m* = *Polizeibeamter für die Zoll- und Steuerkontrolle*

fin·ca F TYPO 1 Spalte *f* 2 Tabelle *f*

★**fin·ché** KONJ 1 solange wie (*od* als) 2 bis

★**fi·ne**[1] A F 1 Ende *n*; Schluss *m*: **per** (*od*

a) ~ **mese** zum Ende des Monats **2** Tod *m* **B** M **1** Ziel *n*, Zweck *m*: **a che ~?** zu welchem Zweck? wozu? **2** (*esito*) Ende *n*, Ausgang *m*: **per la squadra questa sconfitta ha segnato la ~** für die Mannschaft bedeutet diese Niederlage das Aus ♦ **a ~ di** ... um zu ...; **alla ~** am Ende; *fig* **fare una brutta ~** ein böses Ende nehmen; **in fin dei conti** letzten Endes; **lieto ~** Happy End *n*

★**fi·ne²** ADJ **1** fein, dünn **2** fein, scharf: **udito ~** feines Gehör *n* **3** **un viso ~** ein fein geschnittenes Gesicht *n* **4** erlesen, auserlesen **5** vornehm **6** Fein-: **meccanica ~** Feinmechanik *f* ♦ **aria ~** reine Luft *f*

★**fi·ne set·ti·ma·na** M od F ⟨inv⟩ Wochenende *n*

★**fi·ne·stra** [-ɛ-] F **1** Fenster *n* (*a.* IT) **2** TYPO Lücke *f* **3** Zahnlücke *f* ♦ ~ **a bilico** Klappfenster *n*; **una busta con ~** ein Fensterbriefumschlag *m*; IT ~ **di dialogo** Dialogfeld *n*; ~ **scorrevole** Schiebefenster *n*; **buttare i soldi dalla ~** Geld zum Fenster hinauswerfen

★**fi·ne·stri·no** M **1** Fensterchen *n* **2** (*di mezzi di trasporto*) Fenster *n*

fi·nez·za [-e-] F **1** Feinheit *f*, Dünne *f* **2** *fig* Schärfe *f*: ~ **d'ingegno** Scharfsinnigkeit *f* **3** Feinsinnigkeit *f* **4** Höflichkeit *f*

fin·ge·re ⟨3d⟩ **A** V/T vortäuschen, vorspielen: ~ **di fare qc** so tun, als ob man etw täte; ~ **di essere qc** vorgeben, etw zu sein **B** V/I ⟨av⟩ sich verstellen, heucheln, vorspielen: ~ **con qn in qc** j-m etw vorspielen **C** V/PR **-rsi morto** sich tot stellen

fi·ni·men·to [-e-] M **1** Verzierung *f* **2** *pl* Zaum-, Sattelzeug *n*; Geschirr *n*

fi·ni·mon·do [-o-] M Mordskrach *m*

★**fi·ni·re¹** ⟨4d⟩ **A** V/T **1** beenden **2** ~ **di fare qc** aufhören, etw zu tun; mit etw fertig sein **3** aufbrauchen **4** (*spendere*) ausgeben **5** (*vendere*) ausverkaufen, vollständig verkaufen **6** *fig* ~ **qn** j-n erledigen **B** V/I ⟨es, av⟩ **1** enden, aufhören **2** führen, münden: **questa strada finisce nella piazza del mercato** diese Straße führt zum Marktplatz **3** *umg* landen, geraten: ~ **in prigione** im Gefängnis landen ♦ **andare a ~** hinkommen; **va sempre a ~ così** es läuft immer auf dasselbe hinaus; ~ **di bere** austrinken; **finì con l'arrabbiarsi** am Ende wurde er böse; *umg* **finirla** Schluss machen, aufhören; **è ora di finirla!** es reicht!: Schluss damit!; ~ **male** schlecht enden

fi·ni·re² M **sul ~ dell'estate** gegen Ende *n* des Sommers

fi·nis·sag·gio M **1** Finish *n*, Feinbearbeitung *f* **2** TEX Ausrüstung *f*; Appretur *f*

fi·ni·tez·za [-e-] F **1** Vollkommenheit *f* **2** Begrenztheit *f*, Beschränktheit *f*

fi·ni·to **A** ADJ **1** **a lavoro ~** bei, nach Arbeitsende **2** *fig* **essere un uomo ~** ein toter Mann sein; erledigt sein **3** **sei ~!** es ist aus mit dir! **4** geschickt: **un sarto ~** ein geschickter Schneider *m* **B** M Endliche *n* ♦ **è -a!** es ist aus!; **fra loro è tutto ~** zwischen ihnen ist Schluss; **farla -a con qn/qc** mit j-m/etw Schluss machen; **falla -a!** hör auf!; **prodotto ~** Fertigprodukt *n*

fi·ni·tu·ra F Feinbearbeitung *f*, Feinarbeit *f*

fin·lan·de·se [-e-] **A** ADJ finnländisch, finnisch **B** M/F Finne *m*, Finnin *f*, Finnländer *m*, -in *f*

Fin·lan·dia F Finnland *n*

fi·no¹ PRÄP **1** bis: **fin qui** bis hierher **2** ~ **a** bis zu, bis nach, bis an, bis; ~ **a Roma** bis Rom; ~ **a casa** bis nach Hause; ~ **a scuola** bis zur Schule **3** (*temporale*) ~ **a** bis zu, bis in, bis; ~ **ad ora** bis jetzt; ~ **alla fine dell'anno** bis zum Ende des Jahres; ~ **a notte tarda** bis in die späte Nacht; ~ **a tre giorni fa** bis vor drei Tagen; ~ **a quando?** bis wann? **4** (*seguito da verbi*) **bere ~ a ubriacarsi** trinken, bis man betrunken ist **5** **fin da** von ... an, von ... auf, seit; **fin da ieri** seit gestern; **fin da ora** von jetzt an; **fin da bambino** von klein auf ~ **a che** → finché; ~ **in fondo** bis zum Ende; **fin dall'inizio** von Anfang an; ~ **a che punto** (in)wieweit; ~ **a un certo punto** bis zu einem gewissen Grad

fi·no² ADJ fein, Fein- (*a. fig*): **oro ~** Feingold *n*; **avere un palato ~** eine feine Zunge haben

fi·noc·chio¹ [-ɔ-] M Fenchel *m*

fi·noc·chio² [-ɔ-] M *pej* warmer Bruder *m*

★**fi·no·ra** [-o-] ADV bis jetzt, bisher

fin·si [-s-] → fingere

fin·ta F **1** Theater *n*, *umg* Mache *f*: **è tutta una ~!** das ist alles nur reine Mache! **2** SPORT Trick *m*, Finte *f* ♦ **far ~ di** ... so tun, als ob ...

fin·tan·to·ché KONJ solang(e)

fin·to ADJ **1** falsch; künstlich: **barba -a** falscher Bart *m*; **fiori -i** künstliche Blumen *pl* **2** vorgetäuscht ♦ **-a pelle** Kunstleder *n*; **fare il ~ tonto** sich dumm stellen

fin·zio·ne [-o-] F **1** Fiktion *f* **2** Vortäuschung *f*, Vorspieg(e)lung *f*, Verstellung *f*

fi·o M **pagare il ~** büßen, sühnen

fioc·ca·re V/I ⟨1c *u.* d; es⟩ **1** fallen: **la neve fiocca** der Schnee fällt **2** *fig* hageln: **fioccano ceffoni** es hagelt Ohrfeigen

fioc·chet·to [-e-] M (kleine) Schleife *f*

★**fioc·co** [-ɔ-] M **1** Schleife *f* **2** Flocke *f*: **-chi d'avena** Haferflocken *pl* **3** **~ di ovatta** Wattebausch *m* ♦ **coi -chi** exzellent, ausgezeichnet: **una predica coi -chi** eine Standpauke

fio·ci·na [-ɔ-] F Harpune *f*

fio·ci·na·re V/T ⟨1m *u.* c⟩ harpunieren

fio·ci·na·to·re [-o-] M, **-tri·ce** F Harpunier(er) *m*, Harpuniererin *f*

fio·co [-ɔ-] ADJ schwach, matt: **una luce -a** ein schwaches Licht

fion·da [-o-] F (Stein)Schleuder *f*

fio·ra·ia F Floristin *f* **fio·ra·io** M Florist *m* **fio·ra·mi** MPL Blumenmuster *m*

fio·ra·to ADJ geblümt

fior·da·li·so M Kornblume *f*

fior·do [-ɔ-] M Fjord *m*

★**fio·re** [-o-] M **1** Blume *f*; Blüte *f* **2** *fig* Creme *f*, Elite *f* **3** *pl* Treff *n*: **asso di -i** Treffass *n* ♦ **a -i** geblümt; **a fior d'acqua** an, auf der Wasseroberfläche; **nel ~ degli anni** im besten Alter; **in ~** blühend (*a. fig*); **un fior di mascalzone** ein Erzschurke *m*; *fig* **essere il ~ all'occhiello di qn/qc** das Aushängeschild j-s/etw sein; **ha i nervi a fior di pelle** seine Nerven sind (bis) zum Zerreißen gespannt; **guadagnare fior di quattrini** eine Menge Geld verdienen; **vaso di** (*od* **da**) **-i** *per fiori recisi*: Blumenvase *f*, *per piante*: Blumentopf *m*

fio·rel·li·no M Blümchen *n*

fio·ren·te [-ɛ-] ADJ blühend, florierend (*a. fig*): **essere ~** blühen, florieren

fio·ren·ti·no **A** ADJ florentinisch **B** M, **-a** F Florentiner *m*, -in *f*

fio·ret·ti·sta M/F Florettfechter *m*, -in *f*

fio·ret·to[1] [-e-] M SPORT Florett(-fechten) *n*

fio·ret·to[2] [-e-] M **1** Auslese *f* **2** *fig* Floskel *f*

fio·rie·ra [-ɛ-] F Blumenkasten *m*, -kübel *m*

fio·ri·no M HIST Gulden *m*

★**fio·ri·re** ⟨4d⟩ **A** V/I ⟨es⟩ **1** (auf)blühen (*a. fig*) **2** *fig* keimen **B** V/T **1** blühen lassen **2** mit Blumen schmücken **3** *fig* ausschmücken

fio·ri·sta M/F **1** Blumenbinder *m*, -in *f*, Florist *m*, -in *f* **2** Blumenzüchter *m*, -in *f*

fio·ri·to ADJ **1** Blüten-, blühend: **ramo ~** Blütenzweig *m* **2** Blumen-: **aiuola -a** Blumenbeet *n* **3** *fig* blumig, schnörkelig

fio·ri·tu·ra F Blüte *f* (*a. fig*): **essere in piena ~** in (voller) Blüte stehen; **periodo della ~** Blütezeit *f* (*a. fig*)

fiot·to [-ɔ-] M Schwall *m*: **un ~ di sangue** ein Blutschwall *m*

Fi·ren·ze [-ɛ-] F Florenz *n*

fire·wall ['faɪrwɔl] M *od* F IT Firewall *f*

★**fir·ma** F **1** Unterschrift *f* **2** Unterzeichnung *f* **3** *fig* Name *m*: **una grande ~ del giornalismo** ein großer Name im Journalismus **4** Zeichnungs-, Unterschriftsberechtigung *f* ♦ **~ depositata** Unterschriftsprobe *f*; **~ elettronica** elektronische Unterschrift *f* *fig* **ci farei** (*od* **metterei**) **la ~!** da wäre ich sofort dabei!; **con potere di ~** zeichnungsberechtigt; **raccolta di -e** Unterschriftensammlung *f*

⚠ firma ≠ Firma

la firma	=	die Unterschrift
die Firma	=	**l'azienda, la ditta**

fir·ma·men·to [-e-] M **1** Firmament *n* **2** *fig* **il ~ cinematografico** die Filmwelt

★**fir·ma·re** ⟨1a⟩ **A** V/T **1** unterschreiben, unterzeichnen **2** signieren **B** V/PR **-rsi** unterschreiben, unterzeichnen **fir·ma·ta·rio** M, **-a** F Unterzeichner *m*, -in *f* **fir·ma·to** ADJ **1** ge-, unterzeichnet **2** signiert **3** **un articolo ~** ein Markenartikel *m*

fi·sar·mo·ni·ca [-ɔ-] F Akkordeon *n* **fi·sar·mo·ni·ci·sta** M/F Akkordeonspieler *m*, -in *f*

fi·sca·le ADJ **1** Steuer-, steuerlich **2** *fig* kleinlich, streng: **essere troppo ~ con qn** zu hart zu j-m sein ♦ **scontrino ~** Kassenzettel *m*

fi·sca·li·sta M/F Steuerberater *m*, -in *f*

fi·sca·li·tà F **1** Steuerwesen *n* **2** *fig* Kleinlichkeit *f*, Strenge *f*

★**fi·schia·re** ⟨1a⟩ **A** V/I ⟨av⟩ pfeifen (*a. fig*): **il vento fischiava tra gli alberi** der Wind pfiff durch die Bäume **B** V/T **1** pfeifen: **~ una canzonetta** ein Liedchen pfeifen; SPORT ~ **un rigore** einen Elfmeter pfeifen **2** (*attore, film, squadra*) auspfeifen ♦ **mi fischiano le orecchie** *fig hum* mir klingen die Ohren

fi·schia·ta F **1** Pfeifen *n* **2** Pfiff *m*

fi·schiet·ta·re V/T & V/I ⟨1k; av⟩ pfeifen: ~ **tra sé e sé** vor sich hin pfeifen

fi·schiet·ti·o M Gepfeife *n*

fi·schiet·to [-e-] M (Signal)Pfeife *f* ♦ ~ **di richiamo** Lockpfeife *f*

fi·schio M Pfiff *m*, Pfeifen *n* (*a. fig*); Pfeifton *m* ♦ *umg* **fammi un** ~ gib mir Bescheid; ~ **finale** Ab-, Schlusspfiff *m*; **prendere -schi per fiaschi** etw völlig falsch verstehen

fi·sco M Fiskus *m*; Steuerbehörde *f* ♦ **evadere il** ~ Steuern hinterziehen

★**fi·si·ca** F Physik *f*: ~ **atomica** Atomphysik *f* **fi·si·ci·tà** F Körperlichkeit *f*

★**fi·si·co** **A** ADJ **1** körperlich, Körper-, physisch **2** physikalisch **B** M **1** Körperbau *m*, Körper *m*; **avere un bel** ~ gut gebaut sein **2** (*scienziato*) Physiker *m*, -in *f* ♦ **cultura -a** Fitnesstraining *n*; **educazione -a** Sportunterricht *m*; ~ **perfetto** Idealfigur *f*

fi·si·ma F Grille *f*, Macke *f*, Tick *m*

fi·sio·lo·gi·a F Physiologie *f*

fi·sio·lo·gi·co [-ɔ-] ADJ physiologisch

fi·sio·lo·go [-ɔ-] M, **-a** F Physiologe *m*, -login *f*

fi·sio·no·mi·a F Physiognomie *f* (*a. fig*)

fi·sio·te·ra·pi·a F Physiotherapie *f* **fi·sio·te·ra·pi·co** ADJ physiotherapeutisch **fi·sio·te·ra·pi·sta** M/F Physiotherapeut *m*, -in *f*

fis·sa F *umg* Fimmel *m*, Macke *f*, Spleen *m*: **ha la** ~ **della pallacanestro** er ist ein Basketballfan

fis·sa·bi·le ADJ feststellbar

fis·sag·gio M **1** Befestigung *f* **2** FOTO, TEX Fixierung *f*, Fixieren *n*

★**fis·sa·re** ⟨1a⟩ **A** V/T **1** befestigen, festmachen **2** (fest)schnallen **3** TECH (ein)spannen **4** festsetzen, vereinbaren: ~ **un appuntamento** ein Treffen vereinbaren **5** (*indire*) anberaumen **6** (*prenotare*) vormerken lassen **7** ~ **qn/qc** auf j-n/etw starren **8** ~ **lo sguardo su qn/qc** den Blick auf j-n/etw heften **9** ~ **l'attenzione su qc** die Aufmerksamkeit auf etw (*akk*) richten **10** FOTO fixieren **B** V/PR **-rsi su qc** sich auf etw (*akk*) versteifen ♦ ~ **con chiodi** festnageln; ~ **per iscritto** festschreiben; ~ **con viti** ver-, festschrauben

fis·sa·to **A** ADJ festgesetzt, verabredet: **all'ora -a** zur festgesetzten Zeit **B** M, **-a** F (*fanatico*) Freak *m*, Fanatiker *m*, -in *f*: **è un** ~ **della forma fisica** er ist ein Fitnessfreak; **è un** ~ **del thè** er ist ein Teefan; **lascialo perdere è solo un** ~ vergiss ihn, er hat sie nicht mehr alle

fis·sa·to·re [-o-] **A** ADJ Fixier-: **bagno** ~ Fixierbad *n* **B** M **1** FOTO Fixiermittel *n* **2** (*per capelli*) Haarfestiger *m*: ~ **in schiuma** Schaumfestiger *m* **fis·sa·zio·ne** [-o-] F **1** Befestigung *f* **2** Festsetzung *f*: ~ **dei prezzi** Preisfestsetzung *f*; ~ **dei tassi d'interesse** Zinsfestschreibung *f* **3** fixe Idee *f*

fis·si → figgere

fis·si·le ADJ PHYS spaltbar **fis·si·li·tà** F Spaltbarkeit *f* **fis·sio·ne** [-o-] F Spaltung *f*: ~ **nucleare** Kernspaltung *f*; **prodotto di** ~ Spaltprodukt *n*

fis·si·pe·de M Zwei-, Paarhufer *m*

fis·si·tà F **1** Festigkeit *f*; Unbeweglichkeit *f* **2** Starre *f* **3** *fig* Unveränderlichkeit *f*

★**fis·so** **A** ADJ **1** fest (*a. fig*): **avere un posto** ~ eine feste Stelle haben **2** starr: **regole -e** starre Regeln *pl*; **con sguardo** ~ mit starrem Blick **B** ADV **guardare** ~ **qn** j-n anstarren **C** M Festgehalt *n* ♦ *fig* **appuntamento** ~ ständige Einrichtung *f*; WIRTSCH **cambio** ~ fester Wechselkurs *m*; *fig* **avere un chiodo** ~ eine fixe Idee haben; **senza -a dimora** ohne festen Wohnsitz; IT **disco** ~ Festplatte *f*; **orario** ~ **di lavoro** feste Arbeitszeiten *pl*; **orario** ~ **di apertura** feste Öffnungszeiten *pl*; **a scadenza -a** befristet

fi·sto·la F MED Fistel *f*

fitness ['fitnɛs] F ⟨*inv*⟩ Fitness *f*: **centro (di)** ~, ~ **club** Fitnesscenter *n*, Fitnessstudio *n*

fi·to·fa·go [-ɔ-] M Pflanzenfresser *m*

fi·to·te·ra·pi·a F Pflanzenheilkunde *f*

fit·ta F Stich *m*, stechender Schmerz *m*

fit·ta·vo·lo M, **-a** F (Land)Pächter *m*, -in *f*

fit·tez·za [-e-] F Dichte *f*

fit·ti·le ADJ Ton-, irden: **vasi -i** Tongefäße *pl*

fit·ti·zio ADJ Schein-, fiktiv: **ditta -a** Scheinfirma *f*; **nome** ~ Deckname *m*

fit·to[1] **A** ADJ **1** dicht: **un bosco** ~ ein dichter Wald *m*; **nebbia -a** dichter Nebel *m* **2** dicht gedrängt: **un** ~ **programma**

ein dicht gedrängtes Programm *n* **3** heftig, stark: **pioggia -a** starker Regen *m* **4** engmaschig (*a. fig*): **una -a rete di distribuzione** ein engmaschiges Vertriebsnetz *n* **B** M Dickicht *n*: **nel ~ del bosco** im Waldesdickicht ♦ **buio ~** stockdunkel; **a capo ~** kopfüber

fit·to² M Pacht *f*, Miete *f*

fiu·ma·na F Flut *f*, Strom *m* (*a. fig*): **una ~ di persone** ein Strom *m* von Menschen; **una ~ di parole** ein Wortschwall *m*

★**fiu·me** **A** M **1** Fluss *m*; Strom *m* (*a. fig*) **2** *fig* Flut *f*, Schwall *m* **B** ADJ ⟨*inv*⟩ Marathon-: **seduta ~** Marathonsitzung *f* ♦ *fig* **a -i** in Strömen

fiu·ta·re V/T ⟨1a⟩ **1** beschnüffeln **2** (*tabacco*) schnupfen **3** JAGD wittern **4** *fig* wittern, ahnen: **~ un buon affare** ein günstiges Geschäft wittern **fiu·ta·to·re** [-o-] M (*cane*) Spürhund *m*

fiu·to M **1** Witterung *f* **2** *fig* Spürsinn *m*, Gespür *n* ♦ **tabacco da ~** Schnupftabak *m*

fla·bel·lo [-ɛ-] M Fächer *m*, Wedel *m*

flac·ci·dez·za [-e-] F Schlaffheit *f* **flac·ci·do** ADJ schlaff: **pelle -a** schlaffe Haut *f*

fla·co·ne [-o-] M Flakon *n od m*, Fläschchen *n*

fla·gel·lan·te M/F HIST Flagellant *m*, -in *f*, Geißler *m*, -in *f* **fla·gel·la·re** ⟨1b⟩ **A** V/T geißeln (*a. fig*) **B** V/PR **-rsi** sich geißeln **fla·gel·la·zio·ne** [-o-] F Geißelung *f* (*a. fig*)

fla·gel·lo [-ɛ-] M Geißel *f* (*a. fig*)

fla·gran·te ADJ JUR **1** flagrant, frisch begangen **2** offenkundig ♦ **cogliere qn in ~** j-n in flagranti (*od* auf frischer Tat) ertappen

flan M ⟨*inv*⟩ GASTR Auflauf *m*

fla·nel·la [-ɛ-] F Flanell *m*

flan·gia F Flansch *m*

flash [flɛʃ] M ⟨*inv*⟩ Blitzlicht *n* ♦ **~ d'agenzia** Kurzmeldung *f*; **fotografare col ~** blitzen; **fotografia col ~** Blitzlichtaufnahme *f*

flat·ra·te ['flɛt'reit] F ⟨*inv*⟩ Flatrate *f*

fla·tu·len·za [-ɛ-] F Blähung *f*

flau·ta·to ADJ Flöten-: **parlare con voce -a** flöten **flau·ti·sta** M/F Flötenspieler *m*, -in *f*

flau·to M Flöte *f* ♦ **~ contralto** Altflöte *f*; **~ traverso** Querflöte *f*

fle·bi·le [-ɛ-] ADJ **1** kläglich **2** leise, schwach

fle·bi·te F Venenentzündung *f*, Phlebitis *f*

fle·bo [-ɛ-] F *umg* Tropf *m*: **gli hanno messo la ~** er hängt am Tropf

fle·bo·cli·si F ⟨*inv*⟩ intravenöse Infusion *f*

fle·bo·to·mi·a F Aderlass *m*

flem·ma [-ɛ-] F **1** Phlegma *n* **2** Trägheit *f*

flem·ma·ti·co **A** ADJ phlegmatisch; träge **B** M, **-a** F Phlegmatiker *m*, -in *f*; träger Mensch *m*

fles·si [-ɛ-] → flettere

fles·si·bi·le **A** ADJ **1** biegsam **2** *fig* flexibel: **orario (di lavoro) ~** flexible Arbeitszeit *f* **3** *fig* anpassungsfähig **B** M Schlauch *m* **fles·si·bi·li·tà** F **1** Biegsamkeit *f* **2** *fig* Flexibilität *f* **3** *fig* Anpassungsfähigkeit *f* ♦ **~ del mercato del lavoro** Flexibilität *f* des Arbeitsmarktes

fles·sio·ne [-o-] F **1** Beugung *f* (*a.* GRAM), Biegung *f* **2** Rückgang *m*: **~ della Borsa** Kursrückgang *m* an der Börse; **~ delle quotazioni** Kursrückgang *m* ♦ **~ delle gambe** Kniebeuge *f*; **fare -i** Liegestütze machen

fles·so [-ɛ-] → flettere

fles·so·re [-o-] ADJ **muscolo ~** Beugemuskel *m*

fles·suo·si·tà F **1** Gelenkigkeit *f* **2** Biegsamkeit *f* **fles·suo·so** [-o-] ADJ **1** gelenkig **2** biegsam

flet·te·re [-ɛ-] ⟨3qq⟩ **A** V/T **1** biegen **2** beugen (*a.* GRAM): **~ le ginocchia** die Knie beugen **B** V/PR **-rsi** **1** sich biegen **2** sich beugen

flip·chart ['flip'tʃart] M *od* F ⟨*inv*⟩ Flipchart *f*

flip·pa·re V/I ⟨1a⟩ ausflippen

flip·pa·to ADJ *sl* ausgeflippt

flip·per M ⟨*inv*⟩ Flipper *m*: **giocare a ~** flippern

flirt [flɛrt] M ⟨*inv*⟩ Flirt *m*

flir·ta·re V/I ⟨1a; av⟩ flirten

flo·go·si [-ɔ-] F ⟨*inv*⟩ Entzündung *f*

flop·py disk [-ɔ-] M ⟨*inv*⟩ Floppy Disk *f*

flo·ra [-ɔ-] F Pflanzenwelt *f* ♦ **~ (batterica) intestinale** Darmflora *f*

flo·re·a·le ADJ Blumen- ♦ **stile ~** = *Jugendstil*

flo·ri·col·to·re [-o-] M, **-tri·ce** F Blumenzüchter *m*, -in *f*

flo·ri·col·tu·ra F Blumenzucht *f*

flo·ri·dez·za [-e-] F Blüte *f*; blühendes Aussehen *n*: **~ economica** wirtschaftliche Blüte *f*

flo·ri·do [-ɔ-] ADJ *fig* blühend, florierend

flo·scio [-ɔ-] ADJ schlapp, Schlapp-; schlaff, weich (*a. fig*): **cappello ~** Schlapphut *m*; **muscoli -sci** schlaffe Muskeln *pl*

flot·ta [-ɔ-] F Flotte *f* ♦ **~ aerea** Luftflotte *f*

flot·ti·glia F 1 Flottille *f* 2 Fangflotte *f*

fluen·te [-ɛ-] ADJ 1 *fig* fließend, flüssig 2 wallend: **chioma ~** wallendes Haar *n*

flui·di·tà F Flüssigkeit *f* (*a. fig*): **la ~ di uno stile** die Flüssigkeit eines Stils

flui·do A ADJ 1 flüssig, fließend (*a. fig*) 2 **situazione -a** unbeständige Lage *f* B M Flüssigkeit *f*

flu·i·re¹ V/I ⟨4d; es⟩ 1 (*di liquidi*) fließen, laufen (*a. fig*) 2 (*di gas*) strömen 3 *fig* (*di capelli*) wallen

flu·i·re² M 1 Fließen *n* 2 *fig* Strom *m*: **il ~ del tempo** der Strom der Zeit

flui·ta·re V/I ⟨1l; es⟩ schwimmen ♦ **far ~** flößen

flui·ta·zio·ne [-o-] F Flößerei *f*

fluo·re·scen·te [-ɛ-] ADJ fluoreszierend, Leuchtstoff-: **tubo ~** Leuchtstoffröhre *f*

fluo·re·scen·za [-ɛ-] F Fluoreszenz *f*

fluo·ri·te F Fluorit *n* **fluo·ro** [-ɔ-] M Fluor *n*

flus·so M 1 Strom *m*; Strömung *f* 2 PHYS, ELEK *fig* Fluss *m*: **~ di traffico** Verkehrsfluss *m* ♦ **~ mestruale** Monatsblutung *f*; **~ sanguigno** Blutstrom *m*

flut·to M *poet* Woge *f*; *pl* (*mare*) Fluten *pl*

flut·tuan·te ADJ 1 wogend 2 FIN fluktuierend, schwankend (*a. fig*)

flut·tua·re V/I ⟨1l; av⟩ 1 fluten, wogen 2 (*di nuvole*) schweben (*a. fig*) 3 FIN schwanken **flut·tua·zio·ne** [-o-] F 1 Wogen *n* (*a. fig*) 2 FIN Schwankung *f*: **~ dei cambi** Kursschwankung *f* 3 MED Fluktuation *f*

flu·via·le ADJ Fluss-: **navigazione ~** Flussschifffahrt *f*; **per via ~** auf dem Flussweg

fo·bi·a F 1 PSYCH Phobie *f* 2 (starke) Abneigung *f*

fo·ca [-ɔ-] F Robbe *f*

fo·cac·cia F GASTR Fladen *m* ♦ **rendere pan per ~** Gleiches mit Gleichem vergelten

fo·ca·ia ADJ **pietra ~** Feuerstein *m*

fo·ca·le ADJ 1 GEOM Brennpunkt- 2 OPT fokal, Brenn-: **punto ~** Brennpunkt *m* (*a. fig*)

fo·ca·liz·za·re V/T ⟨1a⟩ 1 FOTO scharf einstellen 2 *fig* scharf (*od* klar) umreißen

fo·ce [-ɔ-] F (Fluss)Mündung *f*; Mündungsgebiet *n*: **~ a delta** Deltamündung *f*; **~ a estuario** Trichtermündung *f*

fo·co·la·io M Herd *m* (*a. fig*) **fo·co·la·re** M 1 Feuerstätte *f*, Feuerstelle *f* 2 *fig* Herd *m*, Heim *n*: **il ~ domestico** der heimische Herd

fo·co·si·tà F Heißblütigkeit *f*

fo·co·so [-o-] ADJ feurig, heißblütig

fo·de·ra [-ɔ-] F 1 TEX Futter *n*: **~ staccabile** ausknöpfbares Futter *n* 2 Be-, Überzug *m* 3 Einband *m*

fo·de·ra·me M Futterstoff *m*

fo·de·ra·re V/T ⟨1l *u.* c⟩ 1 (aus-, unter)-füttern 2 (*rivestire*) ausschlagen, auslegen, beziehen 3 (*libri*) einbinden, einschlagen **fo·de·ra·to** ADJ 1 gefüttert 2 (*rivestito*) bezogen ♦ **avere gli occhi -i di prosciutto** Tomaten auf den Augen haben

fo·de·ri·na F 1 (Buch)Einband *m* 2 AUTO (Schutz)Bezug *m*

fo·de·ro [-ɔ-] M (*di armi*) Scheide *f*

fo·ga [-o-] F Ungestüm *n*, Eifer *m*, Hitze *f*

fog·gia [-ɔ-] F 1 Art *f* 2 MODE Schnitt *m*, Fasson *f*

Fog·gia [-ɔ-] F Foggia *n* **fog·gia·no** A ADJ aus, von Foggia B M, **-a** F Bewohner *m*, -in *f* von Foggia

fog·gia·re V/T ⟨1f⟩ formen, bilden (*a. fig*)

★**fo·glia** [-ɔ-] F 1 Blatt *n*; *pl* (*fogliame*) Laub *n* 2 Folie *f* 3 MECH (*di molla*) Federblatt *n* ♦ **coperto di -e** belaubt; **mangiare la ~** den Wink verstehen; **tremare come una ~** wie Espenlaub zittern

fo·glia·me M Laub(werk) *n*

fo·gliet·to [-e-] M Blättchen *n*, Zettel *m*; (*per appunti*) Notizzettel *m*: **~ illustrativo** Packungsbeilage *f*

★**fo·glio** [-ɔ-] M 1 Blatt *n*, Bogen *m* 2 Formular *n* 3 Folie *f* 4 (*giornale*) Blatt *n* ♦ **~ di appunti** Merkblatt *n*; *fig* **essere (come) un ~ bianco** ein unbeschriebenes Blatt sein; IT **~ elettronico** Tabellenkalkulation *f*; **~ di istruzioni** Betriebsanleitung *f*; MIL **~ di licenza** Urlaubsschein *m*; **~ di stampa** Druckbogen *m*

fo·gna [-o-] F 1 Abwasserkanal *m*; *pl* Kanalisation *f* 2 *fig pej* Spelunke *f* 3 *fig pej* Fresssack *m*

fo·gna·tu·ra F Kanalisation *f*

föhn [føːn] M ⟨*inv*⟩ Föhn(wind) *m*

fo·ia [-ɔ-] F 1 Brunst *f* 2 Begierde *f*,

Sucht *f*
fo·la [-ɔ-] F Lüge *f*, Märchen *n*
fo·la·ta F Bö(e) *f*: ~ **di vento** Windbö *f*
fol·clo·re [-o-] M Volkskunde *f*; Folklore *f*
fol·clo·ri·smo [-zmo] M 1 Vorliebe *f* für Folklore 2 *pej* Volkstümelei *f* **fol·clo·ri·sta** M/F Folklorist *m*, -in *f* **fol·clo·ri·sti·co** ADJ 1 volkskundlich 2 folkloristisch, Volks-, Trachten-: **gruppo** *m* ~ Volkstanzgruppe *f*; **costume** *m* (*od* **abito** *m*) ~ Trachtenanzug *m*
fol·go·ran·te ADJ 1 blitzend 2 *fig* umwerfend: **bellezza** ~ umwerfende Schönheit *f*
fol·go·ra·re ⟨1l⟩ A V/I ⟨av⟩ *poet* blitzen, leuchten (*a. fig*) B V/T 1 **essere folgorato** vom Blitz getroffen werden 2 **restare folgorato da una scossa elettrica** einen elektrischen Schlag bekommen **fol·go·ra·zio·ne** [-o-] F 1 Blitzschlag *m*; Stromschlag *m* 2 *fig* Geistesblitz *m*
fol·go·re [-o-] F *poet* Blitz(schlag) *m*
fol·la [-ɔ-] F 1 Menschenmenge *f* 2 Menge *f*, Haufen *m* 3 *fig* Unmenge *f* ♦ **fare un bagno di** ~ ein Bad in der Menge nehmen
fol·la·re V/T ⟨1a⟩ TEX walken
fol·le [-ɔ-] A ADJ 1 wahnsinnig, irrsinnig 2 *fig* Wahnsinns-: **idea** ~ Wahnsinnsidee *f* B M/F Wahnsinnige *m/f* ♦ **essere** ~ **di qn** nach j-m verrückt sein; TECH **mettere in** ~ in den Leerlauf schalten
fol·leg·gia·re V/I ⟨1f; av⟩ es toll treiben
fol·let·to [-e-] M Kobold *m*
fol·li·a F Wahnsinn *m* (*a. fig*): **essere in preda alla** ~ dem Wahnsinn verfallen sein; **è** ~ **pura** das ist heller Wahnsinn ♦ ~ **omicida** Blutrausch *m*
fol·li·co·lo M Follikel *m*
fol·tez·za [-e-] F Dichte *f*
fol·to [-o-] A ADJ 1 dicht (*a. fig*): **capelli -i** dichtes Haar *n* 2 *fig* (*numeroso*) zahlreich B M Dichte *f* ♦ **entrare nel** ~ **del bosco** tief in den Wald hineingehen; **buttarsi nel** ~ **della mischia** sich ins dickste Getümmel stürzen
fo·men·ta·re V/T ⟨1a⟩ 1 *fig* schüren 2 anstiften, hetzen: ~ **la rivolta** zum Aufruhr anstiften **fo·men·ta·to·re** [-o-] M, **-tri·ce** F Anstifter *m*, -in *f*, Unruhestifter *m*, -in *f*
fo·men·to [-e-] M Anstiftung *f*
fon [-ɔ-] M ⟨*inv*⟩ Haartrockner *m*, Föhn *m*: **asciugare i capelli con il** ~ die Haare föhnen
fo·na·zio·ne [-o-] F Stimm-, Lautbildung *f*
fon·da [-o-] F SCHIFF **essere alla** ~ vor Anker liegen; **posto di** ~ Ankerplatz *m*
fon·da·le M 1 (Wasser)Tiefe *f*: **-i marini** Meerestiefe *f* 2 THEAT Bühnenhintergrund *m*
★**fon·da·men·ta·le** ADJ 1 Grund-, fundamental: **nozioni -i** Grundkenntnisse *pl*; **diritti -i** Grundrechte *pl* 2 wesentlich, grundlegend 3 Haupt-, Kern-: **punto** ~ Hauptpunkt *m*
fon·da·men·ta·li·smo [-zmo] M Fundamentalismus *m* **fon·da·men·ta·li·sta** A ADJ fundamentalistisch B M/F Fundamentalist *m*, -in *f*
fon·da·men·to [-e-] M 1 ⟨*pl* -a⟩ Fundament *n* 2 *fig* ⟨*pl* -a⟩ Basis *f* 3 *fig* ⟨*pl* -i⟩ Grundlage *f* ♦ **essere privo di ogni** ~ jeder Grundlage entbehren
★**fon·da·re** ⟨1a⟩ A V/T 1 ~ **un edificio** das Fundament für ein Gebäude legen 2 gründen 3 *fig* begründen 4 *fig* gründen, fußen: ~ **l'accusa su una testimonianza** die Anklage auf eine Zeugenaussage gründen B V/PR **-rsi** sich stützen; fußen
fon·da·tez·za [-e-] F Stichhaltigkeit *f*, Triftigkeit *f* **fon·da·to** ADJ stichhaltig, triftig **fon·da·to·re** [-o-] A ADJ Gründungs- B M, **-tri·ce** F 1 (Be)Gründer *m*, -in *f* 2 (*di fondazione*) Stifter *m*, -in *f*
fon·da·zio·ne [-o-] F 1 (Be)Gründung *f* 2 *pl* (*edilizia*) Fundament *n* 3 JUR (*istituzione*) Stiftung *f*
fon·del·lo [-ɛ-] M Boden *m*: ~ **dei pantaloni** Hosenboden *m* ♦ *umg* **prendere qn per i -i** j-n verarschen
fon·den·te [-ɛ-] A ADJ schmelzend B M (*caramella*) Fondant *m od n* ♦ **cioccolato** ~ Bitter-, Blockschokolade *f*
fon·de·re [-o-] ⟨3bb⟩ A V/T 1 schmelzen: ~ **metallo** Metall schmelzen 2 (*amalgamare*) ver-, zusammenschmelzen 3 *fig* verschmelzen, vereinigen 4 *fig* (*imprese, società*) zusammenschließen 5 TECH (*colare*) gießen 6 *umg* (*in motoristica*) ~ **le bronzine** (*od* **il motore**) einen Kolbenfresser haben B V/I ⟨av⟩ schmelzen: **il ghiaccio fonde** das Eis schmilzt C V/PR **-rsi** 1 (*liquefarsi*) schmelzen 2 (*amalgamarsi*) verschmelzen 3 *fig* verschmelzen, sich vereinigen 4 *fig* (*imprese, società*) fusionieren

fon·de·ri·a F Gießerei *f*
fon·dia·rio ADJ Grund-, Boden-: **proprietà -a** Grundbesitz *m;* **imposta -a** Grundsteuer *f*
fon·di·bi·le ADJ schmelzbar
fon·di·na F Pistolentasche *f*, Halfter *f od n*
fon·di·sta M/F **1** Langstreckenläufer *m*, -in *f* **2** Langstreckenschwimmer *m*, -in *f* **3** (*nello sci*) Langläufer *m*, -in *f* **4** (*giornalista*) Leitartikelschreiber *m*, -in *f*
fon·di·to·re [-o-] M, **-tri·ce** F (*operaio*) Gießer *m*, -in *f*
fon·di·tri·ce F (*macchina*) Gießmaschine *f*
fon·do[1] [-o-] M **1** Boden *m*, Grund *m*: **il ~ del mare** der Meeresgrund **2** Hintergrund *m* **3** Ende *n*: **in ~ alla pagina** am Ende der Seite **4** (*deposito*) Bodensatz *m* **5** (*sfondo*) Grund *m* **6** Grundstück *n* **7** Langstreckenlauf *m* **8** Langstreckenschwimmen *n* **9** (*sci*) Langlauf *m* ♦ **a ~** gründlich; **andare a ~** untergehen; **andare a ~ di qc** etw (*dat*) auf den Grund gehen; **articolo di ~** Leitartikel *m;* **-i di bottiglia** Weinstein *m;* **-i di caffè** Kaffeesatz *m;* **da cima a ~** von vorn bis hinten, von oben bis unten; GASTR **~ di cottura** Fond *m;* **dar ~** Anker werfen; **dare ~ ai propri risparmi** seine Ersparnisse erschöpfen; **questione di ~** grundlegende Frage *f;* **a doppio ~** mit doppeltem Boden; **in ~** im Grunde (genommen); ★ **in ~ a** am Ende von; hinten; **in ~ all'armadio** hinten im Schrank; *fig* **in ~ all'anima** im Grunde seiner Seele; **-i di magazzino** *umg* Ladenhüter *m;* **toccare il ~** *fig* völlig heruntergekommen sein
fon·do[2] [-o-] M **1** PL (Geld)Mittel *pl*, Gelder *pl* **2** WIRTSCH Fonds *m;* Rückstellung *f* ♦ **~ immobiliare** Immobilienfonds *m;* **~ d'investimento** Investmentfonds *m;* **~ monetario** Währungsfonds *m;* **-i neri** Schwarzgelder *pl;* **-i obbligazionari** Obligationenfonds *m;* **~ di previdenza integrativa** Vorsorgefonds *m*
fon·do[3] [-o-] ADJ tief: **piatto ~** tiefer Teller *m* ♦ **a notte -a** spät in der Nacht
fon·do·schie·na [-ɛ-] M ⟨*inv*⟩ *umg* Hintern *m* **fon·do·tin·ta** M ⟨*inv*⟩ Make-up *n* **fon·do·val·le** M Tal *n*, GEOL Talsohle *f*: **a** (*od* **nel**) **~** unten im Tal
fon·du·ta F Fondue *n od f*: **~ borgognona** Fleischfondue *n od f*
fo·ne·ma [-ɛ-] M Phonem *n*
fo·ne·ti·ca [-ɛ-] F Phonetik *f*, Lautlehre *f*
fo·ne·ti·co [-ɛ-] ADJ phonetisch, Laut-
fo·ni·co [-ɔ-] **A** ADJ phonisch **B** M Techniker *m*, -in *f;* Toningenieur *m*, -in *f*
fo·no·as·sor·ben·te [-ɛ-] ADJ schallschluckend **fo·no·i·so·lan·te** ADJ schalldämpfend, schallisolierend
fo·no·me·tri·a F Schallmessung *f*
fo·no·me·tro [-ɔ-] M Geräuschmesser *m*
fo·no·re·gi·stra·zio·ne [-o-] F Tonaufnahme *f* **fo·no·ri·pro·dut·to·re** [-o-] M Tonwiedergabegerät *n* **fo·no·ri·pro·du·zio·ne** [-o-] F Tonwiedergabe *f* **fo·no·te·ca** [-ɛ-] F Phonothek *f*
font [fɔnt] M *od* F ⟨*inv*⟩ TYPO IT (*carattere*) Schriftart *f*, Font *m*
★**fon·ta·na** F (Spring)Brunnen *m*
fon·ta·nel·la [-ɛ-] F **1** (Trink)Brunnen *m* **2** ANAT Fontanelle *f* **fon·ta·nie·re** [-ɛ-] M, **-a** F Brunnenmeister *m*, -in *f* **fon·ta·ni·le** M Brunnentrog *m*, Tränke *f*
fon·te [-o-] **A** F Quelle *f* (*a. fig*); Brunnen *m*: **~ di luce** Lichtquelle *f;* **~ di errori** Fehlerquelle *f* **B** M **~ battesimale** Taufbecken *n* ♦ **~ energetica** Energiequelle *f;* **-i energetiche rinnovabili/non rinnovabili** erneuerbare/nicht erneuerbare Energiequellen *pl;* **-i energetiche alternative/pulite** alternative/saubere Energiequellen *pl;* **ritenuta alla ~** Quellensteuer *f;* **~ termale** Heilquelle *f*
foot·ing ['futiŋ] M Dauerlauf *m*
fo·rag·ge·ra [-ɛ-] F Futterpflanze *f*
fo·rag·gia·re V/T ⟨1f⟩ **1** füttern **2** *fig hum pej* mit Geld versorgen; schmieren
fo·rag·gio M Futter *n*
fo·ra·re ⟨1a⟩ **A** V/T **1** durchstechen **2** (*biglietti*) lochen, *umg* knipsen **3** durchbohren **4** **~** (**un pneumatico**) eine Reifenpanne haben **B** V/PR **-rsi** ein Loch, Löcher bekommen **fo·ra·to** ADJ **1** **un pneumatico ~** ein Plattfuß *m* **2** Loch-, Hohl-: **mattoni -i** Hohlziegel *pl* **fo·ra·tu·ra** F **1** Lochung *f* **2** Durchbohrung *f* **3** Reifenpanne *f*
for·bi·ce [-ɔ-] F Schere *f* (*a.* ZOOL *fig*)
★**for·bi·ci** [-ɔ-] FPL Schere *f* (*a.* ZOOL *fig*)
for·bi·cia·ta F Stich *m* (*od* Schnitt *m*) mit der Schere **for·bi·ci·na** F **1** *mst* PL Scherchen *n*: **~ per** (**le**) **unghie** Nagelschere *f* **2** ZOOL Ohrwurm *m*
for·bi·re ⟨4d⟩ **A** V/T *poet* **1** reinigen **2** *fig* ausfeilen, verfeinern **B** V/PR **-rsi** sich verfeinern **for·bi·tez·za** [-e-] F Ge-

schliffenheit *f*, Gewähltheit *f* **for·bi·to** ADJ geschliffen, gewählt

for·ca [-o-] F **1** (Heu)Gabel *f* **2** Galgen *m* ♦ **passare** (**sotto**) **le -che caudine** = *Spießruten laufen*

for·cel·la [-ɛ-] F **1** (Rad)Gabel *f* **2** (Ast)Gabel *f*

★**for·chet·ta** [-e-] F (*per mangiare*) Gabel *f* ♦ **essere una buona ~** ein guter Esser sein; **parlare in punta di ~** hochgestochen reden

for·chet·ta·ta F Gabelvoll *f*

for·chet·to·ne [-o-] M Vorlegegabel *f*

for·ci·na F Haarnadel *f*

for·ci·pe [-ɔ-] M (Geburts)Zange *f*

for·co·la [-o-] F **1** AGR kleine Gabel *f* **2** SCHIFF Rudergabel *f*

for·co·ne [-o-] M Heugabel *f*; Mistgabel *f*

for·cu·to ADJ gabelförmig

fo·rel·li·no M Löchlein *n*

fo·ren·se [-ɛ-] ADJ gerichtlich, Gerichts-

★**fo·re·sta** [-ɛ-] F Wald *m*, Forst *m* ♦ **moria delle -e** Waldsterben *n*; **~ fossile** fossiler Wald *m*; **~ vergine** Urwald *m*

fo·re·sta·le **A** ADJ Wald-, Forst-: **guardia ~** Förster *m*; **patrimonio ~** Waldbestand *m* **B** M Förster *m*

fo·re·sta·zio·ne [-o-] F Aufforstung *f*

fo·re·ste·ri·a F Gästehaus *n* **fo·re·stie·ro** [-ɛ-] **A** ADJ fremd **B** M, **-a** F Fremde *m/f*

for·fait [fɔr'fɛ] M ⟨*inv*⟩ Pauschale *f*, Pauschalbetrag *m* ♦ **a ~** pauschal, Pauschal-; **prezzo a ~** Pauschalpreis *m*

for·fe(t)·ta·rio ADJ pauschal, Pauschal-

for·fe(t)·tiz·za·re V/T ⟨1a⟩ pauschalieren

for·fo·ra [-o-] F (Haar)Schuppe *f*

for·gia [-ɔ-] F Schmiede *f*

for·gia·re V/T ⟨1f⟩ **1** schmieden **2** *fig* formen

fo·rie·ro [-ɛ-] ADJ an-, verkündend: **~ di sventura** Unheil (ver)kündend

For·lì-Ce·se·na [-e-] F Forlì-Cesena *n*

for·li·ve·se [-e-] **A** ADJ aus, von Forlì-Cesena **B** M/F Bewohner *m*, -in *f* von Forlì-Cesena

★**for·ma** [-o-] F **1** Form *f*, Gestalt *f* **2** *pl* Formen *pl*, Figur *f*, Gestalt *f*: **belle -e** schöne Figur *f* **3** Form *f*, Art *f*: **~ di governo** Regierungsform *f* **4** **essere in ~** (gut) in Form sein ♦ **a ~ di** in Form von, -förmig; **peso ~** Idealgewicht *n*; **~ per scarpe** Leisten *m*

for·mag·gie·ra [-ɛ-] F = *Behälter für geriebenen Käse* **for·mag·gi·no** M Käseecke *f*

★**for·mag·gio** M Käse *m* ♦ **~ caprino** Ziegenkäse *m*; **~ cremoso** Rahmkäse *m*; **~ a pasta dura** Hart-, Schnittkäse *m*; **~ fresco** Frischkäse *m*; **grattugiato** geriebener Käse *m*; **~ molle** Weichkäse *m*; **~ parmigiano** Parmesankäse *m*; **~ pecorino** Schafskäse *m*

for·ma·le ADJ **1** Form-, formal: **questione ~** Formfrage *f* **2** (*ufficiale*) formell **3** (*distaccato*) förmlich, steif **4** (*di opera artistica*) gestalterisch

for·ma·li·smo [-zmo] M **1** Formalismus *m* **2** *fig* Steifheit *f* **for·ma·li·sti·co** ADJ formalistisch **for·ma·li·tà** F ⟨*inv*⟩ **1** Formalität *f*, Formsache *f*: **è una pura ~** es ist (eine) reine Formsache **2** *fig* Förmlichkeit *f*

for·ma·liz·za·re ⟨1a⟩ **A** V/T formalisieren **B** V/PR **-rsi per qc** an etw (*dat*) Anstoß nehmen

★**for·ma·re** ⟨1a⟩ **A** V/T **1** bilden (*a. fig*) **2** formen **3** ausbilden **4** TEL wählen **5** SPORT **~ una squadra** eine Mannschaft aufstellen **B** V/PR **-rsi** **1** sich bilden (*a. fig*) **2** Gestalt annehmen **3** sich (aus)-bilden

for·mat [-ɔ-] M ⟨*inv*⟩ TV Format *n*

for·ma·ti·vo ADJ **1** charakter-, geistbildend **2** Gestaltungs-: **principio ~** Gestaltungsprinzip *n* ♦ **percorso ~** Bildungsgang *m*

for·ma·to **A** ADJ **1** gestaltet, gebaut: **ben ~** gut gebaut **2** **~ da** bestehend aus **B** M Format *n* ♦ **foglio di ~ A4** DIN-A4--Blatt *n*; **confezione ~ famiglia** Familienpackung *f*; **~ landscape** (*od* **orizzontale**) Querformat; IT **~ pagina** Papierformat *n*; **~ ritratto** (*od* **verticale**) Hochformat; **~ tascabile** Taschenformat *n*; **fotografia ~ tessera** Passfoto *n*; IT **~ unicode** Unicode--Format *n*

for·mat·ta·re V/T ⟨1a⟩ formatieren

for·mat·ta·zio·ne [-o-] F Formatierung *f*

for·ma·zio·ne [-o-] F **1** Bildung *f*: **~ di nubi** Wolkenbildung *f*; **~ di ghiaccio** Eisbildung *f* **2** Entstehung *f* **3** GEOL Formation *f* **4** (Aus)Bildung *f*: **~ in alternanza** berufsbegleitende Ausbildung *f*; (*all'università*) berufsbegleitendes Studium *n*; **contratto di ~ lavoro** Ausbildungsvertrag *m*; **corso di ~** Lehrgang *m*; **~ professionale** Berufsausbildung *f* **5** MIL, FLUG Formation *f*; Verband *m* **6** SPORT Aufstellung *f* ♦ **in** (**via di**) **~** im Entstehen begriffen; **volo in ~** Formationsflug *m*

for·mel·la [-ɛ-] F **1** ARCH Kassette *f*: **soffitto a -e** Kassettendecke *f* **2** Fliese *f*

for·mi·ca[1] F Ameise *f*

for·mi·ca[2] [-ɔ-] F Laminat *n*

for·mi·ca·io M **1** Ameisenhaufen *m* **2** *fig* Gewühl *n*, Gewimmel *n*

for·mi·ca·le·o·ne [-o-] M Ameisenlöwe *m*

for·mi·chie·re [-ɛ-] M Ameisenbär *m*

for·mi·co·lan·te ADJ wimmelnd

for·mi·co·la·re V/I ⟨1m; av, es⟩ **1** **~ di** wimmeln von (*a. fig*) **2** kribbeln: **mi formicola un piede** es kribbelt mir im Fuß

for·mi·co·li·o M **1** Gewimmel *n* **2** Kribbeln *n*

for·mi·da·bi·le ADJ außergewöhnlich

for·mi·na F Sandförmchen *n*

for·mo·si·tà F Üppigkeit *f*; Kurven *pl*

for·mo·so [-o-] ADJ üppig: **una donna -a** eine Frau mit üppigen Formen

for·mu·la [-ɔ-] F **1** Formel *f* **2** *fig* Rezept *n*: **secondo una ~ consolidata** nach bewährtem Rezept ♦ **~ di saluto** Grußformel *f*; SPORT **~ 1** Formel-1 *f*

for·mu·la·re V/T ⟨1l⟩ **1** formulieren **2** vorbringen: **~ una critica** eine Kritik vorbringen **for·mu·la·rio** M Formular *n* **for·mu·la·zio·ne** [-o-] F Formulierung *f*

for·na·ce F **1** Brennofen *m* **2** Ziegelei *f*

for·na·io M, **-a** F Bäcker *m*, -in *f*

for·nel·let·to [-e-] M Kocher *m*: **~ da campeggio** Campingkocher *m*

★**for·nel·lo** [-ɛ-] M (Koch)Herd *m*: **~ da campeggio** Campingkocher *m*; **~ a gas** Gasherd *m*

for·ni·ca·re V/I ⟨1l *u.* d; av⟩ Unzucht treiben

for·ni·ca·zio·ne [-o-] F Unzucht *f*

★**for·ni·re** ⟨4d⟩ **A** V/T **1** liefern (*a. fig*): **~ merci/una prova** Waren/einen Beweis liefern **2** **~ una ditta di qc** eine Firma mit etw beliefern **3** **~ qn/qc di qc** j-n/etw versehen (*od* ausstatten) mit etw **B** V/PR **1** **-rsi di qc** sich versorgen mit etw **2** **-rsi da una ditta** sich von einer Firma beliefern lassen

for·ni·to ADJ **1** **~ di** ausgestattet mit **2** **essere ben ~** ein dickes Portemonnaie haben **for·ni·to·re** [-o-] **A** ADJ Lieferditte **-trici** Lieferbetriebe *pl* **B** M, **-trice** F **1** (*persona*) Lieferant *m*, -in *f* **2** (*azienda*) **fornitore** *m* Lieferant *m*; (*di energia*) Versorger *m* **for·ni·tu·ra** F **1** (Be)Lieferung *f*: **~ energetica** Energieversorgung *f* **2** *pl* Artikel *pl*

★**for·no** [-o-] M **1** Ofen *m* **2** (Back)Ofen *m* **3** Bäckerei *f* ♦ **alto ~** Hochofen *m*; **cotto al ~** gebacken; **~ ad aria calda** Umluftherd *m*; **~ elettrico** elektrischer Backofen *m*; **~ a gas** Gasbackofen *m*; **~ a legna** Holzkohlenofen *m*; **~ a microonde** Mikrowellenherd *m*; **pollo al ~** Backhuhn *n*

fo·ro[1] [-o-] M Loch *n*

fo·ro[2] [-ɔ-] M **1** HIST Forum *n* **2** Gericht *n* ♦ **~ competente** Gerichtsstand *m*; **~ d'informazione** Informationsforum *n*

for·ra [-o-] F Schlucht *f*

★**for·se** [-o-] **A** ADV **1** vielleicht **2** ungefähr, etwa: **avrà ~ vent'anni** er wird ungefähr zwanzig sein **B** M ⟨*inv*⟩ Zweifel *m*; *fig* Fragezeichen *n* ♦ **essere in ~** in der Luft hängen; **mettere qc in ~** etw in Frage stellen

for·sen·na·to **A** ADJ tobsüchtig **B** M, **-a** F Tobsüchtige *m/f*, Besessene *m/f* (*a. fig*) ♦ **gridare come un ~** wie ein Wilder schreien

★**for·te**[1] [-ɔ-] **A** ADJ **1** kräftig; stark (*a. fig*): **essere ~ in matematica** stark in Mathematik sein; **un ~ fumatore** ein starker Raucher; **colori -i** kräftige Farben *pl*; **-i dolori** starke Schmerzen *pl* **2** heftig: **un ~ temporale** ein heftiges Gewitter *n* **3** laut **4** fest: **un ~ abbraccio** eine feste Umarmung *f* **5** scharf: **una salsa molto ~** eine sehr scharfe Soße **6** WIRTSCH hart: **moneta** (*od* **valuta**) **~** harte Währung *f* **7** **-i guadagni** hohe Gewinne *pl* **8** *umg* **il tuo amico è veramente ~!** dein Freund ist echt stark! **B** ADV **1** stark, heftig, kräftig: **il vento soffia ~** der Wind weht stark **2** laut **3** **abbracciare ~ qn** j-n fest umarmen **4** schnell: **stai andando troppo ~** du fährst zu schnell **C** M Stärke *f*: **la geografia non è il mio ~** Geografie ist nicht meine Stärke ♦ *umg* **che ~!** stark! toll!; **puoi dirlo ~!** das kannst du laut sagen!; **pezzo ~** Glanzstück *n*; Paradepferd *n*; **piatto ~** Hauptgericht *n*; *fig* Clou *m*; **il sesso ~** das starke Geschlecht; **taglie -i** Übergrößen *pl*

for·te[2] [-ɔ-] M MIL Befestigungsanlage *f*; Festung *f*

for·tez·za [-e-] F **1** Stärke *f*, Kraft *f*: ~

d'animo Seelenstärke *f* **2** Tapferkeit *f* **3** MIL Festung *f*

for·ti·fi·ca·re ⟨1m *u.* d⟩ **A** VT **1** stärken, kräftigen **2** (*moralmente*) festigen **3** MIL befestigen **B** V/PR **-rsi** erstarken

for·ti·fi·ca·zio·ne [-o-] F **1** Befestigung *f* **2** Festungsanlage *f*

for·ti·li·zio M (kleine) Festung *f*

for·ti·no M Fort *n*

for·tui·to ADJ zufällig ♦ **per un caso ~** durch Zufall, zufällig

★**for·tu·na** F **1** Glück *n*: **avere ~ al gioco** Glück im Spiel haben; **avere ~ con le donne** Glück bei den Frauen haben; **tentare la ~** sein Glück versuchen **2** Erfolg *m*, Anklang *m* **3** Vermögen *n*: **perdere una ~ al gioco** ein Vermögen beim Spiel verlieren ♦ **con -e alterne** mit wechselndem Glück; **atterraggio di ~** Notlandung *f*; **essere baciato dalla ~** ein Glückskind sein; **buona ~!** viel Glück!; **colpo di ~** Glücksfall *m*; **fare ~** sein Glück machen; **per ~** zum Glück; **portare ~** Glück bringen; **è solo questione di ~** das ist reine Glückssache; **avere un sacco di ~** viel Glück haben

for·tu·na·le M **1** Sturm *m* **2** Seesturm *m*

★**for·tu·na·ta·men·te** [-e-] ADV zum Glück

★**for·tu·na·to** ADJ **1** glücklich **2** Glücks-: **numero ~** Glückszahl *f* ♦ ★**essere ~** Glück haben

for·tu·nel·lo [-ɛ-] M, **-a** F Glückspilz *m*

for·tu·no·so [-o-] ADJ **1** wechselvoll **2** abenteuerlich **3** zufällig

fo·rum [-ɔ-] M Forum *n*: **~ di discussione** Diskussionsforum *n*

fo·run·co·lo M Furunkel *m od n*

for·vian·te ecc. → fuorviante ecc

★**for·za** [-ɔ-] **A** F **1** Kraft *f* (*a. fig* PHYS, JUR), Stärke *f* (*a. fig*): **essere in -e** bei Kräften sein; **farcela con le proprie -e** es aus eigener Kraft schaffen; **~ magnetica** magnetische Kraft *f*; **~ lavoro** Arbeitskraftpotenzial *n*; **~ di legge** Gesetzeskraft *f*; **-e progressiste** fortschrittliche Kräfte *pl* **2** Macht *f*: **la ~ economica di un paese** die wirtschaftliche Macht eines Landes; **-e oscure** dunkle Mächte *pl* **3** Intensität *f* **4** Gewalt *f*: **ricorrere all'uso della ~** Gewalt anwenden **B** INT los: **~, sbrigati!** los, beeil dich!; **su, ~!** Kopf hoch!; **~ e coraggio!** nur Mut! ♦ **a ~ di leggere** durch vieles Lesen; **-e aeree** Luftstreitkräfte *pl*; **-e armate** Streitkräfte *pl*; **con la ~ delle armi** mit Waffengewalt; **atto di ~** Kraft-, Gewaltakt *m* (*a. fig*); **~ di attrazione** Anziehungskraft *f*; **bella ~!** das ist keine Kunst!; **farsi ~** sich (*dat*) Mut machen; **~ di gravità** Schwerkraft *f*; **in ~ della sua carica** kraft seines Amtes; **per causa di ~ maggiore** aufgrund höherer Gewalt; **per ~** notgedrungen; auf jeden Fall; **prova di ~** Kraftprobe *f*; **la ~ trainante** die treibende Kraft; SCHIFF **a tutta ~** mit voller Kraft; **con tutte le -e** mit aller Macht; **uso della ~** Gewaltanwendung *f*; **il vento è a ~ 8** es herrscht Windstärke 8

for·za·re ⟨1c⟩ **A** VT **1** (fest) hineindrücken **2** aufbrechen **3** *fig* verdrehen: **~ la verità** die Wahrheit verdrehen **4** beschleunigen: **~ il passo** den Schritt beschleunigen **5** *fig* forcieren, steigern **6** zwingen: **~ qn a qc** j-n zu etw zwingen **B** V/PR **-rsi** sich zwingen

for·za·to **A** ADJ **1** gezwungen: **un sorriso ~** ein gezwungenes Lächeln *n* **2** (*distorto*) überzogen, verzerrt **3** Zwangs-: **alimentazione -a** Zwangsernährung *f*; **lavori -i** Zwangsarbeit *f* **B** M, **-a** F Zwangsarbeiter *m*, -in *f* **for·za·tu·ra** F **1** Aufbrechen *n*, Sprengen *n* **2** verzerrte Auslegung *f*, Verdrehung *f* **3** Überanstrengung *f*

for·zie·re [-ɛ-] M Geldschrank *m*, Tresor *m*

for·zo·so [-o-] ADJ Zwangs-: **cambio ~** Zwangsumtausch *m*; **corso ~** Zwangskurs *m*

for·zu·to ADJ *hum* bärenstark

fo·schi·a F Dunst *m*

fo·sco [-o-] ADJ **1** dunkel **2** *fig* finster, düster: **uno sguardo ~** ein finsterer Blick *m*

fo·sfa·to M Phosphat *n*: **senza -i** phosphatfrei

fo·sfo·re·scen·te [-ɛ-] ADJ phosphoreszierend, Leucht- **fo·sfo·re·scen·za** [-ɛ-] F Phosphoreszenz *f*

fo·sfo·ro [-ɔ-] M Phosphor *m*

fos·sa [-ɔ-] F **1** Grube *f* **2** Graben *m* **3** Grab *n* **4** ANAT Höhle *f*, Grube *f* ♦ **~ biologica** biologische Kläranlage *f*; **~ comune** Massengrab *n*

fos·sa·to M **1** (Wasser)Graben *m* **2** Ringgraben *m* ♦ **~ del castello** Burggraben *m*

fos·set·ta [-e-] F Grübchen *n*

fos·si·le [-ɔ-] **A** ADJ **1** fossil, versteinert **2** *fig* verknöchert **B** M Fossil *n* (*a. fig*), Versteinerung *f* ♦ **carbon ~** Steinkohle *f*

fos·si·liz·zar·si [-s-] V/PR ⟨1a⟩ **1** versteinern **2** *fig* verknöchern **fos·si·liz·za·zio·ne** [-o-] F **1** Versteinerung *f* **2** *fig* Verknöcherung *f*

fos·so [-ɔ-] M (Wasser)Graben *m*

fo·to [-ɔ-] F ⟨*inv*⟩ Foto *n*, Bild *n* ♦ **~ di gruppo** Gruppenbild *n*

fo·to·ca·me·ra F Fotoapparat *m*: **~ digitale** Digitalkamera *f* **fo·to·cel·lu·la** [-ɛ-] F Fotozelle *f*, Lichtschranke *f* **fo·to·chi·mi·ca** F Photochemie *f* **fo·to·co·lor** [-ɔ-] M ⟨*inv*⟩ Farbaufnahme *f* **fo·to·com·por·re** [-o-] V/T ⟨3ll⟩ etw im Fotosatz herstellen **fo·to·com·po·si·to·re** [-o-] M, **-tri·ce** F Fotosetzer *m*, -in *f* **fo·to·com·po·si·tri·ce** F (*macchina*) Fotosetzmaschine *f* **fo·to·com·po·si·zio·ne** [-o-] F Foto-, Lichtsatz *m*

fo·to·co·pia [-ɔ-] F Fotokopie *f* **fo·to·co·pia·re** V/T ⟨1k *u.* c⟩ fotokopieren **fo·to·co·pia·tri·ce** F Fotokopierer *m*: **~ a colori** Farbkopierer *m*

fo·to·cro·na·ca [-ɔ-] F Fotoreportage *f* **fo·to·cro·ni·sta** M/F Fotoreporter *m*, -in *f* **fo·to·e·let·tri·co** [-ɛ-] ADJ licht-, fotoelektrisch; Foto-: **cellula -a** Fotozelle *f* **fo·to·ge·ni·co** [-ɛ-] ADJ fotogen

★**fo·to·gra·fa·re** V/T ⟨1m *u.* c⟩ **1** fotografieren **2** *fig* genau wiedergeben, genau darstellen

★**fo·to·gra·fi·a** F **1** (*tecnica*) Fotografie *f* **2** Aufnahme *f*, Bild *n* ♦ **~ aerea** Luftaufnahme *f*; **~ in bianco e nero** Schwarz-Weiß-Aufnahme *f*; **~ a colori** Farbaufnahme *f*; **~ formato tessera** Passbild *n*

fo·to·gra·fi·co ADJ fotografisch (*a. fig*); Foto-: **macchina -a** Fotoapparat *m*; *fig* **memoria -a** fotografisches Gedächtnis *n*

★**fo·to·gra·fo** [-ɔ-] M, **-a** F Fotograf *m*, -in *f*

fo·to·gram·ma M **1** Einzelbild *n* **2** (*in topografia*) Fotogramm *n*, Messbild *n*

fo·to·me·tri·a F Lichtmessung *f*

fo·to·me·tro [-ɔ-] M Lichtmesser *m*

fo·to·mo·del·lo [-ɛ-] M, **-a** F Fotomodell *n* **fo·to·mon·tag·gio** M Fotomontage *f* **fo·to·re·por·ta·ge** M ⟨*inv*⟩ Fotoreportage *f* **fo·to·re·por·ter** [-ɔ-] M/F ⟨*inv*⟩ Fotoreporter *m*, -in *f* **fo·to·sen·si·bi·le** [-s-] ADJ lichtempfindlich **fo·to·sen·si·bi·li·tà** [-s-] F Lichtempfindlichkeit *f*

fo·to·sin·te·si [-'sintezi] F ⟨*inv*⟩ Fotosynthese *f*

fo·to·tes·se·ra [-ɛ-] F Passbild *n*

fo·to·vol·taico **A** ADJ fotovoltaisch: **cella -a** fotovoltaische Zelle *f*, Solarzelle *f*; **impianto ~** Fotovoltaikanlage *f*; **pannello ~** Fotovoltaikkollektor *m* **B** M Energie *f* aus Fotovoltaikanlagen

fot·te·re [-ɔ-] V/T ⟨3a⟩ *vulg* **1** ficken **2** *fig* bescheißen ♦ **va' a farti ~!** leck mich am Arsch!

fot·tu·to ADJ *vulg* **1** **essere ~** geliefert sein **2** **fa un freddo ~** es ist scheißkalt; **avere una paura -a** eine Heidenangst haben

fou·lard [fu'lar] M ⟨*inv*⟩ Kopftuch *n*; Halstuch *n*

★**fra**[1] PRÄP **1** zwischen: **~ la piazza del mercato e il fiume** zwischen dem Marktplatz und dem Fluss; **una discussione ~ i partecipanti** eine Diskussion zwischen den Teilnehmern; **guadagna ~ i 3000 e i 4000 euro** er verdient zwischen 3000 und 4000 Euro **2** (*di tempo*) zwischen: **~ le due e le tre** zwischen zwei und drei Uhr **3** unter, in: **detto ~ noi** unter uns gesagt; **stringere qn ~ le braccia** j-n in die Arme schließen; **mescolarsi ~ la folla** sich unter die Menge mischen; **il più vecchio ~ noi** der Älteste unter uns **4** (*di tempo*) in, binnen: **ci vediamo ~ una settimana** wir sehen uns in einer Woche **5** insgesamt: **~ viaggio e soggiorno ho speso 2000 euro** für Reise und Unterkunft habe ich insgesamt 2000 Euro ausgegeben ♦ **~ l'altro** unter anderem; **~ breve, ~ poco** bald, in Kürze; **pensare ~ sé** (**e sé**) bei sich denken

fra[2], **frà**, **fra'** M Bruder *m*: **~ Giovanni** Bruder Johannes

frac M ⟨*inv*⟩ Frack *m*

fra·cas·sa·re ⟨1a⟩ **A** V/T **1** zerschlagen, zertrümmern **2** **~ il vetro di una finestra** eine Fensterscheibe einwerfen **B** V/PR **-rsi** **1** in Trümmer gehen **2** **-rsi un braccio** sich (*dat*) einen Arm brechen

fra·cas·so M **1** Krach *m*, Lärm *m*: **fare un ~ indiavolato** einen Heidenlärm machen **2** Scheppern *n*; (*vetro*) Klirren *n*

frac·co M **dare a qn un ~ di botte** j-m eine Tracht Prügel geben

fra·di·cio **A** ADJ **1** durchnässt; triefnass **2** völlig: **sudato ~** schweißgebadet; **ubriaco ~** stockbetrunken **3** verdorben (*a. fig*) **B** M **1** faule Stelle *f* **2** *fig* Verkom-

menheit *f*
fra·di·ciu·me M **1** faules Zeug *n* **2** *fig* Verderbtheit *f*, Verkommenheit *f*
★**fra·gi·le** ADJ **1** zerbrechlich; spröde (*a.* TECH): **capelli -i** sprödes Haar *n* **2** *fig* zart, schwach: **una ~ speranza** eine schwache Hoffnung *f* **3** (*salute*) labil
fra·gi·li·tà F **1** Zerbrechlichkeit *f* **2** TECH Sprödigkeit *f* **3** *fig* Schwäche *f*
★**fra·go·la** F Erdbeere *f*: **di -e** Erdbeer-
fra·go·re [-o-] M **1** Getöse *n* **2** Donnern *n*; (*del tuono*) Grollen *n*
fra·go·ro·so [-o-] ADJ **1** tosend, donnernd; (*del tuono*) grollend **2** **una -a risata** ein schallendes Gelächter *n*
fra·gran·te ADJ duftend, wohlriechend
fra·gran·za F Wohlgeruch *m*, Duft *m*
fra·in·ten·de·re [-ɛ-] V/T ⟨3c⟩ missverstehen, falsch verstehen: **non fraintendermi** versteh mich (bitte) nicht falsch
fra·in·ten·di·men·to [-e-] M Missverständnis *n*
fra·in·te·so [-e-] ADJ **sentirsi ~** sich missverstanden fühlen
fra·me ['freim] M ⟨*inv*⟩ IT Frame *m*
fram·men·ta·re ⟨1a⟩ **A** V/T aufsplittern **B** V/PR **-rsi** (sich) auf-, zersplittern
fram·men·ta·rie·tà F Bruchstückhaftigkeit *f* **fram·men·ta·rio** ADJ bruchstückhaft **fram·men·ta·zio·ne** [-o-] F Auf-, Zersplitterung *f*
fram·men·to [-e-] M **1** Bruchstück *n*, Fragment *n*; (*di pietra*) Brocken *m*; (*coccio*) Scherbe *f* **2** Splitter *m* **3** *fig* (*brano*) Ausschnitt *m*
fram·met·te·re [-e-] ⟨3ee⟩ **A** V/T dazwischenschieben, -setzen; -legen; -stellen **B** V/PR **-rsi** **1** sich dazwischenschieben **2** sich einmischen
fram·mez·za·re V/T ⟨1b⟩ dazwischenschieben
fram·mez·zo [-ɛ-] ADV dazwischen ♦ **~ a qn/qc** zwischen j-m/etw
fram·mi·schia·re ⟨1k⟩ **A** V/T ver-, untermischen **B** V/PR **-rsi** sich (hinein)mischen: **-rsi alla folla** sich unter die Menge mischen
fram·mi·sto ADJ vermischt ♦ **pioggia -a a neve** Schneeregen *m*
fra·na F **1** Erd-, Bergrutsch *m* **2** Steinlawine *f* **3** *fig umg* Niete *f*, Flasche *f*
fra·na·re V/I ⟨1a; es⟩ **1** abrutschen, -sacken **2** *fig* zusammenbrechen
fran·ca·men·te [-e-] ADV **1** freiheraus, offen **2** (*in verità*) ehrlich gesagt
fran·ce·sca·no **A** ADJ franziskanisch, Franziskaner- **B** M, **-a** F Franziskaner *m*, -in *f*
★**fran·ce·se** [-e-] **A** ADJ französisch **B** M/F Franzose *m*, Französin *f* **C** M (*lingua*) Französisch(e) *n*
fran·chez·za [-e-] F **1** Aufrichtigkeit *f*, Offenheit *f* **2** Ungezwungenheit *f*, Unbefangenheit *f*
fran·chi·gia F **1** Gebührenerlass *m* **2** (Steuer)Freibetrag *m* **3** Selbstbeteiligung *f* ♦ **~ doganale** Zollfreiheit *f*; **in ~** gebührenfrei; zollfrei
fran·chi·sing [fran'tʃaiziŋ] M ⟨*inv*⟩ Franchising *n*
★**Fran·cia** F Frankreich *n*
fran·co[1] **A** ADJ HIST Franken-, fränkisch **B** M, **-a** F HIST Franke *m*, -kin *f*
fran·co[2] **A** ADJ **1** aufrichtig, offen **2** ungezwungen, unbefangen **3** Frei-, frei: **porto ~** Freihafen *m* **4** ⟨*inv*⟩ HANDEL **~ stazione** frei Bahnhof; **~ aeroporto** frei Flughafen; **~ di porto** porto-, frachtfrei; **~ fabbrica** frei Werk **B** ADV freiheraus, offen ♦ *umg* **farla -a** ungestraft davonkommen; **~ tiratore** *fig* Heckenschütze *m*
fran·co[3] M **1** HIST (*moneta francese*) Franc *m* **2** (*moneta svizzera*) Franken *m*
★**fran·co·bol·lo** [-o-] M Briefmarke *f*
Fran·co·for·te [-ɔ-] F Frankfurt *n*: **~ sul Meno** Frankfurt *n* am Main; **~ sull'Oder** Frankfurt *n* Oder
Fran·co·nia [-ɔ-] F Franken *n*: **abitante della ~** Franke *m*, Fränkin *f*
fran·gen·te [-ɛ-] M **1** Brecher *m* **2** Riff *n*; Wellenbrecher *m* **3** *fig* schwierige Lage *f*
fran·ge·re ⟨3d⟩ **A** V/T *poet* (zer)brechen **B** V/PR **-rsi** (*di onde*) branden, sich brechen ♦ **~ le olive** Oliven pressen
fran·get·ta [-e-] F Pony *m*, Ponyfransen *pl*
fran·gia F **1** Franse *f* **2** Ponyfrisur *f* **3** Splittergruppe *f*, Flügel *m*
fran·gia·to ADJ ausgefranst, fransig
fran·gi·bi·le ADJ zerbrechlich
fran·gi·flut·ti M ⟨*inv*⟩ Flutbrecher *m*
fran·gi·on·de [-o-] M ⟨*inv*⟩ Wellenbrecher *m*
fran·gi·tu·ra F Pressen *n*
fran·gi·ven·to [-ɛ-] M ⟨*inv*⟩ Windschutz *m*
fran·si → frangere
fran·to·io [-o-] M Ölpresse *f*; Ölmühle *f*

fran·tu·ma·re ⟨1a⟩ **A** VT **1** zertrümmern, zerbrechen; zerkleinern **2** *fig* brechen: ~ **la resistenza di qn** j-s Widerstand brechen **B** VPR **-rsi** zerbrechen, zerspringen, zersplittern **fran·tu·ma·zio·ne** [-o-] F Zerstückelung *f*, Zertrümmerung *f*, Zersplitterung *f*

fran·tu·me M **1** (Bruch)Stück *n* **2** *pl* Trümmer *pl*; Stücke *pl*: **andare in -i** in Stücke (*od* Trümmer) gehen; (*vetro*) in Scherben gehen

frap·pé M ⟨*inv*⟩ Milchmixgetränk *n*

frap·por·re [-o-] ⟨3ll⟩ **A** VT **1** dazwischenlegen, -setzen; (*inserire*) einschieben **2** *fig* ~ **ostacoli a qn** j-m Hindernisse in den Weg legen **B** VPR **-rsi** **1** dazwischenkommen **2** *fig* sich einmischen, dazwischentreten ♦ **senza ~ indugi** ohne zu zögern

frap·po·si·zio·ne [-o-] F **1** Dazwischenlegen *n*, Dazwischensetzen *n* **2** Dazwischenkommen *n*

fra·sa·rio M Ausdrucks-, Redeweise *f*

fra·sca F Laubzweig *m* ♦ **saltare di palo in ~** vom Hundertsten ins Tausendste kommen

fra·scheg·gia·re VI ⟨1f; av⟩ **1** *umg* kokettieren **2** (*di frasche*) rascheln, rauschen

fra·sche·ri·a F **1** Schrulle *f* **2** *pl* Firlefanz *m* **fra·schet·ta** [-e-] F **1** kleiner Laubzweig *m* **2** *umg fig* leichtes Mädchen *n*, Flittchen *n*

★**fra·se** F **1** Satz *m* **2** MUS Phrase *f* ♦ ~ **di circostanza** Höflichkeitsfloskel *f*; ~ **fatta** (stehende) Redewendung *f*; *pej* Gemeinplatz *m*; **struttura della ~** Satzbau *m*

fras·si·no M Esche *f*

fra·sta·glia·re VT ⟨1g⟩ auszacken **fra·sta·glia·to** ADJ **1** (aus)gezackt **2** buchtenreich **3** zerklüftet **fra·sta·glia·tu·ra** F **1** Auszackung *f* **2** (*di terreno*) Zerklüftung *f*

fra·stor·na·men·to [-e-] M **1** Betäubung *f* **2** Verwirrung *f* **fra·stor·na·re** VT ⟨1a⟩ **1** betäuben **2** verwirren

fra·stuo·no [-ɔ-] M Lärm *m*, Getöse *n*

★**fra·te** M (Ordens)Bruder *m*, Mönch *m* ♦ ~ **cappuccino** Kapuzinermönch *m*; ~ **domenicano** Dominikaner *m*; ~ **laico** Laienbruder *m*

fra·tel·lan·za F Brüderschaft *f*; Brüderlichkeit *f* **fra·tel·la·stro** M Stiefbruder *m* **fra·tel·li·no** M Brüderchen *n*

★**fra·tel·lo** [-ɛ-] M **1** Bruder *m* **2** *pl* Geschwister *pl* **3** Genosse *m*: ~ **di sventura** Schicksalsgenosse *m* **4** (Ordens)Bruder *m*, Mönch *m*

fra·ter·ni·tà F **1** Brüderlichkeit *f*; Brüderschaft *f* **2** Bruderschaft *f*

fra·ter·niz·za·re VI ⟨1a; av⟩ **1** ~ **con qn** sich mit j-m verbrüdern **2** fraternisieren **fra·ter·niz·za·zio·ne** [-o-] F **1** Verbrüderung *f* **2** Fraternisierung *f*

fra·ter·no [-ɛ-] ADJ brüderlich, Bruder-; Geschwister-: **amore ~** Geschwisterliebe *f*

fra·te·sco [-e-] ADJ *pej* mönchisch

fra·tri·ci·da **A** ADJ **guerra ~** Bruderkrieg *m* **B** M/F Brudermörder *m*, -in *f*

fra·tri·ci·dio M Brudermord *m*

frat·ta F Gestrüpp *n*, Gesträuch *n*

frat·ta·glie FPL Innereien *pl*, Eingeweide *pl*

frat·tan·to ADV inzwischen, mittlerweile, währenddessen ♦ ~ **che** … während …

frat·tem·po [-ɛ-] M ★ **nel ~** inzwischen, unterdessen; **in questo/in quel ~** in der Zwischenzeit

frat·tu·ra F **1** (Knochen)Bruch *m*: ~ **comminuta** Splitterbruch *m* **2** *fig* Bruch *m* **3** **superare una ~** eine Kluft überwinden

frat·tu·ra·re ⟨1a⟩ **A** VT brechen **B** VPR **1** **l'osso si è fratturato** der Knochen ist gebrochen **2** **-rsi qc** sich (*dat*) etw brechen

frau·do·len·to [-ɛ-] ADJ betrügerisch

frau·do·len·za [-ɛ-] F Betrug *m*

Frau·en·feld F Frauenfeld *n*

fra·zio·na·bi·le ADJ teilbar

fra·zio·na·men·to [-e-] M **1** (Auf-, Unter)Teilung *f* **2** POL, CHEM Fraktionierung *f*

fra·zio·na·re ⟨1a⟩ **A** VT (auf-, unter)teilen **B** VPR **-rsi** sich teilen; zersplittern **fra·zio·na·rio** ADJ Bruch-, Teil-: **numero ~** Bruchzahl *f* **fra·zio·na·to** ADJ geteilt, Teil-: **percorso ~** Teilstrecke *f*

fra·zio·ne [-o-] F **1** (Bruch)Teil *m* **2** POL Fraktion *f* **3** MATH Bruch *m* **4** Ortsteil *m* **5** SPORT Teilstrecke *f* ♦ **in una ~ di secondo** im Bruchteil einer Sekunde

fra·zio·ni·sta M/F SPORT Staffelläufer *m*, -in *f*

fre·a·ti·co ADJ **falda -a** Grundwasser *n*

frec·cet·ta [-e-] F **1** Dartpfeil *m* **2** (*segno grafico*) Pfeil *m*

★**frec·cia** [-e-] F **1** Pfeil *m* **2** AUTO Blinker

m

frec·cia·ta F 1 Pfeilschuss *m* 2 *fig* Spitze *f*, Stichelei *f*

fred·da·re ⟨1a⟩ A V/T 1 kühlen 2 *umg* kaltmachen 3 *fig* erstarren lassen B V/PR **-rsi** kalt werden ♦ **lasciare** (*od* **far**) **~** abkühlen lassen

fred·dez·za [-e-] F 1 Kälte *f*, Kühle *f* 2 *fig* (Gefühls)Kälte *f* 3 Kaltblütigkeit *f*

★**fred·do** [-e-] A ADJ 1 kalt 2 *fig* kühl; (eis)kalt: **un'accoglienza -a** ein kühler Empfang *m*; **un ~ calcolatore** ein eiskalter Rechner *m* B M Kälte *f* ♦ **non mi fa né caldo né ~** das lässt mich völlig kalt; *fig* **essere una doccia -a** (**per qn**) eine kalte Dusche (für j-n) sein; **fa ~** es ist kalt; **qn ha ~** j-m ist (es) kalt, j-d friert; **resistente al ~** kältebeständig; BOT winterhart; **calma e sangue ~!** ruhig Blut!

fred·do·li·na F Herbstzeitlose *f*

fred·do·lo·so [-o-] ADJ verfroren

fred·du·ra F Kalauer *m*

free clim·bing ['fri'klaimbiŋg] M ⟨*inv*⟩ Freeclimbing *n*, Freiklettern *n*

free-lance [fri'lans] ADJ ⟨*inv*⟩ frei, unabhängig: **giornalista ~** freier Journalist *m*

free·style ['fri'stail] M ⟨*inv*⟩ Freestyle *m*

free·wa·re ['friwer] M ⟨*inv*⟩ Freeware *f*

freezer ['frizer] M ⟨*inv*⟩ Gefrierfach *n*; Tiefkühlschrank *m*; Tiefkühltruhe *f*

fre·gac·cio M Schmiererei *f*, Kritzelei *f*

fre·ga·men·to [-e-] M Reiben *n*

fre·ga·re ⟨1e⟩ A V/T 1 reiben, scheuern 2 *umg* anschmieren, hereinlegen 3 *umg* klauen B V/PR **-rsi le mani/gli occhi** sich (*dat*) die Hände/die Augen reiben ♦ **fregarsene** auf etw (*akk*) pfeifen; **me ne frego** das ist mir wurst

fre·ga·ta[1] F Reiben *n*, Reibung *f*

fre·ga·ta[2] F SCHIFF Fregatte *f*

fre·ga·to ADJ *umg* **restare ~** hereingelegt worden sein **fre·ga·tu·ra** F Reinfall *m* ♦ **prendere una ~** hereingelegt werden

fre·gia·re ⟨1f⟩ A V/T 1 mit einem Fries versehen 2 ornamentieren, verzieren B V/PR **-rsi di qc** sich etw (*gen*) rühmen

fre·gio [-e-] M 1 ARCH Fries *m* 2 Verzierung *f*, Schnörkel *m*

fre·go [-e-] M Strich *m*; Gekritzel *n*: **tirare un ~ su qc** etw mit einem Strich durchstreichen

fre·go·la [-e-] F 1 Brunst *f*, Balz *f*: **andare in ~** brünstig werden 2 *fig* Sucht *f*, Lust *f*

fre·go·lo [-e-] M Laich *m*

fre·men·te [-ɛ-] ADJ bebend; schnaubend: **~ di rabbia** wutschnaubend

fre·me·re [-ɛ-] V/I ⟨3a; av⟩ 1 beben: **~ per l'impazienza** vor Ungeduld beben 2 schnauben: **~ di rabbia** vor Wut schnauben

fre·mi·to [-ɛ-] M 1 Taumel *m*: **un ~ di gioia** ein Freudentaumel *m* 2 **un ~ di sdegno** ein Sturm *m* der Entrüstung 3 Schauder *m*

★**fre·na·re** ⟨1a⟩ A V/T 1 (ab)bremsen 2 *fig* bremsen, hemmen 3 *fig* zügeln, bezähmen: **~ l'ira** den Zorn zügeln 4 zu rückhalten, sich (*dat*) verkneifen B V/I ⟨av⟩ (ab)bremsen C V/PR **-rsi** 1 sich bremsen; sich zurückhalten 2 sich zügeln **fre·na·ta** F 1 (Ab)Bremsung *f*: **~ d'emergenza** Notbremsung *f*; **spazio di ~** Bremsweg *m* 2 *fig* Verlangsamung *f*

fre·ne·si·a F 1 Hektik *f*, Schnelllebigkeit *f* 2 Sucht *f*: **~ del guadagno** Gewinnsucht *f* 3 Tobsucht *f* ♦ **~ degli acquisti** Kaufrausch *m*

fre·ne·ti·co [-ɛ-] ADJ 1 hektisch, schnelllebig 2 stürmisch: **applausi -ci** stürmischer Beifall *m*

★**fre·no** [-e-] M 1 Bremse *f* 2 Zaum *m* 3 *fig* Zügel *pl*: **allentare il ~** die Zügel schleifen lassen ♦ **~ a disco** Scheibenbremse *f*; **~ d'emergenza** Notbremse *f*; **liquido dei -i** Bremsflüssigkeit *f*; **~ a mano** Handbremse *f*; **mordere il ~** sich zügeln; **pastiglia del ~** Bremsbelag *m*; **pedale del ~** Bremspedal *n*; **porre un ~ a qc** etw (*dat*) Einhalt gebieten; **senza ~** zügellos, hemmungslos; **~ a tamburo** Trommelbremse *f*; **tenere a ~ qn/qc** j-n/etw im Zaum halten; **-i inibitori** Hemmschwellen *pl*

fre·quen·ta·bi·le ADJ **una persona ~** ein anständiger Umgang *m*

★**fre·quen·ta·re** ⟨1b⟩ A V/T 1 **~ qc** in etw (*dat*) verkehren; **~ cattive compagnie** in schlechten Kreisen verkehren 2 **~ qn** mit j-m Umgang haben 3 **~ una scuola** eine Schule besuchen B V/PR **-rsi** miteinander verkehren

fre·quen·ta·to·re [-o-] M, **-tri·ce** F Gast *m*, Besucher *m*, -in *f* ♦ **~ abituale** (**di un locale**) Stammgast *m*

★**fre·quen·te** [-ɛ-] ADJ häufig ♦ **di ~** häufig, oft

fre·quen·za [-ɛ-] F 1 Häufigkeit *f* 2 Besucherzahl *f* 3 Besuch *m*: **~ alle lezioni**

Besuch *m* der Vorlesungen; **obbligo di ~** Anwesenheitspflicht *f* 4 PHYS Frequenz *f*: **bassa/alta ~** Nieder-/Hochfrequenz *f* ♦ IT **~ clock** Taktfrequenz *f*; **banda di -e** Frequenzband *n*; **con ~** häufig

fre·sa [-ɛ-] F Fräse *f*, Fräser *m*

fre·sa·re V/T ⟨1b⟩ fräsen **fre·sa·to·re** [-o-] M, **-tri·ce** F Fräser *m*, -in *f* **fre·sa·tri·ce** F (*macchina*) Fräsmaschine *f*

F

fre·sa·tu·ra F Fräsen *n*

fre·schez·za [-e-] F Frische *f* (*a. fig*)

★**fre·sco**[1] [-e-] A ADJ 1 frisch (*a. fig*) 2 kühl 3 *fig* jugendlich B M Kühle *f*; kühle Luft *f* ♦ **mettere al ~ qc** etw kühl, kalt stellen; **mettere al ~ qn** j-n einlochen; **sposato di ~** frisch verheiratet; *fig* **star ~** in der Tinte sitzen; **vernice -a** frisch gestrichen

fre·sco[2] [-e-] M Freske *f*, Fresko *n*

fre·scu·ra F Kühle *f*

★**fret·ta** [-e-] F Eile *f*: **in tutta ~** in aller Eile; **non c'è ~** es hat keine Eile; **essere di ~** in Eile sein ♦ **fai in ~!** beeile dich!; **in ~ e furia** in großer Hetze

fret·to·lo·so [-o-] ADJ 1 eilig 2 hastig

fria·bi·le ADJ 1 mürb 2 bröck(e)lig

fria·bi·li·tà F 1 Mürbe *f* 2 Bröckligkeit *f*

Fri·bur·go F (*in Svizzera e in Germania*) Freiburg *n*

fri·cas·se·a [-ɛ-] F Frikassee *n*

fri·ca·ti·va F Reibelaut *m*

fric·chet·to·ne [-o-] M, **-a** F Freak *m*

★**frig·ge·re** ⟨3cc⟩ A V/T braten; frittieren B V/I ⟨av⟩ 1 brutzeln 2 *fig* **~ di rabbia** vor Wut kochen 3 *fig* kribbelig sein ♦ *fig* **mandare qn a farsi ~** j-n zum Teufel jagen

frig·gi·to·ri·a F Frittenbude *f*

frig·gi·tri·ce F Fritteuse *f*, Frittiergerät *n*

fri·gi·di·tà F 1 Gefühlskälte *f* 2 MED Frigidität *f* 3 *geh* Kühle *f*

fri·gi·do ADJ 1 gefühlskalt 2 MED frigid(e) 3 *geh* kühl

fri·gna·re V/I ⟨1a; av⟩ quengeln

fri·gno M Gequengel *n*

fri·gno·ne [-o-] M, **-a** F Quengler *m*, -in *f*

fri·go M ⟨*inv*⟩ *umg* Kühlschrank *m*

fri·go·bar M ⟨*inv*⟩ Minibar *f*

★**fri·go·ri·fe·ro** A ADJ Kühl-, Kälte-: **impianto ~** Kühlanlage *f* B M Kühlschrank *m*

frin·guel·lo [-ɛ-] M Buchfink *m*

fri·ni·re V/I ⟨4d; av⟩ zirpen

fri·sbee® ['frizbi] M ⟨*inv*⟩ Frisbee® *n*

Fri·sia F Friesland *n* **fri·so·ne** [-o-] A ADJ friesisch B M, **-a** F Friese *m*, -sin *f*

frit·ta·ta F Omelett *n*, Eierkuchen *m* ♦ *fig* **fare la** (*od* **una**) **~** Mist machen (*od* bauen)

frit·tel·la [-ɛ-] F 1 Schmalzgebackene *n* 2 *umg* Fettfleck *m* ♦ **~ di patate** Kartoffelpuffer *m*

frit·to A ADJ 1 Brat-, gebraten 2 Back-, gebacken 3 *fig* **essere ~** geliefert sein B M 1 Gebratene *n* 2 Frittüre *f* ♦ GASTR **~ misto** = *gemischte Frittüre aus Fisch oder Fleisch*; **patatine -e** Pommes frites *pl*; *fig* **~ e rifritto** abgedroschen

★**frit·tu·ra** F 1 Braten *n* 2 Frittieren *n* 3 Frittüre *f*: **~ di pesce** Fischfrittüre *f*

friu·la·no A ADJ friaulisch B M, **-a** F Friauler *m*, -in *f* **Friu·li** M Friaul *n*: **Friuli-Venezia Giulia** Friaul-Julisch-Venetien *n*

fri·vo·lez·za [-e-] F Frivolität *f*, Leichtfertigkeit *f* **fri·vo·lo** ADJ frivol, leichtfertig

fri·zio·na·re V/T ⟨1a⟩ 1 einreiben 2 frottieren

fri·zio·ne [-o-] F 1 Einreibung *f* 2 Frottieren *n* 3 PHYS *fig* Reibung *f* 4 AUTO Kupplung *f*: **innestare la ~** einkuppeln; **disinnestare la ~** auskuppeln; ♦ **disco della ~** Kupplungsscheibe *f*

★**friz·zan·te** ADJ prickelnd, spritzig (*a. fig*) ♦ **acqua** (**minerale**) **~** Sprudel *m*

friz·za·re V/I ⟨1a; av⟩ prickeln, perlen

friz·zo M bissige Bemerkung *f*; Witz *m*

fro·da·re V/T ⟨1c⟩ 1 betrügen 2 hinterziehen

fro·da·to·re [-o-] M, **-tri·ce** F Betrüger *m*, -in *f*

fro·de [-ɔ-] F 1 Betrug *m* 2 Hinterziehung *f* ♦ **~ fiscale** Steuerhinterziehung *f*

fro·do [-ɔ-] M 1 Hinterziehung *f* 2 Schmuggel *m* ♦ **cacciare di ~** wildern; **cacciatore di ~** Wilderer *m*; **merce di ~** Schmuggelware *f*

fro·gia [-ɔ-] F Nüster *f*

frol·la·re ⟨1c⟩ A V/T abhängen lassen B V/I ⟨es⟩ & V/PR **-rsi** abhängen, ablagern

frol·la·tu·ra F Abhängen(lassen) *n*

frol·li·no M Plätzchen *n* aus Mürbeteig

frol·lo [-ɔ-] ADJ 1 mürbe, Mürbe-: **pasta -a** Mürbeteig *m* 2 abgehangen ♦ *fig umg* **essere una pasta -a** ein Waschlappen sein

fron·da[1] [-o-] F 1 Laubzweig *m* 2 *pl*

Laubwerk *n*

fron·da[2] [-o-] F HIST, POL Fronde *f* ♦ **vento di ~** Aufruhrstimmung *f*

fron·do·so [-o-] ADJ belaubt, blätterreich

fron·ta·le A ADJ 1 Stirn-: **osso ~** Stirnbein *n* 2 vordere, Vorder- 3 Frontal- (*a.* MIL): **scontro ~** Frontalzusammenstoß *m* B M 1 Stirnseite *f* 2 Stirnreif *m*, Stirnband *n*

★**fron·te** [-o-] A F 1 Stirn *f* 2 Stirnseite *f* B M 1 MIL *fig* METEO Front *f*: **al ~** an der Front; **su tutti i -i** auf allen Gebieten 2 Frontseite *f* ♦ **a ~** gegenüber; nebenstehend; **a ~ di** in Anbetracht von; **la casa di ~** das Haus gegenüber; ★ **di ~ a** gegenüber; **di ~ alla chiesa** der Kirche gegenüber; **far ~ a qn/qc** j-m/etw die Stirn bieten; **far ~ agli impegni** den Verpflichtungen nachkommen

fron·teg·gia·re V/T ⟨1f⟩ 1 **~ qn/qc** j-m/etw entgegentreten 2 (*stare di fronte a*) **~ qc** etw (*dat*) gegenüberliegen

fron·te·spi·zio M 1 Titelblatt *n*, Titelseite *f* 2 ARCH Giebel *m*

fron·tie·ra [-ɛ-] F Grenze *f* (*a. fig*) ♦ **polizia di ~** Grenzpolizei *f*; **valico di ~** Grenzübergang *m*

fron·to·ne M ARCH Giebel *m*

fron·zo·lo [-o-] M 1 Firlefanz *m* 2 *fig* Schnörkel *m*

fron·zu·to ADJ dicht belaubt, blätterreich

Fro·si·no·ne [-o-] F Frosinone *n*

frot·ta [-ɔ-] F Schar *f*: **a -e** scharenweise

frot·to·la [-ɔ-] F *umg* Lügengeschichte *f*, Märchen *n*

fru·ga·le ADJ enthaltsam; schlicht **fru·ga·li·tà** F Enthaltsamkeit *f*; Schlichtheit *f*

fru·ga·re ⟨1e⟩ A V/I ⟨av⟩ (herum)kramen, (herum)stöbern B V/T 1 durchstöbern 2 **~ qn** j-n durchsuchen

fru·i·bi·le ADJ verwendbar **frui·bi·li·tà** F Benutzbarkeit *f*, Verwendbarkeit *f*

fru·i·re V/I ⟨4d; av⟩ **~ di qc** etw genießen; etw benutzen

frui·to·re [-o-] M, **-tri·ce** F Benutzer *m*, -in *f*; Nutznießer *m*, -in *f*

frui·zio·ne [-o-] F Genuss *m*, Nutznießung *f*; Verwendung *f*

frul·la·re ⟨1a⟩ A V/I ⟨av⟩ schwirren (*a. fig*): **che cosa ti frulla per la testa?** was geht dir durch den Kopf? B V/T quirlen; mixen **frul·la·to** M Mixgetränk *n* **frul·la·to·re** [-o-] M Mixer *m* **frul·li·no** M Quirl *m* ♦ **~ elettrico** Mixer *m*

fru·men·to [-e-] M Weizen *m*

fru·men·to·ne [-o-] M Mais *m*

fru·scia·re V/I ⟨1f; av⟩ rauschen, rascheln

fru·sci·o M Rauschen *n* (*a.* RADIO, TV)

fru·si·na·te A ADJ aus, von Frosinone B M/F Bewohner *m*, in *f* von Frosinone

fru·sta F 1 Peitsche *f* 2 Schneebesen *m* ♦ MED **colpo di ~** Schleudertrauma *n*

fru·sta·re V/T ⟨1a⟩ 1 (aus)peitschen 2 *fig* geißeln **fru·sta·ta** F 1 Peitschenhieb *m* (*a. fig*) 2 *fig* Geißelung *f*

fru·sti·no M Reitpeitsche *f*

fru·sto ADJ 1 abgenutzt 2 *fig* abgedroschen

fru·stran·te ADJ frustrierend

fru·stra·re V/T ⟨1a⟩ 1 zunichtemachen; enttäuschen 2 PSYCH frustrieren **fru·stra·to** A ADJ PSYCH (*persona*) frustriert B M, **-a** F PSYCH Frustrierte *m/f*, *umg* Frustbeule *f* **fru·stra·zio·ne** [-o-] F 1 Enttäuschung *f* 2 PSYCH Frustration *f*

★**frut·ta** F ⟨*inv*⟩ Obst *n*; Früchte *pl* ♦ **~ candita** kandierte Früchte *pl*; **~ cotta** Kompott *n*; **~ secca** Dörrobst *n*, Trockenobst *n*

frut·ta·re ⟨1a⟩ A V/I ⟨av⟩ 1 Früchte tragen 2 WIRTSCH Zinsen tragen B V/T 1 einbringen, (Gewinne) abwerfen 2 *fig* Früchte tragen 3 WIRTSCH Zinsen tragen ♦ **far ~ il capitale** das Kapital zinsbringend anlegen

frut·ta·to ADJ (*di vino*) fruchtig

frut·te·to [-e-] M Obstgarten *m*

frut·ti·co·lo ADJ Obst-: **mercato ~** Obstmarkt *m*

frut·ti·col·to·re [-o-] M, **-tri·ce** F Obstzüchter *m*, -in *f*

frut·ti·col·tu·ra F Obst(an)bau *m*

frut·tie·ra [-ɛ-] F Obstschüssel *f*, -schale *f*

frut·ti·fe·ro ADJ 1 fruchttragend, Frucht- 2 *fig* fruchtbringend 3 WIRTSCH zinsbringend

frut·ti·fi·ca·re V/I ⟨1m *u.* d; av⟩ Früchte tragen

★**frut·ti·ven·do·lo** [-e-] M, **-a** F Obsthändler *m*, -in *f*

frut·to M 1 Frucht *f* 2 *fig* Früchte *pl*, Nutzen *m*: **dare (buoni) -i** (reiche) Früchte tragen 3 *fig* Ergebnis *n* 4 **~ della fantasia** Ausgeburt *f* der Fantasie 5 WIRTSCH Zins *m* ♦ **albero da ~** Obstbaum *m*; **~ della passione** Passionsfrucht *f*; ★ **-i di mare**

Frutti di mare — Meeresfrüchte

Italien besitzt eine sehr große Vielfalt an Meeresfrüchten, deren Namen und Arten in den verschiedenen Regionen sehr variieren. Hier eine Auswahl:

l'aragosta	Languste
le arselle	Venusmuscheln
l'astice	Hummer, Lobster
i calamari	Kalamari
i calamaretti	Baby-Kalamari
le cappe lunghe	Rohrmuscheln
le cappe sante	Jakobsmuscheln
le cicale di mare	Langustinen
le cozze	Miesmuscheln
i datteri di mare	Meerdatteln
i gamberetti	Shrimps, Krabben
i gamberi	Garnelen
i gamberi di fiume	Flusskrebse
il granchio	Taschenkrebs
i gamberoni, i mazzancolle	Riesengarnelen
la grancevola	Riesenkrabbe
le ostriche	Austern
il polpo, il polipo	Oktopus
il riccio di mare	Seeigel
gli scampi	Scampi, Kaiserhummer
le seppie	Tintenfische
le vongole	Venusmuscheln
in nero	mit Tintenfischsoße
la frittura mista	fritierte Fische und Meeresfrüchte
la grigliata mista	gegrillte Fische und Meeresfrüchte
il cocktail di gamberi	Krabbencocktail
il sauté di vongole e cozze	Venus- und Miesmuscheln im Sud

Meeresfrüchte *pl*

frut·to·sio [-ɔ-] M Fruchtzucker *m*

frut·tuo·so [-o-] ADJ **1** ertragreich, einträglich **2** *fig* fruchtbar, fruchtbringend

fu **A** → essere **B** ADJ *form* vestorben: **il ~ Mario Rossi** der verstorbene Mario Rossi

fu·ci·la·re V/T ⟨1a⟩ erschießen **fu·ci·la·ta** F Gewehrschuss *m* **fu·ci·la·zio·ne** [-o-] F Erschießung *f*

fu·ci·le M Gewehr *n*, Flinte *f* ♦ **~ ad aria compressa** Luftgewehr *n*; **~ da caccia** Jagdgewehr *n*

fu·ci·lie·re [-ɛ-] M, **-a** F (Gewehr)Schütze *m*, -Schützin *f*

fu·ci·na F **1** Schmiedeofen *m* **2** Schmiede *f* (*a. fig*) **3** *fig* Brutstätte *f*

fu·ci·na·re V/T ⟨1a⟩ schmieden **fu·ci·na·to·re** [-o-] M, **-tri·ce** F Schmied *m*, -in *f* **fu·ci·na·tu·ra** F Schmieden *n*

fu·co¹ M ZOOL Drohne *f*

fu·co² M BOT (Blasen)Tang *m*

fuc·sia F BOT Fuchsie *f*

★**fu·ga** F **1** Flucht *f* **2** Abwanderung *f* **3** (*di gas, liquidi*) Ausströmen *n* **4** MUS Fuge *f* ♦ **~ di capitali** Kapitalflucht *f*; **~ dei cervelli** Braindrain *m*; **~ del conducente** Fahrer-, Unfallflucht *f*; **essere in ~** auf der Flucht sein; **mettere in ~ qn** j-n in die Flucht schlagen; **~ di stanze** Zimmerflucht *f*; **via di ~** Fluchtweg *m*

fu·ga·ce ADJ flüchtig **fu·ga·ci·tà** F Flüchtigkeit *f*, Vergänglichkeit *f*

fu·ga·re V/T ⟨1e⟩ verjagen, vertreiben ♦ **~ i dubbi** Zweifel *pl* zerstreuen

fug·gen·te [-ɛ-] ADJ fliehend; flüchtig

fug·ge·vo·le [-e-] ADJ flüchtig, vergänglich **fug·ge·vo·lez·za** [-e-] F Flüchtigkeit *f* **fug·gia·sco** **A** ADJ flüchtig **B** M, **-a** F Flüchtling *m*

fug·gi·fug·gi M ⟨*inv*⟩ wilde Flucht *f*

★**fug·gi·re** **A** V/I ⟨4a; es⟩ **1** (ent)fliehen, flüchten **2** **~ da qn/qc** j-m/etw ausweichen (*od* aus dem Weg gehen) **3** *fig* verfliegen **B** V/T **1** **~ qc** etw fliehen, etw (*dat*) entfliehen **2** **~ qn** j-n meiden **3** scheuen: **non ~ le fatiche** keine Mühe scheuen **fug·gi·ti·vo** **A** ADJ flüchtig **B** M, **-a** F Flüchtling *m*

ful·cro M **1** PHYS Drehpunkt *m* **2** *fig* Schwerpunkt *m*, Kern *m*

ful·gi·do ADJ **1** glänzend, leuchtend (*a. fig*) **2** *fig* glänzend, brillant

ful·go·re [-o-] M Glanz *m* (*a. fig*)

fu·lig·gi·ne F Ruß *m*

fu·lig·gi·no·so [-o-] ADJ rußig, rußschwarz

ful·mi·nan·te ADJ **1** vernichtend; blitzend: **uno sguardo ~** ein vernichtender Blick *m* **2** MED **malattia ~** tödlich verlaufende Krankheit *f* **3** TECH Zünd-, Schieß-, Spreng-: **carica ~** Sprengladung *f*

ful·mi·na·re ⟨1l⟩ **A** V/T **1** mit einem Blitz treffen **2** **~ qn** j-m einen (elektrischen) Schlag versetzen **3** durchbrennen lassen **4** töten, niederschießen **B** V/I ⟨av, es⟩ *unpers* blitzen, wetterleuchten **C** V/PR **-rsi** durchbrennen, durchglühen

ful·mi·na·to ADJ **una lampadina -a** eine durchgebrannte Birne *f* ♦ **restare ~ (da una scossa elettrica)** einen elektrischen Schlag bekommen

ful·mi·na·zio·ne [-o-] F Blitzschlag *m*; (*da corrente elettrica*) Stromschlag *m*

★**ful·mi·ne** M Blitz *m* ♦ **come un ~ a ciel sereno** wie ein Blitz aus heiterem Himmel; *fig* **colpo di ~** Liebe *f* auf den ersten Blick

ful·mi·ne·o ADJ blitzschnell, Blitz-: **scatto ~** Blitzstart *m*

ful·vo ADJ rotblond, rötlich

fu·ma·io·lo [-ɔ-] M Schornstein *m*

★**fu·ma·re** ⟨1a⟩ **A** V/T rauchen **B** V/I ⟨av⟩ **1** qualmen, rauchen **2** *fig umg* **mi fuma la testa** mir raucht der Kopf **3** dampfen ♦ **vietato ~** Rauchen verboten

fu·ma·rio ADJ Rauch-: **canna -a** Rauchabzug *m*

fu·ma·ro·la [-ɔ-] F GEOL Fumarole *f*

fu·ma·ta F **farsi una ~** eine rauchen

fu·ma·to·re [-o-] M, **-tri·ce** F Raucher *m*, -in *f* ♦ **sala (per) -i/non -i** Raucher-/ /Nichtraucherzone *f*

fu·mé ADJ ⟨*inv*⟩ rauchfarben, rauchig ♦ **vetro ~** Rauchglas *n*

fu·met·ti·sta M/F Comiczeichner *m*, -in *f*

★**fu·met·to**[1] [-e-] M **1** PL Comics *pl* **2** Comicheft *n* **3** Sprechblase *f* ♦ **storia a -i** Comicgeschichte *f*; Comic(strip) *m*; Comicheft *n*

fu·met·to[2] [-e-] M GASTR konzentrierter Fischfond *m*

fu·met·to·ne [-o-] M Schmarren *m*, Schnulze *f*

fu·mi·sta M/F Töpfer *m*, -in *f*; Ofensetzer *m*, -in *f*

★**fu·mo** M **1** Rauch *m*, Qualm *m* **2** Dampf *m*, Dunst *m* **3** Rauchen *n*: **il ~ nuoce gravemente alla salute** Rauchen gefährdet die Gesundheit **4** *sl* etwas zu rauchen, kiffen: **hai del ~?** hast du was zu kiffen? ♦ **andare in ~** sich in Rauch auflösen; **~ passivo** Passivrauchen *n*; **mandare in ~ qc** etw platzen lassen; **tutto ~!** alles Schall und Rauch!; **vendere ~ a qn** j-m blauen Dunst vormachen

fu·mo·ge·no [-ɔ-] ADJ Nebel-, Rauch-: **candelotto ~** Nebelkerze *f*, Rauchpatrone *f*

fu·mo·si·tà F **1** Verrauchtheit *f* **2** *fig* Verschwommenheit *f*, Unklarheit *f*

fu·mo·so [-o-] ADJ **1** verraucht, verräuchert **2** rauchend, qualmend **3** *fig* nebulös, unklar

fu·nam·bo·li·smo [-zmo] M Drahtseilakt *m* (*a. fig*)

fu·nam·bo·lo M, **-a** F Seiltänzer *m*, -in *f* (*a. fig*)

fu·ne F **1** Seil *n*, Strang *m*, Strick *m* **2** (Wäsche)Leine *f* **3** SCHIFF Tau *n*, Leine *f* **4** (Kletter)Tau *n* ♦ **tiro alla ~** Tauziehen *n*

fu·ne·bre ADJ **1** Trauer-, Toten-, Leichen-, Grab- **2** *fig* **un'espressione ~** eine Trauermiene *f* ♦ **annunci -i** Todesanzeigen *pl*; **carro ~** Leichenwagen *m*; **corteo ~** Trauerzug *m*; **messa ~** Totenmesse *f*; **(impresa di) pompe -i** Bestattungsunternehmen *n*

★**fu·ne·ra·le** M Beerdigung *f*, Begräbnis *n* ♦ **avere** (*od* **fare**) **una faccia da ~** ein Gesicht machen wie drei Tage Regenwetter

fu·ne·ra·rio ADJ Grab-: **iscrizione -a** Grabinschrift *f* **fu·ne·re·o** [-ɛ-] ADJ Trauer-; trübsinnig, traurig

fu·ne·sta·re V/T ⟨1b⟩ heimsuchen, treffen, trüben **fu·ne·sto** [-ɛ-] ADJ **1** unheilvoll **2** unselig, unglückselig **3** traurig, betrüblich

fun·ga·ia F **1** Pilzplatz *m* **2** Pilzbeet *n*

fun·ge·re V/I ⟨3d; av⟩ **1** fungieren, *form* amtieren: **~ da sostituto** als Vertreter fungieren **2** **~ da** dienen als

fun·ghet·to [-e-] M (kleiner) Pilz *m*; Dosenpilz *m* ♦ **al ~** = *mit klein geschnittenem Gemüse*

fun·ghi·col·to·re [-o-] M, **-tri·ce** F Pilzzüchter *m*, -in *f*

F

fun·ghi·col·tu·ra F Pilzzucht *f*

fun·gi·ci·da M Pilzvernichtungsmittel *n*, Fungizid *n*

★**fun·go** M Pilz *m* (*a.* MED): **andare a** (*od* **per**) **-ghi** Pilze sammeln ♦ **~ atomico** Atompilz *m*; **cercatore di -ghi** Pilzsammler *m*; **~ commestibile** Speisepilz *m*; **intossicazione da -ghi** Pilzvergiftung *f*; **~ velenoso** Giftpilz *m*

F

fu·ni·cel·la [-ɛ-] F Schnur *f*, Leine *f*

fu·ni·co·la·re F 1 Standseilbahn *f* 2 Schwebebahn *f*

fu·ni·co·lo M ANAT Strang *m*: **~ nervoso** Nervenstrang *m*

fu·ni·vi·a F (Draht)Seilbahn *f*

fun·si [-s-], **fun·to** → fungere

fun·zio·na·le ADJ 1 funktional, Funktions-, funktionell (*a.* MED) 2 amtlich, dienstlich 3 zweckmäßig **fun·zio·na·li·tà** F 1 Zweckmäßigkeit *f* 2 MED Funktionsfähigkeit *f* **fun·zio·na·men·to** [-e-] M 1 Funktionieren *n*, Lauf *m*, Betrieb *m* 2 Funktions-, Arbeitsweise *f* ♦ **~ continuato** Dauerbetrieb *m*; **prova di ~** Probelauf *m*; MECH **~ a vuoto** Leerlauf *m*

fun·zio·nan·te ADJ funktionstüchtig

★**fun·zio·na·re** V/I ⟨1a; av⟩ funktionieren, gehen; laufen; TECH arbeiten; *umg* klappen ♦ **far ~ qc** etw in Gang setzen; **in grado di ~** funktionsfähig

★**fun·zio·na·ria** F 1 Funktionärin *f* 2 Beamtin *f*

★**fun·zio·na·rio** M 1 Funktionär *m* 2 Beamte *m* ♦ **~ di banca** höhere Bankangestellte *m*; **~ di partito** Parteifunktionär *m*; **~ di polizia** Polizeibeamte *m*

★**fun·zio·ne** [-o-] F 1 Funktion *f* (*a.* BIOL, MATH, LING *fig*) 2 *fig* Aufgabe *f*, Rolle *f* 3 Amt *n*, Stellung *f*: **nell'esercizio delle proprie -i** in Ausübung seines Amtes 4 REL Andacht *f*; Gottesdienst *m* ♦ **il facente ~** der Stellvertreter; **mettere in ~** in Betrieb setzen; IT **tasto** (**di**) **~** Funktionstaste *f*; IT **-i di memorizzazione** Speicherfunktion *f*

★**fuo·co** [-ɔ-] M 1 Feuer *n* (*a. fig*): **prendere ~** Feuer fangen (*a. fig*); **dar ~ a qc** etw anzünden; **mettere qc sul ~** etw aufs Feuer stellen 2 **aprire/cessare il ~** das Feuer eröffnen/einstellen 3 **cuocere a ~ lento/vivo** auf kleiner/großer Flamme kochen 4 OPT, GEOM Fokus *m*, Brennpunkt *m* ♦ **al ~!** Feuer!; **-chi d'artificio** Feuerwerk *n*; *fig* **di ~** feurig; **fare ~** (**contro qn**) auf j-n schießen; **fare ~ e fiamme** Himmel und Hölle in Bewegung setzen; **~ di fila** Lauffeuer *n*; **~ incrociato** Kreuzfeuer *n*; **mettere la mano sul ~ per qn/qc** für j-n/etw die Hand ins Feuer legen; **mettere a ~** (scharf) einstellen; **~ di paglia** Strohfeuer *n*; **resistente al ~** feuerfest; **i vigili del ~** die Feuerwehr

fuor·ché A KONJ außer … zu, außer dass: **farò di tutto, ~ umiliarmi** ich werde alles tun, außer mich zu demütigen B PRÄP außer, ausgenommen

★**fuo·ri** [-ɔ-] A ADV 1 draußen 2 heraus, hinaus: **venite ~!** kommt heraus! 3 außen 4 außer Haus, auswärts: **cenare ~** auswärts essen 5 *fig* äußerlich: **~ sembra tranquillo** äußerlich scheint er ruhig B PRÄP 1 außerhalb von: **~ dall'Italia** außerhalb Italiens 2 *fig* **essere ~ di sé per la gioia** außer sich vor Freude sein; *umg* **essere ~ di testa** verrückt, durchgeknallt sein 3 aus … heraus; aus … hinaus: **gettare qc ~ dalla finestra** etw aus dem Fenster werfen C M Außenseite *f*, Äußere *n* ♦ **al di ~ di** außer; **~ città** außerhalb (der Stadt); **~ commercio** nicht (mehr) im Handel (erhältlich); **~ concorso** außer Konkurrenz; **fuor(i) di dubbio** außer Zweifel; **essere ~** nicht zu Hause sein; nicht dabei sein; **esserne ~** über etw (*akk*) hinweg sein; *umg* **fare ~ qn** j-n aus dem Weg räumen; *umg* **fare ~ un dolce** einen Kuchen verputzen; **~ luogo** unangebracht; **fuor di misura** über die Maßen; **~ moda** altmodisch; *umg* **~ dai piedi!** hau ab! *fig*; **~ posto** fehl am Platz; **~ servizio** (*di persone*) außer Dienst; (*di apparecchio*) außer Betrieb; *fig* **essere ~ strada** auf dem falschen Weg sein; **andare ~ tema** vom Thema abkommen; **~ tiro** außer Schussweite; **visto da** (*od* **dal di**) **~** äußerlich betrachtet

fuo·ri·bor·do [-o-] A ADJ ⟨*inv*⟩ Außenbord- B M ⟨*inv*⟩ Außenborder *m* **fuo·ri·bu·sta** A ADJ ⟨*inv*⟩ Extra- B M ⟨*inv*⟩ = *Extravergütung* **fuo·ri·clas·se** A ADJ ⟨*inv*⟩ Spitzen-, erstklassig B M/F ⟨*inv*⟩ Spitzenkönner *m*, -in *f*; Spitzensportler *m*, -in *f* **fuo·ri·cam·po** A ADJ ⟨*inv*⟩ 1 (*cinema*) TV off, Off-: **voce ~** Offstimme *f* 2 SPORT Aus-, Aus *n*: **palla ~** Ausball *m* B M ⟨*inv*⟩ (*cinema*) TV Off *n*

fuo·ri com·bat·ti·men·to [-e-] A ADJ ⟨*inv*⟩ & ADV k. o.: **mettere qn ~** j-n k. o. schlagen, j-n außer Gefecht setzen

(*a. fig*) B M ⟨*inv*⟩ SPORT K. o. *m*
fuo·ri·cor·so [-'korso] M/F ⟨*inv*⟩ = *Student(in) der (od die) die Regelstudienzeit überschritten hat* **fuo·ri·gio·co** [-ɔ-] A ADV abseits B M ⟨*inv*⟩ SPORT Abseits *n* **fuo·ri·leg·ge** [-ɛ-] A ADJ ⟨*inv*⟩ gesetzlos, illegal B M/F ⟨*inv*⟩ Kriminelle *m/f*, Gesetzlose *m/f* **fuo·ri·ma·no** ADJ ⟨*inv*⟩ & ADV abgelegen, abgeschieden
fuo·ri·pi·sta M ⟨*inv*⟩ Tiefschneefahren *n* **fuo·ri·pro·gram·ma** A ADJ ⟨*inv*⟩ außer Programm B M ⟨*inv*⟩ 1 Zugabe *f* 2 TV Pausenfüller *m* **fuo·ri·se·rie** [-'sɛrie] A ADJ ⟨*inv*⟩ Sonder-, Spezial- B F ⟨*inv*⟩ Sonderausführung *f*; Sondermodell *n* **fuo·ri·stra·da** M ⟨*inv*⟩ Geländewagen *m*
fuo·ri·u·sci·re V/I ⟨4o; es⟩ 1 ausströmen, austreten 2 ausfließen, überlaufen
fuo·ri·u·sci·ta F Ausströmen *n*, Austritt *m* **fuo·ri·u·sci·to** M, **-a** F Emigrant *m*, -in *f*
fuo·ru·sci·re *ecc.* → fuoriuscire *ecc*
fuor·vian·te ADJ irreführend, abwegig
fuor·via·re ⟨1h⟩ A V/I ⟨av⟩ auf Abwege geraten B V/T 1 irreführen, -leiten 2 auf Abwege führen
fur·bac·chio·ne [-o-] A ADJ schlau B M, **-a** F Schlauberger *m*, -in *f* **fur·ba·stro** A ADJ ausgebufft B M, **-a** F Schlitzohr *n* **fur·be·sco** [-e-] ADJ listig, schlau
fur·bi·zia F 1 Schläue *f*, Schlauheit *f* 2 List *f* ♦ **con ~** schlau, listig
★**fur·bo** A ADJ schlau B M, **-a** F Schlauberger *m*, -in *f*
fu·ren·te [-ɛ-] ADJ **~ d'ira** rasend vor Wut
fu·ret·to [-e-] M 1 Frettchen *n* 2 *fig* Wiesel *n*
fur·fan·te M/F Gauner *m*, -in *f*, Schurke *m*, Schurkin *f*
fur·fan·tel·lo [-ɛ-] M, **-a** F Spitzbube *m*, -bübin *f*
fur·fan·te·ri·a F Gaunerei *f*, Schurkerei *f* **fur·fan·te·sco** [-e-] ADJ schurkisch
fur·go·na·to A ADJ **mezzo ~** Kastenwagen *m* B M Transporter *m*
fur·gon·ci·no M Kleintransporter *m*
fur·go·ne [-o-] M 1 Transporter *m*: **~ per le consegne** Lieferwagen *m* 2 (*della polizia*) Polizeiwagen *m*, *sl* grüne Minna *f*
fu·ria F 1 Wut *f*, Tobsucht *f* 2 Wüten *n* 3 Hetze *f* 4 Furie *f* ♦ **a ~ di ...** durch viel ...; **essere rauco a ~ di gridare** heiser vom Schreien sein; **~ distruttiva** Zerstörungswut *f*; **in fretta e ~** in großer Hetze; **andare** (*od* **montare**) **su tutte le -e** in Wut geraten
fu·ri·bon·do [-o-] ADJ wütend; wutentbrannt
fu·rie·re [-ɛ-] M Kompaniefeldwebel *m*
fu·rio·so [-o-] A ADJ 1 rasend, tobend; wütend: **essere ~ con qn** wütend auf j-n sein 2 wild: **una tempesta -a** ein wilder Sturm *m* B M 1 Wüterich *m* 2 MUS Furioso *n*
fu·ro·re [-o-] M 1 Wut *f*, Tobsucht *f* 2 Wildheit *f*, Heftigkeit *f* 3 Ungestüm *n*, Leidenschaft *f* 4 Besessenheit *f* 5 *fig* **far ~** Furore machen
fu·ro·reg·gia·re V/I ⟨1f; av⟩ Furore machen, Aufsehen erregen
fur·ti·vo ADJ 1 heimlich, verstohlen 2 gestohlen, Diebes-: **merce di provenienza -a** Diebesgut *n*
★**fur·to** M 1 Diebstahl *m* 2 *umg* Nepp *m* ♦ **~ aggravato** schwerer Diebstahl *m*; **~ di dati** Datenklau *m*; **assicurazione contro il ~** Diebstahlversicherung *f*; **~ con scasso** Einbruch(s)diebstahl *m*
fu·sa FPL Schnurren *n*: **fare le ~** schnurren
fu·scel·lo [-ɛ-] M 1 (dürrer) Zweig *m* 2 (Stroh)Halm *m*
fu·sciac·ca F Schärpe *f*
fu·seaux [fy'zo] MPL Leggin(g)s *pl*
fu·si → fondere
fu·si·bi·le A ADJ schmelzbar, Schmelz- B M ELEK (Schmelz)Sicherung *f* ♦ **quadro dei -i** Sicherungskasten *m*
fu·si·for·me [-o-] ADJ spindelförmig
fu·sio·ne [-o-] F 1 Schmelzen *n*, Schmelzung *f* 2 METALL Guss *m* 3 *fig* Fusion *f*, Zusammenschluss *m* 4 Verschmelzung *f* ♦ **punto di ~** Schmelzpunkt *m*
fu·so A ADJ 1 geschmolzen, Schmelz 2 METALL gegossen, Guss- 3 *umg* kaputt, fertig B M 1 Spindel *f* 2 AUTO Achsschenkel *m* ♦ **dritto come un ~** kerzengerade; **~ orario** Zeitzone *f*
fu·so·lie·ra [-ɛ-] F Rumpf *m*
fu·stel·la [-ɛ-] F 1 Stanzform *f* 2 Preisabschnitt *m* **fu·stel·la·re** V/T ⟨1b⟩ stanzen
fu·stel·la·tri·ce F Stanzmaschine *f*
fu·sti·ga·re V/T ⟨1l *u.* e⟩ 1 (aus)peitschen 2 *fig* geißeln **fu·sti·ga·zio·ne** [-o-] F 1 Auspeitschung *f* 2 *fig* Geißelung *f*
fu·sti·no M Waschpulvertonne *f*

F

fu·sto M 1 BOT Stamm *m* 2 ARCH Schaft *m* 3 *fig* toller Hecht *m* 4 Fass *n*
fu·ti·le ADJ nichtig, geringfügig
fu·ti·li·tà F ⟨inv⟩ Nichtigkeit *f*, Belanglosigkeit *f*
fu·ton [-ɔ-] M ⟨inv⟩ Futon *m*
fu·tu·ri·bi·le ADJ in Zukunft vorstellbar, künftig realisierbar **fu·tu·ri·smo** [-zmo] M Futurismus *m* **fu·tu·ri·sta** A M/F Futurist *m*, -in *f* B ADJ futuristisch
fu·tu·ri·sti·co ADJ futuristisch
★**fu·tu·ro** A ADJ zukünftig, Zukunfts-, kommend, künftig B M Zukunft *f* (*a.* GRAM) ♦ **in ~** in Zukunft, (zu)künftig; **in un prossimo ~** in naher (*od* nächster) Zukunft; **in un lontano ~** in ferner Zukunft
fu·tu·ro·lo·go [-ɔ-] F, **-a** F Futurologe *m*, -login *f*

G

g, G F *od* M ⟨inv⟩ g, G *n*
ga·bar·di·ne [-'din] F ⟨inv⟩ Gabardine *m od f*
gab·ba·mon·do [-o-] M/F ⟨inv⟩ Betrüger *m*, -in *f*
gab·ba·na F Überrock *m* ♦ **voltare ~** sein Mäntelchen nach dem Wind hängen
gab·ba·re ⟨4a⟩ A V/T hintergehen B V/PR **-rsi di qn/qc** sich über j-n/etw lustig machen
gab·bia F Käfig *m* (*a. fig*) ♦ *pej* **~ di matti** Narrenhaus *n*; *umg* **mettere in ~ qn** j-n einlochen; *fig* j-n festnageln; **~ toracica** Brustkorb *m*; **~ per uccelli** Vogelbauer *m*
★**gab·bia·no** M Möwe *f*
ga·bel·la·re V/T ⟨1b⟩ 1 HIST besteuern 2 *fig* ausgeben: **~ una notizia per vera** eine Nachricht als wahr ausgeben
★**ga·bi·net·to** [-e-] M 1 Toilette *f*, *umg* Klo *n* 2 (Arzt)Praxis *f* 3 Kabinett *n* (*a.* POL) ♦ **~ dentistico** Zahnarztpraxis *f*; **~ fotografico** Fotoatelier *n*; **~ medico** Arztpraxis *f*; POL **~ ombra** Schattenkabinett *n*; **-i pubblici** öffentliche Toiletten *pl*
gaf·fe [gaf] F ⟨inv⟩ Fauxpas *m*, Ausrutscher *m*: **fare una ~** einen Fauxpas begehen

ga·gà M ⟨inv⟩ *umg* Lackaffe *m*, Geck *m*
ga·gliar·det·to [-e-] M Wimpel *m*
ga·gliar·di·a F 1 Kräftigkeit *f* 2 *fig* Lebendigkeit *f* 3 Tapferkeit *f* 4 (*cose*) Stärke *f*
ga·gliar·do ADJ 1 kräftig, rüstig 2 *fig* lebendig 3 tapfer, wacker
ga·gliof·fag·gi·ne F 1 Nichtsnutzigkeit *f* 2 Gaunerei *f*
ga·gliof·fo [-ɔ-] A ADJ 1 nichtsnutzig 2 gaunerisch B M, **-a** F 1 Nichtsnutz *m* 2 Gauner *m*, -in *f*
ga·iez·za [-e-] F Fröhlichkeit *f*, Heiterkeit *f*
ga·io ADJ fröhlich, heiter
ga·la[1] F/M 1 Prunk *m* 2 Galaempfang *m* ♦ **di ~** Gala-; **serata di ~** Galaabend *m*
ga·la[2] F MODE 1 Rüsche *f* 2 Fliege *f*
ga·lan·te A ADJ 1 galant: **essere ~ con le donne** galant zu den Frauen sein 2 (*amoroso*) **avventura ~** Affäre *f*; **un incontro ~** ein amouröses Treffen *n* B M/F **fare il/la ~ con qn** zu j-m galant sein
ga·lan·te·ri·a F Galanterie *f*, Artigkeit *f*
ga·lan·ti·na F Sülze *f*, Aspik *m od n*
ga·lan·tuo·mo [-ɔ-] M Ehrenmann *m*, Gentleman *m*
ga·las·sia F 1 Galaxie *f* 2 *fig* Welt *f*
ga·la·te·o [-ɛ-] M Anstandsregeln *pl*; Knigge *m*
ga·le·a [-ɛ-] F Galeere *f* **ga·le·o·ne** [-o-] M Galeone *f*, Galione *f* **ga·le·ot·to** [-ɔ-] M, **-a** F 1 HIST **galeotto** M Galeerensklave *m* 2 Sträfling *m*, Strafgefangene *m/f* **ga·le·ra** [-ɛ-] F 1 HIST Galeere *f* 2 Gefängnis *n*, *umg* Knast *m*: **finire in ~** im Gefängnis landen; **mandare qn in ~** j-n hinter Gitter bringen ♦ *umg* **avanzo di ~** Knastbruder *m*
gal·la F 1 BOT Gallapfel *m* 2 (*vescica*) Blase *f* 3 Galle *f* ♦ **a ~** an der Oberfläche; **restare a ~** sich über Wasser halten (*a. fig*); **venire a ~** hochkommen; *fig* ans Licht kommen
gal·leg·gia·men·to [-e-] M Schwimmen *n* ♦ **linea di ~** Wasserlinie *f*
gal·leg·gian·te A ADJ 1 schwimmend, Schwimm- 2 Treib-: **legname ~** Treibholz *n* B M 1 Schwimmkörper *m* 2 (*nella pesca*) Schwimmer *m* (*a.* TECH) ♦ **casa ~** Hausboot *n*
gal·leg·gia·re V/I ⟨1f; av⟩ 1 schwimmen, treiben 2 (*nell'aria*) schweben
★**gal·le·ri·a** F 1 Tunnel *m* 2 (*di miniera*) Stollen *m* 3 (*di talpa*) Gang *m* 4 (*espo-*

sizione) Galerie f: ~ **d'arte** Kunstgalerie f; ~ **d'arte moderna** Museum n für moderne Kunst 5 (di teatro, cinema) Rang m; (loggione) Galerie f 6 Kanal m: ~ **del vento** Windkanal m 7 (passaggio) Passage f

gal·le·ri·sta M/F Galerist m, -in f

Gal·les M Wales n ♦ TEX **principe di** ~ Glencheck m

gal·let·ta [-e-] F SCHIFF Schiffszwieback m

gal·let·to [-e-] M 1 Hähnchen n 2 fig Gockel m: **fare il** ~ sich aufplustern wie ein Gockel 3 MECH Flügelmutter f ♦ ~ **segnavento** Wetterhahn m

★**gal·li·na** F Henne f; Huhn n ♦ **avere un cervello di** ~ ein Spatzen(ge)hirn haben; **meglio un uovo oggi che una** ~ **domani** besser einen Spatz in der Hand als eine Taube auf dem Dach; **zampe di** ~ Krähenfüße pl

gal·li·nac·cio M BOT Pfifferling m

★**gal·lo** M 1 Hahn m; Huhn n: **il** ~ **canta** der Hahn kräht 2 fig Gockel m ♦ **al canto del** ~ beim ersten Hahnenschrei; ~ **cedrone** Auerhahn m; **essere il** ~ **della checca** der Hahn im Korb sein; SPORT **peso** ~ Bantamgewicht n

gal·lo·ne[1] [-o-] M MIL Tresse f, Litze f, Winkel m ♦ fig **guadagnarsi i -i** sich (dat) die Sporen verdienen

gal·lo·ne[2] [-o-] M (unità di misura) Gallone f

ga·lop·pan·te ADJ galoppierend (a. fig)

ga·lop·pa·re V/I ⟨1c; av⟩ 1 galoppieren 2 fig rennen, sich abhetzen **ga·lop·pa·ta** F 1 Galoppritt m; Galopprennen n 2 fig Rennerei f, Schinderei f **ga·lop·pa·to·io** [-o-] M Rennbahn f **ga·lop·pi·no** M, **-a** F umg Laufbursche m, -mädchen n ♦ ~ **elettorale** Stimmenfänger m

ga·lop·po [-ɔ-] M Galopp m (a. MUS): **andare al** ~ im Galopp reiten

gal·va·ni·co ADJ galvanisch

gal·va·niz·za·re V/T ⟨1a⟩ 1 MED, TECH elektrisieren, galvanisieren 2 fig in Begeisterung versetzen **gal·va·niz·za·zio·ne** [-o-] F MED, TECH Elektrisierung f, Galvanisation f

gal·va·no·me·tro [-ɔ-] M Galvanometer n

★**gam·ba** F Bein n ♦ **andare a -e all'aria** aufs Kreuz fallen; fig (di affari) platzen; **darsela a -e** die Beine unter die Arme nehmen; **in** ~! mach's gut!; **è un tipo in** ~ er ist schwer in Ordnung; MODE **a mezza** ~ dreiviertellang; **fare il passo più lungo della** ~ sich übernehmen; **prendere qc sotto** ~ etw auf die leichte Schulter nehmen

gam·ba·le M 1 (Stiefel)Schaft m 2 Beinschiene f

gam·be·ret·to [-e-] M Garnele f

gam·be·ro M Krebs m ♦ ~ **di fiume** Flusskrebs m; **diventare rosso come un** ~ krebsrot werden

gam·bet·to [-e-] M 1 (sgambetto) Beinstellen n 2 (negli scacchi) Gambit n

Gam·bia M Gambia n **gam·bia·no** A ADJ gambisch B M, **-a** F Gambier m, -in f

gam·bie·ra [-ɛ-] F Beinschiene f (a. SPORT)

gam·biz·za·re V/T ⟨1a⟩ umg ~ **qn** j-m in die Beine schießen

gam·bo M Stiel m, Stängel m

game·boy® ['geim'bɔi] M ⟨inv⟩ Gameboy® m

ga·mel·la [-ɛ-] F Essnapf m, Blechnapf m

game·show ['geim'ʃo] M ⟨inv⟩ Gameshow f

gam·ma[1] A ADJ ⟨inv⟩ Gamma-: PHYS **raggi** ~ Gammastrahlen pl B M od F ⟨inv⟩ Gamma n

gam·ma[2] F 1 MUS Tonumfang m 2 Skala f: **la** ~ **cromatica** die Farbskala 3 Palette f, Auswahl f: **una vasta** ~ **di articoli** eine breite Palette von Artikeln; ~ **di colori** Farbenpalette f ♦ RADIO ~ **di frequenze** Frequenzbereich m; ~ **di prodotti** Produktpalette f

ga·na·scia F 1 Kinnlade f 2 MECH (Brems)Backe f

ga·na·sci·no M **prendere qn per il** ~ j-n in die Backe kneifen

gan·cet·to [-ɛ-] M Häkchen n

★**gan·cio** M Haken m: ~ **di traino** Anhängerkupplung f

gan·ga F BERGB Ganggestein n

gan·ghe·ro M Haspe f, Angel f ♦ **uscire dai -i** aus der Haut fahren

gan·glio [-gl-] M 1 ANAT Ganglion n 2 fig Lebensnerv m

gang·ster ['gɛngster] M/F ⟨inv⟩ Gangster m

gang·ste·ri·smo [-zmo] M Gangstertum n

gan·zo A ADJ toll: **un tipo** ~ ein toller Typ m B M, **-a** F 1 Liebhaber m, -in f 2 umg Schlaumeier m, -in f

gap [gap] M ⟨inv⟩ Kluft f, Gap m

G

★**ga·ra** F 1 Wettbewerb *m*, Wettstreit *m*; (*sportiva*) Wettkampf *m* 2 *fig* Wetteifern *n* ♦ ~ **di canottaggio** Ruderregatta *f*; ~ **ciclistica** Radrennen *n*; ~ **clandestina tra auto** Wettrennen *n* auf der Straße; ~ **di corsa** Wettlauf *m*; **fare a ~ a chi arriva primo** (**correndo**) um die Wette laufen; **fare a ~ a chi arriva primo** (**nuotando**) um die Wette schwimmen; ~ **podistica** Laufwettbewerb *m*; ~ **di sci** Skirennen *n*; ~ **di velocità** Geschwindigkeitsrennen *n*; (*pattinaggio*) Schnelllauf *m*

★**ga·ra·ge** [ga'raʒ] M ⟨*inv*⟩ 1 Garage *f*: ~ **sotterraneo** Tiefgarage *f* 2 Großgarage *f*

ga·ran·te A ADJ bürgend B M/F 1 Bürge *m*, Bürgin *f* 2 **garante** *m* Aufsichtsbehörde *f*: **il ~ per la protezione dei dati personali** die Datenschutz-Aufsichtsbehörde ♦ **farsi ~ per qn/qc** für j-n/etw bürgen

★**ga·ran·ti·re** ⟨4d⟩ A V/T 1 ~ **qc** für etw bürgen 2 HANDEL ~ **qc** für etw, auf etw (*akk*) Garantie geben 3 ~ **qc** für etw garantieren 4 *fig* **garantisco che …** ich stehe dafür ein, dass … B V/I ⟨av⟩ garantieren C V/PR **-rsi contro qc** sich gegen etw absichern **ga·ran·ti·to** ADJ 1 garantiert 2 verbürgt 3 sicher: **salario ~** sicherer Lohn *m* 4 *umg* **è ~ che …** es ist sicher, dass … ♦ **essere ~ per sei mesi** eine sechsmonatige Garantie haben

ga·ran·zi·a F 1 Garantie *f* (*a. fig*): **essere in ~** unter Garantie stehen 2 Bürgschaft *f* 3 Gewähr *f* ♦ JUR **avviso di ~** Ermittlungsbescheid *m*; **periodo di ~** Garantiezeit *f*

gar·ba·re V/I ⟨1a; es⟩ behagen, passen: **quel tipo non mi garba** der Typ gefällt mir nicht; **non mi garba che …** es passt mir nicht, dass …

gar·ba·to ADJ höflich: **un gesto ~** eine höfliche Geste *f*

gar·bo M 1 Artigkeit *f*; Schliff *m* 2 (*grazia*) Anmut *f* 3 (*linea*) richtige Form *f*

gar·bu·glio M 1 Gewirr(e) *n* (*a. fig*): ~ **di pensieri** Gedankengewirr *n* 2 Wirrwarr *m*

gar·de·nia [-ɛ-] F Gardenie *f*

ga·reg·gia·re V/I ⟨1f; av⟩ wetteifern: ~ **con qn per qc** mit j-m um etw wetteifern

gar·ga·nel·la [-ɛ-], **bere a ~** = *aus der Flasche trinken, ohne sie an den Mund zu setzen*

gar·ga·ri·smo [-zmo] M Gurgeln *n*: **fare i -i** gurgeln **gar·ga·riz·za·re** V/I ⟨1a; av⟩ gurgeln

gar·ga·roz·zo [-ɔ-] M *umg* Gurgel *f*

★**ga·ro·fa·no** [-ɔ-] M Nelke *f* ♦ **chiodo di ~** Gewürznelke *f*

gar·re·se [-e-] M ZOOL Widerrist *m*

gar·ret·to [-e-] M 1 ZOOL Sprunggelenk *n* 2 *umg* (*umano*) Ferse *f*

gar·ri·re V/I ⟨4d; av⟩ 1 zwitschern, schilpen 2 knattern: ~ **al vento** im Wind knattern **gar·ri·to** M Gezwitscher *n*

gar·ru·li·tà F ⟨*inv*⟩ Geschwätzigkeit *f*

gar·ru·lo ADJ 1 zwitschernd 2 geschwätzig

gar·za F 1 Gaze *f* 2 (Verbands)Mull *m*

gar·za·re V/T ⟨1a⟩ (auf)rauen

gar·zo·ne [-o-] M, **-a** F 1 (Lauf)Bursche *m*, Laufmädchen *n* 2 Lehrling *m*

★**gas** M ⟨*inv*⟩ Gas *n* ♦ **allacciamento del ~** Gasanschluss *m*; **bolletta del ~** Gasrechnung *f*; **bombola del ~** Gasflasche *f*; **conduttura del ~** Gasleitung *f*; **contatore del ~** Gaszähler *m*; **cucina a ~** Gasherd *m*; ~ **lacrimogeno** Tränengas *n*; **riscaldamento a ~** Gasheizung *f*; ~ **di scarico** (Auto)-Abgas *n*; ~ **serra** Treibhausgas *n*; **a tutto ~** mit Vollgas

ga·sa·re ⟨1a⟩ A V/T 1 → gassare 2 *fig umg* auf Touren bringen, begeistern B V/PR **-rsi** *umg* aufdrehen **ga·sa·to** ADJ 1 *fig umg* aufgedreht 2 *pej* aufgeblasen, eingebildet

ga·so·li·na F Gasolin *n* **ga·so·lio** [-ɔ-] M Dieselöl *n* ♦ ~ **da riscaldamento** Heizöl *n*

gas·sa·re ⟨1a⟩ V/T 1 mit Kohlensäure versetzen 2 vergasen 3 TEX gasieren

gas·sa·to ADJ kohlensäurehaltig ♦ **acqua -a** Sprudelwasser *n*

gas·si·fi·ca·re V/T ⟨1m *u.* d⟩ vergasen, in Gas verwandeln **gas·si·fi·ca·zio·ne** [-o-] F Vergasung *f*

gas·si·sta M/F Gasinstallateur *m*, -in *f*

gas·so·sa [-o-] F Limonade *f*

gas·so·so [-o-] ADJ 1 gasförmig 2 Gas-

ga·stri·co ADJ Magen-: **ulcera -a** Magengeschwür *n*; **disturbi -ci** Magenbeschwerden *pl*

ga·stri·te F Magenschleimhautentzündung *f*, Gastritis *f*

ga·stro·no·mi·a F 1 Kochkunst *f*, Gastronomie *f* 2 Feinkostgeschäft *n* **ga·stro·no·mi·co** [-ɔ-] ADJ gastronomisch; Feinkost-

ga·stro·no·mo [-ɔ-] M, **-a** F Gastronom *m*, -in *f*

ga·stro·pa·ti·a F Magenleiden *n*

ga·stro·sco·pi·a F Magenspiegelung *f*

gat·ta F Katze *f* ♦ **qui ~ ci cova** das geht nicht mit rechten Dingen zu

gat·ta·bu·ia F *hum* Loch *n*, Kittchen *n*

gat·ta·mor·ta [-ɔ-] F *umg* **fare la ~** sich dumm stellen

gat·ti·no M Kätzchen *n*

★**gat·to** M Katze *f*; Kater *m*: **il ~ miagola/fa le fusa/graffia** die Katze miaut/schnurrt/kratzt ♦ **essere (come) cane e ~** wie Hund und Katze sein; **quattro -i** eine Handvoll Leute; **~ delle nevi** Schneeraupe *f*

gat·to·na·re ⟨1a⟩ **A** VT be-, umschleichen **B** VI ⟨av⟩ **1** schleichen, pirschen **2** krabbeln

gat·to·ni [-o-] ADV auf allen vieren: **andare ~** auf allen vieren kriechen

gat·to·par·do M (*africano*) Serval *m*; (*americano*) Ozelot *m*

gat·tuc·cio[1] M ZOOL Katzenhai *m*

gat·tuc·cio[2] M Stichsäge *f*, Lochsäge *f*

gau·den·te [-ɛ-] **A** ADJ genießerisch **B** M/F Genussmensch *m*, Schlemmer *m*, -in *f*

gau·dio M Wonne *f* ♦ **mal comune mezzo ~** geteiltes Leid ist halbes Leid

gau·dio·so [-o-] ADJ freudvoll, wonnevoll

ga·vaz·za·re VI ⟨1a; av⟩ schwelgen

ga·vet·ta [-e-] F MIL Kochgeschirr *n* ♦ **venire dalla ~** von der Pike auf dienen

ga·vi·na F Sturmmöwe *f*

ga·vi·tel·lo [-ɛ-] M Boje *f*

ga·ze·bo [-ɛ-] M ⟨*inv*⟩ Pavillon *m*, Laube *f*

gaz·za F Elster *f* (*a. fig*) ♦ **la ~ ladra** die diebische Elster

gaz·zar·ra F Spektakel *m*, Allotria *n*

gaz·zel·la [-ɛ-] F **1** Gazelle *f* **2** = *schneller Einsatzwagen der Karabinieri*

gaz·zet·ta [-e-] F Zeitung *f*, Zeitungsblatt *n* ♦ **Gazzetta Ufficiale** Amtsblatt *n*

Gbyte ['dʒibait] M ⟨*inv*⟩ Gigabyte *n*

gei·ger ['gaiger] M ⟨*inv*⟩ **contatore** *m* **~** Geigerzähler *m*

gel [-ɛ-] M ⟨*inv*⟩ Gel *n*; (*per i capelli*) Haargel *n*: **~ doccia** Duschgel *n*

★**ge·la·re** ⟨1b⟩ **A** VT **1** gefrieren, zufrieren lassen: **il freddo ha gelato il lago** die Kälte hat den See zufrieren lassen **2** (*rovinare col gelo*) erfrieren lassen **3** *fig* erstarren lassen **B** VI ⟨es, av⟩ *unpers* frieren: **stanotte ha** (*od* **è**) **gelato** heute Nacht hat es gefroren **C** VI ⟨es⟩ & V/PR **-rsi** **1** gefrieren; zufrieren; einfrieren **2** erfrieren **3** eiskalt werden **4** *fig* gefrieren: **il sangue gli si gelò nelle vene** das Blut gefror ihm in den Adern

ge·la·ta F Frosteinbruch *m*; Frost *m*

ge·la·ta·io M, **-a** F **1** Eisverkäufer *m*, -in *f* **2** Speiseeishersteller *m*, -in *f*

★**ge·la·te·ri·a** F Eiscafé *n*; Eisdiele *f*

ge·la·tie·ra [-ɛ-] F Eismaschine *f*, Eisbereiter *m*

ge·la·ti·na F **1** (*di carne, pesce*) Gallert *n*, Aspik *m* **2** (*di frutta*) Gelee *m od n* **3** CHEM Gelatine *f* **4** Fruchtgelee *n od m* ♦ **mettere qc in ~** etw sülzen; **pollo in ~** Huhn *n* in Aspik

ge·la·ti·no·so [-o-] ADJ gallertartig

★**ge·la·to** **A** ADJ **1** eiskalt, eisig **2** (*di piante*) erfroren **3** gefroren, vereist **B** M (Speise)Eis *n*, *schweiz* Glace *f* ♦ **cono (di) ~** Eistüte *f*; **coppa (di) ~** Eisbecher *m*; **~ da passeggio** Eis *n* am Stiel

▶ Il gelato — Das Eis

Il gelato	Das Eis
albicocca	Aprikose
amarena	Sauerkirsche
arancia	Orange
bacio	Schokolade-Nuss
cioccolato	Schokolade
crema *oder* **vaniglia**	Vanille
fior di panna	Rahm
fragola	Erdbeere
frutti di bosco	Waldbeeren
gianduia	Nougat
limone	Zitrone
malaga	Vanilleeis, Rum, Rosinen
melone	Honigmelone
menta	Pfefferminze
mirtilli	Heidelbeeren

▶▶

nocciola	Haselnuss
noce	Walnuss
panna	Sahne
pesca	Pfirsich
pistacchio	Pistazie
stracciatella	Sahneeis, Schokoladenstücke
torrone	Nougat mit Honig und Mandeln
zabaione	Eierschaum, Marsala-Wein
panna montata	Schlagsahne
Vorrei un cono da due euro.	Ich möchte ein Eis in der Tüte für 2 Euro.
Che gusti?	Welche Eissorten?
Una pallina al limone e due palline alla fragola.	Eine Kugel Zitrone und zwei Kugeln Erdbeere.
Vorrei una coppetta di gelato con la panna montata.	Ich möchte einen Eisbecher mit Schlagsahne.

ge·li·ci·dio M METEO Glatteis *n*

ge·li·do [-ɛ-] ADJ eiskalt, eisig (*a. fig*)

ge·li·fi·can·te M Geliermittel *n*

ge·lo [-ɛ-] M **1** Frost *m* **2** Eis *n* **3** Eiseskälte *f*

ge·lo·ne[1] [-o-] M Frostbeule *f*

ge·lo·ne[2] [-o-] M BOT Austernpilz *m*

ge·lo·si·a[1] F **1** Eifersucht *f*: **provare ~ per qn** auf j-n eifersüchtig sein **2** Eifersüchtelei *f*

ge·lo·si·a[2] F (*persiana*) Jalousie *f*

★**ge·lo·so** [-o-] ADJ eifersüchtig: **essere ~ di qn** auf j-n eifersüchtig sein; **essere ~ di qc** etw eifersüchtig hüten

gel·si·col·tu·ra [-s-] F Maulbeerzucht *f*

gel·so ['dʒɛlso] M Maulbeerbaum *m*

gel·so·mi·no [-s-] M Jasmin *m*

ge·me·bon·do [-o-] ADJ wehklagend

ge·mel·lag·gio M Partnerschaft *f*: **il ~ fra due comuni** eine Städtepartnerschaft *f*

ge·mel·la·re V/T ⟨1b⟩ durch eine Partnerschaft verbinden **ge·mel·la·to** ADJ **città -e** Partnerstädte *pl*

ge·mel·lo [-ɛ-] **A** ADJ Zwillings-: **fratello ~** Zwillingsbruder *m*; **sorella -a** Zwillingsschwester *f* **B** M, **-a** F **1** Zwilling *m*: **ha avuto due -i** sie hat Zwillinge bekommen; **ha avuto tre -i** sie hat Drillinge bekommen **2** **gemello** *m* Manschettenknopf *m* **3** ASTROL **Gemelli** *pl* Zwillinge *pl*: **Marco è dei Gemelli** Marco ist Zwilling ♦ **anime -e** gleich gestimmte Seelen *pl*

ge·me·re [-ɛ-] V/I ⟨3a; av⟩ **1** stöhnen; wimmern: **~ per il** (*od* **dal**) **dolore** vor Schmerzen stöhnen **2** ächzen, knarren: **la trave geme** der Balken knarrt **3** quietschen

ge·mi·to [-ɛ-] M Ächzen *n*, Stöhnen *n*

gem·ma [-ɛ-] F **1** BOT Knospe *f* **2** Edelstein *m* **3** *fig* Perle *f*, Juwel *m od n*

gem·ma·re ⟨1b⟩ **A** V/I ⟨av⟩ knospen **B** V/T verzieren, schmücken

gen·dar·me M **1** Gendarm *m* **2** *fig* (*persona energica*) Feldwebel *m*

gen·dar·me·ri·a F Gendarmerie *f*

ge·ne [-ɛ-] M Gen *n*, Erbträger *m*

ge·ne·a·lo·gi·a F **1** Ahnenforschung *f* **2** Genealogie *f*, Ahnenreihe *f* **3** Stammbaum *m* **ge·ne·a·lo·gi·co** [-ɔ-] ADJ genealogisch, Stamm-: **albero ~** Stammbaum *m*; **tavola -a** Ahnentafel *f*

★**ge·ne·ra·le**[1] **A** ADJ **1** General-, Haupt-: **assemblea ~** Hauptversammlung *f*; **sciopero ~** Generalstreik *m*; **catalogo ~** Hauptkatalog *m* **2** allgemein, Allgemein-: **soddisfazione ~** allgemeine Zufriedenheit *f*; **cultura ~** Allgemeinbildung *f* **3** Gesamt-, gesamt: **quadro ~** Gesamtbild *n* **B** M Allgemeine *n* ♦ **in ~** im Allgemeinen; **interruttore ~** Hauptschalter *m*; **prova ~** Generalprobe *f* (*a. fig*); **quartier ~** Hauptquartier *n*; **tenersi sulle -i** sich im Allgemeinen bewegen

ge·ne·ra·le[2] M **1** General *m* **2** KIRCHE Generalobere *m* ♦ **~ di brigata** Brigadegeneral *m*; **~ di corpo d'armata** Generalleutnant *m*; **~ di divisione** Generalmajor *m*

ge·ne·ra·les·sa [-e-] F **1** KIRCHE Generaloberin *f* **2** *fig* (*donna autoritaria*) Feldwebel *m*

ge·ne·ra·li·tà F ⟨*inv*⟩ **1** Allgemeinheit *f* **2** *pl* Personalien *pl*: **fornire**, *form* **declinare false ~** falsche Personalien angeben; **favorisca le Sue ~!** geben Sie mir bitte Ihre Personalien an! **3** Mehrheit *f*, Mehrzahl *f*: **nella ~ dei casi** in der Mehrzahl

Generalità

Adresse	**l'indirizzo**
Allergien	**le allergie**
Ausstellungsdatum	**la data di rilascio**
Ausweisnummer	**il numero del documento**
Beruf	**la professione**
Blutgruppe	**il gruppo sanguigno**
Dokument, Papiere	**il documento, i documenti**
Familienstand	**lo stato civile**
Führerschein	**la patente di guida**
geboren am	**nato il**
geboren in	**nato a**
geschieden	(*er*) **divorziato** (*sie*) **divorziata**
Geschlecht:	**sesso**
männlich	**maschile**
weiblich	**femminile**
getrennt	(*er*) **separato** (*sie*) **separata**
gültig bis ...	**valido fino al ...**
Hausnummer	**il numero**
Heimatadresse	**la residenza**
Land	**lo stato**
ledig	(*er*) **celibe** (*sie*) **nubile**
Nachname	**il cognome**
Pass	**il passaporto**
Personalausweis	**la carta d'identità**
Postleitzahl *oder* PLZ	**il codice di avviamento postale** *oder* **il CAP**
Provinz	**la provincia**
Straße	**la via**
Telefonnummer	**il numero di telefono**
verheiratet	(*er*) **sposato** (*sie*) **sposata**
verwitwet	(*er*) **vedovo** (*sie*) **vedova**
Vorname	**il nome**
wohnhaft in	**residente a**
Wohnsitz	**il domicilio**

der Fälle

ge·ne·ra·liz·za·re V/T ⟨1a⟩ 1 verallgemeinern 2 verbreiten **ge·ne·ra·liz·za·to** ADJ verbreitet **ge·ne·ra·liz·za·zio·ne** [-o-] F 1 Verallgemeinerung *f* 2 Verbreitung *f*

★**ge·ne·ral·men·te** [-e-] ADV 1 allgemein, generell 2 (für) gewöhnlich, üblicherweise ♦ ~ **parlando** allgemein gesprochen

ge·ne·ra·re ⟨1l *u.* b⟩ A V/T 1 zeugen: ~ **un figlio** ein Kind zeugen 2 hervorbringen (*a. fig*): **Firenze ha generato molti uomini illustri** Florenz hat viele berühmte Männer hervorgebracht 3 verursachen, bewirken 4 erzeugen, entwickeln: ~ **elettricità** Strom erzeugen B V/PR **-rsi** sich bilden, entstehen

ge·ne·ra·ti·vo ADJ Zeugungs-, generativ (*a.* LING) **ge·ne·ra·to·re** [-o-] A ADJ Zeugungs-, zeugend B M 1 Erzeuger *m* (*a.* ELEK) 2 Generator *m* ♦ ~ **casuale** Zufallsgenerator *m*; ~ **di corrente** Stromerzeuger *m*

ge·ne·ra·zio·na·le ADJ Generations-: **conflitto** ~ Generationskonflikt *m*

ge·ne·ra·zio·ne [-o-] F 1 Generation *f* 2 BIOL Zeugung *f* 3 TECH Erzeugung *f*

★**ge·ne·re** [-ɛ-] M 1 Art *f*: **questo ~ di musica non mi piace** diese Art (von) Musik gefällt mir nicht 2 Gattung *f*, Genre *n* 3 BOT, ZOOL Art *f*, Gattung *f* 4 GRAM Genus *n*, Geschlecht *n* 5 *pl* Artikel *pl*, Güter *pl*: **-i di lusso** Luxusgüter *pl* **-i alimentari** Lebensmittel *pl*; **di cattivo** ~ geschmacklos; ~ **di consumo** Konsumgüter *pl*; **una cosa del** ~ so (et)was; **cose del** ~ etwas Derartiges; **nel suo** ~ in seiner Art; **unico nel suo** ~ einzig in seiner Art; ~ **di vita** Lebensart *f*

ge·ne·ri·ca·men·te [-e-] ADV 1 im Allgemeinen, allgemein 2 (für) gewöhnlich **3** in (groben) Umrissen

ge·ne·ri·ci·tà F ⟨inv⟩ Allgemeinheit *f*, Unbestimmtheit *f*

ge·ne·ri·co [-ɛ-] **A** ADJ **1** allgemein (*a.* MED): **medico ~** Allgemeinarzt *m*, -ärztin *f* **2** vage, unbestimmt **B** M Allgemeine *n*: **restare sul ~** sich im Allgemeinen bewegen

★**ge·ne·ro** [-ɛ-] M Schwiegersohn *m*

ge·ne·ro·si·tà F ⟨inv⟩ Großmut *f*; Großzügigkeit *f*, Freigebigkeit *f*: **ricompensare qn con ~** j-n großzügig belohnen ♦ **essere in vena di ~** in Spendierlaune sein

★**ge·ne·ro·so** [-o-] **A** ADJ **1** großzügig, großmütig: **essere ~ con qn** gegen j-n großzügig sein **2** freigebig **3** reichlich, üppig: **forme -e** üppige Formen *pl* **B** M, **-a** F Großzügige *m/f* ♦ **un vino ~** ein süffiger Wein *m*

ge·ne·si [-ɛ-] F ⟨inv⟩ Genese *f*, Entstehung *f*

Ge·ne·si [-ɛ-] F Genesis *f*, Schöpfung *f*

ge·ne·ti·ca [-ɛ-] F Vererbungslehre *f*, Genetik *f*

ge·ne·ti·ca·men·te [-e-] ADV genetisch: **~ manipolato** gentechnisch manipuliert, genmanipuliert

ge·ne·ti·co [-ɛ-] ADJ genetisch, Erb-: **patrimonio ~** Erbgut *n*; **ingegneria -a** Gentechnik *f*

ge·ne·ti·sta M/F Genforscher *m*, -in *f*

ge·ne·tli·a·co M Geburtstag *m*: **celebrare il ~ di qn** j-s Geburtstag feiern

gen·gi·va F Zahnfleisch *n*

gen·gi·vi·te F Zahnfleischentzündung *f*

ge·nia·le ADJ genial

ge·nia·li·tà F ⟨inv⟩ Genialität *f*

ge·ni·co [-ɛ-] ADJ Gen-: **mutazione -a** Genmutation *f*

ge·nie·re [-ɛ-] M Pionier *m*

ge·nio[1] [-ɛ-] M **1** Genie *n*, Genius *m*: *iron* **un ~ incompreso** ein verkanntes Genie *n* **2** Begabung *f*: **avere il ~ degli affari** eine Begabung für Geschäfte haben **3** Schutzgeist *m* ♦ **andare a ~ a qn** j-m liegen; **lampo di ~** Geistesblitz *m*

ge·nio[2] [-ɛ-] M **1** Pioniertruppe *f* **2** Bauamt *n* ♦ **~ civile** Bauaufsichtsbehörde *f*, Baupolizei *f*

ge·ni·ta·le **A** ADJ genital, Geschlechts- **B** MPL Genitalien *pl*, Geschlechtsorgane *pl*

ge·ni·ti·vo **A** ADJ Genitiv- **B** M Genitiv *m*, Wesfall *m*

ge·ni·to·re [-o-] M **1** Elternteil *m* **2** Erzeuger *m*

★**ge·ni·to·ri** [-o-] MPL Eltern *pl*

ge·ni·tri·ce **A** ADJ F Mutter-: **terra ~** Muttererde *f* **B** F Schöpferin *f*

★**gen·na·io** M Januar *m*; **in ~** im Januar; **il 10 ~** (am) 10. Januar; → a. aprile

ge·no·ci·dio M Völkermord *m*

ge·no·ma [-ɔ-] M Genom *n*

Ge·no·va [-e-] F Genua *n* **ge·no·ve·se** [-e-] **A** ADJ genuesisch **B** M/F Genuese *m*, Genuesin *f*

gen·ta·glia F *pej* Gesindel *n*, Pack *n*

★**gen·te** [-ɛ-] F **1** Leute *pl*, Menschen *pl* **2** Volk *n*: **le -i dell'Asia** die Völker Asiens ♦ **la ~ bene** die gute Gesellschaft; **~ per bene** anständige Leute *pl*; **la ~ comune** das gemeine Volk

gen·til·don·na [-ɔ-] F HIST Edeldame *f*

★**gen·ti·le** ADJ **1** freundlich, liebenswürdig: **essere ~ con** (*od* **verso**) **qn** freundlich zu j-m sein; **grazie, molto ~** danke, sehr freundlich **2** zart, lieblich: *hum* **il gentil sesso** das zarte Geschlecht **3** (*nelle lettere*) sehr geehrt: **~ signora Bianchi** sehr geehrte Frau Bianchi

gen·ti·lez·za [-e-] F **1** Freundlichkeit *f*, Liebenswürdigkeit *f* **2** **scambiarsi -e** Höflichkeiten austauschen **3** Gefallen *m*: **fare una ~ a qn** j-m einen Gefallen tun

gen·ti·lis·si·mo ADJ *sup* **1** sehr freundlich **2** (*nelle lettere*) sehr geehrt

gen·ti·li·zio ADJ **1** Geschlechts-, Familien- **2** Adels-: **stemma ~** Adelswappen *n*

gen·ti·luo·mo [-ɔ-] M **1** HIST Edelmann *m* **2** Gentleman *m*

ge·nu·fles·sio·ne [-o-] F Kniefall *m*

ge·nu·flet·ter·si [-ˈflɛttersi] V/PR ⟨3qq⟩ **1** sich (nieder-, hin)knien: **~ di fronte a qn** sich vor j-m niederknien **2** einen Kniefall tun

ge·nui·ni·tà F ⟨inv⟩ **1** Unverfälschtheit *f* **2** Echtheit *f* **ge·nu·i·no** ADJ **1** naturrein, unverfälscht: **alimenti -i** naturreine Lebensmittel *pl* **2** echt: **un sentimento ~** ein echtes Gefühl

gen·zia·na F Enzian *m*

geo·cen·tri·smo [-zmo] M Geozentrik *f*

geo·de·si·a F Erdvermessung *f*

geo·fi·si·ca F Geophysik *f*

★**geo·gra·fi·a** F Geografie *f*, Erdkunde *f*: **~ economica** Wirtschaftsgeografie *f*

geo·gra·fi·co ADJ geografisch, Erdkunde-

ge·o·gra·fo [-ɔ-] M, **-a** F Geograf *m*, -in *f*

geo·lo·gi·a F Geologie *f* **geo·lo·gi·co** [-ɔ-] ADJ geologisch ♦ **era -a** Erdzeitalter *n*

ge·o·lo·go [-ɔ-] M, **-a** F Geologe *m*, -login *f*

ge·o·me·tra [-ɔ-] M/F Vermessungstechniker *m*, -in *f*

geo·me·tri·a F Geometrie *f*, Raumlehre *f*

geo·me·tri·co [-ɛ-] ADJ geometrisch

Ge·or·gia [-ɔ-] F Georgien *n* **geor·gia·no** A ADJ georgisch B M, **-a** F Georgier *m*, -in *f*

ge·ra·nio M Geranie *f*

ge·rar·ca M 1 HIST = *hoher Parteifunktionär (im Faschismus)* 2 = *geistlicher Würdenträger* 3 *fig* Despot *m*

ge·rar·chi·a F Hierarchie *f*, Rangordnung *f* **ge·rar·chi·co** ADJ 1 hierarchisch, Rang- 2 *fig* Wert-: **criterio ~** Wertmaßstab *m* ♦ **per via -a** auf dem Dienstweg

ge·ren·te [-ɛ-] M/F Geschäftsführer *m*, -in *f*; Betreiber *m*, -in *f*

ge·ren·za [-ɛ-] F Geschäftsführung *f*, -leitung *f*

ger·ga·le ADJ Jargon-, Slang-: **usare termini -i** Jargonausdrücke benutzen

ger·go [-ɛ-] M Jargon *m*: **il ~ della malavita** der Jargon der Unterwelt; **~ politico** Politjargon *m*

ger·la [-ɛ-] F Rückentragekorb *m*

★**Ger·ma·nia** F Deutschland *n*: **~ dell'Est** Ostdeutschland *n*, ehemalige DDR *f*; **~ meridionale** Süddeutschland *n*; **~ occidentale** Westdeutschland *n* **~ settentrionale** Norddeutschland *n* **ger·ma·ni·co** ADJ 1 germanisch 2 deutsch

ger·ma·ni·sta M/F Germanist *m*, -in *f* **ger·ma·ni·sti·ca** F Germanistik *f* **ger·ma·ni·sti·co** ADJ germanistisch

ger·ma·no[1] A ADJ leiblich: **fratello ~** leiblicher Bruder *m* B M, **-a** F leiblicher Bruder, leibliche Schwester *f*

ger·ma·no[2] M, **-a** F Germane *m*, -nin *f*

ger·me [-ɛ-] M Keim *m* (*a. fig*): **~ patogeno** Krankheitskeim *m*; **reprimere qc in ~** etw im Keim ersticken

ger·mi·ci·da A ADJ keimtötend B M keimtötendes Mittel *n*

ger·mi·na·le ADJ Keim-: **cellula ~** Keimzelle *f*

ger·mi·na·re V/I ⟨1l *u.* b; es, av⟩ keimen **ger·mi·na·zio·ne** [-o-] F Keimung *f*, Keimen *n*

ger·mo·glia·re V/I ⟨1g *u.* c; es, av⟩ 1 (*dal seme*) auf-, auskeimen 2 austreiben, sprossen: **i rami germogliano** die Zweige treiben aus 3 (*di fiori, foglie*) sprießen 4 *fig* keimen **ger·mo·glia·zio·ne** [-o-] F Auskeimung *f*; Austreiben *n*

ger·mo·glio [-ɔ-] M 1 Keim *m*: **mettere -gli** auskeimen 2 (*rami, fiori*) Trieb *m*, Spross *m*: **-gli di bambù** Bambussprossen *pl*

ge·ro·gli·fi·co A ADJ hieroglyphisch: **caratteri -ci** hieroglyphische Schrift *f* B M Hieroglyphe *f* (*a. fig hum*)

ge·ron·to·co·mio [-ɔ-] M Altenheim *n*

ge·ron·to·lo·gi·a F Altersheilkunde *f*

ge·ron·to·lo·go [-ɔ-] M, **-a** F Gerontologe *m*, -login *f*

ge·run·dio M Gerundium *n*

Ge·ru·sa·lem·me [-ɛ-] F Jerusalem *n*

ges·sa·to A ADJ MODE Nadelstreifen- B M Nadelstreifenanzug *m*

ges·set·to [-e-] M (Stück) Kreide *f*

ges·so [-ɛ-] M 1 Gips *m* 2 Gipsfigur *f* 3 Gips(verband) *m* 4 Kreide *f* ♦ **busto di ~** Gipsbüste *f*; **calco in ~** Gipsabguss *m*

ges·so·so ADJ gipshaltig

ge·sta [-ɛ-] FPL *poet* Heldentaten *pl*

ge·stan·te F Schwangere *f*

ge·sta·zio·ne [-o-] F 1 Schwangerschaft *f*; (*di animali*) Trächtigkeit *f* 2 *fig* Vorbereitung *f*, Bearbeitung *f*

ge·sti·co·la·re V/I ⟨1m; av⟩ gestikulieren, mit den Händen fuchteln

ge·sti·co·li·o M Gefuchtel *n*

ge·stio·na·le ADJ Geschäfts-: **politica ~** Geschäftspolitik *f*

ge·stio·ne [-o-] F 1 Leitung *f*, Führung *f*; Management *n*: **~ d'affari** Geschäftsleitung *f*; POL **~ della crisi** Krisenmanagement *n* 2 Verwaltung *f*: **~ dei fondi pubblici** Verwaltung *f* der öffentlichen Gelder 3 Pacht *f*: **dare/prendere qc in ~** etw in Pacht geben/nehmen ♦ **~ aziendale** Betriebs-, Geschäftsleitung *f*; **cattiva ~** Missmanagement *n*; IT **~ (dei) dati** Datenverwaltung *f*; **metodo di ~** Führungsmethode *f*; **fondi di ~** Betriebskapital *n*; **spese di ~** Betriebskosten *pl*

ge·sti·re V/T ⟨4d⟩ 1 leiten, führen; betreiben 2 verwalten 3 bewirtschaften 4 *fig* **~ le proprie forze** seine Kräfte einteilen

★**ge·sto** [-ɛ-] M Gebärde *f*; Geste *f* (*a. fig*) ♦ *fig* **non fare un ~** keinen Finger rühren

ge·sto·re [-o-] M, **-tri·ce** F 1 Geschäftsführer *m*, -in *f* 2 Pächter *m*, -in *f* 3 Betreiber *m*, -in *f* ♦ ~ **di rete** Netzbetreiber *m*

ge·stua·le ADJ Gebärden-, Gesten-

ge·stua·li·tà F ⟨*inv*⟩ Gestik *f*

Ge·sù M Jesus *m* ♦ ~ **Bambino** Jesuskind *n*

ge·su·i·ta A ADJ Jesuiten-, jesuitisch (*a. pej*) B M Jesuit *m* (*a. pej*)

★**get·ta·re** ⟨1b⟩ A V/T 1 werfen (*a. fig*) 2 *fig* ~ **qn nel panico** j-n in Panik versetzen 3 METALL (*edilizia*) ~ **le fondamenta** ein Fundament legen 4 (aus)keimen; treiben B V/PR **-rsi** 1 sich werfen, sich stürzen (*a. fig*) 2 (*di corsi d'acqua*) münden ♦ **-rsi addosso a qn** sich auf j-n stürzen; *fig* ~ **all'aria qc** etw zunichtemachen; SCHIFF ~ **l'ancora** den Anker werfen; ~ **via qc** etw wegwerfen (*a. fig*)

get·ta·ta F 1 Werfen *n*; Wurf *m* 2 Gießen *n*; Guss *m* 3 (*edilizia*) Schüttung *f*

get·ti·to [-ɛ-] M ~ **fiscale** Steueraufkommen *n*

get·to [-ɛ-] M 1 Werfen *n*; Wurf *m* 2 ~ **d'acqua** (Wasser)Strahl *m* 3 METALL Gießen *n*; Guss *m* 4 (*edilizia*) Schüttung *f* 5 BOT Spross *m*, Trieb *m* ♦ FLUG **a** ~ Düsen-; **a** ~ **continuo** ununterbrochen; **di** ~ flüssig, zügig

get·to·na·re V/T ⟨1a⟩ *umg* = *von der Musikbox spielen lassen*

get·to·na·to ADJ *umg* 1 gespielt: **la canzone più -a dell'estate** das meistgespielte Lied des Sommers 2 meistgefragt

get·to·ne [-o-] M 1 (Einwurf)Münze *f*, Marke *f* 2 Spielmarke *f* ♦ **telefono a -i** Münztelefon *n*; **distributore a -i** Münzautomat *m*; ~ **del telefono** Telefonmünze *f*

get·to·nie·ra [-ɛ-] F Münzwechsler *m*

get·to·pro·pul·sio·ne [-si'o-] F Düsenantrieb *m*

Gha·na M Ghana *n* **gha·ne·se** [-e-] A ADJ ghanisch B M/F Ghanaer *m*, -in *f*

ghen·ga [-e-] F *hum* Clique *f*, Rasselbande *f*

ghe·par·do M Gepard *m*

ghep·pio [-e-] M Turmfalke *m*

ghe·ri·glio M Nusskern *m*

gher·mi·nel·la [-ɛ-] F 1 *fig* Streich *m* 2 List *f*

gher·mi·re V/T ⟨4d⟩ (an)packen

ghet·ta [-e-] F Gamasche *f*

ghet·to [-e-] M G(h)etto *n* (*a. fig*)

ghiac·cia·ia F 1 Eisschrank *m* 2 Eiskeller *m* (*a. fig*) ♦ ~ **portatile** Kühlbox *f*

★**ghiac·cia·io** M Gletscher *m*

ghiac·cia·re A V/I ⟨1f; es, av⟩ 1 (ge)frieren 2 vereisen, zufrieren 3 *unpers* frieren: **stanotte è ghiacciato** heute Nacht hat es gefroren B V/PR **-rsi** 1 (*dell'acqua*) (ge)frieren 2 vereisen, zufrieren 3 er-, abfrieren C V/T 1 einfrieren lassen 2 zufrieren lassen 3 erstarren lassen

ghiac·cia·ta F → granita

★**ghiac·cia·to** ADJ 1 gefroren 2 zugefroren, vereist 3 eisgekühlt 4 *fig* eiskalt

★**ghiac·cio** M Eis *n* ♦ **borsa del** ~ Eisbeutel *m*; **cubetto di** ~ Eiswürfel *m*; **di** ~ eiskalt, eisig (*a. fig*); **scomparto del** ~ Gefrierfach *n*; **secchiello del** ~ Eiskübel *m*

ghiac·cio·lo [-ɔ-] M 1 (Eis)Zapfen *m* 2 = *Wassereis*

ghia·ia F 1 Kies *m* 2 Geröll *n* 3 Schotter *m* **ghia·io·ne** [-o-] M Geröllhalde *f*

ghian·da F BOT Eichel *f*

ghian·da·ia F (Eichel)Häher *m*

ghian·do·la F Drüse *f* ♦ ~ **mammaria** Milchdrüse *f*; ~ **linfatica** Lymphdrüse *f*

ghie·ra [-ɛ-] F 1 Zwinge *f* 2 MECH Nutmutter *f*

ghi·gliot·ti·na F Guillotine *f*, Fallbeil *n*

ghi·gliot·ti·na·re V/T ⟨1a⟩ guillotinieren

ghi·gna·re V/I ⟨1a; av⟩ grinsen

ghi·gno M Grinsen *n*, Hohnlächeln *n*

ghin·ghe·ri MPL **in** ~ herausgeputzt; **mettersi in** ~ sich herausputzen, *umg* sich in Schale werfen

ghiot·to [-o-] ADJ 1 naschhaft 2 *fig* gierig: **essere** ~ **di qc** nach etw gierig sein 3 lecker: **un dolce** ~ ein leckerer Kuchen *m*

ghiot·to·ne [-o-] M, **-a** F Schlemmer *f*, -in *f*, Leckermaul *n*; (*di dolci*) Naschkatze *f*

ghiot·to·ne·ri·a F 1 Naschhaftigkeit *f*; Gier *f* 2 Leckerbissen *m* (*a. fig*)

ghioz·zo [-ɔ-] M ZOOL Grundel *f*, Gründel *f*

ghi·ri·biz·zo M Schrulle *f*, Schnapsidee *f*

ghi·ri·go·ro [-ɔ-] M Schnörkel *m*

ghir·lan·da F Girlande *f* (*a.* KUNST); Kranz *m*

ghi·ro M Siebenschläfer *m* ♦ **dormire come un** ~ wie ein Murmeltier (*od* Bär) schlafen

ghi·sa F Gusseisen *n* ♦ **di** ~ gusseisern

★**già** ADV 1 schon, bereits 2 schon: ~ **il pensiero ...** schon der Gedanke ... 3 einst, früher 4 ehemalig 5 ja sicher: ~

~, **hai ragione** ja sicher, du hast recht **6** ja, wohl: ~, **dovevo pensarlo** das hätte ich mir ja denken können **7** **non ~ perché** nicht etwa, weil ♦ **ah ~!** ach ja!; **~ che ci siamo** da wir schon dabei sind ...; *iron* **eh ~!** ja klar

Gia·car·ta F Jakarta *n*

★**giac·ca** F Jacke *f*; Sakko *m* ♦ **~ a un petto** Einreiher *m*; **~ a doppio petto** Zweireiher *m*; **~ jeans** Jeansjacke *f*; **~ a vento** Windjacke *f*

giac·ché KONJ da, weil

giac·chet·ta [-e-] F Jäckchen *n*

giac·co·ne [-o-] M Winterjacke *f*

gia·cen·te [-ɛ-] ADJ **1** (post)lagernd **2** JUR unerledigt: **una pratica ~** eine unerledigte Akte **3** brachliegend: **capitale ~** brachliegendes Kapital *n*

gia·cen·za [-ɛ-] F **1** Lagern *n* **2** Lagerzeit *f* **3** (Waren)Bestand *m* **4** lagernde Post *f* ♦ **~ di magazzino** Lagerbestand *m*

gia·ce·re [-e-] V/I ⟨2k; es⟩ **1** liegen: **~ supino** auf dem Rücken liegen; **~ prono** auf dem Bauch liegen **2** ruhen: **il procedimento giace** das Verfahren ruht **3** lagern

gia·ci·glio M Liegestatt *f*, Lagerstatt *f*

gia·ci·men·to [-e-] M Vorkommen *n*: **~ petrolifero** Erdölvorkommen *n*; Ölfeld *n*

gia·cin·to M Hyazinthe *f*

gia·co M Ketten-, Panzerhemd *n*

gia·co·mo M *umg* **le gambe mi fanno ~ ~** mir schlottern die Knie

giac·qui → giacere

gia·cu·la·to·ria [-ɔ-] F *hum* Leier *f*, Litanei *f*

gia·da F Jade *m od f*

giag·gio·lo [-ɔ-] M Schwertlilie *f*, Iris *f*

gia·gua·ro M Jaguar *m*

gial·la·stro ADJ, **gial·lic·cio** ADJ gelblich **gial·li·no** **A** ADJ zartgelb **B** M helles Gelb *n*

gial·li·sta M/F Krimiautor *m*, -in *f*

★**gial·lo** **A** ADJ **1** gelb **2** Kriminal-, Krimi-: **film ~** Kriminalfilm *m* **B** M **1** Gelb *n* **2** Krimi *m* ♦ SPORT **cartellino ~** Gelbe Karte *f*; **farina -a** Maismehl *n*; **le pagine -e** die Gelben Seiten®

gial·lo·gno·lo [-o-] ADJ gelblich

Gia·mai·ca F Jamaika *n* **gia·mai·ca·no** **A** ADJ jamaikanisch **B** M, **-a** F Jamaikaner *m*, -in *f*

giam·bo M Jambus *m*, Jambe *f*

giam·mai ADV *poet* nie, niemals

gian·du·iot·to [-ɔ-] M = *Nussnougatpraline aus Turin*

★**Giap·po·ne** [-o-] M Japan *n*

★**giap·po·ne·se** [-e-] **A** ADJ japanisch **B** M/F Japaner *m*, -in *f*

gia·ra F (großer) Krug *m*

giar·di·nag·gio M Gartenbau *m* ♦ **attrezzo da ~** Gartengerät *n*

giar·di·net·ta [-e-] F = *Kombiwagen*

giar·di·net·to [-e-] M Gartenanlage *f*

giar·di·nie·ra [-ɛ-] F (*verdure sottaceto*) Mixed Pickles *pl* **giar·di·nie·re** [-ɛ-] M, **-a** F Gärtner *m*, -in *f*

★**giar·di·no** M Garten *m* ♦ **~ botanico** botanischer Garten *m*; **~ d'infanzia** Kindergarten *m*; **~ d'inverno** Wintergarten *m*; **~ pensile** Dachgarten *m*; **-i pubblici** öffentliche Grünanlage *f*

giar·ret·tie·ra [-ɛ-] F Strumpfband *n*; Strumpfhalter *m*; Sockenhalter *m*

gia·vel·lot·to [-ɔ-] M (Wurf)Speer *m*

gib·bo·si·tà F ⟨*inv*⟩ Buck(e)ligkeit *f*

gib·bo·so [-o-] ADJ bucklig

gi·ber·na [-ɛ-] F Patronentasche *f*

Gi·bil·ter·ra [-ɛ-] F Gibraltar *n*

gi·ga·by·te [-'bait] M ⟨*inv*⟩ Gigabyte *n*

gi·gan·te **A** ADJ Riesen-: **slalom ~** Riesenslalom *m* **B** M **1** Riese *m*, Hüne *m* **2** MYTH Gigant *m* **3** *fig* Riese *m*, Größe *f*: **un ~ dello spirito** eine Geistesgröße *f* ♦ **fare passi da ~** Riesenschritte machen, *fig* riesige Fortschritte machen

gi·gan·teg·gia·re V/I ⟨1f; av⟩ **1** emporragen **2** **~ su qn/qc** j-n/etw überragen (*a. fig*) **gi·gan·te·sco** [-e-] ADJ **1** Riesen-, Hünen- **2** riesig, gigantisch

gi·gan·tes·sa [-e-] F Riesin *f*

gi·gio·na·ta F Großtuerei, Angeberei *f*

gi·gio·ne [-o-] M, **-a** F Großtuer *m*, -in *f*, Aufschneider *m*, -in *f*

gi·glio M Lilie *f* ♦ **~ rosso** Feuerlilie *f*

gil·da F Gilde *f*

gi·lè, gi·let [dʒi'lɛ] M ⟨*inv*⟩ Weste *f*: **~ jeans** Jeansweste *f*

gi·ne·co·lo·gi·a F Frauenheilkunde *f*, Gynäkologie *f*

gi·ne·co·lo·go [-ɔ-] M, **-a** F Frauenarzt *m*, -ärztin *f*, Gynäkologe *m*, -login *f*

gi·ne·pra·io M mit Wacholder bewachsenes Gelände **gi·ne·pro** [-e-] M Wacholder *m*: **bacca di ~** Wacholderbeere *f*

gi·ne·stra [-ɛ-] F Ginster *m*

Gi·ne·vra [-ɛ-] F Genf *n*

gin·ger M ⟨*inv*⟩ Ingwerlimonade *f*

gin·gil·lar·si [-s-] V/PR ⟨1a⟩ **1** tändeln, herumspielen **2** herum-, vertrödeln: ~

tutto il giorno den ganzen Tag vertrödeln

gin·gil·lo M 1 Nippsache *f* 2 Anhängsel *n* 3 Tändelei *f*, Spielerei *f*

gin·na·sio M = *zweijähriger italienischer Ausbildungsgang zwischen Mittelschule und humanistischem Gymnasium*

gin·na·sta M/F Turner *m*, -in *f*

gin·na·sti·ca F 1 Turnen *n*; Gymnastik *f*: **fare ~** Gymnastik machen; turnen 2 Schulsport *m* ♦ **~ agli attrezzi** Geräteturnen *n*; **~ medica** Krankengymnastik *f*; **~ preparto** Schwangerschaftsgymnastik *f*; **scarpe da ~** Turnschuhe *pl*; **tuta da ~** Sportanzug *m*

gin·ni·co ADJ Turn-, gymnastisch

gi·noc·chie·ra [-ɛ-] F 1 Knieschoner *m* 2 SPORT Knieschützer *m*

★**gi·noc·chio** [-ɔ-] M ⟨-chi *mpl*; -chia *fpl*⟩ Knie *n* ♦ **lungo fino al ~** knielang; *fig* **mettere in ~ qn** j-n in die Knie zwingen; **mettersi in ~** auf die Knie fallen; **stare in ~** knien

gi·noc·chio·ni [-o-], **stare ~** knien; **mettersi ~** sich hinknien

★**gio·ca·re** ⟨1o⟩ A V/I ⟨av⟩ 1 spielen (*a.* SPORT *fig*): **~ a tennis/al lotto** Tennis/Lotto spielen 2 setzen: **~ ai cavalli** auf Pferde setzen 3 (herum)spielen 4 *fig* eine Rolle spielen: **in queste cose gioca molto la fortuna** bei diesen Dingen spielt das Glück eine große Rolle B V/T 1 spielen: **~ una partita di biliardo** eine Partie Billard spielen 2 (aus)spielen: **~ una carta** eine Karte spielen 3 **~ un numero** auf eine Zahl setzen 4 **~ qn** j-n betrügen C V/PR **-rsi** verspielen (*a. fig*): **-rsi lo stipendio** sein Gehalt verspielen ♦ **~ d'azzardo** Glücksspiele spielen; **~ in borsa** an der Börse spekulieren; *fig* **~ con il fuoco** mit dem Feuer spielen; **~ a carte scoperte** mit offenen Karten spielen (*a. fig*)

gio·ca·ta F 1 Spiel *n*, Partie *f* 2 Einsatz *m*: **una ~ forte** ein hoher Einsatz *m* 3 (*nel lotto ecc.*) Tipp *m*

★**gio·ca·to·re** [-o-] M 1 Spieler *m* (*a.* SPORT) 2 Glücksspieler *m*, *umg* Zocker *m*

★**gio·ca·tri·ce** F 1 Spielerin *f* (*a.* SPORT) 2 Glücksspielerin *f*, *umg* Zockerin *f*

★**gio·cat·to·lo** M 1 Spielzeug *n* 2 *pl* Spielwaren *pl* 3 *fig* Spielball *m* ♦ **negozio di -i** Spielwarengeschäft *n*

gio·che·rel·la·re V/I ⟨1b; av⟩ 1 gelegentlich und zwanglos spielen 2 herumspielen **gio·che·rel·lo·ne** [-o-] M, **-a** F verspielter Mensch *m*: **essere un ~** verspielt sein

gio·chet·to [-e-] M 1 *umg* Klacks *m* 2 *fig* Trick *m*: **basta con i -i!** Schluss mit den Tricks!

★**gio·co** [-ɔ-] M 1 Spiel *n* (*a. fig* SPORT) 2 Spielzeug *n* 3 MECH Spiel *n*, Spielraum *m* ♦ **-chi d'acqua** Wasserspiele *pl*; **~ di parole** Wortspiel *n*; **~ d'azzardo** Glücksspiel *n*; **~ delle bocce** Boccia *n*; **avere buon ~** leichtes Spiel haben; **casa da ~** Spielkasino *n*, Spielbank *f*; **il ~ non vale la candela** das ist nicht der Mühe wert; **la posta in ~** der Spieleinsatz; *fig* der Einsatz; **prendersi ~ di qn** sein Spiel mit j-m treiben; **~ di prestigio** Zaubertrick *m*; *fig* **~ da ragazzi** Kinderspiel *n*; **stare al ~** mitspielen; **sfortunato al ~, fortunato in amore** Pech im Spiel, Glück in der Liebe

gio·co·for·za [-ɔ-], **essere ~** nötig sein

gio·co·lie·re [-ɛ-] M, **-a** F 1 Jongleur *m*, -in *f* 2 *fig* Genie *n*: **un ~ della finanza** ein Finanzgenie *n*

gio·con·di·tà F ⟨*inv*⟩ Heiterkeit *f*

gio·con·do [-o-] ADJ heiter, herzerfreuend

gio·co·si·tà F ⟨*inv*⟩ Vergnügtheit *f* **gio·co·so** [-o-] ADJ 1 vergnügt, fröhlich 2 scherzhaft

gio·go [-o-] M Joch *n* (*a. fig* GEOL)

★**gio·ia**[1] [-ɔ-] F Freude *f* ♦ **che ~!** welche Freude!; **lacrime di ~** Freudentränen *pl*; **darsi alla pazza ~** sich ins Vergnügen stürzen; **fare salti di ~** vor Freude an die Decke springen

gio·ia[2] [-ɔ-] F 1 Edelstein *m*, Juwel *n od m*; *pl* Schmuck *m*, Juwelen *pl* 2 *fig* Schatz *m*

gio·iel·le·ri·a F 1 Juwelierladen *m* 2 Schmuckwaren *pl* 3 Goldschmiedekunst *f* **gio·iel·lie·re** [-ɛ-] M, **-a** F Juwelier *m*, -in *f*

★**gio·iel·lo** [-ɛ-] M Juwel *n* (*a. fig*); Schmuck *m*: **-i intimi** Intimschmuck *m*

gio·io·si·tà F ⟨*inv*⟩ Fröhlichkeit *f* **gio·io·so** [-o-] ADJ fröhlich **gio·i·re** V/I ⟨4d; av⟩ **~ di qc** Freude an etw (*dat*) haben

Gior·da·nia F Jordanien *n* **gior·da·no** A ADJ jordanisch B M, **-a** F Jordanier *m*, -in *f*

gior·na·la·io M, **-a** F Zeitungsverkäufer *m*, -in *f*

★**gior·na·le** M Zeitung *f*: **leggere il ~** die Zeitung lesen; **leggere qc sul ~** etw in der Zeitung lesen; ♦ **articolo di ~** Zeitungsartikel *m*; **carta di** (*od* **da**) ~ Zeitungspapier *n*; ~ **economico** Wirtschaftszeitung *f*; ~ **finanziario** Börsenblatt *n*; ~ **illustrato** Illustrierte *f*; ~ **locale** Lokalblatt *n*; ~ **murale** Aushang *m*; ~ **quotidiano** Tageszeitung *f*; ~ **radio** Rundfunknachrichten *pl*

gior·na·let·to [-e-] M *umg* Comicheft *n*

gior·na·lie·ro [-ɛ-] **A** ADJ **1** (all)täglich **2** Tage-, Tages-: **fabbisogno ~** Tagesbedarf *m* **B** M, **-a** F **1** Tagelöhner *m*, -in *f* **2** giornaliero *m* Tageskarte *f*

gior·na·li·no M **1** Comicheft *n* **2** (kleine) Zeitung *f*; Schülerzeitung *f*

gior·na·li·smo [-zmo] M **1** Journalismus *m*; Pressewesen *n* **2** Journalistik *f*

★**gior·na·li·sta** M/F Journalist *m*, -in *f*: ~ **radiofonico/televisivo** Rundfunk-/Fernsehjournalist *m*

gior·na·li·sti·co ADJ journalistisch ♦ **servizio ~** Reportage *f*

gior·nal·men·te [-e-] ADV täglich, jeden Tag

gior·na·luc·cio M Käseblatt *n*

★**gior·na·ta** F **1** Tag *m*: **in** (*od* **entro la**) ~ im Lauf des Tages **2** Tagelohn *m* **3** Ehrentag *m*: **la ~ dell'anziano** der Tag der Alten **4** SPORT Spieltag *m* ♦ **lavoratore a ~** Tagelöhner *m*; **andare a -e** launenhaft sein; ~ **commemorativa** Gedenktag *m*; ~ **nera** schwarzer Tag *m*; (**non**) **essere in ~** einen (schlechten) guten Tag haben; **a mezza ~** halbtags; **lavoro a mezza ~** Halbtagsarbeit *f*; **vivere alla ~** in den Tag hinein leben

gior·na·tac·cia F schrecklicher Tag *m*

★**gior·no** [-o-] M **1** Tag *m*: **che ~ è oggi?** was für ein Tag ist heute?; **ogni due -i** alle zwei Tage; **due -i fa** vor zwei Tagen; **di qui a otto -i** heute in acht Tagen; **otto -i fa** vor acht Tagen **fra** (*od* **tra**) **dieci -i** in zehn Tagen; **nei prossimi -i** in den nächsten Tagen; **di ~** am Tage; **di ~ in ~** von Tag zu Tag; **da un ~ all'altro** von einem Tag auf den anderen **2** (Jahres)Tag *m*: **il ~ dei morti** der Allerseelentag ♦ **illuminazione a ~** taghelle Beleuchtung *f*; **montatura a ~** Wechselrahmen *m*; **una volta al ~** einmal täglich; **l'altro ~** neulich; **crema da ~** Tagescreme *f*; **il ~ dopo** am Tag darauf; **durante il ~** tagsüber; **sul far del ~** bei Tagesanbruch; **fatto del ~** Tagesereignis *n*; ~ **feriale** Werktag *m*; ~ **festivo** Feiertag *m*; ~ **di Natale** Weihnachtstag *m*; ~ **di riposo** Ruhetag *m*; ~ **di san Valentino** Valentinstag *m*; **alla luce del ~** bei Tageslicht; ★ **al ~ d'oggi** heutzutage; **ordine del ~** Tagesordnung *f*; **per -i e -i** tagelang; **piatto del ~** Tagesgericht *n*; **tutti i -i** tagaus, tagein; **di tutti i -i** alltäglich, Alltags-

gio·stra [-ɔ-] F Karussell *n*

gio·stra·re V/I ⟨1c; av⟩ & V/PR **-rsi** sich durchwinden, sich durchlavieren

gio·va·men·to [-e-] M Nutzen *m*, Vorteil *m*

★**gio·va·ne** [-o-] **A** ADJ jung: **essere ancora ~** noch jung an Jahren sein; **moda ~** junge Mode *f* **B** ADV **vestire ~** jugendlich gekleidet sein **C** M/F **1** junger Mann *m*, junge Frau *f*: **da ~** als er/sie jung war **2** *pl* Jugendlichen *pl*

gio·va·ni·le ADJ jugendlich, Jugend-: **entusiasmo ~** jugendliche Begeisterung *f*

gio·va·not·to [-ɔ-] M junger Mann, Junge *m*

gio·va·re ⟨1a⟩ **A** V/I ⟨es, av⟩ **1** nützen, helfen **2** (**non**) ~ (**a nulla**) (nichts) fruchten **B** V/PR **-rsi di qc** sich (*dat*) etw zunutze machen

★**gio·ve·dì** M ⟨*inv*⟩ Donnerstag *m*; → a. lunedì ♦ ~ **grasso** Altweiberfastnacht *f*; ~ **santo** Gründonnerstag *m*

gio·ven·ca [-ɛ-] F Färse *f*, Kalbe *f*

★**gio·ven·tù** F **1** Jugend(zeit) *f* **2** Jugend *f*, Jugendlichen *pl* ♦ **amore di ~** Jugendliebe *f*; **ostello della ~** Jugendherberge *f*

gio·ve·vo·le [-e-] ADJ nützlich, förderlich

gio·via·le ADJ liebenswürdig; jovial

gio·via·li·tà F ⟨*inv*⟩ Liebenswürdigkeit *f*; Jovialität *f*

gio·vi·na·stro M, **-a** F Flegel *m*, flegelhafte Person *f*, Lümmel *m*

gio·vin·cel·lo [-ɛ-] M, **-a** F junger Mann *m*, junge Frau *f*

gio·vi·net·to [-e-] **A** ADJ jung, jugendlich **B** M, **-a** F **1** Jugendliche *m/f* **2** *pl* Jugendlichen *pl*

gio·vi·nez·za [-e-] F **1** Jugend(zeit) *f* **2** Jugendlichkeit *f*; *fig* Frühzeit *f*

gip·po·ne [-o-] M *umg* = *großer Geländewagen*

gi·ra·bi·le ADJ indossabel, übertragbar

gi·ra·di·schi M ⟨*inv*⟩ Plattenspieler *m*

gi·raf·fa F **1** ZOOL Giraffe *f* **2** TV (*cinema*) (Mikrofon)Galgen *m*

gi·ra·men·to [-e-] M 1 ~ **di testa** (*od* **di capo**) Schwindelanfall *m* 2 *umg* ~ **di scatole** Nerverei *f* **gi·ra·mon·do** [-o-] M/F ⟨*inv*⟩ Weltenbummler *m*, -in *f*

gi·ran·do·la F 1 Wetterfahne *f* 2 Feuerrad *n* 3 Windrädchen *n* 4 Wirbel *m*: **una ~ di eventi** ein Wirbel *m* von Ereignissen

gi·ran·do·la·re V/I ⟨1m; av⟩ herumbummeln, herumschlendern **gi·ran·do·lo·ne** [-o-] M, **-a** F → girellone

G

gi·ran·te M/F FIN Indossant *m*, -in *f*

★**gi·ra·re** ⟨1a⟩ A V/T 1 drehen 2 wenden, (um)drehen: ~ **la testa** den Kopf wenden 3 *fig* verdrehen: ~ **le cose a proprio favore** die Dinge zu seinem Vorteil verdrehen 4 (*cinema*) ~ **un film** einen Film drehen 5 umgehen, umfahren 6 ablaufen, *umg* abklappern 7 FIN girieren, übertragen 8 (um)rühren B V/I ⟨es, av⟩ 1 sich drehen, kreisen 2 (ab)biegen: ~ **a sinistra/a destra** nach links/rechts abbiegen 3 (*di vento*) drehen, umspringen 4 (*di motore, programma per computer*) laufen 5 (*andare in giro*) unterwegs sein 6 umgehen: **gira una voce** ein Gerücht geht um 7 schlendern, herumlaufen; herumfahren: ~ **per la città** in der Stadt herumlaufen 8 *umg* einfallen: **che cosa ti gira?** was fällt dir ein? 9 *umg* passen: **se mi gira** wenn mir danach ist ♦ ~ **l'angolo** um die Ecke biegen; **ciac, si gira!** Klappe!; ~ **le pagine** umblättern; *fig* ~ **pagina** von vorne anfangen; **gira e rigira** letztendlich; **far ~ le scatole a qn** j-m auf den Wecker gehen; **mi girano le scatole** ich habe die Nase voll; **mi gira la testa** mir dreht sich alles

gi·rar·ro·sto [-o-] M (elektrischer) Bratspieß *m*

★**gi·rar·si** [-s-] V/PR ⟨1a⟩ sich (um)drehen: ~ **su un fianco** sich seitwärtsdrehen

gi·ra·so·le [-o-] M Sonnenblume *f*

gi·ra·ta F 1 Drehung *f* 2 *umg* FIN Indossament *n* **gi·ra·ta·rio** M, **-a** F Indossat(ar) *m*, -in *f*

gi·ra·to ADJ FIN **assegno ~** girierter Scheck *m*

gi·ra·vi·te M ⟨*inv*⟩ Schraubendreher *m*

gi·ra·vol·ta [-ɔ-] F 1 Drehung *f* 2 Purzelbaum *m* 3 *fig* Gesinnungswandel *m*

gi·rel·la [-ɛ-] F Rolle *f*

gi·rel·la·re V/I ⟨1b; av⟩ → gironzolare

gi·rel·lo [-ɛ-] M 1 Laufstuhl *m* 2 GASTR Hinterhachse *f* **gi·rel·lo·ne** [-o-] M, **-a** F Bummler *m*, -in *f* **gi·ret·to** [-e-] M kleiner Spaziergang *m*; (kurze) (Rund)Reise *f* **gi·re·vo·le** [-e-] ADJ drehbar, Dreh-: **poltrona ~** Drehsessel *m*

gi·ri·no M Kaulquappe *f*

gi·ro M 1 Drehen *n*; (Um)Drehung *f* 2 Spaziergang *m*; Spazierfahrt *f* 3 Umweg *m*: **dover fare un lungo ~** einen großen Umweg machen müssen 4 AUTO, MECH Umdrehung *f*, *umg* Tour *f*: **a pieni -i** auf vollen Touren 5 Kreis *m*: ~ **di amicizie** Freundeskreis *m* 6 Gesellschaft *f*: **finire in un brutto ~** in schlechte Gesellschaft geraten 7 Ring *m*: **un ~ di trafficanti di droga** ein Ring *m* von Rauschgifthändlern 8 SPORT Rundfahrt *f*: **il ~ d'Italia** der Giro d'Italia 9 ASTRON Umkreisung *f*, Umlauf *m* 10 Rundfahrt *f*, Rundreise *f* 11 Tour *f*, Fahrt *f* 12 (*nel gioco*) Runde *f* 13 *umg* **offrire un ~** eine Runde ausgeben 14 **fare il ~ di qc** um etw herumlaufen 15 **fare il ~ dei clienti** die Runde bei den Kunden machen ♦ ~ **d'affari** Umsatz *m*; **andare in ~** herumgehen; herumfahren; herumbummeln; ~ **collo** → girocollo; ★ **in ~** unterwegs; umher, herum; **fare un ~ per negozi** durch die Geschäfte bummeln; ~ **della città** Stadtrundfahrt *f*; **guardare in ~** herumblicken; **guardarsi in ~** sich umsehen; ~ **manica** Ärmelausschnitt *m*; **nel ~ di un mese** im Verlauf eines Monats; **prendere in ~ qn** j-n auf den Arm nehmen; **a stretto ~ di posta** postwendend; **fare un ~ di telefonate** herumtelefonieren

gi·ro·col·lo [-ɔ-] M ⟨*inv*⟩ 1 **maglia (a) ~** Pullover *m* mit rundem Ausschnitt 2 (kurze) Halskette *f*

gi·ro·ne [-o-] M 1 SPORT Runde *f*; Gruppe *f*: ~ **di andata/di ritorno** Hin-/Rückrunde *f* 2 (*nella Commedia di Dante*) Kreis *m*

gi·ron·zo·la·re V/I ⟨1m; av⟩ schlendern; herumbummeln: ~ **per la città** durch die Stadt schlendern **gi·ron·zo·lo·ne** [-o-] M, **-a** F Bummler *m*, -in *f*

gi·ro·pi·lo·ta [-ɔ-] M Autopilot *m* **gi·ro·sco·pio** [-ɔ-] M 1 Gyroskop *n* 2 Kreiselkompass *m* **gi·ro·ton·do** [-o-] M Ringelreihen *m*: **fare (un) ~** Ringelreihen spielen, tanzen

gi·ro·va·ga·re V/I ⟨1m, c *u.* e; av⟩ (umher)streifen; schlendern, herumbummeln

gi·ro·va·go [-ɔ-] A ADJ Straßen-, Wander- **B** M, **-a** F Landstreicher *m*, -in *f*

gi·ro·vi·ta M ⟨*inv*⟩ Taillenumfang *m*

★**gi·ta** F Ausflug *m*, Fahrt *f*, Tour *f*: **fare una ~ in campagna/in montagna/al mare** einen Ausflug aufs Land/in die Berge/ans Meer machen; **andare in ~** einen Ausflug machen ♦ **~ aziendale** Betriebsausflug *m*; **~ in bici** Radtour *f*; **~ fuori porta** Ausflug *m* aufs Land

gi·ta·no M, **-a** F spanischer Zigeuner *m*, spanische Zigeunerin *f*

gi·tan·te M/F Ausflügler *m*, -in *f*

git·ta·ta F Reich-, Schussweite *f* ♦ **missile a media ~** Mittelstreckenrakete *f*

★**giù** ADV **1** unten: **abita due piani più ~** er wohnt zwei Stockwerke weiter unten **2** herunter, herab; hinunter, hinab; *umg* runter: **~ di lì!** runter da (-von)!; **portare ~ l'immondizia** den Müll hinunterbringen **3** **scendere ~ in strada** hinunter auf die Straße gehen; **cadere ~ per terra** auf den Boden fallen ♦ **portare ~ il cane** den Hund Gassi führen; **essere ~** niedergeschlagen sein; **~ di lì** etwa, ungefähr; **mandar ~** (hinunter)schlucken (*a. fig*); **~ le mani!** Hände weg!; **su per ~** etwa, ungefähr; **stare a testa in ~** auf dem Kopf stehen; **non mi va ~** das bekomme ich nicht herunter; *fig* ich verdaue es nicht

giub·ba F **1** Jacke *f* **2** MIL Rock *m*

giub·bet·to [-e-] M, **giub·bi·no** M (kleine) Jacke *f* **giub·bo·ne** [-o-] M (schwere) Jacke *f* **giub·bot·to** [-ɔ-] M **1** Jacke *f*: **~ di jeans/di pelle** Jeans-/Lederjacke *f* **2** Weste *f* ♦ **~ di salvataggio** Schwimmweste *f*

giu·bi·lan·te ADJ jubelnd, jauchzend

giu·bi·la·re[1] V/I ⟨1l; av⟩ jubeln, jauchzen

giu·bi·la·re[2] ADJ **anno ~** Jubeljahr *n*

giu·bi·le·o [-ɛ-] M Jubeljahr *n*; Jubiläum *n*

giu·bi·lo M Jubel *m*, Jauchzen *n*

giu·da M ⟨*inv*⟩ Verräter *m*, -in *f*

giu·dai·co ADJ jüdisch, Juden-

giu·da·i·smo [-z-] M Judaismus *m*

giu·de·o [-ɛ-] **A** ADJ **1** aus Judäa **2** jüdisch **B** M, **-a** F **1** Einwohner *m*, -in *f* Judäas **2** Jude *m*, Jüdin *f*

giu·di·can·te ADJ richterlich, Richter-

giu·di·ca·re ⟨1l *u.* d⟩ **A** V/T **1** beurteilen **2** JUR (ab)urteilen; entscheiden: **~ un caso** einen Fall entscheiden; **~ qn colpevole** j-n schuldig sprechen **3** halten: **~ qn intelligente** j-n für intelligent halten **B** V/I ⟨av⟩ urteilen ♦ **a ~ dalle apparenze** ... dem Anschein nach zu urteilen ...

giu·di·ca·to M **passare in ~** rechtskräftig werden; **sentenza passata in ~** rechtskräftige Entscheidung *f*

★**giu·di·ce** M/F **1** JUR Richter *m*, -in *f* (*a. fig*): **erigersi a ~ (di qc)** sich (über etw [*akk*]) zum Richter aufwerfen **2** SPORT Schiedsrichter *m*, -in *f*: **~ di linea** Linienrichter *m*, -in *f* ♦ **~ costituzionale** Verfassungsrichter *m*, -in *f*; **~ delle indagini preliminari** (**GIP**) Ermittlungsrichter *m*, -in *f*; **~ popolare** Laienrichter *m*, -in *f*, Schöffe *m*, Schöffin *f*; **~ del tribunale minorile** Jugendrichter *m*, -in *f*; **~ di pace** Friedensrichter *m*, -in *f*; **~ tutelare** Vormundschaftsrichter *m*, -in *f*

giu·di·zia·le ADJ gerichtlich, Gerichts- ♦ **in via ~** auf dem Rechtsweg

giu·di·zia·rio ADJ **1** gerichtlich, Gerichts-; Rechts-: **ordinamento ~** Gerichtsordnung *f* **2** richterlich, Richter- ♦ **autorità -a** Justizbehörde *f*; **casellario ~** Strafregister *n*; **errore ~** Justizirrtum *m*; **ufficiale ~** Gerichtsvollzieher *m*

giu·di·zio M **1** Urteil *n* (*a.* PHIL): **farsi** (*od* **formarsi**) **un ~ su qn/qc** sich (*dat*) ein Urteil über j-n/etw bilden **2** Vernunft *f*: **avere ~** vernünftig sein **3** Beurteilung *f* **4** JUR Verfahren *n*: **~ penale** Strafverfahren *n* **5** Gericht *n*: **portare qn in ~** j-n vor Gericht bringen **6** Urteil *n*: **il tribunale ha emesso un ~** das Gericht hat ein Urteil gefällt ♦ **a mio ~** meiner Meinung nach; **~ di assoluzione** Freispruch *m*; **dente del ~** Weisheitszahn *m*; **mettere ~** Vernunft annehmen; **Giudizio Universale** Jüngstes Gericht *n*

giu·di·zio·so [-o-] ADJ verständig, einsichtig

giug·gio·la F **1** Brustbeere *f* **2** (*cosa da nulla*) Lappalie *f* ♦ **andare in brodo di -e** aus dem Häuschen geraten

giug·gio·lo·ne [-o-] M, **-a** F gute Seele *f*

★**giu·gno** M Juni *m*: **in ~** im Juni; **il 10 ~** (am) 10. Juni; → a. aprile

giu·li·vo ADJ fröhlich, heiter

giul·la·re M, **-es·sa** F **1** Spielmann *m*, Spielmannsfrau *f* **2** Hofnarr *m*, -närrin *f* **3** *fig pej* Hanswurst *m*

giu·men·ta [-e-] F Stute *f*

giun·ca·ta F = *Frischkäsespezialität*

giun·co M Binse *f* ♦ **cesto di ~** Binsenkorb *m*; ♦ **stuoia di ~** Binsenmatte *f*

G

giun·ge·re VI ⟨3d; es⟩ **1** ankommen, anlangen (*a. fig*): **~ allo scopo** am Ziel anlangen **2** erreichen: **~ alle più alte cariche** die höchsten Ämter erreichen **3** *fig* gelangen: **~ a una soluzione** zu einer Lösung gelangen **4** kommen: **sono giunto al punto che …** mit mir ist es so weit gekommen, dass … ♦ **far ~ qc a qn** j-m etw zukommen lassen; **questa mi giunge nuova** das kommt mir völlig neu vor

G

giun·gla F Dschungel *m* (*a. fig*)

giun·si [-s-] → giungere

giun·ta[1] F **1** Zu-, Beigabe *f* **2** (*di indumenti*) An-, Einsatz *m* ♦ **per ~** obendrein, überdies

giun·ta[2] F **1** Rat *m*: **~ comunale** Stadtrat *m*; Gemeinderat *m* **2** Junta *f*

giun·ta·re VT ⟨1a⟩ verbinden, zusammenfügen

giun·ta·tu·ra F Verbindung *f*, Fugung *f*

giun·to **A** ADJ **a mani -e** mit (zusammen)gefalteten Händen **B** M Verbindung *f*, Gelenk *n*; Fuge *f*, Stoß *m*; Kupplung *f* ♦ **~ cardanico** Kardangelenk *n*; **~ sferico** Kugelgelenk *n*

giun·tu·ra F **1** Verbindung *f*, Zusammenfügung *f* **2** Verbindungsstelle *f*, Fuge *f* **3** ANAT Gelenk *n*

giun·zio·ne [-o-] F **1** Verbindungsstelle *f*; Gelenk *n*; Fuge *f* **2** ANAT Gelenk *n*

giu·ra·men·to [-e-] M Schwur *m*, Eid *m*, Vereidigung *f*: **fare un ~** einen Eid ablegen

★**giu·ra·re** ⟨1a⟩ **A** VT (be)schwören: **~ il falso** einen Meineid schwören **B** VI ⟨av⟩ schwören ♦ **~ e spergiurare** Stein und Bein schwören

giu·ra·to **A** ADJ **1** beeidigt, eidlich **2** vereidigt **B** M, **-a** F Geschworene *m/f*

giu·re·con·sul·to M, **-a** F Rechtsgelehrte *m/f*

giu·rì M **~ d'onore** Ehrengericht *n*

giu·ri·a F **1** Jury *f* **2** Preisgericht *n*, Wettbewerbskommission *f* **3** Kampfgericht *n*

giu·ri·di·ci·tà F ⟨*inv*⟩ Rechtlichkeit *f*

giu·ri·di·co ADJ rechtlich, juristisch, Rechts-: **ordinamento ~** Rechtsordnung *f*; **persona -a** juristische Person *f*; **questione -a** Rechtsfrage *f*

giu·ri·sdi·zio·na·le [-zditsio'nale] ADJ gerichtlich, gesetzgebend, Gerichts-

giu·ri·sdi·zio·ne [-zditsi'o:ne] F **1** Rechtsprechung *f* **2** Gerichtsbarkeit *f*: **~ civile/penale** Zivil-/Strafgerichtsbarkeit *f*

giu·ri·spe·ri·to M, **-a** F Rechtsgelehrte *m/f*

giu·ri·spru·den·za [-ɛ-] F **1** Rechtswissenschaft *f*, *schweiz österr* Jus *n* **2** Rechtsprechung *f* **3** Rechtsapparat *m*

giu·ri·sta M/F Jurist *m*, -in *f*

giu·stap·por·re [-o-] VT ⟨3ll⟩ nebeneinanderstellen, nebeneinandersetzen

giu·stap·po·si·zio·ne [-o-] F Nebeneinanderstellung *f*

giu·stez·za [-e-] F **1** Richtigkeit *f*; Genauigkeit *f*, Präzision *f* **2** TYPO Zeilenlänge *f*

giu·sti·fi·ca·bi·le ADJ **1** entschuldbar **2** belegbar: **spese -i** belegbare Kosten *pl*

giu·sti·fi·ca·re ⟨1m *u.* d⟩ **A** VT **1** rechtfertigen: **~ qc davanti a qn** etw vor j-m rechtfertigen **2** begründen **3** **~ qn** j-n entschuldigen **4** belegen: **~ le uscite** die Ausgaben belegen **5** TYPO justieren **B** V/PR **-rsi** sich entschuldigen: **-rsi di qc** sich wegen etw rechtfertigen

giu·sti·fi·ca·ti·vo ADJ **1** Rechtfertigungs-: **ragione -a** Rechtfertigungsgrund *m* **2** JUR **pezza -a** Rechnungsbeleg *m*

giu·sti·fi·ca·to ADJ **1** entschuldigt **2** gerechtfertigt **3** TYPO -bündig: **~ a destra** rechtsbündig **giu·sti·fi·ca·zio·ne** [-o-] F **1** Rechtfertigung *f*; Entschuldigung *f* **2** TYPO Randausgleich *m* ♦ **senza ~** unentschuldigt

★**giu·sti·zia** F **1** Gerechtigkeit *f*, Recht *n* **2** Justiz(behörde) *f* ♦ **amministrazione della ~** Rechtsprechung *f*; **corte di ~** Gerichtshof *m*; **fare ~** Gerechtigkeit walten lassen; **far ~ a qc** etw (*dat*) gerecht werden; **farsi ~ (da sé)** Selbstjustiz *f* üben

giu·sti·zia·re VT ⟨1g⟩ hinrichten **giu·sti·zia·to** M, **-a** F Hingerichtete *m/f*

giu·sti·zie·re [-ɛ-] M, **-a** F **1** Henker *m*, Scharfrichter *m* **2** Rächer *m*, -in *f*

★**giu·sto** **A** ADJ **1** gerecht **2** richtig, recht: **ritenere ~ qc** etw für richtig halten **B** ADV **1** recht, richtig: **vedere ~** richtig sehen **2** *umg* genau, gerade: **cercavo ~ te** ich habe genau dich gesucht **C** M **1** Gerechte *m* **2** Richtige *n* ♦ **~!** stimmt!; **il ~ mezzo** der goldene Mittelweg; **essere nel ~** im Recht sein; **la strada -a** der rechte Weg (*a. fig*)

gla·bro ADJ **1** unbehaart, haarlos **2** glatt

gla·cé [gla'se] ADJ ⟨*inv*⟩ **1** Glacé- **2** glasiert ♦ **marron ~** glasierte Marone *f*

gla·cia·le ADJ **1** Eis-: **oceano ~** Eismeer

n 2 eisig: **freddo ~** Eiseskälte f 3 *fig* **un silenzio ~** ein eisiges Schweigen n **gla·cio·lo·gia** F Gletscherkunde f

gla·dia·to·re [-o-] M, **-tri·ce** F Gladiator m, -in f

gla·dio M (altrömisches) Schwert n

gla·di·o·lo M Gladiole f

Gla·ro·na [-o-] F Glarus n

glas·sa F 1 Glasur f, (Zucker)Guss m 2 Glace f

glas·sa·re V/T ⟨1a⟩ glasieren, glacieren

glau·co·ma [-ɔ-] M Glaukom n, grüner Star m

gle·ba [-ɛ-] F *poet* (Erd)Scholle f ♦ **servo della ~** Leibeigene m

★**gli** A BEST ART M PL → lo B PERS PR M ⟨sg⟩ ihm: **non ~ hai detto nulla?** hast du ihm nichts gesagt? C PERS PR M/F PL *umg* ihnen: **digli che ...** sag ihnen, dass ... D PERS PR F ⟨sg⟩ *umg* ihr

gli·ce·mi·a [gli-] F Blutzucker m

gli·ce·ri·na [gli-] F Glyzerin n

gli·ci·ne [gli-] M Glyzin(i)e f

glie·la [-e-] PRON ⟨*gli* + *la*⟩ **~ farò pagare** dafür muss er mir büßen **glie·le** [-e-] PRON ⟨*gli* + *le*⟩ **scrisse due lettere, ma non ~ spedì** er schrieb zwei Briefe, schickte sie ihm aber nicht **glie·li** [-e-] PRON ⟨*gli* + *li*⟩ **ho ritrovato i suoi guanti; ~ restituisci tu?** ich habe seine Handschuhe gefunden; gibst du sie ihm? **glie·lo** [-e-] PRON ⟨*gli* + *lo*⟩ **vai a portarglielo** geh und bring es ihm **glie·ne** [-e-] PRON ⟨*gli* + *ne*⟩ **hai molte caramelle; dagliene un po'** du hast viele Bonbons; gib ihm doch einige

glit·to·te·ca [-ɛ-] F Glyptothek f

glo·ba·le ADJ 1 global, gesamt, Gesamt-: **quadro ~** Gesamtbild n 2 umfassend: **avere una preparazione ~** eine umfassende Bildung haben 3 weltweit ♦ **polizza ~** Mantelpolice f; **villaggio ~** globales Dorf n

glo·ba·liz·za·zio·ne [-o-] F Globalisierung f

glo·bo [-ɔ-] M 1 Kugel f 2 (*per lampade*) Glaskugel f 3 Erde f, Welt f: **diffuso su tutto il ~** weltweit verbreitet 4 Globus m ♦ **~ oculare** Augapfel m; **~ terrestre** Erdkugel f

glo·bu·lo [-ɔ-] M 1 Blutkörperchen n: **-i bianchi/rossi** weiße/rote Blutkörperchen pl 2 MED Kügelchen n

glo·ria [-ɔ-] F 1 Ruhm m 2 Berühmtheit f: **una ~ locale** eine Lokalberühmtheit f 3 REL Seligkeit f ♦ **degno di ~** ruhmwürdig

glo·ria·re ⟨1k *u.* c⟩ A V/T *poet* lobpreisen, rühmen B V/PR **-rsi** sich rühmen, prahlen: **-rsi di un'azione** mit einer Tat prahlen

glo·ri·fi·ca·re ⟨1m *u.* d⟩ A V/T 1 verherrlichen, glorifizieren 2 (lob)preisen B V/PR **-rsi** 1 sich (*dat*) Ruhm erwerben 2 sich rühmen

glo·ri·fi·ca·zio·ne [-o-] F 1 Verherrlichung f 2 (Lob)Preisung f

glo·rio·so [-o-] ADJ glorreich, Ruhmes-

glos·sa [-ɔ-] F Glosse f, Randbemerkung f

glos·sa·rio M Glossar n

glot·ti·de [-ɔ-] F Stimmritze f

glot·to·lo·gi·a F Sprachwissenschaft f

glot·to·lo·go [-ɔ-] M, **-a** F Sprachwissenschaftler m, -in f

glu·co·sio [-ɔ-] M Traubenzucker m

glu·ten free ADJ ⟨*inv*⟩ glutenfrei

glu·te·o A ADJ Gesäß- B M Gesäßmuskel m

glu·ti·na·to ADJ Gluten-: **pasta -a** Gluteneigware f **glu·ti·ne** M Gluten n

gnoc·co [-ɔ-] M 1 Klößchen n 2 *fig umg* Tölpel m

gno·mo [-ɔ-] M Gnom m, Zwerg m, Wichtel m

gnor·ri [-ɔ-] M/F ⟨*inv*⟩ **fare lo ~** den Ahnungslosen spielen

gno·si [-ɔ-] F ⟨*inv*⟩ Gnosis f **gno·sti·co** [-ɔ-] A ADJ gnostisch B M, **-a** F Gnostiker m, -in f

gnu M ⟨*inv*⟩ Gnu n

★**goal** [gɔl] M ⟨*inv*⟩ Tor n, Treffer m: **fare** (*od* **segnare**) **un ~** ein Tor schießen; **incassare un ~** ein Tor kassieren

gob·ba [-ɔ-] F 1 MED Buckel m 2 (*di animali*) Höcker m 3 **una strada piena di -e** eine Straße voller Buckel

gob·bo[1] [-ɔ-] A ADJ 1 buck(e)lig 2 krumm; gebückt: **stare ~** krumm dastehen, (da)sitzen 3 höckerig B M, **-a** F Buck(e)lige m/f

gob·bo[2] [-ɔ-] M TV Teleprompter m

go·be·lin [gɔ'blɛ̃] M ⟨*inv*⟩ Wandteppich m

goc·cet·to [-e-] M Tröpfchen n ♦ **beviamoci un ~!** trinken wir ein Gläschen!

★**goc·cia** [-o-] F Tropfen m ♦ **~ a ~** tröpfchenweise; **somigliarsi come due -ce d'acqua** sich wie ein Ei dem anderen gleichen; *fig* **una ~ d'acqua nel mare** ein

Tropfen *m* auf den heißen Stein; **la ~ che fa traboccare il vaso** der Tropfen, der das Fass zum Überlaufen bringt

goc·cia·re ⟨1f⟩ → gocciolare

goc·cio [-o-] M Tropfen *m*: **non bere un ~ di vino** keinen Tropfen Alkohol trinken

goc·cio·la·re ⟨1l⟩ **A** V/I ⟨es, av⟩ tropfen, tröpfeln **B** V/T (herunter)tropfen: **il radiatore gocciola acqua** aus dem Heizkörper tropft Wasser

goc·cio·la·to·io [-o-] M Dachtraufe *f*

goc·cio·li·o M (dauerndes) Tropfen *n*

go·de·re [-e-] ⟨2a⟩ **A** V/I ⟨av⟩ **1** genießen; **~ di** (*od* **per**) **qc** sich über etw (*akk*) freuen, Vergnügen an etw (*dat*) finden **2** JUR **~ di un diritto** ein Recht genießen **3** haben: **~ di una bella vista** eine schöne Aussicht haben **4** *umg* (*provare l'orgasmo*) kommen, Lust empfinden **B** V/T **1** genießen **2** sich erfreuen: **~ ottima salute** sich bester Gesundheit erfreuen

go·de·rec·cio [-e-] ADJ genusssüchtig

★**go·der·si** [-ersi] V/PR ⟨2a⟩ **~ qc** etw genießen ♦ *umg* **godersela** das Leben voll genießen

go·di·bi·le ADJ unterhaltsam

go·di·men·to [-e-] M **1** Genuss *m*, Freude *f* **2** Vergnügen *n* **3** JUR Nutznießung *f*

gof·fag·gi·ne F Plumpheit *f*, Tollpatschigkeit *f*

gof·fo [-ɔ-] ADJ plump, tollpatschig

go·gna [-o-] F Pranger *m* (*a. fig*): **mettere qn alla ~** j-n an den Pranger stellen

go-kart [go'kart] M ⟨*inv*⟩ Gokart *m*

★**gol** [-ɔ-] M → goal

★**go·la** [-o-] F **1** Hals *m* **2** ANAT Rachen *m* **3** Kehle *f* **4** Gefräßigkeit *f*, Esslust *f* **5** Loch *n*: **la ~ del camino** das Kaminloch **6** GEOL Schlucht *f* **7** TECH Rille *f* ♦ **ho l'acqua alla ~** das Wasser steht mir bis zum Hals (*a. fig*); **far ~ a qn** j-m Appetit machen; *fig* j-n reizen; **avere un groppo in ~** einen Kloß im Hals haben; **mal di ~** Halsschmerzen *pl*; **a piena ~** aus vollem Halse; **schiarirsi la ~** sich räuspern

go·le·a·da F SPORT Torserie *f*

go·le·a·dor [-ɔ-] M ⟨*inv*⟩ Torjäger *m*, -in *f*

go·le·na [-ɛ-] F Aue *f*

go·let·ta [-e-] F SCHIFF Schoner *m*

golf[1] M Golf *n*: **giocare a ~** Golf spielen ♦ **palla** (*od* **pallina**) **da ~** Golfball *m*; **campo da ~** Golfplatz *m*; **mazza da ~** Golfschläger *m*

golf[2] M ⟨*inv*⟩ Strickjacke *f*

gol·fi·sta M/F Golfspieler *m*, -in *f*

gol·fo [-o-] M Golf *m*, Bucht *f* ♦ **la guerra del Golfo** der Golfkrieg

go·liar·di·a F **1** Studentenschaft *f* **2** studentischer Geist *m*

go·liar·di·co ADJ Studenten-: **associazione -a** Studentenverbindung *f*

go·lo·si·tà F ⟨*inv*⟩ **1** Esslust *f* **2** *pej* Gefräßigkeit *f* **3** Leckerbissen *m*

go·lo·so [-o-] **A** ADJ **1** naschhaft; gefräßig **2** **~ di qc** auf etw (*akk*) versessen **3** *fig* -süchtig, (be)gierig **4** lecker **B** M, **-a** F Nascher *m*, -in *f*; Leckermaul *n*

gol·pe [-ɔ-] M ⟨*inv*⟩ POL Putsch *m*

gol·pi·sta **A** ADJ Putsch- **B** M/F Putschist *m*, -in *f*

go·me·na [-e-] F Trosse *f*, Tau *n*

go·mi·ta·ta F Stoß *m* mit dem Ellbogen ♦ **farsi largo a -e** seine Ellbogen gebrauchen

★**go·mi·to** [-o-] M **1** Ell(en)bogen *m* **2** (*curva*) Knick *m* **3** (*raccordo per tubi*) Knie *n* ♦ **albero a -i** Kurbelwelle *f*; **alzare il ~** zu tief ins Glas gucken; **curva a ~** Haarnadelkurve *f*

go·mi·to·lo M Knäuel *m od n*

★**gom·ma** [-o-] F **1** Gummi *m od n* **2** Radiergummi *m* **3** Kaugummi *m od n* **4** Gummireifen *m* ♦ *umg* **avere una ~ a terra** einen Platten haben; **-e da neve** Winterreifen *mpl*

gom·ma·piu·ma F Schaumgummi *m*

gom·ma·re V/T ⟨1a⟩ **1** gummieren **2** AUTO bereifen **gom·ma·to** ADJ **1** gummiert, Gummi- **2** bereift **gom·mi·no** M Gummistöpsel *m* **gom·mi·sta** M/F **1** (*venditore*) Reifenhändler *m*, -in *f* **2** (*operaio*) Reifenspezialist *m*, -in *f* **3** (*officina*) **gommista** *m* Reifenhandel *m*, Reifendienst *m* **gom·mo·ne** [-o-] M Schlauchboot *n* (mit Außenbordmotor); Gummiboot *n*

gon·do·la [-o-] F Gondel *f*

gon·do·lie·re [-ɛ-] M, **-a** F Gondoliere *m*, -liera *f*

gon·fa·lo·ne [-o-] M Banner *n*

gon·fa·lo·nie·re [-ɛ-] M Bannerträger *m*

gon·fia·bi·le ADJ aufblasbar ♦ **battello** (*od* **canotto**) **~** (aufblasbares) Schlauchboot *n*; **materassino ~** Luftmatraze *f*

gon·fia·men·to [-e-] M **1** → gonfiatura **2** Anschwellung *f*

gon·fia·re ⟨1k⟩ **A** VT **1** (auf)blähen: **il vento gonfia le vele** der Wind bläht die Segel **2** *fig* aufbauschen: ~ **una notizia** eine Nachricht aufbauschen **3** aufblasen **4** aufpumpen **5** (*prezzi*) hinauftreiben **6** *umg* ~ **qn di botte** j-m die Hucke vollhauen **B** VI ⟨es⟩ (an)schwellen

★**gon·fiar·si** [-s-] VPR ⟨1k⟩ **1** sich (auf)blähen **2** (an)schwellen **3** *fig* sich aufblasen

gon·fia·to ADJ **1** aufgebläht (*a. fig*) **2** *fig* **pallone** ~ aufgeblasener Kerl *m* **gon·fia·tu·ra** F **1** Aufblähung *f* (*a. fig*) **2** Aufpumpen *n* **gon·fiez·za** [-e-] F **1** Schwellung *f* **2** *fig* Geschwollenheit *f*

gon·fio [-o-] ADJ **1** aufgepumpt **2** (an)geschwollen **3** *fig* geschwollen, schwülstig, aufgeblasen **4** MODE bauschig ♦ **portafoglio** ~ dicke Brieftasche *f*; *fig* **andare a -fie vele** bestens laufen

gon·fio·re [-o-] M (An)Schwellung *f*

gon·go·la·re VI ⟨1l; av⟩ jauchzen, frohlocken

go·nio·me·tro [-ɔ-] M Winkelmesser *m*

★**gon·na** [-o-] F Rock *m* ♦ ~ **a campana** Glockenrock *m*; ~ **pantalone** Hosenrock *m*; ~ **a pieghe** Faltenrock *m*; ~ **a portafoglio** Wickelrock *m*; ~ **svasata** Glockenrock *m*

gon·nel·la [-ɛ-] F Rock *m* ♦ *fig* **stare attaccato alla ~ della mamma** an Mutters Rockzipfel hängen

go·nor·re·a [-ɛ-] F Tripper *m*

gon·zo [-o-] **A** ADJ einfältig **B** M, **-a** F Einfaltspinsel *m*

goo·gla·re [gu'glare] VI ⟨1a; av⟩ (*Internet*) googeln®

go·ra [-ɔ-] F **1** Mühlbach *m* **2** Sumpfwasser *n*

gor·dia·no ADJ **nodo** ~ gordischer Knoten *m*

gor·gheg·gia·re VT & VI ⟨1f; av⟩ trillern

gor·gheg·gio [-e-] M Triller *m*

gor·gie·ra [-ɛ-] F (*in sartoria*) Halskrause *f*

gor·go [-o-] M Strudel *m*, Wirbel *m* (*a. fig*)

gor·go·glia·re VI ⟨1g; av⟩ **1** gluckern, gurgeln **2** plätschern **3** (*ribollire*) brodeln **4** (*di persona*) gurgeln **5** (*di stomaco*) rumoren

gor·go·glio [-ɔ-] M **1** Gluckern *n*, Gurgeln *n* **2** (*di stomaco*) Kollern *n*, Rumoren *n*

go·ril·la M/F ⟨*inv*⟩ **1** gorilla M Gorilla *m* (*a. fig*) **2** (*guardia del corpo*) Leibwächter *m*, -in *f*, *umg* Gorilla *m*

Go·ri·zia F Gorizia *n* **go·ri·zia·no** **A** ADJ aus, von Gorizia **B** M, **-a** F Bewohner *m*, -in *f* von Gorizia

gos·sip ['gɔssip] M ⟨*inv*⟩ Tratsch *m*, Klatsch *m*

go·ta [-ɔ-] F *poet, dial* Wange *f*, Backe *f*

go·tha [-ɔ-] M ⟨*inv*⟩ Spitze *f*: **il ~ della finanza** die Spitze der Finanzwelt

go·ti·co [-ɔ-] **A** ADJ gotisch (*a.* KUNST) **B** M Gotik *f*: ~ **fiorito** Flamboyantstil *m*

go·to [-ɔ-] M, **-a** F Gote *m*, Gotin *f*

got·ta [-ɔ-] F Gicht *f*: **attacco di** ~ Gichtanfall *m* **got·to·so** [-o-] **A** ADJ **1** gichtig, Gicht- **2** gichtkrank **B** M, **-a** F Gichtkranke *m/f*

go·ver·na·bi·le ADJ **1** POL regierbar **2** (*manovrabile*) lenk-, steuerbar **go·ver·na·bi·li·tà** F ⟨*inv*⟩ **1** POL Regierbarkeit *f* **2** Lenkbarkeit *f*, Steuerbarkeit *f* **go·ver·nan·te** **A** ADJ regierend **B** M/F Staatschef *m*, -in *f*: **i -i** die Regierenden *pl* **C** F Haushälterin *f*

★**go·ver·na·re** ⟨1b⟩ **A** VT **1** regieren **2** führen, leiten: ~ **la casa** den Haushalt führen **3** lenken, steuern **B** VPR **-rsi** sich beherrschen **go·ver·na·ti·vo** ADJ **1** Regierungs- **2** regierungsfreundlich **go·ver·na·to·re** [-o-] M, **-tri·ce** F **1** Gouverneur *m*, -in *f* **2** (*di una banca*) Präsident *m*, -in *f*

★**go·ver·no** [-ɛ-] M **1** Regierung *f* **2** (*di navi*) Steuerung *f* **3** Versorgung *f*, Betreuung *f* **4** Besorgung *f*: **il ~ della casa** die Besorgung des Haushalts ♦ **caduta del** ~ Regierungssturz *m*; ~ **fantasma** Scheinregierung *f*; ~ **fantoccio** Marionettenregierung *f*; ~ **federale** Bundesregierung *f*; **mal** ~ Misswirtschaft *f*; ~ **ombra** Schattenkabinett *n*; IT **unità di** ~ Steuerwerk *n*

goz·zo [-o-] M **1** Kropf *m* **2** *umg* Bauch *m*: **riempirsi il** ~ sich (*dat*) den Bauch vollschlagen

goz·zo·vi·glia F Prasserei *f*; Völlerei *f*

goz·zo·vi·glia·re VI ⟨1g; av⟩ prassen

grac·chia·re VI ⟨1k; av⟩ krächzen (*a. fig*)

gra·ci·da·re VI ⟨1l; av⟩ quaken

gra·ci·di·o M Quaken *n*, Gequake *n*

gra·ci·le ADJ **1** grazil, zart **2** dünn, mager

gra·ci·li·tà F **1** Grazilität *f*, Zartheit *f* **2** Schlankheit *f*

gra·das·sa·ta F Prahlerei *f*
gra·das·so M, **-a** F Prahlhans *m*, Angeber *m*, -in *f*: **fare il ~** große Töne spucken, prahlen
gra·da·ta·men·te [-e-] ADV stufenweise
gra·da·zio·ne [-o-] F **1** Abstufung *f*: **~ di colore** Farbabstufung *f* **2** Alkoholgehalt *m* **3** OPT Stärke *f* ♦ **ad alta ~ alcolica** hochprozentig
gra·de·vo·le [-e-] ADJ angenehm, gefällig
gra·de·vo·lez·za [-e-] F Annehmlichkeit *f*
gra·di·men·to [-e-] M **1** Wohlgefallen *n*: **trovare qc di proprio ~** an etw (*dat*) sein Wohlgefallen finden **2** Zustimmung *f*, Akzeptanz *f*: **incontrare il ~ di qn** j-s Zustimmung finden ♦ RADIO, TV **indice di ~** Einschaltquote *f*
gra·di·na·ta F **1** Freitreppe *f* **2** (*in stadi, teatri*) Tribüne *f* **gra·di·no** M Stufe *f* (*a. fig*) ♦ **a -i** stufenartig, -förmig; **attenzione al ~!** Vorsicht (*od* Achtung), Stufe!
gra·di·re V/T ⟨4d⟩ **1** gern annehmen **2** mögen: **gradisce un caffè?** möchten Sie einen Kaffee? ♦ **tanto per ~** um nicht unhöflich zu sein
gra·di·to ADJ lieb, angenehm, willkommen: **un dono ~** ein willkommenes Geschenk *n*
★**gra·do**¹ M **1** Stufe *f*: **~ di formazione** Bildungsstufe *f* **2** (*unità di misura*) Grad *m* (*a. alpinismo*): **ustioni di terzo ~** Verbrennungen *pl* dritten Grades; **40 -i all'ombra** 40 Grad im Schatten **3** Prozent *n*: **un vino di 12 -i** ein Wein mit 12 Prozent Alkohol **4** **~ accademico** akademischer Grad *m* **5** MIL Dienstgrad *m* ♦ ★ **essere in ~ di fare qc** in der Lage sein, etw zu tun; **per -i** stufenweise
gra·do² M **di buon ~** gern(e)
gra·do·ne [-o-] M **1** Stufe *f*, Terrasse *f* **2** (*di una gradinata*) Tribünenstufe *f*
gra·du·a·bi·le ADJ abstufbar **gra·du·a·le** ADJ graduell, stufenweise **gra·dua·li·tà** F ⟨*inv*⟩ Graduierung *f*, Abstufung *f*
gra·du·a·re V/T ⟨1l⟩ **1** graduieren **2** (ab)stufen: **~ le difficoltà** nach Schwierigkeiten stufen **3** staffeln **4** (*classificare*) einstufen **5** MIL **~ qn** j-m einen Dienstgrad verleihen **gra·du·a·to** **A** ADJ Mess-: **recipiente ~** Messbecher *m* **B** M, **-a** F Gefreite *m/f* **gra·dua·to·ria** [-ɔ-] F **1** Rangordnung *f* **2** Rangliste *f*
gra·dua·zio·ne [-o-] F **1** Abstufung *f*, Staffelung *f* **2** Maßeinteilung *f*
graf·fa F **1** (*edilizia*) Krampe *f* **2** Klammer *f* **3** TYPO geschweifte Klammer *f*
graf·fa·re V/T ⟨1a⟩ **1** krampen **2** zusammenklammern **graf·fet·ta** [-e-] F **1** Kabelschelle *f* **2** Büroklammer *f*
graf·fian·te ADJ *fig* bissig, schneidend
graf·fia·re ⟨1k⟩ **A** V/T **1** (ver-, zer)kratzen **2** (ver)schrammen: **~ la portiera dell'auto** die Autotür verschrammen **3** *fig* sticheln, bissig sein **B** V/PR **-rsi** **1** sich aufkratzen **2** verschrammen **graf·fia·ta** F **1** Kratzen *n* **2** Kratzer *m* **graf·fia·tu·ra** F **1** Kratzwunde *f* **2** Kratzspur *f*
graf·fio M Kratzer *m*, Schramme *f* ♦ **cavarsela senza un ~** ohne einen Kratzer davonkommen
graf·fi·ta·ro M, **-a** F Sprayer *m*, -in *f*
graf·fi·ti·sta M/F Graffitimaler *m*, -in *f*
graf·fi·to M (*tecnica*) Graffito *m od n*; (*affresco su un muro*) Graffiti *pl*
gra·fi·a F **1** Schreibweise *f* **2** Handschrift *f*
gra·fi·ca F Grafik *f* ♦ **~ computerizzata** Computergrafik *f*
gra·fi·co **A** ADJ **1** grafisch **2** TYPO Satz- **B** M, **-a** F **1** (*persona*) Grafiker *m*, -in *f* **2** (*diagramma*) **grafico** *m* Grafik *f*: **~ a barre** Balkendiagramm *n* ♦ **arti -che** Grafik *f*; **industria -a** Druckindustrie *f*, grafisches Gewerbe *n*; **~ pubblicitario** Werbegrafiker *m*
gra·fi·te F Grafit *m*
gra·fo·lo·gi·a F Grafologie *f*
gra·fo·lo·go [-ɔ-] M, **-a** F Grafologe *m*, -login *f*
gra·fo·ma·ne [-ɔ-] M/F Vielschreiber *m*, -in *f*
gra·gn(u)o·la [-ɔ-] F **1** Graupel *f* **2** *fig* Hagel *m*: **una ~ di pugni** ein Hagel von Faustschlägen
gra·ma·glie FPL **in ~** in Trauerkleidung
gra·mi·gna F **1** Quecke *f* **2** *fig* Unkraut *n*: **crescere come la ~** wie Unkraut wachsen
★**gram·ma·ti·ca** F Grammatik *f*, Sprachlehre *f* ♦ **val più la pratica che la ~** Probieren geht über Studieren
gram·ma·ti·ca·le ADJ grammatikalisch, grammatisch, Grammatik-
★**gram·mo** M **1** Gramm *n* **2** Funke(n) *m*: **non avere un ~ di riconoscenza** keinen Funken Dankbarkeit zeigen

gram·mo·fo·no [-ɔ-] M Grammophon® *n*

gra·mo ADJ 1 trostlos, freudlos 2 mager: **un raccolto ~** eine magere Ernte

gra·mo·la F = *Art Knetmaschine*

gra·mo·la·ta F → granita

gra·mo·la·to M Firn *m*, Firnschnee *m*

gran → grande

gra·na[1] F Korn *n*, Körnung *f* (*a.* FOTO): **~ fine/grossa** Fein-/Grobkorn *n*

gra·na[2] F *umg* 1 Unannehmlichkeit *f*, Ärger *m*: **avere delle -e** Unannehmlichkeiten haben 2 *pl* Schwierigkeiten *pl*: **è nelle -e** er steckt in Schwierigkeiten ♦ **cercare -e** Streit suchen; **piantare -e** stänkern

gra·na[3] F *umg* Mäuse *pl*, Kohle *f*: **avere un sacco di ~** einen Haufen Kohle haben

gra·na[4] M **~ (padano)** = *dem Parmesan ähnlicher Hartkäse*

gra·na·glie FPL Getreide *n*

gra·na·io M Getreidespeicher *m*

gra·na·ta[1] F Granate *f*

gra·na·ta[2] A F Granatapfel *m* B ADJ ⟨*inv*⟩ granatrot

gra·na·tie·re [-ɛ-] M Grenadier *m*

gra·na·ti·na F Grenadine *f*

gra·na·to A ADJ 1 Granat-: **mela -a** Granatapfel *m* 2 granatrot B M 1 Granat *m* 2 Granatrot *n*

★**Gran Bre·ta·gna** F Großbritannien *n*

gran·cas·sa F große Trommel *f* ♦ *fig* **battere la ~** die Reklametrommel rühren

gran·ché A INDEF PR **questo film non è un ~** dieser Film ist nichts Besonderes B ADV nicht besonders; nicht (so) viel: **non capire ~ di qc** von etw nicht (so) viel verstehen

gran·chio M 1 Krebs *m*, Krabbe *f* 2 *umg fig* Schnitzer *m*: **prendere un ~** einen Bock schießen

gran·dan·go·lo M Weitwinkelobjektiv *n*

★**gran·de** A ADJ ⟨*komp*: più grande/maggiore, *sup*: grandissimo/massimo/sommo⟩ 1 groß, Groß-: **una ~ casa** ein großes Haus *n*; **una ~ città** eine Großstadt *f*; **avere una gran fame** großen Hunger haben; **avere una gran sete** großen Durst haben; **il fratello più ~** der große (*od* ältere) Bruder; **un ~ statista** ein großer Staatsmann *m* 2 weit: **una ~ pianura** eine weite Ebene *f* 3 hoch: **una ~ montagna** ein hoher Berg *m* 4 wichtig: **una ~ esperienza** eine wichtige Erfahrung *f* 5 großartig, *umg* toll: **una ~ idea** ein großartiger Einfall *m*; **un ~ attore** ein großer Schauspieler *m*; *umg* **sei stato ~!** du warst toll! 6 stark: **un gran bevitore** ein starker Trinker *m* 7 **gran** sehr: **volere un gran bene a qn** j-n sehr lieb haben B M/F 1 Große *m/f*; Erwachsene *m/f* 2 *fig* **i grandi della terra** die Großen der Welt 3 **Federico il Grande** Friedrich der Große ♦ **alla grande** großartig, toll; ASTRON **il Gran Carro** der Große Wagen; **grande distribuzione** Großhandel *m*; **di gran lunga** bei Weitem; ★ **grandi magazzini** Waren-, Kaufhäuser *pl*; **gran parte** Großteil *m*, Mehrzahl *f*; **in gran parte** großenteils; **in grande stile** im großen Stil

gran·deg·gia·re V/I ⟨1f; av⟩ 1 sich hervorheben, hervorragen (*a. fig*) 2 großtun

gran·dez·za [-e-] F 1 Größe *f* 2 Erhabenheit *f*: **la ~ di Dio** die Erhabenheit Gottes

gran·di·cel·lo [-ɛ-] ADJ ziemlich groß

gran·di·na·re V/I ⟨1l; es, av; *unpers*⟩ hageln (*a. fig*): **grandinavano botte** es hagelte Prügel **gran·di·na·ta** F 1 Hagelschauer *m* 2 *fig* Hagel *m*

★**gran·di·ne** F Hagel *m* (*a. fig*) ♦ **chicco di ~** Hagelkorn *n*; **danni della ~** Hagelschäden *pl*

gran·dio·si·tà F ⟨*inv*⟩ 1 Großartigkeit *f* 2 Mächtigkeit *f* **gran·dio·so** [-o-] ADJ großartig, grandios; mächtig; *umg* toll

gran·du·ca M Großherzog *m* **gran·du·ca·le** ADJ großherzoglich **gran·du·ca·to** M Großherzogtum *n* **gran·du·ches·sa** [-e-] F Großherzogin *f*

gra·nel·li·no M Körnchen *n*

gra·nel·lo [-ɛ-] M 1 Korn *n* 2 Kern *m*: **i -i della mela** die Apfelkerne *pl* 3 *fig* Körnchen *n*, Funke *m* **gra·nel·lo·so** [-o-] ADJ körnig

gra·ni·col·tu·ra F Getreide(an)bau *m*

gra·ni·glia F Kies *m*

gra·ni·ta F = *fein gestoßenes Wassereis mit Fruchtsirup*

gra·ni·ti·co ADJ 1 Granit-, granitisch 2 *fig* eisern: **una volontà -a** ein eiserner Wille *m* **gra·ni·to** M Granit *m*

gra·ni·vo·ro M Körnerfresser *m*

★**gra·no** M 1 Weizen *m*, Korn *n* 2 *pl* Getreide *n* 3 Korn *n*: **un ~ di pepe** ein Pfefferkorn *n* 4 *fig* Körnchen *n*, Funke *m* ♦ **~ duro** Hartweizen *m*; **~ tenero** Weichweizen *m*

gra·no·tur·co M Mais *m*

gra·nu·la·re A ADJ körnig, granulös B V/T ⟨1l⟩ granulieren **gra·nu·la·to** A ADJ körnig, gekörnt B M Granulat *n*

gra·nu·lo M Körnchen *n* ♦ **in -i** gekörnt

gra·nu·lo·so [-o-] ADJ körnig, granulös

grap·pa[1] F Grappa *m*, Tresterschnaps *m*

grap·pa[2] F 1 (*edilizia*) Krampe *f* 2 Klammer *f*

grap·pet·ta [-e-] F (Heft)Klammer *f*

grap·pi·no M Schnäpschen *n*

grap·po·lo M Traube *f* (*a. fig*)

G

gras·sa·to·re [-o-] M, **-tri·ce** F Straßenräuber *m*, -in *f*

gras·sa·zio·ne [-o-] F Straßenraub *m*

gras·set·to [-e-] A ADJ Halbfett-: **carattere ~** Halbfettschrift *f* B M Halbfettdruck *m*

gras·sez·za [-e-] F Fettheit *f*, Dicke *f*

★**gras·so** A ADJ 1 fett, Fett-; fetthaltig 2 fettig 3 (*di persona*) dick, fett 4 *fig* reichlich, reich: **un ~ bottino** eine fette Beute B M, **-a** F (*persona*) Dicke *m/f* C M 1 Fett *n* (*a.* CHEM) 2 Schmiermittel *n* ♦ **~ animale/vegetale** tierisches/pflanzliches Fett *n*; **contenuto di ~** Fettgehalt *m*

gras·soc·cio [-ɔ-] ADJ dicklich **gras·sone** [-o-] A ADJ fett, sehr dick B M, **-a** F *pej* Fettwanst *m*

gras·sot·tel·lo [-ɛ-] A ADJ pummelig B M, **-a** F Dickerchen *n*

gra·ta F Gitter *n*

gra·tel·la [-ɛ-] F Rost *m*, Grill *m*: **cuocere sulla ~** auf dem Rost braten

gra·tic·cio M Flechtwerk *n*

gra·ti·co·la F 1 Gitterrost *m* 2 Bratrost *m*

gra·ti·co·la·to ADJ vergittert

gra·ti·fi·ca F Gratifikation *f*: **~ natalizia** Weihnachtsgeld *n*

gra·ti·fi·can·te ADJ befriedigend: **lavoro ~** eine befriedigende Arbeit

gra·ti·fi·ca·re V/T ⟨1m *u.* d⟩ 1 **~ qn** j-m eine Gratifikation gewähren 2 befriedigen

gra·ti·fi·ca·to ADJ **sentirsi ~** sich ausgefüllt fühlen **gra·ti·fi·ca·zio·ne** [-o-] F 1 Gratifikation *f* 2 Befriedigung *f*, Genugtuung *f*

gra·tin [gra'tɛ̃] M ⟨*inv*⟩ Gratin *n*

gra·ti·na·re V/T ⟨1a⟩ überbacken, gratinieren

gra·ti·na·to ADJ überbacken

gra·tis A ADV gratis, kostenlos B ADJ ⟨*inv*⟩ Gratis-, Frei-: **un biglietto ~** eine Freikarte *f*

gra·ti·tu·di·ne F Dankbarkeit *f*, Dank *m*

gra·to ADJ dankbar: **essere ~ a qn per qc** j-m für etw dankbar sein

grat·ta·ca·po M Schererei *f*, Sorge *f*

grat·ta·cie·lo [-ɛ-] M Wolkenkratzer *m*

grat·ta e vin·ci M ⟨*inv*⟩ Rubbellos *n*

grat·ta·re ⟨1a⟩ A V/T 1 (ab)kratzen 2 reiben: **~ il formaggio** Käse reiben 3 *umg* klauen B V/I ⟨av⟩ kratzen C V/PR **-rsi** sich kratzen ♦ *fig* **-rsi la pancia** auf der faulen Haut liegen

grat·ta·ta F Kratzen *n*: **darsi una ~** sich kratzen **grat·ta·to** ADJ (ab)gerieben ♦ **pan ~** Paniermehl *n*

grat·tu·gia F Reibe *f*, Raspel *f*

grat·tu·gia·re V/T ⟨1f⟩ reiben, raspeln

grat·tu·gia·to ADJ gerieben: **formaggio ~** geriebener Käse *m*

gra·tui·tà F ⟨*inv*⟩ 1 Unentgeltlichkeit *f* 2 *fig* Grundlosigkeit *f*

★**gra·tui·to** ADJ 1 unentgeltlich 2 frei, gratis, Gratis-: **l'ingresso è ~** der Eintritt ist frei 3 *fig* grundlos

gra·va·bi·le ADJ **~ d'imposta** besteuerbar **gra·va·me** M Last *f*, Belastung *f*: WIRTSCH **~ fiscale** steuerliche Belastung *f*

gra·va·re ⟨1a⟩ A V/I ⟨es, av⟩ **~ su qn/qc** auf j-m/etw lasten (*a. fig*) B V/T **~ qc di qc** etw mit etw belasten **gra·va·to** ADJ **~ d'imposta** steuerlich belastet

★**gra·ve** A ADJ 1 schwer: **una malattia ~** eine schwere Krankheit 2 ernst: **la situazione è ~** die Lage ist ernst 3 streng, hart: **-i misure** strenge Maßnahmen *pl* 4 ernsthaft 5 MUS tief, dunkel B M PHYS Körper *m* ♦ **il ~ è che ...** das Schlimme daran ist, dass ...

gra·vi·dan·za F 1 Schwangerschaft *f* 2 (*di animali*) Trächtigkeit *f* ♦ **~ extrauterina** Eileiterschwangerschaft *f*; Bauchhöhlenschwangerschaft *f*; **indennità di ~** Mutterschaftsgeld *n*; **test di ~** Schwangerschaftstest *m*

gra·vi·do ADJ 1 schwanger; (*di animali*) trächtig 2 -schwer, -voll: **~ di conseguenze** folgenschwer

gra·vi·na F Spitzhacke *f*

gra·vi·tà F ⟨*inv*⟩ 1 Schwere *f*, Ernst *m* 2 Strenge *f*, Härte *f*: **la ~ di un provvedimento** die Härte einer Maßnahme 3 Würde *f*: **con ~** würdevoll 4 MUS Tiefe *f* ♦ **assenza di ~** Schwerelosigkeit *f*; **forza di ~** Schwerkraft *f*

gra·vi·ta·re V/I ⟨1l; av⟩ 1 kreisen: **~ in-**

torno al sole um die Sonne kreisen **2** *fig* **~ intorno a qn/qc** von j-m/etw angezogen werden **3** lasten: **~ su qc** auf etw (*dat*) lasten **gra·vi·ta·zio·ne** [-o-] F Gravitation *f* ♦ **~ terrestre** Erdanziehung *f*

gra·vo·so [-o-] ADJ schwer, drückend, belastend

gra·zia F **1** Anmut *f*, Grazie *f* **2** Liebenswürdigkeit *f*, Freundlichkeit *f* **3** *pl* (*di donna*) Liebreiz *m* **4** Gnade *f* **5** Begnadigung *f* ♦ **colpo di ~** Gnadenstoß *m*, Gnadenschuss *m*; *fig* Todesstoß *m*; **con ~** anmutig; liebenswürdig; **per ~ di Dio** *fig* zum Glück; **in ~ di** dank, durch; **con mala ~** brüsk; **Ministero di Grazia e Giustizia** (italienisches) Justizministerium *n*; **essere nelle -e di qn** in j-s Gunst stehen

gra·zia·re V/T ⟨1g⟩ begnadigen **gra·zia·to** **A** ADJ begnadigt **B** M, **-a** F Begnadigte *m/f*

gra·zie **A** INT **1** danke, *schweiz* merci: **~ di** (*od* **per**) danke für; **sì/no, ~** ja/nein, danke **2** *iron* gewiss! Kunststück! **B** M Dank *m*: **un ~ di** (**tutto**) **cuore** herzlichen Dank ♦ **~ a** dank (*a. iron*); **~ a Dio** Gott sei Dank; **~ al cielo** dem Himmel sei Dank; **~ mille!, mille ~!** tausend (*od* vielen) Dank!; **~ tante, tante ~!** vielen Dank; *iron* ich danke bestens; **~ tanto** danke schön!

gra·zio·si·tà F ⟨*inv*⟩ Lieblichkeit *f*; Zierlichkeit *f* **gra·zio·so** [-o-] ADJ **1** hübsch, niedlich, nett: **un regalo ~** ein nettes Geschenk *n*; **un vestito ~** ein hübsches Kleid *n* **2** lieblich, graziös

★**gre·ca** [-ɛ-] F **1** Griechin *f* **2** Mäander *m*

gre·ca·le M Nordostwind *m* (im südlichen Mittelmeer)

★**Gre·cia** [-ɛ-] F Griechenland *n*

★**gre·co** [-ɛ-] **A** ADJ griechisch **B** M **1** Grieche *m* **2** (*lingua*) Griechisch(e) *n*

gre·ga·le ADJ **istinto ~** Herdentrieb *m*

gre·ga·rio **A** ADJ Herden-: **animale ~** Herdentier *n* **B** M, **-a** F **1** gemeiner Soldat, Gemeine *m/f* **2** POL Mitläufer *m*, -in *f*

greg·ge [-e-] M ⟨*pl* le greggi⟩ Herde *f* (*a. fig*)

greg·gio [-e-] **A** ADJ **1** roh, Roh-: **lane gregge** Rohwolle *f* **2** grob **B** M Rohöl *n*

grem·biu·le M Schürze *f*; Kittel *m*

grem·biu·li·no M Kittelchen *n*

grem·bo [-ɛ-] M Schoß *m*: **sedersi in ~ a qn** sich auf j-s Schoß setzen ♦ **~ materno** Mutterleib *m*

gre·mi·re ⟨4d⟩ **A** V/T bevölkern **B** V/PR **-rsi** sich füllen, bevölkern: **-rsi di gente** sich mit Leuten bevölkern

gre·mi·to ADJ überfüllt

grep·pia [-e-] F (Futter)Krippe *f* (*a. hum*): **mangiare alla ~** an der Futterkrippe sitzen

grès [grɛs] M Steinzeug *n*, Steingut *n*

gre·to [-e-] M (*di corso d'acqua*) Kiesbett *n*

gret·tez·za [-e-] F **1** Knaus(e)rigkeit *f* **2** Kleinlichkeit *f*, Engherzigkeit *f*

gret·to [-e-] **A** ADJ **1** schäbig, knaus(e)rig **2** kleinlich, engstirnig **B** M, **-a** F **1** *umg* Knauser *m*, -in *f* **2** engstirniger Mensch *m*

gre·ve [-ɛ-] ADJ **1** schwül: **aria ~** schwüle Luft *f* **2** *fig* grob, ordinär

grez·zo [-e-] ADJ **1** roh, Roh-: **materiale ~** Rohmaterial *n* **2** TEX grob: **tela -a** grobes Tuch *n* **3** (*di persona*) roh, grob, ungeschliffen

gri·da FPL → grido

★**gri·da·re** **A** V/I ⟨1a; av⟩ schreien; rufen: **~ a più non posso** aus Leibeskräften schreien; **~ di dolore** vor Schmerzen schreien; **il gabbiano grida** die Möwe schreit **B** V/T **1** schreien, rufen: **~ qc nelle orecchie di qn** j-m etw ins Ohr schreien **2** **~ qc a qn** j-m etw zurufen **3** herausschreien ♦ **~ aiuto** um Hilfe schreien; **~ contro qn** j-n anschreien; **~ vendetta** nach Rache schreien

gri·do M ⟨-a *fpl*; -i *mpl*⟩ **1** ⟨*pl* -a⟩ Schrei *m* **2** Ruf *m*: **~ di aiuto** Hilferuf *m*, Hilfeschrei *m* **3** *pl* ⟨-a⟩ Geschrei *n* **4** ⟨*pl* -i⟩ (*di animali*) Schrei *m*, Ruf *m* ♦ **un medico di ~** ein Arzt von Ruf; **è l'ultimo ~** das ist der letzte Schrei

gri·fa·gno ADJ **1** raubgierig **2** *fig* grimmig

grif·fa·to ADJ *umg* Marken-: **abito ~** Markenkleid *n* **grif·fe** [grif] F ⟨*inv*⟩ Marke *f*, Designeretikett *n*

gri·fo·ne [-o-] M **1** Gänsegeier *m* **2** MYTH Greif *m*

gri·gia·stro ADJ gräulich

★**gri·gio** **A** ADJ grau (*a. fig*) **B** M Grau *n* ♦ **~ chiaro** hellgrau; **~ scuro** dunkelgrau

Gri·gio·ni [-o-] MPL Graubünden *n*

gri·gio·re [-o-] M Grau *n*: **il ~ della vita quotidiana** der graue Alltag

gri·gio·ver·de [-e-] **A** ADJ **1** graugrün **2** olivgrün **B** M **1** Graugrün *n* **2** Uniform *f*

gri·glia F **1** (Brat)Rost *m* **2** Grill *m*; Gitter *n* ♦ **alla ~** vom Grill; **misto ~** Mixed Grill *m*

gri·glia·re V/T ⟨1f⟩ grillen **gri·glia·ta** F Grillgericht *n* ♦ **~ mista** Mixed Grill *m*

gri·gno·li·no M = *piemontesischer Rotwein*

grill M ⟨*inv*⟩ **1** Grill *m* **2** → grill-room

gril·let·to [-e-] M (*d'arma*) Abzug *m*

gril·lo M **1** Grille *f* **2** *fig* Schnapsidee *f* ♦ **avere -i per la testa** Flausen im Kopf haben

G

grill-room [gril'rum] M ⟨*inv*⟩ Grillrestaurant *n*

gri·mal·del·lo [-ɛ-] M Dietrich *m*

grin·fia F Klaue *f* (*a. fig*): **cadere nelle -e di qn** in j-s Klauen geraten

grin·ta F **1** hartes (*od* finsteres) Gesicht *n* **2** Entschlossenheit *f*, *umg* Mumm *m*; SPORT Kampfgeist *m* **grin·to·so** [-o-] ADJ entschlossen; SPORT kämpferisch

grin·za F **1** (*stoffa*) (Knitter)Falte *f* **2** (*pelle*) Runzel *f*, Falte *f* ♦ **non fare una ~** wie angegossen sitzen; *fig* völlig logisch sein

grin·zo·si·tà F ⟨*inv*⟩ **1** (*stoffa*) Faltigkeit *f* **2** (*pelle*) Runz(e)ligkeit *f*, Faltigkeit *f* **grin·zo·so** [-o-] ADJ **1** faltig **2** runz(e)lig, faltig

grip·pag·gio M Kolbenfresser *m*

grip·pa·re **A** V/T ⟨1a⟩ ~ (**il motore**) einen Kolbenfresser haben **B** V/I (*motore*) sich festfressen

gri·sou [-zu] M ⟨*inv*⟩ BERGB Grubengas *n*, Schlagwetter *pl*

gris·si·no M = *dünne Knabberstange aus Weißbrotteig* ♦ **essere magro come un ~** spindeldürr sein

gri·sù → grisou

grom·ma [-o-] F **1** Weinstein *m* **2** Sinter *m*

gron·da [-o-] F (Dach)Traufe *f*

gron·da·ia F **1** Regenrinne *f* **2** → gronda

gron·dan·te ADJ triefend; tropfnass

gron·da·re ⟨1a⟩ **A** V/I ⟨es, av⟩ triefen: **la fronte gronda di sudore** die Stirn trieft von, vor Schweiß **B** V/T triefen: **la ferita gronda sangue** aus der Wunde trieft Blut

gron·do·ne [-o-] M Regen(abfluss)rohr *n*

grop·pa [-ɔ-] F **1** Kruppe *f* **2** *umg* Buckel *m*, Kreuz *n*: **avere molti anni sulla ~** viele Jahre auf dem Buckel haben

grop·po [-ɔ-] M Noppe *f* ♦ **avere un ~ alla gola** einen Kloß im Hals haben

grop·po·ne [-o-] M *hum* Rücken *m*, Buckel *m*

gros·sa [-ɔ-] F Gros *n* ♦ **dormire della ~** fest schlafen

gros·se·ta·no **A** ADJ aus, von Grosseto **B** M, **-a** F Bewohner *m*, -in *f* von Grosseto

Gros·se·to [-e-] F Grosseto *n*

gros·sez·za [-e-] F Größe *f*, Umfang *m*, Dicke *f*

gros·si·sta M/F Großhändler *m*, -in *f*

★**gros·so** [-ɔ-] **A** ADJ **1** groß; (*largo*) breit; (*spesso*) dick, stark **2** (*di denaro*) groß, hoch: **-i guadagni** große Gewinne *pl*; **-e perdite** hoher Verlust *m* **3** *umg* wichtig: **un ~ nome** ein wichtiger Name *m* **4** schwer: **un ~ errore** ein schwerer Fehler *m* **5** grob(körnig): **sale ~** grob(körnig)es Salz *n* **6** *umg* schwanger; (*di animale*) trächtig **B** M **1** Großteil *m* **2** MIL Gros *n* ♦ **sbagliare** (*od* **sbagliarsi**) **di ~** sich gewaltig irren; **in ~** en gros; **pezzo ~** hohes Tier *n*; **questa è -a!** das ist (ja wohl) ein starkes Stück! *fig*; **spararle -e** dick auftragen

gros·so·la·ni·tà F ⟨*inv*⟩ **1** Grobheit *f*, Rohheit *f* **2** Grobschlächtigkeit *f*

gros·so·la·no ADJ **1** grob, roh, derb **2** *fig* **un errore ~** ein grober Fehler *m*

gros·so·mo·do [-ɔ-] ADV grob, grob gerechnet

★**grot·ta** [-ɔ-] F Grotte *f*, Höhle *f*

grot·te·sca [-e-] F Groteske *f* **grot·te·sco** [-e-] **A** ADJ grotesk **B** M Groteske *n*

gro·vie·ra [-ɛ-] M *od* F ⟨*inv*⟩ Gruyèrekäse *m*

gro·vi·glio M Gewirr(e) *n*: **districare un ~ di cavi** ein Gewirr von Kabeln entwirren

gru F ⟨*inv*⟩ **1** ZOOL Kranich *m* **2** TECH Kran *m*; Bau-, Hebekran *m* **3** (*cinema*) TV Kamerakran *m* ♦ **~ di carico** Ladekran *m*; **~ girevole** Drehkran *m*

gruc·cia F **1** Krücke *f* **2** (Kleider)Bügel *m*

gru·fo·la·re V/I ⟨1l; av⟩ **1** (mit der Schnauze, mit dem Rüssel) (herum)wühlen **2** *fig pej* schmatzen, schlürfen

gru·gni·re V/I ⟨4d; av⟩ **1** grunzen **2** *fig* brummen, grunzen **gru·gni·to** M **1** Grunzen *n* **2** *fig* Grunzen *n*, Gebrumm(e) *n*

gru·gno M **1** Schnauze *f*, Rüssel *m* **2** *fig pej* Schnauze *f*, Fresse *f*: **rompere** (*od*

spaccare) **il ~ a qn** j-m die Fresse polieren

gru·i·sta M/F Kranführer *m*, -in *f*

grul·le·ri·a F 1 Albernheit *f*, Dummheit *f* 2 (*cosa insignificante*) Unsinn *m* **grul·lo** A ADJ albern, dumm B M, **-a** F Dummkopf *m*

gru·mo M 1 (*di sangue*) Gerinnsel *n* 2 Klumpen *m* **gru·mo·lo** M **il ~ dell'insalata** das Herz des Salatkopfes, das Salatherz

gru·mo·so [-o-] ADJ klumpig

★**grup·po** M 1 Gruppe *f* 2 MUS Band *f* 3 (*parlamentare*) Fraktion *f* 4 (*industriale*) Konzern *m* 5 TECH Aggregat *n* ♦ **a -i** gruppenweise; **~ sanguigno** Blutgruppe *f*; **~ di discussione** Newsgroup *f*

grup·pu·sco·lo M POL Splittergruppe *f*

gruz·zo·lo M (Geld)Sümmchen *n*

★**gua·da·gna·re** ⟨1a⟩ A V/T 1 verdienen: **~ bene/male** gut/schlecht verdienen 2 gewinnen (*a. fig*): **~ tempo** Zeit gewinnen 3 erreichen: **~ la riva** das Ufer erreichen B V/PR **-rsi qc** sich (*dat*) etw verdienen ♦ **che cosa ci guadagno?** was habe ich davon?

gua·da·gno M Verdienst *m*, Gewinn *m* ♦ **~ lordo** Bruttoverdienst *m*; **margine di ~** Gewinnspanne *f*; **~ netto** Nettoverdienst *m*

gua·da·re V/T ⟨1a⟩ durchwaten

gua·di·no M Kescher *m*

gua·do M Furt *f* ♦ **passare a ~** durchwaten

guai INT weh(e)

gua·i·na, guai·na F 1 (*di spada*) Scheide *f* 2 Hülle *f*, Futteral *n* 3 ANAT Scheide *f*, Haut *f* 4 ELEK Kabelmantel *m* 5 Miederhose *f*

★**gua·io** M 1 Schwierigkeit *f*, *umg* Patsche *f*: **trovarsi nei -ai** in Schwierigkeiten sein, in der Patsche sitzen 2 *pl* Ärger *m*: **avere -ai con la polizia** Ärger mit der Polizei haben 3 Ärgerliche *n*, Dumme *n*: **il ~ è che non ho nemmeno un soldo!** das Dumme ist, dass ich keinen Pfennig Geld habe! ♦ **fa' come ti dico o saranno -ai!** mach, wie ich es dir sage, oder es wird Ärger geben!

gua·i·re V/I ⟨4d; av⟩ jaulen, winseln (*a. fig*)

gua·i·to M Jaulen *n*, Winseln *n* (*a. fig*)

gual·ci·re ⟨4d⟩ A V/T verknautschen; verknittern B V/PR **-rsi** knautschen; knittern

gual·ci·to ADJ zerknittert, knittrig

gual·drap·pa F Schabracke *f*

★**guan·cia** F Wange *f*; Backe *f* (*a.* TECH, GASTR) **guan·cia·le** M Kissen *n* ♦ **dormire tra due -i** sich in Sicherheit wiegen

gua·no M Guano *m*, Vogelmist *m*

guan·tie·ra [-ɛ-] F Tablett *n*

★**guan·to** M 1 Handschuh *m*: **mettersi/togliersi i -i** die Handschuhe anziehen/ausziehen 2 Fausthandschuh *m* 3 *umg* (*preservativo*) Gummi *m* ♦ **calzare come un ~** wie angegossen passen; **~ da forno** Topflappen *m*; **-i da sci** Skihandschuhe *pl*

guan·to·ne [-o-] M (großer) Handschuh *m*: **~ da boxe** Boxhandschuh *m*

guar·da·bo·schi [-o-] M/F ⟨*inv*⟩ 1 Waldhüter *m*, -in *f* 2 Förster *m*, -in *f*

guar·da·cac·cia M/F ⟨*inv*⟩ Wildhüter *m*, -in *f* **guar·da·co·ste** [-ɔ-] M ⟨*inv*⟩ 1 Küstenwache *f* 2 Küstenwach(t)schiff *n* **guar·da·li·ne·e** M/F ⟨*inv*⟩ Linienrichter *m*, -in *f* **guar·da·mac·chi·ne** M/F ⟨*inv*⟩ Parkwächter *m*, -in *f* **guar·da·par·co** M/F Aufseher *m*, -in *f* (eines Naturschutzparks) **guar·da·pe·sca** [-e-] M/F ⟨*inv*⟩ Fischereiaufseher *m*, -in *f* **guar·da·por·to·ne** [-o-] M ⟨*inv*⟩ Pförtner *m* in Livree

★**guar·da·re** ⟨1a⟩ A V/T 1 sehen, schauen: **~ qn in faccia** j-m ins Gesicht sehen; **~ l'ora** auf die Uhr sehen 2 (*osservare*) betrachten, beobachten 3 ansehen, anschauen; zusehen: **~ le vetrine** die Schaufenster anschauen; **guardar passare i treni** den vorbeifahrenden Zügen zusehen 4 (*considerare*) **~ qc con distacco** etw mit Abstand betrachten 5 nachsehen: **~ qc sull'agenda** etw im Kalender nachsehen; **guarda un po' chi è alla porta!** sieh mal nach, wer an der Tür ist! 6 aufpassen, schauen: **guarda l'arrosto che ho da fare** schau mal nach dem Braten, ich habe zu tun; **guarda dove metti i piedi!** sieh doch hin, wohin du trittst! 7 hüten: **~ le pecore** Schafe hüten 8 bewachen: **~ la frontiera** die Grenze bewachen B V/I ⟨av⟩ 1 sehen, schauen, blicken, *umg* gucken: **guarda** (**qui, laggiù, lassù**)! sieh mal (hier, da unten, da oben)! 2 nachsehen: **~ sul giornale** in der Zeitung nachsehen 3 aufpassen: **guarda di non farti male!** pass auf, dass du dir nicht wehtust! 4 gehen: **la finestra guarda a nord** das Fenster geht nach Norden C V/PR **-rsi** 1 sich sehen; sich betrachten **2** sich (an)sehen **3** sich hüten: **guardati da lui!** hüte dich vor ihm ♦ **-rsi intorno** umherblicken; *fig* sich umsehen; **~ la televisione** fernsehen; **ma guarda un po'!** sieh mal (einer) an!

★**guar·da·ro·ba** [-ɔ-] M ⟨*inv*⟩ Garderobe *f*

guar·da·ro·bie·re [-ɛ-] M, **-a** F Garderobenmann *m*, -frau *f*

guar·da·sa·la M/F ⟨*inv*⟩ Saalordner *m*, -in *f*

G

guar·da·si·gil·li M ⟨*inv*⟩ (italienischer) Justizminister *m* **guar·da·spal·le** M/F ⟨*inv*⟩ Leibwächter *m*, -in *f*

guar·da·ta F Blick *m*: **dare una ~ al giornale** einen Blick in die Zeitung werfen

★**guar·dia** F **1** Wache *f*, Bewachung *f*: **fare la ~** Wache halten **2** Wachdienst *m*: **essere di ~** Wachdienst haben, *umg* Wache stehen **3** Wache *f*, Wachposten *m* **4** Wächter *m*, -in *f*, Wärter *m*, -in *f* **5** (*boxe*) Deckung *f* **6** TYPO Vorsatzblatt *n* **7** (*livello dell'acqua*) Hochwasserpunkt *m* ♦ **fare buona ~** (gut) aufpassen; **~ del corpo** Leibwache *f*; (*persona*) Leibwächter *m*, -in *f*; **~ costiera** Küstenwacht *f*; **fare la ~ a qn/qc** j-n/etw bewachen; **~ di finanza** = (*italienisches*) *Polizeikorps für die Zoll- und Steuerkontrolle*; **~ forestale** Förster *m*, -in *f*; **~ giurata** vereidigter Wächter *m*, vereidigte Wächterin *f*; **mettere in ~ qn da qc** j-n vor etw (*dat*) warnen; **~ medica** ärztlicher Notdienst *m*; **medico di ~** Bereitschaftsarzt *m*, -ärztin *f*; **~ notturna** Nachtwächter *m*, -in *f* **servizio di ~** Wachdienst *m*

guar·dia·no M, **-a** F **1** Wächter *m*, -in *f*, Aufseher *m*, -in *f*: **~ del faro** Leuchtturmwärter *m*, -in *f* **~ di museo** Museumsaufseher *m*; **~ notturno** Nachtwächter *m* **2** Hirt *m*, -in *f* ♦ **~ del faro** Leuchturmwärter *m* **guar·di·na** F Arrestzelle *f* ♦ **finire in ~** ins Gefängnis kommen

guar·din·go ADJ behutsam, umsichtig

guar·dio·la [-ɔ-] F Portiers-, Pförtnerloge *f*

guar·do·ne [-o-] M, **-a** F Spanner *m*, -in *f*, Voyeur *m*, -in *f*

guard·rail ['gard'rɛil] M ⟨*inv*⟩ Leitplanke *f*

gua·ri·bi·le ADJ heilbar

gua·ri·gio·ne [-o-] F Genesung *f*; Heilung *f*

★**gua·ri·re** ⟨4d⟩ **A** V/T gesund pflegen; heilen (*a. fig*): **~ qn da una malattia** j-n von einer Krankheit heilen; **~ qn da un vizio** j-n von einem Laster heilen **B** V/I ⟨es⟩ **1** gesund werden **2** heilen ♦ **il tempo guarisce ogni ferita** die Zeit heilt alle Wunden

★**gua·ri·to** ADJ geheilt, gesund

gua·ri·to·re [-o-] M, **-tri·ce** F **1** Heilpraktiker *m*, -in *f* **2** *pej* Wunderheiler *m*, -in *f*

guar·ni·gio·ne [-o-] F Garnison *f*

guar·ni·re V/T ⟨4d⟩ **1** TEX **~ di qc** mit etw besetzen, verzieren **2** GASTR **~ con qc** mit etw garnieren **3** ausstatten; ausrüsten **guar·ni·to** ADJ **1** -besetzt: **~ di pizzi** spitzenbesetzt **2** GASTR garniert

guar·ni·zio·ne [-o-] F **1** Verzierung *f*, Besatz *m* **2** GASTR Garnierung *f* **3** TECH (*in motoristica*) Dichtung *f*: **~ della testata** Zylinderkopfdichtung *f* **4** (*dei freni*) (Brems)Belag *m*

gua·sta·fe·ste [-ɛ-] M/F ⟨*inv*⟩ Spielverderber *m*, -in *f* **gua·sta·me·stie·ri** [-ɛ-] M/F ⟨*inv*⟩ *umg* Pfuscher *m*, -in *f*

gua·sta·re ⟨1a⟩ **A** V/T **1** beschädigen **2** zerstören, *umg* kaputt machen **3** verschandeln **4** verderben (*a. fig*): **~ l'appetito a qn** j-m den Appetit verderben **B** V/PR **-rsi** **1** *umg* kaputtgehen **2** beschädigt werden **3** verderben (*a. fig*) **4** **-rsi qc** sich (*dat*) etw verderben: *umg*; **-rsi lo stomaco** sich (*dat*) den Magen verderben ♦ **~ la festa a qn** j-m das Fest verderben; *fig* j-m die Freude verderben

★**gua·sto** **A** ADJ **1** defekt, schadhaft, *umg* kaputt **2** verdorben; faul **3** kariös **4** *fig* verkommen **B** M **1** Schaden *m*, Defekt *m* **2** *fig* Verdorbenheit *f* ♦ **~ al motore** Motorschaden *m*; MECH **sensibile ai -i** störanfällig

Gua·te·ma·la F Guatemala *n* **gua·te·mal·te·co** [-ɛ-] **A** ADJ guatemaltekisch **B** M, **-a** F Guatemalteke *m*, -kin *f*

guaz·za F Tau *m*

guaz·za·bu·glio M (wildes) Durcheinander *n*, Gewirr *n* (*a. fig*): **un ~ di sentimenti** ein Gewirr *n* von Gefühlen

guaz·za·re ⟨1a⟩ **A** V/I ⟨av⟩ **1** planschen **2** schwappen **B** V/T durchwaten

guaz·zet·to [-e-] GASTR **in ~** geschmort

guaz·zo M **1** Lache *f* **2** KUNST Gouache *f* ♦ GASTR **frutta in ~** Alkoholfrüchte *pl*

guê·piè·re [gɛ'pjɛːr] F ⟨*inv*⟩ Korsett *n*

guer·cio [-ɛ-] **A** ADJ **1** schielend **2** einäugig **B** M, **-a** F **1** Schielende *m/f* **2** Einäugige *m/f* ♦ **nel mondo dei ciechi il ~ è re** unter den Blinden ist der Einäugige König

★**guer·ra** [-ɛ-] F **1** Krieg *m* (*a. fig*), Konflikt *m*: **~ d'interessi** Interessenkonflikt *m* **2** Kampf *m*: **~ alla** (*od* **contro la**) **corruzione** Kampf *m* gegen die Korruption ♦ **~ atomica** Atomkrieg *m*; **~ civile** Bürgerkrieg *m*; **criminale di ~** Kriegsverbrecher *m*, -in *f*; **da ~** Kriegs-; **nave da ~** Kriegsschiff *n*; **dichiarare ~ a qn/qc** j-m/etw den Krieg erklären (*a. fig*); **~ fredda** Kalter Krieg *m*; **~ del Golfo** Golfkrieg *m*; **prima/seconda ~ mondiale** Erster/Zweiter Weltkrieg *m*; **-e stellari** Krieg *m* der Sterne; **teatro di ~** Kriegsschauplatz *m*; **zona di ~** Kriegsgebiet *n*

guer·ra·fon·da·io **A** ADJ kriegstreibend **B** M, **-a** F Kriegstreiber *m*, -in *f*

guer·reg·gian·te ADJ Krieg führend

guer·reg·gia·re V/I ⟨1f; av⟩ **~ con** (*od* **contro**) **qn** mit j-m (*od* gegen j-n) Krieg führen **guer·reg·gia·to** ADJ **guerra -a** offener Krieg *m*

guer·re·sco [-e-] ADJ Kriegs-, kriegerisch **guer·rie·ro** [-ɛ-] **A** ADJ kriegerisch **B** M, **-a** F Krieger *m*, -in *f* **guer·ri·glia** F Guerilla *f*; Guerillakrieg *m* **guer·ri·glie·ro** [-ɛ-] M, **-a** F Guerillakämpfer *m*, -in *f*

gu·fag·gi·ne F Eigenbrötelei *f*

gu·fo M **1** Eule *f* **2** *fig* Kauz *m* ♦ **~ reale** Uhu *m*

gu·glia F **1** ARCH Fiale *f* **2** (Fels)Nadel *f*

gui·da **A** ADJ ⟨*inv*⟩ Führungs-: **ruolo ~** Führungsrolle *f* **B** F **1** Führung *f*, Leitung *f*, Lenkung *f* **2** Führer *m*, -in *f*: **una ~ esperta** ein erfahrener Führer *m*, eine erfahrene Führerin *f*; (*libro*) **una ~ di Berlino** ein Führer *m* von Berlin **3** (*manuale*) Leitfaden *m* **4** Läufer *m*: **stendere la ~** den Läufer ausrollen **5** TECH Schiene *f*, Führung *f* ♦ **~ alpina** Bergführer *m*, -in *f*; **~ a distanza** Fernsteuerung *f*; **fare da ~ a qn** j-n führen; **prendere lezioni di ~** Fahrstunden nehmen; **patente di ~** Führerschein *m*; **scuola** (**di**) **~** Fahrschule *f*; **~ telefonica** Telefonbuch *n*; ★**~ turistica** (*persona*) Fremdenführer *m*; (*libro*) Reiseführer *m*

gui·da·io·lo [-ɔ-] **A** ADJ Leit-, leitend: **pecora -a** Leithammel *m* **B** M, **-a** F Leittier *n*

★**gui·da·re** V/T ⟨1a⟩ **1** führen; leiten, lenken: **~ un paese** einen Staat lenken; **~ i visitatori** die Besucher führen; **~ alla meta** zum Ziel führen **2** fahren, lenken **3** SPORT **~ la classifica** Tabellenführer sein

gui·da·to·re [-o-] M, **-tri·ce** F Fahrer *m*, -in *f*

gui·do·ne [-o-] M SCHIFF Wimpel *m*

Gui·ne·a [-e-] F Guinea *n*: **~ Bissau** Guinea-Bissau *n*; **~ Equatoriale** Äquatorialguinea *n* **gui·ne·a·no** **A** ADJ guineisch **B** M, **-a** F Guineer *m*, -in *f*

guin·za·glio M Leine *f* (*a. fig*): **portare il cane al ~** den Hund an der Leine führen

gui·sa F *poet* Art *f*, Weise *f* ♦ **di** (*od* **in**) **~ che** so dass; **a ~ di** wie; **in tal ~** auf diese Weise

guit·to M, **-a** F *pej* Schmierenkomödiant *m*, -in *f*

guiz·za·re V/I ⟨1a; es⟩ **1** (*di pesci*) schnellen **2** (*di fiamma*) züngeln, flackern **3** (*di fulmine*) zucken

guiz·zo M **1** Schnellen *n* **2** Züngeln *n*, Flackern *n* **3** (*di fulmine*) Zucken *n*

gu·ru M ⟨*inv*⟩ Guru *m*

gu·scio M **1** Schale *f* **2** (Schnecken)Gehäuse *n* **3** (*di testuggine*) Schild *m*, Panzer *m* ♦ *fig* **chiudersi nel proprio ~** sich in sein Schneckenhaus zurückziehen; **~ di noce** Nussschale *f* (*a. fig*)

gu·sta·re ⟨1a⟩ **A** V/T **1** kosten, probieren **2** auskosten, genießen **B** V/I ⟨es⟩ **1** (*trovare buono*) schmecken **2** *fig* gefallen **C** V/PR **-rsi qc** **1** sich (*dat*) etw schmecken lassen **2** *fig* etw genießen

gu·sta·ti·vo ADJ Geschmacks-

★**gu·sto** M **1** Geschmack(ssinn) *m* **2** Geschmack *m* (*a. fig*): **un ~ amaro/dolce** ein bitterer/süßer Geschmack *m*; **trovar(ci) ~ in qc** an etw (*dat*) Geschmack finden; **avere ~** Geschmack haben **3** Stil *m*, Manier *f*: **il ~ barocco** der Stil des Barocks ♦ **una persona di buon ~** ein Mensch mit gutem Geschmack; **mangiare di ~** mit Appetit essen; **di cattivo ~** geschmacklos; **con ~** mit Appetit; *fig* geschmackvoll; **è questione di -i** das ist Geschmacksache

gu·sto·si·tà F ⟨*inv*⟩ Schmackhaftigkeit *f*; Köstlichkeit *f* (*a. fig*)

gu·sto·so [-o-] ADJ **1** schmackhaft, köstlich **2** *fig* köstlich, amüsant

gut·tu·ra·le **A** ADJ guttural, kehlig: **suoni -i** gutturale Laute *pl* **B** F Kehllaut *m*

Gu·ya·na F Guyana *n* **gu·ya·ne·se** [-e-] **A** ADJ guyanisch **B** M/F Guyaner m, -in f

gy·ros ['giros] M ⟨inv⟩ Gyros n

H

h, H F od M ⟨inv⟩ h, H n ♦ **bomba H** Wasserstoffbombe f

ha·bi·tat M ⟨inv⟩ 1 BIOL Habitat n 2 fig gewohnte Umgebung f

habitué [abitu'e] M/F ⟨inv⟩ (di negozio) Stammkunde m, -kundin f; (di locale) Stammgast m

ha·bi·tus M ⟨inv⟩ 1 BIOL Habitus m 2 fig Haltung f: **~ mentale** Geisteshaltung f

hacker ['hakker] M ⟨inv⟩ (pirata informatico) IT Hacker m, -in f

Ha·i·ti F Haiti n **ha·i·tia·no** A ADJ haitianisch B M, **-a** F Haitianer m, -in f

hall [ɔl] F ⟨inv⟩ Halle f, Empfangshalle f: **la ~ dell'hotel** die Hotelhalle

hamburger [am'burger] M ⟨inv⟩ Hamburger m

handicap ['ɛndikap] M ⟨inv⟩ 1 SPORT Handicap n 2 Behinderung f: **~ fisico** Körperbehinderung f 3 fig Handicap n: **superare un ~** ein Handicap überwinden ♦ **portatore di ~** Behinderte m; (aggettivo) behindert

han·di·cap·pa·to [and-] A ADJ 1 gehandicapt (a. SPORT) 2 behindert: **un bambino ~** ein behindertes Kind n 3 fig **sentirsi ~** sich behindert fühlen B M, **-a** F Behinderte m/f: **un ~ psichico** ein geistig Behinderter m; **un ~ fisico** ein Körperbehinderter m

hangar M ⟨inv⟩ Hangar m, Flug(zeug)-halle f

Ha·noi [-ɔ-] F Hanoi n

Ha·ra·re F Harare n

hard-core [hard'kɔr] ADJ ⟨inv⟩ Hardcore-: **film ~** Hardcorefilm m **hard-cover** [hard'kɔver] M ⟨inv⟩ Hardcover n

hard disk [hard'disk] M ⟨inv⟩ IT Festplatte f

hardware ['ardwer] M ⟨inv⟩ IT Hardware f

ha·scisc, ha·shish ['aʃiʃ] M ⟨inv⟩ Haschisch m od n: **fumare ~** Haschisch rauchen

ha·wa·ia·no [a'wa- od a'va-] A ADJ hawaiianisch, hawaiisch B M, **-a** F Hawaianer m, -in f **Ha·wai·i** [a'wai od a'vai] FPL Hawaii n

help [hɛlp] M ⟨inv⟩ IT Hilfefunktion f

Hel·sin·ki [-ɛ-] F Helsinki n

hen·na F, **henné** [-ɛ-] M ⟨inv⟩ Henna f od n: **farsi l'~** sich (dat) die Haare mit Henna färben

He·ri·sa·u F Herisau n

her·pes [-ɛ-] M ⟨inv⟩ Herpes m

hi-fi [hai'fai] M ⟨inv⟩ Hi-Fi-Anlage f

high li·fe [hai'laif] F ⟨inv⟩ Highlife n

high tech [hai'tɛk] M ⟨inv⟩ Hightech n od f

hin·ter·land M ⟨inv⟩ Hinterland n

hip INT **~ ~ hurrà** hipp, hipp, hurra

hippy ['ippi] A ADJ ⟨inv⟩ Hippie- B M/F ⟨inv⟩ Hippie m

hit [hit] M ⟨inv⟩ IT, MUS Hit m

hit pa·ra·de [hitpa'reid] F ⟨inv⟩ Hitparade f

hob·bi·sta M/F Hobbybastler m, -in f

hob·bi·sti·co ADJ hobbymäßig

★**hobby** ['ɔbbi] M ⟨inv⟩ Hobby n, Steckenpferd n: **avere un ~** ein Hobby haben; **fare qc per ~** etw hobbymäßig betreiben

hoc·ke·i·sta M/F Hockeyspieler m, -in f

hockey ['ɔkei] M Hockey n

holding ['oldiŋ] F ⟨inv⟩ Holding f

home computer ['homkom'pjuter] M ⟨inv⟩ Heimcomputer m

ho·me pa·ge ['hompeidʒ] F ⟨inv⟩ Homepage f

Hon·du·ras M Honduras n

ho·no·ris cau·sa [-o-] ADJ honoris causa, ehrenhalber: **ricevere la laurea ~** die Ehrendoktorwürde verliehen bekommen

hooligan ['uligan] M Hooligan m

hop [-ɔ-] INT hops, hopp: **~ là** hoppla, hopsala

horror [-ɔ-] A ADJ ⟨inv⟩ Horror-: **film ~** Horrorfilm m B M ⟨inv⟩ Horrorliteratur f; (cinema) Horrorfilm m

host ['hɔst] M ⟨inv⟩ IT Hostrechner m

hostess ['ɔstes] F ⟨inv⟩ 1 Flugbegleiterin f, Stewardess f: **~ di terra** Bodenstewardess f 2 (in congressi, fiere) Hostess f

hot dog [hɔt'dɔg] M ⟨inv⟩ Hotdog m

hô·tel [o'tɛl] M ⟨inv⟩ Hotel n: **pernottare in ~** im Hotel übernachten ♦ **~ benessere** Wellnesshotel n; **~ di lusso** Luxushotel n; **~ a quattro stelle** Viersternehotel n

hot key [hɔt'ki] M ⟨inv⟩ Hotkey m

hot line [hɔt'lain] F ⟨inv⟩ 1 (d'emergenza)

Hotline *f* 2 (*per messaggi erotici*) Chatline *f*

humour ['hjumor] M ⟨*inv*⟩ Humor *m*: **~ nero** schwarzer Humor *m*; **avere ~** (*od* **il senso dello ~**) Sinn *m* für Humor haben

hu·mus M ⟨*inv*⟩ 1 Humus *m*: **terreno ricco di ~** humusreicher Boden *m* 2 *fig* Nährboden *m*

hur·rah A INT hurra B M Hurra *n*

husky ['aski] M ⟨*inv*⟩ 1 Husky *m* 2 MODE Steppjacke *f*

hy·dro·bob [idro'bɔb] M ⟨*inv*⟩ Wasserbob *m*

hy·dro·speed [idro'spid] M ⟨*inv*⟩ Wasserbob *m*

I

i, I F *od* M ⟨*inv*⟩ i, I *n* ♦ **i greca** Ypsilon *n*; **i lunga** Jot *n*

★**i** → il

ia·to M 1 Hiat(us) *m* 2 *fig* Kluft *f*

i·be·ri·co [-ɛ-] A ADJ 1 iberisch: **penisola -a** Iberische Halbinsel *f* 2 spanisch B M, **-a** F 1 HIST Iberer *m*, -in *f* 2 Spanier *m*, -in *f*

i·ber·na·re V/I ⟨1a; av⟩ Winterschlaf halten

i·ber·na·zio·ne [-o-] F BIOL Winterschlaf *m*

i·bi·dem ADV ebenda

i·bis M ⟨*inv*⟩ Ibis *m*

i·bi·sco M Hibiskus *m*

i·bri·da·re V/T ⟨1l⟩ kreuzen, hybridisieren

i·bri·do A ADJ 1 hybrid, zwitterhaft 2 *fig* hybrid, Hybrid- B M 1 Hybride *f* 2 *fig* Zwischending *n*

IC M ⟨*inv*⟩ IC® *m*

ice·berg ['aisberg] M ⟨*inv*⟩ Eisberg *m* (*a. fig*)

ic·no·gra·fi·a F (Gebäude)Grundriss *m*

i·co·na [-o-] F 1 Ikone *f* 2 IT Icon *n*

i·co·no·cla·sta M/F HIST *fig* Bilderstürmer *m*, -in *f* **i·co·no·gra·fi·a** F 1 Ikonografie *f* 2 (bildnerische) Darstellung *f* 3 bildende Kunst *f* 4 Bebilderung *f* **i·co·no·la·tri·a** F Bilderverehrung *f*

ic·tus M ⟨*inv*⟩ Schlaganfall *m* ♦ **~ cerebrale** Gehirnschlag *m*

Id·di·o M Gott *m*

★**i·de·a** [-ɛ-] F 1 Idee *f*, Vorstellung *f*: **~ fissa** fixe Idee *f* 2 Einfall *m* 3 Meinung *f* ♦ **cambiare ~** es sich (*dat*) anders überlegen; **essere dell'~ che ...** der Meinung sein, dass ...; **non avere la minima** (*od* **la più pallida**) **~ di qc** nicht die geringste Ahnung von etw haben; **non ho ~!** keine Ahnung!

★**i·de·a·le** A ADJ 1 ideal, Ideal- 2 ideell, unwirklich B M 1 Ideal *n* 2 Ideale *n*, Beste *n*: **l'~ sarebbe ...** das Ideale wäre, wenn ...

i·dea·li·smo [-z-] M Idealismus *m* **i·dea·li·sta** A ADJ idealistisch B M/F Idealist *m*, -in *f* **i·dea·li·sti·co** ADJ idealistisch

i·dea·liz·za·re V/T ⟨1a⟩ idealisieren

i·dea·liz·za·zio·ne [-o-] F Idealisierung *f*

i·de·a·re V/T ⟨1b⟩ 1 sich (*dat*) ausdenken, planen 2 erfinden, entwickeln **i·dea·to·re** [-o-] M, **-tri·ce** F 1 Planer *m*, -in *f* 2 Erfinder *m*, -in *f* **i·dea·zio·ne** [-o-] F 1 Planung *f* 2 Erfindung *f*

i·dem A PRON ⟨*inv*⟩ idem, desgleichen B ADV ebenso

i·den·ti·ci·tà F ⟨*inv*⟩ Identität *f*

i·den·ti·co [-ɛ-] ADJ identisch

i·den·ti·fi·ca·re ⟨1n *u.* d⟩ A V/T 1 identifizieren 2 feststellen, ermitteln B V/PR **-rsi** 1 identisch sein 2 **-rsi con qn** sich mit j-m identifizieren **i·den·ti·fi·ca·zio·ne** [-o-] F Identifizierung *f*

i·den·ti·kit M ⟨*inv*⟩ Phantombild *n*

i·den·ti·tà F ⟨*inv*⟩ Identität *f* ♦ **carta d'~** Personalausweis *m*; **crisi d'~** Identitätskrise *f*

i·de·o·lo·gi·a F Ideologie *f*

i·de·o·lo·gi·co [-ɔ-] ADJ ideologisch ♦ **patrimonio ~** Gedankengut *n*

i·de·o·lo·go [-ɔ-] M, **-a** F 1 (*di partito*) Vordenker *m*, -in *f* 2 (*filosofo*) Ideologe *m*, -login *f*

i·dil·li·a·co ADJ idyllisch

i·dil·lio M Idyll *n*, Idylle *f*

i·dio·ma [-ɔ-] M Idiom *n*, Sprache *f*

i·dio·ma·ti·co ADJ idiomatisch

i·dio·ta [-ɔ-] A ADJ idiotisch B M/F Idiot *m*, -in *f* **i·dio·zi·a** F 1 MED Idiotie *f* 2 *pej* Dummheit *f*

i·do·la·tra·re V/T ⟨1a⟩ vergöttern (*a.*

fig) **i·do·la·tri·a** F Götzendienst *m*; Vergötterung *f* (*a. fig*)
i·do·lo M **1** Götze *m*; Götzenbild *n* **2** *fig* Idol *n*; Kultfigur *f*
i·do·nei·tà F ⟨*inv*⟩ Eignung *f*, Befähigung *f*; Tauglichkeit *f*: **~ a qc** die Befähigung für, zu etw ♦ **~ alla guida** Fahrtauglichkeit *f*; **~ al servizio militare** Wehrtauglichkeit *f*
i·do·ne·o [-ɔ-] ADJ **1** geeignet: **~ a** (*od* **per**) **qc** zu (*od* für) etw geeignet **2** fähig, tauglich; -tüchtig **3** zweckmäßig
I·dra F Hydra *f*
i·dran·te M **1** Hydrant *m* **2** Feuer-, Motorspritze *f* **3** Wasserwerfer *m*
i·dra·tan·te ADJ **1** hydratisierend **2** Feuchtigkeits-: **crema ~** Feuchtigkeitscreme *f*
i·dra·ta·re V/T ⟨1m; av⟩ etw (*dat*) Feuchtigkeit zuführen
i·dra·to M Hydrat *n*: **-i di carbonio** Kohlenhydrate *pl*
i·drau·li·ca F (*scienza*) Hydraulik *f*
i·drau·li·co **A** ADJ hydraulisch, Wasser- **B** M, **-a** F Installateur *m*, -in *f*, *österr schweiz* Spengler *m*, -in *f*
i·dri·co ADJ Wasser-: **bacino ~** Wasserbecken *n*
i·dro·am·bu·lan·za F Rettungsboot *n*: **servizio di ~** Seenotrettungsdienst *m*
i·dro·car·bu·ro M Kohlenwasserstoff *m* **i·dro·ce·fa·li·a** F Wasserkopf *m* **i·dro·col·tu·ra** F Hydrokultur *f* **i·dro·di·na·mi·ca** F Hydrodynamik *f* **i·dro·e·let·tri·co** [-ɛ-] ADJ hydroelektrisch, Wasserkraft-: **centrale -a** Wasserkraftwerk *n*
i·dro·fi·lo [-ɔ-] ADJ hydrophil ♦ **cotone ~** Verbandwatte *f*
i·dro·fo·bi·a F **1** Tollwut *f* **2** Wasserscheu *f* **i·dro·fo·bo** [-ɔ-] ADJ **1** tollwütig **2** wasserscheu **i·dro·fu·go** [-ɔ-] ADJ Wasser abstoßend **i·dro·ge·no** [-ɔ-] M Wasserstoff *m* ♦ **bomba all'~** Wasserstoffbombe *f*
i·dro·gra·fi·a F Gewässerkunde *f*, Hydrografie *f* **i·dro·mas·sag·gio** M Unterwassermassage *f*: **vasca con ~** Whirlpool *m*
i·dro·me·le [-ɛ-] M ⟨*inv*⟩ Honigwein *m*
i·dro·me·tro [-ɔ-] M Hydrometer *n*, Wasserstandsmesser *m*
i·dro·pe, i·dro·pe [-ɔ-] M Wassersucht *f*
i·dro·pi·co [-ɔ-] ADJ wassersüchtig
i·dro·pit·tu·ra F Wasserfarbe *f* **i·dro·pla·no** M Luftkissenboot *n* **i·dro·pul·so·re** [-o-] M Munddusche *f* **i·dro·re·pel·len·te** [-ɛ-] ADJ Wasser abstoßend **i·dro·sca·lo** M Wasserflughafen *m*
i·dro·so·lu·bi·le [-s-] ADJ wasserlöslich
i·dros·si·do [-ɔ-] M Hydroxid *n*
i·dro·sta·ti·ca F Hydrostatik *f*
i·dro·te·ra·pi·a F **1** Wasserbehandlung *f* **2** Wasserheilkunde *f* **i·dro·vi·a** F Wasserstraße *f* **i·dro·vo·lan·te** M Wasserflugzeug *n*
i·dro·vo·ra [-ɔ-] F Saugpumpe *f*
i·dro·vo·ro [-ɔ-] ADJ Entwässerungs-: **impianto ~** Entwässerungsanlage *f*
iel·la [-ɛ-] F Pech *n*, Unglück *n*: **portare ~** (**a qn**) (j-m) Unglück bringen
ie·na [-ɛ-] F Hyäne *f* (*a. fig*)
★**ie·ri** [-ɛ-] **A** ADV gestern: **~ sera** gestern Abend; **~ notte** gestern Nacht; ★ **l'altro ~**, **~ l'altro** vorgestern **B** M Gestern *n* ♦ **il giornale di ~** die gestrige Zeitung; **non sono nato ~** ich bin nicht von gestern
iet·ta·to·re [-o-] M, **-tri·ce** F Unglücksbringer *m*, -in *f*
iet·ta·tu·ra F **1** unheilbringender Einfluss *m* **2** Pech *n*
i·gie·ne [-ɛ-] F **1** Gesundheitspflege *f* **2** Gesundheitslehre *f* ♦ **~ del lavoro** Arbeitshygiene *f*; **~ orale** Mundpflege *f*; **~ personale** Körperpflege *f*; **~ del sonno** Schlafhygiene *f*; **ufficio d'~** Gesundheitsamt *n*
★**i·gie·ni·co** [-ɛ-] ADJ **1** hygienisch; sanitär, Sanitär- **2** gesund ♦ **carta -a** Toilettenpapier *n*
i·gie·niz·zan·te ADJ antibakteriell
i·gna·ro ADJ **1** unwissend: **essere ~ di qc** von etw nichts wissen **2** ahnungslos; nicht bewusst
i·gni·fu·go ADJ feuerbeständig
i·gno·bi·le [-ɔ-] ADJ niederträchtig, schändlich ♦ *fig* **tempo ~** scheußliches Wetter *n*
i·gno·mi·nia F Schande *f*, Schmach *f*
i·gno·mi·nio·so [-o-] ADJ niederträchtig
i·gno·ran·te **A** ADJ **1** **essere ~ di qc** keine Ahnung von etw haben **2** ungebildet **B** M/F **1** Unwissende *m/f*, Ungebildete *m/f* **2** *pej* Ignorant *m*, -in *f* **i·gno·ran·za** F Unwissenheit *f*, Ignoranz *f*
i·gno·ra·re V/T ⟨1a⟩ **1** nicht kennen, nicht wissen **2** übersehen, ignorieren

i·gno·to [-ɔ-] A ADJ unbekannt B M, **-a** F Unbekannte *m/f* ♦ **il Milite Ignoto** der Unbekannte Soldat

i·gnu·do ADJ nackt, bloß

i·gro·me·tri·a F Feuchtigkeitsmessung *f*

i·gro·me·tro [-ɔ-] M Hygrometer *n*, Luftfeuchtigkeitsmesser *m*

i·gro·sco·pi·co [-ɔ-] ADJ hygroskopisch

ih INT 1 ach: ~, **quante storie!** ach, mach keine Geschichten! 2 pfui, igitt: ~, **che schifo!** igitt, wie ekelig!

★**il** BEST ART M ⟨*pl* i⟩ 1 der, die, das: ~ **tavolo** der Tisch; ~ **sole** die Sonne; ~ **pane** das Brot, **i libri** die Bücher *pl* 2 (*con cognomi illustri*) ~ **Manzoni ha scritto i Promessi Sposi** Manzoni hat Die Brautleute geschrieben 3 (*con titoli di studio, onorifici*) ~ **dottor Bianchi** Doktor Bianchi 4 *umg* (*con nomi propri maschili*) ~ **Gino** der Gino 5 (*espressioni di tempo*) ~ **mese scorso** letzten Monat

i·la·re ADJ heiter **i·la·ri·tà** F ⟨*inv*⟩ 1 Heiterkeit *f* 2 Gelächter *n*

Il Cai·ro M Kairo *n*: **al Cairo** in Kairo; nach Kairo

il·lan·gui·di·re ⟨4d⟩ A V/T schwächen B V/I ⟨es⟩ & V/PR **-rsi** 1 schwach werden 2 *fig* abflauen

il·la·zio·ne [-o-] F 1 Rückschluss *m*: **fare delle -i** Rückschlüsse ziehen 2 Unterstellung *f*

il·le·ci·to [-e-] A ADJ 1 unrechtmäßig, widerrechtlich 2 unerlaubt B M Vergehen *n*

★**il·le·ga·le** ADJ unrechtmäßig, ungesetzlich **il·le·ga·li·tà** F ⟨*inv*⟩ Illegalität *f*, Gesetzwidrigkeit *f*

il·leg·gi·bi·le ADJ 1 unleserlich 2 *fig* unlesbar

il·le·git·ti·mi·tà F ⟨*inv*⟩ Unrechtmäßigkeit *f*: ~ **costituzionale** Verfassungswidrigkeit *f* **il·le·git·ti·mo** ADJ 1 unrechtmäßig 2 unehelich 3 unberechtigt

il·le·so [-e-] ADJ unverletzt, unversehrt

il·let·te·ra·to A ADJ ungebildet B M, **-a** F Ungebildete *m/f*

il·li·ba·tez·za [-e-] F 1 Jungfräulichkeit *f* 2 Reinheit *f* **il·li·ba·to** ADJ 1 jungfräulich 2 rein

il·li·be·ra·le ADJ 1 POL freiheitsfeindlich 2 *geh* engherzig

il·li·mi·ta·tez·za [-e-] F Unbegrenztheit *f*, Unbeschränktheit *f* **il·li·mi·ta·to** ADJ 1 unbegrenzt, unbeschränkt 2 unbefristet

il·li·vi·di·re ⟨4d⟩ A V/T blau anlaufen lassen B V/I ⟨es⟩ & V/PR **-rsi** blau anlaufen

il·lo·gi·co [-ɔ-] ADJ unlogisch

il·lu·de·re ⟨3q⟩ A V/T ~ **qn su** (**riguardo a**) **qc** j-m falsche Hoffnungen auf etw (*akk*) machen B V/PR **-rsi** 1 sich (*dat*) falsche Hoffnungen machen 2 sich (*dat*) einbilden 3 **-rsi sul conto di qn** sich in j-m täuschen

il·lu·mi·nan·te ADJ 1 Leucht-: **razzo** ~ Leuchtrakete *f* 2 *fig* erhellend

il·lu·mi·na·re ⟨1m⟩ A V/T 1 be-, erleuchten 2 anstrahlen 3 (*di sole, luna*) bescheinen 4 *fig* erhellen 5 ~ **qn su qc** j-n über etw (*akk*) aufklären B V/PR **-rsi** 1 sich erhellen 2 *fig* sich aufhellen

il·lu·mi·na·to ADJ *fig* aufgeklärt **il·lu·mi·na·zio·ne** [-o-] F 1 Beleuchtung *f* 2 *fig* Erleuchtung *f* **il·lu·mi·ni·smo** [-z-] M Aufklärung *f* **il·lu·mi·ni·sta** A ADJ aufklärerisch B M/F Aufklärer *m*, -in *f*

il·lu·mi·no·tec·ni·ca [-ɛ-] F Lichttechnik *f*

il·lu·sio·ne [-o-] F 1 Täuschung *f* 2 Illusion *f*

il·lu·sio·ni·smo [-zmo] M Zauberkunst *f* **il·lu·sio·ni·sta** M/F Zauberkünstler *m*, -in *f*

il·lu·so M, **-a** F *umg* Träumer *m*, -in *f*

il·lu·so·rio [-ɔ-] ADJ täuschend, trügerisch

il·lu·stra·re V/T ⟨1a⟩ 1 illustrieren, bebildern 2 *fig* veranschaulichen **il·lu·stra·ti·vo** ADJ veranschaulichend, Anschauungs- **il·lu·stra·to** ADJ illustriert, Bild-: **rivista -a** Illustrierte *f* **il·lu·stra·zio·ne** [-o-] F 1 Bebilderung *f*; Bild *n* 2 Veranschaulichung *f*, Erläuterung *f*

il·lu·stre ADJ 1 berühmt, bekannt 2 edel ♦ **Illustre Professore** sehr verehrter Herr Professor

im·ba·cuc·ca·re ⟨1d⟩ A V/T einmummeln B V/PR **-rsi** sich einmummeln

im·bal·dan·zi·re ⟨4d⟩ A V/T übermütig machen B V/I ⟨es⟩ & V/PR **-rsi** übermütig werden

im·bal·lag·gio M Verpackung *f* ♦ **carta da** ~ Packpapier *n*; ~ **riutilizzabile** Mehrwegverpackung *f*; ~ **a perdere** Einwegverpackung *f*

im·bal·la·re[1] V/T ⟨1a⟩ verpacken

im·bal·la·re[2] V/T ⟨1a⟩ (*in motoristica*) überdrehen

im·bal·la·to·re [-o-] M, **-tri·ce** F Packer *m*, -in *f*
im·bal·sa·ma·re [-s-] V/T ⟨1m⟩ einbalsamieren; (*animali*) ausstopfen, präparieren
im·bal·sa·ma·zio·ne [-samatsi'one] F Einbalsamierung *f*; (*di animali*) Ausstopfung *f*
im·bam·bo·lar·si [-s-] V/PR ⟨1m⟩ vor sich (*akk*) hin starren **im·bam·bo·la·to** ADJ verträumt, abwesend
im·ban·die·ra·re V/T ⟨1b⟩ beflaggen
im·ban·di·re V/T ⟨4d⟩ 1 festlich schmücken 2 *fig* auftischen **im·ban·di·to** ADJ **tavola -a a festa** Festtafel *f*
im·ba·raz·zan·te ADJ peinlich
im·ba·raz·za·re ⟨1a⟩ A V/T 1 in Verlegenheit bringen 2 behindern B V/PR **-rsi** in Verlegenheit geraten **im·ba·raz·za·to** ADJ 1 verlegen 2 verstimmt ♦ **avere lo stomaco ~** einen verdorbenen Magen haben
im·ba·raz·zo M 1 Verlegenheit *f*: **essere in ~** verlegen sein 2 **essere d'~ a qn** für j-n eine Behinderung sein ♦ **avere (solo) l'~ della scelta** die Qual der Wahl haben; **~ di stomaco** Magenverstimmung *f*
im·bar·ba·ri·re ⟨4d⟩ A V/T verwildern, verrohen lassen B V/PR **-rsi** verwildern
im·bar·ca·de·ro [-ɛ-] M Landungssteg *m*
im·bar·ca·re ⟨1d⟩ A V/T 1 einschiffen 2 verladen B V/PR **-rsi** 1 sich einschiffen 2 *fig* **-rsi in qc** sich auf etw (*akk*) einlassen **im·bar·ca·to·io** [-o-] M Fallreep *n*
im·bar·ca·zio·ne [-o-] F Wasserfahrzeug *n* ♦ **~ a vela** Segelboot *n*
im·bar·co M 1 Einschiffung *f* 2 (*merci*) Verladung *f* 3 Kai *m* 4 Anmusterung *f* ♦ **documenti d'~** Verladepapiere *pl*
im·ba·star·di·re ⟨4d⟩ V/T 1 kreuzen 2 *fig* verunstalten
im·ba·sti·re V/T ⟨4d⟩ 1 heften 2 *fig* entwerfen ♦ **filo per** (*od* **da**) **~** Heftgarn *n*
im·bat·ter·si [-s-] V/PR ⟨3a⟩ 1 **~ in qn** j-n treffen 2 **~ in qn** an j-n geraten 3 **~ in qc** auf etw (*akk*) stoßen
im·bat·ti·bi·le ADJ unschlagbar **im·bat·ti·bi·li·tà** F ⟨*inv*⟩ Unschlagbarkeit *f* **im·bat·tu·to** ADJ ungeschlagen, unbesiegt
im·ba·va·glia·re V/T ⟨1g⟩ 1 knebeln 2 *fig* **~ qn/qc** j-m/etw einen Maulkorb anlegen

im·bec·ca·re V/T ⟨1d⟩ 1 füttern 2 *fig* einflüstern **im·bec·ca·ta** F 1 Futtermenge *f* 2 *fig* **dare l'~ a qn** j-m die Worte in den Mund legen
im·be·cil·le A ADJ 1 schwachköpfig, dumm 2 MED schwachsinnig B M/F Schwachkopf *m* **im·be·cil·li·tà** F ⟨*inv*⟩ 1 Dummheit *f* 2 MED Schwachsinnigkeit *f*
im·bel·let·ta·re ⟨1a⟩ A V/T schminken B V/PR **-rsi** sich schminken **im·bel·let·ta·tu·ra** F 1 Schminken *n* 2 Schminke *f*
im·bel·li·re ⟨4d⟩ A V/T verschönern B V/PR **-rsi** schöner werden
im·ber·be [-ɛ-] ADJ 1 bartlos 2 *fig* unreif
im·be·stia·li·re ⟨4d⟩ V/I ⟨es⟩ & V/PR **-rsi** rasend werden
im·be·ve·re [-e-] ⟨3i⟩ A V/T (durch)tränken B V/PR **-rsi** sich vollsaugen
im·be·vi·bi·le ADJ ungenießbar, nicht trinkbar **im·be·vu·to** ADJ 1 (ge-, durch)tränkt 2 *fig* durchdrungen
im·bian·ca·re ⟨1d⟩ A V/T 1 weiß färben 2 weißen, tünchen B V/PR **-rsi** weiß werden (*a. fig*) **im·bian·chi·no** M, **-a** F Anstreicher *m*, -in *f* **im·bian·chi·re** ⟨4d⟩ A V/T weißen B V/I ⟨es⟩ weiß werden (*a. fig*)
im·bion·di·re V/T ⟨4d⟩ 1 blond färben 2 GASTR anbraten, anrösten
im·biz·zar·rir·si [-irsi] ⟨4d⟩ V/PR 1 scheuen, wild werden 2 *fig* sich aufregen
im·boc·ca·re V/T ⟨1d⟩ 1 füttern: **~ un bambino** ein Kind füttern 2 *fig* **~ qn** j-m die Worte einflüstern 3 **~ una strada** in eine Straße einbiegen **im·boc·ca·tu·ra** F 1 Einfahrt *f* 2 Öffnung *f*
im·boc·co [-o-] M 1 (*di valle*) Eingang *m* 2 Einfahrt *f*: **~ dell'autostrada** Autobahneinfahrt *f* 3 MECH Eingriff *m*
im·bo·ni·re V/T ⟨4d⟩ anpreisen, anreißen **im·bo·ni·to·re** [-o-] M, **-tri·ce** F Anpreiser *m*, -in *f*
im·bor·ghe·si·re ⟨4d⟩ V/I ⟨es⟩ & V/PR **-rsi** verbürgerlichen (*a. fig*)
im·bo·sca·re ⟨1d⟩ A V/T hamstern, horten B V/PR **-rsi** 1 *sl* MIL = *sich dem Wehrdienst entziehen* 2 sich drücken **im·bo·sca·ta** F Hinterhalt *m* **im·bo·sca·to** M, **-a** F Drückeberger *m*, -in *f*
im·bo·schi·men·to [-e-] M Auf-, Beforstung *f* **im·bo·schi·re** ⟨4d⟩ A V/T aufforsten B V/PR **-rsi** sich bewalden

im·bot·ta·re VT ⟨1a⟩ in Fässer füllen
im·bot·ti·glia·men·to [-e-] M **1** Abfüllung *f* **2** Verkehrsstau *m*
im·bot·ti·glia·re ⟨1g⟩ **A** VT **1** in Flaschen (ab)füllen **2** MIL einkesseln **B** VPR **-rsi nel traffico** im Verkehr stecken bleiben **im·bot·ti·glia·tri·ce** F Abfüllmaschine *f*
im·bot·ti·re ⟨4d⟩ **A** VT **1** ausstopfen **2** polstern **3** **~ qn di qc** j-n mit etw vollstopfen **B** VPR **-rsi** sich vollstopfen **im·bot·ti·to** ADJ Polster- ♦ **panino ~** belegtes Brötchen *n*
im·bot·ti·tu·ra F **1** Füllung *f* **2** Polsterung *f*
im·bra·ca·re VT ⟨1d⟩ anseilen
im·bra·ca·tu·ra F **1** Sicherheitsgurt *m*; (*alpinismo*) Klettergurt *m* **2** Hebeseile *pl*
im·brac·cia·re VT ⟨1f⟩ (*di fucile*) anlegen
im·bra·na·to **A** ADJ *umg* tollpatschig, ungeschickt **B** M, **-a** F Tollpatsch *m*
im·brat·ta·car·te M/F ⟨*inv*⟩ *pej* Schreiberling *m* **im·brat·ta·mu·ri** M/F ⟨*inv*⟩ Schmierfink *m*
im·brat·ta·re VT ⟨1a⟩ beschmieren **im·brat·ta·te·le** [-e-] M/F ⟨*inv*⟩ *pej* Kleckser *m*, -in *f*
im·bri·glia·re VT ⟨1g⟩ **1** **~ un cavallo** ein Pferd aufzäumen **2** *fig* zügeln
im·broc·ca·re VT ⟨1c *u.* d⟩ **1** treffen **2** *fig* erraten ♦ **non imbroccarne una** alles falsch machen
im·bro·dar·si [-s-] VPR ⟨1c⟩ sich bekleckern
★**im·bro·glia·re** ⟨1g *u.* c⟩ **A** VT **1** betrügen, hintergehen **2** verwickeln, verwirren (*a. fig*) **B** VPR **-rsi** **1** sich verwickeln (*a. fig*) **2** sich komplizieren **3** (*parlando*) sich verhaspeln **im·bro·glio** [-ɔ-] M **1** Betrug *m* **2** Verwick(e)lung *f* **im·bro·glio·ne** [-o-] M, **-a** F Betrüger *m*, -in *f*, Bauernfänger *m*, -in *f*
im·bron·ciar·si [-s-] VPR ⟨1f⟩ einen Schmollmund ziehen **im·bron·cia·to** ADJ schmollend: **essere ~ con qn** mit j-m schmollen
im·bru·ni·re[1] VI ⟨4d; es⟩ **1** dunkel werden **2** *unpers* **imbrunisce** es dämmert
im·bru·ni·re[2] M ⟨*inv*⟩ Dämmerung *f*: **all'~** (*od* **sull'~**) bei Einbruch der Dunkelheit
im·brut·ti·re ⟨4d⟩ **A** VT **1** (*persone*) hässlich machen **2** (*cose*) verunstalten **B** VI ⟨es⟩ & VPR **-rsi** hässlich werden
★**im·bu·ca·re** VT ⟨1d⟩ (*lettera*) einwerfen
im·bur·ra·re VT ⟨1a⟩ mit Butter bestreichen **im·bur·ra·to** ADJ **panino ~** Butterbrot *n*
im·bu·sta·re VT ⟨1a⟩ in einen (Brief-)Umschlag stecken, *form* kuvertieren
im·bu·to M Trichter *m*
i·me·ne [-e-] M ANAT Jungfernhäutchen *n*
★**i·mi·ta·re** VT ⟨1a *od* 1l⟩ nachahmen **i·mi·ta·to·re** [-o-] M, **-tri·ce** F **1** Nachahmer *m*, -in *f* **2** Imitator *m*, -in *f* **i·mi·ta·zio·ne** [-o-] F Nachahmung *f*
Im·ma·co·la·ta F Unbefleckte Jungfrau Maria *f* **im·ma·co·la·to** ADJ **1** unbefleckt, rein **2** schneeweiß

im·ma·gaz·zi·na·men·to [-e-] M **1** (Ein)Lagerung *f* **2** IT (Ab)Speicherung *f* **im·ma·gaz·zi·na·re** VT ⟨1a⟩ **1** einlagern, speichern **2** IT **~ dati** Daten abspeichern
im·ma·gi·na·bi·le ADJ **1** vorstellbar **2** (*possibile*) erdenklich
★**im·ma·gi·na·re** ⟨1m⟩ **A** VT **1** **~ qc** sich (*dat*) etw vorstellen; **~ di fare qc** sich (*dat*) vorstellen, etw zu tun **2** denken, annehmen **3** ersinnen, sich (*dat*) ausdenken **B** VPR **-rsi qc** sich (*dat*) etw vorstellen ♦ (**ma**) **s'immagini!** aber ich bitte Sie!
im·ma·gi·na·rio **A** ADJ imaginär, unwirklich **B** M Vorstellungswelt *f* **im·ma·gi·na·ti·va** F Vorstellungsvermögen *n*
im·ma·gi·na·ti·vo ADJ Vorstellungs-
★**im·ma·gi·na·zio·ne** [-o-] F Einbildungskraft *f* ♦ **privo di ~** fantasielos; **è solo una sua ~** das bildet er sich (*dat*) nur ein
★**im·ma·gi·ne** F **1** Bild *n* **2** Ebenbild *n* **3** Image *n* ♦ **~ (elaborata) al computer** Computerbild *n*; **~ dal satellite** Satellitenaufnahme *f*; **~ speculare** Spiegelbild *n*
im·ma·gi·no·so [-o-] ADJ **1** fantasievoll **2** bilderreich
im·ma·lin·co·ni·re ⟨4d⟩ **A** VT melancholisch stimmen **B** VPR **-rsi** melancholisch werden
im·man·ca·bi·le ADJ unvermeidlich
im·ma·ne ADJ unermesslich, ungeheuer
im·ma·nen·te [-ɛ-] ADJ immanent
im·ma·nen·za [-ɛ-] F Immanenz *f*
im·man·gia·bi·le ADJ ungenießbar
im·ma·te·ria·le ADJ immateriell (*a.*

JUR)

im·ma·tri·co·la·re ⟨1n⟩ **A** V/T **1** AUTO zulassen **2** (*università*) einschreiben **B** V/PR **-rsi** **1** sich anmelden **2** (*università*) sich einschreiben **im·ma·tri·co·la·zio·ne** [-o-] F **1** Zulassung *f* **2** Immatrikulation *f* ♦ AUTO **ufficio -i** Zulassungsstelle *f*

im·ma·tu·ri·tà F Unreife *f*

im·ma·tu·ro **A** ADJ **1** unreif **2** unfertig **B** M, **-a** F unreifer Mensch *m*

im·me·de·si·mar·si [-s-] V/PR ⟨1n⟩ **~ in qn/qc** sich in j-n/etw hineinversetzen **im·me·de·si·ma·zio·ne** [-o-] F Einfühlung *f*: **capacità di ~** Einfühlungsvermögen *n*

I

★**im·me·dia·ta·men·te** [-e-] ADV **1** unmittelbar, direkt **2** sofort **im·me·dia·tez·za** [-e-] F **1** Unmittelbarkeit *f* **2** Unverzüglichkeit *f*

★**im·me·dia·to** ADJ **1** unmittelbar: **nelle -e vicinanze** in unmittelbarer Nähe **2** sofortig, Sofort-: **con effetto ~** mit sofortiger Wirkung **3** prompt: **consegna -a** prompte Lieferung *f* ♦ **con decorrenza -a** mit sofortiger Wirkung

im·me·mo·ra·bi·le ADJ undenklich: **da tempo ~** seit undenklichen Zeiten

im·me·mo·re [-ɛ-] ADJ uneingedenk

im·men·si·tà [-s-] F ⟨*inv*⟩ **1** Unendlichkeit *f*, Unermesslichkeit *f* **2** Unmenge *f*

im·men·so [-ɛnso] ADJ **1** unendlich, unermesslich **2** *fig* ungeheuer

im·men·su·ra·bi·le ADJ unmessbar

im·mer·ge·re [-ɛ-] ⟨3uu⟩ **A** V/T **1** (unter)tauchen **2** (*coltello*) stoßen **B** V/PR **-rsi** **1** (ein-, unter)tauchen **2** **-rsi in qc** sich in etw (*akk*) vertiefen

im·me·ri·ta·to ADJ unverdient

im·me·ri·te·vo·le [-e-] ADJ unwürdig

im·mer·sio·ne [-si'o-] F **1** (Unter)Tauchen *n* (*a.* SPORT): **~ sportiva** Sporttauchen *n* **2** SCHIFF Tiefgang *m* **im·mer·so** [-ɛrso] ADJ versunken; vertieft ♦ **essere ~ nei debiti** tief in Schulden stecken

im·met·te·re [-e-] V/T ⟨3ee⟩ **1** einführen **2** (*liquidi*) einlassen, einlaufen lassen **3** (*di prodotto*) bringen, einführen **4** IT eingeben

im·mi·gran·te M/F Einwanderer *m*, -wanderin *f*, Immigrant *m*, -in *f*

im·mi·gra·re V/I ⟨1a; es⟩ einwandern **im·mi·gra·to** M, **-a** F Einwanderer *m*, -wanderin *f* **im·mi·gra·to·rio** [-ɔ-] ADJ Einwanderungs- **im·mi·gra·zio·ne** [-o-] F Einwanderung *f*: **~ clandestina** illegale Einwanderung *f*

im·mi·nen·te [-ɛ-] ADJ **1** bevorstehend **2** drohend: **pericolo ~** drohende Gefahr *f*

im·mi·schia·re ⟨1k⟩ **A** V/T **~ qn in qc** j-n in etw (*akk*) verwickeln **B** V/PR **-rsi** sich einmischen

im·mi·se·ri·men·to [-e-] M Verarmung *f*

im·mi·se·ri·re ⟨4d⟩ **A** V/T verarmen lassen **B** V/PR **-rsi** verarmen

im·mis·sio·ne [-o-] F **1** Einlassen *n* **2** JUR Einsetzung *f* **3** IT Eingabe *f*

im·mo·bi·le [-ɔ-] **A** ADJ unbeweglich **B** M Immobilie *f*

im·mo·bi·lia·re ADJ Immobilien-, Immobiliar-: **agente ~** Immobilienmakler *m*, -in *f*

im·mo·bi·li·smo [-z-] M *fig* Unbeweglichkeit *f* **im·mo·bi·li·sti·co** ADJ POL *fig* unbeweglich, starr **im·mo·bi·li·tà** F ⟨*inv*⟩ **1** Bewegungslosigkeit *f* **2** *fig* Stillstand *m*

im·mo·bi·liz·za·re V/T ⟨1a⟩ **1** ruhig stellen **2** (*persona*) festhalten, bewegungsunfähig machen **3** *fig* lahmlegen **im·mo·bi·liz·za·zio·ne** [-o-] F **1** Ruhigstellung *f* **2** Festhalten *n* **3** WIRTSCH Anlagevermögen *n*

im·mo·de·ra·to ADJ unmäßig

im·mo·de·stia [-ɛ-] F Unbescheidenheit *f*

im·mo·de·sto [-ɛ-] ADJ unbescheiden

im·mo·di·fi·ca·bi·le ADJ unveränderbar

im·mon·dez·za [-e-] F **1** Unreinheit *f* **2** Abfall *m* **im·mon·dez·za·io** M **1** Mülldeponie *f* **2** *fig* Saustall *m* **im·mon·di·zia** F Abfall *m*, Müll *m* ♦ **cassonetto dell'~** Müllcontainer *m*

im·mon·do [-o-] ADJ unsauber; REL unrein

im·mo·ra·le ADJ unmoralisch; sittenwidrig **im·mo·ra·li·tà** F ⟨*inv*⟩ Unmoral *f*

im·mor·ta·la·re ⟨1a⟩ **A** V/T unsterblich machen **B** V/PR **-rsi** sich verewigen **im·mor·ta·le** ADJ unsterblich, unvergänglich **im·mor·ta·li·tà** F ⟨*inv*⟩ Unsterblichkeit *f*, Unvergänglichkeit *f*

im·mo·ti·va·to ADJ unbegründet

im·mo·to [-ɔ-] ADJ reglos, regungslos

im·mu·ne ADJ **1** MED **~ da** immun gegen **2** **~ da** frei von, -frei **im·mu·ni·tà**

F ⟨inv⟩ Immunität *f* **im·mu·ni·ta·rio** ADJ Immun-: **sistema ~** Immunsystem *n*

im·mu·niz·za·re ⟨1a⟩ **A** V/T MED immunisieren **B** V/PR **-rsi** immun werden (*a. fig*)

im·mu·no·de·fi·cien·za [-ɛ-] F **~ acquisita** erworbene Immunschwäche *f*; **sindrome da ~** Immunschwächekrankheit *f*

im·mu·so·nir·si [-zo'nirsi] V/PR ⟨4d⟩ schmollen **im·mu·so·ni·to** ADJ schmollend

im·mu·ta·bi·le ADJ unveränderlich **im·mu·ta·bi·li·tà** F ⟨inv⟩ Unveränderlichkeit *f*

im·mu·ta·to ADJ unverändert

im·pac·ca·re V/T ⟨1d⟩ einpacken

im·pac·chet·ta·re V/T ⟨1a⟩ ver-, einpacken

im·pac·cia·re V/T ⟨1f⟩ **1** (be)hindern **2** stören; verlegen machen **im·pac·cia·to** ADJ **1** verlegen **2** unbeholfen, ungeschickt

im·pac·cio M **1** Hindernis *n* **2** Klemme *f*: **trarre qn d'~** j-m aus der Klemme helfen **3** Verlegenheit *f*, Betretenheit *f*

im·pac·co M Umschlag *m*, Wickel *m*

im·pa·dro·nir·si [-s-] V/PR ⟨4d⟩ **1** **~ di qc** sich etw (*gen*) bemächtigen **2** *fig* **~ di qn** j-n überkommen **3** **~ di una lingua** sich (*dat*) eine Sprache aneignen

im·pa·ga·bi·le ADJ unbezahlbar (*a. fig*)

im·pa·gi·na·re V/T ⟨1m⟩ TYPO umbrechen

im·pa·gi·na·zio·ne [-o-] F Umbruch *m*

im·pa·glia·re V/T ⟨1g⟩ **1** mit Flechtwerk bespannen **2** (*animali*) ausstopfen

im·pa·glia·to·re [-o-] M, **-tri·ce** F Flechter *m*, -in *f*, Korbmacher *m*, -in *f* **im·pa·glia·tu·ra** F Stroh-, Korbgeflecht *n*

im·pa·la·re V/T ⟨1a⟩ **1** pfählen **2** (*edilizia*) mit Pfählen stützen **im·pa·la·to** ADJ *umg* angewurzelt ♦ **non stare lì ~!** steh nicht so dumm da!

im·pal·ca·tu·ra F (Bau)Gerüst *n* (*a. fig*)

im·pal·li·di·re V/I ⟨4d; es⟩ **1** erbleichen **2** *fig* verblassen

im·pal·li·na·re V/T ⟨1a⟩ **~ qn/qc** mit Schrot auf j-n/etw schießen

im·pal·pa·bi·le ADJ **1** untastbar, unfühlbar **2** *fig* kaum wahrnehmbar

im·pa·lu·da·re ⟨1a⟩ **A** V/T versumpfen lassen **B** V/PR **-rsi** versumpfen

im·pa·na·re[1] V/T ⟨1a⟩ GASTR panieren

im·pa·na·re[2] V/T ⟨1a⟩ TECH ein Gewinde schneiden in (*akk*)

im·pan·ta·na·re ⟨1a⟩ **A** V/T in einen Sumpf verwandeln **B** V/PR **-rsi** **1** im Schlamm stecken bleiben **2** *fig* **-rsi in qc** in etw (*akk*) verwickelt sein

im·pa·pe·rar·si [-s-] V/PR ⟨1m⟩ sich verhaspeln

im·pap·pi·nar·si [-s-] V/PR ⟨1a⟩ sich verhaspeln

im·pa·ra·bi·le ADJ SPORT unhaltbar: **tiro ~** unhaltbarer Schuss *m*

im·pa·ra·go·na·bi·le ADJ unvergleichbar

★**im·pa·ra·re** V/T ⟨1a⟩ (er)lernen: **~ a leggere** lesen lernen; **~ un mestiere** einen Beruf erlernen ♦ **~ qc a memoria** etw auswendig lernen

im·pa·reg·gia·bi·le ADJ unvergleichlich

im·pa·ren·tar·si [-s-] V/PR ⟨1b⟩ **~ con qn** mit j-m verwandt werden **im·pa·ren·ta·to** ADJ verwandt

im·pa·ri ADJ ⟨inv⟩ **1** ungleich: **una lotta ~** ein ungleicher Kampf *m* **2** MATH ungerade

im·par·ti·re V/T ⟨4d⟩ erteilen: **~ lezioni** Unterricht erteilen

im·par·zia·le ADJ unparteiisch **im·par·zia·li·tà** F ⟨inv⟩ Unparteilichkeit *f*

im·pas·si·bi·le ADJ gleichmütig

im·pas·si·bi·li·tà F Gleichmut *m*

im·pa·sta·re **A** V/T **1** ⟨1a⟩ kneten **2** (*amalgamare*) mischen **B** V/PR **-rsi** sich mischen **im·pa·sta·tri·ce** F (*edilizia*) Betonmischmaschine *f* **im·pa·sta·tu·ra** F **1** Kneten *n* **2** Mischen *n*

im·pa·stic·car·si [-arsi] V/PR ⟨1d⟩ *umg* sich mit Pillen vollstopfen **im·pa·stic·ca·to** ADJ pillensüchtig

im·pa·stic·cia·re V/T ⟨1f⟩ *umg* **1** **~ qc** etw verpfuschen **2** *fig* komplizieren

im·pa·sto M **1** Kneten *n* **2** Mischung *f*, Gemisch *n* **3** GASTR Teig *m*

im·pa·sto·ia·re V/T ⟨1i⟩ *fig* behindern

im·pa·tac·ca·re ⟨1d⟩ **A** V/T beklecker **B** V/PR **-rsi** sich bekleckern

im·pat·to M **1** Aufprall *m*; *fig* Konfrontation *f* **2** *fig* (Aus)Wirkung *f* ♦ **a basso ~ ambientale** umweltschonend

im·pau·ri·re ⟨4d⟩ **A** V/T verängstigen, einschüchtern **B** V/PR **-rsi** Angst bekommen **im·pau·ri·to** ADJ verängstigt

im·pa·vi·do ADJ unerschrocken

im·pa·zien·te [-ɛ-] ADJ ungeduldig **im·pa·zien·za** [-ɛ-] F Ungeduld *f*

im·paz·za·re V/I ⟨1a; av, es⟩ 1 (ausgelassen) toben 2 (*carnevale*) in vollem Gang sein **im·paz·za·ta** F **all'~** wie wild, wie verrückt

im·paz·zi·re V/I ⟨4d; es⟩ 1 verrückt werden (*a. fig*): **sei impazzito?** spinnst du? 2 **~ per qn/qc** nach j-m/etw verrückt sein 3 verrücktspielen

im·pec·ca·bi·le ADJ einwandfrei, tadellos **im·pec·ca·bi·li·tà** F ⟨*inv*⟩ Tadellosigkeit *f*

im·pe·di·men·to [-e-] M 1 Verhinderung *f*: **in caso d'~** im Verhinderungsfall 2 Hindernis *n*, Hinderung *f* ♦ **essere d'~ a qn/qc** für j-n/etw hinderlich sein

★**im·pe·di·re** V/T ⟨4d⟩ 1 verhindern 2 **~ qc a qn** j-n an etw (*dat*) hindern 3 (*passaggio*) versperren 4 (*accesso*) verwehren 5 behindern **im·pe·di·to** A ADJ 1 **avere un braccio ~** am Arm behindert sein 2 ungeschickt B M, **-a** F (*nei movimenti*) Trampel *m/f*; (*di testa*) Trottel *m* ♦ **essere ~ per (ragioni di) servizio** dienstlich verhindert sein

im·pe·gna·re ⟨1a⟩ A V/T 1 verpfänden 2 **~ qn a (fare) qc** j-n zu etw verpflichten 3 (*tenere occupato*) beschäftigen; in Anspruch nehmen 4 **~ capitali** Kapital einsetzen B V/PR 1 **-rsi a fare qc** sich verpflichten, etw zu tun 2 **-rsi in** (*od* **per**) **qc** sich für etw einsetzen **im·pe·gna·ti·va** F Überweisungsschein *m* **im·pe·gna·ti·vo** ADJ 1 anstrengend 2 anspruchsvoll 3 verbindlich 4 HANDEL **non ~** unverbindlich **im·pe·gna·to** ADJ 1 verpfändet 2 engagiert 3 **essere ~** beschäftigt sein 4 vergeben, *umg* besetzt

★**im·pe·gno** [-e-] M 1 Verpflichtung *f* 2 Obliegenheit *f* 3 Eifer *m* 4 Aufbietung *f* 5 Engagement *n* ♦ **avere già un ~** schon etwas vorhaben; **senza ~** unverbindlich

im·pe·go·lar·si [-s-] V/PR ⟨1m⟩ **~ in qc** sich in etw (*akk*) verwickeln

im·pe·la·gar·si [-s-] V/PR ⟨1m, b *u.* e⟩ sich verstricken

im·pel·len·te [-ɛ-] ADJ zwingend, dringlich **im·pel·len·za** [-ɛ-] F zwingende Notwendigkeit *f*

im·pel·lic·cia·to ADJ im Pelzmantel

im·pe·ne·tra·bi·le ADJ 1 undurchdringlich 2 unergründlich 3 (*persona*) unzugänglich **im·pe·ne·tra·bi·li·tà** F ⟨*inv*⟩ 1 Undurchdringlichkeit *f* 2 Unergründlichkeit *f*

im·pe·ni·ten·te [-ɛ-] ADJ 1 unbußfertig 2 unverbesserlich, eingefleischt

im·pen·na·re ⟨1a⟩ A V/T FLUG hochziehen B V/PR **-rsi** 1 sich aufbäumen (*a. fig*) 2 FLUG steigen **im·pen·na·ta** F 1 Sichaufbäumen *n* 2 **~ dei prezzi** Preisexplosion *f*

im·pen·sa·bi·le [-s-] ADJ 1 undenkbar 2 unvorstellbar **im·pen·sa·to** ADJ unvermutet

im·pen·sie·ri·re [-s-] ⟨4d⟩ A V/T **~ qn** j-m Sorgen machen B V/PR **-rsi** sich (*dat*) Sorgen machen

im·pe·ra·re V/I ⟨1a; av⟩ 1 *fig* (vor)herrschen 2 verbreitet sein

im·pe·ra·ti·vo A ADJ 1 befehlend 2 GRAM Befehls-, Imperativ- 3 JUR zwingend B M GRAM Imperativ *m*, Befehlsform *f*

★**im·pe·ra·to·re** [-o-] M Kaiser *m*

★**im·pe·ra·tri·ce** F Kaiserin *f*

im·per·cet·ti·bi·le ADJ 1 unmerklich 2 unhörbar **im·per·cor·ri·bi·le** ADJ unbefahrbar **im·per·do·na·bi·le** ADJ unverzeihlich

im·per·fet·to [-ɛ-] A ADJ 1 unvollkommen, fehlerhaft 2 unvollendet B M GRAM Imperfekt *n* **im·per·fe·zio·ne** [-o-] F 1 Unvollkommenheit *f* 2 Mangel *m*, Defekt *m*

Im·pe·ria [-e-] F Imperia *n*

im·pe·ria·le ADJ 1 kaiserlich, Kaiser- 2 Reichs- **im·pe·ria·li·smo** [-z-] M Imperialismus *m* **im·pe·ria·li·sti·co** ADJ imperialistisch

im·pe·rie·se [-e-] A ADJ aus, von Imperia B M/F Bewohner *m*, -in *f* von Imperia

im·pe·rio [-ɛ-] M (Ober)Herrschaft *f*

im·pe·rio·so [-o-] ADJ 1 gebieterisch 2 dringlich

im·pe·ri·to ADJ unerfahren

im·pe·ri·zia F Unerfahrenheit *f*

im·per·la·re V/T ⟨1b⟩ 1 mit Perlen schmücken 2 benetzen

im·per·ma·li·re ⟨4d⟩ A V/T kränken B V/PR **-rsi** sich kränken, pikiert sein: **-rsi per qc** über etw (*akk*) pikiert sein

★**im·per·me·a·bi·le** A ADJ undurchlässig, -dicht: **~ all'acqua** wasserdicht B M Regenmantel *m* **im·per·mea·bi·li·tà** F ⟨*inv*⟩ Undurchlässigkeit *f*

im·per·mea·bi·liz·za·re V/T ⟨1a⟩ 1 abdichten 2 TEX, TECH imprägnieren

im·per·mea·bi·liz·za·zio·ne [-o-] F 1 Abdichtung f 2 TEX, TECH Imprägnierung f

im·per·nia·re ⟨1b u. k⟩ A V/T 1 TECH einhängen 2 fig **~ un'accusa su qc** eine Anklage auf etw (*dat*) aufbauen B V/PR **-rsi** 1 TECH hängen 2 fig beruhen, sich gründen, sich stützen

im·pe·ro [-ɛ-] M 1 (Kaiser)Reich n 2 Herrschaft f 3 Kaisertum n 4 fig Imperium n

im·per·scru·ta·bi·le ADJ unergründlich **im·per·scru·ta·bi·li·tà** F ⟨inv⟩ Unergründbarkeit f

im·per·so·na·le ADJ 1 unpersönlich 2 fig sachlich **im·per·so·na·li·tà** F ⟨inv⟩ Unpersönlichkeit f **im·per·so·na·re** V/T ⟨1a⟩ 1 verkörpern 2 THEAT darstellen

im·per·ter·ri·to [-ɛ-] ADJ unerschütterlich

im·per·ti·nen·te [-ɛ-] ADJ ungehörig, frech **im·per·ti·nen·za** [-ɛ-] F Frechheit f, Ungehörigkeit f

im·per·tur·ba·bi·le ADJ unerschütterlich **im·per·tur·ba·bi·li·tà** F ⟨inv⟩ Unerschütterlichkeit f

im·per·ver·sa·re [-s-] V/I ⟨1b; av⟩ 1 wüten, toben 2 um sich greifen; grassieren

im·per·vio [-ɛ-] ADJ unwegsam

im·pe·to M 1 Wucht f, Gewalt f 2 **~ d'ira** Wutausbruch m 3 Eifer m, Hitze f

im·pe·tuo·si·tà F ⟨inv⟩ Heftigkeit f, Wucht f **im·pe·tuo·so** [-o-] ADJ 1 heftig 2 ungestüm

im·pial·lac·cia·re V/T ⟨1f⟩ 1 furnieren 2 (*edilizia*) mit Marmor verkleiden **impial·lac·cia·to** ADJ furniert; Furnier- **im·pial·lac·cia·tu·ra** F Furnier n

im·pian·ta·re V/T ⟨1a⟩ 1 installieren 2 aufbauen (*a. fig*) 3 MED implantieren **im·pian·ti·sta** M/F Anlagentechniker m, -in f **im·pian·ti·sti·ca** F Anlagenbau m **im·pian·ti·to** M Fliesenboden m

im·pian·to M 1 Installation f 2 Anlage f 3 fig Aufbau m 4 MED Implantation f **~ di compostaggio** Kompostieranlage f; **~ di denitrurazione** Entstickunsanlage f; **~ (dentario)** Zahnimplantat n; **~ di depurazione** Kläranlage f; **~ elettrico** Elektroanlage f; **~ eolico** Windkraftanlage f; **~ hi-fi** Hi-Fi-Anlage f; **~ idraulico** Sanitäranlage f; **~ di risalita** Skilift m; **~ sportivo** Sportanlage f; **~ stereo** Stereoanlage f; **~ telefonico** Telefonanlage f; **~ televisivo a circuito chiuso** Fernsehüberwachungsanlage f

im·pia·stra·re ⟨1a⟩ A V/T beschmieren B V/PR **-rsi di qc** sich mit etw beschmieren

im·pia·stro M 1 (Brei)Umschlag m 2 fig Nervensäge f

im·pic·ca·gio·ne [-o-] F (Er)Hängen n

im·pic·ca·re ⟨1d⟩ A V/T (er-, auf)hängen B V/PR **-rsi** sich erhängen

im·pic·ca·to M, **-a** F Er-, Gehängte m/f

im·pic·cia·re ⟨1f⟩ A V/T 1 behindern 2 **~ qn** j-m im Weg stehen B V/PR **-rsi di qc** sich in etw (*akk*) einmischen **im·pic·cio** M 1 Hindernis n 2 fig Klemme f ♦ **essere d'~ a qn** j-m im Weg stehen

im·pie·ga·bi·le ADJ 1 einsetzbar; einsatzfähig 2 verwendbar

★**im·pie·ga·re** ⟨1b u. e⟩ A V/T 1 einsetzen; an-, verwenden 2 fig nutzen 3 (*assumere*) einstellen 4 (*di tempo*) brauchen B V/PR **-rsi** angestellt werden

★**im·pie·ga·ta** F Angestellte f; Beamtin f

im·pie·ga·ti·zio ADJ Angestellten-; Beamten-

★**im·pie·ga·to** A ADJ **essere ~ presso** angestellt sein bei B M Angestellte m; Beamte m ♦ **~ di banca** Bankangestellte m; **~ statale** Staatsbeamte m

★**im·pie·go** [-ɛ-] M 1 Einsatz m; An-, Verwendung f 2 (*lavoro*) Stelle f

im·pie·to·si·re ⟨4d⟩ A V/T **~ qn** j-s Mitleid erregen B V/PR **-rsi di qn** mit j-m Mitleid bekommen

im·pie·tri·re ⟨4d⟩ A V/T 1 versteinern 2 fig erstarren lassen B V/I ⟨es⟩ fig erstarren C V/PR **-rsi** fig sich versteinern

im·pi·gliar·si [-s-] V/PR ⟨1g⟩ sich verfangen

im·pi·gri·re ⟨4d⟩ A V/T faul machen B V/PR **-rsi** faul werden

im·pi·la·re V/T ⟨1a⟩ stapeln

im·pin·gua·re ⟨1a⟩ A V/T dick machen B V/PR **-rsi** 1 dick werden 2 fig reich werden

im·piom·ba·re V/T ⟨1a⟩ 1 verbleien 2 plombieren **im·piom·ba·tu·ra** F 1 Verbleiung f 2 (*sigillo*) Plombe f 3 (*di denti*) Füllung f

im·pi·par·si [-s-] V/PR ⟨1a⟩ umg **~ di qc** auf etw (*akk*) pfeifen; **me ne impipo** ich pfeife darauf

im·pla·ca·bi·le ADJ unversöhnlich, unnachsichtig **im·pla·ca·bi·li·tà** F

⟨inv⟩ Unnachsichtigkeit *f*, Unversöhnlichkeit *f*

im·pli·ca·re ⟨1l *u.* d⟩ **A** VT **1** mit sich bringen **2** einschließen; implizieren (*a.* MATH) **3** ~ **qn in qc** j-n in etw (*akk*) verwickeln **B** VPR **-rsi in qc** in etw (*akk*) verwickelt werden **im·pli·ca·zio·ne** [-o-] F **1** mögliche Folge *f* **2** Implikation *f*

im·pli·ci·to ADJ **1** implizit (*a.* MATH) **2** **è ~ che …** es ist selbstverständlich, dass …

im·plo·de·re [-ɔ-] VI ⟨3q; es⟩ implodieren

im·plo·ran·te ADJ flehend **im·plo·ra·re** VT ⟨1c⟩ ~ **qn** j-n anflehen; ~ **qc da qn** j-n um etw anflehen **im·plo·ra·zio·ne** [-o-] F **1** Flehen *n* **2** flehentliche Bitte *f*

im·plu·me ADJ federlos, nackt

im·pol·li·na·re VT ⟨1c *u.* m⟩ bestäuben

im·pol·li·na·zio·ne [-o-] F Bestäubung *f*

im·pol·tro·ni·re ⟨4d⟩ **A** VT träge machen **B** VI ⟨es⟩ & VPR **-rsi** träge werden

im·pol·ve·ra·re ⟨1m⟩ **A** VT mit Staub bedecken, einstauben **B** VPR **-rsi** verstauben **im·pol·ve·ra·to** ADJ staubbedeckt, verstaubt

im·po·ma·ta·re ⟨1a⟩ **A** VT **1** einsalben **2** pomadisieren **B** VPR **-rsi** **1** sich einsalben **2** sein Haar pomadisieren

im·pon·de·ra·bi·le **A** ADJ unfassbar, unwägbar **B** M Unfassbare *n* **im·pon·de·ra·bi·li·tà** F ⟨*inv*⟩ Unfassbarkeit *f*

im·po·nen·te [-ɛ-] ADJ stattlich **im·po·nen·za** [-ɛ-] F Stattlichkeit *f*, Ansehnlichkeit *f*

im·po·ni·bi·le **A** ADJ besteuerbar; steuerpflichtig **B** M Bemessungsgrundlage *f* **im·po·ni·bi·li·tà** F ⟨*inv*⟩ Besteuerung *f*

im·po·po·la·re ADJ **1** unpopulär **2** unbeliebt **im·po·po·la·ri·tà** F ⟨*inv*⟩ Unbeliebtheit *f*

im·por·re [-o-] ⟨3ll⟩ **A** VT **1** auferlegen **2** ~ **qc a qn** j-m etw aufdrängen; j-m etw aufzwingen **3** verhängen: ~ **l'embargo** das Embargo verhängen **4** (*di volontà*) durchsetzen **B** VPR **-rsi** **1** sich durchsetzen, sich behaupten **2** *fig* nötig sein ♦ **capacità di -rsi** Durchsetzungsvermögen *n*

import ['import] M ⟨*inv*⟩ WIRTSCH Import *m*

★**im·por·tan·te** **A** ADJ **1** wichtig **2** bedeutend **B** M Wichtige *n*, Hauptsache *f*

★**im·por·tan·za** F **1** Wichtigkeit *f* **2** Bedeutung *f* ♦ *fig* **darsi ~** sich wichtigmachen; **senza ~** unbedeutend; **di vitale ~** lebenswichtig

★**im·por·ta·re**[1] VI ⟨1c; es⟩ **1** wichtig sein **2** *unpers* ~ **a qn** j-n interessieren, für j-n wichtig sein; *umg* **ma che t'importa?** was juckt dich das? **3** nötig sein

im·por·ta·re[2] VT ⟨1c⟩ importieren, einführen

im·por·ta·to·re [-o-] M, **-tri·ce** F Importeur *m*, -in *f* **im·por·ta·zio·ne** [-o-] F **1** Einfuhr *f* **2** Einführung *f*

im·por·to [-ɔ-] M **1** Betrag *m*: **quant'è l'~?** wie hoch ist der Betrag? **2** Preis *m* ♦ ~ **complessivo** Gesamtbetrag *m*

im·por·tu·na·re VT ⟨1a⟩ belästigen **im·por·tu·ni·tà** F ⟨*inv*⟩ **1** Belästigung *f* **2** Aufdringlichkeit *f*

im·por·tu·no ADJ lästig

im·po·si·ti·vo ADJ **1** verbindlich **2** Steuer-: **autonomia -a** Steuerautonomie *f*

im·po·si·zio·ne [-o-] F **1** Auferlegung *f* **2** Befehl *m* **3** Besteuerung *f*

im·pos·ses·sar·si [-'sarsi] VPR ⟨1b⟩ **1** Besitz ergreifen (*a. fig*) **2** ~ **di qc** sich (*dat*) etw aneignen

★**im·pos·si·bi·le** **A** ADJ unmöglich (*a. fig*) **B** M Unmögliche *n*

im·pos·si·bi·li·tà F ⟨*inv*⟩ Unmöglichkeit *f*

im·pos·si·bi·li·ta·re VT ⟨1n⟩ unmöglich machen **im·pos·si·bi·li·ta·to** ADJ verhindert

★**im·po·sta**[1] [-ɔ-] F Fensterladen *m*

★**im·po·sta**[2] [-o-] F Steuer *f*, Abgabe *f* ♦ ~ **sul consumo** Verbrauch(s)steuer *f*; **esente da ~** steuerfrei; ~ **patrimoniale** Vermögen(s)steuer *f*; ~ **sul reddito** Einkommen(s)steuer *f*; ~ **sulle successioni e donazioni** Erbschafts- und Schenkungssteuer *f*; **soggetto a ~** steuerpflichtig; ~ **sul valore aggiunto** Mehrwertsteuer *f*

im·po·sta·re[1] VT ⟨1c⟩ **1** (*di lavoro*) angehen **2** (*di discorso*) gliedern **3** (*di progetto*) entwerfen **4** *fig* ~ **la propria vita su qc** sein Leben auf etw (*akk*) gründen

im·po·sta·re[2] VT ⟨1c⟩ (*imbucare*) einwerfen, aufgeben

im·po·sta·zio·ne [-o-] F **1** Ansatz *m* **2** Gliederung *f* **3** Entwurf *m* **4** Gestaltung *f* ♦ IT ~ **default** Voreinstellung *f*; IT **-i di sistema** Systemsteuerung *f*

im·po·sto·re [-o-] M, **-a** F Schwindler *m*, -in *f*

im·po·stu·ra F Schwindel *m*

im·po·ten·te [-ɛ-] ADJ **1** ohnmächtig, machtlos **2** MED impotent

im·po·ten·za [-ɛ-] F **1** Ohnmacht *f*, Machtlosigkeit *f* **2** MED Impotenz *f*

im·po·ve·ri·men·to [-e-] M Verarmung *f*

im·po·ve·ri·re ⟨4d⟩ **A** VT **1** verarmen lassen **2** AGR auslaugen **B** VI ⟨es⟩ & VPR **-rsi** verarmen, arm werden

im·pra·ti·ca·bi·le ADJ **1** unbegehbar; unbefahrbar **2** SPORT unbespielbar **3** nicht ausführbar **im·pra·ti·ca·bi·li·tà** F ⟨inv⟩ **1** Unbegehbarkeit *f*; Unbefahrbarkeit *f* **2** SPORT Unbespielbarkeit *f*

im·pra·ti·chi·re ⟨4d⟩ **A** VT (*in un mestiere*) einarbeiten **B** VPR **-rsi in** (*od* **di**) **qc** mit etw vertraut werden

im·pre·ca·re VI ⟨1d *u.* b; av⟩ **~ contro qn/qc** auf (*od* über) j-n/etw fluchen

im·pre·ca·zio·ne [-o-] F Fluch *m*

im·pre·ci·sa·to ADJ unbestimmt

im·pre·ci·sio·ne [-o-] F Ungenauigkeit *f*

im·pre·ci·so ADJ ungenau, unpräzise

im·pre·gna·men·to [-e-] M Imprägnierung *f*

im·pre·gna·re ⟨1a⟩ **A** VT **1** (durch)-tränken **2** TECH imprägnieren **3** *fig* erfüllen **B** VPR **-rsi** sich vollsaugen, durchtränkt werden

★**im·pren·di·to·re** [-o-] M Unternehmer *m* **im·pren·di·to·ri·a** F Unternehmertum *n* **im·pren·di·to·ria·le** ADJ unternehmerisch, Unternehmer-

★**im·pren·di·tri·ce** F Unternehmerin *f*

im·pre·pa·ra·to ADJ unvorbereitet **impre·pa·ra·zio·ne** [-o-] F mangelnde Vorbereitung *f*

★**im·pre·sa** [-e-] F **1** Unterfangen *n* **2** WIRTSCH Unternehmen *n*; Betrieb *m* **3** *pl* Heldentaten *pl* ♦ **~ artigianale** Handwerksbetrieb *m*; **~ a conduzione familiare** Familienbetrieb *m*; **~ commerciale** Handelsunternehmen *n*

im·pre·sa·rio M, **-a** F **1** Unternehmer *m*, -in *f* **2** Inhaber *m*, -in *f* **3** THEAT Agent *m*, -in *f*

im·pre·scin·di·bi·le ADJ unabdingbar

im·pre·scrit·ti·bi·le ADJ unverjährbar

im·pres·sio·na·bi·le ADJ empfindlich (*a.* FOTO) **im·pres·sio·na·bi·li·tà** F ⟨inv⟩ Empfindlichkeit *f* (*a.* FOTO) **im·pres·sio·nan·te** ADJ **1** eindrucksvoll, beeindruckend **2** erschütternd, erschreckend

im·pres·sio·na·re ⟨1a⟩ **A** VT **1** erschüttern **2** **~ qn** Eindruck auf j-n machen, auf j-n wirken **3** FOTO belichten **B** VPR **-rsi** **1** sich beeindrucken lassen **2** FOTO belichtet werden **im·pres·sio·na·to** ADJ **1** beeindruckt **2** FOTO belichtet

★**im·pres·sio·ne** [-o-] F **1** Eindruck *m* **2** TYPO Druck *m* ♦ **che ~!** wie eklig!

im·pres·sio·ni·smo [-zmo] M Impressionismus *m* **im·pres·sio·ni·sta** **A** ADJ impressionistisch **B** M/F Impressionist *m*, -in *f*

im·pres·so [-ɛ-] ADJ eingeprägt, eingedrückt

im·pre·sta·re VT ⟨1b⟩ leihen

im·pre·ve·di·bi·le ADJ unvorhersehbar; unabsehbar; unberechenbar

im·pre·ve·di·bi·li·tà F ⟨inv⟩ Unvorhersehbarkeit *f*; Unberechenbarkeit *f*

im·pre·vi·den·te [-ɛ-] ADJ unvorsichtig

im·pre·vi·den·za [-ɛ-] F Unvorsichtigkeit *f*

im·pre·vi·sto **A** ADJ unvorhergesehen **B** M Unvorhergesehene *n*, Zwischenfall *m*

im·pre·zio·si·re VT ⟨4d⟩ bereichern, wertvoller gestalten (*a. fig*)

im·pri·gio·na·re VT ⟨1a⟩ **1** gefangen setzen, einkerkern; *umg* einsperren **2** *fig* einschließen **3** einklemmen

im·pri·me·re ⟨3r⟩ **A** VT **1** (ein)prägen, eindrücken **2** ein-, aufbrennen **B** VPR **-rsi** sich einprägen

im·pro·ba·bi·le ADJ unwahrscheinlich **im·pro·ba·bi·li·tà** F ⟨inv⟩ Unwahrscheinlichkeit *f*

im·pro·bo [-o] ADJ **1** (*malvagio*) boshaft, böswillig **2** hart, mühsam: **lavoro ~** harte Arbeit *f*

im·pro·cra·sti·na·bi·le ADJ unaufschiebbar

im·pro·dut·ti·vi·tà F ⟨inv⟩ **1** Unproduktivität *f* **2** Unergiebigkeit *f* **im·pro·dut·ti·vo** ADJ unergiebig, unfruchtbar (*a. fig*)

im·pron·ta[1] [-o-] F **1** (Finger)Abdruck *m* **2** (Fuß)Spur *f* **3** *fig* **dare la propria ~ a qc** etw (*dat*) seinen Stempel aufdrücken ♦ **~ digitale** Fingerabdruck *m*

im·pron·ta[2] [-o-] F: **all'~** aus dem Stegreif

im·pro·nun·cia·bi·le, im·pro·nun·zia·bi·le ADJ **1** unaussprechbar **2** un-

aussprechlich
im·pro·pe·rio [-ɛ-] M Schmähung *f*
im·pro·prie·tà F ⟨inv⟩ Unangemessenheit *f* **im·pro·prio** [-ɔ-] ADJ 1 unpassend, unangemessen 2 **fare uso ~ di qc** etw missbräuchlich verwenden
im·pro·ro·ga·bi·le ADJ unaufschiebbar **im·pro·ro·ga·bi·li·tà** F ⟨inv⟩ Unaufschiebbarkeit *f*
★**im·prov·vi·sa·men·te** [-e-] ADV plötzlich
im·prov·vi·sa·re ⟨1a⟩ A V/T improvisieren B V/PR **-rsi** spielen: **-rsi cuoco** den Koch spielen **im·prov·vi·sa·ta** F Überraschung *f*: **fare un'~** einen Überraschungsbesuch machen **im·prov·vi·sa·to** ADJ Gelegenheits- **im·prov·vi·sa·zio·ne** [-o-] F Improvisation *f*
im·prov·vi·so ADJ 1 plötzlich 2 unerwartet ♦ **all'~, d'~** plötzlich
im·pru·den·te [-ɛ-] ADJ unvorsichtig
im·pru·den·za [-ɛ-] F Unvorsichtigkeit *f*
im·pu·den·te [-ɛ-] ADJ unverschämt, frech
im·pu·den·za [-ɛ-] F Unverschämtheit *f*
im·pu·di·ci·zia F Schamlosigkeit *f*
im·pu·di·co ADJ schamlos, unkeusch
im·pu·gna·bi·le ADJ JUR anfechtbar **im·pu·gna·bi·li·tà** F ⟨inv⟩ JUR Anfechtbarkeit *f*
im·pu·gna·re[1] V/T ⟨1a⟩ in die Hand nehmen ♦ **~ le armi** zu den Waffen greifen
im·pu·gna·re[2] V/T ⟨1a⟩ JUR anfechten
im·pu·gna·tu·ra F Griff *m*
im·pu·gna·zio·ne [-o-] F JUR Anfechtung *f*
im·pul·si·vi·tà [-s-] F ⟨inv⟩ Impulsivität *f*
im·pul·si·vo [-s-] ADJ impulsiv
im·pul·so [-s-] M 1 PHYS Impuls *m* 2 MECH Antrieb *m* 3 Anstoß *m*: **dare ~ a qn/qc** j-m/etw einen Anstoß geben 4 *fig* PSYCH Trieb *m*, Drang *m* ♦ **agire d'~** impulsiv handeln
im·pu·ni·bi·le ADJ nicht strafbar **im·pu·ni·tà** F ⟨inv⟩ Straffreiheit *f* **im·pu·ni·to** ADJ ungestraft, straffrei
im·pun·ta·re ⟨1a⟩ A V/I ⟨av⟩ stecken bleiben, stocken B V/PR **-rsi su qc** sich auf etw (*akk*) versteifen; **-rsi contro qc** sich gegen etw (*akk*) sträuben **im·pun·ta·tu·ra** F Sturheit *f*
im·pun·tu·ra F 1 Steppstich *m* 2 Steppnaht *f* **im·pun·tu·ra·re** V/T ⟨1a⟩ (ab)steppen
im·pu·par·si [-s-] V/PR ⟨1a⟩ sich verpuppen
im·pu·ri·tà F ⟨inv⟩ Unreinheit *f* (*a. fig*)
im·pu·ro ADJ unrein (*a. fig*)
im·pu·ta·bi·le ADJ 1 **essere ~ a qn/qc** j-m/etw zuzuschreiben sein 2 **essere ~ di qc** für etw verantwortlich sein
im·pu·ta·bi·li·tà F ⟨inv⟩ 1 Strafbarkeit *f* 2 Schuldfähigkeit *f*
im·pu·ta·re V/T ⟨1a; *selten* 1l⟩ 1 zuschreiben: **~ la colpa a qn** j-m die Schuld zuschreiben 2 HANDEL anrechnen 3 JUR **~ qn di un delitto** j-n eines Verbrechens anklagen
★**im·pu·ta·ta** F Angeklagte *f*
★**im·pu·ta·to** A ADJ JUR **essere ~ di qc** etw (*gen*) angeklagt sein B M Angeklagte *m*
im·pu·ta·zio·ne [-o-] F 1 JUR Anklage *f* 2 WIRTSCH Anrechnung *f* ♦ **capo d'~** Anklagepunkt *m*
im·pu·tri·di·re V/I ⟨4d; es⟩ 1 verwesen 2 verfaulen 3 modern **im·pu·tri·di·to** ADJ 1 verfault, faulig 2 vermodert
im·puz·zo·len·ti·re V/T ⟨4d⟩ verpesten
★**in** PRÄP 1 in, auf, an: **abitare ~ centro/~ Italia/~ periferia** im Zentrum/in Italien/am Stadtrand wohnen; **~ spalla** auf dem Rücken; **andare ~ città/~ campagna** in die Stadt/aufs Land fahren 2 nach: **trasferirsi ~ Inghilterra** nach England ziehen 3 zu: **essere ~ tre** zu dritt sein 4 (*tempo*) in, an, innerhalb von: **~ primavera** im Frühling; **nel pomeriggio** am Nachmittag; **fare qc ~ tre anni** etw innerhalb von drei Jahren machen 5 aus: **~ oro** aus Gold 6 mit: **viaggiare ~ treno** mit dem Zug fahren 7 **di giorno ~ giorno** von Tag zu Tag 8 **la signora Rossi ~ Bianchi** Frau Bianchi geborene Rossi ~

in + Artikel

+	il	lo	i	l'	gli	la	le
in	**nel**	**nello**	**nei**	**nell'**	**negli**	**nella**	**nelle**

alto oben; ~ **effetti** tatsächlich; ~ **fondo** auf dem Grund; hinten; am Ende; im Grunde; ~ **pratica** praktisch; ~ **verità** in Wirklichkeit; eigentlich; **tradurre** ~ **tedesco** ins Deutsche übersetzen

i·na·bi·le ADJ **1** unfähig; untauglich: **essere** ~ **al lavoro** erwerbsunfähig sein **2** behindert **i·na·bi·li·tà** F ⟨*inv*⟩ Unfähigkeit *f*; Untauglichkeit *f*

i·na·bi·li·ta·re V/T ⟨1n⟩ unfähig machen

i·na·bis·sa·re ⟨1a⟩ **A** V/T versenken **B** V/PR **-rsi** untergehen; (ver)sinken (*a. fig*)

i·na·bi·ta·bi·le ADJ unbewohnbar **i·na·bi·ta·bi·li·tà** F ⟨*inv*⟩ Unbewohnbarkeit *f*

i·nac·ces·si·bi·le ADJ **1** unzugänglich (*a. fig*) **2** (*di concetti*) unverständlich **3** (*di prezzi*) unerschwinglich **i·nac·ces·si·bi·li·tà** F ⟨*inv*⟩ Unzugänglichkeit *f*

i·nac·cet·ta·bi·le ADJ unannehmbar **i·nac·cet·ta·bi·li·tà** F ⟨*inv*⟩ Unannehmbarkeit *f*

i·nac·cor·da·bi·le ADJ nicht zu gewähren

i·na·cer·bi·re ⟨4d⟩ **A** V/T **1** sauer machen **2** verschärfen, verbittern **B** V/PR **-rsi** **1** sauer werden **2** sich verschärfen

i·na·ci·di·men·to [-e-] M Säuerung *f*

i·na·ci·di·re ⟨4d⟩ **A** V/T **1** säuern (*a.* CHEM), sauer machen **2** *fig* verbittern **B** V/I ⟨es⟩ & V/PR **-rsi** **1** sauer werden **2** *fig* verbittern **i·na·ci·di·to** ADJ **1** sauer, Sauer-: **latte** ~ Sauermilch *f* **2** *fig* verbittert, säuerlich

i·na·dat·ta·bi·le ADJ nicht anpassungsfähig **i·na·dat·ta·bi·li·tà** F ⟨*inv*⟩ mangelnde Anpassungsfähigkeit *f*

i·na·dat·to ADJ **1** ~ **a qn** ungeeignet für j-n; ~ **per** (*od* **a**) **qc** ungeeignet zu (*od* für) etw **2** unpassend

i·na·de·gua·tez·za [-e-] F **1** Unangemessenheit *f* **2** Unzulänglichkeit *f* **i·na·de·gua·to** ADJ **1** unangemessen **2** unzulänglich

i·na·dem·pien·te [-ɛ-] ADJ **1** HANDEL säumig **2** JUR vertragsbrüchig **i·na·dem·pien·za** [-ɛ-] F Nichteinhaltung *f* **i·na·dem·piu·to** ADJ unerfüllt

i·naf·fer·ra·bi·le ADJ **1** nicht zu greifen **2** unverständlich, unbegreiflich

i·naf·fi·da·bi·le ADJ unzuverlässig **i·naf·fi·da·bi·li·tà** F ⟨*inv*⟩ Unzuverlässigkeit *f*

i·na·gi·bi·le ADJ **1** unbewohnbar **2** unbefahrbar **3** SPORT unbespielbar

i·na·la·re V/T ⟨1h⟩ **1** MED inhalieren **2** einatmen **i·na·la·to·re** [-o-] M Inhalationsapparat *m*

i·na·la·zio·ne [-o-] F Inhalation *f*

i·nal·be·ra·re ⟨1m⟩ **A** V/T (*di bandiera*) aufpflanzen **B** V/PR **-rsi** **1** sich aufbäumen **2** sich erzürnen

i·na·lie·na·bi·le ADJ unveräußerlich **i·na·lie·na·bi·li·tà** F ⟨*inv*⟩ Unveräußerlichkeit *f*

i·nal·te·ra·bi·le ADJ **1** beständig (*a. fig*) **2** (*colore*) echt **3** unerschütterlich **i·nal·te·ra·bi·li·tà** F ⟨*inv*⟩ **1** Beständigkeit *f* (*a. fig*) **2** (*colore*) Echtheit *f* **3** Unerschütterlichkeit *f* **i·nal·te·ra·to** ADJ unverändert

i·na·mi·da·re ⟨1m⟩ V/T stärken **i·na·mi·da·to** ADJ **1** gestärkt **2** steif **i·na·mi·da·tu·ra** F Stärken *n*

i·nam·mis·si·bi·le ADJ **1** JUR unzulässig **2** unzumutbar, unannehmbar **i·nam·mis·si·bi·li·tà** F ⟨*inv*⟩ JUR Unzulässigkeit *f*

i·na·mo·vi·bi·le [-o-] ADJ unabsetzbar, unversetzbar

i·na·nel·la·re V/T ⟨1b⟩ **1** ringeln **2** beringen

i·na·nel·la·to ADJ **1** geringelt **2** beringt

i·na·ni·ma·to ADJ **1** unbelebt **2** leblos

i·nap·pa·ga·bi·le ADJ unerfüllbar **i·nap·pa·ga·to** ADJ unerfüllt, ungestillt

i·nap·pel·la·bi·le ADJ **1** endgültig **2** JUR unanfechtbar **i·nap·pel·la·bi·li·tà** F ⟨*inv*⟩ **1** Endgültigkeit *f* **2** JUR Unanfechtbarkeit *f*

i·nap·pe·ten·te [-ɛ-] ADJ appetitlos

i·nap·pe·ten·za [-ɛ-] F Appetitlosigkeit *f*

i·nap·pli·ca·bi·le ADJ unanwendbar

i·nap·prez·za·bi·le ADJ unschätzbar

i·nap·pro·pria·to ADJ unpassend

i·nap·pun·ta·bi·le ADJ untadelig

i·nar·ca·re ⟨1d⟩ **A** V/T krümmen, wölben **B** V/PR **-rsi** sich krümmen ♦ ~ **le sopracciglia** die Augenbrauen hochziehen

i·nar·gen·ta·re V/T ⟨1b⟩ versilbern

i·na·ri·di·re ⟨4d⟩ **A** V/T ausdörren, austrocknen **B** V/I ⟨es⟩ & V/PR **-rsi** **1** verdorren **2** *fig* versiegen **i·na·ri·di·to** ADJ **1** verdorrt, ausgetrocknet **2** *fig* verhärtet

i·nar·re·sta·bi·le ADJ unaufhaltsam

i·nar·ri·va·bi·le ADJ **1** unerreichbar **2**

(*di persona*) unnahbar **3** unvergleichlich
i·nar·ti·co·la·to ADJ unartikuliert
i·na·scol·ta·to ADJ ungehört
i·na·spet·ta·to ADJ unerwartet
i·na·spri·men·to [-e-] M **1** Verschärfung *f* **2** Erhöhung *f* **3** *fig* (*di carattere*) Verhärtung *f* **i·na·spri·re** ⟨4d⟩ **A** V/T **1** verschärfen **2** erhöhen **3** verbittern **B** V/I ⟨es⟩ & V/PR **-rsi** **1** sich verschärfen **2** zunehmen
i·nat·tac·ca·bi·le ADJ **1** unangreifbar **2** *fig* untadelig **i·nat·tac·ca·bi·li·tà** F ⟨*inv*⟩ **1** Unangreifbarkeit *f* **2** *fig* Untadeligkeit *f*
i·nat·ten·di·bi·le ADJ unglaubwürdig **i·nat·ten·di·bi·li·tà** F ⟨*inv*⟩ Unglaubwürdigkeit *f*
i·nat·te·so [-ezo] ADJ unerwartet; unverhofft
i·nat·ti·vi·tà F ⟨*inv*⟩ Untätigkeit *f* **i·nat·ti·vo** ADJ untätig ♦ **capitale ~** totes Kapital *n*
i·nat·tu·a·bi·le ADJ undurchführbar **i·nat·tua·bi·li·tà** F ⟨*inv*⟩ Undurchführbarkeit *f*
i·nat·tu·a·le ADJ inaktuell, unzeitgemäß
i·nau·di·to ADJ unerhört, unglaublich
i·nau·gu·ra·le ADJ Einweihungs-, Eröffnungs- **i·nau·gu·ra·re** V/T ⟨1m⟩ **1** eröffnen **2** einweihen **i·nau·gu·ra·zio·ne** [-o-] F **1** Eröffnung *f* **2** Einweihung *f*
i·nau·ten·ti·co [-ɛ-] ADJ unecht
i·nav·ve·du·ta·men·te [-e-] ADV aus Unachtsamkeit **i·nav·ve·du·tez·za** [-e-] F Unachtsamkeit *f*
i·nav·ve·du·to ADJ unachtsam
i·nav·ver·ten·za [-ɛ-] F Unachtsamkeit *f*; Versehen *n* **i·nav·ver·ti·ta·men·te** [-e-] ADV versehentlich **i·nav·ver·ti·to** ADJ unbemerkt
i·nav·vi·ci·na·bi·le ADJ **1** unnahbar **2** unerreichbar; (*di prezzi*) unerschwinglich
i·na·zio·ne [-o-] F Untätigkeit *f*
in·ca·gliar·si [-s-] V/PR ⟨1g⟩ **1** stranden **2** *fig* stocken, ins Stocken geraten
in·cal·co·la·bi·le **1** ADJ nicht berechenbar, unermesslich **2** (*inestimabile*) unschätzbar **in·cal·co·la·bi·li·tà** F ⟨*inv*⟩ Unermesslichkeit *f*
in·cal·li·men·to [-e-] M **1** Verhornung *f* **2** *fig* Verhärtung *f*
in·cal·li·re ⟨4d⟩ **A** V/T **1** schwielig machen **2** *fig* verhärten **B** V/PR **-rsi** **1** Schwielen bekommen **2** *fig* **-rsi in qc** etw (*dat*) verfallen **in·cal·li·to** ADJ **1** schwielig **2** *fig* hart ♦ **bevitore ~** Gewohnheitstrinker *m*; **fumatore ~** Kettenraucher *m*
in·cal·zan·te ADJ **1** bedrängend **2** sich überstürzend **in·cal·za·re** ⟨1a⟩ **A** V/T **1** **~ qn con qc** j-n mit etw bedrängen **2** drängen **B** V/PR **-rsi** *fig* sich überstürzen
in·ca·me·ra·re V/T ⟨1m⟩ **1** JUR einziehen **2** **~ qc** sich (*dat*) etw aneignen
in·ca·mi·cia·re V/T ⟨1f⟩ **~ qc con qc** etw mit etw verkleiden
in·cam·mi·nar·si [-s-] V/PR ⟨1a⟩ sich auf den Weg machen
in·ca·na·la·re ⟨1a⟩ **A** V/T **1** leiten, lenken **2** *fig* kanalisieren **B** V/PR **-rsi** **1** (*di acque*) in einen Kanal fließen **2** *fig* zusammenlaufen **in·ca·na·la·tu·ra** F **1** Kanalisierung *f* **2** Kanal *m*
in·can·cel·la·bi·le ADJ unauslöschlich
in·can·cre·ni·re ⟨4d⟩ V/I ⟨es⟩ & V/PR **-rsi** brandig werden
in·can·de·scen·te [-ɛ-] ADJ **1** Glüh-, glühend **2** *fig* hitzig **in·can·de·scen·za** [-ɛ-] F Glühen *n*: **lampada a ~** Glühlampe *f*
in·can·na·re V/T ⟨1a⟩ aufspulen
in·can·ta·men·to [-e-] M Verzauberung *f*
in·can·ta·re ⟨1a⟩ **A** V/T verzaubern (*a. fig*), bezaubern, entzücken **B** V/PR **-rsi** **1** (*wie*) verzaubert sein **2** sich in Gedanken verlieren **3** **il disco si è incantato** die Schallplatte ist hängen geblieben **in·can·ta·to** ADJ **1** Zauber-, verzaubert **2** verwunschen **3** zauberhaft **in·can·ta·to·re** [-o-] **A** ADJ bezaubernd, entzückend **B**, M **-tri·ce** F Zauberer *m*, Zauberin *f* **in·can·te·si·mo** [-ɛ-] M Zauber *m* **in·can·te·vo·le** [-e-] ADJ bezaubernd
in·can·to[1] M Zauber *m* (*a. fig*) ♦ (**come**) **per ~** wie durch Zauberhand
in·can·to[2] M JUR Versteigerung *f*: **mettere qc all'~** etw versteigern
in·ca·nu·ti·re V/I ⟨4d; es⟩ ergrauen, grau(haarig) werden
in·ca·pa·ce ADJ **A** **essere ~ di fare qc** unfähig sein, etw zu tun; JUR **~ di intendere e di volere** unzurechnungsfähig **B** M/F Versager *m*, -in *f* **in·ca·pa·ci·tà** F ⟨*inv*⟩ Unfähigkeit *f*
in·ca·par·bir·si [-s-] V/PR ⟨4d⟩ eigensinnig, halsstarrig werden

in·ca·po·nir·si [-s-] VPR ⟨4d⟩ ~ **in qc** sich auf etw (*akk*) versteifen

in·cap·pa·re VI ⟨1a; es⟩ ~ **in qc/qn** in etw (*akk*)/an j-n geraten, auf etw/j-n stoßen

in·cap·puc·cia·re ⟨1f⟩ **A** VT **1** ~ **qn** j-m eine Kapuze überziehen **2** bedecken **B** VPR **-rsi** sich eine Kapuze überziehen

in·cap·puc·cia·to ADJ vermummt

in·ca·pric·ciar·si [-s-] VPR ⟨1f⟩ **1** ~ **di qn** sich in j-n vernarren, *umg* verknallen **2** ~ **di qc** sich (*dat*) etw in den Kopf setzen

in·car·ce·ra·re VT ⟨1m⟩ einsperren

in·car·ce·ra·zio·ne [-o-] F Inhaftierung *f*

★**in·ca·ri·ca·re** ⟨1m *u.* d⟩ **A** VT ~ **qn di qc** j-n mit etw beauftragen **B** VPR **-rsi di qc** etw übernehmen **in·ca·ri·ca·to** **A** ADJ beauftragt **B** M, **-a** F Beauftragte *m/f* ♦ **professore** ~ Lehrbeauftragte *m*

in·ca·ri·co M **1** Auftrag *m* **2** Amt *n* ♦ **per** ~ **di** im Auftrag von

in·car·na·re ⟨1a⟩ **A** VT **1** verkörpern **2** THEAT darstellen **B** VPR **-rsi** **1** sich verkörpern, verkörpert sein **2** REL Fleisch werden **3** MED einwachsen **in·car·na·to** **A** ADJ fleischfarben **B** M **1** Fleischfarbe *f* **2** Teint *m* **in·car·na·zio·ne** [-o-] F **1** REL Fleischwerdung *f* **2** *fig* Verkörperung *f*

in·car·nir·si [-s-] VPR ⟨4d⟩ MED einwachsen

in·ca·ro·gni·re ⟨4d⟩ VI ⟨es⟩ & VPR **-rsi** **1** verderben **2** *fig* faul werden **3** MED chronisch werden

in·car·ta·men·to [-e-] M Akte *f*; Papiere *pl*

in·car·ta·pe·co·ri·re ⟨4d⟩ VI ⟨es⟩ & VPR **-rsi** **1** runzlig werden **2** *fig* verkalkt werden **in·car·ta·pe·co·ri·to** ADJ runzlig

in·car·ta·re VT ⟨1a⟩ einpacken, in Papier wickeln **in·car·to** M **1** Einpacken *n* **2** Verpackung *f*, Papier *n* **in·car·toc·cia·re** VT ⟨1f *u.* c⟩ in Papier einwickeln

in·ca·sel·la·re VT ⟨1f *u.* c⟩ **1** in Kästchen eintragen **2** in Kästchen stecken

in·ca·si·na·re ⟨1b⟩ *umg* **A** VT durcheinanderbringen **B** VPR **-rsi** **1** gar nichts mehr kapieren **2** chaotisch werden

in·ca·si·na·to ADJ chaotisch

in·cas·sa·re VT ⟨1a⟩ **1** in Kisten verpacken **2** TECH einbetten **3** einbauen: ~ **la lavastoviglie** die Spülmaschine einbauen **4** (*assegno*) einlösen **5** (*somma di denaro*) einnehmen, kassieren **6** einstecken (*a. fig*): ~ **un colpo** einen Schlag einstecken **7** (*pietre preziose*) einfassen

in·cas·sa·to ADJ **1** TECH eingebettet **2** eingebaut **3** HANDEL eingelöst **4** (*pietre preziose*) eingefasst

in·cas·so M **1** HANDEL Einnahme *f* **2** Einlösung *f*, Inkasso *n* **3** Einbau *m* ♦ **mobili da** ~ Einbaumöbel *pl*; ~ **lordo/netto** Brutto-/Nettoeinnahme *f*

in·ca·stel·la·tu·ra F Gestell *n*

in·ca·sto·na·re VT ⟨1a⟩ (ein)fassen, einsetzen **in·ca·sto·na·tu·ra** F (Ein)-Fassung *f*

in·ca·stra·re ⟨1a⟩ **A** VT **1** ineinanderstecken **2** einklemmen **3** *fig umg* in Schwierigkeiten bringen: **farsi** ~ **in qc** sich in etw (*akk*) verwickeln lassen **B** VPR **-rsi** **1** sich ineinanderfügen **2** stecken bleiben, sich einklemmen **3** klemmen

in·ca·stro M Einspannung *f*, Einschnitt *m* ♦ **a** ~ zusammengesteckt; TECH **collegamento a** ~ Steckverbindung *f*

in·ca·te·na·re ⟨1a⟩ **A** VT (an)ketten **B** VPR **-rsi** sich anketten

in·ca·te·na·to ADJ *fig* gefesselt: **essere** ~ **al letto** ans Bett gefesselt sein

in·ca·tra·ma·re VT ⟨1a⟩ (ver)teeren

in·cat·ti·vi·re ⟨4d⟩ **A** VT verbittern **B** VPR **-rsi** verbittert sein, böse werden

in·cau·to ADJ unvorsichtig, unbedacht

in·ca·va·re VT ⟨1a⟩ (aus)höhlen **in·ca·va·to** ADJ *fig* eingefallen: **guance -e** eingefallene Wangen *pl* **in·ca·va·tu·ra** F (Aus)Höhlung *f*

in·ca·vo M **1** (Aus)Höhlung *f*, Vertiefung *f* **2** Einschneidearbeit *f* **3** ANAT Höhle *f*

in·ca·vo·lar·si [-s-] VPR ⟨1a⟩ *umg* stinksauer werden **in·ca·vo·la·to** ADJ *umg* stinksauer

in·caz·zar·si [-si] VPR ⟨1a⟩ *vulg* sauwütend werden **in·caz·za·to** ADJ *vulg* sauwütend

in·ce·di·bi·le ADJ nicht übertragbar

in·cen·dia·re ⟨1b *u.* k⟩ **A** VT **1** in Brand setzen **2** *fig* entzünden **B** VPR **-rsi** **1** in Brand geraten **2** *fig* sich entzünden **in·cen·dia·rio** **A** ADJ Brand- (*a. fig*): **bomba -a** Brandbombe *f* **B** M, **-a** F Brandstifter *m*, -in *f*

★**in·cen·dio** [-ɛ-] M Brand *m* ♦ **assicurazione contro gli -i** Brandversicherung f; ~ **doloso** Brandstiftung f

in·ce·ne·ri·men·to [-e-] M 1 Einäscherung f 2 (*rifiuti*) Verbrennung f **in·ce·ne·ri·re** V/T ⟨4d⟩ 1 einäschern 2 (*rifiuti*) verbrennen **in·ce·ne·ri·to·re** [-o-] M Müllverbrennungsanlage f

in·cen·sa·men·to [-sa'mento] M Beweihräucherung f (*a. fig*) **in·cen·sa·re** ⟨1b⟩ A V/T beweihräuchern (*a. fig*) B V/PR **-rsi** sich beweihräuchern **in·cen·sa·to·re** [-o-] M, **-tri·ce** F Lobhudler m, -in f

in·cen·so [-ɛnso] M Weihrauch m

in·cen·su·ra·bi·le [-s-] ADJ tadellos, -frei **in·cen·su·ra·bi·li·tà** F ⟨inv⟩ Unbescholtenheit f **in·cen·su·ra·to** ADJ unbescholten

in·cen·ti·va·re V/T ⟨1a⟩ 1 fördern 2 WIRTSCH ankurbeln **in·cen·ti·va·zio·ne** [-o-] F 1 Förderung f 2 WIRTSCH Ankurb(e)lung f

in·cen·ti·vo M 1 Ansporn m: **essere d'~** ein Ansporn sein. 2 WIRTSCH Ankurb(e)lung f ♦ **-i finanziari** finanzielle Anreize pl; **-i fiscali** Steueranreize pl

in·cen·tra·re ⟨1b⟩ A V/T in den Mittelpunkt stellen B V/PR *fig* **-rsi su qc** sich um etw drehen

in·cep·pa·men·to M (*di meccanismo*) Hemmung f, Klemmen n; (*di arma*) Ladehemmung f ♦ ~ **carta** Papierstau m

in·cep·pa·re ⟨1a⟩ A V/T blockieren, hemmen B V/PR **-rsi** 1 sich verklemmen, klemmen 2 stehen bleiben 3 ins Stottern geraten

in·ce·ra·re V/T ⟨1a⟩ (*pavimento*) (ein)-wachsen **in·ce·ra·ta** F 1 Wachstuch n 2 Wachszeug n

in·ce·rot·ta·re V/T ⟨1a⟩ *umg* bepflastern

in·cer·tez·za [-e-] F 1 Ungewissheit f 2 Unsicherheit f

★**in·cer·to** [-ɛ-] A ADJ 1 unsicher 2 ungewiss 3 unentschlossen 4 unbestimmt B M Ungewissheit f; Ungewisse n ♦ **gli -i del mestiere** die Berufsrisiken pl

in·ce·spi·ca·re V/I ⟨1m u. d; es⟩ 1 ~ **in qc** über etw (*akk*) stolpern 2 sich verhaspeln

in·ces·san·te ADJ unaufhörlich

in·ce·sto [-ɛ-] M Blutschande f, Inzest m

in·ce·stuo·so [-o-] ADJ inzestuös

in·cet·ta [-ɛ-] F Aufkauf m; Hamsterkauf m ♦ **fare ~ di qc** etw aufkaufen, etw hamstern; *fig* **fare ~ di voti** Stimmen fangen

in·cet·ta·re V/T ⟨1b⟩ 1 aufkaufen; hamstern 2 (*voti*) fangen **in·cet·ta·to·re** [-o-] M, **-tri·ce** F Aufkäufer m, -in f

in·chie·sta [-ɛ-] F 1 Umfrage f; Befragung f 2 JUR Untersuchung f ♦ **commissione d'~** Untersuchungsausschuss m

in·chi·na·re ⟨1a⟩ A V/T neigen B V/PR **-rsi** sich verneigen (*a. fig*), sich verbeugen

in·chi·no M Verbeugung f, Verneigung f

in·chio·da·re V/T ⟨1c⟩ 1 (ver-, zu)nageln 2 *fig* festnageln 3 *fig* ~ **qn al letto** j-n ans Bett fesseln

in·chio·stra·re V/T ⟨1c⟩ einfärben, schwärzen

★**in·chio·stro** [-ɔ-] M 1 Tinte f 2 TYPO Druckerschwärze f ♦ ~ **di china** Tusche f

in·ciam·pa·re V/I ⟨1a; es, av⟩ 1 stolpern: ~ **in qc** über etw (*akk*) stolpern 2 sich verhaspeln 3 ~ **su qc** an etw (*akk*) geraten **in·ciam·po** M Hindernis n

in·ci·den·ta·le ADJ 1 zufällig 2 beiläufig **in·ci·den·ta·to** ADJ **vettura -a** Unfallwagen m

★**in·ci·den·te** [-ɛ-] M 1 Unfall m: *umg* **fare un ~** einen Unfall bauen 2 *fig* Zwischenfall m ♦ ~ **stradale** Verkehrsunfall m

in·ci·den·za [-ɛ-] F 1 PHYS Einfall m 2 *fig* Auswirkung f: **avere ~ su qc** sich auf etw (*akk*) auswirken

in·ci·de·re[1] V/T ⟨3q⟩ 1 einschneiden, -kerben, -ritzen 2 KUNST, TECH (ein)gravieren; (*su rame*) stechen; (*su pietra*) einmeißeln; (*all'acquaforte*) radieren 3 aufnehmen: ~ **un disco** eine Schallplatte aufnehmen

in·ci·de·re[2] V/I ⟨3q; av⟩ 1 PHYS einfallen 2 *fig* belasten, sich bemerkbar machen: ~ **sul bilancio** sich in der Bilanz bemerkbar machen 3 ~ **su qn/qc** sich auf j-n/etw auswirken

in·cin·ta ADJ schwanger: **essere ~ di tre mesi** im dritten Monat schwanger sein; **rimanere ~** schwanger werden

in·ci·pien·te [-ɛ-] ADJ beginnend

in·ci·pria·re ⟨1m⟩ A V/T (ein)pudern B V/PR **-rsi** sich pudern

in·cir·ca ADV: **all'~** ungefähr, etwa, zirka

in·ci·sio·ne [-o-] F 1 (Ein)Schnitt m 2 TECH Gravierung f 3 Gravüre f; Kupferstich m 4 (*registrazione*) Aufnahme f

in·ci·si·vi·tà F ⟨inv⟩ Wirksamkeit f

in·ci·si·vo A ADJ 1 **dente ~** Schneidezahn *m* 2 wirksam B M Schneidezahn *m*
in·ci·so M **per ~** beiläufig, nebenbei
in·ci·so·re [-o-] M Stecher *m*, -in *f*, Graveur *m*, -in *f*: **~ in rame** Kupferstecher *m*, -in *f*; **~ in legno** Holzschneider *m*, -in *f*
in·ci·ta·men·to [-e-] M 1 Antrieb *m* 2 Aufhetzung *f*, Anstiftung *f*, Verleitung *f*
in·ci·ta·re V/T ⟨1l⟩ 1 **~ qn a qc** j-n zu etw antreiben 2 *fig* aufhetzen
in·ci·ta·to·re [-o-] M, **-tri·ce** F Antreiber *m*, -in *f*
in·ci·vi·le ADJ 1 unkultiviert 2 grob, ungesittet **in·ci·vi·li·men·to** [-e-] M Zivilisierung *f*
in·ci·vi·li·re ⟨4d⟩ A V/T zivilisieren B V/PR **-rsi** zivilisiert werden
in·ci·vil·tà F ⟨inv⟩ Ungezogenheit *f*
in·clas·si·fi·ca·bi·le ADJ 1 nicht klassifizierbar 2 nicht bewertbar 3 *fig* **comportamento ~** unmögliches Verhalten *n*
in·cle·men·te [-ɛ-] ADJ 1 erbarmungslos 2 **tempo ~** unfreundliches Wetter *n*
in·cle·men·za [-ɛ-] F 1 Erbarmungslosigkeit *f* 2 Unfreundlichkeit *f*: **~ del tempo** unfreundliches Wetter *n*; **esposto all'~ del tempo** der Witterung, Wind und Wetter ausgesetzt
in·cli·na·bi·le ADJ kippbar
in·cli·na·re ⟨1a⟩ A V/T 1 neigen 2 schräg stellen, schräg legen, kippen 3 geneigt stimmen B V/I ⟨av⟩ 1 schräg sein 2 *fig* **~ a qc** zu etw neigen C V/PR **-rsi** sich neigen **in·cli·na·to** ADJ 1 schräg 2 schief: **piano ~** schiefe Ebene *f* **in·cli·na·zio·ne** [-o-] F Neigung *f*
in·cli·ne ADJ **essere ~ a qc** zu etw geneigt sein, zu etw neigen
★**in·clu·de·re** V/T ⟨3q⟩ 1 aufnehmen: **~ qc in un elenco** etw in eine Liste aufnehmen 2 einschließen: **la somma include il rimborso spese** die Summe schließt die Spesen mit ein 3 beilegen, beifügen
in·clu·sio·ne [-o-] F 1 Einbeziehung *f*: **con l'~ di qc** unter Einbeziehung von etw 2 (*inserimento*) Aufnahme *f* **in·clu·si·vo** ADJ einschließlich: **~ dell'IVA** einschließlich der Mehrwertsteuer
in·clu·so ADJ 1 eingeschlossen, inbegriffen 2 beiliegend
in·coc·cia·re *umg* V/T ⟨1f⟩ 1 **~ qn/qc** auf j-n/etw stoßen 2 zufällig treffen
in·co·er·ci·bi·le ADJ unbezwinglich
in·co·e·ren·te [-ɛ-] ADJ 1 widersprüchlich, zusammenhanglos 2 (*persona*) inkonsequent, unschlüssig **in·co·e·ren·za** [-ɛ-] F 1 Zusammenhanglosigkeit *f* 2 Unschlüssigkeit *f*, Widersprüchlichkeit *f*
in·co·gni·ta [-ɔ-] F 1 MATH Unbekannte *f* 2 *fig* Rätsel *n* 3 Risiko *n*
in·co·gni·to [-ɔ-] A ADJ unbekannt B M ⟨inv⟩ Inkognito *n* ♦ **in ~** inkognito
★**in·col·la·re** ⟨1c⟩ A V/T 1 leimen, kleben 2 IT einfügen: **taglia e incolla** ausschneiden und einfügen B V/PR **-rsi** 1 kleben 2 kleben bleiben 3 *fig* **-rsi a qn/qc** an j-m/etw kleben
in·col·le·ri·re ⟨4d⟩ V/I ⟨es⟩ & V/PR **-rsi** in Zorn geraten
in·col·ma·bi·le ADJ 1 unüberwindlich 2 nicht aufholbar **in·col·ma·bi·li·tà** F ⟨inv⟩ Unüberwindbarkeit *f*
in·co·lon·na·re ⟨1a⟩ A V/T 1 **~ le cifre** Ziffern in Spalten untereinanderschreiben 2 aufreihen 3 MIL in Reih und Glied aufstellen B V/PR **-rsi** Kolonnen bilden
in·co·lo·re [-o-] ADJ 1 farblos 2 *fig* fade
in·col·pa·re ⟨1a⟩ A V/T **~ qn di qc** j-n etw (*gen*) beschuldigen B V/PR **-rsi** (*a vicenda*) sich gegenseitig beschuldigen
in·col·pe·vo·le [-e-] ADJ schuldlos, unschuldig **in·col·pe·vo·lez·za** [-e-] F Schuldlosigkeit *f*
in·col·to [-o-] ADJ 1 AGR unbebaut 2 (*trascurato*) ungepflegt 3 *fig* ungebildet
in·co·lu·me [-ɔ-] ADJ unversehrt
in·co·lu·mi·tà F ⟨inv⟩ Unversehrtheit *f*
in·com·ben·te [-ɛ-] ADJ 1 bevorstehend 2 drohend **in·com·ben·za** [-ɛ-] F Auftrag *m*, Aufgabe *f* **in·com·be·re** [-o-] V/I ⟨3a⟩ 1 drohen 2 JUR obliegen
in·com·bu·sti·bi·le ADJ feuerbeständig **in·com·bu·sti·bi·li·tà** F ⟨inv⟩ Feuerbeständigkeit *f*
in·co·min·cia·re ⟨1f⟩ A V/T **~ qc** (mit) etw beginnen, anfangen: **~ a fare qc** beginnen, etw zu tun B V/I ⟨es⟩ anfangen
in·com·men·su·ra·bi·le [-s-] ADJ unermesslich (*a. fig*) **in·com·men·su·ra·bi·li·tà** F ⟨inv⟩ Unermesslichkeit *f* (*a. fig*)
in·com·me·sti·bi·le ADJ ungenießbar
in·co·mo·da·re ⟨1m *u.* c⟩ A V/T stören, belästigen B V/PR **-rsi** sich bemühen: **non s'incomodi!** bemühen Sie sich nicht!
in·co·mo·do [-ɔ-] M Störung *f*; Mühe *f*: **togliere l'~** nicht länger stören wollen; **prendersi l'~** sich (*dat*) die Mühe ma-

chen

in·com·pa·ra·bi·le ADJ unvergleichbar **in·com·pa·ra·bi·li·tà** F ⟨*inv*⟩ Unvergleichbarkeit *f*

in·com·pa·ti·bi·le ADJ **1** unvereinbar **2** IT inkompatibel

in·com·pa·ti·bi·li·tà F ⟨*inv*⟩ **1** Unvereinbarkeit *f* **2** CHEM, MED Unverträglichkeit *f* **3** IT Inkompatibilität *f*

in·com·pe·ten·te [-ɛ-] ADJ **1** **essere ~ in materia** kein Fachmann sein **2** unfähig **3** JUR nicht zuständig **in·com·pe·ten·za** [-ɛ-] F **1** mangelnder Sachverstand *m*, Unkenntnis *f* **2** Unfähigkeit *f* **3** JUR Unzuständigkeit *f*

in·com·piu·to ADJ unvollendet

in·com·ple·tez·za [-e-] F Unvollständigkeit *f*

in·com·ple·to [-ɛ-] ADJ unvollständig

in·com·pren·si·bi·le [-s-] ADJ unverständlich **in·com·pren·si·bi·li·tà** F ⟨*inv*⟩ Unverständlichkeit *f* **in·com·pren·sio·ne** [-o-] F Unverständnis *n*

in·com·pre·so [-e-] ADJ unverstanden ♦ **genio ~** verkanntes Genie *n*

in·co·mu·ni·ca·bi·le ADJ **1** nicht mitteilbar **2** unsäglich **in·co·mu·ni·ca·bi·li·tà** F ⟨*inv*⟩ **1** Nichtmitteilbarkeit *f* **2** Unsäglichkeit *f* **3** Kontaktunfähigkeit *f*

in·con·ce·pi·bi·le ADJ **1** unbegreiflich, unfassbar **2** undenkbar, unvorstellbar **in·con·ce·pi·bi·li·tà** F ⟨*inv*⟩ Unbegreiflichkeit *f*

in·con·ci·lia·bi·le ADJ unvereinbar **in·con·ci·lia·bi·li·tà** F ⟨*inv*⟩ Unvereinbarkeit *f*

in·con·clu·den·te [-ɛ-] ADJ vergeblich

in·con·clu·so ADJ unvollständig

in·con·di·zio·na·to ADJ **1** bedingungslos **2** unbedingt

in·con·fes·sa·bi·le ADJ **1** nicht eingestehbar **2** schändlich **in·con·fes·sa·to** ADJ uneingestanden

in·con·fon·di·bi·le ADJ **1** unverwechselbar **2** *fig* unverkennbar

in·con·fu·ta·bi·le ADJ unwiderlegbar, unanfechtbar **in·con·fu·ta·bi·li·tà** F ⟨*inv*⟩ Unwiderlegbarkeit *f* **in·con·fu·ta·to** ADJ unbestritten

in·con·gru·en·te [-ɛ-] ADJ nicht übereinstimmend, widersprüchlich **in·con·gru·en·za** [-ɛ-] F **1** Widersprüchlichkeit *f* **2** Widerspruch *m*

in·con·gruo [-o-] ADJ unangemessen

in·con·sa·pe·vo·le [-sa'pevole] ADJ unbewusst ♦ **del tutto ~** ahnungslos **in·con·sa·pe·vo·lez·za** [-sapevo'le-] F Unbewusstheit *f*

in·con·scio [-ɔ-] **A** ADJ unbewusst **B** M Unbewusste *n*

in·con·se·guen·te [-segu'ɛnte] ADJ inkonsequent

in·con·se·guen·za [-segu'ɛntsa] F Inkonsequenz *f*

in·con·si·sten·te [-si'stɛnte] ADJ *fig* haltlos, inkonsistent **in·con·si·sten·za** [-ɛ-] F Haltlosigkeit *f*

in·con·so·la·bi·le [-s-] ADJ untröstlich

in·con·sue·to [-su'ɛ:to] ADJ ungewohnt, ungewöhnlich

in·con·sul·to [-s-] ADJ unbesonnen

in·con·ta·mi·na·tez·za [-e-] F Unberührtheit *f* **in·con·ta·mi·na·to** ADJ **1** unberührt, rein: **natura -a** unberührte Natur *f* **2** nicht verschmutzt

in·con·te·ni·bi·le ADJ unbändig

in·con·ten·ta·bi·le ADJ **1** unersättlich **2** sehr anspruchsvoll **in·con·ten·ta·bi·li·tà** F ⟨*inv*⟩ **1** Unersättlichkeit *f* **2** Unbefriedigtheit *f*

in·con·te·sta·bi·le ADJ unbestreitbar **in·con·te·sta·to** ADJ unbestritten

in·con·ti·nen·te [-ɛ-] ADJ **1** zügellos **2** MED inkontinent **in·con·ti·nen·za** [-ɛ-] F **1** Zügellosigkeit *f* **2** MED Inkontinenz *f*

★**in·con·tra·re** ⟨1a⟩ **A** V/T **1** **~ qn** (auf) j-n treffen, j-m begegnen (*a.* SPORT) **2** **~ qc** auf etw (*akk*) stoßen **3** **~ il favore di qn** Anklang bei j-m finden **4** *fig* (*indovinare*) treffen **5** **~ qc** etw kreuzen **B** V/PR **-rsi** **1** sich treffen **2** zusammenkommen **3** sich kreuzen **4** *fig* übereinstimmen **5** SPORT sich begegnen ♦ **~ la morte** den Tod finden; **~ successo** Erfolg haben

in·con·tra·rio ADV *umg* **all'~** verkehrt herum

in·con·tra·sta·bi·le ADJ **1** unbezwinglich **2** unanfechtbar, unbestreitbar **in·con·tra·sta·to** ADJ unbestritten, unangefochten

★**in·con·tro**[1] [-o-] M **1** Begegnung *f*, Treffen *n* (*a.* SPORT) **2** Zusammenkunft *f* ♦ **punto d'~** Treffpunkt *m*; **~ al vertice** Gipfeltreffen *n*

in·con·tro[2] [-o-] ADV entgegen

in·con·trol·la·to ADJ unkontrolliert, unbeherrscht ♦ **voci -e** wilde Gerüchte *pl*

in·con·tro·ver·ti·bi·le ADJ unumstößlich

in·con·ve·nien·te [-ɛ-] M 1 Zwischenfall *m*; Unannehmlichkeit *f* 2 Nachteil *m*, Schattenseite *f* 3 TECH Störung *f*, Panne *f*

in·con·ver·ti·bi·le ADJ inkonvertibel

in·co·rag·gia·men·to [-e-] M 1 Ermutigung *f* 2 Förderung *f* **in·co·rag·gian·te** ADJ ermutigend

★**in·co·rag·gia·re** V/T ⟨1f⟩ 1 ermutigen 2 fördern 3 *fig* ~ **qn a qc** j-n zu etw verleiten

in·cor·da·tu·ra F 1 SPORT Bespannung *f* 2 MUS Besaitung *f*

in·cor·ni·cia·re V/T ⟨1f⟩ 1 einrahmen 2 *fig* umrahmen **in·cor·ni·cia·tu·ra** F 1 Einrahmen *n* 2 Rahmen *m*

in·co·ro·na·re ⟨1a⟩ A V/T krönen: ~ **qn imperatore** j-n zum Kaiser krönen B V/PR **-rsi** sich krönen **in·co·ro·na·zio·ne** [-o-] F Krönung *f*

in·cor·po·ra·re V/T ⟨1m *u.* c⟩ einverleiben; eingemeinden **in·cor·po·ra·zio·ne** [-o-] F Einverleibung *f*; Eingemeindung *f*

in·cor·po·re·o [-ɔ-] ADJ körperlos, unstofflich

in·cor·reg·gi·bi·le ADJ 1 nicht korrigierbar 2 *fig* unverbesserlich **in·cor·reg·gi·bi·li·tà** F ⟨*inv*⟩ Unverbesserlichkeit *f*

in·cor·re·re [-o-] V/I ⟨3o; es⟩ geraten: ~ **in un pericolo** in Gefahr geraten ♦ ~ **in un errore** einen Fehler begehen

in·cor·rot·to [-o-] ADJ 1 unverdorben 2 *fig* unbescholten

in·cor·rut·ti·bi·le ADJ *fig* unbestechlich **in·cor·rut·ti·bi·li·tà** F ⟨*inv*⟩ Unbestechlichkeit *f*

in·co·scien·te [-ɛ-] ADJ 1 bewusstlos 2 gewissenlos 3 unbewusst **in·co·scien·za** [-ɛ-] F 1 Bewusstlosigkeit *f* 2 Gewissenlosigkeit *f*

in·co·stan·te ADJ unbeständig (*a. fig*) **in·co·stan·za** F Unbeständigkeit *f* (*a. fig*)

in·co·sti·tu·zio·na·le ADJ verfassungswidrig **in·co·sti·tu·zio·na·li·tà** F ⟨*inv*⟩ Verfassungswidrigkeit *f*

★**in·cre·di·bi·le** ADJ unglaublich **in·cre·di·bi·li·tà** F ⟨*inv*⟩ Unglaublichkeit *f*

in·cre·du·li·tà F ⟨*inv*⟩ Ungläubigkeit *f*

in·cre·du·lo [-ɛ-] ADJ ungläubig

in·cre·men·ta·re V/T ⟨1a⟩ 1 steigern, erhöhen 2 fördern

in·cre·men·to [-e-] M 1 Steigerung *f*, Erhöhung *f* 2 Förderung *f*: **dare ~ a qc** etw fördern ♦ **tasso d'~** Zuwachsrate *f*

in·cre·scio·so [-o-] ADJ bedauerlich

in·cre·spa·re V/T ⟨1a⟩ 1 kräuseln 2 runzeln

in·cre·spa·to ADJ 1 TEX plissiert 2 **carta -a** Krepppapier *n* **in·cre·spa·tu·ra** F Kräuselung *f*

in·cre·ti·ni·re ⟨4d⟩ A V/T verblöden B V/PR **-rsi** verblöden

in·cri·mi·na·re V/T ⟨1m⟩ ~ **qn per qc** j-n etw (*gen*) anklagen **in·cri·mi·na·to** ADJ angeklagt

in·cri·mi·na·zio·ne [-o-] F Anklage *f*

in·cri·na·re ⟨1a⟩ A V/T ~ **qc** einen Sprung in etw (*akk*) machen, etw anbrechen B V/PR **-rsi** 1 einen Sprung bekommen 2 *fig* Risse bekommen **in·cri·na·tu·ra** F Sprung *m*; Riss *m* (*a. fig*)

in·cro·cia·re ⟨1f⟩ A V/T 1 kreuzen 2 treffen, begegnen B V/PR **-rsi** 1 sich kreuzen 2 sich über den Weg laufen ♦ ~ **le dita** die Daumen drücken

in·cro·cia·to ADJ Kreuz-: **parole -e** Kreuzworträtsel *n*

in·cro·cia·to·re [-o-] M SCHIFF Kreuzer *m*

★**in·cro·cio** [-o-] M Kreuzung *f* (*a.* BIOL)

in·crol·la·bi·le ADJ 1 einsturzsicher 2 *fig* unerschütterlich, unbeirrbar

in·cro·sta·re ⟨1a⟩ A V/T verkrusten lassen B V/PR **-rsi** verkrusten, eine Kruste bilden

in·cro·sta·zio·ne [-o-] F Verkrustung *f*

in·cru·de·li·re V/I ⟨4d; es⟩ grausam werden, verrohen

in·cruen·to [-ɛ-] ADJ unblutig

in·cu·ba·tri·ce F 1 Brutkasten *m* 2 Brutapparat *m* **in·cu·ba·zio·ne** [-o-] F 1 ZOOL Brüten *n* 2 MED Inkubationszeit *f*

in·cu·bo M Albtraum *m* (*a. fig*)

in·cu·di·ne F Amboss *m* (*a.* ANAT)

in·cul·ca·re V/T ⟨1d⟩ ~ **qc in qn** j-m etw einschärfen

in·cu·ne·a·re V/T ⟨1m⟩ ver-, einkeilen

in·cu·pi·re ⟨4d⟩ A V/T düster, finster stimmen B V/PR **-rsi** sich verdüstern

in·cu·ra·bi·le ADJ unheilbar

in·cu·ra·bi·li·tà F ⟨*inv*⟩ Unheilbarkeit *f*

in·cu·ran·te ADJ ~ **di qc** ungeachtet etw (*gen*) **in·cu·ran·za** F 1 Unbekümmertheit *f* 2 Gleichgültigkeit *f*

in·cu·ria F Nachlässigkeit *f*

in·cu·rio·si·re ⟨4d⟩ A V/T neugierig machen B V/PR **-rsi** neugierig werden

in·cur·sio·ne [-si'o-] F 1 MIL Einfall *m*

2 Überfall *m* ♦ ~ **aerea** Luftangriff *m*
in·cur·va·re ⟨1a⟩ A V/T 1 (ver)biegen 2 krümmen B V/PR **-rsi** 1 sich (ver)biegen 2 sich krümmen **in·cur·va·tu·ra** F Biegung *f*, Krümmung *f*
in·cu·sto·di·to ADJ unbewacht
in·cu·te·re V/T ⟨3v⟩ einflößen: ~ **rispetto** Respekt einflößen
in·da·co M Indigo *m od n*
in·daf·fa·ra·to ADJ beschäftigt
in·da·ga·re ⟨1e⟩ A V/T erforschen, untersuchen B V/I ⟨av⟩ ermitteln
in·da·ga·to·re [-o-] ADJ forschend
in·da·gi·ne F 1 Nachforschung *f*, Untersuchung *f* 2 JUR Ermittlung *f* ♦ ~ **di mercato** Marktforschung *f*
in·de·bi·ta·men·te [-e-] ADV 1 missbräuchlich 2 widerrechtlich 3 zu Unrecht
in·de·bi·ta·men·to [-e-] M 1 Verschuldung *f* 2 Schulden *pl* **in·de·bi·ta·re** ⟨1m⟩ A V/T in Schulden stürzen B V/PR **-rsi** sich verschulden, sich in Schulden stürzen
in·de·bi·ta·to ADJ verschuldet
in·de·bi·to [-ɛ-] ADJ 1 unrechtmäßig, missbräuchlich 2 widerrechtlich 3 unverdient
in·de·bo·li·men·to [-e-] M Schwächung *f*, Entkräftung *f*
in·de·bo·li·re ⟨4d⟩ A V/T schwächen, entkräften B V/PR **-rsi** schwach werden, Kräfte verlieren
in·de·cen·te [-ɛ-] ADJ 1 unanständig: **prezzo** ~ unverschämter Preis *m* 2 furchtbar schlecht **in·de·cen·za** [-ɛ-] F Unanständigkeit *f* ♦ **è un'~!** das ist eine Schande!
in·de·ci·fra·bi·le ADJ 1 unentzifferbar 2 undechiffrierbar 3 *fig* unergründlich
in·de·ci·sio·ne [-o-] F Unentschlossenheit *f*
in·de·ci·so ADJ 1 unentschieden, ungelöst 2 unentschlossen, unschlüssig
in·de·co·ro·so [-o-] ADJ ungehörig
in·de·fes·so [-ɛ-] ADJ unermüdlich
in·de·fi·ni·bi·le ADJ undefinierbar **in·de·fi·ni·bi·li·tà** F ⟨*inv*⟩ Undefinierbarkeit *f*
in·de·fi·ni·tez·za [-e-] F Unbestimmtheit *f* **in·de·fi·ni·to** ADJ 1 unbestimmt 2 ungelöst
in·de·for·ma·bi·le ADJ unverformbar **in·de·for·ma·bi·li·tà** F ⟨*inv*⟩ Unverformbarkeit *f*
in·de·gni·tà F ⟨*inv*⟩ 1 Unwürdigkeit *f*, Würdelosigkeit *f* 2 würdelose Tat *f*
in·de·gno [-e-] ADJ unwürdig, würdelos
in·de·le·bi·le [-ɛ-] ADJ unauslöschlich ♦ **inchiostro** ~ dokumentenechte Tinte *f*
in·de·li·ca·tez·za [-e-] F Taktlosigkeit *f*
in·de·li·ca·to ADJ taktlos
in·de·mo·nia·to ADJ 1 (vom Teufel) besessen 2 wild
in·den·ne [-ɛ-] ADJ 1 unverletzt, unversehrt 2 unbeschädigt **in·den·ni·tà** F ⟨*inv*⟩ 1 Entschädigung *f* 2 Zulage *f* ♦ ~ **di accompagnamento** Pflege- und Betreuungsgeld *n*; ~ **di disoccupazione** Arbeitslosenunterstützung *f*; ~ **di frequenza** Eingliederungshilfe *f*; ~ **carovita** Teuerungszuschlag *m*; ~ **parlamentare** Diäten *pl*
in·den·niz·za·re V/T ⟨1a⟩ ~ **qn di qc** j-n für etw entschädigen **in·den·niz·zo** M 1 Entschädigung *f* 2 Schaden(s)ersatz *m* 3 SPORT (*per un giocatore*) Ablösesumme *f*
in·den·tro [-e-] ADV hinein ♦ **all'~** nach innen
in·de·ro·ga·bi·le ADJ 1 unumgänglich, unabdingbar 2 unaufschiebbar
in·de·scri·vi·bi·le ADJ unbeschreiblich
in·de·si·de·ra·bi·le ADJ unerwünscht **in·de·si·de·ra·to** ADJ unerwünscht, unwillkommen
in·de·ter·mi·na·bi·le ADJ unbestimmbar **in·de·ter·mi·na·tez·za** [-e-] F 1 Unbestimmtheit *f* 2 Unentschlossenheit *f* **in·de·ter·mi·na·to** ADJ unbestimmt **in·de·ter·mi·na·zio·ne** [-o-] F 1 Unbestimmtheit *f* 2 Unentschlossenheit *f*
★**In·dia** F Indien *n*
★**in·dia·na** F 1 (*India*) Inderin *f* 2 (*America*) Indianerin *f*
★**in·dia·no** A ADJ 1 (*India*) indisch 2 (*America*) indianisch B M, **-a** F 1 Inder *m*, -in *f* 2 Indianer *m*, -in *f* ♦ **camminare in fila -a** im Gänsemarsch gehen
in·dia·vo·la·to ADJ 1 besessen 2 *fig* höllisch, teuflisch, wild
★**in·di·ca·re** V/T ⟨1l *u.* d⟩ 1 ~ **qn/qc** (**con il dito**) (mit dem Finger) auf j-n/etw zeigen 2 ~ **a qn qc** j-m etw zeigen 3 anzeigen 4 empfehlen; angeben 5 hinweisen 6 andeuten **in·di·ca·ti·vo** A ADJ 1 bezeichnend 2 Richt-, ungefähr: **valore** ~ Richtwert *m* B M GRAM Indikativ *m*
in·di·ca·to ADJ geeignet **in·di·ca·to·re** [-o-] M 1 Anzeiger *m*: ~ **di livello del**

carburante Kraftstoffanzeiger *m* 2 WIRTSCH, CHEM, TECH Indikator *m* ♦ **~ di direzione** Fahrtrichtungsanzeiger *m*; **~ stradale** Wegweiser *m*; **~ di tensione** Spannungsprüfer *m*

in·di·ca·zio·ne [-o-] F 1 Hinweis *m*, Angabe *f* 2 Weisung *f* 3 Anleitung *f* 4 Ausschilderung *f* ♦ **~ di prezzo** Preisangabe *f*

in·di·ce M 1 Zeigefinger *m* 2 Zeichen *n* 3 (Inhalts)Verzeichnis *n* 4 HIST Index *m* (*a. fig*) 5 Zeiger *m* ♦ **~ analitico** Sachregister *n*; **~ d'ascolto** Einschaltquote *f*; **~ delle azioni** Aktienindex *m*; **~ di natalità** Geburtenziffer *f*; **~ dei prezzi al consumo** Lebenshaltungsindex *m*; **messa all'~** Indizierung *f*

in·di·ci·bi·le ADJ unsagbar, unsäglich

in·di·ciz·za·re V/T ⟨1a⟩ indexieren, angleichen **in·di·ciz·za·zio·ne** [-o-] F Angleichung *f*

in·die·treg·gia·re V/I ⟨1f; es, av⟩ 1 zurücktreten, zurückgehen 2 (*con veicolo*) zurücksetzen 3 **~ davanti a qc** vor etw (*dat*) zurückweichen (*a. fig*)

★**in·die·tro** [-ε-] ADV 1 rückwärts: **fare marcia ~** rückwärtsfahren; *fig* einen Rückzieher machen 2 zurück-: **tornare ~** zurückkommen 3 im Rückstand: **rimanere ~ con un lavoro** mit einer Arbeit im Rückstand sein ♦ **all'~** rückwärts; nach hinten; **l'orologio va ~** die Uhr geht nach

in·di·fen·di·bi·le ADJ unhaltbar (*a. fig*)

in·di·fe·so [-ezo] ADJ wehrlos, hilflos (*a. fig*)

in·dif·fe·ren·te [-ε-] ADJ 1 gleichgültig, unberührt 2 egal, gleich(gültig) **in·dif·fe·ren·te·men·te** [-e-] ADV unterschiedslos **in·dif·fe·ren·za** [-ε-] F Gleichgültigkeit *f* **in·dif·fe·ren·zia·to** ADJ 1 unterschiedslos 2 undifferenziert

in·dif·fe·ri·bi·le ADJ unaufschiebbar

in·di·ge·no A ADJ 1 eingeboren 2 einheimisch B M, **-a** F 1 Eingeborene *m/f* 2 Einheimische *m/f*

in·di·gen·te [-ε-] A ADJ 1 Not leidend 2 bedürftig B M/F 1 Notleidende *m/f* 2 Bedürftige *m/f* **in·di·gen·za** [-ε-] F Elend *n*

in·di·ge·ri·bi·le ADJ unverdaulich (*a. fig*) **in·di·ge·ri·bi·li·tà** F ⟨*inv*⟩ Unverdaulichkeit *f*

in·di·ge·stio·ne [-o-] F Verdauungsstörung *f* **in·di·ge·sto** [-ε-] ADJ schwer verdaulich (*a. fig*)

in·di·gna·re ⟨1a⟩ A V/T empören, entrüsten B V/PR **-rsi per qc** sich wegen etw empören **in·di·gna·to** ADJ empört, entrüstet

in·di·gna·zio·ne [-o-] F Empörung *f*

in·di·men·ti·ca·bi·le ADJ unvergesslich

in·di·mo·stra·bi·le ADJ unbeweisbar

in·di·mo·stra·to ADJ unbewiesen

★**in·di·pen·den·te** [-ε-] ADJ 1 unabhängig 2 POL parteilos **in·di·pen·den·za** [-ε-] F Unabhängigkeit *f*

in·di·re ⟨3t⟩ V/T 1 (*assemblea*) anberaumen, einberufen 2 (*elezioni*) ausschreiben 3 (*sciopero*) ausrufen

in·di·ret·to [-ε-] ADJ indirekt (*a. fig*)

in·di·riz·za·re ⟨1a⟩ A V/T 1 lenken, richten (*a. fig*) 2 **~ qn a un mestiere** j-n an einen Beruf heranführen 3 adressieren B V/PR **-rsi a qn per qc** sich an j-n wegen etw (*gen*) wenden

in·di·riz·za·rio M 1 Adressbuch *n* 2 IT Directory *n*, Verzeichnis *n*

★**in·di·riz·zo** M 1 Adresse *f*, Anschrift *f* 2 IT Adresse *f* 3 Richtung *f*: **~ di studi** Fachrichtung *f* ♦ IT **~ e-mail** E-Mail-Adresse *f*; IT **~ Internet** Internetadresse *f*; IT **~ di memoria** Speicheradresse *f*; IT **~ di posta elettronica** E-Mail-Adresse *f*; **~ di saluto** Grußwort *n*

in·di·sci·pli·na F Disziplinlosigkeit *f*

in·di·sci·pli·na·tez·za [-e-] F Undiszipliniertheit *f* **in·di·sci·pli·na·to** ADJ undiszipliniert

in·di·scre·to [-e-] ADJ indiskret **in·di·scre·zio·ne** [-o-] F Indiskretion *f*; Taktlosigkeit *f*

in·di·scri·mi·na·to ADJ unterschiedslos, wahllos

in·di·scus·so ADJ unbestritten

in·di·scu·ti·bi·le ADJ unbestreitbar

in·di·spen·sa·bi·le [-s-] A ADJ unentbehrlich, unerlässlich B M Nötigste *n*, Notwendige *n*

in·di·spet·ti·re ⟨4d⟩ A V/T verstimmen, (ver)ärgern B V/PR **-rsi per qc** sich über etw (*akk*) ärgern **in·di·spet·ti·to** ADJ **essere ~ per qc** über etw (*akk*) verärgert sein

in·di·spo·nen·te [-ε-] ADJ 1 ärgerlich 2 (*di persona*) aufreibend

in·di·spo·ni·bi·le ADJ nicht verfügbar

in·di·spor·re [-o-] ⟨3ll⟩ V/T irritieren, verstimmen

in·di·spo·si·zio·ne [-o-] F Unwohlsein

n

in·di·spo·sto [-o-] ADJ unwohl, unpässlich: **essere ~** sich unwohl fühlen

in·dis·so·lu·bi·le ADJ un(auf)lösbar **in·dis·so·lu·bi·li·tà** F ⟨*inv*⟩ Unauflösbarkeit *f*

in·di·stin·gui·bi·le ADJ ununterscheidbar

in·di·stin·ta·men·te [-e-] ADV **1** ohne Unterschied **2** undeutlich, vage **in·di·stin·to** ADJ undeutlich, vage, verschwommen

in·di·strut·ti·bi·le ADJ unzerstörbar **in·di·strut·ti·bi·li·tà** F ⟨*inv*⟩ Unzerstörbarkeit *f*

in·di·stur·ba·to ADJ ungestört

in·di·via F Endivie *f*

in·di·vi·dua·bi·le ADJ feststellbar

in·di·vi·dua·le ADJ **1** individuell, Individual- **2** Einzel-: **lezione ~** Einzelunterricht *m* **in·di·vi·dua·li·smo** [-z-] M Individualismus *m* **in·di·vi·dua·li·sta** M/F Individualist *m*, -in *f* **in·di·vi·dua·li·sti·co** ADJ individualistisch **in·di·vi·dua·li·tà** F ⟨*inv*⟩ Individualität *f*

in·di·vi·dua·liz·za·re V/T ⟨1a⟩ individualisieren **in·di·vi·dua·liz·za·zio·ne** [-o-] F Individualisierung *f*

in·di·vi·dua·re V/T ⟨1n⟩ **1** feststellen **2** ermitteln, herausfinden **in·di·vi·dua·zio·ne** [-o-] F **1** Bestimmung *f* **2** Ermittlung *f*

in·di·vi·duo M Individuum *n*, Wesen *n*

in·di·vi·si·bi·le ADJ **1** unteilbar **2** untrennbar, unzertrennlich

in·di·vi·si·bi·li·tà F ⟨*inv*⟩ **1** Unteilbarkeit *f* **2** Unzertrennlichkeit *f*

in·di·vi·so ADJ ungeteilt

in·di·zia·re V/T ⟨1g⟩ verdächtigen **in·di·zia·rio** ADJ Indizien-: **processo ~** Indizienprozess *m* **in·di·zia·to** **A** ADJ (tat)verdächtig **B** M, **-a** F (Tat)Verdächtige *m/f*

in·di·zio M **1** Anzeichen *n* **2** JUR Indiz *n*

in·di·zio·ne [-o-] F **1** Anberaumung *f* **2** (*di gara, elezioni*) Ausschreibung *f*

in·do·ci·le [-ɔ-] ADJ unfolgsam, unfügsam

In·do·ci·na F Indochina *n* **in·do·ci·ne·se** [-e-] **A** ADJ indochinesisch **B** M/F Indochinese *m*, -sin *f*

in·do·eu·ro·pe·o [-ɛ-] ADJ indoeuropäisch

in·do·le F Wesen *n*, Art *f*, Natur *f*

in·do·len·te [-ɛ-] ADJ träge

in·do·len·za [-ɛ-] F Trägheit *f*

in·do·len·zi·men·to [-e-] M (diffuse) Schmerzen *pl* **in·do·len·zi·re** ⟨4d⟩ **A** V/T (diffuse) Schmerzen verursachen **B** V/PR **-rsi** (diffuse) Schmerzen haben

in·do·lo·re [-o-] ADJ schmerzlos

in·do·ma·bi·le ADJ unbezähmbar

in·do·ma·ni M **l'~**, (**all'~**) am nächsten Tag, (am Tag darauf)

in·do·mi·to [-ɔ-] ADJ **1** ungezähmt, ungebändigt **2** *fig* ungebrochen, ungebeugt

In·do·ne·sia [-e-] F Indonesien *n* **in·do·ne·sia·no** **A** ADJ indonesisch **B** M, **-a** F Indonesier *m*, -in *f*

indoor [in'dɔr] ADJ ⟨*inv*⟩ Hallen-: **torneo ~** Hallenturnier *n*

in·do·ra·re V/T ⟨1c⟩ vergolden (*a. fig*) ♦ **~ la pillola** die Pille versüßen

★**in·dos·sa·re** V/T ⟨1c⟩ **1** anziehen **2** tragen, anhaben **in·dos·sa·to·re** [-o-] M Dressman *m* **in·dos·sa·tri·ce** F Mannequin *n*, Model *n*

in·dos·so [-ɔ-] ADV **avere ~** tragen

in·dot·to [-o-] ADJ PHYS induziert, Induktions-: **corrente -a** Induktionsstrom *m* ♦ WIRTSCH **imprese dell'~** Zulieferbetriebe *pl*

in·dot·tri·na·men·to [-e-] M POL Indoktrinierung *f* **in·dot·tri·na·re** V/T ⟨1a⟩ POL indoktrinieren

★**in·do·vi·na·re** V/T ⟨1a⟩ **1** (er)raten; treffen **2** voraussehen, voraussagen

in·do·vi·nel·lo [-ɛ-] M Rätsel *n*

in·do·vi·no M, **-a** F Wahrsager *m*, -in *f*

in·dub·bia·men·te [-e-] ADV zweifellos

in·dub·bio ADJ unzweifelhaft

in·du·bi·ta·bi·le ADJ unzweifelhaft, unbezweifelbar **in·du·bi·ta·to** ADJ unzweifelhaft

in·du·gia·re ⟨1f⟩ **A** V/I ⟨av⟩ **1** **~ a fare qc** zögern, etw zu tun **B** V/PR **-rsi** **1** sich verzögern **2** **-rsi con qn** sich bei j-m aufhalten

in·du·gio M Zögern *n*

in·du·i·smo [-z-] M Hinduismus *m*

in·dul·gen·te [-ɛ-] ADJ nachsichtig **in·dul·gen·za** [-ɛ-] F **1** Nachsicht *f* **2** THEOL Ablass *m*

in·dul·ge·re V/I ⟨3d; av⟩ **1** nachgeben **2** frönen

in·dul·to M Straferlass *m*

in·du·men·to [-e-] M Kleidungsstück *n*

in·du·ri·men·to [-e-] M (Ver)Härtung

f
in·du·ri·re ⟨4d⟩ **A** VT verhärten (*a. fig*) **B** VPR **-rsi** (sich) verhärten; hart werden (*a. fig*)
in·dur·re ⟨3e⟩ VT **1** **~ qn a qc** j-n zu etw veranlassen **2** verleiten: **~ qn al male** j-n zum Bösen verleiten
★**in·du·stria** F **1** Industrie *f* **2** Geschicklichkeit *f* **3** Betriebsamkeit *f* ♦ **~ alberghiera** Hotelgewerbe *n*; **~ alimentare** Lebens-, Nahrungsmittelindustrie *f*; **~ dei beni di consumo** Konsumgüterindustrie *f*; **~ farmaceutica** Pharmaindustrie *f*; **~ manifatturiera** verarbeitende Industrie *f*; **~ siderurgica** Eisen- und Stahlindustrie *f*
★**in·du·stria·le** **A** ADJ Industrie-, industriell **B** M/F Industrielle *m/f* ♦ **su scala ~** industriell; *fig* in großen Mengen
in·du·stria·liz·za·re VT ⟨1a⟩ industrialisieren **in·du·stria·liz·za·to** ADJ industrialisiert, Industrie-: **paesi -i** Industrienationen *pl* **in·du·stria·liz·za·zio·ne** [-o-] F Industrialisierung *f*
in·du·striar·si [-s-] VPR ⟨1m⟩ sich bemühen: **~ in qc** sich um etw bemühen
in·du·strio·so [-o-] ADJ betriebsam, emsig
in·dut·ti·vo ADJ induktiv, Induktions-
in·du·zio·ne [-o-] F Induktion *f*
i·ne·be·ti·re ⟨4d⟩ **A** VT **1** verblöden lassen **2** betäuben **B** VPR **-rsi** verblöden **i·ne·be·ti·to** ADJ **1** stumpfsinnig **2** betäubt
i·ne·bria·men·to [-e-] M **1** Berauschen *n* **2** Rausch *m* (*a. fig*)
i·ne·brian·te ADJ berauschend (*a. fig*)
i·ne·bria·re ⟨1m *u.* b⟩ **A** VT berauschen (*a. fig*) **B** VPR **-rsi** sich berauschen: **-rsi di qc** sich an etw (*dat*) berauschen
i·nec·ce·pi·bi·le ADJ einwandfrei, tadellos **i·nec·ce·pi·bi·li·tà** F ⟨*inv*⟩ Tadellosigkeit *f*
i·ne·dia [-ɛ-] F Hunger *m*: **morire d'~** hungers sterben; *fig* vor Langeweile sterben
i·ne·di·fi·ca·bi·le ADJ nicht bebaubar
i·ne·di·to [-ɛ-] ADJ **1** unveröffentlicht **2** *fig* neuartig
i·ne·du·ca·to ADJ ungezogen
i·nef·fa·bi·le ADJ unaussprechlich
i·nef·fet·tua·bi·le ADJ unausführbar
i·nef·fi·ca·ce ADJ unwirksam
i·nef·fi·ca·cia F Unwirksamkeit *f*
i·nef·fi·cien·te [-ɛ-] ADJ ineffizient
i·nef·fi·cien·za [-ɛ-] F Ineffizienz *f*
i·ne·gua·glia·bi·le ADJ unvergleichlich **i·ne·gua·glia·bi·li·tà** F ⟨*inv*⟩ **1** Unvergleichbarkeit *f* **2** Unerreichbarkeit *f* **i·ne·gua·glian·za** F **1** Ungleichheit *f* **2** Unebenheit *f*
i·ne·gua·le ADJ **1** ungleich: **forze -i** ungleiche Kräfte *pl* **2** unregelmäßig **3** uneben
i·ne·le·gan·te ADJ **1** nicht elegant **2** *fig* plump
i·ne·lu·di·bi·le ADJ unausweichlich **i·ne·lu·di·bi·li·tà** F ⟨*inv*⟩ Unausweichlichkeit *f*
i·ne·lut·ta·bi·le ADJ unabwendbar **i·ne·lut·ta·bi·li·tà** F ⟨*inv*⟩ Unabwendbarkeit *f*
i·ne·qui·vo·ca·bi·le ADJ unmissverständlich, eindeutig
i·ne·ren·te [-ɛ-] ADJ **1** **~ a qc** etw (*dat*) innewohnend **2** **~ a qc** etw betreffend
i·ne·ren·za [-ɛ-] F Inhärenz *f*
i·ner·me [-ɛ-] ADJ wehrlos, unbewaffnet
i·ner·pi·car·si [-s-] VPR ⟨1m *u.* d⟩ **1** **~ su qc** an etw (*dat*) hochklettern **2** *fig* sich emporziehen
i·ner·te [-ɛ-] ADJ **1** träge **2** *fig* **capitale ~** totes Kapital *n*
i·ner·zia [-ɛ-] F Trägheit *f* (*a.* MED) ♦ *fig* **per forza d'~** aus reiner Gewohnheit
i·ne·sat·tez·za [-e-] F **1** Unrichtigkeit *f* **2** Ungenauigkeit *f* **i·ne·sat·to** ADJ **1** unrichtig, falsch **2** ungenau
i·ne·sau·di·bi·le ADJ unerfüllbar
i·ne·sau·di·to ADJ unerfüllt
i·ne·sau·ri·bi·le ADJ unerschöpflich
i·ne·se·gui·bi·le ADJ unausführbar
i·ne·si·gi·bi·le ADJ nicht eintreibbar
i·ne·si·sten·te [-ɛ-] ADJ nicht bestehend, inexistent **i·ne·si·sten·za** [-ɛ-] F Nichtbestehen *n*
i·ne·so·ra·bi·le ADJ unerbittlich **i·ne·so·ra·bi·li·tà** F ⟨*inv*⟩ Unerbittlichkeit *f*
i·ne·spe·rien·za [-ɛ-] F Unerfahrenheit *f* **i·ne·sper·to** [-ɛ-] ADJ **1** unerfahren **2** ungeübt
i·ne·spia·to ADJ ungesühnt
i·ne·spli·ca·bi·le ADJ unerklärlich **i·ne·spli·ca·bi·li·tà** F ⟨*inv*⟩ Unerklärlichkeit *f*
i·ne·splo·ra·to ADJ unerforscht (*a. fig*)
i·ne·spres·si·vi·tà F ⟨*inv*⟩ Ausdruckslosigkeit *f* **i·ne·spres·si·vo** ADJ ausdruckslos
i·ne·spri·mi·bi·le ADJ unaussprechlich

i·ne·spu·gna·bi·le ADJ uneinnehmbar
i·ne·sti·ma·bi·le ADJ unschätzbar
i·ne·stin·gui·bi·le ADJ **1** unlöschbar **2** *fig* (*di sentimenti*) unstillbar; unüberwindbar **3** (*di debiti*) untilgbar
i·ne·stir·pa·bile ADJ unausrottbar
i·ne·stri·ca·bi·le ADJ unentwirrbar
i·net·ti·tu·di·ne F Untauglichkeit *f*, Ungeeignetsein *n* **i·net·to** [-ɛ-] **A** ADJ **1** untauglich, nichtsnutzig **2** unfähig **B** M, **-a** F untauglicher Mensch *m*, Versager *m*, -in *f*
i·ne·va·so ADJ unerledigt
i·ne·vi·ta·bi·le ADJ unvermeidlich **i·ne·vi·ta·bi·li·tà** F ⟨*inv*⟩ Unvermeidlichkeit *f*
i·ne·zia [-ɛ-] F Kleinigkeit *f*, Lappalie *f*
in·fa·got·ta·re ⟨1c⟩ **A** V/T **1** zu einem Bündel verschnüren **2** einmummeln, einpacken **B** V/PR **-rsi** sich einmummeln
in·fal·li·bi·le ADJ unfehlbar, untrüglich **in·fal·li·bi·li·tà** F ⟨*inv*⟩ Unfehlbarkeit *f*
in·fal·si·fi·cabi·le ADJ fälschungssicher
in·fa·ma·re ⟨1a⟩ **A** V/T entehren, verleumden **B** V/PR **-rsi** sich entehren **in·fa·me** **A** ADJ **1** schändlich **2** scheußlich **B** M/F Schandkerl *m*, schändliche Person *f* **in·fa·mia** F **1** Schmach *f*, Schande *f* **2** Infamie *f* **3** (*atto*) Schandtat *f*
in·fan·ga·re V/T ⟨1e⟩ **1** mit Schlamm beschmutzen **2** *fig* in den Schmutz ziehen
in·fan·te[1] M/F (Klein)Kind *n*
in·fan·te[2] M, **-a** F Infant *m*, -in *f*
in·fan·ti·ci·da M/F Kindesmörder *m*, -in *f* **in·fan·ti·ci·dio** M Kindesmord *m*
in·fan·ti·le ADJ **1** kindlich, Kinder-, Kindes-: **asilo ~** Kindergarten *m*; **malattia ~** Kinderkrankheit *f* **2** kindisch
in·fan·ti·li·smo [-z-] M **1** PSYCH Infantilismus *m* **2** Infantilität *f*
in·fan·zia F **1** Kindheit *f*: **fin dall'~** von Kindesbeinen an **2** Kinder *pl* ♦ **prima ~** Kleinkindalter *n*
in·far·ci·re V/T ⟨4d⟩ **1** GASTR füllen, farcieren **2** *fig* spicken, anreichern
in·fa·ri·na·re V/T ⟨1a⟩ **1** mit Mehl bestreuen **2** in Mehl wenden **in·fa·ri·na·tu·ra** F *fig* oberflächliche Kenntnisse *pl*
in·far·to M Infarkt *m*
in·fa·sti·di·re ⟨4d⟩ **A** V/T belästigen, ärgern **B** V/PR **-rsi per qc** sich über etw (*akk*) ärgern, sich durch etw belästigt fühlen **in·fa·sti·di·to** ADJ verärgert
in·fa·ti·ca·bi·le ADJ unermüdlich **in·fa·ti·ca·bi·li·tà** F ⟨*inv*⟩ Unermüdlichkeit *f*
★**in·fat·ti** **A** KONJ **1** denn, nämlich **2** in der Tat, tatsächlich **B** ADV genau
in·fa·tua·re ⟨1m⟩ **A** V/T **~ qn di qc** j-n für etw begeistern **B** V/PR **1** **-rsi di qn** sich in j-n vernarren **2** **-rsi di qn/qc** sich für j-n/etw begeistern
in·fa·tua·zio·ne [-o-] F Begeisterung *f*
in·fau·sto ADJ unglückselig, Unglücks-
in·fe·con·di·tà F ⟨*inv*⟩ Unfruchtbarkeit *f*
in·fe·con·do [-o-] ADJ unfruchtbar (*a. fig*)
in·fe·de·le [-e-] **A** ADJ **1** untreu, treulos **2** *fig* ungetreu, ungenau **3** REL ungläubig **B** M/F Ungläubige *m/f*
in·fe·del·tà F ⟨*inv*⟩ **1** Untreue *f*, Treulosigkeit *f* **2** Ungenauigkeit *f*
★**in·fe·li·ce** **A** ADJ **1** unglücklich **2** unpassend **3** misslungen **4** ungünstig **B** M/F Unglückliche *m/f*
in·fe·li·ci·tà F ⟨*inv*⟩ Unglück *n*
in·fel·tri·re ⟨4d⟩ **A** V/T TEX walken **B** V/I ⟨es⟩ & V/PR **-rsi** verfilzen
★**in·fe·rio·re** [-o-] ADJ ⟨*komp von* **basso**⟩ **1** untere, Unter-: **il cassetto ~** die untere Schublade **2** (*di numero, misure*) niedriger **3** (*di valore*) geringer, minderwertig **4** **~ a qc** unter etw (*dat*); **di età ~ ai 16 anni** unter 16 Jahren ♦ **essere ~ a qn** j-m unterlegen sein; **non essere ~ in nulla a qn** j-m in nichts nachstehen
in·fe·rio·ri·tà F ⟨*inv*⟩ **1** Unterlegenheit *f* **2** PSYCH Minderwertigkeit *f*: **complesso d'~** Minderwertigkeitskomplex *m*
in·fe·ri·re V/T ⟨4d⟩ **1** **~ un colpo** einen Schlag versetzen **2** folgern
in·fer·me·ri·a F Krankenstation *f*
★**in·fer·mie·ra** [-ɛ-] F Krankenschwester *f*
★**in·fer·mie·re** [-ɛ-] M Krankenpfleger *m*
in·fer·mi·tà F ⟨*inv*⟩ Gebrechen *n*, Krankheit *f*
in·fer·mo [-e-] **A** ADJ krank **B** M, **-a** F (Schwer)Kranke *m/f*
in·fer·na·le ADJ höllisch, Höllen- (*a. fig*): **baccano ~** Höllenlärm *m*
★**in·fer·no** [-ɛ-] M Hölle *f* ♦ (**va'**) **all'~!** (geh) zum Teufel!; **mandare qn all'~** j-n zum Teufel jagen
in·fe·ro·ci·re ⟨4d⟩ **A** V/T wild machen **B** V/I ⟨av⟩ **~ su qn** gegen j-n wüten **C** V/PR **-rsi** wild werden

in·fer·ria·ta F (Eisen)Gitter *n*

in·fer·to [-ɛ-] → inferire

in·fer·vo·ra·re ⟨1m *u.* b⟩ **A** V/T begeistern, erhitzen **B** V/PR **-rsi** sich ereifern, sich begeistern **in·fer·vo·ra·to** ADJ begeistert, eifrig

in·fe·stan·te **A** ADJ befallend **B** FPL Unkraut *n* **in·fe·sta·re** V/T ⟨1b⟩ **1** heimsuchen (*a. fig*) **2** (*di piante*) befallen **in·fe·sta·zio·ne** [-o-] F **1** Heimsuchung *f* **2** Befall *m*

in·fet·ta·re ⟨1b⟩ **A** V/T **1** MED **~ qn con qc** j-n mit etw infizieren, anstecken **2** verseuchen, verpesten **3** *fig* verderben, korrumpieren **B** V/PR **-rsi** sich infizieren, sich anstecken **in·fet·ti·vo** ADJ Infektions-, ansteckend: **malattia -a** Infektionskrankheit *f*

in·fet·to [-ɛ-] ADJ **1** infiziert **2** verseucht, verpestet **3** *fig* verderbt, korrupt

★**in·fe·zio·ne** [-o-] F Infektion *f*

in·fiac·chi·re ⟨4d⟩ **A** V/T entkräften, schwächen **B** V/PR **-rsi** schwach werden, erschlaffen

in·fiam·ma·bi·le ADJ **1** entflammbar, entzündlich **2** feuergefährlich **3** *fig* hitzig, aufbrausend **in·fiam·ma·bi·li·tà** F ⟨*inv*⟩ Entflammbarkeit *f*, Entzündbarkeit *f*

in·fiam·ma·re ⟨1a⟩ **A** V/T **1** (an-, ent)zünden **2** *fig* **~ qn per qc** j-n für etw entflammen **3** erhitzen; erröten lassen **B** V/PR **-rsi** **1** sich entzünden **2** *fig* **-rsi di passione per qn** in Leidenschaft für j-n entbrennen; **-rsi di sdegno** sich entrüsten **3** aufbrausen **4** MED sich entzünden **5** erröten **in·fiam·ma·to** ADJ **1** MED entzündet **2** *fig* entflammt **3** rot **in·fiam·ma·to·rio** [-ɔ-] ADJ Entzündungs-, entzündlich **in·fiam·ma·zio·ne** [-o-] F Entzündung *f*: **~ alla gola** Halsentzündung *f*

in·fia·sca·re V/T ⟨1d⟩ in Korbflaschen füllen

in·fi·do ADJ **1** unzuverlässig **2** unsicher

in·fie·ri·re V/I ⟨4d; av⟩ **1** **~ contro** (*od* **su**) **qn/qc** sich gegen j-n/etw vergehen **2** *fig* wüten

in·fig·ge·re ⟨3cc⟩ **A** V/T **1** stoßen **2** (*nel suolo*) rammen **3** *fig* einprägen **B** V/PR **-rsi** *fig* sich einprägen

in·fi·la·re ⟨1a⟩ **A** V/T **1** **~ qc in qc** etw in etw (*akk*) stecken **2** (ein)stechen **3** (*anelli*) anstecken **4** aufspießen **B** V/PR **1** **-rsi in qc** in etw (*akk*) eindringen, schlüpfen **2** **-rsi qc** (sich [*dat*]) etw anziehen ♦ **~ il filo** (**nell'ago**) den Faden (in die Nadel) einfädeln; **~ il braccio sotto quello di qn** sich bei j-m einhängen; **-rsi sotto le coperte** unter die Decke kriechen

in·fil·tra·re ⟨1a⟩ **A** V/T einschleusen **B** V/PR **-rsi** **1** eindringen (*a. fig*) **2** (*nel suolo*) einsickern **in·fil·tra·to** M, **-a** F eingeschleuster Agent *m*, eingeschleuste Agentin *f*

in·fil·tra·zio·ne [-o-] F **1** Eindringen *n*; Einsickern *n* **2** *fig* Unterwanderung *f* **3** MED Infiltration *f*

in·fil·za·re V/T ⟨1a⟩ **1** durchstechen; durchbohren **2** aufspießen **3** (*perle*) auffädeln **in·fil·za·ta** F *umg* Reihe *f*, Serie *f* (*a. fig*)

in·fi·mo ADJ **1** unterst, niedrigst: **gente di -a condizione** Leute von niedrigstem Rang **2** schlechtest, geringst

in·fi·ne ADV **1** (*finalmente*) schließlich **2** (*insomma*) vielleicht (einmal); eigentlich

in·fin·gar·dag·gi·ne F Arbeitsscheu *f*; Drückebergerei *f* **in·fin·gar·do** **A** ADJ drückebergerisch **B** M, **-a** F Drückeberger *m*, -in *f*

in·fi·ni·tà F ⟨*inv*⟩ **1** Unendlichkeit *f* **2** Unmenge *f*, Unzahl *f*

in·fi·ni·te·si·ma·le ADJ **1** unendlich klein **2** MATH **calcolo ~** Infinitesimalrechnung *f* **in·fi·ni·te·si·mo** [-ɛ-] **A** ADJ unendlich klein, winzig **B** M Bruchteil *m* **in·fi·ni·to** **A** ADJ unendlich (*a.* MATH); unzählig **B** M **1** Unendliche *n* (*a.* MATH) **2** GRAM Infinitiv *m* ♦ **all'~** endlos; **grazie -e** tausend Dank

in·fi·noc·chia·re V/T ⟨1k *u.* c⟩ *umg* übers Ohr hauen

in·fioc·ca·re V/T ⟨1c *u.* d⟩ mit Schleifen schmücken

in·fio·ra·re V/T ⟨1a⟩ mit Blumen schmücken

in·fio·re·scen·za [-ɛ-] F Blütenstand *m*

in·fir·ma·re V/T ⟨1a⟩ **~ la deposizione di qn** j-s Aussage entkräften

in·fi·schiar·si [-s-] V/PR ⟨1k⟩ **~ di qn/qc** auf j-n/etw pfeifen

in·fis·so M **1** (Blend)Rahmen *m* **2** Tür-, Fensterflügel *m*

in·fit·ti·re ⟨4d⟩ **A** V/T **1** dichter machen **2** *fig* **~ le visite** häufigere Besuche machen **B** V/PR **-rsi** dichter, stärker werden; zunehmen

in·flac·ci·di·re ⟨4d⟩ V/I ⟨es⟩ & V/PR **-rsi**

erschlaffen, schlaff werden

in·fla·ti·vo ADJ inflationär

in·fla·zio·na·to ADJ **1** inflationiert **2** *fig* entwertet **3** abgegriffen ♦ **denaro ~** Inflationsgeld *n*

in·fla·zio·ne [-o-] F Inflation *f* (*a. fig*): **~ galoppante/strisciante/controllata** galoppierende/schleichende/gesteuerte Inflation *f* ♦ **tasso d'~** Inflationsrate *f*

in·fla·zio·ni·sti·co ADJ inflationär

in·fles·si·bi·le ADJ **1** unflexibel **2** unbeugsam, unerschütterlich **in·fles·si·bi·li·tà** F ⟨*inv*⟩ **1** Unflexibilität *f* **2** Unbeugsamkeit *f*

in·fles·sio·ne [-o-] F Tonfall *m*

in·flig·ge·re V/T ⟨3cc⟩ verhängen, auferlegen ♦ **~ una dura lezione a qn** j-m eine harte Lektion erteilen

in·fluen·te [-ɛ-] ADJ einflussreich

★**in·fluen·za** [-ɛ-] F **1** Einfluss *m* **2** MED Grippe *f* **in·fluen·za·le** ADJ Grippe-, grippal: **virus ~** Grippevirus *n*

★**in·fluen·za·re** ⟨1b⟩ **A** V/T beeinflussen **B** V/PR **-rsi** sich (gegenseitig) beeinflussen

in·flu·i·re V/I ⟨4d; av⟩ **~ su qc** auf etw (*akk*) einwirken; **~ su qn** j-n beeinflussen

in·flus·so M Einfluss *m* (*a.* ASTROL)

in·fol·ti·re ⟨4d⟩ **A** V/T dicht machen **B** V/PR **-rsi** sich verdichten, dicht werden

in·fon·da·tez·za [-e-] F Unbegründetheit *f*

in·fon·da·to ADJ unbegründet

in·fon·de·re [-o-] V/T ⟨3bb⟩ (*fiducia*) einflößen; (*coraggio*) zusprechen

in·for·ca·re V/T ⟨1d⟩ aufgabeln ♦ **~ la bicicletta** sich aufs Rad schwingen

in·for·ma·le ADJ informell, formlos

★**in·for·ma·re** V/T ⟨1a⟩ **~ qn di** (*od* **su**) **qc** j-n über etw (*akk*) informieren (*od* unterrichten)

★**in·for·mar·si** [-s-] V/PR ⟨1a⟩ **~ su qc da qn** (*od* **di qc presso qn**) sich bei j-m nach etw erkundigen, sich bei j-m über etw (*akk*) informieren

★**in·for·ma·ti·ca** F Informatik *f*

in·for·ma·ti·co **A** ADJ Informatik- **B** M, **-a** F Informatiker *m*, -in *f*

in·for·ma·ti·vo ADJ informativ ♦ **a titolo ~** zur Information

in·for·ma·tiz·za·re V/T ⟨1a⟩ computerisieren **in·for·ma·tiz·za·zio·ne** [-o-] F Computerisierung *f*

in·for·ma·to ADJ informiert **in·for·ma·to·re** [-o-] M, **-tri·ce** F Informant *m*, -in *f*

★**in·for·ma·zio·ne** [-o-] F Auskunft *f*, Information *f* ♦ **ufficio -i** Auskunftsbüro *n*; **-i utili** nützliche Hinweise *pl*; IT **-i di sistema** Systeminformationen *pl*

in·for·me ADJ formlos, gestaltlos

in·for·mi·co·li·men·to [-e-] M Kribbeln *n*

in·for·na·re V/T ⟨1a⟩ in den Ofen schieben

in·for·tu·nar·si [-s-] V/PR ⟨1a⟩ sich verletzen, einen Unfall haben **in·for·tu·na·to** ADJ verletzt

in·for·tu·nio M Unfall *m*: **avere** (*od* **subire**) **un ~** einen Unfall erleiden ♦ **assicurazione contro gli -ni** Unfallversicherung *f*; **~ sul lavoro** Arbeitsunfall *m*

in·for·tu·ni·sti·ca F Unfallforschung *f*

in·fos·sar·si [-si] V/PR ⟨1c⟩ **1** einsinken **2** einfallen **in·fos·sa·to** ADJ **guance -e** eingefallene Wangen *pl*; **occhi -i** tief liegende Augen *pl*

in·fo·tain·ment [info'teinment] M ⟨*inv*⟩ Infotainment *n*

in·fra·di·cia·re ⟨1m⟩ **A** V/T **1** durchnässen **2** (*cibo*) verderben lassen **B** V/PR **-rsi** **1** nass werden **2** verderben

in·fra(m)·met·te·re [-e-] ⟨3ee⟩ **A** V/T dazwischensetzen, -legen, -stellen **B** V/PR **-rsi** dazwischentreten (*a. fig*)

in·fran·ge·re ⟨3d⟩ **A** V/T **1** zerbrechen **2** *fig* brechen: **~ la legge** das Gesetz brechen **B** V/PR **-rsi** **1** zerbrechen (*a. fig*) **2** (*di onde*) sich brechen

in·fran·gi·bi·le ADJ unzerbrechlich, bruchfest **in·fran·to** ADJ **1** zerbrochen **2** *fig* **cuore ~** gebrochenes Herz *n*

in·fra·ros·so [-o-] ADJ infrarot: **raggi -i** Infrarotstrahlen *pl* **in·fra·set·ti·ma·na·le** ADJ während der Woche

in·fra·strut·tu·ra F Infrastruktur *f*

in·fra·zio·ne [-o-] F **1** Verstoß *m*: **~ a qc** Verstoß gegen etw **2** MED Infraktion *f*

in·fred·da·tu·ra F Erkältung *f*

in·fred·do·lir·si [-s-] V/PR ⟨4d⟩ frieren **in·fred·do·li·to** ADJ frierend

in·fre·quen·te [-ɛ-] ADJ nicht häufig, selten

in·frol·li·re V/T ⟨4d⟩ **1** GASTR abhängen **2** *fig* erschlaffen

in·frut·te·scen·za [-ɛ-] F Fruchtstand *m* **in·frut·ti·fe·ro** ADJ **1** unfruchtbar **2** WIRTSCH unverzinslich **in·frut·tuo·so** [-o-] ADJ **1** unfruchtbar **2** WIRTSCH unverzinslich **3** *fig* vergeblich

in·fuo·ca·re ⟨1d⟩ **A** VT **1** zum Glühen bringen **2** *fig* entflammen **B** VPR **-rsi** **1** erglühen, glühend werden **2** *fig* sich erhitzen

in·fuo·ca·to ADJ **1** glühend **2** *fig* hitzig

in·fuo·ri [-ɔ-] **A** ADV **all'~** nach außen, hinaus, heraus **B** PRÄP **all'~ di** außer

in·fur·bir·si [-s-] VPR ⟨4d⟩ schlau werden

in·fu·ria·re **A** VI ⟨1k; es⟩ wüten, toben **B** VPR **-rsi** in Wut geraten **in·fu·ria·to** ADJ wütend: **toro ~** wütender Stier *m*

in·fu·sio·ne [-o-] F **1** Aufguss *m*: **lasciare il tè in ~** den Tee ziehen lassen **2** MED Infusion *f* **in·fu·so** M Aufguss *m*, Tee *m*

in·gab·bia·re VT ⟨1k⟩ **1** in einen Käfig sperren **2** *fig* einsperren, einlochen

in·gab·bia·tu·ra F (*edilizia*) Skelettbau *m*

in·gag·gia·re ⟨1f⟩ **A** VT **1** ein-, anstellen, engagieren **2** (*arruolare*) anwerben **3** **~ battaglia** eine Schlacht beginnen **B** VPR **-rsi** sich verwickeln **in·gag·gio** M **1** Ein-, Anstellung *f*; Engagement *n* **2** (*arruolamento*) Anwerbung *f* **3** SPORT Vertrag *m* **4** Gage *f*

in·ga·gliar·di·re ⟨4d⟩ **A** VT stärken **B** VPR **-rsi** kräftig, stark werden

★**in·gan·na·re** ⟨1a⟩ **A** VT **1** täuschen **2** **~ la fiducia altrui** das Vertrauen anderer missbrauchen **3** betrügen **B** VPR **-rsi sul conto di qn** sich in j-m täuschen ♦ **l'apparenza inganna** der Schein trügt

in·gan·na·to·re [-o-] **A** ADJ trügerisch **B** M, **-tri·ce** F Betrüger *m*, -in *f* **in·gan·ne·vo·le** [-e-] ADJ trügerisch

in·gan·no M **1** Betrug *m* **2** Täuschung *f*

in·gar·bu·glia·re ⟨1g⟩ **A** VT **1** durcheinanderbringen, verwickeln (*a. fig*) **B** VPR **-rsi** **1** sich verwickeln, sich verkomplizieren **2** (*nel parlare*) sich verhaspeln **in·gar·bu·glia·to** ADJ **1** verworren **2** verwickelt, verzwickt

in·ge·gnar·si [-s-] VPR ⟨1a⟩ **1** **~ per qc** sich für etw einsetzen **2** **~ alla meglio** sich recht und schlecht durchschlagen

★**in·ge·gne·re** [-ɛ-] M Ingenieur *m*, -in *f*

★**in·ge·gne·ri·a** F **1** Ingenieurwesen *n* **2** technische Fakultät *f* ♦ **~ ambientale** Umwelttechnik *f*; **~ genetica** Gentechnik *f*, Gentechnologie *f*

in·ge·gno [-e-] M **1** Geist *m*, Verstand *m* **2** Begabung *f*; Veranlagung *f*; Talent *n*

in·ge·gno·si·tà F ⟨*inv*⟩ Einfallsreichtum *m*, Findigkeit *f* **in·ge·gno·so** [-o-] ADJ **1** einfallsreich, erfinderisch **2** wohldurchdacht

in·ge·lo·si·re ⟨4d⟩ **A** VT eifersüchtig machen **B** VPR **-rsi di** (*od* **per**) **qn/qc** auf j-n/etw eifersüchtig werden

in·gem·ma·re VT ⟨1a⟩ **1** mit Edelsteinen besetzen **2** schmücken, ausschmücken

in·ge·ne·ra·re VT ⟨1m *u.* b⟩ erzeugen, stiften, hervorrufen: **~ inquietudine** Unruhe stiften

in·ge·ne·ro·si·tà F ⟨*inv*⟩ Engherzigkeit *f* **in·ge·ne·ro·so** [-o-] ADJ engherzig, kleinlich

in·ge·ni·to [-ɛ-] ADJ angeboren, innewohnend

in·gen·te [-ɛ-] ADJ beachtlich, hoch

in·gen·ti·li·re VT ⟨4d⟩ **1** verschönern **2** verfeinern, veredeln

in·ge·nui·tà F ⟨*inv*⟩ Naivität *f*, Arglosigkeit *f* **in·ge·nuo** [-ɛ-] ADJ naiv, arglos

in·ge·ren·za [-ɛ-] F Einmischung *f*

in·ge·ri·re ⟨4d⟩ **A** VT einnehmen, zu sich nehmen **B** VPR **-rsi** sich einmischen

in·ges·sa·re VT ⟨1b⟩ in Gips legen; (*braccio, gamba*) eingipsen **in·ges·sa·to** ADJ eingegipst **in·ges·sa·tu·ra** F Gips(verband) *m*

in·ge·stio·ne [-o-] F Ein-, Aufnahme *f*

★**In·ghil·ter·ra** [-ɛ-] F England *n*

in·ghiot·ti·men·to [-e-] M (Ver)-Schlucken *n* **in·ghiot·ti·re** VT ⟨4d⟩ (ver-, hinunter)schlucken

in·ghip·po M *umg* **1** (*imbroglio*) Schwindel *m*, Betrug *m* **2** (*difficoltà*) Problem *n*

in·ghir·lan·da·re ⟨1a⟩ **A** VT mit Girlanden schmücken **B** VPR **-rsi** sich bekränzen

in·gial·li·men·to [-e-] M Vergilben *n*

in·gial·li·re ⟨4d⟩ **A** VT gelb färben **B** VI ⟨es⟩ & VPR **-rsi** gelb werden; vergilben **in·gial·li·to** ADJ vergilbt

in·gi·gan·ti·re ⟨4d⟩ **A** VT aufbauschen **B** VPR **-rsi** riesengroß werden

in·gi·noc·chiar·si [-s-] VPR ⟨1k⟩ sich (hin-, nieder)knien **in·gi·noc·chia·to** ADJ kniend **in·gi·noc·chia·to·io** [-o-] M Kniebank *f*

in·gio·iel·la·re ⟨1b⟩ **A** VT mit Schmuck behängen **B** VPR **-rsi** Schmuck anlegen

in·giù ADV **all'~** nach unten

in·giu·di·ca·to ADJ unbeurteilt

in·giun·ge·re ⟨3d⟩ VT **~ a qn di fare qc**

j-n auffordern, etw zu tun
in·giun·ti·vo ADJ Mahn-: **decreto ~** Mahnbescheid *m* **in·giun·zio·ne** [-o-] F Mahnung *f*, Aufforderung *f*: **~ di espulsione** Ausweisungsbefehl *m*
in·giu·ria F Beleidigung *f*, Schmähung *f*
in·giu·ria·re ⟨1k⟩ A V/T beleidigen B V/PR **-rsi** sich beleidigen **in·giu·rio·so** [-o-] ADJ beleidigend
in·giu·sta·men·te [-e-] ADV zu Unrecht
in·giu·sti·fi·ca·bi·le ADJ unentschuldbar **in·giu·sti·fi·ca·to** ADJ 1 unbegründet 2 unentschuldigt
in·giu·sti·zia F Unrecht *n*, Ungerechtigkeit *f* **in·giu·sto** ADJ ungerecht
★**in·gle·se** [-e-] A ADJ englisch B M/F Engländer *m*, -in *f* C M (*lingua*) Englisch(e) *n*
in·glo·ba·men·to [-e-] M Einverleibung *f*
in·glo·ba·re V/T ⟨1c⟩ einverleiben
in·glo·rio·so [-o-] ADJ ruhmlos, unrühmlich
in·gob·bi·re ⟨4d⟩ V/I ⟨es⟩ & V/PR **-rsi** buck(e)lig werden
in·gob·bi·to ADJ buck(e)lig
in·go·ia·re V/T ⟨1i⟩ 1 (hinunter)schlucken 2 hinunter-, verschlingen
in·gol·fa·re ⟨1a⟩ A V/T **~ il motore** den Motor absaufen lassen B V/PR **-rsi** absaufen
in·gol·la·re V/T ⟨1a⟩ hinunterschlingen
in·go·lo·si·re V/T ⟨4d⟩ 1 Appetit machen 2 *fig* verlocken
in·gom·bran·te ADJ sperrig, Sperr- ♦ **rifiuti -i** Sperrmüll *m*
in·gom·bra·re V/T ⟨1a⟩ versperren, verstellen
in·gom·bro[1] [-o-] A ADJ 1 versperrt 2 **~ di qc** überhäuft mit, voller B M Ausmaß *n*: **a ~ ridotto** platzsparend
in·gom·bro[2] [-o-] M 1 Hindernis *n*: **essere di ~** im Weg sein 2 Ausmaße *pl*
in·gor·di·gia F 1 Gefräßigkeit *f* 2 Gier *f*
in·gor·do [-o-] ADJ 1 gefräßig 2 gierig
in·gor·ga·re ⟨1e⟩ A V/T verstopfen B V/PR **-rsi** 1 verstopfen 2 (*traffico*) sich stauen
in·gor·go [-o-] M 1 Verstopfung *f* 2 (Verkehrs)Stau *m*
in·go·ver·na·bi·le ADJ unregierbar
in·goz·za·re ⟨1a⟩ A V/T 1 mästen 2 ver-, hinunterschlingen 3 hinunterwürgen B V/PR **-rsi** sich vollstopfen
in·gra·nag·gio M Getriebe *n*, Räderwerk *n* (*a. fig*) **in·gra·na·re** ⟨1a⟩ A V/I ⟨es⟩ 1 ineinandergreifen, eingreifen 2 *fig* in Gang kommen B V/T AUTO **~ la marcia** den Gang einlegen
in·gran·di·men·to [-e-] M 1 Erweiterung *f* 2 Ausbau *m* 3 FOTO, OPT Vergrößerung *f*
in·gran·di·re ⟨4d⟩ A V/T 1 vergrößern, erweitern 2 ausbauen 3 *fig* aufbauschen B V/PR **-rsi** 1 sich vergrößern (*a. fig*) 2 wachsen
in·gras·sag·gio M Schmierung *f*
in·gras·sa·men·to [-e-] M 1 MED Verfettung *f* 2 Mast *f*
★**in·gras·sa·re** ⟨1a⟩ A V/T 1 dick machen 2 mästen 3 MECH (ab)schmieren B V/I ⟨es⟩ zunehmen **in·gras·so** M 1 Mast *f* 2 AGR Düngung *f* 3 Dünger *m* ♦ **bestiame da ~** Mastvieh *n*
in·gra·ti·tu·di·ne F Undankbarkeit *f*
in·gra·to ADJ undankbar (*a. fig*)
in·gra·vi·da·re ⟨1m⟩ A V/T schwängern B V/I ⟨es⟩ schwanger werden
in·gra·ziar·si [-si] V/PR ⟨1g⟩ 1 **~ qn** j-s Gunst erwerben 2 *pej* sich einschmeicheln
in·gre·dien·te [-ɛ-] M 1 Zutat *f* 2 Bestandteil *m* 3 PHARM Ingredienz *f*
★**in·gres·so** [-ɛ-] M 1 Ein-, Zutritt *m* 2 Einfahrt *f* 3 Eingang *m* 4 (*prezzo*) Eintrittspreis *m* 5 Flur *m*, Diele *f* 6 IT Eingabe *f* ♦ **biglietto d'~** Eintrittskarte *f*; **~ in borsa** Börsengang *m*; **~ libero** Eintritt frei; **vietato l'~** Zutritt verboten
in·gros·sa·men·to [-e-] M 1 Verdickung *f* 2 MED (An)Schwellung *f*
in·gros·sa·re ⟨1c⟩ A V/T 1 dick machen 2 anschwellen lassen 3 *fig* verstärken, vergrößern B V/I ⟨es⟩ & V/PR **-rsi** 1 zunehmen 2 (*cose*) sich verdicken 3 (an)schwellen
in·gros·so [-ɔ-] M **all'~** Groß-, en gros; **commercio all'~** Großhandel *m*
in·gru·gna·re ⟨1a⟩ V/I ⟨es⟩ & V/PR **-rsi** schmollen **in·gru·gna·to** ADJ schmollend
in·gua·ia·re *umg* ⟨1i⟩ A V/T in Schwierigkeiten bringen B V/PR **-rsi** in Schwierigkeiten geraten **in·gua·ia·to** ADJ **essere ~** in Schwierigkeiten stecken
in·guai·na·re V/T ⟨1a⟩ in die Scheide stecken **in·guai·na·to** ADJ **essere ~ in un vestito** in einem hautengen Kleid

stecken
in·gual·ci·bi·le ADJ knitterfrei
in·gua·ri·bi·le ADJ 1 unheilbar 2 *fig* unverbesserlich
in·gui·na·le ADJ Leisten-: **ernia ~** Leistenbruch *m* **in·gui·ne** M Leiste *f*
in·gur·gi·ta·re V/T ⟨1m⟩ 1 (*cibi*) hinunterschlingen 2 (*bevande*) hinunterkippen
i·ni·bi·re V/T ⟨4d⟩ 1 verbieten, untersagen 2 PSYCH hemmen **i·ni·bi·to** ADJ gehemmt **i·ni·bi·to·re** [-o-] ADJ A hemmend: **perdere ogni freno ~** jegliche Hemmschwelle verlieren B M Hemmer *m*, Hemmstoff *m* **i·ni·bi·zio·ne** [-o-] F 1 Verbot *n* 2 PSYCH Hemmung *f*
i·ni·do·ne·o [-ɔ-] ADJ untauglich
i·niet·ta·re ⟨1b⟩ A V/T einspritzen B V/PR **-rsi** sich (*dat*) spritzen **i·niet·ta·to** ADJ *fig* **occhi -i di sangue** blutunterlaufene Augen *pl*
i·nie·zio·ne [-o-] F 1 Injektion *f*, *umg* Spritze *f* 2 *fig* Schuss *m*: **un'~ di entusiasmo** ein Schuss Begeisterung 3 TECH Einspritzung *f* ♦ **motore a ~** Einspritzmotor *m*
i·ni·mi·ca·re ⟨1d⟩ A V/T zum Feind machen B V/PR **-rsi** sich verfeinden
i·ni·mi·ci·zia F Feindschaft *f*
i·ni·mi·ta·bi·le ADJ unnachahmlich
i·nim·ma·gi·na·bi·le ADJ unvorstellbar
i·nin·fiam·ma·bi·le ADJ nicht entzündlich, nicht entzündbar
i·nin·tel·li·gi·bi·le ADJ unverständlich; unentzifferbar **i·nin·tel·li·gi·bi·li·tà** F ⟨*inv*⟩ Unverständlichkeit *f*; Unentzifferbarkeit *f*
i·nin·ter·rot·to [-o-] ADJ ununterbrochen
i·ni·qui·tà F ⟨*inv*⟩ Ungerechtigkeit *f*, Unbill *f* **i·ni·quo** ADJ ungerecht, unbillig
i·ni·zia·le A ADJ Anfangs-, anfänglich B F 1 Anfangsbuchstabe *m* 2 Initiale *f* ♦ **firmare qc con le -i** etw abzeichnen
★**i·ni·zia·re** ⟨1g⟩ A V/T 1 anfangen 2 einweihen, initiieren 3 **~ qn a qc** j-n in etw (*akk*) einführen B V/I ⟨es⟩ anfangen **i·ni·zia·ti·va** F 1 Initiative *f* 2 Unternehmung *f*: **spirito d'~** Unternehmungsgeist *m* 3 Veranstaltung *f* ♦ **~ popolare** Bürgerinitiative *f*; **per** (*od* **su**) **~ di** auf Initiative von; **di propria ~** aus eigener Initiative
i·ni·zia·to A ADJ **essere ~ a qc** in etw (*akk*) eingeweiht sein B M, **-a** F Eingeweihte *m/f* **i·ni·zia·to·re** [-o-] M, **-tri·ce** F Initiator *m*, -in *f* **i·ni·zia·zio·ne** [-o-] M 1 Initiation *f* 2 *fig* Einweihung *f*
★**i·ni·zio** M Anfang *m*, Beginn *m*
in·naf·fia·re ⟨1k⟩ → annaffiare
in·nal·za·men·to [-e-] M 1 Errichtung *f*, Bau *m* 2 Erhebung *f* 3 Anstieg *m*
in·nal·za·re ⟨1a⟩ A V/T 1 er-, aufrichten 2 **~ gli occhi al cielo** die Augen zum Himmel erheben 3 steigen lassen, erhöhen B V/PR **-rsi** 1 sich erheben, emporragen 2 sich abheben (*a. fig*) 3 (empor-, an)steigen
in·na·mo·ra·men·to [-e-] M Verliebtheit *f*, Verliebtsein *n*
★**in·na·mo·rar·si** [-s-] V/PR ⟨1a⟩ **~ di qn** sich in j-n verlieben
★**in·na·mo·ra·to** A ADJ verliebt: *umg* **~ cotto** verknallt B M, **-a** F Verliebte *m/f*
in·nan·zi A ADV weiter; voran: **corse ~** er eilte voran; **tirare ~** *fig* weitermachen B ADJ ⟨*inv*⟩ vorhergehend, zuvor ♦ **~ a qn/qc** vor j-m/etw; **~ tutto** vor allem
in·na·to ADJ angeboren
in·na·tu·ra·le ADJ 1 unnatürlich 2 gekünstelt **in·na·tu·ra·lez·za** [-e-] F Unnatürlichkeit *f*
in·ne·ga·bi·le ADJ unbestreitbar
in·neg·gia·re V/I ⟨1f; av⟩ (lob)preisen
in·ner·vo·si·re ⟨4d⟩ A V/T nervös machen B V/PR **-rsi** nervös werden
in·ne·sca·re ⟨1d⟩ A V/T 1 **~ l'amo** anködern 2 schärfen: **~ una bomba** eine Bombe schärfen 3 *fig* auslösen B V/PR **-rsi** 1 geschärft werden 2 *fig* ausgelöst werden
in·ne·sco [-e-] M 1 Zündvorrichtung *f* 2 *fig* Auslöser *m*, Auslösung *f*
in·ne·sta·re ⟨1b⟩ A V/T 1 AGR veredeln 2 (*chirurgia*) transplantieren 3 (ein)stecken 4 AUTO **~ una marcia** einen Gang einlegen 5 *fig* einführen, einfügen B V/PR (*di strade*) **-rsi su** (ein)münden in (*akk*)
in·ne·sto [-ɛ-] M 1 AGR Veredelung *f* 2 (*chirurgia*) Transplantation *f* 3 MECH Kupplung *f*
in·ne·va·men·to [-e-] M 1 **~ artificiale** Beschneiung *f* 2 Schneeverhältnisse *pl*
in·ne·va·re ⟨1b⟩ A V/T **~ una pista** eine Piste beschneien B V/PR **-rsi** verschneien
in·no M Hymne *f*, Loblied *n*
★**in·no·cen·te** [-ɛ-] A ADJ 1 unschuldig 2 harmlos 3 unverdorben, rein B M/F

Unschuldige *m/f* ♦ **aria ~** Unschuldsmiene *f*

in·no·cen·za [-ɛ-] F Unschuld *f*

in·no·cui·tà F ⟨*inv*⟩ Harmlosigkeit *f*, Unschädlichkeit *f*

in·no·cuo [-ɔ-] ADJ unschädlich, harmlos

in·no·mi·na·bi·le ADJ unaussprechlich

in·no·mi·na·to ADJ ungenannt

in·no·va·re V/T ⟨1c⟩ erneuern **in·no·va·ti·vo** ADJ innovativ **in·no·va·zio·ne** [-o-] F **1** (*rinnovamento*) Innovation *f* **2** (*novità*) Neuerung *f*

in·nu·me·re·vo·le [-e-] ADJ unzählig

i·no·cu·la·re V/T ⟨1m *u.* c⟩ (ein)impfen (*a. fig*)

i·no·cu·la·zio·ne [-o-] F (Ein)Impfung *f*

i·no·do·re [-o-] ADJ geruchlos

i·nof·fen·si·vo [-s-] ADJ harmlos

i·nol·tra·re ⟨1a⟩ **A** V/T **1** weiterleiten **2** einreichen **B** V/PR **-rsi in qc** in etw (*akk*) eindringen **i·nol·tra·to** ADJ (*età, stagione*) vorgerückt; fortgeschritten ♦ **a notte -a** spät in der Nacht

★**i·nol·tre** [-o-] ADV **1** ferner **2** darüber hinaus

i·nol·tro [-o-] M **1** Weiterleitung *f* **2** Einreichung *f*

i·non·da·re V/T ⟨1a⟩ überschwemmen, überfluten (*a. fig*) **i·non·da·zio·ne** [-o-] F Überschwemmung *f* (*a. fig*)

i·no·pe·ra·bi·le ADJ nicht operierbar

i·no·pe·ran·te ADJ hinfällig; wirkungslos **i·no·pe·ro·si·tà** F ⟨*inv*⟩ Untätigkeit *f* **i·no·pe·ro·so** [-o-] ADJ **1** untätig **2** (*di macchina*) stillgelegt

i·no·pi·na·bi·le ADJ undenkbar

i·no·pi·na·to ADJ unvorhergesehen

i·nop·por·tu·ni·tà F ⟨*inv*⟩ **1** Unangemessenheit *f* **2** Ungelegenheit *f* **i·nop·por·tu·no** ADJ **1** unangemessen **2** ungelegen

i·nop·pu·gna·bi·le ADJ unwiderlegbar, unanfechtbar **i·nop·pu·gna·bi·li·tà** F ⟨*inv*⟩ Unwiderlegbarkeit *f*, Unanfechtbarkeit *f*

i·nor·ga·ni·co ADJ **1** CHEM anorganisch **2** unorganisch

i·nor·go·gli·re ⟨4d⟩ **A** V/T stolz machen **B** V/PR **-rsi** stolz werden

i·nor·ri·di·re ⟨4d⟩ **A** V/T entsetzen **B** V/I ⟨es⟩ erschaudern, sich entsetzen

i·nor·ri·di·to ADJ entsetzt

i·no·spi·ta·le ADJ **1** ungastlich **2** (*di regione*) unwirtlich **i·no·spi·ta·li·tà** F ⟨*inv*⟩ **1** Ungastlichkeit *f* **2** Unwirtlichkeit *f*

i·nos·ser·va·bi·le ADJ **1** nicht beobachtbar **2** nicht einhaltbar **i·nos·ser·van·te** ADJ **~ di qc** etw nicht beachtend **i·nos·ser·van·za** F Nichtbeachtung *f* **i·nos·ser·va·to** ADJ **1** unbemerkt, unbeachtet **2** nicht eingehalten

i·nos·si·da·bi·le ADJ nicht oxidierend; rostfrei: **acciaio ~** Edelstahl *m*

in·put M ⟨*inv*⟩ IT Eingabe *f* ♦ *fig* **dare l'~ a qc** den Anstoß zu etw geben

in·qua·dra·men·to [-e-] M Einordnung *f*

in·qua·dra·re V/T ⟨1a⟩ **1** einrahmen **2** *fig* einreihen, einordnen **3** FOTO (*cinema*) ins Bild nehmen **in·qua·dra·tu·ra** F **1** Bildausschnitt *m* **2** (*cinema*) Einstellung *f*

in·qua·li·fi·ca·bi·le ADJ **1** unqualifizierbar **2** *fig* unmöglich

in·quie·tan·te ADJ **1** beunruhigend **2** unheimlich **in·quie·ta·re** ⟨1b⟩ **A** V/T beunruhigen **B** V/PR **-rsi** **1** sich aufregen **2** **-rsi per qc** sich wegen etw beunruhigen **in·quie·to** [-ɛ-] ADJ **1** unruhig **2** beunruhigt

in·quie·tu·di·ne F **1** Unruhe *f*, Unrast *f* **2** Beunruhigung *f*: **destare ~** beunruhigen

in·qui·li·no M, **-a** F **1** Hausbewohner *m*, -in *f* **2** (Unter)Mieter *m*, -in *f*

★**in·qui·na·men·to** [-e-] M Verschmutzung *f* ♦ **~ acustico** Lärmbelastung *f*; **~ ambientale** Umweltverschmutzung *f*; **~ atmosferico** Luftverschmutzung *f*; **~ da petrolio** Ölpest *f*

in·qui·nan·te **A** ADJ umweltschädlich, umweltfeindlich, umweltgefährdend: **non ~** umweltfreundlich; **sostanza ~** Schadstoff *m* **B** M Schadstoff *m*: **-i atmosferici** Luftschadstoffe *pl*

★**in·qui·na·re** V/T ⟨1a⟩ verschmutzen

in·qui·ren·te [-ɛ-] **A** ADJ ermittelnd, Ermittlungs-, Untersuchungs-: **commissione ~** Ermittlungsausschuss *m* **B** M/F Ermittler *m*, -in *f*

in·qui·si·re ⟨4d⟩ **A** V/T **~ qn** gegen j-n ermitteln **B** V/I ⟨av⟩ ermitteln **in·qui·si·to·re** [-o-] **A** ADJ **1** forschend **2** Ermittlungs-, Untersuchungs- **3** HIST Inquisitions- **B** M, **-tri·ce** F **1** (*di polizia*) Ermittler *m*, -in *f* **2** HIST Inquisitor *m* **in·qui·si·zio·ne** [-o-] F Inquisition *f* (*a. fig*)

in·sab·bia·men·to [-sabbia'mento] M Versanden *n* (*a. fig*) **in·sab·biar·si** [-si] V/PR ⟨1k⟩ versanden (*a. fig*)

in·sac·ca·re [-s-] V/T ⟨1d⟩ 1 einsacken 2 (*salumi*) in Häute abfüllen **in·sac·ca·to** M Wurst *f*

★**in·sa·la·ta** [-s-] F Salat *m*: **cespo d'~** Salatkopf *m*; **~ mista** gemischter Salat *m*; **~ di pasta** Nudelsalat *m*; **~ russa** = *Gemüsesalat mit Ei und Mayonnaise*

in·sa·la·tie·ra [-salti'ɛra] F Salatschüssel *f*

in·sa·li·va·re [-s-] V/T ⟨1a⟩ mit Speichel befeuchten, einspeicheln

in·sa·lu·bre [-s-] ADJ ungesund

in·sa·na·bi·le [-s-] ADJ unheilbar

in·sa·na·bi·li·tà [-s-] F ⟨*inv*⟩ Unheilbarkeit *f*

in·san·gui·na·re [-s-] ⟨1m⟩ A V/T mit Blut beflecken B V/PR **-rsi** *fig* Blut an den Händen haben

in·sa·no [-s-] ADJ geisteskrank

in·sa·po·na·re [-s-] ⟨1a⟩ A V/T einseifen B V/PR **-rsi** sich einseifen

in·sa·po·re [-sa'pore] ADJ geschmacklos

in·sa·po·ri·re [-s-] A V/T ⟨4d⟩ würzen, abschmecken B V/PR **-rsi** schmackhaft werden

in·sa·pu·ta [-s-] F **all'~ di qn** ohne j-s Wissen; **a sua ~** ohne sein Wissen

in·sa·zia·bi·le [-satsi'a-] ADJ unersättlich, nimmersatt; unstillbar (*a. fig*) **in·sa·zia·bi·li·tà** F ⟨*inv*⟩ Unersättlichkeit *f*

in·sca·to·la·re [-s-] V/T ⟨1m⟩ eindosen

in·sce·na·re V/T ⟨1a⟩ inszenieren (*a. fig*)

in·scin·di·bi·le ADJ untrennbar

in·scri·ve·re V/T ⟨3tt⟩ einbeschreiben

in·sec·chi·re [-s-] ⟨4d⟩ A V/T austrocknen B V/PR **-rsi** vertrocknen

in·se·dia·men·to [-sedia'mento] M 1 JUR (Amts)Antritt *m* 2 Siedlung *f* ♦ **~ industriale** Industrieanlage *f*

in·se·dia·re [-s-] ⟨1b *u.* k⟩ A V/T in ein Amt einsetzen B V/PR **-rsi** 1 sich ansiedeln 2 **-rsi in una carica** ein Amt antreten

in·se·gna [-'se-] F 1 Wappen *n* 2 (Laden)Schild *n* 3 Banner *n*, Fahne *f* ♦ **all'~ di** im Zeichen (+*gen*); **~ luminosa** Leuchtreklame *f*; **~ pubblicitaria** Reklameschild *n*

in·se·gna·men·to [-se-] M 1 Unterrichten *n* 2 Unterricht *m* 3 Lehrerberuf *m* ♦ **trarre un ~ da qc** eine Lehre aus etw ziehen

★**in·se·gnan·te** [-s-] A M/F Lehrer *m*, -in *f* B ADJ Lehr-: **corpo ~** Lehrkörper *m*

★**in·se·gna·re** [-s-] V/T ⟨1a⟩ 1 lehren; beibringen: **~ a qn a nuotare** j-m das Schwimmen beibringen 2 unterrichten: **insegna storia/geografia** er unterrichtet Geschichte/Geografie

in·se·gui·men·to [-segui'mento] M Verfolgung *f*

in·se·gui·re [-s-] V/T ⟨4b⟩ 1 verfolgen, nachjagen 2 (*caccia*) hetzen **in·se·gui·to·re** [-o-] A ADJ verfolgend, Verfolger- B M, **-tri·ce** F Verfolger *m*, -in *f*

in·sel·va·ti·chir·si [-s-] V/PR ⟨4d⟩ 1 verwildern 2 *fig* sich verhärten

in·se·mi·na·zio·ne [-seminatsi'oːne] F Besamung *f*: **~ artificiale** künstliche Befruchtung *f*

in·se·na·tu·ra [-s-] F Bucht *f*, Einbuchtung *f*

in·sen·sa·tez·za [-sensa'te-] F 1 Unbesonnenheit *f* 2 Unsinnigkeit *f*; Unsinn *m* **in·sen·sa·to** ADJ 1 sinnwidrig 2 unsinnig, sinnlos

in·sen·si·bi·le [-sen'si-] ADJ 1 unempfindlich 2 *fig* gefühllos **in·sen·si·bi·li·tà** F ⟨*inv*⟩ 1 Unempfindlichkeit *f* 2 Empfindungslosigkeit *f*

in·se·pa·ra·bi·le [-s-] ADJ 1 untrennbar 2 (*di persone*) unzertrennlich

in·se·pol·to [-se'polto] ADJ unbegraben

in·se·que·stra·bi·le [-s-] ADJ unpfändbar

in·se·ri·men·to [-seri'mento] M 1 Einstecken *n* 2 Einfügung *f*, Einfügen *n* 3 *fig* Anpassung *f*, Eingliederung *f* 4 IT Eingabe *f*: **~ dati** Dateneingabe *f* 5 Einschaltung *f*

in·se·ri·re [-s-] ⟨4d⟩ A V/T 1 (*spina*) einstecken 2 (*cassetta*) einlegen 3 einfügen 4 ELEK einschalten 5 IT eingeben 6 **~ un annuncio sul giornale** ein Inserat in die Zeitung setzen B V/PR **-rsi** 1 sich einfügen 2 *fig* **-rsi in qc** sich in etw (*akk*) einschalten 3 **-rsi in qc** sich in etw (*akk*) eingliedern

in·ser·to [-sɛ-] M 1 Beilage *f*: **~ culturale** Kulturbeilage *f* 2 MODE Einsatz *m* ♦ **~ pubblicitario** Inserat *n*; TV Werbespot *m*

in·ser·vi·bi·le [-s-] ADJ unbrauchbar, nutzlos

in·ser·vien·te [-servi'ɛnte] M/F Bedienstete *m/f*

in·ser·zio·ne [-sertsi'oːne] F **1** Einfügung *f*, Eintrag *m* **2** Inserat *n*, Anzeige *f*: **fare un'~** ein Inserat aufgeben **in·ser·zio·ni·sta** M/F Inserent *m*, -in *f*

in·set·ti·ci·da [-s-] M Insektenbekämpfungsmittel *n* **in·set·ti·vo·ro** **A** ADJ insektenfressend **B** M Insektenfresser *m*

★**in·set·to** [-'sɛtto] M Insekt *n* ♦ **~ parassita** Schädling *m*; **puntura d'~** Insektenstich *m*

in·si·cu·rez·za [-sicu're-] F Unsicherheit *f* **in·si·cu·ro** **A** ADJ unsicher **B** M, **-a** F unsicherer Mensch *m*

in·si·dia [-s-] F **1** Hinterhalt *m* **2** Gefahr *f*, Tücke *f* **3** Verlockung *f*

in·si·dia·re [-s-] ⟨1k⟩ **A** V/T gefährden, bedrohen **B** V/I ⟨av⟩ trachten **in·si·dio·so** [-o-] ADJ **1** tückisch, gefährlich **2** verfänglich

★**in·sie·me** [-si'ɛ-] **A** ADV **1** zusammen, miteinander **2** zugleich, auf einmal **B** M **1** Gesamtheit *f*, Ganze *n* **2** MATH Menge *f* ♦ ★**insieme a qn/qc** (zusammen) mit j-m/etw; **visione d'insieme** Überblick *m*

in·sie·mi·sti·ca [-siɛ'mistika] F Mengenlehre *f*

in·si·gne [-s-] ADJ hervorragend, berühmt

in·si·gni·fi·can·te [-s-] ADJ **1** bedeutungslos **2** unbedeutend, unerheblich **3** nichtssagend **in·si·gni·fi·can·za** F Unwichtigkeit *f*

in·si·gni·re [-s-] V/T ⟨4d⟩ auszeichnen: **~ qn di un titolo** j-n mit einem Titel auszeichnen

in·sin·ce·ri·tà [-s-] F ⟨*inv*⟩ Unehrlichkeit *f*

in·sin·ce·ro [-sin'tʃɛro] ADJ unehrlich, unaufrichtig

in·sin·da·ca·bi·le [-s-] ADJ **1** unkontrollierbar **2** unanfechtbar, endgültig

in·si·nuan·te [-s-] ADJ (ein)schmeichelnd, verlockend **in·si·nua·re** ⟨1m⟩ **A** V/T **1** (hinein)stecken **2** erwecken, erregen: **~ un dubbio** in j-m einen Zweifel erwecken **3** unterstellen **B** V/PR **-rsi** **1** (vor-, ein)dringen (*a. fig*) **2** erschleichen, sich einschleichen

in·si·nua·zio·ne [-sinuatsi'oːne] F Unterstellung *f*

in·si·pi·di·tà [-s-] F ⟨*inv*⟩ **1** Geschmacklosigkeit *f*, Fadheit *f* **2** *fig* Schalheit *f* **in·si·pi·do** ADJ **1** geschmacklos, fade **2** schal, langweilig **3** (*di persona*) nichts sagend

in·si·pien·te [-sipi'ɛnte] ADJ unwissend, dumm

in·si·pien·za [-sipi'ɛntsa] F Unwissenheit *f*

in·si·sten·te [-si'stɛnte] ADJ **1** beharrlich, eindringlich **2** unaufhörlich **in·si·sten·za** [-ɛ-] F **1** Eindringlichkeit *f* **2** Drängen *n* **3** Andauern *n*

★**in·si·ste·re** [-'sistere] V/I ⟨1f; av⟩ **1** **~ per qc** auf etw (*akk*) dringen **2** **~ in qc** auf etw (*dat*) beharren (*od* bestehen); **insiste nel voler giocare** er will unbedingt spielen ♦ **non ~!** lass es sein

in·si·to [-s-] ADJ innewohnend; angeboren

in·sod·di·sfat·to [-s-] ADJ **1** unbefriedigt, unzufrieden **2** unerfüllt

in·sod·di·sfa·zio·ne [-soddisfa'tsioːne] F Unzufriedenheit *f*: **provare ~** unzufrieden sein

in·sof·fe·ren·te [-soffe'rɛnte] ADJ unduldsam

in·sof·fe·ren·za [-soffe'rɛntsa] F Unduldsamkeit *f*

in·so·la·zio·ne [-sola'tsioː-] F MED Sonnenstich *m*

in·so·len·te [-so'lɛnte] ADJ frech, unverschämt

in·so·len·ti·re [-s-] ⟨4d⟩ **A** V/T **~ qn** j-n beschimpfen **B** V/I **1** ⟨es⟩ frech werden **2** ⟨av⟩ **~ contro qn** j-n beschimpfen **in·so·len·za** [-so'lɛntsa] F **1** Frechheit *f* **2** Beleidigung *f*

in·so·li·to [-sɔ-] ADJ ungewöhnlich, unüblich

in·so·lu·bi·le [-s-] ADJ **1** un(auf)lösbar **2** CHEM unlöslich **in·so·lu·bi·li·tà** F ⟨*inv*⟩ **1** Unauflösbarkeit *f* **2** CHEM Unlöslichkeit *f*

in·so·lu·to [-s-] ADJ **1** ungelöst **2** CHEM nicht gelöst **3** HANDEL unbezahlt, ungelöst

in·sol·ven·te [-sol'vɛn-] ADJ zahlungsunfähig

in·sol·ven·za [-sol'vɛntsa] F Zahlungsunfähigkeit *f*

in·sol·vi·bi·le [-s-] ADJ zahlungsunfähig **in·sol·vi·bi·li·tà** F ⟨*inv*⟩ Zahlungsunfähigkeit *f*

in·som·ma [-so-] **A** ADV **1** also, schließlich, somit **2** kurz und gut **B** INT also, endlich: **~, sei pronto?** bist du endlich fertig? ♦ **come stai? – ~ …** wie geht's dir? – na ja …

in·son·da·bi·le [-s-] ADJ unergründlich

in·son·ne [-sɔ-] ADJ schlaflos **in·son·nia** [-sɔ-] F Schlaflosigkeit *f* **in·son·no·li·to** [-s-] ADJ schläfrig, verschlafen, schlaftrunken

in·so·no·riz·za·to [-s-] ADJ schalldicht **in·so·no·riz·za·zio·ne** [-o-] F Schalldämmung *f*

in·sop·por·ta·bi·le [-s-] ADJ unerträglich

in·sop·pri·mi·bi·le [-s-] ADJ ununterdrückbar: **odio** ~ ununterdrückbarer Hass *m*

in·sor·ge·re [-so-] V/I ⟨3d; es⟩ **1** ~ **contro qn/qc** sich gegen j-n/etw erheben **2** (*dubbi, difficoltà*) auftreten, entstehen

in·sor·mon·ta·bi·le [-s-] ADJ unüberwindbar, unüberwindlich

in·sor·to [-so-] **A** ADJ aufständisch **B** M, **-a** F Aufständische *m/f*

in·so·spet·ta·bi·le [-s-] ADJ **1** über jeden Verdacht erhaben **2** unvermutet, ungeahnt **in·so·spet·ta·to** ADJ **1** unverdächtigt **2** unvermutet

in·so·spet·ti·re [-sos-] ⟨4d⟩ **A** V/T ~ **qn** j-s (*od* bei j-m) Verdacht erregen **B** V/PR **-rsi** Verdacht schöpfen

in·so·ste·ni·bi·le [-sos-] ADJ unhaltbar **in·so·ste·ni·bi·li·tà** F ⟨*inv*⟩ Unhaltbarkeit *f*

in·so·sti·tu·i·bi·le [-sos-] ADJ unersetzbar

in·soz·za·re [-s-] ⟨1a⟩ **A** V/T **1** bekleckern **2** *fig* beflecken **B** V/PR **-rsi** **1** sich bekleckern **2** *fig* sich beschmutzen

in·spe·ra·to [-s-] ADJ unverhofft

in·spie·ga·bi·le [-s-] ADJ unerklärlich

in·spi·ra·re [-s-] V/T ⟨1a⟩ einatmen **in·spi·ra·zio·ne** [-spiratsi'o:ne] F Einatmung *f*, Einatmen *n*

in·sta·bi·le [-s-] ADJ **1** instabil **2** (*tempo*) unbeständig **3** *fig* labil: **carattere** ~ labiler Charakter *m*

in·sta·bi·li·tà [-s-] F ⟨*inv*⟩ **1** Instabilität *f* **2** (*tempo*) Unbeständigkeit *f* **3** Labilität *f*

in·stal·la·re [-s-] ⟨1a⟩ **A** V/T **1** installieren, einbauen **2** ~ **qn in una carica** j-n in ein Amt einsetzen **B** V/PR **-rsi** **1** sich niederlassen **2** sein Amt antreten **in·stal·la·to·re** [-o-] M, **-tri·ce** F Installateur *m*, -in *f* **in·stal·la·zio·ne** [-o-] F **1** (*messa in opera*) Installation *f*, Einrichtung *f*, Einbau *m* **2** (*impianto*) Anlage *f* **3** (*di missili*) Stationierung *f*

in·stan·ca·bi·le [-s-] ADJ unermüdlich

in·stau·ra·re [-s-] ⟨1a⟩ **A** V/T **1** (*rapporto, relazione*) aufnehmen, herstellen **2** POL errichten **B** V/PR **-rsi** sich herstellen, entstehen **in·stau·ra·zio·ne** [-o-] F Schaffen *n*, Errichtung *f*

in·sù [-s-] ADV hinauf, nach oben

in·su·bor·di·na·zio·ne [-subordina'tsio:ne] F **1** Aufsässigkeit *f* **2** JUR, MIL Gehorsamsverweigerung *f*, Insubordination *f*

in·suc·ces·so [-sut'ɛsso] M Misserfolg *m*, Flop *m*

in·su·di·cia·re [-s-] ⟨1m *u.* f⟩ **A** V/T **1** bekleckern **2** *fig* beflecken **B** V/PR **-rsi** **1** sich schmutzig machen **2** sich in Verruf bringen

in·suf·fi·cien·te [-suffi'tʃɛnte] ADJ **1** ungenügend **2** unzureichend **in·suf·fi·cien·za** [-ɛ-] F **1** Mangel *m* **2** (*voto scolastico*) Ungenügend *n* **3** MED Insuffizienz *f* ♦ ~ **respiratoria** Atemnot *f*

in·su·la·re [-s-] ADJ Insel-, insular

in·su·li·na [-s-] F Insulin *n*

in·sul·sag·gi·ne [-sul'sa-] F **1** (*cose*) Albernheit *f* **2** (*persone*) Geistlosigkeit *f*

in·sul·so [-'sulso] ADJ abgeschmackt, albern

★**in·sul·ta·re** [-s-] ⟨1a⟩ **A** V/T ~ **qn per qc** j-n wegen etw beleidigen, beschimpfen **B** V/PR **-rsi** sich beschimpfen, sich beleidigen

in·sul·to [-s-] M Beleidigung *f*

in·su·pe·ra·bi·le [-s-] ADJ **1** unüberwindlich, unüberwindbar (*a. fig*) **2** unübertrefflich **in·su·pe·ra·to** ADJ unübertroffen

in·su·per·bi·re [-s-] ⟨4d⟩ **A** V/T hochmütig machen, überheblich machen **B** V/PR **-rsi** hochmütig werden

in·sur·re·zio·ne [-surretsi'o:ne] F Aufstand *m*

in·sus·si·sten·te [-sussi'stɛnte] ADJ **1** inexistent **2** unbegründet **in·sus·si·sten·za** [-ɛ-] F **1** Inexistenz *f*, Nichtbestehen *n* **2** Grundlosigkeit *f*

in·tac·ca·re V/T ⟨1d⟩ **1** angreifen, anbrechen (*a. fig*): ~ **le riserve** die Reserven angreifen **2** (*lama*) einkerben **3** *fig* schaden **in·tac·ca·tu·ra** F **1** (Ein)Kerben *n* **2** (*tacca*) Kerbe *f*

in·tac·co M Kerbe *f*

in·ta·glia·re V/T ⟨1g⟩ **1** (*legno*) schnitzen **2** (*metallo*) stechen **3** (*pietra*) meißeln **in·ta·glia·to·re** [-o-] M, **-tri·ce**

F 1 Schnitzer *m*, -in *f* 2 Graveur *m*, -in *f*

in·ta·glio M 1 (*su legno*) Schnitzen *n*; Schnitzerei *f* 2 (*su metallo*) Eingravieren *n*; Gravur *f* 3 Kerbe *f*

in·tan·gi·bi·le ADJ 1 unberührbar 2 *fig* unantastbar

in·tan·gi·bi·li·tà F ⟨*inv*⟩ 1 Unberührbarkeit *f* 2 *fig* Unantastbarkeit *f*

in·tan·to ADV 1 inzwischen; unterdessen 2 stattdessen, aber 3 zu guter Letzt, schließlich ♦ **~ che** während, solange

in·tar·la·to ADJ wurmstichig

in·tar·sia·re [-s-] V/T ⟨1k⟩ mit Intarsien verzieren

in·tar·sio [-s-] M Einlegearbeit *f*, Intarsie *f*

in·ta·sa·men·to [-e-] M Verstopfung *f*; (*traffico*) Stau *m* **in·ta·sa·re** ⟨1a⟩ A V/T verstopfen B V/PR **-rsi** sich verstopfen

in·ta·sca·re V/T ⟨1d⟩ 1 einstecken 2 (ein)kassieren 3 (*arraffare*) einstreichen

in·tat·to ADJ 1 unversehrt, unberührt 2 intakt 3 unangetastet

in·ta·vo·la·re V/T ⟨1m⟩ (*trattative*) aufnehmen; (*conversazione*) anknüpfen

in·te·ger·ri·mo [-ɛ-] ADJ ⟨*sup von integro*⟩ integer, unbestechlich

in·te·gra·bi·le ADJ ergänzbar; integrierbar **in·te·gra·le** A ADJ 1 vollständig, ungekürzt; komplett 2 Vollkorn-: **pane ~** Vollkornbrot *n* 3 MATH **calcolo ~** Integralrechnung *f* B M MATH Integral *n* ♦ **cibi -i** Vollwertkost *m*; **edizione ~** vollständige, ungekürzte Ausgabe *f*; **trazione ~** Allradantrieb *m*

in·te·gran·te ADJ integrierend

in·te·gra·re V/T ⟨1l⟩ 1 ergänzen, vervollständigen 2 integrieren, eingliedern

in·te·gra·to ADJ 1 ELEK **circuito ~** integrierte Schaltung *f* 2 IT **software ~ per …** spezielle Software für … **in·te·gra·to·re** [-o-] M **-i alimentari** Nahrungsergänzungsmittel *pl* **in·te·gra·zio·ne** [-o-] F 1 Integration *f* (*a.* MATH) 2 Ergänzung *f* ♦ **~ dei sistemi informativi** Datenvernetzung *f* **in·te·gri·tà** F ⟨*inv*⟩ 1 Unversehrtheit *f* 2 *fig* Integrität *f*

in·te·gro ADJ 1 ganz 2 unversehrt 3 unbeschädigt 4 *fig* integer, unbestechlich

in·te·la·ia·re V/T ⟨1i⟩ (ein)rahmen, einfassen

in·te·la·ia·tu·ra F 1 Rahmen *m*; Gestell *n* 2 (*porte, finestre*) Blendrahmen *m*, Zarge *f* 3 (*edilizia*) Gerippe *n*, Gerüst *n* 4 *fig* Struktur *f*

in·tel·let·ti·vo ADJ Verstandes-, Intelligenz-: **quoziente ~** Intelligenzquotient *m*

in·tel·let·to [-ɛ-] M 1 Verstand *m* 2 THEOL Einsicht *f* **in·tel·let·tua·le** A ADJ 1 geistig, Denk-: **attività ~** geistige Arbeit *f* 2 intellektuell B M/F Intellektuelle *m/f*

★**in·tel·li·gen·te** [-ɛ-] ADJ intelligent, klug

★**in·tel·li·gen·za** [-ɛ-] F 1 Intelligenz *f*: **~ artificiale** künstliche Intelligenz *f* 2 Verständlichkeit *f*

in·tel·li·gi·bi·le ADJ verständlich **in·tel·li·gi·bi·li·tà** F ⟨*inv*⟩ Verständlichkeit *f*

in·te·me·ra·to ADJ unbescholten

in·tem·pe·ran·te ADJ unmäßig, maßlos **in·tem·pe·ran·za** F Unmäßigkeit *f*

in·tem·pe·rie [-ɛ-] FPL Wetterunbilden *pl*

in·tem·pe·sti·vi·tà F ⟨*inv*⟩ Unzeitigkeit *f*; Verspätung *f* **in·tem·pe·sti·vo** ADJ unzeitig; verspätet

in·ten·den·za [-ɛ-] F 1 MIL Intendanz *f* 2 **~ di finanza** Finanzamt *n*

★**in·ten·de·re** [-e-] ⟨3c⟩ A V/T 1 verstehen: **fare ~ qc a qn** j-m etw zu verstehen geben 2 beabsichtigen, vorhaben: **non intendo cedere** ich habe nicht vor nachzugeben 3 vernehmen, hören B V/PR **-rsi** 1 sich verständigen 2 **-rsi con qn** sich mit j-m verstehen 3 ★ **-rsi di qc** sich mit (*od* in) etw (*dat*) auskennen; **una persona che se ne intende** ein Mensch, der Bescheid weiß C V/PR **intendersela** 1 (*persone*) etwas miteinander haben 2 **intendersela con qn** mit j-m unter einer Decke stecken ♦ **s'intende che …** es versteht sich von selbst, dass …; **intendiamoci …** damit wir uns richtig verstehen …

in·ten·di·men·to [-e-] M 1 Absicht *f* 2 Verständnis *n* **in·ten·di·to·re** [-o-] M, **-tri·ce** F Kenner *m*, -in *f*

in·te·ne·ri·men·to [-e-] M Rührung *f*

in·te·ne·ri·re ⟨4d⟩ A V/T 1 weich machen 2 *fig* rühren, erweichen B V/PR **-rsi** 1 weich werden 2 *fig* gerührt sein

in·ten·si·fi·ca·re [-s-] ⟨1n *u.* d⟩ A V/T intensivieren, steigern B V/PR **-rsi** intensiver werden **in·ten·si·fi·ca·zio·ne** [-o-] F Intensivierung *f*

in·ten·si·tà [-s-] F ⟨*inv*⟩ 1 Intensität *f* 2

(*sguardo*) Eindringlichkeit *f* **3** PHYS, ELEK Stärke *f* **in·ten·si·vo** ADJ intensiv, Intensiv-

in·ten·so [-ɛnso] ADJ **1** intensiv **2** stark: **odio ~** starker Hass *m* **3** (*sguardo*) eindringlich

in·ten·ta·re V/T ⟨1b⟩ (*causa, processo*) anstrengen, einleiten **in·ten·ta·to** ADJ **non lasciar nulla d'~** nichts unversucht lassen

in·ten·to[1] [-ɛ-] ADJ **essere ~ a fare qc** damit beschäftigt sein, etw zu tun

in·ten·to[2] [-ɛ-] M **1** Zweck *m* **2** Absicht *f*

in·ten·zio·na·le ADJ **1** absichtlich **2** JUR vorsätzlich: **omicidio ~** vorsätzlicher Mord *m* **in·ten·zio·na·li·tà** F ⟨*inv*⟩ **1** Absichtlichkeit *f* **2** JUR Vorsätzlichkeit *f* **in·ten·zio·na·to** ADJ **1** **essere bene ~ verso qn** j-m freundlich gesinnt sein **2** **essere ~ a fare qc** die Absicht haben, etw zu tun

★**in·ten·zio·ne** [-o-] F **1** Absicht *f* **2** Wille *m* ♦ **che -i hai?** was hast du vor?; **con ~** absichtlich; **senza ~** unabsichtlich

in·te·ra·gi·re V/I ⟨4d; es⟩ interagieren, in Wechselwirkung stehen

in·te·ra·men·te [-e-] ADV ganz, vollständig

in·te·rat·ti·vi·tà F ⟨*inv*⟩ Wechselwirkung *f* **in·te·rat·ti·vo** ADJ **1** wechselseitig wirkend **2** (*programma*) interaktiv **in·te·ra·zio·ne** [-o-] F **1** Wechselwirkung *f* **2** PSYCH, IT Interaktion *f*

in·ter·ca·la·re[1] ADJ **giorno ~** Schalttag *m*

in·ter·ca·la·re[2] V/T ⟨1a⟩ **1** einfügen: **~ illustrazioni al testo** in den Text Illustrationen einfügen **2** (*nel parlare*) einschieben

in·ter·cam·bia·bi·le ADJ austauschbar **in·ter·cam·bia·bi·li·tà** F ⟨*inv*⟩ Austauschbarkeit *f*

in·ter·cam·bia·re V/T ⟨1k⟩ austauschen

in·ter·ca·pe·di·ne [-ɛ-] F Zwischenraum *m*

in·ter·ce·de·re [-e-] V/I ⟨3l; av⟩ **~ presso qn per qc** sich bei j-m für etw verwenden **in·ter·ces·sio·ne** [-o-] F Fürsprache *f*

in·ter·ces·so·re [-o-] M, **in·ter·ce·di·tri·ce** F Fürsprecher *m*, -in *f*

in·ter·cet·ta·re V/T ⟨1b⟩ **1** abfangen; aufhalten **2** TEL abhören **in·ter·cet·ta·to·re** [-o-] **A** ADJ Abfang- **B** M **1** MIL Abfangjäger *m* **2** TEL Abhörgerät *n* **in·ter·cet·ta·zio·ne** [-o-] F **1** Abfangen *n* **2** Abhören *n*

in·ter·ci·ty [-'siti] M Intercity® *m*

in·ter·co·mu·ni·can·te ADJ (miteinander) in Verbindung stehend

in·ter·con·nes·sio·ne [-o-] F Verbindung *f*: **elemento d'~** Verbindungselement *n* **in·ter·con·net·te·re** [-e-] V/T ⟨3m⟩ verbinden

in·ter·con·ti·nen·ta·le ADJ interkontinental, Interkontinental-

in·ter·cor·re·re [-o-] V/I ⟨3o; es⟩ **1** dazwischenliegen: **tra le due guerre intercorrono vent'anni** zwischen den beiden Kriegen liegen zwanzig Jahre **2** bestehen: **tra noi intercorrono buoni rapporti** zwischen uns bestehen gute Beziehungen

in·ter·cul·tu·ra·le ADJ interkulturell

in·ter·den·ta·le ADJ **filo ~** Zahnseide *f*

in·ter·det·to[1] [-e-] **A** ADJ JUR entmündigt **B** M, **-a** F Entmündigte *m/f*

in·ter·det·to[2] [-e-] ADJ verblüfft, perplex

in·ter·di·pen·den·te [-ɛ-] ADJ voneinander abhängend **in·ter·di·pen·den·za** [-ɛ-] F gegenseitige Abhängigkeit *f*

in·ter·di·re V/T ⟨3t⟩ **1** **~ a qn di fare qc** j-m untersagen (*od* verbieten), etw zu tun **2** JUR entmündigen, aberkennen

in·ter·di·sci·pli·na·re ADJ interdisziplinär

in·ter·di·zio·ne [-o-] F **1** Untersagung *f*, Verbot *n* **2** JUR Entmündigung *f*, Aberkennung *f*

in·te·res·sa·men·to [-e-] M **1** Interesse *n* **2** Bemühung *f*

★**in·te·res·san·te** ADJ interessant ♦ **essere in stato ~** in anderen Umständen sein

in·te·res·sa·re ⟨1b⟩ **A** V/T **1** interessieren **2** **~ qn a qc** j-s Interesse an etw (*dat*) wecken **3** betreffen, angehen **B** V/I ⟨es⟩ **1** **~ a qn** j-n interessieren **2** **~ a qn** j-n betreffen

★**in·te·res·sar·si** [-s-] V/PR ⟨1b⟩ **1** **~ di** (*od* **a**) **qc** sich für etw interessieren **2** **~ a qc** sich um etw kümmern

in·te·res·sa·to **A** ADJ **1** **essere ~ a qc** an etw (*dat*) interessiert sein **2** eigennützig **3** betroffen **B** M, **-a** F **1** Interessent *m*, -in *f* **2** Antragsteller *m*, -in *f* **3** Betroffene *m/f*

★**in·te·res·se** [-ɛ-] M **1** Interesse *n* **2**

WIRTSCH Zins *m*, Zinsen *pl* 3 Eigennutz *m* ♦ **a tasso d'~ agevolato** zinsgünstig; **esente da -i** zinsfrei; **matrimonio d'~** Geldheirat *f*; **tasso d'~** Zinssatz *m*

in·ter·eu·ro·pe·o [-ɛ-] ADJ innereuropäisch

in·te·rez·za [-e-] F Gesamtheit *f*, Ganzheit *f*

in·ter·fac·cia F 1 Schnittstelle *f* (*a. fig*) 2 IT Schnittstelle *f*, Interface *n*; Oberfläche *f*: **~ utente** Benutzeroberfläche *f* **in·ter·fac·cia·re** V/T ⟨1f⟩ über Schnittstellen verbinden

in·ter·fe·ren·za [-ɛ-] F 1 Interferenz *f* (*a.* LING) 2 (*al telefono*) Störgeräusch *n* 3 Einmischung *f* **in·ter·fe·ri·re** V/I ⟨4d; av⟩ 1 interferieren 2 sich einmischen

in·ter·fo·no [-ɔ-] M 1 (Gegen)Sprechanlage *f* 2 (*in casa*) Haustelefon *n*

in·ter·go·ver·na·ti·vo ADJ zwischenstaatlich; Regierungs-: **conferenza -a** Regierungskonferenz *f*

in·te·rie·zio·ne [-o-] F Interjektion *f*, Ausrufewort *n*

in·te·rim M ⟨*inv*⟩ Interim *n* ♦ **ad ~** einstweilig, vorläufig, provisorisch

in·te·ri·na·le ADJ vorläufig, vorübergehend, Zwischen- ♦ **lavoro ~** Zeitarbeit *f*

in·te·rio·ra [-o-] FPL Eingeweide *pl*, Innereien *pl* **in·te·rio·re** [-o-] ADJ ⟨*komp von* interno⟩ innere, innerlich, Innen-: **vita ~** Innenleben *n*; **parte ~** Innenseite *f* **in·te·rio·riz·za·re** V/T ⟨1a⟩ verinnerlichen

in·ter·li·ne·a F Zeilenabstand *m*

in·ter·li·ne·a·re ADJ **spazio ~** Zeilenabstand *m* **in·ter·li·ne·a·tu·ra** F TYPO Durchschuss *m*

in·ter·lo·cu·to·re [-o-] M, **-tri·ce** F 1 (*persona con cui si parla*) Gesprächspartner *m*, -in *f* 2 (*di discussione*) Diskussionsteilnehmer *m*, -in *f* 3 (*persona a cui rivolgersi*) Ansprechpartner *m*, -in *f* **in·ter·lo·cu·to·rio** [-ɔ-] ADJ Zwischen-: **risposta -a** Zwischenbescheid *m*

in·ter·lo·qui·re V/I ⟨4d; av⟩ mitreden

in·ter·lu·dio M Zwischenspiel *n*

in·ter·lu·nio M Neumond *m*

in·ter·me·dia·rio A ADJ vermittelnd, verbindend B M, **-a** F Vermittler *m*, -in *f*

in·ter·me·dia·zio·ne [-o-] F Vermittlung *f*

in·ter·me·dio [-ɛ-] ADJ Zwischen-: **stadio ~** Zwischenstadium *n* **in·ter·mez·zo** [-ɛ-] M MUS, THEAT Intermezzo *n*; Zwischenspiel *n*

in·ter·mi·na·bi·le ADJ endlos

in·ter·mit·ten·te [-ɛ-] ADJ intermittierend, wechselnd **in·ter·mit·ten·za** [-ɛ-] F (*interruzione*) Intermittenz *f* ♦ **a ~** intermittierend; **interruttore a ~** Intervallschaltung *f*

in·ter·na·men·te [-e-] ADV 1 innen 2 (*nell'intimo*) innerlich **in·ter·na·men·to** [-e-] M Internierung *f* **in·ter·na·re** V/T ⟨1b⟩ internieren

in·ter·na·to[1] M, **-a** F Internierte *m/f*

in·ter·na·to[2] M Internat *n*

in·ter·nau·ta M/F Netsurfer *m*, -in *f*, Netzsurfer *m*, -in *f*, Websurfer *m*, -in *f*

★**in·ter·na·zio·na·le** ADJ international **in·ter·na·zio·na·li·tà** F ⟨*inv*⟩ Internationalität *f* **in·ter·na·zio·na·liz·za·zio·ne** [-o-] F Internationalisierung *f*

★**In·ter·net** M Internet *n* **Internet ca·fè** ['internet'kaf'fɛ] M Internetcafé *n*, Cybercafé *n*

in·ter·ni·sta M/F Internist *m*, -in *f*

★**in·ter·no** [-ɛ-] A ADJ 1 Innen-, innere: **cortile ~** Innenhof *m*; **ministro degli Interni** Innenminister *m* 2 Binnen-, Inlands-: **mercato ~** Binnenmarkt *m* B M 1 Innere *n*, Innenseite *f* 2 Innenraum *m* 3 *pl* (*cinema*) Innenaufnahmen *pl* 4 TEL Nebenstelle *f*; Durchwahl *f*: **passare un ~** mit einer Nebenstelle verbinden 5 Wohnungsnummer *f* ♦ **mare ~** Binnenmeer *n*; **verso l'~** nach innen

★**in·te·ro** [-e-] A ADJ ganz B M Ganze *n* ♦ **costume (da bagno) ~** Badeanzug *m*; **latte ~** Vollmilch *f*; **per ~** ganz

in·ter·par·la·men·ta·re ADJ interparlamentarisch

in·ter·pel·lan·za F Anfrage *f*: **~ parlamentare** Parlamentsanfrage *f* **in·ter·pel·la·re** V/T ⟨1b⟩ 1 hinzuziehen, befragen 2 POL interpellieren **in·ter·pel·la·to** M, **-a** F Befragte *m/f*

in·ter·per·so·na·le ADJ **rapporti -i** zwischenmenschliche Beziehungen *pl*

in·ter·por·re [-o-] ⟨3ll⟩ A V/T 1 dazwischenlegen, dazwischenschieben 2 geltend machen: **~ la propria autorità** seine Autorität geltend machen 3 JUR **~ appello** Berufung einlegen B V/PR **-rsi** eingreifen, sich einschalten

in·ter·po·si·zio·ne [-o-] F Dazwischenlegen *n*, -schieben *n*

in·ter·po·sto [-o-] ADJ dazwischenliegend ♦ **per -a persona** durch einen Dritten

in·ter·pre·ta·re V/T ⟨1m u. b⟩ **1** auslegen, deuten **2** THEAT (*cinema*) spielen, darstellen **3** MUS interpretieren **in·ter·pre·ta·ria·to** M Dolmetschen *n* **in·ter·pre·ta·ti·vo** ADJ Interpretations-, Deutungs- **in·ter·pre·ta·zio·ne** [-o-] F **1** Deutung *f*, Auslegung *f* **2** THEAT (*cinema*) Darstellung *f*, Spiel *n* **3** MUS Interpretation *f* ♦ **~ giuridica** Rechtsauffassung *f*; **~ dei sogni** Traumdeutung *f*

★**in·ter·pre·te** [-ɛ-] M/F **1** Interpret *m*, -in *f* **2** Dolmetscher *m*, -in *f* **3** THEAT (*cinema*) Darsteller *m*, -in *f* **4** *fig* Sprachrohr *n*

in·ter·pun·zio·ne [-o-] F Zeichensetzung *f*

in·ter·ra·re V/T ⟨1b⟩ **1** ver-, einsenken; eingraben **2** aufschütten **in·ter·ra·to** **A** ADJ Erd-: **cavo ~** Erdkabel *n* **B** M Kellergeschoss *n*

in·ter·re·gio·na·le ADJ überregional

in·ter·re·la·zio·ne [-o-] F Wechselbeziehung *f*

in·ter·ro·ga·re ⟨1m, b u. e⟩ **A** V/T **1** be-, ausfragen: **~ qn su qc** j-n über etw (*akk*) ausfragen **2** abfragen **3** JUR vernehmen, verhören **B** V/PR **-rsi** sich fragen **in·ter·ro·ga·ti·vo** **A** ADJ **1** fragend **2** GRAM Interrogativ-, Frage-: **punto ~** Fragezeichen *n* **B** M **1** Frage *f* **2** *fig* Fragezeichen *n* **in·ter·ro·ga·to·rio** [-ɔ-] M Verhör *n*, Vernehmung *f* **in·ter·ro·ga·zio·ne** [-o-] F **1** Befragung *f* **2** Abfragung *f* **3** JUR Vernehmung *f*, Verhör *n* **4** POL Kleine Anfrage *f*

★**in·ter·rom·pe·re** [-o-] ⟨3rr⟩ **A** V/T **1** unterbrechen **2** abbrechen **B** V/PR **-rsi** sich unterbrechen; abbrechen

★**in·ter·rut·to·re** [-o-] M Schalter *m*: **~ bistabile** Kippschalter *m*; **~ d'emergenza** Notschalter *m*; **~ della luce** Lichtschalter *m* **in·ter·ru·zio·ne** [-o-] F Unterbrechung *f*, Abbruch *m* ♦ **~ della corrente elettrica** (*per guasto*) Stromausfall *m*; (*per lavori*) Stromsperre *f*; **~ del viaggio** Reiseunterbrechung *f*

in·ter·scam·bio M Austausch *m*

in·ter·se·ca·re ⟨1m, b u. d⟩ **A** V/T **1** schneiden: **una retta che interseca il cerchio** eine Gerade, die den Kreis schneidet **2** kreuzen **B** V/PR **-rsi** **1** sich schneiden **2** sich kreuzen **in·ter·se·zio·ne** [-o-] F **1** GEOM Überschneidung *f* **2** Schnittpunkt *m*

in·ter·sti·zia·le ADJ Zwischen-

in·ter·sti·zio M Zwischenraum *m*

in·te·rur·ba·na F Ferngespräch *n* **in·te·rur·ba·no** ADJ Fern-: **telefonata -a** Ferngespräch *n* ♦ **prefisso ~** Ortsnetzkennzahl *f*

in·ter·val·la·re V/T ⟨1a⟩ **1** staffeln: **~ le partenze** die Abfahrt(s)zeiten staffeln **2** auflockern, durchsetzen

★**in·ter·val·lo** M **1** Abstand *m* **2** Pause *f* **3** MUS Intervall *n*

in·ter·ve·ni·re V/I ⟨4p; es⟩ **1** eingreifen, einschreiten **2** POL intervenieren; eintreten **3** hinzukommen **4** teilnehmen **5** (*in un dibattito*) eingreifen, sich einschalten **6** MED operieren

in·ter·ven·ti·smo [-z-] M Interventionismus *m* **in·ter·ven·ti·sta** ADJ **politica ~** Interventionspolitik *f*

in·ter·ven·to [-ɛ-] M **1** Eingreifen *n*, Einschreiten *n* **2** POL Intervention *f* **3** (*in un discorso*) Beitrag *m* **4** (*discorso*) Vortrag *m* **5** MED Eingriff *m*

in·ter·ve·nu·to **A** ADJ anwesend, erschienen **B** M, **-a** F **1** Anwesende *m/f*, Teilnehmer *m*, -in *f* **2** JUR Erschienene *m/f*

in·ter·ver·te·bra·le ADJ Zwischenwirbel-: **disco ~** Bandscheibe *f*

★**in·ter·vi·sta** F Interview *n*

in·ter·vi·sta·re V/T ⟨1a⟩ **1** interviewen **2** befragen **in·ter·vi·sta·to** **A** ADJ interviewt **B** M, **-a** F Interviewte *m/f* **in·ter·vi·sta·to·re** [-o-] M, **-tri·ce** F Interviewer *m*, -in *f*

in·te·sa [-e-] F **1** Einverständnis *f*, Einigung *f* **2** POL Bündnis *n* ♦ **come d'~** wie vereinbart

in·te·so [-e-] ADJ (ab)zielend, ausgerichtet ♦ **-i!** einverstanden!; **male ~** missverstanden; **resta ~ che ...** es bleibt dabei, dass ...

in·tes·se·re [-ɛ-] V/T ⟨3a⟩ (ver)weben

in·tes·su·to ADJ durchwirkt; durchwoben (*a. fig*)

in·te·star·dir·si [-s-] V/PR ⟨4d⟩ **~ su qc** sich auf etw (*akk*) versteifen

in·te·sta·re V/T ⟨1b⟩ **1** (*libro*) mit einer Überschrift versehen; (*busta*) mit Namen versehen; (*lettera*) mit Briefkopf versehen **2** JUR eintragen; überschreiben: **~ la casa alla propria moglie** das Haus auf seine Frau überschreiben **3** **~ un assegno a qn** einen Scheck auf j-s Namen ausstellen

in·te·sta·ta·rio M, **-a** F **1** Inhaber *m*, -in *f* **2** Eigentümer *m*, -in *f*

in·te·sta·to¹ ADJ **carta -a** Papier *n* mit gedrucktem Briefkopf

in·te·sta·to² ADJ ohne Testament

in·te·sta·zio·ne [-o-] F **1** Eintragung *f*; Überschreibung *f* **2** Überschrift *f*; Briefkopf *m*

in·te·sti·na·le ADJ Darm-: **disturbi -i** Darmbeschwerden *pl*

in·te·sti·no¹ ADJ intern

in·te·sti·no² M Darm *m*: **~ cieco** Blinddarm *m*

in·tie·pi·di·re ⟨4d⟩ **A** V/T **1** lau(warm) machen **2** *fig* abkühlen **B** V/PR **-rsi** **1** lau (-warm) werden **2** *fig* abkühlen

in·ti·ma·men·te [-e-] ADV **1** zutiefst **2** **conoscere qn ~** j-n sehr gut kennen

in·ti·ma·re V/T ⟨1l *od* 1a⟩ **1** **~ a qn di fare qc** j-n auffordern, etw zu tun **2** JUR auffordern: **~ il pagamento** zur Zahlung auffordern

in·ti·ma·zio·ne [-o-] F Aufforderung *f*

in·ti·mi·da·to·rio [-ɔ-] ADJ einschüchternd **in·ti·mi·da·zio·ne** [-o-] F Einschüchterung *f*

in·ti·mi·di·re ⟨4d⟩ **A** V/T einschüchtern **B** V/PR **-rsi** schüchtern werden

in·ti·mi·tà F ⟨*inv*⟩ Intimität *f*, Vertrautheit *f*

in·ti·mo **A** ADJ **1** tief, innerste: **-a convinzione** tiefe Überzeugung *f* **2** intim, eng: **amico ~** enger Freund *m* **3** gemütlich **B** M Innerste *n*

in·ti·mo·ri·re ⟨4d⟩ **A** V/T (ver)ängstigen **B** V/PR **-rsi** sich ängstigen

in·tin·ge·re V/T ⟨3d⟩ eintauchen, eintunken

in·tin·go·lo M Soße *f*, Tunke *f*

in·ti·riz·zi·re ⟨4d⟩ **A** V/T starr machen, erstarren lassen **B** V/PR **-rsi** starr werden **in·ti·riz·zi·to** ADJ starr, steif

in·ti·to·la·re ⟨1m⟩ **A** V/T **1** betiteln, überschreiben **2** benennen **B** V/PR **-rsi** den Titel tragen: **come si intitola il film?** wie lautet der Titel des Films? **in·ti·to·la·zio·ne** [-o-] F Betit(e)lung *f*, Überschrift *f*

in·toc·ca·bi·le **A** ADJ unberührbar, unantastbar **B** M/F Unberührbare *m/f* (*a. fig*)

in·tol·le·ra·bi·le ADJ **1** unerträglich **2** untragbar **in·tol·le·ra·bi·li·tà** F ⟨*inv*⟩ **1** Unerträglichkeit *f* **2** Untragbarkeit *f* **3** PHARM Unverträglichkeit *f* **in·tol·le·ran·te** ADJ **1** intolerant **2** unduldsam

in·tol·le·ran·za F **1** Intoleranz *f* (*a. fig*) **2** Unduldsamkeit *f*

in·to·na·ca·re V/T ⟨1m, c *u.* d⟩ verputzen

in·to·na·co [-ɔ-] M (Ver)Putz *m*

in·to·na·re ⟨1c⟩ **A** V/T **1** (*strumento*) stimmen **2** (*canto*) anstimmen **3** abstimmen: **~ la camicia alla gonna** die Bluse auf den Rock abstimmen **B** V/PR **-rsi con qc** zu etw passen **in·to·na·to** ADJ **1** gestimmt **2** **essere ~** richtig singen **3** **~ a qc** abgestimmt auf etw (*akk*) **in·to·na·zio·ne** [-o-] F **1** (*strumento*) Stimmen *n* **2** (*canto*) Anstimmen *n*

in·ton·ti·men·to [-e-] M Betäubung *f*, Benommenheit *f* **in·ton·ti·re** ⟨4d⟩ **A** V/T benommen machen **B** V/PR **-rsi** benommen werden **in·ton·ti·to** ADJ betäubt, benommen

in·top·pa·re V/I ⟨1c; es⟩ **~ in qc** auf etw (*akk*) stoßen (*a. fig*)

in·top·po [-ɔ-] M Hindernis *n*

in·tor·bi·da·men·to [-e-] M Trübung *f* **in·tor·bi·di·re** ⟨4d⟩ **A** V/T trüben (*a. fig*) **B** V/PR **-rsi** sich trüben (*a. fig*)

in·tor·no [-o-] **A** ADV **1** umher, herum: **guardarsi ~** umher-, herumblicken **2** (**tutto**) **~** ringsherum, rundherum **B** ADJ ⟨*inv*⟩ umliegend, rundherum ♦ ★ **~ a** um, rund (*od* rings) um; um … herum; (*tempo*) gegen, ungefähr um; (*argomento*) über (*akk*)

in·tor·pi·di·men·to [-e-] M **1** Einschlafen *n* **2** Gefühllosigkeit *f* **3** *fig* Stumpfheit *f*

in·tor·pi·di·re ⟨4d⟩ **A** V/T gefühllos machen (*a. fig*) **B** V/PR **-rsi** **1** gefühllos werden **2** *fig* stumpf werden

in·tos·si·ca·re ⟨1m, c *u.* d⟩ **A** V/T **1** vergiften **2** *fig* verderben **B** V/PR **-rsi** sich vergiften **in·tos·si·ca·to** **A** ADJ vergiftet **B** M, **-a** F Vergiftete *m/f* **in·tos·si·ca·zio·ne** [-o-] F Vergiftung *f*

in·tra·du·ci·bi·le ADJ unübersetzbar

in·tral·cia·re V/T ⟨1f⟩ behindern (*a. fig*), hemmen **in·tral·cio** M Hindernis *n*

in·tra·lic·cia·tu·ra F Gitter *n*

in·tral·laz·za·re V/I ⟨1a; av⟩ Machenschaften treiben **in·tral·laz·zo** M Machenschaft *f*

in·tra·mon·ta·bi·le ADJ unvergänglich, zeitlos

in·tra·net ['intranet] F ⟨*inv*⟩ Intranet *n*

in·tran·si·gen·te [-ɛ-] ADJ unnachgiebig **in·tran·si·gen·za** [-ɛ-] F Unnachgiebigkeit *f*

in·tran·si·ta·bi·le ADJ unbefahrbar

in·tran·si·ti·vo ADJ intransitiv

in·trap·po·la·re V/T ⟨1m⟩ **1** in einer Falle fangen **2** *fig* ~ **qn** j-n hereinlegen

in·tra·pren·den·te [-ɛ-] ADJ unternehmend, unternehmungslustig **in·tra·pren·den·za** [-ɛ-] F Unternehmungslust *f*

in·tra·pren·de·re [-ɛ-] V/T ⟨3c⟩ **1** unternehmen **2** (*carriera*) einschlagen **3** (*studi*) ergreifen

in·tra·sfe·ri·bi·le ADJ **1** (*malati*) nicht verlegbar **2** (*funzionari*) nicht versetzbar **3** FIN nicht übertragbar

in·trat·ta·bi·le ADJ **1** (*carattere*) unverträglich **2** (*questione*) heikel, schwierig

in·trat·ta·bi·li·tà F ⟨*inv*⟩ **1** Unverträglichkeit *f* **2** Schwierigkeit *f*

in·trat·te·ne·re [-e-] ⟨2q⟩ **A** V/T **1** unterhalten: ~ **gli ospiti** die Gäste unterhalten; ~ **relazioni diplomatiche** diplomatische Beziehungen unterhalten **2** ~ **qn su qc** j-n mit etw aufhalten **B** V/PR **-rsi 1** verweilen **2** sich unterhalten **3** sich aufhalten **in·trat·te·ni·men·to** [-e-] M Unterhaltung *f* **in·trat·te·ni·to·re** [-o-] M, **-tri·ce** F Unterhalter *m*, -in *f*

in·tra·ve·de·re [-e-] V/T ⟨2s⟩ **1** (undeutlich) erkennen **2** *fig* (er)ahnen

in·trec·cia·re ⟨1f⟩ **A** V/T **1** (ein)flechten **2** ~ **tappeti** Teppiche knüpfen **3** *fig* ~ **rapporti di amicizia** freundschaftliche Beziehungen anknüpfen **B** V/PR **-rsi 1** sich verwickeln **2** *fig* sich vermischen **3** sich überschneiden

in·trec·cio [-e-] M **1** Geflecht *n*, Flechtwerk *n* **2** Gewirr *n* **3** (*trama*) Handlung *f*

in·tre·pi·dez·za [-e-] F Furchtlosigkeit *f*

in·tre·pi·do [-ɛ-] ADJ furchtlos

in·tri·ca·re ⟨1d⟩ **A** V/T **1** verwirren **2** *fig* verkomplizieren **B** V/PR **-rsi 1** sich verwickeln **2** *fig* kompliziert werden **in·tri·ca·to** ADJ *fig* verworren, verwickelt

in·tri·co M Gewirr *n*, Wirrwarr *m* (*a. fig*)

in·tri·de·re V/T ⟨3q⟩ (durch)tränken

in·tri·gan·te A ADJ **1** intrigant **2** spannend, faszinierend **B** M/F Intrigant *m*, -in *f*

in·tri·ga·re ⟨1e⟩ **A** V/I ⟨av⟩ intrigieren, Ränke schmieden **B** V/T anregen, faszinieren **C** V/PR **-rsi** sich einmischen

in·tri·go M **1** Intrige *f*, Machenschaft *f* **2** Verwicklung *f*

in·trin·se·co [-s-] ADJ **1** innewohnend **2** wirklich ♦ **valore** ~ Sachwert *m*

in·trip·par·si [-s-] V/PR ⟨1a⟩ *umg* sich vollstopfen

in·tri·so ADJ durchnässt, durchtränkt (*a. fig*) ♦ ~ **di sudore** durchgeschwitzt

in·tri·sti·re V/I ⟨4d; es⟩ **1** traurig werden **2** (*di piante*) (ver)welken

in·tro·dot·to [-o-] ADJ **1** eingeführt **2** **essere** ~ **in qc** in etw (*dat*) bewandert sein

★**in·tro·dur·re** ⟨3e⟩ **A** V/T **1** einführen, (ein)stecken: ~ **la chiave nella toppa** den Schlüssel in das Schlüsselloch stecken **2** einlassen, eintreten lassen **3** *fig* ~ **una moda** eine Mode einführen **B** V/PR **-rsi 1** sich einschleichen, eindringen **2** **-rsi in qc** in etw (*akk*) Eintritt finden

in·tro·dut·ti·vo ADJ einleitend, einführend

★**in·tro·du·zio·ne** [-o-] F **1** Einführung *f* **2** Einleitung *f* **3** IT Eingabe *f*

in·troi·to [-ɔ-] M Einnahme *f*

in·tro·met·ter·si [-'mettersi] V/PR ⟨3ee⟩ **1** sich einmischen, eingreifen **2** (*fra persone in lite*) dazwischentreten **in·tro·mis·sio·ne** [-o-] F Einmischung *f*, Eingriff *m*

in·tro·na·re V/T ⟨1c⟩ *umg* betäuben, benommen machen

in·tro·spet·ti·vo ADJ introspektiv

in·tro·spe·zio·ne [-o-] F Introspektion *f*

in·tro·va·bi·le ADJ unauffindbar

in·tro·ver·so [-'vɛrso] ADJ introvertiert

in·tru·fo·la·re ⟨1m⟩ **A** V/T ~ **la mano nella borsa di qn** die Hand in j-s Tasche gleiten lassen **B** V/PR **-rsi** sich einschleichen

in·tru·glio M **1** Gemisch *n*; (*liquidi*) Gebräu *n* **2** Mischmasch *m* **3** Schwindel *m*

in·tru·sio·ne [-o-] F Eindringen *n*; Einmischung *f* **in·tru·so** M, **-a** F Eindringling *m*

in·tu·i·bi·le ADJ **1** fühlbar **2** voraussehbar **in·tu·i·re** V/T ⟨4d⟩ **1** (er)ahnen **2** durchschauen **in·tui·ti·vo** ADJ **1** intuitiv **2** verständlich **in·tui·to** M Intuition *f* **in·tui·zio·ne** [-o-] F Eingebung *f*

in·tur·gi·di·men·to [-e-] M (An-)Schwellen *n*

in·tur·gi·dir·si [-s-] V/PR ⟨4d⟩ (an)-

schwellen

i·nu·ma·ni·tà F ⟨inv⟩ Unmenschlichkeit f

i·nu·ma·no ADJ **1** unmenschlich, inhuman **2** übermenschlich

i·nu·ma·re V/T ⟨1a⟩ bestatten, beerdigen **i·nu·ma·zio·ne** [-o-] F Bestattung f, Beerdigung f

i·nu·mi·di·re ⟨4d⟩ **A** V/T **1** be-, anfeuchten **2** (*biancheria*) be-, einsprengen **B** V/PR **-rsi** **1** feucht werden **2** **-rsi le labbra** sich (*dat*) die Lippen anfeuchten

i·nur·ba·men·to [-e-] M Verstädterung f

i·nur·ba·no ADJ ungeschliffen

i·nur·bar·si [-s-] V/PR ⟨1a⟩ verstädtern

i·nu·si·ta·to ADJ ungewöhnlich

★**i·nu·ti·le** ADJ **1** unnütz, nutzlos, unnötig **2** vergeblich, sinnlos, zwecklos

i·nu·ti·li·tà F ⟨inv⟩ **1** Nutzlosigkeit f **2** Vergeblichkeit f **i·nu·ti·liz·za·bi·le** ADJ unbrauchbar **i·nu·ti·liz·za·to** ADJ ungebraucht, unbenutzt, nicht verwendet

i·nu·til·men·te [-e-] ADV **1** unnützerweise **2** vergebens, umsonst

in·va·den·te [-ɛ-] ADJ aufdringlich

in·va·den·za [-ɛ-] F Aufdringlichkeit f

in·va·de·re V/T ⟨3q⟩ **1** MIL über-, einfallen **2** überschwemmen (*a. fig*) **3** **~ qc** sich in etw (*dat*) ausbreiten; auf etw (*akk*) übergreifen **4** *fig* **~ la vita privata di qn** sich in j-s Privatleben einmischen

in·va·ghir·si [-s-] V/PR ⟨4d⟩ **~ di qn** sich in j-n verlieben (*od* verknallen)

in·va·li·ca·bi·le ADJ unüberwindlich

in·va·li·da·men·to [-e-] M Entkräftung f

in·va·li·da·re V/T ⟨1m⟩ **1** JUR für ungültig erklären; entkräften **2** bestreiten, anfechten

in·va·li·di·tà F ⟨inv⟩ **1** Invalidität f **2** JUR (Rechts)Ungültigkeit f

in·va·li·do **A** ADJ **1** invalide **2** JUR ungültig **B** M, **-a** F Invalide m, -din f ♦ **~ al lavoro** erwerbsunfähig

in·val·so [-s-] ADJ allgemein verbreitet

★**in·va·no** ADV vergeblich, umsonst

in·va·ria·bi·le ADJ unveränderlich

in·va·ria·bi·li·tà F ⟨inv⟩ Unveränderlichkeit f **in·va·ria·to** ADJ unverändert

in·va·sa·men·to [-e-] M Besessenheit f

in·va·sa·re[1] V/T ⟨1a⟩ **1** besessen machen **2** übermannen, ergreifen, überwältigen

in·va·sa·re[2] V/T ⟨1a⟩ eintopfen

in·va·sa·to **A** ADJ **1** besessen **2** übermannt **B** M, **-a** F **1** Besessene m/f **2** Fanatiker m, -in f

in·va·si → invadere

in·va·sio·ne [-o-] F **1** Invasion f, Einfall m **2** *fig* Überschwemmung f **3** Plage f

in·va·so → invadere

in·va·so·re [-o-] **A** ADJ einfallend **B** M, **in·va·di·tri·ce** F Eindringling m

in·vec·chia·men·to [-e-] M **1** Altern n, Alterung f **2** (*popolazione*) Überalterung f

in·vec·chia·re ⟨1k⟩ **A** V/T altern lassen, älter machen **B** V/I ⟨es⟩ **1** alt werden **2** (*di vino*) lagern **3** veralten; vergreisen

in·ve·ce [-e-] ADV jedoch, dagegen, hingegen ♦ ★**~ di** (an)statt von; **prendi questo ~ di quello** nimm das anstelle dessen; **~ che ...** (an)statt zu; **giocava ~ che lavorare** er spielte, anstatt zu arbeiten

in·vei·re V/I ⟨4d; av⟩ schimpfen

in·ve·le·ni·re ⟨4d⟩ **A** V/T verbittern **B** V/PR **-rsi** verbittert werden

in·ve·le·ni·to ADJ verbittert, erbost

in·ven·di·bi·le ADJ unverkäuflich

in·ven·du·to **A** ADJ nicht verkauft, unverkauft **B** M unverkaufte Ware f

★**in·ven·ta·re** V/T ⟨1b⟩ **1** erfinden **2** ersinnen, (sich [*dat*]) ausdenken ♦ **~ qc di sana pianta** sich (*dat*) etw aus den Fingern saugen, etw frei erfinden

in·ven·ta·ria·re V/T ⟨1k⟩ **~ qc** eine Bestandsaufnahme von etw machen **inven·ta·rio** M **1** Inventur f, Bestandsaufnahme f **2** JUR Inventar n ♦ *fig* **con beneficio d'~** mit Vorbehalt

in·ven·ti·va F Erfindungsgabe f, Erfindungsreichtum m **in·ven·to·re** [-o-] M, **-tri·ce** F Erfinder m, -in f

★**in·ven·zio·ne** [-o-] F Erfindung f; Einfall m

in·ver·di·re ⟨4d⟩ **A** V/T grün werden lassen **B** V/I ⟨es⟩ & V/PR **-rsi** (er)grünen

in·ve·re·con·do [-o-] ADJ schamlos

in·ver·na·le ADJ winterlich, Winter-: **letargo ~** Winterschlaf m; **saldi -i** Winterschlussverkauf m

★**in·ver·no** [-ɛ-] M Winter m: **arriva l'~** es wird Winter; **d'~** im Winter; **in ~** im Winter ♦ **adatto per l'~** winterfest

in·ve·ro·si·mi·glian·za [-s-] F Unwahrscheinlichkeit f **in·ve·ro·si·mi·le** [-s-] **A** ADJ unwahrscheinlich **B** M Unwahrscheinliche *n*

in·ver·sa·men·te [-sa'men-] ADV umgekehrt

in·ver·sio·ne [-si'o-] F 1 Wenden *n* 2 MECH, TECH Umkehr *f* 3 GRAM, CHEM, PHYS Inversion *f* ♦ **divieto d'~** Wenden verboten; SCHIFF *fig* **~ di rotta** Kursänderung *f*

in·ver·so [-'vɛrso] A ADJ 1 umgekehrt 2 entgegengesetzt B M 1 Umgekehrte *n*: **all'~** umgekehrt 2 Gegenteil *n*

in·ver·te·bra·to A ADJ wirbellos B M Wirbellose *m*

in·ver·ti·bi·le ADJ umkehrbar

in·ver·ti·re ⟨4h *od* 4d⟩ A V/T 1 umkehren 2 vertauschen: **~ le parti** die Rollen vertauschen B V/PR **-rsi** sich umkehren **in·ver·ti·to** M, **-a** F Homosexuelle *m/f* **in·ver·ti·to·re** [-o-] M Inverter *m*: FLUG **~ di flusso** Schubumkehr *f*

in·ve·sti·bi·le ADJ investierbar

in·ve·sti·ga·re ⟨1m, b *u.* e⟩ A V/T 1 erforschen 2 (*indagare*) untersuchen B V/I ⟨av⟩ 1 nachforschen: **~ su qc** Nachforschungen über etw (*akk*) anstellen 2 (*polizia*) fahnden, ermitteln **in·ve·sti·ga·ti·vo** ADJ 1 Ermittlungs-: **procedimento ~** Ermittlungsverfahren *n* 2 (*polizia*) Fahndungs- **in·ve·sti·ga·to·re** [-o-] M, **-tri·ce** F Fahnder *m*, -in *f*; Detektiv *m*, -in *f* ♦ **~ privato** Privatdetektiv *m*

in·ve·sti·ga·zio·ne [-o-] F 1 (*polizia*) Fahndung *f* 2 Untersuchung *f*: **~ giudiziaria** gerichtliche Untersuchung *f*

in·ve·sti·men·to [-e-] M 1 WIRTSCH Investition *f* 2 (*incidente*) Anfahren *n*; Überfahren *n*

★**in·ve·sti·re** V/T ⟨4d *od* 4b⟩ 1 anlegen; investieren (*a. fig*): **~ qc in qc** etw in etw (*dat*) anlegen 2 (*con veicolo*) anfahren; überfahren 3 *fig* **~ qn di insulti** j-n mit Beleidigungen überhäufen 4 **~ qn di una carica** j-m ein Amt übertragen **in·ve·sti·to** A ADJ investiert, angelegt B M, **-a** F Angefahrene *m/f*; Überfahrene *m/f* **in·ve·sti·to·re** [-o-] M, **-tri·ce** F 1 Unfallfahrer *m*, -in *f* 2 WIRTSCH Anleger *m*, -in *f*

in·ve·te·ra·to ADJ 1 (tief) verwurzelt 2 (*incallito*) eingefleischt

in·ve·tria·ta F Glasfenster *n*

in·vet·ti·va F Schmähung *f*, Invektive *f*

★**in·vi·a·re** V/T ⟨1h⟩ schicken, (über-, ent)senden **in·vi·a·to** M, **-a** F 1 (Ab)-Gesandte *m/f* 2 Berichterstatter *m*, -in *f*

in·vi·dia F Neid *m*, Missgunst *f*

in·vi·dia·bi·le ADJ beneidenswert

★**in·vi·dia·re** V/T ⟨1k⟩ (be)neiden: **~ qc a qn** j-n um etw beneiden; **non è da ~** er ist nicht zu beneiden **in·vi·dio·so** [-o-] A ADJ neidisch, neidvoll B M, **-a** F Neider *m*, -in *f*

in·vi·go·ri·men·to [-e-] M Kräftigung *f*

in·vi·go·ri·re ⟨4d⟩ A V/T kräftigen B V/PR **-rsi** sich stärken; stark werden

in·vi·lir·si [-s-] V/PR ⟨4d⟩ 1 den Mut verlieren 2 an Ansehen verlieren

in·vi·lup·pa·re ⟨1a⟩ A V/T (ein)wickeln B V/PR **-rsi** sich (ein)wickeln, sich einhüllen

in·vi·lup·po M Umhüllung *f*, Hülle *f*

in·vin·ci·bi·le ADJ unbesiegbar **in·vin·ci·bi·li·tà** F ⟨*inv*⟩ Unbesiegbarkeit *f*

in·vio M 1 (Zu)Sendung *f*; (*di persone*) Entsendung *f* 2 IT Eingabetaste *f*

in·vio·la·bi·le ADJ unverletzlich; unantastbar **in·vio·la·bi·li·tà** F ⟨*inv*⟩ Unverletzlichkeit *f*, Unantastbarkeit *f* **in·vio·la·to** ADJ unverletzt, unangetastet

in·vi·pe·rir·si [-s-] V/PR ⟨4d⟩ in Wut geraten **in·vi·pe·ri·to** ADJ wütend, zornig

in·vi·schia·re ⟨1k⟩ A V/T ver-, einwickeln B V/PR **-rsi** sich verwickeln **in·vi·schia·to** ADJ verwickelt: **essere ~ in uno scandalo** in einen Skandal verwickelt sein

in·vi·si·bi·le ADJ unsichtbar

in·vi·so ADJ unbeliebt

in·vi·tan·te ADJ einladend, verlockend

★**in·vi·ta·re** V/T ⟨1a⟩ 1 einladen: **~ qn a cena** j-n zum Abendessen einladen 2 auffordern, ersuchen: **~ qn a fare qc** j-n auffordern, etw zu tun

in·vi·ta·to M, **-a** F Eingeladene *m/f*, Gast *m*

★**in·vi·to** M 1 Einladung *f* 2 Einladungskarte *f* 3 Aufforderung *f* 4 Verlockung *f*

in·vo·ca·re V/T ⟨1c *u.* d⟩ 1 (an)rufen, anflehen 2 fordern: **~ riforme** Reformen fordern 3 **~ qc** sich auf etw (*akk*) berufen **in·vo·ca·zio·ne** [-o-] F Anrufung *f*, Flehen *n*

in·vo·glia·re V/T ⟨1g *u.* c⟩ anregen, Lust erwecken

in·vo·lar·si [-s-] V/PR ⟨1a⟩ verschwinden

in·vol·ga·ri·re ⟨4d⟩ A V/T vulgär machen B V/I ⟨es⟩ & V/PR **-rsi** vulgär (*od* ordinär) werden

in·vol·ge·re [-ɔ-] VT ⟨3d⟩ einwickeln, (ein)hüllen
in·vo·lon·ta·rio ADJ unabsichtlich
in·vol·ta·re VT ⟨1c⟩ *umg* einwickeln, einhüllen
in·vol·ti·no M Roulade *f*, Röllchen *n*: ~ **di carne** Fleischroulade *f*, *schweiz* Fleischvogel *m*; ~ **primavera** Frühlingsrolle *f*
in·vol·to [-ɔ-] M **1** Bündel *n* **2** Hülle *f*
in·vo·lu·cro [-ɔ-] M Hülle *f*; TECH Mantel *m*
in·vo·lu·ti·vo ADJ rückläufig, rückbildend **in·vo·lu·to** ADJ verworren
in·vo·lu·zio·ne [-o-] F **1** Rückentwicklung *f* **2** MED Rückbildung *f*
in·vul·ne·ra·bi·le ADJ unverwundbar, unverletzlich **in·vul·ne·ra·bi·li·tà** F ⟨*inv*⟩ Unverwundbarkeit *f*, Unverletzlichkeit *f*
in·zac·che·ra·re VT ⟨1m⟩ mit Schlamm beschmutzen
in·zep·pa·re[1] VT ⟨1a⟩ verkeilen
in·zep·pa·re[2] VT ⟨1a⟩ ~ **qc di qc** etw mit etw vollstopfen
in·zuc·che·ra·re VT ⟨1m⟩ zuckern
in·zup·pa·re ⟨1a⟩ **A** VT **1** (ein)tauchen, stippen **2** durchnässen **B** VPR **-rsi** **1** sich vollsaugen **2** durchnässt werden
in·zup·pa·to ADJ **1** getränkt **2** durchnässt
★**io** **A** PERS PR ich: **anch'~** ich auch; **neanch'~** ich auch nicht **B** M Ich *n*; (*se stesso*) Selbst *n* ♦ ~ **sottoscritto** der, dieUnterzeichnende
io·da·to **A** ADJ jodhaltig **B** M Jodat *n*
io·di·co [-ɔ-] ADJ Jod-: **cura -a** Jodkur *f*
io·dio [-ɔ-] M ⟨*inv*⟩ Jod *n*
iol·la [-ɔ-] F Heckmaster *m*, Jollenkreuzer *m*
io·ne [-o-] M Ion *n*
io·ni·co[1] [-ɔ-] ADJ **stile** ~ ionischer Stil *m*
io·ni·co[2] [-ɔ-] ADJ CHEM, PHYS Ionen-
io·niz·za·re VT ⟨1a⟩ ionisieren
io·no·sfe·ra [-ɛ-] F Ionosphäre *f*
io·sa [-ɔ-], **a** ~ in Hülle und Fülle
io·ta [-ɔ-] M Jota *n*, Iota *n*
i·pe·ra·ci·di·tà F ⟨*inv*⟩ Übersäuerung *f*
i·pe·ra·li·men·ta·zio·ne [-o-] F Überernährung *f*
i·pe·rat·ti·vo ADJ hyperaktiv
i·per·bo·le [-ɛ-] F MATH Hyperbel *f*
i·per·bo·li·co [-ɔ-] ADJ MATH hyperbolisch
i·per·ca·lo·ri·co [-ɔ-] ADJ kalorienreich
i·per·ca·pa·ci·tà F ⟨*inv*⟩ Überkapazität *f*
i·per·con·su·mo [-s-] M Überverbrauch *m*
i·per·cor·ret·to [-ɛ-] ADJ überkorrekt
i·per·cri·ti·co ADJ überkritisch
i·pe·rec·ci·ta·bi·le ADJ übererregbar **i·pe·rec·ci·ta·bi·li·tà** F ⟨*inv*⟩ Übererregbarkeit *f*
i·per·fun·zio·ne [-o-] F Überfunktion *f*
ip·er·me·dia [-mɛdja] MPL Hypermedia *pl*
★**i·per·mer·ca·to** M Hypermarkt *m*
i·per·me·tro·pe [-ɛ-] ADJ weitsichtig
i·per·me·tro·pi·a F Weitsichtigkeit *f*
i·per·nu·tri·zio·ne [-o-] F Überernährung *f*
i·per·pro·tei·co [-ɛ-] ADJ proteinreich
i·per·se·cre·zio·ne [-o-] F Drüsenüberfunktion *f*
i·per·sen·si·bi·le [-sen'si-] ADJ überempfindlich **i·per·sen·si·bi·li·tà** F ⟨*inv*⟩ Überempfindlichkeit *f*
i·per·so·ni·co [-sɔ-] ADJ Überschall-: **velocità -a** Überschallgeschwindigkeit *f*
i·per·ten·sio·ne [-si'o-] F Bluthochdruck *m*
i·per·te·so [-e-] ADJ hypertonisch, Bluthochdruck-
i·per·te·sto [-ɛ-] M IT Hypertext *m*
i·per·tro·fi·a F Hypertrophie *f*, Überentwicklung *f*
ip·no·si [-ɔ-] F ⟨*inv*⟩ Hypnose *f*
ip·no·ti·co [-ɔ-] ADJ hypnotisch
ip·no·tiz·za·re VT ⟨1a⟩ hypnotisieren (*a. fig*) **ip·no·tiz·za·to·re** [-o-] M, **-tri·ce** F Hypnotiseur *m*, -in *f*
i·po·a·cu·si·a F Schwerhörigkeit *f*
i·po·ca·lo·ri·co [-ɔ-] ADJ kalorienarm
i·po·con·dri·a F **1** Hypochondrie *f* **2** *geh* Trübsinn *m*, Schwermut *f* **i·po·con·dri·a·co** **A** ADJ **1** hypochondrisch **2** trübsinnig, schwermütig **B** M, **-a** F Hypochonder *m*, -in *f*
i·po·cri·si·a F Heuchelei *f*
i·po·cri·ta [-ɔ-] **A** ADJ heuchlerisch **B** M/F Heuchler *m*, -in *f*
i·po·der·ma [-ɛ-] M Unterhaut *f*
i·po·fi·si [-ɔ-] F ⟨*inv*⟩ Hirnanhangdrüse *f*
i·po·ga·strio M Unterleib *m*
i·po·nu·tri·zio·ne [-o-] F Unterernährung *f*
i·po·so·di·co [-'sɔ-] ADJ salzarm: **sale** ~ natriumarmes Salz *n*
i·po·te·ca [-ɛ-] F Hypothek *f* ♦ **libero da** ~ hypothekenfrei

i·po·te·ca·re VT ⟨1b u. d⟩ mit einer Hypothek belasten **i·po·te·ca·rio** ADJ hypothekarisch, Hypotheken-: **certificato ~** Hypothekenbrief *m*; **mutuo ~** Hypothekendarlehen *n*; **onere ~** Hypothekenlast *f*

i·po·ten·sio·ne [-si'o-] F Hypotonie *f*

i·po·te·nu·sa F Hypotenuse *f*

i·po·te·si [-ɔ-] F ⟨*inv*⟩ Hypothese *f*, Vermutung *f* ♦ **nell'~ che …** gesetzt den Fall, dass …; **nella migliore delle ~** bestenfalls; **nella peggiore delle ~** schlimmstenfalls; **per ~** hypothetisch

i·po·te·ti·co [-ɛ-] ADJ **1** hypothetisch **2** eventuell

i·po·ti·roi·di·smo [-z-] M Schilddrüsenunterfunktion *f*, Hypothyreose *f*

i·po·tiz·za·re VT ⟨1a⟩ annehmen, vermuten

ip·pi·ca F Pferdesport *m*; Pferderennen *n* ♦ **datti all'~!** wechsle den Beruf!

ip·pi·co ADJ Reit-: **concorso ~** Reitturnier *n*

ip·po·cam·po M Seepferdchen *n*

ip·po·ca·sta·no M Rosskastanie *f*

ip·po·dro·mo [-ɔ-] M Pferderennbahn *f*

ip·po·po·ta·mo [-ɔ-] M Nilpferd *n*

i·psi·lon F/M Ypsilon *n*

i·ra F Zorn *m* ♦ **costare l'~ di Dio** ein Vermögen kosten

i·ra·che·no [-ɛ-] **A** ADJ irakisch **B** M, **-a** F Iraker *m*, -in *f*

i·ra·con·dia [-o-] F Jähzorn *m*

i·ra·con·do [-o-] ADJ jähzornig

I·rak M (der) Irak *m*

I·ran M (der) Iran *m* **i·ra·nia·no** **A** ADJ iranisch **B** M, **-a** F Iraner *m*, -in *f*

Iraq M → a. Irak

i·ra·sci·bi·le ADJ reizbar, jähzornig

i·ra·sci·bi·li·tà F ⟨*inv*⟩ Reizbarkeit *f*

i·ra·to ADJ zornig, erzürnt

i·ri·da·to ADJ **1** regenbogenfarbig **2** (*ciclismo*) **maglia -a** Regenbogentrikot *n*

i·ri·de F **1** Regenbogen *m* **2** ANAT, BOT Iris *f* **i·ri·de·scen·te** [-ɛ-] ADJ irisierend, in Regenbogenfarben schillernd

★**Ir·lan·da** F Irland *n*: **~ del Nord** Nordirland *n*

★**ir·lan·dese** **A** ADJ irisch **B** M/F Ire *m*, Irin *f* **C** M (*lingua*) Irisch(e) *n*

i·ro·ni·a F Ironie *f*: **fare dell'~** ironisch werden **i·ro·ni·co** [-ɔ-] ADJ ironisch

i·ro·niz·za·re VI ⟨1a; av⟩ ironisieren: **~ su qc** etw ironisieren

i·ro·so [-o-] ADJ **1** zornig **2** reizbar, jähzornig

ir·ra·dia·men·to [-e-] M **1** Aus-, Bestrahlung *f* **2** PHYS Strahlung *f*

ir·ra·dia·re ⟨1a⟩ **A** VT **1** MED bestrahlen **2** ausstrahlen: **~ luce** Licht ausstrahlen **3** (*con radioattività*) verstrahlen **B** VI ⟨es⟩ (aus)strahlen **ir·ra·dia·to** ADJ verstrahlt, strahlenverseucht **ir·ra·dia·zio·ne** [-o-] F **1** (Aus)Strahlung *f* **2** MED Bestrahlung *f*

ir·rag·gia·men·to [-e-] M **1** Ausstrahlung *f* **2** PHYS Strahlung *f* **ir·rag·gia·re** VT ⟨1f⟩ **1** ausstrahlen **2** bestrahlen, bescheinen

ir·rag·gia·to ADJ verstrahlt

ir·rag·giun·gi·bi·le ADJ unerreichbar

ir·rag·giun·gi·bi·li·tà F ⟨*inv*⟩ Unerreichbarkeit *f*

ir·ra·gio·ne·vo·le [-e-] ADJ **1** unvernünftig **2** (*dubbio*) unbegründet **3** (*prezzo*) unangemessen **ir·ra·gio·ne·vo·lez·za** [-e-] F Unvernunft *f*

ir·ran·ci·di·re VI ⟨4d; es⟩ ranzig werden **ir·ran·ci·di·to** ADJ ranzig

ir·ra·zio·na·le ADJ **1** irrational **2** unvernünftig **3** unrationell **ir·ra·zio·na·li·smo** [-z-] M Irrationalismus *m* **ir·ra·zio·na·li·tà** F ⟨*inv*⟩ Irrationalität *f*, Vernunftwidrigkeit *f*

ir·re·a·le ADJ unwirklich, irreal

ir·re·a·li·sti·co ADJ unrealistisch

ir·re·a·liz·za·bi·le ADJ **1** undurchführbar **2** (*desiderio, sogno*) unerfüllbar

ir·re·al·tà F ⟨*inv*⟩ Unwirklichkeit *f*

ir·re·cu·pe·ra·bi·le ADJ **1** unwiederbringlich **2** (*persona*) unrettbar

ir·re·di·mi·bi·le ADJ HANDEL, JUR unkündbar: **prestito ~** unkündbare Anleihe *f*

ir·re·fre·na·bi·le ADJ unbändig: **odio ~** unbändiger Hass *m*; **ascesa ~** unaufhaltsamer Aufstieg *m*

ir·re·fu·ta·bi·le ADJ unanfechtbar **ir·re·fu·ta·bi·li·tà** F ⟨*inv*⟩ Unanfechtbarkeit *f*

★**ir·re·go·la·re** ADJ **1** unregelmäßig **2** illegal: **in posizione ~** ohne aufenthaltsrechtlichen Status **3** uneben, holprig

ir·re·go·la·ri·tà F ⟨*inv*⟩ **1** Unregelmäßigkeit *f* **2** Illegalität *f*

ir·re·li·gio·si·tà F ⟨*inv*⟩ Religionslosigkeit *f* **ir·re·li·gio·so** [-o-] ADJ irreligiös, unreligiös, nicht religiös

ir·re·mo·vi·bi·le ADJ unerschütterlich

ir·re·mo·vi·bi·li·tà F ⟨*inv*⟩ Unerschütterlichkeit *f*

ir·re·pa·ra·bi·le A ADJ unersetzlich; nicht wiedergutzumachen(d) B M Unvermeidliche *n*

ir·re·pe·ri·bi·le ADJ unauffindbar

ir·re·pren·si·bi·le [-s-] ADJ tadellos, untadelig **ir·re·pren·si·bi·li·tà** F ⟨*inv*⟩ Tadellosigkeit *f*

ir·re·pri·mi·bi·le ADJ unbändig

ir·re·quie·tez·za [-e-] F Unruhe *f*, Unrast *f*

ir·re·quie·to [-ɛ-] ADJ unruhig, ruhelos

ir·re·si·sti·bi·le ADJ unwiderstehlich **ir·re·si·sti·bi·li·tà** F ⟨*inv*⟩ Unwiderstehlichkeit *f*

ir·re·so·lu·tez·za [-solu'te-] F Unentschlossenheit *f*

ir·re·so·lu·to [-s-] ADJ unentschlossen

ir·re·spi·ra·bi·le ADJ 1 nicht atembar: **aria ~** stickige Luft *f* 2 *fig* unerträglich

ir·re·spon·sa·bi·le [-'saː-] ADJ unverantwortlich **ir·re·spon·sa·bi·li·tà** [-sa-] F ⟨*inv*⟩ Unverantwortlichkeit *f*

ir·re·strin·gi·bi·le ADJ TEX nicht einlaufend

ir·re·ti·re V/T ⟨4d⟩ 1 mit dem Netz fangen 2 *fig* umgarnen, einwickeln

ir·re·ver·si·bi·le [-s-] ADJ irreversibel, nicht umkehrbar **ir·re·ver·si·bi·li·tà** F ⟨*inv*⟩ Irreversibilität *f*, Nichtumkehrbarkeit *f*

ir·re·vo·ca·bi·le ADJ unwiderruflich **ir·re·vo·ca·bi·li·tà** F ⟨*inv*⟩ Unwiderruflichkeit *f*

ir·ri·co·no·scen·te [-ɛ-] ADJ undankbar

ir·ri·co·no·sci·bi·le ADJ nicht wiederzuerkennen

ir·ri·de·re V/T ⟨3q⟩ verhöhnen, auslachen

ir·ri·du·ci·bi·le ADJ 1 (*prezzi*) nicht herabsetzbar 2 unkürzbar 3 *fig* unbeugsam

ir·ri·fles·si·vo ADJ unüberlegt

ir·ri·ga·re V/T ⟨1e⟩ bewässern **ir·ri·ga·to·re** [-o-] A ADJ Bewässerungs-, bewässernd: **impianto ~** Bewässerungsanlage *f* B M Sprenger *m* **ir·ri·ga·zio·ne** [-o-] F Bewässerung *f*

ir·ri·gi·di·men·to [-e-] M 1 Versteifung *f* 2 (*di clima, stagione*) Kälterwerden *n*

ir·ri·gi·di·re ⟨4d⟩ A V/T erstarren lassen (*a. fig*) B V/PR **-rsi** 1 erstarren (*a. fig*): **-rsi per lo spavento** vor Schreck erstarren 2 (*ostinarsi*) sich versteifen 3 (*clima*) kälter werden **ir·ri·gi·di·to** ADJ 1 steif, starr (*a. fig*) 2 (*ostinato*) versteift

ir·ri·guar·do·so [-o-] ADJ rücksichtslos

ir·ri·guo ADJ Bewässerungs-: **canale ~** Bewässerungskanal *m*

ir·ri·le·van·te ADJ unerheblich, irrelevant **ir·ri·le·van·za** F Irrelevanz *f*

ir·ri·man·da·bi·le ADJ unaufschiebbar

ir·ri·me·dia·bi·le ADJ 1 nicht wiedergutzumachen(d) 2 unersetzlich **ir·ri·me·dia·bil·men·te** [-e-] ADV hoffnungslos: **danneggiato ~** unrettbar beschädigt

ir·rin·trac·cia·bi·le ADJ unauffindbar

ir·ri·nun·cia·bi·le ADJ unverzichtbar

ir·ri·pe·ti·bi·le ADJ unwiederholbar **ir·ri·pe·ti·bi·li·tà** F ⟨*inv*⟩ Unwiederholbarkeit *f*

ir·ri·sio·ne [-o-] F Verspottung *f*

ir·ri·sol·to [-ɔ-] ADJ ungelöst

ir·ri·so·rio [-ɔ-] ADJ 1 spöttisch, höhnisch 2 lächerlich, Spott-: **prezzo ~** Spottpreis *m*

ir·ri·spet·to·so [-o-] ADJ respektlos

ir·ri·ta·bi·le ADJ 1 reizbar 2 MED empfindlich **ir·ri·ta·bi·li·tà** F ⟨*inv*⟩ 1 Reizbarkeit *f* 2 MED Empfindlichkeit *f*

ir·ri·tan·te ADJ 1 irritierend 2 MED reizend, Reiz- 3 beißend

ir·ri·ta·re ⟨1l *od* 1a⟩ A V/T reizen (*a.* MED), irritieren B V/PR **-rsi** 1 nervös werden 2 MED gereizt werden **ir·ri·ta·to** ADJ gereizt (*a.* MED): **pelle -a** gereizte Haut *f* **ir·ri·ta·zio·ne** [-o-] F Reizung *f*, Erregung *f*, Irritation *f*

ir·ri·ve·ren·te [-ɛ-] ADJ respektlos

ir·ri·ve·ren·za [-ɛ-] F Respektlosigkeit *f*

ir·ro·bu·sti·men·to [-e-] M Kräftigung *f*

ir·ro·bu·sti·re ⟨4d⟩ A V/T kräftigen B V/PR **-rsi** kräftiger werden

ir·rom·pe·re [-o-] V/I ⟨3rr; es⟩ eindringen

ir·ro·ra·re V/T ⟨1c⟩ 1 benetzen 2 (be)spritzen **ir·ro·ra·to·re** [-o-] M 1 Sprenger *m* 2 Spritzgerät *n* **ir·ro·ra·zio·ne** [-o-] F 1 AGR Spritzen *n* 2 ANAT **~ sanguigna** Durchblutung *f*

ir·ruen·te [-ɛ-] ADJ ungestüm, heftig

ir·ruen·za [-ɛ-] F Ungestüm *n*, Wucht *f*: **agire con ~** ungestüm handeln

ir·ru·vi·di·re ⟨4d⟩ A V/T 1 aufrauen 2 *fig* hart machen B V/I ⟨es⟩ & V/PR **-rsi** 1 rau werden 2 *fig* hart werden

ir·ru·zio·ne [-o-] F Einbruch *m*

ir·su·to [-s-] ADJ haarig; stachelig

ir·to ADJ 1 borstig, struppig 2 **col pelo ~** mit aufgestelltem Fell 3 *fig* **~ di** voll, voller; gespickt mit

i·schia·ti·co ADJ Ischias-: **nervo ~** Ischiasnerv *m*

i·scrit·to[1] A ADJ 1 angemeldet 2 eingeschrieben 3 eingetragen B M, **-a** F 1 Eingeschriebene *m/f* 2 (*membro*) Mitglied *n*

i·scrit·to[2] ADJ **per ~** schriftlich

i·scri·ve·re V/T ⟨3tt⟩ 1 **~ qn/qc in qc** j-n/etw in etw (*akk*) eintragen 2 anmelden 3 einschreiben 4 einritzen

★**i·scri·ver·si** [-s-] V/PR ⟨3tt⟩ 1 sich anmelden 2 sich einschreiben 3 **~ a qc** etw (*dat*) beitreten

i·scri·zio·ne [-o-] F 1 Eintragung *f*, Eintrag *m* 2 Anmeldung *f* 3 Einschreibung *f* 4 Inschrift *f* 5 Beitritt *m* ♦ **modulo d'~** Anmeldeformular *n*

I·ser·nia [-ɛ-] F Isernia *n* **i·ser·nì·no** A ADJ aus, von Isernia B M, **-a** F Bewohner *m*, -in *f* von Isernia

i·slam [iz'lam] M Islam *m* **I·sla·ma·bad** F Islamabad *n* **i·sla·mi·co** [iz'lam-] ADJ islamisch **i·sla·mi·sta** M/F Islamist *m*, -in *f* **i·sla·miz·za·re** [izlam-] ⟨1a⟩ A V/T islamisieren B V/PR **-rsi** zum Islam übertreten **i·sla·miz·za·zio·ne** [-o-] F Islamisierung *f*

I·slan·da F Island *n* **i·slan·de·se** [-e-] A ADJ isländisch B M/F Isländer *m*, in *f* C M (*lingua*) Isländisch(e) *n*

★**i·so·la** F Insel *f* (*a. fig*) ♦ **~ pedonale** Fußgängerzone *f*; **~ spartitraffico** Verkehrsinsel *f*

i·so·la·men·to [-e-] M 1 Absonderung *f*, Zurückgezogenheit *f* 2 TECH Isolierung *f* 3 Isolationshaft *f* ♦ **~ acustico** Schallschutz *m*; **reparto ~** Isolierstation *f*; **~ termico** Wärmeschutz *m*

i·so·la·no A ADJ Insel-, insular: **cultura -a** Inselkultur *f* B M, **-a** F Inselbewohner *m*, -in *f*

i·so·lan·te A ADJ isolierend, Isolier- B M Isolierstoff *m* ♦ **nastro ~** Isolierband *n*

i·so·la·re ⟨1l⟩ A V/T isolieren B V/PR **-rsi** sich isolieren, sich absondern

i·so·la·to[1] ADJ 1 (*luogo*) isoliert, abgelegen 2 **caso ~** Einzelfall *m*

i·so·la·to[2] M (Häuser)Block *m*

i·so·la·to·re [-o-] M Isolator *m*

i·so·la·zio·ni·smo [-zmo] M Isolationismus *m* **i·so·la·zio·ni·sta** ADJ Isolations-: **politica ~** Isolationspolitik *f*

i·so·let·ta [-e-] F Inselchen *n*

i·so·lot·to [-ɔ-] M mittelgroße Insel *f*

i·so·sce·le [-ɔ-] ADJ GEOM gleichschenklig

i·so·to·po [-ɔ-] M Isotop *n*

i·sot·te·ri [-ɔ-] MPL Termiten *pl*, Isopteren *pl*

i·spa·no-a·me·ri·ca·no ADJ lateinamerikanisch: **lingue -e** lateinamerikanische Sprachen *pl*

i·spes·si·men·to [-e-] M Verdickung *f*

i·spes·si·re ⟨4d⟩ A V/T verstärken B V/PR **-rsi** dicker werden, stärker werden ♦ **far ~ un sugo** eine Soße andicken

i·spet·ti·vo ADJ Inspektions-: **visita -a** Inspektion *f* **i·spet·to·ra·to** M 1 Aufsichtsbehörde *f* 2 Inspektorat *n* **i·spet·to·re** [-o-] M, **-tri·ce** F 1 Inspektor *m*, -in *f* 2 MIL Inspekteur *m*, -in *f*

i·spe·zio·na·re V/T ⟨1a⟩ inspizieren, überprüfen **i·spe·zio·ne** [-o-] F 1 Inspektion *f*, Kontrolle *f* 2 Überprüfung *f* 3 MED Untersuchung *f*

i·spi·dez·za [-e-] F 1 Borstigkeit *f* 2 *fig* Kratzbürstigkeit *f*

i·spi·do ADJ 1 struppig 2 *fig* borstig, kratzbürstig 3 (*barba*) stachelig

i·spi·ra·re ⟨1a⟩ A V/T 1 einflößen, erwecken: **~ fiducia** Vertrauen einflößen; *umg* **è un tipo che non mi ispira** er ist ein Typ, der mir kein Vertrauen einflößt 2 inspirieren 3 beeinflussen B V/PR **-rsi a qc** von etw inspiriert werden; sich von etw inspirieren lassen **i·spi·ra·to** ADJ 1 **essere ~ da qc** von etw beseelt sein 2 inspiriert **i·spi·ra·to·re** [-o-] A ADJ 1 eingebend, anregend 2 inspirierend B M, **-tri·ce** F Anstifter *m*, -in *f*, Anreger *m*, -in *f* **i·spi·ra·zio·ne** [-o-] F 1 Inspiration *f* 2 Eingebung *f*

I·sra·e·le M Israel *n* **I·sra·e·lia·no** [-z-] A ADJ israelisch B M, **-a** F Israeli *m/f* **i·sra·e·li·ta** M/F Israelit *m*, -in *f* **i·sra·e·li·ti·co** ADJ israelitisch

is·sa INT **oh ~!** hau ruck!

is·sa·re V/T ⟨1a⟩ 1 hissen 2 (*sollevare*) heben

i·stan·ta·ne·a F Schnappschuss *m*

i·stan·ta·ne·o ADJ augenblicklich, sofortig ♦ **caffè ~** Instantkaffee *m*

★**i·stan·te** M Augenblick *m* ♦ **all'~** im Augenblick; **in un ~** im Nu; **ad ogni ~** jeden Augenblick

i·stan·za F 1 Antrag *m*, Gesuch *n* 2 JUR Instanz *f* 3 Drängen *n*: **cedere alle -e di**

qn j-s Drängen nachgeben **4** (*esigenza*) Anspruch *m* **5** (*necessità*) Notwendigkeit *f*

i·ste·ri·a F Hysterie *f*

i·ste·ri·co [-ɛ-] ADJ hysterisch

i·ste·ri·li·re ⟨4d⟩ **A** V/T unfruchtbar machen **B** V/PR **-rsi** **1** unfruchtbar werden **2** *fig* versiegen, verkümmern

i·ste·ri·smo [-zmo] M Hysterie *f*

i·sti·ga·re V/T ⟨1l *u.* e⟩ **~ a qc** zu etw anstiften, aufhetzen, verleiten **i·sti·ga·to·re** [-o-] **A** ADJ aufwieglerisch **B** M, **-tri·ce** F Anstifter *m*, -in *f*; Aufwiegler *m*, -in *f*, Hetzer *m*, -in *f* **i·sti·ga·zio·ne** [-o-] F Anstiftung *f*; Aufwiegelung *f*; Verleitung *f*

i·stil·la·re V/T ⟨1a⟩ **1** (ein)träufeln **2** *fig* **~ l'odio in qn** j-m Hass einflößen

i·stin·ti·vi·tà F ⟨*inv*⟩ **1** Instinktivität *f* **2** Triebhaftigkeit *f* **i·stin·ti·vo** ADJ **1** instinktiv **2** triebhaft

i·stin·to M **1** Instinkt *m* **2** Trieb *m* **3** Neigung *f* **4** Begabung *f* ♦ **agire d'~** instinktiv handeln

i·sti·tu·i·re V/T ⟨4d⟩ **1** gründen, stiften: **~ una scuola** eine Schule gründen **2** JUR einsetzen, ernennen **i·sti·tu·ti·vo** ADJ Gründungs-: **norme -e** Gründungsnormen *pl*

★**i·sti·tu·to** M **1** Institut *n*, Anstalt *f*, Heim *n* **2** JUR Institution *f* ♦ **~ di bellezza** Schönheitssalon *m*; **~ di credito** Kreditinstitut *n*; **~ di credito immobiliare** Bausparkasse *f*; **~ geriatrico** Altenpflegeheim *n*; **~ di pena** Vollzugsanstalt *f*; **~ di vigilanza privata** privater Wachdienst *m*; **-i di istruzione professionale** berufsbildende Schulen *pl*

i·sti·tu·to·re [-o-] M, **-tri·ce** F **1** Gründer *m*, -in *f*, Stifter *m*, -in *f* **2** (*in collegio*) Mentor *m*, -in *f*; (*in casa privata*) Hauslehrer *m*, -in *f*

i·sti·tu·zio·na·le ADJ **1** institutionell **2** **corso ~** Grundkurs *m* **i·sti·tu·zio·na·liz·za·re** V/T ⟨1a⟩ institutionalisieren

i·sti·tu·zio·ne [-o-] F **1** Gründung *f*, Einrichtung *f* **2** Institution *f*, Einrichtung *f* **3** (*fondazione*) Stiftung *f* **4** *pl* Grundlagen *pl*

ist·mo M **1** GEOG Isthmus *m*: **~ di Panama** die Landenge von Panama **2** ANAT Isthmus *m*, Verengung *f*

i·sto·lo·gi·a F Histologie *f* **i·sto·lo·gi·co** [-ɔ-] ADJ histologisch: **esame ~** histologische Untersuchung *f*

i·sto·ria·re V/T ⟨1k *u.* c⟩ be-, ausmalen

i·sto·ria·to ADJ bemalt, bebildert

i·stra·da·re V/T ⟨1a⟩ **1** leiten, führen: **~ il traffico in una direzione** den Verkehr in eine Richtung leiten **2** **~ qn in qc** j-n in etw (*akk*) einführen **3** JUR **~ una pratica** einen Vorgang zur Bearbeitung weiterleiten

i·stria·no **A** ADJ istrianisch **B** M, **-a** F Istrianer *m*, -in *f*

i·stri·ce M ZOOL Stachelschwein *n*

i·strio·ne [-o-] M Komödiant *m* (*a. fig*)

i·strio·ne·sco [-e-] ADJ komödiantenhaft

i·strio·ni·co [-ɔ-] ADJ **1** schauspielerisch, Schauspiel- **2** *pej* komödiantenhaft

i·stru·i·re ⟨4d⟩ **A** V/T **1** belehren, ausbilden: **~ qn in qc** j-n in etw (*dat*) unterweisen **2** anweisen **B** V/PR **-rsi** sich bilden **i·stru·i·to** ADJ gebildet

i·strut·ti·vo ADJ lehrreich, erzieherisch

i·strut·to·re [-o-] **A** ADJ Ausbildungs- **B** M, **-tri·ce** F Lehrer *m*, -in *f*, Ausbilder *m*, -in *f* ♦ **~ di guida** Fahrlehrer *m*

i·strut·to·ria [-ɔ-] F Ermittlung(sverfahren) *n*; Untersuchung(sverfahren) *n*

i·strut·to·rio [-ɔ-] ADJ Ermittlungs-, Untersuchungs-

★**i·stru·zio·ne** [-o-] F **1** Unterrichts-, Bildungswesen *n* **2** (Aus)Bildung *f* **3** *pl* Anweisungen *pl*, Instruktionen *pl* **4** *pl* Anleitung *f*: **-i per l'uso** Bedienungsanleitung *f* ♦ **~ scolastica** Schulbildung *f*; **~ secondaria** höhere Schulbildung *f*; **~ universitaria** Hochschulbildung *f*

i·stu·pi·di·men·to [-e-] M Verdummung *f*

i·stu·pi·di·re ⟨4d⟩ **A** V/T **1** verblöden **2** *fig* betäuben **B** V/PR **-rsi** verblöden **i·stu·pi·di·to** ADJ **1** verdummt **2** betäubt

★**I·ta·lia** F Italien *n*

★**i·ta·lia·na** F Italienerin *f*

★**i·ta·lia·no** **A** ADJ italienisch **B** M **1** Italiener *m* **2** (*lingua*) Italienisch(e) *n*

i·ta·li·co **A** ADJ **1** HIST italisch **2** *poet* italienisch **B** M, **-a** F Italer *m*, -in *f*, Italiker *m*, -in *f* ♦ TYPO **carattere ~** Kursivschrift *f*

i·ta·lo·a·me·ri·ca·no **A** ADJ italoamerikanisch **B** M, **-a** F Italoamerikaner *m*, -in *f*

i·ta·lo·fi·lo [-ɔ-] **A** ADJ italienfreundlich **B** M, **-a** F Italienfreund *m*, -in *f*

i·ter M ⟨*inv*⟩ Dienstweg *m*, Amtsweg *m*

i·te·ra·ti·vo ADJ wiederholend
i·ti·ne·ran·te ADJ wandernd, Wander-: **mostra** ~ Wanderausstellung *f*
i·ti·ne·ra·rio M Route *f*, Weg *m*
it·te·ri·co [-ɛ-] ADJ gelbsüchtig
it·te·ri·zia F Ikterus *m*, Gelbsucht *f*
it·ti·co ADJ Fisch-: **mercato** ~ Fischmarkt *m* **it·tio·lo·gi·a** F Fischkunde *f*
Iu·go·sla·via → Jugoslavia
iu·go·sla·vo → jugoslavo
iu·ta F Jute *f*
i·vi ADV 1 dort 2 (*nelle citazioni*) ebenda, ebendort ♦ ~ **compreso** einschließlich

J

j, J F *od* M ⟨*inv*⟩ j, J *n*
jack [dʒɛk] M ⟨*inv*⟩ 1 ELEK Klinkenstecker *m* 2 (*nei giochi di carte*) Bube *m*
jack·pot [dʒɛk'pɔt] M ⟨*inv*⟩ Jackpot *m*
jacquard [ʒa'kar] A ADJ ⟨*inv*⟩ Jacquard-: **tessuto** ~ Jacquardgewebe *n* B M ⟨*inv*⟩ Jacquard *m*
Ja·kar·ta F → a. Giacarta
jazz [dʒɛz, dʒɛts] A ADJ ⟨*inv*⟩ Jazz-: **musica** ~ Jazzmusik *f* B M ⟨*inv*⟩ Jazz *m*
jazz-band [dʒɛz'bɛnd, dʒɛts'bɛnd] F ⟨*inv*⟩ Jazzband *f*
jaz·zi·sta [dʒetts-] M/F Jazzer *m*, -in *f*, Jazzmusiker *m*, -in *f* **jaz·zi·sti·co** ADJ Jazz-: **concerto** ~ Jazzkonzert *n*
★**jeans** [dʒins] A M ⟨*inv*⟩ 1 Jeansstoff *m* 2 *pl* Jeans *pl od f* B ADJ ⟨*inv*⟩ Jeans-: **gonna** ~ Jeansrock *m*
jersey ['dʒɛrsi] M ⟨*inv*⟩ Jersey *m*
jet [dʒɛt] M ⟨*inv*⟩ Jet *m*
jet lag [dʒɛt'lɛg] M ⟨*inv*⟩ Jetlag *m*
jet set [dʒɛt'sɛt] M ⟨*inv*⟩, **jet society** [dʒɛtso'saieti] F ⟨*inv*⟩ Jet-set *m*
ji had [dʒi'ad] F ⟨*inv*⟩ Dschihad *m*
jingle ['dʒiŋgol] M ⟨*inv*⟩ Jingle *m*, Werbemelodie *f*
jo·ckey ['dʒɔki] M ⟨*inv*⟩ Jockey *m*
jodel [-o-] M ⟨*inv*⟩ Jodeln *n*, Jodel *m*
jogging ['dʒɔggiŋ(g)] M ⟨*inv*⟩ Jogging *n*: **fare** ~ joggen
jolly ['dʒɔlli] M ⟨*inv*⟩ Joker *m* ♦ *fig* **fare da** ~ Mädchen *n* für alles sein
jou·le ['dʒaul] M ⟨*inv*⟩ Joule *n*
joystick ['dʒɔistik] M ⟨*inv*⟩ Joystick *m*
ju·do ['dʒudo, dʒu'do] M ⟨*inv*⟩ Judo *n*
ju·do·i·sta M/F Judosportler *m*, -in *f*
Ju·go·sla·via F HIST Jugoslawien *n* **ju·go·sla·vo** HIST A ADJ jugoslawisch B M, **-a** F Jugoslawe *m*, -win *f*
jukebox ['dʒubɔks] M ⟨*inv*⟩ Juke-box *f*, Musikbox *f*
jumbo, jumbo jet ['dʒambo 'dʒɛt, 'dʒumbo 'dʒɛt] M ⟨*inv*⟩ Jumbojet *m*
ju·nior A ADJ ⟨*inv*⟩ junior B M ⟨*inv*⟩ Junior *m*
junk food ['dʒaŋk'fud] M ⟨*inv*⟩ Junkfood *n*
ju·ta F ⟨*inv*⟩ Jute *f* ♦ **di** ~ Jute-, **sacco di** ~ Jutesack *m*

K

k, K F *od* M ⟨*inv*⟩ k, K *n*
Ka·bul F Kabul *n*
ka·jal [ka'dʒal] M ⟨*inv*⟩ Kajalstift *m*
ka·mi·ka·ze M ⟨*inv*⟩ Kamikaze *m*
Kam·pa·la F Kampala *n*
kap·pa F *od* M ⟨*inv*⟩ k, K *n*
ka·ra·ki·ri M ⟨*inv*⟩ Harakiri *n* (*a. fig*): **fare** ~ Harakiri machen, begehen
ka·ra·o·ke [-ɔ-] M ⟨*inv*⟩ Karaoke *n*
ka·ra·tè M ⟨*inv*⟩ Karate *n*
ka·ra·te·ka [-ɛ-] M/F Karatekämpfer *m*, -in *f*
kar·ma M ⟨*inv*⟩ Karma *n*
ka·shmir [-ʃ-] M ⟨*inv*⟩ Kaschmir *m*: **un maglione di** ~ ein Kaschmirpullover *m*
Kat·man·du F Katmandu *n*
kayak M ⟨*inv*⟩ Kajak *m*
Ka·za·ki·stan M Kasachstan *n* **ka·za·ko** A ADJ kasachisch B M, **-a** F Kasache *m*, -chin *f*
Kbyte M KB *n*, Kbyte *n*
ke·bab [ke'bab] M ⟨*inv*⟩ Döner (Kebab) *m*, Kebab *m*
ke·nio·ta [-ɔ-] A ADJ kenianisch B M/F Kenianer *m*, -in *f*
Ke·nya [-ɛ-] M Kenia *n*
kermesse [ker'mɛs] F ⟨*inv*⟩ 1 Kirmes *f*, Kirchweih *f* 2 Trubel *m*
ketch·up ['kɛtʃap] M ⟨*inv*⟩ Ket(s)chup *m od n*

K

key·word [ki'wɔrd] F ⟨*inv*⟩ Schlüsselwort *n*

Khar·toum ['kartum] F Khartoum *n*

Kiev F Kiew *n*

ki·lo·byte [-'bait] M ⟨*inv*⟩ Kilobyte *n*

kilt M ⟨*inv*⟩ Kilt *m*; (*per donna*) Schottenrock *m*

ki·mo·no [-ɔ-] M ⟨*inv*⟩ Kimono *m*: **manica (a) ~** Kimonoärmel *m*

ki·ne·sio·lo·gi·a F Kinesiologie *f* **ki·ne·si·te·ra·pi·a** F Kinesiotherapie *f*

King·ston ['kiŋgston] F Kingston *n*

kir·ghi·so **A** ADJ kirgiesisch **B** M, **-a** F Kirgiese *m*, -sin *f*

Kir·ghi·zi·stan M Kirgisien *n*

kirsch [kirʃ] M ⟨*inv*⟩ Kirschwasser *n*

kit M ⟨*inv*⟩ **1** (*insieme di pezzi*) Satz *m*; (*di costruzione*) Bausatz *m* **2** (*astuccio*) Set *n*: **~ di pronto soccorso** Erste-Hilfe-Set *n*; **~ di montaggio** Bausatz *m*; (*per montare*) Montagesatz *m*

kitsch [kitʃ] **A** ADJ ⟨*inv*⟩ kitschig **B** M ⟨*inv*⟩ Kitsch *m*

L

ki·wi ['kiwi, 'kivi] M ⟨*inv*⟩ Kiwi *f*

knock-out [nɔ'kaut] M ⟨*inv*⟩ Knock-out *m*

know-how [nou'hau] M ⟨*inv*⟩ Know-how *n*

KO, k.o. [kappa'ɔ] M K. o. *m*: **vincere/perdere per ~** durch K. o. gewinnen/verlieren ♦ **andare** (*od* **finire**) **~** k. o. gehen; ♦ **essere ~** k. o. sein; **mandare** (*od* **mettere**) **qn ~** j-n k. o. schlagen

ko·a·la M ⟨*inv*⟩ Koala(bär) *m*

kolossal [ko'lɔssal] M ⟨*inv*⟩ Monumentalfilm *m*

ko·sher [ko'ʃɛr] ADJ ⟨*inv*⟩ koscher

ko·so·va·ro **A** ADJ kosovarisch **B** M, **-a** F Kosovare *m*, -rin *f*

Ko·so·vo [-o-] M Kosovo *m od n*

krapfen ['krapfen] M ⟨*inv*⟩ Krapfen *m*

Kua·la Lum·pur F Kuala Lumpur *n*

Ku·wait [ku'wait *od* ku'vait] M Kuwait *n* **ku·wai·tia·no** [kuwai'tjano *od* kuvai'tiano] **A** ADJ kuwaitisch **B** M, **-a** F Kuwaiter *m*, -in *f*

L

l, L F *od* M ⟨*inv*⟩ l, L *n*

l' → lo, la[1]

★**la**[1] **A** BEST ART F ⟨*pl* **le**⟩ **1** die, der, das: **~ signora** die Frau; **~ stella** der Stern; **~ casa** das Haus **2** (*con cognomi illustri*) **~ Deledda vinse il premio Nobel** Deledda gewann den Nobelpreis **3** (*con titoli di studio, onorifici*) **~ dottoressa Bianchi** (Frau) Doktor Bianchi; **~ principessa Sissi** Prinzessin Sissi **4** *umg* (*con nomi propri femminili*) **~ Gina** die Gina **5** (*espressioni di tempo*) **~ settimana scorsa** letzte Woche **B** PERS PR F **1** sie, ihn, es: **~ vedrò domani** ich sehe sie morgen; **c'è una casa, ~ vedi?** dort ist ein Haus, siehst du es?; **ho una mela, ~ vuoi?** ich habe einen Apfel, willst du ihn? **2** (*forma di cortesia* ★ **La**) Sie: **La prego, si sieda** bitte nehmen Sie Platz; **La ringrazio** ich danke Ihnen **3** (*in espressioni ellittiche*) **smettila!** hör damit auf!; *umg* **l'ha fatta grossa** da hat er etwas angestellt; *umg* **me ~ son vista brutta** das hätte böse ausgehen können; *umg* **farcela** es schaffen; *umg* **non ce ~ faccio più** ich kann nicht mehr; **per farla breve** kurz und gut; **chi ~ dura ~ vince** Beharrlichkeit führt zum Ziel

la[2] M MUS a, A *n* ♦ **~ bemolle** As *n*; **~ maggiore** A-Dur; **~ minore** a-Moll; **dare il ~** den Ton angeben (*a. fig*)

là ADV **1** dort, da: **~ si stava bene** dort war es angenehm **2** dahin, dorthin: **domani andremo ~** morgen gehen wir dorthin **3** daher, dorther: **vengo da ~** ich komme von dorther ♦ **al di ~ di qc** jenseits etw (*gen*), auf der anderen Seite etw (*gen*), auf die andere Seite etw (*gen*); MIL **alto ~!** halt! wer da?; **chi è ~?** wer ist da?; **di ~** da(hin), dort(hin); **via di ~!** weg da!; **eccoli ~!** da sind sie ja!; **ehi ~!** he!; **fin ~** bis dorthin; *umg* **ma va' ~!** ach was!

★**lab·bro** M ⟨labbra *fpl*; labbri *mpl*⟩ **1** Lippe *f* **2** ANAT Schamlippe *f* **3** ⟨-i *mpl*⟩ Rand *m*: **i -i di una ferita** die Wundränder *pl* ♦ **~ leporino** Hasenscharte *f*; *fig* **pendere dalle -a di qn** an j-s Lippen hängen

la·bia·le **A** ADJ labial, Labial- **B** F Lip-

penlaut *m*
la·bi·le ADJ 1 flüchtig 2 schwach: **memoria ~** schwaches Gedächtnis *n* 3 PSYCH labil
la·bi·li·tà F ⟨*inv*⟩ Labilität *f*
la·bi·rin·ti·co ADJ labyrinthisch
la·bi·rin·to M 1 Irrgarten *m* 2 Labyrinth *n* (*a. fig*)
la·bo·ra·to·rio [-ɔ-] M 1 Labor *n* 2 Werkstatt *f* ♦ **~ spaziale** Raumlabor *n*; **analisi di ~** Laboruntersuchung *f*
la·bo·rio·si·tà F ⟨*inv*⟩ 1 Arbeitsamkeit *f* 2 Betriebsamkeit *f* 3 Mühsamkeit *f* **la·bo·rio·so** [-o-] ADJ 1 fleißig, arbeitsam 2 schwierig
la·bra·ce M Seebarsch *m*
la·bra·dor [-ɔ-] M ⟨*inv*⟩ Labrador *m*
la·bu·ri·sta A ADJ Labour- B M/F Mitglied *n* der Labour Party
lac·ca F Lack *m*: **~ per capelli** Haarlack *m*, Haarspray *m*; **~ per unghie** Nagellack *m* **lac·ca·re** V/T ⟨1d⟩ lackieren
lac·chè M ⟨*inv*⟩ Lakai *m* (*a. pej*)
lac·cio M 1 Schlinge *f* 2 Schnürriemen *m*, Schnur *f* 3 Schnürsenkel *m* ♦ **scarpe con i -ci** Schnürschuhe *pl*
la·ce·ran·te ADJ 1 zerreißend 2 **un urlo ~** ein markerschütternder Schrei *m*
la·ce·ra·re ⟨1l⟩ A V/T zerreißen B V/PR **-rsi** zerreißen **la·ce·ra·zio·ne** [-o-] F 1 Zerreißen *n* 2 MED (*esterna*) Wunde *f*; (*interna*) Riss *m*
la·ce·ro ADJ 1 zerrissen 2 zerlumpt
la·cer·to [-ɛ-] M Armmuskel *m*
la·co·ni·ci·tà F ⟨*inv*⟩ Lakonik *f*
la·co·ni·co [-ɔ-] ADJ 1 lakonisch 2 (*di persone*) wortkarg
★**la·cri·ma** F 1 Träne *f* 2 Tropfen *m* ♦ **-e amare** bittere Tränen *pl*; **-e di coccodrillo** Krokodilstränen *pl*; **-e di gioia** Freudentränen *pl*; **con le -e agli occhi** mit Tränen in den Augen; **valle di -e** Jammertal *n*
la·cri·ma·le ADJ Tränen-: **sacco ~** Tränensack *m* **la·cri·ma·re** V/I ⟨1l; av⟩ tränen
la·cri·me·vo·le [-e-] ADJ rührselig **la·cri·mo·ge·no** [-ɔ-] ADJ Tränen-: **gas ~** Tränengas *n* **la·cri·mo·so** [-o-] ADJ tränenfeucht
la·cua·le ADJ See-, Binnensee-: **navigazione ~** Binnenseeschifffahrt *f*
la·cu·na F Lücke *f*: **~ culturale** Bildungslücke *f* **la·cu·no·so** [-o-] ADJ lückenhaft
la·cu·stre ADJ See- ♦ **abitazione ~** Pfahlbau *m*
lad·do·ve [-o-] KONJ 1 wo (doch), während 2 falls, sofern
la·di·no A ADJ ladinisch B M, **-a** F 1 Ladiner *m*, -in *f* 2 (*lingua*) Ladinisch(e) *n*
★**la·dra** F Diebin *f*
★**la·dro** A ADJ diebisch B M Dieb *m* ♦ **al ~!** haltet den Dieb!; **gazza -a** diebische Elster *f*; **a prova di ~** diebessicher
la·dro·ci·nio M Diebstahl *m*
la·dro·ne [-o-] M, **-a** F 1 Straßenräuber *m*, -in *f* 2 BIBEL Schächer *m* **la·dro·ne·ri·a** F Räuberei *f*, Dieberei *f* **la·drun·co·lo** M, **-a** F kleiner Dieb *m*, kleine Diebin *f*
la·ger M ⟨*inv*⟩ Konzentrationslager *n*
★**lag·giù** ADV dort unten, da unten
la·ghet·to [-e-] M kleiner See *m*, Weiher *m*
la·gna F 1 Gejammer *n* 2 Quengler *m*, -in *f*
la·gnan·za F Beschwerde *f*
la·gnar·si [-s-] V/PR ⟨1a⟩ **~ con qn di qn/qc** sich bei j-m über j-n/etw beklagen (*od* beschweren) **la·gno·so** [-o-] ADJ 1 jammernd 2 sterbenslangweilig
★**la·go** M 1 See *m*: **essere situato sul ~** am See liegen 2 Lache *f*: **un ~ di sangue** eine Blutlache *f* ♦ **~ artificiale** Stausee *m*; **Lago Balaton** Plattensee *m*; **Lago di Como** Comer See *m*; **Lago di Costanza** Bodensee *m*; **Lago Lemano** Genfer See *m*; **Lago dei Quattro Cantoni** Vierwaldstätter See *m*
La·gos F Lagos *n*
la·gu·na F Lagune *f* **la·gu·na·re** ADJ Lagunen-: **città ~** Lagunenstadt *f*
L'A·ia F Den Haag *m*
lai·ca·le ADJ Laien-, weltlich **lai·ca·to** M Laienstand *m* **lai·ci·smo** [-z-] M Laizismus *m* **lai·ci·sta** A ADJ laizistisch B M/F Laizist *m*, -in *f* **lai·ci·tà** F ⟨*inv*⟩ Laientum *n*
lai·ciz·za·re ⟨1a⟩ A V/T verweltlichen B V/PR **-rsi** verweltlichen **lai·ciz·za·zio·ne** [-o-] F 1 Verweltlichung *f* 2 (*di clero*) Laisierung *f*
lai·co A ADJ 1 Laien- 2 weltlich B M, **-a** F 1 Laie *m* 2 Laienbruder *m*, -schwester *f* ♦ **partiti -ci** religionslose Parteien *pl*
lai·dez·za [-e-] F 1 Schmutzigkeit *f* 2 Unanständigkeit *f* **lai·do** ADJ 1 schmutzig 2 unanständig **lai·du·me** M Schmutz *m*
la·ma[1] F Klinge *f* ♦ *fig* **~ a doppio taglio**

L

zweischneidige Angelegenheit *f*

la·ma² M ⟨*inv*⟩ ZOOL Lama *n*

lam·bic·ca·men·to [-e-] M Grübeln *n*, Grübelei *f*

lam·bic·car·si [-s-] V/PR ⟨1d⟩ **~ su qc** über etw (*akk*) (nach)grübeln ♦ **~ il cervello per qc** sich (*dat*) den Kopf über etw (*akk*) zerbrechen

lam·bi·re V/T ⟨4d⟩ 1 (zart) lecken 2 (*di fiamma*) lecken, umzüngeln 3 (*di acqua*) be-, umspülen

la·mel·la [-ɛ-] F Lamelle *f*

la·men·ta·re V/T ⟨1a⟩ 1 beklagen, beweinen 2 (*reclamare per*) sich beschweren

★**la·men·tar·si** [-s-] V/PR ⟨1a⟩ 1 **~ per qc** über etw (*akk*) klagen 2 **~ per qc** sich über etw (*akk*) beklagen, über etw (*akk*) jammern **la·men·ta·zio·ne** [-o-] F Gejammer *n* **la·men·te·la** [-ɛ-] F 1 Klage *f*, Gejammer *n* 2 (*rimostranza*) Beschwerde *f* **la·men·te·vo·le** [-e-] ADJ 1 klagend, jammernd 2 beklagenswert

la·men·to [-e-] M 1 Klage *f* 2 (*animali*) Winseln *n* **la·men·to·so** [-o-] ADJ klagend

la·met·ta [-e-] F Klinge *f*: **~ da barba** Rasierklinge *f* **la·mie·ra** [-ɛ-] F Blech *n* ♦ **~ ondulata** Wellblech *n*

la·mi·na F Blatt *n*, Folie *f*, Platte *f*

la·mi·na·re V/T ⟨1a⟩ 1 walzen 2 laminieren

la·mi·na·to A ADJ gewalzt, Walz-: **lamiera -a** Walzblech *n* B M Walzerzeugnis *n* **la·mi·na·to·io** [-o-] M Walzwerk *n*

★**lam·pa·da** F 1 Lampe *f* 2 *umg* **~ abbronzante** UV-Lampe *f*; **fare la ~** sich auf die Sonnenbank legen ♦ **~ alogena** Halogenlampe *f*; **~ a stelo** Stehlampe *f*; **~ da tavolo** Tischlampe *f*; **~ tubolare fluorescente** Leuchtstoffröhre *f*

★**lam·pa·da·rio** M 1 Hängelampe *f*, Deckenlampe *f* 2 Kronleuchter *m*

★**lam·pa·di·na** F (Glüh)Birne *f*: **~ alogena** Halogenbirne *f*; **si è bruciata la ~** die Glühbirne ist durchgebrannt

lam·pan·te ADJ offensichtlich, einleuchtend

lam·pa·ra F 1 Nachtleuchte *f*: **pescare con la ~** mit der Nachtleuchte fischen 2 Boot *n* für den Nachtfischfang

lam·peg·gia·men·to [-e-] M 1 Blitzen *n*; Wetterleuchten *n* 2 (*di fari*) Blinken *n*

lam·peg·gian·te ADJ Blink-: **luce ~** Blinklicht *n*

lam·peg·gia·re V/I ⟨1f; av, es⟩ 1 blitzen, funkeln (*a. fig*) 2 (*di fari*) blinken 3 *unpers* **lampeggia** es blitzt **lam·peg·gia·to·re** [-o-] M 1 AUTO Blinker *m* 2 **~ elettronico** Elektronenblitzgerät *n*

lam·peg·gio [-e-] M 1 Blitzen *n* 2 AUTO Blinken *n*

lam·pion·ci·no M Lampion *m*

lam·pio·ne [-o-] M Straßenlaterne *f*

★**lam·po** A ADJ 1 Blitz-: **guerra ~** Blitzkrieg *m* 2 **cerniera ~** Reißverschluss *m* B M Blitz *m* (*a.* FOTO)

lam·po·ne [-o-] M 1 (*frutto*) Himbeere *f* 2 (*pianta*) Himbeerstrauch *m*

★**la·na** F Wolle *f*: **di lana** Woll-, aus Wolle ♦ **marchio di pura ~ vergine** Wollsiegel *n*; **pura ~ vergine** reine Schurwolle *f*

★**lan·cet·ta** [-e-] F (Uhr)Zeiger *m*: **~ dei minuti** Minutenzeiger *m*; **~ delle ore** Stundenzeiger *m*; **~ dei secondi** Sekundenzeiger *m*

lan·cia¹ F Lanze *f*

lan·cia² F Boot *n*, Kutter *m*

lan·cia·fiam·me M ⟨*inv*⟩ Flammenwerfer *m* **lan·cia·gra·na·te** M ⟨*inv*⟩ Granatwerfer *m* **lan·cia·mi·ne** M ⟨*inv*⟩ Minenwerfer *m* **lan·cia·mis·si·li** A ADJ ⟨*inv*⟩ **rampa ~** Raketenabschussrampe *f* B M ⟨*inv*⟩ Raketenwerfer *m* **lan·cia·raz·zi** A ADJ ⟨*inv*⟩ **pistola ~** Signal-, Leuchtpistole *f* B M ⟨*inv*⟩ (*arma*) Raketenwerfer *m* C F ⟨*inv*⟩ (*per segnalazione*) Signal-, Leuchtpistole *f*

lan·cia·re ⟨1f⟩ A V/T 1 schleudern, werfen 2 *fig* (*grido, bestemmia*) ausstoßen 3 (*occhiata*) zuwerfen 4 MIL abschießen; abwerfen 5 HANDEL lancieren, auf den Markt bringen 6 IT **~ un programma** ein Programm starten B V/PR **-rsi** 1 (*dall'alto*) abspringen 2 **-rsi su qn/qc** sich auf j-n/etw stürzen 3 *fig* **-rsi in qc** sich auf, in etw (*akk*) stürzen

lan·cia·to ADJ 1 (*veicolo*) **arrivare ~** angerast kommen 2 in voller Fahrt (*a. fig*) 3 *fig* erfolgreich ♦ **essere ~ verso il successo** auf Erfolgskurs sein

lan·cia·to·re [-o-] M, **-tri·ce** F Werfer *m*, -in *f*: **~ del giavellotto** Speerwerfer *m*; **~ del peso** Kugelstoßer *m*

lan·ci·nan·te ADJ (*dolore*) stechend

★**lan·cio** M 1 Wurf *m* 2 (*dall'alto*) Absprung *m* 3 (*missili, siluri*) Abschuss *m*, Abwurf *m* 4 (*pubblicitario*) Lancierung *f*, Verbreitung *f* ♦ **~ del disco** Diskuswer-

fen *n*; **trampolino di ~** Sprungbrett *n* (*a. fig*)
lan·da F Heide *f*, Heideland *n*
lan·gra·vio M Landgraf *m*
lan·gui·do ADJ 1 matt, schwach 2 schmachtend **lan·gui·re** V/I ⟨4a *od* 4d; av⟩ 1 schmachten, vergehen (*a. fig*) 2 **~ di desiderio** sich vor Verlangen verzehren 3 (*conversazione*) stocken
lan·guo·re [-o-] M 1 Mattigkeit *f*, Schwäche *f* 2 **~ di stomaco** Leeregefühl *n* im Magen 3 Schmachten *n*
la·nie·ro [-ɛ-] ADJ Woll-: **industria -a** Wollindustrie *f* **la·ni·fi·cio** M Wollspinnerei *f*; Wollweberei *f*
la·no·li·na F Lanolin *n*, Wollfett *n*
la·no·so [-o-] ADJ wollig
lan·ter·na [-ɛ-] F 1 Laterne *f* 2 Leuchtturm *m*: **la Lanterna di Genova** der Leuchtturm von Genua ♦ **~ a candelotto** Windlicht *n*
lan·ter·ni·no M kleine Laterne *f* ♦ **cercare qn con il ~** sich (*dat*) j-n aufhalsen; **cercarsele con il ~** Ärger geradezu anziehen
la·nu·gi·ne F Flaum *m*
la·nu·gi·no·so [-o-] ADJ flaumig
lan·zi·che·nec·co [-e-] M Landsknecht *m*
La·os M Laos *n* **la·o·tia·no** A ADJ laotisch B M, **-a** F Laote *m*, -tin *f* C M (*lingua*) Laotisch(e) *n*
la·pa·lis·sia·no ADJ offensichtlich ♦ **verità -a** Binsenwahrheit *f*
la·pa·ro·sco·pi·a F MED Bauchspiegelung *f*
la·pi·da·re V/T ⟨1l⟩ 1 steinigen 2 *fig* anprangern **la·pi·da·rio** A ADJ 1 Stein- 2 Steinmetz- 3 *fig* lapidar; bündig B M, **-a** F Steinmetz *m*, -in *f*
la·pi·da·zio·ne [-o-] F Steinigung *f*
la·pi·de F 1 Grabstein *m* 2 Gedenktafel *f*
la·pil·lo M Lapillus *m*
la·pis M ⟨*inv*⟩ 1 Bleistift *m* 2 Buntstift *m*
la·pi·slaz·zu·li [lapisˈlats-] M Lapislazuli *m*
lap·po·ne [-o-] A ADJ lappländisch, lappisch B M/F Lappe *m*, Lappin *f*, Lappländer *m*, -in *f*
Lap·po·nia [-ɔ-] F Lappland *n*
la·psus M ⟨*inv*⟩ Lapsus *m*, Versprecher *m*: **~ freudiano** freudscher Versprecher *m*
L'A·qui·la F Aquila *n*

lar·del·la·re V/T ⟨1b⟩ GASTR *fig* spicken
lar·del·lo [-ɛ-] M Speckstreifen *m* **lar·do** M Speck *m* **lar·do·so** [-o-] ADJ speckig
lar·ga·men·te [-e-] ADV 1 **~ diffuso** weitverbreitet 2 reichlich: **ricompensare ~ qn** j-n reichlich belohnen 3 ausführlich
lar·gheg·gia·re V/I ⟨1f; av⟩ großzügig sein
★**lar·ghez·za** [-e-] F 1 Breite *f*: **una ~ di 10 m** eine Breite von 10 m 2 Weite *f* (*a. fig*) 3 Großzügigkeit *f* 4 Nachsicht *f* ♦ **~ di vedute** Aufgeschlossenheit *f*
lar·gi·re V/T ⟨4d⟩ spenden
lar·gi·zio·ne [-o-] F 1 Spenden *n* 2 Spende *f*
★**lar·go** A ADJ 1 breit 2 (*ampio*) weit 3 groß: **in -a misura** in großem Umfang 4 locker: **nodo ~** lockerer Knoten *m* 5 *fig* großzügig 6 *fig* nachsichtig B M 1 Breite *f* 2 offene See *f* 3 (*slargo*) Platz *m* ♦ **al ~ di ...** auf der Höhe von ...; **stare alla -a da qn/qc** sich von j-m/etw fernhalten; **andare ~** (*indumenti*) zu weit sein; **fate ~!** Platz da!; **in lungo e in ~** überall; **essere di manica -a** (*od* **~ di manica**) (*essere generoso*) großzügig sein; (*essere indulgente*) ein Auge zudrücken; **prendere il ~** in See stechen; *fig* das Weite suchen
la·ri·ce M Lärche *f*
la·rin·ge F Kehlkopf *m*
la·rin·gi·te F Kehlkopfentzündung *f*
lar·va F 1 Larve *f* 2 *fig* Schatten *m*: **essere una ~ umana** ein Schatten seiner selbst sein
lar·va·re V/T ⟨1a⟩ verhüllen
lar·va·to ADJ versteckt, verhüllt
★**la·sa·gne** FPL = *Teigplatten*: **~ al forno** Lasagne *f*
la·sca F Weißfisch *m*
la·scia·pas·sa·re M ⟨*inv*⟩ Passierschein *m*
★**la·scia·re** ⟨1f⟩ A V/T 1 lassen: **mi lascia sempre solo** er lässt mich immer allein; **~ un pacco in portineria** ein Paket beim Pförtner lassen 2 loslassen: **lasciami!** lass mich los! 3 liegen lassen 4 verlassen: **~ la propria ragazza** seine Freundin verlassen 5 hinterlassen 6 (*lavoro, studi*) aufgeben 7 absetzen: **lasciami alla fermata del tram** setz mich an der Haltestelle ab 8 übrig lassen B V/PR **-rsi** 1 sich trennen, auseinandergehen 2 **-rsi fare qc da qn** sich von j-m etw machen lassen

♦ **lascia andare** lass es gut sein; ★ **-rsi andare** sich gehen lassen; ~ **in asso qn** j-n im Stich lassen; **non ~ niente al caso** nichts dem Zufall überlassen; ~ **correre** ein Auge zudrücken; **lascia fare a me** lass mich das machen; ~ **perdere** es bleiben lassen

la·sci·to M Hinterlassenschaft *f*

la·sci·via F 1 Anstößigkeit *f* 2 Geilheit *f*

la·sci·vo ADJ 1 anstößig 2 geil

la·sco A ADJ SCHIFF los(e): **cavo** ~ loses Tau *n* B M SCHIFF Raumschot *f*: **andatura al** ~ Raumschotkurs *m*

la·ser A M ⟨inv⟩ Laser *m* B ADJ ⟨inv⟩ Laser-: **stampante** ~ Laserdrucker *m* **la·ser·te·ra·pia** F Lasertherapie *f*

La Spe·zia [-ɛ-] F La Spezia *n*

las·sa·ti·vo A ADJ abführend, Abführ- B M Abführmittel *n*

las·si·smo [-zmo] M Nachlässigkeit *f*

las·si·sta ADJ nachlässig, lax

las·so M ~ **di tempo** Zeitspanne *f*

★**las·sù** ADV 1 dort oben, da oben: **guarda** ~! sieh mal da oben! 2 dort hinauf, da hinauf: **andiamo** ~ gehen wir dort hinauf

la·stra F 1 Platte *f* (*a.* FOTO) 2 MED Röntgenbild *n*: *umg* **farsi le -e** sich röntgen lassen ♦ ~ **di ghiaccio** Eisscholle *f*; ~ **di marmo** Marmorplatte *f*; ~ **di vetro** Glasscheibe *f*

la·stri·ca·re V/T ⟨1l *u.* d⟩ pflastern **la·stri·ca·to** ADJ gepflastert (*a. fig*): ~ **di difficoltà** mit Schwierigkeiten gepflastert **la·stri·ca·to·re** [-o-] M, **-tri·ce** F Pflasterer *m*, Pflasterin *f*

la·stri·ca·tu·ra F Pflasterung *f*

la·stri·co M Straßenpflaster *n* ♦ **finire sul** ~ an den Bettelstab kommen

la·ten·te [-ɛ-] ADJ latent, schwelend

la·te·ra·le ADJ 1 seitlich, Seiten-: **entrata** ~ Seiteneingang *m* 2 Neben-: **figura** ~ Nebenfigur *f*

la·te·ri·zio A ADJ Ziegel-: **materiale** ~ Ziegelsteine *pl* B MPL Ziegelsteine *pl*

la·ti·ce M Pflanzenmilch *f*, Latex *m*

la·ti·fo·glia [-ɔ-] F Laubbaum *m*

la·ti·fon·di·sta M/F Großgrundbesitzer *m*, -in *f* **la·ti·fon·do** [-o-] M Großgrundbesitz *m*

La·ti·na F Latina *n* **la·ti·ne·se** [-e-] A ADJ aus, von Latina B M/F Bewohner *m*, -in *f* von Latina

la·ti·ni·tà F ⟨inv⟩ 1 südländischer Charakter *m* 2 Latinität *f*

★**la·ti·no** A ADJ 1 (*dell'antica Roma*) römisch 2 (*della lingua latina*) lateinisch 3 südländisch; Latein-: **temperamento** ~ südländisches Temperament *n* B M Latein *n* ♦ *fig* **parlare** ~ Chinesisch sprechen ♦ **America -a** Lateinamerika *n*

la·ti·no-a·me·ri·ca·no A ADJ lateinamerikanisch B M, **-a** F Lateinamerikaner *m*, -in *f*

la·ti·tan·te A ADJ **essere** ~ flüchtig sein, untergetaucht sein B M/F Untergetauchte *m/f* **la·ti·tan·za** F Flüchtigsein *n*

la·ti·tu·di·na·le ADJ Breiten-: **coordinata** ~ Breitengrad *m*

la·ti·tu·di·ne F Breite *f*: **trovarsi al 40° grado di** ~ auf dem 40. Breitengrad liegen; **alle nostre -i non crescono le palme** in unseren Breiten wachsen keine Palmen

la·to[1] ADJ weit: *fig* **in senso** ~ im weiteren Sinn

★**la·to**[2] M 1 Seite *f* (*a. fig*) 2 Gesichtspunkt *m* ♦ **a ~ di qn** neben j-m; **d'altro** ~ andererseits; **da un** ~ von einer Seite; **da un ~ ..., dall'altro ~ ...** einerseits ..., andererseits ...

la·to·re [-o-] M, **-tri·ce** F Überbringer *m*, -in *f*

la·tra·re V/I ⟨1a; av⟩ kläffen

la·tra·to M Gekläff(e) *n*

la·tri·na F Latrine *f*

la·tro·ci·nio M Diebstahl *m*

lat·ta F 1 (*lamiera*) Blech *n* 2 (*recipiente*) Blechkanister *m* 3 (*barattolo*) (Blech)Dose *f*

lat·ta·io M, **-a** F Milchmann *m*, -frau *f*

lat·tan·te M/F 1 Säugling *m* 2 *hum pej* Wickelkind *n* ♦ **alimentazione per -i** Säuglingsnahrung *f*

lat·ta·zio·ne [-o-] F Milchabsonderung *f*

★**lat·te** M Milch *f*: ~ (**parzialmente**) **scremato** (teil)entrahmte Milch *f* ♦ ~ **condensato** Kondensmilch *f*; ~ **a lunga conservazione** haltbare Milch *f*, H-Milch *f*; **dare il ~ al bambino** (*al seno*) das Kind stillen; (*col biberon*) dem Kind Milch geben; ~ **detergente** Reinigungsmilch *f*; **fior di** ~ Rahm *m*; ~ **intero** Vollmilch *f*; ~ **magro** Magermilch *f*; ~ **in polvere** Milchpulver *n*; ~ **di soia** Sojamilch *f*; ~ **solare** Sonnenmilch *f*

lat·te·o ADJ 1 Milch- 2 milchig: **carnagione -a** milchige Hautfarbe *f* ♦ **Via Lattea** Milchstraße *f*

★**lat·te·ri·a** F 1 Milchgeschäft *n* 2 Molkerei *f*
lat·ti·ce M Pflanzenmilch *f*, Latex *m*
lat·ti·cel·lo [-ɛ-] M Buttermilch *f*
lat·ti·ci·no M Milchprodukt *n*
lat·ti·co ADJ Milch-: **fermenti -ci** Milchsäurebakterien *pl*
lat·tie·ra [-ɛ-] F 1 Milchkännchen *n* 2 (*bidone*) Milchkanne *f* **lat·tie·ro** [-ɛ-] ADJ Milch-
lat·tie·ro-ca·se·a·rio [-ɛ-] ADJ **industria -a** Industrie *f* für Molkereiprodukte
lat·ti·fe·ro ADJ Milch-, Milch gebend
lat·ti·gi·no·so [-o-] ADJ milchig
★**lat·ti·na** F Dose *f* ♦ **~ di birra** Bierdose *f*; **birra in ~** Dosenbier *n*
lat·to·nie·re [-ɛ-] M, **-a** F Klempner *m*, -in *f*, *österr schweiz* Spengler *m*, -in *f*
lat·ton·zo·lo [-o-] M 1 Spanferkel *n* 2 Milchkalb *n*
lat·to·sio [-ɔ-] M Milchzucker *m*
lat·tu·ga F Kopfsalat *m* ♦ **~ romana** Sommerendivie *f*
lau·da·no M Laudanum *n*
★**lau·re·a** F Hochschulabschluss *m*; Diplom *n* ♦ **~ ad honorem** (*od* **honoris causa**) Ehrendoktor *m*; **~ breve** = *Hochschulabschluss nach einem kurzen Studiengang*; **tesi di ~** Diplomarbeit *f*; (*nelle facoltà umanistiche*) Magisterarbeit *f*
lau·re·a·re V/T ⟨1l⟩ **~ qn** j-m das Diplom verleihen
★**lau·re·ar·si** [-s-] V/PR ⟨1l⟩ = *einen Hochschulabschluss erwerben*
lau·re·a·to A ADJ Diplom-: **essere ~ in psicologia** Diplompsychologe sein B M, **-a** F Akademiker *m*, -in *f*
lau·ro M *poet* 1 Lorbeer(baum) *m* 2 *fig* Lorbeerkranz *m*
lau·to ADJ reich: **-a mancia** großzügiges Trinkgeld *n*; **~ pranzo** Schmaus *m*
la·va F Lava *f*
la·va·bi·le ADJ 1 waschecht, Wasch-, (ab)waschbar 2 auswaschbar ♦ **~ in lavatrice** waschmaschinenfest; **~ a mano** (für) Handwäsche
la·va·bo M Waschbecken *n* **la·va·cro** M 1 Waschung *f* 2 Badezimmer *n*
la·vag·gio M 1 Waschen *n*, Wäsche *f*, Reinigung *f* 2 MED Spülung *f* ♦ **~ del cervello** Gehirnwäsche *f*; **~ in lavatrice** Maschinenwäsche *f*; **~ a mano** Handwäsche *f*; **~ a secco** chemische Reinigung *f*
★**la·va·gna** F 1 GEOL Schiefer *m* 2 Tafel *f* ♦ **~ bianca** Weißwandtafel *f*; **~ a fogli mobili** Flipchart *f*; **~ luminosa** Overhead-, Tageslichtprojektor *m*; **~ a muro** Wandtafel *f*
L'A·va·na F Havanna *n*
la·van·da[1] F Waschung *f*; MED Spülung *f*: **~ gastrica** Magenspülung *f*
la·van·da[2] F BOT Lavendel *m*
la·van·da·io M, **-a** F 1 Wäscher *m*, -in *f* 2 *pej* **lavandaia** *f* Waschweib *n*
★**la·van·de·ri·a** F Wäscherei *f* ♦ **~ automatica** (*od* **a gettoni**) Waschsalon *m*; **~ a secco** Trockenreinigung *f*
la·van·di·no M Waschbecken *n*
la·va·piat·ti A M/F ⟨*inv*⟩ Tellerwäscher *m*, -in *f* B F ⟨*inv*⟩ *umg* Spülmaschine *f*
★**la·va·re** V/T ⟨1a⟩ 1 waschen; spülen 2 putzen
★**la·var·si** [-s-] V/PR ⟨1a⟩ 1 sich waschen 2 **~ i denti** sich (*dat*) die Zähne putzen
la·va·sec·co [-se-] M/F ⟨*inv*⟩ chemische Reinigung *f*
★**la·va·sto·vi·glie** F ⟨*inv*⟩ (Geschirr)-Spülmaschine *f*
la·va·ta F (Ab)Waschen *n*; **darsi una ~ veloce** Katzenwäsche machen: *fig* **dare una ~ di capo a qn** j-m den Kopf waschen
la·va·ti·vo M, **-a** F *fig* Drückeberger *m*, -in *f*
★**la·va·tri·ce** F Waschmaschine *f* **la·va·tu·ra** F 1 Waschen *n* 2 Spülwasser *n* **la·va·ve·tri** [-e-] M/F ⟨*inv*⟩ Fensterputzer *m*, -in *f*
la·vel·lo [-ɛ-] M Spül-, Waschbecken *n*
la·vo·ra·bi·le ADJ be-, verarbeitbar; AGR bestellbar **la·vo·rac·cio** M 1 Schwerstarbeit *f* 2 Stümperei *f* **la·vo·ran·te** M/F Arbeiter *m*, -in *f* ♦ **~ a domicilio** Heimarbeiter *m*, -in *f*
★**la·vo·ra·re** ⟨1a⟩ A V/I ⟨av⟩ 1 arbeiten 2 funktionieren 3 (*negozio ecc.*) laufen B V/T 1 bearbeiten 2 (*pasta*) durchkneten ♦ ★ **~ a ferri** (*od* **a maglia**) stricken; **~ in nero** schwarzarbeiten; **~ part time** halbtags arbeiten; **~ in proprio** selbstständig arbeiten
la·vo·ra·ti·vo ADJ Arbeits-: **giornata -a** Arbeitstag *m* **la·vo·ra·to** ADJ 1 be-, verarbeitet 2 AGR bestellt 3 Fertig-: **prodotto ~** Fertigprodukt *n* ♦ **~ a mano** handgearbeitet
★**la·vo·ra·to·re** [-o-] A ADJ Arbeiter-, Werk-, werktätig B M 1 Berufstätige *m*, Werktätige *m* 2 **~ dipendente** Arbeitnehmer *m* 3 **~ autonomo** Selbstständige *m* 4 *fig* Arbeiter *m*: **un gran ~** ein fleißi-

L

ger Arbeiter *m* ♦ ~ **atipico** atypisch Beschäftigte *m*; ~ **in nero** Schwarzarbeiter *m*; ~ **specializzato** Facharbeiter *m*; ~ **stagionale** Saisonarbeiter *m*; ~ **a tempo parziale** Teilzeitbeschäftigte *m*; ~ **a tempo pieno** Vollzeitbeschäftigte *m*

★**la·vo·ra·tri·ce** F 1 Berufstätige *f*, Werktätige *f* 2 *fig* Arbeiterin *f*: **una gran** ~ eine fleißige Arbeiterin *f* ♦ ~ **autonoma** Selbstständige *f*; ~ **dipendente** Arbeitnehmerin *f*

la·vo·ra·zio·ne [-o-] F 1 Be-, Verarbeitung *f* 2 Herstellung *f* **la·vo·ret·to** [-e-] M kleine (*od* kurze) Arbeit *f*, Job *m*

la·vo·ric·chia·re V/I ⟨1k; av⟩ 1 lustlos arbeiten 2 jobben, gelegentlich arbeiten

la·vo·ri·o M 1 andauernde Tätigkeit *f* 2 Machenschaften *pl*

★**la·vo·ro** [-o-] M 1 Arbeit *f* (*a.* PHYS) 2 Arbeitsstelle *f* 3 (*prodotto, opera*) Arbeit *f*, Werk *n* ♦ ~ **in affitto** Leiharbeit *f*; ~ **a progetto** projektbezogene Mitarbeit *f*; ~ **atipico** (*od* **flessibile**) atypisches Beschäftigungsverhältnis *n*; **cena/colazione di** ~ Arbeitsessen *n*; ~ **di concetto** Büroarbeit *f*; **contratto di** ~ Arbeitsvertrag *m*; **-i in corso** Baustelle *f*; **datore di** ~ Arbeitgeber *m*; **domanda di** ~ Bewerbung *f*; **-i domestici** Hausarbeit *f*; **doppio** ~ Nebenberuf *m*; ~ **estivo** Ferienjob *m*, *österr* Ferialarbeit *f*; ~ **interinale** Zeitarbeit *f*; ~ **intermittente** Arbeit *f* auf Abruf; ~ **a maglia** Strickarbeit *f*; ~ **manuale** Handarbeit *f*; **-i di manutenzione** Wartungsarbeit *f*; ~ **straordinario** Überstunden *pl*; ~ **a tempo pieno** Ganztagsarbeit *f*; ~ **a tempo parziale** Teilzeitarbeit *f*

lay·out [lei'aut] M ⟨inv⟩ Layout *n*

la·zia·le A ADJ 1 (*del Lazio*) aus, von Latium 2 (*della Lazio*) von Lazio Rom B M/F 1 (*abitante del Lazio*) Bewohner *m*, -in *f* von Latium 2 (*tifoso della Lazio*) Anhänger *m*, -in *f* von Lazio Rom

La·zio M Latium *n*

la·zo M ⟨inv⟩ Lasso *n*

laz·za·ret·to [-e-] M Seuchenkrankenhaus *n*

laz·za·ro·na·ta F Gaunerei *f* **laz·za·ro·ne** [-o-] M, **-a** F 1 Faulenzer *m*, -in *f* 2 Gauner *m*, -in *f*, Schuft *m*

laz·zo M 1 Schwank *m*, Posse *f* 2 Witz *m*

★**le** [-e] A BEST ART FPL 1 die: ~ **signore** die Frauen; ~ **Hawaii** die Hawaii-Inseln 2 (*per indicare le ore*) **sono** ~ **sei** es ist sechs Uhr. B PERS PR F *sg* (*indirektes Objekt*) ihr; Ihnen: **cosa** ~ **regali?** was schenkst du ihr?; **Le comunicherò presto le novità** ich werde Ihnen bald das Neueste mitteilen C PERS PR FPL (*direktes Objekt*) 1 sie: **io non** ~ **conosco** ich kenne sie nicht; **queste cose ce** ~ **avevi già dette** das hattest du uns schon gesagt 2 (*in espressioni ellittiche*): **guarda che** ~ **prendi** pass auf, sonst setzt es was

leader ['lider] A M/F ⟨inv⟩ Führer *m*, -in *f*: ~ **di un partito** Führer *m*, -in *f* einer Partei B ADJ ⟨inv⟩ führend **leader·ship** ['liderʃip] F ⟨inv⟩ Führung *f*

le·a·le ADJ 1 aufrichtig, ehrlich; fair 2 treu, loyal **le·a·li·smo** [-z-] M Loyalität *f*

le·al·tà F ⟨inv⟩ 1 Aufrichtigkeit *f*, Fairness *f* 2 Treue *f*, Loyalität *f*

le·ar·do M Grauschimmel *m*

leasing ['lizing] M ⟨inv⟩ Leasing *n*: **prendere in** ~ leasen

leb·bra [-e-] F Lepra *f*, Aussatz *m* **leb·bro·so** [-o-] A ADJ aussätzig, leprakrank B M, **-a** F Leprakranke *m/f*, Aussätzige *m/f* (*a. fig*)

lec·ca·cu·lo M/F ⟨inv⟩ *vulg* Arschkriecher *m*, -in *f*

lec·ca-lec·ca [-e-] M ⟨inv⟩ Lutscher *m*

lec·ca·pie·di [-ɛ-] M/F ⟨inv⟩ *pej* Speichellecker *m*, -in *f*

lec·ca·re ⟨1d⟩ A V/T 1 lecken; (*per incollare*) anlecken 2 auflecken: **la gatta lecca il latte dal pavimento** die Katze leckt die Milch vom Boden auf 3 *fig* ~ **qn** j-m schmeicheln B V/PR **-rsi** 1 sich (*dat*) (ab)lecken: **-rsi le dita** sich (*dat*) die Finger ablecken 2 *fig* sich schniegeln, sich herausputzen **lec·ca·ta** F (Ab)Lecken *n* **lec·ca·to** ADJ 1 *fig* affektiert 2 geschniegelt

Lec·ce [-e-] F Lecce *n* **lec·ce·se** A ADJ aus, von Lecce B M/F Bewohner *m*, -in *f* von Lecce

lec·che·se [-e-] A ADJ aus, von Lecco B M/F Bewohner *m*, -in *f* von Lecco

lec·chi·no M, **-a** F Kriecher *m*, -in *f*

lec·cio [-e-] M Steineiche *f*

Lec·co [-e-] F Lecco *n*

lec·cor·ni·a F Leckerbissen *m*

le·ci·to [-e-] A ADJ 1 erlaubt, zulässig 2 berechtigt: **domanda -a** berechtigte Frage *f* B M Erlaubte *n*, Zulässige *n*: **nei limiti del** ~ im Rahmen des Zulässigen

le·de·re [-ɛ-] V/T ⟨3q⟩ verletzen, schädigen (*a. fig*)

le·ga[1] [-e-] F **1** Liga *f*, Bund *m*, Bündnis *n* **2** Verband *m*, Vereinigung *f* **3** Clique *f* ♦ **Lega Nord** Lega Nord *f* (*rechtspopulistische Partei*)

le·ga[2] [-e-] F METALL Legierung *f*

le·ga[3] [-e-] F (*unità di misura*) Meile *f*

le·gac·cio M Schnürband *n*

★**le·ga·le** **A** ADJ **1** rechtlich, Rechts-: **questione ~** Rechtsfrage *f* **2** gesetzlich, Gesetz-: **rappresentante ~** gesetzlicher Vertreter *m* **3** legal: **azione ~** legale Handlung *f* **4** Gerichts-: **atti -i** Gerichtsakten *pl* **5** (Rechts)Anwalts-: **studio ~** (Rechts)-Anwaltsbüro *n* **B** M/F **1** Rechtsberater *m*, -in *f* **2** Rechtsanwalt *m*, -anwältin *f* ♦ **valido a tutti gli effetti -i** rechtsgültig; **ora ~** Sommerzeit *f*; **via ~** Rechtsweg *m*

le·ga·li·tà F ⟨*inv*⟩ Gesetzlichkeit *f*, Legalität *f* **le·ga·li·ta·rio** ADJ gesetzlich, legal

le·ga·liz·za·re V/T ⟨1a⟩ **1** amtlich beglaubigen **2** legalisieren **le·ga·liz·za·to** ADJ beglaubigt: **atto ~** beglaubigte Urkunde *f* **le·ga·liz·za·zio·ne** [-o-] F Beglaubigung *f*; Legalisierung *f*

le·gal·men·te [-e-] ADV **1** gesetzlich, gesetzmäßig **2** (*per vie legali*) gerichtlich

le·ga·me M (Ver)Bindung *f* (*a.* CHEM, PHYS) ♦ **~ di amicizia** Freundschaftsbund *m*

le·ga·men·to [-e-] M **1** Verbindung *f* **2** ANAT Band *n* **le·gan·te** **A** ADJ bindend, Binde- **B** M Bindemittel *n* (*a.* GASTR)

★**le·ga·re** ⟨1e⟩ **A** V/T **1** (zusammen)binden **2** **~ a qc** an etw (*dat*) anbinden, etw an etw (*akk*) fesseln **3** (*con una catena*) an etw (*akk*) anketten **4** zubinden, ver-, zuschnüren: **~ un sacco** einen Sack zubinden **5** *fig* binden, verpflichten **6** verbinden: **~ due concetti tra loro** zwei Begriffe miteinander verbinden **7** (*libro*) (ein)binden **8** GASTR **~ un sugo** eine Soße binden **B** V/I ⟨av⟩ **1** (*di colori*) zueinanderpassen **2** *fig* **~ con qn** mit j-m Freundschaft schließen **C** V/PR **-rsi** **1** sich binden, sich verpflichten **2** **-rsi a qn/qc** sich an j-n/etw binden ♦ **legarsela al dito** es sich (*dat*) hinter die Ohren schreiben; **matto** (*od* **pazzo**) **da ~** vollkommen verrückt

le·ga·to[1] ADJ **1** gebunden: **essere ~ a qc** an etw (*akk*) gebunden sein **2** **portare i capelli -i** die Haare zusammengebunden tragen **3** *fig* verbunden, gebunden: **~ alla tradizione** traditionsgebunden **4** **~ a** (*od* **da**) **una promessa** an ein Versprechen gebunden **5** -abhängig: **~ al contesto** kontextabhängig

le·ga·to[2] M, **-a** F Legat *m*, -in *f*, Gesandte *m*, Gesandtin *f*

le·ga·to[3] M JUR Vermächtnis *n*, Legat *n*

le·ga·to·re [-o-] M, **-tri·ce** F Buchbinder *m*, -in *f* **le·ga·to·ri·a** F Buchbinderei *f*

le·ga·tu·ra F **1** (*di pacco*) Verschnürung *f* **2** (*fasciatura*) Verband *m* **3** (*di libro*) Einband *m* **4** MUS Bindebogen *m*

le·ga·zio·ne [-o-] F Gesandtschaft *f*

le·gen·da [-e-] F ⟨*inv*⟩ Legende *f*

★**leg·ge** [-e-] F **1** Gesetz *n*: **varare una ~** ein Gesetz verabschieden **2** (*diritto*) Recht *n*, Rechtswissenschaft *f* **3** Jura *n*, *schweiz österr* Jus *n*: **studiare ~** Jura studieren ♦ **~ costituzionale** Verfassungsgesetz *n*; **~ delega** Ermächtigungsgesetz *n*; **braccio della ~** Arm *m* des Gesetzes; *fig* **dettar ~** den Ton angeben; **la ~ del più forte** das Gesetz des Stärkeren; **a norma di ~** laut Gesetz; **per ~** gesetzlich, nach dem Gesetz; **uomo di ~** Jurist *m*

leg·gen·da [-ɛ-] F **1** Legende *f* **2** *fig* Geschichte *f* **leg·gen·da·rio** ADJ legendär, sagenhaft

★**leg·ge·re** [-ɛ-] V/T ⟨3cc⟩ **1** lesen **2** vorlesen **3** auslegen, deuten, verstehen: **~ un testo in chiave ironica** einen Text ironisch verstehen **4** IT ablesen, dekodifizieren **5** IT (*di sensore*) abtasten ♦ **~ le carte** die Karten legen; **~ la musica** Noten lesen; **~ tra le righe** zwischen den Zeilen lesen

leg·ge·rez·za [-e-] F **1** Leichtigkeit *f* **2** Leichtsinn *m*, Leichtsinnigkeit *f*

★**leg·ge·ro** [-ɛ-] **A** ADJ **1** leicht: **essere ~ come una piuma** federleicht sein; **abiti -i** leichte Kleider *pl*; **cibi -i** leichte Kost *f*; **un lavoro ~** eine leichte Arbeit **2** dünn: **un tè ~** ein dünner (*od* leichter) Tee *m* **3** leicht, klein; gering: **un ~ miglioramento** eine leichte Besserung **B** ADV leicht ♦ **prendere qc alla -a** etw auf die leichte Schulter nehmen; **a cuor ~** leichtsinnig; **droghe -e** weiche Drogen *pl*; **musica -a** Unterhaltungsmusik *f*; **tenersi ~** leicht essen

leg·gia·dri·a F Anmut *f*, Lieblichkeit *f*

leg·gia·dro ADJ anmutig, lieblich

leg·gi·bi·le ADJ leserlich, lesbar: **~ dal**

computer computerlesbar; **~ dalla macchina** maschinenlesbar

leg·gi·bi·li·tà F ⟨inv⟩ Lesbarkeit *f*, Leserlichkeit *f* **leg·gi·o** M **1** Lesepult *n* **2** Notenständer *m*

le·ghi·sta **A** ADJ der Lega Nord **B** M/F Anhänger *m*, -in *f*, Mitglied *n* der Lega Nord

le·gi·fe·ra·re V/I ⟨1m; av⟩ Gesetze erlassen **le·gi·fe·ra·to·re** [-o-] M, **-tri·ce** F Gesetzgeber *m*, -in *f* **le·gi·fe·ra·zio·ne** [-o-] F Gesetzgebung *f*

le·gio·na·rio **A** ADJ Legions-: **truppe -rie** Legionstruppen *pl* **B** M **1** HIST Legionar *m* **2** Legionär *m* **le·gio·ne** [-o-] F **1** Legion *f* (*a.* HIST) **2** *fig* Menge *f*

le·gi·sla·ti·vo [-z-] ADJ **1** gesetzgebend, Gesetzgebungs-: **organo ~** gesetzgebendes Organ *n*; **vuoto ~** Gesetzeslücke *f* **2** gesetzgeberisch: **provvedimento ~** gesetzgeberische Maßnahme *f* **le·gi·sla·to·re** [-o-] M, **-tri·ce** F Gesetzgeber *m*, -in *f* **le·gi·sla·tu·ra** F **1** Legislaturperiode *f* **2** gesetzgebende Versammlung *f* **le·gi·sla·zio·ne** [-o-] F Legislatur *f*, Gesetzgebung *f*

le·git·ti·ma F Pflichtteil *m*

le·git·ti·ma·re V/T ⟨1m⟩ **1** legitimieren **2** rechtfertigen **le·git·ti·ma·zio·ne** [-o-] F Legitimation *f*

le·git·ti·mi·sta M/F Legitimist *m*, -in *f* **le·git·ti·mi·sti·co** ADJ legitimistisch

le·git·ti·mi·tà F ⟨inv⟩ **1** Legitimität *f*, Rechtmäßigkeit *f* **2** (*fondatezza*) Berechtigung *f* **le·git·ti·mo** ADJ **1** legitim, rechtmäßig **2** berechtigt: **dubbio ~** berechtigter Zweifel *m* ♦ **agire per -a difesa** aus Notwehr handeln

le·gna [-e-] F Holz *n*: **~ da ardere** Brennholz *n*

le·gna·ia F Holzschuppen *m* **le·gna·io·lo** [-ɔ-] M, **-a** F Holzfäller *m*, -in *f* **le·gna·me** M (Nutz)Holz *n*

le·gna·ta F *umg* Stockschlag *m* ♦ **prendere un sacco di -e** eine Tracht Prügel bekommen

★**le·gno** [-e-] M Holz *n* ♦ **~ compensato** Sperrholz *n*; **di ~** hölzern, Holz-

le·gno·so [-o-] ADJ hölzern (*a. fig*)

le·gu·le·io [-ɛ-] M, **-a** F Winkeladvokat *m*, -in *f*

le·gu·me M Hülsenfrucht *f*

★**lei** [-ɛ-] **A** PERS PR F **1** sie: **ho visto lui, ma non ~** ich habe ihn, aber nicht sie gesehen **2** **di ~** ihr; **i fratelli di ~** ihre Brüder **B** PERS PR M/F (*forma di cortesia* ★ **Lei**) Sie: **Lei è molto gentile** Sie sind sehr nett **C** M **darsi del Lei** sich siezen **D** F *umg* **1** Sie *f*: **un lui e una ~** ein Er und eine Sie **2** **la sua ~** seine Freundin *f*

lem·bo [-e-] M Zipfel *m* ♦ **~ di cielo** Stückchen *n* Himmel

lem·ma [-ɛ-] M Stichwort *n*

lem·ma·rio M Stichwortverzeichnis *n*

lem·me lem·me [-ɛ-] ADV = *ganz langsam*

lem·ming ['lɛmmiŋg] M ⟨inv⟩ Lemming *m*

le·na [-e-] F Eifer *m*: **lavorare di buona ~** eifrig arbeiten

len·ci [-e-] **A** ADJ ⟨inv⟩ Filz-: **bambola ~** Filzpuppe *f* **B** M Filz *m*

len·di·ne [-e-] M *od* F Nisse *f*

le·ni·men·to [-e-] M Linderung *f*

le·ni·re V/T ⟨4d⟩ lindern

le·ni·ti·vo ADJ lindernd, schmerzstillend, Linderungs-

le·no·ci·nio M Zuhälterei *f*

le·no·ne [-o-] M Zuhälter *m*

len·ta·men·te [-e-] ADV langsam

len·te [-ɛ-] F **1** Linse *f* **2** (*occhiali*) Glas *n* **3** **~ a contatto** Kontaktlinse *f*; **portare le -i** Kontaktlinsen tragen **4** **~ d'ingrandimento** Lupe *f*

len·tez·za [-e-] F Langsamkeit *f*

len·tic·chia F BOT Linse *f*

len·ti·co·la·re ADJ linsenförmig

len·tig·gi·ne F Sommersprosse *f* **len·tig·gi·no·so** [-o-] ADJ sommersprossig

★**len·to** [-ɛ-] **A** ADJ **1** langsam **2** locker: **nodo ~** lockerer Knoten *m* **B** ADV langsam

len·za [-e-] F Angelschnur *f*

★**len·zuo·lo** [-ɔ-] M ⟨ -i *mpl u.* -a *fpl*⟩ Laken n; Betttuch *n*: **-a** Bettwäsche *f*; **~ con angoli** Spannbetttuch *n* ♦ **essere bianco come un ~** kreidebleich sein

le·on·ci·no M Löwenjunge *n*

★**le·o·ne** [-o-] M **1** Löwe *m* **2** ASTROL Löwe *m*: **Giovanna è del Leone** Giovanna ist Löwe ♦ **~ marino** Seelöwe *m*; **far la parte del ~** sich (*dat*) den Löwenanteil sichern

★**le·o·nes·sa** [-e-] F Löwin *f* **le·o·ni·no** ADJ Löwen-: **chioma -a** Löwenmähne *f*

le·o·par·do M Leopard *m*

le·pi·do [-ɛ-] ADJ scharfsinnig, geistreich

le·pi·dot·te·ri [-ɔ-] MPL Schmetterlinge *pl*

le·po·ri·no ADJ: **labbro ~** Hasenscharte *f*

le·pre [-ɛ-] F Hase *m* ♦ **~ in salmì** Hasenpfeffer *m*

ler·cio [-ɛ-] ADJ dreckig

ler·ciu·me M Dreck *m*, Schmutz *m*

le·sbi·ca ['lɛzb-] F Lesbierin *f*

le·sbi·co ['lɛzb-] ADJ lesbisch

le·si·na [-e-] F **1** Schusterahle *f* **2** *fig* Knauserei *f* **3** Knauser *m*, -in *f*

le·si·na·re ⟨1l⟩ V/T & V/I ⟨av⟩ **~** (**su**) **qc** an etw (*dat*), mit etw sparen ♦ **~ il centesimo** jeden Pfennig dreimal umdrehen

le·sio·na·re ⟨1a⟩ **A** V/T beschädigen **B** V/PR **-rsi** beschädigt werden **le·sio·na·to** ADJ beschädigt **le·sio·ne** [-o-] F **1** Beschädigung *f*, Schaden *m* **2** MED Verletzung *f* **3** (*crepa*) Riss *m* ♦ **~ cerebrale** Gehirnverletzung *f*

le·si·vo ADJ schädigend

le·so [-e-] ADJ **1** beschädigt **2** MED verletzt

les·sa·re V/T ⟨1a⟩ kochen, garen

les·sa·tu·ra F Kochen *n*

les·si·ca·le ADJ lexikal

les·si·co [-ɛ-] M **1** Wortschatz *m* **2** Lexikon *n* ♦ **~ di base** Grundwortschatz *m*

les·si·co·gra·fi·a F Lexikografie *f* **les·si·co·gra·fi·co** ADJ lexikografisch **les·si·co·gra·fo** [-ɔ-] M, **-a** F Lexikograf *m*, -in *f* **les·si·co·lo·gi·a** F Lexikologie *f* **les·si·co·lo·gi·co** [-ɔ-] ADJ lexikologisch **les·si·co·lo·go** [-ɔ-] M, **-a** F Lexikologe *m*, -login *f*

★**les·so** [-e-] **A** ADJ gekocht, gegart, Koch- **B** M Kochfleisch *n*, Gesottene *n*

le·sto [-ɛ-] ADJ flink, behende ♦ **essere ~ di mano** lange Finger haben

le·sto·fan·te M/F Betrüger *m*, -in *f*

le·ta·le ADJ tödlich, letal

le·ta·li·tà F ⟨*inv*⟩ Sterblichkeit *f*, Letalität *f*

le·ta·ma·io M **1** Misthaufen *m* **2** *fig* Schweinestall *m* **le·ta·ma·zio·ne** [-o-] F Misten *n*

le·ta·me M Mist *m*

le·tar·gi·a F Lethargie *f* **le·tar·gi·co** ADJ lethargisch **le·tar·go** M **1** Winterschlaf *m* **2** MED Lethargie *f* **3** Tiefschlaf *m* **4** Trägheit *f*

le·ti·zia F Fröhlichkeit *f*, Heiterkeit *f*

let·ta [-ɛ-] F **dare una ~ a qc** etw überfliegen

★**let·te·ra** [-ɛ-] F **1** Buchstabe *m* **2** Brief *m* **3** JUR Schreiben *n* **4** *pl* Literatur *f* **5** *pl* Sprach- und Literaturwissenschaft *f*, Philologie *f* ♦ **~ d'addio** Abschiedsbrief *m*; **~ d'affari** Geschäftsbrief *m*; **~ esplosiva** Briefbombe *f*; **alla ~** wörtlich; **buca delle -e** Briefkasten *m*; **carta da -e** (*od* **da ~**) Briefpapier *n*; **titolo a -e cubitali** fett gedruckte Schlagzeile *f*, Balkenüberschrift *f*; **~ raccomandata** Einschreiben *n*; IT **~ in serie** Serienbrief *m*; **scambio di -e** Briefwechsel *m*; **uomo di -e** Literat *m*

let·te·ra·le ADJ **1** wörtlich **2** MATH **calcolo ~** Buchstabenrechnung *f* **let·te·ra·rio** ADJ **1** literarisch, Literatur-: **critico ~** Literaturkritiker *m* **2** gehoben, bildungssprachlich

let·te·ra·to M, **-a** F Literat *m*, -in *f*

★**let·te·ra·tu·ra** F **1** Literatur *f*: **~ di fantascienza** Science-Fiction-Literatur *f*; **~ d'evasione** Trivialliteratur *f* **2** Sekundärliteratur *f* ♦ **~ specializzata** Fachliteratur *f*

let·tie·ra [-ɛ-] F Streu *f*: **~ per gatti** Katzenstreu *f*

let·ti·ga F Tragbahre *f*, Krankenbahre *f*

let·ti·no M **1** Bettchen *n* **2** (*del medico*) Liege *f* **3** (*dello psicanalista*) Couch *f*

★**let·to**[1] [-ɛ-] M **1** Bett *n*: **andare a ~** ins (*od* zu) Bett gehen **2** GEOL Lager *n*, Bank *f* **3** (*di fiume*) Flussbett *n* **4** (*di valle*) Talsohle *f* **5** *fig* Ehe *f*: **figlio di primo ~** Kind *n* aus erster Ehe ♦ **~ a castello** Etagenbett *n*; **divano ~** Schlafcouch *f*; **~ pieghevole** Klappbett *n*; AGR **~ di semina** Saatbeet *n*; **~ singolo** (*od* **a una piazza**) Einzelbett *n*; **~ matrimoniale** (*od* **a due piazze**) Doppelbett *n*; **~ ungueale** Nagelbett *n*; **vagone ~** Schlafwagen *m*

let·to[2] [-ɛ-] → leggere

let·to·ne [-ɛ-] **A** ADJ lettisch **B** M/F Lette *m*, Lettin *f*

Let·to·nia [-ɔ-] F Lettland *n*

let·to·ra·to M (*editoria*) Lektorat *n*

★**let·to·re** [-o-] M **1** Leser *m*; Vorleser *m* **2** (*editoria*) REL Lektor *m* **3** TECH Abtaster *m*, (Ab)Leser *m* **4** **~ di CD** CD-Player *m*, CD-Spieler *m*; **~** (**di**) **DVD** DVD-Player *m*, DVD-Spieler *m*; **~ ottico di codice a barre** Balkencodeleser *m*

★**let·tri·ce** F **1** Leserin *f*; Vorleserin *f* **2** (*editoria*) REL Lektorin *f*

let·tu·ra F **1** Lesen *n*; Lektüre *f* **2** Vorlesen *n*; Lesung *f* **3** (*testo*) Lektüre *f*, Lesestoff *m*: **non è una ~ per bambini** das ist keine Lektüre für Kinder **4** Deutung *f* **5** TECH Ablesen *n*; Ablesung *f* ♦ **chiave di ~** Schlüssel *m*; **libro di ~** Lesebuch *n*

leu·ce·mi·a F Leukämie *f*, Blutkrebs *m*

leu·co·ci·ta M Leukozyt *m*

le·va[1] [-ɛ-] F **1** Hebel *m* (*a. fig*) **2** Brechstange *f*, Brecheisen *n* **3** *fig* Antrieb *m*, Anreiz *m* ♦ ~ **di comando** Bedienungs-, Schalthebel *m*; **fare ~ su qc** sich auf etw (*akk*) stützen, etw ausnutzen; **fare ~ su qn** auf j-n einwirken

le·va[2] [-ɛ-] F **1** Einberufung *f* **2** Wehrpflicht *f* **3** Wehrdienst *m* **4** (*soldati*) Eingezogene *pl* **5** (*classe*) Jahrgang *m* ♦ **obbligo di ~** Wehrpflicht *f*; **servizio di ~** Wehrdienst *m*; **visita di ~** Musterung *f*

le·van·te **A** ADJ aufgehend **B** M **1** Osten *m* **2** Ostwind *m* **3** Levante *f* **le·van·ti·no** **A** ADJ **1** levantinisch **2** *fig* gerissen **B** M, **-a** F **1** Levantiner *m*, -in *f* **2** gerissener Mensch *m*

★**le·va·re**[1] ⟨1b⟩ **A** V/T **1** (hoch)heben **2** erheben, richten: **~ gli occhi al cielo** die Augen zum Himmel erheben **3** entfernen, (weg-, fort)nehmen: **~ un giocattolo al bambino** dem Kind ein Spielzeug wegnehmen **4** (heraus)ziehen: **~ un dente** einen Zahn ziehen **5** stillen: **~ la fame/la sete** den Hunger/den Durst stillen **B** V/PR **-rsi** **1** aufstehen: **-rsi dal letto** aus dem Bett aufstehen **2** (*vento*) aufkommen **3** (*aereo*) abheben **4** *fig* (*ribellarsi*) sich erheben **5** (*indumenti*) ausziehen, ablegen **6** (*cappello*) abnehmen **7** (*sole*) aufgehen ♦ **~ l'ancora** den Anker lichten; **-rsi in aria** in die Luft steigen, sich in die Luft erheben; **-rsi un capriccio** sich (*dat*) eine Laune abgewöhnen; **~ di mezzo qn** j-n beseitigen; **-rsi di mezzo** verschwinden

le·va·re[2] M **al ~ del sole** bei Sonnenaufgang

le·va·ta F **1** Aufgang *m*: **la ~ del sole** der Aufgang der Sonne **2** (*dal letto*) Aufstehen *n* **3** (*della posta*) Leerung *f*

le·va·tac·cia F = *frühes Aufstehen* ♦ **fare una ~** mit den Hühnern aufstehen

le·va·to·io [-o-] ADJ **ponte ~** Zugbrücke *f*

le·va·tor·so·li [-ors-] M ⟨*inv*⟩ Entkerner *m*

le·va·tri·ce F Hebamme *f*

le·va·tu·ra F Niveau *n*, Format *n*

le·vi·ga·re V/T ⟨1l, b *u.* e⟩ **1** (ab)schleifen **2** polieren

le·vi·ga·tez·za [-e-] F Schliff *m*, Glätte *f* ♦ **~ di stile** geschliffener Stil *m*

le·vi·ga·to ADJ **1** glatt **2** (*di stile*) geschliffen **le·vi·ga·tri·ce** F **1** Schleifmaschine *f* **2** TECH Kalander *m* **le·vi·ga·tu·ra** F (Ab)Schleifen *n*

le·vi·ta·re V/I ⟨1l; av⟩ schweben

le·vrie·ro [-ɛ-] M Windhund *m*

★**le·zio·ne** [-o-] F **1** Unterrichtsstunde *f*, Unterricht *m*; Vorlesung *f*: **andare a ~** in die Vorlesung gehen; **laurearsi senza andare a ~** seinen Abschluss machen ohne zu Vorlesungen zu gehen; **fare ~** unterrichten; eine Vorlesung halten **2** Unterrichtsstoff *m* **3** (*capitolo di libri scolastici*) Lektion *f*, Abschnitt *m* **4** *fig* Lehre *f*, Lektion *f*: **un'amara ~** eine bittere Lektion *f*

le·zio·sag·gi·ne F **1** Affektiertheit *f* **2** Geziere *n* **le·zio·si·tà** F ⟨*inv*⟩ Affektiertheit *f* **le·zio·so** [-o-] ADJ affektiert, geziert

lez·zo [-e-] M **1** Gestank *m* **2** *fig* Schmutz *m*

li[1] BEST ART PL *form* **Roma, ~ 12 novembre** Rom, (den) 12. November

★**li**[2] PERS PR MPL sie: **~ ho visti ieri** ich habe sie gestern gesehen

★**lì** ADV **1** dort, da: **~ dentro** dort drinnen; **~ sopra** dort oben; **su di ~** da hinauf **2** dorthin, dahin: **~ dentro** dort hinein; **fin ~** bis dorthin **3** dorther, daher: **da ~** von dorther ♦ **di ~ a poco** nach kurzer Zeit; **eccolo ~** da ist er ja!; **giù di ~** um, ungefähr; **~ per ~** auf der Stelle; **siamo sempre ~** es ist immer dasselbe; **via di ~!** weg da!

lia·na F Liane *f*

li·ba·gio·ne [-o-] F **1** Trankopfer *n* **2** *hum* Trinkgelage *n*, Zecherei *f*

li·ba·ne·se [-e-] **A** ADJ libanesisch **B** M/F Libanese *m*, -sin *f*

Li·ba·no M Libanon *m*

li·ba·re V/T ⟨1a⟩ REL als Trankopfer darbringen **li·ba·zio·ne** [-o-] → libagione

lib·bra F Pfund *n*: **a -e** pfundweise

li·bec·cio [-e-] M Südwestwind *m*

li·bel·lo [-ɛ-] M Pamphlet *n*, Schmähschrift *f*

li·bel·lu·la [-ɛ-] F Libelle *f*

li·be·ral ['liberal] ADJ ⟨*inv*⟩ liberal

li·be·ral-de·mo·cra·ti·co **A** ADJ freidemokratisch **B** M, **-a** F Freidemokrat *m*, -in *f*

li·be·ra·le **A** ADJ **1** hochherzig, großzügig **2** frei, liberal: **educazione ~** liberale Erziehung *f* **3** POL liberal **B** M/F Liberale *m/f* ♦ **arti -i** freie Künste *pl*

li·be·ra·li·smo [-z-] M 1 Liberalismus *m* 2 ~ **economico** Freihandel *m* **li·be·ra·li·tà** F ⟨*inv*⟩ Großzügigkeit *f*, Freigebigkeit *f*

li·be·ra·liz·za·re V/T ⟨1a⟩ liberalisieren **li·be·ra·liz·za·zio·ne** [-o-] F Liberalisierung *f*: ~ **delle assunzioni** Liberalisierung *f* von Beschäftigungsverhältnissen

li·be·ra·men·te [-e-] ADV 1 frei: **agire** ~ frei handeln; **disporre ~ di qc** über etw (*akk*) frei verfügen 2 offen, freimütig

★**li·be·ra·re** ⟨1l⟩ A V/T 1 befreien 2 freilassen 3 entbinden: ~ **qn da una promessa** j-n von einem Versprechen entbinden 4 (ab-, aus)räumen: ~ **una stanza** ein Zimmer (aus)räumen 5 CHEM freisetzen B V/PR **-rsi** 1 frei werden 2 ★ **-rsi di qn** sich von j-m befreien 3 ★ **-rsi dai pregiudizi** sich von Vorurteilen frei machen 4 CHEM frei(gesetzt) werden

li·be·ra·to·re [-o-] A ADJ befreiend, Befreiungs- B M, **-tri·ce** F Befreier *m*, -in *f* **li·be·ra·to·rio** [-ɔ-] ADJ 1 befreiend: **risata -a** befreiendes Lachen *n* 2 WIRTSCH, JUR schuldbefreiend **li·be·ra·zio·ne** [-o-] F 1 Befreiung *f*; Freilassung *f* 2 Entlassung *f* 3 MIL Entsatz *m* 4 *fig* Erlösung *f*, Befreiung *f*: ~ **da un incubo** die Erlösung von einem Alptraum 5 CHEM Freisetzung *f* ♦ **teologia della ~** Befreiungstheologie *f*

li·ber·co·lo [-ɛ-] M Büchlein *n*

Li·be·ria [-ɛ-] F Liberia *n* **li·be·ria·no** A ADJ liberianisch B M, **-a** F Liberianer *m*, -in *f*

li·be·ri·smo [-z-] M Freihandel *m*, freie Wirtschaft *f* **li·be·ri·sta** ADJ Freihandels-: **politica ~** Freihandelspolitik *f*

★**li·be·ro**[1] ADJ frei ♦ **avere ~ accesso** freien Zutritt haben; **fare campeggio ~** wild zelten; **carta -a** stempelfreies Papier *n*; ~ **da imposte** steuerfrei; **ingresso ~** freier Eintritt *m*; **lasciare ~ il passaggio** (*avviso per veicoli*) Einfahrt frei halten; ~ **professionista** Freiberufler *m*; **tempo ~** Freizeit *f*; *fig* **dare via -a a qn** j-m grünes Licht geben

li·be·ro[2] M (*nel calcio*) Libero *m*

★**li·ber·tà** F ⟨*inv*⟩ Freiheit *f* ♦ ~ **di azione** Handlungsfreiheit *f*; **mettersi in ~** es sich (*dat*) bequem machen; ~ **di opinione** Meinungsfreiheit *f*; ~ **di stampa** Pressefreiheit *f*

li·ber·ta·rio ADJ libertär **li·ber·ti·ci·da** ADJ freiheitsfeindlich **li·ber·ti·nag·gio** M Libertinage *f*, Zügellosigkeit *f* **li·ber·ti·ni·smo** [-z-] M Libertinismus *m*, Freidenkertum *n*

li·ber·ti·no A ADJ 1 zügellos, ausschweifend 2 PHIL, POL freidenkerisch B M, **-a** F 1 zügelloser Mensch *m* 2 PHIL, POL Freidenker *m*, -in *f*, Freigeist *m*

li·ber·to [-ɛ-] M, **-a** F Freigelassene *m/f*

li·ber·ty ADJ ⟨*inv*⟩ **stile ~** Jugendstil *m*

Li·bia F Libyen *n* **li·bi·co** A ADJ libysch B M, **-a** F Libyer *m*, -in *f*

li·bi·di·ne F 1 Geilheit *f*, Lüsternheit *f*; JUR **atti di ~** Unzucht *f* 2 *fig* Begierde *f* 3 *umg* **è una ~!** das ist geil! **li·bi·di·no·so** [-o-] ADJ 1 geil, lüstern 2 PSYCH libidinös 3 *umg* geil

li·bra·io M, **-a** F Buchhändler *m*, -in *f*

li·bra·rio ADJ Buch-, Bücher-: **commercio ~** Buchhandel *m*

li·brar·si [-s-] V/PR ⟨1a⟩ schweben: ~ **in aria** in der Luft schweben **li·bra·to** ADJ schwebend ♦ **volo ~** Gleitflug *m*

★**li·bre·ri·a** F 1 Bücherschrank *m*; Bücherregal *n* 2 Buchhandlung *f*: ~ **universitaria** Universitätsbuchhandlung *f* 3 (*raccolta di libri*) Bibliothek *f*

li·bre·sco [-e-] ADJ *pej* Bücher-, Buch-: **erudizione -a** Buchwissen *n*

li·bret·ti·sta M/F Librettist *m*, -in *f*

li·bret·to [-e-] M 1 Büchlein *n*, kleines Buch *n* 2 kleines Heft *n* 3 MUS Libretto *n* ♦ ~ **degli assegni** Scheckheft *n*; ~ **di circolazione** Kraftfahrzeugschein *m*, Fahrzeugbrief *m*; ~ **di lavoro** Sozialversicherungskarte *f*; ~ **di risparmio** Spar(kassen)buch *n*; ~ **sanitario** Krankenschein *m*

★**li·bro** M 1 Buch *n* 2 HANDEL Verzeichnis *n*, Buch *n* 3 BOT Bast *m* ♦ ~ **in brossura** Paperback *n*; ~ **di consultazione** Nachschlagewerk *n*; ~ **contabile** Kassenbuch *n*; ~ **di cucina** Kochbuch *n*; ~ **giallo** Krimi *m*; *fig* **essere nel** (*od* **sul**) ~ **nero** auf der schwarzen Liste stehen; ~ **scolastico** Schulbuch *n*; ~ **tascabile** Taschenbuch *n*; ~ **di testo** Lehrbuch *n*

li·can·tro·po M, **-a** F Werwolf *m*, -wölfin *f*

li·ce·a·le A ADJ gymnasial, Gymnasial- B M/F Gymnasiast *m*, -in *f*

li·cei·tà F Zulässigkeit *f*, Erlaubtheit *f*

li·cen·za [-ɛ-] F 1 Erlaubnis *f*, Genehmigung *f*: ~ **edilizia** Baugenehmigung *f* 2

L

Lizenz *f*, Schein *m*; Konzession *f*: **~ di pesca** Angelschein *m*; IT **~ singolo utente** Einzelplatzlizenz *f* **3** *fig* Freiheit *f*: **~ poetica** dichterische Freiheit *f*; **prendersi ~ di fare qc** sich (*dat*) die Freiheit nehmen, etw zu tun **4** MIL Urlaub *m* **5** Abschlusszeugnis *n* ♦ **concedere qc in ~** etw lizenzieren

li·cen·zia·bi·le ADJ kündbar: **non ~** unkündbar **li·cen·zia·men·to** [-e-] M Kündigung *f*, Entlassung *f*: **~ in tronco** fristlose Kündigung *f*; **~ per giusta causa** Kündigung *f* aus wichtigem Grund; **~ per giustificato motivo** betriebsbedingte Kündigung *f* **li·cen·zian·te** ADJ **azienda ~** Lizenzgeber *m*

★**li·cen·zia·re** VT ⟨1g⟩ **~ qn** j-m kündigen, j-n entlassen

★**li·cen·ziar·si** [-s-] VPR ⟨1g⟩ kündigen

li·cen·zia·ta·rio **A** M, **-a** F Lizenznehmer *m*, -in *f* **B** ADJ **azienda -a** Lizenznehmer *m* **li·cen·zia·to** ADJ **1** entlassen **2** schulentlassen

li·cen·zio·si·tà F ⟨*inv*⟩ Freizügigkeit *f*, Zügellosigkeit *f*

li·cen·zio·so [-o-] ADJ freizügig, zügellos

★**li·ce·o** [-ɛ-] M Gymnasium *n*: **~ classico/linguistico/scientifico** humanistisches/neusprachliches/naturwissenschaftliches Gymnasium *n*

li·che·ne [-ɛ-] M BOT Flechte *f*

Lich·ten·stein ['liktənʃtain] M Liechtenstein *n*: **Principato del ~** Fürstentum *n* Liechtenstein; **cittadino del ~** Liechtensteiner *m*; **del ~** liechtensteinisch

li·do M **1** Lido *m* **2** Strand *m*

lie·de·ri·sti·co ADJ Lied-, Lieder-: **serata -a** Liederabend *m*

Lie·stal F Liestal *n*

★**lie·to** [-ɛ-] ADJ **1** fröhlich, froh: **~ di conoscerLa!** es freut mich, Sie kennenzulernen; **molto ~!** angenehm! **2** freudig, erfreulich

lie·ve [-ɛ-] ADJ **1** leicht, sanft **2** gering (-fügig)

lie·vi·tà F ⟨*inv*⟩ Leichtigkeit *f*, Sanftheit *f*

lie·vi·ta·re VI ⟨1l *u. b; es*⟩ **1** aufgehen: **far ~ la pasta del pane** den Brotteig gehen lassen **2** *fig* (*di prezzi*) ansteigen **lie·vi·ta·to** ADJ **pasta -a** Hefeteig *m* **lie·vi·ta·zio·ne** [-o-] F **1** Aufgehen *n*: **a ~ naturale** mit natürlichem Treibmittel **2** *fig* Anstieg *m*

lie·vi·to [-ɛ-] M Hefe *f* ♦ **~ di birra** Bierhefe *f*; **~ in polvere** Backpulver *n*

lift·ing M ⟨*inv*⟩ Lifting *n* ♦ **~ facciale** Facelifting *n*; *umg* **farsi il ~** sich liften lassen

li·gio ADJ treu, gebunden: **~ al dovere** pflichttreu

li·gne·o ADJ **1** hölzern, Holz- **2** holzartig

li·gu·re **A** ADJ ligurisch **B** M/F Ligurier *m*, -in *f* **Li·gu·ria** F Ligurien *n*

li·gu·stro M BOT Liguster *m*

lil·la ADJ ⟨*inv*⟩ fliederfarben, lila

lil·là M ⟨*inv*⟩ **1** Flieder *m* **2** Lila *n*

lil·li·pu·zia·no **A** ADJ liliputanisch (*a. fig*) **B** M, **-a** F Liliputaner *m*, -in *f*

li·ma F Feile *f*: **~ per unghie** Nagelfeile *f*

Li·ma F Lima *n*

li·mac·cio M Schlamm *m*

li·mac·cio·so [-o-] ADJ schlammig

li·ma·re ⟨1a⟩ **A** VT **1** feilen **2** *fig* (aus)feilen **B** VPR **-rsi qc** sich (*dat*) etw feilen **li·ma·tri·ce** F Feilmaschine *f* **li·ma·tu·ra** F **1** Feilen *n* **2** Feilstaub *m*

lim·bo M Limbus *m*, Vorhölle *f*

li·me ['laim] M ⟨*inv*⟩ Limone *f*

li·met·ta[1] [-e-] F **~ per unghie** Nagelfeile *f*

li·met·ta[2] [-e-] F BOT Limette *f*, Limone *f*

li·mi·ta·bi·le ADJ begrenzbar, beschränkbar

li·mi·ta·re[1] M **1** Schwelle *f* **2** Rand *m*: **al ~ del bosco** am Waldrand

★**li·mi·ta·re**[2] ⟨1l⟩ **A** VT **1** eingrenzen, einfrieden **2** *fig* be-, einschränken, begrenzen: **~ la velocità** die Geschwindigkeit begrenzen **B** VPR **-rsi a qc** sich auf etw (*akk*) beschränken; **-rsi in qc** sich bei etw einschränken

li·mi·ta·tez·za [-e-] F Beschränktheit *f*, Begrenztheit *f*: **~ mentale** Engstirnigkeit *f*

li·mi·ta·ti·vo ADJ einschränkend **li·mi·ta·to** ADJ beschränkt (*a. fig*): **società a responsabilità -a** Gesellschaft *f* mit beschränkter Haftung; **avere un orizzonte ~** einen beschränkten Horizont haben **li·mi·ta·zio·ne** [-o-] F **1** Beschränkung *f*, Begrenzung *f* **2** Einschränkung *f*

★**li·mi·te** **A** M **1** Grenze *f* (*a. fig*): **porre dei -i** Grenzen setzen **2** SPORT Rekord *m* **3** MATH Grenzwert *m* **B** ADJ Grenz-, äußerst: **caso ~** Grenzfall *m*; **prezzo ~** äußerster Preis *m* ♦ **al ~** höchstens, schlimmstenfalls; **~ massimo** Höchstgrenze *f*; **nei -i del possibile** im Rahmen des Möglichen; **senza -i** grenzenlos; ★ **~**

di velocità Tempolimit *n*, Geschwindigkeitsbegrenzung *f*

li·mi·tro·fo ADJ angrenzend: **paesi -i** Nachbarländer *pl*

li·mo M 1 Schlamm *m* 2 GEOL Schlick *m*

li·mo·na·re V/I ⟨1a; av⟩ *umg* knutschen

li·mo·na·ta F Zitronenlimonade *f*

★**li·mo·ne** [-o-] M 1 Zitrone *f*: **succo di ~** Zitronensaft *m*; **tè al ~** Tee *m* mit Zitrone 2 Zitronenbaum *m*

li·mo·ne·to [-e-] M Zitronenhain *m*

li·mo·so [-o-] ADJ schlammig; schlickig

lim·pi·dez·za [-e-] F, **lim·pi·di·tà** F ⟨inv⟩ Klarheit *f* (*a. fig*)

lim·pi·do ADJ klar (*a. fig*)

lin·ce F Luchs *m*: *fig* **avere occhi di ~** Luchsaugen haben

lin·ciag·gio M Lynchmord *m* ♦ **~ morale** Rufmord *m*

lin·cia·re V/T ⟨1f⟩ lynchen

lin·dez·za [-e-] F Sauberkeit *f*, Reinlichkeit *f*

lin·do ADJ sauber, rein (*a. fig*)

★**li·ne·a** F 1 Linie *f* (*a. fig*): **~ retta/curva** gerade/krumme Linie *f*; **adottare una ~ dura** eine harte Linie vertreten 2 MIL *fig* **essere in prima ~** in vorderster Linie stehen 3 *pl* Züge *pl*: **a grandi -e** in groben Zügen 4 Figur *f*, Linie *f*: **badare alla ~** auf die Linie achten 5 (*mezzi pubblici*) Linie *f*: **la ~ 60** die Linie 60 6 (*tratto*) Strecke *f* 7 MODE Schnitt *m*: **una giacca di ~ sportiva** eine Jacke mit sportlichem Schnitt 8 ELEK, TEL (*collegamento*) Leitung *f*: **~ dedicata** Standleitung *f*; **la ~ è libera/occupata** die Leitung ist frei/besetzt; **è caduta la ~** wir sind unterbrochen worden 9 (*allacciamento*) Anschluss *m*: **~ (per il) fax** Faxanschluss *m*; **~ modem** Modemanschluss *m* 10 TV **~ a Roma** wir schalten um nach Rom; **dare la ~ a qn** zu j-m schalten 11 Serie *f*: **una ~ di prodotti per la casa** eine Serie von Haushaltsprodukten ♦ **~ aerea** Fluglinie *f*; **aereo di ~** Linienflugzeug *n*; **avere qualche ~ di febbre** erhöhte Temperatur haben; IT **in ~** online; **in ~ di massima** grundsätzlich, im Prinzip; **resti in ~** bleiben Sie am Apparat; *fig* **passare in seconda ~** in den Hintergrund treten; **servizio di ~** Linienverkehr *m*; **volo di ~** Linienflug *m*

li·ne·a·men·ti [-e-] MPL 1 (Gesichts-)Züge *pl* 2 *fig* Grundrisse *pl*, Grundzüge *pl*

li·ne·a·re ADJ 1 linear 2 *fig* eindeutig, klar: **uno stile ~** ein klarer Stil

li·ne·a·ri·tà F ⟨inv⟩ Linearität *f*

li·ne·et·ta [-e-] F 1 Bindestrich *m* 2 Gedankenstrich *m*

lin·fa F 1 ANAT Lymphe *f* 2 Pflanzensaft *m* ♦ **~ vitale** Lebenssaft *m*

lin·fa·ti·co ADJ lymphatisch, Lymph-: **vaso ~** Lymphbahn *f*; Lymphgefäß *n*

lin·fo·ci·to M Lymphozyt *m*

lin·fo·ghian·do·la F Lymphdrüse *f*

lin·ge·rie [lɛnʒe'ri] F ⟨inv⟩ Damenunterwäsche *f*

lin·got·to [-ɔ-] M 1 Block *m*: **~ d'acciaio** Stahlblock *m* 2 Barren *m*: **~ d'oro** Goldbarren *m*; **oro in -i** Barrengold *n*

★**lin·gua** F 1 Zunge *f* (*a. fig*) 2 Sprache *f* ♦ **corso di ~** Sprachkurs *m*; **~ di arrivo** Zielsprache *f*; **~ madre** Muttersprache *f*; **~ parlata** Umgangssprache *f*; **~ di partenza** Ausgangssprache *f*; *fig* **non avere peli sulla ~** kein Blatt vor den Mund nehmen; **essere portato per le -e** sprachbegabt sein; *fig* **ce l'ho sulla punta della ~** es liegt mir auf der Zunge;**~ straniera** Fremdsprache *f*

lin·guac·cia F 1 Lästermaul *n* 2 **fare le -ce** die Zunge herausstrecken **lin·guac·ciu·to** A ADJ 1 geschwätzig 2 lästerlich B M, **-a** F böse Zunge *f*, Lästermaul *n*

★**lin·guag·gio** M 1 Sprache *f*: **~ scientifico** Sprache *f* der Wissenschaft 2 Ausdrucksweise *f* ♦ **~ figurato** Bildersprache *f*; **~ naturale** natürliche Sprache *f*; IT **~ di programmazione** Programmiersprache *f*; **~ tecnico** Fachsprache *f*

lin·gua·le ADJ 1 ANAT lingual 2 Zungen-: **consonante ~** Zungenlaut *m*

lin·guet·ta [-e-] F 1 Zünglein *n* 2 (*di scarpe*) Zunge *f* 3 (*di buste*) Lasche *f* 4 Spund *m* 5 MECH Feder *f*

lin·gui·sta M/F Sprachforscher *m*, -in *f*, Linguist, -in *f* **lin·gui·sti·ca** F Sprachwissenschaft *f*, Linguistik *f* **lin·gui·sti·co** ADJ 1 sprachlich, Sprach-: **aspetti -ci** sprachliche Aspekte *pl* 2 sprachwissenschaftlich

li·nie·ro [-ɛ-] ADJ Leinen-: **industria -a** Leinenindustrie *f*

li·ni·fi·cio M Leinenweberei *f*

li·ni·men·to [-e-] M Einreibemittel *n*

link [liŋk] M ⟨inv⟩ IT Link *m*, Hyperlink *m*, Verknüpfung *f*

li·no M 1 Leinen *n* 2 (*pianta*) Flachs *m*

li·no·le·o·gra·fi·a F Linolschnitt *m*

li·no·le·um [-ɔ-] M ⟨inv⟩ Linoleum *n*

L

li·no·ti·pi·a F Linotypesatz *m*
li·no·ti·pi·sta M/F Zeilensetzer *m*, -in *f*
Li·nux® M Linux® *n*
lio·cor·no [-ɔ-] M Einhorn *n*
lio·fi·liz·za·re V/T ⟨1a⟩ gefriertrocknen
lio·fi·liz·za·to ADJ gefriergetrocknet
lio·na·to ADJ **cavallo ~** Falbe *m*
li·pi·de M Lipid *n* **li·pi·di·co** ADJ Fett-: **strato ~** Fettschicht *f*
li·po·so·lu·bi·le [-s-] ADJ fettlöslich
li·po·su·zio·ne [-su'tsio:-] F Fettabsaugung *f*
Li·psia F Leipzig *n*
li·qua·me M Jauche *f*
li·que·fa·re ⟨3aa⟩ **A** V/T **1** verflüssigen, flüssig machen **2** schmelzen: **~ il burro** die Butter schmelzen **3** *fig* verschwenden **B** V/PR **-rsi 1** sich verflüssigen **2** schmelzen **li·que·fat·to** ADJ **1** verflüssigt, Flüssig-: **gas ~** Flüssiggas *n* **2** geschmolzen **li·que·fa·zio·ne** [-o-] F **1** Verflüssigung *f* **2** Schmelzen *n*
li·qui·da·bi·le ADJ **1** aus-, bezahlbar **2** (*impresa fallita*) liquidierbar **3** (*debito*) begleichbar, tilgbar **4** *fig* (*problema*) lösbar
li·qui·da·re V/T ⟨1l⟩ **1** (*somma, fattura*) auszahlen; begleichen **2** (*impresa fallita*) liquidieren **3** (*debito*) begleichen, tilgen **4** *fig* lösen, vom Tisch räumen **5** ausverkaufen: **~ i fondi di magazzino** die Restbestände ausverkaufen **6** *fig* **~ qn con una scusa** j-n mit einer Entschuldigung abfertigen **7** *fig* (*uccidere*) beseitigen, aus dem Weg räumen
li·qui·da·zio·ne [-o-] F **1** (*di impresa*) Liquidation *f* **2** (*trattamento di fine rapporto*) Abfindung *f* **3** (Aus)Verkauf *m*: **~ di fine stagione** Schlussverkauf *m*; **~ totale** Räumungsverkauf *m*
li·qui·di·tà F ⟨*inv*⟩ **1** PHYS Flüssigkeit *f* **2** WIRTSCH Liquidität *f*
★**li·qui·do** **A** ADJ **1** flüssig: **stato ~** flüssiger Zustand *m*; WIRTSCH **denaro ~** flüssiges Geld *n* **2** (*di impresa*) liquid(e), zahlungsfähig **B** M **1** Flüssigkeit *f* **2** WIRTSCH Bargeld *n* ♦ **~ amniotico** Fruchtwasser *n*
li·qui·ri·zia F Lakritze *f*
★**li·quo·re** [-o-] M Likör *m*
★**li·ra**¹ F **1** *hist* (*italiana*) Lira *f* **2** Pfund *n*: **~ turca** türkisches Pfund *n* **3** *fig* Pfennig *m*: **non avere una ~** keinen Pfennig haben
li·ra² F **1** MUS Leier *f* **2** HIST Lyra *f*
★**li·ri·ca** F **1** Lyrik *f*, Poesie *f* **2** lyrische Dichtung *f*, Gedicht *n* **3** MUS Opernmusik *f* **4** MUS Gesang(s)stück *n* **li·ri·co** **A** ADJ **1** lyrisch (*a. fig*) **2** MUS Oper(n)-: **teatro ~** Opernhaus *n* **B** M Lyriker *m*, -in *f*
Li·sbo·na [-'zbo-] F Lissabon *n*
li·sca F **1** (Fisch)Gräte *f* **2** *umg* Lispeln *n*: **avere la ~** lispeln ♦ MODE **a ~ di pesce** in (*od* mit) Fischgrätenmuster
li·scia·men·to [-e-] M **1** Glätten *n* **2** TEX Kalandrieren *n* **3** *fig* Schmeichelei *f*
li·scia·re ⟨1f⟩ **A** V/T **1** glätten **2** (*capelli, pelo*) streicheln **3** **~ qc** an etw feilen **4** *fig* **~ qn** j-m schmeicheln **B** V/PR **-rsi 1** sich lecken, sich putzen **2** **-rsi la barba** sich (*dat*) den Bart glatt streichen **3** *fig* sich herausputzen **li·scia·ta** F **1** Glätten *n*; **darsi una ~ ai capelli** sich (*dat*) die Haare glatt streichen **2** *fig* Schmeichelei *f*
li·scia·to ADJ **1** glatt, geglättet **2** *fig* herausgeputzt, geschniegelt
★**li·scio** **A** ADJ **1** glatt **2** schlicht: **abito ~** schlichtes Kleid *n* **3** pur: **un whisky ~** ein Whisky *m* pur **4** **acqua minerale -a** Mineralwasser *n* ohne Kohlensäure **B** M (*ballo*) Gesellschaftstanz *m* ♦ **è andato tutto ~** es ist alles glattgegangen
li·sci·via F Lauge *f*
li·seu·se [li'zεz] F ⟨*inv*⟩ Bettjacke *f*
li·so ADJ abgenutzt, abgetragen
★**li·sta** F **1** (*elenco*) Liste *f*: IT **~ dei file** Dateienverzeichnis *n* **2** (*menu*) Speisekarte *f*: **~ delle bevande** Getränkekarte *f* **3** (*striscia*) Streifen *m* ♦ **~ d'attesa** Warteliste *f*
li·sta·re V/T ⟨1a⟩ **1** mit Streifen versehen **2** umranden **3** (*editoria*) versteifen **li·sta·tu·ra** F **1** Umrandung *f* **2** (*editoria*) Versteifung *f*
li·stel·lo [-ε-] M (Zier)Leiste *f*
li·sti·no M Liste *f* ♦ **~ di Borsa** Aktienindex *m*; **~ prezzi** Preisliste *f*; (*in Borsa*) **~ in rialzo** Kursanstieg *m* des Aktienindex
li·ta·ni·a F Litanei *f* (*a. fig*)
li·tan·tra·ce M Steinkohle *f*
li·tchi ['littʃi] M Litschi *f*
★**li·te** F Streit *m* ♦ **~ giudiziaria** Rechtsstreit *m*
li·ti·gan·te M/F Streitende *m/f* ♦ **fra i due -i il terzo gode** wenn zwei sich streiten, freut sich der Dritte
★**li·ti·ga·re** V/I ⟨1l *u.* e; av⟩ **~ con qn per qc** mit j-m um etw streiten
li·ti·ga·ta F Streit *m*, Zank *m*, *umg* Krach

m

li·ti·gio M Streit *m*, Zank *m*

li·ti·gio·si·tà F ⟨inv⟩ Streitsucht *f* **li·ti·gio·so** [-o-] ADJ 1 streitsüchtig 2 umstritten

li·tio M Lithium *n*

li·to·gra·fi·a F Lithografie *f* **li·to·gra·fi·co** ADJ lithografisch **li·to·gra·fo** [-ɔ-] M, **-a** F Lithograf *m*, -in *f*, Steindrucker *m*, -in *f*

li·to·ra·le A ADJ Küsten-: **città ~** Küstenstadt *f* B M Seeküste *f* **li·to·ra·neo** ADJ Küsten-: **strada -a** Küstenstraße *f*

★**li·tro** M Liter *m*: **un ~ di acqua** ein Liter Wasser ♦ **a -i** literweise

lit·to·ri·na F Triebwagen *m*

lit·to·rio [-ɔ-] ADJ 1 **fascio ~** Liktorenbündel *n* 2 (*fascista*) = *faschistisch*

Li·tua·nia F Litauen *n* **li·tua·no** A ADJ litauisch B M, **-a** F Litauer *m*, -in *f*

li·tur·gi·a F 1 Liturgie *f* 2 Ritual *n*

li·tur·gi·co ADJ liturgisch, Kirchen-

liu·ta·io M, **-a** F 1 Hersteller *m*, -in *f* von Saiteninstrumenten 2 Geigenbauer *m*, -in *f*

liu·ti·sta M/F Lautenspieler *m*, -in *f*

liu·to M Laute *f*

li·vel·la [-ɛ-] F Wasserwaage *f*

li·vel·la·men·to [-e-] M 1 Ebnen *n*; (Ein)Ebnung *f* 2 *fig* Ausgleich *m*

li·vel·la·re ⟨1b⟩ A V/T 1 (ein)ebnen, planieren 2 *fig* aus-, angleichen 3 (*in topografia*) nivellieren B V/PR **-rsi** 1 sich ebnen 2 *fig* sich aus-, sich angleichen **li·vel·la·to·re** [-o-] ADJ 1 planierend 2 *fig* ausgleichend

li·vel·la·tri·ce F Planierraupe *f*

li·vel·la·zio·ne [-o-] F Nivellierung *f*

★**li·vel·lo** [-ɛ-] M 1 Stand *m*: **~ dell'acqua** Wasserstand *m* 2 Höhe *f*: **a ~ della strada** auf Straßenhöhe 3 *fig* Niveau *n*, Ebene *f*: **~ intellettuale** geistiges Niveau *n* 4 PHYS Pegel *m*: **~ del rumore** Geräuschpegel *m* ♦ **a ~ teorico** theoretisch; **sopra/sotto il ~ del mare** über/unter dem Meeresspiegel; **passaggio a ~** Bahnübergang *m*; **~ dei prezzi** Preisniveau *n*; **~ di vita** Lebensstandard *m*

li·vi·dez·za [-e-] F bläuliche Färbung *f*

li·vi·do A ADJ 1 blau, bläulich: **labbra -e** blaue Lippen *pl* 2 fahl: **una faccia -a di paura** ein vor Angst fahles Gesicht B M blauer Fleck *m*

li·vo·re [-o-] M Neid *m*, Missgunst *f*

li·vor·ne·se [-e-] A ADJ aus, von Livorno B M/F Bewohner *m*, -in *f* von Livorno

Li·vor·no [-o-] F Livorno *n*

li·vre·a [-ɛ-] F 1 Livree *f* 2 ZOOL Federkleid *n*

liz·za F 1 Turnierplatz *m* 2 Wettkampf *m*

★**lo** [-o] A BEST ART M ⟨sg/pl **gli**⟩ 1 der, die, das: **~ specchio** der Spiegel; **~ strabismo** das Schielen; **~ stradone** die Allee; **l'amico** der Freund 2 (*con cognomi illustri*) **~ Spontini** Spontini 3 (*con titoli di studio, onorifici*) **l'avvocato Rossi** Rechtsanwalt Rossi B PERS PR M ⟨sg⟩ 1 ihn, sie, es: **l'ho incontrato** ich habe ihn getroffen; **ecco il mare, ~ vedi?** dort ist das Meer, siehst du es? 2 es, das: **non ~ dire** sag es nicht; **~ sapevo già** das wusste ich schon; ♦ **per ~ meno** wenigstens; **per ~ più** meistens

lob·bi·sta M/F Lobbyist *m*, -in *f*

lob·by [-ɔ-] F ⟨inv⟩ Lobby *f*

lo·bo [-ɔ-] M ANAT Lappen *m* ♦ **~ dell'orecchio** Ohrläppchen *n*; **~ polmonare** Lungenflügel *m*

★**lo·ca·le¹** A ADJ Lokal-, lokal, örtlich B M Nahverkehrszug *m* ♦ **ora ~** Ortszeit *f*; **per uso ~** zur örtlichen Anwendung

★**lo·ca·le²** M 1 Raum *m*, Zimmer *n*: **appartamento di 4 -i** Vierzimmerwohnung *f* 2 Lokal *n*: **~ notturno** Nachtlokal *n* ♦ **~ caldaia** Heizungskeller *m*

★**lo·ca·li·tà** F ⟨inv⟩ Ort *m*, Ortschaft *f* ♦ **~ turistica** Fremdenverkehrsort *m*

lo·ca·liz·za·re V/T ⟨1a⟩ 1 lokalisieren 2 ein-, begrenzen **lo·ca·liz·za·to** ADJ beschränkt **lo·ca·liz·za·zio·ne** [-o-] F Lokalisierung *f*

lo·can·da F Gasthaus *n*, Wirtshaus *n*

lo·can·die·re [-ɛ-] M, **-a** F (Gast)Wirt *m*, -in *f*

lo·can·di·na F (kleines) Plakat *n*

lo·ca·re V/T ⟨1d⟩ vermieten, verpachten

lo·ca·ta·rio M, **-a** F Mieter *m*, -in *f*; Pächter *m*, -in *f*

lo·ca·ti·vo¹ ADJ JUR Miet-: **canone ~** Mietzins *m*; **valore ~** Mietwert *m*

lo·ca·ti·vo² M GRAM Lokativ *m*

lo·ca·to·re [-o-] M, **-tri·ce** F Vermieter *m*, -in *f*; Verpächter *m*, -in *f* **lo·ca·zio·ne** [-o-] F 1 Vermietung *f*: **dare in ~** vermieten; **prendere in ~** mieten 2 Mietvertrag *m* 3 Verpachtung *f* ♦ **canone di ~** Mietzins *m*

lo·co·mo·ti·va F Lokomotive *f* (*a. fig*)

L

lo·co·mo·to·re [-o-] A ADJ **apparato** ~ Bewegungsapparat *m* B M elektrische Lokomotive *f* **lo·co·mo·to·rio** [-ɔ-] ADJ lokomotorisch, Bewegungs- **lo·co·mo·to·ri·sta** M/F Lokomotivführer *m*, -in *f* **lo·co·mo·tri·ce** F elektrische Lokomotive *f* **lo·co·mo·zio·ne** [-o-] Fortbewegung *f* ♦ **mezzo di** ~ Fahrzeug *n*

lo·cu·lo [-ɔ-] M Grabnische *f*

lo·cu·sta F (Wander)Heuschrecke *f*

lo·cu·zio·ne [-o-] F Redewendung *f*

lo·da·bi·le ADJ lobenswert, löblich

lo·da·re ⟨1c⟩ A V/T 1 loben 2 REL (lob)preisen B V/PR **-rsi** sich loben **lo·da·ti·vo** ADJ lobend, Lob-: **discorso** ~ Lobrede *f*

lo·de [-ɔ-] F Lob *n* ♦ **con** ~ summa cum laude

lo·den [-ɔ-] M ⟨*inv*⟩ Loden(mantel) *m*

lo·de·vo·le [-e-] ADJ lobenswert, löblich

Lo·di [-ɔ-] F Lodi *n* **lo·di·gia·no** A ADJ aus, von Lodi B M, **-a** F Bewohner *m*, -in *f* von Lodi

lo·do [-ɔ-] M Schiedsspruch *m*

lo·ga·rit·mi·co ADJ logarithmisch

lo·ga·rit·mo M Logarithmus *m*

log·gia [-ɔ-] F 1 ARCH Loggia *f* 2 (*massoneria*) Loge *f* **log·gia·to** M Laubengang *m*

log·gio·ne [-o-] M THEAT Galerie *f*

lo·gi·ca [-ɔ-] F 1 Logik *f* 2 *fig* **a rigor di** ~ streng genommen **lo·gi·ci·tà** F ⟨*inv*⟩ Logik *f* **lo·gi·co** [-ɔ-] A ADJ logisch B M, **-a** F Logiker *m*, -in *f* ♦ **senza filo** ~ unlogisch

log·in [lo'gin] M ⟨*inv*⟩ Einloggen *n*: **fare il** ~ sich einloggen

lo·gi·sti·ca F Logistik *f*

lo·gi·sti·co ADJ logistisch, Logistik-

lo·glio [-ɔ-] M BOT Lolch *m* ♦ *fig* **separare il grano dal** ~ die Spreu vom Weizen trennen

lo·go [-ɔ-] M Logo *m/n*, Firmenzeichen *n*

lo·go·pa·ti·a F Sprachstörung *f* **lo·go·pe·di·sta** M/F Logopäde *m*, -pädin *f*

lo·go·ra·men·to [-e-] M 1 Abnutzung *f*, Verschleiß *m*: **segni di** ~ Verschleißerscheinungen *pl* 2 *fig* Zermürbung *f*; (*di nervi*) Zerrüttung *f* **lo·go·ran·te** ADJ 1 abnutzend, verschleißend 2 *fig* zermürbend, aufreibend: **attesa** ~ zermürbendes Warten *n*

lo·go·ra·re ⟨1l⟩ A V/T abnutzen, verschleißen, zermürben: ~ **il tappeto** den Teppich abnutzen; *fig* ~ **le proprie forze** seine Kräfte verschleißen B V/PR **-rsi** 1 sich verschleißen, sich abnutzen 2 *fig* **-rsi per qc** sich durch etw aufreiben 3 (*nervi*) verschleißen 4 (*salute*) zerrütten

lo·go·ri·o M 1 Verschleiß *m*, Abnutzung *f* 2 *fig* Zerrüttung *f*, Zermürbung *f*

lo·go·ro [-o-] ADJ 1 abgenutzt, verschlissen; abgewetzt 2 *fig* aufgerieben, zerrüttet

lo·gor·re·a [-ɛ-] F 1 MED Logorrhöe *f* 2 Geschwätzigkeit *f* **lo·gor·roi·co** [-ɔ-] ADJ 1 MED an Logorrhöe leidend 2 geschwätzig

lo·go·ti·po M Markenzeichen *n*

lol·la [-ɔ-] F Spreu *f*

lom·bag·gi·ne F Hexenschuss *m*

Lom·bar·di·a F Lombardei *f* **lom·bar·do** A ADJ lombardisch B M, **-a** F Lombarde *m*, -din *f*

lom·ba·re ADJ Lenden-, Lumbal-

lom·ba·ta F Lendenstück *n*

lom·bo [-o-] M 1 Lende *f* 2 *pl* Hüften *pl* ♦ **bistecca di** ~ Lendensteak *n*

lom·bri·co M Regenwurm *m*

Lon·dra [-o-] F London *n*

lon·ga·ni·me ADJ 1 großmütig 2 langmütig **lon·ga·ni·mi·tà** F ⟨*inv*⟩ 1 Großmut *f* 2 Langmut *f*

lon·ge·vi·tà F ⟨*inv*⟩ Langlebigkeit *f*

lon·ge·vo [-ɛ-] ADJ langlebig

lon·gi·tu·di·na·le ADJ 1 GEOG longitudinal 2 Längs-: **taglio** ~ Längsschnitt *m*

lon·gi·tu·di·ne F GEOG Länge *f*

lon·go·bar·do A ADJ langobardisch, Langobarden- B M, **-a** F Langobarde *m*, -din *f*

lon·guet·te [-gɛt] ADJ ⟨*inv*⟩ wadenlang

lon·ta·nan·za F 1 Ferne *f*: **in** ~ in der Ferne 2 Abwesenheit *f*

★**lon·ta·no** A ADJ fern, weit, entfernt: **paesi -i** ferne Länder *pl*; **in un** ~ **futuro** in ferner Zukunft; ~ **da qn/qc** weit (entfernt) von j-m/etw B ADV weit (fort): **andare** ~ weit fort (*od* weg) gehen ♦ **alla -a** vage, flüchtig; **da** ~ von Weitem; ~ **dagli occhi,** ~ **dal cuore** aus den Augen, aus dem Sinn

lon·tra [-o-] F Fischotter *m*, Otter *m* ♦ ~ **marina** Seeotter *m*

lon·za [-o-] F GASTR Lendenstück *n*

look [luk] M ⟨*inv*⟩ Look *m*, Aussehen *n*

loop [lup] M ⟨*inv*⟩ IT Schleife *f*

lop·pa [-ɔ-] F Spreu *f*

lo·qua·ce ADJ 1 gesprächig, redselig 2 *fig* beredt, vielsagend **lo·qua·ci·tà** F

⟨inv⟩ Gesprächigkeit f, Redseligkeit f
lo·que·la [-ɛ-] F 1 Redeweise f 2 Sprache f
lor·da·re ⟨1a⟩ A V/T beschmutzen B V/PR **-rsi di qc** sich mit etw beschmutzen
★**lor·do** [-o-] ADJ 1 *poet* besudelt 2 roh, Brutto-, Roh-: **incasso ~** Bruttoeinnahme f
lor·do·si [-o-] F Hohlkreuz n
★**lo·ro** [-o-] A PERS PR PL 1 sie; ihnen: **per-sino ~!** sogar sie!; **a ~** (zu) ihnen; **da ~** (*provenienza*) von ihnen; (*moto a luogo*) zu ihnen; **con ~** mit ihnen; **è uno di ~** er ist einer von ihnen; **per ~** für sie 2 Sie (*forma di cortesia* ★ **Loro**): **come Loro preferiscono** wie Sie wünschen; **dopo di Loro** nach Ihnen B ADJ ⟨*poss*⟩ 1 ihr: **la ~ casa** ihr Haus n; **i ~ libri** ihre Bücher *pl* 2 Ihr: **ringraziamo per la ~ gentile offerta** wir danken Ihnen für Ihr freundliches Angebot C POSS PR ihr: **la nostra casa è più grande della ~** unser Haus ist größer als ihres
lo·san·ga F Rhombus m, Raute f
Lo·san·na F Lausanne n
lo·sco [-o-] A ADJ finster, krumm B ADV finster
lo·to [-ɔ-] M 1 Lotos m: **fiore di ~** Lotosblume f 2 Lotossitz m
★**lot·ta** [-ɔ-] F 1 Kampf m 2 SPORT Ringen n, Ringkampf m: **fare la ~** ringen ♦ **~ biologica** biologische Schädlingsbekämpfung f; **~ contro il cancro** Krebsbekämpfung f; **~ al crimine** Verbrechensbekämpfung f; **~ libera** Freistilringen n; **-e operaie** Arbeitskämpfe *pl*; **~ per la vita e per la morte** Kampf m auf Leben und Tod
lot·ta·re V/I ⟨1c; av⟩ 1 (be)kämpfen: **~ per/contro qn/qc** für/gegen j-n/etw kämpfen 2 SPORT ringen **lot·ta·to·re** [-o-] M, **-tri·ce** F 1 Kämpfer m, -in f 2 SPORT Ringer m, -in f
lot·te·ri·a F Lotterie f: **giocare alla ~** in der Lotterie spielen ♦ **biglietto della ~** Lotterielos n
lot·tiz·za·re V/T ⟨1a⟩ 1 parzellieren, in Parzellen aufteilen 2 *fig pej* POL **~ le cariche** sich parteiübergreifend Ämter zuschieben **lot·tiz·za·zio·ne** [-o-] F 1 Parzellierung f; parzelliertes Land n 2 *fig pej* POL (parteiübergreifende) Ämteraufteilung f
lot·to[1] [-ɔ-] M 1 Teil m od n 2 (*di merce*) Partie f 3 (*di terreno*) Parzelle f 4 (*in Borsa*) Paket n

Il lotto

Il lotto ist – ähnlich wie in Deutschland – jeden Mittwoch und Samstag ein sehr beliebtes Hobby. Es gibt ganze Bücher darüber, wie man das, was man geträumt hat, in eine Glückszahl verwandeln kann. Man gewinnt ab zwei von fünf Richtigen, die man auf sogenannten **ruote** (Räder) spielt, die Städtenamen tragen.

lot·to[2] [-ɔ-] M Lotto n, Zahlenlotterie f: **giocare al ~** Lotto spielen ♦ **estrazione del ~** Ziehung f der Lottozahlen
low cost [lo'kɔst] ADJ ⟨*inv*⟩ Billig-: **compagnia ~** Billigfluggesellschaft f; **vacanze ~** Billigurlaub m; **volo ~** Billigflug m
lo·zio·ne [-o-] F Wasser n, Lotion f: **~ per capelli** Haarwasser n; **~ dopobarba** Rasierwasser n
Lu·bec·ca [-ɛ-] F Lübeck n
Lu·bia·na F Ljubljana n
lu·bri·ci·tà F ⟨*inv*⟩ Schlüpfrigkeit f
lu·bri·co ADJ *poet fig* schlüpfrig
lu·bri·fi·can·te A ADJ schmierfähig, Schmier- B M Schmiere f, Schmiermittel n **lu·bri·fi·ca·re** V/T ⟨1d *u.* m⟩ (ab)-schmieren **lu·bri·fi·ca·zio·ne** [-o-] F Schmierung f, Schmieren n
lu·ca·no A ADJ aus, von Basilicata B M, **-a** F Bewohner m, -in f von Basilicata
Luc·ca F Lucca n **luc·che·se** [-e-] A ADJ aus, von Lucca B M/F Bewohner m, -in f von Lucca
luc·chet·to [-e-] M Vorhängeschloss n
luc·ci·can·te ADJ glänzend, funkelnd
luc·ci·ca·re V/I ⟨1l *u.* d; es, av⟩ glänzen, funkeln ♦ **non è tutto oro quel che luccica** es ist nicht alles Gold, was glänzt
luc·ci·chi·o M Funkeln n, Schimmern n
luc·ci·co·ne [-o-] M dicke Träne f
luc·cio M Hecht m
luc·cio·la F 1 *umg* Glühwürmchen n 2 Straßenmädchen n 3 Platzanweiser m, -in f
★**lu·ce** F 1 Licht n 2 **è andata via la ~** der Strom (*od* das Licht) ist ausgefallen 3 (*edilizia*) Fenster n: **un bagno senza ~** ein fensterloses Bad n ♦ **-i abbaglianti** Fernlicht n; **-i anabbaglianti** Abblendlicht n; **-i di emergenza** Warnblinkanlage f; **anno ~** Lichtjahr n; **-i d'arresto** Bremslicht n; **dare alla ~** zur Welt bringen; **-i di emergenza** Warnblinkanlage f; **-i fendinebbia** Nebelscheinwerfer *pl*; **-i di posi-**

zione Standlicht *n*; **le -i della ribalta** das Rampenlicht; **film a -i rosse** Sexfilm *m*; **venire alla ~** das Licht der Welt erblicken; ans Licht kommen

lu·cen·te [-ɛ-] ADJ glänzend, blank

lu·cen·tez·za [-e-] F Glanz *m*

lu·cer·na [-ɛ-] F Öllampe *f*

Lu·cer·na [-ɛ-] F Luzern *n*

lu·cer·na·rio M Dachfenster *n*

lu·cer·to·la [-ɛ-] F Eidechse *f*

lu·che·ri·no M Zeisig *m*

lu·ci·da·lab·bra M ⟨*inv*⟩ Lipgloss *n*

lu·ci·da·re ⟨1l⟩ **A** V/T **1** polieren **2** bohnern **3** (*disegni*) pausen **B** V/PR **-rsi** (sich) polieren: **-rsi le scarpe** sich (*dat*) die Schuhe polieren **lu·ci·da·to·re** [-o-] M Polierer *m*, -in *f* **lu·ci·da·tri·ce** F **1** (*per pavimenti*) Bohnermaschine *f* **2** TECH Poliermaschine *f* **lu·ci·da·tu·ra** F **1** Polieren *n* **2** Bohnern *n* **3** (*disegno*) Durchpausen *n*

lu·ci·di·tà F ⟨*inv*⟩ **1** klarer Verstand *m* **2** (*razionalità*) Nüchternheit *f*

lu·ci·do **A** ADJ **1** glänzend **2** **essere ~ (di mente)** bei klarem Verstand sein **3** (*razionale*) nüchtern **B** M **1** Poliermittel *n* **2** (*disegno*) Pause *f* **3** (*per lavagna luminosa*) Overheadfolie *f* ♦ FOTO **carta -a** Hochglanzpapier *n*; **~ da scarpe** Schuhcreme *f*

lu·ci·gno·lo M Docht *m*

lu·cio·per·ca [-ɛ-] M ⟨*inv*⟩ *od* F Zander *m*

lu·cra·re ⟨1a⟩ **A** V/T gewinnen, verdienen **B** V/I ⟨av⟩ **~ su qc** an etw (*dat*) verdienen

lu·cra·ti·vo ADJ lukrativ, gewinnbringend, einträglich

lu·cro M Gewinn *m*: **a scopo di ~** zu Gewinnzwecken

lu·cul·lia·no ADJ lukullisch

lu·di·brio M Hohn *m*, Gespött *n*: **essere il ~ di tutti** zum Gespött der Leute werden

lu·do·te·ca [-ɛ-] F Spielothek *f*

lu·ga·ni·ga F GASTR Luganina *f* (*Schweinswürstchen*)

Lu·ga·no F Lugano *n*

★**lu·glio** M Juli *m*: **in ~** im Juli; **il 10 ~** (am) 10. Juli; → a. aprile

lu·gu·bre ADJ **1** finster, düster **2** Trauer-, traurig

★**lui** **A** PERS PR M **1** er; ihn; ihm: **~ è andato via** er ist weggegangen; **ho visto lei, ma non ~** ich habe sie, aber nicht ihn gesehen; **l'ho dato a ~** ich habe es ihm gegeben **2** **di ~** sein; **la di ~ sorella** seine Schwester **B** M *umg* **1** Er *m*: **un ~ e una lei** ein Er und eine Sie **2** (*compagno*) **il suo ~** ihr Freund *m*

lu·ma·ca F Schnecke *f* (*a. fig*): **a passo di ~** im Schneckentempo

lu·me M **1** Lampe *f*, Leuchte *f* **2** Licht *n*, Schein *m*: **cena a ~ di candela** Abendessen *n* bei Kerzenschein **3** *fig* Rat *m*: **chiedere -i a qn** j-s Rat einholen

lu·meg·gia·re V/T ⟨1f⟩ **1** aufhellen **2** (*cartografia*) schattieren

lu·mi·ci·no M **1** Lämpchen *n* **2** Grablicht *n* ♦ **cercare qc col ~** etw mit der Laterne suchen

lu·mi·na·re M/F *fig* Leuchte *f*, Kapazität *f* **lu·mi·na·ria** F **1** Festbeleuchtung *f* **2** Lichtermeer *n* **lu·mi·ne·scen·te** [-ɛ-] ADJ Leucht-: **sostanza ~** Leuchtstoff *m* **lu·mi·ne·scen·za** [-ɛ-] F Lumineszenz *f*, kaltes Leuchten *n*

lu·mi·ni·smo [-z-] M Lichteffektmalerei *f*

lu·mi·no M Grablicht *n*

lu·mi·no·si·tà F ⟨*inv*⟩ **1** Helligkeit *f* **2** (*di colori*) Leuchtkraft *f* **3** FOTO Lichtstärke *f* **lu·mi·no·so** [-o-] ADJ **1** leuchtend, Leucht-: **insegna -a** Leuchtschrift *f* **2** Licht-: **raggio ~** Lichtstrahl *m* **3** hell: **stanza -a** helles Zimmer *n* **4** *fig* strahlend: **sorriso ~** strahlendes Lächeln *n* **5** *fig* hervorragend, glänzend: **idea -a** glänzende Idee *f*

★**lu·na** F Mond *m*: **~ calante/crescente** abnehmender/zunehmender Mond *m*; **~ calante gobba a levante, ~ crescente gobba a ponente** A für abnehmenden Mond, Z für zunehmenden Mond; ♦ **avere la ~** schlecht gelaunt sein; **chiaro di ~** Mondschein *m*; **mezza ~** Halbmond *m*; (*coltello*) Wiegemesser *n*; **~ di miele** Flitterwochen *pl*; **~ piena** Vollmond *m*

lu·na park M ⟨*inv*⟩ Vergnügungspark *m*, Rummelplatz *m*

lu·na·re ADJ Mond-: **alone ~** Hof *m* des Mondes **lu·na·rio** M Kalender *m*, Almanach *m* ♦ **sbarcare il ~ (con qc)** (mit etw) über die Runden kommen

lu·na·ti·co ADJ **1** launenhaft, unbeständig **2** wunderlich

lu·na·zio·ne [-o-] M Mondumlauf *m*

★**lu·ne·dì** M ⟨*inv*⟩ Montag *m*: **di** (*od* **il**) **~** montags; **un ~** eines Montags; **arrivo ~** ich komme am Montag an; **da ~ prossi-**

mo ab kommenden Montag; **da ~ scorso** seit vorigem Montag; **~ sera** Montagabend *m*; **la notte tra domenica e ~** die Nacht von Sonntag auf Montag; **ogni due ~, un ~ sì e uno no** jeden zweiten Montag; **ogni** (*od* **tutti i**) **~** jeden Montag ♦ **~ dell'Angelo** Ostermontag *m*

lu·net·ta [-e-] F 1 Lünette *f*, Bogenfeld *n* 2 (*mezzaluna*) Wiegemesser *n*

lun·gag·gi·ne F Langatmigkeit *f*, Schwerfälligkeit *f* ♦ **-i burocratiche** Amtsschimmel *m*

lun·gar·no M Arnopromenade *f*

★**lun·ghez·za** [-e-] F Länge *f*; (*tempo*) Dauer *f*: **10 metri di ~** 10 Meter Länge; **la ~ di una seduta** die Dauer einer Sitzung; SPORT **vincere per una ~** um eine Länge siegen

lun·gi ADV *poet* fern, fernab: **~ da me una simile idea!** das liegt mir völlig fern!

lun·gi·mi·ran·te ADJ weitblickend

lun·gi·mi·ran·za F Weitsicht *f*, Weitblick *m*

★**lun·go** A ADJ 1 lang: **capelli -ghi** lange Haare *pl*; **un ~ inverno** ein langer Winter *m* 2 hochgewachsen, lang 3 *umg* langsam: **essere ~ nel mangiare** langsam essen 4 dünn: **caffè ~** dünner Kaffee *m* B M ⟨*inv*⟩ Länge *f*: **per il ~** der Länge nach C ADV weit: **tirare ~** weit schießen D PRÄP 1 entlang, längs: **~ il fiume** längs des Flusses; **camminare ~ un muro** eine Mauer entlanggehen 2 während: **ha parlato ~ tutto il viaggio** er hat während der ganzen Reise gesprochen ♦ **a ~** lange; **più a ~** länger; **più a ~ di tutti** am längsten; **a ~ andare** auf die Dauer; **andare per le -ghe** sich in die Länge ziehen; **farla -a** viel(e) Worte machen; **di gran -a** bei Weitem, weitaus; **in ~ e in largo** überall; **a ~ termine** langfristig

lun·go·de·gen·te [-ɛ-] A ADJ langzeitkrank B M/F Langzeitkranke *m/f* **lun·go·de·gen·za** [-ɛ-] F Langzeitkrankheit *f*

lun·go·fiu·me M Uferpromenade *f*

lun·go·la·go M Seepromenade *f*

lun·go·ma·re M Strandpromenade *f*

lun·go·me·trag·gio M Spielfilm *m*

lu·not·to [-ɔ-] M Heckscheibe *f*, Rückfenster *n*: **~ termico** heizbare Heckscheibe *f*

★**luo·go** [-ɔ-] M 1 Ort *m*, Platz *m*: **~ aperto al pubblico** der Öffentlichkeit zugänglicher Ort 2 Örtlichkeit *f*: **essere pratico del ~** mit den Örtlichkeiten vertraut sein 3 Stätte *f*, Raum *m* 4 Stelle *f*: **in certi -ghi del libro** an bestimmten Stellen des Buchs ♦ **aver ~** stattfinden; **~ comune** Gemeinplatz *m*; **essere del ~** ortsansässig sein; **~ del delitto** Tatort *m*; **essere fuori ~** fehl am Platz sein; **in ~ di** an Stelle von, anstelle; **~ dell'incontro** Treffpunkt *m*; **~ di nascita** Geburtsort *m*; **in nessun ~** nirgends; **in primo ~** erstens; **~ di residenza** Wohnsitz *m*; **in ultimo ~** zuletzt; **~ di soggiorno** Aufenthaltsort *m*; **sul ~** an Ort und Stelle

luo·go·te·nen·te [-ɛ-] M 1 Statthalter *m*, -in *f* 2 Stellvertreter *m*, -in *f*

lu·pa F Wölfin *f* **lu·pac·chiot·to** [-ɔ-] M Wolfsjunge *n*, Wölfchen *n*

lu·pa·ra F 1 (*cartuccia*) grober Schrot *m* 2 Lupara *f*, Jagdgewehr *n* mit abgesägtem Lauf

lu·pet·to [-e-] M 1 Wolfsjunge *n* 2 (*scout*) Wölfling *m* 3 MODE Stehkragenpullover *m*

lu·pi·no M Lupine *f*

★**lu·po** M Wolf *m* ♦ **in bocca al ~** Hals- und Beinbruch; **fame da ~** Bärenhunger *m*

lup·po·lo M Hopfen *m*

lu·ri·do ADJ 1 verdreckt 2 *fig* dreckig: **~ maiale** Dreckschwein *n*

lu·ri·du·me M Dreck *m*, Schweinerei *f*

Lu·sa·ka F Lusaka *n*

lu·sin·ga F Schmeichelei *f*

lu·sin·ga·re ⟨1e⟩ A V/T 1 **~ qn** j-m schmeicheln 2 (ver)locken B V/PR **-rsi** hoffen, sich (*dat*) einbilden **lu·sin·ga·to** ADJ **sentirsi ~** sich geschmeichelt fühlen

lu·sin·ghe·vo·le [-e-] ADJ schmeichelnd **lu·sin·ghie·ro** [-ɛ-] ADJ schmeichelhaft (*a. fig*)

lus·sa·re ⟨1a⟩ A V/T ver-, ausrenken, auskugeln B V/PR **-rsi** 1 ver-, ausrenken: **la caviglia si è lussata** das Fußgelenk ist verrenkt 2 **-rsi qc** sich (*dat*) etw verrenken **lus·sa·zio·ne** [-o-] F Ver-, Ausrenkung *f*

lus·sem·bur·ghe·se [-e-] A ADJ luxemburgisch B M/F Luxemburger *m*, -in *f*

Lus·sem·bur·go M Luxemburg *n*

lus·so M Luxus *m*, Prunk *m*: **vivere nel ~** im Luxus leben ♦ **albergo di ~** Luxushotel *n*; **ci è andata di ~** wir haben großes Glück gehabt

lus·suo·so [-o-] ADJ 1 luxuriös, Luxus-: **appartamento ~** Luxuswohnung *f* 2 kostspielig

lus·su·reg·gian·te ADJ 1 üppig: **vegetazione ~** üppige Vegetation *f* 2 (*di stile*) barock **lus·su·reg·gia·re** V/I ⟨1f; av⟩ üppig sein

lus·su·ria F Unzucht *f*

lus·su·rio·so [-o-] ADJ unzüchtig

lu·stra·re V/T ⟨1a⟩ (auf Hochglanz) polieren ♦ **-rsi gli occhi** seine Augen weiden, laben

lu·stra·scar·pe M/F ⟨*inv*⟩ Schuhputzer *m*, -in *f*

lu·stra·ta F **dare una ~ a qc** etw kurz polieren

lu·stri·no M Flitter *m*, Paillette *f*

lu·stro A ADJ spiegelblank; glänzend: **occhi -i** glänzende Augen *pl* B M 1 Glanz *m* 2 Politur *f* 3 Ruhm *m*, Ehre *f*; **essere il ~ della famiglia** der Stolz der Familie sein

lu·te·ra·no A ADJ lutherisch B M, **-a** F Lutheraner *m*, -in *f*

lu·tre·o·la [-ɛ-] F Nerz *m*, Sumpfotter *m*

lut·to M 1 Trauer *f* 2 Trauerfall *m* ♦ **chiuso per ~** wegen Todesfall geschlossen; **vestire a ~** Trauer tragen

lut·tuo·so [-o-] ADJ schmerzlich, Trauer-: **notizia -a** Trauernachricht *f*

M

m, M F *od* M ⟨*inv*⟩ m, M *n*

★**m'** → mi

★**ma** A KONJ 1 aber, jedoch, doch: **pensavo che fosse felice, ~ mi sbagliavo** ich dachte, er sei glücklich, aber ich habe mich geirrt 2 (*in negazioni*) sondern: **non solo ..., ~ anche ...** nicht nur ..., sondern auch ... 3 doch, aber; wohl: **~ se l'ho visto io!** ich habe es doch selbst gesehen!; **~ sei pazzo?!** du bist wohl verrückt! B M Aber *n*: **non c'è ~ che tenga** da gibt es kein Wenn und Aber ♦ **~ no!** aber nein! (*davvero?*) echt!; **~ sì!** doch! na klar!

ma·ca·bro ADJ makaber

ma·ca·co M, **-a** F 1 **macaco** M Makak *m* 2 *pej* Trampel *m/f*

mac·ché INT ach was, ach woher

mac·che·ro·ni [-o-] MPL Makkaroni *pl*

mac·che·ro·ni·co [-ɔ-] ADJ **parlare un inglese ~** Englisch radebrechen

★**mac·chia**[1] F 1 Fleck *m* 2 *fig* Makel *m*: **senza ~** makellos ♦ **a ~ di leopardo** sporadisch, vereinzelt; **~ d'unto** Fettfleck *m*

mac·chia[2] F Macchia *f* ♦ *fig* **darsi alla ~** die Flucht ergreifen; untertauchen

mac·chia·re ⟨1k⟩ A V/T 1 beflecken (*a. fig*) 2 **~ il caffè** einen Schuss Milch in den Kaffee geben B V/I ⟨av⟩ klecksen C V/PR **-rsi di qc** sich mit etw beschmutzen, bekleckern; *fig* sich (*dat*) etw zuschulden kommen lassen **mac·chia·to** ADJ 1 (*sporco*) fleckig: **~ di sangue** blutbefleckt 2 (*bevanda*) **caffè ~** Kaffee *m* mit ein wenig Milch; **latte ~** Latte *m od f* macchiato (*Milchkaffee mit Milchschaum*) 3 **mantello ~** geflecktes Fell *n* **macchiet·ta** [-e-] F 1 Fleckchen *n* 2 Skizze *f*, Entwurf *m* 3 Karikatur *f* 4 THEAT komische Figur *f* 5 *fig* komischer Kauz *m*

mac·chiet·ta·re V/T ⟨1a⟩ (be)sprenkeln **mac·chiet·ta·to** ADJ sprenkelig, gesprenkelt **mac·chiet·ti·sta** M/F Karikaturist *m*, -in *f*

★**mac·chi·na** F 1 Maschine *f* (*a. fig*): **non sono mica una ~!** ich bin doch keine Maschine! 2 Schreibmaschine *f*: **scrivere a ~** Maschine schreiben 3 *umg* Auto *n*, Wagen *m* 4 *fig* Apparat *m*, Maschinerie *f*: **la ~ dello Stato** der Staatsapparat ♦ **a ~** maschinen-; **cucito a ~** maschinengenäht; **~ da caffè espresso** Espressomaschine *f*; **~ del caffè** Kaffeemaschine *f*; **~ per cucire** Nähmaschine *f*; **~ fotografica** Fotoapparat *m*; **~ fotografica digitale** Digitalkamera *f*; **~ fotografica istantanea** Sofortbildkamera *f*; **~ fotografica reflex** Spiegelreflexkamera *f*

mac·chi·na·le ADJ mechanisch

mac·chi·na·re V/T ⟨1l⟩ anzetteln: **~ qc contro qn** etw gegen j-n anzetteln

★**mac·chi·na·rio** M Maschinen *pl*, Maschinerie *f* **mac·chi·na·zio·ne** [-o-] F Anzettelung *f*, Machenschaften *pl*

mac·chi·net·ta [-e-] F 1 kleine Maschine *f* 2 *umg* **~ del caffè** Kaffeemaschine *f* 3 *umg* (*per i denti*) Zahnspange *f*

mac·chi·ni·na F Spielzeugauto *n*

mac·chi·ni·sta M/F 1 Lokomotivführer *m*, -in *f* 2 SCHIFF Maschinist *m*, -in *f* 3 THEAT, TV Maschinenmeister *m*, -in *f*

mac·chi·no·si·tà F ⟨*inv*⟩ Kompliziertheit *f* **mac·chi·no·so** [-o-] ADJ 1 verwickelt, kompliziert 2 umständlich

ma·ce·do·ne A ADJ mazedonisch B M/F Mazedonier *m*, -in *f*

ma·ce·do·nia [-ɔ-] F Obstsalat *m*

Ma·ce·do·nia F Mazedonien *n*

ma·cel·la·io M, **-a** F Fleischer *m*, -in *f*, Metzger *m*, -in *f* **ma·cel·la·re** V/T ⟨1b⟩ (ab)schlachten (*a. fig*) **ma·cel·la·to·re** [-o-] M, **-tri·ce** F Schlächter *m*, -in *f* **ma·cel·la·zio·ne** [-o-] F Schlachten *n*

★**ma·cel·le·ri·a** F Metzgerei *f*

ma·cel·lo M 1 Schlachthof *m* 2 Abschlachten *n*, Gemetzel *n* 3 *umg* Katastrophe *f*, Chaos *n* 4 *umg* Haufen *m*: **c'era un ~ di gente** es war ein Haufen Leute da ♦ **bestie da ~** Schlachtvieh *n*; *fig pej* **carne da ~** Kanonenfutter *n*

ma·ce·ra·re ⟨1l⟩ A V/T 1 einlegen: **~ la carne nel vino** Fleisch in Wein einlegen 2 BIOL, CHEM mazerieren 3 kasteien, züchtigen B V/PR **-rsi** 1 aufweichen, mürbe werden 2 *fig* sich verzehren: **-rsi dall'invidia** sich vor Neid verzehren

Ma·ce·ra·ta F Macerata *n* **ma·ce·ra·te·se** [-e-] A ADJ aus, von Macerata B M/F Bewohner *m*, -in *f* von Macerata

ma·ce·ra·zio·ne [-o-] F 1 Einlegen *n* 2 Aufweichen *n* 3 BIOL, CHEM Mazeration *f* 4 Kasteiung *f*

ma·ce·rie FPL Trümmer *pl*, Schutt *m*

ma·ce·ro[1] M Einstampfung *f*: **mandare qc al ~** etw einstampfen lassen ♦ **carta da ~** Altpapier *n*, Makulatur *f*

ma·ce·ro[2] ADJ 1 aufgeweicht 2 verrottet 3 durchnässt 4 *fig* (*spossato*) zerschlagen

ma·chia·vel·li·co [-ɛ-] ADJ machiavellistisch **ma·chia·vel·li·smo** [-zmo] M Machiavellismus *m*

ma·ci·gno M 1 Fels(block) *m* 2 (*pietra arenaria*) Bruchstein *m*

ma·ci·len·to [-ɛ-] ADJ abgezehrt, hager **ma·ci·len·za** [-ɛ-] F Abgezehrtheit *f*, Hagerkeit *f*

ma·ci·na F 1 Mühlstein *m*, Mahlstein *m* 2 Mühle *f*

ma·ci·na·caf·fè M ⟨*inv*⟩ Kaffeemühle *f*

ma·ci·na·pe·pe [-e-] M ⟨*inv*⟩ Pfeffermühle *f*

ma·ci·na·re V/T ⟨1l⟩ 1 (zer)mahlen 2 (*carne*) durch den Fleischwolf drehen 3 (*olive*) pressen 4 *fig* **~ soldi** Geld verschleudern **ma·ci·na·to** ADJ 1 gemahlen: **pepe ~** gemahlener Pfeffer *m* 2 **carne -a** Hackfleisch *n* **ma·ci·na·tu·ra**, **ma·ci·na·zio·ne** [-o-] F Mahlen *n*

ma·ci·ni·no M 1 (kleine) Mühle *f*, Handmühle *f* 2 (*auto malandata*) Kiste *f*, Karre *f*

ma·ciul·la·re V/T ⟨1a⟩ 1 TEX brechen 2 (*stritolare*) zerquetschen, zerfetzen

ma·cra·mè M ⟨*inv*⟩ Makramee *n*

ma·cro F ⟨*inv*⟩ IT Makro *n od m*

ma·cro·bi·o·ti·ca [-ɔ-] F Makrobiotik *f* **ma·cro·bi·o·ti·co** [-o-] ADJ makrobiotisch **ma·cro·co·smo** [-ɔ-] M Makrokosmos *m* **ma·cro·sco·pi·co** [-ɔ-] ADJ 1 makroskopisch 2 *fig* enorm, gewaltig **ma·cro·si·ste·ma** [-ɛ-] M Makrosystem *n* **ma·cro·strut·tu·ra** F Makrostruktur *f*

ma·cu·la·to ADJ gefleckt, fleckig, scheckig **ma·cu·la·tu·ra** F Makulatur *f*

Ma·da·ga·scar M Madagaskar *n*

ma·da·ma F 1 Madame *f* 2 *sl* (*polizia*) Bullen *pl*

ma·dia F Backtrog *m*

ma·di·do ADJ **~ di sudore** schweißnass

ma·don·na [-ɔ-] F REL, KUNST Madonna *f* ♦ **~!** ach du meine Güte!

ma·don·na·ro M, **-a** F Straßen-, Pflastermaler *m*, -in *f*

ma·dor·na·le ADJ grob, riesig, gewaltig: **errore ~** grober Fehler *m*; **svista ~** Schnitzer *m*

★**ma·dre** F 1 Mutter *f* 2 REL Schwester *f*, Mutter *f* 3 *fig* Quelle *f*, Ursprung *m* ♦ **casa ~** HANDEL Stammhaus *n*; **ragazza ~** ledige Mutter *f*

ma·dre·lin·gua A ADJ muttersprachlich B M/F Muttersprachler *m*, -in *f* C F Muttersprache *f*

ma·dre·pa·tria F Vaterland *n*

ma·dre·per·la [-ɛ-] F Perlmutt *n*

ma·dre·po·ra [-e-] F Steinkoralle *f*

ma·dre·sel·va [-'se-] F Echtes Geißblatt *n*

ma·dre·vi·te F Muttergewinde *n*

Ma·drid F Madrid *n*

ma·dri·ga·le M Madrigal *n*

ma·dri·le·no [-e-] A ADJ Madrider B M, **-a** F Madrider *m*, -in *f*

ma·dri·na F 1 Patin *f*, *schweiz* Gotte *f* 2 (*di manifestazione*) Schirmherrin *m*; (*di nave*) Patin *f*

mae·stà F ⟨*inv*⟩ Majestät *f*, Erhabenheit *f* ♦ **Vostra Maestà** Eure Majestät

mae·sto·si·tà F ⟨*inv*⟩ Erhabenheit *f*, Majestät *f* **mae·sto·so** [-o-] ADJ majestätisch

M

La mafia

Die kriminelle Organisation **Mafia** entstand im neunzehnten Jahrhundert in Sizilien als Gegenmacht zur staatlichen Macht der **Borboni** (Bourbonen). Das Wort **Mafia** wird im Deutschen für jede Art organisiertes Verbrechen verwendet. In Italien nennt man Mafia auch **la piovra** (die Krake). Regionale Mafia-Gruppierungen sind in Italien **Camorra** (Neapel), **Cosa Nostra** (West-Sizilien), **Stidda** (Sizilien), **'Ndrangheta** (Kalabrien), **Sacra Corona Unita** (Apulien), **Anonima sequestri** (Sardinien).
Vor allem Camorra, Cosa Nostra und 'Ndrangheta haben internationale Verzweigungen, z. B. nach Russland, U.S.A., Deutschland, Spanien, Südamerika, Kanada, Bulgarien. Die Struktur der Mafia-Gruppierungen ist sehr hierarchisch und die Verhaltensregeln sind streng. Eine wichtige Regel ist die der **omertà** (Schweigepflicht). Basis der Gruppierungen ist immer die **famiglia**, Haupt der Familie ist ein **capofamiglia** bzw. **capo** (Mafia-Boss), die Mitglieder nennen sich in Sizilien **picciotti**, allgemein **mafiosi**. Von klein an werden die **picciotti** in einer Art Mafia-Schule ausgebildet.

Die Zugehörigkeit zu einer Familie gründet auf Blutsverwandschaft oder entsteht aufgrund eines **giuramento** (Eid): z. B. bei der **Cosa Nostra** besteht der Eid darin, ein **santino** (Heiligenbild) auf der Handfläche abzubrennen; die Mitglieder der Stidda erkennt man an fünf grünen kreisförmig angeordneten Pünktchen zwischen Daumen und Zeigefinger der rechten Hand.
Die **clan** oder **cosche** (Familien) „verwalten" jeweils ein Territorium. Diese „Verwaltung" behauptet sich aufgrund der Mafia-Verbindungen zu staatlichen und wirtschaftlich einflussreichen Stellen, die über sogenannte **bustarelle** bzw. **tangenti** (Schmiergelder) bestochen werden. Daher der Name **Tangentopoli** (Schmiergelderstadt) für Mailand. Hauptgeldquellen der Mafia sind eine Art illegaler Steuer (**pizzo** bzw. **estorsione**), internationaler Waffen- und Drogenschmuggel (**traffico di armi e di stupefacenti**), Menschenraub (**sequestri**) und illegale Einwanderung (**immigrazione clandestina**).
Vor allem seit Ende der Achtzigerjahre wird die Mafia durch internationale Aktionen bekämpft, z. B. durch die **operazione mani pulite** (Operation saubere Hände) und viele **maxi inchieste** (große Untersuchungen). Besonders aktive Richter, Polizisten und Journalisten wurden aufgrund dessen von Mafia-Mitgliedern getötet. Erfolg haben die Operationen gegen die Mafia u. a. durch den **pentitismo**: Sogenannte **pentiti** (Bereuende) arbeiten mit der Justiz als Informanten zusammen. Als Gegenleistung wird ihnen eine Milderung der eigenen Strafe gewährt.

M

★**ma·e·stra** [-ɛ-] F **1** Lehrerin *f*: ~ **elementare** Grundschullehrerin *f*, *schweiz* Primarlehrerin *m* **2** *fig* Meisterin *f*, Künstlerin *f*

mae·stra·le M Mistral *m*

mae·stran·ze FPL Arbeiterschaft *f*

mae·stri·a F Meisterschaft *f*

★**ma·e·stro** [-ɛ-] **A** ADJ **1** meisterhaft, Meister-: **mano -a** Meisterhand *f* **2** Haupt-: **strada -a** Hauptstraße *f* **3** SCHIFF Groß-: **albero** ~ Großmast *m* **B** M **1** (*nella scuola*) Lehrer *m*: ~ **elementare** Grundschullehrer *m*, *schweiz* Primarlehrer *m* **2** (Lehr)Meister *m*, Lehrer *m* **3** Vorbild *n* ♦ **da** ~ Meister-

ma·fia F Mafia *f* **ma·fio·so** [-o-] **A** ADJ Mafia- **B** M, **-a** F Mafioso *m*, -sa *f*

ma·ga·gna F **1** Mangel *m*, Defekt *m* **2** Gebrechen *n*

ma·ga·ri **A** INT **1** schön wär's: **hai vinto?** – ~! hast du gewonnen? – schön wär's! **2** und ob: **vorresti fare un viaggio?** – ~! möchtest du eine Reise machen? – und ob! **3** wenn doch: ~ **fosse vero!** wenn es doch wahr wäre! **B** ADV **1** vielleicht **2** wahrscheinlich **3** sogar: **lo pagherei** ~ **anche un milione** ich würde dafür sogar eine Million bezahlen **C** KONJ auch wenn, selbst wenn: **devo finire il lavoro,** ~ **dovesse durare tutta la notte** ich muss die Arbeit fertig machen, selbst wenn es die ganze Nacht dauern sollte

ma·gaz·zi·nag·gio M **1** Lagerung *f* **2** Lagergebühr *f* **ma·gaz·zi·nie·re** [-ɛ-] M, **-a** F Lagerarbeiter *m*, -in *f*

ma·gaz·zi·no M **1** Lager *n*: **avere merce in** ~ Waren auf (*od* im) Lager haben **2** Lagerbestand *m* **3** *pl* Kaufhaus *n*, Warenhaus *n*

Mag·de·bur·go F Magdeburg *n*

ma·gen·ta [-ɛ-] M ⟨*inv*⟩ Magenta-, Anilinrot *n*

▶ ⚠ magazzino ≠ Magazin

il magazzino	=	das Lager
das Magazin	=	la rivista

mag·ge·se [-e-] M Brachfeld *n* ♦ **tenere un campo a ~** einen Acker brachlegen

★**mag·gio** M Mai *m*: **in ~** im Mai; **il 10 ~** (am) 10. Mai; → a. aprile

mag·gio·cion·do·lo [-o-] M BOT Goldregen *m*

mag·gio·li·no¹ M Maikäfer *m*

mag·gio·li·no² M *umg* AUTO Käfer *m*

mag·gio·ra·na F Majoran *m*

★**mag·gio·ran·za** F Mehrheit *f* ♦ **decisione (presa) a ~** Mehrheitsbeschluss *m*; **voto di ~** Mehrheitsstimme *f*

mag·gio·ra·re V/T ⟨1a⟩ erhöhen (*a.* MATH): **~ il prezzo del 5%** den Preis um 5% erhöhen **mag·gio·ra·zio·ne** [-o-] F Zuschlag *m*, Erhöhung *f*, Zulage *f*

mag·gior·do·mo [-ɔ-] M Butler *m*

mag·gio·re [-o-] ⟨*komp von* grande⟩ **A** ADJ **1** größer: **una quantità ~ del previsto** eine größere Menge als vorgesehen **2** größte: **la maggior parte** der größte Teil **3** höher: **ho pagato una cifra ~** ich habe einen höheren Betrag bezahlt **4** größte, höchste **5** länger **6** längste **7** wichtiger **8** größte, bedeutendste, Haupt- **9** MUS Dur-, -Dur: **do, do diesis ~** C-Dur *n*, Cis-Dur *n* **10** MUS (*intervalli*) groß: **terza ~** große Terz *f* **11** älter: **fratello ~** älterer (*od* größerer) Bruder *m* **B** M/F **1** Älteste *m/f*, Größte *m/f* **2** MIL Major *m* ♦ **andare per la ~** einen großen Erfolg haben; **~ età** Volljährigkeit *f*

mag·gio·ren·ne [-ɛ-] **A** ADJ volljährig **B** M/F Volljährige *m/f* **mag·gio·ren·te** [-ɛ-] M/F Prominente *m/f* **mag·gio·ri·ta·rio** ADJ Mehrheits-: **principio ~** Mehrheitsprinzip *n*

mag·gior·men·te [-e-] ADV **1** (umso) mehr: **tengo ~ a te che a lui** ich mache mir mehr aus dir als aus ihm **2** am meisten, am stärksten: **~ colpito** am stärksten betroffen

ma·gi·a F **1** Magie *f*, Zauberei *f* **2** *fig* Zauber *m*, Reiz *m* ♦ **come per ~** wie durch Zauberhand; **fare una ~ a qn** j-n verzaubern

ma·gi·co ADJ magisch, Zauber-: **bacchetta -a** Zauberstab *m*; **filtro ~** Zaubertrank *m* ♦ **tappeto ~** fliegender Teppich *m*

ma·gio M **i Re Magi** die Heiligen Drei Könige

ma·gi·ste·ro [-ɛ-] M **1** Lehrberuf *m*: **esercitare il ~** den Lehrberuf ausüben **2** Lehre *f* **3** **facoltà di ~** = *pädagogische Hochschule*

ma·gi·stra·le ADJ **1** virtuos, meisterhaft, Meister- **2** *iron* schulmeisterlich ♦ **istituto ~** = *Schulzweig für Grundschullehrer(innen)*; **scuola ~** = *Schulzweig für Kindergärtner(innen)*

ma·gi·stra·to M Richter *m* **ma·gi·stra·tu·ra** F **1** Richteramt *n* **2** Richterschaft *f*

★**ma·glia** F **1** Masche *f* **2** *pl fig* Maschen *pl*, Netz *n*: **sgusciare tra le ~e della legge** durch die Maschen des Gesetzes schlüpfen **3** MODE Pullover *m*; Unterhemd *n* **4** SPORT Trikot *n* **5** (Ketten)Glied *n* ♦ **~ diritta** rechte Masche *f*; **lavorare a ~** stricken; **~ rovescia** linke Masche *f*

ma·glia·ia F Strickerin *f* **ma·glia·ro** M, **-a** F **1** Hausierer *m*, -in *f* **2** Schwindler *m*, -in *f* **ma·glie·ri·a** F **1** Strickerei *f* **2** Strickwarengeschäft *n* **3** Strickwaren *pl*

★**ma·gliet·ta** [-e-] F **1** T-Shirt *n* **2** Unterhemd *n*

ma·gli·fi·cio M Strickwarenfabrik *f*

ma·glio M Hammer *m*; (*nell'hockey*) Schläger *m*

★**ma·glio·ne** [-o-] M (dicker) Pullover *m*

mag·ma M Magma *n* (*a. fig*)

ma·gnac·cia M ⟨*inv*⟩ *pej* Zuhälter *m*

ma·gna·ni·mi·tà F ⟨*inv*⟩ Großmut *f*

ma·gna·ni·mo ADJ großmütig

ma·gna·te M Magnat *m* (*a.* HIST)

ma·gne·sia [-ɛ-] F Magnesia *f*

ma·gne·sio [-ɛ-] M Magnesium *n*

ma·gne·te [-ɛ-] M Magnet *m* **ma·gne·ti·co** [-ɛ-] ADJ **1** magnetisch, Magnet-: **ago ~** Magnetnadel *f* **2** *fig* anziehend: **sguardo ~** anziehender Blick *m* **ma·gne·ti·smo** [-zmo] M **1** Magnetismus *m* **2** *fig* magnetische Kraft *f* **ma·gne·ti·te** F Magneteisenstein *m*

ma·gne·tiz·za·re V/T ⟨1a⟩ magnetisieren (*a. fig*) **ma·gne·tiz·za·zio·ne** [-o-] F Magnetisierung *f*

ma·gne·to·fo·no [-ɔ-] M Tonband(-gerät) *n*

ma·gni·fi·ca·men·te [-e-] ADV großartig, prächtig **ma·gni·fi·ca·re** ⟨1m *u.* d⟩ **A** V/T verherrlichen **B** V/PR **-rsi** ein Loblied auf sich (*akk*) selbst anstimmen

ma·gni·fi·cen·za [-ɛ-] F **1** Pracht *f*,

Prunk *m* **2** Großzügigkeit *f*

★**ma·gni·fi·co** ADJ **1** großartig **2** herrlich **3** (*di persona*) großzügig, großmütig

ma·gni·lo·quen·te [-ɛ-] ADJ **1** (*oratore*) wortgewandt **2** (*stile*) geschwollen, hochtrabend **ma·gni·lo·quen·za** [-ɛ-] F Schwülstigkeit *f*

ma·gno ADJ *poet* groß ♦ **Carlo Magno** Karl der Große

ma·gno·lia [-o-] F Magnolie *f*

ma·go M, **-a** F **1** Zauberer *m*, Zauberin *f*, Magier *m*, -in *f* **2** Zauberkünstler *m*, -in *f* **3** (*donna seducente*) **maga** *f* Verführerin *f*, Circe *f* **4** *fig* Künstler *m*, -in *f*: **una ~ in cucina** eine Kochkünstlerin

ma·go·ne [-o-] M Kummer *m*, Sorge *f*: **avere il ~** großen Kummer haben

Ma·gon·za [-o-] F Mainz *n*

ma·gra F Niedrigwasser *n* ♦ **di ~** mager, dürr; **tempi di ~** magere Zeiten *pl*; **fare una ~** sich blamieren

ma·grez·za [-e-] F **1** Magerkeit *f* **2** *fig* Dürftigkeit *f*

★**ma·gro** **A** ADJ **1** mager, dünn **2** fettarm, mager: **carne -a** mageres Fleisch *n* **3** dürftig: **-a ricompensa** dürftige Belohnung *f* **4** schwach: **una -a scusa** eine schwache Ausrede *f* **B** M, **-a** F magerer (*od* dünner) Mensch *m* ♦ **~ come un'acciuga** dürr wie ein Hering; **mangiare di ~** fasten

mah INT hm: **~, non lo so** hm, das weiß ich nicht

★**mai** ADV **1** nie, niemals: **non è ~ soddisfatto** er ist nie zufrieden; **~ sentito** nie gehört **2** jemals: **hai ~ visto una cosa del genere?** hast du jemals so etwas gesehen? **3** bloß, wohl, je: **dove ~ sarà andato?** wo ist er bloß hingegangen? ♦ **caso ~** gegebenenfalls; **come ~** wieso, warum; **come non ~** wie nie zuvor; **più che ~** mehr denn je; **~ più** nie mehr, nie wieder; **~ e poi ~** nie und nimmer; **quanto ~** äußerst; **meglio tardi che ~** besser spät als nie

ma·ia·la F weibliches Schwein *n*, Sau *f*

ma·ia·la·ta F *umg* Schweinerei *f*

★**ma·ia·le** M **1** Schwein *n* (*a. fig*) **2** Schweinefleisch *n*

ma·ia·li·no M Ferkel *n* ♦ **~ da latte** Spanferkel *n*; **sei un ~!** du Ferkel!

mail ['meil] M *od* F ⟨*inv*⟩ Mail *f*: **scrivere ~** mailen

mail·box [meil'bɔks] F ⟨*inv*⟩ Mailbox *f*, elektronischer Briefkasten *m*

mai·ling ['meiliŋg] M ⟨*inv*⟩ Mailing *n*

mai·ling list ['meiliŋg'list] F ⟨*inv*⟩ Mailingliste *f*

mail ser·ver ['meil'sɛrver] M ⟨*inv*⟩ Mailserver *m*

main·frame ['meɪnfreɪm] M ⟨*inv*⟩ Großrechner *m*

ma·io·li·ca [-ɔ-] F Fayence *f* ♦ **stufa di ~** Kachelofen *m*

ma·io·ne·se [-e-] F Mayonnaise *f*, *umg* Majo *f*

Ma·ior·ca F Mallorca *n*

mais M ⟨*inv*⟩ Mais *m*

ma·iu·sco·la F Großbuchstabe *m*

ma·iu·sco·let·to [-e-] M Kapitälchen *n*

ma·iu·sco·lo **A** ADJ großgeschrieben, groß, Groß- **B** M Großbuchstaben *pl*

make-up [meik'ap] M ⟨*inv*⟩ Make-up *n*

ma·lac·cet·to [-ɛ-] ADJ unwillkommen

ma·lac·cor·tez·za [-e-] F Unvorsichtigkeit *f* **ma·lac·cor·to** [-ɔ-] ADJ unvorsichtig

ma·la·chi·te F Malachit *m*

ma·la·cre·an·za F ⟨*pl* malecreanze⟩ Unhöflichkeit *f* **ma·la·fat·ta** F ⟨*pl* malefatte⟩ Untat *f* **ma·la·fe·de** [-e-] F **1** Böswilligkeit *f* **2** JUR böse Absicht *f*

ma·laf·fa·re M **di ~** von üblem Ruf ♦ **casa di ~** Freudenhaus *n*; **donna di ~** Dirne *f*; **gente di ~** Gesindel *n*

ma·la·ge·vo·le [-e-] ADJ unwegsam

ma·la·gra·zia F Grobheit *f*, Patzigkeit *f*

ma·la·lin·gua F ⟨*pl* malelingue⟩ Klatschmaul *n*

ma·lan·da·to ADJ heruntergekommen; (*salute*) zerrüttet: *umg* **essere un po' ~** schlecht beieinander sein

ma·lan·dri·no **A** ADJ **1** unehrlich **2** *hum* spitzbübisch **B** M, **-a** F **1** Gauner *m*, -in *f*, Schurke *m*, -kin *f* **2** *hum* Spitzbube *m*, -bübin *f*

ma·la·ni·mo M Missgunst *f*, Feindseligkeit *f*: **con ~** missgünstig

ma·lan·no M **1** Krankheit *f*, Leiden *n* **2** Unglück *n*, Unheil *n*

ma·la·pe·na [-e-], **a ~** mit Müh und Not

ma·la·ria F Malaria *f* **ma·la·ri·co** ADJ **1** Malaria- **2** malariakrank

ma·la·sa·ni·tà F ⟨*inv*⟩ marodes Gesundheitswesen *n*: **~ negli ospedali** schreckliche Zustände *pl* in den Krankenhäusern

ma·la·sor·te [-ɔ-] F ⟨*pl* malesorti⟩ Unglück *n*

ma·la·tic·cio ADJ kränklich

ma·la·to **A** ADJ krank: **essere ~ di qc** an etw (*dat*) leiden **B** M, **-a** F Kranke *m/f*
★**ma·lat·ti·a** F Krankheit *f* ♦ **~ da benessere** Zivilisationskrankheit *f*; **~ di Creutzfeldt-Jakob** Creutzfeldt-Jakob-Krankheit *f*; **~ da radiazioni** Strahlenkrankheit *f*; **-e di stagione** jahreszeitlich bedingte Krankheiten *pl*; **-e trasmissibili** Infektionskrankheiten *pl*; **mettersi in ~** sich krankschreiben lassen
ma·lau·gu·ra·to ADJ unglückselig, verhängnisvoll **ma·lau·gu·rio** M schlechtes Vorzeichen *n*
ma·la·vi·ta F Verbrecher-, Unterwelt *f*
ma·la·vi·to·so **A** ADJ Verbrecher- **B** M, **-a** F Verbrecher *m*, -in *f*
ma·la·vo·glia [-ɔ-] F ⟨*pl* malevoglie⟩ Unlust *f*, Widerwille(n) *m*: **di ~** widerwillig
ma·lav·ve·du·to ADJ unüberlegt
Ma·la·wi F Malawi *n*
Ma·lay·sia F Malaysia *n*
mal·bian·co M Mehltau *m*
mal·ca·pi·ta·to **A** ADJ ungelegen; unglücklich **B** M, **-a** F Unglückselige *m/f*
mal·con·cio [-o-] ADJ **1** (*vestiti*) abgetragen **2** (*persona*) übel zugerichtet
mal·con·tento [-ɛ-] **A** ADJ unzufrieden **B** M Unzufriedenheit *f* **mal·co·stu·me** M Sittenlosigkeit *f*, Unmoral *f*
mal·de·stro [-ɛ-] ADJ ungeschickt
mal·di·cen·te [-ɛ-] **A** ADJ lästerlich **B** M/F Lästerer *m*, Lästerin *f* **mal·di·cen·za** [-ɛ-] F **1** Lästern *n* **2** Lästerei *f* **mal·di·spo·sto** [-o-] ADJ **essere ~ nei confronti di** (*od* **verso**) **qn** j-m übel gesinnt sein
Mal·di·ve FPL Malediven *pl* **mal·di·via·no** **A** ADJ maledivisch **B** M, **-a** F Malediver *m*, -in *f*
★**ma·le**[1] ADV ⟨*komp:* peggio; *sup:* malissimo/pessimamente⟩ **1** schlecht, schlimm, übel: **trattare ~ qn** j-n schlecht behandeln **2** falsch, nicht recht, nicht richtig: **interpretare ~** falsch auffassen **3** kaum: **invidia mal celata** kaum verhüllter Neid *m* ♦ **andare ~** schlecht gehen; **mi è andata ~** ich habe Pech gehabt; **mal che vada** schlimmstenfalls; **bene o ~** wohl oder übel; ★ **fare ~** wehtun; ungesund sein: **mi fa ~ la schiena** der Rücken tut mir weh; **fumare fa ~** Rauchen ist ungesund; **mica ~** (gar) nicht schlecht; **niente ~** nicht schlecht (*od* übel); **andare di ~ in peggio** immer schlechter werden
ma·le[2] M **1** Böse *n*, Übel *n* **2** Schlechte *n*, Schlimme *n* **3** Krankheit *f*, Leiden *n* **4** Schmerzen *pl*, Weh *n*: **ho ~ a una gamba** ich habe Schmerzen im Bein ♦ **andare a ~** verderben, schlecht werden; **aversene a ~ per qc** etw übel nehmen; **mal d'amore** Liebeskummer *m*; **mal di denti** Zahnweh *n*; **non c'è niente** (*od* **nulla**) **di ~** da ist nichts Schlimmes dabei; **come stai? – non c'è ~** wie geht's? – ganz gut; **fare ~** wehtun, schmerzen; schaden, nicht guttun; **mi fa ~** es tut mir weh; **fare (del) ~ a qn** j-m wehtun (*a. fig*); **farsi ~** sich (*dat*) wehtun; **mal di pancia** Bauchschmerzen *pl*, Bauchweh *n*; **mal di stomaco** Magenschmerzen *pl*; **poco ~!** auch gut! das macht nichts!; **mal di testa** Kopfschmerzen *pl*
ma·le·det·to [-e-] **A** ADJ verdammt, verflucht (*a. fig*) **B** M, **-a** F Verdammte *m/f*, Verfluchte *m/f*
ma·le·di·re V/T ⟨3t⟩ verdammen, verfluchen
ma·le·di·zio·ne [-o-] **A** F Fluch *m*, Verwünschung *f* (*a. fig*) **B** INT verdammt
ma·le·du·ca·to **A** ADJ ungezogen **B** M, **-a** F Flegel *m*, rüpelhafte Person *f*
ma·le·du·ca·zio·ne [-o-] F Ungezogenheit *f*
ma·le·fat·ta → malafatta
ma·le·fi·cio M Hexerei *f*, Hexenwerk *n*
ma·le·fi·co [-ɛ-] ADJ unheilvoll, schädlich
ma·le·o·do·ran·te ADJ übel riechend
ma·ler·ba [-ɛ-] F Unkraut *n*
ma·le·se [-e-] **A** ADJ malaysisch **B** M/F Malaysier *m*, -in *f*
Ma·le·sia [-e-] F → a. Malaysia
ma·les·se·re [-ɛ-] M **1** Unwohlsein *n*, Übelkeit *f* **2** Un-, Missbehagen *n*
ma·le·vo·len·za [-ɛ-] F Missgunst *f*
ma·le·vo·lo [-ɛ-] ADJ boshaft, missgünstig
mal·fa·ma·to ADJ anrüchig, verrufen
mal·fat·to **A** ADJ **1** schlecht gemacht **2** (*di persona*) schlecht gebaut **B** M Übeltat *f*; Unrecht *n* **mal·fat·to·re** [-o-] M, **-tri·ce** F **1** Übel-, Missetäter *m*, -in *f* **2** Verbrecher *m*, -in *f* **mal·fer·mo** [-e-] ADJ **1** wackelig: **~ sulle gambe** wackelig auf den Beinen **2** (*salute*) schwach **mal·fi·da·to** **A** ADJ misstrauisch **B** M, **-a** F misstrauischer Mensch *m*
mal·fi·do ADJ unzuverlässig

M

mal·for·ma·to ADJ missgebildet
mal·for·ma·zio·ne [-o-] F Missbildung f
mal·ga F **1** Alm f **2** Almhütte f
mal·gar·bo M **1** Ungeschicklichkeit f **2** Unhöflichkeit f
mal·ga·scio **A** ADJ madagassisch **B** M, **-a** F Madagasse m, -gassin f **C** M (*lingua*) Madagassisch(e) n
mal·go·ver·no [-ɛ-] M Misswirtschaft f
mal·gra·di·to ADJ unwillkommen, unerwünscht
★**malgra·do** **A** ADV **mio ~** gegen meinen Willen **B** PRÄP trotz **C** KONJ obwohl ♦ **~ tutto** trotz allem
Ma·li M Mali n
ma·li·a F **1** Zauberei f, Hexerei f **2** *fig* Zauber m **ma·liar·da** F bezaubernde Frau f **ma·liar·do** ADJ bezaubernd
ma·li·gna·re V/I ⟨3a; av⟩ **~ su qn/qc** über j-n/etw klatschen **ma·li·gni·tà** F ⟨*inv*⟩ **1** Bosheit f, Gehässigkeit f **2** MED Bösartigkeit f
ma·li·gno **A** ADJ **1** boshaft, gehässig **2** schadenfroh, hämisch **3** MED bösartig **B** M, **-a** F Bösewicht m, böser Mensch m ♦ **il Maligno** der Böse
ma·lin·co·ni·a F Melancholie f, Schwermut f, Trübsinn m **ma·lin·co·ni·co** [-ɔ-] ADJ melancholisch, schwermütig, trübsinnig
ma·lin·cuo·re [-ɔ-], **a ~** schweren Herzens
ma·li·ne·se [-e-] **A** ADJ malisch **B** M/F Malier m, -in f
ma·lin·for·ma·to ADJ schlecht informiert **ma·lin·ten·zio·na·to** ADJ übel gesinnt **ma·lin·te·so** [-e-] **A** ADJ missverstanden **B** M Missverständnis n **ma·li·zia** F **1** Arglist f, Heimtücke f **2** Trick m: **le -e del mestiere** die Berufstricks *pl* **3** Schelmische n **ma·li·zio·si·tà** F ⟨*inv*⟩ Bosheit f **ma·li·zio·so** [-o-] ADJ **1** boshaft, heimtückisch **2** schelmisch
mal·le·a·bi·le ADJ formbar, gefügig (*a. fig*) **mal·le·a·bi·li·tà** F ⟨*inv*⟩ Formbarkeit f
mal·le·o·lo [-ɛ-] M Fußknöchel m
mal·le·va·do·re [-o-] M, **-dri·ce** F Bürge m, Bürgin f
mal·le·ve·ri·a F Bürgschaft f
mal·lop·po [-ɔ-] M **1** Bündel n **2** *sl* Beute f
mal·me·na·re V/T ⟨1a⟩ verprügeln
mal·mes·so [-e-] ADJ **1** verwahrlost **2** schlampig, ungepflegt **3** sehr krank
mal·na·to ADJ gemein **mal·nu·tri·to** ADJ unterernährt **mal·nu·tri·zio·ne** [-o-] F Unterernährung f
ma·lo ADJ schlecht, böse: **trattare in ~ modo** schlecht behandeln
ma·loc·chio [-ɔ-] M böser Blick m
ma·lo·ra [-o-] F Verderben n, Unglück n ♦ **alla ~!** zum Teufel!; **andare in ~** vor die Hunde gehen; **ma va' in ~!** geh doch zum Teufel!; **in ~!** zum Teufel!
ma·lo·re [-o-] M Unwohlsein n, Anfall m
mal·pa·ga·to ADJ schlecht bezahlt
mal·par·ti·to M **trovarsi a ~** in der Klemme sitzen **mal·pen·san·te** [-s-] ADJ schlecht denkend **mal·ri·dot·to** [-o-] ADJ **1** in schlechtem Zustand **2** (*persona*) **essere ~** schlecht dran sein **mal·riu·sci·to** ADJ misslungen **mal·sa·no** [-s-] ADJ **1** ungesund: **clima ~** ungesundes Klima n **2** *fig* krankhaft: **ambizione -a** krankhafter Ehrgeiz m **mal·si·cu·ro** [-s-] ADJ **1** unsicher, wackelig **2** unzuverlässig
mal·ta F Mörtel m
Mal·ta F Malta n
mal·tem·po [-ɛ-] M schlechtes Wetter n, Unwetter n **mal·te·nu·to** ADJ verwahrlost
mal·te·se [-e-] **A** ADJ maltesisch **B** M/F Malteser m, -in f
mal·to M Malz n
mal·tol·to [-ɔ-] M unrecht erworbenes Gut n
mal·trat·ta·men·to [-e-] M Misshandlung f
mal·trat·ta·re V/T ⟨1a⟩ **1** misshandeln **2** (*oggetti*) schlecht behandeln
ma·lu·mo·re [-o-] M **1** schlechte Laune f, Missmut m **2** Zwietracht f **3** Unmut m ♦ **essere di ~** schlechte Laune haben
mal·va F Malve f
mal·va·gio ADJ **1** böse, niederträchtig, gemein **2** *umg* schlecht, übel **mal·va·gi·tà** F ⟨*inv*⟩ Bosheit f, Niedertracht f
mal·ver·sa·re V/T ⟨1a⟩ veruntreuen
mal·ver·sa·to·re [-sa'to:-] M, **-tri·ce** F Veruntreuer m, -in f
mal·ver·sa·zio·ne [-satsi'one] F Veruntreuung f
mal·ve·sti·to ADJ schlecht gekleidet
mal·vi·sto ADJ unbeliebt
mal·vi·ven·te [-ɛ-] M/F Verbrecher m, -in f
mal·vo·len·tie·ri [-ɛ-] ADV ungern

mal·vo·le·re [-e-] VT **farsi ~ da qn** sich bei j-m unbeliebt machen

★**mam·ma** F Mutti *f*, Mama *f* ♦ **cocco di ~** Muttersöhnchen *n*; **festa della ~** Muttertag *m*; **~ mia!** ach du meine Güte!

mam·ma·luc·co M, **-a** F Dummkopf *m*

mam·ma·rio ADJ Brust-: **ghiandole -e** Brustdrüsen *pl* **mam·mel·la** [-ɛ-] F **1** Brust *f* **2** (*di animali*) Zitze *f* **mam·mi·fe·ro** M Säugetier *n*

mam·mi·na F Mutti *f*, Mami *f* **mam·mi·smo** [-zmo] M **1** = *übertriebene Anhänglichkeit an die Mutter* **2** = *übertriebene Mutterliebe*

mam·mo·gra·fi·a F Mammografie *f*

mam·mo·la F Veilchen *n*

mam·mo·ne [-o-] M, **-a** F (*maschio*) Muttersöhnchen *n*; (*femmina*) Mamakind *n*

mam·mut M ⟨*inv*⟩ Mammut *n*

ma·na·ge·ment ['mɛnedʒmənt] M Management *n*, Geschäftsleitung *f*

ma·na·ger ['mɛnedʒer] M/F ⟨*inv*⟩ Manager *m*, -in *f*

ma·na·ge·ria·le ADJ Manager-, Führungs-: **doti -i** Führungsqualitäten *pl*; **gestione ~** Management *n*

Ma·na·gua F Managua *n*

ma·na·ta F Schlag *m* mit der Hand

man·ca F linke Seite *f* ♦ **a destra e a ~** überall

man·ca·men·to [-e-] M Schwächeanfall *m* **man·can·te** ADJ **1** fehlend **2** **~ di qc** an etw (*dat*) mangelnd

★**man·can·za** F **1** Mangel *m*: **per ~ di qc** aus Mangel an etw (*dat*), mangels etw (*gen*) **2** Fehler *m* ♦ **~ di tatto** Taktlosigkeit *f*; **~ di tempo** Zeitmangel *m*

★**man·ca·re** ⟨1d⟩ **A** VI **1** ⟨es⟩ fehlen: **manca il pane** das Brot fehlt; **ti sono mancato?** habe ich dir gefehlt? **2** ⟨es⟩ (*forze fisiche*) schwinden, nachlassen: **mi mancano le forze** mir fehlt die Kraft **3** ⟨es⟩ (*corrente, luce*) ausfallen: **è mancata la luce** das Licht ist ausgefallen **4** ⟨es⟩ wegbleiben, weg sein: **~ da casa da 2 anni** seit 2 Jahren von zu Hause weg sein **5** ⟨es⟩ (ver)sterben: **Davide è mancato due anni fa** Davide ist vor zwei Jahren gestorben **6** ⟨av⟩ **~ di fare qc** versäumen, etw zu tun **7** ⟨av⟩ **~ a qc** etw nicht (ein)halten; **hai mancato alla tua promessa** du hast dein Versprechen nicht gehalten: **8** ⟨av⟩ einen Fehler begehen: **mancare in qc** etw falsch machen **B** VT **1** verfehlen: **~ il bersaglio** das Ziel verfehlen **2** (*occasione*) verpassen ♦ **ci mancherebbe altro!** das wäre ja noch schöner!; **~ di rispetto a qn** es am nötigen Respekt für j-n fehlen lassen

man·ca·to ADJ **1** missglückt, fehlgeschlagen, Fehl- **2** verhindert: **un attore ~** ein verhinderter Schauspieler *m*

man·che·vo·le [-e-] ADJ unzureichend, mangelhaft **man·che·vo·lez·za** [-e-] F **1** Mangelhaftigkeit *f* **2** Fehler *m*, Mangel *m* **3** Verfehlung *f*, Fehltritt *m*

man·cia F **1** Trinkgeld *n* **2** Belohnung *f*

man·cia·ta F Handvoll *f*

man·ci·na F linke Hand *f* **man·ci·ni·smo** M Linkshändigkeit *f* **man·ci·no** **A** ADJ **1** linkshändig **2** *fig* **colpo ~** tückischer Streich *m* **B** M, **-a** F Linkshänder *m*, -in *f*

man·co ADV *umg* nicht mal, auch nicht ♦ **~ a dirlo!** das würde gerade noch fehlen!; **~ per idea!** nicht mal im Traum!

man·da·men·to [-e-] M Bezirk *m*

man·dan·te M/F **1** Auftraggeber *m*, -in *f* **2** JUR Mandant *m*, -in *f*

man·da·ran·cio M Klementine *f*

man·da·re VT ⟨1a⟩ **1** schicken, (über)senden **2** (*grido, suono*) ausstoßen **3** ausstrahlen, ausströmen: **~ un buon profumo** einen guten Duft ausströmen **4** leiten: **~ il gas nelle tubazioni** Gas in die Rohre leiten ♦ **~ all'aria qc** etw platzen lassen; **~ avanti** fortführen; **~ avanti la casa** den Haushalt führen; **che Dio ce la mandi buona!** Gott sei uns gnädig!; **~ giù qc** etw (hinunter)schlucken (*a. fig*)

man·da·ri·no M BOT **1** Mandarine *f* **2** Mandarinenbaum *m*

man·da·ri·no M HIST Mandarin *m*

man·da·ta F **1** Sendung *f* **2** (*di chiave*) Umdrehung *f* **man·da·ta·rio** M, **-a** F JUR Mandatar *m*, -in *f*, Beauftragte *m/f* **man·da·to** M **1** Mandat *n*, Auftrag *m* **2** JUR Bescheid *m*: **~ del tribunale** Gerichtsbescheid *m* ♦ **~ amministrativo** behördliche Verfügung *f*; **~ d'arresto** Haftbefehl *m*; **~ di cattura** Haftbefehl *m*

man·di·bo·la F Kinnlade *f*

man·do·li·no M Mandoline *f*

man·dor·la F Mandel *f* **man·dor·la·to** M Mandelkuchen *m*; Mandelgebäck *n* **man·dor·lo** M Mandelbaum *m*

man·dra·go·la F Alraunwurzel *f*

man·dria F Herde *f*

M

man·dria·no M, **-a** F Viehhüter *m*, -in *f*
man·dril·lo M 1 ZOOL Mandrill *m* 2 *fig hum* Lüstling *m*, Lustmolch *m*
man·dri·no M MECH Spindel *f*
ma·neg·ge·vo·le [-e-] ADJ handlich, wendig **ma·neg·ge·vo·lez·za** [-e-] F Handlichkeit *f*, Wendigkeit *f*
★**ma·neg·gia·re** V/T ⟨1f⟩ 1 **~ qc** etw handhaben 2 (*cavalli*) zureiten ♦ **~ con cura** sorgfältig behandeln
ma·neg·gio¹ [-e-] M 1 Handhabung *f*, Gebrauch *m* 2 (*di cavalli*) Zureiten *n* 3 (*luogo*) Manege *f* 4 **-gi politici** politische Umtriebe *pl* ♦ **scuola di ~** Reitschule *f*
ma·neg·gi·o² [-e-] M Hantieren *n*
ma·neg·gio·ne [-o-] M, **-a** F Intrigant *m*, -in *f*
ma·ne·sco [-e-] ADJ handgreiflich **ma·net·ta** [-e-] F 1 TECH Handhebel *m* 2 *pl* Handschellen *pl*: **mettere le -e a qn** j-n dingfest machen ♦ **andare a ~** volle Pulle fahren; **con lo stereo a ~** mit der Stereoanlage voll aufgedreht
man·for·te [-ɔ-] F **dare** (*od* **prestare**) **~ a qn** j-m die Stange halten
man·ga·nel·la·re V/T ⟨1a⟩ **~ qn** j-n niederknüppeln **man·ga·nel·la·ta** F Knüppelschlag *m*
man·ga·nel·lo [-ɛ-] M Schlagstock *m*
man·ga·ne·se [-e-] M Mangan *n*
man·ga·no M TEX Mangel *f*
man·ge·rec·cio [-e-] ADJ (*funghi*) essbar
★**man·gia·cas·set·te** M ⟨*inv*⟩ Kassettenrekorder *m* **man·gia·di·schi** M ⟨*inv*⟩ tragbarer Plattenspieler *m* **man·gia·na·stri** M ⟨*inv*⟩ kleiner Kassettenrekorder *m*
★**man·gia·re¹** ⟨1f⟩ A V/T 1 essen 2 (*animali*) fressen 3 (*corrodere*) zerfressen B V/PR **-rsi** 1 essen, *umg* verdrücken 2 *fig* (*patrimonio*) verschleudern ♦ **far da ~ a qn** j-n bekochen, j-n beköstigen; **~ di magro** fasten; **-rsi le mani** sich schwarzärgern; **-rsi le parole** nuscheln; **~ a ufo** schmarotzen; **-rsi le unghie** an den Fingernägeln kauen
man·gia·re² M 1 Essen *n* 2 Kost *f*
man·gia·ri·no M Delikatesse *f* **man·gia·ta** F (großes) Essen *n* **man·gia·to·ia** [-ɔ-] F Futterkrippe *f* (*a. fig*) **man·gia·to·re** [-o-] M, **-tri·ce** F 1 Esser *m*, -in *f*: **essere un gran ~** ein tüchtiger Esser sein 2 **~ di fuoco** Feuerschlucker *m*
man·gi·me M Tierfutter *n*
man·gio·ne [-o-] M, **-a** F *umg* Vielfraß *m*
man·giuc·chia·re V/T ⟨1a⟩ naschen
man·go M 1 Mango *f* 2 Mangobaum *m*
man·gu·sta F Manguste *f*, Mungo *m*
ma·ni·a F 1 PSYCH Wahn(sinn) *m* 2 Manie *f*, Fimmel *m* **ma·nia·ca·le** ADJ manisch; zwanghaft **ma·ni·a·co** A ADJ 1 PSYCH manisch, wahnsinnig 2 *fig* fanatisch B M, **-a** F 1 Wahnsinnige *m/f*: *umg* **-a (sessuale)** (sexueller) Triebtäter *m* 2 *fig* Fanatiker *m*, -in *f* **ma·ni·a·co-de·pres·si·vo** ADJ manisch-depressiv
★**ma·ni·ca** F 1 Ärmel *m*: **~ corta/lunga** kurzer/langer Ärmel *m*; **mezza ~** Halbärmel *m*; **rimboccarsi le -che** die Ärmel hochkrempeln (*a. fig*) 2 TECH Sack *m* ♦ **una ~ di delinquenti** eine Verbrecherbande *f*; **essere di ~ larga** großzügig sein
ma·ni·ca·ret·to [-e-] M Leckerbissen *m*
ma·ni·chi·no M 1 (Schaufenster)Puppe *f*; Schneiderpuppe *f* 2 *fig* Hampelmann *m*, Marionette *f* 3 Dummy *m*
ma·ni·co M 1 Griff *m* 2 Stiel *m* 3 Henkel *m* ♦ **avere il coltello dalla parte del ~** am längeren Hebel sitzen
ma·ni·co·mio [-ɔ-] M Irrenanstalt *f*, Irrenhaus *n* (*a. fig*) ♦ *umg* **roba da ~** Wahnsinn *m*
ma·ni·cot·to [-ɔ-] M 1 MODE Muff *m* 2 TECH Muffe *f*
ma·ni·cu·re [-ˈkyr] F ⟨*inv*⟩ Maniküre *f*: **fare la ~ a qn** j-n maniküren
ma·ni·cu·ri·sta M/F Handpfleger *m*, -in *f*, Maniküre *f*
★**ma·nie·ra** [-ɛ-] F 1 Art *f*, (Art und) Weise *f* 2 *pl* Manieren *pl*: **ma che -e sono queste! che -e!** was sind denn das für Manieren! 3 KUNST Manie, so dass *f* Stil *m*: **alla ~ di Picasso** im Stil von Picasso ♦ **in ~ che** damit, so dass; **in tal ~** auf diese Weise
ma·nie·ra·to ADJ manieriert (*a. fig*)
ma·nie·ro [-ɛ-] M Schloss *n*; Burg *f*
ma·nie·ro·so [-o-] ADJ 1 geziert, gekünstelt 2 (*complimentoso*) schmeichelhaft
ma·ni·fat·tu·ra F 1 Erzeugnis *n* 2 Produktion *f*; Verarbeitung *f* 3 (*di abiti*) Konfektion *f* 4 Manufaktur *f*, Fabrik *f* **ma·ni·fat·tu·rie·ro** [-ɛ-] ADJ Verarbeitungs-: **industria -a** Verarbeitungsindustrie *f*
ma·ni·fe·stan·te M/F Demonstrant *m*, -in *f* **ma·ni·fe·sta·re** ⟨1b⟩ A V/T 1 **~**

qc etw äußern **2** ausdrücken **3** zeigen, deutlich machen **B** V/I ⟨av⟩ **~ contro/in favore di** (*od* **per**) **qc** gegen/für etw demonstrieren **C** V/PR **-rsi** **1** sich erweisen: **-rsi amico** sich als Freund erweisen **2** (*mostrarsi*) sich zeigen **3** (*apparire*) auftreten

★**ma·ni·fe·sta·zio·ne** [-o-] F **1** Ausdruck *m*, Zeichen *n* **2** Enthüllung *f*: **la ~ di un segreto** die Enthüllung eines Geheimnisses **3** Auftreten *n*: **la ~ di un fenomeno** das Auftreten einer Erscheinung **4** Symptom *n*, Anzeichen *n* **5** Veranstaltung *f* **6** (*corteo*) Demonstration *f*

ma·ni·fe·sti·no M Flugblatt *n*

ma·ni·fe·sto [-ɛ-] **A** ADJ **1** offensichtlich **2** deutlich **B** M **1** Plakat *n* **2** Manifest *n*

ma·ni·glia F **1** (Halte)Griff *m* **2** (*di veicoli*) Türgriff *m* **3** (*di porta*) Türklinke *f*

ma·ni·gol·do [-o-] M, **-a** F Gauner *m*, -in *f*

Ma·ni·la F Manila *n*

ma·ni·po·la·re V/T ⟨1m⟩ **1** (*un materiale*) kneten, bearbeiten **2** **~ qc** mit etw hantieren, etw handhaben **3** (*alimenti*) verfälschen **4** (*vino*) panschen **5** bedienen, betätigen **6** manipulieren

ma·ni·po·la·to ADJ *fig* manipuliert **ma·ni·po·la·zio·ne** [-o-] F Manipulation *f* (*a. fig*)

ma·ni·po·lo M **1** HIST Manipel *m* **2** *poet* Schar *f* **3** (*mannello*) Ährenbündel *n*

ma·ni·scal·co M Hufschmied *m*, -in *f*

man·na F **1** BIBEL, BOT Manna *n od f* **2** *fig* Segen *m*, Geschenk *n* des Himmels

man·nag·gia INT verflixt: **~ la miseria!** verflixt noch mal!; **~ a te!** verdammt!

man·na·ia F Beil *n*: **la ~ del boia** das Richtbeil; **la ~ del macellaio** das Hackbeil

man·na·ro ADJ **lupo ~** Werwolf *m*

man·ne·quin [manneˈkɛn] F ⟨*inv*⟩ Mannequin *n*

★**ma·no** F **1** Hand *f* **2** (*lato*) Seite *f*, Hand *f*: **a ~ destra/sinistra** rechter/linker Hand **3** KUNST (*tratto, stile*) Stil *m*: **~ inconfondibile** unverwechselbarer Stil *m* **4** (*di colore*) Anstrich *m*, Schicht *f*: **dare una ~ di bianco** weiß anstreichen **5** Runde *f*: **fare una ~ a poker** eine Runde Poker spielen **6** **essere di ~** an der Reihe sein ♦ **a ~** per Hand; mit der Hand; **a ~ a ~** nach und nach; *fig* **alla ~** verfügbar; bereit; (*di persona*) umgänglich; **-i in alto!** Hände hoch!; **far man bassa** (**di qc**) (bei etw) ganz schön abräumen; **battere le -i a qn** j-m applaudieren; *fig* **ha le -i bucate** das Geld rinnt ihm durch die Finger; *fig* **calcare la ~** zu weit gehen; **andare contro ~** in Gegenrichtung fahren; **dare una ~ a qn** j-m zur Hand gehen; **dare man forte a qn** j-n tatkräftig unterstützen; **fuori ~** abgelegen; **giù le -i** (**da qc**) Hände weg (von etw); **man ~** allmählich, nach und nach; **man ~ che** während; **mordersi le -i** sich schwarzärgern; **~ nella ~** Hand in Hand; *fig* **avere le -i in pasta** die Finger im Spiel haben; **a portata di ~** bei der Hand, griffbereit; **di prima ~** aus erster Hand; **Mani pulite** Mani pulite (*Mani Pulite ist eine Bezeichnung für die Ermittlungen der Staatsanwaltschaft, die eine beachtliche Zahl von Politikern und Industriellen der Bestechlichkeit anklagte*); **qua la ~!** Hand darauf!; **a quattro -i** vierhändig; **di seconda ~** aus zweiter Hand; *fig* **venire alle -i** handgreiflich werden; **restare a -i vuote** leer ausgehen; **una ~ lava l'altra** eine Hand wäscht die andere

★**ma·no·do·pe·ra** [-ɔ-] F Arbeitskräfte *pl*

ma·no·me·tro [-ɔ-] M Druckmesser *m*

ma·no·met·te·re [-e-] V/T ⟨3ee⟩ **1** aufbrechen **2** (*danneggiare*) beschädigen **3** fälschen: **~ un documento** ein Dokument fälschen **ma·no·mis·sio·ne** [-o-] F **1** Aufbrechen *n* **2** (*falsificazione*) Fälschung *f* **3** *fig* (*violazione*) Verletzung *f*

ma·no·mor·ta [-ɔ-] F JUR unveräußerliche Güter *pl* ♦ *hum* **fare la ~** zudringlich werden

ma·no·po·la [-ɔ-] F **1** Drehknopf *m* **2** (Hand)Griff *m* **3** Fausthandschuh *m* **4** Ärmelaufschlag *m*

ma·no·scrit·to **A** ADJ handgeschrieben **B** M Manuskript *n*

ma·no·va·lan·za F **1** Hilfsarbeiterschaft *f*; unqualifizierte Arbeitskräfte *pl* **2** Hilfsarbeit *f* **3** Handlanger *m* **ma·no·va·le** M/F Hilfsarbeiter *m*, -in *f*; Handlanger *m*, -in *f*

ma·no·vel·la [-ɛ-] F Kurbel *f*

ma·no·vra F [-ɔ-] **1** Bedienung *f* **2** (*guida, timone*) Steuerung *f* **3** MIL Manöver *n*, Übung *f* **4** Maßnahmen *pl*, Vorkehrungen *pl*: **~ economica** wirtschaftliche Maßnahmen *pl* **5** Täuschungsmanöver *n*, Machenschaft *f* ♦ **treni in ~** rangierende Züge *pl*; **margine di ~** Handlungsspielraum *m*

ma·no·vra·bi·le ADJ **1** manövrier-, steuerfähig **2** wendig **3** *fig* (*persona*) lenkbar **ma·no·vra·bi·li·tà** F ⟨*inv*⟩ **1** Lenkbarkeit *f* (*a. fig*) **2** Wendigkeit *f*

ma·no·vra·re ⟨1c⟩ **A** V/T **1** bedienen, betätigen **2** steuern, führen **3** AUTO lenken **4** BAHN rangieren **5** BAHN (*scambi*) stellen **6** *fig* lenken: ~ **le masse** die Massen lenken **B** V/I ⟨av⟩ **1** AUTO, SCHIFF manövrieren (*a. fig*) **2** BAHN rangieren **3** MIL ein Manöver abhalten **ma·no·vra·to** ADJ WIRTSCH Plan-, gelenkt: **economia -a** Planwirtschaft *f* **ma·no·vra·to·re** [-o-] M, **-tri·ce** F **1** Fahrzeugführer *m*, -in *f*; (*di treno*) Rangierer *m*, -in *f*; (*scambista*) Weichensteller *m*, -in *f*; (*di tram*) Straßenbahnführer *m*, -in *f* **2** *fig* Organisator *m*, -in *f*

man·ro·ve·scio [-ɛ-] M Ohrfeige *f*

man·sar·da [-s-] F **1** (*tetto*) Mansarde *f* **2** (*stanza*) Dachstube *f*, Dachzimmer *n*

man·sio·ne [-si'o-] F Aufgabe *f*: **-i** *pl* Aufgabengebiet *n*; **- di concetto** selbstständige Beschäftigung *f*, selbstständig durchzuführende Aufgaben *pl*

M

man·sue·to [-su'ɛ-] ADJ **1** sanft **2** (*animale*) zahm **man·sue·tu·di·ne** F **1** Sanftheit *f*, Milde *f* **2** (*animale*) Zahmheit *f*

man·te·ca·re V/T ⟨1d⟩ verrühren, glatt rühren **man·te·ca·to** **A** ADJ glatt verrührt: **burro ~** glatt verrührte Butter *f* **B** M Softeis *n*

man·tel·la [-ɛ-] F **1** Umhang *m* **2** Mantel *m* **man·tel·li·na** F **1** Pelerine *f* **2** MIL Schulterumhang *m* **man·tel·lo** [-ɛ-] M **1** Mantel *m*, Umhang *m* **2** *fig* Decke *f*: ~ **di neve** Schneedecke *f* **3** ZOOL Fell *n*: ~ **invernale** Winterfell *n* **4** TECH (*copertura*) Mantel *m*

man·te·ne·re [-e-] ⟨2q⟩ **A** V/T **1** (aufrecht)erhalten, wahren **2** (*promessa*) (ein)halten **3** behaupten, halten: ~ **la propria posizione** seine Position behaupten **4** unter-, aushalten: **farsi ~ da qn** sich von j-m aushalten lassen **B** V/PR **-rsi** **1** sich halten, bleiben: **-rsi giovane** sich jung halten; **-rsi in forma** in Form bleiben **2** für seinen Unterhalt sorgen ♦ **-rsi bene** sich gut halten

man·te·ni·men·to [-e-] M **1** (Aufrecht)Erhaltung *f* **2** (*sostentamento*) Unterhalt *m* **3** Instandhaltung *f*: **costi di ~** Instandhaltungskosten *pl* **4** ~ **di un diritto** die Beibehaltung eines Rechts

man·te·nu·ta F Mätresse *f*

man·te·nu·to M Gigolo *m*

man·ti·ce M **1** (Blase)Balg *m* **2** MUS Balg *m* **3** BAHN Faltenbalg *m* **4** AUTO Verdeck *n*

man·ti·de F Fangheuschrecke *f*

man·to M **1** Mantel *m* **2** ZOOL Fell *n* **3** (*strato*) Decke *f* **4** *fig* Deckmantel *m*

Man·to·va F Mantua *n* **man·to·va·no** **A** ADJ mantuanisch **B** M, **-a** F Mantuaner *m*, -in *f*

ma·nu·a·le[2] M **1** Handbuch *n* **2** Lehrbuch *n* ♦ **da ~** wie es im Buche steht; ~ **(per l')utente** Benutzerhandbuch *n*

ma·nu·a·li·sti·ca F einschlägige Literatur *f* **ma·nu·a·li·sti·co** ADJ **1** lehrbuchhaft **2** *pej* **cultura -a** Buchstabengelehrsamkeit *f* **ma·n·ua·li·tà** F ⟨*inv*⟩ Handfertigkeit *f*

ma·nu·brio M **1** Lenker *m*, Lenkstange *f* **2** SPORT Hantel *f*

ma·nu·fat·to **A** ADJ handgefertigt **B** M Manufaktur *f*

ma·nu·ten·go·lo [-ɛ-] M, **-a** F **1** Helfershelfer *m*, -in *f* **2** (*ruffiano*) Kuppler *m*, -in *f*

ma·nu·ten·zio·ne [-o-] F Wartung *f*, Instandhaltung *f* ♦ **piccola ~** Schönheitsreparaturen *pl*

★**man·zo** M **1** Rind *n* **2** GASTR Rindfleisch *n* ♦ **spezzatino di ~** Rindergulasch *n*

ma·o·met·ta·no **A** ADJ mohammedanisch *neg!* **B** M, **-a** F Mohammedaner *m*, -in *f neg!*

map·pa F Plan *m* ♦ IT ~ **dei caratteri** Zeichentabelle *f* **map·pa·mon·do** [-o-] M **1** Globus *m* **2** Weltkarte *f*

ma·quil·la·ge [maki'jaʒ] M ⟨*inv*⟩ Make-up *n*

ma·ra·chel·la [-ɛ-] F Lausbubenstreich *m*

ma·ra·cu·jà F ⟨*inv*⟩ Maracuja *f*, Passionsfrucht *f*

ma·ra·già M ⟨*inv*⟩ Maharadscha *m*

ma·ra·me·o [-ɛ-] INT ätsch ♦ **fare ~ a qn** j-m eine lange Nase machen

ma·ran·go·ne [-o-] M Kormoran *m*

ma·ra·sca F Sauerkirsche *f*

ma·ra·schi·no M Maraschino *m*

ma·ra·to·na [-o-] F **1** Marathon(lauf) *m* **2** *fig* Schufterei *f*, Plackerei *f*, *umg* Schlauch *m* **ma·ra·to·ne·ta** [-ɛ-] M/F Marathonläufer *m*, -in *f*

★**mar·ca**[1] F **1** Marke *f*: ~ **di auto** Automarke *f* 2 (Garderoben)Marke *f* 3 Art *f*: **un attentato di ~ terrorista** ein Attentat terroristischer Art ♦ **~ da bollo** Gebührenmarke *f*; **articolo di ~** Markenartikel *m*; **prodotti non di ~** No-Name-Produkte *pl*

mar·ca² F HIST, GEOG Mark *f*

mar·can·to·nio [-ɔ-] M, **-a** F *hum* (*uomo*) Mordskerl *m*; (*donna*) Mordsweib *n*

mar·ca·re V/T ⟨1d⟩ 1 markieren, kennzeichnen 2 (hervor)heben 3 SPORT markieren, decken; (*un goal*) erzielen

mar·ca·to ADJ 1 markiert, gekennzeichnet 2 *fig* ausgeprägt **mar·ca·to·re** [-o-] M, **-tri·ce** F 1 SPORT (*goleador*) Torschütze *m*, -schützin *f*; (*chi marca un avversario*) Deckungsspieler *m*, -in *f* 2 (*nell'industria*) Auszeichner *m*, -in *f* **mar·ca·tri·ce** F (*macchina*) Auszeichnungsmaschine *f* **mar·ca·tu·ra** F 1 Markierung *f*, Kennzeichnung *f* 2 SPORT Deckung *f*

mar·ce·scen·te [-ɛ-] ADJ faulend

mar·ce·scen·za [-ɛ-] F Fäulnis *f*

Mar·che FPL **le ~** die Marken *pl*

mar·che·sa F 1 Marquise *f* 2 (*in Italia*) Marchesa *f* **mar·che·se** M 1 Marquis *m* 2 (*in Italia*) Marchese *m*

mar·chet·ta [-e-] F 1 (Versicherungs)-Marke *f* 2 *umg* Strichjunge *m* ♦ *umg* **fare -e** anschaffen gehen

mar·chia·re V/T ⟨1k⟩ 1 markieren, kennzeichnen 2 **~ un animale** einem Tier ein Zeichen einbrennen 3 brandmarken **mar·chia·tu·ra** F Markierung *f*, Kennzeichnung *f* ♦ **~ a fuoco** Brandzeichen *n*

mar·chi·gia·no A ADJ aus, von den Marken B M, **-a** F Bewohner *m*, -in *f* der Marken

mar·chin·ge·gno [-e-] M = *komplizierter Mechanismus*

mar·chio M 1 Zeichen *n* 2 Brandzeichen *n* 3 Brandeisen *n* 4 HANDEL Waren-, Markenzeichen *n* ♦ **~ brevettato** (*od* **depositato** *od* **registrato**) eingetragenes Warenzeichen *n*; **~ commerciale** Handelsmarke *f*; **~ di qualità** Gütezeichen *n*; **~ protetto** geschütztes Warenzeichen

★**mar·cia** F 1 POL, MIL, MUS Marsch *m* 2 (*di veicoli*) Fahrt *f* 3 AUTO Gang *m* 4 SPORT Gehen *n* ♦ **~ indietro** Rückwärtsgang *m*; **fare ~ indietro** rückwärtsfahren; *fig* einen Rückzieher machen; **mettersi in ~** sich in Bewegung setzen

★**mar·cia·pie·de** [-ɛ-] M 1 Gehweg *m*, Bürgersteig *m* 2 (*in stazione*) Bahnsteig *m* ♦ *umg* **battere il ~** auf den Strich gehen

mar·cia·re V/I ⟨1f; av⟩ 1 marschieren 2 (*veicoli*) im Konvoi fahren 3 *hum* (*rigare dritto*) spuren **mar·cia·to·re** [-o-] M, **-tri·ce** F Geher *m*, -in *f*

mar·cio A ADJ 1 (ver)fault 2 (*legno*) morsch 3 *umg* vereitert 4 *fig* (*corrotto*) verdorben B M Ver-, Angefaulte *n*, Faule *n* ♦ **avere torto ~** vollständig im Unrecht sein

mar·ci·re V/I ⟨4d; es⟩ verfaulen

mar·ciu·me M Fäulnis *f* (*a. fig*)

mar·co M HIST Mark *f*: **moneta da un ~** Markstück *n*

mar·co·ni·sta M/F Funker *m*, -in *f*

★**ma·re** M 1 Meer *n*, See *f* 2 *fig* Meer *n*, Menge *f*: **un ~ di gente** eine Menge Leute ♦ **in alto ~** auf hoher See; **~ interno** Binnenmeer *n*; **livello del ~** Meeresspiegel *m*; **vista (sul) ~** Blick *m* aufs Meer; **i -i del Sud** die Südsee

★**ma·re·a** [-ɛ-] F 1 Gezeiten *pl* 2 *fig* Menge *f*, Flut *f* ♦ **alta ~** Flut *f*; **bassa ~** Ebbe *f*

ma·reg·gia·ta F Sturmflut *f* **ma·rem·ma** [-e-] F 1 Seemarsch *f* 2 **~ toscana** Maremmen *pl* **ma·re·mo·to** [-ɔ-] M Seebeben *n*

ma·re·scial·lo M 1 Feldwebel *m*: **~ capo** Oberfeldwebel *m* 2 Marschall *m*

ma·ret·ta [-e-] F 1 leichter Seegang *m* 2 *fig* gespannte Atmosphäre *f*

ma·rez·za·to ADJ 1 geädert 2 gemasert, Maser- 3 moiriert **ma·rez·za·tu·ra** F 1 Äderung *f* 2 (*legno, marmo*) Maserung *f* 3 (*tessuti*) Moirieren *n*; Moiré *n*

mar·ga·ri·na F Margarine *f*

★**mar·ghe·ri·ta** F 1 BOT Margerite *f* 2 (*di macchina da scrivere, stampante*) Typenrad *n* **mar·ghe·ri·ti·na** F Gänseblümchen *n*

mar·gi·na·le ADJ 1 Rand-: **note -i** Randnotizen *pl* 2 *fig* Neben-, Rand-, nebensächlich: **questione ~** Nebensache *f*; **gruppi -i** Randgruppen *pl* 3 WIRTSCH Grenz-: **costi -i** Grenzkosten *pl*

mar·gi·na·li·tà F ⟨*inv*⟩ 1 Nebensächlichkeit *f* 2 Marginalität *f*

mar·gi·ne M 1 Rand *m* 2 TYPO Steg *m* 3 Spanne *f* ♦ **a ~** am Rande; **~ di credito** Kreditgrenze *f*; **~ di guadagno** Gewinnspanne *f*; **~ di interesse** Zinsspanne *f*

mar·got·ta [-ɔ-] F Ableger *m*, Absenker

M

m
mar·gra·vio M, **-a** F Markgraf *m*, -gräfin *f*
ma·ria·no ADJ marianisch, Marien-
ma·ri·jua·na F ⟨*inv*⟩ Marihuana *n*
★**ma·ri·na** F 1 Küste *f* 2 MAL Seestück *n* 3 SCHIFF, MIL Marine *f*
★**ma·ri·na·io** M, **-a** F 1 Seemann *m*, -frau *f* 2 MIL Matrose *m*, -sin *f* ♦ *fig* **promessa da ~** leere Versprechung *f* **ma·ri·na·ra** F 1 Matrosenanzug *m* 2 Strohhut *m*
ma·ri·na·re V/T ⟨1a⟩ 1 GASTR marinieren 2 *umg* schwänzen
ma·ri·na·re·sco [-e-] ADJ Seemanns- **ma·ri·na·ro** ADJ 1 See- 2 Seefahrer-
ma·ri·na·ta F GASTR Marinade *f*
ma·ri·no ADJ 1 Meer(es)-, See-: **sale ~** Meersalz *n* 2 See-, am Meer: **città -a** Seestadt *f*
ma·rio·lo [-ɔ-] M, **-a** F 1 Gauner *m*, -in *f* 2 *hum* Spitzbube *m*, -bübin *f*
ma·rio·net·ta [-e-] F 1 Marionette *f* 2 *fig* Hampelmann *m* **ma·rio·net·ti·sta** M/F Marionettenspieler *m*, -in *f*
ma·ri·tal·men·te [-e-] ADV wie Eheleute: **convivere ~** wie Eheleute zusammenleben
ma·ri·ta·re ⟨1a⟩ A V/T **~ qn con qn** j-n mit j-m verheiraten B V/PR **-rsi** (sich ver)heiraten **ma·ri·ta·to** ADJ verheiratet: **donna -a** verheiratete Frau *f*
★**ma·ri·to** M (Ehe)Mann *m* ♦ **ragazza da ~** Mädchen *n* im heiratsfähigen Alter
ma·ri·toz·zo [-ɔ-] M = *süßes Hefegebäck mit Rosinen und Pinienkernen*
ma·rit·ti·mo A ADJ See-, maritim B M 1 Seemann *m* 2 Hafenarbeiter *m* ♦ **pino ~** Strandkiefer *m*; **porto ~** Seehafen *m*
mar·ket·ing ['marketiŋ] M ⟨*inv*⟩ Marketing *n* ♦ **~ telefonico** Telefonmarketing *n*; **ricerca di ~** Marktforschung *f*
mar·ma·glia F 1 Gesindel *n* 2 Horde *f*
★**mar·mel·la·ta** F Marmelade *f*
mar·met·ta [-e-] F Fliese *f*
mar·mi·fe·ro ADJ **cava -a** Marmorbruch *m* **mar·mi·sta** M/F Marmorschleifer *m*, -in *f*
mar·mit·ta F 1 Kessel *m*, großer Topf *m* 2 AUTO Auspuff(topf) *m* ♦ **~ catalitica** Katalysator *m*
★**mar·mo** M 1 Marmor *m* 2 Marmorbild *n*; Marmortafel *f* ♦ **freddo come il ~** eiskalt
mar·moc·chio [-ɔ-] M, **-a** F Knirps *m*
mar·mo·re·o [-ɔ-] ADJ marmorn, Marmor-
mar·mo·riz·za·re V/T ⟨1a⟩ marmorieren **mar·mo·riz·za·to** ADJ marmoriert, Marmor-
mar·mot·ta [-ɔ-] F 1 Murmeltier *n* 2 *fig* Schlafmütze *f*
mar·na F Mergel *m*
ma·roc·chi·no[1] A ADJ marokkanisch B M, **-a** F Marokkaner *m*, -in *f*
ma·roc·chi·no[2] M (*cuoio*) Maroquin *n*
Ma·roc·co [-ɔ-] M **il ~** Marokko *n*
ma·ro·so [-o-] M Brecher *m*, Sturzwelle *f*
mar·pio·ne [-o-] M, **-a** F *umg* Schlitzohr *n*
mar·ra F AGR Hacke *f*
mar·ra·no M *fig* Flegel *m*
mar·ron·ci·no ADJ bräunlich
★**mar·ro·ne** [-o-] A ADJ braun B M 1 Marone *f*, Esskastanie *f* 2 Edelkastanie *f* 3 Braun *n* 4 *pl vulg* Eier *pl* **mar·ron gla·cé** [mar'rɔn gla'se] M ⟨*inv*⟩ glasierte Marone *f*
mar·sa·la [-s-] M ⟨*inv*⟩ Marsalawein *m*
marsc' ['marʃ] INT marsch
mar·si·na [-s-] F Frack *m*
mar·su·pia·le [-s-] A ADJ Beutel- B MPL Beuteltiere *pl* **mar·su·pio** [-s-] M 1 ZOOL Beutel *m* 2 Gürteltasche *f*, Nierentasche *f*
Mar·te M MYTH, ASTRON Mars *m*
★**mar·te·dì** M ⟨*inv*⟩ Dienstag *m*: **~ grasso** Faschingsdienstag *m*; → a. **lunedì**
mar·tel·la·men·to [-e-] M 1 Hämmern *n* 2 Klopfen *n* 3 MIL **~ dell'artiglieria** Trommelfeuer *n*
mar·tel·la·re ⟨1b⟩ A V/T 1 (ein)hämmern 2 *fig* **~ qn di qc** j-n mit etw überschütten, überhäufen 3 *fig* quälen: **la gelosia lo martella** die Eifersucht quält ihn 4 MIL mit Trommelfeuer belegen B V/I ⟨*av*⟩ hämmern (*a. fig*) **mar·tel·la·ta** F Hammerschlag *m* **mar·tel·let·to** [-e-] M 1 Klavierhammer *m* 2 MED Perkussionshammer *m*
mar·tel·li·o M Gehämmer *n*
★**mar·tel·lo** [-ɛ-] M 1 Hammer *m*: **piantare un chiodo con il ~** mit dem Hammer einen Nagel einschlagen 2 (*di campana*) Klöppel *m* ♦ **pesce ~** Hammerhai *m*; **~ pneumatico** Presslufthammer *m*
mar·ti·net·to [-e-] M 1 MECH Hebebock *m*, Winde *f* 2 AUTO Wagenheber *m*
Mar·ti·ni·ca F Martinique *n* **mar·ti·ni·ca·no** A ADJ martinikanisch B M, **-a** F Martinikaner *m*, -in *f*

mar·tin pe·sca·to·re [-o-] M Eisvogel m
mar·ti·re M/F Märtyrer m, -in f
mar·ti·rio M 1 Märtyrertod m 2 fig Qual f, Marter f, Pein f **mar·ti·riz·za·re** V/T ⟨1a⟩ 1 martern 2 fig quälen, peinigen
mar·to·ra F Marder m
mar·to·ria·re ⟨1k u. c⟩ A V/T 1 martern 2 fig peinigen, quälen B V/PR **-rsi** 1 sich martern 2 fig sich quälen
mar·xia·no ADJ marxsch, von Marx **mar·xi·smo** [-zmo] M Marxismus m **mar·xi·sta** A ADJ marxistisch B M/F Marxist m, -in f
mar·za F Edelreis n, Pfropfreis n
mar·za·pa·ne M Marzipan n
mar·zia·le ADJ militärisch; martialisch, kriegerisch ♦ **arti -i** Kampfsportarten pl; **corte ~** Kriegsgericht n, Standgericht n
mar·zia·no M, **-a** F 1 Marsbewohner m, -in f, Marsmensch m 2 fig Sonderling m
★**mar·zo** M März m: **in ~** im März; **il 12 ~** (am) 12. März; → a. aprile
mar·zo·li·no ADJ März-, märzlich
ma·scal·zo·na·ta F Schurkerei f **ma·scal·zo·ne** [-o-] M, **-a** F Schurke m, -kin f, Gauner m, -in f, Lump m
ma·sca·ra M ⟨inv⟩ Wimperntusche f
ma·scar·po·ne [-o-] M = *fetthaltiger, süßer Frischkäse aus der Lombardei*
ma·scel·la [-ɛ-] F Kiefer m: **~ superiore/inferiore** Ober-/Unterkiefer m **ma·scel·la·re** ADJ Kiefer-
ma·sche·ra F 1 Maske f (a. fig): **gettare la ~** die Maske fallen lassen 2 (*travestimento*) Kostüm n 3 (*persona*) verkleidete Person f 4 (*in cinema*) Platzanweiser m, -in f 5 IT Maske f ♦ **ballo in ~** Maskenball m; **~ subacquea** Tauchermaske f, Taucherbrille f
ma·sche·ra·men·to [-e-] M 1 Maskierung f, Verkleidung f 2 fig Verschleierung f, Täuschung f 3 MIL Tarnung f
ma·sche·ra·re ⟨1l⟩ A V/T 1 verkleiden; (*il viso*) maskieren 2 fig verschleiern, tarnen (a. MIL) B V/PR **-rsi** 1 sich maskieren, sich verkleiden: **-rsi da fata** sich als Fee verkleiden 2 fig **-rsi da qc** sich als etw ausgeben **ma·sche·ra·ta** F 1 Maskenzug m 2 (*messa in scena*) Theater n **ma·sche·ra·to** ADJ Masken-, maskiert: **banditi -i** maskierte Verbrecher pl **ma·sche·ri·na** F 1 Halbmaske f 2 kostümierter Mensch m; maskiertes Kind n 3 (*di animali*) Maske f 4 (*di scarpe*) Kappe f
ma·schiac·cio M umg 1 Halbstarke m 2 (*ragazza*) burschikoses Mädchen n
ma·schiet·ta [-e-] F burschikoses Mädchen n ♦ **capelli alla ~** Bubikopf m
ma·schiet·to [-e-] M (kleiner) Junge m
★**ma·schi·le** A ADJ 1 männlich, Männer- 2 **abito ~** Herrenanzug m 3 SPORT Herren-: **torneo ~** Herrenturnier n 4 Jungen-: **scuola ~** Jungenschule f B M GRAM Maskulinum n **ma·schi·li·smo** [-zmo] M Chauvinismus m **ma·schi·li·sta** A ADJ chauvinistisch B M/F Chauvinist m, -in f
★**ma·schio**[1] A M 1 (*animale*) Männchen n 2 (*bambino, ragazzo*) Junge m 3 Mann m 4 TECH Feder f: **~ e femmina** Feder und Nut 5 TECH Gewindebohrer m B ADJ 1 männlich 2 männlich, mannhaft, viril
ma·schio[2] M Hauptturm m, Bergfried m
ma·sco·li·ni·tà F ⟨inv⟩ Männlichkeit f
ma·sco·li·no ADJ männlich, maskulin
ma·scot·te [-'kɔt] F ⟨inv⟩ Maskottchen n
ma·sna·da [-'zn-] F Horde f **ma·sna·die·re** [-ɛ-] M 1 poet Räuber m, -in f 2 Gauner m, -in f
ma·so·chi·smo [-zmo] M Masochismus m
ma·so·chi·sta M/F Masochist m, -in f
ma·so·ni·te F Holzfaserplatte f
mas·sa F 1 Masse f (a. PHYS) 2 Menge f, Haufen m 3 ELEK Erdung f ♦ **mezzi di comunicazione di ~** Massenmedien pl
Mas·sa-Car·ra·ra F Massa-Carrara n
mas·sa·cran·te ADJ strapaziös
mas·sa·cra·re V/T ⟨1a⟩ 1 niedermetzeln 2 massakrieren 3 **~ qn di botte** j-n brutal zusammenschlagen 4 fig zermürben
mas·sa·cro M 1 Massaker n: **fare un ~** ein Massaker anrichten 2 fig Strapaze f
mas·sag·gia·re V/T ⟨1f⟩ massieren
mas·sag·gia·to·re [-o-] M 1 Masseur m 2 Massagegerät n
mas·sag·gia·tri·ce F 1 Masseurin f 2 (*prostituta*) Masseuse f
mas·sag·gio M Massage f: **~ zonale** Reflexzonenmassage f
mas·sa·ia F Hausfrau f **mas·sa·io** M hum Hausmann m **mas·sa·ro** M, **-a** F Landwirt m, -in f
mas·sel·lo [-ɛ-] M 1 METALL Massel f 2 (*edilizia*) Werkstein m 3 Kernholz n, Mas-

M

sivholz *n*

mas·se·ri·a F ■ Bauernhof *m* ■ Bauernhaus *n* **mas·se·ri·zie** FPL ■ Hausrat *m* ■ *hum* Siebensachen *pl*

mas·se·se [-e-] ■ ADJ aus, von Massa-Carrara ■ M/F Bewohner *m*, -in *f* von Massa-Carrara

mas·sic·cia·ta F Bettung *f*

mas·sic·cio ■ ADJ ■ massiv; kräftig ■ *fig* enorm ■ M Gebirgsmassiv *n*

mas·si·ma¹ F ■ Maxime *f*; Denkspruch *m* ■ Grundsatz *m* ♦ **di ~** grundsätzlich

mas·si·ma² F ■ Höchsttemperatur *f* ■ MED (*pressione*) Höchstwert *m*

mas·si·ma·le ■ ADJ maximal, Höchst- ■ M ■ Höchstgrenze *f* ■ Höchstbetrag *m*

mas·si·miz·za·re V/T ⟨1a⟩ maximieren

mas·si·mo ⟨*sup von grande*⟩ ■ ADJ ■ größte, maximal: **con la -a cura** mit größter Sorgfalt ■ höchste, Höchst-: **velocità -a consentita** zulässige Höchstgeschwindigkeit *f* ■ M ■ Höchst-: **il ~ dei voti** die Höchstnote ■ *umg* Nonplusultra *n* ♦ ★ **al ~** höchstens; spätestens; schlimmstenfalls

M

mas·si·vo ADJ massiv, stark, groß

mass me·dia [-'media] MPL (Massen)-Medien *pl* **mass·me·dio·lo·go** [-ɔ-] M, **-a** F Medienexperte *m*, -expertin *f*

mas·so M Felsblock *m* ♦ **attenzione, caduta -i** Achtung, Steinschlag

mas·so·ne [-o-] M Freimaurer *m* **mas·so·ne·ri·a** F Freimaurerei *f* **mas·so·ni·co** [-ɔ-] ADJ freimaurerisch, Freimaurer-

mas·so·te·ra·pi·a F Massagebehandlung *f* **mas·so·te·ra·pi·sta** M/F Masseur *m*, -in *f*

ma·stec·to·mi·a F Brustamputation *f*

ma·stel·lo [-ɛ-] M Bütte *f*, Bottich *m*

ma·ste·riz·za·bi·le ADJ (*CD, DVD*) bespielbar

ma·ste·riz·za·re V/T ⟨1a⟩ (*CD, DVD*) brennen

ma·ste·riz·za·to·re [-o-] M CD-Brenner *m*: **~ di DVD** DVD-Brenner *m*

ma·sti·ca·re V/T ⟨1l *u.* d⟩ ■ kauen ■ *fig* **~ qc** etw murmeln ■ *umg* radebrechen: **~ un po' il tedesco** das Deutsche nur radebrechen ■ **la fisica la mastico male** Physik ist nicht meine Stärke **ma·sti·ca·to·rio** [-ɔ-] ADJ Kau-: **apparato ~** Kauapparat *m* **ma·sti·ca·zio·ne** [-o-] F Kauen *n*

ma·sti·ce M ■ Kitt *m* ■ Mastix *m*

ma·sto·don·te [-o-] M ■ Mastodon *n* ■ *fig* Koloss *m* **ma·sto·don·ti·co** [-ɔ-] ADJ kolossal

ma·stro ■ ADJ **libro ~** Hauptbuch *n* ■ M Meister *m*: **~ falegname** Tischlermeister *m*

ma·stur·ba·re ⟨1a⟩ V/T & V/PR **-rsi** masturbieren, onanieren **ma·stur·ba·zio·ne** [-o-] F Masturbation *f*

ma·tas·sa F ■ Knäuel *n*: **una ~ di lana** ein Wollknäuel *n* ■ *fig* verwickelte Sache *f*

match [mɛtʃ] M ⟨*inv*⟩ Match *n*

★**ma·te·ma·ti·ca** F Mathematik *f* ♦ **se la ~ non è un'opinione** nach Adam Riese

ma·te·ma·ti·co ■ ADJ ■ mathematisch ■ absolut, hundertprozentig: **certezza -a** absolute Gewissheit *f* ■ M, **-a** F Mathematiker *m*, -in *f*

Ma·te·ra [-e-] F Matera *n* **ma·te·ra·no** ■ ADJ aus, von Matera ■ M, **-a** F Bewohner *m*, -in *f* von Matera

ma·te·ras·si·no M ■ SPORT Matte *f* ■ Luftmatratze *f*

★**ma·te·ras·so** M Matratze *f*

★**ma·te·ria** [-ɛ-] F ■ Stoff *m*, Materie *f* ■ ANAT Substanz *f* ■ Thema *n*, Stoff *m*: **entrare in ~** zum Thema kommen ■ (*disciplina*) Fach *n* ■ Anlass *m*: **offrire ~ ai pettegolezzi** Anlass zu Klatsch geben ♦ **~ complementare** Nebenfach *n*; **~ d'esame** Prüfungsfach *n*; **~ facoltativa** Wahlfach *n*; **non so nulla in ~** ich weiß nichts auf dem Gebiet; **~ d'insegnamento** Unterrichtsfach; **~ prima** Rohstoff *m*; **~ di studio** Studienfach *n*

★**ma·te·ria·le** ■ ADJ ■ materiell, stofflich ■ (*persona*) grob, plump ■ M Material *n* ♦ **~ da costruzione** Baumaterial *n*; **~ fissile** Spaltmaterial *n*; **~ plastico** Kunststoff *m*; **~ riciclabile** Wertstoff *m*

ma·te·ria·li·smo [-zmo] M Materialismus *m* **ma·te·ria·li·sta** ■ ADJ materialistisch ■ M/F Materialist *m*, -in *f* **ma·te·ria·li·sti·co** ADJ materialistisch **ma·te·ria·li·tà** F ⟨*inv*⟩ Materialität *f*

ma·te·ria·liz·za·re ⟨1a⟩ ■ V/T materialisieren ■ V/PR **-rsi** ■ sich materialisieren ■ *fig* konkret werden **ma·te·ria·liz·za·zio·ne** [-o-] F Materialisation *f*

ma·te·rial·men·te [-e-] ADV ■ materiell ■ *fig* **è ~ impossibile** das ist praktisch unmöglich

ma·ter·ni·tà F ⟨*inv*⟩ ■ Mutterschaft *f* ■ MED **reparto ~** Entbindungsstation *f* ■

Schwangerschaftsurlaub *m* **ma·ter·no** [-ɛ-] ADJ **1** mütterlich, Mutter- **2** mütterlicherseits
ma·ti·née [-e] F ⟨inv⟩ Matinee *f*
★**ma·ti·ta** F (Blei)Stift *m*: **disegnare a ~** mit Bleistift zeichnen ♦ **~ colorata** Buntstift *m*; **~ per gli occhi** Kajalstift *m*; **~ per le sopracciglia** Augenbrauenstift *m*
ma·triar·ca·le ADJ matriarchalisch
ma·triar·ca·to M Matriarchat *n*
ma·tri·ce F **1** TYPO, TECH Matrize *f* **2** MATH Matrix *f* **3** ANAT Gebärmutter *f*
ma·tri·ci·da M/F Muttermörder *m*, -in *f*
ma·tri·ci·dio M Muttermord *m*
ma·tri·co·la F **1** Verzeichnis *n*, Register *n* **2** Matrikel *f* **3** MIL Stammrolle *f* **4** Seriennummer *f* **5** Matrikelnummer *f* **6** (*studente*) Erstsemester *n* **7** *fig* Neuling *m* **ma·tri·co·la·to** ADJ abgefeimt
ma·tri·gna F Stiefmutter *f*
ma·tri·mo·nia·le ADJ Ehe-, ehelich
★**ma·tri·mo·nio** [-ɔ-] M **1** Ehe *f*, Heirat *f* **2** (*cerimonia*) Hochzeit *f* ♦ **~ d'amore** Liebesheirat *f*; **contratto di ~** Ehevertrag *m*; **~ di interesse** Geldheirat *f*
ma·tro·na [-o-] F Matrone *f* **ma·tro·na·le** ADJ matronenhaft **ma·tro·ne·o** [-ɛ-] M Empore *f*
mat·ta F (*carta da gioco*) Joker *m*
mat·tac·chio·ne [-o-] M, **-a** F Spaßvogel *m*
mat·ta·re V/T ⟨1a⟩ **1** schachmatt setzen **2** schlachten
mat·ta·rel·lo [-ɛ-] → matterello
mat·ta·to·io [-o-] M Schlachthof *m*
mat·ta·to·re [-o-] M, **-tri·ce** F **1** Schlachter *m*, -in *f* **2** THEAT (*cinema*) Star *m* (*a. fig*): **fare da ~ in uno spettacolo** der Star in einem Schauspiel sein; **fare da ~ in una gara** der Lokalmatador eines Wettkampfs sein
mat·te·rel·lo [-ɛ-] M Nudelholz *n*
★**mat·ti·na** F **1** Morgen *m*: **ogni ~, tutte le -e** jeden Morgen **2** Vormittag *m* ♦ **alla** (*od* **di**) **~** morgens; **alle sette di ~** um sieben Uhr morgens; **domani ~** morgen früh; **ieri ~** gestern Morgen
★**mat·ti·na·ta** F Vormittag *m*: **in ~** im Laufe des Vormittags **mat·ti·nie·ro** [-ɛ-] **A** ADJ früh aufstehend **B** M, **-a** F Frühaufsteher *m*, -in *f*
★**mat·ti·no** M Morgen *m*: **di buon ~** am frühen Morgen
★**mat·to**[1] **A** ADJ **1** verrückt: **fossi ~!** ich bin doch nicht verrückt! **2** falsch, unecht **B** M, **-a** F Verrückte *m/f* ♦ **cose da -i!** reiner Wahnsinn!; **mi piace da -i** das gefällt mir wahnsinnig gut; **roba da -i!** unglaublich!
mat·to[2] ADJ **scacco ~** Schachmatt *n*
mat·toi·de [-ɔ-] M/F Spinner *m*, -in *f*
mat·to·na·ta F *fig* sterbenslangweilige Angelegenheit *f*
mat·to·na·to M Backsteinboden *m*
mat·to·ne [-o-] **A** M **1** Ziegel(stein) *m*, Backstein *m* **2** (*persona noiosa*) Langweiler *m*, -in *f* **3** (*film, libro noioso*) Schinken *m* **B** ADJ **rosso ~** ziegelrot ♦ **pizza al ~** Holzofenpizza *f*; *umg* **qn ha un ~ sullo stomaco** j-m liegt etw wie Blei im Magen
mat·to·nel·la [-ɛ-] F Fliese *f*, Kachel *f* ♦ **~ di carbone** Kohlenbrikett *n*
mat·tu·ti·no **A** ADJ Morgen-, morgendlich: **aria -a** Morgenluft *f* **B** M Morgengebet *n* ♦ **stella -a** Morgenstern *m*
ma·tu·ran·do M, **-a** F Abiturient *m*, -in *f*, *schweiz* Maturand *m*, -in *f*, *österr* Maturant *m*, -in *f*
ma·tu·ra·re ⟨1a⟩ **A** V/I ⟨es⟩ **1** reifen, reif werden (*a. fig*) **2** WIRTSCH fällig sein **B** V/T reifen lassen **ma·tu·ra·zio·ne** F **1** Reifen *n*, Reifwerden *n* (*a. fig*) **2** WIRTSCH Fälligkeit *f* **ma·tu·ri·tà** F ⟨inv⟩ **1** Reife *f* (*a. fig*) **2** Abitur *n* ♦ **fare la ~** das Abitur machen, *österr schweiz* maturieren
ma·tu·sa M/F ⟨inv⟩ *umg* Fossil *n*
Ma·tu·sa·lem·me [-ɛ-] M Methusalem *m* ♦ **essere vecchio come ~** steinalt sein
Mau·ri·ta·nia F Mauretanien *n* **mau·ri·ta·no** **A** ADJ mauretanisch **B** M, **-a** F Mauretanier *m*, -in *f*
Mau·ri·tius F *od* FPL Mauritius *n*: **le ~** Mauritius *n*
mau·ri·zia·no **A** ADJ mauritisch, maurizisch **B** M, **-a** F Mauritier *m*, -in *f*
Mau·ri·zio F (**isola** *f*) **~** Mauritius *n*
mau·so·le·o [-ɛ-] M Mausoleum *n*
ma·xi ADJ ⟨inv⟩ Maxi-
ma·xi·pro·ces·so [-ɛ-] M Mammutprozess *m* **ma·xi·scher·mo** [-e-] M Großbildschirm *m* **ma·xi·ta·glia** F Übergröße *f*
maz·za F **1** (*bastone*) Knüppel *m* **2** Befehlsstab *m* **3** Klöppel *m* **4** Vorschlaghammer *m* ♦ **~ da golf** Golfschläger *m*
maz·za·ta F Schlag *m* (*a. fig*)
maz·ze·ran·ga F Handramme *f*
maz·zet·ta[1] F **1** (Stein)Hammer *m* **2** BERGB Schlägel *m* **3** kleiner Stock *m*

maz·zet·ta[2] F **1** Banknotenbündel *n* **2** *fig* Schmiergeld *n*

maz·zie·re [-ɛ-] M, **-a** F (*nel gioco*) Kartengeber *m*, -in *f*

★**maz·zo**[1] M Bündel *n* ♦ **~ di carte** Kartenspiel *n*; **~ di chiavi** Schlüsselbund *m*; **fare il ~** die Karten mischen; **~ di fiori** Blumenstrauß *m*

maz·zo[2] M *vulg* (*sedere*) Arsch *m*: **ti faccio un ~ così** ich mach dich zur Minna; **mi faccio un ~ così** ich reiß mir den Arsch auf

maz·zo·li·no M Sträußchen *n*

maz·zuo·lo [-ɔ-] M **1** Holzhammer *m* **2** Schlägel *m*

★**me** PERS PR **1** mir, mich: **cercano ~** sie suchen mich; **ha parlato di ~** er hat von mir (*od* über mich) gesprochen; **a ~ non importa** das interessiert mich nicht **2** ich: **lui non è come ~** er ist nicht wie ich; **è vecchio come ~** er ist so alt wie ich **3** (*variante di* **mi** *davanti a*: *la, le, li, lo, ne*) **~ lo disse** er sagte es mir **4** (*enclitico*) **portamelo!** bring es mir! ♦ **fra** (*od* **tra**) **~ e ~** vor mich hin; **lo faccio da ~** ich mache das selbst; **per ~** für mich; meinetwegen; (**in**) **quanto a ~** was mich betrifft; **secondo ~** meiner Meinung nach; **~ stesso** mich selbst, mir selbst

me·an·dro M **1** Mäander *m* **2** *pl* Labyrinth *n* (*a. fig*)

mec·ca [-ɛ-] F *fig* Paradies *n*, Eldorado *n*

mec·ca·ni·ca F **1** Mechanik *f* **2** Maschinenbau *m* **3** Mechanismus *m*, Getriebe *n* **4** *fig* Hergang *m*: **la ~ di un incidente** der Hergang eines Unfalls ♦ **~ di precisione** Feinmechanik *f*

mec·ca·ni·ca·men·te [-e-] ADV **1** mechanisch **2** *fig* unwillkürlich, mechanisch

mec·ca·ni·ci·sti·co ADJ mechanistisch

★**mec·ca·ni·co** **A** ADJ **1** mechanisch **2** *fig* unwillkürlich, mechanisch **B** M, **-a** F **1** Mechaniker *m*, -in *f* **2** Kfz-Schlosser *m*, -in *f*

mec·ca·ni·smo [-zmo] M **1** Mechanismus *m* (*a.* PSYCH) **2** Getriebe *n* **3** Uhrwerk *n* **4** *fig* **il ~ di un gioco** der Ablauf eines Spieles

mec·ca·niz·za·re ⟨1a⟩ **A** V/T mechanisieren **B** V/PR **-rsi** mechanisiert werden **mec·ca·niz·za·zio·ne** [-o-] F Mechanisierung *f*

mec·ca·no·gra·fi·a F (automatische) Datenverarbeitung *f* **mec·ca·no·gra·fi·co** ADJ Datenverarbeitungs-

me·ce·na·te M/F Mäzen *m*, -in *f*, Gönner *m*, -in *f*

me·ce·na·ti·smo [-zmo] M Mäzenatentum *n*

mè·che [mɛʃ] F ⟨*inv*⟩ Strähnchen *n*

Me·clem·bur·go-Po·me·ra·nia An·te·rio·re [-o-] M Mecklenburg-Vorpommern *n*

★**me·da·glia** F Medaille *f*: **~ al merito** Verdienstmedaille *f*; **~ d'oro alla memoria** Ehrenmedaille *f*; *fig* **il rovescio della ~** die Kehrseite der Medaille

me·da·glie·re [-ɛ-] M **1** Medaillensammlung *f* **2** SPORT Medaillenspiegel *m* **me·da·gliet·ta** [-e-] F **1** kleine Medaille *f* **2** Hundemarke *f* **me·da·glio·ne** [-o-] M Medaillon *n* (*a.* GASTR)

me·de·si·mo [-e-] **A** ADJ **1** (*anteposto*) der-, die-, dasselbe, gleich: **avere il ~ scopo** dasselbe Ziel haben **2** (*posposto*) selbst: **verrà lui ~** er wird selbst kommen **B** PRON der-, die-, dasselbe

me·dia[1] [-ɛ-] F **1** Durchschnitt *m* **2** MATH Mittel *n* **3** Mittelmaß *n*, Rahmen *m*: **differire dalla ~** aus dem Rahmen fallen ♦ **in ~** durchschnittlich; **inferiore alla ~** unterdurchschnittlich; **superiore alla ~** überdurchschnittlich

me·dia[2] ['media] MPL Medien *pl*

me·dia·ge·ni·co [-ɛ-] ADJ medienwirksam

me·dia·le ADJ medial **me·dia·na** F **1** Mittellinie *f* **2** (*in statistica*) Mittelwert *m*

me·dia·ni·co ADJ medial

me·dia·ni·tà F ⟨*inv*⟩ mediale Fähigkeit *f*

me·dia·no **A** ADJ Mittel-, mittlere **B** M SPORT Mittelfeldspieler *m*, -in *f*

★**me·dian·te** PRÄP durch, mittels

me·dia plan·ner ['media'planner] M/F ⟨*inv*⟩ Medienplaner *m*, -in *f*

me·dia·re ⟨1b⟩ **A** V/T vermitteln **B** V/I ⟨av⟩ vermitteln, als Vermittler auftreten

me·dia·ti·co ADJ der Medien, Medien-: **battaglia -a** Medienschlacht *f*; **guerra -** Medienkrieg *m*

me·dia·to ADJ mittelbar; Vermittler-: **valore ~** mittelbarer Wert *m* **me·dia·to·re** [-o-] **A** ADJ vermittelnd, Vermittlungs- **B** M, **-tri·ce** F **1** Vermittler *m*, -in *f*, Makler *m*, -in *f*: **~ di borsa** Börsenmakler *m* **2** Heiratsvermittler *m*, -in *f*

me·dia·zio·ne [-o-] F **1** Vermittlung *f* **2** Heiratsvermittlung *f* **3** Vermittlungs-, Maklergebühr *f*

me·di·ca·bi·le ADJ behandelbar **me·di·ca·men·to** [-e-] M Arznei *f*, Medikament *n* **me·di·ca·men·to·so** [-o-] ADJ Arznei-, Heil-

me·di·ca·re ⟨1l, b *u.* d⟩ **A** V/T (ärztlich) behandeln **B** V/PR **-rsi** sich (selbst) behandeln **me·di·ca·stro** M, **-a** F Kurpfuscher *m*, -in *f* **me·di·ca·to** ADJ steril: **cerotto ~** steriles Pflaster *n* **me·di·ca·zio·ne** [-o-] F **1** (ärztliche) Behandlung *f* **2** Verband *m*

★**me·di·ci·na** F **1** Medizin *f*; (*scienza*) Heilkunde *f* **2** Medikament *n*, Arznei *f* ♦ **~ alternativa** Alternativmedizin *f*; **~ generale** Allgemeinmedizin *f*; **~ naturale** Naturheilkunde *f*, Naturmedizin *f*; **il tempo è la miglior ~** die Zeit heilt alle Wunden

me·di·ci·na·le **A** ADJ medizinisch, Heil-, Arznei-: **erbe -i** Heilkräuter *pl* **B** M Medikament *n*, Arzneimittel *n*: **~ venduto dietro presentazione di ricetta medica** rezeptpflichtiges Arzneimittel *n*; **~ da banco** rezeptfreies Arzneimittel *n*

★**me·di·co** [-ɛ-] **A** ADJ **1** medizinisch **2** ärztlich, Arzt-: **cure -che** ärztliche Behandlung *f* **B** M Arzt *m*, Ärztin *f* ♦ **~ di base** Allgemeinmediziner *m*, -in *f*; **certificato ~** ärztliches Attest *n*; **~ chirurgo** Chirurg *m*, -gin *f*; **~ condotto** Amtsarzt *m*, -ärztin *f*; **~ generico** praktischer Arzt *m*, praktische Ärztin *f*; **guardia -a** ärztlicher Bereitschaftsdienst *m*; **~ del lavoro** Arbeitsarzt *m*, -ärztin *f*; **~ specialista** Facharzt *m*, -ärztin *f*; **studio ~** Arztpraxis *f*; **~ veterinario** Tierarzt *m*, -ärztin *f*; **~ di turno** diensthabender Arzt *m*, diensthabende Ärztin *f*

me·die·va·le ADJ mittelalterlich (*a. pej*) **me·die·va·li·sta** M/F Mediävist *m*, -in *f*

★**me·dio** [-ɛ-] **A** ADJ **1** Mittel-, mittlere: **valore ~** Mittelwert *m*; **azienda -a** mittlerer Betrieb *m* **2** Durchschnitts-, durchschnittlich **B** M Mittelfinger *m* ♦ **ceto ~** Mittelstand *m*; **credito a lungo e ~ termine** lang- und mittelfristiger Kredit *m*; **licenza -a** = *Pflichtschulabschluss nach acht Schuljahren*; RADIO **onde -die** Mittelwellen *pl*; **scuola -a** (**inferiore**) = *sechstes bis achtes Schuljahr*; **scuola -a superiore** = *höhere Schule* (*neuntes bis dreizehntes Schuljahr*)

me·dio·cre [-ɔ-] ADJ mittelmäßig, mäßig

me·dio·cri·tà F ⟨*inv*⟩ Mittelmäßigkeit *f*

me·dio·e·va·le → medievale

Me·dio·e·vo [-ɛ-] M Mittelalter *n* (*a. pej*)

me·dio·rien·ta·le ADJ Nahost-: **questione ~** Nahostfrage *f*

me·dio·te·ca [-ɛ-] F Mediothek *f*

me·di·ta·bon·do [-o-] ADJ nachdenklich

me·di·ta·re ⟨1l *u.* b⟩ **A** V/T **1** **~ qc** (*pensarci*) über etw (*akk*) nachdenken **2** **~ qc** (*progettare*) auf etw (*akk*) sinnen, etw planen **3** meditieren **B** V/I ⟨av⟩ **~ su qc** über etw nachdenken **me·di·ta·ta·men·te** [-e-] ADV **1** überlegt: **agire ~** überlegt handeln **2** absichtlich **me·di·ta·ti·vo** ADJ besinnlich; (*persona*) nachdenklich **me·di·ta·to** ADJ wohlbedacht **me·di·ta·zio·ne** [-o-] F Meditation *f*

me·di·ter·ra·ne·o ADJ mediterran, Mittelmeer-

★**Me·di·ter·ra·ne·o** M Mittelmeer *n*

me·dium [-ɛ-] M/F ⟨*inv*⟩ Medium *n*

me·du·sa F Qualle *f*

mee·ting ['mitiŋ] M ⟨*inv*⟩ Treffen *n*, Meeting *n*

me·fi·ti·co ADJ **1** schlecht: **aria -a** schlechte Luft *f* **2** stinkend, übel riechend **3** *fig* (*corrotto*) verdorben

me·ga·byte [mɛga'bait] M ⟨*inv*⟩ Megabyte *n*

me·ga·fo·no M Megafon *n*

me·ga·ga·lat·ti·co ADJ *umg* Riesen-, riesig

me·ga·hertz [-ɛ-] M ⟨*inv*⟩ Megahertz *n*

me·ga·lo·ma·ne [-ɔ-] **A** ADJ größenwahnsinnig **B** M/F Größenwahnsinnige *m/f* **me·ga·lo·ma·ni·a** F Größenwahn *m*

me·ga·lo·po·li [-ɔ-] F Riesenstadt *f*, Megastadt *f*

me·ga·star F ⟨*inv*⟩ Megastar *m*

me·gat·te·ra F Buckelwal *m*

me·ge·ra [-ɛ-] F Megäre *f*

★**me·glio** [-ɛ-] ⟨*komp von* **bene**⟩ **A** ADV **1** besser: **da solo lavora ~** allein arbeitet er besser **2** am besten: **è lui** (**quello**) **che parla ~** er spricht am besten **B** ADJ ⟨*inv*⟩ **1** besser: **è ~ che venga** es ist besser, er kommt **2** am besten: **è ~ non parlare** am besten ist es, nichts zu sagen **C** PRON ⟨*inv*⟩ (**non**) **c'è di ~** es gibt (nichts) Besseres **D** M Beste *n*: **dare il ~ di sé** sein Bestes geben ♦ **al ~** so gut wie möglich; **alla ~** so gut es geht; **andare per il ~** gut gehen; **di bene in ~** immer besser; **~ co-**

sì! umso besser!; **fare del proprio ~** sein Bestes tun; **~ tardi che mai** besser spät als nie

★**me·la** [-e-] F Apfel *m* ♦ **~ cotogna** Quitte *f*

me·la·gra·na F Granatapfel *m*

me·lan·co·ni·a F Melancholie *f*, Schwermut *f* **me·lan·co·ni·co** [-ɔ-] **A** ADJ melancholisch, schwermütig **B** M, **-a** F Melancholiker *m*, -in *f*

me·lan·go·la F Pomeranze *f*

me·la·no·ma [-ɔ-] M Melanom *n*

me·lan·za·na F Aubergine *f*, *österr* Melanzani *pl*

me·las·sa F Melasse *f*

me·la·to ADJ **1** mit Honig gesüßt **2** *fig* honigsüß, süßlich

Mel·bourne ['mɛlburn] F Melbourne *n*

me·len·sag·gi·ne [-s-] F Einfältigkeit *f*

me·len·so [-'lɛnso] ADJ **1** einfältig **2** süßlich: **discorso ~** süßliche Rede *f* **3** stumpf, schwach: **sguardo ~** stumpfer Blick

me·lis·sa F Melisse *f*

mel·li·fluo ADJ *fig* süßlich, honigsüß

mel·ma [-e-] F **1** Schlamm *m* **2** *fig* Schmutz *m*

mel·mo·so [-o-] ADJ schlammig

me·lo [-e-] M Apfelbaum *m*

★**me·lo·di·a** F **1** Melodie *f* **2** Weise *f*: **~ popolare** Volksweise *f* **me·lo·di·co** [-ɔ-] ADJ **1** melodisch, Melodie(n)- **2** Ton-: **sequenza -a** Tonfolge *f* **me·lo·dio·si·tà** F ⟨*inv*⟩ *fig* Wohlklang *m* **me·lo·dio·so** [-o-] ADJ **1** MUS melodisch **2** *fig* melodiös, wohlklingend

me·lo·dram·ma M Melodram(a) *n*

me·lo·dram·ma·ti·co ADJ melodramatisch (*a. fig*)

me·lo·gra·no M Granatapfelbaum *m*

★**me·lo·ne** [-o-] M (Honig)Melone *f*

mem·bra·na F **1** Membran *f* (*a.* TECH) **2** Pergament *n* **mem·bra·no·so** [-o-] ADJ membranartig **mem·bra·tu·ra** F **1** ANAT Gliederbau *m* **2** ARCH Gliederung *f*; Glied *n*

★**mem·bro** [-ɛ-] M **1** ⟨*pl* -i⟩ Mitglied *n*: **~ del servizio d'ordine** Ordner *m*, -in *f* **2** ANAT ⟨*pl* -i⟩ (männliches) Glied *n* **3** ⟨*pl* -a⟩ Glieder *pl*, Gliedmaßen *pl*

me·mo·ra·bi·le ADJ denkwürdig **me·mo·ran·dum** M ⟨*inv*⟩ **1** Denkschrift *f* **2** Notizbuch *n*

me·mo·re [-ɛ-] ADJ eingedenk: **essere ~ di qc** etw (*gen*) eingedenk sein

★**me·mo·ria** [-ɔ-] F **1** Gedächtnis *n* **2** Erinnerung *f*, Andenken *n* **3** *pl* Memoiren *pl* **4** IT Speicher *m* ♦ **imparare qc a ~** etw auswendig lernen; IT **~ cache** Cache *m*; IT **capacità di ~** Speicherkapazität *f*; IT **~ di correzione** Korrekturspeicher *m*; *umg* **~ di ferro** Bombengedächtnis *n*; IT **~ di lavoro** Arbeitsspeicher *m*; IT **~ principale** Hauptspeicher *m*, Zentralspeicher *m*; IT **~ tampone** (*od* **temporanea**) Puffer (-speicher) *m*; **a ~ d'uomo** seit Menschengedenken; **vuoto di ~** Gedächtnislücke *f*

me·mo·ria·le M **1** Memoiren *pl* **2** (*di difesa*) Verteidigungsschrift *f* **3** (*di petizione*) Eingabe *f* **4** (*di supplica*) Bittschrift *f*

me·mo·riz·za·re VT ⟨1a⟩ **1** **~ qc** sich (*dat*) etw einprägen **2** IT speichern **memo·riz·za·zio·ne** [-o-] F **1** Einprägen *n* **2** IT Speicherung *f*

me·mo·ry stick ['mɛmori'stik] M ⟨*inv*⟩ Memorystick® *m*, USB-Stick *m*

me·na·bò M ⟨*inv*⟩ Layout *n*

me·na·di·to M **sapere qc a ~** etw im Schlaf wissen

mé·na·ge [me'naʒə] M ⟨*inv*⟩ **1** Familienleben *n* **2** Haushaltsführung *f* ♦ **~ a tre** Dreiecksverhältnis *n*

me·na·re ⟨1a⟩ **A** VT **1** führen (*a. fig*) **2** **~ la coda** mit dem Schwanz wedeln **3** (*colpo, ceffone*) versetzen **4** *umg* verprügeln **B** V/PR **-rsi** sich verprügeln ♦ **non ~ il can per l'aia** um den heißen Brei herumreden ♦ **~ le mani** handgreiflich werden

me·na·ta F *umg* **1** Verprügeln *n* **2** Lied *n*, Leier *f*: **è sempre la stessa ~** es ist immer das alte Lied **3** Schinken *m*: **questo film è una ~** dieser Film ist ein Schinken

men·da·ce ADJ lügenhaft

men·da·ci·tà F ⟨*inv*⟩ Lügenhaftigkeit *f*

★**men·di·can·te** **A** ADJ bettelnd **B** M/F Bettler *m*, -in *f* **men·di·ca·re** ⟨1l *u.* d⟩ **A** VT **~ qc** etw erbetteln, um etw betteln **B** VI ⟨av⟩ betteln **men·di·ci·tà** F ⟨*inv*⟩ Bettelei *f* **men·di·co** M, **-a** F Bettler *m*, -in *f*

me·ne·fre·ghi·smo [-zmo] M *umg* Wurstigkeit *f*

me·ne·fre·ghi·sta *umg* **A** ADJ wurstig **B** M/F wurstiger Mensch *m*

me·ne·strel·lo [-ɛ-] M Hofsänger *m*

me·nin·ge F Hirnhaut *f* **me·nin·gi·te** F Gehirnhautentzündung *f*

me·ni·sco M ANAT, PHYS, OPT Meniskus

m

★**me·no** [-e-] ⟨*komp von* **poco**⟩ **A** ADV **1** weniger, nicht so: **lavorare ~** weniger arbeiten **2** **~ di** … weniger als …, nicht so wie … **3** am wenigsten: **la via ~ pericolosa** der am wenigsten gefährliche Weg **B** ADJ ⟨*inv*⟩ weniger: **fare ~ fatica** sich weniger abmühen **C** PRÄP **1** außer: **c'erano tutti ~ lui** außer ihm waren alle da **2** MATH minus, weniger **D** M **1** **il ~** das Mindeste **2** MATH Minuszeichen *n* ♦ ★ **a ~ che** es sei denn; **fare a ~ di qn/qc** ohne j-n/etw auskommen; **~ male!** Gott sei Dank!; **niente di ~ che** nicht weniger als; **non so se l'abbia fatto o ~** ich weiß nicht, ob er das getan hat oder nicht; **per lo ~** (*a dir poco*) immerhin; (*almeno*) mindestens; **più o ~** mehr oder weniger

Me·no [-ɛ-] M Main *m*

me·no·ma·re V/T ⟨1l *u.* b⟩ **1** eine Behinderung verursachen **2** verstümmeln **3** beeinträchtigen **me·no·ma·to** ADJ **1** behindert **2** verstümmelt **3** beeinträchtigt **me·no·ma·zio·ne** [-o-] F **1** Behinderung *f* **2** Verstümmelung *f* **3** Beeinträchtigung *f*

me·no·pau·sa F Wechseljahre *pl*

men·sa ['mɛnsa] F **1** Tafel *f*, Tisch *m* **2** Mahl *n* **3** **~ aziendale** (Werks)Kantine *f*; **~ universitaria** Mensa *f*

★**men·si·le** [-s-] **A** ADJ Monats-, monatlich **B** M Monatsschrift *f* **men·si·li·tà** F ⟨*inv*⟩ **1** Monatsgehalt *n*, -lohn *m* **2** Monatsrate *f* **3** (*affitto*) Monatsmiete *f*

men·so·la ['mɛnsola] F Konsole *f*, Wandbrett *n*

men·ta [-e-] F Minze *f* ♦ **~ piperita** Pfefferminze *f*; **tè alla ~** Pfefferminztee *m*

★**men·ta·le** ADJ **1** geistig, Geistes-, mental: **disturbo ~** Geistesstörung *f* **2** **calcolo ~** Kopfrechnen *n* **3** still: **preghiera ~** stilles Gebet *n* **men·ta·li·tà** F ⟨*inv*⟩ Mentalität *f* ♦ **avere una ~ aperta** geistig aufgeschlossen sein; **~ ristretta** Engstirnigkeit *f*

men·tal·men·te [-e-] ADV **1** geistig, mental **2** (*a mente*) im Kopf, innerlich

★**men·te** [-e-] F **1** Geist *m*, Verstand *m* **2** Gedächtnis *n*, Sinn *m*: **avere in ~ qc** etw im Sinn haben; **venire in mente a qn** j-m einfallen; **mi è uscito** (*od* **passato**) **di ~** ich habe es vergessen **3** (*persona*) Kopf *m* ♦ **a ~** auswendig; **che cosa ti salta in ~** was fällt dir denn ein?

men·te·cat·to **A** ADJ schwachsinnig **B** M, **-a** F Schwachsinnige *m/f*

★**men·ti·re** V/I ⟨4d *od* 4b; av⟩ lügen: **~ a qn** j-n anlügen **men·ti·to** ADJ **sotto -e spoglie** verkleidet; *fig* unter falschem Namen **men·ti·to·re** [-o-] M, **-tri·ce** F Lügner *m*, -in *f*

★**men·to** [-e-] M Kinn *n*

men·to·lo [-ɔ-] M Menthol *n*

men·to·re [-ɛ-] M Mentor *m*, -in *f*

★**men·tre** [-e-] KONJ **1** während: **è successo ~ ero via** es ist passiert, während ich weg war **2** und dabei: **ha smesso, ~ avrebbe dovuto continuare** er hat aufgehört, und dabei hätte er weitermachen sollen ♦ **in quel ~** in jenem, diesem Augenblick

★**me·nù** [-'nu] M ⟨*inv*⟩ **1** Speise-, Tageskarte *f* **2** Menü *n* **3** IT Menü *n*: **~ a discesa** Pull-down-Menü *n*; **~ iniziale** Startmenü *n*

men·zio·na·re V/T ⟨1a⟩ erwähnen **men·zio·ne** [-o-] F **1** Erwähnung *f* **2** *form* Vermerk *m*

men·zo·gna [-o-] F Lüge *f* **men·zo·gne·ro** [-ɛ-] ADJ **1** (*di persona*) lügnerisch **2** (*di cosa*) erlogen **3** trügerisch

Me·ra·no F Meran *n*

me·ra·vi·glia F **1** Verwunderung *f* **2** Wunder *n*; Wunderwerk *n* ♦ **andare a ~** wunderbar klappen; **che ~!** wie schön!

me·ra·vi·glia·re ⟨1g⟩ **A** V/T (ver)wundern **B** V/PR **-rsi di qn/qc** sich über j-n/etw wundern **me·ra·vi·glia·to** ADJ **essere ~ da** (*od* **di**) **qn/qc** über j-n/etw verwundert sein

★**me·ra·vi·glio·so** [-o-] **A** ADJ wunderbar **B** M Wunderbare *n*

mer·can·te M/F Händler *m*, -in *f* ♦ **fare orecchie da ~** sich taub stellen; **-i di uomini** Menschenhändler *pl*

mer·can·teg·gia·men·to [-e-] M Handeln *n*, Feilschen *n* **mer·can·teg·gia·re** V/I ⟨1f; av⟩ handeln, feilschen: **~ su qc** um etw handeln

mer·can·ti·le **A** ADJ **1** Handels-: **città ~** Handelsstadt *f* **2** kaufmännisch **B** M Frachter *m* **mer·can·zi·a** F Ware *f*

mer·ca·ti·no M **1** Wochenmarkt *m* **2** Flohmarkt *m* ♦ IT **~** (**Internet**) Tauschbörse *f*; **~ natalizio** Weihnachtsmarkt *m*; **~ dell'usato** Gebrauchtwarenmarkt *m*

★**mer·ca·to** M Markt *m* (*a.* WIRTSCH): **andare al ~** auf den Markt gehen; **introdurre** (**immettere**) **qc sul ~** etw auf den Markt bringen **~ azionario** Aktienmarkt *m;* ★ **a buon ~** preiswert; *fig* **cavarsela a buon ~** glimpflich davonkommen; **~ coperto** Markthalle *f;* **economia di ~** Marktwirtschaft *f;* **~ in espansione** Wachstumsmarkt *m;* **~ finanziario** Kapitalmarkt *m;* **giorno di ~** Markttag *m;* **~ immobiliare** Immobilienmarkt *m;* **leader sul ~** Marktführer *m;* **~ monetario** Geldmarkt *m;* **~ nero** Schwarzmarkt *m;* **~ delle pulci** Flohmarkt *m;* **quota di ~** Marktanteil *m;* **ricerca di ~** Marktforschung *f;* **~ rionale** Wochenmarkt *m;* **~ valutario** Devisenmarkt *m*

Il mercato

Einmal pro Woche gibt es in den meisten italienischen Städten und Dörfern einen **mercato** (Markt). Hier kann man nicht nur frische Lebensmittel, sondern auch Schuhe, Kleidung, Geschirr, Stoffe, Möbel usw. sehr günstig einkaufen.

★**mer·ce** [-ɛ-] F Ware *f*, Gut *n*: **~ deperibile/deteriorata** verderbliche/beschädigte Ware *f;* **~ scadente/pregiata** minderwertige/hochwertige Ware *f* ♦ **consegna della ~** Warenausgabe *f;* **~ di contrabbando** Schmuggelware *f;* **deposito -i** Warenlager *n;* **~ a dogana** Zollgut *n;* **~ ingombrante** Sperrgut *n;* **magazzino -i** Warenlager *n;* **~ resa** Retourware *f;* **scalo -i** Güterbahnhof *m;* **~ di scarto** Ausschussware *f*

mer·cé [-e] F *poet* **essere alla ~ di qn** j-m auf Gnade oder Ungnade ausgeliefert sein

mer·ce·na·rio A ADJ 1 Söldner- 2 *pej* käuflich; bestechlich B M Söldner *m*, -in *f*

mer·ce·o·lo·gi·a F Warenkunde *f*

mer·ce·ri·a F 1 PL Kurzwaren *pl* 2 Kurzwarenhandlung *f*

mer·chan·di·sing [mertʃan'daiziŋ] M ⟨*inv*⟩ Merchandising *n*

mer·cia·io M, **-a** F Kurzwarenhändler *m*, -in *f*

mer·ci·fi·ca·re V/T ⟨1m *u.* d⟩ kommerzialisieren **mer·ci·fi·ca·zio·ne** [-o-] F Kommerzialisierung *f*

mer·ci·mo·nio [-ɔ-] M Schacher *m*

★**mer·co·le·dì** M ⟨*inv*⟩ Mittwoch *m;* **~ delle ceneri** Aschermittwoch *m;* → a. lunedì

mer·cu·rio M Quecksilber *n*

Mer·cu·rio M Merkur *m*

mer·da [-ɛ-] F *vulg* Scheiße *f* ♦ *vulg* **fare una figura di ~** sich bis auf die Knochen blamieren; *vulg* **pezzo di ~** Scheißkerl *m;* **tempo di ~** Scheißwetter *n*

me·ren·da [-ɛ-] F 1 kleine Zwischenmahlzeit *f*: **far ~** vespern 2 Schulbrot *n* 3 **~ al sacco** Picknick *n* **me·ren·di·na** F = (*abgepackter süßer*) *Snack*

me·re·tri·ce F Dirne *f*

me·ri·dia·na F 1 Sonnenuhr *f* 2 ASTRON Mittagslinie *f* **me·ri·dia·no** A ADJ Mittags-: **ora -a** Mittagszeit *f* B M Meridian *m*

★**me·ri·dio·na·le** A ADJ 1 südlich, Süd-: **Italia ~** Süditalien *n* 2 süditalienisch B M/F 1 Südländer *m*, -in *f* 2 Süditaliener *m*, -in *f* **me·ri·dio·ne** [-o-] M 1 Süden *m* 2 Süditalien *n*

Il meridione

Es gibt ein großes wirtschaftliches Gefälle zwischen Nord- und Süditalien. Die wirtschaftliche Entwicklung des **meridione** bzw. **mezzogiorno** (Süditalien) liegt weit hinter der Norditaliens zurück. Deswegen verlassen sehr viele den Süden, um im Ausland oder in Norditalien Arbeit zu suchen. Aufgrund der wirtschaftlichen Kluft haben sich in Norditalien einige separatistische Parteien gebildet.

me·rin·ga F Baiser *n*, Meringe *f*

me·ri·no(s) A M Merinoschaf *n* B ADJ ⟨*inv*⟩ Merino-: **lana ~** Merinowolle *f*

★**me·ri·ta·re** ⟨1l *u.* b⟩ A V/T 1 verdienen: **~ la fiducia di qn** j-s Vertrauen verdienen 2 wert sein 3 **~ qc a qn** j-m etw eintragen, einbringen B V/I ⟨av⟩ sich lohnen, wert sein: **non merita che se ne parli** es ist nicht wert, dass man darüber spricht C V/PR **-rsi** (sich [*dat*]) verdienen **me·ri·ta·to** ADJ verdient **me·ri·te·vo·le** [-e-] ADJ 1 verdienstvoll 2 -wert, -würdig: **~ di lode** lobenswert

★**me·ri·to** [-ɛ-] M 1 Verdienst *n* 2 Vorzug *m*: **avere dei -i** Vorzüge haben 3 Kern *m*, Hauptsache *f*: **entrare nel ~ della questione** zum Kern der Sache kommen ♦ **in ~ a** bezüglich, in Bezug auf (*akk*)

me·ri·to·cra·ti·co ADJ Leistungs-: **società -a** Leistungsgesellschaft *f*

me·ri·to·cra·zi·a F Leistungsprinzip *n*

mer·la·to ADJ **torre -a** mit Zinnen verse-

hener Turm *m* **mer·la·tu·ra** F Zinnen *pl*
mer·let·ta·ia F Spitzenklöpplerin *f*
mer·let·ta·re V/T ⟨1a⟩ (*in sartoria*) mit Spitzen besetzen **mer·let·to** [-e-] M (*in sartoria*) Spitze *f*
mer·lo[1] [-ɛ-] M, **-a** F Amsel *f*, Amselweibchen *n*
mer·lo[2] [-ɛ-] M ARCH Zinne *f*
mer·luz·zo M 1 Kabeljau *m* 2 *umg* Seehecht *m* ♦ **olio di fegato di ~** Lebertran *m*
me·ro [-ɛ-] ADJ rein, pur: **per -a curiosità** aus reiner Neugier
me·sa·ta F *umg* 1 Monatslohn *m* 2 Monatsgeld *n* 3 Monatsmiete *f*
me·sce·re [-e-] V/T ⟨3dd⟩ 1 einschenken: **~ il vino** Wein einschenken 2 nachschenken
me·schi·ni·tà F ⟨*inv*⟩ Kleinlichkeit *f*, Gemeinheit *f* **me·schi·no** ADJ 1 (*gretto*) kleinlich, engherzig, gemein 2 (*misero*) kläglich
me·sci·ta [-e-] F 1 Ausschenken *n*: **~ del vino** Weinausschank *m* 2 Ausschank *m*
me·sco·la [-e-] F Mischung *f*
me·sco·la·men·to [-e-] M (Ver)Mischung *f* **me·sco·lan·za** F Mischung *f*, Vermengung *f*
★**me·sco·la·re** ⟨1l⟩ A V/T 1 (ver)mischen 2 (um)rühren B V/PR **-rsi** sich (ver)mischen **me·sco·la·ta** F 1 Mischen *n* 2 Umrühren *n* ♦ **dare una ~ al sugo** die Soße umrühren
★**me·se** [-e-] M Monat *m*: **alla fine del ~** am Monatsende; **all'inizio del ~** am Monatsanfang; **di ~ in ~** von Monat zu Monat; **~ per ~** monatsweise; **nel ~ di agosto** im August; **essere (incinta) di tre -i** im dritten Monat (schwanger) sein ♦ **al ~** monatlich, im Monat
me·sen·te·re [-ɛ-] M Gekröse *n*
★**mes·sa**[1] [-e-] F Messe *f*, Gottesdienst *m*: **andare a ~** zur Messe gehen; **dire la ~** die Messe lesen ♦ **~ cantata** Hochamt *n*; **~ di mezzanotte** Mitternachtsmesse *f*; **~ di Natale** Christmette *f*
mes·sa[2] [-e-] F **~ in atto** Vollziehung *f*; **~ in azione** Inbetriebnahme *f*; **~ in conto** Inrechnungstellung *f*; FOTO **~ a fuoco** Scharfeinstellung *f*; **~ in moto** Ingangsetzen *n*; **~ in opera** Installation *f*; **fare la ~ in piega** (die Haare) legen; **~ in pratica** Realisierung *f*; **~ a punto** Einstellung *f*; **~ in scena** Inszenierung *f*; **~ a terra** Erdung *f*
mes·sag·ge·ro [-ɛ-] M, **-a** F Bote *m*, -tin *f*
mes·sag·gia·re ⟨1f⟩ A V/I ⟨av⟩ simsen B V/PR **-rsi** sich simsen, sich SMS schicken
mes·sag·gi·no M SMS *f*
★**mes·sag·gio** M 1 Nachricht *f*: **si prega di lasciare un ~ (dopo il segnale acustico)** hinterlassen Sie bitte eine Nachricht (nach dem Pfeifton) 2 Botschaft *f* 3 Aussage *f*: **il ~ di un film** die Aussage eines Films 4 IT Meldung *f*: **~ di errore** Fehlermeldung *f* ♦ **~ di posta elettronica** E-mail *f*; **~ via SMS** SMS-Mitteilung *f*
mes·sa·le M Messbuch *n*, Missal *n*
mes·se [-ɛ-] F 1 Getreide *n*, Korn *n* 2 Ernte *f*
mes·si·a M 1 REL Messias *m* 2 *fig* Erlöser *m*, Befreier *m*
mes·sia·ni·co ADJ messianisch
mes·si·ca·no A ADJ mexikanisch B M, **-a** F Mexikaner *m*, -in *f*
Mes·si·co [-ɛ-] M Mexiko *n*
Mes·si·na F Messina *n* **mes·si·ne·se** [-e-] A ADJ aus, von Messina B M/F Bewohner *m*, -in *f* von Messina
mes·sin·sce·na [-ɛ-] F 1 Inszenierung *f* 2 *fig* Theater *n*
mes·so[1] [-e-] PPERF **ben ~** 1 robust 2 gut angezogen ♦ **mal ~** → malmesso
mes·so[2] [-e-] M 1 Bote *m* 2 Amtsdiener *m* ♦ **~ comunale** Gemeindediener *m*
me·sta·re ⟨1a⟩ A V/T (um)rühren, mischen B V/I ⟨av⟩ Ränke schmieden **me·sta·to·re** [-o-] M, **-tri·ce** F Intrigant *m*, -in *f*
me·sti·ca [-ɛ-] F 1 Grundierung *f* 2 Grundfarbe *f* **me·sti·ca·re** V/T ⟨1b u. l⟩ 1 (*preparare la tela*) grundieren 2 (*mescolare i colori*) mischen
me·stie·ran·te M/F Pfuscher *m*, -in *f*
★**me·stie·re** [-ɛ-] M Handwerk *n*, Beruf *m*: **il ~ di sarto** das Schneiderhandwerk; **che ~ fa?** was ist er von Beruf?; **di ~ fa il medico** er ist Arzt von Beruf ♦ **a ciascuno il suo ~** Schuster, bleib bei deinen Leisten; **essere del ~** vom Fach sein; **fare i -i** die Hausarbeit machen; **ferri del ~** Handwerkszeug *n*, Utensilien *pl*
me·sti·zia F Wehmut *f*
me·sto [-ɛ-] ADJ wehmütig, traurig, betrübt ♦ **nel ~ ricordo** im stillen Gedenken
me·sto·la [-e-] F 1 Schöpfkelle *f* 2 Maurerkelle *f* ♦ **~ bucata** Schaumlöffel *m*
me·sto·lo [-e-] M Schöpfkelle *f*

M

me·strua·le ADJ menstrual, Menstruations- **me·strua·zio·ne** [-o-] F Menstruation *f*, Regel *f*, Periode *f*

me·ta [-ɛ-] F Ziel *n* ♦ ~ **finale** Endziel *n*

★**me·tà** [-e-] F ⟨*inv*⟩ Hälfte *f*; Mitte *f*: **in ~ tempo** in der Hälfte der Zeit; **a ~ mese** in der Mitte des Monats ♦ **a ~** halb, zur Hälfte; **~ (dell') anno** Halbjahr *n*; **dire le cose a ~** sich vage ausdrücken; **dividere a** (*od* **per**) **~** halbieren; *umg* **la mia dolce ~** meine bessere Hälfte; **fare a ~ con qn** mit j-m gerecht teilen; **per ~** zur Hälfte, halb; **pieno a ~** halb voll; **a ~ prezzo** zum halben Preis; **a ~ strada** auf halbem Weg; **~ vuoto** halb leer

me·ta·bo·li·smo [-zmo] M Stoffwechsel *m* **me·ta·bo·liz·za·re** V/T ⟨1a⟩ assimilieren (*a. fig*)

me·ta·car·po M Mittelhand *f*

me·ta·do·ne [-o-] M Methadon *n*

me·ta·fi·si·ca F Metaphysik *f* **me·ta·fi·si·co** ADJ **1** metaphysisch **2** *fig* abstrus

me·ta·fo·ra F Metapher

me·ta·fo·ri·co [-ɔ-] ADJ metaphorisch

me·tal de·tec·tor [-ɛ-] M ⟨*inv*⟩ Metallsuchgerät *n*

me·ta·lin·guag·gio M Metasprache *f*

me·tal·la·ro M, **-a** F Heavy-Metal-Rocker *m*, -in *f*

me·tal·li·co ADJ **1** Metall-, metallen: **filo ~** Metalldraht *m* **2** *fig* metallisch: **suono ~** metallischer Klang *m* **me·tal·li·fe·ro** ADJ **1** erzhaltig, Erz- **2** metallhaltig **me·tal·liz·za·to** ADJ **1** metallisiert **2** metallic, Metallic-: **blu ~** Metallicblau *n*

★**me·tal·lo** M Metall *n* ♦ **di ~** aus Metall; **~ leggero** Leichtmetall *n*; **~ pesante** Schwermetall *n*; **~ prezioso** Edelmetall *n*; *fig* **il vile ~** der schnöde Mammon

me·tal·loi·de [-ɔ-] M Nichtmetall *n*

me·tal·lur·gi·a F Hüttenkunde *f* **me·tal·lur·gi·co** ADJ metallurgisch, Metall-, Hütten- **me·tal·mec·ca·ni·co** **A** ADJ Metall- und Maschinenbau-: **industria -a** Metall verarbeitende Industrie *f* **B** M, **-a** F Metallarbeiter *m*, -in *f*

me·ta·mor·fi·co [-ɔ-] ADJ metamorphisch **me·ta·mor·fo·si** [-ˈmɔrfozi] F **1** BIOL Metamorphose *f* **2** *fig* Verwandlung *f*: **subire una ~** eine Verwandlung durchmachen

me·ta·no M Methan *n*; Erdgas *n* ♦ **riscaldamento a ~** Erdgasheizung *f*

me·ta·no·dot·to [-o-] M Erdgaspipeline *f*

me·ta·no·lo [-ɔ-] M Methanol *n*

me·ta·sta·si F ⟨*inv*⟩ Metastase *f*

me·ta·tar·so [-s-] M Mittelfuß *m*

me·tem·psi·co·si [-ozi] F ⟨*inv*⟩ Seelenwanderung *f*

me·te·o·e·co·lo·gi·a F Klimaökologie *f*

me·te·o·ra [-ɛ-] F Meteor *m*; Sternschnuppe *f* **me·te·o·ri·te** M *od* F Meteorit *m*

me·te·o·ro·lo·gi·a F Meteorologie *f* **me·te·o·ro·lo·gi·co** [-ɔ-] ADJ meteorologisch, Wetter-: **bollettino ~** Wetterbericht *m*; **condizioni -che** Wetterlage *f*; **previsioni -che** Wettervorhersage *f* **me·te·o·ro·lo·go** [-ɔ-] M, **-a** F Meteorologe *m*, -login *f* **me·te·o·ro·pa·ti·a** F Wetterfühligkeit *f* **me·te·o·ro·pa·ti·co** ADJ wetterfühlig

me·tic·cio M, **-a** F Mestize *m*, -zin *f*

me·ti·co·lo·si·tà F ⟨*inv*⟩ **1** Gewissenhaftigkeit *f*, Sorgfältigkeit *f* **2** Genauigkeit *f*

me·ti·co·lo·so [-ozo] ADJ **1** gewissenhaft, sorgfältig **2** penibel, peinlich genau

me·ti·le M Methyl *n*

me·ti·li·co ADJ Methyl-

me·to·di·ca [-ɔ-] F Methodik *f*

me·to·di·ci·tà F ⟨*inv*⟩ Methodik *f*

me·to·di·co [-ɔ-] ADJ methodisch, systematisch ♦ **vita -a** geordnetes Leben *n*

me·to·di·sta M/F Methodist *m*, -in *f*

me·to·do [-ɛ-] M Methode *f* ♦ **avere ~** methodisch sein, vorgehen; **con ~** methodisch; **mancanza di ~** Planlosigkeit *f*; **privo di ~** planlos, unmethodisch

me·to·do·lo·gi·a F Methodologie *f* **me·to·do·lo·gi·co** [-ɔ-] ADJ methodologisch

me·trag·gio M **1** Messen *n* nach Metern **2** Länge *f* in Metern **me·tra·tu·ra** F **1** **~ di una stoffa** Stoffmenge *f* **2** (*ampiezza in metri*) Ausmaß *n*, Größe *f*

me·tri·ca [-ɛ-] F Metrik *f*, Verslehre *f*

me·tri·co [-ɛ-] ADJ **1** Mess-: **sistema ~** Messsystem *n* **2** (*della metrica*) metrisch

★**me·tro**[1] [-ɛ-] M **1** Meter *m od n* **2** (Zenti)Metermaß *n* **3** Maß *n*, Maßstab *m*: **giudicare tutti con lo stesso ~** alle nach demselben Maßstab messen **4** Versmaß *n* ♦ **~ cubo** Kubikmeter *m*; **~ a nastro** Messband *n*, Bandmaß *n*; **~ pieghevole**

Zollstock *m*; ~ **quadrato** (*od* **quadro**) Quadratmeter *m*

me·tro[2] [-e-] F ⟨*inv*⟩ *umg*, **me·trò** [-o] M ⟨*inv*⟩ *umg* U-Bahn *f*

me·tro·lo·gi·a F 1 Metrologie *f* 2 Metrik *f* **me·tro·no·mo** [-ɔ-] M Metronom *n*

me·tro·not·te [-ɔ-] M ⟨*inv*⟩ Nachtwächter *m*, -in *f*

me·tro·po·li [-ɔ-] F ⟨*inv*⟩ Weltstadt *f*, Metropole *f*

me·tro·po·li·ta M Metropolit *m*

★**me·tro·po·li·ta·na** F Untergrundbahn *f* **me·tro·po·li·ta·no** ADJ weltstädtisch, Großstadt

★**met·te·re** [-e-] ⟨3ee⟩ V/T 1 setzen; stellen; legen (*a. fig*): ~ **qn alla direzione di un'impresa** j-n an die Spitze eines Unternehmens stellen 2 befestigen, anbringen: ~ **una targa alla porta** ein Schild an der Tür befestigen 3 (an-, aus)hängen 4 (an)kleben 5 stecken: ~ **la spina nella presa** den Stecker in die Steckdose stecken 6 *umg* tun, geben: ~ **zucchero nel caffè** Zucker in den Kaffee tun; ~ **sete** Durst machen 7 anziehen; (*in testa*) aufsetzen 8 einbauen, anschließen führen: **l'uscio mette sul cortile** der Ausgang führt in den Hof ♦ ~ **in conto qc** etw in Rechnung stellen; ~ **giù** abstellen; ~ **giù la cornetta** den Hörer auflegen; **metti giù le mani!** nimm deine Hände weg!; **mettiamo** (*od* **metti**) **che** ... angenommen, dass ...; **metterci** brauchen; **quanto ci metti a finire?** wie lange brauchst du noch, bis du fertig bist?; ~ **in moto** in Gang setzen (*a. fig*); ~ **qc in ordine** etw in Ordnung bringen; ~ **da parte** wegtun; (*soldi ecc.*) auf die Seite legen; *fig* (*rancori ecc.*) beiseitelassen; *fig* ~ **in piedi qc** etw auf die Beine stellen; ~ **a posto** in Ordnung bringen, aufräumen; ~ **in pratica** in die Tat umsetzen; ~ **radici** Wurzeln schlagen (*a. fig*); *umg* ~ **su un locale** ein Lokal aufmachen; ~ **su famiglia** eine Familie gründen; ~ **su peso** zunehmen; ~ **su il caffè** den Kaffee aufsetzen

★**met·ter·si** ['mettersi] V/PR ⟨3ee⟩ 1 sich stellen 2 sich legen 3 sich setzen: ~ **a tavola** sich zu Tisch setzen 4 (sich) stecken 5 sich (*dat*) anziehen 6 sich (*dat*) aufsetzen 7 ~ **a fare qc** anfangen, etw zu tun 8 sich entwickeln 9 ~ **bene/male** schlecht/gut stehen ♦ ★~ **d'accordo** (**con qn**) sich (mit j-m) einigen; ~ **in cammino** sich auf den Weg machen; *umg* ~ **con qn** sich mit j-m zusammentun; ~ **in fila** sich anstellen; ~ **in moto** (*motore*) anspringen; *fig* sich in Bewegung setzen; ~ **sdraiato** sich hinlegen; ~ **a sedere** (*od* **seduto**) sich hinsetzen

mez·za [-ɛ-] F halbe Stunde *f*; halb: **sono le quattro e** ~ es ist halb fünf

mez·za·car·tuc·cia F *fig* Niete *f*

mez·za·dri·a F Halbpacht *f*

mez·za·dro M, **-a** F Halbpächter *m*, -in *f*

mez·za·lu·na F 1 Halbmond *m* 2 Wiegemesser *n* **mez·za·ma·ni·ca** F 1 Ärmelschoner *m* 2 *pej* Büromensch *m*

mez·za·ni·no M Zwischengeschoss *n*

mez·za·no A ADJ mittlere, Mittel- B M, **-a** F Kuppler *m*, -in *f*

★**mez·za·not·te** [-ɔ-] F Mitternacht *f*

mez·z'a·ria: **a** ~ auf halber Höhe: *fig* **discorsi a** ~ unklare Aussagen *pl* **mezz'asta**: **bandiera a** ~ Fahne *f* auf halbmast

mez·za·tin·ta F Zwischenfarbe

mez·ze·ri·a F Mittelstreifen *m*

★**mez·zo**[1] [-ɛ-] A ADJ halb: **-a porzione** halbe Portion *f* B ADV halb: ~ **addormentato** halb eingeschlafen C M 1 Hälfte *f* 2 Mitte *f* ♦ **corsia di** ~ Mittelspur *f*; **di -a età** mittleren Alters; **lavorare -a giornata** halbtags arbeiten; ★ **in** ~ **a qc** mitten in, auf etw (*dat*); **uno e** ~ eineinhalb; **via di** ~ Mittelweg *m*

★**mez·zo**[2] [-ɛ-] M 1 Mittel *n* 2 Fahrzeug *n* 3 öffentliches Verkehrsmittel *n* ♦ **a** ~ durch; **a** ~ **corriere** durch einen Boten; **a** ~ **posta** per Post; **per** ~ **di qn/qc** durch j-n/etw; **-i di sussistenza** Lebensunterhalt *m*; ~ **di trasporto** Verkehrsmittel *n*; **il fine giustifica i -i** der Zweck heiligt die Mittel

mez·zo·bu·sto M/F 1 **mezzobusto** *m* Büste *f* 2 TV *hum* Fernsehansager *m*, -in *f*, Sprecher *m*, -in *f*

mez·zo·dì M → mezzogiorno

mez·zo·fon·di·sta M/F Mittelstreckenläufer *m*, -in *f* **mez·zo·fon·do** [-o-] M Mittelstreckenlauf *m*

★**mez·zo·gior·no** [-o-] M 1 Mittag *m* 2 Süden *m* **mez·zo·guan·to** M fingerloser Handschuh *m* **mez·zo·pun·to** M Gobelinstich *m*

★**mez·zo·ra** [-o-] F halbe Stunde *f*

mez·zo·ri·lie·vo [-ɛ-] M Halbrelief *n*

mez·zo·san·gue [-s-] M/F ⟨*inv*⟩ 1 (*cavallo*) **mezzosangue** *m inv* Halbblut *n* 2 (*meticcio*) Mischling *m* **mez·zo·so-**

M

 **mi → me**

mi wird zu **me**, wenn es in Verbindung mit **lo**, **la**, **le**, **li** oder **ne** verwendet wird. Genau so verhalten sich auch alle anderen aufgeführten Pronomen:

+	lo	la	li	le	ne
mi	**me lo**	**me la**	**me li**	**me le**	**me ne**
ti	**te lo**	**te la**	**te li**	**te le**	**te ne**
gli/le/Le	**glielo**	**gliela**	**glieli**	**gliele**	**gliene**
ci	**ce lo**	**ce la**	**ce li**	**ce le**	**ce ne**
vi	**ve lo**	**ve la**	**ve li**	**ve le**	**ve ne**
si	**se lo**	**se la**	**se li**	**se le**	**se ne**

pra·no [-s-] M/F Mezzosopran *m*

mez·zuc·cio M fauler Trick *m*: **ricorrere a dei -ci** faule Tricks anwenden

★**mi**[1] PERS PR ⟨*sg*⟩ mich; mir: **il rumore ~ disturba** der Lärm stört mich; **~ sembra che piova** mir scheint, es regnet; **~ pettino** ich kämme mich ♦ **eccomi!** hier bin ich!; **statemi bene!** lasst es euch gut gehen!

mi[2] M ⟨*inv*⟩ MUS E, e *n*: **~ maggiore** E-Dur *n*; **~ minore** e-Moll *n*; **~ bemolle** Es, es *n*

mia·go·la·re V/I ⟨1l; av⟩ **1** miauen **2** jammern **mia·go·li·o** M Miauen *n*

mia·sma [-zma] M **1** Gifthauch *m* **2** Gestank *m*

mi·ca[1] ADV *umg* **1** ja, doch, gar: **non sono ~ un bambino** ich bin doch kein Kind **2** (gar) nicht, kein: **~ male** nicht übel **3** zufällig: **hai ~ visto il mio ombrello?** du hast nicht zufällig meinen Schirm gesehen?

mi·ca[2] F MINER Glimmer *m*

mic·cia F Zündschnur *f*, Lunte *f*

mi·ci·dia·le ADJ **1** tödlich **2** (*insopportabile*) mörderisch

mi·cio M, **-a** F *umg* Mieze *f*

mi·co·lo·gi·a F Pilzkunde *f*

mi·co·si [-ɔ-] F ⟨*inv*⟩ Mykose *f*, Pilzkrankheit *f*

mi·cro·bio·lo·gi·a F Mikrobiologie *f*

mi·cro·bo M Mikrobe *f*

mi·cro·ca·me·ra F Kleinbildkamera *f*

mi·cro·chip [-'tʃip] M ⟨*inv*⟩ Mikrochip *m* **mi·cro·chi·rur·gi·a** F Mikrochirurgie *f* **mi·cro·comput·er** [-'pju-] M ⟨*inv*⟩ Mikrocomputer *m* **mi·cro·co·smo** [-kɔzmo] M Mikrokosmos *m* (*a. fig*) **mi·cro·cri·mi·na·li·tà** F, **mi·cro·de·lin·quen·za** [-ɛ-] F Kleinkriminalität *f* **mi·cro·e·le·men·to** [-e-] M Spurenelement *n* **mi·cro·e·let·tro·ni·ca** [-ɔ-] F Mikroelektronik *f* **mi·cro·fi·bra** F Mikrofaser *f* **mi·cro·fi·che** [-'fiʃ] F ⟨*inv*⟩ Mikrofiche *m od n* **mi·cro·film** M ⟨*inv*⟩ Mikrofilm *m*

mi·cro·fo·ni·sta M/F Tontechniker *m*, -in *f* **mi·cro·fo·no** [-ɔ-] M Mikrofon *n*: **parlare al ~** ins Mikrofon sprechen

mi·cro·gram·mo M Mikrogramm *n*

mi·cro·let·to·re [-o-] M Lesegerät *n*

mi·cro·me·tro [-ɔ-] M Mikrometer *n*

mi·cro·mo·to·re [-o-] M Kleinstmotor *m*

Mi·cro·ne·sia [-e-] F Mikronesien *n*

★**mi·cro·on·da** [-o-] F Mikrowelle *f*: **forno a -e** Mikrowellenherd *m*

mi·cro·or·ga·ni·smo [-zmo] M Mikroorganismus *m* **mi·cro·pro·ces·so·re** [-o-] M Mikroprozessor *m* **mi·cro·pro·gram·ma** M Mikroprogramm *n* **mi·cro·sche·da** [-ɛ-] F Mikrokarte *f*

mi·cro·sco·pi·co [-ɔ-] ADJ **1** mikroskopisch **2** winzig **mi·cro·sco·pio** [-ɔ-] M Mikroskop *n*: **~ elettronico** Elektronenmikroskop *n*; **guardare qc al ~** etw durch das Mikroskop betrachten; *fig* etw unter die Lupe nehmen

mi·cro·sol·co [-'so-] M Mikrorille *f*; (*disco*) Langspielplatte *f* **mi·cro·son·da** [-'so-] F Mikrosonde *f* **mi·cro·spi·a** F Abhörwanze *f*

mi·cro·te·le·fo·no [-ɛ-] M **1** Telefonhörer *m* **2** Headset *n*

mi·dol·la·re ADJ Rückenmark-

mi·dol·lo [-o-] M ⟨-a *fpl*⟩ Mark *n* (*a.* BOT) ♦ *fig* **essere senza ~** kein Rückgrat haben

mi·e, miei [-ɛ-] → mio

★**mie·le** [-ɛ-] M Honig *m*: **~ d'api** Bienenhonig *m*

mie·lo·ma [-ɔ-] M Knochenmarkstumor *m*

mie·lo·so [-o-] ADJ süßlich (*a. fig*)

mie·te·re [-ɛ-] V/T ⟨3a⟩ **1** (*grano*) mähen, ernten **2** *fig* (*vite*) hinwegraffen **3** *fig* ernten: **~ successi** Beifall ernten

mie·ti·to·re [-o-] M, **-tri·ce** F Mäher *m*, -in *f*, Schnitter *m*, -in *f* **mie·ti·treb·bia·tri·ce** F Mähdrescher *m* **mie·ti·tri·ce** F (*macchina*) Ernte-, Mähmaschine *f* **mie·ti·tu·ra** F **1** Mähen *n* **2** Erntezeit *f* **3** Ernte *f*

mi·glia·io M ⟨-a *fpl*⟩ Tausend *n* ★ **un ~ di ...** etwa tausend ...; **a -ia** zu Tausenden

mi·glio[1] M ⟨-a *fpl*⟩ Meile *f* ♦ **essere lontani mille -a dalla verità** meilenweit von der Wahrheit entfernt sein

mi·glio[2] M BOT Hirse *f*

mi·glio·ra·men·to [-e-] M (Ver)Besserung *f*: **in via di ~** auf dem Weg der Besserung

★**mi·glio·ra·re** ⟨1a⟩ **A** V/T (ver)bessern **B** V/I ⟨es⟩ **1** besser werden, sich (ver)bessern **2** besser gehen **C** V/PR **-rsi** sich (ver)bessern

★**mi·glio·re** [-o-] ⟨*komp u. sup von* **buono**⟩ **A** ADJ **1** besser: **una situazione ~** eine bessere Lage *f* **2** beste: **la mia ~ amica** meine beste Freundin; **far registrare il miglior tempo** seine Bestzeit erzielen **3** günstiger: **un prezzo ~** ein günstigerer Preis *m* **4** günstigste: **l'offerta ~** das günstigste Angebot **B** M/F Beste *m/f* ♦ (**con**) **i miei -i auguri** (mit) meine(n) besten Glückwünsche(n)

mi·glio·ri·a F Verbesserung *f*

mi·gno·lo M (*della mano*) kleiner Finger *m*; (*del piede*) kleine Zehe *f*

mi·gnot·ta [-ɔ-] F *vulg* Hure *f*

mi·gra·re V/I ⟨1a; av⟩ **1** wandern **2** ZOOL ziehen **mi·gra·to·re** [-o-] ADJ Wander-: **uccello ~** Zugvogel *m* **mi·gra·to·rio** [-ɔ-] ADJ Wander-, Migrations- **mi·gra·zio·ne** [-o-] F Wanderung *f*: **~ dei popoli** Völkerwanderung *f*

mi·la·ne·se [-e-] **A** ADJ Mailänder **B** M/F Mailänder *m*, -in *f* ♦ GASTR **cotoletta alla ~** = *Wiener Schnitzel*; **risotto alla ~** Risotto *m* mit Safran

Mi·la·no F Mailand *n*

mi·liar·da·rio **A** ADJ **1** Milliarden- **2** (*straricco*) milliarden-, millionenschwer **B** M, **-a** F **1** Milliardär *m*, -in *f* **2** (*chi è straricco*) Millionär *m*, -in *f* ♦ **furto ~** Millionenraub *m*

mi·liar·de·si·mo [-ɛ-] **A** ADJ milliardste **B** M, **-a** F **1** Milliardste *m/f* **2** **miliardesimo** *m* Milliardstel *n*

★**mi·liar·do** M Milliarde *f*

mi·lia·re ADJ Meilen-: **pietra ~** Meilenstein *m* (*a. fig*)

mi·lio·na·rio **A** ADJ **1** millionenschwer **2** Millionen-: **importo ~** Millionenbetrag *m* **B** M, **-a** F Millionär *m*, -in *f*

★**mi·lio·ne** [-o-] M Million *f*

mi·lio·ne·si·mo [-ɛ-] **A** ADJ millionste **B** M, **-a** F **1** Millionste *m/f* **2** **milionesimo** *m* Millionstel *n*

mi·li·tan·te **A** ADJ militant, kämpferisch **B** M/F Aktivist *m*, -in *f* **mi·li·tan·za** F Militanz *f*, Aktivismus *m*

mi·li·ta·re[1] **A** ADJ Militär-, militärisch **B** M Soldat *m*

mi·li·ta·re[2] V/I ⟨1l; av⟩ **1** seinen Wehrdienst leisten **2** **~ a favore di qn/qc** sich für j-n/etw einsetzen; **~ in un movimento** in einer Bewegung aktiv sein **mi·li·ta·re·sco** [-e-] ADJ soldatisch, Soldaten-

mi·li·ta·ri·sta **A** ADJ militaristisch **B** M/F Militarist *m*, -in *f* **mi·li·ta·ri·sti·co** ADJ militaristisch

mi·li·ta·riz·za·re V/T ⟨1a⟩ **1** militarisieren **2** (militärisch) befestigen **mi·li·ta·riz·za·zio·ne** [-o-] F Militarisierung *f*

mi·li·te M Soldat *m*: **il Milite Ignoto** der Unbekannnte Soldat **mi·li·te·sen·te** [-e'zɛ-] ADJ (von der Wehrpflicht) freigestellt

mi·li·zia F **1** Militär *n* **2** (*truppe speciali*) Miliz *f* **3** (*esercito*) Armee *f*, Heer *n* **mi·li·zia·no** M, **-a** F **1** HIST Milizsoldat *m*, -in *f* **2** Milizionär *m*, -in *f*

mil·lan·ta·re ⟨1a⟩ **A** V/T **~ qc** mit etw prahlen **B** V/PR **-rsi di qc** mit etw prahlen

mil·lan·ta·to·re [-o-] M, **-tri·ce** F Prahler *m*, -in *f*, Angeber *m*, -in *f* **mil·lan·te·ri·a** F Prahlerei *f*

★**mil·le** **A** ADJ ⟨*inv*⟩ tausend: **~ grazie** tausend Dank **B** M Tausend *f od n* **mil·le·na·rio** **A** ADJ tausendjährig **B** M Tausendjahrfeier *f*

mil·len·nio [-ɛ-] M Jahrtausend *n*

mil·le·pie·di [-ɛ-] M ⟨*inv*⟩ Tausendfüßler *m*

mil·le·si·mo [-ɛ-] ADJ **A** tausendste **B** M, **-a** F **1** Tausendste *m/f* **2** **millesimo** *m* Tausendstel *n*

mil·li·gram·mo M Milligramm *n*

mil·li·me·tra·to ADJ **carta -a** Millimeterpapier *n*

mil·li·me·tri·co [-ɛ-] ADJ **1** Millimeter- **2** millimeterlang, -groß **3** *fig* millimetergenau: **manovra -a** Millimeterarbeit *f*

★**mil·li·me·tro** M Millimeter *m*

mil·li·rem [-ɛ-] M ⟨*inv*⟩ Millirem *n*

mil·za F Milz *f*

mi·ma·re VT ⟨1a⟩ mimen, nachahmen **mi·me·ti·co** [-ɛ-] ADJ **1** **abilità -a** Nachahmungsfähigkeit *f* **2** ZOOL mimetisch **3** **tuta -a** Tarnanzug *m* **mi·me·ti·smo** [-zmo] M **1** BIOL Mimikry *f* **2** *fig* Anpassungsfähigkeit *f*

mi·me·tiz·za·re ⟨1a⟩ **A** VT tarnen **B** VPR **-rsi** **1** sich tarnen **2** ZOOL sich anpassen (*a. fig*) **mi·me·tiz·za·to** ADJ Tarn- **mi·me·tiz·za·zio·ne** [-o-] F **1** Tarnung *f* **2** ZOOL Mimese *f*

mi·mi·ca F Mimik *f*: **~ facciale** Mimik *f*; **~ corporea** Gestik *f* **mi·mi·co** ADJ mimisch

mi·mo M **1** Mime *m* **2** Pantomime *f*

mi·mo·sa [-o-] F Mimose *f*

mi·na F **1** Mine *f* **2** Bleistiftmine *f* ♦ **~ antiuomo** Tretmine *f*, Antipersonenmine *f*; **~ terrestre** Landmine *f*; *fig* **essere una ~ vagante** ein wandelndes Pulverfass sein

mi·nac·cia F **1** (Be)Drohung *f* **2** Gefahr *f*

★**mi·nac·cia·re** VT ⟨1f⟩ **1** (an-, be)drohen: **~ qn** j-n bedrohen **2** *fig* gefährden: **~ la stabilità economica** die wirtschaftliche Stabilität gefährden **mi·nac·cio·so** [-o-] ADJ **1** drohend **2** bedrohlich

mi·na·re VT ⟨1a⟩ **1** MIL verminen **2** *fig* unterminieren, untergraben **3** **~ qc** etw (*dat*) schaden: **~ la salute** der Gesundheit schaden

mi·na·re·to [-e-] M Minarett *n*

mi·na·to ADJ **1** Minen-: **campo ~** Minenfeld *n* **2** *fig* (*salute*) angegriffen

mi·na·to·re [-o-] M, **-tri·ce** F Bergarbeiter *m*, -in *f*, Bergmann *m*

mi·na·to·rio [-ɔ-] ADJ Droh-: **lettera -a** Drohbrief *m*; **telefonata -a** Drohanruf *m*

min·chia *vulg* **A** F Schwanz *m* **B** INT **~!** Scheiße! **min·chia·ta** F *vulg* Scheiß (-dreck) *m* **min·chio·ne** [-o-] M, **-a** F *vulg* Idiot *m*, -in *f*

mi·ne·ra·le **A** ADJ mineralisch, Mineral- **B** M Mineral *n* ♦ **acqua ~ (non) gassata** Mineralwasser *n* mit (ohne) Kohlensäure

mi·ne·ra·liz·za·re VT ⟨1a⟩ mineralisieren **mi·ne·ra·liz·za·zio·ne** [-o-] F Mineralisierung *f*

mi·ne·ra·lo·gi·a F Mineralogie *f* **mi·ne·ra·lo·gi·co** [-ɔ-] ADJ mineralogisch **mi·ne·ra·lo·gi·sta** M/F Mineraloge *m*, -login *f*

mi·ne·ra·rio ADJ **1** Berg(bau, werks)- **2** Erz-: **giacimento ~** Erzvorkommen *n*

mi·ner·va [-ɛ-] M ⟨*inv*⟩ Zündholz *n*

★**mi·ne·stra** [-ɛ-] F Suppe *f*: **~ di verdure** Gemüsesuppe *f*; **~ in scatola** Dosensuppe *f*; **~ liofilizzata** Tütensuppe *f* ♦ *fig* **~ riscaldata** aufgewärmter Kaffee *m*

mi·ne·stri·na F Nudelsuppe *f* **mi·ne·stro·ne** [-o-] M **1** GASTR = *dicke Gemüsesuppe* **2** *fig* **far di tutto un ~** alles durcheinanderbringen

min·gher·li·no ADJ schmächtig

mi·ni **A** ADJ ⟨*inv*⟩ Mini- **B** F ⟨*inv*⟩ Minirock *m*

mi·ni·a·bi·to M Minikleid *n*

mi·nia·re VT ⟨1k⟩ mit Miniaturen verzieren **mi·nia·to·re** [-o-] M, **-tri·ce** F Miniaturmaler *m*, -in *f* **mi·nia·tu·ra** F **1** Miniaturmalerei *f* **2** Miniatur *f* ♦ **in ~** Modell-; **ferrovia in ~** Modelleisenbahn *f*

mi·nia·tu·ri·sta M/F Miniaturmaler *m*, -in *f* **mi·nia·tu·ri·sti·co** ADJ **1** Miniatur- **2** *fig* detailliert **mi·nia·tu·riz·za·re** VT ⟨1a⟩ miniaturisieren

mi·ni·bar M ⟨*inv*⟩ Minibar *f* **mi·ni·bus** M ⟨*inv*⟩ Mini-, Kleinbus *m* **mi·ni·cal·co·la·to·re** [-o-] → minicomputer **mi·ni·cas·set·ta** [-e-] F Minikassette *f* **mi·ni·com·put·er** [-ˈpju-] M ⟨*inv*⟩ Kleincomputer *m*, Minicomputer *m*

mi·nie·ra [-ɛ-] F **1** Mine *f*, Bergwerk *n*, Grube *f* **2** *fig* unerschöpfliche Quelle *f* ♦ **~ d'oro** Goldmine *f*; *fig* Goldgrube *f*

mi·ni·golf [-ɔ-] M ⟨*inv*⟩ Minigolf *n*

mi·ni·gon·na [-ɔ-] F Minirock *m*

mi·ni·ma·le ADJ **1** Mindest- **2** **arte ~** Minimal Art *f* **mi·ni·ma·li·sta** **A** ADJ (*architettura, cultura, design*) minimalistisch **B** M/F Minimalist *m*, -in *f* **mi·ni·ma·li·sti·co** ADJ minimalistisch **mi·ni·ma·men·te** [-e-] ADV **1** im Geringsten **2** überhaupt nicht, keineswegs

mi·ni·mar·ket M ⟨*inv*⟩ kleiner Supermarkt *m*

mi·ni·miz·za·re VT ⟨1a⟩ **1** auf ein Minimum senken **2** MATH, IT minimieren **3** *fig* bagatellisieren, verniedlichen

mi·ni·mo ⟨*sup von* piccolo⟩ **A** ADJ **1** geringst, Mindest-: **età -a** Mindestalter *n*; **tariffa ~** Mindesttarif *m*; **non fare il ~ sforzo per …** sich (*dat*) nicht die geringste Mühe geben, um … **2** minimal: **perdita -a** minimaler Verlust *m* **3** Tiefst-: **livello ~** Tiefstand *m* **B** M **1** Minimum *n*: **un ~ di prudenza** ein Minimum an Vorsicht **2** AUTO Standgas *n* **3** Grundlohn *m*: **~ salariale** Mindestlohn *m* **4** WIRTSCH Tiefstwert *m* ♦ **al ~** mindestens; **come ~** zumindest, wenigstens; **il ~ indispensabile** das Allernötigste; **nei -i particolari** in allen Einzelheiten

mi·ni·ste·ria·le A ADJ 1 ministeriell, Ministerial-, Minister- 2 Kabinetts-: **crisi ~** Kabinettskrise *f* B M/F (**funzionario**) ~ Ministerialbeamte *m*, -beamtin *f*

★**mi·ni·ste·ro** [-ɛ-] M 1 Ministerium *n* 2 Regierung *f*, Kabinett *n* 3 Ministeramt *n* ♦ **Ministero degli (Affari) Esteri** Auswärtiges Amt *n*; **Ministero dell'Ambiente e della Tutela del Territorio** Umweltministerium *n*, Ministerium *n* für Umwelt und Naturschutz; **Ministero dei Beni e delle Attività Culturali** Ministerium *n* für Kultur; **Ministero del Commercio Internazionale** Außenhandelsministerium *n*; **Ministero delle Comunicazioni** Ministerium *n* für Telekommunikation; **Ministero della Difesa** Verteidigungsministerium *n*; **Ministero dell'Economia e delle Finanze** Wirtschafts- und Finanzministerium *n*; **Ministero della Giustizia** Justizministerium *n*; **Ministero dell'Interno** Innenministerium *n*; **Ministero del Lavoro e della Previdenza Sociale** Ministerium *n* für Arbeit und Soziales; **Ministero delle Politiche Agricole Alimentari e Forestali** Ministerium *n* für Ernährung, Landwirtschaft und Verbraucherschutz; **Ministero della Pubblica Istruzione** Ministerium *n* für Bildung; **Ministero della Salute** Gesundheitsministerium *n*; **Ministero della Solidarietà Sociale** Ministerium *n* für Soziales; **Ministero per lo Sviluppo Economico** Ministerium *n* für wirtschaftliche Entwicklung; **Ministero dei Trasporti** Verkehrsministerium *n*; **Ministero dell'Università e della Ricerca** Ministerium *n* für Wissenschaft und Forschung; JUR **Pubblico Ministero** Staatsanwalt *m*

★**mi·ni·stro** M, **-a** F Minister *m*, -in *f* ♦ **consiglio dei -i** Ministerrat *m*; **Ministro della Difesa** Verteidigungsminister *m*; **primo ~** Premierminister *m*

★**mi·no·ran·za** F Minderheit *f*

mi·no·ra·to A ADJ behindert B M, **-a** F Behinderte *m/f* **mi·no·ra·zio·ne** [-o-] F 1 Herabsetzung *f* 2 Einschränkung *f* 3 Behinderung *f*

Mi·nor·ca [-ɔ-] F Menorca *n*

mi·no·re [-o-] ⟨*komp von* piccolo⟩ A ADJ 1 kleiner: **~ di …** kleiner als … 2 kleinste 3 geringer 4 geringste 5 niedriger 6 niedrigste 7 (*tempo*) kürzer 8 kürzestmöglich 9 jünger: **suo fratello ~** sein jüngerer Bruder *m* 10 *fig* **scrittore ~** weniger bedeutender Schriftsteller *m*; **problema ~** kleineres Problem *n* 11 MUS Moll: **do ~** c-Moll B M/F Minderjährige *m/f* ♦ **il male ~** das kleinere Übel; **vietato ai -i di anni 18** für Jugendliche unter 18 Jahren verboten

mi·no·ren·ne [-ɛ-] A ADJ minderjährig B M/F Minderjährige *m/f* **mi·no·ri·le** ADJ jugendlich, Jugend-: **delinquente ~** jugendlicher Straftäter *m* ♦ **lavoro ~** Kinderarbeit *f*

mi·no·ri·tà F ⟨*inv*⟩ Minderjährigkeit *f*

mi·no·ri·ta·rio ADJ Minderheits-: **governo ~** Minderheitsregierung *f* ♦ **socio ~** Teilhaber *m* mit Minderheitsbeteiligung

mi·nuen·do [-e-] M MATH Minuend *m*

mi·nuet·to [-e-] M Menuett *n*

mi·nu·sco·la F Kleinbuchstabe *m* **mi·nu·sco·lo** ADJ 1 klein, Klein-: **a -a** kleines a; **lettera -a** Kleinbuchstabe *m* 2 winzig (klein) ♦ **scritto in ~** kleingeschrieben

mi·nu·ta F Konzept *n*

mi·nu·ta·glia F Kram *m*

mi·nu·ta·men·te [-e-] ADV 1 klein: **tagliare la carne ~** das Fleisch klein schneiden 2 genauestens, eingehend

mi·nu·te·ri·a F Nippsachen *pl*

mi·nu·to¹ ADJ 1 winzig 2 fein 3 klein: **spese -e** kleine Ausgaben *pl* 4 zierlich 5 ausführlich, minutiös ♦ **commercio al ~** Einzelhandel *m*

★**mi·nu·to**² M Minute *f* ♦ **di ~ in ~** jeden Augenblick; **in un ~** im Nu; **spaccare il ~** auf die Minute genau sein; **tra un ~** in einer Minute

mi·nu·zia F Kleinigkeit *f*, Lappalie *f* **mi·nu·zio·si·tà** F ⟨*inv*⟩ peinliche Genauigkeit *f* **mi·nu·zio·so** [-o-] ADJ 1 minuziös, peinlich genau 2 genau, gewissenhaft

★**mi·o** ⟨*f* mia; *mpl* miei; *fpl* mie⟩ A ADJ ⟨*poss*⟩ 1 mein, meine: **~ padre, il ~ papà** mein Vater; **mia madre, la mia mamma** meine Mutter 2 meiner, meines, meine: **questo cappello è ~** dieser Hut ist meiner B POSS PR meiner, meines, meine: **questo cappello è come il ~** dieser Hut ist wie meiner ♦ **caro ~** mein Lieber; **a casa mia** bei mir zu Hause; **i miei** meine Eltern (*od* Familie); **di ~ pugno** eigen-

M

händig; **in vece mia** an meiner Stelle
mi·o·pe A ADJ kurzsichtig (*a. fig*) B M/F kurzsichtiger Mensch *m*
mio·pi·a F Kurzsichtigkeit *f* (*a. fig*)
mi·ra F Ziel *n* (*a. fig*): **prendere la ~** zielen; **-e ambiziose** ehrgeizige Ziele *pl* ♦ **prendere di ~ qn** j-n aufs Korn (*od* ins Visier) nehmen
mi·ra·bi·le ADJ wundervoll, wundersam
mi·ra·bi·lia FPL Wunderdinge *pl*
mi·ra·bo·lan·te ADJ höchst erstaunlich
mi·ra·co·la·re V/T ⟨1a⟩ durch ein Wunder heilen
★**mi·ra·co·lo** M Wunder *n*: **fare -i** Wunder wirken
mi·ra·co·lo·so [-o-] ADJ Wunder-
mi·rag·gio M 1 Luftspiegelung *f* 2 *fig* Illusion *f*, Vorspiegelung *f*
mi·ra·re ⟨1a⟩ A V/T *poet* ansehen, betrachten B V/I ⟨av⟩ 1 zielen: **~ al cuore** aufs Herz zielen 2 *fig* **~ a qc** nach etw streben, etw anstreben ♦ **~ in alto** hoch hinauswollen
mi·ri·a·de F Myriade *f*
mi·rin·ge F Trommelfell *n*
mi·ri·no M 1 (*d'arma*) Visier *n*, Korn *n* 2 FOTO (Bild)Sucher *m*
mir·ra F Myrrhe *f*
mir·til·lo M Heidelbeere *f* ♦ **~ rosso** Preiselbeere *f*
mir·to M Myrte *f*
mi·san·tro·pi·a F Menschenfeindlichkeit *f* **mi·san·tro·pi·co** [-ɔ-] ADJ menschenfeindlich **mi·san·tro·po** A ADJ menschenfeindlich B M, **-a** F Menschenfeind *m*, -in *f*
mi·sce·la [-ɛ-] F Mischung *f*, Gemisch *n*
mi·sce·la·re V/T ⟨1b⟩ (ver)mischen **mi·sce·la·to·re** [-o-] A ADJ Misch-: **macchina -trice** Mischmaschine *f* B M 1 Mixer *m* 2 (*rubinetto*) Mischbatterie *f* 3 TV Mischpult *n* **mi·sce·la·zio·ne** [-o-] F Mischen *n*
mi·scel·la·ne·a F 1 *poet* Gemisch *n* 2 Miszellen *pl*, Sammelwerk *n* **mi·scel·la·ne·o** ADJ Sammel-: **opera -a** Sammelwerk *n*
mi·schia F Gewühl *n*, Gedränge *n*: **gettarsi nella ~** sich ins Gewühl stürzen
mi·schia·re ⟨1k⟩ A V/T (ver)mischen B V/PR **-rsi** 1 sich (ver)mischen 2 **-rsi in qc** sich in etw (*akk*) einmischen
mi·sco·no·sce·re [-o-] V/T ⟨3n⟩ verkennen
mi·sco·no·sciu·to ADJ verkannt
mi·scre·den·te [-ɛ-] A ADJ ungläubig B M/F Ungläubige *m/f* **mi·scre·den·za** [-ɛ-] F Unglaube *m*
★**mi·scu·glio** M Vermischung *f*, Gemisch *n*
mi·se·ra·bi·le ADJ 1 erbärmlich, kläglich, elend 2 elend, gemein: **una ~ bugia** eine gemeine Lüge 3 armselig, dürftig: **stipendio ~** armseliges Gehalt *n* **mi·se·ra·men·te** [-e-] ADV erbärmlich, kläglich, armselig **mi·se·re·vo·le** [-e-] ADJ erbärmlich, beklagenswert, armselig
★**mi·se·ria** [-ˈzɛ-] F 1 Elend *n*, Armut *f*, Not *f* 2 Kleinigkeit *f*, Lappalie *f*: **litigare per una ~** wegen einer Kleinigkeit streiten 3 Schwäche *f* ♦ **cadere in ~** in Not geraten; **porca ~!** verdammt noch mal!
mi·se·ri·cor·dia [-ɔ-] A F Barmherzigkeit *f*, Erbarmen *n* B INT barmherziger Gott
mi·se·ri·cor·dio·so [-o-] ADJ barmherzig
mi·se·ro ADJ ⟨*sup*: miserrimo *od* miserissimo⟩ erbärmlich, kläglich, armselig, kümmerlich ♦ **~ me!** ich Armer!
mi·ser·ri·mo [-ˈzɛ-] → misero
mi·sfat·to M Missetat *f*
mi·so·gi·ni·a F Misogynie *f*, Frauenfeindlichkeit *f* **mi·so·gi·no** [-ɔ-] A ADJ frauenfeindlich B M Frauenfeind *m*
mis·sag·gio M Mixen *n*, Mix *m* ♦ **impianto di ~** Mischanlage *f*; **tavolo di ~** Mischpult *n*; **tecnico del ~** Bildmischer *m*
mis·sa·re V/T ⟨1a⟩ mixen, mischen
★**mis·si·le** M Rakete *f* ♦ **~ antiaereo** Flugabwehrrakete *f*; **~ a breve gittata** Kurzstreckenrakete *f*; **~ da crociera** Marschflugkörper *m*; **~ a gittata intermedia** Mittelstreckenrakete *f*; **~ guidato** Lenkflugkörper *m*; **~ a lunga gittata** Langstreckenrakete *f*
mis·si·li·sti·ca F Raketentechnik *f*
mis·sio·na·rio A ADJ missionarisch, Missions- B M, **-a** F Missionar *m*, -in *f*
mis·sio·ne [-o-] F 1 Auftrag *m*, Mission *f* (*a.* REL) 2 *fig* Lebensaufgabe *f*
mi·ste·rio·si·tà F ⟨*inv*⟩ Geheimnisvolle *n* **mi·ste·rio·so** [-o-] A ADJ mysteriös, geheimnisvoll B M, **-a** F Heimlichtuer *m*, -in *f*: **fare il ~** (*od* **la -a**) geheimnisvoll tun
★**mi·ste·ro** [-ɛ-] M 1 (*fatto inspiegabile*) Mysterium *n* 2 Geheimnis *n* 3 Rätsel *n*
mi·sti·ca F REL Mystik *f*
mi·sti·ci·smo [-zmo] M Mystizismus *m*

mi·sti·co A ADJ 1 mystisch (*a. fig*) 2 mystizistisch B M, **-a** F Mystiker *m*, -in *f*
mi·sti·fi·can·te ADJ täuschend, verfälschend **mi·sti·fi·ca·re** V/T ⟨1m *u.* d⟩ 1 verfälschen 2 täuschen **mi·sti·fi·ca·to·re** [-o-] A ADJ verfälschend B M, **-tri·ce** F 1 Verfälscher *m*, -in *f* 2 Täuscher *m*, -in *f* **mi·sti·fi·ca·to·rio** [-ɔ-] ADJ täuschend **mi·sti·fi·ca·zio·ne** [-o-] F 1 Verfälschung *f* 2 Täuschung *f*
mi·sti·lin·gue ADJ gemischtsprachig
mi·sto A ADJ Misch-, gemischt: **~ a qc** mit etw gemischt B M 1 Mischung *f* 2 Gemisch *n* ♦ **filato ~** Mischgarn *n*; **di sangue ~** Halbblut *n*; **~ seta** Halbseide *f*
mi·strà M ⟨*inv*⟩ Anislikör *m*
mi·stu·ra F Mischung *f* (*a. fig*)
★**mi·su·ra** F 1 (Aus)Maß *n*: **le -e di una stanza** die Ausmaße eines Zimmers; **-e approssimative** annähernde Maße *pl* 2 (Ab)Messung *f*, Maßnehmen *n*: **~ giusta/scarsa** genaues/knappes Maßnehmen *n*; **prendere le -e a qn/qc** j-n/etw messen 3 Größe *f*: **che ~ porti?** welche Größe trägst du? 4 Maßnahme *f* 5 MUS Takt *m* ♦ **a ~ d'uomo** menschengerecht, menschenfreundlich; *fig* (**non**) **avere ~** maßvoll (maßlos) sein; **~ del collo** Halsweite *f*; **in una** (**qual**) **certa ~** in gewissem Maß; **la ~ è colma!** das Maß ist voll!; **con ~** maßvoll; **~ dei fianchi** Hüftweite *f*; **~ precauzionale** Sicherheitsvorkehrung *f*; *fig* **usare due pesi e due -e** mit zweierlei Maß messen; **su ~** nach Maß; **un abito su ~** ein maßgeschneidertes Kleid *n*; **unità di ~** Maßeinheit *f*; SPORT **vincere di** (**stretta**) **~** knapp gewinnen
mi·su·ra·bi·le ADJ messbar
mi·su·ra·bi·li·tà F ⟨*inv*⟩ Messbarkeit *f*
★**mi·su·ra·re** ⟨1a⟩ A V/T 1 messen; ausmessen 2 (*indumenti*) anprobieren 3 *fig* abschätzen: **~ un rischio** ein Risiko abschätzen 4 *fig* einschränken: **~ i consumi** den Verbrauch einschränken B V/I ⟨av⟩ messen, groß sein: **il terreno misura 2 m x 3** das Grundstück ist 2 x 3 m groß C V/PR **-rsi** 1 sich messen: **-rsi con qn** sich mit j-m messen 2 sich einschränken ♦ **~ le parole** die Worte abwägen
mi·su·ra·tez·za [-e-] F Mäßigung *f* **mi·su·ra·to** ADJ 1 maßvoll, mäßig 2 gemessen, gemäßigt **mi·su·ra·to·re** [-o-] M, **-tri·ce** F 1 (*persona*) Vermesser *m*, -in *f* 2 TECH **misuratore** *m* Messgerät *n*, Messer *m* **mi·su·ra·zio·ne** [-o-] F Messung *f* ♦ **dati di ~** Messdaten *pl*; **errore di ~** Messfehler *m*
mi·su·ri·no M PHYS, CHEM Messbecher *m*; Messlöffel *m*
★**mi·te** ADJ 1 mild (*a. fig*): **inverno ~** milder Winter *m* 2 sanft: **carattere ~** sanfter Charakter *m* 3 (*moderato*) mäßig
mi·tez·za [-e-] F 1 Milde *f* 2 Sanftheit *f*
mi·ti·co ADJ 1 mythisch 2 sagenhaft, legendär 3 *umg* außergewöhnlich ♦ *sl* **~!** Wahnsinn!
mi·ti·ga·re ⟨1l *u.* e⟩ A V/T 1 mildern 2 lindern B V/PR **-rsi** sich mildern **mi·ti·ga·zio·ne** [-o-] F 1 Milderung *f* 2 Linderung *f*
mi·tiz·za·re V/T ⟨1a⟩ zum Mythos machen (*a. fig*) **mi·tiz·za·zio·ne** [-o-] F Mythisierung *f*
mi·to M 1 Mythos *m* (*a. fig*) 2 Utopie *f*
mi·to·lo·gi·a F Mythologie *f* **mi·to·lo·gi·co** [-ɔ-] ADJ 1 mythologisch 2 *fig* sagenhaft
mi·tra[1] F REL Mitra *f*, Bischofsmütze *f*
mi·tra[2] M ⟨*inv*⟩ Maschinenpistole *f*
mi·tra·glia F 1 Maschinengewehrfeuer *n* 2 Feuerstoß *m* 3 *sl* Maschinengewehr *n* 4 *fig* **parlare a ~** ohne Punkt und Komma reden **mi·tra·glia·men·to** [-e-] M 1 Maschinengewehrfeuer *n* 2 *fig* Bombardement *n*
mi·tra·glia·re V/T ⟨1g⟩ 1 unter Maschinengewehrfeuer nehmen 2 *umg fig* **~ qn di qc** j-n mit etw bombardieren, löchern
mi·tra·glia·tri·ce F 1 Maschinengewehr *n* 2 *hum* **sembrare una ~** ohne Punkt und Komma reden
mit·te·leu·ro·pe·o [-ɛ-] ADJ mitteleuropäisch
★**mit·ten·te** [-ɛ-] M/F Absender *m*, -in *f*
mix, **mi·xa·ge** [-'aʒ] M ⟨*inv*⟩ Mix *m*
mi·xa·re V/T ⟨1k⟩ mixen, mischen **mixer** M ⟨*inv*⟩ 1 Mixbecher *m* 2 (*frullatore*) Mixer *m* 3 Barmixer *m*, -in *f* 4 TECH (*cinema*) RADIO Tonmischer *m*, -in *f*
mne·mo·ni·ca [-ɔ-] F Mnemotechnik *f*
mne·mo·ni·co [-ɔ-] ADJ 1 Gedächtnis- 2 mechanisch: **studio ~** mechanisches Lernen *n* **mne·mo·tec·ni·ca** [-ɛ-] F Mnemotechnik *f*
mo [mɔ] ADV *umg* nun, jetzt
mo' [mɔ] M **a ~ di qc** auf die Art etw (*gen*); **a ~ di qn** auf j-s Art ♦ **a ~ di esempio** beispielsweise
mob·bing ['mɔbbiŋ] M ⟨*inv*⟩ Mobbing

M

n

mob·biz·za·re VT ⟨1a⟩ mobben **mob·biz·za·to** A ADJ gemobbt B M, **-a** F Mobbingopfer n

★**mo·bi·le** [-ɔ-] A ADJ 1 beweglich: **beni -i** bewegliche Güter pl 2 MIL mobil 3 unstet: **occhi molto -i** unsteter Blick m B M 1 Möbelstück n 2 pl Möbel pl: **-i imbottiti** Polstermöbel pl ♦ **sabbie -i** Treibsand m; **scala ~** Rolltreppe f

Mo·bi·le [-ɔ-] F MIL **la (Squadra) ~** = *das mobile Einsatzkommando der Polizei*

mo·bi·lia F Mobiliar n

mo·bi·lia·re ADJ WIRTSCH Mobiliar- ♦ **mercato ~** Effektenmarkt m

mo·bi·lie·re [-ɛ-] M, **-a** F Möbelhändler m, -in f

mo·bi·li·fi·cio M Möbelfabrik f

mo·bi·li·tà F ⟨inv⟩ 1 Beweglichkeit f 2 fig (*di carattere ecc.*) Unbeständigkeit f 3 WIRTSCH Mobilität f **mo·bi·li·ta·re** ⟨1m⟩ A VT mobilisieren (*a. fig*) B VPR **-rsi** 1 sich in Bewegung setzen 2 aktiv werden

mo·bi·li·ta·zio·ne [-o-] F 1 Mobilisieren n (*a. fig* WIRTSCH) 2 MIL Mobilmachung f

mo·bi·liz·za·re VT ⟨1a⟩ 1 mobilisieren, beweglich machen 2 WIRTSCH flüssigmachen

mo·bi·liz·za·zio·ne [-e-] F Mobilisierung f

mo·ca [-ɔ-] F Mokkamaschine f

mo·cas·si·no M Mokassin m

moc·cio [-o-] M Nasenschleim m, umg Rotz m

moc·cio·so [-o-] A ADJ verschleimt, schleimig, umg rotzig B M, **-a** F umg Rotznase f

moc·co·lo [-ɔ-] M 1 Kerzenstummel m 2 Wachstropfen m 3 umg (*moccio*) Rotz m 4 umg potz Blitz! ♦ **reggere il ~** der ungelegene Dritte sein; **tirare -i** fluchen

★**mo·da** [-ɔ-] F Mode f ♦ **alla ~** modisch; **alta ~** Haute Couture f; (*espressione, musica ecc.*) **di ~** trendig; **andare di ~** modisch sein; **fuori ~** altmodisch; **~ pronta** Konfektion f; **sfilata di ~** Mode(n)schau f

mo·da·le ADJ Modal- **mo·da·li·tà** F ⟨inv⟩ 1 Beschaffenheit f 2 Bedingung f: **~ di pagamento** Zahlungsweise f 3 Bestimmung f 4 IT Modus m: **~ off line** Offlinebetrieb m; **~ on line** Onlinebetrieb m; **~ di sovrascrittura** Überschreibmodus m; **~ stand by** Stand-by-Betrieb m, Stand-by-Modus m ♦ **~ d'uso** Gebrauchsanleitung f

mo·del·la [-ɛ-] F 1 Modell n 2 Mannequin n

mo·del·la·men·to [-e-] M Modellieren n

mo·del·la·re ⟨1b⟩ A VT 1 modellieren 2 formen 3 fig zur Geltung bringen B VPR **-rsi** 1 Form annehmen 2 fig **-rsi su qc** sich an etw (*dat*) orientieren **mo·del·la·to** A ADJ modelliert B M 1 KUNST Modellierung f 2 MAL Plastizität f **mo·del·la·zio·ne** [-o-] F Modellierung f, Formung f

mo·del·li·no M Modell n: **~ di aereo** Modellflugzeug n **mo·del·li·smo** M Modellbau m **mo·del·li·sta** M/F 1 Modezeichner m, -in f 2 Modellbauer m, -in f

mo·del·li·sti·ca F Modellbau m **mo·del·li·sti·co** ADJ Modell(bau)-

★**mo·del·lo** [-ɛ-] A ADJ ⟨inv⟩ Muster-, vorbildlich: **azienda ~** Musterbetrieb m B M 1 Modell n: **ispirarsi a un ~** sich an ein Modell anlehnen; **lavorare come ~** als Modell arbeiten; **l'ultimo ~** das neueste Modell; **il ~ di un edificio** das Modell eines Gebäudes 2 Vorbild n: **prendere qn a ~** j-n zum Vorbild nehmen 3 (Schnitt)Muster n ♦ IT **~ di documento** Dokumentvorlage f; IT **~ di formato** Formatvorlage f; **~ di fine serie** Auslaufmodell n

mo·dem [-ɔ-] M ⟨inv⟩ Modem n

Mo·de·na [-ɔ-] F Modena n **mo·de·ne·se** [-e-] A ADJ modenaisch B M/F Modenaer m, -in f

mo·de·ra·re ⟨1l u. c⟩ A VT 1 mäßigen, einschränken 2 moderieren B VPR **-rsi in qc** sich in etw (*dat*) mäßigen ♦ **~ i termini** seine Worte mäßigen

mo·de·ra·tez·za [-e-] F Maß n, maßvolles Verhalten n **mo·de·ra·to** ADJ 1 maßvoll 2 POL gemäßigt **mo·de·ra·to·re** [-o-] M, **-tri·ce** F Moderator m, -in f **mo·de·ra·zio·ne** [-o-] F Mäßigung f, Zurückhaltung f

mo·der·ni·smo [-zmo] M Modernismus m **mo·der·ni·tà** F ⟨inv⟩ 1 Modernität f 2 Moderne f

mo·der·niz·za·re ⟨1a⟩ A VT modernisieren B VPR **-rsi** sich modernisieren

mo·der·niz·za·zio·ne [-o-] F Modernisierung f

★**mo·der·no** [-ɛ-] A ADJ 1 modern 2 LING Neu-: **greco ~** Neugriechisch(e) n

B M Moderne *n*
mo·de·stia [-ε-] F **1** Bescheidenheit *f*, Anspruchslosigkeit *f* **2** Wohlanständigkeit *f*
★**mo·de·sto** [-ε-] ADJ **1** bescheiden, anspruchslos **2** wohlanständig **3** durchschnittlich: **avere -e origini** aus bescheidenen Verhältnissen stammen
mo·di·ci·tà F ⟨*inv*⟩ Mäßigkeit *f*
mo·di·co [-ɔ-] ADJ mäßig: **a prezzi -ci** zu mäßigen Preisen
mo·di·fi·ca F (Ver)Änderung *f* ♦ **salvo -che** Änderungen vorbehalten
mo·di·fi·ca·re ⟨1m *u.* d⟩ **A** V/T (ver)ändern **B** V/PR **-rsi** sich (ver)ändern
mo·di·fi·ca·to·re [-o-] **A** ADJ verändernd **B** M, **-tri·ce** F Veränderer *m*, Veränderin *f*
mo·di·fi·ca·zio·ne [-o-] F (Ver)Änderung *f*
mo·di·sta F Modistin *f*, Hutmacherin *f*
★**mo·do** [-ɔ-] M **1** Art *f*, Weise *f*, Art und Weise *f*, Modus *m*: **pensare in un certo ~** auf eine bestimmte (Art und) Weise denken **2** Mittel *n*, Weg *m*: **troveremo il ~ di uscire di qui** wir werden einen Weg finden, um hier herauszukommen **3** Gelegenheit *f*, Möglichkeit *f*: **(non) avere ~ di fare qc** die (keine) Gelegenheit haben, etw zu tun **4** GRAM Modus *m* **5** IT Modus *m*: **~ grafico** Grafikmodus *m*; **~ inserimento** Einfügemodus *m* **6** Benehmen *n*, Umgangsform *f* ♦ **in un ~ o nell'altro** irgendwie; **in un certo qual ~** irgendwie; **in che ~?** wie? auf welche Weise?; **ciascuno a suo ~** jeder auf seine Art; **di ~ che** sodass; **~ di dire** Redensart *f*; **per ~ di dire** sozusagen; **in ~ che, in ~ da** sodass; **fare in ~ che** etw so einrichten, dass; **in malo ~** unhöflich; **nel ~ migliore** aufs Beste; **ad ogni ~** jedenfalls; **oltre ~** überaus; **~ di pagamento** Zahlungsweise *f*; **in particolar ~** besonders; **in qualche ~** irgendwie; so gut es geht
mo·du·la·re[1] V/T ⟨1l *u.* c⟩ modulieren
mo·du·la·re[2] ADJ Modul-, modular ♦ **sistema ~** Baukastensystem *n*
mo·du·la·rio M Formularsammlung *f*
mo·du·la·to ADJ **voce -a** modulierte Stimme *f* **mo·du·la·to·re** [-o-] **A** M Modulator *m* **B** ADJ Modulations- ♦ **~ di frequenza** Frequenzmodulator *m* **mo·du·la·zio·ne** [-o-] F PHYS, MUS Modulation *f*
mo·du·li·sti·ca F **1** (*tecnica*) Formulardruck *m* **2** Formulare *pl*
★**mo·du·lo** [-ɔ-] M **1** Formular *n*, Formblatt *n*, Vordruck *m*: **carta a ~ continuo** Endlospapier *n* **2** ARCH, MATH, PHYS, IT Modul *n* ♦ **~ E111** Auslandskrankenschein *m*; **~ di domanda** Antragsformular *n*; **~ lunare** Mondfähre *f*; IT **~ di testo** Textbaustein *m*; **~ di versamento** Überweisungsformular *n*
Mo·ga·di·scio F Mogadischu *n*
mo·ga·no [-ɔ-] M **1** Mahagonibaum *m* **2** Mahagoniholz *n*
mog·gio [-ɔ-] M Scheffel *m*
mo·gio ADJ (**mogio**) **~** niedergeschlagen, bedrückt
★**mo·glie** [-o-] F Ehefrau *f*
mo·i·na F Schmeichelei *f*: **fare le -e a qn** j-m schmeicheln
mo·la [-ɔ-] F **1** Mühlstein *m* **2** TECH Schleifstein *m*, Schleifscheibe *f*
mo·la·re[1] V/T ⟨1c⟩ schleifen
mo·la·re[2] **A** ADJ Schleif-: **pietra ~** Schleifstein *m* **B** M Backenzahn *m*
mo·la·to·re [-o-] M, **-tri·ce** F Schleifer *m*, -in *f* **mo·la·tri·ce** F (*macchina*) Schleifmaschine *f* **mo·la·tu·ra** F **1** Schleifen *n* **2** (*risultato*) Schliff *m*
Mol·dav·ia F Moldawien *n* **mol·da·vo** **A** ADJ moldawisch, moldauisch **B** M, **-a** F Moldawier *m*, -in *f*, Moldauer *m*, -in *f*
mo·le [-ɔ-] F **1** enormes Ausmaß *n*, (enormer) Umfang *m* **2** (enorme) Menge *f*: **~ di lavoro** Arbeitsanfall *m* **3** ARCH Burg *f*, Riesenbau *m*
mo·le·co·la [-ε-] F **1** Molekül *n* **2** Glied *n*: **ogni famiglia è una ~ sociale** jede Familie ist ein Glied der Gesellschaft
mo·le·co·la·re ADJ Molekular-
mo·le·sta·re V/T ⟨1b⟩ **1** (*infastidire*) belästigen **2** (*disturbare*) stören **3** (*tormentare*) plagen **mo·le·sta·to·re** [-o-] M, **-tri·ce** F Störenfried *m*
mo·le·stia [-ε-] F **1** Plage *f*, Lästigkeit *f* **2** Belästigung *f* ♦ **-e sessuali** sexuelle Belästigung *f*; **-e telefoniche** Telefonterror *m* **mo·le·sto** [-ε-] ADJ lästig
mo·li·sa·no **A** ADJ aus, von Molise, Moliser **B** M, **-a** F Moliser *m*, -in *f*
Mo·li·se M Molise *n*
mo·li·to·re [-o-] M, **-tri·ce** F **1** Müller *m*, -in *f* **2** (*macchina*) **molitore** *m* Mühle *f*
mo·li·tu·ra F Mahlen *n*
mol·la [-ɔ-] F **1** Feder *f* **2** *fig* Antrieb *m*, Ansporn *m* **3** *pl* (*pinze*) Zange *f*
mol·lac·cio·ne [-o-] M, **-a** F Weichling

m

mol·la·re ⟨1c⟩ **A** VT **1** loslassen **2** locker lassen, lockern: **~ la presa** den Griff lockern **3** *umg* **~ qn** j-n sitzen lassen; j-n verlassen **4** *umg* **~ un ceffone a qn** j-m eine Ohrfeige verpassen **B** VI ⟨av⟩ **1** nachgeben, lockerlassen **2** aufhören

mol·le [-ɔ-] ADJ **1** weich, locker **2** nass, durchnässt **3** *fig* (ver)weichlicht

mol·leg·gia·re ⟨1f⟩ **A** VI ⟨av⟩ federn **B** VT federn, eine Federung anbringen **C** VPR **-rsi sulle gambe** in den Knien federn

mol·leg·gia·to ADJ gefedert, federnd

mol·leg·gio [-e-] M Federung *f*

mol·let·ta [-e-] F **1** Klammer *f*: **~ per** (*od* **da**) **bucato** Wäscheklammer *f* **2** *pl* Zange *f*: **-e per lo zucchero** Zuckerzange *f* ♦ **~ per capelli** Haarspange *f*

mol·lez·za [-e-] F **1** Weichheit *f* **2** *pl* Vergnügungen *pl*: **vivere nelle -e** den Vergnügungen nachgehen **mol·li·ca** F Brotinnere *n*; Krümel *pl* **mol·lic·cio** ADJ weich

mol·lo [-ɔ-] ADJ *umg* weich ♦ **tenere qc a ~** etw einweichen lassen; **pappa -a** Schlappschwanz *m*

mol·lu·sco M **1** Weichtier *n*, Molluske *f*, Muschel *f* **2** *pej* Schlappschwanz *m*

mo·lo [-ɔ-] M **1** (Hafen)Mole *f*, Kai *m* **2** Pier *m*

mo·lo·tov [-ɔ-] F ⟨*inv*⟩ Molotowcocktail *m*

mol·te·pli·ce [-e-] ADJ **1** vielfach, vielfältig, vielseitig **2** zahlreich **mol·te·pli·ci·tà** F ⟨*inv*⟩ **1** Vielfältigkeit *f*, Vielfalt *f* **2** Vielzahl *f*

mol·ti·pli·ca F **1** TECH Übersetzung *f* **2** *umg* Multiplikation *f*

mol·ti·pli·ca·bi·le ADJ multiplizierbar **mol·ti·pli·can·do** M Multiplikand *m*

★**mol·ti·pli·ca·re** ⟨1m *u.* d⟩ **A** VT **1** multiplizieren **2** *fig* vervielfältigen, vermehren **B** VPR **-rsi** sich vermehren; sich vervielfachen **mol·ti·pli·ca·to·re** [-o-] M **1** MATH Multiplikator *m* **2** MECH Übersetzungsgetriebe *n* **mol·ti·pli·ca·zio·ne** [-o-] F **1** MATH Multiplikation *f* **2** *fig* Vermehrung *f*, Vervielfältigung *f*

mol·ti·tu·di·ne F **1** Vielzahl *f* **2** (*folla*) Menge *f*, Masse *f*

★**mol·to** [-o-] ⟨*komp*: più, *sup*: moltissimo⟩ **A** ADJ **1** viel: **-e idee** viele Ideen *pl* **2** groß: **~ talento** großes Talent *n* **3** lange: **dopo ~ tempo** nach langer Zeit **4** weit: **manca ancora -a strada?** ist es noch sehr weit? **B** ADV **1** viel: **mangia ~** er isst viel; (*con komp*) **è ~ più vecchio di me** er ist viel älter als ich **2** sehr: **la ama ~** er liebt sie sehr; **è ~ strano** es ist sehr seltsam; **~ rapidamente** sehr schnell **3** lange: **ho aspettato ~** ich habe lange gewartet **4** weit: **non c'è ~ da qui a ...** von hier ist es nicht weit bis ... **C** PRON ⟨*pl* molti, molte⟩ viel: **ho ~ da fare** ich habe viel zu tun; **~ è stato detto** vieles ist gesagt worden; **-i** viele **D** M Viele *n* ♦ **a dir ~** höchstens; **-e grazie!** vielen Dank!; **ti manca ~ a finire?** dauert es noch lange, bis du fertig bist?; **metterci ~** lange brauchen; **per ~** (**tempo**) lange

molto

molto ist veränderlich, wenn es ‚viel' bedeutet, und wird unverändert gebraucht, wenn es ‚sehr' bedeutet:

molti italiani	viele Italiener
molta pasta	viel Pasta

aber:

L'Italia è molto bella.	Italien ist sehr schön.

mo·men·ta·ne·o ADJ **1** augenblicklich, momentan **2** vorübergehend

★**mo·men·to** [-e-] M **1** Moment *m*, Augenblick *m*: **hai un ~ di tempo?** hast du einen Moment Zeit?; **al ~ giusto** im richtigen Moment **2** Zeit *f*, Periode *f*: **-i difficili** schwere Zeiten *pl* **3** *umg* ein bisschen, etwas: **spostati un ~ più a destra** rück ein bisschen (weiter) nach rechts **4** PHYS Moment *n* ♦ **a -i** (*fra poco*) gleich; (*per poco*) beinahe; **al ~** zurzeit; **dal ~ che ...** da ...; **di ~ in ~** jeden Augenblick; **un ~ fa** vor Kurzem; **fra un ~** gleich; **per il ~** fürs Erste; momentan; **in un primo ~** zunächst

mo·na·ca [-ɔ-] F Nonne *f*, Ordensschwester *f*

mo·na·ca·le ADJ **1** klösterlich (*a. fig*) **2** Mönchs-; Nonnen- **mo·na·ca·to** M Mönchstum *n*; Nonnentum *n*

mo·na·chel·la [-ɛ-] F **1** junge Nonne *f* **2** ZOOL Bachstelze *f* **mo·na·che·si·mo** [-e-] M Mönchstum *n* **mo·na·chi·na** F **1** Nönnchen *n* **2** *fig iron* Unschuldsengel *m*: **aria da ~** Unschuldsmiene *f* **3** ZOOL Säbelschnäbler *m*

mo·na·co [-ɔ-] M Mönch *m* ♦ **l'abito non fa il ~** die Kutte macht noch keinen Mönch

Mo·na·co[1] [-ɔ-] F **~ (di Baviera)** München *n*

Mo·na·co[2] [-ɔ-] M **Principato di ~** Fürstentum *n* Monaco

mo·nar·ca M/F Monarch *m*, -in *f* **mo·nar·chi·a** F Monarchie *f* **mo·nar·chi·co** A ADJ 1 monarchisch 2 monarchistisch B M, **-a** F Monarchist *m*, -in *f*

mo·na·ste·ro [-ɛ-] M Kloster *n*

mo·na·sti·co ADJ Kloster-, klösterlich

mo·nat·to M Leichenträger *m*

mon·che·ri·no M Armstumpf *m*

mon·co [-o-] A ADJ verstümmelt (*a. fig*): **essere ~ di un braccio** einen Arm verloren haben B M, **-a** F Krüppel *m*

mon·co·ne [-o-] M Stumpf *m*, Stummel *m*

mon·da·ni·tà F ⟨*inv*⟩ 1 Weltlichkeit *f* 2 Mondänität *f* 3 mondänes Vergnügen *n* 4 High Society *f* **mon·da·no** ADJ 1 mondän, weltmännisch 2 irdisch, weltlich: **piaceri -i** weltliche Freuden *pl* ♦ **cronista ~** Klatschkolumnist *m*; **pettegolezzi -i** Gesellschaftsklatsch *m*

mon·da·re V/T ⟨1a⟩ 1 (*riso, frutta*) schälen 2 (*verdure*) putzen 3 *fig poet* läutern

mon·da·tu·ra F 1 Schälen *n* 2 (*pulitura*) Reinigung *f*, Putzen *n*

mon·dez·za·io M 1 Müllabladeplatz *m* 2 Misthaufen *m* 3 *fig* Schweinestall *m*

mon·dia·le A ADJ 1 Welt-, weltweit: **campione ~** Weltmeister *m*; **stella di fama ~** Weltstar *m*; **guerra ~** Weltkrieg *m* 2 *umg* super, spitze: **sei stato ~!** du bist super gewesen! B MPL Weltmeisterschaft *f*: **-i di calcio** Fußballweltmeisterschaft *f*

mon·dia·liz·za·re V/T ⟨1a⟩ weltweit ausdehnen **mon·dia·liz·za·zio·ne** [-o-] F weltweite Ausdehnung *f*

mon·do[1] [-o-] ADJ 1 sauber 2 geschält 3 *fig* rein ♦ **~ da peccati** frei von Sünden

★**mon·do**[2] [-o-] M 1 Welt *f* 2 Menschheit *f* 3 *fig* Menge *f*: **sapere un ~ di cose** allerhand wissen 4 **divertirsi un ~** sich großartig amüsieren ♦ **per niente al ~** um nichts auf der Welt; **cose dell'altro ~** unglaublich; **mandare all'altro ~** ins Jenseits befördern; **fine del ~** Weltuntergang *m*; *fig* **essere la fine del ~** sagenhaft sein; **non è mica la fine del ~!** davon geht die Welt nicht unter!

mon·do·vi·sio·ne [-zi'o-] F **in ~** weltweit; **trasmettere in ~** weltweit übertragen

mo·ne·ga·sco A ADJ monegassisch B M, **-a** F Monegasse *m*, -gassin *f*

mo·nel·le·ri·a F 1 Schalkhaftigkeit *f* 2 (*azione*) Lausbubenstreich *m* **mo·nel·le·sco** [-e-] ADJ schelmisch, schalkhaft

mo·nel·lo [-ɛ-] M, **-a** F 1 Straßenjunge *m*, -mädchen *n* 2 Schlingel *m*

★**mo·ne·ta** [-e-] F 1 Münze *f*, Geldstück *n* 2 Kleingeld *n* 3 Währung *f*, Geld *n* 4 Zahlungsmittel *n* ♦ *fig* **prendere qc per buona ~** etw für bare Münze nehmen; **~ da dieci centesimi** Zehncentstück *n*; **~ elettronica** E-Cash *m*, Cybergeld *n*; **~ partecipante** Teilnehmerwährung *f*

mo·ne·ta·rio ADJ Münz-, Geld-, Währungs-: **Fondo ~ internazionale** Internationaler Währungsfonds *m* **mo·ne·ta·ri·smo** [-zmo] M Monetarismus *m* **mo·ne·ta·zio·ne** [-o-] F Münzung *f* **mo·ne·ti·na** F kleine Münze *f* ♦ **tirare una ~ in aria** auf Kopf oder Zahl spielen

mo·ne·tiz·za·re V/T ⟨1a⟩ in Geld umwandeln

mon·gol·fie·ra [-ɛ-] F Heißluftballon *m*

Mon·go·lia [-ɔ-] F Mongolei *f*

mon·go·li·smo [-zmo] M Mongolismus *m*, Down-Syndrom *n*

mon·go·lo [-o-] A ADJ mongolisch B M, **-a** F Mongole *m*, -lin *f*

mon·go·loi·de [-ɔ-] A ADJ 1 mongolid 2 MED mongoloid, mit Down-Syndrom B M/F MED Mongoloide *m/f*

mon·go·me·ri [-ɔ-] M ⟨*inv*⟩ Dufflecoat *m*

mo·ni·le M 1 Halsband *n*, Halskette *f* 2 (*gioiello*) Schmuckstück *n*

mo·ni·to [-ɔ-] M Mahnung *f*

mo·ni·tor [-ɔ-] M ⟨*inv*⟩ 1 Überwachungsgerät *n* 2 TV, IT Monitor *m*: **~ grafico** Grafikbildschirm *m*

mo·ni·to·rag·gio M Überwachung *f* (*a. fig*) **mo·ni·to·ra·re** V/T ⟨1a⟩ überwachen

mo·ni·to·rio [-ɔ-] ADJ mahnend, Mahn-: **lettera -a** Mahnbrief *m*

mo·no·as·se ADJ einachsig, Einachs-: **rimorchio ~** Einachsanhänger *m* **mo·no·bloc·co** [-ɔ-] A ADJ ⟨*inv*⟩ Block-: **motore ~** Blockmotor *m* B M 1 AUTO Zylinderblock *m* 2 Einbauküche *f* **mo·no·ca·me·ra** F Einzimmerwohnung *f* **mo·no·ca·me·ra·le** ADJ Einkammer-: **si-**

stema ~ Einkammersystem *n* **mo·no·cel·lu·la·re** ADJ einzellig **mo·no·ci·lin·dri·co** ADJ Einzylinder-

mo·no·co·lo [-ɔ-] **A** ADJ einäugig **B** M **1** (*lente*) Monokel *n* **2** Fernrohr *n*

mo·no·co·lo·re [-o-] ADJ ⟨*inv*⟩ **1** einfarbig **2** POL **governo** ~ Einparteienregierung *f* **mo·no·col·tu·ra** F Monokultur *f* **mo·no·cro·ma·ti·co** ADJ einfarbig **mo·no·do·se** [-'dɔze] ADJ ⟨*inv*⟩ **confezione** ~ Einerpackung *f* **mo·no·fa·se** ADJ ⟨*inv*⟩ einphasig, Einphasen-: **corrente** ~ Einphasenstrom *m*

mo·no·ga·mi·a F Monogamie *f* **mo·no·ga·mo** [-ɔ-] **A** ADJ monogam **B** M, **-a** F monogamer Mensch *m*

mo·no·gra·fi·a F Monografie *f* **mo·no·gram·ma** M Namenszeichen *n*, Monogramm *n* **mo·no·ki·ni** M ⟨*inv*⟩ Oben-ohne-Badeanzug *m*, Minikini *m* **mo·no·lin·gue** ADJ ⟨*inv*⟩ einsprachig **mo·no·li·to** M Monolith *m* **mo·no·lo·ca·le** M Einzimmerwohnung *f*

mo·no·lo·ga·re V/I ⟨1m *u. e;* av⟩ **1** einen Monolog vortragen **2** Selbstgespräche führen

mo·no·lo·go [-ɔ-] M Monolog *m*

mo·no·man·da·ta·rio ADJ **agente** ~ Handelsvertreter *m* **mo·no·mo·to·re** [-o-] **A** ADJ einmotorig **B** M einmotoriges Flugzeug *n*

mo·no·par·ti·ti·co ADJ Einpartei(en)- **mo·no·par·ti·ti·smo** [-zmo] M Einparteiensystem *n*

mo·no·pat·ti·no M Roller *m*, *schweiz* Trottinett *n* **mo·no·pet·to** [-ɛ-] **A** ADJ ⟨*inv*⟩ einreihig **B** M ⟨*inv*⟩ Einreiher *m* **mo·no·pla·no** M Eindecker *m*

mo·no·po·lio [-ɔ-] M Monopol *n* (*a. fig*)

mo·no·po·li·sta M/F Monopolist *m*, -in *f* **mo·no·po·li·sti·co** ADJ monopolistisch

mo·no·poliz·za·re V/T ⟨1a⟩ monopolisieren (*a. fig*) **mo·no·poliz·za·to·re** [-o-] **A** ADJ monopolistisch, Monopol- **B** M, **-tri·ce** F Monopolist *m*, -in *f* **mo·no·poliz·za·zio·ne** [-o-] F Monopolisierung *f*

mo·no·po·sto [-o-] **A** ADJ ⟨*inv*⟩ einsitzig **B** M Einsitzer *m* **mo·no·re·at·to·re** [-o-] M einstrahliges Flugzeug *n* **mo·no·red·di·to** [-ɛ-] ADJ mit einem (einzigen) Einkommen **mo·no·ro·ta·ia** ADJ **ferrovia** ~ Einschienenbahn *f* **mo·no·sci** M ⟨*inv*⟩ Monoski *m* **mo·no·sco·pio** [-ɔ-] M TV Testbild *n* **mo·no·sil·la·bo** [-s-] **A** ADJ einsilbig **B** M einsilbiges Wort *n* ♦ **rispondere a -i** einsilbig antworten

mo·nos·si·do [-ɔ-] M Monoxid *n*

mo·no·te·i·smo [-zmo] M Monotheismus *m*

mo·no·te·i·sta **A** ADJ monotheistisch **B** M/F Monotheist *m*, -in *f*

mo·no·to·ni·a F Eintönigkeit *f* **mo·no·to·no** [-ɔ-] ADJ **1** eintönig **2** langweilig

mo·no·u·so ADJ ⟨*inv*⟩ Einweg-: **bottiglia** ~ Einwegflasche *f* **mo·no·va·len·te** [-ɛ-] ADJ einwertig **mo·no·vo·lu·me** **A** ADJ ⟨*inv*⟩ einbändig **B** F ⟨*inv*⟩ AUTO Van *m*

Mon·ro·via [-ɔ-] Monrovia *n*

mon·si·gno·re [-si'ɲoː-] M Monsignore *m*

mon·so·ne [-'soː-] M Monsun *m*

mon·ta [-o-] F ZOOL Decken *n*, Deckung *f*

mon·ta·ca·ri·chi M ⟨*inv*⟩ Lastenaufzug *m*, Warenaufzug *m*

mon·tag·gio M **1** Montage *f*; Einbau *m* **2** (*cinema*) Schnitt *m* ♦ **catena di** ~ Montageband *n*; **istruzioni per il** ~ Bauanleitung *f*

★**mon·ta·gna** F **1** Berg *m* **2** Gebirge *n*, Berge *pl* **3** *fig* Haufen *m*: **una** ~ **di lavoro** ein Haufen Arbeit ♦ **alta** ~ Hochgebirge *n*; **attrezzatura da** ~ Bergausrüstung *f*; **-e russe** Achterbahn *f*

mon·ta·gno·so [-ozo] ADJ gebirgig, Gebirgs- **mon·ta·na·ro** **A** ADJ Gebirgs-, Berg- **B** M, **-a** F **1** Bergbewohner *m*, -in *f* **2** *fig* Grobian *m*, grobe Person *f* **mon·ta·no** ADJ Berg-: **comunità -a** Berggemeinschaft *f*

mon·tan·te **A** ADJ steigend **B** M **1** Pfosten *m*, Pfeiler *m*; TECH Runge *f* **2** SPORT (*calcio*) Torpfosten *m* **3** SPORT (*pugilato*) Aufwärtshaken *m* **4** WIRTSCH Betrag *m*

★**mon·ta·re** ⟨1a⟩ **A** V/I ⟨es⟩ steigen: ~ **in bicicletta/a cavallo** aufs Fahrrad/aufs Pferd steigen **B** V/T **1** reiten **2** ZOOL decken **3** *fig* ~ **un fatto** einen Vorfall aufbauschen **4** TECH (*cinema*) montieren **5** GASTR schlagen: ~ **a neve** zu Schnee schlagen **C** V/PR **-rsi la testa** (**per qc**) sich (*dat*) etw zu Kopf steigen lassen ♦ ~ **su tutte le furie** in Wut kommen; **pan-**

na da ~ Schlagsahne *f*; **~ la tenda** das Zelt aufbauen

mon·ta·to **A** ADJ **1** GASTR **panna -a** Schlagsahne *f* **2** *sl* eingebildet **B** M, **-a** F Blasierte *m/f* **mon·ta·to·re** [-o-] M, **-tri·ce** F **1** TECH Monteur *m*, -in *f* **2** (*cinema*) Cutter *m*, -in *f* **mon·ta·tu·ra** F **1** (*di occhiali*) Gestell *n* **2** Montage *f* **3** *fig* Aufbauschung *f* **mon·ta·vi·van·de** M ⟨*inv*⟩ Speisenaufzug *m*

★**mon·te** [-o-] M **1** Berg *m* **2** *fig* Haufen *m*, Menge *f*: **avere un ~ di cose da fare** eine Menge zu tun haben ♦ **a ~** aufwärts, bergauf; *fig* **andare a ~** ins Wasser fallen; **~ di pietà** Leihhaus *n*; **promettere mari e -i (a qn)** (j-m) goldene Berge versprechen

Monte Carlo [-o-] F Monte Carlo *n*

Mon·te·ne·gro [-e-] M Montenegro *n*

mon·te·pre·mi [-ɛ-] M ⟨*inv*⟩ gesamte Gewinnsumme *f*, Gewinnausschüttung *f*

Mon·te·vi·de·o [-e-] F Montevideo *n*

mon·to·ne [-o-] M **1** Hammel *m*, Schafbock *m*, Widder *m* **2** Mantel *m* aus Schaffell

Mon·tre·al [-o-] F Montreal *n*

mon·tuo·si·tà F ⟨*inv*⟩ Gebirgigkeit *f* **mon·tuo·so** [-o-] ADJ Gebirgs-, Berg-, gebirgig

mon·tu·ra F Montur *f*

mo·nu·men·ta·le ADJ **1** Denkmals- **2** monumental, riesig **mo·nu·men·to** [-e-] M Monument *n*, Denkmal *n* ♦ **~ commemorativo** Gedenkstätte *f*; **~ funerario** Grabmal *n*

moon boot® ['mun'but] MPL Moonboots *pl*

mo·quet·te [mo'kɛt] F ⟨*inv*⟩ Teppichboden *m*

mo·ra[1] [-ɔ-] F JUR Verzug *m*; Verzugszinsen *pl*: **~ nella consegna** Lieferungsverzug *m*

mo·ra[2] [-ɔ-] F BOT Maulbeere *f*; Brombeere *f*

★**mo·ra·le** **A** ADJ moralisch, Moral-, sittlich, Sitten- **B** F Moral *f*, Sittlichkeit *f* **C** M Stimmung *f*, Moral *f*: **essere su di ~** guter Stimmung sein ♦ **ente ~** gemeinnützige Körperschaft *f*; **la ~ della favola** die Moral der Geschichte

mo·ra·leg·gia·re V/T ⟨1f⟩ *pej* moralisieren; den Moralisten spielen

mo·ra·li·sta **A** ADJ moralistisch **B** M/F **1** Moralist *m*, -in *f* **2** *pej* Sittenrichter *m*, -in *f* **mo·ra·li·tà** F ⟨*inv*⟩ Sittlichkeit *f*

mo·ra·to·ria [-ɔ-] F **1** JUR Moratorium *n*, Zahlungsaufschub *m* **2** Stundung *f* **mo·ra·to·rio** [-ɔ-] ADJ aufschiebend, Verzugs-: **interessi -ri** Verzugszinsen *pl*

mor·bi·dez·za [-e-] F Weichheit *f*, Zartheit *f*

★**mor·bi·do** [-ɔ-] ADJ weich, zart

⚠ morbido ≠ morbide

morbido	=	weich
morbide	=	**marcio**

mor·bi·li·tà F ⟨*inv*⟩ Morbidität *f*

mor·bil·lo M Masern *pl*

mor·bo [-ɔ-] M Krankheit *f*, Morbus *m*: **~ di Alzheimer** Alzheimerkrankheit *f*; **~ di Basedow** Basedowkrankheit *f*

mor·bo·si·tà F ⟨*inv*⟩ Krankhaftigkeit *f*

mor·bo·so [-o-] ADJ krankhaft (*a. fig*)

mor·da·ce ADJ **1** bissig (*a. fig*) **2** ätzend **mor·da·ci·tà** F ⟨*inv*⟩ Bissigkeit *f* (*a. fig*) **mor·den·te** [-ɛ-] **A** ADJ beißend, scharf **B** M **1** Beizmittel *n* **2** *fig* Kampfgeist *m*

★**mor·de·re** [-ɔ-] ⟨3uu⟩ **A** V/T **1** beißen: **~ qc** in etw (*akk*) beißen **2** *umg* (*insetti*) stechen **3** (*acidi*) zersetzen, angreifen **B** V/PR **-rsi** sich beißen ♦ **-rsi le labbra** sich (*dat*) auf die Zunge beißen; ♦ **oggi il freddo morde** heute ist es beißend kalt

mor·dic·chia·re V/T ⟨1a⟩ kauen, nagen: **~ la matita** am Bleistift kauen

mor·di e fug·gi [-ɔ-] **A** M ⟨*inv*⟩ kurzlebige Geschichte *f* **B** ADJ ⟨*inv*⟩ (*cultura, turismo*) kurzlebig: **vacanza ~** Kurzurlaub *m*; **visita ~** Blitzvisite *f*

mo·rel·lo [-ɛ-] **A** ADJ schwarz **B** M Rappe *m*

mo·re·na [-ɛ-] F Moräne *f*

mo·ren·te [-e-] **A** ADJ sterbend, im Sterben liegend **B** M/F Sterbende *m/f*

mo·re·sco [-e-] ADJ maurisch

mo·ret·to [-e-] ADJ brünett

mor·fi·na F Morphin *n*, Morphium *n*

mor·fi·no·ma·ne [-ɔ-] **A** ADJ morphiumsüchtig **B** M/F Morphiumsüchtige *m/f*

mor·fo·lo·gi·a F LING, BIOL Morphologie *f* **mor·fo·lo·gi·co** [-ɔ-] ADJ morphologisch

mo·ri·a F **1** Massensterben *n* **2** BOT Sterben *n*: **~ di alberi** Baumsterben *n*

mo·ri·bon·do [-o-] **A** ADJ sterbend, todkrank **B** M, **-a** F Sterbende *m/f*, Todkranke *m/f*

M

mo·ri·ge·ra·tez·za [-e-] F Sittsamkeit *f*, Enthaltsamkeit *f* **mo·ri·ge·ra·to** ADJ sittsam, enthaltsam

★**mo·ri·re** V/I ⟨4k; es⟩ **1** sterben **2** (*piante*) eingehen **3** umkommen, verunglücken **4** *fig* aussterben **5** (*suoni*) verklingen **6** (*sorriso*) ersterben **7** (*fiamma*) erlöschen **8** *unpers fig umg* **meglio di così si muore** das könnte man nicht besser machen ♦ *umg* ~ **ammazzato** getötet, ermordet werden; ~ **assiderato** erfrieren; *fig* ~ **di crepacuore** an Kummer sterben; *fig* ~ **di curiosità** vor Neugier sterben; *umg* **da** ~ wahnsinnig; **mi piace da** ~ das gefällt mir wahnsinnig gut; *umg* **ti voglio bene da** ~ ich hab' dich wahnsinnig lieb; ~ **dal** (*od* **di**) **sonno** hundemüde sein

mor·mo·ne [-o-] M/F Mormone *m*, -monin *f*

mor·mo·ra·re ⟨1l⟩ **A** V/I ⟨av⟩ **1** murmeln **2** (*fronde, acque*) rauschen **3** (*pubblico ecc.*) raunen **4** ~ **su qc** über etw munkeln; ~ **sul conto di qn** über j-n munkeln **B** V/T murmeln: ~ **qc tra sé e sé** etw vor sich (*akk*) hin murmeln **mor·mo·ri·o** M **1** Murmeln *n* **2** (*fronde, acque*) Rauschen *n* **3** Raunen *n*: **il** ~ **della folla** das Raunen der Menge

mo·ro[1] [-ɔ-] **A** ADJ **1** schwarz, Neger- **2** dunkelhaarig; dunkelhäutig **B** M, **-a** F **1** Schwarze *m/f* **2** Maure *m*, Maurin *f* **3** Dunkelhaarige *m/f*; Dunkelhäutige *m/f*

mo·ro[2] [-ɔ-] M BOT Maulbeerbaum *m*

mo·ro·sa [-o-] F *umg* Geliebte *f*, Freundin *f*

mo·ro·si·tà F ⟨*inv*⟩ Säumigkeit *f*

mo·ro·so[1] [-o-] M *umg* Geliebte *m*, Freund *m*

mo·ro·so[2] [-o-] ADJ JUR säumig

mor·ra [-ɔ-] F Mora *f*

mor·sa ['mɔrsa] F **1** MECH Schraubstock *m* **2** (*stretta, presa*) Klammergriff *m* **3** *fig* Zange *f*, Zwangslage *f*

morse ['mɔrs] ADJ ⟨*inv*⟩ (**alfabeto**) ~ Morsealphabet *n*

mor·set·to [-'se-] M **1** TECH Zwinge *f* **2** ELEK Klemme *f* ♦ ~ **per cavi** Kabelklemme *f*

mor·si·ca·re [-s-] ⟨1l, c *u.* d⟩ **A** V/T **1** beißen **2** (*pungere*) *umg* stechen **B** V/PR **-rsi** sich (*dat*) beißen: **-rsi la coda** sich (*dat*) in den Schwanz beißen; **-rsi la lingua** sich (*dat*) auf die Zunge beißen **mor·si·ca·tu·ra** F **1** Biss *m* **2** (*insetto*) Stich *m*

mor·so ['mɔrso-] M **1** Biss *m* **2** (*insetto*) Stich *m* **3** (*boccone*) Bissen *m* **4** *fig* Qual *f*: **i -i della fame** quälender Hunger *m* **5** Kandare *f*: *fig* **allentare il** ~ die Zügel lockern **6** MECH ~ **della tenaglia** Backen *pl* einer Zange

mor·ta·io M Mörser *m* (*a.* MIL)

mor·ta·le **A** ADJ **1** tödlich, Tod(es)- **2** sterblich **3** vergänglich **B** M/F Sterbliche *m/f* **mor·ta·li·tà** F ⟨*inv*⟩ Sterblichkeit *f*

mor·ta·ret·to [-e-] M Böller *m*

★**mor·te** [-ɔ-] F **1** Tod *m*, Sterben *n* **2** (*piante e animali*) Eingehen *n* **3** *fig* (*fine*) Ende *n* ♦ **a** ~ tödlich, zu Tode; *fig* **annoiarsi a** ~ sich zu Tode langweilen; **certificato di** ~ Sterbeurkunde *f*, Totenschein *m*; **fino alla** ~ bis in den Tod; ~ **infantile improvvisa** plötzlicher Kindstod *m*; *fig* **ogni** ~ **di papa** alle Jubeljahre; **pena di** ~ Todesstrafe *f*; **pericolo di** ~ Lebensgefahr *f*; **è questione di vita o di** ~ es geht um Leben und Tod; **sentenza di** ~ Todesurteil *n*; **-i bianche** Arbeitsunfälle *pl*

mor·tel·la [-ɛ-] F Myrte *f*

mor·ti·fi·can·te ADJ demütigend

mor·ti·fi·ca·re ⟨1m *u.* d⟩ **A** V/T **1** demütigen **2** ~ **la carne** sich körperlich kasteien **B** V/PR **-rsi** sich beschämt fühlen

mor·ti·fi·ca·to ADJ **sentirsi** ~ sich tief beschämt fühlen **mor·ti·fi·ca·zio·ne** [-o-] F **1** Demütigung *f* **2** Kasteiung *f*

★**mor·to** [-ɔ-] **A** ADJ **1** tot: **vivo o** ~ tot oder lebendig **2** *fig* **stagione -a** tote Zeit *f* **3** (*piante*) abgestorben, tot **B** M, **-a** F Tote *m/f*: **-i sulle strade** Verkehrstote *pl* ♦ **giorno dei -i** Allerseelentag *m*; ~ **sul nascere** von Anfang an zum Scheitern verurteilt; **natura -a** Stillleben *n*

mor·to·rio [-ɔ-] M **1** Trauerfeier *f* **2** *fig* lahme Gesellschaft *f* **mor·tua·rio** ADJ Leichen-, Todes-: **annuncio** ~ Todesanzeige *f*; **camera -a** Leichenhalle *f*

mo·sai·ci·sta M/F Mosaikkünstler, -in *f*

mo·sai·co M **1** Mosaik *n* **2** *fig* Vielfalt *f*: **un** ~ **di razze** eine Vielfalt von Rassen

★**mo·sca** [-o-] F Fliege *f* ♦ ~ **cavallina** Pferdebremse *f*; **noioso come una** ~ lästig wie eine Schmeißfliege; **peso** ~ Fliegengewicht *n*; **zitto e** ~**!** halt den Mund!

Mo·sca [-o-] F Moskau *n*

mo·sca·cie·ca [-ɛ-] F Blindekuh *f*: **giocare a** ~ Blindekuh spielen

mo·scar·di·no M **1** Haselmaus *f* **2** (*mollusco*) Moschuspolyp *m*

mo·sca·to A M Muskateller *m* B ADJ Muskat-: **uva -a** Muskateller *m*; **noce -a** Muskatnuss *f*
mo·sce·ri·no M 1 kleine Fliege *f* 2 *fig* (*persona minuta*) Knirps *m*
mo·sche·a [-ɛ-] F Moschee *f*
mo·schet·tie·re [-ɛ-] M Musketier *m*
mo·schet·to [-e-] M Karabiner *m*
mo·schet·to·ne¹ [-o-] M Karabinerhaken *m*
mo·schet·to·ne² [-o-] M ZOOL Uferschnepfe *f*
mo·schi·ci·da M Fliegen tötendes Mittel *n* ♦ **carta ~** Fliegenpapier *n*
mo·schi·no M kleine Fliege *f*
mo·scio [-o-] ADJ 1 weich, schlaff: **cappello ~** Schlapphut *m* 2 schlapp: **un tipo ~** ein schlapper Typ *m* 3 **erre -a** schwaches R *n*
mo·sco·ne [-o-] M 1 ZOOL Brummer *m* 2 (*pattino*) Wasserschlitten *m*
Mo·sel·la [-ɛ-] F Mosel *f*
mos·sa [-ɔ-] F 1 Bewegung *f* 2 (*azione*) Handlung *f* 3 Zug *m*: **~ astuta** listiger Zug *m* ♦ *umg* **darsi una ~** sich (*dat*) einen Ruck geben; **datti una ~!** schick dich!
mos·sie·re [-ɛ-] M Starter *m*
mos·so [-ɔ-] ADJ 1 bewegt: **mare ~** bewegtes Meer *n* 2 gewellt: **capelli -i** gewelltes Haar *n* 3 **foto -a** verwackeltes Foto *n*
mo·star·da F Senf *m* ♦ **~ di Cremona** = *in Senfsirup eingelegte Früchte*
mo·sto [-o-] M Most *m*
★**mo·stra** [-o-] F 1 Schau *f*: **essere in ~** zur Schau stehen 2 Ausstellung *f* 3 Messe *f* ♦ **~ itinerante** Wanderausstellung *f*; **mettere in ~ qc** etw zur Schau stellen (*od* ausstellen); **mettersi in ~** sich in Szene setzen; **~ permanente** ständige Ausstellung *f*
★**mo·stra·re** ⟨1a⟩ A V/T 1 zeigen: **~ la strada a qn** j-m den Weg zeigen; **~ i propri sentimenti** seine Gefühle zeigen; **~ le proprie intenzioni** seine Absichten zu erkennen geben 2 **~ di …** so tun, als ob …; **mostra di non vederlo** er tut so, als ob er ihn nicht sähe B V/PR **-rsi** 1 sich zeigen 2 **-rsi gentile verso qn** sich j-m gegenüber freundlich zeigen, erweisen
mo·stri·ciat·to·lo M, **-a** F kleines Monster *n*
mo·stri·na F Kragenspiegel *m*
mo·stro [-o-] M 1 Ungeheuer *n*, Scheusal *n* 2 Ausbund *m*: **un ~ di bravura** ein Ausbund an Tüchtigkeit **mo·struo·si·tà** F ⟨*inv*⟩ 1 Monstrosität *f* 2 *fig* Grausamkeit *f* **mo·struo·so** [-o-] ADJ 1 monströs, scheußlich 2 fürchterlich 3 außerordentlich
mo·ta [-ɔ-] F Schlamm *m*, Kot *m*
mo·tel [-ɛ-] M ⟨*inv*⟩ Motel *n*
mo·ti·va·re V/T ⟨1a⟩ 1 verursachen 2 begründen 3 motivieren, anregen: **~ qn a fare qc** j-n zu etw motivieren **mo·ti·va·to** ADJ 1 begründet 2 **essere ~** motiviert sein **mo·ti·va·zio·ne** [-o-] F Begründung *f*; Motivation *f*
★**mo·ti·vo** M 1 Grund *m* 2 Motiv *n* (*a.* KUNST, MUS) 3 (*disegno*) Muster *n* ♦ **~ conduttore** Leitmotiv *n*; **dar ~ di …** Anlass geben zu …; **~ per cui** weshalb; **per questo ~** aus diesem Grund
mo·to¹ [-ɔ-] M 1 Bewegung *f* 2 Geste *f* 3 Regung *f*, Anwandlung *f*: **~ dell'animo** Gefühlsregung *f* ♦ **mettere in ~ un motore** einen Motor in Gang bringen
mo·to² [-ɔ-] F ⟨*inv*⟩ Motorrad *n*, *schweiz* Töff *n* ♦ **~ d'acqua** Jetski *m*
mo·to·a·ra·tri·ce F Motorpflug *m* **mo·to·bar·ca** F Motorboot *n* **mo·to·car·ro** M dreirädriges Fahrzeug *n*, Dreirad *n* **mo·to·car·roz·zet·ta** [-e-] F Seitenwagen *m*
★**mo·to·ci·clet·ta** [-e-] F Motorrad *n* **mo·to·ci·cli·smo** [-zmo] M Motorradsport *m* **mo·to·ci·cli·sta** M/F Motorradfahrer *m*, -in *f* **mo·to·ci·cli·sti·co** ADJ Motorrad-: **corsa -a** Motorradrennen *n*
mo·to·ci·clo M Kraftrad *n* **mo·to·ci·ster·na** [-ɛ-] F Tankmotorschiff *n* **mo·to·cross** [-ɔ-] M ⟨*inv*⟩ Motocross *n* **mo·to·cros·si·sta** M/F Motocross-Fahrer *m*, -in *f* **mo·to·fur·go·ne** [-o-] M dreirädriger Lieferwagen *m* **mo·to·lan·cia** F Motorboot *n* **mo·to·nau·ta** M/F Motorbootfahrer *m*, -in *f* **mo·to·nau·ti·ca** F 1 Motorschifffahrt *f* 2 SPORT Motorbootsport *m* **mo·to·nau·ti·co** ADJ Motorboot- **mo·to·na·ve** F Motorschiff *n* **mo·to·pe·sche·rec·cio** [-e-] M Fischkutter *m* **mo·to·pom·pa** [-o-] F Motorpumpe *f* **mo·to·pro·pul·so·re** [-'soː-] M Triebwerk *n* **mo·to·ra·du·no** M Motorradfahrertreffen *n*
★**mo·to·re** [-o-] A ADJ Trieb-, Antriebs-, Motor- B M 1 Motor *m*: **avviare/spegnere il ~** den Motor anlassen/abstellen 2 IT **~ di ricerca** Suchmaschine *f* 3 *fig* Motor

M

m, Triebfeder f ♦ a ~ Motor-; **veicolo a ~** Motorfahrzeug n; **~ a benzina** Benzinmotor m; **~ elettrico** Elektromotor m; **~ Diesel** Dieselmotor m; **~ fuoribordo** Außenbordmotor m; **~ a getto** (od **reazione**) Düsentriebwerk n; **~ a iniezione** Einspritzmotor m; **~ a quattro tempi** Viertaktmotor m; **~ raffreddato ad acqua** wassergekühlter Motor m; **~ raffreddato ad aria** luftgekühlter Motor m; **~ turbo** Turbomotor m

mo·to·ret·ta [-e-] F Motorroller m **mo·to·ri·no** M Mofa n **mo·to·ri·smo** [-zmo] M Motorsport m **mo·to·ri·sta** M/F Mechaniker m, -in f **mo·to·ri·sti·ca** F Motorenbau m **mo·to·ri·sti·co** ADJ Motorsport-: **gara -a** Motorsportrennen n

Il motorino

Mofas sind bei jung und alt sehr beliebt in Italien, da man damit keine Parkprobleme hat und sich schneller durch den stockenden Verkehr schlängeln kann. **Il mio primo motorino** (mein erstes Mofa) ist für Jugendliche ein Symbol fürs Erwachsensein. So lungern sie oft auf ihrem **motorino** bzw. **scooter** auf der **piazza** (Marktplatz) und drehen ab und zu eine laute Runde.

mo·to·riz·za·re ⟨1a⟩ **A** V/T motorisieren **B** V/PR **-rsi** sich (dat) ein Fahrzeug zulegen **mo·to·riz·za·to** ADJ motorisiert, Motor- **mo·to·riz·za·zio·ne** [-o-] F **1** Motorisierung f **2** **ufficio della ~ civile** Kraftfahrzeugzulassungsstelle f

mo·to·sca·fo M Motorboot n **mo·to·scooter** [-'skuter] M ⟨inv⟩ Motorroller m **mo·to·se·ga** [-'se-] F Motorsäge f **mo·to·slit·ta** [-zl-] F Motorschlitten m **mo·to·ve·det·ta** [-e-] F Schnellboot n **mo·to·ve·lie·ro** [-ɛ-] M Motorsegelschiff n **mo·to·ve·lo·dro·mo** [-ɔ-] M (Motorrad)Rennbahn f **mo·to·zat·te·ra** F Lastkahn m

mo·tri·ce F **1** Zugmaschine f, Kraftmaschine f **2** BAHN Triebwagen m

mot·teg·gia·men·to [-e-] M Spötteln n, Spöttelei f **mot·teg·gia·re** ⟨1f⟩ **A** V/I ⟨av⟩ scherzen, witzeln **B** V/T spötteln **mot·teg·gia·to·re** [-o-] M, **-tri·ce** F Spötter m, -in f

mot·tet·to [-e-] M Motette f

mot·to [-ɔ-] M **1** ~ (**di spirito**) Witz m **2** Motto n, Wahlspruch m **3** **non fare ~** kein Wort sagen

moun·tain bi·ke ['maunten'baik] F ⟨inv⟩ Mountainbike n

mouse ['maus] M ⟨inv⟩ IT Maus f

mous·se [mus] F ⟨inv⟩ Mousse f

mo·ven·te [-ɛ-] M Beweggrund m, Anlass m **mo·ven·za** [-ɛ-] F **1** Bewegung f **2** Stilrichtung f

mo·vi·men·ta·re V/T ⟨1a⟩ beleben

mo·vi·men·ta·to ADJ bewegt

★**mo·vi·men·to** [-e-] M **1** Bewegung f: **mettere in ~** in Bewegung setzen; **~ pacifista** Friedensbewegung f **2** Belebtheit f, Treiben n **3** Verkehr m **4** MUS Satz m ♦ **~ di merci** Warenverkehr m; **~ di protesta** Protestbewegung f

mo·vio·la [-ɔ-] F **1** (cinema) TV Schneidetisch m **2** Zeitlupe f: **alla ~** in Zeitlupe

mo·zam·bi·che·se [-e-] **A** ADJ mosambikanisch **B** M/F Mosambikaner m, -in f **Mo·zam·bi·co** M Mosambik n

mo·zio·ne [-o-] F Antrag m: **~ di sfiducia** Misstrauensantrag m; **~ d'ordine** = *Antrag auf Änderung der Tagesordnung*

moz·za·fia·to ADJ atemberaubend

moz·za·re V/T ⟨1a⟩ abschneiden, abschlagen ♦ **~ il fiato** den Atem verschlagen

moz·za·rel·la F Büffel-, Kuhkäse m

moz·zi·co·ne [-o-] M Stummel m: **~ di matita/di sigaretta** Bleistift-/Zigarettenstummel m

moz·zo[1] [-o-] ADJ **1** abgeschnitten, abgeschlagen **2** **parole -e** Wortfetzen pl; **frasi -e** Satzfetzen pl

moz·zo[2] [-o-] M SCHIFF Schiffsjunge m

moz·zo[3] [-ɔ-] M MECH Nabe f

Mp3 ['emme'pi'tre] M ⟨inv⟩ MP3 n

★**muc·ca** F Kuh f: **~ da latte** Milchkuh f; **~ pazza** Rinderwahnsinn m

★**muc·chio** M Haufen m (a. fig): **un ~ di bugie** ein Haufen Lügen

mu·cil·la·gi·ne F **1** (piante) (Pflanzen) Schleim m **2** (alghe) Algenblüte f

mu·co M Schleim m **mu·co·sa** [-o-] F Schleimhaut f **mu·co·so** [-o-] ADJ schleimig

mu·da F Mauser f: **fare la ~** sich mausern

muf·fa F Schimmel(pilz) m: **fare la ~** schimmeln **muf·fi·re** V/I ⟨4d; es⟩ (ver)schimmeln ♦ fig **~ in casa** zu Hause versauern

muf·fo·la F **1** Fausthandschuh m **2** TECH Muffel f

mu·fo·so [-o-] ADJ schimmelig **mu·flo·ne** [-o-] M Mufflon *m* **mug·ghia·re** V/I ⟨1k; av⟩ **1** muhen **2** (*di dolore*) brüllen **3** (*vento*) heulen **4** (*mare*) tosen **mug·ghio** M Muhen *n* **mug·gi·ne** M ZOOL Meeräsche *f* **mug·gi·re** V/I ⟨4d *u.* 4a; av⟩ muhen **mug·gi·to** M Muhen *n* **mu·ghet·to** [-e-] M BOT Maiglöckchen *n*

mu·gna·io M, **-a** F Müller *m*, -in *f* **mu·go** M Latschenkiefer *f* **mu·go·la·re** V/I ⟨1l; av⟩ **1** winseln **2** (*gemere*) stöhnen **mu·go·li·o** M (Ge)-Winsel *n*

mu·gu·gna·re V/I ⟨1a; av⟩ brummen, knurren **mu·gu·gno** M Brummen *n* **mu·lat·tie·ra** [-ɛ-] F Saumpfad *m* **mu·lat·tie·re** [-ɛ-] M, **-a** F Maultiertreiber *m*, -in *f*

mu·lat·to **A** ADJ Mulatten-: **bambino ~** Mulattenkind *n* **B** M, **-a** F Mulatte *m*, -tin *f*

mu·li·na·re ⟨1a⟩ **A** V/T wirbeln **B** V/I ⟨av⟩ **1** wirbeln **2** *fig* herumschwirren: **~ in testa a qn** j-m im Kopf herumschwirren **mu·li·nel·lo** [-ɛ-] M **1** Wirbel *m*; (*d'acqua*) Strudel *m* **2** Rolle *f* **3** Papierwindmühle *f*

★**mu·li·no** M Mühle *f* ♦ **~ ad acqua** Wassermühle *f*; **~ a vento** Windmühle *f* **mu·lo** M, **-a** F Maultier *n*

★**mul·ta** F **1** Geldstrafe *f* **2** Strafzettel *m*, Bußgeldbescheid *m* **3** Bußgeld *n* ♦ **~ per eccesso di velocità** Strafzettel *m* für Geschwindigkeitsüberschreitung

mul·ta·re V/T ⟨1a⟩ mit einer Geldstrafe (*od* mit einem Bußgeld) belegen **mul·ti·co·lo·re** [-o-] ADJ viel-, mehrfarbig **mul·ti·cul·tu·ra·le** ADJ multikulturell **mul·ti·for·me** [-o-] ADJ vielgestaltig, vielfältig **mul·ti·fun·zio·na·li·tà** F ⟨*inv*⟩ Multifunktionalität *f* **mul·ti·fun·zio·ne** [-o-] ADJ ⟨*inv*⟩ multifunktional **mul·ti·lin·gue** ADJ ⟨*inv*⟩ mehr-, vielsprachig **mul·ti·me·dia·le** ADJ multimedial, Multimedia- **mul·ti·na·zio·na·le** **A** ADJ multinational **B** F WIRTSCH multinationaler Konzern *m*, Multi *m*

mul·ti·piat·ta·for·ma [-o-] ADJ plattformunabhängig

mul·ti·plo **A** ADJ mehrfach **B** M MATH Vielfache *n* ♦ **sclerosi -a** multiple Sklerose *f*

mul·ti·po·la·re ADJ mehrpolig (*a. fig*) **mul·ti·po·la·ri·tà** F ⟨*inv*⟩ Mehrpoligkeit *f*

mul·ti·pro·ces·so·re [-o-] M Großrechner *m* **mul·ti·pro·gram·ma·zio·ne** [-o-] F (*contemporaneamente*) Multiprogammierung *f* **mul·ti·pro·prie·tà** F ⟨*inv*⟩ **1** JUR gemeinschaftlicher Besitz *m* **2** Miteigentum *n*, Timesharing *m*, Anteile *pl* an einer Ferienwohnung **mul·ti·raz·zia·le** ADJ mehrrassig, multiethnisch: **cultura ~** Mischkultur *f* **mul·ti·sa·la** [-s-] ADJ ⟨*inv*⟩ (**cinema**) **~** Kino *n* mit mehreren Sälen, Multiplexkino *n* **mul·ti·sta·zio·ne** [-o-] ADJ ⟨*inv*⟩ IT mehrplatzfähig **mul·ti·ta·sking** ['multi'taskiŋ] M ⟨*inv*⟩ Multitasking *n* **mul·ti·u·so** ADJ ⟨*inv*⟩ vielseitig verwendbar, Allzweck-: **coltello ~** Allzweckmesser *n*

mum·mia F Mumie *f*

mum·mi·fi·ca·re ⟨1m *u.* d⟩ **A** V/T mumifizieren **B** V/PR **-rsi** **1** mumifizieren **2** *fig* verknöchern **mum·mi·fi·ca·zio·ne** [-o-] F Mumifizierung *f*

mun·ge·re V/T ⟨3d⟩ **1** melken **2** *fig* schröpfen

mun·gi·to·re [-o-] M, **-tri·ce** F Melker *m*, -in *f* **mun·gi·tri·ce** F (*macchina*) Melkmaschine *f* **mun·gi·tu·ra** F Melken *n*

mu·ni·ci·pa·le ADJ **1** Gemeinde-: **consiglio ~** Gemeinderat *m* **2** *pej* lokalpatriotisch **mu·ni·ci·pa·li·smo** [-zmo] M Lokalpatriotismus *m* **mu·ni·ci·pa·li·tà** F ⟨*inv*⟩ (*città*) Stadtrat *m*; (*piccolo centro*) Gemeinderat *m*

mu·ni·ci·pa·liz·za·re V/T ⟨1a⟩ kommunalisieren **mu·ni·ci·pa·liz·za·to** ADJ **azienda -a** städtischer Betrieb *m*; **aziende -e** Stadtwerke *pl* **mu·ni·ci·pa·liz·za·zio·ne** [-o-] F Kommunalisierung *f*

★**mu·ni·ci·pio** M **1** Gemeinde(-verwaltung) *f* **2** Rathaus *n*; Gemeindehaus *n* ♦ **sposarsi in ~** standesamtlich heiraten

mu·ni·fi·cen·za [-ɛ-] F Freigebigkeit *f*, Großzügigkeit *f* **mu·ni·fi·co** ADJ freigebig

mu·ni·re ⟨4d⟩ **A** V/T **~ qn/qc di qc** j-n/etw mit etw ausstatten (*od* versehen) **B** V/PR **-rsi** sich ausrüsten, sich wappnen (*a. fig*): **-rsi di coraggio** sich mit Mut wappnen **mu·ni·zio·ne** [-o-] F Munition *f*

★**muo·ve·re** [-ɔ-] ⟨3ff⟩ **A** VT **1** bewegen **2** (*spostare*) (ver)rücken **3** (*nei giochi*) ziehen **4** antreiben, in Bewegung setzen **5** *fig* ~ **qn a pietà** j-s Mitleid erregen **6** *fig* leiten, treiben: **essere mossi da interessi personali** von persönlichen Interessen geleitet sein **B** VI ⟨es, av⟩ **1** ziehen **2** ~ **da** ausgehen von (*a. fig*) ♦ ~ **causa** eine Klage anstrengen

★**muo·ver·si** VPR **1** sich bewegen **2** *fig* sich auskennen: ~ **bene in una città** sich in einer Stadt gut auskennen **3** ~ **da** sich entfernen von ♦ **muoviti!** beeile dich!

mu·ra·glia F **1** Mauer *f* (*a. fig*): **la grande Muraglia** die Chinesische Mauer **2** (*alpinismo*) Felswand *f* **mu·ra·glio·ne** [-o-] M (hohe) Mauer *f* **mu·ra·le** **A** ADJ Wand-: **pittura** ~ Wandmalerei *f*; **manifesto** ~ Plakat *n* **B** M ⟨*pl* murales⟩ M Wandmalerei *f*, Wandgemälde *n*

mu·ra·re ⟨1a⟩ **A** VT (ein-, zu)mauern **B** VPR *fig* **-rsi in casa** sich verbarrikadieren **mu·ra·rio** ADJ Mauer-: **opera -a** Mauerwerk *n* **mu·ra·to·re** [-o-] M, **-trice** F Maurer *m*, -in *f* **mu·ra·tu·ra** F **1** Mauern *n* **2** Mauerwerk *n*, Mauer *f* ♦ **in** ~ gemauert

mu·re·na [-ɛ-] F Muräne *f*

mu·ria·ti·co ADJ **acido** ~ Salzsäure *f*

mu·ric·cio·lo [-ɔ-] M **1** kleine Mauer *f* **2** Gartenmauer *f*

★**mu·ro** M **1** ⟨*pl* -i⟩ Mauer *f* **2** ⟨*pl* -a⟩ Wand *f*: **fra le quattro -a domestiche** in seinen vier Wänden **3** ⟨*pl* -a⟩ Stadtmauer *f* ♦ **armadio a** ~ Wandschrank *m*; ~ **di nebbia** Nebelwand *f*

mu·sa F **1** Muse *f* **2** Inspiration *f*

mu·schia·to ADJ Moschus-: **olio** ~ Moschusöl *n* ♦ **bue** ~ Moschusochse *m*

mu·schio M Moos *n*

mu·sco·la·re ADJ muskulär, Muskel-: **crampo** ~ Muskelkrampf *m*; **strappo** ~ Muskelriss *m* **mu·sco·la·tu·ra** F Muskulatur *f*

★**mu·sco·lo** M Muskel *m*

mu·sco·lo·so [-o-] ADJ muskulös

mu·sco·so [-o-] ADJ bemoost, moosbedeckt

★**mu·se·o** [-ɛ-] M Museum *n*

mu·se·ruo·la [-ɔ-] F Maulkorb *m*

mu·set·to [-e-] M (*di persona*) Gesicht *n*: **che bel** ~! so ein hübsches Gesicht

★**mu·si·ca** F Musik *f*: ~ **beat** Beat *m*; ~ **classica** klassische Musik *f*; ~ **leggera** Unterhaltungsmusik *f*; ~ **da discoteca** Diskomusik *f* ♦ *fig* **cambiare** ~ andere Saiten aufziehen

mu·si·cal ['mjuzikol] M ⟨*inv*⟩ Musical *n*

mu·si·ca·le ADJ **1** musikalisch, Musik-: **talento** ~ musikalisches Talent *n*; **critico** ~ Musikkritiker *m* **2** melodiös, klangvoll **mu·si·ca·li·tà** F ⟨*inv*⟩ Musikalität *f* **mu·si·can·te** M/F Musikant *m*, -in *f*

mu·si·ca·re VT ⟨1l *u.* d⟩ vertonen

mu·si·cas·set·ta [-e-] F Musikkassette *f*

★**mu·si·ci·sta** M/F **1** Musiker *m*, -in *f* **2** Komponist *m*, -in *f*

mu·si·co M Musiker *m*, -in *f*

mu·si·co·fi·lo [-ɔ-] M, **-a** F Musikfreund *m*, -in *f* **mu·si·co·gra·fo** M, **-a** F Musikkritiker *m*, -in *f* **mu·si·co·lo·go** M, **-a** F Musikwissenschaftler *m*, -in *f*

mu·si·vo ADJ Mosaik-: **arte -a** Mosaikkunst *f*

mu·so M **1** Maul *n*, Schnauze *f* **2** *umg* Schnute *f*, Schmollmund *m* ♦ *umg* **brutto** ~ übler Typ *m*; **a** ~ **duro** mit eiserner Stirn

mu·so·ne [-o-] M, **-a** F *umg* **1** Griesgram *m*, Sauertopf *m* **2** beleidigte Leberwurst *f*

mus·sa·re VI ⟨1a; av⟩ moussieren, perlen

mus·so·la F Musselin *m*

mus·sul·ma·na → musulmana

mus·sul·ma·no → musulmano

mu·sul·ma·no **A** ADJ moslemisch, muslimisch **B** M, **-a** F Muslim *m* (-in, Muslima, Muslime *f*)

mu·ta[1] F **1** Wechsel *m*, Wechseln *n* **2** ZOOL (*nei rettili*) Häutung *f* **3** (*negli uccelli*) Mauser *f* **4** Taucheranzug *m*, Neoprenanzug *m*

mu·ta[2] F Koppel *f*; JAGD Meute *f*

mu·ta·bi·le ADJ **1** wandelbar **2** wechselhaft **mu·ta·bi·li·tà** F ⟨*inv*⟩ **1** Wandelbarkeit *f* **2** Wechselhaftigkeit *f*

mu·ta·men·to [-e-] M **1** Wechsel *m* **2** (*vento*) Drehen *n* **3** (Ver)Änderung *f*, Wandel *m*; (*svolta*) Wende *f*

★**mu·tan·de** FPL Unterhose *f*

mu·tan·di·na F **1** (*da donna*) **-e** *fpl* Slip *m* **2** (*da bambino*) **-e** *fpl* Kinderhöschen *n*: ~ **pannolino** Windelhöschen *n*

mu·ta·re ⟨1a⟩ **A** VT **1** wechseln **2** ändern; (*nell'intimo*) verändern: **questa esperienza lo ha mutato** dieses Erlebnis hat ihn verändert **3** verwandeln **B** VI ⟨es⟩ **1** wechseln, sich ändern; (*nell'essenza*) sich verändern **2** sich wenden **C** VPR

M

-rsi sich verwandeln **mu·ta·zio·ne** [-o-] F 1 Wechsel *m*, Änderung *f* 2 Wandel *m*, Veränderung *f* 3 MED Mutation *f*: **~ genetica** Genmutation *f* **mu·te·vo·le** [-e-] ADJ 1 wandelbar 2 (*carattere, clima ecc.*) wechselhaft; unbeständig: **essere di umore ~** launenhaft sein **mu·te·vo·lez·za** [-e-] F 1 Wandelbarkeit *f* 2 Wechselhaftigkeit *f*

mu·ti·la·re V/T ⟨1l⟩ verstümmeln (*a. fig*) **mu·ti·la·to** A ADJ verstümmelt, körperbeschädigt B M, **-a** F Körperbeschädigte *m/f*, Invalide *m*, -din *f* ♦ **~ di guerra** Kriegsversehrte *m*; **~ del lavoro** Arbeitsinvalide *m* **mu·ti·la·zio·ne** [-o-] F Verstümmelung *f* (*a. fig*)

mu·ti·smo [-zmo] M 1 Stummheit *f* 2 *fig* Schweigen *n*; Schweigsamkeit *f*

mu·to A ADJ 1 stumm 2 sprachlos 3 schweigend: **in -a attesa** in schweigender Erwartung B M, **-a** F Stumme *m/f* ♦ **alfabeto ~** Zeichensprache *f*; **film ~** Stummfilm *m*; **~ come un pesce** stumm wie ein Fisch

mu·tria F überhebliche Miene *f*

mu·tua F *umg* (gesetzliche) Krankenkasse *f*

mu·tua·bi·le ADJ WIRTSCH leihbar

mu·tua·li·sti·co ADJ 1 (*basato sulla mutualità*) wechselseitig, gegenseitig: **società -a** Versicherungsverein *m* auf Gegenseitigkeit 2 BIOL mutuell 3 (*dell'assicurazione*) Kranken-: **assistenza -a** Krankenversorgung *f* **mu·tua·li·tà** F ⟨*inv*⟩ Wechselseitigkeit *f*, Gegenseitigkeit *f*: **~ assicurativa** Versicherung *f* auf Gegenseitigkeit

mu·tua·re V/T ⟨1l⟩ 1 entleihen 2 verleihen 3 *fig* entlehnen, nachahmen

mu·tua·ta·rio M, **-a** F Darlehensnehmer *m*, -in *f*

mu·tua·to ADJ **capitale ~** Darlehen *n*

mu·tuo[1] ADJ gegenseitig, wechselseitig

mu·tuo[2] M Darlehen *n*, Kredit *m*: **accendere** (*od* **contrarre**) **un ~** ein Darlehen aufnehmen; **estinguere un ~** ein Darlehen tilgen

My·an·mar M Myanmar *n* **my·an·ma·re·se** [-e-] A ADJ myanmarisch B M/F Myanmare *m*, -rin *f*

N

n, N F *od* M ⟨*inv*⟩ n, N *n*

na·bab·bo M Nabob *m* (*a. fig*)

nac·che·ra F Kastagnette *f*

naf·ta F Naphta *n*; Dieselkraftstoff *m*

naf·ta·li·na F 1 CHEM Naphtalin *n* 2 Mottenkugel *f*

na·ia F *sl* Barras *m*: **essere sotto la ~** beim Barras sein

na·if ADJ ⟨*inv*⟩ naiv: **pittura ~** naive Kunst *f*

Nai·ro·bi [-ɔ-] F Nairobi *n*

Na·mi·bia F Namibia *n* **na·mi·bia·no** A ADJ namibisch B M, **-a** F Namibier *m*, -in *f*

na·ne·rot·to·lo [-ɔ-] M, **-a** F Zwerglein *n*

na·ni·smo [-zmo] M Zwergwuchs *m*

nan·na F *umg* Heia *f*: **fare la ~** heia machen; **andare a ~** in die Heia gehen

na·no A ADJ zwergenhaft B M, **-a** F Zwerg *m*, -in *f*

na·no·tec·no·lo·gia F Nanotechnologie *f*

na·po·le·o·ne [-o-] M Kognakschwenker *m* **na·po·le·o·ni·co** [-ɔ-] ADJ napoleonisch

na·po·le·ta·no A ADJ neapolitanisch, Neapolitaner B M, **-a** F Neapolitaner *m*, -in *f*

Na·po·li F Neapel *n*

nap·pa F 1 Quaste *f* 2 Nappaleder *n*

nar·ci·si·smo [-zmo] M Narzissmus *m*

nar·ci·si·sta M/F Narzisst *m*, -in *f*

nar·ci·si·sti·co ADJ narzisstisch

nar·ci·so[1] M BOT Narzisse *f*

nar·ci·so[2] M, **-a** F Narziss *m*, selbstverliebte Person *f*

nar·co·si [-ɔ-] F Betäubung *f* **nar·co·te·ra·pi·a** F Schlaftherapie *f* **nar·co·test** [-ɛ-] M ⟨*inv*⟩ Drogentest *m* **nar·co·ti·co** [-ɔ-] A ADJ narkotisch, betäubend B M Betäubungsmittel *n*

nar·co·tiz·za·re V/T ⟨1a⟩ narkotisieren, betäuben (*a. fig*) **nar·co·tiz·za·zio·ne** [-o-] F 1 Narkotisierung *f* 2 (*effetto*) Betäubung *f*

nar·co·traf·fi·can·te M/F Rauschgifthändler *m*, -in *f* **nar·co·traf·fi·co** M

Rauschgifthandel *m*

nar·ghi·lè M ⟨*inv*⟩ Wasserpfeife *f*

na·ri·ce F **1** Nasenloch *n* **2** ZOOL Nüster *f*

nar·ra·re ⟨1a⟩ **A** VT erzählen **B** VI ⟨av⟩ erzählen, berichten **nar·ra·ti·va** F Belletristik *f* **nar·ra·ti·vo** ADJ erzählerisch, narrativ, narratorisch **nar·ra·to·re** [-o-] M, **-tri·ce** F Erzähler *m*, -in *f* **nar·ra·zio·ne** [-o-] F Erzählung *f*, Geschichte *f*

nar·va·lo M Narwal *m*

na·sa·le **A** ADJ nasal, Nasen- **B** F Nasallaut *m* **na·sa·li·tà** F ⟨*inv*⟩ nasaler Ton *m*

na·scen·te [-ɛ-] ADJ (*giorno*) anbrechend; (*sole, astro*) aufgehend

★**na·sce·re**[1] VI ⟨3g; es⟩ **1** geboren werden **2** (*ovipari*) ausschlüpfen **3** (*piante*) sprießen, keimen **4** (*astri*) aufgehen **5** (*fiumi*) entspringen **6** *fig* (*iniziare*) beginnen **7** *fig* entstehen: **la ditta è nata nel 1847** die Firma wurde 1847 gegründet **8** seinen Ursprung haben ♦ **da cosa nasce cosa** eins kommt zum andern

na·sce·re[2] M **1** Entstehung *f* **2** Aufgang *m*: **al ~ del sole** bei Sonnenaufgang

★**na·sci·ta** F **1** Geburt *f*: (**fin**) **dalla ~** von Geburt an **2** (*piante*) Sprießen *n* **3** (*astri*) Aufgehen *n* **4** (*inizio*) Anfang *m* **5** Ursprung *m*, Entstehung *f* ♦ **certificato di ~** Geburtsurkunde *f*; **data di ~** Geburtsdatum *n*; **luogo di ~** Geburtsort *m*

na·sci·tu·ro **A** ADJ ungeboren **B** M, **-a** F ungeborenes Kind *n*, Ungeborene *n*

★**na·scon·de·re** [-o-] ⟨3h⟩ **A** VT **1** verstecken **2** verbergen: **~ il viso tra le mani** sein Gesicht in den Händen verbergen **3** *fig* **~ a qn le proprie intenzioni** vor j-m seine Absichten verbergen **B** V/PR **-rsi** **1** sich verstecken **2** sich verbergen

na·scon·di·glio M Versteck *n*

na·scon·di·no M Versteckspiel *n*

na·sco·sto [-o-] ADJ versteckt, verborgen ♦ **di ~** heimlich; **di ~ da qn** hinter j-s Rücken

na·sel·lo [-ɛ-] M Seehecht *m*

na·si·no M Näschen *n*

★**na·so** M **1** Nase *f* **2** (*di cane*) Schnauze *f* ♦ **andare a ~** nach dem Gefühl gehen

nas·sa F Fischreuse *f*, Reuse *f*

na·stri·no M MIL Ordensband *n*

nas·tro M Band *n* ♦ **sega a ~** Bandsäge *f*; **~ adesivo** Klebeband *n*; **~ correttore** Korrekturband *n*; **~ magnetico** Magnetband *n*; (*musicale*) Tonband *n*

na·stro·te·ca [-ɛ-] F Phonotek *f*

na·stur·zio M Kresse *f*

na·ta·le **A** ADJ Geburts-, Heimat-: **città ~** Geburtsstadt *f* **B** MPL Geburt *f*: **la città ha dato i -i a molti scrittori** die Stadt hat viele Schriftsteller hervorgebracht

★**Na·ta·le** M Weihnachten *n*, Weihnacht *f* ♦ **albero di ~** Weihnachtsbaum *m*; **Babbo ~** Weihnachtsmann *m*; **buon ~!** fröhliche Weihnachten!; **vigilia di ~** Heiligabend *m*

na·ta·li·tà F ⟨*inv*⟩ Geburtenziffer *f*, -zahl *f*

na·ta·li·zio ADJ weihnachtlich, Weihnachts-: **periodo ~** Weihnachszeit *f*

na·tan·te **A** ADJ schwimmend **B** M Wasserfahrzeug *n* **na·ta·to·ia** [-o-] F **1** Flosse *f* **2** Schwimmgliedmaße *f* **na·ta·to·rio** [-ɔ-] ADJ Schwimm-: **vescica -a** Schwimmblase *f*

na·ti·ca F Gesäßbacke *f*

na·ti·o ADJ **1** Geburts-, Heimat-: **casa -a** Geburtshaus *n* **2** angeboren

na·ti·vi·tà F ⟨*inv*⟩ Geburt *f*: **la ~ di Cristo** Christi Geburt (*a.* KUNST) **na·ti·vo** **A** ADJ **1** Geburts-: **paese ~** Geburtsort *m*; Geburtsland *n* **2** gebürtig, stammend: **essere ~ di …** aus … gebürtig sein **B** M, **-a** F Eingeborene *m/f*

na·to **A** ADJ geboren **B** M, **-a** F Geborene *m/f* ♦ **non ancora ~** ungeboren; **appena ~** neugeboren; **essere ~ con la camicia** ein Sonntagskind (*od* ein Glückspilz) sein; *umg* **~ e sputato** wie aus dem Gesicht geschnitten

na·tri·ce F Ringelnatter *f*

★**na·tu·ra** F **1** Natur *f* **2** Beschaffenheit *f* **3** (*tipo*) Natur *f*, Art *f* ♦ **amante della ~** Naturfreund *m*, -in *f*; **contro ~** widernatürlich; **di ~** von Natur aus; **~ morta** Stillleben *n*; **pagamento in ~** Zahlung *f* in Naturalien *pl*

★**na·tu·ra·le** ADJ **1** Natur-, natürlich: **fenomeno ~** Naturerscheinung *f* **2** natürlich, naturgemäß: **necessità -i** natürliche Bedürfnisse; **il corso ~ delle cose** der natürliche Gang der Dinge **3** (*innato*) angeboren **4** (*spontaneo*) ungezwungen **5** (*vero*) echt **6** (*ovvio*) selbstverständlich ♦ **acqua ~** stilles Wasser *n*; **al ~** GASTR naturell; KUNST in natürlicher Größe; nach der Natur; **tonno al ~** Thunfisch *m* im eigenen Saft; **figlio ~** uneheliches Kind

na·tu·ra·lez·za [-e-] F Natürlichkeit *f*

na·tu·ra·li·smo [-z-] M Naturalismus

m **na·tu·ra·li·sta** **A** ADJ naturverbunden **B** M/F **1** Naturforscher *m*, -in *f* **2** KUNST, PHIL Naturalist *m*, -in *f* **na·tu·ra·li·sti·co** ADJ **1** naturwissenschaftlich **2** PHIL (*in liturgia*) Natur-, naturalistisch

na·tu·ra·liz·za·re ⟨1a⟩ **A** V/T einbürgern **B** V/PR **-rsi** eine Staatsbürgerschaft annehmen **na·tu·ra·liz·za·zio·ne** [-o-] F Einbürgerung *f*

na·tu·ri·smo [-z-] M Freikörperkultur *f*

na·tu·ri·sta M/F Anhänger *m*, -in *f* der Freikörperkultur, Naturist *m*, -in *f*

nau·fra·ga·re V/I ⟨1l *u.* e⟩ **1** ⟨es⟩ (*natante; nave*) untergehen **2** ⟨es, av⟩ (*persone*) Schiffbruch erleiden **3** *fig* ⟨es⟩ scheitern

nau·fra·gio M **1** Schiffbruch *m* **2** *fig* Scheitern *n*

nau·fra·go M, **-a** F Schiffbrüchige *m/f*

nau·se·a F **1** Übelkeit *f* **2** *fig* Ekel *m*, Überdruss *m*: **ripetere qc fino alla ~** etw bis zum Überdruss wiederholen

nau·se·a·bon·do ADJ ekelhaft (*a. fig*) **nau·se·an·te** ADJ ekelhaft, widerlich (*a. fig*)

nau·se·a·re V/T ⟨1l⟩ **1** **~ qn** bei j-m Übelkeit erregen **2** *fig* anekeln, anwidern **nau·se·a·to** ADJ *fig* **essere ~ da qn/qc** von j-m/etw angewidert sein

nau·ti·ca F **1** Schifffahrt *f*: **~ da diporto** private Schifffahrt *f* **2** Schiffszubehör *n*

nau·ti·co ADJ nautisch ♦ **carta -a** Seekarte *f*; **sport ~** Wassersport *m*

na·va·le ADJ See-: **battaglia ~** Seeschlacht *f*; (*gioco*) Schiffeversenken *n*

na·va·ta F Kirchenschiff *n*

★**na·ve** F Schiff *n* ♦ **~ da carico** Frachtschiff *n*; **~ cisterna** Tanker *m*; **~ di linea** Linienschiff *n*; **~ mercantile** Handelsschiff *n*; **~ oceanografica** Laborschiff *n*; **~ passeggeri** Passagierschiff *n*; **~ spaziale** Raumschiff *n*; **~ traghetto** Fähre *f*; **~ a vela** Windjammer *f*

na·vet·ta [-e-] F **1** TEX Schiffchen *n* **2** **~ spaziale** Raumfähre *f* **3** Shuttle *m*: (*da albergo, parcheggio*) **~ per l'aeroporto** Flughafenzubringerdienst *m*, Pendelbus *m*

★**na·vi·cel·la** [-ɛ-] F **1** (*di mongolfiera*) Korb *m* **2** **~ (spaziale)** Raumkapsel *f*

na·vi·ga·bi·le ADJ schiffbar **na·vi·ga·bi·li·tà** F ⟨*inv*⟩ **1** (*canale*) Schiffbarkeit *f* **2** SCHIFF Seetüchtigkeit *f* **3** FLUG Flugtüchtigkeit *f*

na·vi·gan·te **A** ADJ **personale ~** SCHIFF Schiffspersonal *n*; FLUG Flugpersonal *n* **B** M/F Seefahrer *m*, -in *f*

★**na·vi·ga·re** ⟨1l *u.* e⟩ **A** V/I ⟨av⟩ **1** zur See fahren **2** (*di natante*) fahren **3** (*a vela*) segeln **4** FLUG fliegen **5** IT *sl* surfen; (*con un browser*) browsen: **~ in rete** im Netz surfen **B** V/T befahren: **~ gli oceani** die Ozeane befahren

na·vi·ga·to ADJ lebenserfahren

na·vi·ga·to·re M, **-tri·ce** F **1** Seefahrer *m*, -in *f* **2** (*ufficiale di rotta*) Navigator *m*, -in *f* **3** (*in un rally*) Beifahrer *m*, -in *f*, Navigator *m*, -in *f* **4** FLUG, AUTO, SCHIFF (*apparecchio elettronico*) **~ (satellitare)** (Satelliten)Navigator *m*; **~ per auto** Autonavigator *m*, *umg* Navi *m* **5** IT **~ Internet** (*od* **Web**) Browser *m* **na·vi·ga·zio·ne** [-o-] F **1** Schifffahrt *f*: **~ fluviale** Flussschifffahrt *f*; **~ interna** Binnenschifffahrt *f*; **~ marittima** Seeschifffahrt *f* **2** FLUG Luftfahrt *f* **3** Navigation *f*: FLUG, AUTO, SCHIFF **~ satellitare** Satellitennavigation *f*

na·vi·glio M **1** Flotte *f*, Schiffe *pl* **2** Schifffahrtskanal *m*

na·vo·ne [-o-] M Steckrübe *f*

★**na·zio·na·le** **A** ADJ **1** National-: **squadra ~** Nationalmannschaft *f* **2** Staats-: **biblioteca ~** Staatsbibliothek *f* **B** F SPORT Nationalmannschaft *f* ♦ **festa ~** Nationalfeiertag *m*; **inno ~** Nationalhymne *f*; **mercato ~** Binnenmarkt *m*

na·zio·na·li·smo [-zmo] M Nationalismus *m* **na·zio·na·li·sta** **A** ADJ nationalistisch **B** M/F Nationalist *m*, -in *f* **na·zio·na·li·sti·co** ADJ nationalistisch

★**na·zio·na·li·tà** F ⟨*inv*⟩ Staatsangehörigkeit *f*; Nationalität *f* (*a. fig*)

na·zio·na·liz·za·re V/T ⟨1a⟩ verstaatlichen **na·zio·na·liz·za·to** ADJ verstaatlicht, Staats-; volkseigen **na·zio·na·liz·za·zio·ne** [-o-] F Verstaatlichung *f*

na·zio·nal·so·cia·li·smo → nazismo

★**na·zio·ne** [-o-] F **1** Nation *f* **2** Staat *m*, Land *n*

na·zi·skin M/F ⟨*inv*⟩ Skinhead *m*

na·zi·smo [-zmo] M Nationalsozialismus *m*

na·zi·sta **A** ADJ nationalsozialistisch, Nazi- **B** M/F Nationalsozialist *m*, -in *f*; *pej* Nazi *m* **na·zi·sti·co** ADJ nationalsozialistisch, Nazi-

'ndran·ghe·ta F = *kalabrische Mafia*

★**ne** [ne] **A** PRON **1** (*di persona; con* PRÄP *u.* PERS PR; *anche non tradotto*) **~ abbiamo**

N

ne

ne hat im Deutschen nicht immer eine direkte Entsprechung und bleibt oft unübersetzt. Im Italienischen ist es jedoch notwendig, um einen Bezug zum vorher Gesagten herzustellen, meist einer Frage.

1. **ne** kann für eine bereits genannte Ortsangabe stehen:

Sei già stato in piscina? – Ne torno ora.	Warst du schon im Schwimmbad? – Ich komme gerade (von dort).

2. **ne** kann für eine Ergänzung stehen, die mit **di** eingeleitet war:

Sai niente dell'esame? – No, non ne so niente.	Weißt du was über die Prüfung? – Nein, ich weiß nichts (darüber).

3. **ne** steht für einen Teil aus einer Menge:

Vuole del caffè? – Sì grazie, ne vorrei una tazza.	Möchten Sie Kaffee? – Ja, bitte. Ich hätte gerne eine Tasse (davon).

parlato wir haben darüber gesprochen; **se ~ è subito innamorato** er hat sich sofort in sie verliebt **2** (*di cosa; anche non tradotto*) darüber; davon; dazu; damit; darunter; einige; welche: **cosa ~ dici?** was sagst du dazu?; **se ~ parla molto** man spricht viel darüber; **~ ho abbastanza** ich habe genug (davon); **~ soffri molto?** leidest du sehr darunter?; **non ~ posso più!** ich kann nicht mehr!; **non me ~ importa** das interessiert mich nicht **B** ADV (*di luogo; anche enclitico*) **non te ~ andare!** geh nicht fort!; **vattene!** geh weg!

★**né** KONJ **1** und nicht, auch nicht **2** **~ … ~ …** weder … noch …; **~ qui ~ lì** weder hier noch dort

★**ne·an·che** **A** ADV **1** auch nicht: **~ io** ich auch nicht **2** nicht einmal **3** überhaupt nicht: **non ci penso ~!** ich denke ja gar nicht daran! **4** (*mit unbest art*) überhaupt kein: **non ho ~ un soldo** ich habe keinen Pfennig (mehr) **5** *umg* (*con adv & adj*) gar nicht: **non è ~ vero!** das ist gar nicht wahr! **B** KONJ **1** nicht einmal: **non mi ha ~ ringraziato** er hat mir nicht einmal gedankt **2** auch wenn … nicht: **~ se volessi** (*od* **volendo**) **potrei aiutarti** auch wenn ich wollte, könnte ich dir nicht helfen

★**neb·bia** [-e-] F Nebel *m* (*a. fig*): **c'è ~** es herrscht Nebel ♦ **banco di ~** Nebelbank *f*

neb·bio·li·na F leichter Nebel *m* **neb·bio·ne** [-o-] M dichter Nebel *m* **neb·bio·si·tà** F ⟨*inv*⟩ **1** Nebel *m* **2** *fig* Verschwommenheit *f* **neb·bio·so** [-o-] ADJ **1** neblig **2** *fig* verschwommen, nebelhaft, unklar

ne·bu·liz·za·re V/T ⟨1a⟩ **1** zerstäuben **2** AGR sprühen **ne·bu·liz·za·to·re** [-o-] M **1** Zerstäuber *m* **2** AGR Sprühgerät *n* **ne·bu·liz·za·zio·ne** [-o-] F **1** Zerstäubung *f* **2** AGR Sprühen *n*

ne·bu·lo·sa [-o-] F ASTRON Nebel *m*

ne·bu·lo·si·tà F ⟨*inv*⟩ **1** Nebligsein *n* **2** *fig* Unklarheit *f*

ne·bu·lo·so [-o-] ADJ **1** neblig **2** *fig* nebulös, verschwommen

ne·ces·saire [-sɛ'sɛr] M ⟨*inv*⟩ Necessaire *n* ♦ **~ da cucito** Nähutensilien *pl*; **~ per le unghie** Nagelnecessaire *n*

ne·ces·sa·ria·men·te [-e-] ADV unbedingt, notwendigerweise

★**ne·ces·sa·rio** **A** ADJ **1** notwendig, erforderlich, nötig **2** gebührend **B** M ⟨*inv*⟩ **1** Notwendige *n* **2** Nötige *n*: **predisporre il ~** das Nötige veranlassen

ne·ces·si·tà F ⟨*inv*⟩ **1** Notwendigkeit *f* **2** Bedürfnis *n*: **~ di qc** Bedarf an etw (*dat*) **3** Not *f*: **rubare per ~** aus Not stehlen ♦ **in caso di ~** im Bedarfsfall, nötigenfalls; **~ primarie** Grundbedürfnisse *pl*

ne·ces·si·ta·re ⟨1m *u.* b⟩ **A** V/I ⟨es⟩ **1** **~ di qc** etw brauchen, benötigen **2** (*essere necessario*) notwendig sein, benötigt werden **B** V/T erfordern: **l'edificio necessita una ristrutturazione** das Gebäude muss umgebaut werden; **i prodotti di cui necessita la vostra piscina** Produkte, die Sie für Ihr Schwimmbad brauchen

ne·cro·fa·go [-ɔ-] M, **-a** F Aasfresser *m*, -in *f*

ne·cro·fi·li·a F Leichenschändung *f*

ne·cro·fi·lo [-ɔ-] **A** ADJ nekrophil **B** M, **-a** F Leichenschänder *m*, -in *f*

ne·cro·fo·ro [-ɔ-] M Totengräber *m*

ne·cro·lo·gi·a F **1** Nachruf *m* **2** Todesanzeige *f* **ne·cro·lo·gi·co** [-ɔ-] ADJ Todes-

ne·cro·lo·gio [-ɔ-] M Todesanzeige *f*

ne·cro·po·li [-ɔ-] F ⟨inv⟩ ARCHÄOL Nekropole *f*

ne·cro·sco·pi·a F Leichenschau *f* **ne·cro·sco·pi·co** [-ɔ-] ADJ **esame ~** Leichenschau *f*

ne·cro·si [-ɔ-] F ⟨inv⟩ MED Gewebstod *m*

ne·fan·dez·za [-e-] F **1** Schändlichkeit *f* **2** Frevel *m*, Schandtat *f*

ne·fan·do ADJ frevel, frevelhaft

ne·fa·sto ADJ Unglücks-, unheilvoll

ne·fri·te F MED Nierenentzündung *f* **ne·fri·ti·co** ADJ Nephritis-, Nieren-: **dolori -ci** Nierenschmerzen *pl* **ne·fro·pa·ti·co** **A** ADJ nierenkrank **B** M, **-a** F Nierenkranke *m/f*

ne·ga·re ⟨1e⟩ **A** V/T **1** leugnen, abstreiten **2** verweigern, versagen: **~ un'autorizzazione** eine Genehmigung verweigern **3** JUR absprechen **4** verneinen **B** V/PR **-rsi** sich versagen: **-rsi a qn** sich j-m versagen

ne·ga·ti·va F **1** ablehnende Haltung *f*: **mantenersi sulla ~** eine ablehnende Haltung einnehmen **2** FOTO Negativ(bild) *n* **ne·ga·ti·va·men·te** [-e-] ADV **1** negativ **2** ergebnislos **ne·ga·ti·vi·tà** F ⟨inv⟩ Negativität *f*

★**ne·ga·ti·vo** **A** ADJ negativ **B** M FOTO Negativ(bild) *n* ♦ PHYS **polo ~** Minuspol *m*

ne·ga·to ADJ unbegabt: **essere ~ per qc** zu etw unbegabt sein

ne·ga·zio·ne [-o-] F **1** Leugnung *f*, Negierung *f* **2** Verweigerung *f*, Versagung *f* **3** *fig* Verkehrung *f* **4** PHIL, GRAM, MATH Verneinung *f*, Negation *f*

ne·glet·to [-ɛ-] ADJ **1** vernachlässigt **2** nachlässig, schlampig

ne·gli [-e-] → in

né·gli·gé [-gliˈʒe] M ⟨inv⟩ Negligé *n*

ne·gli·gen·te [-gliˈdʒɛnte] ADJ **1** nachlässig, *umg* schlampig **2** fahrlässig

ne·gli·gen·za [-ɛ-] F **1** Nachlässigkeit *f* **2** Fahrlässigkeit *f*

ne·go·zia·bi·le ADJ **1** verhandlungsfähig **2** HANDEL handels-, marktfähig; käuflich **3** FIN bankfähig: **~ in borsa** börsenfähig **ne·go·zia·bi·li·tà** F ⟨inv⟩ **1** Verhandlungsfähigkeit *f* **2** HANDEL Handelsfähigkeit *f*; Käuflichkeit *f*; Lieferbarkeit *f* **3** FIN Bankfähigkeit *f*: **~ in borsa** Börsenfähigkeit *f* **ne·go·zia·le** ADJ rechtsgeschäftlich, Geschäfts-, Vertrags-

ne·go·zian·te M/F Händler *m*, -in *f*; Kaufmann *m*, -frau *f*: **~ all'ingrosso** Großhändler *m*, -in *f*; **~ al minuto** Einzelhändler *m*, -in *f*

ne·go·zia·re ⟨1g *u.* c⟩ **A** V/T **1** verhandeln **2** WIRTSCH (aus)handeln **B** V/I ⟨av⟩ handeln **ne·go·zia·to** **A** ADJ verhandelt, ausgehandelt **B** M Ver-, Unterhandlung *f*: **essere in -i con qn** mit j-m in Verhandlung stehen **ne·go·zia·to·re** [-o-] M, **-tri·ce** F Verhandlungspartner *m*, -in *f*, Unterhändler *m*, -in *f* **ne·go·zia·zio·ne** [-o-] F **1** Unterhandlung *f* **2** WIRTSCH Handel *m*; Begebung *f*; Negoziation *f*

★**ne·go·zio** [-ɔ-] M **1** Geschäft *n*, Laden *m* **2** Geschäft *n*, Handel *m* ♦ **catena di -i** Ladenkette *f*; **~ al dettaglio** (*od* **al minuto**) Einzelhandelsgeschäft *n*; **~ dell'usato** Secondhandladen *m*; **~ giuridico** Rechtsgeschäft *n*; **~ specializzato** Fachgeschäft *n*; **titolare di ~** Geschäftsinhaber *m*, -in *f*

ne·gro [-e-] **A** ADJ schwarz **B** M, **-a** F **1** Schwarze *m/f* **2** *fig* Ghostwriter *m*, -in *f*

ne·gro·man·te M/F Zauberer *m*, Zauberin *f*, Schwarzkünstler *m*, -in *f* **ne·gro·man·zi·a** F Zauberei *f*, Schwarze Kunst *f*

nei, nel, nel·l', nel·la, nel·lo [-e-] → in

nem·bo [-e-] M Nimbus *m*, Nimbuswolke *f*

★**ne·mi·ca** F Feindin *f*

★**ne·mi·co** **A** ADJ **1** feindlich, Feindes- **2** widrig: **sorte -a** widriges Schicksal *n* **3** *fig* **essere ~ di qc** etw (*dat*) abgeneigt sein **4** schädlich: **i grassi sono -ci del fegato** Fett ist für die Leber schädlich **B** M Feind *m* ♦ **essere acerrimo ~ di qn** j-s Todfeind sein; **~ giurato** Erzfeind *m*

nem·me·no [-e-] ADV & KONJ → neanche

ne·nia [-ɛ-] F **1** Totenklage *f* **2** Kantilene *f* **3** Wiegenlied *n* **4** *fig* Leier *f*

ne·o [-ɛ-] M **1** Leberfleck *m* **2** Schönheitsfleck *m* **3** *fig* (*difetto*) Schönheitsfehler *m*

ne·o·clas·si·ci·smo [-zmo] M **1** Klassizismus *m* **2** (*nel novecento*) Neoklassizismus *m* **ne·o·clas·si·co** **A** ADJ **1** klassizistisch **2** neoklassizistisch **B** M Klassizismus *m* **ne·o·di·plo·ma·to** **A** ADJ **studente ~** Abiturient *m* **B** M, **-a** F Abiturient *m*, -in *f*; frisch Diplomierte *m/f*

ne·o·e·let·to [-ɛ-] ADJ neu gewählt

ne·o·fa·sci·smo [-zmo] M Neofaschismus *m*
ne·o·fa·sci·sta A ADJ neofaschistisch B M/F Neofaschist *m*, -in *f*
ne·o·fi·ta [-ɔ-] M/F 1 REL Neugetaufte *m/f* 2 Neuling *m*
ne·o·gre·co [-ɛ-] A ADJ neugriechisch B M Neugriechisch(e) *n* **ne·o·la·ti·no** ADJ romanisch: **lingue -e** romanische Sprachen *pl* **ne·o·lau·re·a·to** A ADJ **giovane ~** Jungakademiker *m* B M, **-a** F Jungakademiker *m*, -in *f* **ne·o·li·ti·co** A ADJ jungsteinzeitlich B M Jungsteinzeit *f*
ne·on [-ɛ-] M ⟨*inv*⟩ 1 Neon *n* 2 Neonlampe *f*
ne·o·na·ta·le ADJ Neugeborenen-
★**ne·o·na·to** A ADJ 1 neugeboren 2 neu (gegründet) B M, **-a** F Neugeborene *n*, Säugling *m*
ne·o·na·zi·smo [-zmo] M Neonazismus *m* **ne·o·na·zi·sta** A ADJ neonazistisch B M/F Neonazi *m/f* **ne·o·re·a·li·sta** A ADJ neoveristisch, neorealistisch: **il cinema ~** das neoveristische Kino B M/F Neorealist *m*, -in *f* **ne·o·re·a·li·sti·co** ADJ neoveristisch, neorealistisch
ne·o·ze·lan·de·se [-e-] A ADJ neuseeländisch B M/F Neuseeländer *m*, -in *f*
Ne·pal [-e-] M Nepal *n* **ne·pa·le·se** [-e-] A ADJ nepalesisch B M/F Nepalese *m*, -sin *f*
ne·pi·tel·la [-ɛ-] F Bergminze *f*
ne·po·ti·smo [-zmo] M Vetternwirtschaft *f*
ne·po·ti·sti·co ADJ nepotistisch
nep·pu·re ADV & KONJ → neanche
ne·ra·stro ADJ schwärzlich
ner·ba·ta F Peitschenhieb *m*
ner·bo [-ɛ-] M 1 Peitsche *f* 2 *fig* (harter) Kern *m*; Rückgrat *n*: **un uomo senza ~** ein Mensch *m* ohne Rückgrat
ner·bo·ru·to ADJ 1 nervig, sehnig, muskulös: **braccia -e** muskulöse Arme *pl* 2 (*forte*) kräftig, stark
ne·ret·to [-e-] M TYPO Halbfettdruck *m* ♦ **in ~** halbfett
★**ne·ro** [-e-] A ADJ 1 schwarz 2 schmutzig, dreckig: **mani -e** schmutzige Hände *pl* 3 (neo)faschistisch B M, **-a** F 1 **nero** *m* Schwarz(e) *n* 2 (*negro*) Schwarze *m/f* 3 Faschist *m*, -in *f* ♦ **acque -e** Abwässer *pl*; **bestia -a** Schreckgespenst *n*; **in bianco e ~** schwarz-weiß; **borsa -a** Schwarzhandel *m*; **cronaca -a** Verbrechens- und Unfallberichte *pl*; **fondi -i** Schwarzgelder *pl*; **giornata -a** Unglückstag *m*; **mercato ~** Schwarzmarkt *m*; *fig* **occhio ~** blaues Auge *n*; **terrorismo ~** Rechtsterrorismus *m*; **uva -a** blaue Trauben *pl*
ne·ro·fu·mo M Ruß *m*
ner·va·to ADJ gerippt **ner·va·tu·ra** F 1 BOT Nervatur *f* 2 ARCH, MECH Rippe *f*
ner·vi·no ADJ **gas ~** Nervengas *n*
★**ner·vo** [-ɛ-] M 1 Nerv *m* 2 *umg* Sehne *f* 3 BOT Blattader *f* ♦ **che -i!** verflixt!; **dare ai** (*od* **sui**) **-i a qn** j-m auf die Nerven gehen; **avere i -i a pezzi** mit den Nerven fertig sein; **avere i -i saldi** gute Nerven haben
ner·vo·si·smo [-zmo] M Nervosität *f*
★**ner·vo·so** [-o-] A ADJ 1 Nerven-, nervlich: **tensione -a** Nervenanspannung *f* 2 nervös 3 sehnig, nervig 4 *fig* bündig B M Nervosität *f* ♦ **far venire il ~ a qn** j-n nervös machen
ne·spo·la [-ɛ-] F Mispel *f*
ne·spo·lo [-ɛ-] M Mispel *f*, Mispelbaum *m*
nes·so [-ɛ-] M Zusammenhang *m*, Verbindung *f* ♦ **senza ~** zusammenhanglos
★**nes·su·no** A ADJ ⟨*indef*⟩ 1 kein, keine: **non c'è -a fretta** es besteht keine Eile 2 keiner, keine, keines: **non ho visto -a mia amica** ich habe keine meiner Freundinnen gesehen 3 jeglich, jede: **senza -a fretta** ohne jegliche Eile 4 irgendein, irgendeine: **hai -a idea?** hast du irgendeine Idee? B INDEF PR 1 niemand: **non è venuto ~** niemand ist gekommen 2 keiner, keine, keines: **~ dei nostri amici** keiner unserer Freunde 3 jemand: **senza che ~ se ne accorgesse** ohne dass es jemand bemerkte; **c'è ~?** ist hier jemand? ♦ **in nessun caso** auf keinen Fall; **da -a parte, in nessun luogo** nirgendwo, nirgends
ne·ti·quette [neti'kɛt] F ⟨*inv*⟩ Netiquette *f*
net·ta·men·te [-e-] ADV 1 klar, deutlich 2 (*con decisione*) entschieden
net·ta·pie·di [-ɛ-] M ⟨*inv*⟩ Fußabtreter *m*
net·ta·re [-ɛ-] M Nektar *m*
net·tez·za [-e-] F 1 Sauberkeit *f*, Reinheit *f* (*a. fig*) 2 Klarheit *f*, Deutlichkeit *f* ♦ **~ urbana** städtische Müllabfuhr *f*
★**net·to** [-e-] A ADJ 1 sauber, rein (*a. fig*) 2 eindeutig, klar, glatt: **-a maggioranza** eindeutige Mehrheit *f* 3 scharf: **contorno ~** scharfer Umriss *m* 4 WIRTSCH Rein-,

N

Netto-: **prezzo ~** Nettopreis *m* **B** ADV deutlich: **parlare chiaro e ~** klar und deutlich sprechen **C** M Nettobetrag *m* ♦ **al ~** netto; **al ~ di** nach Abzug von; **al ~ delle imposte** nach Abzug der Steuern; **di ~** klar, deutlich

net·tur·bi·no M, **-a** F Müllmann *m*, -frau *f*

Neu·châ·tel [-ɛ-] F Neuenburg *n*

neu·ri·te F Nervenentzündung *f*

neu·ro·chi·rur·gi·a F Neurochirurgie *f* **neu·ro·chi·rur·go** M, **-a** F Neurochirurg *m*, -in *f*

neu·ro·lo·gi·a F Nervenheilkunde *f*

neu·ro·lo·gi·co [-ɔ-] ADJ neurologisch

neu·ro·lo·go [-ɔ-] M, **-a** F Nervenarzt *m*, -ärztin *f*

neu·ro·ne [-o-] M Neuron *n*, Nervenzelle *f*

neu·ro·pa·ti·a F Nervenkrankheit *f*

neu·tra·le ADJ neutral **neu·tra·li·sta** **A** ADJ neutralistisch, Neutralitäts- **B** M/F Neutralist *m*, -in *f* **neu·tra·li·tà** F ⟨*inv*⟩ Neutralität *f* (*a.* PHYS, CHEM)

neu·tra·liz·za·re ⟨1a⟩ **A** V/T neutralisieren, unwirksam machen (*a.* JUR) **B** V/PR **-rsi** **1** sich gegenseitig aufheben **2** abklingen **neu·tra·liz·za·zio·ne** [-o-] F Neutralisierung *f*

neu·tri·no M Neutrino *n*

neu·tro [-ɛ-] **A** ADJ **1** neutral **2** ELEK ungeladen **3** GRAM sächlich, neutral **B** M **1** ELEK Nullleiter *m* **2** GRAM Neutrum *n* ♦ **sapone ~** hautneutrale Seife *f*

neu·tro·ne [-o-] M Neutron *n*

ne·va·io M **1** Firn *m* **2** Firnfeld *n*

ne·va·to **A** ADJ **1** schneebedeckt **2** schneeweiß **B** M Firn *m*

★**ne·ve** [-e-] F Schnee *m* (*a. sl cocaina*) ♦ **fiocco di ~** Schneeflocke *f*; TECH **gatto delle -i** Schneekatze *f*; **occhiali da ~** Skibrille *f*; **pupazzo di ~** Schneemann *m*

★**ne·vi·ca·re** V/I ⟨1l *u.* d; *unpers* es, av⟩ schneien: **nevica** es schneit

ne·vi·ca·ta F Schneefall *m* **ne·vi·schio** M Schneeregen *m* **ne·vo·so** [-o-] ADJ **1** Schnee-: **manto ~** Schneedecke *f* **2** schneebedeckt

ne·vral·gi·a F Nervenschmerz *m* **ne·vral·gi·co** ADJ neuralgisch, Nerven-: **punto ~** neuralgischer Punkt *m* (*a. fig*)

ne·vra·ste·ni·a F Nervenschwäche *f*

ne·vra·ste·ni·co [-ɛ-] **A** ADJ **1** nervenschwach **2** hysterisch **B** M, **-a** F **1** Neurastheniker *m*, -in *f* **2** *umg* Nervenbündel *n* **ne·vro·si** [-ɔ-] F Neurose *f*

ne·vro·ti·co [-ɔ-] **A** ADJ PSYCH neurotisch **B** M, **-a** F PSYCH Neurotiker *m*, -in *f*

nev·ve·ro [-e-] INT nicht wahr?

news·group ['njuz'grup] M ⟨*inv*⟩ Diskussionsforum *n*, Newsgroup *f*

New York ['nju'jɔrk] F New York *n*

ni *umg* **A** ADV jein **B** M Jein *n*

nib·bio M Milan *m*; (*reale*) Gabelweihe *f*

ni·be·lun·gi·co ADJ Nibelungen-: **ciclo ~** die Nibelungensage

Ni·ca·ra·gua M Nicaragua *n* **ni·ca·ra·guen·se** **1** ADJ nicaraguanisch **2** *m/f* Nicaraguaner *m*, -in *f*

nic·chia F **1** (Fels)Nische *f* **2** *fig* ruhiges Plätzchen *n* ♦ **~ di mercato** Marktlücke *f*

nic·chia·re V/I ⟨1k; av⟩ zögern, *umg* fackeln

ni·chel M Nickel *n*

ni·che·li·no M Nickelmünze *f*

ni·chi·li·smo [-zmo] M Nihilismus *m* **ni·chi·li·sta** **A** ADJ nihilistisch **B** M/F Nihilist *m*, -in *f*

Ni·co·si·a F Nikosia *n*

ni·co·ti·na F Nikotin *n* ♦ **a basso contenuto di ~** nikotinarm; **senza ~** nikotinfrei

nic·ta·lo·pi·a F Nachtsichtigkeit *f*

nic·to·fo·bi·a F Nachtangst *f*

ni·dia·ta F **1** Brut *f*: **una ~ di uccelli** eine Vogelbrut **2** Wurf *m*: **una ~ di topi** ein Mäusewurf *m* **3** (*di bambini*) Kinderschar *f*

ni·di·fi·ca·re V/I ⟨1m *u.* d; av⟩ nisten, ein Nest bauen **ni·di·fi·ca·zio·ne** [-o-] F Nestbau *m*, Nisten *n*

★**ni·do** M **1** Nest *n* **2** (*di rapace*) Horst *m* **3** *fig* (*focolare*) Nest *n*, heimischer Herd *m* **4** (*asilo*) Krippe *f* ♦ **a ~ d'ape** gesmokt

★**nien·te** [-ɛ-] **A** INDEF PR **1** nichts: **non so ~** ich weiß nichts **2** etwas: **ti serve ~?** brauchst du etwas? **3** nichts, eine Kleinigkeit: **e questo è ancora ~!** und das ist noch gar nichts! **4** nichts Ernstes **B** ADJ ⟨*inv*⟩ kein, *umg* null: **~ paura!** keine Angst! **C** M **1** Nichts *n* **2** Kleinigkeit *f*: **basta un ~ per impaurirlo** eine Kleinigkeit genügt, um ihn zu verängstigen **D** ADV **1** nichts: **non c'entro ~** ich habe nichts damit zu tun **2** überhaupt nicht, absolut nicht: **non è ~ vero** das ist überhaupt nicht wahr **~ affatto** (ganz und) gar nicht; **nient'altro** nichts anderes; **nient'altro che** nur, nichts anderes als; **buono a ~** nichtsnutzig; **da ~** geringfü-

N

gig, leicht; **è una cosa da ~** es ist nur eine Kleinigkeit; ★ **di ~** gern geschehen, nichts zu danken; **il dolce far ~** das süße Nichtstun; **non fa ~** das macht nichts; **~ male** nicht schlecht; **non per ~** nicht umsonst; ★ **per ~** absolut nicht; umsonst (*a. fig*)

niente

niente + di + Adjektiv
niente + da + Infinitiv

niente di nuovo	nichts Neues
niente da fare	nichts zu machen

nien·te·me·no [-e-] *umg* **A** ADV **1** nichts Geringeres als **2** niemand Geringerer als **3** (*persino*) sogar **B** INT echt

Ni·ger M Niger *m*

Ni·ge·ria [-ɛ-] F Nigeria *n*

ni·ge·ria·no **A** ADJ nigerianisch **B** M, **-a** F Nigerianer *m*, -in *f*

ni·ge·ri·no **A** ADJ nigrisch **B** M, **-a** F Nigrer *m*, -in *f*

Ni·lo M Nil *m*

nim·bo M *poet* **1** Lichtschein *m* **2** Nimbus *m*, Heiligenschein *m*

N

nin·fa F MYTH, ZOOL Nymphe *f*

nin·fe·a [-ɛ-] F Seerose *f*

nin·fet·ta [-e-] F frühreifes Mädchen *n*

nin·fo·ma·ne [-ɔ-] F Nymphomanin *f*

nin·fo·ma·ni·a F Nymphomanie *f*

nin·na·nan·na F Wiegenlied *n*

nin·na·re V/T ⟨1a⟩ in den Schlaf lullen

nin·no·li MPL Nippsachen *pl*

★**ni·po·te** [-o-] M/F **1** (*di nonni*) Enkel *m*, -in *f*, *schweiz* Großkind *n* **2** (*di zii*) Neffe *m*, Nichte *f*

nip·po·ni·co [-ɔ-] ADJ japanisch

nir·va·na M ⟨inv⟩ Nirwana *n*

nis·se·no [-ɛ-] **A** ADJ aus, von Caltanisetta **B** M, **-a** F Bewohner *m*, -in *f* von Caltanisetta

ni·ti·dez·za [-e-] F **1** Schärfe *f*: **~ dei contorni** Konturenschärfe *f* **2** Klarheit *f* (*a. fig*)

ni·ti·do ADJ **1** scharf: **contorni -i** scharfe Umrisse *pl* **2** klar (*a. fig*)

ni·tra·to M Nitrat *n* **ni·tri·co** ADJ Salpeter-: **acido ~** Salpetersäure *f*

ni·tri·re V/I ⟨4d; av⟩ wiehern

ni·tri·to M Wiehern *n*, Gewieher *n*

ni·tro M Salpeter *m*

ni·tro·gli·ce·ri·na F Nitroglyzerin *n*

Niz·za F Nizza *n*

★**no** [nɔ] **A** ADV **1** nein: **~, grazie** nein, danke **2** nicht: **vieni o ~?** kommst du mit oder nicht? **3** **credo di ~** ich glaube nicht **4** oder (nicht): **te l'avevo detto, ~?** ich hatte es dir doch gesagt, oder (nicht)? **5** **oh ~!** oh nein!; **eh ~, adesso basta!** also, jetzt reicht es aber! **B** M ⟨inv⟩ **1** Nein *n*: *umg* **un bel ~** ein glattes Nein **2** Nein-, Gegenstimme *f* **C** ADJ ⟨inv⟩ *umg* schlecht: **una giornata ~** ein schlechter Tag ♦ **~ di certo!** gewiss nicht! bestimmt nicht!; **come ~!** aber sicher! natürlich!; **~ davvero** wirklich nicht; **dire (di) ~ a qc** zu etw Nein sagen; **non dico di ~** das schließe ich nicht aus; **ma ~!** aber nein!; (*davvero?*) echt!; **(e) perché ~?** und warum nicht?; **~ e poi ~!** nein und abermals nein!; **proprio ~!** wirklich nicht!; **sì e ~** mehr oder weniger; (*circa*) ungefähr, etwa: **peserà sì e ~ un chilo** es wiegt etwa ein Kilo

no·bil·don·na [-ɔ-] F Adlige *f*; HIST Edelfrau *f*

no·bi·le [-ɔ-] **A** ADJ **1** Adels-, ad(e)lig **2** *fig* vornehm, edel: **azione ~** edle Tat *f* **3** CHEM, METALL Edel-: **gas ~** Edelgas *n* **B** M/F Adlige *m/f* **no·bi·lia·re** ADJ ad(e)lig, Adels-: **titolo ~** Adelstitel *m*

no·bi·li·ta·re V/T ⟨1m⟩ **1** adeln (*a. fig*) **2** TECH veredeln **no·bi·li·ta·zio·ne** [-o-] F **1** Adelung *f* **2** *fig* Veredelung *f*

no·bil·tà F ⟨inv⟩ **1** Adel *m* **2** *fig* Vornehmheit *f* ♦ **~ d'animo** Seelenadel *m*

no·bi·luo·mo [-ɔ-] M Adlige *m*; HIST Edelmann *m*

noc·ca [-ɔ-] F Knöchel *m*; Fingerknöchel *m*

noc·chie·ru·to ADJ knorrig

noc·cio·la [-ɔ-] **A** ADJ ⟨inv⟩ **(color) ~** haselnussbraun **B** F Haselnuss *f* **noc·cio·li·na** F **~ (americana)** Erdnuss *f*

noc·cio·lo[1] [-ɔ-] M Haselnussstrauch *m*

noc·cio·lo[2] [-ɔ-] M **1** BOT Kern *m*, Stein *m* **2** *fig* Kern(punkt) *m*: **il ~ della questione** der Kern des Problems **3** NUKL Kern *m*

★**no·ce** [-o-] **A** ADJ nuss-: **color ~** nussbraun **B** F **1** (Wal)Nuss *f* **2** GASTR (*di vitello*) Nuss *f* **3** Stückchen *n*: **una ~ di burro** ein Stückchen *n* Butter **C** M (Wal)Nussbaum *m*

no·cel·la [-ɛ-] F Handknöchel *m*

no·ce·pe·sca [-ɛ-] F Nektarine *f*

no·ce·pe·sco [-ɛ-] M Nektarinenbaum

m

no·ci·no M Nusslikör m

no·ci·vi·tà F ⟨inv⟩ Schädlichkeit f

no·ci·vo ADV schädlich, schädigend, Schad-: **~ per la salute** gesundheitsschädlich; **essere ~ a qc** etw (*dat*) schaden

no·da·le ADJ Knoten- ♦ *fig* **punto ~** Kernpunkt m

★**no·do** [-ɔ-] M **1** Knoten m (*a.* SCHIFF) **2** (*legno*) Knoten m; Ast m **3** *fig* Kern(-punkt) m **4** *fig* Band n: **il ~ matrimoniale** das Band der Ehe ♦ **avere -i nei capelli** verfilztes Haar haben; **avere un ~ alla gola** einen Kloß im Hals haben; **~ gordiano** gordischer Knoten m; IT **~ di accesso alla rete** Einwahlknoten m

no·do·si·tà F ⟨inv⟩ **1** Knorrigkeit f **2** MED Knötchenbildung f

no·du·lo [-ɔ-] M MED Knötchen n

no frost [no'frɔst] M ⟨inv⟩ Abtauautomatik f

★**noi** [-o-] PERS PR **1** wir: (**~**) **siamo d'accordo** wir sind damit einverstanden **2** uns: **da ~** von uns; **bei uns; a ~** uns; **con ~** mit uns; **senza di ~** ohne uns **3** man: **se** (**~**) **pensiamo che ...** wenn man bedenkt, dass ...

★**no·ia** [-ɔ-] F **1** Langeweile f **2** (*persona*) langweiliger Mensch m, Langweiler m, -in f **3** (*cosa*) langweilige Sache f: **che ~!** so etwas Langweiliges! **4** Störung f, Belästigung f: **dare ~ a qn** j-n stören **5** *pl* Unannehmlichkeiten *pl*

no·ial·tri PERS PR wir

no·io·si·tà F Langweiligkeit f

★**no·io·so** [-o-] ADJ **1** langweilig **2** lästig **3** (*bambino*) quengelig

★**no·leg·gia·re** V/T ⟨1f⟩ **1** ausleihen, mieten; (*nave, yacht*) chartern: **~ una macchina** ein Auto mieten **2** verleihen, vermieten; (*nave, yacht*) verchartern

no·leg·gia·to·re [-o-] M, **-tri·ce** F Verleiher m, -in f; (*di yacht*) Vercharterer m, -in f

no·leg·gio [-e-] M **1** Vermietung f, Verleih m; (*di yacht*) Charter f: **~ di videocassette** Videoverleih m **2** (*prezzo*) Leihgebühr f; Mietpreis m; (*di yacht*) Charterpreis m ♦ **a ~** mietweise; **auto a ~** Mietauto n

no·len·te [-ɛ-] **volente o ~** wohl oder übel

no·lo [-ɔ-] M **1** Vermietung f, Verleih m: **dare a ~** verleihen, vermieten; **prendere a ~** leihen, mieten **2** Leihgebühr f; (*di veicoli*) Mietpreis m **3** (Charter)Fracht f

no·ma·de [-ɔ-] **A** ADJ nomadisch, Nomaden- **B** M/F Nomade m, -din f; **campo -i** Zigeunerlager n

★**no·me** [-o-] M **1** Name m: **~ e cognome** Vor- und Nachname; **conosci il ~ di questa pianta?** kennst du den Namen dieser Pflanze? **2** Ruf m: **farsi un cattivo ~** sich (*dat*) einen schlechten Ruf erwerben **3** GRAM Nomen n ♦ **a ~ di qn** in j-s Namen; **~ d'arte** Künstlername m; IT **~** (**di**) **dominio** Domainname m; IT **~ del file** Dateiname m; **conoscere solo di ~** nur dem Namen nach kennen; **di ~ e di fatto** nicht nur dem Namen nach; **~ proprio** Eigenname m; IT **~ utente** Benutzername m

no·me·a [-ɛ-] F Ruf m **no·men·cla·tu·ra** F Nomenklatur f, Namensregister n

no·mi·gno·lo M Spitzname m

no·mi·na [-ɔ-] F **1** Ernennung f **2** Einstellung f

no·mi·na·le ADJ **1** GRAM Nominal- **2** Namens-: **appello ~** Namensaufruf m **3** TECH Nenn-, nominell: **carico ~** Nennlast f **4** WIRTSCH **reddito ~** Nominaleinkommen n; **valore ~** Nennwert m

★**no·mi·na·re** V/T ⟨1l *u.* c⟩ **1** nennen, erwähnen **2** ernennen, nominieren: **~ qn presidente** j-n zum Präsidenten ernennen **3** **mai sentito ~** nie gehört

no·mi·na·ti·vo **A** ADJ **1** WIRTSCH Namens-, namentlich: **titolo ~** Namenspapier n **2** Namen-: **elenco ~** Namensliste f **B** M **1** GRAM Nominativ m, Werfall m **2** *form* Namen m

★**non** [-o-] ADV **1** nicht: **~ piove** es regnet nicht; **~ di sera** nicht abends; **~ per me** nicht für mich **2** kein, keine: **~ ho tempo** ich habe keine Zeit; **un'impresa ~ facile** kein leichtes Unternehmen n **3** **che cosa ~ farebbe per quella donna!** was täte er nicht für diese Frau! ♦ ★**~ solo ... ma anche ...** nicht nur ... sondern auch ...; **~ ... neanche** auch nicht, nicht einmal; **~ ... nessuno** niemand, keine(r, -es); ★**~ ... niente** nicht, nichts; **~ ancora** noch nicht; **~ appena** sobald; **~ c'è di che** nichts zu danken; **se ~ che** aber; **partecipano giovani e ~** es nehmen Jugendliche und auch andere teil; **~ di meno** dennoch, nichtsdestoweniger; **~ è vero?** nicht wahr? → *Seite 444*

no·na·ge·na·rio M, **-a** F → novantenne

non

non ist unveränderlich und bedeutet ‚nicht' und ‚kein'. **Non** steht immer vor dem Verb:

Non ho fame.	Ich habe keinen Hunger.
Non voglio carne.	Ich will kein Fleisch.

⚠ Bei reflexiven Verben steht **non** vor dem Reflexivpronomen:

Questa casa non mi piace.	Dieses Haus gefällt mir nicht.

⚠ Bei **niente** bzw. **nulla** (nichts), **nessuno** (niemand), **mai** (nie) und **neanche** bzw. **neppure** (auch nicht), wenn sie nicht am Anfang des Satzes stehen, muss im Italienischen zusätzlich die Negation **non** vor dem Verb stehen:

Non parlo con nessuno.	Ich rede mit niemandem.
Non ho mai tempo.	Ich habe nie Zeit.
Non hai dimenticato niente?	Hast du nichts vergessen?
Non ce l'ho fatta neanche io.	Ich habe es auch nicht geschafft.
Non ci vado neppure io.	Ich gehe auch nicht dahin.

non ag·gres·sio·ne [-o-] F **patto di ~** Nichtangriffspakt *m*

non-al·li·ne·a·to ADJ POL blockfrei, bündnisfrei

non·ché KONJ **1** sowie, und auch **2** (*tanto meno*) geschweige denn

non·con·for·mi·smo [-z-] M Nonkonformismus *m* **non·con·for·mi·sta** **A** ADJ nonkonformistisch **B** M/F Nonkonformist *m*, -in *f*

non cre·den·te [-ɛ-] **A** ADJ ungläubig **B** M/F Nichtgläubige *m/f*, Ungläubige *m/f*

non·cu·ran·te ADJ **1** **~ di qn/qc** ohne Rücksicht auf j-n/etw **2** nachlässig, unordentlich **non·cu·ran·za** F **1** Gleichgültigkeit *f* **2** Nachlässigkeit *f*

non·di·me·no [-e-] KONJ nichtsdestoweniger

★**non fu·ma·to·re** [-o-] M Nichtraucher *m*

★**non fu·ma·tri·ce** [-o-] F Nichtraucherin *f*

★**non·na** [-ɔ-] F **1** Großmutter *f* **2** (*donna anziana*) Alte *f*

⚠ nonna ≠ Nonne

la nonna	=	die Oma
le nonne	=	die Omas
die Nonne	=	**la suora**

★**non·ni** [-ɔ-] MPL Großeltern *pl*

non·ni·smo M (*nelle caserme*) Schikanen *pl* von Dienstältesten gegenüber Rekruten

★**non·no** [-ɔ-] M **1** Großvater *m* **2** *pl* Großeltern *pl* **3** (*uomo anziano*) Alte *m*

non·nul·la M ⟨*inv*⟩ Kleinigkeit *f*

no·no [-ɔ-] **A** ADJ neunte **B** M, **-a** F **1** Neunte *m/f* **2** **nono** *m* Neuntel *n* **C** ADV neuntens; → a. quinto

no·no·stan·te **A** PRÄP trotz: **ciò ~** trotzdem **B** KONJ obwohl, obgleich

non pro·fes·sio·na·le ADJ **1** Amateur- **2** unprofessionell

non sen·so [-'sɛ-] M ⟨*inv*⟩ Unsinn *m*

non so che [-e-] M ⟨*inv*⟩ **un certo ~** ein gewisses Etwas *n*

non u·den·te [-ɛ-] M/F Gehörlose *m/f*

non ve·den·te [-ɛ-] M/F **1** ADJ sehbehindert **2** *m/f* Blinde *m/f*

non·vio·len·to [-ɛ-] **A** ADJ gewaltlos, gewaltfrei **B** M, **-a** F Gewaltgegner *m*, -in *f*

non·vio·len·za [-ɛ-] F Gewaltlosigkeit *f*

★**nord** [-ɔ-] **A** ADJ ⟨*inv*⟩ Nord- **B** M **1** Norden *m*: **a ~ di** im Norden von, nördlich von; **verso ~** nordwärts **2** Norditalien *n*

nor·dest [-ɛ-] **A** ADJ nordöstlich **B** M Nordosten *m*

nor·di·co [-ɔ-] ADJ **1** nordisch, nordländisch **2** nordeuropäisch

nor·doc·ci·den·ta·le ADJ nordwestlich

nor·do·rien·ta·le ADJ nordöstlich

nor·do·vest [-ɔ-] **A** ADJ nordwestlich **B** M Nordwesten *m*

No·rim·ber·ga [-ɛ-] F Nürnberg *n*

nor·ma [-ɔ-] F **1** Norm *f*, Anweisung *f* **2** Vorschrift *f*: **attenersi alle -e** sich an die Vorschriften halten **3** Bestimmung *f* **4** *fig* Gewohnheit *f*, Angewohnheit *f* **5** *staatliche* Norm *f* ♦ **-e di circolazione** Verkehrsregeln *pl*; **conforme alle -e UE** den EU-Normen entsprechend; **di ~** üblicherweise; ~ **DIN** DIN-Norm *f*; **fuori della ~** außergewöhnlich; **a ~ di legge** laut Gesetz, von Gesetzes wegen; **-e vigenti** geltende Vorschriften *pl*

★**nor·ma·le** A ADJ normal: **in condizioni -i** unter normalen Umständen B M Normale *n* **nor·ma·li·tà** F ⟨inv⟩ Normalität *f*

nor·ma·liz·za·re ⟨1a⟩ A V/T 1 normalisieren 2 TECH normen, vereinheitlichen B V/PR **-rsi** sich normalisieren **nor·ma·liz·za·to** ADJ genormt **nor·ma·liz·za·zio·ne** [-o-] F 1 Normalisierung *f* 2 TECH Normung *f*, Vereinheitlichung *f*

nor·mal·men·te [-e-] ADV normalerweise

nor·man·no A ADJ HIST normannisch B M, **-a** F HIST Normanne *m*, -nin *f*

nor·ma·ti·va F Regelung *f*, Vorschriften *pl*, Bestimmungen *pl*: **secondo la ~ vigente** gemäß den geltenden Bestimmungen

nor·ma·ti·vo ADJ normativ, maßgebend

nor·mo·gra·fo [-ɔ-] M Schablone *f*

nor·ve·ge·se [-e-] A ADJ norwegisch B M/F Norweger *m*, -in *f* C M (*lingua*) Norwegisch(e) *n*

Nor·ve·gia [-ɛ-] F Norwegen *n*

no·so·co·mio [-ɔ-] M Krankenhaus *n*

nos·si·gno·ra [-o-] ADV 1 nein, meine Dame 2 *iron* nein, meine Liebe **nos·si·gno·re** [-o-] ADV 1 nein, mein Herr 2 *iron* nein, mein Lieber

★**no·stal·gi·a** F 1 Sehnsucht *f*; Heimweh *n*: **avere ~ di qn/qc** Sehnsucht (*od* Heimweh) nach j-m/etw haben 2 (*del passato*) Nostalgie *f*

no·stal·gi·co A ADJ 1 sehnsüchtig, sehnsuchtsvoll 2 heimwehkrank 3 nostalgisch B M, **-a** F Nostalgiker *m*, -in *f*

no·stra·no ADJ 1 heimisch: **formaggio ~** heimischer Käse *m* 2 für uns typisch ♦ **alla (maniera) -a** nach Hausmacherart

★**no·stro** [-ɔ-] ⟨*f* **nostra**; *mpl* **nostri**; *fpl* **nostre**⟩ A ADJ ⟨*poss*⟩ 1 unser, unsere: ~ **fratello** unser Bruder; **la -a macchina** unser Auto; **di -a madre** unserer Mutter; **a ~ zio** unserem Onkel; **a casa -a** bei uns zu Hause 2 (*in posizione predicativa*) unserer, unseres, unsere: **questa (valigia) è -a** das ist unserer; **questa (macchina) è -a** das ist unseres B POSS PR 1 (*preceduto da artc det*) unserer, unseres, unsere: **accompagno a casa il vostro bambino e il ~** ich bringe euer Kind und unseres nach Hause; **i -i erano tempi duri** unsere Zeiten waren hart 2 (*in espressioni ellittiche*) **i -i** die Unsrigen; **stare dalla -a** auf unserer Seite sein; **anche noi abbiamo le -e** auch wir haben viel Kummer (*od* Sorgen); HANDEL **la -a del 3 aprile** unser Schreiben vom 3. April ♦ **a ~ avviso** unserer Meinung nach; **per causa** (*od* **colpa**) **-a** unseretwegen; **il padre ~** das Vaterunser; **da parte -a** unsererseits; **ai -i tempi** in unserer Zeit; (*passati*) zu unserer Zeit; **in vece -a** an unserer Stelle

no·stro·mo [-ɔ-] M Bootsmann *m*

no·ta [-ɔ-] F 1 Notiz *f* 2 Merkmal *n*, Kennzeichen *n*: ~ **tipica** typisches Merkmal *n* 3 MUS Note *f* (*a. fig*); Ton *m*: ~ **calante** fallender Ton *m* 4 Liste *f*: ~ **della spesa** Einkaufsliste *f* 5 Beurteilung *f*: ~ **di merito** positive Beurteilung *f* 6 Anmerkung *f*: ~ **del traduttore** Anmerkung *f* des Übersetzers 7 Bemerkung *f* 8 (*sul registro*) Eintrag *m* 9 (Ab)Rechnung *f*: ~ **spese** Spesenabrechnung ♦ ~ **di accredito** Gutschrift *f*; ~ **di addebito** Lastschrift *f*; ~ **introduttiva** Einleitung *f*; **-e a piè di pagina** Fußnoten *pl*

no·ta be·ne ['nɔta'bɛne] M ⟨inv⟩ Notabene *n*

no·ta·bi·le M/F 1 prominente Persönlichkeit *f* 2 *pl* Prominenz *f*

no·ta·io M Notar *m*, -in *f*

★**no·ta·re** V/T ⟨1c⟩ 1 (be)merken 2 (*errori ecc.*) anstreichen 3 (*scrivere*) (auf)schreiben ♦ **far ~ qc a qn** j-n auf etw (*akk*) aufmerksam machen; **farsi ~** auffallen, die Aufmerksamkeit auf sich (*akk*) ziehen; **che non si nota** unsichtbar; **che si nota appena** kaum bemerkbar

no·ta·ria·le ADJ → notarile

no·ta·ria·to M Notariat *n* **no·ta·ri·le** ADJ notariell, Notariats-: **studio ~** Notariat *n*

no·ta·zio·ne [-o-] F 1 Anstreichen *n* 2 *fig* An-, Bemerkung *f*: ~ **marginale** Randbemerkung *f* 3 MUS Notation *f*

no·te·book ['not'buk] M ⟨inv⟩ IT Notebook *n*

no·tes [-ɔ-] M ⟨inv⟩ Notizbuch *n*

no·te·vo·le [-e-] ADJ 1 bemerkenswert 2 beträchtlich

no·ti·fi·ca F → notificazione

no·ti·fi·ca·re V/T ⟨1m u. d⟩ 1 mitteilen, bekannt machen 2 JUR zustellen 3 *form* erklären 4 (*registrare*) melden **no·ti·fi·ca·zio·ne** [-o-] F 1 Mitteilung *f*, Bekanntmachung *f* **2** JUR Zustellung *f* **3** (*registrazione*) Meldung *f*

★**no·ti·zia** F **1** Nachricht *f* **2** Neuigkeit *f* **3** Meldung *f*; (*breve*) Notiz *f* **4** Angabe *f* ♦ **~ d'agenzia** Agenturmeldung *f*; **~ flash** Kurzmeldung *f*, Kurznachricht *f*

no·ti·zia·rio M **1** Nachrichten *pl* **2** (*pubblicazione*) Bulletin *n*

no·to [-ɔ-] **A** ADJ bekannt; berühmt **B** M Bekannte *n* **no·to·rie·tà** F ⟨*inv*⟩ Bekannt-, Berühmtheit *f*

no·to·rio [-ɔ-] ADJ (allgemein) bekannt

not·tam·bu·li·smo [-z-] M Nachtschwärmerei *f* **not·tam·bu·lo** **A** ADJ **1** nachtschwärmerisch **2** nachtwandlerisch **B** M, **-a** F **1** Nachtschwärmer *m*, -in *f* **2** Nachtwandler *m*, -in *f*

not·ta·ta F Nacht *f* ♦ *umg* **far ~** die Nacht durchmachen

★**not·te** [-ɔ-] **A** F Nacht *f* **B** ADJ ⟨*inv*⟩ **blu ~** nachtblau ♦ **~ in bianco** schlaflose Nacht *f*; **buona ~!** gute Nacht!; **nel cuore della ~** mitten in der Nacht; **di ~** nachts; **fino a ~ fonda** bis (tief) in die Nacht hinein; **a ~ inoltrata** spät in der Nacht; **la ~ porta consiglio** kommt Zeit, kommt Rat

not·te·tem·po [-ɛ-] ADV nachts, bei Nacht

not·to·la[1] [-ɔ-] F ZOOL **1** Abendsegler *m* **2** (*civetta*) Eule *f* ♦ **portare -e ad Atene** Eulen nach Athen tragen

not·to·la[2] [-ɔ-] F TECH Klinke *f*

not·tur·na F SPORT **giocare in ~** bei Flutlicht spielen

★**not·tur·no** **A** ADJ nächtlich, Nacht-: **quiete -a** nächtliche Stille *f*; **locale ~** Nachtlokal *n*; **vita -a** Nachtleben *n* **B** M **1** MUS Nocturne *n* **2** MAL Nachtstück *n*

★**no·van·ta** **A** ADJ ⟨*inv*⟩ neunzig **B** M **1** Neunzig *f* **2** *pl* **avvicinarsi ai ~** auf die neunzig zugehen **3** **è nato nel '90** er ist 90 geboren; → a. cinquanta ♦ **gli anni ~** die Neunzigerjahre; *fig* **un pezzo da ~** ein hohes Tier *n*; **la paura fa ~** die Angst verleiht Flügel

no·van·ta·mi·la **A** ADJ ⟨*inv*⟩ neunzigtausend **B** F ⟨*inv*⟩ Neunzigtausend *f* **no·van·ten·ne** [-ɛ-] **A** ADJ neunzigjährig **B** M/F Neunzigjährige *m/f* **no·van·te·si·mo** [-ɛ-] **A** ADJ neunzigste **B** M, **-a** F **1** Neunzigste *m/f* **2** **novantesimo** *m* Neunzigstel *n*; → a. quinto **no·van·ti·na** F (etwa) neunzig: **essere sulla ~** um die neunzig sein

No·va·ra F Novara *n* **no·va·re·se** [-e-] **A** ADJ aus, von Novara **B** M/F Bewohner *m*, -in *f* von Novara

no·va·zio·ne [-o-] F JUR Novation *f*

★**no·ve** [-ɔ-] **A** ADJ ⟨*inv*⟩ neun **B** M ⟨*inv*⟩ **1** Neun *f* **2** Neunte *m*: **il ~ (di) maggio** der neunte Mai **3** (*voto*) **prendere un ~** eine Eins bekommen; → a. cinque ♦ **alle ~** um neun (Uhr)

no·ve·cen·te·sco [-e-] ADJ aus dem zwanzigsten Jahrhundert **no·ve·cen·te·si·mo** [-ɛ-] **A** ADJ neunhundertste **B** M, **-a** F **1** Neunhundertste *m/f* **2** **novecentesimo** *m* Neunhundertstel *n* **no·ve·cen·to** [-ɛ-] **A** ADJ ⟨*inv*⟩ **1** neunhundert **2** KUNST Stil *m* des zwanzigsten Jahrhunderts **B** M ⟨*inv*⟩ **1** Neunhundert *f* **2** Jahr *n* neunhundert

No·ve·cen·to [-ɛ-] M ⟨*inv*⟩ zwanzigstes Jahrhundert *n*

no·vel·la [-ɛ-] F Novelle *f*

no·vel·li·no **A** ADJ frischgebacken **B** M, **-a** F Neuling *m*

no·vel·li·sti·ca F Novellistik *f*

no·vel·lo [-ɛ-] ADJ neu; Früh-; frisch: **patate -e** Frühkartoffeln *pl* ♦ **sposi -i** frisch verheiratete Eheleute *pl*; **vino ~** neuer Wein *m*

★**no·vem·bre** [-ɛ-] M November *m*: **in ~** im November; **il 10 ~** (am) 10. November; → a. aprile **no·vem·bri·no** ADJ November-

no·ven·ne [-ɛ-] **A** ADJ neunjährig **B** M/F Neunjährige *m/f*

no·ve·ra·re V/T ⟨1l *u.* c⟩ aufzählen

no·ve·ro [-ɔ-] *poet* M **1** Zahl *f* **2** Kreis *m*: **essere nel ~ degli amici più fidati** zum engsten Freundeskreis gehören

no·vi·lu·nio M Neumond *m*

no·vi·tà F ⟨*inv*⟩ **1** Neuheit *f* **2** Neuigkeit *f* ♦ **ci sono ~?** gibt's was Neues?; *iron* **nessuna ~!** das ist nichts Neues!

no·vi·zia F **1** Novizin *f* **2** Neuling *m*

no·vi·zia·to M **1** REL Noviziat *n* **2** Lehrzeit *f*; Einarbeitungszeit *f*

no·vi·zio M **1** Novize *m* **2** Neuling *m*

no·zio·ne [-o-] F **1** Kenntnis *f* **2** Begriff *m*: **~ di tempo** Zeitbegriff *m* ♦ **-i di base** Grundkenntnisse *pl*

no·zio·ni·smo [-z-] M Buchstabengelehrsamkeit *f* **no·zio·ni·sti·co** ADJ angelernt

noz·ze [-ɔ-] FPL Hochzeit *f*: **celebrare le ~** Hochzeit feiern ♦ **~ d'argento** Silberhochzeit *f*; **~ d'oro** goldene Hochzeit *f*

nu·be F **1** Wolke *f* **2** *fig* Schleier *m*: **una**

~ di mistero ein Schleier des Geheimnisses **nu·bi·fra·gio** M Wolkenbruch *m*

★**nu·bi·le** A ADJ ledig B F ledige Frau *f*

nu·ca F Genick *n*, Nacken *m*

★**nu·cle·a·re** A ADJ Kern-, Atom-, Nuklear-, nuklear: **energia ~** Kernkraft *f*, Kernenergie *f* B M Atomkraft *f*, Kernkraft *f*; Nutzung *f* der Atomkraft ♦ **centrale ~** Atom- Kernkraftwerk *n*; **reattore ~** Kernreaktor *m*

nu·clei·co [-ɛ-] ADJ **acido ~** Nukleinsäure *f*

nu·cle·o M 1 PHYS, BIOL Kern *m* (*a. fig*) 2 Einheit *f*: **~ antidroga** Einheit *f* der Drogenfahndung ♦ **~ della cellula** Zellkern *m*; **~ familiare** Familie *f*, Haushalt *m*

nu·cle·o·lo [-ɛ-] M Kernkörperchen *n*

nu·di·smo [-z-] M Freikörperkultur *f*, FKK *n* **nu·di·sta** A ADJ Nackt-: **spiaggia ~** Nacktbadestrand *m* B M/F Nudist *m*, -in *f*, *umg* FKKler *m*, -in *f* **nu·di·tà** F ⟨*inv*⟩ 1 Nacktheit *f* 2 *pl* Schamteile *pl*

★**nu·do** A ADJ 1 nackt, bloß 2 kahl, -los: **una stanza -a** ein kahler Raum *m* B M Akt *m*: **~ di donna** weiblicher Akt *m* ♦ **~ e crudo** klipp und klar

★**nul·la** A PRON 1 nichts: **non so ~** ich weiß nichts 2 (irgend)etwas: **ti serve ~?** brauchst du (irgend)etwas? 3 Kleinigkeit *f*: **questo ti pare ~?** ist das eine Kleinigkeit für dich? 4 nichts (Besonderes): **cosa c'è che non va? – ~, sono preoccupato per ...** was ist denn los? – nichts, ich bin besorgt wegen ... B M 1 Nichts *n* 2 Kleinigkeit *f* C ADV 1 überhaupt nichts: **non c'entro ~** ich habe damit überhaupt nichts zu tun 2 **per ~** überhaupt nicht 3 **per ~** umsonst, vergebens: **fare qc per ~** etw umsonst machen 4 **per ~** umsonst, gratis: **l'ho avuto per ~** ich habe es umsonst bekommen ♦ **di ~** gern geschehen, nichts zu danken; **non fa ~** das, es macht nichts; **non per ~** nicht umsonst

nul·la·fa·cen·te [-ɛ-] M/F Nichtstuer *m*, -in *f* **nul·la·o·sta** [-ɔ-] M ⟨*inv*⟩ Genehmigung *f*, Erlaubnis *f* **nul·la·te·nen·te** [-ɛ-] A ADJ mittellos B M/F Mittellose *m/f*

nul·li·fi·ca·re V/T ⟨1m *u.* d⟩ für nichtig erklären

nul·li·tà F ⟨*inv*⟩ 1 JUR Nichtigkeit *f*, Ungültigkeit *f* 2 *fig* Null *f*: **essere una ~** eine Null sein **nul·lo** ADJ 1 JUR nichtig, ungültig 2 gleich null: **il guadagno è ~** der Gewinn ist gleich null 3 SPORT **incontro ~** unentschiedenes Spiel *n*

nu·me M *poet* 1 Gott *m*, Gottheit *f* 2 *fig* Größe *f*: **i -i della scienza** die Größen der Wissenschaft

nu·me·ra·bi·le ADJ zählbar **nu·me·ra·le** A ADJ Zahlen- B M Zahlwort *n*

nu·me·ra·re V/T ⟨1l⟩ nummerieren, beziffern **nu·me·ra·to** ADJ **posti -i** nummerierte Plätze *pl* **nu·me·ra·to·re** [-o-] A ADJ Zahl- B M MATH Zähler *m*

nu·me·ra·zio·ne [-o-] F 1 Nummerierung *f* 2 Zahlen *pl*: **~ araba** arabische Zahlen *pl*

nu·me·ri·co [-ɛ-] ADJ Zahlen-, zahlenmäßig, numerisch: **grandezza -a** Zahlengröße *f*

★**nu·me·ro** M 1 MATH Zahl *f*: **~ pari/dispari** gerade/ungerade Zahl *f* 2 Nummer *f*: **~ civico** Hausnummer *f*; **~ di emergenza della polizia** Notrufnummer *f* der Polizei; **~ di fax** Faxnummer *f*; ★ **~ di telefono** Telefonnummer *f*; **il ~ è occupato** die Nummer ist besetzt; **fare un ~** eine Nummer wählen; **sbagliare (il) ~** sich verwählen 3 (*scarpe*) Schuhgröße *f*: **che ~ porti?** welche Schuhgröße hast du? 4 (*edizione*) Ausgabe *f* 5 (*quantità*) Anzahl *f* 6 **un ~ di ballo** eine Tanznummer *f* ♦ **~ di camera** Zimmernummer *f*; **~ chiuso** Numerus clausus *m*; **~ di codice** (*in carte di credito*) Geheimnummer *f*; **~ di targa** Autokennzeichen *n*; **~ di telaio** Fahrgestellnummer *f*; **~ verde** gebührenfreie Nummer *f*; **~ vincente** Gewinnzahl *f*; **~ di volo** Flugnummer *f*; **-i del lotto** Lottozahlen *pl*

nu·me·ro·si·tà F ⟨*inv*⟩ große Anzahl *f*, Menge *f*

★**nu·me·ro·so** [-o-] ADJ zahlreich, groß

nu·mi·sma·ti·ca F Münzkunde *f*

nu·mi·sma·ti·co A ADJ numismatisch, Münz-: **collezione -a** Münzsammlung *f* B M, **-a** F Numismatiker *m*, -in *f*

nun·zio M REL Nuntius *m*

nuo·ce·re [-ɔ-] V/I ⟨3ii; av⟩ schaden, schädlich sein: **il fumo nuoce alla salute** Rauchen schadet der Gesundheit

★**nuo·ra** [-ɔ-] F Schwiegertochter *f*

nuo·re·se [-e-] A ADJ aus, von Nuoro B M/F Bewohner *m*, -in *f* von Nuoro

Nuo·ro F Nuoro *n*

★**nuo·ta·re** V/T & V/I ⟨1c *od* 1o; av⟩ schwimmen: **sai ~?** kannst du schwimmen?; **~ i 100 metri rana** 100 Meter brustschwimmen **nuo·ta·ta** F Schwimmen *n*: **farsi**

N

una bella ~ ausgiebig schwimmen
nuo·ta·to·re [-o-] M, **-tri·ce** F Schwimmer *m*, -in *f*
nuo·to [-ɔ-] M Schwimmen *n*: **~ pinnato** Flossenschwimmen *n*; ♦ **~ subacqueo** Unterwasserschwimmen *n*; **a ~** schwimmend; **abbiamo raggiunto l'isola a ~** wir sind zur Insel geschwommen; **istruttore di ~** Schwimmlehrer *m*
nuo·va [-ɔ-] F Nachricht *f*, Neuigkeit *f*
Nuo·va Del·hi [-ɔ-] F Neu-Delhi *n*
Nuo·va Gui·ne·a [-ɔ-], [-ɛ-] F Neuguinea *n*
nuo·va·men·te [-e-] ADV wieder, erneut
Nuo·va York [-ɔ-] F → a. New York
Nuo·va Ze·lan·da [-ɔ-] F Neuseeland *n*
★**nuo·vo** [-ɔ-] **A** ADJ **1** neu, Neu-: **vino ~** neuer Wei *mn* **2** weiter, erneut: **-i disordini** erneute Unruhen *pl* **B** M Neue *n*: **qualcosa di ~** etwas Neues; **niente di ~** nichts Neues ♦ **felice anno ~!** frohes neues Jahr!; **-a apertura** Neueröffnung *f*; **~ arrivato** Neuankömmling *m*; ★ **di ~** wieder, erneut; **~ di zecca** funkelnagelneu
nu·tria F Nutria *f*, Biberratte *f*
nu·tri·ce F Amme *f*
nu·tri·en·te [-ɛ-] ADJ nahrhaft; gehaltvoll
O
nu·tri·men·to [-e-] M Nahrung *f* (*a. fig*)
★**nu·tri·re** V/T ⟨4d *od* 4a⟩ **1** (er)nähren **2** *fig* hegen: **~ dubbi** Zweifel hegen **3** nahrhaft sein
nu·trir·si V/PR ★ **nutrirsi di qc** sich von etw (er)nähren
nu·tri·ti·vo ADJ Nähr-: **valore ~** Nährwert *m*
nu·tri·to ADJ *fig* ansehnlich: **un ~ gruppo** eine ansehnliche Gruppe *f*
nu·tri·zio·na·le ADJ Ernährungs-: **problemi -i** Ernährungsprobleme *pl* **nu·tri·zio·ne** [-o-] F Ernährung *f*: **~ forzata** Zwangsernährung *f* **nu·tri·zio·ni·sta** M/F Ernährungswissenschaftler *m*, -in *f*
★**nu·vo·la** F Wolke *f* ♦ **cadere dalle -e** aus allen Wolken fallen; **coperto di -e** wolkenverhangen; **senza -e** wolkenlos
nu·vo·la·glia F Gewölk *n*
nu·vo·lo ADJ bedeckt, wolkig
nu·vo·lo·si·tà F ⟨*inv*⟩ Bewölkung *f*
★**nu·vo·lo·so** [-o-] ADJ bedeckt, wolkig
nu·zia·le ADJ Trau-, Hochzeits-: **marcia ~** Hochzeitsmarsch *m* **nu·zia·li·tà** F ⟨*inv*⟩ Eheschließungsziffer *f*
ny·lon® ['nailon] M ⟨*inv*⟩ Nylon® *n*: **calze di ~** Nylonstrümpfe *pl*

O

o, O F *od* M ⟨*inv*⟩ o, O *n*
★**o** [o] KONJ **1** oder: **ora ~ mai più** jetzt oder nie **2** ★ **~ … ~** entweder … oder; **~ la borsa o la vita** Geld oder Leben **3** sonst: **fai come ti dico ~ te ne pentirai** tu, was ich dir sage, sonst wird es dir noch leidtun **4** oder, das heißt, nämlich: **la Città Eterna, ~ Roma** die Ewige Stadt, das heißt Rom
o·a·si [ɔ-] F ⟨*inv*⟩ Oase *f*: **~ ecologica** ökologische Oase *f*; **~ fiscale** Steueroase *f*
ob·be·dien·te [-ɛ-] ADJ gehorsam; folgsam **ob·be·dien·za** [-ɛ-] F Gehorsam *m*; Folgsamkeit *f*
ob·be·di·re V/I ⟨4d; av⟩ gehorchen: **~ ai genitori** den Eltern gehorchen
ob·biet·ta·re → obiettare
ob·biet·ti·vo → obiettivo
ob·bli·gan·te ADJ verbindlich
★**ob·bli·ga·re** ⟨1l, c *u.* e⟩ **A** V/T **1** verpflichten: **~ qn a qc** j-n zu etw verpflichten **2** **~ qn a fare qc** j-n zu etw zwingen **B** V/PR **-rsi** (**per contratto**) sich (vertraglich) verpflichten **ob·bli·ga·to** ADJ **1** verpflichtet **2** unumgänglich: **misure -e** unumgängliche Maßnahmen *pl* **3** verbunden, zu Dank verpflichtet: **sentirsi ~ verso qn** sich j-m zu Dank verpflichtet fühlen **4** vorgeschrieben: **percorso ~** vorgeschriebener Weg *m* (*a. fig*) **ob·bli·ga·to·rie·tà** F ⟨*inv*⟩ Pflicht *f*
★**ob·bli·ga·to·rio** [-ɔ-] ADJ Pflicht-, obligatorisch: **essere ~** Pflicht sein ♦ **fermata -a** planmäßige Haltestelle *f*; **istruzione -a** Schulpflicht *f*
ob·bli·ga·zio·na·rio ADJ Obligations-, Obligationen- ♦ **titolo ~** Obligation *f*
ob·bli·ga·zio·ne [-o-] F **1** Verpflichtung *f*, Verbindlichkeit *f* (*a.* JUR) **2** WIRTSCH Anleihe *f*, Schuldverschreibung *f* **ob·bli·ga·zio·ni·sta** M/F Schuldver-

schreibungsinhaber *m*, -in *f*

ob·bli·go [ɔ-] M Pflicht *f*, Verpflichtung *f* ♦ **d'~** Pflicht-, obligatorisch, vorgeschrieben; **~ del casco** Helmpflicht *f*; **~ delle cinture (di sicurezza)** Anschnallpflicht *f*; **~ di denuncia** Meldepflicht *f*; **frasi d'~** Höflichkeitsfloskeln *pl*; **sentirsi in ~ verso qn** sich j-m gegenüber verpflichtet fühlen

ob·bro·brio [-ɔ-] M **1** Schande *f*, Schmach *f* **2** Schandfleck *m* **ob·bro·brio·so** [-o-] ADJ **1** schändlich, schmachvoll **2** schrecklich

o·be·li·sco M Obelisk *m*

o·be·ra·re V/T ⟨1l⟩ überladen, überlasten: **~ qn di lavoro** j-n mit Arbeit überlasten **o·be·ra·to** ADJ **~ di qc** überlastet, überhäuft mit etw ♦ **~ di debiti** überschuldet

o·be·si·tà F ⟨*inv*⟩ Fettleibigkeit *f* **o·be·so** [-ɛ-] **A** ADJ fettleibig **B** M, **-a** F Fettleibige *m/f*

o·bi·ce [ɔ-] M Haubitze *f*

o·biet·ta·re V/T ⟨1b⟩ **1** einwenden, entgegnen **2** Einwände erheben

o·biet·ti·va·men·te [-e-] ADV objektiv, sachlich **o·biet·ti·vi·tà** F ⟨*inv*⟩ Objektivität *f* **o·biet·ti·vo** **A** ADJ objektiv, sachlich **B** M **1** Ziel *n* (*a.* MIL): **raggiungere un ~** ein Ziel erreichen **2** OPT Objektiv *n*

o·biet·to·re [-o-] M, **-tri·ce** F Gegner *m*, -in *f* ♦ **~ (di coscienza)** Wehrdienstverweigerer *m*

o·bie·zio·ne [-o-] F **1** Einwand *m*, Widerspruch *m* **2** JUR Einspruch *m*, Einwand *m*

o·bi·to·rio [-ɔ-] M Leichenschauhaus *n*

o·bla·to M Oblate *m*

o·bla·to·re [-o-] M, **-tri·ce** F Spender *m*, -in *f*, Stifter *m*, -in *f*

o·bla·zio·ne [-o-] F Spende *f*, Stiftung *f*

o·bli·o M Vergessenheit *f*: **cadere nell'~** in Vergessenheit geraten

o·bli·qua·men·te [-e-] ADV **1** schräg, schief **2** unehrlich **o·bli·qui·tà** F ⟨*inv*⟩ **1** Schrägheit *f* **2** Unehrlichkeit *f*

o·bli·quo ADJ **1** schräg, schief: **linea -a** schräge Linie *f*; **piano ~** schiefe Ebene *f* **2** unehrlich ♦ **per vie -e** auf Umwegen

o·bli·te·ra·re V/T ⟨1m⟩ (*biglietto*) entwerten **o·bli·te·ra·tri·ce** F Fahrscheinentwerter *m*

o·bli·te·ra·zio·ne [-o-] F Entwertung *f*

o·blò [-ɔ] M ⟨*inv*⟩ Bullauge *n*

o·blun·go ADJ länglich

o·bo·e [ɔ-] M Oboe *f*

o·bo·i·sta M/F Oboist *m*, -in *f*

o·bo·lo [ɔ-] M Obolus *m*

ob·so·le·scen·te [-ɛ-] ADJ veraltet **ob·so·le·scen·za** [-ɛ-] F **1** Veralten *n* **2** WIRTSCH Entwertung *f* **ob·so·le·to** [-ɛ-] ADJ veraltet, obsolet

★**o·ca** [ɔ-] F Gans *f* (*a. fig*) ♦ **avere la pelle d'~** eine Gänsehaut haben; **ecco fatto il becco all'~** fertig ist die Laube

o·cag·gi·ne F Albernheit *f*, Dummheit *f*

o·ca·ri·na F Okarina *f*

oc·ca·sio·na·le ADJ **1** Gelegenheits-, gelegentlich **2** zufällig **3 clientela ~** Laufkundschaft *f* **oc·ca·sio·nal·men·te** [-e-] ADV **1** gelegentlich **2** zufällig

★**oc·ca·sio·ne** [-o-] F **1** Gelegenheit *f*: **cogliere l'~ al volo** die Gelegenheit beim Schopf packen **2** *pl* günstige Angebote *pl* **3** Anlass *m*: **in -i particolari** bei besonderen Anlässen; **dare a qn ~ di qc** j-m Anlass zu etw geben ♦ **acquisto d'~** Gelegenheitskauf *m*; **all'~** bei Gelegenheit; **in ~ di qc** anlässlich etw (*gen*)

oc·chia·ia F **1** Augenhöhle *f* **2** *pl* Augenringe *pl*

★**oc·chia·li** MPL Brille *f*: **un paio di -i** eine Brille; **mettersi/togliersi gli -i** sich (*dat*) die Brille aufsetzen/abnehmen ♦ **~ da neve** Schneebrille *f*; **~ da sci** Skibrille *f*; **~ da sole** Sonnenbrille *f*; **~ da vista** (Korrektions)Brille *f*

oc·chia·lu·to **A** ADJ bebrillt **B** M, **-a** F Brillenträger *m*, -in *f*

★**oc·chia·ta** F Blick *m*: **dare un'~ a qn/qc** auf j-n/etw einen Blick werfen; (*tener d'occhio*) auf j-n/etw achtgeben **oc·chia·tac·cia** F scheeler Blick *m*

oc·chieg·gia·re ⟨1f⟩ **A** V/T **~ qn** nach j-m äugeln, mit j-m liebäugeln **B** V/I ⟨av⟩ hervorschauen

oc·chiel·lo [-ɛ-] M **1** Knopfloch *n* **2** **~ metallico** Öse *f* **3** TYPO Schmutztitel *m* ♦ *fig* **il fiore all'~ della città** das Aushängeschild der Stadt

oc·chiet·to [-e-] M Äuglein *n* ♦ **fare l'~ a qn** j-m zuzwinkern

★**oc·chio** [ɔ-] M **1** Auge *n*: **strizzare l'~ a qn** j-m zuzwinkern **2** Blick *m*: **abbassare gli -chi** den Blick senken **3** Loch *n*; Öhr *n*; Öffnung *f*: **gli -chi del formaggio** die Löcher im Käse **4** (*esclamazione*) **~!** pass auf!; **~ al gradino!** Vorsicht, Stufe! ♦ **a ~** nach Augenmaß, schätzungsweise; **in**

un batter d'~ im Nu; **uova all'~ di bue** Spiegeleier *pl*; *fig* **chiudere un ~ su qc** bei etw ein Auge zudrücken; *fig* **a -chi chiusi** (wie) im Schlaf; **guardare qn con la coda dell'~** j-n aus den Augenwinkeln beobachten; **a colpo d'~** auf den ersten Blick; **costare un ~ (della testa)** ein Heidengeld kosten; **a ~ e croce** über den Daumen gepeilt; **dare nell'~** ins Auge fallen, auffallen; **a ~ nudo** mit bloßem Auge; **avere gli -chi foderati di prosciutto** Tomaten auf den Augen haben; **perdere d'~** aus den Augen verlieren; **~ di pernice** Hühnerauge *n*; **a quattr'occhi** unter vier Augen; **a vista d'~** zusehends

oc·chio·li·no, **fare l'~ a qn** j-m zuzwinkern

★**oc·ci·den·ta·le** ADJ West-, westlich: **mondo ~** westliche Welt *f*

oc·ci·den·ta·liz·za·re ⟨1a⟩ **A** VT verwestlichen **B** VPR **-rsi** sich verwestlichen

oc·ci·den·ta·liz·za·zio·ne [-o-] F Verwestlichung *f*

oc·ci·den·te [-ɛ-] M Westen *m* (*a. fig*)

oc·ci·pi·te M Hinterkopf *m*

oc·clu·de·re VT ⟨3q⟩ **1** verschließen, verstopfen **2** MED veröden

oc·clu·sio·ne [-o-] F **1** MED Verschluss *m*, Verödung *f* **2** METEO, ANAT Okklusion *f*

O

oc·cor·ren·te [-ɛ-] **A** ADJ erforderlich, nötig **B** M Nötige *n*, Notwendige *n* **oc·cor·ren·za** [-ɛ-] F Bedarf *m*, Bedarfsfall *m*: **secondo le -e** nach Bedarf ♦ **all'~** bei Bedarf, nötigenfalls; (*eventualmente*) gegebenenfalls

★**oc·cor·re·re** [-o-] VI ⟨3o; es⟩ **1** **qc occorre a qn** j-d braucht etw **2** *unpers* **occorre (che) ...** man muss ..., es ist notwendig ...; **non occorre che tu esca di casa** du brauchst nicht aus dem Haus zu gehen; **occorre saper aspettare** man muss abwarten können **3** (*succedere*) passieren, geschehen

oc·cul·ta·men·to [-e-] M **1** Verbergen *n*, Verstecken *n* **2** JUR **~ di cadavere** Verbergen *n* der, einer Leiche; **~ di documenti** Urkundenunterschlagung *f* **3** *fig* Verheimlichung *f*, Verdunk(e)lung *f* ♦ **pericolo di ~ delle prove** Verdunkelungsgefahr *f*

oc·cul·ta·re VT ⟨1a⟩ **1** verbergen, verstecken **2** *fig* verheimlichen, verdunkeln: **~ la verità** die Wahrheit verheimlichen; **~ un fatto** eine Tat verdunkeln **oc·cul·ta·zio·ne** [-o-] F Verbergen *n*, Verheimlichung *f*

oc·cul·ti·smo [-z-] M Okkultismus *m*

oc·cul·to **A** ADJ **1** okkult: **forze -e** okkulte Kräfte *pl* **2** geheim, versteckt: **pensieri -i** geheime Gedanken *pl* **B** M Okkulte *n*

oc·cu·pan·te **A** ADJ Besatzungs-, Okkupations- **B** M/F **1** (*veicoli*) Insasse *m*, Insassin *f* **2** (*case*) Bewohner *m*, -in *f* **3** (*abusivo*) Hausbesetzer *m*, -in *f*

★**oc·cu·pa·re** ⟨1l *u.* c⟩ **A** VT **1** besetzen (*a.* MIL): **~ una casa** ein Haus besetzen **2** MIL einnehmen **3** bewohnen **4** (*carica*) bekleiden, innehaben **5** **~ un posto di guardiano** als Wächter beschäftigt sein **6** (*spazio*) ein-, wegnehmen **7** IT **~ spazio in memoria** Speicherplatz belegen **8** beschäftigen (*a.* WIRTSCH): **questo lavoro lo occupa molto** diese Arbeit beschäftigt ihn sehr; **~ 100 persone** 100 Personen beschäftigen **9** besetzen, belegen: **~ un tavolo** einen Tisch besetzen **10** verbringen: **~ le giornate leggendo** die Tage lesend verbringen **11** **~ il terzo posto** den dritten Platz belegen **B** VPR **1** **-rsi di qc** sich mit etw beschäftigen **2** **-rsi di qn/qc** sich um j-n/etw kümmern

★**oc·cu·pa·to** **A** ADJ **1** besetzt, belegt **2** (*impegnato*) beschäftigt **3** (*telefono*) **il numero è ~** die Nummer ist belegt **B** M, **-a** F Berufstätige *m/f* **oc·cu·pa·zio·na·le** ADJ **crisi ~** Beschäftigungskrise *f*

★**oc·cu·pa·zio·ne** [-o-] F **1** Besetzung *f* (*a.* MIL) **2** (*lavoro*) Beschäftigung *f* **3** Arbeitsplätze *pl* ♦ **prima ~** Erstanstellung *f*; **~ secondaria** Nebenbeschäftigung *f*

o·ce·a·ni·co ADJ **1** ozeanisch **2** *fig* **folla -a** Menschenmeer *n*

★**o·ce·a·no** [-ɛ-] M **1** Weltmeer *n* **2** *fig* Meer *n*, (Un)Menge *f*

o·ce·a·no·gra·fi·a F Meereskunde *f* **o·ce·a·no·gra·fo** [-ɔ-] M, **-a** F Meereskundler *m*, -in *f*

o·chet·ta [-e-] F *fig* dumme Gans *f*

o·cra [ɔ-] F **1** Ocker *m od n* **2** Ockerfarbe *f*

o·cu·la·re ADJ Aug(en)-: **globo ~** Augapfel *m*; **testimone ~** Augenzeuge *m*, -zeugin *f* **o·cu·la·tez·za** [-e-] F Umsicht *f*, Besonnenheit *f* **o·cu·la·to** ADJ umsichtig, besonnen

o·cu·li·sta M/F Augenarzt *m*, -ärztin *f*

o·cu·li·sti·ca F Augenheilkunde *f*

o·cu·li·sti·co ADJ augenärztlich: **centro**

~ Augenzentrum *n;* **clinica -a** Augenklinik *f*

o·da·li·sca F Odaliske *f*

od·di·o INT o Gott!

o·de [ɔ-] F Ode *f*

o·dia·re ⟨1h⟩ **A** VT **1** hassen **2** verabscheuen, nicht leiden können **B** VPR **-rsi** **1** sich hassen **2** sich nicht leiden können **o·dia·to** ADJ verhasst: **l'~ tiranno** der verhasste Tyrann

o·dier·no [-ɛ-] ADJ **1** heutig: **in data -a** am heutigen Tag **2** jetzig, gegenwärtig

★**o·dio** [ɔ-] M Hass *m* ♦ **pieno d'~** hasserfüllt; **~ razziale** Rassenhass *m*

o·dio·si·tà F ⟨*inv*⟩ Abscheulichkeit *f* **o·dio·so** [-o-] ADJ abscheulich, hassenswert

o·dis·se·a [-ɛ-] F Odyssee *f* (*a. fig*)

o·don·tal·gi·a F Zahnweh *n* **o·don·tal·gi·co** **A** ADJ Zahnschmerz- **B** M Zahnschmerzmittel *n* **o·don·to·ia·tra** M/F Zahnarzt *m*, -ärztin *f* **o·don·to·ia·tri·a** F Zahnmedizin *f* **o·don·to·ia·tri·co** ADJ zahnärztlich, Zahnarzt-: **studio ~** Zahnarztpraxis *f* **o·don·to·lo·gi·a** F Zahnmedizin *f* **o·don·to·lo·gi·co** [-ɔ-] ADJ zahnmedizinisch

o·don·to·tec·ni·ca [-ɛ-] F Zahntechnik *f*

o·don·to·tec·ni·co [-ɛ-] **A** ADJ zahntechnisch, Zahn-: **laboratorio ~** zahntechnisches Labor *n* **B** M, **-a** F Zahntechniker *m*, -in *f*

o·do·ra·re ⟨1a⟩ **A** VT **1** **~ qc** an etw (*dat*) riechen **2** *fig* wittern: **~ l'inganno** den Betrug wittern **B** VI ⟨*av*⟩ **~ di qc** nach etw riechen, duften **o·do·ra·to** M Geruch(ssinn) *m*

★**o·do·re** [-o-] M **1** Geruch *m* **2** *pl* GASTR Gewürzkräuter *pl* **3** *fig* Witterung *f* ♦ **avere ~ di qc** nach etw riechen (*a. fig*); **sentire ~ di qc** etw riechen

o·do·ri·no M Düftchen *n*, (köstlicher) Geruch *m* **o·do·ro·so** [-o-] ADJ wohlriechend, duftend, Duft-: **essenza -a** Duftessenz *f*

off [ɔf] ADJ ⟨*inv*⟩ **1** (*su interruttori*) off, aus **2** **teatro ~** alternatives Theater *n*

★**of·fen·de·re** [-ɛ-] ⟨3c⟩ VT **1** **~ qn** j-n beleidigen, kränken **2** verletzen, beleidigen: **~ il pudore** das Schamgefühl verletzen **3** *fig* **~ il buon gusto** gegen den guten Geschmack verstoßen **4** verletzen, schädigen: **~ gli organi vitali** lebenswichtige Organe verletzen

★**of·fen·der·si** [of'fɛndersi] VPR ⟨3c⟩ **1** beleidigt, gekränkt sein **2** sich gegenseitig beleidigen

of·fen·si·va [-s-] F Offensive *f* **of·fen·si·vo** ADJ **1** beleidigend, kränkend, verletzend: **parole -e** beleidigende Worte *pl* **2** MIL offensiv, Angriffs- **of·fen·so·re** [-o-] M, **of·fen·di·tri·ce** F **1** Beleidiger *m*, -in *f* **2** Angreifer *m*, -in *f*

of·fe·ren·te [-ɛ-] M/F Bieter *m*, -in *f*: **il miglior ~** der Meistbietende

★**of·fer·ta** [-ɛ-] F **1** Angebot *n* (*a.* WIRTSCH) **2** Spende *f* ♦ **~ d'impiego** Stellenangebot *n;* **in riferimento alla Vostra ~ del …** Bezug nehmend auf Ihr Angebot vom …; **~ last-minute** Last-Minute-Angebot *n;* **~ speciale** Sonderangebot *n*

of·fer·to [-ɛ-] → offrire

of·fe·sa [-e-] F **1** Beleidigung *f*, Kränkung *f* **2** MIL Angriff *m* **3** **senza ~!** nichts für ungut! **of·fe·so** [-e-] **A** ADJ **1** beleidigt, gekränkt: **~ a morte** tödlich beleidigt **2** (*lesionato*) verletzt **B** M, **-a** F Beleidigte *m/f*, Gekränkte *m/f*: **fare l'~** den Beleidigten spielen

of·fi·cian·te **A** ADJ zelebrierend **B** M/F Zelebrant *m*, -in *f*, Offiziant *m*, -in *f*

of·fi·cia·re VT & VI ⟨1f; *av*⟩ zelebrieren

★**of·fi·ci·na** F Werkstatt *f*, Werkstätte *f* ♦ **~ assistenza clienti** Kundendienstwerkstatt *f;* **~ autorizzata** Vertragswerkstatt *f*

of·fi·ci·na·le ADJ Arznei-, Heil-: **pianta ~** Heilpflanze *f*

off line [ɔf'lain] ADV offline

★**of·fri·re** ⟨4f *u.* c⟩ **A** VT **1** (an)bieten **2** *fig* **~ l'occasione di fare qc** die Gelegenheit bieten, etw zu tun **3** **~ qc a qn** j-m etw spendieren; **offro io** ich lade dich ein, ich zahle **B** VPR **-rsi** **1** (*prospettarsi; mostrarsi*) sich bieten **2** **-rsi di fare qc** sich erbieten, etw zu tun **3** sich anbieten, sich melden: **-rsi come interprete** sich als Dolmetscher anbieten ♦ **offre la casa** mit Empfehlung des Hauses

off-set ['ɔfsɛt] M ⟨*inv*⟩ Offsetdruck *m*

of·fu·sca·men·to [-e-] M Verdunkelung *f*, Trübung *f* **of·fu·sca·re** ⟨1d⟩ **A** VT verdunkeln, trüben (*a. fig*) **B** VPR **-rsi** **1** sich verdunkeln, sich eintrüben: **il cielo si offusca** der Himmel trübt sich ein **2** (*ricordi*) verblassen

of·tal·mi·a F Augenentzündung *f*

of·tal·mo·lo·gi·a F Augenheilkunde *f*

of·tal·mo·lo·go [-ɔ-] M, **-a** F Augenarzt *m*, -ärztin *f*

og·get·ti·sti·ca F Geschenk- und Haushaltsartikel *pl*

og·get·ti·va F GRAM Objektsatz *m* **og·get·ti·va·men·te** [-e-] ADV **1** faktisch **2** objektiv

og·get·ti·va·re V/T ⟨1a⟩ versachlichen, vergegenständlichen **og·get·ti·va·zio·ne** [-o-] F Versachlichung *f*, Vergegenständlichung *f* **og·get·ti·vi·tà** F ⟨*inv*⟩ Objektivität *f*, Sachlichkeit *f*

og·get·ti·vo ADJ objektiv, sachlich

★**og·get·to** [-ɛ-] M Objekt *n*; Gegenstand *m* (*a. fig*) ♦ ~ **della conversazione** Gesprächsgegenstand *m*; ~ **del contratto** Gegenstand *m* des Vertrags *m*; **ufficio -i smarriti** Fundbüro *n*; ~ **di valore** Wertgegenstand *m*

★**og·gi** [ɔ-] **A** ADV heute **B** M Heute *n* ♦ ~ **come** ~ heutzutage; **da** ~ **in poi** von heute an; **di** ~ heutig, von heute; **dall'**~ **al domani** von heute auf morgen; **entro** ~ bis heute; **al giorno d'**~ heutzutage; ~ **a otto** heute in acht Tagen; **per** ~ **basta** Schluss für heute; ~ **stesso** heute noch

og·gi·dì ADV, **og·gi·gior·no** [-o-] ADV heutzutage

o·gi·va F **1** ARCH Kreuzrippe *f* **2** MIL Sprengkopf *m*; Raketenkopf *m*

OGM M ⟨*inv*⟩ (Organismi Geneticamente Manipolati) genmanipulierte Organismen *pl*, gentechnisch veränderte Organismen *pl*, GVO *pl*

★**o·gni** [o-] ADJ ⟨*inv*⟩ **1** jeder, jede, jedes: **persone di** ~ **età** Leute jeden Alters **2** alle; jeden, jede, jedes: ~ **10 km** alle 10 km; ~ **ora** jede Stunde ♦ **in** ~ **caso** auf jeden Fall; ~ **cosa** alles; **con** ~ **mezzo** mit allen Mitteln; **in** ~ **modo** unbedingt; **ad** ~ **modo** jedenfalls; ~ **tanto** hin und wieder

o·gni·qual·vol·ta [-ɔ-] KONJ jedes Mal wenn

O·gnis·san·ti M ⟨*inv*⟩ Allerheiligen *n*

o·gno·ra [-o-] ADV immer, dauernd

o·gnu·no PRON jedermann, jeder

oh [ɔ] INT o, oh; ach: ~ **che bravo** oh, wie tüchtig!

ohé [e] INT he, heda

ohi [ɔi] INT au, aua, ach, auweh: ~, **che male!** aua, tut das weh!; ~ **là!** he, du (*od* ihr) da!

ohi·bò [oi'bɔ] INT **1** pfui **2** oho

ohi·mè [oi'mɛ] INT oh weh, weh mir, ach je

ohm·me·tro ['ɔm-] M Widerstandsmesser *m*

ola ['ɔla] F La-Ola-Welle *f*: **fare la** ~ eine La-Ola-Welle machen

★**O·lan·da** F Holland *n*

★**o·lan·de·se** [-e-] **A** ADJ holländisch **B** M/F Holländer *m*, -in *f* **C** M (*lingua*) Holländisch(e) *n* ♦ **formaggio** ~ Edamer *m* (Käse)

o·le·an·dro M Oleander *m*

o·le·a·to ADJ Öl-: **carta -a** Ölpapier *n*

o·lei·col·to·re [-o-] M, **-tri·ce** F Olivenbauer *m*, -bäuerin *f*

o·lei·col·tu·ra F Olivenanbau *m*

o·lei·fi·cio M Ölfabrik *f*

o·le·o·dot·to [-o-] M Erdölleitung *f* **o·le·o·gra·fi·a** F Öldruck *m* **o·le·o·gra·fi·co** ADJ **1** Öldruck- **2** *pej* kitschig

o·le·o·so [-o-] ADJ **1** ölhaltig, Öl- **2** ölig

o·lez·za·re V/I ⟨1a; av⟩ duften

o·lez·zo [-e-] M **1** Duft *m*, Wohlgeruch *m* **2** *hum* Gestank *m* **ol·fat·ti·vo** ADJ Geruchs-

★**ol·fat·to** M Geruchssinn *m*

o·lia·re V/T ⟨1k⟩ **1** (ein)ölen **2** schmieren (*a. fig*) **o·lia·ta** F **dare un'**~ **a qc** etw ölen **o·lia·to** ADJ **1** (ein)geölt **2** geschmiert **o·lia·to·re** [-o-] M Ölkännchen *n* **o·lia·tu·ra** F (Ein)Ölen *n* **o·lie·ra** [-ɛ-] F Ölfläschchen *n*

o·li·gar·ca M/F Oligarch *m*, -in *f* **o·li·gar·chi·a** F Oligarchie *f* **o·li·gar·chi·co** **A** ADJ oligarchisch **B** M, **-a** F Oligarch *m*, -in *f*

o·li·go·e·le·men·to [-e-] M Spurenelement *n* **o·li·go·mi·ne·ra·le** ADJ mit geringem Mineralgehalt

o·lim·pi·a·de F Olympiade *f*

o·lim·pi·co ADJ olympisch (*a. fig*), Olympia-: **primato** ~ olympischer Rekord *m*

o·lim·pio·ni·co [-ɔ-] **A** ADJ Olympia-: **campione** ~ Olympiasieger *m* **B** M, **-a** F Olympionike *m*, -kin *f*

o·lim·po M Spitze *f*, Olymp *m*

★**o·lio** [ɔ-] M Öl *n* ♦ **a** ~ Öl-; **dipinto a** ~ Ölgemälde *n*; ~ **di colza** Rapsöl *n*; **colori a** ~ Ölfarben *pl*; **cambio dell'**~ Ölwechsel *m*; ~ **combustibile** Heizöl *n*; ~ **esausto** Altöl *n*; ~ **di oliva** Olivenöl *n*; ~ **grezzo** Rohöl *n*; **livello dell'**~ Ölstand *m*; ~ **lubrificante** Schmieröl *n*; Motorenöl *n*; ~ **multigrade** Mehrbereichsöl *n*; ~ **solare** Sonnenöl *n*; **funghi sott'**~ in Öl eingelegte Pilze; ~ **vegetale** Pflanzenöl *n*

★**o·li·va** F Olive *f*

o·li·va·stro ADJ oliv(en)farben **o·li·ve·to** [-e-] M Olivenhain *m* **o·li·vi·col·to·re** [-o-] M, **-tri·ce** F Olivenbauer *m*, -bäuerin *f* **o·li·vi·col·tu·ra** F Olivenanbau *m*

o·li·vo M Olivenbaum *m*

ol·mo [o-] M Ulme *f*

o·lo·cau·sto M **1** REL Brandopfer *n* **2** Holocaust *m*

o·lo·gra·fia F Holografie *f*

o·lo·gra·fo [-ɔ-] ADJ eigenhändig: **testamento ~** eigenhändiges Testament *n*

o·lo·gram·ma M Hologramm *n*

ol·trag·gia·re V/T ⟨1f⟩ schwer beleidigen, schmähen **ol·trag·gio** M schwere Beleidigung *f*, Schmähung *f* ♦ **~ a pubblico ufficiale** Beamtenbeleidigung *f*; **~ al pudore** Erregung *f* öffentlichen Ärgernisses; **gli -gi del tempo** der Zahn der Zeit

ol·trag·gio·so [-o-] ADJ beleidigend

ol·tral·pe ADV jenseits der Alpen

ol·tran·za F **a ~** bis zum Äußersten ♦ **sciopero a ~** unbegrenzter Streik *m*

ol·tran·zi·smo [-zmo] M Extremismus *m*

ol·tran·zi·sta M/F Extremist *m*, -in *f*

ol·tran·zi·sti·co ADJ extremistisch

ol·tre [o-] **A** ADV **1** weiter: **andare ~** weitergehen (*od* -fahren) **2** länger: **non posso aspettare ~** ich kann nicht länger warten **3** mehr als, mehr: **~ la metà** mehr als die Hälfte **B** PRÄP **1** jenseits: **~ il fiume** jenseits des Flusses **2** über (*a. fig*): **fuggire ~ confine** über die Grenze fliehen **3** über, mehr als: **essere ~ i quaranta** über vierzig sein **4** nach, bis nach; länger als: **~ mezzogiorno** nach 12 Uhr; (*durata*) bis nach 12 Uhr; **aspettare ~ un'ora** länger als eine Stunde warten **5 da ~** seit mehr als **6** ★ **~ a** außer; **chi è venuto, ~ a te?** wer außer dir ist noch gekommen? **7 ~ che … nicht** nur … sondern auch; **~ che scorretto, è anche maleducato** er ist nicht nur unkorrekt, sondern auch frech ♦ **~ (a) ciò** überdies; **~ misura** maßlos; **~ a questo** darüber hinaus; *fig* **andare troppo ~** das Spiel zu weit treiben

ol·tre·ché KONJ nicht nur … sondern auch: **~ bello è anche utile** es ist nicht nur schön, sondern auch nützlich

ol·tre·fron·tie·ra [-ɛ-] ADV **1** jenseits der Grenze **2** über die Grenze **ol·tre·ma·re** **A** ADV **1** in Übersee: **vivere ~** in Übersee leben **2** nach Übersee: **viaggiare ~** nach Übersee reisen **B** M ⟨*inv*⟩ Ultramarinblau *n* **ol·tre·mi·su·ra** ADV über die Maßen **ol·tre·mo·do** [-ɔ-] ADV überaus, äußerst: **essere ~ scontento** äußerst unzufrieden sein **ol·tre·mon·da·no** ADJ übernatürlich **ol·tre·o·ce·a·no** [-ɛ-] ADV **1** in Übersee **2** nach Übersee **ol·tre·pas·sa·bi·le** ADJ überschreitbar: **non ~** unüberschreitbar

ol·tre·pas·sa·re V/T ⟨1a⟩ überschreiten

ol·tre·pò [-ɔ] **A** ADV jenseits des Flusses Po **B** M ⟨*inv*⟩ = *Gebiet jenseits des Flusses Po*

ol·tre·tom·ba [-o-] M ⟨*inv*⟩ Jenseits *n*

ol·tre·tut·to ADV außerdem

o·mac·cio·ne [-o-] M *fig* Bulle *m*

o·mag·gio M **1** Huldigung *f*, Ehrerbietung *f*: **rendere ~ a qn** j-m seine Ehrerbietung erweisen **2** Geschenk *n* ♦ **biglietto (in) ~** Freikarte *f*; **buono ~** Geschenkbonus *m*, Bon *m*; **campione ~** Gratisprobe *f*; **confezione ~** Werbegeschenk *n*; **copia (in) ~** Freiexemplar *n*

O·man M Oman *n* **o·ma·ni·ta** **A** ADJ omanisch **B** M/F Omaner *m*, -in *f*

om·be·li·ca·le ADJ Nabel-: **cordone ~** Nabelschnur *f* **om·be·li·co** M (Bauch)Nabel *m*

★**om·bra** [o-] F **1** Schatten *m* **2** *fig* Spur *f*, Funke *m*: **un'~ di speranza** ein Funke Hoffnung **3** *fig* Hauch *m*: **un'~ di tristezza** ein Hauch von Traurigkeit ♦ **sedere all'~** im Schatten sitzen; SCHIFF **bandiera ~** Billigflagge *f*; **fare ~ a qn/qc** j-m/etw Schatten spenden; **senz'~ di dubbio** ohne den geringsten Zweifel

om·breg·gia·re V/T ⟨1f⟩ **1** be-, überschatten **2** KUNST schattieren **3 ~ le palpebre** Lidschatten auftragen **om·breg·gia·to** ADJ **1** schattig, beschattet **2** KUNST, TYPO schattiert **om·breg·gia·tu·ra** F **1** Beschattung *f* **2** KUNST Schattierung *f*

om·brel·la [-ɛ-] F BOT Dolde *f*

om·brel·la·io M, **-a** F **1** Schirmmacher *m*, -in *f* **2** Schirmverkäufer *m*, -in *f* **om·brel·li·fi·cio** M Schirmfabrik *f* **om·brel·li·no** M **1** Schirmchen *n* **2** Sonnenschirmchen *n*

★**om·brel·lo** [-ɛ-] M (Regen)Schirm *m*

om·brel·lo·ne [-o-] M Sonnenschirm *m*

om·bret·to [-e-] M Lidschatten *m*

om·bri·na F Umber *m*, Schattenfisch *m*

om·bro·si·tà F ⟨*inv*⟩ **1** Schattenreichtum *m* **2** *fig* (*persone*) Argwohn *m* **3**

O

(*cavalli*) Scheu *f* **om·bro·so** [-o-] ADJ 1 schattig 2 *fig* (*persona*) argwöhnisch 3 (*cavalli*) scheu

o·me·ga [-ɛ-] M *od* F ⟨*inv*⟩ Omega *n* ♦ **dall'alfa all'~** von A bis Z

o·me·let·te [-ˈlɛt] F ⟨*inv*⟩ Omelett *n*

o·me·li·a F Predigt *f* (*a. fig hum*)

o·me·o·pa·ta [-ɔ-] M/F Homöopath *m*, -in *f*

o·me·o·pa·ti·a F Homöopathie *f*

o·me·o·pa·ti·co ADJ homöopathisch

o·me·ri·co [-ɛ-] ADJ homerisch

o·me·ro [ɔ-] M 1 Oberarmknochen *m* 2 Schulter *f*

o·mer·tà F ⟨*inv*⟩ = *Gesetz des Schweigens*

o·mes·so [-e-] → omettere

o·met·te·re [-e-] V/T ⟨3ee⟩ 1 auslassen: **~ un particolare** ein Detail auslassen 2 **~ di fare qc** etw unterlassen

o·met·to [-e-] M 1 kleiner Mann *m* 2 Kleiderbügel *m* **o·mi·ciat·to·lo** M Knirps *m*

o·mi·ci·da A ADJ Tötungs-, Mord-: **follia ~** Blutrausch *m* B M/F Mörder *m*, -in *f*

★**o·mi·ci·dio** M 1 Tötung *f* 2 *umg* Mord *m*: **commettere un ~** einen Mord begehen ♦ **~ aggravato** Mord *m*; **~ colposo** fahrlässige Tötung *f*; **~ doloso** vorsätzliche Tötung *f*; **squadra -i** Mordkommission *f*; **tentato ~** Tötungs-, Mordversuch *m*

O

o·mis·sio·ne [-o-] F Aus-, Unterlassung *f* ♦ **salvo errori e -i** Irrtum *m* vorbehalten; **~ di soccorso** unterlassene Hilfeleistung *f*

o·mis·sis M ⟨*inv*⟩ Auslassung *f*, Lücke *f*

o·mo·ge·nei·tà F ⟨*inv*⟩ Gleichmäßigkeit *f*

o·mo·ge·neiz·za·re V/T ⟨1a⟩ homogenisieren **o·mo·ge·neiz·za·to** A ADJ homogenisiert B M homogenisiertes Lebensmittel *n*: **-i** Babynahrung *f*; **gli ho dato un ~** ich habe ihm ein Gläschen gegeben **o·mo·ge·ne·o** [-ɛ-] ADJ homogen, einheitlich, gleichartig

o·mo·ge·niz·za·re, **o·mo·ge·niz·za·to** → omogeneizzare, omogeneizzato

o·mo·lo·ga·re ⟨1m, c *u.* e⟩ A V/T 1 zulassen: **~ il prototipo di un motore** den Prototyp eines Motors zulassen 2 JUR bestätigen 3 SPORT offiziell anerkennen 4 *fig* vereinheitlichen B V/PR **-rsi** sich anpassen **o·mo·lo·ga·to** ADJ 1 zugelassen: **casco ~** amtlich zugelassener Helm *m* 2 TECH typengeprüft 3 JUR bestätigt 4 SPORT offiziell anerkannt 5 *fig* vereinheitlicht **o·mo·lo·ga·zio·ne** [-o-] F 1 Zulassung *f*: **l'~ di un motore** die Zulassung eines Motors 2 JUR Bestätigung *f* 3 SPORT offizielle Anerkennung *f* 4 TECH Typprüfung *f* 5 *fig* Vereinheitlichung *f*

o·mo·lo·go [-ɔ-] ADJ homolog **o·mo·ni·mi·a** F Gleichnamigkeit *f* **o·mo·ni·mo** [-ɔ-] A ADJ gleichnamig B M, **-a** F Namensvetter *m*, -schwester *f*

★**o·mo·ses·sua·le** A ADJ homosexuell B M/F Homosexuelle *m/f* **o·mo·ses·sua·li·tà** F ⟨*inv*⟩ Homosexualität *f*

o·mo·sex [-ɛ-] A ADJ ⟨*inv*⟩ homosexuell B M/F ⟨*inv*⟩ Homosexuelle *m/f*

o·mun·co·lo M Knirps *m*

on [ɔn] ADJ ⟨*inv*⟩ on, an

o·na·ni·smo [-z-] M Onanie *f*

on·cia [o-] F 1 Unze *f* 2 *fig* Quäntchen *n*, Fünkchen *n*: **non avere un'~ di giudizio** kein Fünkchen Verstand haben

on·co·lo·gi·co [-ɔ-] ADJ **reparto ~** Krebsstation *f*

on·co·lo·go [-ɔ-] M, **-a** F Facharzt *m*, -ärztin *f* für Krebskrankheiten, Onkologe *m*, -login *f*

on·co·te·ra·pi·a F Krebstherapie *f*

★**on·da** [o-] F 1 Welle *f* 2 *fig* Welle *f*, Flut *f* 3 *fig* Wogen *n*: **l'~ della folla** das Wogen der Menschenmenge ♦ RADIO **-e corte** Kurzwellen *pl*; **cresta dell'~** Wellenkamm *m*; *fig* **essere sulla cresta dell'~** auf dem Gipfel des Erfolgs sein; **lunghezza d'~** Wellenlänge *f*; **mandare in ~** senden, ausstrahlen; RADIO **-e medie** Mittelwellen *pl*; **~ di piena** Hochwasserflut *f*; RADIO **-e ultracorte** Ultrakurzwellen *pl*; **~ verde** (*traffico*) grüne Welle *f*; RADIO Verkehrsfunk *m*

on·da·ta F Welle *f* (*a. fig*) ♦ **a -e** in Strömen; **~ di caldo/di freddo** Hitze-/Kältewelle *f*; **~ di proteste** Protestwelle *f*

on·deg·gia·men·to [-e-] M Wogen *n*; Schwanken *n*, Schaukeln *n* **on·deg·gian·te** ADJ wogend; schwankend

on·deg·gia·re V/I ⟨1f; av⟩ 1 (*onde*) wogen 2 (*barca*) schwanken, schaukeln 3 (*persona*) wanken

on·di·na F 1 Undine *f* 2 Wasserratte *f*

on·do·so [-o-] ADJ 1 Wellen-: **moto ~** Wellengang *m* 2 wogend **on·du·lan·te** ADJ 1 wogend 2 MED schwankend

on·du·la·re V/T ⟨1l⟩ wellen, ondulieren

on·du·la·to ADJ wellig, Well(en)-: **ca-**

pelli -i welliges Haar *n*; **cartone** ~ Wellpappe *f* **on·du·la·to·rio** [-ɔ-] ADJ 1 wellenförmig 2 PHYS Wellen- **on·du·la·zio·ne** [-o-] F 1 Wölbung *f* 2 (*di capelli*) Wellen *pl* 3 PHYS Wellenbewegung *f*

o·ne·ra·re V/T ⟨1l *u.* c⟩ belasten: **~ qn di qc** j-n mit etw belasten **o·ne·ra·to** ADJ belastet

o·ne·re [ɔ-] M Last *f*, Belastung *f*: **assumersi un ~** eine Last auf sich (*akk*) nehmen ♦ **~ fiscale** Steuerlast *f*; **-i sociali** Soziallasten *pl*

o·ne·ro·si·tà F ⟨*inv*⟩ Last *f*, Belastung *f*

o·ne·ro·so [-o-] ADJ 1 belastend, drückend 2 JUR entgeltlich

o·ne·stà F ⟨*inv*⟩ 1 Ehrlichkeit *f*, Rechtschaffenheit *f* 2 Sittsamkeit *f*

★**o·ne·sto** [-ɛ-] ADJ 1 ehrlich, rechtschaffen 2 sittsam 3 (*prezzi*) angemessen 4 (*critiche*) sachlich

ONG F ⟨*inv*⟩ (Organizzazione Non Governativa) Nichtregierungsorganisation *f*, NRO *f*

o·ni·ce [ɔ-] F Onyx *m*

o·ni·ri·co ADJ 1 Traum- 2 unwirklich

o·ni·ro·lo·gi·a F Traumforschung *f*

on line [ɔn'lain] ADJ ⟨*inv*⟩ online ♦ **~ banking** Onlinebanking *n*; **~ shopping** Onlineshopping *n*

on·lus ['ɔnlus] F ⟨*inv*⟩ gemeinnützige Organisation *f*

on·ni·pos·sen·te [-ɛ-], **on·nipo·ten·te** [-ɛ-] A ADJ allmächtig B M **l'Onnipotente** der Allmächtige **on·ni·po·ten·za** [-ɛ-] F Allmacht *f* **on·ni·pre·sen·te** [-ɛ-] ADJ allgegenwärtig (*a. hum*) **on·ni·pre·sen·za** [-ɛ-] F Allgegenwart *f* **on·ni·scien·te** [-ɛ-] ADJ allwissend **on·ni·scien·za** [-ɛ-] F Allwissenheit *f* **on·ni·veg·gen·te** [-ɛ-] ADJ allsehend

on·ni·vo·ro A ADJ alles fressend B M Allesfresser *m*

o·no·ma·sti·ca F Namenkunde *f*

o·no·ma·sti·co A ADJ namenkundlich B M Namenstag *m*: (**auguri di**) **buon ~!** alles Gute zum Namenstag!

o·no·ra·bi·le ADJ ehrbar **o·no·ra·bi·li·tà** F ⟨*inv*⟩ Ehrbarkeit *f* **o·no·ran·za** F Ehrung *f*: **-e funebri** Totenehrung *f*

o·no·ra·re V/T ⟨1a⟩ 1 ehren 2 **~ qn di** (*od* **con**) **qc** j-n mit etw beehren 3 nachkommen: **~ i propri impegni** seinen Verpflichtungen nachkommen 4 WIRTSCH honorieren

o·no·ra·rio[1] ADJ Ehren-: **carica -a** Ehrenamt *n*; **socio ~** Ehrenmitglied *n*

o·no·ra·rio[2] M Honorar *n*

o·no·ra·to ADJ ehrenhaft, ehrbar ♦ **~ (di conoscerla)** es ist mir eine Ehre (Sie kennenzulernen); **-a società** ehrenwerte Gesellschaft *f*

★**o·no·re** [-o-] M 1 Ehre *f*: **giurare sul proprio ~** bei seiner Ehre schwören 2 *pl* Ehrung *f* 3 *pl* Auszeichnungen *pl* ♦ **gli -i di casa** die Honneurs; **che ~!** welche Ehre; **damigella d'~** Brautjungfer *f*; **parola d'~** Ehrenwort *n*

o·no·re·vo·le [-e-] A ADJ ehrenhaft B M/F Parlamentsabgeordnete *m/f* **o·no·ri·ficen·za** [-ɛ-] F 1 Ehrung *f* 2 Auszeichnung *f*, Orden *m* **o·no·ri·fi·co** ADJ Ehren-: **titolo ~** Ehrentitel *m* ♦ **a titolo ~** ehrenamtlich

on·ta [o-] F 1 Schande *f*, Schmach *f* 2 Beleidigung *f* ♦ **a ~ di qc** ungeachtet etw (*gen*)

on·ta·no M Erle *f*

o·pa·ci·me·tro M Trübungsmesser *m*, Abgasmessgerät *n*

o·pa·ci·tà F ⟨*inv*⟩ 1 Undurchsichtigkeit *f* (*a. fig*) 2 Mattheit *f* 3 (*di suoni*) Dumpfheit *f*

o·pa·ciz·za·re ⟨1a⟩ A V/T 1 undurchsichtig machen 2 mattieren B V/PR **-rsi** undurchsichtig werden

o·pa·ciz·za·zio·ne [-o-] F Mattierung *f*

o·pa·co ADJ 1 undurchsichtig 2 matt, glanzlos (*a. fig*) 3 (*suoni*) dumpf ♦ **specchio ~** blinder Spiegel *m*; **vetro ~** Milchglas *n*

o·pa·le M Opal *m*

o·pa·le·scen·te [-ɛ-] ADJ opaleszent, opalisierend **o·pa·le·scen·za** [-ɛ-] F Opaleszenz *f*

o·pa·li·na F 1 Opalglas *n* 2 Opal *m*

open space ['open'spɛis] M ⟨*inv*⟩ Großraumbüro *n*

★**o·pe·ra** [ɔ-] F 1 Werk *n*, Arbeit *f* 2 Wirkung *f* 3 Bau *m*, Bauwerk *n* 4 MUS Oper *f*; Opernhaus *n* ♦ **mettersi all'~** sich ans Werk machen; **essere all'~** am Werk sein; **~ d'arte** Kunstwerk *n*; **con l'~ di** mittels; **~ di consultazione** Nachschlagewerk *n*; **contratto d'~** Werkvertrag *m*; **~ lirica** Oper *f*; **mano d'~** Arbeitskraft *f*; **~ muraria** Mauerwerk *n*; **~ omnia** Gesamtwerk *n*; **prestatore d'~** Arbeitnehmer *m*; **~ universitaria** Studentenwerk *n*; **chi ben comincia è a metà dell'~** frisch gewagt ist

O

halb gewonnen

o·pe·ra·bi·le ADJ operierbar, operabel

o·pe·ra·bi·li·tà F ⟨inv⟩ Operierbarkeit f

★**o·pe·ra·ia** F Arbeiterin f

★**o·pe·ra·io** A ADJ Arbeiter- B M Arbeiter m

o·pe·ran·te ADJ 1 wirksam, wirkend 2 gültig, rechtsgültig

★**o·pe·ra·re** ⟨1l *u.* c⟩ A V/I ⟨av⟩ 1 tätig sein, wirken: ~ **nel settore tessile** in der Textilbranche tätig sein 2 handeln: ~ **bene/male** gut/schlecht handeln B V/T 1 vollbringen: ~ **miracoli** Wunder vollbringen 2 operieren C V/PR **-rsi** sich vollziehen **o·pe·ra·ti·vi·tà** F ⟨inv⟩ Wirksamkeit f **o·pe·ra·ti·vo** ADJ 1 wirksam, gültig 2 Vollstreckungs-: **ordine** ~ Vollstreckungsbefehl m 3 MIL operativ ♦ **piano** ~ Einsatzplan m; IT **sistema** ~ Betriebssystem n; **unità -a** Einsatzkommando n

o·pe·ra·to A ADJ 1 operiert 2 TEX gemustert, Muster- B M Wirken n, Werk n

o·pe·ra·to·re [-o-] M, **-tri·ce** F 1 Fachmann m, -frau f, Techniker m, -in f 2 WIRTSCH Makler m, -in f 3 (*cinema*) TV Kameramann m, -frau f 4 MED Operateur m, -in f 5 MATH, IT **operatore** m Operator m ♦ ~ **ai servizi alberghieri** Hotelkaufmann m; ~ **di Borsa** Börsenmakler m, Börsianer m; ~ **CAD** CAD-Anwender m; ~ **ecologico** Straßenreiniger m; ~ **editoriale** Verlagskaufmann m; ~ **immobiliare** Immobilienmakler m; ~ **della moda** Modellmacher m; ~ **di rete** Netzbetreiber m; (*nelle fiere*) **riservato agli -i** nur für Fachbesucher; ~ **sociale** Sozialarbeiter m; ~ **turistico** (*imprenditore*) Reiseveranstalter m; (*qualifica*) Reisekaufmann m; Fachmann m für Touristik

o·pe·ra·to·rio [-ɔ-] ADJ operativ, Operations-: **sala -a** Operationssaal m **o·pe·ra·tri·ce** F (*macchina*) Maschine f; (*escavatore ecc.*) Baumaschine f

★**o·pe·ra·zio·ne** [-o-] F 1 Verfahren n 2 WIRTSCH Geschäft n 3 Operation f, Aktion f 4 MED Operation f 5 Unternehmung f 6 MATH Rechenart f ♦ ~ **a termine** Termingeschäft n; ~ **bancaria** Bankgeschäft n; ~ **di Borsa** Börsengeschäft n; ~ **di salvataggio** Rettungsaktion f

o·pe·ret·ta [-e-] F 1 (*in liturgia*) kleines Werk n 2 MUS Operette f **o·pe·ret·ti·sta** M/F Operettenkomponist m, -in f **o·pe·ri·sta** M/F Opernkomponist m, -in f

o·pe·ri·sti·co ADJ Opern-: **stagione -a** Opernsaison f

o·pe·ro·si·tà F ⟨inv⟩ Fleiß m, Arbeitsamkeit f **o·pe·ro·so** [-o-] ADJ fleißig, emsig

o·pi·fi·cio M Fabrik f, Werkstätte f

o·pi·na·bi·le ADJ diskutierbar, fraglich

o·pi·na·bi·li·tà F ⟨inv⟩ Fraglichkeit f

o·pi·na·re V/T & V/I ⟨1a; av⟩ meinen

★**o·pi·nio·ne** [-o-] F Meinung f, Ansicht f: **rimanere della propria** ~ bei seiner Meinung bleiben ♦ **l'~ pubblica** die öffentliche Meinung; **secondo la mia** ~ meiner Meinung nach

o·pi·nio·ni·sta M/F Kolumnist m, -in f

op·là INT hopp, hops, hopsala

op·pio [ɔ-] M Opium n

op·pio·ma·ne M/F Opiumsüchtige m/f

op·pio·ma·ni·a F Opiumsucht f

op·po·nen·te [-ɛ-] A ADJ gegnerisch B M/F 1 Gegner m, -in f 2 Antragsgegner m, -in f

op·por·re [-o-] ⟨3ll⟩ A V/T 1 entgegenstellen: ~ **ostacoli** Hindernisse in den Weg legen 2 *fig* entgegensetzen: ~ **la ragione alla forza** der Gewalt Vernunft entgegensetzen B V/PR **-rsi** 1 sich entgegenstellen 2 ★ **-rsi a qc** sich etw (*dat*) widersetzen 3 JUR **-rsi a qc** gegen etw Einspruch erheben ♦ ~ **resistenza a qn/qc** j-m/etw Widerstand leisten

op·por·tu·ni·smo [-z-] M Opportunismus m **op·por·tu·ni·sta** M/F Opportunist m, -in f **op·por·tu·ni·sti·co** ADJ opportunistisch

★**op·por·tu·ni·tà** F ⟨inv⟩ 1 Angemessenheit f 2 Gelegenheit f **op·por·tu·no** ADJ 1 angemessen 2 angebracht, opportun: **ritengo** ~ **che** ... ich halte es für angebracht, dass ... 3 richtig: **al momento** ~ zum richtigen Zeitpunkt m 4 (*adatto*) geeignet

op·po·si·to·re [-o-] M, **-tri·ce** F Gegner m, -in f

★**op·po·si·zio·ne** [-o-] F 1 Widerspruch m 2 Gegensatz m: **essere in** ~ (**a qc**) im Gegensatz (zu etw) stehen 3 JUR Einspruch m, Widerspruch m 4 POL Opposition f

★**op·po·sto** [-o-] A ADJ 1 gegenüberliegend 2 entgegengesetzt 3 gegensätzlich B M 1 Gegenteil n 2 PHIL, PHYS Gegensatz m ♦ **corsia -a** Gegenfahrbahn f

op·pres·sio·ne [-o-] F 1 Unterdrückung f; Diktatur f 2 *fig* Beklemmung f

op·pres·si·vo ADJ unterdrückerisch
op·pres·so [-ɛ-] ADJ **1** unterdrückt **2** *fig* beklommen **3** *fig* **~ dal lavoro** (von Arbeit) überlastet **op·pres·so·re** [-o-] **A** ADJ unterdrückend **B** M Unterdrücker *m*, -in *f* **op·pri·men·te** [-e-] ADJ **1** drückend **2** *fig* bedrückend, beklemmend **3** unerträglich: **lavoro ~** unerträgliche Arbeit *f*
op·pri·me·re V/T ⟨3r⟩ **1** unterdrücken **2** *fig* belasten
op·pu·gna·bi·le ADJ anfechtbar **op·pu·gna·bi·li·tà** F ⟨inv⟩ Anfechtbarkeit *f* **op·pu·gna·re** V/T ⟨1a⟩ anfechten **op·pu·gna·zio·ne** [-o-] F Anfechtung *f*
op·pu·re KONJ **1** oder **2** sonst
op·ta·re V/I ⟨1c; av⟩ **1** sich entscheiden **2** JUR, POL, WIRTSCH optieren
op·tion·al ['ɔpʃonal] M ⟨inv⟩ Extra *n*: **con tutti gli ~** mit allen Extras
op·to·e·let·tro·ni·ca [-ɔ-] F Optronik *f*
op·to·me·tri·sta M/F Orthoptist *m*, -in *f*
o·pu·len·to [-ɛ-] ADJ **1** üppig **2** *fig* schwülstig: **stile ~** schwülstiger Stil *m* **o·pu·len·za** [-ɛ-] F **1** Üppigkeit *f* **2** *fig* Schwülstigkeit *f*
o·pu·sco·lo M Broschüre *f*, Prospekt *m*
op·zio·na·le ADJ wahlfrei, fakultativ, Wahl-; (*accessori*) auf Wunsch lieferbar, Extra-
op·zio·ne [-o-] F **1** Wahlfreiheit *f* **2** JUR, WIRTSCH Option *f*: **avere l'~ su qc** die Option auf etw (*akk*) haben
★**o·ra**[1] [o-] F **1** Stunde *f*: **un'~ di sole** eine Stunde Sonne **2** *fig* Zeit *f* **3** Stunde *f*, Moment *m*, Augenblick *m*: **l'~ della verità** die Stunde der Wahrheit **4** REL Hora *f* ♦ **a -e** stundenweise; **donna a -e** Putzfrau *f*; ★ **all'~** pro Stunde; **a 160 km all'~** mit 160 Stundenkilometern; **30 euro (al) l'~** 30 Euro pro Stunde; **di buon'~** früh (-zeitig); **che ~ è?** *od* **che -e sono?** wie viel Uhr ist es?; **a che ~?** um wie viel Uhr?; **~ di chiusura** Büroschluss *m*; Ladenschlusszeit *f*; Polizeistunde *f*; *iron* **era ~!** es war höchste Zeit!; **~ legale** Sommerzeit *f*; **~ locale** Ortszeit *f*; **a un'~ di macchina** eine Autostunde entfernt; **mezz'~** halbe Stunde *f*; **~ di morbida** verkehrsarme Zeit *f*; **ogni ~** stündlich; **per -e e -e** stundenlang; *umg* **fare le -e piccole** es (nachts) sehr spät werden lassen; **~ di punta** Hauptverkehrszeit *f*; **quarto d'~** Viertelstunde *f*; **a quest'~** um diese Zeit; **-e di ufficio** Bürozeit *f*
★**o·ra**[2] [o-] **A** ADV **1** jetzt, nun **2** *fig* heute **3** eben, gerade jetzt: **l'ho chiamato ~** ich habe ihn eben angerufen **4** sofort, gleich: **~ vengo** ich komme sofort **5** **~ … ~ …** (ein)mal …, (ein)mal …; **~ dice sì, ~ dice no** mal sagt er ja, mal nein **B** KONJ **1** nun (aber): **credi di aver capito, ~ ti dimostro il contrario** du glaubst, verstanden zu haben, nun beweise ich dir das Gegenteil; **~ dovete sapere che …** nun müsst ihr aber wissen, dass … **2** also: **ti ho detto tutto, ~ che ne pensi?** ich habe dir alles gesagt, also, was meinst du dazu? **3** **~ che** nun, wenn; **~ che ci penso …** nun, wenn ich darüber nachdenke … ♦ **d'~ in avanti** (*od* **in poi**) von jetzt an, ab jetzt; **~ come ~** unter diesen Umständen; **fin d'~** von jetzt an; **per ~ grazie** erst mal vielen Dank; **or ~** gerade eben; **solo ~** erst jetzt
o·ra·co·leg·gia·re V/I ⟨1g; av⟩ orakeln
o·ra·co·lo M Orakel *n* (*a. fig*)
o·ra·fo [ɔ-] M, **-a** F Goldschmied *m*, -in *f*
o·ra·le **A** ADJ **1** Mund-: **igiene ~** Mundpflege *f* **2** mündlich **3** LING, MED oral **B** M mündliche Prüfung *f*
o·ra·mai → ormai
o·ran·go M Orang-Utan *m*
★**o·ra·rio** **A** ADJ **1** Stunden-; Zeit- **2** stündlich **B** M **1** Stunde *f*; Zeit *f* **2** (Fahr-, Flug)Plan *m* ♦ **~ di apertura** Öffnungszeit *f*; **~ degli arrivi** Ankunftstafel *f*; (**fare**) **~ continuato** durchgehend geöffnet (sein); **~ estivo** Sommerfahrplan *m*; **disco ~** Parkscheibe *f*; **~ feriale** an Wochentagen gültiger Fahrplan *m*; **~ festivo** an Sonn- und Feiertagen gültiger Fahrplan *m*; Öffnungszeiten *pl* an Sonn- und Feiertagen; **fuori ~** außerhalb der Arbeitszeit; **in ~** pünktlich; BAHN (fahr)-planmäßig; **~ (di lavoro) flessibile** (*od* **elastico**) gleitende (*od* flexible) Arbeitszeit; **~ invernale** Winterfahrplan *m*; **lavoro a ~ ridotto** Kurzarbeit *f*; **~ di ricevimento** Sprechstunde *f*; **segnale ~** Zeitzeichen *n*; **in senso ~** im Uhrzeigersinn *m*; **~ delle visite** Besuchszeit *f*
o·ra·ta F Goldbrasse *f*
o·ra·to·re [-o-] M, **-tri·ce** F Redner *m*, -in *f* **o·ra·to·ria** [-ɔ-] F **1** Redekunst *f* **2** Beredsamkeit *f* **3** Rhetorik *f*
o·ra·to·rio[1] [-ɔ-] ADJ Rede-: **abilità -a** Redegewandtheit *f*
o·ra·to·rio[2] [-ɔ-] M **1** ARCH, MUS Orato-

rium *n* 2 (katholische) Jugendfreizeit *f*
o·ra·zio·ne [-o-] F 1 Rede *f* 2 Gebet *n*
or·be·ne [-ɛ-] KONJ *poet* also, nun
or·bet·ti·no M Blindschleiche *f*
or·bi·ta [ɔ-] F 1 ASTRON Umlaufbahn *f*: **~ geostazionaria** geostationäre Umlaufbahn *f*; **~ terrestre** Erdumlaufbahn *f* 2 *fig* Bereich *m* 3 ANAT Augenhöhle *f*
or·bi·ta·le ADJ 1 Umlauf-: **velocità ~** Umlaufgeschwindigkeit *f* 2 Augenhöhlen-: **arterie -i** Augenhöhlenarterien *pl* 3 **stazione ~** Raumstation *f*
or·bi·tan·te ADJ umlaufend: **satellite ~** umlaufender Satellit *m*
or·bi·ta·re V/I ⟨1l *u.* c; es⟩ kreisen (*a. fig*): **~ attorno a qn/qc** um j-n/etw kreisen
or·bo [ɔ-] A ADJ blind: **~ da un occhio** auf einem Auge blind B M, **-a** F 1 Blinde *m/f* 2 Halbblinde *m/f*
or·ca [ɔ-] F Schwertwal *m*, Killerwal *m*, Orka *m*
★**or·che·stra** [-ɛ-] F 1 Orchesterraum *m* 2 Orchester *n* ♦ **direttore d'~** Dirigent *m*
or·che·stra·le A ADJ orchestral, Orchester- B M/F Orchestermusiker *m*, -in *f*
or·che·stra·re V/T ⟨1b⟩ 1 orchestrieren 2 *fig* organisieren **or·che·stra·zio·ne** [-o-] F 1 Orchestrierung *f* 2 *fig* Organisieren *n* **or·che·stri·na** F Kapelle *f*: **~ da ballo** Tanzkapelle *f*
or·chi·de·a [-ɛ-] F Orchidee *f*
or·cio [o-] M Tonkrug *m*
or·co [ɔ-] M Ungeheuer *n*, Scheusal *n* (*a. fig*)
or·da [ɔ-] F Horde *f* (*a. pej*)
or·di·gno M 1 Sprengkörper *m* 2 komisches Zeug *n*
or·di·na·le A ADJ Ordinal-: **numero ~** Ordinalzahl *f* B M Ordinalzahl *f*
or·di·na·men·to [-e-] M Ordnung *f*
or·di·nan·za F Erlass *m* ♦ **~ di custodia cautelare** Haftbefehl *m*; **divisa d'~** Dienstuniform *f*
★**or·di·na·re** V/T ⟨1l⟩ 1 ordnen 2 befehlen, anordnen 3 IT sortieren 4 MED verschreiben 5 HANDEL bestellen 6 KIRCHE weihen **or·di·na·rie·tà** F ⟨*inv*⟩ 1 Gewöhnlichkeit *f*, Alltäglichkeit *f* 2 Minderwertigkeit *f* 3 Vulgarität *f*
★**or·di·na·rio** A ADJ 1 gewöhnlich 2 minderwertig 3 (ganz) gewöhnlich, ordinär 4 JUR ordentlich: **assemblea -a** ordentliche Versammlung *f* B M, **-a** F (*professore universitario*) Ordinarius *m*, Ordinaria *f* ♦ **d'~** gewöhnlich; **fuori dall'~** außerordentlich
or·di·na·ta[1] F Ordnen *n*: **dare un'~ ai libri** die Bücher ordnen
or·di·na·ta[2] F MATH Ordinate *f*
or·di·na·ti·vo A ADJ ordnend, Ordnungs-: **principio ~** Ordnungsprinzip *n* B M Auftrag *m*, Bestellung *f*
★**or·di·na·to** ADJ 1 aufgeräumt; ordentlich 2 **tenere ~** in Ordnung halten
or·di·na·to·re [-o-] A ADJ ordnend, Ordnungs-: **criterio ~** Ordnungsprinzip *n* B M Ordner *m* **or·di·na·zio·ne** [-o-] F 1 Auftrag *m*, Bestellung *f* 2 REL Ordination *f* ♦ **su ~** auf Bestellung
★**or·di·ne** [o-] M 1 Ordnung *f*: **in ~ alfabetico** in alphabetischer Ordnung; (*di persona*) **essere in ~** in Ordnung sein; **tutelare l'~** die öffentliche Ordnung aufrechterhalten; **turbare l'~** (**pubblico**) die öffentliche Ruhe *f* stören 2 Natur *f*, Bedeutung *f*: **di ~ generale** von allgemeiner Bedeutung 3 Weihen *pl*: **prendere gli -i** die (heiligen) Weihen empfangen 4 Befehl *m* 5 HANDEL Auftrag *m*, Bestellung *f* ♦ **agli -i!** zu Befehl!; **in ~ di altezza** der Größe nach; **amante dell'~** ordnungsliebend; SPORT **~ d'arrivo** Einlauf *m*; **~ degli avvocati** Rechtsanwaltskammer *f*; **procedere con ~** der Reihe nach vorgehen; **~ di consegna** Lieferauftrag *m*; **fare ~** Ordnung machen, aufräumen; **~ del giorno** Tagesordnung *f*; **mettere in ~** (ein)ordnen; **mettere in ~ una stanza** ein Zimmer aufräumen; **~ di pagamento** Zahlungsauftrag *m*; **parola d'~** Parole *f*, Kennwort *n*; **per ~ di** auf Anordnung von, im Auftrag von
or·di·re V/T ⟨4d⟩ 1 TEX zetteln 2 *fig* entwerfen: **~ un piano** einen Plan entwerfen 3 *fig* anzetteln, schmieden **or·di·to** M 1 TEX Zettel *m*, Kette *f* 2 Gewirr *n* 3 *fig* Handlung *f* **or·di·to·re** [-o-] M, **-tri·ce** F *fig* Anstifter *m*, -in *f*
o·rec·chia [-e-] F 1 Ohr *n* 2 *fig* Eselsohr *n*
o·rec·chia·bi·le ADJ einprägsam: **motivo ~** einprägsame Melodie *f* **o·rec·chia·bi·li·tà** F ⟨*inv*⟩ Einprägsamkeit *f*
o·rec·chia·re V/T ⟨1k⟩ 1 sich (*dat*) anhören 2 nach dem Gehör singen 3 nachplappern **o·rec·chiet·ta** [-e-] F 1 kleines Ohr *n* 2 ANAT Vorhof *m* 3 = *Nudelsorte aus Apulien*
o·rec·chi·no M Ohrring *m*: **-i a buco**

Ohrstecker *pl*; **-i a clip** (Ohr)Clips *pl*

★**o·rec·chio** [-e-] M 1 Ohr *n* 2 MUS Gehör *n* ♦ **apri bene le -chie!** sperr die Ohren auf!; **avere ~ (musicale)** musikalisch sein; **duro d'-chi** schwerhörig; **essere tutt'-chi** ganz Ohr sein; **-chie a sventola** Segelohren *pl*

o·rec·chio·ni [-kkio-] MED MPL Mumps *m*

o·re·fi·ce [-e-] M/F Juwelier *m*, -in *f*; Goldschmied *m*, -in *f*

o·re·fi·ce·ri·a F 1 Goldschmiedekunst *f* 2 Goldschmiedewerkstatt *f* 3 Juweliergeschäft *n*

o·ret·ta [-e-] F Stündchen *n*

or·fa·no [ɔ-] A ADJ verwaist B M, **-a** F Waisenkind *n*

or·fa·no·tro·fio [-ɔ-] M Waisenhaus *n*

or·ga·net·to [-e-] M 1 Drehorgel *f* 2 Ziehharmonika *f*

or·ga·ni·ci·tà F ⟨*inv*⟩ 1 BIOL Organizität *f* 2 Einheitlichkeit *f* **or·ga·ni·co** A ADJ organisch B M Personal *n*

or·ga·ni·gram·ma M Organigramm *n*

or·ga·ni·no M Leierkasten *m*

or·ga·ni·smo [-z-] M 1 Organismus *m* 2 Körper *m*: **~ sano** gesunder Körper *m*

or·ga·ni·sta M/F Organist *m*, -in *f*

★**or·ga·niz·za·re** ⟨1a⟩ A V/T organisieren B V/PR **-rsi** 1 sich einrichten: **-rsi in vista di qc** sich auf etw (*akk*) einrichten 2 sich organisieren **or·ga·niz·za·ti·vo** ADJ organisatorisch, Organisations-: **avere spirito ~** Organisationstalent *n* haben **or·ga·niz·za·to** ADJ 1 organisiert; **viaggio ~** Pauschalreise *f* 2 effizient **or·ga·niz·za·to·re** [-o-] A ADJ Organisations-: **comitato ~** Organisationsausschuss *m* B M, **-tri·ce** F Veranstalter *m*, -in *f*; (*di campagna elettorale*) Organisator *m*, -in *f*

★**or·ga·niz·za·zio·ne** [-o-] F Organisation *f*: **~ non governativa** Nichtregierungsorganisation *f*

or·ga·no [ɔ-] M 1 Organ *n* (*a.* JUR, POL) 2 MUS Orgel *f*: **~ elettronico** Keyboard *n* ♦ **donazione di -i** Organspende *f*; **trapianto d'-i** Organtransplantation *f*

or·ga·no·let·ti·co [-ɛ-] ADJ (durch die Sinne) wahrnehmbar

or·ga·smo [-z-] M 1 Orgasmus *m* 2 Auf-, Erregung *f*

or·gia [ɔ-] F 1 Orgie *f* 2 *fig* **~ di sangue** Blutbad *n* **or·gia·sti·co** ADJ orgiastisch

★**or·go·glio** [-o-] M Stolz *m*, Hochmut *m*: **essere pieno d'~ per qn/qc** voller Stolz auf j-n/etw sein

★**or·go·glio·so** [-o-] ADJ 1 stolz: **essere ~ di qn/qc** auf j-n/etw stolz sein 2 hochmütig

o·rien·ta·bi·le ADJ einstellbar, ausrichtbar, verstellbar; kippbar

★**o·rien·ta·le** A ADJ 1 Ost-, östlich 2 orientalisch, Orient- 3 asiatisch B M/F Orientale *m*, -in *f* **o·rienta·li·sta** M/F Orientalist *m*, -in *f*

o·rien·ta·men·to [-e-] M 1 Orientierung *f* 2 (Aus)Richtung *f* (*a. fig*) 3 Beratung *f*: **~ professionale** Berufsberatung *f*

o·rien·ta·re ⟨1b⟩ A V/T 1 (aus)richten, lenken 2 orientieren, ausrichten: **~ qc su qc** etw auf etw (*akk*) ausrichten B V/PR **-rsi** 1 sich orientieren, sich richten 2 *fig* sich zurechtfinden 3 sich zuwenden: **-rsi verso una certa professione** sich einem bestimmten Beruf zuwenden **o·rien·ta·ti·va·men·te** [-e-] ADV zur Orientierung; ungefähr **o·rien·ta·ti·vo** ADJ Orientierungs-: **a livello ~** zur Orientierung **o·rien·ta·to** ADJ orientiert, gerichtet (*a. fig*)

o·rien·ta·zio·ne [-o-] F Orientierung *f*

o·rien·te [-ɛ-] M Osten *m* ♦ **a ~ di** östlich von; **il Medio Oriente** der Mittlere Osten, der Nahe Osten; **l'Estremo Oriente** der Ferne Osten; **l'Oriente** Fernost *n*, Asien *n*

o·ri·fi·zio M Öffnung *f*, Mund *m*

o·ri·ga·no M Oregano *m*, Origano *m*

★**o·ri·gi·na·le** A ADJ 1 original, Original-: **in lingua ~** in Originalfassung; **conforme all'~** originalgetreu 2 (*autentico*) echt 3 ursprünglich 4 originell B M Original *n* **o·ri·gi·na·li·tà** F ⟨*inv*⟩ 1 Echtheit *f* 2 Originalität *f*

o·ri·gi·na·re ⟨1m⟩ A V/T verursachen, hervorrufen B V/I ⟨es⟩ & V/PR **-rsi** seinen Ursprung haben, herrühren **o·ri·gi·na·rio** ADJ 1 gebürtig, stammend: **essere ~ di Roma** ein gebürtiger Römer sein 2 ursprünglich

★**o·ri·gi·ne** F 1 Ursprung *m*, Anfang *m* 2 Quelle *f* 3 Herkunft *f*, Abstammung *f*: **di ~ italiana** italienischer Herkunft 4 (*causa*) Ursache *f* ♦ **all'~** anfangs, am Anfang; **alle -i** zu Beginn; **certificato d'~** Ursprungszeugnis *n*; **denominazione di ~ controllata** kontrollierte Herkunftsbezeichnung *f*; **paese d'~** Herkunftsland *n*

o·ri·glia·re V/I ⟨1g; av⟩ horchen, lau-

schen
o·ri·na F Urin *m*, Harn *m*
o·ri·na·le M Nachttopf *m* **o·ri·na·re** ⟨1a⟩ **A** V/I ⟨av⟩ urinieren **B** V/T ausscheiden
o·ri·na·to·io [-o-] M Pissoir *n*
o·ri·sta·ne·se [-e-] **A** ADJ aus, von Oristano **B** M/F Bewohner *m*, -in *f* von Oristano
O·ri·sta·no F Oristano *n*
o·riun·do **A** ADJ stammend, -stämmig: ~ **tedesco** deutschstämmig **B** M, **-a** F gebürtige(r) ...: **è un ~ italiano** er ist gebürtiger Italiener; **è un ~ tedesco** er ist Deutschstämmiger
o·riz·zon·ta·le ADJ waag(e)recht, horizontal ♦ **formato ~** Querformat *n*; **sezione ~** Querschnitt *m*; **trave ~** Rähm *m*
★**o·riz·zon·te** [-o-] M Horizont *m* (*a. fig*): **allargare i propri -i** seinen Horizont erweitern
or·la·re V/T ⟨1a⟩ (ein)säumen **or·la·tu·ra** F **1** (Ein)Säumen *n* **2** (*bordo*) Rand *m*
or·lo [o-] M **1** Rand *m*: **pieno fino all'~** randvoll **2** Saum *m*
or·ma [o-] F **1** Spur *f*, Fußstapfe *f* (*a. fig*); (*di animali*) Fährte *f* **2** *pl* (Über)Reste *pl*
★**or·mai** ADV **1** nun, jetzt: **~ è fatta!** es ist nun einmal geschehen!; fast geschafft! **2** schon, bereits: **~ è un uomo!** er ist schon ein Mann!
or·meg·gia·re V/T ⟨1f⟩ vertäuen, festmachen
or·meg·gio [-e-] M **1** Vertäuung *f*, Verankerung *f* **2** *pl* (Halte)Leinen *pl*: **mollare gli -gi** die Leinen losmachen **3** Ankerplatz *m*
or·mo·na·le ADJ hormonal, Hormon-
or·mo·ne [-o-] M Hormon *n*
or·na·men·ta·le ADJ Zier-, ornamental: **piante -i** Zierpflanzen *pl*
or·na·men·to [-e-] M Schmuck *m*, Verzierung *f*, Ornament *n* **or·na·re** **A** ⟨1a⟩ V/T schmücken, verzieren **B** V/PR **-rsi di qc** sich mit etw schmücken
or·na·to[1] ADJ **1** verziert, geschmückt **2** *fig* elegant: **prosa -a** elegante Prosa *f*
or·na·to[2] M **1** ARCH Verzierungen *pl* **2** Ornamentik *f*
or·ni·to·lo·gi·a F Vogelkunde *f* **or·ni·to·lo·go** [-ɔ-] M, **-a** F Ornithologe *m*, -login *f*
★**o·ro** [ɔ-] **A** ADJ ⟨*inv*⟩ golden, goldfarben **B** M **1** Gold *n*: **~ a 24 carati** 24-karätiges Gold *n* **2** *pl* Goldwaren *pl* ♦ *umg* **affare d'~** Bombengeschäft *n*; **prendere qc per ~ colato** etw für bare Münze nehmen; **avere un cuore d'~** ein goldenes Herz haben; **in ~** golden, Gold-, aus Gold; **lingotto d'~** Goldbarren *m*; **medaglia d'~** Goldmedaille *f*; **sogni d'~!** träum süß!; **gallina dalle uova d'~** Goldesel *m*; Gans *f*, die goldene Eier legt
o·ro·lo·ge·ri·a F **1** Uhrwerk *n* **2** Uhrmacherei *f* **3** Uhrengeschäft *n* **4** **bomba a ~** Zeitbombe *f* **o·ro·lo·gia·io** M, **-a** F Uhrmacher *m*, -in *f*
★**o·ro·lo·gio** [-ɔ-] M Uhr *f*: **caricare l'~** die Uhr aufziehen ♦ **~ digitale** Digitaluhr *f*; **~ a pendolo** Standuhr *f*; **~ da polso** Armbanduhr *f*; **puntuale come un ~** pünktlich auf die Minute; **~ subacqueo** Taucheruhr *f*; **~ da tasca** Taschenuhr *f*
o·ro·sco·po [-ɔ-] M Horoskop *n*: **fare l'~ a qn** j-m das Horoskop stellen
or·pel·lo [-ɛ-] M *poet* **1** Flittergold *n* **2** Flitter *m* **3** *fig* Blendwerk *n*, Schein *m*
or·ren·do [-ɛ-] ADJ **1** grauenvoll, entsetzlich **2** schrecklich: **un film ~** ein schrecklicher Film *m* **or·ri·bi·le** ADJ **1** grauenvoll, schrecklich, abscheulich: **una scena ~** ein abscheulicher Anblick *m* **2** *umg* grauenhaft: **tempo ~** grauenhaftes Wetter *n* **3** (*disgustoso*) ekelhaft, abscheulich
or·ri·do [ɔ-] **A** ADJ schrecklich, grausig **B** M **1** Schreckliche *n*, Grausige *n* **2** (*gola rocciosa*) Schlucht *f*
or·ri·pi·lan·te ADJ **1** haarsträubend **2** schrecklich
or·ro·re [-o-] M **1** Entsetzen *n*, Schauder *m*: **destare ~** Entsetzen hervorrufen **2** Abscheu *m*, Horror *m*: **avere ~ di qc** einen Horror vor etw (*dat*) haben **3** *pl* Gräuel *m* **4** *umg* Hässlichkeit *f* ♦ **film dell'~** Horrorfilm *m*
or·sa ['orsa] F **1** ZOOL Bärin *f* **2** ASTRON **Orsa minore** (**maggiore**) Kleiner (Großer) Bär *m*
or·sac·chiot·to [-sakki'ɔ-] M **1** kleiner Bär *m* **2** Teddybär *m*
or·set·to [-se-] M **1** Bärchen *n* **2** Teddybär *m*
or·so ['orso] M **1** Bär *m* **2** *fig* Eigenbrötler *m* ♦ **~ bianco** Eisbär *m*; **~ bruno** Braunbär *m*
or·sù [-s-] INT *poet* wohlan
or·tag·gio M Gemüse *n*

or·ten·sia [or'tɛnsia] F Hortensie *f*
or·ti·ca F Brennnessel *f*
or·ti·ca·ria F Nesselsucht *f*
or·ti·cel·lo [-ɛ-] M Gärtchen *n* ♦ *fig* **coltivare il proprio ~** sein eigenes Süppchen kochen
or·ti·co·lo ADJ Gartenbau-, gärtnerisch: **produzione -a** Gemüseanbau *m*
or·ti·col·to·re [-o-] M, **-tri·ce** F Gemüsegärtner *m*, -in *f* **or·ti·col·tu·ra** F Gartenbau *m*
or·ti·vo ADJ Gemüse-, Garten-: **verdura -a** Gartengemüse *n;* **piante -e** Gemüsepflanzen *pl* **or·to** [ɔ-] M 1 Gemüsegarten *m* 2 **~ botanico** botanischer Garten *m*
or·to·cla·sio M Feldspat *m*
or·to·don·zi·a F Kieferorthopädie *f*
or·to·dos·si·a F Orthodoxie *f* **or·to·dos·so** [-ɔ-] A ADJ orthodox B M, **-a** F Orthodoxe *m/f*
or·to·fre·ni·a F Rehabilitation *f* der geistig Behinderten
or·to·frut·ti·co·lo ADJ **mercato ~** Obst- und Gemüsemarkt *m* **or·to·frut·ti·col·tu·ra** F Obst- und Gemüsebau *m*
or·to·go·na·le ADJ rechtwink(e)lig
or·to·gra·fi·a F Rechtschreibung *f* **or·to·gra·fi·co** ADJ orthografisch
or·to·la·no M, **-a** F 1 Gemüsegärtner *m*, -in *f* 2 Gemüsehändler *m*, -in *f* **or·to·mer·ca·to** M Obst- und Gemüsemarkt *m*
or·to·pe·di·a F Orthopädie *f* **or·to·pe·di·co** [-ɛ-] A ADJ orthopädisch B M, **-a** F Orthopäde *m*, -din *f* ♦ **busto ~** Stützkorsett *n*
or·za·io·lo [-ɔ-] M MED Gerstenkorn *n*
or·za·ta F Gerstenmilch *f*
or·zo [ɔ-] M Gerste *f* ♦ **caffè d'~** Malzkaffee *m;* **~ perlato** Perlgraupe *f*
o·san·na A INT hos(i)anna B M ⟨*inv*⟩ 1 Hos(i)anna *n* 2 Jubelruf *m*
o·san·na·re ⟨1a⟩ A V/I ⟨av⟩ 1 hos(i)anna singen 2 **~ qn** j-m zujubeln B V/T bejubeln
★**o·sa·re** V/T ⟨1c⟩ wagen ♦ **come osa?** was erlauben Sie sich!; **oserei dire che …** ich würde fast sagen, dass …
os·car [ɔ-] M ⟨*inv*⟩ 1 (*cinema*) Oscar *m* 2 (*persona*) Oscargewinner *m*, -in *f* 3 (*film*) mit dem Oscar ausgezeichneter Film *m* 4 *fig* erster Preis *m*
o·sce·ni·tà F ⟨*inv*⟩ 1 Obszönität *f* 2 Zote *f* **o·sce·no** [-ɛ-] ADJ 1 obszön 2 unanständig 3 *fig* fürchterlich ♦ **atti -i** Unzucht *f*
o·scil·lan·te ADJ 1 schwingend, oszillierend 2 *fig* schwankend
o·scil·la·re V/I ⟨1a; av⟩ 1 schwingen 2 *fig* schwanken: **i prezzi oscillano** die Preise schwanken **o·scil·la·to·re** [-o-] M Oszillator *m* **o·scil·la·to·rio** [-ɔ-] ADJ 1 schwingend, oszillierend 2 *fig* schwankend **o·scil·la·zio·ne** [-o-] F 1 Schwingung *f* 2 *fig* Schwankung *f* **o·scil·lo·gra·fo** [-ɔ-] M Oszillograf *m*
o·scu·ra·men·to [-e-] M 1 Verdunk(e)lung *f*, Verfinsterung *f* 2 Trübung *f* **o·scu·ran·ti·sta** ADJ rückschrittlich
o·scu·ra·re ⟨1a⟩ A V/T 1 verdunkeln, verfinstern 2 abdunkeln 3 *fig* **~ qc** einen Schatten auf etw (*akk*) werfen 4 *fig* **~ una stazione televisiva** einen Fernsehsender abschalten B V/PR **-rsi** sich verdunkeln, sich verfinstern
o·scu·ri·tà F ⟨*inv*⟩ 1 Dunkelheit *f*, Finsternis *f* 2 Unverständlichkeit *f*
o·scu·ro A ADJ 1 dunkel, finster (*a. fig*) 2 unsicher 3 unklar, dunkel: **-i presagi** dunkle Vorahnungen *pl* 4 obskur, dunkel: **un ~ passato** eine dunkle Vergangenheit B M Dunkel *n*, Dunkelheit *f* ♦ **camera -a** Dunkelkammer *f;* **essere all'~ di qc** von etw keine Ahnung haben
o·sé [-ɛ] ADJ ⟨*inv*⟩ **film ~** gewagter Film *m*
O·slo [-ɔ-] F Oslo *n*
o·smo·si [-o-] F 1 Osmose *f* 2 *fig* Austausch *m*
o·smo·ti·co [-ɔ-] ADJ osmotisch
★**o·spe·da·le** M 1 Krankenhaus *n*: **dimettere qn dall'~** j-n aus dem Krankenhaus entlassen 2 **~ militare** Lazarett *n*
o·spe·da·lie·ro [-ɛ-] A ADJ Krankenhaus- ♦ **degenza -a** Krankenhausaufenthalt *m* B **ospedalieri** *mpl* Krankenhauspersonal *n*
o·spe·da·liz·za·re V/T ⟨1a⟩ ins Krankenhaus einliefern
o·spi·ta·le ADJ gastfreundlich, gastlich **o·spi·ta·li·tà** F ⟨*inv*⟩ 1 Gastfreundschaft *f* 2 *fig* Raum *m*: **un giornale che dà ~ alle opinioni di tutti** eine Zeitung, die den Ansichten aller Raum bietet **o·spi·tan·te** ADJ 1 beherbergend 2 SPORT einheimisch, Heim-: **squadra ~** Heimmannschaft *f*
o·spi·ta·re V/T ⟨1l *u.* c⟩ 1 zu Gast haben 2 unterbringen; beherbergen (*a. fig*): **l'edificio ospita una mostra** das Gebäu-

O

de beherbergt eine Ausstellung **3** Raum bieten **4** SPORT zu Gast haben

★**o·spi·te** [ɔ-] **A** ADJ Gast-: **paese ~** Gastland *n* **B** M/F **1** (*chi ospita*) Gastgeber *m*, -in *f* **2** (*persona ospitata*) Gast *m*: **~ d'onore** Ehrengast *m*

o·spi·zio M Heim *n*; Altersheim *n* ♦ **~ per i poveri** Armenhaus *n*

os·sa·rio M Beinhaus *n* **os·sa·tu·ra** F **1** Knochenbau *m* **2** (*scheletro*) Gerippe *n* **3** Gerüst *n*

os·se·o [ɔ-] ADJ Knochen-, knöchern: **frattura -a** Knochenbruch *m*

os·se·quia·re V/T ⟨1m, b *u.* i⟩ **~ qn** j-m Hochachtung entgegenbringen

os·se·quio [-ɛ-] M **1** Ehrerbietung *f*, Hochachtung *f*: (**gradisca**) **i miei -qui!** mit vorzüglicher Hochachtung! **2** Empfehlungen *pl*: **i miei -qui** meine Empfehlungen

os·se·quio·si·tà F ⟨*inv*⟩ **1** Ehrerbietigkeit *f* **2** *pej* Unterwürfigkeit *f* **os·se·quio·so** [-o-] ADJ **1** ehrerbietig **2** unterwürfig

os·ser·va·bi·le ADJ beobachtbar **os·ser·van·te** ADJ **1** **~ di qc** etw beachtend, befolgend **2** REL strenggläubig **3** linientreu **os·ser·van·za** F **1** Beachtung *f*, Befolgung *f*: **in ~ alle disposizioni** unter Beachtung der Vorschriften **2** Erfüllung *f*, Einhaltung *f* **3** REL Strenggläubigkeit *f*

O

★**os·ser·va·re** V/T ⟨1b⟩ **1** beobachten, betrachten: **~ qc da vicino** etw aus nächster Nähe betrachten **2** bemerken, feststellen **3** einwenden: **non avere nulla da ~** nichts einzuwenden haben **4** befolgen, beachten, einhalten **5** **far ~ a qn qc** j-n auf etw (*akk*) aufmerksam machen

os·ser·va·to·re [-o-] **A** ADJ beobachtend, betrachtend **B** M, **-tri·ce** F Beobachter *m*, -in *f*, Betrachter *m*, -in *f* **os·ser·va·to·rio** [-o-] M Observatorium *n*: **~ astronomico** Sternwarte *f*; **~ meteorologico** Wetterwarte *f*

★**os·ser·va·zio·ne** [-o-] F **1** Beobachtung *f*, Betrachtung *f*: **essere in ~** unter Beobachtung sein **2** Bemerkung *f*: **fare un'~** eine Bemerkung machen ♦ **~ dei cetacei** Walbeobachtung *f*

os·ses·sio·nan·te ADJ **1** zwanghaft **2** PSYCH obsessiv **os·ses·sio·na·re** V/T ⟨1a⟩ plagen, quälen

os·ses·sio·ne [-o-] F **1** PSYCH Zwangsvorstellung *f* **2** Besessenheit *f* **3** *hum* **sei la mia ~!** du bist eine Strafe für mich **os·ses·si·va·men·te** [-e-] ADV zwanghaft **os·ses·si·vi·tà** F ⟨*inv*⟩ Wahn *m* **os·ses·si·vo** ADJ **1** PSYCH Zwangs-, obsessiv **2** quälend **3** **una musica dal ritmo ~** eine Musik mit hektischem Rhythmus

os·ses·so [-ɛ-] **A** ADJ besessen (*a. fig*) **B** M, **-a** F Besessene *m/f* (*a. fig*)

os·si·a KONJ das heißt, beziehungsweise

os·si·ci·no M Knöchelchen *n*

os·si·da·bi·le ADJ oxidierbar

os·si·da·re ⟨1l *u.* c⟩ **A** V/T oxidieren **B** V/PR **-rsi** oxidieren **os·si·da·zio·ne** [-o-] F Oxidation *f*: **resistente all'~** oxidationsbeständig

os·si·do [ɔ-] M Oxid *n* ♦ **~ di azoto** Stickoxid *n*; **~ di carbonio** Kohlenoxid *n*

os·si·dri·co ADJ Sauerstoff-: **fiamma -a** Schneidbrenner *m*

os·si·fi·car·si [-si] V/PR ⟨1m *u.* d⟩ **1** verknöchern **2** MED Knochen bilden **os·si·fi·ca·zio·ne** [-o-] F **1** MED Knochenbildung *f* **2** *fig* Verknöcherung *f*

os·si·ge·na·re ⟨1m⟩ **A** V/T **1** **~ qc** etw mit Sauerstoff anreichern; **~ i polmoni** die Lungen durchlüften **2** (*capelli*) bleichen, blondieren **3** *fig* finanziell unterstützen **B** V/PR **-rsi** **1** *umg* frische Luft tanken **2** **-rsi i capelli** sich (*dat*) die Haare bleichen **os·si·ge·na·to** ADJ sauerstoffhaltig ♦ **acqua -a** Wasserstoffsuperoxid *n*; **bionda -a** Wasserstoffblondine *f*

os·si·ge·na·to·re [-o-] M Sauerstoffapparat *m* **os·si·ge·na·tu·ra** F Bleichen *n*, Blondieren *n* **os·si·ge·na·zio·ne** [-o-] F Sauerstoffanreicherung *f*

os·si·ge·no M Sauerstoff *m* ♦ **aver bisogno di ~** *fig* Luft brauchen; finanzielle Unterstützung benötigen; **bombola di ~** Sauerstoffflasche *f*; **camera a ~** Sauerstoffzelt *n*

★**os·so** [ɔ-] M **1** ⟨*pl* -a⟩ Knochen *m* **2** ⟨*pl* -a⟩ Gebein *n* **3** ⟨*pl* -i⟩ (*nocciolo*) Stein *m*, Kern *m* ♦ *fig* **avere le -a rotte** todmüde sein; **essere bagnato fino alle -a** bis auf die Haut durchnässt sein; **in carne e -a** leibhaftig; **rompersi l'~ del collo** sich (*dat*) den Hals brechen; *fig* **un ~ duro** eine harte Nuss *f*; **farsi le -a** sich (*dat*) die Hörner abstoßen

os·so·bu·co M Kalbshaxe *f*

os·su·to ADJ knochig, knöch(e)rig

o·sta·co·la·re ⟨1m⟩ **A** V/T **~ qn in qc** j-n bei etw behindern **B** V/PR **-rsi** sich behindern **o·sta·co·li·sta** M/F Hürdenläufer *m*, -in *f*

o·sta·co·lo M 1 Hindernis *n* (*a. fig*) 2 Schwierigkeit *f*: **incontrare -i** auf Schwierigkeiten stoßen 3 SPORT Hürde *f*

o·stag·gio M Geisel *f*: **in ~** als Geisel

o·ste [ɔ-] M, **-essa** [-e-] F Gastwirt *m*, -in *f*, Wirt *m*, -in *f*

o·steg·gia·re V/T ⟨1f⟩ **~ qn/qc** j-n/etw bekämpfen, sich j-m/etw widersetzen

o·stel·lo [-ɛ-] M Herberge *f* ♦ ★ **~ della gioventù** Jugendherberge *f*

o·sten·so·rio [-ˈsɔ-] M REL Monstranz *f*

o·sten·ta·re V/T ⟨1b⟩ 1 zur Schau stellen 2 vortäuschen, heucheln **o·sten·ta·to** ADJ 1 zur Schau gestellt 2 ostentativ **o·sten·ta·zio·ne** [-o-] F 1 Zurschaustellung *f* 2 Vortäuschung *f*

o·ste·o·po·ro·si [-ɔ-] F Osteoporose *f*, Knochenbrüchigkeit *f*

★**o·ste·ri·a** F 1 Gastwirtschaft *f*; *umg* Kneipe *f*, *österr schweiz* Beiz *f* 2 Gasthof *m*

o·ste·tri·cia F Geburtshilfe *f* **o·ste·tri·co** [-ɛ-] A ADJ Entbindungs- B M Geburtshelfer *m*, -in *f*; Hebamme *f*

o·stia [ɔ-] F A Oblate *f* B INT Sakrament

o·sti·co [ɔ-] ADJ 1 hart, schwierig: **compito ~** schwierige Aufgabe *f* 2 trotzig, eigenwillig

o·sti·le ADJ feindselig: **essere ~ a qn/qc** j-m/etw feind sein **o·sti·li·tà** F ⟨*inv*⟩ 1 Feindseligkeit *f* 2 *pl* MIL Feindseligkeiten *pl* **o·stil·men·te** [-e-] ADV feindselig

o·sti·nar·si [-si] V/PR ⟨1a⟩ sich versteifen, beharren: **~ a fare qc** sich darauf versteifen, etw zu tun **o·sti·na·to** A ADJ 1 eigensinnig, beharrlich 2 hartnäckig 3 nachdrücklich 4 unbelehrbar B M, **-a** F Starrkopf *m* **o·sti·na·zio·ne** [-o-] F Hartnäckigkeit *f*, Beharren *n*

o·stra·ci·smo [-zmo] M 1 HIST Scherbengericht *n* 2 Verbannung *f*, Ächtung *f* 3 Boykott *m*: **subire l'~** boykottiert werden

o·stri·ca [ɔ-] F Auster *f*

o·stro·go·to [-ɔ-] A ADJ 1 ostgotisch 2 barbarisch B M, **-a** F 1 Ostgote *m*, -tin *f* 2 *hum* **ostrogoto** *m* Kauderwelsch *n*

o·stru·i·re ⟨4d⟩ A V/T 1 versperren 2 verstopfen B V/PR **-rsi** sich verstopfen **o·stru·i·to** ADJ versperrt, verstopft **o·stru·zio·ne** [-o-] F 1 Sperrung *f*; Sperre *f* (*a.* MIL, SPORT) 2 MED Verschluss *m*

o·stru·zio·ni·smo [-zmo] M 1 POL Obstruktion *f* 2 Behinderung *f* 3 SPORT Sperre *f* **o·stru·zio·ni·sta** M/F Obstruktionist *m*, -in *f* **o·stru·zio·ni·sti·co** ADJ Obstruktions-, Verschleppungs-, Verzögerungs-

o·tal·gi·a F Ohrenschmerz *m*

o·ti·te F Ohrenentzündung *f*

o·to·ia·tra M/F Ohrenarzt *m*, -ärztin *f*

o·to·ri·no M ⟨*inv*⟩ HNO-Arzt *m*, -Ärztin *f*

o·to·ri·no·la·rin·go·ia·tra M/F Hals-Nasen-Ohren-Arzt *m*, -Ärztin *f*

o·tre [o-] F Schlauch *m*

ot·ta·e·dri·co [-ɛ-] ADJ achtflächig **ot·ta·e·dro** [-ɛ-] M Oktaeder *n*, Achtflächner *m*

ot·ta·go·na·le ADJ achteckig

ot·ta·go·no M Achteck *n*

ot·ta·no M Oktan *n*: **numero di -i** Oktanzahl *f*

★**ot·tan·ta** A ADJ ⟨*inv*⟩ achtzig B M 1 Achtzig *f* 2 das Jahr 1980; → a. cinquanta

ot·tan·ten·ne [-ɛ-] A ADJ achtzigjährig B M/F Achtzigjährige *m/f* **ot·tan·te·si·mo** [-ɛ-] A ADJ achtzigst B M, **-a** F 1 Achtzigste *m/f* 2 **ottantesimo** *m* Achtzigstel *n*; → a. quinto

ot·tan·ti·na F etwa achtzig: **essere sull'~** um die achtzig sein

ot·ta·va F 1 REL Oktav *f* 2 MUS, LIT Oktave *f* **ot·ta·vi·no** M Pikkoloflöte *f*

ot·ta·vo A ADJ achte B M, **-a** F 1 Achte *m/f* 2 **ottavo** *m* Achtel *n*; → a. quinto ♦ **-i di finale** Achtelfinale *n*

Ot·ta·wa [ˈɔttawa] F Ottawa *n*

ot·tem·pe·ran·za F Beachtung *f*, Befolgung *f* **ot·tem·pe·ra·re** V/I ⟨1m *u.* b; av⟩ nachkommen

ot·te·ne·bra·men·to [-e-] M 1 Verfinsterung *f*, Verdunkelung *f* 2 *fig* Trübung *f*, Umnebelung *f* 3 Umnachtung *f*

ot·te·ne·bra·re ⟨1m *u.* b⟩ A V/T 1 verdunkeln, verfinstern 2 *fig* trüben 3 umnachten B V/PR **-rsi** sich verdunkeln, sich verfinstern, sich eintrüben **ot·te·ne·bra·to** ADJ verdunkelt; getrübt, umnachtet

★**ot·te·ne·re** [-e-] V/T ⟨2q⟩ 1 erlangen, erzielen 2 bekommen, erhalten 3 gewinnen: **~ il favore di qn** j-s Gunst gewinnen; **dalle barbabietole si ottiene lo zucchero** aus Rüben gewinnt man Zucker

ot·te·ni·bi·le ADJ 1 erhältlich 2 erzielbar **ot·te·ni·men·to** [-e-] M 1 Erhaltung *f* 2 Erreichung *f*, Erlangung *f*

ot·tet·to [-e-] M Oktett *n*

ot·ti·ca [ɔ-] F **1** PHYS Optik *f* **2** *fig* Gesichtspunkt *m*: **visto in quest'~** von diesem Gesichtspunkt aus betrachtet **ot·ti·co** [ɔ-] **A** ADJ **1** Seh-: **nervo ~** Sehnerv *m* **2** PHYS optisch, Licht- **B** M, **-a** F Optiker *m*, -in *f*

ot·ti·ma·le ADJ optimal **ot·ti·ma·men·te** [-e-] ADV ⟨*sup von* bene⟩ hervorragend, bestens, sehr gut **ot·ti·mi·smo** M Optimismus *m* **ot·ti·mi·sta** **A** ADJ optimistisch **B** M/F Optimist *m*, -in *f* **ot·ti·mi·sti·co** ADJ optimistisch

ot·ti·miz·za·re V/T ⟨1a⟩ optimieren

ot·ti·miz·za·zio·ne [-o-] F Optimierung *f*

★**ot·ti·mo** [ɔ-] ⟨*sup von* buono⟩ **A** ADJ **1** best..., sehr gut: **in -a salute** bei bester Gesundheit **2** vortrefflich, ausgezeichnet; (*cibo*) lecker **B** M ⟨*inv*⟩ **1** Optimum *n* **2** (*voto scolastico*) sehr gut

★**ot·to** [ɔ-] **A** ADJ ⟨*inv*⟩ acht **B** M ⟨*inv*⟩ **1** Acht *f* **2** Achte *m*: **oggi è l'~** heute ist der Achte **C** FPL acht Uhr; → a. cinque ♦ **di ~ anni** achtjährig; **dare gli ~ giorni** mit gesetzlicher Kündigungsfrist kündigen; **essere in ~** zu acht sein; **oggi a ~** heute in acht Tagen; **in quattro e quattr'~** in null Komma nichts; **~ volante** Achterbahn *f*

★**ot·to·bre** [-o-] M Oktober *m*: **in ~** im Oktober; **il 10 ~** (am) 10. Oktober; → a. aprile

ot·to·bri·no ADJ Oktober-: **sole ~** Oktobersonne *f*

ot·to·cen·te·sco [-e-] ADJ **1** des neunzehnten Jahrhunderts **2** *pej* überholt **ot·to·cen·te·si·mo** [-ɛ-] **A** ADJ achthundertste **B** M, **-a** F **1** Achthundertste *m/f* **2** **ottocentesimo** *m* Achthundertstel *n*

ot·to·cen·to [-ɛ-] **A** ADJ ⟨*inv*⟩ achthundert **B** M ⟨*inv*⟩ Achthundert *f* **Ot·to·cen·to** [-ɛ-] M ⟨*inv*⟩ neunzehntes Jahrhundert *n*; das Ottocento

ot·to·ma·na F Ottomane *f*

ot·to·ma·no ADJ ottomanisch

ot·to·mi·la M ⟨*inv*⟩ (*alpinismo*) Achttausender *m*

ot·to·ne [-o-] M **1** Messing *n* **2** *pl* MUS Blechblasinstrumente *pl*

ot·to·vo·lan·te M Achterbahn *f*

ot·tua·ge·na·rio **A** ADJ achtzigjährig **B** M, **-a** F Achtzigjährige *m/f*

ot·tun·de·re V/T ⟨3bb⟩ abstumpfen (*a. fig*)

ot·tun·di·men·to [-e-] M Abstumpfung *f*

ot·tu·plo [ɔ-] **A** ADJ achtfach **B** M Achtfache *n*

ot·tu·ra·men·to [-e-] M Verstopfung *f*

ot·tu·ra·re ⟨1a⟩ **A** V/T **1** verstopfen **2** ausschmieren **3** ausgießen **4** (*denti*) füllen **B** V/PR **-rsi** verstopfen **ot·tu·ra·to** ADJ **1** verstopft: **tubo ~** verstopftes Rohr *n* **2** (*dente*) gefüllt **ot·tu·ra·to·re** [-o-] M FOTO Kameraverschluss *m* **ot·tu·ra·zio·ne** [-o-] F **1** Verstopfung *f* **2** (*denti*) Füllung *f*: **~ in oro** Goldfüllung *f*

ot·tu·sa·men·te [-e-] ADV stumpfsinnig

ot·tu·si·tà F ⟨*inv*⟩ Beschränktheit *f*, Stumpfsinnigkeit *f* **ot·tu·so** ADJ **1** GEOM stumpf **2** *fig* stumpfsinnig **3** beschränkt, borniert **4** (*suono*) dumpf

out ['aut] ADJ ⟨*inv*⟩ out: **assolutmente ~** mega-out; *fig* **essere ~** out sein

ou·ting ['autiŋ] M ⟨*inv*⟩ Outing *n*

out·sid·er [-'saider] M/F ⟨*inv*⟩ Außenseiter *m*, -in *f*

out·put ['autput] M ⟨*inv*⟩ Output *m*

out·sour·cing [aut'sɔrsiŋ] M ⟨*inv*⟩ Outsourcing *n*

o·va·ia F, **o·va·io** M Eierstock *m*

o·va·io·la [-ɔ-] ADJ **gallina ~** Legehenne *f*

o·va·le **A** ADJ oval **B** M Oval *n*

o·va·rio M **1** BOT Fruchtknoten *m* **2** ANAT Eierstock *m*

o·vat·ta F Watte *f*: **batuffolo di ~** Wattebausch *m*; **imbottitura di ~** Wattierung *f* **o·vat·ta·re** V/T ⟨1a⟩ **1** wattieren **2** *fig* dämpfen

o·vat·ta·to ADJ *fig* gedämpft

o·va·zio·ne [-o-] F Ovation *f*

o·ver·boo·king [over'buking] M ⟨*inv*⟩ Überbuchung *f*

o·ver·dose [over'doz] F ⟨*inv*⟩ Überdosis *f* **o·ver·dri·ve** [over'draiv] M ⟨*inv*⟩ (*in motoristica*) Overdrive *m* **o·ver·size** ['oversaiz] **A** ADJ ⟨*inv*⟩ übergroß **B** M ⟨*inv*⟩ Übergröße *f*

★**o·vest** [ɔ-] **A** ADJ ⟨*inv*⟩ westlich **B** M ⟨*inv*⟩ Westen *m* ♦ **a ~ di qc** westlich von etw; **verso ~** westwärts

o·vi·le M Schafstall *m*

o·vi·no **A** ADJ Schaf- **B** MPL Schafe *pl*

o·vi·pa·ro ADJ Eier legend

o·vo·cel·lu·la [-ɛ-] F Eizelle *f*

o·vo·lac·cio M Fliegenpilz *m*

o·vu·la·zio·ne [-o-] F Eisprung *m*, Ovulation *f*

O

o·vu·lo [ɔ-] M **1** ANAT Eizelle *f* **2** BOT Samenanlage *f* **3** PHARM Scheidenzäpfchen *n* **4** (*fungo*) Kaiserling *m* **5** ARCH Eierstab *m*

o·vun·que ADV **1** wo auch immer; wohin auch immer: **~ tu sia** wo du auch bist; **~ tu vada** wohin du auch gehst **2** überall: **c'era ~ un gran silenzio** es herrschte überall Stille; **se ne parla ~** man redet überall davon

ov·ve·ro [-e-] KONJ **1** beziehungsweise **2** oder

ov·ve·ro·si·a KONJ beziehungsweise

ov·via·men·te [-e-] ADV **1** natürlich, selbstverständlich **2** offensichtlich

ov·via·re V/I ⟨1h; av⟩ **~ a qc** etw (*dat*) abhelfen **ov·vie·tà** F ⟨*inv*⟩ Offensichtlichkeit *f*

★**ov·vio** [ɔ-] ADJ **1** **è ~ che ...** es ist selbstverständlich, dass ... **2** offensichtlich ♦ **cosa -a** Selbstverständlichkeit *f*; **è ~!** das ist klar!

o·zia·re V/I ⟨1g; av⟩ müßiggehen, faulenzen

o·zio [ɔ-] M **1** Müßiggang *m* **2** Muße *f*, Mußestunde *f* **o·zio·sag·gi·ne** F Müßiggang *m* **o·zio·si·tà** F ⟨*inv*⟩ Müßigkeit *f* **o·zio·so** [-o-] **A** ADJ müßig **B** M, **-a** F Müßiggänger *m*, -in *f*

o·zo·no [-ɔ-] M Ozon *m/n* ♦ **buco nell'~** Ozonloch *n*; **strato di ~** Ozonschicht *f*

o·zo·no·sfe·ra [-ɛ-] F Ozonschicht *f*

P

p, **P** F *od* M ⟨*inv*⟩ p, P *n*

pa·ca·re ⟨1d⟩ **A** V/T beruhigen **B** V/PR **-rsi** sich beruhigen **pa·ca·ta·men·te** [-e-] ADV gelassen **pa·ca·tez·za** [-e-] F Gelassenheit *f* **pa·ca·to** ADJ gelassen, ruhig

pac·ca F Klaps *m*, Schlag *m*: **una ~ sulla spalla** ein Schlag auf die Schulter

★**pac·chet·to** [-e-] M **1** Päckchen *n* **2** Schachtel *f* **3** WIRTSCH Paket *n* ♦ **~ azionario** Aktienpaket *n*; **~ di sigarette** Zigarettenschachtel *f*; **~ turistico** (*od* **viaggio**) Pauschalreise *f*; **-i viaggio ultimo minuto** Last-Minute-Pauschalangebote *pl*

pac·chia F *umg* **1** angenehmes Leben *n* **2** Glücksfall *m* ♦ **che ~!** so ein Glück! herrlich!

pac·chia·na·ta F Geschmacklosigkeit *f*

pac·chia·no ADJ geschmacklos, ordinär

★**pac·co** M Paket *n* ♦ **accettazione -chi** Paketannahme *f*; **~ bomba** (*od* **esplosivo**) Paketbombe *f*; **consegna -chi** Paketausgabe *f*; **~ postale** Postpaket *n*

pac·cot·ti·glia F Ausschussware *f*

★**pa·ce** F **1** Friede(n) *m* **2** Ruhe *f*: **che ~ in questo bosco!** welche Ruhe in diesem Wald! ♦ **per amor di ~** um des lieben Friedens willen; **mettersi il cuore in ~** sich darein-, abfinden; **negoziati** (*od* **trattative**) **di ~** Friedensverhandlungen *pl*; **non dare ~ a qn** j-m keine Ruhe lassen; **fare la ~ con qn** sich mit j-m versöhnen; **lasciare in ~ qn** j-n in Frieden lassen; **trattato di ~** Friedensvertrag *m*

pace·mak·er [peis'mɛker] M ⟨*inv*⟩ Herzschrittmacher *m*

pa·chi·der·ma [-ɛ-] M **1** Dickhäuter *m* **2** *fig* Trampel *m od n* **3** dickfelliger Mensch *m*

pa·chi·sta·no → pakistano

pa·cie·re [-ɛ-] M, **-a** F Frieden(s)stifter *m*, -in *f*

pa·ci·fi·ca·men·te [-e-] ADV friedlich

pa·ci·fi·ca·re ⟨1m *u.* d⟩ **A** V/T **1** befrieden **2** versöhnen: **~ qn con qn** j-n mit j-m versöhnen **B** V/PR **-rsi** **1** sich versöhnen **2** sich beruhigen **pa·ci·fi·ca·to·re** [-o-] **A** ADJ Frieden(s)- **B** M, **-tri·ce** F Frieden(s)stifter *m*, -in *f* **pa·ci·fi·ca·zio·ne** [-o-] F **1** POL Befriedung *f* **2** Versöhnung *f*

pa·ci·fi·co ADJ **1** friedlich **2** gewaltlos **3** *fig* selbstverständlich: **è ~ che ...** es ist selbstverständlich, dass ...

Pa·ci·fi·co M Pazifik *m*

pa·ci·fi·smo [-z-] M **1** Pazifismus *m* **2** Friedensliebe *f*

pa·ci·fi·sta **A** ADJ pazifistisch **B** M/F Pazifist *m*, -in *f* ♦ **movimento ~** Friedensbewegung *f*

pa·ci·fi·sti·co ADJ pazifistisch

pa·cioc·co·ne [-o-] ADJ **1** pausbäckig, pummelig **2** gutmütig

pa·cio·so [-o-] ADJ friedlich

pack M ⟨*inv*⟩ Packeis *n*

Pa·da·nia F Padanien *n* (*norditalienische Regionen, die ein autonomer Staat werden wollen*)

pa·da·no ADJ Po-: **Pianura Padana** Poebene *f*

★**pa·del·la** [-ɛ-] F 1 Pfanne *f*: **cuocere qc in ~** etw in der Pfanne braten 2 (*per malati*) Schieber *m* ♦ **cadere dalla ~ nella brace** vom Regen in die Traufe kommen

pa·di·glio·ne [-o-] M 1 Halle *f*: **~ fieristico** Messehalle *f* 2 (*edificio*) Gebäude *n* 3 Pavillon *m* 4 ANAT **~ auricolare** Ohrmuschel *f*

Pa·do·va F Padua *n* **pa·do·va·no** A ADJ paduanisch B M, **-a** F Paduaner *m*, -in *f*

★**pa·dre** M 1 Vater *m* (*a.* REL) 2 *pl* Vorfahren *pl* 3 Begründer *m* 4 KIRCHE Pater *m* ♦ **~ affidatario** Pflegevater *m*; **~ confessore** Beichtvater *m*; ♦ **di ~ in figlio** vom Vater auf den Sohn; **da parte di ~** väterlicherseits; **è tutto suo ~** er ist ganz der Vater; **tale ~ tale figlio** wie der Vater, so der Sohn

pa·dre·no·stro [-ɔ-] M Vaterunser *n*

pa·dre·ter·no [-ɛ-] M Gottvater *m*, Ewige Vater *m*

pa·dri·gno M Stiefvater *m* **pa·dri·no** M Pate *m*, *schweiz* Götti *m*: **fare da ~ a qn** bei j-m Pate stehen ♦ **~ di battesimo** Taufpate *m*

★**pa·dro·na** [-o-] F 1 Eigentümerin *f*, Besitzerin *f* 2 Arbeitgeberin *f* 3 Herr(scher)in *f*; **~ di casa** Hausbesitzerin *f*; Gastgeberin *f*

pa·dro·na·le ADJ herrschaftlich, Herren-

pa·dro·nan·za F Beherrschung *f*

pa·dro·na·to M Arbeitgeberschaft *f*

pa·dron·ci·no M, **-a** F 1 junger Herr *m*, junge Dame *f* 2 **padroncino** *m* Kleinunternehmer *m* 3 **padroncino** *m* selbstständiger LKW-Fahrer *m* 4 Taxifahrer *m* mit eigenem Wagen

★**pa·dro·ne** [-o-] M 1 Eigentümer *m*, Besitzer *m* 2 Arbeitgeber *m* 3 Herr(scher) *m*: **rimanere ~ della situazione** Herr der Situation bleiben ♦ ★ **~ di casa** Hausbesitzer *m*; Gastgeber *m*; **sei ~ di fare quello che vuoi** du hast die freie Wahl, zu tun, was du willst

pa·dro·neg·gia·re V/T ⟨1f⟩ beherrschen

★**pa·e·sag·gio** M 1 Aussicht *f*, Panorama *n* 2 GEOG, MAL *fig* Landschaft *f*

pa·e·sag·gi·sta M/F Landschaftsmaler *m*, -in *f* **pa·e·sag·gi·sti·co** ADJ landschaftlich

pa·e·sa·no A ADJ ländlich, dörflich, Dorf-: **festa -a** Dorffest *n* B M, **-a** F 1 Dorfbewohner *m*, -in *f* 2 Landsmann *m*, -männin *f*

★**pa·e·se** [-e-] M 1 Land *n* 2 Dorf *n* ♦ **il bel Paese** = *Italien*; **~ emergente** Schwellenland *n*; **~ industrializzato** Industrieland *n*; **~ natale** Geburtsland *n*; **~ d'origine** Herkunfts-, Ursprungsland *n*; **mandare qn a quel ~** j-n zum Kuckuck wünschen; **~ in via di sviluppo** Entwicklungsland *n*; **~ sottosviluppato** Entwicklungsland *n*; **~ che vai usanza che trovi** andere Länder, andere Sitten

Pa·e·si Ba·schi [-e-] MPL Baskenland *n*

Pa·e·si Bas·si [-e-] MPL Niederlande *pl*

pa·e·si·no M Dörfchen *n*; *umg* Provinznest *n* **pa·e·su·co·lo** M *umg* Kaff *n*

paf·fu·to ADJ pummelig, pausbäckig

★**pa·ga** F 1 (Arbeits)Lohn *m*, *schweiz* Salär *n* 2 MIL Sold *m* ♦ **busta ~** Lohntüte *f*; **~ lorda** Bruttolohn *m*; **~ oraria** Stundenlohn *m*

pa·ga·bi·le ADJ (be-, aus)zahlbar

pa·ga·ia F Paddel *n*

pa·ga·ia·re V/I ⟨1g; av⟩ paddeln

pa·ga·men·to [-e-] M (Be)Zahlung *f*: **~ a 30 giorni** Zahlung *f* innerhalb von 30 Tagen ♦ **~ anticipato** Vorauszahlung *f*; **~ a mezzo assegno** Scheckzahlung *f*; **~ a mezzo bonifico** Bezahlung *f* per Überweisung *f*; **condizioni di ~** Zahlungsbedingungen *pl*; **~ alla consegna** Lieferung *f* gegen Nachnahme *f*; **~ in contanti** Barzahlung *f*; **distinta di ~** Einzahlungsbeleg *m*; **ingiunzione di ~** Zahlungsaufforderung *f*; **~ a rate** (*od* **rateale**) Ratenzahlung *f*; **ricevuta di ~** Quittung *f*; **ritardo nel ~** Zahlungsverzug *m*; **scadenza di ~** Zahlungsfrist *f*

pa·ga·ne·si·mo [-e-] M Heidentum *n*

pa·ga·no A ADJ heidnisch B M, **-a** F Heide *m*, -din *f*

★**pa·ga·re** V/T ⟨1e⟩ (be)zahlen: **~ in contanti** bar bezahlen; **~ con assegno** mit Scheck bezahlen; **~ qn per qc** j-n für etw bezahlen; **~ qc a qn** j-m etw zahlen; **quanto l'hai pagato?** wie viel hast du dafür bezahlt? ♦ **~ da bere** einen ausgeben; **far ~ caro qc a qn** j-m etw heimzahlen; **questa me la paghi!** das sollst du (mir) büßen!; **~ qc salato** einen gesalzenen Preis für etw zahlen

pa·ga·to·re [-o-] M, **-tri·ce** F Zahler *m*, -in *f*

★**pa·gel·la** [-ɛ-] F 1 **~ scolastica** Schul-

P

zeugnis *n* **2** Benotung *f*
pag·get·to [-e-] M Page *m* **pag·gio** M Page *m* ♦ **capelli alla ~** Pagenkopf *m*
pa·ghe·rò [-ɔ] M ⟨*inv*⟩ Schuldschein *m*
★**pa·gi·na** F **1** Seite *f* (*a. fig*): **un volume di 500 -e** ein Band mit 500 Seiten **2** Stelle *f*, Stück *n* **3** *fig* Abschnitt *m*, Episode *f* ♦ **-e gialle** Gelbe Seiten®; IT (*in Internet*) **~ iniziale** Startseite *f*; **nota a piè di ~** Fußnote *f*; **prima ~** Titelseite *f*; **terza ~** Feuilleton *n*; *fig* **voltare ~** einen neuen Abschnitt beginnen
pa·gi·na·zio·ne [-o-] F **1** Paginierung *f* **2** TYPO Umbruch *m*
pa·glia F **1** Stroh *n* **2** Strohhalm *m* **3** TECH Riefe *f* ♦ **cappello di ~** Strohhut *m*; **avere la coda di ~** ein schlechtes Gewissen haben; *fig* **fuoco di ~** Strohfeuer *n*
pa·gliac·cet·to [-e-] M (*per bambini*) Strampelhose *f*
pa·gliac·cia·ta F **1** Narrenposse *f* **2** Blödsinn *m* **pa·gliac·cio** M **1** Clown *m* **2** Narr *m*
pa·glia·io M **1** Strohhaufen *m* **2** Scheune *f* ♦ **cercare un ago in un ~** eine Stecknadel im Heuhaufen suchen **pa·glie·ri·no** ADJ **giallo ~** strohgelb **pa·gliet·ta** [-e-] F Strohhut *m* **pa·gliuz·za** F **1** Strohhalm *m* **2** Goldsplitter *m*
pa·gnot·ta [-ɔ-] F Brotlaib *m*
pa·go ADJ zufrieden, erfüllt: **~ di qc** durch etw erfüllt, mit etw zufrieden
pa·go·da [-ɔ-] F Pagode *f*
★**pa·io** M ⟨*-a fpl*⟩ **1** Paar *n*: **un ~ di scarpe** ein Paar Schuhe **2** **un ~ di forbici/di calzoni/di occhiali** eine Schere/eine Hose/eine Brille **3** ein paar, einige
pa·io·lo [-ɔ-] M Kessel *m*
Pa·ki·stan M Pakistan *n* **pa·ki·sta·no** **A** ADJ pakistanisch **B** M, **-a** F Pakistaner *m*, -in *f*, Pakistani *m/f*
pa·la F **1** Schaufel *f* **2** TECH Schaufel *f*, Flügel *m*: **~ di mulino** Mühlenflügel *m* **3** KUNST **~ d'altare** Altarbild *n*
pa·la·di·no M, **-a** F **1** **paladino** *m* Paladin *m* **2** Beschützer *m*, -in *f* **3** Verfechter *m*, -in *f*
pa·la·fit·ta F Pfahlbau *m*
pa·la·fre·nie·re [-ɛ-] M Reitknecht *m*
pa·la·fre·no [-ɛ-] M Reitpferd *n*
pa·lan·ca F **1** Planke *f* **2** SCHIFF Laufplanke *f* **3** Palisadenwerk *n*
pa·lan·chi·no M Tragsessel *m*
pa·lan·dra·na F langer Überrock *m*
pa·la·sport [-ɔ-] M ⟨*inv*⟩ Sporthalle *f*, Mehrzweckhalle *f*
pa·la·ta F **1** Schaufelvoll *f* **2** Hieb *m* mit der Schaufel ♦ **a -e** haufenweise
pa·la·ta·le ADJ Gaumen-
pa·la·to M Gaumen *m*
pa·laz·zet·to [-e-] M **~ dello sport** Sporthalle *f* **pa·laz·zi·na** F **1** Herrenhaus *n* **2** Mehrfamilienhaus *n* **pa·laz·zi·na·ro** M, **-a** F Baulöwe *m*, -löwin *f*
★**pa·laz·zo** M **1** Palast *m* **2** Gebäude *n* **3** (*abitazione*) Wohn-, Mietshaus *n* **4** (*cortile*) Hof *m* ♦ **~ delle esposizioni** Ausstellungsgebäude *n*; **~ del ghiaccio** Eispalast *m*; **~ dello sport** Sporthalle *f*
pal·chet·to [-e-] M **1** Regalbrett *n* **2** THEAT Loge *f* **3** JAGD Hochsitz *m*
★**pal·co** M **1** Tribüne *f* **2** Gerüst *n* **3** Bühne *f* **4** THEAT Loge *f* ♦ **~ delle autorità** Prominentenloge *f*; **~ d'onore** Ehrenloge *f*
pal·co·sce·ni·co [-ɛ-] M **1** Bühne *f* **2** Theater *n* **3** Schauspielkunst *f* ♦ **~ a elevatore** Hebebühne *f*; **~ girevole** Drehbühne *f*
pa·le·o·cri·stia·no ADJ frühchristlich
pa·le·o·gra·fi·a F Handschriftenkunde *f*
pa·le·on·to·lo·gi·a F Paläontologie *f*
pa·le·on·to·lo·go [-ɔ-] M, **-a** F Paläontologe *m*, -login *f*
pa·ler·mi·ta·no **A** ADJ palermisch **B** M, **-a** F Palermer *m*, -in *f*
Pa·ler·mo [-ɛ-] F Palermo *n*
pa·le·sa·re ⟨1a⟩ **A** V/T offenbaren, darlegen **B** V/PR **-rsi** sich offenbaren
pa·le·se [-e-] ADJ offensichtlich: **è ormai ~ che …** es ist nunmehr offensichtlich, dass …
Pa·le·sti·na F Palästina *n* **pa·le·sti·ne·se** **A** ADJ palästinensisch **B** M/F Palästinenser *m*, -in *f*
★**pa·le·stra** [-ɛ-] F **1** Turnhalle *f* **2** Fitnesscenter *n*, Sportstudio *n*: **fare un'ora di ~ al giorno** eine Stunde Fitness pro Tag machen **3** *fig* Schule *f*: **la ~ della vita** die Schule des Lebens ♦ **~ di roccia** Klettergarten *m*
pa·le·stra·to *umg* **A** ADJ durchtrainiert **B** M, **-a** F Muskelpaket *n*
pa·let·ta [-e-] F (kleine) Schaufel *f* (*a.* MECH); Sandschaufel *f* ♦ **~ da cucina** Bratenwender *m*; **~ della polizia** Kelle *f*
pa·let·ta·ta F Schaufelvoll *f*
pa·let·to [-e-] M **1** Pflock *m* **2** (*di porte, finestre*) Riegel *m* **3** (*nello sci*) Torstange *f*

P

♦ ~ **della tenda** Zeltpflock *m*, Hering *m*
pa·li·fi·ca·zio·ne [-o-] F **1** Pfählen *n* **2** (*edilizia*) Pfahlwerk *n* **3** ELEK Masten *pl*
pa·li·na F Bake *f*, Absteckpfahl *m*
pa·lin·se·sto [-'sɛs-] M **1** Palimpsest *m od n* **2** TV Programmübersicht *f*
pa·lio M Palio *m* ♦ **essere in ~** als Preis ausgesetzt sein; **mettere in ~** als Preis aussetzen
pa·lis·san·dro M Palisander *m*; Palisanderholz *n*: **di ~** palisandern
pa·liz·za·ta F Palisade *f*
★**pal·la** F **1** Ball *m*: **giocare a ~** Ball spielen **2** Kugel *f* **3** *pl vulg* Märchen *pl*: **raccontare -e** Märchen erzählen **4** *pl vulg* Eier *pl* ♦ *fig* **cogliere la ~ al balzo** die Gelegenheit beim Schopf packen; *vulg* **che -e!** ich hab die Schnauze voll!, so'n Scheiß!; *umg* **~ di lardo** Fettsack *m*; *fig* **avere una ~ al piede** einen Klotz am Bein haben; **~ prigioniera** Völkerball *m*; *vulg* **rompere le -e a qn** j-m auf die Eier gehen; *vulg* **essere una rottura di -e** (*scocciatura*) eine Nerverei sein; (*essere noioso*) stinklangweilig sein
pal·la·ca·ne·stro [-ɛ-] F Basketball *m* **pal·la·ma·no** F Handball *m* **pal·la·nuo·to** [-ɔ-] F Wasserball *m* **pal·la·vo·lo** [-o-] F Volleyball *m*
pal·leg·gia·men·to [-e-] M **1** → palleggio **2** *fig* gegenseitiges Zuschieben *n*
pal·leg·gia·re ⟨1f⟩ **A** V/I ⟨av⟩ mit dem Ball üben **B** V/T **1** hin und her werfen (*od* spielen) **2** in der Hand wiegen **C** V/PR **-rsi** *fig* sich (*dat*) gegenseitig zuschieben
pal·leg·gio [-e-] M **1** Ballgefühl *n*, Ballführung *f* **2** Ballübung *f* **3** Ballwechsel *m* **4** *fig* gegenseitiges Zuschieben *n*
pal·let M ⟨*inv*⟩ Palette *f*
pal·lia·ti·vo **A** ADJ PHARM schmerzlindernd **B** M **1** PHARM Linderungsmittel *n* **2** *fig* Trostpflaster *n*
pal·li·dez·za [-e-] F Blässe *f*, Bleichheit *f*
pal·li·dic·cio ADJ blässlich
★**pal·li·do** ADJ **1** blass, bleich **2** zart-: **azzurro ~** zartblau **pal·li·duc·cio** ADJ blässlich
pal·li·na F **1** kleine Kugel *f*, Kügelchen *n* **2** Murmel *f* ♦ **~ di gelato** Eiskugel *f*; **~ di Natale** Weihnachtskugel *f*
pal·li·no M **1** (*biliardo e bocce*) Ziel-, Setzkugel *f* **2** *fig umg* Fimmel *m*, fixe Idee *f*: **~ della pulizia** Sauberkeitsfimmel *m* **3** Lieblingsbeschäftigung *f* **4** *pl* Schrotkugel *f*
pal·lo·na·ta F **1** Schuss *m*: **prendere una ~ in faccia** einen Ball ins Gesicht bekommen **2** *fig umg* Lüge *f*, Märchen *n*
pal·lon·ci·no M **1** Luftballon *m* **2** Pusteröhrchen *n*; *umg* **fare la prova del ~** ins Röhrchen *n* blasen müssen **3** **maniche a ~** Puffärmel *pl*
★**pal·lo·ne** [-o-] M **1** Ball *m* **2** **~ aerostatico** (Frei)Ballon *m* ♦ **giocare al ~** Fußball spielen; *fig umg* **~ gonfiato** aufgeblasener Kerl *m*; **~ sonda** Versuchsballon *m*; *umg* **avere la testa come un ~** den Kopf voll haben
pal·lo·net·to [-e-] M **1** (*nel tennis*) Lob *m* **2** (*nel calcio*) Heber *m*
pal·lo·re [-o-] M Blässe *f*
pal·lo·so [-o-] ADJ *umg* stinklangweilig
pal·lot·to·la [-ɔ-] F (Geschoss)Kugel *f* ♦ **~ di carta** Papierkügelchen *n*
pal·lot·to·lie·re [-ɛ-] M Rechenbrett *n*
pal·ma[1] F **1** ANAT Handfläche *f* **2** ZOOL Schwimmhaut *f* ♦ **portare qn in ~ di mano** j-n auf Händen tragen
pal·ma[2] F BOT Palme *f*
pal·ma·re[1] ADJ **1** ANAT Hand- **2** *fig* klar und deutlich
pal·ma·re®[2] M Palm® *m*, Palm-PC *m*, Palmtop *m*
pal·ma·to ADJ ZOOL Schwimm-: **piede ~** Schwimmfuß *m*
pal·men·to [-e-] M **1** Mühlstein *m* **2** Mühle *f* **3** (*per uva*) Kelterwanne *f* ♦ **mangiare a quattro -i** wie ein Scheunendrescher essen
pal·mi·pe·de M Schwimmvogel *m*
pal·mo M **1** Handbreit *f* (*a. fig*): **non cedere nemmeno di un ~** keine Handbreit weichen **2** **possedere un ~ di terra** einen Streifen *m* Land besitzen **3** *umg* Handfläche *f* ♦ **(a) ~ a ~** Schritt für Schritt; *fig* **rimanere con un ~ di naso** in die Röhre gucken
palm·top ['palm'tɔp] M ⟨*inv*⟩ Palm-PC *m*, Palmtop *m*
pa·lo M **1** Pfahl *m* **2** Mast *m* **3** (*calcio*) (Tor)pfosten *m*; Pfostenschuss *m* **4** *sl* **fare il ~** Schmiere stehen ♦ **saltare di ~ in frasca** vom Hundertsten ins Tausendste kommen; **~ della luce** Lichtmast *m*
pa·lom·ba·ro M, **-a** F Taucher *m*, -in *f*
pa·lom·bo [-o-] M Glatthai *m*
pal·pa·bi·le ADJ **1** MED tastbar **2** deutlich **pal·pa·bi·li·tà** F ⟨*inv*⟩ **1** Tastbarkeit *f* **2** Deutlichkeit *f* **pal·pa·men·to** [-e-] M Betasten *n*

pal·pa·re VT ⟨1a⟩ **1** betasten **2** MED abtasten

pal·pa·ta F Betasten *n* ♦ **dare una ~ a qn** j-n betatschen

pal·pe·bra F (Augen)Lid *n*

pal·peg·gia·men·to [-e-] M Befühlen *n*, Betasten *n* **pal·peg·gia·re** VT ⟨1f⟩ befühlen, betasten

pal·pi·tan·te ADJ **1** *(cuore)* schlagend, klopfend **2** zuckend **3** bebend: **~ di amore** vor Liebe bebend ♦ **di ~ attualità** von brennender Aktualität

pal·pi·ta·re VI ⟨1l; av⟩ **1** *(cuore)* schlagen, pochen **2** Herzklopfen haben **3 ~ di desiderio** vor Verlangen beben **pal·pi·ta·zio·ne** [-o-] F **1** MED Palpitation *f* **2** Erregung *f*

pal·pi·to M **1** Herzschlag *m* **2** Beben *n* **3** Erregung *f* ♦ **~ d'amore** Liebesgefühle *pl*

pal·tò [-ɔ] M ⟨inv⟩ Wintermantel *m*

pa·lu·dar·si [-s-] V/PR ⟨1a⟩ sich festlich kleiden

pa·lu·da·to ADJ **1** feierlich gekleidet **2** *fig* schwülstig

pa·lu·de F Sumpf *m* **pa·lu·do·so** [-o-] ADJ Sumpf-, sumpfig **pa·lu·stre** ADJ Sumpf-

pam·pi·no M Weinblatt *n*

pa·na·ce·a [-ɛ-] F Allheilmittel *n*

pa·na·ma M ⟨inv⟩ Panamahut *m*

Pa·na·ma F Panama *n* **pa·na·men·se** [-ɛ-] **A** ADJ panamaisch **B** M/F Panamaer *m*, -in *f*

pa·na·re VT ⟨1a⟩ panieren

pan·ca F Bank *f* ♦ **~ della chiesa** Kirchenbank *f*; **~ da giardino** Gartenbank *f*

pan·cac·cio M Pritsche *f*, Bank *f*

pan·car·ré M ⟨inv⟩ Toastbrot *n*

pan·cet·ta [-e-] F **1** durchwachsener Speck *m* **2** *fig* Bäuchlein *n*

pan·chet·ta [-e-] F **1** Schemel *m* **2** Fußbank *f*

★**pan·chi·na** F **1** (Park-, Garten)Bank *f* **2** SPORT Reservebank *f*

pan·chi·na·ro M, **-a** F *sl* Ersatzspieler *m*, -in *f*

★**pan·cia** F **1** Bauch *m* **2** Rundung *f* ♦ **avere la ~** einen Bauch haben; **avere mal di ~** Bauchschmerzen haben; **stare a ~ all'aria** auf der faulen Haut liegen

pan·cie·ra [-ɛ-] F Bauchbinde *f* **pan·ci·no** M Bäuchlein *n* **pan·ciol·le** [-ɔ-] **stare in ~** auf der faulen Haut liegen **pan·cio·ne** [-o-] M, **-a** F **1** Dicke *m/f*, Dickwanst *m* **2** **pancione** *m* dicker Bauch *m* ♦ **avere il ~** (hoch)schwanger sein **pan·ciot·to** [-ɔ-] M Weste *f* **pan·ciu·to** ADJ **1** mit Bauch **2** bauchig

pan·co·ne [-o-] M **1** Bohle *f* **2** Werkbank *f*

pan·cot·to [-ɔ-] M Brotsuppe *f*

pan·cre·as M ⟨inv⟩ Bauchspeicheldrüse *f*

pan·da M ⟨inv⟩ Panda *m*

pan·de·mo·nio [-ɔ-] M Höllenlärm *m* ♦ **qui si è scatenato il ~** hier ist der Teufel los

pan·do·ro [-ɔ-] M = *italienischer Weihnachtskuchen*

★**pa·ne** M **1** Brot *n*: **cuocere il ~** Brot backen; **fare il ~** Brot backen **2** Päckchen *n*: **un ~ di burro** ein Päckchen Butter ♦ **~ bianco** Weißbrot *n*; **~ biscottato** Zwieback *m*; **essere buono come il ~** herzensgut sein; **essere come ~ e cacio** ein Herz und eine Seele sein; **~ a cassetta** Kastenbrot *n*; **~ misto** Mischbrot *n*; **~ nero** Schwarzbrot *n*; **pasta di ~** Brotteig *m*; **~ di segale** Roggenbrot *n*; **~ di semola** Weizengrießbrot *n*; **pan di Spagna** Biskuit *n od m*; **~ speziato** Lebkuchen *m*; **dire ~ al ~ e vino al vino** das Kind beim Namen nennen

pa·ne·gi·ri·co M *fig* Loblied *n*

pa·net·te·ri·a F Bäckerei *f* **pa·net·tie·re** [-ɛ-] M, **-a** F Bäcker *m*, -in *f* **pa·net·to** [-e-] M Päckchen *n*: **~ di burro** ein Päckchen Butter

★**pa·net·to·ne** [-o-] M = *traditioneller italienischer Weihnachtskuchen*

pan·fi·lo M Jacht *f*, Yacht *f*

pan·for·te [-ɔ-] M = *Mandel- und Früchtebrot aus Siena* **pan·grat·ta·to** M Paniermehl *n*

pa·nia F **1** Vogelleim *m* **2** *fig* **cadere nella ~ di qn** j-m auf den Leim gehen

pa·ni·co ADJ **A** panisch **B** M Panik *f*: **farsi prendere dal ~** in Panik geraten

pa·nie·ra [-ɛ-] F (Trage)Korb *m* **pa·nie·ra·ta** F Korbvoll *m* **pa·nie·re** [-ɛ-] M **1** Korb *m* **2** WIRTSCH Warenkorb *m*, Währungskorb *m* **3** MECH Trommel *f*

pa·ni·fi·ca·re ⟨1m *u.* d⟩ **A** VT zu Brot verbacken **B** VI ⟨av⟩ Brot backen **pa·ni·fi·ca·zio·ne** [-o-] F Brotbacken *n*

★**pa·ni·fi·cio** M **1** Bäckerei *f* **2** Brotfabrik *f*

pa·ni·na·ro M, **-a** F Popper *m*, -in *f*

★**pa·ni·no** M Brötchen *n*: **~ imbottito** belegtes Brötchen *n*; ~ **al formaggio** Käsebrötchen *n*; ~ **imburrato** Butterbrötchen *n* **pa·ni·no·te·ca** [-ɛ-] F = *Lokal in dem hauptsächlich belegte Brötchen verkauft werden*

★**pan·na** F Sahne *f* ♦ ~ **acida** saure Sahne *f*; ~ **da cucina** = *dicke Sahne (zum Kochen)*; ~ **montata** Schlagsahne *f*

pan·ne M ⟨*inv*⟩ Panne *f*: **essere in** ~ eine Panne haben

pan·neg·gia·re V/I ⟨1f; av⟩ drapieren

pan·neg·gio [-e-] M Drapierung *f*

pan·nel·lo [-ɛ-] M **1** Tafel *f*, Brett *n*, Platte *f* **2** (*edilizia*) Feld *n* **3** KUNST Paneel *n* ♦ ~ **per affissioni** Anschlagbrett *n*; ~ **di comando** Schaltbrett *n*; ~ **fotovoltaico** Solarzelle *f*; ~ **isolante** Isolierplatte *f*; ~ **solare** Sonnenkollektor *m*; (*di satellite*) Sonnensegel *n*

pan·no M **1** Wollstoff *m* **2** Lappen *m*, Tuch *n* **3** *pl* Wäsche *f*, Kleider *pl*: **lavare i -i** die Wäsche waschen ♦ **non vorrei essere nei suoi -i** ich möchte nicht in seiner Haut stecken; **mettiti nei miei -i!** versetz dich in meine Lage!

pan·noc·chia [-ɔ-] F **1** BOT Rispe *f* **2** GASTR Maiskolben *m*

pan·no·li·no M **1** Windel *f*: **mettere il** ~ **a un bambino** ein Baby wickeln **2** Damenbinde *f* **pan·no·lo·ne** [-o-] M Windel *f* für Erwachsene

pa·no·ra·ma M **1** Panorama *n*, Ausblick *m* **2** Überblick *m*, Übersicht *f*: ~ **complessivo** Gesamtübersicht *f* **3** *fig* **il** ~ **economico** die wirtschaftliche Lage **pa·no·ra·mi·ca** F **1** Panoramaaufnahme *f* **2** Überblick *m* **3** Panoramastraße *f* **pa·no·ra·mi·co** ADJ **1** Panorama-, Aussichts- **2** übersichtlich, umfassend ♦ **rassegna -a** Querschnitt *m*; **schermo** ~ Breitwand *f*

pan·pe·pa·to M Pfefferkuchen *m*

pan·ta·col·lant MPL Leggings *pl*

pan·ta·gon·na [-o-] F Hosenrock *m*

pan·ta·grue·li·co [-ɛ-] ADJ Riesen-, sehr stark ♦ **pranzo** ~ Gelage *n*

pan·ta·lon·ci·ni MPL Shorts *pl*, kurze Hose *f*

★**pan·ta·lo·ne** [-o-] **A** ADJ ⟨*inv*⟩ Hosen-: **gonna** ~ Hosenrock *m* **B** **pantaloni** MPL Hose *f*, Hosen *pl*; **-i da ciclista** Radlerhose *f*; **-i con gamba a tubo** Röhrenhose *f*; **-i di pelle** Lederhose *f*; **-i con le pince** Bundfaltenhose *f*; **-i a sigaretta** Röhrenhose *f*; **-i stretch** Stretchhose *f* ♦ **portare i -i** Hosen tragen; *fig* die Hosen anhaben

pan·ta·no M **1** Morast *m* **2** Sumpf *m* (*a. fig*) **pan·ta·no·so** [-o-] ADJ morastig, sumpfig

pan·te·de·sco [-e-] ADJ gesamtdeutsch

pan·te·i·smo [-z-] M Pantheismus *m*

pan·te·i·sta M/F Pantheist *m*, -in *f*

pan·te·ra [-ɛ-] F **1** Panther *m* **2** *sl* Streifenwagen *m* der Polizei

pan·to·fo·la [-ɔ-] F Pantoffel *m*

pan·to·fo·la·io M, **-a** F Stubenhocker *m*, -in *f*

pan·to·gra·fo [-ɔ-] M ELEK Stromabnehmer *m*

pan·to·mi·ma F Pantomime *f*

pan·to·mi·mi·co ADJ pantomimisch

pants [pɛnts] MPL Hotpants *pl*

pan·za·na F Lüge *f*, Märchen *n*

pan·ze·rot·to [-ɔ-] M = *gefüllte Teigtasche*

pa·o·lot·to [-ɔ-] M, **-a** F *fig pej* Frömmler *m*, -in *f*

pa·o·naz·zo ADJ purpurrot

★**pa·pa** M Papst *m* ♦ **a ogni morte di** ~ alle Jubeljahre; **morto un** ~ **se ne fa un altro** niemand ist unersetzlich

★**pa·pà** M ⟨*inv*⟩ Papa *m*, Vati *m* ♦ **festa del** ~ Vatertag *m*; **figlio di** ~ *hum* von Beruf Sohn

pa·pa·ia F Papaya *f*

pa·pa·le ADJ päpstlich

pa·pa·li·no ADJ päpstlich, Papst-

pa·pa·mo·bi·le F Papamobil *n*

pa·pa·raz·zo M Paparazzo *m*, aufdringlicher Pressefotograf *m*

pa·pa·to M **1** Papsttum *n* **2** Papstwürde *f* **3** Amtszeit *f* eines Papstes

pa·pa·ve·ro M **1** Mohn *m* **2** *fig* hohes Tier *n*: **i -i della finanza** die hohen Tiere der Finanzwelt

pa·pe·ra F **1** junge Gans *f* **2** Versprecher *m*: **fare una** ~ sich versprechen

pa·pe·ro M Gänserich *m*

pa·pil·lon [papi'jɔn] M ⟨*inv*⟩ MODE Fliege *f*

pa·pi·ro M Papyrus *m*

pap·pa F **1** Brei *m* **2** Pampe *f* ♦ ~ **di avena** Haferbrei *m*; ~ **reale** Gelee *n* royale

pap·pa·gal·le·sco [-e-] ADJ papageienhaft **pap·pa·gal·li·no** M Sittich *m* **pap·pa·gal·li·smo** [-z-] M **1** Nachahmerei *f* **2** Anmache *f* **pap·pa·gal·lo** M **1** Papagei *m* **2** Anmacher *m*

pap·pa·gor·gia [-ɔ-] F Doppelkinn *n*

pap·pa·mol·la [-ɔ-] M/F ⟨*inv*⟩ *umg hum* Waschlappen *m*, Weichei *n*

P

pap·par·del·la [-ɛ-] F 1 PL = *Bandnudeln* 2 *umg* Litanei *f*, Gelaber *n*

pap·pa·re V/T ⟨1a⟩ *umg* 1 verschlingen 2 *fig* einstecken 3 in die eigene Tasche wirtschaften **pap·pa·ta** F *umg* 1 Esserei *f* 2 *fig* unredlicher Gewinn *m* **pap·pa·ta·ci** M ⟨*inv*⟩ Stechmücke *f* **pap·pa·to·re** [-o-] M, **-tri·ce** F *umg* 1 Vielfraß *m* 2 Schmarotzer *m*, -in *f* **pap·pi·na** F Breichen *n* **pap·po·ne** [-o-] M, **-a** F 1 *umg* Vielfraß *m* 2 *sl* Zuhälter *m*, -in *f*

pa·pri·ca F (*spezie*) Paprika *m*

pap test [-ɛ-] M ⟨*inv*⟩ Abstrich *m* (zur Krebsfrüherkennung)

pa·ra F **suola di ~** Kreppsohle *f*

pa·rà M/F ⟨*inv*⟩ MIL Fallschirmjäger *m*, -in *f*

pa·ra·bo·la[1] F 1 MATH Parabel *f* 2 Bahn *f*

pa·ra·bo·la[2] F BIBEL Gleichnis *n*

pa·ra·bo·li·co [-ɔ-] ADJ parabolisch, Parabol-: **antenna -a** Parabolantenne *f*

pa·ra·bor·do [-o-] M ⟨*inv*⟩ Scheuerleiste *f*, Fender *m* **pa·ra·brez·za** [-e-] M ⟨*inv*⟩ Windschutzscheibe *f*

pa·ra·ca·du·ta·re ⟨1a⟩ A V/T mit dem Fallschirm absetzen B V/PR **-rsi** mit dem Fallschirm abspringen

pa·ra·ca·du·te M ⟨*inv*⟩ Fallschirm *m*: **lanciarsi col ~** mit dem Fallschirm abspringen **pa·ra·ca·du·ti·sta** M/F 1 Fallschirmspringer *m*, -in *f* 2 MIL Fallschirmjäger *m*, -in *f*

pa·ra·ca·mi·no M Ofenschirm *m* **pa·ra·car·ro** M Prellstein *m* **pa·ra·den·ti** [-ɛ-] M ⟨*inv*⟩ Zahnschutz *m* **pa·ra·den·to·si** [-ɔ-] F Parodontose *f*

pa·ra·dig·ma M Paradigma *n*

pa·ra·dig·ma·ti·co ADJ paradigmatisch ♦ **esempio ~** Paradebeispiel *n*

pa·ra·di·si·a·co ADJ himmlisch

★**pa·ra·di·so** M Paradies *n*, Himmel *m*: **andare in ~** in den Himmel kommen ♦ **~ fiscale** Steuerparadies *n*

pa·ra·dos·sa·le ADJ paradox, widersinnig **pa·ra·dos·so** [-ɔ-] M Paradox(on) *n*

pa·ra·fan·go M AUTO Kotflügel *m*

pa·ra·fa·re V/T ⟨1l⟩ paraphieren

pa·raf·fi·na F Paraffin *n*

pa·ra·fra·sa·re V/T ⟨1m⟩ umschreiben

pa·ra·fra·si F ⟨*inv*⟩ Umschreibung *f*

pa·ra·fra·sti·co ADJ umschreibend

pa·ra·ful·mi·ne M Blitzableiter *m*

pa·rag·gi MPL **nei ~** in der Nähe, in der Umgebung; **in quei ~** in jener Gegend

pa·ra·go·na·bi·le ADJ **essere ~ a** (*od* **con**) **qn/qc** mit j-m/etw vergleichbar sein

pa·ra·go·na·re ⟨1a⟩ A V/T 1 **~ qn/qc con qn/qc** j-n/etw mit j-m/etw vergleichen 2 **~ qn/qc a qn/qc** j-n/etw j-m/etw gleichsetzen B V/PR **-rsi a qn** sich mit j-m vergleichen

pa·ra·go·ne [-o-] M Vergleich *m*: **fare un ~** einen Vergleich anstellen; **a ~ di** im Vergleich zu; **senza ~** unvergleichlich

pa·ra·gra·fa·re V/T ⟨1m⟩ paragrafieren

pa·ra·gra·fo M 1 Abschnitt *m*, Absatz *m* 2 JUR Paragraf *m*

pa·ra·gua·ia·no A ADJ paraguayisch B M, **-a** F Paraguayer *m*, -in *f*

Pa·ra·gua·y M Paraguay *n*

pa·ra·li·si F ⟨*inv*⟩ Lähmung *f* (*a. fig*) ♦ **~ cardiaca** Herzstillstand *m*; **la ~ del traffico** der Verkehrsinfarkt

pa·ra·li·ti·co A ADJ gelähmt B M, **-a** F Gelähmte *m/f*

pa·ra·liz·za·re V/T ⟨1a⟩ 1 lähmen 2 *fig* lahmlegen, stilllegen

pa·ral·le·la [-ɛ-] F 1 GEOM Parallele *f* 2 *pl* SPORT Barren *m* **pa·ral·le·le·pi·pe·do** M Parallelflach *n*; Quader *m* **pa·ral·le·li·smo** [-z-] M Parallelität *f* (*a.* GEOM) **pa·ral·le·lo** [-ɛ-] A ADJ parallel (laufend): **~ a qc** zu etw parallel B M 1 GEOM Parallelkreis *m* 2 GEOG Breitenkreis *m* 3 *fig* Parallele *f*, Vergleich *m* 4 ELEK **collegamento in ~** Parallelschaltung *f* **pa·ral·le·lo·gram·ma** M Parallelogramm *n*

pa·ra·lu·ce M ⟨*inv*⟩ 1 Sonnenblende *f* 2 FOTO Gegenlichtblende *f* **pa·ra·lu·me** M Lampenschirm *m* **pa·ra·me·cio** [-ɛ-] M Pantoffeltierchen *n* **pa·ra·me·di·co** [-ɛ-] A ADJ **personale ~** medizinisches Hilfspersonal *n* B M medizinischer Assistent *m*, medizinische Assistentin *f*

pa·ra·me·tro M 1 MATH, PHYS Parameter *m* 2 *fig* Maßstab *m*: **secondo i propri -i** nach seinen eigenen Maßstäben

pa·ra·mi·li·ta·re ADJ paramilitärisch

pa·ra·mo·sche [-o-] M ⟨*inv*⟩ Fliegenglocke *f*

pa·ran·co M Flaschenzug *m*

pa·ra·ne·ve [-e-] M ⟨*inv*⟩ TECH Schneeschutz *m*

pa·ra·nin·fo M, **-a** F 1 Heiratsvermittler *m*, -in *f* 2 Kuppler *m*, -in *f*

pa·ra·no·ia [-ɔ-] F 1 PSYCH Paranoia *f*

2 *umg* Horror *m*: **andare in ~** ausflippen
pa·ra·noi·co [-ɔ-] A ADJ 1 paranoid 2 *umg* ausgeflippt B M, **-a** F Paranoiker *m*, -in *f*

pa·ra·nor·ma·le A ADJ übersinnlich, übernatürlich B M Übersinnliche *n*

pa·ra·oc·chi [-ɔ-] M ⟨*inv*⟩ Scheuklappe *f* (*a. fig*): **avere i ~** Scheuklappen haben
pa·ra·on·de [-o-] M ⟨*inv*⟩ Wellenbrecher *m* **pa·ra·o·rec·chi** [-e-] M ⟨*inv*⟩ Ohrenschützer *m* **pa·ra·pen·di·o** M ⟨*inv*⟩ 1 Paraglider *m*, Gleitschirm *m* 2 Paragliding *n* **pa·ra·pet·to** [-ɛ-] M 1 Geländer *n* 2 SCHIFF Reling *f* 3 MIL Brustwehr *f* **pa·ra·pi·glia** M ⟨*inv*⟩ Durcheinander *n*

pa·ra·ple·gi·a F Querschnitt(s)lähmung *f* **pa·ra·ple·gi·co** [-ɛ-] A ADJ querschnitt(s)gelähmt B M, **-a** F Querschnitt(s)gelähmte *m/f*

pa·ra·psi·co·lo·gi·a F Parapsychologie *f* **pa·ra·psi·co·lo·gi·co** [-ɔ-] ADJ parapsychologisch: **fenomeno ~** Psiphänomen *n*

pa·ra·re ⟨1a⟩ A V/T 1 schmücken: **~ qc a festa** etw festlich schmücken 2 schützen 3 abwehren: **~ un colpo** einen Schlag abwehren B V/I ⟨av⟩ **voler andare a ~** hinauswollen; **dove vuoi andare a ~?** worauf willst du hinaus? C V/PR **-rsi** 1 sich schützen 2 *fig* **-rsi le spalle** sich (*dat*) den Rücken frei halten 3 **-rsi davanti a qn** sich j-m in den Weg stellen

pa·ra·scin·til·le M ⟨*inv*⟩ Funkenfänger *m* **pa·ra·so·le** [-o-] M ⟨*inv*⟩ Sonnenschirm *m* **pa·ra·spi·go·lo** M Kantenschutz *m* **pa·ra·spruz·zi** M ⟨*inv*⟩ Spritzschutz *m*

pa·ras·si·ta A ADJ Schmarotzer- B M 1 ZOOL Schädling *m*, Parasit *m* 2 *m/f fig* Schmarotzer *m*, -in *f*

pa·ras·si·ta·rio ADJ parasitisch

pa·ra·sta·ta·le A ADJ halbstaatlich, mit staatlicher Beteiligung B M/F halbstaatlicher Angestellter *m*, halbstaatliche Angestellte *f* **pa·ra·stin·chi** M ⟨*inv*⟩ Schienbeinschützer *m*

pa·ra·su·bor·di·na·to ADJ A ADJ scheinselbstständig: **lavoratore ~** Scheinselbstständige *m*; **lavoro ~** scheinselbstständige Arbeit *f* B M, **-a** F Scheinselbstständige *m/f*

pa·ra·ta[1] F 1 (*calcio*) Abwehr *f* 2 (*scherma, pugilato*) Parade *f*

pa·ra·ta[2] F Parade *f*: **sfilare in ~** paradieren ♦ **da ~** Parade-; *fig* Prunk-

pa·ra·ti·a F SCHIFF Schott *n*

pa·ra·to M 1 Ausstattung *f* 2 **carta da -i** Tapete *f*

pa·ra·to·ia [-ɔ-] F Schleuse *f*, Wehr *n*

pa·ra·u·ni·ver·si·ta·rio [-s-] ADJ hochschulähnlich, auf Universitätsniveau

pa·ra·ur·ti M ⟨*inv*⟩ Stoßstange *f* **pa·ra·ven·to** [-ɛ-] M 1 spanische Wand *f* 2 *fig* Vorwand *m*

par·ca·men·te [-e-] ADV bescheiden; mäßig

par·cel·la [-ɛ-] F 1 Honorar *n* 2 Rechnung *f* 3 Parzelle *f*: **~ catastale** Grundbuchparzelle *f* **par·cel·la·zio·ne** [-o-] F Parzellierung *f*

par·cel·liz·za·re V/T ⟨1a⟩ in einzelne Schritte unterteilen **par·cel·liz·za·zio·ne** [-o-] F Arbeitsteilung *f*

★**par·cheg·gia·re** V/T ⟨1f⟩ 1 parken; einparken 2 *umg* abgeben, abladen **par·cheg·gia·to·re** [-o-] M, **-tri·ce** F Parkwächter *m*, -in *f*

★**par·cheg·gio** [-e-] M 1 Parkplatz *m* 2 Parken *n* ♦ **area di ~** Parkplatz *m*; **~ custodito** bewachter Parkplatz *m*; **divieto di ~** Parkverbot *n*; **~ a pagamento** gebührenpflichtiger Parkplatz *m*; **~ sotterraneo** Tiefgarage *f*

par·chi·me·tro M Parkuhr *f*

★**par·co**[1] M Park *m* ♦ **~ automezzi** Fuhrpark *m*; **~ avventura** (*od* **Robinson**) Abenteuerspielplatz *m*; **~ dei divertimenti** Vergnügungs-, Freizeitpark *m*; **~ eolico** Windpark *m*; Windparkanlage *f*; **~ giochi** Spielplatz *m*; **~ marittimo** Meerespark *m*; **~ naturale** Naturpark *m*; **~ nazionale** Nationalpark *m*; **~ tematico** Themenpark *m*

par·co[2] ADJ 1 bescheiden, karg 2 mäßig 3 sparsam: **~ di parole** wortkarg

par·co·me·tro [-ɔ-] M Parkscheinautomat *m*

★**pa·rec·chio** [-e-] A ADJ 1 (ziemlich) viel: **c'è -a gente** es sind ziemlich viele Leute da 2 (ziemlich) lange: **da ~ tempo** seit Langem B PRON 1 lange: **è già ~ che esco con loro** ich gehe schon seit Langem mit ihnen aus 2 (ziemlich) viel: **ho ~ da fare** ich habe (ziemlich) viel zu tun 3 weit: **c'è ~ da qui a casa tua?** ist es sehr weit zu dir? 4 ★**parecchi, parecchie** *pl* mehrere, (ziemlich) viele; **parecchi(e) di voi** viele von euch C ADV 1 (ziemlich) viel, sehr: **ho lavorato ~** ich habe viel gearbeitet **2** lange: **ti ho aspettato ~** ich habe lange auf dich gewartet

pa·reg·gia·men·to [-e-] M Ausgleich *m*

pa·reg·gia·re ⟨1f⟩ **A** V/T **1** ebnen **2** gleichmäßig schneiden **3** gerade schneiden **4** auf gleiche Höhe (*od* Länge) bringen **5** HANDEL ausgleichen **6** *fig* **~ i conti con qn** mit j-m abrechnen **7** *fig* **~ qn in qc** j-m in etw (*dat*) gleichkommen **B** V/I ⟨av⟩ SPORT unentschieden spielen **C** V/PR **-rsi** sich ausgleichen **pa·reg·gio** [-e-] M **1** HANDEL Ausgleich *m*, Bilanzierung *f* **2** SPORT Ausgleich *m*; Unentschieden *n* ♦ **~ del bilancio** Haushaltsausgleich *m*

pa·ren·ta·do M Verwandtschaft *f*

pa·ren·ta·le ADJ elterlich ♦ **congedo ~** Erziehungsurlaub *m*; **vincolo ~** verwandtschaftliche Beziehung *f*

★**pa·ren·te** [-ɛ-] M/F Verwandte *m/f*: **~ acquisito** angeheirateter Verwandter *m*; **~ alla lontana** entfernter Verwandter *m*; **-i in linea diretta** direkte Verwandte *pl*; **-i stretti** enge Verwandte *pl*; **essere -i** miteinander verwandt sein **pa·ren·te·la** [-ɛ-] F Verwandtschaft *f* (*a. fig*) ♦ **legami di ~** verwandtschaftliche Bande *pl*

pa·ren·te·si [-ɛ-] F ⟨*inv*⟩ **1** Klammer *f* **2** *fig* **fare una ~** eine Zwischenbemerkung machen; (**detto**) **tra ~** nebenbei bemerkt **3** Pause *f*

★**pa·re·re**[1] [-e-] V/I ⟨2h; es⟩ **1** scheinen, aussehen: **pare facile, ma non lo è** es ist gar nicht so einfach, wie es scheint; **pare uno spettro** er sieht aus wie ein Gespenst **2** glauben, meinen: **mi pare che** ... ich glaube, dass ...; **se ti pare** wenn du meinst ♦ **così pare!** so sieht es aus!; **ma Le pare!** (aber) ich bitte Sie! keine Ursache! bitte sehr!; **a quanto pare** anscheinend

★**pa·re·re**[2] [-e-] M Meinung *f*, Urteil *n* ♦ **a mio ~** meiner Meinung nach; **~ di un esperto** Gutachten *n*

pa·re·si [-ɛ-] F ⟨*inv*⟩ Lähmung *f*

★**pa·re·te** [-e-] F **1** Wand *f* **2** (*alpinismo*) Berg-, Felswand *f* ♦ **calendario da ~** Wandkalender *m*; *fig* **tra le -i domestiche** in den eigenen vier Wänden; **~ scorrevole** Schiebewand *f*

par·go·lo M, **-a** F *poet* Knabe *m*, Mädchen *n*, Kind *n*

pa·ri **A** ADJ ⟨*inv*⟩ **1** gleich, ebenbürtig: **essere ~ di età** gleich alt sein; **nessuno gli è ~** niemand ist ihm ebenbürtig **2** gleichmäßig **3** MATH gerade: **numero ~** gerade Zahl *f* **4** *fig* quitt; SPORT unentschieden: **ora siamo ~!** jetzt sind wir quitt! **5** WIRTSCH ausgeglichen: **conti ~** ausgeglichene Konten *pl* **6** *fig* **essere ~ a qc** etw (*dat*) gewachsen sein **B** ADV **1** gleich; gleichmäßig **2** SPORT unentschieden **3** WIRTSCH (*borsa*) pari **C** M/F Gleichgestellte *m/f*, Ebenbürtige *m/f*: **una mia ~** jemand wie ich ♦ **al ~ di** (so)wie; **alla ~** gleichberechtigt; **ragazza alla ~** Au-pair-Mädchen *n*; **lavoro alla ~** Au-pair-Stelle *f*; **non avere ~** einzigartig sein; **pari ~** Wort für Wort; **senza ~** unvergleichlich

pa·rie·ta·le ADJ **1** Wand-: **pittura ~** Wandmalerei *f* **2** ANAT **osso ~** Scheitelbein *n*

pa·ri·fi·ca F Gleichstellung *f*

pa·ri·fi·ca·re V/T ⟨1m *u.* d⟩ **1** gleichstellen **2** (*scuola*) staatlich anerkennen **pa·ri·fi·ca·to** ADJ **scuola -a** staatlich anerkannte Schule *f* **pa·ri·fi·ca·zio·ne** [-o-] F **1** Gleichstellung *f* **2** (*scuola*) staatliche Anerkennung *f*

Pa·ri·gi F Paris *n* **pa·ri·gi·no** **A** ADJ Pariser **B** M, **-a** F Pariser *m*, -in *f*

pa·ri·glia F **1** Paar *n* **2** Gespann *n* mit zwei Pferden ♦ *fig* **rendere la ~ a qn** Gleiches mit Gleichem vergelten

pa·ri·men·ti [-e-] ADV gleichfalls, ebenfalls

pa·ri·tà F ⟨*inv*⟩ **1** Gleichheit *f* **2** Gleichberechtigung *f* **3** SPORT Unentschieden *n*; Gleichstand *m* **4** WIRTSCH Parität *f* ♦ **a ~ di condizioni** bei gleichen Bedingungen

pa·ri·ta·rio ADJ Gleich-, gleich

pa·ri·te·ti·co [-ɛ-] ADJ paritätisch

par·ka M ⟨*inv*⟩ Parka *m*

par·la·men·ta·re[1] **A** ADJ parlamentarisch, Parlament- **B** M/F **1** Parlamentarier *m*, -in *f*; Abgeordnete *m/f* **2** Unterhändler *m*, -in *f* ♦ **~ europeo** Europaabgeordnete *m*; **immunità ~** Immunität *f*; **seggio ~** Abgeordnetensitz *m*

par·la·men·ta·re[2] V/I ⟨1a; av⟩ ver-, unterhandeln

par·la·men·ta·rio M → parlamentare[1]

★**par·la·men·to** [-e-] M Parlament *n* ♦ **~ europeo** Europäisches Parlament *n*, Europaparlament *n*; **~ federale tedesco** Deutscher Bundestag *m*

P

par·lan·te ADJ **1** sprechend: **bambola ~** sprechende Puppe *f* **2** *fig* ausdrucksvoll: **ritratto ~** ausdrucksvolles Porträt *n* **3** einleuchtend, vielsagend **par·lan·ti·na** F **1** *umg* Redseligkeit *f* **2** Zungenfertigkeit *f* ♦ **avere una bella ~** zungenfertig sein

★**par·la·re**[1] ⟨1a⟩ **A** VI ⟨av⟩ **1** sprechen, reden: **~ a** (*od* **con**) **qn** zu (*od* mit) j-m sprechen; **~ di qn/qc** von j-m/etw (*od* über j-n/etw) sprechen **2** sich verständigen **3** *fig* berichten, erzählen, beschreiben **4** *fig* sprechen: **i fatti parlano da soli** die Tatsachen sprechen für sich **B** VT sprechen, sich ausdrücken: **qui si parla tedesco** hier spricht man Deutsch **C** V/PR **-rsi** miteinander sprechen ♦ **-rsi addosso** sich gern reden hören; *fig* **~ arabo** unverständliches Zeug reden; (*al telefono*) **con chi parlo?** wer ist am Apparat?; **~ chiaro** offen reden; **~ male di qn** schlecht über j-n sprechen; **non me ne parli** (**lo so bene**)! das brauchen Sie mir nicht zu sagen!; **non se ne parla nemmeno!** (das) kommt überhaupt nicht in Frage!; **per non ~ di** ganz zu schweigen von; **~ del più e del meno** sich über dieses und jenes unterhalten; **pronto, chi parla?** hallo, wer ist am Apparat?; **senti chi parla!** hört, hört!; **~ al vento** in den Wind reden

par·la·re[2] M **1** Sprechweise *f* **2** Gerede *n*

P

par·la·ta F **1** Sprechweise *f* **2** Dialekt *m*

par·la·to ADJ **1** Sprach-: **lingua -a** Umgangssprache *f* **2** **film ~** Tonfilm *m* **par·la·to·re** [-o-] M, **-tri·ce** F Redner *m*, -in *f* **par·la·to·rio** [-ɔ-] M Besuchszimmer *n*

par·lot·ta·re VI ⟨1c; av⟩ tuscheln

par·lot·ti·o M Getuschel *n*

Par·ma F Parma *n*

par·mi·gia·na F GASTR **alla ~** = *mit Parmesankäse und Tomatensoße*

★**par·mi·gia·no** **A** ADJ parmaisch **B** M, **-a** F **1** (*abitante*) Parmaer *m*, -in *f* **2** **parmigiano** *m* Parmesan(käse) *m*: **~ reggiano** Parmigiano-Reggiano *m*

pa·ro·di·a F **1** Parodie *f* (*a.* MUS) **2** *fig* Karikatur *f* **pa·ro·dia·re** VT ⟨1h⟩ parodieren **pa·ro·di·sti·co** ADJ parodistisch

★**pa·ro·la** [-ɔ-] F **1** Wort *n* **2** Sprache *f*: **perdere la ~** die Sprache verlieren **3** Rat *m*: **ascoltare la ~ di qn** j-s Rat anhören **4** Wort *n*, Versprechen *n*: **ti do la mia ~!** ich gebe dir mein Wort! ♦ **essere buoni a -e** schön reden können; IT **~ d'accesso** Passwort *n*; **in altre -e** mit anderen Worten; **-e crociate** Kreuzworträtsel *n*; **di ~** verlässlich; **gioco di -e** Wortspiel *n*; **giro di -e** Umschreibung *f*; **~ d'ordine** Parole *f*, Kennwort *n*; **~ d'onore** Ehrenwort *n*; **prendere la ~** das Wort ergreifen; **nel vero senso della ~** im wahrsten Sinne des Wortes

pa·ro·lac·cia F Schimpfwort *n* **pa·ro·la·io** **A** ADJ schwatzhaft **B** M, **-a** F Schwätzer *m*, -in *f*

Parolacce

Hier eine Auswahl von Schimpfwörtern, die man zwar erkennen, aber als Nicht-Muttersprachler lieber nicht selbst verwenden sollte:

buono a nulla	Taugenichts
cacasotto	Hosenscheißer
cafone	Flegel
canaglia	Schuft
carogna	Luder, Aas
deficiente, cretino, idiota	Idiot, Blödmann
fesso	Dummkopf
figlio di papà	Sohn aus reichem Haus
figlio di puttana	Hurensohn
guastafeste	Spielverderber
idiota	Idiot
imbranato	Tollpatsch
leccapiedi	Arschkriecher
mammone	Muttersöhnchen
musone	Griesgram
parassita	Schmarotzer, Nassauer
pezzo di merda	Stück Scheiße
racchia	Schnepfe
rammollito	Schlappschwanz
rompipalle	Nervensäge
rompiscatole	Nervensäge
ruffiano	Speichellecker
schiappa, frana	Niete, Flasche
secchione	Streber
spaccone	Großmaul
stupido	Dummkopf
tappo	Zwerg, Stöpsel

pa·ro·lie·re [-ɛ-] M, **-a** F Texter *m*, -in *f* **pa·ro·li·na** F Wörtchen *n* ♦ **devo dirti due -e** ich hab noch ein Wörtchen mit dir zu reden; **~ dolce** Kosewort *n*

pa·ro·lo·na [-ɔ-] F großes Wort *n*

pa·ros·si·smo [-zmo] M **1** MED, GEOL

Paroxysmus *m* **2** *fig* Übersteigerung *f* ♦ **portare qc fino al ~** etw auf die Spitze treiben

pa·ro·ti·te F Mumps *m*

par·quet [-kɛ] M ⟨*inv*⟩ Parkett *n*

par·ri·ci·da M/F **1** Vatermörder *m*, -in *f* **2** *fig* Vaterlandsverräter *m*, -in *f*

par·ri·ci·dio M **1** Vatermord *m* **2** *fig* Vaterlandsverrat *m*

par·roc·chia [-ɔ-] F **1** Pfarrei *f* **2** Pfarrhaus *n* **3** Pfarrgemeinde *f* **4** *fig* Gruppe *f*, *pej* Clique *f*, Bande *f* **par·roc·chia·le** ADJ Pfarr-: **comunità ~** Pfarrgemeinde *f* **par·roc·chia·no** M, **-a** F Mitglied *n* einer Pfarrgemeinde

★**par·ro·co** M Pfarrer *m*

par·ruc·ca F Perücke *f*

★**par·ruc·chie·ra** [-ɛ-] F Friseuse *f*, *schweiz* Coiffeuse *f*

★**par·ruc·chie·re** [-ɛ-] M Friseur *m*, *schweiz* Coiffeur *m*

par·ruc·chi·no M Herrenperücke *f*

par·ruc·co·ne [-o-] M, **-a** F *fig* Ewiggestrige *m/f*

par·si·mo·nia [-si'mɔ-] F **1** Sparsamkeit *f* **2** *fig* Genügsamkeit *f*, Bescheidenheit *f*

par·si·mo·nio·so [-simoni'oso] ADJ sparsam

par·tac·cia F Verweis *m*: **fare una ~ a qn** j-m einen Verweis erteilen

★**par·te** F **1** Teil *m*: **-i di ricambio** Ersatzteile *pl*; **fare le -i di qc** etw aufteilen **2** Abschnitt *m* **3** Anteil *m* **4** *fpl* Gegend *f*: **se passi da queste -i** ... wenn du hier in die Gegend kommst ... **5** Richtung *f*: **da che ~ andiamo?** in welche Richtung gehen wir? **6** Seite *f*: **~ destra/sinistra** rechte/linke Seite *f* **7** THEAT (*cinema*) Rolle *f* **8** MUS Part *m*, Stimme *f*; Partitur *f* **9** Partei *f* (*a.* JUR): **le -i in lotta** die kämpfenden Parteien *pl*; **-i sociali** Tarifpartner *pl*, Tarifparteien *pl* ♦ ★**a ~** getrennt, extra; **a ~ il fatto che** ... abgesehen davon, dass ...; **d'altra ~** ander(er)seits; **-i basse** Unterleib *m*; **~ contraente** Vertragspartei *f*; **-i del corpo** Körperteile *pl*; **non so da che ~ incominciare** ich weiß nicht, wo(mit) ich anfangen soll; ★ **da ~ di** von, von Seiten; **da ~ mia** meinerseits; **far ~ di qc** zu etw gehören, etw (*dat*) angehören; **farsi da ~** zur Seite treten; sich zurückziehen; **in gran ~** zum größten Teil; **in ~** zum Teil; **la maggior ~** der Großteil; die Mehrzahl; **prendere ~ a qc** an etw (*dat*) teilnehmen; **da qualche ~** irgendwo; irgendwohin; irgendwoher; **da un anno a questa ~** seit einem Jahr; **scherzi a ~** Spaß beiseite; **da tutte le -i** überall (her); **da una ~..., dall'altra** ... einerseits ..., andererseits ...

par·te·ci·pan·te M/F Teilnehmer *m*, -in *f* ♦ **~ a una gara d'appalto** Submittent *m*, -in *f*; **~ a un concorso** Wettbewerbsteilnehmer *m*, -in *f*; **~ a un corso** Kursteilnehmer *m*, -in *f*; **~ a una gara** Wettkämpfer *m*, -in *f*

★**par·te·ci·pa·re** ⟨1m⟩ **A** V/I ⟨av⟩ **1** **~ a qc** an etw (*dat*) teilnehmen **2** Anteil nehmen, teilhaben: **~ alla gioia di qn** an j-s Freude Anteil nehmen **3** beisteuern: **~ a un regalo con 10 euro** zu einem Geschenk 10 Euro beisteuern **B** V/T mitteilen, anzeigen: **~ il proprio matrimonio** seine Heirat bekannt geben **par·te·ci·pa·zio·ne** [-o-] F **1** Teilnahme *f*, Beteiligung *f* **2** Anteilnahme *f* **3** Mitteilung *f*, Anzeige *f*: **~ di matrimonio** Heiratsanzeige *f* **4** WIRTSCH Beteiligung *f* ♦ **~ azionaria** Aktienbeteiligung *f*; **~ maggioritaria** Mehrheitsbeteiligung *f*

par·te·ci·pe [-e-] ADJ beteiligt, teilnehmend: **essere ~ di qc** an etw (*dat*) teilhaben

par·teg·gia·re V/I ⟨1f; av⟩ **~ per qn** für j-n Partei ergreifen

★**par·ten·za** [-ɛ-] F **1** Abreise *f* **2** Abfahrt *f* **3** Abflug *m* **4** Aufbruch *m*: **essere di ~** im Aufbruch begriffen sein **5** Anfang *m*; Start *m* ♦ **binario di ~** Abfahrt(s)gleis *n*; SPORT **~ dai blocchi** Tiefstart *m*; IT **~ a caldo/a freddo** Warm-/Kaltstart *m*; **falsa ~** Fehlstart *m*; **franco ~** frei ab Werk; **orario di ~** Abfahrtszeit *f*; **siamo di nuovo al punto di ~** *fig* wir stehen wieder ganz am Anfang

par·ter·re [-'tɛr] M ⟨*inv*⟩ THEAT Parterre *n*

par·ti·cel·la [-ɛ-] F **1** Teilchen *n* **2** PHYS Partikel *n* **3** GRAM Partikel *f* **4** JUR Parzelle *f* **par·ti·ci·na** F kleine Rolle *f* **par·ti·ci·pio** M Partizip *n* **par·ti·co·la** F **1** REL Hostie *f* **2** Partikel *f*

★**par·ti·co·la·re** **A** ADJ **1** bestimmt, spezifisch **2** besonder, Sonder-: **un caso ~** ein Sonderfall *m* **3** sonderbar **B** M Detail *n*

par·ti·co·la·reg·gia·re V/T ⟨1f⟩ in allen Einzelheiten schildern **par·ti·co·la·reg·gia·to** ADJ ausführlich, detailliert

par·ti·co·la·ri·smo [-z-] M **1** Begüns-

P

tigung *f*, Bevorzugung *f* **2** POL Partikularismus *m* **3** Parteilichkeit *f* **par·ti·co·la·ri·sti·co** ADJ **1** parteilich **2** POL partikularistisch

par·ti·co·la·ri·tà F ⟨*inv*⟩ **1** Besonderheit *f* **2** Einzelheit *f*, Detail *n* **par·ti·co·lar·men·te** [-e-] ADV **1** besonders: ~ **bello** besonders schön; **non sono ~ stanca** ich bin nicht besonders müde **2** insbesondere: **il corso è rivolto ~ agli studenti del primo anno** der Kurs ist insbesondere für Erstsemester gedacht

par·ti·gia·ne·ri·a F Parteilichkeit *f*

par·ti·gia·no **A** ADJ **1** parteiisch **2** Partisanen- **B** M, **-a** F **1** Partisan *m*, -in *f* **2** Verfechter *m*, -in *f*

★**par·ti·re** ⟨4a⟩ **A** V/I ⟨es⟩ **1** losgehen; abfahren; abreisen **2** SPORT starten **3** **far ~ la macchina** das Auto anlassen **4** *fig* ~ **da qc** von etw ausgehen **5** *umg* kaputtgehen: **il televisore è partito** der Fernseher ist kaputtgegangen **B** V/PR **partirsene** abfahren; abreisen ♦ **a ~ da …** von … an; **a ~ da oggi** ab heute; ~ **dal nulla** bei null anfangen; ~ **in quarta** losstürzen; *umg* ~ **di testa** ausflippen

★**par·ti·ta** F **1** Spiel *n*, Partie *f*: **fare una ~ a scacchi** eine Partie Schach spielen **2** SPORT Spiel *n*, Match *n*: ~ **di calcio** Fußballspiel *n* **3** Posten *m*, Partie *f*: **una ~ di frutta** ein Posten *m* Obst **4** WIRTSCH Buchführung *f*: ~ **semplice/doppia** einfache/doppelte Buchführung *f* **5** MUS Partita *f* ♦ ~ **amichevole** Freundschaftsspiel *n*; ~ **in casa** Heimspiel *n*; ~ **fuori casa** Auswärtsspiel *n*

par·ti·ti·co ADJ Partei-

par·ti·ti·smo [-z-] M Parteienübermacht *f*

★**par·ti·to** M **1** Partei *f* **2** *fig* Partie *f*: **essere un buon ~** eine gute Partie sein ♦ **ala di ~** Parteiflügel *m*; ~ **di centro** Zentrumspartei *f*; ~ **di destra** Rechtspartei *f*; **leader di ~** Parteiführer *m*; **prendere ~** Partei ergreifen; **per ~ preso** von vornherein, vorsätzlich

par·ti·to·cra·zi·a F Parteienherrschaft *f*

par·ti·tu·ra F MUS Partitur *f*

par·ti·zio·ne [-o-] F Teilung *f*, Aufteilung *f*

part·ner ['partner] M/F ⟨*inv*⟩ Partner *m*, -in *f*

part·ner·ship [-ʃip] F ⟨*inv*⟩ **1** Partnerschaft *f* **2** Zusammenarbeit *f* **3** Bündnis *n*

par·to M **1** Geburt *f*, Entbindung *f* **2** *fig* Produkt *n*: ~ **letterario** literarisches Produkt *n* ♦ ~ **cesareo** Kaiserschnitt *m*; ~ **prematuro** Frühgeburt *f*; **sala ~** Kreißsaal *m*

par·to·rien·te [-ɛ-] **A** ADJ gebärend **B** F **1** Gebärende *f* **2** Wöchnerin *f* **par·to·ri·re** V/T ⟨4d⟩ **1** gebären **2** (*animali*) werfen **3** hervorbringen, erzeugen

part time [par'taim] **A** ADJ ⟨*inv*⟩ Teilzeit- **B** ADV halbtags: **lavorare ~** halbtags arbeiten **C** M ⟨*inv*⟩ Teilzeitbeschäftigung *f*

pa·ru·re [-'ry:r] F ⟨*inv*⟩ **1** (*di gioielli*) Set *n* **2** (*di biancheria*) Garnitur *f*

par·ven·za [-ɛ-] F Anschein *m*, Schein *m*

par·zia·le ADJ **1** Teil-, partiell: **visione ~** Teilansicht *f* **2** parteiisch **par·zia·li·tà** F ⟨*inv*⟩ Parteilichkeit *f* **par·zial·men·te** [-e-] ADV teilweise ♦ ~ **scremato** halbfett

pa·sce·re ⟨3dd⟩ **A** V/T **1** fressen, abgrasen: ~ **l'erba** Gras fressen **2** weiden **3** *fig* bilden: ~ **la mente** den Geist bilden **B** V/I ⟨av⟩ weiden **C** V/PR **1** **-rsi di qc** sich von etw (er)nähren **2** **-rsi di illusioni** *fig* sich Illusionen hingeben

pa·scià M ⟨*inv*⟩ Pascha *m* ♦ **vivere da** (*od* **come un**) ~ wie ein Fürst leben

pa·sciu·to ADJ (**ben**) ~ wohlgenährt

pa·sco·la·re ⟨1l⟩ **A** V/T weiden, hüten **B** V/I ⟨av⟩ weiden, grasen **pa·sco·lo** M Weide *f*: **condurre al ~** zur Weide treiben

★**Pa·squa** F Ostern *n* ♦ **buona ~!** frohe Ostern!; **felice come una pasqua** überglücklich

pa·squa·le ADJ österlich, Oster-

Pa·squet·ta [-e-] F Ostermontag *m*

pas·sa: **e ~** gut: **avrà trent'anni e ~** sie wird gut dreißig Jahre alt sein

pas·sa·bi·le ADJ annehmbar, passabel

pas·sag·gio M **1** Vorbeigehen *n*, Vorbeiziehen *n* **2** Vorbeifahren *n* **3** Vorbeifliegen *n* **4** Durchgehen *n* **5** Durchfahren *n*, Durchfahrt *f* **6** Durchreise *f* **7** Durchgang *m* **8** Übergang *m* (*a. fig*) **9** (*in nave*) Überfahrt *f* **10** Passage *f* **11** SPORT Pass *m*, Zuspiel *n* **12** **vuole un ~?** wollen Sie mitfahren?; ★ **dare un ~ a qn** j-n (im Auto) mitnehmen ♦ **cliente di ~** Gelegenheitskunde *m*, -kundin *f*; **essere di ~** kurz vorbeigekommen sein; (*in viaggio*) auf der Durchreise sein; **lasciare libero il ~** den Durchgang frei halten; (*veicoli*) Einfahrt frei halten; ~ **a livello**

P

(**in**)**custodito** (un)beschrankter Bahnübergang *m*; **~ pedonale** Fußgängerübergang *m*, *schweiz* Fussgängerstreifen *m*; **vietato il ~** Durchgang verboten; (*veicoli*) Durchfahrt verboten

pas·sa·ma·no[1] M Borte *f*, Posament *n*

pas·sa·ma·no[2] M Kette *f*: **fare** (**il**) **~ per scaricare qc** eine Kette bilden, um etw auszuladen

pas·sa·mon·ta·gna M ⟨*inv*⟩ Sturmhaube *f*, Sturmmütze *f*

pas·san·te[1] M/F Passant *m*, -in *f*

pas·san·te[2] M MODE Schlaufe *f* ♦ **~ ferroviario** (unterirdischer) Eisenbahnknotenpunkt *m*

pas·sa·pa·ta·te M ⟨*inv*⟩ Kartoffelpresse *f*

★**pas·sa·por·to** [-ɔ-] M Reisepass *m*

★**pas·sa·re**[1]

⟨1a⟩

A intransitives Verb B transitives Verb
C Pronominalverb D Wendungen

— A intransitives Verb —

⟨es⟩ **1** vorbeigehen **2** vorbeifahren; durchfahren **3** vorbeifliegen **4** (*corteo ecc.*) vorbeiziehen **5** **~ per qc** durch etw gehen **6** **~ da ...** fahren über ... **7** **~ per ...** fließen durch ... **8** **~ da qn** bei j-m vorbeikommen; **~ a salutare qn** bei j-m vorbeischauen **9** **~ da qc** durch etw hereinkommen **10** **~ dalla porta** aus der Tür herauskommen **11** **~ a qn** auf j-n übergehen **12** **~ da qc a qc** von etw zu etw übergehen **13** vergehen: **come passa il tempo!** wie die Zeit vergeht!; **un raffreddore che non passa mai** ein Schnupfen, den man nicht loswird **14** geben: **ci passa una bella differenza** da gibt es einen gewaltigen Unterschied **15** (*leggi*; *esami*) durchkommen **16** gelten: **~ per qn/qc** als j-d/etw gelten **17** **farsi ~ per qn** sich als etw ausgeben; **far ~ qn per stupido** j-n als Dummkopf hinstellen **18** **far ~** vorbeilassen; **scusi, mi fa ~?** Entschuldigung, darf ich mal durch (*od* vorbei)? **19** **far ~** durchlassen: **non far ~ il freddo** keine Kälte durchlassen

— B transitives Verb —

1 **~ qc** über etw (*akk*) gehen, etw überschreiten (*a. fig*); **~ la cinquantina** die fünfzig überschreiten **2** (weiter)reichen: **passa le foto** reich mal die Fotos **3** (*al telefono*) verbinden, geben: **mi passi il signor Rossi!** verbinden Sie mich mit Herrn Rossi **4** (*periodo*; *vacanza*) verbringen: **~ la notte da qn** bei j-m übernachten **5** (*legge*) durchbringen **6** versetzen: **~ qn a un altro ufficio** j-n in ein anderes Büro versetzen **7** stecken: **~ la mano tra le sbarre** die Hand durch das Gitter stecken **8** (**far**) **~ il filo nella cruna dell'ago** den Faden durch das Nadelöhr ziehen **9** GASTR passieren; pürieren

— C Pronominalverb —

1 **rsi qc** sich gegenseitig etw geben **2** **-rsi una mano sulla fronte** sich (*dat*) mit der Hand über die Stirn fahren **3** **passarsela bene** gute Zeiten durchmachen; **passarsela male** schlechte Zeiten durchmachen; **come te la passi?** wie geht's dir?

— D Wendungen —

JUR **~ gli alimenti** Unterhalt zahlen, leisten; **~ davanti a qn** j-n überholen; **~ un esame** eine Prüfung bestehen; **~ di moda** aus der Mode kommen; **~ con il rosso** bei Rot über die Kreuzung fahren; **a qn passa la voglia di fare qc** j-m vergeht die Lust, etw zu tun

pas·sa·re[2] M: **con il ~ del tempo** im Laufe der Zeit

pas·sa·ta F **1** Wischen *n* **2** GASTR Püree *n* ♦ **dare una ~ a qc con qc** mit etw über etw (*akk*) wischen; **dare una ~ al giornale** die Zeitung überfliegen; **di ~** flüchtig; **dare una ~ di vernice a qc** etw anstreichen

★**pas·sa·tem·po** [-ɛ-] M Zeitvertreib *m* ♦ **~ preferito** Lieblingsbeschäftigung *f*

★**pas·sa·to** A ADJ **1** vergangen, vorbei **2** **sono le dodici -e** es ist kurz nach zwölf **3** vorig, letzt: **l'anno ~** letztes Jahr **4** nicht mehr ganz frisch; faulig B M **1** Vergangenheit *f* (*a.* GRAM) **2** GASTR Püree *n* ♦ **è acqua -a** das ist Schnee von gestern

pas·sa·to·ia [-o-] F Läufer *m* **pas·sa·tut·to** M ⟨*inv*⟩ Passiermaschine *f* **pas·sa·ver·du·re** M ⟨*inv*⟩ Passiergerät *n* **pas·sa·vi·van·de** M ⟨*inv*⟩ Durchreiche *f*

★**pas·seg·ge·ra** [-ɛ-] F Passagierin *f*; (*in veicolo*) Insassin *f*

★**pas·seg·ge·ro** [-ɛ-] A ADJ vorübergehend: **amicizie -e** flüchtige Freundschaften *pl* B M **1** Reisende *m*, Passagier *m* **2** (*in veicolo*) Insasse *m* **3** (*su mezzi pubblici*) Fahrgast *m*, Passagier *m* ♦ **~ clandestino** blinder Passagier *m*; **trasporto -i** Personenbeförderung *f*

★**pas·seg·gia·re** VI ⟨1f; av⟩ spazieren gehen

★**pas·seg·gia·ta** F **1** Spaziergang *m*; Spazierfahrt *f* **2** Spazierweg *m* **3** *fig* Kinderspiel *n* ♦ **~ spaziale** Spaziergang *m* im All, Raumspaziergang *m*

pas·seg·gia·tri·ce F *fig* Strichmädchen *n*

pas·seg·gi·no M Kinderwagen *m*; Buggy *m* **pas·seg·gio** [-e-] M **1** Spaziergang *m*: **andare a ~** spazieren gehen **2** Promenade *f* **3** Spaziergänger *pl*

pas·se-par·tout [paspar'tu] M ⟨*inv*⟩ **1** Hauptschlüssel *m* **2** Passepartout *n*

pas·se·ra F **1** ZOOL Braunelle *f* **2** *vulg* Muschi *f* ♦ **~ di mare** Scholle *f*

pas·se·rel·la [-ɛ-] F **1** SCHIFF, FLUG Steg *m* **2** THEAT Rampe *f* **3** (*per sfilate*) Laufsteg *m*

pas·se·ro M Sperling *m*, Spatz *m*

pas·set·ti·ni MPL **camminare a ~** trippeln

pas·seur [pas'sœ:r] M ⟨*inv*⟩ Schleuser *m*, -in *f*

pas·si M ⟨*inv*⟩ Passierschein *m*

pas·si·bi·le ADJ **1** **essere ~ di qc** etw (*dat*) unterworfen sein **2** strafbar

pas·si·flo·ra [-ɔ-] F Passionsblume *f*

pas·si·no M Sieb *n*

pas·sio·na·le ADJ leidenschaftlich, Leidenschafts- **pas·sio·na·li·tà** F ⟨*inv*⟩ Leidenschaftlichkeit *f*

★**pas·sio·ne** [-o-] F **1** Leidenschaft **2** REL Passion *f* **3** Schwarm *m* ♦ **con ~** leidenschaftlich (gern); **~ giovanile** Jugendliebe *f*; **tempo di ~** Passionszeit *f*

pas·si·sta M/F Straßenfahrer *m*, -in *f*

pas·si·to ADJ **vino ~** Likörwein *m*

pas·si·vi·tà F ⟨*inv*⟩ **1** Passivität *f* **2** *pl* WIRTSCH Passiva *pl*, Verbindlichkeiten *pl*

★**pas·si·vo** **A** ADJ passiv, Passiv- **B** M **1** GRAM Passiv *n* **2** WIRTSCH Soll *n*, Passiva *pl*; Passivseite *f* **3** Defizit *n*; Verlust *m* ♦ **fumo ~** Passivrauchen *n*

★**pas·so**¹ M **1** Schritt *m* (*a. fig*) **2** Tritt *m*, Gang *m*: **~ lento** langsamer Gang *m* **3** Fußspur *f*, Fußstapfen *m* (*a. fig*): **seguire i -i di qn** in j-s Fußstapfen treten **4** Tanzschritt *m* **5** Ausschnitt *m*, Passus *m*: **~ della Bibbia** Bibelstelle *f* **6** MECH Abstand *m*, Steigung *f* **7** MIL **~!** im Gleichschritt, Marsch! ♦ **stare al ~ coi tempi** mit der Zeit gehen; **fare un ~ avanti** einen Schritt vortreten; *fig* Fortschritte machen; **fare il ~ più lungo della gamba** sich übernehmen; **fare il primo ~** den ersten Schritt tun (*a. fig*); **e via di questo ~** und so weiter

pas·so² M **1** Durchgang *m*, -fahrt *f*; Weg *m*: **aprirsi il ~ tra la folla** sich (*dat*) einen Weg durch die Menge bahnen **2** GEOL Pass *m* ♦ **~ carraio** Einfahrt *f*; **~ carrabile** Einfahrt frei halten!

pas·so³ ADJ trocken, getrocknet ♦ **uva -a** Rosinen *pl*

pass·word [-wɔrd] F ⟨*inv*⟩ Passwort *n*: **~ utente** Benutzerpasswort *n*

★**pa·sta** F **1** Nudeln *pl*, Teigwaren *pl* **2** Teig *m* **3** Paste *f*: **~ d'acciughe** Sardellenpaste *f* **4** *pl* = *Gebäck mit Cremefüllung oder Fruchtbelag* **5** Teegebäck *n* ♦ **~ in bianco** = *Nudelgericht mit Butter und Parmesankäse*; **~ in brodo** = *in Brühe gekochte Nudeln*; **~ lievitata** Hefeteig *m*; **~ al ragù** Nudeln *pl* mit Hackfleischsoße; **~ al sugo** Nudeln *pl* mit Tomatensoße; **~ all'uovo** Eiernudeln *pl*

▶ Paste e pastine

In italienischen Konditoreien kann man ganze Torten und Kuchen kaufen oder kleine **paste** bzw. **pastine** (Törtchen und Feingebäck) verzehren. Typisch sind z. B. **bignè al cioccolato, alla crema** oder **allo zabaione** (Windbeutel mit Schokolade, Vanille- oder Eierschaumcreme), **tortine alla frutta** (Obsttörtchen), **cannoli** (mit Ricotta gefüllte Teigröllchen), **bomboloni** (Krapfen bzw. Pfannkuchen), **sfogliatine** (Blätterteiggebäck mit Vanillecreme bzw. Schokolade), **babà** (in Rum getunkte Biskuitbällchen). ◀

pa·sta·frol·la [-ɔ-] F Mürbeteig *m*

pa·sta·sciut·ta F Nudeln *pl*

pa·steg·gia·re VI ⟨1f; av⟩ speisen, essen: **~ a ostriche e champagne** Austern und Champagner speisen

pa·stel·lo [-ɛ-] **A** ADJ ⟨*inv*⟩ Pastell- **B** M **1** Pastell *n* **2** Buntstift *m* **3** *fig* Pastell(bild) *n* ♦ **-i a cera** Wachsmalstifte *f*

pa·stic·ca F Pastille *f*

★**pa·stic·ce·ri·a** F **1** Konditorei *f*, *schweiz* Confiserie *f*, Patisserie *f* **2** (*pasticcini*) Gebäck *n*

La pasticceria

In der **pasticceria** kann man ganze Kuchen und Torten zum Mitnehmen kaufen. Im Restaurant bekommt man einzelne Stücke als Dessert.

pa·stic·cia·re VT ⟨1f⟩ 1 verpfuschen 2 beschmieren **pa·stic·cia·to** ADJ GASTR = *mit Tomaten, Fleischsoße und Käse überbacken*

pa·stic·cie·re [-ɛ-] M, **-a** F Konditor *m*, -in *f*

pa·stic·ci·no M Gebäckstück *n*: **-i** Gebäck *n*, *schweiz* Patisserie *f*

pa·stic·cio M 1 GASTR Pastete *f*; Lasagne *f*: **~ di pesce** Fischlasagne *f* 2 *fig* Pfuscherei *f* 3 *fig* Schlamassel *m*: **essere nei -ci** im Schlamassel sitzen; **cacciarsi in un ~** sich (*dat*) eine schöne Suppe einbrocken ♦ **guarda che ~ hai combinato!** da haben wir den Salat!

pa·stic·cio·ne [-o-] M, **-a** F Pfuscher *m*, -in *f*

pa·sti·fi·cio M 1 Teigwarenfabrik *f* 2 Teigwarengeschäft *n*

★**pa·sti·glia** F 1 Tablette *f* 2 MECH Belag *m* ♦ **~ effervescente** Brausetablette *f*

pa·sti·na F 1 Suppennudeln *pl* 2 Feingebäck *n*, Törtchen *n*

★**pa·sto** M Mahlzeit *f*, Essen *n* ♦ **buono ~** Essensmarke *f*; **~ completo** vollständiges Menü *n*; **mangiare fuori ~** zwischen den Mahlzeiten essen; **da prendere ai -i** zu den Mahlzeiten einnehmen; **vino da ~** Tafelwein *m*

pa·sto·ia [-o-] F 1 Weideleine *f* 2 *fig* Fessel *f*, Behinderung *f*

pa·sto·ne [-o-] M Kleienfutter *n*

pa·sto·ra·le A ADJ 1 Schäfer-, Hirten- 2 KIRCHE seelsorgerisch B F 1 REL Hirtenbrief *m* 2 MUS Pastorale *n* **pa·sto·re** [-o-] M, **-a** F 1 Hirt *m*, -in *f* (*a. fig*); Schäfer *m*, -in *f* 2 REL Pfarrer *m*, -in *f*, Pastor *m*, -in *f* 3 (**cane da**) **pastore** *m* Schäferhund *m* **pa·sto·rel·lo** [-ɛ-] M, **-a** F Hirtenknabe *m*, -mädchen *n*

pa·sto·ri·zia F Viehzucht *f* **pa·sto·ri·zio** ADJ **prodotti -zi** Viehzuchtprodukte *pl*

pa·sto·riz·za·re VT ⟨1a⟩ pasteurisieren **pa·sto·riz·za·zio·ne** [-o-] F Pasteurisation *f*

pa·sto·si·tà F ⟨*inv*⟩ 1 Dickflüssigkeit *f* 2 *fig* Weichheit *f* **pa·sto·so** [-o-] ADJ 1 dickflüssig 2 *fig* weich 3 (*enologia*) vollmundig, samtig

pa·stra·no M schwerer Mantel *m*

pa·stroc·chio [-ɔ-] M *umg* Kuddelmuddel *m/n*

pa·stu·ra F 1 Weiden *n* 2 Weideland *n*

pa·tac·ca F 1 wertlose Münze *f*; **non valere una ~** keinen roten Heller wert sein 2 Fälschung *f* 3 *umg* Fettfleck *m*

★**pa·ta·ta** F Kartoffel *f*: **pelare** (**le**) **-e** Kartoffeln schälen ♦ *fig* **~ bollente** heißes Eisen *n*; **passare la ~ bollente a qn** j-m den schwarzen Peter zuspielen; **-e bollite** Pellkartoffeln *pl*; Salzkartoffeln *pl*; **-e al cartoccio** Folienkartoffeln *pl*, Ofenkartoffeln *pl*; **-e fritte** Pommes frites *pl*; **-e novelle** Frühkartoffeln *pl*

pa·ta·ti·na F 1 Kartöffelchen *n* 2 Kartoffelchip *m* 3 *umg fig* Pummelchen *n* ♦ **-e fritte** Pommes frites *pl*

pa·ta·trac A INT krach B M ⟨*inv*⟩ 1 *umg* Krach *m*; Durcheinander *n* 2 *fig* Pleite *f*

pa·té M ⟨*inv*⟩ Pastete *f*

pa·tel·la [-ɛ-] F ANAT Kniescheibe *f*

pa·te·ma [-ɛ-] M Seelenschmerz *m*

pa·ten·ta·to ADJ 1 mit Führerschein 2 *umg* ausgemacht: **bugiardo ~** ausgemachter Lügner

pa·ten·te [-ɛ-] F 1 Lizenz *f*, Schein *m* 2 ★ **~** (**di guida**) Führerschein *m*, *schweiz* Fahrausweis *m* ♦ **~ europea** Europa-Führerschein *m*; **~ a punti** Punkteführerschein *m* (*bei dem bei Verkehrsdelikten vom ursprünglichen Punkteguthaben abgezogen wird*); **ritiro della ~** Führerscheinentzug *m*, Entzug *m* der Fahrerlaubnis; **chi guida senza ~** Schwarzfahrer *m*, -in *f*; **sospensione della ~** Fahrverbot *n*

pa·ten·ti·no M 1 beschränkte Genehmigung *f*; Lizenz *f*, Schein *m* 2 (*per motorini*) Mofa-Prüfbescheinigung *f*, Mofaführerschein *m*

pa·ter·na·le F Strafpredigt *f*: **fare la ~ a qn** j-m eine Strafpredigt halten

pa·ter·na·li·smo M Paternalismus *m*

pa·ter·ni·tà F ⟨*inv*⟩ 1 Vaterschaft *f*: **~ legittima/naturale** eheliche/nicht eheliche Vaterschaft 2 Name *m* des Vaters 3 *fig* Urheberschaft *f* ♦ **accertamento della ~** Vaterschaftsbestimmung *f*; **azione di accertamento della ~** Vaterschaftsklage *f*

pa·ter·no [-ɛ-] ADJ **1** Vater-; väterlich (*a. fig*) **2** väterlicherseits
pa·ter·no·stro [-ɔ-] M Vaterunser *n*
pa·te·ti·co [-ɛ-] **A** ADJ **1** pathetisch **2** ergreifend; rührselig **3** sinnlos **B** M Pathetische *n*: **andare sul** (*od* **cadere nel**) **~** pathetisch werden
pa·te·ti·smo [-z-] M Rührseligkeit *f*
pa·ti·bo·lo M Schafott *n*
pa·ti·men·to [-e-] M Leiden *n*, Schmerz *m*
pa·ti·na F **1** dünne Schicht *f*, Belag *m*: **~ sulla lingua** Belag *m* auf der Zunge **2** Film *m*: **~ di grasso** Fettfilm *m* **3** Patina *f*
pa·ti·na·re V/T ⟨1l⟩ **1** patinieren **2** satinieren **pa·ti·na·to** ADJ **1** patiniert **2** *fig* künstlich: **la bellezza -a delle dive** die künstliche Schönheit der Stars **pa·ti·no·so** [-o-] ADJ belegt: **lingua -a** belegte Zunge *f*
pa·ti·re ⟨4d⟩ **A** V/I ⟨av⟩ leiden: **~ di stomaco** magenkrank sein **B** V/T **1** erleiden: **~ una sconfitta** eine Niederlage erleiden **2** leiden **3** **non poter ~ qc** etw nicht ertragen können **pa·ti·to** **A** ADJ abgezehrt **B** M, **-a** F Fanatiker *m*, -in *f*, Fan *m*: **~ di calcio** Fußballfan *m*
pa·to·ge·no [-ɔ-] ADJ krankheitserregend
pa·to·lo·gi·a F Pathologie *f*
pa·to·lo·gi·co [-ɔ-] ADJ krankhaft (*a. fig*)
pa·to·lo·go [-ɔ-] M, **-a** F Pathologe *m*, -login *f*
pa·tria F **1** Vaterland *n*; Heimatland *n* **2** (*città*) Heimatstadt *f* **3** Heimat *f* ♦ **amor di ~** Vaterlandsliebe *f*; **~ d'elezione** Wahlheimat *f*; **nostalgia per la ~** Heimweh *n*
pa·triar·ca M **1** Oberhaupt *n* **2** Patriarch *m* **pa·triar·ca·le** ADJ patriarchalisch **pa·triar·ca·to** M Patriarchat *n* (*a.* KIRCHE)
pa·tri·gno M Stiefvater *m*
pa·tri·mo·nia·le **A** ADJ Vermögens- **B** F Vermögenssteuer *f* ♦ **consulenza ~** Vermögensberatung *f*; **imposta ~** Vermögenssteuer *f*; **stato ~** Bilanz *f*; Vermögenslage *f*
pa·tri·mo·nio [-ɔ-] M **1** Vermögen *n* **2** *fig* Bestand *m*, Gut *n*: **~ culturale** Kulturgut *n*; **~ forestale** Waldbestand *m* **3** Schätze *pl*: **~ artistico** Kunstschätze *pl* ♦ **~ in capitali** Kapitalvermögen *n*; **~ ereditario** (*od* **genetico**) Erbgut *n*; **~ lessicale** Wortschatz *m*
pa·trio ADJ **1** heimatlich **2** Vaterlands-, vaterländisch: **amor ~** Vaterlandsliebe *f* **3** väterlich ♦ **-a potestà** elterliche Gewalt *f*
pa·trio·ta [-ɔ-] M/F Patriot *m*, -in *f*
pa·triot·ti·co [-ɔ-] ADJ **1** patriotisch, vaterländisch **2** vaterlandsliebend
pa·triot·ti·smo [-z-] M Vaterlandsliebe *f*
pa·tri·zia·to M **1** HIST Patriziat *n* **2** Adel *m*, Aristokratie *f*
pa·tri·zio ADJ **1** HIST patrizisch, Patrizier- **2** adelig, Adels-
pa·tro·ci·nan·te ADJ JUR verteidigend
pa·tro·ci·na·re V/T ⟨1a⟩ **1** JUR verteidigen, vertreten; Rechtsbeistand leisten **2** *fig* unterstützen **pa·tro·ci·na·to·re** [-o-] M, **-tri·ce** F **1** JUR (*legale*) Rechtsbeistand *m*; (*difensore*) Verteidiger *m*, -in *f* **2** *fig* Fürsprecher *m*, -in *f* **3** Schirmherr *m*, -in *f*
pa·tro·ci·nio M **1** JUR Verteidigung *f*, Rechtsbeistand *m* **2** *fig* Unterstützung *f* **3** Schirmherrschaft *f*: **sotto il ~ di qn** unter j-s Schirmherrschaft
pa·tron [-ɔ-] M ⟨*inv*⟩ Veranstalter *m*
pa·tro·na·le ADJ Patronats-: **festa ~** Patronatsfest *n* **pa·tro·na·to** M **1** Schirmherrschaft *f*: **sotto l'alto ~ del capo dello Stato** unter der Schirmherrschaft des Staatsoberhaupts **2** Hilfs-, Fürsorgewerk *n*
pa·tro·no [-ɔ-] M, **-a** F **1** REL Schutzheilige *m/f*, Patron *m*, -in *f* **2** (*di manifestazione*) Schirmherr *m*, -in *f* **3** JUR (*difensore*) Rechtsbeistand *m*
pat·ta¹ F **1** Hosenschlitz *m* **2** Patte *f*
pat·ta² F Unentschieden *n*; Remis *n*
pat·teg·gia·men·to [-e-] M Aushandeln *n*
pat·teg·gia·re ⟨1f⟩ **A** V/T aushandeln **B** V/I ⟨av⟩ **1** **~ con qn** mit j-m verhandeln **2** sich auf einen Kompromiss einlassen **pat·teg·gia·to·re** [-o-] M, **-tri·ce** F Unterhändler *m*, -in *f*
pat·ti·nag·gio M **1** Eislauf *m*; Schlittschuhlaufen *n* **2** Rollschuhlauf *m* ♦ **~ artistico** Eiskunstlauf *m*; **~ di velocità** Eisschnelllauf *m*
pat·ti·na·re V/I ⟨1l; av⟩ **1** Schlittschuh laufen **2** Rollschuh laufen **pat·ti·na·to·re** [-o-] M, **-tri·ce** F **1** Eisläufer *m*, -in *f* **2** Rollschuhläufer *m*, -in *f*

pat·ti·no[1] M 1 Schlittschuh *m* 2 Rollschuh *m* 3 (*di slitta, aereo*) Kufe *f* 4 TECH Gleitschuh *m*

pat·ti·no[2] M kleines H-förmiges Ruderboot *n* ♦ **~ a pedali** Tretboot *n*

pat·to M 1 Vereinbarung *f*, Abmachung *f*: **stare ai -i** sich an die Vereinbarungen halten 2 POL Pakt *m*, Bündnis *n* ♦ **~ atlantico** Atlantisches Bündnis *n*; **~ di Varsavia** Warschauer Pakt *m*; **a ~ che …** unter der Voraussetzung, dass …; **a un ~** unter einer Bedingung; **a nessun ~** auf keinen Fall; **~ di stabilità economica** Stabilitätspakt *m*; **~ di stabilità e di crescita** Stabilitäts- und Wachstumspakt *m*

pat·tu·glia F 1 Patrouille *f*, Streife *f* 2 Trupp *m* ♦ **essere di ~** Streifendienst *m* haben; **~ di polizia** Polizeistreife *f*

pat·tu·glia·re V/I & V/T ⟨1g; av⟩ patrouillieren

pat·tu·i·re V/T ⟨4d⟩ vereinbaren **pat·tu·i·to** ADJ vereinbart **pat·tu·i·zio·ne** [-o-] F 1 Vertragsabschluss *m* 2 Vereinbarung *f*

pat·tu·me M Abfall *m* **pat·tu·mie·ra** [-ɛ-] F Mülleimer *m*, Abfalleimer *m*

pa·tur·nie FPL *umg* schlechte Laune *f* ♦ **avere le ~** schlecht gelaunt sein; **far venire le ~ a qn** j-m die Laune verderben

★**pa·u·ra** F Angst *f*, Furcht *f*: **aver ~ di qc/qn** Angst vor etw/j-m haben; **avere ~ che …** befürchten, dass … ♦ **magro da far ~** erschreckend mager; **niente ~!** keine Angst!; **ho ~ di no** ich fürchte nein

pau·ro·so [-o-] ADJ 1 furchtsam 2 fürchterlich, erschreckend 3 unglaublich: **una memoria -a** ein unglaubliches Gedächtnis *n*

★**pau·sa** F Pause *f* (*a.* MUS)

pa·ve·sa·re V/T ⟨1a⟩ beflaggen, bewimpeln

pa·ve·se [-e-] ADJ A aus Pavia B M/F Bewohner *m*, -in *f* von Pavia ♦ **zuppa ~** = *Fleischbrühe mit Ei, gerösteten Brotscheiben und Käse*

Pa·vi·a F Pavia *n*

pa·vi·do ADJ ängstlich, furchtsam

pa·vi·men·ta·re V/T ⟨1a⟩ 1 den Fußboden verlegen 2 (zu)pflastern 3 zubetonieren

pa·vi·men·ta·zio·ne [-o-] F 1 Fußbodenverlegen *n* 2 Pflasterung *f* 3 Fußboden *m* 4 Straßenpflaster *n*; Straßendecke *f*

★**pa·vi·men·to** [-e-] M (Fuß)Boden *m* ♦ **~ in cotto** Fußboden *m* aus Terrakottafliesen *pl*

pa·von·cel·la [-ɛ-] F Kiebitz *m*

pa·vo·ne [-o-] M Pfau *m*

pa·vo·neg·giar·si [-s-] V/PR ⟨1f⟩ sich aufplustern, sich spreizen wie ein Pfau

pay TV ['peiti'vi] F ⟨*inv*⟩ Bezahlfernsehen *n*, Pay-TV *n*

pa·zien·ta·re V/I ⟨1b; av⟩ sich gedulden

★**pa·zien·te** [-ɛ-] A ADJ geduldig B M/F Patient *m*, -in *f*

★**pa·zien·za** [-ɛ-] F 1 Geduld *f* 2 **~!** so ist es eben! ♦ *umg* **santa ~!** meine Güte!

paz·za·men·te [-e-] ADV 1 wahnsinnig, irr(e) 2 *umg* unheimlich, wahnsinnig: **amare ~ qn** j-n unheimlich lieben; **sono ~ innamorato di lei** ich bin unsterblich in sie verliebt **paz·ze·rel·lo** [-ɛ-] ADJ närrisch ♦ **tempo ~** Aprilwetter *n*

paz·ze·rel·lo·ne [-o-] A ADJ verrückt B M, **-a** F verrückter Typ *m* **paz·ze·sco** [-e-] ADJ 1 verrückt; wahn-, irrsinnig 2 *umg* wahnsinnig, Wahnsinns-: **avere una sete -a** wahnsinnigen Durst haben; **~!** Wahnsinn!

paz·zi·a F Wahn-, Irrsinn *m*; Verrücktheit *f* (*a. fig*): **è una ~!** das ist Wahnsinn!

★**paz·zo** A ADJ verrückt, irre: **ma sei ~?** bist du verrückt geworden?; **essere ~ di qn** nach j-m verrückt sein B M, **-a** F Verrückte *m/f*, Irre *m/f* ♦ **amore ~** Vernarrtheit *f*; **andare ~ per qc** auf etw (*akk*) verrückt sein; **cose da -i!** reiner Wahnsinn!; **~ da legare** total übergeschnappt

paz·zoi·de [-ɔ-] A ADJ verrückt B M/F Verrückte *m/f*

pec·ca [-ɛ-] F Fehler *m*, Mangel *m*

pec·ca·mi·no·si·tà F ⟨*inv*⟩ Sündhaftigkeit *f* **pec·ca·mi·no·so** [-o-] ADJ sündhaft, sündig

pec·ca·re V/I ⟨1b *u.* d; av⟩ sündigen, sich versündigen: **~ contro qn/qc** sich an j-m/etw versündigen

★**pec·ca·to** M 1 Sünde *f*: **commettere ~** eine Sünde begehen 2 schade: **~!** schade!; **un vero ~ per lui** (es ist) schade um ihn ♦ **i sette -i capitali** die sieben Todsünden *pl*; **~ di gola** Naschsucht *f*; **~ originale** Sündenfall *m*; Erbsünde *f*

pec·ca·to·re [-o-] M, **-tri·ce** F Sünder *m*, -in *f*

pe·ce [-e-] F Pech *n*: **nero come la ~** pechschwarz

pe·chi·ne·se[1] [-e-] A ADJ Pekinger B

P

M/F Pekinger *m*, -in *f*
pe·chi·ne·se² [-e-] M (*cane*) Pekinese *m*
Pe·chi·no F Peking *n*
★**pe·co·ra** [-ɛ-] F Schaf *n* (*a. fig*) ♦ **essere la ~ nera** das schwarze Schaf sein
pe·co·rag·gi·ne F 1 Herdentrieb *m* 2 *fig* Feigheit *f* **pe·co·ra·io** M, **-a** F Schäfer *m*, -in *f* **pe·co·rec·cio** [-e-] A ADJ ordinär B M 1 Schafgeruch *m* 2 *fig* Schlamassel *m* **pe·co·rel·la** [-ɛ-] F 1 Schäfchen *n* 2 Schäfchenwolke *f* **pe·co·ri·no** A ADJ Schaf- B M Schafskäse *m* **pe·co·ro·ne** [-o-] M, **-a** F 1 **pecorone** *m* Herdentier *n* 2 *fig* Herdentier *n*, Herdenmensch *m*
pe·cu·la·to M Amtsunterschlagung *f*
pe·cu·lia·re ADJ charakteristisch, eigen
pe·cu·lia·ri·tà F ⟨*inv*⟩ Eigentümlichkeit *f*
pe·cu·nia F Geld *n* **pe·cu·nia·rio** ADJ Geld-: **sanzione -a** Geldstrafe *f*
pe·dag·gio M Gebühr *f*: **~ autostradale** Autobahngebühr *f*, Maut *f*
pe·da·go·gi·a F Erziehungswissenschaft *f* **pe·da·go·gi·co** [-ɔ-] ADJ erzieherisch, Erziehungs- **pe·da·go·gi·sta** M/F Erziehungswissenschaftler *m*, -in *f*
pe·da·go·go [-ɔ-] M, **-a** F Pädagoge *m*, -gin *f*
pe·da·la·re V/I ⟨1a; av⟩ in die Pedale treten
pe·da·la·to·re [-o-] M, **-tri·ce** F Radsportler *m*, -in *f*
pe·da·le M Pedal *n* (*a.* MUS) ♦ **a ~** (*od* **-i**) Tret-, Fuß-; **auto a -i** Tretauto *n*; **freno a ~** Fußbremse *f*; **~ dell'acceleratore** Gaspedal *n*; **~ del freno** Bremspedal *n*; **~ della frizione** Kupplungspedal *n*
pe·da·lò [-ɔ] M ⟨*inv*⟩ Tretboot *n*
pe·da·na F 1 Trittbrett *n* 2 SPORT Sprungbrett *n* 3 (*in sartoria*) Vorstoß *m* ♦ **~ della cattedra** Podest *n*; **~ dell'oratore** Rednerpult *n*
pe·dan·te A ADJ pedantisch B M/F Pedant *m*, -in *f* **pe·dan·te·ri·a** F Pedanterie *f* **pe·dan·te·sco** [-e-] ADJ oberlehrerhaft
pe·da·ta F 1 (Fuß)Tritt *m* 2 Trittstufe *f*
pe·de·ra·sta M Päderast *m*
pe·de·stre [-ɛ-] ADJ gewöhnlich, banal
pe·dia·tra M/F Kinderarzt *m*, -ärztin *f*
pe·dia·tri·a F 1 Kinderheilkunde *f* 2 (**reparto di**) **~** Kinderstation *f*
pe·di·cu·re [-kyr] A M/F ⟨*inv*⟩ Fußpfleger *m*, -in *f* B F Fußpflege *f*
pe·di·gree [-gri] M ⟨*inv*⟩ Stammbaum *m*
pe·di·lu·vio M Fußbad *n*
pe·di·na F 1 Spielstein *m*; (*scacchi*) Bauer *m* 2 *fig* Handlanger *m*, -in *f*
pe·di·na·men·to [-e-] M Beschattung *f*
pe·di·na·re V/T ⟨1a⟩ beschatten; nachschleichen **pe·di·na·to·re** [-o-] M, **-tri·ce** F Beschatter *m*, -in *f*
pe·dis·se·quo ADJ 1 sklavisch 2 (*di traduzione*) wortgetreu, wortwörtlich
pe·di·vel·la [-ɛ-] F Tretkurbel *f*
pe·do·fi·li·a F Pädophilie *f*
pe·do·fi·lo [-ɔ-] M, **-a** F Pädophile *m/f*
★**pe·do·na·le** ADJ Fußgänger-: **zona** (*od* **isola**) **~** Fußgängerzone *f*; **strisce -i** Zebrastreifen *pl* **pe·do·na·liz·za·re** V/T ⟨1a⟩ zur Fußgängerzone machen
★**pe·do·ne** [-o-] M, **-a** F 1 Fußgänger *m*, -in *f* 2 (*scacchi*) **pedone** *m* Bauer *m*
pe·du·la [-ɛ-] F Wanderschuh *m*
pe·dun·co·lo M Stiel *m*, Stängel *m*
pee·ling ['piliŋ] M ⟨*inv*⟩ Peeling *n*
★**peg·gio** [-ɛ-] ⟨*komp von* **male**⟩ A ADV schlechter; schlimmer; am schlechtesten B ADJ schlechter; schlimmer C M Schlechteste *n*; Schlimmste *n* ♦ **alla ~** im schlimmsten Fall; recht und schlecht; **avere la ~** den Kürzeren ziehen; **andare di male in ~** immer schlimmer werden; **non c'è niente di ~ che …** es gibt nichts Schlimmeres als …; **~ per te** (*od* **per lui/lei/voi/loro**)! selber schuld!
peg·gio·ra·men·to [-e-] M Verschlechterung *f* **peg·gio·ra·re** ⟨1a⟩ A V/T verschlechtern B V/I ⟨es⟩ sich verschlechtern **peg·gio·ra·ti·vo** ADJ abwertend
★**peg·gio·re** [-o-] ⟨*komp u. sup von* **cattivo**⟩ A ADJ 1 schlechter; schlimmer 2 schlechtest; schlimmst: **nella ~ delle ipotesi** im schlimmsten Fall B M Schlechteste *m*; Übelste *m*, Schlimmste *m*
pe·gno [-e-] M 1 Pfand *n* 2 Unterpfand *n* ♦ **banco dei -i** Pfandhaus *n*, Leihhaus *n*
pe·la·me M Fell *n*
pe·lan·dro·ne [-o-] M, **-a** F *umg* Faulpelz *m*
pe·la·pa·ta·te M ⟨*inv*⟩ Kartoffelschäler *m*
pe·la·re ⟨1a⟩ A V/T 1 (*sbucciare*) schälen 2 (*spennare*) rupfen 3 (*togliere la pelle*) häuten 4 kahl scheren 5 *umg* ausnehmen: **in quel locale ti pelano** in dem Lokal nehmen sie dich aus B V/PR **-rsi** das

P

Haar verlieren ♦ **avere una bella gatta da ~** eine harte Nuss zu knacken haben

pe·la·ta F **dare una ~ a qc** etw schnell schälen **pe·la·to** ADJ 1 kahl 2 geschält: **pomodori -i** geschälte Tomaten *pl*

pel·lac·cia F 1 zähe Natur *f* 2 eiskalter Typ *m* ♦ **avere la ~ dura** ein dickes Fell haben

pel·la·me M Lederwaren *pl*; Leder *n*

★**pel·le** [-ɛ-] F 1 Haut *f*: **~ secca/grassa** trockene/fettige Haut *f* 2 (*di animali*) Fell *n*: **cambiare la ~** sich häuten 3 Leder *n* 4 (*buccia*) Schale *f* ♦ **amici per la ~** Busenfreunde *pl*; **~ di camoscio** Wildleder *n*; **cura della ~** Hautpflege *f*; **avere i nervi a fior di ~** (völlig) überreizt sein; **lasciarci la ~** ums Leben kommen; **avere la ~ d'oca** eine Gänsehaut haben; **rischiare la ~** sein Leben riskieren; **salvare la ~ a qn** j-m das Leben retten; **non voler essere nella ~ di qn** nicht in j-s Haut stecken wollen

pel·le·gri·nag·gio M Pilger-, Wallfahrt *f*: **andare in ~** auf Wallfahrt gehen

pel·le·gri·no A ADJ 1 umherirrend 2 seltsam B M, **-a** F Pilger *m*, -in *f*, Wallfahrer *m*, -in *f*

pel·le·ros·sa [-o-] M/F ⟨*inv*⟩ Rothaut *f*

pel·let·te·ri·a F 1 Lederwaren *pl* 2 Lederwarenfabrik *f* 3 Lederwarengeschäft *n*

pel·li·ca·no M Pelikan *m*

pel·lic·ce·ri·a F 1 Kürschnerei *f* 2 Pelzwaren *pl* 3 Pelzgeschäft *n*

★**pel·lic·cia** F 1 Fell *n*; Pelz *m*: **~ di visone** Nerzfell *n*; Nerzmantel *m* 2 Pelzmantel *m* 3 **~ ecologica** Webpelz *m* **pel·lic·cia·io** M, **-a** F 1 Kürschner *m*, -in *f* 2 Pelzhändler *m*, -in *f* **pel·lic·ciot·to** [-ɔ-] M Pelzjäckchen *n* **pel·li·ci·na** F Häutchen *n*

pel·li·co·la F 1 Folie *f*: **~ (trasparente) per alimenti** Frischhaltefolie *f* 2 Film *m* ♦ **~ in bianco e nero** Schwarz-Weiß-Film *m*; **~ a colori** Farbfilm *m*; **~ per diapositive** Diafilm *m*

pel·li·ros·sa [-o-] → pellerossa

★**pe·lo** [-e-] M 1 Haar *n*: **-i della barba** Barthaare *pl* 2 Fell *n* 3 Wasseroberfläche *f* 4 (*di lana ecc.*) Fluse *f* 5 (*di tappeti ecc.*) Flor *m* ♦ **~ di cammello** Kamelhaar *n*; **a un ~ da** knapp vor; **a un ~ dalla vittoria** ganz knapp vor dem Sieg; **non aver -i sulla lingua** kein Blatt vor den Mund nehmen; **per un ~** um ein Haar; **sacco a ~** Schlafsack *m*

pe·lo·si·tà F ⟨*inv*⟩ Behaartsein *n*

pe·lo·so [-o-] ADJ 1 behaart, haarig 2 pelzig

pel·tro [-e-] M (Hart)Zinn *n*

pe·luc·co M Fussel *f*: **fare i -chi** fusseln

pe·lu·che [pe'luʃ] F ⟨*inv*⟩ 1 Plüsch *m* 2 Plüschtier *n* ♦ **orso di ~** Teddybär *m*

pe·lu·ria F ⟨*inv*⟩ Flaum *m* (*a.* BOT)

pel·vi [-ɛ-] F ANAT Becken *n*: **~ renale** Nierenbecken *n* **pel·vi·co** [-ɛ-] ADJ Becken-

★**pe·na** [-e-] F 1 Leid *n*, Qual *f*, Pein *f* 2 Mitleid *n* 3 Strafe *f* ♦ **-e d'amore** Liebesqualen *pl*; **condono della ~** Straferlass *m*; **darsi ~ per qn** sich um j-n bemühen; **~ detentiva** Freiheitsstrafe *f*; **istituto di ~** Strafanstalt *f*; **a mala ~** mit Müh und Not; **~ di morte** Todesstrafe *f*; **~ pecuniaria** Geldstrafe *f*; **sotto ~ di** unter Strafe von; **stare in ~ per qn** sich (*dat*) Sorgen um j-n machen; (**non**) **ne vale la ~** es lohnt sich (nicht)

pe·na·le A ADJ strafrechtlich, Straf- B F Bußgeld *n*; Konventionalstrafe *f* ♦ **casellario ~** Strafregister *n*; **codice ~** Strafgesetzbuch *n*; **fedina ~** Führungszeugnis *n*

pe·na·li·sta M/F Strafrechtler *m*, -in *f*

pe·na·li·tà F ⟨*inv*⟩ 1 Strafgeld *n* 2 SPORT Strafe *f*

pe·na·liz·za·re V/T ⟨1a⟩ 1 bestrafen 2 *fig* benachteiligen 3 SPORT strafen **pe·na·liz·za·zio·ne** [-o-] F 1 Strafe *f* 2 *fig* Benachteiligung *f*

pe·na·re V/I ⟨1a; av⟩ 1 leiden 2 sich abmühen 3 (viel) durchmachen ♦ *umg* **quanto mi ha fatto ~!** hat der mir zu schaffen gemacht!

pen·co·la·re V/I ⟨1l *u.* b; av⟩ schwanken (*a. fig*)

pen·da·glio M Anhängsel *n*; Anhänger *m*

pen·den·te [-ɛ-] ADJ 1 hängend, Hänge-: **orecchino ~** Ohrgehänge *n* 2 schief, abfallend: **la torre ~ di Pisa** der Schiefe Turm von Pisa 3 offen, ungelöst 4 JUR schwebend, anhängig **pen·den·za** [-ɛ-] F 1 Gefälle *n* 2 Steigung *f* 3 Neigung *f* 4 Abhang *m* 5 JUR schwebende Sache *f* 6 HANDEL Schuld *f*

pen·de·re [-ɛ-] V/I ⟨3a; av⟩ 1 (herunter)hängen 2 sich neigen, schief stehen 3 schweben 4 *fig* **~ per il no** zum Nein neigen ♦ **~ dalle labbra di qn** an j-s Lippen hängen

pen·di·ce F (Ab)Hang *m*, Hanglage *f*
pen·di·o M 1 Gefälle *n* 2 (Ab)Hang *m*
pen·do·la [-ɛ-] F Pendeluhr *f*
pen·do·la·re¹ V/I ⟨1l *u.* b; av⟩ pendeln (*a. fig*)
pen·do·la·re² M/F Pendler *m*, -in *f* ♦ **traffico ~** Pendelverkehr *m*
pen·do·li·no M Pendolino *m* (*Hochgeschwindigkeitszug mit aktiver Kurvenneigung*)
pen·do·lo [-ɛ-] M 1 Pendel *n* 2 Senklot *n* ♦ **orologio a ~** Pendeluhr *f*; Standuhr *f*
pen·du·lo [-ɛ-] ADJ 1 hängend, Hänge- 2 ANAT **velo ~** Gaumensegel *n*
pe·ne [-ɛ-] M Penis *m*
pe·ne·tra·bi·le ADJ 1 durchdringbar 2 *fig* ergründbar **pe·ne·tra·bi·li·tà** F ⟨*inv*⟩ 1 Durchdringbarkeit *f* 2 *fig* Ergründbarkeit *f* **pe·ne·tran·te** ADJ penetrant, durchdringend: **uno sguardo ~** ein durchdringender Blick *m*
pe·ne·tra·re ⟨1l *u.* b⟩ A V/I ⟨es⟩ (ein)dringen B V/T ergründen: **~ qn con lo sguardo** j-n mit Blicken durchbohren
pe·ne·tra·zio·ne [-o-] F 1 Eindringen *n* (*a. fig*) 2 (*prodotto sul mercato*) Vor-, Durchdringen *n*
pe·ni·cil·li·na F Penicillin *n*
pe·nin·su·la·re ADJ Halbinsel-
★**pe·ni·so·la** F 1 Halbinsel *f* 2 Italien *n*
pe·ni·ten·te [-ɛ-] A ADJ 1 reuig, reuevoll 2 bußfertig B M/F 1 Büßer *m*, -in *f*, Büßende *m/f* 2 Beichtkind *n* **pe·ni·ten·za** [-ɛ-] F 1 Reue *f* 2 Buße *f* 3 Strafe *f*
pe·ni·ten·zia·le ADJ Buß- **pe·ni·ten·zia·rio** A ADJ Straf-: **sistema ~** Strafvollzug *m* B M Haftanstalt *f*
★**pen·na** [-e-] F 1 Feder *f* 2 *pl* Gefieder *n* 3 (Schreib)Feder *f* 4 *fig* Schriftsteller *m*, -in *f* 5 Journalist *m*, -in *f* 6 *pl* GASTR = *mittellange, röhrenförmige Nudeln* ♦ **a ~** mit der Feder; **amico** (**amica**) **di ~** Brieffreund *m*, -in *f*; ★ **~ biro** (*od* **a sfera**) Kugelschreiber *m*; **lasciarci le -e** ins Gras beißen; **~ ottica** Lichtstift *m*, Lichtgriffel *m*; ★ **~ stilografica** Füllfederhalter *m*
pen·nac·chio M 1 Federbusch *m* 2 Gamsbart *m* ♦ **~ di fumo** Rauchfahne *f*
★**pen·na·rel·lo** [-ɛ-] M Filzstift *m*, Filzschreiber *m*
pen·nel·la·re V/T ⟨1b⟩ (be)pinseln
pen·nel·la·ta F 1 Pinselstrich *m*; Pinselführung *f* 2 *fig* Zug *m*: **descrivere con poche -e** in wenigen Zügen beschreiben
pen·nel·la·tu·ra F MED (Be)Pinseln *n*
pen·nel·les·sa [-e-] F Flachpinsel *m*
pen·nel·lo [-ɛ-] M 1 Pinsel *m* 2 Maler *m*, -in *f* ♦ **a ~** perfekt; **andare** (*od* **stare**) **a ~** haargenau (*od* wie angegossen) passen, tadellos sitzen
pen·ni·chel·la [-ɛ-] F Mittagsschläfchen *n*
pen·ni·no M (Schreib)Feder *f* **pen·no·ne** [-o-] M 1 Fahnenstange *f* 2 SCHIFF Rah *f* 3 Banner *n* **pen·nu·to** A ADJ gefiedert B M Vogel *m*
pe·nom·bra [-o-] F Halbschatten *m*
pe·no·si·tà F ⟨*inv*⟩ 1 Traurigkeit *f* 2 Peinlichkeit *f* 3 Kläglichkeit *f* **pe·no·so** [-o-] ADJ 1 traurig 2 schmerzlich 3 unangenehm 4 peinlich, betreten 5 kläglich
pen·sa·bi·le [-s-] ADJ denkbar
pen·san·te [-s-] ADJ denkend
★**pen·sa·re** [-s-] ⟨1b⟩ A V/I ⟨av⟩ 1 **~ a qn/qc** an j-n/etw denken 2 **~ a qc** über etw (*akk*) nachdenken, sich (*dat*) etw überlegen 3 **~ a qn/qc** sich um j-n/etw kümmern B V/T 1 denken, glauben: **penso che sia meglio partire subito** ich denke, es ist besser, gleich abzufahren 2 **~ qc di qn/qc** etw von j-m/etw halten; **che cosa ne pensi?** was hältst du davon? 3 sich (*dat*) vorstellen: **pensa un po' che fortuna!** stell dir mal vor, was für ein Glück! 4 gedenken, vorhaben: **cosa pensi di fare?** was gedenkst du zu tun? ♦ **~ bene di qn** gut über j-n denken; **e ~ che** ... und wenn man bedenkt, dass ...; **pensa e ripensa** nach langer Überlegung; ★ **pensarci** darüber nachdenken; daran denken; etwas überlegen

pensare

pensare wird in der Regel in Verbindung mit **ci** verwendet:

Ci penso.	Ich denke daran.
Ci penso io!	Ich kümmere mich drum!
Ci devo pensare.	Ich muss es mir überlegen.
Pensaci bene!	Überlege es dir gut!

pen·sa·ta [-s-] F Einfall *m* **pen·sa·to** ADJ **ben ~** gut durchdacht **pen·sa·to·re** [-o-] M, **-tri·ce** F Denker *m*, -in *f*
pen·sie·ri·no M 1 kurzer Aufsatz *m* 2 Kleinigkeit *f*, kleine Aufmerksamkeit *f* ♦ **fare un ~ su qc** mit etw liebäugeln; **farci un ~** etw in Erwägung ziehen

★**pen·sie·ro** [-si'ɛ-] M **1** Gedanke *m* **2** Lehre *f* **3** Meinung *f* **4** Denken *n*, Denkvermögen *n* **5** Sorge *f*: **essere** (*od* **stare**) **in ~ per qn/qc** um j-n/etw in Sorge sein **6** Aufmerksamkeit *f*, Kleinigkeit *f* ◆ **accarezzare un ~** sich mit einem Gedanken tragen

pen·sie·ro·si·tà [-ns-] F ⟨*inv*⟩ Versonnenheit *f*, Nachdenklichkeit *f* **pen·sie·ro·so** [pensie'ro-] ADJ **1** nachdenklich **2** besorgt

pen·si·le [-ɛns-] ADJ **1** Hänge-: **armadietto ~** Hängeschrank *m* **2** hängend: **giardino ~** Dachgarten *m*

pen·si·li·na [-s-] F **1** Schutzdach *n* **2** Bahnsteigüberdachung *f*

pen·sio·na·bi·le [-s-] ADJ **1** Renten-; Pensions- **2** rentenfähig, pensionsberechtigt **pen·sio·na·men·to** [-e-] M Ruhestand *m*; Pensionierung *f* ◆ **~ anticipato** vorzeitiger Ruhestand *m*; **età di ~** Renten-, Pensionsalter *n*

pen·sio·nan·te [-s-] M/F Pensionsgast *m*

pen·sio·na·re [-s-] V/T ⟨1a⟩ pensionieren, in den Ruhestand versetzen **pen·sio·na·to** **A** ADJ pensioniert, im Ruhestand **B** M, **-a** F **1** Rentner *m*, -in *f*; Pensionär *m*, -in *f* **2** **pensionato** *m* Wohnheim *n* ◆ **~ per anziani** Seniorenheim *n*; **~ giovanile** Jugendheim *n*; **piccolo ~** Kleinrentner *m*

★**pen·sio·ne** [-si'o-] F **1** Pension *f*; Rente *f* **2** Ruhestand *m* **3** **vivere a ~ da qn** bei j-m in Pension leben ◆ **~ per cani** Hundehotel *n*; **~ completa** Vollpension *f*; **~ integrativa** Zusatzrente *f*; **mezza ~** Halbpension *f*

pen·sio·ni·sti·co [-s-] ADJ Renten-, Pensions-: **sistema ~** Rentensystem *n*

pen·so·so [-'so-] ADJ nachdenklich

pen·ta·e·dro [-ɛ-] M Pentaeder *n*, Fünfflächner *m* **pen·ta·go·na·le** ADJ fünfeckig **pen·ta·go·no** M Fünfeck *n* **pen·ta·gram·ma** M Notenliniensystem *n*

pen·ta·par·ti·to M Fünfparteienregierung *f*; Fünfparteienkoalition *f*

pen·ta·thlon [-ɛ-] M ⟨*inv*⟩ Fünfkampf *m*

pen·ta·tle·ta [-ɛ-] M/F Fünfkämpfer *m*, -in *f*

Pen·te·co·ste [-ɔ-] F Pfingsten *n*

pen·ti·men·to [-e-] M Reue *f*

pen·tir·si [-s-] V/PR ⟨4b *od* 4d⟩ **~ di qc** etw bereuen

pen·ti·to **A** ADJ reuig, reuevoll **B** M, **-a** F **1** reuiger Mensch *m* **2** = *ausgestiegener Terrorist oder Mafioso, der zur Zusammenarbeit mit Polizei und Justiz bereit ist*

★**pen·to·la** [-e-] F (Koch)Topf *m* ◆ *fig* **qualcosa bolle in ~** etw ist im Gange; **~ a pressione** Schnellkochtopf *m*

pen·to·lac·cia F (**gioco della**) **~** Topfschlagen *n* **pen·to·la·me** M Kochtöpfe *pl* **pen·to·li·no** M Töpfchen *n*, kleiner Topf *m* **pen·to·lo·ne** [-o-] M großer Topf *m*

pe·nul·ti·mo **A** ADJ vorletzt **B** M, **-a** F Vorletzte *m/f*; (*per età*) Zweitjüngste *m/f*

pe·nu·ria F Mangel *m*: **~ d'acqua** Wassermangel *m*

pen·zo·la·re V/I ⟨1l; av⟩ baumeln **pen·zo·lo·ni** [-o-] **A** ADJ ⟨*inv*⟩ **1** heraushängend **2** baumelnd: **con le gambe ~** mit baumelnden Beinen **B** ADV hängend, baumelnd

pe·o·nia [-ɔ-] F Pfingstrose *f*

pe·pa·io·la [-ɔ-] F **1** Pfefferstreuer *m* **2** (*macinapepe*) Pfeffermühle *f*

pe·pa·re V/T ⟨1a⟩ pfeffern **pe·pa·to** ADJ gepfeffert, Pfeffer-: **pan ~** Pfefferkuchen *m*; *fig* **una risposta -a** eine gepfefferte Antwort *f*

★**pe·pe** [-e-] M **1** Pfeffer *m* **2** *fig* Pfeffer *m*, Schwung *m*: **qc è senza ~** etw hat keinen Schwung ◆ **~ di Caienna** Cayennepfeffer *m*; **~ macinato** gemahlener Pfeffer *m*; **macinino per il ~** Pfeffermühle *f*; **una ragazza tutto ~** ein temperamentvolles Mädchen *n*

pe·pe·ri·no M temperamentvoller Mensch *m* **pe·pe·ro·na·ta** F = *Gericht aus gedünsteten Paprikaschoten, Zwiebeln und Tomaten* **pe·pe·ron·ci·no** M Chilischote *f*, *schweiz* Paprika *m*: **-i** Peperoni *pl*, *schweiz* Paprika *pl* **pe·pe·ro·ne** M **1** Paprika *m*; Paprikaschote *f*: **-i ripieni** gefüllte Paprika, *schweiz* gefüllte Peperoni *pl* **2** *hum* Gurke *f*, Zinken *m* ◆ **diventare rosso come un ~** rot wie eine Tomate werden

⚠ peperone ≠ Peperoni

il peperone	=	die Paprika(schote)
die Peperoni	=	il peperoncino

pe·pi·ta F Klumpen *m*

★**per** [-e-] **A** PRÄP **1** durch, über: **passare ~ Firenze** über Florenz fahren **2** in, auf: **~**

P

la strada auf der Straße **3** zu: **la strada ~ l'ospedale** die Straße zum Krankenhaus; **~ Pasqua** zu Ostern; **2 a 0 ~ l'Italia** 2 zu 0 für Italien **4** nach, in: **partire ~ Roma** nach Rom fahren; **partire ~ la Svizzera** in die Schweiz fahren **5** gegen: **~ le sei sono da voi** gegen sechs bin ich bei euch **6** für: **~ due mesi** für zwei Monate; **faccio tutto questo ~ te** ich mache das alles für dich; **comprare qc ~ poco** etw für wenig Geld kaufen **7** lang: **ha piovuto ~ tre giorni** es hat drei Tage lang geregnet **8** MATH **moltiplicare ~ due** mit zwei multiplizieren; **dividere ~ due** durch zwei teilen; **3 ~ 3 fa 9** 3 mal 3 ist 9 **9** auf, je, für: **1 litro di benzina ~ 15 chilometri** 1 Liter Benzin auf 15 Kilometer; **giorno ~ giorno** Tag für Tag **10** wegen, für, vor, aus: **condannare ~ omicidio** wegen Mordes verurteilen; **~ amore** aus Liebe **11** per: **spedire ~ posta** per Post schicken **12** anstatt, anstelle; an j-s Stelle **13** als: **ho solo te ~ amico** ich habe nur dich als Freund **14** (*misura*) **correre ~ 10 chilometri** 10 Kilometer (weit) laufen **15** (*limitativo*) **~ quanto ne so io** soviel ich weiß **B** KONJ **1** um … zu: **è troppo bello ~ essere vero** es ist zu schön, um wahr zu sein **2** weil, da: **lo hanno punito ~ aver disobbedito** sie haben ihn bestraft, weil er nicht gehorcht hat **3** (*concessiva*) **~ buono che sia …** so gut es auch sein mag … ♦ **~ adesso** (*od* **ora**) vorläufig; im Augenblick; **~ carità!** um Gottes willen!; **~ caso** zufällig; **il 10 ~ cento** 10 Prozent; **~ esempio** zum Beispiel; **~ favore** bitte; **~ il momento** fürs Erste; momentan; **~ niente** überhaupt nicht; umsonst; **~ di più** darüber hinaus; **~ lo più** meistens; **~ di qua** hier lang; **stavo ~ uscire** ich wollte gerade ausgehen; **~ tempo** rechtzeitig; **uno ~ volta** der Reihe nach

★**pe·ra** [-e-] F **1** Birne *f* **2** *sl* Schuss *m*, Druck *m*: **farsi una ~** sich (*dat*) einen Schuss setzen

pe·ral·tro ADV **1** übrigens **2** aber **3** allerdings

per·bac·co INT Donnerwetter

per·be·ne [-ɛ-] **A** ADJ ⟨*inv*⟩ **1** anständig, ordentlich **2** vornehm **B** ADV **1** anständig **2** sorgfältig

per·be·ni·smo [-z-] M Spießbürgertum *n* **per·be·ni·sta** M/F Spießbürger *m*, -in *f* **per·be·ni·sti·co** ADJ spießbürgerlich, spießig: **un atteggiamento ~** eine spießige Einstellung

★**per·cen·to** [-ɛ-] ADV **il 50 ~** 50 Prozent

per·cen·tua·le **A** ADJ Prozent-, prozentual **B** F **1** MATH Prozentsatz *m* **2** Gehalt *m*: **~ di grasso** Fettgehalt *m* **3** Provision *f* ♦ **~ dei disoccupati** Arbeitslosenquote *f*

per·ce·pi·bi·le ADJ **1** wahrnehmbar, spürbar **2** merklich **3** HANDEL beziehbar

per·ce·pi·bi·li·tà F ⟨*inv*⟩ Wahrnehmbarkeit *f*

per·ce·pi·re V/T ⟨4d⟩ **1** wahrnehmen (*a.* PHIL, PSYCH); spüren **2** vernehmen **3** merken **4** HANDEL beziehen

per·cet·ti·bi·le ADJ **1** wahrnehmbar, spürbar **2** hörbar **per·cet·ti·bi·li·tà** F ⟨*inv*⟩ Wahrnehmbarkeit *f* **per·cet·ti·vi·tà** F ⟨*inv*⟩ **1** Wahrnehmungsvermögen *n* **2** Hörbarkeit *f*

per·cet·ti·vo ADJ wahrnehmend, Wahrnehmungs-

per·ce·zio·ne [-o-] F **1** Wahrnehmung *f* (*a.* PHIL, PSYCH) **2** HANDEL Bezug *m*, Beziehen *n*

★**per·ché** **A** ADV **1** warum, wieso: **~ ridi?** warum lachst du? **2** wozu: **"mi occorrono le forbici" – "~?"** „ich brauche eine Schere" – „wozu?" **3** wofür **B** KONJ **1** weil: **oggi resto a casa ~ non mi sento bene** heute bleibe ich zu Hause, weil ich mich nicht wohlfühle **2** damit: **ti avverto ~ tu lo sappia** ich warne dich, damit du es weißt **C** M ⟨*inv*⟩ Grund *m*: **senza un ~** ohne Grund ♦ **chissà ~** wer weiß warum; **~ mai?** wieso?; **~ no?** warum nicht?; **~ no!** darum!; **~ poi?** warum denn?; **~ sì!** darum!

★**per·ciò** KONJ deshalb, darum, deswegen

per·co·me [-o-] **A** KONJ wie **B** M **il perché e il ~** das Warum und Weshalb

per·cor·ren·za [-ɛ-] F Strecke *f* ♦ **tempo di ~** Fahrzeit *f*

per·cor·re·re [-o-] V/T ⟨3o⟩ **1** zurücklegen: **~ un tragitto** eine Strecke zurücklegen; **~ l'autostrada** auf der Autobahn fahren **2** durchfahren **3** FLUG befliegen

per·cor·ri·bi·le ADJ **1** (*strada*) befahrbar **2** *fig* gangbar **per·cor·ri·bi·li·tà** F ⟨*inv*⟩ Befahrbarkeit *f* ♦ **informazioni sulla ~ delle strade** Straßenzustandsbericht *m*

per·cor·so [-o-] M Strecke *f* ♦ **~ breve** Kurzstrecke *f*; **~ ferroviario** Eisenbahnlinie *f*; **~ formativo** Studienplan *m*; **~ ginnico** Trimm-dich-Pfad *m*

per·cos·sa [-ɔ-] F Schlag *m*, Hieb *m*
per·cuo·te·re [-ɔ-] ⟨3ff⟩ A V/T schlagen, hauen, verprügeln B V/PR **-rsi** sich schlagen, sich prügeln
per·cus·sio·ne [-o-] F 1 Schlag *m*, Stoß *m* 2 MUS, MED Perkussion *f* **per·cus·sio·ni·sta** M/F Schlagzeuger *m*, -in *f*
per·cus·so·re [-o-] M Schlagbolzen *m*
per·den·te [-ɛ-] A ADJ verlierend (*a. fig*), unterliegend B M/F Verlierer *m*, -in *f*, Versager *m*, -in *f*
★**per·de·re** [-ɛ-] ⟨3b *u.* 3uu⟩ A V/T 1 verlieren 2 verpassen, versäumen B V/I ⟨av⟩ ~ **di qc** an etw (*dat*) verlieren; ~ **di importanza** an Wichtigkeit verlieren C V/PR **-rsi** 1 sich verlaufen; sich verfahren; sich verirren 2 verloren gehen 3 untergehen: **-rsi tra la folla** in der Menge untergehen 4 *fig* sich verlieren: **-rsi nei propri sogni** sich in seinen Träumen verlieren 5 **-rsi qc** etw versäumen, etw verpassen; ♦ **a** ~ Einweg-, Wegwerf-; **vuoto a** ~ Einwegflasche *f*; **-rsi d'animo** den Mut verlieren; ~ **acqua** tropfen; lecken; **lasciar** ~ es bleiben lassen; **lasciamo** ~! lassen wir das!; **non ti sei perso niente** du hast nichts verpasst; ~ **di vista** aus den Augen verlieren
per·dia·na INT *umg* Herrschaftszeiten noch mal
per·di·fia·to M **correre a** ~ beim Laufen außer Atem kommen
per·di·gior·no [-o-] M/F ⟨*inv*⟩ Taugenichts *m*
per·din·ci, **per·din·di·rin·di·na** INT mein Gott, Herrgott
★**per·di·ta** [-ɛ-] F 1 Verlust *m* 2 Ausströmen *n*: ~ **di gas** Ausströmen *n* von Gas 3 Leck *n*: **la conduttura ha una** ~ **d'acqua** die Leitung leckt ♦ ~ **dei capelli** Haarausfall *m*; ~ **di coscienza** Ohnmacht *f*; **essere in** ~ rote Zahlen schreiben; **a** ~ **d'occhio** so weit das Auge reicht
per·di·tem·po [-ɛ-] A M ⟨*inv*⟩ Zeitverschwendung *f* B M/F ⟨*inv*⟩ Bummler *m*, -in *f*
per·di·zio·ne [-o-] F 1 Verderben *n* 2 REL Verdammnis *f*
★**per·do·na·re** ⟨1a⟩ A V/T 1 verzeihen, vergeben 2 entschuldigen: **mi perdoni** entschuldigen Sie 3 verschonen B V/I ⟨av⟩ ~ **a qn** j-m verzeihen C V/PR **-rsi** 1 sich gegenseitig verzeihen 2 **-rsi qc** sich (*dat*) etw verzeihen ♦ **un male che non perdona** eine unheilbare Krankheit *f*
per·do·no [-o-] M 1 Verzeihung *f*, Vergebung *f* 2 Entschuldigung *f*
per·du·ra·re[1] V/I ⟨1a; es, av⟩ 1 andauern, anhalten, bestehen bleiben 2 beharren
per·du·ra·re[2] M Andauern *n*
per·du·ta·men·te [-e-] ADV leidenschaftlich
per·du·to ADJ 1 verloren 2 gefallen, verkommen ♦ **andar** ~ verloren gehen
pe·ren·ne [-ɛ-] ADJ 1 ewig 2 dauernd **pe·ren·ni·tà** F ⟨*inv*⟩ Fortdauer *f*, Beständigkeit *f*
pe·ren·to·rie·tà F ⟨*inv*⟩ 1 JUR Endgültigkeit *f* 2 Entschiedenheit *f* **pe·ren·to·rio** [-ɔ-] ADJ 1 JUR endgültig 2 entschieden, deutlich
pe·re·qua·re V/T ⟨1l⟩ aus-, angleichen **pe·re·qua·zio·ne** [-o-] F Ausgleich *m*, Ausgleichen *n*: ~ **degli oneri** Lastenausgleich *m*
per·fet·ta·men·te [-e-] ADV 1 vollkommen, völlig, ganz 2 perfekt, sehr gut **per·fet·ti·bi·le** ADJ verbesserungsfähig **per·fet·ti·bi·li·tà** F ⟨*inv*⟩ Fähigkeit *f* zur Vervollkommnung
★**per·fet·to** [-ɛ-] ADJ 1 völlig, vollkommen, perfekt, best 2 einwandfrei 3 ausgezeichnet ♦ **avere un fisico** ~ eine Idealfigur haben; **un** ~ **idiota** ein Vollidiot
per·fe·zio·na·bi·le ADJ vervollkommnungsfähig **per·fe·zio·na·men·to** [-e-] M Vervollkommnung *f* ♦ ~ **professionale** Weiterbildung *f*; **corso di** ~ Fortbildungskurs *m*
per·fe·zio·na·re ⟨1a⟩ A V/T 1 vervollkommnen 2 verbessern 3 JUR (*contratto, affare*) abschließen B V/PR **-rsi** 1 sich vervollkommnen 2 sich fortbilden
per·fe·zio·ne [-o-] F 1 Vollkommenheit *f*, Perfektion *f* 2 JUR Abschluss *m* ♦ **a** ~ vollkommen, perfekt
per·fe·zio·ni·smo [-zmo] M Perfektionismus *m* **per·fe·zio·ni·sta** M/F Perfektionist *m*, -in *f*
per·fi·dia F Perfidie *f*, Hinterlist *f*, (Heim)Tücke *f* **per·fi·do** [-ɛ-] ADJ perfid, (heim)tückisch, hinterlistig
★**per·fi·no** ADV sogar, selbst
per·fo·ra·men·to [-e-] M Durchbohrung *f* **per·fo·ran·te** ADJ MED durchbrechend, perforierend ♦ **proiettile** ~ Panzergeschoss *n*
per·fo·ra·re V/T ⟨1c⟩ 1 durchbohren;

(*carta*) lochen **2** (*proiettile*) durchschlagen **per·fo·ra·to** ADJ **1** durchbohrt; gelocht **2** IT Loch-: **scheda -a** Lochkarte *f*
per·fo·ra·tri·ce F **1** Bohrmaschine *f* **2** Locher *m* **3** Perforiermaschine *f* **per·fo·ra·zio·ne** [-o-] F **1** Durchbohrung *f* **2** Lochung *f*; Perforation *f*
per·for·man·ce [per'fɔrmans] F ⟨*inv*⟩ **1** Leistung *f* **2** (*spettacolo*) Performance *f*
per·ga·me·na [-ɛ-] F Pergament *n*
per·ga·mo [-ɛ-] M Kanzel *f*
per·go·la [-ɛ-] F **1** Laube *f* **2** ARCH Pergola *f*
per·go·la·to M Laube *f*; Weinlaube *f*
pe·ri·car·dio M ANAT Herzbeutel *m*
pe·ri·co·lan·te ADJ **1** baufällig, einsturzgefährdet **2** *fig* unsicher, unstabil
★**pe·ri·co·lo** M Gefahr *f*: **essere in ~** in Gefahr sein ♦ **in caso di ~** bei Gefahr; **~ di contagio** Ansteckungsgefahr *f*; **~ di morte** Todesgefahr *f*; **~ pubblico** öffentliche Gefahr *f*; **a proprio rischio e ~** auf eigene Gefahr; **segnale di ~** Warnsignal *n*; **~ di valanghe** Lawinengefahr *f*
pe·ri·co·lo·si·tà F ⟨*inv*⟩ **1** Gefährlichkeit *f* **2** Schädlichkeit *f*
★**pe·ri·co·lo·so** [-o-] ADJ **1** gefährlich **2** schädlich **3** tückisch
★**pe·ri·fe·ri·a** F **1** Peripherie *f* (*a.* IT), Randgebiet *n* **2** Stadtrand *m* **pe·ri·fe·ri·ca** [-ɛ-] F Peripheriegerät *n* **pe·ri·fe·ri·co** [-ɛ-] ADJ **1** peripher, Rand-: **zona -a** Randgebiet *n* **2** Stadtrand-: **quartiere ~** Stadtrandviertel *n* **3** nebensächlich ♦ IT **unità -a** Peripheriegerät *n*
pe·ri·fra·si F ⟨*inv*⟩ Umschreibung *f*
pe·ri·fra·sti·co ADJ umschreibend
pe·ri·me·tra·le ADJ Umfangs-, Außen-: **muro ~** Außenmauer *f* **pe·ri·me·tro** M **1** Umfang *m* **2** Begrenzungslinie *f*
pe·rio·di·co [-ɔ-] **A** ADJ periodisch **B** M Zeitschrift *f*
★**pe·ri·o·do** M **1** Zeit *f*; Periode *f* **2** Zeitalter *n* **3** GRAM Satzgefüge *n* **4** ASTRON Umlaufzeit *f* ♦ **~ di adattamento** Einarbeitungszeit *f*; **andare a -i** wechselhaft sein; **~ radioattivo** Halbwertzeit *f*; **~ di transizione** Übergangsphase *f*
pe·ri·pe·zi·a F Widrig-, Schwierigkeit *f*
pe·ri·plo [-ɛ-] M Umschiffung *f*
pe·ri·re VI ⟨4d; es⟩ **1** umkommen, ums Leben kommen **2** vergehen
pe·ri·sco·pio [-ɔ-] M Periskop *n*
pe·ri·stal·si [-s-] F ⟨*inv*⟩ Peristaltik *f*
pe·ri·ta·le ADJ gutachtlich ♦ **accertamento ~** Sachverständigenuntersuchung *f*
pe·ri·tar·si [-s-] V/PR ⟨1l *u.* b⟩ **1** sich scheuen, Bedenken haben: **~ di fare qc** Bedenken haben, etw zu tun **2** sich schämen
pe·ri·to M, **-a** F Sachverständige *m/f* (*a.* JUR); Gutachter *m*, -in *f*: **~ giurato** beeidigter Sachverständiger ♦ **~ dell'assicurazione** Versicherungsgutachter *m*; **~ aziendale** Bürokaufmann *m*; **~ commerciale** Industriekaufmann *m*; **~ informatico** Informatiker *m* mit Fachoberschulreife
pe·ri·to·ne·o [-ɛ-] M Bauchfell *n*
pe·ri·to·ni·te F Bauchfellentzündung *f*
pe·ri·zia F **1** Fertigkeit *f* **2** JUR Gutachten *n* ♦ **~ balistica** ballistisches Gutachten *n*
pe·ri·zia·re V/T ⟨1g⟩ begutachten
pe·ri·zo·ma [-ɔ-] M Lendenschurz *m*
★**per·la** [-ɛ-] F Perle *f* (*a. fig*) ♦ **collana di -e** Perlenkette *f*; **filo di -e** Perlenschnur *f*
per·la·ce·o ADJ perlfarben
per·la·qua·le ADJ **1** sauber, anständig: **un tipo non troppo ~** ein nicht ganz sauberer Typ *m* **2** **non essere tanto ~** nicht ganz überzeugt sein
per·la·to ADJ **1** perlweiß **2** geperlt ♦ **orzo ~** Perlgraupe *f*
per·li·fe·ro ADJ Perl-, Perlen-: **ostrica -a** Perlenauster *f*
per·li·na·re V/T ⟨1a⟩ (holz)verschalen **per·li·na·to** **A** ADJ verschalt **B** M Verschalung *f*
per·lo·me·no [-e-] ADV **1** wenigstens **2** mindestens **per·lo·più** ADV meistens
per·lu·stra·re V/T ⟨1a⟩ erkunden, durchkämmen **per·lu·stra·zio·ne** [-o-] F Erkundung *f*
per·ma·lo·si·tà F ⟨*inv*⟩ Überempfindlichkeit *f* **per·ma·lo·so** [-o-] **A** ADJ überempfindlich, übelnehmerisch **B** M, **-a** F Sensibelchen *n*
per·ma·nen·te [-ɛ-] **A** ADJ permanent, ständig, Dauer- **B** F Dauerwelle *f*: **farsi la ~** sich (*dat*) eine Dauerwelle machen lassen **per·ma·nen·za** [-ɛ-] F **1** Andauern *n* **2** Aufenthalt *m*: **buona ~!** angenehmen Aufenthalt!
per·ma·ne·re [-e-] VI ⟨2m; es⟩ bleiben
per·man·ga·na·to M Permanganat *n*
per·me·a·bi·le ADJ durchlässig: **~ all'aria** luftdurchlässig **per·me·a·bi·li·tà** F ⟨*inv*⟩ Durchlässigkeit *f*

per·me·a·re V/T ⟨1l *u.* b⟩ 1 durchdringen: **l'umidità permea il muro** die Feuchtigkeit durchdringt die Mauer 2 *fig* prägen

★**per·mes·so** [-e-] A ADJ erlaubt, gestattet B M 1 Erlaubnis *f*; Genehmigung *f*: **chiedere a qn il ~ di fare qc** j-n um Erlaubnis für etw bitten 2 *form* Urlaub *m*: **essere in ~** in Urlaub sein ♦ **con il tuo ~** mit deiner Erlaubnis; **con ~!** Sie gestatten?; **è ~?** gestatten Sie?; **~ di lavoro** Arbeitserlaubnis *f*; **~ di soggiorno** Aufenthaltserlaubnis *f*

★**per·met·te·re** [-e-] V/T ⟨3ee⟩ 1 erlauben 2 zulassen 3 genehmigen

★**per·met·ter·si** [-e-] V/PR ⟨3ee⟩ 1 sich (*dat*) erlauben, sich (*dat*) leisten 2 sich (*dat*) herausnehmen

per·mis·si·vi·tà F Permissivität *f*

per·mis·si·vo ADJ nachsichtig: **la società -a** die permissive Gesellschaft *f*

per·mu·ta [-ɛ-] F 1 Um-, Eintausch *m* 2 Tauschgeschäft *n*: **fare una ~** etw in Zahlung geben **per·mu·ta·bi·li·tà** F ⟨*inv*⟩ Um-, Austauschbarkeit *f*

per·mu·ta·re V/T ⟨1a *od* 1l *u.* b⟩ um-, eintauschen

per·mu·ta·zio·ne [-o-] F Um-, Eintausch *m*

per·ni·ce F Rebhuhn *n*

per·ni·cio·so [-o-] ADJ 1 schädlich 2 MED perniziös, bösartig

per·no [-ɛ-] M 1 Zapfen *m*, Bolzen *m*, Stift *m* 2 Stiftzahn *m* 3 *fig* Stütze *f* ♦ **fare ~ su qc** sich auf etw (*akk*) stützen

★**per·not·ta·men·to** [-e-] M Übernachtung *f*

per·not·ta·re V/I ⟨1c; av⟩ übernachten

pe·ro [-e-] M Birnbaum *m*, Birne *f*

★**pe·rò** [-ɔ-] A KONJ 1 aber, (je)doch 2 trotzdem B INT sieh mal einer an

pe·ro·ne [-o-] M Wadenbein *n*

pe·ro·ra·re ⟨1c *od* 1l *u.* b⟩ A V/T **~ qc** etw befürworten B V/I ⟨av⟩ sprechen: **~ in difesa di qn** für j-n sprechen **pe·ro·ra·zio·ne** [-o-] F 1 Plädoyer *n* 2 Redeschluss *m*

per·pen·di·co·la·re A ADJ senkrecht B F Senkrechte *f*, Lot *n* **per·pen·di·co·lar·men·te** [-e-] ADV senkrecht: **~ a qc** senkrecht zu etw

per·pen·di·co·lo M Lot *n* ♦ **a ~** lotrecht, senkrecht

per·pe·tra·re V/T ⟨1l *u.* b⟩ begehen, verüben **per·pe·tra·zio·ne** [-o-] F Verübung *f*

per·pe·tua [-ɛ-] F Haushälterin *f* eines Priesters

per·pe·tua·re ⟨1m *u.* b⟩ A V/T verewigen B V/PR **-rsi** sich verewigen **per·pe·tua·zio·ne** F Verewigung *f* **per·pe·tui·tà** F ⟨*inv*⟩ Fortbestand *m*

per·pe·tuo [-ɛ-] ADJ 1 ewig 2 dauernd, ständig ♦ **calendario ~** immerwährender Kalender *m*; **in ~** ewig; **lumino ~** Grablicht *n*

per·ples·si·tà F ⟨*inv*⟩ 1 Ratlosigkeit *f* 2 **avere qualche ~ su qc** einer Sache (*dat*) gegenüber unschlüssig sein **per·ples·so** [-ɛ-] ADJ 1 verblüfft 2 ratlos, unschlüssig ♦ **lasciare ~ qn** j-n verblüffen

per·qui·si·re V/T ⟨4d⟩ **~ qn/qc** (**in cerca di qc**) j-n/etw (nach etw) durchsuchen

per·qui·si·zio·ne [-o-] F Durchsuchung *f*: **~ domiciliare** Hausdurchsuchung *f*; **mandato di ~** Durchsuchungsbefehl *m*

per·se·cu·to·re [-seku'to-] A ADJ Verfolger-, Verfolgungs- B M, **-tri·ce** F Verfolger *m*, -in *f* **per·se·cu·to·rio** [-ɔ-] ADJ 1 Verfolger-, Verfolgungs- 2 *fig* **campagna -a** Hetzkampagne *f* **per·se·cu·zio·ne** [-o-] F 1 Verfolgung *f* 2 *fig* Plage *f* ♦ **mania di ~** Verfolgungswahn *m*

per·se·gui·bi·le [-s-] ADJ 1 erreichbar 2 durchführbar 3 JUR verfolgbar

per·se·gui·men·to [-segui'me-] M Verfolgung *f* **per·se·gui·re** V/T ⟨4a⟩ verfolgen (*a.* JUR)

per·se·gui·ta·re [-s-] V/T ⟨1m⟩ verfolgen **per·se·gui·ta·to** A ADJ verfolgt B M, **-a** F Verfolgte *m/f*

per·se·ve·ran·te [-s-] ADJ beharrlich **per·se·ve·ran·za** F Beharrlichkeit *f*; Ausdauer *f*

per·se·ve·ra·re [-s-] V/I ⟨1m *u.* b; av⟩ beharren: **~ nell'errore** auf dem Fehler beharren

Per·sia [-ɛrs-] F Persien *n*

per·sia·na [-s-] F (*di finestra*) Jalousie *f*

per·sia·no [-s-] A ADJ Perser-, persisch B M, **-a** F 1 Perser *m*, -in *f* 2 (*lingua*) **persiano** *m* Persisch(e) *n* 3 (*gatto*) **persiano** *m* Perserkatze *f* 4 (*pelliccia*) **persiano** *m* Persianer(mantel) *m*

per·si·co[1] [-ɛrs-] ADJ persisch

per·si·co[2] [-ɛrs-] ADJ **pesce ~** (Fluss)Barsch *m*

per·si·no [-s-] → perfino

per·si·sten·te [-si'stɛ-] ADJ anhaltend,

andauernd **per·si·sten·za** [-ɛ-] F Andauern *n*, Anhalten *n*

per·si·ste·re [-sis-] V/I ⟨3f; av⟩ **1** beharren: ~ **nel rifiuto** auf der Weigerung beharren **2** andauern

per·so ['pɛrso] ADJ **tempo** *m* ~ verschwendete Zeit *f*; **a tempo** ~ nebenbei

★**per·so·na** [-'so-] F **1** Person *f*, Mensch *m*: **c'è una ~ che ...** da ist jemand, der ... **2** *pl* Leute *pl* ♦ **a** ~ pro Person; **di** ~ persönlich; **in** ~ selbst, (höchst)persönlich; ~ **fisica** natürliche Person *f*; ~ **giuridica** juristische Person *f*

per·so·nag·gio [-s-] M **1** Persönlichkeit *f* **2** THEAT (*liturgia, cinema*) Figur *f*, Gestalt *f* ♦ ~ **chiave** Schlüsselfigur *f*

per·so·nal [-ɛ-] M ⟨*inv*⟩ PC *m*

per·so·nal com·pu·ter ['pɛrsonalkom'pjuter] M ⟨*inv*⟩ Personal Computer *m*

★**per·so·na·le** **A** ADJ **1** Personal- **2** persönlich **3** subjektiv **B** M **1** Personal *n*, Belegschaft *f* **2** Figur *f*: **avere un bel ~** eine gute Figur haben **3** **pulizia ~** Körperpflege *f*

per·so·na·li·tà F ⟨*inv*⟩ Persönlichkeit *f*; Charakter *m* ♦ ~ **di spicco** prominente Persönlichkeit

per·so·na·liz·za·re [-so-] V/T ⟨1a⟩ ~ **qc** etw (*dat*) eine persönliche Note geben; individuell gestalten

per·so·na·liz·za·to [-so-] ADJ personalisiert, individuell ♦ **sito ~** personalisierte Website *f*

per·so·na·liz·za·zio·ne [-o-] F Personalisierung *f* ♦ ~ **di un sito** Personalisierung *f* einer Website

per·so·nal trai·ner ['pɛrsonal'trɛiner] M/F ⟨*inv*⟩ persönlicher Trainer *m*, persönliche Trainerin *f*

per·so·ni·fi·ca·re [-s-] V/T ⟨1n *u.* d⟩ **1** vermenschlichen **2** personifizieren, verkörpern **per·so·ni·fi·ca·to** ADJ **1** vermenschlicht **2** selbst, in Person: **essere la pazienza -a** die Geduld selbst sein

per·so·ni·fi·ca·zio·ne [-o-] F **1** Verkörperung *f* **2** *fig* Inbegriff *m*: **essere la ~ della bontà** der Inbegriff der Güte sein

per·spi·ca·ce ADJ scharfsinnig **per·spi·ca·cia** F Scharfsinn *m*, Scharfblick *m*

per·spi·cui·tà F ⟨*inv*⟩ Deutlichkeit *f*, Anschaulichkeit *f* **per·spi·cuo** ADJ deutlich, anschaulich

★**per·sua·de·re** [-sua'de-] ⟨2i⟩ **A** V/T **1** ~ **qn a fare qc** j-n überreden, etw zu tun **2** ~ **qn** (**di qc**) j-n (von etw) überzeugen **3** *umg* ~ **qn** j-m gefallen **B** V/PR **-rsi di qc** sich von etw überzeugen

per·sua·sio·ne [-suazi'o-] F **1** Überredung *f*: **con la ~** mit Überredung **2** Überzeugung *f* **per·sua·si·va** F **1** Überredungskunst *f* **2** Überzeugungskraft *f*

per·sua·si·vo ADJ überzeugend

per·sua·so [-su'azo] ADJ **essere ~ di qc** von etw überzeugt sein **per·sua·so·re** [-sua'zo-] M, **per·sua·di·tri·ce** F Überredungskünstler *m*, -in *f*: **-i occulti** geheime Verführer *pl*

per·tan·to KONJ deshalb, daher

per·ti·ca [-ɛ-] F Stange *f*, Stake *f* ♦ ~ **per pianta di fagioli** Bohnenstange *f*

per·ti·na·ce ADJ **1** hartnäckig **2** beharrlich **per·ti·na·cia** F Hartnäckigkeit *f*

per·ti·nen·te [-ɛ-] ADJ **1** (dazu)gehörend, sachbezogen **2** zuständig **per·ti·nen·za** [-ɛ-] F **1** Zugehörigkeit *f* **2** Zuständigkeit *f* (*a.* JUR)

per·tos·se [-o-] F Keuchhusten *m*

per·tu·gio M **1** Loch *n* **2** Spalte *f*

per·tur·ba·re ⟨1a⟩ **A** V/T **1** stören **2** verwirren **B** V/PR **-rsi** **1** die Fassung verlieren **2** METEO sich verschlechtern **per·tur·ba·to·re** [-o-] **A** ADJ störend, eine Störung verursachend **B** M, **-tri·ce** F Störer *m*, -in *f* **per·tur·ba·zio·ne** [-o-] F Störung *f*: ~ **atmosferica** atmosphärische Störung *f*

Pe·rù M Peru *n*

Pe·ru·gia F Perugia *n* **pe·ru·gi·no** **A** ADJ aus, von Perugia **B** M, **-a** F Bewohner *m*, -in *f* von Perugia

pe·ru·via·no **A** ADJ Peruaner, peruanisch **B** M, **-a** F Peruaner *m*, -in *f*

per·va·de·re V/T ⟨3q⟩ erfüllen **per·va·so** ADJ erfüllt

per·ve·ni·re V/I ⟨4p; es⟩ **1** gelangen: ~ **a qc** zu etw gelangen **2** erreichen: ~ **a qc** etw erreichen ♦ **far ~ qc a qn** j-m etw zukommen lassen

per·ver·sio·ne [-si'o-] F Perversion *f*; Abartigkeit *f* **per·ver·si·tà** F ⟨*inv*⟩ **1** Perversität *f* **2** perverse Handlung *f*

per·ver·so [-'vɛrso] ADJ **1** niederträchtig **2** pervers, abartig **per·ver·ti·men·to** [-e-] M Entartung *f*, Verfall *m*

per·ver·ti·re ⟨4b *u.* d⟩ **A** V/T pervertieren **B** V/PR **-rsi** entarten **per·ver·ti·to** ADJ pervers

per·vi·ca·ce ADJ hartnäckig

per·vi·ca·cia F Hartnäckigkeit *f*

per·vin·ca F Immergrün *n*
per·vio [-ɛ-] ADJ leicht zugänglich
pe·sa [-e-] F **1** Waage *f* **2** Wiegen *n* ♦ **~ pubblica** öffentliche Waage *f*
pe·sa·let·te·re [-e-] M ⟨inv⟩ Briefwaage *f*
★**pe·san·te** ADJ **1** schwer (*a. fig*) **2** dick, warm: **un maglione ~** ein dicker Pullover *m* **3** anzüglich, übel: **scherzo ~** übler Scherz *m* **4** *fig* wuchtig **5** hart: **gioco ~** hartes Spiel *n*; **droghe -i** harte Drogen *pl* **6** schwer (verdaulich) **7** unerträglich **8** langweilig ♦ **cibo ~** schwere Kost *f*; **mezzo ~** Lastwagen *m*; **scarpe -i** feste Schuhe *pl*
pe·san·tez·za [-e-] F **1** Schwere *f* **2** (**senso di**) **~** Schweregefühl *n* **3** Langweiligsein *n*
pe·sa·per·so·ne [-'sone] F ⟨inv⟩ Personenwaage *f*
★**pe·sa·re** ⟨1a⟩ **A** V/T **1** (ab)wiegen **2** abwägen: **~ le parole** seine Worte abwägen **B** V/I ⟨av, es⟩ **1** wiegen **2** schwer sein **3** *fig* von Gewicht sein **4** **~ a qn** j-m schwerfallen **5** lasten (*a. fig*): **~ sulla coscienza** auf dem Gewissen lasten **C** V/PR **-rsi** sich wiegen
pe·sa·re·se [-e-] **A** ADJ aus, von Pesaro **B** M/F Bewohner *m*, -in *f* von Pesaro
Pe·sa·ro e Ur·bi·no F Pesaro-Urbino *n*
pe·sa·ta F **1** (Ab)Wiegen *n* **2** Gewogene *n* **pe·sa·tu·ra** F (Ab)Wiegen *n*
★**pe·sca**[1] [-ɛ-] F Pfirsich *m*
★**pe·sca**[2] [-e-] F Fischerei *f*, Fischfang *m*; Angeln *n* ♦ **barca da ~** Fischerboot *n*; **~ di beneficenza** Wohltätigkeitslotterie *f*; **canna da ~** Angelrute *f*; **~ sportiva** Sportangeln *n*; **~ subacquea** Unterwasserjagd *f*; **~ a strascico** Schleppnetzfischerei *f*
pe·sca·no·ce [-o-] F Nektarine *f*
Pe·sca·ra F Pecara *n*
★**pe·sca·re** ⟨1d⟩ **A** V/T **1** fischen **2** angeln **3** *umg* auffischen; aufgabeln **4** *umg* erwischen, ertappen: **~ qn a fare qc** j-n bei etw ertappen **B** V/I ⟨av⟩ Tiefgang haben ♦ *fig* **~ nel torbido** im Trüben fischen
pe·sca·re·se [-e-] **A** ADJ aus, von Pescara **B** M/F Bewohner *m*, -in *f* von Pescara
pe·sca·ta F **1** Fischen *n* **2** Fang *m* **pe·sca·to·ra** [-o-] **calzoni alla ~** Caprihose *f*; **risotto alla ~** Risotto *m* mit Meeresfrüchten **pe·sca·to·re** [-o-] M, **-tri·ce** F Fischer *m*, -in *f*; Angler *m*, -in *f*

★**pe·sce** [-e-] M **1** Fisch *m* **2** *pl* **Pesci** ASTROL Fische *pl*; **Erica è dei Pesci** Erica ist Fisch ♦ **~ d'aprile** Aprilscherz *m*; **~ azzurro** Sardinen *pl*, Sardellen *pl*, Makrelen *pl*; **banco di -i** Fischschwarm *m*; **bastoncini di ~** Fischstäbchen *pl*; **non essere né carne né ~** weder Fisch noch Fleisch sein

Il pesce	**Der Fisch**
le acciughe	die Anchovis
l'anguilla	der Aal
l'aringa	der Hering
il baccalà	der Stockfisch
il branzino	der Seebarsch
la carpa	der Karpfen
la cernia	der Zackenbarsch
la coda di rospo	der Seeteufel, die Lotte
il dentice	die Zahnbrasse
l'ippoglosso	der Heilbutt
il merluzzo	der Kabeljau, der Dorsch
la mormora	die Marmorbrasse
il nasello	der Seehecht
l'orata	die Dorade, die Goldbrasse, die Meerbrasse
la passera	die Scholle
il pesce persico	der Flussbarsch
il pesce spada	der Schwertfisch
il rombo	der Steinbutt
il salmone	der Lachs
le sardelle	die Sardellen
le sardine	die Sardinen
lo sgombro	die Makrele
la sogliola	die Seezunge
la spigola	der Seebarsch
il tonno	der Thunfisch
la triglia	die Rotbarbe
la trota	die Forelle
il risotto di pesce	Fischreis
la zuppa di pesce	Fischsuppe

pe·sce·ca·ne M Hai(fisch) *m* (*a. fig*)
pe·sce·spa·da M ⟨inv⟩ Schwertfisch *m*
pe·sche·rec·cio [-e-] **A** ADJ Fischerei- **B** M Fischkutter *m* **pe·sche·ri·a** F Fischgeschäft *n*
pe·schie·ra [-ɛ-] F Fischteich *m*
pe·sci·col·to·re [-o-] M, **-tri·ce** F Fischzüchter *m*, -in *f*
pe·sci·col·tu·ra F Fischzucht *f*
pe·scie·ra [-ɛ-] F Fischkochtopf *m* **pe·scio·li·no** M Fischchen *n*: **~ rosso** Goldfisch *m*

P

pe·sci·ven·do·lo [-e-] M, **-a** F Fischverkäufer *m*, -in *f*

pe·sco [-ɛ-] M Pfirsichbaum *m*

pe·sco·si·tà F ⟨*inv*⟩ Fischreichtum *m*

pe·sco·so [-o-] ADJ fischreich, Fisch-

pe·si·sta M/F **1** Gewichtheber *m*, -in *f* **2** Kugelstoßer *m*, -in *f*

pe·si·sti·ca F Gewichtheben *n*

★**pe·so** [-e-] M **1** Gewicht *n* (*a.* SPORT) **2** *fig* Last *f* **3** Waage *f* ♦ **~ atomico** Atomgewicht *n*; **aumento di ~** Gewichtszunahme *f*; **calo di ~** Gewichtsabnahme *f*; *fig* **si è tolto un ~ dal cuore** ihm ist ein Stein vom Herzen gefallen; *fig* **~ forma** Idealgewicht *n*; SPORT **lancio del ~** Kugelstoßen *n*; **~ lordo** Bruttogewicht *n*; *fig* **di poco ~** unwesentlich, geringfügig; **avere un ~ sullo stomaco** einen Druck auf dem Magen haben

pes·si·mi·smo [-z-] M Pessimismus *m*

pes·si·mi·sta **A** ADJ pessimistisch **B** M/F Pessimist *m*, -in *f*, *umg* Schwarzseher *m*, -in *f* **pes·si·mi·sti·co** ADJ pessimistisch

★**pes·si·mo** [-ɛ-] ADJ ⟨*sup von* cattivo⟩ (sehr) schlecht, miserabel: **essere un ~ sciatore** ein miserabler Skiläufer sein ♦ **di ~ gusto** absolut geschmacklos; **essere di ~ umore** miese Laune haben

pe·sta [-e-] F Spur *f* ♦ **trovarsi** (*od* **essere**) **nelle -e** in der Tinte sitzen

pe·stag·gio M **1** Zusammenschlagen *n* **2** Schlägerei *f* **pe·sta·re** V/T ⟨1a⟩ **1** zerstoßen **2** zertreten **3** *umg* (zusammen)schlagen ♦ **~ i piedi** mit den Füßen stampfen; **~ i piedi a qn** j-m auf die Füße treten (*a. fig*)

pe·ste [-ɛ-] F **1** Pest *f* **2** Übel *n*, Plage *f* **3** Ekel *n*: **sei una ~!** du Ekel!

pe·stel·lo [-ɛ-] M Stößel *m*; Pistill *n*

pe·sti·ci·da M Pestizid *n* **pe·sti·fe·ro** ADJ **1** pestübertragend **2** pestartig, Pest- **3** *fig* unausstehlich **pe·sti·len·za** [-ɛ-] F **1** Pestilenz *f* **2** Plage *f* **pe·sti·len·zia·le** ADJ **1** Pest- **2** (*puzzolente*) Pest-, pestilenzialisch, pestartig

pe·sto [-e-] **A** ADJ **1** **occhio ~** blaues Auge *n*, Veilchen *n* **2** **buio ~** stockdunkel **B** M **~** (**alla genovese**) Pesto *m od n* (*Soße aus Basilikum, Olivenöl, Pinienkernen und Parmesan*)

pe·ta·lo [-ɛ-] M Blütenblatt *n*

pe·tar·do M Knallfrosch *m*

pe·tec·chia·le ADJ Fleck-: **febbre ~** Fleckfieber *n*; **tifo ~** Flecktyphus *m*

pe·ti·zio·ne [-o-] F Eingabe *f*; Bittgesuch *n*

pe·to [-e-] M *vulg* Furz *m*

pe·tro(l)·chi·mi·ca F Petro(l)chemie *f*

pe·tro(l)·dol·la·ro [-ɔ-] M Petrodollar *m*

pe·tro·lie·ra [-ɛ-] F (*nave*) Tanker *m*, Tankschiff *n* **pe·tro·lie·re** [-ɛ-] M, **-a** F **1** (*industriale*) Erdölindustrielle *m/f* **2** (*operaio*) Erdölförderarbeiter *m*, -in *f* **pe·tro·lie·ro** [-ɛ-] ADJ Erdöl-: **industria -a** Erdölindustrie *f* **pe·tro·li·fe·ro** ADJ (Erd)Öl-, Mineralöl- ♦ **crisi -a** Ölkrise *f*

★**pe·tro·lio** [-ɔ-] M **1** Erdöl *n*; Öl *n* **2** Leuchtöl *n*, Petroleum *n* ♦ **estrazione del ~** Erdölförderung *f*; **giacimento di ~** Erdölvorkommen *n*; **~ greggio** Rohöl *n*

pet·te·go·la·re V/I ⟨1m; av⟩ klatschen

★**pet·te·go·lez·zo** [-e-] M Klatsch *m*, Gerede *n* **pet·te·go·lo** [-e-] **A** ADJ klatschhaft **B** M, **-a** F Klatschmaul *n*, Klatschtante *f*

pet·ti·na·re V/T ⟨1l *u.* b⟩ **1** kämmen **2** frisieren **3** TEX kämmen

★**pet·ti·nar·si** V/PR ⟨1l *u.* b⟩ **1** sich kämmen **2** sich frisieren **pet·ti·na·ta** F **darsi una ~** sich kämmen **pet·ti·na·to** **A** ADJ TEX gekämmt, Kamm- **B** M Kammgarn *n* **pet·ti·na·tri·ce** F **1** Friseuse *f* **2** TEX Kämmmaschine *f* **pet·ti·na·tu·ra** F **1** Kämmen *n* **2** Frisur *f*

★**pet·ti·ne** [-ɛ-] M **1** Haarkamm *m* **2** TEX Weberkamm *m* ♦ **parcheggio a ~** Parken *n* senkrecht zum Bürgersteig

pet·ti·ni·no M Taschenkamm *m*

pet·ti·ros·so [-o-] M Rotkehlchen *n*

★**pet·to** [-ɛ-] M **1** Brust *f*, Oberkörper *m*: **a ~ nudo** mit nacktem Oberkörper **2** Brust *f*, Busen *m*: **avere un bambino al ~** ein Kind stillen **3** *fig* Herz *n* ♦ **circonferenza di ~** Brustumfang *m*; **doppio ~** Zweireiher *m*; **~ di pollo** Hühnerbrust *f*; **abito a un ~, giacca a un ~** Einreiher *m*

pet·to·ra·le **A** ADJ Brust-, MED pektoral **B** M SPORT Startnummer *f* **pet·to·ri·na** F **1** Chemisette *f* **2** Latz *m*: **pantaloni con la ~** Latzhose *f* **pet·to·ru·to** ADJ **1** (*uomo*) breitschultrig **2** (*donna*) vollbusig **3** *fig* kerzengerade

pe·tu·lan·te ADJ **1** aufdringlich **2** lästig

pe·tu·lan·za F Aufdringlichkeit *f*

pez·za [-ɛ-] F **1** Stück *n*: **una ~ di stoffa** ein Stück *n* Stoff **2** Lappen *m* **3** Flicken *m*

4 Stoffballen *m* **5** (*su mantello di animale*) Fleck *m* ♦ **animale di ~** Stofftier *n*; **~ da piedi** Fußlappen *m*; *fig* Niete *f*

pez·za·to **A** ADJ **1** gefleckt, gescheckt **2** scheckig, schwarzbunt **B** M Schecke *m* **pez·za·tu·ra** F HANDEL Stückgröße *f* **pez·zen·te** [-ɛ-] M/F **1** Bettler *m*, -in *f* **2** *fig* Geizhals *m* **pez·zet·to** [-e-] M **1** Stückchen *n* **2** Fetzen *m* **3** (*carta*) Schnipsel *m* ♦ **a -i** stückchenweise

★**pez·zo** [-ɛ-] M **1** Stück *n*, Teil *m od n*: **un ~ di carta** ein Stück *n* Papier **2** Stück *n*, Strecke *f*: **c'è ancora un bel ~ di strada** es ist noch ein gutes Stück **3** KUNST, MUS Stück *n* **4** Zeitungsartikel *m* ♦ **essere a -i** in Stücke zerbrochen sein; *fig* kaputt sein; **2 euro al ~** 2 Euro das Stück; **~ d'artiglieria** Geschütz *n*; **confezione da 6 -i** Sechserpackung *f*; **due -i** zweiteiliger Badeanzug *m*; *umg* **~ grosso** hohes Tier *n*; *vulg* **~ di merda** Scheißkerl *m*; **~ di ricambio** Ersatzteil *n*; **~ sciolto** Einzelteil *n*; **~ unico** Einzelstück *n*; **è un ~ che ...** es ist schon lange (her), dass ...

pez·zuo·la [-o-] F Läppchen *n*

pia·cen·te [-ɛ-] ADJ einnehmend; anziehend

pia·cen·ti·no **A** ADJ aus, von Piacenza **B** M, **-a** F Bewohner *m*, -in *f* von Piacenza

Pia·cen·za [-ɛ-] F Piacenza *n*

★**pia·ce·re**[1] [-e-] ⟨2k⟩ **A** VI ⟨es⟩ **1** **a qn piace qc** j-m gefällt etw **2** **a qn piace fare qc** j-d tut etw gern **3** Anklang finden **4** (*cibo*) schmecken, mögen **B** V/PR **-rsi** sich (*dat*) gefallen ♦ **così mi piaci!** so ist es recht!; **così mi piace** so habe ich es gern; **piaccia o no** ob es nun gefällt oder nicht

★**pia·ce·re**[2] [-e-] M **1** Vergnügen *n*, Freude *f* **2** Wollust *f*, Lust *f* **3** Genuss *m*, Freude *f*: **-i mondani** weltliche Freuden *pl* **4** Gefallen *m*: **fare un ~ a qn** j-m einen Gefallen tun; *iron* **fammi il ~!** tu mir den Gefallen! ♦ **a ~** nach Belieben; **che ~!** was für eine Freude!; **con ~** mit Vergnügen; **~ di conoscerla** es freut mich, Sie kennenzulernen; **se ti fa ~** wenn es dir Spaß macht; **per ~** bitte; **tanto ~** sehr angenehm; **il ~ è tutto mio** das Vergnügen ist ganz meinerseits

★**pia·ce·vo·le** [-e-] ADJ **1** angenehm, wohltuend **2** vergnügt, lustig: **una ~ serata** ein vergnügter Abend *m* **3** gefällig: **aspetto ~** gefälliges Aussehen *n*

pia·ci·men·to [-e-] M **a ~** nach Belieben

pia·da, **pia·di·na** F Fladenbrot *n*

pia·ga F **1** Wunde *f* **2** *fig* Übel: **la ~ della droga** das Übel der Drogensucht **3** *fig* Plage *f*: **che ~!** was für eine Plage! ♦ **rigirare il coltello nella ~** Salz auf (*od* in) die Wunde streuen; **riaprire una vecchia ~** eine alte Wunde wieder aufreißen

pia·ga·re ⟨1e⟩ **A** V/T wund scheuern **B** V/PR **-rsi** wund werden **pia·ga·to** ADJ **1** voller Wunden **2** verwundet

piag·ge·ri·a F Schmeichelei *f*

pia·gni·ste·o [-ɛ-] M Weinerei *f* **pia·gno·ne** [-o-] M, **-a** F **1** Jammerer *m*, Jammerin *f* **2** Quengler *m*, -in *f*

pia·gnu·co·la·re VI ⟨1m; av⟩ **1** wimmern **2** quengeln **pia·gnu·co·li·o** M Wimmern *n* **pia·gnu·co·lo·ne** [-o-] M, **-a** F Jammerer *m*, Jammerin *f* **pia·gnu·co·lo·so** ADJ **1** weinerlich, kläglich **2** quengelig

pial·la F Hobel *m*

pial·lac·cio M Furnier *n*

pial·la·re V/T ⟨1a⟩ (ab)hobeln **pial·la·tri·ce** F Hobelmaschine *f* **pial·la·tu·ra** F **1** (Ab)Hobeln *n* **2** Hobelspan *m* **pial·let·to** [-e-] M Schlichthobel *m* **pial·lo·ne** [-o-] M Raubank *f*

pia·na F Ebene *f* **pia·na·le** M **1** (*terreno*) ebenes Gelände *n* **2** (*di camion*) Ladefläche *f*, Pritsche *f* **3** BAHN Flachwagen *m*

pia·na·re V/T ⟨1a⟩ ebnen, glätten **pia·neg·gian·te** ADJ flach, eben **pia·nel·la** [-ɛ-] F **1** Pantoffel *m* **2** Fliese *f* **3** (*di tetto*) Dachziegel *m*

pia·ne·rot·to·lo [-ɔ-] M Treppenabsatz *m*

★**pia·ne·ta**[1] [-e-] M **1** Planet *m* **2** *fig* Welt *f*

pia·ne·ta[2] [-e-] F (*in liturgia*) Messgewand *n*

pian·gen·te [-ɛ-] ADJ **1** weinend, weinerlich **2** BOT **salice ~** Trauerweide *f*

★**pian·ge·re** ⟨3d⟩ **A** VI ⟨piansi; pianto; av⟩ weinen: **~ per qn/qc** um j-n/etw weinen **B** V/T (be)weinen

pia·ni·fi·ca·re V/T ⟨1d⟩ planen **pia·ni·fi·ca·to** ADJ Plan-, geplant: **economia -a** Planwirtschaft *f* **pia·ni·fi·ca·to·re** [-o-] M, **-tri·ce** F Planer *m*, -in *f* **pia·ni·fi·ca·zio·ne** [-o-] F Planung *f*

pia·ni·no ADV (**pian**) **~** allmählich, mit der Zeit; leise

pia·ni·sta M/F Klavierspieler *m*, -in *f* **pia·ni·sti·co** ADJ pianistisch, Klavier-

★**pia·no**[1] **A** ADJ **1** flach; eben (*a.* GEOM) **2** einfach, verständlich **B** ADV **1** langsam **2** leise ♦ **andarci ~ con qc** sich mit etw zurückhalten; **vacci ~!** nimm dich in Acht

Piano, piano!

Doppelungen drücken im Italienischen oft eine höhere Intensität und Bekräftigung aus:

piano, piano	sehr langsam
freddo, freddo	sehr kalt
bene, bene	wirklich gut
fuori, fuori	wirklich draußen

★**pia·no**[2] M **1** Fläche *f*; Ebene *f* (*a.* GEOM) **2** Niveau *n* **3** Stockwerk *n*: **al terzo ~** im dritten Stock(werk) ♦ **~ caricatore** Laderampe *f*; **~ di carico** Ladefläche *f*; **~ di cottura** Kochfeld *n*; **~ di cottura in vetroceramica** Ceranfeld *n*; **~ inclinato** schiefe Ebene *f*; **~ interrato** Kellergeschoss *n*; **~ di lavoro** Arbeitsfläche *f*; **primo ~** Vordergrund *m*; FOTO (*cinema*) Nahaufnahme *f*; **essere in primo ~** im Vordergrund stehen (*a. fig*); **una personalità di primo ~** eine bedeutende Persönlichkeit *f*; **~ rialzato** Hochparterre *n*; **in secondo ~** im Hintergrund; **~ seminterrato** Souterrain *n*

★**pia·no**[3] M Plan *m*, Projekt *n* ♦ **~ di emergenza** Notplan *m*; **~ paesistico** Landschaftsschutzplan *m*, Plan *m* zur Landschaftspflege; **~ pensionistico individuale** persönliche Altersvorsorge *f*; **~ regolatore** Bebauungsplan *m*; **~ di risanamento** Sanierungsplan *m*; **~ di rottamazione** Plan *m* zur Verschrottung von Altfahrzeugen

pia·no[4] M → pianoforte

pia·no·bar M ⟨inv⟩ Musikcafé *n*

★**pia·no·for·te** [-ɔ-] M Klavier *n*: **suonare il ~** Klavier spielen ♦ **~ a coda** Flügel *m*; **concerto per ~ e orchestra** Klavierkonzert *n*; **prendere lezioni di ~** Klavierstunden nehmen

pia·no·la [-ɔ-] F Pianola *n*

pia·no·ro [-ɔ-] M Hochebene *f*, Plateau *n*

★**pia·no·ter·ra** [-ɛ-] M ⟨inv⟩ Erdgeschoss *n*

★**pian·ta** F **1** Pflanze *f*: **~ officinale** Heilpflanze *f*; **~ rampicante** Kletterpflanze *f*; **~ sempreverde** immergrüne Pflanze *f*; **~ da vaso** Topfpflanze *f*; **~ velenosa** Giftpflanze *f* **2** (*albero*) Baum *m* **3** ANAT Sohle *f* **4** **~ della città** Stadtplan *m* **5** Grundriss *m*, Plan *m* ♦ **di sana ~** völlig, von Grund auf; **impiegato in ~ stabile** Festangestellte *m*

pian·tag·gi·ne F BOT Wegerich *m*

pian·ta·gio·ne [-o-] F Plantage *f*, Pflanzung *f*

pian·ta·gra·ne M/F ⟨inv⟩ *umg* Stänkerer *m*, Stänkerin *f*

pian·ta·na F **1** Ständer *m* **2** Stehlampe *f*

★**pian·ta·re** ⟨1a⟩ **A** V/T **1** (be)pflanzen **2** schlagen: **~ un chiodo nel muro** einen Nagel in die Wand schlagen **3** **~ un coltello nella schiena di qn** j-m ein Messer in die Rippen stoßen **4** stehen lassen **5** sitzen lassen, im Stich lassen **B** V/PR **-rsi** *umg* **1** sich trennen **2** **-rsi in casa di qn** sich bei j-m einnisten **3** **-rsi davanti a qn** sich vor j-m aufpflanzen ♦ **~ in asso qn** j-n im Stich lassen; **~ grane** stänkern

pian·ta·to ADJ **1** bepflanzt **2** gepflanzt **3** geschlagen **4** **ben ~** kräftig gebaut **5** wie angewurzelt

pian·ta·to·io [-o-] M Pikierholz *n*

pian·ter·re·no [-e-] M Erdgeschoss *n*

pian·ti·na F **1** Pflänzchen *n* **2** Plan *m* **3** Grundriss *m*

pian·to M **1** Weinen *n* **2** Tränen *pl*

pian·to·na·men·to [-e-] M strenge Bewachung *f* **pian·to·na·re** V/T ⟨1a⟩ streng bewachen

pian·to·ne[1] [-o-] M (Wach)Posten *m*

pian·to·ne[2] [-o-] M BOT Setzling *m*

★**pia·nu·ra** F Ebene *f*: **~ padana** Poebene *f*

pia·stra F **1** Platte *f* **2** Herdplatte *f*, Kochplatte *f*: **~ elettrica** elektrische Kochplatte *f* **3** Grillpfanne *f* ♦ **~ di registrazione** Kassettendeck *n*

pia·strel·la [-ɛ-] F Fliese *f*, Kachel *f*

pia·strel·la·re V/T ⟨1b⟩ fliesen

pia·strel·li·sta M/F Fliesenleger *m*, -in *f*

pia·stri·na F **1** Plättchen *n* **2** MIL Erkennungsmarke *f*

piat·ta·for·ma [-o-] F **1** Plattform *f*, Rampe *f* **2** *fig* Plattform *f*, Basis *f*: **elaborare una ~ comune** eine gemeinsame Basis ausarbeiten **3** GEOL Platte *f*: **~ continentale** Kontinentalplatte *f* ♦ **~ di caricamento** Ladebühne *f*; **~ contrattuale** Verhandlungsbasis *f*; **~ girevole** Dreh-

scheibe *f*
piat·tel·lo [-ɛ-] M Wurf-, Tontaube *f*: **tiro al ~** Tontaubenschießen *n*
piat·tez·za [-e-] F Flachheit *f*, Banalität *f*
piat·ti·na F 1 Flachkabel *n* 2 Bandeisen *n* **piat·ti·no** M 1 Tellerchen *n* 2 Untertasse *f* 3 Leckerbissen *m*
★**piat·to** A ADJ 1 flach, eben 2 GEOM gestreckt 3 *fig* flach, nichtssagend 4 eintönig: **vita -a** eintöniges Leben *n* 5 flachbrüstig B M 1 Teller *m*: **~ piano** flacher Teller *m*; **~ fondo** tiefer Teller *m* 2 Gericht *n*, Speise *f* ♦ **offrire qc a qn su un ~ d'argento** j-m etw auf einem silbernen Tablett servieren; **~ di carta** Pappteller *m*; **~ forte** Hauptgericht *n*; *fig* Clou *m*; **lavare i -i** das Geschirr spülen; **~ precotto** Fertiggericht *n*; **primo ~** erster Gang *m*; **~ unico** Gericht *n* in einem Gang
piat·to·la F 1 Filzlaus *f* 2 *fig* Nervensäge *f*, Klette *f*
★**piaz·za** F 1 Platz *m*: **~ del mercato** Marktplatz *m* 2 WIRTSCH Handelsplatz *m*, Markt *m* 3 FIN Börsenplatz *m* 4 MIL Punkt *m*, Standort *m* ♦ **letto a due -e** Doppelbett *n*; *fig* **fare ~ pulita** reinen Tisch machen; *fig* **rovinare la ~ a qn** j-m den Ruf verderben; *fig* **scendere in ~** auf die Straße gehen; **letto a una ~** Einzelbett *n*
piaz·za·le M (Vor)Platz *m*
piaz·za·men·to [-e-] M Platzierung *f*
piaz·za·re ⟨1a⟩ A V/T 1 platzieren, aufstellen 2 SPORT platzieren, landen B V/PR **-rsi** 1 sich platzieren 2 *umg* sich niederlassen **piaz·za·ta** F Szene *f*: **fare una ~** eine Szene machen **piaz·za·to** ADJ platziert **piaz·zi·sta** M/F 1 Handelsvertreter *m*, -in *f* 2 Handelsreisende *m/f* **piaz·zo·la** [-ɔ-] Ausweichstelle *f* ♦ **~ di sosta** Halte-, Parkbucht *f*
pi·ca F ZOOL Elster *f*
pi·ca·re·sco [-e-] ADJ **romanzo ~** Schelmenroman *m*
pic·ca F 1 Pike *f* 2 Pik *n*: **asso di -che** Pikass *n* ♦ **contare come il fante** (*od* **il due**) **di -che** nichts zu melden haben
pic·can·te ADJ 1 GASTR scharf 2 *fig* pikant: **barzellette -i** pikante Witze *pl*
pic·car·si [-s-] V/PR ⟨1d⟩ 1 **~ di qc** auf etw (*dat*) bestehen; sich (*dat*) etw einbilden 2 beleidigt sein **pic·ca·ta** F GASTR mit Zitrone zubereitetes Kalbsschnitzel **pic·ca·to** ADJ pikiert
pic·chet·tag·gio M Streikposten *m*
pic·chet·ta·re V/T ⟨1a⟩ 1 abstecken 2 **~ qc** vor etw (*dat*) Streikposten aufstellen
pic·chet·to [-e-] M 1 (Zelt)Pflock *m* 2 MIL Wache *f*: **essere di ~** Wache stehen 3 Streikposten *m*
★**pic·chia·re** ⟨1a⟩ A V/T 1 schlagen; verprügeln 2 **~ qc contro qc** mit etw gegen etw stoßen B V/I ⟨av⟩ 1 schlagen 2 klopfen (*a. fig*): **~ alla porta** an die Tür klopfen; **la pioggia picchia sui tetti** der Regen trommelt auf die Dächer 3 *fig* **il sole picchia** die Sonne sticht C V/PR **-rsi** sich schlagen; sich verprügeln **pic·chia·ta** F 1 Tracht *f* Prügel 2 Sturzflug *m*: **scendere in ~** im Sturzflug herunterkommen
pic·chia·to ADJ **essere ~** bekloppt sein
pic·chia·to·re [-o-] M, **-tri·ce** F Schläger *m*, -in *f*
pic·chie·rel·la·re V/I ⟨1b⟩ trommeln
pic·chiet·ta·re ⟨1a⟩ A V/I ⟨av⟩ trommeln, klopfen B V/T tupfen **pic·chiet·ti·o** M Trommeln *n*, Prasseln *n*
pic·chio M Specht *m*
pic·ci·ne·ri·a F Kleinlichkeit *f* **pic·ci·no** A ADJ 1 klein 2 kleinlich B M, **-a** F Kleine *m/f*
pic·cio·lo [-ɔ-] M Stiel *m*, Fruchtstängel *m*
pic·cio·na·ia F 1 Taubenschlag *m* 2 Dachgeschoss *n* 3 THEAT Galerie *f*
pic·cio·ne [-o-] M Taube *f* ♦ **~ viaggiatore** Brieftaube *f*; **prendere due -i con una fava** zwei Fliegen mit einer Klappe schlagen
pic·ciot·to [-ɔ-] M = *niedrigster Rang innerhalb der Mafia*
pic·co M 1 Bergspitze *f* 2 **colare a ~** sinken, untergehen; **roccia a ~ sul mare** ein steil ins Meer abfallender Felsen 3 Spitzenwert *m* ♦ **costa a ~** Steilküste *f*
pic·co·lez·za [-e-] F 1 Kleinheit *f* 2 Kleinlichkeit *f* 3 Kleinigkeit *f*
★**pic·co·lo** A ADJ 1 klein 2 *fig* kleinlich, engstirnig 3 klein gewachsen 4 kurz B M, **-a** F Kleine *m/f* ♦ **-a borghesia** Kleinbürgertum *n*; **auto di -a cilindrata** Kleinwagen *m*; **da ~** als er klein war; **in ~** in Klein
pic·co·na·ta F 1 Schlag *m* mit der Spitzhacke 2 *fig* vernichtende Kritik *f*
pic·co·ne [-o-] M Spitzhacke *f*
pic·coz·za [-ɔ-] F Eispickel *m*
pic·nic M ⟨*inv*⟩ Picknick *n*

pidi·es·si·no **A** ADJ der demokratischen Linken **B** M, **-a** F Anhänger *m*, -in *f* der demokratischen Linken
pi·doc·chie·ri·a F Knaus(e)rigkeit *f*
pi·doc·chio [-ɔ-] M **1** Laus *f* **2** Geizhals *m*
pi·doc·chio·so [-o-] ADJ **1** verlaust **2** (*spilorcio*) knauserig, geizig
piè [pi'ɛ] M ⟨*inv*⟩ Fuß *m* ♦ **a ~ di qc** am Fuß von etw; **nota a ~ (di) pagina** Fußnote *f*; **ad ogni ~ sospinto** auf Schritt und Tritt
★**pie·de** [-ɛ-] M **1** Fuß *m* (*a.* BOT, LIT) **2** ZOOL Pfote *f* **3** (*di mobili, oggetti*) Bein *n*; Fuß *m* ♦ **a -i** zu Fuß; **ai -i di** am Fuß; **ai -i della montagna** am Fuße des Berges; **ai -i del letto** am Fußende des Bettes; **~ d'atleta** Fußpilz *m*; *fig* **cadere in -i** auf die Füße fallen; **da capo a -i** von Kopf bis Fuß; **cena in -i** Stehempfang *m*; **collo del ~** (Fuß)Spann *m*; **su due -i** aus dem Stand, auf der Stelle; **fatto coi -i** schlampig gemacht; *fig* **mettere in -i qc** etw auf die Beine stellen; **a -i nudi** barfuß; **pianta del ~** Fußsohle *f*; *fig* **andare coi -i di piombo** mit äußerster Vorsicht vorgehen; **~ di porco** Brecheisen *n*; **posto in -i** Stehplatz *m*; **ragionare con i -i** dummes Zeug schwätzen; *umg* **stare tra i -i a qn** j-m im Weg sein; **togliersi dai -i** sich aus dem Staub machen; **togliersi qn dai -i** sich (*dat*) j-n vom Hals schaffen; **togliti dai -i!** hau ab!; **darsi la zappa sui -i** sich (*dat*) ins eigene Fleisch schneiden
pie·di·no M **1** Füßchen *n*: *umg* **fare (il) ~ a qn** mit j-m füßeln **2** Pressenotiz *f*
pie·di·piat·ti M/F ⟨*inv*⟩ (*poliziotto*) Bulle *m*, Polizist *m*, -in *f*
pie·di·stal·lo M Sockel *m*; Postament *n*
pie·ga [-ɛ-] F **1** Falte *f* (*a.* GEOL) **2** ANAT Beuge *f* **3** **mettere i capelli in ~** das Haar legen ♦ **~ dei calzoni** Bügelfalte *f*; **non fare una ~** (*persona*) keine Miene verziehen; (*ragionamento*) einwandfrei sein; **messa in ~** Legen *n*; **prendere una buona ~** sich zum Guten wenden
pie·ga·men·to [-e-] M Beuge *f*: **~ sulle gambe** Kniebeuge *f*
★**pie·ga·re** ⟨1b *u.* e⟩ **A** V/T **1** (ver)biegen **2** (zusammen)falten; zusammenlegen **3** beugen: **~ il capo** den Kopf beugen **4** bezwingen **5** **~ qn a qc** j-m etw aufzwingen **B** V/I ⟨av⟩ **~ in curva** sich in die Kurve legen **C** V/PR **-rsi** sich biegen (*a. fig*)
pie·ga·tu·ra F **1** Faltung *f* **2** (Ver)Biegung *f* **3** TECH Kröpfung *f*
pie·ghet·ta·re V/T ⟨1a⟩ fälteln **pie·ghet·ta·to** ADJ TEX plissiert **pie·ghet·ta·tu·ra** F **1** Plissieren *n*, Fälteln *n* **2** Falten *pl*
pie·ghe·vo·le [-e-] **A** ADJ **1** zusammenlegbar, zusammenklappbar; faltbar, Falt-; Klapp-: **canotto ~** Faltboot *n*; **sedia ~** Klappstuhl *m* **2** biegbar **B** M Faltblatt *n* ♦ **cartina (geografica) ~** Faltkarte *f*; **metro ~** Zollstock *m*; **passeggino ~** Buggy *m*
Pie·mon·te [-o-] M Piemont *n*
pie·mon·te·se [-e-] **A** ADJ piemontesisch, piemontisch **B** M/F Piemontese *m*, -tesin *f*
pie·na [-ɛ-] F Hochwasser *n*
pie·na·men·te [-e-] ADV völlig, vollauf
pie·nez·za [-e-] F Fülle *f*; Erfülltheit *f* ♦ **~ di sé** Selbstgerechtigkeit *f*
★**pie·no** [-ɛ-] **A** ADJ **1** voll: **bicchiere ~** volles Glas *n*; **un successo ~** ein voller Erfolg *m*; **ottenere una -a guarigione** völlig gesund werden **2** **~ di** voll mit, voller, mit viel **3** **in ~ …** mitten in …, voll in …; **in -a notte** mitten in der Nacht; **in ~ giorno** am helllichten Tag; **in ~ viso** direkt (*od* voll) ins Gesicht **B** M **1** massiver Teil *m* **2** **nel ~ di** mitten in; **nel ~ dell'estate** mitten im Sommer **3** Tankfüllung *f*; ★ **fare il ~** volltanken ♦ **in ~** völlig, genau, vollkommen; **sbagliarsi in ~** sich gründlich irren; **luna -a** Vollmond *m*; **a -e mani** mit vollen Händen; **essere ~ di soldi** im Geld schwimmen; **averne le tasche -e di qc** von etw die Nase voll haben; **~ zeppo** (gerammelt) voll, proppenvoll
pie·no·ne [-o-] M Menschenmenge *f*: **esserci un ~** proppenvoll sein
pier·cing ['pirsiŋ] M ⟨*inv*⟩ Piercing *n*
★**pie·tà** F ⟨*inv*⟩ **1** Mitleid *n*: **avere ~ di qn** mit j-m Mitleid haben **2** REL Pietät *f* **3** KUNST Pietà *f* ♦ **monte di ~** Leihhaus *n*
pie·tan·za F Gericht *n*, Speise *f*
pie·ti·smo [-z-] M **1** HIST Pietismus *m* **2** *fig* Frömmelei *f* **3** geheucheltes Mitleid *n*
pie·to·so [-o-] ADJ **1** mitleidig **2** barmherzig **3** mitleiderregend, erbärmlich **4** unmöglich: **un lavoro ~** eine unmögliche Arbeit *f* ♦ **bugia -a** fromme Lüge *f*; **fare una figura -a** eine unglückliche Figur abgeben

P

★**pie·tra** [-ɛ-] F **1** Stein *m* **2** Edelstein *m* ♦ **~ angolare** Eckstein *m* (*a. fig*); **~ da costruzione** Baustein *m*; **avere un cuore di ~** ein Herz aus Stein haben; **diventare di ~** versteinern (*a. fig*); **~ filosofale** Stein *m* der Weisen; **~ d'inciampo** Stolperstein *m*; **mettiamoci una ~ sopra!** Schwamm drüber!; **~ preziosa** Edelstein *m*

pie·tra·ia F **1** Steinhaufen *m* **2** Steinbruch *m* **pie·tra·me** M Gesteinsmasse *f*

pie·tri·fi·ca·re ⟨1m *u.* d⟩ **A** V/T **1** versteinern **2** *fig* erstarren lassen **B** V/PR **-rsi** versteinern, zu Stein werden **pie·tri·fi·ca·to** ADJ **1** versteinert **2** *fig* wie versteinert, erstarrt **pie·tri·fi·ca·zio·ne** [-o-] F Versteinerung *f*

pie·tri·sco M Rollsplitt *m*, Schotter *m*

pie·tro·so [-o-] ADJ **1** Stein-, aus Stein **2** steinig

pie·va·no M Pfarrer *m*

pie·ve [-ɛ-] F Sprengel *m*, Pfarrei *f*

pif·fe·ra·io M, **-a** F Pfeifenbläser *m*, -in *f*, Pfeifer *m*, -in *f* ♦ **il ~ magico** der Rattenfänger

pif·fe·ro M Pfeife *f*; Schalmei *f*

★**pi·gia·ma** M Schlafanzug *m*

pi·gia pi·gia M ⟨*inv*⟩ Gedränge *n*

pi·gia·re V/T ⟨1f⟩ **1** drücken, pressen **2** dränge(l)n **3** **~ l'acceleratore** aufs Gas treten

pi·gia·to ADJ zusammengepresst, gedrängt: *umg* **-i come sardine** zusammengequetscht wie Ölsardinen **pi·gia·tu·ra** F **1** Drücken *n* **2** (*di uva*) Keltern *n*

pi·gio·nan·te M/F Mieter *m*, -in *f*

pi·gio·ne [-o-] F Miete *f*: **stare a ~** zur Miete wohnen; **dare a ~** vermieten; **prendere a ~** mieten; **pagare la ~** die Miete bezahlen

pi·glia·re V/T ⟨1g⟩ **1** nehmen **2** ergreifen, fassen ♦ **pigliarle** Prügel bekommen; **pigliarsela con qn** sich über j-n aufregen

pi·glio[1] M Fassen *n*, Ergreifen *n*: **dar di ~ a qc** etw rasch fassen

pi·glio[2] M **1** Miene *f* **2** *fig* Ton(fall) *m*

pig·men·ta·zio·ne [-o-] F Pigmentbildung *f*, Pigmentierung *f*

pig·men·to [-e-] M Pigment *n*

pig·me·o [-ɛ-] **A** ADJ **1** pygmäisch **2** zwergenhaft **B** M, **-a** F **1** Pygmäe *m*, -mäin *f* **2** Zwerg *m*, -in *f*

pi·gna F **1** Tannenzapfen *m* **2** *fig* Stapel *m*

pi·gnat·ta F großer Kochtopf *m*

pi·gno·le·ri·a F Kleinlichkeit *f*, Pedanterie *f* **pi·gno·lo** [-ɔ-] **A** ADJ kleinlich, pedantisch **B** M, **-a** F Pedant *m*, -in *f*, Federfuchser *m*, -in *f*

pi·gno·ne [-o-] M **1** MECH Ritzel *n*, Triebrad *n* **2** (*edilizia*) Futtermauer *f*

pi·gno·ra·bi·le ADJ pfändbar

pi·gno·ra·bi·li·tà F ⟨*inv*⟩ Pfändbarkeit *f*

pi·gno·ra·men·to [-e-] M Pfändung *f*

pi·gno·ra·re V/T ⟨1a⟩ **1** pfänden **2** verpfänden, in Pfand geben **pi·gno·ra·ta·rio** M, **-a** F Pfändungsschuldner *m*, -in *f*

pi·gno·ra·ti·zio ADJ Pfand-

pi·gno·ra·to·re [-o-] M, **-tri·ce** F Pfänder *m*, -in *f*

pi·go·la·re V/I ⟨1l; av⟩ **1** piepen **2** *fig* quengeln **pi·go·li·o** M Gepiep(s)e *n*, Piep(s)en *n*

pi·gris·si·mo ADJ oberfaul, stinkfaul

pi·gri·zia F Faulheit *f*, Trägheit *f*

★**pi·gro** **A** ADJ **1** faul, träge **2** langsam, müde **B** M, **-a** F Faulenzer *m*, -in *f*

pi·gro·ne [-o-] M, **-a** F *umg* Faulpelz *m*

pi·la[1] F **1** Stapel *m*, Stoß *m* **2** ELEK Batterie *f* **3** Taschenlampe *f* ♦ **~ a combustibile** (*od* **a idrogeno**) Brennstoff- Wasserstoffzelle *f*

pi·la[2] F Becken *n*; (*vasca*) Wanne *f* ♦ **~ dell'acquasanta** Weihwasserbecken *n*

pi·la·stro M **1** Pfeiler *m* **2** *fig* Stütze *f*: **il ~ della famiglia** die Stütze der Familie

pile ['pail] M ⟨*inv*⟩ TEX Fleece *n*

pi·let·ta [-e-] F ELEK Knopfzelle *f*

★**pil·lo·la** F **1** Pille *f*, Tablette *f* **2** Antibabypille *f* ♦ **addolcire la ~ a qn** j-m eine bittere Pille versüßen; **in -e** in Tablettenform; *fig* in Kurzfassung; **ingoiare una ~ amara** eine bittere Pille schlucken (*a. fig*); **~ abortiva** Abtreibungspille *f*

pi·lo·ne [-o-] M **1** Pfeiler *m*, Pfahl *m* **2** Mast *m*: **~ di antenna** Antennenmast *m*

pi·lo·ro [-ɔ-] M ANAT Pförtner *m*

pi·lo·ta [-ɔ-] **A** ADJ ⟨*inv*⟩ Pilot-: **progetto ~** Pilotprojekt *n* **B** M/F **1** FLUG Pilot *m*, -in *f* **2** AUTO Rennfahrer *m*, -in *f* **3** SCHIFF Lotse *m*, -sin *f* ♦ **inserire il ~ automatico** den Autopilot einschalten; **prendere il brevetto di ~** den Pilotenschein erwerben

pi·lo·ta·bi·le ADJ steuerbar **pi·lo·tag·gio** M Steuerung *f*, Lenkung *f*

pi·lo·ta·re V/T ⟨1c⟩ **1** fahren, führen, steuern **2** SCHIFF lotsen **3** *fig* lenken

pi·luc·ca·re V/T ⟨1d⟩ **1** (*uva*) (ab)zupfen **2** **~ qc** von etw naschen

3 ~ **qc da qc** etw aus etw herauspicken, (heraus)pulen **4** *fig* Geld abnehmen, *umg* rupfen

pim·pan·te ADJ **1** (*sgargiante*) auffallend, grell **2** aufgedreht, keck: **essere tutto** ~ mächtig aufgedreht sein

P.I.N. M ⟨*inv*⟩ PIN *f*, Geheimzahl *f*

pi·na·co·te·ca [-ɛ-] F Pinakothek *f*

pi·na·stro M Strandkiefer *f*

pin·ce [ˈpɛ̃ːs] F Abnäher *m*: **pantaloni con le -s** Bundfaltenhose *f*

pin·co M Dummkopf *m* ♦ **Pinco Pallino** Herr (*od* Frau) Soundso

pi·ne·ta [-e-] F Pinienwald *m*, Kiefernwald *m*

ping-pong [-ɔ-] M ⟨*inv*⟩ Tischtennis *n*

pin·gue ADJ dick, fett **pin·gue·di·ne** [-ɛ-] F **1** Fettleibigkeit *f* **2** Leibesfülle *f*

pin·gui·no M Pinguin *m*

pin·na F **1** ZOOL Flosse *f* **2** ANAT ~ **nasale** Nasenflügel *m* **3** Schwimmflosse *f*

pin·na·co·lo M **1** ARCH Fiale *f* **2** Zinne *f*

pi·no M **1** Kiefer *f* **2** Kiefernholz *n* ♦ **ago di** ~ Kiefernnadel *f*; ~ **marittimo** Strandkiefer *f*; ~ **mugo** Latschenkiefer *f*; ~ **nero** Schwarzkiefer *f*; ~ **a ombrello** (*od* **da pinoli**) (Schirm)Pinie *f*; ~ **silvestre** Föhre *f*

pi·no·lo [-ɔ-] M Pinienkern *m*

pi·not [piˈno] M ⟨*inv*⟩ (*enologia*) Pinot *m*

pin·za F **1** Zange *f* **2** (*chela*) Schere *f* ♦ ~ **universale** Kombizange *f*

pin·za·re V/T ⟨1a⟩ zusammenheften **pin·za·tri·ce** F Heftmaschine *f* **pin·zet·ta** [-e-] F Pinzette *f* **pin·zi·mo·nio** [-ɔ-] M = *Dip aus Öl, Pfeffer und Salz* **pin·zo·che·ro** [-ɔ-] M, **-a** F Frömmler *m*, -in *f*

pi·o ADJ **1** fromm **2** heilig: **luoghi -i** heilige Orte *pl* **3** barmherzig ♦ *iron* ~ **desiderio** frommer Wunsch *m*

piog·ge·rel·la [-ɛ-] F Nieselregen *m*

★**piog·gia** [-ɔ-] F **1** Regen *m* **2** *pl* Regenfälle *pl* **3** *fig* Flut *f*, Schwall *m* ♦ ~ **acida** saurer Regen *m*; **in caso di** ~ bei Regen; **scroscio di** ~ Regenschauer *m*; ~ **sottile** Sprühregen *m*; ~ **torrenziale** strömender Regen *m*

pio·lo [-ɔ-] M **1** Pflock *m* **2** Leitersprosse *f* ♦ **scala a -i** (Sprossen)Leiter *f*

piom·bag·gio M Versiegelung *f*

piom·ba·re[1] V/I ⟨1a; es⟩ **1** fallen **2** stürzen **3** ~ **su** (*od* **addosso a**) **qn/qc** sich auf j-n/etw stürzen **4** *fig* ~ **nella disperazione** in Verzweiflung versinken **5** *fig* ~ (**improvvisamente**) **in casa di qn** j-m ins Haus schneien

piom·ba·re[2] V/T ⟨1a⟩ **1** verbleien **2** verplomben, versiegeln **3** plombieren, füllen: ~ **un dente** einen Zahn plombieren

piom·ba·tu·ra F **1** Verbleiung *f*, Verplombung *f* **2** Plombe *f* **3** Zahnfüllung *f*

piom·bi·no M **1** Lot *n*, Senkblei *n* **2** Angelblei *n* **3** Bleisiegel *n* **4** Bleikugel *f*

★**piom·bo** [-o-] M **1** Blei *n* **2** Senkblei *n* **3** TYPO Drucktype *f* ♦ **a** ~ senkrecht; (*edilizia*) lotrecht; **a** ~ **sul mare** senkrecht über dem Meer; **Anni di** ~ bleierne Jahre *pl* (*Jahre des Terrorismus in Italien* (*70er Jahre*)); **benzina senza** ~ bleifreies Benzin *n*; **soldatino di** ~ Zinnsoldat *m*

pio·nie·re [-ɛ-] **A** ADJ bahnbrechend, wegbereitend **B** M, **-a** F **1** Pionier *m*, -in *f* **2** MIL **pioniere** *m* Pionier *m* **3** *fig* Pionier *m*, -in *f*, Wegbereiter *m*, -in *f*, Bahnbrecher *m*, -in *f*

pio·nie·ri·smo [-z-] M Pioniergeist *m*

pio·nie·ri·sti·co ADJ **1** Pionier- **2** *fig* bahnbrechend, wegbereitend

piop·pa·ia F, **piop·pe·to** [-e-] M **1** (*terreno*) Pappelpflanzung *f* **2** (*bosco*) Pappelhain *m*

piop·po [-ɔ-] M **1** Pappel *f* **2** Pappelholz *n* ♦ ~ **bianco** Silberpappel *f*; ~ **tremolo** Espe *f*

pio·va·no ADJ Regen-: **acqua -a** Regenwasser *n* **pio·va·sco** M Regenschauer *m*

★**pio·ve·re** [-ɔ-] V/I ⟨3kk; es, av; *unpers*⟩ regnen (*a. fig*): **piove** es regnet ♦ **piove sul bagnato** Geld kommt zu Geld; (*negativo*) ein Unglück kommt selten allein; ~ **a catinelle** in Strömen regnen; *fig* **su questo non ci piove** das ist so sicher wie das Amen in der Kirche

pio·vig·gi·na·re V/I ⟨1m; es, av; *unpers*⟩ nieseln **pio·vig·gi·no·so** [-o-] ADJ regnerisch

pio·vo·si·tà F ⟨*inv*⟩ **1** Neigung *f* zu Niederschlägen **2** Regen-, Niederschlagsmenge *f*

★**pio·vo·so** [-o-] ADJ regnerisch, Regen-

pio·vra [-ɔ-] F **1** Krake *m* **2** *fig* Mafia *f*

★**pi·pa** F Pfeife *f*: **fumare la** ~ Pfeife rauchen **pi·pa·ta** F **1** Pfeifenrauchen *n* **2** Zug *m* an der Pfeife **3** Pfeifenfüllung *f* ♦ **fare una** ~ an der Pfeife ziehen

pi·pe·ri·ta ADJ **menta** ~ Pfefferminze *f*

pi·pet·ta [-e-] F **1** Pipette *f* **2** LING Háček *n*

pi·pì F ⟨inv⟩ *umg* Pipi *n*: **fare la ~** Pipi machen

pi·pi·strel·lo [-ɛ-] M Fledermaus *f*

pi·pi·ta F **1** Pips *m* **2** Nagelhaut *f*

pi·qué [-'ke] M ⟨inv⟩ Pikee *m*

pi·ra F Scheiterhaufen *m*

pi·ra·mi·da·le ADJ **1** pyramidenförmig (*a. fig*) **2** hierarchisch

pi·ra·mi·de F Pyramide *f*

pi·ra·ta **A** ADJ ⟨inv⟩ **1** Piraten-, Raub- **2** (*copia, registrazione*) Raub- **B** M **1** **-es·sa** F Pirat *m*, -in *f*, Seeräuber *m*, -in *f* **2** **-a** F **~ dell'aria** Flugzeugentführer *m*, -in *f*; **~ informatico** Hacker *m*, -in *f*; Netzpirat *m*, -in *f*; **~ della strada** unfallflüchtiger Fahrer *m*, unfallflüchtige Fahrerin *f*; Verkehrsrowdy *m* ♦ **cassetta ~** Raubkopie *f*

pi·ra·te·ri·a F **1** Piraterie *f*, Seeräuberei *f* **2** Gaunerei *f* **pi·ra·te·sco** [-e-] ADJ seeräuberisch

pi·rex M ⟨inv⟩ Jenaer® Glas *n*

pi·ri·te F Pyrit *m*, Eisenkies *m*

pir·la *sl* M Armleuchter *m*

pi·ro·et·ta [-e-] F Pirouette *f*: **fare una ~** eine Pirouette drehen

pi·ro·fi·la [-ɔ-] F feuerfeste Form *f*

pi·ro·fi·lo [-ɔ-] ADJ feuerfest

pi·ro·ga [-ɔ-] F Einbaum *m*, Piroge *f*

pi·ro·gra·fa·re V/T ⟨1n⟩ einbrennen

pi·ro·gra·fi·a F Brand-, Feuermalerei *f*

pi·ro·ma·ne [-ɔ-] M/F Brandstifter *m*, -in *f*

pi·ro·ma·ni·a F Brandstiftung *f*

pi·ro·pi·ro M ⟨inv⟩ ZOOL Wasserläufer *m*

pi·ro·sca·fo [-ɔ-] M Dampfer *m* ♦ **~ di linea** Liniendampfer *m*; **~ passeggeri** Passagierdampfer *m*; **~ a ruote** Raddampfer *m*

pi·ro·si [-ɔ-] F Sodbrennen *n*

pi·ro·tec·ni·ca [-ɛ-] F Feuerwerkskunst *f* **pi·ro·tec·ni·co** **A** ADJ Feuerwerks- **B** M, **-a** F Feuerwerker *m*, -in *f*, Pyrotechniker *m*, -in *f*

Pi·sa F Pisa *n* **pi·sa·no** **A** ADJ pisanisch **B** M, **-a** F Pisaner *m*, -in *f*

pi·scia F *vulg* Pisse *f*

pi·scia·re *vulg* ⟨1f⟩ **A** V/I ⟨av⟩ & V/T pissen, pinkeln **B** V/PR **-rsi addosso** (*od* **sotto**) **dal ridere** sich (*dat*) vor Lachen in die Hose machen

pi·scia·ta F Pissen *n*, Pinkeln *n*

pi·scia·to·io [-o-] M *vulg* Pissoir *n*

pi·sci·col·to·re [-o-] M, **-tri·ce** F Fischzüchter *m*, -in *f*

pi·sci·col·tu·ra F Fischzucht *f*

★**pi·sci·na** F **1** Schwimmbad *n* **2** Schwimmbecken *n* ♦ **~ all'aperto** (*od* **scoperta**) Freibad *n*; **~ coperta** Hallenbad *n*; **~ con onde artificiali** Wellenbad *n*

★**pi·sel·lo** [-ɛ-] M **1** Erbse *f* **2** *umg* Pimmel *m*

pi·so·la·re V/I ⟨1l; av⟩ ein Schläfchen halten

pi·so·li·no M Nickerchen *n*, Schläfchen *n*: **schiacciare un ~** ein Nickerchen halten

pi·spo·la F **1** ZOOL Wiesenpieper *m* **2** (*fischietto*) Lockpfeife *f*

pis·si·de F KIRCHE Hostienkelch *m*

★**pi·sta** F **1** Spur *f* (*a.* TECH); Fährte *f* **2** Bahn *f*, Piste *f* (*a.* SPORT) **3** (*sci*) Skipiste *f* **4** **~ di fondo** Loipe *f* ♦ **~ d'atterraggio** Landebahn *f*; **~ baby** Übungshang *m*; **~ da ballo** Tanzfläche *f*; **~ battuta** (*di sci*) präparierte Piste *f*; JAGD Fährte *f*; **~ non battuta** Tiefschneepiste *f*; **~ ciclabile** Fahrradweg *m*; **~ magnetica** Magnettonspur *f*; Magnetstreifen *m*; **~ da sci** Skipiste *f*; **~ sonora** Tonspur *f*

pi·stac·chio M Pistazie *f*

pi·sta·gna F MODE Paspel *f*

pi·stil·lo M (Blüten)Stempel *m*

Pi·sto·ia [-o-] F Pistoia *n* **pi·sto·ie·se** [-e-] **A** ADJ aus, von Pistoia **B** M/F Bewohner *m*, -in *f* von Pistoia

pi·sto·la [-ɔ-] F Pistole *f* ♦ **~ ad acqua** Wasserpistole *f*; **colpo di ~** Pistolenschuss *m*; **~ giocattolo** Spielzeugpistole *f*; **~ scacciacani** Schreckschusspistole *f*

pi·sto·le·ro [-ɛ-] M, **-a** F Revolverheld *m*, -in *f*

pi·sto·let·ta·ta F Pistolenschuss *m*

pi·sto·ne [-o-] M **1** Kolben *m* **2** MUS Piston *n*

pi·ta·go·ri·co [-ɔ-] ADJ pythagoreisch, Pythagoras- ♦ **tavola -a** *umg* Einmaleins *n*

pi·ta·le M *umg* Nachttopf *m*

pi·toc·che·ri·a F Knauserei *f* **pi·toc·co** [-ɔ-] **A** ADJ knauserig **B** M, **-a** F Knauserer *m*, Knauserin *f*

pi·to·ne [-o-] M Python *m*

pi·to·nes·sa [-e-] F **1** Pythia *f* **2** Wahrsagerin *f*

pit·ti·ma F *fig* Nervensäge *f*

pit·to·gra·fi·a F Bilderschrift *f*

pit·to·gram·ma M Bildsymbol *n*, Piktogramm *n*

★**pit·to·re** [-o-] M **1** (Kunst)Maler *m* **2**

Anstreicher *m* ♦ **cavalletto da ~** Staffelei *f*; **~ a tempo perso** Sonntagsmaler *m*

pit·to·re·sco [-e-] ADJ **1** pittoresk, malerisch **2** *fig* ausdrucksvoll **pit·to·ri·co** [-ɔ-] ADJ Mal-; malerisch (*a. fig*)

★**pit·tri·ce** F Malerin *f*

★**pit·tu·ra** F **1** Malerei *f* **2** Gemälde *n* **3** *umg* Farbe *f* **4** Anstrich *m* ♦ **~ fresca!** frisch gestrichen!; **dare una mano di ~ a qc** etw einmal streichen

pit·tu·ra·re ⟨1a⟩ **A** V/T **1** (an)streichen **2** be-, ausmalen **B** V/PR **-rsi** *umg* sich anmalen: - sich (*dat*) die Lippen anmalen; - sich schminken

★più

⟨*komp von* **molto**⟩

A Adverb
B Adjektiv
C Maskulinum
D Präposition
E Wendungen

— A Adverb —

1 **~ bello** schöner; **~ leggero** leichter; **~ veloce** schneller; **parlare ~ chiaramente** deutlicher sprechen **2** **il giorno ~ bello della mia vita** der schönste Tag meines Lebens; ★**il ~ grande …** der größte …; ★**la ~ grande …** die größte … **3** mehr: **lavora di ~** er arbeitet mehr **4** länger: **rimarrò di ~** ich werde länger bleiben **5** **~ … che** eher … als, mehr … als **6** je mehr …, desto …: (**tanto**) **~ insiste,** (**tanto**) **meno lo convincerà** je mehr er darauf besteht, desto weniger wird er ihn davon überzeugen **7** je länger …, desto … **8** (*in frasi negative*) mehr: **non voglio ~ niente** ich möchte nichts mehr

— B Adjektiv —

⟨*inv*⟩ **1** mehr: **mangia ~ verdura che carne** er isst mehr Gemüse als Fleisch **2** mehrere: **sono stata via ~ mesi** ich war mehrere Monate (lang) fort

— C Maskulinum —

⟨*inv*⟩ **1** Großteil *m*: **il ~ è fatto** der Großteil ist getan **2** *pl* **i ~** die meisten **3** MATH Pluszeichen *n*

— D Präposition —

plus: **due ~ due fa quattro** zwei plus zwei ist vier; **~ tre gradi** plus drei Grad

— E Wendungen —

al ~ höchstens; **~ che altro** vor allem; **~ che** mehr als; **~ che carina** mehr als hübsch; **di ~** mehr; **cosa vuoi di ~?** was will man mehr?; **e ~** und mehr; **un'ora e ~** eine Stunde und mehr; **in ~** (*troppo*) zu viel; (*che avanza*) übrig; **mai ~** nie mehr, nie wieder; **~ che mai** mehr denn je; **~ o meno** mehr oder weniger; **per lo ~** meistens; **al ~ presto** frühestens; **il ~ … possibile** so … wie möglich; **il ~ presto possibile** so bald wie möglich; **tanto ~ che** umso mehr als; **al ~ tardi** spätestens; **tutt'al ~** höchstens

piuc·che·per·fet·to [-ɛ-] M Plusquamperfekt *n*, Vorvergangenheit *f*

piu·ma F **1** Feder *f* **2** Daune *f* **3** *pl* Gefieder *n* ♦ **leggero come una ~** federleicht

piu·mag·gio M Gefieder *n* **piu·ma·to** ADJ Feder- **piu·mi·no** M **1** Daunen *pl* **2** Federbett *n*, Daunendecke *f* **3** MODE Daunenjacke *f* **4** Puderquaste *f* **5** Staubwedel *m* **piu·mo·ne®** [-o-] M **1** MODE Daunenjacke *f* **2** Federbett *n* **piu·mo·so** [-o-] ADJ **1** gefiedert, Feder- **2** flaumig

★**piut·to·sto** [-ɔ-] ADV **1** lieber, eher: **non ho fame, berrei ~ un caffè** ich bin nicht hungrig, ich trinke lieber einen Kaffee **2** eher, vielmehr: **è ~ una questione di gusto** es ist eher eine Frage des Geschmacks **3** ziemlich: **sono ~ stanco** ich bin ziemlich müde **4** (*tradotto con il komp dell'agg che segue*) **una signora ~ giovane** eine jüngere Frau **5** (an)statt: **~ che perdere tempo mettiamoci a lavorare** machen wir uns an die Arbeit, (an)statt Zeit zu verlieren **6** **~ di …, ~ che …** eher … als, lieber … als (dass); **~ di sposarlo preferisco morire** eher will ich sterben als ihn heiraten ♦ **o ~** oder besser; **vediamoci qui, o ~, passate a prendermi** treffen wir uns hier, oder besser, kommt mich abholen

pi·va F Dudelsack *m* ♦ **andarsene con le -e nel sacco** leer ausgehen

pi·vel·lo [-ɛ-] M, **-a** F Neuling *m*; *umg* Grünschnabel *m*

pi·vie·re [-ɛ-] M ZOOL Regenpfeifer *m*

pi·xel ['piksel] M ⟨*inv*⟩ Pixel *n*

★**piz·za** F **1** Pizza *f* **2** (*cinema*) Filmdose *f* **3** *umg* Transuse *f* **4** *umg* = *langweilige Angelegenheit*: **che ~!** so etwas Langweiliges!

piz·za·io·lo [-ɔ-] M, **-a** F Pizzabäcker *m*, -in *f* ♦ **alla -a** = *mit Tomatensoße, Knoblauch, Salz, Pfeffer und Origano*

★**piz·ze·ri·a** F Pizzeria *f*, Pizzabäckerei *f*

La pizza

Die **pizzeria** ist oft nur am Abend geöffnet, da die Italiener mittags keine Pizza essen. Sollte vor einer **pizzeria** das Schild **pizze a mezzogiorno** hängen, so kann man auch mittags welche bekommen. In der **pizzeria** kann man oft auch nur ein **primo** oder ein Dessert bestellen. Wo **pizza al taglio** (Pizzastück) verkauft wird, kann man Pizza im Stehen essen oder mitnehmen.

piz·zet·to [-e-] M Kinnbart *m*

piz·zi·ca·re ⟨1l *u.* d⟩ **A** V/T **1** kneifen, zwicken **2** (*bevande*) prickeln **3** (*di cibi piccanti*) **~ la lingua** auf der Zunge beißen **4** (*insetti*) stechen **5** MUS zupfen **6** *umg* ertappen, erwischen **B** V/I ⟨av⟩ **1** jucken **2** scharf sein **C** V/PR **-rsi** **1** sich kneifen **2** *umg* sich necken

piz·zi·ca·to M MUS Pizzikato *n*

piz·zi·co M **1** Prise *f*: **un ~ di sale** eine Prise Salz **2** etwas, ein bisschen (*a. fig*): **un ~ di formaggio** ein bisschen Käse **3** Kniff *m*: **dare un ~ a qn** j-n kneifen **4** (*d'insetto*) Stich *m*

piz·zi·co·re [-o-] M **1** Jucken *n*, Juckreiz *m* **2** *fig* Lust *f* **piz·zi·co·ri·no** M **1** leichter Juckreiz *m* **2** *fig* Lust *f* **piz·zi·cot·ta·re** V/T ⟨1c⟩ kneifen, zwicken **piz·zi·cot·to** [-ɔ-] M Kniff *m*: **dare un ~ a qn** j-n kneifen

piz·zo M **1** Kinnbart *m* **2** Spitze *f*: **coperta di ~** Spitzendecke *f* **3** Zipfel *m* **4** Bergspitze *f* **5** *sl* Schutzgeld *n*

pla·ca·re ⟨1d⟩ **A** V/T **1** beruhigen, besänftigen **2** stillen: **~ la sete** den Durst stillen **B** V/PR **-rsi** **1** sich beruhigen **2** nachlassen

plac·ca F **1** Platte *f* **2** Plakette *f* **3** Namensschild *n* **4** MED Belag *m*

plac·ca·re V/T ⟨1d⟩ **1** dublieren, plattieren **2** **~ d'argento** versilbern; **~ d'oro** vergolden **plac·ca·to** ADJ **1** Dublee- **2** **~ oro** vergoldet **plac·ca·tu·ra** F Plattierung *f*, Dublierung *f*

plac·chet·ta [-e-] F **1** Plättchen *n* **2** Plakette *f*

pla·ce·bo [-ɛ-] **A** ADJ ⟨*inv*⟩ Placebo-: **effetto ~** Placebowirkung *f* **B** M ⟨*inv*⟩ Placebo *n*

pla·cen·ta [-ɛ-] F Mutterkuchen *m*

pla·cet M ⟨*inv*⟩ Plazet *n*: **dare il ~ a qc** sein Plazet zu etw geben

pla·ci·di·tà F ⟨*inv*⟩ Ruhe *f*, Stille *f*

pla·ci·do ADJ ruhig, still

pla·fo·nie·ra [-ɛ-] F Deckenlampe *f*

pla·gia·re V/T ⟨1f⟩ **1** plagiieren **2** **~ qn** sich (*dat*) j-n hörig machen **pla·gia·rio** **A** ADJ plagiatorisch **B** M, **-a** F Plagiator *m*, -in *f* **pla·gio** M **1** Plagiat *n* **2** Hörigmachen *n*

plaid [plɛd] M ⟨*inv*⟩ Plaid *m od n*, Wolldecke *f*

pla·na·re[1] ADJ eben, flach

pla·na·re[2] V/I ⟨1a; av⟩ gleiten **pla·na·ta** F **1** FLUG Gleitflug *m* **2** SCHIFF Gleiten *n* **pla·na·to** ADJ Gleit-: **volo ~** Gleitflug *m*

plan·cia F **1** SCHIFF Kommandobrücke *f* **2** Laufsteg *m*

pla·ne·ta·rio **A** ADJ **1** Planeten-, planetarisch **2** weltweit **B** M Planetarium *n*

pla·ni·me·tri·a F **1** Planimetrie *f* **2** Lageplan *m* **pla·ni·me·tri·co** [-ɛ-] ADJ planimetrisch

pla·ni·me·tro M Flächenmesser *m*

pla·ni·sfe·ro [-ɛ-] M **1** Himmelskarte *f* **2** Planisphäre *f*

plan·ta·re M Schuheinlage *f*

plan·ti·gra·do M, **-a** F **1** ZOOL **plantigrado** *m* Sohlengänger *m* **2** *fig* schwerfälliger Mensch *m*, Trampeltier *n*

pla·sma [-zm-] M Plasma *n* ♦ **~ sanguigno** Blutplasma *n*

pla·sma·bi·le [-zm-] ADJ form-, gestaltbar (*a. fig*) **pla·sma·bi·li·tà** F ⟨*inv*⟩ Formbarkeit *f*, Gestaltbarkeit *f* **pla·sma·re** V/T ⟨1a⟩ **1** formen, gestalten **2** *fig* prägen, bilden

★**pla·sti·ca** F **1** Plastik *n* (*a.* MED), Kunststoff *m* **2** KUNST Plastik *f* ♦ **industria della ~** Kunststoffindustrie *f*; **~ al naso** Nasenkorrektur *f*

pla·sti·ci·tà F ⟨*inv*⟩ **1** Formbarkeit *f* **2** KUNST Plastizität *f* **3** METALL Geschmeidigkeit *f*

pla·sti·co **A** ADJ **1** plastisch **2** Kunststoff-, aus Plastik **3** METALL geschmeidig **B** M **1** Reliefkarte *f* **2** plastischer Sprengstoff *m*

pla·sti·fi·ca·re V/T ⟨1d⟩ **1** plastifizieren **2** mit Kunststoff überziehen **pla·sti·fi·ca·to** ADJ kunststoffbeschichtet, Plastik-

pla·sti·li·na F Knetmasse *f*, Plastilin *n*

pla·ta·no M Platane *f*

pla·te·a [-ɛ-] F 1 THEAT Parkett *n* 2 Publikum *n*, Zuschauer *pl* **pla·te·a·le** ADJ 1 grob: **errore ~** grober Fehler *m* 2 demonstrativ

pla·teau [-'to] M ⟨inv⟩ 1 GEOL Plateau *n*, Tafel *f* 2 Obstkiste *f*; Gemüsekiste *f*

pla·ti·na·re V/T ⟨1l⟩ 1 platinieren 2 (*di capelli*) platinblond färben **pla·ti·na·to** ADJ 1 platiniert 2 (*di capelli*) platinblond

pla·ti·no M Platin *n*

pla·to·ni·co [-ɔ-] ADJ platonisch (*a. fig*)

plau·si·bi·le ADJ plausibel, stichhaltig

plau·si·bi·li·tà F ⟨inv⟩ Plausibilität *f*

plau·so M 1 Beifall *m* 2 *fig* Zustimmung *f*, Aufnahme *f*

play·back [plei'bɛk] M ⟨inv⟩ Play-back *n*

play·boy [plei'bɔi] M ⟨inv⟩ Playboy *m*

ple·ba·glia F Pöbel *m*, Gesindel *n*

ple·be [-ɛ-] F 1 HIST Plebs *f* 2 *pej* Pöbel *m*

ple·be·o [-ɛ-] A ADJ 1 HIST plebejisch 2 *pej* pöbelhaft B M, **-a** F Plebejer *m*, -in *f* **ple·bi·sci·ta·rio** ADJ 1 plebiszitär 2 einstimmig

ple·bi·sci·to M 1 POL Volksabstimmung *f* 2 Einstimmigkeit *f*

ple·na·rio ADJ 1 Voll-, Plenar-: **seduta -a** Plenarsitzung *f* 2 vollständig

ple·ni·lu·nio M Vollmond *m*

ple·ni·po·ten·zia·rio A ADJ bevollmächtigt B M, **-a** F Bevollmächtigte *m/f*: **ministro ~** Regierungsbevollmächtigte *m*

pleo·na·smo [-zmo] M Pleonasmus *m*

pleo·na·sti·co ADJ pleonastisch

ples·so [-ɛ-] M 1 ANAT Plexus *m* 2 *fig* **~ amministrativo** Verwaltungsapparat *m*

ple·to·ra F 1 Überfluss *m*, Überschuss *m* 2 MED vermehrter Blutandrang *m*

pleu·ra F Rippenfell *n*

pleu·ri·te F Rippenfellentzündung *f*

ple·xi·glas® M Plexiglas® *n*

pli·co M 1 Aktenbündel *n* 2 Sendung *f*: **con ~ separato** mit gesonderter Post 3 Umschlag *m*

plin·to M 1 ARCH Säulensockel *m* 2 (*edilizia*) Boden-, Fundamentplatte *f*

plis·sé M ⟨inv⟩ Plissee *n*

plis·set·ta·re V/T ⟨1b⟩ plissieren

plis·set·ta·to ADJ plissiert, Plissee-

plo·to·ne [-o-] M MIL Zug *m*, Abteilung *f* ♦ **~ di esecuzione** Hinrichtungskommando *n*

plot·ter ['plɔtter] M ⟨inv⟩ Plotter *m*

plug-in [pla'gin] M ⟨inv⟩ Plug-in *n*

plum·be·o ADJ 1 bleiern 2 *fig* drückend

★**plu·ra·le** A ADJ Plural-, pluralisch, Mehrzahl- B M Plural *m* **plu·ra·li·smo** M Pluralismus *m* **plu·ra·li·sti·co** ADJ pluralistisch **plu·ra·li·tà** F ⟨inv⟩ Pluralität *f*, Vielfalt *f*

plu·ri·ag·gra·va·to ADJ mehrseitig belastet **plu·ri·cel·lu·la·re** ADJ mehrzellig **plu·ri·de·cen·na·le** ADJ jahrzehntelang **plu·ri·de·co·ra·to** ADJ mehrfach ausgezeichnet **plu·ri·di·men·sio·na·le** [-ns-] ADJ mehrdimensional **plu·ri·di·men·sio·na·li·tà** [-ns-] F ⟨inv⟩ Mehrdimensionalität *f*

plu·ri·di·re·zio·na·le ADJ in mehrere Richtungen: **antenna ~** Mehrbereichsantenne *f*

plu·rien·na·le ADJ mehrjährig

plu·ri·fa·mi·lia·re ADJ Mehrfamilien-: **casa ~** Mehrfamilienhaus *n* **plu·ri·ge·mel·la·re** ADJ Mehrlings-: **parto ~** Mehrlingsgeburt *f* **plu·ri·la·te·ra·le** ADJ mehrseitig **plu·ri·lin·gue** ADJ ⟨inv⟩ mehr-, vielsprachig **plu·ri·lin·gui·smo** [-z-] M Mehrsprachigkeit *f*

plu·ri·mi·lio·na·rio A ADJ millionenschwer B M, **-a** F Multimillionär *m*, -in *f*

plu·ri·mil·le·na·rio ADJ jahrtausendealt

plu·ri·mo ADJ mehrfach, Mehr-

plu·ri·na·zio·na·le ADJ mehrstaatlich, Vielvölker- **plu·ri·o·mi·ci·da** M/F mehrfacher Mörder *m*, mehrfache Mörderin *f* **plu·ri·par·ti·ti·co** ADJ Mehrparteien- **plu·ri·par·ti·ti·smo** [-z-] M Mehrparteiensystem *n* **plu·ri·se·co·la·re** ADJ jahrhundertealt **plu·ri·sil·la·bo** ADJ mehrsilbig **plu·ri·sta·dio** ADJ ⟨inv⟩ Mehrstufen-: **missile ~** Mehrstufenrakete *f* **plu·ri·va·len·te** [-ɛ-] ADJ mehrwertig

plus·va·len·za [-ɛ-] F Wertzuwachs *m*

plus·va·lo·re [-o-] M Mehrwert *m*

plu·to·cra·te [-ɔ-] M/F Plutokrat *m*, -in *f*

plu·to·cra·zi·a F Plutokratie *f*

Plu·to·ne [-o-] M Pluto *m*

plu·to·nio [-ɔ-] M Plutonium *n*

plu·via·le A ADJ Regen-: **foresta ~** Regenwald *m* B M Regenrinne *f*

plu·vio·gra·fo [-ɔ-] M Niederschlagsmesser *m* **plu·vio·me·tro** M Regenmesser *m*

pneu·ma·ti·co A ADJ Luft-, Pressluft-: **martello ~** Presslufthammer *m* B M Reifen *m*: **-ci estivi** Sommerreifen *pl*; **-ci ra-**

diali Gürtelreifen *pl*; **-ci per tutte le stagioni** Alljahresreifen *pl*

★**po'** → poco

▶ un po'

un po' wird mit der Präposition **di** verwendet, wenn ein Substantiv folgt:

Vorrei un po' di grappa.	Ich möchte etwas Grappa.
Parlo un po' di tedesco.	Ich spreche ein bisschen Deutsch.
Hai sonno? – Un po'.	Bist du müde? – Ein wenig.

po·chet·te [-'ʃɛt] F ⟨inv⟩ **1** (*borsetta*) Unterarmtasche *f* **2** (*fazzoletto*) Einstecktuch *n*

po·chez·za [-e-] F **1** Spärlichkeit *f* **2** *fig* Beschränktheit *f*

po·chi·no ADV *umg* (**un**) ~ ein bisschen

po·cket [-ɔ-] **A** ADJ ⟨inv⟩ **libro** ~ Taschenbuch *n* **B** M ⟨inv⟩ Taschenbuch *n*

★**po·co** [-ɔ-] ⟨*komp*: meno, *sup*: pochissimo; *forma tronca* po'⟩ **A** ADV **1** wenig: **parlare** ~ wenig sprechen **2** nicht sehr, nicht gerade, etwas: **sta** ~ **bene** es geht ihm nicht sehr gut **3** kurz, nicht lange: **mi tratterrò** ~ ich bleibe nur kurz **4** beinahe, fast: **c'è mancato** ~ **che lo investissi** ich hätte ihn fast überfahren **B** ADJ **1** wenig, nicht viel: **avere** ~ **denaro** wenig Geld haben **2** gering, knapp: **c'è** ~ **tempo** die Zeit ist knapp **3** kurz, nicht weit: **c'è -a strada** es ist nicht weit **C** PRON **1** wenig: **ci vuole tanta pazienza, ma io ne ho -a** da braucht man viel Geduld, und ich habe nur wenig **2** *pl* wenige: **essere in -chi** wenige sein **D** M Wenige *n* ♦ **comprare qc a** ~ etw billig kaufen; **a** ~ **a** ~ nach und nach; *umg* **un bel po'** ganz schön viel; ganz schön lange; ~ **dopo** kurz danach; ~ (**tempo**) **fa** vor Kurzem; **fra** ~ bald; ~ **o nulla** fast nichts; ★ **per** ~ fast, beinahe; kurze Zeit; **press'a** ~ ungefähr; ~ **prima** kurz vorher; ★ **un po'** ein bisschen, etwas; **un po'** … **un po'** … teils …, teils …; **ma sta un po' zitto!** sei doch mal still!

po·de·re [-e-] M Landgut *n*, Gutshof *m*

po·de·ro·so [-o-] ADJ **1** kräftig, stark **2** *fig* gewaltig

po·de·stà M ⟨inv⟩ Bürgermeister *m*

po·dio [-ɔ-] M Podium *n* ♦ MUS ~ **del direttore** Dirigentenpult *n*; ~ **dell'oratore** Rednerpult *n*

po·di·smo [-z-] M SPORT Gehen *n*

po·di·sta M/F Geher *m*, -in *f*

po·do·lo·gi·a F MED Fußpflege *f*

po·e·ma [-ɛ-] M **1** Gedicht *n* **2** Epos *n* **3** *fig hum* Roman *m* **4** Meisterwerk *n*

★**po·e·si·a** F **1** Gedicht *n* **2** Dichtung *f*, Dichtkunst *f* **3** *fig* Poesie *f*; Zauber *m*

★**po·e·ta** [-ɛ-] M **1** Dichter *m* **2** *fig* Träumer *m*

po·e·ta·re V/I ⟨1b; av⟩ dichten, Verse schreiben **po·e·ta·stro** M, **-a** F *pej* Dichterling *m*

★**po·e·tes·sa** [-e-] F Dichterin *f*

po·e·ti·ca [-ɛ-] F Poetik *f* **po·e·ti·co** **A** ADJ **1** dichterisch **2** *fig* poetisch **B** M Poetische *n*

pog·gia·ca·po M ⟨inv⟩ **1** Nackenstütze *f* **2** Nackenrolle *f* **pog·gia·ma·no** M ⟨inv⟩ Handlauf *m* **pog·gia·pie·di** [-ɛ-] M ⟨inv⟩ Fußbank *f*

pog·gia·re ⟨1f *u.* c⟩ **A** V/T **1** legen, stellen: ~ **il capo sul cuscino** den Kopf auf das Kissen legen **2** (an)lehnen, stellen **3** ~ **qc su qc** etw auf etw (*akk*) stützen (*a. fig*) **B** V/I ⟨es⟩ **1** ~ **su qc** auf etw (*dat*) ruhen **2** ~ **su qc** sich auf etw (*akk*) stützen (*a. fig*) **C** V/PR **-rsi** **1** sich lehnen **2** sich stützen

pog·gia·te·sta [-ɛ-] M ⟨inv⟩ → poggiacapo

pog·gio [-ɔ-] M Anhöhe *f*

pog·gio·lo [-ɔ-] M kleiner Balkon *m*

po·grom [-ɔ-] M ⟨inv⟩ Pogrom *n*

★**poi** ['pɔ:i] **A** ADV **1** später, dann: **ne parliamo** ~ wir sprechen später darüber **2** dann: **prima uno,** ~ **l'altro** (zu)erst einer, dann der andere **3** außerdem: ~ **considera che** … außerdem musst du berücksichtigen, dass … **4** denn: **lei** ~ **che c'entra?** was hat sie denn damit zu tun? **5** eigentlich: **non è** ~ **così caro** es ist eigentlich nicht so teuer **B** M Nachher *n*: **pensare al** ~ an später denken ♦ **da giovedì in** ~ ab Donnerstag; **d'ora in** ~ von jetzt (*od* nun) an; **da oggi in** ~ ab heute, von heute an; **mai e** ~ **mai** nie und nimmer; **no e** ~ **no!** nein und nochmals nein!; **prima o** ~ früher oder später

po·ia·na F Mäusebussard *m*

★**poi·ché** KONJ da, weil

poin·set·tia [-ɛ-] F BOT Weihnachtsstern *m*

pois [pwa] M ⟨inv⟩ Tupfen *m*: **a ~** getupft
po·ker [-ɔ-] M ⟨inv⟩ Poker *n*
po·ke·ri·sta M/F Pokerspieler *m*, -in *f*
po·lac·ca F 1 MUS Polonaise *f* 2 (*stivaletto*) Schnürstiefel *m* 3 MODE Schößchenjacke *f* **po·lac·chi·na** F Schnürstiefel *m*
po·lac·co A ADJ polnisch B M, **-a** F Pole *m*, Polin *f* C M (*lingua*) Polnisch(e) *n*
po·la·re A ADJ 1 polar, Pol-, Polar- 2 *fig* gegensätzlich B F Polare *f* ♦ **circolo ~ artico** nördlicher Polarkreis *m*; **circolo ~ antartico** südlicher Polarkreis *m*; **fa un freddo ~** es ist bitterkalt
po·la·ri·tà F ⟨inv⟩ Polarität *f* (*a. fig*)
po·la·riz·za·re V/T ⟨1a⟩ 1 polarisieren 2 ELEK polen 3 *fig* **~ su di sé l'attenzione** die Aufmerksamkeit auf sich (*akk*) ziehen
po·la·riz·za·zio·ne [-o-] F Polarisation *f*
pol·ca [-o-] F Polka *f*
po·le·mi·ca [-ɛ-] F 1 Polemik *f* 2 *umg* Streiterei *f* **po·le·mi·ci·tà** F ⟨inv⟩ polemischer Charakter *m* **po·le·mi·co** [-ɛ-] ADJ polemisch **po·le·mi·sta** M/F 1 Verfasser *m*, -in *f* von Streitschriften 2 Polemiker *m*, -in *f*
po·le·miz·za·re V/I ⟨1a; av⟩ polemisieren
po·len·ta [-ɛ-] F Polenta *f* **po·len·to·ne** [-o-] M, **-a** F *pej* = *Norditaliener(in)*
po·le po·si·tion ['polpo'siʃon] F ⟨inv⟩ SPORT Poleposition *f*
po·le·si·ne [-e-] M Flussinsel *f*
po·li·am·bu·la·to·rio [-ɔ-] M Poliklinik *f* **po·li·am·mi·de** F Polyamid *n* **po·li·am·mi·di·co** ADJ Polyamid- **po·li·cli·ni·co** M Poliklinik *f* **po·li·cro·mi·a** F Vielfarbigkeit *f*
po·li·cro·mo ADJ vielfarbig
po·li·e·dri·ci·tà F ⟨inv⟩ 1 GEOM Polyedrie *f* 2 *fig* Vielseitigkeit *f* **po·li·e·dri·co** [-ɛ-] ADJ 1 GEOM polyedrisch, Polyeder- 2 *fig* vielseitig **po·li·e·dro** [-ɛ-] M Vielflächner *m*
po·li·e·ste·re [-ɛ-] M Polyester *m* **po·li·e·ti·le·ne** [-ɛ-] M Polyäthylen *n* **po·li·fo·ni·a** F Polyfonie *f* **po·li·fun·zio·na·le** ADJ ⟨inv⟩ Mehrzweck-: **sala ~** Mehrzweckhalle *f*
po·li·ga·la F Kreuzblume *f*
po·li·ga·mi·a F Polygamie *f* **po·li·ga·mo** A ADJ polygam B M, **-a** F Polygamist *m*, -in *f*
po·li·glot·ta [-ɔ-] A ADJ mehr-, vielsprachig B M/F Vielsprachige *m/f* **po·li·glot·ti·smo** [-z-] M Mehr-, Vielsprachigkeit *f* **po·li·go·na·ce·a** F BOT Knöterich *m* **po·li·go·na·le** ADJ polygonal, vieleckig
po·li·go·no M Vieleck *n* ♦ **~ di tiro** Schießplatz *m*; Schießbahn *f*
po·li·gra·fi·co ADJ polygrafisch: **stabilimento ~** Druckerei *f*
po·li·gra·fo M Hektograf *m*
po·li·me·ro M Polymere *n*
Po·li·ne·sia [-ɛ-] F Polynesien *n* **po·li·ne·sia·no** A ADJ polynesisch B M, **-a** F Polynesier *m*, -in *f*
po·li·no·mio [-ɔ-] M Polynom *n*
po·lio [-ɔ-] F ⟨inv⟩ Polio *f*
po·lio·mie·li·te F Kinderlähmung *f*
po·li·po [-ɔ-] M 1 Krake *m* 2 MED Polyp *m*
po·li·pro·pi·le·ne [-ɛ-] M Polypropylen *n*
po·li·sil·la·bo [-s-] A ADJ mehrsilbig B M Mehrsilber *m* **po·li·spor·ti·va** F Sportverein *m* **po·li·spor·ti·vo** ADJ für mehrere Sportarten ♦ **centro ~** Sportzentrum *n*
po·li·sta M/F Polospieler *m*, -in *f*
po·li·sti·ro·lo [-ɔ-] M Polystyrol *n*: **~ espanso** Polystyrolschaum *m* **po·li·te·a·ma** M Schauspielhaus *n* **po·li·tec·ni·co** [-ɛ-] A ADJ polytechnisch B M technische Hochschule *f* **po·li·te·i·smo** [-z-] M Polytheismus *m* **po·li·te·i·sta** A ADJ polytheistisch B M/F Polytheist *m*, -in *f* **po·li·te·i·sti·co** ADJ polytheistisch
★**po·li·ti·ca** F 1 Politik *f*: **~ estera/interna** Außen-/Innenpolitik *f* 2 Strategie *f* 3 Diplomatie *f* ♦ **~ di apertura** Öffnungspolitik *f*; **~ da bar** Biertischpolitik *f*; **~ di distensione** Entspannungspolitik *f*; **~ europea** Europapolitik *f*; **~ dell'occupazione** Beschäftigungspolitik *f*
po·li·ti·can·te M/F *pej* 1 politischer Amateur *m* 2 politischer Karrierist *m*, politische Karrieristin *f* **po·li·ti·che·se** [-e-] M Politikersprache *f*
po·li·ti·ciz·za·re ⟨1a⟩ A V/T politisieren B V/PR **-rsi** sich politisieren
po·li·ti·ciz·za·zio·ne [-o-] F Politisierung *f*
★**po·li·ti·co** A ADJ politisch B M, **-a** F Politiker *m*, -in *f* ♦ **gergo ~** Politjargon *m*
po·li·ti·co·ne [-o-] M, **-a** F 1 gewiefter

Politiker *m*, gewiefte Politikerin *f* **2** *fig pej* Lavierer *m*, -in *f* **po·li·to·lo·gi·a** F Politologie *f* **po·li·to·lo·go** [-ɔ-] M, **-a** F Politologe *m*, -login *f*

po·lit·ti·co M **1** Flügelaltar *m* (mit mehr als zwei Flügeln) **2** *fig* Zyklus *m*

po·li·u·re·ta·no M Polyurethan *n*: **~ espanso** PU-Schaum *m*

po·li·va·len·te [-ɛ-] ADJ **1** CHEM mehrwertig **2** *fig* polyvalent **3** mehr-, vieldeutig **4** SPORT **impianto ~** Mehrzweckanlage *f* **po·li·va·len·za** [-ɛ-] F **1** CHEM Mehrwertigkeit *f* **2** *fig* Polyvalenz *f*

★**po·li·zi·a** F Polizei *f* ♦ **commissario di ~** Polizeikommissar *m*; **distretto di ~** Polizeirevier *n*; **posto di ~** Polizeiwache *f*; **~ postale** Postpolizei *f* (*für Straftaten im Telekommunikationsbereich und Internet zuständig*); **~ stradale** Verkehrspolizei *f*; **~ tributaria** Steuerfahndungsdienst *m*

La polizia

In Italien gibt es nicht nur eine Polizei, sondern:

I vigili urbani sind Verkehrspolizisten in der Stadt. Sie bestrafen Verkehrssünder und sind Angestellte der Gemeinde.

La polizia stradale besteht aus Polizeibeamten und ist für den außerstädtischen Straßenverkehr zuständig.

I carabinieri sind für die öffentliche Ordnung zuständig und dem Verteidingungsministerium unterstellt.

La Guardia di Finanza ist die Finanz- und ehemalige Zollpolizei.

La polizia besteht aus Polizeibeamten und ist dem Innenministerium unterstellt. **Carabinieri** und **Guardia di Finanza** gehören zum **esercito**, d. h. zur Armee. Umgangssprachlich werden die Mitglieder der Polizei **piedipiatti** (Plattfüßler) genannt.

po·li·zie·sco **A** ADJ **1** polizeilich, Polizei- **2** Kriminal-: **film ~** Kriminalfilm *m*; **romanzo ~** Kriminalroman *m* **B** M Krimi *m*

★**po·li·ziot·ta** [-ɔ-] F Polizistin *f*

★**po·li·ziot·to** [-ɔ-] M Polizist *m* ♦ **~ in borghese** Zivile *m*

po·liz·za [-ɔ-] F **1** Schein *m* **2** Versicherung *f* ♦ **~ assicurativa** Versicherungspolice *f*, *österr* Versicherungspolizze *f*; **~ di carico** Frachtbrief *m*; (*di navi*) Konnossement *n*; **~ casco** Vollkaskoversicherung *f*; **~ globale** Mantelpolice *f*; **~ del Monte dei Pegni** (*od* **di pegno**) Pfandschein *m*

pol·la [-o-] F Quelle *f*

pol·la·io M **1** Hühnerstall *m* **2** *fig* Schweinestall *m* **3** Irrenhaus *n* **pol·la·io·lo** [-ɔ-] M, **-a** F Geflügelhändler *m*, -in *f* **pol·la·me** M Geflügel *n* **pol·la·stra** F **1** junge Henne *f* **2** *fig hum* Gänschen *n* **pol·la·strel·lo** [-ɛ-] M, **-a** F Hähnchen *n*, Hühnchen *n* **pol·la·stro** M **1** Hähnchen *n* **2** *fig hum* Einfaltspinsel *m* **pol·le·ri·a** F Geflügelgeschäft *n*

★**pol·li·ce** [-ɔ-] M **1** Daumen *m* **2** *Maßkunde* Zoll *m* **3** **non cedere di un ~** nicht um Haaresbreite nachgeben ♦ **girare** (*od* **girarsi**) **i -i** Däumchen drehen; *fig* **avere il ~ verde** einen grünen Daumen haben

pol·li·col·to·re [-o-] M, **-tri·ce** F Geflügelzüchter *m*, -in *f*

pol·li·col·tu·ra F Geflügelzucht *f*

pol·li·ne [-ɔ-] M Blütenstaub *m*, Pollen *m*

pol·li·no·si [-o-] F ⟨*inv*⟩ Pollenallergie *f*

pol·li·ven·do·lo [-e-] M, **-a** F Geflügelhändler *m*, -in *f*

★**pol·lo** [-o-] M **1** Huhn *n*: **~ ruspante** Freilandhuhn *n* **2** GASTR Hähnchen *n*, *schweiz* Poulet *n* **3** *fig* dummes Huhn *n* ♦ **brodo di ~** Hühnerbrühe *f*; **conoscere i propri -i** seine Pappenheimer kennen; **cosce di ~** Hühnerschlegel *pl*; **~ da lessare** Suppenhuhn *n*; **petto di ~** Hühnerbrust *f*; **è roba da far ridere i -i** da lachen ja die Hühner!

pol·lo·ne [-o-] M Schössling *m*, Spross *m*

pol·lu·zio·ne [-o-] F Verunreinigung *f*

pol·mo·na·re ADJ Lungen-

★**pol·mo·ne** [-o-] M Lunge *f* (*a. fig*): **~ verde** grüne Lunge *f*

pol·mo·ni·te F Lungenentzündung *f*

★**po·lo**[1] [-ɔ-] M **1** Pol *m* (*a.* ELEK): **~ Nord/Sud** Nord-/Südpol *m*; **~ negativo/positivo** Minus-/Pluspol *m* **2** Zentrum *n*: **~ finanziario** finanzielles Zentrum *n* ♦ **~ opposto** Gegenpol *m*

po·lo[2] [-ɔ-] **A** M ⟨*inv*⟩ SPORT Polospiel *n* **B** F ⟨*inv*⟩ Polohemd *n*

Po·lo·nia [-ɔ-] F Polen *n*

pol·pa [-o-] F **1** knochenloses Fleisch *n* **2** Fruchtfleisch *n* **3** ANAT **~ dentaria** Zahnmark *n* **4** *fig* Kern *m*

pol·pac·cio M Wade *f* ♦ **crampo al ~** Wadenkrampf *m*; **lungo fino al ~** waden-

lang
pol·pa·strel·lo [-ɛ-] M Fingerkuppe *f*
pol·pet·ta [-e-] F Frikadelle *f*; Fleischkloß *m*
pol·pet·to·ne [-o-] M 1 GASTR Hackbraten *m* 2 *fig* Schinken *m*, Wälzer *m* 3 stinklangweilige Rede *f*
pol·po [-o-] M Krake *m*; GASTR Tintenfisch *m*
pol·po·so [-o-] ADJ fleischig
pol·si·no [-s-] M 1 (*di camicia*) Manschette *f*; (*di maglione*) Bündchen *n* 2 Manschettenknopf *m*
★**pol·so** [polso] M 1 Handgelenk *n* 2 MODE Manschette *f* 3 MED Puls(schlag) *m* 4 Energie *f*, Tatkraft *f* ♦ *fig* **avere ~** energisch sein; **un uomo di ~** ein energischer Mensch *m*; **orologio da ~** Armbanduhr *f*; **tastare il ~ a qn** j-m den Puls fühlen; *fig* j-m auf den Zahn fühlen; **vena del ~** Pulsader *f*
pol·stra·da F Verkehrspolizei *f*
pol·ti·glia F 1 Brei *m* 2 Matsch *m*
pol·ti·glio·so [-o-] ADJ breiig
pol·tri·re V/I ⟨4d; av⟩ 1 sich im Bett rekeln 2 faulenzen
★**pol·tro·na** [-o-] F 1 Sessel *m* 2 THEAT Parkettplatz *m* 3 Posten *m* **pol·tro·nag·gi·ne** F Faulenzerei *f* **pol·tron·ci·na** F 1 Armstuhl *m* 2 THEAT Parkettplatz *m* **pol·tro·ne** [-o-] M, **-a** F Faulenzer *m*, -in *f*, Faulpelz *m* **pol·tro·ne·ri·a** F Faulenzerei *f* **pol·tro·nis·si·ma** F Sitz *m* in der ersten Reihe
★**pol·ve·re** [-o-] F 1 Staub *m*: **togliere la ~** Staub wischen 2 Pulver *n* ♦ **caffè in ~** Pulverkaffee *m*; **sollevare molta ~** viel Staub aufwirbeln (*a. fig*); **strofinaccio per la ~** Staubtuch *n*
pol·ve·rie·ra [-ɛ-] F 1 Pulverkammer *f* 2 *fig* Pulverfass *n* **pol·ve·ri·fi·cio** M Pulvermühle *f* **pol·ve·ri·na** F Pulver *n*, Pülverchen *n* **pol·ve·ri·o** M Staubwolke *f*, Staubwirbel *m*
pol·ve·riz·za·re ⟨1a⟩ A V/T 1 zu Pulver zermahlen, zerreiben 2 (*liquidi*) zerstäuben 3 **~ qc con qc** etw mit etw bestäuben 4 *fig* **~ l'avversario** den Gegner vernichten B V/PR **-rsi** 1 zu Staub werden 2 sich in nichts auflösen **pol·ve·riz·za·to** ADJ pulverig **pol·ve·riz·za·to·re** [-o-] M Zerstäuber *m* **pol·ve·riz·za·zio·ne** [-o-] F 1 Pulverisierung *f* 2 Zerstäubung *f*
pol·ve·ro·ne [-o-] M Staubwolke *f* **pol·ve·ro·so** [-o-] ADJ 1 staubig, staubbedeckt 2 Pulver-: **neve -a** Pulverschnee *m*
po·ma·ta F Salbe *f*: **applicare la ~ su qc** (die) Salbe auf etwgAauftragen ♦ **~ per capelli** Pomade *f*
po·mel·la·to ADJ scheckig, gescheckt: **cavallo ~** scheckiges Pferd *n*
po·mel·lo [-ɛ-] M 1 Jochbein *n* 2 Knopf *m*, Knauf *m*: **~ della porta** Türknauf *m*
po·me·lo [-ɛ-] M Pomelo *m*
po·me·ri·dia·no ADJ 1 Nachmittags- 2 nachmittäglich
★**po·me·rig·gio** M Nachmittag *m* ♦ **al ~** nachmittags; **nel (primo/tardo) ~** am (frühen/späten) Nachmittag
po·mi·ce [-o-] F Bimsstein *m*
po·mi·cia·re ⟨1l *u.* f⟩ A V/I ⟨av⟩ *umg* schmusen B V/T bimsen, poncieren **po·mi·cia·ta** F Schmuserei *f* **po·mi·cia·tu·ra** F Bimsen *n*, Poncieren *n*
po·mo [-o-] M 1 Apfel *m* 2 Knauf *m*: **~ del bastone** Knauf *m* des Spazierstocks 3 ANAT **~ d'Adamo** Adamsapfel *m*
★**po·mo·do·ro** [-ɔ-] M 1 Tomate *f*: **-i pelati** geschälte Tomaten *pl* 2 Tomatenpflanze *f* ♦ **concentrato di ~** Tomatenmark *n*; **passata di -i** passierte Tomaten *pl*
★**pom·pa**[1] [-o-] F 1 Pumpe *f* 2 Zapfsäule *f* 3 *umg* Schlauch *m* ♦ **~ antalgica** PCA-Pumpe *f*; **~ della benzina** Benzinpumpe *f*; **~ da bicicletta** Fahrradpumpe *f*; **~ di calore** Wärmepumpe *f*
pom·pa[2] [-o-] F Pomp *m*, Pracht *f*: **in ~ magna** in voller Pracht ♦ **impresa di -e funebri** Bestattungsinstitut *n*
pom·pa·re V/T ⟨1a⟩ 1 pumpen; aufpumpen 2 *fig* aufbauschen
pom·pel·mo [-ɛ-] M Pampelmuse *f*
pom·pie·re [-ɛ-] M, **-a** F Feuerwehrmann *m*, -frau *f*; *pl* Feuerwehr *f*
pom·pi·sta M/F Tankwart *m*, -in *f*
pom·pon [pɔ̃'pɔ̃] A ADJ ⟨*inv*⟩ **ragazze ~** Tambourmajoretten *pl* B M ⟨*inv*⟩ 1 Pompon *m*, Quaste *f* 2 Bommel *m*, Troddel *f*
pom·po·si·tà F ⟨*inv*⟩ Prunk *m*, Pracht *f*
pom·po·so [-o-] ADJ 1 pompös 2 *pej* prunkvoll 3 hochtrabend 4 pastoral 5 MUS feierlich
pon·ce [-ɔ-] M Punsch *m*
pon·cho ['pɔntʃo] M ⟨*inv*⟩ Poncho *m*
pon·de·ra·bi·le ADJ 1 abwiegbar 2 *fig* erwägenswert
pon·de·ra·re V/T ⟨1l *u.* c⟩ 1 er-, abwägen 2 überlegen 3 gewichten
pon·de·ra·tez·za [-e-] F Abgewogen-

heit *f* **pon·de·ra·to** ADJ 1 überlegt, abgewogen 2 besonnen **pon·de·ra·zio·ne** [-o-] F 1 Besonnenheit *f*, Überlegung *f* 2 Gewichtung *f*

pon·de·ro·so [-o-] ADJ 1 umfangreich, gewichtig 2 schwer, schwierig, mühselig

po·nen·te [-e-] M 1 Westen *m* 2 Westwind *m* ♦ **a ~ di** westlich von

★**pon·te** [-o-] M 1 Brücke *f* (*a.* SCHIFF) 2 SCHIFF Deck *n* 3 Baugerüst *n* 4 AUTO Achse *f* 5 Zahnbrücke *f* 6 **fare il ~** ein langes Wochenende machen, einen Brückentag machen ♦ **ne è passata di acqua sotto i -i!** seitdem ist schon viel Wasser den Rhein hinuntergeflossen!; **~ aereo** Luftbrücke *f*; **~ di comando** Kommandobrücke *f*; **~ di coperta** Oberdeck *n*; **~ di passeggiata** Sonnendeck *n*; **~ di poppa** Achterdeck *n*; **~ girevole** Drehbrücke *f*; **~ levatoio** Zugbrücke *f*; **~ radio** Funkbrücke *f*; **~ sospeso** Hängebrücke *f*; **sponda del ~** Brückengeländer *n*

pon·te·fi·ce [-e-] M Papst *m*

pon·teg·gia·to·re [-o-] M, **-tri·ce** F Gerüstbauer *m*, -in *f*

pon·teg·gio [-e-] M (Bau)Gerüst *n*

pon·ti·cel·lo [-ɛ-] M 1 Steg *m* 2 (*di occhiali, armi*) Bügel *m*

pon·tie·re [-ɛ-] M Brückenbaupionier *m*

pon·ti·fi·ca·le A ADJ päpstlich, Papst- B M 1 Pontifikale *n* 2 Pontifikalmesse *f*

pon·ti·fi·ca·re V/I ⟨1m *u.* d; av⟩ das Pontifikalamt zelebrieren **pon·ti·fi·ca·to** M 1 Papsttum *n* 2 Papstwürde *f* 3 Amtszeit *f* eines Papstes

pon·ti·fi·cio ADJ päpstlich, Papst-: **Stato ~** Kirchenstaat *m*

pon·ti·le M Landungsbrücke *f*

pon·to·ne [-o-] M Ponton *m*

po·ny [-ɔ-] M ⟨*inv*⟩ 1 ZOOL Pony *n* 2 *umg* Kurierdienst *m*

Pony Express® ['pɔni'ɛkspres] M/F ⟨*inv*⟩ 1 **Pony Express®** *m* Kurierdienst *m* 2 (*addetto*) Kurier *m*, -in *f*

pon·za·re ⟨1a⟩ A V/I ⟨av⟩ *hum* sich (*dat*) den Kopf zerbrechen B V/T *hum* aushecken: **~ un piano** einen Plan aushecken

pool [pu:l] M ⟨*inv*⟩ 1 **~ di magistrati** ein Team *n* von Richtern 2 WIRTSCH Kartell *n*

pop [pɔp] M ⟨*inv*⟩ Pop *m*

pop·corn ['pɔp'kɔrn] M ⟨*inv*⟩ Popcorn *n*

po·pli·te [-ɔ-] M Kniekehle *f*

po·pò [-ɔ] *umg* A F Kacke *f*: **fare la ~** Aa machen B M Popo *m*, Po *m*

po·po·la·men·to [-e-] M 1 Besiedlung *f* 2 ZOOL Bestand *m*, Besetzung *f* **po·po·la·no** A ADJ volkstümlich, Volks-: **usanze -e** Volksbräuche *pl* B M, **-a** F Mann *m*, Frau *f* aus dem Volk

★**po·po·la·re**[1] ⟨1l *u.* c⟩ A V/T bevölkern, besiedeln, bewohnen; besetzen B V/PR **-rsi** 1 sich bevölkern 2 (*di mari, foreste*) sich füllen

po·po·la·re[2] ADJ 1 Volks-, volkstümlich: **festa ~** Volksfest *n*; **usanza ~** Volksbrauch *m* 2 populär, beliebt ♦ **case -i** Sozialwohnungen *pl*; **credenza ~** Volksglaube *m*; **giudice ~** Geschworene *m/f*

po·po·la·reg·gian·te ADJ volkstümelnd **po·po·la·re·sco** [-e-] ADJ volkstümlich **po·po·la·ri·tà** F ⟨*inv*⟩ 1 Beliebtheit *f* 2 Volkstümlichkeit *f* **po·po·la·to** ADJ bevölkert, bewohnt

★**po·po·la·zio·ne** [-o-] F Bevölkerung *f*

po·po·li·no M niederes, gemeines Volk *n*

★**po·po·lo** [-ɔ-] M 1 Volk *n* 2 Bevölkerung *f*, Bewohner *pl*: **~ di Seattle** Bewohner *pl* von Seattle **po·po·lo·so** [-o-] ADJ dicht bevölkert, dicht besiedelt

pop·pa[1] [-o-] F SCHIFF Heck *n* ♦ **a ~** achtern

pop·pa[2] [-o-] F 1 *umg* Brust *f* 2 ZOOL Euter *n*

pop·pan·te A ADJ saugend B M/F 1 Säugling *m* 2 *hum* Grünschnabel *m*

pop·pa·re V/T & V/I ⟨1a; av⟩ 1 trinken, saugen 2 gierig trinken **pop·pa·ta** F Stillen *n*; Fläschchen *n* **pop·pa·to·io** [-o-] M Saugflasche *f*

pop·pie·re [-ɛ-] M Bootsachtermann *m*

pop·pie·ro [-ɛ-] ADJ Heck-: **estremità -a** Heck *n*

pop star ['pɔp'star] F ⟨*inv*⟩ Popstar *m*

po·pu·li·smo [-z-] M Populismus *m* **po·pu·li·sta** A ADJ populistisch B M/F Populist *m*, -in *f* **po·pu·li·sti·co** ADJ populistisch

por·ca[1] [-ɔ-] F AGR Furchenkamm *m*

por·ca[2] [-ɔ-] F Sau *f*

por·ca·io M 1 Saustall *m* 2 *fig* schmutzige Geschichte *f* **por·ca·ro** M, **-a** F Schweinehirt *m*, -in *f* **por·ca·ta** F Schweinerei *f*

por·cel·la·na F Porzellan *n*

por·cel·li·no M, **-a** F 1 Ferkel *n* 2 *fig* Schmutzfink *m* 3 (*salvadanaio*) **porcellino** *m* Sparschwein *n* ♦ **~ d'India** Meerschweinchen *n* **por·cel·lo** [-ɛ-] M, **-a** F

1 Schweinchen *n* 2 *fig* Ferkel *n*

por·cel·lo·ne [-o-] M, **-a** F *fig pej* Schwein *n*

por·che·ri·a F 1 Dreck *m*, Schmutz *m* 2 *fig* Schweinerei *f* 3 *fig* (*cibo*) Schweinefraß *m*; (*bevanda*) Gesöff *n* 4 (*cosa brutta*) Schund *m*, Mist *m*

por·chet·ta [-e-] F = *gebratenes Spanferkel*

por·ci·le M Schweinestall *m*

por·ci·no A ADJ Schweins-, Schweine- B M Steinpilz *m*

por·co [-ɔ-] M, **-a** F 1 **porco** *m* Schwein *n* 2 **porco** *m* Schweinefleisch *n* 3 *fig pej* Schwein *n*, Sau *f* ♦ **~ cane!** verdammt noch mal!; **~ diavolo!** Teufel noch mal!; **-a miseria!** elender Mist!

por·co·spi·no M 1 Stachelschwein *n* 2 Igel *m* 3 *umg fig* Kratzbürste *f* ♦ **Pierino ~** Struwwelpeter *m*

Por·de·no·ne [-ɔ-] F Pordenone *n* **por·de·no·ne·se** [-e-] A ADJ aus, von Pordenone B M/F Bewohner *m*, -in *f* von Pordenone

por·fi·do [-ɔ-] M Porphyr *m*

por·ge·re [-ɔ-] ⟨3d⟩ A V/T 1 reichen: **~ il sale** das Salz reichen 2 *fig* geben, (an)bieten B V/I ⟨av⟩ vortragen ♦ **~ gli auguri a qn** j-m Glückwünsche darbringen; **~ a qn le condoglianze** j-m sein Beileid aussprechen

por·no·di·vo M, **-a** F Pornostar *m* **por·no·film** M ⟨inv⟩ Pornofilm *m* **por·no·gra·fi·a** F Pornografie *f* **por·no·gra·fi·co** ADJ pornografisch, Porno- **por·no·shop** [-ˈʃɔp] M ⟨inv⟩ Pornoshop *m* **por·no·star** F ⟨inv⟩ Pornostar *m*

po·ro [-ɔ-] M Pore *f* ♦ **sprizzare energia da tutti i -i** vor Kraft strotzen

po·ro·si·tà F ⟨inv⟩ Porosität *f*

po·ro·so [-o-] ADJ porös

por·po·ra [-o-] F 1 Purpur *m* 2 Purpurrot *n* 3 Purpurgewand *n* 4 *fig* Kardinalswürde *f*

por·po·ra·to A ADJ in Purpur gekleidet B M *fig* Kardinal *m* **por·po·ri·na** F Purpurfarbe *f* **por·po·ri·no** ADJ purpurrot

por·re [-o-] ⟨3ll⟩ A V/T 1 setzen; stellen; legen 2 festlegen: **~ una scadenza** einen Termin festlegen 3 annehmen: **poniamo che ...** angenommen, dass ... 4 stellen, vorschlagen: **~ una domanda** eine Frage stellen B V/PR **-rsi** 1 sich setzen: **-rsi a tavola** sich zu Tisch setzen 2 sich stellen 3 sich legen 4 sich anschicken ♦ **~ in chiaro** klarstellen; **~ a confronto** gegenüberstellen; **~ in dubbio** in Zweifel ziehen; **~ in essere** verwirklichen; **~ in evidenza** hervorheben; **~ la firma in calce** die Unterschrift daruntersetzen; **~ rimedio a qc** etw (*dat*) abhelfen

por·ro [-ɔ-] M 1 BOT Lauch *m* 2 MED Warze *f*

★**por·ta** [-ɔ-] F 1 Tür *f*: **~ a battenti** Flügeltür *f*; **~ di casa** Haustür *f*; **~ scorrevole** Schiebetür *f*; **~ a vetri** Glastür *f* 2 (Stadt)Tor *n* 3 SPORT Tor *n* 4 IT Schnittstelle *f* ♦ **abitare ~ a ~** Tür an Tür wohnen; **essere alle -e** *fig* vor der Tür stehen; **~-finestra** Fenstertür *f*; **fuori ~** außerhalb der Stadt

por·ta·ba·ga·gli A ADJ ⟨inv⟩ Gepäck-, Koffer-: **carrello ~** Kofferkuli *m*; **rete ~** Gepäcknetz *n* B M ⟨inv⟩ 1 Gepäckträger *m* (*a.* AUTO) 2 *umg* Kofferraum *m* **por·ta·ban·die·ra** [-ɛ-] M/F ⟨inv⟩ 1 Fahnenträger *m*, -in *f* 2 *fig* Hauptvertreter *m*, -in *f* **por·ta·bian·che·ri·a** M ⟨inv⟩ Wäschekorb *m* **por·ta·bi·ci·clet·te** [-e-] M ⟨inv⟩ Fahrradträger *m*

por·ta·bi·le ADJ tragbar

por·ta·bi·ti M ⟨inv⟩ stummer Diener *m*

por·ta·bloc·co [-ɔ-] M ⟨inv⟩ Klemmbrett *n* **por·ta·bor·se** [-ˈborse] M/F ⟨inv⟩ *fig pej* Wasserträger *m*, -in *f* **por·ta·bot·ti·glie** M ⟨inv⟩ Flaschengestell *n* **por·ta·bur·ro** M ⟨inv⟩ Butterdose *f*

por·ta·car·te M ⟨inv⟩ (Brief)Mappe *f*

por·tac·ces·so·ri [-ɔ-] ADJ ⟨inv⟩ **borsetta ~** Werkzeugtasche *f*

★**por·ta·ce·ne·re** [-e-] M ⟨inv⟩ Aschenbecher *m* **por·ta·chia·vi** M ⟨inv⟩ Schlüsseletui *n* **por·ta·ci·pria** M ⟨inv⟩ Puderdose *f* **por·ta·con·tai·ner(s)** [-konˈtɛner(s)] M ⟨inv⟩ Containerschiff *n* **por·ta·do·cu·men·ti** [-e-] M ⟨inv⟩ Brieftasche *f*

por·ta·e·rei [-ɛ-] F ⟨inv⟩ Flugzeugträger *m*

por·ta·fe·ri·ti M ⟨inv⟩ Sanitäter *m* **por·ta·fio·ri** [-o-] M ⟨inv⟩ Blumenvase *f*

★**por·ta·fo·gli** [-ɔ-] M ⟨inv⟩, **por·ta·fo·glio** [-ɔ-] M 1 Geldbeutel *m* 2 POL, WIRTSCH Portefeuille *n* 3 MODE **gonna a ~** Wickelrock *m* **por·ta·for·tu·na** A ADJ ⟨inv⟩ Glücks- B M ⟨inv⟩ Glücksbringer *m* **por·ta·frut·ta** M ⟨inv⟩ Obstschale *f* **por·ta·gio·iel·li** [-ɛ-] M ⟨inv⟩ Schmuckkasten *m* **por·ta·im·mon·di·zie** M ⟨inv⟩ Abfalleimer *m* **por·ta·lam-**

pa·da M ⟨inv⟩ Lampenfassung f
por·ta·le M Portal n (a. IT)
por·ta·let·te·re M/F ⟨inv⟩ Briefträger m, -in f **por·ta·ma·ti·te** M ⟨inv⟩ Bleistiftetui n **por·ta·men·to** [-e-] M **1** Haltung f **2** Gang m **3** Haltung f, Benehmen n **por·ta·mi·ne** M ⟨inv⟩ Druckbleistift m **por·ta·mis·si·li** M ⟨inv⟩ Raketenträger m
★**por·ta·mo·ne·te** [-e-] M ⟨inv⟩ Geldbeutel m
por·tan·te ADJ tragend, Trag- (a. fig)
por·tan·ti·na F **1** Sänfte f **2** Tragbahre f
por·tan·ti·no M, -a F (barelliere) Krankenträger m, -in f
por·tan·za F Tragfähigkeit f
por·ta·og·get·ti [-ɛ-] **A** ADJ ⟨inv⟩ **vano** ~ Handschuhfach n **B** M ⟨inv⟩ Regal n, Ablage f **por·ta·om·brel·li** [-ɛ-] M ⟨inv⟩ Schirmständer m **por·ta·or·di·ni** [-o-] M/F ⟨inv⟩ Meldegänger m, -in f; Meldefahrer m, -in f **por·ta·pac·chi** M ⟨inv⟩ (biciclette, moto, auto) Gepäckträger m **por·ta·pa·ne** M ⟨inv⟩ Brotkasten m **por·ta·pen·ne** [-e-] M ⟨inv⟩ Federmäppchen n **por·ta·pe·pe** [-e-] M ⟨inv⟩ Pfefferstreuer m **por·ta·pil·lo·le** M ⟨inv⟩ Pillendöschen n
★**por·ta·re** ⟨1c⟩ **A** V/T **1** tragen **2** (mit)bringen; mitnehmen **3** tragen, anhaben: **porta sempre la gonna** sie trägt immer Röcke **4** führen: **questo sentiero porta al lago** dieser Weg führt zum See **B** V/PR **-rsi 1** sich begeben: **-rsi sul luogo dell'incidente** sich zur Unfallstelle begeben **2** mitbringen; mitnehmen **3** **-rsi bene** sich gut halten ♦ **~ qn fuori a cena** j-n zum Abendessen ausführen; **~ fuori il cane** den Hund spazieren führen; **~ a spasso qn** j-n spazieren führen; **~ a termine** zu Ende führen; **la notte porta consiglio** kommt Zeit, kommt Rat
por·ta·ri·trat·ti M ⟨inv⟩ Bilderrahmen m **por·ta·ri·vi·ste** M ⟨inv⟩ Zeitschriftenständer m **por·ta·sa·po·ne** [-sa'po-] M ⟨inv⟩ Seifenhalter m **por·ta·sci** M ⟨inv⟩ Skiträger m **por·ta·sciu·ga·ma·no** M ⟨inv⟩ Handtuchhalter m **por·ta·si·ga·ret·te** [-e-] M ⟨inv⟩ Zigarettenetui n **por·ta·spil·li** M ⟨inv⟩ Stecknadelkissen n
por·ta·ta F **1** Tragweite f, Reichweite f (a. fig) **2** Tragfähigkeit f, Belastbarkeit f **3** (in idraulica) Wassermenge f, Wasserführung f **4** (a tavola) Gang m **5** fig Kaliber n, Rang m ♦ **essere alla ~ di qn** für j-n erreichbar sein; (prezzo) für j-n erschwinglich sein; **avere qc a ~ di mano** etw bei der Hand haben; **~ principale** Hauptgericht n
por·ta·tes·se·re [-ɛ-] M ⟨inv⟩ Schutzhülle f für Ausweise
★**por·ta·ti·le** **A** ADJ tragbar **B** M Laptop m
por·ta·to ADJ **1** begabt: **~ per le lingue** sprachbegabt **2** **~ a fare qc** bereit, geneigt, etw zu tun
por·ta·to·re [-o-] M, **-tri·ce** F **1** (Last)Träger m, -in f (a. fig) **2** Überbringer m, -in f **3** MED Überträger m, -in f **4** HANDEL Überbringer m, -in f, Inhaber m, -in f ♦ HANDEL **al ~** auf den Inhaber lautend; **pagabile al ~** an den Überbringer zahlbar; **~ di handicap** Körperbehinderte m; behindert
por·tat·trez·zi [-ɛ-] ADJ ⟨inv⟩ **cassetta** ~ Werkzeugkasten m
por·ta·uo·vo [-ɔ-] M ⟨inv⟩ Eierbecher m **por·ta·va·lo·ri** [-o-] **A** ADJ ⟨inv⟩ Geld-: **furgone ~** Geldtransporter m **B** M/F ⟨inv⟩ Geldtransporteur m, -in f **por·ta·va·si** M ⟨inv⟩ **1** Blumenständer m **2** Übertopf m **por·ta·vi·van·de** M ⟨inv⟩ **1** Servierwagen m **2** Speisebehälter m **por·ta·vo·ce** [-o-] M/F ⟨inv⟩ **1** **essere il ~ di qn** j-s Sprachrohr sein **2** Sprecher m, -in f ♦ **~ del governo** Regierungssprecher m, -in f
por·tel·la [-ɛ-] F **1** Türchen n **2** Tür f
por·tel·lo [-ɛ-] M **1** SCHIFF, FLUG Klappe f, Luke f **2** Tür f **por·tel·lo·ne** [-ɔ-] M **1** SCHIFF, FLUG Klappe f **2** AUTO **~ posteriore** Heckklappe f
por·ten·to [-ɛ-] M **1** Wunder n **2** fig **un ~ di qc** ein Ausbund m an etw (dat) **por·ten·to·so** [-o-] ADJ **1** wunderbar **2** außerordentlich
por·ti·ca·to M Bogen-, Laubengang m
por·ti·co [-ɔ-] M **1** ARCH Bogen-, Laubengang m, Arkade f **2** Säulengang m
por·tie·ra [-ɛ-] F AUTO (Wagen)Tür f
por·tie·re [-ɛ-] M, **-a** F **1** (di condomini, scuole) Hausmeister m, -in f, schweiz Abwart m, -in f **2** (di uffici) Pförtner m, -in f **3** (d'albergo) Portier m, Portiersfrau f **4** SPORT Torwart m, -in f
por·ti·na·io M **1** Pförtner m, -in f **2** pej umg **portinaia** f Klatschbase f
por·ti·ne·ri·a F **1** Pförtnerloge f **2**

P

Pförtnerwohnung *f* **3** Portierstelle *f*

★**por·to¹** [-ɔ-] M Hafen *m*: **entrare in un ~** in einen Hafen einlaufen; **uscire dal ~** aus dem Hafen auslaufen ♦ *fig* **andare in ~** klappen; **~ fluviale** (*od* **interno**) Binnenhafen *m*; **~ marittimo** Seehafen *m*; **~ turistico** Jachthafen *m*

por·to² [-ɔ-] M **1** HANDEL Fracht *f* **2** **~ d'armi** Waffenschein *m*

por·to³ [-ɔ-] M (*enologia*) Portwein *m*

por·to⁴ [-ɔ-] → porgere

★**Por·to·gal·lo** M Portugal *n*

★**por·to·ghe·se** [-e-] **A** ADJ portugiesisch **B** M/F **1** Portugiese *m*, -sin *f* **2** *umg* Zuschauer *m*, -in *f* ohne Eintrittskarte **3** *umg* Schwarzfahrer *m*, -in *f* **C** M (*lingua*) Portugiesisch(e) *n*

por·ton·ci·no M **1** kleine Eingangstür *f* **2** Nebeneingang *m* **por·to·ne** [-o-] M Tor *n*, Eingang *m*; Toreinfahrt *f*

por·tua·le **A** ADJ Hafen-: **città ~** Hafenstadt *f*; **quartiere ~** Hafenviertel *n*; **zona ~** Hafengelände *n*; **opere -i** Hafenanlagen *pl* **B** M/F Hafenarbeiter *m*, -in *f* **por·tua·rio** ADJ Hafen-: **vigilanza -a** Hafenamt *n*

por·zio·ne [-o-] F **1** Portion *f* **2** Teil *m* ♦ **~ per bambini** Kinderteller *m*; **in -i** portionsweise; *umg* **~ supplementare** Nachschlag *m*

po·sa [-ɔ-] F **1** Legung *f*, Legen *n* **2** TECH Verlegung *f* **3** *fig* Pose *f*, Positur *f* **4** FOTO (Zeit)Aufnahme *f*; Belichtungszeit *f* ♦ **mettersi in ~** posieren; TECH **~ in opera** Installation *f*, Aufstellung *f*; **~ della prima pietra** Grundsteinlegung *f*

po·sa·ce·ne·re [-e-] M ⟨*inv*⟩ Aschenbecher *m*

★**po·sa·re** ⟨1c⟩ **A** V/T **1** (ab)legen **2** (ab)stellen, nieder-, absetzen **3** TECH (ver)legen **4** *fig* **~ gli occhi su qn/qc** den Blick auf j-n/etw heften **B** V/I ⟨av⟩ **1** ruhen, liegen **2** *fig* sich stützen, fußen **3** *fig* posieren **4** Modell sitzen, Modell stehen **5** **~ a qc** sich als etw aufspielen **C** V/PR **-rsi** sich setzen ♦ **~ le armi** die Waffen niederlegen; **~ il ricevitore** den Hörer auflegen; den Hörer neben das Telefon legen

★**po·sa·ta** F **1** Besteckteil *n* **2** *pl* Essbesteck *n* **po·sa·te·ri·a** F **1** Besteck *n* **2** Tafelbesteck *n*

po·sa·tez·za [-e-] F Bedächtigkeit *f*; Gesetztheit *f* **po·sa·to** ADJ **1** besonnen, bedächtig **2** gesetzt **3** ausgeglichen

po·scrit·to M Nachschrift *f*

po·si·ti·va F FOTO Positiv *n* **po·si·ti·vi·smo** [-zmo] M Positivismus *m* **po·si·ti·vi·sta** M/F Positivist *m*, -in *f* **po·si·ti·vi·sti·co** ADJ positivistisch

★**po·si·ti·vo** **A** ADJ **1** positiv **2** PHYS, ELEK positiv, Plus- **3** sicher: **è ~ che …** es ist sicher, dass … **B** M **1** Positive *n* **2** FOTO Positiv *n*

po·si·zio·na·men·to [-e-] M Positionierung *f*

po·si·zio·na·re V/T ⟨1a⟩ positionieren

★**po·si·zio·ne** [-o-] F **1** Position *f*; Lage *f*; Stellung *f* **2** *fig* Meinung *f*, Stellung *f*: **prendere ~ riguardo a qc** zu etw Stellung nehmen **3** *fig* Lage *f*, Situation *f* **4** MIL Stellung *f* **5** HANDEL Rechnungsstand *m* **6** SPORT Position *f*, Rang *m* ♦ **~ di attenti** Strammstehen *n*; **~ di comando** Schaltstelle *f*; Spitzenposition *f*; **avere una ~ di comando** in führender Position sein; **luce di ~** AUTO Standlicht *n*; SCHIFF, FLUG Positionslicht *n*; **presa di ~** Stellungnahme *f*; **situato nella ~ migliore** bestgelegen; **~ di stampa** Schreibstelle *f*

po·so·lo·gi·a F MED Dosierung *f*

po·spor·re [-o-] V/T ⟨3ll⟩ **1** **~ qc a qc** etw etw (*dat*) nachstellen **2** *fig* unterordnen, hintanstellen **3** ver-, aufschieben

po·spo·si·zio·ne [-o-] F Nachstellung *f*

pos·se·de·re [-e-] V/T ⟨2o⟩ **1** besitzen **2** haben **3** *fig* **~ un'arte** eine Kunst *f* beherrschen **4** vermögend sein **pos·se·di·men·to** [-e-] M **1** Besitztum *n*, Besitzung *f* **2** POL Hoheitsgebiet *n*

pos·sen·te [-e-] ADJ mächtig, kraftvoll

pos·ses·sio·ne [-o-] F **1** Besitz *m*, Besitztum *n* **2** Besessenheit *f* **pos·ses·si·vi·tà** F ⟨*inv*⟩ besitzergreifender Charakter *m* **pos·ses·si·vo** ADJ **1** GRAM besitzanzeigend **2** *fig* besitzergreifend: **amore ~** erdrückende Liebe *f*

★**pos·ses·so** [-ɛ-] M **1** Besitz *m*; Eigentum *n* **2** *pl* Besitztum *n* ♦ **essere nel pieno ~ delle proprie facoltà (mentali)** im Vollbesitz seiner geistigen Kräfte sein

pos·ses·so·re [-o-] M, **pos·se·di·tri·ce** F Besitzer *m*, -in *f*, Inhaber *m*, -in *f*

★**pos·si·bi·le** **A** ADJ **1** möglich: **se mai è ~** wenn es überhaupt möglich ist **2** **il più … ~** so … wie möglich; **il più presto ~** so bald wie möglich **3** **il più ~** so viel wie möglich **B** M Mögliche *n*: **nei limiti del ~** im Rahmen des Möglichen ♦ **appena ~** baldmöglichst; **per quanto ~** nach Möglichkeit; **tutto il ~** das Mögliche

★**pos·si·bi·li·tà** F ⟨inv⟩ 1 Möglichkeit *f* 2 (*prospettiva*) Aussicht *f* 3 *pl* (finanzielle) Möglichkeiten *pl* **pos·si·bil·men·te** [-e-] ADV möglicherweise; möglichst

pos·si·den·te [-ɛ-] M/F Besitzer *m*, -in *f*

★**po·sta** [-ɔ-] F 1 Post *f*; Postamt *n* 2 JAGD Hochsitz *m*, -stand *m* 3 (Spiel)Einsatz *m* ♦ **~ aerea** Luftpost *f*; **a bella ~** absichtlich, mit Absicht; ★ **~ elettronica** E-Mail *f*; **fermo ~** postlagernd; **a giro di ~** postwendend; **a stretto giro di ~** mit umgehender Post; **~ prioritaria** Erste-Klasse--Post *f*, *schweiz* Poste prioritaire *f*

po·sta·gi·ro M Postschecküberweisung *f*

po·sta·le A ADJ Post-: **timbro ~** Poststempel *m*; **vaglia ~** Postanweisung *f*; **ufficio ~** Postamt *n* B M 1 Postschiff *n* 2 Postzug *m* 3 Postbus *m* 4 Postflugzeug *n* ♦ **codice** (**di avviamento**) **~** Postleitzahl *f*; **conto corrente ~** Postscheckkonto *n*

po·sta·zio·ne [-o-] F MIL Stellung *f*

post·bel·li·co [-ɛ-] ADJ Nachkriegs-

post·co·mu·ni·smo [-zmo] M Postkommunismus *m* **post·co·mu·ni·sta** A ADJ postkommunistisch B M/F Postkommunist *m*, -in *f*

post·da·ta·re V/T ⟨1a⟩ vorausdatieren **post·da·ta·zio·ne** [-o-] F Vorausdatierung *f*; Vorausdatieren *n* **post·da·ta·to** ADJ vorausdatiert

po·steg·gia·re V/T ⟨1f⟩ parken

po·steg·gia·to·re [-o-] M, **-tri·ce** F Parkwächter *m*, -in *f*

po·steg·gio [-e-] M 1 Parken *n* 2 Parkplatz *m* 3 (*in un mercato*) Stand *m* ♦ **divieto di ~** Parkverbot *n*

po·ster [-ɔ-] M ⟨inv⟩ Poster *m od n*

po·ste·rio·re [-o-] A ADJ 1 Hinter-: **uscita ~** Hinterausgang *m*; AUTO **trazione ~** Hinterradantrieb *m* 2 nachfolgend, später B M *hum* Hintern *m* **po·ste·rio·ri·tà** F ⟨inv⟩ Spätersein *n*, Späterkommen *n*

po·ste·ri·tà F ⟨inv⟩ 1 Nachwelt *f* 2 Nachkommen *pl* **po·ste·ro** [-ɔ-] A ADJ künftig B MPL Nachkommen *pl*

post·fa·zio·ne [-o-] F Nachwort *n*

po·stic·cio ADJ künstlich, falsch

po·sti·ci·no M Plätzchen *n*, Örtchen *n* ♦ **andare in quel ~** auf das stille Örtchen gehen

po·sti·ci·pa·re V/T ⟨1m⟩ 1 ver-, aufschieben 2 vertagen **po·sti·ci·pa·ta·men·te** [-e-] ADV nachträglich **po·sti·ci·pa·to** ADJ nachträglich **po·sti·ci·pa·zio·ne** [-o-] F 1 Verschiebung *f* 2 Vertagung *f*

po·sti·glio·ne [-o-] M Postillion *m*

po·stil·la F 1 Anmerkung *f*, Randbemerkung *f* 2 *fig* Bemerkung *f* **po·stil·la·re** V/T ⟨1a⟩ mit Anmerkungen versehen

★**po·sti·na** F Briefträgerin *f*, Postbotin *f*

post·in·du·stria·le ADJ postindustriell

★**po·sti·no** M Briefträger *m*, Postbote *m*

post-it® ['pɔstit] M ⟨inv⟩ Haftnotiz *f*

post·ma·ster M/F ⟨inv⟩ IT Postmaster *m*, -in *f*

post·mo·der·ni·smo [-zmo] M Postmoderne *f*

post·mo·der·no [-ɛ-] A ADJ postmodern B M Postmoderne *f*

★**po·sto¹** [-o-] M 1 Platz *m*: **questo ~ è libero/occupato?** ist dieser Platz frei/besetzt? 2 (*sedile*) Sitz *m* 3 Stelle *f*, Platz *m*: **essere al secondo ~** an zweiter Stelle sein 4 Ort *m* 5 Stelle *f*; Stellung *f*: **cercare un ~** eine Stelle suchen 6 Lokal *n* ♦ ★ **essere a ~** in Ordnung sein; *iron* **ora siamo a ~!** das fehlte noch!; **mettere qc a ~** (*in ordine*) etw in Ordnung bringen; (*aggiustare*) etw reparieren; **al ~ di qn/qc** an Stelle von j-m/etw; **al mio ~** an meiner Stelle; **~ auto** KFZ-Stellplatz *m*; **la gente del ~** die Einheimischen *pl*; **~ di lavoro** Arbeitsplatz *m*; **in nessun ~** nirgends; **~ d'onore** (*a tavola*) Ehrenplatz *m*; **~ in piedi** Stehplatz *m*; **~ a sedere** Sitzplatz *m*; **~ al sole** Platz *m* an der Sonne; **~ vacante** freie Stelle *f*

po·sto² [-ɔ-] PPERF **~ che …** angenommen, dass …

post·o·pe·ra·to·rio [-ɔ-] ADJ postoperativ

post·pro·du·zio·ne F (*cinema*) TV Filmbearbeitung *f*

po·stri·bo·la·re ADJ vulgär, obszön

po·stri·bo·lo M Freudenhaus *n*

post scrip·tum M Nachschrift *f*

po·stu·lan·te M/F Bewerber *m*, -in *f*

po·stu·la·re V/T ⟨1l *u.* c⟩ 1 fordern 2 **~ un impiego** sich um eine Stelle bewerben 3 voraussetzen **po·stu·la·to** M Postulat *n*

po·stu·mo [-ɔ-] A ADJ 1 nachgelassen, Nach- 2 nachgeboren B MPL Nachwirkungen *pl*

po·stu·ra F (Körper)Haltung *f*

po·ta·bi·le ADJ trinkbar: **acqua ~** Trink-

P

wasser *n* **po·ta·bi·li·tà** F ⟨*inv*⟩ Trinkbarkeit *f*
po·ta·bi·liz·za·re V/T ⟨1a⟩ trinkbar machen **po·ta·bi·liz·za·zio·ne** [-o-] F Trinkwasseraufbereitung *f*
po·ta·re V/T ⟨1a⟩ BOT (be)schneiden, stutzen
po·tas·sa F Pottasche *f*
po·tas·si·co ADJ Kalium-, Kali-: **sale ~** Kalisalz *n* **po·tas·sio** M Kalium *n*
po·ta·to·io [-o-] M Gartenschere *f*
po·ta·to·re [-o-] M, **-tri·ce** F Baumbeschneider *m*, -in *f*; Heckenschneider *m*, -in *f* **po·ta·tu·ra** F Stutzen *n*, (Be)-Schneiden *n*
po·ten·ta·to M 1 Staatsmacht *f* 2 Herrscher *m* 3 Machthaber *m*
★**po·ten·te** [-ɛ-] A ADJ 1 mächtig; einflussreich 2 stark, kräftig 3 (*strumenti ottici*) scharf 4 TECH leistungsfähig B MPL Mächtige *pl*
po·ten·ti·no A ADJ aus, von Potenza B M, **-a** F Bewohner *m*, -in *f* von Potenza
★**po·ten·za** [-ɛ-] F 1 Macht *f*, Gewalt *f*, Potenz *f*: **la ~ di un partito** die Macht einer Partei; **la ~ del vento** die Gewalt des Windes; **la ~ dell'amore** die Macht der Liebe 2 PHYS Kraft *f*, Leistung *f* 3 MATH Potenz *f* ♦ **~ nucleare** (*od* **atomica**) Atomstreitmacht *f*; **~ elettrica** Stromstärke *f*
Po·ten·za [-ɛ-] F Potenza *n*
po·ten·zia·le A ADJ potenziell B M Potenzial *n* (*a.* PHYS) **po·ten·zia·li·tà** F ⟨*inv*⟩ 1 Kapazität *f* 2 Möglichkeit *f* 3 MECH Leistungsfähigkeit *f* **po·ten·zial·men·te** [-e-] ADV potenziell **po·ten·zia·men·to** [-e-] M Potenzierung *f*
po·ten·zia·re V/T ⟨1a⟩ 1 ausbauen, verstärken 2 stärken 3 TECH frisieren
po·ten·zio·me·tro [-ɔ-] M Potenziometer *n*
★**po·te·re**[1] [-e-] V/MOD ⟨2l⟩ 1 können: **potresti ritelefonare più tardi?** könntest du bitte später zurückrufen? 2 dürfen: **qui non si può fumare** hier darf man nicht rauchen 3 mögen, dürfen: **potrebbero essere le sei** es dürfte so gegen sechs (Uhr) sein 4 vermögen: **cosa non può l'amore!** was vermag die Liebe nicht alles! ♦ **può darsi che ...** es könnte sein, dass ...; **può essere che ...** es ist möglich, dass ...; *umg* **si può fare** das lässt sich machen; **si può?** ist es gestattet?; **volere è ~** wo ein Wille ist, da ist auch ein Weg
★**po·te·re**[2] [-e-] M 1 Macht *f*, Vermögen *n*: **questo va oltre i miei ~** das steht nicht in meiner Macht (*od* liegt nicht in meinem Vermögen); **~ economico/politico** wirtschaftliche/politische Macht *f* 2 Fähigkeit *f* 3 Einfluss *m*, Gewalt *f*: **non avere ~ su qn** keinen Einfluss auf (*od* keine Gewalt über) j-n haben 4 POL, JUR Gewalt *f*: **~ legislativo/esecutivo/giudiziario** gesetzgebende/ausführende/richterliche Gewalt *f* ♦ **abuso di ~** Machtmissbrauch *m*; **~ d'acquisto** Kaufkraft *f*; **~ nutritivo** Nährwert *m*; **-i occulti** geheime Machtzentren *pl*; **presa di ~** Machtübernahme *f*; **avere pieni -i** Vollmachten *pl* haben
po·te·stà F ⟨*inv*⟩ 1 Macht *f*, Gewalt *f*: **patria ~** elterliche Gewalt *f* 2 JUR Befugnis *f*
pot-pourri [popu'ri] M ⟨*inv*⟩ 1 Eintopf *m* 2 Mischmasch *m* 3 MUS Potpourri *n*
po·ve·rac·cio M, **-a** F Arme *m/f*, armer Kerl *m*, armes Luder *n* **po·ve·rel·lo** [-ɛ-] M, **-a** F Arme *m/f*, armer Kerl *m*, armes Luder *n* **po·ve·ret·to** [-e-], **-a** F, **po·ve·ri·no** M, **-a** F Arme *m/f*, armer Kerl *m*, armes Luder *n*: **~!** der Ärmste! (*a. iron*)
★**po·ve·ro** [-ɔ-] A ADJ 1 arm: **gente -a** arme Leute *pl*; **~ di qc** arm an etw (*dat*) 2 ärmlich, armselig 3 schlicht, einfach 4 (*defunto*) selig B M, **-a** F Arme *m/f*, Notleidende *m/f* ♦ **~ in canna** arm wie eine Kirchenmaus; *umg* **~ Cristo** armer Teufel *m*, armer Kerl *m*; **~ di idee** ideenarm; **~ illuso** armer Träumer *m*; **~ me!** ich Ärmster!; **in parole -e** in einfachen Worten
po·ver·tà F ⟨*inv*⟩ 1 Armut *f*, Dürftigkeit *f* 2 Mangel *m*: **~ di qc** Mangel an etw (*dat*)
po·ve·ruo·mo [-ɔ-] M 1 armer Mensch *m* 2 armseliger Mensch *m*
po·zio·ne [-o-] F 1 MED Trank *m* 2 Zaubertrank *m*
poz·za [-o-] F Pfütze *f* **poz·zan·ghe·ra** F Pfütze *f* **poz·zet·to** [-e-] M 1 Wassergrube *f* 2 (*per acqua di scolo*) Gully *m*
poz·zo [-o-] M 1 Grube *f*, Schacht *m* 2 Brunnen *m* ♦ **~ dell'ascensore** Fahrstuhlschacht *m*; *fig* **essere un ~ senza fondo** ein Nimmersatt *m* sein; **~ di estrazione** Förderschacht *m*; **~ nero** Senkgrube *f*; **avere un ~ di quattrini** steinreich sein
Pra·ga F Prag *n*
prag·ma·ti·ca F Pragmatik *f* **prag·ma·ti·co** ADJ pragmatisch **prag·ma·ti·smo** [-z-] M Pragmatismus *m* **prag·ma·ti·sta** M/F Pragmatiker *m*, -in *f*

pra·li·na F Praline *f*
pram·ma·ti·ca F **1** Ordnung *f*, Regel *f* **2** **di ~** obligat; pflichtschuldig
pra·no·te·ra·pi·a F Handauflegen *n* **pra·no·te·ra·pi·sta** M/F Handaufleger *m*, -in *f*
★**pran·za·re** V/I ⟨1a; av⟩ zu Mittag essen: **pranziamo insieme oggi?** essen wir heute zusammen zu Mittag?
pran·zet·to [-e-] M kleines Mittagsmahl *n*
★**pran·zo** M **1** (Mittag)Essen *n*: **cosa c'è oggi per ~?** was gibt's heute zu essen? **2** Gastmahl *n* ♦ **dopo ~** nach dem Essen; am Nachmittag; **lauto ~** Schmaus *m*; **~ di lavoro** Arbeitsessen *n*; **sala da ~** Esszimmer *n*; **tavolo da ~** Esstisch *m*; **zona ~** Essecke *f*
pras·si F Praxis *f*, Gepflogenheit *f* ♦ **la ~ consueta** die übliche Vorgehensweise
pra·ta·io·lo [-ɔ-] **A** ADJ Wiesen- **B** M Wiesenchampignon *m* **pra·te·ri·a** F Prärie *f*
pra·te·se [-e-] **A** ADJ aus, von Prato **B** M/F Bewohner *m*, -in *f* von Prato
★**pra·ti·ca** F **1** Ausüben *n*, Ausübung *f* **2** Praxis *f* **3** Erfahrung *f* **4** Übung *f*: **mi manca la ~** mir fehlt die Übung **5** **avere poca ~ con qc** mit etw wenig vertraut sein **6** *pl* Praktiken *pl* **7** *form* Vorgang *m*: **sbrigare una ~** einen Vorgang erledigen **8** Praktikum *n*: **fare ~ presso un notaio** ein Praktikum bei einem Notar machen **9** Volontariat *n* ♦ **in ~** in der Praxis, praktisch; **orientato alla ~** praxisbezogen; **teoria e ~** Theorie und Praxis
pra·ti·ca·bi·le ADJ **1** begehbar; befahrbar **2** (*campo di calcio*) bespielbar **3** *fig* ausführbar **pra·ti·ca·bi·li·tà** F ⟨*inv*⟩ **1** Begehbarkeit *f*; Befahrbarkeit *f* **2** *fig* Ausführbarkeit *f* **pra·ti·cac·cia** F *umg* Routine *f* **pra·ti·ca·men·te** [-e-] ADV praktisch **pra·ti·can·ta·to** M **1** Volontariat *n* **2** Praktikum *n* **pra·ti·can·te** **A** ADJ ausübend, praktizierend **B** M/F **1** Volontär *m*, -in *f* **2** Praktikant *m*, -in *f*
★**pra·ti·ca·re** V/T ⟨1l *u.* d⟩ **1** ausüben, treiben (*a.* SPORT) **2** in die Praxis umsetzen **3** machen, durchführen **4** *fig* **~ dei brutti locali** verrufene Lokale besuchen **5** REL **~ una religione** eine Religion praktizieren **6** **~ una strada** eine Straße befahren **7** HANDEL **~ uno sconto** einen Rabatt gewähren
pra·ti·ci·tà F ⟨*inv*⟩ Zweckmäßigkeit *f*, Brauchbarkeit *f*
★**pra·ti·co** ADJ **1** erfahren: **essere ~ di qc** in etw (*dat*) erfahren sein **2** vertraut: **essere ~ della zona** mit der Gegend vertraut sein **3** (*concreto*) praktisch: **esperienze -che** praktische Erfahrungen *pl* **4** zweckmäßig, praktisch ♦ **all'atto ~** in der Praxis, bei der Ausführung
pra·ti·vo ADJ Wiesen-: **terreno ~** Wiesenland *n*; **conca -a** Wiesengrund *m*
★**pra·to** M **1** Wiese *f* **2** Rasen *m* **3** Weide *f*
Pra·to F Prato *n*
pra·to·li·na F Gänseblümchen *n*
pre·a·da·mi·ti·co ADJ *fig* überholt
pre·al·lar·me M Voralarm *m*
Pre·al·pi FPL Voralpen *pl* **pre·al·pi·no** ADJ Voralpen-: **zona -a** Alpenvorland *n*
pre·am·bo·lo M **1** Vorrede *f*, Präambel *f* **2** *fig* **senza -i** ohne Umschweife *pl*
pre·am·pli·fi·ca·to·re [-o-] M Vorverstärker *m* **pre·am·pli·fi·ca·zio·ne** [-o-] F Vorverstärkung *f*
pre·an·nun·cia·re ⟨1f⟩ **A** V/T im Voraus bekannt geben **B** V/PR **-rsi** sich ankündigen
pre·an·nun·cio M Vorankündigung *f*
pre·av·ver·ti·men·to [-e-] M **1** Vorwarnung *f* **2** Vorankündigung *f* **pre·av·ver·ti·re** V/T ⟨1b⟩ **1** im Voraus benachrichtigen **2** ankündigen
pre·av·vi·sa·re V/T ⟨1a⟩ im Voraus benachrichtigen, ankündigen
pre·av·vi·so M Benachrichtigung *f*, Vorankündigung *f* ♦ **~ di licenziamento** Kündigung *f*; **senza ~** fristlos; **termine di ~** Kündigungsfrist *f*
pre·bel·li·co [-ɛ-] ADJ Vorkriegs-
pre·ben·da [-ɛ-] F **1** Pfründe *f* **2** *fig* leichter Gewinn *m* (*od* Verdienst *m*)
pre·ca·rie·tà F ⟨*inv*⟩ **1** Unsicherheit *f* **2** Vorläufigkeit *f* **pre·ca·rio** **A** ADJ prekär, unsicher **B** M, **-a** F = *Angestellte (im öffentlichen Dienst) mit befristetem Arbeitsverhältnis*
pre·cau·zio·na·le ADJ Vorsichts-
pre·cau·zio·ne [-o-] F **1** Vorsicht *f* **2** *pl* Vorkehrungen *pl*, Vorsichtsmaßnahmen *pl*: **prendere tutte le necessarie -i** alle notwendigen Vorkehrungen treffen
pre·ce·den·te [-ɛ-] **A** ADJ vorhergehend, vorig **B** M **1** Präzedenzfall *m* **2** Vorstrafe *f*; **avere -i** vorbestraft sein **3** **senza -i** noch nie vorgekommen; JUR oh-

P

ne Vorstrafen **pre·ce·den·za** [-ɛ-] F 1 Vortritt *m* 2 Vorfahrt *f* 3 Vorrang *m*: **avere la ~ su qn/qc** den Vorrang vor j-m/etw haben ♦ **in ~** vorher, davor, zuvor; **strada con diritto di ~** Vorfahrtsstraße *f*

pre·ce·de·re [-ɛ-] V/T ⟨3a⟩ 1 **~ qn/qc** j-m/etw vorangehen (*od* vorausgehen) 2 vor-, vorausfahren 3 **~ qn in qc** j-m bei (*od* in) etw (*dat*) zuvorkommen

pre·cet·ta·re V/T ⟨1b⟩ MIL einberufen

pre·cet·ta·zio·ne [-o-] F MIL Einberufung *f*

pre·cet·ti·sti·ca F Regelsystem *n*

pre·cet·to [-ɛ-] M 1 Vorschrift *f*, Regel *f* 2 JUR Mahnung *f* 3 MIL Einberufungsbefehl *m* **pre·cet·to·re** [-o-] M, **-tri·ce** F Privat-, Hauslehrer *m*, -in *f*

pre·ci·pi·ta·re ⟨1m⟩ A V/I ⟨es⟩ 1 (herab-, ab)stürzen 2 *fig* **~ nella disperazione** in Verzweiflung versinken 3 (*peggiorare*) sich zuspitzen B V/T 1 stürzen 2 überstürzen C V/PR **-rsi** 1 stürzen 2 sich stürzen **pre·ci·pi·ta·to** ADJ übereilt **pre·ci·pi·ta·zio·ne** [-o-] F 1 METEO Niederschlag *m* 2 Überstürzung *f* **pre·ci·pi·te·vo·lis·si·me·vol·men·te** [-e-] ADV *hum* Hals über Kopf **pre·ci·pi·to·sa·men·te** [-e-] ADV übereilt; überstürzt **pre·ci·pi·to·so** [-o-] ADJ 1 überstürzt 2 rasend 3 *fig* voreilig, übereilt

pre·ci·pi·zio M Abgrund *m* (*a. fig*)

pre·ci·puo ADJ hauptsächlich, Haupt-

pre·ci·sa·men·te [-e-] ADV 1 präzise, genau 2 *fig* gerade: **non è ~ un genio** er ist nicht gerade ein Genie 3 und zwar

pre·ci·sa·re V/T ⟨1a⟩ 1 genau angeben, genau bestimmen 2 präzisieren **pre·ci·sa·zio·ne** [-o-] F Präzisierung *f*: **fare una ~ su qc** etw präzisieren **pre·ci·si·no** A ADJ pedantisch B M, **-a** F Pedant *m*, -in *f* **pre·ci·sio·ne** [-o-] F Präzision *f*, Genauigkeit *f* ♦ **lavoro di ~** Präzisionsarbeit *f*; **per la ~** genauer gesagt

★**pre·ci·so** ADJ 1 präzise, genau: **sono le dieci -e** es ist genau zehn Uhr 2 gewissenhaft; pünktlich 3 klar: **avere idee -e** klare Vorstellungen haben ♦ **sapere qc di ~** etw genau wissen; **non sapere nulla di ~** nichts Genaues wissen

pre·ci·ta·to ADJ oben erwähnt

pre·clu·de·re V/T ⟨3q⟩ versperren: **~ a qn ogni possibilità di successo** j-m alle Erfolgschancen versperren **pre·clu·sio·ne** [-o-] F Verhinderung *f*

pre·co·ce [-ɔ-] ADJ 1 frühreif 2 früh(-zeitig): **morte ~** früher Tod *m*

pre·co·ci·tà F ⟨*inv*⟩ Frühreife *f*

pre·con·cet·to [-ɛ-] A ADJ vorgefasst B M vorgefasste Meinung *f*, Vorurteil *n*

pre·con·fe·zio·na·re V/T ⟨1a⟩ konfektionieren **pre·con·fe·zio·na·to** ADJ 1 MODE Konfektions-: **abito (da uomo) ~** Konfektionsanzug *m* 2 *umg* Nullachtfünfzehn-, Serien-

pre·co·niz·za·re V/T ⟨1a⟩ 1 voraussagen, weissagen 2 öffentlich verkünden

pre·cor·dio [-ɔ-] M ANAT Herzgegend *f*

pre·cor·re·re [-o-] ⟨3o⟩ A V/T **~ qn/qc** j-m/etw zuvorkommen B V/I ⟨es⟩ vorlaufen ♦ **~ i tempi** seiner Zeit voraus sein

pre·cor·ri·to·re [-o-] M → precursore

pre·co·sti·tu·i·re ⟨4d⟩ A V/T im Voraus bilden B V/PR **-rsi un alibi** sich (*dat*) im Voraus ein Alibi verschaffen

pre·cot·to [-ɔ-] A ADJ vorgekocht, Fertig- B M Fertiggericht *n*

pre·cur·so·re [-'so-] A ADJ vorhergehend, Vor- B M, **pre·cor·ri·tri·ce** F Vorläufer *m*, -in *f*; Wegbereiter *m*, -in *f*

pre·da [-ɛ-] F 1 Opfer *n* 2 (*animale*) Beute *f* ♦ *fig* **essere in ~ a qc** von etw (*dat*) gepackt sein; **uccelli da ~** Raubvögel *pl*

pre·da·re V/T ⟨1a⟩ 1 erbeuten 2 **~ un villaggio** ein Dorf plündern **pre·da·to·re** [-o-] A ADJ Raub- B M, **-tri·ce** F 1 Raubtier *n* 2 Räuber *m*, -in *f* **pre·da·to·rio** [-ɔ-] ADJ räuberisch, Raub-

pre·de·ces·so·re [-o-] M, *selten* **-a** F 1 Vorgänger *m*, -in *f*; Amtsvorgänger *m*, -in *f* 2 *pl* Vorfahren *pl*

pre·de·fi·ni·to ADJ vorherbestimmt

pre·del·la [-ɛ-] F 1 Podest *n* 2 Altarsockel *m*

pre·del·li·no M Trittbrett *n*

pre·de·sti·na·re V/T ⟨1a⟩ vorherbestimmen **pre·de·sti·na·to** ADJ (vorher)bestimmt: **essere ~ a qc** zu etw bestimmt (*od* auserwählt) sein **pre·de·sti·na·zio·ne** [-o-] F Vor(her)bestimmung *f*

pre·de·ter·mi·na·re V/T ⟨1m *u.* b⟩ vorherbestimmen, vorher festlegen **pre·de·ter·mi·na·to** ADJ vorherbestimmt **pre·de·ter·mi·na·zio·ne** [-o-] F Vorherbestimmung *f*, Vorausbestimmung *f*

pre·det·to [-e-] ADJ oben genannt

pre·di·ca [-ɛ-] F 1 Predigt *f*: **fare la ~** die Predigt halten 2 *umg* Moralpredigt *f* ♦ *umg* **fare la ~ a qn** j-m die Leviten lesen

pre·di·ca·re V/T & V/I ⟨1l, b *u.* d; av⟩ predigen ♦ **~ bene e razzolare male** Wasser predigen und Wein trinken

pre·di·ca·to M Prädikat *n*; Satzaussage *f*

pre·di·ca·to·re [-o-] M, **-tri·ce** F 1 Prediger *m*, -in *f* 2 Verfechter *m*, -in *f*, Apostel *m* **pre·di·ca·to·rio** [-ɔ-] ADJ predigend, Prediger- **pre·di·coz·zo** [-ɔ-] M *hum* Standpauke *f*

pre·di·let·to [-ɛ-] A ADJ Lieblings-, bevorzugt B M, **-a** F Liebling *m* C M IT Favorit *m* **pre·di·le·zio·ne** [-o-] F 1 Vorliebe *f* 2 (*persona*) Liebling *m*

pre·di·li·ge·re V/T ⟨3u⟩ vorziehen

pre·di·re V/I ⟨3t⟩ voraus-, vorhersagen

pre·di·spor·re [-o-] ⟨3ll⟩ A V/T 1 vorbereiten, im Voraus festlegen 2 einstimmen B V/PR **-rsi a qc** sich auf etw (*akk*) vorbereiten

pre·di·spo·si·zio·ne [-o-] F 1 Neigung *f*, Veranlagung *f* 2 MED Prädisposition *f* 3 Vorbereitung *f* **pre·di·spo·sto** [-o-] ADJ 1 vorbereitet, vorgegeben 2 **~ a qc** zu etw neigend

pre·di·zio·ne [-o-] F Voraus-, Vorhersage *f*

pre·do·mi·nan·te ADJ 1 vorherrschend 2 hervorstechend **pre·do·mi·nan·za** F Vorherrschaft *f* **pre·do·mi·na·re** V/I ⟨1m *u.* c; av⟩ vorherrschen

pre·do·mi·nio M Vorherrschaft *f*

pre·do·ne [-o-] M, **-a** F Räuber *m*, -in *f*, Plünderer *m*, Plünderin *f*

pre·e·let·to·ra·le ADJ Vorwahl-, vor den Wahlen **pre·e·sa·me** M Vorprüfung *f*

pre·e·si·sten·te [-ɛ-] ADJ vorher bestehend

pre·e·si·sti·to ADJ schon da gewesen

pre·fab·bri·ca·re V/T ⟨1m *u.* d⟩ vorfertigen (*a. fig*) **pre·fab·bri·ca·to** A ADJ vorgefertigt, Fertig-: **elemento ~** Fertig(bau)teil *n* B M Fertig-, Montagebau *m* **pre·fab·bri·ca·zio·ne** [-o-] F Vorfertigung *f*; Systembauweise *f*

pre·fa·zio·ne [-o-] F Vorwort *n*

pre·fe·ren·za [-ɛ-] F 1 Vorliebe *f* 2 Vorzugsstimme *f* 3 WIRTSCH Präferenz *f*, Vorzug *m* ♦ **a** (*od* **di**); **~** vorzugsweise; **condizioni di ~** Vorzugsbedingungen *pl*; **dare la ~ a qn/qc** j-m/etw den Vorzug geben

pre·fe·ren·zia·le ADJ Vorzugs-, Präferenz-: **azione ~** Vorzugsaktie *f*

pre·fe·ri·bi·le ADJ vorzuziehend, besser

pre·fe·ri·bil·men·te [-e-] ADV 1 lieber, vorzugsweise 2 wenn möglich ♦ **da consumare ~ entro …** mindestens haltbar bis …

★**pre·fe·ri·re** V/T ⟨4d⟩ 1 vorziehen, bevorzugen: **~ qc a qc** etw etw (*dat*) vorziehen 2 lieber tun

pre·fe·ri·to A ADJ Lieblings- B M, **-a** F Liebling *m*

pre·fe·sti·vo ADJ **giorno ~** Tag *m* vor einem Feiertag

pre·fet·ti·zio ADJ Präfektur- **pre·fet·to** [-ɛ-] M Präfekt *m*, -in *f* **pre·fet·tu·ra** F Präfektur *f*

pre·fi·ca [-ɛ-] F Klageweib *n*

pre·fig·ge·re ⟨3mm⟩ A V/T (fest)setzen, festlegen B V/PR **-rsi qc** sich (*dat*) etw vornehmen

pre·fi·nan·zia·men·to [-e-] M Vorfinanzierung *f* **pre·fi·nan·zia·re** V/T ⟨1g⟩ vorfinanzieren

pre·fis·sa·re ⟨1a⟩ A V/T vorherbestimmen, festsetzen B V/PR **-rsi qc** sich (*dat*) etw vornehmen; sich (*dat*) etw zum Ziel setzen

★**pre·fis·so** M 1 LING Vorsilbe *f* 2 TEL Vorwahlnummer *f*

pre·for·ma·re V/T ⟨1c⟩ vorformen, vorbilden

★**pre·ga·re** V/T ⟨1b *u.* e⟩ 1 bitten: **~ qn di fare qc** j-n um etw bitten 2 REL beten: **~ Dio** zu Gott beten

pre·ge·vo·le [-e-] ADJ 1 wertvoll 2 achtenswert **pre·ge·vo·lez·za** [-e-] Vortrefflichkeit *f*

★**pre·ghie·ra** [-ɛ-] F 1 Bitte *f*: **rivolgere una ~ a qn** eine Bitte an j-n richten; **su ~ di qn** auf j-s Bitte 2 REL Gebet *n*

pre·gia·re ⟨1b *u.* f⟩ A V/T hoch schätzen B V/PR **-rsi** *poet* die Ehre haben: **mi pregio invitarLa** ich habe die Ehre, Sie einzuladen **pre·gia·to** ADJ 1 hochwertig 2 wertvoll 3 (*nelle lettere*) geehrt

pre·gio [-ɛ-] M 1 Vorzug *m* 2 Wert *m*; Wertschätzung *f* ♦ **di ~** kostbar, wertvoll

pre·giu·di·ca·re V/T ⟨1m *u.* d⟩ beeinträchtigen **pre·giu·di·ca·to** A ADJ 1 JUR vorbestraft 2 zum Scheitern verurteilt B M, **-a** F Vorbestrafte *m/f*

pre·giu·di·zie·vo·le [-e-] ADJ nachteilig

pre·giu·di·zio M Vorurteil *n*

pre·gnan·te ADJ 1 prägnant 2 ZOOL trächtig **pre·gnan·za** F Prägnanz *f*

pre·gno [-e-] ADJ 1 ZOOL trächtig 2 *fig*

P

~ di conseguenze folgenschwer **3** **~ di qc** mit etw getränkt **4** *fig* voll: **~ di qc** voll von etw

pre·go [-ɛ-] INT bitte: **~, come ha detto?** wie bitte?; **un attimo, ~!** einen Augenblick, bitte!

pre·gu·sta·re V/T ⟨1a⟩ im Voraus schmecken, im Voraus genießen (*a. fig*)

pre·in·du·stria·le ADJ vorindustriell

pre·i·sto·ria [-ɔ-] F Urgeschichte *f*

pre·i·sto·ri·co [-ɔ-] ADJ **1** urgeschichtlich **2** *hum* uralt ♦ **uomo ~** Urmensch *m*

pre·la·vag·gio M Vorwäsche *f*

pre·la·zio·ne [-o-] F Erstrecht *n*, Vorzug *m* ♦ **diritto di ~** Vorkaufsrecht *n*; Aktienoption *f*

pre·le·va·men·to [-e-] M **1** Entnahme *f* **2** FIN Abhebung *f* **pre·le·va·re** V/T ⟨1b⟩ **1** abheben **2** MED entnehmen: **~ sangue a qn** j-m Blut entnehmen **3** (*polizia*) festnehmen

pre·li·ba·to ADJ köstlich

★**pre·lie·vo** [-ɛ-] M **1** Entnahme *f* (*a.* MED) **2** FIN Abhebung *f* ♦ **~ di sangue** Blutentnahme *f*

pre·li·mi·na·re **A** ADJ Vor-: **discussione ~** Vorbesprechung *f* **B** MPL **1** Einleitung *f* **2** Vorverhandlungen *pl*

pre·lu·de·re V/I ⟨3q; av⟩ **1** **~ a qc** auf etw (*akk*) hindeuten **2** einleiten

pre·lu·dio M **1** MUS Präludium *n*; Prélude *n* **2** Vorrede *f*, Einführung *f* **3** *fig* Vorzeichen *n*, Vorbote *m* **4** *fig* Auftakt *m*

pre·ma·man **A** ADJ ⟨*inv*⟩ **vestito ~** Umstandskleid *n* **B** M ⟨*inv*⟩ Umstandskleid *n*

pre·ma·tri·mo·nia·le ADJ vorehelich

pre·ma·tu·ro **A** ADJ **1** voreilig, verfrüht **2** AGR notreif **B** M, **-a** F Frühgeburt *f*

pre·me·di·ta·re V/T ⟨1m *u.* b⟩ planen **pre·me·di·ta·to** ADJ JUR vorsätzlich **pre·me·di·ta·zio·ne** [-o-] F **1** Vorbedacht *m* **2** JUR Vorsätzlichkeit *f*

★**pre·me·re** [-ɛ-] ⟨3a⟩ **A** V/T **1** **~ qc** etw drücken; auf etw (*akk*) treten **2** (*nemico*) bedrängen **B** V/I ⟨av⟩ **1** **~ su qc** auf etw (*akk*) drücken; auf etw (*akk*) treten **2** **~ su qc** auf etw (*dat*) lasten **3** **~ contro qc** gegen etw drängen, drücken **4** *fig* **~ su qn** auf j-n eindringen; j-n drängen **5** *fig* **a qn preme qc** j-m liegt etw am Herzen

pre·mes·sa [-e-] F **1** Vorbemerkung *f* **2** Vorwort *n*, Einleitung *f* **3** Voraussetzung *f*

pre·met·te·re [-e-] V/T ⟨3ee⟩ **1** vorausschicken **2** voraussetzen ♦ **premesso che ...** vorausgesetzt, dass ...

pre·mia·re V/T ⟨1k *u.* b⟩ **1** (mit einem Preis) auszeichnen **2** belohnen **pre·mia·to** **A** ADJ preisgekrönt **B** M, **-a** F Preisträger *m*, -in *f*

pre·mia·zio·ne [-o-] F Preisverleihung *f*

pre·mier [-mjer] M/F ⟨*inv*⟩ Premier *m*, Premierminister *m*, -in *f*

pre·mi·nen·te [-ɛ-] ADJ herausragend

pre·mi·nen·za [-ɛ-] F Vorrang *m*, Überlegenheit *f*

★**pre·mio** [-ɛ-] M **1** Preis *m*: **vincere/assegnare un ~** einen Preis gewinnen/verleihen **2** (*nelle lotterie*) Gewinn *m* **3** Belohnung *f*, Lohn *m*: **avere qc in ~** etw als Lohn bekommen **4** JUR, HANDEL Prämie *f*; Zulage *f* ♦ **~ di assicurazione** Versicherungsprämie *f*; **~ fedeltà** Treueprämie *f*; **gioco a -i** Preisausschreiben *n*; **~ di produzione** Produktionszulage *f*

pre·mo·la·re M vorderer Backenzahn *m*

pre·mo·ni·to·re [-o-] ADJ warnend: **segno ~** warnendes Vorzeichen *n* **pre·mo·ni·to·rio** [-ɔ-] ADJ warnend **pre·mo·ni·zio·ne** [-o-] F Vorwarnung *f*

pre·mu·ni·re ⟨4d⟩ **A** V/T wappnen, schützen **B** V/PR **-rsi contro qc** sich gegen etw wappnen, schützen; **-rsi di pazienza** sich mit Geduld wappnen

pre·mu·ra F **1** Sorge *f*, Aufmerksamkeit *f*: **quante -e!** wie aufmerksam! **2** Zuvorkommenheit *f* **3** Eile *f*: **avere molta ~** in großer Eile sein ♦ **darsi ~ per qn** sich um j-n kümmern; **far ~ a qn** j-n drängen

pre·mu·rar·si [-s-] V/PR ⟨1a⟩ **~ di qc** sich um etw kümmern; **~ di fare qc** daran denken, etw zu tun; sich beeilen, etw zu tun **pre·mu·ro·si·tà** F ⟨*inv*⟩ Aufmerksamkeit *f*, Zuvorkommenheit *f* **pre·mu·ro·so** [-o-] ADJ aufmerksam, zuvorkommend

pre·na·ta·le ADJ vorgeburtlich

pre·na·ta·li·zio ADJ vorweihnachtlich

★**pren·de·re** [-ɛ-] ⟨3c⟩

A transitives Verb **B** intransitives Verb
C Pronominalverb **D** Wendungen

— **A** transitives Verb —

1 nehmen: **~ la valigia** den Koffer nehmen; **~ l'autobus** den Bus nehmen

P

2 (*catturare*) fassen, fangen **3** packen: **~ qn per il collo** j-n am Hals packen **4** erobern; einnehmen: **~ una città** eine Stadt einnehmen (*od* erobern); **quel mobile prende troppo spazio** dieses Möbelstück nimmt zu viel Raum ein **5** **essere preso da qc** mit etw beschäftigt sein **6** bekommen, erhalten: **~ un calcio** einen Fußtritt bekommen **7** (*rubare*) stehlen **8** (*ordinare*) bestellen **9** **~ qc** auf etw (*akk*) prallen; **~ in pieno un palo** frontal auf einen Mast prallen **10** sich (*dat*) holen, bekommen: **~ un raffreddore** sich (*dat*) einen Schnupfen holen **11** (ab)holen: **andare a ~ qc** etw (ab)holen **12** (*cibo, bevande*) (zu sich) nehmen **13** (*medicine*) einnehmen **14** **~ per qn** mit j-m verwechseln; **l'ho preso per Franco** ich habe ihn mit Franco verwechselt **15** **~ sul serio** ernst nehmen **16** **bisogna saperlo ~** man muss ihn zu nehmen wissen **17** **~ qn con le buone** j-m gut zureden **18** verlangen: **~ una cifra modesta** nicht viel (Geld) verlangen **19** (*di apparecchio radio, televisivo*) empfangen **20** (*assumere*) einstellen **21** **farsi ~ da qc** von etw ergriffen werden

— B intransitives Verb —

⟨av⟩ **1** **~ a destra** nach rechts gehen; nach rechts fahren **2** brennen: **il fuoco ha preso bene** das Feuer brennt gut **3** Wurzeln schlagen, anwachsen **4** ⟨es⟩ **a qn prende qc** j-d bekommt etw; **mi è preso un gran mal di testa** ich habe wahnsinnige Kopfschmerzen bekommen

— C Pronominalverb —

1 **-rsi qc** sich (*dat*) etw nehmen **2** **-rsi qc** (*malattie*) etw bekommen, sich (*dat*) etw holen **3** **prendersela** (**a male**) sich ärgern; **prendersela per un nonnulla** gleich eingeschnappt sein **4** **-rsi a botte** sich prügeln **5** **-rsi per mano** sich an der Hand nehmen

— D Wendungen —

~ un'abitudine eine Gewohnheit annehmen; **~ qc in affitto** etw (an-)mieten; **~ un appuntamento** einen Termin vereinbaren; **~ appunti** sich (*dat*) Notizen machen; **che ti prende?** was ist mit dir los?; **~ corpo** Gestalt annehmen; **-rsi a cuore qc** sich (*dat*) etw zu Herzen nehmen; **~ una decisione** eine Entscheidung treffen; **~ freddo** sich verkühlen; **~ in considerazione** in Erwägung ziehen; **~ in giro qn** j-n auf den Arm nehmen; **~ in prestito** (sich [*dat*]) ausleihen; **~ parte a qc** teilnehmen an etw (*dat*); **~ piede** Fuß fassen; **~ posizione** Stellung beziehen; **~ a schiaffi qn** j-n ohrfeigen; **~ il sole** sich sonnen

pren·di·so·le [-'so-] M ⟨inv⟩ MODE Trägerkleid *n*

pren·di·to·re [-o-] M, **-tri·ce** F Nehmer *m*, -in *f*: **~ del credito** Kreditnehmer *m*

pre·no·me [-o-] M Vorname *m*

★**pre·no·ta·re** ⟨1c⟩ **A** V/T (vor)bestellen; buchen; reservieren **B** V/PR **-rsi** sich vormerken lassen **pre·no·ta·to** ADJ vorbestellt; gebucht; reserviert

★**pre·no·ta·zio·ne** [-o-] F Vorbestellung *f*; Reservierung *f*; Buchung *f*: **cancellare una ~** eine Vorbestellung stornieren

pren·si·le [-ɛns-] ADJ Greif-

pre·oc·cu·pan·te ADJ besorgniserregend

pre·oc·cu·pa·re V/T ⟨1m *u.* c⟩ **~ qn** j-n beunruhigen

★**pre·oc·cu·par·si** V/PR ⟨1m *u.* c⟩ **1** sich bemühen **2** **~ di** (*od* **per**) **qc/qn** sich (*dat*) um etw/j-n Sorgen machen

★**pre·oc·cu·pa·to** ADJ **essere ~ per qc/qn** wegen etw/um j-n besorgt sein

pre·oc·cu·pa·zio·ne [-o-] F Sorge *f*, Kummer *m*

pre·or·di·na·re V/T ⟨1m *u.* c⟩ (vorher)bestimmen **pre·or·di·na·zio·ne** [-o-] F Vorherbestimmung *f*

pre·pa·ga·men·to [-e-] M Vorauszahlung *f*

★**pre·pa·ra·re** V/T ⟨1a⟩ **1** vorbereiten **2** **~ qn a qc** j-n auf etw (*akk*) vorbereiten (*a. fig*) **3** (her)richten: **~ il letto** das Bett richten **4** **~ il pranzo** das Mittagessen zubereiten; **~ il caffè** Kaffee machen ♦ **~ la valigia** (den Koffer) packen

★**pre·pa·rar·si** V/PR ⟨1a⟩ **1** sich bereit machen; **~ per uscire** sich zum Ausgehen fertig machen **2** **~ per qc** sich auf (*od* für) etw (*akk*) vorbereiten **3** **~ a qc** sich auf etw (*akk*) gefasst machen

★**pre·pa·ra·ti·vo** M Vorbereitung *f*: **fare i -i per qc** Vorbereitungen für etw treffen

pre·pa·ra·to **A** ADJ **1** vorbereitet, bereit **2** **essere ~ a qc** auf etw (*akk*) gefasst sein **3** (*competente*) qualifiziert **4** **essere ~ in qc** in etw (*dat*) sattelfest sein **B** M Präparat *n* **pre·pa·ra·to·re** [-o-] M,

-tri·ce F 1 Vorbereiter *m*, -in *f* 2 MED, BIOL Präparator *m*, -in *f* **pre·pa·ra·to·rio** [-ɔ-] ADJ Vor-, Vorbereitungs- **pre·pa·ra·zio·ne** [-o-] F 1 Vorbereitung *f*: **essere in ~** in Vorbereitung sein 2 GASTR Zubereitung *f* 3 (Aus)Bildung *f* 4 Vorkenntnisse *pl* 5 Qualifikation *f*

pre·par·to ADJ Schwangerschafts-: **ginnastica ~** Schwangerschaftsgymnastik *f*

pre·pen·sio·na·men·to [-siona'mento] M Vorruhestand *m*, Frühverrentung *f*

pre·pon·de·ran·te ADJ 1 vorherrschend 2 **essere ~** in der Überzahl sein

pre·pon·de·ran·za F 1 Überzahl *f* 2 Überwiegen *n* 3 Übergewicht *n*, Übermacht *f*

pre·por·re [-o-] V/T ⟨3ll⟩ 1 an die Spitze stellen, setzen 2 voranstellen 3 (*preferire*) vorziehen

pre·po·si·zio·ne [-o-] F Präposition *f*

pre·po·sto [-o-] ADJ übergeordnet: **~ a qc** etw (*dat*) übergeordnet

pre·po·ten·te [-ɛ-] A ADJ 1 anmaßend 2 heftig: **un desiderio ~** ein heftiges Verlangen *n* B M/F Rechthaber *m*, -in *f*: **fare il ~** anmaßend auftreten

pre·po·ten·za [-ɛ-] F 1 Anmaßung *f*; **con ~** anmaßend 2 Übergriff *m*

pre·ri·scal·da·re V/T ⟨1a⟩ 1 vorheizen 2 vorwärmen

pre·ro·ga·ti·va F 1 Sonder-, Vorrecht *n* 2 *fig* besonderer Vorzug

pre·sa [-e-] F 1 Griff *m* (*a.* SPORT) 2 Abbinden *n*: **la ~ del gesso** das Abbinden des Gipses 3 Prise *f*: **una ~ di sale** eine Prise Salz 4 MIL Sturm *m* 5 Henkel *m*, Griff *m* ♦ **~ dell'acqua/del gas** Wasser-/Gasanschluss *m*; **~ di contatto** Kontaktaufnahme *f*; ★ **~ di corrente** Steckdose *f*; TV **in ~ diretta** Liveaufnahme *f*; **essere alle -e con qc** sich mit etw herumschlagen; *fig* **fare ~ su qn** j-n beeindrucken; **~ in giro** Fopperei *f*; **macchina da ~** Filmkamera *f*; IT **~ modem** Modemanschluss *m*

pre·sa·gio M 1 (Vor)Ahnung *f* 2 Vor-, Anzeichen *n* **pre·sa·gi·re** V/T ⟨4d⟩ 1 voraussehen 2 (voraus)ahnen

pre·sa·go ADJ (voraus)ahnend

pre·sa·la·rio M Stipendium *n*

pre·sbio·pi·a [-zb-] F Weitsichtigkeit *f*

pre·sbi·te [-ɛzb-] ADJ weitsichtig

pre·sbi·te·ria·no [-zb-] A ADJ presbyterianisch B M, **-a** F Presbyterianer *m*, -in *f*

pre·sbi·te·rio [-zbi'tɛ-] M Hochaltarraum *m* (*a.* ARCH) **pre·sbi·te·ro** [-zb-] M 1 REL, HIST Älteste *m* 2 Pfarrer *m*

pre·sce·glie·re [-e-] V/T ⟨3ss⟩ 1 (aus)wählen 2 auserwählen **pre·scel·to** [-ɛ-] A ADJ 1 ausgewählt 2 auserlesen, auserwählt B M, **-a** F 1 Ausgewählte *m/f/n* 2 Auserwählte *m/f*

pre·scien·te [-ɛ-] ADJ vorauswissend

pre·scien·za [-ɛ-] F 1 Vorher-, Vorauswissen *n* 2 prophetischer Blick *m*

pre·sci·i·sti·ca F Skigymnastik *f*

pre·scin·de·re V/I ⟨3mm⟩ absehen: **~ da qc** von etw absehen ♦ **a ~** (*od* **prescindendo**) **da qc** abgesehen von etw

pre·sco·la·re ADJ **età ~** Vorschulalter *n*

pre·scrit·to ADJ 1 vorgeschrieben 2 MED verschrieben, verordnet 3 (*andato in prescrizione*) verjährt

★**pre·scri·ve·re** ⟨3tt⟩ A V/T 1 vorschreiben 2 MED verschreiben B V/PR **-rsi** JUR verjähren

pre·scri·zio·ne [-o-] F 1 Vorschrift *f* 2 MED Verordnung *f* 3 JUR Verjährung *f* ♦ **andare** (*od* **cadere**) **in ~** verjähren; **dietro ~ medica** auf ärztliche Verordnung; **soggetto a ~ medica** rezeptpflichtig; **non soggetto a ~ medica** rezeptfrei

pre·scuo·la [-ɔ-] F Vorschule *f*

pre·se·le·zio·na·re [-s-] V/T ⟨1a⟩ 1 vorher auswählen; vorwählen (*a.* TEL) 2 eine Vorauswahl treffen **pre·se·le·zio·ne** [-selezi'o-] F 1 Vor-, Vorauswahl *f* 2 TEL Vorwahl *f*

pre·sen·ta·bi·le ADJ 1 vorzeigbar 2 anständig: **avere un aspetto ~** anständig aussehen **pre·sen·ta·bi·li·tà** F ⟨*inv*⟩ 1 Vorzeigbarkeit *f* 2 Anständigkeit *f*

★**pre·sen·ta·re** ⟨1b⟩ A V/T 1 vorstellen 2 (*iniziare*) einführen: **~ qn in qc** j-n in etw (*akk*) einführen 3 (*sottoporre*) vorlegen, vorstellen; einreichen 4 (*esibire*) vorzeigen 5 (*rivelare*) aufweisen 6 darbringen 7 präsentieren (*a.* TV, THEAT): **~ uno spettacolo** eine Show präsentieren B V/PR **-rsi** 1 sich vorstellen: **permetta che mi presenti** gestatten Sie, dass ich mich vorstelle 2 (*apparire*) erscheinen: **-rsi in tribunale** vor Gericht erscheinen 3 (*succedere*) eintreten 4 auftreten 5 sich (an)bieten ♦ **-rsi bene** einen guten Eindruck machen; **-rsi male** einen schlechten Eindruck machen

pre·sen·ta·to·re [-o-] M, **-tri·ce** F

RADIO, TV Ansager *m*, -in *f*; Showmaster *m*, -in *f* **pre·sen·ta·zio·ne** [-o-] F 1 Vorstellen *n*: **fare le -i di qn** j-n vorstellen 2 Vorlage *f*: **dietro ~ di qc** gegen Vorlage etw (*gen*) 3 (*di candidati*) Aufstellung *f* ♦ **colloquio di ~** Vorstellungsgespräch *n*

★**pre·sen·te**[1] [-ɛ-] A ADJ 1 anwesend: **essere ~ (a qc)** (bei etw) anwesend sein 2 gegeben: **nelle -i circostanze** unter den gegebenen Umständen 3 heutig; gegenwärtig, jetzig 4 vorliegend; dieser: **il ~ documento** das vorliegende Dokument; **nel ~ mese** in diesem Monat B M 1 Gegenwart *f*; Heute *n* 2 GRAM Präsens *n* C M/F Anwesende *m/f* D F HANDEL Brief *m*, Schreiben *n* ♦ **al ~** zurzeit; **avere ~ qn/qc** j-n/etw präsent haben; HANDEL **con la ~** hiermit; **far ~ qc a qn** j-n auf etw (*akk*) hinweisen; **tenere ~ qc** etw berücksichtigen

★**pre·sen·te**[2] [-ɛ-] M Präsent *n*, Geschenk *n*

pre·sen·ti·men·to [-senti'me-] M (Vor)Ahnung *f*

pre·sen·ti·re [-s-] V/T ⟨4b⟩ (voraus)ahnen

★**pre·sen·za** [-ɛ-] F 1 Anwesenheit *f*, Gegenwart *f*: **in** (*od* **alla**) **~ di qn** in j-s Anwesenheit 2 Vorhandensein *n* 3 Aussehen *n* ♦ **elenco delle -e** Anwesenheitsliste *f*

pre·sen·zia·li·smo [-zmo] M = *Neigung, überall dabei sein zu wollen* **pre·sen·zia·li·sta** M/F = *jemand, der immer und überall dabei ist*

pre·sen·zia·re V/T & V/I ⟨1g *u.* b; av⟩ ~ (**a**) **qc** etw (*dat*) beiwohnen

pre·se·pe [-ɛ-], **pre·se·pio** [-ɛ-] M Weihnachtskrippe *f*: **~ vivente** Krippenspiel *n*

pre·ser·va·re V/T ⟨1b⟩ 1 bewahren: **~ da qc** vor etw (*dat*) bewahren 2 (*quadri, edifici*) konservieren 3 schützen: **~ da qc** vor etw (*dat*) schützen **pre·ser·va·ti·vo** M Kondom *n* **pre·ser·va·zio·ne** [-o-] F 1 Bewahrung *f* 2 Konservierung *f* 3 Schutz *m*

★**pre·si·de** [-ɛ-] M/F 1 Rektor *m*, -in *f* 2 Schulleiter *m*, -in *f*, Direktor *m*, -in *f* 3 **~ di facoltà** Dekan *m*, -in *f*

★**pre·si·den·te** [-ɛ-] M Vorsitzende *m*, Präsident *m* (*a.* POL): **~ della Repubblica** Staatspräsident *m*; **~ della regione** Regierungspräsident *m*

★**pre·si·den·tes·sa** [-e-] F Vorsitzende *f*, Präsidentin *f* (*a.* POL)

pre·si·den·za [-ɛ-] F 1 Vorsitz *m*, Leitung *f*; Präsidium *n* 2 POL Präsidentschaft *f* 3 Direktorat *n* 4 Dekanat *n*

pre·si·dia·re V/T ⟨1k⟩ 1 MIL mit einer Garnison belegen 2 kontrollieren, (über)wachen

pre·si·dio M 1 MIL Garnison *f*, Besatzung *f*; Standort *m* 2 *fig* Schutz *m*

pre·sie·de·re [-si'ɛ-] ⟨3a⟩ A V/T 1 **~ qc** etw (*dat*) vorsitzen 2 leiten B V/I ⟨av⟩ 1 **~ a qc** etw (*dat*) vorsitzen 2 *fig* regeln

pre·si·na F Topflappen *m*

pre·so [-e-], **per partito ~** von vornherein

pres·sa [-ɛ-] F TECH Presse *f*

press-a·gent [-'ɛdʒent] M/F ⟨*inv*⟩ Pressesprecher *m*, -in *f*

pres·san·te ADJ 1 dringend 2 nachdrücklich, (ein)dringlich

pres·sap·po·chi·smo [-zmo] M Oberflächlichkeit *f*, Schlamperei *f* **pres·sap·po·chi·sta** M/F oberflächlicher, ungenauer Mensch *m* **pres·sap·po·co** [-ɔ-] ADV ungefähr

★**pres·sa·re** V/T ⟨1b⟩ 1 TECH pressen 2 drücken 3 *fig* drängen; bedrängen **pres·sa·to** ADJ Press-

pres·sa·tu·ra F Pressen *n*, Pressung *f*

★**pres·sio·ne** [-o-] F 1 Druck *m* 2 Drücken *n*, Pressen *n* 3 *fig* Druck *m*; Belastung *f* 4 MED Blutdruck *m*: **~ alta** Bluthochdruck *m*; **~ bassa** niedriger Blutdruck *m* ♦ **bottone a ~** Druckknopf *m*; METEO, TECH **alta ~** Hochdruck *m*; METEO **bassa ~** Tiefdruck *m*; TECH Niederdruck *m*; **essere sotto ~** *fig* in Zeitdruck sein

pres·so [-ɛ-] A PRÄP 1 bei, in der Nähe von, an, neben (+*dat*): **una cittadina ~ Milano** eine Kleinstadt in der Nähe von Mailand; **studiare ~ l'università di Padova** an der Universität Padua studieren 2 bei (*a. fig*): **abitare ~ qn** bei j-m wohnen; **lavorare ~ una ditta** bei einer Firma arbeiten; **~ gli antichi Greci** bei den alten Griechen 3 (*moto a luogo*) in die Nähe von, neben (+*akk*) 4 zu: **recarsi ~ qn** sich zu j-m begeben B ADV 1 in der Nähe, nahe 2 (*moto a luogo*) in die Nähe ♦ **~ a** (nahe) bei; (**a un**) **di ~** ungefähr; **nei -i di** in der Nähe von

pres·so·ché [-e] ADV beinahe, fast

pres·su·riz·za·to ADJ druckfest **pres·su·riz·za·zio·ne** [-o-] F Überdruck *m*

pre·sta·bi·li·re V/T ⟨4d⟩ im Voraus fest-

P

legen **pre·sta·bi·li·to** ADJ **1** im Voraus festgelegt **2** **norme -e** vorgegebene Normen *pl*

pre·stam·pa·re V/T ⟨1a⟩ vordrucken **pre·stam·pa·to** **A** ADJ vorgedruckt **B** M Vordruck *m*

pre·sta·no·me [-o-] M/F ⟨*inv*⟩ Strohmann *m*, -frau *f*

★**pre·sta·re** ⟨1b⟩ **A** V/T **1** (aus-, ver)leihen: **~ qc a qn** j-m etw leihen; **farsi ~ qc** sich (*dat*) etw leihen **2** **~ aiuto** Hilfe leisten **3** **~ orecchio** Gehör schenken **B** V/PR **1** **-rsi a qc** sich auf etw (*akk*) einlassen **2** **-rsi a qc** sich für etw eignen

pre·sta·to·re [-o-] M, **-tri·ce** F **1** Aus-, Verleiher *m*, -in *f* **2** **~ di lavoro** (*od* **d'opera**) Arbeitnehmer *m* **pre·sta·zio·ne** [-o-] F Leistung *f* ♦ **~ in natura** Sachleistung *f*; **~ di soccorso** Hilfeleistung *f*

pre·sti·gia·to·re [-o-] M, **-tri·ce** F Zauberer *m*, Zauberin *f*

pre·sti·gio M Prestige *n*, Ansehen *n* ♦ **gioco di ~** Zaubertrick *m*

pre·sti·gio·so [-o-] ADJ namhaft

pre·sti·to [-ɛ-] M **1** Ausleihen *n*: **dare in ~ qc** etw (aus)leihen; **fare un ~ a qn** j-m Geld leihen; **prendere in** (*od* **a**) **~ qc da qn** sich (*dat*) von j-m etw (aus)leihen; **chiedere in ~ qc a qn** sich (*dat*) von j-m etw ausleihen **2** FIN Darlehen *n*; Anleihe *f* **3** (*in biblioteca*) Ausleihe *f* **4** (*oggetto*) Leihgabe *f*

P

★**pre·sto** [-ɛ-] ADV **1** früh: **la mattina ~** am frühen Morgen **2** schnell: **fai ~!** mach schnell!, beeile dich! **3** bald: **torna ~!** komm bald wieder! **4** **al più ~** so bald wie möglich; frühestens **5** MUS presto ♦ **a ~!** bis bald!; **~ o tardi** früher oder später

pre·su·me·re ⟨3h⟩ **A** V/T **1** vermuten, annehmen **2** sich (*dat*) anmaßen: **~ di sapere tutto** sich anmaßen, alles zu wissen **B** V/I ⟨av⟩ sich (*dat*) zumuten

pre·su·mi·bi·le ADJ vermutlich, voraussichtlich ♦ **è ~ che ...** es ist anzunehmen, dass ...

pre·su·mi·bil·men·te [-e-] ADV wahrscheinlich

pre·sun·to ADJ **1** vermutlich **2** mutmaßlich **3** wahrscheinlich

pre·sun·tuo·si·tà F ⟨*inv*⟩ Anmaßung *f*, Einbildung *f* **pre·sun·tuo·so** [-o-] ADJ anmaßend, eingebildet **pre·sun·zio·ne** [-o-] F **1** Anmaßung *f*, Überheblichkeit *f* **2** JUR Vermutung *f*

pre·sup·por·re [-sup'po-] V/T ⟨3ll⟩ **1** vermuten, annehmen **2** voraussetzen, verlangen

pre·sup·po·si·zio·ne [-suppozi'tsione] F **1** Vermutung *f* **2** Voraussetzung *f* **presup·po·sto** [-o-] M **1** Voraussetzung *f*: **partiamo dal ~ che ...** gehen wir davon aus, dass ... **2** Bedingung *f*

prêt-à-por·ter [-'te] **A** ADJ ⟨*inv*⟩ Konfektions-: **abiti ~** Konfektionskleidung *f* **B** M ⟨*inv*⟩ Prêt-à-porter *n*

★**pre·te** [-ɛ-] M Priester *m*

pre·ten·den·te [-ɛ-] M/F Prätendent *m*, -in *f*: **~ al trono** Thronanwärter *m*, -in *f*

pre·ten·de·re [-ɛ-] V/T ⟨3c⟩ **1** verlangen **2** sich (*dat*) anmaßen, sich (*dat*) einbilden **3** behaupten

pre·ten·sio·na·to·re [-e-] M Gurtstraffer *m*

pre·ten·zio·si·tà F ⟨*inv*⟩ Anmaßung *f*, Dünkel *m* **pre·ten·zio·so** [-o-] ADJ **1** anmaßend, eingebildet, prätentiös **2** anspruchsvoll

pre·ter·in·ten·zio·na·le ADJ JUR nicht vorsätzlich, ohne Vorsatz

pre·te·ri·to [-ɛ-] M GRAM Präteritum *n*

pre·te·sa [-e-] F **1** Anspruch *m*, Forderung *f* **2** Anmaßung *f* ♦ **senza -e** anspruchslos

pre·te·sto [-ɛ-] M **1** Vorwand *m*, Ausrede *f*: **col ~ di ...** unter dem Vorwand ... **2** Deckmantel *m*: **con il ~ di qc** unter dem Deckmantel etw (*gen*) **pre·te·stuo·so** [-o-] ADJ als Vorwand dienend, vorgeschoben

pre·to·re [-o-] M JUR Amtsrichter *m*, -in *f*

Pre·to·ria [-ɔ-] F Pretoria *n*

pre·to·rio [-ɔ-] ADJ **1** JUR amtsgerichtlich **2** *form* Gemeinde-, Stadt-

pret·ta·men·te [-e-] ADV typisch, echt

pre·tu·ra F Amtsgericht *n*

pre·va·len·te [-ɛ-] ADJ vorherrschend, überwiegend **pre·va·len·za** [-ɛ-] F **1** Überwiegen *n*, Vorherrschen *n* **2** Mehrheit *f*; Überzahl *f* ♦ **in ~** vor-, überwiegend

pre·va·le·re [-e-] V/I ⟨2r; es, av⟩ **1** **~ su qc** etw überwiegen **2** **~ su qn/qc** j-m/etw überlegen sein **3** (*opinioni ecc.*) vorherrschen **4** **far ~ la propria opinione** seine Meinung durchsetzen **5** *fig* siegen

pre·va·ri·ca·re V/I ⟨1m *u.* d; av⟩ **1** die Grenzen des Erlaubten überschreiten **2**

seine Macht missbrauchen **pre·va·ri·ca·to·re** [-o-] M, **-tri·ce** F 1 = *wer sein Amt oder seine Macht missbraucht* 2 JUR Veruntreuer *m*, -in *f* **pre·va·ri·ca·zio·ne** [-o-] F 1 Amtsmissbrauch *m*; Machtmissbrauch *m* 2 JUR Amtsuntreue *f*

★**pre·ve·de·re** [-e-] V/T ⟨2s⟩ 1 voraussehen 2 vorsehen **pre·ve·di·bi·le** ADJ 1 voraussehbar, vorhersehbar 2 *fig* banal

pre·veg·gen·te [-ɛ-] ADJ vorausschauend **pre·veg·gen·za** [-ɛ-] F Voraussicht *f*; Weitsicht *f*

pre·ven·di·ta [-e-] F Vorverkauf *m*

★**pre·ve·ni·re** V/T ⟨4p⟩ 1 ~ **qn/qc** j-m/etw zuvorkommen 2 (im Voraus) mitteilen 3 ~ **qn contro qc/qn** j-n gegen etw/j-n einnehmen 4 ~ **qc** etw (*dat*) vorbeugen

pre·ven·ti·va·re V/T ⟨1a⟩ 1 HANDEL veranschlagen 2 *fig* in Rechnung stellen

pre·ven·ti·vo A ADJ vorbeugend B M HANDEL (Kosten)Voranschlag *m*

pre·ve·nu·to A ADJ 1 voreingenommen, befangen 2 eingenommen 3 (im Voraus) informiert B M, **-a** F Angeklagte *m/f*

pre·ven·zio·ne [-o-] F 1 Vorsorge *f*, Verhütung *f* 2 Voreingenommenheit *f*; Befangenheit *f* ♦ ~ **del cancro** Krebsvorsorge *f*; ~ **degli incendi** Brandverhütung *f*; ~ **degli incidenti** Unfallverhütung *f*; ~ **degli infortuni sul lavoro** Verhütung *f* von Arbeitsunfällen

pre·vi·den·te [-ɛ-] ADJ 1 weitsichtig, vorausschauend 2 vorsichtig **pre·vi·den·za** [-ɛ-] F Voraussicht *f* ♦ **istituto di ~ sociale** Sozialversicherungsanstalt *f*; (*in Italia*) Nationales Institut *n* für Sozialversicherung

pre·vi·den·zia·le ADJ Sozial-, Fürsorge- ♦ **assicurazione ~** Sozialversicherung *f*; **contributi -i** Sozialbeiträge *pl*

pre·vio [-ɛ-] ADJ ~ **accordo** nach vorheriger Vereinbarung; ~ **pagamento** gegen Bezahlung

pre·vi·sio·ne [-o-] F Voraussicht *f*, Vorhersage *f*, Prognose *f*: **-i meteorologiche** Wettervorhersage *f* **pre·vi·sto** A ADJ vor(aus)gesehen B M Erwartung *f*: **prima del ~** früher als vorgesehen

pre·zio·si·tà F ⟨*inv*⟩ 1 Kostbarkeit *f* 2 *fig* Geziertheit *f* 3 *pl* Preziosen *pl* (*a. fig*)

★**pre·zio·so** [-o-] A ADJ 1 kostbar, wertvoll (*a. fig*) 2 geziert 3 *umg* **farsi ~** sich zieren B M Schmuckstück *n* ♦ **pietra -a** Edelstein *m*

prez·za·re V/T ⟨1b⟩ 1 mit einem Preisschild versehen 2 ~ **qc** für etw einen Preis festlegen **prez·za·rio** M Preisliste *f*

prez·ze·mo·lo [-e-] M Petersilie *f* ♦ **essere come il ~** überall (anwesend) sein

★**prez·zo** [-ɛ-] M 1 Preis *m* (*a. fig*) 2 Preisschild *n* ~ **d'acquisto** Kaufpreis *m*; **al ~ di** zum Preis von; **aumento dei -i** Preiserhöhung *f*; Preisanstieg *m*; ★ **a buon ~** preiswert; **a caro ~** teuer (*a. fig*); ~ **al consumo** Verbraucherpreis *m*; ~ **della corsa** Fahrpreis *m*; ~ **al dettaglio** (*od* **al minuto**) Einzelhandelspreis *m*; ~ **di fabbrica** Fabrikpreis *m*; ~ **fisso** Festpreis *m*; ~ **forfettario** Pauschalpreis *m*; **indicazione del ~** Preisangabe *f*; ~ **all'ingrosso** Großhandelspreis *m*; ~ **di listino** Listenpreis *m*; **a metà ~** zu halbem Preis; ~ **modico** mäßiger Preis *m*; ~ **ridotto** herabgesetzter Preis *m*; **riduzione dei -i** Preissenkung *f*

prez·zo·la·re V/T ⟨1l *u.* b⟩ dingen, anheuern: ~ **un sicario** einen Killer dingen; ~ **la stampa** die Presse kaufen (*od* schmieren)

★**pri·gio·ne** [-o-] F 1 Gefängnis *n* 2 (*pena*) Gefängnisstrafe *f* 3 *fig* Käfig *m*: **essere in una ~ dorata** in einem goldenen Käfig sitzen

pri·gio·ni·a F 1 Gefangenschaft *f* 2 *fig* Sklaverei *f*

★**pri·gio·nie·ra** [-ɛ-] F Gefangene *f*

★**pri·gio·nie·ro** [-ɛ-] A ADJ gefangen (*a. fig*) B M Gefangene *m* ♦ ~ **di guerra** Kriegsgefangene *m*

★**pri·ma**[1] ADV 1 früher; eher; vorher 2 zuerst ♦ **l'anno ~** im Jahr zuvor; ~ **che** bevor; ~ **che sia troppo tardi** bevor es zu spät ist; **come ~** wie vorher; wie früher; ~ **di** vor; ~ **di** bevor; ~ **di agire, pensa** bevor du handelst, denke nach; **poco ~** kurz zuvor; ~ **o poi** früher oder später; ~ **possibile** frühestmöglich; **quanto ~** so bald wie möglich; ~ **di tutto** zuallererst

pri·ma[2] F 1 AUTO erster Gang *m* 2 TV, THEAT (*cinema*) Premiere *f*; Uraufführung *f*

pri·ma·bal·le·ri·na F Primaballerina *f*

pri·ma·don·na [-o-] F Primadonna *f* (*a. fig*)

pri·ma·rio A ADJ 1 primär, Primär- 2 wichtigste B M 1 MED Chefarzt *m*, -ärztin *f* 2 WIRTSCH Primärbereich *m* ♦ **colore ~** Grundfarbe *f*; **istruzione -a** Grund-

P

schulunterricht *m*
pri·ma·ti MPL ZOOL Primaten *pl*
pri·ma·tic·cio ADJ Früh-, frühzeitig: **frutta -a** Frühobst *n*
pri·ma·ti·sta M/F Rekordhalter *m*, -in *f*
pri·ma·to M **1** Primat *m od n*, Vorrang *m*, Überlegenheit *f*: **detenere il ~** führend sein **2** SPORT Rekord *m*: **stabilire/battere/uguagliare/detenere un ~** einen Rekord aufstellen/brechen/einstellen/halten
pri·mat·to·re [-o-] M, **-tri·ce** F Hauptdarsteller *m*, -in *f*
★**pri·ma·ve·ra** [-ɛ-] F Frühjahr *n*, Frühling *m* (*a. fig*): **in ~** im Frühling, im Frühjahr; **pulizie di ~** Frühjahrsputz *m* **pri·ma·ve·ri·le** ADJ Frühjahrs-, frühlingshaft
pri·meg·gia·re V/I ⟨1f; av⟩ der Erste sein, führend sein: **~ in qc** in etw (*dat*) führend sein
pri·mi·ge·nio [-ɛ-] ADJ ursprünglich
pri·mi·ti·vi·tà F ⟨*inv*⟩ Primitivität *f* (*a. pej fig*); Ursprünglichkeit *f*, Urwüchsigkeit *f*
pri·mi·ti·vo **A** ADJ **1** Ur-, ursprünglich: **stato ~** Urzustand *m* **2** Ur-, urmenschlich: **uomo ~** Urmensch *m* **3** primitiv, Natur-: **popolo ~** Naturvolk *n* **4** *pej fig* primitiv **B** M, **-a** F **1** Primitive *m/f*; Urmensch *m* **2** *pej* Primitivling *m*
pri·mi·zia F **1** Frühobst *n*; Frühgemüse *n* **2** *fig* Neuigkeit *f*
pri·mo **A** ADJ **1** erste: **il ~ della lista** der Erste auf der Liste **2** früh, Früh-: **nel ~ pomeriggio** am frühen Nachmittag **3** (**per**) **~** als Erster; zuerst **4** (*principale*) Haupt- **5** *fig* Anfangs-, Grund- **6** der Erste: **Carlo ~** Karl der Erste **B** ADV erstens **C** M, **-a** F **1** Erste *m/f*: **avanti il ~!** der Erste, bitte! **2** GASTR **primo** *m* erster Gang **3** **primo** *m* Erste *m*: **il ~ del mese** der Erste des Monats ♦ **di ~ acchito** auf Anhieb; (**a**)**i -i del mese** Anfang des Monats; **~ dell'anno** Neujahr *n*; **il ~ della classe** der Klassenbeste; *fig* **di -a classe** erstklassig; **~ in classifica** Tabellenerste *m*; *umg* **al ~ colpo** auf Anhieb; **di ~ letto** aus erster Ehe; **materie -e** Rohstoffe *pl*; **di ~ mattino** in aller Frühe; **di prim'ordine** erstklassig; **per ~** erstens; **~ premio** erster Preis *m*; (*lotteria*) Hauptgewinn *m*; **di -a qualità** erster Qualität; *fig* erstklassig; **sulle -e** zuerst, zunächst; **a -a vista** auf den ersten Blick
pri·mo·ge·ni·to [-ɛ-] **A** ADJ erstgeboren **B** M, **-a** F Erstgeborene *m/f*
pri·mor·dia·le ADJ **1** uranfänglich **2** urweltlich **pri·mor·dio** [-ɔ-] M Anfänge *pl*
pri·mu·la F Primel *f*; Schlüsselblume *f*
★**prin·ci·pa·le** **A** ADJ Haupt-, hauptsächlich; wichtigste **B** M/F *umg* Chef *m*, -in *f*, Boss *m* ♦ **attore ~** Hauptdarsteller *m*; **attrazione ~** Glanznummer *f*; **sede ~** Hauptsitz *m*; **strada ~** Hauptstraße *f*; **tema ~** Hauptthema *n*
prin·ci·pa·to M **1** Fürstenstand *m* **2** Fürstentum *n* **prin·ci·pe** M, **-es·sa** F **1** Herrscher *m*, -in *f* **2** Prinz *m*, Prinzessin *f* **3** Fürst *m*, -in *f* ♦ **~ azzurro** Märchenprinz *m* (*a. fig*); **~ ereditario** Erbprinz *m*; **principessa ereditaria** Kronprinzessin *f*
prin·ci·pe·sco [-e-] ADJ fürstlich (*a. fig*)
prin·ci·pian·te **A** ADJ angehend **B** M/F Anfänger *m*, -in *f* ♦ **corso per -i** Anfängerkurs *m*
★**prin·ci·pio** M **1** Beginn *m*, Anfang *m* **2** Ursprung *m* **3** Ursache *f* **4** Prinzip *n*, Grundsatz *m* (*a. fig*) ♦ **al ~** am Anfang; **~ attivo** Wirkstoff *m*; **da** (*od* **in**) **~** am Anfang; (**sin**) **dal ~** von Anfang an; **dal ~ alla fine** von Anfang bis Ende; völlig, durchaus; **in linea di ~** prinzipiell; **~ nutritivo** Nährstoff *m*; **ricco di -pi nutritivi** nährstoffreich; **per ~** aus Prinzip; **questione di ~** Grundsatzfrage *f*
prio·ra·to M KIRCHE Priorat *n* **prio·re** [-o-] M, **-a** F KIRCHE Prior *m*, -in *f*
prio·ri·tà F ⟨*inv*⟩ **1** Priorität *f* **2** Vorrang *m* **prio·ri·ta·rio** ADJ vorrangig, vordringlich
pri·sma [-z-] M **1** GEOM, OPT Prisma *n* **2** *fig* Vexierspiegel *m*, Zerrbild *n*
priv·a·cy ['praivəsi] F ⟨*inv*⟩ Privatsphäre *f*
pri·va·re ⟨1a⟩ **A** V/T **1** **~ qn di qc** j-n etw (*gen*) berauben **2** j-m etw vorenthalten **3** JUR **~ qn di qc** j-m etw aberkennen, entziehen **B** V/PR **-rsi di qc** auf etw (*akk*) verzichten **pri·va·ti·sta** M/F **1** (*studente*) Externe *m/f* **2** Zivilrechtler *m*, -in *f* **pri·va·ti·sti·co** ADJ **1** WIRTSCH Privat-, privatwirtschaftlich **2** JUR zivilrechtlich
pri·va·ti·va F Monopol *n*
pri·va·tiz·za·re V/T ⟨1a⟩ privatisieren
pri·va·tiz·za·zio·ne [-o-] F Privatisierung *f*
★**pri·va·to** **A** ADJ **1** Privat-, privat **2** per-

sönlich: **segretaria -a** persönliche Sekretärin *f* **B** M, **-a** F **1** Privatperson *f* **2** **privato** *m* Privatleben *n*, Privatsphäre *f* ♦ **in forma -a** privat; **investigatore ~** Privatdetektiv *m*; **proprietà -a** Privatbesitz *m*, Privateigentum *n*; **scrittura -a** nichtamtliches Schriftstück *n*

pri·va·zio·ne [-o-] F **1** Beraubung *f*, Entziehung *f* **2** Verlust *m* **3** Entbehrung *f* **4** JUR Aberkennung *f*, Entzug *m* ♦ **~ della cittadinanza** Ausbürgerung *f*

pri·vi·le·gia·re V/T ⟨1f⟩ **1** mit Privilegien ausstatten **2** *fig* bevorzugen, vorziehen

pri·vi·le·gia·to **A** ADJ **1** privilegiert **2** WIRTSCH Vorzugs-, Prioritäts-: **azione -a** Vorzugsaktie *f* **3** *fig* bevorzugt **B** M, **-a** F Privilegierte *m/f*

pri·vi·le·gio [-ɛ-] M **1** Privileg *n*, Vorrecht *n* **2** Freibrief *m* **3** *fig* Vorzug *m*; Vorteil *m* ♦ **~ speciale** Sonderrecht *n*

pri·vo ADJ **~ di** ohne, -los; frei von, -frei: **~ di mezzi** mittellos

★**pro** [-ɔ] **A** PRÄP zugunsten, für: **sei ~ o contro?** bist du dafür oder dagegen? **B** M ⟨*inv*⟩ Für *n*, Pro *n*: **ponderare il ~ e il contro** das Für und Wider abwägen ♦ **buon ~ (ti faccia)!** wohl bekomm's!; **~ capite** pro Kopf; **a che ~?** wozu?

★**pro·ba·bi·le** ADJ wahrscheinlich

pro·ba·bi·li·sti·co ADJ MATH Wahrscheinlichkeits-: **calcolo ~** Wahrscheinlichkeitsrechnung *f* **pro·ba·bi·li·tà** F ⟨*inv*⟩ **1** Wahrscheinlichkeit *f* (*a.* MATH): **con ogni ~** aller Wahrscheinlichkeit nach **2** Aussicht *f*

★**pro·ba·bil·men·te** [-e-] ADV wahrscheinlich

pro·ban·te ADJ **1** überzeugend **2** JUR beweisend, Beweis- ♦ **elemento ~** Beweisstück *n*; **indizio ~** Beweismittel *n*

pro·ba·to·rio [-ɔ-] ADJ Beweis-, beweiskräftig: **forza -a** Beweiskraft *f*; **incidente ~** Zwischenbeweisaufnahme *f*

pro·bi·tà F ⟨*inv*⟩ Rechtschaffenheit *f*

pro·bi·vi·ri MPL Schiedsrichter *pl* ♦ **collegio di ~** Schiedsgericht *n*

★**pro·ble·ma** [-ɛ-] M **1** MATH Rechenaufgabe *f* **2** Problem *n*, Frage *f*: **il ~ consiste nel fatto che ...** das Problem liegt darin, dass ... **3** Problem *n*, Schwierigkeit *f*: **qual è il ~?** wo liegt das Problem? ♦ *umg* **c'è qualche ~?** stimmt etwas nicht?; **senza -i** problemlos

pro·ble·ma·ti·ca F **1** Problematik *f*; Problemkreis *m* **2** Problemstellung *f*

pro·ble·ma·ti·co ADJ problematisch, Problem-

pro·bo [-ɔ-] ADJ rechtschaffen, redlich

pro·bo·sci·de [-ɔ-] F ZOOL Rüssel *m*

pro·cac·cia·men·to [-e-] M Beschaffung *f*

pro·cac·cia·re ⟨1f⟩ **A** V/T **1** be-, verschaffen: **~ clienti a qn** j-m Kunden vermitteln **2** **~ qc** für etw sorgen **B** V/PR **1** **-rsi qc** sich (*dat*) etw ver-, beschaffen **2** **-rsi clienti** Kunden werben

pro·cac·cia·to·re [-o-] M, **-tri·ce** F Vermittler *m*, -in *f*: **~ d'affari** Geschäftsvermittler *m*

pro·ca·ce ADJ aufreizend: **ragazza ~** aufreizendes Mädchen *n* **pro·ca·ci·tà** F ⟨*inv*⟩ aufreizendes Wesen *n*

pro ca·pi·te **A** ADJ ⟨*inv*⟩ Pro-Kopf-: **reddito ~** Pro-Kopf-Einkommen *n* **B** ADV pro Kopf

★**pro·ce·de·re**[1] [-ɛ-] V/I ⟨3a; es, av⟩ **1** voran-, weitergehen; (weiter)fahren **2** vorankommen: **~ nello studio** mit dem Studium vorankommen **3** schreiten, übergehen: **~ all'esame dei fatti** zur Prüfung der Tatsachen übergehen **4** verfahren, vorgehen (*a.* JUR) **5** *fig* fortfahren **6** laufen: **tutto procede come previsto** alles läuft wie geplant

pro·ce·de·re[2] [-ɛ-] M Lauf *m*

pro·ce·di·men·to [-e-] M **1** Vorgehen *n*, Vorgehensweise *f* **2** JUR Verfahren *n*: **~ civile** Zivilverfahren *n*; **~ istruttorio** Ermittlungsverfahren *n*; **~ penale** Strafverfahren *n* **pro·ce·du·ra** F **1** Vorgang *m*, Prozedur *f* **2** JUR Verfahren *n*, Prozess *m* **3** IT Prozedur *f* ♦ **codice di ~ civile** Zivilprozessordnung *f*; **~ fallimentare** Konkursverfahren *n*; **vizio di ~** Verfahrensfehler *m*

pro·ce·du·ra·le ADJ Verfahrens-, prozessual, Prozess-

pro·cel·la·ria F Sturmvogel *m*

pro·ces·sa·re V/T ⟨1b⟩ **1** **~ qn** gegen j-n gerichtlich vorgehen **2** aburteilen

pro·ces·sio·ne [-o-] F **1** Prozession *f*: **andare in ~** an einer Prozession teilnehmen **2** (*fila*) Zug *m*, Kolonne *f*

★**pro·ces·so** [-ɛ-] M **1** Prozess *m*, Ablauf *m*, Verlauf *m*: **~ di produzione** Fertigungsprozess *m* **2** Verfahren *n*, Vorgang *m*: **~ chimico** chemischer Vorgang *m* **3** JUR Prozess *m*, Verfahren *n*: **~ civile** Zivilverfahren *n*; **~ indiziario** Indizienprozess

P

m; ~ **penale** Strafprozess *m;* ~ **tributario** Steuerverfahren *n* ♦ ~ **di apprendimento** Lernprozess *m;* **essere sotto** ~ unter Anklage stehen; **mettere qn sotto** ~ j-n unter Anklage stellen

pro·ces·so·re [-o-] M TECH, ELEK Prozessor *m* ♦ ~ **Pentium®** Pentiumrechner® *m*

pro·ces·sua·le ADJ prozessual, Prozess-, Verfahrens-: **atti -i** Prozessakten *pl*

pro·cin·to M **in** ~ im Begriff; **essere in** ~ **di partire** im Begriff sein abzureisen

pro·cio·ne [-o-] M Waschbär *m*

pro·cla·ma M Aufruf *m*, Appell *m*

pro·cla·ma·re ⟨1a⟩ **A** V/T **1** ausrufen, proklamieren **2** erklären: ~ **qn innocente** j-n für unschuldig erklären **B** V/PR **-rsi** beteuern: **-rsi innocente** seine Unschuld beteuern **pro·cla·ma·zio·ne** [-o-] F Ausrufung *f*, Proklamation *f*

pro·cli·ve ADJ neigend, geneigt: ~ **all'indulgenza** zur Nachsicht neigend

pro·con·so·le [-'kɔns-] M HIST Prokonsul *m*

pro·cra·sti·na·bi·le ADJ aufschiebbar **pro·cra·sti·na·re** V/T ⟨1m⟩ auf-, hinausschieben, hinauszögern **pro·cra·sti·na·zio·ne** [-o-] F Aufschub *m*, Aufschieben *n*

pro·cre·a·re V/T ⟨1b⟩ zeugen **pro·cre·a·to·re** [-o-] **A** ADJ Zeugungs- **B** M, **-tri·ce** F Erzeuger *m*, -in *f* **pro·cre·a·zio·ne** [-o-] F Zeugung *f*

pro·cu·ra F **1** Vollmacht *f;* WIRTSCH Prokura *f:* **dare** ~ Prokura erteilen, Vollmacht geben **2** Anwaltschaft *f:* ~ **della Repubblica** Staatsanwaltschaft *f* ♦ ~ **bancaria** Bankvollmacht *f;* **mandato di** ~ Bevollmächtigung *f;* **per** ~ per procura

pro·cu·ra·bi·le ADJ beschaffbar

pro·cu·ra·re ⟨1a⟩ **A** V/T **1** besorgen; ver-, beschaffen **2** bereiten, verursachen: ~ **solo preoccupazioni** nur Sorgen bereiten **3 procura che vada tutto bene!** sieh zu, dass alles klappt! **B** V/PR **-rsi** **1** **-rsi qc** sich *(dat)* etw zuziehen **2** **-rsi qc** sich *(dat)* etw ver-, beschaffen, besorgen ♦ *umg* ~ **grane a qn** j-m Scherereien machen

pro·cu·ra·to·re [-o-] M, **-tri·ce** F **1** Bevollmächtigte *m/f;* WIRTSCH Prokurist *m*, -in *f* **2** JUR Staatsanwalt *m*, -anwältin *f:* ~ **capo della repubblica** Generalstaatsanwalt *m;* **sostituto** ~ stellvertretender Staatsanwalt *m*

pro·da [-ɔ-] F *poet* Ufer *n*, Gestade *n*

pro·de [-ɔ-] *poet* **A** ADJ tapfer, kühn **B** M/F Held *m*, -in *f* **pro·dez·za** [-e-] F **1** *poet* Tapferkeit *f*, Kühnheit *f* **2** Heldentat *f (a. iron)*

pro·di·ga·li·tà F ⟨inv⟩ Verschwendung *f*

pro·di·ga·re ⟨1l, c *u.* e⟩ **A** V/T **1** spenden: ~ **lodi a qn** j-m Lob spenden **2** verschwenden **B** V/PR **-rsi** **1** sich ergehen: **-rsi in complimenti** sich in Komplimenten ergehen **2** **-rsi per qn** sich für j-n aufopfern

pro·di·gio **A** ADJ ⟨inv⟩ Wunder-: **bambino** ~ Wunderkind *n* **B** M Wunder *n*

pro·di·gio·so [-o-] ADJ wunderbar, Wunder-; erstaunlich: **rimedio** ~ Wundermittel *n*

pro·di·go [-ɔ-] ADJ **1** verschwenderisch **2** *fig* großzügig, freigebig: **essere** ~ **di consigli** mit Ratschlägen freigebig sein ♦ **il figliol** ~ der verlorene Sohn

pro·di·to·rio [-ɔ-] ADJ meuchlerisch, Meuchel-: **omicidio** ~ Meuchelmord *m*

★**pro·dot·to** [-o-] M **1** Produkt *n*, Erzeugnis *n* **2** Ergebnis *n (a.* MATH) ♦ ~ **agricolo** landwirtschaftliches Produkt *n;* ~ **alimentare** Nahrungsmittel *n;* ~ **artigianale** handwerkliches Erzeugnis *n;* ~ **di bellezza** Kosmetikartikel *m;* ~ **finito** Fertigprodukt *n;* ~ **grezzo** Rohprodukt *n;* ~ **interno lordo** Bruttoinlandsprodukt *n;* ~ **di alta qualità** Spitzenerzeugnis *n*

pro·dro·mo [-ɔ-] M **1** Vorbote *m*, Vorzeichen *n* **2** MED Prodrom *n*, Frühsymptom *n*

pro·du·cen·te [-ɛ-] ADJ vorteilhaft

pro·du·ci·bi·le ADJ erzeugbar

pro·du·ci·bi·li·tà F ⟨inv⟩ Erzeugbarkeit *f*

★**pro·dur·re** ⟨3e⟩ **A** V/T **1** hervorbringen *(a. fig)* **2** produzieren, herstellen, erzeugen **3** verursachen, anrichten: ~ **danni** Schäden anrichten **4** JUR beibringen, vorlegen: ~ **prove** Beweise vorlegen **B** V/PR **-rsi** entstehen: **si è prodotta una situazione difficile** es ist eine schwierige Situation entstanden

pro·dut·ti·vi·tà F ⟨inv⟩ Produktivität *f;* Leistung *f* **pro·dut·ti·vo** ADJ **1** produktiv; fruchtbar **2** Produktions-: **ciclo** ~ Produktionskreislauf *m* **3** *fig* konstruktiv

★**pro·dut·to·re** [-o-] **A** ADJ Herstellungs-, Hersteller-: **casa -trice** Herstellerfirma *f;* **paese** ~ Herstellungsland *n* **B** M

1 Erzeuger *m*, Hersteller *m* **2** Produzent *m*: ~ **cinematografico** Filmproduzent *m*

★**pro·dut·tri·ce** F **1** Erzeugerin *f*, Herstellerin *f* **2** Produzentin *f*

★**pro·du·zio·ne** [-o-] F **1** Produktion *f*, Herstellung *f* **2** Schaffen *n* **3** JUR Beibringung *f* **4** PHYS Erzeugung *f*: ~ **di calore** Wärmeerzeugung *f* ♦ **impianto di** ~ Betriebsanlagen *pl*; (*cinema*) **essere in** ~ in Produktion sein; ~ **media** Durchschnittsproduktion *f*; **mezzi di** ~ Produktionsmittel *pl*; ~ **in serie** Serienherstellung *f*

pro·e·mio [-ɛ-] M **1** Vorwort *n* **2** Einleitung *f*

pro·fa·na·re V/T ⟨1a⟩ **1** schänden: ~ **una tomba** ein Grab schänden **2** *fig* in Verruf bringen **3** entweihen **pro·fa·na·to·re** [-o-] **A** ADJ schändend **B** M, **-tri·ce** F Schänder *m*, -in *f*, Entweiher *m*, -in *f*: ~ **di tombe** Grabschänder *m*

pro·fa·na·zio·ne [-o-] F Profanierung *f*, Schändung *f* (*a. fig*)

pro·fa·no **A** ADJ **1** weltlich, profan **2** laienhaft; unerfahren **B** M, **-a** F **1** **profano** *m* Weltliche *n*, Profane *n* **2** Laie *m*, Nichtfachmann *m*, -fachfrau *f*

pro·fe·ri·re V/T ⟨4d⟩ (aus)sprechen ♦ ~ **minacce** Drohungen ausstoßen

pro·fes·sa·re ⟨1b⟩ **A** V/T **1** ~ **qc** etw (*od* sich zu etw) bekennen **2** ausüben: ~ **l'insegnamento** den Lehrerberuf ausüben **B** V/PR **1** **-rsi qc** sich (als) etw bekennen **2** **-rsi qc** sich als etw ausgeben

pro·fes·sio·na·le ADJ **1** beruflich, Berufs- **2** professionell; *umg* für Profis ♦ **abilitazione** ~ berufliche Qualifikation *f*; **categoria** ~ Berufsstand *m*; **consulenza** ~ Berufsberatung *f*; *iron* **deformazione** ~ Berufsblindheit *f*; Berufskrankheit *f*; **formazione** ~ Berufsausbildung *f*; **scuola** ~ Berufsschule *f*

pro·fes·sio·na·li·tà F ⟨*inv*⟩ Professionalität *f* **pro·fes·sio·nal·men·te** [-e-] ADV professionell

★**pro·fes·sio·ne** [-o-] F **1** Beruf *m*: **essere musicista di** ~ Musiker von Beruf sein; **qual è la sua** ~? was sind Sie von Beruf? **2** REL ~ **di fede** Glaubensbekenntnis *n* ♦ **libera** ~ freier Beruf *m*; **esercitare la libera** ~ freiberuflich tätig sein

pro·fes·sio·ni·smo [-zmo] M Professionalität *f* **pro·fes·sio·ni·sta** **A** ADJ **1** Berufs-, berufsmäßig: **soldato** ~ Berufssoldat *m* **2** SPORT Berufs-, Profi-: **giocatore** ~ Profispieler *m* **B** M/F **1** Berufstätige *m/f* **2** **libero** ~ Freiberufler *m*; **libera** ~ Freiberuflerin *f*; ♦ **da** ~ profihaft

pro·fes·sio·ni·sti·co ADJ **1** Berufs-: **associazione -a** Berufsverband *m* **2** SPORT Berufs-, Profi-

pro·fes·so·ra·le ADJ professoral **pro·fes·so·ra·to** M **1** Professur *f* **2** Lehramt *n*

★**pro·fes·so·re** [-o-] M **1** (*di liceo*) Lehrer *m*: ~ **di ruolo** = *Studienrat* **2** (*di università*) Professor *m*: ~ **(stra)ordinario** (außer)ordentlicher Professor *m*; ~ **incaricato** Lehrbeauftragte *m*

★**pro·fes·so·res·sa** [-e-] F **1** (*di liceo*) Lehrerin *f*: ~ **di ruolo** = *Studienrätin* **2** (*di università*) Professorin *f*

pro·fe·ta [-ɛ-] M, **-es·sa** F Prophet *m*, -in *f* **pro·fe·ti·co** [-ɛ-] ADJ prophetisch, Propheten- ♦ **parola -a** Prophezeiung *f*

pro·fe·tiz·za·re V/T ⟨1a⟩ **1** prophezeien, weissagen **2** voraussagen, vorhersagen

pro·fe·zi·a F **1** Prophezeiung *f*, Weissagung *f* **2** Voraussage *f*, Vorhersage *f*

prof·fe·ri·re V/T ⟨4d⟩ an-, darbieten **prof·fer·ta** [-ɛ-] F Angebot *n*

pro·fi·cui·tà F ⟨*inv*⟩ Nutzen *m*, Gewinn *m* **pro·fi·cuo** ADJ gewinnbringend, nützlich

pro·fi·la·re ⟨1a⟩ **A** V/T **1** konturieren **2** *fig* umreißen **3** (*in sartoria*) besetzen **4** TECH profilieren **B** V/PR **-rsi** sich abzeichnen (*a. fig*)

pro·fi·las·si F Prophylaxe *f*

pro·fi·la·to **A** ADJ profiliert **B** M Profil *n* ♦ ~ **d'acciaio** Profilstahl *m*; ~ **di ferro** Profileisen *n*; **metallo** ~ Metallprofil *n*

pro·fi·lat·ti·co **A** ADJ prophylaktisch **B** M Präservativ *n*, Kondom *n od m*

pro·fi·lo M **1** Profil *n* **2** Umriss(linie) *f*, Kontur *f* **3** Abriss *m* **4** (*ritratto*) Porträt *n* **5** (*aspetto*) Gesichtspunkt *m*, Hinsicht *f*: **sotto il** ~ **della qualità** in qualitativer Hinsicht ♦ **sotto un certo** ~ in gewisser Hinsicht; ~ **del(lo) pneumatico** Reifenprofil *n*; ~ **professionale** Berufsbild *n*; IT ~ **utente** Benutzerprofil *n*

pro·fit·ta·re V/I ⟨1a; av⟩ **1** ~ **di qc** von (*od* bei) etw profitieren **2** *fig* ~ **di qc** etw nützen **pro·fit·ta·to·re** [-o-] M, **-tri·ce** F Nutznießer *m*, -in *f*; *pej* Profitmacher *m*, -in *f*, Profitjäger *m*, -in *f*

pro·fit·to M **1** Gewinn *m*, Profit *m* (*a.* WIRTSCH) **2** Erfolg *m*, Leistung *f*: **studia-**

re con/senza ~ mit/ohne Erfolg studieren ♦ calcolo dei -i e delle perdite Gewinn- und Verlustrechnung f; margine di ~ Verdienstspanne f

pro·fon·de·re [-o-] ⟨3bb⟩ A V/T ~ denaro/parole/elogi mit Geld/Worten/Lob um sich werfen B V/PR -rsi in qc sich in etw (dat) ergehen

★pro·fon·di·tà F ⟨inv⟩ Tiefe f (a. fig) ♦ ~ dell'acqua Wassertiefe f; ~ d'animo Gemütstiefe f; in ~ tief; fig gründlich

★pro·fon·do [-o-] A ADJ 1 tief (a. fig) 2 tiefgründig B ADV tief: scavare ~ tief graben C M Tiefe f: dal ~ del cuore aus tiefstem Herzen ♦ ~ cambiamento tief gehender Wandel m; ~ conoscitore gründlicher Kenner m; sonno ~ Tiefschlaf m

pro for·ma [-o-] A ADJ ⟨inv⟩ Pro-forma-: fattura ~ Pro-forma-Rechnung f B ADV der Form wegen; HANDEL pro forma C M ⟨inv⟩ Formalität f

pro·fu·go [-ɔ-] A ADJ flüchtig B M, -a F Flüchtling m; (Heimat)Vertriebene m/f ♦ campo -ghi Flüchtlingslager n

pro·fu·ma·re ⟨1a⟩ A V/T parfümieren B V/I ⟨av⟩ duften, (gut) riechen C V/PR -rsi sich parfümieren pro·fu·ma·ta·men·te [-e-] ADV pagare ~ teuer zahlen pro·fu·ma·to ADJ 1 duftend 2 fig gesalzen: una fattura ~ eine gesalzene Rechnung pro·fu·me·ri·a F Parfümerie f pro·fu·mie·re [-ɛ-] M, -a F 1 Parfümverkäufer m, -in f 2 Parfümhersteller m, -in f pro·fu·mie·ro [-ɛ-] ADJ Parfüm- pro·fu·mi·no M Düftchen n

★pro·fu·mo M 1 Duft m: avere ~ di qc nach etw duften 2 c'è ~ di qc es riecht nach etw; che buon ~ questo sugo! wie gut diese Soße riecht! 3 Parfüm n: ~ femminile/maschile Damen-/Herrenparfüm n

pro·fu·sa·men·te [-e-] ADV 1 reichlich 2 ausführlich pro·fu·sio·ne [-o-] F Überfluss m, Schwall m ♦ a ~ in Hülle und Fülle; narrare con ~ di particolari bis in die kleinsten Einzelheiten schildern

pro·fu·so ADJ verschwendet

pro·ge·nie [-ɛ-] F ⟨inv⟩ poet 1 Geschlecht n 2 Nachkommen pl pro·ge·ni·to·re [-o-] M, -tri·ce F 1 Vorfahr(e) m, -fahrin f, Ahn m, Ahnin f 2 Stammvater m, -mutter f

pro·get·ta·re V/T ⟨1b⟩ 1 planen 2 TECH entwerfen, projektieren pro·get·ta·zio·ne [-o-] F Planung f; Projektierung f pro·get·ti·sta M/F Planer m, -in f pro·get·ti·sti·ca F Planung f; Projektierung f pro·get·ti·sti·co ADJ Planungs-, Entwurfs-

★pro·get·to [-ɛ-] M 1 Plan m: fare -i Pläne machen 2 TECH Plan m, Entwurf m, Projekt n ♦ ~ edile Bauvorhaben n; fare -i per il futuro Zukunftspläne schmieden; avere in ~ di fare qc vorhaben, etw zu tun; ~ di legge Gesetzentwurf m; ~ pilota Pilotprojekt n; -i per le vacanze Urlaubspläne pl

pro·get·tua·le ADJ Planungs-, Projekt-

pro·gno·si [-ɔ-] F ⟨inv⟩ Prognose f: fare una ~ eine Prognose stellen

★pro·gram·ma M 1 Programm n (a. THEAT TV, RADIO, IT) 2 Plan m ♦ IT ~ antivirus Virensuchprogramm n, Antivirenprogramm n; IT ~ applicativo Anwenderprogramm n; Applikation f; che -i hai per la serata? was hast du heute Abend vor?; IT ~ per chattare Chatprogramm n; IT ~ di compressione Kompressionsprogramm n; ~ culturale Kulturprogramm n; IT ~ di elaborazione testi Textverarbeitungsprogramm n; ~ d'esame Prüfungsprogramm n; essere in ~ auf dem Programm stehen; fuori ~ außerplanmäßig, nicht geplant; IT ~ per la gestione dei file Dateiverwaltungsprogramm n; ~ di lavaggio Waschprogramm n; ~ (di lavaggio) per capi delicati Schon(wasch)gang m; IT ~ di navigazione Browser m; IT ~ di posta elettronica Mailprogramm n; ~ scolastico Lehrplan m; Lehrstoff m; secondo ~ nach Programm; ~ di videoscrittura Textverarbeitungsprogramm n; TV -i del mattino Frühstücksfernsehen n

pro·gram·ma·bi·le ADJ programmierbar (a. IT)

pro·gram·ma·re V/T ⟨1a⟩ 1 planen 2 aufs Programm setzen 3 programmieren (a. IT) pro·gram·ma·ti·co ADJ programmatisch pro·gram·ma·to ADJ programmiert pro·gram·ma·to·re [-o-] M, -tri·ce F 1 IT Programmierer m, -in f 2 WIRTSCH Wirtschaftsplaner m, -in f pro·gram·ma·zio·ne [-o-] F 1 Programmierung f (a. IT), Planung f 2 WIRTSCH Wirtschaftsplanung f ♦ ~ di bilancio Haushaltsplanung f; (cinema) essere in ~ laufen, auf dem Programm stehen

pro·gram·mi·sta M/F **1** Programmgestalter *m*, -in *f* **2** RADIO, TV Programmansager *m*, -in *f*
pro·gre·di·re V/I ⟨4d; es, av⟩ fortschreiten; Fortschritte machen **pro·gre·di·to** ADJ **1** fortschrittlich **2** fortgeschritten
pro·gress bar ['progresbar] F ⟨*inv*⟩ IT Fortschrittsanzeige *f*
pro·gres·sio·ne [-o-] F **1** Fortschreiten *n*, Progression *f* **2** Steigerung *f* **3** MATH Reihe *f* **4** MUS Sequenz *f* **pro·gres·si·smo** [-zmo] M Progressivität *f*, (übertriebene) Fortschrittlichkeit *f* **pro·gres·si·sta** **A** ADJ fortschrittlich **B** M/F **1** Fortschrittler *m*, -in *f* **2** *mpl* (*od* **Polo Progressista**) POL = *die Fortschrittlichen; linke Wahlallianz im italienischen Parlament* **pro·gres·si·sti·co** ADJ fortschrittlich, progressiv **pro·gres·si·va·men·te** [-e-] ADV **1** allmählich, fortschreitend **2** stufenweise **pro·gres·si·vi·tà** F ⟨*inv*⟩ stufenweise Entwicklung *f* **pro·gres·si·vo** ADJ **1** fortschreitend, allmählich **2** progressiv ♦ **in ordine ~ di altezza** der Größe nach
★**pro·gres·so** [-e-] M **1** Fortschritt *m* **2** Fortschreiten *n*, Weiterentwicklung *f* ♦ *iron* **facciamo -i!** das wird ja immer besser!
★**proi·bi·re** V/T ⟨4d⟩ **~ a qn di fare qc** j-m verbieten (*od* untersagen), etw zu tun **proi·bi·ti·vo** ADJ **1** Verbots-: **leggi -e** Verbotsgesetze *pl* **2** *iron* **prezzo ~** unerschwinglicher Preis *m*
★**proi·bi·to** **A** ADJ **1** verboten, untersagt **2** *fig* **sogni -i** unerfüllbare Wünsche *pl* **B** M Verbotene *n* **proi·bi·zio·ne** [-o-] F Verbot *n*, Verbieten *n*
proi·bi·zio·ni·smo [-zmo] M Prohibition *f* (*a.* HIST)
pro·iet·ta·re ⟨1b⟩ **A** V/T **1** werfen, projizieren **2** (*di vulcani*) auswerfen, ausstoßen **3** (*cinema*) vorführen **B** V/PR **-rsi** **1** sich stürzen **2** *fig* **-rsi in qc** sich in etw (*akk*) versetzen
pro·iet·ti·le [-ɛ-] M Kugel *f*, Projektil *n* ♦ **a prova di ~** schussfest; kugelsicher
pro·iet·to·re [-o-] M **1** Projektor *m*: **~ per diapositive** Diaprojektor *m*; **~ per lucidi** Overheadprojektor *m* **2** AUTO Scheinwerfer *m*: **~ di curva dinamico** dynamischer Kurvenscheinwerfer *m* **pro·ie·zio·ne** [-o-] F **1** (*cinema*) Vorführung *f* **2** GEOM, PSYCH Projektion *f* **3** MATH Hochrechnung *f* ♦ **~ di diapositive** Diavorführung *f*; **sala di ~** Vorführraum *m*
pro·le [-ɔ-] F **1** Nachwuchs *m*, Nachkommenschaft *f* **2** ZOOL Jungen *pl*
pro·le·ta·ria·to M Proletariat *n* **pro·le·ta·rio** **A** ADJ proletarisch, Proletarier- **B** M, **-a** F Proletarier *m*, -in *f* **pro·le·ta·riz·za·zio·ne** [-o-] F Proletarisierung *f*
pro·li·fe·ra·re V/I ⟨1m; av⟩ **1** BIOL wuchern **2** sich vermehren **3** sich verbreiten **pro·li·fe·ra·zio·ne** [-o-] F **1** BIOL Wucherung *f* **2** Vermehrung *f* **3** Verbreitung *f*
pro·li·fi·ca·re V/I ⟨1m *u.* d; av⟩ **1** BIOL sich fortpflanzen, sich vermehren **2** BOT keimen **3** sich ausbreiten **pro·li·fi·ca·zio·ne** [-o-] F **1** BIOL Fortpflanzung *f*, Vermehrung *f* **2** BOT Keimung *f* **3** Ausbreitung *f*
pro·li·fi·ci·tà F ⟨*inv*⟩ Fruchtbarkeit *f*
pro·li·fi·co ADJ **1** gebärfreudig **2** fruchtbar (*a. fig*)
pro·lis·si·tà F ⟨*inv*⟩ Weitschweifigkeit *f*
pro·lis·so ADJ weitschweifig
pro lo·co [-ɔ-] F ⟨*inv*⟩ = *örtliches Fremdenverkehrsamt in Italien*
pro·lo·go [-ɔ-] M **1** Prolog *m*, Vorspiel *n* **2** Einleitung *f*, Vorrede *f* **3** Auftakt *m*
pro·lun·ga F **1** Verlängerung *f* **2** ELEK Verlängerungsschnur *f* **pro·lun·ga·bi·le** ADJ verlängerbar; ausziehbar
pro·lun·ga·men·to [-e-] M Verlängerung *f*: **~ dell'orario di apertura** Verlängerung *f* der Öffnungszeiten
pro·lun·ga·re ⟨1e⟩ **A** V/T verlängern **B** V/PR **-rsi** **1** sich hinziehen **2** sich in die Länge ziehen **pro·lun·ga·to** ADJ **1** verlängert **2** lang: **un'assenza -a** eine lange Abwesenheit
pro·lu·sio·ne [-o-] F **1** Vorrede *f*, Einführung *f* **2** Antrittsrede *f*; Antrittsvorlesung *f*
pro·me·mo·ria [-ɔ-] M ⟨*inv*⟩ Merkzettel *m*; Memo *n*
★**pro·mes·sa** [-e-] F **1** Versprechen *n*, Versprechung *f*: **fare una ~ a qn** j-m ein Versprechen geben; **mantenere/rompere una ~** ein Versprechen (ein)halten/brechen **2** *fig* vielversprechender Mensch *m* ♦ **~ da** (*od* **di**) **marinaio** leeres Versprechen *n*
pro·mes·so [-e-] **A** ADJ versprochen **B** M, **-a** F Bräutigam *m*, Braut *f*, Verlobte *m/f* **pro·met·ten·te** [-ɛ-] ADJ **1** vielver-

P

sprechend, verheißungsvoll **2** aussichtsreich, Erfolg versprechend

★**pro·met·te·re** [-e-] ⟨3ee⟩ **A** V/T versprechen, zusagen: ~ **qc a qn** j-m etw versprechen **B** V/PR **-rsi** sich weihen ♦ **qc promette bene** etw lässt sich gut an

pro·mi·nen·te [-ɛ-] ADJ **1** (her)vorspringend **2** prominent **pro·mi·nen·za** [-ɛ-] F Vorsprung *m*

pro·mi·scui·tà F ⟨*inv*⟩ **1** Vermischung *f* **2** Promiskuität *f* **pro·mi·scuo** ADJ **1** gemischt **2** promiskuitiv, promisk ♦ **matrimonio** ~ Mischehe *f*

pro·mon·to·rio [-ɔ-] M Kap *n*, Vorgebirge *n*

pro·mos·so [-ɔ-] ADJ **1** befördert **2** (*scuola*) versetzt **pro·mo·ter** [-ɔ-] M/F ⟨*inv*⟩ Promoter *m*, -in *f* **pro·mo·to·re** [-o-] **A** ADJ Förder- **B** M, **-tri·ce** F **1** Förderer *m*, -rin *f* **2** (*di iniziativa*) Initiator *m*, -in *f* **3** (*di un concetto*) Verfechter *m*, -in *f* **4** (*promoter*) Promoter *m*, -in *f* ♦ **farsi ~ di qc** etw fördern; **comitato ~ del festival** Festivalveranstaltungskomitee *n*

pro·mo·zio·na·le ADJ Werbe-; verkaufs-, absatzfördernd: **articoli -i** Werbegeschenke *pl* **pro·mo·zio·ne** [-o-] F **1** Beförderung *f* **2** (*scuola*) Versetzung *f* **3** SPORT Aufstieg *m* **4** WIRTSCH Verkaufsförderung *f*

prompt ['prɔmpt] M ⟨*inv*⟩ Prompt *m*: IT ~ **dei comandi** Eingabeaufforderung *f*

pro·mul·ga·re V/T ⟨1e⟩ **1** JUR erlassen, verkünden **2** verbreiten **pro·mul·ga·ti·vo** ADJ Verkündungs-, Erlassungs- **pro·mul·ga·zio·ne** [-o-] F **1** JUR Erlassung *f*, Verkündung *f* **2** Verbreitung *f*

★**pro·muo·ve·re** [-ɔ-] V/T ⟨3ff⟩ **1** fördern **2** befördern: ~ **qn caporeparto** j-n zum Abteilungsleiter befördern **3** (*scuola*) **essere promosso in** ... in die ... Klasse versetzt werden **4** (*film, prodotto*) promoten

pro·na·o [-ɔ-] M Vorhalle *f*

pro·ni·po·te [-o-] M/F **1** Urenkel *m*, -in *f* **2** Großneffe *m*, -nichte *f* **3** *pl* Nachkommen *pl*

pro·no [-ɔ-] ADJ **1** bäuchlings, auf dem Bauch **2** *fig* **essere ~ a qc** etw (*dat*) zugeneigt sein

pro·no·me [-o-] M Fürwort *n*, Pronomen *n*

pro·no·mi·na·le ADJ pronominal, Pronominal- ♦ **verbi -i** reflexive Verben *pl*

pro·no·sti·ca·re V/T ⟨1m, c *u.* d⟩ **1** voraussagen **2** anzeigen, ankündigen

pro·no·sti·co [-ɔ-] M Voraussage *f*, Prognose *f*

pron·ta·men·te [-e-] ADV **1** sofort, gleich **2** schnell, prompt **pron·tez·za** [-e-] F Schnelligkeit *f*, Promptheit *f* ♦ ~ **di parola** Schlagfertigkeit *f*; ~ **di spirito** Geistesgegenwart *f*

★**pron·to** [-o-] ADJ **1** fertig **2** **essere ~ a fare qc** bereit sein, etw zu tun **3** prompt; bald **4** *fig* **una mente -a** ein wacher Verstand *m* ♦ **-a guarigione!** gute Besserung!; (*al telefono*) ~! hallo!; **bell'e ~** schon fertig; **-a cassa** gegen Barzahlung; ~ **intervento cittadino** städtischer Notruf *m*; ★ ~ **soccorso** Erste Hilfe; (*in ospedale*) Notaufnahme *f*

pron·tua·rio M Handbuch *n*

★**pro·nun·cia** F **1** Aussprache *f* **2** Akzent *m* **3** JUR Urteilsspruch *m*, Verkündigung *f*

pro·nun·cia·bi·le ADJ aussprechbar

pro·nun·cia·men·to [-e-] M **1** (*di tribunale*) Urteil *n*: ~ **della corte costituzionale** Urteil *n* des Verfassungsgerichts **2** POL Willenserklärung *f* des Wählers

★**pro·nun·cia·re** ⟨1f⟩ **A** V/T **1** (aus)sprechen (*a.* JUR): ~ (**male**) **una parola** ein Wort (falsch) aussprechen; JUR ~ **una sentenza** ein Urteil sprechen **2** ~ **un discorso** eine Rede halten **B** V/PR **-rsi** **1** sich äußern: **non mi pronuncio** kein Kommentar **2** **-rsi a favore di/contro qn/qc** sich für/gegen j-n/etw aussprechen **pro·nun·cia·to** **A** ADJ **1** markant **2** ausgeprägt **B** M JUR Urteilsspruch *m*

pro·pa·ga·men·to [-e-] M Verbreitung *f*

pro·pa·gan·da F **1** Propaganda *f* (*a.* POL) **2** Werbung *f* **pro·pa·gan·da·re** V/T ⟨1a⟩ **1** propagandieren **2** werben für

pro·pa·gan·di·sta M/F **1** Propagandist *m*, -in *f* **2** Werbefachmann *m*, -frau *f* **pro·pa·gan·di·sti·co** ADJ **1** Propaganda- **2** Werbe-

pro·pa·ga·re ⟨1e⟩ **A** V/T verbreiten **B** V/PR **-rsi** **1** sich verbreiten, sich ausbreiten **2** um sich greifen **pro·pa·ga·zio·ne** [-o-] F **1** Ver-, Ausbreitung *f* **2** PHYS ~ **del calore** Wärmeübertragung *f*

pro·pag·gi·ne F **1** AGR Ableger *m* **2** *fig* Verästelung *f* **3** Ausläufer *m*: **le -i delle Alpi** die Ausläufer *pl* der Alpen

pro·pa·no M Propan *n*

pro·pe·deu·ti·ca [-ɛ-] F Propädeutik *f*

pro·pe·deu·ti·co ADJ propädeutisch,

Vorbereitungs-

pro·pel·len·te [-ɛ-] **A** ADJ Treib-: **gas ~** Treibgas *n* **B** M Treibstoff *m*

pro·pen·de·re [-ɛ-] V/I ⟨3a; av⟩ **~ per qc** zu etw neigen **pro·pen·sio·ne** [-si'o-] F **1** Neigung *f*, Hang *m*: **avere ~ per qc** eine Neigung zu etw haben **2** Begabung *f*

pro·pen·so [-ɛnso] ADJ geneigt, bereit, willens: **essere poco ~ a fare qc** wenig Neigung zeigen, etw zu tun

pro·pi·le·ne [-ɛ-] M Propylen *n*, Propen *n*

pro·pi·na·re V/T ⟨1a⟩ **1** verabreichen: **~ un veleno** ein Gift verabreichen **2** *hum* unterschieben, unterjubeln

pro·pin·qui·tà F ⟨inv⟩ *poet* **1** Nähe *f* **2** Verwandtschaft *f* **pro·pin·quo** **A** ADJ nahe **B** M, **-a** F Verwandte *m/f*

pro·pi·zia·re ⟨1g⟩ **A** V/T günstig stimmen **B** V/PR **-rsi il favore di qn** j-s Gunst erwerben **pro·pi·zia·to·re** [-o-] M, **-tri·ce** F Versöhner *m*, -in *f* **pro·pi·zia·to·rio** [-ɔ-] ADJ günstig stimmend, versöhnend **pro·pi·zia·zio·ne** [-o-] F Versöhnung *f*

pro·pi·zio ADJ günstig, wohlgesinnt

pro·po·nen·te [-ɛ-] M/F Antragsteller *m*, -in *f* **pro·po·ni·bi·le** ADJ vorschlagbar **pro·po·ni·men·to** [-e-] M Vorsatz *m*

★**pro·por·re** [-o-] ⟨3ll⟩ **A** V/T **1** vorschlagen **2** aufwerfen: **~ una questione** eine Frage aufwerfen **3** anbieten: **~ a qn di darsi del tu** j-m das Du anbieten **B** V/PR **-rsi** **1** sich anbieten; POL sich aufstellen lassen **2** **-rsi di fare qc** sich (*dat*) vornehmen, etw zu tun ♦ **l'uomo propone e Dio dispone** der Mensch denkt, Gott lenkt

pro·por·zio·na·le **A** ADJ **1** proportional, Proportional-, Verhältnis- **2** entsprechend, angemessen **B** F Proporz *m* ♦ **sistema elettorale ~** Verhältniswahlsystem *n*

pro·por·zio·na·li·tà F ⟨inv⟩ Verhältnismäßigkeit *f* **pro·por·zio·na·re** V/T ⟨1a⟩ bemessen: **~ le tasse al reddito** die Steuern nach dem Einkommen bemessen **pro·por·zio·na·to** ADJ **1** proportioniert **2** **~ a qc** etw (*dat*) angemessen, entsprechend

pro·por·zio·ne [-o-] F **1** Proportion *f*, Verhältnis *n* **2** MATH Verhältnisgleichung *f* **3** MED Dosierung *f* **4** *pl* Ausmaße *pl*

★**pro·po·si·to** [-ɔ-] M **1** Absicht *f*, Vorhaben *n* **2** Vorsatz *m* **3** Thema *n* ♦ **a tale ~** dazu, in diesem Zusammenhang; ★ **a ~** wie gerufen, gerade recht; übrigens, apropos; **capitare a ~** wie gerufen kommen; **a ~, volevo dirti …** übrigens, was ich dir sagen wollte …; **a ~ di qc** in Bezug auf etw (*akk*), was etw betrifft; **a ~ di che?** *od* **a che ~?** in welchem Zusammenhang?

pro·po·si·zio·ne [-o-] F GRAM Satz *m*: **~ principale/secondaria** Haupt-/Nebensatz *m*

★**pro·po·sta** [-o-] F **1** Vorschlag *m* **2** *form* Antrag *m*, Vorlage *f* **3** *umg* Angebot *n* ♦ **~ di compromesso** Kompromissvorschlag *m*; **su ~ di qn** auf Vorschlag von j-m

pro·po·sto [-o-] ADJ **1** vorgeschlagen **2** vorgegeben

pro·pria·men·te [-e-] ADV **1** eigentlich, gerade **2** korrekt, genau ♦ **~ detto** im eigentlichen Sinne; **più ~** genauer gesagt

★**pro·prie·tà** F ⟨inv⟩ **1** Eigenschaft *f* **2** Besitz *m*; JUR Eigentum *n* **3** Richtigkeit *f*; Genauigkeit *f* ♦ **appartamento di ~** Eigentumswohnung *f*; **essere di ~ di qn** j-m gehören; **~ letteraria** Verlagsrecht *n*; **~ privata** Privatbesitz *m*, Privateigentum *n*

★**pro·prie·ta·ria** F Besitzerin *f*, JUR Eigentümerin *f*

★**pro·prie·ta·rio** M Besitzer *m*, JUR Eigentümer *m*; (*di veicolo*) Halter *m*, -in *f* ♦ **~ di casa** Hausbesitzer *m*; **~ di negozio** Geschäftsinhaber *m*; **~ di veicolo** Fahrzeughalter *m*

★**pro·prio**[1] [-ɔ-] ADJ **1** besonders, typisch **2** eigen **3** geeignet, passend

★**pro·prio**[2] [-ɔ-] **A** ADJ ⟨poss⟩ **1** sein: **fare il ~ dovere** seine Pflicht tun **2** (*di lui*) sein **3** (*di lei*) ihr **4** (*loro*) ihr **5** eigen: **a -prie spese** auf eigene Kosten **B** POSS PR eigen; (*di lui*) sein; (*di lei*) ihr; (*loro*) ihr **C** ADV **1** genau: **~ ora** gerade in diesem Moment **2** wirklich, wahrhaftig: **è ~ lui?** ist er es wirklich? **3** (*in espressioni negative*) wirklich, bestimmt **4** ausgerechnet: **~ oggi …** ausgerechnet heute … **D** M Eigene *n* ♦ **in ~** selbstständig; **mettersi in ~** sich selbstständig machen; **con le -prie mani** eigenhändig; **di produzione -a** aus eigener Herstellung; **vero e ~** regelrecht

pro·pu·gna·re V/T ⟨1a⟩ **1** verteidigen **2** *fig* verfechten **pro·pu·gna·to·re**

P

[-o-] **A** ADJ **1** verteidigend **2** *fig* verfechtend **B** M, **-tri·ce** F **1** Verteidiger *m*, -in *f* **2** *fig* Verfechter *m*, -in *f* **pro·pu·gna·zio·ne** [-o-] F **1** Verteidigung *f* **2** *fig* Verfechtung *f*

pro·pul·sio·ne [-si'o-] F **1** TECH Antrieb *m*: ~ **diesel** Dieselantrieb *m* **2** *fig* Auftrieb *m* **pro·pul·si·vo** ADJ Antriebs- **pro·pul·so·re** [-o-] **A** ADJ **gruppo** ~ Antriebsaggregat *n* **B** M Triebwerk *n*

pro·ra [-ɔ-] F SCHIFF, FLUG Bug *m* ♦ **a** ~ voraus

pro·ra·vi·a F **a** ~ bugwärts

pro·ro·ga [-ɔ-] F Aufschub *m*, Verlängerung *f* ♦ ~ **del contratto** Vertragsverlängerung *f*; ~ **di pagamento** Zahlungsaufschub *m*

pro·ro·ga·bi·le ADJ aufschiebbar, verlängerbar **pro·ro·ga·re** V/T ⟨1l, e *u.* c⟩ **1** verlängern, aufschieben **2** verschieben

pro·rom·pen·te [-ɛ-] ADJ ungestüm

pro·rom·pe·re [-o-] V/I ⟨3rr; av⟩ **1** (*di fiume*) übertreten; (*di acqua*) heraus-, hervorsprudeln **2** *fig* ausbrechen: ~ **in una risata** in Lachen ausbrechen **3** (*dire*) ausrufen, hervorstoßen

pro·sa [-ɔ-] F Prosa *f* ♦ **compagnia di** ~ Schauspielertruppe *f*; **stagione di** ~ Spielzeit *f*; **teatro di** ~ Schauspielhaus *n*

pro·sai·ci·tà F ⟨*inv*⟩ Nüchternheit *f* **pro·sai·co** ADJ nüchtern **pro·sa·sti·co** ADJ **1** Prosa- **2** schlicht, einfach

pro·sce·nio [-ɛ-] M Proszenium *n* ♦ **palco del** ~ Proszeniumsloge *f*

pro·scio·glie·re [-ɔ-] V/T ⟨3ss⟩ **1** entbinden, befreien **2** JUR freisprechen: ~ **qn da qc** j-n von etw freisprechen

pro·scio·gli·men·to [-e-] M **1** Entbindung *f*, Befreiung *f* **2** JUR Freispruch *m*, Freisprechung *f* ♦ **sentenza di** ~ Freispruch *m*

pro·sciu·ga·men·to [-e-] M Entwässerung *f*, Trockenlegung *f* **pro·sciu·ga·re** ⟨1e⟩ **A** V/T **1** entwässern, trockenlegen **2** austrocknen **3** *fig* ~ **i risparmi** die Ersparnisse aufbrauchen **B** V/PR **-rsi** austrocknen

★**pro·sciut·to** M Schinken *m*: ~ **cotto/crudo** gekochter/roher Schinken *m*; ~ **di Parma** Parmaschinken *m*

pro·scrit·to **A** ADJ verbannt, geächtet **B** M, **-a** F Verbannte *m/f*, Geächtete *m/f* **pro·scri·ve·re** V/T ⟨3tt⟩ **1** verbannen, ächten **2** *fig* abschaffen **pro·scri·zio·ne** [-o-] F **1** Verbannung *f* **2** *fig* Abschaffung *f*

pro·sec·co [-se-] M Prosecco *m* (*Weißwein aus Venetien*)

pro·se·gui·men·to [-segui'me-] M Fortsetzung *f*, Fortgang *m* ♦ **buon** ~! weiterhin alles Gute!; gute Weiterfahrt!

pro·se·gui·re [-s-] ⟨4a⟩ **A** V/T **1** fortsetzen **2** anhalten: **la tendenza prosegue** der Trend hält an **B** V/I **1** weitergehen; weiterfahren **2** ~ **in qc** etw fortsetzen ♦ ~ **nel lavoro** weiterarbeiten; ~ **nella lettura** weiterlesen

pro·se·li·to [-sɛ-] M, **-a** F Proselyt *m*, -in *f*; Anhänger *m*, -in *f*

pro·se·zio·ne [-o-] F **1** Fortsetzen *n*, Weiterführen *n* **2** Fortsetzung *f*, Weiterführung *f*

pro·sie·guo [-si'ɛ-] M Fortsetzung *f*

pro·spe·ra·re V/I ⟨1l *u.* c; av⟩ **1** gedeihen **2** *fig* blühen **pro·spe·ri·tà** F ⟨*inv*⟩ **1** Wohlstand *m*: **vivere in** ~ im Wohlstand leben **2** *fig* Blüte *f*

pro·spe·ro [-ɔ-] ADJ **1** ertragreich, fruchtbar **2** *fig* blühend **3** wohlhabend **4** glücklich, günstig, gut: **vento** ~ günstiger Wind *m*

pro·spe·ro·si·tà F ⟨*inv*⟩ Üppigkeit *f* (*a. fig*) **pro·spe·ro·so** [-o-] ADJ **1** blühend **2** (*pieno di salute*) gesund **3** (*formoso*) üppig

pro·spet·ta·re ⟨1b⟩ **A** V/T vor Augen führen, darlegen **B** V/PR **-rsi** bevorstehen

pro·spet·ti·co [-ɛ-] ADJ **1** perspektivisch **2** **punto** ~ *fig* Blickwinkel *m*

pro·spet·ti·va F **1** Perspektive *f* (*a.* MAL *fig*): **le leggi della** ~ die Gesetze der Perspektive; **in una** ~ **marxista** aus marxistischer Perspektive; **buone -e per l'economia** eine gute Perspektive für die Wirtschaft **2** (*vista*) Aussicht *f* **3** *pl fig* Aussichten *pl*: **lavoro ricco di -e** aussichtsreiche Arbeit *f*; **essere senza -e** aussichtslos sein ♦ ~ **a volo d'uccello** Vogelperspektive *f*

pro·spet·to [-ɛ-] M **1** Vorderansicht *f* **2** Fassade *f*, Vorderseite *f* **3** (*edilizia*) Aufriss *m* **4** Übersicht *f*, Aufstellung *f*: ~ **delle spese** Aufstellung der Ausgaben **5** Prospekt *m*

pro·spi·cien·te [-ɛ-] ADJ ~ (**su**) **qc** mit Blick auf etw (*akk*)

pros·si·ma·men·te [-e-] ADV demnächst

pros·si·mi·tà F ⟨*inv*⟩ **1** Nähe *f*: **in** ~ **di**

qc in der Nähe etw (*gen*); in die Nähe von etw **2** (*tempo*) **in ~ di qc** kurz vor etw (*dat*)

★**pros·si·mo** [-ɔ-] **A** ADJ **1** nächst: **alla -a fermata** an der nächsten Haltestelle; **la -a volta** das nächste Mal; **lunedì ~** kommenden Montag **2** bevorstehend **3** **~ a qc** etw (*dat*) nah(e), kurz vor etw (*dat*) **4** eng: **parenti -i** enge Verwandte *pl* **B** M Nächste *m*

pro·sta·ta [-ɔ-] F Vorsteherdrüse *f*, Prostata *f*

pro·sti·tu·i·re **A** V/T ⟨4d⟩ **1** zur Prostitution zwingen **2** *fig* herabwürdigen **B** V/PR **rsi** sich prostituieren (*a. fig*)

pro·sti·tu·ta F Prostituierte *f*, Dirne *f*

pro·sti·tu·zio·ne [-o-] F Prostitution *f* ♦ **sfruttamento della ~** Zuhälterei *f*

pro·stra·re ⟨1c⟩ **A** V/T **1** (*malattia ecc.*) niederwerfen; schwächen, entkräften **2** *fig* erniedrigen, demütigen **B** V/PR **-rsi** **1** sich niederwerfen **2** niederknien **3** *fig* sich erniedrigen **pro·stra·to** ADJ **1** kniend, auf Knien **2** *fig* erschöpft **pro·stra·zio·ne** [-o-] F **1** Kniefall *m* **2** Erschöpfung *f* **3** Niedergeschlagenheit *f*

pro·ta·go·ni·smo [-z-] M Geltungsdrang *m* **pro·ta·go·ni·sta** M/F **1** Hauptdarsteller *m*, -in *f* **2** Hauptfigur *f* **3** *fig* Protagonist *m*, -in *f* ♦ **attore ~** Hauptdarsteller *m*; **attore non ~** Nebendarsteller *m*

★**pro·teg·ge·re** [-ɛ-] ⟨3cc⟩ **A** V/T **1** **~ qn/qc da qn/qc** j-n/etw vor j-m/etw (be)schützen **2** schützen, wahren **3** MIL decken, sichern **4** *fig* protegieren **5** unterstützen, fördern: **~ le arti** die Künste fördern **6** IT sichern **B** V/PR **-rsi da qc** sich vor etw (*dat*) schützen

pro·tei·co [-ɛ-] ADJ Protein-, Eiweiß-, eiweißhaltig: **dieta -a** eiweißhaltige Diät *f*

pro·te·i·na F Eiweiß *n*

pro·ten·de·re [-ɛ-] ⟨3c⟩ **A** V/T aus-, hin-, vorstrecken: **~ qc verso qn** j-m etw hinstrecken **B** V/PR **-rsi** sich (vor)beugen

pro·ter·via [-ɛ-] F **1** Überheblichkeit *f* **2** Unverschämtheit *f* **pro·ter·vo** [-ɛ-] ADJ **1** überheblich **2** unverschämt

pro·te·si [-ɔ-] F ⟨*inv*⟩ MED Prothese *f* ♦ **~ acustica** Hörgerät *n*; **~ dentaria** Zahnersatz *m*

pro·te·so [-e-] → protendere

pro·tes·si [-ɛ-] → proteggere

★**pro·te·sta** [-ɛ-] F Protest *m*: **per ~** aus Protest

pro·te·stan·te **A** ADJ protestantisch **B** M/F Protestant *m*, -in *f*

★**pro·te·sta·re** ⟨1b⟩ **A** V/I ⟨av⟩ protestieren **B** V/T **1** behaupten, beteuern **2** JUR **~ una cambiale** einen Wechsel zu Protest gehen lassen **C** V/PR **-rsi qc** sich für etw erklären **pro·te·sta·ta·rio** **A** ADJ protestierend, Protest- **B** M, **-a** F **1** (*chi protesta*) Protestierer *m*, -in *f* **2** *fig* Querulant *m*, -in *f*; Nörgler *m*, -in *f*

pro·te·sto [-ɛ-] M Protest *m*: **levare un ~** Protest erheben

pro·tet·ti·vo ADJ schützend, Schutz-: **casco ~** Schutzhelm *m*; **fattore ~** Lichtschutzfaktor *m* **pro·tet·to** [-ɛ-] **A** ADJ Schutz-, geschützt: IT **~ da scrittura** schreibgeschützt **B** M, **-a** F Protegé *m*

pro·tet·to·ra·to M **1** Protektorat *n*, Schutzherrschaft *f* **2** Schutzgebiet *n*

pro·tet·to·re [-o-] **A** ADJ Schutz-: **santo ~** Schutzheilige *m* **B** M, **-tri·ce** F **1** Beschützer *m*, -in *f* **2** Förderer *m*, -rin *f*, Gönner *m*, -in *f* **3** Zuhälter *m*, -in *f*

★**pro·te·zio·ne** [-o-] F **1** Schutz *m*: **~ da qc** Schutz vor etw (*dat*) **2** Protektion *f*, Begünstigung *f* **3** IT Sicherung *f* **4** Schutzgeld *n* ♦ **~ dell'ambiente** Umweltschutz *m*; **~ degli animali** Tierschutz *m*; **~ civile** Katastrophenschutz *m*; IT **~ copia** Kopierschutz *m*; IT **~ dati** Datenschutz *m*; IT **~ con password** Passwortschutz *m*; **~ laterale antiurto** Seitenaufprallschutz *m*; IT **~ della memoria** Speicherschutz *m*; IT **~ dei programmi** Kopierschutz *m*; IT **~ da scrittura** Schreibschutz *m*; **~ solare** Sonnenschutz *m*

pro·te·zio·ni·smo [-zmo] M Protektionismus *m* **pro·te·zio·ni·sta** **A** ADJ protektionistisch **B** M/F Protektionist *m*, -in *f* **pro·te·zio·ni·sti·co** ADJ protektionistisch

pro·to·col·la·re[1] V/T ⟨1c⟩ protokollieren

pro·to·col·la·re[2] ADJ protokollarisch

pro·to·col·lo [-ɔ-] M **1** Protokoll *n* (*a.* POL, IT); Register *n* **2** Form *f* ♦ **~ di trasmissione** Übertragungsprotokoll *n*

pro·to·ne [-o-] M Proton *n*

pro·to·ti·po [-ɔ-] M **1** Prototyp *m* **2** Inbegriff *m*, Muster *n*

pro·trar·re ⟨3xx⟩ **A** V/T hinausziehen, verlängern: **~ le vacanze** den Urlaub verlängern **B** V/PR **-rsi** sich hin(aus)ziehen

pro·tra·zio·ne [-o-] F Verlängerung *f*

pro·tu·be·ran·te ADJ vorspringend, vorstehend **pro·tu·be·ran·za** F 1 Vorsprung *m* 2 BOT Auswuchs *m* 3 *umg* (*sul naso*) Höcker *m*

★**pro·va** [-ɔ-] F 1 MATH Probe *f* 2 *pl* THEAT **assistere alle -e** den Proben beiwohnen 3 Prüfung *f*: **~ scritta/orale** schriftliche/mündliche Prüfung *f* 4 Klassenarbeit *f* 5 (*dimostrazione*) Beweis *m* (*a. fig*) 6 (*esperimento*) Versuch *m* 7 (*in sartoria*) Anprobe *f* ♦ **anno di ~** Probejahr *n*; **~ attitudinale** Eignungsprüfung *f*; TECH **banco di ~** Prüfstand *m*; *fig* Bewährungsprobe *f*; *fig* **a ~ di bomba** bombensicher; bombenfest; hieb- und stichfest; TECH **~ di collaudo** Abnahmeprüfung *f*; **fino a ~ contraria** bis zum Beweis des Gegenteils; **~ di forza** Machtprobe *f*; **giro di ~** Probefahrt *f*; **in ~** (*lavoro*) zur Probe; **per insufficienza di -e** aus Mangel an Beweisen; HANDEL **ordine di ~** Probebestellung *f*; **periodo di ~** Probezeit *f*; **a ~ di scasso** einbruchsicher; **a ~ d'urto** stoßfest

★**pro·va·re** V/T ⟨1c⟩ 1 (aus)probieren 2 MODE (an)probieren 3 THEAT, MUS proben 4 versuchen: **almeno provaci!** versuch es wenigstens! 5 **~ a fare qc** versuchen, etw zu tun 6 (*dimostrare*) beweisen 7 empfinden: **~ gioia** Freude empfinden 8 erleben, kennenlernen: **~ la fame** Hunger kennenlernen 9 **qc prova qn** etw setzt j-m zu; etw nimmt j-n mit 10 **provarci** es probieren, es versuchen 11 *fig* **provarci gusto** Blut geleckt haben

pro·va·to ADJ 1 mitgenommen 2 erschöpft, angegriffen 3 be-, erwiesen 4 bewährt: **di -a qualità** von bewährter Qualität 5 treu

pro·ve·nien·za [-ɛ-] F 1 Herkunft *f* 2 *fig* Quelle *f* ♦ **luogo di ~** Herkunftsort *m*

pro·ve·ni·re V/I ⟨4p; es⟩ 1 (her)kommen: **~ dalla Grecia** aus Griechenland kommen 2 stammen (*a. fig*) 3 ab-, herstammen

pro·ven·to [-ɛ-] M Ertrag *m*, Gewinn *m*

pro·ven·za·le A ADJ provenzalisch B M (*lingua*) Provenzalisch(e) *n*

pro·ver·bia·le ADJ sprichwörtlich (*a. fig*)

★**pro·ver·bio** [-ɛ-] M Sprichwort *n*

pro·vet·ta [-e-] F Reagenzglas *n* ♦ **bambino (concepito) in ~** Retortenbaby *n*

pro·vet·to [-e-] ADJ meisterhaft, Meister-: **uno sciatore ~** ein meisterhafter Skiläufer *m*

pro·vi·der [pro'vaider] M ⟨*inv*⟩ (Internet)Provider *m*

★**pro·vin·cia** F 1 Provinz *f*; (*in Germania*) Landkreis *m* 2 Provinz *f*: **vivere in ~** in der Provinz leben ♦ *pej* **buco di ~** Provinznest *n*

pro·vin·cia·le A ADJ 1 Provinzial-, Provinz- 2 *pej* provinziell B M/F Provinzbewohner *m*, -in *f*; *pej* Provinzler *m*, -in *f*

pro·vin·cia·li·smo [-z-] M Provinzialismus *m* **pro·vin·cia·li·tà** F ⟨*inv*⟩ Provinzialität *f*

pro·vi·no M 1 RADIO, TV (*cinema*) Probeaufnahme *f* 2 THEAT Vorsprechen *n* 3 FOTO Probefoto *n* 4 TECH Prüfgerät *n* 5 (*campione*) Probestück *n*

pro·vo·can·te ADJ aufreizend

★**pro·vo·ca·re** V/T ⟨1l, c *u.* d⟩ 1 verursachen 2 hervorrufen, erregen 3 provozieren

pro·vo·ca·to·re [-o-] A ADJ herausfordernd, aufreizend B M, **-tri·ce** F Aufrührer *m*, -in *f*

pro·vo·ca·to·rio [-ɔ-] ADJ provokant, herausfordernd **pro·vo·ca·zio·ne** [-o-] F Herausforderung *f*, Provokation *f*

pro·vo·la [-ɔ-] F = *Käsesorte*

pro·vo·lo·ne [-o-] M = *Käsesorte*

prov·ve·de·re [-e-] ⟨2s⟩ A V/I ⟨av⟩ 1 **~ a qn/qc** sich um j-n/etw kümmern, für j-n/etw sorgen 2 **bisogna ~ in qualche modo** hier muss etwas unternommen werden B V/T **~ qc a qn/qc** etw/j-n mit etw versehen (*od* versorgen)

prov·ve·di·men·to [-e-] M Maßnahme *f*, Vorkehrung *f*: **-i limitativi della libertà** Freiheitsentzug *m*; **prendere -i** Maßnahmen ergreifen ♦ **~ di sicurezza** Sicherheitsvorkehrung *f*; **~ d'urgenza** Notstandsmaßnahme *f*

prov·ve·di·to·ra·to M Verwaltungsbehörde *f*: **~ agli studi** Provinzialschulamt *n*

prov·ve·di·to·re [-o-] M, **-tri·ce** F Amtsleiter *m*, -in *f*; **~ agli studi** Provinzialschulamtsleiter *m*

prov·ve·du·to ADJ aufmerksam

prov·vi·den·te [-ɛ-] vorsichtig, umsichtig

prov·vi·den·za [-ɛ-] F 1 THEOL Vorsehung *f* 2 Glück *n*, Segen *m* 3 Maßnahme *f* **prov·vi·den·zia·le** ADJ 1 günstig, gelegen, willkommen: **essere ~** gelegen kommen 2 THEOL von der Vorsehung bestimmt

prov·vi·do [-ɔ-] ADJ **1** klug, weise **2** nützlich

prov·vi·gio·ne [-o-] F Provision *f*: **lavorare su ~** gegen Provision arbeiten ♦ **~ del mediatore** Maklergebühr *f*; **~ sulle vendite** Umsatzprovision *f*

prov·vi·so·ria·men·te [-e-] ADV vorübergehend, vorläufig **prov·vi·so·rie·tà** F ⟨*inv*⟩ Vorläufigkeit *f* **prov·vi·so·rio** [-ɔ-] ADJ vorläufig, provisorisch ♦ **calcolo ~** Zwischenrechnung *f*; **in modo ~** behelfsweise

prov·vi·sta F Vorrat *m*: **fare ~ di qc** einen Vorrat an etw (*dat*) anlegen **prov·vi·sto** ADJ **1** **essere ~ di qc** mit etw versehen (*od* ausgestattet) sein **2** **un negozio ben ~** ein gut sortiertes Geschäft *n*

pro·zi·o M, **-a** F Großonkel *m*, -tante *f*

pru·a F SCHIFF, FLUG Bug *m*

pru·den·te [-ɛ-] ADJ **1** vorsichtig, behutsam **2** umsichtig, besonnen **pru·den·te·men·te** [-e-] ADV **1** vor-, umsichtig **2** behutsam **3** vorsichtshalber **pru·den·za** [-ɛ-] F **1** Vorsicht *f*, Behutsamkeit *f* **2** Umsicht *f*, Besonnenheit *f* **pru·den·zia·le** ADJ Vorsichts-

pru·de·re VI ⟨3a⟩ jucken

pru·gna F Pflaume *f*

pru·gno M Pflaumenbaum *m*

pru·gno·la F BOT (*frutto*) Schlehe *f* **pru·gno·lo** M BOT Schlehe *f*, Schwarzdorn *m*

pru·na·io M **1** Dornengestrüpp *n* **2** *fig* verzwickte (*od* heikle) Angelegenheit *f*

pru·nel·la¹ [-ɛ-] F ZOOL Braunelle *f*

pru·nel·la² [-ɛ-] F Zwetschenwasser *n*

pru·no M Dornbusch *m*

pru·ri·gi·ne F Jucken *n*, Juckreiz *m* **pru·ri·gi·no·so** [-o-] ADJ **1** juckend **2** *fig* erregend **pru·ri·to** M **1** Jucken *n*, Juckreiz *m* **2** *fig* Kitzel *m*, Reiz *m*

Prus·sia F Preußen *n* **prus·sia·no** **A** ADJ preußisch (*a. iron*) **B** M, **-a** F Preuße *m*, -ßin *f*

prus·si·co ADJ **acido ~** Blausäure *f*

pseu·do·in·tel·let·tua·le M/F Pseudointellektuelle *m/f*

pseu·do·ni·mo [-ɔ-] M Deckname *m*

psi·ca·na·li·si F Psychoanalyse *f* **psi·ca·na·li·sta** M/F Psychoanalytiker *m*, -in *f* **psi·ca·na·li·ti·co** ADJ psychoanalytisch

psi·ca·na·liz·za·re VT ⟨1a⟩ psychoanalytisch behandeln

psi·che F PSYCH Psyche *f*, Seele *f*

psi·chia·tra M/F Psychiater *m*, -in *f*

psi·chia·tri·a F Psychiatrie *f*

psi·chia·tri·co ADJ psychiatrisch

psi·chi·co ADJ psychisch, Seelen-

psi·co·a·na·li·si *ecc.* → psicanalisi *ecc.*

psi·co·dram·ma M Psychodrama *n*

psi·co·far·ma·co M Psychopharmakon *n*

psi·co·gram·ma M Psychogramm *n*

psi·co·la·bi·le **A** ADJ psychisch labil **B** M/F psychisch Labile *m/f*

psi·co·lo·gi·a F Psychologie *f* **psi·co·lo·gi·co** [-ɔ-] ADJ psychologisch; psychisch

psi·co·lo·go [-ɔ-] M, **-a** F Psychologe *m*, -login *f*

psi·co·mo·to·rio [-ɔ-] ADJ psychomotorisch **psi·co·mo·tri·ci·tà** F ⟨*inv*⟩ Psychomotorik *f* **psi·co·pa·ti·co** **A** ADJ psychopathisch **B** M, **-a** F Psychopath *m*, -in *f*

psi·co·si [-ɔ-] F ⟨*inv*⟩ Psychose *f*

psi·co·so·ma·ti·ca F Psychosomatik *f* **psi·co·so·ma·ti·co** ADJ psychosomatisch **psi·co·te·ra·peu·ta** [-ɛ-] M/F Psychotherapeut *m*, -in *f* **psi·co·te·ra·pi·a** F Psychotherapie *f*

psi·co·ti·co [-ɔ-] ADJ psychotisch

puah INT pfui, bah

pub·bli·ca·men·te [-e-] ADV öffentlich

★**pub·bli·ca·re** VT ⟨1l *u.* d⟩ **1** veröffentlichen **2** herausgeben **3** herausbringen **4** bekannt geben **5** publik machen **pub·bli·ca·to** PPERF **essere ~** erscheinen **pub·bli·ca·zio·ne** [-o-] F **1** Veröffentlichung *f*, Herausgabe *f* **2** (*opera*) Publikation *f*, Ausgabe *f* **3** Bekanntmachung *f*, Verlautbarung *f* **4** *pl* Aufgebot *n*: **fare le -i** das Aufgebot bestellen ♦ **anno di ~** Erscheinungsjahr *n*; **~ a fascicoli** Heftausgabe *f*; **~ a fogli mobili** Loseblattausgabe *f*

pub·bli·ci·sta M/F **1** freier Mitarbeiter *m*, freie Mitarbeiterin *f* (bei Zeitungen und Zeitschriften) **2** JUR Staatsrechtler *m*, -in *f* **pub·bli·ci·sti·ca** F **1** Publizistik *f* **2** JUR Staatsrechtslehre *f*

★**pub·bli·ci·tà** F ⟨*inv*⟩ **1** Werbung *f*, Reklame *f* **2** (*divulgazione*) Verbreitung *f* **3** (*l'essere pubblico*) Öffentlichkeit *f* ♦ **agenzia di ~** Werbeagentur *f*; **~ luminosa** Leuchtreklame *f*; **~ mirata** Direktwerbung *f*; **~ murale** Plakatwerbung *f*; **~ occulta** Schleichwerbung *f*; **piccola ~** Kleinanzeige *f*; **~ televisiva** Fernsehwerbung *f*

P

pub·bli·ci·ta·rio A ADJ Werbe-, Reklame-: **campagna -a** Werbekampagne *f*; **cartellone** (**manifesto**) ~ Werbeplakat *n*; **slogan** ~ Werbeslogan *m*; **spot** ~ Werbespot *m* B M, **-a** F Werbefachmann *m*, -frau *f* ♦ **di grande impatto** ~ werbewirksam

★**pub·bli·ciz·za·re** V/T ⟨1a⟩ 1 ~ **qc** für etw werben, für etw Reklame machen 2 bekannt machen **pub·bli·ciz·za·zio·ne** [-o-] F Werbung *f*

★**pub·bli·co**[1] ADJ 1 öffentlich: **opinione -a** öffentliche Meinung *f* 2 öffentlich, staatlich, Staats-: **servizio** ~ öffentlicher Dienst *m* ♦ **in luogo** ~ in der Öffentlichkeit; **mezzi -ci** öffentliche Verkehrsmittel *pl*; ~ **ministero** Staatsanwalt *m*; **rendere** ~ **qc** etw an die Öffentlichkeit bringen

★**pub·bli·co**[2] M 1 Öffentlichkeit *f* 2 Publikum *n*, Zuschauer *pl*; Zuhörer *pl* 3 Leser *pl*, Leserschaft *f* ♦ **aperto al** ~ der Öffentlichkeit zugänglich; **orario di apertura al** ~ Öffnungszeiten *pl*

pu·be M 1 Schambein *n* 2 Schamgegend *f*

pu·be·ra·le ADJ pubertär, Pubertäts-

pu·ber·tà F ⟨*inv*⟩ Pubertät *f*

pu·blic do·main ['pablikdo'mein] M ⟨*inv*⟩ IT Public Domain *n*

pu·di·ci·zia F Schamhaftigkeit *f* **pu·di·co** ADJ 1 schamhaft 2 zurückhaltend

pu·do·re [-o-] M 1 Schamhaftigkeit *f* 2 Schamgefühl *n* 3 Anstand *m*: **avere il** ~ **di fare qc** den Anstand haben, etw zu tun ♦ **senza** ~ schamlos

pue·ri·cul·to·re [-o-] M (*medico*) Kinderarzt *m*, -ärztin *f*

pue·ri·cul·tri·ce F (*infermiera*) Säuglingsschwester *f*

pue·ri·cul·tu·ra F Säuglingspflege *f*

pue·ri·le ADJ 1 kindlich, Kindes- 2 *pej* kindisch, albern **pue·ri·li·tà** F ⟨*inv*⟩ Albernheit *f* **pue·ri·zia** F Kindesalter *n*, Kindheit *f*

puer·pe·ra [-ε-] F Wöchnerin *f*

puf·fo M Schlumpf *m*

pu·gi·la·to M Boxen *n*, Boxsport *m* ♦ **incontro di** ~ Boxkampf *m*

pu·gi·le M/F Boxer *m*, -in *f*

Pu·glia F Apulien *n* **pu·glie·se** [-e-] A ADJ apulisch B M/F Apulier *m*, -in *f*

pu·gna·la·re V/T ⟨1a⟩ 1 ~ **qn** j-m einen Dolchstoß versetzen; j-n erdolchen, erstechen 2 *fig* ~ **qn alle spalle** j-m in den Rücken fallen

pu·gna·la·ta F Dolchstoß *m*

pu·gna·le M Dolch *m*

★**pu·gno** M 1 Faust *f*: **serrare il** ~ die Faust ballen 2 Faustschlag *m* 3 Handvoll *f*: **un** ~ **di riso** eine Handvoll Reis ♦ **fare a -i** (*picchiarsi*) sich prügeln; (*di colori*) sich mit etw beißen; **prendere a -i qn** mit Fäusten auf j-n einschlagen

pu·la F Spreu *f*

pul·ce F Floh *m* ♦ **mercato delle -i** Flohmarkt *m*, Trödelmarkt *m*

pul·ci·nel·la [-ε-] M Hanswurst *m*

Pul·ci·nel·la [-ε-] M Pulcinella *m* ♦ **un segreto di** ~ ein offenes Geheimnis *n*

pul·ci·no M 1 Küken *n* 2 (*di altro uccello*) Junge *n* 3 SPORT Nachwuchsspieler *m* ♦ **bagnato come un** ~ pudelnass

pul·cio·so [-o-] ADJ voller Flöhe

pu·le·dro [-e-] M, **-a** F Fohlen *n*, Füllen *n*

pu·leg·gia [-e-] F Riemenscheibe *f*

★**pu·li·re** ⟨4d⟩ A V/T 1 putzen, sauber machen, reinigen 2 (ab)wischen B V/PR **-rsi** 1 sich putzen 2 **-rsi qc** sich (*dat*) etw putzen; sich (*dat*) etw wischen

⚠ **pulire ≠ polieren**

pulire	=	putzen
polieren	=	lucidare

pu·li·sci·scar·pe M ⟨*inv*⟩ Fußabtreter *m*

pu·li·ta F Säuberung *f*, Reinigung *f* **pu·li·tez·za** [-e-] F Reinlichkeit *f*, Reinheit *f*

★**pu·li·to** ADJ 1 sauber, rein (*a. fig*) 2 frisch: **un asciugamano** ~ ein frisches Handtuch *n* 3 reinlich 4 *umg fig* sauber, fair: **gioco** ~ sauberes Spiel *n*; **una faccenda poco -a** eine nicht ganz saubere Angelegenheit *f* 5 *umg* (*al verde*) blank 6 Netto-, rein, Rein-: **paga -a** Nettolohn *m* 7 umweltfreundlich: **energia -a** umweltfreundliche Energie *f* ♦ **denaro** ~ ehrlich verdientes Geld *n*; **fare piazza -a** reinen Tisch machen

pu·li·to·re [-o-] M, **-tri·ce** F 1 Reinigungskraft *f* 2 Reiniger *m*, -in *f* **pu·li·tri·ce** F (*macchina*) Poliermaschine *f* **pu·li·tu·ra** F 1 Reinigung *f*: ~ **a secco** Trockenreinigung 2 TECH Polieren *n*

★**pu·li·zi·a** F 1 Sauberkeit *f* 2 Reinigung *f*, Putzen *n*: **far** ~ sauber machen; **fare le -e** putzen; ♦ **addetto alle -e** Reinigungskraft *f*; **-e di casa** Hausputz *m*; **donna del-**

P

le -e Putzfrau *f*; ~ **etnica** ethnische Säuberung *f*; **grandi -e** Großreinemachen *n*; **-e di primavera** Frühjahrsputz *m*; ~ **del viso** Gesichtsreinigung *f*

pull·man M ⟨*inv*⟩ Reisebus *m*

pull·over [-'ɔver] M ⟨*inv*⟩ Pullover *m*

pul·lu·la·re V/I ⟨1l; av⟩ ~ **di qc** von etw wimmeln **pul·lu·li·o** M Wimmeln *n*

pul·mi·no M Kleinbus *m*

pul·pi·to M Kanzel *f*

pul·san·te [-s-] M **1** (Druck)Knopf *m* **2** IT Button *m*

pul·san·tie·ra [-ɛ-] F Tastenfeld *n* (*einer Fernbedienung, eines Aufzugs*)

pul·sa·re [-s-] V/I ⟨1a; av⟩ pulsieren (*a. fig*)

pul·sa·zio·ne [-satsi'o-] F Pulsschlag *m*

pul·vi·sco·lo M feiner Staub *m*

pu·ma M ⟨*inv*⟩ Puma *m*

pun·gen·te [-ɛ-] ADJ **1** stachelig; stechend **2** (*freddo*) schneidend: **freddo** ~ beißende Kälte *f* **3** (*risposta*) bissig

★**pun·ge·re** ⟨3d⟩ V/T **1** stechen **2** (*maglione, barba*) kratzen **3** (*ortica*) brennen **4** (*freddo*) beißen

pun·gi·glio·ne [-o-] M Stachel *m*

pun·gi·to·po [-ɔ-] M ⟨*inv*⟩ BOT Mäusedorn *m*

pun·go·la·re V/T ⟨1l⟩ **1** antreiben: ~ **i buoi** die Ochsen antreiben **2** *fig* anspornen, anstacheln **pun·go·lo** M **1** Ochsenziemer *m* **2** *fig* Stachel *m*

pu·ni·bi·le ADJ strafbar **pu·ni·bi·li·tà** F ⟨*inv*⟩ Strafbarkeit *f*

★**pu·ni·re** V/T ⟨4d⟩ (be)strafen **pu·ni·ti·vo** ADJ strafend, Straf- **pu·ni·to·re** [-o-] **A** ADJ strafend, ausgleichend **B** M, **-tri·ce** F Bestrafer *m*, -in *f* **pu·ni·zio·ne** [-o-] F **1** Strafe *f*, Bestrafung *f*: **per** ~ zur Strafe **2** SPORT **calcio di** ~ Freistoß *m*

★**pun·ta**[1] F **1** Spitze *f* (*a. fig*) **2** Gipfel *m* **3** Landspitze *f* **4** GASTR Prise *f*; Messerspitze *f* **5** *fig* **una** ~ **d'ironia** ein Schuss *m* Ironie **6** Höchstmaß *n*; Höchststand *m*; Höhepunkt *m* **7** SPORT (Sturm)Spitze *f* **8** (*enologia*) **prendere la** ~ sauer werden ♦ **a** ~ spitz; **doppie -e** gespaltene Haarspitzen *pl*, Haarspliss *m*; **ce l'ho sulla** ~ **della lingua** es liegt mir auf der Zunge; **ora di** ~ Stoßzeit *f*; **in** ~ **di piedi** auf Zehenspitzen

pun·ta[2] F JAGD **cane da** ~ Vorstehhund *m*

pun·ta·le M Zwinge *f*; Metallspitze *f*

pun·ta·re ⟨1a⟩ **A** V/T **1** (*appoggiare*) aufsetzen, stützen **2** richten: ~ **lo sguardo su qc** den Blick auf etw (*akk*) richten; ~ **il dito verso qn** mit dem Finger auf j-n zeigen **3** (*armi*) anlegen **4** setzen: ~ **su qn/qc** auf j-n/etw setzen **5** JAGD stellen **B** V/I ⟨av⟩ **1** (zu)steuern: ~ **verso nord** nach Norden steuern **2** ~ **su qc** mit etw rechnen **3** ~ **a qc** nach etw streben

pun·ta·spil·li M ⟨*inv*⟩ Nadelkissen *n*

pun·ta·ta[1] F **1** Stich *m*, Stoß *m* **2** (*rapida visita*) Abstecher *m* **3** MIL Vorstoß *m*

pun·ta·ta[2] F Fortsetzung *f*, Folge *f*, Teil *m*: **a** (*od* **in**) **-e** in Fortsetzungen, in Folgen; **romanzo a -e** Fortsetzungsroman *m*

pun·ta·ta[3] F **1** Wette *f* **2** Einsatz *m*

pun·ta·to·re [-o-] M, **-tri·ce** F **1** Wetter *m*, -in *f* **2** IT **puntatore** *m* Cursor *m*, Schreibmarke *f*: ~ **del mouse** Mauszeiger *m*

pun·ta·zio·ne [-o-] F Interpunktion *f*

pun·teg·gia·re V/T ⟨1f⟩ **1** tüpfeln; punktieren **2** GRAM interpunktieren **3** *fig* ~ **qc di qc** etw in etw (*akk*) einstreuen **pun·teg·gia·tu·ra** F **1** Zeichensetzung *f* **2** Punktierung *f*, Tüpfelung *f*

★**pun·teg·gio** [-e-] M **1** Wertung *f*, Punktzahl *f* **2** SPORT Spielstand *m*

pun·tel·la·men·to [-e-] M (Ab)Stützen *n*

pun·tel·la·re ⟨1b⟩ **A** V/T **1** (ab)stützen **2** *fig* untermauern, stützen, absichern **B** V/PR **-rsi** sich stützen **pun·tel·la·tu·ra** F **1** (Ab)Stützen *n* **2** (Ab)Stützung *f*

pun·tel·lo [-ɛ-] M **1** Stütze *f*, Stützbalken *m*, Strebe *f* **2** *fig* Stütze *f*

pun·te·ruo·lo [-ɔ-] M **1** Ahle *f* **2** MECH Körner *m* **3** ZOOL Kornkäfer *m*

pun·ti·for·me [-o-] ADJ punktförmig

pun·ti·glio M **1** Starr-, Eigensinn *m*: **per** ~ aus Starrsinn **2** Gewissenhaftigkeit *f* **pun·ti·glio·si·tà** F ⟨*inv*⟩ **1** Eigen-, Starrsinnigkeit *f* **2** Gewissenhaftigkeit *f* **pun·ti·glio·so** [-o-] ADJ **1** starr-, eigensinnig: **carattere** ~ eigensinniges Wesen *n* **2** gewissenhaft

pun·ti·na F Reißzwecke *f* ♦ ~ **da disegno** Reißnagel *m*, Zwecke *f* **pun·ti·no** M Pünktchen *n* ♦ **a** ~ wie es sich gehört; **-i di sospensione** Auslassungspunkte *pl*

★**pun·to**[1] M **1** Punkt *m* **2** Punkt *m*; Stelle *f*; Sache *f*; Problem *n*: **qui sta il** ~! hier liegt das Problem!; **venire al** ~ zur Sache kommen **3** Grenze *f*: **superare il** ~ **di sopportazione** die Grenze des Erträglichen überschreiten **4** SPORT Punkt *m*: **vincere ai -i** nach Punkten gewinnen **5** (*in sartoria*) Stich *m* **6** (*maglia*) Masche *f* **7** MED Stich *m*; Faden *m* ♦ **a che ~ sei?** wie weit bist du?; **arrivare al ~** auf den Punkt kommen; **arrivare al ~ di** (*od* **che**) ... so weit kommen, dass ...; *fig* **~ di assistenza** Servicepoint *m*; **~ e basta!** Schluss, aus!; **di ~ in bianco** mir nichts, dir nichts; **due -i** Doppelpunkt *m*; **~ elenco** Aufzählungszeichen *n*; **~ esclamativo** Ausrufezeichen *n*; **~ interrogativo** Fragezeichen *n*; **a un certo ~** irgendwann; **fino a un certo ~** bis zu einem gewissen Grade; **fino a questo ~** bis jetzt; ★ **in ~** Punkt; **alle due in ~** Punkt zwei Uhr; **mettere a ~ qc** etw ausarbeiten; **-i neri** Mitesser *pl*; **essere sul ~ di fare qc** im Begriff sein, etw zu tun; **~ di vendita** Verkaufsstelle *f*; **~ e virgola** Semikolon *n*; **~ di vista** Gesichtspunkt *m*

pun·to[2] ADV überhaupt nicht

pun·to[3] → pungere

pun·to·ne [-o-] M **1** Strebe *f*, Stütze *f* **2 falso ~** Sparren *m*, Dachsparren *m*

★**pun·tua·le** ADJ **1** pünktlich **2** *fig* genau

pun·tua·li·tà F ⟨inv⟩ Pünktlichkeit *f* ♦ **mancanza di ~** Unpünktlichkeit *f*

pun·tua·liz·za·re V/T ⟨1a⟩ präzisieren

pun·tua·liz·za·zio·ne [-o-] F Präzisierung *f*

pun·tual·men·te [-e-] ADV **1** pünktlich **2** jedes Mal, regelmäßig

pun·tu·ra F **1** (*di ago, insetto*) Stich *m* (*a. fig*) **2** MED Punktion *f* **3** (*dolore*) Stich *m*, Stechen *n* **4** *umg* Spritze *f*: **fare una ~ a qn** j-m eine Spritze geben **pun·tu·to** ADJ spitz

pun·zec·chia·men·to [-e-] M **1** Zerstechen *n* **2** *fig* Stichelei *f*, Frotzelei *f*

pun·zec·chia·re ⟨1k⟩ **A** V/T **1** zerstechen **2 ~ qn** gegen j-n sticheln **B** V/PR **-rsi** sich provozieren **pun·zec·chia·tu·ra** F Stich *m*

pun·zo·na·re V/T ⟨1a⟩ punzen; stanzen

pun·zo·na·tri·ce F Stanze *f*

pun·zo·ne [-o-] M **1** Punze *f* **2** Lochzange *f*

pu·pa F **1** Puppe *f* (*a.* ZOOL) **2** *umg* junges Mädchen *n*

pu·pa·ro M, **-a** F Marionettenspieler *m*, -in *f*

pu·pat·to·la F Püppchen *n* (*a. fig*) **pu·paz·zet·to** [-e-] M **1** kleine Puppe *f*, kleiner Hampelmann *m* **2** Papierfigur *f* **3** Karikatur *f*

pu·paz·zo M **1** Puppe *f* **2** *fig* Hampelmann *m* ♦ **~ di neve** Schneemann *m*

pu·pil·la F **1** Pupille *f* **2** *fig* Augenstern *m*: **essere la ~ degli occhi di qn** j-s Augenstern sein **3** JUR Mündel *n* **pu·pil·lo** M, **-a** F **1** JUR Mündel *n* **2** *fig* Liebling *m*

pu·po M **1** *umg* Kind *n* **2** Marionette *f*, Puppe *f* ♦ **teatro dei -i** Marionettentheater *n*

pur → pure

pu·ra·men·te [-e-] ADV rein, ganz und gar

pur·ché [-e] KONJ (nur) wenn; vorausgesetzt, dass **pur·ches·si·a** ADJ ⟨inv⟩ irgendein, beliebig, x-beliebig

★**pu·re** **A** KONJ **1** (*quand'anche, sebbene*) auch wenn, selbst wenn **2** (*tuttavia, eppure*) trotzdem, und doch **B** ADV **1** (*anche; altrettanto*) auch; ebenfalls **2** (*eppure, dopotutto*) doch **3** sogar, selbst: **~ il capo lo sa** sogar der Chef weiß es **4** ruhig, nur: **parla ~** sprich nur **5** ferner: **La prego ~ di ...** ich bitte Sie ferner, ... ♦ **come ~** sowie; **dica ~!** bitte sehr! Sie wünschen?; **pur di** nur um +*inf*; **farei qualunque cosa pur di farti contento** ich würde alles tun, nur um dich glücklich zu machen; **faccia ~ come se fosse a casa sua** fühlen Sie sich ganz wie zu Hause; **ci mancava ~ questa!** das fehlte gerade noch!; **è pur vero che ...** es stimmt zwar, dass ...

pu·rè M, **pu·re·a** [-ɛ-] F Püree *n*, Brei *m*, *schweiz* Stock *m*

pu·rez·za [-e-] F **1** Reinheit *f* (*a. fig*) **2** Unschuld *f*, Jungfräulichkeit *f*

pur·ga F **1** PHARM Abführmittel *n* **2** POL Säuberungsaktion *f* **pur·gan·te** **A** ADJ PHARM abführend **B** M Abführmittel *n*

pur·ga·re ⟨1e⟩ **A** V/T **1** MED **~ qn** j-m ein Abführmittel verabreichen **2** reinigen, säubern: **~ il sangue** das Blut reinigen **3** POL säubern **B** V/PR **-rsi** MED abführen **pur·ga·to** ADJ **1** gereinigt **2** *fig* bereinigt

pur·ga·to·rio [-ɔ-] M Fegefeuer *n*

pu·ri·fi·ca·re ⟨1m *u.* d⟩ **A** V/T **1** reinigen, klären **2** *fig* läutern **B** V/PR **-rsi** **1** gereinigt werden **2** *fig* sich läutern **pu·ri·fi·ca·to·re** [-o-] **A** ADJ **1** reinigend, klärend **2** *fig* läuternd **B** M Reiniger *m*

pu·ri·fi·ca·zio·ne [-o-] F **1** Reinigung *f*, Klärung *f* **2** *fig* Läuterung *f*

pu·ri·smo [-z-] M Purismus *m* **pu·ri·sta**

M/F Purist *m*, -in *f* **pu·ri·tà** F ⟨inv⟩ Reinheit *f*

pu·ri·ta·ne·si·mo [-e-] M 1 Puritanismus *m* 2 *fig* Sittenstrenge *f* **pu·ri·ta·no** ADJ 1 REL puritanisch 2 *fig* sittenstreng

★**pu·ro** ADJ 1 rein, pur 2 klar 3 *fig* rein, bloß: **la -a verità** die reine Wahrheit 4 *fig* lauter 5 unschuldig 6 unberührt ♦ **miele ~** naturreiner Honig *m*; **oro ~** Feingold *n*; **~ e semplice** rein, bloß

pu·ro·san·gue [-s-] A ADJ ⟨inv⟩ 1 ZOOL reinrassig 2 *hum* waschecht B M/F ⟨inv⟩ 1 (*cavallo*) Vollblut(pferd) *n* 2 *fig* **un purosangue della politica** ein Vollblutpolitiker *m*

pur·pu·re·o ADJ (**rosso**) ~ purpurrot

★**pur·trop·po** [-ɔ-] ADV leider

pu·ru·len·to [-ɛ-] ADJ eit(e)rig **pu·ru·len·za** [-ɛ-] F 1 Eiterung *f* 2 Eiter *m*

pus M Eiter *m*

pu·sil·la·ni·me A ADJ kleinmütig B M/F kleinmütiger Mensch *m*

pu·sil·la·ni·mi·tà F ⟨inv⟩ Kleinmut *m*

pu·sto·la F Pustel *f*, Eiterblase *f*

pu·ta·ca·so A ADV wirklich: **se, ~, vincessi ...** wenn ich wirklich gewinnen würde, ... B KONJ angenommen, dass ...

pu·ta·ti·vo ADJ 1 vermeintlich: **padre ~** vermeintlicher Vater *m* 2 JUR putativ

pu·ti·fe·rio [-ɛ-] M 1 Heidenkrach *m* 2 fürchterliches Durcheinander *n*

pu·tre·di·ne [-ɛ-] F 1 Fäulnis *f*; Verwesung *f* 2 Fäule *f* 3 *fig* Verderbtheit *f*

pu·tre·far·si [-s-] V/PR ⟨3aa⟩ verfaulen; verwesen **pu·tre·fa·zio·ne** [-o-] F Fäulnis *f*; Verwesung *f*

pu·tre·scen·te [-ɛ-] ADJ verwesend, verfaulend **pu·tre·scen·za** [-ɛ-] F Verwesung *f*, Fäulnis *f*

pu·tri·do A ADJ 1 verwest, verfault, moderig 2 faulig 3 *fig* verdorben B M Verderbtheit *f* **pu·tri·du·me** M 1 Moder *m* 2 *fig* Verderbtheit *f*

putsch [putʃ] M ⟨inv⟩ Putsch *m*

put·ta·na F *vulg* Nutte *f*, Hure *f* ♦ *vulg* **figlio di ~** Hurensohn *m*

put·ta·na·ta F *vulg* 1 Mist *m*, Scheiße *f* 2 Schweinerei *f*

put·ta·nel·la [-ɛ-] F leichtes Mädchen *n* **put·ta·ne·sco** [-e-] ADJ 1 *vulg* nuttenhaft 2 **spaghetti alla -a** = *Spaghetti mit Anchovis, Oliven, Kapern, Tomaten, Knoblauch und Pfefferschoten* **put·ta·nie·re** [-ɛ-] M *vulg* Hurenbock *m*

put·to M 1 Putto *m* 2 Amorette *f*

puz·za F Gestank *m*: **c'è ~ di qc** es stinkt nach etw ♦ *fig* **~ di chiuso** Mief *m*; **~ sotto il naso** Hochnäsigkeit *f*

puz·za·re V/I ⟨1a; av⟩ stinken, übel riechen: **~ di qc** nach etw stinken (*a. fig*)

puz·zle ['pazel] M ⟨inv⟩ Puzzlespiel *n*

puz·zo M Gestank *m*: *umg* **c'è ~ di imbroglio** da ist was faul

puz·zo·la F Stinktier *n*

puz·zo·len·te [-ɛ-] ADJ Stink-, stinkend

Q

q, Q F *od* M ⟨inv⟩ q, Q *n*

qua ADV 1 da, hier: **~ in Italia** hier in Italien 2 hierher, her: **mettilo ~** stell es hierher; **vieni ~** komm her ♦ **al di ~ di qc** diesseits etw (*gen*); **al di ~** auf dieser Seite; (*moto a luogo*) auf diese Seite; **da ~** von hier; **dai ~** gib her; **di ~** hier; hier lang; **fuori di ~!** raus hier!; **ecco ~** hier ist; **eccomi ~!** hier bin ich!; **fin ~** bis hierher; **da un anno in ~** seit einem Jahr; **spostati in ~** rück ein bisschen näher (her); *fig* **~ e là** hie und da; **correre (di) ~ e (di) là** hin und her rennen; **~ la mano!** Hand darauf!; **da quando in ~ ...?** seit wann ...?; **via di ~!** weg hier!; **~ vicino** hier in der Nähe

quac·che·ro M, **-a** F Quäker *m*, -in *f*

quad [kwad] M ⟨inv⟩ Quad *n*

★**qua·der·no** [-ɛ-] M Heft *n* ♦ **~ ad anelli** Ringbuch *n*; **~ di brutta** Schmierheft *n*

qua·dra F eckige Klammer *f*

qua·dran·go·la·re ADJ viereckig

qua·dran·go·lo A ADJ viereckig B M Viereck *n* **qua·dran·te** M 1 MATH, ASTRON Quadrant *m* 2 Zifferblatt *n*

qua·dra·re ⟨1a⟩ A V/T 1 in Quadratform bringen 2 MATH quadrieren B V/I ⟨es, av⟩ 1 **~ con qc** etw (*dat*) entsprechen, mit etw übereinstimmen 2 (*conti*) stimmen 3 *umg fig* gefallen: **il suo modo non mi quadra** seine Art gefällt mir nicht

qua·dra·ti·co ADJ quadratisch

★**qua·dra·to** A ADJ 1 quadratisch, Quadrat-: **chilometro ~** Quadratkilometer *m* 2 *fig* stämmig B M 1 GEOM, MATH Quadrat *n*, Viereck *n* 2 (viereckiges) Stück *n*

qua·dra·tu·ra F **1** GEOM, ASTRON Quadratur *f* **2** Viereck *n* **3** *fig* **la ~ del cerchio** die Quadratur des Kreises

qua·drel·lo [-ɛ-] M **1** Fliese *f* **2** Pfeil *m*

qua·dre·ri·a F Gemäldegalerie *f*

qua·dret·ta·to ADJ kariert **qua·dret·ta·tu·ra** F Karomuster *n* **qua·dret·ti·no** M Kästchen *n*

qua·dret·to [-e-] M **1** Kästchen *n* **2** **a -i** kariert **3** viereckiges Stück *n*: **~ di cioccolato** ein Stückchen *n* Schokolade **4** kleines Bild *n*

qua·dri·band ADJ ⟨*inv*⟩ TEL Quadband-: **cellulare ~** Quadbandhandy *n*

quadri·cro·mi·a F Vierfarbendruck *m*

qua·drien·na·le ADJ **1** vierjährig **2** vierjährlich **qua·drien·nio** [-ɛ-] M Zeitraum *m* von vier Jahren, vier Jahre *pl* **qua·dri·fo·glio** [-ɔ-] M vierblättriges Kleeblatt *n*, Glücksklee *m* **qua·dri·ge·mi·no** [-ɛ-] ADJ **parto ~** Vierlingsgeburt *f* **qua·dri·glia** F Quadrille *f*

qua·dri·la·te·ro **A** ADJ viereckig, -seitig **B** M Viereck *n* **qua·dri·men·sio·na·le** ADJ vierdimensional **qua·dri·me·stra·le** ADJ **1** viermonatig **2** viermonatlich **qua·dri·me·stre** [-ɛ-] M **1** vier Monate **2** Viermonatsrate *f*

qua·dri·mo·to·re [-o-] **A** ADJ viermotorig **B** M viermotoriges Flugzeug *n*

qua·dri·par·ti·to[1] **A** ADJ ⟨*inv*⟩ Vier-, Vierer- **B** M POL Vierparteienregierung *f*

qua·dri·par·ti·to[2] ADJ aus vier Teilen zusammengesetzt

qua·dri·po·la·re ADJ vierpolig

qua·dri·sil·la·bo **A** ADJ viersilbig **B** M viersilbiges Wort *n*

qua·dri·vio M Kreuzung *f*

qua·dri·zio·ne [-o-] F Vierteilung *f*, Teilung *f* in vier Teile

★**qua·dro**[1] ADJ **1** viereckig, quadratisch **2** eckig: **parentesi -a** eckige Klammer *f* **3** MATH Quadrat- ♦ *fig* **testa -a** Dickkopf *m*

★**qua·dro**[2] M **1** Bild *n*, Gemälde *n* **2** *fig* Bild *n*, Schilderung *f* **3** Rahmen *m*: **nel ~ della manifestazione** im Rahmen der Veranstaltung **4** Tabelle *f*, Übersicht(stafel) *f*: **~ riassuntivo** zusammenfassende Übersicht *f* **5** Viereck *n* **6** *pl* Karo *n*: **asso di -i** Karoass *n* ♦ ★ **a -i** kariert; **-i amministrativi** leitende Angestellte *pl*; **~ dei comandi** Steuerpult *n*; ELEK Schaltpult *n*; **-i direttivi** Führungskräfte *pl*; ELEK **~ elettrico** Schalttafel *f*; **-i intermedi** mittlere Führungskräfte *pl*

qua·dru·ma·ne **A** ADJ ZOOL vierhändig **B** M ZOOL Vierhänder *m* **qua·dru·pe·de** **A** ADJ ZOOL vierbeinig, vierfüßig **B** M ZOOL Vierfüß(l)er *m*, Vierbeiner *m*

qua·dru·pli·ca·re ⟨1m *u.* d⟩ **A** V/T **1** vervierfachen **2** *fig* verdoppeln und verdreifachen **B** V/PR **-rsi** **1** sich vervierfachen **2** *fig* sich um ein Vielfaches erhöhen

qua·dru·pli·ce ADJ vierfach

qua·dru·plo **A** ADV & ADJ vierfach **B** M Vierfache *n*

quag·giù ADV **1** hier unten; da unten: **c'è nessuno ~?** ist niemand da unten? **2** hierherunter; hierhinunter: **vieni ~!** komm herunter! **3** hienieden, in diesem Erdenleben

qua·glia F Wachtel *f*

★**qual·che** ADJ ⟨*indef*⟩ **1** einige, wenige, ein paar: **tra ~ giorno partirò** in einigen Tagen fahre ich weg **2** etwas: **ha ~ soldo da parte** er hat etwas Geld auf der Seite **3** ein, eine, irgendein, irgendeine: **per un ~ motivo** aus irgendeinem Grund **4** gewiss, einig: **per ~ tempo** für eine gewisse Zeit ♦ **~ giorno** einige Tage; **in ~ modo** irgendwie; **da ~ parte** irgendwo, -wohin, -woher; **in ~ posto** irgendwo, -wohin; **~ volta** manchmal; irgendwann

qualche

Immer **qualche** + Einzahl!

qualche amico	einige Freunde

qual·che·du·no → qualcuno

★**qual·co·sa** [-ɔ-] **A** INDEF PR etwas; *umg* was, irgendwas **B** M **un ~** ein gewisses Etwas *n*

qualcosa

qualcosa + di + Adjektiv
qualcosa + da + Infinitiv

qualcosa di nuovo	etwas Neues
qualcosa da fare	etwas zu tun

★**qual·cu·no** INDEF PR **1** jemand, irgendeiner: **~ ha bussato** jemand hat geklopft **2** mancher, einige: **~ di voi** manche von euch **3** *fig* **essere ~** jemand sein **4** einige, irgend(einer): **ho letto ~ dei suoi li-**

bri ich habe einige seiner Bücher gelesen

★**qua·le** **A** ADJ ⟨*interrog*⟩ **1** welcher, welche, welches: **~ borsa vuole?** welche Tasche wollen Sie?; **~ onore!** welche Ehre! **2** was für ein, was für eine **B** ADJ ⟨*rel*⟩ **1** wie: **città -i Roma e Firenze** Städte wie Rom und Florenz **2** **tale (e) ~** (ganz) wie; **è tale (e) ~ suo padre** er ist ganz sein Vater **C** INTERROG PR **1** was für ein, was für eine: **ho bisogno di un coltello – ~?** ich brauche ein Messer – was für eins? **D** REL PR **il ~, la ~** der, die, das; welcher, welche, welches: **la donna della ~ raccontavo** die Frau, von welcher ich erzählte **E** ADV als: **parlo ~ presidente** ich spreche als Vorsitzender ♦ **in un certo qual modo** gewissermaßen

qua·li·fi·ca F **1** Bezeichnung *f*, Benennung *f* **2** Titel *m* **3** Qualifikation *f* **4** berufliche Beurteilung *f*

qua·li·fi·ca·bi·le ADJ qualifizierbar

qua·li·fi·can·te ADJ **1** qualifizierend **2** bedeutsam

qua·li·fi·ca·re ⟨1m *u.* d⟩ **A** V/T **1** bezeichnen, qualifizieren **2** kennzeichnen **3** ausbilden **B** V/PR **1** **-rsi come qc** sich als etw ausweisen **2** **-rsi qc** sich als etw erweisen **3** *fig* **-rsi da sé** für sich selbst sprechen **4** SPORT **-rsi** sich qualifizieren

qua·li·fi·ca·ti·vo ADJ **1** qualifizierend **2** GRAM **aggettivo ~** Eigenschaftswort *n*

qua·li·fi·ca·to ADJ **1** gelernt, qualifiziert: **non ~** ungelernt **2** geeignet **3** *fig* angesehen ♦ **operaio ~** Facharbeiter *m*

qua·li·fi·ca·zio·ne [-o-] F **1** Qualifikation *f* (*a.* SPORT) **2** Titel *m*

★**qua·li·tà** F ⟨*inv*⟩ **1** Eigenschaft *f*, Beschaffenheit *f* **2** Gabe *f*, Begabung *f* **3** Qualität *f*: **merci di ~ buona/media/scadente** Waren guter/mittlerer/minderer Qualität **4** Sorte *f* ♦ **certificato di ~** Qualitätsbescheinigung *f*; **in ~ di** als; **marchio di ~** Gütezeichen *n*; **di prima ~** *fig* erstklassig; **~ della vita** Lebensqualität *f*

qua·li·ta·ti·vo ADJ qualitativ, Qualitäts-

qua·lo·ra [-o-] KONJ wenn, falls

★**qual·si·a·si** [-'si-] **A** ADJ ⟨*indef inv*⟩ **1** irgendein, irgendwelcher, jeder, beliebig **2** **~ cosa** alles **3** unbedeutend, gewöhnlich **B** ADJ ⟨*rel inv*⟩ **1** welcher auch immer **2** **~ cosa** was auch immer; alles, was ♦ **a ~ costo** (*od* **prezzo**) zu jedem Preis; *fig* um jeden Preis

★**qua·lun·que** **A** ADJ ⟨*indef inv*⟩ **1** irgendein, beliebig: **uno ~** irgendeiner; (*persona*) irgendwer **2** **~ cosa** alles **3** unbedeutend; gewöhnlich **B** ADJ ⟨*rel inv*⟩ **1** welcher auch immer **2** **~ cosa** was auch immer; alles, was ♦ **l'uomo ~** der Mann von der Straße

qual·vol·ta [-ɔ-] KONJ *poet* **ogni ~ (che)** … jedes Mal wenn …

★**qua·ndo** **A** ADV **1** wann **2** manchmal: **~ uno ~ l'altro** manchmal einer, manchmal der andere **B** KONJ **1** als **2** wenn: **~ andava dalla nonna** … wenn er die Großmutter besuchte …; **~ ti capita di vederlo, salutalo** wenn du ihn sehen solltest, grüße ihn; **~ ci ripensassi, fammelo sapere** falls du es dir anders überlegen solltest, lass es mich wissen **3** da, weil, wenn: **~ le cose stanno così …** wenn es so ist … **4** während, obwohl: **gioca a carte ~ dovrebbe studiare** er spielt Karten, obwohl er lernen sollte **C** M **il come e il ~** das Wie und das Wann ♦ **quand'anche fosse così?** und selbst wenn es so wäre?; **da ~** seit(dem); **da ~ (in qua)?** seit wann?; **di ~ in ~** ab und zu; **fino a ~** bis, solange; **fino a ~?** bis wann?; **~ mai?** warum eigentlich?

quan·ti·fi·ca·re V/T ⟨1d *u.* n⟩ quantifizieren **quan·ti·fi·ca·zio·ne** [-o-] F Quantifizierung *f*

★**quan·ti·tà** F ⟨*inv*⟩ **1** Menge *f*; Anzahl *f*; Quantum *n* **2** Vielzahl *f* **3** MATH, PHYS Größe *f* ♦ **~ enorme** Unmenge *f*

quan·ti·ta·ti·vo **A** ADJ mengenmäßig **B** M Menge *f*, Quantität *f*, Anzahl *f*

★**quan·to**[1]

A Adjektiv | B Pronomen
C Adverb | D Wendungen

— A Adjektiv —

1 wie viel: **~ zucchero vuoi?** wie viel Zucker nimmst du? **2** wie lange: **~ tempo durerà?** wie lange wird es dauern? **3** wie (*od* so) viel; was für (*od* so) ein: **~ fracasso** was für ein Lärm! **4** so viel …, wie: **prendi ~ denaro ti occorre** nimm so viel Geld, wie du brauchst **5** ebenso (*od* genauso) viel: **ho tanti problemi -i ne ha lui** ich habe ebenso viele Probleme wie er

— B Pronomen —

1 wie viel: **~ costa?** wie viel kostet das? **2** wie lange: **(per) ~ ne hai ancora?**

wie lange brauchst du noch? **3** das, was; *pl* alle, die: **ho ~ occorre** ich habe (das), was ich brauche

— C Adverb —

1 wie (viel): **~ pesi?** wie viel wiegst du? **2** wie: **~ sono contento!** wie froh ich bin! **3** wie viel: **~ hai fumato oggi!** wie viel du heute geraucht hast! **4** so viel ... wie: **ho fatto ~ è possibile** ich habe das Mögliche getan **5** so lange: **rimani pure ~ vuoi** bleib, so lange du willst **6** **tanto ... ~ ...** genauso (*od* ebenso) ... wie ...; genauso (*od* ebenso) viel ... wie ...: **lavoro tanto ~ te** ich arbeite ebenso viel wie du **7** **tanto ... ~ ...** je ..., desto (*od* umso) ...: **tanto più guadagna, ~ più spende** je mehr er verdient, desto mehr gibt er aus **8** **non tanto ... ~ ...** nicht so sehr ..., als vielmehr ...; **non tanto per i soldi ~ per la fama** nicht so sehr wegen des Geldes, als (vielmehr) wegen des Ruhms

— D Wendungen —

~a me, te, lui was mich, dich, ihn betrifft; **-i ne abbiamo oggi?** den Wievielten haben wir heute?; **-i anni hai?** wie alt bist du?; **aggiungere sale ~ basta** nach Geschmack salzen; **da ~ ...** (*per quel che*) soviel ...; **da ~ abiti qui?** seit wann wohnst du hier?; **da ~ ho capito** soviel ich verstanden habe; **~ fa?** was macht das?; **in ~** da; (*in qualità di*) als; **~ mai** sehr, höchst, äußerst; **~ meno** mindestens, zumindest; **ogni ~ passa l'autobus?** wie oft fährt der Bus?; **per ~** so sehr; so viel; **per ~ ne so** meines Wissens; **~ prima** so bald wie möglich; **~ segue** Folgendes; **tutti -i** alle; **tutto ~** alles

quan·to² M **1** Menge *f*, Quantum *n* **2** PHYS Quant *n*: **teoria dei -i** Quantentheorie *f*

quan·to·me·no [-e-] ADV mindestens, zumindest

quan·tun·que KONJ wenn auch

★**qua·ran·ta** **A** ADJ ⟨*inv*⟩ vierzig **B** M ⟨*inv*⟩ **1** Vierzig *f* **2** das Jahr 1940; → a. cinquanta

qua·ran·te·na [-ɛ-] F Quarantäne *f*

qua·ran·ten·na·le **A** ADJ **1** vierzigjährig **2** Vierzigjahres- **B** M vierzigster Jahrestag *m* **qua·ran·ten·ne** [-ɛ-] **A** ADJ vierzigjährig **B** M/F Vierzigjährige *m/f* **qua·ran·ten·nio** [-ɛ-] M vierzig Jahre *pl* **qua·ran·te·si·mo** [-ɛ-] **A** ADJ vierzigst **B** M, **-a** F **1** Vierzigste *m/f* **2** **quarantesimo** *m* Vierzigstel *n* **qua·ran·ti·na** F **1** etwa vierzig **2** (*età*) vierzig: **essere sulla ~** um die vierzig sein

qua·ran·tot·to [-ɔ-] **A** ADJ ⟨*inv*⟩ achtundvierzig **B** M ⟨*inv*⟩ Achtundvierzig *f* ♦ **succede un ~** der Teufel ist los

qua·re·si·ma [-e-] F Fastenzeit *f* **qua·re·si·ma·le** ADJ Fasten-, Fastenzeit-

quar·ta F **1** **~ elementare** = *vierte Klasse* **2** MUS Quart(e) *f* **3** AUTO vierter Gang *m* ♦ **partire in ~** mit Volldampf loslegen

quar·tet·to [-e-] M MUS Quartett *n*: **~ d'archi** Streichquartett *n*; **~ di fiati** Bläserquartett *n*

★**quar·tie·re** [-ɛ-] M **1** Stadtviertel *n*, Stadtteil *m* **2** MIL Quartier *n*: **quartier generale** Hauptquartier *n* ♦ **-i alti** vornehmere Viertel *pl*; *fig* höhere Gesellschaft *f*; **~ signorile** Villenviertel *n*

quar·ti·na F **1** LIT Vierzeiler *m* **2** MUS Quartole *f* **quar·ti·no** M Viertel *n*, Vierteliter *m*; *umg* Viertelchen *n*

★**quar·to** **A** ADJ vierte **B** M, **-a** F **1** Vierte *m/f* **2** **quarto** *m* Viertel *n* **3** MUS Quart(e) *f*; → a. quinto ♦ SPORT **-i di finale** Viertelfinale *n*; **~ d'ora** Viertelstunde *f*; **sono le tre e un ~** es ist Viertel nach drei; **sono le tre meno un ~** es ist Viertel vor drei; *fig* **passare un brutto ~ d'ora** schlimme fünf Minuten durchmachen

quar·tul·ti·mo **A** ADJ viertletzt **B** M, **-a** F Viertletzte *m/f*

quar·zi·fe·ro ADJ quarzhaltig, Quarz-

quar·zo M Quarz *m* ♦ **orologio al ~** Quarzuhr *f*

★**qua·si** **A** ADV **1** fast, beinahe **2** quasi, so gut wie **B** KONJ als, als ob: **la tratta male, ~ la odiasse** er behandelt sie so schlecht, als würde er sie hassen ♦ **~ che** als, als ob; **~ ~** vielleicht; warum nicht?

quas·sù ADV **1** hier oben: **da** (*od* **di**) **~** von hier oben **2** (hier)herauf **3** (hier)hinauf

qua·ter·na [-ɛ-] F **1** (*nel lotto*) Vierer *m* **2** Vierergruppe *f* **qua·ter·na·rio** ADJ **1** vierteilig **2** GEOL quartär

quat·to ADJ geduckt, gebückt ♦ **~ ~** mucksmäuschenstill

quat·tor·di·cen·ne [-ɛ-] **A** ADJ vierzehnjährig **B** M/F Vierzehnjährige *m/f*

quat·tor·di·ce·si·mo [-ɛ-] **A** ADJ vierzehnte **B** M, **-a** F **1** Vierzehnte *m/f*

2 **quattordicesimo** *m* Vierzehntel *n*; → a. quinto

★**quat·tor·di·ci** [-o-] **A** ADJ ⟨*inv*⟩ vierzehn **B** M ⟨*inv*⟩ **1** Vierzehn *f* **2** das Jahr 1914 **3** Vierzehnte *m*: **il ~ (di) maggio** am vierzehnten Mai **C** FPL vierzehn Uhr *f*

quat·tri·no M **1** Heller *m*, Pfennig *m*: **non avere il becco di un ~** keinen roten Heller mehr haben **2** *pl* Geld *n*: **guadagnare fior di -i** haufenweise Geld verdienen

★**quat·tro** **A** ADJ ⟨*inv*⟩ vier **B** M ⟨*inv*⟩ **1** Vier *f* **2** das Jahr 1904 **3** Vierte *m*: **il ~ (di) maggio** am vierten Mai **C** FPL vier Uhr *f*; → a. cinque ♦ **fare ~ chiacchiere con qn** einen kleinen Schwatz mit j-m halten; **a quattr'occhi** unter vier Augen; **eravamo in ~** wir waren zu viert; **fare ~ passi** einen kurzen Spaziergang machen; **farsi in ~ per qn** sich (*dat*) ein Bein für j-n ausreißen; **in ~ e quattr'otto** in null Komma nichts

quat·troc·chi [-ɔ-] M/F ⟨*inv*⟩ *pej* Brillenträger *m*, -in *f*; Brillenschlange *f* ♦ **a ~** unter vier Augen

quat·tro·cen·te·sco [-e-] ADJ aus dem fünfzehnten Jahrhundert **quat·tro·cen·te·si·mo** [-ɛ-] **A** ADJ vierhundertste **B** M, **-a** F **1** Vierhundertste *m/f* **2** **quattrocentesimo** *m* Vierhundertstel *n*

quat·tro·cen·to [-ɛ-] **A** ADJ ⟨*inv*⟩ vierhundert **B** M ⟨*inv*⟩ Vierhundert *f* **Quat·tro·cen·to** [-ɛ-] M fünfzehntes Jahrhundert *n*

quat·tro·mi·la **A** ADJ ⟨*inv*⟩ viertausend **B** M ⟨*inv*⟩ Viertausend *f*

Que·bec [-ɛ-] F Quebec *n*

que·gli [-e-] **A** → quello **B** PRON jener, der

quei, **quel·le** [-e-] → quello

★**quel·lo** [-e-] **A** ADJ ⟨quello, quel, quella, quell'; *pl* quegli, quei, quelle; *der Gebrauch der Formen folgt den Regeln des bestimmten Artikels* il, lo, la⟩ **1** der (da), die (da), das (da); jener, jene, jenes **2** solcher, solche, solches; so: **ho preso uno di quegli spaventi** ich bin so erschrocken **B** PRON **1** der (da), die (da), das (da): **lo vedi ~? è mio fratello** siehst du den dort? das ist mein Bruder **2** solcher, solche, solches **3** der(jenige), die(jenige), das(jenige): **-a che hai visto ieri è …** die(jenige), die du gestern gesehen hast, ist … **4** **~ che** was; das, was; **prendi ~ che vuoi** nimm dir, was du willst ♦ **per quel che ne so io** soviel ich weiß

> ### questo e quello
>
> Sowohl **questo** als auch **quello** werden mit ‚der', ‚die' bzw. ‚das' übersetzt. Im Italienischen haben sie aber sehr unterschiedliche Bedeutungen:
> **quello** bezieht sich auf Personen, Sachen und Sachverhalte, die räumlich oder zeitlich entfernt sind,
> **questo** nur auf nahe gelegene (und entspricht dem deutschen ‚dies-').
>
> | | |
> |---|---|
> | **Mi dai quella penna?** | Gibst du mir den Kuli (dort)? |
> | **È tua questa giacca?** | Gehört die(se) Jacke dir? |

quer·ce·to [-e-] M Eichenhain *m*

quer·cia [-ɛ-] F Eiche *f*, Eichbaum *m*

que·re·la [-ɛ-] F Klage *f*, Strafantrag *m*: **sporgere ~ contro qn** Klage gegen j-n erheben; **~ per diffamazione** Verleumdungsklage *f*

que·re·lan·te **A** ADJ klagend, Klage- **B** M/F (Privat)Kläger *m*, -in *f* **que·re·la·re** V/T ⟨1b⟩ **~ qn** j-n verklagen **que·re·la·to** **A** ADJ verklagt **B** M, **-a** F Ver-, Beklagte *m/f*

que·ru·lo [-ɛ-] ADJ klagend, wehleidig

que·si·to M Frage *f*, Problem *n*

que·stio·na·re V/I ⟨1a; av⟩ **1** diskutieren **2** streiten, zanken

que·stio·na·rio M Fragebogen *m*

★**que·stio·ne** [-o-] F **1** Problem *n*, Frage *f* **2** Angelegenheit *f*, Sache *f* **3** Diskussion *f* **4** Streit *m* ♦ **questa è un'altra ~** das steht auf einem anderen Blatt; **è solo ~ di fortuna** das ist reine Glückssache; **la persona in ~** der (*od* die) Betreffende; **il nocciolo della ~** der Kern des Problems, der Frage

que·stion ti·me ['kwɛstjon'taim] M *od* F ⟨*inv*⟩ Fragestunde *f*

★**que·sto** [-e-] **A** ADJ ⟨*dem*⟩ **1** dieser, diese, dieses; der, die, das; solcher, solche, solches **2** (*passato*) dieser, letzt: **in -i giorni** in diesen Tagen **3** (*prossimo*) dies, nächst: **uno di -i giorni** in den nächsten Tagen **B** DEM PR **1** dieser, diese, dieses; der, die, das: **vuoi ~ o quello?** willst du dieses oder jenes? **2** (*con essere*) das, dies: **~ è il nuovo caporeparto** das ist der neue Abteilungsleiter; **~ è molto strano** das ist sehr seltsam **3** (*con preposizioni*) **non abbiamo parlato di ~** wir haben nicht davon gesprochen; **da ~ si può capire che …** daran erkennt man, dass …; **in ~ hai ragione** da hast du recht; **per ~** deswegen ♦ **-a è bella!** das ist ja allerhand!; **con ~** damit; **e con ~?** na und?; **~ mai!** niemals!; **ci mancava anche -a!** das fehlte gerade noch!; **niente di tutto ~** nichts von all(e)dem; **quest'oggi** heute; **oltre a ~** außerdem; **per ~** deshalb, daher; **-a poi!** das gibt's ja nicht!; **fino a ~ punto** so weit, bis hierher; **~ qua** (*od* **~ qui**) der da; **senti -a!** hör dir das an!; **-a proprio non ci voleva** das hat gerade noch gefehlt!

que·sto·re [-o-] M Polizeipräsident *m*

que·stua [-ɛ-] F **1** Betteln *n* **2** Almosensammlung *f* **3** (*di denaro*) Kollekte *f* **que·stuan·te** ADJ Bettel-: **frate ~** Bettelmönch *m*

que·stu·ra F Polizeipräsidium *n*

que·stu·ri·no M, **-a** F *umg* Bulle *m*, Polizist *m*, -in *f*

★**qui** ADV **1** hier, da: **dov'è la mia borsa! – ~** wo ist meine Tasche? – hier **2** (hier)her: **vieni ~** komm her **3** (*con valore enfatico*) **senti ~ cosa dice il giornale** hör mal (her), was in der Zeitung steht; **tieni ~** halt mal **4** *fig* da, hier, nun: **~ hai torto** da bist du im Unrecht; **~ comincia il bello** nun kommt das Schönste ♦ **di ~ in avanti** (*locale*) von hier ab; (*temporale*) von nun an; **da ~** von hier (aus); **~ davanti** hier vorn(e); **è passato di ~** er ist vorbeigekommen; (*con veicolo*) er ist vorbeigefahren; **di ~ a poco** bald; **di ~ a un anno** in einem Jahr; **~ dietro** hier hinten; **eccomi ~!** hier bin ich!; **fin ~** (*locale*) bis hierher; (*temporale*) bis jetzt; **fuori di ~!** raus!; **era ~ intorno** er war hier irgendwo; **di ~ a lì** von hier bis dort; **per di ~** hier durch, hier entlang; **tutto ~?** ist das alles?; **il problema è tutto ~** das ist das ganze Problem; **via di ~!** hau ab!; **~ vicino** hier in der Nähe; (*moto a luogo*) hier in die Nähe

quie·scen·te [-ɛ-] ADJ **1** ruhend, Ruhe-: **vulcano ~** untätiger Vulkan *m* **2** nachgiebig, fügsam **quie·scen·za** [-ɛ-] F **1** Ruhe *f* **2** *form* Ruhestand *m*: **porre in ~** in den Ruhestand versetzen

quie·tan·za F Quittung *f*, Empfangsbestätigung *f*: **rilasciare una ~ per qc** eine Quittung für etw ausstellen ♦ **per ~** Betrag erhalten

quie·tan·za·re V/T ⟨1a⟩ quittieren

quie·ta·re ⟨1b⟩ **A** V/T **1** beruhigen **2** **~ un desiderio** einen Wunsch erfüllen **B** V/PR **-rsi** **1** sich beruhigen **2** (*vento*) sich legen

quie·te [-ɛ-] F **1** Ruhe *f*, Stille *f* **2** Frieden *m* ♦ **turbare la ~ pubblica** die öffentliche Ruhe stören

quie·to [-ɛ-] ADJ **1** ruhig, still **2** friedlich ♦ **per amore del ~ vivere** um des lieben Friedens willen

★**quin·di** **A** ADV danach, dann: **prima arrivò lui, ~ gli altri** erst kam er, dann folgten die anderen **B** KONJ also, folglich, daher

quin·di·cen·na·le ADJ **1** fünfzehnjährig **2** fünfzehnjährlich **quin·di·cen·ne** [-ɛ-] **A** ADJ fünfzehnjährig **B** M/F Fünfzehnjährige *m/f* **quin·di·cen·nio** [-ɛ-] M Zeitraum *m* von fünfzehn Jahren

quin·di·ce·si·mo [-ɛ-] **A** ADJ fünfzehnte **B** M, **-a** F **1** Fünfzehnte *m/f* **2** **quindicesimo** *m* Fünfzehntel *n*; → a. quinto

★**quin·di·ci** **A** ADJ ⟨*inv*⟩ fünfzehn **B** M ⟨*inv*⟩ **1** Fünfzehn *f* **2** (*data*) Fünfzehnte *m* **3** das Jahr 1915 **C** FPL fünfzehn Uhr *f*

quin·di·ci·na F **1** etwa fünfzehn **2** **la prima ~ di agosto** die erste Augusthälfte

quin·di·ci·na·le ADJ **1** vierzehntägig **2** vierzehntäglich, Halbmonats-

quin·quen·na·le **A** ADJ **1** Fünfjahres- **2** fünfjährlich **B** M fünfter Jahrestag *m*

quin·quen·nio [-ɛ-] M Jahrfünft *n*

quin·ta F **1** fünfte Klasse *f* **2** THEAT Kulisse *f*: *fig* **dietro le -e** hinter den Kulissen **3** AUTO fünfter Gang *m*

★**quin·ta·le** M Doppelzentner *m*: **mezzo ~** Zentner *m* **quin·tes·sen·za** [-ɛ-] F **1** Quintessenz *f* **2** *fig* Inbegriff *m* **quin·tet·to** [-e-] M Quintett *n* (*a. fig*): **~ d'archi** Streichquintett *n*

quin·to **A** ADJ fünfte **B** M, **-a** F **1** Fünfte *m/f* **2** **quinto** *m* Fünftel *n* ♦ **la -a volta** das fünfte Mal; **la -a parte** ein Fünftel, der fünfte Teil; **in pagina -a** auf Seite fünf; **Enrico ~** Heinrich der Fünfte

quin·tul·ti·mo **A** ADJ fünftletzte **B** M, **-a** F Fünftletzte *m/f*

quin·tu·pli·ca·re ⟨1m *u.* d⟩ **A** V/T verfünffachen **B** V/PR **-rsi** sich verfünffachen

quin·tu·plo **A** ADJ fünffach **B** M Fünffache *n*

qui pro quo M ⟨*inv*⟩ Missverständnis *n*

Q

Qui·to ['kito] F Quito *n*
quiz M ⟨*inv*⟩ Quiz *n*, Ratespiel *n*
quo·rum [-ɔ-] M ⟨*inv*⟩ Quorum *n*
quo·ta [-ɔ-] F **1** Anteil *m*, Quote *f* **2** Beitrag *m*, Rate *f* **3** FLUG (Flug)Höhe *f*: **guadagnare/perdere ~** an Höhe gewinnen/verlieren **4** (*totocalcio, ippica*) Gewinnquote *f* **5** FIN Kurs *m* ♦ **escursione ad alta ~** Höhenwanderung *f*; **~ annuale** Jahresbeitrag *m*; **~ a carico del datore di lavoro** Arbeitgeberanteil *m*; **~ a carico del lavoratore** Arbeitnehmeranteil *m*; FIN **~ forfettaria** Pauschalbetrag *m*; **~ d'iscrizione** Einschreibegebühr *f*; **-e d'ingresso** Einwanderungsquote *f*; *fig* **essere a ~ zero** wieder am Anfang stehen
quo·ta·re ⟨1c⟩ **A** V/T **1** **~ qn** j-s Anteil festsetzen **2** WIRTSCH quotieren, notieren **3** schätzen, taxieren **4** *fig* schätzen, ansehen **B** V/PR **-rsi** einen Beitrag leisten, sich zu einem Anteil verpflichten **quo·ta·to** ADJ **1** WIRTSCH notiert **2** *fig* angesehen: **un artista molto ~** ein sehr angesehener Künstler *m* **quo·ta·zio·ne** [-o-] F **1** WIRTSCH Kursnotierung *f* **2** *fig* Ansehen *n* ♦ **andamento delle -i** Kursentwicklung *f*; **~ azionaria** Aktiennotierung *f*; **~ del dollaro** Dollarkurs *m*
quo·ti·dia·na·men·te [-e-] ADV alltäglich **quo·ti·dia·ni·tà** F ⟨*inv*⟩ Alltag *m*
★**quo·ti·dia·no** **A** ADJ **1** Alltags-, täglich **2** alltäglich: **il tran tran ~** der alltägliche Trott **B** M Tageszeitung *f*
quo·zien·te [-ɛ-] M **1** MATH Quotient *m* **2** Ziffer *f*, Zahl *f* ♦ **~ d'intelligenza** Intelligenzquotient *m*; **~ di mortalità** Sterblichkeitsrate *f*; **~ di natalità** Geburtenziffer *f*

R

r, R F *od* M ⟨*inv*⟩ r, R *n*
ra·bar·ba·ro M **1** Rhabarber *m* **2** (*liquore*) Rhabarberlikör *m*
Ra·bat F Rabat *n*
rab·ber·cia·re V/T ⟨1f⟩ zusammenflicken (*a. fig*) **rab·ber·cia·tu·ra** F Flickwerk *n* (*a. fig*)
★**rab·bia** F **1** Tollwut *f* **2** Zorn *m*, Wut *f*, Ärger *m* **3** Toben *n*, Wüten *n* ♦ **che ~!** verdammt!; **mi fa ~** das ärgert mich
rab·bi·no M Rabbiner *m*
rab·bio·so [-o-] ADJ **1** tollwütig **2** (jäh)zornig, wütend **3** tobend
rab·bo·ni·men·to [-e-] M Besänftigung *f*
rab·bo·ni·re ⟨4d⟩ **A** V/T besänftigen **B** V/PR **-rsi** sich beruhigen
rab·bri·vi·di·re V/I ⟨4d; av, es⟩ (er)schaudern, erschauern: **~ di orrore** vor Entsetzen schaudern
rab·buf·fa·re V/T ⟨1a⟩ **1** zerzausen **2** ausschimpfen, schelten **rab·buf·fa·to** ADJ **1** zerzaust **2** erschüttert, verwirrt
rab·buf·fo M Verweis *m*, Rüffel *m*
rab·bu·iar·si [-s-] V/PR ⟨1i⟩ sich verfinstern (*a. fig*) **rab·bu·ia·to** ADJ finster (*a. fig*)
rab·do·man·te M/F Wünschelrutengänger *m*, -in *f*
rac·ca·pez·za·re ⟨1a⟩ **A** V/T **1** zusammenbringen, -kratzen **2** (mit Mühe) begreifen **B** V/PR **-rsi** sich zurechtfinden: **non -rsi in qc** aus etw nicht klug werden
rac·ca·pric·cian·te ADJ entsetzlich
rac·ca·pric·cia·re ⟨1f⟩ **A** V/I ⟨es⟩ (er)schaudern **B** V/PR **-rsi** sich gruseln
rac·ca·pric·cio M Schauder *m*, Entsetzen *n*: **con mio ~** zu meinem Entsetzen
rac·cat·ta·pal·le M/F ⟨*inv*⟩ Balljunge *m*, -mädchen *n*
rac·cat·ta·re V/T ⟨1a⟩ *umg* **1** aufheben, auflesen: **~ qc da terra** etw vom Boden aufheben **2** zusammenkratzen, aufraffen, sammeln
rac·chet·ta [-e-] F **1** **~ (da tennis)** Tennisschläger *m*; **~ da squash** Squashschläger *m* **2** **~ (da sci)** Skistock *m*
rac·chio **A** ADJ hässlich **B** M, **-a** F Ausbund *m* an Hässlichkeit
rac·chiu·de·re V/T ⟨3b⟩ **1** ein-, verschließen **2** enthalten
★**rac·co·glie·re** [-ɔ-] ⟨3ss⟩ **A** V/T **1** aufheben **2** ernten (*a. fig*); pflücken **3** bekommen: **~ molti voti** viele Stimmen bekommen **4** sammeln: **~ carta da riciclare** Altpapier sammeln **5** (*acqua, profughi ecc.*) auffangen, sammeln **6** annehmen: **~ una provocazione** eine Herausforderung annehmen **B** V/PR **-rsi** **1** sich versammeln **2** (*concentrarsi*) sich sammeln **3** sich (zusammen)kauern ♦ **~ i capelli** das Haar zusammenbinden; **~ la sfida** den Fehdehandschuh aufnehmen

rac·co·gli·men·to [-e-] M Sammlung *f*, Andacht *f*, Einkehr *f* **rac·co·gli·tic·cio** **A** ADJ **1** zusammengelesen **2** *fig* zusammengeschustert **B** M buntes Allerlei *n* **rac·co·gli·to·re** [-o-] M, **-tri·ce** F **1** Sammler *m*, -in *f* **2** **raccoglitore** *m* Sammelmappe *f*, Ordner *m* **3** **raccoglitore** *m* Sammelbox *f* ♦ **mettere in un ~** abheften

rac·co·gli·tri·ce F (*macchina agricola*) Erntemaschine *f*

rac·col·ta [-ɔ-] F **1** Sammlung *f*: **~ di francobolli** Briefmarkensammlung *f* **2** Sammeln *n* **3** Ernte *f* **4** Versammlung *f*: **chiamare a ~** versammeln ♦ **campo di ~** Sammel-, Auffanglager *n*; **~ di abiti usati** Altkleidersammlung *f*; **~ differenziata** Mülltrennung *f*; **~ delle olive** Olivenernte *f*; **~ dell'uva** Weinlese *f*

★**rac·col·to**¹ [-ɔ-] ADJ **1** zusammengekauert **2** (*capelli*) zusammengebunden **3** *fig* gesammelt ♦ **~ in preghiera** ins Gebet vertieft

★**rac·col·to**² [-ɔ-] M Ernte *f*: **cattivo ~** Missernte *f*; **festa del ~** Erntefest *n*

rac·co·man·da·bi·le ADJ **1** empfehlenswert **2** vertrauenerweckend

★**rac·co·man·da·re** ⟨1a⟩ **A** V/T **1** anvertrauen **2** empfehlen **3** **~ a qn di fare qc** j-m nahelegen, etw zu tun; **~ a qn la puntualità** j-n zur Pünktlichkeit (er)mahnen **4** (persönlich) empfehlen **B** V/PR **-rsi** **1** sich anvertrauen, sich empfehlen **2** **-rsi a qn** j-n anflehen **3** (nachdrücklich) bitten ♦ **mi raccomando!** vergiss es nicht!; **mi raccomando, stai attento!** sei ja vorsichtig!

★**rac·co·man·da·ta** F **1** Einschreiben *n* **2** Einschreibesendung *f* ♦ **~ a mano** persönlich zugestellter Brief *m*; **~ con ricevuta di ritorno** Einschreibebrief *f* mit Rückschein

rac·co·man·da·ta·rio M, **-a** F Empfänger *m*, -in *f* einer Empfehlung **rac·co·man·da·to** **A** ADJ **1** empfohlen **2** eingeschrieben **B** M, **-a** F Günstling *m* ♦ **essere un ~ di ferro** über gute Beziehungen verfügen; **essere ~ da qn** eine persönliche Empfehlung von j-m haben

rac·co·man·da·zio·ne [-o-] F **1** Empfehlung *f*: **su** (*od* **dietro**) **~ di qn** auf j-s Empfehlung hin **2** *pl* Beziehungen *pl* **3** Ermahnung *f*, Warnung *f* **4** Rat *m*, Empfehlung *f* ♦ **lettera di ~** Empfehlungsschreiben *n*

rac·co·mo·da·re V/T ⟨1m *u.* c⟩ **1** ausbessern **2** reparieren **3** in Ordnung bringen

rac·con·cia·re ⟨1f⟩ → raccomodare

★**rac·con·ta·re** V/T ⟨1a⟩ **1** erzählen: **~ qc su qn** etw von j-m erzählen **2** mitteilen: **~ a qn un segreto** j-m ein Geheimnis mitteilen **3** weitererzählen **4** *fig* **si racconta** (*od* **raccontano**) **che ...** es wird gemunkelt, dass ... ♦ **~ bugie** lügen; **che cosa mi racconti?** was gibt es Neues?; **~ per filo e per segno** in allen Einzelheiten berichten

★**rac·con·to** [-o-] M **1** Erzählung *f* **2** Bericht *m*

rac·cor·cia·re ⟨1f⟩ **A** V/T kürzen **B** V/PR **-rsi** kürzer werden

rac·cor·da·re V/T ⟨1c⟩ **1** (miteinander) verbinden **2** BAHN anschließen

rac·cor·do [-ɔ-] M **1** Verbindung *f*, Anschluss *m* **2** Zubringerstraße *f* ♦ **~ anulare** Umgehungsstraße *f*; **~ autostradale** Autobahnzubringer *m*; **~ di entrata** Autobahnauffahrt *f*; **~ ferroviario** Bahnanschluss *m*; **~ di uscita** Autobahnausfahrt *f*

rac·co·sta·re V/T ⟨1c⟩ **1** **~ qc a qc** etw an etw (*akk*) (heran)rücken **2** (*paragonare*) gegenüberstellen, vergleichen

ra·chi·de F Rückgrat *n*, Wirbelsäule *f*

ra·chi·ti·co ADJ **1** rachitisch **2** *fig* kümmerlich **ra·chi·ti·smo** [-z-] M Rachitis *f*

ra·ci·mo·la·re V/T ⟨1m⟩ **1** AGR nachlesen **2** *fig* zusammenkratzen, auftreiben

ra·cket ['raket] M ⟨*inv*⟩ Verbrecherring *m*

ra·da F Reede *f*

ra·dar **A** ADJ ⟨*inv*⟩ Radar- **B** M ⟨*inv*⟩ Radargerät *n* ♦ **rilevamento ~** Radarpeilung *f*; **uomini ~** Fluglotsen *pl*

rad·den·sa·re [-s-] ⟨1b⟩ **A** V/T verdicken **B** V/PR **-rsi** sich verdicken, sich verdichten

rad·dol·ci·men·to [-e-] M **1** (*di suoni, colori*) Dämpfung *f* **2** *fig* Milderung *f*, Abschwächung *f* **rad·dol·ci·re** ⟨4d⟩ **A** V/T **1** süßen **2** *fig* sanfter machen **3** lindern, mildern **4** (*suoni, colori*) dämpfen, abschwächen **B** V/PR **-rsi** milder werden

rad·dop·pia·men·to [-e-] M **1** Verdoppelung *f* **2** *fig* Verstärkung *f* **rad·dop·pia·re** ⟨1k⟩ **A** V/T verdoppeln (*a. fig*) **B** V/I ⟨es⟩ **1** sich verdoppeln **2** doppelt so stark werden

rad·dop·pia·to ADJ **1** doppelt (*a. fig*) **2** doppelschichtig
rad·dop·pio [-o-] M Verdoppelung *f* (*a.* MUS)
rad·driz·za·men·to [-e-] M **1** Geradebiegen *n* **2** Richten *n* **3** ELEK Gleichrichtung *f*
rad·driz·za·re ⟨1a⟩ **A** V/T **1** gerade richten (*od* machen); gerade biegen **2** zurechtrücken **3** (*fiumi, strade ecc.*) begradigen **4** *fig* zurechtbiegen, -rücken **5** *umg* **ti raddrizzo io!** dir werd ich's schon zeigen! **6** ELEK gleichrichten **7** MED **~ i denti** die Zähne regulieren **B** V/PR **-rsi 1** gerade werden **2** sich aufrichten **rad·driz·za·to·re** [-o-] M ELEK Gleichrichter *m*
ra·den·te [-ɛ-] ADJ **1** streifend **2** MIL flach, Flach-: **un tiro ~** ein Flachschuss *m* ♦ **volo ~** Tiefflug *m*
ra·de·re ⟨3b⟩ **A** V/T **1** rasieren **2** niederreißen; (*alberi*) fällen **3 ~ qc** etw streifen **B** V/PR **-rsi 1** sich rasieren **2** sich enthaaren ♦ **~ qc al suolo** etw dem Erdboden gleichmachen
ra·dia·le[1] **A** ADJ MATH, PHYS radial, Radial- **B** F Radiallinie *f*
ra·dia·le[2] M Gürtelreifen *m*
ra·dian·te ADJ strahlend, Strahlungs-, Strahlen- ♦ **terapia ~** Strahlentherapie *f*
ra·dia·re V/T ⟨1k⟩ *form* ausschließen: **~ qn dall'ordine degli avvocati** j-n aus der Anwaltschaft ausschließen
ra·dia·to[1] ADJ strahlenförmig, Strahlen-
ra·dia·to[2] ADJ ausgeschlossen
ra·dia·to·re [-o-] M **1** AUTO, FLUG Kühler *m* **2** Heizkörper *m* **3** PHYS Strahler *m*
ra·dia·zio·ne[1] [-o-] F **1** Strahlung *f* **2** *pl* Strahlen *pl* ♦ **contaminato dalle -i** strahlenverseucht; **dose di -i** Strahlendosis *f*; **emanare -i** (aus)strahlen; **esposizione alle -i** Strahlenbelastung *f*; **~ ionizzante** Ionenstrahlung *f*; **~ solare** Sonnenstrahlung *f*; **~ termica** Wärmestrahlung *f*
ra·dia·zio·ne[2] [-o-] F *form* Ausschluss *m* (aus einem Berufsstand)
ra·di·ca F Wurzelholz *n*; Bruyèreholz *n*
ra·di·ca·le **A** ADJ **1** BOT Wurzel- **2** *fig* radikal, tief greifend, Radikal- **3** POL radikal, extrem **B** M/F POL Radikale *m/f* **C** M CHEM, MATH Radikal *n*: **-i liberi** freie Radikale *pl*
ra·di·ca·leg·gian·te ADJ radikal eingestellt **ra·di·ca·li·smo** [-z-] M Radikalismus *m*
ra·di·ca·li·tà F ⟨*inv*⟩ Radikalität *f*
ra·di·ca·liz·za·re ⟨1a⟩ **A** V/T radikalisieren **B** V/PR **-rsi** radikaler werden **ra·di·ca·liz·za·zio·ne** [-o-] F Radikalisierung *f*
ra·di·cal·men·te [-e-] ADV **1** radikal **2** völlig
ra·di·ca·men·to [-e-] M BOT Verwurzelung *f*
ra·di·ca·re ⟨1l *u.* d⟩ **A** V/I ⟨es⟩ wurzeln, Wurzeln schlagen **B** V/PR **-rsi** sich (tief) einwurzeln **ra·di·ca·to** ADJ *fig* (tief) verwurzelt
★**ra·dic·chio** M Radicchio *m*
ra·di·ce F **1** BOT, MATH, MED Wurzel *f* **2** *fig* Wurzel *f*, Grund *m*: **andare alla ~ di qc** etw (*dat*) auf den Grund gehen ♦ **mettere -ci** Wurzeln schlagen (*a. fig*)
★**ra·dio**[1] **A** ADJ ⟨*inv*⟩ Rundfunk-, Radio-, Funk- **B** F ⟨*inv*⟩ **1** Rundfunk *m*: **ascoltare la ~** Radio hören **2** Sender *m* **3** Radio *n*, Radioapparat *m*: **accendere/spegnere la ~** das Radio einschalten/ausschalten **4** Funk *m* **5** Funkgerät *n* ♦ **alla ~** im Radio; **giornale ~** Rundfunknachrichten *pl*; **~ privata** Privatsender *m*; **ricezione ~** Radioempfang *m*; **~ della polizia** Polizeifunk *m*; **stazione ~** Radiosender *m*; **via ~** über Funk
ra·dio[2] M ANAT Speiche *f*
ra·dio[3] M CHEM Radium *n*
ra·dio·ab·bo·na·to M, **-a** F Rundfunkteilnehmer *m*, -in *f* **ra·dio·a·ma·to·re** [-o-] M, **-tri·ce** F Funkamateur *m*, -in *f*
ra·dio·a·scol·ta·to·re [-o-] M, **-tri·ce** F Rundfunkhörer *m*, -in *f*
ra·dio·at·ti·vi·tà F ⟨*inv*⟩ Radioaktivität *f* **ra·dio·at·ti·vo** ADJ radioaktiv, Radio-
ra·dio·ca·na·le M Funkkanal *m* **ra·dio·col·le·ga·men·to** [-e-] M Funkkontakt *m*
ra·dio·co·man·da·re V/T ⟨1a⟩ über Funk steuern **ra·dio·co·man·da·to** ADJ funkgesteuert
ra·dio·co·man·do M Funksteuerung *f* **ra·dio·co·mu·ni·ca·zio·ne** [-o-] F Funkverkehr *m*
ra·dio·cro·na·ca [-ɔ-] F Rundfunkbericht *m*
ra·dio·cro·ni·sta M/F Rundfunkberichterstatter *m*, -in *f*
ra·dio·dif·fon·de·re [-o-] V/T ⟨3bb⟩ (im Rundfunk) übertragen, senden
ra·dio·dif·fu·sio·ne [-o-] F Rundfunk *m* **ra·dio·dif·fu·so** ADJ im Rundfunk

R

übertragen
ra·dio·di·stur·bo M Funkstörung *f* **ra·dio·dram·ma** M Hörspiel *n* **ra·dio·e·mit·ten·te** [-ɛ-] ADJ **torre** ~ Funkturm *m* **ra·dio·e·qui·pag·gia·to** ADJ **pattuglia -a** Funkstreife *f* **ra·dio·fo·ni·a** F Rund-, Hörfunk *m*
ra·dio·fo·ni·co [-ɔ-] ADJ Rundfunk-, Funk-, Radio- ♦ **annunciatore** ~ Rundfunksprecher *m*; **annuncio** ~ Radiodurchsage *f*; **canone** ~ Rundfunkgebühr *f*; **ente** ~ Rundfunkanstalt *f*; **programma** ~ Rundfunkprogramm *n*; **utente** ~ Rundfunkteilnehmer *m*
ra·dio·fo·ni·sta M/F Funker *m*, -in *f* **ra·dio·fre·quen·za** [-ɛ-] F Radiofrequenz *f* **ra·dio·gior·na·le** M Rundfunknachrichten *pl*
ra·dio·go·nio·me·tri·a F Funkpeilung *f* **ra·dio·go·nio·me·tro** [-ɔ-] M Funkpeilgerät *n*
ra·dio·gra·fa·re V/T ⟨1a⟩ MED röntgen; durchleuchten (*a. fig*) **ra·dio·gra·fi·a** F **1** MED Röntgenaufnahme *f*, -bild *n* **2** *fig* Analyse *f*
ra·dio·gra·fi·co ADJ Röntgen-: **esame** ~ Röntgenuntersuchung *f*
ra·dio·gui·da·re V/T ⟨1a⟩ über Funk steuern **ra·dio·li·na** F Transistorradio *n* **ra·dio·lo·ca·liz·za·zio·ne** [-o-] F Funkortung *f*
ra·dio·lo·gi·a F **1** Radiologie *f* (*a.* MED) *f* **2** Röntgenabteilung *f* **ra·dio·lo·gi·co** [-ɔ-] ADJ Röntgen- **ra·dio·lo·go** [-ɔ-] M, **-a** F Radiologe *m*, -login *f*
ra·dio·mes·sag·gio M Funkspruch *m* **ra·dio·mi·cro·fo·no** [-ɔ-] M Funkmikrofon *n* **ra·dio·mo·bi·le** [-ɔ-] F Funkstreifenwagen *m*; RADIO, TV Aufnahmewagen *m*
ra·dio·na·vi·ga·zio·ne [-o-] F Funknavigation *f* **ra·dio·pi·lo·ta** [-ɔ-] M Bordanlage *f* für Funknavigation **ra·dio·re·gi·stra·to·re** [-o-] M Radiorekorder *m* **ra·dio·ri·ce·ven·te** [-ɛ-] **A** ADJ Empfangs- **B** F Funkempfänger *m*, Empfangsgerät *n* **ra·dio·ri·ce·vi·to·re** [-o-] M Funkempfänger *m* **ra·dio·ri·ce·zio·ne** [-o-] F Funkempfang *m* **ra·dio·sco·pi·a** F Röntgendurchleuchtung *f*
ra·dio·sco·pi·co [-ɔ-] ADJ Röntgen-
ra·dio·se·gna·le [-s-] M Funkzeichen *n*
ra·dio·si·tà F ⟨*inv*⟩ Strahlen *n*
ra·dio·so [-o-] ADJ strahlend
ra·dio·son·da [-'so-] F Radiosonde *f* **ra·dio·spi·a** F Abhörwanze *f* **ra·dio·sta·zio·ne** [-o-] F Funkstation *f* **ra·dio·sve·glia** [-'zve-] F Radiowecker *m* **ra·dio·ta·xi** M ⟨*inv*⟩ Funktaxi *n* **ra·dio·tec·ni·ca** [-ɛ-] F Rundfunktechnik *f* **ra·dio·tec·ni·co** [-ɛ-] **A** ADJ funktechnisch **B** M, **-a** F Funktechniker *m*, -in *f*
ra·dio·te·le·co·man·do M Funksteuerung *f* **ra·dio·te·le·fo·ni·a** F Funksprechverkehr *m* **ra·dio·te·le·fo·no** [-ɛ-] M **1** Funksprechgerät *n* **2** Mobiltelefon *n*
ra·dio·te·le·gra·fa·re V/T ⟨1m *u.* b⟩ funken **ra·dio·te·le·gra·fi·a** F Funktelegrafie *f* **ra·dio·te·le·gra·fi·co** ADJ Funk- **ra·dio·te·le·gra·fi·sta** M/F Funker *m*, -in *f* **ra·dio·te·le·gra·fo** [-ɛ-] M Telegraf *m* **ra·dio·te·le·gram·ma** M Funktelegramm *n*
ra·dio·te·le·vi·sio·ne [-o-] F Rundfunk- und Fernsehanstalt *f*
ra·dio·te·ra·pi·a F Strahlentherapie *f*
ra·dio·tra·smet·te·re [-e-] V/T ⟨3ee⟩ funken, im Radio übertragen **ra·dio·tra·smet·ti·to·re** [-o-] M Rundfunksender *m* **ra·dio·tra·smis·sio·ne** [-o-] F Funkübertragung *f* **ra·dio·tra·smit·ten·te** [-zmit'tɛ-] **A** ADJ Funk-, Sende- **B** F **1** Sendestation *f* **2** Funkgerät *n*
ra·dio·u·ten·te [-ɛ-] M/F Rundfunkteilnehmer *m*, -in *f*
ra·do ADJ **1** großmaschig **2** schütter, licht, spärlich **3** selten ♦ **di** ~ selten, rar
ra·du·na·re ⟨1a⟩ **A** V/T **1** (ver)sammeln, vereinigen **2** (*animali*) zusammentreiben **3** (*cose*) zusammentragen **4** anhäufen **B** V/PR **-rsi** sich (ver)sammeln, *schweiz* sich besammeln **ra·du·na·ta** F **1** Versammlung *f* **2** MIL Sammeln *n*
ra·du·no M Treffen *n*, Versammlung *f*: ~ **automobilistico** Sternfahrt *f*
ra·du·ra F Lichtung *f*, Rodung *f*
ra·fa·no M Meerrettich *m*, *österr* Kren *m*; Rettich *m*
raf·fa F **di riffa e di** ~ so oder so
raf·faz·zo·na·re V/T ⟨1a⟩ zusammenschustern **raf·faz·zo·na·tu·ra** F **1** Zusammenschustern *n* **2** Stümperei *f*
raf·fer·ma [-e-] F **1** (amtliche) Wiederbestätigung *f* **2** MIL freiwillige Weiterverpflichtung *f* zum Wehrdienst
raf·fer·ma·re ⟨1a⟩ **A** V/T bestätigen: ~ **qn sindaco** j-n (in seinem Amt) als Bür-

R

germeister bestätigen **B** V/PR **-rsi** **1** MIL sich weiterverpflichten (zum Wehrdienst) **2** (*rassodarsi*) fest werden

raf·fer·mo [-e-] ADJ **pane ~** altbackenes Brot *n*

raf·fi·ca F **1** Bö(e) *f*, Windstoß *m* **2** MIL Garbe *f*, Feuerstoß *m* **3** *fig* Schwall *m*: **una ~ di domande** ein Schwall *m* von Fragen

raf·fi·gu·ra·re ⟨1a⟩ **A** V/T **1** darstellen **2** symbolisieren **B** V/PR **-rsi qc** sich (*dat*) etw vorstellen **raf·fi·gu·ra·zio·ne** [-o-] F **1** Darstellung *f* **2** Vorstellung *f*, Bild *n* **3** Symbol *n*

raf·fi·la·re V/T ⟨1a⟩ beschneiden, gerade schneiden **raf·fi·la·tu·ra** F Beschneidung *f*

raf·fi·na·men·to [-e-] M **1** Verfeinerung *f* **2** *fig* Perfektionierung *f*

raf·fi·na·re ⟨1a⟩ **A** V/T **1** raffinieren **2** *fig* verfeinern **B** V/PR **-rsi** sich verfeinern, vornehm werden (*a. fig*) **raf·fi·na·tez·za** [-e-] F **1** Feinheit *f*, Raffiniertheit *f* **2** Kostbarkeit *f* **raf·fi·na·to** ADJ **1** raffiniert **2** (*riso*) geschält **3** **zucchero ~** Raffinade *f* **4** *fig* fein, raffiniert **5** **clientela -a** verwöhnte Kundschaft *f* **raf·fi·na·zio·ne** [-o-] F Raffination *f* **raf·fi·ne·ri·a** F Raffinerie *f*

raf·for·za·men·to [-e-] M Festigung *f*, Bekräftigung *f*, (Be)Stärkung *f*

raf·for·za·re ⟨1c⟩ **A** V/T festigen, bekräftigen, (be-, ver)stärken **B** V/PR **-rsi** sich (be-, ver)stärken, sich festigen **raf·for·za·ti·vo** **A** ADJ (ver)stärkend **B** M Verstärkung *f*

raf·fred·da·men·to [-e-] M **1** Abkühlung *f* (*a. fig*) **2** TECH Kühlung *f* ♦ **acqua di ~** Kühlwasser *n*; **impianto di ~** Kühlanlage *f*

raf·fred·da·re ⟨1a⟩ **A** V/T **1** abkühlen (*a. fig*) **2** GASTR, METALL abschrecken **3** TECH kühlen **B** V/PR **-rsi** **1** kalt werden **2** *fig* (sich) abkühlen, erkalten **3** sich erkälten **raf·fred·da·to** ADJ **essere ~** erkältet sein

★**raf·fred·do·re** [-o-] M Schnupfen *m*; Erkältung *f*: **~ da fieno** Heuschnupfen *m*

raf·fron·ta·re V/T ⟨1a⟩ vergleichen

raf·fron·to [-o-] M Vergleich *m*

raf·ting ['raftiŋ] M ⟨*inv*⟩ Rafting *n*

ra·ga·de F Hautriss *m*, Schrunde *f*

ra·ga·nel·la [-ɛ-] F **1** Laubfrosch *m* **2** MUS Ratsche *f*, Knarre *f*

★**ra·gaz·za** F **1** Mädchen *n*; junge Frau *f* **2** (feste) Freundin *f* ♦ **~ copertina** Covergirl *n*; **cognome da ~** Mädchenname *m*; **~ madre** alleinerziehende Mutter *f*; **~ di strada** Straßenmädchen *n*

ra·gaz·zac·cio M, **-a** F Lausejunge *m*, -mädchen *n* **ra·gaz·za·ta** F Jungenstreich *m* **ra·gaz·zi·no** M, **-a** F kleiner Junge *m*, kleines Mädchen *n*

★**ra·gaz·zo** M **1** Junge *m*; junger Mann *m* **2** (fester) Freund *m* **3** Laufbursche *m* **4** Junge *m*, Sohn *m* **5** *pl* Jugendliche *pl* ♦ **~ squillo** Callboy *m*; **~ di vita** Strichjunge *m*

rag·ge·lan·te ADJ schauderhaft

rag·ge·la·re ⟨1a⟩ **A** V/T **1** gefrieren lassen **2** *fig* erstarren lassen **B** V/PR **-rsi** **1** frieren, vereisen **2** *fig* erstarren, sich abkühlen

rag·gian·te ADJ **1** strahlend: **~ di gioia** glückstrahlend **2** **oggi è ~** heute strahlt sie **3** PHYS leuchtend, strahlend, Strahlungs-

rag·gia·re ⟨1f⟩ **A** V/I ⟨av⟩ **1** leuchten **2** strahlen: **~ di gioia** vor Freude strahlen **B** V/T (aus)strahlen **rag·gia·to** ADJ strahlenförmig, Strahlen- **rag·gie·ra** [-ɛ-] F Strahlenkranz *m*

★**rag·gio** M **1** Strahl *m* (*a.* PHYS) **2** GEOM Radius *m* **3** Reichweite *f*; (Um)Kreis *m*: **nel ~ di cento metri** im Umkreis von hundert Metern **4** (*della ruota*) Speiche *f* ♦ **~ d'azione** Aktionsradius *m*; *fig* Wirkungsbereich *m*; *umg* **fare i -gi a qn/qc** j-n/etw röntgen; **~ di luce/di sole** Licht-/Sonnenstrahl *m*; **-gi X** Röntgenstrahlen *pl*

rag·gi·ra·re V/T ⟨1a⟩ betrügen, hintergehen

rag·gi·ro M Betrug *m*; *pl* Ränke *pl*

★**rag·giun·ge·re** V/T ⟨3d⟩ **1** erreichen (*a. fig*); erzielen **2** **~ qn** j-n einholen **3** nachkommen: **ti raggiungo subito** ich komme gleich nach ♦ **~ il bersaglio** das Ziel treffen; **~ la meta** ans Ziel gelangen

rag·giun·gi·bi·le ADJ erreichbar, einholbar **rag·giun·gi·men·to** [-e-] M Erreichen *n*, Erzielen *n*

rag·go·mi·to·la·re ⟨1n⟩ **A** V/T aufwickeln **B** V/PR **-rsi** **1** sich kuscheln: **-rsi nel letto** sich ins Bett kuscheln **2** sich zusammenkauern **3** (*gatto, cane*) sich zusammenrollen

rag·gra·nel·la·re V/T ⟨1b⟩ *umg* zusammenkratzen, zusammenkriegen

rag·grin·zi·men·to [-e-] M Faltenbildung *f*

rag·grin·zi·re ⟨4d⟩ **A** V/T (zer)knittern

B VI ⟨es⟩ faltig werden, runzlig werden **C** VPR **-rsi** **1** sich runzeln, faltig werden **2** (*frutta*) verschrumpeln **rag·grin·zi·to** ADJ runzlig, faltig; verschrumpelt

rag·gru·ma·re ⟨1a⟩ **A** VT gerinnen lassen **B** VPR **-rsi** gerinnen **rag·gru·ma·to** ADJ geronnen

rag·grup·pa·men·to [-e-] M Gruppierung *f*; Gruppe *f* **rag·grup·pa·re** ⟨1a⟩ **A** VT vereinigen; zusammenstellen **B** VPR **-rsi** sich gruppieren, sich (zusammen)scharen

rag·gua·glia·re VT ⟨1g⟩ **1** **~ qn su qc** j-n über etw (*akk*) unterrichten **2** ausgleichen **3** vergleichen **rag·gua·glio** M **1** Auskunft *f* **2** Vergleich *m*

rag·guar·de·vo·le [-e-] ADJ **1** beachtlich, ansehnlich **2** angesehen

ra·gia F Harz *n* ♦ **acqua ~** Terpentin *n*

ra·gio·na·men·to [-e-] M **1** Gedankengang *m*, Überlegung *f* **2** Argumentation *f* ♦ **errore di ~** Denkfehler *m*

ra·gio·na·re VI ⟨1a; av⟩ **1** (nach)denken, überlegen **2** argumentieren: **che modo di ~ è questo?** so kann man doch nicht argumentieren!; *fig* **~ con i piedi** dummes Zeug reden **ra·gio·na·to** ADJ **1** durchdacht **2** detailliert: **bibliografia -a** detaillierte Bibliografie *f*

★**ra·gio·ne** [-o-] F **1** Vernunft *f* **2** Verstand *m* **3** Rechenschaft *f*: **dare ~ di qc** über etw (*akk*) Rechenschaft ablegen **4** Grund *m*, Anlass *m*: **per quale ~?** aus welchem Grund?; **per -i di famiglia** aus familiären Gründen; **senza ~** grundlos **5** **avere ~** recht haben ♦ **a ~** zu (*od* mit) Recht; **in ~ di qc** in Höhe von; **in ~ del 15%** in Höhe von 15%; **a maggior ~** umso mehr; **~ per cui** weshalb; **per nessuna ~ al mondo** nicht um alles in der Welt; **~ sociale** Firma *f*; **a ragion veduta** nach reiflicher Überlegung

R

ra·gio·ne·ri·a F **1** Buchführung *f*, Buchhaltung *f* **2** Rechnungswesen *n*

★**ra·gio·ne·vo·le** [-e-] ADJ **1** vernünftig **2** angemessen; (*affitto, prezzo*) zumutbar **3** berechtigt

ra·gio·ne·vo·lez·za [-e-] F **1** Vernünftigkeit *f* **2** Angemessenheit *f*

ra·gio·ne·vol·men·te ADV **1** (*bello, certo*) einigermaßen, ziemlich **2** (*discutere, comportarsi*) vernünftig **3** (*sospettare, pensare*) berechtigterweise

ra·gio·nie·re [-ɛ-] M, **-a** F (Bilanz)Buchhalter *m*, -in *f*

ra·glia·re VI ⟨1g; av⟩ **1** iahen **2** *fig* kreischen, krächzen **ra·glio** M **1** Eselsschrei *m*, Iahen *n* **2** *fig* Kreischen *n*, Krächzen *n*

ra·gna·te·la [-e-] F **1** Spinnennetz *n* **2** *fig* Netz *n*

★**ra·gno** M Spinne *f*

ra·gù M ⟨*inv*⟩ Hackfleischsoße *f*

Ra·gu·sa F Ragusa *n* **ra·gu·sa·no** **A** ADJ aus, von Ragusa **B** M, **-a** F Bewohner *m*, -in *f* von Ragusa

raid [r'aid] M ⟨*inv*⟩ MIL Überraschungsangriff *m* (*a. fig*)

ra·ion → rayon

ra·len·ti [ralã'ti] M ⟨*inv*⟩ Zeitlupentempo *n*: **al ~** im Zeitlupentempo

ral·le·gra·men·to [-e-] M Aufmunterung *f* ♦ **-i!** herzlichen Glückwunsch!

ral·le·gra·re ⟨1a⟩ **A** VT erfreuen, aufheitern **B** VPR **1** **-rsi di** (*od* **per**) **qc** sich an etw (*dat*) erfreuen, sich über etw (*akk*) freuen **2** **-rsi con qn per qc** j-m zu etw gratulieren

ral·len·ta·men·to [-e-] M **1** Verlangsamung *f* **2** Rückgang *m* ♦ **~ della congiuntura** Konjunkturabschwächung *f*; **~ della crescita economica** Rückgang *m* des Wirtschaftswachstums

★**ral·len·ta·re** ⟨1b⟩ **A** VT **1** verlangsamen **2** verringern **3** *fig* sich abschwächen; verringern, einschränken **4** abbremsen, langsam fahren **B** VI ⟨es, av⟩ **1** langsamer werden; langsamer fahren **2** (*velocità*) sich verringern **C** VPR **-rsi** **1** langsamer werden **2** nachlassen

ral·len·ta·to·re [-o-] M Zeitlupe *f*

ra·ma·glia F **1** Reisig *n* **2** Unterholz *n*

ra·ma·io M, **-a** F Kupferschmied *m*, -in *f*

ra·ma·io·lo [-ɔ-] M Schöpflöffel *m*

ra·man·zi·na F Strafpredigt *f*: **fare una ~ a qn** j-m eine Strafpredigt halten

ra·ma·re VT ⟨1a⟩ verkupfern

ra·mar·ro M Smaragdeidechse *f*

ra·ma·to **A** ADJ **1** kupferrot **2** kupferhaltig; verkupfert **B** M Kupfervitriol *n*

ra·maz·za F Reisigbesen *m*

ra·maz·za·re VT ⟨1a⟩ kehren

★**ra·me** M Kupfer *n* ♦ **filo di ~** Kupferdraht *m*; **incisione su ~** Kupferstich *m*

ra·mi·fi·ca·re ⟨1m *u.* d⟩ **A** VI ⟨av⟩ Zweige bekommen **B** VPR **-rsi** **1** sich verzweigen (*a. fig*) **2** (*strada*) abzweigen

ra·mi·fi·ca·to ADJ verzweigt (*a. fig*)

ra·mi·fi·ca·zio·ne [-o-] F **1** Verzweigung *f* **2** (*strada*) Abzweigung *f*

ra·min·go ADJ umherirrend ♦ **andare ~**

per il mondo durch die Welt vagabundieren; **vita -a** Vagabundenleben *n*

ra·mi·no M Rommé *n*

ram·ma·ri·ca·re ⟨1m *u.* d⟩ **A** V/T traurig stimmen **B** V/PR **-rsi di** (*od* **per**) **qc** etw bedauern

ram·ma·ri·co M Bedauern *n*: **con mio grande ~** zu meinem großen Bedauern

ram·men·da·re V/T ⟨1a⟩ stopfen, flicken **ram·men·da·tri·ce** F Kunststopferin *f*

ram·men·do [-ɛ-] M **1** Stopfen *n* **2** gestopfte Stelle *f* ♦ **filo da ~** Stopfgarn *n*

ram·men·ta·re ⟨1a⟩ **A** V/T **1** **~ qc** sich an etw (*akk*) erinnern **2** **~ qc a qn** j-n an etw (*akk*) erinnern **B** V/PR **-rsi** sich erinnern

ram·mo·der·na·re V/T ⟨1b⟩ modernisieren

ram·mol·li·men·to [-e-] M **1** Erweichung *f* (*a.* MED) **2** *fig* Verweichlichung *f* **ram·mol·li·re** ⟨4d⟩ **A** V/T **1** erweichen (*a.* MED) **2** *fig* verweichlichen **B** V/PR **-rsi** **1** weich werden **2** *fig* verweichlichen

ram·mol·li·to **A** ADJ verweichlicht **B** M, **-a** F (*uomo*) Weichling *m*, Softie *m*; (*donna*) verzärtelte, verweichlichte Person *f*, *umg* Pimperliese *f*

★**ra·mo** M **1** Ast *m*; Zweig *m* **2** *fig* Zweig *m*, Bereich *m* **3** Fach *n*, Branche *f* **4** (*fiume, lago*) Arm *m*

ra·mo·scel·lo [-ɛ-] M Ästchen *n*; Zweig *m* ♦ **~ di olivo** Ölzweig *m*

ra·mo·so [-o-] ADJ **1** astig **2** verzweigt

ram·pa F **1** Rampe *f*: **~ di carico** (Ver)Laderampe *f* **2** Treppe *f*

ram·pan·te ADJ **1** *araldica* auf den Hinterbeinen stehend **2** *fig* aufstiegsorientiert, nach oben strebend

ram·pi·can·te **A** ADJ kletternd, Kletter- **B** M Rankengewächs *n*

ram·pi·chi·no M *umg* Mountainbike *n*

ram·pi·no M **1** Haken *m* **2** *fig* Ausrede *f*

ram·pi·sta M/F Flugzeugtechniker *m*, -in *f*

ram·po·gna [-o-] F Verweis *m*, Vorwurf *m* **ram·po·gna·re** V/T ⟨1c⟩ vorwerfen

ram·pol·la·re V/I ⟨1a; es⟩ **1** (*acqua*) herausspritzen **2** (*pianta*) sprießen **3** *fig* (*famiglia*) abstammen

ram·pol·lo [-o-] M, **-a** F **1** **rampollo** *m* Spross *m* **2** *fig* Sprössling *m*

ram·po·ne [-o-] M **1** Harpune *f* **2** (*alpinismo*) Steigeisen *n* **ram·po·nie·re** [-ɛ-] M Harpunier(er) *m*

ra·na **A** F Frosch *m* **B** ADJ ⟨*inv*⟩ **uomo ~** Froschmann *m* ♦ **nuotare a ~** brustschwimmen; **~ pescatrice** Seeteufel *m*, Anglerfisch *m*

ran·ci·di·re V/I ⟨4d; es⟩ ranzig werden **ran·ci·do** ADJ **1** ranzig **2** *fig* altmodisch **3** *fig* versauert

ran·ci·du·me M **1** ranziger Geschmack *m* **2** ranziger Geruch *m*

ran·cio M Ration *f*, Essen *n*

ran·co·re [-o-] M Groll *m*

ran·co·ro·so [-o-] ADJ nachtragend

ran·da·gio ADJ **1** streunend: **cane ~** streunender Hund *m* **2** herrenlos **3** *fig* umherziehend **4** unstet

ran·del·la·re V/T ⟨1b⟩ (ver)prügeln, knüppeln **ran·del·la·ta** F Stock-, Knüppelschlag *m* **ran·del·lo** [-ɛ-] M Knüppel *m*

ran·go M **1** Reihe *f*: **serrare i -ghi** die Reihen schließen **2** Stand *m*, Rang *m* ♦ **di alto ~** hochrangig

ra·ni·sta M/F Brustschwimmer *m*, -in *f*

ran·king [ˈrɛnkiŋ] M ⟨*inv*⟩ Ranking *n*

ran·nic·chia·re ⟨1k⟩ **A** V/T **~ le gambe** die Beine anziehen **B** V/PR **-rsi** sich kauern

ran·no M Lauge *f* ♦ **perdere il ~ e il sapone** Zeit und Mühe verschwenden

ran·no·da·re V/T ⟨1a⟩ **1** verknüpfen, verknoten **2** wieder verknoten **3** *fig* wieder anknüpfen

ran·nu·vo·la·men·to [-e-] M Be-, Umwölkung *f* **ran·nu·vo·la·re** ⟨1m⟩ **A** V/T **1** umwölken **2** *fig* trüben, verdunkeln **B** V/I ⟨es⟩ *unpers* sich bewölken **C** V/PR **-rsi** **1** sich be-, sich umwölken **2** *fig* sich verfinstern

ran·nu·vo·la·to ADJ **1** bewölkt **2** *fig* finster, düster

ra·noc·chia [-ɔ-] F, **ra·noc·chio** [-ɔ-] M Frosch *m*

ran·to·lan·te ADJ röchelnd **ran·to·la·re** V/I ⟨1l; av⟩ röcheln **ran·to·li·o** M Geröchel *n*

ran·to·lo M Röcheln *n*

ra·nun·co·lo M Hahnenfuß *m*

rap [rɛp] M ⟨*inv*⟩ Rapmusik *f*

ra·pa F **1** Rübe *f* **2** Dummkopf *m* ♦ **cavolo ~** Kohlrabi *m*

ra·pa·ce **A** ADJ **1** Raub- **2** raubgierig **B** M Raubvogel *m*

ra·pa·ci·tà F ⟨*inv*⟩ Raubgier *f*

ra·pa·nel·lo [-ɛ-] M Radieschen *n*

ra·pa·re ⟨1a⟩ **A** VT glatt scheren, kahl scheren **B** VPR **-rsi** sich scheren lassen **ra·pa·ta** F Kahlscheren *n* **ra·pa·to** ADJ geschoren

ra·pe·ron·zo·lo [-o-] M Feldsalat *m*

ra·pi·da F Stromschnelle *f* **ra·pi·di·tà** F ⟨*inv*⟩ **1** Schnelligkeit *f* **2** Promptheit *f* **3** Geschwindigkeit *f*

★**ra·pi·do** **A** ADJ **1** schnell, rasch **2** prompt **B** M Schnellzug *m* ♦ **supplemento ~** Schnellzugzuschlag *m*

ra·pi·men·to [-e-] M **1** Entführung *f* **2** *fig* Verzückung *f*

ra·pi·na F Raub(überfall) *m*: **~ in banca** Banküberfall *m*

★**ra·pi·na·re** VT ⟨1a⟩ (aus)rauben: **~ gioielli** Schmuck rauben; **~ una banca** eine Bank ausrauben

★**ra·pi·na·to·re** [-o-] M Räuber *m*; (*di banca*) Bankräuber *m*

★**ra·pi·na·tri·ce** F Räuberin *f*; (*di banca*) Bankräuberin *f*

ra·pi·no·so [-o-] ADJ *fig* hinreißend

★**ra·pi·re** VT ⟨4d⟩ **1** entführen **2** *fig* überwältigen **3** *umg* abluchsen

ra·pi·to **A** ADJ **1** entführt **2** ver-, entzückt, hingerissen **B** M, **-a** F Entführte *m/f*

ra·pi·to·re [-o-] M, **-tri·ce** F Entführer *m*, -in *f*; (*sequestratore*) Geiselnehmer *m*, -in *f*

rap·pa·ci·fi·ca·men·to [-e-] M Ver-, Aussöhnung *f* **rap·pa·ci·fi·ca·re** ⟨1m *u.* d⟩ **A** VT **1** ver-, aussöhnen **2** beruhigen **B** VPR **-rsi** sich ver-, aussöhnen **rap·pa·ci·fi·ca·zio·ne** [-o-] F Ver-, Aussöhnung *f*

R

rap·per ['rɛpper] M/F ⟨*inv*⟩ Rapper *m*, -in *f*

rap·pez·za·re VT ⟨1b⟩ **1** (zusammen)flicken **2** *fig* zusammenstoppeln

rap·pez·za·tu·ra F **1** Flicken *n* **2** Flickarbeit *f* **3** *fig* Flickwerk *n*

rap·pez·zo [-ɛ-] M **1** Flicken *n*: **fare un ~** flicken **2** Flicken *m* **3** Flickstelle *f* **4** *fig* Notlösung *f* **5** schwache Ausrede *f*

rap·por·ta·re ⟨1c⟩ **A** VT **1** (miteinander) vergleichen, in Beziehung setzen **2** (*riprodurre*) übertragen **B** VPR **-rsi a qc** sich auf etw (*akk*) beziehen **rap·por·ta·to** ADJ bezogen: **~ alla realtà** realitätsbezogen

rap·por·ta·to·re [-o-] M TECH Winkelmesser *m*

rap·por·to [-ɔ-] M **1** Bericht *m*; Meldung *f* **2** Zusammenhang *m* **3** Verhältnis *n*, Beziehung *f*, Verbindung *f*: **essere in ~ con qn** mit j-m in Verbindung stehen **4** *pl* Geschlechtsverkehr *m* **5** MATH Verhältnis *n* **6** MECH Übersetzung *f* **7** (*bicicletta*) Gang *m* **8** MIL Rapport *m*: **chiamare a ~** zum Rapport rufen ♦ **~ d'affari** Geschäftsverbindung *f*; **~ finale** Jahresbericht *m*; **~ di lavoro** Arbeitsverhältnis *n*; **in ~ a qc** im Verhältnis zu etw; **-i di buon vicinato** gutnachbarliche Beziehungen *pl*; **-i intimi** Intimkontakt *m*

rap·pren·de·re [-ɛ-] ⟨3e⟩ **A** VT gerinnen lassen, eindicken **B** VPR **-rsi** gerinnen

rap·pre·sa·glia F Repressalie *f*, Vergeltungsschlag *m*

rap·pre·sen·ta·bi·le ADJ **1** darstellbar **2** THEAT aufführbar

★**rap·pre·sen·tan·te** M/F Vertreter *m*, -in *f* (*a.* HANDEL, JUR): **~ di commercio** Handelsvertreter *m*, -in *f*; **~ esclusivo** Alleinvertreter *m*

rap·pre·sen·tan·za F **1** Vertretung *f* **2** Repräsentanz *f* ♦ **~ di categoria** Standesvertretung *f*; **~ commerciale** Handelsvertretung *f*; **in ~ di qn** in Vertretung von j-m

★**rap·pre·sen·ta·re** VT ⟨1b⟩ **1** darstellen **2** vertreten, repräsentieren **3** THEAT aufführen **4** symbolisieren, verkörpern **5** bedeuten: **la famiglia rappresenta tutto per lui** die Familie bedeutet ihm alles **rap·pre·sen·ta·ti·va** F SPORT Auswahlmannschaft *f* **rap·pre·sen·ta·ti·vi·tà** F ⟨*inv*⟩ Prägnanz *f* **rap·pre·sen·ta·ti·vo** ADJ **1** darstellerisch, Darstellungs- **2** typisch **3** POL repräsentativ

★**rap·pre·sen·ta·zio·ne** [-o-] F **1** Darstellung *f* **2** *fig* Schilderung *f* **3** THEAT Aufführung *f*; Vorstellung *f* ♦ **prima ~** Uraufführung *f*; **ultima ~** Spätvorstellung *f*

rap·pre·so [-e-] ADJ **1** geronnen **2** dick, Dick-: **latte ~** Dickmilch *f*

ra·pso·di·a F Rhapsodie *f*

rap·tus M ⟨*inv*⟩ **1** PSYCH Wutanfall *m* **2** Verzückung *f*, Begeisterung *f*

★**ra·ra·men·te** [-e-] ADV selten

ra·re·fa·re ⟨3aa⟩ **A** VT verdünnen **B** VPR **-rsi** dünn werden **ra·re·fat·to** ADJ **1** verdünnt: **gas ~** verdünntes Gas *n* **2** *fig* verfeinert, raffiniert, fein **ra·re·fa·zio·ne** [-o-] F Verdünnung *f*

ra·ri·tà F ⟨*inv*⟩ **1** Seltenheit *f* **2** Rarität *f*

★**ra·ro** ADJ selten, rar ♦ **una bestia -a** ein seltener Vogel *m*; **più unico che ~** einmalig

ra·sa·re ⟨1a⟩ **A** VT **1** (ab)rasieren, scheren **2** stutzen, beschneiden **3** *(erba)* mähen **B** V/PR **-rsi** sich rasieren **ra·sa·to** ADJ **1** rasiert **2** TEX satiniert **ra·sa·tu·ra** F **1** Rasur *f* **2** *(siepi)* Stutzen *n* **3** *(animali)* Schur *f*

ra·schia·men·to [-e-] M **1** Abkratzen *n*, Abschaben *n* **2** MED Ausschabung *f*

ra·schia·re ⟨1k⟩ **A** VT **1** abkratzen, abschaben **2** MED ausschaben **B** V/PR **-rsi la gola** sich räuspern **ra·schia·ta** F Abkratzen *n*, Abschaben *n* **ra·schia·to·io** [-o-] M Schabmesser *n*; Kratzer *m* **ra·schia·tu·ra** F **1** Abkratzen *n*, Abschaben *n* **2** *(segno)* Kratzer *m* **3** Späne *pl* **ra·schiet·to** [-e-] M **1** Schaber *m*, Schabeisen *n* **2** *(per scarpe)* Kratzeisen *n* ♦ **~ per il ghiaccio** Eiskratzer *m*

ra·schio M **1** Räuspern *n* **2** Kratzen *n*, Reiz *m*

ra·sen·ta·re VT ⟨1b⟩ **1** **~ qc** dicht an etw *(dat)* entlanggehen, etw streifen **2** *fig* **~ il ridicolo** ans Lächerliche grenzen **ra·sen·te** [-ɛ-] PRÄP **~ (a) qc** dicht an etw *(dat)*

ra·so[1] ADJ **1** rasiert, geschoren **2** glatt, flach **3** kahl: **montagna -a** kahler Berg *m* **4** *(bicchiere)* randvoll **5** *(cucchiaio)* gestrichen (voll) ♦ **far tabula -a di qc** reinen Tisch mit etw machen

ra·so[2] M Atlas *m*, Satin *m*

★**ra·so·io** [-o-] M Rasierer *m*: **~ radi e getta** Einmalrasierer *m*, Einwegrasierer *m*

ra·so·ter·ra [-ɛ-] **A** ADJ ⟨*inv*⟩ den Boden streifend **B** M ⟨*inv*⟩ SPORT Flachball *m*

ra·spa F Raspel *f*

ra·spa·men·to [-e-] M (Ab)Raspeln *n*

ra·spa·re ⟨1a⟩ **A** VT **1** (ab)raspeln, schaben **2** kratzen *(a. fig)* **3** *(animali)* scharren **4** *umg (rubare)* mopsen **B** VI ⟨av⟩ **1** kratzen **2** *(animali)* scharren **ra·spa·tu·ra** F **1** (Ab)Raspeln *n* **2** Raspelspäne *pl*

ra·spo M Traubenkamm *m*

ras·se·gna [-e-] F **1** MIL Parade *f* **2** Überprüfung *f*: **passare in ~ alcune proposte** einige Vorschläge überprüfen **3** Querschnitt *m*, Schau *f* **4** Liste *f*, Aufzählung *f* **5** Ausstellung *f*, Schau *f* ♦ **~ cinematografica** Filmzyklus *m*; **~ della moda** Modenschau *f*; **~ stampa** Presseschau *f*

ras·se·gna·re ⟨1a⟩ **A** VT **1** **~ un mandato** ein Amt niederlegen **2** **~ le dimissioni** zurücktreten **B** V/PR **-rsi** **1** resignieren **2** **-rsi a qc** sich mit etw abfinden **ras·se·gna·to** ADJ **1** resigniert **2** -ergeben: **~ al proprio destino** schicksalsergeben **ras·se·gna·zio·ne** F Resignation *f*, Ergebung *f*

ras·se·re·na·men·to [-e-] M Aufheiterung *f* *(a. fig)*, Aufhellung *f* **ras·se·re·nan·te** ADJ aufheiternd: **parole -i** aufheiternde Worte *pl*

ras·se·re·na·re ⟨1a⟩ **A** VT aufhellen, aufheitern *(a. fig)* **B** V/PR **-rsi** sich aufheitern, sich aufhellen *(a. fig)*

ras·set·ta·re ⟨1b⟩ **A** VT **1** aufräumen **2** reparieren **3** flicken, ausbessern **4** *fig* in Ordnung bringen **B** V/PR **-rsi** sich zurechtmachen **ras·set·ta·tu·ra** F **1** Ordnen *n*, Aufräumen *n* **2** Ausbesserung *f*

ras·si·cu·ran·te ADJ beruhigend **ras·si·cu·ra·re** ⟨1a⟩ **A** VT beruhigen **B** V/PR **-rsi** sich beruhigen **ras·si·cu·ra·zio·ne** [-o-] F Beruhigung *f*

ras·so·da·men·to [-e-] M Straffung *f*

ras·so·da·re ⟨1c⟩ **A** VT **1** straffen **2** *fig* festigen **B** V/PR **-rsi** **1** sich straffen **2** dickflüssig werden

ras·so·mi·glian·te ADJ **1** wirklichkeitsgetreu **2** **~ a qn/qc** j-m/etw ähnlich **ras·so·mi·glian·za** F Ähnlichkeit *f*

ras·so·mi·glia·re ⟨1g⟩ **A** VI ⟨av, es⟩ **~ a qn/qc** j-m/etw ähneln *(od* gleichen) **B** V/PR **-rsi** (einander) ähneln, ähnlich sein

ra·strel·la·men·to [-e-] M **1** Harken *n* **2** *fig* Durchkämmen *n* **3** MIL Durchkämmen *n* ♦ **fare un ~ a tappeto della zona** die Gegend systematisch durchkämmen

ra·strel·la·re VT ⟨1b⟩ **1** (zusammen)harken **2** WIRTSCH aufkaufen **3** *fig* durchkämmen **ra·strel·lie·ra** [-ɛ-] F **1** Futterraufe *f* **2** Abtropfbrett *n*

ra·strel·lo [-ɛ-] M Harke *f*

ra·stre·ma·re ⟨1b⟩ **A** VT verjüngen **B** V/PR **-rsi** sich verjüngen **ra·stre·ma·to** ADJ verjüngt

ra·su·ra F Rasur *f*, Rasieren *n*

ra·ta F Rate *f*; Abschlags-, Teilzahlung *f*: **comprare qc a -e** etw auf Raten kaufen; **pagare a -e** in Raten bezahlen; **a -e** ratenweise **ra·te·a·le** ADJ ratenweise, Raten-

ra·te·a·re VT ⟨1l⟩ **1** in Raten aufteilen **2** zeitlich aufteilen

ra·teiz·za·re VT ⟨1a⟩ in Raten aufteilen **ra·teiz·za·zio·ne** [-o-] F Ratenfestsetzung *f*

ra·te·o M FIN Tageszinsen *pl*

R

ra·ti·fi·ca F 1 Bestätigung *f*, Anerkennung *f* 2 Ratifikation *f* 3 Bestätigung *f* **ra·ti·fi·ca·re** V/T ⟨1m *u.* d⟩ 1 (*titolo*) anerkennen 2 (*contratto*) ratifizieren 3 (*confermare*) bestätigen **ra·ti·fi·ca·to·re** [-o-] M, **-tri·ce** F Unterzeichner *m*, -in *f* **ra·ti·fi·ca·zio·ne** [-o-] F → ratifica

Ra·ti·sbo·na [-o-] F Regensburg *n*

rat·to¹ M JUR Raub *m*, Entführung *f*

rat·to² M ZOOL Ratte *f*

rat·top·pa·re V/T ⟨1c⟩ 1 (zusammen)flicken 2 Flicken aufsetzen 3 *fig* (wieder) in Ordnung bringen **rat·top·pa·to** ADJ geflickt

rat·top·po [-ɔ-] M 1 Flickarbeit *f* 2 *fig* Zusammenflicken *n*

rat·trap·pi·men·to [-e-] M Versteifung *f*

rat·trap·pi·re ⟨4d⟩ A V/T verkrampfen B V/PR **-rsi** sich versteifen, sich verkrampfen

rat·trap·pi·to ADJ steif, verkrampft

rat·tri·sta·re ⟨1a⟩ A V/T betrüben B V/PR **-rsi** traurig werden

rat·tri·sta·to ADJ traurig, betrübt

rau·ce·di·ne [-ɛ-] F Heiserkeit *f*

rau·co ADJ 1 heiser 2 rau

ra·va·nel·lo [-ɛ-] M Radieschen *n*

Ra·ven·na [-e-] F Ravenna *n* **ra·ven·na·te** A ADJ aus, von Ravenna B M/F Bewohner *m*, -in *f* von Ravenna

ra·ve par·ty ['reiv'parti] M ⟨*inv*⟩ Rave-party *f*

rav·va·lo·ra·re V/T ⟨1a⟩ bekräftigen

rav·ve·der·si [-'dersi] V/PR ⟨2s⟩ in sich (*akk*) gehen, bereuen **rav·ve·di·men·to** [-e-] M Reue *f*, Einsicht *f*

rav·via·re ⟨1h⟩ A V/T in Ordnung bringen, ordnen B V/PR **-rsi** 1 sich zurechtmachen 2 **-rsi i capelli** (sich [*dat*]) das Haar in Ordnung bringen **rav·via·ta** F **dare una ~ a qc** etw in Ordnung bringen; **darsi una ~** sich zurechtmachen

rav·vi·ci·na·men·to [-e-] M 1 Annäherung *f* 2 *fig* (Wieder)Versöhnung *f*

rav·vi·ci·na·re ⟨1a⟩ A V/T 1 näher stellen, näher rücken 2 *fig* (wieder) annähern B V/PR **-rsi** 1 sich annähern 2 *fig* einander (wieder) näherkommen

rav·vi·lup·pa·re V/T ⟨1a⟩ 1 (ein)wickeln; hüllen 2 *fig* einwickeln

rav·vi·sa·bi·le ADJ erkennbar

rav·vi·sa·re V/T ⟨1a⟩ erkennen

rav·vi·va·re ⟨1a⟩ A V/T 1 beleben 2 *fig* wieder aufleben lassen 3 (*colori*) auffrischen B V/PR **-rsi** sich beleben, (wieder) aufleben ♦ **~ il fuoco** das Feuer anfachen

rav·vol·ge·re [-ɔ-] ⟨3d⟩ A V/T (ein)wickeln; hüllen B V/PR **-rsi** sich einwickeln; sich hüllen

rav·vol·to [-ɔ-] ADJ eingewickelt; eingehüllt

rav·vol·to·la·re ⟨1m⟩ A V/T einwickeln B V/PR **-rsi** 1 sich einwickeln 2 sich wälzen

ra·yon M ⟨*inv*⟩ TEX Rayon *m*

ra·zio·ci·nan·te ADJ vernunftbegabt

ra·zio·ci·nio M Vernunft *f*

ra·zio·na·le ADJ 1 vernunftbegabt 2 vernunftgemäß; rational (*a.* MATH) 3 vernünftig 4 rationell, zweckmäßig **ra·zio·na·li·smo** [-zmo] M Rationalismus *m* **ra·zio·na·li·sta** A ADJ rationalistisch B M/F Rationalist *m*, -in *f* **ra·zio·na·li·sti·co** ADJ rationalistisch **ra·zio·na·li·tà** F ⟨*inv*⟩ 1 Rationalität *f*, Vernünftigkeit *f* 2 (*funzionalità*) Zweckmäßigkeit *f* 3 Folgerichtigkeit *f*

ra·zio·na·liz·za·re V/T ⟨1a⟩ rationalisieren (*a.* PSYCH, MATH) **ra·zio·na·liz·za·zio·ne** [-o-] F Rationalisierung *f* (*a.* PSYCH, MATH)

ra·zio·nal·men·te [-e-] ADV 1 rational 2 vernünftig 3 zweckmäßig, rationell

ra·zio·na·men·to [-e-] M Rationierung *f*

ra·zio·na·re V/T ⟨1a⟩ rationieren

ra·zio·ne [-o-] F 1 Ration *f*, Verpflegungssatz *m* 2 Portion *f* ♦ **a -i** in Rationen

★**raz·za**¹ F 1 Rasse *f* 2 *fig* Sippe *f*, Familie *f* 3 *fig pej* **che ~ di ...** was für ein(e) ..., so ein(e) ... ♦ **animale di ~** Rassetier *n*

raz·za² F ZOOL Rochen *m*

raz·za³ F TECH Radspeiche *f*

raz·zi·a F 1 Beutezug *m* 2 Räuberei *f*

raz·zia·le ADJ Rassen-, rassisch

raz·zia·re V/T ⟨1h⟩ 1 rauben; stehlen 2 plündern **raz·zia·to·re** [-o-] A ADJ räuberisch B M, **-tri·ce** F 1 Räuber *m*, -in *f* 2 Plünderer *m*, -derin *f*

raz·zi·smo [-zmo] M Rassismus *m* **raz·zi·sta** A ADJ rassistisch B M/F Rassist *m*, -in *f*

raz·zo M Rakete *f* ♦ **come un ~** blitzschnell; **~ illuminante** Leuchtrakete *f*; **~ vettore** Trägerrakete *f*

raz·zo·la·re V/I ⟨1l; av⟩ scharren

★**re**¹ [-e] M ⟨*inv*⟩ 1 König *m* 2 Magnat *m* ♦ **come un ~** königlich (*a. fig*)

R

re² [-ɛ] M ⟨inv⟩ MUS D, d n ♦ ~ **maggiore** D-Dur n; ~ **minore** d-Moll n; ~ **bemolle** Des n, des n

re·a·gen·te [-ɛ-] M Reagens n **re·a·gi·re** V/I ⟨4d; av⟩ 1 ~ **a qc** auf etw (akk) reagieren 2 sich wehren 3 MED ansprechen

re·a·le¹ A ADJ 1 wirklich, real 2 tatsächlich, eigentlich 3 echt 4 JUR dinglich: **diritto** ~ dingliches Recht n 5 MATH reell B M Wirklichkeit f, Realität f

re·a·le² A ADJ königlich, Königs- B MPL Königshaus n, Königsfamilie f

re·a·li·smo [-zmo] M 1 Realismus m (a. PHIL, KUNST, POL) 2 MAL Sachlichkeit f

re·a·li·sta A ADJ realistisch B M/F Realist m, -in f **re·a·li·sti·co** ADJ 1 realistisch 2 objektiv

re·a·li·ty TV [ri'alititi'vi] F ⟨inv⟩ Reality-TV n

re·a·liz·za·bi·le ADJ 1 realisierbar 2 ausführbar **re·a·liz·za·bi·li·tà** F ⟨inv⟩ 1 Realisierbarkeit f 2 Ausführbarkeit f

★**re·a·liz·za·re** ⟨1a⟩ A V/T 1 realisieren, verwirklichen 2 durch-, ausführen 3 erreichen, erzielen (a. WIRTSCH) 4 verstehen B V/PR **-rsi** sich verwirklichen **re·a·liz·za·to·re** [-o-] M, **-tri·ce** F Ausführende m/f, umg Macher m, -in f **re·a·liz·za·zio·ne** [-o-] F 1 Ausführung f, Realisierung f 2 Verwirklichung f 3 WIRTSCH Erzielung f; Erlös m, Realisierung f

re·a·liz·zo M WIRTSCH Erlös m, Realisierung f

re·al·men·te [-e-] ADV wirklich, tatsächlich

re·al·tà F ⟨inv⟩ 1 Wirklichkeit f, Realität f 2 Tatsache f ♦ **in** ~ in Wirklichkeit; eigentlich; ~ **virtuale** virtuelle Realität f

re·a·me M Königreich n

re·a·ti·no A ADJ aus, von Rieti B M, **-a** F Bewohner m, -in f von Rieti

★**re·a·to** M (Straf)Tat f, Delikt n, Vergehen n ♦ **arma del** ~ Tatwaffe f; **il fatto non costituisce** ~ die Tat ist nicht strafbar; ~ **contro il patrimonio** Eigentumsdelikt n

re·at·ti·vi·tà F ⟨inv⟩ 1 CHEM Reaktionsvermögen n 2 PHYS, PSYCH Reaktivität f

re·at·ti·vo ADJ 1 reaktiv, reagierend 2 CHEM Reagenz-

re·at·to·re [-o-] M 1 PHYS, CHEM Reaktor m 2 Düsentriebwerk n ♦ ~ **ad acqua leggera** Leichtwasserreaktor m; ~ **autofertilizzante** Brüter m; ~ **nucleare** Kernreaktor m; Reaktorblock m

re·a·zio·na·rio A ADJ reaktionär B M, **-a** F Reaktionär m, -in f

★**re·a·zio·ne** [-o-] F Reaktion f (a. CHEM, POL, PHYS) ♦ **aereo a** ~ Düsenflugzeug n; ~ **a catena** Kettenreaktion f; **per** ~ als Reaktion

reb·bio [-e-] M Zinke f

re·bus [-ɛ-] M ⟨inv⟩ 1 Bilderrätsel n 2 fig Rätsel n

re·cal·ci·tran·te ADJ widerspenstig, ungebärdig **re·cal·ci·tra·re** V/I ⟨1m; av⟩ 1 ZOOL ausschlagen 2 fig sich widersetzen

re·ca·pi·ta·re V/T ⟨1m⟩ zustellen, austragen

re·ca·pi·to M 1 Zustellung f: ~ **a domicilio** Zustellung f ins Haus 2 Anschrift f ♦ **in caso di mancato** ~ **restituire al mittente** falls unzustellbar, zurück an den Absender; ~ **telefonico** Telefonnummer f

re·ca·re ⟨1d⟩ A V/T 1 poet (über)bringen 2 (danno) verursachen 3 tragen, versehen sein mit B V/PR **-rsi** sich begeben, gehen

re·ce·de·re [-ɛ-] V/I ⟨3l; av⟩ 1 abweichen: ~ **da una presa di posizione** von einem Standpunkt abweichen 2 zurücktreten: ~ **da una decisione** von einer Entscheidung zurücktreten 3 (di malattie, febbre) zurückgehen

re·cen·sio·ne [-si'o-] F Rezension f

re·cen·si·re [-s-] V/T ⟨4d⟩ rezensieren, besprechen **re·cen·so·re** [-o-] M, **-a** F Kritiker m, -in f

re·cen·te [-ɛ-] ADJ neu, jüngst, letzt: **notizie -i** neue Nachrichten pl ♦ ★ **di** ~ vor Kurzem

re·cen·te·men·te [-e-] ADV vor Kurzem

re·ce·pi·re V/T ⟨4d⟩ 1 empfangen 2 JUR aufnehmen

re·cep·tion [re'sɛpʃon] F ⟨inv⟩ Rezeption f, Empfang m

re·ces·sio·ne [-o-] F 1 Abweichen n, Aufgabe f 2 WIRTSCH Rezession f, Rückgang m **re·ces·si·vo** ADJ 1 BIOL rezessiv 2 WIRTSCH rückläufig

re·ces·so [-ɛ-] M 1 poet fig Schlupfwinkel m 2 MED Rückgang m 3 JUR Rücktritt m: **clausola di** ~ Rücktrittsklausel f

re·cet·ti·vo → ricettivo

re·ce·zio·ne [-o-] → ricezione

re·ci·de·re ⟨3q⟩ A V/T (ab)schneiden B V/PR **-rsi** zerreißen

re·ci·di·va F JUR, MED Rückfall m

R

re·ci·di·vi·tà F ⟨*inv*⟩ Rückfälligkeit *f* **re·ci·di·vo** **A** ADJ JUR, MED rückfällig, Rückfall- **B** M, **-a** F **1** JUR Wiederholungstäter *m*, -in *f* **2** MED rückfälliger Patient *m*, rückfällige Patientin *f*

re·cin·ge·re VT ⟨3d⟩ umgeben, umschließen

re·cin·ta·re VT ⟨1a⟩ **1** einfrieden **2** einzäunen **3** ummauern **4** mit einem Gitter umgeben

re·cin·to M **1** Zaun *m* **2** Gitter *n* **3** (Wild)Gehege *n* **re·cin·zio·ne** [-o-] F **1** Einfriedung *f*, Einzäunung *f* **2** Einfrieden *n*

re·ci·pien·te [-ɛ-] M Behälter *m*, Gefäß *n*

re·ci·pro·ca·men·te [-e-] ADV gegenseitig

re·ci·pro·ci·tà F ⟨*inv*⟩ Gegenseitigkeit *f*

re·ci·pro·co ADJ **1** wechselseitig, gegenseitig **2** MATH, GRAM reziprok

re·ci·sa·men·te [-e-] ADV entschieden, fest **re·ci·sio·ne** [-o-] F **1** Schnitt *m* **2** *fig* Entschiedenheit *f* **re·ci·so** ADJ **1** **fiori -i** Schnittblumen *pl* **2** *fig* entschieden, fest

re·ci·ta [-ɛ-] F Aufführung *f*, Vorstellung *f* ♦ **~ all'aperto** Freilichtaufführung *f*

re·ci·ta·re ⟨1l *u.* b⟩ **A** VT **1** rezitieren, vortragen; aufsagen **2** THEAT aufführen; spielen: **~ una parte** eine Rolle spielen **B** VI ⟨av⟩ **1** spielen **2** *fig* schauspielern **3** JUR **l'articolo 1 della Costituzione recita ...** Artikel 1 der Verfassung lautet ... **re·ci·ta·ti·vo** **A** ADJ rezitativisch, Rezitativ- **B** M Rezitativ *n* **re·ci·ta·zio·ne** [-o-] F **1** Rezitation *f* **2** Schauspielkunst *f* **3** Aufführung *f*, Vorstellung *f*

re·cla·man·te M/F Beschwerdeführer *m*, -in *f* **re·cla·ma·re** ⟨1a⟩ **A** VT **1** (zurück)fordern, (zurück)verlangen **2** beanspruchen **3** *fig* erfordern, benötigen **B** VI ⟨av⟩ reklamieren, sich beschweren

re·cla·me [-'klam] F ⟨*inv*⟩ **1** Reklame *f*, Werbung *f* **2** Plakat *n* **3** Werbeschrift *f*

re·cla·miz·za·re VT ⟨1a⟩ **~ qc** für etw Reklame machen, werben **re·cla·miz·za·zio·ne** [-o-] F Werben *n*, Reklamemachen *n*

re·cla·mo M **1** Reklamation *f*, Beschwerde *f*: **fare ~** reklamieren **2** Mängelrüge *f*, Beanstandung *f*

re·cli·na·bi·le ADJ zurückklappbar

re·cli·na·re VT ⟨1a⟩ **1** neigen, senken **2** **~ il sedile** den Sitz zurückklappen

re·clu·de·re VT ⟨3q⟩ einsperren, einschließen **re·clu·sio·ne** [-o-] F **1** Eingeschlossensein *n* **2** Haft *f* **3** Gefängnis *n* (*a. fig*) **re·clu·so** **A** ADJ **1** eingeschlossen, eingesperrt **2** inhaftiert **B** M, **-a** F Häftling *m*, Inhaftierte *m/f* ♦ **fare una vita da ~** zurückgezogen leben

re·clu·ta [-ɛ-] F **1** Rekrut *m*, -in *f* **2** Neuling *m*

re·clu·ta·men·to [-e-] M **1** Einberufung *f* **2** SCHIFF, MIL Anmusterung *f* **3** Rekrutierung *f*, Anwerbung *f* **re·clu·ta·re** VT ⟨1l *u.* b *od* 1a⟩ **1** einberufen, einziehen **2** SCHIFF, MIL mustern **3** rekrutieren; anwerben

re·con·di·to [-ɔ-] ADJ **1** *poet* entlegen **2** *fig* verborgen ♦ **pensiero ~** Hintergedanke *m*

★**re·cord** [-ɛ-] **A** ADJ ⟨*inv*⟩ Rekord-, Höchst- **B** M ⟨*inv*⟩ **1** Rekord *m*; Höchst-, Bestleistung *f*: **stabilire/battere un ~** einen Rekord aufstellen/brechen **2** IT Datensatz *m*

re·cri·mi·na·re VI ⟨1m; av⟩ **1** **~ su qc** sich über etw (*akk*) beklagen **2** JUR Gegenklage *f* erheben **re·cri·mi·na·zio·ne** [-o-] F **1** Klage *f* **2** JUR Gegenklage *f*

re·cru·de·scen·za [-ɛ-] **1** Verschlimmerung *f* **2** Verschärfung *f* **3** *fig* Zunahme *f*: **la ~ della delinquenza** die deutliche Zunahme der Kriminalität

re·cu·pe·ra·bi·le ADJ **1** wiedergewinnbar, -erlangbar **2** aufholbar **3** MED heilbar

re·cu·pe·ra·re VT ⟨1m⟩ **1** wiederbekommen **2** WIRTSCH (*crediti*) eintreiben **3** (*perdite*) wettmachen **4** wiedererlangen, wiedergewinnen **5** bergen: **~ i naufraghi** die Schiffbrüchigen bergen **6** (*oggetti*) sicherstellen **7** nach-, aufholen **8** wiederverwenden, wiederverwerten **9** IND, TECH zurück-, wiedergewinnen **10** *fig* (*emarginati*) wieder eingliedern **11** (*edilizia*) sanieren

re·cu·pe·ro M **1** Wiedererlangung *f*, Wiedergewinnung *f* **2** WIRTSCH Eintreiben *n* **3** (*perdite*) Wettmachen *n* **4** Sicherstellung *f* **5** Bergung *f* **6** Aufholen *n* **7** Wiederverwertung *f* **8** IND, TECH Rückgewinnung *f*; Recycling *n* **9** (*edilizia*) Sanierung *f* **10** *fig* Wiedereingliederung *f* ♦ **materiali di ~** Recyclingmaterial *n*; Rückgut *n*; **partita di ~** Nachholspiel *n*

re·dar·gui·re VT ⟨4d⟩ rügen

re·dat·to → redigere **re·dat·to·re**

[-o-] M, **-tri·ce** F 1 Redakteur *m*, -in *f*: ~ **capo** Chefredakteur *m* 2 Verfasser *m*, -in *f* **re·da·zio·ne** [-o-] F 1 Abfassung *f* 2 Redaktion *f* 3 *poet* Fassung *f*

red·di·tie·re [-ε-] M, **-a** F Rentenbezieher *m*, -in *f* **red·di·ti·vi·tà** F ⟨*inv*⟩ 1 Rentabilität *f* 2 **non** ~ Unrentabilität *f*

red·di·ti·zio ADJ einträglich

red·di·to [-ε-] M 1 Einkommen *n*, Einkünfte *pl* 2 Einnahmen *pl*, Erträge *pl*, Bezüge *pl* ♦ ~ **annuo** Jahreseinkommen *n*; **ad alto** ~ einkommensstark; **a basso** ~ einkommensschwach; **dichiarazione dei -i** Einkommen(s)steuererklärung *f*; **imposta sul** ~ Einkommen(s)steuer *f*; ~ **da lavoro autonomo** Einkünfte *pl* aus selbstständiger Tätigkeit; ~ **da lavoro dipendente** Einkünfte *pl* aus nichtselbstständiger Arbeit

red·di·to·me·tro [-ɔ-] M = *Berechnungsgrundlage für das Verhältnis zwischen den Vermögenswerten und dem angegebenen Einkommen des Steuerpflichtigen*

red·di·tua·le ADJ Einkommens-

re·den·to [-ε-] ADJ 1 befreit 2 REL erlöst

re·den·to·re [-o-] A ADJ erlösend, befreiend B M, **-tri·ce** F 1 Erlöser *m*, -in *f*, Befreier *m*, -in *f* 2 REL **redentore** *m* Heiland *m* **re·den·zio·ne** [-o-] F 1 REL Erlösung *f* 2 Befreiung *f* (*a. fig*) 3 *fig* Abbüßung *f*

re·di·ge·re V/T ⟨3oo⟩ 1 ab-, verfassen 2 (*bilancio*) aufstellen 3 (*contratto*) aufsetzen 4 (*perizia*) erstellen 5 (*verbale*) aufnehmen 6 redigieren

re·di·me·re ⟨3pp⟩ A V/T 1 REL ~ **qn da qc** j-n von etw erlösen 2 ~ **qn da qn/qc** j-n von j-m/etw befreien 3 JUR, HANDEL tilgen, ablösen B V/PR **-rsi** 1 sich befreien 2 **-rsi da qc** etw abbüßen 3 **-rsi da un'ipoteca** eine Hypothek ablösen

re·di·mi·bi·le ADJ 1 erlösbar 2 JUR tilgbar, ablösbar

re·di·mi·bi·li·tà F ⟨*inv*⟩ 1 Erlösbarkeit *f* 2 JUR Tilgbarkeit *f*, Ablösbarkeit *f*

re·di·ne [-ε-] F 1 Zügel *m* 2 *pl fig* Führung *f*, Leitung *f*: **prendere le -i dell'azienda** die Leitung des Unternehmens übernehmen

re·di·stri·bu·i·re V/T ⟨4d⟩ 1 neu verteilen 2 umverteilen

re·di·vi·vo ADJ 1 auferstanden, wieder ins Leben zurückgekehrt 2 *fig* zweite: **un Michelangelo** ~ ein zweiter Michelangelo *m*

re·du·ce [-ε-] A ADJ 1 **essere** ~ **da un lungo viaggio** von einer langen Reise zurückgekehrt sein 2 **essere** ~ **da una malattia** eine Krankheit überstanden haben B M/F 1 Heimkehrer *m*, -in *f* 2 MIL Veteran *m*, -in *f*

re·fe [-e-] M Zwirn *m*

re·fe·ren·da·rio A ADJ **voto** ~ Volksabstimmung *f* B M, **-a** F Referendar *m*, -in *f* **re·fe·ren·dum** [-ε-] M ⟨*inv*⟩ 1 JUR Volksabstimmung *f* 2 Umfrage *f* **re·fe·ren·te** [-ε-] A ADJ Bericht erstattend B M/F 1 Bezugsperson *f* 2 **referente** *m* Bezugspunkt *m*

re·fe·ren·za [-ε-] FPL Referenzen *pl*

re·fe·ren·zia·re ⟨1b *u.* f⟩ A V/T empfehlen B V/I ⟨av⟩ Referenzen vorweisen

re·fer·to [-ε-] M 1 MED Befund *m* 2 JUR ärztliche Anzeige *f*

re·fet·to·rio [-ɔ-] M 1 Speisesaal *m* 2 Refektorium *n*

re·fe·zio·ne [-o-] F 1 Speisung *f*: ~ **scolastica** Schulspeisung *f* 2 Mahlzeit *f*

re·fill ['refil] M ⟨*inv*⟩ (Nachfüll)Mine *f*

re·flex ['rεfleks] F ⟨*inv*⟩ Spiegelreflexkamera *f*

re·fluo [-ε-] ADJ zurückfließend: **acque -e** Abwässer *pl*

re·fo·lo [-ε-] M Bö(e) *f*

re·frat·ta·rie·tà F ⟨*inv*⟩ 1 Hitzebeständigkeit *f*, Feuerfestigkeit *f* 2 MED Unempfindlichkeit *f*

re·frat·ta·rio ADJ 1 feuerfest, hitzebeständig 2 MED *fig* unempfindlich

re·fri·ge·ran·te A ADJ 1 kühlend, erfrischend 2 TECH Kühl-: **cella** ~ Kühlzelle *f* B M 1 Kühlmittel *n* 2 Kühlanlage *f*

re·fri·ge·ra·re ⟨1m⟩ A V/T 1 (ab)kühlen, erfrischen 2 (*alimentari*) gefrieren B V/PR **-rsi** sich erfrischen **re·fri·ge·ra·to·re** [-o-] A ADJ kühlend, Kühl- B M 1 Kühlmittel *n* 2 Kühlanlage *f* **re·fri·ge·ra·zio·ne** [-o-] F (Ab)Kühlung *f*

re·fri·ge·rio [-ε-] M 1 (Ab)Kühlung *f*, Erfrischung *f* 2 Erleichterung *f* 3 Trost *m*

re·fur·ti·va F Diebesgut *n*, Beute *f*

re·fu·so M Druckfehler *m*

★**re·ga·la·re** ⟨1a⟩ A V/T 1 ~ **qc a qn per** … j-m etw zu … schenken 2 verschenken B V/PR **-rsi qc** sich (*dat*) etw gönnen, sich (*dat*) selbst etw schenken

re·ga·le ADJ Königs-, königlich

R

re·ga·li·a F 1 Geschenk *n* 2 Gratifikation *f* 3 Trinkgeld *n* 4 HIST Hoheitsrecht *n*

re·ga·li·no M 1 kleines Geschenk *n* 2 Mitbringsel *n* **re·ga·li·tà** F ⟨*inv*⟩ 1 Königtum *n*, königliche Art *f* 2 Vornehmheit *f*

★**re·ga·lo** A ADJ ⟨*inv*⟩ Geschenk- B M 1 Geschenk *n*: **~ di compleanno** Geburtstagsgeschenk *n* 2 Freude *f*, Gefallen *m* ♦ **~ promozionale** Werbegeschenk *n*

re·ga·ta F Regatta *f*

reg·gen·te [-ɛ-] A ADJ 1 regierend 2 stellvertretend B M/F 1 Regent *m*, -in *f* 2 Stellvertreter *m*, -in *f* **reg·gen·za** [-ɛ-] F 1 Regentschaft *f* 2 Herrschaft *f*

reg·ge·re [-ɛ-] ⟨3cc⟩ A V/T 1 (fest)halten 2 stützen, tragen: **~ un ubriaco** einen Betrunkenen stützen; **~ qc sulle spalle** etw auf der Schulter tragen 3 **~ qc** etw (*dat*) standhalten 4 er-, vertragen: **~ l'alcol** Alkohol vertragen 5 (*guidare, dirigere*) führen, lenken 6 regieren (*a.* GRAM) B V/I ⟨*av*⟩ 1 **~ a qc** etw (*dat*) standhalten (*a. fig*) 2 *fig* haltbar sein, stichhaltig sein C V/PR **-rsi** 1 sich (fest)halten 2 stehen, sich aufrecht halten 3 sich beherrschen 4 (*basarsi*) **-rsi su qc** sich auf etw (*akk*) stützen 5 sich gegenseitig ertragen ♦ **non ~ al confronto di qc** dem Vergleich mit etw nicht standhalten

reg·gia [-ɛ-] F 1 Königspalast *m* 2 *fig* Palast *m*

reg·gia·no A ADJ aus, von Reggio Emilia B M, **-a** F Bewohner *m*, -in *f* von Reggio Emilia C M Parmesan(käse) *m* (aus Reggio Emilia)

reg·gi·cal·ze M ⟨*inv*⟩ Strumpfhaltergürtel *m*

reg·gi·li·bri M ⟨*inv*⟩ Buchstütze *f*

reg·gi·men·ta·le ADJ Regiments- **reg·gi·men·to** [-e-] M 1 Regiment *n* 2 *fig* Heer *n*

reg·gi·no A ADJ aus, von Reggio Calabria B M, **-a** F Bewohner *m*, -in *f* von Reggio Calabria

Reg·gio di Ca·la·bria [-e-] F Reggio Calabria *n*

Reg·gio E·mi·lia [-e-] F Reggio Emilia *n*

reg·gi·pet·to [-ɛ-] M, **reg·gi·se·no** [-'se-] M Büstenhalter *m*, BH *m*: **~ con ferretto** Bügel-BH *m*

re·gi·a F Regie *f*, Spielleitung *f*

re·gi·ci·da M/F Königsmörder *m*, -in *f*

re·gi·ci·dio M Königsmord *m*

re·gi·me M 1 (Regierungs)System *n* 2 Gewaltherrschaft *f* 3 Diät *f*: **essere a ~** streng Diät leben 4 JUR System *n* 5 MECH Betrieb *m*; Drehzahl *f*, Touren *pl*: **andare a pieno ~** auf vollen Touren laufen (*a. fig*) ♦ **~ alimentare** Ernährungsweise *f*

★**re·gi·na** A ADJ Königin- B F 1 Königin *f* 2 (*scacchi, carte*) Dame *f*

re·gi·net·ta [-e-] F 1 junge Königin *f* 2 Schönheitskönigin *f*

re·gio [-ɛ-] ADJ königlich, Königs-

re·gio·na·le ADJ 1 Regional-, regional 2 landschaftlich ♦ **treno ~** Nahverkehrszug *m*

re·gio·na·li·smo [-z-] M 1 Partikularismus *m* 2 POL Regionalismus *m*

re·gio·na·liz·za·re V/T ⟨1a⟩ 1 regionalisieren 2 dezentralisieren **re·gio·na·liz·za·zio·ne** [-o-] F 1 Regionalisierung *f* 2 Dezentralisierung *f*

★**re·gio·ne** [-o-] F 1 Region *f*, Gebiet *n*, Gegend *f* 2 Sitz *m* der Regionalregierung *f* 3 ANAT Gegend *f*: **~ inguinale** Leistengegend *f* 4 *pl fig* Bereich *m*, Sphäre *f* ♦ **~ a statuto speciale** Region *f* mit Sonderstatut

★**re·gi·sta** M/F Regisseur *m*, -in *f*: **aiuto ~** Regieassistent *m*, -in *f*

re·gi·stra·bi·le ADJ 1 registrierbar (*a.* HANDEL *form*) 2 aufnehmbar

★**re·gi·stra·re** V/T ⟨1a⟩ 1 *form* HANDEL registrieren, eintragen, (ver)buchen 2 (*su nastro, pellicola*) aufnehmen, aufzeichnen 3 verzeichnen: **~ un successo** einen Erfolg verzeichnen 4 (*presentare, elencare*) auf-, anführen 5 vermerken 6 TECH einstellen; nachstellen: **~ i freni/un orologio** die Bremsen/eine Uhr einstellen **re·gi·stra·to** ADJ 1 (*nastro*) bespielt 2 eingetragen: **marchio ~** eingetragenes Markenzeichen *n* **re·gi·stra·to·re** [-o-] M 1 Kassettenrekorder *m* 2 **~ a nastro** Tonbandgerät *n* 3 TECH Registriergerät *n* ♦ **~ di cassa** Registrierkasse *f*; **~ di volo** Flugdatenschreiber *m* **re·gi·stra·zio·ne** [-o-] F 1 *form* HANDEL Registrierung *f*, Eintragung *f*, Buchung *f* 2 Aufnahme *f*, Aufzeichnung *f* 3 Verzeichnung *f* 4 Vermerk *m* 5 TECH Einstellung *f*

re·gi·stro M 1 Register *n*, Buch *n* 2 (*ufficio*) Registratur *f* 3 Klassenbuch *n* 4 MUS (Stimm)Lage *f*; (*di voce*) Register *n* 5 LING sprachliche Ebene *f* 6 IT Register *n* ♦ **estratto di ~** Registerauszug *m*; **imposta di ~** Registergebühr *f*; **~ delle imprese** Handelsregister *n*

re·gnan·te **A** ADJ **1** herrschend, regierend, Herrscher- **2** *fig* vorherrschend **B** M/F Herrscher *m*, -in *f*

re·gna·re V/I ⟨1a; av⟩ herrschen (*a. fig*)

re·gno [-e-] M **1** (König)Reich *n* **2** Herrschaft *f* **3** *fig* Reich *n* (*a. hum*): **il ~ della fantasia** das Reich der Fantasie ♦ **Regno Unito** Vereinigte Königreich *n*

★**re·go·la** [-ɛ-] F **1** Regel *f* (*a.* MATH, PHYS): **ogni ~ ha le sue eccezioni** keine Regel ohne Ausnahme *f* **2** REL Ordensregeln *pl* ♦ **a ~ d'arte** nach allen Regeln der Kunst; **avere le carte in ~ per qc** *umg* das Zeug zu etw haben; **di ~** in der Regel; **essere in ~** den Vorschriften entsprechen; **mettere in ~** regeln; **servire di ~** eine Lehre sein

re·go·la·bi·le ADJ verstellbar, regelbar, regulierbar **re·go·la·bi·li·tà** F ⟨*inv*⟩ Verstellbarkeit *f*, Einstellbarkeit *f*

re·go·la·men·ta·re[1] ADJ vorschriftsmäßig, ordnungsgemäß, regulär

re·go·la·men·ta·re[2] V/T ⟨1a⟩ reglementieren, regeln

re·go·la·men·ta·zio·ne [-o-] F Reglementierung *f*, Regelung *f* **re·go·la·men·to** [-e-] M Ordnung *f*, Reglement *n*, Vorschriften *pl* ♦ **~ di condominio** Hausordnung *f*; **conforme al ~** vorschriftsmäßig; *fig* **~ di conti** Abrechnung *f*; **~ edilizio** Bauordnung *f*; **~ d'esame** Prüfungssordnung *f*; **~ stradale** Straßenverkehrsordnung *f*

★**re·go·la·re**[1] ⟨1l *u.* b⟩ **A** V/T **1** regeln **2** TECH regulieren, einstellen; ein-, ausrichten **3** (*orologio*) stellen **4** (*conti*) begleichen, abrechnen (*a. fig*): **~ i conti con qn** mit j-m abrechnen **5** (*moderare*) mäßigen **6** ELEK aussteuern **B** V/PR **-rsi** **1** sich verhalten, sich richten: **-rsi secondo qc** sich nach etw richten **2** TECH sich regulieren **3** **-rsi in qc** bei etw maßhalten

★**re·go·la·re**[2] ADJ **1** regelmäßig, gleichmäßig **2** ordnungsmäßig **3** pünktlich: **essere ~ nei pagamenti** pünktlich zahlen

re·go·la·ri·tà F ⟨*inv*⟩ **1** Regelmäßigkeit *f* **2** Vorschriftsmäßigkeit *f* **3** Pünktlichkeit *f*

re·go·la·riz·za·re V/T ⟨1a⟩ gesetzlich regeln **re·go·la·riz·za·zio·ne** [-o-] F Regelung *f*, Legalisierung *f*

re·go·lar·men·te [-e-] ADV **1** regelmäßig **2** ordnungsgemäß **3** planmäßig **re·go·la·ta** F Regelung *f*: *umg* **darsi una ~** sich zusammenreißen **re·go·la·tez·za** [-e-] F **1** Geregeltsein *n* **2** Mäßigkeit *f*

re·go·la·to ADJ **1** geregelt **2** maßvoll

re·go·la·to·re [-o-] **A** ADJ regelnd, regulierend **B** M Regulator *m*, Regler *m*: **~ cardiaco** Herzschrittmacher *m*; TV **~ del contrasto** Kontrastregler *m* **re·go·la·zio·ne** [-o-] F **1** Einstellen *n* **2** Regelung *f* (*a.* TECH): TV **~ del contrasto** Kontrastregelung *m/f*; **~ della luminosità** Helligkeitsregelung *f*; **~ del volume** Lautstärkeregelung *f*; **~ del traffico** Verkehrsregelung *f*

re·go·lo [-ɛ-] M **1** Lineal *n* **2** (*edilizia*) Richtscheit *n*, Richtholz *n* **3** Rechenschieber *m*

re·gre·di·re V/I ⟨4d; es⟩ **1** regredieren (*a.* PSYCH); nachlassen **2** zurückgehen

re·gres·sio·ne [-o-] F **1** Rückgang *m*, Rückschritt *m* **2** PSYCH, GEOL, WIRTSCH Regression *f* **re·gres·si·vo** ADJ **1** rückschrittlich, rückläufig **2** PSYCH, MED regressiv

re·gres·so [-ɛ-] M **1** Rückgang *m*, Rückschritt *m* **2** PSYCH, JUR Regress *m*: **azione di ~** Regressklage *f*

re·iet·to [-ɛ-] ADJ verstoßen, ausgestoßen

re·ie·zio·ne [-o-] F **1** Ablehnung *f*, Verwerfung *f* **2** JUR Ablehnung *f*, Abweisung *f*

re·im·bar·ca·re ⟨1d⟩ **A** V/T wieder einschiffen **B** V/PR **-rsi** sich wieder einschiffen

re·im·bar·co M Wiedereinschiffung *f*

re·im·pie·ga·re V/T ⟨1e⟩ **1** wiederverwenden **2** WIRTSCH wieder anlegen

re·im·pie·go [-ɛ-] M **1** Wiederverwendung *f* **2** Wiederanlage *f* **3** (*di lavoratori*) Wiedereingliederung *f* in den Arbeitsprozess

re·im·por·ta·zio·ne [-o-] F Reimport *m*

re·in·car·na·re ⟨1a⟩ **A** V/T **~ qn** j-s Ebenbild sein **B** V/PR **-rsi in qn/qc** als j-d/etw wiedergeboren werden **re·in·car·na·zio·ne** [-o-] F Wiedergeburt *f*, Reinkarnation *f*

re·in·se·ri·men·to [-seri'me-] M Wiedereingliederung *f* **re·in·se·ri·re** [-s-] ⟨4d⟩ **A** V/T wieder eingliedern: **~ qn nella società** j-n wieder in die Gesellschaft eingliedern **B** V/PR **-rsi** sich wieder ein-

R

gliedern

re·in·te·gra·re ⟨1m⟩ **A** V/T **1** wiederherstellen **2** wieder einsetzen: **~ qn in una carica** j-n wieder in ein Amt einsetzen **B** V/PR **-rsi** sich wieder eingliedern

re·in·te·gra·zio·ne [-o-] F **1** Wiederherstellung *f*: **~ di un capitale** Wiederherstellung *f* eines Vermögens **2** Wiedereinsetzung *f*

re·in·tro·dur·re ⟨3e⟩ **A** V/T wieder einführen **B** V/PR **-rsi** sich wieder eingliedern

re·in·ve·sti·men·to [-e-] M Neuanlage *f*

re·in·ve·sti·re V/T ⟨4d⟩ wieder anlegen

re·i·te·ra·re V/T ⟨1m⟩ wiederholen, erneuern

re·i·te·ra·ta·men·te [-e-] ADV mehrmals

re·i·te·ra·zio·ne [-o-] F Wiederholung *f*

re·la·ti·va·men·te [-e-] ADV relativ; einigermaßen ♦ **~ a qc** etw betreffend

re·la·ti·vi·tà F ⟨*inv*⟩ Relativität *f*

re·la·ti·viz·za·re V/T ⟨1a⟩ relativieren **re·la·ti·viz·za·zio·ne** [-o-] F Relativierung *f*

re·la·ti·vo ADJ **1** bezüglich, betreffend: **~ a qc** bezüglich etw (*gen*); **~ a ciò** diesbezüglich **2** GRAM Relativ- **3** MATH **numeri -i** relative Zahlen *pl* **4** **~ a qc** im Verhältnis zu etw stehend **5** (*non assoluto*) relativ **6** begrenzt: **avere un interesse ~** ein begrenztes Interesse haben **7** entsprechend, dazugehörig: **presentare la domanda con la -a documentazione** das Gesuch mit den entsprechenden Dokumenten einreichen

R

re·la·to·re [-o-] M, **-tri·ce** F **1** Vortragende *m/f*, Berichterstatter *m*, -in *f* **2** Referent *m*, -in *f*

re·lax M ⟨*inv*⟩ Entspannung *f*, Ruhe *f*: **concedersi un'oretta di ~** sich (*dat*) ein Stündchen Entspannung gönnen

re·la·zio·na·le ADJ relational

re·la·zio·na·re V/I ⟨1a; av⟩ **1** Bericht erstatten **2** in Zusammenhang bringen

★**re·la·zio·ne** [-o-] F **1** Zusammenhang *m*: **essere in ~ con qc** mit etw im Zusammenhang stehen **2** Verhältnis *n*, Beziehung *f*: **avere una ~ con qn** ein Verhältnis mit j-m haben **3** Bericht *m*; Referat *n* **4** MATH Relation *f* ♦ **~ d'affari** Geschäftsbeziehung *f*; **~ amorosa** Liebesbeziehung *f*; **-i industriali** industrielle Beziehungen *pl*; **-i pubbliche** Öffentlichkeitsarbeit *f*

re·lè [-ɛ] M ⟨*inv*⟩ Relais *n* ♦ **~ a tempo** Zeitschalter *m*

re·le·ga·re V/T ⟨1e⟩ verbannen

re·le·ga·zio·ne [-o-] F Verbannung *f*

★**re·li·gio·ne** [-o-] F **1** Religion *f* (*a. fig*): **professare una ~** sich zu einer Religion bekennen **2** Verehrung *f*, Kult *m* ♦ *iron* **non c'è più ~!** heute hat man vor nichts mehr Respekt!

re·li·gio·sa·men·te [-e-] ADV **1** religiös, fromm **2** *fig* peinlich genau **re·li·gio·si·tà** F ⟨*inv*⟩ **1** Religiosität *f* **2** *fig* (große) Gewissenhaftigkeit *f*

★**re·li·gio·so** [-o-] **A** ADJ **1** religiös, Religions- **2** kirchlich, Kirchen-: **matrimonio ~** kirchliche Trauung *f* **3** *fig* ehrfürchtig, andächtig: **in ~ silenzio** in ehrfürchtigem Schweigen **4** gewissenhaft **B** M, **-a** F Ordensbruder *m*, -schwester *f* ♦ **comunità -a** Glaubensgemeinde *f*; **festa -a** Kirchenfest *n*; **funzione -a** Gottesdienst *m*

re·li·quia F Reliquie *f* (*a. fig*)

re·li·quia·rio M Heiligenschrein *m*

re·lit·to M Wrack *n* (*a. fig*)

re·ma·re V/I ⟨1b; av⟩ rudern: *fig* **~ contro** sich widersetzen **re·ma·ta** F **1** Rudern *n* **2** Ruderschlag *m* **re·ma·to·re** [-o-] M, **-tri·ce** F Ruderer *m*, -rin *f*

re·mi·ni·scen·za [-ɛ-] F **1** Erinnerung *f* **2** Anklang *m*, Reminiszenz *f*

re·mis·si·bi·le ADJ erlässlich **re·mis·sio·ne** [-o-] F **1** Erlass *m*, Vergebung *f*: **~ di un debito** Schuldenerlass *m*; **~ dei peccati** Sündenvergebung *f*; **~ della pena** Straferlass *m* **2** MED Nachlassen *n*

re·mis·si·vi·tà F ⟨*inv*⟩ Nachgiebigkeit *f* **re·mis·si·vo** ADJ nachgiebig, gefügig

re·mo [-ɛ-] M Ruder *n* ♦ **barca a -i** Ruderboot *n*

re·mo·ra [-ɛ-] F **1** Zögern *n*: **non avere -e** nicht zögern **2** Bedenken *n*: **senza** (*od* **privo di**) **-e** ohne Bedenken

re·mo·to [-ɔ-] ADJ **1** weit entfernt gelegen, entlegen, abgelegen **2** weit zurückliegend **3** GRAM **passato ~** historisches Perfekt *n*

re·mu·ne·ra·re V/T ⟨1m⟩ **1** belohnen **2** lukrativ sein **re·mu·ne·ra·ti·vi·tà** F ⟨*inv*⟩ Einträglichkeit *f* **re·mu·ne·ra·ti·vo** ADJ lohnend, lukrativ, einträglich **re·mu·ne·ra·zio·ne** [-o-] F Belohnung *f*

re·na [-e-] F Sand *m* ♦ **~ grossa** Kiessand *m*

re·na·le ADJ Nieren-: **calcoli -i** Nierensteine *pl*
Re·na·nia F Rheinland *n*
re·na·no A ADJ 1 (*del Reno*) rheinisch, Rhein- 2 (*della Renania*) rheinländisch B M, **-a** F Rheinländer *m*, -in *f*
★**ren·de·re** [-e-] ⟨3c⟩ A V/T 1 zurückgeben 2 erwidern: **~ il saluto** den Gruß erwidern 3 erweisen: **~ onore a qn** j-m Ehre erweisen 4 einbringen: **un'attività che rende** eine lukrative Tätigkeit *f* 5 abwerfen: **i titoli rendono il 10%** die Wertpapiere werfen 10% ab 6 wiedergeben, ausdrücken: **~ qc con parole proprie** etw mit eigenen Worten wiedergeben 7 darstellen 8 machen: **~ felice qn** j-n glücklich machen; **~ difficile qc** etw erschweren; **~ facile qc** etw erleichtern 9 leisten: **a scuola non rende** in der Schule leistet er nicht viel B V/PR **-rsi** sich machen, sein: **-rsi simpatico/utile** sich beliebt/nützlich machen ♦ **-rsi conto di qc** sich (*dat*) über etw (*akk*) bewusst werden; **rendo l'idea?** habe ich mich klar ausgedrückt?; **vuoto a ~** Pfandflasche *f*
ren·di·con·to [-o-] M 1 HANDEL Rechenschaftsbericht *m* 2 Bericht *m* 3 *pl* Akten *pl*, Protokoll *n*, Sitzungsbericht *m*
ren·di·men·to [-e-] M 1 Leistung *f* 2 PHYS, TECH Leistungskraft *f* 3 Ertrag *m*, Rendite *f* ♦ **alto ~** Hochleistung *f*; **capacità di ~** Leistungsfähigkeit *f*; **~ del capitale** Kapitalrendite *f*
ren·di·ta [-ɛ-] F Ertrag *m*, Rendite *f*; Rente *f* ♦ **~ annua** Jahresrente *f*; **~ fondiaria** Grundrente *f*; **~ vitalizia** Leibrente *f*; **vivere di ~** von Zinsen leben; *fig* sich auf seinen Lorbeeren ausruhen
re·ne [-ɛ-] M Niere *f* ♦ **trapianto del ~** Nierentransplantation *f*
re·ni [-e-] FPL Nierengegend *f*; Lenden *pl*
re·ni·ten·te [-ɛ-] A ADJ renitent B M/F MIL Wehrdienstverweigerer *m*, -in *f* ♦ **essere ~ alla leva** den Wehrdienst verweigern
re·ni·ten·za [-ɛ-] F Widersetzlichkeit *f*
ren·na [-ɛ-] F 1 Ren(tier) *n* 2 Rentierleder *n*
Re·no [-e-] M Rhein *m*
re·o [-ɛ-] A ADJ schuldig: **essere ~ di qc** etw (*gen*) schuldig sein B M, **-a** F Schuldige *m/f*
★**re·par·to** M 1 Abteilung *f*: **~ vendite** Verkaufsabteilung *f* 2 (*negli ospedali*) Station *f*: **~ rianimazione** Intensivstation *f* 3 MIL Abteilung *f*, Zug *m* ♦ **capo ~** Abteilungsleiter *m*
re·pel·len·te [-ɛ-] ADJ 1 *fig* abstoßend, widerwärtig 2 abstoßend: **forza ~** abstoßende Kraft *f*
re·pen·ta·glio M: **mettere a ~ la propria vita** sein Leben aufs Spiel setzen
re·pen·ti·na·men·te [-e-] ADV plötzlich, unvermittelt **re·pen·ti·no** ADJ plötzlich
re·pe·ri·bi·le ADJ 1 (*persona*) erreichbar, zu finden, greifbar 2 (*prodotto*) auffindbar, auftreibbar **re·pe·ri·bi·li·tà** F ⟨*inv*⟩ 1 (*persona*) Erreichbarkeit *f* 2 (*prodotto*) Auffindbarkeit *f* **re·pe·ri·men·to** [-e-] M Auffindung *f*, Finden *n*
re·pe·ri·re V/T ⟨4d⟩ 1 (auf)finden 2 erreichen: **dove posso reperirLa?** wo kann ich Sie erreichen? 3 sammeln: **~ dati/fondi** Daten/Mittel sammeln
re·per·to [-ɛ-] M 1 Fund(stück) *n* 2 JUR Beweisstück *n* 3 MED Befund *m* **re·per·to·rio** [-ɔ-] M 1 THEAT Spielplan *m*; Repertoire *n* (*a. hum*) 2 Verzeichnis *n* 3 Sammlung *f* ♦ **immagini di ~** Archivaufnahmen *pl*
re·play [riːˈplei] M ⟨*inv*⟩ Wiederholung *f* ♦ **~ al rallentatore** Wiederholung *f* in Zeitlupe
re·pli·ca [-ɛ-] F 1 Wiederholung *f* 2 KUNST Replik *f*, Replikat *n* 3 Erwiderung *f*, Entgegnung *f* 4 Widerspruch *m*, Widerrede *f*: **non ammetto -che** ich dulde keine Widerrede
re·pli·ca·re V/T ⟨1l, b *u.* d⟩ 1 wiederholen 2 erwidern, entgegnen 3 einwenden, entgegnen
re·por·ta·ge [-ˈtaːʒ] M ⟨*inv*⟩ Reportage *f*, Bericht *m* **re·por·ter** [-ɔ-] M/F ⟨*inv*⟩ Reporter *m*, -in *f*, Berichterstatter *m*, -in *f*
re·pres·sio·ne [-o-] F Unterdrückung *f* (*a.* POL, PSYCH)
re·pres·so [-ɛ-] ADJ unterdrückt
re·pri·men·da [-ɛ-] F Vorhaltung *f*
re·pri·me·re ⟨3r⟩ A V/T 1 unterdrücken, zurückhalten 2 bezähmen, bezwingen 3 POL unterdrücken, niederwerfen 4 PSYCH unterdrücken, verdrängen B V/PR **-rsi** sich beherrschen, sich bezwingen
re·pro·bo [-ɛ-] ADJ 1 verdammt 2 verworfen 3 ruchlos
★**re·pub·bli·ca** F Republik *f*: **Repubblica Ceca** Tschechische Republik *f*; **Repubblica Federale Tedesca** Bundesrepublik *f*

Deutschland; **Repubblica Centrafricana** Zentralafrikanische Republik *f*; **Repubblica Sudafricana** Republik *f* Südafrika ♦ **~ delle banane** Bananenrepublik *f* **re·pub·bli·ca·no** **A** ADJ republikanisch **B** M, **-a** F Republikaner *m*, -in *f*

re·pu·li·sti M **far ~** reinen Tisch *m* machen

re·pul·sio·ne [-si'o-] F **1** PHYS Abstoßung *f* **2** *fig* **avere ~ per qn/qc** vor j-m/etw Ekel (*od* Abscheu) haben

re·pul·si·vo ADJ **1** PHYS abstoßend **2** *fig* abstoßend, ekelerregend

re·pu·ta·re ⟨1l *u.* b⟩ **A** V/T halten, erachten: **se lo reputi necessario, parti pure** wenn du es für nötig erachtest, fahr ruhig weg **B** V/PR **-rsi** sich halten, sich schätzen: **-rsi fortunato** sich glücklich schätzen **re·pu·ta·to** ADJ geschätzt, angesehen

re·pu·ta·zio·ne [-o-] F **1** Ruf *m*, Leumund *m* **2** Ansehen *n*, guter Ruf *m*

re·quie [-ɛ-] F Ruhe *f*: **non trovare ~** nicht zur Ruhe kommen

re·quiem [-ɛ-] M ⟨*inv*⟩ Requiem *n* (*a.* MUS)

re·qui·si·re V/T ⟨4d⟩ beschlagnahmen

re·qui·si·to M **1** Erfordernis *f*, Voraussetzung *f* **2** *pl* Fähigkeiten *pl* **re·qui·si·to·ria** [-ɔ-] F **1** Anklagerede *f* **2** Reihe *f* von Vorwürfen *pl* **re·qui·si·zio·ne** [-o-] F Beschlagnahmung *f*

re·sa [-e-] F **1** Übergabe *f*, Kapitulation *f* **2** SPORT Aufgeben *n* **3** Rückgabe *f*, Rückerstattung *f* **4** HANDEL Rückgabe *f* der unverkauften Ware **5** (*rendimento*) Leistung *f* **6** (*di merci*) Ergiebigkeit *f* **7** Ertrag *m*, Ausbeute *f* ♦ **~ dei conti** Abrechnung *f*; **~ dei vuoti** Leergutrückgabe *f*

re·scin·de·re V/T ⟨3mm⟩ **1** rückgängig machen, aufheben, für ungültig erklären **2** auflösen: **~ un contratto** einen Vertrag auflösen

re·scis·sio·ne [-o-] F Rückgängigmachung *f*, Aufhebung *f*, Ungültigkeitserklärung *f*

re·scis·so·rio [-ɔ-] ADJ aufhebend

re·se·ca·re [-s-] V/T ⟨1l, b *u.* d⟩ **1** (zurück)schneiden **2** (*chirurgia*) resezieren

reset [re'sɛt] M IT Reset *n*, Neustart *m*

re·set·ta·re V/T ⟨1a⟩ IT neu starten

re·se·zio·ne [-setsi'o-] F **1** (Zurück)Schneiden *n* **2** (*chirurgia*) Resektion *f*

Re·sia [-ɛ-] F Reschen *m*

res·i·dence ['rɛzidens] M ⟨*inv*⟩ **1** Apartmenthaus *n* **2** Wohnanlage *f*

re·si·den·te [-ɛ-] **A** ADJ **1** ADMIN wohnhaft **2** ansässig, sesshaft **B** M/F (Orts)-Ansässige *m/f*; Bewohner *m*, -in *f*: **solo per -i** Anlieger frei **re·si·den·za** [-ɛ-] F **1** Wohnen *n*, Aufenthalt *m* **2** ADMIN Wohnsitz *m* **3** Residenz *f* **4** MIL Standort *m* ♦ **notificare il cambio di ~** sich ummelden; **certificato di ~** Aufenthaltsbescheinigung *f*

re·si·den·zia·le ADJ **1** Wohn-: **area ~** Wohnbaugebiet *n*; **complesso ~** Wohnanlage *f* **2** Villen-: **quartiere ~** Villenviertel *n*

re·si·dua·le ADJ Rest-, Nach-, verbleibend **re·si·dua·to** **A** ADJ übrig geblieben **B** M Restbestand *m* **re·si·duo** **A** ADJ restlich, Rest- **B** M Rückstand *m*, Abfall *m*

re·si·na [-ɛ-] F Harz *n*

re·si·no·so [-o-] ADJ **1** harzig **2** harzartig

re·si·sten·te [-ɛ-] ADJ **1** widerstandsfähig **2** **~ a qc** -beständig **3** haltbar **4** strapazierfähig, fest **5** farbecht ♦ **~ all'acqua** wasserfest; **~ al calore** hitzebeständig; **~ al freddo** kältebeständig; BOT winterhart; **~ al fuoco** feuerfest; **~ alle intemperie** wetterfest; **~ al lavaggio** waschecht

★**re·si·sten·za** [-ɛ-] F **1** Widerstand *m* (*a.* ELEK, PHYS, PSYCH) **2** Gegenwehr *f* **3** Festigkeit *f*, Beständigkeit *f*, Widerstandsfähigkeit *f* **4** (*di materiale*) Strapazierfähigkeit *f* **5** Ausdauer *f*, Belastbarkeit *f*: **~ alla fatica** körperliche Ausdauer *f* **6** POL, HIST Widerstandsbewegung *f* ♦ **~ all'usura** Verschleißfestigkeit *f*

re·si·ste·re V/I ⟨3f; av⟩ **1** **~ a qc** etw (*dat*) widerstehen (*od* standhalten) **2** **~ a qc** gegen etw Widerstand leisten **3** ertragen; aus-, durchhalten: **~ al dolore** Schmerz aushalten **4** durchstehen: **resisti!** halt(e) durch! **5** (*colori*) **~ al lavaggio** waschecht sein **6** **~ al tempo** die Zeit überdauern

re·si·sti·vi·tà F ⟨*inv*⟩ ELEK Leitungswiderstand *m* **re·si·sto·re** [-o-] M ELEK Widerstand *m*

re·so [-e-] **A** ADJ **merce -a** Retourware *f*; zurückgesandte Ware *f* **B** M (*editoria*) Remittende *f*

re·so·con·to [-o-] M **1** Bericht *m* **2** Aufstellung *f*, Rechnungslegung *f* ♦ ~

R

di gestione Geschäftsbericht *m*

re·spin·gen·te [-ɛ-] M Puffer *m*

re·spin·ge·re V/T ⟨3d⟩ **1** zurückdrängen, -schlagen; abwehren **2** ablehnen, zurückweisen: **~ una proposta** einen Vorschlag ablehnen **3** (*agli esami*) durchfallen lassen **4** **~ al mittente** an den Absender zurückschicken **5** SPORT abwehren

re·spin·to ADJ **1** nicht angenommen **2** nicht versetzt

re·spi·ra·bi·le ADJ atembar

★**re·spi·ra·re** ⟨1a⟩ **A** V/I ⟨av⟩ **1** atmen; einatmen **2** Atem holen (*a. fig*) **3** *fig* aufatmen **B** V/T (ein)atmen ♦ *fig* **si respira un'aria nuova** hier weht ein neuer Wind, *fig* **qui si respira un'aria pesante** hier herrscht dicke Luft

re·spi·ra·to·re [-o-] M **1** Atemgerät *n* **2** Schnorchel *m*: **immergersi col ~** tauchen **3** MED Beatmungsgerät *n*

re·spi·ra·to·rio [-ɔ-] ADJ Atem-, Atmungs- **re·spi·ra·zio·ne** [-o-] F **1** Atmung *f*, Atmen *n* **2** Beatmung *f*

★**re·spi·ro** M **1** Atem *m* **2** Atemzug *m* **3** Ruhe *f*, Pause *f*: **lavorare senza ~** ohne Pause arbeiten **4** Galgenfrist *f*: **avere ancora tre giorni di ~** noch drei Tage Galgenfrist haben ♦ **di ampio ~** ausführlich; weitschweifig; **tirare un ~ di sollievo** erleichtert aufatmen; **da togliere il ~** atemberaubend

★**re·spon·sa·bi·le** **A** ADJ **1** verantwortlich: **essere ~ per** (*od* **di**) **qn/qc** für j-n/etw verantwortlich sein **2** verantwortungsbewusst **3** schuldig **4** JUR haftend, haftbar: **socio ~** haftender Gesellschafter *m* **5** (*editoria*) **direttore ~** Herausgeber *m* **B** M/F **1** (*incaricato*) Verantwortliche *m/f*; (*statale*) Beauftragte *m/f* **2** (*colpevole*) Schuldige *m/f*; (*autore del delitto*) Täter *m*, -in *f* ♦ **~ ambiente** Umweltbeauftragte *m/f*; **~ (della) sicurezza dati** Datenschutzbeauftragte *m/f*

★**re·spon·sa·bi·li·tà** F ⟨*inv*⟩ **1** Verantwortung *f*: **assumersi la ~ di qc/per qn** die Verantwortung für etw/j-n übernehmen **2** Schuld *f*, Verantwortung *f* **3** JUR Haftung *f*: **~ collettiva/personale** kollektive/persönliche Haftung *f* ♦ **~ civile** Haftpflicht *f*; **~ del produttore** Produkthaftung *f*; **società a ~ limitata** Gesellschaft mit beschränkter Haftung

re·spon·sa·bi·liz·za·re [-n'sa-] ⟨1a⟩ **A** V/T **~ qn** Verantwortungsbewusstsein in j-m wecken **B** V/PR **-rsi** verantwortungsbewusst werden

re·spon·so [-ɔnso] M **1** Orakelspruch *m* **2** Antwort *f*, Bescheid *m* **3** Entscheidung *f*

res·sa [-ɛ-] F Gedränge *n*, Andrang *m* ♦ **fare ~** sich drängen

re·sta [-ɛ-] F ZOOL Gräte *f*

re·stan·te **A** ADJ übrig **B** M Rest *m*

★**re·sta·re** V/I ⟨1b; es⟩ **1** bleiben **2** übrig bleiben: **non mi resta altro da fare che …** mir bleibt nichts anderes übrig, als … **3** **restano solo 6 chilometri** es sind nur noch 6 Kilometer **4** **restano solo due ore** es dauert nur noch zwei Stunden **5** (*trovarsi*) sein, sich befinden, liegen **6** verbleiben, dabei bleiben. **restiamo** (**d'accordo**) **che mi telefoni tu** verbleiben wir so, dass du mich anrufst ♦ **~ alzato fino a tardi** bis spät aufbleiben; **~ aperto** offen bleiben; **~ chiuso** zubleiben; **restarci male** gekränkt sein; enttäuscht sein; *umg* **restarci** draufgehen

re·stau·ra·re V/T ⟨1a⟩ restaurieren **re·stau·ra·to·re** [-o-] **A** ADJ restaurierend, Restaurations- **B** M, **-tri·ce** F Restaurator *m*, -in *f* **re·stau·ra·zio·ne** [-o-] F Wiedereinführung *f*, Restauration *f*

re·stau·ro M Restaurierung *f*, Restauration *f* ♦ **chiuso per -i** wegen Restaurierungsarbeiten geschlossen

re·sti·o ADJ **1** (*animale*) störrisch **2** (*persona*) widerwillig, widerstrebend

re·sti·tu·i·bi·le ADJ rückerstattbar

★**re·sti·tu·i·re** V/T ⟨4d⟩ **1** zurück-, wiedergeben (*a. fig*) **2** (zu)rückerstatten, zurückzahlen **3** erwidern, sich revanchieren **re·sti·tu·zio·ne** [-o-] F **1** Rückgabe *f*, Rückerstattung *f* **2** *fig* Wiedergeben *n* **3** Erwiderung *f*

★**re·sto** [-ɛ-] M **1** Rest *m*, Übrige *n*: **al ~ penso io** um das Übrige kümmere ich mich **2** Rest(betrag) *m*, Wechselgeld *n*, *schweiz* Retourgeld *n*: **non ho da darLe il ~** ich kann Ihnen nicht herausgeben **3** MATH Rest *m* **4** *pl* Überreste *pl*, Reste *pl* ♦ **del ~** übrigens, im Übrigen

re·strin·ge·re ⟨3d⟩ **A** V/T **1** verengen **2** (*indumenti*) enger machen **3** (*far contrarre*) zusammenziehen **4** *fig* be-, einschränken; einengen: **~ la libertà di qn** j-s Freiheit einschränken **5** herabsetzen, verringern: **~ il numero** die Anzahl verringern **6** GASTR einkochen **B** V/PR **-rsi** **1** sich verengen, enger werden **2** (*perso-*

R

ne) sich zusammendrängen, (näher) zusammenrücken **3** sich zusammenziehen **4** (*tessuti*) einlaufen **5** geringer werden

re·strin·gi·men·to [-e-] M **1** Verengung *f* **2** (*di tessuti*) Einlaufen *n* **3** Zusammenziehung *f* **4** *fig* Be-, Einschränkung *f*

re·strit·ti·vo ADJ be-, einschränkend

re·stri·zio·ne [-o-] F **1** Ein-, Beschränkung *f*: **imporre -i** Einschränkungen auferlegen **2** JUR Beschränkung *f*; Vorbehalt *m*

re·sur·re·zio·ne [-surretsi'o-] → risurrezione

re·su·sci·ta·re [-su-] → risuscitare

re·tag·gio M Erbe *n*, Vermächtnis *n*

re·ta·ta F **1** Razzia *f* **2** Netzwurf *m* **3** Fang *m*

re·te [-e-] F **1** Netz *n* (*a.* ANAT, GEOM *fig*): **~ stradale** Straßennetz *n*; **~ elettrica** Stromnetz *n*; **cadere nella ~ di qn** j-m ins Netz gehen **2** Zaun *m* **3** SPORT Tor *n* **4** TV (Fernseh)Sender *m* **5** IT Netzwerk *n*: **~ telematica** Datennetz *n* **6** (*del letto*) Sprung(feder)rahmen *m* ♦ **calze a ~** Netzstrümpfe *pl*; **allacciamento alla ~** Netzanschluss *m*; **borsa a ~** Einkaufsnetz *n*; **collegarsi in ~** sich einloggen; **collegamento in ~** Vernetzung *f*; **collegato in ~** vernetzt; IT **~ di computer** Computernetz *n*; **~ a listelli di legno** Lattenrost *m*; TV **~ privata** Privatsender *m*; **~ telefonica** Fernsprechnetz *n*; **~ telefonica fissa** Festnetz *n*; **~ di telefonia mobile** Mobilfunknetz *n*

re·ti·cel·la [-ɛ-] F **1** kleines Netz *n* **2** Haarnetz *n*

re·ti·cen·te [-ɛ-] ADJ **1** verschwiegen **2** **essere ~ a fare qc** nur widerwillig etw tun **re·ti·cen·za** [-ɛ-] F **1** Verschwiegenheit *f*, Zurückhaltung *f* **2** JUR Verschweigen *n*

re·ti·co·la·re ADJ netzförmig, Netz-

re·ti·co·la·to M **1** Geflecht *n*, Netzwerk *n* **2** Gitter *n*; Drahtzaun *m* **3** MIL Drahtverhau *m*/*n*

re·ti·co·lo M **1** Netz(werk) *n* **2** Gitter *n* (*a.* CHEM, PHYS, MATH)

re·ti·na [-ɛ-] F ANAT Netzhaut *f*

re·ti·no M **1** (kleines) Netz *n*: **~ per farfalle** Schmetterlingsnetz *n* **2** TYPO Raster *m*

re·to·re [-ɛ-] M **1** HIST Rhetor *m* **2** *pej* Phrasendrescher *m*, -in *f*

re·to·ri·ca [-ɔ-] F **1** Rhetorik *f*, Redekunst *f* **2** *pej* Phrasendrescherei *f*

re·to·ri·co [-ɔ-] **A** ADJ **1** rhetorisch **2** *pej* phrasenhaft **B** M Rhetor *m*

re·to·ro·man·zo ADJ rätoromanisch

re·tri·bu·i·re V/T ⟨4d⟩ **1** entlohnen, bezahlen **2** belohnen **re·tri·bu·i·to** ADJ entlohnt, bezahlt **re·tri·bu·ti·vo** ADJ **1** Bezahlungs-, Entlohnungs- **2** Gehalts-; Lohn- **re·tri·bu·zio·ne** [-o-] F Entlohnung *f*; Gehalt *n*; Lohn *m*; *schweiz* Salär *n* ♦ **~ lorda** Bruttogehalt *n*; **~ netta** Nettogehalt *n*

re·tri·vo ADJ rückständig; rückschrittlich

re·tro [-ɛ-] M ⟨*inv*⟩ Rückseite *f* ♦ **~ della medaglia** Kehrseite *f* der Medaille; **vedi ~** siehe Rückseite

ré·tro [re'tro] ADJ ⟨*inv*⟩ **1** altertümlich **2** rückschauend, rückblickend

re·tro·at·ti·vi·tà F ⟨*inv*⟩ Rückwirkung *f*

re·tro·at·ti·vo ADJ rückwirkend **re·tro·a·zio·ne** [-o-] F **1** Rückwirkung *f* **2** Feedback *n* **re·tro·boc·ca** [-o-] M ⟨*inv*⟩ Rachen *m* **re·tro·bot·te·ga** [-e-] M *od* F ⟨*inv*⟩ Hinterzimmer *n*, Nebenraum *m* **re·tro·ca·ri·ca** F **arma a ~** Hinterlader *m*

re·tro·ce·de·re [-ɛ-] ⟨3l⟩ **A** V/I ⟨es⟩ **1** zurückweichen **2** SPORT absteigen **B** V/T **1** zurückstufen **2** MIL degradieren

re·tro·ces·sio·ne [-o-] F **1** Zurückweichen *n* **2** SPORT Abstieg *m*

re·tro·da·ta·bi·le ADJ zurück-, nachdatierbar **re·tro·da·ta·re** V/T ⟨1a⟩ zurück-, nachdatieren **re·tro·da·ta·zio·ne** [-o-] F Zurück-, Nachdatierung *f*

re·tro·flet·te·re [-ɛ-] V/T ⟨3qq⟩ nach hinten knicken

re·tro·gra·do [-ɔ-] ADJ **1** rückläufig **2** ASTRON retrograd **3** *fig* rückständig, rückschrittlich

re·tro·guar·dia F **1** Nachhut *f* **2** *fig* Hintergrund *m*: **stare alla ~** sich im Hintergrund halten **re·tro·mar·cia** F AUTO Rückwärtsgang *m*: **fare ~** im Rückwärtsgang fahren **re·tro·neb·bia** [-e-] M ⟨*inv*⟩ Nebelschlussleuchte *f* **re·tro·sce·na** [-ɛ-] **A** F THEAT Hintergrund *m* **B** M ⟨*inv*⟩ *fig* Hintergrund *m*: **svelare i ~ di qc** die Hintergründe von etw enthüllen

re·tro·spet·ti·va F **1** Rückblick *m*, Rückschau *f* **2** (*mostra*) Retrospektive *f*

re·tro·spet·ti·vo ADJ rückblickend, retrospektiv

re·tro·stan·te ADJ dahinter liegend **re·tro·ter·ra** [-ɛ-] M ⟨*inv*⟩ **1** Hinterland *n*

R

2 *fig* Hintergrund *m* **re·tro·vi·a** F MIL Etappe *f*
re·tro·vi·si·vo, re·tro·vi·so·re [-o-] ADJ **specchietto** ~ Rückspiegel *m*
ret·ta[1] [-ɛ-] F: **dar(e)** ~ **a qn** auf j-n hören
ret·ta[2] [-ɛ-] F Pension *f*, Kostgeld *n*
ret·ta[3] [-ɛ-] F GEOM Gerade *f*
ret·tan·go·la·re ADJ rechteckig
ret·tan·go·lo **A** ADJ rechteckig, rechtwink(e)lig, Rechteck- **B** M Rechteck *n*
ret·ti·fi·ca F **1** Berichtigung *f*, Richtigstellung *f* **2** TECH Schliff *m*, Schleifen *n*
ret·ti·fi·ca·re VT ⟨1m *u.* d⟩ **1** berichtigen, richtigstellen **2** TECH schleifen **ret·ti·fi·ca·to·re** [-o-] **A** ADJ Schleif- **B** M, **-tri·ce** F Schleifer *m*, -in *f* **ret·ti·fi·ca·tri·ce** F (*macchina*) Schleifmaschine *f* **ret·ti·fi·ca·zio·ne** [-o-] F Berichtigung *f*, Richtigstellung *f*
ret·ti·fi·lo M gerade Strecke *f*, Gerade *f*
ret·ti·le [-ɛ-] M Reptil *n*, Kriechtier *n*
ret·ti·li·ne·o **A** ADJ **1** geradlinig **2** *fig* aufrichtig, redlich **B** M Gerade *f*, gerade Strecke *f* ♦ SPORT ~ **d'arrivo** Zielgerade *f*
ret·ti·tu·di·ne F Rechtschaffenheit *f*
ret·to[1] [-ɛ-] **A** ADJ **1** gerade **2** rechtschaffen **3** richtig, korrekt **4** fair, anständig **5** GEOM recht: **angolo** ~ rechter Winkel *m* **B** M ANAT Mastdarm *m* ♦ **la -a via** der rechte Weg
ret·to[2] [-ɛ-] → reggere
ret·to·ra·to M Rektorat *n*
ret·to·re [-o-] M, **-tri·ce** F **1** Rektor *m*, -in *f* **2** Leiter *m*, -in *f*
re·turn [re'turn] M ⟨*inv*⟩ IT Returntaste *f*, Eingabetaste *f*
reu·ma [-ɛ-] M Rheumatismus *m*
reu·ma·ti·co ADJ rheumatisch
reu·ma·ti·smo [-zmo] M *umg* Rheuma *n*
re·ve·ren·do [-ɛ-] ADJ (hochehr)würdig
re·ve·ren·za [-ɛ-] → riverenza
re·ver·si·bi·le [-s-] ADJ **1** umkehrbar **2** JUR, WIRTSCH übertragbar **re·ver·si·bi·li·tà** F ⟨*inv*⟩ **1** Umkehrbarkeit *f* **2** JUR, WIRTSCH Übertragbarkeit *f*
re·vi·sio·na·re VT ⟨1a⟩ **1** TECH überholen **2** *form* überprüfen, revidieren
re·vi·sio·ne [-o-] F **1** TECH Überholung *f* **2** AUTO Inspektion *f* **3** *form* Überprüfung *f* **4** (*correzione*) Revision *f* **5** JUR Wiederaufnahme *f* des Verfahrens **6** WIRTSCH ~ **del bilancio** Bilanzprüfung *f*
re·vi·so·re [-o-] M, **-a** F Prüfer *m*, -in *f*, Revisor *m*, -in *f* ♦ ~ **di bilancio** Wirtschaftsprüfer *m*; ~ **dei conti** Rechnungsprüfer *m*
re·vi·val [re'vaivɔl] M ⟨*inv*⟩ Wiederaufleben *n*, Revival *n*
re·vo·ca [-ɛ-] F **1** Widerruf *m* **2** Aufhebung *f* ♦ ~ **della patente** Führerscheinentzug *m*
re·vo·ca·bi·le ADJ widerrufbar
re·vo·ca·re VT ⟨1l, b *u.* d⟩ **1** widerrufen **2** aufheben **3** ~ **qn da una carica** j-n seines Amtes entheben **re·vo·ca·ti·vo, re·vo·ca·to·rio** [-ɔ-] ADJ **1** widerrufend **2** aufhebend
re·vol·ver [-ɔ-] M ⟨*inv*⟩ Revolver *m*
re·vol·ve·ra·ta F Revolverschuss *m*
ri·a·bi·li·ta·re ⟨1n⟩ **A** VT **1** rehabilitieren (*a. fig*) **2** (*impianto, industria*) wiederaufbauen **B** VPR **-rsi** sich rehabilitieren
ri·a·bi·li·ta·ti·vo ADJ Rehabilitations-: **centro** ~ Rehabilitationszentrum *n* **ri·a·bi·li·ta·zio·ne** [-o-] F Rehabilitation *f* (*a. fig*) ♦ **clinica di** ~ Rehabilitationsklinik *f*, *umg* Rehaklinik *f*
ri·a·bi·tua·re ⟨1l⟩ **A** VT ~ **qn/qc a qc** j-n/etw wieder an etw (*akk*) gewöhnen **B** VPR **-rsi a qc** sich wieder an etw (*akk*) gewöhnen; **-rsi a fare qc** sich wieder daran gewöhnen, etw zu tun
ri·ac·cen·de·re [-ɛ-] ⟨3c⟩ **A** VT **1** wieder anzünden **2** wieder einschalten **3** *fig* (*passione, amore*) wieder entfachen **4** JUR ~ **un debito** erneut Schulden aufnehmen **B** VPR **-rsi** sich wieder entzünden (*a. fig*)
ri·ac·ciuf·fa·re VT ⟨1a⟩ *umg* wieder schnappen
ri·ac·cli·ma·tar·si [-si] VPR ⟨1m⟩ sich wieder akklimatisieren (*a. fig*)
ri·ac·co·mo·darsi [-si] VPR ⟨1c *u.* m⟩ **1** es sich (*dat*) wieder bequem machen **2** wieder Platz nehmen
ri·ac·com·pa·gna·re VT ⟨1a⟩ **1** wieder begleiten **2** zurückbegleiten
ri·a·cu·tiz·zar·si [-si] VPR ⟨1a⟩ **1** *fig* sich wieder verschärfen **2** MED sich wieder verschlimmern **ri·a·cu·tiz·za·zio·ne** [-o-] F **1** *fig* erneute Verschärfung *f* **2** MED Verschlechterung *f*
Ri·ad F Riad *n*
ri·ad·dor·men·tar·si [-si] VPR ⟨1b⟩ wieder einschlafen
ri·af·fio·ra·re VI ⟨1a; es⟩ **1** wieder auftauchen **2** (*ricordi, immagine*) zurück-

kommen; (*passione*) wieder aufflammen
ri·ag·gan·cia·re ⟨1f⟩ **A** VT (*telefono*) (den Hörer) auflegen **B** VPR **-rsi a qc** *umg* an etw (*akk*) wieder anknüpfen
ri·al·lac·cia·re ⟨1f⟩ **A** VT *fig* wieder aufnehmen: **~ i rapporti con qn** den Kontakt zu j-m wieder aufnehmen **B** VPR **-rsi a qc** sich auf etw (*akk*) berufen
ri·al·to M **1** Anhöhe *f*, Erhebung *f* **2** (*prominenza*) Erhöhung *f*
ri·al·za·re ⟨1a⟩ **A** VT **1** wieder aufrichten **2** (*rendere più alto*) höher machen, erhöhen **3** (*edificio*) aufstocken **4** (*prezzi*) (wieder) erhöhen **B** VI ⟨es⟩ steigen **C** VPR **-rsi** wieder aufstehen
ri·al·za·to ADJ **piano ~** Hochparterre *n*
ri·al·zo M **1** (*di prezzi*) Erhöhung *f*; Anstieg *m* **2** WIRTSCH Hausse *f*: **speculare al ~** auf Hausse spekulieren **3** (*terreno*) Erhebung *f* **4** Aufsatz *m*: **il ~ dell'armadio** der Schrankaufsatz ♦ **essere in ~** steigen; **tendenza al ~** Aufwärtstendenz *f*
ri·a·ma·re VT ⟨1a⟩ **~ qn** j-s Liebe erwidern
ri·am·bien·tar·si [-si] VPR ⟨1b⟩ sich wieder eingewöhnen, sich wieder einleben
ri·an·da·re VI ⟨1p; es⟩ **1** zurückgehen, -kehren **2** *fig* **~ con la memoria al passato** an die Vergangenheit zurückdenken
ri·a·ni·ma·re ⟨1l⟩ **A** VT **1** MED wiederbeleben **2** *fig* wieder aufrichten **B** VPR **-rsi** **1** wieder zu sich kommen **2** sich wiederbeleben **3** neuen Mut *m* fassen **ri·a·ni·ma·zio·ne** [-o-] F Wiederbelebung *f*; MED Reanimation *f* ♦ **reparto (di) ~** Intensivstation *f*
ri·a·per·tu·ra F Wiedereröffnung *f*: **~ delle trattative** Wiederaufnahme *f* der Verhandlungen
ri·a·pri·re ⟨4f⟩ **A** VT **1** (*porta ecc.*) wieder öffnen **2** (*teatro, negozio*) wieder eröffnen **3** (*scuola*) wieder beginnen **4** *fig* (*dialogo*) wieder aufnehmen **B** VI ⟨av⟩ wieder aufmachen, wieder öffnen
ri·ar·ma·re ⟨1a⟩ **A** VT wieder bewaffnen; MIL aufrüsten **B** VPR **-rsi** sich wieder bewaffnen; MIL aufrüsten; nachrüsten **ri·ar·mo** M Aufrüstung *f*; Nachrüstung *f* ♦ **corsa al ~** Rüstungswettlauf *m*
ri·ar·so [-so] ADJ **1** ausgedorrt **2** (*di gola*) ausgetrocknet
ri·as·se·sta·men·to [-e-] M Neuregelung *f*, Neuordnung *f* **ri·as·se·sta·re** ⟨1b⟩ **A** VT zurechtrücken **B** VPR **-rsi** *fig* wieder zur Normalität zurückfinden
ri·as·set·ta·re ⟨1b⟩ → rassettare
ri·as·set·to [-ɛ-] M **1** Aufräumen *n* **2** Neuregelung *f*, Neuordnung *f*
ri·as·si·cu·ra·re VT ⟨1a⟩ JUR rückversichern **ri·as·si·cu·ra·to** M, **-a** F JUR Rückversicherte *m/f* **ri·as·si·cu·ra·to·re** [-o-] M, **-tri·ce** F JUR Rückversicherer *m*, -rin *f* **ri·as·si·cu·ra·zio·ne** [-o-] F JUR Rückversicherung *f*
ri·as·sor·bi·men·to [-e-] M **1** Wiederaufsaugen *n* **2** *fig* (*di manodopera*) Wiedereinstellung *f* **3** MED Resorption *f*
ri·as·sor·bi·re VT ⟨4c *od* 4d⟩ **1** wieder aufsaugen **2** *fig* wieder aufnehmen **3** MED resorbieren
ri·as·su·me·re VT ⟨3h⟩ **1** wieder annehmen **2** (*carica, impegno*) wieder übernehmen **3** (*al lavoro*) wieder einstellen **4** zusammenfassen ♦ **riassumendo …** zusammenfassend …
ri·as·sun·ti·vo ADJ zusammenfassend
ri·as·sun·to M **1** Zusammenfassung *f* **2** Nacherzählung *f*
ri·as·sun·zio·ne [-o-] F Wiedereinstellung *f*
ri·at·tac·ca·re VT ⟨1d⟩ **1** (den Hörer) auflegen **2** *fig* **~ a fare qc** wieder anfangen, etw zu tun
ri·at·ta·re VT ⟨1a⟩ **1** instand setzen, wiederherstellen **2** wieder in Schuss bringen
ri·at·ti·va·re VT ⟨1a⟩ **1** wieder in Betrieb nehmen **2** MED reaktivieren **ri·at·ti·va·zio·ne** [-o-] F **1** Wiederinbetriebnahme *f* **2** MED Reaktivierung *f*
ri·a·ve·re [-e-] ⟨2b⟩ **A** VT **1** wieder haben **2** zurückbekommen **B** VPR **-rsi** wieder zu sich kommen, sich erholen
ri·av·vi·a·re ⟨1h⟩ VT **1** (*attività, lavori, negoziati*) wieder aufnehmen **2** IT neu starten: (*comando*) **riavvia** Neu starten
ri·av·vi·ci·na·men·to [-e-] M **1** Wiederannäherung *f* **2** *fig* Aus-, Versöhnung *f*
ri·av·vi·ci·na·re ⟨1a⟩ **A** VT **1** wieder (an)nähern, wieder zusammenrücken **2** **~ qn** sich j-m wieder nähern **3** **~ qn a qn** j-n mit j-m wieder versöhnen **B** VPR **-rsi** **1** sich wieder (an)nähern **2** *fig* **~ a qn** j-m wieder näherkommen **3** *fig* sich versöhnen
ri·av·vio M **1** (*di attività, lavori, negoziati*) Wiederaufnahme *f* **2** IT Neustart *m*
ri·av·vol·gi·men·to [-e-] M (*di registra-*

tori) Rücklauf *m*, Zurückspulen *n*: **~ rapido** Schnellrücklauf *m*

ri·ba·di·re VT ⟨4d⟩ **1** (ver)nieten **2** *fig* bekräftigen, betonen, unterstreichen

ri·bal·de·ri·a F **1** Niedertracht *f* **2** Schurkenstreich *m*

ri·bal·do M Schurke *m*, Schuft *m*

ri·bal·ta F **1** Klappe *f* **2** THEAT Rampe *f*; Vorbühne *f* **3** *fig* Bühne *f* ♦ **a ~** Klapp-; **letto a ~** Klappbett *n*; **tavolo a ~** Klapptisch *m*; **febbre della ~** Lampenfieber *n*; **luci della ~** Rampenlicht *n*; **tornare alla ~** ein Comeback feiern

ri·bal·ta·bi·le ADJ **1** (aus-, auf)klappbar, Klapp-: **sedile ~** Klappstuhl *m*, **2** AUTO kippbar: **camion (con cassone) ~** Kipper *m* **ri·bal·ta·men·to** [-e-] M **1** Umkippen *n* **2** *(di automezzo)* Überschlagen *n* **3** *fig* Wende *f*

ri·bal·ta·re ⟨1a⟩ **A** VT **1** umklappen; hochklappen; herunterklappen **2** (um)kippen **3** *fig (governo)* stürzen **4** *(situazione)* umkehren **B** VPR **-rsi 1** sich überschlagen, umkippen **2** *fig* sich umkehren

ri·bal·to·ne [-o-] M **1** Überschlagen *n* **2** *fig* Wende *f*

ri·bas·sa·re ⟨1a⟩ **A** VT herabsetzen, senken **B** VI ⟨es⟩ sinken, fallen **ri·bas·sa·to** ADJ **prezzo ~** ermäßigter Preis *m*

ri·bas·so M **1** Senkung *f* **2** Rabatt *m*, Nachlass *m* **3** Baisse *f* ♦ **essere in ~** sinken, fallen; *fig* an Ansehen verlieren

ri·bat·te·re ⟨3a⟩ **A** VT **1** wieder schlagen **2** *(tappeti, coperte)* wieder klopfen **3** *(a macchina)* noch einmal tippen **4** SPORT wieder schießen; zurückschlagen **5** *fig* zurückweisen: **~ un'accusa** eine Anklage zurückweisen **6** *(confutare)* widerlegen **7** einwenden, widersprechen: **avere sempre qualcosa da ~** immer etwas einzuwenden haben **B** VI ⟨av⟩ **1** wieder klopfen **2 ~ su qc** auf etw *(dat)* bestehen **3 ~ su qc** auf etw *(akk)* wiederholt zurückkommen ♦ **batti e ribatti** wiederholt, immer wieder

ri·bat·tez·za·re VT ⟨1a⟩ **1** wieder taufen **2** umbenennen

ri·bat·ti·no M Niet *m*, Niete *f*

ri·bel·lar·si [-si] VPR ⟨1b⟩ **1** sich erheben: **~ a qn/qc** gegen j-n/etw rebellieren **2** sich widersetzen, sich auflehnen: **~ a qn/qc** gegen j-n/etw protestieren

ri·bel·le [-ɛ-] **A** ADJ **1** rebellisch, aufständisch **2** aufrührerisch **3** widerspenstig **4** schwer erziehbar **B** M/F Aufständische *m/f*

ri·bel·lio·ne [-o-] F **1** Rebellion *f*, Aufstand *m* **2** Auflehnung *f*

ri·bes M ⟨inv⟩ Johannisbeere *f*

ri·boc·can·te ADJ überfüllt, übervoll

ri·boc·ca·re VI ⟨1d⟩ **1** ⟨es⟩ überlaufen, überfließen **2** ⟨av⟩ *fig* überfüllt sein

ri·bol·len·te [-ɛ-] ADJ kochend, (auf)wallend **ri·bol·li·men·to** [-e-] M, **ri·bol·li·o** M Kochen *n*, Aufwallen *n* **ri·bol·li·re** ⟨1a⟩ **A** VI ⟨av⟩ **1** wieder aufkochen **2** schäumen **3** *fig* kochen: **~ d'ira** vor Zorn kochen **4** gären **B** VT nochmals aufkochen

ri·bol·li·ta F = *toskanische Gemüsesuppe aus Brot, Bohnen und Kohl*

ri·brez·zo [-e-] M Abscheu *m*, Ekel *m*

ri·but·tan·te ADJ ekelhaft, widerlich

ri·but·ta·re ⟨1a⟩ **A** VT **1** wieder werfen **2** zurückwerfen **3** *(nemico)* zurückschlagen **B** VI ⟨av⟩ anekeln, abstoßen **C** VPR **-rsi** sich wieder werfen, sich wieder stürzen *(a. fig)*

ri·cac·cia·re VT ⟨1f⟩ **1** wieder (weg)jagen **2** *(nemico)* zurückschlagen **3 ~ le lacrime** die Tränen unterdrücken

ri·ca·de·re [-e-] VI ⟨2c; es⟩ **1** (wieder) fallen **2** *(capelli, vestiti)* fallen **3** *fig* wieder verfallen, zurückfallen: **~ nei vecchi errori** wieder in die alten Fehler verfallen **ri·ca·du·ta** F **1** Rückfall *m (a.* MED) **2** Fallen *n* **3** *fig* Auswirkung *f* ♦ **avere una ~ su qc** sich auf etw *(akk)* auswirken; **~ radioattiva** Fallout *m*, radioaktiver Niederschlag *m*

ri·cal·ca·re VT ⟨1d⟩ **1** durchpausen **2** nachahmen **3 ~ le orme di qn** in j-s Fußstapfen treten **ri·cal·ca·tu·ra** F **1** Pausen *n* **2** Pause *f* **3** Nachahmung *f*

ri·cal·ci·tran·te, ri·cal·ci·tra·re → recalcitrante, recalcitrare

ri·cal·co M Durchschreiben *n*, Pause *f*: **fare un ~** durchschreiben

ri·ca·ma·re VT ⟨1a⟩ **1** (be)sticken **2** *fig* einflechten; ausschmücken **ri·ca·ma·to** ADJ ge-, bestickt, Stick- **ri·ca·ma·tri·ce** F Stickerin *f*

ri·cam·bia·re ⟨1a⟩ **A** VT **1** erwidern: **~ una visita** einen Besuch erwidern **2** wieder wechseln, wieder ändern **B** VI ⟨es⟩ sich wieder ändern **C** VPR **-rsi** sich wieder umziehen **ri·cam·bio** M **1** Austausch *m*, Auswechselung *f* **2** Erwiderung *f* **3** Ersatz *m*: **di ~** Ersatz- **4** Ersatzteil *n* **5** Wechsel *m*: **~ politico** politischer

Wechsel *m* **6** MED Stoffwechsel *m* ♦ ~ **dell'aria** Lüften *n*
ri·ca·mo M **1** Sticken *n* **2** Stickarbeit *f* **3** *fig* Ausschmückung *f* ♦ **ago da ~** Sticknadel *f*; **filo da ~** Stickgarn *n*
ri·can·di·dar·si [-si] V/PR ⟨1l⟩ wieder kandidieren
ri·ca·pi·to·la·re V/T ⟨1n⟩ zusammenfassen **ri·ca·pi·to·la·zio·ne** [-o-] F Zusammenfassung *f*
ri·ca·ri·ca F **1** (*batteria*) (Wieder)Aufladen *n* **2** (*armi*) Nachladen *n* **3** (*bombole, accendini*) Nachfüllen *n* **4** (*orologi*) Aufziehen *n* **ri·ca·ri·ca·bi·le** ADJ wiederaufladbar: **batteria ~** wiederaufladbare Batterie *f*
ri·ca·ri·ca·re ⟨1c *u.* l⟩ **A** V/T **1** wieder aufladen **2** (*arma*) nachladen **3** (*accendino*) nachfüllen **4** (*orologio*) aufziehen **5** *fig* neue Kräfte verleihen, fit machen **B** V/PR **-rsi 1** sich wieder aufladen **2** *fig* neue Kräfte tanken
ri·cat·ta·bi·le ADJ erpressbar
ri·cat·ta·bi·li·tà F ⟨*inv*⟩ Erpressbarkeit *f*
ri·cat·ta·re V/T ⟨1a⟩ erpressen **ri·cat·ta·to·re** [-o-] M, **-tri·ce** F Erpresser *m*, -in *f* **ri·cat·ta·to·rio** [-ɔ-] ADJ erpresserisch
ri·cat·to M Erpressung *f*
ri·ca·va·re V/T ⟨1a⟩ **1** (*estrarre*) **~ qc da qc** etw aus etw gewinnen **2** herausbekommen; nutzen: **~ un ripostiglio dal sottoscala** den Raum unter der Treppe für eine Abstellkammer nutzen **3** ziehen: **~ vantaggio da qc** einen Vorteil aus etw ziehen **4** WIRTSCH verdienen, herausholen (*a. fig*): **~ poco dalla vendita** bei dem Verkauf wenig verdienen; **non ne ricaverai nulla** das wird dir nichts bringen **ri·ca·va·to** M **1** Erlös *m*, Ertrag *m* **2** Ergebnis *n*
ri·ca·vo M Erlös *m*, Ertrag *m*, Gewinn *m*
★**ric·chez·za** [-e-] F **1** Reichtum *m* **2** Vermögen *n* **3** Schätze *pl*
ric·cia·rel·lo [-ɛ-] M = *Mandelgebäck aus Siena*
ric·cio[1] M **1** ZOOL Igel *m* **2** (*di castagna*) Hülle *f* ♦ **chiudersi a ~** sich einigeln
ric·cio[2] **A** ADJ lockig, kraus **B** M Locke *f* ♦ **insalata -a** Endivie *f*
ric·cio·li·no M Löckchen *n*; Ringel *m*
ric·cio·lo A ADJ lockig **B** M (Haar)Locke *f* ♦ **~ di burro** Butterröllchen *n*
ric·cio·lu·to, ric·ciu·to ADJ **1** lockig **2** lockenköpfig
★**ric·co A** ADJ **1** reich **2 ~ di** reich an (*dat*); **~ di vitamine** vitaminreich **3** üppig, fett, reichlich **4** wertvoll: **-chi premi** wertvolle Preise *pl* **B** M, **-a** F Reiche *m/f* ♦ **nuovo ~** Neureiche *m*; **~ sfondato** steinreich
ric·co·ne [-o-] M, **-a** F Krösus *m*
★**ri·cer·ca** [-e-] F **1** Suche *f* (*a.* IT): **essere alla ~ di qc** auf der Suche nach etw sein **2** Forschung *f*; Forschungsarbeit *f* **3** Untersuchung *f*: **fare delle -che su qc/qn** Untersuchungen über etw/j-n anstellen **4** Fahndung *f*: **~ a tappeto** Großfahndung *f* ♦ IT **~ avanzata** Profisuche *f*, erweiterte Suche *f*; **~ di mercato** Marktforschung *f*
ri·cer·ca·re V/T ⟨1d⟩ **1** (er)forschen, ergründen **2** *fig* wählen: **~ le parole** die Worte wählen **3** fahnden **ri·cer·ca·tez·za** [-e-] F Gewähltheit *f* **ri·cer·ca·to** ADJ **1** gesucht: **essere ~ dalla polizia** polizeilich gesucht werden **2** begehrt, gefragt: **merce -a** begehrte Ware *f* **3** *fig* (*linguaggio*) gewählt **4** geziert, gekünstelt **ri·cer·ca·to·re** [-o-] M, **-tri·ce** F (Er)Forscher *m*, -in *f* ♦ **~ universitario** Universitätsassistent *m*
ri·ce·tra·smit·ten·te [-zmit'tɛ-] F Sende- und Empfangsgerät *n*
★**ri·cet·ta** [-ɛ-] F MED, GASTR Rezept *n* (*a. fig*): **una ~ contro la noia** ein Rezept gegen Langeweile ♦ **libro di -e** Kochbuch *n*
ri·cet·ta·co·lo M **1** Sammelbecken *n* **2** Nest *n*: **~ di ladri** Diebesnest *n* ♦ **~ di polvere** Staubfänger *m*
ri·cet·ta·re V/T ⟨1b⟩ JUR hehlen
ri·cet·ta·rio M **1** MED Rezeptblock *m* **2** GASTR Rezeptbuch *n*; Kochbuch *n*
ri·cet·ta·to·re [-o-] M, **-tri·ce** F JUR Hehler *m*, -in *f*
ri·cet·ta·zio·ne [-o-] F JUR Hehlerei *f*
ri·cet·ti·vi·tà F ⟨*inv*⟩ **1** Aufnahmefähigkeit *f* **2** *fig* Aufgeschlossenheit *f* **3** MED Anfälligkeit *f* **4** RADIO, TV Empfangsmöglichkeit *f* **ri·cet·ti·vo** ADJ **1 essere ~ a qc** für etw aufnahmefähig sein **2** MED anfällig **3** *fig* aufgeschlossen **4** RADIO, TV Empfangs-
ri·ce·ven·te [-ɛ-] **A** ADJ Empfangs-: **antenna ~** Empfangsantenne *f* **B** M/F *form* Empfänger *m*, -in *f* **C** F RADIO, TV Empfänger *m*
★**ri·ce·ve·re** [-e-] V/T ⟨3a⟩ **1** erhalten, be-

R

kommen: **~ qc da qn** etw von j-m erhalten **2** empfangen (*a.* RADIO, TV) **3** (*ammettere*) aufnehmen **4** MED Sprechstunde haben ♦ **~ qc in cambio** (**di qc**) etw für etw bekommen; **~ qc in prestito** etw geliehen bekommen

ri·ce·vi·men·to [-e-] M **1** Empfang *m*, Erhalt *m* **2** Empfang *m*: **~ ufficiale** offizieller Empfang *m*; MED **giorno di ~** Sprechtag *m*; **orario di ~** Sprechstunde *f* **ri·ce·vi·to·re** [-o-] M, **-tri·ce** F **1** *form* Empfänger *m*, -in *f* **2** TEL **ricevitore** *m* Telefonhörer *m* **3** RADIO, TV **ricevitore** *m* Empfangsgerät *n* **ri·ce·vi·to·ri·a** F Annahmestelle *f* ♦ **~ delle imposte** Finanzamt *n*; **~ del lotto/del totocalcio** Lotto-/Totoannahmestelle *f*

★**ri·ce·vu·ta** F **1** Quittung *f* **2** Beleg *m* **3** Eingang *m*, Empfang *m* ♦ **~ di cassa** Kassenzettel *m*; **~ di consegna** Empfangsbestätigung *f*; **~ di deposito** (*di bagagli*) Aufbewahrungsschein *m*

ri·ce·zio·ne [-o-] F **1** Empfang *m*, Eingang *m* **2** RADIO, TV Empfang *m* **3** (*di fax*) Übermittlung *f* **4** Rezeption *f*

ri·chia·ma·bi·le ADJ IT abrufbar

ri·chia·ma·re ⟨1a⟩ **A** V/T **1** wieder rufen **2** (*al telefono*) zurückrufen **3** zurückrufen: **~ dall'esilio** aus dem Exil zurückrufen **4** MIL zurückziehen **5** **~ qn a qc** j-n zu etw ermahnen **6** (*attirare*) anziehen **7** **~ qc** etw in Erinnerung rufen **8** IT abrufen: **~ dati dal computer** Daten aus dem Computer abrufen **B** V/PR **1** **-rsi a qc** sich auf etw (*akk*) berufen **2** **-rsi a qn/qc** sich auf j-n/etw beziehen ♦ **~ qn alle armi** j-n einberufen; **~ l'attenzione di qn su qc** j-n auf etw (*akk*) aufmerksam machen

ri·chia·mo M **1** Ruf *m*: **accorrere ai -i di qn** j-s Ruf folgen **2** *form* Ab-, Einberufung *f* **3** MIL Zurückziehen *n* **4** *fig* (Ver)Lockung *f*, Ruf *m* **5** Lockmittel *n* **6** Ermahnung *f* **7** JAGD Lockruf *m* **8** MED Nachimpfung *f* ♦ **~ alle armi** Einberufung *f*; **fare da ~** als Lockvogel dienen (*a. fig*)

ri·chie·den·te [-ε-] **A** ADJ antragstellend **B** M/F Antragsteller *m*, -in *f*

ri·chie·de·re [-ε-] V/T ⟨3k⟩ **1** **~ qc a qn** j-n wieder nach etw fragen **2** **~ qc a qn** j-n wieder um etw bitten **3** zurückfordern **4** anfordern **5** verlangen **6** erfordern: **~ molto tempo** viel Zeit erfordern **7** *form* beantragen

★**ri·chie·sta** [-ε-] F **1** Bitte *f*, Wunsch *m*: **una ~ di aiuto** eine Bitte um Hilfe **2** Forderung *f* **3** *form* Antrag *m* **4** WIRTSCH **~ di qc** Nachfrage *f* nach etw, Bedarf *m* an etw (*dat*) **5** HANDEL Anfrage *f*: **in base alla** (*od* **come da**) **Vostra ~** auf Ihre Anfrage hin ♦ **a ~ di qn** *form* auf Antrag von j-m; HANDEL auf Anfrage von j-m; **a grande/generale ~** auf vielfachen/allgemeinen Wunsch *m*; **musica a ~** (*alla radio*) Musikwunsch *m*; **programma a ~** Wunschsendung *f*; **~ d'impiego** Bewerbung *f*; **~ di risarcimento danni** Schadensersatzantrag *m*, Antrag *m* auf Schaden(s)ersatz

ri·chie·sto [-ε-] ADJ **1** gefragt **2** erforderlich

ri·chiu·de·re ⟨3b⟩ **A** V/T wieder schließen; *umg* wieder zumachen **B** V/PR **-rsi** **1** sich wieder schließen **2** (*di ferita*) sich schließen

ri·ci·cla·bi·le ADJ **1** wiederverwertbar, recyclebar **2** Alt-: **carta ~** Altpapier *n*; **vetro ~** Altglas *n* **3** Mehrweg-: **bottiglia ~** Mehrwegflasche *f* **ri·ci·clag·gio** M Wiederverwertung *f*, Recycling *n* ♦ *fig* **~ di denaro** (**sporco**) Geldwäsche *f*; **~ dei rifiuti** Abfallverwertung *f*

★**ri·ci·cla·re** V/T ⟨1a⟩ **1** wiederverwerten **2** wiederverwenden (*a. fig*): **~ un regalo** ein Geschenk weiterverschenken

ri·ci·cla·to ADJ Recycling-: **carta -a** Recyclingpapier *n*

ri·ci·clo M → riciclaggio

ri·ci·no M Rizinus *m*: **olio di ~** Rizinusöl *n*

ri·co·gni·ti·vo ADJ **1** MIL Aufklärungs-: **volo ~** Aufklärungsflug *m* **2** JUR Anerkennungs- **ri·co·gni·to·re** [-o-] **A** ADJ Aufklärungs- **B** M MIL Aufklärer *m*; Aufklärungsflugzeug *n* **ri·co·gni·zio·ne** [-o-] F **1** MIL Erkundung *f*, Aufklärung *f* **2** JUR Anerkennung *f*

ri·col·le·ga·re ⟨1e⟩ **A** V/T **1** TECH **~ qc a** (*od* **con**) **qc** etw an etw (*akk*) wieder anschließen **2** *fig* in Verbindung *f* bringen **B** V/PR **-rsi** **1** (miteinander) in Zusammenhang *m* stehen **2** *fig* **-rsi a qc** an etw (*akk*) anknüpfen

ri·col·ma·re V/T ⟨1a⟩ überhäufen: **~ qn di doni** j-n mit Geschenken überhäufen

ri·col·mo [-o-] ADJ überströmend, voll

ri·co·min·cia·re V/I ⟨1f; es, av⟩ & V/T wieder anfangen, wieder beginnen

ri·com·met·te·re [-e-] V/T ⟨3ee⟩ wieder begehen: **~ lo stesso errore** wieder denselben Fehler begehen

ri·com·pen·sa [-ˈpɛnsa] F Lohn *m*, Belohnung *f*, Prämie *f* ♦ *iron* **bella ~!** ein schöner Dank!

ri·com·pen·sa·re [-s-] V/T ⟨1b⟩ **~ qn per qc** j-n für etw belohnen

ri·com·por·re [-o-] ⟨3ll⟩ **A** V/T **1** wieder zusammensetzen, wieder zusammenfügen **2** TYPO neu setzen **3** *fig* **~ una lite** einen Streit beilegen **B** V/PR **-rsi** sich wieder fassen **ri·com·po·si·zio·ne** [-o-] F **1** Wiederzusammensetzung *f* **2** Beilegung *f* **3** TYPO Neusetzen *n*

ri·com·pra·re V/T ⟨1a⟩ **1** zurückkaufen **2** wieder kaufen **ri·com·pra·to·re** [-o-] M, **-tri·ce** F Wiederkäufer *m*, -in *f*

ri·con·ci·lia·bi·le ADJ versöhnbar

ri·con·ci·lia·re ⟨1g⟩ **A** V/T (wieder) ver-, aussöhnen **B** V/PR **-rsi** sich wieder versöhnen **ri·con·ci·lia·zio·ne** [-o-] F Versöhnung *f* (*a.* JUR); Wiederversöhnung *f*, Aussöhnung *f*

ri·con·du·ci·bi·le ADJ zurückzuführen

ri·con·dur·re V/T ⟨3e⟩ zurückführen (*a. fig*): **~ qc a qc** etw auf etw (*akk*) zurückführen

ri·con·fer·ma [-e-] F **1** Wiederbestätigung *f* **2** Bekräftigung *f* **ri·con·fer·ma·re** ⟨1a⟩ **A** V/T **1** bestätigen **2** bekräftigen **B** V/PR SPORT **-rsi campione** wieder Meister werden

ri·con·giun·ge·re ⟨3d⟩ **A** V/T wieder zusammenführen **B** V/PR **-rsi** **1** sich wieder vereinen **2** (*di strade*) wieder zusammenlaufen

ri·con·giun·gi·men·to [-e-] M, **ri·con·giun·zio·ne** [-o-] F Zusammenführung *f*, Wiedervereinigung *f*: **chiedere il ~** Familienzusammenführung beantragen

ri·co·no·scen·te [-ɛ-] ADJ **essere ~ a qn per qc** j-m für etw dankbar sein **ri·co·no·scen·za** [-ɛ-] F Dankbarkeit *f*; Anerkennung *f*

★**ri·co·no·sce·re** [-o-] ⟨3n⟩ **A** V/T **1** (wieder)erkennen: **~ qn da qc** j-n an etw (*dat*) erkennen **2** (*dal gusto*) herausschmecken **3** (*distinguere*) unterscheiden **4** zugeben; einsehen: **~ di avere fatto qc** zugeben, etw getan zu haben **5** (*accettare come legittimo*) anerkennen **B** V/PR **-rsi** **1** sich wiedererkennen **2** sich bekennen: **-rsi colpevole di qc** sich etw (*gen*) schuldig bekennen **3** **-rsi in qc** sich mit etw identifizieren

ri·co·no·sci·bi·le ADJ erkennbar, (er)kenntlich **ri·co·no·sci·bi·li·tà** F ⟨*inv*⟩ Kenntlichkeit *f*, Erkennbarkeit *f* **ri·co·no·sci·men·to** [-e-] M **1** Wiederkennen *n*, Identifizierung *f* **2** Würdigung *f* **3** Anerkennung *f* ♦ **~ automatico del parlato** (*od* **della voce**) Spracherkennung *f*

ri·co·no·sciu·to ADJ **1** erkannt **2** anerkannt; eingetragen **3** **festività -a** gesetzlicher Feiertag *m*

ri·con·qui·sta F MIL Wiedereroberung *f*

ri·con·qui·sta·re V/T ⟨1a⟩ **1** (*fiducia*) zurück-, wiedergewinnen **2** MIL wiedererobern

ri·con·se·gna [-ˈse-] F Rückgabe *f*

ri·con·se·gna·re [-s-] V/T ⟨1a⟩ **1** wieder aushändigen **2** HANDEL wieder (aus)liefern **3** wieder übergeben **4** zurückgeben, zurückerstatten

ri·con·si·de·ra·re [-s-] V/T ⟨1m⟩ noch einmal durch-, überdenken

ri·con·ta·re V/T ⟨1a⟩ nachzählen; nachrechnen

ri·con·trol·la·re V/T ⟨1c⟩ nachkontrollieren

ri·con·ver·sio·ne [-siˈo-] F (*di impianto, produzione*) Umstellung *f*

ri·con·ver·ti·re V/T ⟨4b *od* 4d⟩ umstellen

ri·con·vo·ca·re V/T ⟨1l, c *u.* d⟩ wieder einberufen **ri·con·vo·ca·zio·ne** [-o-] F Wiedereinberufung *f*

ri·co·per·to [-e-] ADJ **1** bedeckt; be-, überzogen: **~ di qc** mit etw bedeckt **2** **~ di cioccolato** mit Schokoladenüberzug **3** überwachsen: **~ di qc** mit etw überwachsen **ri·co·per·tu·ra** F **1** Wiederbedeckung *f*, Abdeckung *f* **2** Verkleidung *f* **3** Überzug *m*, Bezug *m*

ri·co·pri·re V/T ⟨4f *u.* c⟩ **1** wieder bedecken **2** be-, über-, abdecken **3** (*piante*) überwachsen, überwuchern **4** überziehen: **~ di qc** mit etw überziehen **5** beziehen, verkleiden **6** (*funzione, carica*) bekleiden, ausüben **7** *fig* **~ qn di qc** j-n mit etw überhäufen

★**ri·cor·da·re** V/T ⟨1a⟩ **1** **~ qn/qc** sich an j-n/etw erinnern **2** **~ qn/qc a qn** j-n an j-n/etw erinnern **3** erwähnen

★**ri·cor·dar·si** V/PR ⟨1a⟩ **1** **~ (di) qn/qc** sich an j-n/etw erinnern; **~ di fare qc** daran denken, etw zu tun **2** sich (*dat*) merken

ri·cor·di·no M kleines Andenken *n*

★**ri·cor·do** [-ɔ-] M **1** Erinnerung *f*: **un ~ di qn/qc** eine Erinnerung an j-n/etw **2** An-, Gedenken *n*: **a perpetuo ~** zum ewigen Andenken **3** Erinnerungsstück *n*, Andenken *n*; Souvenir *n* ♦ **degno di ~** denkwürdig; **~ di famiglia** Familienstück *n*

ri·cor·ren·te [-ɛ-] **A** ADJ **1** (regelmäßig) wiederkehrend **2** JUR Berufung einlegend **B** M/F JUR Revisionskläger *m*, -in *f* **ri·cor·ren·za** [-ɛ-] F **1** Wiederkehr *f* **2** Gedenktag *m*; Jahrestag *m* **3** Anlass *m*

ri·cor·re·re [-o-] V/I ⟨3o; es⟩ **1** zurücklaufen **2** *fig* zurückkehren: **~ con il pensiero a qc** in Gedanken zu etw zurückkehren **3** **~ a qn** sich an j-n wenden **4** **~ a qc** auf etw (*akk*) zurückgreifen **5** JUR Beschwerde einlegen **6** sich jähren **7** (*cadere*) fallen: **~ di venerdì** auf einen Freitag fallen **8** (regelmäßig) wiederkehren ♦ **~ in giudizio** den Rechtsweg beschreiten

ri·cor·so [-'korso] M **1** Anwendung *f*: **fare ~ a qn** sich an j-n wenden; **fare ~ a qc** zu etw greifen **2** JUR Berufung *f*; Widerspruch *m* **3** Wiederkehr *f* ♦ **~ in appello** Berufung *f*; **~ per cassazione** Revision *f*

ri·co·sti·tuen·te [-ɛ-] **A** ADJ stärkend **B** M Stärkungsmittel *n* ♦ **cura ~** Aufbaukur *f*

ri·co·sti·tui·re ⟨4d⟩ **A** V/T **1** neu bilden, neu gründen **2** kräftigen, stärken **B** V/PR **-rsi** **1** sich neu bilden **2** sich erholen

ri·co·sti·tu·zio·ne [-o-] F Neugründung *f*, Neubildung *f*

ri·co·stru·i·bi·le ADJ **1** wiederaufbaufähig **2** *fig* rekonstruierbar **ri·co·stru·i·re** V/T ⟨4d⟩ **1** wiederaufbauen **2** *fig* rekonstruieren **ri·co·stru·zio·ne** [-o-] F **1** Wiederaufbau *m* **2** *fig* Rekonstruktion *f*

ri·cot·ta [-ɔ-] F Ricotta *m* (*aus Molke hergestellter, quarkähnlicher Frischkäse*) ♦ *umg* **avere le mani di ~** alles fallen lassen

ri·co·ve·ra·re ⟨1m *u.* c⟩ **A** V/T **1** einliefern: **~ qn in ospedale/in un ospizio** j-n ins Krankenhaus/in ein Altenheim einliefern **2** **~ qn** j-m Unterschlupf gewähren **B** V/PR **-rsi** **1** Unterschlupf finden **2** *umg* **-rsi in ospedale** ins Krankenhaus gehen

ri·co·ve·ra·to **A** ADJ **1** **essere ~** (**in ospedale**) im Krankenhaus liegen **2** **essere ~** (**in ospizio**) im Altersheim untergebracht sein **B** M, **-a** F **1** (*in ospedale*) Patient *m*, -in *f* **2** (*in ospizio*) Insasse *m*, -sassin *f*

ri·co·ve·ro [-ɔ-] M **1** Einlieferung *f* **2** Unterstand *m*, Unterschlupf *m* **3** Heim *n*

ri·cre·a·re ⟨1b⟩ **A** V/T **1** neu gründen, neu bilden **2** erquicken, erfrischen **3** (*occhi*) erfreuen **B** V/PR **-rsi** **1** sich erholen **2** sich vergnügen **ri·cre·a·ti·vo** ADJ Freizeit-: **attività -e** Freizeitbeschäftigungen *pl* **ri·cre·a·zio·ne** [-o-] F **1** Erholung *f* **2** Pause *f*

ri·cre·der·si [ri'kredersi] V/PR ⟨3a⟩ **~ su qn/qc** über j-n/etw seine Meinung ändern

ri·cre·sce·re [-e-] V/I ⟨3n; es⟩ nachwachsen

ri·cu·ci·re V/T ⟨4a⟩ **1** wieder (zu)nähen **2** flicken: **~ uno strappo** einen Riss flicken **3** *fig* **~ i rapporti con qn** die Beziehungen zu j-m wiederherstellen **4** MED (ver)nähen

ri·cu·ci·tu·ra F **1** Nähen *n* **2** Naht *f* **3** genähte Stelle *f*, Flickstelle *f*

ri·cuo·ce·re [-ɔ-] V/T ⟨3p⟩ aufkochen

ri·cu·pe·ra·bi·le, **ri·cu·pe·ra·re** → recuperabile, recuperare

ri·cu·pe·ro → recupero

ri·cur·vo ADJ gebogen, krumm

ri·cu·sa·re V/T ⟨1a⟩ ablehnen

ri·dac·chia·re V/I ⟨1k; av⟩ kichern

ri·dan·cia·no ADJ **1** lustig **2** komisch

ri·da·re V/T ⟨1r⟩ **1** wieder geben **2** zurück-, wiedergeben ♦ *umg* **dagli e ridagli** nach langem Hin und Her

ri·da·rel·la [-ɛ-] F *umg* Lachkrampf *m*

rid·da F **1** Reigen *m* **2** *fig* Schwall *m*: **una ~ di pensieri** ein Schwall *m* von Gedanken

ri·den·te [-ɛ-] ADJ **1** lachend **2** heiter

★**ri·de·re**[1] ⟨3b⟩ **A** V/I ⟨av⟩ **1** lachen: **~ di qn/qc** über j-n/etw lachen **2** (aus)lachen: **~ di qn** j-n auslachen **3** **fare qc per ~** etw zum Spaß tun **4** (*occhi*) strahlen **B** V/PR **1** **-rsi di qc** sich lustig machen über etw (*akk*) **2** *umg* **ridersela di qc** sich (*dat*) aus etw nichts machen ♦ **~ sotto i baffi** schmunzeln; **~ di cuore** aus vollem Halse lachen; **da ~** lustig; lächerlich; **ma non farmi ~!** dass ich nicht lache!; **non c'è niente da ~** da gibt es nichts zu lachen

ri·de·re[2] M Lachen *n*

ri·det·to [-e-] ADJ **detto e ~** tausendmal gesagt

ri·di·co·lag·gi·ne F Lächerlichkeit *f*

ri·di·co·liz·za·re V/T ⟨1a⟩ lächerlich

R

machen

★**ri·di·co·lo** A ADJ 1 lächerlich 2 lachhaft, läppisch B M 1 Lächerliche *n* 2 Lächerlichkeit *f* ♦ **cadere nel ~** sich lächerlich machen; **coprire di** (*od* **mettere in**) **~ qn** j-n lächerlich machen; **fare una figura -a** eine lächerliche Figur abgeben

ri·di·men·sio·na·men·to [-siona'me-] M 1 Verkleinerung *f* 2 Einschränkung *f* ♦ **~ dell'organico** Personalabbau *m*

ri·di·men·sio·na·re [-s-] ⟨1a⟩ A V/T 1 verkleinern 2 einschränken B V/PR **-rsi** bescheidener werden ♦ **~ il personale** das Personal abbauen; **~ i prezzi** die Preise herabsetzen

ri·di·re V/T ⟨3t⟩ 1 wiederholen: **dire e ~ sempre le stesse cose** immer dasselbe wiederholen; **te l'ho detto e ridetto mille volte!** ich habe es dir tausendmal gesagt! 2 weitererzählen, weitersagen 3 (*esprimere, narrare*) beschreiben, sagen 4 (*recitare*) aufsagen 5 aussetzen, einwenden: **avere sempre da ~** immer etwas einzuwenden haben

ri·di·se·gna·re V/T ⟨1a⟩ 1 neu zeichnen 2 *fig* neu festlegen, neu definieren

ri·di·spor·re [-o-] V/T ⟨3ll⟩ 1 wieder (an)ordnen 2 umräumen, neu (an)ordnen

ri·di·stri·bu·i·re V/T ⟨4d⟩ 1 neu verteilen 2 WIRTSCH umverteilen **ri·di·stri·bu·zio·ne** [-o-] F 1 Neuverteilung *f* 2 WIRTSCH Umverteilung *f*

ri·do·man·da·re V/T ⟨1a⟩ 1 **~ qc a qn** j-n wieder nach etw fragen 2 **~ a qn qc** j-n wieder um etw bitten 3 zurückverlangen

ri·do·na·re V/T ⟨1c⟩ wiederschenken, -geben

ri·don·dan·te ADJ überreich, überladen: **essere ~ di qc** mit etw überladen sein

ri·don·dan·za F 1 Überfülle *f*, überflüssiges Beiwerk *n* 2 IT Redundanz *f*

ri·dos·so [-ɔ-] M 1 Schutz(wall) *m* 2 **essere a ~ di qc** hinter etw (*dat*) stehen (*od* liegen) 3 **a ~ di qc** kurz vor etw (*dat*)

ri·dot·to [-o-] A ADJ 1 verkleinert, reduziert, gekürzt, verringert: **biglietto** (**d'ingresso**) **~** reduzierte Eintrittskarte *f*; **edizione -a** gekürzte Ausgabe *f*; **formato ~** Kleinformat *n* 2 **~ a qc** zu etw gemacht, in etw (*akk*) verwandelt 3 **essere ~ a fare qc** gezwungen sein, etw zu tun B M THEAT Foyer *n* ♦ **essere ~ in macerie** in Trümmern liegen; **mal ~** verlottert; heruntergekommen; **a prezzi -i** zu herabgesetzten Preisen

ri·du·ci·bi·le ADJ 1 reduzierbar, (ver)kürzbar 2 (*salario*) herabsetzbar 3 (*personale, posti di lavoro, ecc.*) abbaubar 4 (*testo*) bearbeitbar

ri·du·ci·bi·li·tà F ⟨*inv*⟩ 1 Reduzierbarkeit *f* 2 MED Einrichtung *f*

★**ri·dur·re** ⟨3e⟩ V/T 1 reduzieren, verringern, senken, (ver)kürzen, herabsetzen 2 be-, einschränken; drosseln 3 verkleinern 4 (*personale ecc.*) abbauen 5 bringen, zwingen: **~ qn alla ragione** j-n zur Vernunft bringen; **~ qn a fare qc** j-n zwingen, etw zu tun 6 bearbeiten: **~ un libro per il cinema** ein Buch für das Kino bearbeiten 7 **~ qc a qc** etw zu etw machen 8 MATH kürzen 9 GASTR **~ il sugo** die Soße einkochen (lassen) ♦ **essere ridotto male** in einem schlechten Zustand sein

★**ri·dur·si** V/PR ⟨3e⟩ 1 sich reduzieren, sich verringern 2 *fig* herunterkommen 3 **~ a qc** sich auf etw (*akk*) beschränken

ri·dut·ti·vo ADJ 1 mindernd 2 dürftig 3 oberflächlich **ri·dut·to·re** [-o-] M, **-tri·ce** F 1 (*di testo*) Bearbeiter *m*, -in *f* 2 MECH **riduttore** *m* Untersetzungsgetriebe *n*

ri·du·zio·ne [-o-] F 1 Senkung *f*, Herabsetzung *f*, Verkürzung *f*: **~ dell'orario lavorativo** Arbeitszeitverkürzung *f* 2 Verkleinerung *f* 3 Preisermäßigung *f*, Nachlass *m* 4 Be-, Einschränkung *f* 5 Um-, Bearbeitung *f* 6 CHEM, BIOL Reduktion *f* 7 MATH Kürzen *n* ♦ **~ degli armamenti** Abrüstung *f*; **~ cinematografica** Verfilmung *f*; **~ dei costi** Kostensenkung *f*; **~ del personale** Personalabbau *m*

ri·ec·co [-ɛ-] ADV wieder hier, wieder da: **rieccolo qui** hier ist er wieder; **rieccomi** da bin ich wieder

ri·e·cheg·gia·men·to [-e-] M 1 Widerhall *m* 2 *fig* Anklang *m* **ri·e·cheg·gia·re** ⟨1a⟩ A V/I ⟨es⟩ 1 widerhallen 2 *fig* anklingen B V/T **~ qc** an etw (*akk*) erinnern

ri·e·di·zio·ne [-o-] F 1 Neuauflage *f*, Neuausgabe *f* (*a. fig*) 2 (*di film*) Remake *n*

ri·e·du·ca·re V/T ⟨1l, b *u.* d⟩ 1 umerziehen 2 MED (*membra*) wieder beweglich machen, trainieren **ri·e·du·ca-**

R

zio·ne [-o-] F 1 Umerziehung *f* 2 MED Rehabilitation *f*

ri·e·la·bo·ra·re V/T ⟨1m⟩ be-, über-, umarbeiten **ri·e·la·bo·ra·zio·ne** [-o-] F Über-, Be-, Umarbeitung *f*; Neubearbeitung *f*

ri·e·leg·ge·re [-ε-] V/T ⟨3cc⟩ wiederwählen

ri·e·le·zio·ne [-o-] F 1 Neuwahl *f* 2 Wiederwahl *f*

ri·em·pi·men·to [-e-] M 1 Füllen *n*; Füllung *f* 2 (*moduli*) Ausfüllen *n*

★**ri·em·pi·re** ⟨4g⟩ A V/T 1 (voll)füllen 2 (*di terra*) zuschütten 3 ausfüllen: **~ un modulo** ein Formular ausfüllen 4 *fig* erfüllen: **~ qn di gioia** j-n mit Freude erfüllen B V/PR **-rsi** 1 sich füllen: **-rsi di qc** sich mit etw füllen 2 sich vollschlagen, sich vollstopfen ♦ **~ qn di botte** j-n ordentlich verprügeln

ri·em·pi·ti·vo A ADJ füllend, Füll- B M 1 Füllmittel *n*; *pej* Füllsel *n* 2 *pej* Lückenbüßer *m* 3 Füllwort *n*

ri·en·tran·te ADJ 1 zurückspringend 2 eingefallen: **guance -i** eingefallene Wangen *pl*

ri·en·tran·za F Einbuchtung *f*

★**ri·en·tra·re** V/I ⟨1a; es⟩ 1 zurückgehen, wieder eintreten (*a. fig*) 2 zurückkehren, zurückkommen 3 sich (wieder) legen: **lo scandalo è rientrato** der Skandal hat sich wieder gelegt 4 gehören, fallen: **questo non rientra nei tuoi compiti** das gehört nicht zu deinem Aufgabenbereich

ri·en·tro [-e-] M 1 Rückkehr *f*: **~ in patria** Heimkehr *f* 2 Einbuchtung *f*

ri·e·pi·lo·ga·re V/T ⟨1n *u.* e⟩ zusammenfassen **ri·e·pi·lo·ga·ti·vo** ADJ zusammenfassend

ri·e·pi·lo·go M Zusammenfassung *f*

ri·e·sa·me M erneute Prüfung *f*, erneute Untersuchung *f* **ri·e·sa·mi·na·re** V/T ⟨1m⟩ erneut prüfen, erneut untersuchen

ri·e·spor·ta·re V/T ⟨1c⟩ wieder ausführen

ri·e·spor·ta·zio·ne [-o-] F Wiederausfuhr *f*

ri·es·se·re [-ε-] V/I ⟨3z; es⟩ wieder sein ♦ **ci risiamo!** (nicht) schon wieder!

ri·e·su·ma·re V/T ⟨1a⟩ 1 exhumieren 2 *fig* wieder ausgraben

Ri·e·ti [-e-] F Rieti *n*

ri·e·vo·ca·re V/T ⟨1m, b *u.* d⟩ 1 **~ qc** (sich) an etw (*akk*) erinnern 2 **~ qn** j-s gedenken **ri·e·vo·ca·zio·ne** [-o-] F 1 **~ di qc** Erinnerung *f* an etw (*akk*) 2 Nachruf *m* 3 Gedenken *n*

ri·fa·ci·men·to [-e-] M 1 Neubearbeitung *f* 2 (*cinema*) TV Bearbeitung *f* 3 Neufassung *f*

ri·fa·re ⟨3aa⟩ A V/T 1 neu machen, wieder tun; noch einmal machen 2 (*imitare*) nachmachen; nachahmen 3 (*vernice, intonaco*) erneuern 4 (*edificio*) neu aufbauen 5 (*opera*) neu bearbeiten; umarbeiten 6 (*risarcire*) entschädigen B V/PR **-rsi** 1 wieder werden: **si rifece rosso** (**in viso**) er wurde wieder rot 2 **-rsi di qc** etw wettmachen, aufholen 3 **-rsi di qc su qn** etw an j-m auslassen 4 **-rsi a qc** sich auf etw (*akk*) beziehen 5 *umg* (*tramite chirurgia plastica*) **-rsi qc** sich (*dat*) etw neu machen lassen ♦ **~ il letto** das Bett machen; **~ la stanza** das Zimmer aufräumen; **-rsi una vita** von vorne anfangen; **-rsi vivo** sich wieder melden

ri·fe·ri·bi·le ADJ 1 erzählbar: **essere ~** erzählbar sein 2 betreffend **ri·fe·ri·men·to** [-e-] M 1 Bezug *m*, Hinweis *m*: **fare ~ a qn/qc** sich auf j-n/etw beziehen 2 Verweis *m* ♦ **con ~ a qc** mit (*od* unter) Bezug auf etw (*akk*); **punto di ~** Bezugspunkt *m* (*a. fig*)

ri·fe·ri·re ⟨4d⟩ A V/T 1 berichten, mitteilen 2 **riferirò!** ich werde es ausrichten! 3 erzählen 4 **~ qc a qc** etw auf etw (*akk*) beziehen B V/I ⟨av⟩ **~ a qn su qc** j-m über etw (*akk*) Bericht erstatten

★**ri·fe·rir·si** V/PR ⟨4d⟩ **~ a qc** sich auf etw (*akk*) beziehen

rif·fa[1] F Preisausschreiben *n*

rif·fa[2] F *umg* **di ~ o di raffa** so oder so

ri·fia·ta·re V/I ⟨1a; av⟩ 1 wieder nach Luft schnappen 2 *fig* wieder zu Atem kommen

ri·fi·la·re V/T ⟨1a⟩ 1 beschneiden 2 *fig* **~ qc a qn** j-m etw verpassen; j-m etw andrehen

ri·fi·ni·re V/T ⟨4d⟩ 1 fein bearbeiten 2 über-, nacharbeiten **ri·fi·ni·tez·za** [-e-] F Feinbearbeitung *f* **ri·fi·ni·to** ADJ vollendet, beendet **ri·fi·ni·tu·ra** F 1 Feinarbeit *f* 2 Nacharbeit *f* 3 Verzierung *f* ♦ **dare l'ultima ~** den letzten Schliff geben

ri·fio·ri·re V/I ⟨4d; es⟩ 1 wieder (er)blühen 2 *fig* wieder aufblühen 3 wieder zum Vorschein kommen

★**ri·fiu·ta·re** V/T ⟨1a⟩ 1 ablehnen, ausschlagen, zurückweisen 2 verweigern:

R

~ qc a qn j-m etw verweigern **3** *fig* ~ **i cibi pesanti** keine schwer verdaulichen Speisen vertragen

★**ri·fiu·tar·si** V/PR ⟨1a⟩ ~ **di fare qc** sich weigern, etw zu tun

★**ri·fiu·to** M **1** Ablehnung *f*, (Ver)Weigerung *f*, Absage *f* **2** Abfall *m*, Müll *m* **3** *fig* Abschaum *m*, Auswurf *m* ♦ **acque di ~** Abwässer *pl*; **-i biologici** Biomüll *m*; **cassonetto dei -i** Müllcontainer *m*, Abfalltonne *f*; **-i domestici** Hausmüll *m*; **-i da imballaggio** Verpackungsmüll *m*; **-i ingombranti** Sperrmüll *m*; **-i organici compostabili** Biomüll *m*; **-i radioattivi** Atommüll *m*; **riciclaggio dei -i** Müllverwertung *f*; **smaltimento dei -i** Müllbeseitigung *f*; **-i tossici** Giftmüll *m*

★**ri·fles·sio·ne** [-o-] F **1** Überlegung *f* **2** Beobachtung *f*, Gedanke *m* **3** Bemerkung *f* **4** Widerspiegelung *f* **5** PHYS Reflexion *f* ♦ **spunto di ~** Denkanstoß *m*

ri·fles·si·vi·tà F ⟨*inv*⟩ Nachdenklichkeit *f* **ri·fles·si·vo** ADJ **1** nachdenklich **2** GRAM reflexiv, Reflexiv-, rückbezüglich

ri·fles·so [-ɛ-] **A** ADJ **1** reflektiert **2** Spiegel-: **immagine -a** Spiegelbild *n* **3** Reflex-: **azione -a** Reflexhandlung *f* **B** M **1** Widerschein *m*, Lichtreflex *m* **2** Spiegelbild *n* **3** Reflex *m* **4** *fig* Auswirkung *f*, Folge *f* ♦ **prontezza di -i** Reaktionsschnelligkeit *f*

ri·fles·so·lo·gia F ~ **plantare** Fußreflexzonenmassage *f*

ri·fles·so·te·ra·pia F Reflexzonenmassage *f*

ri·flet·ten·te [-ɛ-] ADJ reflektierend

★**ri·flet·te·re** [-ɛ-] ⟨3qq⟩ **A** V/T **1** (wider)spiegeln (*a. fig*) **2** PHYS reflektieren, zurückstrahlen **B** V/I ⟨av⟩ überlegen; nachdenken: ~ **sulla situazione** über die Situation nachdenken **C** V/PR **-rsi** **1** sich (wider)spiegeln (*a. fig*) **2** PHYS reflektiert werden, zurückstrahlen **3** *fig* ~ **su qc** sich auf etw (*akk*) auswirken ♦ **riflettendoci bene** bei näherer Überlegung

ri·flet·to·re [-o-] **A** ADJ Reflex- **B** M **1** Scheinwerfer *m* **2** TECH Reflektor *m*

ri·flu·i·re V/I ⟨4d; es⟩ **1** zurückfließen, zurückströmen **2** wieder fließen

ri·flus·so M **1** Rückfluss *m* **2** (*di persone*) Zurückströmen *n* **3** Ebbe *f*: **flusso e ~** Ebbe und Flut **4** *fig* Regression *f*

ri·fo·cil·la·men·to [-e-] M Stärkung *f*

ri·fo·cil·la·re ⟨1a⟩ **A** V/T stärken **B** V/PR **-rsi** sich stärken

ri·fon·da·re V/T ⟨1a⟩ neu gründen

ri·fon·da·zio·ne [-o-] F Neugründung *f*

ri·fon·de·re [-o-] V/T ⟨3bb⟩ **1** METALL umschmelzen, wieder einschmelzen **2** (*testi*) umarbeiten **3** (*danni*) ersetzen, wiedergutmachen

ri·fo·re·sta·zio·ne [-o-] F (Wieder)Aufforstung *f*

ri·for·ma [-o-] F **1** Reform *f*: ~ **delle pensioni** Rentenreform *f*; ~ **tributaria** Steuerreform *f* **2** HIST, REL Reformation *f* **3** MIL Ausmusterung *f*

ri·for·ma·bi·le ADJ **1** reformierbar **2** reformbedürftig **3** MIL untauglich

ri·for·ma·re ⟨1a⟩ **A** V/T **1** wieder bilden; neu bilden **2** neu gründen **3** reformieren **4** MIL ausmustern **B** V/PR **-rsi** sich neu bilden **ri·for·ma·to** ADJ **1** reformiert **2** MIL wehrdienstuntauglich **ri·for·ma·to·re** [-o-] **A** ADJ reformierend, Reform- **B** M, **-tri·ce** F **1** Reformpolitiker *m*, -in *f* **2** HIST, REL Reformator *m*, -in *f* **ri·for·ma·to·rio** [-ɔ-] M Erziehungsheim *m* **ri·for·mi·smo** M Reformismus *m* **ri·for·mi·sta** **A** ADJ **1** Reform- **2** reformfreudig **B** M/F Reformist *m*, -in *f*

ri·for·mu·la·re V/T ⟨1m⟩ umformulieren

ri·for·ni·men·to [-e-] M **1** Versorgung *f* **2** MIL Nachschub *m* **3** *pl* Vorräte *pl*: **esaurire i -i** die Vorräte erschöpfen ♦ **fare ~ di benzina** (Benzin) tanken

ri·for·ni·re ⟨4d⟩ **A** V/T **1** ~ **qn di qc** j-n mit etw versorgen (*od* versehen) **2** HANDEL beliefern **B** V/PR **-rsi di qc** sich mit etw eindecken

ri·for·ni·to·re [-o-] M, **-tri·ce** F Versorger *m*, -in *f*

ri·fran·ge·re ⟨3d⟩ **A** V/T brechen (*a.* PHYS) **B** V/PR **-rsi** sich brechen (*a.* PHYS)

ri·frat·to ADJ gebrochen: **luce -a** gebrochenes Licht *n*

ri·fra·zio·ne [-o-] F Brechung *f*, Refraktion *f*

ri·frig·ge·re ⟨3cc⟩ **A** V/T **1** wieder (auf)braten **2** *fig* aufwärmen **B** V/I ⟨av⟩ zu lange braten

ri·frit·to ADJ *fig* **fritto e ~** abgedroschen, durchgekaut

ri·fug·gi·re ⟨4a⟩ **A** V/I ⟨es⟩ **1** wieder flüchten **2** *fig* ~ **da qc** etw meiden, etw scheuen **B** V/T meiden, fliehen

ri·fu·giar·si [-s-] VPR ⟨1f⟩ 1 (sich) flüchten 2 *fig* ~ **in qc** in etw (*dat*) Trost suchen
ri·fu·gia·to M, **-a** F Flüchtling *m*
ri·fu·gio M 1 Zuflucht *f* 2 Zufluchtsort *m* 3 Unterschlupf *m* ♦ ~ **alpino** Berghütte *f*
ri·fu·sio·ne [-o-] F 1 Umschmelzen *n* 2 *fig* Überarbeitung *f* 3 Entschädigung *f* ♦ ~ **di un danno** Schadenersatz *m*
ri·fu·so → rifondere
ri·ga F 1 Strich *m*, Linie *f* 2 Streifen *m* 3 Scheitel *m*: **fare** (*od* **farsi**) **la** ~ das Haar scheiteln 4 TYPO Zeile *f* 5 Kratzer *m*: **fare una** ~ **su qc** etw ver-, zerkratzen 6 Lineal *n* 7 MIL, SPORT Reihe *f* ♦ IT ~ **di comando** Befehlszeile *f*; IT ~ **di stato** Statuszeile *f*; ★ **a -ghe** TYPO lini(i)ert; gestreift; **leggere tra le -ghe** zwischen den Zeilen lesen
Ri·ga F Riga *n*
ri·ga·glia F Klein *n*: ~ **di oca** Gänseklein *n*; ~ **di pollo** Hühnerklein *n*
ri·ga·gno·lo M 1 Rinnsal *n* 2 Bächlein *n*
ri·ga·re ⟨1e⟩ A VT 1 TYPO lini(i)eren 2 zerkratzen 3 *fig* ~ **qc** über etw (*akk*) rinnen B VPR **-rsi** Kratzer bekommen ♦ *umg* ~ **dritto** spuren
ri·ga·to ADJ 1 TYPO lini(i)ert 2 gestreift 3 *fig* ~ **di lacrime** tränenüberströmt
ri·gat·tie·re [-ɛ-] M, **-a** F *umg* Trödler *m*, -in *f*
ri·ge·ne·ran·te ADJ Regenerations-
ri·ge·ne·ra·re ⟨1m *u.* b⟩ A VT 1 wieder hervorbringen 2 regenerieren B VI ⟨es⟩ & VPR **-rsi** (sich) regenerieren (*a. fig*) **ri·ge·ne·ra·ti·vo** ADJ regenerativ **ri·ge·ne·ra·to** ADJ regeneriert (*a. fig*): **lana -a** Reißwolle *f* **ri·ge·ne·ra·to·re** [-o-] ADJ regenerierend (*a. fig*) **ri·ge·ne·ra·zio·ne** [-o-] F 1 Regeneration *f* 2 (*di acque*) Wiederaufbereitung *f* 3 *fig* Erneuerung *f*
ri·get·ta·re ⟨1b⟩ A VT 1 wieder werfen 2 zurückwerfen (*a. fig*) 3 *fig* ablehnen 4 *umg* erbrechen; sich übergeben 5 MED abstoßen B VPR **-rsi** sich wieder stürzen
ri·get·to [-ɛ-] M 1 MED Abstoßung *f*: **crisi di** ~ Abstoßungsreaktion *f* 2 *fig* Abwehr *f*
ri·ghel·lo [-ɛ-] M Lineal *n*
ri·ghet·ta·to ADJ 1 eng gestreift 2 breit gestreift
ri·gi·da·men·te [-e-] ADV streng, starrköpfig **ri·gi·dez·za** [-ɛ-] F 1 PHYS Festigkeit *f*, Steifheit *f* 2 *fig* Strenge *f*, Starrheit *f*, Rauheit *f*
ri·gi·di·tà F ⟨*inv*⟩ 1 PHYS Festigkeit *f* 2 Härte *f* 3 Strenge *f*, Rigidität *f*, Starrheit *f* 4 MED Starre *f*, Steifheit *f* 5 **la** ~ **dell'inverno** die Rauheit des Winters
★**ri·gi·do** ADJ 1 hart, steif 2 starr: **essere tutto** ~ starr und steif sein 3 *fig* streng: **una -a disciplina** eine strenge Disziplin; **inverno** ~ strenger Winter *m*; **clima** ~ raues Klima *n* ♦ IT **disco** ~ Festplatte *f*
ri·gi·ra·re ⟨1a⟩ A VT 1 wieder wenden, wieder (um)drehen 2 *fig* ~ **qc** etw (*dat*) eine andere Wendung geben B VPR **-rsi** 1 sich wieder wenden, sich wieder umdrehen 2 *umg* **-rsi qn** j-n um den kleinen Finger wickeln ♦ *fig* ~ **il coltello nella piaga** Salz in die Wunde streuen; *fig* ~ **la frittata** etw verdrehen; **gira e rigira** ... man kann es drehen und wenden, wie man will, ...; **-rsi nel letto** sich im Bett wälzen
ri·go M 1 TYPO Zeile *f* 2 ~ (**musicale**) Notenlinien *pl*, System *n*
ri·go·glio [-o-] M 1 BOT Üppigkeit *f* 2 *fig* Blüte *f* **ri·go·glio·so** [-o-] ADJ 1 üppig 2 *fig* blühend
ri·go·go·lo [-ɔ-] M Pirol *m*, Goldamsel *f*
ri·gon·fia·men·to [-e-] M 1 erneutes Anschwellen *n* 2 MED (An)Schwellung *f*
ri·gon·fia·re ⟨1k⟩ A VT 1 wieder aufpumpen 2 wieder aufblasen 3 (*vele*) wieder schwellen B VPR **-rsi** wieder (an)schwellen **ri·gon·fio** [-o-] ADJ 1 (an)geschwollen 2 *fig* geschwellt
ri·go·re [-o-] M 1 Rauheit *f*, Härte *f*; Strenge *f* 2 SPORT Elfmeter *m* ♦ **andare ai -i** durch Elfmeterschießen entscheiden; **area di** ~ Strafraum *m*; **goal su** ~ Elfmetertor *n*; **è di** ~ **l'abito da sera** Abendgarderobe ist erwünscht; **a rigor di termini** streng genommen
ri·go·ri·sta M/F SPORT Elfmeterschütze *m*, -schützin *f* **ri·go·ro·sa·men·te** [-e-] ADV 1 streng 2 peinlich genau **ri·go·ro·si·tà** F ⟨*inv*⟩ Rigorosität *f*, Strenge *f* **ri·go·ro·so** [-o-] ADJ 1 rigoros, streng 2 genau, präzis 3 folgerichtig
ri·go·ver·na·re VT ⟨1b⟩ 1 (*piatti*) spülen 2 (*animali*) versorgen **ri·go·ver·na·tu·ra** F 1 Spülen *n* 2 Spülwasser *n*
ri·gua·da·gna·re ⟨1a⟩ A VT 1 wieder-, zurückgewinnen (*a. fig*) 2 (*tempo*) wieder aufholen B VPR **-rsi** zurückgewinnen ♦ ~ **terreno** wieder an Boden gewin-

nen (*a. fig*)

ri·guar·dan·te ADJ betreffend, angehend

★**ri·guar·da·re** ⟨1a⟩ **A** V/T **1** betreffen, angehen: **per quanto mi riguarda** was mich betrifft **2** wieder ansehen **3** **~ e riguardare** schauen und schauen **4** durchsehen **5** **~ i conti** die Ausgaben durchrechnen **6** **~ qc** auf etw (*akk*) Rücksicht nehmen **B** V/PR **-rsi** **1** sich schonen **2** **-rsi da qc** sich vor etw (*dat*) in Acht nehmen

ri·guar·de·vo·le [-e-] → ragguardevole

ri·guar·do M **1** Rücksicht *f*: **avere ~ per qn/qc** auf j-n/etw Rücksicht nehmen **2** Achtung *f*, Respekt *m*: **mancare di ~ (a qn)** es am nötigen Respekt (für j-n) fehlen lassen **3** Zusammenhang *m*: **a questo ~** in diesem Zusammenhang ♦ ★**~ a qc/qn** was etw/j-n betrifft; **al ~** diesbezüglich; **persona di ~** Respektsperson *f*

ri·guar·do·so [-o-] ADJ rücksichtsvoll

ri·gur·gi·ta·re ⟨1m⟩ **A** V/I ⟨es, av⟩ **1** (*fogna, canale ecc.*) überquellen **2** *fig* **~ di** wimmeln vor (*dat*) **B** V/T **1** erbrechen **2** herauswürgen **ri·gur·gi·to** M **1** (*fogna, canale ecc.*) Überquellen *n* **2** (*vomito*) Ausstoß *m* **3** *fig* Wiederaufleben *n*

ri·lan·cia·re ⟨1f⟩ **A** V/T **1** wieder werfen **2** (*palla*) zurückwerfen **3** (*economia*) in Schwung bringen, ankurbeln **4** (*offerta*) überbieten **5** (*moda, canzone*) wieder aktuell machen **6** (*giochi d'azzardo*) erhöhen: **~ (di) 100** auf 100 erhöhen **B** V/PR **-rsi su qn/qc** sich wieder auf j-n/etw stürzen **ri·lan·cio** M **1** Zurückwerfen *n* **2** *fig* (Wieder)Lancierung *f* **3** WIRTSCH Aufschwung *m* **4** Erhöhung *f* **5** Überbieten *n*

ri·la·scia·re ⟨1f⟩ **A** V/T **1** wieder lassen **2** (*liberare persone*) freilassen **3** (*documenti*) ausstellen **4** (*dichiarazioni ecc.*) (ab)geben **5** MED entspannen: **~ i muscoli** die Muskeln entspannen **B** V/PR **-rsi** sich entspannen **ri·la·scio** M **1** Frei-, Entlassung *f* **2** Ausstellung *f* ♦ **data di ~** Ausstellungsdatum *n*; **luogo del ~** Ausstellungsort *m*

ri·las·sa·men·to [-e-] M **1** Entspannung *f* **2** Erschlaffung *f* **3** *fig* Lockerung *f* **ri·las·san·te** ADJ beruhigend, entspannend **ri·las·sa·re** V/T ⟨1a⟩ entspannen, lockern

★**ri·las·sar·si** V/PR ⟨1a⟩ **1** sich entspannen, relaxen **2** sich lockern

ri·las·sa·tez·za [-e-] F **1** Entspannung *f* **2** *fig* Lockerung *f*

ri·le·ga·re V/T ⟨1e⟩ binden **ri·le·ga·to·re** [-o-] M, **-tri·ce** F Buchbinder *m*, -in *f*

ri·le·ga·tu·ra F **1** Einband *m* **2** Binden *n*, Bindung *f*

ri·leg·ge·re [-ɛ-] V/T ⟨3cc⟩ noch einmal lesen; (noch einmal) durchlesen

ri·len·to [-ɛ-] **a ~** sehr langsam

ri·le·va·bi·le ADJ **1** feststellbar **2** käuflich **ri·le·va·men·to** [-e-] M **1** (*statistica*) Erhebung *f* **2** Nachforschung *f* **3** (*in topografia*) Vermessung *f* **4** WIRTSCH Übernahme *f* **5** SCHIFF Peilung *f* **ri·le·van·te** ADJ erheblich, relevant

ri·le·van·za F Bedeutung *f*, Relevanz *f*

ri·le·va·re ⟨1b⟩ **A** V/T **1** (*dati*) ermitteln, erheben **2** (*determinare*) feststellen **3** hervorheben: **vorrei ~ che …** ich möchte hervorheben, dass … **4** MIL ablösen **5** WIRTSCH übernehmen **6** (*in topografia*) vermessen **7** (*localizzare*) ermitteln; SCHIFF, FLUG peilen, orten **B** V/I ⟨av⟩ vorspringen, hervortreten ♦ **fare ~ qc a qn** j-n auf etw (*akk*) aufmerksam machen

ri·le·va·ta·rio M, **-a** F Übernehmer *m*, -in *f* **ri·le·va·to** ADJ erhöht **ri·le·va·zio·ne** [-o-] F **1** (*statistica*) Erhebung *f* **2** (*in topografia*) Vermessung *f* ♦ **~ d'ascolto** Ermittlung *f* der Einschaltquoten

ri·lie·vo [-ɛ-] M **1** Relief *n* **2** GEOG Erhöhung *f* **3** Bedeutung *f*: **mettere qc in ~** etw hervorheben; **di grande ~** von großer Bedeutung **4** (*statistica*) Erhebung *f* **5** (*in topografia*) Vermessung *f* ♦ **alto/basso ~** Hoch-/Basrelief *n*; **senza ~** unbedeutend

ri·lo·ga [-o-] F Gardinenschiene *f*

ri·lu·cen·te [-ɛ-] ADJ leuchtend, glänzend

ri·lut·tan·te ADJ **essere ~ a fare qc** etw nur widerwillig machen **ri·lut·tan·za** F Widerwille *m*, Widerstreben *n*

ri·ma F **1** Reim *m* **2** *pl* Reime *pl*, Verse *pl* ♦ **fare ~ (con) qc** sich auf etw (*akk*) reimen

★**ri·man·da·re** V/T ⟨1a⟩ **1** wieder schicken **2** zurückschicken **3** verschieben: **~ un appuntamento** einen Termin verschieben **4** **~ a qc** auf etw (*akk*) verweisen

ri·man·do M **1** Zurückschicken *n* **2** SPORT Zurückschlagen *n*, Zurückspielen *n*

3 (*riferimento*) Verweis *m* ♦ **di ~** als Erwiderung

ri·ma·neg·gia·men·to [-e-] M 1 Umarbeitung *f* 2 POL (*governo*) Umbildung *f* 3 Neuorganisation *f* **ri·ma·neg·gia·re** V/T ⟨1f⟩ 1 umarbeiten 2 POL umbilden 3 neu organisieren

ri·ma·nen·te [-ɛ-] A ADJ übrig, restlich B M 1 Übrige *n* 2 *pl* Übrigen *pl* **ri·ma·nen·za** [-ɛ-] F 1 Rest *m* 2 HANDEL Restposten *m*

★**ri·ma·ne·re** [-e-] V/I ⟨2m; es⟩ 1 bleiben 2 *form* verbleiben 3 übrig bleiben (*a. fig*): **non mi rimane altro da fare che …** mir bleibt nichts anderes übrig als … 4 *umg* (*trovarsi*) sich befinden, liegen 5 **~** (**d'accordo**) verbleiben; **come siete rimasti?** wie seid ihr verblieben? ♦ **c'è rimasto male** das hat ihn gekränkt; (*deluso*) darüber war er enttäuscht; **~ di stucco** verblüfft sein; **~ insieme** zusammenbleiben; **rimanga tra noi** das bleibt aber unter uns

ri·man·gia·re ⟨1f⟩ A V/T wieder essen B V/PR **-rsi la parola** ein Wort zurücknehmen

ri·mar·ca·re V/T ⟨1d⟩ hervorheben

ri·mar·che·vo·le [-e-] ADJ beachtlich

ri·ma·re V/I ⟨1a; av⟩ sich reimen: **~ con qc** sich auf etw (*akk*) reimen

ri·mar·gi·na·re ⟨1m⟩ A V/T vernarben, heilen (*a. fig*) B V/I ⟨es⟩ & V/PR **-rsi** verheilen (*a. fig*)

ri·ma·rio M Reimbuch *n*, Reimlexikon *n*

ri·ma·sti·ca·re V/T ⟨1l *u.* d⟩ 1 wieder kauen 2 ZOOL wiederkäuen 3 *fig* **~ qc** an etw (*dat*) knabbern 4 *pej* (*ripetere*) wiederkäuen

ri·ma·sto → rimanere

ri·ma·su·glio M Überbleibsel *n*

ri·ma·to ADJ gereimt, Reim-

rim·bal·dan·zi·re ⟨4d⟩ A V/T übermütig machen B V/I ⟨es⟩ & V/PR **-rsi** übermütig werden

rim·bal·za·re V/I ⟨1a; es, av⟩ 1 zurück-, abprallen 2 *fig* sich (schnell) verbreiten

rim·bal·zo M 1 Rückprall *m* 2 (*per terra*) Aufprall *m*

rim·bam·bi·men·to [-e-] M *umg* Verkalkung *f*

rim·bam·bi·re ⟨4d⟩ A V/T *fig* verblöden B V/I ⟨es⟩ & V/PR **-rsi** 1 verkalken 2 *fig* verblöden **rim·bam·bi·to** A ADJ 1 verkalkt 2 *fig* verblödet B M, **-a** F Trottel *m*

rim·bec·ca·re ⟨1d⟩ A V/T **~ qn** j-m scharf entgegnen B V/PR **-rsi** aufeinander herumhacken

rim·be·cil·li·re ⟨4d⟩ A V/I ⟨es⟩ verblöden B V/T blöd machen C V/PR **-rsi** verblöden **rim·be·cil·li·to** ADJ 1 verblödet 2 *fig* benebelt ♦ **un vecchio ~** ein alter Trottel *m*

rim·boc·ca·re ⟨1d⟩ A V/T 1 (*lenzuolo*) umschlagen 2 (*maniche, calzoni*) hochkrempeln B V/PR **-rsi le maniche** die Ärmel hochkrempeln (*a. fig*)

rim·bom·ban·te ADJ 1 dröhnend 2 *fig* hochtrabend **rim·bom·ba·re** V/I ⟨1a; es, av⟩ 1 dröhnen (*a. fig*) 2 widerhallen

rim·bom·bo [-o-] M 1 Dröhnen *n* 2 Widerhall *m*

rim·bor·sa·bi·le [-s-] ADJ 1 rückzahlbar 2 HANDEL rückerstattbar

rim·bor·sa·re [-s-] V/T ⟨1a⟩ 1 zurückzahlen 2 *form* (zu)rückerstatten, vergüten ♦ **soddisfatti o rimborsati** bei Nichtgefallen Geld zurück

rim·bor·so [-'borso] M 1 Rückzahlung *f*, Zurückzahlung *f*: **~ del biglietto** Fahrpreiserstattung *f* 2 HANDEL (Rück)Erstattung *f*, Wiedererstattung *f*

rim·bo·sca·re V/T ⟨1d⟩ aufforsten

rim·bo·schi·men·to [-e-] M Aufforstung *f*

rim·bo·schi·re ⟨4d⟩ A V/T aufforsten B V/I ⟨es⟩ & V/PR **-rsi** sich wieder bewalden

rim·brot·ta·re V/T ⟨1c⟩ zurechtweisen

rim·brot·to [-ɔ-] M Zurechtweisung *f*

ri·me·dia·re ⟨1k *u.* b⟩ A V/I ⟨av⟩ **~ a qc** etw wiedergutmachen, etw (*dat*) abhelfen B V/T 1 wiedergutmachen, beheben 2 *umg* (*procurarsi*) sich (*dat*) beschaffen

ri·me·dio [-ɛ-] M 1 Abhilfe *f*: **porre ~ a qc** etw (*dat*) Abhilfe schaffen 2 PHARM Heilmittel *n* ♦ **senza ~** hoffnungslos

ri·mem·bran·za F *poet* 1 Andenken *n* 2 Erinnerung *f*

ri·me·sco·la·men·to [-e-] M Mischen *n*

ri·me·sco·la·re ⟨1m⟩ A V/T 1 wieder mischen 2 umrühren 3 *fig* in Wallung bringen B V/PR **-rsi** 1 sich wieder mischen 2 in Wallung geraten **ri·me·sco·la·ta** F **dare una ~ a qc** etw wieder umrühren **ri·me·sco·li·o** M 1 Umrühren *n* 2 *fig* Aufruhr *m* 3 Durcheinander *n*

ri·mes·sa [-e-] F 1 Schuppen *m* 2 Depot *n* 3 Garage *f* 4 Einlagerung *f* 5 Speicher

R

m **6** SPORT Abstoß *m*; Einwurf *m*: **~ laterale** Seiteneinwurf *m* ♦ **~ in vigore** Wiederinkraftsetzung *f*

ri·mes·so [-e-] ADJ vergeben, erlassen

ri·me·sta·re V/T ⟨1a⟩ **1** umrühren **2** *fig* wieder aufrühren, wieder aufwühlen

ri·met·te·re [-e-] ⟨3ee⟩ **A** V/T **1** wieder stellen; wieder setzen; wieder legen **2** (*indossare di nuovo*) wieder anziehen **3** überlassen: **~ la decisione a qn** j-m die Entscheidung überlassen **4** (*affidare*) anvertrauen **5** HANDEL zusenden **6** (*vomitare*) sich übergeben **7** erlassen: **~ la pena** die Strafe erlassen **B** V/PR **-rsi 1** sich wieder anziehen **2** **-rsi a fare qc** wieder anfangen, etw zu tun **3** **-rsi da qc** sich von etw erholen **4** **-rsi a qn/qc** sich j-m/etw anvertrauen **5** SPORT (*palla*) abschlagen ♦ **~ (la palla) in gioco** (den Ball) einwerfen; **~ in moto** wieder in Gang setzen; *umg* **rimetterci** draufzahlen; **rimetterci qc** etw einbüßen; **-rsi in salute** sich wieder erholen

ri·mi·ne·se **A** ADJ aus, von Rimini **B** M/F Bewohner *m*, -in *f* von Rimini

Ri·mi·ni F Rimini *n*

ri·mi·su·ra·re V/T ⟨1a⟩ nachmessen

rim·mel® M ⟨*inv*⟩ Wimperntusche *f*

ri·mo·der·na·men·to [-e-] M Modernisierung *f*, Erneuerung *f* **ri·mo·der·na·re** ⟨1b⟩ **A** V/T erneuern **B** V/PR **-rsi** sich erneuern, modern werden

ri·mon·ta [-o-] F **1** Wiederbesteigung *f* **2** SPORT Auf-, Nachholen *n* **3** MIL Remonte *f*

ri·mon·ta·re¹ ⟨1a⟩ **A** V/I ⟨es⟩ wieder (auf-, ein)steigen **B** V/T **1** (*la classifica*) wieder aufsteigen **2** SPORT (*svantaggio*) aufholen ♦ *fig* **~ la china** wieder nach oben kommen

ri·mon·ta·re² V/T ⟨1a⟩ wieder zusammensetzen, wieder montieren, wieder aufbauen

ri·mor·chia·re V/T ⟨1k *u.* c⟩ **1** (ab)schleppen **2** bugsieren **3** *fig* mitschleppen **4** *umg* (*abbordare*) aufreißen, anbaggern

ri·mor·chia·to·re [-o-] M Schlepper *m*

ri·mor·chio [-ɔ-] M **1** Schleppen *n* **2** Bugsieren *n* **3** Anhänger *m* ♦ *fig* **andare a ~ di qn** sich in j-s Kielwasser halten

ri·mor·de·re [-ɔ-] V/T ⟨3uu⟩ **1** wieder beißen **2** *fig* plagen **ri·mor·so** [-'mɔrso] M Gewissensbisse *pl*

ri·mos·so [-ɔ-] M PSYCH Verdrängte *n*

ri·mo·stran·za F Beschwerde *f*, Klage *f*

ri·mo·vi·bi·le ADJ entfernbar, abnehmbar **ri·mo·zio·ne** [-o-] F **1** Entfernung *f*, Beseitigung *f* (*a. fig*) **2** Absetzung *f* **3** PSYCH Verdrängung *f* ♦ **~ forzata** = *kostenpflichtige Entfernung von widerrechtlich geparkten Fahrzeugen*

rim·pa·sta·re V/T ⟨1a⟩ **1** wieder kneten **2** *fig* **~ un governo** eine Regierung umbilden **rim·pa·sto** M *fig* Umbildung *f*

rim·pa·tria·re ⟨1k *u.* m⟩ **A** V/I ⟨es⟩ heimkehren **B** V/T **1** in die Heimat zurückschicken **2** in das Heimatland abschieben

rim·pa·trio M **1** Rückkehr *f* in die Heimat **2** Rückwanderung *f* **3** Abschiebung *f* in das Heimatland

rimpetto → dirimpetto

rim·pian·ge·re V/T ⟨3d⟩ **1** **~ qc** etw (*dat*) nachtrauern **2** **~ qn** um j-n trauern **3** bereuen

rim·pian·to M Bedauern *n*

rim·piat·ti·no M Versteckspiel *n*

rim·piaz·za·re V/T ⟨1a⟩ **1** ersetzen, auswechseln **2** (*fare le veci di*) vertreten

rim·piaz·zo M Ersetzung *f*; Ersatz *m*

rim·pic·cio·li·re ⟨4d⟩ **A** V/T verkleinern **B** V/I ⟨es⟩ & V/PR **-rsi** sich verkleinern, kleiner werden

rim·pin·za·re ⟨1a⟩ **A** V/T **1** vollstopfen **2** *fig* **~ qn di frottole** j-m Lügen auftischen **B** V/PR **-rsi** sich vollstopfen

rim·pol·pa·re ⟨1a⟩ **A** V/T **1** wieder Fleisch ansetzen **2** *fig* (*testo*) bereichern, erweitern **B** V/PR **-rsi** zunehmen ♦ **~ il conto in banca** das Bankkonto auffüllen

rim·pro·ve·ra·re ⟨1m *u.* c⟩ **A** V/T **1** zurechtweisen **2** **~ qc a qn** j-m etw vorwerfen **B** V/PR **-rsi** **1** **-rsi qc** sich (*dat*) etw vorwerfen **2** sich (gegenseitig) Vorwürfe machen **rim·pro·ve·ro** [-ɔ-] M Vorwurf *m*, Verweis *m*, Tadel *m*

ri·mu·gi·na·re ⟨1m⟩ **A** V/T brüten, nachgrübeln; *umg* wälzen **B** V/I ⟨av⟩ **~ su qc** über etw (*akk*) (nach)grübeln

ri·mu·ne·ra·re → remunerare

★**ri·muo·ve·re** [-ɔ-] V/T ⟨3ff⟩ **1** entfernen, beseitigen (*a. fig*) **2** (*destituire*) absetzen **3** **~ qn da qc** j-n von etw abbringen

ri·na·sce·re V/I ⟨3gg; es⟩ **1** wiedergeboren werden **2** wieder wachsen **3** wieder aufblühen, wieder aufleben (*a. fig*)

ri·na·sci·men·ta·le ADJ Renaissance-

Ri·na·sci·men·to [-e-] M Renaissance

R

f
ri·na·sci·ta F **1** Wieder-, Neugeburt *f* **2** *fig* Wiederaufkommen *n*, -aufblühen *n*
rin·ca·gna·to ADJ stumpf, Stumpf-
rin·cal·za·re V/T ⟨1a⟩ **1** (ab)stützen **2** *fig* (*rafforzare*) unterstützen, stärken ♦ **~ le coperte** die Decken einschlagen
rin·cal·zo M **1** (Ab)Stützen *n* **2** Stütze *f*, Abstützung *f*: **di ~** zusätzlich **3** MIL **truppe di ~** Hilfstruppen *pl*
rin·can·tuc·cia·re ⟨1f⟩ **A** V/T in eine Ecke drängen **B** V/PR **-rsi** sich verkriechen
rin·ca·ra·re ⟨1a⟩ **A** V/T **1** **~ qc** etw verteuern **2** *fig* (*ribadire*) hinzufügen **B** V/I ⟨es⟩ teurer werden, sich verteuern ♦ **~ la dose** noch einen draufsetzen
rin·car·na·re → reincarnare
rin·ca·ro M Verteuerung *f*; Erhöhung *f*
rin·ca·sa·re V/I ⟨1a; es⟩ nach Hause kommen, heimkehren
rin·chiu·de·re ⟨3b⟩ **A** V/T ein-, wegschließen, (ein)sperren **B** V/PR **-rsi** **1** sich einschließen **2** *fig* sich zurückziehen
rin·ci·trul·li·re ⟨4d⟩ **A** V/T verdummen **B** V/I ⟨es⟩ & V/PR **-rsi** verdummen
rin·co·glio·ni·re ⟨4d⟩ *vulg* **A** V/T verblöden **B** V/I ⟨es⟩ & V/PR **-rsi** verblöden
rin·co·glio·ni·to ADJ **1** bescheuert **2** verblödet
rin·co·ra·re ⟨1c *od* 1d⟩ → rincuorare
rin·cor·re·re [-o-] ⟨3o⟩ **A** V/T **~ qn/qc** j-m/etw nachlaufen (*od* nachjagen) (*a. fig*) **B** V/PR **-rsi** sich fangen ♦ **giocare a ~** Fangen spielen
rin·cor·sa [-'korsa] F Anlauf *m*: **prendere la ~** Anlauf nehmen
rin·cre·sce·re [-e-] V/I ⟨3n; es⟩ **1** **mi rincresce che** ... ich bedauere, dass ..., mir tut es leid, dass ... **2** **se non ti rincresce** ... wenn du nichts dagegen hast ...
rin·cre·sci·men·to [-e-] M Bedauern *n*
rin·cre·ti·ni·re ⟨4d⟩ *umg* **A** V/T **1** verblöden **2** verwirren, betäuben **B** V/I ⟨es⟩ & V/PR **-rsi** verblöden
rin·cu·la·re V/I ⟨1a; es⟩ **1** zurückweichen **2** (*arma*) einen Rückstoß haben
rin·cu·lo M **1** Zurückweichen *n* **2** (*d'arma*) Rückstoß *m*
rin·cuo·ra·re ⟨1c⟩ **A** V/T ermutigen, ermuntern **B** V/PR **-rsi** wieder Mut fassen
rin·fac·cia·men·to [-e-] M **1** Vorhaltung *f* **2** Vorwurf *m* **rin·fac·cia·re** V/T ⟨1f⟩ **1** Vorhaltungen machen **2** vorwerfen
rin·fo·co·la·re ⟨1m *u.* c⟩ **A** V/T wieder anfachen; schüren (*a. fig*) **B** V/PR **-rsi** sich wieder entzünden, aufleben (*a. fig*)
rin·for·za·re ⟨1c⟩ **A** V/T **1** kräftigen, stärken **2** (*costruzioni*) verstärken, (ab)stützen **3** (*suono*) verstärken **4** *fig* stützen, untermauern **B** V/PR **-rsi** stärker werden **rin·for·za·to** ADJ **cucitura -a** doppelte Naht *f*; **passo ~** beschleunigter Schritt *m*
rin·for·zo [-ɔ-] M **1** Verstärkung *f* **2** *pl* MIL Verstärkung *f* **3** *fig* Bekräftigung *f*
rin·fran·ca·men·to [-e-] M Er-, Aufmunterung *f* **rin·fran·ca·re** ⟨1d⟩ **A** V/T auf-, ermuntern **B** V/PR **-rsi** wieder Mut fassen
rin·fre·scan·te ADJ erfrischend, kühlend: **bevanda ~** Erfrischungsgetränk *n*
rin·fre·sca·re ⟨1d⟩ **A** V/T **1** erfrischen, (ab)kühlen **2** *fig* auffrischen **B** V/I ⟨es, av⟩ abkühlen **C** V/PR **-rsi** sich erfrischen; sich frisch machen **rin·fre·sca·ta** F **1** Erfrischung *f*: **darsi una ~** sich erfrischen **2** Abkühlung *f*
rin·fre·sco [-e-] M (*ricevimento*) Empfang *m*
rin·fu·sa F **alla ~** durcheinander
ring M ⟨*inv*⟩ Ring *m*, Boxring *m*
rin·ga·gliar·di·re ⟨4d⟩ **A** V/T stärken **B** V/PR **-rsi** sich stärken
rin·gal·luz·zi·re ⟨4d⟩ **A** V/T stolz machen **B** V/PR **-rsi** sich aufblähen
rin·gal·luz·zi·to ADJ eitel, stolz
rin·ghia·re V/I ⟨1k; av⟩ knurren (*a. fig*)
rin·ghie·ra [-ɛ-] F Geländer *n*
rin·ghio M Knurren *n* **rin·ghio·so** [-o-] ADJ **1** knurrend **2** *fig* knurrig, grimmig
rin·gio·va·ni·men·to [-e-] M Verjüngung *f*
rin·gio·va·ni·re ⟨4d⟩ **A** V/T jünger machen, verjüngen **B** V/I ⟨es⟩ sich verjüngen
rin·gra·zia·men·to [-e-] M Dank *m*: **in ~ per qc** als (*od* zum) Dank für etw
★**rin·gra·zia·re** V/T ⟨1g⟩ **~ qn** j-m danken, sich bei j-m bedanken; **~ qn per qc** j-m für etw danken
rin·ne·ga·men·to [-e-] M Verleugnung *f*, Verleugnen *n* **rin·ne·ga·re** V/T ⟨1e⟩ verleugnen
rin·ne·ga·to ADJ abtrünnig
rin·no·va·bi·le ADJ **1** erneuerbar **2** verlängerbar **rin·no·va·men·to** [-e-] M **1** Erneuerung *f* (*a. fig*) **2** Wiederho-

lung *f*
rin·no·va·re ⟨1c⟩ **A** VT **1** erneuern **2** ~ **l'aria in una stanza** ein Zimmer lüften **3** renovieren **4** verlängern: ~ **un passaporto** einen Pass verlängern **5** (*affermazione*) wiederholen, erneuern **B** VPR **-rsi** **1** sich erneuern **2** modernisiert werden **3** sich wiederholen **rin·no·va·to** ADJ **1** neu **2** wiederholt
rin·no·vo [-ɔ-] M Verlängerung *f*; Erneuerung *f*: ~ **del contratto** Verlängerung *f* des Tarifvertrags ♦ **chiuso per** ~ **locali** wegen Umbau geschlossen
ri·no·ce·ron·te [-o-] M Nashorn *n*
ri·no·fa·rin·ge F Nasen- und Rachenhöhle *f* **ri·no·ia·tri·a** F Nasenheilkunde *f*
ri·no·man·za F Berühmtheit *f* **ri·no·ma·to** ADJ berühmt, namhaft, renommiert
rin·sal·da·re [-s-] ⟨1a⟩ **A** VT **1** festigen **2** bestärken **B** VPR **-rsi** sich festigen, sich bestärken
rin·san·gua·re [-s-] ⟨1a⟩ **A** VT **1** (*rinvigorire*) kräftigen, stärken **2** *fig* ~ **le casse** die Kassen wieder auffüllen **B** VPR **-rsi** wieder zu Kräften kommen
rin·sa·ni·re [-s-] VI ⟨4d; es⟩ gesund werden
rin·sa·vi·re [-s-] VI ⟨4d; es⟩ wieder zu Verstand kommen
rin·sec·chi·re [-s-] ⟨4d⟩ VI ⟨es⟩ & VPR **-rsi** **1** vertrocknen **2** abmagern
rin·sec·chi·to [-s-] ADJ **1** vertrocknet, verdorrt **2** abgemagert
rin·sel·va·ti·chi·re [-s-] ⟨4d⟩ **A** VT (wieder) verwildern lassen **B** VI ⟨es⟩ & VPR **-rsi** verwildern **rin·sel·va·ti·chi·to** ADJ verwildert
rin·ta·nar·si [-si] VPR ⟨1a⟩ sich verkriechen (*a. fig*)
rin·ter·ra·re VT ⟨1b⟩ zuschütten, auffüllen
rin·toc·ca·re VI ⟨1d; es, av⟩ schlagen, läuten: **l'orologio rintocca** die Uhr schlägt **rin·toc·co** [-o-] M Schlag *m*: ~ **di campana** Glockenschlag *m*
rin·ton·ti·re ⟨4d⟩ **A** VT betäuben, benommen machen **B** VI ⟨es⟩ & VPR **-rsi** **1** sich betäuben, benommen werden **2** verblöden **rin·ton·ti·to** ADJ betäubt, benommen
rin·trac·cia·bi·le ADJ **1** auffindbar, aufspürbar **2** (*al telefono*) erreichbar
rin·trac·cia·re VT ⟨1f⟩ **1** wieder finden, auffinden **2** (*al telefono*) erreichen
rin·tro·na·men·to [-e-] M **1** Gedröhne *n* **2** Betäubung *f* **rin·tro·na·re** ⟨1c⟩ **A** VT betäuben **B** VI ⟨av, es⟩ dröhnen **rin·tro·na·to** ADJ betäubt
rin·tuz·za·re VT ⟨1a⟩ **1** (*assalto*) zurückschlagen **2** (*accusa, rimprovero*) zurückweisen **3** dämpfen: ~ **l'ira** den Zorn dämpfen **4** (*smussare*) stumpf machen
ri·nun·cia F **1** Verzicht *m*: ~ **a qn/qc** Verzicht auf j-n/etw **2** Entbehrung *f*
★**ri·nun·cia·re** VI ⟨1f; av⟩ ~ **a qn/qc** auf j-n/etw verzichten **ri·nun·cia·ta·rio** **A** ADJ verzichtend **B** M, **-a** F Verzichtende *m/f*
rin·ve·ni·bi·le ADJ auffindbar
rin·ve·ni·men·to[1] [-e-] M **1** Wiedererlangung *f* des Bewusstseins **2** (*di piante*) Wässern *n* **3** METALL Anlassen *n*
rin·ve·ni·men·to[2] [-e-] M **1** Auffinden *n* **2** Entdeckung *f* ♦ **luogo del** ~ Fundort *m*
rin·ve·ni·re[1] VI ⟨4p; es⟩ **1** wieder zu sich kommen **2** (*di piante*) sich erholen **3** METALL anlassen
rin·ve·ni·re[2] VT ⟨4p⟩ entdecken, auffinden
rin·ver·di·re ⟨4d⟩ **A** VT **1** wieder grün machen **2** *fig* wieder aufleben lassen **B** VI ⟨es⟩ & VPR **-rsi** wieder ergrünen
rin·via·bi·le ADJ verschiebbar
rin·via·re VT ⟨1h⟩ **1** zurückschicken **2** ver-, aufschieben **3** *form* vertagen **4** ~ **a qn/qc** an j-n/auf etw (*akk*) verweisen
rin·vi·go·ri·men·to [-e-] M Stärkung *f* **rin·vi·go·ri·re** ⟨4d⟩ **A** VT stärken (*a. fig*) **B** VPR **-rsi** wieder zu Kräften kommen
rin·vi·o M **1** Zurückschicken *n*, Rücksendung *f* **2** Verschiebung *f*; Aufschub *m* **3** *form* Vertagung *f* **4** Verweisung *f* **5** (*editoria*) Verweis *m* **6** SPORT Abstoß *m*: ~ **da fondo campo** Abstoß *m* aus dem Torraum, Strafraum
ri·o M **1** Bach *m* **2** (*a Venezia*) Kanal *m*
ri·oc·cu·pa·re ⟨1m *u.* c⟩ **A** VT wieder besetzen **B** VPR **-rsi** sich wieder beschäftigen
rio·na·le ADJ des Stadtviertels
rio·ne [-o-] M Stadtviertel *n*
ri·or·di·na·men·to [-e-] M Neuordnung *f*, Umstrukturierung *f*
ri·or·di·na·re VT ⟨1m⟩ **1** aufräumen **2** neu ordnen **3** nachbestellen
ri·or·di·no [-o-] M Neuordnung *f*

R

ri·or·ga·niz·za·re ⟨1a⟩ **A** V/T **1** reorganisieren, neu organisieren **2** neu-, umgestalten **B** V/PR **-rsi 1** sich neu organisieren **2** **-rsi qc** sich (*dat*) etw neu einteilen

ri·or·ga·niz·za·zio·ne [-o-] F Reorganisation *f*; Umgestaltung *f*

riot·to·si·tà F ⟨*inv*⟩ Widerspenstigkeit *f*

riot·to·so [-o-] ADJ **1** zänkisch **2** widerspenstig

ri·pa·ga·re V/T ⟨1e⟩ **1** wieder (be)zahlen **2** wiedergutmachen **3** **~ qn di qc** j-n für etw entschädigen (*a. fig*) **4** *fig* vergelten, belohnen ♦ **~ qn con la stessa moneta** j-m etw mit gleicher Münze heimzahlen

ri·pa·ra·bi·le ADJ **1** behebbar **2** wiedergutzumachend

★**ri·pa·ra·re**¹ ⟨1a⟩ **A** V/T **1** **~ qn/qc da qc** j-n/etw vor etw (*dat*) schützen **2** reparieren, ausbessern **3** wiedergutmachen **4** Abhilfe schaffen **B** V/I ⟨av⟩ **~ a qc** etw (*dat*) abhelfen **C** V/PR **-rsi 1** Schutz suchen **2** **-rsi da qc** sich vor etw (*dat*) schützen

ri·pa·ra·re² V/I ⟨1a; es⟩ Zuflucht suchen

ri·pa·ra·to ADJ **1** **~ da qc** vor etw (*dat*) geschützt **2** repariert, ausgebessert

ri·pa·ra·to·re [-o-] M, **-tri·ce** F Reparateur *m*, -in *f*

ri·pa·ra·zio·ne [-o-] F **1** Reparatur *f*, Ausbesserung *f* **2** Entschädigung *f* **3** *fig* Wiedergutmachung *f*

ri·par·la·re ⟨1a⟩ **A** V/I ⟨av⟩ wieder sprechen **B** V/PR **-rsi** *fig* wieder miteinander reden

ri·pa·ro M **1** Schutz *m*: **~ da qc** Schutz *m* vor etw (*dat*) **2** Abhilfe *f*: **correre ai -i** Abhilfe schaffen **3** Unterschlupf *m* **4** MIL Deckung *f* ♦ **al ~!** in Deckung!

ri·par·ti·re¹ V/I ⟨4a; es⟩ **1** wieder losgehen; wieder abfahren; wieder abfliegen **2** (*motori*) wieder anspringen, wieder starten ♦ IT (*programma, computer*) **far ~** neu starten

ri·par·ti·re² V/T ⟨4d⟩ **1** aus-, verteilen **2** WIRTSCH ausschütten **3** einteilen

ri·par·ti·zio·ne [-o-] F **1** Aus-, Verteilung *f* **2** WIRTSCH Ausschüttung *f* **3** Einteilung *f* ♦ **~ dei ruoli** Rollenverteilung *f*

ri·pas·sa·re ⟨1a⟩ **A** V/I ⟨es⟩ **1** wieder vorbeigehen; wieder vorbeifahren **2** wieder vorbeikommen **B** V/T **1** (*riattraversare*) wieder überschreiten **2** noch einmal reichen, noch einmal geben **3** (*ritoccare*) nacharbeiten **4** (*riverniciare*) überstreichen **5** (*ristirare*) noch einmal bügeln, aufbügeln **6** (*lezione, lavoro*) noch einmal durchgehen

ri·pas·sa·ta F **1** Überarbeitung *f* **2** Durchsehen *n*, Durchlesen *n* **3** (*ripetizione*) Wiederholung *f* **4** *umg* Anpfiff *m*: **prendersi una ~** einen Anpfiff bekommen ♦ **dare una ~ a qc** etw noch einmal tun, etw wiederholen

ri·pas·so M Wiederholung *f*

ri·pen·sa·men·to [-sa'me-] M **1** Überlegung *f*, Überdenken *n* **2** Meinungsänderung *f*

ri·pen·sa·re [-s-] V/I ⟨1b; av⟩ **1** **~ a qn/qc** wieder an j-n/etw denken **2** noch einmal nachdenken **3** es sich anders überlegen, seine Meinung ändern

ri·per·cor·re·re [-o-] V/T ⟨3o⟩ **1** noch einmal entlanggehen; noch einmal entlangfahren **2** (*in senso inverso*) zurückgehen; zurückfahren **3** *fig* durchgehen

ri·per·cuo·te·re [-ɔ-] ⟨3ff⟩ **A** V/T **1** wieder schlagen **2** (*riflettere*) brechen, zurückwerfen **B** V/PR **-rsi 1** erschüttern **2** (*di suono*) widerhallen **3** *fig* sich auswirken: **-rsi su qn/qc** sich auf j-n/etw auswirken

ri·per·cus·sio·ne [-o-] F **1** Erschütterung *f* **2** (*suono*) Wiederhall *m* **3** *fig* Auswirkung *f*, Folge *f*: **avere -i su qc** auf etw (*akk*) Auswirkungen haben

ri·pe·sca·re V/T ⟨1d⟩ **1** herausziehen, herausholen, herausfischen **2** *fig* wiederfinden **3** (*tema*) wieder aufgreifen

ri·pe·ten·te [-ɛ-] **A** ADJ eine Klasse wiederholend **B** M/F *umg* Sitzenbleiber *m*, -in *f*

★**ri·pe·te·re** [-ɛ-] ⟨3a⟩ **A** V/T **1** wiederholen **2** wiedergeben; nachplappern **3** noch einmal durchgehen **B** V/PR **-rsi** sich wiederholen ♦ **~ a memoria** (auswendig) aufsagen

ri·pe·ti·bi·le ADJ wiederholbar **ri·pe·ti·ti·vi·tà** F ⟨*inv*⟩ Eintönigkeit *f* **ri·pe·ti·ti·vo** ADJ eintönig **ri·pe·ti·to·re** [-o-] M **A** ADJ Relais- **B** M, **-tri·ce** F **1** Nachhilfelehrer *m*, -in *f* **2** **ripetitore** *m* Relaisstation *f* **ri·pe·ti·zio·ne** [-o-] F **1** Wiederholung *f* **2** Nachhilfestunde *f*

ri·pe·tu·to ADJ wiederholt

ri·pia·no M **1** Brett *n*, Bord *n* **2** (*scomparto*) Fach *n* **3** (*superficie*) Fläche *f*, Ebene *f*

ri·pic·ca F **fare qc per ~** (**verso qn**) etw

R

aus Trotz (gegen j-n) machen
ri·pi·dez·za [-e-] F, **ri·pi·di·tà** F ⟨inv⟩ Steilheit *f*; Schroffheit *f*
★**ri·pi·do** ADJ 1 steil 2 schroff
ri·pie·ga·men·to [-e-] M 1 MIL Rückzug *m* 2 *fig* Rückzieher *m* **ri·pie·ga·re** ⟨1b *u.* e⟩ A V/T 1 wieder zusammenfalten; zusammenlegen 2 zusammenklappen B V/I ⟨av⟩ 1 **~ su qc** auf etw (*akk*) ausweichen 2 MIL sich zurückziehen C V/PR **-rsi** 1 sich biegen 2 *fig* sich zurückziehen
ri·pie·go [-ɛ-] M Ausweg *m*, Notbehelf *m*: **di ~** Not-
ri·pie·no [-ɛ-] A ADJ 1 **~ di qc** erfüllt von (*od* mit) etw, voll von etw 2 GASTR gefüllt, farciert B M 1 Füllung *f* 2 GASTR Farce *f*, Füllung *f*: **~ di carne** Fleischfüllung *f*
ri·pi·glia·re ⟨1g⟩ *umg* A V/T 1 wieder nehmen 2 (*catturare di nuovo*) wieder fassen 3 (*malattie*) wieder bekommen 4 **~ a fare qc** wieder beginnen, etw zu tun B V/PR 1 **-rsi qc** sich (*dat*) etw wieder nehmen 2 **-rsi un raffreddore** wieder eine Erkältung bekommen ♦ **~ fiato** wieder Atem (*od* Luft) holen; **~ sonno** wieder einschlafen
ri·po·po·la·men·to [-e-] M 1 Wiederbevölkerung *f* 2 (*di animali*) Wiederbesetzen *n* **ri·po·po·la·re** A V/T 1 wieder bevölkern 2 (*di animali*) wieder mit Wild besetzen B V/PR **-rsi** 1 sich wieder bevölkern 2 sich wieder beleben
ri·por·re [-o-] V/T ⟨3ll⟩ 1 wieder legen; wieder stellen 2 fortlegen 3 (zurück)legen 4 abstellen 5 *fig* **~ le speranze in qn/qc** seine Hoffnungen in j-n/auf etw (*akk*) setzen
★**ri·por·ta·re** ⟨1c⟩ A V/T 1 wieder bringen; zurückbringen 2 zurückgeben 3 wieder tragen 4 (zurück)begleiten 5 wiedergeben: **~ le parole di qn** j-s Worte wiedergeben 6 davontragen, erleiden: **~ una sconfitta** eine Niederlage erleiden; **~ una vittoria su qn** einen Sieg über j-n erringen 7 zitieren 8 (*riprodurre, trasporre*) übertragen B V/PR **-rsi** 1 sich zurückversetzen 2 **-rsi a qc** sich auf etw (*akk*) beziehen **ri·por·ta·to** ADJ (*in sartoria*) **tasca -a** aufgesetzte Tasche *f*
ri·por·to [-ɔ-] M 1 MATH, HANDEL Übertrag *m* 2 (*di capelli*) Toupet *n* 3 (*edilizia*) Aufschüttung *f* 4 WIRTSCH, FIN Aufschlag *m*, Reportgeschäft *n*: **~ delle perdite pregresse** Verlustvortrag *m* 5 (*in sartoria*) Aufnäher *m* 6 MECH Auflage *f*
ri·po·san·te ADJ erholsam, entspannend ♦ **calza ~** Stützstrumpf *m*
★**ri·po·sa·re**[1] ⟨1c⟩ A V/I ⟨av⟩ 1 sich ausruhen 2 schlafen 3 **far ~ qc** etw ruhen lassen B V/T 1 ausruhen (lassen) 2 **~ la vista** die Augen *pl* schonen 3 entspannen ♦ **~ sugli allori** sich auf seinen Lorbeeren ausruhen; **riposa in pace!** ruhe in Frieden!
ri·po·sa·re[2] V/T ⟨1c⟩ wieder (ab)stellen
★**ri·po·sar·si** V/PR ⟨1c⟩ 1 sich ausruhen 2 sich entspannen 3 sich wieder setzen
ri·po·sa·to ADJ ausgeruht
ri·po·si·no M Schläfchen *n*
ri·po·so [-ɔ-] M 1 Erholung *f*, Ruhe *f* 2 Ruhestand *m* 3 MIL Ruhestellung *f*; **~!** rührt euch! ♦ **casa di ~** Altenheim *n*; **giorno di ~** Ruhetag *m*
ri·po·sti·glio M Abstellkammer *f*
ri·po·sto [-o-] ADJ 1 abgeschieden 2 verborgen, geheim
rip·pa·re V/T ⟨1a⟩ IT *umg* rippen *umg* (*die Verschlüsselung von DVDs knacken*)
ri·pren·de·re [-ɛ-] ⟨3c⟩ A V/T 1 wieder nehmen 2 wieder fassen, wieder packen 3 wieder-, zurückerobern 4 wieder abholen 5 (*malattie*) wieder bekommen 6 (*ricominciare*) wieder aufnehmen 7 **~ a fare qc** wieder beginnen, etw zu tun 8 (*rimproverare*) tadeln, zurechtweisen 9 (*a. parlare*) fortfahren mit 10 FOTO (*cinema*) aufnehmen B V/I ⟨es⟩ wieder anfangen ♦ **~ coraggio** wieder Mut fassen; **~ i sensi** wieder zu Bewusstsein kommen
★**ri·pren·der·si** [-ɛ-] V/PR ⟨3c⟩ 1 wieder zu sich kommen 2 **~ da qc** sich von etw erholen 3 **~ qc** sich (*dat*) etw wieder nehmen 4 (*correggersi*) sich verbessern
ri·pre·sa [-e-] F 1 Wiederaufnahme *f* 2 Erholung *f*, Besserung *f* 3 AUTO Beschleunigung *f* 4 SPORT (*calcio*) zweite Halbzeit *f*; (*boxe*) Runde *f* 5 (*cinema*) (Film)Aufnahme *f* 6 THEAT Wiederaufführung *f* 7 WIRTSCH Aufschwung *m*; (*di Borsa*) Reprise *f* ♦ **luogo delle -e** Drehort *m*; **in varie -e** nach und nach; (*in più volte*) immer wieder, mehrmals
ri·pre·sen·ta·re ⟨1b⟩ A V/T wieder stellen; wieder vorlegen B V/PR **-rsi** 1 sich wieder vorstellen 2 (*occasione*) sich wieder ergeben 3 sich wiederholen 4 wieder erscheinen 5 **-rsi alle elezioni** sich wieder zur Wahl stellen **ri·pre·sen·ta-**

R

zio·ne [-o-] F Wiedervorlage *f*
ri·pri·sti·na·re V/T ⟨1m⟩ **1** wiederherstellen: **~ l'ordine** die Ordnung wiederherstellen **2** **~ i contatti con qn** mit j-m wieder Kontakt aufnehmen **3** (*restaurare*) wieder instand setzen **4** (*servizio*) wieder einrichten **5** (*legge*) wieder in Kraft setzen
ri·pri·sti·no M **1** Wiederherstellung *f* **2** Wiederinstandsetzung *f* **3** Wiedereinrichtung *f*
ri·pro·dot·to [-o-] ADJ **1** reproduziert **2** nachgebildet **3** wiedergegeben **4** vervielfältigt **ri·pro·du·ci·bi·le** ADJ **1** reproduzierbar **2** darstellbar **3** wiederholbar
ri·pro·dur·re ⟨3e⟩ **A** V/T **1** reproduzieren **2** TECH (*suono*) wiedergeben **3** (*pittura*) nachmalen; (*disegno*) nachzeichnen; (*scultura*) nachbilden **4** vervielfältigen **B** V/PR **-rsi** **1** BIOL sich fortpflanzen, sich vermehren **2** (*formarsi di nuovo*) sich neu bilden **3** (*riavere luogo*) sich wieder ergeben **ri·pro·dut·ti·vo** ADJ fortpflanzungsfähig, Fortpflanzungs- **ri·pro·dut·to·re** [-o-] **A** ADJ Fortpflanzungs- **B** M, **-tri·ce** F **1** (*apparecchio*) **riproduttore** *m* Player *m*; **~ digitale** Digital Player *m*; **~ di MP3** MP3-Player *m* **2** Zuchttier *n* **ri·pro·du·zio·ne** [-o-] F **1** BIOL Fortpflanzung *f* **2** Wiedergabe *f* **3** Nachbildung *f*, Reproduktion *f* **4** (*stampa*) Nachdruck *m*
ri·pro·met·ter·si [-'mettersi] V/PR ⟨3ee⟩ **~ di fare qc** sich (*dat*) vornehmen, etw zu tun
ri·pro·por·re [-o-] ⟨3ll⟩ **A** V/T **1** wieder vorschlagen **2** (*problema, questione*) wieder aufwerfen **B** V/PR **-rsi** **1** (*problema, questione*) sich wieder stellen **2** **-rsi di fare qc** sich (*dat*) vornehmen, etw zu tun **3** **-rsi come candidato** sich wieder zur Wahl stellen
ri·pro·va [-ɔ-] F **1** Beweis *m*, Bestätigung *f* **2** MATH Gegenprobe *f* **3** JUR Gegenbeweis *m* ♦ **a ~ di qc** zum Beweis von etw
ri·pro·va·re[1] ⟨1c⟩ **A** V/T **1** **~ a fare qc** es noch einmal versuchen, etw zu tun **2** wieder fühlen **3** nochmals anprobieren **B** V/I ⟨av⟩ noch einmal versuchen
ri·pro·va·re[2] V/T ⟨1c⟩ missbilligen, tadeln **ri·pro·ve·vo·le** [-e-] ADJ tadelnswert, verwerflich
ri·pu·dia·re V/T ⟨1k⟩ **1** verstoßen **2** **~ la propria fede** seinem Glauben abschwören
ri·pu·dio M **1** Verstoßung *f* **2** Abschwörung *f*
ri·pu·gnan·te ADJ widerlich, widerwärtig **ri·pu·gnan·za** F Abscheu *m/f*; Widerwärtigkeit *f* **ri·pu·gna·re** V/I ⟨1a; av⟩ anekeln, anwidern
ri·pu·li·re ⟨4d⟩ **A** V/T **1** wieder säubern **2** (gründlich) säubern **3** *umg* ausräumen: **i ladri gli hanno ripulito la casa** die Diebe haben sein ganzes Haus ausgeräumt **4** **~ qn al gioco** j-n beim Spiel ausnehmen **B** V/PR **-rsi da qc** sich von etw säubern
ri·pu·li·tu·ra F Säuberung *f*, Reinigung *f*
ri·pul·sa [-s-] F Abweisung *f*; Weigerung *f*
ri·pul·sio·ne [-si'o-] → repulsione
ri·qua·dro M **1** Rechteck *n* **2** Tafel *f*, Spiegel *m* (*a.* ARCH)
ri·qua·li·fi·ca·re ⟨1m *u.* d⟩ **A** V/T umschulen **B** V/PR **-rsi** umschulen
ri·qua·li·fi·ca·zio·ne [-o-] F Umschulung *f*
RIS M ⟨*inv*⟩ (Reparto Investigazioni Scientifiche) Spurensicherung *f*
ri·sac·ca [-s-] F (Roll)Brandung *f*
ri·sa·ia F Reisfeld *n*
ri·sa·li·re [-s-] ⟨4m⟩ **A** V/I ⟨es⟩ **1** wieder (ein)steigen; wieder (hin)aufsteigen **2** hochgehen; hochfahren **3** steigen (*a.* WIRTSCH) **4** **~ a qc** auf etw (*akk*) zurückgehen **B** V/T (wieder) hinaufsteigen
ri·sal·ta·re [-s-] ⟨1a⟩ **A** V/I ⟨av, es⟩ **1** hervortreten, sich abheben; auffallen **2** ARCH vorspringen **3** *fig* sich auszeichnen **4** wieder springen **B** V/T wieder überspringen ♦ **far ~ qc** etw hervorheben (*a. fig*)
ri·sal·to [-s-] M **1** Hervorhebung *f*: **mettere** (*od* **porre**) **in ~ qc** etw hervorheben **2** (*sporgenza*) Vorsprung *m*; ARCH Vorbau *m*
ri·sa·na·bi·le [-s-] ADJ **1** heilbar **2** *fig* sanierbar **ri·sa·na·men·to** [-e-] M **1** Genesung *f*; Aus-, Abheilung *f* **2** *fig* Sanierung *f*
ri·sa·na·re [-s-] ⟨1a⟩ **A** V/T **1** heilen **2** *fig* sanieren **B** V/I ⟨es⟩ ver-, ausheilen ♦ **~ una palude** einen Sumpf trockenlegen
ri·sa·pe·re [-sa'pe-] V/T ⟨2n⟩ **~ qc** etw erfahren
ri·sa·pu·to [-s-] ADJ bekannt

ri·sar·ci·men·to [-sartʃi'me-] M Entschädigung *f*, Schadenersatz *m* **ri·sar·ci·re** [-s-] V/T ⟨4d⟩ **1** ~ **i danni** den Schaden vergüten; ~ **qn delle spese** j-m die Kosten vergüten **2** wiedergutmachen

★**ri·sa·ta** F Gelächter *n*, Lachen *n*: **scoppiare in una** ~ in Gelächter ausbrechen

★**ri·scal·da·men·to** [-e-] M **1** Erwärmung *f* **2** Heizung(sanlage) *f* **3** (*del motore*) Warmlaufen *n* **4** SPORT Aufwärmen *n* ♦ ~ **autonomo** wohnungseigene Heizung *f*; ~ **centrale** Zentralheizung *f*; ~ **a gas/a gasolio/a metano** Gas-/Öl-/Erdgasheizung *f*; ~ **a pannelli radianti** Fußbodenheizung *f*

ri·scal·da·re ⟨1a⟩ **A** V/T **1** (er)wärmen **2** (*cibo*) aufwärmen **3** (*locali*) (be)heizen **4** wieder (er)wärmen **5** *fig* erhitzen **B** V/I ⟨es⟩ **1** sich erwärmen **2** sich heiß laufen **C** V/PR **-rsi** **1** sich erwärmen, warm werden **2** sich erhitzen **3** SPORT sich aufwärmen **ri·scal·da·to** ADJ **1** geheizt **2** aufgewärmt ♦ *fig* **la solita minestra -a** aufgewärmter Kaffee *m*

ri·scat·ta·bi·le ADJ **1** loskaufbar **2** WIRTSCH, JUR ablösbar **3** (*di pegno*) einlösbar

ri·scat·ta·re ⟨1a⟩ **A** V/T **1** frei-, loskaufen **2** WIRTSCH, JUR ablösen: ~ **un'ipoteca** eine Hypothek ablösen **3** ~ **un pegno** ein Pfand ein-, auslösen **4** befreien **5** erlösen **B** V/PR **-rsi** sich befreien **ri·scat·to** M **1** Los-, Freikaufen *n* **2** Lösegeld *n* **3** *fig* Befreiung *f* **4** JUR Ablösung *f*

ri·schia·ra·men·to [-e-] M Auf-, Erhellung *f*

ri·schia·ra·re ⟨1a⟩ **A** V/T auf-, erhellen, erleuchten **B** V/I ⟨*unpers*; es⟩ hell werden **C** V/PR **-rsi** **1** sich auf-, erhellen **2** sich klären

★**ri·schia·re** ⟨1k⟩ **A** V/T **1** riskieren **2** ein Risiko eingehen **B** V/I ⟨*unpers*; es, av⟩ drohen: **rischia di piovere** es sieht nach Regen aus

★**ri·schio** M Risiko *n*; Gefahr *f*: **correre il** ~ **di** ... Gefahr laufen zu ...; **c'è il** ~ **che** ... es besteht die Gefahr, dass ... ♦ **a** ~ gefährdet, Risiko-; ~ **di incendi** Brandgefahr *f*; **a proprio** ~ **e pericolo** auf eigene Gefahr; ~ **professionale** Berufsrisiko *n*; ~ **residuo** Restrisiko *n*

ri·schio·so [-o-] ADJ riskant, gefährlich

ri·sciac·qua·re ⟨1a⟩ **A** V/T **1** spülen **2** ab-, ausspülen **B** V/PR **-rsi** sich (aus)spülen **ri·sciac·qua·ta** F (kurzes) Ausspülen *n* **ri·sciac·qua·tu·ra** F **1** (Ab)Spülen *n* **2** Spülwasser *n*

ri·sciac·quo M **1** (Ab)Spülen *n* **2** (*nelle lavatrici e lavastoviglie*) Spülgang *m*

ri·scon·tra·bi·le ADJ **1** feststellbar **2** vergleichbar **ri·scon·tra·re** ⟨1a⟩ **A** V/T **1** vergleichen **2** (über)prüfen **3** feststellen, bemerken **B** V/I ⟨av⟩ übereinstimmen

ri·scon·tro [-o-] M **1** Vergleich *m* **2** Überprüfung *f* **3** HANDEL Antwort *f*: **in attesa di un Vostro sollecito** ~ in Erwartung Ihrer baldigen Antwort **4** (*conferma*) Bestätigung *f* **5** (*lettera*) (Antwort)-Schreiben *n* **6** Entsprechung *f*: **fare** ~ **a qc** etw (*dat*) entsprechen **7** (*corrente d'aria*) Luftzug *m* ♦ **trovare** ~ **nella realtà** von der Wirklichkeit bestätigt werden

ri·sco·per·ta [-ɛ-] F Wiederentdeckung *f*

ri·sco·pri·re V/T ⟨4f⟩ wiederentdecken

ri·scos·sa [-ɔ-] F **1** Rückeroberung *f* **2** Gegenangriff *m* (*a. fig*) ♦ **alla** ~! Revanche!

ri·scos·sio·ne [-o-] F Einzug *m*; Erhebung *f* ♦ ~ **delle imposte** Steuereinzug *m*; **procedimento di** ~ Einzugsverfahren *n*

ri·scri·ve·re V/T ⟨3tt⟩ **1** neu schreiben **2** (*rispondere per iscritto*) zurückschreiben

ri·scri·vi·bi·le ADJ wiederbeschreibbar

ri·scuo·te·re [-ɔ-] ⟨3ff⟩ **A** V/T **1** eintreiben; einlösen, einziehen: ~ **un assegno** einen Scheck einlösen **2** erhalten: ~ **molti applausi** viel Applaus *m* erhalten **B** V/PR **-rsi** sich aufraffen

ri·se·le·zio·ne [-o-] F TEL Wahlwiederholung *f*: ~ **automatica** automatische Wahlwiederholung *f*

ri·sen·ti·men·to [-senti'me-] M Groll *m*

ri·sen·ti·re [-s-] ⟨4b⟩ **A** V/T **1** wieder (an)hören **2** ~ **qc** unter etw (*dat*) leiden **B** V/I ⟨av⟩ **1** ~ **di qc** unter etw (*dat*) leiden **2** beeinflusst sein **C** V/PR **1** **-rsi con qn** (mit) j-m grollen **2** (*sentirsi di nuovo*) **-rsi male** sich wieder unwohl fühlen **3** **a risentirci** auf Wiederhören!

ri·sen·ti·to [-s-] ADJ **1** gekränkt, beleidigt **2** verärgert, entrüstet, empört

ri·ser·bo [-'sɛ-] M Zurückhaltung *f*, Reserve *f*: **mantenere il massimo** ~ äußerste Zurückhaltung bewahren

★**ri·ser·va** [-'sɛ-] F **1** Vorrat *m*, Reserve *f* (*a.* MIL) **2** AUTO Reservetank *m*: **essere in** ~ auf Reserve fahren **3** Vorbehalt

R

m: **avere delle -e nei confronti di qn/qc** Vorbehalte gegen j-n/etw haben **4** Reservat *n* **5** SPORT Reservespieler *m*, -in *f* **6** WIRTSCH Rücklage *f* ♦ **~ di caccia** Jagdrevier *n*; **con ~** mit Vorbehalt; **~ minima** Mindestreserve *f*; **senza -e** vorbehaltlos

★**ri·ser·va·re** [-s-] ⟨1a⟩ **A** V/T **1** (*tavolo, camera ecc.*) reservieren **2** (*diritto, facoltà*) vorbehalten **3** *fig* bescheren: **~ delle sorprese a qn** j-m einige Überraschungen bescheren **B** V/PR **1** **-rsi di fare qc** sich (*dat*) vorbehalten, etw zu tun **2** **-rsi per qc** sich für etw schonen **ri·ser·va·ta·men·te** [-e-] ADV vertraulich **ri·ser·va·tez·za** [-e-] F **1** Vertraulichkeit *f* **2** Zurückhaltung *f* **3** Verschwiegenheit *f*; Verschlossenheit *f* **ri·ser·va·to** ADJ **1** reserviert **2** vertraulich **3** zurückhaltend, diskret **4** verschlossen **5** vorbehalten: **tutti i diritti -i** alle Rechte vorbehalten ♦ **documento ~** Verschlusssache *f*; **in via -a** vertraulich

ri·ser·vi·sta [-s-] M/F Reservesoldat *m*, -in *f*

ri·si·col·tu·ra F Reisbau *m*

ri·sie·de·re [-ɛ-] V/I ⟨3a; av⟩ **1** ansässig sein **2** *fig* bestehen: **la differenza risiede nel fatto che ...** der Unterschied besteht darin, dass ...

ri·sie·ro [-ɛ-] ADJ Reis-, Reis verarbeitend

ri·si·fi·cio M Reismühle *f*

ri·sma [-z-] F **1** Ries *n* **2** *pej* **essere della stessa ~** vom gleichen Schlag *m* sein

★**ri·so**[1] M Reis *m* ♦ **-i e bisi** = *Reisgericht mit Erbsen*; **chicco di ~** Reiskorn *n*; **~ integrale** Vollkornreis *m*; **~ al latte** Milchreis *m*; **~ soffiato** Puffreis *m*

ri·so[2] M ⟨*risa fpl*⟩ Lachen *n* ♦ **sbellicarsi dalle -a** sich (*dat*) den Bauch vor Lachen halten

ri·so[3] → ridere

ri·so·la·re ⟨1o⟩ → risuolare

ri·so·la·tu·ra → risuolatura

ri·so·li·no M kurzes Lachen *n*

ri·sol·le·va·re [-s-] V/T ⟨1b⟩ *fig* **~ il morale** die Moral heben

ri·sol·to [-'sɔ-] ADJ gelöst

ri·so·lu·bi·le [-s-] ADJ (auf)lösbar

ri·so·lu·tez·za [-solu'te-] F Entschlossenheit *f*

ri·so·lu·ti·vo [-s-] ADJ **1** (auf)lösend **2** entscheidend

ri·so·lu·to [-s-] ADJ entschlossen, resolut

ri·so·lu·zio·ne [-solutsi'o-] F **1** Auflösen *n* **2** Lösung *f* **3** (*di controversie*) Austragen *n* **4** Entschluss *m*: **prendere una ~** einen Entschluss fassen **5** POL Resolution *f*, Beschluss *m*: **~ del parlamento** Parlamentsbeschluss *m* **6** JUR, MUS, OPT, TV Auflösung *f*: **ad alta ~** hochauflösend; **la ~ di un contratto** die Auflösung eines Vertrages **7** CHEM Auflösung *f*, Zerlegung *f*

★**ri·sol·ve·re** [-'sɔ-] ⟨3g⟩ **A** V/T **1** (auf)lösen: **~ un enigma** ein Rätsel lösen; **~ un contratto** einen Vertrag auflösen **2** (*chiarificare*) klären **3** (*controversie*) beilegen **4** CHEM auflösen, zerlegen **5** *umg* (*decidere*) beschließen **B** V/PR **-rsi** **1** sich lösen **2** (*concludersi*) enden **3** *umg* **-rsi a fare qc** beschließen, etw zu tun ♦ **-rsi bene** gut ausgehen; *umg* **non ~ (nulla)** nichts erreichen

ri·sol·vi·bi·le [-s-] ADJ **1** lösbar **2** JUR auflösbar **ri·sol·vi·bi·li·tà** [-s-] F ⟨*inv*⟩ **1** Lösbarkeit *f* **2** JUR Auflösbarkeit *f*

ri·so·nan·za [-s-] F **1** PHYS, MUS Resonanz *f* **2** Nach-, Widerhall *m* **3** *fig* Anklang *m*: **avere una vasta ~** großen Anklang finden

ri·so·na·re [-s-] ⟨1o⟩ → risuonare

ri·sor·ge·re [-so-] V/I ⟨3d; es⟩ **1** (*astri*) wieder aufgehen **2** REL auferstehen **3** *fig* wieder aufblühen **4** (*dubbi ecc.*) wieder auftauchen

ri·sor·gi·men·to [-sordʒi'me-] M Wiederaufleben *n*

Ri·sor·gi·men·to [-sordʒi'me-] M Risorgimento *n*

ri·sor·gi·va [-s-] F Grundwasserquelle *f*

ri·sor·sa [-'so-] F **1** Ressource *f* **2** *pl* Geldmittel *pl* **3** *fig* Fähigkeit *f*: **un uomo pieno di -e** ein sehr fähiger Mensch *m*

ri·sor·to [-'so-] ADJ **1** REL auferstanden **2** *fig* wieder aufgeblüht, wieder aufgelebt

ri·sot·to [-ɔ-] M Risotto *m*

★**ri·spar·mia·re** ⟨1k⟩ **A** V/T **1** sparen **2** (*denaro*) zurücklegen **3** **~ qc a qn** j-n mit etw verschonen, j-m etw ersparen **4** (ver)schonen **B** V/I ⟨av⟩ **~ su qc** mit etw sparsam sein **C** V/PR **-rsi** **1** sich schonen **2** sich (*dat*) (er)sparen

ri·spar·mia·to·re [-o-] M, **-tri·ce** F Sparer *m*, -in *f*

★**ri·spar·mio** M Ersparnis *f*; (Ein)Sparen *n* ♦ **cassa di ~** Sparkasse *f*; **libretto di ~** Spar(kassen)buch *n*; **~ energetico** Energiesparen *n*

R

ri·spec·chia·re ⟨1k⟩ **A** V/I ⟨es⟩ widerspiegeln **B** V/PR **-rsi** sich widerspiegeln (*a. fig*)

ri·spe·di·re V/T ⟨4d⟩ **1** wieder schicken **2** zurückschicken

ri·spet·ta·bi·le ADJ **1** respektabel, beachtlich **2** (*onesto*) ehrbar, achtbar **3** (*considerevole*) ansehnlich **ri·spet·ta·bi·li·tà** F ⟨inv⟩ Achtbarkeit *f*, Ehrbarkeit *f*

★**ri·spet·ta·re** ⟨1b⟩ **A** V/T **1** ~ **qn** j-n respektieren, vor j-m Respekt *m* haben **2** ~ **qc** etw schonen: ~ **l'ambiente** die Umwelt schonen **3** (*osservare, mantenere*) ~ **qc** etw beachten, etw einhalten **4** (*impegni*) ~ **qc** etw (*dat*) nachkommen **B** V/PR **-rsi** sich (gegenseitig) respektieren ♦ **farsi** ~ sich (*dat*) Respekt verschaffen

ri·spet·ta·to ADJ **1** geachtet **2** eingehalten **ri·spet·ti·va·men·te** [-e-] ADV **1** beziehungsweise **2** ~ **a qn/qc** in Bezug auf j-n/etw **ri·spet·ti·vo** ADJ **1** jeweilig **2** dazugehörig

★**ri·spet·to** [-ɛ-] M **1** Respekt *m*, Achtung *f*; Rücksicht *f*: **nutrire** ~ **per qn/qc** vor j-m/etw Respekt haben; **avere** ~ **per qn/qc** auf j-n/etw Rücksicht nehmen **2** (*osservanza*) Beachtung *f* **3** (*mantenimento*) Einhaltung *f*, Einhalten *n* ♦ ~ **a qn/qc** im Vergleich zu j-m/etw; in Bezug auf j-n/etw; ~ **a ciò** demgegenüber; **con** ~ **parlando** mit Verlaub gesagt; (*edilizia*) **zona di** ~ Schutzgebiet *n*

ri·spet·to·so [-o-] ADJ respektvoll

ri·splen·de·re [-ɛ-] V/I ⟨3a; es, av⟩ **1** glänzen, strahlen, scheinen: **il sole risplende nel cielo** die Sonne strahlt am Himmel **2** *fig* strahlen **3** *fig* glänzen: ~ **per intelligenza** durch Intelligenz glänzen

ri·spol·ve·ra·re V/T ⟨1l⟩ **1** wieder abstauben **2** *fig* auffrischen

ri·spon·den·te [-ɛ-] ADJ **1** entsprechend **2** ~ **a qc** für etw geeignet **ri·spon·den·za** [-ɛ-] F Entsprechung *f*, Übereinstimmung *f*

★**ri·spon·de·re** [-o-] ⟨3hh⟩ **A** V/I ⟨av⟩ **1** ~ **a qc** etw beantworten, auf etw (*akk*) antworten; ~ **a qn** j-m antworten **2** sich (am Telefon) melden **3** ~ **di qn/qc** für j-n/etw haften; für j-n/etw verantwortlich sein **4** *fig* entsprechen, erfüllen: ~ **a qc** etw (*dat*) entsprechen; ~ **ai fatti** den Tatsachen entsprechen **5** reagieren (*a.* TECH): **il muscolo non risponde** der Muskel reagiert nicht **B** V/T antworten ♦ ~ **a un annuncio** sich auf eine Anzeige melden; ~ **male a qn** j-m unfreundlich antworten; ~ **di no a qc** auf etw (*akk*) mit Nein antworten; ~ **a voce** mündlich antworten

ri·spo·sa·re ⟨1c⟩ **A** V/T wieder heiraten **B** V/PR **-rsi** sich wieder verheiraten

★**ri·spo·sta** [-o-] F **1** Antwort *f*, Beantwortung *f* **2** (*lettera*) Rückantwort *f* **3** Entgegnung *f*, Erwiderung *f* **4** Reaktion *f* (*a.* TECH) ♦ **lettera di** ~ Antwortschreiben *n*, Rückantwort *f*; **gradita Sua** ~ um Antwort wird gebeten; **in** ~ **a qc** in Beantwortung etw (*gen*); **per tutta** ~ obendrein

ris·sa F Schlägerei *f* **ris·so·si·tà** F ⟨inv⟩ Rauflust *f* **ris·so·so** [-o-] ADJ rauflustig

ri·sta·bi·li·men·to [-e-] M Wiederherstellung *f* **ri·sta·bi·li·re** ⟨4d⟩ **A** V/T wiederherstellen **B** V/PR **-rsi** **1** sich erholen **2** (*di tempo*) wieder schön werden

ri·sta·gna·re V/I ⟨1a; av⟩ **1** stillstehen, sich stauen **2** *fig* stagnieren **ri·sta·gno** M **1** (An)Stauung *f* **2** MED Stauung *f*, Stockung *f* **3** *fig* WIRTSCH Stagnation *f*, Flaute *f* ♦ ~ **della congiuntura** Konjunkturdämpfung *f*

ri·stam·pa F **1** Nachdruck *m* **2** Neudruck *m* ♦ **seconda** ~ zweite Auflage *f*

ri·stam·pa·re V/T ⟨1a⟩ nachdrucken, neu auflegen

★**ri·sto·ran·te** M Restaurant *n* ♦ **albergo** ~ Hotel *n* mit Gaststättenbetrieb; ~ **della stazione** Bahnhofsrestaurant *n*

Al ristorante

Im Restaurant bekommt man keine Pizza; normalerweise bestellt man hier ein vollständiges Essen: Vorspeise, **primo** (Nudel- oder Reisgericht oder eine Suppe), **secondo** (Fleisch- oder Fischgericht) und eine Nachspeise. Beilage und Salat zum **secondo** muss man extra bestellen.
Die Position **coperto** (Gedeck) auf der Rechnung ist der Preis für Besteck, Tischdecke und Brot.

ri·sto·ra·re ⟨1c⟩ **A** V/T **1** stärken **2** *fig* erbauen: ~ **lo spirito** den Geist erbauen **B** V/PR **-rsi** sich stärken **ri·sto·ra·to·re** [-o-] **A** ADJ **1** erholsam **2** stärkend **B** M, **-tri·ce** F Gastwirt *m*, -in *f*

ri·sto·ra·zio·ne [-o-] F Gaststättengewerbe *n*, Gastronomie *f*

ri·sto·ro [-ɔ-] M 1 Stärkung *f* 2 *fig* Labsal *n* ♦ **posto di ~** Raststätte *f*

ri·stret·tez·za [-e-] F 1 Enge *f* 2 *fig* Mangel *m*, Knappheit *f* 3 *pl* Beschränktheit *f*: **vivere in -e** in beschränkten Verhältnissen leben ♦ **~ di idee** Engstirnigkeit *f*

ri·stret·to [-e-] ADJ 1 eng 2 beschränkt, begrenzt (*a. fig*) ♦ **brodo ~** kräftige Brühe *f*; **caffè ~** sehr starker Kaffee *m*; **avere vedute -e** engstirnig sein

ri·strut·tu·ra·re V/T ⟨1a⟩ 1 umstrukturieren 2 (*edilizia*) renovieren, umbauen, sanieren **ri·strut·tu·ra·zio·ne** [-o-] F 1 Umstrukturierung *f* 2 (*edilizia*) Renovierung *f*, Umbau *m*, Sanierung *f*

ri·suc·chia·re [-s-] V/T ⟨1k⟩ 1 in seinen Sog ziehen 2 *fig* verschlingen **ri·suc·chio** [-s-] M 1 Sog *m* 2 Strudel *m*, Wirbel *m*

ri·sul·tan·te ADJ sich ergebend, hervorgehend **ri·sul·tan·za** F *form* Ergebnis *n*

★**ri·sul·ta·re** V/I ⟨1a; es⟩ 1 hervorgehen, sich ergeben, folgen: **ne risulta che …** daraus geht hervor, dass … 2 sich erweisen, sich herausstellen: **~ giusto** sich als richtig erweisen ♦ **mi risulta che …** soviel ich weiß, …; **non mi risulta** das ist mir nicht bekannt; **mi risulta nuovo** das ist mir neu

★**ri·sul·ta·to** M Ergebnis *n*: IT **~ della ricerca** Suchergebnis *n*

ri·suo·la·re [-s-] V/T ⟨1o⟩ neu besohlen

ri·suo·la·tu·ra [-s-] F Neubesohlung *f*

ri·suo·na·re [-s-] ⟨1o⟩ A V/I ⟨es, av⟩ 1 wieder klingeln; wieder läuten 2 (*di suoni*) erklingen 3 (*rimbombare*) dröhnen 4 (*echeggiare*) widerhallen B V/T 1 (*strumento*) wieder spielen 2 (*campane*) wieder läuten

ri·sur·re·zio·ne [-surretsi'o-] F 1 REL Auferstehung *f* 2 *fig* Wiederaufleben *n*

ri·su·sci·ta·re [-s-] ⟨1m⟩ A V/T 1 REL auferwecken 2 *hum* wieder aufleben lassen B V/I ⟨es⟩ 1 REL auferstehen 2 *hum* wieder aufleben

ri·sve·glia·re [-z-] ⟨1g⟩ A V/T 1 (auf)wecken; wieder wecken 2 *fig* auf-, wachrütteln: **~ la coscienza di qn** j-s Gewissen aufrütteln 3 (*eccitare*) erregen, reizen 4 *fig* (wieder) (er)wecken: **~ qc in qn** etw in j-m erwecken B V/PR **-rsi** 1 auf-, erwachen 2 wieder auf-, erwachen 3 *fig* sich wieder regen

ri·sve·glio [-z've-] M 1 Er-, Aufwachen *n* (*a. fig*) 2 WIRTSCH Wiederbelebung *f* 3 (*ritorno alla realtà*) Ernüchterung *f*

ri·svol·to [-z'vɔ-] M 1 (*in sartoria*) Auf-, Umschlag *m*; Stulpe *f*; Revers *m od n* 2 (*editoria*) **~** (**di copertina**) Umschlagklappe *f*; Klappentext *m*

ri·ta·glia·re ⟨1g⟩ A V/T 1 ausschneiden 2 wieder schneiden B V/PR **-rsi uno spazio personale** sich (*dat*) Freiräume schaffen

ri·ta·glio M 1 Schnipsel *m* 2 Ausschnitt *m*: **~ di giornale** Zeitungsausschnitt *m* ♦ **nei -gli di tempo** in der freien Zeit

ri·tar·da·re ⟨1a⟩ A V/T 1 verzögern 2 **~ a fare qc** zögern, etw zu tun 3 auf-, verschieben 4 verlangsamen B V/I ⟨av, es⟩ 1 zögern: **~ nella risposta** mit der Antwort zögern 2 (*orologi*) nachgehen: **~ di cinque minuti** fünf Minuten nachgehen 3 sich verspäten ♦ **fare ~ qn** j-n aufhalten

ri·tar·da·ta·rio A ADJ zu spät kommend B M, **-a** F 1 Verspätete *m/f*, Nachzügler *m*, -in *f* 2 JUR säumiger Zahler *m*, säumige Zahlerin *f* **ri·tar·da·to** A ADJ 1 verzögert, verlangsamt 2 PSYCH, MED geistig zurückgeblieben B M, **-a** F Zurückgebliebene *m/f*: PSYCH, MED **~** (**mentale**) geistig Zurückgebliebene *m*

ri·tar·do M 1 Verspätung *f*; Verzögerung *f* 2 Rückstand *m* 3 Verlangsamung *f* (*a.* PHYS) 4 MED Zurückbleiben *n* ♦ ★ **essere in ritardo** sich verspäten; Verspätung haben

ri·te·gno [-e-] M 1 Zurückhaltung *f* 2 Maß *n* ♦ **senza ~** rückhaltlos

ri·te·le·fo·na·re V/I ⟨1m *u.* b; av⟩ **~ a qn** 1 j-n wieder anrufen 2 j-n zurückrufen

ri·tem·pra·re ⟨1b⟩ A V/T 1 wieder härten 2 *fig* kräftigen B V/PR **-rsi** sich erholen

★**ri·te·ne·re** [-e-] ⟨2q⟩ A V/T 1 halten, ansehen, betrachten: **~ qn intelligente** j-n für intelligent halten 2 schätzen: **ritengo che abbia 35 anni** ich schätze, dass er 35 (Jahre alt) ist 3 glauben, meinen: **~ di aver ragione** glauben, recht zu haben 4 zurückhalten, unterdrücken B V/PR **-rsi qc** sich für etw halten

ri·ten·ta·re V/T ⟨1b⟩ noch einmal versuchen

ri·te·nu·ta F Abzug *m*: **~ su qc** Abzüge *pl* von etw ♦ **~ alla fonte** Quellensteuer *f*

ri·ten·zio·ne [-o-] F 1 Zurückhaltung *f*

R

2 MED Verhaltung *f* **3** JUR Einbehaltung *f*

★**ri·ti·ra·re** ⟨1a⟩ **A** V/T **1** wieder ziehen **2** wieder werfen **3** zurückziehen: ~ **la mano** die Hand zurückziehen **4** *fig* zurückziehen, zurücknehmen: ~ **la propria candidatura** seine Kandidatur zurückziehen **5** (*recuperare oggetti*) abholen **6** entziehen: ~ **il passaporto a qn** j-m den Pass entziehen **B** V/PR **-rsi** **1** sich zurückziehen **2** SPORT aufgeben **3** (*a casa*) heimkehren, nach Hause gehen **4** TEX einlaufen **5** (*defluire*) abfließen, zurückgehen **ri·ti·ra·ta** F **1** MIL Rückzug *m* **2** Abort *m* **ri·ti·ra·to** ADJ zurückgezogen

ri·ti·ro M **1** Zurückziehen *n*, Rücknahme *f* **2** Abberufung *f* **3** Rückzug *m* (*a.* MIL) **4** Abholung *f* **5** Entziehung *f*, Entzug *m* **6** SPORT Aufgeben *n* **7** Zufluchts-, Ruheort *m* **8** SPORT Trainingslager *n* **9** Zurückgezogenheit *f*, Absonderung *f* ♦ ~ **della patente** (**di guida**) Führerscheinentzug *m*

rit·mi·ca F **1** Rhythmik *f* **2** LIT Verslehre *f*, Metrik *f* **rit·mi·ci·tà** F ⟨*inv*⟩ Rhythmus *m*, Gleichmäßigkeit *f*

rit·mi·co ADJ rhythmisch

★**rit·mo** M **1** MUS Rhythmus *m*, Takt *m* **2** *fig* Rhythmus *m*, Wechsel *m*: **il ~ delle stagioni** der Wechsel der Jahreszeiten **3** *fig* Tempo *n*

ri·to M **1** Ritus *m*, Ritual *n* **2** Liturgie *f* **3** *fig* Brauch *m*, Sitte *f* **4** JUR Verfahrensweise *f*; Verfahren *n* ♦ **essere di ~** gebräuchlich (*od* üblich) sein; **sposarsi secondo il ~ religioso** kirchlich heiraten

ri·toc·ca·re V/T ⟨1d⟩ **1** wieder berühren **2** überarbeiten **3** FOTO retuschieren **4** ausbessern, nacharbeiten **5** ~ **il trucco** das Make-up auffrischen **6** *fig* (*prezzi*) anheben **ri·toc·ca·ta** F **1** Überarbeitung *f* **2** FOTO Retuschierung *f* **3** Ausbesserung *f*: **dare una ~ a qc** etw ausbessern **4** **dare/darsi una ~ al viso** das Make-up auffrischen **5** *fig* (*prezzi*) Steigerung *f*

ri·toc·co [-o-] M **1** Überarbeitung *f* **2** FOTO Retusche *f* **3** Ausbesserung *f*

ri·tor·ce·re [-ɔ-] ⟨3d⟩ **A** V/T **1** wieder auswringen; wieder umdrehen **2** *fig* (*accuse*) zurückgeben, umdrehen **3** TEX zwirnen **B** V/PR *fig* **-rsi contro qn/qc** auf j-n/etw zurückfallen

ri·tor·ci·tu·ra F TEX Zwirnen *n*

★**ri·tor·na·re** ⟨1a⟩ **A** V/I ⟨es⟩ **1** wiederkommen, wiederkehren; zurückkommen, zurückkehren; zurückfahren **2** wieder werden: **è ritornato il caldo** es ist wieder heiß geworden **3** wieder haben: **gli è ritornata la fame** er hat wieder Hunger **B** V/PR **ritornarsene** **1** *umg* zurückkommen **2** *umg* wieder werden ♦ ~ **in mente** wieder einfallen; ~ **di moda** wieder modern werden; ~ **in sé** wieder zu sich kommen

ri·tor·nel·lo [-ɛ-] M **1** LIT Kehrreim *m*, MUS Refrain *m* **2** *fig* altes Lied *n*, alte Leier *f*

★**ri·tor·no** [-o-] M **1** Rückkehr *f* (*a. fig*); Rückfahrt *f* **2** Wiederkehr *f* (*a. fig*) **3** WIRTSCH Gewinn *m* **4** Rückgabe *f*; Rückzahlung *f*; Rücksendung *f* ♦ **andata e ~** Hin- und Rückfahrt *f*; **biglietto di andata e ~** (Hin- und) Rückfahrkarte *f*; ~ **a capo automatico** automatischer Zeilenumbruch *m*; ★ **di ~** zurück: **sarò di ~ fra 5 minuti** ich bin in 5 Minuten zurück; SPORT **girone di ~** Rückrunde *f*

ri·tor·sio·ne [-si'o-] F **1** Vergeltung *f*, Rache *f* **2** JUR Retorsion *f*

ri·tor·to [-ɔ-] **A** ADJ **1** krumm, gekrümmt **2** TEX gezwirnt **B** M TEX Zwirn *m*

ri·trar·re ⟨3xx⟩ **A** V/T **1** zurückziehen **2** wegziehen **3** *fig* abwenden: ~ **lo sguardo da qc** den Blick von etw abwenden **4** ~ **qn/qc** j-n/etw porträtieren (*od* abbilden) **5** FOTO aufnehmen, fotografieren **6** (*descrivere*) darstellen **B** V/PR **-rsi** **1** sich selbst porträtieren **2** sich zurückziehen (*a. fig*)

ri·trat·ta·bi·le ADJ widerruflich

ri·trat·ta·re V/T ⟨1a⟩ **1** wieder behandeln (*a. fig*) **2** widerrufen, zurücknehmen

ri·trat·ta·zio·ne [-o-] F Widerruf *m*

ri·trat·ti·sta **A** ADJ Porträt- **B** M/F Porträtmaler *m*, -in *f* **ri·trat·ti·sti·ca** F Porträtmalerei *f* **ri·trat·ti·sti·co** ADJ Porträt-

ri·trat·to **A** ADJ **1** eingezogen **2** porträtiert **B** M **1** Porträt *n*, Bildnis *n* **2** *fig* Bild *n*: **tracciare un ~ della situazione economica** ein Bild der wirtschaftlichen Situation entwerfen **3** *fig* Ab-, Ebenbild *n*: **è tutto il tuo ~** er ist ganz dein Ebenbild

ri·tri·to ADJ **trito e ~** abgedroschen

ri·tro·si·a F **1** Widerspenstigkeit *f* **2** Sprödigkeit *f* **ri·tro·so** [-o-] ADJ **1** widerspenstig **2** spröd(e), zurückhaltend ♦ **a ~** rückwärts

ri·tro·va·men·to [-e-] M **1** Auffindung *f* **2** Entdeckung *f* **3** Erfindung *f* **4** Fund *m*

ri·tro·va·re ⟨1c⟩ **A** VT **1** wiederfinden **2** (*incontrare*) wieder (an)treffen **3** finden **4** entdecken **5** (*inventare*) erfinden **6** *fig* (*recuperare*) wiedererlangen **7** erkennen: **~ qn/qc in qn/qc** j-n/etw in j-m/etw erkennen **B** VPR **-rsi** **1** sich wieder treffen **2** sein, sich befinden; geraten: **-rsi in mezzo ai guai** in Schwierigkeiten stecken **3** sich zurechtfinden

ri·tro·va·to M **1** Entdeckung *f* **2** Erfindung *f* **ri·tro·vo** [-ɔ-] M **1** Treffen *n* **2** Lokal *n* ♦ **luogo di ~** Treffpunkt *m*

rit·to ADJ **1** aufrecht **2** gerade

ri·tua·le **A** ADJ **1** rituell, Ritual- **2** *fig* gewöhnlich, üblich **B** M Ritual *n* (*a. fig*)

ri·u·ni·fi·ca·re VT ⟨1m *u.* d⟩ wiedervereinigen **ri·u·ni·fi·ca·zio·ne** [-o-] F Wiedervereinigung *f*

★**ri·u·nio·ne** [-o-] F **1** Versammlung *f*, Sitzung *f*, Treffen *n*: **essere in ~** in einer Sitzung sein **2** Besprechung *f* **3** SPORT Begegnung *f*

ri·u·ni·re ⟨4d⟩ VT **1** wiedervereinen, wiedervereinigen **2** ver-, einsammeln **3** einberufen

★**ri·u·nir·si** VPR ⟨4d⟩ sich versammeln **ri·u·ni·to** ADJ **1** vereinigt, vereint **2** versammelt

★**ri·u·sci·re** VI ⟨4o; es⟩ **1** wieder (hin)ausgehen **2** gelingen, es schaffen: **qc riesce bene/male a qn** etw gelingt j-m gut/schlecht; **non ~ a finire il lavoro** es nicht schaffen, die Arbeit zu beenden **3** **~ in qc** erfolgreich sein in etw (*dat*) **4** können, vermögen: **i gatti riescono a vedere anche al buio** Katzen können auch im Dunkeln sehen **5** gut sein: **~ in matematica** in Mathematik gut sein; **non ~ in matematica** in Mathematik schlecht sein **6** sein, erscheinen, sich erweisen: **~ simpatico a tutti** allen sympathisch sein

ri·u·sci·ta F **1** Ausgang *m*: **cattiva ~** schlechter Ausgang *m* **2** Gelingen *n* **3** (*di persona*) Erfolg *m*

ri·u·sci·to ADJ **1** gelungen **2** glücklich ♦ **mal ~** misslungen

ri·u·ti·liz·za·bi·le ADJ wiederverwendbar **ri·u·ti·liz·za·re** VT ⟨1a⟩ wiederverwenden, wiederverwerten

ri·u·ti·liz·za·zio·ne [-o-] F, **ri·u·ti·liz·zo** M Wiederverwendung *f*, Wiederverwertung *f*

★**ri·va** F **1** Ufer *n* **2** SCHIFF Bram *f*

ri·va·le **A** ADJ rivalisierend, gegnerisch **B** M/F Rivale *m*, -lin *f*; Konkurrent *m*, -in *f* ♦ **~ in amore** Nebenbuhler *m*, -in *f*

ri·va·leg·gia·re VI ⟨1f; av⟩ **1** rivalisieren **2** *fig* gewachsen sein, sich messen können

ri·va·ler·si [-'lersi] VPR ⟨2r⟩ **1** **~ di qc** sich etw (*gen*) wieder bedienen **2** **~ su qn per qc** sich für etw bei j-m revanchieren

ri·va·li·tà F ⟨*inv*⟩ **1** Rivalität *f* **2** Konkurrenz *f*

ri·val·sa [-s-] F **1** Revanche *f*, Genugtuung *f* **2** Rache *f* ♦ **azione di ~** Regressklage *f*

ri·va·lu·ta·re ⟨1a⟩ **A** VT **1** aufwerten (*a.* WIRTSCH) **2** wieder schätzen **B** VPR **-rsi** an Wert *m* gewinnen **ri·va·lu·ta·zio·ne** [-o-] F **1** Aufwertung *f* (*a.* WIRTSCH) **2** Neubewertung *f*

ri·van·ga·re VT ⟨1e⟩ **1** wieder umgraben **2** *fig* (wieder) aufrühren: **~ vecchie storie** alte Geschichten aufrühren

ri·ve·de·re [-e-] ⟨2s⟩ **A** VT **1** wiedersehen **2** prüfen, durchsehen **3** umarbeiten **4** (*ritoccare*) revidieren, überprüfen: **~ un giudizio** sein Urteil revidieren **5** (*prezzi*) (nach oben) korrigieren **6** (*motori ecc.*) **far ~** überprüfen lassen **B** VPR **-rsi** **1** sich wiedersehen, sich wieder treffen **2** *fig* sich wiedererkennen ♦ **farsi ~** sich sehen lassen

ri·ve·di·bi·le MIL ADJ zurückgestellt **ri·ve·di·bi·li·tà** F ⟨*inv*⟩ MIL Rückstellung *f*

ri·ve·la·bi·le ADJ enthüllbar

ri·ve·la·re ⟨1a⟩ **A** VT enthüllen, verraten, offenbaren **B** VPR **-rsi** **1** REL sich offenbaren **2** sich erweisen **ri·ve·la·to·re** [-o-] **A** ADJ enthüllend, verräterisch **B** M **1** Detektor *m* **2** FOTO Entwickler *m*

ri·ve·la·zio·ne [-o-] F **1** Enthüllung *f*, Offenbarung *f* **2** Entdeckung *f* **3** REL Offenbarung *f*

ri·ven·de·re [-e-] VT ⟨3a⟩ **1** wieder verkaufen **2** weiterverkaufen

ri·ven·di·ca·re ⟨1m *u.* d⟩ **A** VT **1** geltend machen: **~ un diritto** ein Recht geltend machen **2** fordern, beanspruchen **3** sich bekennen, beteuern: **~ la propria innocenza** seine Unschuld beteuern **B** VPR **-rsi** sich wieder rächen **ri·ven·di·ca·ti·vo** ADJ fordernd **ri·ven·di·ca·zio·ne** [-o-] F **1** Beanspruchung *f* **2** Forderung *f* ♦ **~ di un attentato** (*per lettera*) Bekennerbrief *m*; **~ salariale** Lohnforderung *f* **ri·ven·di·ca·zio·ni·smo**

[-o-] M ~ **sindacale** ständige Gewerkschaftsforderungen *pl*

ri·ven·di·ta [-e-] F **1** Wiederverkauf *m* **2** Laden *m*, Geschäft *n* **ri·ven·di·to·re** [-o-] M, **-tri·ce** F **1** Verkäufer *m*, -in *f* **2** Einzelhändler *m*, -in *f*

ri·ver·be·ra·re ⟨1m *u.* b⟩ **A** V/T zurückstrahlen, zurückwerfen **B** V/PR **-rsi** **1** sich (wider)spiegeln **2** ~ **su qn/qc** sich auf j-n/etw auswirken

ri·ver·be·ro [-ɛ-] M **1** Widerschein *m* **2** Rückstrahlung *f* **3** Nachhall *m* ♦ **di** ~ indirekt

ri·ve·ren·te [-ɛ-] ADJ ehrerbietig **ri·ve·ren·za** [-ɛ-] F **1** Hochachtung *f*, Ehrerbietung *f* **2** Verneigung *f*: **fare una** ~ sich verneigen

ri·ve·ri·re V/T ⟨4d⟩ **1** verehren **2** sich empfehlen: **riverisco!** ich empfehle mich! **ri·ve·ri·to** ADJ verehrt

ri·ver·sa·re [-s-] ⟨1b⟩ **A** V/T **1** wieder gießen **2** TECH überspielen: ~ **un disco su nastro** eine Schallplatte auf Tonband überspielen **B** V/PR **-rsi** strömen, sich ergießen (*a. fig*) ♦ ~ **il proprio affetto su qn** j-m seine Zuneigung schenken; ~ **la colpa su qn** die Schuld auf j-n abwälzen

ri·ver·so [-'vɛrso] ADJ rücklings

ri·ve·sti·men·to [-e-] M **1** Ver-, Auskleidung *f*; Verblendung *f* **2** (*con legno*) Verschalung *f*, Verkleidung *f* **3** Ausfütterung *f* **4** Bezug *m* **5** TECH Überzug *m*, Mantel *m*, Ummantelung *f* ♦ ~ **in oro** Vergoldung *f*; ~ **del pavimento** Fußbodenbelag *m*; ~ **sintetico** Kunststoffbeschichtung *f*

ri·ve·sti·re ⟨4b⟩ **A** V/T **1** wieder anziehen **2** (*con nuovi vestiti*) neu einkleiden **3** (*ricoprire*) ver-, auskleiden; verblenden **4** (*con legno*) verschalen, verkleiden **5** (*interno mobili*) ausfüttern **6** (*poltrone ecc.*) über-, beziehen **7** TECH überziehen, ummanteln **8** (*mascherare*) ~ **qc di qc** etw mit etw verdecken **9** (*carica ufficiale*) bekleiden **B** V/PR **-rsi** **1** sich wieder anziehen **2** sich neu einkleiden **3** sich wieder bedecken **ri·ve·sti·to** ADJ **1** ver-, ausgekleidet, verblendet **2** (*con legno*) verschalt, verkleidet **3** ausgefüttert **4** über-, bezogen **5** TECH ummantelt

ri·ve·sti·tu·ra → rivestimento

ri·vet·ta·re V/T ⟨1a⟩ nieten **ri·vet·ta·tri·ce** F Nietmaschine *f* **ri·vet·to** [-e-] M Niete *f*

ri·vie·ra [-ɛ-] F **1** Küste *f* **2** Wassergraben *m*

ri·vie·ra·sco ADJ Küsten-

ri·vin·ce·re V/T ⟨3d⟩ **1** wieder gewinnen **2** (*soldi persi in giochi*) zurückgewinnen

ri·vin·ci·ta F Revanche *f* (*a. fig*)

★**ri·vi·sta** F **1** Wiedersehen *n* **2** MIL Parade *f*: **passare in** ~ **le truppe** die Parade abnehmen **3** Zeitschrift *f*: ~ **illustrata** Illustrierte *f* **4** THEAT Revue *f*

ri·vi·sto ADJ **1** wiedergesehen **2** durchgesehen, revidiert

ri·vi·ta·liz·za·re ⟨1a⟩ **A** V/T **1** neu beleben, erfrischen **2** MED revitalisieren **B** V/PR **-rsi** sich neu beleben **ri·vi·ta·liz·za·zio·ne** [-o-] F **1** Neubelebung *f* **2** MED Revitalisierung *f*

ri·vi·ve·re ⟨3zz⟩ **A** V/I ⟨es⟩ **1** wieder lebendig werden **2** *fig* wieder aufleben **3** **sentirsi** ~ sich wie neugeboren fühlen **4** **far** ~ wieder aufleben lassen **B** V/T wieder erleben

ri·vo·le·re [-e-] V/T ⟨2t⟩ ~ (**indietro**) **qc** etw zurückverlangen (*od* zurückwollen)

ri·vol·ge·re [-ɔ-] ⟨3d⟩ **A** V/T richten, wenden: ~ **una preghiera a qn** eine Bitte an j-n richten **B** V/PR **-rsi** **1** sich umdrehen **2** **-rsi a qn** sich an j-n wenden

ri·vol·gi·men·to [-e-] M Umsturz *m*

ri·vo·lo M **1** Rinnsal *n* **2** Bach *m*

ri·vol·ta [-ɔ-] F Revolte *f*, Aufstand *m*: **incitare alla** ~ zum Aufstand aufrufen

ri·vol·ta·bi·le ADJ umdrehbar **ri·vol·tan·te** ADJ **1** ekelhaft **2** *fig* widerlich, abstoßend **ri·vol·ta·re** ⟨1c⟩ **A** V/T **1** (nochmals) umdrehen **2** (*in sartoria*) umstülpen; umschlagen **3** (*terreno*) umgraben **4** anekeln: **qc mi rivolta** etw ekelt mich an **B** V/PR **-rsi** **1** sich umdrehen **2** sich auflehnen

ri·vol·tel·la [-ɛ-] F Revolver *m*

ri·vol·tel·la·ta F Revolverschuss *m*

ri·vol·to [-ɔ-] ADJ **1** ~ **a qn/qc** an j-n/etw gewandt **2** **essere** ~ **verso est** nach Osten hin liegen ♦ ~ **indietro** umgedreht; ~ **all'indietro** rückwärtsgewandt; ~ **al futuro** zukunftsorientiert

ri·vol·to·la·re ⟨1m *u.* c⟩ **A** V/T **1** wieder wälzen **2** hin und her wälzen **B** V/PR **-rsi** sich wälzen

ri·vol·to·so [-o-] **A** ADJ aufrührerisch **B** M, **-a** F Aufrührer *m*, -in *f*, Aufständische *m/f*

ri·vo·lu·zio·na·re V/T ⟨1a⟩ revolutionieren, umstürzen **ri·vo·lu·zio·na·rio** **A** ADJ Revolutions-; revolutionär (*a. fig*)

R

B M, **-a** F Revolutionär *m*, -in *f*

★**ri·vo·lu·zio·ne** [-o-] F **1** Revolution *f*: **~ culturale** Kulturrevolution *f* **2** Umwälzung *f* **3** *umg* Chaos *n* **4** ASTRON Umlauf *m*

ri·zo·ma [-ɔ-] M Wurzelstock *m*

riz·za·re ⟨1a⟩ **A** V/T **1** aufrichten, aufstellen **2** (*di edifici*) errichten **3** (*montare*) aufschlagen **B** V/PR **-rsi** sich aufrichten ♦ **da far ~ i capelli** haarsträubend; *fig* **~ le orecchie** die Ohren spitzen

road show [rod'ʃo] M ⟨*inv*⟩ Roadshow *f*

roa·ming ['romiŋ] M ⟨*inv*⟩ Roaming *n*

★**ro·ba** [-ɔ-] F **1** *umg* Sachen *pl*, Dinge *pl*, Zeug *n* **2** (*vestiti*) Kleidung *f* **3** (*merce*) Ware *f* **4** *fig* Sache *f*, Angelegenheit *f* **5** *sl* (*droga*) Stoff *m* ♦ *iron* **bella ~!** das sind ja schöne Sachen!; **che ~!** so etwas!; **~ da matti** unglaublich!; **non è ~ per me** das ist nichts für mich

ro·bac·cia F Kram *m*, Zeugs *n*

ro·bet·ta [-e-] F minderwertiges Zeug *n*

ro·bio·la [-ɔ-] F = *sahniger Frischkäse*

ro·bi·vec·chi [-ɛ-] M/F ⟨*inv*⟩ Altwarenhändler *m*, -in *f*

ro·bo·an·te ADJ **1** dröhnend **2** prahlerisch, hochtrabend

ro·bot [ro'bo] M ⟨*inv*⟩ Roboter *m* (*a. fig*) ♦ **~ da cucina** Küchenmaschine *f*; **~ industriale** Industrieroboter *m*

ro·bo·ti·ca [-ɔ-] F Robotertechnik *f*

ro·bo·tiz·za·re ⟨1a⟩ **A** V/T (voll) automatisieren **B** V/PR **-rsi** *fig* zu einer Maschine *f* werden **ro·bo·tiz·za·zio·ne** [-o-] F (Voll)Automatisierung *f*

ro·bu·stez·za [-e-] F **1** Robustheit *f* **2** Kraft *f*, Kräftigkeit *f* **3** Widerstands-, Strapazierfähigkeit *f*

ro·bu·sto ADJ **1** robust **2** vollschlank **3** strapazierfähig **4** (*vino*) kernig

ro·cam·bo·le·sco [-e-] ADJ waghalsig

roc·ca[1] [-ɔ-] F Burg *f*, Festung *f*, Feste *f* ♦ **cristallo di ~** Bergkristall *m*

roc·ca[2] [-o-] F **1** TEX Spinnrocken *m* **2** Garnrolle *f*

roc·ca·for·te [-ɔ-] F Hochburg *f* (*a. fig*)

roc·chet·to [-e-] M **1** Garnspule *f* **2** ELEK, FOTO Spule *f*

★**roc·cia** [-ɔ-] F **1** Fels(block) *m* **2** GEOL Gestein *n* **3** (*alpinismo*) Klettern *n* ♦ **palestra di ~** Klettergarten *m*

roc·cia·to·re [-o-] M, **-tri·ce** F Kletterer *m*, -rin *f*

roc·cio·so [-o-] ADJ felsig, Fels(en)-: **costa -a** Felsenküste *f*; **parete -a** Felswand *f*

ro·chez·za [-e-] F Heiserkeit *f*

rock [rɔk] **A** ADJ ⟨*inv*⟩ Rock-: **cantante ~** Rocksänger *m*, -in *f*; **concerto ~** Rockkonzert *n*; **musica ~** Rockmusik *f* **B** M ⟨*inv*⟩ Rock *m*

ro·cker ['rɔker] M/F ⟨*inv*⟩ Rocker *m*, in *f*

roc·ket·ta·ro M, **-a** F **1** Rockmusiker *m*, -in *f* **2** Rockfan *m*

rock-star ['rɔkstar] F ⟨*inv*⟩ Rockstar *m*

ro·co [-ɔ-] ADJ heiser, rau

ro·co·cò **A** ADJ ⟨*inv*⟩ Rokoko-: **mobili ~** Rokokomöbel *pl* **B** M ⟨*inv*⟩ Rokoko *n*

ro·dag·gio M **1** TECH Einlaufen *n* **2** AUTO Einfahren *n*: **essere in ~** eingefahren werden **3** (*tempo*) Einlaufzeit *f*; Einfahrzeit *f* **4** (*di impiegati*) Einarbeitungszeit *f* **5** *fig* Eingewöhnung *f* **6** (*di impiegati*) Einarbeitung *f*

ro·da·re V/T ⟨1c⟩ **1** einlaufen lassen **2** AUTO einfahren **3** *fig* eingewöhnen

ro·de·re [-o-] ⟨3b⟩ **A** V/T **1** nagen: **~ qc** an etw (*dat*) nagen **2** auswaschen: **il fiume rode la roccia** der Fluss wäscht den Felsen aus **3** *fig* verzehren, nagen **B** V/PR **-rsi** **1** sich verzehren, sich quälen **2** **-rsi il fegato** sich schwarzärgern

Ro·di [-ɔ-] F Rhodos *n*

ro·di·men·to [-e-] M **1** Nagen *n* (*a. fig*) **2** Auswaschung *f* **ro·di·to·re** [-o-] M Nagetier *n*

ro·do·den·dro [-ɛ-] M Rhododendron *m od n*, Alpenrose *f*

ro·do·mon·ta·ta M Prahlerei *f*

ro·do·mon·te [-o-] M Prahlhans *m*

ro·ga·re V/T ⟨1e *u.* c⟩ **1** (*documento*) aufsetzen **2** notariell beurkunden **ro·ga·to·ria** [-ɔ-] F Amtshilfeersuchen *n*; Rechtshilfeersuchen *n* **ro·ga·to·rio** [-ɔ-] ADJ ersuchend, Rechtshilfe-

ro·gi·to [-o-] M Notariatsurkunde *f*

ro·gna [-o-] F **1** Krätze *f* **2** Räude *f* **3** *umg* Landplage *f*; (*cosa*) lästige Angelegenheit *f* ♦ **cercar -e** Unannehmlichkeiten *pl* suchen

ro·gno·ne [-o-] M GASTR Niere *f*

ro·gno·so [-o-] ADJ **1** krätzig, räudig **2** *fig* lästig

ro·go [-ɔ-] M **1** Scheiterhaufen *m* **2** Brand *m*

rol·la·re V/I ⟨1a; av⟩ rollen, schlingern

roll-bar [-o-] M ⟨*inv*⟩ AUTO Überrollbügel *m*

rol·li·o M Rollen *n*, Schlingern *n*

Ro·ma [-o-] F Rom *n*

ro·ma·gno·lo [-ɔ] **A** ADJ aus der Roma-

R

gna **B** M, **-a** F Bewohner *m*, -in *f* der Romagna

Ro·man·dia F französische Schweiz *f* **ro·man·do** ADJ **Svizzera -a** französische Schweiz *f*

ro·ma·ne·sco [-e-] ADJ römisch, Römer-

Ro·ma·ni·a F Rumänien *n*

ro·ma·ni·co **A** ADJ romanisch **B** M Romanik *f* **ro·ma·ni·sta** M/F Romanist *m*, -in *f* (*a.* JUR) **ro·ma·ni·sti·ca** F **1** Romanistik *f* **2** JUR römisches Recht *n* **ro·ma·ni·tà** F ⟨*inv*⟩ **1** antikes Römertum *n* **2** (antike) römische Welt *f*

★**ro·ma·no** **A** ADJ **1** römisch **2** REL römisch-katholisch **B** M, **-a** F Römer *m*, -in *f* ♦ **pagare alla -a** getrennt zahlen

ro·man·ti·che·ri·a F Gefühlsseligkeit *f*

ro·man·ti·ci·smo [-z-] M **1** Romantik *f* **2** *pej* Gefühlsduselei *f*

ro·man·ti·co **A** ADJ romantisch; *pej* gefühlduselig **B** M, **-a** F Romantiker *m*, -in *f*

ro·man·za F Romanze *f* (*a.* MUS)

ro·man·za·re V/T ⟨1a⟩ **1** in Romanform *f* fassen **2** romanhaft ausschmücken **ro·man·za·to** ADJ romanhaft, Roman- **ro·man·ze·sco** [-e-] ADJ **1** Roman- **2** romanhaft **3** fantastisch

ro·man·zie·re [-ɛ-] M, **-a** F Romanschriftsteller *m*, -in *f*

ro·man·zo¹ ADJ (*filologia*) romanisch

★**ro·man·zo²** M Roman *m* (*a. fig*) ♦ **~ d'appendice** Fortsetzungsroman *m*; **~ fantascientifico** Science-Fiction-Roman *m*; **~ di formazione** Bildungsroman *m*; **~ giallo** Kriminalroman *m*; **~ rosa** Liebesroman *m*

R

rom·ba·re V/I ⟨1a; av⟩ **1** dröhnen, donnern **2** (*di tuono*) rollen, grollen

rom·bo¹ [-o-] M **1** Dröhnen *n*, Donner *m* **2** (*di tuono*) Rollen *n*, Grollen *n*

rom·bo² [-o-] M GEOM Raute *f*, Karo *n*

rom·bo³ [-o-] M Steinbutt *m*

rom·boi·da·le ADJ rautenförmig

ro·me·no [-ɛ-] **A** ADJ rumänisch **B** M, **-a** F **1** Rumäne *m*, -nin *f* **2** (*lingua*) **romeno** *m* Rumänisch(e) *n*

★**rom·pe·re** [-o-] ⟨3rr⟩ V/T **1** (*mandare in pezzi*) zerbrechen; zerschlagen **2** (*fracassare*) einschlagen **3** (*lacerare*) zerreißen **4** *umg* **~ le scatole** (*od* **l'anima**) **a qn** j-m auf den Geist gehen **5** kaputt machen: **ho rotto la radio** ich habe das Radio kaputt gemacht **6** sprengen: **~ le catene** die Ketten sprengen **7** *fig* (ab)brechen: **~ un patto** eine Abmachung brechen ♦ **~ il digiuno** das Fasten beenden; *umg* **~ la faccia a qn** j-m den Schädel einschlagen; *umg* **non ~!** nerv nicht

★**rom·per·si** [-o-] V/PR **1** (zer)brechen **2** reißen **3** kaputtgehen **4** **~ qc** sich (*dat*) etw brechen

rom·pi·ca·po M **1** Rätsel *n* **2** verzwickte Angelegenheit *f*; *umg* harte Nuss *f* **3** Sorge *f* **rom·pi·col·lo** [-ɔ-] M/F ⟨*inv*⟩ **1** Wagehals *m* **2** **a ~** Hals über Kopf

rom·pi·ghiac·cio M **1** Eisbrecher *m* **2** (*alpinismo*) Eispickel *m*

rom·pi·pal·le M/F ⟨*inv*⟩, **rom·pi·sca·to·le** M/F ⟨*inv*⟩ *umg* Nervensäge *f*

ron·ca [-o-] F, **ron·co·la** [-o-] F Hippe *f*

ron·da [-o-] F Streife *f*; Rundgang *m*: **fare la ~** auf Streife gehen

ron·del·la [-ɛ-] F Unterlegscheibe *f*

ron·di·ne [-o-] F Schwalbe *f* ♦ **a coda di ~** Schwalbenschwanz-; **una ~ non fa primavera** eine Schwalbe macht noch keinen Sommer

ron·dò¹ [-ɔ] M ⟨*inv*⟩ MUS Rondo *n*

ron·dò² [-ɔ] M ⟨*inv*⟩ Rondell *n*

ron·do·ne [-o-] M Mauersegler *m*

ron·fa·re V/I ⟨1k; av⟩ *umg* **1** schnarchen **2** (*gatto*) schnurren

ron·za·re V/I ⟨1a; av⟩ **1** (*insetti*) summen; brummen **2** *fig* brummen: **gli ronza la testa** ihm brummt der Kopf **3** *fig* (*pensieri ecc.*) schwirren **4** **~ intorno a qn/qc** um j-n/etw herumschwirren (*a. fig*)

ron·zi·no M Gaul *m*, Klepper *m*

ron·zi·o M **1** Summen *n*; Gesumm(e) *n* **2** Brummen *n*; Gebrumm(e) *n*

root di·rec·to·ry [rutdai'rɛktori] F ⟨*inv*⟩ IT Wurzelverzeichnis *n*

★**ro·sa¹** [-ɔ-] F **1** Rose *f*; Rosenstock *m* **2** *fig* Kreis *m* **3** Haarwirbel *m* **4** ARCH Rosette *f* ♦ *fig* **all'acqua di -e** oberflächlich; **sentirsi fresco come una ~** sich taufrisch fühlen; **~ di Natale** Christrose *f*; **~ dei venti** Windrose *f*

★**ro·sa²** [-ɔ-] **A** ADJ ⟨*inv*⟩ rosa **B** M ⟨*inv*⟩ Rosa *n* ♦ SPORT **maglia ~** rosa Trikot *n*, Spitzenfahrer *m* des Giro d'Italia; **romanzo ~** Liebesroman *m*; **stampa ~** Regenbogenpresse *f*

ro·sa·io M **1** Rosengarten *m* **2** Rosenstrauch *m*, Rosenstock *m*

ro·sa·rio M **1** Rosenkranz *m* **2** *umg fig* (lange) Reihe *f*, Folge *f*

ro·sa·tel·lo [-ɛ-] M Rosé *m*, Roséwein *m*
ro·sa·to A ADJ 1 rosig, rosarot 2 Rosen- B M Roséwein *m* **ro·sé** A ADJ ⟨*inv*⟩ **vino ~** Roséwein *m* B M ⟨*inv*⟩ Rosé *m*
ro·sel·li·na F Röschen *n*
ro·se·o [-ɔ-] ADJ rosig (*a. fig*)
ro·se·to [-e-] M Rosengarten *m*
ro·set·ta [-e-] F 1 Rosette *f* (*a.* BOT) 2 Kokarde *f* 3 GASTR = *Kaiserbrötchen* 4 ARCH Fensterrose *f*, Rosette *f*
ro·si·ca·re V/T ⟨1d *u.* l⟩ **~ qc** an etw (*dat*) nagen ♦ **chi non risica non rosica** frisch gewagt ist halb gewonnen
ro·sic·chia·re ⟨1k⟩ A V/T 1 **~ qc** an etw (*dat*) nagen, an etw (*dat*) knabbern; etw abnagen 2 annagen, anknabbern B V/PR *umg* **-rsi le unghie** an den Fingernägeln kauen
ro·sma·ri·no M Rosmarin *m*
ro·so [-ɔ-] ADJ 1 verwittert 2 zerfressen
★**ro·so·la·re** ⟨1l *u.* c⟩ A V/T anbraten; schmoren B V/PR *hum* **-rsi al sole** in der Sonne schmoren ♦ **~ a fuoco vivo** scharf anbraten; **far ~ leggermente** leicht anbräunen
ro·so·li·a F Röteln *pl*
ro·so·ne [-o-] M ARCH Fensterrose *f*, Rosette *f*
ro·spo [-ɔ-] M 1 Kröte *f* 2 Seeteufel *m* 3 *fig* Vogelscheuche *f*, Scheusal *n* ♦ ZOOL **coda di ~** Anglerfisch *m*; **avere un ~ in gola** einen Frosch im Hals haben; **ingoiare il ~** in den sauren Apfel beißen; **sputa il ~!** spuck's aus! heraus damit!
ros·sa·stro ADJ, **ros·seg·gian·te** ADJ rötlich **ros·seg·gia·re** V/I ⟨1f; av⟩ rötlich schimmern
ros·set·to [-e-] M Lippenstift *m*: **mettersi** (*od* **darsi**) **il ~** Lippenstift auftragen
ros·sic·cio ADJ rötlich
★**ros·so** [-o-] A ADJ rot B M 1 Rot *n*: **vestire di ~** sich in Rot (*od* rot) kleiden; **passare col ~** bei Rot durchfahren; **attraversare col ~** bei Rot über die Kreuzung gehen 2 Rotwein *m* 3 (*persona*) Rothaarige *m*, Rotschopf *m* 4 POL *umg* Rote *m* ♦ **allarme ~** höchste Alarmstufe *f*; **Cappuccetto Rosso** Rotkäppchen *n*; **diventare ~ per qc** vor etw (*dat*) rot werden; **luce -a** Rotlicht *n*; **film a luci -e** Pornofilm *m*; **~ dell'uovo** Eigelb *n*; **~ di sera, bel tempo si spera** Abendrot, Schönwetterbot
ros·so·re [-o-] M Röte *f*; Schamröte *f*
★**ro·stic·ce·ri·a** F Rotisserie *f* (*Feinkostladen mit warmen Gerichten*)

La rosticceria

La rosticceria bietet verschiedene Speisen an, wie gegrilltes Huhn, gebackenes Gemüse, Lasagne, Fisch- und Fleischgerichte, Nudeln usw., die man mitnehmen oder im Lokal essen kann. Sie hat nur tagsüber geöffnet.

ro·stro [-ɔ-] M 1 ZOOL Schnabel *m*; Rüssel *m* 2 Rammsporn *m*, Ramme *f*
ro·ta·bi·le ADJ 1 befahrbar 2 rollend: BAHN **materiale ~** rollendes Material *n*
★**ro·ta·ia** F 1 Schiene *f*, Gleis *n* 2 Radspur *f* ♦ **trasporto su ~** Transport *m* auf Schienen, **uscire dalle -e** entgleisen (*a. fig*)
ro·tan·te ADJ Dreh-, rotierend
ro·ta·re ⟨1o⟩ → ruotare
ro·ta·ti·va F Rotationsmaschine *f*
ro·ta·ti·vo ADJ 1 drehend, Dreh-: **barra -a** Drehstab *m* 2 (*a. cicli*) Rotations- ♦ **agricoltura -a** Wechselwirtschaft *f*
ro·ta·to·ria [-ɔ-] F Kreisverkehr *m* **ro·ta·to·rio** [-ɔ-] ADJ drehend, Dreh-, Kreis-, Rotations-
ro·ta·zio·ne [-o-] F 1 Umdrehung *f*, Umlauf *m* 2 Rotation *f*, Wechsel *m* 3 (*in ginnastica*) Kreisen *n* ♦ **a ~** abwechselnd, im Turnus; **senso di ~** Dreh-, Laufrichtung *f*
ro·te·a·re ⟨1l⟩ A V/T kreisen lassen B V/I ⟨av⟩ kreisen ♦ **~ gli occhi** mit den Augen rollen; **~ la spada** das Schwert schwingen
ro·te·a·zio·ne [-o-] F Kreisen *n*, Drehung *f*
ro·tel·la [-ɛ-] F 1 Rädchen *n* 2 ANAT Kniescheibe *f* ♦ **avere qualche ~ fuori posto** nicht alle Tassen im Schrank haben; **pattino a -e** Rollschuh *m*; **sedia a -e** Rollstuhl *m*
ro·ti·smo [-z-] M Räderwerk *n*, Getriebe *n*
ro·to·cal·co M 1 TYPO Rotationstiefdruck *m* 2 Illustrierte *f*
ro·to·la·re ⟨1l *u.* c⟩ A V/T 1 (fort)wälzen, (fort)rollen 2 zusammen-, aufrollen B V/I ⟨es⟩ rollen C V/PR **-rsi** sich rollen, sich wälzen
ro·to·lo [-ɔ-] M 1 Rolle *f* 2 (*di stoffa*) Ballen *m* ♦ **andare a -i** zugrunde gehen; **mandare a -i** zugrunde richten
ro·to·lo·ne [-o-] M Sturz *m*; *umg* Purzelbaum *m* **ro·to·lo·ni** [-o-] ADV kopfüber
ro·ton·da [-o-] F 1 Rundbau *m* 2 runde

R

Terrasse *f*; runder Platz *m* 3 *umg* Rondell *n*

ro·ton·deg·gian·te ADJ rundlich **ro·ton·det·to** [-e-] ADJ vollschlank, rundlich **ro·ton·di·tà** F ⟨*inv*⟩ 1 Rundheit *f* 2 *pl hum* Rundungen *pl*

★**ro·ton·do** [-o-] ADJ 1 rund; rundlich 2 *fig* abgerundet, rund, harmonisch ♦ **tavola -a** Konferenz *f* am runden Tisch

ro·to·re [-o-] M MECH, FLUG Rotor *m*

rot·ta¹ [-o-] F 1 Dammbruch *m* 2 Niederlage *f* ♦ **a ~ di collo** Hals über Kopf

rot·ta² [-o-] F Kurs *m*: **cambiamento di ~** Kurswechsel *m* (*a. fig*)

rot·ta·ma·io M Schrotthändler *m*, -in *f*

rot·ta·ma·re V/T ⟨1a⟩ verschrotten

rot·ta·ma·zio·ne [-o-] F Verschrottung *f*

rot·ta·me M 1 Schrott *m* 2 *fig* Wrack *n* ♦ **-i elettronici** Elektronikschrott *m*

rot·to [-o-] ADJ 1 kaputt; zerbrochen 2 (*lacerato*) zerrissen 3 (*ossa*) gebrochen 4 **~ a qc** an etw (*akk*) gewöhnt 5 (*stato fisico*) zerschlagen, *umg* kaputt ♦ (**cavarsela**) **per il ~ della cuffia** um Haaresbreite (davonkommen); *umg* **dieci euro e -i** etwas mehr als zehn Euro

rot·tu·ra F 1 Bruch *m* 2 Riss *m* 3 Bruchstelle *f* 4 *fig* (Ab)Bruch *m*: **la ~ di un contratto** der Bruch eines Vertrags; **la ~ delle relazioni diplomatiche** der Abbruch der diplomatischen Beziehungen 5 *umg* Nerverei *f*: **che ~!** so eine Nerverei!

ro·tu·la [-ɔ-] F Kniescheibe *f*

rou·let·te [ru'lɛt] F ⟨*inv*⟩ Roulett *n*

★**rou·lot·te** [ru'lɔt] F ⟨*inv*⟩ Wohnwagen *m*

rou·lot·ti·sta M/F Camper *m*, -in *f*

round [raund] M ⟨*inv*⟩ SPORT Runde *f*

rou·ti·ne [ru'tin] F ⟨*inv*⟩ Routine *f* (*a.* IT) ♦ **di ~** routinemäßig, Routine-

ro·ven·te [-ɛ-] ADJ glühend (*a. fig*)

ro·ve·re [-o-] M *od* F Eiche *f*

ro·ve·scia·bi·le ADJ 1 kippbar 2 (*di tessuto*) beidseitig tragbar: **giacca ~** Wendejacke *f* **ro·ve·scia·men·to** [-e-] M 1 Umkehrung *f* 2 Umkippen *n*, Umfallen *n* 3 (*barca*) Kentern *n* 4 *fig* Umschlag *m* 5 POL Umsturz *m*

★**ro·ve·scia·re** ⟨1f *u.* b⟩ A V/T 1 umkehren (*a. fig*) 2 POL (um)stürzen 3 vergießen, (ver)schütten 4 umkippen 5 **~ un'auto** ein Auto umstürzen 6 **~ una barca** ein Boot zum Kentern bringen 7 (*con un colpo*) umstoßen 8 (*testa*) zurückwerfen; nach hinten beugen 9 *fig* **~ qc su qn** etw auf j-n abwälzen, j-m etw zuschieben B V/PR **-rsi** 1 sich umkehren, sich wenden 2 umkippen, umschlagen 3 (*auto*) sich überschlagen 4 (*barca*) kentern 5 *fig* umschlagen, sich umkehren 6 (*versarsi*) **-rsi su qc** sich über etw (*akk*) ergießen 7 **-rsi qc sul vestito** sich (*dat*) etw auf (*od* über) das Kleid schütten 8 (*di pioggia*) sich entladen, sich ergießen 9 *fig* (zusammen)strömen

ro·ve·scia·ta F SPORT Fallrückzieher *m*

ro·ve·scio [-ɛ-] A ADJ 1 verkehrt 2 rücklings, auf dem Rücken *m* B M 1 Kehr-, Rückseite *f* 2 (*di tessuto*) linke Seite *f* 3 METEO Schauer *m* 4 **~ di fortuna** Ruin *m*; finanzieller Rückschlag *m* 5 *pl* Schwierigkeiten *pl* 6 linke Masche *f* 7 (*tennis*) Rückhand *f* ♦ **a ~** verkehrt; **hai la maglia al ~** du hast den Pullover (auf) links an; *fig* **il ~ della medaglia** die Kehrseite der Medaille

ro·ve·to [-e-] M Dornbusch *m*

Ro·vi·go F Rovigo *n* **ro·vi·got·to** [-ɔ-] A ADJ aus, von Rovigo B M, **-a** F Bewohner *m*, -in *f* Rovigos

★**ro·vi·na** F 1 Ruin *m*, Verfall *m*; Niedergang *m* 2 *pl* Trümmer *pl*, Ruinen *pl* ♦ **andare** (*od* **cadere**) **in ~** verfallen; *fig* ruiniert werden; zugrunde gehen

★**ro·vi·na·re** ⟨1a⟩ A V/T 1 ruinieren, verderben 2 (finanziell) zugrunde richten B V/I ⟨es⟩ 1 hinabstürzen: **il masso rovinò a valle** der Fels stürzte ins Tal hinab 2 ruiniert werden C V/PR **-rsi** 1 sich verderben: **-rsi gli occhi**, *umg*; **-rsi lo stomaco** sich (*dat*) die Augen, den Magen verderben 2 sich ruinieren, sich zugrunde richten **ro·vi·na·to** ADJ 1 verfallen 2 ruiniert (*a. fig*) 3 verdorben

ro·vi·no·so [-o-] ADJ 1 zerstörerisch 2 verderblich 3 heftig, gewaltig

ro·vi·sta·re V/T & V/I ⟨1a; av⟩ **~ (in) qc** in etw (*dat*) stöbern, wühlen, *umg* kramen

ro·vo [-o-] M Brombeerstrauch *m*; Brombeere *f*

roy·al·ties ['rɔjaltiz] FPL Tantiemen *pl*

roz·zez·za [-e-] F Grobheit *f*, Rohheit *f*

roz·zo [-o-] ADJ 1 roh, grob 2 ungehobelt, rüde

Ru·an·da M Ruanda *n* **ru·an·de·se** [-e-] A ADJ ruandisch B M/F Ruander *m*, -in *f*

ru·ba F **andare a ~** reißenden Absatz *m*

finden; *umg* wie warme Semmeln weggehen; **un prodotto che va a ~** ein Verkaufsschlager *m*

ru·bac·chia·re VT ⟨1k⟩ *umg* mausen, mopsen

ru·ba·cuo·ri [-ɔ-] M/F ⟨*inv*⟩ Herzensbrecher *m*, -in *f*

★**ru·ba·re** VT ⟨1a⟩ stehlen (*a. fig*): **~ qc a qn** j-m etw stehlen ♦ **~ il cuore a qn** j-s Herz rauben; **~ a man salva** wie ein Rabe stehlen

ru·be·ri·a F Dieberei *f*

ru·bi·con·do [-o-] ADJ leuchtend rot

ru·bi·net·te·ri·a F Armaturen *pl*

★**ru·bi·net·to** [-e-] M Hahn *m*: **aprire/chiudere il ~ dell'acqua** den Wasserhahn auf-/zudrehen; **acqua di ~** Leitungswasser *n*

ru·bi·no M Rubin *m*

ru·biz·zo ADJ rüstig

ru·blo M Rubel *m*

ru·bri·ca F **1** Verzeichnis *n* **2** Rubrik *f*, Spalte *f*: **nella ~ "Varie"** unter der Rubrik „Vermischtes" **3** RADIO, TV Magazin *n*: **~ sportiva** Sportnachrichten *pl* ♦ **~ di pettegolezzi** Klatschspalte *f*; TV **~ di promozione cinematografica** Filmvorschau *f* im Fernsehen; **~ telefonica** Telefonverzeichnis *n*

ruche ['ryʃ] F ⟨*inv*⟩ MODE Rüsche *f*

ru·chet·ta [-e-], **ru·co·la** F Rucola *m*, Salatrauke *f*

ru·de ADJ **1** rüde, grob **2** hart

ru·de·re M **1** PL Ruine *f*, Trümmer *pl* **2** *fig* (*di persona*) Wrack *n* **3** (*di casa*) baufälliges Haus *n*

ru·dez·za [-e-] F Rüdheit *f*, Grobheit *f*

ru·di·men·ta·le ADJ **1** Grund-, elementar **2** primitiv **ru·di·men·to** [-e-] M **1** PL Grundbegriffe *pl*, Anfangsgründe *pl* **2** *pl* Ansätze *pl*, Anfänge *pl*

ruf·fia·neg·gia·re VI ⟨1f; av⟩ **~ con qn** j-m schmeicheln **ruf·fia·ne·ri·a** F **1** Kuppelei *f* **2** *fig* Schmeichelei *f*

ruf·fia·no M, **-a** F **1** Kuppler *m*, -in *f*: **fare il ~** Kuppelei betreiben **2** *fig* Schmeichler *m*, -in *f*

ru·ga F Falte *f*, Runzel *f*: **~ di espressione** Lachfältchen *n*

rug·bi·sta [rag-] M/F Rugbyspieler *m*, -in *f*

rug·by ['ragbı] M ⟨*inv*⟩ Rugby *n*

rug·gen·te [-ɛ-] ADJ brüllend

★**rug·gi·ne** F **1** Rost *m*: **fare la ~** rosten **2** *fig* Groll *m*, *umg* Knatsch *m* ♦ **resistente alla ~** rostbeständig

rug·gi·no·so [-o-] ADJ rostig, Rost-

rug·gi·re VI ⟨4d; av⟩ brüllen (*a. fig*) **rug·gi·to** M Gebrüll *n*, Brüllen *n* (*a. fig*)

ru·gia·da F Tau *m*

ru·gia·do·so [-o-] ADJ tauig, taubenetzt

ru·go·si·tà F ⟨*inv*⟩ Runz(e)ligkeit *f*

ru·go·so [-o-] ADJ runz(e)lig, faltig

rul·lag·gio M **1** FLUG Rollen *n* **2** SPORT Abrollen *n* ♦ **pista di ~** Rollbahn *f*

rul·la·re ⟨1a⟩ **A** VI ⟨av⟩ **1** (*di tamburo*) wirbeln, rollen **2** FLUG rollen **B** VT TECH walzen **rul·la·tu·ra** F AGR, TECH Walzen *n*

rul·li·no M (Roll)Film *m*

rul·lio M Trommelwirbel *m*

rul·lo M **1** TECH Walze *f*, Rolle *f* **2** Trommelwirbel *m* **3** FOTO Rollfilm *m*

rum M ⟨*inv*⟩ Rum *m*

ru·me·no [-ɛ-] → a. romeno

ru·mi·nan·te **A** ADJ wiederkäuend **B** M Wiederkäuer *m*

ru·mi·na·re VT ⟨1l⟩ **1** ZOOL wiederkäuen **2** lange kauen **3** *fig* **~ qc** etw wiederkäuen; über etw (*akk*) grübeln

★**ru·mo·re** [-o-] M **1** Geräusch *n* **2** Lärm *m* **3** Aufsehen *n*: **suscitare gran ~** großes Aufsehen erregen ♦ **inquinamento da ~** Lärmbelastung *f*; **livello di ~** Lärmpegel *m*

ru·mo·reg·gia·re VI ⟨1f; av⟩ **1** lärmen, Lärm machen **2** (*brontolare*) raunen **3** (*tumultuare*) toben

ru·mo·ro·si·tà F ⟨*inv*⟩ Lautheit *f*, Lärm *m*

★**ru·mo·ro·so** [-o-] ADJ laut, lärmend

ru·na F Rune *f*

★**ruo·lo** [-ɔ-] M **1** *fig* Rolle *f* **2** *form* Stellenplan *m* **3** (*elenco*) Verzeichnis *n* ♦ **insegnante di ~** verbeamteter Lehrer *m*; **passare di ~** verbeamten; (*cinema*) TV **~ principale** Hauptrolle *f*

★**ruo·ta** [-ɔ-] F **1** Rad *n* **2** Reifen *m* **3** Lottoglücksrad *n*; Ziehungsstelle *f* ♦ **mettere i bastoni fra le -e a qn** j-m Knüppel zwischen die Beine werfen; *fig* **essere l'ultima ~ del carro** das fünfte Rad am Wagen sein; **~ dentata** Zahnrad *n*; *fig* **a ~ libera** frei von der Leber weg; **~ motrice** Antriebsrad *n*; **~ panoramica** Riesenrad *n*; **~ di scorta** Ersatzrad *n*; **~ da vasaio** Töpfer-, Drehscheibe *f*

ruo·ta·re ⟨1c⟩ **A** VI ⟨av⟩ sich drehen, kreisen **B** VT kreisen lassen ♦ **~ gli occhi** mit den Augen rollen

ru·pe F Fels *m*; Felsspitze *f*
ru·pe·stre [-ɛ-] ADJ felsig, Felsen-: **flora ~** Felsenflora *f*
ru·ra·le A ADJ Land-, ländlich B M Landarbeiter *m* ♦ **cassa ~** Raiffeisenbank *f*
ru·ra·li·tà F ⟨*inv*⟩ ländlicher Charakter *m*
ru·scel·lo [-ɛ-] M Bach *m*
ru·spa F (Schaufel)Bagger *m*
ru·span·te ADJ 1 **pollo ~** freilaufendes Huhn *n* 2 (*persona*) unverbildet
ru·spa·re ⟨1a⟩ A V/I ⟨av⟩ (*polli*) scharren B V/T mit dem Bagger ebnen **ru·spi·sta** M/F Baggerführer *m*, -in *f*
★**rus·sa** F Russin *f*
rus·sa·re V/I ⟨1a; av⟩ schnarchen
★**Rus·sia** F Russland *n*: **~ Bianca** Weißrussland *n*
★**rus·so** A ADJ russisch B M 1 Russe *m* 2 (*lingua*) Russisch(e) *n* ♦ **insalata -a** = *Gemüsesalat mit Mayonnaise*; **montagne -e** Achterbahn *f*
ru·sti·ca·le ADJ rustikal, ländlich **ru·sti·ca·no** ADJ ländlich; Bauern- **ru·sti·chez·za** [-e-] F Grobheit *f*, Derbheit *f* **ru·sti·ci·tà** F ⟨*inv*⟩ Ländlichkeit *f*, Rustikalität *f*
ru·sti·co A ADJ 1 ländlich, Land-, rustikal, Bauern- 2 *fig* grob, ungehobelt B M 1 Wirtschaftsgebäude *n* 2 (*edilizia*) Rohbau *m* 3 *umg* Bauernhaus *n*, Landhaus *n*
ru·ta F Raute *f*
rut·ta·re V/I ⟨1a; av⟩ rülpsen **rut·ti·no** M *umg* Bäuerchen *n*: **fare il ~** ein Bäuerchen machen
rut·to M Rülpser *m*
rut·to·re [-o-] M ELEK Schalter *m*, Unterbrecher *m*
ru·vi·dez·za [-e-] F Rauheit *f*
★**ru·vi·do** ADJ 1 rau, spröde 2 *fig* grob, roh, derb
ruz·za·re V/I ⟨1a; av⟩ sich tummeln
ruz·zo·la·re V/I ⟨1l; es⟩ herunterfallen, -stürzen, -rollen; purzeln **ruz·zo·lo·ne** [-o-] M 1 Sturz *m*; Purzelbaum *m* 2 *fig* Ausrutscher *m* ♦ **fare un ~** stürzen; hinpurzeln; *fig* fallen

S

s, S F *od* M ⟨*inv*⟩ s, S *n*
★**sa·ba·to** M Samstag *m*, Sonnabend *m*; → a. lunedì ♦ **~ santo** Karsamstag *m*
sab·ba M ⟨*inv*⟩ Hexensabbat *m*
★**sab·bia** F 1 Sand *m* 2 MED Grieß *m* ♦ **~ antigelo** Streusand *m*; **castello di ~** Sandburg *f*; **nascondere il capo sotto la ~** den Kopf in den Sand stecken; **costruire sulla ~** auf Sand bauen
sab·bia·re V/T ⟨1k⟩ sandstrahlen **sab·bia·tu·ra** F 1 (*terapia*) Sandbad *n* 2 TECH Sandstrahlen *n* **sab·bio·ne** [-o-] M 1 Sandboden *m* 2 grober Sand *m*
sab·bio·so [-o-] ADJ 1 sandig, Sand- 2 sandartig
sa·bo·tag·gio M Sabotage *f* (*a. fig*)
sa·bo·ta·re V/T ⟨1a⟩ sabotieren (*a. fig*)
sa·bo·ta·to·re [-o-] M, **-tri·ce** F Saboteur *m*, -in *f*
sac·ca F 1 Sack *m* (*a.* MED): **~ lacrimale** Tränensack *m* 2 MIL Kessel *m* ♦ **~ d'aria** Luftloch *n*; **~ da viaggio** Reisetasche *f*
sac·ca·ri·de M Kohlenhydrat *n*
sac·ca·ri·fe·ro ADJ 1 zuckerhaltig 2 Zucker- **sac·ca·ri·na** F Saccharin *n*
sac·cen·te [-ɛ-] A ADJ besserwisserisch B M/F Besserwisser *m*, -in *f* **sac·cen·te·ri·a** F Besserwisserei *f* **sac·cen·to·ne** [-o-] M, **-a** F Besserwisser *m*, -in *f*
sac·cheg·gia·re V/T ⟨1f⟩ (aus)plündern (*a. fig*) **sac·cheg·gia·to·re** [-o-] M, **-tri·ce** F Plünd(e)rer *m*, Plünderin *f*
sac·cheg·gio [-e-] M (Aus)Plünderung *f*
sac·chet·ti·no M Säckchen *n*
★**sac·chet·to** [-e-] M 1 Tüte *f*; Beutel *m*: **~ di plastica/di carta** Plastik-/Papiertüte *f* 2 Päckchen *n*: **un ~ di riso** ein Päckchen *n* Reis
★**sac·co** M 1 Sack *m* 2 *umg fig* **un ~ di ...** ein Haufen ..., eine Menge ... 3 Sackleinen *n* 4 Plünderung *f* 5 HIST *umg* Tausendlireschein *m* 6 SPORT Sandsack *m* ♦ **colazione** (*od* **pranzo**) **al ~** Picknick *n*; **mangiare al ~** picknicken; **darsi un ~ di arie** sich wer weiß wie aufblasen; **cogliere qn con le mani nel ~** j-n auf frischer Tat ertappen; **~ da montagna**

Rucksack *m;* ~ **a pelo** Schlafsack *m; umg* **un** ~ wahnsinnig, unheimlich; **divertirsi un** ~ sich wahnsinnig amüsieren; *fig* **vuotare il** ~ auspacken

▶ ⚠ sacco ≠ Sakko		
il sacco	=	der Sack
der, das Sakko	=	la giacca

sac·coc·cia [-ɔ-] F Hosentasche *f* **sac·co·ne** [-o-] M 1 großer Sack *m* 2 Strohsack *m* **sac·co·pe·li·sta** M/F Rucksacktourist *m*, -in *f*

sa·cel·lo [-ɛ-] M 1 HIST Heiligtum *n* 2 kleine Gedächtniskapelle *f*

sa·cer·do·ta·le ADJ priesterlich, Priester- **sa·cer·do·te** [-ɔ-] M Priester *m* **sa·cer·do·tes·sa** [-e-] F Priesterin *f* **sa·cer·do·zio** [-ɔ-] M Priestertum *n*

sa·cra·le[1] ADJ heilig, sakral

sa·cra·le[2] ADJ ANAT Kreuzbein-

sa·cra·li·tà F Heiligkeit *f*

sa·cra·men·ta·re V/T ⟨1a⟩ 1 (*in liturgia*) ein Sakrament spenden 2 *umg* fluchen

sa·cra·men·to [-e-] M Sakrament *n* ♦ *umg* **con tutti i -i** mit allem Drum und Dran

sa·cra·rio M Heiligtum *n* ♦ ~ **ai caduti** Kriegerdenkmal *n*

sa·cri·fi·ca·re ⟨1m *u.* d⟩ **A** V/T opfern **B** V/I ⟨av⟩ 1 opfern 2 *hum* (*rendere omaggio*) huldigen **C** V/PR **-rsi per qc** sich für etw (auf)opfern

sa·cri·fi·ca·to ADJ 1 opfer-, entbehrungsreich 2 verschwendet 3 **questo armadio qui è** ~ der Schrank kommt hier nicht zur Geltung

sa·cri·fi·cio M Opfer *n* ♦ **spirito di** ~ Opfermut *m*

sa·cri·le·gio [-ɛ-] M Frevel *m* (*a. fig*) **sa·cri·le·go** ADJ gotteslästerlich, frevelhaft

sa·cri·sta M Küster *m*, Kirchendiener *m*

sa·cro[1] **A** ADJ 1 heilig 2 geweiht: **luogo** ~ geweihte Stätte *f* **B** M Heilige *n* ♦ **canto** ~ Kirchengesang *m;* **la Sacra Famiglia** die Heilige Familie

sa·cro[2] ADJ ANAT **osso** ~ Kreuzbein *n*

sa·cro·san·to [-'san-] ADJ 1 (hoch)heilig 2 unantastbar: **diritto** ~ unantastbares Recht *n*

sa·di·co **A** ADJ sadistisch **B** M, **-a** F Sadist *m*, -in *f*

sa·di·smo [-zmo] M Sadismus *m*

sa·do·ma·so·chi·smo [-zmo] M Sadomasochismus *m* **sa·do·ma·so·chi·sta** **A** ADJ sadomasochistisch **B** M/F Sadomasochist *m*, -in *f*

sa·et·ta [-e-] F 1 Pfeil *m* 2 Blitz(strahl) *m* 3 (*edilizia*) Strebe *f* **sa·et·ta·re** V/T ⟨1a⟩ 1 mit Pfeilen *pl* treffen 2 ~ **occhiate feroci a qn** j-m böse Blicke *pl* zuwerfen

sa·ga F Sage *f*

sa·ga·ce ADJ scharfsinnig; klug

sa·ga·cia F Scharfsinn *m;* Klugheit *f*

sag·gez·za [-e-] F Weisheit *f*

sag·gia·re V/T ⟨1f⟩ 1 prüfen 2 erkunden (*a. fig*) 3 auf die Probe stellen **sag·gia·to·re** [-o-] M, **-tri·ce** F 1 Prüfer *m*, -in *f* 2 (*bilancia*) **saggiatore** *m* Goldwaage *f*

sag·gi·na F Hirse *f*

★**sag·gio**[1] **A** ADJ weise, klug **B** M, **-a** F Weise *m/f*

★**sag·gio**[2] M 1 Prüfung *f* 2 Muster *n* 3 Probe *f*: **un** ~ **di vino** eine Probe Wein; **dare un** ~ **della propria bravura** eine Probe seines Könnens geben 4 ~ **di danza** Ballettvorführung *f* 5 Essay *m od n*, Aufsatz *m* 6 FIN Satz *m* ♦ ~ (**divulgativo**) Sachbuch *n;* ~ **di imposta** Steuersatz *m;* ~ **di sconto** Diskontsatz *m*

sag·gi·sta M/F 1 Essayist *m*, -in *f* 2 Sachbuchautor *m*, -in *f* **sag·gi·sti·ca** F 1 Essayistik *f* 2 Sachbuchliteratur *f*

Sa·git·ta·rio M ASTROL Schütze *m*: **Luca è del** ~ Luca ist Schütze

sa·go·la F Leine *f* ♦ ~ **di salvataggio** Rettungsleine *f*

sa·go·ma F 1 Profil *n*, Form *f* 2 Schablone *f* 3 Zielscheibe *f* 4 *fig* komischer Kauz *m*

sa·go·ma·re V/T ⟨1l⟩ formen

sa·gra F 1 Kirchweihfest *n* 2 Volksfest *n*

sa·gra·to M Kirchplatz *m*

sa·gre·sta·no M, **-a** F Küster *m*, -in *f*, Kirchendiener *m*, -in *f* **sa·gre·sti·a** F Sakristei *f*

Sa·ha·ra M Sahara *f*

sa·ha·ria·na F Buschjacke *f*

sa·io M Kutte *f*

★**sa·la**[1] F 1 Saal *m* 2 Wohnzimmer *n* ♦ ★ ~ **d'aspetto** (*od* **d'attesa**) Wartesaal *m*, Wartezimmer *n;* ★ ~ **da pranzo** Esszimmer *n;* ~ **giochi** Spielhalle *f;* ~ **insegnanti** Lehrerzimmer *n;* ~ **macchine** Maschinenraum *m;* ~ **parto** Kreißsaal *m;* ~ **riunioni** Sitzungssaal *m*

sa·la[2] F MECH Achse *f*

S

sa·la³ F BOT Riedgras *n*

sa·lac·ca F *umg* 1 = *geräucherter oder in Salz eingelegter Hering* 2 Armeleuteessen *n* 3 *pej* hagerer Mensch *m*

sa·la·ce ADJ 1 schlüpfrig, zweideutig, anstößig 2 scharf, bissig

sa·la·ci·tà F ⟨*inv*⟩ 1 Schlüpfrigkeit *f* 2 Schärfe *f*, Bissigkeit *f*

sa·la·gio·ne [-o-] F (Ein)Salzen *n*

sa·la·man·dra F Salamander *m*

★**sa·la·me** M 1 Salamiwurst *f* 2 *fig* Tollpatsch *m*

sa·la·me·lec·co [-ɛ-] M Katzbuckelei *f*: **fare (mille) -chi** katzbuckeln

sa·la·mo·ia [-ɔ-] F (Salz)Lake *f* ♦ **carne in ~** Pökelfleisch *n*; **olive in ~** (in Salzwasser) eingelegte Oliven *pl*

sa·la·re V/T ⟨1a⟩ salzen

sa·la·ria·le ADJ Lohn-: **aumento ~** Lohnerhöhung *f* **sa·la·ria·to** A ADJ Lohn-: **lavoro ~** Lohnarbeit *f* B M, **-a** F Lohnempfänger *m*, -in *f*

sa·la·rio M (Arbeits)Lohn *m*: **~ base** Grundlohn *m*; **~ basso** Niedriglohn *m*; **~ lordo** Bruttolohn *m*

sa·las·sa·re V/T ⟨1a⟩ zur Ader lassen (*a. fig*)

sa·las·so M Aderlass *m* (*a. fig*)

sa·la·ti·no M Salzgebäck *n* **sa·la·to** A ADV teuer: **pagare ~ qc** etw teuer bezahlen B ADJ gesalzen (*a. fig*); salzig, Salz-: **acqua -a** Salzwasser *n*; **prezzo ~** gesalzener Preis *m*

sa·la·tu·ra F (Ein)Salzen *n*

sal·da·men·te [-e-] ADV fest: **tenersi ~ a qc** sich an etw (*dat*) festhalten

sal·da·re ⟨1a⟩ A V/T 1 (zusammen-, an)schweißen; (an)löten 2 *fig* zusammenfügen, vereinigen 3 HANDEL (*conti, fatture*) begleichen B V/PR **-rsi** 1 sich verbinden (*a. fig*) 2 MED (*ossa*) zusammenwachsen 3 (*ferite*) zuheilen, vernarben

sal·da·to·io [-o-] M Schweißgerät *n*; Lötkolben *m* **sal·da·to·re** [-o-] M, **-tri·ce** F Schweißer *m*, -in *f* **sal·da·tri·ce** F (*macchina*) Schweißmaschine *f* **sal·da·tu·ra** F 1 Schweißen *n*; Löten *n* 2 Schweiß-, Lötstelle *f* 3 *fig* Verbindung *f* 4 MED (*ossa*) Zusammenwachsen *n*; (*ferite*) Vernarbung *f*

sal·dez·za [-e-] F 1 Festigkeit *f* 2 *fig* Unerschütterlichkeit *f*

sal·do¹ ADJ 1 fest: **tenersi ben ~** sich festhalten 2 *fig* unerschütterlich: **-i propositi** unerschütterliche Vorsätze *pl*

sal·do² M 1 FIN Kontostand *m* 2 HANDEL Saldo *m*, Ausgleichung *f* 3 Rest(-betrag) *m* 4 Restlieferung *f* 5 *pl* Schlussverkauf *m* ♦ **a ~** per Saldo; **-i estivi** Sommerschlussverkauf *m*; **-i invernali** Winterschlussverkauf *m*

★**sa·le** M 1 Salz *n*: **mi passi il ~?** reichst du mir das Salz? 2 *pl* Riechsalz *n* ♦ **-i da bagno** Badesalz *n*; **~ da cucina** Speisesalz *n*; **~ iodato** Jodsalz *n*; **~ marino** Meersalz *n*; **rimanere di ~** zur Salzsäule erstarren; **il ~ della vita** die Würze des Lebens; *umg* **avere ~ in zucca** Grips haben

sa·ler·ni·ta·no A ADJ aus, von Salerno B M, **-a** F Bewohner *m*, -in *f* Salernos

Sa·ler·no [-ɛ-] F Salerno *n*

sa·let·ta [-e-] F 1 kleiner Saal *m* 2 Gaststube *f* 3 Sitzungszimmer *n*

sal·gem·ma [-ɛ-] M ⟨*inv*⟩ (Stein)Salz *n*

sa·li·ce M 1 Weide *f*: **~ piangente** Trauerweide *f* 2 Weidenrute *f*

sa·lien·te [-ɛ-] ADJ 1 vorspringend 2 *fig* wesentlich: **il punto ~** der springende Punkt

sa·lie·ra [-ɛ-] F 1 Salzgefäß *n* 2 Salzstreuer *m*

sa·li·fi·ca·zio·ne [-o-] F Salzbildung *f*

sa·li·na F 1 Salzwerk *n* 2 Salzlagerstätte *f* **sa·li·ni·tà** F ⟨*inv*⟩ Salzgehalt *m* **sa·li·no** ADJ 1 salzhaltig, Salz- 2 salzig

★**sa·li·re** ⟨4m⟩ A V/I ⟨es⟩ 1 (hinauf)steigen 2 hinaufgehen; heraufkommen 3 (*con macchina*) hinauffahren; herauffahren 4 (ein)steigen: **~ sul treno** in den Zug (ein)steigen; **~ in auto** in das Auto (ein)steigen; **~ sulla motocicletta** aufs Motorrad steigen 5 ansteigen: **la strada sale** die Straße steigt an 6 (auf)steigen: **la nebbia sale dal fiume** der Nebel steigt vom Fluss auf 7 (hinauf)klettern; (herauf)klettern 8 *fig* zunehmen: **il rumore saliva** der Lärm nahm zu 9 sich erhöhen, steigen: **la temperatura continuava a ~** die Temperatur stieg ständig 10 *fig* teurer werden B V/T 1 (*scale*) hinaufgehen 2 (*monte*) ersteigen ♦ **aiutare qn a ~** j-m hinaufhelfen; **~ di grado** befördert werden; **~ al potere** an die Macht gelangen; **~ alla testa** zu Kopf steigen; **~ al trono** den Thron besteigen

Sa·li·sbur·go F Salzburg *n*

sa·li·scen·di [-e-] M ⟨*inv*⟩ 1 (*chiavistello*) Riegel *m* 2 Auf und Ab *n* (*a. fig*)

sa·li·ta F **1** Aufstieg *m*; Anstieg *m* **2** Hinauffahren *n*; Auffahrt *f* **3** Steigung *f* **4** Einstieg *m*: **~ abbonati** Einstieg *m* für Inhaber von Zeitkarten ♦ **andare in ~** aufsteigen, bergauf gehen; bergauf fahren; **in ~** bergauf

sa·li·va F Speichel *m*

sa·li·va·re V/I ⟨1a; av⟩ speicheln

sa·li·va·zio·ne [-o-] F Speichelfluss *m*

sal·ma F Leiche *f*

sal·ma·stro ADJ **1** salzig, Salz- **2** brackig, salzhaltig ♦ **acqua -a** Brackwasser *n*

sal·mì M GASTR = *scharfes Wildragout* ♦ **lepre in ~** Hasenpfeffer *m*

sal·mi·sta M/F **1** Psalmendichter, -in *f* **2** Psalmensänger *m*, -in *f*

sal·mi·stra·re V/T ⟨1a⟩ (ein)pökeln **sal·mi·stra·to** ADJ Pökel-: **lingua -a** Pökelzunge *f*

sal·mo M Psalm *m*

sal·mo·na·to ADJ **trota -a** Lachsforelle *f* **sal·mo·ne** [-o-] M Lachs *m*: **~ affumicato** Räucherlachs *m*; **pesca del ~** Lachsfang *m*

sal·mo·nel·la [-ɛ-] F Salmonelle *f*

sal·mo·ni·col·tu·ra F Lachszucht *f*

sal·ni·tro M Salpeter *m*

sa·lo·mo·ni·co [-ɔ-] ADJ salomonisch: **giudizio ~** salomonisches Urteil *n*

sa·lo·ne [-o-] M **1** Saal *m*; Halle *f* **2** (*sala di soggiorno*) Salon *m* **3** Ausstellung *f*, Messe *f* ♦ **~ dell'automobile** Automobilsalon *m*, Automobilausstellung *f*; **~ di bellezza** Schönheitssalon *m*

sa·lo·pet·te [-pɛt] F ⟨*inv*⟩ Latzhose *f*

sa·lot·tie·ro [-ɛ-] **A** ADJ Salon-: **discorsi -i** Salongespräche *pl* **B** M, **-a** F Salonlöwe *m*, -löwin *f*

★**sa·lot·to** [-ɔ-] M **1** Wohnzimmer *n*, Salon *m* **2** Couchgarnitur *f* **3** Salon *m*: **un ~ letterario** ein literarischer Salon *m* ♦ *umg* **il ~ buono** die gute Stube; **tavolino da ~** Couchtisch *m*

sal·pa·re ⟨1a⟩ **A** V/I ⟨av, es⟩ **1** SCHIFF auslaufen **2** *fig* abreisen, losfahren **B** V/T **~ l'ancora** den Anker lichten ♦ *hum* **~ per lontani lidi** in die Ferne ziehen

sal·sa¹ [-sa] F Soße *f*, Sauce *f*: **~ piccante** Salsasoße *f*; **~ di soia** Sojasoße *f*; **~ alla vaniglia** Vanillesoße *f*; **~ verde** Salsa *f* verde ♦ *fig* **in tutte le -e** auf jede erdenkliche Weise

sal·sa² F Salsamusik *f*

sal·se·di·ne [-'sɛ-] F **1** Salzigkeit *f* **2** Salzrückstand *m* **3** Salzgehalt *m* **sal·se·di·no·so** [-o-] ADJ salzig, salzhaltig, Salz-

sal·sic·cia [-'si-] F Wurst *f*: **~ fresca** Brühwurst *f*

sal·sic·ciot·to [-si'tʃɔ-] M dicke Wurst *f*

sal·sie·ra [-si'ɛ-] F Sauciere *f*, Soßenschüssel *f*

sal·so [-so] **A** ADJ salzig **B** M Salzigkeit *f*

sal·ta·bec·ca·re V/I ⟨1d; av⟩ hüpfen

sal·ta·mar·ti·no M **1** ZOOL Heuschrecke *f* **2** *umg* (*bambino vivace*) Zappelphilipp *m*

★**sal·ta·re** ⟨1a⟩ **A** V/T **1** **~ qc** über etw (*akk*) springen **2** SPORT (*in alto*) hochspringen; (*in lungo*) weitspringen **3** GASTR sautieren **4** *fig* überspringen, auslassen **B** V/I **1** ⟨es⟩ springen (*a. fig*): **~ dalla finestra** aus dem Fenster springen; **~ per la gioia** Freudensprünge machen **2** (*esplodere*) **~ in aria** in die Luft gehen: **far ~ qc** etw in die Luft jagen **3** *umg* abgehen: **mi è saltato un bottone** mir ist ein Knopf abgegangen **4** *fig* herauskommen; heraus-, hervorspringen: **saltò fuori che ...** es kam heraus, dass ...; **da dove sei saltato fuori?** wo kommst du denn her? **5** *umg* ausfallen: **salta la lezione** der Unterricht fällt aus **6** *umg* (*fallire*) pleitegehen **7** *umg* (*trattative, affari*) platzen, scheitern **8** *umg* (*lampadine, fusibili*) durchbrennen **9** ⟨av⟩ springen, hüpfen: **~ sul piede destro** auf dem rechten Bein hüpfen ♦ **~ addosso a qn** über j-n herfallen; **~ in mente** (*od* **in testa**) einfallen; **~ agli occhi** ins Auge fallen; **~ di palo in frasca** vom Hundertsten ins Tausendste kommen

sal·ta·to ADJ **1** Hüpf-, Spring- **2** (*omesso*) ausgelassen **3** GASTR sautiert

sal·ta·to·re [-o-] **A** ADJ springend, hüpfend, Spring- **B** M, **-tri·ce** F **1** Springer *m*, -in *f* **2** Springpferd *n*

sal·tel·lan·te ADJ hüpfend **sal·tel·la·re** V/I ⟨1b; av⟩ **1** hüpfen, hopsen **2** hoppeln **sal·tel·li·o** M Gehopse *n* **sal·tel·lo·ni** [-o-] ADV hüpfend: **camminare (a) ~** davonhüpfen

sal·te·rel·la·re V/I ⟨1b; av⟩ hopsen

sal·te·rel·lo [-ɛ-] M **1** Hüpfer *m*, Hopser *m* **2** Knallfrosch *m*

sal·tim·ban·co M **1** Gaukler *m*, -in *f* **2** *pej* Scharlatan *m*, -in *f*

sal·tim·boc·ca [-o-] M ⟨*inv*⟩ = *kleine Kalbsroulade mit Schinken- und Salbeifüllung*

S

sal·to M 1 Sprung *m* (*a. fig*); Satz *m* 2 Rück-, Abprall *m* 3 **fare un ~** (**per lo spavento**) aufspringen, hochfahren 4 SPORT Sprung *m*; Salto *m* 5 **fare un ~ a casa di qn** auf einen Sprung bei j-m vorbeischauen 6 (*dislivello*) Gefälle *n* 7 (*omissione*) Auslassung *f*; Lücke *f* ♦ **a -i** springend; GASTR **al ~** angebraten; SPORT **~ in alto/con l'asta/in lungo/triplo** Hoch-/Stabhoch-/Weit-/Dreisprung *m*; *fig* **un ~ nel buio** ein Sprung *m* ins Ungewisse; **~ di carreggiata** (*od* **di corsia**) plötzlicher Fahrbahnwechsel *m*; **fare quattro -i** das Tanzbein schwingen

sal·tua·ria·men·te [-e-] ADV gelegentlich **sal·tua·rie·tà** F ⟨*inv*⟩ Unregelmäßigkeit *f* **sal·tua·rio** ADJ gelegentlich; Gelegenheits-

sa·lu·bre ADJ ⟨*sup:* saluberrimo⟩ gesund, heilsam

sa·lu·bri·tà F ⟨*inv*⟩ Heilsamkeit *f*

sa·lu·ma·io M → salumiere

★**sa·lu·me·ri·a** F Wurstwarengeschäft *n*

sa·lu·mi MPL Wurstwaren *pl*

sa·lu·mie·re [-ɛ-] M, **-a** F Wurstwarenhändler *m*, -in *f*

sa·lu·mi·fi·cio M Wurstwarenfabrik *f*

sa·lu·ta·re[1] ADJ 1 gesund, erholsam, heilsam, Heil- 2 *fig* nützlich

★**sa·lu·ta·re**[2] ⟨1a⟩ A V/T (be)grüßen: **~ qn cordialmente** j-n freundlich grüßen B V/PR **-rsi** sich grüßen ♦ **ti saluto!** leb wohl!; **salutamelo tanto!** grüß ihn vielmals von mir!

★**sa·lu·te** F Gesundheit *f*: **essere in buona ~** gesund sein ♦ **alla ~!** zum Wohl!; **alla sua ~!** auf Ihr Wohl!; **avere una ~ di ferro** eine eiserne Gesundheit haben; **per motivi di ~** aus gesundheitlichen Gründen; **salute!** Gesundheit!; **stato di ~** Gesundheitszustand *m*; **è tanta** (*od* **tutta**) **~!** das ist gesund!

S

sa·lu·ti·sta M/F 1 Gesundheitsapostel *m* 2 Mitglied *n* der Heilsarmee

sa·lu·ti·sti·co ADJ (übertrieben) gesundheitsbewusst

★**sa·lu·to** M 1 Gruß *m*: **porgere a qn i -i di qn** j-m Grüße von j-m ausrichten; **ricambiare un ~** einen Gruß erwidern 2 Begrüßung *f* 3 MIL Salut *m*: **fare il ~ a qn** vor j-m salutieren ♦ **affettuosi -i** herzlichst (*od* herzliche Grüße); **cari -i** liebe Grüße; **cordiali -i** herzliche Grüße; **distinti -i** mit freundlichen Grüßen

sal·va F Salut(schuss) *m*; Salve *f* (*a. fig*): **una ~ di risate** eine Lachsalve ♦ **a ~, a salve** (*senza proiettile*) blind; **cartuccia** (*od* **proiettile**) **a salve** Platzpatrone *f*

sal·va·bi·le M **salvare il ~** retten, was noch zu retten ist

sal·va·con·dot·to [-o-] M 1 Geleitbrief *m* 2 JUR sicheres Geleit *n*

sal·va·da·na·io M Sparbüchse *f*

sal·va·gen·te [-ɛ-] M 1 Rettungsring *m* 2 Verkehrsinsel *f* ♦ **giubbotto ~** Schwimmweste *f*

sal·va·guar·da·re ⟨1a⟩ A V/T 1 schützen 2 (*interessi, diritti*) wahren B V/PR **-rsi da qn/qc** sich vor j-m/etw hüten

sal·va·guar·dia F 1 Schutz *m* 2 Wahrung *f* ♦ **~ dell'ambiente** Umweltschutz *m*

★**sal·va·re** ⟨1a⟩ A V/T 1 retten, bewahren: **~ la vita a qn** j-m das Leben retten 2 wahren: **~ le apparenze** den Schein wahren 3 schützen 4 bergen 5 IT (ab)speichern B V/PR **-rsi** 1 sich retten, sich flüchten 2 **-rsi da qc** sich vor etw (*dat*) retten 3 *fig* **-rsi da qc** etw (*dat*) entgehen, entrinnen ♦ *fig* **-rsi in corner** im letzten Moment die Kurve kriegen; mit einem blauen Auge davonkommen; **si salvi chi può!** rette sich, wer kann!

sal·va·scher·mo [-e-] M ⟨*inv*⟩ Bildschirmschoner *m*

sal·va·slip M ⟨*inv*⟩ Slipeinlage *f*

sal·va·tag·gio M 1 Rettung *f* (*a. fig*) 2 Bergung *f* 3 IT Speicherung *f* ♦ **azione di ~** Bergungsaktion *f*; **operazioni di ~** Rettungsarbeiten *pl*; **scialuppa di ~** Rettungsboot *n*; **telo**(**ne**) **di ~** Sprungtuch *n*

sal·va·to·re [-o-] A ADJ rettend B M, **-tri·ce** F Retter *m*, -in *f* ♦ REL **il Salvatore** der Heiland

sal·va·vi·ta A ADJ ⟨*inv*⟩ lebensrettend: **farmaci ~** lebensrettende Arzneien *pl* B M ⟨*inv*⟩ ELEK Sicherung *f*

sal·ve INT grüß dich; grüß euch; guten Tag: **~ ragazzi!** hallo Leute!

sal·vez·za [-e-] F 1 Rettung *f* 2 REL Heil *n*

sal·via F Salbei *m*

sal·viet·ta [-e-] F 1 Serviette *f* 2 Handtuch *n* ♦ **~ rinfrescante** Erfrischungstuch *n*

sal·vo A ADJ 1 heil, unversehrt 2 außer Gefahr 3 REL gerettet B M **in ~** in Sicherheit *f* C PRÄP außer, abgesehen von: **c'erano tutti ~ lui** alle waren da, außer ihm ♦ **~ che** es sei denn; *form* **~ errori**

ed omissioni Irrtum vorbehalten; ~ **buon fine** mit Vorbehalt

sam·ba F *od* M Samba *m*

sam·bo·dro·mo [-ɔ-] M Sambadrom *n*

sam·bu·ca F Sambucalikör *m*

sam·bu·co M Holunder *m*

sam·ma·ri·ne·se [-e-] **A** ADJ san-marinesisch **B** M/F San-Marinese *m*, -sin *f*

san → santo

sa·na·bi·le ADJ **1** heilbar (*a.* JUR) **2** WIRTSCH sanierbar **3** *fig* behebbar

sa·na·re ⟨1a⟩ **A** V/T **1** heilen **2** trockenlegen **3** WIRTSCH sanieren **B** V/PR **-rsi** heilen

sa·na·to·ria [-ɔ-] F **1** Gültigkeitserklärung *f* **2** nachträgliche Zustimmung *f* **3** Indemnitätserteilung *f* **sa·na·to·rio** [-ɔ-] **A** ADJ **provvedimento** ~ nachträgliche Genehmigung *f* **B** M Sanatorium *n*, Kuranstalt *f*

san·ber·nar·do M ⟨*inv*⟩ (*cane*) Bernhardiner *m*

san·ci·re V/T ⟨4d⟩ **1** festlegen: ~ **il diritto al lavoro** das Recht auf Arbeit festlegen **2** zustimmen, sanktionieren

san·da·lo[1] M Sandelholz *n*

san·da·lo[2] M Sandale *f*

san·do·li·no M Paddelboot *n*

San Gal·lo F (*città*) Sankt Gallen *n*, St. Gallen *n*

San Got·tar·do M Sankt Gotthard *m*

san·gri·a F Sangria *f*

★**san·gue** M Blut *n*: **donare il** ~ Blut spenden ♦ **il** ~ **non è acqua** Blut ist dicker als Wasser; **analisi del** ~ Blutuntersuchung *f*; GASTR **al** ~ medium, englisch; **animale a** ~ **caldo** Warmblüter *m*; **animale a** ~ **freddo** Kaltblüter *m*; *fig* **a** ~ **caldo** im Affekt; **calma e** ~ **freddo** (nur) ruhig Blut; **donatore di** ~ Blutspender *m*; *umg* **esame del** ~ Blutuntersuchung *f*; **a** ~ **freddo** kaltblütig; **picchiare qn a** ~ j-n blutig schlagen; **prelievo di** ~ Blutentnahme *f*; **sudare** ~ Blut und Wasser schwitzen

san·gui·fe·ro ADJ Blut-: **vaso** ~ Blutgefäß *n* **san·gui·gna** F Rötelzeichnung *f*

san·gui·gno ADJ **1** Blut-: **pressione -a** Blutdruck *m*; **gruppo** ~ Blutgruppe *f*; **plasma** ~ Blutplasma *n*; **vaso** ~ Blutgefäß *n* **2** bluthaltig, blutig ♦ **arance -e** Blutorangen *pl*

san·gui·nac·cio M Blutwurst *f*

san·gui·nan·te ADJ blutend (*a. fig*)

★**san·gui·na·re** V/I ⟨1l; av⟩ bluten (*a. fig*)

san·gui·na·rio ADJ blutrünstig **san·gui·nel·la** [-ɛ-] F Blutorange *f* **san·gui·no·len·to** [-ɛ-] ADJ **1** bluttriefend, blutig **2** bluthaltig **san·gui·no·so** [-o-] ADJ **1** blutend; blutig (*a. fig*) **2** *fig* verletzend

san·gui·su·ga [-s-] F **1** Blutegel *m* **2** *fig* Blutsauger *m*, -in *f*

sa·ni·tà F ⟨*inv*⟩ **1** Gesundheit *f* **2** (*morale*) Anständigkeit *f* **3** (*pubblica*) Gesundheitswesen *n* **4** MIL Sanitätswesen *n* **5** Heilsamkeit *f* ♦ **ministero della** ~ Gesundheitsministerium *n*

sa·ni·ta·rio **A** ADJ **1** Gesundheits-, gesundheitlich **2** sanitär, Sanitäts-: **impianti -ri** sanitäre Anlagen *pl*; **articoli -ri** Sanitätsartikel *pl* **B** M, **-a** F **1** Sanitäter *m*, -in *f* **2** (*medico*) Arzt *m*, Ärztin *f* **3** *pl* Sanitäranlagen *pl* ♦ **operatore** ~ Sanitäter *m*; **ufficiale** ~ Amtsarzt *m*

San Ma·ri·no F San Marino *n*

★**sa·no** ADJ **1** gesund (*a. fig*) **2** heil, unversehrt ♦ ~ **come un pesce** kerngesund; **di -a pianta** völlig, von Grund auf; ~ **e salvo** gesund und wohlbehalten

San Sal·va·dor [-ɔ-] F San Salvador *n*

san·scri·to M Sanskrit *n*

★**san·ta** **A** ADJ **1** heilig **2** Sankt, heilig: **Sant'Anna** Sankt Anna, die heilige Anna **B** F Heilige *f*

san·ta·bar·ba·ra F **1** Pulverkammer *f* **2** *fig* äußerst angespannte Lage *f*

san·ta·rel·li·na F Unschuldsengel *m*

san·ta·rel·lo [-ɛ-] M Unschuldsengel *m*

San·tia·go F Santiago *n*

san·ti·fi·ca·re ⟨1m *u.* d⟩ **A** V/T **1** heiligen **2** heilighalten **3** heiligsprechen **B** V/PR **-rsi** heilig werden **san·ti·fi·ca·zio·ne** [-o-] F **1** Heiligung *f* **2** Heiligsprechung *f*

san·ti·no M Heiligen-, Andachtsbild *n*

san·tis·si·mo **A** ADJ allerheiligst **B** M **il Santissimo** der Allerheiligste ♦ **il Santissimo Padre** = *der Papst*

san·ti·tà F ⟨*inv*⟩ Heiligkeit *f* (*a. fig*): **Sua Santità** Seine Heiligkeit; Eure Heiligkeit

★**san·to** **A** ADJ **1** heilig **2** Sankt, heilig: **Sant'Ambrogio** Sankt Ambrosius, der heilige Ambrosius; **San Marco** Sankt Markus **3** fromm: **condurre una vita -a** ein frommes Leben führen **4** weise, wahr: **parole -e** weise Worte *pl* **B** M Heilige *m* ♦ **acqua -a** Weihwasser *n*; ~ **cielo!** ach (du) lieber Himmel!; **tutto il** ~ **giorno** den lieben langen Tag; **fare qc in -a pace** etw in aller Ruhe tun; **starsene in**

-a **pace** seine Ruhe haben; ~ **patrono** Schutzheilige *m*; **settimana -a** Karwoche *f*; **festa di tutti i -i** Allerheiligen(fest) *n*; ★ **San Silvestro** Silvester *n*

san·to·ne [-o-] M, **-a** F 1 Asket *m*, -in *f* 2 *pej* Sektenführer *m*, -in *f*, Guru *m* 3 *pej* Frömmler *m*, -in *f*

san·to·reg·gia [-ɛ-] F Bohnenkraut *n*

san·tua·rio M 1 Heiligtum *n* (*a. fig*) 2 Wallfahrtskapelle *f*, -kirche *f*

san·zio·na·men·to [-e-] M Sanktionierung *f*

san·zio·na·re V/T ⟨1a⟩ 1 genehmigen, zustimmen 2 bestätigen 3 mit Sanktionen belegen **san·zio·ne** [-o-] F 1 Sanktion *f*, Strafe *f* 2 Zustimmung *f* ♦ ~ **disciplinare** Disziplinarmaßnahme *f*; ~ **penale** Strafverfolgung *f*; **-i economiche** wirtschaftliche Sanktionen *pl*

★**sa·pe·re**[1] [-e-] ⟨2n⟩

A modales Verb
B transitives Verb
C intransitives Verb
D Pronominalverb
E Wendungen

— A modales Verb —

1 können: ~ **leggere** lesen können 2 (sich) wissen zu: (**non**) **-rsi dominare** sich (nicht) zu beherrschen wissen; **sapersela cavare** sich (*dat*) zu helfen wissen; ~ **vivere** zu leben wissen

— B transitives Verb —

1 wissen: **non si può mai** ~ man kann nie wissen; **sai una cosa?** weißt du was?; (**se**) **tu sapessi!** wenn du wüsstest!; **che io sappia** soviel ich weiß; **non che io sappia** nicht, dass ich wüsste 2 kennen: ~ **la strada** den Weg kennen 3 können: ~ **il tedesco** Deutsch können 4 erfahren: ~ **qc da fonte sicura** etw aus sicherer Quelle erfahren haben

— C intransitives Verb —

⟨av⟩ 1 schmecken: ~ **di qc** nach etw schmecken 2 riechen: ~ **di qc** nach etw riechen; *fig* **mi sa d'imbroglio** das riecht nach Betrug 3 glauben, das Gefühl haben: **mi sa che** ... ich glaube, dass ...

— D Pronominalverb —

-rsi sich wissen: **-rsi al sicuro** sich in Sicherheit wissen

— E Wendungen —

a saperlo! ad averlo saputo! das hätte man wissen sollen!; **buono a -rsi** gut zu wissen; **non so chi** irgendjemand; **non so come** irgendwie; **come lo sai?** woher weißt du das?; **come faccio a saperlo?** woher soll ich das wissen?; **non so quando** irgendwann; **saperci fare con qn** j-n (richtig) zu nehmen wissen; **saperci fare con qc** mit etw gut umgehen können; **si sa che** ... es ist bekannt, dass ...; **la sai l'ultima?** weißt du schon das Neueste?; **venire a ~ qc da qn** etw von j-m erfahren

sa·pe·re[2] [-e-] M Wissen *n* ♦ **il saper vivere** die Lebenskunst

sapere

Sapere ändert seine Bedeutung je nachdem, ob es im Perfekt oder im Imperfekt steht:

Non lo sapevo!	Ich wusste es nicht!
Come hai saputo dello sciopero?	Wie hast du vom Streik erfahren?

sa·pi·di·tà F ⟨*inv*⟩ Schmackhaftigkeit *f*

sa·pi·do ADJ wohlschmeckend

sa·pien·te [-ɛ-] A ADJ 1 weise 2 geschickt 3 gelehrt B M/F 1 Weise *m/f* 2 Gelehrte *m/f* (*a. pej*): **non fare il ~** spiel nicht den Gelehrten **sa·pien·to·ne** [-o-] M, **-a** F Besserwisser *m*, -in *f* **sa·pien·za** [-ɛ-] F 1 Weisheit *f* 2 Gelehrsamkeit *f*

★**sa·po·ne** [-o-] M Seife *f* ♦ *fig* **acqua e ~** ungeschminkt, natürlich; ~ **da barba** Rasierseife *f*; **bolla di ~** Seifenblase *f* (*a. fig*); **finire in una bolla di ~** sich als Seifenblase entpuppen; ~ **di Marsiglia** Marseiller Seife *f*

sa·po·net·ta [-e-] F Toilettenseife *f*

sa·po·nie·ra [-ɛ-] F Seifenschale *f*

sa·po·ni·fi·cio M Seifensiederei *f*

sa·po·no·so [-o-] ADJ seifig

★**sa·po·re** [-o-] M 1 Geschmack *m*: **avere (il) ~ di qc** nach etw schmecken; **che ~ ha?** wonach (*od* wie) schmeckt es? 2 *fig* Ton *m*, Klang *m*: **parole dal ~ amaro** bitter klingende Worte *pl* 3 *pl* Gewürzkräuter *pl* ♦ **lasciare un cattivo ~ in bocca** einen üblen Nachgeschmack hinterlassen (*a. fig*); **senza ~** ohne Würze; fade (*a. fig*); ~ **strano** Beigeschmack *m*

sa·po·ri·ta·men·te [-e-] ADV 1 würzig 2 *fig* mit Genuss *m* ♦ **dormire ~** tief schlafen

sa·po·ri·to ADJ 1 schmackhaft, lecker

S

2 würzig **3** (*troppo salato*) versalzen **4** *fig* genussvoll, mit Genuss ♦ **sonno ~** tiefer Schlaf *m*

sa·po·ro·so [-o-] ADJ **1** wohlschmeckend **2** *fig* witzig

sa·pu·tel·lo [-ɛ-] **A** ADJ neunmalklug **B** M, **-a** F Neunmalkluge *m/f* **sa·pu·to** ADJ bekannt: **~ e risaputo** längst bekannt

sa·ra·ban·da F **1** MUS Sarabande *f* **2** *fig* Durcheinander *n*; Lärm *m*

sa·ra·ce·no [-ɛ-] **A** ADJ sarazenisch **B** M, **-a** F Sarazene *m*, -nin *f* ♦ **grano ~** Buchweizen *m*

sa·ra·ci·ne·sca [-e-] F Rollladen *m*

Sa·ra·je·vo F Sarajevo *n*

sar·ca·smo M Sarkasmus *m*

sar·ca·sti·co ADJ sarkastisch

sar·chia·re V/T ⟨1k⟩ eggen

sar·chia·tri·ce F Egge *f*

sar·chio M Hacke *f*

sar·co·fa·go [-ɔ-] M Sarkophag *m*

sar·co·ma [-ɔ-] M Sarkom *n*, bösartige Geschwulst *f*

Sar·de·gna [-e-] F Sardinien *n*

sar·del·la [-ɛ-], **sar·di·na** F Sardine *f* ♦ **pigiati come -e** zusammengedrängt wie die Ölsardinen; **-e sott'olio** Ölsardinen *pl*

sar·do **A** ADJ sardisch, sardinisch **B** M, **-a** F Sarde *m*, -din *f*, Sardinier *m*, -in *f*

sar·do·ni·co [-ɔ-] ADJ hämisch, sardonisch

sar·men·to [-e-] M Ranke *f*

Sar·nen F Sarnen *n*

★**sar·ta** F Schneiderin *f*

sar·tia·me M SCHIFF stehendes Gut *n*

★**sar·to** M Schneider(meister) *m*

sar·to·ri·a F **1** Schneiderei *f* **2** Schneiderhandwerk *n* **sar·to·ria·le** ADJ Schneider-

sas·sa·ia F **1** Steinboden *m* **2** Steindamm *m*

sas·sa·re·se [-e-] **A** ADJ aus, von Sassari **B** M/F Bewohner *m*, -in *f* von Sassari

Sas·sa·ri F Sassari *n*

sas·sa·ta F Steinwurf *m*: **fare a -e** sich mit Steinen bewerfen

sas·so M **1** Stein *m* **2** Felsen *m* ♦ **di ~** steinern, Stein-; *fig* **essere di ~** ein Herz aus Stein haben; **duro come un ~** steinhart

sas·so·fo·ni·sta M/F Saxofonist *m*, -in *f*

sas·so·fo·no [-ɔ-] M Saxofon *n*

sas·so·ne **A** ADJ sächsisch **B** M/F Sachse *m*, Sächsin *f*

Sas·so·nia [-ɔ-] F Sachsen *n*

Sas·so·nia-An·halt [-ɔ-] F Sachsen-Anhalt *n*

sas·so·so [-o-] ADJ steinig, Stein-

Sa·ta·na M Satan *m*

sa·ta·nas·so M **1** Satan *m* **2** *fig* Teufelskerl *m* **3** *fig* Wahnsinnige *m* **sa·ta·ni·co** ADJ satanisch, teuflisch, Teufels-

sa·tel·li·ta·re ADJ Satelliten-: **antenna ~** Satellitenantenne *f*

★**sa·tel·li·te** [-ɛ-] **A** ADJ Satelliten-, Trabanten-: **città ~** Satellitenstadt *f* **B** M **1** Satellit *m*, Trabant *m* **2** Satellitenstaat *m* **3** *fig* Gefolgsmann *m* ♦ **~ scientifico** Forschungssatellit *m*; **~ per telecomunicazioni** Nachrichtensatellit *m*; **~ televisivo** Fernsehsatellit *m*; **televisione via ~** Satellitenfernsehen *n*

sa·tin [-'tɛ̃] M ⟨*inv*⟩ Satin *m*

sa·ti·na·re V/T ⟨1l⟩ satinieren **sa·ti·na·to** ADJ **1** satiniert, Satin- **2** mattiert, Matt- **3** *fig* samtig: **pelle -a** samtige Haut *f*

sa·ti·ra F Satire *f* **sa·ti·reg·gia·re** ⟨1f⟩ **A** V/T verspotten **B** V/I ⟨av⟩ Satiren schreiben **sa·ti·re·sco** [-e-] ADJ Satyr-

sa·ti·ri·co **A** ADJ satirisch **B** M Satiriker *m*, -in *f*

sa·ti·ro M **1** Satyr *m* **2** *fig* Lüstling *m*, Lustmolch *m*

sa·tol·la·re ⟨1c⟩ **A** V/T sättigen **B** V/PR **-rsi** sich satt essen **sa·tol·lo** [-o-] ADJ satt

sa·tra·po M **1** Satrap *m* **2** *fig* Tyrann *m*, -in *f*

sa·tu·ra·re ⟨1l⟩ **A** V/T sättigen: **~ il mercato** den Markt sättigen **B** V/PR **-rsi** sich sättigen **sa·tu·ra·zio·ne** [-o-] F Sättigung *f*: **grado di ~** Sättigungsgrad *m*

sa·tur·ni·smo [-z-] M Bleivergiftung *f*

Sa·tur·no M Saturn *m*

sa·tu·ro ADJ PHYS, CHEM gesättigt (*a. fig*)

sau·na F Sauna *f*: **fare la ~** in die Sauna gehen, saunieren

sau·ro **A** ADJ rötlich braun **B** M (*cavallo*) Fuchs *m*, Braune *m*

sa·va·na F Savanne *f*

sa·viez·za [-e-] F **1** Weisheit *f* **2** Besonnenheit *f* **sa·vio** **A** ADJ **1** vernünftig **2** weise **B** M, **-a** F **1** vernünftiger Mensch *m* **2** Weise *m/f*

Sa·vo·na [-o-] F Savona *n* **sa·vo·ne·se** [-e-] **A** ADJ savonisch, Savoner- **B** M/F Savoner *m*, -in *f*

sa·zia·re ⟨1g⟩ **A** V/T **1** (*persona*) sättigen

S

2 ~ **la fame** den Hunger stillen 3 *fig* befriedigen, stillen B V/PR **-rsi** 1 sich sättigen, satt werden: **-rsi di qc** sich an etw (*dat*) satt essen 2 *fig* **-rsi di qc** genug haben (*od* bekommen) von etw **sa·zie·tà** F ⟨*inv*⟩ 1 Sattheit *f*, Sättigung *f* 2 *fig* Überdruss *m*

sa·zio ADJ 1 satt: **sentirsi ~** satt sein 2 *fig* satt, überdrüssig ♦ **non essere mai ~** unersättlich sein (*a. fig*)

sba·ciuc·chia·re [zb-] ⟨1k⟩ A V/T abküssen B V/PR **-rsi** sich abküssen

sba·da·tag·gi·ne [zb-] F Zerstreutheit *f*, Unachtsamkeit *f*

★**sba·da·to** [zb-] ADJ zerstreut, unachtsam, gedankenlos

sba·di·glia·re [zb-] V/I ⟨1g; av⟩ gähnen

sba·di·glio [zb-] M Gähnen *n*

sba·fa·re [zb-] ⟨1a⟩ *umg* A V/T 1 verschlingen, verputzen 2 schnorren, herausschinden B V/PR **-rsi** verschlingen

sba·fa·to·re [zbafa'to-] M, **-tri·ce** F Schmarotzer *m*, -in *f*

sba·fo [zb-] **a ~** auf Kosten anderer

★**sba·glia·re** [zb-] ⟨1g⟩ A V/T 1 verfehlen: **~ mira** das Ziel verfehlen 2 **~ treno** den falschen Zug nehmen B V/I ⟨av⟩ sich irren, sich täuschen, einen Fehler machen, etw falsch machen ♦ **~ i calcoli** sich verrechnen; **~ numero** (**telefonico**) sich verwählen; **mi scusi, ho sbagliato numero** Entschuldigung, ich habe mich verwählt; **~ strada** (*a piedi*) sich verlaufen; (*in macchina*) sich verfahren; **sbagliando s'impara** aus Fehlern wird man klug

★**sba·gliar·si** [zba'ʎarsi] V/PR ⟨1g⟩ **~ in qc** sich bei (*od* in) etw (*dat*) irren ♦ **~ a leggere** sich verlesen

★**sba·glia·to** [zb-] ADJ falsch (*a. fig*)

S ★**sba·glio** [zb-] M 1 Fehler *m*, Versehen *n*: **commettere uno ~** einen Fehler begehen 2 Schuld *f*, Sünde *f* ♦ **per ~** aus Versehen

sba·le·stra·re [zb-] ⟨1b⟩ A V/I ⟨av⟩ *fig* nicht auf den Punkt kommen, abschweifen B V/T 1 weit wegwerfen 2 (*trasferire*) versetzen 3 *umg* durcheinanderbringen **sba·le·stra·to** ADJ durcheinander, verwirrt, konfus

sbal·la·re [zb-] ⟨1a⟩ A V/T 1 auspacken 2 durcheinanderbringen: **mi ha sballato tutti i programmi** das hat alle meine Pläne durcheinandergebracht B V/I ⟨es, av⟩ 1 sich (völlig) verrechnen 2 *sl* ausflippen

sbal·la·to [zb-] ADJ 1 ausgepackt 2 *umg* verrückt, hirnrissig 3 *sl* ausgeflippt

sbal·lo [zb-] M 1 Auspacken *n* 2 *sl* Ausflippen *n* ♦ **che ~!** das ist eine Wucht!

sbal·lot·ta·men·to [zballotta'me-] M 1 Geschüttel *n*, Gerüttel *n* 2 Geschaukel *n*

sbal·lot·ta·re V/T ⟨1c⟩ hin und her werfen, hin und her rütteln

sba·lor·di·men·to [zbalordi'me-] M Verblüffung *f*, Fassungslosigkeit *f* **sba·lor·di·re** [zb-] ⟨4d⟩ A V/T verblüffen B V/I ⟨av⟩ verblüfft sein, stutzen ♦ **da ~** verblüffend

sba·lor·di·ti·vo [zb-] ADJ 1 verblüffend 2 erstaunlich, unglaublich

sba·lor·di·to [zb-] ADJ erstaunt, verblüfft: **restare ~** verblüfft sein

sbal·za·re[1] [zb-] ⟨1a⟩ A V/T schleudern, werfen B V/I ⟨es⟩ geworfen werfen, geschleudert werden

sbal·za·re[2] [zb-] V/T ⟨1a⟩ (*metalli*) treiben

sbal·zo[1] [zb-] M 1 Ruck *m* 2 *fig* Wechsel *m* ♦ **a -i** sprunghaft; **~ di temperatura** plötzlicher Temperaturwechsel *m*

sbal·zo[2] [zb-] M **oro lavorato a ~** getriebenes Gold *n*

sban·ca·re [zb-] V/T ⟨1d⟩ A 1 **~ il banco** die (Spiel)Bank sprengen 2 (*persona*) ruinieren B V/I *fig* alle Erwartungen übertreffen

sban·da·men·to[1] [zbanda'me-] M 1 AUTO Schleudern *n* 2 SCHIFF Krängung *f* 3 *fig* Entgleisung *f*: **avere un attimo di ~** kurz die Orientierung verlieren

sban·da·men·to[2] [zbanda'me-] M 1 MIL Versprengung *f* 2 *fig* Auflösung *f*

sban·da·re[1] [zb-] V/I ⟨1a; av⟩ 1 schleudern 2 SCHIFF krängen 3 *fig* abweichen, entgleisen

sban·da·re[2] [zb-] ⟨1a⟩ A V/T (*disperdere*) zerstreuen, auseinandertreiben B V/PR **-rsi** sich zerstreuen, sich verlaufen

sban·da·ta [zb-] F 1 Schleudern *n* 2 SCHIFF Krängung *f* 3 *fig* Abweichung *f* 4 *fig* **prendersi una ~ per qn** sich in j-n verknallen **sban·da·to** A ADJ orientierungslos B M, **-a** F 1 MIL Versprengte *m/f* 2 *fig* Gestrauchelte *m/f* ♦ **essere uno ~** ein Asozialer sein

sban·die·ra·re [zb-] V/T ⟨1b⟩ 1 (*bandiere*) schwingen 2 *fig* zur Schau stellen 3 *umg* an die große Glocke hän-

gen
sban·do [zb-] M Niedergang *m*, Auflösung *f* ♦ **essere allo ~** niedergehen
sba·rac·ca·re [zb-] V/T ⟨1d⟩ 1 wegräumen 2 *umg* (weg)gehen, aufbrechen
sba·ra·glia·re [zb-] V/T ⟨1g⟩ 1 zerschlagen, auseinandertreiben 2 MIL (vernichtend) schlagen **sba·ra·glio** M **mandare qn allo ~** j-n einer Gefahr aussetzen; **andare allo ~** alles aufs Spiel setzen
sba·raz·za·re [zb-] ⟨1a⟩ A V/T befreien, abräumen, säubern B V/PR **-rsi di qn/qc** sich von j-m/etw befreien **sba·raz·zi·no** A ADJ spitzbübisch B M, **-a** F Spitzbube *m*, -bübin *f*
sbar·ba·re [zb-] ⟨1a⟩ A V/T 1 rasieren 2 ausreißen, ausrupfen B V/PR **-rsi** sich rasieren **sbar·ba·tel·lo** [-ɛ-] M, **-a** F Grünschnabel *m* **sbar·ba·to** A ADJ bartlos B M, **-a** F Grünschnabel *m*
sbar·bi·ca·re [zb-] V/T ⟨1l *u.* d⟩ entwurzeln
sbar·ca·re [zb-] ⟨1b⟩ A V/T 1 an Land bringen 2 (*merci*) löschen 3 *fig* überstehen B V/I ⟨es⟩ 1 an Land gehen, landen; FLUG aussteigen 2 (*di marinaio*) abmustern ♦ **~ il lunario** gerade über die Runden kommen
sbar·co [zb-] M 1 Ausschiffung *f*; Landung *f* (*a.* FLUG): **~ di clandestini** Landung *f* von illegalen Einwanderern 2 (*merci*) Löschen *n* 3 MIL Landung *f* 4 (*equipaggio*) Abmusterung *f*
sbar·ra [zb-] F 1 Schranke *f* 2 (*spranga*) Stange *f* 3 SPORT Reck *n* 4 SCHIFF Pinne *f* ♦ **essere dietro le -e** hinter Gittern sein
sbar·ra·men·to [zbarra'me-] M 1 (Ab)Sperrung *f* 2 Sperre *f*; (natürliche) Barriere *f*
sbar·ra·re [zb-] V/T ⟨1a⟩ 1 (ver-, ab)sperren 2 verriegeln 3 (auf)stauen 4 durchstreichen
sbar·ra·to [zb-] ADJ 1 versperrt, (ab)gesperrt 2 verriegelt ♦ **occhi -i** aufgerissene Augen *pl*; **assegno ~** Verrechnungsscheck *m*
sbas·sa·re [zb-] V/T ⟨1a⟩ 1 niedriger machen 2 herablassen; herabsetzen 3 *fig* senken
sba·tac·chia·re [zb-] ⟨1k⟩ A V/T (zu)schlagen; schleudern: **~ la porta** die Tür zuschlagen B V/I ⟨av⟩ schlagen
sbat·te·re [zb-] ⟨3a⟩ A V/T 1 (*porta ecc.*) (zu)schlagen 2 (*scuotere*) (aus)schütteln 3 werfen, schleudern (*a. fig*): **~ qn in prigione** j-n ins Gefängnis werfen 4 (*urtare*) stoßen 5 GASTR verrühren 6 *umg* blass machen: **il giallo ti sbatte** Gelb macht dich blass B V/I ⟨av⟩ 1 schlagen 2 stoßen: **~ contro qc** gegen etw stoßen 3 **andare a ~ contro qc** sich an etw (*dat*) anstoßen 4 *umg* (*di auto*) prallen, krachen C V/PR **-rsi** 1 *umg* sich ins Zeug legen 2 *vulg* **sbattersene di qn/qc** auf j-n/etw pfeifen; **me ne sbatto!** das ist mir scheißegal ♦ **~ le ali** mit den Flügeln schlagen; **~ fuori** rausschmeißen; **non sapere dove ~ la testa** weder ein noch aus wissen
sbat·ti·to·re [zbatti'to-] M Handrührgerät *n*
sbat·ti·uo·va [zbattiu'ɔ-] M ⟨*inv*⟩ Schneebesen *m*
sbat·tu·to [zb-] ADJ 1 GASTR verschlagen; gequirlt 2 *fig* erschöpft
sba·va·re [zb-] ⟨1a⟩ A V/I ⟨av⟩ 1 geifern 2 *umg fig* **~ per qc** wild auf etw (*akk*) sein 3 (*di colori*) zerfließen B V/T 1 *umg* vollsabbern 2 METALL ent-, abgraten C V/PR **-rsi** *umg* sich vollsabbern
sba·va·tu·ra [zb-] F 1 Geifer *m* 2 verwischte Farbe *f* 3 METALL Ent-, Abgraten *n*
sbec·ca·re [zb-] V/T ⟨1d⟩ anschlagen
sbef·feg·gia·re [zb-] V/T ⟨1f⟩ verspotten
sbel·li·car·si [zbelli'karsi] V/PR ⟨1d⟩ **~ dalle risa** sich (*dat*) den Bauch vor Lachen halten
sber·la ['zbɛ-] F Ohrfeige *f*
sber·lef·fo [zber'lɛ-] M Fratze *f*: **fare uno ~** eine Fratze schneiden
sbe·vaz·za·re [zb-] V/I ⟨1a; av⟩ bechern, zechen, saufen **sbe·vaz·za·ta** F Besäufnis *n*, Saufgelage *n*
sbia·di·re [zb-] ⟨4d⟩ A V/T ausbleichen B V/I ⟨es⟩ & V/PR **-rsi** 1 verblassen (*a. fig*) 2 (*cose*) ausbleichen **sbia·di·to** ADJ 1 verblasst (*a. fig*) 2 farblos, fad
sbian·can·te [zb-] M Bleichmittel *n*
sbian·ca·re [zb-] ⟨1d⟩ A V/T 1 weiß machen 2 bleichen B V/I ⟨es⟩ 1 weiß werden 2 blass werden C V/PR **-rsi** weiß werden
sbie·co [zbi'ɛ-] ADJ schräg, schief ♦ **di ~** schräg; *fig* **guardare qn di ~** j-n schief ansehen
sbi·got·ti·men·to [zbigotti'me-] M 1 Verblüffung *f* 2 Bestürzung *f*
sbi·got·ti·re [zb-] ⟨4d⟩ A V/T 1 verblüf-

fen **2** bestürzen **B** VI & VPR **-rsi** **1** verblüfft sein **2** bestürzt sein

sbi·lan·cia·re [zb-] ⟨1f⟩ **A** VT aus dem Gleichgewicht *n* bringen **B** VPR **-rsi** **1** aus dem Gleichgewicht kommen **2** *fig* sich übernehmen

sbi·lan·cio [zb-] M WIRTSCH Unterbilanz *f*

sbi·len·co [zbi'lɛ-] ADJ **1** schief **2** krumm

sbir·cia·re [zb-] VT ⟨1f⟩ schielen: **~ qc** auf etw (*akk*) schielen **sbir·cia·ta** F **dare una ~ a qc** nach etw schielen

sbir·ro [zb-] M *umg pej* Bulle *m*

sbiz·zar·ri·re [zb-] ⟨4d⟩ **A** VT **~ qn** j-m die Launen austreiben **B** VPR **-rsi** sich austoben, seiner Laune freien Lauf lassen

sbloc·ca·re [zb-] ⟨1c⟩ **A** VT **1** MECH freigeben, lösen **2** *fig* entschärfen; lösen **3** **~ i prezzi/gli affitti** die Preise/Mieten freigeben **B** VPR **-rsi** **1** MECH, PSYCH sich lösen **2** *fig* (*traffico*) flüssig werden

sbloc·co ['zblɔ-] M **1** Freigabe *f*, Lösung *f* **2** *fig* Entschärfung *f*; Lösung *f*

sboc·ca·re [zb-] VI ⟨1d; es⟩ **1** (ein)münden, enden **2** *fig* **~ in qc** in etw (*dat*) enden, mit etw ausgehen

sboc·ca·tag·gi·ne F Anstößigkeit *f*

sboc·ca·to ADJ anstößig

sboc·cia·re [zb-] VI ⟨1f *u.* c; es⟩ auf-, erblühen (*a. fig*) **sboc·cio** [-ɔ-] M Aufblühen *n*

sboc·co ['zbo-] M **1** GEOG Mündung *f* **2** TECH Auslass *m* **3** Ausgang *m* **4** *fig* Ausweg *m* **5** WIRTSCH Absatzmarkt *m* ♦ **-chi professionali** Berufsaussichten *pl*

sboc·con·cel·la·re [zb-] VT ⟨1b⟩ **~ qc** an etw (*dat*) knabbern

sbol·len·tare VT ⟨1b⟩ blanchieren

sbol·li·re [zb-] VI ⟨4d⟩ **1** GASTR ⟨av⟩ aufhören zu kochen **2** *fig* ⟨es⟩ verrauchen

S

sbo·lo·gna·re [zb-] VT ⟨1a⟩ *umg* **1** **~ qc a qn** j-m etw andrehen **2** aufhalsen

sbor·nia ['zbɔ-] F *umg* Rausch *m*: **prendere una ~** sich (*dat*) einen Rausch antrinken

sbor·sa·re [zbor'sa:re] VT ⟨1a⟩ lockermachen, ausgeben

sbot·ta·re [zb-] VI ⟨1c; es⟩ **1** losplatzen **2** ausbrechen: **~ a ridere** in Lachen ausbrechen

sbot·to·na·re [zb-] ⟨1a⟩ **A** VT aufknöpfen; abknöpfen **B** VPR **-rsi** **1** sich aufknöpfen **2** *umg fig* sich gehen lassen

sboz·za·re [zb-] VT ⟨1c⟩ **1** KUNST zuschlagen, bearbeiten **2** TECH vorarbeiten **3** entwerfen (*a. fig*)

sbra·car·si [zbra'ka:rsi] VPR ⟨1d⟩ **1** *umg* (sich [*dat*]) die Hosen ausziehen **2** *umg fig* es sich (*dat*) bequem machen ♦ **-rsi dalle risa** sich totlachen

sbra·ca·to [zb-] ADJ **1** *umg* halb angezogen **2** (*trasandato*) schlampig **3** *fig* unmanierlich

sbrac·ciar·si [zbrat'tʃarsi] VPR ⟨1f⟩ **1** die Ärmel hochkrempeln **2** ärmellose Kleider anziehen **3** gestikulieren **sbrac·cia·to** ADJ **1** mit bloßen Armen **2** MODE ärmellos; kurzärm(e)lig

sbrai·ta·re [zb-] VI ⟨1a; av⟩ brüllen, schreien

sbrai·to·ne [zbrai'to-] M, **-a** F Schreihals *m*

sbra·na·re [zb-] ⟨1d⟩ **A** VT **1** zerfleischen **2** *fig* zerreißen **B** VPR **-rsi** sich zerfleischen (*a. fig*)

sbri·cio·la·re [zb-] ⟨1l⟩ VT & VPR **-rsi** zerbröckeln, zerkrümeln

sbri·ga·re [zb-] VT ⟨1e⟩ **1** (*faccende*) erledigen **2** ADMIN bearbeiten **3** (*clienti*) abfertigen

★**sbri·gar·si** [zb-] VPR ⟨1e⟩ **1** sich beeilen **2** **sbrigarsela con qn/qc** mit j-m/etw fertig werden **sbri·ga·ti·vo** [zb-] ADJ **1** eilig, schnell **2** (*energico*) kurz angebunden **3** (*superficiale*) voreilig

sbri·glia·re [zb-] ⟨1g⟩ **A** VT **1** abzäumen **2** *fig* **~ qc** etw (*dat*) freien Lauf lassen **B** VPR **-rsi** ausschweifen

sbri·glia·to [zb-] ADJ *fig* zügellos

sbri·na·men·to [zbrina'me-] M **1** Abtauen *n* **2** AUTO Entfrosten *n* **sbri·na·re** ⟨1a⟩ **A** VT **1** abtauen **2** AUTO entfrosten **B** VPR **-rsi** abtauen **sbri·na·to·re** [-o-] M Defroster *m* (*a.* AUTO); Abtausystem *n*

sbri·na·tu·ra F **1** Abtauen *n* **2** AUTO Entfrosten *n*

sbrin·del·la·re [zb-] VT ⟨1b⟩ zerfetzen

sbrin·del·la·to ADJ **1** MODE zerfetzt **2** zerlumpt

sbrin·del·lo·ne [-o-] M, **-a** F Schlamper *m*, -in *f*

sbro·do·la·re [zb-] ⟨1l *u.* c⟩ **A** VT (ver)kleckern **B** VPR **-rsi** sich (be)kleckern

sbro·do·lo·ne [-o-] M, **-a** F **1** *umg* Kleckerfritze *m*, -liese *f* **2** *fig* Schmierfink *m*

sbro·glia·re [zb-] ⟨1g *u.* c⟩ **A** VT **1** entwirren **2** *fig* lösen **B** VPR **1** **-rsi da qc** sich von etw frei machen **2** **sbrogliarsela** sich aus der Affäre ziehen

sbron·za ['zbro-] F *umg* Rausch *m*: **postumi della ~** Kater *m* **sbron·zar·si** [zbron'dzarsi] V/PR ⟨1c⟩ *umg* sich betrinken, sich besaufen **sbron·zo** ['zbro-] **A** ADJ *umg* besoffen **B** M, **-a** F *umg* Betrunkene *m/f*

sbruf·fa·re [zb-] V/T ⟨1a⟩ **1** ausspritzen **2** *fig* prahlen, angeben **sbruf·fo** [zb-] M **1** (Aus)Spritzen *n* **2** Schmiergeld *n*

sbruf·fo·ne [zbruf'fo-] M, **-a** F *fig* Angeber *m*, -in *f*

sbu·ca·re [zb-] V/I ⟨1d; es⟩ **1** herausschlüpfen, -kriechen **2** heraus-, hervorkommen **3** herkommen, auftauchen: **da dove è sbucato fuori?** wo kommt der denn her?

sbuc·cia·pa·ta·te [zb-] M ⟨*inv*⟩ Kartoffelschäler *m*

sbuc·cia·re [zb-] ⟨1f⟩ **A** V/T **1** schälen, pellen **2** *umg* ent-, aushülsen **B** V/PR **-rsi qc** sich (*dat*) etw aufschürfen

sbu·del·la·re [zb-] ⟨1b⟩ **A** V/T **1** ausweiden, ausnehmen **2** den Bauch aufschlitzen **B** V/PR **-rsi dalle risa** sich (*dat*) den Bauch vor Lachen halten

sbuf·fa·re [zb-] V/I ⟨1a; av⟩ **1** schnaufen, keuchen **2** (*dimostrare insofferenza*) stöhnen

sbuf·fo [zb-] M **1** (*fumo*) Wolke *f* **2** (*vento*) Windstoß *m* **3** MODE Bausch *m* ♦ **a ~** bauschig; **manica a ~** Puffärmel *m*

sbu·ro·cra·tiz·za·re [zb-] V/T ⟨1a⟩ entbürokratisieren

scab·bia F Krätze *f*

scab·bio·so [-o-] ADJ krätzig

sca·bi·no M Schöffe *m*

sca·brez·za [-e-] F Rauheit *f*

sca·bro ADJ **1** rau **2** *fig* knapp, nüchtern

sca·bro·si·tà F ⟨*inv*⟩ **1** Rauheit *f* **2** Unebenheit *f* **3** *fig* heikler Charakter *m*

sca·bro·so [-o-] ADJ **1** heikel, haarig: **situazione -a** heikle Situation *f* **2** schwierig **3** uneben

scac·chie·ra [-ɛ-] F Schachbrett *n*; Damebrett *n* **scac·chie·re** [-ɛ-] M Kriegsschauplatz *m* **scac·chi·sta** M/F Schachspieler *m*, -in *f*

scac·cia·ca·ni M *od* F ⟨*inv*⟩ Schreckschusspistole *f* **scac·cia·mo·sche** [-o-] M ⟨*inv*⟩ Fliegenwedel *m* **scac·cia·pen·sie·ri** [-ɛ-] M ⟨*inv*⟩ Maultrommel *f*

scac·cia·re V/T ⟨1f⟩ vertreiben, (ver)jagen: **~ qn di casa** j-n aus dem Haus jagen

scac·ci·no M, **-a** F Küster *m*, -in *f*

scac·co M **1** PL Schach(spiel) *n*: **giocare a -chi** Schach spielen **2** Schach *n*: **dare ~** Schach bieten **3** MODE Karo *n* **4** *fig* Niederlage *f* ♦ MODE **a -chi** in Schachbrettmuster, Karo-

scac·co·lar·si [-s-] V/PR ⟨1l⟩ *umg* popeln

scac·co·mat·to M Schachmatt *n*

sca·den·te [-ɛ-] ADJ schlecht; minderwertig

sca·den·za [-ɛ-] F **1** (Frist)Ablauf *m*, Verfall *m* **2** WIRTSCH Fälligkeit *f*; (*giorno*) Fälligkeitstag *m* **3** Frist *f*: **rispettare le -e** die Fristen einhalten ♦ **a breve ~** kurzfristig; **a media ~** mittelfristig; **a lunga ~** langfristig; **data di ~** Fälligkeitstermin *m*, (*di alimenti*) Verfallsdatum *n*; **~ di pagamento** Zahlungstermin *m*, Zahlungsfrist *f*

sca·den·za·re V/T ⟨1b⟩ Fristen festsetzen

sca·den·za·rio M Terminkalender *m*

★**sca·de·re** [-e-] V/I ⟨2c; es⟩ **1** fällig werden, fällig sein **2** (*di mandati ecc.*) erlöschen **3** ab-, auslaufen **4** (*perdere pregio*) herabsinken, abrutschen **sca·du·to** ADJ **1** verfallen, fällig **2** abgelaufen **3** heruntergekommen

sca·fan·dro M **1** Taucheranzug *m* **2** Raumfahreranzug *m*

scaf·fa·la·to ADJ Regal-: **parete -a** Regalwand *f* **scaf·fa·la·tu·ra** F **1** Ausstattung *f* mit Regalen **2** Regale *pl*

★**scaf·fa·le** M Regal *n*

sca·fi·sta M/F Schleuser *m*, -in *f* von illegalen Einwanderern mit dem Boot

sca·fo M Schiffsrumpf *m*

sca·gio·na·men·to [-e-] M Entlastung *f*

sca·gio·na·re ⟨1a⟩ **A** V/T entlasten **B** V/PR **-rsi** sich rechtfertigen, sich reinwaschen

sca·glia F **1** ZOOL Schuppe *f* **2** Splitter *m*; Span *m* ♦ **-e di cioccolato** Schokosplitter *pl*; **-e di sapone** Seifenflocken *pl*

sca·glia·re[1] ⟨1g⟩ **A** V/T **1** schleudern, werfen **2** *fig* **~ qc contro qn** j-m etw an den Kopf werfen **B** V/PR **1** **-rsi su qn** sich auf j-n stürzen **2** *fig* **-rsi contro qc** gegen etw wettern

sca·glia·re[2] ⟨1g⟩ V/T & V/PR **-rsi** zersplittern

sca·glio·na·men·to [-e-] M Staffelung *f*

sca·glio·na·re V/T ⟨1a⟩ staffeln, aufteilen

sca·glio·ne [-o-] M 1 MIL Staffel *f* 2 ADMIN, WIRTSCH Stufe *f* 3 *fig* Phase *f* ♦ **a -i** staffelweise; **~ fiscale** Steuerklasse *f*
sca·glio·so [-o-] ADJ 1 schuppig 2 splitterig
sca·gnoz·zo [-ɔ-] M, **-a** F *pej* Handlanger *m*, -in *f*
★**sca·la** F 1 Treppe *f*: **salire/scendere le -e** die Treppe hinaufgehen/hinuntergehen 2 Skala *f* 3 Maßstab *m*: **in ~ uno a mille** im Maßstab eins zu tausend 4 Maßeinteilung *f* 5 MUS Tonleiter *f* ♦ **~ antincendio** Feuerleiter *f*; **~ a chiocciola** Wendeltreppe *f*; **~ di corda** Strickleiter *f*; **in ~** maßstabgerecht; **su larga ~** in großem Umfang; **~ mobile** Rolltreppe *f*; **su ~ mondiale** weltweit; **su ~ nazionale** landesweit; **~ a pioli** (Sprossen)Leiter *f*; **pozzo** (*od* **tromba**) **delle -e** Treppenhaus *n*; **su ~ ridotta** klein, im Kleinformat; **su vasta ~** auf breiter Ebene
sca·la·re[1] A ADJ 1 stufen-, treppenförmig 2 abgestuft, gestaffelt 3 FIN Staffel- 4 MATH, PHYS skalar B M Skalar *m*
sca·la·re[2] ⟨1a⟩ V/T 1 be-, ersteigen, erklimmen, erklettern 2 (ab)stufen 3 **~ qc da qc** etw von etw abziehen 4 **~ i capelli** das Haar stufig schneiden 5 AUTO zurückschalten **sca·la·ta** F Be-, Ersteigung *f* **sca·la·to** ADJ 1 abgestuft 2 (*capelli*) stufig **sca·la·to·re** [-o-] M, **-tri·ce** F Bergsteiger *m*, -in *f*
scal·ca·gna·to ADJ 1 (*scarpe*) ausgetreten 2 *fig* heruntergekommen, zerlumpt
scal·cia·re V/I ⟨1f; av⟩ 1 treten 2 ausschlagen, auskeilen
scal·ci·nar·si [-si] V/PR ⟨1a⟩ abbröckeln **scal·ci·na·to** ADJ 1 abgebröckelt, abgeblättert 2 *fig* heruntergekommen, schäbig
scal·da·ac·qua M ⟨*inv*⟩ 1 *umg* Wasserkocher *m*: **~ ad immersione** Tauchsieder *m* 2 Boiler *m* **scal·da·ba·gno** M Boiler *m* **scal·da·let·to** [-ɛ-] M Bettwärmer *m* **scal·da·mu·sco·li** M ⟨*inv*⟩ Legwarmer *m* **scal·da·piat·ti** M ⟨*inv*⟩ Tellerwärmer *m* **scal·da·pie·di** [-ɛ-] M ⟨*inv*⟩ Fußwärmer *m*
scal·da·re ⟨1a⟩ A V/T 1 (auf-, er)wärmen 2 heizen 3 erhitzen 4 *fig* **~ gli animi** die Gemüter erhitzen B V/I ⟨av⟩ 1 (er)wärmen 2 heizen C V/PR **-rsi** 1 sich wärmen 2 sich erwärmen, warm werden (*a. fig*) 3 *fig* sich erhitzen
scal·da·ta F (Er-, Auf)Wärmen *n*: **dare una ~ a qc** etw aufwärmen **scal·da·vi·van·de** M ⟨*inv*⟩ Warmhalteplatte *f*; Rechaud *m*; Stövchen *n*
sca·le·a [-ɛ-] F Freitreppe *f*
sca·le·no [-ɛ-] ADJ GEOM ungleichseitig
sca·le·o [-ɛ-] M Bockleiter *f*, Treppenleiter *f*
sca·let·ta [-e-] F 1 Treppchen *n* 2 (*a. pioli*) (kleine) Leiter *f* 3 (*nei capelli*) Treppe *f*, Stufe *f* 4 (*schema di testo*) Gliederung *f* 5 Programm *n* ♦ **~ d'imbarco** Gangway *f*
scal·fi·re ⟨4d⟩ A V/T 1 schrammen 2 ritzen 3 (*di proiettili*) streifen 4 *fig* berühren, treffen B V/PR **-rsi** sich ritzen, sich schrammen **scal·fit·tu·ra** F 1 Schramme *f*, Ritz *m* 2 Abschürfung *f*
scal·fo M Armausschnitt *m*
sca·li·na·ta F Freitreppe *f*
sca·li·no M Stufe *f* (*a. fig*) ♦ **~ del marciapiede** Bordsteinkante *f*
scal·ma·na F 1 Erkältung *f* 2 Hitzewallung *f*: **avere le -e** fliegende Hitze haben
scal·ma·nar·si [-si] V/PR ⟨1a⟩ 1 sich erhitzen (*a. fig*) 2 sich ereifern **scal·ma·na·to** A ADJ 1 erhitzt 2 wild B M, **-a** F Wildgewordene *m/f*
scal·mo M SCHIFF Ausleger *m*, Dolle *f*
★**sca·lo** M 1 SCHIFF Anlaufhafen *m* 2 FLUG Anflughafen *m*; Zwischenlandung *f* 3 BAHN Abladeplatz *m* ♦ BAHN **~ merci** Güterbahnhof *m*; BAHN **~ di smistamento** Rangierbahnhof *m*; **volo senza ~** Nonstopflug *m*
sca·lo·gna [-o-] F *umg* Pech *n*, Missgeschick *n*: **che ~!** so ein Pech!
sca·lo·gna·to *umg* A ADJ vom Pech verfolgt B M, **-a** F Pechvogel *m*
sca·lo·gno [-o-] M Schalotte *f*
sca·lo·ne [-o-] M Prunktreppe *f*
sca·lop·pi·na F = *in Mehl gewendete gebratene Kalb- oder Rindfleischscheibe*
scal·pel·la·re V/T ⟨1b⟩ 1 meißeln 2 MED aufmeißeln **scal·pel·la·tu·ra** F Meißeln *n* (*a.* MED)
scal·pel·li·no M, **-a** F Steinmetz *m*, -in *f*
scal·pel·lo [-ɛ-] M 1 Meißel *m*; Stechbeitel *m* 2 MED Skalpell *n*
scal·pic·cia·re V/I ⟨1f; av⟩ 1 scharren 2 schlurfen **scal·pic·ci·o** M 1 Gescharre *n* 2 Schlurfen *n*
scal·pi·ta·re V/I ⟨1l; av⟩ 1 stampfen, trampeln 2 *fig* ungeduldig sein
scal·pi·ti·o M, **scal·pi·to** M Stampfen

n, Trampeln *n*
scal·po·re [-o-] M Aufsehen *n*: **fare** (*od* **suscitare** *od* **destare**) ~ Aufsehen erregen
scal·trez·za [-e-] F Gerissenheit *f*
scal·tri·re ⟨4d⟩ **A** V/T schlau(er) machen; verschlagen machen **B** V/PR **-rsi** schlau(er) werden
scal·tro ADJ verschlagen, gerissen, listig
scal·za·ca·ni M/F ⟨*inv*⟩ *umg* Stümper *m*, -in *f*
scal·za·re V/T ⟨1a⟩ **1** MED ~ **un dente** die Zahnwurzel(n) freilegen **2** *fig* ~ **qn da una carica** j-n aus einem Amt verdrängen
scal·zo ADJ barfuß: **a piedi -i** barfuß
scam·bia·re ⟨1k⟩ **A** V/T **1** (ein)tauschen **2** (*banconote*) wechseln **3** ★~ **qn/qc per qn/qc** j-n/etw mit j-m/etw verwechseln **4** vertauschen: ~ (**per sbaglio**) **due fascicoli** (versehentlich) zwei Akten vertauschen **5** (*opinioni*) austauschen **6** (*parole*) wechseln **B** V/PR **-rsi** **1** (aus)tauschen **2** sich abwechseln
scam·bia·to·re [-o-] M (Aus)Tauscher *m*: ~ **di calore** Wärmetauscher *m*
scam·bie·vo·le [-e-] ADJ gegenseitig
scam·bio M **1** Austausch *m* **2** Verwechslung *f*; Vertauschung *f* **3** BAHN Weiche *f* ♦ **-bi commerciali** Handelsaustausch *m*; ~ **di vedute** Meinungsaustausch *m*
scam·bi·sta M/F **1** BAHN Weichensteller *m*, -in *f* **2** WIRTSCH Händler *m*, -in *f*
sca·mi·ciar·si [-si] V/PR ⟨1f⟩ sich bis aufs Hemd ausziehen **sca·mi·cia·to** **A** ADJ in Hemdsärmeln, im Hemd **B** M Trägerkleid *n*
scam·pa·gna·ta F Ausflug *m* aufs Land (*od* ins Grüne), Landpartie *f*
scam·pa·na·re V/I ⟨1a; av⟩ (die Glocken) läuten: ~ **a festa** zum Fest läuten
scam·pa·na·to ADJ glockig, Glocken-: **gonna -a** Glockenrock *m* ♦ **pantaloni -i** Hosen *pl* mit Schlag
scam·pa·nel·la·re V/I ⟨1b; av⟩ anhaltend klingeln, Sturm klingeln **scam·pa·nel·la·ta** F Klingeln *n* **scam·pa·nel·li·o** M Klingeln *n*, Geklingel *n*
scam·pa·ni·o M Glockenläuten *n*
scam·pa·re ⟨1a⟩ **A** V/I ⟨es⟩ **1** ~ **a qc** etw (*dat*) entrinnen, etw (*akk*) überleben **2** entkommen **B** V/T **1** ~ **qc** etw (*dat*) entgehen **2** **scamparla** (mit dem Leben) davonkommen ♦ **Dio ce ne scampi e liberi!** Gott bewahre!
scam·po[1] M Entkommen *n* ♦ **via di** ~ Ausweg *m*; **senza via di** ~ ausweglos
scam·po[2] M **1** ZOOL Kaisergranat *m*, Kaiserhummer *m* **2** *pl* GASTR Scampi *pl*
scam·po·lo M (Stoff)Rest *m* ♦ **uno ~ di tempo** ein freier Augenblick *m*
sca·na·la·re V/T ⟨1a⟩ **1** auskehlen, rillen **2** MECH nuten **sca·na·la·tu·ra** F **1** Auskehlung *f*; Rille *f*, Hohlkehle *f* **2** MECH Nut *f*
scan·da·glia·men·to [-e-] M (Aus)Loten *n*
scan·da·glia·re V/T ⟨1g⟩ **1** (aus)loten **2** *fig* sondieren
scan·da·glio M **1** (Senk)Lot *n* **2** Lotung *f* ♦ ~ **acustico** Echolot *n*
scan·da·li·sti·co ADJ Skandal-; Sensations-: **giornale** ~ Skandalblatt *n*
scan·da·liz·za·re ⟨1a⟩ **A** V/T **1** schockieren **2** empören **B** V/PR **-rsi** Anstoß nehmen **scan·da·liz·za·to** ADJ schockiert: **essere** ~ **per qc** über etw (*akk*) schockiert sein
scan·da·lo M **1** Skandal *m*: ~ **sessuale** Sexskandal *m* **2** Anstoß *m*: **suscitare** ~ Anstoß erregen
scan·da·lo·so [-o-] ADJ skandalös
Scan·di·na·via F Skandinavien *n* **scan·di·na·vo** **A** ADJ skandinavisch **B** M, **-a** F Skandinavier *m*, -in *f*
scan·di·re V/T ⟨4d⟩ **1** skandieren **2** deutlich aussprechen **3** TV abtasten **4** IT einscannen ♦ MUS ~ **il tempo** den Takt schlagen
scan·do·la F Schindel *f*
scan·na·re ⟨1a⟩ **A** V/T **1** abstechen, niedermetzeln **2** *fig* aussaugen, ausnehmen **B** V/PR **-rsi** sich in die Haare geraten
scan·na·to·io [-o-] M Schlachthof *m*
scan·ner ['skanner] M ⟨*inv*⟩ Scanner *m*
scan·ne·riz·za·re V/T ⟨1a⟩ (ein)scannen
scan·no M Sitz *m*
scan·sa·fa·ti·che [-sa-] M/F ⟨*inv*⟩ Faulpelz *m*
scan·sa·re [-'sa-] ⟨1a⟩ **A** V/T **1** weg-, abrücken **2** ~ **qc** etw (*dat*) ausweichen **3** ~ **qc** etw vermeiden **4** ~ **qn** j-n meiden **B** V/PR **-rsi** zur Seite treten
scan·si·a [-sia] F Regal *n*
scan·so [-so] **a ~ di equivoci** um Missverständnisse zu vermeiden
scan·ti·na·to M Kellergeschoss *n*

sca·n·to·na·re ⟨1a⟩ **A** VI ⟨av⟩ **1** um die Ecke biegen **2** sich aus dem Staub machen **3** *fig* aus dem Weg gehen **B** VT abrunden

scan·zo·na·to ADJ unbekümmert

sca·pac·cio·ne [-o-] M Schlag *m* auf den Kopf **sca·pa·tag·gi·ne** F Leichtsinn *m* **sca·pa·to** ADJ leichtsinnig

sca·pe·stra·to **A** ADJ liederlich **B** M, **-a** F liederlicher Mensch *m*, liederliche Person *f*

sca·pi·glia·re ⟨1g⟩ **A** VT zerzausen **B** VPR **-rsi** sich (*dat*) das Haar zerzausen **sca·pi·glia·to** ADJ *fig* liederlich **sca·pi·glia·tu·ra** F Liederlichkeit *f*

sca·pi·ta·re VI ⟨1l; av⟩ **~ in qc** bei etw draufzahlen **sca·pi·to** M Verlust *m* ♦ **a ~ di qn** zu j-s Ungunsten; **a ~ di qc** auf Kosten etw (*gen*)

sca·po·la F Schulterblatt *n*

sca·po·lo **A** ADJ ledig **B** M Junggeselle *m*

scap·pa·men·to [-e-] M (*in motoristica*) Auspuff *m*

scap·pa·re VI ⟨1a; es⟩ **1** fliehen, weg-, entlaufen **2** (*sfuggire*) entgehen **3** herausrutschen: **mi è scappata una parolaccia** mir ist ein Schimpfwort herausgerutscht **4** **mi scappa la pazienza** mir reißt der Geduldsfaden **5** **lasciarsi ~ un'occasione** eine Gelegenheit verpassen **6** *umg* abhauen, sich auf die Socken machen ♦ **~ di mano** aus der Hand rutschen; **mi è scappato un errore** mir ist ein Fehler unterlaufen; **mi scappa** (**la pipì**) ich muss mal

scap·pa·ta F Sprung *m*: **fare una ~ a casa** auf einen Sprung nach Hause gehen

scap·pa·tel·la [-ε-] F Seitensprung *m*

scap·pa·to·ia [-o-] F Ausweg *m*

scap·pel·lot·to [-ɔ-] M Klaps *m*

sca·pric·cia·re ⟨1f⟩ **A** VT **~ qn** j-m die Grillen austreiben **B** VPR **-rsi** eine Laune befriedigen

sca·ra·be·o [-ε-] M **1** Skarabäus *m* **2** Scrabble® *n*

sca·ra·boc·chia·re VT ⟨1k *u.* c⟩ (be)kritzeln, (be)schmieren **sca·ra·boc·chio** [-ɔ-] M **1** Kritzelei *f*, Schmiererei *f* **2** Klecks *m*

sca·rac·chia·re VI ⟨1k *u.* c; av⟩ *vulg* rotzen

sca·rac·chio M *vulg* Rotz *m*

sca·ra·fag·gio M ZOOL Küchenschabe *f*

sca·ra·man·zi·a F Beschwörung *f*: **per ~** zur Beschwörung der guten Geister

sca·ra·muc·cia F MIL Geplänkel *n* (*a. fig*): **fare una ~** plänkeln

sca·ra·ven·ta·re ⟨1b⟩ **A** VT schleudern, werfen **B** VPR **-rsi** **1** sich werfen: **-rsi contro qn** sich auf j-n werfen **2** sich stürzen

scar·ce·ra·re VT ⟨1l⟩ (aus der Haft) entlassen **scar·ce·ra·zio·ne** [-o-] F (Haft)Entlassung *f*

scar·di·na·re ⟨1l⟩ **A** VT aushängen; aus den Angeln heben (*a. fig*) **B** VPR **-rsi** **1** aus den Angeln gehen **2** *fig* auseinanderfallen

sca·ri·ca F **1** (*d'arma*) Salve *f* **2** *fig* Hagel *m*, Flut *f* **3** PHYS, ELEK Entladung *f* ♦ **~ di adrenalina** Adrenalinstoß *m*

sca·ri·ca·ba·ri·li M ⟨*inv*⟩ *fig* **fare a ~** = *sich gegenseitig die Schuld in die Schuhe schieben*

sca·ri·ca·re ⟨1l *u.* d⟩ **A** VT **1** ent-, aus-, abladen **2** *umg* (*persone*) absetzen **3** *umg* (*liberarsi*) loswerden, abservieren **4** **~ qn** j-n sitzen lassen **5** (*fognatura*) fließen, sich ergießen **6** ARCH, IT übertragen: **~ su dischetto** auf Diskette übertragen; **~ dall' Internet** aus dem Internet herunterladen, downloaden **7** (*svuotare di contenuto*) ab-, auslassen **8** ELEK entladen **9** (*arma*) entladen; abfeuern **10** *fig* auslassen: **~ la propria rabbia su qn** seine Wut an j-m auslassen **11** *fig* **~ qc su qn** etw auf j-n abwälzen **12** HANDEL absetzen: **~ dalle tasse** von der Steuer absetzen **B** VPR **-rsi** **1** sich entladen (*a.* ELEK) **2** (*orologio*) ablaufen **3** *fig* sich (von einer Last) befreien, entlasten **4** *fig* (sich) abreagieren **5** *umg* sich entleeren

sca·ri·ca·to·io [-o-] M **1** Abladeplatz *m* **2** Abzugskanal *m* **sca·ri·ca·to·re** [-o-] **A** ADJ Abzugs- **B** M, **-tri·ce** F **1** Transportarbeiter *m*, -in *f* **C** M **1** (*dispositivo*) Kipper *m* **2** (*condotto*) Abzugskanal *m* **3** ELEK Überspannungsableiter *m*

sca·ri·co[1] ADJ **1** unbeladen, leer (*a.* ELEK) **2** (*arma*) nicht geladen **3** (*orologio*) abgelaufen **4** *umg* schlapp ♦ *umg fig* **avere le batterie -che** ausgepumpt sein

sca·ri·co[2] M **1** Aus-, Entladen *n* **2** (*di nave*) Löschen *n* **3** *pl* Müll *m* **4** Mülldeponie *f* **5** Abfluss *m* **6** (*di gas*) Auslass *m* **7** AUTO Auspuff *m* **8** HANDEL Ausgang *m* **9** *fig* Entlastung *f* ♦ **acqua di ~** Abwässer *pl*; **divieto di ~** Schutt abladen verbo-

S

ten!; **gas di** ~ Abgase *pl*

scar·lat·ti·na F MED Scharlach *m*

scar·lat·to A ADJ scharlachfarben B M Scharlachrot *n*

scar·mi·glia·re ⟨1g⟩ A V/T zerzausen B V/PR **-rsi** sich (*dat*) die Haare zerzausen

scar·na·re V/T ⟨1a⟩ entfleischen; abschaben

scar·no ADJ 1 hager, (sehr) mager, dürr 2 *fig* mager, dürftig 3 *fig* schmucklos

sca·ro·la [-ɔ-] F wilder Lattich *m*

★**scar·pa** F 1 Schuh *m* 2 (*cuneo*) Bremsklotz *m*, Hemmschuh *m* 3 Böschung *f* ♦ ~ **da bambino/da donna/da uomo** Kinder-/Damen-/Herrenschuh *m*; **-e da escursione** Wanderschuhe *pl*; ★ **-e da ginnastica** Turnschuhe *pl*; *umg pej* **essere una ~ (vecchia)** ein Stümper sein; **lucido da -e** Schuhcreme *f*; ★ **numero di ~** Schuhgröße *f*; **-e con la zeppa** Plateauschuhe *pl*

scar·pa·io M, **-a** F Schuhhändler *m*, -in *f* **scar·pa·ta** F Böschung *f* **scar·pie·ra** [-ɛ-] F Schuhschrank *m*

scar·pi·na·re V/I ⟨1a; av⟩ *umg* latschen

scar·pi·na·ta F *umg* Fußmarsch *m*

scar·po·ne [-o-] M ~ **da montagna** Bergschuh *m*; ~ **da sci** Skistiefel *m*

scar·roz·za·re V/T & V/I ⟨1c; av⟩ (herum)kutschieren, herumfahren **scar·roz·za·ta** F 1 Fahrt *f* mit der Kutsche 2 Spazierfahrt *f*

scar·seg·gia·re [-se-] V/I ⟨1f; av⟩ 1 **qc scarseggia** es mangelt an etw (*dat*); ~ **di qc** an etw (*dat*) mangeln (*a. fig*) 2 knapp werden

scar·sez·za F [-'se-], **scar·si·tà** [-si-] F ⟨*inv*⟩ Knappheit *f*, Mangel

★**scar·so** [-so] ADJ 1 wenig, gering 2 mager, spärlich, dürftig 3 schwach, mangelnd 4 knapp: **un'ora -a** eine knappe Stunde ♦ **con ~ entusiasmo** halbherzig

scar·ta·bel·la·re V/T ⟨1b⟩ durchblättern

scar·ta·fac·cio M Schmierheft *n*

scar·ta·men·to [-e-] M BAHN Spurweite *f* ♦ ~ **largo/ridotto** Breit-/Schmalspur *f*

scar·ta·re[1] V/T ⟨1a⟩ 1 auspacken, auswickeln 2 (*nelle gioco delle carte*) ablegen 3 *fig* verwerfen: ~ **una proposta** einen Vorschlag verwerfen 4 (*possibilità*) ausschließen 5 (*merci*) aussortieren, aussondern

scar·ta·re[2] ⟨1a⟩ A V/I ⟨av⟩ (*veicolo*) ausbrechen B V/T SPORT ~ **qn** j-n ausspielen

scar·ti·na F 1 niedere Spielkarte *f* 2 *fig* Niete *f*, Lusche *f*

scar·to[1] M 1 (*nel gioco delle carte*) Ablegen *n*; Ausspielen *n*; abgelegte Karte *f* 2 Wegwerfen *n*, Aussortieren *n* 3 Abfall *m*, Ausschuss *m* 4 (*persona*) Taugenichts *m*, Niete *f*

scar·to[2] M 1 (*veicoli*) Schleudern *n* 2 (*differenza*) Abstand *m*

scar·toc·cia·re V/T ⟨1c u. f⟩ auspacken

scar·tof·fia [-ɔ-] F *umg* 1 Wisch *m* 2 *pl* Schreibkram *m*

scas·sa·re ⟨1a⟩ A V/T 1 AGR umbrechen 2 *umg* zerbrechen; kaputt machen 3 *umg* (*di persone*) fertigmachen 4 *umg* nerven B V/PR **-rsi** kaputtgehen

scas·sa·to ADJ 1 *umg* kaputt 2 klapp(e)rig, Klapper- 3 *fig* fix und fertig

scas·si·na·re V/T ⟨1l⟩ auf-, erbrechen; *umg* knacken **scas·si·na·to·re** [-o-] M, **-tri·ce** F Einbrecher *m*, -in *f*

scas·so M 1 Einbruch *m* 2 AGR Umbrechen *n* ♦ **a prova di ~** einbruch(s)sicher

sca·ta·fa·scio → catafascio

sca·tar·ra·re V/I ⟨1a; av⟩ Schleim aushusten

sca·te·na·men·to [-e-] M Entfesselung *f* (*a. fig*) **sca·te·nan·te** ADJ **fattore ~** Auslöser *m*

sca·te·na·re ⟨1a⟩ A V/T 1 entfesseln, auslösen 2 entfachen: ~ **l'odio** Hass entfachen B V/PR **-rsi** 1 losbrechen, entbrennen 2 sich austoben **sca·te·na·to** ADJ tobend, wild

★**sca·to·la** F 1 Schachtel *f* 2 Dose *f*, Büchse *f*: **in ~** Dosen- 3 Packung *f* 4 MECH Gehäuse *n* ♦ ~ **armonica** Spieldose *f*; *fig* **comprare a ~ chiusa** die Katze im Sack kaufen; **alimenti in ~** Konserven *pl*; ~ **nera** Flug(daten)schreiber *m*; *umg* **rompere le -e a qn** j-m auf den Keks gehen

sca·to·la·me M Konserven *pl* **sca·to·let·ta** [-e-] F 1 Schächtelchen *n*; kleine Dose *f* 2 Büchse *f*, Dose *f*: ~ **di tonno** Thunfischdose *f* **sca·to·li·fi·cio** M Schachtelfabrik *f*

sca·to·lo·ne [-o-] M Faltkarton *m*

scat·tan·te ADJ 1 schnell, flink 2 (*di auto*) spritzig, spurtschnell

scat·ta·re ⟨1a⟩ A V/I ⟨es⟩ 1 ⟨es, av⟩ losgehen, schnellen 2 zuschnappen; aufschnappen 3 (*semaforo*) (um)springen, schalten 4 *fig* steigen; in die Höhe schnellen: ~ **di tre punti** um 3 Punkte steigen 5 wirksam werden, in Kraft tre-

S

ten: **è scattata l'ora legale** die Sommerzeit ist in Kraft getreten **6** (*persone*) (auf)springen **7** (*per l'ira*) hochgehen **8** SPORT spurten; losstürmen **B** VT **~ una fotografia** ein Foto schießen ♦ MIL **~ sull'attenti** strammstehen

scat·ti·sta M/F Sprinter *m*, -in *f*

scat·to M **1** (*di congegno*) Losgehen *n*, Schnellen *n* **2** (Zu)Schnappen *n* **3** (*moto brusco*) Ruck *m* **4** SPORT Spurt *m* **5** ADMIN Anstieg *m*, Erhöhung *f* **6** FOTO Auslöser *m* **7** TEL (Gebühren)Einheit *f*, Tarifeinheit *f* ♦ **a ~** Schnapp-; **serratura a ~** Schnappschloss *n*; **~ d'anzianità** = *Gehaltserhöhung nach Dienstjahren*; **coltello a ~** Schnappmesser *n*; **di ~** plötzlich; **~ d'ira** Zornesausbruch *m*

sca·tu·ri·re VI ⟨4d; es⟩ **1** heraussprudeln **2** *fig* entspringen

sca·val·ca·re VT ⟨1d⟩ **1** klettern: **~ il recinto** über den Zaun klettern **2** *fig* überflügeln

sca·va·re VT ⟨1a⟩ **1** graben, ausheben **2** ausbaggern **3** (*legno, pietra*) aushöhlen **4** nachforschen, nachbohren **5** ausgraben (*a. fig*): **~ un tesoro** einen Schatz ausgraben **sca·va·to** ADJ *fig* (*lineamenti*) ausgemergelt **sca·va·to·re** [-o-] M, **-tri·ce** F **1** Erdarbeiter *m*, -in *f* **2** Baggerführer *m*, -in *f* **3** (*macchina*) **scavatore** *m* Bagger *m* **sca·va·tri·ce** F Bagger *m* **sca·va·tu·ra** F **1** Graben *n* **2** Grube *f*

sca·vez·za·col·lo [-ɔ-] M/F ⟨*inv*⟩ Draufgänger *m*, -in *f* ♦ **a ~** Hals über Kopf

sca·vez·za·re ⟨1a⟩ **A** VT abästen, stutzen **B** V/PR **-rsi il collo** sich (*dat*) den Hals brechen

sca·vo M **1** Graben *n*, Ausheben *n* **2** Grube *f*, Graben *m* **3** (*edilizia*) Baugrube *f* **4** ARCHÄOL (Aus)Grabung *f* **5** BERGB Abbau *m*

scaz·zar·si [-si] V/PR ⟨1a⟩ *vulg* **1** Stunk haben **2** genervt sein, die Nase voll haben **3** verzagen

scaz·zo M *vulg* (Mords)Krach *m*, Stunk *m*

scaz·zot·ta·re ⟨1c⟩ **A** VT **~ qn** j-n verprügeln **B** V/PR **-rsi** aufeinander einschlagen **scaz·zot·ta·ta** F Prügelei *f*, Rauferei *f*

★**sce·glie·re** [-e-] ⟨3ss⟩ **A** VT **1** (aus)wählen **2** aussuchen **B** V/PR **-rsi** sich (*dat*) aussuchen ♦ **~ bene** eine gute Wahl treffen; **essere libero di ~** frei wählen können; *umg* **c'è poco da ~** da hat man keine Wahl

sce·ic·co M Scheich *m*

scel·le·ra·tag·gine F, **scel·le·ra·tez·za** [-e-] F **1** Frevelhaftigkeit *f* **2** Frevel *m* **scel·le·ra·to** ADJ frevelhaft, ruchlos, verwerflich

scel·li·no M HIST Schilling *m*

★**scel·ta** [-e-] F **1** Wahl *f*: **fare una ~** eine Wahl treffen **2** Auswahl *f* **3** Entscheidung *f* ♦ **a ~** nach Wahl; **test a ~ multipla** Multiple-Choice-Test *m*; **non c'è che l'imbarazzo della ~** wer die Wahl hat, hat die Qual; **merce di prima ~** Ware *f* erster Wahl; **~ strategica** strategische Entscheidung *f*

scel·to [-e-] ADJ gewählt, gepflegt

sce·ma·re ⟨1a⟩ **A** VI ⟨es⟩ **1** nachlassen, abflauen, abnehmen **2** **~ di qc** an etw (*dat*) verlieren **B** VT (*prezzo ecc.*) herabsetzen

sce·ma·ta F Blödsinn *m* **sce·men·za** [-ɛ-] F **1** Dummheit *f* **2** Blödsinn *m*, Quatsch *m*

★**sce·mo** [-e-] **A** ADJ **1** *umg* dumm, blöd, doof: **non sono mica ~!** ich bin ja nicht doof! **2** bescheuert, bekloppt: **ma sei ~?** du bist wohl bescheuert! **B** M, **-a** F Dummkopf *m*

scem·piag·gi·ne F **1** Unsinn *m*, Albernheit *f* **2** Einfalt *f*, Einfältigkeit *f*

scem·pio[1] [-e-] ADJ einfach

scem·pio[2] M **1** Gemetzel *n* **2** Zerstörung *f*: **fare ~ di qc** etw zerstören **3** Verunstaltung *f*, Verschandelung *f*

★**sce·na** [-ɛ-] F **1** Szene *f* (*a. fig*): **provare/girare/ripetere una ~** eine Szene proben/drehen/wiederholen; **che ~ commovente!** was für eine rührende Szene!; **mettere in ~** inszenieren **2** Bühne *f* (*a. fig*): **scomparire dalla ~ politica** von der politischen Bühne abtreten **3** Szenerie *f*, Bühnenbild *n*, Kulisse *f* **4** (*fatto*) Geschehen *n* **5** *fig* Szene *f*, Theater *n*: **non fare -e!** mach kein Theater! ♦ **applauso a ~ aperta** Szenenapplaus *m*; **colpo di ~** Theatercoup *m*; *fig* Knalleffekt *m*; **entrare in ~** auftreten; *fig* auf der Bildfläche erscheinen; *fig* **fare ~ muta** sich ausschweigen

sce·na·rio M **1** Szenerie *f* (*a. fig*) **2** POL Lage *f* **3** (*cinema*) Rohdrehbuch *n*, Szenario *n* **sce·na·ta** F *fig* Theater *n*: **fare una ~ a qn** j-m eine Szene machen; **fare -e di gelosia** Eifersuchtsszenen machen

S

★**scen·de·re** [-e-] ⟨3c⟩ **A** V/I ⟨es⟩ **1** hinunter-, hinabgehen **2** herunterkommen, herabgehen **3** hinuntersteigen; heruntersteigen **4** hinunterfahren; herunterfahren **5** aussteigen: **~ dall'auto** aus dem Auto aussteigen **6** absteigen: **~ dalla bicicletta** vom Fahrrad absteigen **7** *(di pendenza)* abfallen, bergab gehen, sich neigen **8** bergab gehen; bergab fahren **9** *(di fiume)* (abwärts) fließen **10** **~ nei migliori alberghi** in den besten Hotels absteigen **11** *(diminuire)* sinken, fallen, abnehmen **12** (hinab)fallen, reichen: **i capelli le scendono sulle spalle** das Haar fällt ihr auf die Schultern **B** V/T hinuntergehen: **~ le scale** die Treppe hinuntergehen ♦ *fig* **~** (**molto**) **in basso** tief sinken; *fig* **~ in piazza** auf die Straße gehen

scen·di·let·to [-ɛ-] M ⟨inv⟩ Bettvorleger *m*

sce·neg·gia·re V/T ⟨1f⟩ **1** *(adattare per cinema teatro)* bearbeiten **2** *(film)* ein Drehbuch schreiben für **3** *fig* inszenieren **sce·neg·gia·to** M Fernsehfilm *m* **sce·neg·gia·to·re** [-o-] M, **-tri·ce** F Drehbuchautor *m*, -in *f* **sce·neg·gia·tu·ra** F **1** Inszenierung *f* **2** Drehbuch *n*

sce·net·ta [-e-] F Sketch *m*

sce·ni·co [-ɛ-] ADJ szenisch, Bühnen- ♦ **realizzazione -a** Inszenierung *f*

sce·no·gra·fi·a F **1** Bühnengestaltung *f* **2** Bühnenbild *n* **3** *(cinema)* Bauten *pl* **sce·no·gra·fi·co** ADJ **1** Bühnen-: **tecnica -a** Bühnentechnik *f* **2** spektakulär, auffällig

sce·no·gra·fo [-ɔ-] M, **-a** F Bühnenbildner *m*, -in *f*

sce·no·tec·ni·ca [-ɛ-] F **1** Bühnentechnik *f* **2** *(cinema)* Filmarchitektur *f*

sce·psi [-ɛ-] F ⟨inv⟩ Skepsis *f*

sce·rif·fo M S(c)heriff *m*

scer·ne·re [-ɛ-] V/T ⟨3a⟩ **1** unterscheiden **2** erkennen

scer·vel·lar·si [-si] V/PR ⟨1b⟩ sich *(dat)* den Kopf zerbrechen **scer·vel·la·to** ADJ kopflos

scet·ti·ci·smo [-zmo] M Skepsis *f*

scet·ti·co [-ɛ-] ADJ skeptisch (*a.* PHIL)

scet·tro [-ɛ-] M Zepter *n*

sce·ve·ra·re V/T ⟨1l⟩ trennen, unterscheiden

sce·vro [-e-] ADJ *poet* ohne, bar: **~ di pregiudizi** ohne Vorurteile; **~ di ogni colpa** bar jeder Schuld

sche·da [-ɛ-] F **1** Karteikarte *f* **2** *(elettorale)* Stimmzettel *m* **3** IT Karte *f*: **~ grafica** Grafikkarte *f* ♦ **~ bianca** leerer, ungültiger Stimmzettel *m*; **~ magnetica** Magnetkarte *f*; **~ telefonica** Telefonkarte *f*; IT **~ di rete** Netzwerkkarte *f*; TEL **~ SIM** SIM-Karte *f*; **~ di valutazione** (Leistungs)Bewertungsbogen *m*

sche·da·re V/T ⟨1b⟩ in eine Kartei aufnehmen **sche·da·rio** M **1** Kartei *f* **2** Karteikasten *m* **sche·da·to** M, **-a** F Vorbestrafte *m/f* **sche·di·na** F **1** Kärtchen *n* **2** Tippschein *m* ♦ **~ del lotto** Lottoschein *m*

La schedina

Wenn man in Italien von **la schedina** spricht, dann ist meistens der Tippschein vom Fussball-Toto (**il totocalcio**) gemeint. Wer von allen 14 Spielen errät, wer gewinnen wird (d.h. Heimsieg, Auswärtssieg oder unentschieden), kann viel Geld verdienen. Der höchste Gewinn bis heute war 5.549.756.245 Lire (am 5.11.1993), der Spieler hatte einmal 13 Richtige und fünf weitere **schedine** mit 12 Richtigen.
Der Rekord für die gesamte Gewinnsumme (**il montepremi**) wurde ein Monat später erreicht, am 5.12.1993: 34.475.852.492 Lire.
Seit 2003 nehmen die **schedine**, die verloren haben, an einer Verlosung teil und können Preise gewinnen. Außerdem bekommen auch die **schedine** einen Preis, die die ersten 9 Ergebnisse richtig erraten haben.

scheg·gia [-e-] F Splitter *m* ♦ POL **~ impazzita** = *radikale Splittergruppe*

scheg·gia·re ⟨1f⟩ **A** V/T absplittern **B** V/PR **-rsi** splittern **scheg·gia·to** ADJ angeschlagen, abgesplittert **scheg·gia·tu·ra** F Absplitterung *f*

sche·le·tri·co [-ɛ-] ADJ **1** ANAT Skelett- **2** *(persona)* abgemagert, dürr

sche·le·trir·si V/PR ⟨4d⟩ zum Skelett werden

sche·le·tri·to ADJ **1** abgemagert **2** kahl: **un albero ~** ein kahler Baum *m*

sche·le·tro [-ɛ-] M **1** ANAT Skelett *n* **2** *fig* Klappergestell *n* **3** SCHIFF Gerüst *n*, Gerippe *n* **4** Handlungsgerüst *n* ♦ *fig* **avere uno ~ nell'armadio** eine Leiche im Keller haben

sche·ma [-ɛ-] M **1** Schema *n*, Plan *m* **2** Entwurf *m* **3** Klischee *n*, Schablone *f*: **pensare secondo -i fissi** in Schablonen denken ♦ ~ **elettrico** Schaltplan *m*, Schaltbild *n*; SPORT ~ **di gioco** Spielkonzept *n*

sche·ma·ti·co ADJ **1** schematisch **2** starr **sche·ma·tiz·za·re** V/T ⟨1a⟩ schematisieren **sche·ma·tiz·za·zio·ne** [-o-] F Schematisierung *f*

scher·ma [-e-] F **1** Fechten *n*, Fechtkunst *f*: **tirare di** ~ fechten **2** Fechtsport *m*

scher·mag·gio M Abschirmung *f* (*a.* NUKL, RADIO, TV) **scher·ma·glia** F **1** Gefecht *n* **2** *fig* Wortgeplänkel *n*, Plänkelei *f*

scher·ma·re V/T ⟨1a⟩ abschirmen (*a.* RADIO, TV) **scher·ma·tu·ra** F Abschirmung *f*

scher·mi·re ⟨4d⟩ **A** V/T (be)schützen: ~ **qc da qc** etw vor etw (*dat*) schützen **B** V/I ⟨av⟩ fechten **C** V/PR **-rsi** sich wehren (*a. fig*) **scher·mi·sti·co** ADJ Fecht- **scher·mi·to·re** [-o-] M, **-tri·ce** F Fechter *m*, -in *f*

★**scher·mo** [-e-] M **1** Schirm *m* **2** Leinwand *f* **3** *umg* Kino *n* **4** IT, TV Bildschirm *m* ♦ ~ **a contatto** Berührungsbildschirm *m*; TV ~ **a cristalli liquidi** Flüssigkristallbildschirm *m*; IT ~ **grafico** Grafikbildschirm *m*; TV ~ **al plasma** Plasmabildschirm *m*; TV ~ **gigante** Großbildschirm *m*, Videowand *f*; **grande** ~ Leinwand *f*, Kino *n*; **il piccolo** ~ das Fernsehen; ~ **panoramico** Breitwand *f*; IT, TV ~ **piatto** Flachbildschirm *m*

scher·mo·gra·fa·re V/T ⟨1a⟩ ~ **qn** j-n röntgen **scher·mo·gra·fi·a** F Röntgenaufnahme *f* **scher·mo·gra·fi·co** ADJ Röntgen-

scher·ni·re V/T ⟨4d⟩ verhöhnen **scher·ni·to·re** [-o-] **A** ADJ höhnisch **B** M, **-tri·ce** F Spötter *m*, -in *f*

scher·no [-e-] M **1** Verhöhnung *f*: **farsi** ~ **di qn** j-n (ver)höhnen **2** Gespött *n*

scher·za·re V/I ⟨1a; av⟩ scherzen: ~ **su qc** über etw (*akk*) scherzen ♦ *fig* ~ **col fuoco** mit dem Feuer spielen; **non sto scherzando!** das meine ich völlig ernst

★**scher·zo** [-e-] M **1** Scherz *m*, Spaß *m*, Streich *m* **2** *fig* Kinderspiel *n* **3** MUS Scherzo *n* ♦ *fig* **fare** (*od* **giocare**) **un brutto** ~ **a qn** j-m einen bösen Streich spielen; **-i a parte** Spaß beiseite; **per** ~ aus (*od* im, zum) Spaß

scher·zo·so [-o-] ADJ **1** scherzhaft **2** lustig

schet·ti·nag·gio M Rollschuhlaufen *n* **schet·ti·na·re** V/I ⟨1b *u.* l; av⟩ Rollschuh laufen **schet·ti·no** [-ɛ-] M Rollschuh *m*

schiac·cia·mo·sche [-o-] M ⟨*inv*⟩ Fliegenklatsche *f* **schiac·cia·no·ci** [-o-] M ⟨*inv*⟩ Nussknacker *m*

schiac·cian·te ADJ **1** überwältigend, erdrückend **2** (*prova*) schlagend

schiac·cia·pa·ta·te M ⟨*inv*⟩ Kartoffelpresse *f*; Kartoffelstampfer *m*

schiac·cia·re ⟨1f⟩ **A** V/T **1** (zer)quetschen, zerdrücken **2** (*con piedi*) zertreten **3** (*frutta secca*) knacken **4** (er)drücken (*a. fig*): ~ **un pulsante** einen Knopf drücken; **era schiacciato dai debiti** er wurde von den Schulden erdrückt **5** SPORT schmettern **B** V/PR **-rsi** **1** zerquetscht werden, zerdrückt werden **2** *umg* **-rsi qc** sich (*dat*) etw einklemmen ♦ ~ **un pisolino** ein Nickerchen machen, halten

schiac·cia·sas·si M ⟨*inv*⟩ **1** Straßenwalze *f*; Planierraupe *f* **2** *fig* Trampel *m*

schiac·cia·ta F **1** SPORT Schmetterball *m* **2** GASTR Fladen *m*, Fladenbrot *n* **schiac·cia·to** ADJ **1** zerquetscht, zerdrückt **2** zertreten **3** *fig* erdrückt

schiaf·fa·re ⟨1a⟩ **A** V/T schmeißen **B** V/PR **-rsi** *umg* sich schmeißen; *umg* sich hauen

schiaf·feg·gia·re V/T ⟨1f⟩ ohrfeigen

schiaf·fo M Ohrfeige *f* ♦ **faccia da -i** Ohrfeigengesicht *n*

schia·maz·za·re V/I ⟨1a; av⟩ **1** (*galline*) gackern **2** (*oche*) schnattern **3** kreischen

schia·maz·zo M **1** Gegacker *n* **2** Geschnatter *n* **3** Gekreisch *n*: **fare** ~ lärmen ♦ **-i notturni** nächtliche Ruhestörung *f*

schian·ta·re ⟨1a⟩ **A** V/T **1** (ab)brechen **2** zerbrechen **3** *fig* ~ **il cuore di qn** j-m das Herz brechen **4** zum Platzen bringen **B** V/I ⟨es⟩ *umg* **1** platzen: ~ **dalle risa** vor Lachen platzen **2** sterben **C** V/PR **-rsi** **1** (*aereo, nave*) zerschellen **2** (*auto*) donnern **3** *fig* (*cuore*) brechen

schian·to M **1** Zusammenstoß *m* **2** Krach *m*; Knall *m* **3** furchtbarer Schmerz *m* **4** *umg* Wucht *f*, Wahnsinn *m* ♦ **di** ~ plötzlich

schiap·pa F *umg* Niete *f*, Flasche *f*

schia·ren·te [-ɛ-] **A** ADJ aufhellend **B** M Aufheller *m* **schia·ri·men·to** [-e-] M **1** Aufhellung *f* **2** *fig* Klärung *f*; Er-, Auf-

klärung *f*
schia·ri·re ⟨4d⟩ **A** VT aufhellen, heller machen **B** VI ⟨es⟩ **1** ausbleichen **2** *unpers* **schiarisce** es hellt sich auf **C** VPR **-rsi** sich aufhellen, hell werden ♦ **~ la voce** sich räuspern
schia·ri·ta F **1** Aufheiterung *f* **2** *fig* Entspannung *f*
schiat·ta·re VI ⟨1a; es⟩ platzen
★**schia·va** F Sklavin *f* (*a. fig*)
schia·vi·smo [-zmo] M (*sistema*) Sklaverei *f* **schia·vi·sta** M/F *fig* Sklaventreiber *m*, -in *f* **schia·vi·tù** F ⟨*inv*⟩ **1** Sklaverei *f*, Sklaventum *n* **2** *fig* Abhängigkeit *f*, Sucht *f*
schia·viz·za·re VT ⟨1a⟩ **1** versklaven **2** *fig* tyrannisieren
schia·viz·za·zio·ne [-o-] F Versklavung *f*
★**schia·vo** **A** ADJ versklavt **B** M Sklave *m* (*a. fig*) ♦ *fig* **diventare ~ dell'alcol** dem Alkohol verfallen
★**schie·na** [-ɛ-] F **1** Rücken *m* (*a.* GEOG); *umg* Kreuz *n* **2** Kruppe *f*
schie·na·le M **1** Rückenlehne *f* **2** GASTR Rückenstück *n*
schie·ra [-ɛ-] F **1** Schar *f*, Reihe *f* **2** Gruppe *f* **3** MIL Heerschar *f* ♦ **a -e** scharenweise; **villetta a ~** Reihenhaus *n*
schie·ra·men·to [-e-] M **1** MIL, SPORT Aufstellung *f* **2** POL Lager *n*
schie·ra·re ⟨1b⟩ **A** VT **1** aufstellen **2** aufreihen **B** VPR **-rsi** **1** sich aufstellen **2** sich aufreihen **3** *fig* **-rsi con qn** für j-n Partei ergreifen **4** **-rsi dalla parte di qn** sich auf j-s Seite stellen **5** **-rsi contro qc** gegen etw auftreten
schiet·tez·za [-e-] F Ehrlichkeit *f*, Aufrichtigkeit *f* ♦ **~ d'animo** Offenherzigkeit *f*
schiet·to [-ɛ-] **A** ADV aufrichtig, offen: **a dirla -a** offen gesagt **B** ADJ **1** ehrlich, aufrichtig, unverblümt **2** rein, echt
schi·fa·re ⟨1a⟩ **A** VT **1** verschmähen **2** anekeln, anwidern **B** VPR **-rsi di qn/qc** sich vor j-m/etw ekeln **schi·fa·to** ADJ angeekelt, angewidert **schi·fez·za** [-e-] F **1** Ekelhaftigkeit *f* **2** *umg* Mist *m*
schi·fil·to·si·tà F ⟨*inv*⟩ Zimperlichkeit *f*
schi·fil·to·so [-o-] ADJ zimperlich, heikel
★**schi·fo** M Ekel *m*, Abscheu *m/f* ♦ **che ~!** pfui Teufel!; **fare ~ a qn** j-n anwidern; (*cibo ecc.*) ekelhaft schmecken; **pigro da fare ~** stinkfaul; **ricco da fare ~** stinkreich
schi·fo·sa·men·te [-e-] ADV *umg* scheiß-: **~ ricco** stinkreich
schi·fo·so [-o-] ADJ **1** ek(e)lig, ekelhaft **2** widerlich **3** fies ♦ **una fortuna -a** ein unverschämtes Glück
schioc·ca·re ⟨1c *u.* d⟩ **A** VT **~ qc** mit etw knallen, schnalzen **B** VI ⟨av⟩ knallen, schnalzen **schioc·co** [-ɔ-] M Knall *m*, Schnalzer *m*
schio·da·re ⟨1c⟩ **A** VT **~ qc** die Nägel aus etw herausziehen **B** VPR **-rsi** *umg* abhauen, sich auf die Socken machen
schiop·po [-ɔ-] M Flinte *f* ♦ **a un tiro di ~** nur einen Steinwurf weit entfernt
schiu·de·re ⟨3b⟩ **A** VT leicht öffnen, halb aufmachen **B** VPR **-rsi** **1** sich öffnen **2** *fig* sich aufschließen, sich erschließen
schiu·ma F Schaum *m*: **~ da barba** Rasierschaum *m*; **bagno di ~** Schaumbad *n*
schiu·ma·io·la [-ɔ-] F Schaumlöffel *m*
schiu·ma·re ⟨1a⟩ **A** VT den Schaum abschöpfen von **B** VI ⟨av⟩ schäumen (*a. fig*) **schiu·mo·ge·no** [-ɔ-] **A** ADJ Schaum erzeugend, Schaum- **B** M Schaum(feuer)löscher *m* **schiu·mo·so** [-o-] ADJ **1** schäumend **2** schaumig
schiu·sa F ZOOL Ausschlüpfen *n*
schiu·so ADJ geöffnet, offen
schi·va·re VT ⟨1a⟩ **1** **~ qc** etw (*dat*) ausweichen **2** **~ qn** j-n meiden **3** **~ qc** etw (*dat*) entkommen **schi·va·ta** F Ausweichen *n*
schi·vo ADJ **1** abgeneigt **2** scheu
schi·zo·fre·ni·a F Schizophrenie *f*
schi·zo·fre·ni·co [-ɛ-] ADJ **A** ADJ schizophren **B** M, **-a** F Schizophrene *m/f*
schiz·za·re ⟨1a⟩ **A** VI ⟨es⟩ **1** spritzen **2** **~ faville** Funken sprühen **3** *fig* schießen, springen: **~ fuori dal letto** aus dem Bett springen **B** VT **1** verspritzen **2** **~ qn di qc** j-n mit etw bespritzen **3** skizzieren, umreißen **schiz·za·to** ADJ *umg* durchgeknallt **schiz·zet·to** [-e-] M **1** Spritze *f* **2** Wasserpistole *f*
schiz·zi·no·so [-o-] ADJ zimperlich
schiz·zo M **1** (Be)Spritzen *n* **2** Spritzer *m* **3** *fig* Sprung *m*, Satz *m* **4** Skizze *f* ♦ **caffè con lo ~** Kaffee *m* mit Schuss
★**sci** M ⟨*inv*⟩ **1** Ski *m*: **~ (da) carving** Carvingski *m*; **~ da fondo** Langlaufski *m* **2** SPORT Skisport *m*: **fare dello ~** Ski laufen (*od* fahren) ♦ **~ d'acqua** (*od* **nautico**) Wasserski *m*; **~ alpinismo** Skiwandern *n*; **~ alpino** alpiner Skilauf *m*; **~ di fondo** Langlauf *m*

sci·a F **1** Kielwasser *n* (*a. fig*) **2** (*di profumo*) Wolke *f*
scià M ⟨*inv*⟩ Schah *m*
scia·bo·la F Säbel *m*
scia·bor·da·re ⟨1c⟩ **A** V/T schwenken, schütteln **B** V/I ⟨av⟩ schwappen, platschen
scia·cal·lo M **1** Schakal *m* **2** *fig* Plünderer *m* **3** Aasgeier *m*
sciac·qua·re ⟨1a⟩ **A** V/T **1** (aus)spülen **2** abspülen **B** V/PR **-rsi** **1** sich (ab)waschen **2** sich ausspülen **sciac·qua·tu·ra** F **1** (Aus)Spülen *n* **2** Spülwasser *n*
sciac·quo M **1** Mundspülung *f*; Mundwasser *n* **2** Spülung *f*, (Aus)Spülen *n*
sciac·quo·ne [-o-] M Spülkasten *m*; Wasserspülung *f* ♦ *umg* **tirare lo ~** spülen
Sciaf·fu·sa F Schaffhausen *n*
scia·gu·ra F Unglück *n*: **~ aerea** Flugzeugunglück *n*; **luogo della ~** Unglücksort *m*
scia·gu·ra·ta·men·te [-e-] ADV **1** unglücklicherweise **2** gemein, ruchlos **scia·gu·ra·to** ADJ **1** unglückselig **2** verhängnisvoll **3** ruchlos, verwerflich ♦ **~ me!** ich Armer!
scia·lac·qua·men·to [-e-] M Verschwendung *f* **scia·lac·qua·re** V/T ⟨1a⟩ verschwenden; verprassen **scia·lac·qua·to·re** [-o-] **A** ADJ verschwenderisch **B** M, **-tri·ce** F Verschwender *m*, -in *f*
scia·la·re ⟨1a⟩ **A** V/I ⟨av⟩ prassen **B** V/T verprassen, vergeuden
scial·bo ADJ **1** blass, fahl, bleich **2** *fig* farblos, fad(e), schal **3** *fig* nichtssagend
scial·le M **1** Schultertuch *n* **2** Schal *m*
scia·lo M **1** Verschwendung *f* **2** Prunk *m*, Pracht *f*
scia·lo·ne [-o-] M, **-a** F Verschwender *m*, -in *f*
scia·lup·pa F Beiboot *n*, Schaluppe *f* ♦ **~ di salvataggio** Rettungsboot *n*
scia·ma·no M Schamane *m*, -nin *f*
scia·ma·re V/I ⟨1a; av, es⟩ (um)schwärmen (*a. fig*) **scia·me** M Schwarm *m* (*a. fig*)
sciam·po → shampoo
scian·ca·to **A** ADJ **1** gehbehindert **B** M, **-a** F Gehbehinderte *m/f*
scian·cra·to ADJ (an)tailliert ♦ **sci ~** Carvingski *m*
scian·gai M Mikado *n*
scia·ra·da F **1** Scharade *f* **2** *fig* Rätsel *n*
★**sci·a·re** V/I ⟨1h; av⟩ Ski laufen, Ski fahren
★**sciar·pa** F **1** Schal *m*, Halstuch *n* **2** Schärpe *f*
scia·ta F Skilaufen *n*
scia·ti·ca F Hüftweh *n* **scia·ti·co** ADJ Ischias-, Hüft-: **nervo ~** Ischiasnerv *m*
scia·to·re [-o-] M, **-tri·ce** F Skifahrer *m*, -in *f*
sciat·te·ri·a F Schlampigkeit *f*
sciat·to ADJ nachlässig; schlampig
sciat·to·ne [-o-] M, **-a** F Schlamper *m*, -in *f*
sci·bi·le M Wissen *n*
scic·che·ri·a F *umg* Schick *m*: **questa macchina è una vera ~** das Auto ist wirklich schick **scic·co·so** [-o-] ADJ *umg* schick
scien·te·men·te [-e-] ADV bewusst
scien·ti·fi·ca F Erkennungsdienst *m*
scien·ti·fi·co ADJ wissenschaftlich
Scien·to·lo·gy® [saien'tɔlogi] F Scientology® *f*
★**scien·za** [-ɛ-] F Wissenschaft *f* ♦ **~ dell'alimentazione** Ernährungswissenschaft *f*; **-e economiche/naturali/sociali/umane** Wirtschafts-/Natur-/Sozial-/Geisteswissenschaften *pl*
★**scien·zia·ta** F Wissenschaftlerin *f*
★**scien·zia·to** M Wissenschaftler *m*
sci·i·sti·co ADJ Ski-: **gara -a** Skirennen *n*; **zona -a** Skigebiet *n*
sci·i·ta **A** ADJ schiitisch **B** M/F Schiit *m*, -in *f*
★**scim·mia** F Affe *m* ♦ *sl* **avere la ~** sternhagelvoll sein; (*essere in crisi d'astinenza*) einen Affen schieben
scim·mie·sco [-e-] ADJ **1** affenartig; *pej* äffisch **2** *fig* hässlich **scim·miet·ta** [-e-] F Äffchen *n* **scim·mio·ne** [-o-] M **1** großer Affe *m* **2** Gorilla *m*
scim·miot·ta·re V/T ⟨1c⟩ nachmachen; *pej* nachäffen **scim·miot·ta·to·re** [-o-] M, **-tri·ce** F Nachäffer *m*, -in *f*
scim·miot·to [-ɔ-] M Affenjunge *n* ♦ *fig* **fare lo ~** j-n nachäffen
scim·pan·zé M ⟨*inv*⟩ Schimpanse *m*
sci·mu·ni·tag·gi·ne F Dummheit *f*
sci·mu·ni·to **A** ADJ dumm **B** M, **-a** F Dummkopf *m*
scin·de·re ⟨3v⟩ **A** V/T **1** PHYS, CHEM spalten **2** aufteilen **3** (genau) voneinander trennen, auseinanderhalten **B** V/PR **-rsi** sich (auf)spalten
scin·di·bi·le ADJ spaltbar
scin·til·la F Funke *m* (*a. fig*) ♦ **fare -e**

S

Funken sprühen; **scocca la ~** der Funke zündet; *fig* der Funke springt über

scin·til·lan·te ADJ **1** funkelnd **2** *fig* glänzend: **un'idea ~** eine glänzende Idee *f* **scin·til·la·re** V/I ⟨1a; av⟩ **1** PHYS Funken sprühen **2** funkeln, glitzern

scin·til·li·o M Glitzern *n*, Glanz *m*

sciò INT *umg* husch

scioc·can·te ADJ schockierend **scioc·ca·re** V/T ⟨1c⟩ schockieren **scioc·ca·to** ADJ **rimanere ~ per qc** über etw (*akk*) schockiert sein

★**scioc·chez·za** [-e-] F **1** Dummheit *f*; Blödsinn *m*: **che ~!** so ein Blödsinn! **2** Kleinigkeit *f*: **offendersi per una ~** wegen einer Kleinigkeit beleidigt sein ♦ *umg* **pagare qc una ~** etw spottbillig erstehen

scioc·chi·no **A** ADJ ein bisschen dumm **B** M, **-a** F Dummerchen *n*

★**scioc·co** [-ɔ-] **A** ADJ **1** dumm, albern **2** banal **B** M, **-a** F Dumme *m/f*

scio·gli·bi·le ADJ auflösbar, löslich

scio·glie·re [-ɔ-] V/T ⟨3ss⟩ **1** lösen: **~ un nodo** einen Knoten lösen **2** losbinden; befreien (*a. fig*) **3** (*ghiaccio, neve*) schmelzen **4** (auf)lösen (*a.* CHEM) **5** GASTR zerlassen **6** *fig* **~ qn da qc** j-n von etw entbinden (*od* lossprechen) **7** *fig* auflösen: **~ un contratto/una riunione** einen Vertrag/eine Versammlung auflösen ♦ **~ un dubbio** einen Zweifel beseitigen

★**scio·glier·si** [-ɔ-] V/PR **1** (*slegarsi*) sich lösen, aufgehen **2** sich losmachen, sich befreien **3** schmelzen (*a. fig*) **4** sich lösen (*a.* CHEM): **~ in acqua** sich in Wasser lösen **5** GASTR zergehen **6** *fig* sich auflösen; aufgelöst werden **7** *fig* enden, ausgehen **8** *fig* lockerer werden ♦ **~ in bocca** auf der Zunge zergehen; **~ i capelli** das Haar lösen

scio·gli·lin·gua M ⟨*inv*⟩ Zungenbrecher *m* **scio·gli·men·to** [-e-] M **1** Lösen *n* **2** Schmelzen *n*, Schmelze *f* **3** *fig* Auflösung *f* **4** *fig* Lösung *f* **5** *fig* Ende *n*, Ausgang *m* ♦ **~ delle Camere** Auflösung *f* des Parlaments

sci·o·li·na F Skiwachs *n*, Gleitwachs *n*

sciol·ta [-ɔ-] F *umg* Durchfall *m*, Dünnpfiff *m*

sciol·ta·men·te [-e-] ADV gelassen, locker

sciol·tez·za [-e-] F **1** Gewandtheit *f* **2** Ungezwungenheit *f* ♦ **~ di mano** Fingerfertigkeit *f*; **~ nel parlare** Redegewandtheit *f*

sciol·to [-ɔ-] ADJ **1** frei (*a. fig*) **2** geschmolzen **3** (auf)gelöst **4** *fig* locker, gelassen **5** gewandt **6** gelenkig **7** *umg* lose, unverpackt

scio·pe·ran·te **A** ADJ streikend **B** M/F Streikende *m/f*

★**scio·pe·ra·re** V/I ⟨1l *u.* d; av⟩ streiken

scio·pe·ra·tag·gi·ne F Drückebergerei *f*; Faulheit *f* **scio·pe·ra·to** **A** ADJ *pej* drückebergerisch, faul **B** M, **-a** F *pej* Drückeberger *m*, -in *f*

★**scio·pe·ro** [-ɔ-] M Streik *m* ♦ **~ articolato** Schwerpunktstreik *m*; **~ di avvertimento** Warnstreik *m*; **~ della fame** Hungerstreik *m*; **fare ~** streiken (*a. fig hum*); **~ generale** Generalstreik *m*; **incitare allo ~** zum Streik aufrufen; **ondata di -i** Streikwelle *f*; **~ (a gatto) selvaggio** wilder Streik *m*; **~ a singhiozzo** Bummelstreik *m*

scio·ri·na·re V/T ⟨1a⟩ zur Schau *f* stellen (*a. fig*) ♦ **~ consigli** Ratschläge erteilen

sci·o·vi·a F Skilift *m*

scio·vi·ni·smo [-zmo] M Chauvinismus *m* **scio·vi·ni·sta** M/F Chauvinist *m*, -in *f*

sci·pi·tez·za [-e-] F **1** Fadheit *f* **2** *fig* Geistlosigkeit *f* **sci·pi·to** ADJ **1** fade **2** geistlos

scip·pa·re V/T ⟨1a⟩ **~ qn** j-m die Tasche entreißen

scip·pa·to·re [-o-] M, **-tri·ce** F Handtaschenräuber *m*, -in *f*

scip·po M Handtaschenraub *m*

sci·roc·co [-ɔ-] M Schirokko *m*

sci·rop·pa·re ⟨1c⟩ **A** V/T in Sirup einlegen **B** V/PR *umg hum* **-rsi qn/qc** sich (*dat*) j-n/etw antun müssen **sci·rop·po** [-ɔ-] M **1** Sirup *m* **2** MED Saft *m* **sci·rop·po·so** [-o-] ADJ **1** dickflüssig **2** *fig* schmalzig

sci·sma [-zma] M **1** Schisma *n* **2** POL Spaltung *f*; Abspaltung *f*

scis·sio·ne [-o-] F **1** (Auf)Spaltung *f* (*a.* PSYCH, CHEM, POL) **2** BIOL Teilung *f*, Furchung *f*

scis·so → scindere

scis·su·ra F **1** Spalte *f*, Spalt *m* **2** ANAT Furche *f* **3** *fig* Uneinigkeit *f*

sci·sto M Schiefer *m*

sciu·pa·re ⟨1a⟩ **A** V/T **1** abnutzen; abwetzen **2** zerknittern **3** verschwenden, vergeuden **4** *fig* **~ la propria vita** sein Leben verpfuschen **5** *fig* verderben: **~ qc a qn** j-m etw verderben **B** V/PR **-rsi** **1** sich abnutzen; sich abwetzen **2** (sich) zerknittern **3** *fig* sich abrackern **4** *fig* **-rsi**

a **fare qc** sich herablassen, etw zu tun
sciu·pa·to ADJ **avere l'aria -a** mitgenommen aussehen
sciu·pi·o M Verschwendung *f*
sciu·po·ne [-o-] M, **-a** F Verschwender *m*, -in *f*
★**sci·vo·la·re** V/I ⟨1l; es⟩ **1** gleiten, rutschen **2** ausrutschen **3** *fig* (*discorso ecc.*) ent-, abgleiten **4** **far ~ il discorso su qc** das Gespräch auf etw (*akk*) bringen **5** **~ su qc** über etw (*akk*) hinweggehen **sci·vo·la·ta** F (Aus)Rutschen *n*, Gleiten *n*
sci·vo·lo M Rutsche *f*
sci·vo·lo·ne [-o-] M Ausrutscher *m* (*a. fig*)
sci·vo·lo·si·tà F ⟨*inv*⟩ Glätte *f* **sci·vo·lo·so** [-o-] ADJ **1** rutschig, *umg* glitschig **2** *fig* schmierig ♦ **fondo stradale ~** Straßenglätte *f*
scle·ra·re V/I ⟨1m⟩ *umg* durchdrehen
scle·ra·to *umg* **A** ADJ durchgedreht, durchgeknallt **B** M, **-a** F durchgeknallter Typ *m*
scle·ro·si [-ɔ-] F Sklerose *f*: **~ laterale amiotrofica** amyotrophe Lateralsklerose *f* **scle·ro·ti·co** [-ɔ-] **A** ADJ sklerotisch **B** M, **-a** F Sklerotiker *m*, -in *f*
scle·ro·tiz·zar·si [-si] V/PR ⟨1a⟩ **1** verkalken **2** *fig* erstarren
scoc·ca [-ɔ-] F **1** Fahrgestell *n* **2** Aufbau *m*
scoc·ca·re ⟨1c⟩ **A** V/T **1** (*freccia*) abschießen **2** (*ore*) schlagen **3** (*bacio, sguardo*) zuwerfen **B** V/I ⟨es⟩ **1** (*scintilla*) überspringen **2** (*ore*) schlagen
scoc·cian·te ADJ lästig
scoc·cia·re ⟨1f⟩ **A** V/T *umg* **~ qn** j-m auf die Nerven gehen **B** V/PR **-rsi** **1** sich ärgern **2** die Lust verlieren **scoc·cia·to** ADJ verärgert, genervt **scoc·cia·to·re** [-o-] M, **-tri·ce** F *umg* Nervensäge *f* **scoc·cia·tu·ra** F **1** Ärgernis *n*: **che ~!** ist das nervig! **2** langweilige Angelegenheit *f*
sco·del·la [-ɛ-] F **1** Schüssel *f* **2** Suppenteller *m* ♦ **~ del cane** Hundenapf *m*
sco·del·la·re V/T ⟨1b⟩ **1** in die Schüssel füllen **2** *fig* auftischen, servieren
sco·din·zo·la·re V/I ⟨1m; av⟩ **1** wedeln **2** *fig* **~ intorno a qn** um j-n herumschwänzeln
sco·glie·ra [-ɛ-] F **1** Klippe *f* **2** Riff *n*
sco·glio [-ɔ-] M **1** Klippe *f* (*a. fig*) **2** Fels(en) *m*

sco·iat·to·lo M Eichhörnchen *n*
sco·la·pa·sta M ⟨*inv*⟩ Nudelsieb *n* **sco·la·piat·ti** M ⟨*inv*⟩ Abtropfständer *m*
★**sco·la·ra** F Schülerin *f*
★**sco·la·re**[1] ⟨1o *u.* i⟩ **A** V/T **1** (*bottiglia*) leeren, ausgießen **2** (*pasta*) abgießen **B** V/I ⟨av⟩ abtropfen **C** V/PR *umg* **-rsi una bottiglia di vino** eine Flasche Wein hinunterschütten
★**sco·la·re**[2] ADJ Schul- **sco·la·re·sca** [-e-] F Schülerschaft *f* **sco·la·ret·ta** [-e-] F Schulmädchen *n* **sco·la·ret·to** [-e-] M Schuljunge *m*
★**sco·la·ro** M Schüler *m*
★**sco·la·sti·co** ADJ **1** Schul-; schulisch **2** *pej* schülerhaft
sco·la·to·io [-o-] M Abtropfgestell *n*
sco·lio·si [-ɔ-] F Wirbelsäulenverkrümmung *f*
scol·lac·cia·to ADJ **1** tief ausgeschnitten **2** *fig* anstößig, schlüpfrig
scol·la·men·to [-e-] M **1** Ablösen *n* **2** MED Ablösung *f* **3** *fig* Auflösung *f* **4** *fig* Kluft *f*
scol·la·re[1] ⟨1c⟩ **A** V/T ablösen **B** V/PR **-rsi** **1** sich (ab)lösen **2** *fig* sich trennen
scol·la·re[2] ⟨1c⟩ **A** V/T MODE ausschneiden **B** V/PR **-rsi** Kleider mit Dekolleté tragen
scol·la·to[1] ADJ abgelöst
scol·la·to[2] ADJ MODE ausgeschnitten, dekolletiert ♦ **scarpe -e** Pumps *pl*
scol·la·tu·ra[1] F Ablösen *n*, Ablösung *f*
scol·la·tu·ra[2] F MODE (Hals)Ausschnitt *m*; Dekolleté *n*; **~ a V** V-Ausschnitt *m*
scol·le·ga·re ⟨1e⟩ **A** V/T (*apparecchi, batterie, cavi*) trennen **B** V/PR IT (*da una rete*) sich ausloggen
scol·lo [-ɔ-] → scollatura[2]
sco·lo [-o-] M **1** Ablauf *m*; Abfluss *m*: **tubo di ~** Abflussrohr *n* **2** Abwasser *n* **3** MED Ausfluss *m*; *umg* Tripper *m*
sco·lo·ra·re ⟨1a⟩ **A** V/T entfärben, (aus)bleichen **B** V/I ⟨es⟩ ausbleichen, verblassen **C** V/PR **-rsi** verbleichen
sco·lo·ri·na F Tintenkiller *m*
sco·lo·ri·re ⟨4d⟩ **A** V/T **1** entfärben, (aus)bleichen **2** *fig* verblassen lassen **B** V/I ⟨es⟩ **1** verblassen (*a. fig*) **2** erblassen, erbleichen **C** V/PR **-rsi** verblassen (*a. fig*)
sco·lo·ri·to ADJ *fig* fad, farblos
scol·pa·re ⟨1a⟩ **A** V/T rechtfertigen **B** V/PR **-rsi** sich rechtfertigen
scol·pi·re V/T ⟨4d⟩ **1** meißeln, hauen **2**

(ein)gravieren **3** (ein)schnitzen **4** *fig* (*nella memoria*) einprägen
scol·pi·tu·ra F AUTO Reifenprofil *n*
scom·bi·na·re V/T ⟨1a⟩ **1** durcheinanderbringen **2** vereiteln, über den Haufen werfen **scom·bi·na·to** **A** ADJ verworren **B** M, **-a** F Wirrkopf *m*
scom·bus·so·la·men·to [-e-] M Verwirrung *f* **scom·bus·so·la·re** V/T ⟨1m⟩ verwirren, durcheinanderbringen **scom·bus·so·li·o** M Verwirrung *f*
scom·mes·sa [-e-] F Wette *f*: **fare una ~** eine Wette abschließen
★**scom·met·te·re** [-e-] V/T ⟨3ee⟩ **1** **~ qc** um etw wetten **2** **~ su qn/qc** auf j-n/etw setzen (*a. fig*) ♦ **puoi scommetterci!, ci puoi ~!** darauf kannst du Gift nehmen!
scom·met·ti·to·re [-o-] M, **-tri·ce** F Wetter *m*, -in *f*
sco·mo·da·re ⟨1l *u.* c⟩ **A** V/T bemühen; stören (*a. fig*) **B** V/PR **-rsi** sich (*dat*) Umstände machen ♦ **non si scomodi!** bleiben Sie doch sitzen!
sco·mo·di·tà F ⟨*inv*⟩ Unbequemlichkeit *f*
sco·mo·do [-ɔ-] **A** ADJ unbequem **B** M Störung *f*, Belästigung *f* ♦ **mi torna** (*od* **resta**) **~** es kommt mir nicht gelegen
scom·pa·gi·na·re ⟨1m⟩ **A** V/T durcheinanderbringen **B** V/PR **-rsi** in Verwirrung geraten
scom·pa·gna·to ADJ einzeln: **una calza -a** ein einzelner Strumpf *m*
★**scom·pa·ri·re** V/I ⟨4e; es⟩ **1** verschwinden **2** *euph* versterben **3** (*civiltà*) untergehen **4** *fig* verblassen, sich schlecht ausnehmen
scom·par·sa [-sa] F **1** (*di oggetto, sintomo*) Verschwinden *n* **2** *euph* (*morte*) Ableben *n* **scom·par·so** [-so] **A** ADJ **1** verschwunden **2** vermisst **3** ausgestorben **4** (*civiltà*) untergegangen **5** *euph* verstorben **B** M, **-a** F Verschwundene *m/f*; Vermisste *m/f*
★**scom·par·ti·men·to** [-e-] M **1** BAHN Abteil *n*: **~ (non) fumatori** (Nicht)Raucherabteil *n* **2** Fach *n* ♦ *fig* **ragionare a -i stagni** in vorgefassten Schemen denken
scom·par·to M Fach *n*
scom·pi·glia·re ⟨1g⟩ **A** V/T **1** verwirren **2** zerzausen **B** V/PR **-rsi** **1** in Verwirrung geraten **2** zerzausen **scom·pi·glio** M Verwirrung *f*, Unordnung *f*
scom·po·ni·bi·le ADJ zerlegbar
scom·por·re [-o-] ⟨3ll⟩ **A** V/T **1** zerlegen **2** CHEM spalten **3** zerzausen **4** aus der Fassung bringen **B** V/PR **-rsi** **1** sich in seine Einzelteile auflösen **2** die Fassung verlieren ♦ **senza -rsi** ohne eine Miene zu verziehen
scom·po·si·zio·ne [-o-] F **1** Zerlegung *f* **2** (*frasi*) Zergliederung *f* **3** CHEM Spaltung *f*
scom·po·stez·za [-e-] F Ungehörigkeit *f*
scom·po·sto [-o-] ADJ **1** zerlegt **2** zerzaust **3** durcheinander **4** lässig, ungehörig
scom·pu·ta·re V/T ⟨1l⟩ abziehen, abrechnen
sco·mu·ni·ca F Exkommunikation *f*
sco·mu·ni·ca·re V/T ⟨1m *u.* d⟩ exkommunizieren
sco·mu·ni·ca·to **A** ADJ exkommuniziert **B** M, **-a** F Exkommunizierte *m/f*
scon·cer·ta·re V/T ⟨1b⟩ **1** verblüffen **2** erschüttern **scon·cer·to** [-ɛ-] M **1** Verblüffung *f* **2** Erschütterung *f*
scon·cez·za [-e-] F **1** Unanständigkeit *f*; Schweinerei *f* **2** Zote *f*: **dire -e** Zoten reißen
scon·cio [-o-] ADJ unanständig, zotig
scon·clu·sio·na·tez·za [-e-] F Zusammenhang(s)losigkeit *f* **scon·clu·sio·na·to** ADJ **1** zusammenhang(s)los **2** unschlüssig
scon·di·to ADJ **1** ungewürzt **2** (*insalata*) nicht angemacht **3** (*riso*) ohne Zutaten
scon·fes·sa·re V/T ⟨1b⟩ **1** verleugnen **2** **~ qc** von etw Abstand nehmen
scon·fic·ca·re V/T ⟨1d⟩ herausziehen
★**scon·fig·ge·re** V/T ⟨3cc⟩ **1** **~ qn** j-n schlagen (*od* besiegen) **2** *fig* besiegen, überwinden
scon·fi·na·men·to [-e-] M Grenzübertritt *m*, Grenzverletzung *f*
scon·fi·na·re V/I ⟨1a; av⟩ **1** die Grenze überschreiten **2** *fig* **~ da qc** von etw abweichen **scon·fi·na·to** ADJ grenzenlos (*a. fig*)
★**scon·fit·ta** F Niederlage *f* **scon·fit·to** ADJ geschlagen; besiegt (*a.* SPORT *fig*)
scon·for·tan·te ADJ entmutigend
scon·for·ta·re ⟨1c⟩ **A** V/T entmutigen **B** V/PR **-rsi** den Mut verlieren **scon·forto** [-ɔ-] M Verzagtheit *f*: **cadere nello ~** verzagen
scon·ge·la·re V/T ⟨1b⟩ auftauen ♦ **~ il frigorifero** den Kühlschrank abtauen

S

scon·giu·ra·re VT ⟨1a⟩ **1** **~ qn di fare qc** j-n beschwören, etw zu tun **2** (*pericolo*) abwenden **scon·giu·ro** M Beschwörung *f*: **facciamo gli -i!** toi, toi, toi!

scon·nes·sio·ne [-o-] F **1** Zusammenhang(s)losigkeit *f* **2** IT (*da una rete*) Abmeldung *f* **3** (*distacco*) Trennung *f* **scon·nes·so** [-ɛ-] ADJ **1** lose **2** *fig* zusammenhang(s)los, konfus

scon·net·te·re [-ɛ-] VT ⟨3v⟩ **1** (voneinander) (los)lösen, trennen **2** irre reden **3** IT (*da una rete*) abmelden, ausloggen; (*distaccare*) trennen

sco·no·sciu·to **A** ADJ unbekannt **B** M, **-a** F Unbekannte *m/f*, Fremde *m/f*

scon·quas·sa·re ⟨1a⟩ **A** VT **1** (*terremoto*) zerstören **2** *fig* **~ qn** j-n durcheinanderbringen; *umg* j-n fertigmachen **B** VPR **-rsi** zerstört werden **scon·quasso** M **1** Zerstörung *f* **2** *fig* Durcheinander *n*

scon·sa·cra·re [-ns-] VT ⟨1a⟩ entweihen

scon·si·de·ra·tez·za [skonsiderate-] F Unüberlegtheit *f* **scon·si·de·ra·to** ADJ unüberlegt, unbedacht

scon·si·glia·bi·le [-ns-] ADJ nicht ratsam

scon·si·glia·re [-ns-] VT ⟨1g⟩ **~ qc a qn** j-m von etw abraten

scon·si·glia·to [-ns-] ADJ unbesonnen

scon·so·lan·te [-ns-] ADJ betrüblich **scon·so·la·to** ADJ **1** untröstlich **2** betrübt, traurig

scon·ta·re VT ⟨1a⟩ **1** **~ qc** etw im Preis heruntersetzen **2** WIRTSCH, HANDEL abzahlen, abtragen; abziehen **3** (*cambiale*) diskontieren **4** (*pena*) ab-, verbüßen **scon·ta·to** ADJ **1** ermäßigt, herabgesetzt: **merce -a** ermäßigte Ware *f* **2** abgezahlt, abgetragen **3** (*pena*) verbüßt, abgebüßt **4** *fig* voraussehbar **5** WIRTSCH diskontiert

scon·ten·ta·re VT ⟨3b⟩ unzufrieden machen

scon·ten·tez·za [-e-] F Unzufriedenheit *f*

scon·ten·to [-ɛ-] **A** ADJ **essere ~ di qc/qn** mit etw/j-m unzufrieden sein **B** M Unzufriedenheit *f*

★**scon·to** [-o-] M **1** WIRTSCH, HANDEL Preisnachlass *m*, Ermäßigung *f*: **uno ~ del 15%** eine Ermäßigung von 15% **2** Skonto *m/n* **3** Rabatt *m*: **concedere uno ~ a qn** j-m Rabatt gewähren **4** WIRTSCH Diskont *m* ♦ **banca di ~** Diskontbank *f*; **~ fiscale** Steuerersparnis *f*; **~ per quantità** Mengenrabatt *m*; **tasso di ~** Diskontsatz *m*

scon·trar·si [-si] VPR ⟨1a⟩ **1** (*veicoli*) zusammenstoßen **2** *fig* aufeinanderprallen **3** *fig* aneinandergeraten; kollidieren **4** **~ con qn** j-n treffen, auf j-n stoßen

★**scon·tri·no** M Beleg *m*, Schein *m*, Kassenzettel *m* ♦ **~ bagagli** Gepäckschein *m*; **~ di cassa** (*od* **fiscale**) Kassenbon *m*

scon·tro [-o-] M **1** Zusammenstoß *m*, -prall *m* **2** MIL Gefecht *n* **3** Auseinandersetzung *f*

scon·tro·si·tà F ⟨*inv*⟩ Ungeselligkeit *f* **scon·tro·so** [-o-] ADJ ungesellig, mürrisch

scon·ve·nien·te [-ɛ-] ADJ **1** unanständig, ungehörig **2** ungünstig **scon·ve·nien·za** [-ɛ-] F **1** Ungehörigkeit *f* **2** Ungünstigkeit *f* **scon·ve·ni·re** VI ⟨4p; es⟩ sich nicht schicken

scon·vol·gen·te [-ɛ-] ADJ **1** erschütternd **2** überwältigend, heftig: **una bellezza ~** eine überwältigende Schönheit *f*; **passione ~** heftige Leidenschaft *f* **3** umwälzend: **conseguenze -i** umwälzende Folgen *pl*

scon·vol·ge·re [-ɔ-] VT ⟨3d⟩ **1** aufwühlen, erschüttern (*a. fig*) **2** verwüsten **3** durcheinanderbringen **scon·vol·gi·men·to** [-e-] M **1** Erschütterung *f* **2** Umwälzung *f*

scon·vol·to [-ɔ-] ADJ erschüttert

scoop [sku:p] M ⟨*inv*⟩ Scoop *m*, Knüller *m*

sco·or·di·na·to ADJ **1** unkoordiniert **2** *fig* unorganisiert **sco·or·di·na·zio·ne** [-o-] F Mangel *m* an Koordination (*a. fig*)

scoot·er ['skuter] M ⟨*inv*⟩ Motorroller *m*

★**sco·pa** [-o-] F (Kehr)Besen *m*

sco·pa·re ⟨1a⟩ **A** VT **1** fegen, kehren **2** *vulg* bumsen **B** VPR *vulg* **-rsi qn** j-n bumsen **sco·pa·ta** F **1** Fegen *n*, Kehren *n*: **dare una ~ in cucina** die Küche kehren **2** Besenschlag *m* **3** *vulg* Fick *m*: **farsi una ~** ficken

sco·per·chia·re ⟨1k⟩ **A** VT **1** **~ qc** den Deckel von etw abnehmen **2** (*casa*) abdecken **B** VPR **-rsi** abgedeckt werden **sco·per·chia·to** ADJ **1** (*pentola*) aufgedeckt **2** (*casa*) abgedeckt

★**sco·per·ta** [-ɛ-] F **1** Entdeckung *f*: **fare una ~** eine Entdeckung machen **2** Fund *m* ♦ *iron* **che bella ~!** du merkst aber auch alles!

sco·per·to [-ɛ-] **A** ADJ **1** ab-, aufgedeckt **2** offen, ungedeckt: **auto -a** offener Wagen *m* **3** **dormire ~** ohne Decke schlafen **4** (*testa*) unbedeckt, entblößt; nackt: **braccia/gambe -e** nackte Arme/Beine *pl* **5** WIRTSCH (*assegno ecc.*) ungedeckt, überzogen; (*fattura*) offen **6** unbesetzt, frei: **posto ~** freie Stelle *f* **B** M WIRTSCH Überziehung *f* ♦ **allo ~** im Freien; offen; **a carte -e** mit offenen Karten (*a. fig*)

sco·pet·to·ne [-o-] M Schrubber *m*

sco·piaz·za·re V/T ⟨1a⟩ hirnlos abschreiben

sco·pi·no M Handbesen *m* ♦ **~ per il water** Toilettenbürste *f*

★**sco·po** [-ɔ-] M **1** Zweck *m*; Ziel *n*: **prefiggersi uno ~** sich (*dat*) ein Ziel setzen **2** **allo ~ di ...** um zu ... ♦ **a che ~?** wozu?; **destinato a -i diversi** Mehrzweck-; **senza ~** ziellos

sco·po·fi·li·a F Voyeurismus *m*

★**scop·pia·re** V/I ⟨1k *u.* c; es⟩ **1** (zer-, auf)platzen, bersten; explodieren **2** *fig* (*guerra, stagione, epidemia ecc.*) ausbrechen **3** (*temporale*) losbrechen **4** **~ in lacrime** in Tränen ausbrechen **5** *umg* (zer)platzen: **~ dal ridere** vor Lachen platzen **6** zum Bersten voll sein **7** SPORT *umg* schlappmachen ♦ **~ di felicità** vor Freude überschäumen

scop·pia·to ADJ **1** *umg* (*esausto*) kaputt, fertig **2** *sl* (*drogato*) high

scop·piet·ta·re V/I ⟨1a; av⟩ **1** (*in motoristica*) tuckern **2** (*fuoco*) knistern, prasseln

scop·pio [-ɔ-] M **1** Platzen *n*, Explosion *f* **2** Knall *m* **3** *fig* Ausbruch *m* ♦ **motore a ~** Verbrennungsmotor *m*; *umg* **reagire a ~ ritardato** ein Spätzünder sein

sco·pri·men·to [-e-] M Enthüllung *f*

★**sco·pri·re** ⟨4f⟩ **A** V/T **1** entblößen, enthüllen: **~ le gambe/la testa** die Beine/den Kopf entblößen **2** abdecken: **~ la pentola** den Deckel vom Topf nehmen **3** *fig* (*rivelare*) offenbaren, (offen) zeigen **4** entdecken, finden: **~ una cura/un farmaco** eine Heilmethode/ein Heilmittel finden; **~ una grotta inesplorata** eine unerforschte Höhle entdecken; **~ una nuova cantante** eine neue Sängerin entdecken; **ho scoperto un bel negozio** ich habe einen schönen Laden entdeckt, gefunden **5** herausfinden: **~ la verità** die Wahrheit herausfinden; **~ il nascondiglio di qn** j-s Versteck entdecken, finden **6** erwischen, ertappen: **ti ho scoperto, sai?** habe ich dich erwischt, was?; **lo hanno scoperto a fumare** sie haben ihn beim Rauchen erwischt **B** V/PR **-rsi** **1** sich frei machen **2** sich aufdecken **3** sich leichter anziehen **4** *fig* sein wahres Gesicht zeigen **5** aus der Deckung kommen (*a.* SPORT) ♦ *iron* **~ l'acqua calda** nichts Neues entdecken; **~ gli altarini** aus dem Nähkästchen plaudern

sco·pri·to·re [-o-] M, **-tri·ce** F Entdecker *m*, -in *f*

sco·rag·gia·men·to [-e-] M Entmutigung *f*

sco·rag·gian·te ADJ entmutigend

sco·rag·gia·re ⟨1f⟩ **A** V/T entmutigen **B** V/PR **-rsi** verzagen, den Mut verlieren; **-rsi per qc** sich von etw entmutigen lassen **sco·rag·gia·to** ADJ mutlos, niedergeschlagen

scor·bu·ti·co ADJ **A** **1** MED skorbutisch **2** *fig* mürrisch **B** M, **-a** F mürrischer Mensch *m*, Griesgram *m*: **non fare la scorbutica, cerca di sorridere** nun sei nicht so griesgrämig, versuche zu lächeln

scor·bu·to M Skorbut *m*

scor·cia·re ⟨1f⟩ **A** V/T kürzen **B** V/PR **-rsi** kürzer werden, sich verkürzen **scor·cia·to·ia** [-o-] F **1** Abkürzung *f* **2** *fig* schnellster Weg *m*

scor·cio [-o-] M **1** MAL perspektivische Verkürzung *f* **2** Abriss *m* **3** (*spazio limitato*) Stückchen *n* **4** Ende *n*: **sullo ~ del secolo XX** am Ende des 20. Jahrhunderts

scor·da·re[1] ⟨1c⟩ **A** V/T vergessen **B** V/PR **-rsi (di) qc** etw vergessen ♦ **scordatelo!** schlag dir das aus dem Kopf!

scor·da·re[2] ⟨1c⟩ **A** V/T MUS verstimmen **B** V/PR **-rsi** sich verstimmen **scor·da·to** ADJ verstimmt: **pianoforte ~** verstimmtes Klavier *n*

sco·reg·gia [-e-] F *vulg* Furz *m*

sco·reg·gia·re V/I ⟨1f; av⟩ *vulg* furzen

scor·fa·no [-ɔ-] M **1** ZOOL Drachenkopf *m* **2** *fig pej* Scheusal *n*

scor·ge·re [-o-] V/T ⟨3d⟩ **1** erblicken, erkennen **2** *fig* **~ qc** etw (*gen*) gewahr werden ♦ **farsi ~** sich zeigen

sco·ria [-ɔ-] F **1** Rückstand *m* **2** METALL, MED Schlacke *f* **3** *fig* (*scarto*) Schund *m*; (*persone*) Abschaum *m* ♦ **-e di produzione** Altlasten *pl*; **-e radioattive** Atommüll *m*

scor·na·re ⟨1a⟩ **A** V/T **1** ZOOL die Hörner abbrechen **2** *fig* blamieren **B** V/PR

-rsi **1** ZOOL sich (*dat*) die Hörner brechen **2** *fig* sich blamieren

scor·no [-ɔ-] M Schmach *f*

scor·pac·cia·ta F Schlemmerei *f*

scor·pio·ne [-o-] M **A** ZOOL Skorpion *m* **B** ASTROL Skorpion *m*: **Paola è dello Scorpione** Paola ist Skorpion

scor·po·ra·re V/T ⟨1c *u.* l⟩ **1** ausgliedern **2** abziehen: **~ l'IVA** die Mehrwertsteuer abziehen

scor·raz·za·re V/I ⟨1a; av⟩ herumlaufen; herumfahren **scor·raz·za·ta** F Spritztour *f*

★**scor·re·re** [-o-] ⟨3o⟩ **A** V/I ⟨av⟩ **1** (*fluidi*) fließen; strömen; rinnen **2** (*traffico*) fließen **3** gleiten: **far ~ la mano sopra qc** die Hand über etw (*akk*) gleiten lassen **4** laufen: **~ su un binario** in (*od* auf) einer Schiene laufen **5** (*tempo*) vergehen **B** V/T überfliegen: **~ un libro** ein Buch überfliegen ♦ **tutto scorre** alles fließt

scor·re·ri·a F Überfall *m*; Streifzug *m*

scor·ret·tez·za [-e-] F **1** Unkorrektheit *f* **2** unfaires Verhalten *n* **3** Unrichtigkeit *f* **4** Fehler *m* **5** Fehlerhaftigkeit *f*

scor·ret·to [-ɛ-] ADJ **1** unkorrekt **2** fehlerhaft **3** unfair

scor·re·vo·le [-e-] ADJ **1** verschiebbar, Schiebe-: **finestra ~** Schiebefenster *n* **2** *fig* flüssig, fließend: **traffico ~** flüssiger Verkehr *m* **scor·re·vo·lez·za** [-e-] F Flüssigkeit *f*

scor·ri·ban·da F **1** Überfall *m*; Streifzug *m* **2** *fig* Spritztour *f* **scor·ri·men·to** [-e-] M **1** Fließen *n* **2** Gleiten *n* ♦ **arteria di grande ~** Hauptverkehrsstraße *f*

scor·sa ['skorsa] F Durchsicht *f*: **dare una ~ a qc** etw überfliegen

★**scor·so** ['skorso] ADJ vorig, letzt, vergangen: **la settimana -a** letzte Woche *f*

scor·so·io [skor'soio] ADJ **nodo ~** Schlinge *f*

scor·ta [-ɔ-] F **1** Geleit *n*, Eskorte *f*; Geleitschutz *m* **2** Vorrat *m*, Reserve *f*: **fino a esaurimento delle -e** solange der Vorrat reicht ♦ **di ~** Ersatz-, Reserve-; **ruota di ~** Ersatzrad *n*; **~ di magazzino** Lagerbestand *m*; **sulla ~ di** anhand (von)

scor·ta·re V/T ⟨1c⟩ geleiten, eskortieren

scor·tec·cia·re ⟨1f⟩ **A** V/T **1** entrinden **2** abschaben **B** V/PR **-rsi** sich schälen

scor·te·se [-e-] ADJ unhöflich, unfreundlich **scor·te·si·a** F Unhöflichkeit *f*, Unfreundlichkeit *f*

scor·ti·ca·re ⟨1l, c *u.* d⟩ **A** V/T **1** (ab)häuten **2** ab-, aufschürfen **3** *fig* ausnehmen **B** V/PR **-rsi il ginocchio** sich (*dat*) das Knie aufschürfen **scor·ti·ca·tu·ra** F **1** Abhäutung *f* **2** Schürfung *f*

scor·to [-o-] → scorgere

scor·za [-ɔ-] F **1** BOT Rinde *f* **2** (*agrumi*) Schale *f* (*a. fig*) ♦ **~ di arancia candita** Orangeat *n*; **~ di limone candita** Zitronat *n*

scor·zo·ne·ra [-e-] F Schwarzwurzel *f*

sco·scen·di·men·to [-e-] M Steilhang *m* **sco·sce·so** ADJ steil, Steil-, abschüssig

scos·sa [-ɔ-] F **1** Ruck *m*, Stoß *m* **2** ELEK (Strom)Schlag *m* **3** GEOL Erdstoß *m*: **~ di terremoto** Erdstoß *m* **4** *fig* Schlag *m* ♦ **a -e** ruckweise; **prendere la ~** einen Schlag bekommen

scos·so [-ɔ-] ADJ erschüttert, angegriffen: **avere i nervi -i** zerrüttete Nerven haben

scos·so·ne [-o-] M **1** heftiger Ruck *m* **2** heftiger Stoß *m* **3** *fig* Erschütterung *f*

sco·sta·men·to [-e-] M Abrücken *n*

sco·stan·te ADJ abweisend, spröde

sco·sta·re ⟨1c⟩ **A** V/T **1** weg-, abrücken **2** (*tenda*) zur Seite ziehen; aufziehen **B** V/PR **-rsi** **1** zur Seite treten **2** *fig* abkommen, abweichen **sco·sta·to** ADJ **1** weg-, abgerückt **2** weit, entfernt

sco·stu·ma·tez·za [-e-] F **1** Sittenlosigkeit *f* **2** Ungezogenheit *f* **sco·stu·ma·to** ADJ **1** sittenlos **2** flegelhaft, ungezogen

scotch [skɔtʃ] M ⟨*inv*⟩ **1** (*whisky*) Scotch *m* **2** ® Tesafilm® *m*

scot·tan·te ADJ **1** heiß **2** *fig* brisant

scot·ta·re ⟨1c⟩ **A** V/T **1** verbrennen; (*con liquido*) verbrühen **2** GASTR (*verdure*) abbrühen; (*carne*) anbraten **3** *fig* kränken, verletzen **B** V/I ⟨av⟩ **1** brennen: **l'asfalto scotta** der Asphalt glüht **2** heiß sein, glühen: **il piatto scotta** der Teller ist sehr heiß **3** *fig* heiß sein: **un problema che scotta** ein Problem, das unter den Nägeln brennt; **una storia che scotta** eine heiße Geschichte *f* **C** V/PR **-rsi** sich verbrennen; (*con liquido*) sich verbrühen

scot·ta·to ADJ **1** verbrannt **2** GASTR abgebrüht **3** *fig* enttäuscht

scot·ta·tu·ra F **1** Verbrennung *f*; (*con liquido*) Verbrühung *f* **2** Sonnenbrand *m* **3** *fig* Enttäuschung *f*; unangenehme Erfahrung *f*

scot·to[1] [-ɔ-] M **pagare lo ~** die Zeche

bezahlen
scot·to² [-ɔ-] ADJ ver-, zerkocht
scout [skaut] M/F ⟨inv⟩ Pfadfinder m, -in f
scou·ti·smo [-zmo] M Pfadfinderbewegung f
sco·va·re V/T ⟨1a⟩ 1 aufspüren 2 ausfindig machen, aufstöbern ♦ **ma dove l'hai scovato?** wo hast du denn den aufgegabelt?
Sco·zia [-ɔ-] F Schottland n
scoz·za·re V/T ⟨1c⟩ (*carte*) mischen
scoz·ze·se [-e-] A ADJ schottisch B M/F Schotte m, Schottin f ♦ **doccia ~** Wechseldusche f; *fig* Wechselbad n
scoz·zo·na·re V/T ⟨1a⟩ 1 zu-, einreiten 2 *fig* **~ qn in qc** j-n in etw (*akk*) einführen
scre·an·za·to A ADJ ungezogen, rüpelhaft, flegelhaft B M, **-a** F Rüpel m, ungehobelte Person f
scre·di·ta·re ⟨1l⟩ A V/T in Misskredit bringen B V/PR **-rsi** seinen Ruf verlieren **scre·di·ta·to** ADJ verrufen, verschri(e)en
screen·ing ['skri:nɪŋ] M ⟨inv⟩ MED Reihenuntersuchung f, Screening n
screen shot [skrin'ʃɔt] M ⟨inv⟩ IT Screenshot m
scre·ma·re V/T ⟨1b⟩ entrahmen **scre·ma·to** ADJ entrahmt: **latte ~** entrahmte Milch f; **latte parzialmente ~** fettarme Milch f
scre·po·la·re ⟨1l u. b⟩ A V/T rissig machen B V/PR **-rsi** 1 rissig werden 2 (*intonaco*) abbröckeln **scre·po·la·to** ADJ 1 rissig, aufgesprungen 2 abgebröckelt **scre·po·la·tu·ra** F Riss m
scre·zia·re V/T ⟨1g u. b⟩ sprenkeln **scre·zia·to** ADJ gesprenkelt **scre·zia·tu·ra** F Sprenkel m
scre·zio [-ɛ-] M Meinungsverschiedenheit f
scri·bac·chia·re V/T ⟨1k⟩ schmieren, kritzeln **scri·bac·chi·no** M, **-a** F *pej* Schreiberling m
scric·chio·lan·te ADJ knirschend; knarrend **scric·chio·la·re** V/I ⟨1l; av⟩ knirschen; knarren **scric·chio·li·o** M Knirschen n; Knarren n
scric·cio·lo M 1 ZOOL Zaunkönig m 2 *fig* Knirps m
scri·gno M Schrein m, Kasten m
scri·mi·na·tu·ra F Scheitel m
scri·te·ria·to ADJ unvernünftig
scrit·ta F 1 (Auf)Schrift f 2 Inschrift f
scrit·to A ADJ geschrieben, schriftlich B M 1 Schriftstück n; Werk n 2 schriftliche Prüfung f 3 Schreiben n
scrit·to·io [-o-] M Schreibtisch m
★**scrit·to·re** [-o-] M 1 Schriftsteller m 2 Verfasser m
★**scrit·tri·ce** F 1 Schriftstellerin f 2 Verfasserin f
scrit·tu·ra F 1 Schrift f; Handschrift f 2 JUR Urkunde f, Schriftstück n; (*contratto*) Vertrag m 3 THEAT (*cinema*) Engagement n 4 HANDEL Buchung f, Bücher pl 5 REL (**sacra**) ~ Heilige Schrift f 6 IT, TYPO Schrift f: **~ intelligente** automatische Worterkennung f
scrit·tu·ra·le¹ M Schreiber m
scrit·tu·ra·le² ADJ THEOL biblisch, Bibel-
scrit·tu·ra·re V/T ⟨1a⟩ 1 TV, THEAT (*cinema*) engagieren 2 HANDEL verbuchen **scrit·tu·ra·zio·ne** [-o-] F 1 TV, THEAT (*cinema*) Engagement n 2 HANDEL Buchung f
★**scri·va·ni·a** F Schreibtisch m **scri·ven·te** [-ɛ-] A ADJ schreibend B M/F Schreiber m, -in f
★**scri·ve·re** ⟨3tt⟩ A V/T 1 schreiben: **~ qc a mano** etw mit der Hand schreiben; **~ a macchina** (mit der) Maschine schreiben 2 aufschreiben B V/PR **-rsi** sich schreiben ♦ **~ in bella copia** ins Reine schreiben; **~ in stampatello** in Druckschrift schreiben
scroc·ca·re V/T ⟨1c u. d⟩ *umg* schnorren
scroc·co [-ɔ-] M Schmarotzen n ♦ **a ~** auf Kosten anderer; **vivere a ~** sich durchschnorren
scroc·co·ne [-o-] M, **-a** F Schnorrer m, -in f, Schmarotzer m, -in f
scro·fa [-ɔ-] F 1 ZOOL Sau f 2 *fig sl* Nutte f
scrol·la·re ⟨1c⟩ A V/T (aus)schütteln, rütteln B V/PR **-rsi** 1 sich schütteln 2 *fig* sich aufraffen ♦ **-rsi di dosso qc** etw von sich (*dat*) abschütteln (*a. fig*); **~ le spalle** mit den Schultern zucken
scrol·la·ta F Rütteln n: **dare una ~ a qn** j-n wachrütteln (*a. fig*)
scrol·lo·ne [-o-] M heftiger Stoß m
scro·scian·te ADJ 1 rauschend, prasselnd 2 (*risa*) schallend 3 *fig* tosend: **applausi -i** tosender Beifall m
scro·scia·re V/I ⟨1f u. c; es, av⟩ 1 rauschen, tosen (*a. fig*) 2 (*pioggia*) prasseln 3 (*risa*) schallen
scro·scio [-ɔ-] M 1 Rauschen n 2 *fig* Tosen n ♦ **~ di applausi** Beifallssturm m; ~

di pioggia Regenschauer *m*

scro·sta·re ⟨1a⟩ **A** VT abkratzen, abschaben: **~ la ferita** den Schorf von der Wunde abkratzen **B** VPR **-rsi** **1** MED den Schorf verlieren **2** abbröckeln, abblättern **scro·sta·tu·ra** F Abkratzen *n*, Abschaben *n*

scro·to [-ɔ-] M Hodensack *m*

scru·po·lo M **1** Skrupel *m* **2** Bedenken *n* **3** Gewissenhaftigkeit *f* ♦ **mancanza di -i** Skrupellosigkeit *f*; **senza -i** skrupellos

scru·po·lo·si·tà F ⟨*inv*⟩ Gewissenhaftigkeit *f* (*a. fig*) **scru·po·lo·so** [-o-] ADJ **1** voller Bedenken **2** gewissenhaft **3** sorgfältig; ausführlich

scru·ta·re VT ⟨1a⟩ **1** beobachten, absuchen **2** forschend ansehen, betrachten **3** *fig* erforschen, ergründen **scru·ta·to·re** [-o-] **A** ADJ forschend, prüfend **B** M, **-tri·ce** F **1** Beobachter *m*, -in *f* **2** Stimmen(aus)zähler *m*, -in *f*

scru·ti·na·re VT ⟨1a⟩ **1** **~ schede** (*od* **voti**) Stimmen auszählen **2** benoten, bewerten

scru·ti·nio M **1** Stimmen(aus)zählung *f* **2** Bewertung *f*, Benotung *f*; Notenkonferenz *f* **3** (*in parlamento*) Abstimmung *f* ♦ **~ di ballottaggio** Stichwahl *f*

scu·ci·re ⟨4a⟩ **A** VT **1** (*in sartoria*) auf-, abtrennen **2** *umg* herausrücken: **scucimi 10 euro!** rück 10 Euro heraus! **B** VPR **-rsi** (*orlo, cucitura*) aufgehen

scu·ci·to ADJ *fig* zusammenhanglos

scu·de·ri·a F **1** Reitstall *m* **2** AUTO Rennstall *m* **scu·det·to** [-e-] M **1** kleiner Schild *m* **2** Abzeichen *n*; Kennzeichen *n* **3** SPORT Meistertitel *m*

scu·di·scia·re VT ⟨1f⟩ peitschen

scu·di·scia·ta F Peitschenhieb *m*

scu·di·scio M Reitpeitsche *f*

scu·do M **1** Schild *m* (*a.* ZOOL, BOT) **2** *fig* Schutz *m*: **fare ~ di** (*od* **con**) **qc** mit etw schützen; **farsi ~ di** (*od* **con**) **qc** sich mit etw schützen **3** Wappenschild *m* ♦ **~ spaziale** (*od* **termico**) Hitzeschild *m*

scuf·fia F *umg* Vernarrtheit *f*: **prendersi una ~ per qn** sich in j-n verknallen

scuf·fia·re VI ⟨1k⟩ SCHIFF kentern

scu·gniz·zo M, **-a** F **1** = *neapolitanischer Straßenjunge, neapolitanisches Straßenmädchen* **2** Lausebengel *m*

scu·lac·cia·re VT ⟨1f⟩ **~ qn** j-m den Hintern versohlen **scu·lac·cia·ta** F **prendere a -e qn** j-m den Hintern versohlen

scu·let·ta·re VI ⟨1a; av⟩ *umg* mit dem Hintern wackeln

★**scul·to·re** [-o-] M Bildhauer *m* **scul·to·re·o** [-ɔ-] ADJ Bildhauer-

★**scul·tri·ce** F Bildhauerin *f*

★**scul·tu·ra** F **1** Bildhauerei *f* **2** Skulptur *f*

scuo·ce·re [-ɔ-] ⟨3p; es⟩ VI & VPR **-rsi** verkochen

scuo·ia·re VT ⟨1c *u.* i⟩ (ab)häuten

★**scuo·la** [-ɔ-] F Schule *f* (*a. fig*): **andare a ~** in die, zur Schule gehen ♦ **~ (secondaria) di avviamento professionale** Berufsfachschule *f*; **~ di ballo/di danza** Tanz-/Ballettschule *f*; **~ coranica** Koranschule *f*; **~ per corrispondenza** Fernunterricht *m*; **~ elementare** Grundschule *f*, *schweiz* Primarschule *f*; *fig* **fare ~** Schule machen; **~ guida** Fahrschule *f*; **~ materna** Kindergarten *m*; **~ media (inferiore)** Mittelschule *f* (*sechstes bis achtes Schuljahr*); **~ (media) superiore** höhere Schule *f* (*neuntes bis dreizehntes Schuljahr*); **~ parificata** staatlich anerkannte Schule *f*; **~ di perfezionamento** Fortbildungskurs *m*; **~ privata** Privatschule *f*; **~ di sci** Skischule *f*; **~ serale** Abendschule *f*; **~ a tempo pieno** Ganztagsschule *f*

scuo·la·bus [-ɔ-] M ⟨*inv*⟩ Schulbus *m*

scuo·te·re [-ɔ-] ⟨3ff⟩ **A** VT **1** rütteln, (er)schüttern **2** aus-, abschütteln **3** *fig* auf-, wachrütteln **4** **~ gli animi** die Gemüter erregen **B** VPR **-rsi** **1** (*sobbalzare bruscamente*) auffahren **2** erschüttert sein **3** **-rsi qc di dosso** etw abschütteln (*a. fig*)

scu·re F Beil *n*, Axt *f*

scu·ri·re ⟨4d⟩ **A** VT **1** abdunkeln **2** schwärzen **B** VI ⟨es⟩ dunkel (*od* dunkler) werden **C** VPR **-rsi** sich verdunkeln (*a. fig*)

★**scu·ro** **A** ADJ **1** dunkel, finster **2** *fig* finster, düster **B** M **1** Dunkelheit *f*, Finsternis *f* **2** Dunkle *n* **3** Fensterblende *f*

scur·ri·le ADJ schlüpfrig

scur·ri·li·tà F ⟨*inv*⟩ Schlüpfrigkeit *f*

★**scu·sa** F **1** Entschuldigung *f*, Verzeihung *f*: **chiedere ~** um Entschuldigung bitten **2** Rechtfertigung *f* **3** Ausrede *f*, Vorwand *m*: **aver sempre la ~ pronta** nie um eine Ausrede verlegen sein; **è una ~ bella e buona!** das ist eine faule Ausrede!

scu·sa·bi·le ADJ entschuldbar **scu·san·te** F Entschuldigung *f*, Rechtfertigung *f*

★**scu·sa·re** **A** VT ⟨1a⟩ entschuldigen, verzeihen: **scusi il disturbo** verzeihen Sie

S

(bitte) die Störung; **scusa! scusate!** Verzeihung! **B** V/I ⟨av⟩ entschuldigen, verzeihen: **scusi, che ora è?** Entschuldigung, wie spät ist es, bitte?

★**scu·sar·si** V/PR ⟨1a⟩ ~ **per** (*od* **di**) **qc con qn** sich bei j-m für etw entschuldigen

sde·bi·tar·si [-si] V/PR ⟨1l⟩ **1** seine Schulden bezahlen **2** *fig* ~ **con qn di qc** sich bei j-m für etw revanchieren

sde·gna·re ⟨1a⟩ **A** V/T **1** verschmähen, verachten **2** empören **B** V/PR **-rsi** sich entrüsten, sich empören **sde·gna·to** ADJ empört

sde·gno ['zde-] M Empörung *f*, Entrüstung *f*

sde·gno·si·tà F ⟨*inv*⟩ **1** Ungehaltenheit *f* **2** Hochmut *m* **sde·gno·so** [-o-] ADJ **1** verächtlich **2** hochmütig **3** empört

sden·ta·re ⟨1b⟩ **A** V/T ~ **qc** etw (*dat*) die Zähne ausbrechen **B** V/PR **-rsi** die Zähne verlieren **sden·ta·to** ADJ zahnlos

sdi·lin·qui·men·to [-e-] M **1** Schmachten *n* **2** *fig* Ziererei *f*, Getue *n*

sdi·lin·qui·re ⟨4d⟩ **A** V/I ⟨es⟩ schmachten **B** V/PR **-rsi** **1** schwach werden **2** *fig* schmachten

sdo·ga·na·men·to [-e-] M Zollabfertigung *f*, Verzollung *f* **sdo·ga·na·re** V/T ⟨1a⟩ zollamtlich abfertigen, verzollen

sdol·ci·na·to ADJ süßlich, schnulzig: **fare lo** ~ schnulzig sein

sdop·pia·men·to [-e-] M **1** Spaltung *f*, Teilung *f* **2** PSYCH ~ **della personalità** Persönlichkeitsspaltung *f* **sdop·pia·re** ⟨1k⟩ **A** V/T spalten, teilen **B** V/PR **-rsi** sich spalten, sich teilen

sdra·ia F Liegestuhl *m*

sdra·ia·re ⟨1f⟩ **A** V/T (hin-, nieder)legen **B** V/PR **-rsi** sich (hin-, nieder)legen

sdra·ia·to ADJ (**da**) ~ liegend

sdra·io **A** M Liegen *n* **B** F ⟨*inv*⟩ (**sedia a**) ~ Liegestuhl *m*

sdruc·cio·la·re V/I ⟨1l; es⟩ (aus)rutschen, (aus)gleiten **sdruc·cio·le·vo·le** [-e-] ADJ rutschig, glatt, schlüpfrig: **attenzione! strada** ~ Achtung! glatte Fahrbahn

sdruc·cio·lo ADJ **parola -a** auf der drittletzten Silbe betontes Wort *n*

sdru·ci·re ⟨4d⟩ **A** V/T **1** (*in sartoria*) auftrennen **2** zerreißen **B** V/PR **-rsi** reißen

sdru·ci·tu·ra F **1** Zerreißen *n* **2** Riss *m*

★**se**[1] [se] **A** KONJ **1** wenn: ~ **fossi ricco, ti sposerei** wenn ich reich wäre, würde ich dich heiraten; **anche** ~ auch wenn **2** ob: **non so** ~ **verrò** ich weiß nicht, ob ich kommen werde **3** doch: ~ **ti dico che ...** ich sage dir doch, dass ... **B** M **1** Wenn *n* **2** *umg* Bedingung *f*: **lo accetto, ma c'è un** ~ ich akzeptiere es, aber nur unter einer Bedingung ♦ ~ **non altro** zumindest, wenigstens; ~ **non che** aber; ~ **Dio vuole** so Gott will; ~ **no** sonst; wenn nicht; **non posso fare altro,** ~ **non rassegnarmi a ciò** ich kann nichts anderes tun, als mich damit abzufinden; ~ **si vuole ...** im Grunde genommen ..., wenn man so will ...

★**se**[2] [se] PERS PR (*spesso non tradotto*) ~ **ne sono andati** sie sind gegangen

★**sé** [se] PERS PR sich, sich selbst: **ognuno paga per** ~ jeder zahlt für sich ♦ **questa è una questione a** ~ das ist ein Problem für sich; **da** ~ (von) selbst; **se stesso** sich selbst; **parlare tra** ~ **e** ~ mit sich selbst sprechen; **pensare tra** ~ **e** ~ sich (*dat*) denken; **va da** ~ das versteht sich von selbst; **chi fa da** ~ **fa per tre** selbst ist der Mann

search en·gine [sɛrtʃ'endʒine] M ⟨*inv*⟩ IT Suchmaschine *f*

★**seb·be·ne** [-ɛ-] KONJ obwohl, obgleich

se·bo [-ɛ-] M Talg *m*

sec·ca [-e-] F **1** Untiefe *f*, Sandbank *f* **2** Wassermangel *m*; Trockenheit *f*: **essere in** ~ ausgetrocknet sein

sec·can·te ADJ **1** nervend: **non essere** ~! nerv nicht! **2** unangenehm, lästig

★**sec·ca·re** ⟨1d⟩ **A** V/T **1** (aus)trocknen, ausdorren **2** dörren, trocknen **3** trockenlegen **4** *fig* ~ **qn** j-n belästigen, j-m auf die Nerven gehen **B** V/I ⟨es⟩ (aus)trocknen, verdorren: ~ **all'aria** an der Luft trocknen **C** V/PR **-rsi** **1** aus-, vertrocknen, verdorren **2** trocknen, trocken werden **3** (*colori*) (ein)trocknen **4** *umg fig* genervt sein **5** **-rsi di** (*od* **per**) **qc** etw satthaben **sec·ca·to** ADJ **1** *fig* genervt **2** sauer, widerwillig **sec·ca·to·re** [-o-] M, **-tri·ce** F Nervensäge *f* **sec·ca·tu·ra** F Belästigung *f*; Schererei *f*

sec·chez·za [-e-] F **1** Trockenheit *f*, Dürre *f* **2** Hagerkeit *f* **3** Nüchternheit *f*

sec·chia [-e-] F **1** Eimer *m* **2** *umg* Streber *m*, -in *f*

sec·chia·re V/I ⟨1k; av⟩ *umg* büffeln

sec·chia·ta F **1** Eimervoll *m* **2** *umg* Büffelei *f*: **fare una** ~ büffeln **sec·chiel·lo** [-ɛ-] M **1** Eimerchen *n* **2** (*borsetta*)

S

Beutel *m* ♦ ~ **del ghiaccio** Eiskübel *m*; ~ **per vino** Weinkühler *m*

★**sec·chio** [-e-] M Eimer *m* ♦ **e buonanotte al ~!** na dann, gute Nacht!

sec·chio·ne [-o-] M, **-a** F *umg* Streber *m*, -in *f*

★**sec·co** [-e-] **A** ADJ **1** trocken, ausgetrocknet, vertrocknet, dürr **2** (*frutta ecc.*) gedörrt, getrocknet, Trocken-, Dörr- **3** (*persona*) (sehr) hager, dürr **4** *fig* (*risposta ecc.*) barsch, schroff **5** (*vino*) trocken, herb **6** (*colpo*) hart, fest **B** M **1** Trockene *n* **2** Trockenheit *f* ♦ **a ~** Trocken-, trocken; plötzlich, unvermutet; *fig* **essere a ~ di benzina** kein Benzin mehr haben; *fig* **un fico ~!** hättest du wohl gern!; **non valere un fico ~** keinen Pfifferling wert sein; **lavare a ~** chemisch reinigen

se·cer·ne·re [-ɛ-] V/T ⟨3a⟩ ausscheiden, absondern

se·ces·sio·ne [-o-] F Sezession *f* (*a.* KUNST)

se·ces·sio·ni·smo M Autonomiebewegung *f*

se·co·la·re ADJ **1** jahrhundertealt; hundertjährig; jahrhundertelang; alle hundert Jahre **2** weltlich, säkular

se·co·la·riz·za·re ⟨1a⟩ **A** V/T verweltlichen **B** V/PR **-rsi** verweltlichen **se·co·la·riz·za·zio·ne** [-o-] F Verweltlichung *f*, Säkularisation *f*

★**se·co·lo** [-ɛ-] M **1** Jahrhundert *n* **2** (*periodo, epoca*) Zeit *f*, Zeitalter *n* **3** *umg* Ewigkeit *f*: **è un ~ che non lo vedo** ich habe ihn seit Ewigkeiten nicht mehr gesehen ♦ **a cavallo del ~** um die Jahrhundertwende; BIBEL **nei -i dei -i** von Ewigkeit zu Ewigkeit

se·con·da [-o-] F **1** AUTO zweiter Gang *m* **2** (*elementare*) = *zweite Klasse*; (*media inferiore*) = *siebte Klasse*; (*media superiore*) = *zehnte Klasse* **3** BAHN, SCHIFF zweite Klasse *f* ♦ **a ~ di** (je) nach, gemäß; **a ~ dei casi** von Fall zu Fall

se·con·da·ria F Nebensatz *m* **se·con·da·ria·men·te** [-e-] ADV zweitens **se·con·da·rie·tà** F ⟨*inv*⟩ Nebensächlichkeit *f* **se·con·da·rio** **A** ADJ sekundär, Neben- **B** M WIRTSCH Industriesektor *m* ♦ **aspetto ~** Nebensache *f*; **attività -a** Nebentätigkeit *f*; Nebenberuf *m*; **di -a importanza** nebensächlich

se·con·di·no M, **-a** F Gefängniswärter *m*, -in *f*

★**se·con·do**[1] [-o-] **A** ADV zweitens **B** ADJ **1** zweite, Zweit-: **la -a guerra mondiale** der Zweite Weltkrieg **2** der Zweite: **Papa Giovanni Paolo ~** Papst Johannes Paul der Zweite **3** zweitgeboren **4** zweite Hälfte *f*: **il ~ Novecento** die zweite Hälfte des 20. Jahrhunderts **5** sekundär, Neben- **C** M, **-a** F **1** Zweite *m/f* **2** Zweitgeborene *m/f* **3** **secondo** *m* Sekunde *f* **4** GASTR zweiter Gang *m*, Hauptgericht *n* ♦ **-a casa** Zweitwohnung *f*; *fig* **in un ~** sofort; **in ~ luogo** zweitens; **di -a mano** zweiter Hand (*od* gebraucht); **in un ~ tempo** später; **un ~!** einen Augenblick!

★**se·con·do**[2] [-o-] **A** PRÄP **1** nach, gemäß: **~ la tariffa** nach Tarif; **~ il suo desiderio** seinem Wunsch gemäß **2** laut: **~ il contratto** laut Vertrag **3** **~ me/loro** meiner/ihrer Meinung nach **B** KONJ **1** **~ come** je nachdem wie **2** **~ dove** je nachdem wo (-hin) **3** **~ che** je nachdem, ob **4** **~ quanto** soweit ♦ **~ i casi** von Fall zu Fall; **~ le circostanze** je nachdem

se·con·do·ge·ni·to [-ɛ-] **A** ADJ zweitgeboren **B** M, **-a** F Zweitgeborene *m/f*

se·cre·tai·re [sәkre'tɛ:r] M ⟨*inv*⟩ Sekretär *m*, Schreibschrank *m*

se·cre·to [-ɛ-] M Sekret *n* **se·cre·zio·ne** [-o-] F Absonderung *f*, Ausscheidung *f*

se·da·no [-ɛ-] M Sellerie *f od m*: **~ rapa** Knollensellerie *f od m*

se·da·re V/T ⟨1b⟩ **1** beruhigen **2** MED lindern **3** (*rivolte*) niederschlagen

se·da·ti·vo **A** ADJ **1** beruhigend **2** schmerzlindernd **B** M **1** Beruhigungsmittel *n* **2** Schmerzmittel *n*

★**se·de** [-ɛ-] F **1** Sitz *m* (*a.* MECH) **2** *fig* Ort *m*, Stelle *f*: **non è questa la ~ più adatta per ...** das ist nicht der richtige Ort, um ... **3** HANDEL Niederlassung *f* ♦ **~ commerciale** Geschäftssitz *m*; **~ distaccata** Zweigstelle *f*; **lavorare fuori ~** im Außendienst arbeiten; **essere fuori ~** außer Haus sein; **Santa Sede** Heiliger Stuhl *m*

se·den·ta·rio ADJ **1** sitzend; sich wenig bewegend **2** sesshaft

★**se·de·re**[1] [-e-] ⟨2o⟩ V/I ⟨es⟩ **1** sitzen **2** tätig sein: **il comitato siede in permanenza** der Ausschuss ist ständig tätig ♦ **posto a ~** Sitzplatz *m*

★**se·de·re**[2] [-e-] M **1** Gesäß *n*; *umg* Hintern *m* **2** Sitzen *n* **se·de·ri·no** M *umg* Popo *m*

★**se·der·si** [-e-] V/PR sich (hin)setzen,

Platz nehmen

★**se·dia** [-ɛ-] F Stuhl *m* ♦ ~ **a dondolo** Schaukelstuhl *m*; ~ **girevole/pieghevole** Dreh-/Klappstuhl *m*; ~ **a rotelle** Rollstuhl *m*; ~ **a sdraio** Liegestuhl *m*

se·di·cen·ne [-ɛ-] ADJ sechzehnjährig

se·di·cen·te [-ɛ-] ADJ angeblich

se·di·ce·si·mo [-ɛ-] **A** ADJ sechzehnte **B** M, **-a** F **1** Sechzehnte *m/f* **2** **sedicesimo** *m* Sechzehntel *n*; → a. quinto

★**se·di·ci** [-e-] ADJ ⟨*inv*⟩ sechzehn

se·di·le M **1** Sitz *m*, Sitzfläche *f* **2** Bank *f* ♦ ~ **anteriore/posteriore** Vorder-/Rücksitz *m*; (*nei rally*) ~ **del navigatore** Beifahrersitz *m*; ~ **del passeggero anteriore** Beifahrersitz *m*; ~ **ribaltabile** Klappsitz *m*

se·di·men·to [-e-] M **1** Sediment *n*, Bodensatz *m*, Ablagerung *f* **2** *fig* Anhäufung *f*; **-i culturali** kulturelle Schichten *pl*

se·di·zio·ne [-o-] F Aufstand *m*, Aufruhr *m*

se·di·zio·so [-o-] ADJ **1** aufständisch, aufrührerisch **2** aufwieglerisch **3** streitsüchtig, rauflustig

se·dot·to [-o-] ADJ verführt **se·du·cen·te** [-ɛ-] ADJ **1** verführerisch **2** verlockend

se·dur·re V/T ⟨3e⟩ **1** verführen **2** (ver)locken **3** verleiten

se·du·ta F **1** Sitzung *f*, Tagung *f* **2** (*da medico, artista*) Sitzung *f* ♦ ~ **annuale** Jahrestagung *f*; ~ **fiume** Marathonsitzung *f*; ~ **del parlamento** Parlamentssitzung *f*

se·du·to ADJ sitzend ♦ **essere** ~ sitzen; **mettersi** ~ sich setzen, sich hinsetzen

se·dut·ti·vo ADJ verführerisch **se·dut·to·re** [-o-] **A** ADJ verführerisch **B** M, **-tri·ce** F Verführer *m*, -in *f*

se·du·zio·ne [-o-] F **1** Verführung *f* **2** Verlockung *f* ♦ **forza di** ~ Anziehungskraft *f*

★**se·ga** [-e-] F **1** Säge *f* **2** *vulg* **farsi una** ~ wichsen ♦ ~ **elettrica** Motorsäge *f*; ~ **a nastro** Bandsäge *f*

se·ga·io·lo [-ɔ-] M *vulg* Wichser *m*

se·ga·le [-e-] F Roggen *m* **se·ga·li·gno** ADJ **1** Roggen- **2** *fig* mager, hager, dürr

se·ga·re V/T ⟨1e⟩ **1** (ab-, durch-, zer-, um)sägen **2** (durch-, zer)schneiden ♦ *umg* ~ **qn agli esami** j-n bei Prüfungen durchrasseln lassen

se·ga·tri·ce F Sägemaschine *f* **se·ga·tu·ra** F **1** Ab-, Zersägen *n* **2** Sägespäne *pl*

seg·gio [-ɛ-] M **1** Sitz *m*: **ottenere 30 -gi in parlamento** 30 Sitze im Parlament erhalten **2** Thron *m* **3** Wahllokal *n*; Wahlausschuss *m* **seg·gio·la** [-ɛ-] F Stuhl *m*

seg·gio·li·no M **1** Kinderstuhl *m* **2** (*auto, bici*) Kindersitz *m* **3** BAHN Klappsitz *m*

seg·gio·lo·ne [-o-] M **1** Kinderhochstuhl *m* **2** Sessel *m*, Armstuhl *m*

★**seg·gio·vi·a** F Sessellift *m*, Sesselbahn *f*

se·ghe·ri·a F Sägewerk *n*

se·ghet·ta·re V/T ⟨1a⟩ aussägen, auszacken **se·ghet·ta·to** ADJ **1** zackig, gezackt **2** BOT gesägt, gezackt ♦ **coltello** ~ Sägemesser *n*

se·ghet·to [-e-] M ~ **da traforo** Laubsäge *f*

seg·men·ta·re V/T ⟨1a⟩ **1** segmentieren **2** (unter-, auf)teilen

seg·men·ta·zio·ne [-o-] F **1** GEOM, LING Segmentierung *f* **2** (Unter-, Auf)-Teilung *f*

seg·men·to [-e-] M **1** Segment *n*, Abschnitt *m* **2** Stück *n*, Teil *m* **3** MECH Kolbenring *m* **4** *fig* Bereich *m*

se·gna·la·re ⟨1a⟩ **A** V/T **1** signalisieren **2** melden, anzeigen **3** ~ **qc a qn** j-n auf etw (*akk*) aufmerksam machen **4** ~ **qn** j-n empfehlen **B** V/PR **-rsi per qc** sich durch etw auszeichnen

se·gna·la·to·re [-o-] **A** ADJ Anzeige-, Signal-, Melde- **B** M, **-tri·ce** F **1** Signalgeber *m*, -in *f* **2** **segnalatore** *m* Meldegerät *n* **se·gna·la·zio·ne** [-o-] F **1** Signalisieren *n* **2** Signal *n*, Zeichen *n* **3** Meldung *f*, Anzeige *f* **4** Auszeichnung *f*, Belobigung *f* **5** Empfehlung *f* ♦ **divieto di -i acustiche** Hupverbot *n*; ~ **di guasto** Störungsanzeige *f*; ~ **stradale** Verkehrszeichen *pl*; ~ **di pericolo valanghe** Lawinenwarnung *f*

se·gna·le M **1** Signal *n* (*a.* IT), Zeichen *n* **2** Schild *n*, Tafel *f* ♦ ~ **acustico** akustisches Signal *n*; (*segreteria telefonica*) Pfeifton *m*; ~ **di allarme** Warnmeldung *f*; ~ **di comando** Steuersignal *n*; ~ **di divieto** Verbotsschild *n*; TEL ~ **di libero** Freizeichen *n*; TEL ~ **di occupato** Besetztzeichen *n*; ★ ~ **stradale** Verkehrsschild *n*

se·gna·le·ti·ca [-ɛ-] F Verkehrszeichen *pl*: ~ **orizzontale** Straßenmarkierung *f*; ~ **verticale** Beschilderung *f*

se·gna·le·ti·co [-ɛ-] ADJ Erkennungs- ♦ **foto -a** Fahndungsfoto *n*

se·gna·li·bro M Lesezeichen *n* (*a.* IT)

se·gna·prez·zo [-ɛ-] M Preisschild *n*

S

★**se·gna·re** ⟨1a⟩ **A** VT **1** anstreichen; markieren **2** aufschreiben, notieren **3** **~ qc** etw zeigen; **il semaforo segna rosso** die Ampel steht auf Rot **4** anzeigen, ankündigen **5** (*contrassegnare*) darstellen, bedeuten **6** verkratzen; einritzen **7** *fig* (*persone*) zeichnen **8** SPORT (*punto*) erzielen, (*goal*) schießen **9** **~ qc sul conto di qn** etw auf j-s Rechnung setzen **B** VPR **-rsi** sich bekreuzigen ♦ **~ con una crocetta** ankreuzen; **~ qn a dito** mit dem Finger auf j-n zeigen

se·gna·ta·rio M, **-a** F JUR, HANDEL Signatar *m*, -in *f*

se·gna·to ADJ **1** (*persone*) gezeichnet; zerfurcht **2** (*destino*) vorgezeichnet **3** (*percorso*) gekennzeichnet **se·gna·tu·ra** F **1** SPORT Punktzahl *f* **2** (*biblioteca*) Signatur *f*

se·gna·ven·to [-ɛ-] **A** ADJ ⟨*inv*⟩ **gallo ~** Wetterhahn *m* **B** M ⟨*inv*⟩ Windfahne *f*

se·gno [-e-] M **1** (Kenn)Zeichen *n*, Merkmal *n* **2** (An-, Vor)Zeichen *n* (*a. fig*): **un ~ dei tempi** ein Zeichen der Zeit; **i primi -i di una malattia** die ersten (An)Zeichen einer Krankheit; **mostrare -i di stanchezza** Ermüdungserscheinungen zeigen **3** ASTROL Sternzeichen *n* **4** Wink *m*: **fare ~ a qn** j-m (zu)winken (*od* ein Zeichen geben) **5** Zielscheibe *f*, Ziel *n*: **cogliere nel ~** ins Schwarze treffen (*a. fig*) **6** Maß *n*, Grenze *f*: **superare il ~** das Maß überschreiten **7** Schriftzeichen *n* **8** MATH Vorzeichen *n* ♦ **dare ~ di fare qc** Anstalten machen, etw zu tun; **~ del destino** ein Wink *m* des Schicksals; **per filo e per ~** ausführlich; **~ di frenata** Bremsspur *f*; **in ~ di qc** zum (*od* als) Zeichen etw (*gen*)

se·go [-e-] M Talg *m*

se·gre·ga·re ⟨1b *u.* e⟩ **A** VT **1** trennen, abspalten **2** isolieren **B** VPR **-rsi** sich absondern

se·gre·ga·zio·ne [-o-] F Absonderung *f* ♦ **~ cellulare** Einzelhaft *f*; **~ razziale** Rassentrennung *f*

se·gre·ta [-e-] F Verlies *n*

se·gre·ta·men·te [-e-] ADV heimlich

★**se·gre·ta·ria** F Sekretärin *f*: **~ di direzione** Chefsekretärin *f* **se·gre·ta·ria·to** M Sekretariat *n*

★**se·gre·ta·rio** M Sekretär *m* (*a.* POL) ♦ **~ di Stato** Außenminister *m*, -in *f* (*der Vereinigten Staaten*)

se·gre·te·ri·a F Sekretariat *n* ♦ **~ di partito** Parteivorstand *m*; **~ telefonica** (**con interrogazione a distanza**) Anrufbeantworter *m* (mit Fernabfrage)

se·gre·tez·za [-e-] F Geheimhaltung *f*

★**se·gre·to** [-e-] **A** ADJ geheim, Geheim-, heimlich: **servizi -i** Geheimdienst *m* **B** M **1** Geheimnis *n* **2** Innerste *n*: **nel ~ della propria coscienza** im Innersten seines Gewissens ♦ **in ~** heimlich; **in gran ~** in aller Heimlichkeit; **~ industriale** Industriegeheimnis *n*; **i -i del mestiere** die geheimen Tricks *pl*; **~ di Pulcinella** offenes Geheimnis *n*

se·gua·ce M/F **1** Anhänger *m*, -in *f* **2** Jünger *m*, -in *f*

se·guen·te [-ɛ-] **A** ADJ folgend **B** M/F Nächste *m/f*

se·gu·gio M Spürhund *m* (*a. fig*)

★**se·gui·re** ⟨4b⟩ **A** VT **1** **~ qn/qc** j-m/etw folgen **2** (*pedinare*) verfolgen **3** **~ l'evolversi della situazione** die Entwicklung der Situation verfolgen **4** (*attenersi a*) befolgen **5** (*corsi*) besuchen **6** **~ qn** sich um j-n kümmern **B** VI ⟨es⟩ folgen: **alla pioggia segue il sereno** auf Regen folgt Sonnenschein *m* ♦ **~ la corrente** mit dem Strom schwimmen (*a. fig*)

se·gui·ta·re ⟨1l⟩ **A** VT fortsetzen, weiterführen **B** VI ⟨av⟩ **~ a fare qc** fortfahren, etw zu tun, weiter-; **~ a dormire** weiterschlafen

se·gui·to [-e-] M **1** Gefolge *n* **2** Fortsetzung *f* **3** Folge *f*, Nachspiel *n*: **avere ~** Folgen haben; **un ~ di avvenimenti** eine Folge von Ereignissen **4** Zustimmung *f*: **avere ~** Zustimmung finden ♦ **e così di ~** und so weiter; **tre giorni di ~** drei Tage hintereinander; ★ **in ~** später; **in ~ a** infolge etw (*gen*); **in ~ a ciò** infolgedessen

★**sei** [-ɛ-] ADJ ⟨*inv*⟩ sechs; → a. cinque

sei·cen·to [-ɛ-] ADJ ⟨*inv*⟩ sechshundert

Sei·cen·to [-ɛ-] M ⟨*inv*⟩ 17. Jahrhundert *n*

sei·gior·ni [-o-] F ⟨*inv*⟩ Sechstagerennen *n*

sei·mi·la ADJ ⟨*inv*⟩ sechstausend

sel·ce [-e-] F Kieselstein *m* **sel·cia·re** VT ⟨1f⟩ pflastern **sel·cia·to** **A** ADJ gepflastert **B** M Straßenpflaster *n*

se·let·ti·vo ADJ **1** selektiv: **criterio ~** Auswahlkriterium *n* **2** wählerisch **3** TECH trennscharf

se·let·to·re [-o-] M Wähler *m* ♦ TV **~ dei canali** Programmschalter *m*

se·le·zio·na·re VT ⟨1a⟩ **1** auswählen,

S

aussortieren **2** TEL wählen **se·le·zio·na·to** ADJ ausgewählt **se·le·zio·na·tri·ce** F Sortiermaschine *f*

se·le·zio·ne [-o-] F **1** Auswahl *f*, Auslese *f* **2** SPORT Auswahlmannschaft *f* **3** Selektion *f*, Auslese *f* **4** TEL Wählen *n*, Wahl *f* ♦ RADIO, TV **~ automatica** Sendersuchlauf *m*; TEL **~ diretta** (*od* **passante**) Durchwahl *f*

self-ser·vice [sɛlf'servis] M ⟨*inv*⟩ **1** Selbstbedienungsrestaurant *n* **2** Selbstbedienungsladen *m* **3** SB-Tankstelle *f*

sel·la [-ɛ-] F **1** (Reit)Sattel *m* **2** GEOG Joch *n* ♦ *fig* **restare in ~** sich im Sattel halten

sel·la·io M, **-a** F Sattler *m*, -in *f* **sel·la·re** V/T ⟨1b⟩ satteln **sel·le·ri·a** F Sattlerei *f* **sel·li·no** M **~ della bicicletta** Fahrradsattel *m*

sel·va [-e-] F **1** Wald *m*, Forst *m* **2** *fig* (Un)Menge *f* ♦ **~ di capelli** Haarpracht *f*; **~ Ercinia** Harz *m*; **Selva Nera** Schwarzwald *m*

sel·vag·gi·na F **1** Wild *n* **2** Wildbret *n*

★**sel·vag·gio** ADJ **1** wild **2** barbarisch

sel·va·ti·chez·za [-e-] F **1** Wildheit *f* **2** Grobheit *f* **sel·va·ti·co** ADJ **1** wild, Wild-: **frutto ~** Wildfrucht *f* **2** (*terreno*) verwildert **3** *fig* rau, ungesellig

sel·vi·col·tu·ra F Forstwirtschaft *f*

selz [-ɛ-] M ⟨*inv*⟩ Selterswasser *n*

★**se·ma·fo·ro** M (Verkehrs)Ampel *f* ♦ **-i sincronizzati** grüne Welle *f*

se·man·ti·ca F LING Semantik *f* **se·man·ti·co** ADJ semantisch, Bedeutungs-

sem·bian·te M *poet* Aussehen *n*, Antlitz *n* ♦ **in -i** dem Anschein nach

sem·bian·za F **1** *poet* Aussehen *n*; *pl* Gesichtszüge *pl* **2** (*apparenza*) Anschein *m*

★**sem·bra·re** V/I ⟨1a; es⟩ **1** scheinen: **mi sembrava** (**strano**)! das kam mir doch gleich komisch vor! **2** aussehen: **sembra uno spettro** er sieht wie ein Gespenst aus **3** *unpers* (**non**) **mi sembra che** ... ich glaube (*od* meine) (nicht), dass ...; **mi sembra che non si dica così** ich glaube, dass man das so nicht sagt; **che te ne sembra?** was meinst du dazu? was hältst du davon? **4** *unpers* **sembra** es scheint; **sembra che voglia piovere** es scheint, dass es bald regnen wird ♦ **così sembra** es sieht so aus; **a quanto sembra** anscheinend

★**se·me** [-e-] M **1** Samen *m*; Saatgut *n* **2** (*di frutta*) Kern *m*: **senza -i** kernlos **3** *fig* Samen *m*, Keim *m*: **il ~ della speranza** der Keim der Hoffnung **4** (*nel gioco delle carte*) Farbe *f* **5** Sperma *n* ♦ **olio di -i** Keimöl *n*

se·men·te [-e-] F Saatgut *n* **se·men·za** [-ɛ-] F **1** Saatgut *n* **2** *fig* Keim *m*

se·me·stra·le ADJ **1** halbjährig **2** halbjährlich **se·me·stre** [-ɛ-] M **1** Halbjahr *n*; Semester *n* **2** Halbjahresbeitrag *m*

se·mi·a·per·to [-ɛ-] ADJ halb offen **se·mi·au·to·ma·ti·co** ADJ halb automatisch **se·mi·bre·ve** [-ɛ-] F ganze Note *f* **se·mi·cer·chio** [-e-] M Halbkreis *m*

se·mi·chiu·so ADJ halb geschlossen **se·mi·cir·co·la·re** ADJ halbkreisförmig, halbrund **se·mi·con·dut·to·re** [-o-] M Halbleiter *m* **se·mi·cro·ma** [-ɔ-] F Sechzehntelnote *f* **se·mi·cru·do** ADJ halb roh

se·mi·cu·pio M Sitzbad *n*

se·mi·di·o M, **-dea** F Halbgott *m*, -göttin *f* **se·mi·fi·na·le** F Halbfinale *n* **se·mi·fi·na·li·sta** M/F Halbfinalist *m*, -in *f* **se·mi·fi·ni·to** ADJ halb fertig: **prodotto ~** Halbfabrikat *n* **se·mi·fred·do** [-e-] M Halbgefrorene *n* **se·mi·gras·so** ADJ halbfett **se·mi·la·vo·ra·to** **A** ADJ halb fertig, Halbfertig-, Halb- **B** M Halbfertigware *f* **se·mi·li·ber·tà** F ⟨*inv*⟩ **regime di ~** offener Strafvollzug *m* **se·mi·li·qui·do** ADJ halbflüssig **se·mi·mi·ni·ma** F Viertelnote *f*

se·mi·na [-e-] F **1** (Aus)Saat *f* **2** Saatzeit *f*

se·mi·na·gio·ne [-o-] F (Aus)Saat *f*

se·mi·na·le ADJ Samen-: **liquido ~** Samenflüssigkeit *f*

se·mi·na·re V/T ⟨1l⟩ **1** (aus-, ein)säen **2** *fig* verstreuen: **~ in giro le proprie cose** seine Sachen überall verstreuen **3** *fig* säen, verbreiten: **~ zizzania** Zwietracht *f* säen **4** *fig* abschütteln: **il ladro ha seminato la polizia** der Dieb hat die Polizei abgeschüttelt

se·mi·na·rio M **1** REL Priesterseminar *n* **2** Studienseminar *n* **3** Workshop *m* **se·mi·na·ri·sta** M Seminarist *m*

se·mi·na·to **A** ADJ **1** ge-, besät **2** *fig* übersät: **cielo ~ di stelle** mit Sternen übersäter Himmel **B** M Saatfeld *n* ♦ **uscire dal ~** vom Thema abkommen

se·mi·na·to·re [-o-] M, **-tri·ce** F **1** Säer *m*, -in *f*, Sämann *m* **2** *fig* **~ di zizzania** Unruhestifter *m*

se·min·fer·mi·tà F ⟨*inv*⟩ ~ **mentale** beschränkte Zurechnungsfähigkeit *f*
se·min·ter·ra·to M Souterrain *n*
se·mi·nu·do ADJ halb nackt **se·mi·o·scu·ri·tà** F ⟨*inv*⟩ Halbdunkel *n* **se·mi·pia·no** M Halbebene *f* **se·mi·pie·no** [-ɛ-] ADJ halb voll **se·mi·pro·dot·to** [-o-] M Halbprodukt *n* **se·mi·pub·bli·co** ADJ halböffentlich **se·mi·ri·gi·do** ADJ 1 mäßig hart 2 OPT **lenti a contatto -e** halbweiche Kontaktlinsen *pl* **se·mi·ri·mor·chio** [-ɔ-] M Sattelanhänger *m* **se·mi·ro·ton·do** [-o-] ADJ halbrund **se·mi·se·rio** [-ɛ-] ADJ halb ernst **se·mi·sfe·ra** [-ɛ-] F Halbkugel *f* **se·mi·sfe·ri·co** [-ɛ-] ADJ halbkug(e)lig
se·mi·ta M/F Semit *m*, -in *f* **se·mi·ti·co** ADJ semitisch
se·mi·to·no [-ɔ-] M Halbton *m* **se·mi·tra·spa·ren·te** [-ɛ-] ADJ durchscheinend **se·mi·uf·fi·cia·le** ADJ halbamtlich **se·mi·vuo·to** [-ɔ-] ADJ halb leer
sem·mai A KONJ wenn (überhaupt): ~ **ti interessasse, ...** wenn es dich doch noch interessieren sollte, ... B ADV allenfalls; notfalls: ~ **vengo a piedi** notfalls komme ich zu Fuß
se·mo·la [-e-] F 1 Kleie *f* 2 Grieß *m*
se·mo·la·to ADJ (fein) gekörnt **se·mo·li·no** M 1 Grieß *m* 2 GASTR Grießbrei *m*
se·mo·ven·te [-ɛ-] ADJ Selbstfahr-
sem·pi·ter·no [-ɛ-] ADJ ewig ♦ **in ~** ewig
★**sem·pli·ce** [-e-] ADJ 1 einfach 2 leicht, simpel 3 bescheiden: **condurre una vita ~** ein bescheidenes Leben führen 4 natürlich 5 schlicht 6 einfältig, naiv 7 bloß, rein, einfach: **è una ~ curiosità** es ist reine Neugier 8 **soldato ~** gemeiner Soldat *m* ♦ **puro e ~** rein, bloß, schlicht und ergreifend

▶ ⚠ **semplice**

una semplice domanda	nur eine Frage
una domanda semplice	eine leichte Frage

★**sem·pli·ce·men·te** [-e-] ADV 1 einfach 2 bescheiden 3 schlicht 4 nur, bloß 5 naiv
sem·pli·cio·ne [-o-] M, **-a** F Einfaltspinsel *m* **sem·pli·cio·ne·ri·a** F Beschränktheit *f* **sem·pli·ciot·to** [-ɔ-] M, **-a** F 1 Einfaltspinsel *m* 2 Naivling *m*
sem·pli·ci·smo [-zmo] M Oberflächlichkeit *f* **sem·pli·ci·sta** M/F oberflächlicher Mensch *m* **sem·pli·ci·sti·co** ADJ allzu vereinfachend
sem·pli·ci·tà F ⟨*inv*⟩ 1 Einfachheit *f* 2 Leichtigkeit *f* 3 Bescheidenheit *f* 4 Natürlichkeit *f* 5 Schlichtheit *f* 6 Naivität *f*; *pej* Einfältigkeit *f*
sem·pli·fi·ca·re ⟨1m *u.* d⟩ A V/T 1 vereinfachen 2 erleichtern 3 MATH kürzen B V/PR **-rsi** sich vereinfachen, einfacher werden
sem·pli·fi·ca·zio·ne [-o-] F 1 Vereinfachung *f* 2 MATH Kürzung *f*
★**sem·pre** [-ɛ-] ADV 1 immer, stets 2 **fa ~ più caldo** es wird immer wärmer 3 noch (immer), immer noch: **abiti ~ lì?** wohnst du noch immer dort? 4 ständig: **fuma ~** er raucht ständig 5 jedes Mal: **me lo dimentico ~** ich vergesse es jedes Mal 6 jederzeit: **è ~ un ospite gradito** er ist jederzeit ein gern gesehener Gast *m* 7 (zwar) ..., aber ...: **è vecchio, ma ~ in buone condizioni** er ist (zwar) alt, aber (noch) in guter Verfassung *f* ♦ **~ che** vorausgesetzt, dass; **da ~** seit jeher; **per ~** für immer; endgültig; **una volta per ~** ein für alle Mal; **~ più** immer mehr
sem·pre·ver·de [-e-] A ADJ immergrün B M *od* F Immergrün *n* **sem·pre·vi·vo** M Hauswurz *f*
se·na·pe [-ɛ-] F Senf *m*
se·na·to M Senat *m*
se·na·to·re [-o-] M, **-tri·ce** F Senator *m*, -in *f*
Se·ne·gal M Senegal *m* **se·ne·ga·le·se** [-e-] A ADJ senegalesisch B M/F Senegalese *m*, -sin *f*
se·ne·se [-e-] A ADJ aus, von Siena B M/F Bewohner *m*, -in *f* von Siena
se·ni·le ADJ senil, Alters-: **decadimento ~** Altersschwäche *f* **se·ni·li·tà** F ⟨*inv*⟩ 1 Alter *n* 2 MED Senilität *f*
se·nior [-ɛ-] ⟨*pl* -es⟩ A ADJ ⟨*inv*⟩ senior, der Ältere B M/F ⟨*inv*⟩ SPORT Senior *m*, -in *f*
sen·no [-e-] M Verstand *m*, Vernunft *f* ♦ **col ~ di poi è facile criticare** hinterher ist man immer schlauer
sen·nò [-ɔ] ADV & KONJ sonst
sen·non·ché KONJ 1 aber 2 außer
★**se·no** [-e-] M 1 Brust *f*, Busen *m* (*a. fig*) 2 *fig* Schoß *m* 3 **in ~ a** in; **in ~ all'assemblea** in der Versammlung 4 MATH Sinus *m* 5 GEOG Meerbusen *m* ♦ **allatta-**

S

mento al ~ Stillen *n; umg* **a ~ nudo** oben ohne; **tumore al ~** Brustkrebs *m*

sen·sa·le [-sa-] M/F Vermittler *m*, -in *f*, Makler, -in *f*

sen·sa·tez·za [-sa'te-] F 1 Vernünftigkeit *f*, Vernunft *f* 2 Sinnigkeit *f* **sen·sa·to** ADJ 1 vernünftig 2 sinnvoll 3 sinnig

sen·sa·zio·na·le [-sa-] ADJ sensationell, aufsehenerregend **sen·sa·zio·na·li·smo** [-zmo] M Sensationsgier *f* **sen·sa·zio·na·li·sti·co** ADJ Sensations-

★**sen·sa·zio·ne** [-satsi'o-] F 1 Empfindung *f*, Wahrnehmung *f* 2 Gefühl *n*, Eindruck *m* 3 Aufsehen *n*: **destare** (*od* **fare**) **~** Aufsehen erregen ♦ **~ di benessere** Wohlgefühl *n*

sen·se·ri·a [-se-] F 1 Makeln *n* 2 Maklergebühr *f*

★**sen·si·bi·le** [-si-] ADJ 1 (sinnlich) wahrnehmbar 2 wahrnehmungsfähig 3 empfindlich: **pelle ~** empfindliche Haut *f* 4 *fig* sensibel, feinfühlig 5 **~ a qc** für etw empfänglich 6 *fig* merklich, spürbar: **un ~ calo di temperatura** eine spürbare Abkühlung *f* ♦ **~ ai cambiamenti del tempo** wetterfühlig; **~ al contesto** kontextsensitiv

sen·si·bi·li·tà [-si-] F ⟨*inv*⟩ 1 Empfindungsvermögen *n* 2 *fig* Feinfühligkeit *f*, Empfindsamkeit *f*; Empfänglichkeit *f* 3 TECH, MED Empfindlichkeit *f* 4 FOTO Lichtempfindlichkeit *f* ♦ **~ d'animo** Sensibilität *f*; **~ al caldo** Wärmeempfindlichkeit *f*; **è una questione di ~** das ist Gefühlssache

sen·si·bi·liz·za·re [-si-] ⟨1a⟩ A V/T sensibilisieren (*a. fig*): **~ qn su qc** j-n für etw sensibilisieren B V/PR **-rsi** sensibel werden

sen·si·ti·va [-si-] F 1 BOT Mimose *f* 2 Medium *n* **sen·si·ti·vi·tà** F ⟨*inv*⟩ Empfindungsvermögen *n* **sen·si·ti·vo** ADJ 1 Empfindungs-, empfindend 2 Sinnes-: **nervo ~** Sinnesnerv *m* 3 sensibel, feinfühlig

★**sen·so** ['sɛnso] M 1 Sinn *m* (*a. fig*): **i cinque -i** die fünf Sinne; **in ~ più ampio/più stretto** im weiteren/engeren Sinn; **non avere alcun ~ musicale** keinen Sinn für Musik haben 2 *pl* Bewusstsein *n*: **perdere i -i** das Bewusstsein verlieren 3 *pl* Trieb *m*, sinnliche Begierde *f* 4 *fig* Gefühl *n*: **un ~ d'imbarazzo** ein peinliches Gefühl 5 Richtung *f*: **in ~ contrario** in entgegengesetzter Richtung 6 **qc fa ~ a qn** etw ekelt j-n an ♦ **a ~** sinngemäß; JUR **ai -i della legge** laut Gesetz; **~ di appartenenza** Zugehörigkeitsgefühl *n*; **in ~ (anti)orario** im (gegen den) Uhrzeigersinn; **il buon ~** der gesunde Menschenverstand; **in che ~?** inwiefern?; **a doppio ~** zweideutig; **nel ~ della larghezza** der Breite nach; **nel ~ della lunghezza** der Länge nach; **in tutti i -i** in jeder Hinsicht; **~ dell'umorismo** Sinn *m* für Humor; **~ unico** Einbahnstraße *f*

sen·so·re [-'so-] M Sensor *m*: **~ di prossimità** Bewegungsmelder *m* **sen·so·ria·le** ADJ 1 MED sensorisch, Sinnes- 2 sinnlich ♦ **organo ~** Sinnesorgan *n*

sen·sua·le [-su-] ADJ sinnlich: **una bocca ~** ein sinnlicher Mund *m*

sen·sua·li·tà [-su-] F ⟨*inv*⟩ Sinnlichkeit *f*

sen·ten·za [-ɛ-] F 1 JUR Urteil *n* 2 Sinn-, Denkspruch *m* 3 Meinung *f*, Urteil *n* ♦ *fig* **sputar -e** *umg* Sprüche klopfen

sen·ten·zia·re ⟨1g⟩ A V/I ⟨av⟩ 1 urteilen, ein Urteil fällen 2 eine Meinung äußern B V/T 1 **~ qc** ein Urteil über etw (*akk*) aussprechen 2 *fig* große Töne spucken **sen·ten·zio·so** [-o-] ADJ (*persona*) schulmeisterlich

★**sen·tie·ro** [-ɛ-] M Pfad *m*, Weg *m*: *fig* **il ~ della virtù** der Pfad der Tugend

sen·ti·men·ta·le ADJ 1 Gefühls-: **vita ~** Gefühlsleben *n* 2 Liebes-: **avventura ~** Liebesaffäre *f* 3 sentimental 4 *pej* schmalzig **sen·ti·men·ta·li·smo** [-zmo] M Sentimentalität *f*, Gefühlsseligkeit *f* **sen·ti·men·ta·li·sta** M/F sentimentaler Mensch *m* **sen·ti·men·ta·li·sti·co** ADJ schnulzig **sen·ti·men·ta·li·tà** F ⟨*inv*⟩ Rühr-, Gefühlsseligkeit *f*

★**sen·ti·men·to** [-e-] M 1 Gefühl *n* 2 Gesinnung *f*, Einstellung *f* 3 Empfinden *n*, Sinn *m*: **~ religioso** religiöses Empfinden *n* ♦ **~ di sé** Selbstwertgefühl *n*; **dettato dal ~** gefühlsbedingt

sen·ti·na F 1 SCHIFF Bilge *f*: **pompa di ~** Bilgenpumpe *f* 2 *fig* **~ di vizi** Lasterhöhle *f*

sen·ti·nel·la [-ɛ-] F Wache *f*, Wachposten *m*

★**sen·ti·re**[1] ⟨4b⟩ A V/T 1 fühlen, spüren, empfinden 2 hören 3 (*venire a sapere*) erfahren 4 merken: **si sente che è inglese** man merkt, dass er Engländer ist 5 (zu-, an)hören, sich (*dat*) anhören: **~ una conferenza** einen Vortrag anhören 6 **~ qn** auf j-n hören 7 (*consultare*) be-

S

fragen, zu Rate *m* ziehen **8** schmecken: **si sente il gusto di vaniglia** es schmeckt nach Vanille **9** probieren, kosten: **senti com'è buono!** probier mal, wie gut das schmeckt! **10** **si sente qc** es riecht nach etw **11** **farsi ~** sich bemerkbar machen, spürbar werden **12** **farsi ~** sich melden: **fatti ~!** melde dich! **13** **farsi ~** sich (*dat*) Gehör verschaffen **B** V/I ⟨av⟩ **1** **sentirci male/bene** schlecht/gut hören; *fig* **da quest'orecchio non ci sente** auf diesem Ohr ist er taub **2** **~ di qc** (*sapore*) nach etw schmecken **3** **~ di qc** (*odore*) nach etw riechen ♦ **a ~ lei/lui** nach dem, was sie/er sagt; **sento caldo/freddo** mir ist heiß/kalt; **stare a ~** j-m zuhören, j-n anhören

sen·ti·re² M Empfinden *n*; Gesinnung *f*

★**sen·ti·rsi** V/PR ⟨4b⟩ **1** sich fühlen: **~ bene/male** sich gut/schlecht fühlen **2** **~** (*od* **sentirsela**) **di fare qc** sich imstande fühlen, etw zu tun **3** **sentirsela di fare qc** sich (*dat*) etw zutrauen **4** voneinander hören

sen·ti·ta·men·te [-e-] ADV herzlich

sen·ti·to ADJ **1** gehört **2** empfunden **3** aufrichtig, herzlich: **-e condoglianze** herzliches Beileid **sen·to·re** [-o-] M **1** Gefühl *n* **2** *fig* **aver ~ di qc** von etw Wind bekommen

★**sen·za** [-ɛ-] **A** PRÄP **1** ohne, -los, -frei: **~ di me** ohne mich; **~ alcol** alkoholfrei; **~ piombo** bleifrei; **~ dubbio** zweifellos **2** **rimanere ~ qc** etw nicht mehr haben **B** KONJ **1** ohne zu: **parlare ~ riflettere** sprechen, ohne zu überlegen **2** ★**~ che** ohne dass ♦ ★**senz'altro** ohne Weiteres; ganz sicher; **~ caffeina** koffeinfrei

sen·za·pa·tria M/F ⟨*inv*⟩ Staatenlose *m/f*

sen·za·tet·to [-e-] M/F ⟨*inv*⟩ Obdachlose *m/f*, Wohnsitzlose *m/f*

se·pa·lo [-ɛ-] M Kelchblatt *n*

se·pa·ra·bi·le ADJ trennbar

se·pa·ra·bi·li·tà F ⟨*inv*⟩ Trennbarkeit *f*

★**se·pa·ra·re** V/T ⟨1a *od* 1l *u.* b⟩ **1** trennen, (ab)sondern: **~ qn/qc da qn/qc** j-n/etw von j-m/etw trennen **2** isolieren **3** unterscheiden: **saper ~ il bene dal male** zwischen Gut und Böse unterscheiden können

★**se·pa·rar·si** V/PR sich trennen, auseinandergehen **se·pa·ra·ta·men·te** [-e-] ADV getrennt, gesondert **se·pa·ra·ti·smo** M Separatismus *m* **se·pa·ra·ti·sta** **A** ADJ separatistisch **B** M/F Separatist *m*, -in *f*

★**se·pa·ra·to** ADJ **1** (ab)getrennt, gesondert: **conti -i** getrennte Rechnungen *pl* **2** getrennt lebend **se·pa·ra·zio·ne** [-o-] F **1** Trennung *f* (*a.* JUR): **~ dei beni** Gütertrennung *f* **2** Abschied *m*

se·pol·cra·le ADJ Grab-, Grabes- **se·pol·cro** [-o-] M Grab *n* **se·pol·to** [-o-] **A** ADJ **1** begraben **2** *fig* versunken **B** M, **-a** F Begrabene *m/f*; (*sotto le macerie*) Verschüttete *m/f* **se·pol·tu·ra** F Begräbnis *n*, Beerdigung *f*

sep·pel·li·men·to [-e-] M Begräbnis *n*, Bestattung *f* **sep·pel·li·re** ⟨4d⟩ **A** V/T **1** beerdigen, begraben (*a. fig*) **2** (*tesoro ecc.*) vergraben **3** verschütten; begraben **B** V/PR **-rsi** sich vergraben

sep·pia [-e-] F Tintenfisch *m*

sep·pu·re KONJ auch wenn, selbst wenn

se·que·la [-ɛ-] F (lange) Reihe *f*: **una ~ di disgrazie** eine Reihe von Unglücksfällen

se·quen·za [-ɛ-] F **1** (Reihen-, Aufeinander)Folge *f* **2** (*cinema*) TV **~ di immagini** Bildfolge *f* **3** Sequenz *f* **4** TECH (Ab)Folge *f* ♦ IT **in ~** sequenziell

se·quen·zia·le ADJ IT sequenziell

se·que·stra·re V/T ⟨1b⟩ **1** beschlagnahmen **2** entführen **se·que·stra·ta·rio** M, **-a** F Gerichtsvollzieher *m*, -in *f*; Zwangsverwalter *m*, -in *f* **se·que·stra·to** ADJ **1** beschlagnahmt **2** entführt **se·que·stra·to·re** [-o-] M, **-tri·ce** F Entführer *m*, -in *f*, Kidnapper *m*, -in *f*

se·que·stro [-ɛ-] M **1** Beschlagnahme *f* **2** Entführung *f*, Menschenraub *m* ♦ **~ di documentazione** Beschlagnahme *f* von Unterlagen; **~ di persona** Entführung *f*; Freiheitsberaubung *f*

★**se·ra** [-e-] F Abend *m*: **alla ~** am Abend; **verso ~, sul fare della ~** gegen Abend; **si fa ~** es wird Abend ♦ **buona ~!** guten Abend!; **di ~** abends; **domani ~** morgen Abend

se·ra·fi·co ADJ *fig* seelenruhig

se·ra·le ADJ abendlich, Abend-

★**se·ra·ta** F Abend *m* ♦ **~ di gala** Galaabend; TV **prima ~** Hauptsendezeit *f*

ser·ba·re V/T ⟨1b⟩ **1** (auf)bewahren: **~ qc per ricordo** etw als Andenken aufbewahren **2** **~ rancore nei confronti di qn** Groll gegen j-n hegen **3** **~ un buon ricordo di qn/qc** j-n/etw in guter Erinnerung behalten

ser·ba·to·io [-o-] M **1** Behälter *m*, Tank

m: ~ **di riserva** Reservetank m **2** Speicherbecken n

Ser·bia [-ɛ-] F Serbien n

ser·bo¹ [-ɛ-] M **mettere in ~ qc** etw aufheben

ser·bo² [-ɛ-] **A** ADJ serbisch **B** M, **-a** F Serbe m, Serbin f

ser·bo·bo·sni·a·co ADJ serbisch-bosnisch **ser·bo·cro·a·to** ADJ serbokroatisch

se·re·na·ta F **1** Ständchen n: **fare una ~ a qn** j-m ein Ständchen bringen **2** MUS Serenade f **se·re·nis·si·mo** ADJ durchlaucht **se·re·ni·tà** F ⟨inv⟩ **1** Heiterkeit f (a. METEO), Gelassenheit f **2** Sachlichkeit f

★**se·re·no** [-e-] **A** ADJ **1** unbeschwert, heiter, gelassen, friedvoll **2** klar: **notte -a** klare Nacht f **3** sachlich **4** METEO heiter **B** M heiteres Wetter n ♦ *fig* **un fulmine a ciel ~** ein Blitz m aus heiterem Himmel

ser·gen·te [-ɛ-] M **1** Unteroffizier m, -in f **2** *fig* Feldwebel m: **una moglie che è un ~** eine herrische Frau

se·rial ['sɛrjal] M ⟨inv⟩ **~ tv** (*od* **televisivo**) Fernsehserie f

se·ria·le ADJ **1** reihenweise, Reihen- **2** IT, MUS seriell: **porta ~** serielle Schnittstelle f

se·ri·al kill·er ['sɛrjal 'killer] M/F ⟨inv⟩ Serienmörder m, -in f

se·ria·men·te [-e-] ADV ernst(haft), ernstlich

se·ri·co [-ɛ-] ADJ Seiden-, seiden: **industria -a** Seidenindustrie f

se·ri·col·tu·ra F Seidenraupenzucht f

★**se·rie** [-ɛ-] F ⟨inv⟩ **1** Reihe f **2** Satz m, Serie f **3** RADIO, TV Serie f, Folge f **4** SPORT Liga f, Klasse f: **~ A** erste Liga f; **~ B** zweite Liga f; ♦ **di ~** serienmäßig, Serien-; **fuori ~** Sonder-; ELEK **collegare in ~** in Reihe schalten; **numero di ~** Seriennummer f; **~ pilota** Nullserie f; **produzione in ~** Serienherstellung f

se·rie·tà F ⟨inv⟩ **1** Ernst m, Ernsthaftigkeit f **2** Seriosität f, Zuverlässigkeit f **3** Anständigkeit f ♦ **in tutta ~** in vollem Ernst

se·ri·gra·fi·a F Siebdruck m

★**se·rio** [-ɛ-] **A** ADJ **1** ernst(haft) **2** gut: **un insegnante molto ~** ein sehr guter Lehrer **3** seriös, zuverlässig: **poco ~** unseriös **4** anständig **B** M **1** Ernst m: **parlare tra il ~ e il faceto** halb im Ernst, halb im Spaß reden **2** **sul ~** ernst, im Ernst

se·ris·si·mo ADJ bitterernst, todernst

ser·mo·ne [-o-] M **1** Predigt f **2** *fig* Gardinenpredigt f **3** *fig pej* Sermon m

ser·pa·io M Schlangennest n

ser·pe [-ɛ-] F **1** Schlange f **2** *fig* Schlange f; (*donna*) Hexe f; (*uomo*) fieser Kerl m

ser·peg·gia·men·to [-e-] M Schlängeln n **ser·peg·gian·te** ADJ gewunden, kurvenreich

ser·peg·gia·re V/I ⟨1f; av⟩ **1** sich schlängeln, sich winden **2** *fig* sich breitmachen

★**ser·pen·te** [-ɛ-] M **1** Schlange f **2** *fig* Schlange f; Hexe f; fieser Kerl m **3** (*persona furba*) Luchs m, Fuchs m ♦ **~ monetario** Währungsschlange f; **~ dagli occhiali** Brillenschlange f; **~ velenoso** Giftschlange f

ser·pen·ti·na F **1** Schlangenlinie f **2** (*di strada*) Serpentine f **3** TECH Schlange f: **~ di raffreddamento** Kühlschlange f **4** (*sci*) **scendere a ~** wedeln **ser·pen·ti·no** **A** ADJ Schlangen-, schlangenartig **B** M **1** Schlangenlinie f **2** TECH Schlange f

ser·ra [-ɛ-] F **1** Treib-, Gewächshaus n **2** Sperre f, Damm m ♦ **effetto ~** Treibhauseffekt m

ser·rag·gio M Spannen n; Klemmen n

ser·ra·glio¹ M Tierschau f

ser·ra·glio² M **1** Serail n **2** Harem m

ser·ra·ma·ni·co M **coltello a ~** Klapp-, Schnappmesser n

ser·ra·men·ti [-e-] MPL Fenster und Türen pl

ser·ran·da F **1** Rollladen m; Rollgitter n **2** TECH Klappe f, Schleuse f, Schieber m

ser·ra·re ⟨1b⟩ **A** V/T **1** verschließen; verriegeln **2** (*vite, dado*) anziehen, spannen **3** abriegeln, versperren **4** (*nemico*) bedrängen **5** (*pugni*) ballen **6** (*labbra*) zusammenpressen **7** beschleunigen: **~ il ritmo** den Rhythmus beschleunigen **B** V/I ⟨av⟩ schließen **C** V/PR **-rsi** dicht zusammenrücken

ser·ra ser·ra [-ɛ-] M ⟨inv⟩ Gedränge n

ser·ra·ta F Aussperrung f **ser·ra·to** ADJ **1** verschlossen, (ab)geschlossen; verriegelt **2** (*vite*) festgezogen **3** dicht gedrängt **4** rasch, schnell: **ritmo ~** schneller Rhythmus m **5** *fig* folgerichtig, logisch **6** *fig* knapp, bündig **ser·ra·tu·ra** F (Tür)Schloss n ♦ **buco della ~** Schlüsselloch n

ser·va [-ɛ-] F **1** Dienstmädchen n **2** *pej*

Waschweib *n* ♦ **chiacchiere da ~** Getratsche *n*

ser·ver ['sɛrver] M ⟨*inv*⟩ IT Server *m*: **~ di rete** Webserver *m*

ser·vi·gio M **1** Dienst *m*, Gefälligkeit *f* **2** Verdienst *n* **ser·vi·le** ADJ **1** Knechts-, niedrig **2** *pej* unterwürfig **3** *pej* sklavisch

ser·vi·li·tà F ⟨*inv*⟩ Unterwürfigkeit *f*

★**ser·vi·re** ⟨4b⟩ **A** V/T **1** **~ qn/qc** j-m/etw dienen; bei j-m im Dienst stehen (*od* sein) **2** (*clienti*) bedienen **3** auftischen, servieren, auftragen **4** befahren: **la metropolitana serve i quartieri periferici** die U-Bahn fährt in die Außenbezirke **5** (*impianti, negozi*) versorgen, beliefern **6** *umg iron* kaufen, vorknöpfen: **ora lo servo io** den kaufe ich mir jetzt **7** (*nel gioco delle carte*) austeilen **8** SPORT (*tennis*) aufschlagen; (*calcio*) zuspielen **9** funktionieren: **le gambe mi servono ancora bene** meine Beine funktionieren noch recht gut **B** V/I ⟨av, es⟩ **1** (*lavorare da cameriere*) bedienen **2** dienen, nützen: **non serve a niente** das nützt nichts **3** **a qn serve qn/qc** j-d braucht j-n/etw **C** V/PR **-rsi** **1** sich bedienen, zugreifen: **prego, si serva!** bitte, greifen Sie zu **2** **-rsi di qc** etw benutzen; von etw Gebrauch machen **3** ★ **-rsi di qn** j-n aus-, benutzen **4** (ein)kaufen: **-rsi abitualmente in un negozio** gewöhnlich in einem Geschäft einkaufen ♦ **in che cosa posso servirla?** womit kann ich (Ihnen) dienen?

ser·vi·to ADJ **1** **la signora è -a?** werden Sie bereits bedient? **2** aufgetragen: **il pranzo è ~** das Essen ist aufgetragen ♦ **ben ~ dai mezzi** mit guter Anbindung an die öffentlichen Verkehrsmittel

ser·vi·to·re [-o-] M, **-tri·ce** F Diener *m*, -in *f* (*a. fig*)

ser·vi·tù F ⟨*inv*⟩ **1** Sklaverei *f* **2** Dienerschaft *f*; Dienstboten *pl* **3** JUR Dienstbarkeit *f* ♦ HIST **~ della gleba** Leibeigenschaft *f*

ser·vi·zie·vo·le [-e-] ADJ zuvorkommend

★**ser·vi·zio** M **1** Dienst *m*: **al ~ di qn** in j-s Dienst; **entrare in servizio** zum Dienst antreten **2** (*in ristorante, bar*) Bedienung *f*: **~ (non) compreso** Bedienung (nicht) inbegriffen **3** **rendere un cattivo ~ a qn** j-m einen schlechten Dienst erweisen **4** Gefälligkeit *f*, Gefallen *m* **5** Abteilung *f*, Dienststelle *f*: **~ tecnico** technische Abteilung *f* **6** *pl* WIRTSCH Dienstleistung *f*: **beni e -zi** Güter und Dienstleistungen *pl* **7** Kundendienst *m* **8** Service *n*: **~ da caffè** Kaffeeservice *n* **9** *pl* **-zi** (**igienici**) Badezimmer *n* und Toilette *f* **10** Bericht *m*, Reportage *f* **11** SPORT Aufschlag *m*, Service *m* ♦ **area di ~** Raststätte *f*; **~ di assistenza** Kundendienst *m*, Service *m*; **auto di ~** Dienstwagen *m*; **~ civile** Zivildienst *m*; **~ di corriere espresso** Kurierdienst *m*; **~ a domicilio** Heimservice *m*; Lieferung *f* ins Haus; **donna di ~** Haushaltshilfe *f*; **fuori ~** außer Dienst; außer Betrieb; **in ~** im Dienst; in Betrieb; **~ in camera** Zimmerservice *m*; **~ militare** (*od* **di leva**) Militärdienst *m*; **~ navetta per l'aeroporto** Flughafenzubringerdienst *m*; **~ pacchi postali** Paketpost *f*; **~ di pattugliamento** Patrouillendienst *m*; **~ di pronto intervento** Notdienst *m*; **stazione di ~** Tankstelle *f*; **~ di viabilità invernale** Winterdienst *m*

ser·vo [-ɛ-] M **1** Diener *m* **2** Sklave *m*

ser·vo·fre·no [-e-] M Servobremse *f*

ser·vo·ster·zo [-ɛ-] M Servolenkung *f*

se·sa·mo [-ɛ-] M Sesam *m* ♦ **apriti ~!** Sesam, öffne dich!

ses·sa·ge·na·rio ADJ sechzigjährig

★**ses·san·ta** ADJ ⟨*inv*⟩ sechzig; → a. cinquanta

ses·san·ten·ne [-ɛ-] ADJ sechzigjährig

ses·san·ten·nio [-ɛ-] M sechzig Jahre *pl* **ses·san·te·si·mo** [-ɛ-] ADJ **A** sechzigste **B** M, **-a** F **1** Sechzigste *m/f* **2** **sessantesimo** *m* Sechzigstel *n* → a. quinto

ses·san·ti·na F **1** **una ~ di persone** etwa sechzig Personen **2** **essere sulla ~** um die sechzig sein

ses·san·tot·te·sco [-e-] ADJ das Jahr 1968 betreffend **ses·san·tot·ti·no** M, **-a** F Achtundsechziger *m*, -in *f*

ses·sio·ne [-o-] F Versammlung *f*, Sitzungsperiode *f* ♦ **~ d'esami** Prüfungstermin *m*

ses·si·smo [-zmo] M Sexismus *m* **ses·si·sta** **A** ADJ sexistisch **B** M/F Sexist *m*, -in *f*

ses·so [-ɛ-] M **1** Geschlecht *n*: *hum* **il bel ~** das schöne Geschlecht **2** Sex *m* **3** Geschlechtsorgane *pl*

ses·sua·le ADJ **1** sexuell, Sexual-, geschlechtlich, Geschlechts- **2** **maniaco ~** Triebtäter *m*; *hum* Lüstling *m* **ses·sua·li·tà** F ⟨*inv*⟩ Sexualität *f* **ses·suo·lo·gi·a** F Sexualforschung *f* **ses·suo·lo·go** [-ɔ-] M, **-a** F Sexualforscher *m*, -in *f*

S

ses·suo·ma·ne [-ɔ-] M/F Sexbesessene *m/f*
ses·suo·ma·ni·a F Sexbesessenheit *f*
se·sta [-ɛ-] F 1 MUS Sexte *f* 2 (*sinfonia*) Sechste *f* ♦ **accordo di ~** Sextakkord *m*
se·stan·te M Sextant *m*
se·stet·to [-e-] M 1 Sechs *pl* 2 MUS Sextett *n*
se·stie·re [-e-] M HIST Stadtteil *m*
se·sto¹ [-ɛ-] A ADJ sechste B M, **-a** F 1 Sechste *m/f* 2 **sesto** *m* Sechstel *n*; → a. quinto
se·sto² [-ɛ-] M Ordnung *f*: **rimettere in ~ qc** etw (wieder) in Ordnung bringen
se·sto³ [-ɛ-] M ARCH **arco a tutto ~** Rundbogen *m*; **arco a ~ acuto** Spitzbogen *m*
se·stu·plo [-ɛ-] ADJ sechsfach
set [-ɛ-] M ⟨*inv*⟩ 1 Set *m od n*, Satz *m* (*a.* SPORT): **un ~ di pentole** ein Satz *m* Kochtöpfe *pl* 2 (*cinema*) Drehort *m*: **sul ~** am Drehort ♦ IT **~ di caratteri** Zeichensatz *m*; **~ da cucito** Nähzeug *n*
★**se·ta** [-e-] F Seide *f* ♦ **~ artificiale** Kunstseide *f*; **baco da ~** Seidenraupe *f*; **~ cruda** Rohseide *f*; HIST **via della ~** Seidenstraße *f*
se·tac·cia·re V/T ⟨1a *u.* f⟩ 1 (durch-, aus)sieben (*a. fig*) 2 (*zona*) *fig* durchkämmen
se·tac·cio M Sieb *n*
se·ta·io·lo [-o-] M, **-a** F 1 Seidenspinner *m*, -in *f* 2 Seidenweber *m*, -in *f* 3 Seidenhändler *m*, -in *f*
★**se·te** [-e-] F 1 Durst *m* 2 *fig* Durst *m*, Gier *f*: **~ di sapere** Wissensdurst *m*; **~ di potere** Herrschsucht *f*
se·te·ri·a F 1 Seidenspinnerei *f* 2 Seidenhandlung *f* 3 *pl* Seidenwaren *pl*
se·ti·fi·cio M Seidenfabrik *f*
se·to·la [-e-] F 1 Borste *f* (*a. hum*) 2 Bürste *f* **se·to·lo·so** [-o-] ADJ borstig
se·to·so [-o-] ADJ seidenweich, seidig
set·ta [-ɛ-] F 1 REL Sekte *f* 2 Geheimbund *m*
★**set·tan·ta** ADJ ⟨*inv*⟩ siebzig; → a. cinquanta
set·tan·ten·ne [-ɛ-] ADJ siebzigjährig
set·tan·ten·nio [-ɛ-] M siebzig Jahre *pl* **set·tan·te·si·mo** [-ɛ-] A ADJ siebzigste B M, **-a** F 1 Siebzigste *m/f* 2 **settantesimo** *m* Siebzigstel *n* → a. quinto
set·tan·ti·na F 1 **una ~ di pagine** etwa siebzig Seiten 2 **essere sulla ~** um die siebzig sein

set·ta·re V/T ⟨1a⟩ 1 MECH einstellen 2 IT einsetzen
set·ta·rio ADJ 1 sektiererisch 2 parteiisch
★**set·te** [-ɛ-] ADJ ⟨*inv*⟩ sieben; → a. cinque
set·te·cen·to [-ɛ-] ADJ ⟨*inv*⟩ siebenhundert
Set·te·cen·to [-ɛ-] M ⟨*inv*⟩ 18. Jahrhundert *n*
★**set·tem·bre** [-ɛ-] M September *m*: **in ~** im September; **il 10 ~** (am) 10. September; → a. aprile
set·te·mi·la ADJ ⟨*inv*⟩ siebentausend
set·ten·na·le ADJ 1 siebenjährig 2 siebenjährlich **set·ten·na·to** M 1 POL siebenjährige Amtsdauer *f* 2 sieben Jahre *pl*
★**set·ten·trio·na·le** A ADJ nördlich, Nord- B M/F 1 Nordländer *m*, -in *f* 2 Norditaliener *m*, -in *f*
set·ten·trio·ne [-o-] M 1 Nord(en) *m* 2 Norditalien *n*
set·te-ot·ta·vi [-ɛ-] M ⟨*inv*⟩ MODE lange Jacke *f*
set·ti·ce·mi·a F Blutvergiftung *f*
set·ti·co [-ɛ-] ADJ septisch
set·ti·ma [-ɛ-] F MUS Septime *f*
★**set·ti·ma·na** F 1 Woche *f*: **tra una ~** in einer Woche; **una ~ fa** vor einer Woche; **a metà ~** Mitte der Woche 2 Wochenlohn *m* ♦ **~ bianca** Skiwoche *f*; **fine ~** Wochenende *n*; **giorni della ~** Wochentage *pl*; **in ~** im Laufe der Woche; **~ santa** Karwoche *f*

La settimana grassa

La settimana grassa ist die Karnevalwoche, die mit dem **giovedì grasso** (Altweiberfastnacht) anfängt und mit dem **martedì grasso** (Faschingsdienstag) endet.

★**set·ti·ma·na·le** A ADJ Wochen-, wöchentlich B M Wochenblatt *n*
set·ti·mo [-ɛ-] A ADJ siebte, siebente B M, **-a** F 1 Siebte *m/f* 2 **settimo** *m* Siebtel *n*; → a. quinto ♦ **essere al ~ cielo** im siebten Himmel sein
set·to [-ɛ-] M Scheidewand *f*: **~ nasale** Nasenscheidewand *f*
★**set·to·re** [-o-] M 1 Sektor *m* (*a.* GEOM), Ausschnitt *m*, Teil *m* 2 Bereich *m*, Gebiet *n*, Fach *n* 3 WIRTSCH Zweig *m*, Branche *f*: **~ economico** Wirtschaftszweig *m*; **~ del tempo libero** Freizeitindustrie *f*; **~ tessile**

Textilbranche *f* **4** Abteilung *f*, Amt *n* **5** IT Sektor *m*: ~ (**di**) **boot** Bootsektor *m*; ♦ **leader di** ~ Marktführer *m*, -in *f*

set·to·ria·le ADJ branchenspezifisch; Fach-: **linguaggio** ~ Fachsprache *f*

set·tua·ge·na·rio **A** ADJ siebzigjährig **B** M, **-a** F Siebzigjährige *m/f*

set·tu·plo [-ɛ-] **A** ADJ siebenfach **B** M Siebenfache *n*

set up [sɛt'ap] M ⟨*inv*⟩ IT Set-up *n*

se·ve·ri·tà F ⟨*inv*⟩ Strenge *f*, Härte *f*

se·ve·ro [-ɛ-] ADJ streng; hart; ernst

se·vi·zia F Misshandlung *f*, Folter *f*

se·vi·zia·re V/T ⟨1g⟩ **1** misshandeln **2** (*violentare*) missbrauchen **se·vi·zia·to·re** [-o-] M, **-tri·ce** F Peiniger *m*, -in *f*

sex·y [-ɛ-] ADJ ⟨*inv*⟩ **1** aufreizend: **biancheria** ~ Reizwäsche *f* **2** Sex-: **film** ~ Sexfilm *m*

Sey·chel·les [sɛi'tʃɛll] FPL Seychellen *pl*

se·zio·na·re V/T ⟨1a⟩ **1** zerlegen, zerteilen, zergliedern **2** aufteilen, gliedern **3** MED sezieren, obduzieren **4** ELEK trennen

se·zio·ne [-o-] F **1** Abschnitt *m*, Teil *m* **2** MED Sezierung *f* **3** (Quer)Schnitt *m* **4** Abteilung *f*: **la** ~ **contabilità** die Buchhaltung(sabteilung) **5** (*partito*) Ortsgruppe *f*

sfac·cen·da·re V/I ⟨1a⟩ hantieren

sfac·cen·da·to **A** ADJ beschäftigungslos **B** M, **-a** F Müßiggänger *m*, -in *f*

sfac·cet·ta·re V/T ⟨1a⟩ **1** facettieren **2** *fig* von allen Seiten betrachten **sfac·cet·ta·to** ADJ **1** facettiert **2** *fig* vielschichtig

sfac·cet·ta·tu·ra F **1** Facettenschliff *m* **2** Facette *f*

sfac·chi·na·re V/I ⟨1a; av⟩ schuften, sich abschinden **sfac·chi·na·ta** F Schufterei *f*, Schinderei *f*: **che** ~! so eine Schufterei!

sfac·cia·tag·gi·ne F Frechheit *f*, Unverschämtheit *f* **sfac·cia·ta·to** **A** ADJ **1** frech, unverschämt **2** (*colori*) schrill, grell **B** M, **-a** F unverschämte Person *f*

sfa·ce·lo [-ɛ-] M **1** Verfall *m*, Zusammenbruch *m* **2** *fig* Untergang *m*, Ruin *m*

sfal·da·men·to [-e-] M **1** Zer-, Abbröckeln *n* **2** *fig* Auflösung *f* **sfal·da·re** ⟨1a⟩ **A** V/T zerbröckeln **B** V/PR **-rsi** **1** (ab)blättern, brüchig werden **2** *fig* auseinanderfallen **sfal·da·tu·ra** F Spaltung *f*, Auflösung *f*

sfa·ma·re V/T ⟨1a⟩ **1** den Hunger stillen **2** ernähren

sfa·re ⟨3aa⟩ **A** V/T **1** auftrennen, lösen **2** schmelzen **3** zerstören **B** V/PR **-rsi** **1** aufgehen, sich lösen **2** schmelzen **3** *fig* verwelken

sfar·fal·la·re V/I ⟨1a; av⟩ **1** ZOOL sich entpuppen **2** (umher)flattern **3** *fig* unbeständig sein **4** (*cinema*) OPT, TV flimmern **sfar·fal·li·o** M Flimmern *n*: **senza** ~ flimmerfrei

sfar·zo M Prunk *m*, Pracht *f*

sfar·zo·so [-o-] ADJ pracht-, prunkvoll

sfa·sa·men·to [-e-] M **1** ELEK, PHYS Phasenverschiebung *f* **2** *fig* Zerfahrenheit *f* **sfa·sa·re** V/T ⟨1a⟩ **1** PHYS außer Phase bringen **2** *fig* verwirren **sfa·sa·to** ADJ **1** außer Phase **2** *fig* zerfahren

sfa·scia·car·roz·ze [-ɔ-] M/F ⟨*inv*⟩ Schrotthändler *m*, -in *f*

sfa·scia·re[1] V/T ⟨1f⟩ ~ **qn** j-m den Verband abnehmen; ~ **una ferita** den Verband von einer Wunde entfernen

sfa·scia·re[2] ⟨1f⟩ **A** V/T **1** zerbrechen; kaputt machen, kaputt schlagen **2** ~ **tutto** alles kurz und klein hauen **B** V/PR **-rsi** zerbrechen, in die Brüche gehen (*a. fig*)

sfa·scia·to ADJ kaputt

sfa·scio M **1** Verwesung *f* **2** *fig* Zusammenbruch *m*: **essere** (**ridotto**) **allo** ~ kurz vor dem Zusammenbruch stehen

sfa·sciu·me M Trümmer *pl*, Schutt *m*

sfa·ta·re V/T ⟨1a⟩ ~ **qc** etw (*dat*) den Zauber nehmen

sfa·ti·ca·ta F Plackerei *f*, Schufterei *f*

sfa·ti·ca·to **A** ADJ faul **B** M, **-a** F Faulenzer *m*, -in *f*

sfat·to ADJ **1** **letto** ~ aufgedecktes Bett *n* **2** *fig* verwelkt **3** *fig* heruntergekommen

sfa·vil·lan·te ADJ **1** glitzernd, funkelnd **2** *fig* strahlend **sfa·vil·la·re** V/I ⟨1a; av⟩ **1** Funken sprühen **2** *fig* funkeln

sfa·vo·re [-o-] M **a** ~ **di qn** zuungunsten j-s; **a vostro** ~ zu euren Ungunsten; **votare a** ~ dagegen stimmen **sfa·vo·re·vo·le** [-e-] ADJ **1** ungünstig, widrig **2** (*risposta*) abschlägig **3** (*mal disposto*) abgeneigt

sfa·vo·ri·re V/T ⟨4d⟩ benachteiligen

sfeb·bra·re V/I ⟨1b; es⟩ fieberfrei werden

sfe·ga·tar·si [-si] V/PR ⟨1l⟩ ~ **per qc** sich für etw ein Bein ausreißen **sfe·ga·ta·to** ADJ fanatisch, besessen

★**sfe·ra** [-ɛ-] F **1** GEOM Kugel *f* **2** *fig* Sphäre *f*, Bereich *m* **3** *fig* Kreis *m*: **le alte -e** die höheren Kreise *pl* ♦ ~ **celeste** Himmelsgewölbe *n*; ~ **di competenza** Zuständigkeitsbereich *m*; ~ **di cristallo** Kristallkugel *f*

sfe·ri·ci·tà F ⟨*inv*⟩ Kugelform *f*

sfe·ri·co [-ɛ-] ADJ kugelförmig, Kugel-

sfer·ra·glia·re VI ⟨1g; av⟩ rattern, klirren

sfer·ra·re VT ⟨1b⟩ **1** ~ **un cavallo** einem Pferd die Hufeisen abnehmen **2** *fig* ~ **un calcio/un pugno** einen Tritt/einen Faustschlag versetzen

sfer·ruz·za·re VI ⟨1a; av⟩ stricken

sfer·za [-ɛ-] F Peitsche *f* (*a. fig*)

sfer·zan·te ADJ **1** (*pioggia*) prasselnd **2** *fig* beißend, hart **sfer·za·re** VT ⟨1b⟩ **1** peitschen **2** *fig* abkanzeln **sfer·za·ta** F **1** Peitschenhieb *m* **2** *fig* bitterer Vorwurf *m*

sfian·car·si [-s-] VPR ⟨1d⟩ sich abhetzen

sfia·ta·re ⟨1a⟩ **A** VI ⟨av⟩ ausströmen **B** VPR **-rsi** **1** *umg* außer Atem kommen **2** *umg* sich heiser schreien

sfia·to M Entlüfter *m*, Luftabzug *m*

sfi·bra·re ⟨1a⟩ **A** VT **1** zerfasern **2** *fig* entnerven **B** VPR **-rsi** **1** zerfasern **2** *fig* sich aufreiben

sfi·bra·to ADJ **1** zerfasert **2** entnervt

sfi·da F Herausforderung *f* (*a. fig*)

sfi·dan·te **A** ADJ herausfordernd **B** M/F Herausforderer *m*, -forderin *f*

sfi·da·re VT ⟨1a⟩ **1** herausfordern (*a.* SPORT): ~ **qn a fare qc** j-n auffordern, etw zu tun **2** ~ **qc** etw (*dat*) trotzen ♦ **sfido io!** das glaube ich gern!

sfi·du·cia F Misstrauen *n*

sfi·du·cia·re ⟨1f⟩ **A** VT entmutigen **B** VPR **-rsi** sein Selbstvertrauen verlieren

sfi·ga F *vulg* Pech *n* ♦ **che ~!** so ein Mist!

sfi·ga·to **A** ADJ *vulg* **essere ~** Pech haben **B** M, **-a** F *vulg* **1** Unglücksrabe *m* **2** armes Schwein *n*

sfig·mo·ma·no·me·tro [-ɔ-] M Blutdruckmesser *m*

sfi·gu·ra·re ⟨1a⟩ **A** VT **1** verunstalten, entstellen **2** *fig* (das Gesicht) verzerren **B** VI ⟨av⟩ sich blamieren **sfi·gu·ra·to** ADJ **1** verunstaltet, entstellt **2** *fig* verzerrt

sfi·lac·cia·re ⟨1f⟩ VT & VI & VPR **-rsi** ausfransen **sfi·lac·cia·to** ADJ ausgefranst

sfi·la·re[1] ⟨1a⟩ **A** VT **1** ausfädeln **2** (*anello, perle*) abstreifen **3** (*indumento*) ausziehen **4** (*estrarre da*) herausziehen **B** VPR **-rsi** **1** rutschen **2** (*collana*) reißen **3** sich (*dat*) etw ausziehen **4** (*guanti, anelli ecc.*) **-rsi qc** etw abstreifen **5** fasern

sfi·la·re[2] VI ⟨1a; av⟩ **1** vorbeigehen, (vorbei)ziehen **2** MIL defilieren, vorbeimarschieren **3** MODE ~ **in passerella** über den Laufsteg gehen **4** *fig* vorüberziehen

sfi·la·ta F **1** Korso *m* **2** MIL Parade *f*, Defilee *n* **3** MODE ~ **di moda** Modenschau *f*

sfi·la·ti·no M Baguettebrötchen *n*

sfi·la·tu·ra F **1** Laufen *n* **2** Laufmasche *f*

sfil·za F Reihe *f*: **una ~ di errori** eine Reihe von Fehlern

sfin·ge F Sphinx *f* (*a. fig*)

sfi·ni·men·to [-e-] M Erschöpfung *f*

sfi·ni·re ⟨4d⟩ **A** VT erschöpfen, überanstrengen **B** VPR **-rsi** sich abmühen **sfi·ni·tez·za** [-e-] F Erschöpfung *f* **sfi·ni·to** ADJ erschöpft

sfin·te·re [-ɛ-] M Schließmuskel *m*

sfio·ra·men·to [-e-] M Streifen *n*: (*interruttore, schermo, tasto*) **a ~** berührungssensitiv

sfio·ra·re ⟨1a⟩ **A** VT **1** streifen (*a. fig*); berühren: ~ **appena un argomento** ein Thema nur streifen **2** beinah erreichen **3** ~ **qc** etw knapp verfehlen **4** ~ **il ridicolo** ans Lächerliche grenzen **B** VPR **-rsi** sich leicht berühren

sfio·ri·re VI ⟨4d; es⟩ verblühen (*a. fig*)

sfio·ri·tu·ra F Verblühen *n*

sfit·ta·re ⟨1a⟩ **A** VT unvermietet lassen **B** VPR **-rsi** frei werden

sfit·to ADJ leer (stehend)

sfi·zio M Lust *f*, Laune *f*: **per ~** aus Lust und Laune **sfi·zio·so** [-o-] ADJ lecker

sfo·ca·re VT ⟨1c *u.* d⟩ FOTO unscharf aufnehmen **sfo·ca·to** ADJ FOTO unscharf

sfo·cia·re VI ⟨1f; es⟩ **1** (ein)münden **2** *fig* ~ **in qc** in etw (*dat*) enden

sfo·de·ra·re[1] VT ⟨1l *u.* c⟩ **1** herausziehen **2** *fig* hervorholen, zur Schau stellen

sfo·de·ra·re[2] VT ⟨1l *u.* c⟩ (*cuscino ecc.*) abziehen **sfo·de·ra·to** ADJ MODE ungefüttert

sfo·ga·re ⟨1e⟩ **A** VT **1** ablassen **2** *fig* ~ **qc** etw (*dat*) freien Lauf lassen **B** VPR **-rsi** **1** sich abreagieren **2** **-rsi con qn** j-m sein Herz ausschütten **3** **-rsi a mangiare** sich durch Essen trösten ♦ ~ **i propri istinti** seine Triebe ausleben

sfog·gia·re VT ⟨1f *u.* e⟩ protzen mit

sfog·gio [-ɔ-] M Prunk *m*: **fare ~ di qc** mit etw protzen

sfo·glia [-ɔ-] F **1** Blättchen *n* **2** GASTR

S

ausgerollter Teig *m* ♦ **pasta ~** Blätterteig *m*

sfo·glia·re[1] ⟨1g *u.* c⟩ **A** VT die Blätter abzupfen von **B** VPR **-rsi** sich entblättern

sfo·glia·re[2] VT ⟨1g *u.* c⟩ (durch)blättern

sfo·glia·ta F Durchblättern *n*: **dare una ~ a un giornale** eine Zeitung durchblättern

sfo·go [-o-] M **1** Abzug *m* **2** *(d'acqua)* Abfluss *m* **3** *fig* Ausbruch *m* **4** *umg* Hautausschlag *m* ♦ **dare libero ~ alla fantasia** seiner Fantasie freien Lauf lassen

sfol·go·ran·te ADJ leuchtend, glänzend

sfol·go·ra·re VI ⟨1l; es, av⟩ glänzen, strahlen: **~ di gioia** vor Freude strahlen

sfol·la·gen·te M ⟨*inv*⟩ Gummiknüppel *m*

sfol·la·men·to [-e-] M **1** Evakuierung *f*, Räumung *f* **2** Personalabbau *m* **sfol·la·re** ⟨1c⟩ **A** VI ⟨es⟩ sich verlaufen, auseinandergehen **B** VT **1** verlassen **2** räumen, evakuieren **C** VPR **-rsi** sich leeren **sfol·la·to** **A** ADJ **1** geleert **2** evakuiert **B** M, **-a** F Evakuierte *m/f*

sfol·ti·re ⟨4d⟩ **A** VT **1** lichten, ausdünnen **2** *(personale)* abbauen **B** VPR **-rsi** dünner werden, sich lichten (*a. fig*)

sfon·da·men·to [-e-] M **1** Einbruch *m*, Einschlagen *n*, Einsturz *m* **2** MIL Durchbruch *m* **sfon·da·re** ⟨1a⟩ **A** VT **1** durchbrechen, durchstoßen **2** *(poltrone ecc.)* durchsitzen **3** durch-, einstoßen, einschlagen **4** MIL durchbrechen **5** *(limiti)* überschreiten **B** VI ⟨av⟩ sich durchsetzen (*a. fig*) **sfon·da·to** ADJ **1** durchgebrochen **2** zerrissen **3** *fig* unersättlich, gefräßig ♦ **ricco ~** steinreich

sfon·do [-o-] M Hintergrund *m*: **rimanere sullo ~** im Hintergrund bleiben (*a. fig*)

sfo·ra·re VT & VI ⟨1a; av⟩ überziehen: **~ il tempo di trasmissione** die Sendezeit überziehen

sfor·ma·re ⟨1a⟩ **A** VT **1** verformen **2** *(togliere dallo stampo)* aus der Form nehmen **B** VPR **-rsi** die Form verlieren **sfor·ma·to** **A** ADJ **1** verformt **2** *(scarpe)* ausgetreten **3** unförmig **B** M GASTR Auflauf *m*

sfor·na·re VT ⟨1a⟩ **1** aus dem Backofen nehmen **2** *fig* produzieren

sfor·na·to ADJ frisch gebacken

sfor·ni·re ⟨4d⟩ **A** VT *fig* berauben **B** VPR **-rsi di qc** sich etw (*gen*) berauben **sfor·ni·to** ADJ **1** ohne, -los: **~ di mezzi** mittellos **2** *(negozio)* schlecht sortiert

★**sfor·tu·na** F Unglück *n*, Pech *n*: **che ~!** so ein Pech! **sfor·tu·na·ta·men·te** [-e-] ADV unglücklicherweise **sfor·tu·na·to** ADJ **1** unglücklich **2** missglückt ♦ **essere ~ in qc** in etw (*dat*) kein Glück haben

sfor·za·re ⟨1c⟩ **A** VT **1** (über)anstrengen, (über)beanspruchen **2** aufbrechen, aufsprengen **3** **~ qn a fare qc** j-n (dazu) zwingen, etw zu tun **B** VPR **-rsi** **1** sich anstrengen, sich bemühen **2** sich zwingen **3** *iron* sich überanstrengen: **non ti ~!** überanstrenge dich ja nicht! **sfor·za·to** ADJ gezwungen, gekünstelt

★**sfor·zo** [-ɔ-] M **1** Anstrengung *f*, Mühe *f*, Bemühung *f* **2** TECH Beanspruchung *f* **3** Kraft *f* ♦ **con il minimo ~** mit dem geringstmöglichen Aufwand

sfot·te·re [-o-] ⟨3a⟩ *umg* **A** VT verspotten, *vulg* verarschen **B** VPR **-rsi** sich (gegenseitig) aufziehen

sfot·ti·men·to [-e-] M *sl* Spötterei *f*

sfot·ti·to·re [-o-] M, **-tri·ce** F *sl* Spötter *m*, -in *f* **sfot·ti·tu·ra** F *sl* Spötterei *f*

sfot·tò M ⟨*inv*⟩ *umg* Fopperei *f*

sfra·cel·la·re ⟨1b⟩ **A** VT zerschmettern **B** VPR **-rsi** zerschellen

sfran·gia·re ⟨1f⟩ **A** VT ausfransen **B** VPR **-rsi** (sich) ausfransen **sfran·gia·tu·ra** F **1** Ausfransung *f* **2** Fransenrand *m*, Fransen *pl*

sfrat·ta·re ⟨1a⟩ **A** VT **1** **~ qn** j-m kündigen **2** JUR exmittieren **B** VI ⟨av⟩ weg-, ausziehen

sfrat·to M **1** Kündigung *f* **2** JUR Zwangsräumung *f*

sfrec·cia·re VI ⟨1f; es, av⟩ (vorbei)flitzen

sfre·ga·men·to [-e-] Reiben *n*, Reibung *f*

sfre·ga·re ⟨1e⟩ **A** VT **1** (ab)reiben **2** *(pavimento)* schrubben **3** streifen: **~ la macchina contro un muro** mit dem Auto eine Mauer streifen **B** VPR **-rsi** sich reiben: **-rsi le mani** sich (*dat*) die Hände reiben

sfre·ga·tu·ra F **1** (Ab)Reibung *f* **2** *(segno)* Kratzer *m*

sfre·gia·re ⟨1f⟩ **A** VT **1** mit einem Schnitt verunstalten (*od* beschädigen) **2** *fig* schänden **B** VPR **-rsi** **1** einen Kratzer abbekommen **2** sich (*dat*) eine Schnittwunde zufügen

S

sfre·gio [-e-] M 1 Schnitt *m* 2 Narbe *f* 3 Kratzer *m* 4 *fig* Schmach *f*

sfre·na·re ⟨1a⟩ A V/T 1 die Bremsen lösen 2 *fig* ~ **qc** etw (*dat*) freien Lauf lassen B V/PR **-rsi** sich gehen lassen, sich austoben **sfre·na·tez·za** [-e-] F 1 Hemmungs-, Zügellosigkeit *f* 2 Maßlosigkeit *f* **sfre·na·to** ADJ 1 zügellos 2 unbeherrscht 3 maßlos 4 hemmungslos ♦ **attività -a** hektische Tätigkeit *f*

sfri·go·la·re V/I ⟨1l; av⟩ brutzeln

sfron·da·re ⟨1a⟩ A V/T 1 entlauben 2 *fig* (*testo*) straffen B V/PR **-rsi** sich entlauben **sfron·da·to** ADJ 1 entlaubt, kahl 2 *fig* gestrafft

sfron·ta·tez·za [-e-] F Frechheit *f*, Unverschämtheit *f* **sfron·ta·to** A ADJ frech, unverschämt, dreist B M, **-a** F Frechdachs *m*; unverschämter Mensch *m*, unverschämte Person *f*

sfrut·ta·bi·le ADJ ausbeutbar, nutzbar

sfrut·ta·men·to [-e-] M 1 Nutzung *f* 2 Ausnutzung *f* 3 Ausbeutung *f* (*a.* BERGB *fig pej*) ♦ ~ **della prostituzione** Zuhälterei *f*

sfrut·ta·re V/T ⟨1a⟩ 1 (aus)nutzen 2 ~ **un brevetto** ein Patent verwerten 3 ausbeuten (*a.* BERGB *fig pej*) 4 ~ **qn** sich von j-m aushalten lassen **sfrut·ta·to·re** [-o-] A ADJ ausbeuterisch B M, **-tri·ce** F 1 Ausbeuter *m*, -in *f* 2 Zuhälter *m*, -in *f*

sfug·gen·te [-ɛ-] ADJ 1 (*sguardo, sorriso*) flüchtig 2 (*mento*) fliehend **sfug·ge·vo·le** [-e-] ADJ flüchtig: **ricordo** ~ flüchtige Erinnerung *f*

sfug·gi·re ⟨4a⟩ A V/I ⟨es⟩ 1 entkommen, entgehen: ~ **all'arresto** der Verhaftung entgehen 2 (*scampare*) entrinnen 3 (*oggetti*) entgleiten 4 (*parole*) herausrutschen 5 (*passare inosservato*) entgehen 6 (*errori*) unterlaufen 7 nicht einfallen B V/T 1 ~ **qc** etw (*dat*) entrinnen 2 *fig* ~ **qc** etw (*dat*) ausweichen ♦ **è sfuggito alla mia attenzione** das ist mir entgangen; ~ **di mano** aus der Hand rutschen; *fig* entgleiten

sfu·ma·re ⟨1a⟩ A V/I ⟨es⟩ 1 sich auflösen, verfliegen 2 *fig* in Rauch *m* aufgehen 3 *fig* ins Wasser fallen 4 (*colori*) spielen: ~ **nel grigio** ins Graue spielen 5 (*suoni*) ver-, abklingen 6 verschwimmen B V/T 1 abtönen, schattieren 2 MUS ausklingen lassen 3 (*capelli*) stufig schneiden **sfu·ma·to** ADJ 1 *fig* verraucht, verloren 2 *fig* ins Wasser gefallen 3 (*colore*) abgetönt 4 (*suono*) verklungen 5 verschwommen **sfu·ma·tu·ra** F 1 MAL Schattierung *f* 2 Nuance *f*, Ton *m* 3 MUS Verklingen *n* 4 Fassonschnitt *m* 5 *fig* Hauch *m*: **una** ~ **di ironia** ein Hauch von Ironie

sfu·ria·ta F 1 Wutausbruch *m* 2 Anschnauzer *m* ♦ ~ **di vento** Windstoß *m*

sfu·so ADJ 1 (*burro*) zerlassen 2 (*vino, caramelle*) offen

sga·bel·lo [zga'bɛ-] M Hocker *m*, Schemel *m*

sga·buz·zi·no [zg-] M Abstellraum *m*

sgam·bet·ta·re [zg-] ⟨1a⟩ A V/I ⟨av⟩ 1 strampeln 2 trippeln B V/T ~ **qn** j-m ein Bein stellen **sgam·bet·to** [-e-] M **fare lo** ~ **a qn** j-m ein Bein stellen (*a. fig*)

sga·na·scia·re [zg-] ⟨1f⟩ A V/T die Kinnlade ausrenken B V/PR **-rsi dalle risate** sich schieflachen **sga·na·scio·ne** [-o-] M Ohrfeige *f*

sgan·cia·men·to [zgantʃa'me-] M 1 Abhaken *n* 2 Abhängen *n* 3 BAHN Abkuppeln *n* 4 (*bombe*) Abwurf *m* 5 *fig* Losmachen *n*

sgan·cia·re [zg-] ⟨1f⟩ A V/T 1 ab-, los-, aufhaken 2 abhängen 3 BAHN abkuppeln 4 (*bombe*) abwerfen 5 *umg* herausrücken B V/PR **-rsi** sich loslösen, sich losmachen (*a. fig*)

sgan·ghe·ra·re [zg-] V/T ⟨1l⟩ aus den Angeln heben **sgan·ghe·ra·to** ADJ 1 klapprig 2 zusammenhang(s)los 3 (*risa*) ausgelassen 4 ordinär

sgar·ba·tez·za [zgarba'te-] F 1 Unhöflichkeit *f* 2 Ruppigkeit *f*

★**sgar·ba·to** [zg-] ADJ 1 unhöflich 2 ruppig **sgar·be·ri·a** [zg-] F Unhöflichkeit *f*

sgar·bo [zg-] M 1 Unhöflichkeit *f* 2 Ruppigkeit *f* ♦ **fare uno** ~ **a qn** j-n beleidigen

sgar·bu·glia·re [zg-] V/T ⟨1g⟩ entwirren (*a. fig*)

sgar·gian·te [zg-] ADJ 1 grell 2 auffallend

sgar·ra·re [zg-] V/I ⟨1a; av⟩ 1 ungenau sein 2 seine Pflicht vernachlässigen

sgar·ro [zg-] M 1 Ungenauigkeit *f* 2 *fig* Verfehlung *f* 3 *sl* = *Verstoß gegen den Kodex der Mafia*

sgat·ta·io·la·re [zg-] ⟨1m⟩ A V/I ⟨es⟩ (davon)schleichen B V/PR **sgattaiolarsela** sich (leise) davonmachen ♦ ~ **via** entschlüpfen

sge·la·re [zdʒe-] ⟨1b⟩ A V/T 1 auftauen 2 *fig* (*ambiente*) auflockern B V/I ⟨es,

S

av⟩ (auf)tauen **C** V/PR **-rsi** **1** (auf)tauen **2** *fig* sich auflockern

sghem·bo ['zge-] ADJ & ADV **1** schief **2** schräg ♦ **camminare di ~** humpeln

sgher·ro ['zgɛ-] M **1** Scherge *m* **2** *sl* (*poliziotto*) Bulle *m*

sghi·gnaz·za·re [zg-] V/I ⟨1a; av⟩ **1** hohnlachen **2** ordinär lachen **sghi·gnaz·za·ta** F **1** Hohngelächter *n* **2** ordinäres Gelächter *n*

sghim·be·scio [zgim'bɛ-] ADJ **1** schief **2** schräg

sghi·ri·biz·zo [zg-] M *umg* Grille *f*, Laune *f*

sgob·ba·re [zg-] V/I ⟨1c; av⟩ **1** schuften **2** büffeln **sgob·ba·ta** F **1** Schufterei *f* **2** Büffelei *f* **sgob·bo·ne** [-o-] M, **-a** F **1** Arbeitstier *n* **2** Streber *m*, -in *f*

sgoc·cio·la·re [zg-] ⟨1l⟩ **A** V/T **1** tröpfeln, tropfen (lassen) **2** abtropfen lassen **B** V/I **1** ⟨av⟩ tröpfeln, tropfen **2** ⟨es⟩ abtropfen **sgoc·cio·la·to·io** [-o-] M Abtropfständer *m*

sgoc·cio·lo ['zgo-] **essere agli -i** am Ende sein

sgo·lar·si [zg-] V/PR ⟨1a⟩ sich heiser schreien

sgom·be·ra·re [zg-] V/T ⟨1l⟩ **1** räumen (*a.* MIL) **2** ausräumen **3** wegräumen **4** evakuieren

sgom·be·ro ['zgo-] M **1** Räumung *f* (*a.* MIL) **2** Ausräumen *n* **3** Evakuierung *f* ♦ **lavori di ~** Räumungsarbeiten *pl*

sgom·bra·ne·ve [zgombra'ne-] M ⟨*inv*⟩ Schneepflug *m*

sgom·bra·re [zg-] ⟨1a⟩ → sgomberare

sgom·bro¹ ['zgo-] **A** ADJ frei, leer (*a. fig*) **B** M → sgombero

sgom·bro² ['zgo-] M ZOOL Makrele *f*

sgo·men·ta·re [zg-] ⟨1a⟩ **A** V/T bestürzen, erschüttern **B** V/PR **-rsi** bestürzt sein

sgo·men·to [zgo'me-] **A** ADJ bestürzt, erschüttert **B** M Bestürzung *f*

sgo·mi·na·re [zg-] V/T ⟨1l⟩ **1** auseinanderjagen, versprengen **2** *fig* **~ gli avversari** die Gegner weit hinter sich (*dat*) lassen

sgo·mi·ta·re [zg-] V/I ⟨1a; av⟩ sich durchboxen

sgo·mi·to·la·re [zg-] V/T ⟨1m⟩ abwickeln

sgom·ma·re [zg-] V/I ⟨1a; av⟩ mit den Reifen quietschen

sgom·ma·ta [zg-] F quietschende Reifen *pl*: **fare una ~** mit den Reifen quietschen; **partire con una ~** mit quietschenden Reifen losfahren

sgon·fia·re [zg-] ⟨1k⟩ **A** V/T **1** **~ qc** aus etw die Luft ablassen; *fig* entdramatisieren **2** MED abschwellen lassen **B** V/PR **-rsi** **1** schlaff werden **2** platt werden **3** MED abschwellen **4** *fig* kleinlaut werden **sgon·fio** ['zgo-] ADJ **1** schlaff **2** (*pneumatico*) platt

sgor·bia·re [zg-] V/T ⟨1c⟩ **1** (be)kritzeln **2** beflecken

sgor·bio ['zgɔ-] M **1** Gekritzel *n*, Kritzelei *f*: **fare -bi** kritzeln **2** Missgeburt *f*

sgor·ga·re [zg-] ⟨1e⟩ **A** V/I ⟨es⟩ **1** sprudeln, quellen **2** *fig* **~ dal cuore** von Herzen kommen **B** V/T reinigen: **~ un tubo** ein Rohr reinigen

sgoz·za·re [zg-] V/T ⟨1a⟩ **1** **~ qn** j-m die Kehle durchschneiden **2** abstechen, schlachten **3** *fig* **~ qn** j-m den Hals brechen

sgra·de·vo·le [zgra'de-] ADJ unangenehm **sgra·di·to** ADJ **1** unangenehm **2** unerwünscht

sgraf·fia·re [zg-] V/T ⟨1k⟩ **1** kratzen **2** *umg* klauen

sgraf·fi·gna·re [zg-] V/T ⟨1a⟩ *umg* stibitzen, klauen

sgraf·fio [zg-] M Kratzer *m*

sgram·ma·ti·ca·to [zg-] ADJ & ADV **1** (grammatisch) unkorrekt **2** voller Fehler

sgra·na·re [zg-] V/T ⟨1a⟩ **1** ent-, aushülsen **2** (*mais*) entkörnen **3** (*rosario*) beten **4** (*occhi*) weit aufreißen

sgran·chi·re [zg-] ⟨4d⟩ **A** V/T strecken **B** V/PR **-rsi** **1** sich recken **2** **-rsi le gambe** sich (*dat*) die Beine vertreten

sgra·noc·chia·re [zg-] V/T ⟨1k⟩ knabbern

sgras·sa·re [zg-] V/T ⟨1a⟩ entfetten

sgra·va·re [zg-] ⟨1a⟩ **A** V/T entlasten **B** V/PR **-rsi** **1** **-rsi di qc** sich von etw befreien **2** (*coscienza*) sich erleichtern

sgra·vio [zg-] M Entlastung *f*, Erleichterung *f* ♦ **~ fiscale** Steuerermäßigung *f*, Steuerentlastung *f*

sgra·zia·to [zg-] ADJ **1** plump **2** unangenehm

sgre·to·la·men·to [zgretola'me-] M Ab-, Zerbröckeln *n* **sgre·to·la·re** [zg-] ⟨1l⟩ **A** V/T **1** (zer)bröckeln **2** *fig* (*argomenti*) zerpflücken **B** V/PR **-rsi** ab-, zerbröckeln

sgri·da·re [zg-] V/T ⟨1a⟩ (aus)schimpfen

sgri·da·ta [zg-] F Schelte *f*; *umg* Schimpfe *f*
sgrin·fia [zg-] F Kralle *f*, Klaue *f*
sgron·da·re [zg-] ⟨1a⟩ **A** V/T abtropfen lassen **B** V/I ⟨av⟩ (ab)tropfen
sgros·sa·re [zg-] ⟨1c⟩ **A** V/T **1** zuhauen, grob behauen (*od* bearbeiten) **2** *fig* skizzieren **3** ~ **qn** j-m Manieren beibringen **B** V/PR **-rsi** sich (*dat*) gute Manieren zulegen
sgro·vi·glia·re [zg-] V/T ⟨1g⟩ entwirren (*a. fig*)
sgua·ia·to [zg-] ADJ unmanierlich, ordinär
sguai·na·re [zg-] V/T ⟨1a⟩ (*spada ecc.*) zücken, ziehen; *fig* ~ **le unghie** die Krallen zeigen
sgual·ci·re [zg-] ⟨4d⟩ **A** V/T zerknittern **B** V/PR **-rsi** knittern
sgual·dri·na [zg-] F Dirne *f*
★**sguar·do** [zg-] M Blick *m*: **al primo** ~ auf den ersten Blick; **dare uno** ~ **a qn/qc** einen Blick auf j-n/etw werfen ♦ ~ **d'insieme** Überblick *m*
sguar·ni·to [zg-] ADJ MODE schmucklos
sguat·te·ro [zg-] M, **-a** F Küchenjunge *m*, -mädchen *n*
sguaz·za·re [zg-] V/I ⟨1a; av⟩ **1** planschen **2** ~ **nell'oro** im Geld schwimmen **3** *fig* ~ **in qc** in etw (*dat*) aufgehen **4** schwappen
sguin·za·glia·re [zg-] V/T ⟨1g⟩ loslassen, hetzen (*a. fig*): ~ **i cani contro qn** die Hunde auf j-n hetzen
sgu·scia·re[1] [zg-] V/I ⟨1f; es⟩ **1** entgleiten, schlüpfen; *umg* flutschen **2** *fig* ~ (**via**) entwischen
sgu·scia·re[2] [zg-] ⟨1f⟩ V/T **1** (*uova*) schälen **2** (*fagioli*) enthülsen **3** (*noci*) (auf)knacken
sham·poo ['ʃampo] M ⟨*inv*⟩ Shampoo *n*
sha·re·wa·re ['ʃɛrwer] M ⟨*inv*⟩ Shareware *f*
sha·ri·a [ʃa-] F ⟨*inv*⟩ Scharia *f*
shock [ʃɔk] M ⟨*inv*⟩ Schock *m*
shop·ping ['ʃɔpping] M ⟨*inv*⟩ Einkaufsbummel *m*, Shopping *n* ♦ ~ **telematico** Teleshopping *n* **shop·ping cen·ter** ['ʃɔpping 'sɛntər] M ⟨*inv*⟩ Einkaufszentrum *n*
short·cut [ʃɔrt'kat] M ⟨*inv*⟩ IT Shortcut *m*
shorts [ʃɔrts] MPL Shorts *pl*
show [ʃo] M ⟨*inv*⟩ Show *f*
show-room ['ʃɔrum] M ⟨*inv*⟩ Vorführraum *m*, Ausstellungsraum *m*
★**si**[1] PERS PR M/F **1** (*riflessivo*) sich: ~ **mette il cappello** er setzt sich (*dat*) den Hut auf; **lavarsi** sich waschen **2** einander, sich (gegenseitig): **non** ~ **salutano** sie grüßen einander nicht **3** (*passivante*) **qui** ~ **vendono i biglietti del tram** hier werden Straßenbahnfahrkarten verkauft **4** (*impersonale*) ~ **dice che sia molto ricca** man sagt, sie sei sehr reich; **affittasi** zu vermieten; **vendesi** zu verkaufen

si und seine Verwendung

Si kann im Deutschen unpersönliche Bedeutung haben, passivisch gemeint sein oder eine allgemeine Aussage über eine Gruppe oder eine Situation wiedergeben (wir):

1. Anders als im Deutschen steht nach dem unpersönlichen **si** (man) das Verb in der Mehrzahl, wenn das Objekt auch in der Mehrzahl steht:

Man hat viele Menschen gesehen.	**Si sono viste molte persone.**

2. Vor dem gleich lautenden Reflexivpronomen **si** (sich) wird das unpersönliche **si** zu **ci**:

Man sieht sich oft.	**Ci si vede spesso.**

3. Perfekt mit *haben*: Wenn **si** nicht auf ein Objekt bezogen ist, ist die Endung des Partizips immer **-o**.

Wir haben (alle) schlecht geschlafen.	**Si è dormito male.**

4. Perfekt mit *sein*: Die Endung des Partizips ist **-i**, wenn Männer gemeint sind, und **-e**, wenn Frauen gemeint sind:

Wir sind (allgemein) spät gegangen.	(*maskulin*) **Si è andati tardi.** (*feminin*) **Si è andate tardi.**

5. In der Verbindung *man + sein + Adjektiv* nimmt das Adjektiv immer die Endung **-i** an:

Wenn man müde ist ...	**Quando si è stanchi ...**

si² M MUS h, H *n*: ~ **bemolle** b, B *n* ♦ ~ **maggiore** H-Dur *n*; ~ **minore** h-Moll *n*

★**sì** **A** ADV **1** ja: ~, **certo** ja, sicher; **certo che** ~ selbstverständlich; **dire di** ~ Ja sagen **2** schon: **mi sembra di** ~ ich glaube schon **3** doch: **non hai fame?** – ~! hast du keinen Hunger? – doch! **4** ja, aber, zwar, wohl: **questa** ~ **che è bella** das ist ja unglaublich!; **è bello** ~, **ma antipatico** er ist zwar schön, aber unsympathisch **B** M **1** Ja *n* **2** Jastimme *f* **3** Zustimmung *f*, Bejahung *f* **4** Jawort *n* ♦ *iron* ~, **domani!** schön wär's!; ~ **e no!** ja und nein!; **saranno** ~ **e no due chilometri** es werden ungefähr zwei Kilometer sein; **uno** ~ **e uno no** jeder Zweite; **uno** ~ **e l'altro no** abwechselnd

sia KONJ **1** ★ **sia … che …, sia … sia …** sowohl … als auch … **2** **sia che venga, sia che non venga per me è lo stesso** ob er kommt oder nicht, ist mir egal

sia·me·se [-e-] ADJ siamesisch ♦ **gemelli -i** siamesische Zwillinge *pl*

Si·be·ria [-ɛ-] F Sibirien *n*

si·bi·lan·te ADJ zischend, Zisch-

si·bi·la·re VI ⟨1l; av⟩ **1** zischen **2** pfeifen

si·bil·la F *hum* Wahrsagerin *f*

si·bil·li·no ADJ **1** sibyllinisch **2** *fig* geheimnisvoll ♦ **parlare in modo** ~ orakeln

si·bi·lo M **1** Zischen *n* **2** Pfeifen *n*

si·ca·rio M, **-a** F Meuchelmörder *m*, -in *f*, Killer *m*, -in *f*

sic·ché KONJ **1** so dass **2** daher, also

sic·ci·tà F ⟨*inv*⟩ Dürre *f*, Trockenheit *f*

★**sic·co·me** [-o-] KONJ da, weil

Si·ci·lia F Sizilien *n* **si·ci·lia·no** **A** ADJ sizilianisch **B** M, **-a** F Sizilianer *m*, -in *f*

si·cu·lo ADJ **A** sizilianisch, sizilisch **B** M, **-a** F Sizilianer *m*, -in *f*

si·cu·ra F Sicherungsvorrichtung *f*: **mettere** (**togliere**) **la** ~ **a qc** etw (ent)sichern

★**si·cu·rez·za** [-e-] F **1** Sicherheit *f* **2** Gewissheit *f* ♦ ~ **alimentare** Nahrungsmittelsicherheit *f*; **cassetta di** ~ Banksafe *m od n*; **cintura di** ~ Sicherheitsgurt *m*; IT ~ **dati** Datensicherheit *f*; **distanza di** ~ Sicherheitsabstand *m*; ELEK **interruttore di** ~ Sicherung *f*; **Pubblica** ~ Polizei *f*; **uscita di** ~ Notausgang *m*

★**si·cu·ro** **A** ADV **1** sicher(lich), bestimmt, gewiss **2** doch: **non ti sei divertito?** – ~, **ma …** hast du dich nicht amüsiert? – doch, aber … **B** ADJ **1** sicher; gewiss: **un rimedio** ~ ein sicheres Mittel; **essere** ~ **di qc** (sich [*dat*]) etw (*gen*) sicher sein **2** (*affidabile*) zuverlässig **C** M **1** Sicherheit *f*: **essere al** ~ in Sicherheit sein **2** Gewissheit *f* ♦ **essere al** ~ **da qc** vor etw (*dat*) sicher sein; **andare sul** ~ *fig* sichergehen; **di** ~ sicher(lich) (*od* gewiss); **ma** ~! aber natürlich!

si·cur·tà F ⟨*inv*⟩ **istituto di** ~ Versicherungsgesellschaft *f*

side-car ['saɪd-] M ⟨*inv*⟩ Beiwagen *m*

si·de·rur·gi·a F Stahlindustrie *f* **si·de·rur·gi·co** **A** ADJ Stahl-: **industria -a** Stahlindustrie *f* **B** M, **-a** F Stahlarbeiter *m*, -in *f*

si·dro M Obstwein *m*

Sie·na [-ɛ-] F Siena *n*

sie·pe [-ɛ-] F **1** Hecke *f* **2** *fig* Mauer *f* ♦ SPORT **tremila -i** 3000-Meter-Hindernislauf *m*

sie·ro [-ɛ-] M Serum *n* ♦ ~ **del latte** Molke *f*

sie·ro·ne·ga·ti·vo ADJ HIV-negativ

sie·ro·po·si·ti·vo ADJ HIV-positiv

sif·fat·to ADJ solch, derartig

si·fi·li·de F Syphilis *f*, Lues *f*

si·fo·ne [-o-] M **1** (*in idraulica*) Geruchsverschluss *m* **2** Saugheber *m* **3** Siphon *m*

★**si·ga·ret·ta** [-e-] F Zigarette *f*

si·ga·ret·to [-e-] M Zigarillo *m od n*

★**si·ga·ro** M Zigarre *f*

si·gil·la·re VT ⟨1a⟩ **1** (ver)siegeln **2** (hermetisch) verschließen **3** *fig* besiegeln

si·gil·la·tu·ra F (Ver)Siegelung *f*

si·gil·lo M Siegel *n*

si·gla F **1** Kennzeichen *n* **2** Abkürzung *f* **3** Namenszeichen *n*, Signatur *f* ♦ ~ **automobilistica** Kennzeichen *n*; RADIO, TV ~ **musicale** Erkennungsmelodie *f*

si·gla·re VT ⟨1a⟩ signieren; JUR paraphieren **si·gla·tu·ra** F **1** Signieren *n*; JUR Paraphieren *n* **2** Signatur *f*

si·gni·fi·can·te ADJ **1** vielsagend, bedeutungsvoll **2** wichtig

★**si·gni·fi·ca·re** VT ⟨1m *u.* d⟩ **1** bedeuten: **non significa niente** das hat nichts zu bedeuten **2** mitteilen

si·gni·fi·ca·ti·vi·tà F ⟨*inv*⟩ Bedeutsamkeit *f* **si·gni·fi·ca·ti·vo** ADJ **1** bedeutend, bedeutsam **2** bedeutungsvoll, vielsagend

★**si·gni·fi·ca·to** M Sinn *m*, Bedeutung *f* (*a. fig*): **avere grande** ~ von großer Bedeutung sein

S

★**si·gno·ra** [-o-] F **1** Frau *f*, Dame *f*: *fig* **fare la (gran) ~** die große Dame spielen; **la ~ Schultz, nata Meier** Frau Schultz, geborene Meier **2** Gattin *f* **3** Hausherrin *f*

★**si·gno·re** [-o-] M **1** Herr *m*: **egregio signor Müller** sehr geehrter Herr Müller; *fig* **essere un ~** ein vornehmer Herr sein **2** *pl* Herren *pl*, Herrschaften *pl*: **signore e -i** meine Damen und Herren **3** Signore Herr(gott) *m* **4** Mann *m*: **c'è un ~ che ti cerca** da ist ein Mann, der dich verlangt **5** HIST Herrscher *m* ♦ **far vita da ~** ein Herrenleben führen

si·gno·reg·gia·re ⟨1f⟩ **A** VT **1** beherrschen (*a. fig*) **2** überragen **B** VI ⟨av⟩ herrschen

si·gno·ri·a F Herrschaft *f* **si·gno·ri·le** ADJ **1** herrschaftlich, vornehm **2** HIST Adels-, Herren-: **residenza ~** Herrensitz *m* **si·gno·ri·li·tà** F ⟨inv⟩ Vornehmheit *f*

★**si·gno·ri·na** F **1** Fräulein *n* **2** junge Frau *f*, junge Dame *f* **3 è rimasta ~** sie hat nicht geheiratet ♦ **nome da ~** Mädchenname *m*

si·gno·ri·no M **1** junger Herr *m* **2** *pej iron* Herrensöhnchen *n* **si·gno·ro·ne** [-o-] M, **-a** F reicher Herr *m*, reiche Frau *f* **si·gno·rot·to** [-ɔ-] M, **-a** F Gutsbesitzer *m*, -in *f*

si·len·te [-ɛ-] ADJ still: **notte ~** stille Nacht

si·len·zia·to·re [-o-] M Schalldämpfer *m*

★**si·len·zio** [-ɛ-] M **1** Stille *f*, Ruhe *f*: **~!** Ruhe! **2** (Still)Schweigen *n* **3** MIL **suonare il ~** den Zapfenstreich blasen ♦ **cadere nel ~** in Vergessenheit geraten; **~ di morte** Totenstille *f*

si·len·zio·si·tà F ⟨inv⟩ **1** Stille *f*, Ruhe *f* **2** Geräusch-, Lautlosigkeit *f*

★**si·len·zio·so** [-o-] ADJ **1** still, ruhig **2** schweigend, schweigsam: **la maggioranza -a** die schweigende Mehrheit **3** leise, geräuschlos, lautlos

si·lhou·et·te [silw'ɛt] F ⟨inv⟩ **1** Silhouette *f* **2** Profil *n* **3** schlanke Figur *f*

si·li·ca·to M Silikat *n* **si·li·ce** F Kieselerde *f* **si·li·cio** M Silizium *n*

si·li·co·ne [-o-] M Silikon *n*

sil·la·ba F Silbe *f* ♦ **non capire una ~** kein einziges Wort verstehen

★**sil·la·ba·re** VT ⟨1l⟩ **1** in (einzelnen) Silben sprechen **2** in Silben trennen **3** buchstabieren **sil·la·ba·rio** M Fibel *f* **sil·la·ba·zio·ne** [-o-] F **1** Silbentrennung *f* **2** Buchstabieren *n*

sil·la·bi·co ADJ Silben-

si·lo M Silo *m od n*, Siloturm *m*

si·lo·fo·no [-ɔ-] M Xylofon *n*

si·lo·gra·fi·a F Holzschnitt *m*

si·luet·ta [-e-] → silhouette

si·lu·ra·men·to [-e-] M **1** Torpedierung *f* (*a. fig*) **2** *fig* Schassen *n* **si·lu·ran·te** M Torpedoboot *n* **si·lu·ra·re** VT ⟨1a⟩ **1** torpedieren (*a. fig*) **2** *fig* schassen, absägen

si·lu·ro¹ M Torpedo *m*

si·lu·ro² M ZOOL Wels *m*

sil·ve·stre [-ɛ-] ADJ **1** Wald- **2** waldig, bewaldet ♦ **pino ~** Waldkiefer *f*, Föhre *f*

sil·vi·col·tu·ra F Forstwirtschaft *f*

sim·bio·si [-o-] F ⟨inv⟩ Symbiose *f* (*a. fig*)

sim·bo·leg·gia·re VT ⟨1f⟩ symbolisieren, versinnbildlichen

sim·bo·li·ci·tà F ⟨inv⟩ Sinnbildlichkeit *f*

sim·bo·li·co [-ɔ-] ADJ symbolisch, sinnbildlich **sim·bo·li·smo** [-zmo] M **1** Symbolik *f* **2** KUNST Symbolismus *m* **sim·bo·li·sta** **A** ADJ symbolistisch **B** M/F Symbolist *m*, -in *f* **sim·bo·liz·za·zio·ne** [-o-] F Symbolisierung *f*

★**sim·bo·lo** M **1** Symbol *n*, Sinnbild *n*, Wahrzeichen *n* **2** Zeichen *n*: **~ dell'euro** Eurozeichen *n*

si·mi·la·re ADJ ähnlich, gleichartig **si·mi·la·ri·tà** F ⟨inv⟩ Ähnlichkeit *f*, Gleichartigkeit *f*

★**si·mi·le** **A** ADJ **1** ähnlich (*a.* MATH) **2** solch, derartig: **con gente ~ non voglio avere niente a che fare** mit solchen Leuten möchte ich nichts zu tun haben **B** M/F **1** Artgenosse *m*, -genossin *f* **2** Mitmensch *m* **3** **simile** *m* Ähnliche *n* ♦ **chi poteva immaginare una cosa ~!** wer hätte so etwas gedacht!

si·mi·li·tu·di·ne F **1** Gleichnis *n* **2** Ähnlichkeit *f* (*a.* MATH)

si·mil·pel·le [-ɛ-] F ⟨inv⟩ Kunstleder *n*

sim·me·tri·a F Symmetrie *f*

sim·me·tri·co [-ɛ-] ADJ symmetrisch

sim·pa·ti·a F Sympathie *f* (*a.* MED, PSYCH, PHIL), Zuneigung *f*: **provare** (*od* **avere**) **~ per qn** j-n sympathisch finden; **prendere qn in ~** j-n lieb gewinnen

★**sim·pa·ti·co** ADJ **1** sympathisch **2** nett **3** MED **sistema nervoso ~** sympathisches Nervensystem *n* **4** **inchiostro ~** Geheimtinte *f* **sim·pa·ti·co·ne** [-o-] M, **-a** F netter Kerl *m*

S

sim·pa·tiz·zan·te M/F Sympathisant *m*, -in *f* **sim·pa·tiz·za·re** V/I ⟨1a; av⟩ **1** sich verstehen **2** POL sympathisieren
sim·po·sio [-ɔ-] M Symposium *n*
si·mu·la·cro M **1** Götterbild *n* **2** *fig* Trug-, Scheinbild *n*
si·mu·la·re V/T ⟨1l⟩ **1** vortäuschen; heucheln **2** nachahmen **3** TECH, MED simulieren **si·mu·la·to·re** [-o-] M, **-tri·ce** F **1** Heuchler *m*, -in *f* **2** MED Simulant *m*, -in *f* **3** TECH **simulatore** *m* Simulator *m* **si·mu·la·zio·ne** [-o-] F **1** Vortäuschung *f* (*a.* JUR); Heuchelei *f* **2** Nachahmung *f* **3** TECH Simulation *f* ♦ **~ al computer** Computersimulation *f*
si·mul·ta·ne·i·sta M/F Simultandolmetscher *m*, -in *f* **si·mul·ta·nei·tà** F ⟨*inv*⟩ Gleichzeitigkeit *f* **si·mul·ta·ne·o** ADJ gleichzeitig, simultan
si·na·go·ga [-ɔ-] F Synagoge *f*
si·na·psi F ⟨*inv*⟩ Synapse *f*
sin·ce·ra·men·te [-e-] ADV **1** ehrlich, aufrichtig **2** ehrlich gesagt **3** herzlich **4** innig
sin·ce·ra·re ⟨1b⟩ **A** V/T überzeugen **B** V/PR **-rsi** sich vergewissern **sin·ce·ri·tà** F ⟨*inv*⟩ Ehrlichkeit *f*, Aufrichtigkeit *f*
★**sin·ce·ro** [-ɛ-] ADJ **1** ehrlich, aufrichtig **2** **-i auguri di buon compleanno** herzliche Glückwünsche zum Geburtstag **3** innig ♦ **siamo -i!** Hand aufs Herz!
sin·co·pe F Synkope *f*
sin·cro·ni·a F Gleichzeitigkeit *f*: **in ~** gleichzeitig **sin·cro·ni·co** [-ɔ-] ADJ gleichzeitig
sin·cro·niz·za·re ⟨1a⟩ **A** V/T synchronisieren **B** V/PR **-rsi** synchron werden **sin·cro·niz·za·to** ADJ **1** synchronisiert **2** **semafori -i** grüne Welle *f* **sin·cro·niz·za·zio·ne** [-o-] F Synchronisierung *f*
sin·cro·no ADJ synchron, gleichzeitig
sin·da·ca·bi·le ADJ bestreitbar
sin·da·ca·le[1] ADJ Bürgermeister-
sin·da·ca·le[2] ADJ gewerkschaftlich, Gewerkschafts- **sin·da·ca·li·sta** M/F Gewerkschaft(l)er *m*, -in *f*
sin·da·ca·liz·za·re ⟨1a⟩ **A** V/I ⟨av⟩ Gewerkschaftsarbeit leisten **B** V/T gewerkschaftlich organisieren
sin·da·ca·re V/T ⟨1l *u.* d⟩ **1** ADMIN überprüfen **2** anfechten, bestreiten, kritisieren
★**sin·da·ca·to**[1] M Gewerkschaft *f*
sin·da·ca·to[2] ADJ ADMIN überprüft
★**sin·da·co** M Bürgermeister *m*, -in *f*
sin·do·ne F Leichen-, Grabtuch *n* ♦ **la Sacra Sindone** das Leichentuch Christi, das Turiner Grabtuch
sin·dro·me F Syndrom *n*: **~ da astinenza** Entzugserscheinung *f*; **~ da deficit di attenzione** Aufmerksamkeitsdefizitsyndrom *n*; **~ da immunodeficienza** Immunschwächekrankheit *f*
si·ner·gi·a F Synergie *f*
si·ner·gi·co [-ɛ-] ADJ synergetisch
sin·fo·ni·a F **1** Sinfonie *f* **2** *fig* Zusammenspiel *n*
sin·fo·ni·co [-ɔ-] ADJ sinfonisch
sin·ga·le·se [-e-] **A** ADJ singhalesisch **B** M/F Singhalese *m*, -sin *f*
Sin·ga·po·re [-o-] F Singapur *n* **sin·ga·po·re·se** [-e-] **A** ADJ singapurisch **B** M/F Singapurer *m*, -in *f*
sin·ghioz·za·re V/I ⟨1a; av⟩ **1** Schluckauf haben **2** (auf)schluchzen
sin·ghioz·zo [-o-] M **1** Schluckauf *m* **2** Schluchzer *m* ♦ **a ~** sprunghaft
single ['siŋgol] M/F ⟨*inv*⟩ Single *m*, Singlemann *m*, -frau *f*
sin·go·la F Einzelzimmer *n*
★**sin·go·la·re** **A** ADJ **1** singulär **2** eigenartig, ungewöhnlich, merkwürdig **3** außergewöhnlich **4** einzigartig, einmalig **B** M **1** GRAM Einzahl *f* **2** SPORT Einzelspiel *n* **sin·go·la·ri·tà** F ⟨*inv*⟩ **1** Merkwürdigkeit *f*, Eigenartigkeit *f* **2** Besonderheit *f* **3** Einmaligkeit *f*
★**sin·go·lo** **A** ADJ **1** einzeln, Einzel-: **ogni -a persona** jede einzelne Person *f* **2** einfach: **in copia -a** in einfacher Ausfertigung *f* **B** M **1** Einzelne *m/f*, Einzelperson *f* **2** TEL Einzelanschluss *m* **3** SPORT Einzel(-spiel) *n* ♦ **camera -a** Einzelzimmer *n*; **letto ~** Einzelbett *n*
sin·gul·to M → singhiozzo
si·ni·stra F Linke *f* (*a.* POL) ♦ ★ **a ~** links; **circolazione a ~** Linksverkehr *m*; **curva a ~** Linkskurve *f*; **di estrema ~** linksradikal; **partito di ~** Linkspartei *f*; **scrivere con la ~** mit links schreiben; **sulla ~** auf der linken Seite; **essere di ~** links sein; *umg* **uno di ~** ein Linker *m*
si·ni·stra·re V/T ⟨1a⟩ **1** schädigen **2** (be)treffen **si·ni·stra·to** M, **-a** F Geschädigte *m/f*; Katastrophenopfer *n* ♦ **zona -a** Katastrophengebiet *n*
★**si·ni·stro** **A** ADJ **1** link: **mano -a** linke Hand *f*; **sul lato ~** auf der linken Seite **2** unheilvoll, unheimlich **3** finster, düster: **un tipo ~** ein finsterer Typ **B** M Scha-

S

den *m*, Unfall *m*; *form* Versicherungsfall *m*
si·ni·stroi·de [-ɔ-] ADJ linksorientiert
si·ni·stror·so [-ˈtrɔrso] ADJ linksdrehend, linksgängig, linksläufig (*a.* CHEM, PHYS)
si·no PRÄP & ADV → fino
si·no·do M Synode *f*
si·no·ni·mi·a F Synonymik *f*, Sinnverwandtschaft *f*
si·no·ni·mo [-ɔ-] **A** ADJ synonym, sinnverwandt **B** M Synonym *n*
si·no·ra [-o-] ADV → finora
si·not·ti·co [-ɔ-] ADJ Übersichts-: **tavola -a** Übersichtstafel *f*
sin·tas·si F ⟨*inv*⟩ **1** Syntax *f*, Satzlehre *f* **2** (*manuale*) Grammatik *f* **3** Satzbau *m* **4** IT Syntax *f* **sin·tat·ti·co** ADJ syntaktisch, Syntax-
sin·te·riz·za·re V/T ⟨1a⟩ sintern **sin·te·riz·za·to** ADJ Sinter-, gesintert: **metallo ~** Sintermetall *n*
sin·te·si F ⟨*inv*⟩ **1** Synthese *f* (*a.* CHEM, PHYS, PHIL) **2** Zusammenfassung *f* **3** Fazit *n* ♦ **in ~** zusammenfassend
sin·te·ti·ca·men·te [-e-] ADV **1** kurz gefasst **2** CHEM synthetisch
★**sin·te·ti·co** [-ɛ-] ADJ **1** knapp **2** Kunst-, künstlich, synthetisch
sin·te·tiz·za·re V/T ⟨1a⟩ **1** zusammenfassen **2** sich kurzfassen: **cerca di ~** versuch, dich kurzzufassen **3** CHEM, BIOL synthetisieren **sin·te·tiz·za·to·re** [-o-] M MUS Synthesizer *m*
sin·to·let·to·re [-o-] M **~ CD** CD-Player *m*, CD-Spieler *m*; **~ MP3** MP3-Player *m*, MP3-Spieler *m*
sin·to·ma·ti·co ADJ symptomatisch
sin·to·mo M Symptom *n*, Anzeichen *n* (*a.* MED)
sin·to·ni·a F **1** PHYS Synchronismus *m* **2** RADIO Abstimmung *f*, Einstellung *f* **3** *fig* Einklang *m*: **essere in ~ con qn** mit j-m in Einklang stehen
sin·to·niz·za·re ⟨1a⟩ **A** V/T **1** einstellen: **~ la radio su una stazione** das Radio auf einen Sender einstellen **2** *fig* in Einklang bringen **B** V/PR **-rsi** **1** RADIO das Empfangsgerät einstellen **2** *fig* **-rsi con qn** Einklang mit j-m herstellen **sin·to·niz·za·to·re** [-o-] M RADIO Tuner *m*
sin·to·niz·za·zio·ne [-o-] F Abstimmung *f*, Einstellung *f*
si·nuo·so [-o-] ADJ **1** gewunden (*a. fig*) **2** kurvenreich
si·nu·si·te F Nebenhöhlenentzündung *f*
si·nu·soi·de [-ɔ-] F Sinuskurve *f*
Si·on F Sion *n*, Sitten *n*
sio·ni·smo [-zmo] M Zionismus *m*
sio·ni·sta M/F Zionist *m*, -in *f*
si·pa·rio M (Bühnen)Vorhang *m*: **cala il ~** der Vorhang fällt (*a. fig*)
Si·ra·cu·sa F Syrakus *n* **si·ra·cu·sa·no** **A** ADJ syrakusisch **B** M, **-a** F Syrakuser *m*, -in *f*
si·re·na[1] [-ɛ-] F **1** MYTH Sirene *f* **2** *fig* Verführerin *f*
si·re·na[2] [-ɛ-] F Sirene *f*: **~ di ambulanza** Martinshorn *n*; **a -e spiegate** mit Sirenengeheul
si·re·net·ta [-e-] F *fig* Nymphchen *n*, Kindfrau *f*
Si·ria F Syrien *n* **si·ria·no** **A** ADJ syrisch **B** M, **-a** F Syrer *m*, -in *f*
si·rin·ga F **1** Spritze *f* **2** GASTR Teig-, Torten-, Garnierspritze *f* **3** MUS Panflöte *f* ♦ **~ monouso** Einwegspritze *f*
si·rin·ga·re V/T ⟨1e⟩ MED punktieren
si·sma [-zma] M Erdbeben *n*
si·smi·co [-zm-] ADJ seismisch, Erdbeben-
si·smo·gra·fo [-ˈzmɔ-] M Seismograf *m*
si·smo·lo·gi·a [-zm-] F Erdbebenkunde *f*
si·smo·lo·go [-ˈzmɔ-] M, **-a** F Seismologe *m*, -login *f*
sis·si·gno·ra [-o-] ADV jawohl, meine Dame!
sis·si·gno·re [-o-] ADV jawohl, mein Herr!
★**si·ste·ma** [-ɛ-] M **1** System *n* **2** Methode *f*, Verfahren *n* **3** *fig* Art *f*: **che -i sono questi?** was ist das für eine Art? ♦ **~ antibloccaggio** Antiblockiersystem *n*, ABS *n*; **~ antimissile** Raketenabwehrsystem *n*; **~ bancario** Bankwesen *n*; **~ economico** Wirtschaftssystem *n*; IT **~ esperto** Expertensystem *n*; **~ elettorale** Wahlsystem *n*; **~ immunitario** Immunsystem *n*; **~ di governo** Regierungssystem *n*; **~ di navigazione** Navigationssystem *n*; IT **~ operativo** Betriebssystem *n*; **~ proporzionale** Verhältniswahlrecht *n*; **~ uninominale** (*od* **maggioritario**) Mehrheitswahlrecht *n*; **~ previdenziale integrativo** private Altersvorsorge *f*; **~ di vita** Lebensweise *f*
★**si·ste·ma·re** ⟨1b⟩ **A** V/T **1** in Ordnung bringen, (ein)ordnen **2** stellen: **~ un vaso sul davanzale** einen Blumentopf auf die Fensterbank stellen **3** unterbringen: **~ qn in albergo** j-n im Hotel unterbrin-

gen 4 (*procurare un lavoro*) **~ un amico in banca** einen Freund bei einer Bank unterbringen 5 erledigen: **~ una questione** eine Frage erledigen 6 (*aggiustare*) instand setzen, (her)richten 7 (*maritare*) unter die Haube bringen 8 *umg* **~ qn** sich (*dat*) j-n vorknöpfen **B** V/PR **-rsi** 1 sich einrichten, sich etablieren 2 unterkommen, eine Stelle finden 3 heiraten 4 in Ordnung kommen 5 zurechtrücken: **-rsi la cravatta** die Krawatte zurechtrücken

si·ste·ma·ta F **darsi una ~** sich schnell frisch machen

si·ste·ma·ti·ca·men·te [-e-] ADV 1 systematisch 2 regelmäßig **si·ste·ma·ti·ci·tà** F ⟨*inv*⟩ 1 Systematik *f* 2 Regelmäßigkeit *f* **si·ste·ma·ti·co** ADJ 1 systematisch 2 regelmäßig **si·ste·ma·zio·ne** [-o-] F 1 (An)Ordnung *f* 2 Unterbringung *f*, Unterkunft *f* 3 Platz *m* 4 Stelle *f* 5 Erledigung *f*, Regelung *f*

si·ste·mi·sta M/F 1 Systemspieler *m*, -in *f* 2 IT Systemanalytiker *m*, -in *f*

sit-in [sit'in] M ⟨*inv*⟩ Sitzdemontration *f*, Sit-in *n*

si·to **A** ADJ gelegen **B** M 1 Ort *m*, Stelle *f*, Stätte *f* 2 IT Site *f*: **~ Internet** Website *f*, Internetseite *f*; **~ Web** Webseite *f*

si·tua·re ⟨1l⟩ **A** V/T 1 stellen, setzen 2 legen 3 aufstellen, postieren **B** V/PR **-rsi** 1 liegen 2 *fig* sich einreihen **si·tua·to** ADJ gelegen: **essere ~** liegen

★**si·tua·zio·ne** [-o-] F 1 Lage *f*, Situation *f* 2 Zustand *m*, Stand *m* ♦ **data la ~** in Anbetracht der Lage; **~ di fatto** Sachlage *f*; **~ di stallo** Stillstand *m*

skate-board ['skeɪtbɔ:d] M ⟨*inv*⟩ Skateboard *n*: **andare sullo ~** Skateboard fahren **ska·ter** ['skɛter] M/F ⟨*inv*⟩ Skateboardfahrer *m*, -in *f*

ski-lift, ski·lift [ski:'lɪft] M ⟨*inv*⟩ Skilift *m*

skin [skin], **skin·head** [skin'ɛd] M/F ⟨*inv*⟩ Skinhead *m*

ski-pass ['ski:pa:s] M ⟨*inv*⟩ Skipass *m*

skip·per ['skipper] M/F ⟨*inv*⟩ SCHIFF Skipper *m*, -in *f*

ski-stop·per [ski'stɔpper] M ⟨*inv*⟩ Skibremse *f*, Stopper *m*

slab·bra·re [zl-] ⟨1a⟩ **A** V/T ausleiern **B** V/PR **-rsi** 1 ausleiern 2 (*ferita*) aufbrechen

slac·cia·re [zl-] ⟨1f⟩ **A** V/T 1 aufschnüren 2 aufschnallen 3 (*cinture di sicurezza*) lösen 4 (*reggiseno*) aufhaken 5 (*bottone*) aufknöpfen **B** V/PR **-rsi** 1 sich lösen, aufgehen 2 (*scarpe*) sich (*dat*) aufbinden 3 (*cintura*) sich (*dat*) aufschnallen 4 (*reggiseno*) sich (*dat*) aufhaken 5 **-rsi qc** sich (*dat*) etw aufknöpfen

sla·lom [zl-] M ⟨*inv*⟩ 1 Slalom *m od n* 2 Zickzackkurs *m* ♦ **~ gigante** Riesenslalom *m*

sla·lo·mi·sta [zl-] M/F Slalomläufer *m*, -in *f*

slan·cia·re [zl-] ⟨1f⟩ **A** V/T 1 (*abiti*) schlank machen 2 (*le braccia*) ausschwingen **B** V/PR **-rsi contro qn** sich auf j-n stürzen (*od* werfen) **slan·cia·to** [zl-] ADJ schlank

slan·cio [zl-] M 1 Schwung *m* (*a. fig*) 2 *fig* Anwandlung *f*: **in uno ~ di generosità** in einer Anwandlung von Großzügigkeit ♦ **pieno di ~** schwungvoll; **senza ~** schwunglos

slar·ga·re [zl-] ⟨1e⟩ **A** V/T erweitern, ausweiten **B** V/PR **-rsi** sich erweitern, sich ausweiten

slar·go [zl-] M Verbreiterung *f*, Erweiterung *f*

slat·ta·re [zl-] V/T ⟨1a⟩ entwöhnen, abstillen

sla·va·to [zl-] ADJ verblichen, verwaschen

sla·vi·na [zl-] F Lawine *f*

sla·vi·smo [zla'vizmo] M 1 LING Slawismus *m* 2 POL Panslawismus *m* **sla·vi·sta** [zl-] M/F Slawist *m*, -in *f* **sla·vi·sti·ca** [zl-] F Slawistik *f*

sla·vo [zl-] **A** ADJ slawisch **B** M, **-a** F Slawe *m*, -win *f*

sle·a·le [zl-] ADJ unehrlich, unfair, unlauter

sle·al·tà [zl-] F ⟨*inv*⟩ Unehrlichkeit *f*

sle·ga·re [zl-] ⟨1e⟩ **A** V/T 1 aufknoten, losbinden, aufschnüren 2 (*cane*) loslassen 3 *fig* **~ la fantasia** der Fantasie freien Lauf lassen **B** V/PR **-rsi** 1 aufgehen, sich lösen 2 *fig* sich losmachen **sle·ga·to** ADJ 1 aufgeknotet, aufgeschnürt 2 *fig* zusammenhanglos

Sle·sia [-ɛ-] F Schlesien *n*

slip [zl-] M ⟨*inv*⟩ Slip *m*

slit·ta [zl-] F Schlitten *m* (*a.* MECH)

slit·ta·men·to [zlitta'me-] M 1 Schlittern *n*, Rutschen *n* 2 *fig* Abweichung *f* 3 Verschiebung *f* 4 WIRTSCH Sinken *n*

slit·ta·re [zl-] V/I ⟨1a⟩ 1 ⟨*av*⟩ Schlitten fahren 2 ⟨*es*⟩ rutschen 3 ⟨*es*⟩ *fig* abrutschen 4 ⟨*es*⟩ sich verschieben: **~ di**

un'ora sich um eine Stunde verschieben **5** WIRTSCH ⟨es⟩ sinken
slit·ti·no [zl-] M **1** Rodelschlitten *m* **2** SPORT Rennrodel *m*
slo·ga·men·to [zloga'me-] M Ver-, Ausrenkung *f*
slo·gan ['zlɔgan] M ⟨*inv*⟩ **1** Slogan *m* **2** Schlagwort *n*, Parole *f*
slo·ga·re [zl-] ⟨1e⟩ **A** V/T verrenken, verstauchen **B** V/PR **-rsi** sich verstauchen **slo·ga·to** ADJ **1** verstaucht **2** *fig* gelenkig
slo·ga·tu·ra [zl-] F Verstauchung *f*
slog·gia·re [zl-] ⟨1f⟩ **A** V/T vertreiben **B** V/I ⟨av⟩ **1** aus-, wegziehen **2** *umg* abhauen
slot [zlɔt] M ⟨*inv*⟩ IT Steckplatz *m*
slot ma·chi·ne [zlɔtma'ʃin] F ⟨*inv*⟩ Geldspielautomat *m*
Slo·vac·chia [zl-] F Slowakei *f* **slo·vac·co** [zl-] **A** ADJ slowakisch **B** M, **-a** F Slowake *m*, -kin *f*
Slo·ve·nia [zlo'vɛ-] F Slowenien *n* **slo·ve·no** [zlo'vɛ-] **A** ADJ slowenisch **B** M, **-a** F Slowene *m*, -nin *f*
smac·ca·to [zm-] ADJ **1** süßlich: **vino ~** süßlicher Wein *m* **2** *fig* übermäßig **3** frech
★**smac·chia·re** [zm-] V/T ⟨1k⟩ **~ qc** von etw die Flecken entfernen **smac·chia·to·re** [-o-] M Fleck(en)entferner *m* **smac·chia·tu·ra** F Fleckenentfernung *f*, Reinigung *f*
smac·co [zm-] M Schmach *f*
sma·glian·te [zm-] ADJ glänzend, strahlend
sma·glia·re [zm-] ⟨1g⟩ **A** V/T **~ le calze** eine Laufmasche haben **B** V/PR **-rsi** **1** (*calze*) eine Laufmasche haben **2** MED Dehnungsstreifen (*od* Schwangerschaftsstreifen) bekommen **sma·glia·tu·ra** F **1** Laufmasche *f* **2** MED Dehnungsstreifen *m*; Schwangerschaftsstreifen *m*
sma·gne·tiz·za·re [zm-] V/T ⟨1a⟩ entmagnetisieren **sma·gne·tiz·za·zio·ne** [-o-] F Entmagnetisierung *f*
sma·gri·re [zm-] ⟨4d⟩ **A** V/T mager machen, abmagern lassen **B** V/I ⟨es⟩ abmagern **C** V/PR **-rsi** abmagern, mager werden
sma·li·zia·to [zm-] ADJ **1** schlau **2** erfahren
smal·ta·re [zm-] V/T ⟨1a⟩ emaillieren; (*ceramica*) glasieren **smal·ta·to** ADJ Email-
smal·ti·men·to [zmalti'me-] M **1** Entsorgung *f*: **~ dei rifiuti** Abfallentsorgung *f* **2** Verdauung *f* **3** Abfluss *m* **4** *fig* Ausverkauf *m*
smal·ti·re [zm-] V/T ⟨4d⟩ **1** entsorgen, beseitigen **2** (*acque*) abfließen lassen, ableiten **3** verdauen **4** ausverkaufen **5** *fig* erledigen: **~ la posta** die Post erledigen ♦ **~ la rabbia** die Wut verrauchen lassen; **~ la sbornia** seinen Rausch ausschlafen
★**smal·to** [zm-] M **1** Email *n*, Glasur *f*, Schmelz *m* **2** (*merce*) Emailware *f* **3** Emaillack *m* **4** (*per unghie*) Nagellack *m* **5** *fig* Schwung *m*: **perdere lo ~** an Schwung verlieren **6** ANAT Zahnschmelz *m*
smam·ma·re [zm-] V/I ⟨1a; av⟩ *umg* abzischen
sma·nac·cia·re [zm-] V/T ⟨1g⟩ *umg* **~ un apparecchio** an einem Gerät (herum)fummeln
sman·ce·ri·a [zm-] F Getue *n* **sman·ce·ro·so** [-o-] ADJ übertrieben liebenswürdig, affektiert
sman·giuc·chia·re [zm-] V/T ⟨1k⟩ naschen
sma·nia [zm-] F **1** Unruhe *f*, Anspannung *f*: **dare in -e** sehr unruhig sein **2** *fig* Sucht *f*, Begierde *f*: **avere la ~ di fare qc** darauf brennen, etw zu tun
sma·nia·re [zm-] V/I ⟨1h; av⟩ **1** **~ per qc** wegen etw (*gen*) unruhig sein **2** *fig* **~ per qc** auf etw (*akk*) brennen
sma·ni·ca·to ADJ ärmellos
sma·nio·so [-o-] ADJ **1** unruhig, erregt **2** *fig* **essere ~ di qc** auf etw (*akk*) begierig (*od* wild) sein
sman·tel·la·men·to [zmantella'me-] M **1** Abbruch *m*, Abbau *m*, Demontage *f* **2** MIL Abrüstung *f* **3** Abriss *m*, Abbruch *m* **4** *fig* Entkräften *n* ♦ *fig* **~ sociale** Abbau *m* der Sozialleistungen, Sozialdemontage *f*
sman·tel·la·re V/T ⟨1b⟩ **1** abbrechen, abbauen, demontieren **2** MIL abrüsten **3** nieder-, abreißen **4** *fig* entkräften, abbauen
smar·ca·re [zm-] ⟨1d⟩ **A** V/T SPORT freispielen **B** V/PR **-rsi** sich freispielen
smar·gias·sa·ta [zm-] F Angeberei *f*
smar·gias·so [zm-] M Angeber *m*
smar·ri·men·to [zmarri'me-] M **1** Verlust *m*: **in caso di ~** bei Verlust **2** *fig* Verwirrung *f*
smar·ri·re [zm-] ⟨4d⟩ **A** V/T **1** verlieren

2 ~ **la strada** sich verlaufen; sich verfahren **B** V/PR **-rsi** **1** sich verlaufen **2** *fig* sich verlieren **3** *fig* in Verwirrung geraten **4** *fig* verzagen **smar·ri·to** ADJ **1** verloren (*a. fig*) **2** *fig* verirrt **3** *fig* verstört ♦ **cane** ~ entlaufener Hund *m*; **ufficio oggetti -i** Fundbüro *n*

sma·scel·lar·si [zmaʃel'larsi] V/PR ⟨1b⟩ ~ **dalle risa** sich schieflachen

sma·sche·ra·re [zm-] ⟨1l⟩ **A** V/T **1** ~ **qn** j-m die Maske abnehmen **2** *fig* entlarven, enttarnen **B** V/PR **-rsi** **1** sich demaskieren **2** *fig* sich (*dat*) die Maske abnehmen

smem·bra·men·to [zmembra'me-] M **1** Zerstückelung *f*, Zergliederung *f* **2** Zerteilung *f*

smem·bra·re [zm-] V/T ⟨1b⟩ **1** zerstückeln, zergliedern **2** *fig* auflösen, aufteilen

sme·mo·ra·tez·za [zmemora'te-] F Vergesslichkeit *f* **sme·mo·ra·to** ADJ vergesslich

smen·ti·re [zm-] ⟨4d⟩ **A** V/T **1** dementieren; widerrufen (*a.* JUR) **2** (*contraddire*) widersprechen **3** Lügen strafen **4** *fig* ~ **qc** etw (*dat*) nicht gerecht werden **B** V/PR **-rsi** **1** sich (*dat*) widersprechen **2** *fig* **non -rsi mai** sich (*dat*) selbst treu bleiben

smen·ti·ta [zm-] F Widerruf *m*, Dementi *n*

sme·ral·do [zm-] **A** ADJ ⟨*inv*⟩ **verde** ~ smaragdgrün **B** M Smaragd *m*

smer·cia·bi·le [zm-] ADJ verkäuflich, absetzbar **smer·cia·bi·li·tà** F ⟨*inv*⟩ Verkäuflichkeit *f*

smer·cia·re [zm-] V/T ⟨1f *u.* b⟩ verkaufen, absetzen

smer·cio ['zmɛ-] M Verkauf *m*, Absatz *m*

smer·da·re [zm-] ⟨1b⟩ **A** V/T *vulg* **1** verscheißen **2** einsauen **3** *fig* (*persone*) miesmachen **B** V/PR **-rsi** *vulg* sich einsauen

sme·ri·glia·re [zm-] V/T ⟨1g⟩ schmirgeln, schleifen **sme·ri·glia·to** ADJ geschliffen: **carta -a** Schleif-, Schmirgelpapier *n*; **vetro** ~ Mattglas *n* **sme·ri·glia·tri·ce** F Schleifmaschine *f*

sme·ri·glio [zm-] **A** ADJ ⟨*inv*⟩ Schmirgel- **B** M **1** MINER Schmirgel *m* **2** Schleifsand *m*

smes·so ['zme-] ADJ (*abiti*) abgetragen, abgelegt

★**smet·te·re** ['zme-] ⟨3ee⟩ **A** V/T **1** ~ **qc** mit etw aufhören **2** ~ **di fare qc** aufhören, etw zu tun **3** (*studi*) aufgeben **4** (*indumenti*) ablegen **B** V/I ⟨av⟩ aufhören

smi·dol·la·re [zm-] ⟨1c⟩ **A** V/T ~ **qc** das Mark aus etw lösen **B** V/PR **-rsi** ermatten, erschlaffen **smi·dol·la·to** **A** ADJ **1** ohne Mark **2** *fig* kraftlos, marklos **B** M, **-a** F Schlappschwanz *m*

smie·la·to·re [zmiela'to-] M Honigschleuder *f*

smi·li·ta·riz·za·re [zm-] V/T ⟨1a⟩ entmilitarisieren **smi·li·ta·riz·za·zio·ne** [-o-] F Entmilitarisierung *f*

smil·zo [zm-] ADJ **1** schmächtig **2** *fig* mager

smi·nu·i·re [zm-] ⟨4d⟩ **A** V/T schmälern, abwerten, herabwürdigen **B** V/PR **-rsi** sich herabwürdigen

smi·nuz·za·re [zm-] ⟨1a⟩ **A** V/T zerkleinern, zerbröckeln **B** V/PR **-rsi** zerkrümeln

smi·sta·men·to [zmista'me-] M **1** Sortierung *f* **2** BAHN Rangieren *n* **3** **campo di** ~ Durchgangslager *n* **smi·sta·re** V/T **1** sortieren **2** BAHN rangieren **3** MIL einteilen

smi·su·ra·tez·za [zmisura'te-] F **1** Unermesslichkeit *f* **2** Maßlosigkeit *f* **smi·su·ra·to** ADJ **1** grenzenlos, unermesslich **2** maßlos

smi·tiz·za·re [zm-] V/T ⟨1a⟩ **1** entmythisieren **2** nüchtern betrachten

smo·bi·li·ta·re [zm-] ⟨1m⟩ **A** V/T MIL demobilisieren **B** V/I ⟨av⟩ **1** eine Tätigkeit aufgeben **2** *fig* aufbrechen, die Koffer packen **smo·bi·li·ta·zio·ne** [-o-] F MIL Demobilisierung *f*

smoc·co·la·re [zm-] V/I ⟨1l *u.* c⟩ **1** tropfen **2** *umg* fluchen

smo·da·to [zm-] ADJ **1** unmäßig, maßlos **2** übermäßig, übertrieben

smo·de·ra·tez·za [zmodera'te-] Unmäßigkeit *f*, Maßlosigkeit *f* **smo·de·ra·to** ADJ unmäßig

smog [zmɔg] M ⟨*inv*⟩ Smog *m* ♦ **cappa di** ~ Dunstglocke *f*

smok·ing ['zmɔkiŋ(g)] M ⟨*inv*⟩ Smoking *m*

smon·ta·bi·le [zm-] ADJ zerlegbar

smon·tag·gio [zm-] M **1** Zerlegung *f* **2** Ausbau *m* **3** Abbau *m*, Demontage *f*

smon·ta·re [zm-] ⟨1a⟩ **A** V/T **1** zerlegen, auseinandernehmen **2** ausbauen **3** TECH demontieren **4** *fig* ~ **qn** j-m einen Dämpfer geben **B** V/I ⟨es⟩ **1** herabsteigen **2** aussteigen; absteigen **3** *fig*

Feierabend machen

smor·fia ['zmɔ-] F **1** Grimasse *f*, Fratze *f*: **fare -e** Grimassen schneiden **2** Ziererei *f*, Getue *n*

smor·fio·sa [zmorfi'o-] F Zimperliese *f*: **fare la ~** zimperlich sein; kokettieren

smor·fio·so [zmorfi'o-] ADJ zimperlich

smor·to ['zmɔ-] ADJ **1** blass, bleich **2** verblasst, fahl **3** ausdruckslos, glanzlos

smor·za·re [zm-] ⟨1c⟩ **A** V/T **1** dämpfen, abschwächen (*a. fig*) **2** (*lume, fuoco*) löschen **3** (*sete*) stillen, löschen **B** V/PR **-rsi** **1** sich abschwächen **2** (*suono*) ab-, verklingen

smot·ta·men·to [zmotta'me-] M Erdrutsch *m*

smot·ta·re [zm-] V/I ⟨1c; es⟩ (ab)rutschen

sms ['esse'emme'esse] M ⟨*inv*⟩ (short message service) SMS *m*: **messaggio** *m* **~** SMS-Nachricht *f*, SMS *f*

smun·to [zm-] ADJ abgemagert, abgezehrt

smuo·ve·re [zmu'ɔ-] ⟨3ff⟩ **A** V/T **1** weg-, verrücken **2** (*terreno*) auflockern **3** *fig* **~ qn da qc** j-n von etw abbringen **4** *fig* aufrütteln **B** V/PR **-rsi** **1** sich bewegen **2** seine Meinung ändern **3** *fig* aufgerüttelt werden ♦ *fig* **~ le montagne** Berge versetzen

smus·sa·re [zm-] ⟨1a⟩ **A** V/T **1** abkanten, abrunden **2** *fig* mildern **B** V/PR **-rsi** abstumpfen, stumpf werden **smus·sa·to** ADJ **1** abgekantet, abgerundet **2** stumpf **3** *fig* gemildert

snack ['znek] M ⟨*inv*⟩ Snack *m*, Imbiss *m*

snack-bar [znek'bar] M ⟨*inv*⟩ Snackbar *f*

sna·tu·ra·re [zn-] ⟨1a⟩ **A** V/T **1** verunstalten, entstellen **2** *fig* (*senso*) verdrehen **B** V/PR **-rsi** entarten **sna·tu·ra·to** ADJ **1** verunstaltet, entstellt **2** ungeraten: **figlio ~** ungeratener Sohn *m* **3** **madre -a** Rabenmutter *f*

sna·zio·na·liz·za·re [zn-] V/T ⟨1a⟩ **1** POL entnationalisieren **2** WIRTSCH (re)-privatisieren **sna·zio·na·liz·za·zio·ne** [-o-] F **1** POL Entnationalisierung *f* **2** WIRTSCH (Re)Privatisierung *f*

snel·lez·za [znel'le-] F **1** Schlankheit *f* **2** *fig* (*stile*) Flüssigkeit *f* **snel·li·men·to** [-e-] M **1** Schlankmachen *n* **2** *fig* Vereinfachung *f*; Beschleunigung *f* **3** WIRTSCH Verschlankung *f*

snel·li·re [zn-] ⟨4a⟩ **A** V/T **1** schlank machen **2** schlank erscheinen lassen **3** *fig* vereinfachen **4** WIRTSCH verschlanken **B** V/PR **-rsi** schlank werden

snel·lo ['znɛ-] ADJ **1** schlank **2** flink, behänd(e) **3** (*stile*) flüssig

sner·van·te [zn-] ADJ entnervend, nervenaufreibend, zermürbend, *umg* nervig

sner·va·re [zn-] V/T ⟨1b⟩ zermürben, *umg* nerven

sni·da·re [zn-] V/T ⟨1a⟩ **1** (*cacciagione*) aufstöbern **2** *fig* ausheben

snif·fa·re [zn-] V/T ⟨1a⟩ sniffen; (*tabacco*) schnupfen: **~** (**cocaina**) koksen **snif·fa·ta** F Sniff *m*

snob [znɔb] **A** ADJ ⟨*inv*⟩ snobistisch, blasiert **B** M/F ⟨*inv*⟩ Snob *m* **snob·ba·re** V/T ⟨1c⟩ ignorieren

snoc·cio·la·re [zn-] V/T ⟨1l u. c⟩ **1** entkernen, entsteinen **2** *fig* **~ una sfilza di bugie** eine Unmenge von Lügen von sich geben

sno·da·bi·le [zn-] ADJ verstellbar, Gelenk-

sno·da·re [zn-] ⟨1c⟩ **A** V/T **1** aufknoten, aufknüpfen **2** gelenkig machen, geschmeidig machen **B** V/PR **-rsi** sich schlängeln, sich winden

sno·da·to [zn-] ADJ gelenkig, Gelenk-

sno·do ['znɔ-] M MECH Gelenk *n* ♦ **~ autostradale** Autobahnkreuz *n*

snow·board ['znoubord] M ⟨*inv*⟩ Snowboard *n* **snow·boar·di·sta** M/F Snowboardfahrer *m*, -in *f*

so·a·ve ADV angenehm, lieblich

so·a·vi·tà F ⟨*inv*⟩ Lieblichkeit *f*

sob·bal·za·re V/I ⟨1a; av⟩ **1** (*veicoli*) holpern **2** (*persone*) zusammenfahren, zusammenzucken

sob·bal·zo M **1** Sprung *m*, Satz *m* **2** Zusammenfahren *n* **3** (*macchina*) Stoß *m*

sob·bar·ca·re ⟨1d⟩ **A** V/T **~ qn di lavoro** j-n mit Arbeit überhäufen **B** V/PR **-rsi qc** sich (*dat*) etw aufbürden

sob·bor·go [-o-] M Vorort *m*, Vorstadt *f*

so·bil·la·re V/T ⟨1a⟩ **~ qn contro qn/qc** j-n gegen j-n/etw aufhetzen **so·bil·la·to·re** [-o-] **A** ADJ aufhetzend **B** M, **-tri·ce** F Hetzer *m*, -in *f*, Aufwiegler *m*, -in *f*

so·bil·la·zio·ne [-o-] F Hetzerei *f*

so·brie·tà F ⟨*inv*⟩ **1** Nüchternheit *f* **2** Mäßigkeit *f* **so·brio** [-ɔ-] ADJ **1** nüchtern **2** sachlich **3** einfach **4** mäßig

soc·chiu·de·re V/T ⟨3b⟩ **1** halb schließen **2** anlehnen **soc·chiu·so** ADJ **1** halb geschlossen; halb offen **2** angelehnt

S

soc·com·be·re [-o-] VI ⟨3a; es⟩ **1** unterliegen **2** erliegen

soc·cor·re·re [-o-] VT ⟨3o⟩ **~ qn** j-m zu Hilfe eilen **soc·cor·re·vo·le** [-e-] ADJ hilfsbereit **soc·cor·ri·to·re** [-o-] **A** ADJ helfend **B** M, **-tri·ce** F Helfer *m*, -in *f*

★**soc·cor·so** [-o-] M **1** Hilfe *f* **2** *pl* Hilfsgüter *pl* ♦ **~ alpino** Bergwacht *f*; **colonnina di ~** Notrufsäule *f*; **pronto ~** Erste Hilfe *f*; **cassetta di pronto ~** Verbandskasten *m*; **~ stradale** Pannendienst *m*

★**so·cia** [-ɔ-] F **1** WIRTSCH Gesellschafterin *f*, Teilhaberin *f* **2** Mitglied *n*

so·cial·de·mo·cra·ti·co **A** ADJ sozialdemokratisch **B** M, **-a** F Sozialdemokrat *m*, -in *f* **so·cial·de·mo·cra·zi·a** F Sozialdemokratie *f*

★**so·cia·le** **A** ADJ **1** gesellschaftlich, Gesellschafts- (*a.* WIRTSCH) **2** sozial, Sozial- **B** M Sozialwesen *n* ♦ **assistenza ~** Sozialhilfe *f*; **cena ~** Gemeinschaftsessen *n*; **parti -i** Sozialpartner *pl*; **previdenza ~** Sozialversicherung *f*

so·cia·li·smo [-zmo] M Sozialismus *m*

so·cia·li·sta **A** ADJ sozialistisch **B** M/F Sozialist *m*, -in *f* **so·cia·li·sti·co** ADJ sozialistisch

so·cia·li·tà F ⟨*inv*⟩ Gemeinschaftssinn *m*

so·cia·liz·za·re ⟨1a⟩ **A** VT WIRTSCH vergesellschaften **B** VI ⟨av⟩ Kontakte knüpfen

so·cial·men·te [-e-] ADV sozial: **lavoro ~ utile** gemeinnützige Tätigkeit *f*

★**so·cie·tà** F ⟨*inv*⟩ **1** Gesellschaft *f* **2** WIRTSCH Gesellschaft *f*, Unternehmen *n* **3** Klub *m*, Verein *m* ♦ **~ in accomandita** Kommanditgesellschaft *f*; **~ per azioni** Aktiengesellschaft *f*; **~ del benessere** Wohlstandsgesellschaft *f*; **~ di gestione del risparmio** Vermögensverwaltungsgesellschaft *f*; **~ delle Nazioni** Völkerbund *m*; **~ in nome collettivo** offene Handelsgesellschaft *f*; **l'onorata ~** die ehrenwerte Gesellschaft, die Mafia; **~ a responsabilità limitata** Gesellschaft *f* mit beschränkter Haftung

so·cie·ta·rio ADJ Unternehmens-, Gesellschafts-: **diritto ~** Unternehmensrecht *n*

so·cie·vo·lez·za [-e-] F Geselligkeit *f*

★**so·cio** [-ɔ-] M **1** WIRTSCH Gesellschafter *m*, Teilhaber *m* **2** Mitglied *n*: **riservato ai -ci** nur für Mitglieder ♦ **~ onorario** Ehrenmitglied *n*

so·cio·cul·tu·ra·le ADJ soziokulturell

so·cio·lo·gi·a F Soziologie *f*, Gesellschaftslehre *f* **so·cio·lo·gi·co** [-ɔ-] ADJ soziologisch **so·cio·lo·go** [-ɔ-] M, **-a** F Soziologe *m*, -login *f*

so·ci·vo·le ADJ umgänglich, gesellig

so·da [-ɔ-] F **1** CHEM Natriumkarbonat *n* **2** Sodawasser *n*

so·da·li·zio M **1** Verein *m* **2** *fig* Freundschaftsbund *m*

★**sod·di·sfa·cen·te** [-ɛ-] ADJ befriedigend, zufriedenstellend ♦ **non ~** unbefriedigend

sod·di·sfa·ci·men·to [-e-] M **1** Befriedigung *f* **2** Erfüllung *f* **3** Bezahlung *f*

sod·di·sfa·re ⟨3aa⟩ **A** VT **1** befriedigen, zufriedenstellen **2** (*curiosità, fame, sete*) stillen **3** (*adempiere*) **~ qc** etw erfüllen, etw (*dat*) nachkommen **4** **~ gli obblighi militari** die Wehrpflicht ableisten **5** (*debito*) begleichen **B** VI ⟨av⟩ **~ a qc** etw (*dat*) nachkommen, etw erfüllen

★**sod·di·sfat·to** ADJ **1** **essere ~ di qn/qc** mit j-m/etw zufrieden sein **2** bezahlt

★**sod·di·sfa·zio·ne** [-o-] F **1** Befriedigung *f*, Zufriedenheit *f* **2** Genugtuung *f* ♦ *iron* **bella ~!** das ist nicht gerade toll

so·dez·za [-e-] F Festigkeit *f*, Straffheit *f*

so·dio [-ɔ-] M Natrium *n*

so·do [-ɔ-] **A** ADV fest, hart: **lavorare ~** hart arbeiten **B** ADJ fest, hart, straff **C** M fester Grund *m* ♦ **uova -e** hart gekochte Eier *pl*; *fig* **passare al ~** zur Sache kommen

so·do·mi·a F Analverkehr *m*

so·fà M ⟨*inv*⟩ Sofa *n*

sof·fe·ren·te [-ɛ-] ADJ leidend (*a.* MED): **avere un'aria ~** mitgenommen aussehen

sof·fe·ren·za [-ɛ-] F Leiden *n*, Qual *f*

sof·fer·ma·re ⟨1a⟩ **A** VT an-, aufhalten, ruhen lassen **B** V/PR **-rsi** **1** stehen bleiben **2** *fig* (*tema ecc.*) **-rsi su qc** bei etw verweilen

sof·fer·to [-ɛ-] ADJ schwierig, mühsam: **scelta -a** schwierige Entscheidung *f*

★**sof·fia·re** ⟨1k⟩ **A** VI ⟨av⟩ **1** blasen, pusten **2** (*vento*) wehen **3** (*sbuffare*) schnauben **4** (*felino*) fauchen **B** VT **1** blasen **2** *umg* **~ qc a qn** j-m etw wegschnappen **3** *umg* (*persona*) ausspannen **4** *umg* (*oggetto*) klauen **5** *sl* ausplaudern, singen ♦ **-rsi il naso** sich (*dat*) die Nase schnäuzen

sof·fia·ta F **1** Blasen *n* **2** **~ di naso**

Schnauben *n* **3** Wink *m* **4** *sl* (geheimer) Tipp *m* **sof·fia·to** ADJ **1** **vetro ~** (mund)geblasenes Glas *n* **2** **riso ~** Puffreis *m*

sof·fi·ce [-ɔ-] ADJ **1** weich, mollig **2** locker: **neve ~** lockerer Schnee *m* **3** *fig* sanft

sof·fiet·to [-e-] M **1** Blasebalg *m* **2** FOTO Balgen *m* ♦ **porta a ~** Falttür *f*

sof·fio [-o-] M **1** Blasen *n* **2** (*d'aria, vento*) Hauch *m* **3** (*felino*) Fauchen *n* **4** MED Geräusch *n* ♦ *fig* **in un ~** im Nu; *fig* **per un ~** um ein Haar, ganz knapp

sof·fio·ne [-o-] M *umg* Pusteblume *f*

★**sof·fit·ta** F **1** Dachgeschoss *n* **2** Dachboden *m*, Speicher *m* **3** (*cameretta*) Dachkammer *f*

★**sof·fit·to** M (Zimmer)Decke *f*

sof·fo·ca·men·to [-e-] M **1** Erstickung *f*, Ersticken *n* **2** *fig* Beklemmung *f* **sof·fo·can·te** ADJ **1** drückend, erstickend, stickig **2** *fig* erdrückend, beklemmend

sof·fo·ca·re ⟨1l, c *u.* d⟩ **A** V/T **1** ersticken (*a. fig*): **~ qc sul nascere** etw im Keim ersticken **2** *fig* **~ qn di attenzioni** j-n mit seiner Aufmerksamkeit erdrücken **3** *fig* (*rivolta, libertà*) unterdrücken **4** *fig* **~ uno scandalo** einen Skandal vertuschen **B** V/I ⟨es⟩ ersticken **sof·fo·ca·zio·ne** [-o-] F **1** Erstickung *f*, Ersticken *n* **2** *fig* Beklemmung *f*

sof·frig·ge·re V/T ⟨3cc⟩ andüsten; anbraten

★**sof·fri·re** ⟨4f⟩ **A** V/T **1** (er)leiden **2** leiden, ausstehen: **non poter ~ qc** etw nicht leiden (*od* ausstehen) können; **non poter ~ qn** j-n nicht ausstehen können **B** V/I ⟨av⟩ leiden: **~ di qc** an etw (*dat*) leiden

sof·frit·to **A** ADJ angebraten, angedünstet **B** M angebratenes Gemüse *n*

sof·fu·so ADJ **1** bedeckt, übergossen **2** (*luce*) dezent, gedämpft, diffus

So·fia [-ɔ-] F Sofia *n*

so·fi·sma [-zma] M **1** Sophismus *m* **2** Spitzfindigkeit *f* **3** Trugschluss *m* **so·fi·sta** M/F **1** Sophist *m* **2** *fig* Deutler *m*, -in *f*, Rabulist *m*, -in *f* **so·fi·sti·ca** F Sophistik *f*

so·fi·sti·ca·re ⟨1m *u.* d⟩ **A** V/I ⟨av⟩ **1** Sophismen verwenden **2** *fig* deuteln **B** V/T verfälschen; (*vino*) panschen **so·fi·sti·ca·to** ADJ **1** verfälscht **2** (*vino*) gepanscht **3** *fig* gekünstelt, affektiert **4** überspitzt **5** hoch entwickelt **so·fi·sti·ca·to·re** [-o-] M, **-tri·ce** F (Ver)Fälscher *m*, -in *f*; (*vino*) Panscher *m*, -in *f* **so·fi·sti·ca·zio·ne** [-o-] F Verfälschung *f*; (*vino*) Panschen *n*

so·fi·sti·che·ri·a F Spitzfindigkeit *f*

so·fi·sti·co ADJ **1** sophistisch **2** pingelig **3** spitzfindig, haarspalterisch

soft·ware [sɔftwɛr] M ⟨*inv*⟩ Software *f* ♦ **~ applicativo** (*od* **utente**) Anwendersoftware *f*; **~ didattico** Lernsoftware *f*; **~ di sistema** Systemsoftware *f*

sog·get·ti·sta M/F **1** (*cinema*) Drehbuchautor *m*, -in *f* **2** TV Fernsehautor *m*, -in *f*

sog·get·ti·vi·tà F ⟨*inv*⟩ Subjektivität *f*

sog·get·ti·vo ADJ subjektiv

★**sog·get·to**[1] [-ɛ-] ADJ **1** verpflichtet **2** unterworfen: **~ a qn** j-m unterworfen **3** **~ a qc** -pflichtig; **~ a imposta** steuerpflichtig **4** **essere ~ a qc** für etw anfällig sein

★**sog·get·to**[2] [-ɛ-] M **1** Thema *n*, Gegenstand *m* **2** Subjekt *n* (*a.* GRAM, PHIL, PSYCH) **3** KUNST Sujet *n*, Stoff *m* ♦ **~ fiscale** Steuerpflichtige *m*; **recitare a ~** aus dem Stegreif spielen; **un cattivo ~** ein übles Subjekt *n*

sog·ge·zio·ne [-o-] F **1** Befangenheit *f* **2** Unterwerfung *f*

sog·ghi·gna·re V/I ⟨1a; av⟩ grinsen

sog·ghi·gno M Grinsen *n*

sog·gia·ce·re [-e-] V/I ⟨2k; es, av⟩ **~ a qc** etw (*dat*) unterworfen sein

sog·gio·ga·re V/T ⟨1e⟩ unterjochen

sog·gior·na·re V/I ⟨1a; av⟩ sich aufhalten

★**sog·gior·no** [-o-] M **1** Aufenthalt *m* **2** Wohnzimmer *n* ♦ **~ all'estero** Auslandsaufenthalt *m*; **permesso di ~** Aufenthaltserlaubnis *f*; **tassa di ~** Kurtaxe *f*

sog·giun·ge·re V/T ⟨3d⟩ hinzufügen

so·glia [-ɔ-] F Schwelle *f* (*a.* TECH, GEOG, PSYCH *fig*) ♦ **~ del dolore** Schmerzgrenze *f*; **~ di povertà** Armutsgrenze *f*

so·glio [-ɔ-] M **1** Thron *m* **2** Würde *f* ♦ **~ pontificio** Heiliger Stuhl *m*

so·glio·la [-ɔ-] F Seezunge *f*

so·gnan·te ADJ träumerisch, verträumt

★**so·gna·re** ⟨1a⟩ **A** V/T & V/I ⟨av⟩ träumen (*a. fig*): **~ qn/qc** von j-m/etw träumen **B** V/PR **-rsi** **1** **-rsi qc** (sich[*dat*]) etw erträumen **2** *umg* glauben, sich (*dat*) einbilden: **non ti sognerai di ...** du glaubst doch nicht wirklich, ...

so·gna·to·re [-o-] M, **-tri·ce** F Träu-

S

mer *m*, -in *f* (*a. fig*)

★**so·gno** [-o-] M 1 Traum *m* 2 Wunschtraum *m* ♦ **da ~** traumhaft; **nemmeno per ~!** nicht mal im Traum!; **-i d'oro!** träume süß!

so·ia [-ɔ-] F Sojabohne *f*, Soja *f*

sol [-ɔ-] M ⟨*inv*⟩ MUS g, G *n* ♦ **~ diesis** gis *n*; **~ maggiore** G-Dur *n*; **~ minore** g-Moll *n*; **chiave di ~** Violinschlüssel *m*

⚠ **sola**

una sola persona	nur eine Person
una persona sola	ein einsamer Mensch

so·la·io M 1 (*edilizia*) Zwischenboden *m* 2 Dachboden *m*

so·la·men·te [-e-] ADV 1 nur, allein; *umg* bloß 2 erst: **parto ~ domani** ich fahre erst morgen ab 3 noch: **~ ieri stava bene** noch gestern ging es ihm gut

★**so·la·re** ADJ 1 solar, Sonnen-, Solar- 2 *fig* sonnig ♦ **anno ~** Kalenderjahr *n*; **batteria ~** Solarbatterie *f*; **orologio ~** Sonnenuhr *f*; **pannello ~** Sonnenkollektor *m*

so·la·rium M ⟨*inv*⟩ 1 Sonnen-, Liegeterrasse *f* 2 Sonnenbank *f*, Solarium *n*

sol·ca·re V/T ⟨1d⟩ 1 umpflügen 2 *fig* (*rughe*) zerfurchen, durchziehen

sol·co [-o-] M 1 Ackerfurche *f* 2 Spur *f* (*a. fig*) 3 Rille *f*

sol·da·te·sca [-e-] F 1 Kriegsvolk *n* 2 *pej* Soldateska *f* **sol·da·te·sco** [-e-] ADJ 1 soldatenhaft 2 *pej* derb, roh

★**sol·da·tes·sa** [-e-] F Soldatin *f* **sol·da·ti·no** M **~ di piombo** Zinnsoldat *m*

★**sol·da·to** M Soldat *m*: **fare il ~** Soldat sein ♦ **~ di carriera** Berufssoldat *m*; **~ di complemento** Reservist *m*

★**sol·di** [-ɔ-] MPL Geld *n*

sol·do [-ɔ-] M 1 HIST, MIL Sold *m* 2 *fig* Pfennig *m*, Groschen *m*: **essere senza un ~** keinen Pfennig haben 3 *pl* Geld *n* ♦ **da quattro -i** wertlos; **romanzo da quattro -i** Groschenroman *m*; **per quattro -i** für einen Apfel und ein Ei

★**so·le** [-o-] M Sonne *f*: **oggi c'è il ~** heute scheint die Sonne ♦ **bagno di ~** Sonnenbad *n*; **colpi di ~** helle Strähnchen *pl*; **colpo di ~** Sonnenstich *m*; *fig* **un posto al ~** ein Platz *m* an der Sonne; **prendere il ~** sich sonnen

★**so·leg·gia·to** ADJ sonnenbeschienen: **tempo ~** sonniges Wetter *n*

so·len·ne [-ɛ-] ADJ 1 feierlich, festlich, hoch, Hoch-: **messa ~** Hochamt *n* 2 ernst 3 *umg* (*ceffone*) schallend, *umg* Mords- 4 Erz-: **è un ~ bugiardo** er ist ein Erzlügner

so·len·ni·tà F ⟨*inv*⟩ 1 Feierlichkeit *f* 2 Festtag *m*

so·len·niz·za·re V/T ⟨1a⟩ festlich begehen

so·le·re [-e-] V/T & V/I ⟨2p⟩ **~ fare qc** pflegen, etw zu tun ♦ **come si suol dire** wie es so schön heißt

so·ler·te [-ɛ-] ADJ 1 fleißig, pflichtbewusst 2 sorgfältig **so·ler·zia** [-ɛ-] F 1 Fleiß *m*, Pflichtbewusstsein *n* 2 Sorgfalt *f*

so·let·ta [-e-] F 1 Brandsohle *f*; Einlegesohle *f* 2 (*edilizia*) Platte *f*, Decke *f*

So·let·ta [-e-] F Solothurn *n*

sol·fa [-ɔ-] F Leier *f*, Lied *n*: **è sempre la solita ~!** es ist immer das alte Lied!

sol·fa·ra F Schwefelquelle *f* **sol·fa·re** V/T ⟨1a⟩ schwefeln **sol·fa·to** M Sulfat *n* **sol·fo·ri·co** [-ɔ-] ADJ schwefelhaltig, Schwefel-: **acido ~** Schwefelsäure *f* **sol·fo·ro·so** [-o-] ADJ **anidride -a** Schwefeldioxid *n*

so·li·da·le ADJ 1 solidarisch 2 JUR Gesamt-: **debito ~** Gesamtschuld *f* 3 TECH einteilig, fest verbunden

so·li·da·rie·tà F ⟨*inv*⟩ 1 Solidarität *f* 2 JUR Gesamthaftung *f* ♦ **conto corrente di ~** Spendenkonto *n*; **contributo di ~** Solidaritätszuschlag *m*

so·li·da·ri·smo [-zmo] M Gemeinschaftsgeist *m* **so·li·da·riz·za·re** V/I ⟨1a; av⟩ **~ con qn** sich mit j-m solidarisieren

so·li·di·fi·ca·re ⟨1n⟩ A V/T erstarren lassen, verfestigen B V/I ⟨es⟩ & V/PR **-rsi** erstarren, verfestigen **so·li·di·fi·ca·to** ADJ fest, verfestigt **so·li·di·fi·ca·zio·ne** [-o-] F Härtung *f*, Erstarrung *f*

so·li·di·tà F ⟨*inv*⟩ 1 Festigkeit *f*, Solidität *f*, Stärke *f* (*a. fig*) 2 *fig* Stichhaltigkeit *f* 3 (*colore*) Beständigkeit *f*, Echtheit *f*

★**so·li·do** [-ɔ-] A ADJ 1 fest (*a.* PHYS) 2 GEOM räumlich 3 solide, gediegen 4 (*colore*) beständig, echt B M 1 PHYS Feststoff *m* 2 GEOM Körper *m*

so·li·lo·quio [-ɔ-] M Selbstgespräch *n*

so·li·sta A ADJ Solo- B M/F Solist *m*, -in *f*

so·li·ta·men·te [-e-] ADV gewöhnlich, üblich

so·li·ta·rio A ADJ 1 einsam 2 verlassen, öde **B** M, **-a** F **1** Einzelgänger *m*, -in *f* **2** (*nel gioco delle carte*) **solitario** *m* Patience *f* **3** (*brillante*) **solitario** *m* Solitär *m*

★**so·li·to** [-ɔ-] **A** ADJ üblich, gewohnt: **alla -a ora** zur gewohnten Stunde; **sei il ~ pessimista** du bist der übliche Pessimist **B** M Übliche *n*: **che cosa desidera? – il ~** was wünschen Sie? – das Übliche ♦ **come al** (*od* **il**) **~** wie üblich; ★ **di ~** gewöhnlich; (*per lo più*) meist(ens); ★ **essere ~** (**di**) **fare qc** gewöhnlich etw tun; **diverso dal ~** anders als sonst; **il ~ tran tran** der Alltagstrott

so·li·tu·di·ne F Einsamkeit *f*

sol·le·ci·ta·re V/T ⟨1m⟩ **1** (an)mahnen **2 ~ qc da qn** etw von j-m verlangen **3 ~ qn a fare qc** j-n auffordern, etw zu tun **4** (*stimolare*) anregen **5** belasten, beanspruchen (*a.* MECH) **sol·le·ci·ta·to·re** [-o-] M, **-tri·ce** F JUR Mahner *m*, -in *f*

sol·le·ci·ta·zio·ne [-o-] F **1** (An)Mahnung *f* **2** MECH Belastung *f*, Beanspruchung *f* **3** *fig* Anregung *f*

sol·le·ci·to[1] [-e-] ADJ **1** fleißig, eifrig **2** umgehend, baldig, prompt **3** zuvorkommend

sol·le·ci·to[2] [-e-] M **1** Mahnung *f* **2** Mahnschreiben *n* ♦ **~ di pagamento** Zahlungsaufforderung *f*

sol·le·ci·tu·di·ne F **1** Eifer *m*, Fleiß *m* **2** Eile *f*, Promptheit *f*: **con ~** prompt **3** Zuvorkommenheit *f* **4** Fürsorge *f* **5** Dienstbarkeit *f*, Beflissenheit *f*

sol·le·o·ne [-o-] M Sommerhitze *f*

sol·le·ti·ca·re V/T ⟨1m *u.* d⟩ **1** kitzeln **2** *fig* erregen, reizen: **~ l'appetito** den Appetit anregen

sol·le·ti·co [-e-] M **soffrire** (*od* **patire**) **il ~** kitzelig sein; **fare il ~ a qn** j-n kitzeln

sol·le·va·men·to [-e-] M **1** (An-, Hoch)Heben *n* **2** (An)Steigen *n*

★**sol·le·va·re** ⟨1b⟩ **A** V/T **1** (auf-, ab)heben **2** (er)heben **3** (*polvere*) auf-, hochwirbeln **4 ~ qn da qc** j-m etw abnehmen; j-n etw (*gen*) entheben **5** erheben, einlegen: **~ un'obiezione** Einspruch erheben **6** aufwerfen: **~ una questione** ein Problem aufwerfen **7** hervorrufen, auslösen, verursachen **8** aufwiegeln **9** *fig* erleichtern, aufrichten: **~ il morale a qn** j-n aufmuntern **B** V/PR **-rsi 1** sich aufrichten, aufstehen **2** aufsteigen **3 -rsi da qc** sich von etw erholen **4 -rsi contro qn** sich gegen j-n erheben

sol·le·va·to ADJ **1** (an-, hoch)gehoben **2** *fig* erholt **3** *fig* erleichtert **sol·le·va·to·re** [-o-] **A** ADJ Hebe-: **ponte ~** Hebebühne *f* **B** M Hebewerk *n* **sol·le·va·zio·ne** [-o-] F Aufstand *m*

sol·lie·vo [-ɛ-] M **1** Erleichterung *f* **2** Linderung *f*: **dare ~** lindern **3** Trost *m*: **essere di ~ a qn** j-m ein Trost sein ♦ **che ~!** da fällt mir ein Stein vom Herzen!

sol·luc·che·ro M **andare in ~** vor Wonne zergehen

★**so·lo** [-o-] **A** ADJ **1** allein: **lasciare ~ qn** j-n allein lassen **2** einsam **3 da ~** allein; **viaggiare da ~** allein reisen **4** von selbst: **mettersi in moto da ~** sich von selbst in Bewegung setzen **5** (*unico*) einzig **6** nur: **per -i adulti** nur für Erwachsene **7** (*che vive da solo*) alleinstehend **B** M, **-a** F **1** Einzige *m/f* **2** MUS (*persona*) **solo** *m* Solist *m*, -in *f* **C** ADV **1** nur, allein; *umg* bloß: **~ una volta** nur einmal; **non ~ … ma anche …** nicht nur …, sondern auch … **2** erst: **~ domani** erst morgen **3** noch: **~ ieri stava ancora bene** gestern ging es ihm noch gut **D** KONJ aber, bloß ♦ **~ che …** (*seguito da indicativo*) aber …, nur …; (*seguito da congiuntivo*) wenn … nur; **parlare da ~** mit sich selbst reden; **al ~ pensiero** beim bloßen Gedanken; **~ soletto** mutterseelenallein

sol·sti·zio M Sonnenwende *f*

★**sol·tan·to** **A** ADV **1** nur, allein; *umg* bloß **2** erst: **~ domani** erst morgen **3** (*rif al passato*) noch **B** KONJ aber

so·lu·bi·le ADJ **1** löslich: **~ in acqua** wasserlöslich **2** *fig* lösbar **so·lu·bi·li·tà** F ⟨*inv*⟩ **1** Löslichkeit *f* **2** *fig* Lösbarkeit *f*

★**so·lu·zio·ne** [-o-] F **1** Auflösung *f* **2** Lösung *f* (*a. fig*) ♦ **~ alcalina** Lauge *f*; **non vedere altra ~ che …** sich (*dat*) keinen anderen Rat wissen, als …; **senza ~ di continuità** ohne Unterbrechung; **~ di ripiego** Notlösung *f*; **pagare in un'unica ~** (den ganzen Betrag) auf einmal bezahlen

sol·ven·te [-ɛ-] **A** ADJ **1** CHEM Lösungs- **2** HANDEL zahlungsfähig **B** M Lösungsmittel *n* ♦ **~ per smalto** Nagellackentferner *m*

sol·ven·za [-ɛ-] F Zahlungsfähigkeit *f*

sol·vi·bi·le ADJ **1** zahlungsfähig **2** (be)zahlbar **sol·vi·bi·li·tà** F ⟨*inv*⟩ Zahlungsfähigkeit *f*

so·ma [-ɔ-] F Last *f*, Bürde *f* (*a. fig*) ♦ **asino da ~** Lastesel *m*

So·ma·lia F Somalia *f* **so·ma·lo** [-o-] **A** ADJ somalisch **B** M, **-a** F Somalier *m*, -in *f*

so·ma·rel·lo [-ɛ-] M, **-a** F **1** kleiner Esel *m* **2** *hum* Dumm(er)chen *n*

so·ma·ro M, **-a** F Esel *m* (*a. pej*): **che ~!** du (alter) Esel! ♦ **lavorare come un ~** wie ein Arbeitstier schuften

so·ma·ti·co ADJ somatisch

so·mi·glian·te ADJ ähnlich **so·mi·glian·za** F Ähnlichkeit *f* **so·mi·glia·re** ⟨1g⟩ **A** V/I ⟨av, es⟩ **~ a qn/qc** j-m/etw ähneln **B** V/PR **-rsi** sich (*dat*) ähneln, sich (*dat*) gleichen: **-rsi come due gocce d'acqua** sich wie ein Ei dem anderen (*od* aufs Haar) gleichen

★**som·ma** [-o-] F **1** MATH Summe *f* **2** Betrag *m* **3** Gesamtheit *f* **4** *fig* Kern *m*, Wesentliche *n* ♦ *fig* **tirare le -e** Bilanz ziehen

som·ma·men·te [-e-] ADV überaus

★**som·ma·re** ⟨1a⟩ **A** V/T **1** MATH addieren, zusammenzählen **2** *fig* hinzu-, dazurechnen **B** V/I ⟨av, es⟩ **~ a …** betragen, sich belaufen auf … **som·ma·rie·tà** F ⟨*inv*⟩ Kürze *f*

som·ma·rio[1] ADJ **1** kurz: **fare giustizia -a** kurzen Prozess machen **2** oberflächlich ♦ **giudizio ~** Pauschalurteil *n*; **procedimento** (*od* **processo**) **~** Schnellverfahren *n*

som·ma·rio[2] M **1** (*compendio*) Abriss *m* **2** Zusammenfassung *f* **3** Inhaltsangabe *f*

som·ma·to PPERF: **tutto ~** alles in allem

som·mer·ge·re [-ɛ-] ⟨3uu⟩ **A** V/T **1** überschwemmen **2** *fig* **~ qn di qc** j-n mit etw überhäufen **B** V/PR **-rsi** (ver)sinken, untergehen

som·mer·gi·bi·le M Unterseeboot *n*

som·mer·so [-'mɛrso] ADJ **1** überschwemmt **2** *fig* **essere ~ da qc** mit etw überhäuft sein ♦ **economia -a** Schattenwirtschaft *f*; **lavoro ~** Schwarzarbeit *f*

som·mes·so [-e-] ADJ & ADV leise

som·mi·ni·stra·re V/T ⟨1a⟩ **1** MED verabreichen **2** aus-, verteilen **3** *iron* (*schiaffo*) versetzen **som·mi·ni·stra·to·re** [-o-] **A** ADJ **1** MED verabreichend **2** ver-, austeilend **B** M, **-tri·ce** F Verteiler *m*, -in *f* **som·mi·ni·stra·zio·ne** [-o-] F **1** MED Verabreichung *f* **2** Ver-, Austeilung *f*

som·mi·tà F ⟨*inv*⟩ **1** Gipfel *m*, Spitze *f* **2** *fig* Gipfel *m*, Höhepunkt *m* ♦ **~ del capo** Scheitel *m*

som·mo [-o-] **A** ADJ höchst (*a. fig*): **di -a importanza** von größter Bedeutung **B** M **1** Gipfel *m*, Spitze *f* **2** *fig* Gipfel *m*, Höhepunkt *m* ♦ **per -i capi** in groben Zügen; **il ~ pontefice** der Papst

som·mos·sa [-ɔ-] F Aufruhr *m*, Aufstand *m*

som·moz·za·to·re [-o-] M, **-tri·ce** F Taucher *m*, -in *f*; Froschmann *m*, -frau *f*

som·muo·ve·re [-ɔ-] V/T ⟨3ff⟩ **1** *fig* aufrütteln **2** erschüttern **3** aufhetzen

so·na·glio M **1** Schelle *f* **2** Rassel *f* ♦ **serpente a -gli** Klapperschlange *f*

so·nan·te ADJ klingend (*a. fig*): **pagare con moneta ~** mit klingender Münze zahlen **so·na·re** ⟨1o⟩ → suonare

so·na·ta F MUS Sonate *f*

son·ci·no M Feldsalat *m*

son·da [-o-] F **1** Sonde *f* (*a.* MED, BERGB) **2** SCHIFF Lot *n* **3** TECH Fühler *m*, Sensor *m* ♦ **~ atmosferica** Versuchsballon *m*; **~ lunare** Mondsonde *f*; **~ spaziale** Raumsonde *f*

son·dag·gio M **1** Sondierung *f* **2** Umfrage *f*: **~ d'opinione** Meinungsumfrage *f*

son·da·re V/T ⟨1a⟩ sondieren

son·drie·se [-e-] **A** ADJ aus, von Sondrio **B** M/F Bewohner *m*, -in *f* Sondrios

Son·drio [-o-] F Sondrio *n*

so·net·to [-e-] M Sonett *n*

so·ni·co [-ɔ-] ADJ Schall-: **velocità -a** Schallgeschwindigkeit *f*

son·nac·chio·so [-o-] ADJ **1** schläfrig, verschlafen **2** *fig* träge

son·nam·bu·li·smo [-zmo] M Schlafwandeln *n* **son·nam·bu·lo** **A** ADJ schlafwandlerisch **B** M, **-a** F Schlafwandler *m*, -in *f*

son·nec·chia·re V/I ⟨1k; av⟩ dösen, schlummern **son·nel·li·no** M Schläfchen *n*; *umg* Nickerchen *n* **son·ni·fe·ro** M Schlafmittel *n*

★**son·no** [-o-] M **1** Schlaf *m* **2** Müdigkeit *f*: **avere ~** müde sein

son·no·len·to [-ɛ-] ADJ **1** schläfrig **2** *fig* träge **son·no·len·za** [-ɛ-] F **1** Schläfrigkeit *f*, Verschlafenheit *f* **2** *fig* Trägheit *f*

so·no·ra·men·te [-e-] ADV **1** klingend, tönend **2** *umg* **prenderle ~** ordentlich versohlt werden **so·no·ri·tà** F ⟨*inv*⟩ Wohlklang *m*

so·no·riz·za·re V/T ⟨1a⟩ (*cinema*) synchronisieren, vertonen **so·no·riz·za·zio·ne** [-o-] F (*cinema*) Synchronisierung *f*, Vertonung *f*

S

so·no·ro [-ɔ-] **A** ADJ **1** Schall-: **onda -a** Schallwelle *f* **2** sonor: **voce -a** sonore Stimme *f* **3** **una sala -a** ein Saal *m* mit einer guten Akustik **4** (*ceffone, riso*) schallend **5** (*versi poetici*) wohlklingend **6** *fig* gehörig: **una -a lezione** eine gehörige Lektion **7** schwer: **una -a sconfitta** eine schwere Niederlage **B** M (*cinema*) Tonfilm *m* ♦ **colonna -a** Filmmusik *f*; **effetto ~** Klangeffekt *m*

son·tuo·si·tà F ⟨*inv*⟩ Pracht *f*, Prunk *m*

son·tuo·so [-o-] ADJ prächtig, prunkvoll

so·pi·re V/T ⟨4d⟩ beruhigen, besänftigen

so·po·re [-o-] M Schlummer *m* **so·po·ri·fe·ro** ADJ einschläfernd (*a. fig*)

sop·pal·co M Hängeboden *m*

sop·pe·ri·re V/I ⟨4d; av⟩ **~ a qc** etw wettmachen ♦ **~ a un bisogno** einem Bedürfnis nachkommen

sop·pe·sa·re V/T ⟨1a⟩ **1** wägen, abwiegen **2** *fig* abwägen ♦ **~ ogni parola** jedes Wort auf die Goldwaage legen

sop·pian·ta·re V/T ⟨1a⟩ verdrängen, ausstechen: **~ un rivale** einen Rivalen ausstechen

sop·piat·to ADJ **di ~** heimlich, unbemerkt

sop·por·ta·bi·le ADJ erträglich **sop·por·ta·bi·li·tà** F ⟨*inv*⟩ Erträglichkeit *f*

★**sop·por·ta·re** V/T ⟨1c⟩ **1** (*resistere*) tragen, aushalten **2** vertragen: **non ~ una medicina** eine Medizin nicht vertragen **3** **non ~ qn** j-n nicht ausstehen (*od* leiden) können **4** (er)tragen, auf sich (*akk*) nehmen **sop·por·ta·zio·ne** [-o-] F Duldung *f*, Duldsamkeit *f*

sop·pres·sa [-ɛ-] F Presssack *m*

sop·pres·sio·ne [-o-] F **1** Aufhebung *f* **2** Beseitigung *f* **sop·pres·si·vo** ADJ unterdrückend

sop·pres·so [-ɛ-] → sopprimere

sop·pri·me·re V/T ⟨3r⟩ **1** aufheben, stilllegen, abschaffen: **~ una legge** ein Gesetz aufheben **2** beseitigen **3** (*animali*) einschläfern

★**so·pra** [-o-] **A** PRÄP **1** (*stato in luogo*) auf (+*dat*): **~ a qn/qc** auf j-m/etw; **il libro è ~ il tavolo** das Buch liegt auf dem Tisch **2** über (+*dat*): **il quadro è appeso ~ il sofà** das Bild hängt über dem Sofa **3** (*moto in luogo*) auf (+*akk*): **~ a qn/ qc** auf j-n, etw; **salire ~ la sedia** auf den Stuhl steigen **4** über (+*akk*): **volare ~ la città** über die Stadt fliegen **5** **cinque gradi ~ zero** fünf Grad über null; **essere ~ la cinquantina** über (die) fünfzig sein **B** ADV **1** oben: **abitare ~** oben wohnen; **abitare un piano ~** einen Stock höher wohnen **2** herauf: **vieni ~!** komm herauf! **3** **qui ~** hierauf **4** hinauf, nach oben **C** ADJ ⟨*inv*⟩ obere, Ober- **D** M obere Seite *f*, Oberteil *n* ♦ **al di ~ di qc** oberhalb etw (*gen*); **dormirci ~** darüber schlafen; **mettiamoci una pietra ~** Schwamm drüber; **vedi ~** siehe oben

so·pra·bi·to M Überzieher *m*

so·prac·cen·na·to ADJ oben erwähnt

so·prac·ci·glio M ⟨-a *fpl*⟩ Augenbraue *f*

so·prac·ci·ta·to ADJ oben erwähnt

so·prac·co·per·ta [-ɛ-] F **1** Überdecke *f* **2** (*libro*) Schutzumschlag *m* **3** SCHIFF Deck *n*

so·prad·det·to [-e-] ADJ oben genannt

so·pra·e·len·ca·to ADJ oben angeführt

so·pra·e·le·va·re ⟨1b⟩ → soprelevare

so·praf·fa·re V/T ⟨3aa⟩ überwältigen (*a. fig*) **so·praf·fa·zio·ne** [-o-] F **1** Überwältigung *f* **2** Unterdrückung *f* **3** Übergriff *m*

so·praf·fi·no ADJ **1** GASTR feinst, hochfein: **olio ~** feinstes Öl *n* **2** hervorragend

so·prag·giun·ge·re V/I ⟨3d; es⟩ **1** (plötzlich) kommen (*od* erscheinen) **2** hinzukommen **so·prag·giun·ta** F neuerliche Ergänzung *f* ♦ **per ~** dazu, obendrein

so·pra·in·di·ca·to ADJ oben erwähnt

so·pral·luo·go [-ɔ-] M **1** Inspektion *f*, Besichtigung *f* **2** JUR Lokaltermin *m*

so·pram·men·zio·na·to ADJ oben erwähnt, oben genannt **so·pram·mer·ca·to** M **per ~** dazu, obendrein **so·pram·mo·bi·le** [-ɔ-] M **1** Nippfigur *f* **2** *pl* Nippes *pl*

so·pra·ni·sta M Sopranist *m*

so·pran·na·tu·ra·le ADJ übersinnlich, übernatürlich **so·pran·na·zio·na·le** ADJ übernational, überstaatlich **so·pran·no·me** [-o-] M Bei-, Spitzname *m* **so·pran·no·mi·na·re** V/T ⟨1l *u.* c⟩ **~ qn/qc** j-m/etw einen Beinamen geben

so·pran·nu·me·ro **A** ADJ ⟨*inv*⟩ überzählig **B** M Überzahl *f*

so·pra·no M **1** (*voce*) Sopran *m* **2** *m od umg f* Sopranistin *f*

so·prap·pas·sag·gio M Überführung *f*

so·prap·pen·sie·ro [-ɛ-] ADV gedankenverloren

so·prap·pe·so [-e-] → sovrappeso

so·prap·più → sovrappiù

so·pra·scrit·ta F Überschrift *f* **so·pra·scrit·to** ADJ oben aufgeführt

so·pras·sal·to M Satz *m*: **fare un ~** einen Satz machen ♦ **di ~** plötzlich

so·pras·sa·tu·ra·zio·ne [-o-] F Übersättigung *f* **so·pras·sa·tu·ro** ADJ übersättigt

so·pras·se·de·re [-e-] V/I ⟨2o; av⟩ **~ a** (*od* **su**) **qc** etw aufschieben

so·prat·tas·sa F **1** Steuerzuschlag *m* **2** Mehrporto *n*

★**so·prat·tut·to** ADV vor allem

so·pra·van·za·re ⟨1a⟩ **A** V/T **~ qn in qc** j-n in etw (*dat*) übertreffen **B** V/I ⟨es⟩ übrig bleiben **so·pra·van·zo** M Überrest *m*

so·prav·va·lu·ta·re V/T ⟨1a⟩ überbewerten (*a.* WIRTSCH) **so·prav·va·lu·ta·zio·ne** [-o-] F Überbewertung *f*

so·prav·ve·ni·re V/I ⟨4p; es⟩ **1** (plötzlich) kommen **2** (*accadere*) eintreten, (plötzlich) geschehen **so·prav·ven·to** [-ε-] M *fig* **prendere il ~ su qn** die Oberhand über j-n gewinnen **so·prav·ve·nu·to** ADJ eingetreten

so·prav·ve·ste [-ε-] F Überkleid *n*

so·prav·vis·su·to **A** ADJ **1** überlebend **2** *fig* altmodisch **B** M, **-a** F Überlebende *m/f* **so·prav·vi·ven·za** [-ε-] F Überleben *n* ♦ **istinto di ~** Selbsterhaltungstrieb *m*

★**so·prav·vi·ve·re** V/I ⟨3zz; es⟩ **1** **~ a qn/qc** j-n/etw überleben **2** fort-, weiterleben **3** lebendig sein

so·pre·di·fi·ca·re V/T ⟨3m *u.* d; av⟩ aufstocken **so·pre·di·fi·ca·zio·ne** [-o-] F Aufstockung *f*

so·pre·le·va·re V/T ⟨1b⟩ (*edilizia*) aufstocken, erhöhen **so·pre·le·va·ta** F **1** Hochstraße *f* **2** BAHN Hochbahn *f* **so·pre·le·va·zio·ne** [-o-] F **1** Überhöhung *f* **2** (*edilizia*) Aufstockung *f*

so·pru·so M Übergriff *m*, Missbrauch *m*

soq·qua·dro M Durcheinander *n*: **mettere a ~ qc** etw durcheinanderbringen

sor·bet·te·ri·a F Eisdiele *f*

sor·bet·to [-e-] M Sorbet *m od n*

sor·bi·re ⟨4d⟩ **A** V/T schlürfen **B** V/PR **-rsi** *fig hum* über sich (*akk*) ergehen lassen

sor·cio [-o-] M Maus *f*

sor·da·stro ADJ schwerhörig

sor·di·dez·za [-e-] F **1** Schmutzigkeit *f* **2** Schändlichkeit *f* **3** Geiz *m*, Knauserei *f*

sor·di·do [-ɔ-] ADJ **1** schmutzig, dreckig **2** gemein, schamlos **3** geizig

sor·di·na F MUS Dämpfer *m*, Sordine *f* ♦ *fig* **in ~** heimlich

sor·di·tà F ⟨*inv*⟩ **1** Taubheit *f* **2** *fig* Gefühllosigkeit *f*

★**sor·do** [-o-] **A** ADJ **1** taub: **essere ~ da un orecchio** auf einem Ohr taub sein **2** *fig* taub, unempfänglich: **essere ~ a qc** taub für etw sein **3** (*rumore*) dumpf **4** mit schlechter Akustik **B** M, **-a** F Taube *m/f*

sor·do·mu·to **A** ADJ taubstumm **B** M, **-a** F Taubstumme *m/f*

★**so·rel·la** [-ε-] **A** ADJ Schwester- **B** F Schwester *f* ♦ **essere fratelli e -e/fratello e ~** Geschwister sein; **lingue -e** verwandte Sprachen *pl*

so·rel·la·stra F Halbschwester *f*

★**sor·gen·te** [-ε-] F Quelle *f* (*a. fig*)

★**sor·ge·re**[1] [-o-] V/I ⟨3d; es⟩ **1** (*astri*) aufgehen **2** sich erheben: **dalla folla sorse un grido** aus der Menge erhob sich ein Schrei **3** (*costruzione*) stehen, emporragen **4** (*corso d'acqua*) entspringen **5** *fig* aufkommen, wach werden, aufsteigen: **mi è sorto un dubbio** in mir ist ein Zweifel aufgekommen **6** (*era*) anbrechen

sor·ge·re[2] [-o-] M **1** Aufgang *m* **2** Entstehen *n* ♦ **il ~ del sole** der Sonnenaufgang

sor·gi·va F Quelle *f* **sor·gi·vo** ADJ Quell-: **acqua -a** Quellwasser *n*

sor·go [-o-] M Hirse *f*

sor·mon·ta·re ⟨1a⟩ **A** V/T **1** überragen **2** (*superare*) überwinden **B** V/I ⟨av⟩ MODE übereinanderliegen

sor·nio·ne [-o-] ADJ scheinheilig

★**sor·pas·sa·re** V/T ⟨1a⟩ **1** übertreffen, überragen **2** AUTO überholen

sor·pas·sa·to ADJ überholt, veraltet

sor·pas·so M Überholen *n*: **divieto di ~** Überholverbot *n*

sor·pren·den·te [-ε-] ADJ überraschend

★**sor·pren·de·re** [-ε-] ⟨3c⟩ **A** V/T **1** überraschen, erstaunen **2** ertappen, erwischen **B** V/PR **-rsi** **1** sich wundern **2** **-rsi a fare qc** sich bei etw ertappen

★**sor·pre·sa** [-e-] F Überraschung *f*: **di ~** überraschend **sor·pre·so** [-e-] ADJ überrascht

sor·reg·ge·re [-ε-] ⟨3cc⟩ **A** V/T stützen (*a. fig*) **B** V/PR **-rsi** sich stützen

sor·ri·den·te [-ɛ-] ADJ lächelnd

★**sor·ri·de·re** VI ⟨3b; av⟩ 1 lächeln: **~ a qn** j-n anlächeln; j-m zulächeln (*a. fig*) 2 *fig* **~ a qn** j-n reizen: **l'idea mi sorride** diese Idee reizt mich ♦ **sorrida prego!** bitte, recht freundlich!

★**sor·ri·so** M Lächeln *n*

sor·sa·ta [-s-] F Schluck *m*, Zug *m*

sor·seg·gia·re [-s-] VT ⟨1f⟩ schlürfen

sor·so ['sorso] M Schluck *m* ♦ **bere in un ~** in einem Zug trinken

sort [sɔrt] M ⟨*inv*⟩ IT Sortierlauf *m*

sor·ta [-ɔ-] F Sorte *f*, Art *f* ♦ **non c'è difficoltà di ~** es gibt keinerlei Schwierigkeit

★**sor·te** [-ɔ-] F 1 Schicksal *n* 2 Los *n*: **la scelta fu affidata alla ~** die Entscheidung fiel durch das Los ♦ **tirare a ~** losen

sor·teg·gia·re VT ⟨1f⟩ 1 verlosen 2 auslosen **sor·teg·gio** [-e-] M Ver-, Auslosung *f*

sor·ti·le·gio [-ɛ-] M Zauber *m*, Zauberei *f*

sor·ti·re VT ⟨4d⟩ erzielen, bewirken: **~ un effetto** eine Wirkung erzielen

sor·ti·ta F 1 MIL Ausfall *m* 2 THEAT Auftritt *m* 3 geistreiche Bemerkung *f*

sor·to [-o-] → sorgere

sor·ve·glian·te A ADJ Wach-, Aufsichts- B M/F Aufseher *m*, -in *f*, Wächter *m*, -in *f* **sor·ve·glian·za** F Aufsicht *f*, Überwachung *f* **sor·ve·glia·re** VT 1 überwachen 2 aufmerksam verfolgen 3 **~ qn/qc** auf j-n/etw aufpassen **sor·ve·glia·to** ADJ 1 überwacht 2 beaufsichtigt

sor·vo·la·re ⟨1a⟩ A VT 1 überfliegen 2 *fig* **~ qc** über etw (*akk*) hinweggehen B VI ⟨av⟩ **~ su qc** etw übergehen

so·sia [-ɔ-] M/F ⟨*inv*⟩ Doppelgänger *m*, -in *f*

so·spen·de·re [-ɛ-] VT ⟨3c⟩ 1 (*appendere*) (auf)hängen 2 (*interrompere*) unterbrechen, einstellen 3 (*rinviare*) verschieben, aussetzen 4 suspendieren: **~ qn da un incarico** j-n seines Amtes entheben 5 SPORT (*giocatore*) sperren ♦ **~ la patente** ein Fahrverbot erteilen

so·spen·sio·ne [-pensi'o-] F 1 Aufhängen *n* 2 Unterbrechung *f*, Einstellung *f* 3 Verschiebung *f*; Aussetzung *f* (*a.* JUR) 4 Suspension *f*, Amtsenthebung *f* 5 *pl* MECH Aufhängung *f* ♦ **~ della patente** Fahrverbot *n* **so·spen·si·vo** ADJ aufhebend

so·spen·so·rio [-ɔ-] M Suspensorium *n*

so·spe·so [-e-] ADJ 1 aufgehängt, hängend 2 ge-, erhoben: **con la mano -a** mit erhobener Hand 3 *fig* unterbrochen, eingestellt 4 verschoben ♦ **essere ~ in aria** in der Luft schweben; *fig* in der Schwebe sein; **col fiato ~** mit angehaltenem Atem; **lasciare qc in ~** etw offenlassen

so·spet·ta·bi·le ADJ verdächtig **so·spet·ta·bi·li·tà** F ⟨*inv*⟩ Verdächtigkeit *f*

★**so·spet·ta·re** ⟨1b⟩ A VT 1 verdächtigen 2 vermuten, ahnen B VI ⟨av⟩ **~ di qn** j-n verdächtigen; j-m misstrauen

★**so·spet·ta·to** A ADJ verdächtigt B M, **-a** F Verdächtige *m/f*

so·spet·to [-ɛ-] A ADJ verdächtig B M Verdacht *m* ♦ **senza alcun ~** nichts ahnend

so·spet·to·si·tà F ⟨*inv*⟩ Argwohn *m*

so·spet·to·so [-o-] ADJ 1 argwöhnisch 2 misstrauisch

so·spin·ge·re VT ⟨3d⟩ 1 schieben 2 *fig* treiben **so·spin·to** ADJ **a ogni piè ~** auf Schritt und Tritt

so·spi·ra·re ⟨1a⟩ A VI ⟨av⟩ seufzen B VT 1 herbeisehnen 2 *fig* **far ~ qn** j-n schmachten lassen **so·spi·ra·to** ADJ ersehnt

so·spi·ro M Seufzer *m*: **tirare un ~ di sollievo** aufatmen

so·sta [-ɔ-] F 1 Halt *m*, Anhalten *n* 2 Station *f*, Halt *m* 3 Rast *f*, Pause *f* ♦ **area di ~** Rastplatz *m*; **~ vietata** Halteverbot *n*

★**so·stan·ti·vo** M Substantiv *n*, Hauptwort *n*

★**so·stan·za** F 1 Substanz *f*, Kern *m*, Wesen *n* (*a.* PHIL) 2 Substanz *f*, Stoff *m*, Mittel *n* 3 *pl* Besitz *m*, Vermögen *n* ♦ **~ alimentare** Nährstoff *m*; **~ attiva** Wirkstoff *m*; **in ~** im Wesentlichen; **~ nociva** Schadstoff *m*

so·stan·zia·le ADJ wesentlich **so·stan·zial·men·te** [-e-] ADV 1 grundsätzlich 2 eigentlich **so·stan·zio·si·tà** F ⟨*inv*⟩ Nahrhaftigkeit *f* **so·stan·zio·so** [-o-] ADJ 1 nahrhaft, kräftig 2 beträchtlich 3 *fig* gehaltvoll

so·sta·re VI ⟨1c; av⟩ 1 (an)halten 2 rasten

so·ste·gno [-e-] M 1 Stütze *f* (*a. edilizia,* AGR) 2 *fig* Stütze *f*, Halt *m*: **essere di ~ a qn/qc** für j-n/etw eine Stütze sein 3 Unterstützung *f*, Förderung *f* ♦ **a ~ di qc** zur Unterstützung etw (*gen*)

so·ste·ne·re [-e-] ⟨2q⟩ A VT 1 stützen (*a. fig*), tragen 2 *fig* (hoch-, aufrechter)-

S

halten: ~ **i prezzi** die Preise hochhalten **3** *fig* (*appoggiare*) unterstützen, fördern **4** (*teoria, opinione*) vertreten, verfechten **5** (*affermare*) behaupten **6** (*sopportare*) ertragen, aushalten **7** HANDEL tragen, übernehmen: ~ **le spese** die Kosten tragen **8** (*alcol*) vertragen **9** (*esami, prove*) ablegen **B** VPR **-rsi** **1** sich (auf)stützen **2** sich auf den Beinen halten **3** *fig* **-rsi su qc** sich auf etw (*akk*) stützen **4** *fig* sich stärken **5** seinen Unterhalt bestreiten

so·ste·ni·bi·le ADJ **1** (*costi*) tragbar **2** *fig* haltbar

so·ste·ni·bi·li·tà F ⟨*inv*⟩ **1** Tragbarkeit *f* **2** *fig* Vertretbarkeit *f*, Haltbarkeit *f*

so·ste·ni·to·re [-o-] **A** ADJ fördernd, unterstützend **B** M, **-tri·ce** F **1** Vertreter *m*, -in *f*, Verfechter *m*, -in *f* **2** Anhänger *m*, -in *f*

so·sten·ta·men·to [-e-] M (Lebens)Unterhalt *m* ♦ **spese di** ~ Unterhaltskosten *pl*

so·sten·ta·re ⟨1b⟩ **A** VT **1** unterhalten **2** ernähren **B** VPR **-rsi** **1** für seinen Lebensunterhalt aufkommen **2** sich ernähren

so·ste·nu·tez·za [-e-] F **1** Zurückhaltung *f* **2** hohes Niveau *n* **so·ste·nu·to** ADJ **1** zurückhaltend, kühl **2** erhöht: **a velocità -a** mit erhöhter Geschwindigkeit *f* **3** *fig* gehoben; anspruchsvoll **4** WIRTSCH steigend: **prezzi -i** steigende Preise *pl* ♦ **a ritmo** ~ zügig, rasch

so·sti·tu·i·bi·le ADJ **1** ersetzbar **2** austauschbar **so·sti·tui·bi·li·tà** F ⟨*inv*⟩ **1** Ersetzbarkeit *f* **2** Austauschbarkeit *f*

★**so·sti·tu·i·re** ⟨4d⟩ **A** VT **1** ~ **qn/qc con qn/qc** j-n/etw durch j-n/etw ersetzen: SPORT ~ **un giocatore** einen Spieler auswechseln **2** austauschen **3** (*supplire*) vertreten: ~ **qn** für j-n einspringen **4** TECH umstellen **B** VPR **-rsi** **1** sich abwechseln **2** **-rsi a qn** j-n ersetzen **so·sti·tu·ti·vo** ADJ Ersatz-, substituierend

S

so·sti·tu·to M, **-a** **1** Stellvertreter *m*, -in *f* **2** ~ **procuratore** (**della Repubblica**) stellvertretender Staatsanwalt *m* **so·sti·tu·zio·ne** [-o-] F **1** Ersatz *m*, Auswechseln *n* **2** Vertretung *f* **3** JUR Verwechs(e)lung *f* **4** SPORT Auswechselung *f* ♦ **in** ~ **di qn/qc** anstelle von j-m/etw; ~ **della ruota** Radwechsel *m*

so·stra·to M **1** GEOL Untergrund *m* **2** *fig* Nährboden *m* **3** LING, PHIL Substrat *n*

sot·ta·ce·to [-e-] **A** ADV in Essig **B** ADJ ⟨*inv*⟩ in Essig eingelegt, Essig- **C** MPL Mixpickles *pl* ♦ **cetriolo** ~ Essiggurke *f*

sot·tac·qua ADV unter Wasser *n*

sot·ta·na F **1** Unterkleid *n* **2** Rock *m* **3** Talar *m* ♦ **correre dietro a tutte le -e** ein Schürzenjäger *m* sein

sot·tec·chi [-e-] **di** ~ verstohlen, heimlich

sot·ter·fu·gio M **1** Heimlichtuerei *f* **2** Ausflucht *f*, Vorwand *m*: **servirsi di -gi** Ausflüchte machen ♦ **di** ~ heimlich

sot·ter·ra·ne·a F U-Bahn *f* **sot·ter·ra·ne·o** **A** ADJ **1** unterirdisch **2** *fig* **manovre -e** heimliche Manöver *pl* **B** M Kellergeschoss *n*: **nei -i del Louvre** in den Kellergewölben des Louvre ♦ **acqua -a** Grundwasser *n*

sot·ter·ra·re VT ⟨1b⟩ **1** eingraben **2** verscharren **3** vergraben **4** begraben

sot·ti·gliez·za [-e-] F **1** Dünne *f*, Dünnheit *f* **2** *fig* Feinheit *f* **3** Scharfsinn *m* **4** Haarspalterei *f*, Spitzfindigkeit *f*

★**sot·ti·le** ADJ **1** dünn **2** zierlich, schlank, schmal **3** *fig* scharfsinnig

sot·ti·let·ta® [-e-] F Scheiblette® *f*

sot·ti·liz·za·re VI ⟨1a; av⟩ Haarspalterei betreiben

sot·tin·sù [-'su] ADV **di** ~ von unten herauf

sot·tin·ten·de·re [-ɛ-] VT ⟨3c⟩ **1** durchblicken lassen, andeuten **2** einschließen, beinhalten **sot·tin·te·so** [-e-] **A** ADJ **1** stillschweigend **2** selbstverständlich **B** M Andeutung *f* ♦ **è** ~! das versteht sich von selbst!

★**sot·to** [-o-]

A Präposition
B Adverb
C Adjektiv
D Maskulinum
E Wendungen

— A Präposition —

1 unter: **il quaderno è** ~ **il libro** das Heft liegt unter dem Buch; **mettere la valigia** ~ **il letto** den Koffer unter das Bett stellen; **avere qn** ~ **di sé** j-n unter sich (*dat*) haben; **dieci gradi** ~ **zero** zehn Grad unter null **2** (*temporale*) in: ~ **Natale** in der Weihnachtszeit **3** hinter: ~ **la sua gentilezza si nasconde qualche cattiva intenzione** hinter seiner Liebenswürdigkeit verbirgt sich eine böse Absicht **4** gegen: ~ **pagamento di una cauzione** gegen Zahlung einer Kaution

— B Adverb —

1 unten: ~ **c'è la cantina** unten ist der Keller 2 **abitare un piano** ~ einen Stock tiefer wohnen 3 herunter: **vieni ~!** komm herunter! 4 hinunter, nach unten 5 **di** ~ (*stato in luogo*) unten 6 (*moto a luogo*) nach unten 7 (*inferiore*) untere: **il piano di** ~ das untere Stockwerk 8 **al di ~ di qc** unter etw (*dat*) 9 (*sotto il vestito*) unter den Kleidern 10 (*sotto a questo*) darunter 11 los, ran: ~, **tocca a te!** los, du bist dran!

— C Adjektiv —

untere

— D Maskulinum —

1 Unterteil *n*, -seite *f* 2 (*rovescio*) Rück-, Kehrseite *f*

— E Wendungen —

~ **a qn/qc** unter j-m/etw; (*moto a luogo*) unter j-n, etw; *umg* ~ **casa** (gleich) vor dem Haus; **qui c'è ~ qc** da steckt etw dahinter; **da** ~ von unten; *umg* **diamoci ~!** dann wollen wir mal!; **essere ~ esami** vor dem Examen stehen; *umg* **farsela ~** sich (*dat*) in die Hosen machen; ~ **mano** griffbereit; **mettere ~ qn** j-n überfahren; *fig* **mettersi ~** sich dranmachen; ~ **sotto** insgeheim; ELEK ~ **traccia** unter Putz; **vedi ~** siehe unten

sot·to·a·li·men·ta·to ADJ 1 unterernährt 2 TECH unterversorgt

sot·to·ban·co ADV unter der Hand, heimlich **sot·to·bo·sco** [-ɔ-] M 1 Unter-, Niederholz *n* 2 *fig* Unter-, Halbwelt *f* **sot·to·brac·cio** ADV eingehakt, Arm in Arm: **prendere qn ~** sich bei j-m einhängen

sot·toc·chio [-ɔ-] ADV **tenere ~ qn/qc** j-n/etw im Auge behalten; **avere ~ qc** etw vor sich (*dat*) (liegen) haben

sot·toc·cu·pa·zio·ne [-o-] F Unterbeschäftigung *f*

sot·to·chia·ve ADV unter Verschluss **sot·to·com·mis·sio·ne** [-o-] F Unterausschuss *m* **sot·to·co·per·ta** [-ɛ-] A ADV unter Deck *n* B F Unterdeck *n* **sot·to·cop·pa** [-ɔ-] M ⟨inv⟩ 1 Untertasse *f* 2 (*in motoristica*) Ölwanne *f* **sot·to·co·sto** [-ɔ-] ADV & ADJ ⟨inv⟩ unter (dem) Preis (*od* Wert)

sot·to·cul·tu·ra F Subkultur *f*

sot·to·cu·ta·ne·o ADJ subkutan, unter der Haut

sot·to·di·rec·to·ry [-dairɛktori] F ⟨inv⟩ IT Unterverzeichnis *n*

sot·to·e·spor·re [-o-] V/T ⟨3ll⟩ unterbelichten

sot·to·fon·do [-o-] M 1 Unterbau *m* 2 (*cinema*) TV Hintergrund *m* (*a. fig*) **sot·to·gam·ba** ADV **prendere qc ~** etw auf die leichte Schulter nehmen **sot·to·gon·na** [-ɔ-] F Unterrock *m* **sot·to·grup·po** M Untergruppe *f*

sot·to·li·ne·a·re V/T ⟨1n⟩ 1 unterstreichen 2 *fig* betonen **sot·to·li·ne·a·tu·ra** F 1 Unterstreichung *f* 2 *fig* Betonung *f*

sot·to·lio [-ɔ-] ADJ & ADV in Öl: **tonno ~** Thunfisch *m* in Öl

sot·to·ma·no ADV 1 griffbereit 2 *fig* unter der Hand *f*

sot·to·mar·ca F No-Name-Produkt *n*

sot·to·ma·ri·no A ADJ unterseeisch B M U-Boot *n*, Unterseeboot *n*

sot·to·me·nù M ⟨inv⟩ IT Untermenü *n*

sot·to·mes·so [-e-] ADJ 1 unterworfen 2 gefügig

sot·to·met·te·re [-e-] ⟨3ee⟩ A V/T 1 unterwerfen; gefügig machen 2 vorlegen B V/PR **-rsi** 1 sich unterwerfen 2 **-rsi a qc** sich etw (*dat*) beugen **sot·to·mis·sio·ne** [-o-] F Unterwerfung *f*

sot·to·pa·ga·to ADJ unterbezahlt **sot·to·pan·cia** M ⟨inv⟩ Sattelgurt *m* **sot·to·pas·sag·gio**, **sot·to·pas·so** M Unterführung *f* **sot·to·pen·to·la** [-e-] M ⟨inv⟩ (Topf)Untersetzer *m* **sot·to·pe·so** [-e-] ADJ untergewichtig **sot·to·piat·to** M Platzteller *m* **sot·to·pie·de** [-ɛ-] M 1 MODE Steg *m* 2 Einlegsohle *f*

sot·to·por·re [-o-] ⟨3ll⟩ A V/T 1 ~ **qc a qc** etw etw (*dat*) aussetzen 2 ~ **qn a qc** j-n etw (*dat*) unterziehen 3 ~ **qc a qn** j-m etw unterbreiten B V/PR 1 **-rsi a qc** sich etw (*dat*) unterziehen 2 **-rsi a qc** sich etw (*dat*) aussetzen

sot·to·prez·zo [-ɛ-] ADV unter Preis **sot·to·pro·dot·to** [-o-] M Nebenprodukt *n* **sot·to·pro·du·zio·ne** [-o-] F Unterproduktion *f*

sot·tor·di·ne [-o-] M Unterordnung *f* ♦ **in ~** untergeordnet

sot·to·sca·la M ⟨inv⟩ Raum *m* unter der Treppe

sot·to·scrit·to·re [-o-] M, **-tri·ce** F 1 Unterzeichner *m*, -in *f* 2 HANDEL Subskribent *m*, -in *f* 3 WIRTSCH Zeichner *m*, -in *f* **sot·to·scri·ve·re** V/T ⟨3tt⟩ 1 unterschreiben 2 billigen **sot·to·scri·zio-**

S

ne [-o-] F 1 Unterzeichnung f 2 Unterschriftenaktion f 3 Spendenaktion f 4 WIRTSCH Zeichnung f

sot·to·se·gre·ta·rio M, **-a** F 1 Untersekretär m, -in f 2 **~ di stato** Staatssekretär m **sot·to·so·pra** [-o-] ADV durcheinander (a. fig) **sot·to·stan·te** ADJ darunter liegend **sot·to·sta·re** VI ⟨1q; es⟩ 1 unterstehen 2 unterliegen: **~ a una regola** einer Regel unterliegen **sot·to·sti·ma·re** VT ⟨1a⟩ unterschätzen, unterbewerten (a. fig) **sot·to·suo·lo** [-ɔ-] M Untergrund m ♦ **risorse del ~** Bodenschätze pl

sot·to·svi·lup·pa·to [-zv-] ADJ unterentwickelt; (*regione*) strukturschwach

sot·to·te·nen·te [-ɛ-] M Leutnant m **sot·to·ter·ra** [-ɛ-] ADV 1 unter der Erde; (*moto a luogo*) unter die Erde 2 BERGB unter Tag(e) **sot·to·tet·to** [-e-] M Dachboden m **sot·to·ti·to·lo** M Untertitel m **sot·to·va·lu·ta·re** VT ⟨1a⟩ unterschätzen **sot·to·va·so** M Untersetzer m **sot·to·ve·ste** [-ɛ-] F Unterrock m **sot·to·vo·ce** [-o-] ADV mit leiser Stimme **sot·to·vuo·to** [-ɔ-] ADV & ADJ ⟨inv⟩ vakuumverpackt

★**sot·trar·re** ⟨3xx⟩ A VT 1 entreißen, retten: **~ qc alle fiamme** etw den Flammen entreißen 2 (*rubare*) entwenden 3 MATH abziehen B VPR **-rsi** sich entziehen, entgehen

sot·tra·zio·ne [-o-] F 1 Entwendung f, Unterschlagung f 2 MATH Subtraktion f

sot·tuf·fi·cia·le M Unteroffizier m, -in f

souf·flé [su'fle] M ⟨inv⟩ Soufflé n

so·ven·te [-ɛ-] ADV (**di**) ~ oft, häufig

so·ver·chian·te ADJ überwältigend

so·ver·chia·re VT ⟨1k u. b⟩ überwältigen

so·ver·chio [-ɛ-] A ADJ übermäßig, übertrieben B M Übermaß n

so·vie·ti·co [-ɛ-] A ADJ sowjetisch, Sowjet- B M, **-a** F Sowjetbürger m, -in f

so·vrab·bon·dan·te ADJ überreichlich **so·vrab·bon·dan·za** F Überfluss m, Übermaß n **so·vrab·bon·da·re** VI ⟨1a; es, av⟩ 1 überreichlich vorhanden sein 2 **~ di qc** etw im Überfluss besitzen

so·vrac·ca·ri·ca·re VT ⟨1c u. l⟩ überlasten

so·vrac·ca·ri·co A ADJ überlastet B M 1 Überlastung f 2 Mehrgewicht n

so·vraf·fa·ti·ca·men·to [-e-] M Überanstrengung f **so·vraf·fa·ti·ca·re** ⟨1d⟩ A VT überanstrengen B VPR **-rsi** sich überanstrengen

so·vraf·fol·la·to ADJ überfüllt

so·vra·li·men·ta·re VT ⟨1a⟩ 1 (*in motoristica*) aufladen 2 MED überernähren **so·vra·li·men·ta·to·re** [-o-] M (*in motoristica*) Kompressor m **so·vra·li·men·ta·zio·ne** [-o-] F 1 (*in motoristica*) Aufladung f 2 MED Überernährung f

so·vra·ni·tà F ⟨inv⟩ JUR Souveränität f

so·vra·no A ADJ souverän B M, **-a** F Herrscher m, -in f

so·vrap·pe·so [-e-] A ADJ übergewichtig B M Übergewicht n **so·vrap·più** M ⟨inv⟩ 1 (*eccedenza*) Überschuss m: **in ~** zu viel 2 (*in più*) Zugabe f: **per ~** außerdem 3 Aufschlag m: **per ~** zuzüglich **so·vrap·po·po·la·men·to** [-e-] M Über(be)völkerung f **so·vrap·po·po·la·to** ADJ über(be)völkert **so·vrap·po·po·la·zio·ne** [-o-] F Über(be)völkerung f

so·vrap·por·re [-o-] ⟨3ll⟩ A VT 1 übereinanderlegen, übereinandersetzen 2 überordnen B VPR **-rsi** 1 sich überlagern 2 fig sich überschneiden 3 hinzukommen **so·vrap·po·si·zio·ne** [-o-] F Überlagerung f (a. fig) **so·vrap·po·sto** [-o-] ADJ **essere -i** übereinanderliegen; übereinanderstehen **so·vrap·prez·zo** [-ɛ-] M Aufpreis m **so·vrap·pro·du·zio·ne** [-o-] F Überproduktion f

so·vra·stan·te ADJ (*costruzioni*) überragend, beherrschend **so·vra·sta·re** ⟨1a⟩ A VT 1 überragen 2 (*suono*) übertönen B VI ⟨es⟩ **~ su qc** etw beherrschen

so·vra·sti·ma·re VT ⟨1a⟩ überschätzen

so·vra·strut·tu·ra F (*edilizia*) Überbau m (a. PHIL), Aufbau m (a. SCHIFF)

so·vra·ten·sio·ne [-tensi'o-] F ELEK Überspannung f

so·vrec·ce·den·te [-ɛ-] A ADJ überschüssig B M Überschuss m **so·vrec·ce·den·za** [-ɛ-] F Überschuss m, Übermaß n ♦ **in ~** überschüssig

so·vrec·ce·de·re [-e-] VI ⟨3a; av⟩ übertreiben

so·vrec·ci·tar·si VPR ⟨1l u. b⟩ sich übermäßig erregen **so·vrec·ci·ta·zio·ne** [-o-] F Überreiztheit f

so·vre·spor·re [-o-] VT ⟨3ll⟩ FOTO überbelichten

so·vrim·po·sta [-ɔ-] F Steuerzuschlag m

so·vrin·ten·den·te [-ɛ-] M/F 1 Leiter

m, -in *f* **2** (*teatri*) Intendant *m*, -in *f* **so·vrin·ten·den·za** [-ɛ-] F Aufsicht *f*, Leitung *f* ♦ **~ alle Belle Arti** Amt *n* für Denkmal(s)pflege; **~ scolastica** Schulaufsichtsbehörde *f*

so·vrin·ten·de·re [-ɛ-] V/I ⟨3c; av⟩ **~ a qc** etw (*dat*) vorstehen, etw leiten

so·vru·ma·no ADJ übermenschlich

sov·ve·ni·re V/I ⟨4p⟩ **1** ⟨av⟩ helfen: **~ a qn** j-m helfen **2** ⟨es⟩ einfallen

sov·ven·zio·na·re V/T ⟨1a⟩ subventionieren, unterstützen **sov·ven·zio·ne** [-o-] F Subvention *f*, Unterstützung *f*, Zuschuss *m*

sov·ver·sio·ne [-versi'o-] F Umwälzung *f* **sov·ver·si·vo** **A** ADJ subversiv **B** M, **-a** F Umstürzler *m*, -in *f*

sov·ver·ti·men·to [-e-] M Umsturz *m*

sov·ver·ti·re V/T ⟨4b⟩ umstürzen **sov·ver·ti·to·re** [-o-] **A** ADJ umstürzlerisch **B** M, **-tri·ce** F Umstürzler *m*, -in *f*

soz·zo [-o-] ADJ **1** schmutzig **2** *fig* schmierig

soz·zu·me M Schmutz *m* **soz·zu·ra** F **1** Schmutzigkeit *f* **2** Schmutz *m* **3** *fig* Unflat *m*

spac·ca·le·gna [-e-] M/F ⟨*inv*⟩ Holzhacker *m*, -in *f*

spac·ca·pie·tre [-ɛ-] M/F ⟨*inv*⟩ Steinhauer *m*, -in *f*

spac·ca·re ⟨1d⟩ **A** V/T **1** (*legna*) spalten **2** zerbrechen, zerschlagen **3** einschlagen **B** V/PR **-rsi** **1** brechen **2** zerbrechen ♦ *fig* **~ il capello in quattro** Haarspalterei betreiben; **~ la faccia a qn** j-m die Fresse polieren

spac·ca·ta F SPORT Spagat *m* **spac·ca·to** **A** ADJ **1** zerbrochen **2** rissig **3** *umg* **è ~ suo padre** er ist seinem Vater wie aus dem Gesicht geschnitten **B** M (Quer)-Schnitt *m* (*a. fig*) **spac·ca·tu·ra** F **1** Spalt *m* **2** Riss *m*

spac·chet·ta·re V/T ⟨1a⟩ auspacken

spac·cia·re ⟨1f⟩ **A** V/T **1** vertreiben **2** in Umlauf bringen **3** **~ droga** dealen **4** (*notizie*) verbreiten **5** **~ qn/qc per qc** j-n/etw für etw ausgeben **B** V/PR **-rsi per qc** sich für etw ausgeben **spac·cia·to** ADJ *umg* geliefert: **dare qn per ~** j-n aufgeben **spac·cia·to·re** [-o-] M, **-tri·ce** F **1** Vertreiber *m*, -in *f* **2** Rauschgifthändler *m*, -in *f*, Dealer *m*, -in *f*

spac·cio M **1** Direktverkauf *m* **2** **~ di droga** Rauschgifthandel *m* **3** Verkaufsstelle *f* **4** Ausschank *m* ♦ **~ aziendale** Fabrikverkauf *m*

spac·co M **1** Spalt *m*, Riss *m* **2** MODE Schlitz *m*

spac·co·ne [-o-] M, **-a** F Angeber *m*, -in *f*

spa·da F **1** Schwert *n* **2** SPORT Degen *m*

spa·dac·ci·no M, **-a** F Fechter *m*, -in *f*

spa·dro·neg·gia·re V/I ⟨1f; av⟩ sich als Herr aufspielen

spa·e·sa·to ADJ verwirrt, unbehaglich

spa·ghet·ta·ta F Spaghettiessen *n*

spa·ghet·te·ri·a F Spaghettirestaurant *n*

★**spa·ghet·ti** [-e-] MPL GASTR Spaghetti *pl* ♦ (*cinema*) **spaghetti-western** *m inv* Italowestern *m*

spa·ghet·to [-e-] M *umg* Bammel *m*: **prendersi uno ~** einen mächtigen Bammel haben

★**Spa·gna** F Spanien *n* ♦ **pan di ~** Biskuit *n*

★ **spa·gno·lo** [-ɔ-] **A** ADJ spanisch **B** M, **-a** F Spanier *m*, -in *f*

spa·go M Schnur *f*, Bindfaden *m* ♦ *umg* **dare ~ a qn** j-n zum Reden reizen

spa·ia·re V/T ⟨1i⟩ entzweien, trennen **spa·ia·to** ADJ einzeln, nicht zusammengehörend

spa·lan·ca·re ⟨1d⟩ **A** V/T aufreißen: **~ le braccia** die Arme ausbreiten; **~ gli occhi** die Augen aufmachen **B** V/PR **-rsi** **1** aufgehen **2** sich auftun

spa·lan·ca·to ADJ aufgerissen, sperrangelweit offen, weit geöffnet

spa·la·re V/T ⟨1a⟩ schaufeln **spa·la·to·re** [-o-] M, **-tri·ce** F (*di neve*) Schneeschipper *m*, -in *f*

★**spal·la** F **1** Schulter *f*, Achsel *f* **2** Schultergelenk *n* **3** *pl* Rücken *m* ♦ **portare qc a ~** etw auf dem Rücken tragen; **ridere alle -e di qn** hinter j-s Rücken lachen; **vivere alle -e di qn** auf j-s Kosten leben; **voltare le -e a qn** j-m den Rücken (zu)kehren; *fig* **essere con le -e al muro** mit dem Rücken zur Wand stehen

spal·la·ta F **1** Schulterstoß *m* **2** Achselzucken *n* **spal·leg·gia·re** V/T ⟨1f⟩ **~ qn** j-n unterstützen **spal·let·ta** [-e-] F Brückengeländer *n* **spal·lie·ra** [-ɛ-] F **1** Rückenlehne *f* **2** (*del letto*) Kopfende *n*; Fußende *n* **3** AGR Spalier *n* **4** SPORT Sprossenwand *f* **spal·li·na** F **1** MIL Schulterklappe *f* **2** MODE Spaghettiträger *m*; Schulterpolster *n*

spal·luc·ce FPL **fare ~** mit den Schultern (*od* Achseln) zucken

★**spal·ma·re** ⟨1a⟩ **A** VT **1** (be)streichen **2** auftragen **B** VPR **-rsi** sich eincremen

spal·ti MPL (*stadio*) Ränge *pl*

spam [spam] M ⟨*inv*⟩ Spam *n*, Spammail *f*

spam·mer ['spammer] M/F ⟨*inv*⟩ Spammer *m*, -in *f* **spam·ming** ['spamming] M ⟨*inv*⟩ Spamming *n*: **fare ~** spammen

spa·na·re ⟨1a⟩ **A** VT (*filetti, viti*) ausleiern **B** VPR **-rsi** sich ausleiern

span·cia·re ⟨1f⟩ **A** VI ⟨*av*⟩ einen Bauchklatscher machen **B** VPR **-rsi dalle risate** sich (*dat*) den Bauch vor Lachen halten

span·de·re ⟨3a⟩ **A** VT **1** ausstreuen **2** (*stendere*) auftragen **3** (*liquidi*) verschütten, vergießen **4** (*profumi*) aus-, verströmen **5** *fig* verbreiten **B** VPR **-rsi 1** sich ver-, ausbreiten (*a. fig*) **2** sich ergießen ♦ **spendere e ~** das Geld mit vollen Händen ausgeben

span·di·sa·le [-s-] M ⟨*inv*⟩ Streufahrzeug *n*

span·na F Handbreit *f* ♦ **misurare qc a -e** etw über den Daumen peilen

span·na·re VT ⟨1a⟩ entrahmen, absahnen

spa·pa·ran·zar·si [-si] VPR ⟨1a⟩ *umg* sich (hin)fläzen

spap·po·la·re ⟨1l⟩ **A** VT **1** zerquetschen, zerdrücken **2** MED quetschen **B** VPR **-rsi 1** auseinanderfallen, breiig werden **2** MED gequetscht werden

spa·ra·ne·ve [-e-] ADJ ⟨*inv*⟩ **cannone ~** Schneekanone *f*

★**spa·ra·re** ⟨1a⟩ **A** VT **1** abfeuern, schießen **2** (*calcio, pugno*) versetzen **3** *fig* (*fandonie*) auftischen **B** VI ⟨*av*⟩ schießen, feuern **C** VPR **-rsi** sich (er)schießen ♦ **spararle grosse** dick auftragen

spa·ra·to[1] ADJ angeschossen, angesaust: *umg* **arrivare ~** angeschossen kommen

spa·ra·to[2] M MODE Hemdbrust *f*

spa·ra·to·ria [-ɔ-] F Schießerei *f*

★**spa·rec·chia·re** VT ⟨1k⟩ abdecken, abräumen

spa·reg·gio [-e-] M **1** SPORT Entscheidungsspiel *n*, -kampf *m* **2** HANDEL Fehlbetrag *m*

spar·ge·re **A** VT ⟨3uu⟩ **1** (ver)streuen **2** (*liquidi*) verschütten **3** (*luce, calore*) ausstrahlen **4** (*notizie, dicerie*) verbreiten **B** VPR **-rsi 1** sich verstreuen **2** sich verbreiten **spar·gi·men·to** [-e-] M **senza ~ di sangue** ohne Blutvergießen

spa·ri·re VI ⟨4d *od* 4e; *es*⟩ verschwinden

spa·ri·zio·ne [-o-] F Verschwinden *n*

spar·la·re VI ⟨1a; *av*⟩ **~ di qn/qc** über j-n/etw schlecht reden

spa·ro M Schuss *m*

spar·pa·glia·re ⟨1g⟩ **A** VT verstreuen **B** VPR **-rsi** sich verstreuen **spar·pa·glia·to** ADJ verstreut

spar·so [-so] ADJ **1** verstreut **2** verteilt **3** vergossen **4** lose ♦ **in ordine ~** verstreut

spar·ta·no ADJ **1** spartanisch **2** hart, streng

spar·ti·ac·que M ⟨*inv*⟩ Wasserscheide *f*

spar·ti·ne·ve [-e-] M ⟨*inv*⟩ Schneepflug *m*

spar·ti·re ⟨4d⟩ **A** VT **1** (auf)teilen **2** *fig* **non avere nulla da ~ con qn** mit j-m nichts zu tun haben **3** (*capelli*) scheiteln **B** VPR **-rsi qc con qn** sich (*dat*) etw mit j-m (auf)teilen

spar·ti·to **A** ADJ **1** (auf)geteilt **2** gescheitelt **B** M Partitur *f*; Notenblatt *n*

spar·ti·traf·fi·co **A** ADJ ⟨*inv*⟩ **isola ~** Verkehrsinsel *f* **B** M ⟨*inv*⟩ Mittelstreifen *m* **spar·ti·zio·ne** [-o-] F (Auf-, Ver)-Teilung *f*

spa·ru·to ADJ **1** schmächtig **2** spärlich

spar·vie·ro [-ɛ-] M Sperber *m*

spa·si·man·te M/F Verehrer *m*, -in *f*

spa·si·ma·re VI ⟨1l; *av*⟩ **~ per qn** nach j-m schmachten

spa·si·mo M **1** MED Krampf *m* **2** *fig* Qual *f* **spa·smo** [-z-] M Krampf *m*

spa·smo·di·co [-'zmɔ-] ADJ **1** MED krampfhaft (*a. fig*) **2** *fig* qualvoll, quälend

spas·sar·si [-si] VPR ⟨1a⟩ **spassarsela** (**con qn**) es sich (mit j-m) gut gehen lassen

spas·sio·na·tez·za [-e-] F Unbefangenheit *f* **spas·sio·na·to** ADJ unbefangen

spas·so M **1** Vergnügen *n*, Spaß *m* **2 sei proprio uno ~!** du bist einfach herrlich! ♦ **andare a ~** spazieren gehen; *fig* **essere a ~** auf der Straße sitzen

spas·so·so [-o-] ADJ lustig, amüsant

spa·sti·co **A** ADJ spastisch **B** M, **-a** F Spastiker *m*, -in *f*

spa·to·la F Spachtel *m/f*, Spatel *m/f* (*a.* MED)

spau·rac·chio M **1** Vogelscheuche *f* **2** *fig* Schreckgespenst *n*, Schrecken *m*

spau·ri·re ⟨4d⟩ **A** VT ängstigen **B** VPR **-rsi** Angst haben, sich ängstigen

spau·ri·to ADJ angstvoll, verängstigt
spa·val·de·ri·a F Frechheit *f*, Dreistigkeit *f* **spa·val·do** ADJ frech, dreist
spa·ven·ta·pas·se·ri M ⟨*inv*⟩ Vogelscheuche *f* (*a. fig*)
spa·ven·ta·re V/T ⟨1b⟩ erschrecken: **~ qn** j-n erschrecken
★**spa·ven·tar·si** V/PR ⟨1b⟩ **~ di qn** vor j-m erschrecken; **~ di** (*od* **per**) **qc** über etw (*akk*) erschrecken
spa·ven·te·vo·le [-e-] ADJ erschreckend, schrecklich
★**spa·ven·to** [-ɛ-] M Schreck *m*: **prendersi uno ~** einen Schreck bekommen
spa·ven·to·so [-o-] ADJ **1** erschreckend, schrecklich **2** furchtbar, entsetzlich (*a. fig*) ♦ **velocità -a** Höllentempo *n*
★**spa·zia·le** ADJ **1** GEOM Raum-, räumlich **2** ASTRON Weltraum-, Raum-
spa·zia·re ⟨1g⟩ **A** V/T in Abständen aufstellen **B** V/I ⟨av⟩ **1** schweben: **~ nel cielo** in der Luft schweben **2** *fig* (*sguardo*) schweifen **spa·zia·tu·ra** F TYPO Leerstelle *f* ♦ **~ proporzionale** Proportionalschrift *f*
spa·zieg·gia·re V/T ⟨1f⟩ TYPO sperren
spa·zien·ti·re ⟨4d⟩ **A** V/T nervös machen **B** V/PR **-rsi** die Geduld verlieren
★**spa·zio** M **1** Raum *m* (*a.* MATH, PHIL) **2** Weltraum *m* **3** Platz *m*: **fare ~ a qn** j-m Platz machen **4** Zwischenraum *m* **5** Zeitraum *m* **6** TYPO Leerzeichen *n* ♦ **~ aereo** Luftraum *m*; **~ pubblicitario** Werbefläche *f*; **-zi verdi** Grünanlagen *pl*
spa·zio·si·tà F ⟨*inv*⟩ Geräumigkeit *f*, Weite *f* **spa·zio·so** [-o-] ADJ geräumig, weit
spaz·za·ca·mi·no M Schornsteinfeger *m*, -in *f*, *österr* Rauchfangkehrer *m*, -in *f*
spaz·za·mi·ne M ⟨*inv*⟩ Minensuchboot *n*
spaz·za·ne·ve [-e-] M ⟨*inv*⟩ Schneeräumer *m*; Schneepflug *m* ♦ SPORT **fare lo ~** (im) Schneepflug fahren
spaz·za·re V/T ⟨1a⟩ **1** fegen, kehren **2** hinwegfegen **spaz·za·ta** F **dare una ~ a qc** etw flüchtig fegen **spaz·za·tu·ra** F **1** Müll *m*, Abfall *m* **2** Fegen *n* ♦ **bidone della ~** Mülltonne *f*; **cassonetto della ~** Müllcontainer *m*; **secchio della ~** Mülleimer *m*
spaz·zi·no M, **-a** F Straßenkehrer *m*, -in *f*
spaz·zo·la F Bürste *f* (*a.* ELEK) ♦ **~ del tergicristallo** Wischerblatt *n*
spaz·zo·la·re ⟨1l⟩ **A** V/T (ab-, aus)bürsten **B** V/PR **-rsi i capelli** sich (*dat*) die Haare bürsten **spaz·zo·la·ta** F **dare una ~ a qc** etw ausbürsten
spaz·zo·li·no M **1** Bürstchen *n* **2** ★**~ da denti** Zahnbürste *f*; **~ per le unghie** Nagelbürste *f*
spaz·zo·lo·ne [-o-] M Schrubber *m*
speak·er ['spikə] M/F ⟨*inv*⟩ RADIO, TV Sprecher *m*, -in *f*
spec·chiar·si [-si] V/PR ⟨1k⟩ **1** sich im Spiegel betrachten **2** **~ in qc** sich in etw (*dat*) spiegeln **3** *fig* **~ in qn/qc** j-n/etw zum Vorbild nehmen **spec·chia·to** ADJ *fig* beispielhaft, musterhaft
spec·chie·ra [-ɛ-] F **1** Wandspiegel *m* **2** Toilettentisch *m*
spec·chiet·to [-e-] M **1** Handspiegel *m* **2** Übersichtstafel *f* ♦ AUTO **~ laterale** Außenspiegel *m*; AUTO **~ retrovisore** Rückspiegel *m*
★**spec·chio** [-ɛ-] M **1** Spiegel *m* **2** Spiegelbild *n* **3** *fig* Muster *n*: **uno ~ di virtù** ein Muster der Tugend **4** Übersichtstafel *f* ♦ **~ d'acqua** Wasserspiegel *m*; **~ parabolico** Parabolspiegel *m*
★**spe·cia·le** **A** ADJ **1** Sonder-, speziell **2** eigenartig, sonderlich **3** besonder: **questo vino è ~** das ist ein besonderer Wein **B** M **1** SPORT Spezialslalom *m* **2** TV Spezialbericht *m* ♦ **in special modo** besonders
★**spe·cia·li·sta** M/F **1** Spezialist *m*, -in *f*, Fachmann *m*, -frau *f* **2** Facharzt *m*, -ärztin *f* ♦ **~ di prodotto** Produktmanager *m*, -in *f*
spe·cia·li·sti·co ADJ Fach-, fachmännisch
spe·cia·li·tà F ⟨*inv*⟩ **1** Spezialität *f*, Stärke *f* **2** Spezial-, Fachgebiet *n* **3** **la ~ della casa** die Spezialität des Hauses; **~ gastronomica** Feinkost *f*
spe·cia·liz·za·re ⟨1a⟩ **A** V/T spezialisieren: **~ qn in qc** j-n auf etw (*akk*) spezialisieren **B** V/PR **-rsi** **1** sich spezialisieren **2** MED Facharzt *m* werden **spe·cia·liz·za·to** ADJ Fach-, spezialisiert: **rivista -a** Fachzeitschrift *f*; **altamente ~** hoch qualifiziert **spe·cia·liz·za·zio·ne** [-o-] F **1** **~ in qc** Spezialisierung *f* auf etw (*akk*) **2** Fachausbildung *f* ♦ **corso di ~** Fortbildungskurs *m*
★**spe·cial·men·te** [-e-] ADV besonders
★**spe·cie** [-ɛ-] **A** ADV besonders **B** F ⟨*inv*⟩ Sorte *f*, Art *f* (*a.* BIOL) ♦ **~ animale** Tierart *f*; **che ~ d'uomo è?** was für ein Mensch ist

S

er?; **mi fa ~ che …** es erstaunt mich, dass …; **in ~** besonders, im Besonderen
spe·ci·fi·ca F Aufstellung *f*, Verzeichnis *n* **spe·ci·fi·ca·men·te** [-e-] ADV besonders
spe·ci·fi·ca·re V/T ⟨1m *u.* d⟩ spezifizieren, genau angeben **spe·ci·fi·ca·ta·men·te** [-e-] ADV detailliert **spe·ci·fi·ca·ti·vo** ADJ spezifizierend **spe·ci·fi·ca·to** ADJ verzeichnet **spe·ci·fi·ca·zio·ne** [-o-] F 1 Einzelaufstellung *f* 2 detaillierte Beschreibung *f*
spe·ci·fi·co ADJ 1 spezifisch (*a.* PHYS, TECH) 2 Fach-, Sach-: **competenza -a** Sachkompetenz *f* 3 bestimmt, besonder: **per un motivo ~** aus einem bestimmten Grund ♦ **nel caso ~** im vorliegenden Fall
speck [spɛk] M ⟨*inv*⟩ Räucherschinken *m*
spe·co·la [-ɛ-] F Sternwarte *f*
spe·cu·la·re[1] ADJ Spiegel-, spiegelbildlich: **immagine ~** Spiegelbild *n*
spe·cu·la·re[2] V/I ⟨1l *u.* b; av⟩ 1 PHIL **~ su qc** über etw (*akk*) spekulieren 2 WIRTSCH **~ su qc** mit (*od* in) etw (*dat*) spekulieren **spe·cu·la·ti·vo** ADJ 1 spekulativ 2 abstrakt 3 WIRTSCH spekulativ, Spekulations- **spe·cu·la·to·re** [-o-] A ADJ spekulativ B M, **-tri·ce** F 1 WIRTSCH Spekulant *m*, -in *f* 2 *pej* Geschäftemacher *m*, -in *f*
spe·cu·la·zio·ne [-o-] F Spekulation *f*
★**spe·di·re** V/T ⟨4d⟩ 1 (zu-, ver)schicken, (zu-, ver-, über)senden: **~ qc a qn** j-m etw zusenden 2 (*persone*) (ent)senden, schicken **spe·di·tez·za** [-e-] F Schnelligkeit *f*, Zügigkeit *f* **spe·di·to** ADJ schnell, zügig, flink
spe·di·zio·ne [-o-] F 1 Versand *m*, Versendung *f*, Spedition *f* 2 Beförderung *f*, Fracht *f* 3 Verschiffung *f* 4 Sendung *f*, Frachtgut *n* 5 MIL Feldzug *m* 6 Expedition *f* ♦ **bolla di ~** Lieferschein *m*; **~ (in) contrassegno** Nachnahmesendung *f*; **~ per espresso** Eilsendung *f*; **~ per raccomandata** Einschreibesendung *f*; **~ urgente** Eilsendung *f*; Eilfracht *f*
spe·di·zio·nie·re [-ɛ-] M, **-a** F Spediteur *m*, -in *f*
speed da·ting M ⟨*inv*⟩ Speeddating *n*
★**spe·gne·re** [-ɛ-] ⟨3vv⟩ A V/T 1 löschen (*a. fig*) 2 (*candela*) ausblasen, auspusten 3 (*apparecchio*) abstellen, ab-, ausschalten 4 aus-, abdrehen 5 WIRTSCH **~ un debito** eine Schuld tilgen B V/PR **-rsi** 1 er-, verlöschen (*a. fig*) 2 (*circuiti elettrici*) sich abschalten, ausgehen 3 (*suoni*) abklingen 4 *fig* entschlafen
spe·gni·men·to [-e-] M 1 (Aus)Löschen *n* (*a. fig*) 2 Erlöschen *n* 3 Ausschalten *n*
spe·lac·chia·re ⟨1k⟩ A V/T ausrupfen B V/PR **-rsi** (sich) haaren **spe·lac·chia·to** ADJ 1 halb (*od* fast) kahl 2 (*pelliccia*) abgewetzt
spe·la·re ⟨1a⟩ A V/T ausrupfen B V/PR **-rsi** (sich) haaren; Haare verlieren
spe·le·o·lo·go [-ɔ-] M, **-a** F Höhlenforscher *m*, -in *f*
spel·la·re ⟨1b⟩ A V/T 1 (ab)häuten 2 *fig hum* ausnehmen 3 *umg* ab-, aufschürfen B V/PR **-rsi** 1 sich schälen: **mi sto spellando** ich schäle mich; **mi si stanno spellando le spalle** meine Schultern schälen sich 2 *umg* sich ab-, aufschürfen
spell·ing [ˈspɛlliŋ] M ⟨*inv*⟩ Buchstabieren *n*: **fare lo ~** buchstabieren
spe·lon·ca [-o-] F 1 Höhle *f* 2 *fig* Spelunke *f*
spen·dac·cio·ne [-o-] M, **-a** F Verschwender *m*, -in *f*
★**spen·de·re** [-ɛ-] V/T ⟨3c⟩ 1 ausgeben 2 ver-, aufwenden 3 verbringen ♦ **~ una buona parola per qn** ein gutes Wort für j-n einlegen; **~ e spandere** das Geld zum Fenster hinauswerfen

⚠ **spendere ≠ spendieren**

spendere	=	ausgeben
spendieren	=	offrire

spen·de·rec·cio [-e-] ADJ verschwenderisch
spen·nac·chia·re V/T ⟨1k⟩ rupfen **spen·nac·chia·to** ADJ 1 gerupft 2 glatzköpfig, kahl
spen·na·re ⟨1a⟩ A V/T 1 rupfen 2 *fig* **~ qn al gioco** j-n beim Spiel ausnehmen B V/PR **-rsi** die Federn verlieren
spen·nel·la·re V/T ⟨1b⟩ 1 bestreichen 2 MED ein-, bepinseln **spen·nel·la·ta** F 1 **dare una ~ a qc** etw bestreichen 2 MED Ein-, Bepinseln *n* 3 Pinselstrich *m*
spen·sie·ra·tag·gi·ne [-s-] F 1 Sorglosigkeit *f*, Unbekümmertheit *f* 2 Unbedachtheit *f* **spen·sie·ra·tez·za** [-e-] F Sorglosigkeit *f*
spen·sie·ra·to [-s-] ADJ sorglos, sorgenfrei, unbeschwert, unbekümmert
★**spen·to** [-ɛ-] ADJ 1 erloschen 2

(*candela*) gelöscht 3 (*apparecchio*) ausgeschaltet, aus 4 (*motore*) abgestellt 5 (*colori, voce*) matt 6 (*sguardo*) erloschen

spen·zo·la·re ⟨1l *u.* b⟩ A VT baumeln lassen B VI ⟨av⟩ baumeln

spe·ra·bi·le ADJ wünschenswert

★**spe·ran·za** F 1 Hoffnung *f*: **infondere -e in qn** j-m Hoffnungen machen; **riporre tutte le -e in qn** alle seine Hoffnungen auf j-n setzen 2 (*giovane, atleta*) Hoffnungsträger *m*, -in *f* ♦ **di belle -e** hoffnungsvoll; **un caso senza ~** ein hoffnungsloser Fall *m*

spe·ran·zo·so [-o-] ADJ hoffnungsvoll

★**spe·ra·re** ⟨1b⟩ A VT **~ qc** auf etw (*akk*) hoffen; **lo spero bene!** ich hoffe doch sehr! B VI ⟨av⟩ **~ in qn/qc** auf j-n/etw hoffen ♦ **speriamo bene** hoffentlich

sper·der·si ['spɛrdersi] VPR ⟨3uu⟩ sich verirren

sper·du·to ADJ 1 verirrt 2 abgelegen, einsam ♦ **sentirsi ~** sich verloren fühlen

spe·re·qua·zio·ne [-o-] F Missverhältnis *n*, Unausgeglichenheit *f*

sper·giu·ra·re VI ⟨1a; av⟩ einen Meineid schwören: **giurare e ~** hoch und heilig schwören **sper·giu·ro** A ADJ 1 meineidig 2 eidbrüchig B M, **-a** F 1 Meineidige *m/f* 2 Eidbrüchige *m/f* 3 **spergiuro** *m* Meineid *m*

spe·ri·co·la·tez·za [-e-] F Waghalsigkeit *f*, Draufgängertum *n* **spe·ri·co·la·to** A ADJ waghalsig, draufgängerisch B M, **-a** F Draufgänger *m*, -in *f*

spe·ri·men·ta·le ADJ Versuchs-, Experimental-, experimentell

spe·ri·men·ta·re ⟨1a⟩ A VT 1 erproben, versuchen 2 auf die Probe stellen 3 **~ qc** mit etw Erfahrungen machen, etw erfahren B VI ⟨av⟩ experimentieren, Versuche durchführen: **~ sugli animali** Tierversuche durchführen C VPR **-rsi in qc** sich in, an etw (*dat*) versuchen **spe·ri·men·ta·to** ADJ 1 erprobt, bewährt 2 *fig* erfahren **spe·ri·men·ta·zio·ne** [-o-] F 1 Experimentieren *n* 2 Versuche *pl* ♦ **~ animale** Tierversuche *pl*

sper·ma [-ɛ-] M Sperma *n*: **banca dello ~** Samenbank *f*

sper·ma·to·zo·o [-ɔo] M Samenzelle *f*

sper·mi·ci·da ADJ spermizid

spe·ro·na·re VT ⟨1a⟩ 1 rammen 2 **~ qn** j-m seitlich hineinfahren

spe·ro·ne [-o-] M 1 Sporn *m*: **portare gli -i** Sporen tragen 2 GEOG Ausläufer *m* 3 (*edilizia*) Strebemauer *f*, Strebe *f*

sper·pe·ra·men·to [-e-] M Verschwendung *f* **sper·pe·ra·re** VT ⟨1l *u.* b⟩ verschwenden (*a. fig*) **sper·pe·ra·to·re** [-o-] M, **-tri·ce** F Verschwender *m*, -in *f* **sper·pe·ro** [-ɛ-] M Verschwendung *f*

sper·so ['spɛrso] → sperduto

sper·so·na·liz·za·re [sperso-] ⟨1a⟩ A VT 1 entpersönlichen 2 **~ qc** etw (*dat*) seine persönliche Note nehmen 3 entpersonalisieren B VPR **-rsi** seine Persönlichkeit verlieren

sper·ti·car·si [-si] VPR ⟨1d⟩ sich ergehen: **~ in ringraziamenti** sich in Dankesworten ergehen **sper·ti·ca·to** ADJ übertrieben

★**spe·sa** [-e-] F 1 Ausgabe *f* 2 (Ein)Kauf *m*; Einkäufe *pl*: **dove hai messo la ~?** wohin hast du die Einkäufe gestellt? 3 (Un)Kosten *pl*; Spesen *pl* 4 Gebühr *f*: **-e bancarie** Bankgebühren *pl* ♦ **a -e di qn** auf j-s Kosten (*a. fig*); **non badare a -e** keine Kosten scheuen; **borsa della ~** Einkaufstasche *f*; **contributo alle -e** Unkostenbeitrag *m*; **-e d'esercizio** Betriebskosten *pl*; ★ **fare la ~** einkaufen; *fig* **fare le -e di qc** die Folgen von etw tragen (müssen); **-e legali** Anwaltskosten *pl*; **rimborso -e** Kostenerstattung *f*; **soggetto a -e** kostenpflichtig

⚠ spesa ≠ Spesen

la spesa	=	der Einkauf
die Spesen	=	le spese

spe·sa·re VT ⟨1a⟩ **~ qn** j-m die Spesen bezahlen **spe·sa·to** ADJ **essere ~ di tutto** sämtliche Spesen gezahlt bekommen

spe·so [-e-] → spendere

★**spes·so** [-e-] A ADJ 1 dick 2 dickflüssig B ADV oft, häufig **spes·so·re** [-o-] M 1 Dicke *f*, Stärke *f* 2 *fig* Substanz *f*

spet·ta·bi·le ADJ sehr geehrt ♦ **~ ditta** … (*sulla busta*) (an) Firma …; (*nelle lettere*) sehr geehrte Damen und Herren

spet·ta·co·la·re ADJ 1 spektakulär, aufsehenerregend 2 großartig, grandios

spet·ta·co·la·riz·za·re ⟨1a⟩ A VT **~ qc** ein Spektakel aus etw machen B VPR **-rsi** zum Spektakel werden

★**spet·ta·co·lo** M 1 Vorstellung *f*, Aufführung *f* 2 Schauspiel *n*, Anblick *m* ♦

S

(*cinema*) **ultimo ~** Spätvorstellung *f*

spet·ta·co·lo·so [-o-] ADJ großartig

spet·tan·te ADJ gebührend **spet·tan·za** F 1 Zuständigkeit *f*: **non è di nostra ~** das fällt nicht in unsere Zuständigkeit 2 zustehender Betrag *m*, Gebühr *f*

spet·ta·re V/I ⟨1b; es⟩ 1 **~ a qn** j-s Aufgabe sein 2 (*competere*) zustehen

★**spet·ta·to·re** [-o-] M 1 Zuschauer *m* 2 Zeuge *m*: **l'incidente non ebbe -i** bei dem Unfall gab es keine Zeugen

★**spet·ta·tri·ce** F 1 Zuschauerin *f* 2 Zeugin *f*

spet·te·go·la·re V/I ⟨1m; av⟩ klatschen, tratschen

spet·ti·na·re ⟨1l *u.* b⟩ A V/T zerzausen B V/PR **-rsi** sich (*dat*) die Haare zerzausen

spet·ti·na·to ADJ zerzaust, ungekämmt

spet·tra·le ADJ 1 gespenstisch 2 PHYS Spektral-: **analisi ~** Spektralanalyse *f*

spet·tro [-ɛ-] M 1 Gespenst *n* 2 *fig* Schreckgespenst *n* 3 PHYS, CHEM Spektrum *n* (*a. fig*)

★**spe·zia** [-ɛ-] F Gewürz *n*

spez·za·re ⟨1b⟩ A V/T 1 brechen (*a. fig*) 2 ab-, zerbrechen 3 sprengen: **~ le catene** die Ketten sprengen B V/PR **-rsi** 1 ab-, zerbrechen 2 **-rsi qc** sich (*dat*) etw brechen ♦ **~ il cuore a qn** j-m das Herz brechen

spez·za·ti·no M = *gulaschähnliches Fleischgericht*

spez·za·to A ADJ 1 (ab)gebrochen 2 zerbrochen B M MODE Kombination *f*

spez·zet·ta·re V/T ⟨1a⟩ 1 zerstückeln 2 *fig* unterbrechen

spez·zi·no A ADJ aus, von La Spezia B M, **-a** F Bewohner *m*, -in *f* von La Spezia

spez·zo·ne [-o-] M 1 (Bruch)Stück *n* 2 Filmausschnitt *m* 3 MIL Splitterbombe *f*

★**spi·a** A ADJ ⟨*inv*⟩ 1 Spionage-: **satellite ~** Spionagesatellit *m* 2 TECH Anzeige-, Kontroll-: **lampada ~** Kontrolllampe *f* B F 1 Spion *m*, -in *f* 2 Spitzel *m* 3 (*fra bambini*) Petze *f* 4 TECH Kontrollleuchte *f*, Anzeiger *m* 5 (Tür)Spion *m*, Guckloch *n* ♦ **fare la ~ a qn** *sl* j-n verpetzen

spiac·ci·ca·re ⟨1l *u.* d⟩ A V/T zerquetschen B V/PR **-rsi** zerquetscht werden

spia·cen·te [-ɛ-] ADJ **essere ~ di qc** etw bedauern **spia·ce·re** [-e-] V/I ⟨2k; es⟩ 1 **a qn spiace qc** etw tut j-m leid 2 *unpers* bedauerlich (*od* betrüblich) sein: **spiace dover fare qc** es ist bedauerlich, etw tun zu müssen 3 **Le spiace se mi siedo?** haben Sie etwas dagegen, wenn ich mich setze?

spia·ce·vo·le [-e-] ADJ 1 unerfreulich 2 unangenehm, unbehaglich 3 bedauerlich

★**spiag·gia** F Strand *m*: **~ ghiaiosa** Kiesstrand *m*; **~ sabbiosa** Sandstrand *m*, ♦ **ultima ~** letzte Hoffnung *f*

spia·na·re V/T ⟨1a⟩ 1 (ein)ebnen 2 *fig* dem Erdboden gleichmachen 3 (*colline*) abtragen 4 glätten 5 (*stirare*) (aus)bügeln 6 *fig* (*difficoltà*) aus dem Weg räumen 7 (*arma*) **~ il fucile contro qn** das Gewehr auf j-n richten ♦ **~ la pasta** den Teig ausrollen

spia·na·ta F 1 (Ein)Ebnung *f* 2 ebene Fläche *f* 3 Esplanade *f*

spia·na·to·ia F Nudel-, Backbrett *n*

spia·na·to·io [-o-] M Nudelholz *n*

spia·no M **andare a tutto ~** mit Karacho fahren; **mangiare a tutto ~** tüchtig essen

spian·ta·re V/T ⟨1a⟩ 1 ausreißen: **~ un albero** einen Baum ausreißen 2 *fig* ruinieren **spian·ta·to** A ADJ ruiniert B M, **-a** F Habenichts *m*

spia·re V/T ⟨1h⟩ 1 ausspionieren 2 bespitzeln 3 beobachten: **~ qn dal buco della serratura** j-n durch das Schlüsselloch beobachten 4 (*ascoltare*) belauschen 5 **~ qc** auf etw (*akk*) lauern

spia·ta F Denunzierung *f* ♦ *sl* **fare una ~ su qn** j-n verpfeifen

spiat·tel·la·re V/T ⟨1b⟩ 1 ausplaudern 2 *umg* **~ qc sotto il naso di qn** j-m etw unter die Nase halten

spiaz·za·re V/T ⟨1a⟩ 1 SPORT täuschen 2 *fig* in Schwierigkeiten bringen **spiaz·za·to** ADJ **trovarsi ~** in einer unangenehmen Lage sein

spiaz·zo M 1 freier Platz *m* 2 Lichtung *f*

spic·ca·re ⟨1d⟩ A V/T 1 pflücken: **~ una mela** einen Apfel pflücken 2 (*assegno, fattura*) ausstellen 3 JUR (*ordinanza*) erlassen B V/I ⟨av⟩ 1 auffallen, sich abheben 2 hervorragen ♦ **~ il salto** zum Sprung ansetzen; **~ il volo** auffliegen; abheben; *fig* sich verziehen

spic·ca·to ADJ 1 deutlich 2 ausgeprägt

spic·chio M Scheibe *f*; (*d'agrume*) Schnitz *m*; Stück *n*: **tagliare una mela a -chi** einen Apfel in kleine Stücke schneiden ♦ **~ d'aglio** Knoblauchzehe *f*

spic·cia·re ⟨1f⟩ *umg* A V/T 1 (*faccenda*) erledigen 2 (*cliente, avventore*) abfertigen B V/PR **-rsi** sich beeilen **spic·cia·ti·vo**

ADJ **1** (*persona*) kurz angebunden **2** (*metodi*) schnell

spic·ci·ca·re ⟨1d⟩ **A** V/T **1** (*staccare*) ablösen **2** (*separare*) voneinander trennen (*a. fig*) **3** *fig* **non ~ (una) parola** kein Wort herausbringen **B** V/PR **-rsi** **1** sich ablösen, abgehen **2** sich trennen, voneinander loskommen (*a. fig*) **3** *umg* **-rsi qn di torno** sich (*dat*) j-n vom Leib halten **spic·ci·ca·to** ADJ genau gleich: **è ~ suo padre** er ist ganz der Vater

spic·cio **A** ADJ **1** eilfertig, schnell **2** *fig* **andare per le -ce** es kurz machen **3** Klein-: **denaro ~** Kleingeld *n* **B** MPL Kleingeld *n*

spic·cio·la·ta F **alla ~** einzeln

spic·cio·lo **A** ADJ **1** Wechsel-, Klein-: **moneta -a** Kleingeld *n* **2** *fig* einfach: **in parole -e** in einfachen Worten **B** MPL Kleingeld *n*: **hai -i** hast du Kleingeld?

spic·co M **di ~** heraus-, hervorragend

spi·doc·chia·re ⟨1k⟩ **A** V/T entlausen **B** V/PR **-rsi** **1** sich lausen **2** einander lausen

spie·di·no M Spießchen *n* **spie·do** [-ɛ-] M Bratspieß *m*: **allo ~** vom, am Spieß

spie·ga·bi·le ADJ **1** erklärbar **2** verständlich, erklärlich **spie·ga·men·to** [-e-] M **1** MIL Aufstellung *f* **2** (*di forze*) Aufgebot *n*

★**spie·ga·re** ⟨1l *u.* e⟩ **A** V/T **1** ausbreiten; ausrollen **2** (*carta geografica*) auseinanderfalten **3** erklären; erläutern **4** darlegen **5** auslegen **6** zeigen: **~ la strada a qn** j-m den Weg zeigen **7** MIL (*truppe*) aufstellen **B** V/PR **-rsi** **1** sich erklären **2** **qn si spiega qc** j-d versteht etw **3** sich ausdrücken **4** sich aussprechen ♦ **non so se mi spiego!** verstehst du?

spie·ga·to ADJ **a vele -e** mit vollen Segeln; **a voce -a** aus vollem Hals

★**spie·ga·zio·ne** [-o-] F Erklärung *f*, Erläuterung *f*

spie·gaz·za·men·to [-e-] M Zerknittern *n*, Zerknüllen *n* **spie·gaz·za·re** ⟨1a⟩ **A** V/T (zer)knittern, (zer)knüllen **B** V/PR **-rsi** knittern, knüllen **spie·gaz·za·to** ADJ zerknittert, zerknüllt, faltig; *umg* schrumplig **spie·gaz·za·tu·ra** F **1** Zerknittern *n*, Zerknüllen *n* **2** (*piega*) Falte *f*, Knitter *m*

spie·ta·to ADJ **1** erbarmungslos **2** unerbittlich **3** hartnäckig ♦ **un giudizio ~** ein vernichtendes Urteil *n*

spif·fe·ra·re V/T ⟨1l⟩ ausplaudern

spif·fe·ro M Luftzug *m*; Zugluft *f*

spi·ga F Ähre *f*: **a ~** in Fischgrät(en)muster

spi·glia·ta·men·te [-e-] ADV ungezwungen **spi·glia·tez·za** [-e-] F Ungezwungenheit *f*, Unbefangenheit *f* **spi·glia·to** ADJ ungezwungen

spi·gno·ra·men·to [-e-] M Einlösung *f* eines Pfandes **spi·gno·ra·re** V/T ⟨1c⟩ einlösen

spi·go·la F ZOOL Seebarsch *m*

spi·go·la·re V/T ⟨1l⟩ **1** **~ il grano** Ähren lesen **2** *fig* zusammentragen

spi·go·lo M **1** Kante *f* **2** *pl fig* Schroffheit *f* **spi·go·lo·so** [-o-] ADJ **1** kantig **2** *fig* schroff, abweisend

spil·la F Brosche *f*, Nadel *f*: **~ da cravatta** Krawattennadel *f*; **~ di sicurezza** Sicherheitsnadel *f*

spil·la·re[1] V/T ⟨1a⟩ **1** (an)zapfen **2** *fig* **~ denaro a qn** j-m Geld abknöpfen

spil·la·re[2] V/T ⟨1a⟩ zusammenheften

spil·la·tu·ra F Anzapfen *n*

★**spil·lo** M **1** Nadel *f* **2** Brosche *f* ♦ **tacco a ~** Pfennigabsatz *m*

spil·lo·ne [-o-] M **1** Haarnadel *f* **2** Hutnadel *f*

spil·luz·zi·ca·re V/T ⟨1m *u.* d⟩ knabbern, naschen

spi·lor·ce·ri·a F Knauserei *f* **spi·lor·cio** [-ɔ-] **A** ADJ knauserig **B** M, **-a** F Knauser *m*, -in *f*

spi·lun·go·ne [-o-] M, **-a** F Bohnenstange *f*

spi·na F **1** BOT Dorn *m* **2** (Fisch)Gräte *f* **3** ELEK Stecker *m* ♦ **birra alla ~** Bier *n* vom Fass; ANAT **~ dorsale** Rückgrat *n*; **essere** (*od* **stare**) **sulle -e** wie auf Nadeln sitzen; **a ~ di pesce** in Fischgrät(en)muster

spi·na·cio M Spinat *m*: **-i in foglie** Blattspinat *m*

spi·na·le ADJ **midollo ~** Rückenmark *n*

spi·na·re V/T ⟨1a⟩ entgräten **spi·na·rel·lo** [-ɛ-] M ZOOL Stichling *m* **spi·na·ro·lo** [-ɔ-] M ZOOL Dornhai *m* **spi·na·to** ADJ **filo ~** Stacheldraht *m* **spi·nel·lo** [-ɛ-] M *umg* Joint *m*

spi·net·ta [-e-] F Spinett *n*

★**spin·ge·re** ⟨3d⟩ **A** V/T **1** schieben **2** stoßen **3** (*premere*) drücken **4** treiben, bringen (*a. fig*): **~ qn a fare qc** j-n dazu bringen, etw zu tun **B** V/I ⟨av⟩ **1** drücken **2** dränge(l)n: **non spingete!** nicht drängeln! **C** VPR **-rsi** 1 vordringen 2 *fig* gehen: **-rsi fino a sostenere che ...** so weit gehen zu behaupten, dass ...

spi·no **A** ADJ stachelig, Dorn-, Stachel-: **uva -a** Stachelbeere *f*; **porco ~** Stachelschwein *n* **B** M 1 Dornbusch *m* 2 Dorn *m*

spi·no·so [-o-] ADJ 1 dornig, Dorn(en)- 2 stachelig 3 *fig* heikel, schwierig 4 *fig* widerborstig **spi·not·to** [-ɔ-] M 1 Bolzen *m* 2 ELEK Steckerstift *m*

spin·ta F 1 Schub *m* (*a.* PHYS); Stoß *m* 2 *fig* Anreiz *m* 3 *fig* Druck *m* 4 *pl fig* Beziehungen *pl*: **andare avanti a -e** durch Beziehungen Karriere machen

spin·ta·rel·la [-ɛ-] F 1 Schubs *m* 2 *fig* Beziehungen *pl*: **grazie a una ~** dank Beziehungen

spin·te·ro·ge·no [-ɔ-] M Zündverteiler *m*

spin·to ADJ 1 getrieben, veranlasst: **sentirsi ~ a fare qc** sich veranlasst fühlen, etw zu tun 2 *fig* anstößig, schmutzig 3 übertrieben; extremistisch ♦ **sottovuoto ~** vakuumverpackt

spin·to·na·re VT ⟨1a⟩ stoßen **spin·to·ne** [-o-] M Stoß *m*: **dare uno ~ a qn** j-n stoßen ♦ **farsi avanti a -i** sich vordrängeln

spio·nag·gio M Spionage *f*

spion·ci·no M Guckloch *n*, *umg* Spion *m*

spio·ne [-o-] M, **-a** F Spion *m*, -in *f*

spio·ven·te [-ɛ-] ADJ abfallend: **tetto ~** Giebeldach *n* **spio·ve·re** [-ɔ-] VI ⟨3kk; es; *unpers*⟩ aufhören zu regnen

spi·ra F 1 Windung *f* 2 Gewinde *n*

spi·ra·glio M 1 (*porta, finestra*) Spalt *m* 2 Lichtstrahl *m* 3 Lufthauch *m* 4 *fig* Schimmer *m*, Lichtblick *m*

spi·ra·le **A** ADJ Spiral-, Schrauben- **B** F 1 Spirale *f* 2 Intrauterinpessar *n*, *umg* Spirale *f* ♦ **~ dei prezzi** Preisspirale *f*

spi·ra·li·for·me [-o-] ADJ spiralförmig

spi·ra·re[1] VI ⟨1a; av⟩ 1 wehen, säuseln 2 *fig* **dal suo volto spira dolcezza** sein Gesicht strahlt Sanftheit aus

spi·ra·re[2] VI ⟨1a; es⟩ ver-, hinscheiden

spi·ri·ta·to ADJ 1 besessen 2 *fig* entgeistert 3 *fig* (äußerst) lebhaft **spi·ri·tel·lo** [-ɛ-] M Kobold *m* **spi·ri·ti·co** ADJ spiritistisch **spi·ri·ti·smo** [-zmo] M Spiritismus *m* **spi·ri·ti·sti·co** ADJ spiritistisch

★**spi·ri·to**[1] M 1 Geist *m*: **uno ~ inventivo** ein erfinderischer Geist; **~ di corpo** Korpsgeist *m*; **~ del male** böser Geist *m* 2 Gemüt *n* 3 Stimmung *f*: **risollevare lo ~ di qn** j-s Stimmung heben 4 Sinn *m*: **avere ~ pratico** Sinn fürs Praktische haben; **secondo lo ~ della legge** im Sinne des Gesetzes 5 Witz *m*, Humor *m*: **fare dello ~** Witze reißen ♦ **battuta di ~** geistreiche Bemerkung *f*

spi·ri·to[2] M Alkohol *m*, Spiritus *m*

spi·ri·to·sag·gi·ne F 1 Witzigkeit *f* 2 Albernheit *f* **spi·ri·to·so** [-o-] ADJ 1 geistreich 2 spiritushaltig **spi·ri·tua·le** ADJ 1 geistig 2 REL geistlich: **padre ~** Seelsorger *m* **spi·ri·tua·li·smo** [-zmo] M Spiritualismus *m* **spi·ri·tua·li·tà** F ⟨*inv*⟩ Geistigkeit *f*

spi·ri·tua·liz·za·re VT ⟨1a⟩ vergeistigen **spi·ri·tua·liz·za·zio·ne** [-o-] F Vergeistigung *f*

spiu·mac·cia·re VT ⟨1f⟩ aufschütteln

spiu·ma·re VT ⟨1a⟩ rupfen (*a. fig*)

spiz·zi·ca·re VT ⟨1l *u.* d⟩ naschen, knabbern

spiz·zi·co M **a ~** (*od* **a -chi**) stückchenweise

splen·den·te [-ɛ-] ADJ strahlend, glänzend

★**splen·de·re** [-ɛ-] VI ⟨3a⟩ 1 scheinen, leuchten 2 *fig* strahlen, glänzen

★**splen·di·do** [-ɛ-] ADJ 1 strahlend, glänzend 2 prächtig, wunderschön

splen·do·re [-o-] M 1 Glanz *m* 2 Pracht *f* 3 Herrlichkeit *f*

spoc·chia [-ɔ-] F *fig* Aufgeblasenheit *f*

spoc·chio·si·tà F ⟨*inv*⟩ Dünkelhaftigkeit *f* **spoc·chio·so** [-o-] ADJ dünkelhaft

spo·de·sta·re VT ⟨1b⟩ 1 entmachten 2 absetzen, entthronen 3 enteignen

spo·glia [-ɔ-] F 1 ZOOL Balg *m* 2 Haut *f* 3 *fig* **le -e mortali** die sterblichen Überreste *pl* ♦ **sotto mentite -e** verkleidet; *fig* unter falschem Namen

spo·glia·re VT ⟨1g⟩ 1 ausziehen, ent-, auskleiden 2 **~ qc/qn di qc** etw/j-n etw (*gen*) berauben (*a. fig*)

spo·glia·rel·li·sta M/F Stripteasetänzer *m*, -in *f* **spo·glia·rel·lo** [-ɛ-] M Striptease *m od n*: **fare lo ~** strippen

★**spo·gliar·si** VPR ⟨1g⟩ 1 sich ausziehen; sich frei machen 2 *fig* **-rsi di qc** sich etw (*gen*) entledigen 3 (*alberi*) kahl werden

spo·glia·to·io [-o-] M Umkleideraum *m*

spo·glio[1] [-ɔ-] ADJ 1 kahl, nackt 2 *fig* schmucklos 3 *fig* (*stile*) nüchtern

spo·glio[2] [-ɔ-] M **1** Auswertung *f* **2** Auszählung *f*: ~ **dei voti** Stimmenauszählung *f*

spoil·er [-ɔ-] M ⟨*inv*⟩ Spoiler *m*

spo·la [-ɔ-] F Spule *f* ♦ **fare la ~** hin- und herlaufen; pendeln

spo·let·ta [-e-] F **1** TEX Schiffchen *n* **2** Garnspule *f* **3** (*d'arma*) Zünder *m*

spo·li·ti·ciz·za·re ⟨1a⟩ **A** V/T entpolitisieren **B** V/PR **-rsi** sich entpolitisieren

spol·mo·nar·si [-si] V/PR ⟨1a⟩ sich (*dat*) die Lunge aus dem Hals schreien

spol·pa·re V/T ⟨1a⟩ **1** entfleischen **2** (*frutto*) das Fruchtfleisch entfernen von **3** *fig* aussaugen, ausnehmen

★**spol·ve·ra·re** ⟨1l⟩ **A** V/T **1** abstauben **2** GASTR bestreuen **3** *hum umg* (*mangiare avidamente*) verputzen, verdrücken **B** V/I ⟨av⟩ Staub wischen **spol·ve·ra·ta** F **1** Abstauben *n* **2** GASTR Bestreuen *n*

spol·ve·ri·no[1] M MODE Staubmantel *m*

spol·ve·ri·no[2] M Staubwedel *m*

spol·ve·riz·za·re V/T ⟨1a⟩ **~ qc di qc** etw mit etw bestreuen

spom·pa·to ADJ *umg* völlig erschöpft

spon·da [-o-] F **1** Ufer *n* **2** (Bett)Kante *f* **3** (Brücken)Geländer *n*

spon·sa·li [-'sa-] MPL Trauung *f*, Hochzeit *f*

spon·sor [spɔnsor] M/F ⟨*inv*⟩ Sponsor *m*, -in *f*

spon·so·riz·za·re [-so-] V/T ⟨1a⟩ sponsern **spon·so·riz·za·zio·ne** [-o-] F Sponsoring *n*

spon·ta·nei·tà F ⟨*inv*⟩ Spontaneität *f*

spon·ta·ne·o ADJ **1** spontan, ungezwungen **2** freiwillig **3** (*vegetazione*) wild

spo·po·la·men·to [-e-] M Entvölkerung *f* ♦ **~ delle campagne** Landflucht *f*

spo·po·la·re ⟨1l *u.* c⟩ **A** V/T **1** entvölkern **2** leer fegen **B** V/I ⟨av⟩ *fig* (sehr) erfolgreich sein **C** V/PR **-rsi** **1** sich entvölkern **2** sich leeren **spo·po·la·to** ADJ menschenleer

spo·ra [-ɔ-] F Spore *f*

spo·ra·di·co ADJ sporadisch, gelegentlich, vereinzelt

spor·cac·cio·ne [-o-] **A** ADJ **1** schmutzig **2** *fig* schweinisch **B** M, **-a** F *fig* Ferkel *n*

spor·ca·re ⟨1c *u.* d⟩ **A** V/T **1** be-, verschmutzen **2** bekleckern **3** *fig* beflecken **B** V/PR **-rsi** **1** sich schmutzig machen **2** *fig* **non -rsi a fare qc** sich nicht herablassen, etw zu tun **3** sich beflecken (*a. fig*)

★**spor·ci·zia** F **1** Schmutzigkeit *f* **2** Schmutz *m*, Dreck *m* **3** *fig* Schweinerei *f*

★**spor·co** [-ɔ-] **A** ADJ **1** schmutzig, dreckig (*a. fig*): **denaro ~** schmutziges Geld *n* **2** befleckt, bekleckert **B** M Schmutz *m*, Dreck *m* ♦ **avere la coscienza -a** ein schlechtes Gewissen haben

spor·gen·te [-ɛ-] ADJ vorspringend, (her)vorstehend **spor·gen·za** [-ɛ-] F Vorsprung *m*

spor·ge·re [-o-] ⟨3d⟩ **A** V/T (hinaus)strecken **B** V/I ⟨es⟩ vorspringen, vorstehen **C** V/PR **-rsi** sich (hinaus)lehnen: **è vietato -rsi** nicht hinauslehnen ♦ **~ denuncia** Anzeige erstatten; **~ reclamo** reklamieren

★**sport** [-ɔ-] M ⟨*inv*⟩ Sport *m*: **praticare ~** Sport treiben ♦ **palazzetto dello ~** Sporthalle *f*; **per ~** zum Zeitvertreib, zum Spaß

spor·ta [-ɔ-] F Einkaufs-, Tragetasche *f*

spor·tel·li·sta M/F Schalterbeamte *m*, -beamtin *f*

spor·tel·lo [-ɛ-] M **1** (Auto)Tür *f* **2** (*di ufficio, banca*) Schalter *m* **3** (*agenzia*) Filiale *f*, Zweigstelle *f* ♦ **~ automatico** Geldautomat *m*; **~ bancario** Bankschalter *m*; (*per le iscrizioni*) **~ universitario** Immatrikulationsschalter *m*, Immatrikulationsstelle *f*

spor·ti·vi·tà F ⟨*inv*⟩ **1** Sportlichkeit *f* **2** Sport(s)geist *m* **spor·ti·vo** **A** ADJ **1** sportlich, Sport- **2** fair **B** M, **-a** F **1** sportlicher Typ *m* **2** Sportler *m*, -in *f*, Sportsmann *m*, -frau *f* **3** Sport(s)freund *m*, -in *f*

sport u·ti·li·ty ['spɔrt'utiliti] M ⟨*inv*⟩ Geländewagen *m*, SUV *m od n*

★**spo·sa** [-ɔ-] F **1** Braut *f* **2** Ehefrau *f*, Gattin *f* ♦ **abito da ~** Brautkleid *n*; **bouquet da ~** Brautstrauß *m*; **promessa ~** Verlobte *f*

spo·sa·li·zio M Hochzeit *f*, Trauung *f*

spo·sa·re V/T ⟨1c⟩ **1** heiraten **2** trauen **3** verheiraten **4** *fig* **~ qc** für etw eintreten **5** *fig* verbinden: **~ l'utile al dilettevole** das Angenehme mit dem Nützlichen verbinden

★**spo·sar·si** V/PR ⟨1c⟩ heiraten: **~ in chiesa** kirchlich heiraten; **~ in municipio** standesamtlich heiraten

★**spo·sa·to** ADJ verheiratet

★**spo·so** [-ɔ-] M **1** Bräutigam *m* **2** Ehemann *m* **3** Jungvermählte *m* **4** *pl* Eheleute *pl*

spos·san·te ADJ **1** mühselig, mühsam **2** erschöpfend, entkräftend **spos·sa·re** V/T ⟨1e⟩ entkräften, erschöpfen **spos·sa·tez·za** [-e-] F Erschöpfung *f*, Entkräftung *f*

spos·ses·sa·re V/T ⟨1b⟩ **1** des Besitzes berauben **2** JUR enteignen

spo·sta·bi·le ADJ **1** verschiebbar, verrückbar **2** verstellbar **spo·sta·men·to** [-e-] M **1** Verschiebung *f* **2** Ver-, Umstellung *f* **3** Verlegung *f*: **~ di sede** Verlegung *f* der Dienststelle **4** Versetzung *f* **5** *fig* Verlagerung *f* ♦ **~ d'aria** Druckwelle *f*

spo·sta·re ⟨1a⟩ **A** V/T **1** (ver)schieben, (ver)rücken: **~ un tavolo** einen Tisch verschieben; **~ la data degli esami** den Prüfungstermin verschieben **2** versetzen, verlegen (*a. fig*): **~ un impiegato** einen Angestellten versetzen; **~ la residenza** den Wohnsitz verlegen **3** umstellen: **~ i mobili** die Möbel umstellen **4** verlagern: **~ il baricentro** den Schwerpunkt verlagern **B** V/PR **-rsi** **1** sich bewegen **2** sich verstellen **3** reisen, unterwegs sein **4** ziehen: **-rsi a Roma** nach Rom ziehen **5** zur Seite gehen **6** sich verlagern (*a. fig*)

spot [-ɔ-] M ⟨*inv*⟩ **1** Spot *m*: **~ pubblicitario** Werbespot *m* **2** ELEK Strahler *m*

spran·ga F **1** Stange *f* **2** Riegel *m*

spran·ga·re V/T ⟨1e⟩ verriegeln

spran·ga·tu·ra F Verrieg(e)lung *f*

spray [sprai] **A** ADJ ⟨*inv*⟩ Spray-: **bomboletta ~** Spraydose *f* **B** M ⟨*inv*⟩ Spray *m od n*

spraz·zo M **1** (*raggio*) Strahl *m* **2** *fig* Geistesblitz *m* **3** *fig* Augenblick *m*, Anwandlung *f*: **uno ~ di allegria** eine Anwandlung von Heiterkeit ♦ **a -i** teilweise

★**spre·ca·re** ⟨1b *u.* d⟩ **A** V/T verschwenden, vergeuden **B** V/PR **1** **-rsi in qc** seine Kräfte für etw vergeuden **2** *iron* **-rsi** sich verausgaben **spre·ca·to** ADJ verschwendet ♦ **fatica -a** vergebliche Liebesmüh *f*; **tempo ~** Zeitverschwendung *f*

spre·co [-ɛ-] M Verschwendung *f*: **società dello ~** Wegwerfgesellschaft *f*

spre·co·ne [-o-] **A** ADJ verschwenderisch **B** M, **-a** F Verschwender *m*, -in *f*

spre·ge·vo·le [-e-] ADJ verachtenswert

spre·gia·re V/T ⟨1f *u.* b⟩ verachten **spre·gia·ti·vo** ADJ **1** verächtlich **2** LING abwertend

spre·gio [-ɛ-] M Verachtung *f*, Verschmähung *f* ♦ **in ~ a qn** j-m zum Hohn

spre·giu·di·ca·tez·za [-e-] F **1** Vorurteilslosigkeit *f* **2** Skrupellosigkeit *f* **spre·giu·di·ca·to** ADJ **1** vorurteilslos **2** skrupellos

spre·me·re [-ɛ-] V/T ⟨3a⟩ (aus-, heraus)pressen, (her)ausdrücken (*a. fig*): **~ qn come un limone** j-n wie eine Zitrone ausquetschen ♦ **-rsi il cervello** sein Hirn anstrengen

spre·mi·a·glio M ⟨*inv*⟩ Knoblauchpresse *f* **spre·mi·a·gru·mi** M ⟨*inv*⟩ Zitruspresse *f* **spre·mi·li·mo·ni** [-o-] M ⟨*inv*⟩ Zitronenpresse *f*

spre·mi·tu·ra F **1** (Aus)Pressen *n* **2** Pressung *f* **spre·mu·ta** F **1** Auspressen *n* **2** (frisch gepresster) Saft *m* **spre·mu·to** ADJ **appena ~** frisch ausgepresst

spre·tar·si [-si] V/PR ⟨2b⟩ aus dem Priesterstand austreten **spre·ta·to** M ehemaliger Priester *m*

sprez·zan·te ADJ verächtlich

sprez·za·re V/T ⟨1b⟩ **1** verachten **2** gering schätzen **3** verschmähen

sprez·zo [-ɛ-] M **1** Geringschätzung *f* **2** Miss-, Verachtung *f*

spri·gio·na·re ⟨1a⟩ **A** V/T ausströmen **B** V/PR **-rsi** (aus)strömen

sprint M ⟨*inv*⟩ Spurt *m*: **~ finale** Endspurt *m* **sprin·ta·re** V/I ⟨1a; av⟩ spurten

spriz·za·re ⟨1a⟩ **A** V/T spritzen, sprühen **B** V/I ⟨es⟩ (aus)spritzen ♦ **~ salute da tutti i pori** vor Gesundheit strotzen

spriz·zo M **1** Strahl *m*: **~ d'acqua** Wasserstrahl *m* **2** *fig* Funken *m*

spro·fon·da·re ⟨1a⟩ **A** V/I ⟨es⟩ **1** einbrechen **2** (*terreno*) nachgeben, absinken **3** (ein-, ver)sinken (*a. fig*): **sarei voluto ~ (per la vergogna)** ich wäre (vor Scham) am liebsten in den Boden versunken **B** V/T versenken (*a. fig*) **C** V/PR **-rsi** **1** versinken **2** *fig* **-rsi in qc** sich in etw (*akk*) vertiefen

spro·lo·quia·re V/I ⟨1c *u.* g; av⟩ schwafeln

spro·lo·quio [-ɔ-] M Geschwafel *n*

spro·na·re V/T ⟨1a⟩ **1** **~ il cavallo** dem Pferd die Sporen geben **2** *fig* anspornen

spro·ne [-o-] M **1** Sporn *m* **2** *fig* Ansporn *m* ♦ **a spron battuto** spornstreichs

spro·por·zio·na·to ADJ **1** unproportioniert **2** in keinem Verhältnis stehend **3** unverhältnismäßig groß, hoch

spro·por·zio·ne [-o-] F Missverhältnis *n*

spro·po·si·ta·to ADJ 1 fehlerhaft 2 *fig* übertrieben **spro·po·si·to** [-ɔ-] M 1 Unsinn *m*: **dire -i** Unsinn reden 2 grober Fehler *m* 3 *umg* Unmenge *f* 4 *umg* (*soldi*) Unsumme *f* ♦ **a ~** ungelegen; **l'osservazione cade a ~** die Bemerkung ist fehl am Platz

sprov·ve·du·tez·za [-e-] F 1 Unbegabtheit *f* 2 Naivität *f* **sprov·ve·du·to** ADJ 1 (*senza talento*) unbegabt 2 (*avventato*) unbedacht 3 (*impreparato*) unvorbereitet 4 (*ingenuo*) naiv

sprov·vi·sto ADJ **~ di qc** ohne etw; **~ di denaro** ohne Geld; **~ di mezzi** mittellos ♦ **alla -a** unvorbereitet, überrascht; **cogliere qn alla -a** j-n überraschen; **~ di tutto** völlig mittellos

spruz·za·re ⟨1a⟩ A V/T 1 (be-, ab)spritzen 2 (be-, ein)sprühen 3 verspritzen 4 versprühen B V/PR **-rsi** 1 sich bespritzen 2 sich besprühen **spruz·za·ta** F 1 **dare una ~** (**d'acqua**) **al giardino** den Garten sprengen 2 GASTR Spritzer *m*, Schuss *m* 3 **una ~ di neve** leichter Schneefall *m* **~ di pioggia** Niesel-, Sprühregen *m* **spruz·za·to·re** [-o-] M 1 Spritzapparat *m*; Sprühgerät *n* 2 (Parfüm)Zerstäuber *m* 3 AUTO Einspritzdüse *f*

spruz·zo M 1 Spritzer *m* 2 GASTR Spritzer *m*, Schuss *m*

spu·do·ra·tez·za [-e-] F 1 Schamlosigkeit *f* 2 Unverschämtheit *f* **spu·do·ra·to** ADJ 1 schamlos 2 unverschämt

spu·gna F 1 Schwamm *m* (*a.* ZOOL) 2 TEX Frottee *n* ♦ *umg* **bere come una ~** wie ein Loch saufen; *fig* **colpo di ~** Tilgung *f*; *fig* **gettare la ~** das Handtuch werfen

spu·gno·so [-o-] ADJ schwammig, schwammartig

spul·cia·re ⟨1f⟩ A V/T 1 flöhen 2 *fig* durchackern B V/PR **-rsi** sich flöhen

spu·ma F 1 Schaum *m* 2 Almdudler® *m* 3 GASTR Mousse *f*

★**spu·man·te** A ADJ Schaum-, schäumend B M Sekt *m*

spu·ma·re V/I ⟨1a; av⟩ 1 schäumen (*a. fig*) 2 (*vino*) moussieren, perlen

spu·meg·gian·te ADJ 1 schäumend 2 (*vino*) moussierend 3 *fig* spritzig 4 (*persona*) überschäumend

spu·meg·gia·re V/I ⟨1f; av⟩ 1 schäumen 2 (*vino*) moussieren, perlen

spu·mi·glia F Baiser *n*

spu·mo·ne [-o-] M 1 GASTR Schaumgebäck *n* 2 halbgefrorene Mousse *f*

spu·mo·so [-o-] ADJ 1 schaumig, schaumartig 2 schäumend 3 *fig* flaumig

spun·ta F 1 Abhaken *n* 2 Häkchen *n*

spun·ta·re[1] ⟨1a⟩ A V/T 1 **~ qc** die Spitze etw (*gen*) abbrechen 2 abschneiden 3 stutzen, be-, zurückschneiden B V/I ⟨es⟩ 1 (*germogli*) sprießen 2 (*denti, capelli, peli*) wachsen 3 (*sole*) aufgehen 4 hervorkommen, heraussehen 5 sichtbar werden 6 auftauchen, erscheinen (*a. fig*) 7 (*cominciare*) anbrechen C V/PR **-rsi** 1 die Spitze verlieren 2 sich (*dat*) stutzen: **-rsi la barba** sich (*dat*) den Bart stutzen ♦ **~ come funghi** wie Pilze aus der Erde schießen

spun·ta·re[2] ⟨1a⟩ V/T (*con un segno*) abhaken; IT mit einem Häkchen markieren: **~ la casella** das Kontrollkästchen aktivieren

spun·ta·re[3] M 1 Aufgehen *n*: **lo ~ del sole** der Sonnenaufgang 2 Anbruch *m*: **allo ~ del giorno** bei Tagesanbruch

spun·ta·ta[1] F Stutzen *n*, Beschneiden *n*

spun·ta·ta[2] F Abhaken *n*

spun·ti·no M Zwischenmahlzeit *f*, Imbiss *m*

spun·to M 1 THEAT Stichwort *n* 2 Anregung *f*: **prendere lo ~ da qc** sich von etw anregen lassen; **~ di riflessione** Denkanstoß *m*

spun·to·ne [-o-] M Felsvorsprung *m*

spu·paz·za·re V/T ⟨1a⟩ *umg* (ver)hätscheln

spur·ga·re V/T ⟨1e⟩ 1 (*canali, fogne*) reinigen 2 MED auswerfen, aushusten

spur·go M 1 Reinigung *f*, Säuberung *f* 2 MED Auswurf *m* 3 *pl fig* Ausschuss *m*

spu·rio ADJ unecht, gefälscht; ANAT **organi -ri** falsche Organe *pl*

spu·tac·chia·re ⟨1k⟩ A V/I ⟨av⟩ geifern B V/T an-, bespucken **spu·tac·chie·ra** [-ɛ-] F Spucknapf *m*

spu·tac·chio M MED Auswurf *m*

spu·ta·re ⟨1a⟩ A V/I ⟨av⟩ spucken, speien B V/T ausspucken (*a. fig*): **sputa l'osso!** spuck's (schon) aus!

spu·ta·sen·ten·ze [-sen'tɛ-] M/F ⟨*inv*⟩ Klugscheißer *m*, -in *f*

spu·ta·to ADJ *umg* **è suo padre ~** er ist seinem Vater wie aus dem Gesicht geschnitten

spu·to M 1 Spucke *f* 2 Spucken *n*

sput·ta·na·re ⟨1a⟩ A V/T *vulg* miesmachen B V/PR **-rsi** *vulg* sich bloßstellen, sich

Spuntini

Wenn der kleine Hunger kommt, kann man in Italien etwas Schnelles in einer Bar essen. Hier eine Auswahl:

gli arancini	gefüllte Reisbällchen
il bombolone *oder* **il krapfen**	Krapfen, Pfannkuchen
la bruschetta	geröstetes Knoblauchbrot mit Tomaten und Öl
il cornetto, il croissant *oder* **la brioche**	Croissant
le crocchette	Kroketten
la focaccia	Kräuterfladen, ähnlich wie Pizza ohne Belag
il kipfer	Nusshörnchen
la mozzarella in carrozza	ausgebackenes Käse-Schinken-Sandwich
le olive ascolane	gefüllte und frittierte Oliven
il panino	belegtes Brötchen
le paste	süßes Gebäck
la pizza al trancio	Stück Pizza
il toast	getoastetes Sandwich mit Käse und Schinken gefüllt
il toast farcito	getoastetes Sandwich mit verschiedenen Füllungen: Gemüse, Thunfisch usw.
il tramezzino	belegtes Sandwich (ungetoastet)
le verdure alla piastra	gegrilltes Gemüse

blamieren

squa·der·na·re V/T ⟨1b⟩ durchblättern

★**squa·dra¹** F Zeichendreieck *n* ♦ *fig* **essere fuori ~** nicht in Ordnung sein

★**squa·dra²** F 1 Gruppe *f*, Team *n* 2 SPORT Mannschaft *f* 3 MIL Trupp *m*, Kommando *n* 4 SCHIFF, FLUG Geschwader *n* ♦ **~ di soccorso** Rettungsmannschaft *f*; **~ volante** Überfallkommando *n*

squa·dra·re V/T ⟨1a⟩ 1 quadratisch (zu)schneiden 2 rechtwinklig behauen 3 *fig* mustern **squa·dra·to** ADJ rechteckig **squa·dri·glia** F 1 SCHIFF Flottille *f* 2 FLUG Staffel *f*

squa·dro·ne [-o-] M Schwadron *f*

squa·glia·re ⟨1g⟩ A V/T schmelzen B V/PR **-rsi** 1 zergehen, schmelzen: **il burro si è squagliato** die Butter ist geschmolzen 2 **squagliarsela** *fig* sich davonmachen

squa·li·fi·ca F 1 Disqualifikation *f* 2 Ausschluss *m*, Sperre *f*, Spielverbot *n*

squa·li·fi·ca·re ⟨1m *u.* d⟩ A V/T 1 disqualifizieren (*a. fig*) 2 SPORT sperren B V/PR **-rsi** sich in Misskredit bringen, sich disqualifizieren

squal·li·dez·za [-e-] F 1 Düsterheit *f* 2 Öde *f*

squal·li·do ADJ 1 trostlos, elend, öde 2 schäbig 3 ungepflegt 4 kahl 5 düster 6 (*persona*) gemein 7 (*azione ecc.*) schäbig **squal·lo·re** [-o-] M 1 Düsterkeit *f* 2 (*luoghi*) Trostlosigkeit *f* 3 Verlassenheit *f* 4 Elend *n*

squa·lo M Haifisch *m* (*a. fig*)

squa·ma F Schuppe *f*

squa·ma·re ⟨1a⟩ A V/T (ab-, ent)-schuppen B V/PR **-rsi** (sich) (ab)schuppen **squa·ma·to** ADJ schuppig **squa·mo·so** [-o-] ADJ schuppig

squar·cia·go·la [-o-] **a ~** aus vollem Halse **squar·cia·re** V/T ⟨1f⟩ 1 zer-, aufreißen 2 durchschneiden 3 *fig* zerreißen

squar·cio M 1 Riss *m* 2 *fig* Lücke *f*: **uno ~ nelle nuvole** eine Lücke in den Wolken 3 klaffende Wunde *f* 4 Ausschnitt *m* ♦ **~ di sole** Sonnenstrahl *m*

squar·ta·re V/T ⟨1a⟩ 1 zerlegen, zerteilen 2 zerreißen **squar·ta·to·re** [-o-] M, **-tri·ce** F Schlachter *m*, -in *f*

squash [skwɔʃ] M ⟨inv⟩ Squash *n*

squas·sa·re V/T ⟨1a⟩ rütteln, erschüttern

squat·tri·na·to A ADJ abgebrannt, mittellos B M, **-a** F Habenichts *m*

squi·li·bra·re ⟨1a⟩ A V/T aus dem Gleichgewicht bringen (*a.* PSYCH) B V/PR **-rsi** das Gleichgewicht verlieren

squi·li·bra·to ADJ A 1 unausgeglichen 2 PSYCH geistig gestört B M, **-a** F Geistesgestörte *m/f*

squi·li·brio M 1 Ungleichgewicht *n* 2 *fig* Missverhältnis *n* 3 PSYCH **~ (mentale)** Geistesstörung *f*; Geistesgestörtheit *f*

S

squil·la F **1** Glocke *f* **2** Geläute *n*
squil·lan·te ADJ **1** *(acuto)* hell, schrill **2** *fig* *(colore)* schreiend, grell
★**squil·la·re** V/I ⟨1a; es, av⟩ **1** klingeln **2** *(tromba)* schmettern **3** *(voce)* schallen, klingen **4** *(colore)* grell sein
squil·lo **A** M *(del telefono)* Klingeln *n* **B** M/F ⟨inv⟩ Callboy *m*, -girl *n* **C** ADJ ⟨inv⟩ **ragazza ~** Callgirl *n*; **ragazzo ~** Callboy *m*
squin·ter·na·re V/T ⟨1b⟩ **1** auseinandernehmen **2** *fig* in Unordnung bringen **3** *fig* verwirren **squin·ter·na·to** ADJ **1** *(libro)* zerfled(d)ert **2** windschief **3** *fig* wirr
squi·si·tez·za [-e-] F **1** Köstlichkeit *f*, Vorzüglichkeit *f* **2** Feinheit *f*, Erlesenheit *f* **3** Leckerbissen *m*
squi·si·to ADJ **1** köstlich, erlesen **2** *fig* fein, ausgesucht **3** *fig* reizend
squit·ti·re V/I ⟨4d; av⟩ **1** *(uccelli)* piepen **2** *(topi)* quieken **3** *fig hum* piepsen, kreischen
sra·di·ca·re V/T ⟨1l *u.* d⟩ **1** entwurzeln *(a. fig)* **2** ausmerzen, ausrotten **sra·di·ca·to** ADJ **1** entwurzelt **2** *fig* wurzellos
sra·gio·na·re V/I ⟨1a; av⟩ faseln
sre·go·la·tez·za [-e-] F **1** Ausschweifung *f*; Unmäßigkeit *f* **2** Regelwidrigkeit *f*
sre·go·la·to ADJ **1** ausschweifend **2** maßlos **3** ungeregelt, regellos
Sri Lan·ka M Sri Lanka *n*
sro·to·la·re ⟨1c *u.* l⟩ **A** V/T **1** ab-, ent-, aufrollen **2** ausrollen **B** V/PR **-rsi** sich abrollen
stab·bio M **1** Pferch *m* **2** Mist *m*
sta·bi·le **A** ADJ **1** stabil **2** *(duraturo)* dauerhaft **3** *(costante)* beständig **4** fest: **impiego ~** feste Anstellung *f* **B** M Gebäude *n* ♦ THEAT **teatro ~** festes Haus *n*
sta·bi·li·men·to [-e-] M **1** Werk *n*, Fabrik *f* **2** Anlage *f*: **~ industriale** Fabrikanlage *f* **3** Etablierung *f* **4** Niederlassung *f* ♦ **~ balneare** Badeanstalt *f*; HANDEL **franco ~** frei Werk
sta·bi·li·re ⟨4d⟩ **A** V/T **1** festlegen, bestimmen **2** *(record, regola)* aufstellen **3** *(concordare)* vereinbaren **4** **~ di fare qc** entscheiden, etw zu tun **5** *(accertare)* feststellen, ermitteln **6** *(contatti ecc.)* (an)knüpfen **7** **~ un collegamento telefonico** eine telefonische Verbindung herstellen **B** V/PR **-rsi** sich niederlassen ♦ **~ la propria residenza** seinen Wohnsitz aufschlagen
sta·bi·li·tà F ⟨inv⟩ **1** Stabilität *f*, (Stand)Festigkeit *f* **2** *(resistenza)* Widerstandsfähigkeit *f* ♦ **~ del colore** Farbechtheit *f*; **~ dei prezzi** Preisstabilität *f*
sta·bi·li·to ADJ **1** festgelegt, festgesetzt **2** vereinbart: **prezzo ~** vereinbarter Preis *m*
sta·bi·liz·za·re ⟨1a⟩ **A** V/T stabilisieren **B** V/PR **-rsi** **1** sich stabilisieren **2** TECH sich einspielen **sta·bi·liz·za·to·re** [-o-] **A** ADJ stabilisierend **B** M Stabilisator *m* **sta·bi·liz·za·zio·ne** [-o-] F Stabilisierung *f*
sta·ca·no·vi·smo [-zmo] M *hum* Arbeitswut *f* **sta·ca·no·vi·sta** **A** ADJ *hum* arbeitswütig **B** M/F *hum* Arbeitstier *n*
stac·ca·re ⟨1d⟩ **A** V/T **1** abnehmen **2** (ab)lösen **3** *(sguardo)* abwenden, lösen **4** abtrennen **5** abhängen, abkoppeln **6** ab-, herausreißen **7** SPORT **~ gli avversari** die Gegner abhängen **8** ELEK ab-, ausschalten, abstellen: **~ la spina** den Stecker herausziehen **B** V/I ⟨av⟩ **1** *fig* Feierabend machen **2** eine Pause einlegen **3** sich ab-, sich herausheben
★**stac·car·si** V/PR ⟨1d⟩ **1** sich lösen, sich trennen *(a. fig)* **2** *fig* abrücken **3** sich ablösen, abgehen **4** (sich) abstoßen **5** FLUG abheben
stac·ca·to **A** ADJ getrennt, los(e) **B** M Stakkato *n*
stac·cio·na·ta F **1** Latten-, Bretterzaun *m* **2** Hürde *f*
stac·co M **1** (Ab)Trennung *f* **2** Pause *f*; Unterbrechung *f* **3** *fig* Kontrast *m* ♦ **~ pubblicitario** Werbeeinblendung *f*
sta·dia F Messlatte *f*, Nivellierlatte *f*
★**sta·dio** M **1** Stadion *n* **2** Stadium *n*, Phase *f* **3** FLUG Stufe *f*
staff M ⟨inv⟩ **1** Stab *m* **2** Team *n*
staf·fa F **1** Steigbügel *m* **2** MODE Steg *m* **3** Trittbrett *n* ♦ *fig* **perdere le -e** die Fassung verlieren; **tenere il piede in due -e** zwei Eisen im Feuer haben; *(fare il doppio gioco)* ein falsches Spiel treiben
staf·fet·ta [-e-] F **1** SPORT Staffellauf *m* **2** *fig* Wechseln *n* **3** Stafette *f* **staf·fet·ti·sta** M/F Staffelläufer *m*, -in *f*
staf·fi·la·re V/T ⟨1a⟩ **1** (aus)peitschen **2** *fig* (scharf) kritisieren **staf·fi·la·ta** F **1** Peitschenhieb *m* **2** *fig* scharfe Kritik *f*
staf·fi·le M **1** Steigriemen *m* **2** Peitsche *f*, Knute *f*
stage [steɪdʒ] M ⟨inv⟩ **1** Praktikum *n*; Vo-

S

lontariat *n* **2** Studienaufenthalt *m*

stag·gio M Pfosten *m*, Stütze *f*

sta·gio·na·le **A** ADJ **1** jahreszeitlich, Jahreszeit- **2** Saison-, saisonal **B** M/F Saisonarbeiter *m*, -in *f*

sta·gio·na·re ⟨1a⟩ **A** V/T (ab)lagern **B** V/PR **-rsi** ablagern **sta·gio·na·to** ADJ **1** (ab)gelagert **2** *hum* betagt **sta·gio·na·tu·ra** F Ablagerung *f*

★**sta·gio·ne** [-o-] F **1** Jahreszeit *f* **2** Zeit *f*: **~ delle piogge** Regenzeit *f* **3** (*turismo, moda, sport*) Saison *f* ♦ **alta ~** Hochsaison *f*; **bassa ~** Nebensaison *f*; **saldi di fine ~** Sommerschlussverkauf *m*; Winterschlussverkauf *m*; **mezza ~** Übergangszeit *f*

sta·gi·sta M/F **1** Praktikant *m*, -in *f*; Volontär *m*, -in *f* **2** Gasthörer *m*, -in *f*

sta·gliar·si [-si] V/PR ⟨1a⟩ sich scharf abzeichnen

sta·gna·io M, **-a** F Klempner *m*, -in *f*

sta·gnan·te ADJ **1** (still)stehend **2** (*odori*) abgestanden **3** *fig* stagnierend

sta·gna·re[1] V/I ⟨1a; av⟩ **1** (still)stehen, sich stauen **2** *fig* stagnieren, stocken

sta·gna·re[2] V/T ⟨1a⟩ **1** verzinnen **2** hermetisch verschließen, abdichten

sta·gna·zio·ne [-o-] F Stagnation *f*, Flaute *f*

sta·gno[1] M Teich *m*, Weiher *m*

sta·gno[2] M CHEM Zinn *n*

sta·gno[3] ADJ hermetisch, dicht ♦ **compartimento ~** Schott *n*; *fig* **ragionare a compartimenti -i** Schubladendenken *n*

sta·gno·la [-ɔ-] F (**carta**) ~ Stanniol *n*

sta·io M Scheffel *m*

sta·lag·mi·te F Stalagmit *m*

sta·lat·ti·te F Stalaktit *m*

stal·la F **1** Stall *m* **2** *fig* Saustall *m*

stal·lag·gio M Stallung *f* **stal·la·ti·co** M Stallmist *m* **stal·lie·re** [-ɛ-] M, **-a** F Stallknecht *m*, -magd *f*

stal·lo M **1** Sitz *m* **2** *fig* Patt *n*, toter Punkt *m* ♦ **~ da coro** Chorstuhl *m*

stal·lo·ne [-o-] M **1** Zuchthengst *m* **2** *hum* Sexprotz *m*

sta·ma·ne, **stama·ni** ADV heute Morgen, heute früh

★**stamat·ti·na** ADV heute Morgen, heute früh

stam·bec·co [-e-] M Steinbock *m*

stam·ber·ga [-ɛ-] F Spelunke *f* **stam·bu·gio** M dunkles Zimmer *n*, Loch *n*

sta·me M **1** Wollgarn *n* **2** Faden *m*

★**stam·pa** **A** ADJ ⟨*inv*⟩ Presse- **B** F **1** TYPO Druck *m*, Druckverfahren *n*: **~ laser** Laserdruck *m* **2** (Ab)Druck *m*, Stich *m* **3** Presse *f* **4** FOTO Abzug *m* **5** *pl* Drucksache *f* ♦ **addetto ~** Pressereferent *m*; **agenzia (di) ~** Nachrichtenagentur *f*; **comunicato ~** Presseerklärung *f*; **conferenza ~** Pressekonferenz *f*; **rassegna ~** Presseschau *f*; **~ rosa** Regenbogenpresse *f*; **silenzio ~** Nachrichtensperre *f*

stam·pag·gio M **1** Gesenkschmieden *n* **2** Stanzen *n* **3** Pressen *n*

★**stam·pan·te** **A** ADJ Druck- **B** F Drucker *m* ♦ **~ ad aghi** Nadeldrucker *m*; **~ a colori** Farbdrucker *m*; **~ a getto d'inchiostro** Tintenstrahldrucker *m*; **~ dot-matrix** Matrixdrucker *m*; **~ laser** Laserdrucker *m*; **~ termica** (*od* **termografica**) Thermodrucker *m*

stam·pa·re ⟨1a⟩ **A** V/T **1** (ab-, auf)drucken; IT (aus)drucken **2** *fig* veröffentlichen **3** TECH pressen; stanzen; schmieden; prägen **4** FOTO (ab)ziehen **B** V/PR **-rsi** sich einprägen **stam·pa·tel·lo** [-ɛ-] M Blockschrift *f* **stam·pa·to** **A** ADJ **1** ge-, bedruckt **2** TECH gepresst; gesenkgeschmiedet; gestanzt **3** *fig* eingeprägt **B** M **1** Druckerzeugnis *n* **2** Vordruck *m*, Formular *n* **3** TEX Druckstoff *m* **stam·pa·to·re** [-o-] M, **-tri·ce** F Drucker *m*, -in *f* **stam·pa·tri·ce** F TYPO (*macchina*) Druckmaschine *f*

★**stam·pe** FPL Drucksachen *pl*

stam·pel·la [-ɛ-] F **1** Krücke *f* **2** Kleiderbügel *m* **stam·pe·ri·a** F Druckerei *f*

stam·pi·glia F Stempel *m*

stam·pi·glia·re V/T ⟨1g⟩ ab-, aufstempeln **stam·pi·glia·tri·ce** F Stempelmaschine *f*

stam·pi·no M **1** Schablone *f* **2** Form *f*

stam·po M **1** TECH Form *f* **2** METALL Gesenk *n*; Gussform *f* **3** Schlag *m*: **persone dello stesso ~** Leute *pl* vom gleichen Schlag **4** Stil *m*: **crimine di ~ mafioso** Verbrechen *n* im Stil der Mafia **5** Stempel *m* ♦ **~ per dolci** Backform *f*

sta·na·re V/T ⟨1a⟩ aufstöbern (*a. fig*)

stan·can·te ADJ ermüdend

★**stan·ca·re** V/T ⟨1d⟩ **1** ermüden, anstrengen **2** schwächen **3** **qc stanca qn** j-d ist etw leid

★**stan·car·si** V/PR ⟨1d⟩ **1** müde werden **2** **~ di qn/qc** j-s/etw leid sein

stan·chez·za [-e-] F Müdigkeit *f*

★**stan·co** ADJ **1** müde **2** **essere ~ di qn/qc** j-n/etw satthaben ♦ **~ morto** todmüde

stand [stand] M ⟨*inv*⟩

(Ausstellungs)Stand *m*: ~ **fieristico** Messestand *m*

★**stan·dard** **A** ADJ Standard-: **formato ~** Standardformat *n* **B** M ⟨*inv*⟩ **1** Standard *m* (*a. fig*) **2** Modell *n* **3** *fig* Niveau *n*

stan·dar·diz·za·re V/T ⟨1a⟩ **1** standardisieren **2** *fig* vereinheitlichen **stan·dar·diz·za·to** ADJ **1** standardisiert, genormt, Norm- **2** *fig* vereinheitlicht **stan·dar·diz·za·zio·ne** [-o-] F **1** Standardisierung *f* **2** *fig* Vereinheitlichung *f*

stand-by [stænd'baı] M ⟨*inv*⟩ **1** WIRTSCH Bereitschaft *f* **2** IT, ELEK, FLUG Stand-by *n*; (*televisione, stampante, computer*) Standby-Betrieb *m*, Standby-Modus *m*

stan·di·sta M/F **1** Standbetreuer *m*, -in *f* **2** Aussteller *m*, -in *f*

stan·ga F **1** Stange *f* **2** Deichsel *f* **3** *umg* langer Lulatsch *m*

stan·ga·re V/T ⟨1e⟩ **1** mit einer Stange schlagen **2** *fig* übervorteilen **3** die Steuerschraube anziehen **4** (*agli esami*) durchsausen lassen **stan·ga·ta** F **1** Schlag *m* mit einer Stange **2** *fig* Aderlass *m*: ~ **fiscale** steuerlicher Aderlass *m*

stan·ghet·ta [-e-] F **1** (*occhiali*) Bügel *m* **2** kleine Stange *f*

Stan·lio M ~ **e Ollio** Dick und Doof

★**sta·not·te** [-ɔ-] ADV heute Nacht

Stans F Stans *n*

stan·te **A** ADJ stehend **B** PRÄP wegen, angesichts ♦ **-i le attuali condizioni** in Anbetracht der Umstände; **a sé ~** für sich; **seduta ~** auf der Stelle

stan·ti·o ADJ **1** altbacken **2** veraltet

stan·tuf·fo M Kolben *m*

★**stan·za** F **1** Zimmer *n* **2** MIL Standort *m* ♦ *fig* ~ **dei bottoni** Schaltzentrale *f*

stan·zia·men·to [-e-] M Bereitstellung *f*

stan·zia·re ⟨1g⟩ **A** V/T bereitstellen **B** V/PR **-rsi** sich niederlassen

stap·pa·re V/T ⟨1a⟩ **1** entkorken **2** aufmachen **3** reinigen, frei machen

star F ⟨*inv*⟩ Star *m*: ~ **del cinema** Filmstar *m*

★**sta·re** ⟨1q⟩ **A** V/I ⟨es⟩ **1** bleiben, sein: ~ **in casa** zu Hause bleiben; ~ **al buio** im Dunkeln sein; ~ **simpatico a qn** j-m sympathisch sein **2** leben: **sta ancora dai suoi** er lebt noch bei seinen Eltern **3** wohnen: **sta sopra di me** er wohnt über mir **4** stehen (*a. fig*): **i libri stanno nello scaffale** die Bücher stehen im Regal; **sta male con i pantaloni** Hosen stehen ihr nicht **5** liegen: **il gatto sta sul divano** die Katze liegt auf dem Sofa **6** liegen, (gelegen) sein, sich befinden **7** sitzen, stehen: ~ **alla cassa** an der Kasse sitzen; ~ **allo sportello** am Schalter stehen **8** zukommen, zustehen: (**non**) **sta a te decidere** die Entscheidung steht dir (nicht) zu **9** sich halten: ~ **ai patti/ai fatti** sich an die Abmachungen/an die Tatsachen halten **10** bestehen, liegen: **il problema sta qui** das Problem liegt hier **11** **sto leggendo** ich lese gerade; **sto studiando** ich lerne gerade **12** MATH sich verhalten: **2 sta a 3 come 4 sta a 6** 2 verhält sich zu 3 wie 4 zu 6 **13** **starci** hineingehen, hineinpassen: **ci stanno 5 litri scarsi** es passen knapp 5 Liter hinein **14** *umg* **starci** einverstanden sein, mitmachen; **ci sto!** ich bin dabei! **15** ~ **a discutere su qc** über etw (*akk*) diskutieren; **non ~ a pensarci troppo!** denk nicht zu lange darüber nach!; ~ **ad aspettare** warten **16** ★ ~ **facendo** gerade sein; gerade machen: **sta facendo caldo** es ist heiß; **cosa stai facendo?** was machst du gerade? **B** V/PR **starsene** sein: **starsene solo soletto** ganz alleine sein ♦ **è andato a ~ in città** er ist in die Stadt gezogen; ★ **sto bene** (**male**) es geht mir gut (schlecht); **stia bene!** leben Sie wohl!; **stammi bene!** mach's gut!; ~ **bene insieme** gut miteinander auskommen; *umg* **ti sta bene! ben ti sta!** das geschieht dir recht!; **questo colore non ti sta bene** diese Farbe steht dir nicht; **come stai?** wie geht es dir?; **le cose stanno così** die Dinge liegen so; **fatto sta che ...** Tatsache ist, dass ...; **sta di fatto che ...** auf jeden Fall ...; ★ ~ **in piedi** stehen; ~ **insieme** zusammen sein; **lasciare ~** sein lassen; ~ **seduto** sitzen; **sta' zitto!** sei still!

stare per + Infinitiv

Durch diese Form wird etwas ausgedrückt, das unmittelbar bevorsteht:

Sta per piovere.	Es wird bald regnen.
Sto per arrivare.	Ich bin fast da.

star·na F Rebhuhn *n*

star·nu·ti·re V/I ⟨4d; av⟩ niesen **star·nu·to** M Niesen *n*

start [start] M ⟨*inv*⟩ SPORT Startsignal *n*

start·er ['starter] M/F ⟨*inv*⟩ **1** SPORT Starter *m*, -in *f* **2** AUTO **starter** *m inv* Starter m, Anlasser m

sta·sa·re VT ⟨1a⟩ reinigen, frei machen

sta·se·ra [-'se-] ADV heute Abend

sta·si F ⟨inv⟩ 1 MED Stauung f, Stasis f 2 fig Stillstand m, Stagnation f

★**sta·ta·le** A ADJ staatlich, Staats- B M/F Staatsbedienstete m/f C F Staatsstraße f; Bundesstraße f

sta·ta·liz·za·re VT ⟨1a⟩ verstaatlichen **sta·ta·liz·za·zio·ne** [-o-] F Verstaatlichung f

sta·ti·ca F Statik f

sta·ti·co ADJ 1 statisch 2 fig starr

sta·tion-wag·on ['steʃon'wɛgon] M ⟨inv⟩ Kombiwagen m, Kombi m

sta·ti·sta M/F Staatsmann m, -frau f **sta·ti·sti·ca** F Statistik f **sta·ti·sti·co** A ADJ statistisch B M, **-a** F Statistiker m, -in f

★**Sta·ti U·ni·ti** MPL Vereinigte Staaten pl, USA pl

sta·ti·vo M Stativ n

sta·tiz·za·re VT ⟨1a⟩ verstaatlichen

sta·tiz·za·zio·ne [-o-] F Verstaatlichung f

★**sta·to**[1] M 1 Zustand m (a. GRAM, CHEM, IT) 2 POL Staat m 3 HIST Stand m ♦ **essere in ~ di accusa** unter Anklage stehen; **~ d'animo** Gemütszustand m; **~ assistenziale** Wohlfahrtsstaat m; **allo ~ attuale** beim jetzigen Stand; **azienda di ~** Staatsbetrieb m; **allo ~ brado** frei, wild; **~ civile** Familien-, Personenstand m; **ufficio di ~ civile** Standesamt n; **~ di diritto** Rechtsstaat m; **essere in ~ interessante** in anderen Umständen sein; **~ di salute** Gesundheitszustand m; **~ sociale** Sozialstaat m; **~ totalitario** totalitärere Staat m; **Stato palestinense** Palästinenserstaat m

sta·to[2] → essere[1]

sta·tua F Statue f, Figur f, Standbild n

sta·tua·ria F Bildhauerkunst f **sta·tua·rio** ADJ 1 statuarisch 2 statuenhaft 3 fig feierlich, majestätisch **sta·tui·na** F Statuette f, Figur f

sta·tu·i·re VT ⟨4d⟩ statuieren

sta·tu·ni·ten·se [-ɛnse] A ADJ US-amerikanisch B M/F US-Amerikaner m, -in f

sta·tu·ra F 1 Statur f, Größe f, Wuchs m, Gestalt f 2 fig Format n, Größe f

sta·tus M ⟨inv⟩ Status m **sta·tus sym·bol** M ⟨inv⟩ Statussymbol n

sta·tu·ta·rio ADJ satzungsgemäß

sta·tu·to M 1 Statut n, Satzung f 2 Verfassung f, Grundgesetz n ♦ **~ societario** Gesellschaftsvertrag m

sta·vol·ta [-ɔ-] ADV diesmal, dieses Mal

sta·zio·na·men·to [-e-] M Parken n

sta·zio·na·re VI ⟨1a; av⟩ parken **sta·zio·na·rio** ADJ 1 Stand- 2 fig unverändert: **temperatura -a** unveränderte Temperatur f

★**sta·zio·ne** [-o-] F 1 Bahnhof m: **andare a prendere qn alla ~** j-n am Bahnhof abholen 2 TECH Station f 3 TV, RADIO Sender m, Station f 4 Ort m ♦ **~ degli autobus** Busbahnhof m; **~ balneare** Badeort m; **~ sciistica** Skiort m; **~ centrale** Hauptbahnhof m; **~ merci** Güterbahnhof m; IT **~ di lavoro** Bildschirm-, Computerarbeitsplatz m; Workstation f; **~ meteorologica** Wetterwarte f; **~ della metropolitana** U-Bahn-Station f; ASTRON **~ orbitante** Orbitalstation f; **~ di polizia** Polizeirevier n; **~ di servizio** Tankstelle f; **~ spaziale** (Welt)Raumstation f **~ di taxi** Taxistand m; **~ di testa/di transito** Kopf-/Durchgangsbahnhof m

staz·za F SCHIFF Tonnage f

staz·za·re ⟨1a⟩ A VT (imbarcazioni) vermessen B VI ⟨av⟩ eine Tonnage von … haben

stec·ca [-e-] F 1 Stab m 2 (di sigarette) Stange f 3 MED Schiene f ♦ **~ da biliardo** Queue n; **~ di vaniglia** Vanillestange f; umg **fare una ~** (cantando) falsch singen; (suonando) sich verspielen

stec·ca·re VT ⟨1d⟩ 1 umzäunen 2 MED schienen 3 MUS falsch spielen; falsch singen 4 GASTR spicken

stec·ca·to M Lattenzaun m

stec·chet·to [-e-] **a ~** knapp, kurz: **tenere qn a ~** j-n kurzhalten

stec·chi·no M Zahnstocher m

stec·chi·re VT ⟨4d⟩ umg kaltmachen

stec·chi·to ADJ **morto ~** mausetot

stec·co [-e-] M dürrer Zweig m ♦ fig **essere (magro come) uno ~** ein Strich in der Landschaft sein

stec·co·na·ta F, **stec·co·na·to** M Jägerzaun m

ste·le [-ɛ-] F Stele f: **~ funeraria** Grabstele f

★**stel·la** [-e-] F 1 Stern m 2 (attore, attrice) Star m 3 TYPO Sternchen n 4 umg Liebling m ♦ **albergo a tre -e** Dreisternehotel n; **~ alpina** Edelweiß n; **~ cadente** Sternschnuppe f; **~ del cinema** Filmstar m; **-e filanti** Luftschlangen pl; **~ di Natale** Weihnachtsstern m; **sotto le -e** unter freiem Himmel; *fig* **dalle -e alle stalle** vom Ruhm zum Ruin

stel·la·re ADJ stellar, Stern-: **ammasso ~** Sternhaufen *m* **stel·la·to** ADJ besternt, Stern- ♦ **notte -a** sternklare Nacht

stel·let·ta [-e-] F **1** MIL (*distintivo*) Stern *m*: **cani con le -e** Armeehunde *pl*; **portare le -e** bei der Armee sein **2** TYPO (*asterisco*) Sternchen *f*

stel·lon·ci·no M (Presse)Notiz *f*

ste·lo [-ɛ-] M **1** BOT Stängel *m*, Stiel *m* **2** Ständer *m* ♦ **lampada a ~** Stehlampe *f*

stem·ma [-ɛ-] M Wappen *n*

stem·pe·ra·re V/T ⟨1l *u.* b⟩ **1** verdünnen, auflösen **2** TECH enthärten **3** *fig* verwässern

sten·dar·do M Standarte *f*, Banner *n*

★**sten·de·re** [-ɛ-] ⟨3c⟩ V/T **1** ausstrecken: **~ la mano** die Hand ausstrecken **2** ausbreiten; ausrollen **3** (*persona*) (hin)legen **4** *umg* niederschlagen, -strecken **5** *umg* (*ammazzare*) umlegen **6** (*bucato*) aufhängen **7** (*redigere*) abfassen, aufsetzen **8** (*spalmare*) auftragen

★**sten·der·si** [-ɛ-] V/PR ⟨3c⟩ **1** sich ausstrecken, sich (hin)legen **2** sich recken **3** sich erstrecken

sten·di·bian·che·ri·a M ⟨*inv*⟩ Wäscheständer *m* **sten·di·to·io** [-o-] M **1** Wäscheständer *m* **2** (*stanza*) Trockenraum *m*

ste·no·dat·ti·lo·gra·fo [-ɔ-] M, **-a** F Stenotypist *m*, -in *f*

ste·no·gra·fa·re V/T ⟨1m *u.* c⟩ stenografieren **ste·no·gra·fi·a** F Kurzschrift *f* **ste·no·gra·fi·co** ADJ stenografisch **ste·no·gra·fo** [-ɔ-] M, **-a** F Stenograf *m*, -in *f* **ste·no·gram·ma** M Stenogramm *n*

ste·no·ti·pi·a F Stenotypie *f* **ste·no·ti·pi·sta** M/F Stenotypist *m*, -in *f*

stent M ⟨*inv*⟩ Stent *m*: **~ coronarico** Koronarstent *m*

sten·ta·re V/I ⟨1b; av⟩ **1** **~ a fare qc** Mühe haben, etw zu tun **2** sich mühsam durchschlagen **sten·ta·to** ADJ **1** mühsam, mühselig **2** (*lingua*) holperig, gebrochen **3** elend, kümmerlich **4** gezwungen: **sorriso ~** gezwungenes Lächeln *n*

sten·to [-ɛ-] M **1** Mühe *f*, Anstrengung *f* **2** *pl* Not *f*, Entbehrung *f*: **una vita di -i** ein entbehrungsreiches Leben *n* ♦ **a ~** kaum

step·pa [-e-] F Steppe *f*

ster·co [-ɛ-] M Mist *m*, Kot *m*

ste·re·o [-ɛ-] M ⟨*inv*⟩ *umg* Stereoanlage *f*

ste·re·o·fo·ni·co [-ɔ-] ADJ Stereo- **ste·re·o·sco·pio** [-ɔ-] M Stereoskop *n* **ste·re·o·ti·pa·to** ADJ stereotyp, Stereotyp- (*a. fig*): **risposta -a** stereotype Antwort *f*

ste·re·o·ti·pi·a F **1** Stereotypie *f* **2** Stereotypplatte *f*

ste·re·o·ti·po [-ɔ-] **A** ADJ stereotyp, Stereotyp- **B** M Stereotyp *n*

ste·ri·le [-ɛ-] ADJ **1** unfruchtbar **2** *fig* fruchtlos **3** MED steril, keimfrei

ste·ri·li·tà F ⟨*inv*⟩ **1** Unfruchtbarkeit *f* **2** MED Sterilität *f*

ste·ri·liz·za·re V/T ⟨1a⟩ **1** sterilisieren **2** entkeimen **3** abkochen

ste·ri·liz·za·zio·ne [-o-] F Sterilisierung *f*

ster·li·na F (**lira**) **~** Pfund *n* (Sterling)

ster·mi·na·re V/T ⟨1l *u.* b⟩ vernichten; ausrotten **ster·mi·na·to** ADJ endlos **ster·mi·na·to·re** [-o-] **A** ADJ vernichtend, Vernichtungs- **B** M, **-tri·ce** F Vernichter *m*, -in *f*, Ausrotter *m*, -in *f*

ster·mi·nio M Vernichtung *f*, Ausrottung *f*; (*insetti*) Vertilgung *f* ♦ **campo di ~** Vernichtungslager *n*

ster·no [-ɛ-] M ANAT Brustbein *n*

ster·pa·glia F Gestrüpp *n* **ster·po** [-ɛ-] M **1** dürrer Zweig *m* **2** Dornengestrüpp *n*

ster·po·so [-o-] ADJ voller Gestrüpp

ster·ra·re V/T ⟨1b⟩ **1** (*fossa*) ausheben **2** (*strada, terra*) abtragen **ster·ra·to** **A** ADJ ausgehoben **B** M Randstreifen *m* ♦ **strada -a** Schotterstraße *f*

ster·ra·to·re [-o-] M, **-tri·ce** F Erdarbeiter *m*, -in *f*

ster·ro [-ɛ-] M **1** Erdarbeit *f* **2** Erdaushub *m*

ster·za·re V/I ⟨1b; av⟩ AUTO steuern, lenken **ster·za·ta** F **1** Lenkmanöver *n* **2** Ausweichmanöver *n* **3** *fig* Kurswechsel *m*

ster·zo [-ɛ-] M **1** Lenkung *f*, Steuerung *f* **2** (*bici*) Lenkrad *n* **3** Lenkstange *f*

ste·so [-ɛ-] ADJ **1** aufgehängt **2** ausgestreckt

★**stes·so** [-e-] **A** ADJ **1** derselbe, dieselbe, dasselbe, gleich **2** **se ~** sich selbst: **pensare solo a se ~** nur an sich (selbst) denken **3** eigen, eigene, eigenes: **con le sue -e mani** mit seinen eigenen Händen **4** selbst: **io ~** ich selbst **B** PRON **1** derselbe, dieselbe **2** dasselbe, das Gleiche: **lo ~ vale per te** das Gleiche gilt für dich **3** dieser, diese, dieses **4** **è** (*od* **fa**) **lo ~**

S

das ist egal; es macht nichts; **per me è lo ~** mir ist es gleich **5** **lo ~** trotzdem, dennoch ♦ **oggi ~** noch heute; **allo ~ tempo, al tempo ~** gleichzeitig; (*avversativo*) gleichwohl

ste·su·ra F **1** Auftragen *n* **2** Abfassung *f*, Aufsetzen *n*, Anfertigung *f* **3** Fassung *f* ♦ **~ del bilancio** Bilanzaufstellung *f*; **~ integrale** ungekürzte Fassung *f*

ste·to·sco·pio [-ɔ-] M Stethoskop *n*

steward [stj'uard] M ⟨*inv*⟩ Steward *m*

sti·a F Hühnerkäfig *m*

stick M ⟨*inv*⟩ **1** Stift *m* **2** IT (Memory)-Stick® *m*, USB-Stick *m* ♦ **colla** *f* **~** Klebestift *m*; **~ deodorante** Deostift *m*

stig·ma M ⟨stigmate *fpl u.* stigmi *mpl*⟩ **1** *fig poet* Stigma *n* **2** MED Mal *n* ♦ **le stigmate di Cristo** die Wundmale *pl* Christi

stig·ma·tiz·za·re V/T ⟨1a⟩ stigmatisieren (*a. fig*)

sti·la·re V/T ⟨1a⟩ aufsetzen, abfassen

★**sti·le** M Stil *m* (*a.* KUNST): **lo ~ di un poeta** der Stil eines Dichters; **non è nel suo ~** das ist nicht sein Stil; **avere ~ nel vestirsi** sich stilvoll kleiden; **un cavaliere vecchio ~** ein Kavalier alter Schule ♦ **in grande ~** in großem Stil; **nuotare a ~ libero** kraulen; **mancanza di ~** Stillosigkeit *f*; **privo di** (*od* **senza**) **~** stillos

sti·let·to [-e-] M Stilett *n*

sti·li·sta M/F **1** Designer *m*, -in *f* **2** Modeschöpfer *m*, -in *f*

sti·li·sti·ca F Stilkunde *f*

sti·li·sti·co ADJ stilistisch, Stil-

sti·liz·za·re V/T ⟨1a⟩ stilisieren **sti·liz·za·to** ADJ stilisiert **sti·liz·za·zio·ne** [-o-] F Stilisierung *f*

stil·la F *poet* Tropfen *m*

stil·la·re ⟨1a⟩ **A** V/I ⟨es⟩ tropfen, tröpfeln **B** V/T (tropfenweise) absondern

stil·li·ci·dio M **1** Tropfen *n*, Tröpfeln *n* **2** *fig* ständige Wiederholung *f*

sti·lo M **1** HIST, BOT Griffel *m* **2** Stilett *n*

sti·lo·gra·fi·ca F Füllfederhalter *m*

sti·ma F **1** (Ein)Schätzung *f* **2** Schätzpreis *m*; Schätzwert *m* **3** *fig* Achtung *f* ♦ **~ del danno** Schadensfeststellung *f*

sti·ma·re ⟨1a⟩ **A** V/T **1** schätzen, taxieren **2** **~ qn qc** j-n für etw halten **3** *fig* achten, schätzen **B** V/PR **-rsi** sich schätzen, sich halten **sti·ma·to** ADJ **1** hoch angesehen **2** (*nelle lettere*) **~, stimatissimo** sehr geehrt **sti·ma·to·re** [-o-] M, **-tri·ce** F Schätzer *m*, -in *f*, Taxator *m*, -in *f*

stim·ma... → stigma

sti·mo·lan·te **A** ADJ anregend **B** M anregendes Mittel *n*, Stimulans *n* **sti·mo·la·re** V/T ⟨1l⟩ **1** **~ qn a qc** j-n zu etw anspornen **2** anregen **sti·mo·la·to·re** [-o-] **A** ADJ anregend **B** M **1** Stimulans *n* **2** MED **~ cardiaco** Herzschrittmacher *m* **sti·mo·la·zio·ne** [-o-] F **1** Ansporn *m* **2** Anregung *f*

sti·mo·lo M **1** Ansporn *m*, Antrieb *m*, Anreiz *m* **2** Reiz *m*, Drang *m*

stin·co M **1** ANAT Schienbein *n* **2** GASTR Schweinshachse *f*; Kalbshachse *f* ♦ **non essere certo uno ~ di santo** nicht gerade ein Heiliger sein

stin·ge·re ⟨3d⟩ **A** V/T (aus)bleichen **B** V/I ⟨es, av⟩ & V/PR **-rsi** ausbleichen, abfärben

stin·to ADJ entfärbt, verschossen

sti·pa·re ⟨1a⟩ **A** V/T **1** (hinein)zwängen; zusammenpferchen, -drängen **2** füllen **B** V/PR **-rsi** **1** sich (hinein)zwängen **2** sich drängen **sti·pa·to** ADJ **1** gepresst **2** überfüllt **3** zusammengedrängt

sti·pen·dia·re V/T ⟨1b *u.* k⟩ **1** **~ qn** j-m ein Gehalt bezahlen **2** besolden **3** *fig* ein-, anstellen **sti·pen·dia·to** **A** ADJ **1** entlohnt **2** besoldet **B** M, **-a** F Gehaltsempfänger *m*, -in *f*

★**sti·pen·dio** [-ɛ-] M Gehalt *n*: **~ lordo** Bruttogehalt *n*; **~ netto** Nettogehalt *n*

sti·pet·to [-e-] M **1** Schränkchen *n* **2** SCHIFF Spind *m* **sti·pi·te** M **1** (Tür)Pfosten *m* **2** BOT Stamm *m*; (*di funghi*) Stiel *m*

sti·po M Schränkchen *n*

sti·psi F Verstopfung *f*

sti·pu·la F Abschluss *m*: **~ del contratto** Vertragsabschluss *m*

sti·pu·lan·te **A** ADJ vertragschließend **B** M/F Vertragspartei *f* **sti·pu·la·re** V/T ⟨1l⟩ (ab)schließen **sti·pu·la·zio·ne** [-o-] F Abschluss *m*

sti·rac·chia·re ⟨1k⟩ **A** V/T **1** (aus)strecken **2** *umg fig* verdrehen **B** V/PR **-rsi** sich strecken **sti·rac·chia·to** ADJ **1** gezwungen **2** (*voto*) knapp

sti·ra·men·to [-e-] M **1** Strecken *n* **2** MED Zerrung *f*: **~ muscolare** Muskelzerrung *f*

★**sti·ra·re** ⟨1a⟩ **A** V/T **1** (aus)strecken **2** bügeln **3** (*capelli*) glätten **B** V/PR **-rsi** **1** sich strecken **2** MED **-rsi un muscolo** sich (*dat*) einen Muskel zerren **sti·ra·to** ADJ

1 gestreckt 2 gebügelt **sti·ra·tri·ce** F 1 Büglerin *f* 2 Bügelmaschine *f*

sti·ra·tu·ra F Bügeln *n*

Sti·ria F Steiermark *f*

sti·ro M Bügeln *n* ♦ **asse da ~** Bügelbrett *n*; ★ **ferro da ~** Bügeleisen *n*

stir·pe F 1 Stamm *m* 2 Geschlecht *n*

sti·ti·chez·za [-e-] F MED Verstopfung *f*

sti·ti·co ADJ 1 verstopft 2 *umg fig* geizig

sti·va F SCHIFF, FLUG Laderaum *m*

sti·vag·gio M Verladen *n*, Trimmen *n*

★**sti·va·le** M Stiefel *m*: **un paio di -i** ein Paar Stiefel ♦ **il gatto con gli -i** der Gestiefelte Kater; **~ di gomma** Gummistiefel *m*; **-i delle sette leghe** Siebenmeilenstiefel *pl*; *fig* **dei miei -i** unfähig

sti·va·re ⟨1a⟩ A V/T 1 SCHIFF, FLUG verladen 2 (hinein)zwängen B V/PR **-rsi** sich (hinein)zwängen **sti·va·to** ADJ 1 gezwängt 2 überfüllt **sti·va·to·re** [-o-] M, **-tri·ce** F SCHIFF Stauer *m*, -in *f*

stiz·za F Ärger *m*, Wut *f*, Jähzorn *m*

stiz·zi·re ⟨4d⟩ A V/T ärgern, erbosen B V/PR **-rsi** sich ärgern **stiz·zi·to** ADJ erbost, ärgerlich, zornig **stiz·zo·so** [-o-] ADJ 1 wütend, zornig 2 jähzornig

stoc·ca·fis·so M Stockfisch *m*

stoc·cag·gio M Lagerung *f*: **~ temporaneo** Zwischenlagerung *f*; **~ finale** Endlagerung *f*; **~ delle scorie nucleari** Atommülllagerung *f*

Stoc·car·da F Stuttgart *n*

stoc·ca·re V/T ⟨1c *u.* d⟩ (ein)lagern

stoc·ca·ta F 1 (Degen)Stich *m* 2 *fig* Seitenhieb *m*

Stoc·col·ma [-o-] F Stockholm *n*

stock [stɔk] M ⟨*inv*⟩ Warenbestand *m*

★**stof·fa** [-ɔ-] F Stoff *m*: **~ di seta/di lana** Seiden-/Wollstoff *m* ♦ **avere la ~ del musicista** das Zeug zum Musiker haben; **avere (del)la ~** Talent haben

stoi·ci·smo [-zmo] M Stoizismus *m* (*a. fig*)

stoi·co [-ɔ-] A ADJ stoisch (*a. fig*): **atteggiamento ~** stoische Haltung *f* B M, **-a** F Stoiker *m*, -in *f* (*a. fig*)

sto·la [-ɔ-] F Stola *f*: **~ di visone** Nerzstola *f*

sto·li·di·tà F ⟨*inv*⟩ Torheit *f* **sto·li·do** [-ɔ-] ADJ töricht **stol·tez·za** [-e-] F Torheit *f*, Dummheit *f* **stol·to** [-o-] ADJ töricht, dumm

sto·ma·ca·re ⟨1l, c *u.* d⟩ A V/T anekeln, anwidern B V/PR **-rsi** sich ekeln **sto·ma·che·vo·le** [-e-] ADJ 1 ekelerregend, ek(e)lig 2 *fig* ekelhaft

★**sto·ma·co** [-ɔ-] M Magen *m* ♦ **dar di ~** sich übergeben; **qc sta sullo ~ a qn** j-m liegt etw im Magen; *fig* **qn sta sullo ~ a qn** j-d kann j-n nicht leiden

sto·na·re ⟨1c *od* 1d⟩ A V/T falsch spielen; falsch singen B V/I ⟨av⟩ **~ con qc** zu etw nicht passen **sto·na·to** ADJ 1 falsch: **essere ~** falsch singen; **pianoforte ~** verstimmtes Klavier *n* 2 nicht passend **sto·na·tu·ra** F 1 Falschspielen *n*; Falschsingen *n* 2 *fig* Unpassende *n*

stop [-ɔ-] A M ⟨*inv*⟩ 1 Stoppschild *n* 2 SPORT Stoppen *n* 3 Bremslicht *n* B ADV halt! stopp!

▶ Stop!

Auf Verkehrsschildern sieht man oft in Italien folgende Ausdrücke:

accendere i fari	Scheinwerfer einschalten
alt	Stopp!, Halt!
autostrada	Autobahn
caduta sassi	Steinschlag
cantiere	Baustelle
chiuso al traffico	für den Verkehr gesperrt
circonvallazione	Umgehungsstraße
coda	Stau
continua	weiterhin (*entspricht dem Pfeil*)
curva pericolosa	gefährliche Kurve
dare la precedenza	Vorfahrt achten
deviazione	Umleitung
disco orario	Parkscheibe
divieto d'accesso	Zufahrt untersagt
divieto di sorpasso	Überholverbot
divieto di sosta (permanente)	(absolutes) Halteverbot
divieto di transito	Durchfahrt untersagt

▶▶

galleria *oder* **tunnel**	Tunnel
in caso di nebbia, pioggia	bei Nebel, Regen
lasciare libero il passaggio	Durchfahrt frei halten
lavori in corso	Straßenarbeiten
passo carrabile	Einfahrt frei halten
pericolo	Gefahr
rallentare	Geschwindigkeit verringern
rimozione	Abschleppgefahr
senso unico	Einbahnstraße
serpentine	Serpentinen
soccorso A.C.I.	Notruf (*ähnlich ADAC*)
strada dissestata	Straßenschäden
transito con catene	nur mit Schneeketten befahrbar
uscita	Ausfahrt
vicolo cieco	Sackgasse
vietato al traffico	für den Verkehr gesperrt
vietato l'accesso	Zugang verboten
zona disco	nur mit Parkuhr zu benutzen
zona pedonale	Fußgängerzone

stop·pa [-o-] F Werg *n*

stop·pa·re V/T ⟨1a⟩ SPORT stoppen

stop·pia [-o-] F Stoppel *f*

stop·pi·no M 1 Docht *m* 2 Zündschnur *f* **stop·po·so** [-o-] ADJ 1 wie Werg, Werg- 2 *fig* (*carne*) zäh ♦ **capelli -i** strohiges Haar *n*

stor·ce·re [-ɔ-] ⟨3d⟩ A V/T 1 verbiegen 2 (*parti del corpo*) ver-, umdrehen: **~ gli occhi** die Augen verdrehen 3 (*bocca*) verziehen 4 (*naso*) *fig* rümpfen B V/PR **-rsi** 1 sich verbiegen 2 MED sich (*dat*) verrenken

stor·di·men·to [-e-] M Betäubung *f*, Benommenheit *f* **stor·di·re** ⟨4d⟩ A V/T 1 betäuben 2 (*alcol*) benebeln 3 *fig* verblüffen B V/PR **-rsi** sich betäuben

stor·di·tag·gi·ne F Zerstreutheit *f*

stor·di·to ADJ 1 betäubt, benommen, verwirrt 2 (*da alcol*) benebelt 3 *fig* verblüfft

S

★**sto·ria** [-ɔ-] F 1 Geschichte *f*: **passare alla ~** in die Geschichte eingehen; **raccontare una ~** eine Geschichte erzählen 2 *pl* Märchen *pl* 3 Angelegenheit *f*, Affäre *f* 4 Verhältnis *n*: **avere una ~ con qn** ein Verhältnis mit j-m haben ♦ **~ contemporanea** Zeitgeschichte *f*; **non fare -e!** mach keine Geschichten!; **quante -e!** so ein Theater!

sto·ri·co [-ɔ-] A ADJ 1 geschichtlich, historisch, Geschichts- 2 denkwürdig B M, **-a** F Historiker *m*, -in *f* ♦ **centro ~** Altstadt *f*

sto·riel·la [-ɛ-] F 1 kleine Geschichte *f* 2 Anekdote *f* 3 Witz *m*

sto·rio·gra·fi·a F Geschichtsschreibung *f*

sto·rio·ne [-o-] M Stör *m*

stor·mi·re V/I ⟨4d; av⟩ rauschen, rascheln

stor·mo [-o-] M Schwarm *m*, Schar *f* (*a. fig*): **a -i** in Schwärmen; **uno ~ di ammiratori** eine Schar Bewunderer

stor·na·re V/T ⟨1a⟩ 1 abwenden 2 HANDEL stornieren, rückbuchen

stor·no¹ [-o-] M ZOOL Star *m*

stor·no² [-o-] M HANDEL Storno *m od n*

stor·no³ [-o-] ADJ **cavallo ~** Grauschimmel *m*

stor·pia·re V/T ⟨1k *u.* c⟩ 1 verkrüppeln 2 *fig* (*parole, testi*) entstellen 3 (*lingua*) radebrechen **stor·pia·to** ADJ verunstaltet, verkrüppelt **stor·pia·tu·ra** F 1 Verkrüpp(e)lung *f* 2 *fig* Entstellung *f*

stor·pio [-ɔ-] A ADJ verkrüppelt B M, **-a** F Krüppel *m*

stor·ta¹ [-ɔ-] F CHEM Retorte *f*

stor·ta² [-ɔ-] F *umg* Verstauchen *n*, Verstauchung *f*: **prendersi una ~ alla caviglia** sich (*dat*) das Fußgelenk verstauchen

stor·to [-ɔ-] ADJ & ADV 1 ANAT krumm 2 schief (*a. fig*) ♦ **andare ~** schief gehen; **avere gli occhi -i** schielen

sto·vi·glie FPL Geschirr *n*

stra·bi·co A ADJ schielend: **essere ~ da un occhio** auf einem Auge schielen B M, **-a** F Schielende *m/f*

stra·bi·lian·te ADJ verblüffend **stra·bi·lia·re** ⟨1k⟩ A V/T verblüffen B V/I ⟨av⟩ erstaunt sein, verblüfft sein **stra-**

bi·lia·to ADJ verblüfft
stra·bi·smo [-zmo] M Schielen *n* ♦ ~ **di Venere** Silberblick *m*
stra·buz·za·re V/T ⟨1a⟩ verdrehen: ~ **gli occhi** die Augen verdrehen
stra·ca·ri·co ADJ überladen (*a. fig*)
strac·cet·to [-e-] M **1** Lappen *m* **2** *umg* Fummel *m* **strac·cia·io·lo** [-ɔ-] M, **-a** F Lumpensammler *m*, -in *f*
strac·cia·re ⟨1f⟩ **A** V/T **1** zerreißen, zerfetzen, in Stücke reißen **2** *umg fig* fertigmachen, vernichtend schlagen **B** V/PR **-rsi** zer-, einreißen **strac·cia·tel·la** [-ɛ-] F GASTR **1** Fleischbrühe *f* mit Eiereinlauf **2** Vanilleeis *n* mit Schokoladenstücken **strac·cia·to** ADJ **1** zerrissen **2** zerfetzt **3** zerlumpt ♦ **prezzi -i** Schleuderpreise *pl*
strac·cio[1] M **1** Lappen *m* **2** Lumpen *m*: *fig* **non avere uno ~ da mettersi** nichts zum Anziehen haben ♦ **essere** (**ridotto a**) **uno ~** elend aussehen; **passare lo ~ su qc** etw (ab)wischen; **sentirsi uno ~** *umg* auf dem Zahnfleisch gehen
strac·cio[2] ADJ **carta -a** Altpapier *n*
strac·cio·ne [-o-] **A** ADJ bettelarm **B** M, **-a** F **1** zerlumpter Mensch *m* **2** Bettler *m*, -in *f*
strac·ci·ven·do·lo [-e-] M, **-a** F Lumpensammler *m*, -in *f*
strac·co ADJ **1** müde **2** *umg* kaputt
stra·col·mo [-o-] ADJ überfüllt, übervoll
stra·cot·to [-ɔ-] **A** ADJ **1** (total) verkocht, zerkocht **2** *fig* **essere ~ di qn** bis über beide Ohren in j-n verknallt sein **B** M GASTR Geschmorte *n*, Schmorbraten *m*
stra·cuo·ce·re [-ɔ-] V/T ⟨3p⟩ ver-, zerkochen
★**stra·da** F **1** Straße *f*: ~ **carrozzabile/lastricata** befahrbare/gepflasterte Straße *f*; ~ **asfaltata** Asphaltstraße *f* **2** Weg *m* (*a. fig*): **perdere la ~** vom rechten Weg abkommen; **farsi ~ fra la folla** sich (*dat*) einen Weg durch die Menge bahnen; **tentare tutte le -e possibili** alle Mittel und Wege versuchen ♦ **mettersi sulla cattiva ~** auf die schiefe Bahn geraten; ~ **facendo** unterwegs; **essere a metà ~** auf halbem Weg sein; ~ **provinciale** Landstraße *f*; **sbagliare ~** (*a piedi*) sich verlaufen; (*in auto*) sich verfahren; ~ **secondaria** Nebenstraße *f*; ~ **traversa** Querstraße *f*; **l'uomo della ~** der Mann auf der Straße

Strade italiane

Auf der **strada comunale** und der **strada provinciale** (beide entsprechen der Landstraße) und auf der **strada statale** (Bundesstraße) muss man eine Höchstgeschwindigkeit von 90 km/h beachten. Auf der **superstrada** (Schnellstraße) darf man bis zu 110 km/h und auf der **autostrada** (Autobahn) bis zu 130 km/h fahren.

stra·da·le **A** ADJ Straßen-, Verkehrs- **B** F *umg* Verkehrspolizei *f* ♦ **cartello ~** Verkehrsschild *n*; **indicazione ~** Wegweiser *m*; **soccorso ~** Pannendienst *m*
stra·da·rio M Straßenverzeichnis *n*
stra·di·no M, **-a** F Straßenarbeiter *m*, -in *f*
stra·do·ne [-o-] M **1** Landstraße *f*, Chaussee *f* **2** (*viale*) Allee *f*
stra·fal·cio·ne [-o-] M grober Fehler *m*
stra·fa·re V/I ⟨3aa; av⟩ übertreiben
stra·fi·co stra·fi·go *umg* **A** ADJ geil **B** M, **-a** F geiler Typ *m*, geile Tussi *f*: **non è uno ~** er sieht nicht gerade geil aus
stra·fo·ro [-o-] **di ~** heimlich; flüchtig
stra·fot·ten·te [-ɛ-] **A** ADJ unverfroren **B** M/F Rüpel *m* **stra·fot·ten·za** [-ɛ-] F Unverfrorenheit *f*
stra·ge F **1** Blutbad *n* **2** Massaker *n* ♦ **far ~ di cuori** viele Herzen brechen
stra·gran·de ADJ **1** überwältigend **2** riesengroß
stral·cia·re V/T ⟨1f⟩ (*depennare*) streichen
stral·cio M Auszug *m* ♦ ~ **di debiti** Schuldenerlass *m*; **legge ~** Übergangsgesetz *n*; ~ **di un testo** Textauszug *m*
stra·lu·na·re V/T ⟨1a⟩ (*occhi*) verdrehen **stra·lu·na·to** ADJ **1** (*occhi*) verdreht **2** verwirrt: **espressione -a** verwirrte Miene *f*
stra·ma·le·det·to [-e-] ADJ verdammt **stra·ma·le·di·re** V/T ⟨3f⟩ auf ewig verfluchen
stra·maz·za·re V/I ⟨1a; es⟩ (hin)stürzen: ~ **al suolo** zu Boden stürzen
stram·be·ri·a F Sonderbarkeit *f*, Extravaganz *f* **stram·bo** ADJ sonderbar
stra·me M Streu *f*
stram·pa·la·to ADJ verrückt, komisch
stra·nez·za [-e-] F Sonderbarkeit *f*, Merkwürdigkeit *f*, Abwegigkeit *f*
stran·go·la·men·to [-e-] M Erwürgen

S

n, Erdrosseln *n* **stran·go·la·re** VT ⟨1l⟩ **1** erwürgen, erdrosseln **2** würgen

stra·nia·re ⟨1k⟩ **A** VT ent-, verfremden **B** VPR **-rsi** (sich) entfremden

★**stra·nie·ro** [-ɛ-] **A** ADJ **1** Fremd(en)-, fremd **2** ausländisch **B** M, **-a** F **1** Ausländer *m*, -in *f* **2** Fremde *m/f* **3** Feind *m*, -in *f*

stra·ni·to ADJ verwirrt, benommen

★**stra·no** ADJ sonderbar, merkwürdig, komisch, seltsam ♦ **che -a idea!** was für eine drollige Idee!

stra·or·di·na·rie·tà F ⟨*inv*⟩ Außergewöhnlichkeit *f*

★**stra·or·di·na·rio** **A** ADJ **1** außerordentlich **2** Extra-, Sonder- **3** außergewöhnlich **4** wundervoll **B** M **1** Außergewöhnliche *n*: **non c'è niente di ~** daran ist nichts Außergewöhnliches **2** Überstunde *f*: **fare un'ora di ~** eine Überstunde machen ♦ **edizione -a** Sonderausgabe *f*

stra·pa·ga·re VT ⟨1e⟩ über(be)zahlen

stra·par·la·re VI ⟨1a; av⟩ **1** zu viel reden, *umg* quasseln **2** faseln, *umg* quatschen

stra·paz·za·re ⟨1a⟩ **A** VT **1** misshandeln, schlecht behandeln **2** strapazieren, überanstrengen, schinden **3** herunterlesen, herunterleiern **B** VPR **-rsi** sich strapazieren **stra·paz·za·ta** F **1** Strapaze *f* **2** (*rimprovero*) *umg* Anpfiff *m* **stra·paz·za·to** ADJ **1** übel zugerichtet **2** misshandelt **3** überanstrengt, strapaziert **4** mühselig ♦ **uova -e** Rührei *n*

stra·paz·zo M Strapaze *f* ♦ **avvocato da ~** Winkeladvokat *m*; **medico da ~** Quacksalber *m*

stra·pie·no [-ɛ-] ADJ **1** überfüllt, übervoll, vollgestopft, gesteckt voll **2** übersatt

S

stra·piom·ba·re VI ⟨1a; es, av⟩ **1** überhängen, überragen **2** aus dem Lot *n* fallen

stra·piom·bo [-o-] M Überhang *m*, Felsvorsprung *m* ♦ **a ~** überhängend

stra·po·ten·te [-ɛ-] ADJ **1** sehr mächtig **2** übermächtig **stra·po·ten·za** [-ɛ-] F **1** außerordentliche Macht *f* **2** Übermacht *f*

strap·pa·cuo·re [-ɔ-] ADJ ⟨*inv*⟩ herzzerreißend **strap·pa·la·cri·me** ADJ ⟨*inv*⟩ rührselig: **romanzo ~** Schnulzenroman *m*; **film ~** Schnulze *f*

★**strap·pa·re** ⟨1a⟩ **A** VT **1** (ab-, aus)reißen **2** entreißen (*a. fig*): **~ un segreto a qn** j-m ein Geheimnis entreißen **3** zerreißen **4** (*capelli, penne ecc.*) (aus)raufen, rupfen **B** VPR **-rsi** **1** (zer-, ein)reißen **2** MED **-rsi un tendine** sich (*dat*) eine Sehne zerren ♦ **~ le lacrime** auf die Tränendrüsen drücken

strap·pa·to ADJ zerrissen **strap·po** M **1** Ruck *m* **2** Riss *m* **3** *fig* Bruch *m* **4** Sprung *m*: **uno ~ nel ragionamento** ein Gedankensprung *m* **5** MED Zerrung *f* **6** *umg* **dare uno ~ a qn** j-n mitnehmen ♦ **a -i** ruckweise; **chiusura a ~** Klettverschluss *m*; **fare uno ~ alla regola** eine Ausnahme machen

stra·ric·co ADJ steinreich

stra·ri·pa·men·to [-e-] M Überfließen *n* **stra·ri·pa·re** VI ⟨1a; es, av⟩ über die Ufer treten

Stra·sbur·go F Straßburg *n*

stra·sci·ca·re ⟨1l *u.* d⟩ **A** VT **1** schleppen, schleifen **2** *fig* in die Länge ziehen **3** (*malattia*) verschleppen **B** VI ⟨av⟩ schleifen **C** VPR **-rsi** sich vorwärtsschleppen

stra·sci·co M **1** Schleppen *n* **2** MODE Schleppe *f* **3** *fig* Nachwirkung *f*, Folge *f* ♦ **pesca a ~** Schleppnetzfischerei *f*

stra·sci·co·ni [-o-] ADV schleppend, schleifend **stra·sci·ni·o** M Schleppen *n*

strass M ⟨*inv*⟩ Strass *m*, Glasfluss *m*

stra·ta·gem·ma [-ɛ-] M List *f*, Trick *m*

stra·te·ga [-ɛ-] M/F Stratege *m*, -gin *f* **stra·te·gi·a** F Strategie *f* **stra·te·gi·co** [-ɛ-] ADJ strategisch

stra·ti·fi·ca·re ⟨1m⟩ **A** VT schichten **B** VPR **-rsi** **1** sich schichten **2** GEOL sich in Schichten ablagern **stra·ti·fi·ca·zio·ne** [-o-] F Schichtung *f* (*a. fig*)

stra·ti·for·me [-o-] ADJ in Schichten

stra·to M **1** Schicht *f* **2** METEO Stratuswolke *f* ♦ **a -i** schicht(en)weise; **~ di ozono** Ozonschicht *f*

stra·to·sfe·ra [-ɛ-] F Stratosphäre *f* **stra·to·sfe·ri·co** [-ɛ-] ADJ *fig* astronomisch, abstrus

strat·to·na·re VT ⟨1a⟩ **~ qn/qc** j-m/etw einen Stoß geben

strat·to·ne [-o-] M **1** Ruck *m*, Rucken *n* **2** (heftiger) Stoß *m* ♦ **a -i** ruckweise

stra·vac·car·si [-si] VPR ⟨1d⟩ *umg* sich (hin)flegeln **stra·vac·ca·to** PPERF **starsene ~** herumflegeln

stra·va·gan·te ADJ **1** extravagant; verrückt, verstiegen **2** sonderbar, seltsam **stra·va·gan·za** F Extravaganz *f*, Verrücktheit *f*

stra·vec·chio [-ɛ-] ADJ **1** uralt **2** abgelagert

stra·ve·de·re [-e-] V/I ⟨2s; av⟩ *umg* **1** doppelt sehen; sich täuschen **2** *fig* ~ **per qn/qc** j-n/etw anbeten (*od* vergöttern)

stra·vin·ce·re V/T ⟨3d⟩ **1** restlos besiegen **2** auf der ganzen Linie siegen

stra·vi·zio M Ausschweifung *f*: **darsi agli -zi** ausschweifend leben

stra·vol·ge·re [-ɔ-] ⟨3d⟩ **A** V/T **1** verdrehen (*a. fig*) **2** (*volto*) verzerren **3** *fig* durcheinanderbringen **B** V/PR **-rsi** sich krümmen **stra·vol·to** [-ɔ-] ADJ **1** verdreht (*a. fig*) **2** (*volto*) verzerrt **3** *fig* verwirrt **4** *umg* erledigt

stra·zian·te ADJ **1** quälend **2** herzzerreißend **3** *hum* schrecklich, entsetzlich

stra·zia·re V/T ⟨1g⟩ **1** zerfleischen, zerfetzen **2** *fig* quälen, peinigen **3** *fig* verpfuschen

stra·zio M **1** Zerfleischung *f* **2** *fig* Pein *f* **3** *umg* Qual *f*: **che ~ quella musica!** diese Musik ist eine echte Qual! ♦ **sei uno ~!** es ist eine Katastrophe mit dir!

strea·mer ['strimer] M ⟨*inv*⟩ IT Bandlaufwerk *n*, Streamer *m*

street·ball [strit'bol] M ⟨*inv*⟩ Streetball *m*

stre·ga [-e-] F Hexe *f* ♦ **colpo della ~** Hexenschuss *m*

stre·ga·re V/T ⟨1e⟩ verhexen (*a. fig*) **stre·ga·to** ADJ verhext (*a. fig*) **stre·go·ne** [-o-] M **1** Hexenmeister *m* **2** Medizinmann *m* **stre·go·ne·ri·a** F Hexerei *f* (*a. fig*); Magie *f*

stre·gua [-ɛ-] **alla ~ di** (gleich) wie; **alla stessa ~** auf die gleiche Art wie

stre·ma·re V/T ⟨1b⟩ erschöpfen **stre·ma·to** ADJ erschöpft, (völlig) ermattet

stre·mo [-ɛ-] **allo ~** am Ende (seiner Kräfte); **lavorare fino allo ~** bis zur völligen Erschöpfung arbeiten

stren·na [-ɛ-] F (Weihnachts)Geschenk *n*

stre·nuo [-ɛ-] ADJ *fig* unermüdlich, wacker

stre·pi·ta·re V/I ⟨1l *u.* b; av⟩ **1** lärmen, poltern **2** rattern, rasseln **3** *umg* brüllen

stre·pi·to [-ɛ-] M Lärm *m*; Gerassel *n*

stre·pi·to·so [-o-] ADJ **1** geräuschvoll, lärmend **2** (*applausi*) tosend **3** (*risata*) schallend **4** *fig* überwältigend **5** *umg* umwerfend; großartig: **è ~!** das ist großartig!

stress [-ɛ-] M ⟨*inv*⟩ Stress *m*: **essere sotto ~** unter Stress stehen; **senza ~** stressfrei **stres·san·te** ADJ Stress verursachend, *umg* stressig; **non ~** stressfrei; **poco ~** wenig stressig

stres·sa·re ⟨1b⟩ **A** V/T stressen **B** V/PR **-rsi** unter Stress stehen **stres·sa·to** ADJ gestresst, stressgeplagt

stretch ['stretʃ] **A** ADJ ⟨*inv*⟩ Stretch-: **tessuto ~** Stretchgewebe *n* **B** M ⟨*inv*⟩ Stretch *m*

stret·ching ['stretʃiŋ] M ⟨*inv*⟩ Stretching *n*

stret·ta [-e-] F **1** Griff *m*: **allentare la ~** den Griff lockern **2** Druck *m* **3** Gedränge *n* **4** Stich *m*: **~ allo stomaco** Stich *m* im Magen **5** Engpass *m* (*a. fig*) ♦ **essere alle -e** in der Klemme stecken; **mettere qn alle -e** j-n in die Enge treiben; **~ di mano** Händedruck *m*, Händeschütteln *n*

stret·ta·men·te [-e-] ADV **1** eng **2** *fig* streng: **~ confidenziale** streng vertraulich **3** unbedingt: **~ necessario** unbedingt notwendig **stret·tez·za** [-e-] F **1** Enge *f* **2** *fig* Knappheit *f*, Mangel *m*

★**stret·to**[1] [-e-] ADJ **1** eng, schmal **2** eng, nah: **i parenti -i** die nahen Verwandten **3** fest: **un nodo ~** ein fester Knoten *m* **4** (zusammen)gedrängt **5** knapp: **una -a maggioranza** eine knappe Mehrheit *f* **6** streng, scharf: **dieta -a** strenge Diät *f*; **-a sorveglianza** scharfe Überwachung *f* ♦ **ridere a denti -i** gezwungen lächeln; **a ~ giro di posta** postwendend; **a pugni -i** mit geballten Fäusten

stret·to[2] [-e-] M GEOG Meerenge *f*

stret·to·ia [-o-] F **1** Engpass *m* (*a. fig*) **2** schwierige Lage *f*

stria·to ADJ gestreift

stria·tu·ra F Streifen *pl*

stric·ni·na F Strychnin *n*

stri·den·te [-ɛ-] ADJ **1** schrill, quietschend **2** (*contrasto*) krass **3** (*colore*) grell

stri·de·re V/I ⟨3a; av⟩ **1** kreischen, quietschen **2** (*fuoco*) knistern **3** (*oggetto caldo nell'acqua*) zischen **4** *fig* im Widerspruch stehen **5** (*colori*) sich beißen

stri·di·o M **1** Gekreisch(e) *n* **2** Quietschen *n*

stri·do M Schrei *m*

stri·do·re [-o-] M Kreischen *n*, Quiet-

S

schen *n* ♦ ~ **di denti** Zähneknirschen *n*
stri·du·lo ADJ schrill, kreischend
stri·glia F Striegel *m*
stri·gli·a·re V/T ⟨1g⟩ 1 striegeln 2 *fig* (aus)schimpfen **stri·glia·ta** F 1 Striegeln *n* 2 *fig* Standpauke *f*, Rüffel *m*: **prendersi una ~** einen Rüffel bekommen
★**stril·la·re** ⟨1a⟩ A V/I ⟨av⟩ schreien B V/T 1 brüllen, schreien 2 *umg* ausschimpfen **stril·la·ta** F Geschrei *n*
stril·lo M Schrei *m*
stril·lo·ne [-o-] M, **-a** F 1 Zeitungsverkäufer *m*, -in *f* 2 *umg* Schreihals *m*
stri·min·zi·to ADJ 1 (*indumenti*) eng; knapp 2 *fig* kümmerlich, *umg* mick(e)rig
strim·pel·la·men·to [-e-] M Geklimper *n*
strim·pel·la·re V/T ⟨1b⟩ ~ **il pianoforte** auf dem Klavier klimpern
strin·ga F 1 Schnürsenkel *m* 2 IT Zeichenfolge *f*, Kette *f*
strin·ga·re V/T ⟨1e⟩ 1 (zusammen)schnüren 2 *fig* kurzfassen **strin·ga·to** ADJ knapp
string·en·te [-ε-] ADJ 1 dringend, zwingend 2 überzeugend
★**strin·ge·re** ⟨3d⟩ A V/T 1 (zu)drücken: ~ **la mano a qn** j-m die Hand drücken 2 schließen, nehmen: ~ **qn tra le braccia** j-n in die Arme schließen 3 ~ **a sé qc** etw an sich (*akk*) pressen 4 MECH an-, festziehen 5 (*amicizia, alleanza*) schließen 6 (*indumenti*) enger machen 7 straffen, kurzfassen: **stringi!** fass dich kürzer! B V/I ⟨av⟩ 1 (*tempo*) drängen 2 (*indumenti, scarpe*) (zu) eng sein C V/PR **-rsi** 1 sich verengen, enger werden 2 sich (ein)hüllen 3 sich drücken: **-rsi contro il muro** sich gegen die Wand drücken 4 zusammenrücken ♦ ~ **la cinghia** den Gürtel enger schnallen (*a. fig*); **stringi stringi** letzten Endes; ~ **i tempi** sich beeilen
strip·pa·re V/I ⟨1a; av⟩ sich (*dat*) den Bauch vollschlagen **strip·pa·ta** F großes Essen *n*
strip-tease [strɪp'tiz] M ⟨*inv*⟩ Striptease *m od n*
stri·scia F 1 Streifen *m* 2 Comic *m* ♦ **a -sce** gestreift; **-sce pedonali** Zebrastreifen *m*, Fußgängerübergang *m*, *schweiz* Fußgängerstreifen *m*
stri·scian·te ADJ 1 kriechend 2 (*inflazione*) schleichend 3 *fig* kriecherisch
stri·scia·re ⟨1f⟩ A V/I ⟨av⟩ 1 ZOOL kriechen (*a. fig*) 2 ~ **contro qc** sich an etw (*dat*) entlangdrücken B V/T 1 schleppen 2 verkratzen 3 ~ **i piedi** schlurfen
stri·scia·ta F, **stri·scia·tu·ra** F 1 Streifen *n* 2 Schleif-, Kriechspur *f*
stri·scio M 1 Streifen *n* 2 MED Abstrich *m* ♦ **colpire di ~** streifen; **colpo di ~** Streifschuss *m*
stri·scio·ne [-o-] M Spruchband *n*, Transparent *n* ♦ SPORT ~ **d'arrivo** Zielband *n*
stri·to·la·re ⟨1l⟩ A V/T 1 zermalmen 2 vernichten B V/PR **-rsi** zerbröckeln
striz·za F *umg* Schiss *m*: **avere ~ di qn/qc** Schiss vor j-m/etw haben
striz·za·re V/T ⟨1a⟩ 1 (aus)wringen 2 auspressen ♦ ~ **l'occhio a qn** j-m zuzwinkern
stro·bo·sco·pi·co [-ɔ-] ADJ Stroboskop-: **luce -a** Stroboskoplicht *n*
stro·fa [-ɔ-] F Strophe *f*
★**stro·fi·nac·cio** M Putzlappen *m* ♦ ~ **da cucina** Geschirrtuch *n*
stro·fi·na·re ⟨1a⟩ A V/T 1 (ab)reiben 2 scheuern B V/PR **-rsi** 1 **-rsi contro qc** sich an etw (*dat*) reiben 2 **-rsi qc** sich (*dat*) etw reiben 3 *fig* sich einschmeicheln
strom·baz·za·men·to [-e-] M 1 *umg* Hupkonzert *n* 2 *fig* Ausposaunen *n*
strom·baz·za·re ⟨1a⟩ A V/I ⟨av⟩ *umg* herumhupen B V/T ausposaunen, an die große Glocke hängen
strom·bet·ta·re V/I ⟨1a; av⟩ 1 trompeten 2 (wiederholt) hupen **strom·bet·ta·ta** F 1 Trompeten *n* 2 Hupen *n*
stron·ca·re V/T ⟨1d⟩ 1 (*ramo*) abbrechen 2 (*malattia*) erliegen 3 (*reprimere*) unterdrücken 4 (*far fallire*) zunichtemachen 5 vernichtend kritisieren 6 ~ **la carriera a qn** j-s Karriere zerstören
stron·ca·tu·ra F 1 Abbrechen *n* 2 Verriss *m*
stron·zag·gi·ne F *vulg* 1 Hinterfotzigkeit *f* 2 Scheißdreck *m* **stron·za·ta** F *vulg* Scheiß *m*: **non dire -e!** red keinen Scheiß!; **ho fatto una ~** ich habe was Blödes gemacht; **non fare -e** mach keinen Scheiß
stron·zio [-o-] M Strontium *n*
stron·zo [-o-] M, **-a** F *vulg* 1 **stronzo** *m* Stück *n* Scheiße 2 Arschloch *n*, Scheißkerl *m*, blöde Kuh *f*
stro·pic·cia·re ⟨1f⟩ A V/T 1 zerknit-

tern, verknautschen **2** reiben **B** V/PR **-rsi** **1** knittern **2** sich reiben: **-rsi gli occhi** sich (*dat*) die Augen reiben

strop·pia·re V/T ⟨1a⟩ *umg* verkrüppeln ♦ **il troppo stroppia** allzu viel ist ungesund

stroz·za [-ɔ-] F *umg* Gurgel *f*

stroz·za·re ⟨1c⟩ **A** V/T **1** (er)würgen: **lo strozzerei** *umg* ich könnte ihn erwürgen **2** ersticken **3** verengen **4** *fig* (*usurai*) **~ qn** j-m den Hals abschneiden **5** *fig* (*discussione ecc.*) abwürgen **B** V/PR **-rsi** **1** sich (er)würgen **2** sich verengen

stroz·za·tu·ra F **1** Erdrosselung *f* **2** Verengung *f* **3** *fig* Hindernis *n*: **~ del traffico** Verkehrshindernis *n*

stroz·zi·nag·gio M Wucher *m*

stroz·zi·no M, **-a** F Wucherer *m*, -rin *f*

struc·ca·re ⟨1d⟩ **A** V/T abschminken **B** V/PR **-rsi** sich abschminken

stru·del M ⟨*inv*⟩ GASTR Strudel *m*

strug·gen·te [-ɛ-] ADJ verzehrend

strug·ge·re ⟨3cc⟩ **A** V/T **1** (*fondere*) schmelzen **2** *fig* verzehren **B** V/PR **-rsi** **1** schmelzen **2** *fig* **-rsi per qc** vor etw (*dat*) vergehen; **-rsi per qn** sich nach j-m verzehren

strug·gi·men·to [-e-] M **1** heftiges Verlangen *n*, Sehnsucht *f* **2** Pein *f*

stru·men·ta·le ADJ **1** instrumental, Instrumental- (*a.* MUS) **2** funktionell ♦ WIRTSCH **beni -i** Produktionsgüter *pl*

stru·men·ta·liz·za·re V/T ⟨1a⟩ **1** instrumentalisieren (*a.* MUS) **2** **~ qn** j-n zum Werkzeug machen **stru·men·ta·liz·za·zio·ne** [-o-] F Instrumentalisierung *f* (*a.* MUS)

stru·men·ta·re V/T ⟨1a⟩ MUS instrumentieren **stru·men·ta·zio·ne** [-o-] F **1** MUS Instrumentierung *f* **2** Instrumentarium *n*

★**stru·men·to** [-e-] M **1** Werkzeug *n* (*a. fig*) **2** Apparat *m*, Gerät *n*, Instrument *n* **3** MUS Musikinstrument *n* **4** *fig* Mittel *n*: **~ di potere** Machtmittel *n* ♦ **~ ad arco/a corde/a fiato/a percussione** Streich-/Saiten-/Blas-/Schlaginstrument *n*

stru·scia·re ⟨1f⟩ **A** V/T **1** streifen **2** scheuern **B** V/I ⟨av⟩ schleifen **C** V/PR **-rsi** **1** sich reiben **2** sich streifen **3** *umg* sich abküssen **4** *fig* **-rsi a qn** j-n umschmeicheln

strut·to¹ M Schweineschmalz *n*

strut·to² → struggere

strut·tu·ra F **1** Struktur *f*, Aufbau *m*, Gliederung *f* **2** Beschaffenheit *f* **3** (*edilizia*) Bau *m*; Gerüst *n* **4** (*intelaiatura*) Gestell *n*, Rahmen *m* (*a.* TECH) **5** Einrichtung *f*, Anlage *f*: **-e sportive** Sportanlagen *pl*; **-e industriali** Industrieanlagen *pl*

strut·tu·ra·le ADJ Struktur-, strukturell

strut·tu·ra·re V/T ⟨1a⟩ gliedern, strukturieren **strut·tu·ra·to** ADJ gegliedert, strukturiert **strut·tu·ra·zio·ne** [-o-] F Gliederung *f*

struz·zo M ZOOL Strauß *m* ♦ **boa di ~** Federboa *f*; *fig* **fare lo ~** den Kopf in den Sand stecken

stuc·ca·re¹ V/T ⟨1d⟩ **1** **qc stucca a qn** j-d hat etw satt **2** *fig* langweilen

stuc·ca·re² V/T ⟨1d⟩ **1** verkitten, spachteln **2** stuckieren **stuc·ca·to·re** [-o-] M, **-tri·ce** F Stuckateur *m*, -in *f*

stuc·che·vo·le [-e-] ADJ **1** (*cibi*) ekelerregend **2** *fig* (*parole*) schleimig, süßlich **3** langweilig, lästig

stuc·co¹ M **1** Kitt *m* **2** Stuck *m* ♦ *umg* **restare** (*od* **rimanere**) **di ~** verblüfft sein

stuc·co² ADJ **essere ~ di qc** etw (*gen*) überdrüssig sein, etw satthaben

stu·den·ta·to M **1** Studienzeit *f* **2** Studentenheim *n*

★**stu·den·te** [-ɛ-] M **1** (*a scuola*) Schüler *m* **2** (*all'università*) Student *m* **stu·den·te·sco** [-e-] ADJ **1** Schüler- **2** Studenten-

★**stu·den·tes·sa** [-e-] F **1** (*a scuola*) Schülerin *f* **2** (*all'università*) Studentin *f*

★**stu·dia·re** ⟨1k⟩ **A** V/T **1** lernen **2** (*all'università*) studieren **3** (*analizzare*) studieren **4** (*osservare*) beobachten **5** (*esaminare*) untersuchen **6** einstudieren, (ein)üben **B** V/PR **-rsi** sich beobachten ♦ **~ da avvocato** eine Ausbildung als Rechtsanwalt machen; *umg* **studiarle tutte** alles probieren

stu·dia·to ADJ **1** wohldurchdacht **2** gekünstelt, affektiert

★**stu·dio** M **1** Lernen *n*, Studium *n* **2** *pl* (*all'università*) Studium *n*, Studiengang *m* **3** Studie *f* **4** (Er)Forschung *f*, Untersuchung *f* **5** Arbeitszimmer *n* **6** Büro *n* **7** (*medico*) Praxis *f* **8** (*artisti ecc.*) Atelier *n* **9** (*avvocati, notai*) Kanzlei *f* **10** RADIO, TV (*cinema*) Studio *n* **11** Entwurf *m*, Projekt *n* ♦ **borsa di ~** Stipendium *n*; **materia di ~** Studienfach *n*

stu·dio·lo [-ɔ-] M kleines Arbeitszimmer *n*

stu·dio·so [-o-] **A** ADJ fleißig **B** M, **-a**

S

F Wissenschaftler *m*, -in *f*
stu·fa F Ofen *m*
stu·fa·re ⟨1a⟩ **A** V/T **1** GASTR schmoren **2** *umg* langweilen, anöden **B** V/PR **-rsi di qc/qn** etw/j-n satthaben
stu·fa·to **A** ADJ GASTR geschmort **B** M Schmorbraten *m*
stu·fo ADJ *umg* **essere ~ di qn/qc** j-n/etw satthaben
stunt [stant] M ⟨*inv*⟩ Stunt *m*
stunt·man [stant'mɛn] M ⟨*inv*⟩ Stuntman *m*
stuo·ia [-ɔ-] F Matte *f*
stuo·i·no M Türvorleger *m*
stuo·lo [-ɔ-] M Schar *f*, Menge *f*
stu·pe·fa·cen·te [-ɛ-] **A** ADJ **1** erstaunlich **2** Rausch- **B** M Rauschmittel *n*, Rauschgift *n* ♦ **traffico di -i** Rauschgifthandel *m*
stu·pe·fa·re ⟨3aa⟩ **A** V/T erstaunen **B** V/PR **-rsi** staunen **stu·pe·fat·to** ADJ erstaunt **stu·pe·fa·zio·ne** [-o-] F **1** Erstaunen *n*, Verwunderung *f* **2** MED Rauschzustand *m*
★**stu·pen·do** [-ɛ-] ADJ wunderbar, fantastisch
stu·pi·dag·gi·ne F **1** Blödsinn *m*: **che ~!** so ein Blödsinn! **2** Dummheit *f* **3** Kleinigkeit *f* **stu·pi·di·tà** F ⟨*inv*⟩ Dummheit *f*
★**stu·pi·do** **A** ADJ dumm, blöd(e), stupid(e) **B** M, **-a** F Dummkopf *m*, Dumme *m/f*, *umg* Dussel *m*
stu·pi·re ⟨4d⟩ **A** V/T erstaunen, verwundern **B** V/PR **-rsi di qc** sich über etw (*akk*) wundern **stu·pi·to** ADJ verwundert, erstaunt **stu·po·re** [-o-] M (Er)Staunen *n*
stu·pra·re V/T ⟨1a⟩ vergewaltigen
stu·pra·to·re [-o-] M, **-tri·ce** F Vergewaltiger *m*, -in *f*
stu·pro M Vergewaltigung *f*
stu·ra·re V/T ⟨1a⟩ **1** entkorken, entstöpseln **2** (*tubo*) reinigen, frei machen
★**stuz·zi·ca·den·ti** [-ɛ-] M ⟨*inv*⟩ Zahnstocher *m*
stuz·zi·can·te ADJ **1** anregend, reizend **2** (*cibo*) appetitanregend
stuz·zi·ca·re ⟨1l *u.* d⟩ **A** V/T **1** reizen (*a. fig*) **2** er-, anregen **B** V/PR **-rsi** sich necken
stuz·zi·chi·no M Häppchen *n*
★**su** **A** PRÄP **1** (*stato in luogo*) auf (+*dat*): **il libro è sulla tavola** das Buch liegt auf dem Tisch **2** über (+*dat*) **3** (*moto a. luogo*) auf (+*akk*): **salire sulla scala** auf die Leiter steigen **4** über (+*akk*) **5** an: **sul Tevere** am Tiber **6** **andiamo sul Lago Maggiore** wir fahren an den Lago Maggiore **7** in: **sul treno** im Zug; **sul giornale** in der Zeitung **8** **salire sull'autobus** in den Bus steigen **9** (*argomento*) über: **una conferenza sul disarmo** ein Vortrag über die Abrüstung **10** ungefähr, etwa, zirka: **sulle tre ore** etwa drei Stunden **11** (*distributivo*) **uno ~ dieci** einer von zehn **12** **commettere sbagli ~ sbagli** einen Fehler nach dem anderen machen **B** ADV **1** (*stato in luogo*) oben; darauf **2** (*moto a luogo*) nach oben; herauf; hinauf **C** INT auf, los: **~, ~** los, los! ♦ **la camera dà sul terrazzo** das Zimmer geht auf die Terrasse; **dormirci ~** darüber schlafen; **sul far del giorno** bei Tagesanbruch; **in ~** hinauf, nach oben; aufwärts; **~ col morale!** Kopf hoch!; **~ per giù** ungefähr; **salta ~!** steig ein!; **stare ~** oben bleiben; (*stare dritto*) sich aufrecht halten
★**sua** → suo
su·ac·cen·na·to ADJ oben erwähnt
sua·den·te [-ɛ-] ADJ **1** überzeugend **2** schmeichelnd
sub M/F ⟨*inv*⟩ Taucher *m*, -in *f*
su·bac·que·o **A** ADJ Unterwasser- **B** M, **-a** F Taucher *m*, -in *f*
su·baf·fit·ta·re V/T ⟨1a⟩ **1** untervermieten **2** zur Untermiete wohnen
su·baf·fit·to M Untermiete *f*
su·baf·fit·tua·rio M, **-a** F Untermieter *m*, -in *f*
su·bal·ter·no [-ɛ-] **A** ADJ untergeben, subaltern **B** M, **-a** F Untergebene *m/f*
su·bap·pal·ta·re V/T ⟨1a⟩ **1** an einen Subunternehmer vergeben **2** weitergegebene Aufträge übernehmen **su·bap·pal·ta·to·re** [-o-] M, **-tri·ce** F Subunternehmer *m*, -in *f* **su·bap·pal·to** M Weitervergabe *f* (von Aufträgen)
sub·bu·glio M Aufregung *f*, Aufruhr *m*

su + Artikel

+	il	lo	i	l'	gli	la	le
su	**sul**	**sullo**	**sul**	**sull'**	**sugli**	**sulla**	**sulle**

sub·con·scio [-ɔ-], **sub·co·scien·te** [-ɛ-] A ADJ unterbewusst B M Unterbewusstsein *n*
sub·cul·tu·ra F Subkultur *f*
sub·di·rec·to·ry [subdaiˈrɛktori] F ‹*inv*› IT Unterverzeichnis *n*
sub·do·lo ADJ hinterlistig, falsch
su·ben·tran·te ADJ **inquilino ~** Nachmieter *m* **su·ben·tra·re** V/I ‹es› 1 **~ a qn in qc** etw an j-s Stelle übernehmen 2 **~ a qc** etw (*dat*) folgen 3 eintreten: **sono subentrate complicazioni** es sind Komplikationen eingetreten
sub·for·ni·to·re [-ɔ-] M Zulieferbetrieb *m*
su·bin·qui·li·no M, **-a** F Untermieter *m*, -in *f*
★**su·bi·re** V/T ‹4d› 1 erleiden 2 **~ qc** etw (*dat*) unterzogen werden 3 ertragen 4 *fig* hinnehmen
su·bis·sa·re V/T ‹1a› **~ qn di qc** j-n mit etw überhäufen
su·bis·so M Unmenge *f*
su·bi·ta·nei·tà F ‹*inv*› Plötzlichkeit *f*, Jähheit *f* **su·bi·ta·ne·o** ADJ plötzlich, jäh
★**su·bi·to** ADV sofort, gleich
su·bli·ma·re V/T & V/I ‹1a; es› CHEM, PSYCH sublimieren (*a. fig*) **su·bli·ma·zio·ne** [-o-] F 1 CHEM Sublimation *f* 2 PSYCH Sublimierung *f* 3 *fig* Erhebung *f*, Erhöhung *f*, Adelung *f*
su·bli·me ADJ erhaben, sublim
sub·li·mi·na·le ADJ unterschwellig
su·bli·mi·tà F ‹*inv*› Erhabenheit *f*
sub·lo·ca·zio·ne [-o-] F Untervermietung *f*
sub·nor·ma·le A ADJ 1 unterentwickelt 2 zurückgeblieben B M/F 1 Unterentwickelte *m/f* 2 Zurückgebliebene *m/f*
su·bo·do·ra·re V/T ‹1a› wittern, ahnen
su·bor·di·na·re V/T ‹1m› unterordnen (*a.* GRAM); unterstellen **su·bor·di·na·ta** F Nebensatz *m* **su·bor·di·na·ta·men·te** [-e-] ADV **~ a qc** je nach etw **su·bor·di·na·to** A ADJ 1 untergeordnet, unterstellt 2 abhängig (*a.* GRAM): **~ a qn/qc** von j-m/etw abhängig B M, **-a** F Untergebene *m/f* **su·bor·di·na·zio·ne** [-o-] F 1 Unterordnung *f* 2 Abhängigkeit *f*
su·bor·di·ne [-o-] **in ~** untergeordnet
sub·stra·to M 1 Substrat *n* 2 BIOL Nährboden *m* **sub·to·ta·le** M Zwischensumme *f* **sub·tro·pi·ca·le** ADJ subtropisch
su·bur·ba·no ADJ vorstädtisch, Vorort-
su·bur·bio M Vorstadt *f*
suc·ce·da·ne·o A ADJ Ersatz- B M Ersatz(stoff) *m*
★**suc·ce·de·re** [-ɛ-] ‹3a *u.* l› A V/I ‹es› 1 geschehen, passieren, vorkommen: **cosa succede?** was ist los?; **sono cose che succedono** so etwas kommt (eben) vor 2 *unpers* **a volte succede di, che …** manchmal passiert es, dass … 3 **~ a qn in un impegno** j-s Aufgabe übernehmen 4 **~ a qn in qc** j-m (*od* auf j-n) in etw (*dat*) folgen B V/PR **-rsi** aufeinanderfolgen
suc·ces·sio·ne [-o-] F 1 (Nach)Folge *f* 2 Erbschaft *f*, Nachlass *m* 3 Reihe *f* (*a.* MATH), Reihenfolge *f*
suc·ces·si·vo ADJ (darauf) folgend, nächst: **il giorno ~** am nächsten Tag
★**suc·ces·so**¹ [-ɛ-] M Erfolg *m* ♦ **canzone di ~** Schlager *m*; THEAT (*cinema*) **~ di cassetta** Kassenerfolg *m*
★**suc·ces·so**² [-ɛ-] → succedere
suc·ces·so·ne M *umg* Bombenerfolg *m*
suc·ces·so·re [-o-] A ADJ Nachfolger- B M, **suc·ce·di·tri·ce** F 1 Nachfolger *m*, -in *f* 2 Erbe *m*, Erbin *f* **suc·ces·so·rio** [-ɔ-] ADJ erbschaftlich, Erb-: **patto ~** Erbvertrag *m*
suc·chia·re V/T ‹1k› 1 saugen 2 lutschen ♦ **~/-rsi il pollice** am Daumen lutschen
suc·chia·ta F **dare una ~ a qc** an etw (*dat*) saugen **suc·chiot·to** [-ɔ-] M 1 Schnuller *m* 2 *umg* Knutschfleck *m*
suc·cin·to ADJ 1 knapp, wenig: **in abiti -i** leicht bekleidet 2 *fig* kurz, bündig
suc·ci·ta·to ADJ obig, oben genannt
suc·co M 1 Saft *m* (*a.* ANAT) 2 *fig* Kern *m* ♦ ★ **~ di frutta** (Frucht)Saft *m*; **~ alla pera** Birnensaft *m*
suc·co·so [-o-] ADJ 1 saftig 2 *fig* gehaltvoll
suc·cu·be ADJ hörig: **essere ~ di qn/qc** j-m/etw hörig sein
suc·cu·len·to [-ɛ-] ADJ 1 saftig 2 köstlich **suc·cu·len·za** [-ɛ-] F 1 Saftigkeit *f* 2 Köstlichkeit *f*
suc·cur·sa·le [-ˈsa-] F Filiale *f*, Zweigstelle *f*
★**sud** A ADJ ‹*inv*› Süd-, südlich B M 1 Süden *m* 2 Süditalien *n* ♦ **a ~ di** südlich von; **verso ~** südwärts
su·da·fri·ca·no A ADJ südafrikanisch

B M, **-a** F Südafrikaner *m*, -in *f*
Su·dan M Sudan *m* **su·da·ne·se** [-e-] **A** ADJ sudanesisch **B** M/F Sudanese *m*, -sin *f*
★**su·da·re** ⟨1a⟩ **A** V/T & V/I ⟨av⟩ schwitzen (*a. fig*): **~ freddo** Blut und Wasser schwitzen; **~ su qc** über etw (*dat*) schwitzen **B** V/PR **-rsi qc** *fig* sich (*dat*) etw erarbeiten
su·da·ta F **1** **fare una ~** schwitzen **2** Anstrengung *f* **su·da·tic·cio** ADJ schweißig, schweißnass **su·da·to** ADJ **1** verschwitzt **2** *fig* mühevoll erreicht
sud·det·to [-e-] ADJ oben genannt, obig
sud·di·tan·za F **1** Untertänigkeit *f* **2** *fig* Abhängigkeit *f*
sud·di·to M, **-a** F Untertan *m*, -in *f*
sud·di·vi·de·re ⟨3q⟩ **A** V/T **1** unterteilen **2** verteilen **B** V/PR **-rsi** sich verteilen
sud·di·vi·si·bi·le ADJ unterteilbar **sud·di·vi·sio·ne** [-o-] F **1** Unterteilung *f* **2** Verteilung *f*
sud·est [-ɛ-] M Südosten *m*
su·di·ce·ri·a F **1** Schmierigkeit *f* **2** *fig* Schweinerei *f* **su·di·cio** **A** ADJ schmutzig, dreckig (*a. fig*) **B** M Dreck *m*
su·di·cio·ne [-o-] **A** ADJ schmierig (*a. fig*) **B** M, **-a** F Dreckspatz *m* **su·di·ciu·me** M Dreck *m*
sud·oc·ci·den·ta·le ADJ südwestlich
su·do·ra·zio·ne [-o-] F Schwitzen *n*
★**su·do·re** [-o-] M Schweiß *m* (*a. fig*) ♦ *fig* **con il ~ della fronte** im Schweiße seines Angesichts
sud·o·rien·ta·le ADJ südöstlich
su·do·ri·fe·ro ADJ schweißtreibend
su·do·ri·pa·ro ADJ ANAT Schweiß-: **ghiandola -a** Schweißdrüse *f*
sud·o·vest [-ɔ-] M Südwesten *m*
suf·fi·cien·te [-ɛ-] **A** ADJ **1** genügend, ausreichend **2** *fig* überheblich **B** M Notwendige *n*: **il ~ per vivere** das Lebensnotwendige
suf·fi·cien·za [-ɛ-] F **1** Genüge *f* **2** Überheblichkeit *f* **3** (*voto*) Ausreichend *n* ♦ **a ~** genug, zur Genüge
suf·fis·so M Suffix *n*, Nachsilbe *f*
suf·fra·get·ta [-e-] F *umg pej* Emanze *f*
suf·fra·gio M **1** Wahlrecht *n*: **~ universale** allgemeines Wahlrecht *n* **2** Stimme *f* **3** Zustimmung *f*
suf·fra·gi·sta M/F Frauenrechtler *m*, -in *f*
suf·fu·mi·gio M Inhalation *f*: **fare i -gi** inhalieren
sug·gel·la·re V/T ⟨1b⟩ **1** versiegeln **2** *fig* besiegeln **sug·gel·lo** [-ɛ-] M **1** Siegel *n* **2** *fig* Besiegelung *f*
sug·ge·ri·men·to [-e-] M **1** Rat(-schlag) *m*, Empfehlung *f* **2** Vorschlag *m* **3** Vor-, Einsagen *n*
sug·ge·ri·re V/T ⟨4d⟩ **1** **~ qc a qn** j-m etw empfehlen (*od* raten) **2** vorschlagen **3** vor-, einsagen **4** THEAT soufflieren **sug·ge·ri·to·re** [-o-] M, **-tri·ce** F Souffleur *m*, Souffleuse *f*
sug·ge·stio·na·bi·le ADJ beeinflussbar
sug·ge·stio·na·bi·li·tà F ⟨*inv*⟩ Beeinflussbarkeit *f*
sug·ge·stio·na·re V/T ⟨1a⟩ beeinflussen ♦ **lasciarsi ~** beeinflussbar sein
sug·ge·stio·ne [-o-] F **1** Suggestion *f*, Beeinflussung *f* **2** (*fascino*) Zauber *m*
sug·ge·sti·vi·tà F ⟨*inv*⟩ Zauber *m*
sug·ge·sti·vo ADJ **1** suggestiv **2** stimmungs-, eindrucksvoll **3** beeindruckend, faszinierend
su·ghe·ro M **1** BOT Korkeiche *f* **2** Kork *m* ♦ **tappo di ~** Korken *m*
su·gli → su
★**su·go** M **1** Soße *f*: **al ~** mit (Tomaten)Soße **2** Saft *m* **3** *fig* Kern *m*
su·go·so [-o-] ADJ **1** saftig **2** *fig* gehaltvoll
sui → su
sui·ci·da **A** ADJ selbstmörderisch, Selbstmord- **B** M/F Selbstmörder *m*, -in *f*
sui·ci·dar·si [-si] V/PR ⟨1a⟩ sich umbringen
sui·ci·dio M Selbstmord *m* (*a. fig*)
su·in·di·ca·to ADJ oben genannt
su·i·no **A** ADJ Schweine-: **carne -a** Schweinefleisch *n* **B** M Schwein *n*
sul → su
sul·fa·mi·di·co M Sulfonamid *n*
sul·fu·re·o ADJ **1** Schwefel-, schwefelig **2** schwefelhaltig **3** schwefelgelb
sul·la, **sul·le**, **sul·lo** → su
sul·ta·ni·na ADJ **uva ~** Sultanine *f*
sul·ta·no M, **-a** F Sultan *m*, -in *f*
sum·men·zio·na·to ADJ oben erwähnt, oben genannt
sum·mit ['sʌmɪt] M ⟨*inv*⟩ Gipfeltreffen *n*
sun·no·mi·na·to ADJ, **sun·no·ta·to** ADJ oben erwähnt
sun·to M Zusammenfassung *f*: **fare un ~ di qc** etw zusammenfassen
★**suo** **A** ADJ ⟨*poss; f* **sua**; *mpl* **suoi**; *fpl* **sue**⟩ **1** (*di lui*) sein(e): **la -a casa** sein Haus; **l'associazione e i suoi membri** der Verein und seine Mitglieder **2** (*di lei*) ihr(e):

S

~ **fratello** ihr Bruder **3** (*forma di cortesia*) **Suo** *m* (*f* **Sua**; *mpl* **Suoi**; *fpl* **Sue**) Ihr(e): **le Sue valige** Ihre Koffer **B** POSS PR **1** seiner, seines, seine **2** ihrer, ihres, ihre **3** (*forma di cortesia*) **Suo** *m* (*f* **Sua**; *mpl* **Suoi**; *fpl* **Sue**) Ihrer, Ihre, Ihres: **la borsa è la Sua?** ist dies Ihre Tasche? **4** (*lettera*) **la Sua** Ihr Schreiben ♦ **dire la -a** seine Meinung sagen; **stare sulle -e** zurückhaltend (*od* reserviert) sein; **i suoi** seine, ihre Eltern; **ogni cosa a ~ tempo** alles zu seiner Zeit

★**suo·ce·ra** [-ɔ-] F Schwiegermutter *f*

★**suo·ce·ro** [-ɔ-] M **1** Schwiegervater *m* **2** *pl* Schwiegereltern *pl*

suo·la [-ɔ-] F (Schuh)Sohle *f*: ~ **con la zeppa** Plateausohle *f*

suo·la·re V/T ⟨1c⟩ (be)sohlen

★**suo·lo** [-ɔ-] M Boden *m*, Grund *m*

★**suo·na·re** ⟨1o⟩ **A** V/T **1** MUS spielen **2** (*orologio*) schlagen **3** ~ **il campanello** klingeln **4** ~ **il clacson** hupen **5** ~ **l'allarme** Alarm geben **B** V/I ⟨av⟩ **1** spielen: ~ **in un'orchestra** in einem Orchester spielen **2** klingeln; läuten **3** *fig* ⟨es, av⟩ klingen: ~ **bene** gut klingen ♦ *umg* **suonarle a qn** j-n verhauen

suo·na·ta F **1** Geläut(e) *n*; Geklingel *n* **2** *umg* Tracht *f* Prügel **suo·na·to** ADJ **1** **avere trent'anni -i** (schon) über dreißig sein **2** *umg* bekloppt **suo·na·to·re** [-o-] M, **-tri·ce** F MUS Spieler *m*, -in *f*: ~ **ambulante** Straßenmusikant *m* **suo·ne·ri·a** F **1** (*orologio*) Schlagwerk *n*, Läutwerk *n* **2** Alarmglocke *f*

suo·no [-ɔ-] M **1** Klang *m*, Ton *m* **2** Wohlklang *m* **3** LING Laut *m* **4** PHYS Schall *m* ♦ **tecnico del ~** Tontechniker *m*

★**suo·ra** [-ɔ-] F Nonne *f*, Schwester *f*

su·per ADJ ⟨inv⟩ **benzina ~** Super(-benzin) *n*

su·pe·ra·ci·di·tà F ⟨inv⟩ Übersäuerung *f* **su·pe·ral·co·li·co** [-ɔ-] **A** ADJ hochprozentig **B** M Spirituose *f* **su·pe·ra·li·men·ta·zio·ne** [-o-] F Überernährung *f*

su·pe·ra·men·to [-e-] M **1** Übersteigen *n* **2** (*limiti*) Überschreiten *n* **3** AUTO Überholen *n* **4** (*esame*) Bestehen *n* **5** *fig* Überwinden *n*

su·pe·ra·re V/T ⟨1l⟩ **1** überschreiten: ~ **il peso** das Gewicht überschreiten **2** überragen, übertreffen (*a. fig*) **3** ~ **qn** (**in altezza**) größer sein als j-d **4** AUTO überholen **5** (*traguardo*) erreichen **6** (*vincere*) besiegen **7** *fig* überwinden **8** (*esame*) bestehen

su·pe·ra·to ADJ *fig* überholt

su·per·bia [-ɛ-] F Hochmut *m*, Stolz *m*

su·per·bo [-ɛ-] ADJ **1** stolz, hochmütig **2** großartig, prächtig

su·per·car·bu·ran·te M Superbenzin *n* **su·per·car·ce·re** M *umg* Hochsicherheitsgefängnis *n* **su·per·con·dut·to·re** [-o-] M Supraleiter *m* **su·per·do·ta·to** ADJ hochbegabt

su·per·fi·cia·le **A** ADJ **1** oberflächlich (*a. fig*) **2** obere: **strato ~** obere Schicht *f* **B** M/F oberflächlicher Mensch *m* **su·per·fi·cia·li·tà** F ⟨inv⟩ Oberflächlichkeit *f* (*a. fig*)

★**su·per·fi·cie** F (Ober)Fläche *f* (*a.* GEOM) ♦ **emergere in ~** an die Oberfläche kommen

su·per·flui·tà F ⟨inv⟩ Überflüssigkeit *f*

su·per·fluo [-ɛ-] ADJ überflüssig, unnötig

★**su·pe·rio·re** [-o-] **A** ADJ **1** obere, Ober- **2** ~ **a qc** höher (*od* größer, mehr) als etw **3** (*qualità*) höherwertig, besser; best **4** überlegen: ~ **a qn/qc** j-m/etw überlegen **B** M/F Vorgesetzte *m/f* ♦ ~ **alla media** überdurchschnittlich; **scuola media ~** höhere Schule *f* (9. bis 13. Schuljahr)

su·pe·rio·ri·tà F ⟨inv⟩ Überlegenheit *f*

su·per·la·ti·vo **A** ADJ *fig* großartig, außergewöhnlich **B** M GRAM Superlativ *m*

su·per·mar·ket [super'market] M ⟨inv⟩ Supermarkt *m*

★**su·per·mer·ca·to** M Supermarkt *m* **su·per·nu·tri·zio·ne** [-o-] F Überernährung *f* **su·per·pe·tro·lie·ra** [-ɛ-] F Supertanker *m* **su·per·po·ten·za** [-ɛ-] F Supermacht *f* **su·per·so·ni·co** [-ɔ-] ADJ Überschall-: **aereo ~** Überschallflugzeug *n*

su·per·sti·te [-ɛ-] **A** ADJ **1** überlebend **2** *fig* hinterblieben **B** M/F **1** Überlebende *m/f* **2** *fig* Hinterbliebene *m/f*

su·per·sti·zio·ne [-o-] F Aberglaube *m*

su·per·sti·zio·so [-o-] **A** ADJ abergläubisch **B** M, **-a** F abergläubischer Mensch *m*

su·per·stra·da F Schnellstraße *f* **su·per·te·ste** [-ɛ-] M/F, **su·per·te·sti·mo·ne** [-ɔ-] M/F Hauptzeuge *m*, -zeugin *f* **su·per·vi·sio·na·re** V/T ⟨1a⟩ beaufsichtigen

su·per·vi·sio·ne [-o-] F **1** Oberaufsicht *f* **2** (*cinema*) künstlerische Leitung *f*

S

su·per·vi·so·re [-o-] M, **-a** F **1** Supervisor *m*, -in *f* **2** (*cinema*) künstlerischer Leiter *m*, künstlerische Leiterin *f*

su·pi·no ADJ **1** auf dem Rücken, rücklings **2** bedingungslos

sup·pel·let·ti·le [-ɛ-] F **1** Einrichtungsgegenstand *m* **2** ARCHÄOL Fundgegenstand *m* ♦ **-i di casa** Hausrat *m*

sup·per·giù ADV *umg* ungefähr, etwa

sup·ple·men·ta·re ADJ **1** zusätzlich, Zusatz-; Ergänzungs- **2** MATH, GEOM Supplement- **3** SPORT **tempo ~** Verlängerung *f* **sup·ple·men·to** [-e-] M **1** Ergänzung *f* **2** BAHN Zuschlag *m* **3** (*di giornali*) Beilage *f* ♦ **~ intercity** IC-Zuschlag *m*

sup·plen·te [-ɛ-] **A** ADJ **1** Aushilfs- **2** vertretend **B** M/F (*insegnante*) Vertretungslehrer *m*, -in *f* **sup·plen·za** [-ɛ-] F Vertretung *f* **sup·ple·ti·vo** ADJ zusätzlich, ergänzend: **norme -e** ergänzende Regeln *pl*

sup·plì M ⟨*inv*⟩ Reiskrokette *f*

sup·pli·ca F **1** Bitte *f* **2** Bittschrift *f* **3** REL Anrufung *f* **sup·pli·can·te** **A** ADJ flehend, bittend **B** M/F Bittsteller *m*, -in *f* **sup·pli·ca·re** V/T ⟨1l *u.* d⟩ anflehen

sup·pli·che·vo·le [-e-] ADJ flehend

sup·pli·re ⟨4d⟩ **A** V/I ⟨av⟩ **~ a qc con qc** etw durch etw ausgleichen **B** V/T (*persone*) vertreten, ersetzen

sup·pli·zio M **1** Tortur *f* **2** Hinrichtung *f* **3** *fig* Qual *f*, Heimsuchung *f*

sup·po·nen·te [-ɛ-] ADJ anmaßend **sup·po·nen·za** [-ɛ-] F Anmaßung *f*

★**sup·por·re** [-o-] V/T ⟨3ll⟩ annehmen, vermuten: **tutto fa ~ che …** alles deutet darauf hin, dass …

sup·por·ta·re V/T ⟨1c⟩ **1** **~ qn/qc** j-n/etw (unter)stützen **2** MECH lagern **sup·por·ta·to** ADJ **~ da computer** computergestützt

sup·por·to [-ɔ-] M **1** Stütze *f* (*a. fig*) **2** Träger *m*, Halter *m* **3** Gestell *n* ♦ **~ audio** Tonträger *m*; **~ dati** Datenträger *m*; IT **~ tecnico** Support *m*

sup·po·si·zio·ne [-o-] F **1** Annahme *f*, Vermutung *f* **2** JUR Unterschiebung *f*

sup·po·sta [-o-] F Zäpfchen *n*

sup·po·sto [-o-] ADJ vermutlich ♦ **~ che …** angenommen, dass …

sup·pu·ra·re V/I ⟨1a; es, av⟩ (ver)eitern

sup·pu·ra·ti·vo ADJ eiternd

sup·pu·ra·zio·ne [-o-] F Eiterung *f*

su·pre·ma·zi·a F Vorherrschaft *f*

su·pre·mo [-ɛ-] ADJ **1** höchst, oberst **2** *fig* letzt: **il giorno ~** der letzte Tag

sur·clas·sa·re V/T ⟨1a⟩ **1** SPORT deklassieren **2** weit überlegen sein: **~ qn in qc** j-m in etw (*dat*) weit überlegen sein

surf [səf] M ⟨*inv*⟩ **1** Surfen *n* **2** Surfbrett *n* ♦ **fare ~** surfen; **tavola da ~** Surfbrett *n*

sur·fi·sta M/F Surfer *m*, -in *f*

sur·ge·la·re V/T ⟨1b⟩ tiefkühlen

★**sur·ge·la·to** **A** ADJ tiefgekühlt **B** M Tiefkühlkost *f*

sur·plus M ⟨*inv*⟩ Überschuss *m*

sur·re·a·le ADJ surreal

sur·re·a·li·smo [-zmo] M Surrealismus *m* **sur·re·a·li·sta** M/F Surrealist *m*, -in *f*

sur·ri·scal·da·men·to [-e-] M Überhitzung *f* (*a.* PHYS, TECH) **sur·ri·scal·da·re** ⟨1a⟩ **A** V/T überhitzen (*a.* PHYS, TECH) **B** V/PR **-rsi** **1** heiß laufen **2** *fig* sich erhitzen, sich aufheizen

sur·ro·ga·re V/T ⟨1c *u.* e⟩ **1** **~ qn/qc con qn/qc** j-n/etw durch j-n/etw ersetzen **2** **~ qn** für j-n einspringen **sur·ro·ga·to** M Ersatz *m*, Surrogat *n* (*a. fig*)

su·scet·ti·bi·le ADJ **1** **~ di qc** zu etw fähig **2** empfindlich **su·scet·ti·bi·li·tà** F ⟨*inv*⟩ Empfindlichkeit *f*

su·sci·ta·re V/T ⟨1!⟩ erregen, erwecken, auslösen, hervorrufen

su·si·na F Susine *f*, Zwetschge *f*

sus·pense ['səspens] F ⟨*inv*⟩ Spannung *f* ♦ **ricco di ~** spannend

sus·se·gui·re ⟨4b⟩ **A** V/I ⟨es⟩ folgen: **a qc susségue qc** etw folgt etw (*dat*) **B** V/PR **-rsi** aufeinanderfolgen

sus·si·dia·re V/T ⟨1k⟩ **1** unterstützen **2** subventionieren **sus·si·dia·rio** **A** ADJ Hilfs- **B** M Lehrbuch *n* für die Grundschule

sus·si·dio M **1** Hilfsmittel *n* **2** Beihilfe *f*, Zuschuss *m*, Unterstützung *f*

sus·sie·go [-ɛ-] M würdevolle Haltung *f*

sus·si·sten·te [-ɛ-] ADJ **1** vorhanden **2** triftig **sus·si·sten·za** [-ɛ-] F **1** Bestehen *n* **2** Unterhalt *m* ♦ **mezzi di ~** Lebensunterhalt *m*

sus·si·ste·re V/I ⟨3f; es⟩ bestehen, vorliegen

sus·sul·ta·re V/I ⟨1a; av⟩ **1** zusammen-, auffahren, zusammenzucken **2** (*veicoli*) holpern **sus·sul·to** M Zusammenfahren *n*: **avere un ~** zusammenfahren

★**sus·sur·ra·re** ⟨1a⟩ **A** V/T (zu)flüstern **B** V/I ⟨av⟩ **1** flüstern **2** (*vento*) säuseln **3** rauschen **4** munkeln: **la gente sussurra che …** die Leute munkeln, dass … **C**

V/PR **-rsi qc** sich (*dat*) etw zuflüstern
sus·sur·ro M **1** Flüstern *n*, Murmeln *n* **2** (*vento*) Säuseln *n* **3** Rauschen *n*
su·tu·ra F (*chirurgia*) Nähen *n*; Naht *f*
suv·vi·a INT komm (doch), los
svac·car·si [zvak'karsi] V/PR ⟨1d⟩ *umg* sich (hin)lümmeln
svac·ca·to [zv-] ADJ *umg* schlampig, lustlos
sva·ga·re [zv-] ⟨1e⟩ **A** V/T **1** ablenken **2** auf andere Gedanken bringen **B** V/PR **-rsi** sich ablenken, sich zerstreuen **sva·ga·tez·za** [-e-] F Zerstreutheit *f* **sva·ga·to** ADJ zerstreut
sva·go [zv-] M Zerstreuung *f*, Ablenkung *f*
sva·li·gia·men·to [zvalidʒa'mento] M **1** Ausplünderung *f* **2** Einbruch *m* **sva·li·gia·re** V/T ⟨1f⟩ **1** ausrauben **2** einbrechen in (*akk*) **sva·li·gia·to·re** [-o-] M, **-tri·ce** F **1** Plünderer *m*, -rin *f* **2** Einbrecher *m*, -in *f*
sva·lu·ta·re [zv-] ⟨1a⟩ **A** V/T ab-, entwerten **B** V/PR **-rsi** an Wert verlieren
sva·lu·ta·zio·ne [zvalutatsi'one] F Ent-, Abwertung *f*
sva·ni·re [zv-] V/I ⟨4d; es⟩ **1** (ver)schwinden **2** (*nebbia ecc.*) sich auflösen **3** (*odori*) verfliegen **4** (*suoni*) verklingen **sva·ni·to** ADJ **1** (*odori*) verflogen **2** *fig* verblödet; *umg* verkalkt
svan·tag·gia·re [zv-] V/T ⟨1f⟩ benachteiligen
svan·tag·gio [zv-] M **1** Nachteil *m*: **a ~ di qn** zu j-s Nachteil **2** SPORT Rückstand *m*
svan·tag·gio·so [zvantad'dʒo-] ADJ nachteilig
sva·po·ra·re [zv-] V/I ⟨1a; es⟩ **1** verdunsten **2** verfliegen **3** *fig* verrauchen
sva·po·ra·to [zv-] ADJ **1** verdunstet **2** verflogen **3** *fig* zerstreut
sva·ria·re [zv-] V/T ⟨1k⟩ abwechseln **sva·ria·to** ADJ verschieden **sva·rio·ne** [-o-] M grober Fehler *m*
sva·sti·ca [zv-] F Hakenkreuz *n*
svec·chia·re [zv-] V/T ⟨1k⟩ (*personale*) verjüngen
sve·de·se [zve'deze] **A** ADJ schwedisch **B** M/F Schwede *m*, -din *f* **C** M Schwedisch(e) *n*
★**sve·glia** ['zve-] F **1** Wecken *n* **2** Wecker *m*
★**sve·glia·re** [zv-] V/T ⟨1g⟩ **1** (auf)wecken **2** *fig* **~ qn** j-m die Augen öffnen **3** *fig* aufrütteln
★**sve·gliar·si** [zve'ʎarsi] V/PR ⟨1g⟩ **1** aufwachen, wach werden **2** *fig* gewitzter werden **3** *fig* sich aufraffen
★**sve·glio** ['zve-] ADJ **1** wach **2** *fig* aufgeweckt
sve·la·re [zv-] ⟨1a⟩ **A** V/T **1** *poet* enthüllen **2** *fig* verraten **B** V/PR **-rsi** sich erweisen
svel·tez·za [zvel'tettsa] F **1** Schnelligkeit *f* **2** *fig* Aufgewecktheit *f* **3** Schlankheit *f*
svel·ti·na [zv-] F *vulg* Quickie *m*: *vulg* **fare una ~** eine schnelle Nummer schieben
svel·ti·re [zv-] ⟨4d⟩ **A** V/T **1** beschleunigen **2** vereinfachen **B** V/PR **-rsi 1** schneller werden **2** *fig* aufgeweckter werden
svel·to ['zvɛ-] ADJ **1** schnell, rasch **2** flink, behände **3** *fig* aufgeweckt **4** *fig* (*figura*) schlank, straff ♦ **alla -a** schnell
sve·na·re [zv-] ⟨1a⟩ **A** V/T **~ qn** j-m die Adern aufschneiden **B** V/PR **-rsi** sich (*dat*) die Adern aufschneiden
sven·de·re ['zve-] V/T ⟨3a⟩ **1** verschleudern **2** *sl* verramschen **3** ausverkaufen **4** *fig* (*ideali, valori*) verraten
★**sven·di·ta** ['zve-] F **1** Sonderverkauf *m* **2** (Total)Ausverkauf *m* ♦ **~ di fine stagione** Schlussverkauf *m*
sve·ne·vo·le [zve'ne-] ADJ geziert
sve·ne·vo·lez·za [zvenevo'lettsa] F Ziererei *f*
sve·ni·men·to [zveni'mento] M Ohnmacht *f*
sve·ni·re [zv-] V/I ⟨4p; es⟩ in Ohnmacht fallen ♦ **mi sento ~** mir ist schlecht
sven·ta·glia·re [zv-] ⟨1g⟩ **A** V/T **~ qc** mit etw wedeln **B** V/PR **-rsi** sich (*dat*) Luft zufächeln **sven·ta·glia·ta** F **1** Fächeln *n* **2 ~ di mitragliatrice** Maschinengewehrgarbe *f*
sven·ta·re [zv-] V/T ⟨1b⟩ **1** vereiteln; verhindern **2** MIL (*mina*) entschärfen
sven·ta·tez·za [-e-] F Leichtsinn *m*
sven·ta·to ADJ leichtsinnig
sven·to·la ['zvɛ-] *umg* F Ohrfeige *f* ♦ **orecchie a ~** Segelohren *pl*
sven·to·la·re [zv-] ⟨1l *u.* b⟩ **A** V/T **1** schwenken **2** (*fuoco*) anfachen **B** V/I ⟨av⟩ flattern, wehen **C** V/PR **-rsi** sich (*dat*) Luft zufächeln
sven·to·li·o [zv-] M Flattern *n*, Geflatter *n*
sven·tra·men·to [zventra'mento] M **1** Ausnehmen *n*, Ausweiden *n* **2** MED Leistenbruch *m* **3** (*edilizia*) Nieder-, Abrei-

S

ßen *n* **sven·tra·re** V/T ⟨1b⟩ **1** ausnehmen **2** ~ **qn** j-m den Bauch aufschlitzen **3** *(edilizia)* nieder-, abreißen

sven·tu·ra [zv-] F **1** Unglück *n*; Pech *n*: **per colmo di** ~ zu allem Übel **2** Unglücksfall *m* **sven·tu·ra·to** **A** ADJ **1** unglücklich **2** unheilvoll **B** M, **-a** F Unglückliche *m/f*

sve·nu·to [zv-] ADJ ohnmächtig

sver·gi·na·re [zv-] V/T ⟨1l⟩ entjungfern

sver·go·gna·re [zv-] V/T ⟨1a⟩ **1** beschämen **2** blamieren **3** bloßstellen **sver·go·gna·tez·za** [-e-] F Schamlosigkeit *f* **sver·go·gna·to** ADJ schamlos

sver·na·men·to [zverna'mento] M Überwintern *n*

sver·na·re [zv-] V/I ⟨1b; av⟩ überwintern

sve·sti·re [zv-] ⟨4b⟩ **A** V/T ausziehen **B** V/PR **-rsi** sich ausziehen **sve·sti·to** ADJ ausgezogen

svet·ta·re [zv-] **A** V/I ⟨1a; av⟩ empor-, aufragen **B** V/T *(piante, alberi)* kappen, stutzen

Sve·via [-e-] F Schwaben *n* **sve·vo** [-e-] **A** ADJ schwäbisch **B** M, **-a** F Schwabe *m*, Schwäbin *f*

Sve·zia ['zvɛ-] F Schweden *n*

svez·za·men·to [zvettsa'mento] M Abstillen *n* **svez·za·re** ⟨1a⟩ **A** V/T **1** abstillen **2** *fig* ~ **qn da qc** j-m etw abgewöhnen **B** V/PR **-rsi da qc** sich *(dat)* etw abgewöhnen

svi·a·re [zv-] ⟨1h⟩ **A** V/T **1** irreführen **2** *fig* ablenken **3** ausweichen *(a. fig)* **4** *fig* auf Abwege bringen **B** V/PR **-rsi** **1** vom Weg abkommen **2** *fig* auf Abwege geraten

svi·gnar·se·la [zvi'ɲarsela] V/PR *umg* abhauen

svi·go·ri·re [zv-] ⟨4d⟩ **A** V/T entkräften **B** V/PR **-rsi** ermatten, schwach werden

svi·li·men·to [zvili'mento] M Herabwürdigung *f*

svi·li·re [zv-] V/T ⟨4d⟩ herabwürdigen

svil·la·neg·gia·re [zv-] V/T ⟨1a⟩ beleidigen

★**svi·lup·pa·re** [zv-] ⟨1a⟩ **A** V/T **1** entwickeln *(a.* FOTO, CHEM*)* **2** *(attività, azienda)* ausbauen **3** *(elaborare)* ausarbeiten **4** *(in motoristica)* leisten **B** V/PR **-rsi** **1** sich entwickeln *(a.* BIOL, CHEM*)* **2** BIOL wachsen **svi·lup·pa·to** ADJ entwickelt

svi·lup·pa·to·re [-o-] M, **-tri·ce** F **1** FOTO *(bagno di sviluppo)* **sviluppatore** *m* Entwickler *m* **2** FOTO *(addetto allo sviluppo)* Entwickler *m*, -in *f* **3** IT *(programmatore)* Entwickler *m*, -in *f*

svi·lup·po [zv-] M **1** Entwicklung *f (a.* FOTO, CHEM*)* **2** Entfaltung *f* **3** Ausbau *m*, Erweiterung *f* **4** *(l'insorgere)* Entstehen *n* **5** *(andamento)* Verlauf *m* **6** Ausarbeitung *f* ♦ **paese in via di** ~ Entwicklungsland *n*; ~ **sostenibile** nachhaltige Entwicklung *f*

svin·co·la·re [zv-] ⟨1l⟩ **A** V/T **1** WIRTSCH, JUR befreien; auslösen **2** HANDEL verzollen **B** V/PR **-rsi** sich befreien

svin·co·lo [zv-] M **1** WIRTSCH, JUR Befreiung *f*; Freigabe *f* **2** HANDEL Verzollung *f* **3** Autobahnkreuz *n*

svio·li·na·re [zv-] V/T ⟨1a⟩ *umg* ~ **qn** j-m schmeicheln; *pej* j-m lobhudeln **svio·li·na·ta** F *umg* Schmeichelei *f*; *pej* Lobhudelei *f*

svi·sa·men·to [zvisa'mento] M Entstellung *f*, Verzerrung *f* **svi·sa·re** V/T ⟨1a⟩ entstellen, verzerren

svi·sce·ra·re [zv-] V/T ⟨1l⟩ **1** ausnehmen, ausweiden **2** eingehend behandeln **3** eingehend untersuchen **svi·sce·ra·to** ADJ **1** leidenschaftlich, heftig **2** *pej* übertrieben

svi·sta [zv-] F Versehen *n*: **per** ~ aus Versehen

svi·ta·re [zv-] ⟨1a⟩ **A** V/T **1** lösen, lockern, aufdrehen **2** heraus-, abschrauben **B** V/PR **-rsi** sich lockern **svi·ta·to** **A** ADJ **1** *(viti)* locker **2** abgeschraubt **3** *umg fig* verschroben **B** M, **-a** F Spinner *m*, -in *f*

Svit·to F Schwyz *n*

★**sviz·ze·ra** [zv-] F Schweizerin *f*

★**Sviz·ze·ra** [zv-] F Schweiz *f*

★**sviz·ze·ro** [zv-] **A** ADJ schweizerisch **B** M Schweizer *m*

svo·glia·tez·za [zvoʎa'tettsa] F Lustlosigkeit *f*, Unlust *f* **svo·glia·to** ADJ **1** lustlos **2** faul, träge

svo·laz·za·re [zv-] V/I ⟨1a; av⟩ fliegen; flattern

svo·laz·zo [zv-] M **1** Flattern *n*, Geflatter *n* **2** Zipfel *m* **3** Schnörkel *m*

★**svol·ge·re** ['zvɔ-] ⟨3d⟩ **A** V/T **1** abwickeln **2** auspacken, auswickeln **3** *fig (tema)* behandeln **4** *(attività)* ausüben **B** V/PR **-rsi** **1** abrollen **2** sich abspielen, sich ereignen; (ab)laufen **3** stattfinden

svol·gi·men·to [zvoldʒi'mento] M **1** Abwickeln *n* **2** Durchführung *f* **3** Ablauf *m*

svol·ta ['zvɔ-] F **1** Abbiegen *n* **2** Kurve *f*,

Biegung *f* **2** *fig* Wende *f*, Wendepunkt *m*

svol·ta·re [zv-] VI ⟨1c; av⟩ abbiegen: **~ a destra/a sinistra** rechts/links abbiegen

svol·to ['zvɔ-] ADJ **1** entwickelt **2** durchgeführt

svol·to·la·re [zv-] VT ⟨1l *u.* c⟩ auswickeln, auspacken

svuo·ta·men·to [zvuota'mento] M **1** (Ent)Leerung *f* **2** (*strade, città*) Verödung *f* **svuo·ta·re** ⟨1o *u.* 1c⟩ **A** VT (ent)leeren (*a. fig*) **B** VPR **-rsi** **1** sich leeren **2** (*strade, città*) veröden

Syd·ney F Sydney *n*

T

t, T F *od* M ⟨*inv*⟩ t, T *n*

★**t'** → ti

ta·bac·ca·io M, **-a** F Inhaber *m*, -in *f* eines Tabakwarengeschäftes

★**ta·bac·che·ri·a** F Tabakwarengeschäft *n* **ta·bac·chie·ra** [-ɛ-] F Schnupftabak(s)dose *f*

ta·bac·co M **1** Tabak *m* **2** **tabacchi** *pl* Tabakwaren *pl* **3** Rauchen *n*: **il ~ è dannoso alla salute** Rauchen schadet der Gesundheit ♦ **~ da fiuto** Schnupftabak *m*

ta·ba·gi·smo [-zmo] M Nikotinsucht *f*

ta·bar·ro M schwerer Wintermantel *m*

★**ta·bel·la** [-ɛ-] F Tabelle *f* ♦ **~ di marcia** Zeitplan *m* (*a. fig*); **~ dei prezzi** Preistafel *f*

ta·bel·la·re ADJ tabellarisch, Tabellen-

ta·bel·li·na F MATH kleines Einmaleins *n*

ta·bel·lo·ne [-o-] M **1** Tafel *f* **2** Anschlagtafel *f* **3** Anzeigetafel *f* ♦ **~ pubblicitario** Plakatwand *f*

ta·ber·na·co·lo M Tabernakel *n od m*

tab·loid [-ɔ-] **A** ADJ ⟨*inv*⟩ **formato ~** Kleinformat *n* **B** M ⟨*inv*⟩ Boulevardzeitung *f*

ta·bù **A** ADJ ⟨*inv*⟩ tabu, Tabu- **B** M ⟨*inv*⟩ Tabu *n* **ta·buiz·za·re** VT ⟨1a⟩ tabuisieren

ta·bu·la·re VT ⟨1l⟩ tabellarisieren **ta·bu·la·to** M Tabelle *f*, Übersicht *f* **ta·bu·la·to·re** [-o-] M Tabulator *m* **ta·bu·la·zio·ne** [-o-] F **1** (*operazione*) Tabellarisierung *f* **2** (*funzione*) Tabstopp *m*

tac, TAC F ⟨*inv*⟩ (tomografia assiale computerizzata) Computertomografie *f*

tac·ca F **1** Kerbe *f* **2** (*lama*) Scharte *f* **3** *fig* Makel *m* ♦ *fig* **un uomo di mezza ~** eine kleine Nummer

tac·ca·gne·ri·a F Knauserigkeit *f*

tac·ca·gno **A** ADJ knauserig **B** M, **-a** F Knauser *m*, -in *f*

tac·cheg·gia·re ⟨1f⟩ **A** VI ⟨av⟩ einen Ladendiebstahl begehen **B** VT im Laden stehlen **tac·cheg·gia·to·re** [-o-] M, **-tri·ce** F Ladendieb *m*, -in *f*

tac·cheg·gio [-e-] M Ladendiebstahl *m*

tac·chet·ta·re VI ⟨1a; av⟩ trippeln

tac·chet·to [-e-] M **1** dünner Absatz *m* **2** (*calcio*) Stollen *m*

tac·chi·no M Truthahn *m*, Puter *m*

tac·cia F Verruf *m*: **avere la ~ di** … als … verrufen sein **tac·cia·re** VT ⟨1f⟩ **~ qn di qc** j-n etw (*gen*) beschuldigen

★**tac·co** M Absatz *m* ♦ **alzare i -chi** Fersengeld geben; **~ a spillo** Pfennigabsatz *m*

tac·cui·no M Notizbuch *n*

★**ta·ce·re** [-e-] ⟨2k⟩ **A** VI ⟨av⟩ **1** schweigen **2** verstummen **B** VT **1** verschweigen **2** auslassen: **~ un particolare** eine Einzelheit auslassen

ta·chi·car·di·a F Herzjagen *n*

ta·chi·me·tro M Tachometer *m od n*

ta·ci·ta·re VT ⟨1l⟩ **1** vertuschen **2** HANDEL abfinden **ta·ci·ta·zio·ne** [-o-] F Abfindung *f*

ta·ci·to ADJ **1** schweigsam **2** ruhig, still **3** *fig* still(schweigend)

ta·ci·tur·no ADJ schweigsam

ta·fa·no M ZOOL (Rinder)Bremse *f*

taf·fe·ru·glio M **1** Rauferei *f*; Handgemenge *n* **2** Trubel *m*

taf·fe(t)·tà M Taft *m*

Ta·gi·chi·stan M Tadschikistan *n* **ta·gi·co** **A** ADJ tadschikisch **B** M, **-a** F Tadschike *m*, -kin *f*

★**ta·glia** F **1** Größe *f*: **che ~ porti?** was für eine Größe hast du? **2** Statur *f*, Körperbau *m* **3** (*animali*) **di piccola ~** klein; **di grossa ~** groß; **di media ~** mittelgroß **4** Kopfgeld *n* **5** Steuer *f*, Abgabe *f* ♦ **-e calibrate** Sondergrößen *pl*; **-e forti** Übergrößen *pl*

ta·glia·bor·se [-'borse] M/F ⟨*inv*⟩ Taschendieb *m*, -in *f* **ta·glia·bo·schi** [-ɔ-] M/F ⟨*inv*⟩ Holzfäller *m*, -in *f* **ta·glia·car·te** M ⟨*inv*⟩ Brieföffner *m* **ta·glia·er·ba** [-ɛ-] M ⟨*inv*⟩ Rasenmäher *m* **ta-**

glia·fuo·co [-ɔ-] **A** ADJ ⟨*inv*⟩ **porta ~** Feuertür *f* **B** M ⟨*inv*⟩ Feuerschutz *m*

ta·glia·le·gna [-e-] M/F ⟨*inv*⟩ Holzfäller *m*, -in *f*

ta·glian·do M Abschnitt *m*, Coupon *m*

ta·glia·pa·sta M ⟨*inv*⟩ Teigrädchen *n*

ta·glia·pie·tre [-ɛ-] M/F ⟨*inv*⟩ Steinhauer *m*, -in *f*

★**ta·glia·re** ⟨1g⟩ **A** V/T **1** (ab-, durch)-schneiden **2** stutzen, (zurück)schneiden **3** (*erba*) mähen **4** (*alberi*) fällen **5** (*boschi*) abholzen **6** **la strada taglia la linea ferroviaria** die Straße schneidet die Bahnlinie **7** (den Weg) abschneiden **8** (*interrompere*) unterbrechen **9** (*gas, luce*) sperren **10** (*ridurre*) kürzen **11** entziehen; streichen: **~ i fondi a qn** j-m die finanzielle Unterstützung entziehen **12** (*posti di lavoro*) abbauen **13** (*in sartoria*) zuschneiden **14** (*cinema*) herausschneiden **15** MED abnehmen, amputieren **16** (*vino*) verschneiden **17** **~ l'eroina** Heroin strecken **B** V/I ⟨av⟩ schneiden: **queste forbici (non) tagliano** diese Schere schneidet (nicht) **C** V/PR **-rsi** sich schneiden ♦ **~ le carte** die Karten abheben; **~ la corda** sich aus dem Staub machen, *umg* sich abseilen; *umg* **taglia corto!** mach's kurz!; **~ a metà** halbieren

ta·glia·to ADJ **1** geschnitten **2** geteilt **3** durchschnitten, durchquert **4** (*eliminato*) gestrichen **5** gekürzt **6** (*vino*) verschnitten **7** (*stupefacenti*) versetzt **8** *fig* geeignet: **essere ~ per qc** für etw geeignet sein

ta·glia·tri·ce F **1** (*in sartoria*) Zuschneiderin *f* **2** (*macchina*) Schneidemaschine *f*

ta·glia·uo·va [-ɔ-] M ⟨*inv*⟩ Eierschneider *m*

ta·glia·ve·tro [-e-] M ⟨*inv*⟩ Glasschneider *m*

ta·glieg·gia·re V/T ⟨1g⟩ erpressen

ta·glieg·gia·to·re [-o-] M, **-tri·ce** F Erpresser *m*, -in *f*

ta·glien·te [-ɛ-] ADJ **1** scharf **2** *fig* bissig **3** *fig* (*vento, freddo ecc.*) schneidend **ta·glie·re** [-ɛ-] M Hackbrett *n*, Küchenbrett *n* **ta·glie·ri·na** F Papierschneidegerät *n*

★**ta·glio** M **1** Schnitt *m* **2** (*ferita*) Schnittwunde *f* **3** *fig* Kürzung *f*; Streichung *f* **4** (Auf)Schneiden *n* **5** (*erba*) Mähen *n* **6** (*alberi*) Fällen *n*, Schlag *m* **7** MED Amputation *f*; (Ein)Schnitt *m* **8** Unterbrechung *f*, Einstellung *f* **9** (*parte della lama*) Schneide *f* **10** (*affilatura*) Schärfe *f*, Schliff *m* **11** Stück *n*: **~ di carne** Fleischstück *n* **12** Format *n*, Größe *f* **13** MODE (Zu)Schnitt *m* **14** *fig* Ton *m*, Zuschnitt *m*: **giornale di ~ conservatore** Zeitung *f* konservativen Zuschnitts **15** (*enologia*) Verschnitt *m* **16** (*stupefacenti*) Strecken *n* **17** (*gemme*) Schliff *m* ♦ **~ di** (*od* **dei**) **capelli** Haarschnitt *m*; **~ cesareo** Kaiserschnitt *m*; **-i occupazionali** Arbeitsplatzkürzungen *pl*, Arbeitsplatzstreichung *pl*; **arma a doppio ~** zweischneidiges Schwert *n* (*a. fig*); **pizza al ~** Pizza *f* zum Mitnehmen

ta·glio·la [-ɔ-] F **1** Fangeisen *n* **2** Falle *f*

ta·gliuz·za·re V/T ⟨1a⟩ zerschneiden, klein schneiden; *umg* (zer)schnippeln

tai·lan·de·se [-e-] **A** ADJ thailändisch **B** M/F Thailänder *m*, -in *f*

Tai·lan·dia F Thailand *n*

tail·leur [ta'jør] M ⟨*inv*⟩ Damenkostüm *n*

Tai·pei [-ɛ-] F Taipeh *n*

Tai·wan F Taiwan *n*

tai·wa·ne·se [-e-] **A** ADJ taiwanesisch, taiwanisch **B** M/F Taiwaner *m*, -in *f*

tal → tale

ta·lal·tro INDEF PR ein anderer

ta·la·mo M **1** Ehegemach *n* **2** Ehebett *n*

ta·la·re ADJ **abito ~** Talar *m* ♦ **prendere l'abito ~** zum Priester geweiht werden

ta·las·so·bio·lo·gi·a F Meeresbiologie *f* **ta·las·so·gra·fi·a** F Meereskunde *f*

tal·co M (talkumhaltiger) Puder *m*

★**ta·le** **A** ADJ ⟨*dem*⟩ **1** solcher, derartig, so ein, solch ein **2** dieser **3** so, dermaßen, derartig: **c'era un caldo ~ che non si riusciva a dormire** es war derartig heiß, dass man nicht schlafen konnte **4** genau wie, so wie, ganz wie: **~ e quale a te** genau wie du; **~ (il) padre, ~ (il) figlio** wie der Vater, so der Sohn **B** ADJ ⟨*indef*⟩ **1** gewiss: **un tal signor Rossi** ein gewisser Herr Rossi **2** der: **quel ~ amico di cui ti ho parlato** der Freund, von dem ich dir erzählt habe **C** DEM PR **lui è il ~ che cerchi** er ist der(jenige), den du suchst **D** INDEF PR ♦ **in tal caso** in diesem Fall; **come ~** als solcher; **una cosa ~** so etwas; **in quanto ~** deshalb; **a tal punto** so weit; (*talmente*) derart, dermaßen; **il signor Tal dei Tali** Herr Soundso

ta·le·a [-ɛ-] F Steck-, Setzling *m*

ta·len·to [-ɛ-] M **1** Talent *n* **2** talentierter Mensch *m* ♦ **di ~** talentiert

ta·li·sma·no [-zm-] M Talisman *m*

T

talk show [tɔlk'ʃo] M ⟨*inv*⟩ Talkshow *f*: **conduttore di ~** Talkmaster *m*

tal·le·ro M Taler *m*

Tal·linn F Tallin *n*

tal·lo·na·men·to [-e-] M Verfolgung *f* **tal·lo·na·re** V/T ⟨1a⟩ **~ qn** j-m auf den Fersen sein

tal·lon·ci·no M Kontrollabschnitt *m*, Zettel *m*

tal·lo·ne [-o-] M Ferse *f*

tal·men·te [-e-] ADV dermaßen, derart(ig), so

ta·lo·ra [-o-] ADV 1 zu-, bisweilen 2 manchmal

tal·pa F 1 Maulwurf *m* 2 *fig* Spitzel *m* 3 Schaufelradbagger *m*

ta·lu·no A INDEF PR 1 einer, irgend jemand 2 *pl* einige: **-i ..., talaltri ...** einige ..., andere ... B ADJ ⟨*indef*⟩ **-e leggi sono superate** einige Gesetze sind überholt

tal·vol·ta [-ɔ-] ADV manchmal, hin und wieder

tam·bu·reg·gia·men·to [-e-] M 1 Trommeln *n*, Getrommel *n* 2 Trommelfeuer *n* (*a. fig*) **tam·bu·reg·gia·re** V/I ⟨1f; av⟩ 1 trommeln 2 unter Beschuss nehmen

tam·bu·rel·la·re V/I ⟨1b; av⟩ **~ con le dita** mit den Fingern trommeln

tam·bu·rel·lo [-ɛ-] M 1 MUS Tamburin *n* 2 Stickrahmen *m* **tam·bu·ri·no** M 1 Trommler *m* 2 kleine Trommel *f* 3 Veranstaltungskalender *m*

tam·bu·ro M 1 Trommel *f* (*a. d'arma*) 2 Trommler *m* 3 Bremstrommel *f* ♦ **rispondere a ~ battente** wie aus der Pistole geschossen antworten; **pistola a ~** Trommelrevolver *m*; **rullo di ~** Trommelwirbel *m*

Ta·mi·gi M Themse *f*

tamil ADJ A tamilisch B M/F ⟨*inv*⟩ Tamile *m*, -lin *f* C M (*lingua*) Tamil *n*

tam·po·na·men·to [-e-] M 1 (Ver)Stopfen *n* 2 (Ab)Dichten *n* 3 AUTO Auffahrunfall *m* ♦ **~ a catena** Massenkarambolage *f*

tam·po·na·re V/T ⟨1a⟩ 1 (ver)stopfen 2 (ab)dichten 3 AUTO **~ un veicolo** auf ein Fahrzeug auffahren 4 MED tamponieren

tam·po·ne [-o-] M 1 Pfropf(en) *m* 2 MED Tupfer *m* 3 Stempelkissen *n* 4 Tampon *m* 5 BAHN, IT, CHEM Puffer *m* ♦ IT **memoria ~** Pufferspeicher *m*

ta·na F 1 Höhle *f*, Bau *m*, Loch *n* 2 Schlupfwinkel *m* 3 (*di giochi d'azzardo*) Haus *n*

tan·dem M ⟨*inv*⟩ Tandem *n*

tan·fo M Modergeruch *m*

tan·ga M ⟨*inv*⟩ Tanga *m*

tan·gen·te [-ɛ-] A ADJ tangierend; GEOM tangential B F 1 GEOM Tangente *f* 2 MATH Tangens *m* 3 Schmiergeld *n*; Bestechungsgeld *n* 4 Anteil *m*

tan·gen·to·po·li [-ɔ-] F *fig* Schmiergeldrepublik *f*

tan·gen·za [-ɛ-] F 1 Tangieren *n* 2 FLUG Gipfelhöhe *f* **tan·gen·zia·le** A ADJ 1 tangential 2 *fig* nebensächlich B F Umgehungsstraße *f* **tan·ge·re** V/T ⟨3a⟩ berühren

tan·ghe·ro M, **-a** F Rüpel *m*, ungehobelte Person *f*

tan·gi·bi·le ADJ 1 tastbar 2 *fig* greifbar, konkret **tan·gi·bi·li·tà** F *fig* Greifbarkeit *f*

tan·go M Tango *m*

ta·ni·ca F Kanister *m*, Tank *m*

tan·ni·co ADJ **acido ~** Gerbsäure *f*

tan·ti·no *umg* M & PRON & ADV **un ~** etwas, ein bisschen

★**tan·to** A ADJ 1 viel: **-a pazienza** viel Geduld; **avere ~ da fare** viel zu tun haben 2 lang 3 weit 4 groß: **-a sete** großer Durst *m* 5 so viel: **non ho -i vestiti come te** ich habe nicht so viele Kleider wie du B ADV 1 viel: **parlare ~** viel sprechen; **è ~ più alta di lui** sie ist viel größer als er 2 sehr: **~ rapidamente** sehr schnell 3 lange: **metterci ~** lange brauchen 4 so viel: **ha mangiato ~ da sentirsi male** er hat so viel gegessen, dass ihm übel geworden ist; **non studia ~ quanto dovrebbe** er lernt nicht so viel, wie er sollte 5 **l'ho spiegato ~ a lei quanto a lui** ich habe es sowohl ihr als auch ihm erklärt 6 **quanto prima, ~ meglio** je eher, desto besser C PRON 1 viel 2 *pl* viele: **essere in -i** viele sein D M 1 soundso viel: **un ~ percento** soundso viel Prozent 2 **il ~** das Viele E KONJ sowieso: **~ è lo stesso** es kommt sowieso auf dasselbe heraus ♦ **-i auguri!** viel Glück! herzlichen Glückwunsch!; **tant'è che** sogar; genauso gut; **da ~** seit Langem; **a dir ~** höchstens; **~ per dire** (*od* **fare**) nur so; **di ~ in ~** von Zeit zu Zeit, ab und zu; **ogni ~** ab und zu, hin und wieder; **~ più che ...** umso mehr als ...; **~ meglio** (**così**) umso besser

Tan·za·ni·a F Tansania *n* **tan·za·nia-**

T

no **A** ADJ tansanisch **B** M, -a F Tansanier *m*, -in *f*

ta·pi·no *poet* **A** ADJ arm **B** M, -a F Arme *m/f*, Unglückliche *m/f*: **me ~!** ich Unglücklicher!

ta·pi·ro M Tapir *m*

tap·pa F **1** Zwischenstation *f*, Etappe *f* (*a.* SPORT *fig*) **2** Rastplatz *m* **3** Streckenabschnitt *m* ♦ *fig* **bruciare le -e** eine Blitzkarriere machen; **corsa a -e** Etappenlauf *m*

tap·pa·bu·chi M/F ⟨*inv*⟩ *umg* Lückenbüßer *m*, -in *f*

tap·pa·re ⟨1a⟩ **A** V/T **1** verschließen **2** verkorken **3** zu-, verstopfen **4** abdichten **B** V/PR **-rsi 1** sich (*dat*) zuhalten: **-rsi il naso** sich (*dat*) die Nase zuhalten **2** verstopfen ♦ *fig* **-rsi la bocca** den Mund halten

tap·pa·rel·la [-ɛ-] F Rollladen *m*

tap·pa·to ADJ verstopft, zu

tap·pe·ti·no M Läufer *m*; (*per bagno*) Vorleger *m*; (*per auto*) Fußmatte *f* ♦ **~ per il mouse** Mausmatte *f*, Mauspad *n*

★**tap·pe·to** [-e-] M **1** Teppich *m* **2** SPORT Matte *f* ♦ SPORT **andare al ~** zu Boden gehen; **bombardamento a ~** Flächenbombardierung *f*; **indagine a ~** Großfahndung *f*; *fig* **porre una questione sul ~** ein Problem aufs Tapet bringen; **~ verde** Spieltisch *m*

tap·pez·za·re V/T ⟨1b⟩ **1** tapezieren **2** verkleiden **3** beziehen **tap·pez·ze·ri·a** F **1** Tapete *f* **2** Verkleidung *f* **3** Bezug *m* **4** Tapezierarbeit *f* **5** *umg fig* **fare ~** ein Mauerblümchen sein **tap·pez·zie·re** [-ɛ-] M, **-a** F Tapezierer *m*, -in *f*

tap·po M **1** Stöpsel *m*; Korken *m*: **~ a corona** Kronkorken *m* **2** *umg* Knirps *m* ♦ *fig* **avere i -i nelle orecchie** auf den Ohren sitzen

ta·ra F **1** Tara *f* **2** MED Erbkrankheit *f*

ta·ran·ti·no **A** ADJ Tarenter, tarentisch **B** M, **-a** F Tarenter *m*, in *f*

Ta·ran·to F Tarent *n*

ta·ran·to·la F Tarantel *f*

ta·ra·re V/T ⟨1a⟩ **1** tarieren **2** TECH eichen **ta·ra·to** ADJ **1** tariert **2** TECH geeicht **3** MED erblich belastet **ta·ra·tu·ra** F **1** Tarierung *f* **2** TECH Eichung *f*

tar·chia·to ADJ untersetzt; vierschrötig

tar·da·re ⟨1a⟩ **A** V/I ⟨av⟩ **1** sich verspäten, zu spät kommen **2** zögern: **~ a rispondere** mit der Antwort zögern **3** im Rückstand sein: **~ nei pagamenti** mit der Zahlung im Rückstand sein **B** V/T verzögern

★**tar·di** ADV **1** spät **2** (zu) spät, verspätet: **arrivare sempre ~** immer zu spät kommen ♦ **fare ~** es spät werden lassen; zu spät kommen; **a più ~!** bis später!; **al più ~** spätestens; **tirare ~** bis spät aufbleiben

tar·di·vo ADJ **1** spät: **pentimento ~** späte Reue *f* **2** BOT spät reifend **3** verspätet **4** *fig* (geistig) zurückgeblieben

tar·do ADJ **1** spät, Spät-: **a -a ora** zu später Stunde **2** *fig* begriffsstutzig **3** langsam **4** verspätet

★**tar·ga** F **1** Schild *n* **2** AUTO Nummernschild *n*, Kennzeichen *n* **3** Gedenktafel *f* **4** Namensschild *n* **5** (*premio*) Plakette *f* ♦ **numero di ~** *umg* Autonummer *f*

tar·ga·to ADJ **la macchina -a ...** das Auto mit dem polizeilichen Kennzeichen ...

tar·get ['target] M ⟨*inv*⟩ Zielgruppe *f*

tar·ghet·ta [-e-] F **1** kleines Schild *n*, Schildchen *n* **2** (*con nome*) Namensschild *n* **3** TECH Typenschild *n* ♦ **~ sulla porta** Türschild *n*

★**ta·rif·fa** F Tarif *m*, Gebühr *f*: **~ economica** Billigtarif *m*; **~ giornaliera** Tagessatz *m*; **~ massima** Höchsttarif *m*; **~ notturna** Nachttarif *m*; **~ ridotta notturna** (*per teleselezione*) Mondscheintarif *m*; (*sui voli*) **~ sociale** vergünstigter Preis *m*

ta·rif·fa·le ADJ Tarif-, tariflich **ta·rif·fa·rio** **A** ADJ Tarif- **B** M Tariftabelle *f*

tar·la·to ADJ wurmstichig **tar·la·tu·ra** F **1** Holzwurmlöcher *pl* **2** Holzmehl *n*

tar·lo M **1** Holzwurm *m* **2** *fig* nagendes Gefühl *n*

tar·ma F (Kleider)Motte *f* **tar·ma·re** ⟨1a⟩ **A** V/T zerfressen **B** V/PR **-rsi** von Kleidermotten zerfressen werden **tar·mi·ci·da** M Mottenmittel *n*

ta·roc·co [-ɔ-] M (*gioco delle carte*) Tarock *n*

tar·pa·re V/T ⟨1a⟩ (*ali*) stutzen, beschneiden

tar·si·a [-s-] F Einlegearbeit *f*, Intarsie *f*

tar·so [-s-] M ANAT Fußwurzel *f*

tar·ta·glia·re V/I ⟨1g; av⟩ stottern

tar·ta·glio·ne [-o-] M, **-a** F Stotterer *m*, -rin *f*

tar·ta·ro[1] **A** ADJ tatarisch **B** M, **-a** F Tatar *m*, -in *f* ♦ **carne alla -a** Tatarbeefsteak *n*

tar·ta·ro[2] M **1** Zahnstein *m* **2** Kalksteinbelag *m* **3** Weinstein *m*

tar·ta·ru·ga F **1** Schildkröte *f* **2** Schildpatt *n* **3** *fig* Trödler *m*, Schnecke *f*

tar·tas·sa·re V/T ⟨1a⟩ schikanieren, schinden

tar·ti·na F belegte Schnitte *f*, Kanapee *n*

tar·tu·fo¹ M **1** BOT Trüffel *f* **2** ZOOL Venusmuschel *f*

tar·tu·fo² M Tartüff *m*, Heuchler *m*

★**ta·sca** F **1** Tasche *f*: **mettersi le mani in ~** die Hände in die Tasche stecken **2** GASTR Spritzbeutel *m* **3** ANAT Beutel *m*, Sack *m* ♦ **conoscere qc come le proprie -sche** etw wie seine eigene Westentasche kennen; **avere le -sche piene di qn/qc** von j-m/etw die Nase voll haben

ta·sca·bi·le **A** ADJ **1** Taschen-: **calcolatrice ~** Taschenrechner *m* **2** *hum* klein, winzig **B** M Taschenbuch *n*

ta·sca·pa·ne M ⟨*inv*⟩ Brotbeutel *m*

Ta·skent F Taschkent *n*

★**tas·sa** F **1** Gebühr *f* **2** *umg* Steuer *f*, Abgabe *f*: **detrarre qc dalle -e** etw von der Steuer absetzen; **evadere le -e** die Steuern hinterziehen ♦ **~ sul carburante** Mineralölsteuer *f*; **~ ecologica** Ökosteuer *f*; AUTO **~ di circolazione** Kraftfahrzeugsteuer *f*, *schweiz* Motorfahrzeugsteuer *f*; **esente da -e** gebührenfrei; steuerfrei; **~ d' iscrizione** Anmeldegebühr *f*; AUTO **~ di possesso** Kraftfahrzeugsteuer *f*; **soggetto a ~** gebührenpflichtig; steuerpflichtig; **ufficio delle -e** Finanzamt *n*; **-e universitarie** Studiengebühren *pl*

tas·sa·bi·le ADJ **1** gebührenpflichtig **2** steuerpflichtig

tas·sa·me·tro M Fahrpreisanzeiger *m*, Taxameter *n* ♦ **~ di parcheggio** Parkuhr *f*

tas·sa·re V/T ⟨1a⟩ **1** mit einer Gebühr belegen **2** besteuern

tas·sa·ti·vo ADJ strikt, endgültig

tas·sa·zio·ne [-o-] F Be-, Versteuerung *f*

tas·sel·lo [-ɛ-] M **1** Dübel *m* **2** Einsatzstück *n* **3** MODE Zwickel *m*

tas·sì → taxi **tas·si·sta** → taxista

tas·so¹ M BOT Taxus *m*, Eibe *f*

★**tas·so²** M **1** Rate *f*, Anteil *m*: **~ glicemico** Blutzuckerspiegel *m* **2** WIRTSCH Satz *m* ♦ **~ di cambio** Wechselkurs *m*; **~ di crescita** Wachstumsrate *f*; **a ~ fisso** festverzinslich; **~ d'inflazione** Inflationsrate *f*; **~ d'interesse** Zinssatz *m*; **~ di sconto** Diskontsatz *m*

tas·so³ M ZOOL Dachs *m*

ta·sta·re V/T ⟨1a⟩ (be)tasten, (be)fühlen: **~ il polso a qn** j-m den Puls fühlen

★**ta·stie·ra** [-ɛ-] F MUS, IT Tastatur *f*; Griffbrett *n*; Keyboard *n*: **~ multifunzione** Multifunktionstastatur *f*

ta·stie·ri·no M **~ numerico** Nummernblock *m*, Ziffernblock *m*

ta·stie·ri·sta M/F **1** Keyboardspieler *m*, -in *f* **2** TYPO Setzer *m*, -in *f* **3** IT Eingeber *m*, -in *f*

★**ta·sto** M Taste *f*: IT **~ Alt** Alttaste *f*; IT **~ Alt-Gr** Alt-Gr-Taste *f*; IT **~ backspace** Backspacetaste *f*; IT **~ cancella** Entfernungstaste *f*, Delete-Taste *f*; IT **~ control** Control-Taste *f*, Steuerungstaste *f*; IT **~ correzione** Backspacetaste *f*; IT **~ cursore** Cursortaste *f*; IT **~ di direzione** Pfeiltaste *f*; IT **~ delete** Delete-Taste *f*; IT **~ fine** Endetaste *f*; IT **~ escape** Escape-Taste *f*; IT **~ fissamaiuscole** Feststelltaste *f*; IT **~ funzione** Funktionstaste *f*; IT **~ home** POS1-Taste *f*; IT **~ inserimento** Einfügetaste *f*; IT **~ invio** Eingabetaste *f*, Returntaste *f*; IT **~ maiuscole** Hochstelltaste *f*; IT **~ del mouse** Maustaste *f*; IT **~ pausa** Unterbrechungstaste *f*; **premendo un ~** auf Tastendruck; IT **~ return** Eingabetaste *f*, Returntaste *f*; IT **-i di scelta rapida** Shortcut *m*; TEL **~ di selezione rapida** Kurzwahltaste *f*; IT **~ shift** Shift-Taste *f*, Umschalttaste *f*; IT **~ tab** (*od* **di tabulazione**) Tabulatortaste *f*

ta·sto·ni [-o-] ADV **1** (a) ~ tastend **2** *fig* (a) ~ auf gut Glück

ta·ta F *umg* Kindermädchen *n*

tat·ti·ca F Taktik *f*: **~ dilatoria** Verzögerungstaktik *f* **tat·ti·co** **A** ADJ **1** taktisch: **errore ~** taktischer Fehler *m* **2** *fig* umsichtig **B** M Taktiker *m*, -in *f*

tat·ti·le ADJ taktil, Tast-

★**tat·to** M **1** Tastsinn *m* **2** *fig* Takt *m*, Taktgefühl *n* ♦ **essere morbido al ~** sich weich anfühlen; **essere ruvido al ~** sich rau anfühlen; **mancanza di ~** Taktlosigkeit *f*; **pieno di ~** taktvoll; **privo di ~** taktlos

ta·tuag·gio M Tätowierung *f*

ta·tua·re V/T ⟨1l⟩ tätowieren

tau·ma·tur·gi·co ADJ wundertätig, Wunder-: **poteri -ci** Wunderkraft *f*

tau·ma·tur·go M, **-a** F Wundertäter *m*, -in *f*

tau·ri·no ADJ **collo ~** Stiernacken *m*

ta·ver·na [-ɛ-] F **1** Wirtshaus *n*, Schenke

T

f **2** Spelunke *f* **3** Kellerlokal *n*
ta·ver·net·ta [-e-] F (*in casa privata*) Partykeller *m*
ta·ver·nie·re [-ɛ-] M, **-a** F (Schank)Wirt *m*, -in *f*
★**ta·vo·la** F **1** Tisch *m*, Tafel *f*: **apparecchiare/sparecchiare la ~** den Tisch decken/abräumen; **mettersi a ~** sich zu Tisch setzen; **a ~!** zu Tisch! **2** Brett *n*, Tafel *f*, Platte *f* **3** Bild *n*, Gemälde *n* **4** Tabelle *f* ♦ **~ calda** Imbissstube *f* (mit warmen Mahlzeiten); **~ fredda** Imbissstube *f*; **~ pitagorica** *umg* Einmaleins *n*; **~ rotonda** Konferenz *f* am runden Tisch; **~ da surf** (*od* **a vela**) Windsurfbrett *n*; **~ da surf da onda** Surfbrett *n*; **vino da ~** Tafelwein *m*
ta·vo·lac·cio M Pritsche *f* **ta·vo·la·me** M **1** Bretter *pl* **2** Bauholz *n* **ta·vo·la·ta** F Tischgesellschaft *f*, Tafelrunde *f* **ta·vo·la·to** M **1** Täfelung *f* **2** Dielenbelag *m* **3** GEOG Hochebene *f* **ta·vo·let·ta** [-e-] F **~ di cioccolata** Tafel *f* Schokolade **ta·vo·lie·re** [-ɛ-] M **1** GEOG Tiefebene *f* **2** Billardtisch *m* **ta·vo·li·no** M **1** Tischchen *n* **2** Schreibtisch *m* ♦ **risolvere un problema a ~** ein Problem vom grünen Tisch aus lösen
★**ta·vo·lo** M Tisch *m* ♦ **~ allungabile** Ausziehtisch *m*; **~ pieghevole** Klapptisch *m*; **~ da ping-pong** Tischtennisplatte *f*; *fig* **~ delle trattative** Verhandlungstisch *m*
ta·vo·loz·za [-ɔ-] F Palette *f* (*a. fig*)
★**ta·xi** M ⟨*inv*⟩ Taxi *n*: **corsa in ~** Taxifahrt *f*; **posteggio di ~** Taxistand *m*
ta·xi·sta M/F Taxifahrer *m*, -in *f*
★**taz·za** F **1** Tasse *f*: **una ~ di tè** eine Tasse Tee; **~ da tè** Teetasse *f* **2** Brunnenbecken *n* **3** Klosettschüssel *f*
Tbli·si F Tiflis *n*
★**te** [te] PERS PR **1** dich, dir: **cercano proprio ~** sie suchen ausgerechnet dich; **ha parlato di ~** er hat von dir gesprochen **2** du: **è vecchio come ~** er ist so alt wie du **3** **risparmiatelo!** spare dir das!; **compratelo!** kauf es doch! ♦ **beato ~** du Glücklicher!; **povero ~** du Ärmster!; **secondo ~** deiner Meinung nach
★**tè** [tɛ] M Tee *m* ♦ **bustina di ~** Teebeutel *m*
te·a·tra·le ADJ **1** Theater-, Bühnen-: **opera ~** Theaterstück *n* **2** *fig* theatralisch
te·a·tra·li·tà F Theatralik *f* **te·a·tran·te** M/F Schmierenkomödiant *m*, -in *f* (*a. fig*) **te·a·tri·no** M **1** kleines Theater *n* **2** Kindertheater *n* **3** Puppentheater *n* **4** *fig* Komödie *f*
★**te·a·tro** M **1** Theater *n*: **andare a ~** ins Theater gehen; **~ di prosa** Schauspielhaus *n* **2** *fig* Schauplatz *m* ♦ **~ all'aperto** Freilichttheater *n*; **~ filodrammatico** Laientheater *n*; **~ lirico** (*od* **dell'opera**) Opernhaus *n*; **~ di posa** Filmstudio *n*
te·a·tro·ten·da [-ɛ-] M Zelttheater *n*
tech·ni·color [tekni'kɔlɔr] M **film in ~** Farbfilm *m*
tech·no [-ɛ-] F ⟨*inv*⟩ Techno *m*
★**tec·ni·ca** [-ɛ-] F **1** Technik *f*: **i progressi della ~** die Fortschritte der Technik; **imparare una ~** eine Technik erlernen **2** Verfahren *n*, Verfahrensweise *f* **3** *fig* Masche *f*, Trick *m*
tec·ni·ciz·za·re V/T ⟨1a⟩ (ver)technisieren **tec·ni·ciz·za·to** ADJ technisiert **tec·ni·ciz·za·zio·ne** [-o-] F Technisierung *f*
★**tec·ni·co** [-ɛ-] **A** ADJ **1** technisch: **per motivi -ci** aus technischen Gründen **2** Fach-: **linguaggio ~** Fachsprache *f*; **termine ~** Fachausdruck *m*; **dizionario ~** Fachwörterbuch *n* **B** M **1** Techniker *m*, -in *f* **2** Fachmann *m*, -frau *f* ♦ **~ sanitario** medizinisch-technischer Assistent *m*, medizinisch-technische Assistentin *f*; **~ del suono** Toningenieur *m*, -in *f*, Tontechniker *m*, -in *f*
tec·no·cra·te [-ɔ-] M/F Technokrat *m*, -in *f*
★**tec·no·lo·gi·a** F **1** Technologie *f* **2** Technik *f* ♦ **alta ~** Hochtechnologie *f*; **~ della comunicazione** Kommunikationstechnik *f*; **~ dell'informazione** Informationstechnologie *f*, IT *f* **trasferimento di ~** Technologietransfer *m*; **~ WAP** WAP-Technologie *f*
★**tec·no·lo·gi·co** [-ɔ-] ADJ technologisch
★**te·de·sco** [-e-] **A** ADJ deutsch **B** M, **-a** F Deutsche *m/f* **C** M (*lingua*) Deutsch(e) *n*: **in ~** auf Deutsch; **parlare ~** Deutsch sprechen ♦ **~ occidentale** westdeutsch; (*persona*) Westdeutsche *m*; **~ orientale** ostdeutsch; (*persona*) Ostdeutsche *m*; **di origine -a** deutschstämmig
te·dia·re ⟨1k *u.* b⟩ **A** V/T anöden **B** V/PR **-rsi** sich langweilen **te·dio** [-ɛ-] M Öde *f*
te·dio·si·tà F ⟨*inv*⟩ Ödheit *f* **te·dio·so** [-o-] ADJ öde
teen-ag·er [ti:n'eger] M/F ⟨*inv*⟩ Teenager *m*
te·ga·me M **1** (flacher) Kochtopf *m* **2**

T

Pfanne *f* **te·ga·mi·no** M kleine Pfanne *f* ♦ **uova al ~** Spiegeleier *pl*

te·glia [-e-] F Backform *f*; Kastenform *f*

te·go·la [-e-] F Dachziegel *m*

Te·he·ran [-ɛ-] F Teheran *n*

te·ie·ra [-ɛ-] F Teekanne *f*

te·i·na F T(h)ein *n*

te·i·smo [-z-] M Theismus *m*

te·la [-e-] F **1** Gewebe *n*, Tuch *n* **2** MAL Leinwand *f*; Gemälde *n* **3** TYPO Sieb *n* ♦ **~ cerata** Wachstuch *n*; (*editoria*) **in ~** leinen

te·la·io M **1** Webstuhl *m* **2** Rahmen *m*, Gestell *n* **3** AUTO Fahrgestell *n*

te·la·re V/I ⟨1a; es⟩ *umg* abhauen

te·la·to ADJ **1** Leinen-: **carta -a** Leinenpapier *n* **2** textilverstärkt

te·le[1] [-e-] F ⟨*inv*⟩ *umg* (*TV*) Glotze *f*

te·le[2] [-e-] M ⟨*inv*⟩ FOTO Teleobjektiv *n*

te·le·ab·bo·na·to M, **-a** F Fernsehteilnehmer *m*, -in *f* **te·le·ar·ma** F Fernlenkwaffe *f*

te·le·ban·king [-'bankiŋ] M ⟨*inv*⟩ Telebanking *n*

te·le·ca·bi·na F Seilbahnkabine *f*

te·le·ca·me·ra F Fernsehkamera *f* ♦ **~ digitale** digitaler Camcorder *m*

te·le·ci·ne·si [-ɛ-] F Telekinese *f*

te·le·co·man·da·re V/T ⟨1a⟩ fernsteuern, fernbedienen **te·le·co·man·da·to** ADJ ferngesteuert

★**te·le·co·man·do** M Fernbedienung *f*, Fernsteuerung *f*

te·le·co·mu·ni·ca·zio·ne [-o-] F **1** Telekommunikation *f* **2** *pl* Fernmeldewesen *n* ♦ **tecnica delle -i** Fernmeldetechnik *f*

te·le·con·fe·ren·za [-ɛ-] F Videokonferenz *f* **te·le·con·trol·lo** [-ɔ-] M Fernüberwachung *f*

te·le·co·pia [-ɔ-] F (Tele)Fax *n* **te·le·co·pia·re** V/T ⟨1k *u.* c⟩ (tele)faxen **te·le·co·pia·tri·ce** F Telefax(gerät) *n*

te·le·cro·na·ca [-ɔ-] F Fernsehreportage *f* **te·le·cro·ni·sta** M/F Fernsehreporter *m*, -in *f* **te·le·dif·fu·sio·ne** [-o-] F Fernsehübertragung *f* **te·le·di·pen·den·te** [-ɛ-] ADJ fernsehsüchtig **te·le·dram·ma** M Fernsehspiel *n*

te·le·drin M ⟨*inv*⟩ Personensuchanlage *f*; Piepser *m* **te·le·e·la·bo·ra·zio·ne** [-o-] F Datenfernverarbeitung *f* **te·le·fax** M ⟨*inv*⟩ Telefax *n* **te·le·fe·ri·ca** [-ɛ-] F Schwebebahn *f*

te·le·film M ⟨*inv*⟩ Fernsehfilm *m*

★**te·le·fo·na·re** ⟨1m *u.* b⟩ **A** V/I ⟨av⟩ anrufen: **~ a qn** j-n anrufen **B** V/T telefonisch übermitteln **C** V/PR **-rsi** miteinander telefonieren

★**te·le·fo·na·ta** F Anruf *m*; Telefongespräch *n*: **fare una ~ (a qn)** (j-n) anrufen; **passare una ~ a qn** ein Telefongespräch durchstellen; **~ interurbana** Ferngespräch *n*; **~ urbana** Ortsgespräch *n*

te·le·fo·ni·a F Telefonie *f*, Fernsprechwesen *n*: **~ fissa** Festnetztelefonie *f*; **gestori di ~ fissa** Festnetzbetreiber *pl*; **~ (via) Internet** Internettelefonie *f*; **~ mobile** Mobilfunk *m*; **negozio di ~** Telefonladen *m*

te·le·fo·ni·co [-ɔ-] ADJ telefonisch, Telefon-: **bolletta -a** Telefonrechnung *f*; **cabina -a** Telefonzelle *f*; **carta** (*od* **scheda**) **-a** Telefonkarte *f*; **elenco ~** Telefonbuch *n*; **tariffa -a** Telefongebühr *f*

te·le·fo·ni·no M *umg* Handy *n*: **~ di terza generazione** Handy *n* der dritten Generation **te·le·fo·ni·sta** M/F **1** Telefonist *m*, -in *f* **2** Fernsprechtechniker *m*, -in *f*

★**te·le·fo·no** [-ɛ-] M Telefon *n*: *umg* **stare attaccato al ~** am Telefon hängen; **ti vogliono al ~** du wirst am Telefon verlangt ♦ **~ amico** Telefonseelsorge *f*; **~ azzurro** Kindertelefon *n* (*Telefonnummer für missbrauchte oder misshandelte Kinder*); **~ di bordo** Bordtelefon *n*; (*su treno*) Zugtelefon *n*; **~ cellulare** (*od* **portatile**) Mobiltelefon *n*, *umg* Handy *n*; **~ Internet** Internettelefon *n*; **~ senza fili** schnurloses Telefon *n*; (*gioco*) stille Post *f*; **~ a scheda** Kartentelefon *n*; **~ a tastiera** Tastentelefon *n*

★**te·le·gior·na·le** M Fernsehnachrichten *pl*

te·le·gra·fa·re V/T & V/I ⟨1m *u.* b; av⟩ telegrafieren

te·le·gra·fi·co ADJ **1** telegrafisch **2** *fig* knapp **te·le·gra·fo** [-ɛ-] M Telegraf *m*

★**te·le·gram·ma** M Telegramm *n*

te·le·gui·da F Fernlenkung *f*

te·le·gui·da·re V/T ⟨1a⟩ fernlenken **te·le·gui·da·to** ADJ ferngelenkt, ferngesteuert

te·le·la·vo·ro [-o-] M Telearbeit *f*

te·le·mar·ke·ting M ⟨*inv*⟩ Telefonmarketing *n*

te·le·ma·ti·ca F Telematik *f*

te·le·me·tro M Entfernungsmesser *m*

te·le·no·ve·la [-e-] F Seifenoper *f*

te·le·o(b)·biet·ti·vo M Teleobjektiv *n*

Te·le·pass® M ⟨inv⟩ = *elektronische Mautstelle*

te·le·pa·ti·a F Telepathie *f*; Gedankenlesen *n* **te·le·pa·ti·co** ADJ telepathisch

te·le·pro·ces·sing® [tɛlepro'sessing] M ⟨inv⟩ Datenfernverarbeitung *f*

te·le·quiz M ⟨inv⟩ Fernsehquiz *n* **te·le·re·go·la·zio·ne** [-o-] F Ferneinstellung *f*

te·le·ri·a F **1** Weißwaren *pl* **2** Stoffgeschäft *n*

te·le·ri·pre·sa [-e-] F Fernsehaufnahme *f* **te·le·ri·scal·da·men·to** [-e-] M Fernheizung *f* **te·le·ro·man·zo** M Fernsehverfilmung *f* eines Romans **te·le·rut·to·re** [-o-] M Fernschalter *m* **te·le·scher·mo** [-e-] M **1** Fernsehschirm *m* **2** Fernsehen *n*

te·le·sco·pi·co [-ɔ-] ADJ **1** teleskopisch **2** TECH Teleskop-; ausziehbar: **scala -a** ausziehbare Leiter *f* **te·le·sco·pio** [-ɔ-] M Teleskop *n*, Fernrohr *n*

te·le·scri·ven·te [-ɛ-] F Fernschreiber *m* **te·le·se·le·zio·ne** [-o-] F **1** Selbstwählferndienst *m* **2** **~ automatica** Durchwahl *f*; **chiamare in ~** durchwählen

te·le·soc·cor·so [-'kɔrso] M = *Funknotrufsystem* **te·le·spet·ta·to·re** [-o-] M, **-tri·ce** F Fernsehzuschauer *m*, -in *f* **te·le·sug·ge·ri·to·re** [-o-] M Teleprompter *m* **te·le·text** M ⟨inv⟩ Videotext *m* **te·le·tra·smet·te·re** [-e-] V/T ⟨3ee⟩ im Fernsehen übertragen **te·le·tra·smis·sio·ne** [-o-] F Fernsehübertragung *f* **te·le·u·ten·te** [-ɛ-] M/F Fernsehteilnehmer *m*, -in *f* **te·le·ven·di·ta** [-ɛ-] F Fernsehverkauf *m*, Teleshopping *n*

te·le·vi·de·o® M ⟨inv⟩ (italienischer) Videotext *m*

★**te·le·vi·sio·ne** [-o-] F **1** Fernsehen *n*: **vedere qc alla ~** etw im Fernsehen sehen; **~ via cavo** Kabelfernsehen *n*; **~ interattiva** interaktives Fernsehen *n*; **~ digitale terrestre** digitales terrestrisches Fernsehen *n* **2** *umg* Fernseher *m*

te·le·vi·si·vo ADJ Fernseh-: **emittente -a** Fernsehsender *m*; **programma ~** Fernsehprogramm *n*

★**te·le·vi·so·re** [-o-] M Fernsehgerät *n*, Fernseher *m* ♦ **~ in bianco e nero** Schwarzweißfernseher *m*; **~ a colori** Farbfernseher *m*; **~ portatile** tragbarer Fernseher *m*

te·lex [-ɛ-] M ⟨inv⟩ Telex *n*

te·lo [-e-] M Tuch *n*: **~ da spiaggia** Badetuch *n*

te·lo·ne [-o-] M **1** Plane *f* **2** THEAT Vorhang *m* ♦ **~ di salvataggio** Sprungtuch *n*

★**te·ma** [-ɛ-] M **1** Thema *n*, Gegenstand *m*: **rimanere in ~** beim Thema bleiben **2** Motiv *n*, Thema *n* (*a.* MUS) **3** Aufsatz *m*: **svolgere un ~** einen Aufsatz schreiben **4** LING Stamm *m* ♦ **andare fuori ~** vom Thema abkommen; das Thema verfehlen

te·ma·ti·ca F Thematik *f* (*a.* MUS)

te·ma·ti·co ADJ **1** thematisch (*a.* MUS) **2** LING Stamm-

te·me·ra·rie·tà F ⟨inv⟩ Verwegenheit *f*, Tollkühnheit *f* **te·me·ra·rio** ADJ verwegen

te·me·re [-e-] ⟨2a⟩ **A** V/T (be)fürchten: **~ il peggio** das Schlimmste (be)fürchten **B** V/I ⟨av⟩ (sich) fürchten, bangen: **~ per qn/qc** für (*od* um) j-n/etw fürchten ♦ **~ il freddo** kälteempfindlich sein; **~ la luce** lichtempfindlich sein; **non ~!** keine Angst!

tem·pe·ra [-ɛ-] F Tempera(malerei) *f*

tem·pe·ra·ma·ti·te M ⟨inv⟩ Bleistiftspitzer *m*

tem·pe·ra·men·to [-e-] M Temperament *n*

tem·pe·ran·te ADJ mäßig, maßvoll

tem·pe·ran·za F **1** Mäßigkeit *f* **2** Besonnenheit *f*

tem·pe·ra·re V/T ⟨1l *u.* b⟩ **1** mäßigen, mildern **2** (*matita*) (an)spitzen **3** TECH härten **4** MUS temperieren **tem·pe·ra·to** ADJ **1** (*clima, zona*) gemäßigt **2** mäßig **3** TECH gehärtet **4** MUS temperiert

★**tem·pe·ra·tu·ra** F **1** Temperatur *f*: **~ ambiente** Raumtemperatur *f* **2** (leichtes) Fieber *n*

tem·pe·ri·no M **1** Taschenmesser *n* **2** Bleistiftspitzer *m*

tem·pe·sta [-ɛ-] F **1** Sturm *m* (*a. fig*): **la ~ si scatena/infuria/si placa** der Sturm bricht los/tobt/legt sich **2** Trommelfeuer *n* ♦ **qui c'è aria di ~** hier herrscht dicke Luft

tem·pe·sta·re ⟨1b⟩ **A** V/T **1** **~ di pugni** mit Fäusten bearbeiten **2** *fig* bestürmen **B** V/I ⟨av, es⟩ stürmen **tem·pe·sta·to** ADJ **~ di diamanti** diamantenbesetzt

tem·pe·sti·vi·tà F **1** Rechtzeitigkeit *f* **2** Promptheit *f* **tem·pe·sti·vo** ADJ **1** rechtzeitig **2** prompt **tem·pe·sto·so** [-o-] ADJ stürmisch (*a. fig*)

tem·pia [-ɛ-] F Schläfe *f*

T

tem·pio [-ɛ-] M ⟨*pl* -pli⟩ **1** Tempel *m* **2** Gotteshaus *n* **3** Gedenkstätte *f*

tem·pi·smo [-zmo] M **1** Timing *n*: **agire con ~** im richtigen Moment handeln; prompt reagieren **2** Rechtzeitigkeit *f*

★**tem·po** [-ɛ-] M **1** Zeit *f*: **il ~ passa** die Zeit vergeht; (**non**) **avere ~** (keine) Zeit haben **2** binnen: **~ un mese** binnen eines Monats **3** Zeitraum *m*, Dauer *f* **4** Zeitalter *n*, Epoche *f* **5** Phase *f*, Stufe *f*: **in due -i** in zwei Phasen **6** METEO Wetter *n*: **brutto ~** schlechtes Wetter *n*; **bel ~** schönes Wetter *n*; **che ~ fa?** wie ist das Wetter? **7** GRAM Zeit(form) *f* **8** MUS Zeitmaß *n*, Notendauer *f*, Satz *m*; Takt *m* **9** SPORT Zeit *f*: **il miglior ~** die Bestzeit *f* **10** SPORT Halbzeit *f*: **primo/secondo ~** erste/zweite Halbzeit *f*; SPORT **-i di recupero** Nachspielzeit *f* **11** (*cinema*) Hälfte *f*: **primo/secondo ~** erste/zweite Hälfte *f* **12** IT Zeit *f*: **~ di accesso** Zugriffszeit *f*; **~ reale** Echtzeit *f* **13** NUKL **~ di dimezzamento** Halbwertzeit *f* **14** (*motoristica*) **motore a due -i** 2-Takt-Motor *m* ♦ **ammazzare il ~** die Zeit totschlagen; **~ da cani** *umg* Sauwetter *n*; **coi -i che corrono** in der heutigen Zeit; **a ~ debito** zu gegebener Zeit; **a ~ (in)determinato** (un)befristet; **~ fa** vor einiger Zeit; ★ **in ~** rechtzeitig; **lavorare a metà ~** halbtags arbeiten; **lavorare a ~ pieno** ganztags arbeiten; ★ **~ libero** Freizeit *f*; **impiego a ~ parziale** Teilzeitbeschäftigung *f*; **impiego a ~ pieno** Vollzeitbeschäftigung *f*; **in un primo ~** anfänglich, zunächst; **al ~ stesso** gleichzeitig, zugleich; (*avversativo*) gleichwohl; **stringere i -i** sich beeilen

★**tem·po·ra·le¹** ADJ **1** zeitlich, Zeit- **2** weltlich: **potere ~** weltliche Macht *f* **3** GRAM temporal, Temporal-, Zeit-

★**tem·po·ra·le²** M Gewitter *n*: **aria di ~** Gewitterstimmung *f* (*a. fig*)

tem·po·ra·le³ ADJ ANAT Schläfen-

tem·po·ra·le·sco [-e-] ADJ gewittrig

tem·po·ra·ne·o ADJ **1** vorübergehend **2** vorläufig

tem·po·reg·gia·re V/I ⟨1f; av⟩ Zeit gewinnen **tem·po·reg·gia·to·re** [-o-] M, **-tri·ce** F Zauderer *m*, -rin *f*

tem·po·riz·za·to·re [-o-] M Zeitschaltuhr *f*

tem·pra [-ɛ-] F **1** TECH Härtung *f*; Härte *f* **2** *fig* Natur *f* **3** Fähigkeiten *pl*, *umg* Zeug *n*: (**non**) **avere la ~ per qc** (nicht) das Zeug zu etw haben **4** Verfassung *f*, Konstitution *f* **5** Energie *f* **6** Durchhaltevermögen *n*, Ausdauer *f* **7** Klangfarbe *f*, Timbre *n*

tem·pra·re ⟨1b⟩ **A** V/T **1** TECH härten **2** *fig* abhärten **B** V/PR **-rsi** *fig* sich abhärten

te·na·ce ADJ **1** zäh (*a. fig*) **2** stark, fest **3** *fig* hartnäckig, beharrlich **4** **memoria ~** gutes Gedächtnis *n* **te·na·cia** F **1** Zähigkeit *f* (*a. fig*) **2** *fig* Verbissenheit *f* **3** Beharrlichkeit *f*, Ausdauer *f*

te·na·ci·tà F ⟨*inv*⟩ **1** Zähigkeit *f* (*a. fig*) **2** Stärke *f*, Festigkeit *f*

te·na·glia F *mst* PL Zange *f* (*a.* MED)

▲**ten·da** [-ɛ-] F **1** *mst* PL Vorhang *m*; Gardine *f* **2** Zelt *n*: **levare le -e** die Zelte abbrechen (*a. fig*)

ten·da·me M Vorhänge *pl*

★**ten·den·za** [-ɛ-] F **1** Tendenz *f*; Trend *m*; Strömung *f* **2** Neigung *f*; Veranlagung *f* ♦ **fare ~** Trends setzen

ten·den·zio·si·tà F Parteilichkeit *f*

ten·den·zio·so [-o-] ADJ parteiisch, tendenziös

ten·de·re [-ɛ-] ⟨3c⟩ **A** V/T **1** (an)spannen: **~ una corda** ein Seil spannen **2** **~ le braccia** die Arme ausstrecken **3** **~ la mano a qn** j-m die Hand reichen **B** V/I ⟨av⟩ **1** ★ **~ a fare qc** dazu neigen, etw zu tun **2** **il tempo tende al bello** das Wetter wird schön **3** (*colori*) **~ a qc** in etw (*akk*) (über)gehen **C** V/PR **-rsi** sich spannen ♦ **~ un elastico** einen Gummi dehnen; **~ le orecchie** die Ohren spitzen; **~ politicamente a destra/a sinistra** politisch rechts/links orientiert sein; **~ un tranello a qn** j-m eine Falle stellen

ten·di·na F **1** Gardine *f* **2** Vorhang *m*

ten·di·ne [-ɛ-] M Sehne *f*

ten·di·scar·pe M ⟨*inv*⟩ Schuhspanner *m*

ten·do·ne [-o-] M **1** Vorhang *m* **2** Plane *f* **3** (Zirkus)Zelt *n*

ten·do·po·li [-ɔ-] F ⟨*inv*⟩ Zeltstadt *f*

te·ne·bra [-ɛ-] F *mst* PL Dunkelheit *f*, Finsternis *f* (*a. fig*)

te·ne·bro·so [-o-] ADJ finster, dunkel (*a. fig*)

te·nen·te [-ɛ-] M MIL Oberleutnant *m*

★**te·ne·re** [-e-] ⟨2q⟩ **A** V/T **1** halten: **~ in mano qc** etw in der Hand halten **2** **~ in ordine la stanza** das Zimmer in Ordnung halten; **~ il cappello** (**in testa**) den Hut aufbehalten; **~ la destra/la sinistra** sich rechts/links halten **3** lassen: **~ la porta**

T

aperta die Tür offen lassen (*od* halten) **4** aufbewahren **5** haben: ~ **le chiavi in borsa** die Schlüssel in der Handtasche haben **6** behandeln: ~ **male i libri** die Bücher schlecht behandeln **7** (ab)halten: ~ **una conferenza stampa** eine Pressekonferenz abhalten; ~ **un discorso** eine Rede halten **8** führen: ~ **bottega/i libri** ein Geschäft/die Bücher führen **B** V/PR **-rsi** **1** sich festhalten **2** sich halten: **-rsi in piedi** sich auf den Beinen halten; **-rsi lontano da qn** sich von j-m fernhalten **3** **-rsi qc** etw behalten **C** V/I ⟨av⟩ **1** halten: **la colla tiene** der Leim hält **2** sich halten, standhalten **3** ~ **per una squadra** zu einer Mannschaft halten **4** ~ (*od* **tenerci**) **molto a qc** großen Wert auf etw (*akk*) legen ♦ **tieni gli occhi aperti!** halte deine Augen offen!

te·ne·rez·za [-e-] F **1** Zartheit *f* **2** *fig* Zärtlichkeit *f*

★**te·ne·ro** [-ɛ-] **A** ADJ **1** zart (*a. fig*): **verde** ~ zartes Grün *n* **2** weich **3** *fig* weichherzig **4** zärtlich **B** M Zarte *n*, Weiche *n* ♦ **formaggio** ~ Weichkäse *m*

te·ne·ro·ne [-o-] M, **-a** F *umg* Schmuser *m*, -in *f*

te·nia [-ɛ-] F Bandwurm *m*

ten·nis [-ɛ-] M ⟨*inv*⟩ Tennis *n*: **giocare a** ~ Tennis spielen; ~ **da tavolo** Tischtennis *n*

ten·ni·sta M/F Tennisspieler *m*, -in *f*

ten·ni·sti·co ADJ Tennis-

te·no·re [-o-] **A** ADJ Tenor- **B** M **1** Ton *m*, Tenor *m* **2** Gehalt *m*: ~ **di ferro** Eisengehalt *m* **3** MUS Tenor *m* ♦ ~ **di vita** Lebensstandard *m*

ten·sio·at·ti·vo [-s-] M CHEM Tensid *n*

ten·sio·ne [-si'o-] F Spannung *f* (*a.* ELEK): **la** ~ **di una corda** die Spannung einer Saite; **-i sociali** soziale Spannungen *pl* ♦ **alta** ~ Hochspannung *f*; **sotto** ~ unter Druck (*a. fig*); *fig* **zona di** ~ Spannungsgebiet *n*

ten·so·re [-'so-] ADJ Streck-: **muscolo** ~ Streckmuskel *m*

ten·ta·co·la·re ADJ **1** *fig* wuchernd: **città** ~ wuchernde Stadt *f* **2** fein verzweigt: **organizzazione** ~ fein verzweigte Organisation *f* **ten·ta·co·lo** M **1** ZOOL Fühler *m* **2** ZOOL Fangarm *m*, Tentakel *m od n* **3** *fig* Fessel *f*

ten·ta·re V/T ⟨1b⟩ **1** versuchen **2** REL in Versuchung führen **3** reizen

★**ten·ta·ti·vo** M Versuch *m*: *umg* **un** ~ **andato a vuoto** ein Schuss *m* in den Ofen

ten·ta·to·re [-o-] M, **-tri·ce** F Verführer *m*, -in *f* **ten·ta·zio·ne** [-o-] F Versuchung *f*: **indurre** (**qn**) **in** ~ (j-n) in Versuchung führen

ten·ten·na [-e-] M ⟨*inv*⟩ *hum* Zauderer *m*

ten·ten·na·men·to [-e-] M Schwanken *n* (*a. fig*) **ten·ten·na·re** ⟨1a⟩ **A** V/I ⟨av⟩ **1** schwanken **2** *fig* zögern **B** V/T (*capo*) wiegen

ten·to·ni [-o-] ADV **1** tastend **2** *fig* blindlings ♦ **procedere** (**a**) ~ sich vortasten; *fig* ohne konkrete Vorstellungen vorgehen

te·nue [-ɛ-] ADJ **1** dünn **2** zart **3** sanft, mild **4** *fig* schwach: ~ **speranza** schwache Hoffnung *f* ♦ ANAT **intestino** ~ Dünndarm *m*

te·nu·ta F **1** Halten *n* **2** Dichte *f* **3** Fassungsvermögen *n* **4** Landgut *n* **5** MODE Dress *m* **6** MIL Uniform *f* **7** *fig* Ausdauer *f* ♦ **a** ~ **d'acqua** wasserdicht; **a** ~ **d'aria** luftdicht; AUTO ~ **di strada** Straßenlage *f*

te·nu·ta·ria F *sl* Puffmutter *f* **te·nu·ta·rio** M **1** Bordellwirt *m* **2** Spielhölleninhaber *m*

te·nu·to ADJ **essere** ~ **a fare qc** verpflichtet sein, etw zu tun; **sentirsi** ~ **a fare qc** sich verpflichtet fühlen, etw zu tun

te·o·cra·zi·a F Theokratie *f* **te·odem** M/F ⟨*inv*⟩ Katholik *m*, -in *f* der linken Mitte

te·o·lo·gi·a F Theologie *f* **te·o·lo·gi·co** [-ɔ-] ADJ theologisch

te·o·lo·go [-ɔ-] M, **-a** F Theologe *m*, -login *f*

te·o·re·ma [-ɛ-] M Lehrsatz *m*: **dimostrare un** ~ einen Lehrsatz beweisen

te·o·re·ta [-ɛ-] M/F Theoretiker *m*, -in *f*

te·o·re·ti·co [-ɛ-] ADJ theoretisch **te·o·ri·a** F Theorie *f*: **enunciare/dimostrare una** ~ eine Theorie aufstellen/beweisen ♦ **in** ~ theoretisch

te·o·ri·co [-ɔ-] **A** ADJ theoretisch **B** M, **-a** F Theoretiker *m*, -in *f* **te·o·riz·za·re** V/T ⟨1a⟩ ~ **qc** Theorien über etw (*akk*) aufstellen

te·o·so·fi·a F Theosophie *f*

te·po·re [-o-] M (angenehme) Wärme *f*

tep·pa [-e-], **tep·pa·glia** F Gelump *n*

tep·pi·smo [-zmo] M Rowdytum *n* **teppi·sta** M/F Rowdy *m* **tep·pi·sti·co** ADJ rowdyhaft

te·ra·ma·no **A** ADJ aus, von Teramo **B** M, **-a** F Bewohner *m*, -in *f* von Teramo

T

Te·ra·mo [-ɛ-] F Teramo *n*

te·ra·peu·ta [-ɛ-] M/F Therapeut *m*, -in *f* **te·ra·peu·ti·ca** F Therapeutik **te·ra·peu·ti·co** ADJ therapeutisch ♦ **effetto ~** Heilwirkung *f*

te·ra·pi·a F Therapie *f*, Heilbehandlung *f* ♦ **~ del dolore** Schmerztherapie *f*; **~ riabilitativa** Rehabilitationstherapie *f*

te·ra·pi·sta M/F Therapeut *m*, -in *f*

ter·ge·re [-ɛ-] V/T ⟨3uu⟩ *poet* (ab)wischen

ter·gi·cri·stal·lo M Scheibenwischer *m* **ter·gi·lu·not·to** [-ɔ-] M Heckscheibenwischer *m*

ter·gi·ver·sa·re V/I ⟨1b; av⟩ 1 Ausflüchte machen 2 zögern **ter·gi·ver·sa·zio·ne** [-o-] F Ausflüchte *pl*

ter·go [-ɛ-] M 1 *poet* ⟨*pl* -ghi *u.* -ga⟩ Rücken *m* 2 ⟨*pl* -ghi⟩ Rückseite *f* ♦ **a ~** rückwärts; **vedi a ~** siehe Rückseite; **da ~** von hinten

ter·ma·le ADJ Thermal- ♦ **cura ~** Badekur *f*; **sorgente ~** Thermalquelle *f*; **stazione ~** Kurort *m*

ter·me [-ɛ-] FPL Therme *f*, Thermalbad *n*

ter·mi·co [-ɛ-] ADJ Wärme-, thermisch ♦ **borsa -a** Kühltasche *f*; **centrale -a** Heizwerk *n*; **isolamento ~** Wärmeschutz *m*; **lunotto ~** (be)heizbare Heckscheibe *f*

ter·mi·nal [-ɛ-] M ⟨*inv*⟩ Terminal *m od n*

ter·mi·na·le A ADJ 1 End-, terminal 2 Grenz-: **pietra ~** Grenzstein *m* B M 1 FLUG Terminal *n* 2 IT Endgerät *n*, Terminal *n*: **~ video** Bildschirmgerät *n* 3 ELEK Klemme *f* ♦ **malato ~** Kranker *m* im Endstadium

ter·mi·na·li·sta M/F Angestellte *m/f* an einem Bildschirmarbeitsplatz

★**ter·mi·na·re** ⟨1l *u.* b⟩ A V/T beenden, abschließen: **~ gli studi** sein Studium abschließen B V/I ⟨es⟩ 1 enden (*a.* LING), aufhören: **lo spettacolo termina alle sette** die Vorstellung endet um sieben; **~ in "a"** auf „a" enden **ter·mi·na·zio·ne** [-o-] F 1 Abschluss *m* 2 Endpunkt *m* 3 LING Endung *f*

ter·mi·ne [-ɛ-] M 1 Ende *n*, Schluss *m* 2 Abschluss *m*, Beendigung *f* 3 Frist *f*, Zeit(-spanne) *f*: **il ~ è scaduto** die Frist ist abgelaufen 4 Termin *m*: **il ~ ultimo** der letzte Termin 5 *pl fig* (*di contratto, legge ecc.*) Bedingungen *pl* 6 Ausdruck *m*, Begriff *m*, Terminus *m* 7 GRAM Satzglied *n* ♦ **a ~** WIRTSCH Ziel-; befristet; **in altri -i** mit anderen Worten; **a breve ~** kurzfristig; **a medio ~** mittelfristig; **a lungo ~** langfristig; **~ di consegna** Lieferfrist *f*; Liefertermin *m*; **secondo i -i del contratto** vertragsgemäß, laut Vertrag; **~ d'iscrizione** Anmeldefrist *f*; **senza mezzi -i** klipp und klar, unverblümt; **~ di pagamento** Zahlungsfrist *f*; Zahlungstermin *m*; **~ ultimo per l'iscrizione** Anmeldeschluss *m*

ter·mi·no·lo·gi·a F Terminologie *f*

ter·mi·no·lo·gi·co [-ɔ-] ADJ terminologisch

ter·mi·ta·io M Termitenhügel *m*, Termitensäule *f* **ter·mi·te** [-ɛ-] F Termite *f*

ter·mo·con·dut·to·re [-o-] M Wärmeleiter *m* **ter·mo·co·per·ta** [-ɛ-] F Heizdecke *f* **ter·mo·di·na·mi·ca** F Thermodynamik *f* **ter·mo·e·let·tri·co** [-ɛ-] ADJ thermoelektrisch ♦ **centrale -a** Heizkraftwerk *n*

ter·mo·fo·ro [-ɔ-] M Heizkissen *n*

ter·mo·i·drau·li·co M Heizungsinstallateur *m*, -in *f* **ter·mo·i·so·lan·te** A ADJ wärmedämmend B M Wärmedämmstoff *m* **ter·mo·lo·gi·a** F Wärmelehre *f* **ter·mo·me·tri·co** [-ɛ-] ADJ **scala -a** Temperaturskala *f*

★**ter·mo·me·tro** [-ɔ-] M 1 Thermometer *n* (*a. fig*) 2 Fieberthermometer *n*

ter·mo·nu·cle·a·re ADJ thermonuklear: **centrale ~** Kernkraftwerk *n* **ter·mo·pla·sti·co** ADJ thermoplastisch: **materiale ~** Thermoplast *n* **ter·mo·re·at·to·re** [-o-] M Wärmereaktor *m* **ter·mo·re·go·la·to·re** [-o-] A ADJ wärmeregelnd B M Temperaturregler *m* **ter·mo·re·go·la·zio·ne** [-o-] F Temperaturregelung *f*

ter·mos [-ɛ-] M ⟨*inv*⟩ Thermosflasche® *f*, Isolierkanne *f*

ter·mo·si·fo·ne [-o-] M 1 Warmwasserheizung *f* 2 Heizkörper *m*

ter·mo·sta·to [-ɔ-] M Thermostat *m*

ter·mo·te·ra·pia F Wärmebehandlung *f*

ter·mo·va·lo·riz·za·to·re [-o-] M Müllheizkraftwerk *n*

ter·mo·ven·ti·la·to·re [-o-] M Heizlüfter *m* **ter·mo·ven·ti·la·zio·ne** [-o-] F Heißluftheizung *f*

ter·na [-ɛ-] F 1 Dreierreihe *f* 2 **la ~ dei concorrenti** die drei Wettbewerbsteilnehmer *pl*

ter·na·no A ADJ aus, von Terni B M, **-a** F Bewohner *m*, -in *f* von Terni

Ter·ni [-ɛ-] F Terni *n*

T

ter·no [-ɛ-] M **un ~ al lotto** ein Hauptgewinn *m* im Lotto; *fig* ein Geschenk *n* des Himmels

★**ter·ra** [-ɛ-] **A** ADJ ⟨*inv*⟩ **1** Erd- **2** erdfarben, erdfarbig **B** F **1** Erde *f*, Welt *f* **2** (Erd)Boden *m*: **sedersi per ~** sich auf den Boden setzen **3** Erde *f*: **~ argillosa** tonhaltige Erde *f* **4** **~(cotta)** Ton *m* **5** Land *n*, Boden *m*: **amare la propria ~** sein Land lieben; **arare la ~** den Boden pflügen; **possedere un pezzo di ~** ein Stück Land besitzen **6** ELEK Erdleitung *f*, Erde *f* ♦ **buttarsi a ~** sich zu Boden werfen; *fig* den Mut verlieren; *umg* **non stare né in cielo né in ~** weder Hand noch Fuß haben; **essere a ~** am Boden liegen; *fig* am Boden zerstört sein; ELEK **presa con messa a ~** Schutzkontaktsteckdose *f*; **piano ~** Erdgeschoss *n*; *fig* **~ terra** (*semplice*) einfach; (*pratico*) realistisch; (*mediocre*) mittelmäßig; **tratto di ~** Landstrich *m*

ter·ra·cot·ta [-ɔ-] F **1** gebrannter Ton *m* **2** Terrakotta *f* **ter·ra·fer·ma** [-e-] F (Fest)Land *n*

ter·ra·glia F Steingut *n*

Ter·ra·no·va [-ɔ-] F Neufundland *n*

ter·ra·pie·no [-ɛ-] M Erdwall *m*; BAHN Bahndamm *m*

ter·ra·rio M Terrarium *n*

Ter·ra·san·ta [-s-] F das Heilige Land

★**ter·raz·za** F Terrasse *f* **ter·raz·zo** M **1** Terrasse *f* (*a.* GEOL, AGR) **2** Balkon *m*

ter·re·mo·ta·to **A** ADJ erdbebengeschädigt **B** M, **-a** F Erdbebenopfer *n* **ter·re·mo·to** [-ɔ-] M **1** Erdbeben *n* **2** *fig* Umsturz *m* **3** *fig hum* (*persona vivace*) Wirbelwind *m* ♦ **scossa di ~** Erdstoß *m*

★**ter·re·no**[1] [-e-] ADJ irdisch, weltlich ♦ **pian ~** Erdgeschoss *n*, Parterre *n*

★**ter·re·no**[2] [-e-] M **1** Land *n* **2** AGR Boden *m* **3** Grundstück *n* **4** Gelände *n*, Terrain *n* **5** SPORT Spielfeld *n* **6** *fig* Gebiet *n*, Fach *n* ♦ **~ coltivabile** Ackerboden *m*; **~ fabbricabile** Bauland *n*; **guadagnare ~** an Boden gewinnen; **~ incolto** unbebautes Land *n*; *fig* **trovare un ~ fertile** einen guten Nährboden vorfinden

ter·re·o [-ɛ-] ADJ **1** erdfarben **2** *fig* fahl: **farsi ~ in volto** fahl im Gesicht werden

ter·re·stre [-ɛ-] **A** ADJ **1** Erd- **2** irdisch, weltlich **3** Land-, Boden-: **battaglia ~** Bodenkampf *m*; ZOOL **animali -i** Landtiere *pl* **B** M/F Erdbewohner *m*, -in *f* ♦ **paradiso ~** irdisches Paradies *n*

★**ter·ri·bi·le** ADJ furchtbar, fürchterlich

ter·ri·bil·men·te [-e-] ADV fürchterlich

ter·ric·cio M Gartenerde *f*; Blumenerde *f*

ter·rie·ro [-ɛ-] ADJ Grund-, Land-: **proprietario ~** Grundbesitzer *m*

ter·ri·fi·can·te ADJ **1** entsetzlich, schauerlich **2** *umg* Wahnsinns-: **prezzi -i** Wahnsinnspreise *pl*

ter·ri·fi·ca·re V/T ⟨1m *u.* d⟩ erschrecken

★**ter·ri·na** F Schüssel *f*, Terrine *f*, Pott *m*

ter·ri·to·ria·le ADJ territorial, Landes- ♦ **acque -i** Hoheitsgewässer *pl*

★**ter·ri·to·rio** [-ɔ-] M **1** Gebiet *n* **2** ADMIN Hoheitsgebiet *n* **3** ZOOL Revier *n*: **marcare il ~** das Revier markieren

ter·ro·ne [-o-] *pej* **A** ADJ = *süditalienisch* **B** M, **-a** F = *Süditaliener(in)*

ter·ro·re [-o-] M **1** Schrecken *m*: **avere il ~ di qc** furchtbare Angst vor etw (*dat*) haben **2** HIST Schreckensherrschaft *f*

ter·ro·ri·smo [-zmo] M Terrorismus *m*: **~ di destra** (*od* **nero**), **di sinistra** (*od* **rosso**) Rechts-, Linksterrorismus *m*; **~ psicologico** Psychoterror *m* **ter·ro·ri·sta** M/F Terrorist *m*, -in *f* **ter·ro·ri·sti·co** ADJ terroristisch, Terror-

ter·ro·riz·za·re V/T ⟨1a⟩ terrorisieren

ter·ro·riz·za·to ADJ zu Tode erschrocken

ter·ro·so [-o-] ADJ **1** Erd-, erdhaltig **2** erdartig

ter·so ['tɛrso] ADJ rein, sauber, klar

ter·za [-ɛ-] F **1** (*scuola elementare*) dritte Klasse *f* **2** (*scuola media*) achte Klasse *f* **3** (*scuola superiore*) elfte Klasse *f* **4** AUTO dritter Gang *m* **5** MATH dritte Potenz *f* **6** MUS Terz *f* **7** (*sinfonia*) Dritte *f*

ter·zet·to [-e-] M **1** MUS Terzett *n* **2** *hum* Trio *n* **ter·zia·rio** M **1** WIRTSCH Dienstleistungssektor, -bereich *m* **2** GEOL Tertiär *n* **ter·zia·riz·za·zio·ne** [-o-] F Outsourcing *n* **ter·zi·na** F **1** LIT Terzine *f* **2** MUS Triole *f* **ter·zi·no** M SPORT Verteidiger *m*, -in *f*

ter·zo [-ɛ-] **A** ADJ **1** dritte **2** der Dritte: **Carlo III** Karl der Dritte **3** drittgrößte **4** dritthöchste **B** M, **-a** F **1** Dritte *m/f* **2** **terzi** *pl* dritte Seite *f*, Dritten *pl*: **venire a conoscenza di qc da -i** etw von Dritten erfahren **3** HANDEL, JUR **terzo** *m* Dritte *m*: **per conto (di) -i** für, auf Rechnung Dritter **4** **terzo** *m* Drittel *n* **C** ADV drittens; → a. quinto ♦ **-a età** Senioren *pl*; **-a pagina** Feuilleton *n*; **il Terzo Mondo**

T

die Dritte Welt

ter·zo·mon·di·smo [-zmo] M Entwicklungshilfe *f* **ter·zo·mon·di·sta** ADJ Drittewelt-

ter·zul·ti·mo ADJ drittletzt

te·sa [-e-] F 1 Hutkrempe *f* 2 (*unità di misura*) Klafter *m od n*

te·schio [-ɛ-] M Schädel *m*, Totenkopf *m*

★**te·si** [-ɛ-] F ⟨*inv*⟩ 1 These *f* (*a.* PHIL): **sostenere una ~** eine These aufstellen 2 Examens-, Diplomarbeit *f*; Doktorarbeit *f*, Dissertation *f*

te·si·na F Seminararbeit *f*

te·so [-e-] ADJ 1 (an)gespannt (*a. fig*) 2 (*tirato*) straff 3 (*mani, gambe*) ausgestreckt 4 gerichtet: **essere ~ verso qc** auf etw (*akk*) gerichtet sein

te·so·re·ri·a F Schatzamt *n*: **~ centrale** Hauptkasse *f* **te·so·rie·re** [-ɛ-] M, **-a** F Schatzmeister *m*, -in *f*, Kassenwart *m*, -in *f*

★**te·so·ro** [-ɔ-] M 1 Schatz *m* (*a. fig*) 2 Staatsschatz *m* 3 Tresor *m* 4 Thesaurus *m* ♦ **-i artistici** Kunstschätze *pl*; **caccia al ~** Schnitzeljagd *f*; **-i del sottosuolo** Bodenschätze *pl*

★**tes·se·ra** [-ɛ-] F 1 Karte *f* 2 Zeitkarte *f*: **~ mensile** Monats(zeit)karte *f* 3 Ausweis *m* 4 Parteibuch *n* 5 Mosaikstein *m* 6 Dominostein *m* ♦ **~ ferroviaria** BahnCard® *f*; **~ elettronica** Chipkarte *f*; **~ europea di assicurazione malattia** europäische Krankenversicherungskarte *f*; **~ sanitaria** Versichertenkarte *f*; **~ scolastica** Schülerausweis *m*; **~ studenti** Studentenausweis *m*

tes·se·ra·men·to [-e-] M 1 Anwerbung *f* 2 Rationierung *f* ♦ **campagna di ~** Mitgliederwerbekampagne *f*

tes·se·ra·re ⟨1l *u.* b⟩ A V/T 1 anwerben 2 rationieren B V/PR **-rsi** 1 Mitglied werden 2 **-rsi a un partito** in eine Partei eintreten

tes·se·ra·to M, **-a** F Mitglied *n*

tes·se·re [-ɛ-] V/T ⟨3a⟩ 1 weben 2 flechten 3 spinnen (*a. fig*)

tes·se·ri·no M 1 Karte *f* 2 Zeitkarte *f* 3 Ausweis *m* ♦ **~ elettronico** Chipkarte *f*; **~ magnetico** Magnetkarte *f*; **~ STP** Besucherkrankenversicherung *f* (*für illegale Einwanderer*)

tes·si·le [-ɛ-] A ADJ Textil- B M/F 1 Textilarbeiter *m*, -in *f* 2 *pl* Textilien *pl*

tes·si·to·re [-o-] M, **-tri·ce** F 1 Weber *m*, -in *f* 2 *fig* Ränkeschmied *m*, -in *f* **tes·si·tu·ra** F 1 Weberei *f*, Webarbeit *f* 2 Flechten *n* 3 Textilfabrik *f* 4 *fig* Struktur *f*, Aufbau *m* 5 **la ~ di un complotto** das Schmieden eines Komplotts

★**tes·su·to** A ADJ gewebt B M 1 Gewebe *n* (*a.* ANAT), Stoff *m* 2 *fig* Gefüge *n*: **il ~ sociale** das soziale Gefüge

test [-ɛ-] M ⟨*inv*⟩ Test *m*: **superare un ~** einen Test bestehen ♦ **~ dell'Aids** Aidstest *m*; AUTO **~ dell'alce** Elchtest *m*; **~ allergologico** Allergietest *m*; **~ di ammissione** Aufnahmeprüfung *f*; **~ attitudinale** Eignungstest *m*; **~ rapido** Schnelltest *m*; (*in der Schule*) **~ di valutazione** Einstufungstest *m*

★**te·sta** [-ɛ-] F 1 Kopf *m*: **usare la ~** seinen Kopf anstrengen 2 Person *f* 3 Spitze *f*: **la ~ del treno** die Spitze des Zuges ♦ **a ~** pro Kopf; **~ d'aglio** Knoblauchzwiebel *f*; **alla ~** an der Spitze; **a ~ alta** erhobenen Hauptes; **a ~ bassa** gesenkten Hauptes; **cacciatore di -e** *fig* Headhunter *m*; **~ calda** Hitzkopf *m*; *umg* **~ di cavolo** Dumpfbacke *f*; SPORT **colpo di ~** Kopfball *m*; **fare a ~ o croce** eine Münze werfen; **andare fuori di ~** durchdrehen; **dalla ~ ai piedi** von Kopf bis Fuß; **mettersi in ~ di fare qc** sich (*dat*) in den Kopf setzen, etw zu tun; **~ quadra** Dickkopf *m*; **~ rasata** Skinhead *m*, *umg* Glatze *f*; **rompersi la ~ per qc** sich (*dat*) über etw (*akk*) den Kopf zerbrechen; **saltare in ~ a qn** j-m einfallen; **non sapere dove sbattere la ~** nicht mehr aus noch ein wissen; **~ a testa** Kopf-an-Kopf-Rennen *n* (*a. fig*); **tuffo di ~** Kopfsprung *m*

te·sta·co·da ['tɛsta'koda] M ⟨*inv*⟩ **fare un ~** sich um die eigene Achse drehen

te·sta·men·ta·rio ADJ testamentarisch, Testaments-

★**te·sta·men·to** [-e-] M Testament *n*: **fare ~** sein Testament machen ♦ **Antico/Nuovo Testamento** Altes/Neues Testament; **~ biologico** Patientenverfügung *f*

te·star·dag·gi·ne F Dickköpfigkeit *f*

te·star·do A ADJ starrsinnig, dickköpfig B M, **-a** F Dickkopf *m*

★**te·sta·re** V/T ⟨1b⟩ (aus)testen

te·sta·ta F 1 Kopfstoß *m* 2 (*letto*) Kopfende *n* 3 (*d'arma*) Sprengkopf *m* 4 (*giornale*) Kopf *m* 5 Titel *m* 6 *fig* Zeitung *f*, Blatt *n* 7 MECH Zylinderkopf *m* 8 ARCH Stirnseite *f*

te·sta·to·re [-o-] M, **-tri·ce** F Erblasser *m*, -in *f*, Testator *m*, -in *f*

te·ste [-ɛ-] M/F Zeuge *m*, Zeugin *f*

T

te·sté [-e] ADV soeben
te·sti·co·lo M Hoden *m*, Testikel *m*
★**te·sti·mo·ne** [-ɔ-] M/F **1** Zeuge *m*, Zeugin *f* **2** ~ (**di nozze**) (Trau)Zeuge *m*, -zeugin *f*; **fare da ~ a qn** Trauzeuge *m*, -zeugin *f* bei j-s Hochzeit sein **3** SPORT (Staffel)Stab *m* ♦ ~ **d'accusa** (*od* **a carico**) Belastungszeuge *m*, -zeugin *f*; ~ **a discarico** Entlastungszeuge *m*, -zeugin *f*; ~ **di giustizia** Kronzeuge *m*, -zeugin *f*; ~ **oculare** Augenzeuge *m*, -zeugin *f*
tes·ti·mo·nial [-ɔ-] M ⟨*inv*⟩ Werbeträger *m*
te·sti·mo·nia·le **A** ADJ Zeugen-: **prova ~** Zeugenbeweis *m* **B** M **1** Zeugen *pl* **2** Zeugenaussagen *pl* **te·sti·mo·nian·za** F **1** (Zeugen)Aussage *f* **2** Beweis *m*, Zeugnis *n*
te·sti·mo·nia·re ⟨1k *u.* c⟩ **A** V/T **1** aussagen **2** ~ **qc** von etw zeugen **B** V/I ⟨av⟩ aussagen: ~ **contro qn** gegen j-n aussagen ♦ **chiamare qn a ~** j-n als Zeugen vorladen
te·sti·mo·nio [-ɔ-] M (*di nozze*) (Trau)Zeuge *m*
te·sti·na F **1** Köpfchen *n* **2** GASTR Kopf *m*: ~ **di vitello** Kalbskopf *m* **3** TECH Kopf *m*: ~ **rotante** Kugelkopf *m*
★**te·sto** [-ɛ-] M **1** Text *m* **2** Werk *n*, Buch *n* **3** Fassung *f* **4** Wortlaut *m* ♦ **elaborazione** (**di**) **-i** Textverarbeitung *f*; **fare ~** maßgebend sein
te·sto·ne [-o-] M, **-a** F *fig* Dickkopf *m*
te·sto·ste·ro·ne [-o-] M Testosteron *n*
te·stua·le ADJ **1** Text-, textlich **2** (wort)wörtlich: **parole -i** Originalton *m*, O-Ton *m* **te·stual·men·te** [-e-] ADV wörtlich
te·stug·gi·ne F Schildkröte *f*
te·ta·no [-ɛ-] M Wundstarrkrampf *m*
te·tra·e·dro [-ɛ-] M Tetraeder *n*, Vierflächner *m*
te·trag·gi·ne F Düsterheit *f* (*a. fig*)
te·tra·go·no ADJ **1** GEOM tetragonal **2** *fig* fest, standhaft **3** unbeugsam, starrsinnig
te·tra·pak® M ⟨*inv*⟩ Tetrapak® *m*
te·tro [-ɛ-] ADJ **1** dunkel, düster, finster (*a. fig*) **2** griesgrämig, mürrisch
tet·ta [-e-] F *umg* Titte *f vulg*
tet·ta·rel·la [-ɛ-] F Schnuller *m*
★**tet·to** [-e-] M **1** Dach *n*: ~ **piano** Flachdach *n*; ~ **a due spioventi** Sattel-, Giebeldach *n* **2** AUTO Autodach *n*; Verdeck *n* **3** *fig* Höchstgrenze *f*: **sfondare il ~** die Höchstgrenze überschreiten ♦ ~ **paterno** Elternhaus *n*; **senza ~** obdachlos
tet·to·ia [-o-] F **1** Wetterdach *n* **2** Schutzdach *n*, Überdachung *f* **3** Vordach *n*
tet·to·ni·ca [-ɔ-] F **1** Tektonik *f* **2** BIOL Schichtung *f* **tet·to·ni·co** [-ɔ-] ADJ tektonisch
tet·tuc·cio M **1** kleines Dach *n* **2** AUTO Dach *n*; Verdeck *n* **3** FLUG Kanzel *f* ♦ AUTO ~ **apribile** Schiebedach *n*; AUTO ~ **scorrevole** Schiebedach *n*
teu·to·ne [-o-] M/F Teutone *m*, -nin *f*
teu·to·ni·co [-ɔ-] ADJ **1** teutonisch **2** *hum* deutsch
Te·ve·re [-ɛ-] M Tiber *m*
ther·mos [-ɛ-] → termos
★**ti** PERS PR **1** dich: ~ **informerò subito** ich werde dich sofort benachrichtigen; **fatti sentire!** melde dich mal wieder! **2** dir: **che cosa ~ consiglia?** was rät er dir? ♦ **eccoti finalmente!** da bist du ja endlich!
tia·ra F ~ **papale** päpstliche Tiara *f*
Ti·bet M Tibet *n* **ti·be·ta·no** **A** ADJ tibetisch **B** M, **-a** F Tibeter *m*, -in *f*
ti·bia F ANAT Schienbein *n*
tic **A** INT tick **B** M ⟨*inv*⟩ **1** Tick *m* **2** Schrulle *f* ♦ ~ **nervoso** nervöse Zuckungen *pl*
tic·chet·ta·re V/I ⟨1a; av⟩ ticken
tic·chet·ti·o M Ticken *n*, Ticktack *n*: **il ~ dell'orologio** das Ticken der Uhr
tic·chio M Laune *f*, Anwandlung *f*
Ti·ci·no M Tessin *n*
tick·et ['tiket] M ⟨*inv*⟩ **1** (*per servizi sanitari*) Praxisgebühr *f*; Rezeptgebühr *f* **2** (*buono*) Gutschein *m* **3** SPORT Wettschein *m* ♦ ~ **restaurant** Essensbon *m*
tie-break [tai'brɛk] M ⟨*inv*⟩ Tiebreak *m od n*
tie·pi·dez·za [-e-] F, **tie·pi·di·tà** F ⟨*inv*⟩ Lauheit *f* (*a. fig*)
★**tie·pi·do** [-ɛ-] ADJ **1** lau(warm) **2** (*clima*) mild **3** *fig* kühl; lau ♦ **lavare in acqua -a** handwarm waschen
ti·fa·re V/I ⟨1a; av⟩ **1** schwärmen, Fan (*od* Anhänger) sein **2** Partei nehmen
ti·fo M **1** Thyphus *m* **2** SPORT Begeisterung *f*; Anfeuern *n* ♦ **fare il ~ per qn** Fan von j-m sein; zu j-m halten; j-n anfeuern
ti·fo·ne [-o-] M Taifun *m*
★**ti·fo·sa** [-o-] F **1** SPORT Anhängerin *f*, Fan *m* **2** MED Typhuskranke *f*
★**ti·fo·so** [-o-] M **1** SPORT Anhänger *m*, Fan *m* **2** MED Thyphuskranke *m*

ti·glio M **1** BOT Linde *f* **2** (*fibra*) Faser *f*

ti·glio·so [-o-] ADJ faserig; zäh

ti·gna F Grind *m*

ti·gno·la [-ɔ-] F Motte *f*

ti·gno·so [-o-] **A** ADJ grindig **B** M, **-a** F Grindige *m/f*

ti·gra·to ADJ getigert **ti·gre** F **1** Tiger *m* **2** *fig* Kämpfernatur *f* **3** **~ di carta** Papiertiger *m* **ti·grot·to** [-ɔ-] M Tigerjunge *n*

til·de F *od* M Tilde *f*

tilt M ⟨*inv*⟩ **andare in ~** (*persona*) ausrasten; (*computer*) abstürzen; verrücktspielen; **essere in ~** einen Blackout haben; außer Betrieb sein

tim·bal·lo M **1** GASTR Pastete *f*; Auflauf *m* **2** Auflaufform *f*, Backform *f*

tim·bra·re V/T ⟨1a⟩ **1** (ab)stempeln **2** (*biglietto*) entwerten **3** **~ il cartellino** die Stechkarte stechen **tim·bra·to·re** [-o-] ADJ Stempel-; **orologio ~** Stechuhr *f*

tim·bro[1] M Stempel *m* ♦ **~ postale** Poststempel *m*

tim·bro[2] M **1** MUS Klangfarbe *f*, Klang *m*; Timbre *n* **2** *fig* Ton *m*

tim·er ['taimer] M ⟨*inv*⟩ Zeitschaltuhr *f*

ti·mi·dez·za [-e-] F Schüchternheit *f*, Scheu *f*

★**ti·mi·do** **A** ADJ schüchtern, scheu **B** M, **-a** F schüchterner Mensch *m*

ti·mo[1] M BOT Thymian *m*

ti·mo[2] M ANAT Thymusdrüse *f*

ti·mo·ne [-o-] M **1** FLUG, SCHIFF Steuer *n*, Ruder *n* **2** (*carro*) Deichsel *f* **3** *fig* Leitung *f*, Ruder *n*, Steuer *n*: **prendere il ~** das Ruder übernehmen

ti·mo·ne·ri·a F Steuerung *f*; FLUG Leitwerk *n* **ti·mo·nie·re** [-ɛ-] M, **-a** F Steuermann *m*, -frau *f*

ti·mo·ra·to ADJ gewissenhaft: **~ di Dio** gottesfürchtig **ti·mo·re** [-o-] M **1** Furcht *f*, Angst *f* **2** Ehrfurcht *f*: **incutere ~ a qn** j-m Ehrfurcht einflößen ♦ **timor di Dio** Gottesfurcht *f*; **senza ~** furchtlos

ti·mo·ro·so [-o-] ADJ ängstlich, furchtsam

tim·pa·ni·sta M/F Paukenschläger *m*, -in *f*

tim·pa·no M **1** ANAT Trommelfell *n* **2** MUS Pauke *f* **3** ARCH Tympanon *n*

tin·ca F ZOOL Schleie *f*

ti·nel·lo [-ɛ-] M Esszimmer *n*

tin·ge·re ⟨3d⟩ **A** V/T (ver)färben: **~ di nero** schwarz färben **B** V/PR **-rsi** sich (ver)färben (*a. fig*)

tin·ni·to M MED Tinnitus *m*

ti·no M Bottich *m*, Bütte *f*

ti·noz·za [-ɔ-] F **1** Bottich *m* **2** Wanne *f*

tin·ta F **1** Farbe *f*, Farbton *m* **2** Farbstoff *m* **3** *fig mst* PL Farbe *f*, Ton *m* ♦ ★ **in ~ unita** unifarben, einfarbig

tin·ta·rel·la [-ɛ-] F *umg* Sonnenbräune *f*: **prendere la ~** sich sonnen

tin·teg·gia·re V/T ⟨1f⟩ (an)streichen

tin·teg·gia·tu·ra F Anstrich *m*

tin·tin·na·re V/I ⟨1a; av⟩ klingeln, klimpern, bimmeln **tin·tin·ni·o** M Geklingel *n*, Gebimmel *n*

tin·to ADJ ge-, verfärbt; farbig; getönt

tin·to·re [-o-] M, **-a** F **1** (*operaio*) Färber *m*, -in *f* **2** (*lavorante di lavasecco*) Arbeiter *m*, -in *f* in einer chemischen Reinigung

tin·to·ri·a F **1** Färberei *f* **2** Reinigung *f* **tin·tu·ra** F **1** Färbung *f* **2** Färbemittel *n* **3** CHEM Tinktur *f*

★**ti·pi·co** ADJ typisch

★**ti·po** **A** ADJ ⟨*inv*⟩ **1** typisch **2** Muster-: **impianto ~** Musteranlage *f* **3** -ähnlich: **una pietra ~ rubino** ein rubinähnlicher Edelstein *m* **4** -imitation, -imitat: **pelle ~ camoscio** Wildlederimitat *n* **5** wie: **una chiesa ~ la basilica di San Marco** eine Kirche wie der Markusdom **B** M, **-a** F **1** **tipo** *m* Typ *m*: **non è ~ da fare una cosa simile** er ist nicht der Typ, der so etwas tut; **sei il mio ~** du bist mein Typ **2** Kerl *m*, Tussi *f*: **un ~/una -a in gamba** ein patenter Mensch *m* **3** **tipo** *m* Sorte *f*: **diversi -i di pane** verschiedene Brotsorten *pl* **4** TYPO **tipo** *m* Drucktypen *pl* **5** MED, PHIL, BOT **tipo** *m* Typ(us) *m*

ti·po·gra·fi·a F Druckerei *f* **ti·po·gra·fi·co** ADJ typografisch, Druck-

ti·po·gra·fo [-ɔ-] M, **-a** F **1** Buchdrucker *m*, -in *f* **2** Schriftsetzer *m*, -in *f*

tip tap M **ballare il ~** steppen

TIR M ⟨*inv*⟩ (Transports Internationaux Routiers) **1** Fernlastzug *m* **2** *umg* Brummi *m*

ti·ra e mol·la [-ɔ-] → tiremmolla

ti·rag·gio M (Ab)Zug *m*

ti·ra·li·ne·e M ⟨*inv*⟩ Zieh-, Reißfeder *f*

★**ti·ra·mi·sù** M ⟨*inv*⟩ = *Dessert mit in Kaffee getränktem Biskuit und Mascarpone*

Ti·ra·na F Tirana *n*

ti·ran·neg·gia·re ⟨1f⟩ **A** V/T tyrannisieren **B** V/I ⟨av⟩ tyrannisieren **ti·ran·ne·sco** [-e-] ADJ tyrannisch **ti·ran·ni·a** F Gewaltherrschaft *f*

ti·ran·ni·ci·da M/F Tyrannenmörder *m*,

T

-in *f* **ti·ran·ni·ci·dio** M Tyrannenmord *m*

ti·ran·ni·de F Tyrannei *f* **ti·ran·no** **A** ADJ tyrannisch **B** M, **-a** F Tyrann *m*, -in *f* ♦ **il tempo è ~** wir sind Sklaven der Zeit

ti·ran·te M **1** Zugstange *f* **2** (*edilizia*) Zuganker *m* **ti·ran·te·ri·a** F Gestänge *n*

ti·ra·pie·di [-ɛ-] M/F ⟨*inv*⟩ **1** HIST Henkersknecht *m* **2** *pej* Handlanger *m*, -in *f*

★ti·ra·re

⟨1a⟩

A transitives Verb B intransitives Verb
C Pronominalverb D Wendungen

— A transitives Verb —

1 ziehen; zerren **2** ~ **le tende** die Gardinen zuziehen **3** werfen: ~ **qc a qn** j-n mit etw bewerfen **4** SPORT schießen **5** spannen: ~ **un filo** einen Faden spannen **6** (*mobili*) rücken **7** ~ **una linea** eine Linie ziehen **8** TYPO drucken **9** ~ **dentro** (he)reinbringen; *fig* hineinziehen, verwickeln **10** ~ **dietro** nachwerfen (*a. fig*) **11** ~ **fuori** herausholen, herausstrecken (*a. fig*) **12** ~ **giù** herunterziehen, -holen, -werfen **13** ~ **indietro** zurückziehen; (*orologio*) zurückstellen **14** ~ **su** aufheben; errichten, hochziehen; *fig* (*confortare*) aufheitern; auf-, großziehen; ~ **su le maniche** die Ärmel hochkrempeln **15** ~ **via** abnehmen, wegräumen

— B intransitives Verb —

⟨av⟩ **1** **il camino tira male** der Kamin zieht schlecht; **il motore non tira** der Motor zieht nicht **2** wehen **3** (*sparare*) schießen: ~ **a qc/qn** auf etw/j-n schießen **4** (*indumenti, pelle*) spannen: ~ **in vita** um die Taille spannen **5** *fig* ankommen, gut gehen: **questo prodotto tira** dieses Produkt kommt gut an **6** *fig* ~ **a qc** es auf etw (*akk*) abgesehen haben **7** ~ **avanti** weitermachen; sich durchschlagen; **come va? – tiro avanti** wie geht's? – es geht (so)! **8** ~ **avanti per la propria strada** seinen Weg gehen **9** *sl* sniffen

— C Pronominalverb —

-rsi **1** sich (gegenseitig) ziehen **2** **-rsi addosso qc** etw umreißen **3** *fig* **si è tirato addosso la malevolenza di tutti** er hat sich (*dat*) die Missgunst aller zugezogen **4** **-rsi dietro qc** etw hinter sich (*dat*) herziehen **5** **-rsi indietro** sich zurückziehen **6** **-rsi su** aufstehen; sich aufrichten; sich aufsetzen; *fig* sich aufheitern; *fig* wieder auf die Beine kommen

— D Wendungen —

una parola tira l'altra ein Wort gibt das andere; ~ **l'acqua** die Spülung betätigen; **che aria tira?** wie ist die Stimmung?; **con l'aria che tira ...!** so wie die Dinge stehen ...!; ~ **bestemmie** Flüche ausstoßen; *umg* ~ **un bidone a qn** j-n sitzen lassen; j-n hereinlegen; ~ **calci** mit (den) Füßen treten; (*animali*) ausschlagen; ~ **i dadi** würfeln; *fig* ~ **in lungo qc** etw in die Länge ziehen; ~ **mattina** die Nacht durchmachen; ~ **sul prezzo** um den Preis feilschen; ~ **tardi** es spät werden lassen; *umg* **tirarsela** sich aufblasen

ti·ra·ta F **1** Ziehen *n* **2** Zug *m*, Ruck *m* **3** (*sigaretta*) Zug *m* **4** Tirade *f*: **fare una ~ contro qn** auf j-n schimpfen

ti·ra·tar·di M/F ⟨*inv*⟩ Nachtschwärmer *m*, -in *f*

ti·ra·to ADJ **1** gespannt **2** *fig* an-, abgespannt, verkrampft: ~ **per i capelli** an den Haaren herbeigezogen **ti·ra·to·re** [-o-] M, **-tri·ce** F **1** Schütze *m*, Schützin *f* **2** SPORT Torschütze *m*, -schützin *f* ♦ **franco ~** Heckenschütze *m* (*a.* POL)

ti·ra·tu·ra F Auflage *f*

tir·chie·ri·a F Knauserei *f* **tir·chio** **A** ADJ knauserig, geizig **B** M, **-a** F Knauser *m*, -in *f*

ti·rem·mol·la [-ɔ-] M ⟨*inv*⟩ Hin und Her *n*: **dopo un lungo ~** nach langem Hin und Her

ti·ri·te·ra [-ɛ-] F *umg* **1** Kinderreim *m* **2** Litanei *f*

ti·ro M **1** Ziehen *n* **2** Schießen *n*, Abfeuern *n* **3** Werfen *n*; Wurf *m* **4** Gespann *n*: **un ~ di cavalli** ein Pferdegespann; ~ **a due** Zweispänner *m* **5** (*d'arma*) SPORT Schuss *m* **6** *fig* Streich *m*: **giocare un brutto ~ a qn** j-m einen bösen Streich spielen **7** *umg* (*alla sigaretta ecc.*) Zug *m* ♦ ~ **con l'arco** Bogenschießen *n*; ~ **al bersaglio** Scheibenschießen *n*; *umg* **essere in ~** in Schale sein; *umg* **mettersi in ~** sich aufbrezeln; **essere a un ~ di schioppo** einen Steinwurf (weit) entfernt sein; **essere sotto ~** unter Beschuss stehen (*a. fig*)

ti·ro·ci·nan·te M/F **1** Praktikant *m*, -in *f*

2 Auszubildende *m/f*, Lehrling *m*
ti·ro·ci·nio M 1 Praktikum *n* 2 Lehre *f*
ti·roi·de [-ɔ-] F ANAT Schilddrüse *f*
ti·ro·le·se [-e-] A ADJ tirolerisch, Tiroler B M/F Tiroler *m*, -in *f*
Ti·ro·lo [-ɔ-] M Tirol *n*
ti·sa·na F (Kräuter)Tee *m*
ti·si F Lungenschwindsucht *f*
ti·si·co ADJ 1 MED schwindsüchtig 2 *fig* schwächlich
ti·ta·ni·co ADJ titanisch, riesig **ti·ta·nio** M Titan *n* **ti·ta·no** M Titan *m* (*a. fig*)
ti·til·la·re V/T ⟨1a⟩ kitzeln (*a. fig*)
ti·to·la·re[1] A ADJ 1 **professore ~** ordentlicher Professor *m* 2 Titular- B M/F 1 Amtsinhaber *m*, -in *f* 2 Titelträger *m*, -in *f* 3 Eigentümer *m*, -in *f*, Inhaber *m*, -in *f* ♦ **~ della carta di credito** Karteninhaber *m*, -in *f*
ti·to·la·re[2] V/T ⟨1l⟩ (*editoria*) betiteln
★**ti·to·lo** M 1 Titel *m*, Überschrift *f* 2 Titel *m* (*a.* JUR): **~ accademico** akademischer Titel *m*; SPORT **difendere il ~** den Titel verteidigen 3 Bezeichnung *f* 4 *hum* Schimpfwort *n* 5 Voraussetzung *f*: **avere tutti i -i per un posto** alle Voraussetzungen für eine Stelle mitbringen 6 WIRTSCH Wertpapier *n*: **~ di crescita** Wachstumsaktie *f*; **~ di valore** Wertaktie *f* ♦ **a che ~ ...?** aus welchem Grund ...?; **a ~ di cronaca** (*od* **d'informazione**) zur Information; **a ~ gratuito** kostenlos; **~ nobiliare** Adelstitel *m*; **a ~ di prestito** leihweise; (*cinema*) TV **-i di testa** Vorspann *m*; **-i di coda** Nachspann *m*; **transazione in -i** Wertpapiergeschäft *n*
ti·to·lo·ne [-o-] M Schlagzeile *f*; Aufmacher *m*
ti·tu·ban·te ADJ 1 zögernd, zögerlich 2 **essere ~ in qc** sich (*dat*) unschlüssig über etw (*akk*) sein **ti·tu·ban·za** F 1 Zögern *n* 2 Unschlüssigkeit *f*
ti·tu·ba·re V/I ⟨1a; av⟩ zögern
ti·vù F ⟨*inv*⟩ *umg* 1 Fernsehen *n* 2 Fernseher *m* ♦ **~ via cavo** Kabelfernsehen *n*
ti·vu·fo·ni·no M TV-Handy *n*
ti·zio M, **-a** F Typ *m*; *pej* Kerl *m*, Tussi *f* ♦ **Tizio, Caio e Sempronio** Hinz und Kunz
tiz·zo·ne [-o-] M 1 brennende Kohle *f* 2 brennendes Holzscheit *n*
to' → toh
toast [tɔst] M ⟨*inv*⟩ = *getoastetes Sandwich*
toc·can·te ADJ ergreifend, rührend

▶ ⚠ **toast ≠ Toast**

il toast	=	das getoastete Sandwich
der Toast	=	la fetta di pane tostato

★**toc·ca·re** ⟨1d⟩ A V/T 1 be-, anrühren; anfassen 2 (*in acqua*) stehen, Grund haben 3 *fig* (be)rühren, ergreifen; bewegend sein 4 *fig* betreffen: **il problema ti tocca da vicino** das Problem betrifft dich direkt 5 *umg* **~ la sessantina** an die sechzig sein; **aver toccato la sessantina** über sechzig sein B V/I ⟨es⟩ 1 widerfahren, zustoßen 2 zustehen: **a ciascuno toccano 10 euro** jeder Person stehen 10 Euro zu 3 an der Reihe sein, dran sein ★ **tocca a me** ich bin dran 4 müssen, gezwungen sein: **mi tocca andarci di persona** ich bin gezwungen, persönlich hinzugehen C V/PR **-rsi** sich berühren ♦ **~ ferro** auf Holz klopfen
toc·ca·sa·na [-s-] M ⟨*inv*⟩ Allheilmittel *n*
toc·ca·ta F 1 Berührung *f* 2 MUS Toccata *f* **toc·ca·to** ADJ 1 *fig* verrückt 2 *fig* verletzt: **~ negli affetti** in seinen Gefühlen verletzt 3 bewegt
toc·co[1] [-o-] M 1 Berührung *f* 2 *fig* Hauch *m*, Spur *f*: **un ~ di classe** ein Hauch von Klasse 3 MAL Pinselstrich *m* 4 MUS Anschlag *m* 5 (*orologio*) Schlagen *n*, Läuten *n* 6 **il ~** ein Uhr (nachmittags) 7 SPORT Schlag *m* ♦ **dare gli ultimi -chi a qc** etw (*dat*) den letzten Schliff geben
toc·co[2] [-o-] ADJ verrückt, bekloppt
toc·co[3] [-ɔ-] M 1 Stück *n*: **un (bel) ~ di carne** ein (schönes) Stück *n* Fleisch 2 *umg fig* **un bel ~ di ragazza** ein steiler Zahn
to·e·let·ta [-ɛ-] → toilette
to·fu [-ɔ-] M ⟨*inv*⟩ Tofu *m*
to·ga [-ɔ-] F 1 HIST Toga *f* 2 Talar *m*
to·ga·to ADJ 1 mit dem Talar bekleidet 2 *fig* feierlich 3 *pej* schwülstig, geschwollen
★**to·glie·re** [-ɔ-] ⟨3ss⟩ V/T 1 ab-, wegnehmen, wegräumen 2 entfernen 3 entziehen: **~ il passaporto a qn** j-m den Pass entziehen 4 (*dente, tappo*) (heraus)ziehen 5 (*indumenti*) ausziehen, ablegen 6 *fig* entziehen, (ab)nehmen: **~ la speranza a qn** j-m die Hoffnung nehmen 7 entfernen, streichen ♦ **~ il fiato a qn** j-m den Atem verschlagen (*a. fig*)
★**to·glier·si** [-ɔ-] V/PR ⟨3ss⟩ 1 sich auszie-

T

hen, ablegen **2** (*cappello, occhiali*) abnehmen **3** sich befreien: **~ un peso dal cuore** sich von einer Last befreien **4** rücken, zur Seite gehen **5** (*abitudini, vizi*) ablegen ♦ **~ qc dalla testa** sich (*dat*) etw aus dem Kopf schlagen; **~ la vita** sich (*dat*) das Leben nehmen

toh [tɔ] INT **1** da (nimm's)! **2** nanu; sieh einer an

toi·let·te [twa'lɛt] F ⟨*inv*⟩ Toilette *f*: **fare ~** Toilette machen; **andare alla ~** auf die Toilette gehen

To·kyo [-ɔ-] F Tokio *n*

tol·le·ra·bi·le ADJ **1** tolerierbar **2** erträglich **3** verträglich **tol·le·ran·te** ADJ tolerant, duldsam **tol·le·ran·za** F **1** Toleranz *f* (*a.* MED, TECH) **2** **con una ~ di dieci minuti** mit höchstens zehn Minuten Verspätung ♦ **casa di ~** Freudenhaus *n*

tol·le·ra·re V/T ⟨1l *u.* c⟩ **1** dulden, zulassen **2** ertragen **3** vertragen

tol·to [-ɔ-] ADJ **1** abgesehen von: **~ te, lo sanno tutti** abgesehen von dir wissen es alle **2** **-e le spese** abzüglich der Kosten

to·ma [-o-] F **capire Roma per ~** etw völlig missverstehen

to·ma·ia F (*di scarpa*) Oberleder *n*

tom·ba [-o-] F Grab *n* ♦ **dalla culla alla ~** von der Wiege bis zur Bahre

tom·bi·no M Gully *m*

tom·bo·la [-o-] F Zahlenlotto *n*: **fare ~** beim Zahlenlotto gewinnen; *fig* einen Volltreffer landen

tom·bo·lo[1] [-o-] M **1** Schlummerrolle *f* **2** Klöppelkissen *n* ♦ **lavorare al ~** klöppeln

tom·bo·lo[2] [-o-] M Sturz *m*, Plumps *m*

to·mo [-ɔ-] M **1** Band *m* **2** Buch *n*

to·mo·gra·fi·a F Tomografie *f*: **~ assiale computerizzata** Computertomografie *f* **to·mo·gra·fo** [-ɔ-] M Tomograf *m*

to·mo·gram·ma M Tomogramm *n*

to·na·ca [-ɔ-] F **1** Mönchskutte *f* **2** Talar *m* **3** Schwesterntracht *f* **4** ANAT Wand *f*

to·na·li·tà F ⟨*inv*⟩ **1** MUS Tonalität *f*, Tonart *f* **2** Farbton *m* **3** MAL Tönung *f*

to·nan·te ADJ **1** donnernd **2** schallend

to·na·re ⟨1o⟩ → tuonare

ton·deg·gian·te ADJ rundlich

ton·det·to ADJ vollschlank

ton·di·no M **1** rundes Plättchen *n* **2** (*sottobicchiere*) Untersetzer *m* **3** (*edilizia*) Armierungseisen *n*, Rundstahl *m*

ton·do [-o-] **A** ADJ **1** rund **2** **sei mesi -i** genau sechs Monate **B** M Kreis *m* ♦ **chiaro e ~** klipp und klar; **cifra -a** runde Zahl *f*

to·ner ['tɔnɛr] M ⟨*inv*⟩ Toner *m*

ton·fe·te [-o-] INT plumps

ton·fo [-o-] M dumpfer Schlag *m*, *umg* Plumps *m* ♦ **fare un ~** plumpsen

to·ni·ca [-ɔ-] F **1** MUS Tonika *f* **2** Tonic *n*

to·ni·co [-ɔ-] **A** ADJ **1** LING betont, Ton- **2** MUS, MED tonisch **3** kräftigend **B** M **1** PHARM Tonikum *n* **2** Gesichtswasser *n* ♦ **acqua -a** Tonicwater *n*

to·ni·fi·ca·re V/T ⟨1d *u.* m⟩ **1** kräftigen, stärken **2** beleben, anregen

ton·na·ra F Großfanganlage *f* für Thunfische **ton·na·to** ADJ **salsa -a** Thunfischsoße *f*; **vitello ~** = *Kalbfleisch in Thunfischsoße*

ton·nel·lag·gio M **1** SCHIFF Tonnage *f* **2** BAHN Tragfähigkeit *f* **ton·nel·la·ta** F Tonne *f*: **~ di stazza lorda** Bruttoregistertonne *f*

ton·no [-o-] M Thunfisch *m*, *schweiz* Thon *m*

to·no [-ɔ-] M **1** Ton *m* (*a.* MUS *fig*) **2** Stimme *f*: **alzare il ~** (**di voce**) die Stimme heben **3** Farbton *m*: **~ su ~** Ton in Ton **4** MED Tonus *m* **5** (*di pelle*) Elastizität *f* ♦ **rispondere a ~** keine Antwort schuldig bleiben; **darsi un ~** Haltung annehmen; **essere giù di ~** schlecht in Form sein; *fig* niedergeschlagen sein

ton·sil·la F ANAT Mandel *f*

ton·sil·li·te F MED Mandelentzündung *f*

ton·su·ra F Tonsur *f*

ton·to [-o-] *umg* **A** ADJ dumm, blöde: **fare il finto ~** sich dumm stellen **B** M Trottel *m*

tool·bar ['tulbar] M ⟨*inv*⟩ IT Taskleiste *f*

top [tɔp] M ⟨*inv*⟩ **1** MODE Top *n* **2** *umg* Spitze *f*: **essere il ~** spitze sein

to·pa·ia F **1** Mäusenest *n* **2** *fig* Höhle *f*

to·pa·zio M Topas *m*

to·pi·ca[1] [-ɔ-] F Topik *f*

to·pi·ca[2] [-ɔ-] F (*gaffe*) Fauxpas *m*, Entgleisung *f*: **fare una ~** einen Fauxpas begehen

to·pi·ci·da M Rattengift *n*

to·pi·co [-ɔ-] ADJ PHARM äußerlich: **medicamento** (**ad uso**) **~** Arznei *f* für den äußerlichen Gebrauch

top·less ['tɔples] M ⟨*inv*⟩ Monokini *m* ♦ **il ~ è vietato** oben ohne verboten

★**to·po** [-ɔ-] M Maus *f* ♦ **~ d'albergo** Hoteldieb *m*; **~ di biblioteca** Bücherwurm *m*

to·po·gra·fi·a F Topografie *f*

T

to·po·gra·fi·co ADJ topografisch

to·po·li·no M Mäuschen *n*, Mäuslein *n*

To·po·li·no M Mickymaus *f*

to·po·lo·gi·a F GRAM Wortstellung *f*

to·po·ni·mo [-ɔ-] M Ortsname *m*

to·po·no·ma·sti·ca F 1 Ortsnamenkunde *f* 2 Ortsnamen *pl*

to·po·ra·gno M ZOOL Spitzmaus *f*

top·pa [-ɔ-] F 1 Flicken *m*: **mettere una ~ a qc** einen Flicken auf etw (*akk*) (auf)nähen; *fig* für etw eine Notlösung finden 2 Schlüsselloch *n*; Türschloss *n*

to·ra·ce M Brustkorb *m* **to·ra·ci·co** ADJ Brust-: **cavità -a** Brusthöhle *f*

tor·ba [-o-] F Torf *m*

tor·bi·dez·za [-e-] F, **tor·bi·di·tà** F ⟨*inv*⟩ 1 Trübung *f*; Trübheit *f* 2 *fig* Unklarheit *f*

tor·bi·do [-o-] A ADJ 1 trübe: *fig* **pescare nel ~** im Trüben fischen 2 *fig* unklar 3 verboten B M Trübe *f*

tor·bie·ra [-ɛ-] F Torfmoor *n*, Torfgrube *f*

tor·cen·te [-ɛ-] ADJ PHYS, MECH drehend, Dreh-: **momento ~** Drehmoment *n*

tor·ce·re [-ɔ-] ⟨3d⟩ A VT 1 TECH verwinden, verdrillen, drehen 2 verdrehen, verziehen: **~ la bocca** den Mund verziehen 3 auswringen B VPR **-rsi** 1 sich krümmen: **-rsi dalle risa** sich vor Lachen krümmen 2 **-rsi le mani** die Hände ringen ♦ **non ~ un capello a qn** j-m kein Haar krümmen; **~ il collo a qn** j-m den Hals umdrehen

tor·chia·re VT ⟨1k *u.* c⟩ 1 pressen 2 (*uva*) keltern 3 *fig* ausquetschen

tor·chia·tu·ra F Pressen *n*

tor·chio [-ɔ-] M 1 Presse *f* 2 (*per uva*) Kelter *f* 3 TYPO Druckpresse *f* ♦ *fig* **mettere sotto ~ qn** j-n in die Mangel nehmen

tor·cia [-ɔ-] F 1 Fackel *f* 2 Taschenlampe *f*

tor·ci·col·lo [-ɔ-] M *umg* **avere il ~** ein steifes Genick haben

tor·ci·glio·ne [-o-] M Haarband *n*

tor·ci·tu·ra F Drehung *f*; TEX Zwirnen *n*

tor·do [-o-] M 1 ZOOL Drossel *f* 2 *fig* Dickerchen *n* 3 Dummkopf *m*

to·rel·lo [-ɛ-] M 1 ZOOL junger Stier *m* 2 junger, kräftiger Mensch *m*

to·re·ro [-ɛ-] M, **-a** F Stierkämpfer *m*, -in *f*

to·ri·ne·se [-e-] A ADJ turinisch, Turiner B M/F Turiner *m*, -in *f*

To·ri·no F Turin *n*

tor·ma [-o-] F 1 Schar *f*, Haufen *m* 2 Rudel *n*

tor·men·ta [-e-] F Schneegestöber *n*

tor·men·ta·re ⟨1a⟩ A VT 1 quälen, foltern 2 *fig* plagen, peinigen B VPR **-rsi** sich quälen, sich peinigen **tor·men·ta·to** ADJ 1 gequält 2 (*vita*) mühselig 3 (*scelta*) schwierig **tor·men·ta·to·re** [-o-] M, **-tri·ce** F Peiniger *m*, -in *f*

tor·men·to [-e-] M 1 Qual *f*, Pein *f* 2 Plage *f* 3 (*persona*) Quälgeist *m*, *umg* Nervensäge *f* 4 Folter *f* **tor·men·to·so** [-o-] ADJ 1 quälend 2 qualvoll

tor·na·con·to [-o-] M Gewinn *m*, Vorteil *m*

tor·nan·te M Kehre *f*; Haarnadelkurve *f*

★**tor·na·re** VI ⟨1a; es⟩ 1 wieder kommen 2 zurückkommen (*a. fig*): **~ su un argomento** auf ein Thema zurückkommen 3 zurückfahren 4 wieder gehen 5 sich erweisen, sein: **~ comodo** sich als bequem erweisen; **~ utile** nützlich sein; **~ a vantaggio** zum Vorteil gereichen 6 wieder werden: **~ come nuovo** wieder wie neu werden ♦ **~ a fare qc** wieder etw tun; **il conto torna** die Rechnung geht auf (*a. fig*); **vado e torno** ich komme sofort wieder

tor·na·so·le [-'so-] M ⟨*inv*⟩ Lackmus *m od n*: **cartina al** (*od* **di**) **~** Lackmuspapier *n*

tor·na·ta F Sitzung *f*, Tagung *f* ♦ **~ elettorale** Wahlgang *m*

tor·na·to ADJ **ben ~!** schön, dass du wieder da bist!

tor·ne·o [-ɛ-] M 1 Turnier *n* (*a.* HIST) 2 Meisterschaft *f*

tor·nio [-o-] M Drehbank *f*

tor·ni·re VT ⟨4d⟩ 1 drechseln 2 METALL drehen 3 *fig* ausfeilen

tor·ni·tu·ra F Drechseln *n*, Drehen *n*

tor·no [-o-] M Runde *f* ♦ **togliti di ~!** verschwinde von hier!

★**to·ro** [-ɔ-] M 1 Stier *m* 2 *fig* starker Mensch *m* 3 ASTROL **Toro** *m* Stier *m*: **Paolo è del Toro** Paolo ist Stier

To·ron·to [-o-] F Toronto *n*

tor·pe·di·ne[1] [-ɛ-] F ZOOL Zitterrochen *m*

tor·pe·di·ne[2] [-ɛ-] F MIL Torpedo *m*

tor·pe·di·nie·ra [-ɛ-] F MIL Torpedoboot *n*

tor·pe·do·ne [-o-] M Reise-, Überlandbus *m*, *schweiz* Car *m*

tor·pi·dez·za [-e-] F 1 Schlaffheit *f* 2

T

Lustlosigkeit *f* **tor·pi·do** [-ɔ-] ADJ 1 taub, schlaff 2 *fig* stumpf **tor·po·re** [-o-] M 1 Taubheit *f* 2 *fig* Trägheit *f*

★**tor·re** [-o-] F 1 Turm *m* 2 (*alpinismo*) Bergzinne *f* ♦ **chiudersi in una ~ d'avorio** sich in einen Elfenbeinturm einschließen

tor·re·fa·re V/T ⟨3aa⟩ rösten; brennen **tor·re·fa·zio·ne** [-o-] F 1 Rösten *n* 2 Brennen *n* 3 Kaffeerösterei *f* 4 Kaffeegeschäft *n*

tor·reg·gia·re V/I ⟨1f; av⟩ emporragen: **~ su qn** j-n überragen

★**tor·ren·te** [-ɛ-] M 1 Sturz-, Wildbach *m* 2 *fig* Schwall *m*: **~ di parole** Wortschwall *m*

tor·ren·ti·zio ADJ Sturzbach-

tor·ren·zia·le ADJ strömend: **pioggia ~** strömender Regen *m*

tor·ret·ta [-e-] F 1 Türmchen *n* 2 SCHIFF, FLUG, MIL Turm *m* 3 TECH Drehkopf *m*

tor·ri·do [-ɔ-] ADJ (drückend) heiß

tor·ro·ne [-o-] M = *Süßigkeit aus Zucker, Honig, Nüssen oder Mandeln in Barrenform*

tor·sio·ne [-si'o-] F 1 Torsion *f*, Drall *m* 2 Drehung *f*: **~ del busto** Drehung *f* des Oberkörpers

tor·so ['torso] M Rumpf *m*, Oberkörper *m*: **a ~ nudo** mit bloßem Oberkörper

tor·so·lo ['torsolo] M BOT Kerngehäuse *n*

★**tor·ta** [-o-] F Kuchen *m*; Torte *f*

tor·tie·ra [-ɛ-] F Kuchenform *f*

tor·ti·le [-ɔ-] ADJ spiralförmig

tor·ti·na F Törtchen *n* **tor·ti·no** M kleine Gemüsetorte *f*; Auflauf *m*

tor·to[1] [-ɔ-] ADJ 1 gedreht 2 krumm

tor·to[2] [-ɔ-] M Unrecht *n*: **a ~** zu Unrecht; **aver ~** unrecht haben

tor·to·ra [-o-] F ZOOL Turteltaube *f*

tor·tuo·si·tà F ⟨*inv*⟩ 1 Gewundenheit *f* (*a. fig*) 2 Windung *f* **tor·tuo·so** [-o-] ADJ 1 gewunden 2 *fig* umständlich, unklar

tor·tu·ra F 1 Folter *f* 2 *fig* Qual *f*, Tortur *f* **tor·tu·ra·re** ⟨1a⟩ A V/T 1 foltern 2 *fig* quälen B V/PR **-rsi** sich quälen

tor·vo [-o-] ADJ finster, scheel

to·sa·er·ba [-ɛ-] M/F ⟨*inv*⟩ Rasenmäher *m*

to·sa·re V/T ⟨1a⟩ 1 scheren 2 (*siepe*) (zurück)schneiden 3 (*prato*) mähen **to·sa·to·re** [-o-] M, **-tri·ce** F Scherer *m*, -in *f* **to·sa·tri·ce** F 1 (*macchinetta*) Schneidemaschine *f* 2 (*tosaerba*) Rasenmäher *m* **to·sa·tu·ra** F 1 Schur *f* 2 Schneiden *n* 3 Mähen *n* 4 Schurwolle *f*

To·sca·na F Toskana *f* **to·sca·no** A ADJ toskanisch B M, **-a** F Toskaner *m*, -in *f*

to·so·ne [-o-] M Vlies *n*

★**tos·se** [-o-] F Husten *m*: **prendere la ~** Husten bekommen ♦ **~ canina** Keuchhusten *m*

tos·sic·chia·re V/I ⟨1k; av⟩ hüsteln

tos·si·ci·tà F Giftigkeit *f*

tos·si·co [-ɔ-] A ADJ giftig, Gift- B M, **-a** F *sl* Fixer *m*, -in *f*

tos·si·co·di·pen·den·te [-ɛ-] A ADJ drogenabhängig B M/F Drogenabhängige *m/f* **tos·si·co·di·pen·den·za** [-ɛ-] F Drogenabhängigkeit *f*

tos·si·co·lo·gi·a F Toxikologie *f*, Giftlehre *f* **tos·si·co·lo·gi·co** [-ɔ-] ADJ toxikologisch **tos·si·co·lo·go** [-ɔ-] M, **-a** F Toxikologe *m*, -login *f* **tos·si·co·ma·ne** [-ɔ-] A ADJ rauschgiftsüchtig B M/F Rauschgiftsüchtige *m/f* **tos·si·co·ma·ni·a** F Rauschgiftsucht *f*

tos·si·fu·go ADJ hustenstillend

tos·si·na F Toxin *n*

tos·si·re V/I ⟨4a *u.* d; av⟩ husten

to·sta·pa·ne M ⟨*inv*⟩ Toaster *m*

to·sta·re V/T ⟨1c⟩ 1 (*caffè, mandorle*) rösten, brennen 2 (*pane*) toasten **to·sta·to** ADJ 1 geröstet, gebrannt 2 getoastet

to·sto[1] [-ɔ-] ADV sofort, gleich: **~ che** sobald

to·sto[2] [-ɔ-] ADJ 1 hart, fest 2 *umg* taff: **un tipo ~** ein taffer Typ *m* ♦ **avere la faccia -a** unverschämt sein

tot [tot] A ADJ & INDEF PR soundso viel: **guadagnare ~ all'anno** soundso viel im Jahr verdienen B M bestimmter Betrag *m*

to·ta·le A ADJ 1 gesamt, Gesamt-: **somma ~** Gesamtsumme *f* 2 völlig, total, gänzlich 3 absolut B M Summe *f* ♦ **in ~** insgesamt

to·ta·li·tà F 1 Gesamtheit *f* 2 Ganzheit *f* ♦ **nella ~ dei casi** in allen Fällen

to·ta·li·ta·rio ADJ totalitär **to·ta·li·ta·ri·smo** [-zmo] M Totalitarismus *m* **to·ta·li·ta·ri·sti·co** ADJ totalitaristisch

to·ta·liz·za·re V/T ⟨1a⟩ insgesamt erzielen

to·ta·liz·za·to·re [-o-] M 1 Totalisator *m* 2 Zählwerk *n*

to·tip® M Pferdetoto *m od n*, Rennwette *f*

T

to·to·cal·cio® M Fußballtoto *n od m*: **giocare al ~** Toto spielen; **schedina del ~** Tippzettel *m* **to·to·ne·ro** [-e-] M illegales Fußballtoto *n od m*
touch·pad [tatʃ'pɛd] M ⟨*inv*⟩ IT Touchpad *n*
touch screen [tatʃ'skrin] M ⟨*inv*⟩ IT Berührungsbildschirm *m*, Touchscreen *f*
tou·pet [tu'pɛ] M ⟨*inv*⟩ Toupet *n*
tour [tu:r] M ⟨*inv*⟩ Tour *f*, (Rund)Reise *f* **tour de for·ce** ['tu:rde'fɔrs] M 1 Kraftprobe *f* 2 Strapaze *f*
tour·née [tur'ne] F ⟨*inv*⟩ Tournee *f*, Gastspielreise *f*
tour op·e·ra·tor ['turope'retor] M/F ⟨*inv*⟩ Reiseveranstalter *m*, -in *f*
★**to·va·glia** F Tischdecke *f*
to·va·glio·li·no M *umg* Papierserviette *f*
★**to·va·glio·lo** [-ɔ-] M Serviette *f*
toz·zo[1] [-ɔ-] ADJ 1 untersetzt, stämmig 2 (*di cosa*) breit und niedrig, plump
toz·zo[2] [-ɔ-] M (*di pane*) Stück *n*
★**tra** PRÄP 1 zwischen: **~ le 2 e le 3** zwischen 2 und 3 Uhr; **~ (di) noi va tutto bene** zwischen uns läuft alles gut 2 unter, in, bei: **mescolarsi ~ la folla** sich unter die Menge mischen; **detto ~ (di) noi** unter uns gesagt; **essere amato ~ i colleghi** bei den Kollegen beliebt sein; **stringere qn ~ le braccia** j-n in die Arme schließen 3 durch: **passare ~ la folla** durch die Menge gehen 4 (*tempo*) in, binnen, innerhalb 5 nach: **~ 500 metri** nach 500 Metern 6 von: **il più vecchio ~ noi** der Älteste von uns ♦ **~ l'altro** unter anderem; **~ breve** (*od* **poco**) bald, in Kürze; **parlare ~ sé (e sé)** vor sich hin sprechen; **~ tutti** insgesamt, alles in allem
tra·bal·lan·te ADJ wackelig (*a. fig*)
tra·bal·la·re V/I ⟨1a; av⟩ 1 taumeln, wanken, wackeln (*a. fig*) 2 beben
tra·be·a·zio·ne [-o-] F Gebälk *n*
tra·bic·co·lo M 1 Klappergestell *n* 2 (*auto*) Blechkiste *f*, Karre *f*
tra·boc·ca·re V/I ⟨1d; av⟩ 1 überlaufen, überströmen 2 randvoll sein 3 (*luogo*) gerammelt voll sein 4 *fig* (*di felicità*) überfließen
tra·boc·chet·to [-e-] M 1 Falltür *f* 2 *fig* Falle *f* ♦ **domanda ~** Fangfrage *f*
tra·ca·gnot·to [-ɔ-] ADJ untersetzt
tra·can·na·re V/T ⟨1a⟩ hinunterkippen
★**trac·cia** F 1 Spur *f* (*a. fig* IT, MED) 2 Entwurf *m*, Skizze *f* ♦ IT **~ del mouse** Mausspur *f*
trac·cian·te ADJ Leuchtspur-: **proiettile ~** Leuchtspurgeschoss *n*
trac·cia·re V/T ⟨1f⟩ 1 trassieren, abstecken 2 zeichnen (*a. fig*) 3 *fig* **~ il quadro della situazione** die Situation kurz umreißen **trac·cia·to** M 1 (*edilizia*) TECH Trasse *f* 2 Plan *m* 3 Diagramm *n* 4 SPORT Rennstrecke *f*
tra·che·a [-ɛ-] F ANAT Luftröhre *f* **tra·che·o·to·mi·a** F MED Luftröhrenschnitt *m*
tra·ci·ma·re V/I ⟨1a; av⟩ überfließen, über die Ufer treten
track·ball ['trɛbol] F ⟨*inv*⟩ IT Trackball *m*
tra·col·la [-ɔ-] F Tragriemen *m*: **borsa a ~** Umhängetasche *f* **tra·col·la·re** V/I ⟨1c; es⟩ 1 kippen 2 *fig* stürzen **tra·col·lo** [-ɔ-] M Zusammenbruch, Einbruch *m*, Crash *m*: **~ della Borsa** Börsenkrach *m*
tra·co·tan·te ADJ anmaßend, überheblich **tra·co·tan·za** F Anmaßung *f*, Überheblichkeit *f*
tra·di·men·to [-e-] M 1 Verrat *m* 2 Untreue *f* ♦ **a ~** hinterrücks, meuchlerisch
tra·di·re ⟨4d⟩ A V/T 1 verraten (*a. fig*) 2 (*moglie, marito*) betrügen 3 enttäuschen: **~ la fiducia di qn** j-s Vertrauen enttäuschen B V/PR **-rsi** sich verraten **tra·di·to·re** [-o-] A ADJ verräterisch B M, **-tri·ce** F Verräter *m*, -in *f*
tra·di·zio·na·le ADJ 1 traditionell 2 konventionell 3 **medicina ~** Schulmedizin *f* **tra·di·zio·na·li·sta** A ADJ traditionsbewusst B M/F Traditionalist *m*, -in *f* **tra·di·zio·na·li·sti·co** ADJ traditionsbewusst
★**tra·di·zio·ne** [-o-] F 1 Tradition *f* 2 Überlieferung *f* 3 Brauch *m* 4 JUR Übergabe *f*
tra·dot·ta [-o-] F Truppentransport *m*
tra·dot·to [-o-] → tradurre
tra·du·ci·bi·le ADJ übersetzbar
★**tra·dur·re** ⟨3e⟩ A V/T 1 übersetzen (*a.* IT): **~ alla lettera** wörtlich übersetzen; **~ a senso** sinngemäß übersetzen 2 dolmetschen 3 *fig* (*sentimenti*) ausdrücken 4 **~ qc in pratica** etw in die Praxis umsetzen 5 (*trasferire*) überführen B V/PR **-rsi** *fig* sich zeigen **tra·dut·to·re** [-o-] M, **-tri·ce** F 1 Übersetzer *m*, -in *f*: **~ giurato** vereidigter Übersetzer *m* 2 IT **traduttore** *m* Übersetzungsprogramm *n*
★**tra·du·zio·ne** [-o-] F 1 Übersetzung *f* 2 Überführung *f*

T

tra·en·te [-ɛ-] **A** ADJ ziehend, Zug- **B** M/F ~ **dell'assegno** Scheckaussteller *m*, -in *f*

tra·fe·la·to ADJ atemlos, abgehetzt

traf·fi·can·te M/F Händler *m*, -in *f*: ~ **d'armi** Waffenhändler *m*, -in *f*; ~ **di vite umane** Schlepper *m*, -in *f* **traf·fi·ca·re** V/I ⟨1d *u.* l; av⟩ **1** ~ **in armi** Waffen verschieben; ~ **in droga** mit Rauschgift handeln **2** *umg* arbeiten, schaffen **traf·fi·ca·to** ADJ (*di strada*) befahren

★**traf·fi·co** M **1** Verkehr *m*: ~ **scorrevole** fließender Verkehr *m* **2** Handel *m*, Geschäft *n*: ~ **di vite umane** Menschenhandel *m* **3** *umg* Hin und Her *n* ♦ ~ **in senso contrario** Gegenverkehr *m*; ~ **dell'ora di punta** Stoßverkehr *m*

traf·fi·co·ne [-o-] M, **-a** F **1** Geschäftemacher *m*, -in *f* **2** Schieber *m*, -in *f*

tra·fig·ge·re ⟨3cc⟩ **A** V/T durchbohren (*a. fig*) **B** V/PR **-rsi** sich durchbohren

tra·fi·la F **1** Prozedur *f* **2** MECH Ziehmatrize *f* **tra·fi·la·re** V/T ⟨1a⟩ MECH ziehen

tra·fi·let·to [-e-] M Pressenotiz *f*

tra·fit·tu·ra F **1** Durchbohren *n*, Durchstechen *n* **2** (*dolore acuto*) Stich *m*

tra·fo·ra·re V/T ⟨1a⟩ ~ **qc** in etw (*akk*) ein Loch bohren, etw durchbohren

tra·fo·ra·to ADJ **1** durchbohrt **2** Loch-: **ricamo** ~ Lochstickerei *f*

tra·fo·ro [-o-] M **1** Durchbohrung *f*, Durchbohren *n* **2** Tunnel *m* **3** Lochstickerei *f* **4** TECH Laubsäge *f*

tra·fu·ga·men·to [-e-] M Entwendung *f*

tra·fu·ga·re V/T ⟨1c⟩ entwenden

★**tra·ge·dia** [-ɛ-] F Tragödie *f* (*a. fig*): **fare una** ~ **di qc** aus etw eine Tragödie machen

tra·ghet·ta·men·to [-e-] M Überfahrt *f*

tra·ghet·ta·re V/T ⟨1a⟩ **1** übersetzen, überfahren **2** überqueren: ~ **il fiume** den Fluss überqueren

★**tra·ghet·to** [-e-] M (Auto)Fähre *f*

tra·gi·ci·tà F ⟨*inv*⟩ Tragik *f*

tra·gi·co **A** ADJ tragisch (*a. fig*): **in circostanze -che** unter tragischen Umständen **B** M **1** Tragiker *m* **2** *fig* **il** ~ **di qc** das Tragische an etw (*dat*) ♦ **non fare il** ~! mach kein Theater!

tra·gi·co·mi·co [-ɔ-] **A** ADJ tragikomisch **B** M Tragikomik *f* **tra·gi·com·me·dia** [-ɛ-] F Tragikomödie *f* (*a. fig*)

tra·git·to M Fahrt *f*, Strecke *f*, Weg *m* ♦ **durante il** ~ unterwegs

tra·guar·do M **1** Ziel *n*: **arrivare al** ~ ins Ziel kommen; *fig* sein Ziel erreichen **2** (*d'arma*) Visier *n*

tra·iet·to·ria [-ɔ-] F (Geschoss-, Flug)-Bahn *f*

trai·nan·te ADJ treibend: **forza** ~ treibende Kraft *f* **trai·na·re** V/T ⟨1a⟩ **1** (ab)schleppen, ziehen **2** *fig* mitziehen, ankurbeln

train·er ['trɛiner] M/F ⟨*inv*⟩ Trainer *m*, -in *f*

train·ing ['trɛiniŋ] M ⟨*inv*⟩ Training *n*: ~ **autogeno** autogenes Training *n*

trai·no M **1** Schleppen *n*, Ziehen *n* **2** (Anhänger-, Waggon)Ladung *f* **3** Zugvorrichtung *f* ♦ **animale da** ~ Zugtier *n*

tra·la·scia·re V/T ⟨1f⟩ **1** aus-, weg-, unterlassen **2** abbrechen, einstellen

tral·cio M Schössling *m*, Trieb *m*; Ranke *f*

tra·lic·cio M **1** ELEK Gittermast *m* **2** ARCH Fachwerk *n*: **casa a** ~ Fachwerkhaus *n*

tra·li·ce ADJ **in** (*od* **di**) ~ schräg, schief

tra·lu·ce·re V/I ⟨3a⟩ (hin)durchscheinen; durchschimmern (*a. fig*)

★**tram** M ⟨*inv*⟩ Straßenbahn *f* ♦ *umg* **attaccati al** ~! steck dir das an den Hut!

tra·ma F **1** TEX Schussfaden *m* **2** Handlung *f* **3** Machenschaften *pl*, Ränke *pl*

tra·man·da·re ⟨1a⟩ **A** V/T **1** überliefern **2** hinterlassen **B** V/PR **-rsi** sich weitervererben

tra·ma·re V/T ⟨1a⟩ anzetteln, Ränke schmieden

tram·bu·sto M Getümmel *n*, Gewühl *n*

tra·me·sti·o M Durcheinander *n*

tra·mez·za [-ɛ-] F **1** Zwischenwand *f* **2** (*di scarpa*) Brandsohle *f*

tra·mez·zi·no M Sandwich *m od n*

tra·mez·zo [-ɛ-] M Zwischenwand *f*

tra·mi·te **A** PRÄP mittels, durch **B** M **fare da** ~ **tra qn e qn** zwischen j-m und j-m vermitteln

tra·mog·gia [-ɔ-] F Trichter *m*

tra·mon·ta·na F **1** Nordwind *m* **2** Nord *m* ♦ *fig* **perdere la** ~ den Kopf verlieren

★**tra·mon·ta·re** V/I ⟨1a; es⟩ **1** untergehen **2** *fig* schwinden, vergehen

★**tra·mon·to** [-o-] M **1** Sonnenuntergang *m* **2** *fig* Unter-, Niedergang *m* ♦ **luce del** ~ Abendlicht *n*

tra·mor·ti·re ⟨4d⟩ **A** V/T **1** niederschlagen **2** betäuben **B** V/I ⟨es⟩ ohnmächtig

werden **tra·mor·ti·to** ADJ **1** besinnungslos, ohnmächtig **2** betäubt
tram·po·li·no M **1** SPORT Sprungbrett *n* (*a. fig*); Trampolin *n* **2** Sprungschanze *f*
tram·po·lo M Stelze *f* (*a. hum*): **camminare sui -i** auf Stelzen laufen
tra·mu·ta·re ⟨1a⟩ **A** V/T **1** **~ qn/qc in qc** j-n/etw in etw (*akk*) verwandeln **2** *fig* ver-, umwandeln **B** V/PR **-rsi** sich verwandeln
tram·vai, **tram·vi·a** → tranvai, tranvia
tran·ce ['tra:ns] F ⟨*inv*⟩ Trance *f*
tran·cia F **1** Schneidegerät *n* **2** GASTR Tranche *f* **tran·cia·re** V/T ⟨1f⟩ **1** METALL stanzen, schneiden **2** GASTR tranchieren **3** abtrennen **tran·cia·to·re** [-o-] M, **-tri·ce** F (*operaio*) Stanzer *m*, -in *f* **tran·cio** M Stück *n*, Tranche *f*
tra·nel·lo [-ɛ-] M Falle *f* (*a. fig*) ♦ **domanda a ~** Fangfrage *f*
tran·gu·gia·re V/T ⟨1f⟩ **1** (ver-, hinunter)schlingen **2** (*liquido*) hinuntergießen **3** *fig* (hinunter)schlucken: **~ un boccone amaro** eine bittere Pille schlucken
tran·ne PRÄP außer, ausgenommen; HANDEL exklusive ♦ **~ che** es sei denn; außer (wenn)
tran·quil·lan·te **A** ADJ beruhigend, Beruhigungs- **B** M Beruhigungsmittel *n*
tran·quil·li·tà F Ruhe *f*: **in tutta ~** in aller Ruhe
tran·quil·liz·zan·te ADJ beruhigend
tran·quil·liz·za·re ⟨1a⟩ **A** V/T beruhigen **B** V/PR **-rsi** sich beruhigen
★**tran·quil·lo** ADJ **1** ruhig: **puoi star ~** du kannst beruhigt sein **2** still: **un angolino ~** ein stilles Eckchen *n* ♦ **avere la coscienza -a** ein ruhiges Gewissen haben
tran·sal·pi·no ADJ jenseits der Alpen
tran·sa·tlan·ti·co **A** ADJ überseeisch **B** M Überseedampfer *m* **tran·sa·zio·ne** [-o-] F **1** JUR Vergleich *m* **2** HANDEL Transaktion *f*
tran·sen·na [-'sɛ-] F **1** ARCH Geländer *n* **2** Sperre *f* **tran·sen·na·re** V/T ⟨1b⟩ absperren
tran·ses·sua·le [-s-] **A** ADJ transsexuell **B** M/F Transexuelle *m/f*
tran·set·to [-'sɛ-] M ARCH Querschiff *n*
tran·sfer ['transfer] M ⟨*inv*⟩ Transfer *m*: **~ per l'aeroporto** Flughafentransfer *m*
tran·sfert M ⟨*inv*⟩ WIRTSCH Transfer *m*
tran·sfu·ga M/F Überläufer *m*, -in *f*
trans·ge·ni·co [-ɛ-] ADJ genmanipuliert, transgen
tran·si·ge·re [-s-] ⟨3w⟩ **A** V/T durch Vergleich beilegen **B** V/I ⟨av⟩ nachgeben
tran·si·stor [-s-] M ⟨*inv*⟩ Transistor *m*
tran·si·ta·bi·le [-s-] ADJ **1** begehbar **2** befahrbar **tran·si·ta·bi·li·tà** F **1** Begehbarkeit *f* **2** Befahrbarkeit *f* **tran·si·ta·re** V/I ⟨1l; es⟩ **1** gehen **2** fahren **3** verkehren: **il treno transita ogni ora** der Zug verkehrt jede Stunde
tran·si·ti·vo [-s-] ADJ GRAM transitiv
tran·si·to [-s-] M **1** Übergang *m*, Transit *m* (*a.* HANDEL) **2** Durchgang *m*; Durchfahrt *f*; Durchreise *f*: **in ~** auf der Durchreise ♦ **divieto di ~** Durchfahrt verboten
tran·si·to·rie·tà [-s-] F **1** Vergänglichkeit *f* **2** Vorläufigkeit *f* **tran·si·to·rio** [-ɔ-] ADJ **1** vergänglich **2** vorübergehend, vorläufig, Übergangs-: **governo ~** provisorische Regierung *f* **tran·si·zio·ne** [-o-] F Übergang *m*
tran·spa·da·no ADJ transpadanisch, jenseits (nördlich) des Po liegend
tran tran M ⟨*inv*⟩ *umg* Trott *m*: **il ~ quotidiano** der alltägliche Trott
tran·vai M ⟨*inv*⟩ *umg* **1** Straßenbahn *f* **2** Straßenbahnlinie *f* **tran·vi·a** F Straßenbahnlinie *f* **tran·via·rio** ADJ Straßenbahn- **tran·vie·re** [-ɛ-] M, **-a** F Straßenbahner *m*, -in *f*
tra·pa·na·re V/T ⟨1l⟩ **1** durch-, aufbohren **2** (*chirurgia*) bohren **3** *fig* **mi stanno trapanando le orecchie** mir platzen fast die Ohren **tra·pa·na·zio·ne** [-o-] F (Auf-, Durch)Bohrung *f*
tra·pa·ne·se [-e-] **A** ADJ aus, von Trapani **B** M/F Bewohner *m*, -in *f* von Trapani
Tra·pa·ni F Trapani *n*
tra·pa·no M Bohrer *m*, Bohrmaschine *f* ♦ **~ a percussione** Schlagbohrmaschine *f*
tra·pas·sa·re ⟨1a⟩ **A** V/T **1** durchbohren, durchdringen (*a. fig*): **~ qn con lo sguardo** j-n mit Blicken durchbohren **2** *poet* überschreiten **B** V/I ⟨es⟩ **1** (hin)durchgehen, durchdringen **2** (*luce*) durchscheinen **3** **~ a qn** auf j-n übergehen **tra·pas·sa·to** **A** ADJ durchbohrt **B** M GRAM **~ prossimo/remoto** erstes/zweites Plusquamperfekt *n*
tra·pas·so M **1** Übertragung *f*; (*di proprietà*) Eigentumsübertragung *f* **2** Übergang *m* **3** (*morte*) Hinscheiden *n*, Ableben *n*

T

tra·pe·la·re V/I ⟨1a; es⟩ 1 (durch)sickern (*a. fig*) 2 (*luce*) durchscheinen
tra·pe·zio [-ɛ-] M Trapez *n* (*a.* GEOM)
tra·pe·zi·sta M/F Trapezkünstler *m*, -in *f*
tra·pian·ta·re ⟨1a⟩ A V/T 1 umpflanzen 2 (*chirurgia*) transplantieren 3 *fig* verpflanzen B V/PR **-rsi** übersiedeln
tra·pian·ta·to ADJ verpflanzt
tra·pian·to M 1 Umpflanzung *f* 2 (*chirurgia*) Transplantation *f*
trap·po·la F 1 Falle *f* (*a. fig*): **essere in ~** in der Falle sitzen 2 *umg* (*trabiccolo*) Klappergestell *n* 3 (*auto*) Karre *f*
tra·pun·ta F Steppdecke *f*
tra·pun·ta·re V/T ⟨1a⟩ steppen **tra·pun·ta·to** ADJ gesteppt, Stepp-: **giacca -a** Steppjacke *f*
tra·pun·to A ADJ gesteppt B M 1 Stepperei *f* 2 Steppstich *m*
trar·re ⟨3xx⟩ A V/T 1 ziehen: **~ qc a sé** etw an sich (*akk*) ziehen 2 entnehmen: **~ brani da un romanzo** Stücke aus einem Roman entnehmen 3 bringen, führen 4 **~ qn a qc** j-n zu etw veranlassen B V/PR **-rsi da parte** (*od* **di lato**) zur Seite treten ♦ **~ le conclusioni** Schlüsse ziehen; **~ un sospiro di sollievo** erleichtert aufatmen
tra·sa·li·re [-s-] V/I ⟨4d; av, es⟩ 1 zusammenfahren 2 auf-, hochfahren
tra·san·da·to [-z-] ADJ ungepflegt, schlampig
tra·sbor·da·re [-z-] ⟨1a⟩ A V/T 1 umsteigen lassen 2 (*merci*) umladen, umschlagen B V/I ⟨av⟩ umsteigen
tra·sbor·do [-'zbo-] M (*persone*) Umsteigen *n*; (*cose*) Umladung *f*
tra·scen·den·ta·le ADJ 1 transzendental 2 außergewöhnlich: **non è niente di ~** das ist nichts Außergewöhnliches
tra·scen·de·re [-e-] ⟨3c⟩ A V/T 1 **~ qc** etw übersteigen, über etw (*akk*) gehen 2 PHIL transzendieren B V/I ⟨av, es⟩ übertreiben
tra·sci·na·men·to [-e-] M 1 Schleppen *n* 2 MECH Mitnehmen *n* 3 (*in motoristica*) Schubbetrieb *m*
tra·sci·na·re ⟨1a⟩ A V/T 1 (mit)schleppen, (mit)schleifen 2 mitreißen: **lasciarsi ~ da qc** sich von etw mitreißen lassen 3 *fig* treiben: **~ una ditta alla rovina** eine Firma in den Ruin treiben B V/PR **-rsi** 1 sich schleppen 2 *fig* sich hinziehen
tra·sco·lo·ra·re ⟨1a; es⟩ V/I & V/PR **-rsi** 1 sich verfärben 2 erblassen, erbleichen
★**tra·scor·re·re** [-ɔ-] ⟨3o⟩ A V/T (*tempo, vacanze*) verbringen B V/I ⟨es⟩ 1 vergehen: **il tempo trascorre lento** die Zeit vergeht langsam 2 **~ su qc** etw übergehen 3 ⟨es, av⟩ zu weit gehen, übertreiben ♦ **con il ~ degli anni** im Laufe der Jahre
tra·scri·ve·re V/T ⟨3tt⟩ 1 abschreiben, übertragen 2 nieder-, aufschreiben 3 JUR ein-, übertragen **tra·scri·zio·ne** [-o-] F 1 Abschreiben *n*, Übertragung *f* 2 Abschrift *f* 3 LING, MUS Transkription *f* 4 JUR Ein-, Übertragung *f*
tra·scu·ra·bi·le ADJ unbedeutend
★**tra·scu·ra·re** ⟨1a⟩ A V/T 1 vernachlässigen 2 **~ di fare qc** versäumen, etw zu tun B V/PR **-rsi** sich vernachlässigen **tra·scu·ra·tez·za** [-e-] F Nachlässigkeit *f*
tra·scu·ra·to ADJ 1 vernachlässigt, nachlässig 2 verwahrlost
tra·sdut·to·re [-o-] M ELEK Wandler *m*
tra·se·co·la·re V/I ⟨1m *u.* b; es, av⟩ erstaunen
tra·sfe·ri·bi·le ADJ 1 verlegbar: **sede ~** verlegbarer Sitz *m* 2 (*persona*) versetzbar 3 HANDEL, JUR übertragbar
tra·sfe·ri·bi·li·tà F 1 Verlegbarkeit *f* 2 (*persona*) Versetzbarkeit *f* 3 HANDEL, JUR Übertragbarkeit *f*
tra·sfe·ri·men·to [-e-] M 1 Verlegung *f* 2 (*persone*) Versetzung *f* 3 Umzug *m* 4 Überführung *f* 5 HANDEL Übertragung *f* 6 FIN Überweisung *f*: **~ bancario** Banküberweisung *f* 7 (*proprietà*) Übereignung *f*, Überschreibung *f* 8 SPORT Transfer *m* ♦ TEL **~ di chiamata** Rufumleitung *f*
tra·sfe·ri·re ⟨4d⟩ V/T 1 verlegen 2 (*persona*) versetzen 3 (*merci*) überführen 4 HANDEL überweisen 5 übereignen 6 JUR (*proprietà*) übertragen
★**tra·sfe·rir·si** V/PR ⟨4d⟩ (um)ziehen
tra·sfe·ri·to ADJ 1 verlegt 2 versetzt
tra·sfer·ta [-ɛ-] F 1 Dienstreise *f*: **andare in ~** auf Dienstreise gehen 2 SPORT Auswärtsspiel *n* 3 (**indennità di**) **~** Reisekostenvergütung *f*
tra·sfi·gu·ra·re ⟨1a⟩ A V/T 1 verändern 2 *fig* verzerren, verdrehen B V/PR **-rsi** sich verändern **tra·sfi·gu·ra·zio·ne** [-o-] F 1 Verklärung *f* 2 *fig* Veränderung *f*, Verwandlung *f*
★**tra·sfor·ma·re** ⟨1a⟩ A V/T 1 (ver)ändern 2 um-, abändern 3 (wei-

T

ter)verarbeiten: ~ **un prodotto** ein Produkt verarbeiten **4** verwandeln, verzaubern: **essere trasformato in qc** in etw (*akk*) verwandelt werden **5** ELEK umspannen **B** V/PR **-rsi** **1** sich verwandeln **2** sich ändern, sich wandeln **3** *fig* **-rsi in qc** zu etw werden **tra·sfor·ma·to·re** [-o-] M ELEK Transformator *m*, Wandler *m* **tra·sfor·ma·zio·ne** [-o-] F **1** (Ver)Änderung *f*, Umwandlung *f* **2** Um-, Abänderung *f* **3** Umgestaltung *f* **4** (Weiter)Verarbeitung *f* **5** Verwandlung *f*, Verzauberung *f* **6** PHYS, ELEK Transformation *f* ♦ **industria di ~** verarbeitende Industrie *f*

tra·sfor·mi·sta M/F **1** (politischer) Opportunist *m*, politische Opportunistin *f* **2** Verwandlungskünstler *m*, -in *f* **3** *umg* Wetterfahne *f*

tra·sfu·sio·na·le ADJ Transfusions-: **centro ~** Transfusionszentrum *n*

tra·sfu·sio·ne [-o-] F Transfusion *f*: **~ di sangue** Bluttransfusion *f*

tra·sgre·di·re [-z-] ⟨4d⟩ **A** V/T übertreten, verletzen: ~ **una legge** ein Gesetz übertreten **B** V/I ⟨av⟩ zuwiderhandeln

tra·sgres·sio·ne [-zgressi'one] F **1** Übertretung *f*, Zuwiderhandlung *f* **2** Verletzung *f* der Konventionen **tra·sgres·si·vi·tà** F ⟨*inv*⟩ **1** Übertreten *n* von Normen **2** unkonventionelle Art *f* **tra·sgres·si·vo** ADJ **1** regelwidrig **2** antikonformistisch

tra·sgres·so·re [-zgres'sore] M, **tra·sgre·di·tri·ce** F Gesetzesbrecher *m*, -in *f*

tra·sla·to [-z-] ADJ übertragen: **in senso ~** in übertragenem Sinne

tra·sla·zio·ne [-zlatsi'one] F **1** Überführung *f* (*a.* KIRCHE) **2** WIRTSCH, JUR Übertragung *f*

tra·slo·ca·re [-z-] ⟨1c *u.* d⟩ **A** V/T **1** versetzen, verlegen **2** umquartieren **B** V/I ⟨av⟩ (um)ziehen **tra·slo·co** [-ɔ-] M Umzug *m*: **fare un ~** umziehen

tra·slu·ci·do [-z-] ADJ durchscheinend

★**tra·smet·te·re** [-'zme-] ⟨3ee⟩ **A** V/T **1** übertragen: ~ **una malattia** eine Krankheit übertragen; ~ **un diritto a qn** j-m ein Recht übertragen **2** (*lasciare in eredità*) vererben **3** RADIO, TV senden, übertragen: ~ **qc in diretta** etw live (*od* direkt) übertragen **4** senden; ~ **qc via fax** etw faxen **5** mitteilen, ausrichten **6** HANDEL ~ **un ordine a qn** j-m einen Auftrag erteilen **7** überliefern **B** V/PR **-rsi** MED übertragen werden **tra·smet·ti·to·re** [-o-] M, **-tri·ce** F **1** Telegrafist *m*, -in *f* **2** Funker *m*, -in *f* **3** **trasmettitore** *m* Übertragungsgerät *n* **4** RADIO, ELEK **trasmettitore** *m* Sender *m*

tra·smi·gra·re [-zm-] V/I ⟨1a; es, av⟩ **1** wandern **2** (*uccelli*) ziehen **3** (*emigrare*) auswandern **tra·smi·gra·zio·ne** [-o-] F **1** Wanderung *f* **2** (*uccelli*) Zug *m* **3** (*emigrazione*) Auswanderung *f*

tra·smis·si·bi·le [-zm-] ADJ **1** übertragbar **2** vererblich **tra·smis·si·bi·li·tà** F **1** Übertragbarkeit *f* **2** Vererblichkeit *f* **tra·smis·sio·ne** [-o-] F **1** Übertragung *f* (*a.* PHYS): **la ~ di una malattia** die Übertragung einer Krankheit **2** Vererbung *f* **3** (*di richiesta*) Einreichen *n* **4** RADIO, TV Übertragung *f*: ~ **criptata** verschlüsselte Übertragung *f*; ~ **in diretta** Direktübertragung *f*; ~ **via satellite** Satellitenübertragung *f* **5** RADIO, TV Programm *n*, Sendung *f*: **~i criptate** verschlüsselte Sendungen *pl*; ~ **dal vivo** Livesendung *f* **6** MECH Übersetzung *f*; Antrieb *m*, Getriebe *n* ♦ IT ~ **dati** Datenübertragung *f*; **fine delle -i** Sendeschluss *m*

tra·smit·ten·te [-zmit'tɛnte] **A** ADJ übertragend, Sende- **B** F Sender *m*, Sendestation *f*

tra·smo·da·re [-z-] V/I ⟨1c; av⟩ übertreiben

tra·so·gna·to [-s-] ADJ träumerisch

tra·spa·ren·te [-ɛ-] **A** ADJ **1** transparent, durchsichtig **2** hauchdünn **3** *fig* offensichtlich **4** (*onesto*) ehrlich, aufrichtig **B** M **1** (*cinema*) THEAT Spruchband *n* **2** Klarsichtfolie *f* **tra·spa·ren·za** [-ɛ-] F Durchsichtigkeit *f* (*a. fig*)

tra·spa·ri·re V/I ⟨4e⟩ **1** durchscheinen **2** *fig* **non lasciare ~ nulla** nichts durchblicken lassen

tra·spi·ra·re ⟨1a⟩ **A** V/I ⟨es⟩ schwitzen **B** V/T ausdünsten **tra·spi·ra·to·rio** [-ɔ-] ADJ Transpirations- **tra·spi·ra·zio·ne** [-o-] F Ausdünstung *f*

tra·spor·re [-o-] V/T ⟨3ll⟩ umstellen, umsetzen

tra·spor·ta·bi·le ADJ **1** transportabel **2** tragbar **3** transportfähig

tra·spor·ta·re V/T ⟨1c⟩ **1** transportieren, befördern **2** tragen; schleppen **3** (*con sé*) mitführen **4** verlegen, versetzen **5** *fig* mitreißen: **lasciarsi ~ da qc** sich

T

von etw mitreißen lassen **tra·spor·ta·to** ADJ 1 Förder-: **materiale ~** Fördergut *n* 2 *fig* mitgerissen **tra·spor·ta·to·re** [-o-] A ADJ Förder-, Transport-: **nastro ~** Förderband *n* B M 1 Transportunternehmen *n* 2 TECH Förderwerk *n*

★**tra·spor·to** [-ɔ-] M 1 Transport *m*, Beförderung *f*; Verschiffung *f* 2 *pl* Verkehrsmittel *pl*, Transportwesen *n* 3 *fig* Anfall *m* 4 *fig* Begeisterung *f*: **fare qc con ~** etw mit Begeisterung tun ♦ **~ combinato strada-rotaia** Huckepackverkehr *m*; **mezzi di ~ pubblico** öffentliche Verkehrsmittel *pl*

tra·spo·si·zio·ne [-o-] F 1 Umstellung *f*, Umsetzung *f* 2 Bearbeitung *f*

tra·stul·la·re ⟨1a⟩ A V/T **~ qn** j-n unterhalten B V/PR **-rsi** 1 sich unterhalten 2 (herum)trödeln

tra·stul·lo M Zeitvertreib *m*

tra·su·da·re [-s-] ⟨1a⟩ A V/I 1 ⟨av⟩ schwitzen 2 ⟨es⟩ ausschwitzen B V/T ausschwitzen

tra·sver·sa·le [-zver'sale] ADJ 1 quer, Quer- 2 *fig* POL parteiübergreifend ♦ *fig* **vendetta ~** indirekte Rache *f*; **via ~** Querstraße *f*

tra·svo·la·re [-z-] V/T & V/I ⟨1c; es, av⟩ **~ (su) qc** etw überfliegen **tra·svo·la·ta** [-z-] F 1 Überflug *m* 2 Nonstop-Flug *m*

trat·ta F 1 Menschenhandel *m*; **~ delle bianche** Mädchenhandel *m* 2 FIN, HANDEL Tratte *f*, (gezogener) Wechsel *m* ♦ (*di mezzo pubblico*) **limite della ~ (urbana)** Grenze *f* des innerstädtischen Bereichs

trat·ta·bi·le ADJ 1 behandelbar (*a.* MED) 2 (*prezzo*) nicht fix, auszuhandelnd **3000 -i** Verhandlungsbasis 3000 3 *fig* (*persona*) umgänglich

★**trat·ta·men·to** [-e-] M 1 Behandlung *f* (*a.* MED) 2 Pflege *f* 3 Bewirtung *f* 4 Entlohnung *f*, Entgelt *n* 5 IT Verarbeitung *f* ♦ **~ delle acque reflue** Abwasseraufbereitung *f*; **~ di bellezza/della pelle** Schönheits-/Hautpflege *f*; IT **~ (dei) dati/(di) testi** Daten-/Textverarbeitung *f*; **~ dei dati personali** Umgang *m* mit persönlichen Daten; IT **~ illecito di dati** Datenmissbrauch *m*; **~ di fine rapporto** Abfindung *f*

★**trat·ta·re** ⟨1a⟩ A V/T 1 behandeln (*a.* MED): **~ qn/qc bene/male** j-n/etw gut/schlecht behandeln; **~ un tema importante** ein wichtiges Thema behandeln 2 (*materiali*) bearbeiten 3 **~ qn** mit j-m umgehen 4 JUR führen: **~ cause penali** Strafprozesse führen; **~ cause civili** Zivilprozesse führen 5 **~ qc** über etw (*akk*) verhandeln 6 WIRTSCH (*articoli*) führen 7 IT verarbeiten B V/I ⟨av⟩ 1 **~ di qc** von etw handeln 2 **~ con qn** zu tun haben mit j-m, umgehen mit j-m 3 verhandeln C V/PR *unpers* **-rsi di qc** sich um etw handeln; **di cosa si tratta?** worum handelt es sich?

trat·ta·ti·va F Verhandlung *f* **trat·ta·to** M 1 Abhandlung *f* 2 Vertrag *m*, Abkommen *n* ♦ **~ comunitario** EU-Vertrag *m*; **~ di Maastricht** Maastrichter Vertrag *m*; **~ di Schengen** Schengener Abkommen *n*; **~ di non proliferazione nucleare** Atomwaffensperrvertrag *m* **trat·ta·zio·ne** [-o-] F 1 (*di un argomento*) Behandlung *f* 2 (*scritto*) Abhandlung *f*

trat·teg·gia·re V/T ⟨1f⟩ 1 stricheln; schraffieren 2 grob skizzieren 3 *fig* umreißen

trat·teg·gio [-e-] M Schraffierung *f*

★**trat·te·ne·re** [-e-] V/T ⟨2q⟩ 1 zurück-, aufhalten 2 (zurück-, ein)behalten, abziehen: **~ qc come pegno** etw als Pfand behalten 3 **~ le lacrime** die Tränen zurückhalten 4 **~ un grido** einen Schrei unterdrücken 5 **~ il fiato** den Atem anhalten

★**trat·te·ner·si** [-e-] V/PR 1 sich aufhalten, bleiben, verweilen (*a. fig*) 2 sich beherrschen

trat·te·ni·men·to [-e-] M Veranstaltung *f*

trat·te·nu·ta F Abzug *m*: **~ sullo stipendio** Gehaltsabzug *m*

trat·ti·no M (Binde-, Trennungs-, Gedanken)Strich *m*: IT **~ basso** Underscore *m*, Unterstrich *m*

trat·to[1] M 1 Strich *m*: **con pochi -i** in wenigen Strichen 2 Gesichtszug *m* 3 Eigenschaft *f*, Merkmal *n* 4 Abschnitt *m*, Teil *m* 5 (*di tempo*) Weile *f* ♦ **tutt'a un ~** unvermittelt; **a -i** streckenweise; von Zeit zu Zeit

trat·to[2] ADJ **spettacolo liberamente ~ da Goethe** Aufführung frei nach Goethe ♦ **il dado è ~** die Würfel sind gefallen

trat·to·re [-o-] M Traktor *m*

trat·to·ri·a F Gaststätte *f*; Trattoria *f*

trau·ma M 1 PSYCH Trauma *n* 2 MED Verletzung *f*

trau·ma·ti·co ADJ traumatisch

trau·ma·tiz·za·re V/T ⟨1a⟩ 1 ein Trau-

T

La trattoria

La trattoria ist in der Regel ein einfaches, preiswertes Lokal, das für die Gegend typische Gerichte anbietet.

ma verursachen bei, traumatisieren **2** *fig* erschüttern, schockieren

trau·ma·to·lo·gi·a F Unfallchirurgie *f* **trau·ma·to·lo·go** [-ɔ-] M, **-a** F Unfallarzt *m*, -ärztin *f*

tra·va·glia·re ⟨1g⟩ **A** V/T quälen, peinigen **B** V/PR **-rsi** sich (ab)quälen **tra·va·glia·to** ADJ zerrissen, geplagt, mühselig

tra·va·glio M **1** Leiden *n*, Qual *f*: **~ interiore** Seelenqual *f* **2** MED Geburtswehen *pl*

tra·va·sa·re V/T ⟨1a⟩ **1** umfüllen **2** *fig* **~ in qn il proprio sapere** an j-n sein ganzes Wissen weitergeben **tra·va·so** M **1** Umfüllen *n* **2** MED Erguss *m* ♦ **~ di tecnologia** Technologietransfer *m*

tra·va·tu·ra F (*edilizia*) Gebälk *n*

tra·ve F **1** Balken *m*, Träger *m* **2** SPORT Schwebebalken *m*

tra·veg·go·le [-e-], **avere le ~** sich täuschen

tra·ver·sa [-ˈvɛrsa] F **1** Querbalken *m* **2** Querstraße *f* **3** SPORT Querlatte *f*

tra·ver·sa·re [-s-] V/T ⟨1b⟩ über-, durchqueren: **~ a nuoto** durchschwimmen; **~ in volo** überfliegen **tra·ver·sa·ta** [-s-] F **1** Über-, Durchquerung *f* **2** SCHIFF Überfahrt *f* **3** FLUG Überfliegen *n*

tra·ver·si·a [-s-] F *mst* PL Widrigkeiten *pl*

tra·ver·si·na [-s-] F Bahnschwelle *f*

tra·ver·so [-ˈvɛrso] **A** ADJ quer, Quer- **B** M Quere *f*: **sul ~** auf der Querseite ♦ **di ~** quer; schief; *umg* **oggi mi va tutto di ~** heute läuft alles schief; *fig* **vie -e** Schleichwege *pl*

tra·ve·sti·men·to [-e-] M Verkleidung *f*

tra·ve·sti·re ⟨4b⟩ **A** V/T **~ qn da qc** j-n als etw verkleiden **B** V/PR **-rsi** sich verkleiden **tra·ve·sti·to** M Transvestit *m*

tra·vet·to [-e-] M (*edilizia*) Deckenträger *m*

tra·via·men·to [-e-] M **1** Irreleitung *f* **2** Verirrung *f* **tra·via·re** ⟨1h⟩ **A** V/T vom rechten Wege abbringen **B** V/PR **-rsi** vom rechten Wege abkommen **tra·via·to** ADJ verderbt

tra·vi·sa·men·to [-e-] M Entstellung *f*, Verdrehung *f*

tra·vi·sa·re V/T ⟨1a⟩ entstellen, verdrehen

tra·vol·gen·te [-ɛ-] ADJ *fig* überwältigend, hin-, mitreißend **tra·vol·ge·re** [-ɔ-] V/T ⟨3d⟩ **1** fortreißen **2** AUTO überfahren **3** *fig* überwältigen, mitreißen

tra·zio·ne [-o-] F **1** Zug *m* **2** MECH Antrieb *m*: **~ anteriore/posteriore/integrale** Vorderrad-/Hinterrad-/Allradantrieb *m*; **~ integrale permanente** permanenter Allradantrieb *m*

★**tre** [tre] ADJ ⟨*inv*⟩ **1** drei **2** ein paar → a. cinque ♦ **chi fa da sé fa per ~** selbst ist der Mann!; **non c'è due senza ~** aller guten Dinge sind drei

treb·bia [-e-] F Dreschmaschine *f*

treb·bia·re V/T ⟨1k⟩ dreschen

treb·bia·tri·ce F Dreschmaschine *f*

treb·bia·tu·ra F Dreschen *n*

trec·cia [-e-] F Zopf *m*: **farsi le -ce** sich (*dat*) Zöpfe flechten

tre·cen·to [-ɛ-] ADJ ⟨*inv*⟩ dreihundert

Tre·cen·to [-ɛ-] M vierzehntes Jahrhundert *n*

tre·di·cen·ne [-ɛ-] **A** ADJ dreizehnjährig **B** M/F Dreizehnjährige *m/f* **tre·di·ce·si·ma** [-ɛ-] F dreizehntes Monatsgehalt *n*

tre·di·ce·si·mo [-ɛ-] **A** ADJ dreizehnte **B** M, **-a** F **1** Dreizehnte *m/f* **2** **tredicesimo** *m* Dreizehntel *n*; → a. quinto

★**tre·di·ci** [-e-] ADJ ⟨*inv*⟩ dreizehn

tre·gua [-e-] F **1** MIL Waffenruhe *f* **2** *fig* Ruhe *f*, Pause *f* ♦ **non dare ~ a qn** j-m keine Ruhe lassen; **senza ~** pausenlos, rastlos

tre·man·te ADJ zitternd, zittrig

★**tre·ma·re** V/I ⟨1b; av⟩ zittern, beben, schlottern: **~ di freddo/di paura** vor Kälte/vor Angst zittern (*od* bibbern); **~ come una foglia** wie Espenlaub zittern; **~ dall'ira** vor Zorn beben **tre·ma·rel·la** [-ɛ-] F Zittern *n*: **avere la ~** zittern, *umg* Bammel haben

tre·me·bon·do [-o-] ADJ **1** zitternd **2** *fig* ängstlich **3** (*indeciso*) unentschlossen

tre·men·do [-ɛ-] ADJ **1** schrecklich, fürchterlich, entsetzlich **2** *fig* äußerst streng **3** *fig* **un bambino ~** ein Teufelsbraten *m*

tre·men·ti·na F Terpentin *n*

tre·mi·la ADJ ⟨*inv*⟩ dreitausend

tre·mi·to [-ɛ-] M **1** Zittern *n* **2** Zucken *n*

tre·mo·lan·te ADJ **1** zitternd, zittrig **2**

flimmernd; flackernd
tre·mo·la·re VI ⟨1l u. b; av⟩ 1 zittern 2 (*luce*) flimmern 3 (*fiamma*) flackern **tre·mo·li·o** M 1 Zittern *n* 2 Flimmern *n*; Flackern *n*
tre·mo·re [-o-] M 1 Zittern *n*: **essere colto da ~** zu zittern anfangen 2 MED Tremor *m* 3 *fig* Bangigkeit *f* 4 *fig* Aufregung *f*
trench [trɛntʃ] M ⟨*inv*⟩ Trenchcoat *m*
trend [-ɛ-] M ⟨*inv*⟩ Trend *m*, Tendenz *f*
tren·dy ['trɛndi] ADJ *umg* trendig
tre·ni·no M Modelleisenbahn *f*
★**tre·no** [-ɛ-] M Zug *m*: **salire sul ~** in den Zug einsteigen; **scendere dal ~** aus dem Zug aussteigen; **perdere il ~** den Zug verpassen; **cambiare ~** umsteigen ♦ **~ ad alta velocità** Hochgeschwindigkeitszug *m*; **~ diretto** Eilzug *m*; **~ espresso** D-Zug *m*; **~ interregionale** Interregiozug *m*; **~ locale** (*od* **regionale**) Nahverkehrszug *m*; **~ merci** Güterzug *m*; **~ navetta** Autoreisezug *m*; **~ passeggeri** Personenzug *m*; **~ ultrarapido** Hochgeschwindigkeitszug *m*
★**tren·ta** [-e-] ADJ ⟨*inv*⟩ dreißig
tren·ten·na·le ADJ 1 dreißigjährig 2 dreißigjährlich **tren·ten·ne** [-ɛ-] A ADJ dreißigjährig B M/F Dreißigjährige *m/f* **tren·ten·nio** [-ɛ-] M dreißig Jahre *pl* **tren·te·si·mo** [-ɛ-] A ADJ dreißigste B M, **-a** F 1 Dreißigste *m/f* 2 **trentesimo** *m* Dreißigstel *n*; → a. quinto
tren·ti·na F 1 etwa dreißig 2 **essere sulla ~** um die dreißig sein
tren·ti·no A ADJ 1 (*di Trento*) aus, von Trient, tridentinisch 2 (*del Trentino*) aus, von Trentin B M, **-a** F 1 (*abitante di Trento*) Tridentiner *m*, -in *f* 2 (*abitante del Trentino*) Bewohner *m*, -in *f* von Trentin
Tren·ti·no Al·to-A·di·ge M Trentino--Südtirol *n*
Tren·to [-ɛ-] F Trient *n*
tre·pi·dan·te ADJ bange **tre·pi·da·re** VI ⟨1l u. b; av⟩ bangen **tre·pi·do** [-ɛ-] ADJ bange
trep·pie·de [-ɛ-] M 1 Dreifuß *m* 2 FOTO Stativ *n*
tre·quar·ti M ⟨*inv*⟩ dreiviertellanger Mantel *m*
tre·sca [-e-] F 1 Intrige *f* 2 Techtelmechtel *n*
tre·spo·lo [-e-] M 1 Ständer *m* 2 Bock *m*
tre·vi·gia·no A ADJ aus, von Treviso, Treviser B M, **-a** F Treviser *m*, -in *f*
Tre·vi·ri F Trier *n*
tre·vi·sa·no → a. trevigiano
Tre·vi·so F Treviso *n*
tri·a·de F 1 Triade *f* (*a.* CHEM), Dreiheit *f* 2 MUS Dreiklang *m*
tri·an·go·la·re ADJ dreieckig **tri·an·go·la·zio·ne** [-o-] F SPORT Doppelpass *m*
★**tri·an·go·lo** M 1 Dreieck *n* 2 MUS Triangel *m od n* 3 *umg* Dreiecksverhältnis *n* ♦ **~ delle Bermuda** Bermudadreieck *n*
tri·a·t(h)lon M Dreikampf *m*
tri·ba·le ADJ Stamm-, Stammes-: **costumi -i** Stammesbräuche *pl*
tri·bo·la·re VI ⟨1l; av⟩ 1 leiden 2 sich abmühen, sich (ab)quälen: **far ~ qn** j-m viele Sorgen machen **tri·bo·la·to** ADJ geplagt **tri·bo·la·zio·ne** [-o-] F 1 Leid *n* 2 Sorge *f*
tri·bor·do [-o-] M SCHIFF Steuerbord *n*
tri·bù F ⟨*inv*⟩ 1 (Volks)Stamm *m* 2 *hum* Sippschaft *f*, Sippe *f*
tri·bu·na F 1 Tribüne *f* 2 Estrade *f*, Bühne *f* 3 ARCH Empore *f*
★**tri·bu·na·le** M 1 (Land)Gericht *n* 2 HIST Tribunal *n* ♦ **~ arbitrale** Schiedsgericht *n*; **aula di ~** Gerichtssaal *m*; **~ civile** Zivilgericht *n*; **~ penale** Strafgericht *n*
tri·bu·no M *fig* Demagoge *m*, -gin *f*
tri·bu·ta·re VT ⟨1a⟩ zollen, erweisen **tri·bu·ta·ria** F Steuerfahndung *f* **tri·bu·ta·rio** A ADJ 1 steuerlich, Steuer-: **diritto ~** Steuerrecht *n*; **sistema ~** Steuersystem *n* 2 abgabe-, steuerpflichtig B M GEOG Nebenfluss *m* **tri·bu·ta·ri·sta** M/F Steuerexperte *m*, -expertin *f*
tri·bu·to M 1 HIST Tribut *m* (*a. fig*) 2 Steuer *f*; Gebühr *f*
tri·che·co [-ɛ-] M ZOOL Walross *n*
tri·ci·clo M Dreirad *n* **tri·ci·pi·te** M ANAT Trizeps *m* **tri·co·lo·re** [-o-] A ADJ dreifarbig, Dreifarben- B M Trikolore *f* **tri·cor·no** [-ɔ-] M Dreispitz *m* **tri·den·te** [-ɛ-] M Dreizack *m*
tri·di·men·sio·na·le [-s-] ADJ dreidimensional **tri·di·men·sio·na·li·tà** F Dreidimensionalität *f*
tri·en·na·le A ADJ 1 dreijährig 2 dreijährlich B M Triennale *f* **tri·en·nio** [-ɛ-] M Zeitraum *m* von drei Jahren
Tri·e·ste [-ɛ-] F Triest *n* **tri·e·sti·no** A ADJ aus, von Triest, Triester B M, **-a** F Triester *m*, -in *f*
tri·fa·se ADJ ⟨*inv*⟩ ELEK dreiphasig: **corrente ~** Drehstrom *m*

tri·fo·glio [-ɔ-] M (Wiesen)Klee *m*
tri·fo·la·to ADJ GASTR **1** = *klein gehackt und mit Öl, Knoblauch und Petersilie angebraten* **2** mit Trüffel
tri·fo·ra **A** ADJ dreibogig **B** F dreibogiges Fenster *n*
tri·for·cu·to ADJ dreizackig, dreizinkig
tri·ge·mel·la·re ADJ **parto ~** Drillingsgeburt *f* **tri·ge·mi·no** [-ɛ-] ADJ Drillings-
tri·glia F ZOOL Meer-, Seebarbe *f*
tri·go·no·me·tri·a F Trigonometrie *f* **tri·go·no·me·tri·co** [-ɛ-] ADJ trigonometrisch
tri·la·te·ra·le ADJ dreiseitig **tri·lin·gue** ADJ dreisprachig **tri·lio·ne** [-o-] M Trillion *f*
tril·la·re V/I ⟨1a; av⟩ **1** trillern **2** klingeln **tril·lo** M **1** Triller *m* (*a.* MUS) **2** Klingeln *n*
tri·lo·gi·a F Trilogie *f*, Dreiteiler *m*
tri·me·stra·le ADJ **1** vierteljährig **2** vierteljährlich, Vierteljahres- **tri·me·stre** [-ɛ-] M **1** Vierteljahr *n*, Quartal *n* **2** Trimester *n* **3** vierteljährliche Zahlung *f*
tri·mo·to·re [-o-] **A** ADJ dreimotorig **B** M dreimotoriges Flugzeug *n*
tri·na F Spitze *f*
trin·ca·re V/T ⟨1d⟩ *umg* reichlich tanken, bechern
trin·ce·a [-ɛ-] F MIL Schützengraben *m*
trin·ce·ra·men·to [-e-] M Verschanzung *f* (*a. fig*) **trin·ce·ra·re** ⟨1b⟩ **A** V/T verschanzen **B** V/PR **-rsi** sich verschanzen (*a. fig*)
trin·cet·to [-e-] M Schustermesser *n*
trin·cian·te M Tranchiermesser *n*
trin·cia·pa·glia M ⟨*inv*⟩ Häckselmaschine *f* **trin·cia·pol·li** [-o-] M ⟨*inv*⟩ Geflügelschere *f*
trin·cia·re V/T ⟨1f⟩ **1** schneiden, zerkleinern **2** GASTR tranchieren **3** *fig* **~ giudizi** vorschnell urteilen **trin·cia·tri·ce** F Schneidemaschine *f* **trin·cia·tu·ra** F **1** Schneiden *n* **2** GASTR Tranchieren *n* **3** Schnittgut *n*
tri·ni·tà F **1** Dreiheit *f* **2** THEOL Dreifaltigkeit *f* **tri·o** M Trio *n*
trion·fa·le ADJ triumphal, Triumph- **trion·fan·te** ADJ siegreich **trion·fa·re** V/I ⟨1a; av⟩ **1** triumphieren **2** *fig* siegen **trion·fa·to·re** [-o-] **A** ADJ triumphierend **B** M, **-tri·ce** F Triumphator *m*, -in *f*
trion·fo [-o-] M **1** Triumph *m* **2** HIST Triumphzug *m* **3** (großer) Erfolg *m* **4** *fig* Sieg *m* **5** GASTR Tafelaufsatz *m*
trip [trip] M ⟨*inv*⟩ **1** (Rauschgift)trip *m* **2** *umg* (*mania*) Tick *m*
tri·par·ti·re V/T ⟨4d⟩ dreiteilen
tri·par·ti·ti·co ADJ POL Dreiparteien-
tri·par·ti·to[1] ADJ dreiteilig, Dreier-
tri·par·ti·to[2] **A** ADJ POL Dreiparteien- **B** M POL Dreiparteienregierung *f*
tri·par·ti·zio·ne [-o-] F Dreiteilung *f*
tri·plet·ta [-e-] F SPORT Hattrick *m*
tri·pli·ca·re ⟨1l *u.* d⟩ **A** V/T verdreifachen **B** V/PR **-rsi** sich verdreifachen
tri·pli·ce ADJ **1** dreifach: **in ~ copia** in dreifacher Ausfertigung **2** dreiteilig **tri·plo** **A** ADJ & ADV dreifach **B** M Dreifache *n*
Tri·po·li F Tripolis *n*
tri·po·sto [-o-] ADJ ⟨*inv*⟩ dreisitzig
trip·pa F **1** Kutteln *pl* **2** *hum* Bauch *m*, Wampe *f* **trip·po·ne** [-o-] M Fettwanst *m*
tri·pu·dia·re V/I ⟨1k; av⟩ jubeln
tri·pu·dio M Jubel *m*
tri·re·gno [-e-] M Tiara *f*
tris M ⟨*inv*⟩ (*nel gioco delle carte*) Drilling *m*: **avere un ~ d'assi** drei Asse haben
tri·sa·vo·lo [-s-] M, **-a** F **1** Ururgroßvater *m*, -mutter *f* **2** *pl* Ururgroßeltern *pl* **tri·snon·na** [-'znɔ-] F Ururgroßmutter *f* **tri·snon·no** [-'znɔ-] M Ururgroßvater *m*
★**tri·ste** ADJ **1** traurig, betrübt **2** trübe **3** wehmütig **4** trist, freudlos **5** betrüblich: **notizia ~** betrübliche Mitteilung *f*
★**tri·stez·za** [-e-] F Traurigkeit *f*, Betrübnis *f*, Trauer *f*
tri·stis·si·mo ADJ tod-, tieftraurig
tri·ta·car·ne M ⟨*inv*⟩ Fleischwolf *m* **tri·ta·ghiac·cio** M ⟨*inv*⟩ Eiszerkleinerer *m*
tri·ta·re V/T ⟨1a⟩ **1** zerkleinern **2** GASTR hacken **3** **~ la carne** das Fleisch durch den Wolf drehen **4** zerstoßen **tri·ta·to** ADJ **1** zerkleinert **2** GASTR gehackt, Hack-
tri·ta·tut·to M ⟨*inv*⟩ Allesschneider *m*
tri·to **A** ADJ **1** abgenutzt; abgetragen **2** zerkleinert **3** GASTR gehackt; **carne -a** Hackfleisch *n* **B** M **~ di cipolla** gehackte Zwiebeln *pl* ♦ *fig* **~ e ritrito** abgedroschen
tri·to·ne [-o-] M **1** MYTH Triton *m* **2** ZOOL Molch *m*, Schwanzlurch *m*
trit·ti·co M **1** KUNST Triptychon *n* **2** Trilogie *f*

trit·ton·go [-ɔ-] M Triphthong *m*, Dreilaut *m*

tri·tu·ra·re VT ⟨1a⟩ 1 zerkleinern 2 zermahlen

tri·tu·ra·zio·ne [-o-] F Zerkleinerung *f*

trium·vi·ra·to M Triumvirat *n*

tri·va·len·za [-ɛ-] F Dreiwertigkeit *f*

tri·vel·la [-ɛ-] F 1 BERGB Stangenbohrer *m*, Bohrhammer *m* 2 Holzbohrer *m*

tri·vel·la·re VT ⟨1a⟩ 1 bohren: **~ in cerca di petrolio** nach Erdöl bohren 2 *fig* belästigen, peinigen **tri·vel·la·to·re** [-o-] M Bohrer *m*, Bohrwerkzeug *n* **tri·vel·la·zio·ne** [-o-] F Bohrung *f*

tri·via·le ADJ 1 vulgär, ordinär 2 trivial, abgedroschen **tri·via·li·tà** F Vulgarität *f*

tri·vio M Kreuzung *f* dreier Straßen

tro·fe·o [-ɛ-] M 1 Trophäe *f*, Siegespreis *m* 2 Siegessäule *f* 3 *fig poet* Sieg *m*

tro·glo·di·ta M/F 1 Höhlenbewohner *m*, -in *f* 2 *fig* grober Mensch *m* **tro·glo·di·ti·co** ADJ 1 Höhlen- 2 *fig* grob

tro·go·lo [-ɔ-] M Trog *m*

tro·ia [-ɔ-] F 1 *sl* Sau *f* 2 *vulg* Nutte *f* **tro·ia·ta** F *vulg* 1 Schweinerei *f* 2 Mist *m*, Sauarbeit *f*

troi·ca [-ɔ-], **troi·ka** [-ɔ-] F Troika *f*

trom·ba [-o-] F 1 Trompete *f*: **suonare la ~** Trompete spielen 2 Trompeter *m* 3 Hupe *f* ♦ **~ d'aria** Windhose *f*; **~ dell'ascensore** Aufzugsschacht *m*; ANAT **~ di Falloppio** (*od* **uterina**) Eileiter *m*; **~ delle scale** Treppenhaus *n*; **~ degli stivali** Stiefelschaft *m*

trom·ba·re VT ⟨1a⟩ 1 *umg* **~ qn a un esame** j-n bei einer Prüfung durchsausen lassen 2 *vulg* vögeln, bumsen **trom·bet·tie·re** [-ɛ-] M Trompeter *m*, -in *f* **trom·bet·ti·sta** M/F **~ jazz** Jazztrompeter *m*, -in *f*

trom·bo [-o-] M MED Blutpfropf *m*

trom·bo·ci·ta M ANAT Blutplättchen *n*

trom·bo·ne [-o-] M 1 MUS Posaune *f* 2 Posaunenbläser *m*, -in *f* 3 *fig* Schwafler *m*, -in *f* 4 BOT Osterglocke *f*

trom·bo·si [-o-] F ⟨*inv*⟩ MED Thrombose *f*

tron·ca·men·to [-e-] M Abschneiden *n*, Abbrechen *n* (*a. fig*) **tron·ca·re** VT ⟨1d⟩ abschneiden, abbrechen (*a. fig*)

tron·che·si·na F *umg* Nagelknipser *m*

tron·co¹ [-o-] ADJ 1 abgebrochen, abgeschnitten 2 stumpf (*a.* GEOM) 3 *fig* unvollständig ♦ **licenziare in ~** fristlos kündigen

tron·co² [-o-] M 1 Baumstamm *m* 2 Stumpf *m* (*a.* GEOM) 3 ANAT Rumpf *m* 4 Teilabschnitt *m* **tron·co·ne** [-o-] M 1 großer Baumstamm *m* 2 Stumpf *m*: **~ di braccio** Armstumpf *m*

tro·neg·gia·re VI ⟨1f; av⟩ 1 thronen 2 hervor-, herausragen

tron·fio [-o-] ADJ 1 dünkelhaft, aufgeblasen 2 *fig* schwülstig, hochgestochen

tro·no [-ɔ-] M Thron *m*

tro·pi·ca·le ADJ tropisch, Tropen- ♦ **foresta ~** tropischer Regenwald *m*

tro·pi·co [-ɔ-] M 1 GEOG Wendekreis *m*: **~ del Cancro** Wendekreis des Krebses 2 *pl* Tropen *pl*

tro·po·sfe·ra [-ɛ-] F Troposphäre *f*

★**trop·po** [-ɔ-] A ADJ 1 zu viel 2 (all)zu lange 3 zu weit B ADV 1 zu viel 2 zu sehr 3 zu: **è ~ grande** es ist zu groß 4 sehr, besonders: **non ~ volentieri** nicht sehr gern 5 zu lange 6 zu weit 7 **ho sopportato anche ~** ich habe schon genug ertragen; **lo sai fin ~ bene** das weißt du ganz genau; **ti conosco anche ~ bene** ich kenne dich viel zu gut C PRON 1 zu viel 2 *pl* zu viele: **essere in -i** zu viele sein D M Zuviel *n*, Überflüssige *n* ♦ **sentirsi di ~** sich überflüssig fühlen; **non ~** nicht besonders; **quando è ~ è ~** was zu viel ist, ist zu viel; **questo è ~!** das geht zu weit!

tro·ta [-ɔ-] F ZOOL Forelle *f* ♦ **~ bollita** Forelle blau; **~ alla mugnaia** Forelle auf Müllerinart; **~ salmonata** Lachsforelle *f*

trot·ta·re VI ⟨1c; av⟩ traben: *umg* **~ tutto il giorno** den ganzen Tag auf Trab sein

trot·ta·ta F 1 Trab *m* 2 *umg* Hetzerei *f*

trot·ta·to·io [-o-] M Trabrennbahn *f*

trot·to [-ɔ-] M 1 Trab *m* 2 zügiger Schritt *m*

trot·to·la [-ɔ-] F Kreisel *m*

troupe [trup] F ⟨*inv*⟩ 1 Team *n*: **~ televisiva** Fernsehteam *n* 2 THEAT (*cinema*) Truppe *f*

trousse [trus] F ⟨*inv*⟩ 1 Necessaire *n* 2 Abendtäschchen *n*

★**tro·va·re** VT ⟨1c⟩ 1 finden: **~ la strada** den Weg finden; **~ lavoro** Arbeit finden 2 **trovo strano che ...** ich finde es komisch, dass ... 3 (heraus)finden, ausfindig machen 4 (an)treffen, vorfinden: *umg* **entro e chi ti trovo?** ich gehe rein, und wen sehe ich da? 5 **~ difficoltà** auf

T

Hindernisse stoßen **5** **ci ha trovati insieme** er hat uns zusammen erwischt ♦ **andare a ~ qn** j-n besuchen (gehen); **chi cerca trova** wer such(e)t, der findet; **paese che vai, usanze che trovi** andere Länder, andere Sitten

tro·va·ro·be [-ɔ-] M/F ⟨inv⟩ Requisiteur *m*, -in *f*

★**tro·var·si** V/PR ⟨1c⟩ **1** sich treffen, sich finden **2** *fig* **~ su qc** sich über etw (*akk*) einig sein **3** sich fühlen: **~ bene** sich wohlfühlen; **~ male** sich nicht wohlfühlen **4** (*essere situato*) sich befinden, liegen, sein **5** (*di persona*) sein: **~ soli** allein sein

tro·va·ta F **1** Einfall *m*, Geistesblitz *m* **2** THEAT (*cinema*) Gag *m* **tro·va·tel·lo** [-ɛ-] M, **-a** F Findelkind *n* **tro·va·to·re** [-o-] M Troubadour *m*

truc·ca·re V/T ⟨1d⟩ **1** verkleiden: **~ qn da clown** j-n als Clown verkleiden **2** tarnen **3** (*voce*) verstellen **4** schminken **5** (ver)fälschen; *umg* frisieren: **~ il bilancio/un motore** die Bilanz/einen Motor frisieren

★**truc·car·si** V/PR ⟨1d⟩ **1** sich schminken **2** sich verkleiden

truc·ca·to ADJ **1** geschminkt **2** verfälscht ♦ **carte -e** gezinkte Karten *pl*

truc·ca·to·re [-o-] M, **-tri·ce** F Maskenbildner *m*, -in *f*

★**truc·co** M **1** Trick *m*, Kniff *m* **2** Schwindel *m*, Betrug *m* **3** Schminke *f*

tru·ce ADJ **1** finster, grimmig **2** grausam

tru·ci·da·re V/T ⟨1l⟩ grausam ermorden

tru·cio·la·re ADJ Span-: **pannello ~** Spanplatte *f* **tru·cio·la·to** M (**pannello di**) ~ (Holz)Spanplatte *f* **tru·cio·lo** M Span *m* ♦ **~ di piallatura** Hobelspan *m*

tru·cu·len·to [-ɛ-] ADJ **1** blutrünstig **2** grimmig, düster **tru·cu·len·za** [-ɛ-] F **1** Grausamkeit *f* **2** Grimmigkeit *f*, Düsterkeit *f*

truf·fa F **1** JUR Betrug *m* **2** Schwindel *m*

truf·fal·di·no ADJ betrügerisch

truf·fa·re V/T ⟨1a⟩ betrügen, prellen **truf·fa·to·re** [-o-] M, **-tri·ce** F Betrüger *m*, -in *f*, Schwindler *m*, -in *f*

★**trup·pa** F **1** MIL Truppe *f* **2** *fig hum* Schar *f*: **~ di pace** Friedenstruppe *f*; **in ~** in Scharen

T-shirt [ti'ʃɛrt] F ⟨inv⟩ T-Shirt *n*

tsu·na·mi [tsu-] M ⟨inv⟩ Tsunami *m od f*

★**tu** PERS PR **1** du **2** man: (**~**) **puoi fare come vuoi** man kann machen, was man will ♦ **dare del ~ a qn** j-n duzen

tu·ba F **1** MUS, HIST Tuba *f* **2** *poet* Trompete *f* **3** Zylinder(hut) *m*

tu·ba·re V/I ⟨1a; av⟩ **1** gurren **2** *fig* turteln

tu·ba·tu·ra F **1** Rohrleitung *f* **2** Rohrnetz *n* **tu·ba·zio·ne** [-o-] F Rohrleitung *f*

tu·be·less ['tjubles] ADJ schlauchlos

tu·ber·co·la·re ADJ **1** knotig **2** Tuberkel-, tuberkulös **tu·ber·co·lo·si** [-ɔ-] F Tuberkulose *f* **tu·ber·co·lo·so** [-o-] ADJ **1** MED tuberkulös, Tuberkulose- **2** (*persona*) Tb(c)-krank, lungenkrank

tu·be·ro M BOT Knolle *f* **tu·be·ro·so** [-o-] ADJ **1** knollig **2** knollenartig, Knollen-

tu·bet·to [-e-] M **1** Röhrchen *n* **2** Tube *f*

Tu·bin·ga F Tübingen *n*

tu·bi·no M **1** kleines Rohr *n* **2** MODE Schlauchkleid *n* **tu·bi·sta** M/F Installateur *m*, -in *f*, Rohrleger *m*, -in *f*

★**tu·bo** M **1** Rohr *n*, Röhre *f* **2** Schlauch *m* **3** ANAT Trakt *m*, Kanal *m* ♦ **non fare un ~** keinen Strich tun; **~ di gomma** (Gummi)Schlauch *m*; **~ al neon** Neonröhre *f*; *umg* **non capisce un ~** er versteht überhaupt nichts; **~ respiratore** Schnorchel *m*; **~ di scappamento** Auspuffrohr *n*

tu·bo·la·re **A** ADJ **1** röhren-, schlauchförmig **2** Rohr-, Röhren- **B** M Schlauchreifen *m*

tuf·fa·re ⟨1a⟩ **A** V/T **~ qc in qc** etw in etw (*akk*) (ein)tauchen **B** V/PR **1** **-rsi in qc** in etw (*akk*) springen; sich in etw (*akk*) stürzen (*a. fig*) **2** *fig* **-rsi in qc** sich in etw (*akk*) vertiefen

tuf·fa·to·re [-o-] M, **-tri·ce** F SPORT Kunstspringer *m*, -in *f*

tuf·fo M **1** Sprung *m* **2** **fare un ~** kurz schwimmen ♦ **~ carpiato** Hechtsprung *m*; **provò un ~ al cuore** das Herz schlug ihm bis zum Hals; **~ di testa**

> **I trulli**
>
> **I trulli** sind eine Besonderheit der Region Apulien (in der Stadt Alberobello stehen besonders viele). Die **trulli** sind Häuser mit rundem Grundriss und einem kegelförmigen Dach. Während die Außenwände weiß sind, sind die Dächer mit dunklen Schindeln gedeckt.

Kopfsprung *m*

tu·fo M Tuff(stein) *m*

tu·gu·rio M elende Hütte *f*

tu·li·pa·no M BOT Tulpe *f*

tul·le M Tüll *m*: **velo di ~** Tüllschleier *m*

tu·me·fa·re ⟨3aa⟩ **A** V/T anschwellen lassen **B** V/PR **-rsi** (an)schwellen

tu·me·fat·to ADJ (an)geschwollen

tu·me·fa·zio·ne [-o-] F Schwellung *f*

tu·mi·do ADJ geschwollen

tu·mo·ra·le ADJ Tumor-, Geschwulst-

tu·mo·re [-o-] M Tumor *m*: **~ benigno/maligno** gutartiger/bösartiger Tumor *m*

tu·mu·la·re V/T ⟨1l⟩ beisetzen, beerdigen

tu·mu·la·zio·ne [-o-] F Beisetzung *f*, Beerdigung *f*

tu·mu·lo M **1** Erdhügel *m* **2** ARCHÄOL Hügelgrab *n* **3** Grab *n*

tu·mul·to M **1** Tumult *m* **2** Unruhe *f* **3** Aufstand *m* **4** *fig* Aufruhr *m*, Wirbel *m*

tu·mul·tua·re V/I ⟨1m; av⟩ lärmen

tun·dra F Tundra *f*

tu·ner ['tjuner] M ⟨*inv*⟩ RADIO Tuner *m*

tung·ste·no [-ɛ-] M CHEM Wolfram *n*

tu·ni·ca F Tunika *f*

Tu·ni·si·a F Tunesien *n* **tu·ni·si·no** ADJ **A** tunesisch **B** M, **-a** F Tunesier *m*, -in *f*

tun·nel M ⟨*inv*⟩ **1** Tunnel *m od n* **2** *fig* **entrare nel ~ della droga** der Droge verfallen

★**tu·o** ⟨*f* tua; *mpl* tuoi; *fpl* tue⟩ **A** ADJ ⟨*poss*⟩ dein(e): **~ padre** dein Vater; **la -a casa** dein Haus **B** POSS PR deiner, deines, deine: **questo cappello è come il ~** dieser Hut ist wie deiner ♦ **a casa -a** bei dir zu Hause; **i tuoi** deine Eltern *pl*

tuo·na·re V/I ⟨1o⟩ **1** *unpers* ⟨av, es⟩ **tuona** es donnert **2** *fig* ⟨av⟩ **~ contro qn/qc** gegen j-n/etw wettern **3** ⟨av⟩ donnern

★**tuo·no** [-ɔ-] M **1** Donner *m* **2** Donnern *n*

tuor·lo [-ɔ-] M Eigelb *n*, Eidotter *m od n*

tu·pè [-ɛ-] → toupet

tu·rac·cio·lo M Korken *m*

tu·ra·re ⟨1a⟩ **A** V/T **1** zustopfen, abdichten **2** *fig* **~ la bocca a qn** j-m den Mund stopfen **3** verkorken **B** V/PR **-rsi** (sich) verstopfen: **-rsi il naso** sich (*dat*) die Nase zuhalten

tur·ba¹ F Menge *f*, Schwarm *m*

tur·ba² F MED Störung *f*: **-e psichiche/nervose** psychische/nervöse Störungen *pl*

tur·ba·men·to [-e-] M **1** Verstörung *f*, Verstörtheit *f*, Verwirrung *f* **2** Unruhe *f*

tur·ban·te M Turban *m*

tur·ba·re ⟨1a⟩ **A** V/T **1** stören **2** (*felicità*) trüben **3** erschüttern **B** V/PR **-rsi** **1** sich beunruhigen **2** (*cielo*) sich zuziehen

tur·ba·ti·va F Störung *f*: **~ d'asta** Störung *f* des Auktionsverfahrens

tur·ba·to ADJ **1** erschüttert **2** beunruhigt, unruhig

tur·bi·na F Turbine *f*: **~ a gas** Gasturbine *f*; **propulsione a ~** Turbinenantrieb *m*

tur·bi·na·re V/I ⟨1l; av⟩ (herum)wirbeln (*a. fig*) **tur·bi·ne** M **1** Wirbelwind *m*, Gewirbel *n* **2** *fig* Wirbel *m*

tur·bi·ni·o M Gewirbel *n*, Wirbeln *n*

tur·bi·no·so [-o-] ADJ wirbelnd, Wirbel-

tur·bo **A** ADJ ⟨*inv*⟩ Turbo- **B** M ⟨*inv*⟩ Turbomotor *m* **C** M *od* F ⟨*inv*⟩ (*auto*) Turbo *m*

tur·bo·com·pres·so·re [-o-] M Turbolader *m* **tur·bo·get·to** [-ɛ-] M **1** Strahlturbine *f* **2** Turbinenflugzeug *n*

tur·bo·len·to [-ɛ-] ADJ turbulent (*a.* PHYS)

tur·bo·len·za [-ɛ-] F Turbulenz *f* (*a.* PHYS)

tur·bo·pro·pul·so·re [-'sore] M Propellerturbine *f* **tur·bo·re·at·to·re** [-o-] → turbogetto

★**tur·ca** F **1** Türkin *f* **2** (*divano*) Ottomane *f* **3** (*gabinetto*) Stehtoilette *f*

tur·che·se [-e-] **A** F (*pietra*) Türkis *m* **B** M (*colore*) Türkis *n*

★**Tur·chi·a** F Türkei *f*

tur·chi·no **A** ADJ tiefblau **B** M Tiefblau *n*

★**tur·co** **A** ADJ türkisch, Türken- **B** M Türke *m* **C** M (*lingua*) Türkisch(e) *n* ♦ **bagno ~** Dampfbad *n*; **fumare come un ~** wie ein Schlot rauchen

tur·gi·dez·za [-e-] F, **tur·gi·di·tà** F ⟨*inv*⟩ Prallheit *f*

tur·gi·do ADJ **1** prall, schwellend **2** *fig* schwülstig **tur·go·re** [-o-] M Prallheit *f*

★**tu·ri·smo** [-z-] M Tourismus *m*, Fremdenverkehr *m*: **ente del ~** Fremdenverkehrsverein *m*; **~ sessuale** Sextourismus *m*

★**tu·ri·sta** M/F Tourist *m*, -in *f*

★**tu·ri·sti·co** ADJ touristisch, Touristen-, Reise-: **località -a** Touristenort *m* ♦ **agenzia -a** Reisebüro *n*; **operatore ~** Reisever-

anstalter *m*
Tur·kme·ni·stan M Turkmenistan *n*
turk·me·no A ADJ turkmenisch B M, **-a** F Turkmene *m*, -nin *f*
tur·lu·pi·na·re V/T ⟨1m⟩ beschwindeln
tur·lu·pi·na·to·re [-o-] M, **-tri·ce** F Schwindler *m*, -in *f*
tur·ni·sta M/F Schichtarbeiter *m*, -in *f*
★**tur·no** M 1 Schicht *f* 2 Dienst *m* 3 POL Wahldurchgang *m* ♦ **a ~** abwechselnd, der Reihe nach; **fare a ~** sich abwechseln; **farmacia di ~** diensthabende Apotheke *f*; **medico di ~** diensthabender Arzt *m*
tur·pe ADJ schamlos, abscheulich
tur·pi·lo·quio [-ɔ-] M schamloses Gerede *n*
tur·pi·tu·di·ne F Abscheulichkeit *f*
tur·ri·to ADJ mit Türmen versehen
tu·ta F 1 Anzug *m*, Overall *m* 2 SPORT Trainingsanzug *m* ♦ **~ da jogging** Jogginganzug *m*; **-e blu** Arbeiter *pl*
tu·te·la [-ɛ-] F 1 JUR Vormundschaft *f* 2 Schutz *m* (*a. fig*): **~ dell'ambiente** Umweltschutz *m*; **~ del consumatore** Verbraucherschutz *m*; **~ del patrimonio artistico** Denkmalschutz *m*
tu·te·la·re[1] ADJ 1 JUR vormundschaftlich 2 schützend, Schutz-
tu·te·la·re[2] ⟨1b⟩ A V/T wahren, schützen B V/PR **-rsi** sich schützen
tu·ti·na F 1 Strampelanzug *m* 2 Body *m*
tu·to·re [-o-] M, **-tri·ce** F 1 JUR Vormund *m* 2 Hüter *m*, -in *f*
tu·to·ri·al [tu'tɔrial] M ⟨*inv*⟩ IT Lernprogramm *n*
tu·to·rio [-ɔ-] ADJ vormundschaftlich
tut·tal·più, **tutt'al più** ADV 1 schlimmstenfalls 2 höchstens
★**tut·ta·vi·a** KONJ dennoch, trotzdem
★**tut·to** A ADJ 1 ganz: **abbiamo mangiato -a la torta** wir haben den ganzen Kuchen gegessen 2 *pl* all(e): **-i i cittadini** alle Bürger; **-e queste cose** all diese Dinge, all das 3 *pl* jeder: **-e le sere** jeden Abend; **a -i i costi** um jeden Preis B PRON 1 alles: **sa fare ~** er kann alles 2 *pl* alle: **sono venuti -i** alle sind gekommen C ADV ganz, völlig: **è ~ l'opposto di ciò che pensi** es ist ganz anders, als du denkst D M Ganze *n*: **quanto costa il ~?** was kostet das Ganze? ♦ **a tutt'oggi** bis (einschließlich) heute; **tutt'altro** ganz im Gegenteil; **tutt'altro che** alles andere als; **~ ciò** das alles; **~ ciò che …** alles, was …; **con ~ ciò** trotz alledem; **di ~ cuore** von ganzem Herzen; **del ~** absolut, völlig; **di ~** alles (Mögliche); **in ~** insgesamt; **innanzi ~** zunächst, vor allem; **in -i modi** mit allen Mitteln; **oltre ~** außerdem; **o ~ o niente!** alles oder nichts!; **-i quelli che** alle, die; **~ sommato** alles in allem; **tutt' a un tratto** plötzlich; **una volta per -e** ein für alle Mal
tut·to·fa·re M/F Alleskönner *m*, -in *f*: **domestica ~** Haushaltshilfe *f*; **impiegato/impiegata ~** *hum* Mädchen *n* für alles
tut·to·lo·go [-ɔ-] M, **-a** F *iron* Alleswisser *m*, -in *f*
tut·to·ra [-o-] ADV noch (immer), immer noch
tu·tù M ⟨*inv*⟩ Tutu *n*, Ballettrock *m*
TV [ti'vu] F ⟨*inv*⟩ 1 Fernsehen *n* 2 Fernseher *m* ♦ **~ a circuito chiuso** Fernsehüberwachungsanlage *f*; **~ digitale** Digi-

▶ tutto

Als Adjektiv und als Adverb verwendet, stimmt **tutto** in Geschlecht und Zahl mit dem Substantiv überein, das es begleitet:

Il pane lo mangio tutto io.	Ich esse das ganze Brot.
Sono tutta bagnata.	Ich (*f*) bin ganz nass.
Questo libro è per noi tutte.	Dieses Buch ist für uns alle (*fpl*).

Nach **tutti, tutte** folgt vor einem Substantiv immer der bestimmte Artikel **i, gli** oder **le**:

tutte le mattine	jeden Morgen
tutti gli anni	jedes Jahr
tutti i miei amici	alle meine Freunde

In Zusammenhang mit einer Zahl gebraucht man auch ein verbindendes **e**:

Tutti e due studiano legge.	Beide studieren Jura.
Tutte e tre studiano legge.	Alle drei studieren Jura.

talfernsehen *n*; ~ **privata** Privatsender *m*
tv·fo·ni·no M TV-Handy *n*
twee·ter ['twiter] M ⟨*inv*⟩ RADIO Hochtöner *m*, Hochtonlautsprecher *m*

U

u, U F *od* M ⟨*inv*⟩ u, U *n*: **inversione a ~** Wenden *n*
ub·bi·a F **1** fixe Idee *f* **2** Vorurteil *n*
ub·bi·dien·te [-ɛ-], **ub·bi·dien·za** [-ɛ-] → obbediente, obbedienza
★**ub·bi·di·re** V/I ⟨4d⟩ gehorchen
u·bi·ca·to ADJ *form* gelegen **u·bi·ca·zio·ne** [-o-] F *form* Standort *m*, Lage *f*
u·bi·qui·tà F Allgegenwart *f* ♦ *hum* **non ho il dono dell'~!** ich kann nicht überall gleichzeitig sein!
u·bria·ca·re ⟨1d⟩ **A** V/T **1** berauschen **2** *fig* betäuben, benommen machen: *umg* **~ qn di chiacchiere** j-n vollquatschen **B** V/PR **-rsi** sich betrinken **u·bria·ca·tu·ra** F Rausch *m*
u·bria·chez·za [-e-] F (Be)Trunkenheit *f*: **guida in stato di ~** Trunkenheit *f* am Steuer
★**u·bria·co** **A** ADJ betrunken **B** M, **-a** F Betrunkene *m/f* ♦ **~ d'amore** liebestrunken; **essere ~ fradicio** stockbesoffen sein; **~ di sonno** schlaftrunken; **~ di stanchezza** todmüde
u·bria·co·ne [-o-] M, **-a** F Säufer *m*, -in *f*
uc·cel·la·gio·ne [-o-] F **1** Vogelfang *m* **2** gefangene Vögel *pl* **uc·cel·la·re** V/I ⟨1b; av⟩ auf Vogelfang gehen **uc·cel·la·to·re** [-o-] M, **-tri·ce** F Vogelfänger *m*, -in *f* **uc·cel·lie·ra** [-ɛ-] F Vogelhaus *n* **uc·cel·li·no** M **1** Vögelchen *n* **2** Vogeljunge *n* ♦ **mangiare come un ~** wie ein Spatz essen
★**uc·cel·lo** [-ɛ-] M **1** Vogel *m*: **~ acquatico/canoro/migratore** Wasser-/Sing-/Zugvogel *m*; **~ predatore** (*od* **rapace**) Raubvogel *m* **2** *vulg* Schwanz *m* ♦ *fig* **~ del malaugurio** Schwarzmaler *m*, -in *f*
★**uc·ci·de·re** ⟨3q⟩ **A** V/T **1** töten, umbringen **2** *fig* umbringen, fertigmachen **3** (*opprimere*) *fig* unterdrücken, zunichtemachen **B** V/PR **-rsi** **1** Selbstmord begehen **2** sich gegenseitig umbringen
uc·ci·sio·ne [-o-] F Tötung *f* **uc·ci·so** **A** ADJ **rimanere ~ in qc** bei etw getötet werden **B** M, **-a** F Tote *m/f* **uc·ci·so·re** [-o-] M, **uc·ci·di·tri·ce** F Mörder *m*, in *f*
U·cra·i·na F Ukraine *f* **u·cra·i·no** **A** ADJ ukrainisch **B** M, **-a** F Ukrainer *m*, -in *f*
u·di·bi·le ADJ hör-, vernehmbar
u·di·bi·li·tà F Vernehm-, Hörbarkeit *f*
u·dien·za [-ɛ-] F **1** Gehör *n* **2** Audienz *f* **3** POL Hearing *n* **4** JUR Verhandlung *f*: **~ a porte chiuse** Verhandlung *f* unter Ausschluss der Öffentlichkeit
U·di·ne F Udine *n* **u·di·ne·se** [-e-] **A** ADJ aus, von Udine **B** M/F Bewohner *m*, -in *f* von Udine
u·di·re V/T ⟨4n⟩ **1** hören **2** **~ di qc** von etw (*dat*) erfahren **3** *fig* **~ qc** auf etw (*akk*) hören **4** verstehen: **se ho ben udito ...** wenn ich richtig verstanden habe ...
u·di·ti·vo ADJ Gehör-, Hör-
u·di·to M Gehör *n* **u·di·to·re** [-o-] M, **-tri·ce** F **1** (Zu)Hörer *m*, -in *f* **2** Gasthörer *m*, -in *f*, Hospitant *m*, -in *f* **3** JUR Gerichtsreferendar *m*, -in *f*
u·di·to·rio [-ɔ-] M (Zu)Hörerschaft *f*
uf·fa INT uff
★**uf·fi·cia·le**[1] ADJ offiziell, amtlich ♦ **per via ~** auf dem Amtsweg
★**uf·fi·cia·le**[2] M **1** Beamte *m*, Beamtin *f* **2** MIL Offizier *m*, -in *f* ♦ **~ di carriera** Berufsoffizier *m*, -in *f*; **~ giudiziario** Gerichtsvollzieher *m*; **~ sanitario** Amtsarzt *m*; **~ di stato civile** Standesbeamte *m*, -beamtin *f*
uf·fi·cia·li·tà[1] F Amtlichkeit *f*, offizieller Charakter *m*
uf·fi·cia·li·tà[2] F MIL Offizierkorps *n*
uf·fi·cia·liz·za·re V/T ⟨1a⟩ offiziell bekannt geben **uf·fi·cia·liz·za·zio·ne** [-o-] F offizielle Bekanntgabe *f*
★**uf·fi·cio** M **1** Büro *n*: **andare in ~** ins Büro gehen **2** Amt *n*: **l'~ competente** das zuständige Amt; **l'~ del direttore** das Amt des Direktors **3** Pflicht *f* **4** KIRCHE Stundengebet *n* ♦ **abuso d'~** Amtsmissbrauch *m*; **~ brevetti** Patentamt *n*; **~ di collocamento** Arbeitsamt *n*; **~ contabilità** Buchhaltung *f*; **~ oggetti smarriti** Fundbüro *n*; **orario d'~** Bürozeiten *pl*; **~ passaporti** Passamt *n*; **~ personale** Per-

U

sonalabteilung *f*; **procedere d'~** von Amts wegen vorgehen
uf·fi·cio·so [-o-] ADJ halbamtlich, offiziös
u·fo[1] M **a ~** kostenlos; *pej* auf Kosten anderer
u·fo[2], **U·FO** M ⟨*inv*⟩ Ufo *n*
U·gan·da M Uganda *n* **u·gan·de·se** A ADJ ugandisch B M/F Ugander *m*, -in *f*
u·gel·lo [-ɛ-] M Düse *f*
ug·gia F 1 Langeweile *f* 2 Überdruss *m* 3 Lästigkeit *f*: **venire in ~** lästig werden ♦ **dare ~** auf die Nerven gehen
ug·gio·la·re V/I ⟨1l; av⟩ winseln, jaulen
ug·gio·si·tà F 1 Langwelligkeit *f* 2 Lästigkeit *f* **ug·gio·so** [-o-] ADJ 1 langweilig 2 lästig ♦ **tempo ~** trübes Wetter *n*
u·go·la F 1 Gaumenzäpfchen *n* 2 *fig* Kehle *f*: **bagnarsi l'~** sich (*dat*) die Kehle anfeuchten
u·gua·glian·za F Gleichheit *f* (*a.* MATH)
u·gua·glia·re ⟨1g⟩ A V/T 1 gleichmachen, ausgleichen 2 gleichmäßig machen 3 **~ qn in qc** j-m an etw (*akk*) gleichkommen; **volere ~ qn** es j-m gleichtun (wollen) 4 SPORT (*record*) einstellen B V/PR **-rsi** 1 gleich(wertig) sein 2 **-rsi a qn** sich mit j-m gleichstellen
★**u·gua·le** A ADJ 1 gleich, derselbe: **indossare vestiti -i** gleiche Kleider tragen; **essere ~ a qn/qc** j-m/etw gleich sein 2 gleichmäßig, gleichförmig 3 gleich(-gültig), egal: **per me è ~** mir ist es egal 4 **è ~** das ist dasselbe 5 MATH gleich B ADV *umg* gleich: **sono bravi ~** sie sind gleich gut C M 1 MATH Gleichheitszeichen *n* 2 (*di persone*) Gleichgestellte *m* ♦ **la legge è ~ per tutti** vor dem Gesetz sind alle gleich
u·gual·men·te [-e-] ADV 1 in gleicher Weise 2 gleichmäßig 3 trotzdem, dennoch: **riusciremo ~ a farcela** wir werden es dennoch schaffen
uh INT hu(ch): **~, che freddo!** hu, wie kalt!
Ulan Ba·tor [-ɔ-] F Ulan-Bator *n*
ul·ce·ra F 1 MED Geschwür *n* 2 *umg* Magengeschwür *n* ♦ **~ gastrica** Magengeschwür *n*
u·li·vo → olivo
ul·na F Elle *f*, Ellbogen *m*
ul·te·rio·re [-o-] ADJ weiter, zusätzlich: **per -i informazioni rivolgersi a …** für weitere Auskünfte wenden Sie sich an …
ul·ti·ma F Neu(e)ste *n*, letzte Neuheit *f*: **la sai l'~?** weißt du schon das Neu(e)ste?
★**ul·ti·ma·men·te** [-e-] ADV in der letzten Zeit
ul·ti·ma·re V/T ⟨1l⟩ beenden **ul·ti·ma·tum** M ⟨*inv*⟩ Ultimatum *n*: **dare un ~** ein Ultimatum stellen **ul·ti·ma·zio·ne** [-o-] F Fertigstellung *f*
ul·ti·mis·si·mo ADJ allerletzt
★**ul·ti·mo** A ADJ 1 letzt: **all'~ momento** im letzten Augenblick; (**per**) **~** als Letzter, zuletzt 2 jüngste, neueste: **-e notizie** neueste Nachrichten *pl* 3 äußerst; höchst; *fig* geringst 4 spät, Spät-: **le -e ore del mattino** die späten Morgenstunden B M, **-a** F 1 Letzte *m/f* 2 **ultimo** *m* (*giorno*) **l'~ dell'anno** Silvester *n*; **l'~ del mese** der Letzte des Monats; **giovedì ultimo scorso** Donnerstag letzter Woche 3 (*ultima cosa*) **da ~** zuletzt, zum Schluss; **in ~** schließlich ♦ **in -a analisi** letzten Endes; *sl* **essere l'~ arrivato** der Depp vom Dienst sein; **l'Ultima Cena** das Letzte Abendmahl; **~ stadio** Endstadium *n*; **termine ~ di invio** Einsendeschluss *m*
ul·ti·mo·ge·ni·to [-ɛ-] A ADJ letztgeboren B M, **-a** F Letztgeborene *m/f*
ul·trà M/F ⟨*inv*⟩ 1 POL *sl* Radikale *m/f*, Extremist *m*, -in *f* 2 SPORT Hooligan *m*
ul·tra·cen·te·na·rio ADJ über hundertjährig **ul·tra·con·ser·va·to·re** [-serva'to-] ADJ erzkonservativ **ul·tra·cor·to** [-o-] ADJ ultrakurz, Ultrakurz- **ul·tra·leg·ge·ro** [-ɛ-] A ADJ ultraleicht B M Ultraleichtflugzeug *n* **ul·tra·mo·der·no** [-ɛ-] ADJ hypermodern **ul·tra·ra·pi·do** ADJ 1 (*servizio*) Blitz- 2 FOTO hochempfindlich **ul·tra·ros·so** [-o-] ADJ ultra-, infrarot **ul·tra·so·ni·co** [-'sɔ-] ADJ Ultraschall-: **onde -che** Ultraschallwellen *pl* **ul·tra·so·no·gra·fi·a** F Ultraschallaufnahme *f* **ul·tra·suo·no** [-su'ɔ-] M Ultraschall *m* **ul·tra·vio·let·to** [-e-] ADJ ultra-violett, UV- ♦ **raggi -i** UV-Strahlen *pl*; **filtro a raggi -i** UV-Filter *m*
u·lu·la·re V/I ⟨1l; av⟩ heulen **u·lu·la·to** M 1 Heulen *n* 2 Geheul *n* (*a. fig*)
u·ma·na·men·te [-e-] ADV menschlich, human **u·ma·ne·si·mo** [-e-] M Humanismus *m* **u·ma·ni·sta** M/F 1 Humanist *m*, -in *f* 2 Geisteswissenschaftler *m*, -in *f*
u·ma·ni·sti·co ADJ 1 humanistisch 2 geisteswissenschaftlich **u·ma·ni·tà** F

1 Menschheit *f* 2 Menschlichkeit *f* **u·ma·ni·ta·rio** ADJ humanitär **u·ma·ni·ta·ri·sti·co** ADJ Humanitäts-

u·ma·niz·za·re ⟨1a⟩ A VT 1 vermenschlichen 2 zivilisieren 3 *fig* humanisieren, menschlicher machen B VPR **-rsi** *fig* menschlicher werden

u·ma·niz·za·zio·ne [-o-] F 1 REL Menschwerdung *f* 2 Humanisierung *f*

★**u·ma·no** A ADJ 1 menschlich, Menschen-: **il corpo ~** der menschliche Körper 2 menschlich, human, menschenfreundlich B M 1 Menschliche *n* 2 *mst* PL Mensch *m* ♦ **errare è ~** Irren ist menschlich

Um·bria F Umbrien *n* **um·bro** A ADJ umbrisch B M, **-a** F Umbrer *m*, -in *f*

u·met·ta·re ⟨1a⟩ A VT benetzen, an-, befeuchten B VPR **-rsi le labbra** sich (*dat*) die Lippen anfeuchten

u·met·ta·zio·ne [-o-] F Befeuchten *n*

u·mi·dic·cio ADJ 1 (unangenehm) feucht 2 (etwas) feucht

u·mi·di·fi·ca·re VT ⟨1d *u.* n⟩ befeuchten **u·mi·di·fi·ca·to·re** [-o-] M Luftbefeuchter *m* **u·mi·di·fi·ca·zio·ne** [-o-] F Luftbefeuchtung *f*

u·mi·di·tà F Feuchtigkeit *f*

★**u·mi·do** A ADJ feucht: **caldo ~** feuchtwarm B M 1 Feuchtigkeit *f* 2 GASTR Geschmorte *n*: **carne in ~** Schmorbraten *m*; **pesce in ~** gedünsteter Fisch *m*

u·mi·le ADJ 1 demütig 2 ergeben 3 bescheiden 4 niedrig: **lavori -i** niedrige Arbeiten *pl*

u·mi·lian·te ADJ demütigend

u·mi·lia·re ⟨1g⟩ A VT 1 demütigen, erniedrigen 2 (*reprimere*) unterdrücken B VPR **-rsi** sich erniedrigen **u·mi·lia·zio·ne** [-o-] F Demütigung *f*, Herabwürdigung *f*

u·mil·men·te [-e-] ADV demütig

u·mil·tà F 1 Demut *f* 2 Bescheidenheit *f*

um·laut M ⟨*inv*⟩ LING Umlaut *m*

u·mo·ra·le ADJ launisch

★**u·mo·re** [-o-] M 1 ANAT Körpersaft *m* 2 BOT Pflanzensaft *m* 3 *fig* Stimmung *f*, Laune *f*: **essere di buon ~** gut gelaunt sein; **essere di cattivo ~** schlecht gelaunt sein

★**u·mo·ri·smo** [-zmo] M Humor *m*: **avere il senso dell'~** Humor haben **u·mo·ri·sta** M/F Humorist *m*, -in *f* **u·mo·ri·sti·co** ADJ humorvoll, humoristisch

★**un** → uno

★**un'** → uno

★**u·na** A → uno B F ein Uhr, eins

u·na·ni·me ADJ einstimmig, einhellig

u·na·ni·mi·tà F Einstimmigkeit *f* ♦ **all'~** einstimmig

u·na tan·tum A ADJ ⟨*inv*⟩ einmalig B ADV ein für alle Mal C F ⟨*inv*⟩ 1 außerordentliche Vergütung *f* 2 (*tassa*) Sonderabgabe *f*

un·ci·na·to ADJ 1 hakenförmig, Haken- 2 mit Haken ♦ **croce -a** Hakenkreuz *n*

un·ci·net·to [-e-] M Häkelnadel *f*: **lavorare all'~** häkeln; **coperta all'~** Häkeldecke *f*

un·ci·no M (Wider)Haken *m*, Kloben *m*

un·der·ground [ander'graund] ADJ ⟨*inv*⟩ Underground-: **musica ~** Undergroundmusik *f*

un·der·sco·re [ander'skɔr] M ⟨*inv*⟩ IT Underscore *m*, Unterstrich *m*

un·di·cen·ne [-ɛ-] A ADJ elfjährig B M/F Elfjährige *m/f* **un·di·ce·si·mo** [-ɛ-] A ADJ elft B M, **-a** F 1 Elfte *m/f* 2 **undicesimo** *m* Elftel *n*; → a. quinto

★**un·di·ci** ADJ ⟨*inv*⟩ elf; → a. cinque

un·ge·re ⟨3d⟩ A VT 1 aus-, einfetten 2 mit Fett beschmutzen 3 MECH (ab)schmieren; ölen 4 *fig* (*corrompere*) schmieren 5 REL salben B VPR **-rsi** sich einschmieren; sich einölen

un·ghe·re·se [-e-] A ADJ ungarisch B M/F Ungar *m*, -in *f* C M (*lingua*) Ungarisch(e) *n*

Un·ghe·ri·a F Ungarn *n*

★**un·ghia** F 1 Fingernagel *m*: **mangiarsi le -e** an den Fingernägeln kauen 2 (*piede*) Zehennagel *m* 3 (*felini*) Klaue *f*, Kralle *m* 4 (*di ungulati*) Huf *m* 5 *fig* **grosso quanto un'~** stecknadelkopfgroß ♦ **forbicine per -e** Nagelschere *f*; **lima per -e** Nagelfeile *f*; **pellicine delle -e** Nagelhäutchen *pl*; *sl* **pagare sull'~** bar auf die Kralle zahlen; **smalto per -e** Nagellack *m*

un·ghia·ta F 1 **dare un'~ a qn** j-n kratzen 2 Kratzwunde *f*

un·guen·to [-ɛ-] M (Heil)Salbe *f*

un·gu·la·ti MPL Huftiere *pl*

★**u·ni·ca** F Einzige *f* **u·ni·ca·men·te** [-e-] ADV 1 nur 2 ausschließlich

u·ni·ca·me·ra·le ADJ POL **sistema ~** Einkammersystem *n*

u·ni·cel·lu·la·re ADJ einzellig

u·ni·ci·tà F ⟨*inv*⟩ Einzigartigkeit *f*

★**u·ni·co** A ADJ 1 einzig, Einzel-, Allein-:

il suo ~ amico sein einziger Freund **2** einmalig: **un ~ pagamento** eine einmalige Zahlung **3** einzigartig, einmalig **B** M, **-a** F Einzige *m/f* ♦ THEAT **atto ~** Einakter *m;* **esemplare ~** Unikat *n;* **figlio ~** Einzelkind *n;* **pezzo ~** Einzelstück *n;* **un piatto ~** Einganggericht *n;* **taglia -a** Einheitsgröße *f*

u·ni·cor·no [-ɔ-] M MYTH Einhorn *n*

u·ni·di·men·sio·na·le [-s-] ADJ eindimensional **u·ni·di·re·zio·na·le** ADJ **1** in eine Richtung verlaufend **2** *fig* einseitig

u·ni fa·mi·lia·re ADJ Einfamilien-: **casa ~** Einfamilienhaus *n*

u·ni·fi·ca·re ⟨1m *u.* d⟩ **A** V/T **1** vereinigen **2** vereinheitlichen, normen **B** V/PR **-rsi** sich vereinigen **u·ni·fi·ca·to** ADJ **1** vereinigt **2** vereinheitlicht, genormt **u·ni·fi·ca·to·re** [-o-] ADJ **1** vereinigend **2** vereinheitlichend

u·ni·fi·ca·zio·ne [-o-] F **1** Vereinigung *f* **2** Vereinheitlichung *f*

u·ni·for·ma·re ⟨1a⟩ **A** V/T **1** gleichmachen **2** uniformieren **3** *fig* anpassen **B** V/PR **-rsi** *fig* sich anpassen **u·ni·for·ma·zio·ne** [-o-] F **1** Gleichmachung *f* **2** Uniformierung *f* **3** *fig* Anpassung *f*

★**u·ni·for·me**[1] [-o-] ADJ gleichförmig, gleichmäßig

★**u·ni·for·me**[2] [-o-] F Uniform *f*

u·ni·for·mi·tà F **1** Gleichmäßigkeit *f* **2** Übereinstimmung *f*

u·ni·ge·ni·to [-ɛ-] ADJ eingeboren

u·ni·la·te·ra·le ADJ **1** einseitig **2** POL unilateral **3** *fig* parteiisch **u·ni·la·te·ra·li·tà** F **1** Einseitigkeit *f* **2** *fig* Parteilichkeit *f*

u·ni·no·mi·na·le ADJ POL **sistema ~** Mehrheitswahlrecht *n*

★**u·nio·ne** [-o-] F **1** Vereinigung *f* **2** Einigkeit *f*, Eintracht *f* **3** Zusammenhang *m*, Verbindung *f* **4** POL Verband *m*, Union *f* **5** POL Anschluss *m*, Angliederung *f* **6** Verbindung *f*: **~ matrimoniale** eheliche Verbindung *f* **7** (*associazione*) Verein *m*, Verband *m* ♦ **~ doganale** Zollunion *f;* **Unione Europea** Europäische Union *f;* **Unione Economica e Monetaria Europea** Europäische Wirtschafts- und Währungsunion *f;* **~ monetaria** Währungsunion *f*

u·ni·po·la·re ADJ einpolig

★**u·ni·re** ⟨4d⟩ **A** V/T **1** vereinen, vereinigen, verbinden **2** zusammenstellen: **~ due tavoli** zwei Tische zusammenstellen **3** zusammensetzen; zusammenlegen **4** GASTR geben: **~ la farina alle uova** das Mehl zu den Eiern geben **5** POL anschließen, angliedern **6** (*allegare*) beilegen **B** V/PR **-rsi** **1** sich verbinden, sich zusammenschließen, sich vereinen **2** sich anschließen ♦ **~ l'utile al dilettevole** das Angenehme mit dem Nützlichen verbinden

u·ni·sex, **u·ni·sex** [-ɛ-] ADJ ⟨*inv*⟩ Unisex-

u·ni·so·no ADJ unisono, im Einklang, einstimmig (*a. fig*)

★**u·ni·tà** F ⟨*inv*⟩ **1** Einheit *f* (*a.* MATH) **2** (Ver)Einigung *f* (*a.* POL) **3** Einigkeit *f*, Übereinstimmung *f* **4** (Maß)Einheit *f* **5** MIL Truppeneinheit *f* ♦ IT **~ centrale** Zentraleinheit *f;* **~ di controllo** Steuerwerk *n;* **~ coronarica** Kardiologiezentrum *n;* **~ di crisi** Krisenstab *m;* IT **~ disco** Diskettenlaufwerk *n;* IT **~ d'entrata/di uscita** Eingabe-/Ausgabegerät *n;* IT **~ floppy** Diskettenlaufwerk *n;* IT **~ di lettura** Lesegerät *n;* **~ mobile di soccorso** Notarztwagen *m;* IT **~ nastro** Bandlaufwerk *n;* IT **~ di output** (*od* **d'uscita**) Ausgabegerät *n;* IT **~ periferica** Peripheriegerät *n;* **~ sanitaria locale** = *Ortskrankenkasse;* IT **~ video** Bildschirmgerät *n;* IT **~ ZIP®** ZIP-Laufwerk® *n*

u·ni·ta·men·te [-e-] ADV **1** **~ a qc** zusammen mit etw **2** gleichmäßig **u·ni·ta·rie·tà** F Einheitlichkeit *f* **u·ni·ta·rio** ADJ einheitlich, Einheits-: **prezzo ~** Stückpreis *m*

u·ni·to ADJ **1** zusammengefügt, verbunden **2** (*accostato*) zusammengestellt **3** POL vereint **4** gemeinsam **5** beiliegend **6** einträchtig ♦ TEX **a** (*od* **in**) **tinta -a** einfarbig, uni

u·ni·ver·sa·le [-s-] **A** ADJ **1** Welt-: **storia ~** Weltgeschichte *f* **2** universell, Universal- **3** allgemein: **suffragio ~** allgemeines Wahlrecht *n* **B** M Allgemeine *n* ♦ **chiave ~** Hauptschlüssel *m;* **Giudizio ~** Jüngstes Gericht *n*

u·ni·ver·sa·li·tà [-s-] F **1** Universalität *f*, Allgemeingültigkeit *f* **2** Gesamtheit *f*

u·ni·ver·sa·liz·za·re [-s-] ⟨1a⟩ **A** V/T **1** verallgemeinern **2** allgemein verbreiten **B** V/PR **-rsi** **1** sich verallgemeinern **2** sich allgemein verbreiten

u·ni·ver·sal·men·te [-e-] ADV allgemein, allseits

★**u·ni·ver·si·tà** [-s-] F ⟨inv⟩ Universität *f*
u·ni·ver·si·ta·rio [-s-] **A** ADJ Universitäts-, Hochschul- **B** M, **-a** F **1** Student *m*, -in *f* **2** Universitätsprofessor *m*, -in *f* ♦ **libretto ~** Studienbuch *n*; **studi -ri** Universitätsstudium *n*
★**u·ni·ver·so** [-'vɛrso] M **1** Weltall *n* **2** *fig* Welt *f*, Universum *n* **3** Gesamtheit *f*
u·ni·vo·ci·tà F Eindeutigkeit *f*
u·ni·vo·co ADJ eindeutig
★**u·no** **A** UNBEST ART M ⟨un, una, un'⟩ **1** ein, eine **2** etwa, rund, an: **disterà un venti chilometri** es wird etwa zwanzig Kilometer entfernt sein **3** *emph* so, derart(ig), dermaßen: **ho preso ~ spavento!** ich bin derart erschrocken! **B** ADJ **1** eins: **a pagina ~** auf Seite eins **2** ein, eine: **avere un anno** ein Jahr alt sein **3** der-, die-, dasselbe, gleich: **a un tempo** zur gleichen Zeit; → a. cinque **C** INDEF PR ⟨uno, una⟩ **1** einer, eine, eines: **l'~ o l'altro** der eine oder der andere **2** jemand: **c'è ~ che ti vuole** da ist jemand, der mit dir sprechen möchte **D** M Eins *f* ♦ **a ~ a ~** einzeln; **l'un l'altro** gegenseitig, einander; **aiutarsi l'un l'altro** sich gegenseitig helfen; **te ne racconto una bella** hör dir das an; **~ alla volta** einer nach dem anderen
un·to **A** ADJ fettig, schmierig: **~ e bisunto** fettig und schmierig **B** M Fett *n*
un·tu·me M Fett *n*; Schmiere *f*
un·tuo·si·tà F ⟨inv⟩ Fettigkeit *f*; Schmierigkeit *f* (*a. fig*)
un·tuo·so [-o-] ADJ **1** fettig **2** *fig* schmierig
un·zio·ne [-o-] F **1** Einreibung *f* **2** REL Salbung *f*
un·zip·pare V/T IT entpacken, entzippen, dekomprimieren
★**uo·mo** [-ɔ-] M ⟨uomini⟩ **1** Mensch *m* **2** Mann *m* (*a.* MIL): **l'uguaglianza tra ~ e donna** die Gleichheit zwischen Mann und Frau; **l'~ del gas** der Gasmann **3** (*partner*) Freund *m* **4** jemand, einer: **c'è un ~ che ci segue** da ist jemand, der uns folgt ♦ **abbigliamento da ~** Herrenbekleidung *f*; ★ **~ d'affari** Geschäftsmann *m*; **~ di città** Städter *m*; **~ di colore** Farbige *m*; **~ comune** Durchschnittsmensch *m*; **~ di legge** Jurist *m*; **a memoria d'~** seit Menschengedenken; **~ d'onore** Ehrenmann *m*; *iron pej* Mafioso *m*; **a passo d'~** im Schritttempo; **l'~ della strada** der Mann auf (*od* von) der Straße
★**uo·vo** [-ɔ-] M ⟨-a *fpl*⟩ Ei *n*: **deporre le -a** Eier (ab)legen ♦ **bianco d'~** Eiweiß *n*; **-a in camicia** (*od* **affogate**) verlorene Eier *pl*; **~ alla coque** weiches Ei *n*; *fig* **la gallina dalle -a d'oro** der Goldesel; **~ all'occhio di bue** (*od* **al tegamino**) Spiegelei *n*; **~ di Pasqua** Osterei *n*; **~ sodo** hart gekochtes Ei *n*; **~ strapazzato** Rührei *n*; **tuorlo d'~** Eidotter *n od m*, Eigelb *n*; **meglio un ~ oggi che una gallina domani** besser ein Spatz in der Hand als eine Taube auf dem Dach
up·gra·de [ap'greid] M ⟨inv⟩ **1** IT Programmerweiterung *f*, Upgrade *n* **2** FLUG Upgrade *n*: **~ in business** Upgrade *n* in die Businessclass
up·load [ap'lod] M ⟨inv⟩ IT Hochladen *n*: **fare l'~ di qc** etw hochladen, etw uploaden
u·pu·pa F ZOOL Wiedehopf *m*
u·ra·ga·no M **1** (Wirbel)Sturm *m*; Orkan *m* **2** *fig* Sturm *m*
U·ra·li MPL Ural *m*
u·ra·nio M Uran *n*
U·ra·no M MYTH, ASTRON Uranus *m*
ur·ba·ne·si·mo [-e-] M Landflucht *f*
ur·ba·ni·sta M/F Stadtplaner *m*, -in *f*
ur·ba·ni·sti·ca F **1** Städtebau *m* **2** Stadtplanung *f*
ur·ba·ni·sti·co ADJ städtebaulich
ur·ba·niz·za·re ⟨1a⟩ V/T & V/PR **-rsi** verstädtern **ur·ba·niz·za·zio·ne** [-o-] F Verstädterung *f*
ur·ba·no ADJ **1** städtisch, Stadt-: **trasporti -i** städtische Verkehrsmittel *pl* **2** *fig* kultiviert ♦ **nettezza -a** städtische Müllabfuhr *f*; **telefonata -a** Ortsgespräch *n*; **vigile ~** (Stadt)polizist *m*
ur·bi·na·te **A** ADJ aus, von Urbino **B** M/F Bewohner *m*, -in *f* von Urbino
u·re·a [-ɛ-] F Harnstoff *m* **u·re·mi·a** F Harnvergiftung *f*; MED Urämie *f*
u·re·te·re [-ɛ-] M Harnleiter *m*
u·re·tra [-ɛ-] F Harnröhre *f*
★**ur·gen·te** [-ɛ-] ADJ **1** dringend, dringlich **2** Eil- ♦ **essere ~** dringend sein, eilen, *österr* urgieren **ur·gen·tis·si·mo** ADJ sehr dringend, sehr eilig
ur·gen·za [-ɛ-] F Dringlichkeit *f*, Eile *f*: **con ~** dringend; **della massima ~** äußerst dringlich ♦ **in caso d'~** im Notfall
ur·ge·re V/I ⟨3yy⟩ (dringend) nötig sein: **urgono aiuti immediati** sofortige Hilfe ist nötig ♦ **urge fare qualcosa** es muss dringend etwas unternommen werden

U

u·ri·na F Harn *m*, Urin *m*

u·ri·na·re VI ⟨1a; av⟩ urinieren

★**ur·la·re** **A** VI ⟨1a; av⟩ **1** schreien **2** heulen **B** VT schreien, brüllen **ur·la·ta** F Geschrei *n*, Gebrüll *n* **ur·li·o** M Geschrei *n*, Gebrüll *n*

ur·lo M **1** ⟨*pl* -i⟩ Schrei *m*; Schreien *n*: **cacciare un ~** einen Schrei ausstoßen; **gli -i dei gabbiani** das Schreien der Möwen **2** ⟨*pl* -i⟩ Heulen *n*, Geheul *n* (*a. fig*) **3** *pl* ⟨*pl* -a⟩ (*uomo*) Schreie *pl*; Geschrei *n*

ur·lo·ne [-o-] M, **-a** F *umg* Schreihals *m*

ur·na F Urne *f*: POL **andare alle -e** zu den Urnen gehen

u·ro M ZOOL Ur *m*, Auerochse *m*

u·ro·gal·lo M ZOOL Auerhahn *m*

u·ro·lo·gi·a F Urologie *f*

u·ro·lo·go [-ɔ-] M, **-a** F Urologe *m*, -login *f*

ur·rà INT hurra

ur·tan·te ADJ irritierend, ärgerlich

ur·ta·re ⟨1a⟩ **A** VT **1** stoßen, prallen: **~ qc contro qc** mit etw gegen etw stoßen, prallen **2** **~ qn** j-n anstoßen **3** *fig* irritieren, verletzen **4** **~ i nervi a qn** j-m auf die Nerven fallen **B** VI ⟨av⟩ **~ contro qc** gegen etw stoßen **C** VPR **-rsi** **1** zusammenstoßen **2** *fig* sich aufregen, sich ärgern **3** *fig* aneinandergeraten

ur·ta·ta F Stoß *m* **ur·ta·to** ADJ *fig* gereizt

ur·to M **1** Stoß *m*, Schlag *m* **2** Zusammenstoß *m*, Aufprall *m* **3** *fig* Streit *m*: **essere in ~ con qn** mit j-m Streit haben **4** MIL Zusammenstoß *m* ♦ **resistente agli -i** stoßfest, schlagfest

u·ru·gua·ia·no **A** ADJ uruguayisch **B** M, **-a** F Uruguayer *m*, -in *f*

U·ru·gua·y M Uruguay *n*

u·sa·bi·le ADJ brauchbar, verwendbar

u·sa·bi·li·tà F ⟨*inv*⟩ IT Benutzerfreundlichkeit *f*

u·sa e get·ta ['uzae'gɛtta] ADJ ⟨*inv*⟩ Einweg-, Einmal-: **rasoio ~** Einwegrasierer *m*

u·san·za F **1** Brauch *m*, Sitte *f* **2** (An-)Gewohnheit *f* **3** Mode *f* ♦ **paese che vai, ~ che trovi** andere Länder, andere Sitten

★**u·sa·re** ⟨1a⟩ **A** VT **1** benutzen, gebrauchen; verwenden; anwenden **2** einsetzen, (aus)nutzen: **~ le proprie capacità** seine Fähigkeiten einsetzen **3** üben, walten lassen: **~ indulgenza** Nachsicht üben **4** **~ fare qc** pflegen, etw zu tun **B** VI ⟨es⟩ **1** **~ di qc** von etw Gebrauch machen **2** *unpers* (**si**) **usa** es ist Sitte, es ist üblich **3** *unpers* **si usa** es ist (in) Mode; **si usano** es sind (in) Mode

★**u·sa·to** **A** ADJ **1** gebraucht, Gebraucht-; aus zweiter Hand **2** abgenutzt **3** gewohnt: **~ a qc** an etw (*akk*) gewöhnt **4** gewöhnlich, gebräuchlich **B** M **1** Gebrauchtwaren *pl* **2** Gewöhnliche *n*

u·sbe·co **A** ADJ usbekisch **B** M, **-a** F Usbeke *m*, -kin *f*

u·scen·te [-ɛ-] ADJ **1** ab-, auslaufend; zu Ende gehend: **l'anno ~** das ablaufende Jahr **2** (*alla fine del mandato*) ausscheidend

u·scie·re [-ɛ-] M, **-a** F **1** Amtsgehilfe *m*, -gehilfin *f* **2** Gerichtsdiener *m*, -in *f*

u·scio M Tür *f*: **stare sull'~** an der Tür stehen; **~ di casa** Haustür *f*

★**u·sci·re** VI ⟨4o; es⟩ **1** (hinaus)gehen; herauskommen: **~ di casa** aus dem Haus gehen; **~ dalla stanza** aus dem Zimmer gehen **2** (hinaus)fahren; herausfahren **3** kommen: **parole che escono dal cuore** Worte, die von Herzen kommen **4** aussteigen: **~ dall'auto** aus dem Auto aussteigen **5** (*per divertimento*) ausgehen **6** austreten: **~ da un partito** aus einer Partei austreten **7** gehen, verlassen: **esco di casa alle otto** um acht Uhr gehe ich aus dem Hause; **~ dall'ufficio** das Büro verlassen **8** (*sostanze*) heraustreten, -kommen **9** (*liquidi*) (aus)fließen **10** (*pubblicazioni*) erscheinen, herauskommen **11** (*strade, corridoi*) **~ su qc** auf (*od* in) etw (*akk*) münden **12** gezogen werden: **è uscito il 22** die 22 ist gezogen worden **13** *fig* davon-, entkommen: **uscirne vivo** mit dem Leben davonkommen **14** *fig* **~ da qc** etw hinter sich (*dat*) lassen ♦ **~ all'aperto** ins Freie gehen; **~ di corsa** hinauslaufen; *umg* **ma da dove sei uscito?** wo kommst du denn her?; **mi è uscito di mente** es ist mir entfallen; **~ di sé** außer sich geraten

★**u·sci·ta** F **1** Ausgang *m* **2** Ausfahrt *f* **3** (*liquidi, gas*) Austritt *m* **4** (*foro d'uscita*) Auslass *m* **5** *fig* Bemerkung *f*: **un'~ infelice** eine unglückliche Bemerkung *f* **6** HANDEL, IT Ausgabe *f*: **le entrate e le -e** Einnahmen und Ausgaben **7** (*pubblicazione*) Veröffentlichung *f*, Erscheinung *f* **8** LING Auslaut *m*, Endung *f* **9** THEAT Abgang *m*; Auftreten *n*, Auftritt *m* ♦ **~ dell'autostrada** Autobahnausfahrt *f*; **buona ~** Abfindung *f*; **~ di emergenza** Notausgang *m*; *fig* **via d'~** Ausweg *m*

u·si·gno·lo [-ɔ-] M ZOOL Nachtigall *f*
u·si·ta·to ADJ üblich, gebräuchlich
★**u·so**[1] M 1 Gebrauch *m*, Benutzung *f*, Verwendung *f*; Anwendung *f* 2 Genuss *m*: **l'~ di alcol** der Genuss von Alkohol 3 (*farmaci*) Einnahme *f* 4 Übung *f*, Praxis *f* 5 (Verwendungs)Zweck *m*: **per ~ industriale** für industrielle Zwecke 6 LING Sinn *m*: **l'~ figurato di una parola** der übertragene Sinn eines Wortes 7 Brauch *m*, Sitte *f*: **-i e costumi** Sitten und Gebräuche 8 Angewohnheit *f* 9 JUR Nießbrauch *m* ♦ **agitare prima dell'~** vor Gebrauch schütteln; **di ~** für den Gebrauch; (*abituale*) üblich; **di ~ corrente** gebräuchlich; **in ~** im Gebrauch, gebräuchlich; **fuori ~** außer Gebrauch; unbrauchbar; außer Betrieb; **istruzioni per l'~** Gebrauchsanweisung *f*; **locali ~ ufficio** Büroräume *pl*
u·so[2] ADJ *poet* **essere ~ a qc** an etw (*akk*) gewöhnt sein
u·stio·na·re ⟨1a⟩ A V/T verbrennen; verbrühen B V/PR **-rsi** sich verbrennen; sich verbrühen **u·stio·na·to** M, **-a** F Verletzte *m/f* mit Verbrennungen (*od* Brandwunden)
u·stio·ne [-o-] F 1 Verbrennung *f* 2 Brandwunde *f*; Verbrühung *f*
u·sua·le ADJ üblich, gewöhnlich
u·sual·men·te [-e-] ADV üblicherweise
u·su·fru·i·re V/I ⟨4d; av⟩ 1 JUR nutznießen 2 **~ di qc** etw genießen; etw nutzen; etw in Anspruch nehmen
u·su·frut·to M Nutznießung *f*, Nießbrauch *m*, Nießnutz *m* **u·su·frut·tua·rio** A ADJ nutznießend B M, **-a** F Nutznießer *m*, -in *f*
u·su·ra[1] F 1 Wucherei *f* 2 Zinswucher *m*
u·su·ra[2] F 1 Verschleiß *m*, Abnutzung *f* 2 *fig* Aufreibung *f*, Zerrüttung *f*
u·su·ra·io M, **-a** F Wucherer *m*, -rin *f*: **da ~** wucherisch
u·su·ra·re ⟨1a⟩ A V/T abnutzen, verschleißen B V/PR **-rsi** sich abnutzen, verschleißen
u·su·ra·rio ADJ Wucher-
u·sur·pa·re V/T ⟨1a⟩ 1 usurpieren 2 **~ qc** sich (*dat*) etw widerrechtlich aneignen **u·sur·pa·to·re** [-o-] A ADJ usurpatorisch B M, **-tri·ce** F Usurpator *m*, -in *f* **u·sur·pa·zio·ne** [-o-] F 1 Usurpation *f* 2 (widerrechtliche) Aneignung *f*
u·ten·si·le[1] [u'tɛnsile] ADJ Werkzeug-: **macchina ~** Werkzeugmaschine *f*
u·ten·si·le[2] [uten'sile] M 1 Gerät *n*: **~ da cucina** Küchengerät *n* 2 TECH Werkzeug *n*
u·ten·si·le·ri·a [-s-] F Handwerkszeug *n*
u·ten·te [-ɛ-] M/F 1 Benutzer *m*, -in *f*; IT *a.* Anwender *m*, -in *f*, User *m* 2 Teil-, Abnehmer *m*, -in *f*: **~ del gas** Gasabnehmer *m*, -in *f*; **~ della strada** Verkehrsteilnehmer *m*, -in *f*; **~ telefonico** Fernsprechteilnehmer *m*, -in *f* **u·ten·za** [-ɛ-] F 1 Benutzung *f* 2 Teil-, Abnehmer *pl*
u·te·ri·no ADJ 1 Gebärmutter- 2 *fig* unbeherrscht **u·te·ro** M Gebärmutter *f*
★**u·ti·le** A ADJ 1 nützlich 2 vorteilhaft, von Vorteil 3 behilflich, hilfreich 4 zweckdienlich, zweckmäßig 5 TECH Nutz- B M 1 Nützliche *n* 2 WIRTSCH Gewinn *m*, Profit *m* ♦ **~ di bilancio** Bilanzgewinn *m*; **~ di capitale** Kapitalgewinn *m*; **carico ~** Nutzlast *f*; **partecipazione agli -i** Gewinnbeteiligung *f*; **posso esserle ~?** kann ich Ihnen helfen?; **in tempo ~** rechtzeitig
u·ti·li·tà F ⟨*inv*⟩ 1 Nützlichkeit *f* 2 Nutzen *m*, Vorteil *m* ♦ IT **programma di ~** Hilfsprogramm *n*; **pubblica ~** Gemeinnutz *m*
u·ti·li·ta·ria F Kleinwagen *m*
u·ti·li·ta·ri·smo [-zmo] M 1 PHIL Utilitarismus *m* 2 Nützlichkeitsdenken *n* **u·ti·li·ta·ri·sta** M/F Utilitarist *m*, -in *f* **u·ti·li·ta·ri·sti·co** ADJ utilitaristisch, Nützlichkeits-: **principio ~** Nützlichkeitsprinzip *n*
u·ti·liz·za·bi·le ADJ benutz-, brauchbar **u·ti·liz·za·bi·li·tà** F ⟨*inv*⟩ Brauch-, Nutzbarkeit *f*
★**u·ti·liz·za·re** V/T ⟨1a⟩ 1 (be)nutzen, gebrauchen 2 verwenden 3 anwenden 4 einsetzen, ausnutzen: **~ le proprie capacità** seine Fähigkeiten einsetzen 5 verwerten **u·ti·liz·za·to·re** [-o-] M, **-tri·ce** F Benutzer *m*, -in *f*, Verwender *m*, -in *f* **u·ti·liz·za·zio·ne** [-o-] F 1 Benutzung *f* 2 Verwendung *f* 3 Anwendung *f* 4 *form* Ingebrauchnahme *f* 5 Verwertung *f*, Nutzung *f*
u·ti·liz·zo → utilizzazione
u·to·pi·a F Utopie *f* **u·to·pi·co** [-ɔ-] ADJ utopisch **u·to·pi·sta** M/F Utopist *m*, -in *f* **u·to·pi·sti·co** ADJ utopisch
★**u·va** F Trauben *pl*: **~ nera/bianca** blaue/weiße Trauben *pl* ♦ **acino d'~** Weinbeere

U

f; **grappolo d'~** Weintraube f; **~ passa** Rosinen pl; **~ spina** Stachelbeere f

u·vet·ta [-e-] F Rosine f

u·xo·ri·ci·da M/F Gattenmörder m, -in f

u·xo·ri·ci·dio M Gattenmord m

u·xo·rio [-ɔ-] ADJ die Ehefrau betreffend ♦ **more ~** in wilder Ehe

U·zbe·ki·stan [-ɛ-] M Usbekistan n

V

v, V F od M ⟨inv⟩ v, V n

va' INT nanu! schau mal!

va·can·te ADJ vakant, frei, unbesetzt

★**va·can·za** F **1** Urlaub m, Ferien pl: **andare in ~** in Urlaub fahren; **~ benessere** Wellnessurlaub m; **prendersi una ~** Urlaub nehmen; **-e studio** Bildungsurlaub m; **-e avventura** Abenteuerferien pl **2** (di sede, carica) Vakanz f

va·can·zie·re [-ɛ-] M, **-a** F Urlauber m, -in f

va·can·zie·ro [-ɛ-] ADJ Urlaubs-

va·ca·zio·ne [-o-] F JUR **1** Wartefrist f **2** Honorar n

vac·ca F **1** ZOOL Kuh f **2** pej Nutte f

vac·ca·ro M, **-a** F Kuhhirt m, -in f **vac·ca·ta** F vulg Mist m: **non dire -e!** red keinen Mist!

vac·chet·ta [-e-] F Rind(s)leder n

vac·ci·na·re V/T ⟨1a⟩ impfen **vac·ci·na·to** ADJ **1** geimpft **2** fig **essere maggiorenne e ~** groß genug sein **vac·ci·na·zio·ne** [-o-] F Impfung f: **farsi fare una ~** sich impfen lassen; **~ antinfluenzale** Grippeschutzimpfung f

vac·ci·no M **A** ADJ Kuh-: **latte ~** Kuhmilch f **B** M Impfstoff m: **~ antinfluenzale** Grippeschutzimpfstoff m; **~ antipertosse** Impfstoff m gegen Keuchhusten

va·cil·la·men·to [-e-] M **1** Schwanken n, Wanken n (a. fig) **2** Flackern n; Flimmern n **va·cil·lan·te** ADJ **1** schwankend (a. fig) **2** flackernd; flimmernd **va·cil·la·re** V/I ⟨1a; av⟩ **1** schwanken, wanken (a. fig) **2** flackern; flimmern

va·cui·tà F ⟨inv⟩ **1** Leere f **2** fig Gehaltlosigkeit f **va·cuo** **A** ADJ **1** fig leer, nichtssagend **2** inhaltslos **B** M Vakuum n

va·de·me·cum [-ɛ-] M ⟨inv⟩ Ratgeber m

va e vie·ni M ⟨inv⟩ Kommen und Gehen n; Hin und Her n

vaf·fan·cu·lo INT vulg (**ma**) **~!** leck mich am Arsch!

va·ga·bon·dag·gi·ne F Vagabundieren n **va·ga·bon·dag·gio** M Landstreicherei f **va·ga·bon·da·re** V/I ⟨1a; av⟩ **1** (herum)vagabundieren **2** (animali) streunen **3** herumziehen

va·ga·bon·do [-o-] **A** ADJ **1** Vagabunden-, Wander- **2** (animali) streunend **3** fig (pensieri, sguardo) umherschweifend **B** M, **-a** F **1** Landstreicher m, -in f, Vagabund m, -in f **2** Stadtstreicher m, -in f **3** Weltenbummler m, -in f **4** fig Taugenichts m

va·ga·re V/I ⟨1e; av⟩ **1** umherziehen **2** fig (pensieri, sguardo) (umher)schweifen

va·gheg·gia·men·to [-e-] M **1** Anhimmelung f **2** Erträumen n **3** Wunschtraum m

va·gheg·gia·re V/T ⟨1f⟩ **1** anhimmeln **2** **~ qc** sich (dat) etw erträumen

va·ghez·za [-e-] F **1** Unbestimmtheit f, Undeutlichkeit f **2** poet Anmut f

va·gi·na F ANAT Scheide f **va·gi·na·le** ADJ ANAT vaginal, Scheiden-

va·gi·re V/I ⟨4d; av⟩ wimmern

va·gi·to M **1** Wimmern n **2** fig **i primi -i di qc** die ersten Anzeichen von etw

va·glia M ⟨inv⟩ FIN (Geld)Anweisung f, Überweisung f

va·glia·re V/T ⟨1a⟩ **1** (durch)sieben **2** fig eingehend prüfen **va·glio** M **1** Sieb n **2** fig (eingehende) Prüfung f: **essere al ~ di qn** j-m zur Prüfung vorliegen

va·go ADJ **1** vage, dunkel, nebulös **2** poet anmutig, reizend ♦ **restare sul ~** sich vage äußern; iron **avere la -a sensazione che …** das leise Gefühl haben, dass …

va·go·na·ta F **1** BAHN Waggon m **2** fig große Menge f **va·gon·ci·no** M BERGB Lore f

va·go·ne [-o-] M **1** BAHN Waggon m, Wagen m **2** fig große Menge f; **~ letto** Schlafwagen m; **~ merci** Güterwagen m; **~ ristorante** Speisewagen m

va·io·lo [-ɔ-] M Pocken pl

va·io·lo·so [-o-] **A** ADJ **1** Pocken- **2** pockenkrank **B** M, **-a** F Pockenkranke m/f

va·lan·ga F Lawine f (a. fig): **una ~ di lettere** eine Lawine von Briefen

val·chi·ria F Walküre *f* (*a. fig*)
val·do·sta·no A ADJ aus dem Aostatal B M, **-a** F Bewohner *m*, -in *f* des Aostatals
va·len·te [-ɛ-] ADJ tüchtig **va·len·ti·a** F Tüchtigkeit *f* **va·len·za** [-ɛ-] F 1 CHEM Wertigkeit *f* 2 *fig* Bedeutung *f*, Wert *m*
va·le·re [-e-] ⟨2r⟩ A VI ⟨es⟩ 1 wert sein: ~ **molto/poco/niente** viel/wenig/nichts wert sein 2 taugen: **come sciatore non vale molto** als Skifahrer taugt er nicht viel 3 gelten, gültig sein 4 *fig* zählen, bedeuten: **il tuo parere non vale niente** deine Meinung zählt nichts 5 ~ **qc** etw (*dat*) entsprechen 6 nützen B VT einbringen, eintragen C VPR **-rsi di qc** sich etw (*gen*) bedienen; **-rsi della collaborazione di qn** sich j-s Mitarbeit bedienen ♦ **non ~ una cicca** nicht einen Deut wert sein; **così non vale!** das gilt nicht!; **vale a dire** das heißt; **far ~** geltend machen; (**ne**) **vale la pena** es lohnt sich
va·le·ria·na F Baldrian *m*
va·le·vo·le [-e-] ADJ gültig, geltend
va·li·ca·re VT ⟨1l *u.* d⟩ überschreiten, überqueren
va·li·co M 1 Übergang *m* 2 Pass *m*
va·li·da·re VT IT validieren
va·li·da·zio·ne F IT Gültigkeitsprüfung *f*, Validierung *f*
va·li·di·tà F ⟨*inv*⟩ 1 Gültigkeit *f* 2 Wirksamkeit *f*
★**va·li·do** ADJ 1 gültig 2 wirksam, wertvoll 3 triftig: **una -a ragione** ein triftiger Grund *m* 4 (*capace*) tüchtig 5 *fig* **un film ~ dal punto di vista artistico** ein künstlerisch wertvoller Film; **un libro ~** ein gutes Buch *n* ♦ **legalmente ~** rechtsgültig
va·li·ge·ri·a F 1 Lederwaren *pl* 2 Lederwarengeschäft *n* 3 Lederwarenfabrik *f*
va·li·get·ta [-e-] F Köfferchen *n* ♦ ~ **ventiquattrore** Aktenkoffer *m*
★**va·li·gia** F 1 (Reise)Koffer *m*: (**dis**)**fare le -ge** die Koffer (aus)packen 2 *pl* Gepäck *n* ♦ ~ **rigida** Hartschalenkoffer *m*

va·li·gia·io M, **-a** F 1 Lederwarenhersteller *m*, -in *f* 2 Lederwarenhändler *m*, -in *f*
val·la·ta F Tal *n*, Talebene *f*
★**val·le** F Tal *n* ♦ **a ~** ins Tal, tal(ab)wärts; im Tal; *fig* ~ **di lacrime** Jammertal *n*; ~ **d'Aosta** Aostatal *n*; ~ **dell'Ötz** Ötztal *n*

Val·le·se [-e-] M Wallis *n*
val·let·ta [-e-] F TV Assistentin *f*
Val·let·ta [-e-] F Valletta *n*
val·let·to [-e-] M 1 HIST Page *m* 2 TV Assistent *m*; → valletta
val·li·gia·no M, **-a** F Talbewohner *m*, -in *f*
val·lo M HIST Wall *m*
val·lo·ne[1] [-o-] M tiefes Tal *n*
val·lo·ne[2] [-o-] A ADJ wallonisch B M/F Wallone *m*, Wallonin *f*
★**va·lo·re** [-o-] M 1 Wert *m* 2 *pl* Wertsachen *pl* 3 Bedeutung *f* 4 (*coraggio*) Tapferkeit *f* ♦ ~ **d'acquisto** Kaufwert *m*; ~ **affettivo** Erinnerungswert *m*; ~ **aggiunto** Mehrwert *m*; **Borsa -i** Wertpapierbörse *f*; IT ~ **default** Standardwert *m*; **di ~** wertvoll, Wert-; ~ **indicativo** Richtwert *m*; ~ **limite** Grenzwert *m*; ~ **nominale** Nominalwert *m*; **per un ~ di …** im Wert von …; ~ **del pH** pH-Wert *m*; **senza ~** wertlos
va·lo·riz·za·re VT ⟨1a⟩ 1 aufwerten 2 *fig* zur Geltung kommen lassen **va·lo·riz·za·zio·ne** [-o-] F 1 Aufwertung *f* 2 (*località, terreni*) Erschließung *f* 3 Wertsteigerung *f*
va·lo·ro·so [-o-] ADJ tapfer, mutig
val·so [-s-] → valere
va·lu·ta F 1 Währung *f*: ~ **debole/forte** weiche/starke Währung *f* 2 Devisen *pl* 3 FIN Wertstellung *f*
va·lu·ta·bi·le ADJ (ab)schätzbar
va·lu·ta·re VT ⟨1a⟩ 1 einschätzen, beurteilen 2 (ab)schätzen 3 *fig* abwägen
va·lu·ta·rio ADJ 1 Währungs-: **riforma -a** Währungsreform *f* 2 Devisen-: **riserve -rie** Devisenbestand *m* **va·lu·ta·ti·vo** ADJ bewertend, Bewertungs- **va·lu·ta·zio·ne** [-o-] F 1 Schätzung *f* 2 Bewertung *f*, Beurteilung *f* 3 Benotung *f* ♦ **criteri di ~** Bewertungsmaßstäbe *pl*
val·va F ZOOL Muschelschale *f*
val·vas·si·no M HIST Lehnsmann *m*
val·vas·so·re [-o-] M HIST Lehnsherr *m*
val·vo·la F 1 MECH Ventil *n*, Klappe *f* 2 ELEK Sicherung *f* 3 ANAT Klappe *f*: ~ **cardiaca** Herzklappe *f* ♦ ~ **d'arresto** Absperrventil *n*; ~ **d'aspirazione** Einlassventil *n*; ~ **della camera d'aria** Schlauchventil *n* ~ **di sfogo** Ventil *n* (*a. fig*)
val·vo·lie·ra [-ɛ-] F Sicherungskasten *m*
val·zer M ⟨*inv*⟩ Walzer *m*
vamp [vamp] F ⟨*inv*⟩ Vamp *m*
vam·pa F 1 Flamme *f* 2 Hitze *f* (*a. fig*) 3 Glut *f* (*a. fig*)

vam·pa·ta F **1** Stichflamme *f* **2** Hitze (-wallung) *f* ♦ **~ d'ira** Wutanfall *m*

vam·pi·ro M, **-a** F Vampir *m*, -in *f* (*a. fig*)

va·na·dio M Vanadium *n*

va·na·glo·ria [-ɔ-] F Eitelkeit *f*, Ruhmsucht *f*

va·na·glo·riar·si [-si] V/PR ⟨1c *u.* k⟩ prahlen **va·na·glo·rio·so** [-o-] **A** ADJ eitel, blasiert **B** M, **-a** F Eitle *m/f*

van·da·li·co ADJ vandalisch (*a. fig*) **van·da·li·smo** [-z-] M Vandalismus *m* (*a. fig*) **van·da·lo** M, **-a** F Vandale *m*, -in *f* (*a. fig*)

va·neg·gia·men·to [-e-] M **1** Fantasieren *n* **2** *fig* Wahnvorstellung *f* **va·neg·gia·re** V/I ⟨1f; av⟩ **1** fantasieren, irrereden **2** *umg* spinnen

va·ne·sio [-ɛ-] **A** ADJ aufgeblasen, eitel **B** M, **-a** F aufgeblasener Mensch *m*, aufgeblasene Person *f*, *umg* Prahlhans *m*

va·nes·sa [-e-] F ZOOL Tagfalter *m*

van·ga F Spaten *m*

van·ga·re V/T ⟨1e⟩ umgraben, umstechen

van·ga·ta F **1** Umgraben *n* **2** Spatenstich *m* **3** Spatenhieb *m*

van·ge·lo [-ɛ-] M Evangelium *n*

va·ni·fi·ca·re V/T ⟨1m *u.* d⟩ vereiteln

va·ni·glia F Vanille *f* **va·ni·glia·to** ADJ Vanille-: **zucchero ~** Vanillezucker *m*

va·nil·li·na F Vanillin *n*

va·ni·lo·quio [-ɔ-] M leeres Gerede *n*, Gefasel *n*

va·ni·tà F ⟨*inv*⟩ **1** Eitelkeit *f* **2** *fig* Vergeblichkeit *f* **3** *fig* Vergänglichkeit *f*

va·ni·to·so [-o-] **A** ADJ eitel **B** M, **-a** F eitler Mensch *m*, eitle Person *f*: **fare il ~** eitel sein

va·no **A** ADJ **1** vergeblich **2** *fig* unbegründet, leer **3** *fig* vergänglich **B** M Raum *m*, Zimmer *n*: **un appartamento di tre -i** eine Dreizimmerwohnung

★**van·tag·gio** M **1** Vorteil *m*: **offrire molti -gi** viele Vorteile bieten **2** Nutzen *m* **3** SPORT Vorsprung *m*: **andare in ~** in Führung gehen

van·tag·gio·so [-o-] ADJ vorteilhaft

van·ta·re ⟨1a⟩ **A** V/T **1** anpreisen **2** herauskehren: **~ i propri meriti** seine Verdienste herauskehren **3** **~ qc** sich etw (*gen*) rühmen **4** fordern: **~ un credito nei confronti di qn** eine Forderung an j-n haben **5** erheben: **~ diritti su qc** Ansprüche auf etw (*akk*) erheben **B** V/PR **-rsi** prahlen, sich brüsten, *umg* angeben: **-rsi di qc con qn** mit etw vor j-m prahlen

van·te·ri·a F Prahlerei *f*

van·to M **1** Prahlen *n*: **far** (*od* **farsi**) **~ di qc** mit etw prahlen **2** Stolz *m*: **essere il ~ di qn** j-s Stolz sein

van·ve·ra F **parlare a ~** drauflosreden

★**va·po·re** [-o-] M **1** Dampf *m* **2** (*nebbiolina*) Dunst *m* **3** (*piroscafo*) Dampfer *m* ♦ GASTR (**cotto**) **al ~** gedämpft; **cavallo ~** Pferdestärke *f*; **a tutto ~** mit Volldampf (*a. fig*)

va·po·ret·to [-e-] M **1** Dampfer *m*, Dampfschiff *n* **2** kleines Linienmotorboot *n*

▶ Vaporetti e motoscafi

Vaporetti und **motoscafi** (Motorboote) sind öffentliche Verkehrsmittel in Venedig. ◀

va·po·riz·za·re ⟨1a⟩ **A** V/T **1** verdampfen, verdunsten (lassen) **2** zerstäuben **3** TECH dämpfen **B** V/I ⟨av⟩ & V/PR **-rsi** verdampfen, verdunsten

va·po·riz·za·to·re [-o-] M **1** Verdampfer *m* **2** Zerstäuber *m*; (*profumo*) Atomiseur *m* **va·po·riz·za·zio·ne** [-o-] F **1** Verdampfung *f*, Verdunstung *f* **2** Zerstäubung *f*

va·po·ro·si·tà F **1** Duftigkeit *f* **2** MODE Luftigkeit *f*, Leichtigkeit *f*

va·po·ro·so [-o-] ADJ **1** duftig **2** MODE luftig, leicht **3** *fig* unbestimmt

va·ra·re V/T ⟨1a⟩ **1** SCHIFF vom Stapel lassen **2** *fig* (*leggi*) verabschieden **3** (*progetti*) initiieren **4** (*provvedimenti*) beschließen

var·ca·re V/T ⟨1d⟩ überschreiten (*a. fig*): **~ la quarantina** die vierzig überschreiten

var·co M Durchgang *m*; Durchfahrt *f* ♦ **aspettare qn al ~** j-m auflauern

va·re·chi·na F Chlorbleiche *f*

Va·re·se [-e-] F Varese *n*, Väris *n* **va·re·sot·to** [-ɔ-] **A** ADJ aus, von Varese, Vareser **B** M, **-a** F Vareser *m*, -in *f*

★**va·ri** → vario

va·ria F Verschiedene *pl* ♦ **varie ed eventuali** Sonstige *n*

va·ria·bi·le ADJ **1** veränderlich, wechselhaft; METEO **sereno ~** heiter bis wolkig **2** (*persona*) unbeständig **3** schwankend: **prezzi -i** schwankende Preise *pl* **va·ria·bi·li·tà** F **1** Veränderlichkeit *f*, Wechselhaftigkeit *f* **2** (*persona*) Unbeständigkeit

♦ ~ **d'umore** Launenhaftigkeit *f*

va·rian·te F Ver-, Abänderung *f*

va·ria·re ⟨1k⟩ **A** V/T **1** (ver-, ab)ändern **2** abwechseln **B** V/I **1** ⟨es⟩ sich ändern **2** ⟨av⟩ ~ **di opinione** seine Meinung ändern **3** ⟨es⟩ schwanken **va·ria·to** ADJ **1** abwechslungsreich **2** verschieden: **colori -i** verschiedene Farben *pl* **va·ria·zio·ne** [-o-] F **1** Variation *f* (*a.* MUS, BIOL, MATH), (Ver-, Ab)Änderung *f* **2** Schwankung *f*: **soggetto a -i** Schwankungen unterworfen

va·ri·ce F Krampfader *f*

va·ri·cel·la [-ɛ-] F Windpocken *pl*

va·ri·co·so [-o-] ADJ **vena -a** Krampfader *f*

va·rie·ga·to ADJ **1** gestreift **2** gesprenkelt **3** vielfarbig **4** *fig* abwechslungsreich **va·rie·ga·tu·ra** F **1** Streifung *f* **2** Buntheit *f* **3** *fig* Vielfältigkeit *f*

va·rie·tà[1] F ⟨*inv*⟩ **1** Vielfältigkeit *f* **2** Abwechslungsreichtum *m* **3** Sorte *f*, Art *f*

va·rie·tà[2] M ⟨*inv*⟩ **1** Varieté *n* **2** Revuetheater *n*

★**va·rio** ADJ **1** verschiedenartig **2** abwechslungsreich **3** vielfältig **4** ungleichmäßig, unregelmäßig **5** ★ **vari** *mpl*, **varie** *fpl* verschiedene, unterschiedliche; mehrere

va·rio·pin·to ADJ bunt

va·ro[1] M **1** SCHIFF Stapellauf *m* **2** *fig* Verabschiedung *f*, Beschluss *m*: **il ~ di una legge** die Verabschiedung eines Gesetzes

va·ro[2] ADJ MED **piede ~** Klumpfuß *m*

Var·sa·via [-s-] F Warschau *n*

va·sa·io M, **-a** F **1** Töpfer *m*, -in *f* **2** Tonwarenhändler *m*, -in *f*

va·sca F **1** Wanne *f*, Becken *n* **2** ★ ~ (**da bagno**) Badewanne *f* **3** Schwimmbecken *n* **4** Bahn *f*: **ho fatto venti -che** ich bin zwanzig Bahnen geschwommen ♦ *umg* **fare le -che** auf und ab flanieren

va·scel·lo [-ɛ-] M Schiff *n* ♦ **capitano di ~** Kapitän *m* zur See

va·schet·ta [-e-] F **1** kleine Wanne *f* **2** Schale *f* ♦ **una ~ di gelato** eine Packung Eis

V

va·sco·la·re ADJ **1** ANAT, BOT Gefäß- **2** Vasen-, Töpfer-: **pittura ~** Vasenmalerei *f*

va·sco·la·riz·za·zio·ne [-o-] F Durchblutung *f*

va·se·li·na F Vaseline *f*, Vaselin *n*

va·sel·la·me M Geschirr *n*

va·set·to [-ze-] M Nachttöpfchen *n*, Topf *m*

va·so M **1** Gefäß *n* **2** Topf *m* **3** Glas *n* **4** Vase *f* **5** Klosettschüssel *f* **6** ANAT, PHYS Gefäß *n* ♦ ~ **da fiori** Blumentopf *m*; Blumenvase *f*; **il ~ di Pandora** die Büchse der Pandora; **pianta in ~** Topfpflanze *f*

va·so·co·strit·to·re [-o-] ADJ gefäßverengend **va·so·co·stri·zio·ne** [-o-] F Gefäßverengung *f* **va·so·di·la·ta·to·re** [-o-] ADJ gefäßerweiternd **va·so·di·la·ta·zio·ne** [-o-] F Gefäßerweiterung *f*

vas·sal·lag·gio M **1** HIST Lehnschaft *f* **2** *fig* Abhängigkeit *f* **vas·sal·lo** M, **-a** F **1** Vasall *m*, -in *f*, Lehnsmann *m* **2** Untertan *m*, -in *f*

★**vas·so·io** [-o-] M Tablett *n*, Servierbrett *n*

va·sti·tà F ⟨*inv*⟩ **1** Weite *f* **2** *fig* Umfang *m*, Ausmaß *n* **va·sto** ADJ **1** weit, ausgedehnt **2** *fig* groß, umfangreich **3** breit: **una -a gamma** eine breite Palette *f* ♦ **di -a portata** von großer Tragweite, tief greifend; **su -a scala** auf breiter Ebene

vat·te·lap·pe·sca [-e-] ADV *umg* was weiß ich: **e ~** und so weiter

ve [ve] **A** PERS PR **1** euch: **~ l'ha detto** er hat es euch gesagt **2** ihr: **~ ne pentirete** ihr werdet es bereuen **B** ADV **1** hier, da, dabei: **non ~ l'ho trovato** ich habe ihn da nicht gefunden **2** dorthin: **~ lo misi** ich habe es dorthin getan **3** **non ~ ne sono** es gibt keine

vec·chia [-ɛ-] F alte Frau *f*, Alte *f*, Greisin *f*

★**vec·chia·ia** F Alter *n* **vec·chiet·ta** [-e-] F altes Mütterchen *n* **vec·chiet·to** [-e-] M Opi *m*, Alterchen *n* **vec·chiez·za** [-e-] F Alter *n* **vec·chi·na** F alte Frau *f*

★**vec·chio** [-ɛ-] **A** ADJ **1** alt **2** seit Langem bestehend, langjährig **3** ehemalig, vorherig, früher **4** (*superato*) überholt **B** M **1** Alte *m*, alter Mann *m*, Greis *m* **2** Alte *n* ♦ **luna -a** abnehmender Mond *m*; **il ~ mondo** die Alte Welt; *fig* **la -a solfa** die alte Leier

vec·chiot·to [-ɔ-] ADJ altmodisch **vec·chis·si·mo** ADJ uralt **vec·chiu·me** M **1** alter Kram *m* **2** *fig* kalter Kaffee *m*

vec·cia [-e-] F BOT Wicke *f*

ve·ce [-e-] F **1** *poet* Wechsel *m* **2** *poet* Abwechslung *f* ♦ **fare le -ci di qn** j-n vertreten; **in sua ~** an seiner Stelle

ve·den·te [-ɛ-] **A** ADJ sehend **B** M/F Sehende *m/f* ♦ **non ~** blind; Blinde *m/f*

★**ve·de·re** [-e-] ⟨2s⟩ V/T **1** sehen (*a. fig*): **vederci bene/male** gut/schlecht sehen; **non ci vedo niente di particolare** darin sehe ich nichts Besonderes **2** (*incontrare*) treffen **3** *fig* riechen: **non lo posso ~** ich kann ihn nicht riechen **4** besichtigen, sich (*dat*) ansehen **5** entscheiden: **vedi tu** entscheide du **6** (*capire*) verstehen, wissen, einsehen **7** (zu)sehen, versuchen: **vedrò di venire oggi** ich werde versuchen, heute zu kommen **8** überprüfen: **~ i conti** die Abrechnung überprüfen **9** **questo problema lo vedremo più avanti** dieses Problem gehen wir später an ♦ **ti vedo bene!** gut siehst du aus!; **bisogna ~** man muss abwarten; **far ~** zeigen (*a. fig*); **gli faccio ~ io!** dem werde ich (es) schon zeigen!; **farsi ~** sich sehen (*od* blicken) lassen; **~ la luce** das Licht der Welt erblicken; **non avere nulla a che ~ con qn/qc** nichts mit j-m/etw zu tun haben; **non ~ l'ora di fare qc** es nicht erwarten können, etw zu tun; **vedi sopra/sotto** siehe oben/unten; **stare a ~** abwarten, sehen; **è ancora tutto da ~** das wird sich noch zeigen; **mah, vedremo!** wir werden sehen!

★**ve·der·si** [-e-] V/PR ⟨2s⟩ **1** sich sehen **2** sich glauben: **~ perduto** sich verloren glauben **3** sich treffen: **ci vediamo alle 2** wir treffen uns um 2 Uhr ♦ **vedersela con qn** sich (*dat*) j-n vornehmen; **dovete vedervela tra voi** das müsst ihr untereinander ausmachen

ve·det·ta [-e-] F **1** Wache *f*: **stare di ~** auf Wache sein **2** Ausguck *m* **3** SCHIFF Wachboot *n*

★**ve·do·va** [-e-] F Witwe *f*: **~ bianca** Strohwitwe *f* **ve·do·van·za** F Witwenschaft *f*; Witwerschaft *f* **ve·do·vi·le** ADJ Witwen-: **pensione ~** Witwenrente *f*

★**ve·do·vo** [-e-] **A** ADJ verwitwet **B** M Witwer *m*

ve·du·ta F **1** Aussicht *f*, Blick *m*: **di qui si gode di un'ottima ~** von hier hat man eine sehr gute Aussicht **2** MAL Vedute *f* **3** FOTO Aufnahme *f* **4** *pl fig* Ansicht *f* ♦ **~ d'insieme** Gesamtansicht *f*; **essere di larghe -e** aufgeschlossen sein; **essere di -e ristrette** engstirnig sein

ve·du·to ADJ **a ragion -a** nach reiflicher Überlegung

ve·e·men·te [-ε-] ADJ ungestüm, heftig

ve·e·men·za [-ε-] F Ungestüm *n*, Heftigkeit *f*

ve·ga·no M, **-a** F Veganer *m*, -in *f*

★**ve·ge·ta·le** **A** ADJ Pflanzen-, pflanzlich: **regno ~** Pflanzenreich *n*; **olio ~** Pflanzenöl *n* **B** M Pflanze *f* ♦ **brodo ~** Gemüsebrühe *f*

ve·ge·ta·lia·no M, **-a** F Veganer *m*, -in *f*

ve·ge·ta·re V/I ⟨1l⟩ **1** gedeihen **2** *fig* dahinvegetieren **ve·ge·ta·ria·no** **A** ADJ vegetarisch **B** M, **-a** F Vegetarier *m*, -in *f* **ve·ge·ta·ti·vo** ADJ vegetativ

★**ve·ge·ta·zio·ne** [-o-] F Vegetation *f*

ve·ge·to [-ε-] ADJ **vivo e ~** gesund und munter

veg·gen·te [-ε-] M/F Seher *m*, -in *f*

ve·glia [-e-] F Wache *f*. **fare la ~ a qn** bei j-m wachen; **in stato di ~** im Wachzustand

ve·gliar·do M, **-a** F Greis *m*, -in *f*

ve·glia·re ⟨1g⟩ **A** V/I ⟨av⟩ wachen **B** V/T **~ qn** bei j-m wachen **ve·glio·ne** [-o-] M Feier *f*, Ball *m*: **~ di San Silvestro** Silvesterfeier *f*; **~ di carnevale** Fastnachtsball *m*

vei·co·la·re V/T ⟨1l⟩ **1** MED übertragen **2** *fig* (*idee ecc.*) übermitteln

vei·co·la·zio·ne [-o-] F (*di notizia, contenuti*) Verbreitung *f*

★**ve·i·co·lo** M **1** Fahrzeug *n* **2** *fig* Mittel *n* **3** MED Überträger *m* **4** PHARM Trägerstoff *m*

ve·la [-e-] F **1** Segel *n*: **issare** (*od* **alzare**) **le -e** die Segel hissen; **ammainare le -e** die Segel einholen, einziehen; *fig* die Segel streichen **2** SPORT Segelsport *m* ♦ **barca a ~** Segelboot *n*; **corso di ~** Segelkurs *m*; **fare** (*od* **navigare a**) **~** segeln; **volo a ~** Segelflug *m*

ve·la·io M, **-a** F Segelmacher *m*, -in *f*

ve·la·me M SCHIFF Segelwerk *n*

ve·la·re ⟨1a⟩ **A** V/T **1** verschleiern (*a. fig*), verhüllen **2** *fig* (*sguardo, occhi*) trüben **3** **~ la luce** das Licht dämpfen **4** *fig* verstecken, verbergen **B** V/PR **-rsi** **1** sich (*dat*) verschleiern: **-rsi il capo** das Haupt verhüllen **2** sich trüben: **il cielo si velò** der Himmel trübte sich **ve·la·tis·si·mo** ADJ hauchzart: **calze -e** hauchzarte Strümpfe *pl* **ve·la·to** ADJ **1** verschleiert **2** gedämpft: **luce -a** gedämpftes Licht *n* **3** *fig* verhüllt: **minacce -e** verhüllte Drohungen *pl* ♦ **collant -i** Feinstrumpfhose *f*

ve·la·tu·ra F **1** Verschleierung *f*, Verhüllung *f* **2** *fig* Hauch *m*

vel·cro® [-ε-], **chiusura a ~** Klettverschluss *m*

ve·leg·gia·re VI ⟨1l; av⟩ **1** SCHIFF segeln **2** FLUG segelfliegen **ve·leg·gia·to·re** [-o-] M, **-tri·ce** F **1** SCHIFF Segler *m*, -in *f* **2** FLUG **veleggiatore** *m* Segelflugzeug *n*

ve·le·ni·fe·ro ADJ Gift-: **ghiandole -e** Giftdrüsen *pl*; ZOOL **dente ~** Giftzahn *m*

ve·le·no [-e-] M Gift *n* (*a. fig*)

ve·le·no·sis·si·mo ADJ hochgiftig **ve·le·no·si·tà** F ⟨*inv*⟩ **1** Giftigkeit *f* **2** *fig* Giftigkeit *f*, Boshaftigkeit *f*

★**ve·le·no·so** [-o-] ADJ **1** giftig, Gift-: **fungo ~** Giftpilz *m* **2** *fig* boshaft, giftig, scharfzüngig

ve·let·ta [-e-] F Hutschleier *m*

ve·li·co [-ɛ-] ADJ Segel-: **regata -a** Segelregatta *f* **ve·lie·ro** [-ɛ-] M Segelschiff *n*

ve·li·na F **1** Seiden-, Durchschlagpapier *n* **2** Durchschlag *m* **3** TV (*valletta*) Assistentin *f* in einer Fernsehshow

ve·li·smo [-zmo] M Segelsport *m*

ve·li·sta M/F Segler *m*, -in *f*

ve·li·vo·lo M Flugzeug *n*

vel·lei·tà F ⟨*inv*⟩ **1** Ambition *f* **2** Anwandlung *f*, Wunschvorstellung *f* **vel·lei·ta·rio** ADJ **A** ehrgeizig (*a. fig*), *pej* ambitiös **B** M, **-a** F ehrgeiziger Mensch *m*, *pej* Ehrgeizling *m* **vel·lei·ta·ri·smo** [-zmo] M Ehrgeiz *m*

vel·lo [-ɛ-] M Vlies *n*

vel·lu·ta·to ADJ samtig, samtweich

vel·lu·to M Samt *m* ♦ **~ a coste** Kordsamt *m*; **~ a coste larghe** Breitcord *m*

ve·lo [-e-] M **1** Schleier *m* (*a.* FOTO, *cinema*) **2** Hauch *m* (*a. fig*): **un ~ di cipria** ein Hauch Puder; **un ~ d'ironia** ein Hauch von Ironie **3** (*patina*) Film *m* ♦ **zucchero a ~** Puderzucker *m*; **~ da sposa** Brautschleier *m*

★**ve·lo·ce** [-o-] **A** ADJ **1** schnell, geschwind **2** kurz, flüchtig **B** ADV **1** schnell **2** eilig ♦ **~ come un lampo** blitzschnell

ve·lo·ci·pe·de M **1** Hochrad *n* **2** Fahrrad *n* **ve·lo·cis·si·mo** ADJ blitzschnell

ve·lo·ci·sta M/F SPORT Sprinter *m*, -in *f*, Kurzstreckenläufer *m*, -in *f*

★**ve·lo·ci·tà** F ⟨*inv*⟩ **1** Geschwindigkeit *f* **2** Schnelligkeit *f* **3** (*in motoristica*) Gang *m*: **cambio a cinque ~** Fünfganggetriebe *n* ♦ **treno ad alta ~** Hochgeschwindigkeitszug *m*; **~ in Baud** Baudrate *f*; **~ consigliata** Richtgeschwindigkeit *f*; **controllo (automatico) della ~** Geschwindigkeitskontrolle *f*; SPORT **gara di ~** Kurzstreckenlauf *m*; **limite di ~** Geschwindigkeitsbegrenzung *f*; **~ della luce** Lichtgeschwindigkeit *f*; **~ del suono** Schallgeschwindigkeit *f*; IT **~ di trasmissione dati** Datenübertragungsrate *f*; IT **~ di trasmissione** Übertragungsgeschwindigkeit *f*; **a tutta ~** mit voller Geschwindigkeit

ve·lo·ciz·za·re ⟨1a⟩ **A** VT beschleunigen **B** VPR **-rsi** sich beschleunigen **ve·lo·ciz·za·zio·ne** [-o-] F Beschleunigung *f*

ve·lo·dro·mo [-ɔ-] M Radrennbahn *f*

ve·lo·pen·du·lo [-ɛ-] M Gaumensegel *n*

ve·lours [və'lu:r] M ⟨*inv*⟩ Velours *m*

ve·na [-e-] F **1** Ader *f* (*a. fig* GEOL) **2** Stimmung *f*, Laune *f* **3** *fig* Spur *f*, Hauch *m* ♦ **essere in ~ di fare qc** in der Stimmung sein, etw zu tun; **oggi non sono in ~** heute bin ich nicht in der richtigen Stimmung

ve·na·le ADJ **1** Verkaufs-, Handels-: **valore ~** Verkaufswert *m* **2** geldgierig **3** bestechlich; käuflich: **amore ~** käufliche Liebe *f* **ve·na·li·tà** F **1** Verkäuflichkeit *f* **2** Geldgier *f* **3** Käuflichkeit *f*; Bestechlichkeit *f*

ve·na·re VT ⟨1a⟩ ädern, masern **ve·na·to** ADJ **1** geädert **2** gemasert **3** *fig* durchdrungen

ve·na·to·rio [-ɔ-] ADJ Jagd-: **arte -a** Weidwerk *n*; **stagione -a** Jagdzeit *f*

ve·na·tu·ra F **1** Äderung *f*, Ader *f* **2** Maserung *f* **3** *fig* Hauch *m*, Spur *f*

ven·dem·mia [-e-] F Weinlese *f*

★**ven·de·re** [-e-] ⟨3a⟩ **A** VT verkaufen **B** VI ⟨av⟩ sich verkaufen: **un libro che vende bene** ein Buch, das sich gut verkauft **C** VPR **-rsi** sich verkaufen: **-rsi bene/male** sich gut/schlecht verkaufen ♦ **~ all'asta** versteigern; *fig sl* **~ fumo** blauen Dunst vormachen; **vendesi** zu verkaufen

ven·det·ta [-e-] F Rache *f*: **fare ~** Rache üben; **fare qc per ~** etw aus Rache tun

ven·di·bi·le ADJ verkäuflich, absetzbar

ven·di·bi·li·tà F Verkäuflichkeit *f*

ven·di·ca·re ⟨1l *u.* d⟩ **A** VT rächen **B** VPR **-rsi** sich rächen: **-rsi di qn** an j-m Rache nehmen

ven·di·ca·ti·vi·tà F Rachsucht *f* **ven·di·ca·ti·vo** ADJ rachsüchtig **ven·di·ca·to·re** [-o-] **A** ADJ rächend, Rache- **B** M, **-tri·ce** F Rächer *m*, -in *f*

ven·di·fu·mo M ⟨*inv*⟩ Schaumschläger *m*, -in *f*

★**ven·di·ta** [-e-] F **1** Verkauf *m*: **mettere in ~** zum Verkauf anbieten **2** Absatz *m*: **le -e diminuiscono** der Absatz geht zurück ♦ **~ all'asta** Versteigerung *f*, Auktion *f*; **~ di beneficenza** Wohltätigkeitsbasar *m*; **~ su catalogo** (*od* **per corrispondenza**) Versandhandel *m*; **condizioni di ~** Verkaufsbedingungen *pl*; **~ al dettaglio** Einzelhandel *m*; **in ~** erhältlich; **~ all'ingrosso** Großhandel *m*; **punto ~** Verkaufsstelle *f*

ven·di·to·re [-o-] M, **-tri·ce** F **1** Verkäufer *m*, -in *f* **2** Händler *m*, -in *f*, Kaufmann *m*, frau *f*: **~ ambulante** Straßenhändler *m*; **~ porta a porta** Hausierer *m*, *pej* Drücker *m* ♦ **~ di fumo** Schaumschläger *m*, Blender *m*

ven·du·to **A** ADJ **1** verkauft **2** *fig* gekauft, bestechlich: **un funzionario ~** ein bestechlicher Beamter **B** M, **-a** F **1** **venduto** *m* verkaufte Ware *f* **2** *pej* korrupter Mensch *m* ♦ **salvo il ~** soweit der Vorrat reicht; **il CD più ~** die meistverkaufte CD

ve·ne·fi·co [-ɛ-] ADJ **1** giftig, Gift- **2** schädlich, ungesund **3** *fig* verderblich

ve·ne·ra·bi·le **A** ADJ verehrungs-, ehrwürdig **B** M **il Venerabile** der Logenmeister **ve·ne·ra·bi·li·tà** F ⟨*inv*⟩ Ehr-, Verehrungswürdigkeit *f* **ve·ne·ran·do** ADJ ehrwürdig: **un'età -a** ein ehrwürdiges Alter

ve·ne·ra·re V/T ⟨1l *u.* b⟩ verehren **ve·ne·ra·to·re** [-o-] **A** ADJ verehrend **B** M, **-tri·ce** F Verehrer *m*, -in *f*

ve·ne·ra·zio·ne [-o-] F Verehrung *f*

★**ve·ner·dì** M ⟨*inv*⟩ Freitag *m*; → a. lunedì ♦ *fig* **gli manca un ~** er hat nicht alle Tassen im Schrank; **~ santo** Karfreitag *m*

ve·ne·re [-ɛ-] F Schönheit *f*

Ve·ne·re [-ɛ-] F ASTRON, MYTH Venus *f*

ve·ne·re·o [-ɛ-] ADJ venerisch, Geschlechts-: **malattia -a** Geschlechtskrankheit *f*

ve·ne·to **A** ADJ venetisch **B** M, **-a** F **1** Bewohner *m*, -in *f* Venetiens **2** HIST Veneter *m*, -in *f*

Ve·ne·to [-e-] M Venetien *n*

Ve·ne·zia [-ɛ-] F Venedig *n* **ve·ne·zia·na** F **1** GASTR mit Zucker bestreuter Napfkuchen *m* **2** (*serramento*) Jalousie *f* **ve·ne·zia·no** **A** ADJ venezianisch, Venezianer **B** M, **-a** F Venezianer *m*, -in *f*

Ve·ne·zue·la [-e-] M Venezuela *n* **ve·ne·zue·la·no** **A** ADJ venezolanisch **B** M, **-a** F Venezolaner *m*, -in *f*

ve·nia [-ɛ-] F Verzeihung *f*: **chiedere ~** um Verzeihung bitten **ve·nia·le** ADJ **1** REL lässlich **2** verzeihlich

★**ve·ni·re¹** V/I ⟨4p; es⟩ **1** kommen: **viene l'inverno** der Winter kommt **2** stammen, herkommen: **da dove vieni?** woher kommst du? **3** **mi è venuto mal di testa** ich habe Kopfschmerzen bekommen; **mi viene da ridere** ich muss lachen **4** gelingen, herauskommen: **la torta mi è venuta bene** der Kuchen ist mir gut gelungen; **~ bene in fotografia** auf Fotos gut aussehen **5** *umg* (*avere un orgasmo*) kommen **6** MATH aufgehen: **il conto non viene** die Rechnung geht nicht auf **7** **~ su** heraufkommen **8** **~ su** wachsen, sich entwickeln: **i suoi figli sono venuti su bene** seine Kinder haben sich gut entwickelt **9** **~ su** (*cibo*) aufstoßen **10** **~ fuori** herauskommen (*a. fig*) **11** **~ avanti** näher kommen, herankommen; hereinkommen, eintreten **12** **~ via** sich lösen, abgehen, verschwinden **13** **~ incontro** entgegenkommen (*a. fig*) **14** **far ~ qn** j-n kommen lassen, rufen **15** **far ~** machen, stimmen: **questo film (mi) fa ~ sonno** dieser Film macht (mich) schläfrig **16** **~ giù** herunterkommen **17** **~ dentro** hereinkommen **18** **~ dietro** folgen; **vienimi dietro** folge mir **19** werden: **venne giustiziato** er wurde hingerichtet ♦ **mi vengono i brividi** mich überläuft es kalt; **~ a conoscenza di qc** etw erfahren; **~ a capo di qc** mit etw klarkommen; **~ a costare** kosten; **~ al dunque** zur Sache kommen; **~ meno** ohnmächtig werden; **~ meno a qc** etw vernachlässigen; **~ al nocciolo** auf den Punkt kommen; *umg* **non mi viene** ich komme nicht darauf; ★ **~ a prendere** abholen; *sl* **quanto viene?** wie teuer ist (*od* kommt) das?; **~ a sapere qc** etw erfahren

ve·ni·re² M Kommen *n*: **un continuo andare e ~** ein ständiges Kommen und Gehen

ve·no·so [-o-] ADJ venös

ven·ta·glio M **1** Fächer *m* **2** *fig* Bandbreite *f* **ven·ta·ta** F **1** Windstoß *m* **2** *fig* **portare una ~ di aria fresca** frischen Wind bringen

ven·ten·ne [-ɛ-] **A** ADJ zwanzigjährig **B** M/F Zwanzigjährige *m/f*, Twen *m* **ven·ten·nio** [-ɛ-] M Zeitraum *m* von zwanzig Jahren **ven·te·si·mo** [-ɛ-] **A** ADJ zwan-

zigste **B** M, -a F **1** Zwanzigste *m/f* **2** **ventesimo** *m* Zwanzigstel *n*; → a. quinto

★**ven·ti** [-e-] ADJ ⟨*inv*⟩ zwanzig

ven·ti·cel·lo [-ɛ-] M Lüftchen *n*

★**ven·ti·du·e** ADJ ⟨*inv*⟩ zweiundzwanzig

ven·ti·la·re V/T ⟨1l u. b⟩ **1** (ent-, durch)lüften **2** *fig* anreißen, zur Diskussion stellen **ven·ti·la·to** ADJ luftig **ven·ti·la·to·re** [-o-] M **1** Ventilator *m*, Lüfter *m* **2** (*in motoristica*) Gebläse *n* **ven·ti·la·zio·ne** [-o-] F (Ent-, Durch)Lüftung *f*

ven·ti·na F **1** etwa zwanzig **2** **essere sulla ~** um die zwanzig sein

ven·ti·quat·tro ADJ ⟨*inv*⟩ vierundzwanzig ♦ **aperto ~ ore su ~** rund um die Uhr geöffnet

ven·ti·quat·tro·re [-o-] F ⟨*inv*⟩ **1** (*valigetta*) Kurzreisekoffer *m* **2** (*per documenti*) Aktenkoffer *m*

ven·ti·tré [-e] ADJ ⟨*inv*⟩ dreiundzwanzig ♦ **portare il cappello sulle ~** den Hut schief tragen

★**ven·to** [-ɛ-] M Wind *m* ♦ **qual buon ~ ti porta?** was verschafft uns das Vergnügen deines Besuchs?; **colpo di ~** Windstoß *m*; **folata di ~** Windbö(e) *f*; **galleria del ~** Windkanal *m*; **parlare al ~** in den Wind sprechen; **rosa dei -i** Windrose *f*; **-i deboli/forti/moderati** schwache/starke/mäßige Winde *pl*

ven·to·la [-ɛ-] F **1** Flügel-, Schaufelrad *n* **2** (*in idraulica*) Klappe *f* **3** Blasebalg *m*

ven·to·sa [-o-] F **1** Saugnapf *m* (*a.* ZOOL) **2** MED Schröpfkopf *m*

ven·to·si·tà F **1** Windigkeit *f* **2** *fig* Aufgeblasenheit *f* **3** MED Blähung *f*

ven·to·so [-o-] ADJ windig

ven·tra·le ADJ Bauch-

★**ven·tre** [-ɛ-] M **1** Bauch *m* **2** (*grembo*) Schoß *m*, Leib *m* **3** Bauchung *f*, Wölbung *f* **4** Innere *n*, Hohlraum *m* ♦ **basso ~** Unterleib *m*; **danza del ~** Bauchtanz *m*

ven·tri·co·la·re ADJ **cavità ~** Herzkammer *f* **ven·tri·co·lo** M ANAT Kammer *f* ♦ **~ cardiaco** Herzkammer *f*

ven·trie·ra [-ɛ-] F **1** Bauchbinde *f* **2** (*borsa*) Gürteltasche *f*

V

ven·tri·lo·quio [-ɔ-] M Bauchreden *n*

ven·tri·lo·quo M, -a F Bauchredner *m*, -in *f*

★**ven·tu·no** ADJ ⟨*inv*⟩ einundzwanzig

ven·tu·ra F **1** *poet* Schicksal *n*, Los *n* **2** Glück *n*: **alla ~** auf gut Glück ♦ HIST **soldato di ~** Söldner *m*

ven·tu·re ca·pi·tal ['vɛntʃur'kapital] M ⟨*inv*⟩ Risikokapital *n*

ven·tu·ro ADJ kommend, nächst, künftig

ve·nu·ta F Kommen *n*, Ankunft *f*

ve·nu·to M, -a F Ankömmling *m* ♦ *fig* **il primo ~** der erste Beste

ve·nuz·za F Äderchen *n*

ve·ra [-e-] F **1** Trauring *m* **2** Brunnenbrüstung *f*

ve·ra·ce ADJ **1** wahr **2** (*autentico*) echt **3** *fig* waschecht **4** wirklich, real **ve·ra·ci·tà** F Authentizität *f*

★**ve·ra·men·te** [-e-] ADV **1** wirklich, echt **2** tatsächlich **3** eigentlich

ve·ran·da F Veranda *f*

ver·ba·le[1] ADJ **1** mündlich **2** Wort-: **scontro ~** Wortwechsel *m* **3** GRAM Verbal-, verbal ♦ **predicato ~** Prädikat *n*

ver·ba·le[2] M Protokoll *n*: **mettere qc a ~** etw zu Protokoll geben

ver·ba·liz·za·re V/T ⟨1a⟩ **1** protokollieren **2** mit Worten ausdrücken **ver·ba·liz·za·zio·ne** [-o-] F Protokollierung *f*

ver·bal·men·te [-e-] ADV mündlich

Ver·ba·no Cu·sio Os·so·la [-ɔ-] F Verbano-Cusio-Ossola *n*

ver·ba·sco M BOT Königskerze *f*

ver·be·na [-ɛ-] F BOT Eisenkraut *n*

★**ver·bo** [-ɛ-] M **1** GRAM Verb *n*, Zeitwort *n* **2** *obs* Wort *n*

ver·bo·so [-o-] ADJ **1** wortreich **2** redselig

ver·cel·lese [-e-] **A** ADJ aus, von Vercelli **B** M/F Bewohner *m*, -in *f* von Vercelli

Ver·cel·li [-ɛ-] F Vercelli *n*

ver·da·stro ADJ grünlich

★**ver·de** [-e-] **A** ADJ **1** grün (*a.* POL) **2** BOT grün, unreif **3** (*di volto, livido*) blass, gelb **4** landwirtschaftlich, Land- **5** umweltfreundlich **B** M **1** Grün *n* **2** Grüne *n*, Natur *f*: **vivere nel ~** im Grünen wohnen **3** POL Grüne *m* ♦ *fig* **essere al ~** abgebrannt sein; **benzina ~** bleifreies Benzin *n*; **numero ~** gebührenfreie Rufnummer *f*; AUTO **onda ~** grüne Welle *f*; **zona ~** Grünanlage *f*, Grünfläche *f*

ver·deg·gian·te ADJ grün(end) **ver·deg·gia·re** V/I ⟨1f; av⟩ **1** grünen, grün sein **2** grün werden

ver·de·ra·me M ⟨*inv*⟩ **1** Kupfersulfat *n* **2** Grünspan *m*

ver·det·to [-e-] M **1** JUR Urteil *n* (*a. fig*) **2** SPORT Entscheidung *f*

ver·do·gno·lo [-ɔ-] ADJ grünlich

ver·do·li·no ADJ lind-, zartgrün

ver·do·ne [-o-] **A** ADJ dunkel-, tiefgrün **B** M **1** Dunkelgrün *n* **2** Grünfink *m* **3** *pl* grüne Salattomaten *pl* **4** *umg* Dollar *m*

★**ver·du·ra** F Gemüse *n*

ver·du·ra·io M, **-a** F Gemüsehändler *m*, -in *f*

ve·re·con·dia [-o-] F Schamhaftigkeit *f* **ve·re·con·do** [-o-] ADJ **1** schamhaft **2** bescheiden

ver·ga [-e-] F **1** Rute *f*, Gerte *f* **2** Stab *m*, Stock *m* **3** METALL Barren *m*: **~ d'oro** Goldbarren *m* ♦ **~ del rabdomante** Wünschelrute *f*

ver·ga·re V/T ⟨1c⟩ **1** mit einer Rute schlagen **2** (mit der Hand) schreiben **ver·ga·ti·no** ADJ **1** (*carta*) gerippt **2** TEX schmal gestreift **ver·ga·to** ADJ **1** TEX gestreift **2** (*carta*) gerippt **ver·ga·tu·ra** F TEX Streifenmuster *n*

ver·gi·na·le ADJ jungfräulich

ver·gi·ne [-e-] **A** ADJ **1** jungfräulich, unberührt **2** *fig* unschuldig **3** rein: **pura lana ~** reine Schurwolle *f* **B** F **1** Jungfrau *f* **2** ASTROL **Matteo è della Vergine** Matteo ist Jungfrau ♦ **cassetta ~** unbespielte Kassette *f*; **dischetto ~** leere Diskette *f*; **foresta ~** Urwald *m*

ver·gi·ni·tà F Jungfräulichkeit *f*

★**ver·go·gna** [-o-] F **1** Scham *f*: **avere ~ di qn/per qn** sich vor j-m/für j-n schämen; **avere ~ di qc** sich für etw schämen **2** Schande *f*: **che ~!** welche Schande! **3** (*persona*) Schandfleck *m* **4** *pl* Schamteile *pl*

★**ver·go·gnar·si** [-si] V/PR ⟨1a⟩ **1** sich schämen: **~ di qc** sich für etw schämen **2** sich genieren **ver·go·gno·so** [-o-] ADJ **1** schamhaft **2** scheu **3** schändlich

ve·ri·di·ci·tà F **1** Wahrhaftigkeit *f* **2** Wahrheitsgehalt *m* **ve·ri·di·co** ADJ **1** wahrhaftig **2** wahrheitsgemäß

ve·ri·fi·ca F **1** (Über-, Nach)Prüfung *f* **2** Klassenarbeit *f* **ve·ri·fi·ca·bi·li·tà** F (Über-, Nach)Prüfbarkeit *f*

ve·ri·fi·ca·re ⟨1m *u.* d⟩ **A** V/T **1** (über-, nach)prüfen **2** feststellen **B** V/PR **-rsi 1** sich ereignen **2** eintreten **ve·ri·fi·ca·to·re** [-o-] M, **-tri·ce** F Prüfer *m*, -in *f*

ve·ri·smo [-zmo] M **1** Verismus *m* **2** *fig* Realismus *m* **ve·ri·sta** **A** ADJ veristisch **B** M/F Verist *m*, -in *f*

ve·ri·sti·co ADJ veristisch

★**ve·ri·tà** F ⟨*inv*⟩ **1** Wahrheit *f* **2** Richtigkeit *f* **ve·ri·tie·ro** [-ɛ-] ADJ **1** aufrichtig **2** wahrheitsgetreu, -gemäß

★**ver·me** [-ɛ-] M **1** Wurm *m* **2** *fig* Lump *m* ♦ **nudo come un ~** splitter(faser)nackt

ver·mi·cel·lo [-ɛ-] M **1** Würmchen *n* **2** *pl* Fadennudeln *pl* **ver·mi·for·me** [-o-] ADJ wurmförmig, Wurm-: **appendice ~** Wurmfortsatz *m* **ver·mi·fu·go** M Wurmmittel *n*

ver·mi·glio ADJ hochrot

ver·mut [-ɛ-] M ⟨*inv*⟩ Wermut(wein) *m*

ver·na·co·lo **A** ADJ mundartlich, Mundart- **B** M Mundart *f*

ver·ni·ce F **1** Lack *m*; Firnis *m*; Beize *f* **2** Farbe *f*, Anstrich *m* **3** Lackleder *n* **4** *fig* (äußerer) Schein *m*, Firnis *m* **5** Vernissage *f* ♦ **~ fresca!** frisch gestrichen!

ver·ni·cia·re V/T ⟨1f⟩ **1** lackieren; firnissen; beizen **2** streichen **ver·ni·cia·ta** F Anstrich *m*: **dare una ~ a qc** etw anstreichen **ver·ni·cia·to·re** [-o-] M, **-tri·ce** F **1** Lackierer *m*, -in *f* **2** **verniciatore** *m* Lackiermaschine *f* **ver·ni·cia·tu·ra** F **1** Lackieren *n* **2** (An)Streichen *n* **3** Beizen *n* **4** Lackierung *f* **5** Anstrich *m* **6** *fig* (An)Schein *m*

★**ve·ro** [-e-] **A** ADJ **1** wahr, richtig: **incredibile, ma ~** unglaublich, aber wahr **2** wirklich: **la vita -a** das wirkliche Leben **3** echt: **un ~ amico** ein echter Freund *m* **4** eigentlich, tatsächlich: **la -a causa** die tatsächliche Ursache **5** **è una brava persona, ~?** er ist ein netter Mensch, nicht wahr? **B** M Wahre *n*, Wahrheit *f* ♦ **dipingere dal ~** nach der Natur malen; **a dire il ~** offen gestanden; **fosse ~!** schön wär's!; **non mi par ~!** ich kann es kaum glauben!; **~ e proprio** regelrecht

Ve·ro·na [-o-] F Verona *n*

ve·ro·ne [-o-] M *poet* Balkon *m*

ve·ro·ne·se [-e-] **A** ADJ aus, von Verona **B** M/F Bewohner *m*, -in *f* von Verona

ve·ro·ni·ca [-ɔ-] F BOT Ehrenpreis *m od n*

ve·ro·si·mi·glian·za [-s-] F Wahrscheinlichkeit *f* **ve·ro·si·mi·le** [-s-] **A** ADJ wahrscheinlich **B** M Wahrscheinliche *n*

ver·ri·cel·lo [-ɛ-] M TECH Winde *f*

ver·ro [-ɛ-] M ZOOL Eber *m*

ver·ru·ca F Warze *f*

ver·sac·cio [-s-] M **1** Grimasse *f*: **fare -ci** Grimassen schneiden **2** hässlicher Laut *m*

★**ver·sa·men·to** [-sa'me-] M **1** FIN Einzahlung *f* **2** MED Erguss *m* ♦ **causale del ~** Zahlungszweck *m*; **~ in contanti**

Bareinzahlung *f*

ver·san·te[1] [-s-] M **1** (Ab)Hang *m* **2** Seite *f*: **il ~ italiano del Monte Bianco** die italienische Seite des Mont Blancs

ver·san·te[2] [-s-] M/F Einzahler *m*, -in *f*

★**ver·sa·re** [-s-] ⟨1b⟩ **A** V/T **1** (ein)gießen, einschenken **2** (ver-, aus)-schütten **3** **~ qc addosso a qn** j-n mit etw übergießen **4** *fig* (*sangue, lacrime*) vergießen **5** einzahlen **6** leisten: **~ la caparra** die Anzahlung leisten **B** V/I ⟨av⟩ sich befinden, sein: **~ in gravi condizioni** sich in Lebensgefahr befinden **C** V/PR **-rsi** **1** sich (*dat*) schütten **2** **-rsi addosso qc** sich mit etw übergießen **3** **-rsi qc da bere** sich (*dat*) etw einschenken **4** *fig* (*gente*) strömen

ver·sa·ti·le [-s-] ADJ vielseitig **ver·sa·ti·li·tà** F Vielseitigkeit *f* **ver·sa·to** ADJ gewandt

ver·seg·gia·re [-s-] ⟨1f⟩ **A** V/T in Verse setzen **B** V/I ⟨av⟩ dichten **ver·seg·gia·to·re** [-o-] M, **-tri·ce** F Versdichter *m*, -in *f*, *pej* Verseschmied *m*, -in *f* **ver·seg·gia·tu·ra** F Versedichten *n*

ver·si·fi·ca·re [-s-] ⟨1m *u.* d⟩ → verseggiare

ver·si·fi·ca·to·re [-sifika'to-] M, **-tri·ce** F Versdichter *m*, -in *f*, *pej* Verseschmied *m*, -in *f*

ver·si·fi·ca·zio·ne [-sifika'to-] F Versbau *m*

ver·sio·ne [-si'o-] F **1** Übersetzung *f* **2** Übertragung *f* **3** Darstellung *f*, Ansicht *f*: **raccontare la propria ~ dei fatti** seine Darstellung der Vorgänge geben **4** (*cinema, liturgia*) TV Fassung *f*: (*film*) **~ integrale** ungekürzte Version *f*; (*opera*) **~ libera** Nachdichtung *f*; (*libro*) **in ~ originale** in Urfassung; (*film*) in Originalfassung **5** Modell *n*, Version *f*, Ausführung *f* **6** IT Version *f*: **~ beta** Betaversion *f*; **~ integrale** Vollversion *f*

ver·so[1] ['vɛrso] M **1** LIT Vers *m*, Verszeile *f* **2** (*di animali*) Laut *m*; Ruf *m* **3** Grimasse *f*: **fare -i** Grimassen ziehen **4** Richtung *f*: **nel ~ opposto** in entgegengesetzter Richtung **5** Seite *f*: **nel ~ giusto** seitenrichtig **6** Strich *m*: **secondo il ~** mit dem Strich

ver·so[2] ['vɛrso] ADJ **pollice ~** Daumen nach unten; *fig* Ablehnung *f*

★**ver·so**[3] ['vɛrso] PRÄP **1** in Richtung, auf, gegen, zu, -wärts: **andare ~ lo stadio** (in) Richtung Stadion fahren **2** in der Nähe von, bei: **lavora ~ Brescia** er arbeitet in der Nähe von Brescia **3** (*tempo*) gegen: **~ le nove** gegen neun Uhr **4** **essere molto gentile ~ qn** sehr höflich zu j-m sein

ver·te·bra [-ɛ-] F ANAT Wirbel *m*

ver·te·bra·le ADJ Wirbel-: **colonna ~** Wirbelsäule *f* **ver·te·bra·to** M Wirbeltier *n*

ver·ten·za [-ɛ-] F Rechtssache *f*, Streitsache *f*

ver·te·re [-ɛ-] V/I ⟨3a⟩ **1** *fig* **~ su qc** sich um etw drehen **2** JUR im Gange sein

ver·ti·ca·le **A** ADJ **1** senkrecht **2** vertikal, Vertikal- **B** F **1** GEOM Senkrechte *f* **2** **fare la ~** einen Handstand machen; einen Kopfstand machen ♦ **conduttura ~** Steigleitung *f*

ver·ti·ca·li·tà F ⟨*inv*⟩ vertikale Struktur *f*

ver·ti·ca·liz·za·re V/T ⟨1a⟩ WIRTSCH vertikal organisieren

ver·ti·ce [-e-] M **1** GEOM Scheitelpunkt *m* **2** Gipfel *m* (*a. fig*) **3** *fig* Führungsspitze *f* **4** *fig* Gipfeltreffen *n*

ver·ti·ci·smo [-zmo] M Machtkonzentration *f* an der Spitze

ver·ti·gi·ne F **1** Schwindel *m*: **ho le -i** mir ist schwind(e)lig **2** *fig* Rausch *m*

ver·ti·gi·no·so [-o-] ADJ schwindelerregend (*a. fig*)

ver·ve [vɛrv] F Verve *f*, Schwung *m*

ver·za [-e-] F Wirsing(kohl) *m*

ver·zie·re [-ɛ-] M (Gemüse-, Obst)Garten *m*

ve·sci·ca F **1** (Wasser)Blase *f*: **una ~ al piede** eine Blase am Fuß **2** Harnblase *f* ♦ **~ biliare** Gallenblase *f*; **~ ustoria** Brandblase *f*

ve·sci·ca·le ADJ Blasen- **ve·sci·co·la** F Bläschen *n* **ve·sci·co·la·re** ADJ Blasen-

ve·sco·va·do M **1** Bischofsamt *n* **2** Bistum *n* **3** Bischofspalast *m*

ve·sco·vi·le ADJ bischöflich, Bischofs-

ve·sco·vo [-e-] M Bischof *m*

★**ve·spa**[1] [-ɛ-] F ZOOL Wespe *f*

★**ve·spa**®[2] [-ɛ-] F (*motorino*) Vespa *f*

ve·spa·io M Wespennest *n* (*a. fig*)

ve·spa·sia·no M Pissoir *n*

ve·sper·ti·no ADJ Abend- **ve·spro** [-ɛ-] M **1** Abend *m* **2** REL Abendandacht *f*

ves·sa·re V/T ⟨1b⟩ schikanieren, drangsalieren **ves·sa·to·re** [-o-] M, **-tri·ce** F

Schinder *m*, -in *f*
ves·sa·to·rio [-ɔ-] ADJ schikanös
ves·sa·zio·ne [-o-] F Schinderei *f*
ves·sil·lo M Fahne *f*, Banner *n*
ve·sta·glia F Morgenrock *m*
ve·sta·le F HIST Vestalin *f*
ve·ste [-ɛ-] F 1 Kleid *n*, Gewand *n* 2 *pl* Gewänder *pl*, Kleider *pl* 3 *fig* Eigenschaft *f*: **in ~ ufficiale** in amtlicher Eigenschaft; **in ~ di amico** als Freund 4 *fig* Gestalt *f*, Form *f* 5 (*editoria*) TYPO Aufmachung *f*
ve·stia·rio M 1 Kleidung *f*: **capo di ~** Kleidungsstück *n* 2 THEAT Kostüme *pl*
ve·stia·ri·sta M/F Garderobier *m*, -e *f*
ve·sti·bi·li·tà F **di grande ~** kleidsam
ve·sti·gio M ⟨-a *fpl u.* -gi *mpl*⟩ Spur *f*: **le -a del passato** die Spuren der Vergangenheit
★**ve·sti·re**[1] ⟨4b⟩ A V/T 1 anziehen 2 (ein)kleiden 3 (*indossare*) tragen 4 kleiden, stehen: **quel pantalone ti veste bene** die Hose steht dir gut; **quel pantalone veste bene** die Hose sitzt sehr gut B V/I ⟨av⟩ 1 sich anziehen 2 tragen: **~ di bianco** Weiß tragen
ve·sti·re[2] M 1 Kleidung *f* 2 Kleiden *n*
★**ve·stir·si** V/PR ⟨4b⟩ 1 sich anziehen 2 sich einkleiden 3 sich verkleiden 4 *poet* tragen
ve·sti·ti·no M 1 Kleidchen *n* 2 Kinderkleid *n*
ve·sti·to[1] ADJ 1 gekleidet, angezogen 2 verkleidet 3 -bedeckt: **un tronco ~ di muschio** ein moosbedeckter Stamm
★**ve·sti·to**[2] M 1 Kleid *n* 2 Anzug *m* 3 *pl* Kleidung *f*, Kleider *pl* ♦ **cambiare** (*od* **cambiarsi**) **~** sich umziehen; **~ da sera** Abendkleid *n*; **~ da sposa** Brautkleid *n*
ve·sti·zio·ne [-o-] F Einkleidung *f*
Ve·su·vio M Vesuv *m*
ve·te·ra·no A ADJ 1 MIL altgedient 2 *fig* altbewährt B M, **-a** F MIL Veteran *m*, -in *f* (*a. fig*)
ve·te·ri·na·ria F (*medicina*) Tiermedizin *f* **ve·te·ri·na·rio** A ADJ tierärztlich B M, **-a** F Tierarzt *m*, -ärztin *f*
ve·to [-ɛ-] M Veto *n*, Einspruch *m*
ve·tra·io M, **-a** F 1 Glaser *m*, -in *f* 2 Glasbläser *m*, -in *f* **ve·tra·ta** F 1 Glaswand *f* 2 Glastür *f* 3 Glasfenster *n* 4 Glasscheibe *f* **ve·tra·to** ADJ Glas-: **carta -a** Glaspapier *n* **ve·tre·ri·a** F 1 Glaserei *f* 2 Glashütte *f* 3 Glasbläserei *f* 4 *pl* Glaswaren *pl*
ve·tri·fi·ca·re ⟨1m *u.* d⟩ A V/T verglasen B V/I ⟨es⟩ & V/PR **-rsi** zu Glas werden
ve·tri·fi·ca·zio·ne [-o-] F Verglasung *f*
★**ve·tri·na** F 1 Schaufenster *n* 2 Schaukasten *m* 3 Glasschrank *m* ♦ **~ virtuale** virtuelles Einkaufszentrum *n* **ve·tri·net·ta** [-e-] F Vitrine *f*, Schaukasten *m*
ve·tri·ni·sta M/F Schaufensterdekorateur *m*, -in *f*
ve·tri·no M Uhrglas *n*
ve·trio·lo [-ɔ-] M Vitriol *n* ♦ *fig* **critica al ~** vernichtende Kritik *f*
★**ve·tro** [-e-] M 1 Glas *n*: **soffiare il ~** Glas blasen 2 (Fenster)Scheibe *f* ♦ **~ antiproiettile** kugelsicheres Glas *n*; **~ antiriflesso** blendfreies Glas *n*; **di ~** Glas-, aus Glas; **fibra di ~** Glasfaser *f*; **~ fumé** Rauchglas *n*; **sotto ~** unter Glas; **raccolta del ~** Altglassammlung *f*
ve·tro·ce·men·to [-e-] M Glasbeton *m*
ve·tro·ce·ra·mi·ca F Glaskeramik *f*
ve·tro·re·si·na [-ɛ-] F Glasfaserkunststoff *m*
ve·tro·so [-o-] ADJ glasartig
vet·ta [-e-] F 1 Gipfel *m* 2 (*albero*) Wipfel *m* 3 (*torre ecc.*) Spitze *f* 4 *fig* Spitze *f*: **in ~ alla classifica** an der Spitze der Tabelle
vet·to·re [-o-] A ADJ 1 Träger- 2 MED krankheitsübertragend B M 1 MATH, PHYS Vektor *m* 2 HANDEL, JUR Frachtführer *m* 3 ASTRON Trägerrakete *f* 4 BIOL Überträger *m*
vet·to·va·glia·men·to [-e-] M Versorgen *n* mit Proviant **vet·to·va·glia·re** V/T ⟨1g⟩ verpflegen **vet·to·va·glie** FPL Proviant *m*
vet·tu·ra F 1 BAHN Wagen *m*, Waggon *m* 2 AUTO Wagen *m*, Fahrzeug *n* ♦ **~ d'epoca** Oldtimer *m*; JUR **lettera di ~** Frachtbrief *m*
vet·tu·ri·no M (Droschken)Kutscher *m*, -in *f*
vez·zeg·gia·re V/T ⟨1f⟩ liebkosen **vezzeg·gia·ti·vo** A ADJ Kose- B M 1 Kosename *m* 2 GRAM Koseform *f*
vez·zo [-e-] M 1 Angewohnheit *f* 2 *pl* Anmut *f* 3 Getue *n*, Schmeicheleien *pl* 4 Kette *f*; Schnur *f*: **un ~ di perle** eine Perlenschnur; **un ~ di corallo** eine Korallenkette
vez·zo·si·tà F Anmut *f* **vez·zo·so** [-o-] ADJ 1 anmutig 2 kokett; *pej* affektiert
★**vi** A PERS PR PL 1 euch: **che cosa ~ ha detto?** was hat er euch gesagt? 2 ★ **Vi** Sie 3 Ihnen B DEM PR daran, darauf, darüber,

davon: **non ~ penso mai** daran denke ich nie **C** ADV **1** hier **2** dort **3** dorthin **4** da: **~ passo tutti i giorni** da komme ich jeden Tag vorbei **5** *poet* **v'è** *od* **~ sono** es gibt **6** **esservi** da sein

★**vi·a¹** F **1** Straße *f* **2** Weg *m* (*a. fig*): **essere sulla ~ per …** auf dem Weg nach … sein; **la ~ del successo** der Weg zum Erfolg **3** über, via: **da Roma a Londra ~ Parigi** von Rom nach London über Paris **4** Weg *m*, Möglichkeit *f*: **non vedo altra ~ che …** ich sehe keine andere Möglichkeit, als … **5** *pl* ANAT Wege *pl*: **-e respiratorie** Atemwege *pl* ♦ **in ~ amichevole** auf gütlichem Weg; *umg* **per ~ che** da; **in ~ di costruzione** im (*od* in) Bau; **per ~ di** wegen; **-e di comunicazione** Verkehrswege *pl*; **in ~ eccezionale** ausnahmsweise; **~ di fuga** Fluchtweg *m*; **~ laterale** Seitenweg *m*, Seitenstraße *f*; **~ lattea** Milchstraße *f*; **~ maestra** (*od* **principale**) Hauptstraße *f*; **~ secondaria** Nebenweg *m*, Nebenstraße *f*; **~ satellite** Satelliten-; **~ trasversale** Querstraße *f*; **una situazione senza ~ d'uscita** eine ausweglose Lage

★**vi·a²** **A** ADV **1** weg: **andare ~** weggehen; **gettare ~ qc** etw wegwerfen **2** **~ ~** (**che**) nach und nach **B** M ⟨*inv*⟩ **1** Startzeichen *n* **2** *fig* Startschuss *m*: **il ~ a qc** der Startschuss zu etw **C** INT **1** los, komm: **deciditi, ~!** entscheide dich, los!; **~, non perderti d'animo!** komm, verlier nicht den Mut! **2** weg, fort: **~ di qui/~di là!** weg hier/weg da! **3** also: **~, parliamone più tardi** also, sprechen wir später darüber **4** los: **pronti,** (*od* **attenti,**) **~!** Achtung, fertig, los! ♦ **e così ~, e ~ dicendo** und so weiter

via·bi·li·tà F ⟨*inv*⟩ **1** Verkehrslage *f* **2** Straßennetz *n* **3** Straßenbauordnung *f* **4** Straßenverkehrsordnung *f*

Vi·a·card® F **tessera** *f* **~** = *Autobahnkarte*

via cru·cis F **1** Kreuzweg *m* **2** *fig* Leidensweg *m*

via·dot·to [-o-] M Überführung *f*, Viadukt *m*

viag·gian·te ADJ reisend, fahrend ♦ **personale ~** Zug(begleit)personal *n*

★**viag·gia·re** V/I ⟨1f; av⟩ **1** reisen **2** (*di veicolo*) fahren **3** unterwegs sein ♦ **~ con la fantasia** der Fantasie freien Lauf lassen

★**viag·gia·to·re** [-o-] **A** ADJ reisend **B** M **1** Reisende *m* **2** Fahrgast *m*, Passagier *m* ♦ **commesso ~** Handelsreisende *m*; **piccione ~** Brieftaube *f*

★**viag·gia·tri·ce** F **1** Reisende *f* **2** Fahrgast *m*, Passagier *m*, -in *f*

★**viag·gio** M **1** Reise *f* **2** Fahrt *f* **3** *sl* Trip *m* ♦ **~ d'affari** (*od* **di lavoro**) Geschäftsreise *f*; **agenzia di -i** Reisebüro *n*; **~ di an-**

Vie, strade, corsi

Viele Straßennamen in Italien stammen aus der Geschichte:

Conte Cavour	(1810–1861) konservativ-liberaler Politiker, der sich für die Einigung Italiens einsetzte.
Giuseppe Garibaldi	(1807–1882) Eroberte große Teile Süditaliens für das norditalienische Savoyen (Turin).
Alessandro Manzoni	(1785–1873) schrieb **I promessi sposi**, den Kultroman Italiens im Risorgimento.
Giuseppe Mazzini	(1805–1872) Förderer der Einigung Italiens als Republik.
i Mille	Die 1072 Kämpfer, mit denen Garibaldi am 11.5.1860 in Marsala (Sizilien) landete und den Prozess der Einigung Italiens einleitete.
Repubblica	Am 2.6.1946 wird die Monarchie abgeschafft.
Risorgimento	Bewegung, die 1861 zur Einheit Italiens führte.
Umberto I	(1844–1900) ab 1878 König Italiens.
Vittorio Emanuele II	(1820–1878) ab 1861 König Italiens.
XXV aprile	(1945) Ende des 2. Weltkrieges
XXV luglio	(1943) Verhaftung Mussolinis
XX settembre	(1870) Rom wird erobert, die Einigung Italiens ist abgeschlossen.
IV novembre	(1918) Ende des 1. Weltkrieges

data e ritorno Hin- und Rückfahrt *f*; **buon ~!** gute Reise! gute Fahrt!; **~ di nozze** Hochzeitsreise *f*; **~ di piacere** Vergnügungsreise *f*

Vi·a·gra® M Viagra® *n*

★**vi·a·le** M 1 Allee *f* 2 (*in giardini*) Weg *m*

vian·dan·te M/F Wanderer *m*, -derin *f*

via·rio ADJ Straßen-: **rete -a** Straßennetz *n*

via·ti·co M 1 KIRCHE Sterbesakramente *pl* 2 *fig* Trost *m*, Ermunterung *f*

via·vai M ⟨*inv*⟩ 1 Hin und Her *n*, Kommen und Gehen *n* 2 TECH Auf und Ab *n*

vi·bo·ne·se [-e-] A ADJ aus, von Vibo Valentia B M/F Bewohner *m*, -in *f* von Vibo Valentia

Vi·bo Va·len·tia [-ɛ-] F Vibo Valentia *n*

vi·bran·te ADJ 1 vibrierend, schwingend 2 (*voce*) tönend, schallend 3 *fig* zitternd 4 Zitter- **vi·bra·re** ⟨1a⟩ A V/T (*colpo*) versetzen B V/I ⟨av⟩ 1 vibrieren, flattern 2 schwingen 3 *fig* beben, zittern **vi·bra·to** ADJ *fig* erregt, heftig **vi·bra·to·re** [-o-] M 1 Vibrator *m* 2 Massagestab *m* **vi·bra·to·rio** [-ɔ-] ADJ Schwing-, Vibrations-

vi·bra·zio·ne [-o-] F 1 Vibration *f*, Schwingung *f* 2 *fig* Erregung *f*

vi·ca·ria·to M Vikariat *n* **vi·ca·rio** M, **-a** F 1 Stellvertreter *m*, -in *f* 2 KIRCHE Vikar *m*, -in *f*

vi·ce M/F ⟨*inv*⟩ Stellvertreter *m*, -in *f*

vi·ce·con·so·le [-ˈkɔnsole] M Vizekonsul *m*, -in *f*

vi·ce·di·ret·to·re [-o-] M, **-tri·ce** F stellvertretender Direktor *m*, stellvertretende Direktorin *f*

vi·cen·da [-ɛ-] F 1 Geschichte *f*, Begebenheit *f*, Angelegenheit *f* 2 Vorfall *m*, Ereignis *n* 3 Reihe *f*, Folge *f*: **una ~ di gioie e dolori** eine Folge von Freuden und Leiden ♦ **a ~** gegenseitig; abwechselnd

vi·cen·de·vo·le [-e-] ADJ gegenseitig

vi·cen·ti·no A ADJ aus, von Vicenza B M, **-a** F Bewohner *m*, -in *f* von Vicenza

Vi·cen·za [-ɛ-] F Vicenza *n*

vi·ce·pre·si·den·te [-ɛ-] M/F Vizepräsident *m*, -in *f*

vi·ce·ver·sa [-ˈvɛrsa] ADV 1 umgekehrt 2 zurück: **andare da Milano a Roma e ~** von Mailand nach Rom und zurück fahren

vi·ci·na F Nachbarin *f* **vi·ci·nan·za** F 1 Nähe *f*: **cercare la ~ di qn** j-s Nähe suchen; **nelle -e** (**di qc**) in der Nähe (von etw) 2 *fig* Ähnlichkeit *f*: **~ di opinioni** ähnliche Meinungen *pl*

vi·ci·na·to M Nachbarschaft *f*

★**vi·ci·no** A ADJ 1 nah 2 angrenzend, nebenan, Neben-: **la casa -a** das Nebenhaus 3 benachbart, Nachbar- 4 *fig* nahestehend: **giornale ~ al partito** der Partei nahestehende Zeitung 5 *fig* **essere -i a qn** (**nel dolore**) mit j-m mitfühlen 6 **essere ~ ai cinquanta** nahe an fünfzig sein B ADV 1 nah: **vieni più ~** komm näher 2 in der Nähe C M Nachbar *m*: **~ (di casa)** Nachbar *m* D PRÄP **~ a** 1 neben, nah an, dicht an, in der Nähe: **il cinema è ~ alla posta** das Kino ist in der Nähe der Post 2 nebenan ♦ **uno ~ all'altro** nebeneinander; **da ~** von Nahem, aus der Nähe; **esserci ~** kurz davorstehen

vi·cis·si·tu·di·ne F *mst* PL Missgeschick *n* ♦ **le -i della vita** die Wechselfälle des Lebens

vi·co·lo M Gasse *f* ♦ **~ cieco** Sackgasse *f* (*a. fig*)

vi·de·a·ta F IT Bildschirminhalt *m*

vi·de·o A ADJ ⟨*inv*⟩ Video- B M ⟨*inv*⟩ 1 Videogerät *n* 2 Bildschirm *m* 3 Monitor *m* 4 Videoclip *m*

vi·de·o·ca·me·ra F Videokamera *f*

★**vi·de·o·cas·set·ta** [-e-] F Videokassette *f* **vi·de·o·ci·to·fo·no** [-ɔ-] M Video(tür)sprechanlage *f* **vi·de·o·clip** M ⟨*inv*⟩ Videoclip *m* **vi·de·o·con·fe·ren·za** [-ɛ-] F Videokonferenz *f* **vi·de·o·di·pen·den·te** [-ɛ-] A ADJ fernsehabhängig B M/F Fernsehabhängige *m/f* **vi·de·o·di·sco** M Bildplatte *f* **vi·de·o·film** M ⟨*inv*⟩ Videofilm *m* **vi·de·o·game** M, **vi·de·o·gio·co** [-ɔ-] M Videospiel *n* **vi·de·o·gra·fi·ca** F Computergrafik *f* **vi·de·o·let·to·re** [-o-] M Videorekorder *m* **vi·de·o·na·stro** M Videoband *n* **vi·de·o·no·leg·gia·to·re** [-o-] M, **-tri·ce** F Videoverleiher *m*, -in *f* **vi·de·o·no·leg·gio** [-e-] M 1 Videoverleih *m* 2 Videothek *f*

vi·de·o·pro·iet·to·re [-o-] M Beamer *m*

vi·de·o·re·gi·stra·re V/T ⟨1a⟩ auf Video aufnehmen

★**vi·de·o·re·gi·stra·to·re** [-o-] M Videorekorder *m* **vi·de·o·re·gi·stra·zio·ne** [-o-] F Videoaufzeichnung *f*

vi·de·o·scrit·tu·ra F IT Textverarbeitung *f* **vi·de·o·te·ca** [-ɛ-] F Videothek *f* **vi·de·o·tel®** [-ɛ-] M ⟨*inv*⟩ Bildschirmtext *m* **vi·de·o·te·le·fo·no** [-ɛ-] M Videotelefon *n*, Bildtelefon *n* **vi·de·o·ter·mi·na·le** M Videoterminal *m/n* **vi·de·o·tex®** [-ɛ-] M ⟨*inv*⟩, **vi·de·o·text** M ⟨*inv*⟩ Videotext *m*

vi·di·ma·re V/T ⟨1l⟩ **1** mit einem Sichtvermerk versehen **2** beglaubigen **3** entwerten **vi·di·ma·zio·ne** [-o-] F **1** Sichtvermerk *m* **2** Beglaubigung *f* **3** Entwertung *f*

Vien·na [-ɛ-] F Wien *n* **vien·ne·se** [-e-] **A** ADJ Wiener: **valzer ~** Wiener Walzer **B** M/F Wiener *m*, -in *f*

★**vie·ta·re** V/T ⟨1b⟩ verbieten, untersagen ♦ **nulla vieta che ...** nichts spricht dagegen, dass ...

★**vie·ta·to** ADJ verboten: **~ fumare** Rauchen verboten

Viet·nam [-e-] M Vietnam *n* **viet·na·mi·ta** **A** ADJ vietnamesisch **B** M/F Vietnamese *m*, -sin *f*

vi·gen·te [-ɛ-] ADJ geltend, gültig

vi·ge·re V/I ⟨3yy⟩ gültig, in Kraft sein

vi·gi·lan·te **A** ADJ **1** wachsam, aufmerksam **2** Aufsichts-, Überwachungs- **B** M/F **1** Wächter *m*, -in *f* **2** Aufseher *m*, -in *f* **vi·gi·lan·za** F **1** Wachsamkeit *f* **2** Aufsicht *f*, Überwachung *f* **3** Aufmerksamkeit *f* ♦ **servizio di ~** Überwachungsdienst *m*

vi·gi·la·re ⟨1l⟩ **A** V/I ⟨av⟩ wachsam sein **B** V/T überwachen, beaufsichtigen **vi·gi·la·to·re** [-o-] M, **-tri·ce** F Aufsichtsperson *f*: **-trice d'infanzia** Kinderpflegerin *f*

★**vi·gi·le** **A** ADJ wachsam **B** M **1** (städtischer) Polizist *m* **2** Feuerwehrmann *m* ♦ **~ urbano** Verkehrspolizist *m*

★**vi·gi·les·sa** [-e-] F (städtische) Polizistin *f*

vi·gi·lia F Vorabend *m*; Vortag *m* ♦ **~ di Natale** Heiligabend *m*

vi·gliac·ca·ta F Gemeinheit *f*, Schurkerei *f* **vi·gliac·che·ri·a** F **1** Feigheit *f* **2** Gemeinheit *f* **vi·gliac·co** **A** ADJ feig **B** M, **-a** F **1** Feigling *m* **2** Schwächling *m*

vi·gna F Weinberg *m*; Weingarten *m*

vi·gna·io·lo [-ɔ-] M, **-a** F Winzer *m*, -in *f* **vi·gne·to** [-e-] M Weinberg *m*; Weingarten *m*

vi·gnet·ta [-e-] F Karikatur *f* **vi·gnet·ti·sta** M/F Karikaturenzeichner *m*, -in *f*

vi·go·re [-o-] M **1** Kraft *f*, Energie *f*: **essere nel pieno ~ degli anni** in den besten Jahren sein **2** *fig* Kraft *f*, Nachdruck *m* **3** ADMIN Kraft *f*, Gültigkeit *f*: **essere in ~** in Kraft sein

vi·go·ro·si·tà F Kräftigkeit *f*

vi·go·ro·so [-o-] ADJ kräftig, kraftvoll

vi·le **A** ADJ **1** feig(e) **2** niederträchtig, gemein **3** niedrig: **di -i origini** von niedriger Herkunft **B** M/F **1** Feigling *m* **2** Schurke *m*, -kin *f*

vi·li·pen·de·re [-ɛ-] V/T ⟨3c⟩ verunglimpfen

vi·li·pen·dio [-ɛ-] M Verunglimpfung *f*

vil·la F Villa *f* ♦ **~ di campagna** Landhaus *n*; **~ comunale** Stadtpark *m*

villa

Unter **villa** versteht man in Italien historisch gesehen ein weitläufiges Anwesen auf dem Land (z. B. Villa Borghese). Heute bezeichnet man mit **Villa** ein Einfamilienhaus mit Garten, das auc sehr luxuriös sein kann. Und mit **palazzo** bezeichnet man im Alltag ein Mietshaus oder Hochhaus.

vil·lag·gio M **1** Dorf *n* **2** Siedlung *f* ♦ **~ globale** globales Dorf *n*; **~ olimpico** Olympiadorf *n*; **~ residenziale** Wohnsiedlung *f*; **~ turistico** Feriendorf *n*

vil·la·na·ta F Grobheit *f*, *pej* Flegelhaftigkeit *f* **vil·la·ne·sco** [-e-] ADJ grob, flegelhaft, rüpelhaft **vil·la·ni·a** F **1** Ungezogenheit *f*, Flegelei *f* **2** Grobheit *f*, Flegelhaftigkeit *f*

vil·la·no **A** ADJ *pej* grob, flegelhaft, rüpelhaft **B** M, **-a** F *pej* Flegel *m*, flegelhafte Person *f*, Lümmel *m*, Rüpel *m*: **che ~!** so ein Flegel!

vil·lan·zo·ne [-o-] M, **-a** F Grobian *m*, grobe Person *f*

vil·leg·gian·te M/F Feriengast *m*, Urlauber *m*, -in *f* **vil·leg·gia·re** V/I ⟨1f; av⟩ seinen Urlaub verbringen **vil·leg·gia·tu·ra** F Sommerfrische *f* ♦ **luogo di ~** Ferienort *m*

vil·let·ta [-e-] F (kleines) Haus *n* (mit Garten): **~ bifamiliare/unifamiliare** Zweifamilien-/Einfamilienhaus *n*; **~ a schiera** Reihenhaus *n*

vil·li·no M Einzelhaus *n*

vil·lo·so [-o-] ADJ (dicht) behaart

Vil·nius F Wilna *n*

vil·tà F ⟨*inv*⟩ **1** Feigheit *f* **2** Niedertracht *f*

vi·lup·po M **1** Gewirr *n* **2** Wirrwarr *m*, Durcheinander *n* (*a. fig*)

vi·mi·ni M Rattan *n*, Weidenrute *f* ♦ **ce-**

V

sto in -i Weidenkorb *m*; **poltrona in -i** Weidensessel *m*

vi·nac·cia F Trester *m*: **acquavite di ~** Tresterschnaps *m*

vi·na·io M, **-a** F Weinhändler *m*, -in *f*

vin bru·lé [vimbru'le] M ⟨*inv*⟩ Glühwein *m*

vin·cen·te [-ɛ-] **A** ADJ **1** siegreich **2** Gewinn-, Sieges-: **biglietto ~** Gewinnlos *n* **B** M/F Gewinner *m*, -in *f* ♦ **cavallo ~** Favorit *m* (*a. fig*); **mossa ~** erfolgreicher Zug *m* (*a. fig*)

★**vin·ce·re** ⟨3d⟩ **A** V/T **1** besiegen, schlagen **2** gewinnen **3** *fig* überwinden: **~ le difficoltà** die Schwierigkeiten überwinden **4** unterdrücken **5** überwältigen: **fu vinto dal sonno** er wurde vom Schlaf überwältigt **6** **lasciarsi ~ dallo sconforto** sich entmutigen lassen **7** **~ qn in qc** j-n an etw (*dat*) übertreffen **8** **lasciarsi ~ da qc** sich von etw gewinnen (*od* einnehmen) lassen **B** V/I ⟨av⟩ **1** gewinnen **2** **~ su qn** über j-n siegen **3** sich durchsetzen **C** V/PR **-rsi** sich überwinden ♦ **~ di misura** knapp gewinnen

vin·ci·ta F Gewinn *m*

vin·ci·to·re [-o-] **A** ADJ siegreich, Sieger- **B** M, **-tri·ce** F **1** Sieger *m*, -in *f* (*a.* SPORT) **2** Gewinner *m*, -in *f*

vin·co·lan·te ADJ bindend, (rechts)verbindlich **vin·co·la·re** V/T ⟨1l⟩ **1** *fig* binden; verpflichten: **~ qn con un giuramento** j-n durch einen Eid verpflichten **2** FIN festlegen

vin·co·la·to ADJ **1** gebunden (*a.* MECH) **2** verpflichtet **3** FIN Fest-, fest angelegt: **deposito ~** Festgeld *n*

vin·co·lo M Bindung *f*, Band *n*

vi·nel·lo [-ɛ-] M süffiger Wein *m* **vi·ni·co·lo** ADJ Wein-: **regione -a** Weingebiet *n*

vi·ni·fi·ca·re **A** V/I ⟨1d *u.* m; av⟩ Wein herstellen **B** V/T zu Wein machen **vi·ni·fi·ca·to·re** [-o-] M, **-tri·ce** F Winzer *m*, -in *f* **vi·ni·fi·ca·zio·ne** [-o-] F Weinherstellung *f*

★**vi·no** M Wein *m*: **un ~ leggero/dolce/secco/amabile/aspro** ein leichter/süßer/trockener/lieblicher/herber Wein; **~ bianco** Weißwein *m*; **~ rosso** Rotwein *m*

vin·to ADJ **1** besiegt **2** gewonnen **3** *fig* überwältigt: **~ dalla stanchezza** von Müdigkeit überwältigt

vio·la¹ [-ɔ-] **A** F BOT Veilchen *n* **B** M ⟨*inv*⟩ Violett *n* **C** ADJ ⟨*inv*⟩ violett ♦ **~ del pensiero** Stiefmütterchen *n*

▶ Il vino

il vino bianco	Weißwein
il vino rosso	Rotwein
il vino rosato	Rosé
il vino frizzante	moussierender Wein
il vino da tavola	Tafelwein
il vino della casa	Hauswein
il vino locale	Wein aus der Gegend
il vino aperto	offener Wein
il prosecco	Prosecco
lo spumante	Sekt
il vino DOC	*guter Wein mit kontrollierter Herkunftsbezeichnung*
il vino DOCG	*sehr guter Wein mit kontrollierter und garantierter Herkunftsbezeichnung*
secco	trocken
amabile	lieblich
aspro	sauer
corposo	kräftig
novello	jung
l'annata	der Jahrgang
una bottiglia di vino	eine Flasche Wein
mezzo litro	ein halber Liter
un quarto di litro	ein viertel Liter

vio·la² [-ɔ-] F MUS Bratsche *f*, Viola *f*

vio·la·ce·o ADJ violett, veilchenblau

vio·la·re V/T ⟨1l⟩ **1** **~ qc** gegen etw verstoßen; etw brechen **2** verletzen: **~ lo spazio aereo** den Luftraum verletzen **3** entweihen, schänden **vio·la·zio·ne** [-o-] F **1** Verletzung *f*, Bruch *m*: **~ dei diritti dell'uomo** Menschenrechtsverletzung *f*; **~ delle norme sulla concorrenza** Verletzung *f* der Wettbewerbsnormen **2** Schändung *f*

vio·len·ta·re V/T ⟨1b⟩ vergewaltigen (*a. fig*) **vio·len·ta·to·re** [-o-] M, **-tri·ce** F Vergewaltiger *m*, -in *f*

★**vio·len·to** [-ɛ-] ADJ **A** **1** gewaltsam **2** gewalttätig **3** *fig* heftig **4** (*luce intensa*) grell **B** M, **-a** F gewalttätiger Mensch *m*, Schläger *m*, -in *f*

★**vio·len·za** [-ɛ-] F Gewalt *f* (*a. fig*); Heftigkeit *f* ♦ **~ carnale** Vergewaltigung *f*

vio·let·ta [-e-] F Veilchen *n* **vio·let·to** [-e-] **A** ADJ violett **B** M Violett *n*, Veilchenblau *n*

vio·li·ni·sta M/F Geiger *m*, -in *f*

★**vio·li·no** M **1** Geige *f* **2** **chiave di ~** Violinschlüssel *m* **vio·li·sta** M/F Bratschist *m*, -in *f*

vio·lon·cel·li·sta M/F Cellist *m*, -in *f* **vio·lon·cel·lo** [-ɛ-] M (Violon)Cello *n*

viot·to·lo [-ɔ-] M Weg *m*, Pfad *m*

vip [vip] M/F ⟨*inv*⟩ (very important person) VIP *f*, Berühmtheit *f*

vi·pe·ra F **1** Viper *f* **2** *fig* Schlange *f*

vi·ra·le ADJ Virus-: **influenza ~** Virusgrippe *f*

vi·ra·re V/I ⟨1a; av⟩ **1** FLUG, SCHIFF abdrehen **2** (*nel nuoto*) wenden **3** FOTO, OPT tonen **4** *fig* den Kurs ändern **vi·ra·ta** F **1** FLUG Abdrehen *n* **2** SCHIFF **~ in poppa** Halse *f*; **~ in prua** Wende *f* **3** (*nel nuoto*) Wende *f* **4** *fig* Kursänderung *f*

vir·go·la F Komma *n* (*a.* MATH), *österr* Beistrich *m*

vir·go·let·ta [-e-] F *mst* PL Anführungszeichen *n* ♦ *fig* **tra -e** sogenannt

vi·ri·le ADJ **1** männlich, viril, Mannes- **2** *fig* mannhaft

vi·ri·li·tà F **1** Männlichkeit *f*; MED Virilität *f* **2** *fig* Mannhaftigkeit *f*

vi·ro·lo·gi·a F Virologie *f* **vi·ro·lo·go** [-ɔ-] M, **-a** F Virologe *m*, -login *f* **vi·ro·si** [-ɔ-] F Viruserkrankung *f*

vir·tù F ⟨*inv*⟩ **1** Tugend *f* **2** Wirkungskraft *f* ♦ **in ~ di qc** kraft etw (*gen*); **avere vizi e ~** Stärken und Schwächen haben

vir·tua·le ADJ **1** potenziell, möglich **2** PHYS virtuell: **realtà ~** virtuelle Realität *f*

vir·tuo·si·smo [-zmo] M Virtuosität *f*

vir·tuo·so [-o-] **A** ADJ **1** tugendhaft **2** KUNST, SPORT virtuos **B** M, **-a** F Virtuose *m*, -sin *f*

vi·ru·len·to [-ɛ-] ADJ **1** BIOL, MED ansteckend **2** *fig* bissig, boshaft **vi·ru·len·za** [-ɛ-] F **1** BIOL, MED Virulenz *f* **2** *fig* Bissigkeit *f*

vi·rus M ⟨*inv*⟩ Virus *n od m* (*a.* IT): **~ dell'Aids** Aidsvirus *n*

vi·sa·gi·smo [-zmo] M Gesichtskosmetik *f*

vi·sa·gi·sta M/F Visagist *m*, -in *f*

vi·sce·ra·le ADJ **1** ANAT Eingeweide- **2** *fig* leidenschaftlich **vi·sce·re** M **1** ⟨*pl* -i *u.* -e⟩ Eingeweide *pl* **2** ⟨*pl* -e⟩ *fig* Innere *n*: **nelle -e della terra** tief im Inneren der Erde

vi·schio M **1** BOT Mistel *f* **2** Vogelleim *m*

vi·schio·si·tà F **1** Klebrigkeit *f* **2** Zähflüssigkeit *f* **vi·schio·so** [-o-] ADJ leimig, klebrig

vi·sci·di·tà F **1** Glätte *f*, Glitschigkeit *f* **2** *fig* Schleimigkeit *f* **vi·sci·do** ADJ **1** glitschig **2** rutschig **3** *fig* schleimig

vi·scio·la F Schattenmorelle *f*

vi·sco·sa [-o-] F Viskose *f* **vi·sco·si·tà** F **1** Zähflüssigkeit *f* **2** PHYS Viskosität *f* **vi·sco·so** [-o-] ADJ **1** zähflüssig **2** PHYS viskos

vi·si·bi·le ADJ **1** sichtbar **2** (*mostra ecc.*) zu besichtigen **3** (*emozioni*) sichtlich ♦ **~ a occhio nudo** mit bloßem Auge erkennbar

vi·si·bi·lio M Unmenge *f* ♦ **andare in ~** in Entzücken (*od* Verzückung) geraten

vi·si·bi·li·tà F **1** Sichtbarkeit *f* **2** Sicht *f*, Sichtweite *f*

vi·sie·ra [-ɛ-] F **1** Visier *n* **2** Mützenschirm *m*

vi·si·go·to [-ɔ-] **A** ADJ westgotisch, Westgoten- **B** M, **-a** F Westgote *m*, -gotin *f*

vi·sio·na·re V/T ⟨1a⟩ **1** (*cinema*) **~ un film** (sich [*dat*]) einen Film ansehen **2** prüfen **vi·sio·na·rio** **A** ADJ visionär **B** M, **-a** F Visionär *m*, -in *f*

vi·sio·ne [-o-] F **1** Sehvermögen *n* **2** An-, Einsicht *f* **3** *fig* Vorstellung *f* **4** Anblick *m* **5** Vision *f* ♦ **film in prima ~** Erstaufführung *f*; *iron* **hai le -i?** träumst du?

★**vi·si·ta** F **1** Besuch *m* **2** Besichtigung *f* **3** MED Untersuchung *f* **4** MIL Musterung *f* ♦ **biglietto da ~** Visitenkarte *f*; (*nel turismo*) **~ guidata** Führung *f*

★**vi·si·ta·re** V/T ⟨1l⟩ **1** besuchen **2** besichtigen **3** MED untersuchen **vi·si·ta·to·re** [-o-] M, **-tri·ce** F Besucher *m*, -in *f*

vi·si·vo ADJ Seh-, visuell ♦ **arti -e** darstellende Kunst *f*

★**vi·so** M Gesicht *n* ♦ **fare buon ~ a cattivo gioco** gute Miene zum bösen Spiel machen

vi·so·ne [-o-] M **1** Nerz *m* **2** Nerzmantel *m*

vi·spo ADJ lebhaft, rege

vis·su·to ADJ *fig* erfahren

★**vi·sta** F **1** Sehen *n*, Sehkraft *f* **2** (*scena, spettacolo*) Anblick *m* **3** (*visuale*) Sicht *f* **4** (*panorama*) Aussicht *f*, Blick *m* ♦ *fig* **avere qc in ~** etw in Aussicht haben; **conoscere qn solo di ~** j-n nur vom Sehen her kennen; **esame della ~** Sehtest *m*; **in ~** in Sicht; (*minaccia*) im Anzug; (*edilizia*) **mattoni a ~** unverputzte Backsteine *pl*; **a prima ~** auf den ersten Blick; **punto di ~** Gesichtspunkt *m*; **sotto** (*od* **da**) **questo punto di ~** unter diesem Gesichtspunkt

vi·sta·re VT ⟨1a⟩ 1 ADMIN mit einem Visum versehen 2 (*editoria*) zum Druck freigeben **vi·sto** A ADJ 1 gesehen 2 in Anbetracht, angesichts: **-e le circostanze** in Anbetracht der Umstände B M 1 ADMIN Sichtvermerk *m* 2 Visum *n* ♦ **~ che da** (*od* in Anbetracht dessen, dass)

★**visto** A M Visum *n* B → vedere; ★ **visto che ... da ...; visto che piove ...** da es regnet, ...

vi·sto·si·tà F Auffälligkeit *f* **vi·sto·so** [-o-] ADJ 1 auffällig 2 grob: **un errore ~** ein grober Fehler *m* 3 (*cospicuo*) beträchtlich

vi·sua·le A ADJ Seh-, Sicht- B F 1 Sicht *f*: **avere la ~ libera** freie Sicht haben 2 (*panorama*) Aussicht *f*, Blick *m*

vi·sua·liz·za·re VT ⟨1a⟩ visualisieren

vi·sua·liz·za·to·re [-o-] M Display *n*

vi·sua·liz·za·zio·ne [-o-] F Visualisierung *f*; IT Anzeige

vi·su·ra F **~ catastale** Einsehen *n* des Grundbuchauszugs

★**vi·ta**[1] F 1 Leben *n*: **godersi la ~** sein Leben genießen 2 (*biografia*) *fig* Lebensbeschreibung *f* 3 *fig* Ewigkeit *f*: **è una ~ che non ci vediamo!** wir haben uns seit einer Ewigkeit nicht mehr gesehen ♦ **a ~** lebenslang; **~ affettiva** Gefühlsleben *n*; **darsi alla bella ~** das süße Leben genießen; **~ di campagna** Landleben *n*; **~ di città** Stadtleben *n*; **fare una ~ da cani** ein Hundeleben führen; **compagna di ~** Lebensgefährtin *f*; **compagno di ~** Lebensgefährte *m*; **costo della ~** Lebenshaltungskosten *pl*; **dare un po' di ~ alla festa** das Fest beleben; **la dolce ~** das süße Leben; **~ natural durante** das ganze Leben lang; **essere in fin di ~** im Sterben liegen; **~ di famiglia** Familienleben *n*; **fare la ~** sich prostituieren; **livello di ~** Lebensstandard *m*; **~ media** durchschnittliche Lebensdauer *f*; **~ notturna** Nachtleben *n*; **pieno di ~** belebt; (*di persona*) lebensfroh; (*vivace*) lebhaft; **~ professionale** Berufsleben *n*; **questa** (**sì che**) **è ~!** das nenne ich Leben!; **speranza di ~** Lebenserwartung *f*; **tenore di ~** Lebensstandard *m*; **come va la ~?** wie geht's?

★**vi·ta**[2] F 1 Taille *f*: **giro ~** Taillenumfang *m*; **punto di ~** Taille *f* 2 Oberkörper *m*

vi·tac·cia F *umg* Hundeleben *n*

vi·ta·le ADJ 1 Lebens-, lebens- 2 *fig* lebensnotwendig 3 MED lebensfähig 4 *fig* vital; unternehmungslustig

vi·ta·li·tà F Lebenskraft *f*, Lebendigkeit *f*

vi·ta·li·zio A ADJ lebenslänglich, Leib-: **rendita -a** Leibrente *f* B M Leibrente *f*

vi·ta·liz·za·re VT ⟨1a⟩ vitalisieren

vi·ta·mi·na F Vitamin *n*: **~ C** Vitamin C; **ricco di -e** vitaminreich **vi·ta·mi·ni·co** ADJ 1 Vitamin- 2 vitaminreich

★**vi·te**[1] F BOT Weinstock *m* ♦ **~ rampicante** Kletterwein *m*

★**vi·te**[2] F MECH Schraube *f* (*a.* SPORT, FLUG): **stringere/allentare una ~** eine Schraube anziehen/lockern; **~ senza fine** Schnecke *f*, endlose Schraube *f*

vi·tel·la [-ɛ-] F ZOOL Färse *f*

★**vi·tel·lo** [-ɛ-] M 1 ZOOL Kalb *n* 2 GASTR Kalbfleisch *n* 3 Kalbsleder *n* ♦ **~ tonnato** = *Kalbfleisch in Thunfischsoße*

vi·tel·lo·ne [-o-] M 1 ZOOL Jungrind *n*; Jungochse *m* 2 GASTR Rindfleisch *n* 3 *umg* Müßiggänger *m*, Herumtreiber *m*

vi·ter·be·se [-e-] A ADJ aus, von Viterbo B M/F Bewohner *m*, -in *f* von Viterbo

Vi·ter·bo [-ɛ-] F Viterbo *n*

vi·tic·cio M 1 Ranke *f* 2 Rebe *f*

vi·ti·co·lo ADJ Reb-, Weinbau-: **zona -a** Weinbaugebiet *n*

vi·ti·col·to·re [-o-] M, **-tri·ce** F Winzer *m*, -in *f*

vi·ti·col·tu·ra F Wein(an)bau *m*

vi·ti·gno M Rebsorte *f*

vi·ti·no M schlanke Taille *f*: **~ di vespa** Wespentaille *f*

vi·ti·vi·ni·col·tu·ra F Weinbau *m* und Weinerzeugung *f*

vi·tre·o A ADJ 1 gläsern, Glas-: **corpo ~** Glaskörper *m* 2 glasig B M Glaskörper *m* ♦ *fig* **occhio** (*od* **sguardo**) **~** starrer Blick *m*

vi·tro M **fecondazione in ~** In-vitro-Fertilisation *f*

★**vit·ti·ma** F 1 (Todes)Opfer *n* (*a. fig*) 2 Opfertier *n* ♦ **fare la ~** das Opfer spielen

vit·ti·mi·smo [-zmo] M Selbstbemitleidung *f* **vit·ti·mi·sta** M/F = *jemand, der sich gern als Opfer sieht* **vit·ti·mi·sti·co** ADJ zum Selbstmitleid neigend **vit·ti·miz·za·re** VT ⟨1a⟩ als Opfer hinstellen

vit·to M Kost *f*, Verpflegung *f*: **~ e alloggio** Kost und Logis

★**vit·to·ria** [-ɔ-] F Sieg *m*: **una ~ risicata** ein knapper Sieg *m*; **~ schiacciante** überwältigender Sieg *m*, Erdrutschsieg *m* ♦ **cantare ~** frohlocken, siegessicher sein; **avere la ~ in pugno** den Sieg schon in der Tasche haben; **~ al tappeto** Schultersieg *m*

vit·to·rio·so [-o-] ADJ siegreich

vi·tu·pe·ra·re V/T ⟨1m⟩ **1** beschimpfen **2** beleidigen **3** verleumden **vi·tu·pe·rio** [-ɛ-] M **1** Beschimpfung *f* **2** *fig* Schandfleck *m*

vi·uz·za F Gasse *f*, Sträßchen *n*

vi·va INT es lebe, hoch lebe: **~ gli sposi!** hoch lebe das Brautpaar!

vi·vac·chia·re V/I ⟨1k; av⟩ sich durchschlagen

★**vi·va·ce** ADJ **1** lebhaft, lebendig, munter **2** rege, regsam **3** (*colori*) leuchtend, grell **4** (*luce*) stark **5** MUS vivace, lebhaft **vi·va·ci·tà** F **1** Lebhaftigkeit *f*, Lebendigkeit *f*, Munterkeit *f* **2** (*ingegno*) Regsamkeit *f* **3** (*colori*) Grelle *f*, Leuchtkraft *f*

vi·va·ciz·za·re V/T ⟨1a⟩ beleben

vi·va·io M **1** Baumschule *f* **2** Fischzucht *f* **3** *fig* Brutstätte *f* **4** SPORT Talentschmiede *f* **vi·va·i·sta** M/F **1** Baumschulfachmann *m*, -fachfrau *f* **2** Fischzüchter *m*, -in *f*

vi·va·men·te [-e-] ADV **1** nachdrücklich **2** heftig **3** herzlich: **congratularsi ~ con qn** j-m herzlich gratulieren **4** lebhaft

vi·van·da F Speise *f*, Gericht *n*, Essen *n*

vi·va·vo·ce [-o-] M ⟨*inv*⟩ Freisprechanlage *f*

vi·ven·te [-ɛ-] ADJ lebend (*a. fig*) ♦ **essere ~** Lebewesen *n*

★**vi·ve·re**[1] ⟨3zz⟩ **A** V/I ⟨es, av⟩ **1** leben: **vive a Roma** er lebt in Rom; **è vissuto 90 anni** er hat 90 Jahre lang gelebt; **~ di espedienti** sich durchs Leben schlagen **2** weiter-, fortleben **B** V/T **1** führen: **~ un'esistenza travagliata** ein mühseliges Leben führen **2** erleben ♦ **cessare di ~** versterben; **~ alla giornata** in den Tag hinein leben; **vivi e lascia ~** leben und leben lassen

vi·ve·re[2] M Leben *n*: **per amore del quieto ~** um des lieben Friedens willen

vi·ve·ri MPL Lebensmittel *pl* ♦ *fig* **tagliare i ~ a qn** j-m den Hahn abdrehen

vi·vez·za [-e-] F **1** Lebhaftigkeit *f* **2** Lebendigkeit *f* **vi·vi·bi·le** ADJ menschengerecht **vi·vi·bi·li·tà** F ⟨*inv*⟩ Angebot *n* an Lebensqualität

vi·vi·dez·za [-e-] F **1** (*colori*) Grelle *f* **2** Regsamkeit *f* **3** Lebhaftigkeit *f* **vi·vi·do** ADJ **1** (*colori*) grell **2** regsam **3** lebhaft

vi·vi·fi·ca·re V/T ⟨1m *u.* d⟩ beleben

vi·vi·fi·ca·to·re [-o-] ADJ belebend

vi·vi·pa·ro **A** ADJ ZOOL lebend gebärend **B** M ZOOL lebend gebärendes Tier *n*

vi·vi·se·zio·na·re [-se-] V/T ⟨1a⟩ **1** vivisezieren **2** *fig* eingehend untersuchen **vi·vi·se·zio·ne** [-setsi'o-] F **1** Vivisektion *f* **2** *fig* eingehende Untersuchung *f*

★**vi·vo** ADJ **1** lebendig: **essere ~** leben; **un ~ ricordo** eine lebendige Erinnerung *f* **2** lebhaft: **sguardo ~** lebhafter Blick *m* **3** rege, regsam: **essere dotati di un ~ ingegno** einen regen Geist haben **4** groß: **con ~ rammarico** mit großem Bedauern ♦ **angolo** (*od* **spigolo**) **~** scharfe Kante *f*; **non c'era anima -a** keine Menschenseele war da; **argento ~** Quecksilber *n*; **dal ~** Live-, live; **nel ~ di qc** auf dem Höhepunkt von etw; **farsi ~** von sich hören lassen; **farsi ~ con qn** sich bei j-m melden; **spese -e** Selbstkosten *pl*; **~ e vegeto** gesund und munter

vi·zia·re ⟨1g⟩ **A** V/T **1** verwöhnen; *umg* verhätscheln **2** *fig* unbrauchbar machen **3** JUR ungültig machen **B** V/PR **-rsi** sich verwöhnen **vi·zia·to** ADJ **1** verwöhnt **2** *fig* fehlerhaft **3** JUR ungültig ♦ **aria -a** verbrauchte Luft *f*

vi·zio M **1** Laster *n*, Untugend *f* **2** schlechte Angewohnheit *f*: **prendere/togliersi un ~** eine schlechte Angewohnheit annehmen/ablegen **3** JUR, TECH Mangel *m* **4** *fig* Fehler *m* (*a.* MED): **~ cardiaco** Herz(klappen)fehler *m* ♦ **è un ~ di famiglia** das liegt in der Familie; **~ di posizione** Haltungsschaden *m*; **l'ozio è il padre dei -zi** Müßiggang ist aller Laster Anfang

vi·zio·si·tà F Lasterhaftigkeit *f*

vi·zio·so [-o-] ADJ **1** lasterhaft **2** *fig* fehlerhaft ♦ **circolo ~** Teufelskreis *m*

viz·zo ADJ *poet* welk

★**vo·ca·bo·la·rio** M **1** Wörterbuch *n* **2** Wortschatz *m*, Vokabular *n*

vo·ca·bo·lo M Vokabel *f*

vo·ca·le[1] ADJ **1** Stimm-, stimmlich: **corde -i** Stimmbänder *pl* **2** MUS vokal, Vokal-

vo·ca·le[2] F LING Vokal *m*, Selbstlaut *m*

V

vo·ca·li·co ADJ vokalisch, selbstlautend

vo·ca·liz·za·re V/T & V/I ⟨1a; av⟩ LING, MUS vokalisieren **vo·ca·liz·za·zio·ne** [-o-] F **1** LING Vokalisierung *f* **2** MUS Vokalise *f*

vo·ca·zio·ne [-o-] F **1** REL Berufung *f* **2** *fig* Neigung *f*, Begabung *f*: **avere la ~ per qc** sich zu etw berufen fühlen

★**vo·ce** [-o-] F **1** Stimme *f* (*a.* MUS): **~ acuta/grave** hohe/tiefe Stimme *f* **2** (*animali*) Laut *m*, Ruf *m* **3** (*strumenti*) Klang *m* **4** *fig* Gerücht *n*: **spargere una ~** ein Gerücht in Umlauf bringen; **corre ~ che ...** es kursiert das Gerücht, dass ... **5** Wort *n*, Ausdruck *m* **6** Stichwort *n*: **cercare sotto la ~ ...** unter dem Stichwort ... nachschlagen **7** HANDEL Position *f*, Posten *m* **8** GRAM Form *f* ♦ **a** (**viva**) **~** mündlich, persönlich; **ad alta ~** mit lauter Stimme, laut; **a bassa ~** mit leiser Stimme, leise; *umg* **darsi la ~** etw (untereinander) weitersagen; MUS **a quattro -i** vierstimmig; **a gran ~** schreiend; **a mezza ~** halblaut; **passare la ~** etw weitersagen; **sotto ~** leise

vo·cia·re¹ V/I ⟨1f; av⟩ schreien; *umg* klatschen

vo·cia·re² M Geschrei *n*

vo·ci·fe·ra·re ⟨1m⟩ **A** V/I ⟨av⟩ laut reden **B** V/T munkeln **vo·ci·fe·ra·zio·ne** [-o-] F Gemunkel *n*

vo·ci·o M Geschrei *n*

vod·ka [-ɔ-] F Wodka *m*

vo·ga [-o-] F **1** SCHIFF Rudern *n* **2** *fig* Schwung *m*, Elan *m* **3** *fig* Mode *f*: **essere in ~** (in) Mode sein

vo·ga·re V/I ⟨1e; av⟩ rudern, pullen **vo·ga·ta** F **1** Rudern *n* **2** Ruderschlag *m* **vo·ga·to·re** [-o-] M, **-tri·ce** F **1** Ruderer *m*, -rin *f* **2** **vogatore** *m* Rudergerät *n*

★**vo·glia** [-ɔ-] F **1** Lust *f*: **avere ~ di qc** auf etw (*akk*) Lust haben; **avere** (**una gran**) **~ di fare qc** (große) Lust haben, etw zu tun **2** *pl umg* (*in gravidanza*) Heißhunger *m*, Gelüst *n* **3** (*sulla pelle*) Muttermal *n* ♦ **di buona ~** gern; **contro ~** widerwillig, ungern; **di mala ~** widerwillig, mit Unlust; **morire dalla ~ di fare qc** wahnsinnig Lust haben, etw zu tun

vo·glio·so [-o-] ADJ **1** **~ di qc** auf etw (*akk*) begierig **2** geil, lüstern

★**voi** [-o-] **A** PERS PR **1** ihr **2** man: **se ~ considerate che ...** wenn man bedenkt, dass ... **3** euch **4** ★ **Voi** Sie: **Voi cosa ne pensate?** was denken Sie darüber? **B** M **darsi del ~** sich siezen

voice mail ['vɔis'meil] F ⟨*inv*⟩ Voice Mail *f*

vo·la·no M **1** Federball *m*; Federballspiel *n* **2** MECH Schwungrad *n*

vo·lan·te¹ **A** ADJ fliegend, Flug-: **disco ~** fliegende Untertasse *f*; **tappeto ~** fliegender Teppich *m* **B** F Überfallkommando *n* ♦ **foglio ~** loses Blatt *n*; **otto ~** Achterbahn *f*

vo·lan·te² M Steuer *n*, Lenkrad *n*

vo·lan·ti·nag·gio M Flugblattaktion *f*: **fare ~** Flugblätter verteilen **vo·lan·ti·na·re** V/I ⟨1a; av⟩ Flugblätter verteilen

vo·lan·ti·no¹ M Flugblatt *n*, Handzettel *m*; (*pubblicitario*) Flyer *m*

vo·lan·ti·no² M MECH Handrad *n*

★**vo·la·re** V/I ⟨1a; es, av⟩ **1** fliegen **2** *fig* rasen, eilen **3** *umg* hageln: **volano botte** es hagelt Prügel **4** (*cadere dall'alto*) herunter-, hinunterfliegen ♦ **il tempo vola** die Zeit vergeht wie im Flug

vo·la·ta F **1** **fare una ~** eilen **2** SPORT Sprint *m*: **~ finale** Endspurt *m* ♦ **di ~** eilig

vo·la·ti·le **A** ADJ flüchtig **B** M Federvieh *n* **vo·la·ti·li·tà** F Flüchtigkeit *f*

vo·la·ti·liz·za·re ⟨1a⟩ **A** V/T flüchtig machen **B** V/PR **-rsi** **1** sich verflüchtigen **2** *fig* sich in Luft auflösen **vo·la·ti·liz·za·zio·ne** [-o-] F Verflüchtigung *f*

vol-au-vent [volo'van] M ⟨*inv*⟩ (*di pasta*) Pastete *f*

vo·lée [-vɔ'le] F ⟨*inv*⟩ Flugball *m*

vo·len·te [-ɛ-] **~ o nolente** wohl oder übel

vo·len·te·ro·so [-o-] → volonteroso

★**vo·len·tie·ri** [-ɛ-] ADV gern: **ben ~** sehr gern

★**vo·le·re**¹ [-e-] ⟨2t⟩ **A** V/MOD **1** wollen: **voglio diventare ingegnere** ich will Ingenieur werden **2** mögen: **non voglio essere disturbato** ich möchte nicht gestört werden **3** **vorrei** ich möchte gern, ich würde gern; **vorrei sapere se è possibile** ich würde gern wissen, ob es möglich ist **4** **voler dire** (*significare*) heißen, bedeuten **5** **voler dire** (*intendere*) meinen: **volevo dire proprio questo** genau das habe ich gemeint **6** **voler dire** (*affermare*) behaupten **B** V/T **1** wollen, mögen: **voglio ciò che mi spetta** ich will das, was mir zusteht; **voglio una relazione dettagliata per domani mattina** morgen früh möchte ich einen detaillierten Bericht **2** **vorrei, volevo** ich möchte,

ich hätte gern **3** brauchen: ~ **un clima umido** ein feuchtes Klima brauchen **4** erlauben: **la mamma non vuole** meine Mama erlaubt das nicht **5** glauben: **c'è chi lo vuole innocente** einige glauben, dass er unschuldig ist **6** **volerci** (*essere necessario*) brauchen, nötig sein **7** **volerci** (*durare*) dauern **8** **volerci** (*costare*) kosten **9** **volerci** (*aver bisogno di*) benötigen: **per la torta ci vogliono** ... für den Kuchen benötigt man ... **10** **volerne** mögen; **non ne voglio più** ich mag nicht mehr **11** **volerne a qn** auf j-n böse sein **C** VIPR **-rsi bene** sich gernhaben, sich lieben ♦ ★ ~ **bene a qn** j-n mögen; **capace di intendere e di** ~ zurechnungsfähig; **come vuole** ganz wie Sie wünschen; *fig* **non ci vuole niente** das ist doch keine Kunst; **cosa vuoi di più?** was willst du (noch) mehr?; **vorrei piuttosto** ... ich würde lieber ...; **ci vuol poco a** ... das ist nicht schwierig zu ...; **ci voleva anche questa!** das fehlte noch!; **senza volerlo** unabsichtlich; **ti vogliono al telefono** du wirst am Telefon verlangt; ~ **è potere** wo ein Wille ist, da ist ein Weg

vo·le·re² [-e-] M Wille *m*

vol·ga·re **A** ADJ **1** volkstümlich, Volks- **2** ZOOL, BOT Trivial-: **nome** ~ Trivialname *m* **3** gemein, ordinär, vulgär **B** M **1** Vulgärsprache *f* **2** Vulgarität *f*

vol·ga·ri·tà F ⟨inv⟩ **1** Vulgarität *f* **2** unanständige Äußerung *f*

vol·ga·riz·za·re VT ⟨1a⟩ **1** in eine Vulgärsprache übertragen **2** popularisieren, gemeinverständlich darstellen; *pej* vulgarisieren **vol·ga·riz·za·zio·ne** [-o-] F Popularisierung *f*, Vulgarisierung *f*

vol·ge·re¹ [-ɔ-] ⟨3d⟩ **A** VT **1** richten, wenden: ~ **lo sguardo verso qn/qc** den Blick auf j-n/etw richten; ~ **l'attenzione a qn/qc** seine Aufmerksamkeit auf j-n/etw richten **2** *fig* umwandeln: ~ **il tragico in ironico** das Tragische ins Ironische umwandeln **3** (*tradurre*) übersetzen **B** VI ⟨av⟩ **1** abbiegen: **la via volge a destra** die Straße biegt nach rechts ab **2** *fig* sich wenden: **la situazione volge al meglio** die Lage wendet sich zum Besten **3** werden: **il tempo volge al bello** das Wetter wird schön **C** VIPR **-rsi** **1** sich (zu)wenden **2** *fig* sich richten: **la sua collera si volge contro di noi** seine Wut richtet sich gegen uns **3** *fig* sich widmen: **-rsi agli studi** sich dem Studium widmen

vol·ge·re² [-ɔ-] M **con il ~ degli anni** im Laufe der Jahre

vol·go [-o-] M *poet* Volk *n*; *pej* Pöbel *m*

vo·lie·ra [-ɛ-] F Vogelhaus *n*

vo·li·ti·vo ADJ willensstark

★**vo·lo** [-o-] M **1** Flug *m* (*a. fig*) **2** (*stormo*) Schwarm *m* **3** Fall *m*, Sturz *m*: **un ~ dal terzo piano** ein Sturz aus dem dritten Stock ♦ **afferrare qc al** ~ etw aus der Luft auffangen; *fig* etw im Nu verstehen; ~ **di andata e ritorno** Hin- und Rückflug *m*; ~ **charter** Charterflug *m*; ~ **di linea** Linienflug *m*; ~ **in deltaplano** Drachenfliegen *n*; ~ **diretto** Direktflug *m*; ~ **a lungo raggio** Fernflug *m*; **cogliere l'occasione al** ~ die Gelegenheit beim Schopf(e) ergreifen; **proseguire in** ~ weiterfliegen; ~ **senza scalo** Nonstop-Flug *m*; FLUG ~ **a vela** Segelflug *m*

★**vo·lon·tà** F ⟨inv⟩ Wille *m*: **una ~ forte** ein starker Wille; **non è cattiva ~ da parte mia, se** ... es ist kein böser Wille von mir, wenn ... ♦ **a** ~ nach Belieben; **con tutta la buona** ~ beim besten Willen; **dotato di forza di** ~ willensstark; **dotato di poca** ~ willensschwach

vo·lon·ta·ria·to M **1** unentgeltliche freiwillige Arbeit für wohltätige Zwecke **2** MIL freiwilliger Wehrdienst *m* **3** Volontariat *n* **vo·lon·ta·rie·tà** F Freiwilligkeit *f* **vo·lon·ta·rio** **A** ADJ **1** freiwillig **2** ANAT willkürlich **B** M, **-a** F Freiwillige *m/f*

vo·lon·te·ro·so [-o-] ADJ eifrig

vo·lo·ve·li·smo [-zmo] M Segelflugsport *m*

★**vol·pe** [-o-] F **1** Fuchs *m* **2** Fuchspelz *m*

vol·pi·no **A** ADJ **1** Fuchs- **2** *fig* schlau **B** M (*cane*) Spitz *m* **vol·po·ne** [-o-] M **1** ZOOL großer Fuchs *m* **2** *fig* schlauer Fuchs *m*

volt [-ɔ-] M ⟨inv⟩ Volt *n*

★**vol·ta¹** [-ɔ-] F **1** Mal *n*: **per la prima** ~ zum ersten Mal **2** SPORT Riesenfelge *f* **3** (*ippica*) Volte *f* ♦ **a -e** manchmal; **a mia/sua** ~ meiner-/seinerseits; **uno alla** ~ einer nach dem anderen; **fare una cosa alla** ~ eine Sache nach der anderen machen; **alle** (*od* **certe** *od* **delle**) **-e** ab und zu, hin und wieder; **una ~ o l'altra** irgendwann; **ancora una** ~ noch einmal; **di ~ in** ~ jedes Mal; von Mal zu Mal; **alla ~ di** in Richtung; **ogni ~ che** (*od* **tutte le -e che**) ... jedes Mal wenn ..., sooft ...;

qualche ~ manchmal; **quante -e?** wie oft?; **rare -e** selten; **una ~ tanto** selten; endlich; **una ~** einmal; früher; **una ~ per sempre** (*od* **tutte**) ein für alle Mal; **un po' per** (*od* **alla**) ~ nach und nach

vol·ta² [-ɔ-] F ARCH Gewölbe *n* ♦ **a ~** gewölbt

vol·ta·fac·cia M ⟨*inv*⟩ Gesinnungswechsel *m* **vol·ta·gab·ba·na** M/F ⟨*inv*⟩ Wendehals *m*

vol·tag·gio M ELEK Spannung *f*

vol·ta·me·tro M Voltmeter *n*

vol·ta·re ⟨1c⟩ **A** V/T **1** wenden, (um)drehen **2** richten: **~ lo sguardo verso qn** den Blick auf j-n richten **3** **~ l'angolo** um die Ecke biegen **B** V/I ⟨av⟩ abbiegen **C** V/PR **-rsi** sich umdrehen, sich umwenden ♦ **~ pagina** *fig* einen neuen Abschnitt beginnen; (*in tv*) ein neues Thema anschneiden

vol·ta·sto·ma·co [-ɔ-] **dare il ~ a qn** j-m den Magen umdrehen (*a. fig*)

vol·ta·ta F (*curva*) Kurve *f*, Biegung *f*

vol·teg·gia·men·to [-e-] M Kreisen *n* **vol·teg·gia·re** V/I ⟨1f; av⟩ **1** kreisen: **~ in cielo** am Himmel kreisen **2** (*nelle danze*) umherwirbeln **3** (*ippica*) voltigieren

vol·teg·gio [-e-] M **1** SPORT Umschwung *m*, Überschlag *m* **2** (*ippica*) Voltige *f* **3** FLUG Looping *m od n*

vol·ti·me·tro M → voltametro

vol·to¹ [-o-] ADJ gerichtet: **~ a sud** nach Süden gerichtet

vol·to² [-o-] M Gesicht *n* (*a. fig*): **il vero ~ di qn** j-s wahres Gesicht *n*

vol·to·la·re ⟨1l *u.* c⟩ **A** V/T umdrehen, rollen **B** V/PR **-rsi** sich wälzen

vol·tu·ra F **1** JUR Überschreibung *f*, Umschreibung *f*, Übertragung *f* **2** *form* Ummeldung *f*, Ummelden *n* **vol·tu·ra·re** V/T ⟨1a⟩ überschreiben, übereignen

vo·lu·bi·le ADJ unbeständig, wankelmütig **vo·lu·bi·li·tà** F ⟨*inv*⟩ Unbeständigkeit *f*, Wankelmut *m*

★**vo·lu·me** M **1** GEOM, PHYS Volumen *n* **2** Umfang *m* **3** (*ingombro*) Platz *m*, Ausmaß *n*, Raumbedarf *m* **4** Lautstärke *f* **5** Lautstärkeregler *m* **6** (*editoria*) Band *m*

vo·lu·mi·no·si·tà F ⟨*inv*⟩ Umfang *m*, Größe *f* **vo·lu·mi·no·so** [-o-] ADJ voluminös, umfangreich

vo·lu·ta F **1** Spirale *f* **2** ARCH Volute *f* ♦ **~ di fumo** Rauchfahne *f*

vo·lu·ta·men·te [-e-] ADV absichtlich

vo·lu·to ADJ **1** beabsichtigt **2** gekünstelt

vo·lut·tà F ⟨*inv*⟩ **1** Wollust *f* **2** Genuss *m*

vo·lut·tua·rio ADJ Luxus-, Genuss-: **bene ~** Luxusgut *n* **vo·lut·tuo·si·tà** F Sinnlichkeit *f* **vo·lut·tuo·so** [-o-] ADJ **1** wollüstig **2** sinnlich **3** genüsslich, genießerisch

vo·me·re [-ɔ-] M Pflugschar *f*

vo·mi·ta·re ⟨1l *u.* c⟩ **A** V/T **1** (er)brechen **2** *fig* ausstoßen **B** V/I ⟨av⟩ sich erbrechen, brechen **C** V/PR **-rsi addosso** *sl* sich vollkotzen **vo·mi·ta·tic·cio** M Erbrochene *n* **vo·mi·te·vo·le** [-e-] ADJ **1** Brech- **2** *fig* ekelhaft

vo·mi·to [-ɔ-] M **1** (Er)Brechen *n* **2** Erbrochene *n* ♦ **conato di ~** Brechreiz *m*

von·go·la [-o-] F Venusmuschel *f*

vo·ra·ce ADJ gefräßig **vo·ra·ci·tà** F **1** Gefräßigkeit *f* **2** *fig* Gier *f*

vo·ra·gi·ne F **1** Schlund *m*, Abgrund *m* **2** *fig* Fass *n* ohne Boden

vor·ti·ca·re V/I ⟨1d, l *u.* c; av⟩ wirbeln, strudeln

vor·ti·ce [-ɔ-] M Strudel *m*, Wirbel *m* (*a. fig*)

vor·ti·co·so [-o-] ADJ **1** Wirbel-: **vento ~** Wirbelsturm *m* **2** *fig* hektisch

Vo·sgi [-ɔ-] MPL Vogesen *pl*

★**vo·stro** [-ɔ-] ⟨*f* vostra; *mpl* vostri; *fpl* vostre⟩ **A** ADJ ⟨*poss*⟩ **1** euer, eure: **la -a macchina** euer Auto; **questa valigia è -a** das ist euer Koffer **2** Ihr, Ihre **B** POSS PR **1** eurer, eures, eure **2** Ihrer, Ihres, Ihre **3** HANDEL **la Vostra del 3 aprile** Ihr Schreiben vom 3. April **4** *pl* Eur(ig)en *pl*

vo·tan·te **A** ADJ wahlberechtigt **B** M/F **1** Wahlberechtigte *m/f* **2** Wähler *m*, -in *f*

★**vo·ta·re** ⟨1a⟩ **A** V/T **1** **~ qc** über etw (*akk*) abstimmen **2** JUR, POL wählen **3** (*legge*) verabschieden, annehmen **4** weihen: **~ la vita a qc** sein Leben etw (*dat*) weihen **B** V/I ⟨av⟩ stimmen: **~ a favore/contro qn/qc** für/gegen j-n/etw stimmen **C** V/PR **-rsi** **1** *fig* sich verschreiben **2** **-rsi a Dio** sein Leben Gott weihen ♦ **non sapere** (**più**) **a che santo -rsi** weder ein noch aus wissen

vo·ta·zio·ne [-o-] F **1** Abstimmung *f* **2** Wahl *f* **3** (*a. scuola*) Zensuren *pl*

vo·ti·vo ADJ Votiv-: **cappella -a** Votivkapelle *f* ♦ **offerta -a** Weihgabe *f*

★**vo·to** [-o-] M **1** (*scolastico*) Note *f*, Zensur

V

f **2** JUR, POL Stimme f: **dare il proprio ~ a qn** j-m seine Stimme geben **3** Wahl f, Abstimmung f: **~ segreto** geheime Wahl f **4** Wahlrecht n **5** REL Gelübde n; (*dono*) Votivgabe f ♦ **avente diritto al ~** wahlberechtigt; **~ favorevole** Jastimme f; **~ di fiducia** Vertrauensvotum n; **partecipazione al ~** Wahlbeteiligung f; **~ sfavorevole** Neinstimme f; **scheda di ~** Stimmzettel m

vouch·er ['vautʃer] M ⟨inv⟩ Voucher n od m

vo·yeur [vwa'jɛr] M Voyeur m, -in f

vu cum·prà M ⟨inv⟩ *umg pej* = (*nord*) *afrikanischer Straßenverkäufer*

vul·ca·ni·co ADJ **1** vulkanisch, Vulkan- **2** *fig* (*mente*) sprühend

vul·ca·niz·za·re V/T ⟨1a⟩ **1** vulkanisieren **2** (*pneumatici*) runderneuern

vul·ca·niz·za·zio·ne [-o-] F **1** Vulkanisierung f **2** (*pneumatici*) Runderneuerung f

★**vul·ca·no** M **1** Vulkan m **2** *fig* Energiebündel n ♦ **essere un ~ d'idee** vor Einfällen übersprudeln

vul·ca·no·lo·go [-ɔ-] M, **-a** F Vulkanologe m, -login f

vul·ne·ra·bi·le ADJ **1** verwundbar **2** *fig* verletzlich; schwach

vul·ne·ra·bi·li·tà F Verwundbarkeit f

vul·va F Vulva f **vul·va·re** ADJ Vulva-

vuo·ta·men·to [-e-] M Leerung f, Ausleeren n **vuo·ta·re** ⟨1o⟩ **A** V/T (aus)leeren **B** V/PR **-rsi** sich leeren ♦ *fig* **~ il sacco** auspacken

vuo·tez·za [-e-] F Leere f (*a. fig*)

★**vuo·to** [-ɔ-] **A** ADJ **1** leer (*a. fig*): **discorsi -i** leeres Gerede n **2** hohl **B** M **1** Leere f **2** Leere n: **precipitare nel ~** ins Leere stürzen **3** Hohlraum m **4** *fig* Leere f, Lücke f: **~ spirituale** geistige Leere f **5** (*recipiente vuoto*) Leergut n: **~ a perdere** Einwegflasche f; **~ a rendere** Mehrwegflasche f; **-i** Leergut n **6** PHYS Vakuum n: **confezionato sotto ~** vakuumverpackt ♦ **a ~** umsonst; **parlare a ~** umsonst reden; **colpo a ~** Fehlschlag m; MECH **girare a ~** leerlaufen; *fig* sich im Kreis drehen; **restare a mani -e** leer ausgehen; **avere un ~ di memoria** eine Gedächtnislücke haben; **a stomaco ~** auf nüchternen Magen

W

w, W F od M ⟨inv⟩ w, W n

wa·fer ['vafer] M ⟨inv⟩ Waffel f

wal·kie-tal·kie [wɔlki'tɔlki] M ⟨inv⟩ Walkie-Talkie n

Walk·man® ['wɔlkmɛn] M ⟨inv⟩ Walkman® m

war·game [wɔr'geim] M ⟨inv⟩ MIL Planspiel n, Kriegsspiel n

Wash·ing·ton [wɔʃiŋgton] F Washington n

wa·ter ['vater] M ⟨inv⟩ Toilettenbecken n

wa·ter-clos·et ['vater'klɔset] M ⟨inv⟩ Wasserklosett n

wa·ter·proof ['wɔter'pruf] ADJ ⟨inv⟩ wasserdicht

watt [vat] M ⟨inv⟩ Watt n

watt·me·tro ['vat-] M Wattmeter n

wat·to·ra [vatto-] F ⟨inv⟩ Wattstunde f

watt·se·con·do [vattseco-] M Wattsekunde f

wa·tus·so [va-] M **1** Watussi m **2** *umg* Bohnenstange f

WC ['vi'tʃi] M ⟨inv⟩ WC n

Web [wɛb] M ⟨inv⟩ Web n

web·cam [wɛb'kam] F ⟨inv⟩ Webcam f, Webkamera f

web·de·si·gner [wɛbde'zainer] M/F ⟨inv⟩ Webdesigner m, -in f

web·ma·ster [wɛb'master] M/F ⟨inv⟩ Webmaster m, -in f

web-ser·ver [wɛb'sɛrver] M ⟨inv⟩ IT Webserver m

week(-)end [wi'kɛnd] M ⟨inv⟩ Wochenende n: **buon ~!** schönes Wochenende!

week·en·di·sta [wikɛnd-] M/F ⟨inv⟩ Wochenendurlauber m, -in f

Welt·an·schau·ung [veltan'ʃauŋ(g)] F ⟨inv⟩ Weltanschauung f

wel·ter ['vɛlter] **A** ADJ ⟨inv⟩ Welter-: **peso ~** Weltergewicht n **B** M Weltergewichtler m, -in f

west [wɛst] M ⟨inv⟩ Westen m

west·ern ['wɛstern] M ⟨inv⟩ Western m: **~ all'italiana** Italowestern m

whis·ky ['wiski] M ⟨inv⟩ Whisky m: **bere un ~ liscio** einen Whisky pur trinken

wind·surf [wind'sɛrf] M ⟨inv⟩ **1** (Wind)Surfbrett n **2** Windsurfen n: **pra-**

ticare il (*od* **fare**) ~ windsurfen

wind·surf·ing [wind'sɛrfiŋ] M ⟨*inv*⟩ Windsurfen *n*

wind·sur·fi·sta M/F [windser-] Windsurfer *m*, -in *f*

wok [wɔk] M ⟨*inv*⟩ Wok *m*

woo·fer ['vufer] M ⟨*inv*⟩ RADIO Tieftöner *m*, Basslautsprecher *m*, Tieftonlautsprecher *m*

word pro·cess·ing ['wɔrd'prosessiŋ] M ⟨*inv*⟩ Textverarbeitung *f*

word pro·cess·or [-'sesor] M ⟨*inv*⟩ Textverarbeitungssystem *n*, Textverarbeitungsprogramm *n*

work·shop ['wɔrkʃɔp] M ⟨*inv*⟩ Workshop *m*

work·sta·tion [wɔrk'steʃon] F ⟨*inv*⟩ IT Workstation *f*

World Wide Web ['wɔrld'wide'wɛb] M World Wide Web *n*

würs·tel ['vjurstel] M ⟨*inv*⟩ Würstchen *n*

x, X F *od* M ⟨*inv*⟩ x, X *n* ♦ **a** (**forma di**) **x** x-förmig, X-; **raggi X** Röntgenstrahlen *pl*

xe·no·fo·bi·a F Ausländerfeindlichkeit *f*, Fremdenhass *m* **xe·no·fo·bi·co** [-ɔ-] ADJ ausländerfeindlich **xe·no·fo·bo** [-ɔ-] **A** ADJ ausländerfeindlich **B** M, **-a** F Ausländerfeind *m*, -in *f*

xe·ro·gra·fi·a F Xerografie *f*

xi·lo·fo·ni·sta M/F Xylofonspieler *m*, -in *f* **xi·lo·fo·no** [-ɔ-] M Xylofon *n*

xi·lo·gra·fi·a F Holzschnitt *m*

xi·lo·gra·fi·co ADJ xylografisch

xi·lo·gra·fo [-ɔ-] M, **-a** F Holzschneider *m*, -in *f*

Y

y, Y F *od* M ⟨*inv*⟩ y, Y *n*

yacht [jɔt] M ⟨*inv*⟩ Jacht *f*, Yacht *f*

Ye·men [-ɛ-] M Jemen *m* **ye·me·ni·ta** **A** ADJ jemenitisch **B** M, **-a** F Jemenit *m*, -in *f*

yen [jɛn] M ⟨*inv*⟩ Yen *m*

ye·ti [-ɛ-] M ⟨*inv*⟩ Yeti *m*

yo·ga [-ɔ-] M ⟨*inv*⟩ Yoga *m od n*, Joga *m od n*: **praticare lo ~** Yoga machen

yo·gurt [-ɔ-] M ⟨*inv*⟩ Joghurt *m od n*

yo·gur·tie·ra [-ɛ-] F Joghurtbereiter *m*

yo-yo® [jo'jɔ] M ⟨*inv*⟩ Jo-Jo *n*, Yo-Yo *n*

y·psi·lon F/M ⟨*inv*⟩ Ypsilon *n*

yuc·ca F BOT Yucca *f*, Palmlilie *f*

yup·pie ['juppi] M/F ⟨*inv*⟩ Yuppie *m*

yup·pi·smo [-zmo] M Yuppiegebaren *n*

Z

z, Z F *od* M ⟨*inv*⟩ z, Z *n*

za·ba·glio·ne [-o-], **za·ba·io·ne** [-o-] M Zabaione *f*, Weinschaumcreme *f*

zaf·fa·re V/T ⟨1a⟩ **1** verspunden **2** MED tamponieren **zaf·fa·ta** F **1** übel riechende Dunstwolke *f* **2** (*liquido*) Strahl *m* **3** (*gas*) Schwaden *m*

zaf·fe·ra·no M Safran *m*

zaf·fi·ro M Saphir *m*

zaf·fo M **1** Spund *m* **2** MED Tampon *m*

Za·ga·bria F Zagreb *n*

za·ga·ra F BOT Orangenblüte *f*

zai·no M Rucksack *m*; MIL Tornister *m*

Za·i·re M Zaire *n* **za·i·ria·no** **A** ADJ zairisch **B** M, **-a** F Zairer *m*, -in *f*

Zam·bia M Sambia *n* **zam·bia·no** **A** ADJ sambisch **B** M, **-a** F Sambier *m*, -in *f*

zam·pa F **1** Bein *n*, Lauf *m* **2** Fuß *m*; (*quadrupedi*) Pfote *f* **3** (*tigre, leone ecc.*) Pranke *f*, Tatze *f* ♦ **giù le -e!** Pfoten weg!; **pantaloni a ~ di elefante** Hosen *pl* mit Schlag; *fig* **-e di gallina** (*rughe*) Krähenfüße *pl*; *umg* **qua la ~!** schlag ein!

zam·pa·ta F 1 Pfotenhieb *m* 2 (*di grossi carnivori*) Prankenhieb *m*

zam·pet·ta·re V/I ⟨1a; av⟩ trippeln

zam·pet·to [-e-] M GASTR Hachse *f*, Haxe *f*

zam·pil·la·re V/I ⟨1a; es, av⟩ 1 herausspritzen 2 (heraus)sprudeln

zam·pil·lo M (dünner) Strahl *m*

zam·pi·no M Pfötchen *n* ♦ *fig* **c'è lo ~ di qn** j-d hat seine Finger im Spiel

zam·pi·ro·ne [-o-] M 1 Räucherspirale *f* gegen Insekten 2 *hum* schlechte Zigarette *f*

zam·po·gna [-o-] F Dudelsack *m*, Sackpfeife *f* **zam·po·gna·ro** M, **-a** F Dudelsackpfeifer *m*, -in *f*

zam·po·ne [-o-] M = *gefüllter Schweinsfuß*

zan·go·la F Butterfass *n*

zan·na F 1 Stoßzahn *m* 2 Reißzahn *m*

★**zan·za·ra** F (Stech)Mücke *f* **zan·za·rie·ra** [-ɛ-] F 1 Fliegengitter *n* 2 Mückennetz *n*

zap·pa F Hacke *f* ♦ *fig* **darsi la ~ sui piedi** sich ins eigene Fleisch schneiden

zap·pa·re V/T ⟨1a⟩ (um)hacken

zap·pa·ter·ra [-ɛ-] M/F ⟨*inv*⟩ 1 Feldarbeiter *m*, -in *f* 2 Bauer *m*, Bäuerin *f* 3 *pej* Rüpel *m* **zap·pa·to·re** [-o-] M, **-tri·ce** F 1 Feldarbeiter *m*, -in *f* 2 Bauer *m*, Bäuerin *f* **zap·pa·tri·ce** F (*macchina*) Hackmaschine *f* **zap·pa·tu·ra** F (Um)Hacken *n*

zap·ping [zɛppiŋg] M Zappen *n*, Zapping *n*: **fare ~** zappen

zap·po·ne [-o-] M Karst *m*

zar M ⟨*inv*⟩ Zar *m* **za·ri·na** F Zarin *f* **za·ri·sta** A ADJ zaristisch, Zaren-: **impero ~** Zarenreich *n* B M/F Zarist *m*, -in *f*

zat·te·ra F 1 Floß *n* 2 (*edilizia*) Schwellrost *m* ♦ **~ di salvataggio** Rettungsinsel *f*

zat·te·rie·re [-ɛ-] M Flößer *m*

zat·te·ro·ne [-o-] M 1 großes Floß *n* 2 Schuh *m* mit Keilabsatz

za·vor·ra [-ɔ-] F Ballast *m* (*a. fig*)

za·vor·ra·re V/T ⟨1a⟩ mit Ballast beschweren

zaz·ze·ra F Mähne *f* **zaz·ze·ru·to** A ADJ langhaarig B M, **-a** F Langhaarige *m/f*

ze·bra [-ɛ-] F 1 ZOOL Zebra *n* 2 *pl umg* Zebrastreifen *pl*

ze·bra·tu·ra F 1 Zebramuster *n* 2 **~ (stradale)** Zebrastreifen *pl*

zec·ca[1] [-e-] F Münzstätte *f*, Präge *f*

zec·ca[2] [-e-] F ZOOL Zecke *f*

ze·lan·te ADJ 1 eifrig, fleißig 2 gewissenhaft **ze·la·to·re** [-o-] M, **-tri·ce** F Eiferer *m*, -rin *f*

ze·lo [-ɛ-] M Eifer *m*: **pieno di ~** voller Eifer

zen [-ɛ-] A ADJ ⟨*inv*⟩ Zen- B M ⟨*inv*⟩ Zen *n*

ze·nit [-ɛ-] M ⟨*inv*⟩ Zenit *m*, Scheitelpunkt *m*

zen·ze·ro [-ɛ-] M Ingwer *m*

zep·pa [-e-] F 1 Keil *m* 2 *fig* Abhilfe *f* 3 Plateausohle *f* 4 Füllwort *n* 5 Einschub *m*

zep·pe·lin [-ɛ-] M ⟨*inv*⟩ Zeppelin *m*

zep·po [-e-] ADJ *umg* 1 voll(er) 2 überfüllt ♦ **pieno ~** gerammelt voll

zer·bi·no M Fußmatte *f*, Fußabtreter *m*

zer·bi·not·to [-ɔ-] M, **-a** F (*uomo*) Geck *m*, Stutzer *m*; (*donna*) Modepuppe *f*

ze·ro [-ɛ-] A ADJ ⟨*inv*⟩ null, Null- B M 1 Null *f*: **sopra/sotto ~** über/unter null 2 *fig* Versager *m* 3 PHYS Nullpunkt *m* ♦ **partire da ~** bei null anfangen (*a. fig*)

★**zi·a** F Tante *f*

zi·bal·do·ne [-o-] M *pej* Sammelsurium *n*

zi·bel·li·no M 1 Zobel *m* 2 Zobelpelz *m*

zi·bib·bo M = *süße Weintraubensorte*

zi·ga·no A ADJ Zigeuner- B M, **-a** F Zigeuner *m*, -in *f*

zi·go·mo M Backenknochen *m*

zi·gri·na·to ADJ MECH Rändel-: **dado ~** Rändelmutter *f*

zig·zag, **zig-zag** M ⟨*inv*⟩ Zickzack *m*: **andare a ~** im Zickzack gehen, fahren

zim·bab·wa·no A ADJ simbabwisch B M, **-a** F Simbabwer *m*, -in *f* **Zim·bab·we** M Simbabwe *n*

zim·bel·lo [-ɛ-] M 1 Lockvogel *m* 2 *fig* Gespött *m*

zin·ca·re V/T ⟨1d⟩ verzinken **zin·ca·to** ADJ Zink- **zin·ca·tu·ra** F Verzinkung *f*

zin·co M Zink *n*

zin·co·gra·fi·a F Zinkdruck *m*

zin·ga·re·sco [-e-] ADJ zigeunerhaft

zin·ga·ro M, **-a** F Zigeuner *m*, -in *f* (*a. fig*)

zin·nia F BOT Zinnie *f*

★**zi·o** M Onkel *m*

zip M *od* F ⟨*inv*⟩ Reißverschluss *m*

zip·pa·re V/T ⟨1a⟩ IT zippen, komprimieren **zip·pa·to** ADJ gezippt

zir·co·ne [-o-] M Zirkon *m*

Z

zir·la·re VI ⟨1a; av⟩ **1** (*tordo*) pfeifen **2** (*pulcino*) piep(s)en **3** (*topo*) quiek(s)en
zir·lo M **1** Pfeifen *n* **2** Piep(s)en *n* **3** Quiek(s)en *n*
zi·tel·la [-ɛ-] F **1** unverheiratete Frau *f* **2** *pej* alte Jungfer *f*, *euph* spätes Mädchen *n*
zi·tel·lo [-ɛ-] M *hum* eingefleischter Junggeselle *m*
zi·tel·lo·na [-o-] F alte Jungfer *f*
zi·tel·lo·ne [-o-] M *hum* eingefleischter Junggeselle *m*
zit·ti·re ⟨4d⟩ **A** VT zum Schweigen bringen **B** VI ⟨av⟩ schweigen
★**zit·to** ADJ still ♦ **zitto, zitto** still und leise; heimlich
ziz·za·nia F *fig* Zwietracht *f*: **seminare ~ tra due persone** unter zwei Menschen Zwietracht säen
zoc·co·la [-ɔ-] F *vulg* Nutte *f*
zoc·co·la·re VI ⟨1a; av⟩ mit Holzschuhen klappern **zoc·co·la·ta** F Hufschlag *m*
zoc·co·lo [-ɔ-] M **1** Holzschuh *m*; Holzpantoffel *m* **2** ZOOL Huf *m* **3** ARCH, GEOL, ELEK Sockel *m* **4** Fußleiste *f* **5** TYPO Klischeefuß *m*
zo·dia·ca·le ADJ Tierkreis-: **segno ~** Sternzeichen *n* **zo·di·a·co** M Tierkreis *m*
zol·fa·nel·lo [-ɛ-] M Schwefelhölzchen *n*
zol·fo [-o-] M Schwefel *m*
zol·la [-ɔ-] F **1** Erdscholle *f* **2** Stück *n* ♦ **~ continentale** Festlandssockel *m*
zol·let·ta [-e-] F Würfel *m*, Stück *n*: **zucchero in -e** Würfelzucker *m*
★**zo·na** [-ɔ-] F **1** Zone *f*, Gegend *f*, Gebiet *n*: **~ montuosa/pianeggiante** gebirgige/flache Gegend *f*; **~ denuclearizzata** atomwaffenfreie Zone *f* **2** ADMIN Bezirk *m* ♦ **~ di alta pressione** Hochdruckgebiet *n*; **~ di bassa pressione** Tiefdruckgebiet *n*; AUTO **~ di assorbimento** Kautschzone *f*; *fig* **~ calda** Krisengebiet *n*; **~ denuclearizzata** atomwaffenfreie Zone *f*; ★**zona disco** Kurzparkzone *f* (mit Parkuhr), blaue Zone *f*; **~ euro** Eurozone *f*; **essere in ~** in der Nähe sein; **~ monetaria** Währungsraum *m*; **~ pedonale** Fußgängerzone *f*; **~ portuale** Hafengelände *n*; **~ protetta** Naturschutzgebiet *n*; **~ residenziale** Wohngebiet *n*; Villenviertel *n*; **~ a traffico limitato** verkehrsberuhigte Zone *f*; **~ verde** Grünanlagen *pl*
zo·ni·sta M/F SPORT Zonenverteidiger *m*, -in *f*
zon·zo [-o-] **andare a ~** herumbummeln
zo·o [-ɔo] M ⟨*inv*⟩ Zoo *m*
zo·o·fi·li·a F Tierliebe *f* **zo·o·fi·lo** [-oˈɔ-] **A** ADJ tierliebend **B** M, **-a** F Tierfreund *m*, -in *f*
zo·o·lo·gi·a F Zoologie *f*, Tierkunde *f*
zo·o·lo·gi·co [-ɔ-] ADJ zoologisch
zo·o·lo·go [-oˈɔ-] M, **-a** F Zoologe *m*, -login *f*
zoom [dzum] M ⟨*inv*⟩ Zoomobjektiv *n*
zoo·ma·re VT & VI ⟨1a; av⟩ **~ (su) qc** etw zoomen
zo·o·sa·fa·ri [-s-] M ⟨*inv*⟩ Safaripark *m*
zo·o·tec·ni·ca [-ɛ-] F Vieh-, Tierzucht *f*
zo·o·tec·ni·co [-ɛ-] **A** ADJ Viehzucht-, Tierzucht- **B** M, **-a** F Vieh-, Tierzüchter *m*, -in *f*
zop·pag·gi·ne F Hinken *n* **zop·pi·can·te** ADJ **1** hinkend (*a. fig*) **2** wackelig (*a. fig*)
zop·pi·ca·re VI ⟨1l, c *u.* d; av⟩ **1** hinken (*a. fig*) **2** wackeln **3** *fig* **zoppica in matematica** in Mathematik hapert es bei ihm **zop·po** [-ɔ-] **A** ADJ **1** hinkend **2** wackelig **3** *fig* schwach: **un ragionamento ~** eine schwache Argumentation **B** M, **-a** F Hinkende *m/f*
zo·ti·chez·za [-e-] F Grobheit *f* **zo·ti·co** [-o-] ADJ grob **zo·ti·co·ne** [-o-] M, **-a** F Grobian *m*, grobe Person *f*
zua·vo M **calzoni** (*od* **pantaloni**) **alla -a** Kniebundhose *f*, Pumphose *f*
zuc·ca F **1** Kürbis *m* **2** *fig* (*testa*) Birne *f*: **avere sale in ~** etwas auf dem Kasten haben
zuc·ca·ta F Stoß *m* mit dem Kopf
zuc·che·ra·re VT ⟨1l⟩ zuckern **zuc·che·ra·to** ADJ **1** gezuckert, Zucker- **2** *fig* zuckersüß
zuc·che·rie·ra [-ɛ-] F Zuckerdose *f*
zuc·che·rie·ro [-ɛ-] ADJ Zucker- **zuc·che·ri·fi·cio** M **1** Zuckerfabrik *f* **2** Zuckerraffinerie *f* **zuc·che·ri·no** **A** ADJ **1** zuckerhaltig, Zucker- **2** zuckersüß **B** M **1** Zuckerstück *n* **2** *fig* zuckersüßer Mensch *m*
★**zuc·che·ro** M **1** Zucker *m* (*a.* CHEM): **prendere il caffè con lo ~** Zucker zum Kaffee nehmen **2** *fig* gutmütiger Mensch *m* **3** *pej* zuckersüßer Mensch *m* ♦ **~ candito** Kandiszucker *m*; **~ di canna** Rohrzucker *m*; **~ filato** Zuckerwatte *f*; **~ raffinato** Raffinade *f*; **~ semolato** Kristallzucker

m; ~ **a velo** Puderzucker *m*; ~ **in zollette** Würfelzucker *m*

zuc·che·ro·so [-o-] ADJ **1** zuckersüß **2** *fig* zuckersüß, süßlich

zuc·chi·na F, **zuc·chi·no** M BOT Zucchini *f*, *schweiz* Zucchetto *m*

zuc·co·nag·gi·ne F Begriffsstutzigkeit *f* **zuc·co·ne** [-o-] **A** ADJ begriffsstutzig **B** M, **-a** F Dummkopf *m*

zuf·fa F **1** Rauferei *f* **2** Wortgefecht *n*

zu·fo·la·re V/T & V/I ⟨1l; av⟩ pfeifen

zu·fo·lo M Hirtenflöte *f*

Zu·go F Zug *n*

zu·ma·re V/T & V/I ⟨1a; av⟩ ~ (**su**) **qc** etw zoomen **zu·ma·ta** F Zoomen *n*

zup·pa F **1** Suppe *f*: ~ **di pesce** Fischsuppe *f* **2** *fig pej* Mischmasch *m* **3** *umg* = *langweilige Angelegenheit*: **che** ~! so etwas Langweiliges! ♦ ~ **inglese** = *Süßspeise aus Creme und in Likör getränkten Löffelbiskuits*; *umg* **è sempre la solita** ~! es ist immer das alte Lied!; **se non è** ~ **è pan bagnato** es ist gehupft wie gesprungen

zup·pie·ra [-ɛ-] F Suppenschüssel *f*

zup·po ADJ durchnässt, pudelnass

Zu·ri·go F Zürich *n*

zuz·zu·rel·lo·ne [-o-] M, **-a** F Kindskopf *m*

Deutsch – Italienisch

A

a, A N ⟨-; -⟩ 1 (*Buchstabe*) a, A *f/m* 2 MUS la *m* ♦ **A wie Anton** A come Ancona; **von A bis Z** dalla a alla zeta; **das A und** (**das**) **O** l'alfa e l'omega; **wer A sagt, muss auch B sagen** quando si è in ballo si deve ballare

à PRÄP (*zu je*) da; (*pro*) a

Aa·chen N ⟨-s⟩ Aquisgrana *f*

Aal M ⟨-[e]s; -e⟩ anguilla *f*: **~ blau** anguilla bollita **aa·len** V/R **sich ~** *umg* crogiolarsi **aal·glatt** ADJ 1 viscido 2 *fig* sfuggente

Aar·gau M ⟨-s⟩ Canton *m* Argovia

Aas N ⟨-es; -e *u.* Äser⟩ carogna *f* **Aas·gei·er** M avvoltoio *m* (*a. fig*)

ab A PRÄP (+*dat*) 1 (*lokal*) da: **~ Werk** dalla (*od* franco) fabbrica 2 (*temporal*) da, a partire da: **~ erstem** (*od* **ersten**) **Juni** dal primo giugno 3 (*bei Zahlenangaben*) da ... (in su): **Bestellungen ~ 50 Exemplaren** ordini superiori ai 50 esemplari B ADV 1 essere staccato: **der Knopf ist ~** il bottone si è staccato 2 (*los*) su *od* via: **~ ins Bett!** via, a letto! ♦ **auf und ~** su e giù; **~ und zu** talvolta

ab·än·dern V/T 1 modificare, mutare 2 (*verbessern*) correggere 3 POL (*Gesetz*) emendare

Ab·än·de·rung F 1 modifica *f* 2 (*Verbesserung*) correzione *f* 3 POL emendamento *m*

ab·ar·bei·ten A V/T 1 compiere, portare a termine (lavorando) 2 (*durch Arbeit tilgen*) estinguere B V/R **sich ~** sfinirsi di lavoro

Ab·art F 1 varietà *f* 2 BOT, ZOOL (*Unterart*) sottospecie *f* **ab·ar·tig** ADJ 1 degenerato 2 (*sexuell*) pervertito; perverso

Ab·bau M 1 smantellamento *m* 2 (*Demontage*) smontaggio *m* 3 riduzione *f* 4 BERGB estrazione *f* 5 (*Beseitigung*) abolizione *f* 6 CHEM, BIOL degradazione *f*

ab·bau·bar ADJ **biologisch ~** biodegradabile

ab·bau·en V/T 1 smantellare 2 (*abmontieren*) smontare 3 ridurre: **Arbeitsplätze ~** ridurre i posti di lavoro 4 BERGB estrarre 5 *fig* abolire: **Vorurteile ~** abolire pregiudizi 6 CHEM, BIOL degradare

ab·bei·ßen V/T ⟨*irr*⟩ staccare con un morso

ab·bei·zen V/T sverniciare **Ab·beiz·mit·tel** N sverniciatore *m* al solvente

ab·be·kom·men V/T ⟨*irr*⟩ 1 ricevere: **sein Teil von etw ~** ricevere la propria parte di qc 2 (*erleiden*) riportare 3 (*entfernen können*) riuscire a togliere

ab·be·ru·fen V/T ⟨*irr*⟩ richiamare **Ab·be·ru·fung** F richiamo *m* ♦ **vorläufige ~** sospensione

ab·be·stel·len V/T disdire, annullare: **eine Ware ~** annullare l'ordinazione di una merce; **j-n ~** disdire l'appuntamento con qn **Ab·be·stel·lung** F disdetta *f*, annullamento *m*

ab·be·zah·len V/T 1 (*in Raten zahlen*) pagare a rate 2 (*in Teilbeträgen zurückzahlen*) estinguere (gradualmente)

ab·bie·gen ⟨*irr*⟩ A V/T (*vereiteln*) sventare B V/I ⟨s.⟩ svoltare: **nach links ~** svoltare a sinistra; **vom Weg ~** deviare dal cammino **Ab·bie·ge·spur** F corsia *f* con obbligo di svolta **Ab·bie·gung** F svolta *f*

Ab·bild N 1 copia *f* 2 immagine *f*: **ein verklärtes ~ der Realität** un'immagine trasfigurata della realtà **ab·bil·den** V/T 1 copiare 2 (*darstellen*) rappresentare **Ab·bil·dung** F illustrazione *f*, figura *f*

ab·bin·den ⟨*irr*⟩ A V/T 1 (*lösen*) slegare: **die Krawatte ~** togliersi la cravatta 2 MED, GASTR legare B V/I ⟨h.⟩ BAU far presa

Ab·bit·te F scusa *f*: **j-m ~ schulden/tun** dovere/fare le proprie scuse a qn

ab·bla·sen V/T ⟨*irr*⟩ *umg* (*absagen*) revocare

ab·blät·tern V/I ⟨s.⟩ sfaldarsi

ab·blei·ben V/I ⟨*irr*; s.⟩ *umg* andare a finire

ab·blen·den A V/T **die Scheinwerfer ~** abbassare i fari B V/I ⟨h.⟩ 1 **auf- und ~** lampeggiare (con i fari) 2 FOTO chiudere il diaframma

Ab·blend·licht N fari *mpl* anabbaglianti

ab·blit·zen V/I ⟨s.⟩ *umg* **bei j-m** (**mit etw**) **~** fare fiasco con qn (a proposito di qc); **j-n ~ lassen** dire di no a qn

ab·blo·cken V/T SPORT *fig* bloccare

ab·bre·chen ⟨*irr*⟩ A V/T 1 (*lösen*) staccare 2 (*abreißen*) demolire 3 **das Zelt ~** smontare la tenda 4 IT (*Programm*) interrompere: **abbrechen!** (*Befehl*) annulla **5** (*unvermittelt beenden*) rompere, troncare: **die Beziehung zu j-m ~** troncare i rapporti con qn; **alle Brücken zu j-m ~** rompere i ponti con qn **B** VI **1** ⟨s.⟩ (*wegbrechen*) staccarsi **2** ⟨h.⟩ (*aufhören*) interrompersi: **mitten im Satz ~** interrompersi a metà di una frase ♦ *umg* **sich** (*dat*) **einen ~** darsi delle arie; (*sich überanstrengen*) ammazzarsi di fatica

ab·brem·sen **A** VT **1** fermare **2** *fig* frenare **B** VI ⟨h.⟩ frenare **Ab·brem·sung** F frenata *f*

ab·bren·nen ⟨*irr*⟩ **A** VT **1** bruciare **2** **ein Feuerwerk ~** accendere un fuoco d'artificio **B** VI ⟨s.⟩ bruciare: **bis auf die Grundmauern ~** bruciare fino alle fondamenta

ab·brin·gen VT ⟨*irr*⟩ distogliere: **j-n von seinem Plan ~** distogliere qn dal suo progetto

ab·brö·ckeln **A** VT staccare a pezzetti; (*Brot*) sbocconcellare **B** VI ⟨s.⟩ **1** (*in Stücken abfallen*) sbriciolarsi **2** WIRTSCH essere in ribasso: **die Kursnotierungen bröckeln ab** le quotazioni in borsa sono in ribasso

Ab·bruch M **1** (*von Gebäude*) demolizione *f* **2** (*Unterbrechung*) interruzione *f*: **~ der Schwangerschaft** interruzione (volontaria) della gravidanza, aborto ♦ **das tut der Sache keinen ~** questo non pregiudica la cosa **Ab·bruch·haus** N casa *f* in demolizione, da demolire **ab·bruch·reif** ADJ da demolire

ab·bu·chen VT detrarre: **einen Betrag vom Konto ~** addebitare un importo sul conto **Ab·bu·chung** F detrazione *f*, addebito *m*

ab·bürs·ten VT spazzolare

Ab·bu·ße F **für etw ~ tun/leisten** fare ammenda/penitenza per qc **ab·bü·ßen** VT **1** espiare: **seine Schuld ~** espiare la propria colpa **2** scontare: **eine Freiheitsstrafe ~** scontare una pena detentiva

Abc [abe'tse:] N ⟨-; -⟩ ABC *m*, abbiccì *m*: **nach dem ~ ordnen** mettere in ordine alfabetico

ABC-Kampf·mit·tel PL armi *fpl* di tipo Atomico, Biologico, Chimico

ab·damp·fen VI ⟨s.⟩ *umg* partire

ab·dan·ken VI ⟨h.⟩ **1** abdicare **2** (*von einem Amt*) dimettersi **Ab·dan·kung** F ⟨-; -en⟩ **1** abdicazione *f* **2** (*Rücktritt*) dimissioni *fpl*

ab·de·cken VT **1** (*entfernen*) togliere **2** **den Tisch ~** sparecchiare la tavola **3** (*bedecken*) (ri)coprire **Ab·de·ckung** F copertura

ab·dich·ten VT **1** chiudere (bene), tappare: **etw hermetisch ~** chiudere ermeticamente qc **2** (*gegen Feuchtigkeit*) impermeabilizzare **3** (*mit einer Dichtung*) **etw ~** applicare una guarnizione a qc

ab·drän·gen VT allontanare, spingere via

ab·dre·hen **A** VT **1** (*ausschalten*) spegnere **2** (*zudrehen*) chiudere **3** (*losschrauben*) svitare **B** VI ⟨h., s.⟩ cambiare direzione; SCHIFF, FLUG virare **C** VR **sich ~** volgersi altrove

ab·drif·ten VI ⟨s.⟩ SCHIFF andare alla deriva

Ab·druck[1] M ⟨-[e]s; -e⟩ **1** pubblicazione *f* **2** (*Kopie*) copia *f*

Ab·druck[2] M ⟨-[e]s; Abdrücke⟩ impronta *f*

ab·dru·cken VT pubblicare

ab·drü·cken **A** VT **1** **den Revolver ~** premere il grilletto della pistola **2** *fig* **das drückt mir die Luft ab** mi toglie il respiro **B** VR **sich ~** lasciare l'impronta **C** VI ⟨h.⟩ **auf j-n ~** sparare contro qn

ab·dun·keln VT **1** schermare: **ein Licht ~** schermare una luce **2** oscurare: **ein Zimmer ~** oscurare una stanza

ab·eb·ben VI ⟨s.⟩ placarsi, calmarsi

Abend M ⟨-s; -e⟩ sera *f*, serata *f*: **ein warmer ~ im Herbst** una tiepida sera d'autunno; **ein gemütlicher ~** una piacevole serata; **heute ~** stasera ♦ **am ~** alla sera; **guten ~!** buona sera!; **Heiliger ~** vigilia di Natale

Abend·an·dacht F vespro *m* **Abend·es·sen** N cena *f* **Abend·gym·na·si·um** N liceo *m* serale **Abend·kleid** N abito *m* da sera **Abend·land** N Occidente *m* **abend·län·disch** ADJ occidentale **abend·lich** ADJ serale **Abend·mahl** N REL **1** Ultima Cena *f* **2** comunione *f*: **das ~ empfangen** ricevere la comunione **Abend·rot** N ⟨-s⟩ rosso *m* della sera

abends ADV di sera ♦ **spät ~** la sera tardi; **um 8 Uhr ~** alle otto di sera

Abend·schu·le F scuola *f* serale **Abend·stern** M stella *f* della sera, Venere *f* **Abend·vor·stel·lung** F rappresentazione *f* serale **Abend·zei·tung** F giornale *m* della sera

Aben·teu·er N ⟨-s; -⟩ avventura *f*: **auf ~ ausgehen** andare in cerca di avventure
aben·teu·er·lich ADJ **1** avventuroso **2** (*riskant*) rischioso **3** (*ausgefallen*) stravagante, bizzarro **Aben·teu·er·lust** F gusto *m* per l'avventura **Aben·teu·er·spiel·platz** M parco *m* Robinson
Aben·teu·rer M ⟨-s; -⟩, **-in** F ⟨-; -nen⟩ avventuriero *m*, -a *f*
aber KONJ ma, però ♦ **~ ja!** ma sì!; **~ ich bitte dich!** ma insomma!; **da gibt's kein Aber!** non c'è ma che tenga!
Aber·glau·be M superstizione *f*
aber·gläu·bisch ADJ superstizioso
aber·hun·dert ADJ ⟨*inv*⟩ cento e cento
ab·er·ken·nen VT ⟨*irr*⟩ **j-m etw ~** negare qc a qn; **die Staatsbürgerschaft ~** togliere la cittadinanza **Ab·er·ken·nung** F privazione *f*: **~ der bürgerlichen Ehrenrechte** privazione dei diritti civili
aber·ma·lig ADJ ripetuto
aber·mals ADV un'altra volta, di nuovo
aber·tau·send ADJ ⟨*inv*⟩ mille e mille
Aber·witz M follia *f*
aber·wit·zig ADJ folle
ab·fahr·be·reit ADJ pronto per la partenza
ab·fah·ren ⟨*irr*⟩ **A** VI ⟨s.⟩ **1** partire **2** (*abwärtsfahren*) scendere **3** *umg* **auf j-n/etw ~** essere entusiasti di qn/qc: **auf die ist er total abgefahren** è completamente partito per lei **B** VT **1** portare via **2** (*abtrennen, abreißen*) staccare **3** ⟨h., s.⟩ (*bereisen*) percorrere **C** VR **sich ~** consumarsi ♦ **von der Autobahn ~** uscire dall'autostrada; **sie hat ihn kühl ~ lassen** lo ha respinto freddamente
Ab·fahrt F **1** (*Abreise*) partenza *f* **2** (*bergab*) discesa *f* **3** (*Autobahn*) uscita *f* **Ab·fahrts·lauf** M discesa *f* libera **Ab·fahrts·ren·nen** N (gara *f* di) discesa *f* libera **Ab·fahrt(s)·zeit** F ora *f* di partenza
Ab·fall M **1** scarto *m*: **radioaktive Abfälle** scorie radioattive **2** *pl* (*Hausabfälle*) rifiuti *mpl*, immondizia *f* **3** REL, POL abbandono *m* **4** (*Neigung eines Geländes*) pendenza *f* **5** (*Leistung, Temperatur*) calo *m*, diminuzione *f* **Ab·fall·be·sei·ti·gung** F smaltimento *m* (dei) rifiuti **Ab·fall·ei·mer** M pattumiera *f*
ab·fal·len VI ⟨*irr*; s.⟩ **1** (*übrig bleiben*) restare **2** (*herunterfallen*) cadere **3** REL, POL **von etw/j-m ~** abbandonare qc/qn; **von einem Glauben ~** rinnegare una fede **4** (*Gelände*) digradare **5** (*abnehmen*) calare **6** **gegen j-n/etw ~** peggiorare rispetto a qn/qc **ab·fal·lend** ADJ pendente: **steil ~** ripido
ab·fäl·lig ADJ sprezzante
Ab·fall·pro·dukt N prodotto *m* ottenuto da rifiuti **Ab·fall·stoff** M residuo *m*; rifiuti *mpl*, scorie *fpl* **Ab·fall·ton·ne** F bidone *m* della spazzatura **Ab·fall·ver·wer·tung** F riciclaggio *m* dei rifiuti
ab·fan·gen VT ⟨*irr*⟩ **1** intercettare (*a.* SPORT): **einen Agenten/den Ball ~** intercettare un agente segreto/la palla **2** (*aufhalten*) fermare: **einen Stoß ~** parare un tiro **3** (*abstützen*) puntellare
Ab·fang·jä·ger M MIL intercettore *m*
ab·fär·ben VI ⟨h.⟩ **1** perdere il colore, scolorirsi **2** *fig* **auf j-n ~** influenzare qn
ab·fas·sen VT redigere, stendere **Ab·fas·sung** F redazione *f*, stesura *f*
ab·fau·len VI ⟨s.⟩ marcire e cadere
ab·fe·dern VT **1** ammortizzare: **einen Stoß ~** ammortizzare un colpo **2** TECH molleggiare
ab·fei·len VT **1** limare via **2** (*glätten*) limare
ab·fer·ti·gen VT **1** preparare (per la spedizione) **2** **j-n/etw ~** compiere le formalità necessarie per qn/qc **3** **etw zollamtlich ~** sdoganare qc **4** *umg* **j-n kurz ~** liquidare qn in fretta
Ab·fer·ti·gung F **1** preparazione *f* (per la spedizione) **2** disbrigo *m* delle formalità necessarie **Ab·fer·ti·gungs·hal·le** F (sala *f*) partenze *fpl*, salone *m* partenze **Ab·fer·ti·gungs·schal·ter** M FLUG check-in *m inv*
ab·feu·ern VT **1** sparare: **einen Schuss/ein Gewehr ~** sparare un colpo/con un fucile **2** **eine Rakete ~** lanciare un missile
ab·fin·den ⟨*irr*⟩ **A** VT risarcire; (*Gläubiger*) soddisfare **B** VR **1** **sich mit j-m ~** accordarsi con qn **2** **sich mit etw ~** accontentarsi di qc **Ab·fin·dung** F ⟨-; -en⟩ risarcimento *m*; (*von Gläubigern*) tacitazione *f*
ab·fla·chen **A** VT spianare **B** VI ⟨s.⟩ **1** calare, diminuire **2** *fig* appiattirsi, calare
ab·flau·en VI ⟨s.⟩ **1** ridursi: **der Wind flaute ab** il vento calò; **das Geschäft flaut ab** gli affari ristagnano **2** languire: **das Gespräch flaute ab** la conversazione languiva
ab·flie·gen VI ⟨*irr*; s.⟩ **1** FLUG decollare

2 (*Personen*) partire in aereo
ab·flie·ßen V/I ⟨irr; s.⟩ defluire
Ab·flug M partenza *f*; FLUG decollo *m*
Ab·fluss M 1 deflusso *m* 2 (*vom Becken*) scarico *m* 3 *fig* **der ~ des Kapitals ins Ausland** la fuga dei capitali all'estero
ab·fra·gen V/T 1 interrogare: **j-n** (*od* **j-m**) **etw ~** interrogare qn su qc 2 IT **eine Datenbank ~** consultare una banca dati
ab·fres·sen V/T ⟨irr⟩ divorare (del tutto)
ab·frie·ren V/I ⟨irr; s.⟩ gelare ♦ *umg* **ich habe mir bei der Kälte einen abgefroren** sono morto dal freddo
Ab·fuhr F ⟨-; -en⟩ 1 rimozione *f* 2 *fig* rifiuto *m* ♦ **eine ~ bekommen** essere scaricato; **j-m eine ~ erteilen** scaricare qn
ab·füh·ren A V/T 1 portare via 2 (*ableiten*) deviare 3 allontanare: **dieser Weg führt uns vom Ziel ab** questa strada ci allontana dalla meta 4 (*Steuern*) pagare B V/I ⟨h.⟩ essere lassativo **ab·füh·rend** ADJ lassativo **Ab·führ·mit·tel** N lassativo *m*
ab·fül·len V/T 1 imbottigliare 2 (*umfüllen*) travasare ♦ *umg* **j-n ~** far ubriacare qn
Ab·ga·be F 1 consegna *f* 2 (*Steuer*) tassa *f* 3 (*von Strahlen*) emissione *f* 4 **die ~ einer Erklärung** il rilascio di una dichiarazione
ab·ga·ben·frei ADJ esente da tasse **ab·ga·ben·pflich·tig** ADJ soggetto a tassazione
Ab·gang M 1 (*Abfahrt*) partenza *f* 2 (*Absendung*) spedizione *f* 3 (*von der Schule*) ritiro *m* 4 (*von der Bühne*) uscita *f* 5 *fig* **ein schlechter ~** una cattiva prova di sé 6 MED (*Ausscheidung*) espulsione *f* 7 MED (*Fehlgeburt*) aborto *m* spontaneo
Ab·gas N gas *m* di scarico **ab·gas·arm** ADJ poco inquinante **Ab·gas·grenz·wert** M valore *m* limite delle emissioni dei gas di scarico **Ab·gas(·son·der)·un·ter·su·chung** F controllo *m* dei gas di scarico
ab·ge·ar·bei·tet ADJ logorato, consumato: **-e Hände** mani consumate dal lavoro
ab·ge·ben ⟨irr⟩ A V/T 1 (*übergeben*) consegnare 2 (*zur Aufbewahrung*) depositare 3 (*überlassen*) dare, cedere (*a.* SPORT): **den Ball ~** cedere la palla 4 **den Vorsitz ~** lasciare la presidenza 5 (*von sich geben*) emanare 6 esprimere: **eine Erklärung ~** dare una spiegazione B V/R 1 **sich mit j-m/etw ~** occuparsi di qn/qc 2 *pej* **sich mit j-m ~** avere a che fare con qn
ab·ge·brannt ADJ *umg* al verde
ab·ge·brüht ADJ *fig* 1 insensibile 2 (*skrupellos*) senza scrupoli
ab·ge·dro·schen ADJ *fig* trito e ritrito
ab·ge·feimt ADJ *pej* scaltro, astuto
ab·ge·fuckt [-fakt] ADJ *vulg* di merda
ab·ge·grif·fen ADJ logoro (*a. fig*)
ab·ge·hackt ADJ *fig* 1 (*Sprechweise*) smozzicato 2 (*Bewegungen*) a scatti
ab·ge·hen ⟨irr⟩ A V/I ⟨s.⟩ 1 (*Waren*) partire 2 (*weggehen*) ritirarsi: **von der Schule ~** ritirarsi da scuola 3 THEAT uscire (di scena) 4 (*sich loslösen*) staccarsi 5 allontanarsi: **von der Hauptstraße ~** lasciare la strada principale 6 *fig* **von einem Grundsatz ~** venir meno a un principio 7 piegare: **der Weg geht nach rechts ab** la via piega a destra 8 *fig* mancare: **ihm geht der Humor ab** gli manca il senso dell'umorismo 9 andare: **alles ist glatt abgegangen** è andato tutto liscio; **es geht nie ohne Streit ab** si finisce sempre per litigare 10 (*abgezogen werden*) detrarsi: **davon gehen noch 10% ab** da questo si detrae ancora il 10% 11 MED venire espulso B V/T percorrere
ab·ge·hetzt ADJ (*sehr müde*) esausto
ab·ge·kämpft ADJ sfinito, spossato
ab·ge·kar·tet ADJ truccato, combinato
ab·ge·klärt ADJ posato, equilibrato
ab·ge·le·gen ADJ isolato, fuori mano
ab·ge·neigt ADJ **j-m/etw ~ sein** essere sfavorevole (*od* avverso) a qn/qc
Ab·ge·ord·ne·te M/F ⟨-n; -n⟩ 1 delegato *m*, -a *f* 2 (*im Parlament*) deputato *m*, -a *f*
Ab·ge·ord·ne·ten·haus N camera *f* dei deputati **Ab·ge·ord·ne·ten·sitz** M seggio *m* al (*od* in) parlamento
ab·ge·ris·sen ADJ 1 (*Kleidung*) stracciato 2 (*Sätze*) sconnesso
ab·ge·run·det ADJ armonioso, rotondo
Ab·ge·sand·te M/F ⟨-n; -n⟩ delegato *m*, -a *f*
ab·ge·schie·den ADJ isolato, appartato, fuori mano **Ab·ge·schie·den·heit** F ⟨-⟩ isolamento *m*
ab·ge·schlafft ADJ *umg* fiacco, moscio
ab·ge·schla·gen ADJ 1 (*erschöpft*) esausto, sfinito 2 (*beschädigt*) sbeccato 3 SPORT superato di gran lunga, schiacciato

ab·ge·schlos·sen ADJ compiuto: **ein -es Werk** un'opera compiuta
ab·ge·schmackt ADJ scontato
ab·ge·schrie·ben ADJ **der ist bei mir ~!** non voglio più saperne di lui!; **j-n ~ haben** non far più conto su qn; **etw ~ haben** considerare perso qc
ab·ge·se·hen ADV **~ von etw** a prescindere da qc; **~ davon, dass ...** a parte il fatto che ...
ab·ge·spannt ADJ spossato, sfinito
ab·ge·stan·den ADJ non fresco; stantio: **-es Bier** birra stantia; **-e Luft** aria viziata
ab·ge·ta·kelt ADJ *umg* sciupato, malandato
ab·ge·win·nen VT ⟨*irr*⟩ **1** strappare: **dem Meer Land ~** strappare terra al mare **2** **dem Leben die schönen Seiten ~** vedere i lati positivi della vita
ab·ge·wöh·nen **A** VT **j-m etw ~** togliere (*od* far perdere) a qn l'abitudine di qc **B** VR **sich** (*dat*) **etw ~** disabituarsi a qc: **sich** (*dat*) **das Rauchen ~** smettere di fumare
ab·ge·zehrt ADJ macilento, debilitato
ab·gie·ßen VT ⟨*irr*⟩ **1** versare via **2** scolare: **die Kartoffeln ~** scolare le patate **3** METALL gettare, colare
Ab·glanz M **1** riflesso *m* **2** *fig* ombra *f*
ab·glei·chen VT ⟨*irr*⟩ **1** livellare **2** HANDEL pareggiare **Ab·glei·chung** F **1** livellamento *m* **2** HANDEL saldo *m*, pareggio *m*
ab·glei·ten VI ⟨*irr*; s.⟩ **1** scivolare **2** *fig* **seine Beschimpfungen glitten an mir ab** i suoi insulti non mi toccavano
Ab·gott M *fig* idolo *m* **ab·göt·tisch** ADJ idolatrico ♦ **j-n ~ lieben** idolatrare qn
ab·gra·sen VT **1** pascere **2** **die ganze Stadt nach etw ~** battere tutta la città cercando qc
ab·gren·zen VT delimitare (*a. fig*) **Ab·gren·zung** F ⟨-; -en⟩ delimitazione *f* (*a. fig*)
Ab·grund M abisso *m* (*a. fig*) ♦ **am Rande des -s** sull'orlo del precipizio
ab·grün·dig ADJ *fig* **1** enigmatico, misterioso **2** (*unermesslich*) smisurato, profondo
ab·grund·tief **A** ADJ abissale, profondissimo **B** ADV profondamente: **j-n ~ verachten** disprezzare qn profondamente
ab·gu·cken VT *umg* **1** imparare (osservando) **2** (*abschreiben*) copiare (sbirciando)
Ab·guss M **1** calco *m*: **der ~ einer Büste** il calco di un busto **2** METALL getto *m*
ab·ha·ben VT ⟨*irr*⟩ *umg* **1** avere: **kann ich was ~?** posso averne una parte? **2** **die Brille ~** aver tolto gli occhiali
ab·ha·cken VT recidere, mozzare
ab·ha·ken VT **1** spuntare: **die Namen in einer Liste ~** spuntare i nomi di una lista **2** *fig* (*erledigen*) sistemare
ab·half·tern VT **1** **das Pferd ~** togliere la cavezza al cavallo **2** *umg fig* silurare
ab·hal·ten VT ⟨*irr*⟩ **1** tenere lontano **2** (*abwehren*) allontanare **3** *fig* **j-n von der Arbeit ~** distogliere qn dal lavoro **4** (*veranstalten*) tenere **5** ♦ **etw hält die Kälte ab** qc ripara dal freddo
ab·han·deln VT **1** ottenere (contrattando): **j-m 15 Euro ~** farsi fare uno sconto di 15 euro da qn **2** (*bearbeiten*) trattare, discutere
ab·han·den ADV **~ kommen** andare perso
Ab·hand·lung F dissertazione *f*; (*Essay*) trattato *m*, saggio *m*
Ab·hang M pendio *m*
ab·hän·gen[1] VT staccare (*a.* SPORT)
ab·hän·gen[2] VI ⟨*irr*; h.⟩ **von j-m/etw ~** dipendere da qn/qc; **es hängt davon ab, ob ...** dipende (dal fatto), se ...
ab·hän·gig ADJ dipendente: **von j-m/etw ~ sein** dipendere da qn/qc; **etw von j-m/etw ~ machen** subordinare qc a qn/qc
Ab·hän·gig·keit F ⟨-; -en⟩ dipendenza *f* ♦ **j-n in seine ~ bringen** assoggettare qn
ab·här·ten **A** VT irrobustire **B** VR **sich ~** irrobustirsi; **sich gegen etw ~** indurirsi nei confronti di qc **Ab·här·tung** F ⟨-; -en⟩ il temprare, irrobustimento *m*
ab·has·ten VR **sich ~** affrettarsi
ab·hau·en **A** VT ⟨hieb, gehauen⟩ **1** staccare: **die Maurer hauen den Putz ab** i muratori staccano l'intonaco **2** tagliare, recidere **B** VI ⟨haute, gehauen; s.⟩ *umg* svignarsela
ab·he·ben ⟨*irr*⟩ **A** VT **1** sollevare **2** (*Karten*) tagliare (il mazzo) **3** (*Geld*) prelevare **B** VR **sich ~** **1** (*ablösen*) staccarsi **2** **sich von etw ~** spiccare su qc; stagliarsi contro qc **C** VI ⟨h.⟩ **1** FLUG decollare **2** (*Telefon*) rispondere al telefono
ab·hef·ten VT (*Akten*) archiviare
ab·hei·len VI ⟨s.⟩ rimarginarsi, risanarsi
ab·hel·fen VI ⟨*irr*; h.⟩ rimediare: **dem ist leicht abzuhelfen** a questo si rimedia

facilmente
ab·het·zen VR **sich ~** affannarsi
Ab·hil·fe F rimedio *m*: **es gibt keine ~ dagegen** a questo non c'è rimedio
ab·ho·beln VT piallare
ab·ho·len VT **j-n/etw ~** andare a prendere qn/qc **j-n/etw ~ lassen** mandare a prendere qn/qc
Ab·hol·markt M cash and carry *m inv*
ab·hol·zen VT disboscare
Ab·hör·an·la·ge F impianto *m* d'intercettazione telefonica
ab·hor·chen VT MED auscultare
ab·hö·ren VT **1** **eine Kassette ~** ascoltare una cassetta **2** **j-n ~** esaminare qn **3** (*Telefonate*) intercettare **4** MED auscultare
ab·ir·ren VI ⟨s.⟩ **1** deviare **2** *fig* **ihre Gedanken irren immer wieder ab** i suoi pensieri si perdono continuamente
Abi·tur N ⟨-s; -e⟩ maturità *f*: **das ~ machen** dare la maturità **Abi·tu·ri·ent** M ⟨-en; -en⟩, **-in** F ⟨-; -nen⟩ **1** candidato *m*, -a *f* all'esame di maturità **2** (*nach dem Abitur*) diplomato *m*, -a *f* **Abi·tur·zeug·nis** N diploma *m* di maturità
ab·ja·gen VT portare via (*a. fig*): **j-m die Kunden ~** portar via i clienti a qn
ab·kan·zeln VT *umg* **j-n ~** fare la paternale a qn **Ab·kan·ze·lung** F ⟨-; -en⟩ *umg* paternale *f*
ab·kap·seln **A** VT incapsulare **B** VR **sich ~** isolarsi
ab·kas·sie·ren VT *umg* incassare ♦ **du hast aber ganz schön abkassiert!** ti sei fatto un bel po' di soldi!
ab·kau·fen VT **j-m etw ~** acquistare qc da qn ♦ *umg* **was du sagst, kauft dir keiner ab** quello che dici, non se lo beve nessuno
Ab·kehr F ⟨-⟩ distacco *m*, abbandono *m*
ab·keh·ren **A** VT voltare dall'altra parte **B** VR **sich ~** **1** girarsi **2** **sich von etw/j-m ~** scostarsi da qc/qn **3** *fig* **sich vom Glauben ~** abbandonare la fede
ab·klap·pern VT *umg* **die ganze Stadt nach etw ~** girare tutta la città in cerca di qc; **Kunden ~** fare il giro dei clienti
ab·klä·ren **A** VT chiarire **B** VR **sich ~** chiarirsi **Ab·klä·rung** F chiarificazione *f*
Ab·klatsch M ⟨-[e]s; -e⟩ **1** copia *f* **2** *pej* brutta copia *f*: **das ist nur ein billiger ~** questa è soltanto una copia da quattro soldi
ab·klem·men VT **ein Kabel/eine Ader ~** stringere un cavo/una vena ♦ **sich** (*dat*) **beinahe den Finger ~** staccarsi quasi un dito
ab·klin·gen VI ⟨*irr*; s.⟩ **1** ridursi, calare: **das Fieber ist abgeklungen** la febbre è calata **2** (*Töne*) spegnersi, smorzarsi
ab·klop·fen VT **1** togliere (battendo) **2** (*durch Klopfen säubern*) pulire (battendo)
ab·knal·len VT *umg* abbattere, freddare (con arma da fuoco)
ab·kni·cken VT **1** (*abtrennen*) staccare (piegando) **2** piegare (verso il basso)
ab·knöp·fen VT **1** sbottonare **2** *umg* **j-m etw ~** far scucire qc a qn
ab·knut·schen VT *umg* sbaciucchiare tenendo stretto
ab·ko·chen VT **1** sterilizzare (facendo bollire) **2** *umg* spacciare, rovinare
ab·kom·man·die·ren VT **j-n an die Front ~** trasferire qn al fronte
ab·kom·men VI ⟨*irr*; s.⟩ **1** allontanarsi **2** *fig* **vom Thema ~** deviare dal tema **3** (*etw aufgeben*) **von etw ~** rinunciare a qc
Ab·kom·men N ⟨-s; -⟩ accordo *m*: **ein ~ mit j-m** (**über etw** (*akk*)) **schließen** concludere un accordo con qn (su qc)
ab·kömm·lich ADJ disponibile
Ab·kömm·ling M ⟨-s; -e⟩ **1** discendente *m* **2** CHEM derivato *m*
ab·kop·peln VT sganciare, staccare **Ab·kop·pe·lung** F ⟨-; -en⟩ sganciamento *m*
ab·krat·zen **A** VT **1** togliere (raschiando) **2** (*säubern*) pulire raschiando **B** VI ⟨s.⟩ *umg* crepare
ab·küh·len **A** VT **1** (lasciare) raffreddare **2** *fig* **seinen Zorn ~** far sbollire la propria rabbia **3** (*erfrischen*) rinfrescare **B** VI **1** ⟨h.⟩ rinfrescare **2** ⟨s.⟩ *fig* raffreddarsi **C** VR **sich ~** **1** rinfrescarsi **2** *fig* raffreddarsi **Ab·küh·lung** F **1** raffreddamento *m* **2** (*Erfrischung*) refrigerio *m*
ab·kup·fern VT *umg* copiare: **etw von j-m ~** copiare qc da qn
ab·kür·zen **A** VT **den Weg/ein Wort/einen Besuch ~** abbreviare la strada/una parola/una visita **B** VI ⟨h.⟩ essere più corto
Ab·kür·zung F abbreviazione *f* **Ab·kür·zungs·ver·zeich·nis** N elenco *m* delle abbreviazioni
ab·küs·sen VT coprire di baci
ab·la·den VT ⟨*irr*⟩ scaricare (*a. fig*): **die**

Schuld auf j-n ~ scaricare la colpa su qn ♦ **seine schlechte Laune bei anderen ~** sfogare il proprio cattivo umore con gli altri

Ab·la·ge F **1** archivio *m*, archiviazione *f*: **eine Akte zur ~ geben** (far) archiviare un atto **2** *schweiz* (*Zweigstelle*) filiale *f*

ab·la·gern **A** V/I ⟨h.⟩ stagionare; (*Wein*) invecchiare **B** V/R **sich ~** depositarsi **Ab·la·ge·rung** F **1** il depositare, deposito *m* **2** (*von Holz, Käse, Schinken*) stagionatura *f* **3** (*von Wein*) invecchiamento *m*

Ab·lass M ⟨-es; -lässe⟩ **1** REL indulgenza *f* **2** TECH scarico *m*

ab·las·sen ⟨irr⟩ **A** V/T **1** (*Flüssigkeit*) far defluire **2** (*Dampf*) far uscire **3** (*entleeren*) vuotare **4** (**j-m**) **vom Preis 20% ~** concedere (a qn) un ribasso sul prezzo del 20% **B** V/I ⟨h.⟩ **1** **von j-m ~** lasciare stare qn **2** **von etw ~** lasciar perdere qc

Ab·lauf M **1** (*Abfließen*) lo scorrere via **2** (*Abfluss*) scarico *m* **3** (*Verlauf*) corso *m* **4** scadenza *f*: **nach ~ dieser Frist** scaduto questo termine; **nach ~ dieser Zeit** trascorso questo periodo di tempo; **vor ~ des Jahres** entro l'anno

ab·lau·fen ⟨irr⟩ **A** V/I ⟨s.⟩ **1** scorrere via (*od* giù) **2** (*Fristen, Verträge*) scadere **3** (*Zeit*) trascorrere **B** V/T **1** ⟨s.⟩ percorrere **2** ⟨h., s.⟩ **alle Lokale ~** fare il giro di tutti i locali (cercando qc) **3** ⟨h.⟩ (*abnutzen*) consumare **C** V/R **sich ~** consumarsi ♦ **an ihm läuft alles ab** nulla lo sfiora; **wie ist es abgelaufen?** com'è andata?

Ab·le·ben N *geh* decesso *m*

ab·le·cken V/T **1** leccare via **2** (*säubern*) pulire leccando ♦ **der Hund hat mich abgeleckt** il cane mi ha leccato tutto

ab·le·gen **A** V/T **1** togliersi (*a. fig*): **Mantel und Hut/eine Gewohnheit ~** togliersi cappotto e cappello/un'abitudine **2** *geh* (*Jacke, Mantel*) mettere agli atti **B** V/I ⟨h.⟩ SCHIFF salpare ♦ **j-m Rechenschaft über etw** (*akk*) **~** rendere conto di qc a qn; **Zeugnis ~** testimoniare

Ab·le·ger M ⟨-s; -⟩ **1** AGR propaggine *f* **2** HANDEL (*Zweigstelle*) filiale *f*

ab·leh·nen V/T **1** respingere: **das Gesuch um politisches Asyl ~** respingere la richiesta di asilo politico **2** (*nicht mögen*) disdegnare: **die abstrakte Malerei ~** disdegnare la pittura astratta **3** (*dagegen sein*) contestare: **den Zeugen ~** contestare il testimone **ab·leh·nend** ADJ sfavorevole **Ab·leh·nung** F ⟨-; -en⟩ rifiuto *m*: **auf ~ stoßen** incontrare un rifiuto

ab·leis·ten V/T portare a termine: **den Wehrdienst ~** assolvere il servizio militare

ab·lei·ten **A** V/T **1** deviare **2** MATH, ELEK, LING derivare **B** V/R **sich ~** derivare **Ab·lei·tung** F ⟨-; -en⟩ **1** deviazione *f* **2** MATH, ELEK, LING derivazione *f*

ab·len·ken **A** V/T **1** (*in andere Richtung*) deviare **2** distrarre, distogliere: **j-n von einem Vorhaben ~** distogliere qn da un proposito; **den Verdacht von j-m ~** sviare il sospetto da qn **B** V/I ⟨h.⟩ divagare: **als die Rede auf ihn kam, lenkte sie sofort ab** allorché si venne a parlare di lui, cambiò subito discorso

Ab·len·kung F **1** deviazione *f* (*a.* PHYS) **2** (*Zerstreuung*) distrazione *f*, svago *m* **Ab·len·kungs·ma·nö·ver** N manovra *f* diversiva

ab·le·sen V/T ⟨irr⟩ **1** leggere **2** rilevare: **eine Entfernung ~** rilevare una distanza **3** *fig* **j-m einen Wunsch von den Augen ~** leggere un desiderio negli occhi di qn

ab·lie·fern V/T consegnare, recapitare

ab·lös·bar ADJ **1** staccabile, separabile **2** HANDEL rimborsabile, riscattabile

Ab·lö·se F ⟨-; -n⟩ somma *f* forfettaria (all'inizio di una locazione)

ab·lö·sen V/T **1** staccare **2** **j-n ~** sostituire qn **3** HANDEL ammortizzare, riscattare

Ab·lö·se·sum·me F SPORT indennizzo *m*

Ab·lö·sung F **1** lo staccare **2** cambio *m* **3** HANDEL riscatto *m*

ab·luch·sen V/T *umg* **j-m Geld ~** spillare denaro a qn

ab·lut·schen V/T *umg* togliere succhiando

ABM F (= **Arbeitsbeschaffungsmaßnahme**) provvedimento *m* per l'occupazione

ab·ma·chen V/T **1** *umg* (*losmachen*) togliere **2** **etw mit j-m ~** concordare qc con qn **3** risolvere: **etw gütlich ~** risolvere qc amichevolmente; **wir wollen die Sache unter uns ~** vogliamo chiarire la cosa fra noi ♦ **abgemacht!** d'accordo!

Ab·ma·chung F ⟨-; -en⟩ accordo *m*: **mit j-m eine ~ treffen** concludere un accordo con qn; **sich an eine ~ halten, eine ~ einhalten** rispettare un accordo

ab·ma·gern V/I ⟨s.⟩ dimagrire **Ab·ma·ge·rungs·kur** F cura *f* dimagrante

ab·ma·len **A** V/T copiare **B** V/R **sich ~**

dipingersi

Ab·marsch M MIL partenza *f* **ab·mar·schie·ren** V/I ⟨s.⟩ MIL mettersi in marcia

Ab·mel·de·be·schei·ni·gung F **1** documento *m* che comprova una disdetta **2** (*am Wohnort*) certificato *m* di cambio di residenza **Ab·mel·de·for·mu·lar** N modulo *m* di disdetta

ab·mel·den **A** V/T **1** **das Telefon ~** disdire il contratto telefonico; **das Auto ~** = *comunicare la cessazione di proprietà di un'auto* **2** **j-n ~** comunicare il ritiro (*od* il trasferimento) di qn **B** V/R **sich ~** **1** MIL comunicare la propria partenza **2** **sich beim Einwohnermeldeamt ~** comunicare il cambio di residenza all'anagrafe

Ab·mel·dung F **1** disdetta *f* **2** (*beim Weggang*) ritiro *m*, partenza *f* **3** (*am Wohnort*) cambio *m* di residenza

ab·mes·sen V/T ⟨irr⟩ misurare **Ab·mes·sung** F **1** misurazione *f* **2** (*Dimension*) misura *f*

ab·mon·tie·ren V/T togliere, levare

ab·mü·hen V/R **sich ~** affaticarsi, sfinirsi

ab·murk·sen V/T *umg* far fuori, ammazzare

ab·mus·tern V/I ⟨h.⟩ congedarsi

ab·na·beln **A** V/T **ein Neugeborenes ~** tagliare il cordone ombelicale a un neonato **B** V/R *umg* **sich von etw ~** (di)staccarsi da qc **Ab·na·be·lung** F ⟨-; -en⟩ *umg* distacco *m*

ab·na·gen V/T rodere, rosicchiare

ab·nä·hen V/T (*Nähen*) riprendere

Ab·nä·her M ⟨-s; -⟩ pince *f*, ripresa *f*

Ab·nah·me F ⟨-; -n⟩ **1** il togliere **2** MED amputazione *f* **3** (*von Paketen*) presa *f* in consegna **4** (*Prüfung*) collaudo *m* **5** (*Kauf*) acquisto *m* **6** (*Verminderung*) diminuzione *f*, calo *m* ♦ **~ finden** trovare smercio

ab·nehm·bar ADJ staccabile, rimovibile

ab·neh·men ⟨irr⟩ **A** V/T **1** togliere **2** **j-m Blut ~** prelevare sangue a qn **3** MED amputare **4** alzare: **den Telefonhörer ~** sollevare il ricevitore **5** (*Lasten*) togliere di mano **6** *fig* **j-m die Verantwortung ~** assumersi la responsabilità di qn **7** (*Pakete*) prendere in consegna **8** *fig* **j-m das Versprechen ~** ricevere la promessa di qn **9** (*prüfen*) collaudare **10** (*abkaufen*) comprare **11** (*Maschen*) diminuire **B** V/I ⟨h.⟩ **1** (*weniger werden*) ridursi, calare **2** (*Gewicht verlieren*) dimagrire: **sie hat 10 Kilo abgenommen** è dimagrita di 10 chili ♦ **das nehme ich ihm nicht ab** non gli credo; **wie viel hat er dir dafür abgenommen?** quanto ti ha preso per questo?

ab·neh·mend ADJ decrescente, calante: **bei -em Mond** in fase di luna calante

Ab·neh·mer M ⟨-s; -⟩, **-in** F ⟨-; -nen⟩ **1** acquirente *m/f* **2** (*von Gas, Strom*) utente *m/f*

Ab·nei·gung F avversione *f*: **eine ~ gegen j-n/etw empfinden** provare avversione per qn/qc ♦ **er hat eine ~, darüber zu sprechen** non gli va di parlarne

ab·norm ADJ **1** abnorme, anomalo **2** (*ungewöhnlich*) insolito, non comune

Ab·nor·mi·tät F ⟨-; -en⟩ anormalità *f*

ab·nut·zen **A** V/T consumare **B** V/R **sich ~** consumarsi **Ab·nut·zung** F consumo *m*

Abo N ⟨-s; -s⟩ *umg* abbonamento *m*

Abon·ne·ment [abɔn'mã:] N ⟨-s; -s⟩ abbonamento *m*: **ein ~ auf etw** (*akk*) **haben** essere abbonato a qc; **das ~ erneuern** rinnovare l'abbonamento; **das ~ kündigen** disdire l'abbonamento

Abon·nent M ⟨-en; -en⟩, **-in** F ⟨-; -nen⟩ abbonato *m*, -a *f*

abon·nie·ren V/T **etw ~** abbonarsi a qc

ab·ord·nen V/T delegare **Ab·ord·nung** F ⟨-; -en⟩ delegazione *f*

ab·pa·cken V/T confezionare (in pacchi)

ab·pas·sen V/T **j-n/den richtigen Augenblick ~** aspettare qn/il momento giusto

ab·pau·sen V/T copiare, ricalcare

ab·per·len V/I ⟨s.⟩ **an etw** (*dat*) **~** imperlare qc: **der Schweiß perlte an seiner Stirn ab** il sudore gli imperlava la fronte

ab·pfei·fen V/T ⟨irr⟩ SPORT interrompere (con un fischio) ♦ **das Spiel ~** fischiare la fine del gioco

Ab·pfiff M SPORT fischio *m* finale

ab·plat·zen V/I ⟨s.⟩ staccarsi, saltare via

ab·pral·len V/I ⟨s.⟩ **1** rimbalzare: **von etw ~** rimbalzare contro qc **2** *fig* **die Beschuldigungen prallen an ihm ab** gli insulti non hanno effetto su di lui

ab·put·zen V/T pulire

ab·quä·len V/R **sich ~** **1** penare, tormentarsi: **sich lange** (**mit einer Arbeit**) **~** penare a lungo (facendo un lavoro) **2** **sich** (*dat*) **ein Lächeln ~** sforzarsi di sorridere

ab·qua·li·fi·zie·ren VT j-n/etw ~ dare un giudizio sfavorevole su qn/qc
ab·ra·ckern VR **sich** ~ *umg* affaticarsi molto; **sich für j-n** ~ darsi da fare per qn
ab·ra·ten VI ⟨*irr; h.*⟩ **j-m von etw** ~ sconsigliare qc a qn
ab·räu·men VT **1** (*wegnehmen*) sgomberare **2** **den Tisch** ~ sparecchiare (la tavola)
ab·re·a·gie·ren **A** VT sfogare: **seine schlechte Laune an den Kindern** ~ sfogare il proprio malumore sui bambini **B** VR **sich** ~ sfogarsi; (*sich beruhigen*) calmarsi
ab·rech·nen **A** VT detrarre: **die MwSt.** ~ detrarre l'IVA **B** VI ⟨h.⟩ **mit j-m** ~ fare i conti con qn (*a. fig*) **Ab·rech·nung** F **1** detrazione *f* **2** (*Schlussrechnung*) chiusura *f* (dei conti) **3** (*Rache*) resa *f* dei conti
ab·re·gen VR **sich** ~ *umg* calmarsi
ab·rei·ben ⟨*irr*⟩ **A** VT **1** sfregare via **2** (*säubern*) pulire strofinando **B** VR **sich** ~ consumarsi **Ab·rei·bung** F **1** MED frizione *f* **2** *umg* (*Prügel*) botte *fpl*; (*scharfe Zurechtweisung*) sgridata *f*: **j-m eine ~ erteilen** darle a qn di santa ragione
Ab·rei·se F partenza *f*
ab·rei·sen VI ⟨s.⟩ partire: **von/nach München** ~ partire da/per Monaco
Ab·rei·se·ter·min M data *f* di partenza
ab·rei·ßen ⟨*irr*⟩ **A** VT **1** strappare (via) **2** (*niederreißen*) abbattere **B** VI ⟨s.⟩ **1** strapparsi **2** (*unterbrochen werden*) interrompersi **3** **nicht** ~ non avere fine
Ab·reiß·ka·len·der M calendario *m* a fogli staccabili
ab·rich·ten VT addestrare: **ein Tier (zu etw)** ~ addestrare un animale (a fare qc)
ab·rie·geln VT **1** chiudere col chiavistello (*od* col catenaccio) **2** (*Straße*) bloccare, sbarrare **Ab·rie·ge·lung** F ⟨-; -en⟩ sbarramento *m*
ab·rin·gen ⟨*irr*⟩ **A** VT **j-m etw** ~ strappare qc a qn con la forza **B** VR **sich** (*dat*) **etw** ~ costringersi a (fare) qc
Ab·riss M **1** demolizione *f* **2** (*kurze Darstellung*) sunto *m* **Ab·riss·haus** N casa *f* in demolizione (*od* da demolire) **Ab·riss·un·ter·neh·men** N impresa *f* di demolizioni
ab·rol·len **A** VT svolgere **B** VI ⟨s.⟩ **1** srotolarsi: **die Leine rollt ab** la lenza si srotola **2** *fig* svolgersi: **das Programm rollt reibungslos ab** il programma si svolge senza difficoltà **3** *fig* scorrere: **ihr Leben rollt vor ihren Augen ab** la vita scorre davanti ai suoi occhi
ab·rü·cken **A** VT scostare **B** VI ⟨s.⟩ **1** **von j-m** ~ scostarsi da qn **2** *fig* (*sich distanzieren*) staccarsi: **von einer Meinung** ~ cambiare opinione **3** MIL partire **4** *umg fig* (*sich entfernen*) andarsene
Ab·ruf M **1** richiamo *m* **2** HANDEL ordine *m* di consegna **3** (*von Geldern*) ritiro *m* **ab·ruf·be·reit** ADJ **1** pronto per essere richiamato **2** HANDEL pronto per essere consegnato
ab·ru·fen VT ⟨*irr*⟩ **1** richiamare (*a.* IT) **2** FIN ritirare **3** HANDEL **etw** ~ chiedere la spedizione (*od* la consegna) di qc
ab·run·den VT **1** arrotondare **2** (*vollständig machen*) completare
ab·rupt ADJ **1** improvviso **2** (*abgerissen*) sconnesso
ab·rüs·ten VI ⟨h.⟩ disarmare, diminuire gli armamenti **Ab·rüs·tung** F disarmo *m*
Ab·rüs·tungs·ab·kom·men N accordo *m* sul disarmo **Ab·rüs·tungs·kon·fe·renz** F conferenza *f* sul disarmo
ab·rut·schen VI ⟨s.⟩ **1** scivolare giù (*od* via) **2** *fig* **in seinen Leistungen** ~ scadere nelle proprie prestazioni
Ab·ruz·zen PL Abruzzo *m*, Abruzzi *mpl*
ABS N → (Antiblockiersystem) sistema antibloccaggio (ABS)
ab·sa·cken VI ⟨s.⟩ **1** franare: **das Gelände sackt ab** il terreno frana **2** SCHIFF colare a picco **3** FLUG perdere quota **4** calare improvvisamente: **der Dollarkurs sackt ab** la quotazione del dollaro ha avuto un calo improvviso **5** *fig* (*herunterkommen*) cadere in basso
Ab·sa·ge F **1** risposta *f* negativa: **j-m eine ~ erteilen** dire di no a qn **2** (*von Besuch*) disdetta *f*
ab·sa·gen **A** VT disdire, annullare **B** VI ⟨h.⟩ **j-m** ~ annullare un impegno con qn
ab·sä·gen VT **1** segare (via) **2** *umg* mandare via (*od* a spasso), licenziare
ab·sah·nen VI ⟨h.⟩ *umg* ottenere il meglio
ab·sat·teln VT (**das Pferd**) ~ togliere la sella (al cavallo)
Ab·satz M **1** capoverso *m*: **neuer ~!** a capo! **2** paragrafo *m* **3** (*vom Schuh*) tacco *m*: **auf dem ~ kehrtmachen** girarsi sui

tacchi **4** HANDEL vendita *f*; **reißenden ~ finden** andare a ruba **5** (*von Treppen*) pianerottolo *m*

Ab·satz·flau·te F ristagno *m* delle vendite **Ab·satz·för·de·rung** F promozione *f* delle vendite **Ab·satz·kri·se** F crisi *f* di mercato

ab·sau·fen VI ⟨*irr*; s.⟩ **1** (*untergehen*) affondare **2** (*ertrinken*) affogare **3** *umg* ingolfarsi: **der Motor ist abgesoffen** il motore si è ingolfato

ab·sau·gen VT **1** aspirare **2** (*durch Saugen säubern*) pulire (con l'aspirapolvere)

ab·scha·ben VT **1** raschiare via **2** (*säubern*) pulire raschiando

ab·schaf·fen VT **1** abolire **2** (*für immer fortgeben*) **etw ~** disfarsi di qc **Ab·schaf·fung** F ⟨-; -en⟩ **1** abolizione *f* **2** eliminazione *f*

ab·schal·ten **A** VT (*ausschalten*) spegnere **B** VI ⟨h.⟩ (*entspannen*) *umg* staccare la spina

ab·schät·zen VT **1** valutare, stimare (*a. fig*): **etw nach seinem Wert ~** stimare qc secondo il suo valore; *fig* **die Situation ~** valutare la situazione **2** **j-n ~** squadrare qn

ab·schät·zig ADJ sprezzante

Ab·schaum M schiuma *f* (*a. fig*)

Ab·scheu M ⟨-[e]s⟩ *u.* F ⟨-⟩ disgusto *m*, avversione *f*: **vor j-m/etw ~ empfinden** provare disgusto per qn/qc; **bei j-m ~ erregen** suscitare avversione in qn

ab·scheu·ern **A** VT **1** togliere (sfregando) **2** (*säubern*) pulire (sfregando) **B** VR **sich ~** logorarsi (sfregando)

ab·scheu·lich ADJ **1** ripugnante, disgustoso **2** (*schändlich*) infame, ignobile ♦ **es tut ~ weh** fa tremendamente male

ab·schi·cken VT spedire, inviare

Ab·schie·be·haft F arresto *m* per l'espulsione

ab·schie·ben ⟨*irr*⟩ **A** VT **1** *fig* **etw von sich ~** allontanare qc da sé; **die Schuld auf andere ~** far ricadere la colpa su altri **2** **j-n ~** liberarsi di qn **3** (*ausweisen*) espellere **B** VI ⟨s.⟩ *umg* andarsene **Ab·schie·bung** F (*Ausweisung*) espulsione *f*

Ab·schied M ⟨-[e]s; -e⟩ **1** separazione *f*; partenza *f* **2** **von j-m ~ nehmen** prendere commiato da qn **3** *obs* **seinen ~ nehmen** (*od* **einreichen**) licenziarsi, dare le dimissioni

Ab·schieds·be·such M visita *f* di commiato (*od* di congedo) **Ab·schieds·brief** M lettera *f* d'addio **Ab·schieds·fei·er** F festa *f* d'addio **Ab·schieds·ge·such** N MIL richiesta *f* di congedo **Ab·schieds·kuss** M bacio *m* d'addio **Ab·schieds·schmerz** M dolore *m* della separazione **Ab·schieds·wort** N ⟨-[e]s; -e⟩ parola *f* di commiato

ab·schie·ßen VT ⟨*irr*⟩ **1** sparare **2** (*Raketen*) lanciare **3** *umg* **einen Politiker ~** silurare un politico **4** JAGD uccidere **5** (*Flugzeuge*) abbattere **6** portar via con un colpo

Ab·schirm·dienst M servizio *m* di controspionaggio

ab·schir·men VT **1** schermare **2** (*schützen*) proteggere **Ab·schir·mung** F ⟨-; -en⟩ **1** schermatura *f* **2** (*Schützen*) protezione *f*

ab·schlach·ten VT **1** macellare **2** (*Menschen*) massacrare

Ab·schlag M **1** riduzione *f* **2** (*Rate*) rata *f*: **auf ~ kaufen** comprare a rate **3** (*Anzahlung*) acconto *m* **4** SPORT rinvio *m*

ab·schla·gen VT ⟨*irr*⟩ **1** staccare (battendo) **2** tagliare, troncare: **Äste** (**vom Baum**) **~** tagliare rami (dall'albero) **3** **etw vom Preis ~** togliere qc dal prezzo **4** (*ablehnen*) rifiutare, ricusare: **eine Einladung ~** ricusare un invito; **j-m etw ~** rifiutare qc a qn

ab·schlä·gig ADJ negativo ♦ **etw ~ bescheiden** respingere (*od* rifiutare) qc

Ab·schlags·zah·lung F **1** acconto *m* **2** (*Ratenzahlung*) pagamento *m* rateale; rata *f*

ab·schlei·fen ⟨*irr*⟩ **A** VT **1** togliere con la mola **2** (*glätten*) molare **B** VR **sich ~** **1** logorarsi (per l'attrito) **2** *fig* ingentilirsi

Ab·schlepp·dienst M soccorso *m* stradale

ab·schlep·pen VT rimorchiare (*a. umg fig*)

Ab·schlepp·seil N cavo *m* per rimorchio **Ab·schlepp·wa·gen** M carro *m* attrezzi

ab·schlie·ßen ⟨*irr*⟩ **A** VT **1** chiudere a chiave **2** (*beenden*) terminare **3** concludere, stipulare: **Geschäfte ~** concludere affari; **eine Versicherung ~** stipulare un'assicurazione **B** VI ⟨h.⟩ **1** finire **2** HANDEL **mit Verlust/mit Gewinn ~** chiudere in perdita/in attivo ♦ **mit j-m/etw ~** farla finita con qn/qc; **mit der Vergan-**

genheit ~ rompere con il passato
ab·schlie·ßend **A** ADJ conclusivo, finale **B** ADV infine, per concludere
Ab·schluss M **1** HANDEL ~ **der Konten** chiusura dei conti **2** (*Beendigung*) termine *m*: **etw zum ~ bringen** portare a termine qc **3** (*Vereinbarung*) conclusione *f*; accordo *m* **4** *umg* (*Abschlussprüfung*) esame *m* finale **Ab·schluss·no·te** F voto *m* finale **Ab·schluss·prü·fung** F **1** esame *m* finale **2** WIRTSCH revisione *f* del bilancio **Ab·schluss·zeug·nis** N diploma *m*
ab·schme·cken VT **mit Salz und Pfeffer** ~ aggiustare di sale e pepe
ab·schmin·ken VR **sich** ~ **1** struccarsi **2** *umg* **sich** (*dat*) **etw** ~ rinunciare a qc
ab·schnal·len VT sfibbiare, slacciare
ab·schnei·den ⟨*irr*⟩ **A** VT **1** tagliare (via) **2** **j-m den Fluchtweg** ~ sbarrare la via d'uscita a qn **3** **j-m das Wort** ~ troncare la parola in bocca a qn **B** VI ⟨h.⟩ *umg* cavarsela: **bei einer Prüfung gut** ~ cavarsela bene a un esame; **schlecht** ~ ottenere un cattivo risultato
Ab·schnitt M **1** parte *f*, sezione *f*; (*Paragraf*) paragrafo *m* **2** (*eines Geländes*) settore *m*, zona *f* **3** (*Periode*) periodo *m* **4** (*abtrennbares Stück*) pezzo *m*, ritaglio *m* **5** (*Coupon*) tagliando *m* **6** GEOM segmento *m* **ab·schnitt(s)·wei·se** ADV per sezioni, per capitoli
ab·schnü·ren VT **1** MED legare strettamente **2** bloccare, chiudere ♦ **j-m die Luft** ~ togliere il fiato a qn (*a. fig*)
ab·schöp·fen VT **1** schiumare, sgrassare **2** *fig* ridurre: **Geld** ~ ridurre la circolazione monetaria **3** **Gewinne** ~ tassare gli utili
ab·schot·ten VT *fig* isolare: **etw gegen alle Einflüsse von außen** ~ isolare qc da (*od* chiudere qc a) ogni influenza esterna
Ab·schot·tung F ⟨-; -en⟩ *fig* isolamento *m*
ab·schrä·gen VT **1** MECH tagliare obliquamente **2** BAU rendere obliquo
ab·schrau·ben VT svitare
ab·schre·cken VT **1** intimorire, scoraggiare: **sich durch nichts ~ lassen** non lasciarsi scoraggiare da nulla **2** GASTR raffreddare (con l'acqua)
ab·schre·ckend **A** ADJ ammonitore, intimidatorio: **ein -es Beispiel** un esempio ammonitore **B** ADV spaventosamente: ~ **hässlich** spaventosamente brutto
Ab·schre·ckung F ⟨-; -en⟩ intimidazione *f* **Ab·schre·ckungs·mit·tel** N deterrente *m* **Ab·schre·ckungs·stra·te·gie** F strategia *f* di dissuasione
ab·schrei·ben VT ⟨*irr*⟩ **1** copiare **2** WIRTSCH ammortizzare, ammortare **3** (*abziehen*) detrarre **Ab·schrei·bung** F **1** ammortamento *m* **2** (*abzuschreibender Betrag*) detrazione *f*
Ab·schrift F copia *f*, duplicato *m*: **beglaubigte** ~ copia autenticata
ab·schür·fen VT scalfire, escoriare **Ab·schür·fung** F scalfittura *f*, escoriazione *f*
Ab·schuss M **1** sparo *m* **2** (*von Raketen*) lancio *m* **3** JAGD uccisione *f* **4** (*von Flugzeugen*) abbattimento *m*
ab·schüs·sig ADJ erto, ripido, scosceso
Ab·schuss·lis·te F *fig* lista *f* nera **Ab·schuss·ram·pe** F rampa *f* di lancio
ab·schüt·teln VT **1** scuotere via **2** *fig* **die Müdigkeit** ~ scuotersi di dosso la stanchezza **3** **j-n** ~ togliersi dai piedi qn
ab·schwä·chen **A** VT **1** indebolire **2** (*mildern*) attenuare: **eine Äußerung** ~ addolcire un'espressione **B** VR **sich** ~ attenuarsi, diminuire **Ab·schwä·chung** F **1** indebolimento *m* **2** (*Milderung*) attenuazione *f*
ab·schwei·fen VI ⟨s.⟩ allontanarsi (*a. fig*): **vom Thema** ~ allontanarsi dal tema
ab·schwel·len VI ⟨*irr*; s.⟩ **1** sgonfiarsi **2** (*leiser werden*) diminuire
ab·schwen·ken VI ⟨s.⟩ deviare
ab·schwin·deln VT **j-m etw** ~ frodare (*od* truffare) qc a qn
ab·schwir·ren VI ⟨s.⟩ *umg fig* allontanarsi in fretta
ab·schwö·ren VI ⟨*irr*; h.⟩ **1** rinnegare: **seinem Glauben** ~ rinnegare la propria fede **2** **etw** (*dat*) ~ giurare di rinunciare a qc
Ab·schwung M WIRTSCH recessione *f*
ab·seg·nen VT *umg* autorizzare, approvare
ab·seh·bar ADJ **1** prevedibile **2** non troppo lontano: **in -er Zeit** fra non molto tempo
ab·se·hen ⟨*irr*⟩ **A** VT **1** **j-m etw** ~ imparare qc da qn (osservando) **2** prevedere **B** VI ⟨h.⟩ **von etw** ~ rinunciare a qc ♦ **es auf etw** (*akk*) **abgesehen haben** mirare a qc; **es auf j-n abgesehen haben** avere delle mire su qn; (*schikanieren*) prendere di mira qn

ab·sei·fen V/T lavare (*od* pulire) col sapone
ab·sei·len **A** V/T calare con una fune **B** V/R **sich ~** **1** (*Alpinismus*) calarsi a corda doppia **2** *umg* tagliare la corda, svignarsela
ab·seits **A** PRÄP (*+gen*) lontano da **B** ADV **1** in disparte **2** SPORT **~ stehen** essere in fuori gioco
Ab·seits N ⟨-; -⟩ SPORT fuorigioco *m*
ab·sen·den V/T ⟨*irr*⟩ mandare, spedire, inviare **Ab·sen·der** M, **-in** F mittente *m/f*; speditore *m*, -trice *f*
ab·ser·vie·ren V/T *umg* **1** **j-n ~** liquidare qn **2** (*ermorden*) fare fuori
ab·setz·bar ADJ **1** (*abziehbar*) detraibile **2** (*absatzfähig*) smerciabile
ab·set·zen **A** V/T **1** posare **2** (*Brille*) togliersi **3** (*Passagier*) lasciare, scaricare **4** (*von einem Amt*) deporre **5** **eine Regierung ~** far cadere un governo **6** (*absagen*) annullare **7** **die Pille ~** interrompere l'uso della pillola **8** HANDEL vendere **9** (*abziehen*) detrarre: **etw von der Steuer ~** detrarre qc dalle tasse **B** V/R **sich ~** **1** (*sich ablagern*) depositarsi **2** *umg* svignarsela, battersela **Ab·set·zung** F ⟨-; -en⟩ **1** deposizione *f*: **eine vorläufige ~** una sospensione **2** annullamento *m*
ab·si·chern **A** V/T **1** rendere sicuro **2** (*Gefahrenstellen*) segnalare **B** V/R **sich gegen etw ~** assicurarsi contro qc
Ab·sicht F ⟨-; -en⟩ **1** intenzione *f*: **etw mit ~ tun** fare qc intenzionalmente (*od* di proposito); **in bester ~** con le migliori intenzioni **2** scopo *m*: **eine ~ verfolgen** perseguire uno scopo ♦ **das war nicht meine ~** non l'ho fatto apposta **absicht·lich** **A** ADJ intenzionale **B** ADV di proposito: **das hast du ~ gemacht!** l'hai fatto apposta! **Ab·sichts·er·klä·rung** F dichiarazione *f* d'intenti
ab·sit·zen ⟨*irr*⟩ **A** V/T *umg* **1** trascorrere (stando seduti): **täglich 8 Stunden im Büro ~** sedere 8 ore al giorno in ufficio **2** scontare: **eine Strafe ~** scontare una pena **B** V/I ⟨s.⟩ **vom Pferd ~** smontare da cavallo
ab·so·lut ADJ assoluto
Ab·so·lu·ti·on F ⟨-; -en⟩ assoluzione *f*: **j-m die ~ erteilen** assolvere qn
Ab·so·lu·tis·mus M ⟨-⟩ assolutismo *m*
Ab·sol·vent M ⟨-en; -en⟩, **-in** F ⟨-; -nen⟩ **1** diplomando *m*, -a *f* **2** (*nach der Prüfung*) diplomato *m*, -a *f*
ab·sol·vie·ren V/T **1** terminare, compiere: **einen Lehrgang ~** terminare un corso di studi **2** (*erledigen*) assolvere: **eine Aufgabe ~** assolvere un compito **3** (*Examen*) superare
ab·son·der·lich ADJ strano, bizzarro
ab·son·dern **A** V/T **1** isolare **2** BIOL, MED secernere **B** V/R **sich von j-m/etw ~** isolarsi da qn/qc **Ab·son·de·rung** F ⟨-; -en⟩ **1** isolamento *m* **2** (*Trennung*) separazione *f* **3** BIOL, MED secrezione *f*
ab·sor·bie·ren V/T assorbire (*a. fig*)
Ab·sorp·ti·on F ⟨-⟩ assorbimento *m*
ab·spal·ten **A** V/T spaccare **B** V/R **sich ~** spaccarsi **Ab·spal·tung** F ⟨-; -en⟩ separazione *f*
Ab·span·nung F ⟨-⟩ (*Ermüdung*) affaticamento *m*, spossatezza *f*
ab·spe·cken V/I ⟨h.⟩ *umg* **einige Kilo ~** perdere qualche chilo
ab·spei·chern V/T **1** IT (*Datei*) salvare: **abspeichern!** (*Befehl*) salva **2** IT (*Daten, Telefonnummer*) memorizzare
ab·spei·sen V/T *umg fig* **j-n mit etw ~** liquidare qn con qc
ab·spens·tig ADJ **j-m seine Freundin ~ machen** portare via la ragazza a qn
ab·sper·ren V/T **1** bloccare **2** **eine Baustelle ~** recintare un cantiere **3** interrompere **4** (*mit Schlüssel*) chiudere a chiave **Ab·sper·rung** F ⟨-; -en⟩ **1** sbarramento *m* **2** (*Unterbrechung*) interruzione *f*
Ab·spiel N SPORT passaggio *m*
ab·spie·len **A** V/T **1** (*Tonträger*) far suonare **2** SPORT **den Ball ~** passare la pall[a] **B** V/R **sich ~** accadere ♦ *umg* **hier spie[lt] sich nichts ab!** non se ne parla propri[o]
ab·split·tern **A** V/I ⟨s.⟩ scheggiarsi [**B**] V/R **sich ~** *fig* sfaldarsi
Ab·spra·che F accordo *m*, intesa *f* **ab·spra·che·ge·mäß** ADV come d'accordo
ab·spre·chen ⟨*irr*⟩ **A** V/T **1** negare: **j-m die bürgerlichen Rechte ~** negare i diritti civili a qn **2** **j-m ein Recht zu etw ~** contestare a qn il diritto di fare qc **3** **etw mit j-m ~** mettersi d'accordo con qn su qc **B** V/R **sich ~** mettersi d'accordo
ab·sprin·gen V/I ⟨*irr*; s.⟩ **1** scattare **2** (*Lack*) staccarsi **3** rimbalzare: **der Ball springt vom Boden ab** la palla rimbalza dal suolo **4** *fig umg* **von etw ~** prendere le distanze da qc
ab·sprit·zen V/T spruzzare, lavare (con

un getto d'acqua)
Ab·sprung M 1 scatto *m* 2 FLUG lancio *m*
ab·spu·len V/T svolgere (*a. fig umg*) ♦ **immer die gleichen Sprüche ~** ripetere sempre la stessa solfa
ab·spü·len V/T risciacquare, lavare
ab·stam·men V/I 1 discendere 2 LING derivare **Ab·stam·mung** F ⟨-; -en⟩ 1 discendenza *f* 2 LING derivazione *f*
Ab·stand M 1 distanza *f*: **in 2 Meter ~** alla distanza di 2 metri 2 (*zeitlich*) intervallo *m*: **im ~ von 2 Stunden** a intervalli di 2 ore; **in regelmäßigen Abständen** a intervalli regolari ♦ **~ halten** tenere le distanze; **mit ~** di gran lunga; **von etw ~ nehmen** desistere da qc
ab·stat·ten V/T fare, rendere: **j-m einen Besuch ~** fare visita a qn; **j-m seinen Dank ~** rendere grazie a qn
ab·stau·ben V/T 1 spolverare 2 SPORT **den Ball ~** fare gol approfittando di un errore della difesa 3 *umg* (*schnorren*) soffiare, scroccare
ab·ste·chen ⟨*irr*⟩ A V/T 1 (*Tier*) scannare 2 (*Grasnarbe*) tagliare 3 (*Bier*) spillare B V/I ⟨h.⟩ **von etw ~** spiccare (*od* risaltare) su qc
Ab·ste·cher M ⟨-s; -⟩ scappata *f*, puntata *f*
ab·ste·cken V/T 1 segnare con picchetti, picchettare 2 **seine Position ~** definire la propria posizione 3 (*Nähen*) appuntare
ab·ste·hen V/I ⟨*irr*; h.⟩ 1 distare 2 *umg* **zwei Stunden ~** passare due ore in piedi
ab·ste·hend ADJ sporgente: **-e Ohren** orecchie a sventola
Ab·stei·ge F ⟨-; -n⟩ *umg* alberghetto *m*
ab·stei·gen V/I ⟨*irr*; s.⟩ 1 scendere: **vom Rad ~** scendere dalla bici; **ins Tal ~** scendere a valle; **in einem Gasthof ~** fermarsi in una una locanda 2 SPORT retrocedere **ab·stei·gend** ADJ discendente
Ab·stei·ger M ⟨-s; -⟩ SPORT = *squadra in zona retrocessione*
ab·stel·len V/T 1 (*Last*) posare 2 (*deponieren*) riporre 3 (*Fahrzeug*) parcheggiare 4 spegnere: **den Motor ~** spegnere il motore 5 chiudere: **das Gas ~** chiudere il gas 6 (*Missstände*) eliminare
Ab·stell·flä·che F superficie *f* d'appoggio **Ab·stell·gleis** N binario *m* morto ♦ **j-n auf ein ~ schieben** = *emarginare qn* **Ab·stell·kam·mer** F ripostiglio *m*

ab·stem·peln V/T 1 timbrare 2 *fig* bollare: **j-n zum** (*od* **als**) **Geisteskranken ~** bollare qn come pazzo
ab·ster·ben V/I ⟨*irr*; s.⟩ 1 morire: **die Bäume sterben ab** gli alberi stanno morendo 2 *fig* **das Interesse stirbt ab** l'interesse si sta spegnendo 3 (*gefühllos werden*) intorpidirsi 4 *umg* (*vom Motor*) spegnersi
Ab·stieg M ⟨-[e]s; -e⟩ 1 discesa *f* 2 *fig* declino *m* 3 SPORT retrocessione *f*
ab·stil·len V/T divezzare, slattare
ab·stim·men A V/T 1 MUS accordare 2 *fig* (*Interessen*) armonizzare B V/I ⟨h.⟩ **über etw** (*akk*) **~** decidere qc ai voti C V/R **sich** (**mit j-m**) **über etw** (*akk*) **~** mettersi d'accordo (con qn) su qc **Ab·stim·mung** F votazione *f*: **geheime ~** votazione a scrutinio segreto; **öffentliche ~** scrutino *m* pubblico
abs·ti·nent ADJ astinente **Ab·sti·nenz** F ⟨-⟩ astinenza *f* **Ab·sti·nenz·ler** M ⟨-s; -⟩, **-in** F ⟨-; -nen⟩ *pej* astinente *m/f*; (*von Alkohol*) astemio *m*, -a *f*
Ab·stoß M SPORT rimessa *f* dal fondo
ab·sto·ßen ⟨*irr*⟩ A V/T 1 scostare (*od* allontanare) con un colpo 2 MED rigettare 3 **etw ~** liberarsi di qc 4 (*Kleidung*) consumare 5 (*Abscheu erregen*) disgustare B V/R **sich ~** 1 darsi slancio 2 PHYS respingersi **ab·sto·ßend** ADJ repellente, ripugnante **Ab·sto·ßung** F ⟨-⟩ MED rigetto *m*
ab·stot·tern V/T *umg* pagare a rate ♦ *umg* **sich** (*dat*) **einen ~** balbettare, incepparsi parlando
abs·tra·hie·ren V/T astrarre
abs·trakt ADJ astratto
Abs·trak·ti·on F ⟨-; -en⟩ astrazione *f*
ab·strei·fen V/T 1 sfilarsi 2 *fig* **die Schlange streift ihre Haut ab** il serpente muta la pelle 3 **die Füße ~** pulirsi i piedi 4 (*absuchen*) perlustrare, esplorare
ab·strei·ten V/T ⟨*irr*⟩ 1 negare 2 non riconoscere: **er ist ein guter Organisator, das kann ihm keiner ~** è un buon organizzatore, questo non glielo può negare nessuno
Ab·strich M 1 riduzione *f*, taglio *m*: **-e am Etat vornehmen** fare dei tagli al bilancio 2 MED striscio *m*, prelievo *m* ♦ *fig* **-e machen** = *ridurre le pretese, accontentarsi*
abs·trus ADJ astruso
ab·stu·fen V/T 1 terrazzare 2 *fig* gra-

duare: **die Gehälter ~** graduare gli stipendi **3** (*Farben*) digradare **Ab·stu·fung** F ⟨-; -en⟩ **1** *fig* graduazione *f* **2** (*von Farben*) gradazione *f*

ab·stump·fen **A** V/T **1** spuntare **2** *fig* rendere insensibile **B** V/I ⟨s.⟩ **gegen etw ~** diventare insensibile nei confronti di qc

Ab·sturz M **1** caduta *f* **2** (*Abhang*) dirupo *m* **3** IT crash *m*: **ich habe heute drei Abstürze gehabt** oggi il computer si è pinatato tre volte **ab·stür·zen** V/I ⟨s.⟩ **1** precipitare **2** IT piantarsi andare in crash (*od* tilt)

ab·stüt·zen **A** V/T **1** sorreggere, puntellare **2** *fig* ribadire: **seine Behauptung durch Belege ~** ribadire la propria affermazione portando esempi **B** V/R **sich ~** appoggiarsi, sorreggersi

ab·su·chen V/T **1** rovistare: **alle Räume** (**nach etw**) **~** rovistare in tutte le stanze (alla ricerca di qc) **2** perlustrare, esplorare: **die Polizei suchte das Gelände ab** la polizia perlustrava il territorio

ab·surd ADJ assurdo

Ab·sur·di·tät F ⟨-; -en⟩ assurdità *f*

Abs·zess M ⟨-es; -e⟩ ascesso *m*

Abt M ⟨-[e]s; Äbte⟩ abate *m*

ab·tas·ten V/T **1** frugare: **j-n nach etw ~** frugare (*od* perquisire) qn in cerca di qc **2** ELEK esplorare **3** MED palpare

Ab·tau·au·to·ma·tik F no frost *m inv*

ab·tau·chen V/I ⟨s.⟩ **1** (*U-Boot*) immergersi **2** *umg* sparire (dalla circolazione)

ab·tau·en **A** V/T **1** fare sgelare **2** (*den Kühlschrank*) sbrinare **B** V/I ⟨s.⟩ sciogliersi

Ab·tei F ⟨-; -en⟩ abbazia *f*

Ab·teil N **1** BAHN scompartimento *m* **2** (*abgeteilter Platz*) reparto *m*

ab·tei·len V/T separare, dividere in parti

Ab·tei·lung F ⟨-; -en⟩ **1** reparto *m* (*a.* MIL): **die chirurgische ~** *f* il reparto di chirurgia **2** (*einer Organisation*) dipartimento *m* **Ab·tei·lungs·lei·ter** M, **-in** F caporeparto *m/f*

ab·tip·pen V/T copiare a macchina

Äb·tis·sin F ⟨-; -nen⟩ badessa *f*

ab·tö·ten V/T **1** uccidere **2** *fig* reprimere

ab·tra·gen V/T ⟨*irr*⟩ **1** spianare: **einen Hügel ~** spianare una collina **2** (*Gebäude*) demolire **3** (*zurückzahlen*) estinguere (gradualmente) **4** (*abnutzen*) consumare, logorare

ab·träg·lich ADJ dannoso

Ab·trans·port M trasporto *m*, rimozione *f* **ab·trans·por·tie·ren** V/T trasportare via

ab·trei·ben V/I ⟨*irr*⟩ **1** ⟨s.⟩ (*vom Kurs*) andare alla deriva **2** ⟨h.⟩ MED abortire

Ab·trei·bung F ⟨-; -en⟩ aborto *m* **Ab·trei·bungs·geg·ner** M, **-in** F antiabortista *m/f* **Ab·trei·bungs·pil·le** F pillola *f* abortiva

ab·tren·nen V/T **1** staccare **2** (*Nähen*) scucire **3** (*absondern*) separare; (*teilen*) dividere

ab·tre·ten ⟨*irr*⟩ **A** V/T **1** (*überlassen*) cedere: **j-m etw ~** cedere qc a qn **2** (*ablaufen*) consumare (camminando) **3** **sich** (*dat*) **die Schuhe ~** togliere lo sporco dalle scarpe **B** V/I ⟨s.⟩ ritirarsi: **von der Bühne ~** uscire di scena; *fig* ritirarsi dalle scene

Ab·tre·ter M ⟨-s; -⟩ puliscipiedi *m*, zerbino *m*

Ab·tre·tung F ⟨-; -en⟩ cessione *f*

ab·trock·nen V/T asciugare

ab·trop·fen V/I ⟨s.⟩ (s)gocciolare

ab·trün·nig ADJ infedele, rinnegato: **einer Partei ~ werden** rinnegare un partito **Ab·trün·ni·ge** M/F ⟨-n; -n⟩ rinnegato *m*, -a *f*

ab·tun V/T ⟨*irr*⟩ liquidare: **etw als unbegründet ~** liquidare qc come cosa infondata

ab·tup·fen V/T asciugare, detergere

ab·ur·tei·len V/T condannare

ab·ver·lan·gen V/T esigere, pretendere: **j-m zu viel Geld ~** pretendere troppi soldi da qn

ab·wä·gen V/T ⟨wog/wägte, gewogen/gewägt⟩ soppesare, ponderare: **zwei Möglichkeiten gegeneinander ~** valutare due possibilità

ab·wäh·len V/T **1** non rieleggere **2** (*Fach*) abbandonare

ab·wäl·zen V/T scaricare: **die Verantwortung auf einen anderen ~** scaricare la responsabilità su un altro; **die Kosten auf einen anderen ~** accollare le spese a un altro

ab·wan·deln V/T variare (*od* modificare) leggermente

ab·wan·dern V/I ⟨s.⟩ *fig* **in die Stadt ~** inurbarsi; **in andere Berufe ~** cambiare mestiere **Ab·wan·de·rung** F **1** emigrazione *f* **2** *fig* passaggio *m*, cambiamento *m*

Ab·wär·me F ⟨-⟩ TECH calore *m* di scarico

Ab·wart M ⟨-s; -e⟩, **-in** F ⟨-; -nen⟩ *schweiz* portiere *m*, -a *f*

ab·war·ten VT attendere, aspettare ♦ **das bleibt noch abzuwarten** resta ancora da vedere; **~ und Tee trinken!** calma, ci vuole pazienza!; **sich ~d verhalten** temporeggiare

ab·wärts ADV giù, verso il basso **ab·wärts·fah·ren** VI ⟨*irr*⟩ scendere **ab·wärts·ge·hen** VI ⟨*irr*⟩ andar giù; *fig* andare male: **mit ihr geht's ~** sta peggiorando **Ab·wärts·trend** M WIRTSCH tendenza *f* al ribasso

Ab·wasch M ⟨-[e]s⟩ **den ~ machen** lavare i piatti

ab·wa·schen VT ⟨*irr*⟩ lavare (via)

Ab·was·ser N ⟨-s; -wässer⟩ acqua *f* di scarico: **industrielle Abwässer** scarichi *mpl* industriali **Ab·was·ser·auf·be·rei·tung** F ⟨-⟩ trattamento *m* delle acque di scarico **Ab·was·ser·ka·nal** M canale *m* di scarico, fognatura *f*

ab·wech·seln VI ⟨h.⟩ & VR **sich ~** 1 alternarsi 2 darsi il cambio: (**sich**) **bei der Arbeit ~** darsi il cambio nel lavoro **ab·wech·selnd** ADV alternativamente

Ab·wechs·lung F ⟨-; -en⟩ 1 (*Wechsel*) l'alternarsi *m* 2 (*Veränderung*) variazione *f*, cambiamento *m* 3 (*Zerstreuung*) svago *m* ♦ **zur ~** per cambiare; **~ in etw** (*akk*) **bringen** variare qc; **hier gibt es wenig ~** qui la vita è monotona **ab·wechs·lungs·reich** ADJ vario, variato

Ab·weg M cattiva strada *f*: **auf -e geraten** finire su una cattiva strada

ab·we·gig ADJ anomalo, strano

Ab·wehr F ⟨-⟩ 1 (*ablehnende Haltung*) resistenza *f* interiore 2 (*Zurückweisung*) rifiuto *m* 3 MIL, SPORT difesa *f* **Ab·wehr·dienst** M servizio *m* di controspionaggio

ab·weh·ren A VT 1 (*Feind*) respingere 2 tenere lontano: **Neugierige ~** tenere lontani i curiosi 3 (*Schläge*) parare B VI ⟨h.⟩ rifiutare **ab·weh·rend** A ADJ difensivo B ADV in segno di rifiuto, per rifiutare: **~ die Hand heben** alzare la mano in segno di rifiuto

Ab·wehr·kräf·te PL sistema *m* immunitario **Ab·wehr·spie·ler** M, **-in** F SPORT difensore *m* **Ab·wehr·stoff** M MED anticorpo *m*

ab·wei·chen VI ⟨*irr*; s.⟩ 1 deviare: **vom Kurs ~** deviare dalla rotta 2 *fig* **von einer Gewohnheit ~** scostarsi da un'abitudine 3 (*sich unterscheiden*) differire, differenziarsi **ab·wei·chend** ADJ differente, divergente: **-e Meinungen** opinioni divergenti **Ab·wei·chung** F ⟨-; -en⟩ 1 deviazione *f* 2 (*Unterschied*) differenza *f*

ab·wei·sen VT ⟨*irr*⟩ respingere **ab·wei·send** ADJ non affabile **Ab·wei·sung** F ⟨-; -en⟩ rifiuto *m*

ab·wen·den ⟨*irr*⟩ A VT 1 (*Gesicht*) voltare via 2 (*Schlag*) parare 3 *fig* (*Gefahr*) stornare B VR **sich ~** voltarsi; *fig* **sich von seinen Freunden ~** voltare le spalle ai propri amici

ab·wer·ben VT ⟨*irr*⟩ accaparrare

ab·wer·fen ⟨*irr*⟩ A VT 1 (*Bomben*) lanciare 2 (*sich befreien*) **etw ~** sbarazzarsi di qc (*a. fig*) B VI ⟨h.⟩ *umg* rendere: **das Geschäft wirft viel ab** l'affare rende molto

ab·wer·ten VT WIRTSCH *fig* svalutare **Ab·wer·tung** F 1 svalutazione *f* 2 *fig* lo sminuire

ab·we·send ADJ assente (*a. fig*) **Ab·we·sen·de** M/F ⟨-n; -n⟩ assente *m/f* **Ab·we·sen·heit** F ⟨-; -en⟩ 1 assenza *f* 2 (*Unaufmerksamkeit*) distrazione *f* ♦ **durch ~ glänzen** brillare per le continue assenze

ab·wet·zen A VT 1 sfregare via 2 (*abnutzen*) consumare, logorare B VI ⟨s.⟩ *umg* filare via

ab·wi·ckeln A VT svolgere (*a. fig*): **Geschäfte ~** sbrigare affari B VR **sich ~** svolgersi, procedere ♦ **einen Betrieb ~** liquidare un'azienda **Ab·wick·lung** F ⟨-; -en⟩ 1 (*Ausführung*) disbrigo *m* 2 (*Ablauf*) svolgimento *m*

ab·wie·gen VT ⟨*irr*⟩ soppesare, pesare

ab·wim·meln VT *umg* **j-n/etw ~** sbarazzarsi di qn/qc

ab·win·keln VT inclinare ad angolo

ab·win·ken VI ⟨h.⟩ fare cenno di no

ab·wi·schen VT 1 togliere: **den Staub ~** togliere la polvere 2 **j-s Tränen ~** asciugare le lacrime di qn 3 pulire: **die Hände an der Hose ~** pulire le mani sui pantaloni

Ab·wurf M 1 lancio *m* 2 SPORT rinvio *m*

ab·wür·gen VT 1 *fig* stroncare, soffocare: **ein Gespräch ~** troncare una conversazione 2 *umg* **den Motor ~** fare spegnere il motore

ab·zah·len VT 1 (*in Raten zahlen*) paga-

re a rate **2** (*zurückzahlen*) rimborsare
ab·zäh·len **A** VT contare **B** VI ⟨h.⟩ fare la conta
Ab·zah·lung F rata *f*: **auf ~** a rate
ab·zap·fen VT spillare (*a. fig*) ♦ *umg* **j-m Blut ~** cavare sangue a qn
ab·zäu·men VT **das Pferd ~** togliere le briglie al cavallo
ab·zäu·nen VT separare con un recinto
Ab·zei·chen N **1** (*Plakette*) distintivo *m* **2** (*Erkennungszeichen*) segno *m* di riconoscimento
ab·zeich·nen **A** VT **1** disegnare, copiare **2** **einen Bericht ~** siglare un rapporto **B** VR **sich ~** **1** delinearsi (*a. fig*) **2** (*sich widerspiegeln*) rispecchiarsi, dipingersi
Ab·zieh·bild N decalcomania *f*
ab·zie·hen ⟨*irr*⟩ **A** VT **1** togliere **2** MIL **Truppen ~** ritirare truppe **3** (*schärfen*) affilare **4** TYPO, FOTO stampare: **ein Plakat in 50 Exemplaren ~** tirare 50 copie di un manifesto **5** detrarre: **etw vom Lohn ~** detrarre qc dallo stipendio **B** VI ⟨s.⟩ **1** disperdersi: **der Rauch zog ab** il fumo si disperse **2** *umg* andarsene: **zieh ab!** vattene! **3** MIL mettersi in marcia ♦ **das Bett ~** = *togliere le federe del piumone* (*al letto*)
ab·zie·len VI ⟨h.⟩ **auf etw** (*akk*) **~** mirare a qc
ab·zi·schen VI ⟨s.⟩ *umg* filare: **zisch ab!** fila!
ab·zo·cken VT *umg* spillare
Ab·zug M **1** (*einer Waffe*) grilletto *m* **2** TYPO, FOTO copia *f* **3** (*Abrechnung*) detrazione *f*, defalco *m* **4** (*Kamin*) TECH sfogo *m* **5** MIL partenza *f*
ab·züg·lich PRÄP (+*gen*) detratto, dedotto: **~ der Kosten** detratte le spese
ab·zugs·fä·hig ADJ detraibile, deducibile **Ab·zugs·rohr** N tubazione *f* di scarico
ab·zup·fen VT staccare (con le dita)
ab·zwei·gen **A** VI ⟨s.⟩ deviare **B** VT *umg* mettere da parte **Ab·zwei·gung** F ⟨-; -en⟩ **1** diramazione *f* **2** ELEK derivazione *f*
ab·zwi·cken VT recidere (con le pinze)
Ac·ces·soire [aksɛ'soaːɐ] N ⟨-s; -s⟩ MODE accessorio *m*
ach INT oh, ohimè: **~ Gott!** oh Dio!; **~ so!** ah, ecco! ah, sì!; **~ was**, **~ wo** ma no, macché; **~ ja** ah già, ah sì; **~ je** ahimè; **~ nein** ma no ♦ **Ach und Weh schreien** gridare ahimè; **mit Ach und Krach** = *con grandi difficoltà, a stento*
Achat M ⟨-[e]s; -e⟩ agata *f*
Achil·les·fer·se F ⟨-⟩ tallone *m* d'Achille **Achil·les·seh·ne** F tendine *m* d'Achille
Ach·se F ⟨-; -n⟩ MATH, MECH, HIST asse *m* ♦ **auf ~ sein** essere in giro
Ach·sel F ⟨-; -n⟩ **1** spalla *f*: **mit den -n zucken** alzare le spalle **2** ANAT, BOT ascella *f* **Ach·sel·höh·le** F ascella *f*
ach·sel·zu·ckend ADJ con un'alzata di spalle
Achs·la·ger N MECH cuscinetto *m* dell'assale **Achs·schen·kel** M AUTO fuso *m* ad asse
acht NUM otto: **sie waren zu ~** erano in otto; **heute in ~ Tagen** fra una settimana; **gegen ~** (**Uhr**) verso le otto
Acht[1] F ⟨-; -en⟩ otto *m*: **eine ~ auf dem Eis laufen** fare un otto sul ghiaccio
Acht[2] F ⟨-⟩ *geh* cura *f*: **auf j-n/etw ~ geben** fare attenzione (*od* badare) a qn/qc; **etw außer ~ lassen** non prendere in considerazione qc; **sich in ~ nehmen** essere prudente
acht·bar ADJ rispettabile, onesto
ach·te ADJ **1** ottavo **2** (*im Datum*) otto: **am -n März** l'otto marzo **Ach·te** M/F ⟨-n; -n⟩ ottavo *m*, -a *f*: **jeder ~** uno su otto
Acht·eck N ⟨-[e]s; -e⟩ ottagono *m* **acht·eckig** ADJ ottagonale
ach·tel ADJ ⟨*inv*⟩ ottavo: **ein ~ Liter** un ottavo di litro
Ach·tel N *u. schweiz* M ⟨-s; -⟩ ottavo *m*
Ach·tel·fi·na·le N ottavo *m* di finale
Ach·tel·no·te F MUS croma *f* **Ach·tel·takt** M tempo *m* in ottavi
ach·ten **A** VT **1** **j-n ~** stimare qn **2** rispettare: **das Gesetz ~** rispettare la legge **B** VI ⟨h.⟩ **auf j-n/etw ~** prestare attenzione (*od* dare peso) a qn/qc ; **achte darauf, dass die Fenster geschlossen sind** assicurati che le finestre siano chiuse
äch·ten VT HIST bandire, proscrivere
ach·tens ADV in ottavo luogo, ottavo
Ach·ter M ⟨-s; -⟩ (*Ruderboot*) (imbarcazione *f* da) otto *m* **Ach·ter·bahn** F otto *m* volante **Ach·ter·deck** N ponte *m* di poppa
acht·fach **A** ADJ ottuplo **B** ADV otto volte
acht·hun·dert NUM ottocento
acht·jäh·rig ADJ di otto anni
acht·los ADJ sbadato, noncurante **Acht-**

lo·sig·keit F ⟨-; -en⟩ noncuranza *f*
acht·mal ADV otto volte **acht·ma·lig** ADJ di otto volte **acht·mo·na·tig** ADJ di otto mesi
acht·sam ADJ attento, accurato
Acht·stun·den·tag M giornata *f* (lavorativa) di otto ore
acht·stün·dig ADJ di otto ore **acht·tä·gig** ADJ di otto giorni **acht·tau·send** NUM ottomila **Acht·und·sech·zi·ger** M ⟨-s; -⟩, **-in** F ⟨-; -nen⟩ sessantottino *m*, -a *f*
Ach·tung F ⟨-⟩ **1** stima *f*, rispetto *m*: **~ gebietend** che ispira rispetto, rispettabile; **in j-s ~ sinken/steigen** scendere/salire nella considerazione di qn **2** (*Vorsicht*) **~!** attenzione! ♦ **alle ~!** bravo! congratulazioni!
Äch·tung F ⟨-; -en⟩ **1** HIST bando *m* **2** (*Verdammung*) disprezzo *m*, condanna *f*
Ach·tungs·er·folg M successo *m* di stima **ach·tungs·voll** ADJ rispettoso, pieno di stima
acht·zehn NUM diciotto **acht·zehn·hun·dert** NUM milleottocento **acht·zehn·jäh·rig** ADJ diciottenne **acht·zehn·te** ADJ **1** diciottesimo: **das ~ Jahrhundert** il diciottesimo secolo **2** (*im Datum*) diciotto
acht·zig NUM ottanta: **Ende (der) ~** alla fine degli ottanta **Acht·zig** F ⟨-; -en⟩ ottanta *m* **acht·zi·ger** ADJ ⟨*inv*⟩ **1** (*Zeit*) ottanta: **in den ~ Jahren** negli anni ottanta **2** (*Alter*) ottantina *f*, ottant'anni *mpl* **Acht·zi·ger** M ⟨-s; -⟩, **-in** F ⟨-; -nen⟩ ottantenne *m/f*
Acht·zi·ger·jah·re PL anni *mpl* ottanta
acht·zig·jäh·rig ADJ di ottant'anni; ottantenne **acht·zigs·te** ADJ ottantesimo
äch·zen V/I ⟨h.⟩ **1** **vor Schmerz ~** gemere dal dolore **2** *fig* scricchiolare, cigolare
A·cker M ⟨-s; Äcker⟩ campo *m* **A·cker·bau** M ⟨-[e]s⟩ agricoltura *f*: **~ treibend** agricolo **A·cker·bau·kun·de** F ⟨-⟩ agronomia *f* **A·cker·bo·den** M terreno *m* coltivabile **A·cker·flä·che** F superficie *f* coltivata
a·ckern **A** V/T arare **B** V/I ⟨h.⟩ *umg* rompersi la schiena
Ac·ryl·glas N ⟨-es⟩ vetro *m* acrilico
Ac·tion [ˈɛkʃən] F ⟨-; -s⟩ *umg* azione *f*: **wo ist denn hier die ~?** ma non succede mai niente qui?; **null ~** una noia mortale **Ac·tion·film** M film *m* d'azione
ad ab·sur·dum: **etw/j-n ~ führen** dimostrare l'assurdità di qc/qn
ad ac·ta: **etw ~ legen** mettere qc agli atti
Adams·ap·fel M pomo *m* d'Adamo **Adams·kos·tüm** N **im ~** in costume adamitico
Adap·ter M ⟨-s; -⟩ adattatore *m*
adä·quat [-ɛˈkvaːt] ADJ adeguato
ad·die·ren **A** V/T addizionare **B** V/R **sich ~** sommarsi
Ad·di·ti·on F ⟨-; -en⟩ addizione *f*
ade INT **j-m ~ sagen** dire addio a qn
Adel M ⟨-s⟩ nobiltà *f*: **von ~ sein** essere di origine nobile **adeln** V/T **1** **j-n ~** conferire un titolo nobiliare a qn **2** *fig* nobilitare
Adels·stand M aristocrazia *f* **Adels·ti·tel** M titolo *m* nobiliare
Ader F ⟨-; -n⟩ vena *f* (*a. fig*): **musikalische ~** vena musicale ♦ *obs* **j-n zur ~ lassen** salassare qn (*a. fig*)
Ad·jek·tiv N ⟨-s; -e⟩ aggettivo *m*
ad·jus·tie·ren V/T aggiustare
Ad·ju·tant M ⟨-en; -en⟩ MIL aiutante *m* di campo
Ad·ler M ⟨-s; -⟩ aquila *f* **Ad·ler·au·ge** N occhio *m* d'aquila **Ad·ler·na·se** F naso *m* aquilino
ad·lig ADJ nobile **Ad·li·ge** M/F ⟨-n; -n⟩ nobile *m/f*
Ad·mi·ral M ⟨-s; -e *u.* Admiräle⟩ ammiraglio *m* **Ad·mi·ra·li·tät** F ⟨-; -en⟩ ammiragliato *m*
adop·tie·ren V/T adottare
Adop·ti·on F ⟨-; -en⟩ adozione *f*
Adop·tiv·el·tern PL genitori *mpl* adottivi **Adop·tiv·kind** N figlio *m* adottivo
Ad·re·na·lin N ⟨-s⟩ adrenalina *f* **Ad·re·na·lin·spie·gel** M tasso *m* di adrenalina **Ad·re·na·lin·stoß** M scarica *f* di adrenalina: **ich hatte den totalen ~** avevo l'adrenalina a mille
Ad·res·sat M ⟨-en; -en⟩, **-in** F ⟨-; -nen⟩ destinatario *m*, -a *f*
Ad·ress·buch N rubrica *f* (*a.* IT)
Ad·res·se F ⟨-; -n⟩ indirizzo *m* (*a.* IT) ♦ **bei mir ist er an der falschen ~** con me ha sbagliato indirizzo
ad·res·sie·ren V/T indirizzare: **etw an j-n ~** indirizzare qc a qn (*a. fig*)
ad·rett ADJ pulito, ordinato
Ad·ria F ⟨-⟩ Adriatico *m*
ad·ria·tisch ADJ adriatico
ad·strin·gie·ren V/T astringere
A-Dur N MUS la *m* maggiore

Ad·vent M ⟨-[e]s⟩ avvento *m* **Ad·vents·ka·len·der** M calendario *m* dell'Avvento **Ad·vents·kranz** M corona *f* dell'avvento **Ad·vents·sonn·tag** M domenica *f* d'avvento

Ad·verb N ⟨-s; -ien⟩ avverbio *m*

Ae·ro·bic N ⟨-s⟩ aerobica *f*

ae·ro·dy·na·misch ADJ aerodinamico

Af·fä·re F ⟨-; -n⟩ 1 affare *m*: **in dunkle -n verwickelt sein** essere coinvolto in affari poco chiari; **sich aus der ~ ziehen** cavarsi dai pasticci 2 (*Angelegenheit*) *umg* faccenda *f* 3 (*Liebschaft*) relazione *f* amorosa

Af·fe M ⟨-n; -n⟩ 1 scimmia *f* 2 *umg pej* scemo *m* ♦ *umg* **einen -n haben** essere sbronzo

Af·fekt M ⟨-[e]s; -e⟩ (stato *m* di) eccitazione *f*: **im ~ handeln** agire in stato di eccitazione **Af·fekt·hand·lung** F JUR **eine ~ begehen** commettere un delitto passionale

af·fek·tiert ADJ affettato, lezioso **Af·fek·tiert·heit** F ⟨-; -en⟩ affettazione *f*, leziosaggine *f*

af·fen·geil ADJ *sl* pazzesco **Af·fen·hit·ze** F *umg* caldo *m* bestiale **Af·fen·lie·be** F *umg* amore *m* pazzesco **Af·fen·schan·de** F *umg* **etw ist eine ~** qc è una vera vergogna **Af·fen·schwanz** M IT *umg* chiocciola *f* **Af·fen·the·a·ter** N *umg* pagliacciata *f* **Af·fen·zahn** M *umg* **mit einem ~** a tutta birra

af·fig ADJ *umg* 1 affettato 2 (*eitel*) vanitoso

Af·fi·ni·tät F ⟨-; -en⟩ affinità *f*

Af·gha·ne[1] M ⟨-n; -n⟩(*Hunderasse*) levriero *m* afg(h)ano

Af·gha·ne[2] M ⟨-n; -n⟩, **-nin** F ⟨-; -nen⟩ afg(h)ano *m*, -a *f*

af·gha·nisch ADJ afg(h)ano

Af·gha·nis·tan N ⟨-s⟩ Afg(h)anistan *m*

Af·ri·ka N ⟨-s⟩ Africa *f*

Af·ri·ka·ner M ⟨-s; -⟩, **-in** F ⟨-; -nen⟩ africano *m*, -a *f*

af·ri·ka·nisch ADJ africano

Af·ter M ⟨-s; -⟩ ano *m*

Af·ter·shave ['a:ftɐʃe:f] N ⟨-[s]; -s⟩ dopobarba *m*

Ägä·is F ⟨-⟩ **die ~** l'Egeo; **das Ägäische Meer** il mar Egeo;

Agen·da F ⟨-; Agenden⟩ 1 (*Merkbuch*) agenda *f* 2 (*Tagesordnung*) ordine *m* del giorno

Agent M ⟨-en; -en⟩, **-in** F ⟨-; -nen⟩ agente *m/f* (*a.* HANDEL)

Agen·tur F ⟨-; -en⟩ HANDEL agenzia *f*, rappresentanza *f*

Ag·gre·gat N ⟨-[e]s; -e⟩ aggregato *m* **Ag·gre·gat·zu·stand** M CHEM stato *m* di aggregazione

Ag·gres·si·on F ⟨-; -en⟩ aggressione *f*

ag·gres·siv ADJ aggressivo **Ag·gres·si·vi·tät** [-v-] F ⟨-; -en⟩ aggressività *f*

agie·ren V/I ⟨h.⟩ agire

agil ADJ *geh* agile, svelto: **körperlich und geistig ~** agile di corpo e di spirito

Agi·ta·ti·on F ⟨-; -en⟩ POL agitazione *f*

agi·ta·to·risch ADJ sedizioso

agi·tie·ren V/I ⟨h.⟩ **gegen j-n ~** fare propaganda contro qn; **für Streik ~** incitare allo sciopero

Ag·rar·er·zeug·nis N prodotto *m* agricolo **Ag·rar·in·dust·rie** F agroindustria *f* **Ag·rar·land** N paese *m* agricolo **Ag·rar·wirt·schaft** F economia *f* agraria

Ag·ree·ment [ə'gri:mənt] N ⟨-s; -s⟩ POL, HANDEL accordo *m*, intesa *f*

Ägyp·ten N ⟨-s⟩ Egitto *m* **Ä·gyp·ter** M ⟨-s; -⟩, **-in** F ⟨-; -nen⟩ egiziano *m*, -a *f* **ägyp·tisch** ADJ egiziano

ah INT ah: **~ so!** ah, ecco! ah, capisco!

aha INT aha, ecco

Aha-Er·leb·nis N PSYCH aha-esperienza *f*

Ah·le F ⟨-; -n⟩ lesina *f*

Ahn M ⟨-[s] *u.* -en; -en⟩ avo *m*, antenato *m*

ahn·den V/T punire

äh·neln V/I ⟨h.⟩ (as)somigliare: **j-m ~** assomigliare a qn

ah·nen V/T 1 presagire: **ein Unglück ~** presagire una sventura 2 (*vermuten*) intuire ♦ **nichts -d** senza sospettare nulla; **das konnte ich doch nicht ~** come facevo a saperlo?

Ah·nen·kult M culto *m* degli antenati **Ah·nen·ta·fel** F tavola *f* genealogica

ähn·lich ADJ somigliante, simile ♦ **j-m ~ sehen** (as)somigliare a qn; *umg* **das sieht dir ~!** questa è una delle tue!

Ähn·lich·keit F ⟨-; -en⟩ somiglianza *f*: **mit j-m ~ haben** somigliare a qn

Ah·nung F ⟨-; -en⟩ 1 (*Vorgefühl*) presentimento *m* 2 *umg* idea *f*: **nicht die blasseste ~ haben** non avere la minima idea; **keine ~** non lo so; **hast du eine ~!** se sapessi!

ah·nungs·los A ADJ ignaro, inconsapevole B ADV senza rendersi conto, senza sospettare nulla **ah·nungs·voll** ADJ pieno di presentimenti

Ahorn M ⟨-s; -e⟩ acero *m*

Äh·re F ⟨-; -n⟩ spiga *f*

Aids [e:ts] N ⟨-⟩ Aids (*od* AIDS) *m*

Aids·hil·fe F centro *m* di assistenza ai malati di Aids **aids·krank** ADJ malato di Aids **Aids·kran·ke** M/F malato *m*, -a *f* di Aids **Aids·test** M test *m* dell'Aids **Aids·vi·rus** N virus *m* dell'Aids

Air·bag ['ɛːebɛk] M ⟨-s; -s⟩ air-bag *m inv*

Aka·de·mie F ⟨-; -n⟩ accademia *f*

Aka·de·mi·ker M ⟨-s; -⟩, **-in** F ⟨-; -nen⟩ laureato *m*, -a *f* **aka·de·misch** ADJ accademico, universitario

Aka·zie F ⟨-; -n⟩ acacia *f*

Ak·kli·ma·ti·sa·ti·on F ⟨-; -en⟩ acclimatazione *f* **ak·kli·ma·ti·sie·ren** V/R **sich ~** acclimatarsi

Ak·kord M ⟨-[e]s; -e⟩ 1 MUS accordo *m* 2 WIRTSCH cottimo *m*: **im ~ arbeiten** lavorare a cottimo **Ak·kord·ar·beit** F lavoro *m* a cottimo **Ak·kord·ar·bei·ter** M, **-in** F cottimista *m/f*

Ak·kor·de·on N ⟨-s; -s⟩ fisarmonica *f*

ak·kre·di·tie·ren V/T accreditare **ak·kre·di·tiert** ADJ accreditato **Ak·kre·di·tiv** N ⟨-s; -e⟩ 1 (*Diplomatie*) credenziali *fpl* 2 FIN accredito *m*

Ak·ku M ⟨-s; -s⟩, **Ak·ku·mu·la·tor** M ⟨-s; -en⟩ accumulatore *m*; (*Batterie*) batteria *f* ricaricabile **ak·ku·mu·lie·ren** A V/T accumulare B V/R **sich ~** accumularsi

ak·ku·rat A ADJ accurato, preciso B ADV con cura ♦ **das ist ~ so!** è proprio così!

Ak·ku·sa·tiv M ⟨-s; -e⟩ accusativo *m*

Ak·ne F ⟨-; -n⟩ acne *f*

Akon·to·zah·lung F pagamento *m* in acconto: **eine ~ leisten** pagare un acconto (*od* anticipo *m*)

ak·qui·rie·ren V/T WIRTSCH procurarsi, procacciarsi **Ak·qui·si·ti·on** F ⟨-; -en⟩ il procacciare clienti

Ak·ri·bie F ⟨-⟩ *geh* acribia *f*

Ak·ro·bat M ⟨-en; -en⟩ acrobata *m* **Ak·ro·ba·tik** F ⟨-⟩ acrobatica *f* **Ak·ro·ba·tin** F ⟨-; -nen⟩ acrobata *f* **ak·ro·ba·tisch** ADJ acrobatico

Akt M ⟨-[e]s; -e⟩ 1 atto *m* (*a.* THEAT), azione *f* 2 (*Geschlechtsakt*) atto *m* sessuale, coito *m* 3 cerimonia *f* 4 KUNST nudo *m*

Ak·te F ⟨-; -n⟩ 1 (*amtssprachlich*) pratica *f* 2 *pl* atti *mpl*: **nach Lage der -n** allo stato degli atti ♦ **Einheitliche Europäische ~** Atto *m* Unico Europeo; *umg* **etw zu den -n legen** archiviare qc

Ak·ten·kof·fer M valigetta *f* portadocumenti **ak·ten·kun·dig** ADJ documentabile **Ak·ten·map·pe** F cartella *f* per documenti **Ak·ten·no·tiz** F nota *f* sugli atti **Ak·ten·ord·ner** M raccoglitore *m* per documenti **Ak·ten·schrank** M armadio *m* per le pratiche **Ak·ten·ta·sche** F borsa *f* portadocumenti **Ak·ten·zei·chen** N sigla *f*

Ak·tie F ⟨-; -n⟩ azione *f* ♦ *hum* **wie stehen die -n?** come vanno le cose?

Ak·ti·en·ge·sell·schaft F società *f* per azioni, s.p.a **Ak·ti·en·in·dex** M listino *m* di Borsa **Ak·ti·en·ka·pi·tal** N capitale *m* azionario **Ak·ti·en·kurs** M corso *m* azionario **Ak·ti·en·markt** M mercato *m* azionario **Ak·ti·en·mehr·heit** F maggioranza *f* azionaria **Ak·ti·en·pa·ket** N pacchetto *m* azionario

Ak·ti·on F ⟨-; -en⟩ azione *f*, iniziativa *f*: **in ~ setzen/treten** mettere/entrare in azione

Ak·ti·o·när M ⟨-s; -e⟩, **-in** F ⟨-; -nen⟩ azionista *m/f*

Ak·ti·o·närs·ver·samm·lung F assemblea *f* degli azionisti

Ak·ti·o·nis·mus M ⟨-⟩ attivismo *m*

Ak·ti·ons·ge·mein·schaft F unità *f* d'azione **Ak·ti·ons·ra·di·us** M 1 raggio *m* d'azione 2 FLUG, SCHIFF autonomia *f*

ak·tiv ADJ attivo: **politisch ~ sein** essere attivo politicamente; **ein -er Soldat** un soldato in servizio attivo

Ak·tiv N ⟨-s; -e⟩ GRAM attivo *m*

Ak·ti·va PL WIRTSCH attività *fpl* (di bilancio), attivo *m*: **~ und Passiva** attivo e passivo

ak·ti·vie·ren V/T 1 attivare (*a.* CHEM) 2 POL mobilitare **Ak·ti·vie·rung** F ⟨-; -en⟩ 1 attivazione *f* (*a.* CHEM) 2 POL mobilitazione *f* **Ak·ti·vis·mus** M ⟨-⟩ attivismo *m* **Ak·ti·vist** M ⟨-en; -en⟩, **-in** F ⟨-; -nen⟩ attivista *m/f* **ak·ti·vis·tisch** ADJ attivistico, attivista **Ak·ti·vi·tät** F ⟨-; -en⟩ attività *f*

Ak·tiv·pos·ten M voce *f* attiva

Akt·ma·le·rei F pittura *f* di nudi **Akt·mo·dell** N modello *m*, -a *f* di nudo

ak·tu·a·li·sie·ren VT attualizzare, aggiornare **Ak·tu·a·li·sie·rung** F ⟨-; -en⟩ l'attualizzare, aggiornamento *m*
Ak·tu·a·li·tät F ⟨-; -en⟩ attualità *f*
ak·tu·ell ADJ attuale, d'attualità
Aku·pres·sur F ⟨-; -en⟩ digitopressione *f*
aku·punk·tie·ren VT **j-n ~** fare l'agopuntura a qn
Aku·punk·tur F ⟨-; -en⟩ agopuntura *f*
Akus·tik F ⟨-⟩ acustica *f*
akus·tisch ADJ acustico
akut ADJ **1** (*brennend*) scottante, urgente **2** grave, serio: **-e Lebensgefahr** grave pericolo di vita
Ak·zent M ⟨-[e]s; -e⟩ accento *m* (*a. fig*) **ak·zent·frei** ADJ senza accento
ak·zen·tu·ie·ren VT *fig* accentuare, sottolineare
Ak·zept N ⟨-[e]s; -e⟩ FIN **1** accettazione *f* (della cambiale) **2** (*Wechsel*) cambiale *f* accettata **ak·zep·ta·bel** ADJ accettabile, decente **Ak·zep·tanz** F ⟨-⟩ gradimento *m* **ak·zep·tie·ren** VT accettare
Ala·bas·ter M ⟨-s; -⟩ alabastro *m*
Alarm M ⟨-[e]s; -e⟩ allarme *m* **Alarm·an·la·ge** F impianto *m* d'allarme **Alarm·be·reit·schaft** F stato *m* di allarme
alar·mie·ren VT **1** chiamare (in aiuto) **2** *fig* allarmare **alar·mie·rend** ADJ allarmante
Alarm·zei·chen N segnale *m* di allarme **Alarm·zu·stand** M stato *m* d'allarme
Alas·ka N ⟨-s⟩ Alasca *f*
Al·ba·ner M ⟨-s; -⟩, **-in** F ⟨-; -nen⟩ albanese *m/f* **Al·ba·ni·en** N ⟨-s⟩ Albania *f* **al·ba·nisch** ADJ albanese
Al·bat·ros M ⟨-; -se⟩ albatros *m*
Alb·druck M ⟨-[e]s; -drücke⟩ incubo *m*
al·bern[1] ADJ sciocco, stupido: **-es Zeug** sciocchezze *fpl* ♦ **sich ~ benehmen** fare lo scemo
al·bern[2] VI ⟨h.⟩ comportarsi in modo sciocco, fare stupidaggini **Al·bern·heit** F ⟨-; -en⟩ **1** (*Art*) stupidità *f* **2** (*Handlung*) sciocchezza *f*
Al·bi·no M ⟨-s; -s⟩ albino *m*, -a *f*
Alb·traum M incubo *m* (*a. fig*)
Al·bum N ⟨-s; Alben *u.* -s⟩ album *m*
Al·chi·mie F ⟨-⟩ alchimia *f*
al·chi·mis·tisch ADJ alchimistico
Ale·man·ne M ⟨-n; -n⟩, **-nin** F ⟨-; -nen⟩ alemanno *m*, -a *f*
Al·ge F ⟨-; -n⟩ alga *f*
Al·geb·ra F ⟨-⟩ algebra *f*
al·geb·ra·isch ADJ algebrico
Al·gen·blü·te F mucillagine *f* **Al·gen·pest** F invasione *f* delle alghe
Al·ge·ri·en N ⟨-s⟩ Algeria *f* **Al·ge·ri·er** M ⟨-s; -⟩, **-in** F ⟨-; -nen⟩ algerino *m*, -a *f* **al·ge·risch** ADJ algerino
Al·go·rith·mus M ⟨-⟩ algoritmo *m*
ali·as ADV alias
Ali·bi N ⟨-s; -s⟩ alibi *m* (*a. fig*) **Ali·bi·frau** F donna *f* alibi **Ali·bi·funk·ti·on** F funzione *f* di alibi
Ali·men·te PL JUR alimenti *mpl*
Al·ka·li N ⟨-s; Alkalien⟩ alcali *m*
al·ka·lisch ADJ alcalino
Al·ko·hol M ⟨-s; -e⟩ alco(o)l *m*: **in ~ eingelegte Kirschen** ciliegie sotto spirito
al·ko·hol·arm ADJ poco alcolico **Al·ko·hol·ein·fluss** M **unter ~** sotto l'effetto dell'alcol **al·ko·hol·frei** ADJ analcolico **Al·ko·hol·ge·halt** M gradazione *f* alcolica; **~ im Blut** alcolemia **al·ko·hol·hal·tig** ADJ alcolico
Al·ko·ho·li·ka PL alcolici *mpl*
Al·ko·ho·li·ker M ⟨-s; -⟩, **-in** F ⟨-; -nen⟩ alcolista *m/f*, alcolizzato *m*, -a *f*
al·ko·ho·lisch ADJ alcolico
Al·ko·hol·miss·brauch M abuso *m* di alcolici **Al·ko·hol·spie·gel** M ⟨-s⟩ alcolemia *f* **Al·ko·hol·sün·der** M, **-in** F *umg* guidatore *m* (-trice *f*) ubriaco (-a) **Al·ko·hol·test** M alcoltest *m inv* **Al·ko·hol·ver·bot** N proibizione *f* di alcolici **Al·ko·hol·ver·gif·tung** F intossicazione *f* da alcol
Al·ko·pop M ⟨-s; -s⟩ alcopop *m inv*
all **A** PRON ATTR ogni, tutto: **-e Leute** tutta la gente; **Bücher -er Art** libri di ogni genere **B** PRON N **alles** ⟨*pl* alle⟩ tutto: **da ist -es** questo è tutto; **wir -e** noi tutti; **-e vier** tutti e quattro; **-es in Ordnung** tutto a posto ♦ **-es andere** tutto il resto; **-es andere als dumm** tutt'altro che stupido; **-es in -em** tutto sommato; **Mädchen für -es** domestica tuttofare; **-es oder nichts** o tutto o niente; **trotz -em** malgrado tutto; **vor -em** soprattutto; **j-m -es Gute wünschen** augurare a qn ogni bene
All N ⟨-s⟩ spazio *m*, cosmo *m*
al·le ADJ *umg* **1** (*zu Ende*) finito, esaurito **2** (*müde*) sfinito: **ich bin (fix und) ~** sono sfinito
Al·lee F ⟨-; -n⟩ viale *m* (alberato)

Al·le·go·rie F ⟨-; -n⟩ allegoria *f*
al·le·go·risch ADJ allegorico
al·lein A ADJ solo, da solo: ~ **reisen** viaggiare da solo B ADV solo, soltanto: **er ~ ist daran schuld** lui solo ne ha colpa ♦ ~ **stehend** senza famiglia, solo; **ganz ~** solo soletto
Al·lein·er·be M, **-er·bin** F erede *m/f* universale **Al·lein·er·zie·hen·de** M/F ⟨-n; -n⟩ = *genitore che alleva i figli da solo*; (*Mutter*) ragazza *f* madre **Al·lein·gang** M 1 SPORT prestazione *f* individuale 2 (*Alpinismus*) ascensione *f* in solitaria, solitaria *f* ♦ **etw im ~ machen** fare qc tutto da solo
Al·lein·herr·schaft F autocrazia *f*, assolutismo *m* **Al·lein·herr·scher** M, **-in** F sovrano *m*, -a *f* assoluto (-a)
al·lei·nig ADJ unico, solo, esclusivo
Al·lein·in·ha·ber M, **-in** F unico (-a) proprietario *m*, -a *f* **Al·lein·sein** N solitudine *f* **Al·lein·un·ter·hal·ter** M, **-in** F unico (-a) intrattenitore *m*, -trice *f* **Al·lein·ver·die·ner** M, **-in** F unico (-a) produttore *m*, -trice *f* di reddito **Al·lein·ver·tre·tung** F rappresentanza *f* esclusiva **Al·lein·ver·trieb** M vendita *f* esclusiva
al·le·mal ADV *umg* senz'altro, certamente
al·len·falls ADV 1 al massimo 2 semmai
al·ler·best... ADJ migliore di tutti, ottimo **al·ler·dings** ADV 1 (*jedoch*) però, tuttavia 2 ma certo: **hast du das gewusst? – ~!** l'hai saputo? – ma certo! **al·ler·erst...** ADJ primo fra tutti, primissimo
Al·ler·gie F ⟨-; -n⟩ allergia *f*: **eine ~ gegen etw haben** avere un'allergia a qc **Al·ler·gie·test** M test *m inv* allergologico
Al·ler·gi·ker M ⟨-s; -⟩, **-in** F ⟨-; -nen⟩ allergico *m*, -a *f*
al·ler·gisch ADJ allergico: ~ **gegen etw** allergico a qc (*a. fig*)
Al·ler·go·lo·ge M ⟨-n; -n⟩, **-gin** F ⟨-; -nen⟩ allergologo *m*, -a *f*
al·ler·größt... ADJ massimo, estremo **al·ler·hand** ADJ ⟨*inv*⟩ *umg* 1 di ogni tipo 2 (*ziemlich viel*) parecchio ♦ **das ist (ja) ~!** è inaudito!
Al·ler·hei·li·gen N ⟨-⟩ Ognissanti *m* **Al·ler·hei·ligs·te** N ⟨-n⟩ Santissimo *m* (*a. fig*)
al·ler·höchst... ADJ supremo, (il) più alto, altissimo **al·ler·höchs·tens** ADV tutt'al più, al massimo **al·ler·lei** A ADJ ⟨*inv*⟩ ogni sorta di B PRON molto, un po' di tutto: **mir fehlt noch ~** mi manca ancora un po' di tutto **Al·ler·lei** N ⟨-s⟩ miscuglio *m* **al·ler·letzt...** ADJ ultimo di tutti **al·ler·liebst...** ADJ 1 (il) più caro 2 molto carino ♦ **am -en** sopra ogni altra cosa, più volentieri
Al·ler·see·len N ⟨-⟩ giorno *m* dei morti
al·ler·seits ADV a tutti (quanti)
Al·ler·welts·ge·schmack M *pej* gusto *m* ordinario **Al·ler·welts·kerl** M *umg* tipo *m* in gamba **Al·ler·welts·mit·tel** N *umg iron* panacea *f*
Al·ler·wer·tes·te M ⟨-n; -n⟩ *hum* sedere *m*
al·les PRON → all
al·le·samt INDEF PR tutti quanti
Al·les·fres·ser M ⟨-s; -⟩ onnivoro *m*
Al·les·kle·ber M colla *f* universale
All·gäu N ⟨-s⟩ Algovia *f*
All·ge·gen·wart F onnipresenza *f* **all·ge·gen·wär·tig** ADJ onnipresente
all·ge·mein A ADJ 1 generale, fondamentale: **-e Grundsätze** principi generali 2 comune, universale: **das -e Wahlrecht** il suffragio universale 3 **die -e Wehrpflicht** il servizio militare obbligatorio B ADV (d)a tutti, universalmente: **er ist ~ beliebt** è amato da tutti; **das ist ~ bekannt** questo è noto universalmente ♦ **im Allgemeinen** in genere; ~ **verbindlich** obbligatorio per tutti; ~ **verständlich** comprensibile a tutti
All·ge·mein·be·fin·den N stato *m* generale (di salute) **All·ge·mein·bil·dung** F cultura *f* generale **All·ge·mein·gül·tig·keit** F validità *f* generale **All·ge·mein·gut** N bene *m* comune **All·ge·mein·heit** F ⟨-; -en⟩ collettività *f*, pubblico *m* ♦ **im Interesse der ~** nell'interesse del pubblico **All·ge·mein·me·di·zin** F medicina *f* generale **All·ge·mein·platz** M luogo *m* comune **All·ge·mein·wis·sen** N cultura *f* generale **All·ge·mein·wohl** N bene *m* comune
All·heil·mit·tel N panacea *f* (*a. fig*)
Al·li·anz F ⟨-; -en⟩ alleanza *f*, unione *f*
Al·li·ga·tor M ⟨-s; -en⟩ alligatore *m*
al·li·ie·ren V/R **sich ~** allearsi **al·li·iert** ADJ alleato **Al·li·ier·te** M ⟨-n; -n⟩ alleato *m*
all·jähr·lich ADJ annuale, di ogni anno

All·macht F ⟨-⟩ onnipotenza *f*
all·mäch·tig ADJ onnipotente
all·mäh·lich ADJ graduale, lento
All·rad·an·trieb M trazione *f* integrale
all·sei·tig ADJ generale; sotto ogni aspetto
all·seits ADV da tutti, universalmente: **sie ist ~ beliebt** è amata da tutti
All·tag M ⟨-[e]s⟩ vita *f* quotidiana (*od* di tutti i giorni): **der graue ~** la grigia quotidianità
all·täg·lich ADJ **1** quotidiano **2** banale
All·tags·trott M *pej* tran tran *m* quotidiano, solito tran tran *m*
Al·lü·re F ⟨-; -n⟩ *pej* posa *f*: **-n haben** darsi arie
all·wis·send ADJ onnisciente
all·zu ADV troppo: **~ lange** troppo a lungo; **~ oft** troppo spesso; **~ viel** troppo ♦ **~ viel ist ungesund** il troppo stroppia
All·zweck·tuch N panno *m* multiuso
Alm F ⟨-; -en⟩ alpeggio *m* **Alm·hüt·te** F baita *f*, malga *f*
Al·mo·sen N ⟨-s; -⟩ elemosina *f* (*a. fig*): **j-m (ein) ~ geben** dare l'elemosina a qn
Alp·druck M → Albdruck
Al·pen PL Alpi *fpl* **Al·pen·ro·se** F rododendro *m* **Al·pen·veil·chen** N ciclamino *m* **Al·pen·ver·ein** M club *m* alpino **Al·pen·vor·land** N ⟨-[e]s⟩ zona *f* prealpina
Al·pha·bet N ⟨-[e]s; -e⟩ alfabeto *m*: **nach dem ~ ordnen** mettere in ordine alfabetico **al·pha·be·tisch** ADJ alfabetico
al·pha·nu·me·risch ADJ alfanumerico
Alp·horn N corno *m* alpino
al·pin ADJ alpino
Al·pi·nist M ⟨-en; -en⟩, **-in** F ⟨-; -nen⟩ alpinista *m/f*
Alp·traum M → Albtraum
als KONJ **1** (*temporal*) quando, dopo che: **~ er gegessen hatte, hörte er Musik** dopo aver mangiato ascoltò musica; **damals, ~ er noch jung war ...** allora, quando era ancora giovane ... **2** (*modal*) come se: **er tut so, ~ hätte er kein Geld** si comporta come se non avesse denaro **3** che, di: **er ist älter ~ du** è più vecchio di te; **sie lieben die Freiheit mehr ~ das Leben** amano più la libertà che (non) la vita **4** di quanto, di quello che: **er ist jünger, ~ er aussieht** è più giovane di quanto sembri **5** come, da: **sie hat ~ junges Mädchen davon geträumt** lo ha sognato da ragazza ♦ **sowohl ... ~ auch** sia ... che; **so bald ~ möglich** il più presto possibile; **nichts ~** nient'altro che; **~ ob** come se; **~ wenn** come se; **alles andere ~ schön** tutt'altro che bello
al·so ADV **1** dunque, quindi **2** (*das heißt*) cioè ♦ **~, kommst du jetzt oder nicht?** allora, vieni o no?; **~ doch!** vedi?; **~ gut** va bene, d'accordo; **~ los!** avanti, dai!; **na ~, du kannst es doch!** ma vedi che sai farlo! ma vedi che sei capace!
alt ADJ **1** vecchio (*a. fig*): **ein -er Trick** un vecchio trucco **2** **wie ~ sind Sie?** quanti anni ha?; **ein zwei Wochen -er Säugling** un neonato di due settimane; **wir sind gleich ~** abbiamo la stessa età; **morgen wird er 20 Jahre ~** domani compie 20 anni **3** antico (*a. fig*): **die -en Meister** gli antichi maestri **4** (*langjährig*) vecchio, da molti anni ♦ **es bleibt alles beim Alten** tutto resta come è stato finora; **man ist so ~, wie man sich fühlt** si ha l'età che ci si sente; **Alt und Jung** vecchi e giovani, tutti; **aus Alt mach Neu** come nuovo!; **immer noch der Alte sein** essere sempre lo stesso; **~ werden** invecchiare

⚠ alt ≠ alto

alt	=	vecchio
alto	=	groß

Alt M ⟨-s; -e⟩ (voce *f* da) contralto *m*
Al·tar M ⟨-[e]s; Altäre⟩ altare *m* ♦ **vor den ~ treten** sposarsi **Al·tar·auf·satz** M retablo *m* **Al·tar·bild** N pala *f* d'altare, ancona *f*
alt·ba·cken ADJ **1** (*Brot*) raffermo **2** *fig pej* antiquato, fuori moda
Alt·bau M vecchio edificio *m* **Alt·bau·woh·nung** F appartamento *m* in u vecchio edificio
alt·be·kannt ADJ noto da tempo
alt·be·währt ADJ sperimentato da tempo
Alt·bier N birra *f* scura
alt·deutsch ADJ tedesco antico
Al·te A M/F ⟨-n; -n⟩ **1** vecchio *m*, -a *f* **2** *umg* (*Elternteil, Ehepartner*) **mein -r** il mio vecchio **B** N ⟨-n⟩ vecchio *m*, passato *m*: **am -n hängen** essere attaccato al passato
alt·ein·ge·ses·sen ADJ residente da tempo
Alt·ei·sen N rottami *mpl* di ferro
Al·ten·heim N ospizio *m*, casa *f* di ripo-

so per anziani **Al·ten·pfle·ger** M, **-in** F assistente *m/f* geriatrico (-a) **Al·ten·teil** N **sich aufs ~ zurückziehen** ritirarsi dalla vita attiva

Al·ter N ⟨-s; -⟩ **1** età *f*, anni *mpl*: **im ~ von 20 Jahren** all'età di 20 anni; **man merkt ihm sein ~ nicht an** non dimostra la sua età **2** vecchiaia *f*: **die Stütze meines -s** il bastone della mia vecchiaia ♦ **im besten ~** nel fiore degli anni; **sie ist in meinem ~** ha la mia età; **mittleren -s** di mezza età; **im vorgerückten ~** in età avanzata

äl·ter ADJ ⟨*komp von* alt⟩ **1** più vecchio: **er ist ~ als ich** è più vecchio di me **2** maggiore: **die -e Schwester** la sorella maggiore **3** di una certa età: **eine -e Frau** una signora di una certa età; **-e Leute** gli anziani ♦ **Plinius der Ältere** Plinio il Vecchio

al·tern V/I ⟨s., h.⟩ invecchiare

al·ter·na·tiv ADJ alternativo **Al·ter·na·tiv·me·di·zin** F medicina *f* alternativa

Al·ters·ar·mut F povertà *f inv* degli anziani **Al·ters·er·schei·nung** F manifestazione *f* d'invecchiamento **Al·ters·ge·nos·se** M, **-sin** F coetaneo *m*, -a *f* **Al·ters·gren·ze** F limite *m* d'età : **flexible ~** età *f* di pensionamento flessibile **Al·ters·heim** N casa *f* di riposo **Al·ters·klas·se** F classe *f* (d'età) **Al·ters·py·ra·mi·de** F piramide *f* delle età **al·ters·schwach** ADJ **1** debole per la vecchiaia **2** (*Möbel*) logoro **Al·ters·schwä·che** F marasma *m* senile **Al·ters·teil·zeit** F lavoro *m* a tempo parziale e conseguente pensionamento anticipato per motivi di età **Al·ters·un·ter·schied** M differenza *f* d'età **Al·ters·ver·sor·gung** F ⟨-⟩ pensione *f* di vecchiaia

Al·ter·tum N ⟨-s⟩ antichità *f* **Al·ter·tü·mer** PL antichità *fpl* **al·ter·tüm·lich** ADJ antiquato **Al·ter·tums·kun·de** F ⟨-⟩ archeologia *f*

äl·test... *sup von* → alt

Äl·tes·te M/F ⟨-n; -n⟩ **1** (*Senior*) anziano *m*, -a *f* **2** (*Erstgeborene*) **die ~/der ~** la (figlia)/il (figlio) maggiore

Alt·flö·te F flauto *m* contralto

Alt·glas N ⟨-es⟩ vetro *m* usato **Alt·glas·con·tai·ner** [-kɔn'teːnɐ] M contenitore *m* per la raccolta del vetro

Alt-Gr-Tas·te F IT tasto *m* Alt-Gr

alt·her·ge·bracht ADJ tradizionale

alt·hoch·deutsch ADJ alto tedesco (*od* alto-tedesco) antico

Al·tist M ⟨-en; -en⟩ contraltista *m*

Al·tis·tin F ⟨-; -nen⟩ contralto *m*

alt·jüng·fer·lich ADJ da vecchia zitella

Alt·klei·der·samm·lung F raccolta *f* di abiti usati

alt·klug ADJ saputello

Alt·las·ten PL scorie *fpl* di produzione

ält·lich ADJ piuttosto attempato, anzianotto

Alt·ma·te·ri·al N materiale *m* usato, vecchio **Alt·ma·te·ri·al·ver·wer·tung** F riciclaggio *m*

Alt·meis·ter M **1** asso *m* **2** SPORT ex-campione *m* **Alt·meis·te·rin** F **1** asso *m* **2** SPORT ex-campionessa *f*

Alt·me·tall N rottame *m* metallico

alt·mo·disch ADJ fuori moda, superato

Alt·öl N olio *m* (lubrificante) esausto

Alt·pa·pier N carta *f* straccia **Alt·pa·pier·samm·lung** F raccolta *f* carta

Alt·phi·lo·lo·ge M ⟨-n; -n⟩ filologo *m* classico **Alt·phi·lo·lo·gie** F ⟨-⟩ filologia *f* classica **Alt·phi·lo·lo·gin** F ⟨-; -nen⟩ filologa *f* classica

alt·ru·is·tisch ADJ altruista, altruistico

Alt·stadt F centro *m* storico

Alt·stim·me F MUS voce *f* da contralto

Alt·tas·te F IT tasto *m* Alt, alt *m inv*

alt·tes·ta·ment·lich ADJ dell'Antico Testamento, relativo all'Antico Testamento

Alt·wei·ber·som·mer M = *giornate calde di fine estate*

Alu N ⟨-[s]⟩ alluminio *m* **Alu·fo·lie** F carta *f* stagnola

Alu·mi·ni·um N ⟨-s⟩ alluminio *m* **Alu·mi·ni·um·fo·lie** F foglio *m* d'alluminio

Alz·hei·mer·krank·heit F ⟨-⟩ morbo *m* di Alzheimer

am PRÄP → an

Amal·gam N ⟨-s; -e⟩ amalgama *m*

Ama·teur [ama'tøːɐ] M ⟨-s; -e⟩, **-in** F ⟨-; -nen⟩ dilettante *m/f*, amatore *m* (*a.* SPORT)

Ama·zo·ne F ⟨-; -n⟩ amazzone *f*

Am·bi·ti·on F ⟨-; -en⟩ aspirazione *f*

am·bi·ti·o·niert ADJ ambizioso

am·bi·va·lent [-v-] ADJ ambivalente

Am·boss M ⟨-es; -e⟩ incudine *f* (*a.* ANAT)

am·bu·lant ADJ MED ambulatoriale: **j-n**

~ **behandeln** curare qn ambulatorialmente

Am·bu·lanz F ⟨-; -en⟩ **1** (*im Krankenhaus*) infermeria *m* **2** (*Krankenwagen*) ambulanza *f*

Amei·se F ⟨-; -n⟩ formica *f*

Amei·sen·bär M formichiere *m* **Amei·sen·hau·fen** M formicaio *m* **Amei·sen·säu·re** F acido *m* formico

amen INT amen, così sia

Amen N ⟨-s; -⟩ amen *m* ♦ **zu etw Ja und ~ sagen** acconsentire a qc; **so sicher wie das ~ in der Kirche** sicuro come due più due fa quattro

Ame·ri·ka N ⟨-s⟩ America *f*

Ame·ri·ka·ner M ⟨-s; -⟩, **-in** F ⟨-; -nen⟩ americano *m*, -a *f*

ame·ri·ka·nisch ADJ americano

Ame·thyst M ⟨-[e]s; -e⟩ ametista *f*

Am·mann M *schweiz* sindaco *m*

Am·me F ⟨-; -n⟩ balia *f* **Am·men·mär·chen** N fandonia *f*, frottola *f*

Am·mo·ni·ak N ⟨-s⟩ ammoniaca *f*

Am·ne·sie F ⟨-; -n⟩ MED amnesia *f*

Am·nes·tie F ⟨-; -n⟩ amnistia *f*

am·nes·tie·ren V/T amnistiare

Amö·be F ⟨-; -n⟩ ameba *f*

Amok M ~ **laufen** (*od* **fahren**) = *andare in giro (con un mezzo) in preda a follia omicida, scegliendo le vittime a caso*

a-Moll N MUS la *m* minore

Amor M ⟨-s⟩ Amore *m*, Cupido *m*

Amor·ti·sa·ti·on F ⟨-; -en⟩ WIRTSCH ammortamento *m* **amor·ti·sie·ren** **A** V/T ammortare **B** V/R **sich ~** ammortizzarsi

Am·pel F ⟨-; -n⟩ **1** semaforo *m*: **bei Rot über die ~ fahren** passare col (semaforo) rosso **2** (*für Blumen*) vaso *m* da fiori sospeso

Am·pere·me·ter N amperometro *m*

Am·phe·ta·min N ⟨-s; -e⟩ anfetamina *f*

Am·phi·bie F ⟨-; -n⟩ ZOOL anfibio *m* **Am·phi·bien·fahr·zeug** N automezzo *m* anfibio

Am·phi·the·a·ter N anfiteatro *m*

Am·pul·le F ⟨-; -n⟩ MED fialetta *f*

Am·pu·ta·ti·on F ⟨-; -en⟩ amputazione *f*

am·pu·tie·ren V/T amputare

Am·sel F ⟨-; -n⟩ merlo *m*

Ams·ter·dam N ⟨-s⟩ Amsterdam *f*

Amt N ⟨-[e]s; Ämter⟩ **1** carica *f*: **ein ~ antreten** assumere una carica; **sein ~ niederlegen** dare le dimissioni **2** funzione *f*: **in Ausübung seines -es** nell'esercizio delle sue funzioni **3** (*Behörde*) ufficio *m* (pubblico) **4** TEL centralino *m* ♦ **seines -es walten** adempiere i propri doveri d'ufficio; **von -s wegen** per ragioni d'ufficio

am·tie·ren V/I ⟨h.⟩ essere in carica **am·tie·rend** ADJ in carica

amt·lich ADJ **1** rilasciato da un ufficio (*od* da un'autorità) **2** ufficiale: **in -em Auftrag** in veste ufficiale ♦ **ein Dokument ~ beglaubigen lassen** fare autenticare un documento; **das Fahrzeug mit dem -en Kennzeichen** il veicolo targato; *umg* **die Sache ist ~** la cosa è ufficiale

Amts·an·ma·ßung F ⟨-⟩ usurpazione *f* di funzioni pubbliche **Amts·arzt** M, **-ärz·tin** F ufficiale *m/f* sanitario (-a) **Amts·be·fug·nis** F competenza *f* **Amts·blatt** N bollettino *m* ufficiale **Amts·eid** M giuramento *m* d'ufficio **Amts·ein·füh·rung** F insediamento *m* in un ufficio **Amts·ent·he·bung** F ⟨-; -en⟩ dispensa *f*, esonero *m* dal servizio **Amts·ge·heim·nis** N segreto *m* d'ufficio **Amts·ge·richt** N tribunale *m* di prima istanza, pretura *f* **Amts·ge·schäf·te** PL funzioni *fpl*, mansioni *fpl* **Amts·hand·lung** F atto *m* d'ufficio **Amts·in·ha·ber** M, **-in** F detentore *m*, -trice *f* di una carica **Amts·miss·brauch** M abuso *m* d'ufficio **Amts·pflicht** F dovere *m* d'ufficio **Amts·rich·ter** M, **-in** F giudice *m/f* di prima istanza **Amts·schim·mel** M ⟨-s⟩ *pej* burocrazia *f* **Amts·spra·che** F **1** lingua *f* ufficiale **2** linguaggio *m* burocratico **Amts·weg** M via *f* gerarchica: **auf dem ~** per via ufficiale

Amu·lett N ⟨-[e]s; -e⟩ amuleto *m*

amü·sant ADJ divertente **amü·sie·ren** **A** V/T divertire **B** V/R **sich ~** divertirsi; **sich köstlich ~** divertirsi un mondo ♦ **sich über j-n/etw ~** farsi beffe di qn/qc

an **A** PRÄP ⟨a. am, ans⟩ **1** (+*akk*) (*Richtung*) a, verso: **ans Meer fahren** andare al mare **2** (+*akk*) (*gerichtet an, für*) a, per: **viele Grüße ~ deine Familie** tanti saluti alla tua famiglia **3** (+*akk*) (*in Verbindung mit* **bis**) fino a: **bis ~ sein Lebensende** fino alla fine dei suoi giorni **4** (+*dat*) (*lokal*) a, su, contro: **am Tisch sitzen** sedere a tavola **5** (+*dat*) (*bei Flüssen*) su, in riva a: **Frankfurt ~ der Oder** Francoforte sull'Oder **6** (+dat) (bei Ortsangaben) in, presso, a: ~ **einer Schule unterrichten** insegnare in una scuola **7** (+dat) (temporal) a, di: **am Anfang** all'inizio; **am Abend** di sera, la sera; **am 23. Juni 2006** il 23 giugno 2006 **8** (+dat) **er ist am Essen** sta mangiando **B** ADV **1** (in Fahrplänen) **Köln ~ 14.30** arrivo a Colonia alle 14.30 **2** (in Verbindung mit **von**) da, a partire da: **von hier ~** da qui; **von heute ~** a partire da oggi **3** umg circa: **~ die 200 Menschen** circa 200 persone ♦ **es ist ~ ihm, etw zu tun** tocca a lui fare qc; **etw ~ sich** (dat) **haben** avere un particolare modo di fare; ~ (**und für**) **sich** in sé (e per sé); **was haben Sie ~ exotischen Früchten?** di frutti esotici che cos'ha?

Ana·bo·li·kum N ⟨-s; Anabolika⟩ anabolizzante *m*

anal ADJ anale

ana·log ADJ **1** analogo **2** IT, PHYS analogico **Ana·lo·gie** F ⟨-; -n⟩ analogia *f*: **in ~ zu etw** per analogia con qc **Ana·log·rech·ner** M calcolatore *m* analogico

An·al·pha·bet M ⟨-en; -en⟩ analfabeta *m* **An·al·pha·be·ten·tum** N ⟨-s⟩ analfabetismo *m* **An·al·pha·be·tin** F ⟨-; -nen⟩analfabeta *f*

Anal·ver·kehr M rapporto *m* anale

Ana·ly·se F ⟨-; -n⟩ analisi *f* (a. PSYCH)

ana·ly·sie·ren VT analizzare

Ana·ly·ti·ker M ⟨-s; -⟩, **-in** F ⟨-; -nen⟩ PSYCH analista *m/f*

ana·ly·tisch ADJ analitico

Anä·mie F ⟨-; -n⟩ anemia *f*

Ana·nas F ⟨-; - *u.* -se⟩ ananas *m*

Anar·chie F ⟨-; -n⟩ anarchia *f*

Anar·chis·mus M ⟨-⟩ anarchismo *m*

Anar·chist M ⟨-en; -en⟩, **-in** F ⟨-; -nen⟩ anarchico *m*, -a *f*

anar·chis·tisch ADJ anarchico

An·äs·the·sie F ⟨-; -n⟩ anestesia *f* **An·äs·the·sist** M ⟨-en; -en⟩, **-in** F ⟨-; -nen⟩ anestesista *m/f*

Ana·to·li·en N ⟨-s⟩ Anatolia *f*

Ana·to·mie F ⟨-; -n⟩ anatomia *f* **ana·to·misch** ADJ anatomico, di anatomia

an·bag·gern VT umg rimorchiare

an·bah·nen VR **sich ~** avviarsi, iniziare, nascere

an·bän·deln VI ⟨h.⟩ umg rimorchiare: **mit j-m ~** rimorchiare qn

An·bau M **1** (das Bauen) ampliamento *m* **2** (Gebäude) edificio *m* annesso **3** AGR coltivazione *f*

an·bau·en **A** VT **1** aggiungere **2** AGR coltivare **B** VI ⟨h.⟩ ampliare una casa

An·bau·flä·che F superficie *f* coltivabile **An·bau·kü·che** F cucina *f* componibile **An·bau·schrank** M armadio *m* componibile

an·be·hal·ten VT ⟨irr⟩ umg tenersi (addosso)

an·bei ADV form in allegato

an·bei·ßen ⟨irr⟩ **A** VT **etw ~** morsicare qc, dare un morso a qc **B** VI ⟨h.⟩ abboccare (a. umg fig) ♦ umg **dieses Kind ist zum Anbeißen** questo bambino è da mangiare di baci

an·be·lan·gen VT riguardare, concernere: **was diese Sache anbelangt** per quanto concerne questa cosa, in quanto a questo; **was mich anbelangt** per quanto mi riguarda

an·be·rau·men VT indire, fissare

an·be·ten VT adorare **An·be·ter** M ⟨-s; -⟩, **-in** F ⟨-; -nen⟩ **1** adoratore *m*, -trice *f* **2** (Verehrer) ammiratore *m*, -trice *f*

An·be·tracht F **in ~** considerato

an·bet·teln VT **j-n um etw ~** elemosinare, chiedere insistentemente qc a qn

An·be·tung F ⟨-; -en⟩ adorazione *f*

an·bie·dern VR **sich bei j-m ~** accattivarsi le simpatie di qn

an·bie·ten ⟨irr⟩ **A** VT offrire: **j-m eine Lösung ~** proporre (od offrire) a qn una soluzione; **j-m das Du ~** proporre a qn di darsi del tu **B** VR **sich ~** **1** offrirsi: **sich als Begleiter ~** offrirsi come accompagnatore; **eine andere Gelegenheit bietet sich an** si presenta un'altra occasione **2** (geeignet sein) prestarsi: **für das Treffen bietet sich Genf an** Ginevra si presta per l'incontro ♦ **etw zum Verkauf ~** mettere qc in vendita

an·bin·den VT ⟨irr⟩ legare (a. fig) ♦ **kurz angebunden** di poche parole

An·blick M **1** vista *f*, scena *f*: umg **ein ~ für Götter** una scena buffissima; **ein trauriger ~** un triste spettacolo **2** (Betrachten) contemplazione *f*: **in den ~ eines Gemäldes versunken sein** essere immersi nella contemplazione di un dipinto

an·bli·cken VT guardare, osservare: **j-n von oben herab ~** guardare qn dall'alto in basso

an·blin·zeln VT (Zeichen für Komplizenschaft) **j-n ~** strizzare l'occhio a qn

an·bra·ten VT ⟨irr⟩ rosolare a fuoco vivo

an·bre·chen ⟨irr⟩ **A** VT aprire: **eine Schachtel Kekse ~** aprire una scatola di biscotti **B** VI ⟨s.⟩ cominciare; (*Tag*) farsi

an·bren·nen VI ⟨irr; s.⟩ **1** prendere fuoco **2** (*Essen*) bruciarsi ♦ **nichts ~ lassen** = *non perdersi nulla*; **angebrannt schmecken** sapere di bruciato

an·brin·gen VT ⟨irr⟩ **1** *umg* portare: **was bringst du da an?** cosa porti? **2** (*befestigen*) fissare, attaccare **3** esprimere: **eine Bitte ~** esprimere una preghiera

An·bruch M inizio *m*, principio *m*: **der ~ des Tages** l'inizio del giorno ♦ **bei ~ der Dunkelheit** all'imbrunire; **bei ~ der Nacht** sul fare della notte

an·brül·len **A** VT **j-n ~** urlare contro qn **B** VI ⟨h.⟩ **gegen einen Lärm ~** (cercare di) superare un rumore urlando

An·dacht F ⟨-; -en⟩ **1** raccoglimento *m*: **in ~ versunken sein** stare in profondo raccoglimento **2** (*Gottergebenheit*) devozione *f* **3** (*Gebetsgottesdienst*) breve funzione *f* religiosa ♦ **etw mit ~ verspeisen** assaporare qc con grande religiosità

an·däch·tig **A** ADJ **1** devoto, raccolto in preghiera **2** (*feierlich*) solenne **B** ADV **1** in raccoglimento **2** (*ergeben*) con devozione

an·dau·ern VI ⟨h.⟩ persistere, continuare **an·dau·ernd** ADJ persistente, continuo

An·den PL GEOG Ande *fpl*

An·den·ken N ⟨-s; -⟩ **1** ricordo *m*: **j-m ein gutes ~ bewahren** serbare un buon ricordo di qn **2** souvenir *m*, ricordo *m* ♦ **zum ~ an j-n/etw** in memoria di qn/qc

an·de·re PRON altro: **auf die ~ Seite** dall'altra parte; **ein -r Mensch werden** diventare un uomo nuovo; **von einem Tag zum -n** da un giorno all'altro ♦ **am -n Morgen** il mattino dopo; **alle -n** tutti gli altri; **alles ~** tutto il resto; **alles ~ als ...** tutt'altro che ...; **etwas -s** qualcos'altro; **jeder ~** chiunque altro; **jemand -r** (*od* **-s**) qualcun altro; **kein -r** nessun altro; **einer nach dem -n** uno dopo l'altro; **nichts -s** nient'altro; **unter -m** fra l'altro

an·de·ren·falls ADV in caso contrario, altrimenti

an·de·rer·seits ADV d'altra parte

an·der·mal ADV **ein ~** un'altra volta

än·dern **A** VT cambiare, modificare: **seine Meinung ~** cambiare la propria opinione **B** VR **sich ~** cambiare: **die Zeiten ~ sich** i tempi cambiano; **daran lässt sich nichts mehr ~** non si può più cambiare niente

an·ders **A** ADJ ⟨inv⟩ diverso: **er ist ~ als sie** lui è diverso da lei **B** ADV **1** in (un) altro modo: **~ denken** pensare in modo diverso **2** (*besser*) meglio: **das klingt schon ~** suona già meglio **3** altro, altri: **wer ~ könnte es gewesen sein?** chi altro poteva essere? **4** **wo ~ könnte er gewesen sein?** dove (altro) avrebbe potuto essere? **5** **~ gesinnt** dissenziente; **~ lautend** contrastante **6** *umg* (*sonst*) altrimenti ♦ **~ ausgedrückt** in altre parole; **es geht nicht ~** non si può fare altrimenti; **so und nicht ~** proprio così; *umg* **mir wurde ~** mi sono sentito male

an·ders·ar·tig ADJ diverso, differente **An·ders·den·ken·de** M/F ⟨-n; -n⟩ dissenziente *m/f*, dissidente *m/f* **An·ders·gläu·bi·ge** M/F uomo *m*, donna *f* di credenza diversa **an·ders·he·rum** *umg* ADV dall'altra parte, dalla parte opposta; (*im Kreis*) in senso contrario **an·ders·lau·tend** ADJ contrastante **an·ders·wo** ADV altrove **an·ders·wo·her** ADV da un'altra parte **an·ders·wo·hin** ADV altrove

an·dert·halb ADJ ⟨inv⟩ uno e mezzo: **~ Kilo Mehl** un chilo e mezzo di farina

Än·de·rung F ⟨-; -en⟩ cambiamento *m*; (*Abänderung*) modifica *f*: IT **-en verfolgen** (*Befehl*) esegui cambiamenti

an·der·wei·tig **A** ADJ diverso, altro **B** ADV **1** (*sonstig*) in altro modo **2** altrove

an·deu·ten **A** VT **1** (*skizzieren*) tratteggiare (*a. fig*) **2** accennare: **eine Verbeugung ~** accennare un inchino **3** **etw ~** accennare a qc; **sie deutete ihm an, er könne gehen** gli fece cenno di andare **B** VR **sich ~** delinearsi **An·deu·tung** F **1** accenno *m* **2** (*Anspielung*) allusione *f* **an·deu·tungs·wei·se** ADV per accenni

an·dich·ten VT **j-m etw ~** attribuire erroneamente qc a qn

An·dor·ra N ⟨-s⟩ Andorra *f* **An·dor·ra·ner** M ⟨-s; -⟩, **-in** F ⟨-; -nen⟩ andorrano *m*, -a *f* **an·dor·ra·nisch** ADJ andorrano

An·drang M **1** (*Gedränge*) afflusso *m* **2** ressa *f*: **es herrschte großer ~ an der Kasse** vi era una grande ressa alla cassa

an·dre·hen VT **1** (*einschalten*) accendere **2** (*aufdrehen*) aprire **3** *umg* **j-m etw ~** appioppare qc a qn

andro·hen VT **j-m etw ~** minacciare qn di qc **An·dro·hung** F minaccia *f*

an·drü·cken VT applicare (premendo)

an·ecken VI ⟨s.⟩ **1 an etw** (*dat*) **~** urtare contro qc **2** *fig* **bei j-m ~** urtare qn

an·eig·nen VT **1 sich** (*dat*) **etw ~** appropriarsi di qc **2** *fig* **sich** (*dat*) **neue Kenntnisse ~** acquisire nuove conoscenze **An·eig·nung** F **1** appropriazione *f* **2** *fig* acquisizione *f*

an·ei·nan·der ADV uno (accanto) all'altro **an·ei·nan·der·ge·ra·ten** VI ⟨*irr*; s.⟩ **mit j-m ~** litigare con qn **an·ei·nan·der·gren·zen** VI ⟨h.⟩ essere adiacenti **an·ei·nan·der·rei·hen** VR **sich ~** (*zeitlich*) succedersi l'uno all'altro; (*räumlich*) essere allineati uno vicino all'altro **an·ei·nan·der·schmie·gen** VR **sich ~** stringersi l'uno all'altro **an·ei·nan·der·sto·ßen** VI ⟨*irr*; s.⟩ urtarsi; (*aneinandergrenzen*) essere limitrofi

Anek·do·te F ⟨-; -n⟩ aneddoto *m*

an·ekeln VT nauseare, disgustare

Ane·mo·ne F ⟨-; -n⟩ anemone *m*

an·er·kannt ADJ **1** riconosciuto **2 staatlich ~** riconosciuto legalmente **an·er·kann·ter·ma·ßen** ADV notoriamente

an·er·ken·nen VT ⟨*irr*⟩ **1** accettare, approvare: **die Regeln ~** accettare le regole; **die Änderungen ~** approvare i cambiamenti **2** riconoscere: **einen Staat diplomatisch ~** riconoscere uno stato **an·er·ken·nend** **A** ADJ **-e Worte** parole di riconoscimento **B** ADV in segno di approvazione **an·er·ken·nens·wert** ADJ lodevole, apprezzabile **An·er·ken·nung** F ⟨-; -en⟩ **1** (*Würdigung*) apprezzamento *m* **2** riconoscimento *m*: **die ~ der Vaterschaft** il riconoscimento della paternità

an·er·zie·hen VT ⟨*irr*⟩ educare: **j-m Pünktlichkeit ~** educare qn alla puntualità

an·fah·ren ⟨*irr*⟩ **A** VT **1** (*heranfahren*) **etw ~** portare qc **2** (*verletzen*) **j-n ~** investire qn **3** *fig* **j-n heftig ~** sgridare severamente qn **B** VI ⟨s.⟩ **1** mettersi in moto, avviarsi **2** (*heranfahren*) arrivare

An·fahrt F **1** (*Ankunft*) arrivo *m* **2** tragitto *m*: **die ~ ist sehr lang** il tragitto è molto lungo **3** (*Zufahrt*) accesso *m*

An·fall M attacco *m*: **einen ~ von Hysterie bekommen** avere un attacco di isteria; *fig* **ein ~ von Zorn** un accesso d'ira ♦ **einen ~ kriegen** perdere la testa

an·fal·len ⟨*irr*⟩ **A** VT **1** attaccare, aggredire **2** cogliere: **Traurigkeit fiel ihn an** lo colse la tristezza **B** VI ⟨s.⟩ risultare: **hohe Kosten fallen an** risultano spese elevate

an·fäl·lig ADJ **1 ~ für** soggetto a **2** (*gesundheitlich*) malfermo **An·fäl·lig·keit** F ⟨-⟩ predisposizione *f*

An·fang M **1** (*Beginn*) inizio *m* **2** origine *f*: **der ~ aller Dinge** l'origine di tutte le cose ♦ **am ~** all'inizio; **~ Juni** all'inizio (*od* ai primi) di giugno; **den ~ mit etw machen** iniziare qc; **von ~ an** fin dall'inizio; **von ~ bis Ende** dal principio alla fine; **aller ~ ist schwer** = *tutto sta nel cominciare*

an·fan·gen ⟨*irr*⟩ **A** VT **1** iniziare, incominciare **2** fare: **was soll ich damit ~** che cosa devo farne?; **mit ihm ist heute nichts anzufangen** oggi con lui non si combina nulla **B** VI ⟨h.⟩ iniziare, cominciare: *iron* **das fängt ja gut an!** cominciamo bene! ♦ **klein ~** cominciare con poco; **mit j-m etw ~** cominciare una storia con qn

An·fän·ger M ⟨-s; -⟩, **-in** F ⟨-; -nen⟩ principiante *m/f* ♦ **ein blutiger ~** un novellino **An·fän·ger·kurs** M corso *m* per principianti

an·fäng·lich ADJ iniziale

an·fangs ADV dapprima, all'inizio; (*ursprünglich*) originariamente **An·fangs·buch·sta·be** M iniziale *f* ♦ **großer ~** maiuscola *f*; **kleiner ~** minuscola *f* **An·fangs·sta·di·um** N primo stadio *m*, fase *f* iniziale **An·fangs·zeit** F **1** (*Stunde*) ora *f* d'inizio **2** (*Zeitraum*) periodo *m* iniziale

an·fas·sen **A** VT **1** toccare **2** prendere: **j-n an der Hand ~** prendere qn per mano **3** *fig* trattare: **j-n mit Glacéhandschuhen ~** trattare qn coi guanti **4** [illegible] **etw falsch ~** fare qc alla rovescia; **ein Problem richtig ~** affrontare correttamente un problema **B** VR **sich ~** **1** prendersi per mano **2 etw fasst sich gut an** qc è piacevole al tocco ♦ **mit ~** aiutare, dare una mano; **ein Politiker zum Anfassen** un politico alla mano; **Geschichte zum Anfassen** storia alla portata di tutti

an·fecht·bar ADJ contestabile

an·fech·ten VT ⟨*irr*⟩ JUR contestare, impugnare

An·fech·tung F ⟨-; -en⟩ **1** JUR contestazione *f*, impugnazione *f* **2** (*Versuchung*) tentazione *f*
an·fein·den VT osteggiare, avversare
an·fer·ti·gen VT fare, produrre
An·fer·ti·gung F produzione *f*
an·feuch·ten VT inumidire
an·feu·ern VT *fig* incitare, spronare **An·feu·e·rung** F ⟨-; -en⟩ *fig* incitamento *m*
an·fle·hen VT **j-n um etw ~** implorare qn per qc
an·flie·gen ⟨*irr*⟩ **A** VT **Frankfurt ~** fare rotta su Francoforte **B** VI ⟨s.⟩ arrivare (volando)
An·flug M **1** FLUG avvicinamento *m*: **die Maschine befindet sich im ~** l'aereo è in avvicinamento **2** traccia *f*, velo *m*: **ein leichter ~ von Ironie** un leggero velo d'ironia
an·for·dern VT richiedere, esigere **An·for·de·rung** F richiesta *f* ♦ **hohe -en stellen** richiedere notevoli sforzi; **den beruflichen -en nicht gewachsen sein** non essere all'altezza degli impegni professionali
An·fra·ge F domanda *f*, richiesta *f* (d'informazioni) ♦ **auf ~** a (*od* su) richiesta
an·fra·gen VI ⟨h.⟩ informarsi: **wegen etw bei j-m ~** informarsi di qc presso qn
an·freun·den VR **1** **sich mit j-m ~** fare amicizia con qn **2** **sich mit etw ~** abituarsi a qc, familiarizzarsi con qc
an·fü·gen VT aggiungere
an·füh·len **A** VT tastare, palpare **B** VR **sich rau ~** essere ruvido al tatto
an·füh·ren VT **1** (*leiten*) guidare **2** addurre: **einen Grund für etw ~** addurre un motivo per qc **3** (*zitieren*) citare **4** (*benennen*) nominare **5** *umg* beffare: **er hat mich angeführt** mi ha preso in giro
An·füh·rer M, **-in** F capo *m*, guida *f*
An·füh·rungs·zei·chen N virgoletta *f*: **~ oben/unten** aperte/chiuse le virgolette
An·ga·be F **1** indicazione *f*: **-n über j-n/etw machen** dare informazioni su qn/qc **2** *umg* (*Angeberei*) spacconata *f*
an·ge·ben ⟨*irr*⟩ **A** VT **1** indicare, dichiarare: **Preise ~** indicare i prezzi; **einen falschen Namen ~** dare un nome falso; **etw als Grund ~** addurre qc come motivo **2** (*festsetzen*) stabilire **3** MUS **den Ton ~** dare il tono (*a. fig*) **B** VI ⟨h.⟩ *umg* darsi delle arie: **gib nicht so an!** non darti tante arie!
An·ge·ber M ⟨-s; -⟩ spaccone *m* **An·ge·be·rei** F ⟨-; -en⟩ *umg* vanteria *f*, spacconata *f* **An·ge·be·rin** F ⟨-; -nen⟩ spaccona *f* **an·ge·be·risch** ADJ *umg* **ein -es Benehmen** un comportamento da spaccone
an·geb·lich **A** ADJ presunto, supposto **B** ADV presumibilmente: **sie soll ~ krank sein** dicono che sia malata
an·ge·bo·ren ADJ **1** (*Eigenschaft*) innato **2** (*Krankheit*) congenito
An·ge·bot N **1** offerta *f* **2** (*Ware*) scelta *f*: **ein großes ~** una vasta scelta ♦ **~ und Nachfrage** domanda e offerta
an·ge·bracht ADJ opportuno, conveniente: **etw für ~ halten** ritenere opportuno qc
an·ge·bun·den ADJ *fig* **~ sein** essere impegnato ♦ **kurz ~ sein** essere di poche parole
an·ge·gos·sen ADJ **wie ~ sitzen** stare a pennello; (*Schuhe*) calzare a pennello
an·ge·haucht ADJ *fig* **faschistisch ~** di tendenze fasciste
an·ge·hei·ra·tet ADJ acquisito
an·ge·hei·tert ADJ brillo, alticcio
an·ge·hen ⟨*irr*⟩ **A** VT **1** (*angreifen*) attaccare (*a.* SPORT) **2** affrontare: **Probleme ~** affrontare problemi **3** **j-n um etw ~** chiedere qc a qn **4** riguardare: **das geht dich (gar) nichts an** ciò non ti riguarda affatto **B** VI ⟨s.⟩ **1** *umg* cominciare **2** *umg* (*Licht*) accendersi **3** **gegen j-n/etw ~** lottare (*od* combattere) contrc qn/qc **4** *umg* AGR mettere radici
an·ge·hö·ren VI ⟨h.⟩ **etw** (*dat*) **~** ap partenere a qc; far parte di qc **An·ge hö·ri·ge** M/F ⟨-n; -n⟩ **1** (*Mitglied*) appa tenente *m/f*, membro *m* **2** (*Verwandt*ŧ parente *m/f*
An·ge·klag·te M/F ⟨-n; -n⟩ accusato *m*, -a *f*, imputato *m* (-a *f*)
An·gel F ⟨-; -n⟩ **1** (*zum Fischen*) canna *f* (da pesca) **2** (*Angelhaken*) amo *m* **3** MECH cardine *m*: **eine Tür aus den -n heben** scardinare una porta ♦ *fig* **an die ~ gehen** abboccare; **zwischen Tür und ~** su due piedi; **die Welt aus den -n heben** mettere sottosopra il mondo
An·ge·le·gen·heit F affare *m*, faccenda *f*: **das ist meine ~** (questi) sono affari miei
an·ge·lernt ADJ addestrato: **ein -er Arbeiter** un operaio non specializzato

An·gel·ge·rät N arnese *m* da pesca **An·gel·ha·ken** M amo *m* **An·gel·lei·ne** F lenza *f*

an·geln **A** V/T pescare (con la lenza): *umg fig* **das beste Stück vom Teller ~** pescare il pezzo migliore dal piatto **B** V/I ⟨h.⟩ **1** pescare **2** *umg fig* **nach etw ~** cercare di pigliare qc

An·gel·punkt M *fig* perno *m*, cardine *m*

An·gel·ru·te F canna *f* da pesca

an·gel·säch·sisch ADJ anglosassone

An·gel·schein M licenza *f* di pesca **An·gel·schnur** F lenza *f*

an·ge·mes·sen ADJ adeguato: **etw für ~ halten** ritenere opportuno qc

an·ge·nehm ADJ gradevole, piacevole: **es wäre mir ~, wenn …** mi farebbe piacere se … ♦ **~ überrascht** piacevolmente sorpreso; **~ auffallen** fare buona impressione; **das Angenehme mit dem Nützlichen verbinden** unire l'utile al dilettevole; **-e Ruhe!** buon riposo!; **~!** piacere; **sehr ~!** molto lieto!;

an·ge·nom·men ADJ **~, dass …** supposto che …

an·ge·passt ADJ **ein -er Mensch** una persona ben adattata (*od* inserita)

an·ge·regt ADJ animato, vivace

an·ge·sagt ADJ **1** *umg* **~ sein** essere di moda **2** **jetzt ist Lernen ~** adesso si studia

an·ge·schla·gen ADJ *fig* sfinito

an·ge·schmutzt ADJ insudiciato

an·ge·se·hen ADJ in vista, stimato

An·ge·sicht N **1** *geh* viso *m*, volto *m* **2** *fig* faccia *f*: **j-m von ~ zu ~ gegenüberstehen** stare faccia a faccia con qn; **im ~ des Todes** faccia a faccia con la morte

an·ge·sichts PRÄP (+*gen*) **1** davanti a: **~ der Gefahr** davanti al pericolo **2** considerato: **~ der Tatsachen** considerati i fatti

an·ge·spannt **A** ADJ teso **B** ADV intensamente: **~ arbeiten** lavorare intensamente

an·ge·stammt ADJ ereditato; *fig* solito

an·ge·staubt ADJ *umg fig* sorpassato

An·ge·stell·te M/F ⟨-n; -n⟩ impiegato *m*, -a *f* **An·ge·stell·ten·ver·hält·nis** N rapporto *m* di lavoro impiegatizio

an·ge·strengt **A** ADJ concentrato **B** ADV intensamente, con concentrazione

an·ge·tan ADJ **von j-m/etw ~ sein** essere colpito favorevolmente da qn/qc

an·ge·trun·ken ADJ alticcio, brillo

an·ge·wandt ADJ applicato

an·ge·wie·sen ADJ **auf j-n/etw ~ sein** dipendere da qn/qc

an·ge·wöh·nen **A** V/T **j-m etw ~** abituare qn a qc **B** V/R **sich** (*dat*) **etw ~** abituarsi a qc

An·ge·wohn·heit F abitudine *f*

an·ge·wur·zelt ADJ **wie ~ dastehen** (*od* **stehen bleiben**) restare di stucco

an·ge·zeigt ADJ adatto, indicato

an·gif·ten V/T *umg* **j-n ~** apostrofare velenosamente qn

an·glei·chen ⟨*irr*⟩ **A** V/T adeguare **B** V/R **sich ~** **1** adattarsi **2** (*ähnlich werden*) diventare simile **An·glei·chung** F adattamento *m*

Ang·ler M ⟨-s; -⟩, **-in** F ⟨-; -nen⟩ pescatore *m*, -trice *f* con la canna

an·glie·dern V/T annettere **An·glie·de·rung** F annessione *f*

Ang·li·ka·ner M ⟨-s; -⟩, **-in** F ⟨-; -nen⟩ anglicano *m*, -a *f*

Ang·list M ⟨-en; -en⟩ anglista *m* **Ang·lis·tik** F ⟨-⟩ anglistica *f* **Ang·lis·tin** F ⟨-; -nen⟩anglista *f*

Ang·li·zis·mus M ⟨-; -zismen⟩ anglicismo *m*

an·glot·zen V/T *umg* fissare con gli occhi sbarrati, guardare come uno stupido

An·go·ra·wol·le F lana *f* d'angora

an·greif·bar ADJ attaccabile, contestabile

an·grei·fen V/T ⟨*irr*⟩ **1** attaccare (*a. fig*) **2** (*von Säuren*) intaccare; *fig* **die letzten Ersparnisse ~** intaccare gli ultimi risparmi **3** (*schwächen*) indebolire: **die Operation hat ihn sehr angegriffen** l'operazione lo ha molto indebolito

An·grei·fer M ⟨-s; -⟩, **-in** F ⟨-; -nen⟩ **1** aggressore *m*, aggreditrice *f* **2** SPORT attaccante *m/f*

an·gren·zen V/I ⟨h.⟩ **an etw** (*akk*) **~** confinare con qc **an·gren·zend** ADJ adiacente

An·griff M attacco *m* (*a.* SPORT *fig*) ♦ **zum ~ übergehen** passare all'offensiva; **etw in ~ nehmen** intraprendere qc

An·griffs·flä·che F lato *m* debole: **j-m keine ~ bieten** non offrire il fianco agli attacchi di qn **An·griffs·krieg** M guerra *f* offensiva **An·griffs·lust** F ⟨-⟩ aggressività *f* **An·griffs·tak·tik** F tattica *f* offensiva

an·grin·sen V/T guardare ghignando

angst: **ihm ist** (*od* **wird**) **~ und bange** ha

una gran paura

Angst F ⟨-; Ängste⟩ **1** paura *f*: **~ um j-n/etw haben** avere paura per qn/qc; **~ vor j-m/etw haben** avere paura di qn/qc **2** (*Angstzustand*) ansia *f*: **in großer ~ sein** essere angosciato ♦ **es mit der ~ zu tun bekommen** impaurirsi; **j-m ~ machen** far paura a qn

angst·er·füllt ADJ pieno di paura **Angst·geg·ner** M, **-in** F SPORT avversario *m*, -a *f* che fa paura **Angst·ha·se** M *umg* fifone *m*

ängs·ti·gen **A** V/T **1** impaurire **2** PSYCH angosciare **B** V/R **sich vor etw/um j-n ~** angosciarsi per qc/per qn

ängst·lich ADJ **1** pauroso **2** (*unruhig*) ansioso, apprensivo ♦ **auf etw** (*akk*) **~ bedacht sein** badare scrupolosamente a qc **Ängst·lich·keit** F ⟨-⟩ **1** paura *f*, timore *m* (angoscioso) **2** (*Unruhe*) ansietà *f*

Angst·neu·ro·se F nevrosi *f* d'angoscia **Angst·schweiß** M sudore *m* provocato dalla paura **Angst·traum** M incubo *m* **Angst·vor·stel·lun·gen** PL paure *fpl* immaginarie **Angst·zu·stand** M stato *m* d'angoscia

an·gu·cken V/T *umg* guardare

an·gur·ten V/R **sich ~** mettersi la cintura di sicurezza

an·ha·ben V/T ⟨*irr*⟩ **1** *umg* (*Kleidungsstücke*) avere addosso **2** **j-m/etw nichts ~ können** non (poter) nuocere a qn/qc

an·haf·ten V/I ⟨h.⟩ **1** **an etw** (*dat*) **~** aderire a qc **2** *fig* essere soggetto a: **dieser Operation haftet ein Risiko an** questa operazione è soggetta a un rischio

an·hal·ten ⟨*irr*⟩ [illegible] V/T **1** fermare **2** **j-n zu etw ~** incitare [illegible]n a (fare) qc **B** V/I ⟨h.⟩ **1** (*stoppen*) [illegible]marsi **2** (*weitermachen*) continuare [illegible]ie **Luft ~** trattenere il respiro; *obs* **um** [illegible] **Mädchen ~** chiedere la mano di una ragazza

an·hal·tend ADJ continuo, incessante

An·hal·ter M *umg* autostoppista *m* ♦ **per ~ fahren** (*od* **reisen**) fare l'autostop **An·hal·te·rin** F autostoppista *f*

An·halts·punkt M indizio *m*, punto *m* di riferimento

an·hand PRÄP (+*gen*) in base a

An·hang M **1** (*Buch usw*) appendice *f* **2** (*an E-Mail*) allegato *m* **3** (*Menschen*) seguaci *mpl*, sostenitori *mpl* **4** (*Verwandtschaft*) parentado *m*: **ohne ~** senza famiglia

an·hän·gen[1] V/I ⟨*irr*; h.⟩ **einer Lehre ~** aderire a una dottrina

an·hän·gen[2] **A** V/T **1** appendere **2** (*Waggon*) agganciare **3** (*anfügen*) aggiungere **4** *umg fig* **j-m etw ~** attribuire ingiustamente qc a qn **B** V/R **sich ~ an** **1** (*sich festklammern*) attaccarsi a **2** *umg* (*sich anschließen*) seguire a

An·hän·ger[1] M ⟨-s; -⟩ **1** AUTO rimorchio *m* **2** (*Schmuckstück*) ciondolo *m* **3** (*Koffer*) cartellino *m*, etichetta *f*

An·hän·ger[2] M ⟨-s; -⟩, **-in** F ⟨-; -nen⟩ seguace *m/f*, aderente *m/f* **An·hän·ger·schaft** F ⟨-⟩ seguito *m*, seguaci *mpl*, sostenitori *mpl*; SPORT tifoseria *f*

an·hän·gig ADJ JUR pendente ♦ **eine Klage ~ machen gegen j-n** portare una causa in tribunale contro qn

an·häng·lich ADJ attaccato

An·häng·sel N ⟨-s; -⟩ *umg fig* **ein lästiges ~ sein** essere un peso morto

an·hau·en V/T ⟨*irr*⟩ *umg fig* **j-n um Geld ~** importunare qn per chiedergli denaro

an·häu·fen **A** V/T accumulare **B** V/R **sich ~** accumularsi **An·häu·fung** F accumulo *m*

an·he·ben ⟨*irr*⟩ **A** V/T alzare (*a. fig*): **die Preise um 10% ~** alzare i prezzi del 10% **B** V/I ⟨h.⟩ levarsi: **ein Gesang hob an** un canto si levò **An·he·bung** F (*Erhöhung*) aumento *m*

an·hef·ten V/T **etw an etw** (*akk, dat*) **~** attaccare (*od* affiggere) qc a qc

an·hei·melnd ADJ famigliare

an·heim·fal·len V/I ⟨*irr*; s.⟩ **etw** (*dat*) **~** essere vittima di qc **an·heim·stel·len** V/T *geh* **etw seiner Entscheidung ~** rimettere qc alla sua decisione

an·hei·zen V/T **1** accendere **2** *fig* ravvivare **3** (*Inflation*) far salire, far crescer

an·herr·schen V/T **j-n ~** apostrofare q[illegible]

an·heu·ern V/T SCHIFF ingaggiare, assoldare

An·hieb M *umg* **auf ~** al primo tentativo

an·him·meln V/T *umg* adorare

An·hö·he F altura *f*, poggio *m*

an·hö·ren **A** V/T **1** **ein Konzert ~** ascoltare un concerto; **einen Zeugen ~** sentire un teste **2** riconoscere (nella voce): **ihrer Stimme die Erleichterung ~** sentire il sollievo nella sua voce **B** V/R **sich ~** **1** suonare, sembrare: **die Idee hört sich nicht schlecht an** l'idea non suona male **2** **sich** (*dat*) **etw ~** ascoltarsi qc ♦ **etw mit ~** ascoltare involontariamente qc;

ich kann das nicht mehr mit ~ non posso più stare ad ascoltare

An·hö·rung F ⟨-; -en⟩ audizione *f*, hearing *m*

ani·ma·lisch ADJ **1** (*tierisch, tierhaft*) animale **2** (*triebhaft*) animalesco, istintivo

Ani·ma·teur [-tøːɐ] M ⟨-s; -e⟩, **-in** F ⟨-; -nen⟩ animatore *m*, -trice *f*

Ani·mier·da·me F entraîneuse *f*

ani·mie·ren V/T **1** **j-n ~** stimolare qn, incitare qn; **j-n zum Trinken ~** incitare qn a bere **2** FILM animare

Ani·mo·si·tät F ⟨-; -en⟩ **1** animosità *f* **2** (*Äußerung*) dichiarazione *f* ostile

Anis M ⟨-[es]; -e⟩ anice *m*

an·kämp·fen V/I ⟨h.⟩ **gegen etw ~** lottare contro qc, combattere qc (*a. fig*)

An·kauf M acquisto *m* ♦ **An- und Verkauf** compravendita

An·ker M ⟨-s; -⟩ ELEK, SCHIFF ancora *f*: **den ~ lichten** salpare l'ancora; **den ~ werfen** gettare l'ancora **An·ker·ket·te** F catena *f* dell'ancora

an·kern V/I ⟨h.⟩ **1** (*vor Anker gehen*) ancorarsi **2** (*vor Anker liegen*) essere ancorato

An·ker·platz M posto *m* di ancoraggio **An·ker·win·de** F argano *m* dell'ancora

an·ket·ten V/T legare (con la catena): **etw ~** mettere la catena a qc

An·kla·ge F accusa *f* (*a.* JUR): **~ gegen j-n erheben** sporgere denuncia contro qn; **unter ~ stellen** mettere sotto accusa **An·kla·ge·bank** ⟨-; -bänke⟩ F banco *m* degli imputati

an·kla·gen V/T **1** accusare: **j-n des Mordes ~** accusare qn di omicidio **2** denunciare: **das Buch klagt die Ausländerfeindlichkeit an** il libro denuncia la xenofobia

An·klä·ger M, **-in** F accusatore *m*, -trice *f*, querelante *m/f*

An·kla·ge·schrift F accusatoria *f* **An·kla·ge·ver·tre·ter** M, **-in** F rappresentante *m/f* dell'accusa **An·kla·ge·ver·tre·tung** F JUR accusa *f*

An·klang M **1** (*Ähnlichkeit*) reminiscenza *f* **2** favore *m*: **~ finden** incontrare consenso

an·kle·ben V/T attaccare, incollare

An·klei·de·ka·bi·ne F cabina *f*; (*in Kleidergeschäften*) camerino *m* (di prova)

an·klei·den **A** V/T vestire **B** V/R **sich ~** vestirsi

An·klei·de·raum M spogliatoio *m*

an·kli·cken V/T **etw (mit der Maus) ~** cliccare su qc (con il mouse); **anklicken!** (*Befehl*) clicca, cliccate

an·klin·gen V/I ⟨*irr*; h.⟩ **1** risuonare, echeggiare **2** **an etw** (*akk*) **~** ricordare qc

an·klop·fen V/I ⟨h.⟩ bussare (*a. umg fig*): **bei j-m um etw ~** bussare alla porta di qn per ottenere qc

an·knab·bern V/T rosicchiare

an·knüp·fen **A** V/T **1** unire (con nodi), annodare **2** *fig* (*Beziehungen*) allacciare **3** (*Gespräche*) cominciare **B** V/I ⟨h.⟩ **an etw** (*akk*) **~** riallacciarsi a (*od* riprendere) qc

An·knüp·fung F ⟨-; -en⟩ **1** inizio *m*: **die ~ politischer Beziehungen** l'avvio di relazioni politiche **2** **in ~ an unser letztes Gespräch** riprendendo il nostro ultimo colloquio **An·knüp·fungs·punkt** M nesso *m*

an·kom·men ⟨*irr*⟩ **A** V/I ⟨s.⟩ **1** arrivare (*a. fig*): **ich bin auf Seite 10 angekommen** sono arrivato a pagina 10 **2** *umg* (*Erfolg haben*) avere successo, trovare favore **3** **gegen etw/j-n nicht ~** non tenere testa a qc/qn **B** V/I *unpers* ⟨s.⟩ **1** **es kommt auf j-n/etw an** dipende da qn/qc; **es kommt darauf an, ob …** dipende (da questo), se … **2** (*wichtig sein*) essere importante, contare: **worauf es ankommt, ist, dass …** quel che importa è che … ♦ **es d(a)rauf ~ lassen** lasciare le cose al caso, tentare la sorte; **wenn es d(a)rauf ankommt, …** se è proprio necessario …; **wieder mit Problemen ~** venire di nuovo a seccare con dei problemi

An·kömm·ling M ⟨-s; -e⟩ **1** nuovo (-a) arrivato *m*, -a *f* **2** (*Baby*) neonato *m*, -a *f*

an·kop·peln V/T agganciare, attaccare **An·kop·pe·lung** F ⟨-; -en⟩ agganciamento *m*

an·kot·zen V/T *vulg* **j-d/etw kotzt j-n an** qn/qc fa schifo a qn

an·krei·den V/T *fig* **j-m etw ~** addossare la colpa a qn

an·kreu·zen V/T segnare con crocetta

an·kün·di·gen **A** V/T annunciare; **etw öffentlich ~** proclamare qc **B** V/R **sich ~** annunciarsi **An·kün·di·gung** F annuncio *m*

An·kunft F ⟨-; -künfte⟩ arrivo *m*; *fig* (*Ge-*

burt) nascita *f* **An·kunfts·zeit** F ora *f* d'arrivo

an·kur·beln VT **1** mettere in moto (con una manovella) **2** *umg fig* incentivare

an·lä·cheln VT sorridere: **j-n freundlich ~** fare un sorriso amichevole a qn

an·la·chen VT **1** **j-n ~** guardare qn ridendo **2** *umg* **sich** (*dat*) **j-n ~** abbordare qn

An·la·ge F **1** costruzione *f*, realizzazione *f* **2** WIRTSCH investimento *m* **3** (*Einrichtung*) installazione *f*, impianto *m*: **sanitäre -n** impianti sanitari **4** IT impianto *m* (informatico) **5** predisposizione *f*: **eine ~ zu Allergien haben** avere una predisposizione per le allergie **6** (*Begabung*) talento *m* **7** *form* allegato *m*: **als** (*od* **in der**) **~** come (*od* in) allegato ♦ **städtische** (*od* **öffentliche**) **-n** giardini pubblici

An·la·ge·be·ra·ter M, **-in** F promotore *m*, -trice *f* finanziario (-a) **An·la·ge·ka·pi·tal** N capitale *m* d'investimento, capitale *m* immobilizzato **An·la·ge·pa·pier** N titolo *m* d'investimento

an·lan·gen **A** VI ⟨s.⟩ arrivare: **am Ziel ~** giungere alla meta (*a. fig*) **B** VT *dial* (*anfassen*) toccare

An·lass M ⟨-es; -lässe⟩ **1** causa *f*, motivo *m*: **j-m ~ zu etw geben** dare a qn un pretesto per qc (*od* un motivo di qc) **2** (*Veranlassung*) iniziativa *f*: **auf j-s ~** per iniziativa di qn **3** (*Gelegenheit*) occasione *f*: **bei diesem ~** in questa occasione; **aus diesem ~** grazie a questa occasione; **etw zum ~ nehmen, um etw zu tun** cogliere l'occasione per fare qc

an·las·sen ⟨*irr*⟩ **A** VT **1** mettere in moto, avviare **2** (*nicht abstellen*) lasciare acceso **B** VR **sich ~** *umg* iniziare; **etw lässt sich gut an** qc si mette bene **An·las·ser** M ⟨-s; -⟩ dispositivo *m* d'avviamento, starter *m*

an·läss·lich PRÄP (*+gen*) in occasione di

an·las·ten VT **j-m etw ~** accollare (*od* addossare) qc a qn

An·lauf M rincorsa *f*, slancio *m*: **~ nehmen** prendere la rincorsa ♦ **beim ersten ~** al primo tentativo; **einen neuen ~ machen** ricominciare da capo

an·lau·fen ⟨*irr*⟩ **A** VT **einen Hafen ~** toccare un porto **B** VI ⟨s.⟩ **1** (*Motor*) avviarsi **2** (*Fensterscheiben*) appannarsi ♦ **blau** (**vor Kälte**) **~** diventare livido dal freddo; **sein Gesicht lief rot an** arrossì

An·lauf·schwie·rig·keit F difficoltà *f* iniziale **An·lauf·stel·le** F centro *m* informazioni **An·lauf·zeit** F periodo *m* iniziale

an·läu·ten VI ⟨h.⟩ *schweiz* **j-m ~** telefonare a qn

an·le·gen **A** VT **1** accostare: **etw an die Mauer ~** appoggiare qc al muro **2** **das Gewehr auf j-n ~** puntare l'arma su qn **3** (*Kleidung, Verband*) mettere **4** (*Straße*) costruire; (*Garten*) allestire **5** (*Roman*) abbozzare **6** (*Verzeichnis*) compilare **7** FIN investire: **wie viel möchten Sie dafür ~?** quanto vorrebbe spendere per questo?; **sein Geld** (**in Wertpapieren**) **~** investire il proprio denaro (in titoli) **8** **es auf j-n/etw ~** mirare a qn/qc **B** VI ⟨h.⟩ SCHIFF approdare ♦ **sich mit j-m ~** cercare la lite con qn; *fig* **einen strengen Maßstab ~** adottare un metro severo

An·le·ger M ⟨-s; -⟩, **-in** F ⟨-; -nen⟩ WIRTSCH investitore *m*, -trice *f*

An·le·ge·stel·le F SCHIFF approdo *m*

an·leh·nen **A** VT **1** **an etw** (*akk*) **~** appoggiare a qc **2** (*Tür*) accostare **B** VR **sich ~** **1** appoggiarsi **2** *fig* attenersi **An·leh·nung** F ⟨-; -en⟩ l'attenersi: **in ~ an die Romantik** attenendosi ai modelli romantici

an·lei·ern VT *umg* avviare

An·lei·he F ⟨-; -n⟩ **1** (*Kredit*) prestito *n* **2** (*Wertpapier*) obbligazione *f* **3** *fig* plagi *m*: **eine ~ bei Bach machen** plagiar Bach

an·lei·ten VT **1** guidare **2** **~ etw zu tu** insegnare a fare qc

An·lei·tung F **1** guida *f*, direzione **etw unter j-s ~ tun** fare qc sotto la gui di qn **2** (*Gebrauchsanleitung*) istruzioni *f* per l'uso

an·ler·nen VT **einen Hilfsarbeiter ~** addestrare un operaio non specializzato

an·lie·gen VI ⟨*irr*; s.⟩ essere aderente: **der Pullover liegt eng an** il pullover è molto aderente ♦ **liegt etwas Besonderes an?** c'è qualcosa di particolare?

An·lie·gen N ⟨-s; -⟩ preghiera *f*: **ein ~ an j-n haben** avere una preghiera da fare a qn

an·lie·gend ADJ **1** (*Grundstücke*) adiacente **2** *form* allegato

An·lie·ger M ⟨-s; -⟩ **~ frei** accesso libero per residenti

an·lo·cken V/T attirare (*a. fig*)

an·lü·gen V/T ⟨*irr*⟩ **j-n ~** mentire a qn

an·ma·chen V/T **1** *umg* (*anbringen*) attaccare **2** *umg* (*anschalten*) accendere **3** (*Gips, Mörtel*) impastare **4** (*Salat*) condire **5** *umg* agganciare: **ein Mädchen ~** agganciare una ragazza ♦ **mach mich nicht an!** levati di torno!; **das macht mich an** mi alletta

an·ma·len **A** V/T dipingere: **etw rot ~** dipingere qc di rosso **B** V/R **sich ~** dipingersi, pitturarsi

An·marsch M ⟨-[e]s⟩ *umg* (*Wegstrecke*) tragitto *m* ♦ **im ~ sein** *hum* stare per arrivare

an·ma·ßen V/R **sich** (*dat*) **etw ~** arrogarsi qc; **sich Kritik an etw** (*dat*) **~** permettersi di criticare qc **an·ma·ßend** ADJ arrogante, presuntuoso **An·ma·ßung** F ⟨-; -en⟩ **1** arroganza *f* **2** pretesa *f* ingiustificata

An·mel·de·be·stä·ti·gung F conferma *f* d'iscrizione **An·mel·de·for·mu·lar** N modulo *m* di iscrizione **An·mel·de·frist** F termine *m* d' iscrizione **An·mel·de·ge·bühr** F tassa *f* d' iscrizione

an·mel·den **A** V/T **1** (*ankündigen*) annunciare, comunicare **2** (*Schaden*) denunciare; (*Konkurs*) dichiarare **3** (*far*) registrare: **ein Auto ~** immatricolare un'auto **4** (*einschreiben*) iscrivere **5** **seine Ansprüche ~** far valere i propri diritti **6** **Zweifel ~** manifestare dubbi **B** V/R **sich ~** iscriversi ♦ **sich beim Arzt ~** prendere un appuntamento dal medico; **sich polizeilich ~** comunicare la propria residenza alla polizia

An·mel·de·schluss M termine *m* ultimo per l'iscrizione

An·mel·dung F **1** preavviso *m*: **ohne ~ können Sie den Direktor nicht sprechen** senza appuntamento non può parlare col direttore **2** (*Einschreibung*) iscrizione *f* **3** (*Anmelderaum*) ufficio *m* registrazioni (*od* iscrizioni)

an·mer·ken V/T **1** annotare, segnare: **etw rot ~** segnare qc in rosso **2** notare: **j-m die Freude ~** notare la gioia di qn **3** (*äußern*) esprimersi: **er hat dazu noch nichts angemerkt** non si è ancora espresso a tale proposito ♦ **sich** (*dat*) **nichts ~ lassen** non far trapelare nulla

An·mer·kung F ⟨-; -en⟩ **1** (*Fußnote*) nota *f*, annotazione *f* **2** (*Äußerung*) osservazione *f*

An·mut F ⟨-⟩ grazia *f*, amenità *f*

an·mu·ten V/I ⟨h.⟩ fare un effetto su qn, parere a qn

an·mu·tig ADJ aggraziato

an·na·geln V/T inchiodare

an·nä·hen V/T attaccare (cucendo), cucire

an·nä·hern **A** V/T avvicinare **B** V/R **sich ~** avvicinarsi

an·nä·hernd ADV all'incirca

An·nä·he·rung F ⟨-; -en⟩ avvicinamento *m* **An·nä·he·rungs·ver·such** M tentativo *m* di avvicinamento: **-e machen** fare degli approcci

An·nah·me F ⟨-; -n⟩ **1** accettazione *f* (*a. fig*) **2** (*Vermutung*) supposizione *f*, opinione *f*: **eine verbreitete ~** un'opinione diffusa; **in der ~, dass …** supponendo che …; **keinen Grund zur ~ haben** non avere motivo di credere ♦ *obs* **~ an Kindes statt** adozione

An·nah·me·stel·le F ufficio *m* accettazione **An·nah·me·ver·wei·ge·rung** F rifiuto *m* di accettazione

An·na·len PL annali *mpl*

an·nehm·bar ADJ **1** (*Bedingungen*) accettabile **2** (*Erklärungen*) plausibile

an·neh·men ⟨*irr*⟩ **A** V/T **1** accettare (*a. fig*) **2** prendere, assumere: **schlechte Gewohnheiten ~** prendere cattive abitudini **3** supporre, ritenere: **nehmen wir an, er hätte recht …** supponiamo che abbia ragione …; **das kannst du ~** ci puoi giurare **4** **ein Kind ~** adottare un bambino **B** V/R **sich j-s/einer Sache ~** interessarsi di qn/di una cosa

An·nehm·lich·keit F ⟨-; -en⟩ comodità *f*

an·nek·tie·ren V/T annettere

An·non·ce [a'nõ:sə] F ⟨-; -n⟩ annuncio *m*: **eine ~ aufgeben** pubblicare un annuncio **an·non·cie·ren** [anõ'si:rən] **A** V/I ⟨h.⟩ pubblicare un annuncio **B** V/T annunciare, rendere noto (con un'inserzione)

an·nul·lie·ren V/T annullare

Ano·de F ⟨-; -n⟩ anodo *m*

an·öden V/T *umg* annoiare a morte

ano·mal ADJ anomalo

Ano·ma·lie F ⟨-; -n⟩ anomalia *f* (*a.* MED)

ano·nym ADJ anonimo **Ano·ny·mi·tät** F ⟨-⟩ anonimità *f*, anonimato *m*: **seine ~ wahren** mantenere l'anonimato

Ano·rak M ⟨-s; -s⟩ giacca *f* a vento

an·ord·nen VT **1** ordinare, sistemare **2** (*verfügen*) ordinare, (pre)disporre **An·ord·nung** F **1** (*Reihenfolge*) ordine *m*; disposizione *f* **2** **einer ~ nachkommen** eseguire un ordine; **das geschah auf meine ~** ciò è stato fatto su mia disposizione

an·or·ga·nisch ADJ inorganico: **-e Chemie** chimica inorganica

a·nor·mal ADJ anormale

an·pa·cken VT **1** afferrare, agguantare **2** (*Probleme*) affrontare **3** *umg* trattare: **j-n hart ~** trattare qn con durezza

an·pas·sen **A** VT adattare **B** VR **sich ~** adattarsi **An·pas·sung** F ⟨-; -en⟩ adattamento *m*

an·pas·sungs·fä·hig ADJ adattabile **An·pas·sungs·fä·hig·keit** F adattabilità *f* **An·pas·sungs·schwie·rig·keit** F difficoltà *f* di adattamento

an·pei·len VT SCHIFF, FLUG **etw ~** localizzare qc (col radiogoniometro)

an·pfei·fen VT ⟨*irr*⟩ **1** SPORT fischiare: **das Spiel ~** fischiare l'inizio della partita **2** *umg* **j-n ~** sgridare bruscamente qn

An·pfiff M **1** SPORT fischio *m* d'inizio **2** *umg* sgridata *f*

an·pflan·zen VT piantare; coltivare

an·pin·nen VT *umg* fissare con puntine

an·pin·seln **A** VT *umg* dipingere, pitturare **B** VR **sich ~** *umg iron* truccarsi

an·pö·beln VT *umg* **j-n ~** insultare qn

an·pran·gern VT stigmatizzare

an·prei·sen VT ⟨*irr*⟩ decantare, magnificare

An·pro·be F prova *f*

an·pro·bie·ren VT provare

an·pum·pen VT *umg* **j-n (um Geld) ~** spremere qn, spillare denaro a qn

an·quat·schen VT *umg* abbordare

An·rai·ner M ⟨-s; -⟩, **-in** F ⟨-; -nen⟩ confinante *m/f*, vicino *m*, -a *f*

an·ra·ten VT ⟨*irr*⟩ **j-m etw ~** consigliare (*od* raccomandare) qc a qn ♦ **auf Anraten des Arztes** su consiglio del medico

an·rech·nen VT **1** mettere in conto **2** **j-m etw als Verdienst ~** dar merito di qc a qn; **j-m etw hoch ~** riconoscere qn molto meritevole per qc **An·rech·nung** F il mettere in conto: **in ~ bringen** conteggiare; **unter ~ von etw** conteggiando qc

An·recht N diritto *m*: **ein ~ auf etw** (*akk*) **besitzen** avere diritto a qc

An·re·de F titolo *m*, appellativo *m*: **die offizielle ~** il titolo ufficiale

an·re·den VT **j-n ~** rivolgere la parola a qn; **j-n mit „Sie" ~** dare del lei a qn

an·re·gen VT **1** **j-n zu etw ~** stimolare (*od* indurre) qn a qc **2** proporre, suscitare: **eine Verbesserung ~** fare una proposta di miglioramento

an·re·gend ADJ eccitante, stimolante

An·re·gung F impulso *m*, stimolo *m*: **die ~ zu etw geben** dare l'impulso a qc

an·rei·chern **A** VR **sich ~** accumularsi, concentrarsi **B** VT arricchire

An·rei·se F **1** (*Hinfahrt*) viaggio *m* di andata **2** (*Ankunft*) arrivo *m* **an·rei·sen** VI ⟨s.⟩ **1** viaggiare (verso una meta) **2** (*ankommen*) arrivare **An·rei·se·ter·min** M data *f* d'arrivo

an·rei·ßen VT ⟨*irr*⟩ **1** incominciare a strappare **2** *fig* **ein Problem ~** sfiorare un problema

An·reiz M stimolo *m*, incentivo *m*: **ein ~ zum Sparen** un incentivo al risparmio

an·ren·nen VI ⟨*irr*; s.⟩ **1** arrivare di corsa **2** **gegen j-n/etw ~** urtare contro qn/qc correndo; (*in feindlicher Absicht*) gettarsi contro qn/qc

An·rich·te F ⟨-; -n⟩ credenza *f*

an·rich·ten VT **1** (*Speisen*) mettere in tavola **2** *fig* causare: **Schaden ~** causare danni ♦ **es ist angerichtet** è pronto (in tavola); **da hast du ja etwas Schönes angerichtet!** l'hai fatta proprio bella!

an·rü·chig ADJ malfamato: **eine -e Person** una persona dalla cattiva fama

an·rü·cken VI ⟨s.⟩ MIL avvicinarsi

An·ruf M telefonata *f*, chiamata *f*: **einen ~ erhalten von j-m** ricevere una chiamata da qn **An·ruf·be·ant·wor·ter** M ⟨-s; -⟩ segreteria *f* telefonica

an·ru·fen VT ⟨*irr*⟩ **1** **j-n ~** chiamare qn **2** **j-n als Zeugen ~** chiamare qn a testimoniare **3** **Gott um Gnade ~** invocare la grazia di Dio **4** **das Gericht ~** rivolgersi al tribunale

an·rüh·ren VT **1** toccare (*a. fig*): **kein Buch ~** non toccare un libro **2** *fig* (*innerlich berühren*) toccare, colpire **3** mescolare: **Farbe (mit Wasser) ~** mescolare colori (con acqua); **einen Teig ~** fare un impasto

ans → an

An·sa·ge F **1** annuncio *m* **2** (*beim Kartenspiel*) dichiarazione *f* **An·sa·ge·dienst** M informazioni *fpl* telefoniche (registrate)

an·sa·gen **A** VT annunciare **B** VR **sich**

~ annunciare la propria visita ♦ **j-m den Kampf ~** dichiarare guerra a qn **An·sa·ger** M ⟨-s; -⟩, **-in** F ⟨-; -nen⟩ RADIO, TV annunciatore *m*, -trice *f*

an·sam·meln **A** V/T accumulare, ammassare **B** V/R **sich ~** raccogliersi, (r)adunarsi

An·samm·lung F **1** accumulo *m*, ammasso *m* **2** (*Menschenmenge*) assembramento *m*

an·säs·sig ADJ residente: **sich ~ machen** prendere la residenza

An·satz M **1** principio *m*, accenno *m*: **der ~ zu einer Besserung** l'accenno di miglioramento **2** (*Vorgehensweise*) approccio *m* **3** TECH aggiunta *f* **4** deposito *m*: **ein ~ von Kalk** un deposito calcareo **5** ANAT attaccatura *f* ♦ **in ~ bringen** mettere in conto

an·sau·gen V/T aspirare

an·schaf·fen **A** V/T prendere, comprare **B** V/I ⟨h.⟩ *umg* **~ gehen** (andare a) battere (il marciapiede) **C** V/R **sich** (*dat*) **etw ~** prendersi qc ♦ *umg* **sich** (*dat*) **Kinder ~** avere bambini; **wer zahlt, schafft an** chi paga, decide

An·schaf·fung F ⟨-; -en⟩ acquisto *m*

an·schal·ten V/T **1** (*Geräte*) accendere **2** TECH **etw an etw** (*akk*) **~** collegare qc a qc

ɪn·schau·en **A** V/T guardare **B** V/R **sich ~** **1** guardarsi **2** **sich** (*dat*) **die Stadt ~** vedersi la città **an·schau·lich** **A** ADJ chiaro, evidente: **j-m etw ~ machen** rendere chiaro qc a qn **B** ADV **etw ~ erklären** spiegare qc in modo chiaro

1·schau·ung F ⟨-; -en⟩ **1** opinione *f*, odo *m* di vedere **2** impressione *f*: **etw is eigener ~ beurteilen** giudicare qc artendo) da una propria impressione

·schein M apparenza *f*, aria *f*: **sich** (*dat*) **den ~ geben, alles zu wissen** darsi l'aria di saperla lunga; **es hat den ~, als ob …** sembra che …; **allem ~ nach** a quanto pare; **den ~** (**er**)**wecken** far credere

an·schei·nend ADV apparentemente

an·schi·cken V/R *geh* **sich ~** accingersi; **sich zum Gehen ~** accingersi ad andare

an·schie·ben V/T ⟨*irr*⟩ spingere

an·schie·ßen V/T ⟨*irr*⟩ ferire (*od* colpire) con un'arma da fuoco

an·schir·ren V/T (*Zugtiere*) attaccare

An·schlag M **1** manifesto *m*, affisso *m*: **einen ~ am Schwarzen Brett machen** affiggere una comunicazione in bacheca **2** attentato *m*: **einen ~ auf j-s Leben planen** progettare un attentato alla vita di qn **3** MUS tocco *m*: **er spielt mit weichem ~** ha un tocco morbido **4** battuta *f*: **die Zeilenlänge auf 50 Anschläge einstellen** fissare la lunghezza della riga a 50 battute **5** **das Gewehr im ~ halten** tenere il fucile spianato **6** HANDEL preventivo *m*: **etw in ~ bringen** calcolare (*od* preventivare) qc **7** TECH arresto *m*: **den Hahn bis zum ~ aufdrehen** aprire il rubinetto fino all'arresto

An·schlag·brett N bacheca *f*

an·schla·gen ⟨*irr*⟩ **A** V/T **1** (*Plakat*) affiggere **2** (*Geschirr*) ammaccare **3** (*Tasten*) premere, battere: **die Tasten des Klaviers ~** toccare i tasti del pianoforte **4** **einen Akkord ~** suonare un accordo **B** V/I **1** ⟨s.⟩ urtare, colpire: **mit dem Kopf ~** urtare con la testa (contro qc) **2** ⟨h.⟩ (*beim Schwimmen*) **als Erster am Beckenrand ~** toccare il bordo della piscina per primo **3** ⟨h.⟩ avere un effetto: **die Kur schlägt gut bei j-m an** la cura ha un effetto positivo su qn **4** ⟨h.⟩ *umg* (*dick machen*) fare ingrassare **5** ⟨h.⟩ (*warnend bellen*) abbaiare **C** V/R **sich** (*dat*) **den Kopf an etw** (*dat*) **~** battere la testa contro qc ♦ **eine schnellere Gangart ~** prendere un'andatura più rapida; **Maschen ~** avviare le maglie; **einen anderen Ton ~** cambiar tono

an·schlep·pen V/T **1** trascinare a fatica **2** *fig umg* **viele Freunde ~** tirarsi dietro molti amici **3** AUTO trainare (fino a far partire)

an·schlie·ßen ⟨*irr*⟩ **A** V/T **1** attaccare, legare: **das Fahrrad am Zaun ~** legare la bicicletta al recinto **2** collegare (*a.* ELEK): **einen Schlauch an den Wasserhahn ~** collegare un tubo al rubinetto **B** V/R **sich ~** **1** far seguito, seguire: **an den Vortrag schließt sich eine Diskussion an** alla conferenza fa seguito un dibattito **2** **sich einer Gruppe ~** unirsi a un gruppo; **sich einer Theorie ~** aderire a una teoria **3** (*einverstanden sein*) **ich schließe mich an** mi associo

an·schlie·ßend ADV successivamente, dopo

An·schluss M **1** connessione *f* **2** ELEK collegamento *m*, allacciamento *m* (telefonico): **elektrischen ~ haben** essere allacciato alla rete elettrica **3** (*Verkehrsver-*

bindung) coincidenza *f*: **den ~ verpassen** perdere la coincidenza **4** annessione *f*, unione *f*: **der ~ an Deutschland** l'annessione alla Germania **5** *fig* contatto *m*: **keinen ~ finden** non trovare contatto (con altre persone) ♦ **keinen ~ bekommen** non riuscire a prendere la linea; **im ~ an etw** (*akk*) a seguito di qc

An·schluss·flug M volo *m* in coincidenza, coincidenza *f* **An·schluss·lei·tung** F ELEK linea *f* di allacciamento **An·schluss·zug** M coincidenza *f*

an·schmie·gen **A** V/T appoggiare **B** V/R **sich ~** **1** (*Kleidung*) aderire **2** **sich an j-n ~** stringersi affettuosamente a qn

an·schmieg·sam ADJ affettuoso

an·schmie·ren V/T *umg* (*betrügen*) abbindolare, imbrogliare

an·schnal·len **A** V/T legare (con cinghie, fibbie) **B** V/R **sich ~** allacciarsi la cintura

An·schnall·gurt M cintura *f* di sicurezza **An·schnall·pflicht** F obbligo *m* di allacciare le cinture

an·schnau·zen V/T *umg* **j-n ~** dare una strigliata a qn

an·schnei·den V/T ⟨*irr*⟩ **1** cominciare (a tagliare) **2** (*ein Thema*) toccare **3** SPORT **den Ball ~** colpire di taglio il pallone

An·schnitt M **1** primo pezzo *m* (tagliato) **2** (*Schnittfläche*) superficie *f* di taglio

An·scho·vis F ⟨-; -⟩ acciuga *f*, alice *f*

an·schrei·ben V/T ⟨*irr*⟩ **1** **j-n ~** rivolgersi a qn per iscritto **2** **j-m etw ~** mettere qc in conto a qn

an·schrei·en ⟨*irr*⟩ **A** V/T **j-n ~** rimproverare (*od* sgridare) qn **B** V/R **sich gegenseitig ~** rimproverarsi (a vicenda)

An·schrift F recapito *m*, indirizzo *m*

An·schul·di·gung F ⟨-; -en⟩ imputazione *f*: **eine falsche ~** un'accusa ingiusta

an·schwär·zen V/T *umg* denigrare

an·schwel·len V/I ⟨*irr*; s.⟩ **1** gonfiare, gonfiarsi **2** (*Geräusch*) farsi più forte

an·schwem·men V/T trasportare (*od* depositare) a riva

an·se·hen V/T ⟨*irr*⟩ **1** guardare: **sieh mich nicht so an!** non guardarmi così!; **schön anzusehen** bello da vedere **2** (*begutachten*) osservare: **etw näher ~** osservare qc più da vicino (*od* più attentamente) **3** (*Film*) vedere **4** (*besichtigen*) vedere, visitare **5** **man sieht es ihm an, dass ...** si vede che ... **6** **j-n als Feind ~** considerare qn un nemico; **etw für** (*od* **als**) **möglich ~** ritenere qc possibile **7** **etw** (**mit**) **~** stare a guardare qc ♦ **j-n mit großen Augen ~** guardare qn con tanto d'occhi; **sieh mal** (**einer**) **an!** ma guarda un po'!

An·se·hen N ⟨-s⟩ **1** (*Äußeres*) aspetto *m*, apparenza *f*: **eine Frau von ärmlichem ~** una donna dall'aspetto misero; **dem ~ nach zu urteilen ...** a giudicare dalle apparenze ... **2** (*guter Ruf*) stima *f*, credito *m*: (**bei j-m**) **großes ~ genießen** godere di grande stima (presso qn); **sein ~ durch etw verlieren** perdere il proprio credito per qc ♦ **ohne ~ der Person** senza riguardo alla persona

an·sehn·lich ADJ **1** (*beträchtlich*) considerevole, notevole **2** (*gut aussehend*) bello

an·sei·len **A** V/T legare con una corda **B** V/R **sich ~** (*Alpinismus*) legarsi in cordata

an·set·zen **A** V/T **1** mettere: **den Wagenheber ~** mettere il cric (alla macchina); **das Glas ~** portare il bicchiere alle labbra **2** applicare, attaccare: **zwei Taschen am Kleid ~** applicare due tasche al vestito **3** BOT (*Blätter*) mettere; (*Früchte*) fare **4** (*bilden*) **Fett ~** ingrassare; **Rost ~** arrugginire; **Schimmel ~** ammuffire **5** (*Termin*) fissare: **die Sitzung ist für den 8. Mai angesetzt** la riunione è fissata per l'8 maggio **6** preventivare: **die Kosten mi[t] 500 Euro ~** preventivare una spesa di 50[0] euro **7** (*einsetzen*) mettere: **Hunde au[f] eine Spur ~** mettere cani su una traccia **j-n auf ein neues Projekt ~** mettere qn [a] lavorare a un nuovo progetto **8** (*Teig*) preparare **B** V/I ⟨h.⟩ **1** apprestarsi a (f[a]re) qc: **zum Reden ~** apprestarsi a pa[r]lare; **zur Landung ~** prepararsi per l'a[t]terraggio **2** iniziare, cominciare: **hi[er] muss die Kritik ~** qui deve cominciare la critica **C** V/R **sich ~** (*sich bilden*) formarsi, svilupparsi

An·sicht F ⟨-; -en⟩ **1** veduta *f*: **die ~ einer Stadt** la veduta di una città **2** **die vordere ~ der Kirche** la vista anteriore della chiesa **3** (*Meinung*) opinione *f*: **der ~ sein, dass ...** essere dell'opinione che ...; **meiner ~ nach** secondo me, a mio avviso ♦ **zur ~** in visione

An·sichts·kar·te F cartolina *f* illustrata

An·sichts·sa·che F **~ sein** essere una questione di punti di vista

an·sie·deln A VT insediare B VR **sich ~** stabilirsi, insediarsi **An·sied·ler** M, **-in** F colono *m*, -a *f* **An·sied·lung** F insediamento *m*, colonia *f*

An·sin·nen N ⟨-s; -⟩ pretesa *f*, richiesta *f*

an·sons·ten ADV *umg* 1 (*im Übrigen*) inoltre 2 (*im anderen Falle*) altrimenti

an·span·nen A VT 1 (*Pferde, Wagen*) attaccare 2 (*straffer spannen*) tendere, tirare; **die Muskeln ~** tendere i muscoli 3 **alle Kräfte ~** impegnare tutte le forze B VR **sich ~** tendersi

An·span·nung F tensione *f*

an·spie·len VT 1 SPORT **j-n ~** passare la palla a qn 2 **auf j-n/etw ~** alludere a qn/qc **An·spie·lung** F ⟨-; -en⟩ allusione *f*: **-en auf etw** (*akk*) **machen** alludere a qc

an·spin·nen VT ⟨*irr*⟩ (*Freundschaft*) stringere; (*Beziehung*) iniziare, allacciare

an·spit·zen VT 1 temperare 2 *umg* (*antreiben*) pungolare

An·sporn M ⟨-[e]s; -e⟩ sprone *m*, stimolo *m* **an·spor·nen** VT spronare (*a. fig*): **j-n zu etw ~** spronare qn a qc

An·spra·che F 1 breve discorso *m* 2 (*Kontakt*) **die persönliche ~ suchen** cercare il contatto personale; **er hat keine ~** non ha nessuno con cui parlare

an·sprech·bar ADJ disponibile

an·spre·chen ⟨*irr*⟩ A VT 1 **j-n ~** rivolgere la parola (*od* rivolgersi) a qn 2 (*bitten*) **j-n um etw ~** chiedere qc a qn 3 (*Thema*) affrontare 4 toccare: **das Lied sprach ihr Innerstes an** la canzone la toccò nell'intimo 5 (*gefallen*) piacere B VI ⟨h.⟩ 1 reagire: **der Patient spricht auf das Mittel an** il paziente reagisce al farmaco 2 (*wirken*) fare effetto: **das Medikament spricht** (**bei ihm**) **an** la medicina fa effetto (su di lui)

an·spre·chend ADJ gradevole, attraente

An·sprech·part·ner M, **-in** F persona *f* a cui rivolgersi, interlocutore *m*, -trice *f*

an·sprin·gen ⟨*irr*⟩ A VT **j-n ~** saltare addosso a qn B VI ⟨s.⟩ AUTO mettersi in moto

An·spruch M 1 (*Forderung*) pretesa *f*, esigenza *f*: (**keine**) **Ansprüche stellen** (non) avere pretese; **hohe Ansprüche stellen** avere grandi pretese 2 (*Recht*) diritto *m*: **~ auf etw** (*akk*) **haben** aver diritto a qc; **einen ~ auf etw** (*akk*) **erheben** rivendicare un diritto su qc ♦ **etw in ~ nehmen** ricorrere a qc; **ich bin sehr in ~ genommen** sono occupatissimo; **das nimmt alle meine Kräfte in ~** richiede tutte le mie energie

an·spruchs·los ADJ senza pretese, modesto **An·spruchs·lo·sig·keit** F ⟨-⟩ modestia *f*, semplicità *f* **an·spruchs·voll** ADJ pretenzioso, esigente

an·spu·cken VT **j-n ~** sputare addosso a qn; **etw ~** sputare su qc

an·sta·cheln VT spronare, pungolare

An·stalt F ⟨-; -en⟩ 1 (*Lehr-, Heilstätte*) istituto *m* 2 ente *m*: **~ des öffentlichen Rechts** ente di diritto pubblico ♦ **-en zu etw treffen** fare preparativi per qc; (**keine**) **-en zu etw machen** (non) accennare a fare qc

An·stand M 1 decoro *m*, decenza *f* 2 (*gutes Benehmen*) buone maniere *fpl*

an·stän·dig A ADJ 1 decente 2 (*von Personen*) perbene, onesto, bravo 3 *umg* (*zufriedenstellend*) discreto, decente B ADV 1 correttamente, decentemente; (*ehrenhaft*) onestamente: **~ handeln** agire correttamente 2 *umg* (*ziemlich*) abbastanza, molto: **wir mussten ~ dafür bezahlen** abbiamo dovuto pagarlo (*od* pagarla) un bel po'

An·stän·dig·keit F ⟨-⟩ 1 decenza *f*, decoro *m* 2 (*Korrektheit*) onestà *f*, correttezza *f*

An·stands·be·such M visita *f* di cortesia **An·stands·da·me** F dama *f* di compagnia **an·stands·hal·ber** ADV per la forma **an·stands·los** ADV senza difficoltà, senza esitazione

an·star·ren VT guardare fisso, fissare

an·statt A KONJ invece, anziché: **~ zu arbeiten, sah er fern** invece di lavorare guardava la televisione B PRÄP (+*gen*) invece di, al posto di

an·stau·en A VT (*Flüssigkeiten*) ristagnare B VR **sich ~** ristagnare

an·ste·chen VT ⟨*irr*⟩ 1 pungere, punzecchiare: **eine Kartoffel mit der Gabel ~** punzecchiare una patata con la forchetta 2 bucare: **einen Autoreifen ~** bucare una gomma ♦ **ein Fass Bier ~** spillare birra da una botte

an·ste·cken A VT 1 fermare con spilli, appuntare 2 (*Ring*) infilare 3 MED **j-n ~** contagiare qn B VI ⟨h.⟩ essere contagioso C VR **sich** (**bei j-m**) **~** contagiarsi (da qn) **an·ste·ckend** ADJ contagioso (*a.*

fig)

An·ste·ckung F ⟨-; -en⟩ contagio *m* **An·ste·ckungs·ge·fahr** F pericolo *m* di contagio

an·ste·hen VI ⟨*irr*; h.⟩ **1** fare la fila **2** (*sich ziemen*) addirsi: **das steht ihm wohl an** gli si addice **3** JUR essere fissato

an·stei·gen VI ⟨*irr*; s.⟩ salire; aumentare

an·stei·gend ADJ in salita; in aumento

an·stel·le PRÄP (+*gen*) invece di, al posto di: ~ **von j-m/etw** invece di qn/qc

an·stel·len **A** VT **1** appoggiare, accostare: **eine Leiter an die Hauswand** ~ appoggiare una scala al muro **2** (*einschalten*) mettere in moto, accendere **3** (*Gas*) aprire **4** **j-n** ~ assumere qn; **j-n fest** ~ assumere qn fisso **5** fare: **Überlegungen** ~ fare riflessioni; *umg* **wie soll ich das nur** ~! come devo fare!; *umg* **was hast du da wieder angestellt!** che cosa hai combinato stavolta! **B** VR **sich** ~ **1** fare la fila, fare la coda **2** *umg* comportarsi; **stell dich nicht so dumm an!** non fare lo stupido!

An·stel·lung F assunzione *f*; impiego *m*

an·steu·ern VT **etw** ~ dirigersi verso qc

An·stieg M ⟨-[e]s; -e⟩ **1** salita *f* **2** *fig* aumento *m*

an·stif·ten VT **j-n zu etw** ~ spingere (*od* istigare) qn a qc **An·stif·ter** M, **-in** F istigatore *m*, -trice *f* **An·stif·tung** F istigazione *f*

an·stim·men VT **1** intonare: **ein Lied** ~ cominciare a cantare una canzone **2** scoppiare: **Geheul** ~ scoppiare a piangere

An·stoß M **1** urto *m* **2** SPORT calcio *m* d'inizio **3** *fig* spinta *f*, impulso *m*, avvio *m*: **den** ~ **zu etw geben** dare l'avvio a qc ♦ ~ **bei j-m erregen** scandalizzare qn; **an etw** (*dat*) ~ **nehmen** scandalizzarsi di qc; **der Stein des -es sein** essere la pietra dello scandalo

an·sto·ßen ⟨*irr*⟩ **A** VT **j-n** ~ urtare qn, dare una spinta a qn **B** VI **1** ⟨s.⟩ *fig* urtare, contrariare: **überall** ~ contrariare tutti **2** ⟨h.⟩ **an etw** (*akk*) ~ confinare con qc **3** ⟨h.⟩ brindare: **auf j-s Wohl** ~ brindare alla salute di qn

an·sto·ßend ADJ attiguo, confinante

an·stö·ßig ADJ scandaloso, indecente

an·strah·len VT **1** illuminare **2** **j-n** ~ guardare qn con occhi raggianti

an·stre·ben VT **etw** ~ aspirare (*od* ambire) a qc, perseguire qc

an·strei·chen VT ⟨*irr*⟩ **1** verniciare, pitturare: **etw weiß** ~ pitturare di bianco qc, imbiancare qc **2** segnare: **Fehler rot** ~ segnare gli errori in rosso

An·strei·cher M ⟨-s; -⟩, **-in** F ⟨-; -nen⟩ imbianchino *m*, -a *f*

an·stren·gen **A** VT **1** impegnare: **alle Kräfte** ~ impegnare tutte le forze; **sein Gedächtnis** ~ sforzare la memoria **2** (*stark beanspruchen*) affaticare: **die Reise hat sie sehr angestrengt** il viaggio l'ha molto affaticata **3** JUR **eine Klage gegen j-n** ~ intentare una causa a (*od* contro) qn **B** VR **sich** ~ sforzarsi, impegnarsi

an·stren·gend ADJ faticoso **An·stren·gung** F ⟨-; -en⟩ sforzo *m*; fatica *f*

An·strich M **1** verniciatura *f*, mano *f* **2** (*Farbe*) colore *m* **3** *fig* aspetto *m*, aria *f*: **sich** (*dat*) **einen intellektuellen** ~ **geben** darsi un'aria da intellettuale

An·sturm M MIL assalto *m* (*a. fig*)

an·stür·men VI ⟨s.⟩ assaltare: **gegen eine Festung** ~ assaltare una fortezza

Ant·ark·tis F ⟨-⟩ Antartide *f*

an·tas·ten VT **1** **etw nicht** ~ non toccare qc **2** (*beeinträchtigen*) violare: **j-s Rechte/Freiheit** ~ violare i diritti/la libertà di qn

An·teil M **1** parte *f*, quota *f* **2** interesse *m*: ~ **an j-m/etw nehmen/bekunden** avere/manifestare interesse per qn/qc ♦ ~ **an etw** (*dat*) **haben** partecipare a qc

an·tei·lig ADJ proporzionale

An·teil·nah·me F ⟨-⟩ partecipazione *f*

An·ten·ne F ⟨-; -n⟩ RADIO, ZOOL antenna *f* ♦ (**k**)**eine** ~ **für etw haben** (non) avere fiuto (*od* naso) per qc

Anth·ra·zit M ⟨-s; -e⟩ antracite *f*

An·thro·po·so·phie F antroposofia *f*

An·ti·al·ko·ho·li·ker M, **-in** F astemio *m*, -a *f* **An·ti·atom·be·we·gung** F movimento *m* antinucleare **an·ti·au·to·ri·tär** ADJ antiautoritario **An·ti·ba·by·pil·le** [-be:bi-] F *umg* pillola *f* **an·ti·bak·te·ri·ell** ADJ igienizzante, antibatterico **An·ti·bio·ti·kum** N ⟨-s; -biotika⟩ antibiotico *m* **An·ti·blo·ckier·sys·tem** N → ABS **An·ti·de·pres·si·vum** N ⟨-s; -depressiva⟩ antidepressivo *m* **An·ti·fal·ten·creme** F crema *f* antirughe **An·ti·fa·schis·mus** M antifascismo *m* **An·ti·fa·schist** M, **-in** F antifascista *m/f* **an·ti·fa·schis·tisch** ADJ antifascista **An·ti·held** M, **-in** F antieroe *m* **An·ti·his·ta·min** N ⟨-s; -e⟩ antistaminico *m*

an·tik ADJ antico

An·ti·ke F ⟨-; -n⟩ **1** antichità *f*, mondo *m* antico **2** (*Kunstwerk*) antichità *fpl*

An·ti·klopf·mit·tel N antidetonante *m*

An·ti·kör·per M anticorpo *m*

An·ti·lo·pe F ⟨-; -n⟩ antilope *f*

An·ti·pa·thie F ⟨-; -n⟩ antipatia *f* **An·ti·po·de** M ⟨-n; -n⟩ antipodo *m* (*a. fig*)

An·ti·qua·ri·at N ⟨-[e]s; -e⟩ **1** antiquariato *m* **2** **modernes ~** remainder *m* **an·ti·qua·risch** ADJ **1** antiquario, d'antiquariato **2** (*gebraucht*) di seconda mano

an·ti·quiert ADJ antiquato

An·ti·qui·tät F ⟨-; -en⟩ oggetto *m* antico **An·ti·qui·tä·ten·händ·ler** M, **-in** F antiquario *m*, -a *f*

An·ti·rau·cher·kam·pag·ne F campagna *f* antifumo

An·ti·se·mit M ⟨-en; -en⟩, **-in** F ⟨-; -nen⟩ antisemita *m/f* **an·ti·se·mi·tisch** ADJ antisemita, antisemitico **An·ti·se·mi·tis·mus** M ⟨-⟩ antisemitismo *m*

An·ti·sep·ti·kum N ⟨-s; -septika⟩ antisettico *m*

an·ti·sta·tisch ADJ antistatico

An·ti·teil·chen N PHYS, NUKL antiparticella *f* **An·ti·vi·ren·pro·gramm** N IT programma *m* antivirus

an·tör·nen V/T *umg* mandare in estasi

An·trag M ⟨-[e]s; -träge⟩ **1** domanda *f*, richiesta *f*: **auf ~** su domanda; **einen ~ auf Beihilfe stellen** avanzare (una) domanda di sussidio **2** proposta *f*: **über einen ~ abstimmen** votare una proposta. **3** (*Heiratsantrag*) proposta *f* di matrimonio **An·trags·for·mu·lar** N modulo *m* di domanda

An·trag·stel·ler M ⟨-s; -⟩, **-in** F ⟨-; -nen⟩ richiedente *m/f*

an·tref·fen V/T ⟨*irr*⟩ trovare

an·trei·ben V/T ⟨*irr*⟩ **1** spingere **2** *fig* **j-n zu etw ~** spingere (*od* spronare) qn a qc **3** TECH mettere in moto

an·tre·ten ⟨*irr*⟩ **A** V/T **1** (*festtreten*) calcare, pestare **2** **eine Reise ~** mettersi in viaggio; **eine Strafe ~** cominciare a scontare una pena **3** **ein Amt ~** assumere una carica **B** V/I ⟨s.⟩ **1** (*sich aufstellen*) mettersi in fila, schierarsi **2** SPORT **gegen j-n ~** schierarsi contro qn **3** presentarsi: **pünktlich zum Dienst ~** prendere puntualmente servizio ♦ JUR **den Beweis ~** produrre la prova

An·trieb M **1** forza *f* motrice, propulsione *f*: **ein Motor mit elektrischem ~** un motore a propulsione elettrica **2** MECH azionamento *m*, comando *m*: **direkter ~** comando diretto **3** *fig* impulso *m*, stimolo *m*: **aus eigenem ~ handeln** agire spontaneamente (*od* di propria volontà)

An·triebs·kraft F forza *f* motrice **An·triebs·wel·le** F TECH albero *m* motore

an·trin·ken V/R ⟨*irr*⟩ *umg* **sich** (*dat*) **Mut ~** bere per farsi coraggio

An·tritt M ⟨-[e]s⟩ **1** inizio *m*: **bei ~ der Fahrt** all'inizio del viaggio **2** assunzione *f*: **der ~ eines Amtes** l'assunzione di una carica **3** SPORT allungo *m*

An·tritts·be·such M visita *f* di presentazione **An·tritts·re·de** F discorso *m* inaugurale

an·tun V/T ⟨*irr*⟩ **1** fare: **j-m Gutes/Gewalt ~** fare del bene/fare violenza a qn **2** dare: **j-m ein Leid ~** dare un dolore a qn ♦ *umg* **sich** (*dat*) **etwas ~** suicidarsi

an·tur·nen → antörnen

Ant·wort F ⟨-; -en⟩ risposta *f* (*a. fig*): **etw zur ~ geben** dire qc in risposta; **j-m die ~ schuldig bleiben** lasciare qn senza risposta ♦ **keine ~ ist auch eine ~** chi tace acconsente; **um ~ wird gebeten** si prega di rispondere

ant·wor·ten V/I ⟨h.⟩ rispondere: **auf eine Frage ~** rispondere a una domanda

Ant·wort·schein M ricevuta *f* di ritorno

an·ver·trau·en **A** V/T **1** affidare **2** (*Geheimnis*) confidare: **j-m seine Pläne ~** confidare a qn i propri progetti **B** V/R **sich ~** **1** **sich j-m ~** confidarsi con qn **2** affidarsi: **wir haben uns seiner Führung anvertraut** ci siamo affidati alla sua guida

an·vi·sie·ren V/T *fig* puntare: **ein Ziel ~** puntare a uno scopo, prendere di mira qc

an·wach·sen V/I ⟨*irr*; s.⟩ **1** (*festwachsen*) attaccarsi **2** AGR attecchire **3** (*zunehmen*) aumentare, crescere

An·walt M ⟨-[e]s; -wälte⟩ **1** JUR avvocato *m* **2** (*Fürsprecher*) difensore *m*, patrocinatore *m* **An·wäl·tin** F ⟨-; -nen⟩ avvocatessa *f*

An·walts·bü·ro N studio *m* legale **An·walts·kam·mer** F ordine *m* degli avvocati **An·walts·kos·ten** PL spese *fpl* legali

An·wand·lung F impulso *m*, accesso *m*

an·wär·men VT scaldare

An·wär·ter M, **-in** F aspirante *m/f*, candidato *m*, -a *f*: **~ auf eine Stelle sein** aspirare a un posto

An·wart·schaft F ⟨-; -en⟩ **1** aspirazione *f*: **die ~ auf eine Stelle** l'aspirazione a un posto di lavoro **2** diritto *m*: **die ~ auf eine Erbschaft** il diritto a un'eredità

an·wei·sen VT ⟨*irr*⟩ **1** assegnare: **j-m einen Platz ~** assegnare un posto a qn **2** **j-n etw zu tun ~** incaricare qn di fare qc **3** (*anleiten*) addestrare, avviare **4** **j-m einen Betrag ~** dare ordine di pagare un importo a qn

An·wei·sung F **1** (*Zuweisung*) assegnazione *f* **2** (*Befehl*) incarico *m*, ordine *m*: **-en erteilen** impartire degli ordini **3** (*Anleitung*) istruzioni *fpl* (scritte), guida *f* **4** (*Anordnung zur Auszahlung*) ordine *m* di pagamento **5** (*Überweisung*) rimessa *f* **6** (*Postanweisung*) vaglia *m* (postale)

an·wend·bar ADJ utilizzabile; applicabile

an·wen·den VT ⟨*irr*⟩ **1** utilizzare, impiegare: **auf etw** (*akk*) **viel Mühe ~** impiegare molte energie per qc **2** applicare: **einen Paragrafen ~** applicare un paragrafo

An·wen·der M ⟨-s; -⟩, **-in** F ⟨-; -nen⟩ utente *m/f* **An·wen·dung** F **1** (*Verwendung*) uso *m*, impiego *m*: **unter ~ von Gewalt** con l'impiego della forza **2** applicazione *f* (*a.* MED, IT) **An·wen·dungs·be·reich** M campo *m* d'impiego

an·wer·ben VT ⟨*irr*⟩ assumere; MIL reclutare

An·we·sen N ⟨-s; -⟩ podere *m*, tenuta *f*

an·we·send ADJ presente **An·we·sen·de** M/F ⟨-n; -n⟩ presente *m/f* **An·we·sen·heit** F ⟨-⟩ presenza *f*: **in meiner ~** alla mia presenza

an·wi·dern VT ripugnare, disgustare

An·woh·ner M ⟨-s; -⟩, **-in** F ⟨-; -nen⟩ residente *m/f*

An·zahl F ⟨-⟩ numero *m*, quantità *f*

an·zah·len VT dare in acconto: **das Auto ~** pagare un acconto per l'auto **An·zah·lung** F acconto *m*, anticipo *m*: **eine ~ leisten** versare un acconto

an·zap·fen VT **1** spillare **2** *umg* **eine Leitung ~** inserirsi su una linea

An·zei·chen N **1** (*Vorzeichen*) segno *m*, indizio *m* **2** MED sintomo *m*

An·zei·ge F ⟨-; -n⟩ **1** denuncia *f*: **~ gegen j-n erstatten** sporgere denuncia contro qn **2** annuncio *m*: **eine ~ in die Zeitung setzen** mettere un annuncio sul giornale; **die ~ einer Vermählung erhalten** ricevere l'annuncio di un matrimonio **3** TECH indicatore *m*; (*ablesbarer Stand*) indicazione *f* **4** IT visualizzazione *f*

an·zei·gen VT **1** denunciare: **j-n** (**wegen Diebstahls**) **bei der Polizei ~** denunciare qn (per furto) alla polizia **2** (*bekannt geben*) annunciare **3** TECH indicare

An·zei·gen·an·nah·me F ufficio *m* pubblicità **An·zei·gen·blatt** N giornale *m* di annunci **An·zei·gen·teil** M pagine *fpl* degli annunci

An·zei·ger M indicatore *m*

An·zei·ge·ta·fel F SPORT tabellone *m* (elettronico)

an·zet·teln VT ordire, tramare

an·zie·hen ⟨*irr*⟩ **A** VT **1** (*Seil*) tendere **2** attirare (*a. fig*), assorbire: **das Salz zieht Feuchtigkeit an** il sale assorbe umidità; **ungleiche Pole ziehen einander an** i poli opposti si attraggono **3** (*Handbremse*) tirare **4** (*Schraube*) stringere **5** (*bekleiden*) vestire: **ein Kind ~** vestire un bambino **6** (*Kleidung*) indossare **B** VI ⟨h.⟩ WIRTSCH (*steigen*) salire **C** VR **sich ~** vestirsi; **sich** (*dat*) **die Jacke ~** mettersi la giacca

an·zie·hend ADJ attraente, affascinante

An·zie·hung F attrazione *f* **An·zie·hungs·kraft** F **1** PHYS forza *f* di attrazione **2** attrattiva *f* **An·zie·hungs·punkt** M punto *m* d'attrazione

An·zug M abito *m*, vestito *m* (da uomo) ♦ **ein Gewitter ist im ~** sta per arrivare un temporale

an·züg·lich ADJ ambiguo, a doppio senso

an·zün·den VT **1** accendere: **eine Zigarette ~** accendere una sigaretta **2** **ein Haus ~** dare fuoco a (*od* incendiare) una casa

An·zün·der M (*von Gas*) accendigas *m*; AUTO (*von Zigaretten*) accendisigari *m*

an·zwei·feln VT mettere in dubbio

Aos·ta·tal N Valle *f* d'Aosta

apart ADJ particolare, fine, squisito

apa·thisch ADJ apatico

Apen·nin M ⟨-s⟩ Apennino *m*: **die -en** gli Apennini

aper ADJ *österr schweiz* senza neve

Ape·ri·tif M ⟨-s; -s⟩ aperitivo *m*

Ap·fel M ⟨-s; Äpfel⟩ mela *f* ♦ **in den sauren ~ beißen** mandar giù un boccone amaro; **etw für einen ~ und ein Ei kaufen** comprare qc per un boccon di pane
Ap·fel·baum M melo *m* **Ap·fel·kompott** N composta *f* di mele **Ap·fel·kuchen** M torta *f* di mele **Ap·fel·mus** N purè *m* di mele **Ap·fel·saft** M succo *m* di mele
Ap·fel·si·ne F ⟨-; -n⟩ arancia *f*
Ap·fel·stru·del M strudel *m* **Ap·fel·wein** M sidro *m*
A·po·ka·lyp·se F ⟨-; -n⟩ apocalisse *f*
Apos·tel M ⟨-s; -⟩ apostolo *m* (*a. iron*) **Apos·tel·ge·schich·te** F Atti *mpl* degli apostoli
apos·to·lisch ADJ apostolico: **der -e Abgesandte** il nunzio apostolico
Apo·stroph M ⟨-s; -e⟩ apostrofo *m*
A·po·the·ke F ⟨-; -n⟩ farmacia *f*
Apo·the·ker M ⟨-s; -⟩, **-in** F ⟨-; -nen⟩ farmacista *m/f*
Ap·pa·rat M ⟨-[e]s; -e⟩ **1** apparecchio *m*, congegno *m*, macchina *f* **2** (*Institution*) apparato *m*: **der militärische ~** l'apparato militare ♦ (*am Telefon*) **Herrn Müller, bitte! – am ~** il signor Müller, per favore! – sono io; **bleiben Sie bitte am ~!** resti in linea, prego!
Ap·pa·ra·tur F ⟨-; -en⟩ apparecchiatura *f*
Ap·pell M ⟨-s; -e⟩ appello *m* (*a.* MIL): **ein ~ an die Vernunft/zum Frieden** un appello alla ragione/alla pace **ap·pel·lie·ren** V/I ⟨h.⟩ fare appello: **an das Gewissen ~** appellarsi alla coscienza
Ap·pen·zell N ⟨-s⟩ (*Kanton*) Appenzello *m*: **Appenzell-Ausserrhoden** Appenzello Esterno; **Appenzell-Innerrhoden** Appenzello Interno
Ap·pe·tit M ⟨-[e]s; -e⟩ appetito *m*: **den ~ anregen/verderben** stuzzicare/rovinare l'appetito; **~ auf etw** (*akk*) **haben** avere voglia di qc (*a. fig*); **guten ~!** buon appetito!; **~ machen** far venire appetito ♦ **der ~ kommt beim Essen** l'appetito vien mangiando
ap·pe·tit·an·re·gend ADJ che stimola l'appetito **ap·pe·tit·lich** ADJ appetitoso (*a. fig*) **Ap·pe·tit·lo·sig·keit** F ⟨-⟩ inappetenza *f* **Ap·pe·tit·züg·ler** M ⟨-s; -⟩ anoressizzante *m*
ap·plau·die·ren V/I ⟨h.⟩ **j-m ~** applaudire qn **Ap·plaus** M ⟨-es; -e⟩ applauso *m*

Ap·pro·ba·ti·on F ⟨-; -en⟩ abilitazione *f* (a svolgere una professione)
Après-Ski [aprɛˈʃiː] N ⟨-⟩ doposci *m*
Ap·ri·ko·se F ⟨-; -n⟩ albicocca *f* **Ap·ri·ko·sen·baum** M albicocco *m* **Ap·ri·ko·sen·mar·me·la·de** F marmellata *f* d'albicocca
Ap·ril M ⟨-[s]; -e⟩ aprile *m*: **im ~** in aprile; **am zweiten ~** il due (di) aprile ♦ **~! ~!** pesce d'aprile!; **j-n in den ~ schicken** fare un pesce d'aprile a qn
Ap·ril·scherz M pesce *m* d'aprile **Ap·ril·wet·ter** N tempo *m* di marzo
Apu·li·en N ⟨-s⟩ Puglia *f*
Aquä·dukt M/N ⟨-[e]s; -e⟩ HIST acquedotto *m*
Aqua·ma·rin M ⟨-s; -e⟩ acquamarina *f*
Aqua·pla·ning N ⟨-s⟩ aquaplaning *m inv*
Aqua·rell N ⟨-s; -e⟩ acquerello *m* **Aqua·rell·far·be** F (colore *m* ad) acquerello *m*
Aqua·ri·um N ⟨-s; Aquarien⟩ acquario *m*
Äqua·tor M ⟨-s; -en⟩ equatore *m*
äqui·va·lent ADJ equivalente
Ära F ⟨-; Ären⟩ era *f*
Ara·ber M ⟨-s; -⟩, **-in** F ⟨-; -nen⟩ arabo *m*, -a *f*
Ara·bi·en N ⟨-s⟩ Arabia *f* **ara·bisch** **A** ADJ arabo **B** ADV all'araba
Ar·beit F ⟨-; -en⟩ **1** lavoro *m* (*a.* PHYS): **geistige ~** lavoro intellettuale; **seine ~ tun** fare il proprio lavoro; **etw** (**bei j-m**) **in ~ geben** dare qc da fare (a qn) **2** (*Beruf, Stellung*) **eine ~ suchen** cercare un lavoro **3** (*Erzeugnis*) **eine ~ veröffentlichen** pubblicare un lavoro; **eine ~ aus Bronze** un lavoro in bronzo ♦ *hum* **ganze ~ leisten** fare un bel lavoro; **zur ~ gehen** andare al lavoro; **an die ~ gehen** mettersi al lavoro; **etw in ~ haben** avere qc per le mani; *hum* **die ~ läuft uns nicht davon** il lavoro non scappa; **j-m viel ~ machen** dare molto lavoro a qn; **sich an die ~ machen** mettersi al lavoro; **erst die ~, dann das Vergnügen** prima il dovere, poi il piacere
ar·bei·ten **A** V/I ⟨h.⟩ **1** lavorare: **an etw** (*dat*) **~** lavorare a qc; **bei der Post ~** lavorare alle poste; **als Dreher ~** fare il tornitore, lavorare come tornitore **2** funzionare: **sein Herz arbeitet gut** il suo cuore funziona bene **3** lottare: **gegen die Zeit ~** lottare contro il tempo **B** V/T fare: **ei-**

nen Anzug nach Maß ~ fare un abito su misura **C** V/R **1** **sich durch das Gebüsch ~** farsi strada fra i cespugli **2** **sich krank ~** ammalarsi per il troppo lavoro ♦ **an sich** (*dat*) **~** cercare di migliorarsi; **sein Geld ~ lassen** far fruttare il proprio denaro; **wie ein Pferd ~** lavorare come una bestia

Ar·bei·ter M ⟨-s; -⟩ **1** lavoratore *m*: **ein guter ~ sein** essere un buon lavoratore **2** (*in der Fabrik*) operaio *m*: **(un)gelernter ~** operaio (non) qualificato **Ar·bei·ter·be·we·gung** F HIST movimento *m* operaio

Ar·bei·te·rin F ⟨-; -nen⟩ lavoratrice *f*; operaia *f*

Ar·bei·ter·klas·se F classe *f* operaia **Ar·bei·ter·par·tei** F partito *m* operaio **Ar·bei·ter·vier·tel** N quartiere *m* operaio

Ar·beit·ge·ber M datore *m* di lavoro **Ar·beit·ge·ber·an·teil** M quota *f* a carico del datore di lavoro

Ar·beit·ge·be·rin F datrice *f* di lavoro

Ar·beit·ge·ber·ver·band M associazione *f* degli imprenditori

Ar·beit·neh·mer M lavoratore *m* dipendente **Ar·beit·neh·mer·an·teil** M quota *f* a carico del lavoratore

Ar·beit·neh·me·rin F lavoratrice *f* dipendente

Ar·beits·ab·lauf M ciclo *m* di lavorazione

ar·beit·sam ADJ *obs* laborioso

Ar·beits·amt N ufficio *m* di collocamento **Ar·beits·be·din·gun·gen** PL condizioni *mpl* di lavoro **Ar·beits·be·schaf·fungs·maß·nah·men** PL provvedimenti *mpl* per l'occupazione **Ar·beits·be·schei·ni·gung** F attestato *m* di lavoro **Ar·beits·di·rek·tor** M, **-in** F direttore *m*, -trice *f* adetto (-a) ai rapporti con il personale **Ar·beits·ei·fer** M zelo *m* (nel lavoro), laboriosità *f* **Ar·beits·er·laub·nis** F permesso *m* di lavoro **Ar·beits·es·sen** N pranzo *m* (*od* cena *f*) di lavoro **ar·beits·fä·hig** ADJ idoneo al lavoro; in grado di operare **Ar·beits·gang** M fase *f* del processo lavorativo **Ar·beits·ge·biet** N campo *m* d'attività **Ar·beits·ge·mein·schaft** F gruppo *m* di lavoro **Ar·beits·ge·richt** N tribunale *m* del lavoro **Ar·beits·klei·dung** F tuta *f* da lavoro **Ar·beits·kli·ma** N ambiente *m* di lavoro

Ar·beits·kraft F **1** (*Fähigkeit*) capacità *f* lavorativa **2** *pl* manodopera *f*: **Mangel an Arbeitskräften** mancanza di manodopera **3** (*Mensch*) lavoratore *m*, -trice *f* **Ar·beits·leis·tung** F rendimento *m* **Ar·beits·lohn** M salario *m*, paga *f*

ar·beits·los ADJ disoccupato: **~ werden** restare disoccupato (*od* senza lavoro) **Ar·beits·lo·se** M/F ⟨-n; -n⟩ disoccupato *m*, -a *f*

Ar·beits·lo·sen·geld N indennità *f* (*od* sussidio *m*) di disoccupazione: **~ beziehen** percepire il sussidio di disoccupazione **Ar·beits·lo·sen·hil·fe** F assistenza *f* ai disoccupati

Ar·beits·lo·sig·keit F ⟨-⟩ disoccupazione *f* **Ar·beits·markt** M mercato *m* del lavoro **Ar·beits·mi·nis·ter** M, **-in** F ministro *m*, -a *f* del lavoro **Ar·beits·mo·ral** F etica *f* professionale **Ar·beits·nie·der·le·gung** F sospensione *f* del lavoro **Ar·beits·ober·flä·che** F IT desktop *m inv* **Ar·beits·platz** M **1** posto *m* di lavoro **2** (*Stellung*) posto *m*, impiego *m* **Ar·beits·raum** M stanza *f* da lavoro **Ar·beits·recht** N diritto *m* del lavoro **ar·beits·scheu** ADJ pigro, ozioso **Ar·beits·schritt** M fase *f* di lavoro **Ar·beits·schutz** M tutela *f* (giuridica) del lavoro **Ar·beits·spei·cher** M IT (memoria *f*) RAM *f* **Ar·beits·su·che** F **auf ~ sein** cercare lavoro **Ar·beits·tag** M **1** giorno *m* (*od* giornata *f*) di lavoro: **ein harter ~** una dura giornata di lavoro **2** (*im Gegensatz zu Feiertag*) giorno *m* lavorativo **Ar·beits·tei·lung** F divisione *f* del lavoro **Ar·beits·tier** N **1** animale *m* da lavoro **2** *fig* sgobbone *m*, stacanovista *m* **ar·beits·un·fä·hig** ADJ non idoneo al lavoro **Ar·beits·un·fall** M infortunio *m* sul lavoro **Ar·beits·ver·hält·nis** N rapporto *m* di lavoro **Ar·beits·ver·mitt·lung** F ufficio *m* (*od* agenzia *f*) di collocamento **Ar·beits·ver·trag** M contratto *m* di lavoro **Ar·beits·wei·se** F **1** metodo *m* di lavoro, modo *m* di lavorare **2** (*Funktionsweise*) funzionamento *m* **Ar·beits·wil·li·ge** M/F ⟨-n; -n⟩ chi non sciopera **Ar·beits·wut** F smania *f* del lavoro **Ar·beits·zeit** F **1** orario *m* di lavoro: **gleitende ~** orario flessibile **2** (*Arbeitsstunden*) tempo *m* lavorato **Ar·beits·zeit·kon·to** N = *conto di tutte le ore lavorate* **Ar·beits·zeit·ver·kür·zung** F ridu-

zione *f* dell'orario di lavoro **Ar·beits·zim·mer** N stanza *f* da lavoro, studio *m*
Ar·chäo·lo·ge M ⟨-n; -n⟩ archeologo *m* **Ar·chäo·lo·gie** F ⟨-⟩ archeologia *f* **Ar·chäo·lo·gin** F ⟨-; -nen⟩ archeologa *f* **ar·chäo·lo·gisch** ADJ archeologico
Ar·che F ⟨-; -n⟩ arca *f*: **die ~ Noah** l'arca di Noè
Ar·chi·pel M ⟨-s; -e⟩ arcipelago *m*
Ar·chi·tekt M ⟨-en; -en⟩, **-in** F ⟨-; -nen⟩ architetto *m* (*a. fig*) **ar·chi·tek·to·nisch** ADJ architettonico **Ar·chi·tek·tur** F ⟨-; -en⟩ architettura *f*
Ar·chiv N ⟨-s; -e⟩ archivio *m* **Ar·chiv·bild** N **1** foto *m* d'archivio **2** TV immagine *f* di repertorio
Are·al N ⟨-s; -e⟩ **1** (*Bodenfläche*) area *f* **2** (*Verbreitungsgebiet*) areale *m*
Are·na F ⟨-; Arenen⟩ HIST, SPORT arena *f*
arg ADJ cattivo ♦ **mein ärgster Feind** il mio peggior nemico; **das Schicksal hat ihm ~ mitgespielt** la sorte gli ha giocato un brutto tiro; **es ist mir ~, dass** … mi dispiace molto che …; **etw liegt im Argen** qc è in cattive acque; **etw ärger machen** aggravare qc
Ar·gen·ti·ni·en ⟨-s⟩ N Argentina *f* **Ar·gen·ti·ni·er** M ⟨-s; -⟩, **-in** F ⟨-; -nen⟩ argentino *m*, -a *f* **ar·gen·ti·nisch** ADJ argentino
Är·ger M ⟨-s⟩ **1** risentimento *m*, irritazione *f*, rabbia *f*: **~ über etw** (*akk*) **empfinden** provare risentimento per qc **2** noie *fpl*: **viel ~ im Beruf haben** avere molte noie sul lavoro ♦ **~** (**bei j-m/mit etw**) **erregen** far arrabbiare (qn/con qc); **zu meinem großen ~** con mio grande disappunto
är·ger·lich ADJ **1** arrabbiato, in collera: **auf j-n/über etw** (*akk*) **~ sein** essere arrabbiato con qn/per qc **2** irritante, spiacevole: **ein -er Vorfall** un caso seccante
är·gern **A** V/T far arrabbiare, irritare **B** V/R **sich über j-n/etw ~** arrabbiarsi per qn/qc ♦ **es ärgert mich** mi secca
Är·ger·nis N ⟨-ses; -se⟩ **1** scandalo *m*: **~ erregen** dare scandalo; **öffentliches ~ erregen** oltraggiare il pudore; **Erregung öffentlichen -ses** oltraggio *m* al pudore **2** (*Unannehmlichkeit*) dispiacere *m*, disappunto *m*: **die kleinen -se des Alltags** i piccoli dispiaceri della vita quotidiana
arg·lis·tig ADJ maligno, perfido **arg·los** ADJ innocente, ingenuo **Arg·lo·sig·keit** F ⟨-; -en⟩ innocenza *f*, ingenuità *f*, candore *m*
Ar·gu·ment N ⟨-[e]s; -e⟩ argomento *m* (*a.* MATH) **Ar·gu·men·ta·ti·on** F ⟨-; -en⟩ argomentazione *f* **ar·gu·men·tie·ren** V/T argomentare
Arg·wohn M ⟨-[e]s⟩ sospetto *m*
arg·wöh·nen V/T sospettare **arg·wöh·nisch** ADJ sospettoso, diffidente
Arie F ⟨-; -n⟩ MUS aria *f*
Ari·er M ⟨-s; -⟩, **-in** F ⟨-; -nen⟩ **1** LING ario *m*, -a *f* **2** (*ethnisch*) ariano *m*, -a *f*
arisch ADJ ario; ariano
Aris·to·krat M ⟨-en; -en⟩ aristocratico *m* **Aris·to·kra·tie** F ⟨-; -n⟩ aristocrazia *f* **Aris·to·kra·tin** F ⟨-; -nen⟩ aristocratica *f* **aris·to·kra·tisch** ADJ aristocratico
Arith·me·tik F ⟨-⟩ aritmetica *f*
Ar·ka·de F ⟨-; -n⟩ **1** arcata *f* **2** *pl* portico *m*
Ark·tis F ⟨-⟩ Artide *f* **ark·tisch** ADJ **1** artico **2** artico, polare: **-e Kälte** freddo polare
arm ADJ povero: **an etw** (*dat*) **~ sein** essere povero di qc ♦ **~ dran sein** essere mal messo; **um j-n/etw ärmer werden** perdere qn/qc
Arm M ⟨-[e]s; -e⟩ **1** braccio *m*: **j-n in die -e nehmen** prendere in braccio qn **2** **ein Leuchter mit acht -en** un candelabro a otto bracci **3** *fig* **der ~ des Gesetzes** il braccio della legge; **einen langen ~ haben** avere le mani lunghe ♦ **j-m** (**mit etw**) **unter die -e greifen** dare una mano a qn (con qc); **~ in ~ gehen** andare a braccetto; *fig* **j-m in die -e laufen** = *imbattersi per caso in qn*; **j-n auf den ~ nehmen** prendere in giro qn; **ein ~ voll Heu** una bracciata di fieno
Ar·ma·tu·ren·brett N AUTO cruscotto *m*
Arm·band N bracciale *m*, braccialetto *m* **Arm·band·uhr** F orologio *m* da polso
Arm·bin·de F fascia *f* al braccio (*a.* MED)
Ar·me M/F ⟨-n; -n⟩ povero *m*, -a *f*: **ich -r!** povero me!
Ar·mee F ⟨-; -n⟩ armata *f*, esercito *m* **Ar·mee·korps** [-koːr] N corpo *m* d'armata
Är·mel M ⟨-s; -⟩ manica *f*: **die ~ hochkrempeln** rimboccarsi le maniche (*a. fig*) ♦ **etw aus dem ~ schütteln** *fig* = *fare qc con una mano sola*

Är·mel·auf·schlag M risvolto *m* della manica **Är·mel·ka·nal** M Manica *f*

Ar·me·ni·en N ⟨-s⟩ Armenia *f* **Ar·me·ni·er** M ⟨-s; -⟩, **-in** F ⟨-; -nen⟩ armeno *m*, -a *f* **ar·me·nisch** ADJ armeno

Ar·men·vier·tel N quartiere *m* povero

Arm·leh·ne F bracciolo *m* **Arm·leuch·ter** M 1 candelabro *m* 2 *umg pej* scemo *m*

ärm·lich ADJ povero, misero

Arm·reif M bracciale *m* (a cerchio)

arm·se·lig ADJ 1 (*Mensch*) misero 2 miserabile: **für -e fünf Euro** per cinque miserabili euro

Arm·ses·sel M poltrona *f* a braccioli **Arm·stuhl** M sedia *f* a braccioli

Ar·mut F ⟨-⟩ 1 povertà *f* 2 (*Knappheit*) scarsità *f*

Ar·muts·gren·ze F soglia *f* di povertà **Ar·muts·zeug·nis** N **das ist ein ~ für ihn** = *è prova della sua inettitudine*; **sich** (*dat*) **ein ~ ausstellen** = *dare prova della propria inettitudine*

Aro·ma N ⟨-s; -s *u.* Aromen⟩ aroma *m* **Aro·ma·stoff** M aroma *m* (alimentare) **Aro·ma·the·ra·pie** F aromaterapia *f*

aro·ma·tisch ADJ aromatico

ar·ran·gie·ren [arã'ʒiːrən] A VT organizzare, allestire B VR **sich ~** accordarsi

Ar·rest M ⟨-[e]s; -e⟩ 1 (*Haft*) arresto *m* 2 JUR sequestro *m*: **j-s Vermögen unter ~ stellen** mettere sotto sequestro il patrimonio di qn

ar·re·tie·ren VT TECH arrestare

ar·ro·gant ADJ arrogante

Ar·ro·ganz F ⟨-⟩ arroganza *f*

Arsch M ⟨-[e]s; Ärsche⟩ *vulg* 1 culo *m* 2 (*als Schimpfwort*) stronzo *m* ♦ **j-m den ~ aufreißen** spaccare il culo a qn; **im ~ sein** essere fottuto; **j-m in den ~ kriechen** leccare il culo a qn; **leck mich am ~!** vaffanculo!; **am ~ der Welt** in culo al mondo

Arsch·krie·cher M ⟨-s; -⟩, **-in** F ⟨-; -nen⟩ *vulg* leccaculo *m/f inv* **Arsch·loch** N *vulg* (*als Schimpfwort*) stronzo *m*

Ar·sen N ⟨-s⟩ CHEM arsenico *m*

Ar·se·nal N ⟨-s; -e⟩ arsenale *m* (*a. fig*)

Art F ⟨-; -en⟩ 1 (*Natur*) carattere *m*, natura *f*: **das ist nicht seine ~** non è nel suo carattere 2 modo *m*, maniera *f*: **auf die eine oder andere ~ und Weise** in un modo o nell'altro; **auf diese ~** in questo modo; *umg* **ist das vielleicht eine ~?** è questo il modo? 3 specie *f* (*a.* BOT, ZOOL), tipo *m*, qualità *f*: **alle -en von Pflanzen** tutti i tipi di piante; GASTR **nach ~ des Hauses** specialità della casa ♦ **einzig in seiner ~** unico nel suo genere; **in der ~ (von)** nello stile di, come; **aus der ~ schlagen** degenerare

ar·ten·reich ADJ BIOL ricco di specie **Ar·ten·schutz** M protezione *f* delle specie biologiche **Ar·ten·ster·ben** N moria *f* delle specie

Ar·te·rie F ⟨-; -n⟩ ANAT arteria *f* **Ar·te·ri·en·ver·kal·kung** F arteriosclerosi *f inv*

art·fremd ADJ BIOL estraneo alla specie **Art·ge·nos·se** M BIOL individuo *m* della stessa specie **art·ge·recht** ADJ BIOL adeguato alla specie

Arth·ri·tis F ⟨-⟩ artrite *f*

Arth·ro·se F ⟨-; -n⟩ artrosi *f inv*

ar·tig A ADJ (*Kinder*) ubbidiente, educato B ADV bene, educatamente ♦ **sei schön ~!** fa' il bravo!

Ar·ti·kel M ⟨-s; -⟩ articolo *m*

ar·ti·ku·lie·ren A VT articolare B VR **sich ~** articolarsi, esprimersi; **er kann sich nicht ~** non riesce ad esprimersi

Ar·til·le·rie F ⟨-; -n⟩ artiglieria *f*

Ar·ti·scho·cke F ⟨-; -n⟩ carciofo *m* **Ar·ti·scho·cken·bo·den** M fondo *m* di carciofo

Ar·tist M ⟨-en; -en⟩, **-in** F ⟨-; -nen⟩ artista *m/f* **ar·tis·tisch** ADJ artistico, con abilità

Arz·nei F ⟨-; -en⟩ medicina *f* **Arz·nei·mit·tel·ab·hän·gig·keit** F farmacodipendenza *f* **Arz·nei·mit·tel·miss·brauch** M abuso *m* di farmaci **Arz·nei·pflan·ze** F pianta *f* medicinale, officinale **Arz·nei·schränk·chen** N ⟨-s; -⟩ armadietto *m* dei medicinali

Arzt M ⟨-es; Ärzte⟩ medico *m*, dottore *m*: **praktischer ~** medico *m* generico; **zum ~ gehen** andare dal medico **Arzt·be·such** M visita *f* del medico

Ärz·te·kam·mer F ⟨-⟩ ordine *m* dei medici

Arzt·ge·heim·nis N segreto *m* professionale dei medici **Arzt·hel·fe·rin** F assistente *f* di studio medico

Ärz·tin F ⟨-; -nen⟩ medico *m*, dottoressa *f*

ärzt·lich A ADJ medico: **-e Verordnung** prescrizione medica B ADV da un medico: **~ behandelt werden** essere in cura da un medico

Arzt·pra·xis F studio *m* medico
as, **As** N ⟨-; -⟩ MUS la *m* bemolle
As → Ass
As·best M ⟨-[e]s; -e⟩ asbesto *m*, amianto *m*
Asche F ⟨-⟩ cenere *f*: **zu ~ verbrennen** ridursi in cenere; **aus der ~ (auf)erstehen** risorgere dalle ceneri
Aschen·bahn F SPORT pista *f* di carbonella **Aschen·be·cher** M portacenere *m* **Aschen·brö·del** N, **Aschen·puttel** N ⟨-s; -⟩ Cenerentola *f*
Ascher·mitt·woch M mercoledì *m* delle ceneri
asch·fahl ADJ cinereo **asch·grau** ADJ grigio cenere
As·cor·bin·säu·re F acido *m* ascorbico
äsen V/I ⟨h.⟩ & V/R **sich ~** nutrirsi (brucando)
asep·tisch ADJ asettico
Aser·bai·dschan N ⟨-s⟩ Azerbaigian *m*
Asi·at M ⟨-en; -en⟩, **-in** F ⟨-; -nen⟩ asiatico *m*, -a *f* **asi·a·tisch** ADJ asiatico
Asi·en N ⟨-s⟩ Asia *f*
As·ke·se F ⟨-⟩ ascetismo *m*, ascesi *f*
As·ket M ⟨-en; -en⟩, **-in** F ⟨-; -nen⟩ asceta *m/f*
as·ke·tisch ADJ ascetico
As·kor·bin·säu·re F acido *m* ascorbico
aso·zi·al ADJ asociale
As·pekt M ⟨-[e]s; -e⟩ aspetto *m*: **unter diesem ~** sotto questo aspetto
As·phalt M ⟨-s; -e⟩ asfalto *m* **As·phalt·stra·ße** F strada *f* asfaltata
As·pik M ⟨-s; -e⟩ GASTR aspic *m inv*
As·pi·rin® N ⟨-s⟩ aspirina® *f*
aß → essen
Ass N ⟨-es; -e⟩ **1** asso *m* (*a. fig umg*) **2** SPORT (*Aufschlag*) servizio *m* vincente, ace *m*
As·ses·sor M ⟨-s; -en⟩, **-so·rin** F ⟨-; -nen⟩ = *aspirante a un impiego pubblico (dopo il secondo esame di Stato)*
As·sis·tent M ⟨-en; -en⟩, **-in** F ⟨-; -nen⟩ assistente *m/f* **as·sis·tie·ren** V/I ⟨h.⟩ **j-m (bei etw) ~** assistere qn (in qc)
As·so·zi·a·ti·on F ⟨-; -en⟩ associazione *f*
as·so·zi·ie·ren V/T associare
Ast M ⟨-[e]s; Äste⟩ ramo *m* ♦ **auf dem absteigenden ~ sein** = *essere in crisi*
As·ter F ⟨-; -n⟩ aster *m*, astro *m* della Cina
Äs·thet M ⟨-en; -en⟩, **-in** F ⟨-; -nen⟩ esteta *m/f*
äs·the·tisch ADJ estetico
Asth·ma N ⟨-s⟩ asma *f* **Asth·ma·ti·ker** M ⟨-s; -⟩, **-in** F ⟨-; -nen⟩ asmatico *m*, -a *f* **asth·ma·tisch** ADJ asmatico
Ast·ro·lo·ge M ⟨-n; -n⟩ astrologo *m* **Ast·ro·lo·gie** F ⟨-⟩ astrologia *f* **Ast·ro·lo·gin** F ⟨-; -nen⟩astrologa *f*
Ast·ro·naut M ⟨-en; -en⟩, **-in** F ⟨-; -nen⟩ astronauta *m/f*
Ast·ro·no·mie F ⟨-⟩ astronomia *f* **ast·ro·no·misch** ADJ astronomico (*a. umg fig*)
Ast·ro·phy·sik F astrofisica *f*
ASU F → (Abgassonderuntersuchung) controllo (periodico) dei gas di scarico
Asyl N ⟨-s; -e⟩ asilo *m*: **um politisches ~ bitten** chiedere asilo politico **Asy·lant** M ⟨-en; -en⟩, **-in** F ⟨-; -nen⟩ *neg!* (*politisch nicht korrekt*) → Asylbewerber(in)
Asyl·an·trag M richiesta *f* di asilo (politico) **Asyl·be·wer·ber** M, **-in** F rifugiato *m* politico, -a politica *f* **Asyl·recht** N diritto *m* d'asilo
asym·met·risch ADJ asimmetrico
asyn·chron ADJ asincrono
Ate·li·er [atəˈlieː] N ⟨-s; -s⟩ studio *m*
Atem M ⟨-s⟩ **1** (*Atmung*) respirazione *f* **2** respiro *m*, fiato *m*: **den ~ anhalten** trattenere il respiro; **~ holen** prendere fiato ♦ **außer ~ sein** essere senza fiato; **j-n in ~ halten** tenere qn col fiato sospeso; **nicht zu ~ kommen** non avere un attimo di respiro; **wieder zu ~ kommen** riprendere fiato
atem·be·rau·bend ADJ mozzafiato
Atem·be·schwer·den PL difficoltà *fpl* respiratorie **Atem·gym·nas·tik** F ginnastica *f* respiratoria **atem·los** ADJ **1** trafelato **2** (*gespannt*) ansioso **3** (*schnell*) vertiginoso **Atem·we·ge** PL vie *fpl* respiratorie **Atem·zug** M respiro *m* ♦ **im gleichen ~** nello stesso istante; *euph* **bis zum letzten ~** fino all'ultimo respiro
Athe·is·mus M ⟨-⟩ ateismo *m* **Athe·ist** M ⟨-en; -en⟩, **-in** F ⟨-; -nen⟩ ateo *m*, -a *f* **athe·is·tisch** ADJ ateistico
Athen N ⟨-s⟩ Atene *f*
Äther M ⟨-s⟩ etere *m*
äthe·risch ADJ **1** etereo **2** CHEM eterico
Äthi·o·pi·en N ⟨-s⟩ Etiopia *f*
Ath·let M ⟨-en; -en⟩ atleta *m* **Ath·le·tik** F ⟨-⟩ atletica *f* **Ath·le·tin** F ⟨-;

-nen⟩ atleta *f* **ath·le·tisch** ADJ atletico
at·lan·tisch ADJ atlantico ♦ **der Atlantische Ozean** l'Oceano Atlantico
At·las M ⟨- *u.* -ses; -se *u.* Atlanten⟩ **1** atlante *m* (*a.* ANAT) **2** (*Stoff*) raso *m*
at·men V/I ⟨h.⟩ respirare: **schwer ~** respirare a fatica; **durch den Mund/die Nase ~** respirare con la bocca/col naso; *fig* **frei ~** (**können**) (poter) respirare
At·mo·sphä·re F atmosfera *f* (*a.* PHYS)
at·mo·sphä·risch ADJ atmosferico
At·mung F ⟨-⟩ respirazione *f*
at·mungs·ak·tiv ADJ traspirante
Ät·na M ⟨-⟩ Etna *m*
Atoll N ⟨-s; -e⟩ atollo *m*
Atom N ⟨-s; -e⟩ atomo *m*
ato·mar ADJ nucleare, atomico: **die -e Struktur** la struttura atomica; **das -e Zeitalter** l'era atomica; **die -e Bedrohung** la minaccia nucleare
atom·be·trie·ben ADJ a propulsione atomica **Atom·bom·be** F bomba *f* atomica **Atom·bun·ker** M rifugio *m* antiatomico **Atom·ener·gie** F energia *f* atomica **Atom·ex·plo·si·on** F esplosione *f* atomica
ato·mi·sie·ren V/T **1** (*völlig zerstören*) polverizzare **2** (*Flüssigkeiten*) atomizzare
Atom·kern M nucleo *m* atomico **Atom·kraft** F energia *f* atomica **Atom·kraft·werk** N centrale *f* atomica **Atom·macht** F potenza *f* nucleare **Atom·müll** M scorie *fpl* radioattive **Atom·phy·sik** F fisica *f* nucleare **Atom·pilz** M fungo *m* atomico **Atom·re·ak·tor** M reattore *m* nucleare **Atom·sperr·ver·trag** M trattato *m* contro la proliferazione delle armi nucleari **Atom·spreng·kopf** M testata *f* nucleare **Atom·test** M test *m* nucleare **Atom-·U-Boot** N sottomarino *m* atomico **atom·waf·fen·frei** ADJ denuclearizzato **Atom·waf·fen·sperr·ver·trag** M trattato *m* di non proliferazione nucleare
ätsch INT tiè, ben ti sta!
At·ta·cke F ⟨-; -n⟩ attacco *m* (*a. fig* MED): **zur ~ blasen** suonare la carica ♦ *fig* **eine ~ gegen j-n/etw reiten** attaccare qn/qc
at·ta·ckie·ren V/T attaccare (*a. fig*)
At·ten·tat N ⟨-[e]s; -e⟩ attentato *m*; *hum* **ein ~ auf j-n vorhaben** assalire qn (con una richiesta improvvisa)
At·ten·tä·ter M, **-in** F attentatore *m*, -trice *f*
At·test N ⟨-[e]s; -e⟩ certificato *m*
at·tes·tie·ren V/T attestare
At·trak·ti·on F ⟨-; -en⟩ attrazione *f*
at·trak·tiv ADJ attraente **At·trak·ti·vi·tät** F ⟨-⟩ attrattività *f*
At·trap·pe F ⟨-; -n⟩ campione *m* fittizio; imitazione *f*
At·tri·but N ⟨-[e]s; -e⟩ attributo *m*
At-Zei·chen ['ɛt-] N IT chiocciola *f*
ät·zen V/T **1** MED cauterizzare **2** CHEM corrodere **3** KUNST incidere
ät·zend ADJ **1** CHEM corrosivo (*a. fig*) **2** *fig* (*Bemerkung*) caustico **3** *sl* (*abscheulich*) orrendo: **die Musik ist ~** questa musica fa schifo; **der Typ ist ~** quel tipo mi fa venire il voltastomaco; **echt ~!** che seccatura!
au INT **1** (*Schmerz*) ahi, ohi: **~, das tut weh!** ahi, fa male! **2** (*Freude*) **~, ja!** ah, sì!
Au·ber·gi·ne [obɛr'ʒiːnə] F ⟨-; -n⟩ melanzana *f*
auch **A** ADV **1** anche: **ich ~** anche io **2** neanche: **ich ~ nicht** neanche io **3** **du bist aber ~ stur** ma sei veramente testardo; **ich sagte, es wird regnen, und so war es ~** dicevo che avrebbe piovuto, e così è stato; **darfst du das ~ tun?** puoi davvero farlo?; **er ist sehr nett, wenn er es ~ nicht zeigt** è molto gentile, anche se non lo fa vedere; **sooft ich ~ anrufe, er ist nie da** per quanto spesso lo chiami, non c'è mai ♦ **wer ~ immer** chiunque; **was ~ immer** qualunque cosa; **wie dem ~ sei** comunque sia; **wie mutig er ~ sei** per coraggioso che sia; **nicht nur …; sondern ~ …** non solo … ma anche …
Au·di·enz F ⟨-; -en⟩ udienza *f*: **j-m** (**eine**) **~ gewähren** concedere udienza a qn
Au·dio·kas·set·te F audiocassetta *f*
au·dio·vi·su·ell ADJ audiovisivo
Au·di·to·ri·um N ⟨-s; Auditorien⟩ **1** (*Hörsaal*) auditorio *m* **2** (*Zuhörerschaft*) uditorio *m*
auf **A** PRÄP ⟨*a.* aufs⟩ **1** (+*dat*) (*lokal; Lage, Standort*) su, sopra; a, in: **das Buch liegt ~ dem Tisch** il libro è sul tavolo; **~ dem Markt** al mercato; **~ dem Land** in campagna; **~ einem Fest/~ Urlaub sein** essere a una festa/in vacanza **2** (+*akk*) (*lokal; Richtung*) su; a, in: **sich ~ den Stuhl setzen** sedersi sulla sedia; **dieses Zimmer geht ~ den Gang** questa stanza dà sul corrido-

io; *fig* **er geht ~ die neunzig zu** va verso i novanta (anni); **~ Urlaub gehen** andare in vacanza; **die Explosion war ~ zwei Kilometer zu hören** l'esplosione si sentì a due chilometri di distanza **3** (*+akk*) (*temporal*) per; a; **~ ein paar Tage verreisen** intraprendere un viaggio di alcuni giorni; **~ den Winter folgt der Frühling** all'inverno segue la primavera; **~ Ihren Brief vom 3. Juni** a seguito della vostra lettera del 3 giugno **4** (*+akk*) (*Art und Weise*) in: **~ diese Weise** in questo modo; **~ elegante Art** in modo elegante; **~ Deutsch** in tedesco **5** (*+akk*) (*Zweck*) a: **~ j-s Wohl trinken** brindare alla salute di qn; **mit Rücksicht ~** con riguardo a **6** (*+akk*) (*Grund*) **~ Initiative von j-m** su iniziativa di qn; **~ seinen Wunsch hin** su suo desiderio **7** (*+akk*) (*Proportion*) per: **2 Esslöffel Salz ~ einen Liter Wasser** due cucchiai di sale per un litro d'acqua **8** (*+akk*) **sich ~ j-n freuen** rallegrarsi per l'incontro con qn; **sich ~ etw freuen** rallegrarsi per qc (che deve ancora accadere); **~ j-n böse sein** essere adirato con qn; **~ j-n/etw stolz sein** essere orgoglioso di qn/qc **B** ADV **1** su, avanti: **~, an die Arbeit!** su, al lavoro! **2** *umg* aperto: **das Fenster ist ~** la finestra è aperta **3** (*aufgestanden*) alzato, in piedi: **schon ~ sein** essere già alzato ♦ **~ und ab** su e giù; *umg fig* **das Auf und Ab des Lebens** gli alti e bassi della vita; *umg* **~ und davon sein** essere sparito, aver tagliato la corda; *umg* **~ einmal** tutto a un tratto; **alles ~ einmal essen** mangiare tutto in una volta

auf·ar·bei·ten VT **1** **die Rückstände ~** sbrigare il lavoro arretrato **2** (*erneuern*) rinnovare; (*Möbel*) restaurare **3** (*kritisch verarbeiten*) rivedere (criticamente)

auf·at·men VI ⟨h.⟩ *fig* tirare il fiato: **wenn alles vorüber ist, werde ich ~** quando sarà tutto finito, tirerò il fiato

auf·bah·ren VT **j-n ~** esporre il feretro di qn

Auf·bau M **1** (*von Gerüsten*) montaggio *m* **2** (*Schaffung*) creazione *f*: **der ~ eines Unternehmens** la costituzione di un'impresa **3** struttura *f* **4** AUTO carrozzeria *f*

auf·bau·en **A** VT **1** (*errichten*) montare **2** (*arrangieren*) disporre, sistemare: **die Waren im Schaufenster ~** disporre le merci in vetrina **3** (*schaffen*) creare; **eine Partei ~** costituire un partito; **sein Image ~** costruire la propria immagine **4** (*strukturieren*) **seine Rede gut ~** strutturare bene il proprio discorso **B** VI ⟨h.⟩ **auf etw** (*dat*) **~** basarsi su qc **C** VR **sich ~** **1** formarsi: **ein Hochdruckgebiet hat sich aufgebaut** si è formata un'area di alta pressione **2** *umg* piantarsi, pararsi: **er baute sich vor ihm auf** gli si parò davanti **3** **sich** (*dat*) **eine neue Existenz ~** costruirsi una nuova esistenza

auf·bäu·men VR **sich ~** **1** impennarsi **2** *fig* **sich gegen j-n/etw ~** ribellarsi a qn/qc

auf·bau·schen VT gonfiare (*a. fig*): **etw zu einem Skandal ~** gonfiare una cosa fino a farne uno scandalo

auf·be·geh·ren VI ⟨h.⟩ **gegen j-n/etw ~** opporsi (*od* ribellarsi) a qn/qc

auf·be·hal·ten VT ⟨*irr*⟩ *umg* tenere: **den Hut ~** tenere il cappello (in testa)

auf·be·kom·men VT ⟨*irr*⟩ *umg* **1** riuscire ad aprire **2** avere per compito; **in Mathematik haben wir viel aufbekommen** oggi ci hanno dato molti compiti di matematica

auf·be·rei·ten VT **1** (*Wasser*) depurare **2** (*Text*) rielaborare **3** (*Daten*) analizzare

auf·bes·sern VT **1** (*verbessern*) migliorare **2** (*erhöhen*) aumentare

auf·be·wah·ren VT **1** conservare, serbare (con cura): **kühl ~** conservare in luogo fresco **2** (*verwahren*) custodire

Auf·be·wah·rung F ⟨-⟩ **1** conservazione *f* **2** custodia *f*: **etw zur ~ geben** dare qc in deposito

auf·bie·ten VT ⟨*irr*⟩ **1** (*aufwenden*) impiegare, impegnare: **alle seine Kräfte ~** impiegare tutte le proprie forze **2** (*einsetzen*) mobilitare: **Truppen ~** mobilitare truppe

auf·bin·den VT ⟨*irr*⟩ slegare, slacciare: **die Krawatte ~** slacciare la cravatta

auf·blä·hen **A** VT gonfiare (*a. fig*) **B** VR **sich ~** gonfiarsi (*a. fig*)

auf·blas·bar ADJ gonfiabile

auf·bla·sen ⟨*irr*⟩ **A** VT gonfiare **B** VR **sich ~** darsi delle arie

auf·blei·ben VI ⟨*irr*; s.⟩ *umg* **1** restare aperto **2** (*nicht schlafen*) restare alzato (*od* in piedi)

auf·blen·den VI ⟨h.⟩ AUTO accendere gli abbaglianti

auf·bli·cken VI ⟨h.⟩ **1** alzare lo sguardo **2** ammirare: (**ehrfürchtig**) **zu j-m ~** guardare qn con ammirazione

auf·blit·zen VI ⟨h.⟩ accendersi, risplendere (all'improvviso)

auf·blü·hen VI ⟨s.⟩ **1** fiorire (*a. fig*): **im Mittelalter blühten die Städte auf** nel Medioevo fiorirono i comuni **2** (*aufleben*) rifiorire: **während der Kur ist sie wieder aufgeblüht** durante la cura è rifiorita

auf·brau·chen VT consumare (*a. fig*)

auf·brau·sen VI ⟨s.⟩ **1** *fig* scrosciare: **Beifall brauste auf** scrosciò un applauso **2** esplodere: **er braust leicht auf** esplode facilmente **auf·brau·send** ADJ collerico

auf·bre·chen ⟨*irr*⟩ **A** VT (*gewaltsam öffnen*) forzare **B** VI ⟨s.⟩ **1** aprirsi: **das Geschwür ist wieder aufgebrochen** la piaga si è riaperta; *fig* **alte Wunden brechen in ihm auf** in lui si aprono vecchie ferite **2** spaccarsi, spezzarsi: **die Eisdecke bricht auf** la superficie del ghiaccio si spezza **3** (*weggehen*) mettersi in cammino, partire: **zu einer langen Reise ~** partire per un lungo viaggio

auf·bre·zeln VR *umg* **sich ~** mettersi in tiro

auf·brin·gen VT ⟨*irr*⟩ **1** (*beschaffen*) procurare: **das Geld für die Miete ~** procurarsi il denaro per l'affitto **2** *fig* (*Mut, Kräfte*) trovare, raccogliere **3** (*einführen*) introdurre, diffondere: **Gerüchte ~** diffondere voci **4** (*erzürnen*) irritare **5** **j-n gegen die Eltern ~** mettere qn contro i genitori

Auf·bruch M (*Abreise*) partenza *f*: **im ~ begriffen sein** essere sul punto di partire

auf·bür·den VT *fig* addossare, accollare

auf·de·cken **A** VT scoprire: **das Bett/die Karten/ein Verbrechen ~** scoprire il letto/le carte/un delitto **B** VI ⟨h.⟩ (*den Tisch*) apparecchiare (la tavola)

auf·drän·gen **A** VT imporre: **j-m eine Ware/seine Ansichten ~** imporre una merce/le proprie opinioni a qn **B** VR **sich j-m ~** essere invadente con qn

auf·dre·hen **A** VT **1** (*Wasserhahn*) aprire; *umg* **das Gas ~** aprire il gas **2** (*Schraube*) allentare **3** *umg* **das Radio ~** alzare (il volume del)la radio **B** VI ⟨h.⟩ **1** *umg* (*beschleunigen*) accelerare; *fig* migliorare le prestazioni **2** *umg* (*in Stimmung kommen*) **mächtig ~** abbandonarsi all'euforia

auf·dring·lich ADJ importuno, invadente **Auf·dring·lich·keit** F ⟨-; -en⟩ invadenza *f*

Auf·druck M scritta *f*, dicitura *f*

auf·dru·cken VT stampare

auf·drü·cken VT **1** (*öffnen*) aprire spingendo **2** imprimere, apporre: **ein Siegel auf einen Brief ~** apporre un sigillo su una lettera

auf·ei·nan·der ADV **1** uno sull'altro **2** (*nacheinander*) uno dopo l'altro **3** (*gegeneinander*) uno contro l'altro ♦ **~ angewiesen sein** dipendere l'uno dall'altro; **~ Rücksicht nehmen** avere riguardo l'uno per l'altro; **~ warten** aspettarsi l'un l'altro **auf·ei·nan·der·fol·gen** VI ⟨s.⟩ susseguirsi, succedersi **auf·ei·nan·der·fol·gend** ADJ successivo, consecutivo **auf·ei·nan·der·le·gen** VT sovrapporre **auf·ei·nan·der·pral·len** VI ⟨s.⟩ cozzare l'uno contro l'altro **auf·ei·nan·der·sto·ßen** VI ⟨*irr*; s.⟩ urtare l'uno contro l'altro (*a. fig*) **auf·ei·nan·der·tref·fen** VI ⟨*irr*; s.⟩ incontrarsi (*a.* SPORT)

Auf·ent·halt M ⟨-[e]s; -e⟩ **1** permanenza *f*, soggiorno *m* **2** fermata *f*; **~ haben** fermarsi, sostare, fare sosta; **ohne ~ weiterfahren** proseguire senza fermate

Auf·ent·halts·er·laub·nis F permesso *m* di soggiorno **Auf·ent·halts·ort** M luogo *m* di soggiorno (*od* di residenza)

auf·er·le·gen **A** VT imporre, infliggere: **j-m eine Strafe ~** infliggere una punizione a qn **B** VR **sich** (*dat*) **keinen Zwang ~ lassen** non lasciarsi imporre costrizioni

auf·er·ste·hen VI ⟨*irr*; s.⟩ risorgere, risuscitare **Auf·er·ste·hung** F ⟨-; -en⟩ risurrezione *f*

auf·es·sen ⟨*irr*⟩ **A** VT *umg* **den Teller ~** svuotare il piatto; **die Suppe ~** mangiare tutta la minestra **B** VI ⟨h.⟩ mangiare tutto

auf·fä·deln VT (*Perlen*) infilare

auf·fah·ren ⟨*irr*⟩ **A** VI ⟨s.⟩ **1** **auf etw** (*akk*) **~** andare a sbattere contro qc; **zu dicht ~** avvicinarsi troppo **2** REL **zum Himmel ~** salire al cielo **B** VT **1** MIL mettere in postazione **2** *umg* (*auftischen*) mettere in tavola

Auf·fahrt F **1** (*Zufahrtsstraße*) accesso *m* **2** (*Hinauffahren*) ascesa *f*, salita *f*: **die ~ zum Gipfel** la salita in vetta **3** *schweiz* (*Himmelfahrt*) Ascensione *f*

Auf·fahr·un·fall M tamponamento *m*

auf·fal·len VI ⟨*irr*; s.⟩ **1** essere evidente; **mir ist nichts aufgefallen** non mi sono accorto di niente **2** **j-m ~** colpire qn; **er fällt durch seine Haartracht auf** col-

pisce per la sua acconciatura **auf·fal·lend** ADJ appariscente, vistoso
auf·fäl·lig ADJ strano
auf·fan·gen VT ⟨irr⟩ **1** (*Flüssigkeit*) raccogliere **2** **Flüchtlinge ~** raccogliere profughi **3** (*Stoß*) parare **4** (*Angriff*) fermare **5** *fig* compensare: **die Preissteigerungen ~** neutralizzare l'aumento dei prezzi **6** (*aufschnappen*) afferrare: **einen Blick ~** percepire uno sguardo **7** (*Funkspruch*) captare
Auf·fang·la·ger N campo *m* di raccolta
auf·fas·sen VT **1** interpretare, intendere: **j-s Worte als Vorwurf ~** interpretare le parole di qn come un rimprovero **2** (*begreifen*) afferrare, comprendere
Auf·fas·sung F interpretazione *f*, opinione *f*: **der ~ sein, dass** … essere dell'opinione che …; **meiner ~ nach** secondo me **Auf·fas·sungs·ga·be** F ⟨-⟩ capacità *f* di comprensione
auf·find·bar ADJ rintracciabile, reperibile **auf·fin·den** VT ⟨irr⟩ trovare, rintracciare
auf·fi·schen VT ripescare
auf·fla·ckern VI ⟨s.⟩ accendersi (*a. fig*)
auf·flam·men VI ⟨s.⟩ infiammarsi, divampare (*a. fig*)
auf·flie·gen VI ⟨irr; s.⟩ **1** alzarsi in volo **2** (*Türen, Fenster*) spalancarsi all'improvviso **3** *umg* andare a monte (*od* all'aria): **einen Agentenring ~ lassen** sgominare una rete di agenti
auf·for·dern VT **1** **j-n zu etw ~** pregare (*od* invitare) qn a qc; **j-n zum Sitzen ~** invitare qn a sedersi **2** **j-n zum Tanz ~** invitare qn a ballare **3** intimare, ingiungere: **zur Zahlung ~** fare ingiunzione di pagamento
Auf·for·de·rung F **1** invito *m*: **auf ~** su invito, su richiesta **2** JUR intimazione *f*: **~ zum Widerstand** incitamento *m* alla resistenza
auf·fors·ten VT rimboscare
auf·fres·sen VT ⟨irr⟩ **1** mangiare, divorare completamente **2** *umg fig* **wenn das der Chef erfährt, frisst er mich auf** se il capo lo sa, mi mangia vivo; **die Arbeit frisst mich auf** il lavoro mi consuma
auf·fri·schen **A** VT **1** rinnovare **2** *fig* (*Kenntnisse*) rinfrescare **B** VI ⟨h., s.⟩ (*Wind*) rinforzarsi ♦ **die Vorräte ~** integrare le scorte **Auf·fri·schung** F ⟨-; -en⟩ **1** rinnovamento *m* **2** *fig* aggiornamento *m*
auf·füh·ren **A** VT **1** THEAT rappresentare, mettere in scena **2** addurre: **Beispiele für etw ~** portare esempi di qc; **j-n als Zeugen ~** produrre qn come testimone **3** (*aufzählen*) elencare **B** VR **sich ~** comportarsi **Auf·füh·rung** F THEAT replica *f*, rappresentazione *f*; MUS esecuzione *f*
auf·fül·len VT **1** riempire **2** (*ergänzen*) completare, colmare, integrare
Auf·ga·be F **1** consegna *f* (per la spedizione): **die ~ des Gepäcks** la consegna del bagaglio **2** (*Auftrag*) compito *m*, incarico *m*; (*Pflicht*) dovere *m*: **seine ~ erfüllen** adempiere il proprio compito **3** (*Zweck*) compito *m*, scopo *m*: **~ dieser Veranstaltung ist** … compito di questa manifestazione è …; **dieses Gerät hat die ~,** … questo apparecchio ha la funzione … **4** (*Hausaufgabe*) compito *m*; (*Rechenübung*) esercizio *m* **5** rinuncia *f*: **die ~ des Kampfes/seiner Pläne** la rinuncia alla lotta/ai propri progetti **6** (*eines Geschäftes*) chiusura *f* **Auf·ga·ben·be·reich** M sfera *f* di competenza **Auf·ga·ben·ver·tei·lung** F divisione *f* dei compiti
Auf·gang M **1** (*von Mond, Sonne*) il sorgere **2** (*Treppe*) scala *f* d'accesso **3** (*Weg*) salita *f*
auf·ge·ben VT ⟨irr⟩ **1** (*Brief*) spedire; (*Annonce*) pubblicare **2** (*als Aufgabe stellen*) dare per compito, dar da fare **3** (*auferlegen*) imporre **4** (*verzichten*) **etw ~** rinunciare a (*od* abbandonare) qc **5** (*nicht weitermachen*) lasciar perdere: **gib's auf!** smettila! lascia perdere! **6** (*als verloren ansehen*) dare per perduto ♦ **eine Bestellung ~** fare un'ordinazione, ordinare; **seinen Geist ~** rendere l'anima; **j-m Rätsel ~** essere un enigma per qn
auf·ge·bla·sen ADJ *fig* pieno di sé, borioso: **ein -er Kerl** *umg* un pallone gonfiato
Auf·ge·bot N **1** spiegamento *m*, dispiego *m*: **ein großes ~ von Polizeikräften** un grande spiegamento di polizia **2** (*Eheaufgebot*) pubblicazioni *fpl* (di matrimonio): **das ~ bestellen** fare le pubblicazioni
auf·ge·don·nert ADJ *umg* agghindato
auf·ge·dreht ADJ *umg* di buon (*od* ottimo) umore
auf·ge·dun·sen ADJ gonfio

auf·ge·hen VI ‹irr; s.› **1** (*Gestirne*) sorgere **2** (*sich öffnen*) aprirsi: **die Tür/die Wunde/die Blume geht auf** la porta/la ferita/il fiore si apre **3** (*Knoten*) sciogliersi **4** (*Naht*) scucirsi **5** BOT germinare **6** (*Teig*) lievitare **7** MATH non dare resto: **die Division geht auf** la divisione non dà resto ♦ **in seinem Beruf ~** dedicarsi completamente al proprio lavoro; **mir geht ein Licht auf** adesso vedo chiaro; **in Rauch ~** andare in fumo; **die Rechnung geht auf** i conti tornano (*a. fig*)

auf·ge·ho·ben ADJ **bei j-m gut ~ sein** essere ben custodito (*od* protetto) da qn

auf·gei·len *vulg* **A** VT arrapare **B** VR **sich an j-m/etw ~** arraparsi per qn/con qc

auf·ge·klärt ADJ illuminato; *umg* (*sexuell*) smaliziato

auf·ge·kratzt ADJ *umg* di buon umore

auf·ge·legt ADJ **gut/schlecht ~** di buon/di cattivo umore; **zu etw ~ sein** avere voglia di (fare) qc; **zu Späßen nicht ~ sein** non essere in vena di scherzi

auf·ge·löst ADJ turbato, sconvolto

auf·ge·räumt ADJ *fig* di buon umore

auf·ge·schlos·sen ADJ aperto, ricettivo: **für soziale Probleme ~ sein** essere aperto ai problemi sociali **Auf·ge·schlos·sen·heit** F ‹-› apertura *f* (mentale), ricettività *f*

auf·ge·schmis·sen ADJ *umg* **~ sein** essere spacciato

auf·ge·weckt ADJ sveglio (*a. fig*)

auf·glie·dern VT **~ nach** suddividere per

auf·gra·ben VT ‹irr› (*Erde*) rivoltare

auf·grei·fen VT ‹irr› **1** arrestare, catturare **2** riprendere: **den Faden der Erzählung ~** riprendere il filo del discorso

auf·grund PRÄP (+*gen*) **~ von** a causa di; (*begründet durch*) in base a

Auf·guss M infuso *m*, infusione *f*

auf·ha·ben **A** VT **1** avere: **die Brille ~** avere gli occhiali **2** (*Hausaufgaben*) avere (da fare): **hast du viel auf?** hai molti compiti? **3** (*geöffnet*) avere (*od* tenere) aperto: **die Augen ~** avere gli occhi aperti **B** VI ‹h.› aprire: **die Bibliothek hat ab 8 auf** la biblioteca è aperta dalle 8

auf·hal·sen VT *umg* accollare, addossare

auf·hal·ten ‹irr› **A** VT **1** (*nicht schließen*) tenere aperto **2** fermare: **den Vormarsch des Feinds ~** arrestare l'avanzata del nemico **3** *fig* frenare: **den Fortschritt ~** frenare il progresso **4** trattenere: **ich will Sie nicht länger ~** non voglio trattenerLa più a lungo **B** VR **sich ~** **1** stare, soggiornare **2** *fig* **sich mit etw ~** fermarsi (*od* soffermarsi) su qc

auf·hän·gen **A** VT **1** appendere: **die Wäsche ~** stendere la biancheria **2** (*erhängen*) impiccare **3** *umg* rifilare, appioppare: **j-m eine mühevolle Arbeit ~** appioppare a qn un lavoro faticoso **B** VR **sich ~** impiccarsi **Auf·hän·gung** F ‹-; -en› MECH sospensione *f*

auf·he·ben ‹irr› **A** VT **1** (*vom Boden*) raccogliere **2** (*aufbewahren*) conservare **3** **die Todesstrafe ~** abolire la pena di morte; **einen Befehl ~** revocare un ordine **4** (*Effekt*) annullare: **das eine hebt das andere nicht auf** l'uno non esclude l'altro **5** (*offiziell beenden*) chiudere **B** VR **sich ~** annullarsi

Auf·he·ben N ‹-s› **viel -(s) von etw/j-m machen** fare molto rumore per qc/intorno a qn

auf·hei·tern **A** VT rallegrare **B** VR **sich ~** (*Gesicht, Himmel*) rasserenarsi

auf·hei·zen VT TECH (ri)scaldare

auf·hel·len VT schiarire; *fig* rasserenare

auf·het·zen VT aizzare, sobillare: **j-n zu Gewalttaten ~** sobillare qn inducendolo ad atti di violenza

auf·ho·len **A** VT ricuperare: **die Verspätung/den Rückstand ~** ricuperare il ritardo/lo svantaggio **B** VI ‹h.› SPORT riguadagnare (*od* recuperare) terreno

auf·hor·chen VI ‹h.› ascoltare (più) attentamente ♦ **~ lassen** suscitare interesse

auf·hö·ren VI ‹h.› finire; smettere: **es hat aufgehört zu regnen** ha smesso di piovere; **mit der Arbeit ~** finire di lavorare; **hör auf zu lachen!** smettila di ridere!; **hör endlich auf!** smettila! ♦ **da hört (sich) doch alles auf!** questo è il colmo!; **das muss ~!** ora basta!

auf·kau·fen VT **etw ~** fare incetta di qc

auf·klapp·bar ADJ apribile **auf·klap·pen** VT (*Deckel*) alzare, sollevare

auf·kla·ren VI ‹h.› schiarirsi

auf·klä·ren **A** VT **1** **etw ~** chiarire qc **2** **j-n über etw** (*akk*) **~** informare qn su qc **B** VR **sich ~** **1** (*klar werden*) svelarsi, chiarirsi **2** (*sich aufhellen*) schiarirsi **3** *fig* rasserenarsi: **sein Gesicht klärte sich auf** il suo viso si rasserenò

Auf·klä·rer M ⟨-s; -⟩ 1 PHIL, HIST illuminista *m* 2 FLUG ricognitore *m*
Auf·klä·rung F 1 chiarimento *m*: **die ~ eines Mordes** la soluzione di un caso di omicidio 2 **sexuelle ~** educazione *f* sessuale 3 PHIL, HIST illuminismo *m* 4 MIL ricognizione *f* **Auf·klä·rungs·kam·pag·ne** F campagna *f* di informazione
auf·kle·ben V/T appiccicare, incollare, attaccare: **eine Briefmarke ~** mettere un francobollo **Auf·kle·ber** M autoadesivo *m*
auf·knöp·fen V/T sbottonare
auf·ko·chen V/T far bollire
auf·kom·men V/I ⟨*irr*; s.⟩ 1 sorgere (*u. fig*): **es kommen Gerüchte auf** sorgono voci 2 (*Mode werden*) **etw kommt auf** qc viene di moda 3 (*Kosten übernehmen*) **für j-n/etw ~** assumersi le spese di qn/qc 4 **für die Sicherheit der Stadt ~** garantire per la sicurezza della città
Auf·kom·men N ⟨-s; -⟩ WIRTSCH gettito *m*: **das ~ einer Steuer** il gettito di un'imposta
auf·krat·zen V/T graffiare
auf·krem·peln V/T rimboccare
auf·la·den ⟨*irr*⟩ **A** V/T 1 (*Lasten*) caricare 2 ELEK (ri)caricare **B** V/R 1 **sich** (*dat*) **etw ~** addossarsi (*od* assumersi) qc 2 ELEK **sich ~** caricarsi
Auf·la·ge F 1 edizione *f*: **neu bearbeitete und erweiterte ~** edizione riveduta e ampliata 2 (*eines Buches*) tiratura *f* 3 (*Verpflichtung*) condizione *f*: **j-m etw zur ~ machen** imporre qc a qn come condizione; **von einer ~ befreien** liberare dall'obbligo di una condizione imposta 4 TECH rivestimento *m*: **eine ~ aus Plastik** un rivestimento di plastica; **eine ~ aus Silber** una placcatura d'argento 5 (*Stütze*) sostegno *m*, appoggio *m*
auf·las·sen V/T ⟨*irr*⟩ 1 *umg* (*offen lassen*) lasciare aperto 2 *umg* (*aufbehalten*) tenere: **den Hut ~** tenere il cappello (in testa)
auf·lau·ern V/I ⟨h.⟩ **j-m ~** aspettare qn al varco
Auf·lauf M 1 (*Ansammlung*) assembramento *m* 2 GASTR sformato *m*, sufflè *m*
auf·lau·fen V/I ⟨*irr*; s.⟩ 1 (*Schiff*) incagliarsi 2 (*Zinsen*) maturare
auf·le·ben V/I ⟨s.⟩ rianimarsi (*a. fig*)
auf·le·gen V/T 1 mettere: **eine Tischdecke/eine CD ~** mettere una tovaglia/un CD; TEL (**den Hörer**) **~** mettere giù (il ricevitore) 2 MED **einen kalten Wickel ~** applicare un impacco freddo 3 pubblicare, stampare: **ein Buch** (**neu**) **~** (ri)stampare un libro 4 (*neu produzieren*) iniziare una nuova produzione
auf·leh·nen V/R **sich gegen j-n/etw ~** ribellarsi contro qn/qc **Auf·leh·nung** F ⟨-; -en⟩ ribellione *f*, opposizione *f*
auf·le·sen V/T ⟨*irr*⟩ raccogliere
auf·leuch·ten V/I ⟨h., s.⟩ 1 risplendere improvvisamente 2 *fig* sfavillare, balenare: **seine Augen leuchten vor Freude auf** i suoi occhi sfavillano di gioia
auf·lie·gen V/I ⟨*irr*; h.⟩ 1 poggiare sopra 2 (*ausliegen*) essere esposto (*od* in mostra)
auf·lis·ten V/T elencare
auf·lo·ckern V/T 1 (*Erde*) rivoltare, dissodare 2 (*Programm*) alleggerire 3 *fig* (*Atmosphäre*) sciogliere, rilassare
auf·lo·dern V/I ⟨s.⟩ divampare (*a. fig*)
auf·lö·sen **A** V/T 1 sciogliere (*a. fig*): **das Parlament ~** sciogliere il parlamento 2 (*Rätsel*) risolvere **B** V/R **sich ~** 1 sciogliersi 2 *fig* dissolversi: **die Donaumonarchie hat sich 1918 aufgelöst** la monarchia danubiana si è dissolta nel 1918 3 (*sich zerstreuen*) disperdersi 4 (*sich aufklären*) risolversi, chiarirsi ♦ **in Tränen aufgelöst** in lacrime; **einen Vertrag ~** rescindere un contratto
Auf·lö·sung F 1 dissoluzione *f* (*a. fig*) 2 (*Zerfall*) disfacimento *m* 3 (*Lösung*) soluzione *f* (*a.* CHEM) 4 OPT, FOTO, IT risoluzione *f*
auf·ma·chen **A** V/T 1 *umg* aprire: **den Mund/die Tür ~** aprire la bocca/la porta; **eine Filiale ~** aprire una filiale 2 *fig* (*effektvoll gestalten*) presentare **B** V/I ⟨h.⟩ aprire: **die Geschäfte machen um 8 Uhr auf** i negozi aprono alle otto **C** V/R **sich ~** accingersi, mettersi in moto; **sich zu einem Spaziergang ~** andare a fare una passeggiata
Auf·ma·chung F ⟨-; -en⟩ 1 modo *m* di presentarsi; (*Kleidung*) abbigliamento *m* 2 (*von Waren*) presentazione *f* ♦ **in großer ~** in gran pompa; **die Zeitungen berichteten in großer ~ darüber** i giornali ne parlarono a grandi titoli
Auf·marsch M sfilata *f*
auf·mar·schie·ren V/I ⟨s.⟩ sfilare
auf·merk·sam ADJ 1 attento 2 (*zuvorkommend*) gentile ♦ **j-n auf etw** (*akk*) **~ machen** richiamare l'attenzione di qn

su qc; **auf j-n/etw ~ werden** accorgersi di qn/di qc

Auf·merk·sam·keit F ⟨-; -en⟩ **1** attenzione *f* **2** (*Geschenk*) pensierino *m*: **eine kleine ~** un pensierino, un regalino **Auf·merk·sam·keits·de·fi·zit·syn·drom** N MED sindrome *f* da deficit di attenzione

auf·mö·beln V/T *umg* rimettere in sesto

auf·mun·tern V/T **1** (*aufheitern*) rallegrare **2** **j-n zu etw ~** incoraggiare (*od* incitare) qn a qc **Auf·mun·te·rung** F ⟨-; -en⟩ **1** il rallegrare **2** incoraggiamento *m*

Auf·nah·me F ⟨-; -n⟩ **1** inizio *m*, apertura *f*: **die ~ von Verhandlungen** l'apertura delle trattative **2** accoglienza *f*: **eine freundliche ~ finden** trovare un'accoglienza amichevole **3** (*Empfangsraum*) accettazione *f* **4** (*in einen Verein*) ammissione *f* **5** (*von Anleihen*) contrazione *f* **6** (*auf Band*) registrazione *f* **7** **die ~ der Personalien** la registrazione dei dati personali **8** (*Film*) ripresa *f*: **Achtung, ~!** attenzione, si gira! **9** (*Foto*) foto(grafia) *f* **10** (*CD*) incisione *f*

auf·nah·me·fä·hig ADJ in grado di capire, ricettivo **Auf·nah·me·fä·hig·keit** F ricettività *f* **Auf·nah·me·lei·ter** M, **-in** F capo *m/f* operatore (-trice) **Auf·nah·me·prü·fung** F esame *m* di ammissione

auf·neh·men V/T ⟨*irr*⟩ **1** (*Verhandlungen*) avviare: **Kontakt ~** prendere contatto **2** accogliere (*a. fig*): **einen Begriff in das Wörterbuch ~** accogliere un termine nel dizionario; **etw positiv ~** accogliere favorevolmente qc **3** (*beitreten lassen*) ammettere, accettare **4** assorbire: *fig* **der Arbeitsmarkt nimmt noch Arbeitskräfte auf** il mercato del lavoro assorbe ancora lavoratori **5** (*Eindrücke*) raccogliere **6** **ein Darlehen ~** contrarre un mutuo **7** registrare: **ein Gespräch (auf Band) ~** registrare un discorso (su nastro) **8** **ein Protokoll ~** registrare un verbale **9** filmare **10** fotografare **11** (*beim Stricken*) **zehn Maschen ~** aumentare di dieci maglie

auf·op·fern V/R **sich ~** sacrificarsi

auf·päp·peln V/T *umg* **ein Kind ~** = *tirar su un bambino (debole) con molti sforzi;* **einen Kranken ~** far rimettere in forze un malato

auf·pas·sen V/I ⟨h.⟩ **1** **auf etw** (*akk*) **~** fare (*od* prestare) attenzione a qc; **in der Schule muss man ~** a scuola si deve stare attenti **2** (*beaufsichtigen*) **auf j-n ~** badare a qn

auf·peit·schen V/T **1** agitare, sollevare **2** *fig* eccitare

auf·pflan·zen **A** V/T (*Fahne*) piantare **B** V/R *umg* **sich vor j-m ~** piantarsi davanti a qn

auf·plus·tern **A** V/T (*Gefieder*) rizzare **B** V/R **sich ~** **1** gonfiarsi **2** *fig* darsi delle arie

auf·po·lie·ren V/T **1** lucidare **2** *fig umg* **etw ~** ridare lustro a qc; rinfrescare qc

auf·prä·gen V/T **1** imprimere **2** *fig* **j-m/etw seinen Stempel ~** dare la propria impronta a qn/qc

Auf·prall M ⟨-[e]s; -e⟩ urto *m* **auf·pral·len** V/I ⟨s.⟩ urtare, (s)battere (contro)

Auf·preis M supplemento *m*, sovrapprezzo *m*

auf·pum·pen V/T gonfiare

auf·put·schen V/T **1** (*aufhetzen*) aizzare **2** (*aufpeitschen*) eccitare, stimolare

Auf·putsch·mit·tel N eccitante *m*, stimolante *m*

auf·raf·fen V/R **sich ~** **1** alzarsi (*od* sollevarsi) a fatica **2** *fig* **sich zu einer Arbeit ~** sforzarsi di fare un lavoro

auf·ra·gen V/I ⟨h.⟩ innalzarsi, ergersi

auf·räu·men **A** V/T mettere in ordine, riordinare **B** V/I ⟨h.⟩ **1** fare ordine **2** **mit etw ~** fare piazza pulita di qc

auf·rech·nen V/T **Forderungen (gegeneinander) ~** compensare debiti e crediti

auf·recht ADJ **1** diritto, eretto: **~ gehen** andare diritto; **eine -e Haltung** un portamento eretto **2** (*redlich*) retto, onesto

auf·recht·er·hal·ten V/T ⟨*irr*⟩ mantenere **Auf·recht·er·hal·tung** F ⟨-⟩ mantenimento *m*

auf·re·gen **A** V/T agitare, emozionare; (*beunruhigen*) inquietare **B** V/R **sich ~** **1** agitarsi, emozionarsi; inquietarsi **2** *umg* **sich über j-n/etw ~** aver da ridire su qn/qc ♦ **du regst mich auf** mi dai sui nervi; **das kann mich nicht ~** non me ne importa, *umg* non me ne frega

auf·re·gend ADJ eccitante, emozionante; (*beunruhigend*) inquietante **Auf·re·gung** F **1** agitazione *f*, emozione *f*: **in ~ geraten** emozionarsi; **in heller ~** in grande agitazione **2** (*Durcheinander*) confusione *f*

auf·rei·ben ⟨*irr*⟩ **A** VT **1** (*aufzehren*) logorare, sfinire, estenuare **2** (*vernichten*) annientare, sterminare **B** VR **sich ~** logorarsi, sfinirsi **auf·rei·bend** ADJ logorante, estenuante, stressante

auf·rei·hen **A** VT **1** (*Perlen*) infilare **2** mettere in fila, allineare **B** VR **sich ~** mettersi in fila, allinearsi

auf·rei·ßen ⟨*irr*⟩ **A** VT **1** (*Packung*) aprire **2** **den Mund/die Augen ~** spalancare la bocca/gli occhi **3** TECH **die Straßendecke ~** scarificare la pavimentazione (stradale) **4** (*beschädigen*) strappare, lacerare **5** *umg* **ein Mädchen ~** rimorchiare una ragazza **B** VI ⟨s.⟩ aprirsi, scucirsi: **die Wolkendecke reißt auf** la coltre di nubi si apre

auf·rei·zend ADJ eccitante, stimolante

auf·rich·ten **A** VT **1** innalzare, rizzare: **eine Statue ~** innalzare una statua **2** (*trösten*) consolare **B** VR **sich ~** tirarsi su, ergersi: **sich zu voller Größe ~** ergersi in tutta la grandezza

auf·rich·tig ADJ sincero, franco **Auf·rich·tig·keit** F ⟨-⟩ onestà *f*, sincerità *f*

Auf·riss M BAU sezione *f* verticale

auf·rol·len VT **1** arrotolare **2** (*entfalten*) srotolare **3** riprendere: **einen Prozess noch einmal ~** riprendere un processo

auf·rü·cken VI ⟨s.⟩ **1** avanzare: **bitte ~!** venire avanti! **2** (*befördert werden*) ottenere una promozione: **zum Abteilungsleiter ~** essere promosso caporeparto

Auf·ruf M appello *m*, incitamento *m*

auf·ru·fen VT ⟨*irr*⟩ **1** **j-n ~** chiamare qn (per nome) **2** incitare: **j-n zum Kampf ~** incitare qn alla lotta **3** IT **ein Programm ~** richiamare (*od* attivare) un programma

Auf·ruhr M ⟨-s; -e⟩ **1** (*Auflehnung*) tumulto *m*, rivolta *f*: **das Land ist in ~** il paese è in tumulto **2** (*Erregung*) agitazione *f*, turbamento *m*: **j-s Gefühle in ~ versetzen** turbare i sentimenti di qn

auf·rüh·ren VT **1** rimestare; **Schlamm ~** alzare il fango **2** *fig* suscitare **3** (*in Erinnerung rufen*) rievocare

auf·rüh·re·risch ADJ sovversivo; (*Menschen*) ribelle

auf·run·den VT arrotondare: **eine Summe ~** arrotondare una somma; **auf 50 Cent ~** arrotondare a cinquanta centesimi

auf·rüs·ten **A** VT **1** (*technisch*) equipaggiare **2** (*militärisch*) potenziare gli armamenti **B** VI ⟨h.⟩ armarsi **Auf·rüs·tung** F riarmo *m*

auf·rüt·teln VT scuotere (*a. fig*)

aufs → auf

auf·sa·gen VT recitare, dire

auf·säs·sig ADJ **1** (*trotzig*) ostinato, cocciuto, caparbio **2** (*rebellisch*) ribelle

Auf·satz M **1** tema *m* **2** (*Abhandlung*) articolo *m*, saggio *m* **3** (*Möbelteil*) alzata *f*

auf·sau·gen VT assorbire (*a. fig*)

auf·scheu·chen VT *umg* **j-n aus seiner Ruhe ~** strappare qn alla sua quiete

auf·scheu·ern VT escoriare, scorticare

auf·schich·ten VT accatastare

auf·schie·ben VT ⟨*irr*⟩ **1** aprire (spingendo) **2** *fig* (*verschieben*) rimandare

Auf·schlag M **1** (*Aufprall*) urto *m*, colpo *m* **2** SPORT servizio *m* **3** (*Erhöhung*) aumento *m*, rincaro *m* **4** (*Nähen*) mostra *f*, risvolto *m*

auf·schla·gen ⟨*irr*⟩ **A** VT **1** rompere: **das Eis ~** rompere il ghiaccio **2** aprire: **die Zeitung/die Augen/ein Ei ~** aprire il giornale/gli occhi/un uovo **3** montare: **ein Zelt ~** montare una tenda **4** (*erhöhen*) alzare, rincarare **B** VI **1** ⟨h.⟩ SPORT servire **2** ⟨s.⟩ urtare, battere cadendo: **mit dem Kopf ~** battere la testa cadendo **C** VR **sich** (*dat*) **das Knie ~** farsi male al ginocchio battendo (*od* cadendo) ♦ **sein Quartier ~** acquartierarsi

auf·schlie·ßen ⟨*irr*⟩ **A** VT **1** aprire (con la chiave) **2** CHEM scomporre **B** VI ⟨h.⟩ MIL serrare le file; SPORT salire nella classifica

auf·schlit·zen VT squarciare

Auf·schluss M chiarimenti *mpl*, spiegazioni *fpl*: **~ geben/bekommen über** dare/ricevere spiegazioni su

auf·schlüs·seln VT suddividere

auf·schluss·reich ADJ istruttivo, informativo

auf·schnap·pen VT *umg* cogliere al volo, apprendere casualmente

auf·schnei·den ⟨*irr*⟩ **A** VT **1** tagliare **2** GASTR affettare **B** VI ⟨h.⟩ *umg* raccontare fanfaronate, fare lo spaccone

Auf·schnitt M GASTR affettato *m*

auf·schrau·ben VT aprire (svitando)

auf·schre·cken **A** VT **1** far sobbalzare dallo spavento **2** *fig* scuotere: **die Ereig-**

nisse hatten die Menschen aufgeschreckt gli eventi avevano scosso le persone **B** VI ⟨s.⟩ sobbalzare di spavento ♦ **aus dem Schlaf ~** svegliarsi di soprassalto

Auf·schrei M grido *m*, urlo *m*: *fig* **ein ~ der Empörung** un grido d'indignazione

auf·schrei·ben VT ⟨*irr*⟩ **1** **etw ~** prendere nota di qc **2** *umg* MED prescrivere

auf·schrei·en VI ⟨*irr*; h.⟩ mandare un grido

Auf·schrift F scritta *f*: **das Schild trägt die ~** … il cartello reca la dicitura …; **etw mit einer ~ versehen** mettere un'etichetta su qc

Auf·schub M proroga *f*: **etw duldet keinen ~** qc non consente dilazioni

auf·schür·fen VT **sich** (*dat*) **das Knie ~** sbucciarsi il ginocchio

auf·schüt·teln VT (*Bett*) sprimacciare

auf·schüt·ten VT **1** ammucchiare **2** innalzare: **einen Damm ~** innalzare una diga

auf·schwat·zen VT *umg* **j-m etw ~** appioppiare (*od* affibbiare) qc a qn

auf·schwem·men VT gonfiare

auf·schwin·gen VR ⟨*irr*⟩ **sich ~** **1** *fig* innalzarsi: **sich zum Direktor ~** arrivare alla carica di direttore **2** **sich zu etw ~** decidersi a (fare) qc

Auf·schwung M **1** slancio *m*, entusiasmo *m* **2** (*Entwicklung*) progresso *m*, sviluppo *m*: **einen großen ~ nehmen** (*od* **erleben**) avere un grande sviluppo

auf·se·hen VI ⟨*irr*; h.⟩ **1** **von etw ~** alzare gli occhi da qc **2** **zu j-m/etw ~** alzare lo sguardo su qn/qc; *fig* venerare qn/qc

Auf·se·hen N ⟨-s⟩ scalpore *m*: **großes ~ erregen** suscitare grande scalpore **auf·se·hen·er·re·gend** ADJ sensazionale, strepitoso

Auf·se·her M, **-in** F sorvegliante *m/f*, custode *m/f*, guardiano *m*, -a *f*

auf·sei·ten PRÄP (+*gen*) a lato di, dalla parte di

auf·set·zen **A** VT **1** mettere **2** *fig* **eine traurige Miene ~** fare una faccia triste **3** GASTR mettere al fuoco **4** scrivere: **einen Vertrag ~** mettere un contratto per iscritto **5** (*Nähen*) applicare **6** poggiare: **die Füße auf den Boden ~** rimettere i piedi a terra **B** VI ⟨h.⟩ FLUG atterrare **C** VR **sich ~** tirarsi su, mettersi seduto

Auf·sicht F ⟨-; -en⟩ **1** sorveglianza *f*: **die ~ über j-n/etw führen** esercitare la sorveglianza (*od* il controllo) su qn/qc; **unter** (**ärztlicher**) **~ stehen** essere sotto controllo (medico) **2** (*Mensch*) sorvegliante *m/f*, custode *m/f* **3** **~ führend** che sorveglia (*od* controlla)

Auf·sichts·be·am·te M, **-be·am·tin** F ispettore *m*, -trice *f* **Auf·sichts·rat** M **1** consiglio *m* di vigilanza, collegio *m* sindacale **2** (*Mitglied*) membro *m* del consiglio di vigilanza **Auf·sichts·rä·tin** F membro *m* del consiglio di vigilanza

auf·sit·zen VI ⟨*irr*; s.⟩ **1** (*auf Pferd*) montare a cavallo **2** (*aufgesetzt sein*) poggiare **3** **j-m/etw ~** farsi ingannare da qn/qc; **einem Gerücht ~** credere a una voce

auf·spal·ten VR ⟨*irr*⟩ **sich ~** spaccarsi

auf·span·nen VT **1** (dis)tendere **2** **etw auf etw** (*akk*) **~** fissare qc su qc

auf·spa·ren **A** VT mettere da parte, serbare **B** VR **sich** (*dat*) **seine Kräfte für später ~** tenere in serbo le forze per dopo

auf·sper·ren VT **1** spalancare: **den Mund ~** spalancare la bocca **2** *umg* aprire con la chiave

auf·spie·len **A** VI ⟨h.⟩ *obs* **zum Tanz ~** suonare musica da ballo **B** VR **sich ~** darsi delle arie; **sich als großer Herr ~** darsi arie da (*od* atteggiarsi a) gran signore

auf·spie·ßen VT infilzare

auf·sprin·gen VI ⟨*irr*; s.⟩ **1** saltare (su): **vom Stuhl ~** saltar su dalla sedia; **auf den Zug ~** saltare sul treno **2** (*sich öffnen*) aprirsi (inaspettatamente) **3** (*rissig werden*) screpolarsi

auf·spu·len VT avvolgere

auf·spü·ren VT rintracciare

Auf·stand M rivolta *f*, insurrezione *f*

auf·stän·disch ADJ in rivolta **Auf·stän·di·sche** M/F ⟨-n; -n⟩ insorto *m*, -a *f*, ribelle *m/f*

auf·stau·en **A** VT **einen Fluss ~** sbarrare un fiume **B** VR **sich ~** accumularsi (*a. fig*)

auf·ste·chen VT ⟨*irr*⟩ aprire (con un ago)

auf·ste·cken VT **1** (*Haar*) tirare su **2** (*auf etw stecken*) infilare (su) **3** *umg* (*aufgeben*) **etw ~** rinunciare a qc

auf·ste·hen VI ⟨*irr*⟩ **1** ⟨s.⟩ alzarsi: **vom Tisch ~** alzarsi da tavola **2** ⟨s.⟩ **gegen j-n/etw ~** insorgere contro qn/qc **3** ⟨h.⟩ (*offen stehen*) essere aperto ♦ **mit dem linken Fuß ~** alzarsi col piede sba-

gliato
auf·stei·gen V/I ⟨irr; s.⟩ **1** salire: **auf das Motorrad/zum Gipfel ~** salire sulla moto/sulla vetta **2** alzarsi, salire in alto: **der Ballon steigt auf** il pallone si alza **3** (*an die Oberfläche*) venire a galla **4** sorgere: **Angst stieg in ihm auf** gli venne paura **5** essere promosso: **zum Abteilungsleiter/in die Bundesliga ~** essere promosso caporeparto/in serie A **Auf·stei·ger** M ⟨-s; -⟩, **-in** F ⟨-; -nen⟩ **1** *umg* **sozialer Aufsteiger** arrampicatore *m* sociale; **soziale Aufsteigerin** arrampicatrice *f* sociale **2** SPORT neopromossa *f*
auf·stel·len **A** V/T **1** (*hinstellen*) mettere: MIL **einen Posten ~** disporre un posto di guardia **2** (*aufrichten*) tirare su, (d)rizzare **3** (*errichten*) erigere, innalzare **4** (*Mannschaft*) formare **5** **j-n als Kandidaten ~** proporre qn come candidato **6** (*Bilanz*) redigere **7** **eine Theorie ~** enunciare una teoria **B** V/R **sich ~** rizzarsi; **die Haare haben sich aufgestellt** si sono rizzati i capelli
Auf·stel·lung F (*Liste*) distinta *f*, elenco *m*: **eine ~ der Preise** una distinta dei prezzi ♦ **~ nehmen** schierarsi, disporsi
auf·stem·men V/T forzare (con una leva)
Auf·stieg M ⟨-[e]s; -e⟩ **1** (*Weg*) salita *f* **2** ascesa *f*: **sozialer ~** ascesa sociale; **beruflicher ~** promozione *f* (*a.* SPORT)
auf·stö·bern V/T scovare
auf·sto·cken V/T **1** ARCH sopr(a)elevare **2** (*vermehren*) aumentare, accrescere
auf·sto·ßen ⟨irr⟩ **A** V/T aprire con una spinta **B** V/I **1** ⟨s.⟩ **mit etw auf etw** (*akk*) **~** sbattere qc contro qc **2** *umg* ⟨s.⟩ essere notato (*od* riscontrato) (da): **ein Fehler ist ihm aufgestoßen** ha riscontrato un errore **3** ⟨h.⟩ ruttare; (*Baby*) fare il ruttino **4** ⟨h., s.⟩ venire su: **die Gurken stoßen mir auf** i cetrioli mi vengono su
auf·stre·bend ADJ ambizioso: **eine -e Stadt** una città in pieno sviluppo
auf·stüt·zen **A** V/T (ap)poggiare, puntare **B** V/R **sich ~** appoggiarsi
auf·su·chen V/T **j-n/einen Ort ~** andare (*od* recarsi) da qn/in un posto; **Freunde ~** andare a trovare degli amici
auf·ta·keln **A** V/T SCHIFF allestire **B** V/R **sich ~** vestirsi in modo pacchiano, bardarsi
Auf·takt M inizio *m*, apertura *f*, attacco *m*: **die Rede bildete den ~ zur Veranstaltung** il discorso apriva la manifestazione
auf·tan·ken V/T **den Wagen ~** fare il pieno alla macchina
auf·tau·chen V/I ⟨s.⟩ **1** (ri)emergere, tornare a galla **2** (*unerwartet erscheinen*) (ri)comparire (all'improvviso)
auf·tau·en **A** V/T **1** sciogliere: **den Schnee ~** sciogliere la neve **2** (*von Eis befreien*) disgelare; (*Nahrungsmittel*) scongelare **B** V/I ⟨s.⟩ sciogliersi (*a. fig*)
auf·tei·len V/T **1** ripartire, spartire **2** (sud)dividere: **in Gruppen ~** suddividere in gruppi
auf·ti·schen **A** V/I **1** portare in tavola, servire **2** *umg* raccontare, scodellare: **Lügen ~** scodellare bugie **B** V/I ⟨h.⟩ **j-m reichlich ~** dare da mangiare a qn in abbondanza
Auf·trag M ⟨-[e]s; -träge⟩ **1** incarico *m*, compito *m*: **im ~ von ...** per incarico di ...; **j-m einen ~ erteilen** dare (*od* affidare) un incarico a qn **2** HANDEL ordine *m*, ordinazione *f*: **ein ~ über die Lieferung von Büromöbeln** un ordine per la fornitura di mobili da ufficio; **etw in ~ geben** ordinare qc
auf·tra·gen V/T ⟨irr⟩ **1** (*streichen*) spalmare, applicare: **die Salbe auf die Wunde ~** spalmare la pomata sulla ferita **2** **Lippenstift ~** mettersi il rossetto **3** **j-m etw ~** incaricare qn di (fare) qc **4** (*Kleidung*) consumare ♦ **dick ~** spararle grosse
Auf·trag·ge·ber M, **-in** F committente *m/f* **Auf·trag·neh·mer** M, **-in** F appaltatore *m*, -trice *f*
auf·trags·ge·mäß **A** ADJ HANDEL conforme all'ordine **B** ADV **1** secondo gli ordini **2** HANDEL come da ordine
auf·tref·fen V/I ⟨irr; s.⟩ **auf etw** (*akk*) **~** battere su (*od* colpire) qc
auf·trei·ben ⟨irr⟩ **A** V/T *umg* trovare, scovare: **ein Taxi ~** trovare un taxi **B** V/I ⟨s.⟩ gonfiarsi
auf·tren·nen V/T disfare, scucire
auf·tre·ten V/I ⟨irr; s.⟩ **1** poggiare a terra: **mit dem Fuß nicht ~ können** non poter poggiare il piede a terra **2** comparire, presentarsi: **als Zeuge ~** comparire come testimone; **forsch ~** presentarsi in modo deciso **3** THEAT recitare: **auf großen Bühnen ~** recitare in grandi teatri **4** (*Probleme*) sorgere; (*Krankheiten*) insor-

gere

Auf·tre·ten N ⟨-s⟩ 1 modo *m* di presentarsi 2 THEAT **j-s erstes ~** il debutto di qn

Auf·trieb M 1 PHYS spinta *f* ascensionale 2 (*Schwung*) *fig* impulso *m*, spinta *f*

Auf·tritt M THEAT 1 (*Auftreten*) entrata *f*, comparsa *f* in scena 2 (*Szene*) scena *f* 3 (*Auseinandersetzung*) scenata *f*

auf·trump·fen V/I ⟨h.⟩ ostentare la propria superiorità

auf·tun ⟨*irr*⟩ A V/T *umg* scoprire B V/R **sich ~** aprirsi, schiudersi (*a. fig*)

auf·tür·men A V/T accatastare, ammonticchiare B V/R **sich ~** ammonticchiarsi

auf·wa·chen V/I ⟨s.⟩ svegliarsi, destarsi: **aus einem Traum/durch ein Geräusch ~** svegliarsi da un sogno/per un rumore

auf·wach·sen V/I ⟨*irr*; s.⟩ crescere

auf·wal·len V/I ⟨s.⟩ 1 bollire 2 *fig* ribollire: **Hass wallt in ihm auf** l'odio ribolle in lui

Auf·wand M ⟨-[e]s⟩ 1 dispendio *m*, spesa *f*: **der ~ hat sich gelohnt** è valsa la spesa 2 sfoggio *m*: **unnötigen ~ mit Worten treiben** fare inutile sfoggio di parole

auf·wän·dig ADJ → aufwendig

Auf·wands·ent·schä·di·gung F indennità *f* di rappresentanza

auf·wär·men A V/T 1 riscaldare 2 *fig* rivangare B V/R **sich ~** (ri)scaldarsi

auf·wärts ADV verso l'alto, in su; **der Weg führt ~** la strada sale; **den Fluss ~ gehen** risalire il fiume; **von 100 Euro ~** da 100 euro in su **Auf·wärts·ent·wick·lung** F sviluppo *m* ascensionale

Auf·wasch M **das geht in einem ~** si fa tutto insieme, tutto in una volta

auf·we·cken V/T svegliare, destare

auf·wei·chen A V/T 1 rendere molle: **der Regen hat den Boden aufgeweicht** la pioggia ha reso molle il terreno 2 (*einweichen*) ammollare: **das Brot in Milch ~** ammollare il pane nel latte 3 *fig* rammollire, indebolire B V/I ⟨s.⟩ 1 ammollarsi 2 *fig* sciogliersi

auf·wei·sen V/T ⟨*irr*⟩ presentare, esibire

auf·wen·den V/T ⟨*irr*⟩ impiegare

auf·wen·dig ADJ dispendioso

Auf·wen·dung F 1 impiego *m* 2 *pl* (*Kosten*) spese *fpl*

auf·wer·fen ⟨*irr*⟩ A V/T 1 (*ruckartig heben*) **den Kopf ~** arrovesciare il capo 2 sollevare, proporre: **eine Frage ~** sollevare una questione B V/R **sich ~** *fig* erigersi: **sich zum Verteidiger ~** erigersi a difensore

auf·wer·ten V/T rivalutare (*a. fig*) **Auf·wer·tung** F ⟨-; -en⟩ rivalutazione *f*

auf·wi·ckeln V/T 1 arrotolare, avvolgere 2 *umg* **j-m die Haare ~** mettere i bigodini a qn 3 (*Paket*) scartare

auf·wie·geln V/T **j-n gegen etw ~** sobillare qn contro qc; **j-n zum Widerstand ~** incitare qn alla resistenza

auf·wie·gen V/T ⟨*irr*⟩ compensare, controbilanciare: **die Vorteile wiegen die Nachteile auf** i vantaggi compensano gli svantaggi

Auf·wind M corrente *f* ascendente (d'aria) ♦ **im ~ sein** avere il vento in poppa

auf·wir·beln V/T 1 (*aufstieben*) sollevare in vortice 2 *fig* **viel Staub ~** sollevare molta polvere, fare molto scalpore

auf·wi·schen V/T 1 raccogliere pulendo 2 lavare: **den Boden feucht** (*od* **nass**) **~** lavare il pavimento

auf·wüh·len V/T 1 smuovere: **den Boden ~** smuovere il terreno 2 *fig* rivangare: **alte Geschichten ~** rivangare vecchie storie 3 (*stürmisch bewegen*) agitare 4 *fig* turbare profondamente: **j-n bis ins Innerste ~** turbare profondamente qn fin nell'intimo **auf·wüh·lend** ADJ sconvolgente

auf·zäh·len V/T enumerare

Auf·zäh·lung F enumerazione *f*

auf·zäu·men V/T 1 (*Pferd*) imbrigliare 2 *umg* **etw verkehrt ~** = *affrontare male qc*

auf·zeh·ren A V/T consumare completamente: **seine Ersparnisse ~** finire i propri risparmi B V/R **sich ~** consumarsi

auf·zeich·nen V/T 1 disegnare, tracciare 2 (*schriftlich*) annotare: **eine Rede wortwörtlich ~** annotare un discorso parola per parola 3 RADIO, TV registrare

Auf·zeich·nung F 1 (*schriftlich*) annotazione *f* 2 RADIO, TV registrazione *f*

auf·zei·gen V/T far vedere, mostrare

auf·zie·hen ⟨*irr*⟩ A V/T 1 (*öffnen*) aprire (tirando) 2 (*Saiten*) mettere 3 (*Uhr*) caricare 4 (*großziehen*) tirare su 5 *umg* mettere su: **ein Fest ~** metter su una festa; **etw groß ~** organizzare qc in grande 6 *umg* **j-n (wegen etw) ~** prendere in giro qn (a causa di qc) 7 **eine Spritze ~** preparare un'iniezione B V/I ⟨s.⟩ 1 marciare in fila: **die Wache zieht auf** la

guardia passa marciando **2** (*Gewitter, Wolken*) avvicinarsi
Auf·zucht F allevamento *m*
Auf·zug M **1** sfilata *f*, marcia *f* **2** (*Fahrstuhl*) ascensore *m* **3** *pej* (*Art der Kleidung*) tenuta *f* **4** THEAT atto *m*
auf·zwin·gen V/T ⟨*irr*⟩ **j-m etw ~** costringere qn ad accettare qc
Aug·ap·fel M bulbo *m*, globo *m* oculare ♦ **j-n/etw wie seinen ~ hüten** aver caro qn/qc come i propri occhi
Au·ge N ⟨-s; -n⟩ **1** occhio *m* (*a.* BOT) **2** (*bei Würfeln, Spielkarten*) punto *m* ♦ **j-n/etw nicht aus den -n lassen** non perdere di vista qn/qc; **blaues ~** occhio nero (*od* pesto); **mit einem blauen ~ davonkommen** cavarsela senza grossi danni; **ins ~ fallen** dare nell'occhio; **das hätte ins ~ gehen können** la cosa avrebbe potuto prendere una cattiva piega; **vor j-s geistigem ~** nell'immaginazione di qn; **große -n machen** fare tanto d'occhi; **schlechte -n haben** non avere la vista buona; **j-m schöne -n machen** fare gli occhi dolci a qn; **vor aller -n** davanti agli occhi di tutti; **sich** (*dat*) **etw vor -n halten** tenere presente qc; **ein ~ auf j-n/etw werfen** mettere gli occhi su qn/qc; *fig* **ein ~ zudrücken** chiudere un occhio; **kein ~ zutun** non chiudere occhio
Au·gen·arzt M, **-ärz·tin** F oculista *m/f*
Au·gen·blick M momento *m*, attimo *m*, istante *m*: **einen ~ bitte!** un momento, prego!; **im letzten ~** all'ultimo momento; **jeden ~** a momenti; **im ~** al momento
au·gen·blick·lich ADJ **1** (*unverzüglich*) istantaneo **2** (*derzeitig*) momentaneo, del momento, attuale
Au·gen·braue F sopracciglio *m* **Au·gen·di·ag·no·se** F iridologia *f* **Au·gen·heil·kun·de** F oftalmologia *f* **Au·gen·hö·he** F **in ~** all'altezza degli occhi **Au·gen·höh·le** F orbita *f* **Au·gen·licht** N vista *f* **Au·gen·lid** N palpebra *f* **Au·gen·maß** N occhio *m*: **nach dem ~** misurando a occhio **Au·gen·nerv** M nervo *m* ottico **Au·gen·schein** M **1** apparenza *f* **2** ispezione *f*: **j-n/etw in ~ nehmen** ispezionare qn/qc
Au·gen·wei·de F delizia *f* per gli occhi
Au·gen·win·kel M coda *f* dell'occhio
Au·gen·zeu·ge M, **-zeu·gin** F testimone *m/f* oculare **Au·gen·zwin·kern** N ⟨-s⟩ strizzata *f* d'occhi
Augs·burg N ⟨-s⟩ Augusta *f*
Au·gust M ⟨-[e]s; -e⟩ agosto *m*
Auk·ti·on F ⟨-; -en⟩ asta *f* **Auk·ti·o·na·tor** M ⟨-s; -en⟩, **-na·torin** F ⟨-; -nen⟩ banditore *m*, -trice *f* (d' asta)
Au·pair·mäd·chen [o'pɛːr-] N ragazza *f* alla pari, au pair *f*
aus **A** PRÄP (+*dat*) **1** da: **~ der Flasche trinken** bere (d)alla bottiglia; **~ dem Haus gehen** uscire di casa **2** (*Herkunft*) da, di: **er kommt ~ Wien** è di Vienna; **ein Bild ~ dem 16. Jahrhundert** un quadro del XVI secolo; **~ der Nähe** da vicino **3** (*Grund*) per: **~ Mitleid** per compassione; **~ diesem Grund** per questo motivo **4** (*Qualität*) di, in: **ein Ring ~ Gold** un anello d'oro; **eine Figur ~ Holz** una statua in legno **5** **was soll ~ dir werden?** cosa ne sarà di te?; **~ dem Deutschen übersetzen** tradurre dal tedesco **B** ADV **1** *umg* (*vorbei*) finito: **die Schule ist ~** la scuola è finita; *fig* **es ist ~ mit ihm** è finita per lui; **zwischen uns ist es ~** tra noi è finita **2** (*ausgeschaltet*) spento: **Licht ~!** spegnere! **3** (*Schluss*) **~!** basta! silenzio! **4** SPORT (*Ball*) **~ sein** essere fuori (campo) **5** **von hier ~** di qui; **vom Fenster ~** dalla finestra ♦ **auf etw** (*akk*) **~ sein** mirare a qc; **bei j-m ~ und ein gehen** essere di casa da qn; **~ sich heraus** spontaneamente, per conto proprio; **~ ihm spricht der Hass** in lui è l'odio che parla; **von mir ~** per me, per conto mio; **nicht ~ noch ein wissen** non sapere che pesci pigliare
Aus N ⟨-⟩ **1** SPORT fuoricampo *m inv*: **ins ~ gehen** andare fuori (campo) **2** *fig* (*Ende*) fine *f*
aus·ar·bei·ten V/T **1** (*erarbeiten*) preparare, elaborare **2** (*vollständig ausführen*) compiere, eseguire (completamente)
aus·ar·ten V/I ⟨s.⟩ **1** **in etw** (*akk*) **~** degenerare in qc **2** (*sich ungehörig benehmen*) trascendere
aus·at·men V/I ⟨h.⟩ espirare
aus·ba·den V/T *umg* **etw ~** scontare qc
aus·bag·gern V/T escavare
aus·ba·lan·cie·ren [-balaŋsiːrən] V/T MECH, ELEK equilibrare (*a. fig*)
Aus·bau M ⟨-[e]s; -ten⟩ **1** (*Entfernen*) smontaggio *m* **2** (*Erweiterung*) ampliamento *m* **3** BAU (*Umgestaltung*) trasformazione *f*, ristrutturazione *f* **aus·bau·en** V/T **1** smontare **2** (*erweitern*) ampliare, sviluppare **3** (*umgestalten*) trasformare, ristrutturare
aus·be·din·gen V/R ⟨bedang, bedun-

gen⟩ **sich** (*dat*) **etw ~** riservarsi qc, porre qc come condizione
aus·bes·sern VT **1** riparare, aggiustare **2** (*flicken*) rammendare, rattoppare
aus·beu·len VT **1** (*Kleidungsstücke*) sformare **2** (*Blech*) raddrizzare
Aus·beu·te F ⟨-; -n⟩ rendimento *m*, resa *f* **aus·beu·ten** VT sfruttare **Aus·beu·ter** M ⟨-s; -⟩, **-in** F ⟨-; -nen⟩ sfruttatore *m*, -trice *f* **Aus·beu·tung** F ⟨-; -en⟩ sfruttamento *m*
aus·bil·den **A** VT **1** addestrare, istruire: **j-n zu einem Beruf ~** preparare qn a una professione **2** (*Fähigkeiten*) sviluppare **B** VR **sich ~** istruirsi, formarsi; **sich zum Pianisten ~** studiare da pianista
Aus·bil·der M ⟨-s; -⟩, **-in** F ⟨-; -nen⟩ istruttore *m*, -trice *f*
Aus·bil·dung F addestramento *m*: **berufliche ~** formazione professionale **Aus·bil·dungs·bei·hil·fe** F = *sovvenzione (statale) per la formazione professionale* **Aus·bil·dungs·platz** M posto *m* con contratto di formazione e lavoro
aus·bit·ten VR ⟨*irr*⟩ **sich** (*dat*) **etw ~** **1** (ri)chiedere qc (per sé) **2** (*verlangen*) esigere (*od* pretendere) qc
aus·bla·sen VT ⟨*irr*⟩ spegnere (soffiando): **ein Ei ~** = *far uscire un uovo dal guscio soffiando*
aus·blei·ben VI ⟨*irr*; *s.*⟩ non arrivare: **der Erfolg blieb aus** il successo non arrivò; **die Folgen werden nicht ~** non mancheranno le conseguenze
aus·blei·chen VT sbiadire
Aus·blick M **1** vista *f*, visuale *f*: **j-m den ~ versperren** togliere a qn la vista **2** (*Vorausschau*) previsione *f*
aus·boo·ten VT **1** SCHIFF sbarcare **2** *umg fig* silurare
aus·bre·chen ⟨*irr*⟩ **A** VT cavare (*od* staccare) rompendo **B** VI ⟨*s.*⟩ **1** (*wegbrechen*) staccarsi **2** (*fliehen*) scappare, fuggire: **aus dem Gefängnis ~** evadere di prigione; *fig* **aus dem Alltag ~** fuggire dalla vita quotidiana; *fig* **aus einem Teufelskreis ~** uscire da un circolo vizioso **3** scoppiare: **der Brand/eine Krise bricht aus** scoppia l'incendio/una crisi **4** (*Vulkan*) entrare in eruzione ♦ **in Gelächter ~** mettersi a ridere; **ihm brach der Schweiß aus** si mise improvvisamente a sudare; **in Tränen ~** scoppiare in lacrime
Aus·bre·cher M ⟨-s; -⟩, **-in** F ⟨-; -nen⟩ *umg* evaso *m*, -a *f*
aus·brei·ten **A** VT **1** disporre **2** (*entfalten*) distendere **3** *fig* (*darlegen*) esporre **4** (*Arme*) allargare; (*Flügel*) spiegare **B** VR **sich ~** diffondersi, estendersi, propagarsi **Aus·brei·tung** F ⟨-; -en⟩ (*Verbreitung*) diffusione *f*; (*von Krankheiten*) il propagarsi
aus·bren·nen ⟨*irr*⟩ **A** VI ⟨*s.*⟩ **1** (*Kerzen, Feuer*) consumarsi (bruciando), cessare di ardere **2** (*zerstört werden*) essere distrutto (dal fuoco) **B** VT MED cauterizzare
Aus·bruch M **1** (*Flucht*) fuga *f* (*a. fig*) **2** scoppio *m*: **der ~ des Kriegs** lo scoppio della guerra **3** (*von Vulkan*) eruzione *f* **4** *fig* sfogo *m*: **ein ~ von Zorn** uno sfogo d'ira
aus·brü·ten VT covare (*a. fig*)
aus·bü·geln VT *umg* spianare
Aus·bund M modello *m*; *iron* mostro *m*
aus·bür·gern VT privare della cittadinanza
aus·bürs·ten VT spazzolare (via)
Aus·dau·er F perseveranza *f*, costanza *f* **aus·dau·ernd** ADJ **1** perseverante **2** BOT perenne
aus·deh·nen **A** VT **1** (*ausweiten*) dilatare, espandere **2** *fig* estendere, allargare **3** (*verlängern*) prolungare **B** VR **sich ~** **1** PHYS espandersi, dilatarsi **2** (*sich ausbreiten, erstrecken*) estendersi **3** (*lange dauern*) protrarsi, durare (a lungo) **Aus·deh·nung** F **1** espansione *f*, dilatazione *f* **2** *fig* estensione *f* **3** (*zeitlich*) prolungamento *m*
aus·den·ken ⟨*irr*⟩ **A** VT ideare, concepire **B** VR **sich** (*dat*) **etw ~** **1** ideare; **sich einen Trick ~** escogitare uno stratagemma **2** (*sich vorstellen*) inventarsi: **ist das wahr, oder hast du dir das ausgedacht?** è vero, o te lo sei inventato? ♦ **nicht auszudenken!** inconcepibile!
aus·dör·ren VI ⟨*s.*⟩ (dis)seccarsi, inaridirsi
aus·dre·hen VT (*ausschalten*) spegnere: **das Gas ~** chiudere il gas
Aus·druck[1] M ⟨-[e]s; -drücke⟩ **1** (*Wort*) termine *m*, espressione *f* **2** (*Ausdrucksweise*) modo *m* di esprimersi **3** espressione *f*, manifestazione *f*: **mit dem ~ meines tiefen Bedauerns** con l'espressione del mio profondo rincrescimento **4** (*Miene*) espressione *f*, aspetto *m* ♦ **etw zum ~**

bringen esprimere qc; **in etw** (*dat*) **zum ~ kommen** esprimersi in qc; **etw** (*dat*) **~ verleihen** esternare qc
Aus·druck[2] M ⟨-[e]s; -e⟩ 1 stampa *f*, stampata *f* 2 IT uscita *f*, output *m*
aus·dru·cken V/T stampare
aus·drü·cken A V/T 1 (*Zitrone*) spremere 2 (*Pickel*) schiacciare 3 (*Zigarette*) spegnere 4 esprimere, manifestare: **j-m seine Dankbarkeit ~** esprimere a qn la propria gratitudine 5 (*formulieren*) formulare, dire: **etw verständlich ~** formulare qc in modo comprensibile B V/R **sich ~** 1 esprimersi; **sich gewählt ~** parlare in modo ricercato 2 (*offenbar werden*) manifestarsi
aus·drück·lich ADJ espresso, esplicito: **eine -e Erlaubnis** un permesso esplicito
Aus·drucks·kraft F forza *f* espressiva **aus·drucks·los** ADJ privo di espressione **aus·drucks·voll** ADJ espressivo **Aus·drucks·wei·se** F modo *m* di esprimersi
aus·düns·ten V/T esalare **Aus·düns·tung** F ⟨-; -en⟩ esalazione *f*
aus·ei·nan·der ADV separatamente, staccato, l'uno dall'altro **aus·ei·nan·der·bre·chen** ⟨*irr*⟩ A V/T spezzare B V/I ⟨s.⟩ spezzarsi (*a. fig*) **aus·ei·nan·der·brin·gen** V/T ⟨*irr*⟩ riuscire a staccare; (*Menschen*) separare l'uno dall'altro **aus·ei·nan·der·fal·len** V/I ⟨*irr*; s.⟩ cadere in pezzi; *fig* disgregarsi **aus·ei·nan·der·ge·hen** V/I ⟨*irr*; s.⟩ (*sich trennen*) separarsi; (*Straßen*) divergere (*a. fig*); *umg* (*Beziehungen*) sciogliersi **aus·ei·nan·der·hal·ten** V/T ⟨*irr*⟩ *fig* distinguere l'uno dall'altro **aus·ei·nan·der·le·ben** V/R **sich ~** diventarsi estranei; allontanarsi **aus·ei·nan·der·neh·men** V/T ⟨*irr*⟩ disfare; *umg fig* stracciare, distruggere **aus·ei·nan·der·rei·ßen** V/T ⟨*irr*⟩ stracciare; (*Menschen*) separare (a forza) l'uno dall'altro **aus·ei·nan·der·set·zen** V/T spiegare: **j-m seine Pläne ~** esporre a qn i propri progetti; **sich mit j-m ~** confrontarsi con qn **Aus·ei·nan·der·set·zung** F ⟨-; -en⟩ 1 discussione *f* 2 conflitto *m*: **eine militärische ~** un conflitto armato **aus·ei·nan·der·stre·ben** V/I ⟨s.⟩ *fig* divergere **aus·ei·nan·der·zie·hen** V/T ⟨*irr*⟩ (di)stendere
aus·er·se·hen ADJ (pre)scelto: **zu Großem ~ sein** essere predestinato a qc di grande
aus·fahr·bar ADJ allungabile; abbassabile **aus·fah·ren** ⟨*irr*⟩ A V/T 1 portare a passeggio 2 (*Lieferungen*) consegnare 3 (*Piste*) rovinare B V/I ⟨s.⟩ uscire; andare in gita **Aus·fahrt** F uscita *f*: **die ~ des Hafens** l'uscita del porto ♦ **~ frei halten** lasciare libero il passaggio
Aus·fall M 1 WIRTSCH perdita *f*: **Ausfälle in der Produktion** perdite nella produzione 2 sospensione *f*: **der ~ des Unterrichts** l'annullamento della lezione 3 *fig* (*beleidigende Äußerung*) insulto *m* 4 (*von Motoren*) guasto *m* 5 MIL sortita *f*
aus·fal·len V/I ⟨*irr*; s.⟩ 1 (*Haare*) cadere 2 (*nicht stattfinden*) non aver luogo 3 (*Verdienst*) venire a mancare 4 mancare: **wegen Krankheit ~** essere assente per malattia 5 (*von Maschinen*) incepparsi, bloccarsi 6 andare, riuscire: **die Klassenarbeit ist gut ausgefallen** il compito in classe è andato bene
aus·fäl·len V/T CHEM far precipitare
aus·fal·lend ADJ insultante: **eine -e Bemerkung** un'osservazione pungente
Aus·fall·stra·ße F (strada *f*) radiale *f*
aus·fa·sern V/I ⟨s., h.⟩ sfilacciarsi
aus·fech·ten V/T ⟨*irr*⟩ condurre fino in fondo
aus·fer·ti·gen V/T *form* 1 (*Dokument*) rilasciare 2 (*Vertrag*) stendere 3 (*Gesetz*) firmare **Aus·fer·ti·gung** F 1 (*Dokumente*) rilascio *m* 2 (*Abfassung*) stesura *f* 3 (*Exemplar*) copia *f*: **zweite ~** duplicato *m*; **in zweifacher ~** in duplice copia
aus·fin·dig ADJ **j-n/etw ~ machen** riuscire a trovare (*od* scoprire) qn/qc
aus·flie·gen ⟨*irr*⟩ A V/I ⟨s.⟩ 1 volare via 2 *umg* uscire (di casa) B V/T **die Verwundeten ~** portare via i feriti con l'aereo
aus·flie·ßen V/I ⟨*irr*; s.⟩ (*Flüssigkeit*) scorrere fuori, fuoriuscire
aus·flip·pen V/I ⟨s.⟩ *umg* 1 (*verrückt werden*) perdere la testa, partire 2 (*durch Drogengenuss*) essere flippato, strippato 3 vivere in contrasto con la società
Aus·flucht F ⟨-; -flüchte⟩ scusa *f*, pretesto *m*: **Ausflüchte machen** servirsi di sotterfugi
Aus·flug M 1 gita *f*: **einen ~ ins Grüne machen** fare una gita in campagna 2 *fig* viaggio *m*: **ein ~ in die Welt der Fantasie** un viaggio nel mondo della fantasia
Aus·flüg·ler M ⟨-s; -⟩, **-in** F ⟨-; -nen⟩

gitante *m/f*

Aus·fluss M **1** (*Ausfließen*) efflusso *m* **2** (*Abfluss*) scolo *m*, scarico *m* **3** MED perdita *f*; (*Absonderung*) secrezione *f*

aus·fra·gen V/T **j-n nach j-m/etw** (*od* **über j-n/etw**) ~ interrogare qn su qc/qn

aus·fran·sen V/I ⟨s.⟩ sfrangiarsi

aus·fres·sen V/T ⟨*irr*⟩ *umg* **hat er was ausgefressen?** ne ha combinata qualcuna? *fig*; **etw ~ müssen** doverla pagare per qc

Aus·fuhr F ⟨-; -en⟩ esportazione *f*

aus·führ·bar ADJ **1** realizzabile, attuabile **2** HANDEL esportabile

Aus·fuhr·be·stim·mun·gen PL disposizioni *fpl* per l'esportazione

aus·füh·ren V/T **1** portare fuori: **seine Freundin ~** portare fuori la propria ragazza **2** WIRTSCH esportare **3** (*verwirklichen*) realizzare, attuare **4** (*erledigen*) eseguire, compiere **5** (*Bewegungen*) fare, eseguire **6** (*eingehend darlegen*) esporre, spiegare: **wie oben ausgeführt** come sopra esposto **aus·füh·rend** ADJ **die -e Gewalt** il potere esecutivo

Aus·fuhr·gü·ter PL merci *fpl* d'esportazione **Aus·fuhr·han·del** M commercio *m* d'esportazione **Aus·fuhr·land** N paese *m* esportatore

aus·führ·lich ADJ dettagliato; (*ausgedehnt*) esteso **Aus·führ·lich·keit** F ⟨-⟩ ampiezza *f*

Aus·füh·rung F **1** realizzazione *f*: **zur ~ gelangen** realizzarsi **2** (*Erledigung*) esecuzione *f* **3** (*Ausarbeitung*) completamento *m* **4** (*Machart*) fattura *f*: **in bester ~** di ottima qualità **5** (*Version*) modello *m* **6** (*Darlegung*) esposizione *f* (dettagliata)

Aus·fuhr·ver·bot N divieto *m* d'esportazione, embargo *m*

aus·fül·len V/T **1** riempire, colmare (*a. fig*) **2** (*Formulare*) compilare **3** trascorrere: **die Zeit bis zur Abfahrt ~** impiegare il tempo fino alla partenza **4** (*befriedigen*) soddisfare

Aus·ga·be F **1** (*Austeilung*) distribuzione *f*; (*Aushändigung*) consegna *f* **2** FIN emissione *f* **3** (*Buch*) edizione *f*: **eine gebundene ~** un'edizione rilegata **4** (*von Geld*) spesa *f*; **Einnahmen und -n** entrate e uscite **5** IT output *m* **Aus·ga·be·ge·rät** N IT unità *f* di output (*od* d'uscita) **Aus·ga·be·kurs** M corso *m* d'emissione **Aus·ga·be·stel·le** F luogo *m* di distribuzione

Aus·gang M **1** uscita *f*: **am ~** all'uscita **2** fine *f*: **am ~ des Mittelalters** alla fine del Medioevo; **der ~ des Satzes** la fine della frase **3** (*Ergebnis*) esito *m* ♦ **~ haben** avere il permesso di uscire; **künstlicher ~** ano artificiale

Aus·gangs·punkt M punto *m* di partenza **Aus·gangs·sper·re** F MIL coprifuoco *m* **Aus·gangs·spra·che** F lingua *f* di partenza

aus·ge·ben ⟨*irr*⟩ **A** V/T **1** (*austeilen*) distribuire **2** (*aushändigen*) consegnare **3** FIN emettere **4** MIL (*Befehl*) comunicare, rendere noto **5** (*Geld*) spendere **6** *umg* (*spendieren*) offrire **7** IT **einen Text ~** stampare un testo **8** **j-n als seinen Bruder ~** spacciare (*od* far passare) qn per il proprio fratello **B** V/R **sich für j-n ~** spacciarsi per qn

aus·ge·bombt ADJ **eine -e Familie** una famiglia sinistrata (dai bombardamenti)

aus·ge·brannt ADJ (*erschöpft*) sfinito

aus·ge·bucht ADJ **der Flug ist ~** il volo è al completo

aus·ge·dehnt ADJ ampio, vasto; lungo

aus·ge·dient ADJ **1** **ein -er Soldat** un soldato in congedo **2** *umg* **~ haben** essere inservibile

aus·ge·fal·len ADJ stravagante

aus·ge·feilt ADJ ricercato, elaborato

aus·ge·füllt ADJ **ein -es Leben** una vita piena (*od* ricca) di soddisfazioni

aus·ge·gli·chen ADJ equilibrato: **eine -e Bilanz** un bilancio in pareggio

aus·ge·hen V/I ⟨*irr*; s.⟩ **1** andare fuori: **abends ~** uscire la sera **2** (*Sendungen*) partire **3** (*seinen Ausgang nehmen*) partire da **4** (*enden*) finire **5** (*zu Ende gehen*) esaurirsi (*a. fig*): **die Ware ist mir ausgegangen** ho finito la merce; **mir geht die Geduld aus** mi scappa la pazienza; **mir geht der Atem aus** mi manca il fiato **6** (*Haare*) cadere **7** (*Licht, Motor*) spegnersi

aus·ge·hend ADJ tardo, declinante; **das -e Jahrhundert** il secolo che sta per finire

Aus·geh·ver·bot N divieto *m* d'uscita

aus·ge·klü·gelt ADJ sofisticato, raffinato

aus·ge·kocht ADJ *umg* scaltro, furbo

aus·ge·las·sen ADJ **1** (*übermütig*) allegro, vivace **2** (*wild*) scatenato, sfrenato

aus·ge·lie·fert ADJ **j-m/etw ~ sein** essere in balia di qn/qc

aus·ge·macht ADJ **1** deciso: **das ist eine -e Sache** questa è una cosa certa **2** grande, completo: **ein -er Blödsinn** una grande idiozia; **ein -er Idiot** un perfetto idiota

aus·ge·nom·men KONJ **1** tranne, eccetto: **es waren alle da, ~ er** (*od* **er ~**) c'erano tutti tranne lui **2** a meno che: **ich werde kommen, ~ es regnet** verrò, a meno che non piova

aus·ge·prägt ADJ spiccato, pronunciato

aus·ge·rech·net ADV proprio, giusto

aus·ge·schlos·sen ADJ impossibile

aus·ge·spro·chen ADJ spiccato

aus·ge·stellt ADJ MODE svasato

aus·ge·stor·ben ADJ **eine -e Stadt** una città morta (*od* deserta)

aus·ge·sucht ADJ (*erlesen*) ricercato

aus·ge·wach·sen ADJ cresciuto, adulto ♦ **ein -er Skandal** uno scandalo enorme

aus·ge·wo·gen ADJ equilibrato

aus·ge·zeich·net **A** ADJ eccellente, ottimo, squisito **B** ADV benissimo

aus·gie·big ADJ abbondante ♦ **eine -e Rast** una lunga sosta; **-en Gebrauch von etw machen** fare largo uso di qc

aus·gie·ßen VT ⟨*irr*⟩ **1** versare **2** (*Gefäß*) svuotare

Aus·gleich M ⟨-[e]s; -e⟩ **1** appianamento *m*, accomodamento *m*: **der ~ der Gegensätze** l'appianamento dei contrasti **2** (*Ersatz*) compensazione *f*, compenso *m* **3** HANDEL saldo *m* **4** SPORT pareggio *m* ♦ **zum ~ für etw** come compenso per qc

aus·glei·chen ⟨*irr*⟩ **A** VT **1** spianare **2** *fig* appianare **3** HANDEL compensare, equilibrare; (*Rechnung*) saldare; (*Bilanz*) equilibrare; (*Defizit*) colmare **B** VR **sich ~** (*Spannungen*) neutralizzarsi **aus·glei·chend** ADJ compensativo: **-e Gerechtigkeit** giustizia riparatrice

Aus·gleichs·ge·trie·be N differenziale *m* **Aus·gleichs·gym·nas·tik** F ginnastica *f* correttiva **Aus·gleichs·tref·fer** M rete *f* del pareggio

aus·gra·ben VT ⟨*irr*⟩ **1** disseppellire (*a.* ARCHÄOL) **2** *fig* riportare alla luce **Aus·gra·bung** F **1** ARCHÄOL scavo *m* **2** reperto *m* archeologico

aus·gren·zen VT emarginare

Aus·guck M ⟨-[e]s; -e⟩ **1** *umg* posto *m* di vedetta **2** SCHIFF coffa *f* **3** (*Wachposten*) vedetta *f*

Aus·guss M **1** (*Becken*) acquaio *m* **2** (*Abfluss*) scarico *m*

aus·ha·ben VT ⟨*irr*⟩ *umg* (*Kleidungsstücke*) avere levato (*od* tolto) ♦ **wann habt ihr heute aus?** quando finite oggi (la scuola)?

aus·ha·ken **A** VT sganciare **B** VR **sich ~** sganciarsi ♦ *umg* **bei mir hakt es aus** (*die Nerven verlieren*) sto perdendo la pazienza; (*nicht verstehen*) non capisco

aus·hal·ten ⟨*irr*⟩ **A** VT **1** (*ertragen*) sopportare **2** sostenere: **den Vergleich mit der Konkurrenz ~** reggere il confronto con la concorrenza **3** *umg* **j-n ~** mantenere qn **B** VI ⟨h.⟩ tener duro ♦ **es ist nicht zum Aushalten** è insopportabile; **ich halt's nicht mehr aus** non ne posso più; **hier lässt es sich ~** qui si sta bene

aus·han·deln VT concordare

aus·hän·di·gen VT consegnare a mano

Aus·hang M avviso *m*, annuncio *m*

aus·hän·gen[1] VI ⟨*irr*; h.⟩ essere esposto

aus·hän·gen[2] VT **1** esporre, affiggere: **eine Bekanntmachung ~** affiggere un avviso **2** (*Tür*) scardinare

Aus·hän·ge·schild N cartellone pubblicitario: *fig* **er ist das ~ der Partei** è il personaggio di cartello del partito

aus·har·ren VI ⟨h.⟩ *poet* perseverare

aus·he·ben VT ⟨*irr*⟩ **1** scavare: **einen Graben ~** scavare una fossa **2** *fig* **ein Verbrechernest ~** snidare un covo di criminali

aus·he·cken VT *umg* escogitare

aus·hei·len VI ⟨s.⟩ guarire completamente

aus·hel·fen VI ⟨*irr*; h.⟩ **1** venire in aiuto: **j-m mit Brot ~** prestare del pane a qn **2** aiutare, dare una mano: **in der Küche ~** aiutare in cucina

Aus·hil·fe F aiuto *m*: **als ~ arbeiten** lavorare come aiuto temporaneo

aus·hilfs·wei·se ADV come aiuto temporaneo, temporaneamente

aus·höh·len VT **1** scavare **2** *fig* erodere

aus·ho·len VI ⟨h.⟩ **1** alzare il braccio: **zum Schlag ~** alzare il braccio per colpire **2** (*beim Erzählen*) prenderla alla larga

aus·hor·chen VT **j-n über etw ~** cercare di sapere qc da qn

aus·hun·gern VT **j-n ~** far partire la fame a qn

aus·ken·nen VR ⟨*irr*⟩ **sich ~** **1** conoscere: **sich in der Stadt gut ~** essere pratico della città **2** **sich mit etw gut ~** intender-

si di qc
aus·klam·mern VT fig escludere
Aus·klang M conclusione f, epilogo m
aus·klei·den VT rivestire
aus·klin·gen VI ⟨irr; h., s.⟩ 1 (*verklingen*) smorzarsi, svanire 2 *fig* finire, concludersi
aus·klin·ken A VT sganciare B VI ⟨s.⟩ sganciarsi C VR **sich ~** *umg fig* sganciarsi
aus·knip·sen VT *umg* spegnere
aus·kno·beln VT *umg* 1 decidere tirando i dadi 2 *fig* (*ausklügeln*) escogitare
aus·kom·men VI ⟨irr; s.⟩ 1 **ohne j-n/etw nicht ~** non riuscire a vivere senza qn/qc 2 (*ausreichen*) farcela: **mit seinem Gehalt ~** farcela col (*od* farsi bastare il) proprio stipendio 3 **mit j-m ~** andare d'accordo con qn
Aus·kom·men N 1 il necessario (per vivere): **ein gutes/schlechtes ~ haben** disporre di grandi/scarsi mezzi; **sein ~ finden** trovare di che vivere 2 **mit j-m ist kein ~** con qn non c'è intesa
aus·kos·ten VT goder(si): **seinen Triumph ~** assaporare il proprio trionfo
aus·krat·zen VT raschiare ♦ *fig* **j-m die Augen ~** cavare gli occhi a qn
aus·küh·len VI ⟨s.⟩ raffreddarsi
aus·kund·schaf·ten VT 1 **j-n/etw ~** indagare su qn/qc 2 (*Gebiet*) esplorare
Aus·kunft F ⟨-; -künfte⟩ 1 informazione f: **eine ~ über etw** (*akk*) **einholen** chiedere un'informazione su qc 2 (*Auskunftsstelle*) (ufficio m) informazioni fpl
Aus·kunfts·bü·ro N ⟨-s; -s⟩ agenzia f d'informazioni
aus·kup·peln A VI ⟨h.⟩ disinnestare la frizione B VT staccare, sganciare
aus·la·chen VT deridere, canzonare
aus·la·den[1] VT ⟨irr⟩ **j-n ~** disdire l'invito fatto a qn
aus·la·den[2] VT ⟨irr⟩ **die Ware/den Lkw ~** scaricare la merce/il camion **aus·la·dend** ADJ **eine -e Bewegung** un ampio gesto
Aus·la·ge F 1 merce f esposta (in vetrina) 2 (*Schaufenster*) vetrina f 3 spesa f: **j-m die -n erstatten** rimborsare le spese a qn
Aus·land N ⟨-[e]s⟩ estero m: **im ~ leben** vivere all'estero
Aus·län·der M ⟨-s; -⟩ straniero m **Aus·län·der·amt** N ufficio m stranieri
aus·län·der·feind·lich ADJ xenofobo
Aus·län·der·feind·lich·keit F ⟨-⟩ xenofobia f
Aus·län·de·rin F ⟨-; -nen⟩ straniera f
aus·län·disch ADJ 1 straniero 2 esotico
Aus·lands·ab·tei·lung F HANDEL reparto m esteri **Aus·lands·auf·ent·halt** M soggiorno m all'estero **Aus·lands·be·zie·hun·gen** PL relazioni fpl con l'estero **Aus·lands·ge·spräch** N TEL comunicazione f internazionale **Aus·lands·kor·res·pon·dent** M, **-in** F corrispondente m/f dall'estero **Aus·lands·kran·ken·schein** M certificato m di assicurazione sanitaria all'estero **Aus·lands·schutz·brief** M carta f verde (*certificato internazionale di assicurazione*)
aus·las·sen ⟨irr⟩ A VT 1 (*Dampf, Wasser*) far uscire 2 (*weglassen*) tralasciare, saltare: **einen Satz ~** saltare una frase 3 farsi sfuggire: **keine Gelegenheit ~** non farsi scappare un'opportunità 4 **etw an j-m ~** sfogare qc su qn 5 (*Nähen*) (*weiter machen*) allargare; (*länger machen*) allungare 6 *umg* (*nicht einschalten*) lasciare spento B VR **sich ~ über** pronunciarsi su
Aus·las·sung F ⟨-; -en⟩ 1 (*Wegfall*) omissione f 2 *pl* (*Äußerungen*) parole fpl
aus·las·ten VT 1 TECH sfruttare (*od* utilizzare) al massimo 2 impegnare (a fondo): **diese Arbeit lastet mich nicht aus** questo lavoro non mi impegna a fondo
Aus·lauf M 1 (*Abfluss*) sbocco m 2 (*für Tiere, Kinder*) libertà f (di movimento)
aus·lau·fen VI ⟨irr; s.⟩ 1 (*von Flüssigkeiten*) (fuori)uscire 2 (*leer laufen*) (s)vuotarsi 3 SCHIFF partire 4 (*zum Stillstand kommen*) fermarsi (gradualmente) 5 (*enden*) cessare: **die Hilfsmaßnahmen laufen aus** cessano gli aiuti 6 (*Vertrag*) scadere 7 (*Farbe*) andare via
Aus·läu·fer M 1 GEOG, METEO propaggine f 2 BOT stolone m
Aus·lauf·mo·dell N modello m di fine serie
aus·le·ben A VT estrinsecare (completamente) B VR **sich ~** godere appieno la vita
aus·le·gen VT 1 (*ausbreiten*) esporre 2 (*Köder*) mettere 3 coprire, rivestire: **etw mit Fliesen ~** piastrellare qc 4 **j-m Geld ~** anticipare denaro a qn 5 (*deuten*) interpretare **Aus·le·ger** M ⟨-s; -⟩ TECH braccio m **Aus·le·gung** F ⟨-; -en⟩ in-

terpretazione *f*
aus·lei·ern *umg* **A** VT sformare **B** VI ⟨s.⟩ & VR **sich ~** allargarsi, sformarsi
aus·lei·hen VT ⟨*irr*⟩ **1** (*verleihen*) dare in prestito **2** (*entleihen*) prendere in prestito, farsi prestare
aus·ler·nen VI ⟨h.⟩ finire l'apprendistato ♦ **man lernt nie aus** non si finisce mai d'imparare
Aus·le·se F selezione *f*, scelta *f*: **eine strenge ~ treffen** operare una severa selezione **aus·le·sen** VT ⟨*irr*⟩ **1** **die faulen Früchte ~** scartare i frutti marci **2** (*auswählen*) scegliere **3** (*zu Ende lesen*) finire di leggere
aus·lie·fern VT **1** consegnare, estradare: **einen Verbrecher der Justiz ~** consegnare un criminale alla giustizia (per l'estradizione) **2** lasciare: **j-n seinem Schicksal ~** abbandonare qn al suo destino **3** HANDEL consegnare **Aus·lie·fe·rung** F **1** estradizione *f* **2** HANDEL consegna *f*
Aus·lie·fe·rungs·an·trag M domanda *f* di estradizione **Aus·lie·fe·rungs·ver·trag** M JUR trattato *m* (tra stati) di estradizione
aus·lie·gen VI ⟨*irr*; h.⟩ essere esposto
aus·löf·feln VT vuotare a cucchiaiate
aus·log·gen VI ⟨h.⟩ & VR IT **sich ~** disconnettersi
aus·lö·schen VT **1** (*Licht, Feuer*) spegnere **2** cancellare (*a. fig*)
aus·lo·sen VT sorteggiare, estrarre a sorte
aus·lö·sen VT **1** (*in Gang setzen*) azionare **2** FOTO far scattare **3** *fig* provocare **4** (*einlösen*) riscattare **Aus·lö·ser** M ⟨-s; -⟩ **1** FOTO scatto *m* **2** causa *f*
Aus·lo·sung F sorteggio *m*
aus·lo·ten VT SCHIFF *fig* scandagliare
aus·ma·chen VT **1** *umg* (*Licht*) spegnere **2** (*vereinbaren*) fissare, stabilire **3** individuare: **ein Versteck ~** localizzare un nascondiglio **4** **etw mit j-m ~** mettersi d'accordo con qn su qc **5** (*Betrag*) ammontare, fare: **das macht 500 Euro aus** fanno 500 euro **6** (*darstellen*) fare, costituire: **das macht keinen Unterschied aus** non fa nessuna differenza **7** *unpers* **es macht viel aus** importa molto; **es macht mir nichts aus, wenn …** non m'importa se …; **würde es Ihnen etwas ~ …?** Le dispiacerebbe …?
aus·ma·len **A** VT **1** (*Raum*) pitturare **2** (*Zeichnung*) colorare **3** *fig* dipingere **B** VR **sich** (*dat*) **etw ~** immaginarsi qc
Aus·maß N **1** (*Größe*) dimensione *f*: **von gewaltigen -en** di dimensioni gigantesche **2** (*Grad, Maß*) misura *f*, grado *m*
aus·mer·zen VT **1** (*ausrotten*) eliminare **2** (*tilgen*) cancellare, sopprimere
aus·mes·sen VT ⟨*irr*⟩ misurare
aus·mis·ten VT **1** ripulire dal letame **2** *umg* **etw ~** mettere ordine sbarazzandosi delle cose inutili
aus·mus·tern VT **1** MIL riformare **2** *fig* scartare
Aus·nah·me F ⟨-; -n⟩ eccezione *f*: **eine ~ machen/bilden** fare/costituire un'eccezione; **mit ~ der Kinder** ad eccezione dei bambini; **von wenigen -n abgesehen** tranne poche eccezioni ♦ **-n bestätigen die Regel** le eccezioni confermano la regola
Aus·nah·me·fall M caso *m* eccezionale **Aus·nah·me·zu·stand** M **1** situazione *f* eccezionale **2** POL stato *m* d'emergenza: **den ~ erklären** dichiarare lo stato d'emergenza
aus·nahms·los ADV senza eccezione: **~ alle** (tutti) nessuno escluso **aus·nahms·wei·se** ADV in via eccezionale, eccezionalmente
aus·neh·men ⟨*irr*⟩ **A** VT **1** (*Geflügel*) pulire, togliere le interiora **2** *umg* pelare: **j-n beim Spiel ~** pelare qn al gioco **3** (*ausschließen*) eccettuare **B** VR **sich ~** presentarsi, figurare; **sich schlecht ~** sfigurare
aus·nüch·tern VI ⟨h.⟩ smaltire la sbornia
aus·nut·zen VT **1** (*nutzen*) sfruttare: **eine Gelegenheit ~** approfittare di un'occasione **2** utilizzare, trarre profitto da: **seine Stellung ~** trarre vantaggio dalla propria posizione **3** (*ausbeuten*) sfruttare
Aus·nut·zung F **1** impiego *m* **2** (*Ausbeutung*) sfruttamento *m*
aus·pa·cken **A** VT **1** (*herausnehmen*) tirare fuori **2** **den Koffer ~** disfare la valigia; **ein Päckchen ~** aprire un pacco **3** (*aus der Verpackung auswickeln*) disimballare **4** *umg fig* raccontare: **seine Sorgen ~** sfogarsi, raccontando le proprie preoccupazioni **B** VI ⟨h.⟩ *umg* **bei j-m ~** vuotare il sacco
aus·pfei·fen VT ⟨*irr*⟩ **j-n ~** fischiare qn
aus·plau·dern VT spiattellare, spifferare

aus·po·sau·nen VT *umg* strombazzare

aus·po·wern VT *umg* sfruttare fino all'ultimo

aus·pres·sen VT spremere (*a. fig*)

aus·pro·bie·ren VT provare

Aus·puff M ⟨-[e]s; -e⟩ TECH scappamento *m* **Aus·puff·rohr** N tubo *m* di scarico **Aus·puff·topf** M marmitta *f* (di scarico)

aus·pum·pen VT **1** pompare, estrarre (con pompe) **2** (*durch Pumpen leeren*) (s)vuotare con pompe **3** **j-m den Magen ~** fare la lavanda gastrica a qn

aus·quar·tie·ren VT far sloggiare

aus·ra·die·ren VT **1** cancellare (*a. fig*) **2** *umg* (*zerstören*) radere al suolo **3** **j-n ~** liquidare qn

aus·ran·gie·ren [-rã'ʒi:rən] VT eliminare, scartare

aus·ras·ten VI ⟨s.⟩ **1** TECH disinnestarsi **2** *umg* perdere la calma: **bei j-m rastet es aus** a qn saltano i nervi

aus·rau·ben VT **1** depredare, svaligiare **2** (*Menschen*) rapinare, derubare

aus·räu·chern VT **1** sterminare col fumo **2** (*Räume*) disinfestare col fumo

aus·räu·men VT **1** **Möbel/einen Raum ~** sgomberare i mobili/una stanza **2** *fig* eliminare, rimuovere

aus·rech·nen **A** VT **1** calcolare **2** (*lösen*) risolvere (con calcoli) **B** VR **sich** (*dat*) **etw ~** aspettarsi qc ♦ **sich** (*dat*) **etw** (**leicht**) **~ können** potersi immaginare (facilmente) qc

Aus·re·de F scusa *f*: **eine faule ~!** che misera scusa!; **immer eine passende ~ haben** avere sempre una scusa pronta

aus·re·den **A** VI ⟨h.⟩ finire di parlare: **j-n nicht ~ lassen** non lasciare finire il discorso a qn **B** VT **j-m etw ~** dissuadere qn da qc

aus·rei·chen VI ⟨h.⟩ essere sufficiente, bastare **aus·rei·chend** ADJ sufficiente

Aus·rei·se F **1** espatrio *m*: **die ~ verweigern** negare l'espatrio **2** (*Grenzübertritt*) passaggio *m* di confine **aus·rei·sen** VI ⟨s.⟩ andare all'estero **Aus·rei·se·vi·sum** N visto *m* d'uscita

aus·rei·ßen ⟨*irr*⟩ **A** VT strappare **B** VI ⟨s.⟩ **1** strapparsi **2** *umg* scappare, fuggire ♦ *fig* **sich** (*dat*) **kein Bein ~** non rompersi la schiena

Aus·rei·ßer M ⟨-s; -⟩, **-in** F ⟨-; -nen⟩ fuggitivo *m*, -a *f*

aus·rei·ten VI ⟨*irr*; s.⟩ uscire a cavallo

aus·ren·ken VR **sich** (*dat*) **etw ~** slogarsi qc ♦ **sich den Hals ~, um etw zu sehen** torcersi il collo per vedere qc

aus·rich·ten **A** VT **1** (ri)portare: **j-m Grüße** (**von j-m**) **~** portare a qn i saluti (di qn) **2** dire (da parte di qn): **kann ich etwas ~?** devo riferire qualcosa? **3** raggiungere: **bei j-m etw ~** ottenere qc da qn **4** **etw in einer Linie ~** allineare qc **B** VR **sich nach j-m/etw ~** allinearsi (*od* schierarsi) con qn/qc **Aus·rich·tung** F orientamento *m*

aus·rol·len **A** VI ⟨s.⟩ rallentare ed arrestarsi **B** VT **1** srotolare **2** (*Teig*) spianare

aus·rot·ten VT **1** sterminare, annientare **2** *fig* estirpare: **ein Übel ~** estirpare un male **Aus·rot·tung** F ⟨-; -en⟩ **1** sterminio *m*, annientamento *m* **2** *fig* estirpazione *f*

aus·rü·cken **A** VI ⟨s.⟩ **1** MIL partire **2** *umg* prendere il largo **B** VT (*Zeile*) disinserire

Aus·ruf M **1** esclamazione *f*; (*Schrei*) grido *m* **2** (*Bekanntmachung*) proclamazione *f*

aus·ru·fen ⟨*irr*⟩ **A** VI ⟨h.⟩ esclamare **B** VT **1** annunciare **2** **j-n ~** chiamare qn (all'altoparlante) **3** proclamare: **j-n zum König ~** proclamare qn re **Aus·ru·fe·zei·chen** N punto *m* esclamativo

aus·ru·hen VI ⟨h.⟩ & VR **sich ~** riposare, riposarsi ♦ **sich auf seinen Lorbeeren ~** riposare sugli allori

aus·rüs·ten VT **1** equipaggiare, attrezzare **2** **mit etw ~** munire (*od* dotare) di qc **Aus·rüs·tung** F equipaggiamento *m*, attrezzatura *f*

aus·rut·schen VI ⟨s.⟩ **1** scivolare **2** *fig umg* (*entgleisen*) avere degli sbandamenti

aus·sä·en VT seminare (*a. fig*)

Aus·sa·ge F **1** dichiarazione *f*: **auf j-s ~ hin** a detta di qn **2** JUR deposizione *f*: **die ~ verweigern** rifiutarsi di deporre; **eine falsche ~ machen** deporre il falso

aus·sa·gen **A** VT **1** dichiarare **2** esprimere, dire: **der Text sagt wenig aus** il testo dice poco **B** VI ⟨h.⟩ JUR fare una deposizione: **als Zeuge ~** deporre come testimone

Aus·satz M ⟨-es⟩ lebbra *f* **aus·sät·zig** ADJ lebbroso, affetto da lebbra **Aus·sät·zi·ge** M/F ⟨-n; -n⟩ lebbroso *m*, -a *f*

aus·sau·gen VT **1** succhiare **2** *fig* **etw/j-n ~** dissanguare qc/qn ♦ **j-n bis aufs**

Blut ~ spremere qn fino al midollo
aus·scha·ben VT **1** raschiare (via) **2** vuotare raschiando **3** MED **die Gebärmutter** ~ fare un raschiamento all'utero
aus·schach·ten VT scavare
aus·schal·ten VT **1** (*Licht, Radio*) spegnere **2** *fig* eliminare, annullare: **den Gegner** ~ annullare l'avversario
Aus·schau F: **nach j-m/etw** ~ **halten** cercare con gli occhi qn/qc
aus·schei·den ⟨*irr*⟩ **A** VT **1** (*aussondern*) eliminare, scartare **2** MED secernere **B** VI ⟨s.⟩ **1** ritirarsi: **aus der Firma** ~ ritirarsi dall'azienda **2** SPORT **in der ersten Runde** ~ essere eliminato al primo turno **3** (*nicht in Frage kommen*) essere fuori discussione
Aus·schei·dung F MED secrezione *f*
Aus·schei·dungs·kampf M eliminatoria *f*
aus·schen·ken VT **1** versare **2** servire
aus·sche·ren VI ⟨s.⟩ abbandonare la rotta; uscire dalla fila (*od* dalla formazione)
aus·schif·fen VT & VR **sich** ~ sbarcare
aus·schlach·ten VT **1** *umg fig* sfasciare: **alte Autos** ~ sfasciare vecchie auto **2** *umg fig* sfruttare, approfittare: **einen Skandal** ~ approfittare di uno scandalo
aus·schla·fen ⟨*irr*⟩ **A** VI ⟨h.⟩ & VR **sich** ~ dormire abbastanza **B** VT **seinen Rausch** ~ smaltire la sbornia con una dormita
Aus·schlag M **1** eruzione *f* cutanea **2** PHYS (*Pendel*) oscillazione *f*; (*Zeiger*) deviazione *f* ♦ **den** ~ **geben** essere decisivo
aus·schla·gen ⟨*irr*⟩ **A** VT **1** fare uscire con un colpo **2** (*auskleiden*) rivestire, foderare **3** (*ablehnen*) rifiutare, respingere **B** VI **1** ⟨h.⟩ tirare calci **2** ⟨h., s.⟩ PHYS oscillare; deviare **3** ⟨h., s.⟩ BOT iniziare a germogliare
aus·schlag·ge·bend ADJ decisivo
aus·schlie·ßen VT ⟨*irr*⟩ **1** chiudere fuori **2** escludere (*a. fig*): **j-n von einem Fest** ~ escludere qn da una festa **aus·schließ·lich** **A** ADJ esclusivo **B** ADV esclusivamente **C** PRÄP (+*gen*) escluso, non compreso
Aus·schluss M esclusione *f*: **unter** ~ **der Öffentlichkeit** con esclusione del pubblico, a porte chiuse ♦ **unter** ~ **des Rechtsweges** con esclusione delle vie legali
aus·schmü·cken VT **1** decorare, adornare (completamente internamente) **2** (*Erzählung*) infiorare
aus·schnei·den VT ⟨*irr*⟩ **1** ritagliare: **einen Artikel aus der Zeitung** ~ ritagliare un articolo dal giornale **2** IT (*Text*) tagliare: **ausschneiden!** (*Befehl*) taglia; **ausschneiden und einfügen** taglia e incolla **3** (*Kleid*) scollare
Aus·schnitt M **1** (ri)taglio *m*: **ein** ~ **aus der Zeitung** un ritaglio di giornale **2** dettaglio *m*: **ein** ~ **aus einem Gemälde** un particolare di un dipinto; **ein** ~ **aus einem Film** un frammento di un film **3** (*Öffnung*) buco *m* **4** (*Nähen*) scollatura *f*
aus·schöp·fen VT **1** vuotare attingendo **2** *fig* esaurire: **alle Möglichkeiten** ~ esaurire ogni possibilità
aus·schrei·ben VT ⟨*irr*⟩ **1** scrivere per esteso: **seinen Namen** ~ scrivere il proprio nome per esteso **2** (*Scheck*) compilare; (*Rezept*) scrivere **3** **einen Wettbewerb** ~ bandire un concorso; **eine Stelle** ~ bandire un concorso per un posto
Aus·schrei·bung F **1** bando *m*: **die** ~ **eines Wettbewerbs** il bando di un concorso **2** HANDEL capitolato *m* (di fornitura)
Aus·schrei·tung F ⟨-; -en⟩ (atto *m* di) violenza *f*
Aus·schuss M **1** comitato *m*, commissione *f*: **einen** ~ **bilden/einsetzen** costituire/nominare una commissione; ~ **der Regionen** Comitato *m* delle regioni **2** WIRTSCH scarto *m* **Aus·schuss·wa·re** F merce *f* di scarto
aus·schüt·teln VT scuotere
aus·schüt·ten **A** VT **1** (*verschütten*) versare **2** (*leeren*) svuotare **3** WIRTSCH distribuire, ripartire **B** VR *umg* **sich vor Lachen** ~ sganasciarsi dalle risa ♦ **j-m sein Herz** ~ aprire a qn il proprio cuore
Aus·schüt·tung F ⟨-; -en⟩ WIRTSCH distribuzione *f*, ripartizione *f*
aus·schwei·fend ADJ **1** sfrenato: **eine -e Fantasie** una fantasia sfrenata **2** dissoluto, sregolato: **ein -es Leben** una vita dissoluta **Aus·schwei·fung** F ⟨-; -en⟩ dissolutezza *f*
aus·schwei·gen VR ⟨*irr*⟩ **sich über etw** (*akk*) ~ serbare il silenzio su qc
aus·schwit·zen VT trasudare
aus·se·hen VI ⟨*irr*; h.⟩ **1** sembrare, avere l'aspetto: **er sieht gut aus** ha un bell'aspetto, è bello; **er sieht aus, als ob er**

krank wäre sembra malato **2** *unpers*: **es sieht (fast) so aus** pare che sia così; **es sieht nach Regen aus** pare che voglia piovere ♦ **so siehst du aus!** questo lo credi tu!; **sehe ich so aus?** dò quest'impressione?; **wie siehst du denn aus?** come (ti) sei conciato?; **wie sieht's mit unseren Vorräten aus?** come stiamo a provviste?

Aus·se·hen N ⟨-s⟩ apparenza *f*, aspetto *m*

au·ßen ADV (di) fuori, all'esterno: **nach ~ (hin)** in fuori, verso l'esterno; **die Tür geht nach ~ auf** la porta si apre verso l'esterno; **von ~** da fuori, dall'esterno; **~ stehend** estraneo ♦ *umg* **~ vor bleiben** rimanere fuori, non essere coinvolto

Au·ßen·auf·nah·me F FILM esterni *mpl*: **-n drehen** girare gli esterni **Au·ßen·be·zirk** M quartiere *m* periferico **Au·ßen·bord·mo·tor** M motore *m* fuoribordo

aus·sen·den V/T ⟨*irr*⟩ **1** inviare: **Boten nach j-m ~** inviare messaggeri a qn **2** emettere: **Strahlen ~** emettere segnali

Au·ßen·dienst M servizio *m* esterno **Au·ßen·han·del** M commercio *m* con l'estero **Au·ßen·mi·nis·ter** M, **-in** F ministro *m*, -a *f* degli esteri **Au·ßen·mi·nis·te·ri·um** N ministero *m* degli esteri **Au·ßen·po·li·tik** F politica *f* estera **Au·ßen·sei·te** F lato *m* esterno, facciata *f* esterna **Au·ßen·sei·ter** M ⟨-s; -⟩, **-in** F ⟨-; -nen⟩ outsider *m/f inv* **Au·ßen·stän·de** PL crediti *mpl* **Au·ßen·stel·le** F succursale *f* **Au·ßen·stür·mer** M, **-in** F SPORT ala *f* **Au·ßen·welt** F mondo *m* esterno: **von der ~ abgeschnitten sein** essere tagliato fuori dal mondo

au·ßer **A** PRÄP (+*dat*) **1** eccetto, tranne: **alle ~ ihm** tutti tranne lui **2** (*neben*) oltre a **3** fuori: **~ Dienst** fuori servizio; **die Fabrik ist ~ Betrieb** la fabbrica ha cessato l'attività **B** KONJ se non, a meno che: **ich komme, ~ (wenn) es regnet** vengo, a meno che non piova ♦ **~ sich** (*dat*) **geraten** perdere il controllo; **~ Haus sein** essere usciti; **~ Frage stellen** mettere fuori discussione; **~ Zweifel stellen** non mettere in dubbio; **~ sich** (*dat*) **vor Freude sein** essere fuori di sé dalla gioia

au·ßer·dem ADV inoltre, oltre a ciò

äu·ße·re ADJ **1** esterno, esteriore **2** estero: **die -n Angelegenheiten** gli affari esteri **Äu·ße·re** N ⟨-n⟩ aspetto *m* esteriore: **auf das ~ Wert legen** dare importanza all'apparenza

au·ßer·ehe·lich ADJ extraconiugale: **ein -es Kind** un figlio naturale, un figlio nato fuori dal matrimonio **au·ßer·eu·ro·pä·isch** ADJ extraeuropeo **au·ßer·ge·richt·lich** ADJ extragiudiziale **au·ßer·ge·wöhn·lich** ADJ straordinario

au·ßer·halb **A** PRÄP (+*gen*) (al di) fuori di (*a. fig*): **~ der Stadt** fuori (della) città; **~ der Legalität** al di fuori della legalità **B** ADV fuori: **~ wohnen** vivere fuori città; **er kommt von ~** viene da fuori

au·ßer·ir·disch ADJ extraterrestre

äu·ßer·lich **A** ADJ **1** esterno: **nur für den -en Gebrauch** solo per uso esterno **2** esteriore, apparente: **eine -e Ähnlichkeit** una somiglianza esteriore **3** (*nicht wesentlich*) esteriore, non essenziale **B** ADV esteriormente, esternamente: **~ blieb er ganz ruhig** esteriormente restò calmissimo

Äu·ßer·lich·keit F ⟨-; -en⟩ **1** apparenza *f*: **auf -en Wert legen** dare importanza alle apparenze **2** (*Unwesentliches*) dettaglio *m* non essenziale

äu·ßern **A** V/T esprimere, manifestare **B** V/R **1** **sich über j-n/etw ~** esprimersi su qn/qc **2** (*sich zeigen*) manifestarsi

au·ßer·or·dent·lich ADJ straordinario **au·ßer·orts** ADV *schweiz* fuori **au·ßer·par·la·men·ta·risch** ADJ extraparlamentare **au·ßer·plan·mä·ßig** ADJ fuori programma, straordinario

äu·ßerst **A** ADJ **1** estremo: **am -en Ende** al limite estremo **2** massimo, estremo: **von -er Wichtigkeit** della massima importanza **3** ultimo: **das -e Angebot** l'ultima offerta **B** ADV estremamente: **~ dringlich** estremamente urgente ♦ **im -en Fall** nel peggiore dei casi

au·ßer·stan·de ADV **~ sein, etw zu tun** non essere in grado di fare qc

Äu·ßers·te N ⟨-n⟩ **1** estremo *m*: **etw bis zum -n treiben** spingere qc all'estremo; **bis zum -n gehen** andare fino in fondo **2** massimo *m*: **aufs ~ erregt sein** essere agitato al massimo, essere estremamente agitato ♦ **das ~ wagen** tentare l'impossibile; **auf das ~ gefasst sein** essere preparato al peggio

Äu·ße·rung F ⟨-; -en⟩ **1** dichiarazione *f*: **eine ~ tun** fare una dichiarazione **2**

(*Bemerkung*) osservazione *f*, commento *m*: **eine ~ fallen lassen** fare un'osservazione **3** (*Zeichen*) espressione *f*, manifestazione *f*

aus·set·zen **A** VT **1** abbandonare: **einen Hund ~** abbandonare un cane **2** SCHIFF **die Passagiere ~** portare i passeggeri a terra **3** esporre: **j-n einer Gefahr ~** esporre qn ad un pericolo **4** assegnare: **eine Belohnung ~** promettere una ricompensa **5** JUR rinviare: **eine Strafe zur Bewährung ~** sospendere una pena in condizionale **6** (*unterbrechen*) interrompere **B** VI ⟨h.⟩ arrestarsi, interrompersi **C** VR **sich etw** (*dat*) **~** esporsi a qc ♦ **etw an j-m/etw auszusetzen haben** avere qc da ridire su qn/qc; **eine Runde ~** stare fermo un giro

Aus·sicht F ⟨-; -en⟩ **1** vista *f*: **ein Zimmer mit ~ aufs Meer** una camera con vista sul mare **2** possibilità *f*, prospettiva *f*: **gute -en auf einen Posten haben** avere buone possibilità di ottenere un posto ♦ **etw in ~ haben** avere qc in vista, aspettarsi qc; **j-m etw in ~ stellen** far sperare qc a qn

aus·sichts·los ADJ senza speranze, disperato, senza prospettive **Aus·sichts·lo·sig·keit** F ⟨-⟩ **1** mancanza *f* di prospettive (*od* speranze) **2** situazione *f* disperata **Aus·sichts·punkt** M belvedere *m* **aus·sichts·reich** ADJ promettente

aus·sie·deln VT trasferire

Aus·sied·ler M, **-in** F immigrato *m*, -a *f* di origine tedesca, proveniente dall'Europa orientale

aus·söh·nen **A** VT **j-n mit seinem Gegner ~** riconciliare qn con il suo avversario **B** VR **sich ~** riconciliarsi; *fig* **sich mit seinem Schicksal ~** accettare il proprio destino

aus·son·dern VT scartare, eliminare

aus·sor·tie·ren VT **1** eliminare, mettere da parte: **alte Kleider ~** mettere da parte i vestiti vecchi **2** (*auswählen*) scegliere, selezionare

aus·span·nen **A** VT **1** (*Netz*) (s)tendere; (*Flügel*) spiegare **2** (*Pferd, Pflug*) staccare **3** *umg* **j-m etw ~** portar via qc a qn; **j-m die Freundin ~** portare via la ragazza a qn **B** VI ⟨h.⟩ riposarsi, rilassarsi

aus·spa·ren VT tenere (*od* lasciare) libero

aus·sper·ren VT **1** chiudere fuori **2** **die Arbeiter ~** effettuare una serrata

aus·spie·len VT **1** giocare (come prima carta) **2** *fig* **seine Macht ~** sfruttare il proprio potere **3** **j-n gegen j-n ~** mettere qn contro qn ♦ **wer spielt aus?** chi è di mano?; **hoch ~** giocare una carta alta

aus·spin·nen VT ⟨*irr*⟩ **1** sviluppare, svolgere **2** *fig* (*ausmalen*) immaginarsi

aus·spi·o·nie·ren VT **1** (*entdecken*) trovare, scoprire **2** **j-n über etw** (*akk*) **~** cercare di sapere qc da qn

Aus·spra·che F **1** pronuncia *f* **2** (*Unterredung*) chiarimento *m* ♦ *hum* **eine feuchte ~ haben** = *sputacchiare mentre si parla*

aus·spre·chen ⟨*irr*⟩ **A** VT **1** pronunciare **2** (*äußern*) esprimere **B** VR **1** **sich lobend/tadelnd über j-n ~** avere parole di elogio/di biasimo per qn **2** **sich für j-n/etw ~** dichiararsi a favore di qn/qc **3** (*sich öffnen*) aprire il cuore **4** **sich mit j-m ~** avere un chiarimento con qn

Aus·spruch M massima *f*, detto *m*

aus·spu·cken VT **1** sputare (*a. fig*): **der Computer spuckt Informationen aus** il computer sputa informazioni **2** *umg* (*erbrechen*) vomitare

aus·spü·len VT **1** (ri)sciacquare **2** togliere sciacquando, lavare via

aus·staf·fie·ren VT **1** attrezzare **2** *umg* (*einrichten*) arredare **3** (*einkleiden*) vestire **4** (*verkleiden*) travestire

Aus·stand M sciopero *m*: **in den ~ treten** scendere in sciopero

aus·stat·ten VT **1** fornire: *fig* **mit großen Fähigkeiten ausgestattet** dotato di grandi capacità **2** (*Zimmer*) arredare **3** **ein Labor modern ~** attrezzare modernamente un laboratorio **Aus·stat·tung** F ⟨-; -en⟩ **1** (*von Räumen*) arredamento *m* **2** (*Ausrüstung*) attrezzatura *f* **3** THEAT allestimento *m*

aus·ste·chen VT ⟨*irr*⟩ **1** cavare: **j-m ein Auge ~** cavare un occhio a qn **2** GASTR ritagliare **3** *fig* **j-n ~** soppiantare qn

aus·ste·hen ⟨*irr*⟩ **A** VT sopportare: **Angst ~** provare paura **B** VI ⟨h.⟩ mancare: **die Antwort steht noch aus** manca ancora la risposta ♦ **j-n nicht ~ können** non poter sopportare qn; **-der Beitrag** contributo arretrato

aus·stei·gen VI ⟨*irr*; s.⟩ **1** (*aus Fahrzeugen*) scendere: **aus dem Bus ~** scendere dall'autobus **2** *umg* uscire: **aus einem Geschäft/einem Rennen ~** ritirarsi da un affare/da una corsa **Aus·stei·ger** M ‹-s; -›, **-in** F ‹-; -nen› s/ chi rompe i ponti con la società, dropout *m/f*

aus·stel·len VT **1** esporre **2** (*ausfertigen*) rilasciare **3** *umg* (*ausschalten*) spegnere

Aus·stel·ler M ‹-s; -›, **-in** F ‹-; -nen› espositore *m*, -trice *f*

Aus·stel·lung F esposizione *f*, mostra *f*

Aus·stel·lungs·da·tum N data *f* di emissione (*od* di rilascio) **Aus·stel·lungs·ge·län·de** N area *f* espositiva **Aus·stel·lungs·hal·le** F padiglione *m* **Aus·stel·lungs·stand** M stand *m inv* **Aus·stel·lungs·stück** N articolo *m* da esposizione

aus·ster·ben VI ‹*irr*; s.› **1** (*Art, Familie*) estinguersi **2** *fig* scomparire: **dieser Beruf stirbt aus** questa professione sta scomparendo **Aus·ster·ben** N estinzione *f*: **vom ~ bedrohte** (*od* **im ~ begriffene**) **Tierarten** specie animali in via di estinzione

Aus·steu·er F corredo *m*, dote *f*

Aus·stieg M ‹-[e]s; -e› uscita *f* (*a. fig*): **der ~ aus der Kernenergie** l'abbandono *m* dell'energia nucleare

aus·stop·fen VT **1** imbottire: **ein Kissen ~** imbottire un cuscino **2** (*Tiere*) impagliare

Aus·stoß M **1** espulsione *f* **2** WIRTSCH produzione *f* **aus·sto·ßen** VT ‹*irr*› **1** gettare fuori **2** *fig* lanciare: **einen Schrei ~** lanciare un grido; **Drohungen ~** scagliare minacce **3** (*ausschließen*) espellere **4** WIRTSCH produrre

aus·strah·len **A** VT **1** irradiare (*a. fig*): **sein Gesicht strahlt Freude aus** il suo viso irradia gioia **2** RADIO, TV trasmettere **B** VI ‹h.› irradiarsi **Aus·strah·lung** F **1** irradiazione *f* **2** *fig* (*Wirkung*) influenza *f* **3** TV trasmissione *f*

aus·stre·cken **A** VT (di)stendere, allungare: **die Fühler ~** allungare le antenne **B** VR **sich ~** sdraiarsi, stendersi

aus·strei·chen VT ‹*irr*› **1** (*Farbe*) stendere **2** (*glatt streichen*) stirare **3** cancellare (*a. fig*): **ein Wort ~** cancellare una parola

aus·streu·en VT spargere (*a. fig*)

aus·strö·men **A** VT (*Geruch*) emanare, esalare **B** VI ‹s.› fuoruscire

aus·su·chen VT scegliere

Aus·tausch M scambio *m* (*a. fig*): **etw im ~** (**gegen etw anderes**) **erhalten** avere qc in cambio (di qc altro); **der ~ einer Maschine** la sostituzione di una macchina **aus·tausch·bar** ADJ intercambiabile, scambiabile, sostituibile

aus·tau·schen **A** VT **1** scambiare (*a. fig*): **Gefangene/Meinungen ~** scambiare i prigionieri/opinioni **2** (*ersetzen*) sostituire **B** VR **sich ~** scambiarsi: **wir tauschten uns über unsere Erfahrungen aus** ci scambiammo le nostre esperienze

Aus·tausch·mo·tor M motore *m* di rotazione (*od* di giro) **Aus·tausch·schü·ler** M, **-in** F scolaro *m*, -a *f* che partecipa a un programma di scambio

aus·tei·len VT **1** distribuire **2** *fig* impartire: **Befehle ~** impartire ordini

Aus·ter F ‹-; -n› ostrica *f*

Aus·tern·pilz M gelone *m*, orecchione *m*

aus·to·ben **A** VT sfogare **B** VR **sich ~** sfogarsi, scatenarsi

aus·tra·gen ‹*irr*› **A** VT **1** consegnare a domicilio: **Zeitungen ~** recapitare i giornali **2** decidere: **einen Konflikt friedlich ~** risolvere pacificamente un conflitto **3** SPORT disputare **4** (*Eintragung*) cancellare **5** MED **ein Kind ~** portare a compimento una gravidanza **B** VR **sich ~** cancellarsi

Aust·ra·li·en N ‹-s› Australia *f* **Aust·ra·li·er** M ‹-s; -›, **-in** F ‹-; -nen› australiano *m*, -a *f* **aust·ra·lisch** ADJ australiano

aus·trei·ben ‹*irr*› **A** VT far passare: **j-m seine Launen ~** far passare a qn la voglia di fare i capricci **B** VI ‹h.› BOT spuntare

aus·tre·ten ‹*irr*› **A** VT **1** (*Feuer*) spegnere coi piedi **2** (*Stufen*) consumare **3** (*Schuhe*) sformare **B** VI ‹s.› **1** (*entweichen*) (fuori)uscire, scappare (fuori) **2** *fig* **aus etw ~** uscire da qc; **aus der Kirche ~** abbandonare la Chiesa; **aus der Partei ~** lasciare il partito; ♦ *euph* **ich muss mal ~** devo andare a fare un bisogno

aus·trick·sen VT **1** SPORT **j-n ~** fare una finta a qn **2** *fig* (*überlisten*) ingannare

aus·trin·ken VT ‹*irr*› **1** finire di bere, bere tutto **2** (*Glas*) (s)vuotare (bevendo)

Aus·tritt M **1** (*Entweichen*) (fuori)uscita *f* **2** (*Ausscheiden*) uscita *f*, ritiro *m*

aus·trock·nen **A** VT **1** asciugare (completamente) **2** (*trockenlegen*) prosciugare **B** VI ‹s.› asciugarsi, (dis)seccarsi

aus·üben VT esercitare: **einen Beruf/einen Sport ~** esercitare una professione/uno sport; **Druck ~** fare pressione **Aus·übung** F esercizio *m*: **die ~ der Macht** l'esercizio del potere; **in ~ seines Dienstes** nell'adempimento del proprio servizio

aus·ufern VI ⟨s.⟩ *fig* degenerare; crescere in modo smisurato

Aus·ver·kauf M svendita *f* (*a. fig*)

aus·ver·kauft ADJ esaurito

aus·wach·sen ⟨irr⟩ **A** VI ⟨s.⟩ BOT germogliare **B** VR **sich ~** **1** normalizzarsi (crescendo): **keine Sorge, das wächst sich noch aus** non c'è da preoccuparsi, sparirà con la crescita **2** **sich zu etw ~** trasformarsi in qc ♦ **das, es ist zum Auswachsen mit ihm** fa disperare

Aus·wahl F scelta *f*: **eine ~ treffen** fare una scelta; **zur ~ stehen** essere a scelta: ♦ **eine große ~ an etw** (*dat*) un grande assortimento di qc

aus·wäh·len VT **1** scegliere, selezionare **2** IT (*Datei*) selezionare: **auswählen!** (*Befehl*) seleziona

Aus·wahl·mann·schaft F selezione *f*

Aus·wan·de·rer M, **-wan·de·rin** F emigrante *m/f* **aus·wan·dern** VI ⟨s.⟩ emigrare **Aus·wan·de·rung** F emigrazione *f*

aus·wär·tig ADJ **1** esterno **2** estero: **-e Politik** politica estera ♦ **das Auswärtige Amt** il Ministero degli (Affari) Esteri

aus·wärts ADV **1** (*nach außen*) all'infuori **2** fuori: **von ~ kommen** venire da fuori; SPORT **~ spielen** giocare fuori casa **Auswärts·spiel** N SPORT partita *f* fuori casa

aus·wa·schen VT ⟨irr⟩ **1** (*Fleck*) togliere, lavare via **2** (*Gegenstand*) lavare: **eine Bluse ~** dare una lavata veloce a una camicetta **3** (*aushöhlen*) erodere

aus·wech·sel·bar ADJ cambiabile, sostituibile **aus·wech·seln** VT cambiare, sostituire: **ein Rad ~** cambiare una ruota; **einen Spieler ~** sostituire un giocatore; **ein Teil gegen ein anderes ~** sostituire un pezzo con un altro **Aus·wech·sel·spie·ler** M, **-in** F SPORT riserva *f* **Aus·wech·se·lung** F ⟨-; -en⟩ cambio *m*, sostituzione *f*

Aus·weg M *fig* via *f* d'uscita: **ich weiß keinen anderen ~** non vedo altra via d'uscita; **er hält sich noch einen ~ offen** si riserva ancora una via d'uscita **aus·weg·los** ADJ *fig* senza via d'uscita **Aus·weg·lo·si·g·keit** F ⟨-⟩ *fig* mancanza *f* di una via d'uscita

aus·wei·chen VI ⟨irr; s.⟩ **1** scansarsi **2** **j-m/etw ~** evitare (*od* scansare) qn/qc; **er konnte dem Auto nicht mehr ~** non poté più evitare l'auto; **zur Seite ~** farsi da parte **3** *fig* **einer Frage ~** eludere una domanda; **j-s Blick ~** sfuggire lo sguardo di qn **4** **auf etw** (*akk*) **~** ripiegare su qc **aus·wei·chend** ADJ evasivo **Aus·weich·ma·nö·ver** N **1** manovra *f* per evitare un ostacolo **2** *fig* scappatoia *f*

aus·wei·nen VR **sich ~** sfogarsi piangendo ♦ **sich** (*dat*) **die Augen ~** piangere a dirotto

Aus·weis M ⟨-es; -e⟩ **1** tessera *f* **2** (*Identitätsausweis*) documento *m* d'identità: **einen ~ beantragen** chiedere il rilascio di un documento d'identità

aus·wei·sen ⟨irr⟩ **A** VT espellere: **j-n als unerwünschte Person ~** espellere qn (dal paese) come persona indesiderata **B** VR **sich ~** dimostrare la propria identità (esibendo documenti)

Aus·weis·kon·trol·le F controllo *m* dei documenti (d'identità) **Aus·weis·pa·pie·re** PL documenti *mpl* di riconoscimento

Aus·wei·sung F espulsione *f*

aus·wei·ten **A** VT allargare (*a. fig*) **B** VR **sich ~** **1** allargarsi **2** *fig* estendersi **Aus·wei·tung** F ⟨-; -en⟩ allargamento *m* (*a. fig*)

aus·wen·dig ADV a memoria: **etw ~ können** sapere qc a memoria; **etw ~ lernen** imparare qc a memoria ♦ **etw in- und ~ kennen** conoscere qc a menadito

aus·wer·fen VT ⟨irr⟩ **1** gettare: **die Angel/den Anker ~** gettare l'amo/l'ancora **2** (*Graben*) scavare (con la pala)

aus·wer·ten VT analizzare, elaborare **Aus·wer·tung** F analisi *f*, elaborazione *f*

aus·wi·ckeln VT **1** liberare da un involto; (*Geschenk*) scartare **2** (*Kind*) sfasciare

aus·wir·ken VR **sich ~** avere conseguenze, ripercuotersi: **sich günstig/schlecht auf j-n/etw ~** influire favorevolmente/sfavorevolmente su qn/qc; **der Treibhauseffekt wirkt sich auf das Klima aus** l'effetto serra si ripercuote sul clima **Aus·wir·kung** F effetto *m*, ripercussione *f*

aus·wi·schen VT (*auf der Tafel*) cancellare ♦ *umg* **j-m eins ~** giocare un brutto tiro a qn
aus·wrin·gen VT ⟨*irr*⟩ strizzare
Aus·wuchs M **1** escrescenza *f* **2** *fig* eccesso *m*: **Auswüchse der Fantasie** aberrazioni della fantasia **3** (*negativ*) abuso *m*: **Auswüchse der Verwaltung** abusi dell'amministrazione pubblica
aus·wuch·ten VT AUTO equilibrare
Aus·wurf M MED espettorazione *f*
aus·zah·len **A** VT pagare; (*Anteil*) liquidare **B** VR **sich ~** valere la pena: **es zahlt sich nicht aus** non vale la pena
aus·zäh·len VT contare: **Stimmen ~** fare lo spoglio dei voti
Aus·zah·lung F pagamento *m*; (*Abfindung*) liquidazione *f*
Aus·zäh·lung F conteggio *m*: **die ~ der Stimmen** lo spoglio dei voti
aus·zeh·ren VT consumare
aus·zeich·nen **A** VT **1** premiare: **j-n mit dem Nobelpreis ~** conferire il premio Nobel a qn **2** *fig* (*kennzeichnen*) (contrad)distinguere **B** VR **sich ~** distinguersi, farsi notare
Aus·zeich·nung F **1** (*Preis*) premio *m* **2** (*Orden, Medaille*) decorazione *f*: **j-m eine ~ verleihen** insignire qn di un'onorificenza ♦ **die Prüfung mit ~ bestehen** superare l'esame con lode
aus·zieh·bar ADJ allungabile
aus·zie·hen ⟨*irr*⟩ **A** VT **1** (*herausziehen*) estrarre (*a.* CHEM, MATH) **2** **den Tisch ~** allungare il tavolo **3** levare (di dosso): (**j-m**) **das Hemd ~** togliere la camicia (a qn) **4** spogliare: **das Kind ~** svestire il bambino **B** VI ⟨s.⟩ **1** andare, partire: **auf Abenteuer ~** partire in cerca d'avventura **2** (*eine Wohnung aufgeben*) andare via, sloggiare: **aus einer Wohnung ~** lasciare un appartamento **C** VR **sich ~** spogliarsi
Aus·zieh·tisch M tavolo *m* allungabile
Aus·zu·bil·den·de M/F ⟨-n; -n⟩ apprendista *m/f*
Aus·zug M **1** partenza *f* **2** (*Wohnungsaufgabe*) lo sloggiare **3** CHEM estratto *m* **4** (*Exzerpt*) estratto *m* **5** FIN estratto *m* conto **aus·zugs·wei·se** **A** ADJ **eine ~ Veröffentlichung** estratti da (*od* di) una pubblicazione **B** ADV in parte, per estratto
aus·zup·fen VT strappare
au·tark ADJ **1** WIRTSCH autarchico **2** (*sich selbst genügend*) libero, autosufficiente
Au·tar·kie F ⟨-; -n⟩ autarchia *f*
au·then·tisch ADJ autentico
Au·tis·mus M ⟨-; -⟩ autismo *m*
Au·to N ⟨-s; -s⟩ auto(mobile) *f*, macchina *f*: (**mit dem**) **~ fahren** andare in auto; **gut ~ fahren können** saper guidare bene l'auto; **aus dem ~ steigen** scendere dall'auto; **in das ~ steigen** salire in auto
Au·to·at·las M atlante *m* stradale
Au·to·bahn F autostrada *f* **Au·to·bahn·auf·fahrt** F raccordo *m* di entrata (nell'autostrada) **Au·to·bahn·aus·fahrt** F raccordo *m* d'uscita **Au·to·bahn·drei·eck** N svincolo *m* (autostradale) a trifoglio **Au·to·bahn·ge·bühr** F pedaggio *m* autostradale **Au·to·bahn·kreuz** N snodo *m* autostradale **Au·to·bahn·rast·stät·te** F autogrill *m* **Au·to·bahn·zu·brin·ger** M raccordo *m* autostradale

Auf der Autobahn

Italienische Autobahnen sind gebührenpflichtig. Man entnimmt die Karte einem Automaten an der Mautstelle bei der Einfahrt, bei der Ausfahrt bezahlt man die entsprechende Gebühr für die zurückgelegten Kilometer. Die mit **Viacard®** oder **Telepass®** gekennzeichneten Mautstellen sind für Autobahnbenutzer reserviert, die mit einer Magnetkarte zahlen.

Au·to·bi·o·gra·fie F autobiografia *f*
Au·to·bom·be F autobomba *f* **Au·to·bus** M autobus *m*
Au·to·di·dakt M ⟨-en; -en⟩, **-in** F ⟨-; -nen⟩ autodidatta *m/f*
Au·to·dieb M, **-in** F ladro *m*, -a *f* d'auto **Au·to·fäh·re** F traghetto *m* per (trasporto) auto **Au·to·fah·rer** M, **-in** F automobilista *m/f* **Au·to·fahrt** F viaggio *m* in automobile **au·to·frei** ADJ senza automobili: **-er Tag** giorno del pedone **Au·to·fried·hof** M cimitero *m* delle automobili
au·to·gen ADJ autogeno: **-es Training** training autogeno
Au·to·gramm N ⟨-[e]s; -e⟩ autografo *m*
Au·to·händ·ler M, **-in** F commerciante *m/f* d'automobili **Au·to·kar·te** F carta *f* automobilistica **Au·to·ki·no** N

drive-in *m*
Au·to·mat M ⟨-en; -en⟩ **1** distributore *m* automatico **2** TECH macchina *f* automatica
Au·to·ma·tik F ⟨-; -en⟩ **1** automatismo *m* **2** (*Selbststeuerung*) comando *m* automatico **Au·to·ma·tik·ge·trie·be** N AUTO cambio *m* automatico **Au·to·ma·tik·gurt** M cintura *f* di sicurezza automatica **Au·to·ma·tik·schal·tung** F cambio *m* automatico **Au·to·ma·tik·wa·gen** M automobile *f* con il cambio automatico
au·to·ma·tisch ADJ automatico
au·to·ma·ti·sie·ren V/T automatizzare
Au·to·mo·bil N ⟨-s; -e⟩ automobile *f* **Au·to·mo·bil·in·dust·rie** F industria *f* automobilistica **Au·to·mo·bil·sa·lon** M salone *m* dell'automobile
au·to·nom ADJ autonomo
Au·to·no·mie F ⟨-; -n⟩ autonomia *f*
Au·to·num·mer F numero *m* di targa
Au·to·pi·lot M FLUG autopilota *m*
Au·top·sie F ⟨-; -n⟩ autopsia *f*
Au·tor M ⟨-s; -en⟩ autore *m*
Au·to·ra·dio N autoradio *m* **Au·to·rei·fen** M pneumatico *m* per auto **Au·to·rei·se·zug** M treno *m* con auto al seguito **Au·to·ren·nen** N corsa *f*, gara *f* automobilistica
Au·to·rin F ⟨-; -nen⟩ autrice *f*
au·to·ri·sie·ren V/T autorizzare
au·to·ri·tär ADJ autoritario
Au·to·ri·tät F ⟨-; -en⟩ autorità *f*: **sich** (*dat*) **~ verschaffen** farsi rispettare
Au·to·sa·lon M autosalone *m* **Au·to·schal·ter** M sportello *m* banca drive-in **Au·to·schlüs·sel** M chiave *f* della macchina **Au·to·skoo·ter** [-sku:tə] M ⟨-s; -⟩ autoscontro *m* **Au·to·stopp** M autostop *m*: **per ~ fahren** viaggiare in autostop **Au·to·strich** M *umg* viale *m* con le prostitute **Au·to·stun·de** F ora *f* di macchina: **die Stadt liegt zwei -n entfernt** la città è a due ore di macchina da qui **Au·to·te·le·fon** N cellulare *m* per auto **Au·to·trans·por·ter** M bisarca *f* **Au·to·tür** F portiera *f* **Au·to·un·fall** M incidente *m* d'auto **Au·to·ver·kehr** M traffico *m* automobilistico **Au·to·ver·leih** M autonoleggio *m* **Au·to·wasch·an·la·ge** F impianto *m* di autolavaggio **Au·to·werk·statt** F autofficina *f*
Avant·gar·de [avɑ̃'gardə] F ⟨-; -n⟩ avanguardia *f* **avant·gar·dis·tisch** ADJ avanguardistico, d'avanguardia
Aver·si·on F ⟨-; -en⟩ avversione *f*: **eine ~ gegen j-n/etw haben** avere un'avversione per qn/qc
Avo·ca·do F ⟨-; -s⟩ avocado *m inv*
Axt F ⟨-; Äxte⟩ ascia *f*, accetta *f*
Aza·lee F ⟨-; -n⟩ azalea *f*
Aze·ton N ⟨-s⟩ acetone *m*
Azo·ren PL Azzorre *fpl*
Az·te·ke M ⟨-n; -n⟩, **-·kin** F ⟨-; -nen⟩ azteco *m*, -a *f*
Azu·bi M ⟨-s; -s⟩ *u.* F ⟨-; -s⟩ *umg* (*Auszubildende*) apprendista *m/f*
azur·blau ADJ azzurro

B

b, B N ⟨-; -⟩ **1** (*Buchstabe*) b, B, bi *f/m*: **B wie Berta** B come Bologna **2** MUS si *m* bemolle
Ba·by ['be:bi] N ⟨-s; -s⟩ **1** bebè *m* **2** *umg* (*Koseform*) bimba *f*, -o *m* **3** *sl* pupa *f* **Ba·by·boom** [-bu:m] M ⟨-s⟩ boom *m* delle nascite **Ba·by·nah·rung** F ⟨-⟩ alimenti *mpl* per bambini **ba·by·sit·ten** V/I ⟨h.⟩ fare la baby-sitter: **bei j-m ~** (*bei j-m zu Hause*) fare la baby-sitter da qn; (*auf ein Kind aufpassen*) fare da baby-sitter a qn **Ba·by·sit·ter** M ⟨-s; -⟩ **-in** F ⟨-; -nen⟩ baby-sitter *m/f*
Bach M ⟨-[e]s; Bäche⟩ ruscello *m*
Bach·stel·ze F ZOOL batticoda *f*
Back·blech N piastra *f* da forno
Back·bord N ⟨-[e]s⟩ babordo *m*
Ba·cke F ⟨-; -n⟩ **1** guancia *f* **2** MECH ganascia *f* **3** *umg* (*Hintern*) chiappa *f* ♦ **au ~!** caspita!
ba·cken ⟨backt/bäckt, backte; *obs* buk, gebacken⟩ V/T cuocere, fare al forno
Ba·cken·bart M fedine *fpl* **Ba·cken·kno·chen** M zigomo *m* **Ba·cken·zahn** M molare *m*
Bä·cker M ⟨-s; -⟩ fornaio *m*, panettiere *m*
Bä·cke·rei F ⟨-; -en⟩ panetteria *f*, panificio *m*
Bä·cke·rin F ⟨-; -nen⟩ fornaia *f*, panettiera *f*

Back·fisch M GASTR pesce *m* fritto **Back·form** F stampo *m* per dolci **Back·hen·del** N ⟨-s; -n⟩ *österr* pollo *m* fritto **Back·obst** N frutta *f* secca **Back·ofen** M forno *m* **Back·pa·pier** N carta *f* forno **Back·pflau·me** F prugna *f* secca **Back·pul·ver** N lievito *m* in polvere **Back·rohr** N *österr* → Backofen

Back·slash ['bɛkslɛʃ] M ⟨-s; -s⟩ IT barra *f* inversa

Back·space·tas·te ['bɛkspe:s-] F IT tasto *m* backspace, tasto *m* correzione

Back·stein M mattone *m* **Back·stu·be** F forno *m*

bäckt → backen

Back-up ['bɛkap] N ⟨-s; -s⟩ IT backup *m* *inv*, copia *f* di sicurezza

Bad N ⟨-[e]s; Bäder⟩ **1** bagno *m* **2** (*Schwimmbad*) piscina *f* **3** (*Kurort*) bagni *mpl* ♦ **ein ~ in der Menge nehmen** fare un bagno di folla

Ba·de·an·stalt F piscina *f* **Ba·de·an·zug** M costume *m* da bagno **Ba·de·ho·se** F costume *m* da bagno (maschile) **Ba·de·kap·pe** F cuffia *f* da bagno **Ba·de·kur** F balneoterapia *f* **Ba·de·man·tel** M accappatoio *m* **Ba·de·meis·ter** M, **-in** F bagnino *m*, -a *f* **Ba·de·müt·ze** F cuffia *f* (da bagno)

ba·den **A** V/T **j-n ~** fare il (*od* un) bagno a qn **B** V/I ⟨h.⟩ **1** fare un bagno **2** (*im Schwimmbad*) **~ gehen** andare a fare il bagno **C** V/R **sich ~** fare il (*od* un) bagno ♦ **mit etw ~ gehen** andare in bianco con qc

Ba·den-Würt·tem·berg N ⟨-s⟩ Baden-Württemberg *m*

Ba·de·ort M **1** località *f* balneare **2** (*Kurort*) località *f* termale **Ba·de·sa·chen** PL roba *f* da spiaggia **Ba·de·sai·son** [-zɛ'zõ:] F stagione *f* balneare **Ba·de·salz** N sali *mpl* da bagno **Ba·de·schuh** M ciabatta *f* da bagno **Ba·de·strand** M spiaggia *f* **Ba·de·tuch** N telo *m* da spiaggia **Ba·de·wan·ne** F vasca *f* da bagno **Ba·de·zeug** N roba *f* da spiaggia **Ba·de·zim·mer** N stanza *f* da bagno

baff: **~ sein** rimanere di stucco

Bafög N ⟨-⟩ = *presalario*: **~ bekommen** percepire il presalario; **ich bekomme 500 Euro ~ im Monat** mi danno un presalario di 500 euro al mese

Ba·ga·ge [ba'ga:ʒə] F ⟨-; -n⟩ **1** (*Gepäck*) bagaglio *m* **2** *pej* gentaglia *f*, canaglia *f*

Ba·ga·tel·le F ⟨-; -n⟩ bagatella *f*

ba·ga·tel·li·sie·ren V/T minimizzare

Bag·ger M ⟨-s; -⟩ scavatrice *f*, ruspa *f* **Bag·ger·see** M laghetto *m* artificiale di cava

Ba·guette [ba'gɛt] N ⟨-s; -s⟩ baguette *f* *inv*

Ba·hama·in·seln PL, **Ba·ha·mas** PL (isole *fpl*) Bahamas *fpl*

Bahn F ⟨-; -en⟩ **1** via *f*, strada *f*, passaggio *m*: *fig* **sich in neuen -en bewegen** percorrere vie nuove **2** (*Flugbahn*) traiettoria *f* **3** SPORT pista *f*; corsia *f* **4** (*Zug*) treno *m*: **mit der ~ fahren** viaggiare in treno; **die ~ nehmen** prendere il treno **5** (*Eisenbahn*) ferrovia *f*: **per ~** per ferrovia ♦ **sich** (*dat*) **~ brechen** farsi strada; **freie ~ haben** avere via libera; **auf die schiefe ~ geraten** mettersi sulla cattiva strada; **etw in die richtige ~ lenken** dare a qc il suo giusto corso

Bahn·ar·bei·ter M, **-in** F operaio *m*, -a *f* delle ferrovie **bahn·bre·chend** ADJ pionieristico **Bahn·Card®** F ⟨-; -s⟩ tessera *f* ferroviaria **Bahn·damm** M terrapieno *m* della ferrovia

bah·nen **A** V/T **j-m einen Weg ~** spianare la strada (*od* la via) a qn **B** V/R **sich** (*dat*) **einen Weg ~** farsi strada, aprirsi un varco

Bahn·fahrt F viaggio *m* in treno **Bahn·glei·se** PL binari *mpl*

Bahn·hof M stazione *f*: **auf dem ~** alla stazione; **j-n zum ~ bringen/vom ~ abholen** portare/andare a prendere qn alla stazione

Bahn·hofs·hal·le F atrio *m* della stazione **Bahn·hofs·mis·si·on** F centro *m* assistenziale operante nelle stazioni **Bahn·hofs·res·tau·rant** N ristorante *m* della stazione **Bahn·hofs·vor·ste·her** M ⟨-s; -⟩, **-in** F ⟨-; -nen⟩ capostazione *m/f*

Bahn·li·nie F linea *f* ferroviaria **Bahn·po·li·zei** F polizia *f* ferroviaria **Bahn·rei·se** F viaggio *m* in treno **Bahn·schran·ke** F barriera *f* del passaggio a livello **Bahn·steig** M ⟨-[e]s; -e⟩ banchina *f* **Bahn·stre·cke** F tronco *m* ferroviario **Bahn·über·gang** M passaggio *m* a livello **Bahn·ver·bin·dung** F collegamento *m* ferroviario **Bahn·wär·ter** M, **-in** F cantoniere *m*, -a *f*

Bah·re F ⟨-; -n⟩ **1** (*Tragbahre*) barella *f*,

lettiga *f* **2** (*Totenbahre*) bara *f*, feretro *m*
Bai·ser [bɛ'ze:] N ⟨-s; -s⟩ meringa *f*
Bais·se ['bɛ:sə] F ⟨-; -n⟩ WIRTSCH ribasso *m*
Bais·si·er [bɛ'sie:] M ⟨-s; -s⟩ ribassista *m*
Ba·jo·nett N ⟨-[e]s; -e⟩ baionetta *f* **Ba·jo·nett·ver·schluss** M innesto *m* a baionetta
Ba·ke F ⟨-; -n⟩ SCHIFF, FLUG meda *f*
Bak·te·rie F ⟨-; -n⟩ batterio *m*
bak·te·ri·ell ADJ batterico
bak·te·ri·zid ADJ battericida
Ba·lan·ce [ba'lã:sə] F ⟨-; -n⟩ equilibrio *m*: *fig* **j-n aus der ~ bringen** far perdere l'equilibrio a qn **Ba·lan·ce·akt** M equilibrismo *m*
ba·lan·cie·ren **A** V/T bilanciare, tenere in equilibrio **B** V/I ⟨s.⟩ stare in equilibrio: **über etw** (*akk*) **~** camminare stando in equilibrio su qc
bald ADV ⟨*komp*: eher; *sup*: am ehesten⟩ **1** fra poco, presto: **es wird ~ Nacht** presto farà notte **2** (*rasch*) presto, subito: **nicht so ~ fertig sein** non essere subito pronto **3** *umg* (*fast*) quasi ♦ *umg* **auf ~!** **bis ~!** a presto!; **so ~ wie** (**als**) **möglich** il più presto possibile; **wird's ~?** sbrigati! spicciati!
bal·dig ADJ **1** prossimo: **in Erwartung Ihrer -en Nachricht** in attesa di Vostre prossime notizie **2** pronto, sollecito
Bald·ri·an M ⟨-s; -e⟩ valeriana *f*
Ba·le·a·ren PL Baleari *fpl*
Balg[1] M ⟨-[e]s; Bälge⟩ **1** (*Tierhaut*) pelle *f* **2** (*von Orgeln*) mantice *m*
Balg[2] M/N ⟨-[e]s; Bälge[r]⟩ *pej umg* marmocchio *m*
bal·gen V/R **sich ~** azzuffarsi, accapigliarsi
Bal·ge·rei F ⟨-; -en⟩ zuffa *f*, baruffa *f*
Bal·kan M ⟨-s⟩ Balcani *mpl*: **auf dem ~** nei Balcani **Bal·kan·halb·in·sel** F penisola *f* balcanica **Bal·kan·län·der** PL paesi *mpl* balcanici
Bal·ken M ⟨-s; -⟩ trave *f*; traversa *f*
Bal·ken·code M codice *m* a barre **Bal·ken·code·le·ser** M lettore *m* ottico di codice a barre **Bal·ken·de·cke** F soffitto *m* a travi **Bal·ken·dia·gramm** N grafico *m* a barre
Bal·kon M ⟨-s; -s *u.* -e⟩ **1** balcone *m*: **auf dem ~** sul balcone **2** THEAT galleria *f*, balconata *f*
Ball[1] M ⟨-[e]s; Bälle⟩ (*zum Spielen*) palla *f*, pallone *m*: (**mit dem**) **~ spielen** giocare a (*od* con la) palla ♦ **am ~ sein** (*od* **bleiben**) perseverare, non mollare
Ball[2] M ⟨-[e]s; Bälle⟩ (*Tanz*) ballo *m*, festa *f* da ballo
Bal·la·de F ⟨-; -n⟩ ballata *f*
Bal·last M ⟨-[e]s⟩ zavorra *f* (*a. fig*)
Bal·last·stof·fe PL fibre *fpl* (alimentari)
bal·len **A** V/T **1** **die Hand** (**zur Faust**) **~** serrare il pugno **2** (*zusammenballen*) appallottolare **B** V/R **sich ~** ammassarsi, accumularsi
Bal·len M ⟨-s; -⟩ **1** balla *f* **2** ANAT eminenza *f*, sporgenza *f* **3** (*Wurzelballen*) pane *m* di terra
Bal·le·ri·na F ⟨-; Ballerinen⟩ (*Tänzerin*) ballerina *f*
Bal·ler·mann M *hum* (*Pistole*) sputafuoco *f*
bal·lern *umg* V/I ⟨h.⟩ *schießen* sparare ♦ **j-m eine ~** sparare un pugno a qn
Bal·lett N ⟨-[e]s; -e⟩ balletto *m* **Bal·lett·schu·le** F scuola *f* di danza **Bal·lett·tän·zer** M, **-in** F ballerino *m*, -a *f*, danzatore *m*, -trice *f*
Bal·lis·tik F ⟨-⟩ balistica *f*
Ball·jun·ge M raccattapalle *m* **Ball·mäd·chen** N raccattapalle *f*
Bal·lon [ba'lɔŋ] M ⟨-s; -s⟩ **1** FLUG pallone *m* **2** (*Spiel*) palloncino *m* **3** (*Korbflasche*) damigiana *f*
Ball·spiel N gioco *m* con la palla
Bal·lung F ⟨-; -en⟩ concentrazione *f* **Bal·lungs·raum** M regione *f* ad alta concentrazione (di popolazione e industrie) **Bal·lungs·zen·trum** N **in den Ballungszentren** nei maggiori centri urbani
Ball·wech·sel M palleggio *m*
Bal·sa·holz N balsa *f*
Bal·sam M ⟨-s; -e⟩ balsamo *m* (*a. fig*)
Bal·te M ⟨-n; -n⟩ abitante *m* dei paesi baltici **Bal·ti·kum** N ⟨-s⟩ paesi *mpl* baltici **Bal·tin** F ⟨-; -nen⟩ abitante *f* dei paesi baltici **bal·tisch** ADJ baltico
Ba·lust·ra·de F ⟨-; -n⟩ balaustra *f*
Balz F ⟨-⟩ fregola *f*
bal·zen V/T corteggiare (*a. hum*)
Bam·bus M ⟨-ses; -se⟩ bambù *m* **Bam·bus·rohr** N canna *f* di bambù **Bam·bus·spros·sen** PL germogli *mpl* di bambù
Bam·mel M ⟨-s⟩ *umg* fifa *f*, paura *f*: **vor etw** (*dat*) **~ haben** avere fifa di qc
ba·nal ADJ banale, insignificante
Ba·na·li·tät F ⟨-; -en⟩ banalità *f*

Ba·na·ne F ⟨-; -n⟩ banana *f*
Ba·na·nen·re·pu·blik F repubblica *f* delle banane **Ba·na·nen·ste·cker** M ⟨-s; -⟩ ELEK banana *f*
Ba·nau·se M ⟨-n; -n⟩, **-·sin** F ⟨-; -nen⟩ *pej* = *persona rozza e gretta*
band → binden
Band[1] N ⟨-[e]s; Bänder⟩ **1** nastro *m*, fascia *f* **2** (*Tonband*) nastro *m* magnetico: **etw auf ~ aufnehmen** registrare qc su nastro **3** (*Fließband*) catena *f* (di montaggio) **4** (*Förderband*) nastro *m* trasportatore **5** ANAT legamento *m* ♦ *fig* **am laufenden ~** ininterrottamente
Band[2] N ⟨-[e]s; -e⟩ legame *m*, vincolo *m*: **verwandtschaftliche -e** legami di parentela ♦ **außer Rand und ~ sein** essere fuori di sé
Band[3] M ⟨-[e]s; Bände⟩ (*Buch*) volume *m* ♦ **das spricht Bände** questo dice (*od* spiega) tutto
Band[4] [bɛnt] F ⟨-; Bands⟩ banda *f*, gruppo *m* musicale
Ban·da·ge [ban'da:ʒə] F ⟨-; -n⟩ **1** MED fasciatura *f* **2** (*beim Boxen*) fascia *f*
ban·da·gie·ren V/T fasciare
Band·auf·zeich·nung F incisione *f* (su nastro) **Band·brei·te** F *fig* gamma *f*, scelta *f* ♦ **die ~ der Kursschwankungen** i margini di oscillazione del corso di una moneta
Ban·de[1] F ⟨-; -n⟩ banda *f* (*a. pej hum*): **eine ~ ausheben** scovare una banda; **eine ausgelassene ~** un'allegra combriccola
Ban·de[2] F ⟨-; -n⟩ SPORT bordo *m*, margine *m*, parete *f*; (*beim Billard*) sponda *f*
Bän·der·riss M MED rottura *f* dei legamenti **Bän·der·zer·rung** F distorsione *f* ai legamenti
bän·di·gen V/T **1** domare **2** *fig* contenere
Bän·di·ger M ⟨-s; -⟩, **-in** F ⟨-; -nen⟩ domatore *m*, -trice *f*
Ban·dit M ⟨-en; -en⟩, **-in** F ⟨-; -nen⟩ bandito *m*, -a *f*
Band·lauf·werk N IT unità *f* nastro, streamer *m inv* **Band·maß** N metro *m* a nastro **Band·nu·deln** PL tagliatelle *fpl* **Band·sä·ge** F sega *f* a nastro **Band·schei·be** F ANAT disco *m* intervertebrale **Band·schei·ben·vor·fall** M ernia *f* del disco **Band·wurm** M verme *m* solitario, tenia *f*
ban·ge ADJ pauroso: **~ Minuten** minuti d'ansia; **j-m** *od* **j-n ~ machen** fare paura a qn
ban·gen V/I ⟨h.⟩ **1** **um j-n/etw ~** preoccuparsi per qn/qc **2** *unpers* **es bangt mir vor j-m/etw** ho paura di qn/qc
Bank[1] F ⟨-; Bänke⟩ **1** (*Sitzbank*) panca *f*, panchina *f* **2** (*in der Schule, Kirche, im Gericht*) banco *m* ♦ **etw auf die lange ~ schieben** rimandare qc alle calende greche

> ### Bank
>
> **Il banco** und **la banca** bezeichnen beides Geldinstitute. Allgemein sagt man **vado in banca** (ich gehe zur Bank). **Banco** verwendet man nur in Verbindung mit dem Namen der Bank, z. B. „Il Banco di Novara".

Bank[2] F ⟨-; -en⟩ **1** (*Geldinstitut*) banca *f*: **ein Konto bei der ~ eröffnen** aprire un conto in banca **2** (*Spielbank*) banco *m*: **die ~ sprengen** far saltare il banco
Bank·an·ge·stell·te M/F impiegato *m*, -a *f* di banca **Bank·an·wei·sung** F assegno *m* bancario **Bank·au·to·mat** M Bancomat® *m inv*
Ban·ker ['bæŋkə] M ⟨-s; -⟩, **-in** F ⟨-; -nen⟩ *umg* bancario *m*, -a *f*
Ban·kett N ⟨-[e]s; -e⟩ (*Festmahl*) banchetto *m*
Bank·ge·heim·nis N segreto *m* bancario **Bank·ge·schäft** N operazione *f* bancaria **Bank·gut·ha·ben** N avere *m* in banca, deposito *m*
Ban·ki·er [baŋk'ie:] M ⟨-s; -s⟩ banchiere *m*
Bank·kauf·frau F, **-mann** M bancaria *f*, -o *m*
Bank·kon·to N conto *m* in banca: **ein ~ eröffnen/haben** aprire/avere un conto in banca **Bank·leit·zahl** F codice *m* bancario
Ban·ko·mat® M ⟨-en; -en⟩ sportello *m* automatico, Bancomat® *m inv*
Bank·raub M rapina *f* in banca **Bank·räu·ber** M, **Bank·räu·be·rin** F rapinatore *m*, -trice *f*
Bank·rott M ⟨-[e]s; -e⟩ bancarotta *f*, fallimento *m*: **~ machen** andare in fallimento **Bank·rott·er·klä·rung** F dichiarazione *f* di fallimento **bank·rott·ge·hen** V/I ⟨*irr*; s.⟩ *umg* andare in fallimento
Bank·sa·fe [-se:f] M **1** cassaforte *f* (di una banca) **2** (*Schließfach*) cassetta *f* di

sicurezza **Bank·schal·ter** M sportello *m* bancario **Bank·schließ·fach** N cassetta *f* di sicurezza **Bank·über·fall** M rapina *f* in banca **Bank·über·wei·sung** F bonifico *m* bancario **Bank·ver·bin·dung** F coordinate *fpl* bancarie **Bank·voll·macht** F procura *f* bancaria **Bank·we·sen** N ⟨-s⟩ settore *m* bancario

Bann M ⟨-[e]s; -e⟩ 1 scomunica *f*, bando *m*: **j-n mit dem ~ belegen** dare la scomunica a qn 2 *poet* malia *f*: **unter einem ~ stehen** essere vittima di una malia ♦ **in j-s ~ geraten** subire l'influenza di qn

ban·nen VT 1 scomunicare 2 (*bezaubern*) incantare, avvincere: **die Zuschauer ~** avvincere gli spettatori 3 **etw auf die Leinwand ~** fissare qc sulla tela 4 (*vertreiben*) allontanare: **einen bösen Geist ~** allontanare uno spirito maligno; *fig* **eine Gefahr ~** scongiurare un pericolo

Ban·ner N ⟨-s; -⟩ 1 vessillo *m* (*a. fig*) 2 IT banner *m inv*

Bann·kreis M sfera *f* di influenza **Bann·mei·le** F (*Schutzbezirk*) zona *f* di riserva

Ban·tam·ge·wicht N SPORT peso *m* gallo

bar ADJ 1 contante, in contanti: **-es Geld** denaro contante 2 *fig* privo: **~ jeglichen Gefühls** privo di qualsiasi sentimento ♦ **etw (in) ~ bezahlen** pagare qc in contanti; **etw für -e Münze nehmen** prendere qc per oro colato

Bar F ⟨-; -s⟩ 1 (*Lokal*) night(-club) *m* 2 (*Theke*) banco *m*

Bär M ⟨-en; -en⟩ 1 orso *m* 2 ASTRON Orsa *f*: **der Kleine/Große ~** l'Orsa minore/maggiore ♦ **j-m einen -en aufbinden** darla a bere a qn

Ba·ra·cke F ⟨-; -n⟩ baracca *f*

Bar·bar M ⟨-en; -en⟩ barbaro *m* (*a. fig*) **Bar·ba·rei** F ⟨-; -en⟩ barbarie *f* **Bar·ba·rin** F ⟨-; -nen⟩ barbara *f* (*a. fig*) **bar·ba·risch** ADJ barbaro: **eine -e Hitze** un caldo barbaro

Bar·be·stand M fondo *m* cassa

Bar·bi·tu·rat N ⟨-s; -e⟩ barbiturico *m*

Bar·da·me F barista *f* (di night)

Bä·ren·dienst M: **j-m einen ~ erweisen** (*od* **leisten**) rendere un cattivo servizio a qn **Bä·ren·hun·ger** M *umg* **einen ~ haben** avere una fame da lupi **bä·ren·stark** ADJ *umg* 1 (*stark*) forte come un toro 2 (*toll*) formidabile

Ba·rett N ⟨-[e]s; -e *u.* -s⟩ berrettone *m*

bar·fuß ADJ (*präd*) scalzo, a piedi nudi

barg → bergen

Bar·geld N contante *m* **bar·geld·los** ADJ non in contanti, senza contanti: **-er Zahlungsverkehr** pagamenti non in contanti **Bar·geld·um·stel·lung** F (*in der EU*) sostituzione *f* del contante

Bar·ho·cker M sgabello *m* di bar

Ba·ri N ⟨-s⟩ GEOG Bari *f*

bä·rig ADJ *österr* (*toll*) forte, formidabile

Bä·rin F ⟨-; -nen⟩ orsa *f*

Ba·ri·ton M ⟨-s; -e⟩ (voce *f* di) baritono *m*: **den ~ singen** cantare la parte del baritono

Bar·kas·se F ⟨-; -n⟩ SCHIFF barcaccia *f*

Bar·kauf M acquisto *m* in contanti

Bar·ke F ⟨-; -n⟩ barca *f*, barchetta *f*

Bar·kee·per [-ki:pe] M ⟨-s; -⟩ barista *m*

barm·her·zig ADJ *poet* caritatevole ♦ **der -e Samariter** il buon Samaritano

Barm·her·zig·keit F ⟨-⟩ *poet* carità *f*: **~ üben** fare opere di carità (*od* di bene)

ba·rock ADJ barocco (*a. fig*)

Ba·rock N/M ⟨-s⟩ barocco *m*

Ba·ro·me·ter N ⟨-s; -⟩ barometro *m* ♦ **das ~ steht auf Sturm** il barometro segna cattivo tempo; *fig* tira una brutta aria

Ba·ron M ⟨-s; -e⟩, **-in** F ⟨-; -nen⟩ barone *m*, -essa *f*

Bar·ren M ⟨-s; -⟩ 1 lingotto *m*, barra *f*: **ein ~ Gold** un lingotto d'oro 2 SPORT parallele *fpl*

Bar·ri·e·re F ⟨-; -n⟩ barriera *f*

Bar·ri·ka·de F ⟨-; -n⟩ barricata *f* ♦ *fig* **auf die -n gehen** protestare

barsch ADJ brusco, sgarbato

Barsch M ⟨-[e]s; -e⟩ pesce *m* persico

Bar·scheck M assegno *m* circolare

barst → bersten

Bart M ⟨-[e]s; Bärte⟩ 1 barba *f* 2 (*Schnurrbart*) baffo *m* 3 (*Schlüsselbart*) ingegno *m* ♦ **etw in seinen ~ brummen** borbottare qc fra i denti; **um des Kaisers ~ streiten** = *litigare per niente*; **das hat so einen ~!** è cosa vecchia e risaputa!; **j-m um den ~ gehen** lustrare le scarpe a qn

bär·tig ADJ barbuto

bart·los ADJ sbarbato; (*von Jungen*) imberbe **Bart·stop·pel** F *umg* pelo *m* ispido

Bar·zah·lung F pagamento *m* in contanti

Ba·sar M ⟨-s; -e⟩ 1 bazar *m* 2 (*Wohltätigkeitsverkauf*) vendita *f* di beneficenza

Ba·se F ⟨-; -n⟩ 1 CHEM base *f* 2 (*Kusine*) cugina *f*
Base·ball ['be:sbɔl] M ⟨-s⟩ baseball *m inv*
Ba·se·dow·krank·heit ['ba:zədo-] F morbo *m* di Basedow
Basel N ⟨-s⟩ 1 (*Stadt*) Basilea *f* 2 (*Kanton*) Cantone *m* Basilea: **Basel-Landschaft** Cantone Basilea Campagna; **Basel-Stadt** Cantone Basilea Città
ba·sie·ren A V/I ⟨h.⟩ **auf etw** (*dat*) ~ basarsi su qc B V/T basare
Ba·si·li·ca·ta N ⟨-s⟩ GEOG Basilicata *f*
Ba·si·li·ka F ⟨-; -ken⟩ basilica *f*
Ba·si·li·kum N ⟨-s; -s *u.* Basiliken⟩ basilico *m*
Ba·sis F ⟨-; Basen⟩ base *f*: **etw auf eine feste ~ stellen** porre qc su una base solida
ba·sisch ADJ basico
Ba·sis·de·mo·kra·tie F democrazia *f* di base
Bas·ke M ⟨-n; -n⟩ basco *m*
Bas·ken·land N Paesi *mpl* Baschi **Bas·ken·müt·ze** F basco *m*
Bas·ket·ball ['ba:skət-] M pallacanestro *f*
Bas·kin F ⟨-; -nen⟩ basca *f* **bas·kisch** ADJ basco
Bass M ⟨-es; Bässe⟩ 1 basso *m* 2 (*im Chor*) bassi *mpl* **Bass·gei·ge** F contrabbasso *m* **Bass·gi·tar·re** F chitarra *f* basso, basso *m*
Bas·sin [ba'sɛ̃:] N ⟨-s; -s⟩ bacino *m*, conca *f*
Bas·sist¹ M ⟨-en; -en⟩ (*Sänger*) basso *m*
Bas·sist² M ⟨-en; -en⟩, **-in** F ⟨-; -nen⟩ (*Spieler*) bassista *m/f*
Bass·schlüs·sel M chiave *f* di basso
Bast M ⟨-[e]s; -e⟩ rafia *f*
bas·ta INT basta ♦ **und damit ~!** e non una parola di più!
Bas·tard M ⟨-s; -e⟩ bastardo *m* (*a.* BIOL)
Bas·tei F ⟨-; -en⟩ bastione *m*, bastia *f*
bas·teln V/T & V/I ⟨h.⟩ fare bricolage
Bast·ler M ⟨-s; -⟩, **-in** F ⟨-; -nen⟩ hobbista *m/f*
bat → bitten
Ba·tail·lon [batal'jo:n] N ⟨-s; -e⟩ battaglione *m*
Ba·tik F ⟨-; -en⟩ batik *m inv* **ba·ti·ken** A V/T tingere con la tecnica del batik B V/I ⟨h.⟩ fare batik
Ba·tist M ⟨-[e]s; -e⟩ batista *f*
Bat·te·rie F ⟨-; -n⟩ 1 ELEK pila *f*, batteria *f* 2 *umg* batteria *f*: **eine ganze ~ (von) Arzneien** una sfilza di medicinali **bat·te·rie·be·trie·ben** ADJ a batteria **Bat·te·rie·huhn** N pollo *m* di batteria
Bau M ⟨-[e]s; -e *u.* Bauten⟩ 1 costruzione *f*: **im** (*od* **in**) **~ sein** essere in costruzione 2 (*Gebäude; pl Bauten*) costruzione *f*, edificio *m* 3 struttura *f* 4 *umg* (*Baustelle*) cantiere *m*: **auf dem ~ arbeiten** lavorare in cantiere 5 (*Tierhöhle*) ⟨*pl* -e⟩ tana *f* 6 *umg* (*Gefängnis*) **zwei Tage ~ bekommen** prendere due giorni di consegna
Bau·amt N genio *m* civile **Bau·ar·bei·ten** PL lavori *mpl* (edili *od* stradali) **Bau·ar·bei·ter** M, **-in** F operaio *m*, -a *f* edile
Bau·art F tipo *m* di costruzione
Bauch M ⟨-[e]s; Bäuche⟩ ventre *m*, pancia *f*: **einen ~ ansetzen** mettere su pancia; **der ~ einer Vase** la pancia di un vaso; **im ~ des Schiffes** nel ventre della nave ♦ *fig* **auf den ~ fallen** fare fiasco; **sich** (*dat*) **den ~ vor Lachen halten** spanciarsi dalle risate; **aus dem hohlen ~** su due piedi
Bauch·fell N peritoneo *m* **Bauch·fell·ent·zün·dung** F MED peritonite *f*
bau·chig ADJ panciuto, convesso
Bauch·lan·dung F atterraggio *m* senza carrello **Bauch·mus·kel** M muscolo *m* addominale **Bauch·na·bel** M ombelico *m* **Bauch·red·ner** M, **-in** F ventriloquo *m*, -a *f* **Bauch·schmerz** M dolore *m* alla pancia: **-en haben** avere mal *m* di pancia **Bauch·speck** M pancetta *f* **Bauch·spei·chel·drü·se** F pancreas *m* **Bauch·tanz** M danza *f* del ventre **Bauch·tän·ze·rin** F danzatrice *f* del ventre **Bauch·weh** N ⟨-s⟩ mal *m* di pancia
Baud [baut, bo:t] N ⟨-[s]; -⟩ IT baud *m inv*
Bau·denk·mal N monumento *m* architettonico **Bau·ele·ment** N TECH componente *m*
bau·en A V/T 1 costruire: **eine Atombombe ~** produrre una bomba atomica; **er hat ein Haus gebaut** si è fatto costruire una casa 2 *umg* combinare: **Mist/einen Unfall ~** combinare un pasticcio/avere un incidente B V/I ⟨h.⟩ 1 far costruire una casa 2 lavorare: **an einer Brücke ~** lavorare a un ponte 3 *fig* **auf j-n/etw ~** poter fare affidamento su qn/qc
Bau·er¹ M ⟨-n; -n⟩ 1 (*Landwirt*) contadino *m* 2 (*Schach*) pedone *m* 3 (*Spielkarte*) fante *m*
Bau·er² N/M ⟨-s; -⟩ (*Käfig*) gabbia *f* per

uccelli
Bäu·e·rin F ⟨-; -nen⟩ contadina *f*
bäu·er·lich ADJ contadinesco, rustico
Bau·ern·brot N pane *m* casareccio **Bau·ern·fän·ger** M ⟨-s; -⟩ imbroglione *m* **Bau·ern·fän·ge·rei** F ⟨-; -en⟩ imbroglio *m*, truffa *f* **Bau·ern·fän·ge·rin** F ⟨-; -nen⟩ imbrogliona *f* **Bau·ern·haus** N casa *f* colonica, rustico *m* **Bau·ern·hof** M fattoria *f* ♦ **Ferien** (*od* **Urlaub**) **auf dem ~** agriturismo *m* **Bau·ern·mö·bel** PL mobili *mpl* rustici **Bau·ern·re·gel** F detto *m*, proverbio *m* contadino
bau·fäl·lig ADJ cadente **Bau·fir·ma** F ditta *f* costruttrice **Bau·ge·neh·mi·gung** F permesso *m* di costruzione **Bau·ge·rüst** N impalcatura *f* **Bau·ge·wer·be** N edilizia *f* **Bau·herr** M, **-in** F committente *m/f* dei lavori (edili) **Bau·in·ge·ni·eur** [-ɪnʒeniøːɐ] M, **-in** F ingegnere *m* civile **Bau·jahr** N **1** (*von Haus*) anno *m* di costruzione **2** (*von Auto*) anno *m* di fabbricazione
Bau·kas·ten M (gioco *m* di) costruzioni *fpl* **Bau·kas·ten·sys·tem** N sistema *m* modulare
Bau·kunst F architettura *f* **Bau·land** N terreno *m* fabbricabile **Bau·lei·ter** M, **-in** F direttore *m*, -trice *f* dei lavori
Baum M ⟨-[e]s; Bäume⟩ albero *m* (*a.* MECH, SCHIFF) ♦ **den Wald vor lauter Bäumen nicht sehen** vedere gli alberi e non la foresta
Bau·markt M mercato *m* dell'edilizia **Bau·ma·te·ri·al** N materiale *m* da costruzione **Bau·meis·ter** M **-in** F perito *m* edile
bau·meln VI ⟨h.⟩ *umg* penzolare, ciondolare
Baum·gren·ze F limite *m* della vegetazione arborea **Baum·kro·ne** F chioma *f* dell'albero **Baum·schu·le** F vivaio *m* di piante arboree **Baum·stamm** M tronco *m* d'albero **Baum·ster·ben** N moria *f* d'alberi **Baum·stumpf** M ceppo *m*
Baum·wol·le F ⟨-⟩ cotone *m*
Bau·ord·nung F regolamento *m* edilizio **Bau·plan** M progetto *m* di costruzione **Bau·platz** M **1** terreno *m* fabbricabile **2** (*während des Bauens*) cantiere *m* **Bau·po·li·zei** F genio *m* civile **Bau·rei·he** F gamma *f* **Bau·ru·i·ne** F edificio *m* mai finito e ormai fatiscente
bau·schen **A** VT gonfiare **B** VI ⟨h.⟩ & VR **sich ~** gonfiarsi **bau·schig** ADJ gonfio
Bau·schutt M calcinacci *mpl*
bau·spa·ren VI ⟨h.⟩ risparmiare per l'acquisto di un immobile **Bau·spar·kas·se** F istituto *m* di credito immobiliare **Bau·spar·ver·trag** M contratto *m* di risparmio immobiliare (*od* edilizio)
Bau·stahl M acciaio *m* da costruzione **Bau·stein** M **1** pietra *f* da costruzione **2** (*Bauklotz*) cubetto *m* **3** *fig* contributo *m*; BIOL, CHEM elemento *m* ♦ **elektronischer ~** componente *m* elettronico **Bau·stel·le** F cantiere *m* **Bau·stil** M stile *m* architettonico **Bau·stoff** M materiale *m* da costruzione **Bau·stopp** M blocco *m* dell'edilizia **Bau·sub·stanz** F ⟨-⟩ materiale *m* di costruzione: **das Haus hat eine gute ~** la casa ha una struttura solida **Bau·tech·ni·ker** M, **-in** F perito *m* edile **Bau·teil** N elemento *m* costruttivo **Bau·trupp** M squadra *f* di operai edili **Bau·un·ter·neh·mer** M, **-in** F imprenditore *m*, -trice *f* edile **Bau·ver·bot** N divieto *m* di costruzione **Bau·vor·ha·ben** N progetto *m* di costruzione; edificio *m* in costruzione **Bau·wei·se** F sistema *m* costruttivo **Bau·werk** N fabbricato *m* **Bau·zaun** M barriera *f* di protezione di un cantiere edile
Bay·er M ⟨-n; -n⟩, **-in** F ⟨-; -nen⟩ bavarese *m/f* **bay·e·risch** ADJ bavarese: **der Bayerische Wald** la Selva Bavarese **Bay·ern** N ⟨-s⟩ Baviera *f*
Ba·zar M ⟨-s; -e⟩ → Basar
Ba·zi M ⟨-; -⟩ *österr hum* (*Lump*) birbone *m*
Ba·zil·lus M ⟨-; Bazillen⟩ bacillo *m* (*a. fig*)
B-Dur N MUS si *m* bemolle maggiore
be·ab·sich·ti·gen VT avere l'intenzione **beab·sich·tigt** ADJ previsto, intenzionale ♦ **die -e Wirkung** l'effetto voluto
be·ach·ten VT **1** (*befolgen*) osservare, seguire **2** (*wahrnehmen*) tenere conto di ♦ **etw nicht ~** ignorare qc **be·ach·tens·wert** ADJ notevole
be·acht·lich ADJ considerevole, notevole
Be·ach·tung F **1** (*Befolgung*) osservanza *f*, rispetto *m* **2** attenzione *f*: **j-m/etw (keine) ~ schenken** (non) prestare attenzione a qn/qc; **~ finden** essere considerato

Bea·mer [biːmɐ] M ⟨-s; -⟩ videoproiettore *m*
Be·am·te M ⟨-n; -n⟩ impiegato *m* statale; funzionario *m* (pubblico) **Be·am·ten·be·lei·di·gung** F oltraggio *m* a pubblico ufficiale **Be·am·ten·lauf·bahn** F carriera *f* del pubblico impiego
Be·am·tin F ⟨-; -nen⟩ impiegata *f* statale
be·ängs·ti·gend ADJ preoccupante
be·an·spru·chen V/T **1** reclamare, rivendicare: **ein Recht ~** rivendicare un diritto **2** (*ausnutzen*) **etw ~** approfittare di qc, sfruttare qc **3** (*abverlangen*) impegnare: **eine Maschine voll ~** portare una macchina al massimo rendimento **4** (*brauchen*) richiedere
Be·an·spru·chung F ⟨-; -en⟩ **1** pretesa *f*, rivendicazione *f* **2** sforzo *m*, affaticamento *m*, strapazzo *m*: **starker ~ ausgesetzt sein** essere sottoposto a un grande sforzo
be·an·stan·den V/T **etw ~** contestare (*od* criticare) qc **Be·an·stan·dung** F ⟨-; -en⟩ contestazione *f*, obiezione *f*, reclamo *m* ♦ **ohne ~** senza obiezioni; (*beim Kauf*) senza reclami
be·an·tra·gen V/T **etw ~** (ri)chiedere qc (per iscritto), fare domanda di (*od* per) qc
be·ant·wor·ten V/T **etw ~** rispondere a qc **Be·ant·wor·tung** F ⟨-; -en⟩ risposta *f*: **in ~ Ihres Schreibens vom …** in risposta alla Sua del …
be·ar·bei·ten V/T **1** **etw ~** lavorare a qc, sbrigare qc; **einen Fall ~** lavorare a un caso **2** **Material ~** lavorare del materiale; **das Land ~** lavorare la terra **3** (*überarbeiten*) **einen Text ~** rielaborare un testo **4** **ein Buch für den Film ~** adattare un libro per il cinema **5** IT (*Datei, Text*) modificare: **bearbeiten** (*Befehl*) modifica **6** (*untersuchen*) **ein Thema ~** trattare un argomento **7** *umg* (*schlagen*) **j-n ~** lavorarsi qn
Be·ar·bei·tung F ⟨-; -en⟩ **1** disbrigo *m* **2** (*von Stoffen, von Böden*) lavorazione *f*: **in ~ sein** essere in lavorazione **3** (*Behandlung*) trattamento *m* **4** (*Überarbeitung*) (ri)elaborazione *f* **5** TV adattamento *m* **Be·ar·bei·tungs·ge·bühr** F tassa *f* di cancelleria
Beat [biːt] M ⟨-[s]⟩ MUS musica *f* beat
be·at·men V/T rianimare con ossigeno: **j-n künstlich ~** praticare la respirazione artificiale a qn
be·auf·sich·ti·gen V/T controllare, sorvegliare **Be·auf·sich·ti·gung** F ⟨-; -en⟩ sorveglianza *f*
be·auf·tra·gen V/T incaricare, delegare: **j-n** (**mit etw**) **~** incaricare qn (di qc)
Be·auf·trag·te M/F ⟨-n; -n⟩ incaricato *m*, -a *f*, delegato *m*, -a *f*
be·bau·en V/T **1** AGR coltivare **2** costruire, edificare: **ein Grundstück** (**mit Häusern**) **~** edificare (case) su un terreno ♦ **ein bebautes Grundstück** terreno *m* edificato **Be·bau·ung** F ⟨-; -en⟩ edificazione *f*
be·ben V/I ⟨h.⟩ tremare: **vor Wut ~** tremare di rabbia **Be·ben** N ⟨-s; -⟩ **1** (*Erdbeben*) terremoto *m* **2** (*Zittern*) tremito *m*
be·bil·dern V/T illustrare
Be·cher M ⟨-s; -⟩ **1** coppa *f*, calice *m* (*a.* BOT), tazza *f* **2** (*aus Plastik*) bicchiere *m* **3** (*Würfelbecher*) bussolotto *m*
be·chern V/I ⟨h.⟩ *umg* sbevazzare, trincare
Be·cken N ⟨-s; -⟩ **1** bacino *m* (*a.* ANAT, GEOG) **2** (*Waschbecken*) lavandino *m* **3** (*Schwimmbecken*) piscina *f* **4** MUS piatto *m* **Be·cken·kno·chen** M osso *m* pelvico
be·dacht ADJ accorto, prudente, avveduto ♦ **auf etw** (*akk*) **~ sein** pensare (*od* badare) a qc
be·däch·tig ADJ **1** (*langsam*) lento **2** (*vorsichtig*) cauto, prudente
be·dan·ken V/R **sich bei j-m für etw ~** ringraziare qn per qc ♦ *iron* **dafür kannst du dich bei ihm ~!** puoi dire grazie a lui!
Be·darf M ⟨-[e]s; -e⟩ **1** (fab)bisogno *m*: (**keinen**) **~ an etw** (*dat*) **haben** (non) avere bisogno di qc; **nach ~** secondo il bisogno **2** (*Nachfrage*) richiesta *f* ♦ **bei ~** all'occorrenza
Be·darfs·fall M **im ~** in caso di bisogno
Be·darfs·hal·te·stel·le F fermata *f* facoltativa
be·dau·er·lich ADJ spiacevole **be·dau·er·li·cher·wei·se** ADV purtroppo
be·dau·ern V/T **1** compiangere **2** **etw ~** (di)spiacersi per qc; **bedaure!** spiacente! **Be·dau·ern** N ⟨-s⟩ **1** compassione *f*; (*Anteilnahme*) partecipazione *f* **2** (*Betrübnis*) dispiacere *m*, rammarico *m*: **zu meinem großen ~** con mio grande rammarico
be·dau·erns·wert ADJ miserevole: **ein**

-er Mensch una persona da compatire; **-e Umstände** circostanze spiacevoli; **eine -e Lage** una situazione sfortunata; **ich befinde mich in der -en Lage, das Ganze noch einmal machen zu müssen** mi ritrovo nell'antipatica situazione di dover rifare il tutto; **es ist sehr ~, dass der Minister nicht anwesend sein kann** purtroppo il Ministro non potrà essere presente; **es ist sehr ~, dass die Forderung nicht erfüllt werden kann** si lamenta la mancata adesione alla richiesta; **es ist sehr ~, dass es noch nicht gemacht wurde** è davvero spiacevole che non sia stato ancora fatto

be·de·cken **A** VT coprire: **das Gesicht mit den Händen ~** coprirsi il viso con le mani **B** V/R **sich ~** coprirsi (*a. fig*)

be·deckt ADJ (*Himmel*) coperto

be·den·ken VT ⟨*irr*⟩ **1** **etw ~** ponderare qc; **j-m etw zu ~ geben** far riflettere qn su qc **2** (*beachten*) considerare **3** **j-n ~** tenere presente qn (per regali, eredità)

Be·den·ken N ⟨-s; -⟩ **1** (*Überlegung*) riflessione *f* **2** (*Zweifel*) dubbio *m*, scrupolo *m*: **~ haben gegen etw** sollevare dei dubbi su qc

be·den·ken·los ADJ **1** (*skrupellos*) privo di scrupoli **2** (*ohne Bedenken*) sconsiderato

be·denk·lich ADJ **1** esitante, dubbioso: **ein -es Gesicht machen** fare una faccia dubbiosa **2** (*fragwürdig*) sospetto: **-e Geschäfte** affari sospetti **3** (*Besorgnis erregend*) preoccupante

Be·denk·zeit F tempo *m* per riflettere

be·deu·ten VT **1** significare, voler dire: **was soll das ~?** che vuol dire?; **das bedeutet nichts Gutes** la cosa non promette nulla di buono; **das hat nichts zu ~** non significa niente **2** (*sein*) rappresentare, essere **3** (*zählen*) avere importanza, contare **4** **er bedeutete mir zu schweigen** mi intimò di tacere

be·deu·tend ADJ **1** significativo, importante: **eine -e Rolle** un ruolo importante **2** (*berühmt*) noto, illustre: **ein -er Gelehrter** un illustre studioso **3** (*beträchtlich*) notevole

Be·deu·tung F ⟨-; -en⟩ **1** significato *m*, senso *m*: **in übertragener ~** in senso figurato **2** (*Wichtigkeit*) importanza *f*, peso *m*: **einer Sache ~ beimessen** dar peso ad una cosa; **an ~ verlieren** perdere d'importanza

be·deu·tungs·los ADJ insignificante

be·deu·tungs·voll ADJ significativo

be·die·nen **A** VT **1** servire: (*Bedienung im Restaurant*) **werden Sie schon bedient?** ha (*od* avete) già ordinato? (*Verkäuferin*) **werden Sie schon bedient?** La (*od* vi) stanno già servendo? **2** **eine Maschine ~** far funzionare una macchina **B** V/R **sich ~** servirsi; **bitte ~ Sie sich!** prenda pure! ♦ *umg* **bedient sein** averne abbastanza; **ich bin bedient** mi hanno fatto un bel servizio

Be·die·nung F ⟨-; -en⟩ **1** servizio *m*: **die ~ in einem Lokal** il servizio in un locale; **prompte ~** servizio rapido **2** personale *m* (di servizio): **die ~ rufen** chiamare il cameriere **3** MECH comando *m*, uso *m* **Be·die·nungs·an·lei·tung** F istruzioni *fpl* per l'uso **Be·die·nungs·feh·ler** M (*einer Maschine, Anlage durch den Bediener*) errore *m* dell' operatore; (*bei Softwareinstallation*) installazione *f* scorretta

be·din·gen VT **1** (*verursachen*) causare **2** (*erfordern*) presupporre, richiedere

be·dingt **A** ADJ **1** condizionato: **-er Reflex** riflesso condizionato; **organisch ~** dovuto a un processo organico **2** (*eingeschränkt*) limitato **B** ADV con riserva: **etw ~ gutheißen** approvare qc con riserva

Be·din·gung F ⟨-; -en⟩ condizione *f*: **etw zur ~ machen** porre qc come condizione; **unter der ~, dass …** a condizione che …

be·din·gungs·los ADJ **1** incondizionato **2** (*uneingeschränkt*) assoluto

be·drän·gen VT **1** (*bestürmen*) incalzare **2** *fig* **j-n mit Fragen ~** tempestare qn di domande **3** (*belasten*) opprimere, tormentare

be·dro·hen VT minacciare

be·droh·lich ADJ minaccioso

Be·dro·hung F minaccia *f*

be·dru·cken VT stampare

be·drü·cken VT opprimere, tormentare

be·drü·ckend ADJ opprimente, pesante

be·dür·fen VI ⟨*irr*; h.⟩ avere bisogno: **das bedarf keiner Erklärung** questo non ha bisogno di spiegazioni

Be·dürf·nis N ⟨-ses; -se⟩ **1** bisogno *m*: **~ nach Ruhe** bisogno di tranquillità; **es ist mir ein ~, Ihnen zu danken** sento il bisogno di ringraziarla **2** *pl* necessità *fpl*: **die -se der Gesellschaft** le necessità della società

be·dürf·tig ADJ bisognoso **Be·dürf·tig·keit** F ⟨-⟩ povertà *f*, indigenza *f*

be·eh·ren V/T onorare: **j-n mit seinem Besuch ~** onorare qn di una visita; **~ Sie uns bald wieder!** torni presto!

be·ei·den V/T confermare sotto giuramento **be·ei·digt** ADJ giurato

be·ei·len V/R **sich ~** affrettarsi, spicciarsi

Be·ei·lung F ⟨-⟩ **los, ~!** avanti, spìcciati!

be·ein·dru·cken V/T impressionare **be·ein·dru·ckend** ADJ impressionante

be·ein·flus·sen V/T influenzare **Be·ein·flus·sung** F ⟨-; -en⟩ influenza *f*, influsso *m*

be·ein·träch·ti·gen V/T **1** pregiudicare, limitare: **j-n in seiner Freiheit ~** limitare qn nella sua libertà **2** (*verschlechtern*) ridurre, peggiorare **Be·ein·träch·ti·gung** F ⟨-; -en⟩ **1** pregiudizio *m* **2** (*Minderung*) riduzione *f*, peggioramento *m*

be·en·den V/T finire, terminare, concludere: IT **das Programm ~** terminare il programma; IT **beenden** (*Befehl*) esci

be·en·gen V/T limitare (*a. fig*), restringere

be·engt ADJ ristretto, limitato

be·er·ben V/T **j-n ~** ereditare da qn

be·er·di·gen V/T seppellire, sotterrare: **j-n kirchlich ~** dare una sepoltura religiosa a qn **Be·er·di·gung** F ⟨-; -en⟩ **1** sepoltura *f* **2** funerale *m*: **auf eine** (*od* **zu einer**) **~ gehen** andare a un funerale **Be·er·di·gungs·in·sti·tut** N impresa *f* di pompe funebri

Bee·re F ⟨-; -n⟩ bacca *f*; (*Weintraube*) acino *m*, chicco *m* **Bee·ren·aus·le·se** F vino *m* di uve selezionate

Beet N ⟨-[e]s; -e⟩ aiuola *f*

be·fä·hi·gen V/T **j-n zu etw ~** abilitare qn a qc **be·fä·higt** ADJ **1** (*begabt*) capace **2** (*qualifiziert*) idoneo **Be·fä·hi·gung** F ⟨-; -en⟩ **1** capacità *f* **2** (*Qualifikation*) abilitazione *f*

be·fahl → befehlen

be·fahr·bar ADJ praticabile; carrozzabile; (*Wasserwege*) navigabile

be·fah·ren[1] V/T ⟨*irr*⟩ **1** (*Straße*) percorrere; (*Wasserweg*) navigare **2** (*bereisen*) viaggiare

be·fah·ren[2] ADJ **eine -e Straße** una strada battuta (*od* trafficata)

Be·fall M ⟨-[e]s⟩ infestazione *f*

be·fal·len V/T ⟨*irr*⟩ **1** colpire, assalire **2** (*Schädlinge*) infestare

be·fan·gen ADJ **1** (*verlegen*) imbarazzato **2** (*voreingenommen*) prevenuto; JUR parziale **Be·fan·gen·heit** F ⟨-⟩ **1** imbarazzo *m* **2** prevenzione *f*

be·fas·sen V/R **sich mit etw ~** interessarsi (*od* occuparsi) di qc

Be·fehl M ⟨-[e]s; -e⟩ comando *m* (*a.* IT), ordine *m*: **unter j-s ~ stehen** essere agli ordini di qn ♦ **auf seinen ~ hin** su suo ordine; **zu ~!** agli ordini!

Die Befehle am Computer

Wo in deutschen Befehlen der Infinitiv steht, verwendet man im Italienischen den Imperativ, z. B. suchen **trova/cerca**.

abbrechen	**annulla**
abspeichern	**salva**
anklicken	**clicca** *oder* **fai clic su**
ausschneiden	**taglia**
auswählen	**seleziona**
bearbeiten	**modifica**
beenden	**esci**
bestätigen	**conferma**
eine Datei öffnen	**apri un file**
eine Datei schließen	**chiudi un file**
drucken	**stampa**
einfügen	**incolla**
einrichten	**imposta, setta**
einsetzen	**inserisci**
entfernen	**cancella**
formatieren	**formatta**
kopieren	**copia**
löschen	**elimina** *oder* **cancella**

▶▶

markieren	**seleziona**
minimieren	**riduci a icona**
öffnen	**apri**
das Programm verlassen	**esci dal programma**
senden an	**invia a**
sortieren	**ordina**
speichern	**memorizza, salva**
wiederherstellen	**ripristina**

be·feh·len ⟨befiehlt, befahl, befohlen⟩ **A** VT comandare, ordinare **B** VI ⟨h.⟩ **über j-n/etw ~** comandare su qn/qc

Be·fehls·form F GRAM imperativo *m*

Be·fehls·ge·walt F potere *m* di comando **Be·fehls·ha·ber** M ⟨-s; -⟩, **-in** F ⟨-; -nen⟩ comandante *m/f* **Be·fehls·schalt·flä·che** F IT barra *f* degli strumenti **Be·fehls·ver·wei·ge·rung** F insubordinazione *f* **Be·fehls·zei·le** F IT riga *f* di comando

be·fes·ti·gen VT **1** (*anbringen*) fissare, attaccare **2** (*verstärken*) rinforzare, consolidare (*a. fig*); MIL fortificare **Be·fes·ti·gung** F ⟨-; -en⟩ **1** il fissare **2** consolidamento *m* (*a. fig*); MIL fortificazione *f*

be·feuch·ten VT inumidire, umettare

be·fin·den ⟨*irr*⟩ **A** VT ritenere: **etw für falsch ~** ritenere qc sbagliato **B** VI ⟨h.⟩ **über etw** (*akk*) **~** giudicare qc **C** VR **sich ~** trovarsi, essere: **sich im Irrtum ~** essere in errore

Be·fin·den N ⟨-s⟩ **1** stato *m* di salute **2** opinione *f*: **meinem ~ nach** a mio parere

be·fle·cken VT macchiare (*a. fig*): **j-s Ruf ~** infangare il buon nome di qn

be·flis·sen ADJ zelante, solerte

be·flü·geln VT **etw ~** mettere le ali a qc: **die Angst beflügelte seine Schritte** la paura gli mise le ali ai piedi

be·foh·len → befehlen

be·fol·gen VT osservare, rispettare, seguire: **die Befehle ~** attenersi agli ordini; **j-s Ratschläge ~** seguire i consigli di qn

be·för·dern VT **1** trasportare **2** (*versetzen*) promuovere: **j-n zum Abteilungsleiter ~** promuovere qn caporeparto **Be·för·de·rung** F **1** trasporto *m* **2** promozione *f* **Be·för·de·rungs·mit·tel** N mezzo *m* di trasporto

be·fra·gen VT **1** interrogare **2** consultare: **j-n um Rat ~** chiedere consiglio a qn **Be·fra·gung** F ⟨-; -en⟩ **1** interrogazione *f* **2** (*Umfrage*) inchiesta *f*, sondaggio *m*

be·frei·en **A** VT **1** liberare **2** togliere: **die Kleider vom Schmutz ~** togliere lo sporco dai vestiti **3** (*freistellen*) dispensare **B** VR **sich ~** liberarsi (*a. fig*)

Be·frei·er M ⟨-s; -⟩, **-in** F ⟨-; -nen⟩ liberatore *m*, -trice *f*

Be·frei·ung F ⟨-; -en⟩ **1** liberazione *f* **2** (*Entlastung*) dispensa *f*, esenzione *f* **Be·frei·ungs·krieg** M guerra *f* di liberazione

be·frem·den VT sconcertare **Be·frem·den** N ⟨-s⟩ stupore *m*, sconcerto *m*

be·freun·den VR **sich ~** **1** fare amicizia **2** (*mit Neuem*) abituarsi **be·freun·det** ADJ **mit j-m eng ~ sein** essere molto amico di qn

be·frie·di·gen **A** VT **1** soddisfare **2** (*stillen*) placare: **den Durst ~** placare la sete **B** VR (*sexuell*) **sich** (**selbst**) **~** masturbarsi **be·frie·di·gend** ADJ soddisfacente, discreto **Be·frie·di·gung** F ⟨-; -en⟩ soddisfacimento *m*; soddisfazione *f*: **etw mit ~ feststellen** constatare qc con soddisfazione

be·fris·ten VT **etw ~** stabilire un termine per qc **be·fris·tet** ADJ a scadenza (fissa), a tempo determinato

be·fruch·ten VT **1** fecondare: **künstlich ~** inseminare artificialmente **2** *fig* arricchire

Be·fug·nis F ⟨-; -se⟩ autorizzazione *f*; (*Zuständigkeit*) competenza *f*: **zu etw** (**keine**) **~ haben** (non) essere autorizzato a (fare) qc

be·füh·len VT tastare, palpare

Be·fund M **1** esito *m* **2** parere *m*: **der ~ des Sachverständigen** il parere del perito **3** MED diagnosi *f* ♦ MED **ohne ~** esito negativo

be·fürch·ten VT **etw ~** aver paura di qc: **es ist das Schlimmste zu ~** c'è da temere il peggio **Be·fürch·tung** F ⟨-; -en⟩ timore *m*, paura *f* ♦ **die ~ haben, dass …** temere che …

be·für·wor·ten VT appoggiare; raccomandare **Be·für·wor·ter** M ⟨-s; -⟩,

-in F ⟨-; -nen⟩ sostenitore *m*, -trice *f*, fautore *m*, -trice *f* **Be·für·wor·tung** F ⟨-; -en⟩ appoggio *m*; (*Empfehlung*) raccomandazione *f*

be·gabt ADJ dotato; **für etw sehr ~ sein** essere molto portato per qc

Be·ga·bung F ⟨-; -en⟩ talento *m*

be·gann → beginnen

be·ge·ben ⟨*irr*⟩ **A** V/R **sich ~** **1** recarsi: **sich zum Arzt/nach Hause ~** recarsi dal dottore/a casa; **sich in Lebensgefahr ~** affrontare un pericolo; **ein Autofahrer/Bergsteiger, der sich in Gefahr begibt** un automobilista/un alpinista che si espone a un pericolo **2** mettersi: **sich auf die Suche ~** mettersi alla ricerca **B** V/T FIN emettere **Be·ge·ben·heit** F ⟨-; -en⟩ avvenimento *m*, fatto *m*

be·geg·nen V/I ⟨s.⟩ **1** **j-m/etw ~** incontrare qn/qc **2** (*widerfahren*) succedere, capitare **3** **j-m mit Abwehr ~** trattare qn bruscamente **4** **einer Gefahr mit Mut ~** affrontare un pericolo con coraggio; **einer Schwierigkeit ~** affrontare una difficoltà; **einem Vorurteil ~** opporsi a un pregiudizio ♦ **ihre Blicke ~ sich** i loro sguardi s'incrociano **Be·geg·nung** F ⟨-; -en⟩ incontro *m* (*a.* SPORT)

be·geh·bar ADJ praticabile, transitabile

be·ge·hen V/T ⟨*irr*⟩ **1** (*prüfend abschreiten*) controllare **2** (*feiern*) celebrare, festeggiare **3** fare: **eine Dummheit ~** fare una stupidaggine; **ein Verbrechen ~** commettere un crimine ♦ **Selbstmord ~** suicidarsi

be·geh·ren V/T desiderare; bramare **Be·geh·ren** N ⟨-s; -⟩ **1** *poet* desiderio *m*, brama *f* **2** richiesta *f* **be·geh·rens·wert** ADJ desiderabile

be·gehr·lich ADJ desideroso: **-e Blicke auf j-n/etw werfen** lanciare sguardi cupidi verso qn/qc **be·gehrt** ADJ richiesto, ambito: **ein -er Preis** un premio molto ambito

be·geis·tern **A** V/T **1** **j-n ~** entusiasmare qn **2** **j-n für etw ~** destare in qn entusiasmo per qc **B** V/R **sich ~** entusiasmarsi, appassionarsi; **sich für den neuen Film ~** entusiasmarsi per il nuovo film; **sich für etw ~** appassionarsi a qc

be·geis·tert ADJ **1** entusiasta: **von j-m/etw ~ sein** essere entusiasta di qn/qc; **eine -e Kritik** una critica entusiastica **2** (*leidenschaftlich*) appassionato

Be·geis·te·rung F ⟨-; -en⟩ entusiasmo *m*: **er hat das aus ~ gleich noch einmal gemacht** preso dall'entusiasmo l'ha subito rifatto; **etw mit ~ tun** fare qc con entusiasmo; **in ~ geraten** entusiasmarsi

Be·gier·de F ⟨-; -n⟩ desiderio *m*, brama *f*: **fleischliche -n** desideri carnali; **~ nach Ruhm** brama di gloria **be·gie·rig** **A** ADJ desideroso, bramoso: **auf j-n/etw ~ sein** essere desideroso di qn/qc **B** ADV avidamente

be·gie·ßen V/T ⟨*irr*⟩ **1** annaffiare, innaffiare **2** *umg* bagnare, festeggiare con una bevuta: **das müssen wir ~** dobbiamo berci su

Be·ginn M ⟨-[e]s⟩ inizio *m*: **zu ~** all'inizio

be·gin·nen ⟨begann, begonnen⟩ **A** V/T **1** iniziare, incominciare **2** (*unternehmen*) fare: **eine Sache anders ~** fare una cosa in un altro modo **B** V/I ⟨h.⟩ iniziare **C** *unpers* **es beginnt zu schneien** comincia a nevicare; **es beginnt bald zu regnen** comincerà presto a piovere

be·glau·bi·gen V/T **1** autenticare, vidimare **2** (*Diplomatie*) accreditare

Be·glau·bi·gung F ⟨-; -en⟩ **1** autenticazione *f*: **notarielle ~** autentica notarile **2** (*Diplomatie*) accreditamento *m* **Be·glau·bi·gungs·schrei·ben** N lettera *f* credenziale, credenziali *fpl*

be·glei·chen V/T ⟨*irr*⟩ saldare, pagare

Be·glei·chung F saldo *m*, pagamento *m*

be·glei·ten V/T **1** accompagnare (*a.* MUS) **2** (*eskortieren*) scortare

Be·glei·ter M ⟨-s; -⟩, **-in** F ⟨-; -nen⟩ accompagnatore *m*, -trice *f*, compagno *m*, -a *f*

Be·gleit·er·schei·nung F fenomeno *m* concomitante **Be·gleit·schutz** M **polizeilicher ~** scorta *f* di polizia **Be·gleit·um·stand** M circostanza *f* concomitante

Be·glei·tung F ⟨-; -en⟩ **1** accompagnamento *m* (*a.* MUS) **2** compagnia *f*: **in ~ ihres Mannes** in compagnia di suo marito

be·glü·cken V/T rendere felice, colmare di gioia ♦ *iron* **er will uns mit seinem Besuch ~** ci vuole onorare con la sua visita

be·glück·wün·schen V/T **j-n zu etw ~** congratularsi (*od* felicitarsi) con qn per qc; (*gratulieren*) fare gli auguri a qn per qc

be·gna·det ADJ molto dotato

be·gna·di·gen V/T graziare, amnistiare

Be·gna·di·gung F ⟨-; -en⟩ grazia *f*, amnistia *f*
be·gnü·gen V/R **sich ~** accontentarsi: **sich mit wenig ~** accontentarsi di poco
Be·go·nie F ⟨-; -n⟩ begonia *f*
be·gon·nen → beginnen
be·gra·ben V/T ⟨*irr*⟩ **1** seppellire **2** *fig* **einen Traum/einen Streit ~** abbandonare un sogno/dimenticare un litigio **Be·gräb·nis** N ⟨-ses; -se⟩ sepoltura *f*, funerale *m*
be·grei·fen V/T ⟨*irr*⟩ comprendere, capire: **etw als Provokation ~** intendere qc come una provocazione ♦ **~, dass …** realizzare che …; **das ist nicht zu ~** è inconcepibile
be·greif·lich ADJ comprensibile, chiaro: **j-m etw ~ machen** far capire qc a qn **be·greif·li·cher·wei·se** ADV naturalmente
be·gren·zen V/T (de)limitare **be·grenzt** ADJ limitato: **die Erfolgsaussichten sind ~** le probabilità di successo sono limitate; **sein Horizont ist ~** i suoi orizzonti sono ristretti **Be·grenzt·heit** F ⟨-; -en⟩ limitatezza *f* **Be·gren·zung** F ⟨-; -en⟩ **1** limitazione *f* **2** (*Grenze*) limite *m*, confine *m*
Be·griff M **1** concetto *m*: **der ~ „Staat"** il concetto di stato **2** (*Vorstellung*) idea *f*: **sich** (*dat*) **einen ~ von etw machen** farsi un'idea di qc ♦ **für j-s ~** nell'opinione di qn; **im ~ sein, etw zu tun** stare per fare qc; **das ist mir (k)ein ~** (non) lo conosco; **schwer von ~ sein** essere duro di comprendonio
be·grif·fen ADJ **in etw** (*dat*) **~ sein** stare facendo qc; **im Aufbruch ~ sein** essere sul punto di partire, essere di partenza
Be·griffs·be·stim·mung F definizione *f* **be·griffs·stut·zig** ADJ tardo di comprendonio
be·grün·den **A** V/T **1** fondare **2** (*Grund angeben*) motivare, giustificare **B** V/R **sich ~** giustificarsi **Be·grün·dung** F motivazione *f* ♦ **mit der ~, dass …** adducendo come motivo il fatto che …
be·grü·nen **A** V/T ammantare di verde **B** V/R **sich ~** coprirsi di verde, rinverdire
be·grü·ßen V/T **1** salutare, dare il benvenuto: **j-n freudig ~** fare gran festa a qn **2** *fig* accogliere con favore, approvare **Be·grü·ßung** F ⟨-; -en⟩ saluto *m*
be·güns·ti·gen V/T **1** favorire, privilegiare **2** JUR favoreggiare: **ein Verbrechen ~** essere complice di un delitto **Be·güns·ti·gung** F ⟨-; -en⟩ **1** favoritismo *m* **2** JUR favoreggiamento *m*
be·gut·ach·ten V/T **etw ~** fare una perizia su qc ♦ *hum* **na, lass dich mal ~** allora, fatti un po' vedere **Be·gut·ach·tung** F ⟨-; -en⟩ perizia *f*
be·gü·tert ADJ benestante, abbiente
be·gü·ti·gend ADJ conciliante
be·haart ADJ coperto di peli, peloso: **eine dicht -e Brust** un petto villoso
be·hä·big ADJ **1** (*beleibt*) corpulento, massiccio **2** (*gemessen*) lento, misurato
be·haf·tet ADJ **mit etw ~ sein** essere affetto da qc; **mit einem Makel ~ sein** avere un difetto
be·ha·gen V/I ⟨h.⟩ garbare, piacere **Be·ha·gen** N ⟨-s⟩ piacere *m*, gusto *m*: **etw mit großem ~ tun** fare qc con grande piacere
be·hag·lich ADJ piacevole, gradevole; (*bequem*) comodo, confortevole **Be·hag·lich·keit** F ⟨-⟩ atmosfera *f* accogliente, confortevole
be·hal·ten V/T ⟨*irr*⟩ **1** tenere: **etw als** (*od* **zum**) **Andenken ~** tenere qc come ricordo; **die Hände in den Taschen ~** tenere le mani in tasca **2** (*bewahren*) mantenere, serbare, conservare: **die Nerven ~** tenere a freno i nervi; **die Ruhe ~** mantenere la calma **3** (*sich merken*) ricordare ♦ **j-n/etw im Auge ~** tenere sottocchio qn/qc; **etw im Gedächtnis ~** tenere qc a mente; **recht ~** avere ragione
Be·häl·ter M ⟨-s; -⟩ contenitore *m*; (*für Flüssigkeiten*) recipiente *m*, serbatoio *m*
be·han·deln V/T **1** trattare: **j-n schlecht ~** trattare male qn **2** MED curare: **sich ärztlich ~ lassen** essere in cura da un medico; **der behandelnde Arzt** il medico

Begrüßen

Im Allgemeinen berühren sich Italiener bei der Begrüßung, indem sie sich z. B. locker umarmen oder an der Schulter des Gegenübers leicht klopfen. Unter Freunden gibt man sich zwei Wangenküsse – das tun auch verwandte oder sehr gut befreundete Männer unter sich. Ein bloßes Händeschütteln ist für Italiener eine sehr formelle Begrüßung.
Im formellen Umgang werden auch Titel genannt, z. B. **Buon giorno, ingegnere!** (Guten Tag, Herr Ingenieur!). → **Titel**

curante ♦ **j-n von oben herab ~** trattare qn dall'alto in basso **Be·hand·lung** F 1 trattamento *m* 2 MED cura *f*: **sich in ärztliche ~ begeben** sottoporsi a cure mediche
be·hän·gen A V/T addobbare (con qc di pendente) B V/R *umg pej* **sich ~** addobbarsi
be·har·ren V/I ⟨h.⟩ **auf etw** (*dat*) **~** insistere su qc; **auf seiner Meinung ~** insistere sulle proprie posizioni **be·harr·lich** ADJ insistente, ostinato: **-es Schweigen** silenzio ostinato **Be·harr·lich·keit** F ⟨-⟩ ostinazione *f*, tenacia *f*
be·hau·en V/T ⟨behaute, behauen⟩ sgrossare
be·haup·ten A V/T 1 affermare, sostenere 2 difendere: **seinen Platz/seine Rechte ~** conservare il proprio posto/difendere i propri diritti B V/R **sich ~** affermarsi, imporsi
Be·haup·tung F ⟨-; -en⟩ affermazione *f*
Be·hau·sung F ⟨-; -en⟩ *pej* dimora *f*
be·he·ben V/T ⟨*irr*⟩ rimediare a, riparare **Be·he·bung** F ⟨-; -en⟩ rimozione *f*, eliminazione *f*
be·heiz·bar ADJ riscaldabile
Be·helf M ⟨-[e]s; -e⟩ soluzione *f* provvisoria
be·hel·fen V/R ⟨*irr*⟩ 1 **sich mit etw ~** arrangiarsi con qc 2 (*auskommen*) (riuscire a) cavarsela ♦ **sich ohne etw ~** fare a meno di qc
be·helfs·mä·ßig ADJ provvisorio
be·hel·li·gen V/T molestare, seccare
be·her·ber·gen V/T ospitare
be·herr·schen A V/T 1 dominare 2 (*meistern*) controllare: **eine Situation ~** avere una situazione sotto controllo 3 **eine Sprache ~** padroneggiare una lingua B V/R **sich ~** controllarsi **Be·herr·schung** F ⟨-⟩ dominio *m*, controllo *m*: **die ~ verlieren** perdere il controllo
be·her·zi·gen V/T prendere a cuore ♦ **j-s Rat ~** ascoltare i consigli di qn
be·herzt ADJ risoluto, intrepido
be·hilf·lich ADJ **j-m ~ sein** essere d'aiuto a qn, aiutare qn
be·hin·dern V/T impedire, ostacolare
be·hin·dert ADJ disabile, diversamente abile: **körperlich ~** portatore di handicap fisico; **geistig ~** mentalmente disabile
Be·hin·der·te M/F ⟨-n; -n⟩ disabile *m/f*: **ein körperlich/geistig -r** un disabile fisico/psichico **be·hin·der·ten·ge·recht** ADJ **-e Toilette** toilette per disabili **Be·hin·der·ten·werk·statt** F officina *f* in cui lavorano disabili
Be·hin·de·rung F ⟨-; -en⟩ 1 impedimento *m*, ostacolo *m* 2 handicap *m inv*: **körperliche/geistige ~** handicap fisico/mentale ♦ **mit -en muss gerechnet werden** (*im Verkehr*) possibili code e rallentamenti
Be·hör·de F ⟨-; -n⟩ 1 autorità *f*: **städtische -n** autorità comunali 2 (*Sitz*) ufficio *m*
be·hörd·lich ADJ burocratico, ufficiale
be·hü·ten V/T 1 (*bewachen*) custodire, sorvegliare 2 (*schützen*) proteggere (da): **j-n vor etw** (*dat*) **~** proteggere qn da qc ♦ (**Gott**) **behüte!** me ne guardi Iddio!
be·hut·sam A ADJ cauto B ADV **mit etw ~ umgehen** trattare qc delicatamente (*od* con cura) **Be·hut·sam·keit** F ⟨-; -en⟩ attenzione *f*, cura *f*
bei PRÄP ⟨*a.* beim⟩ (+*dat*) 1 (*lokal*) presso, vicino a: **Mödling ~ Wien** Mödling presso Vienna; **~ j-m sitzen** sedere vicino a qn; **~ seinen Eltern wohnen** vivere presso (*od* con) i propri genitori 2 (*inmitten*) tra, a: **~ einer Versammlung/einer Demonstration sein** trovarsi in una riunione/a una manifestazione 3 (*Berührung*) **j-n ~ der Hand nehmen** prendere qn per mano 4 (*rückbezüglich*) con: **hast du deinen Pass ~ dir?** hai il passaporto con te? *umg*; **nicht ganz ~ sich sein** non essere del tutto in sé 5 (*temporal*) a, nel momento di: **~ Abfahrt des Zuges** alla partenza del treno; **~ Tag und** (**~**) **Nacht** di giorno e di notte 6 (*modal*) con: **~ jedem Wetter** con ogni tempo 7 (*in Bezug auf*) per: **~ diesem Modell ist der Preis höher** per questo modello il prezzo è maggiore 8 (*konditional*) in caso di: **nur ~ Gefahr betätigen** azionare soltanto in caso di pericolo 9 (*konzessiv*) malgrado, nonostante: **ich kann es beim besten Willen nicht** malgrado tutta la mia buona volontà non ci riesco 10 **~ Gott!** per Dio!
bei·be·hal·ten V/T ⟨*irr*⟩ conservare, mantenere
Bei·blatt N allegato *m*, supplemento *m*
Bei·boot N scialuppa *f*
bei·brin·gen V/T ⟨*irr*⟩ 1 (*lehren*) insegnare: **j-m etw ~** insegnare qc a qn 2

(*zufügen*) procurare **3** (*Zeugen, Nachweis*) procurare, produrre **4** *umg* (*mitteilen*) **j-m etw ~** (*zu verstehen geben*) far capire qc a qn; (*schonend sagen*) dire qc a qn con tatto; **wie soll ich ihm nur ~, dass …** come faccio a dirgli che …

Beich·te F ⟨-; -n⟩ confessione *f*: **j-m die ~ abnehmen** confessare qn

beich·ten **A** VT confessare **B** VI ⟨h.⟩ confessarsi: **~ gehen** andare a confessarsi

Beicht·ge·heim·nis N segreto *m* della confessione **Beicht·stuhl** M confessionale *m* **Beicht·va·ter** M padre *m* confessore

bei·de ADJ PL & PRON PL entrambi, tutt'e due: **~ Mal** entrambe le volte, tutt'e due le volte; **ihr ~** voi due ♦ **beides** entrambe le cose, una cosa e l'altra; **diese -n** questi due

bei·der·lei ADJ ⟨*inv*⟩ di entrambe: **~ Geschlechts** di entrambi i sessi **bei·der·sei·tig** ADJ da entrambe le parti, reciproco **bei·der·seits** **A** PRÄP (*+gen*) da tutt'e due le parti **B** ADV da entrambe le parti

beid·hän·dig ADJ **1** (*mit beiden Händen geschickt*) ambidestro **2** con entrambe le mani **beid·sei·tig** ADJ su entrambi i lati

bei·ei·nan·der ADV l'uno accanto all'altro, insieme ♦ **gut/schlecht ~ sein** essere in buona/cattiva salute **bei·ei·nan·der·ha·ben** VT ⟨*irr*⟩ *umg* **nicht alle ~** essere un po' tocco **bei·ei·nan·der·lie·gen** VI ⟨*irr*; h.⟩ essere vicino l'uno all'altro **bei·ei·nan·der·sit·zen** VI ⟨*irr*; h.⟩ essere riuniti

Bei·fah·rer M, **-in** F passeggero *m*, -a *f*; (*bei einer Rallye*) navigatore *m*, -trice *f* **Bei·fah·rer·air·bag** M airbag *m* (per) passeggero anteriore **Bei·fah·rer·sitz** M sedile *m* del passeggero anteriore; (*bei einer Rallye*) sedile *m* del navigatore

Bei·fall M ⟨-[e]s⟩ **1** applauso *m*: **j-m ~ klatschen** applaudire qn **2** (*Zustimmung*) plauso *m*, approvazione *f*

bei·fäl·lig ADJ favorevole, di approvazione

bei·fü·gen VT **1** (*hinzufügen*) aggiungere, dire **2** *form* allegare, accludere

Bei·ga·be F aggiunta *f*, supplemento *m*

beige ['be:ʒə] ADJ ⟨*inv*⟩ beige

bei·ge·ben VT ⟨*irr*⟩ (*hinzufügen*) aggiungere ♦ *fig* **klein ~** darsi per vinto

Bei·ge·schmack M sapore *m* estraneo

Bei·hil·fe F **1** (*finanziell*) sussidio *m* **2** JUR concorso *m*, complicità *f*: **~ zum Betrug** concorso in truffa ♦ **j-m ~ leisten** prestare assistenza a qn

bei·kom·men VI ⟨*irr*; s.⟩ **1** **j-m ~** domare (*od* vincere) qn **2** (*einer Sache*) venire a capo di

Beil N ⟨-[e]s; -e⟩ scure *f*, ascia *f*

Bei·la·ge F **1** allegato *m*, aggiunta *f* **2** (*einer Zeitung*) supplemento *m* **3** GASTR contorno *m*

bei·läu·fig **A** ADJ casuale, accidentale **B** ADV per inciso, fra parentesi

bei·le·gen VT **1** accludere, allegare **2** (*Streit*) ricomporre, accomodare

bei·lei·be ADV (*bei Verneinungen*) affatto

Bei·leid N condoglianze *fpl*: **j-m sein ~ aussprechen** fare le condoglianze a qn; **herzliches ~!** (*bei Todesfall*) condoglianze vivissime; (*als Ausdruck des Mitleids*) ti, vi compatisco **Bei·leids·be·such** M visita *f* di condoglianze

bei·lie·gen VI ⟨*irr*; h.⟩ essere accluso (*od* allegato) **bei·lie·gend** ADJ *form* qui accluso (*od* allegato)

bei·mes·sen VT ⟨*irr*⟩ attribuire, ascrivere

bei·mi·schen VT aggiungere mescolando

Bein N ⟨-[e]s; -e⟩ gamba *f* ♦ **sich kaum noch auf den -en halten können** non reggersi più in piedi; **die -e in die Hand nehmen** mettersi le gambe in spalla; **wieder auf die -e kommen** rimettersi in piedi; **j-m -e machen** far correre qn; **mit beiden -en im Leben stehen** stare con i piedi per terra; **sich** (*dat*) **die -e in den Bauch stehen** aspettare a lungo in piedi; **etw auf die -e stellen** mettere in piedi qc; **j-m ein ~ stellen** fare lo sgambetto a qn (*a. fig*); **sich** (*dat*) **die -e vertreten** sgranchirsi le gambe

bei·na·he ADV quasi ♦ **ich wäre ~ umgefallen** per poco non cadevo

Bei·na·me M soprannome *m*, nomignolo *m*

Bein·bruch M frattura *f* della gamba ♦ **Hals- und ~!** in bocca al lupo! buona fortuna!

be·in·hal·ten VT contenere, comprendere

Bei·pack·zet·tel M foglio *m* illustrativo

bei·pflich·ten VI ⟨h.⟩ **j-m/etw ~** concordare con qn/in qc

Bei·rat M (*Ausschuss*) consiglio *m*
bei·sam·men ADV insieme, in compagnia ♦ **nicht gut ~ sein** non stare molto bene
Bei·sam·men·sein N incontro *m*, riunione *f*: **ein gemütliches ~** una piacevole riunione
Bei·schlaf M coito *m*, *geh* copula *f*
Bei·sein N presenza *f*: **in meinem ~** alla mia presenza; **ohne sein ~** in sua assenza
bei·sei·te ADV (d)a parte, in disparte ♦ **etw ~ sagen** dire qc sottovoce; **Spaß ~!** scherzi a parte! **bei·sei·te·las·sen** VT ⟨*irr*⟩ lasciare da parte **bei·sei·te·le·gen** VT **Geld ~** mettere denaro da parte **bei·sei·te·neh·men** VT ⟨*irr*⟩ prendere qn in disparte **bei·sei·te·schaf·fen** VT **Akten ~** nascondere (*od* far sparire) documenti **bei·sei·te·stehen** VI ⟨*irr*; h.⟩ starsene in disparte
Bei·sel N ⟨-s; -⟩ *österr* osteria *f*
bei·set·zen VT seppellire **Bei·set·zung** F ⟨-; -en⟩ sepoltura *f*
Bei·spiel N esempio *m*: **zum ~** per esempio; **nach j-s ~** sull'esempio di qn; **sich** (*dat*) **an j-m ein ~ nehmen** prendere esempio da qn; **mit gutem ~ vorangehen** dare il buon esempio **bei·spiel·haft** ADJ esemplare **bei·spiel·los** ADJ unico, senza pari
bei·spiels·wei·se ADV per esempio
bei·ßen ⟨biss, gebissen⟩ **A** VT **1** mordere **2** (*kauen*) masticare **B** VI ⟨h.⟩ **1** **in etw** (*akk*) **~** addentare qc **2** (*bissig sein*) mordere **3** (*an die Angel*) abboccare **4** irritare: **der Rauch beißt in den Augen** il fumo irrita gli occhi **C** VR **sich ~** mordersi; *fig* (*Farben*) fare a pugni ♦ **ins Gras ~** mordere la polvere; **sich** (*dat*) **auf die Zunge ~** mordersi la lingua
bei·ßend ADJ irritante, pungente
Beiß·zan·ge F tenaglia *f*
Bei·stand M **1** (*Unterstützung*) aiuto *m*, assistenza *f* **2** JUR assistente *m* legale
bei·ste·hen VI ⟨*irr*; h.⟩ aiutare, assistere
bei·steu·ern VT **etw ~** contribuire con qc
Bei·strich M *österr* (*Komma*) virgola *f*
Bei·trag M ⟨-[e]s; -träge⟩ **1** contributo *m*: **seinen ~ leisten** (**zu**) dare il proprio contributo (a) **2** (*Aufsatz*) saggio *m*, articolo *m* **3** (*Mitgliedsbeitrag*) quota *f* **4** (*Versicherungsbeitrag*) premio *m*
bei·tra·gen VT ⟨*irr*⟩ **etw zu etw ~** contribuire con qc a qc
bei·tre·ten VI ⟨*irr*; s.⟩ aderire, entrare
Bei·tritt M adesione *f*, ingresso *m*: **seinen ~ (zu etw) erklären** dichiarare la propria adesione (a qc) **Bei·tritts·ver·hand·lun·gen** PL trattative *fpl* per l'adesione (*od* l'ingresso)
Bei·wa·gen M sidecar *m*, carrozzino *m*
Bei·werk N ⟨-[e]s⟩ accessori *mpl*
bei·woh·nen VI ⟨h.⟩ assistere, partecipare
Bei·wort N ⟨-[e]s; -wörter⟩ **1** GRAM aggettivo *m* **2** epiteto *m*
Beiz F ⟨-; -en⟩ *österr schweiz* osteria *f*
Bei·ze F ⟨-; -n⟩ **1** (*für Holz*) vernice *f* **2** METALL decapaggio *m* **3** GASTR marinata *f*
bei·zei·ten ADV in tempo
bei·zen VT trattare con liquido caustico (*od* con acido): **eine Holzwand ~** verniciare un pannello di legno; **Fleisch ~** marinare la carne
be·ja·hen VT **1** **eine Frage ~** rispondere affermativamente a una domanda **2** (*befürworten*) approvare, apprezzare
be·jam·mern VT piangere, deplorare: **sein hartes Los ~** lamentare la propria dura sorte
be·ju·beln VT salutare con giubilo, acclamare
be·kämp·fen VT combattere **Be·kämp·fung** F ⟨-; -en⟩ lotta *f*: **die ~ der Kriminalität** la lotta alla (*od* contro la) criminalità
be·kannt **A** ADJ noto, conosciuto; (*berühmt*) famoso **B** ADV **~ geben** rendere noto, notificare, annunciare; **~ werden** trapelare; **der Skandal wird ~** lo scandalo diventa pubblico ♦ **j-n mit j-m ~ machen** presentare qn a qn; **sich mit etw ~ machen** informarsi di qc; **~ sein wie ein bunter Hund** essere conosciuto come la betonica; **das ist mir ~** lo so; **sie kommt mir ~ vor** mi sembra di conoscerla
Be·kann·te M/F ⟨-n; -n⟩ **1** conoscente *m/f* **2** *umg* amico *m*, -a *f*, ragazzo *m*, -a *f* **Be·kann·ten·kreis** M cerchia *f* di conoscenze
Be·kannt·ga·be F annuncio *m* **be·kannt·lich** ADV notoriamente **Be·kannt·ma·chung** F ⟨-; -en⟩ comunicazione *f*: **öffentliche ~** divulgazione pubblica **Be·kannt·schaft** F ⟨-; -en⟩ **1** conoscenza *f*: **j-s ~ machen** fare la conoscenza di qn **2** (*Bekanntenkreis*) conoscenze *fpl*

be·keh·ren **A** V/T **1** REL convertire **2** convincere: **er lässt sich nicht ~** non si lascia convincere **B** V/R **sich ~** convertirsi **Be·keh·rung** F ⟨-; -en⟩ conversione *f*

be·ken·nen ⟨*irr*⟩ **A** V/T **1** (*zugeben*) riconoscere, ammettere; (*Sünden*) confessare **2** (*Glauben, Ansichten*) professare **B** V/R **sich ~** **1** dichiararsi (a favore); **sich zu seinen Freunden ~** parteggiare per i propri amici **2** **sich** (**als**) **schuldig ~** professarsi colpevole ♦ **Farbe ~** mettere le carte in tavola

Be·ken·ner·brief M lettera *f* di rivendicazione (di un attentato)

Be·kennt·nis N ⟨-ses; -se⟩ **1** confessione *f* **2** dichiarazione *f*: **~ zur Religionsfreiheit** professione *f* di libertà di religione

be·kla·gen **A** V/T piangere, deplorare **B** V/R **sich** (**über etw** (*akk*)/**bei j-m**) **~** lamentarsi (di qc/con qn) **be·kla·gens·wert** ADJ **1** (*Person*) compassionevole **2** (*Sache*) pietoso

Be·klag·te M/F ⟨-n; -n⟩ imputato *m*, -a *f*, convenuto *m*, -a *f*

be·klau·en V/T *umg* **j-n ~** derubare qn

be·kle·ben V/T (ri)coprire (incollando qc)

be·kle·ckern V/T *umg* imbrattare

be·klei·den V/T **1** vestire **2** ricoprire, rivestire (*a. fig*): **ein Amt ~** ricoprire una carica

be·klei·det ADJ vestito

Be·klei·dung F vestiti *mpl* **Be·klei·dungs·in·dust·rie** F industria *f* dell'abbigliamento

be·klem·mend ADJ angoscioso: **ein -es Gefühl** una sensazione angosciante

Be·klem·mung F ⟨-; -en⟩ angoscia *f*, soffocamento *m*

be·klom·men ADJ oppresso, angosciato

be·kloppt ADJ *umg* tocco, toccato ♦ **ich bin doch nicht ~** non sono mica scemo

be·ko·chen V/T far da mangiare a

be·kom·men ⟨*irr*⟩ **A** V/T **1** ricevere **2** (*im Geschäft*) **was ~ Sie bitte?** che cosa desidera?; **~ Sie schon?** è già servito? **3** venire: **ich habe Hunger/Grippe ~** mi è venuta fame/l'influenza **4** trovare, prendere: **keine Arbeit ~** non trovare lavoro; **telefonische Verbindung ~** prendere la linea **5** **etw geliehen/geschenkt ~** avere qc in prestito/in regalo **6** **etw zu trinken/zu sehen ~** avere qc da bere/da vedere **B** V/I ⟨s.⟩ **j-m gut ~** far bene a qn, giovare a qn; **j-m nicht gut ~** non far bene a qn, non giovare a qn ♦ **sie bekommt ein Kind** aspetta un bambino; **wohl bekomm's!** buon pro!

be·kömm·lich ADJ **1** (*Speise*) digeribile **2** (*Medikament*) **gut ~** ben tollerabile

be·kös·ti·gen V/T fare da mangiare a

be·kräf·ti·gen V/T confermare; rafforzare

be·kreu·zi·gen V/R **sich ~** farsi il segno della croce

be·krie·gen **A** V/T **j-n ~** fare guerra a qn **B** V/R **sich ~** farsi guerra l'un l'altro

be·krit·zeln V/T scarabocchiare

be·küm·mern V/T **1** preoccupare **2** (*betrüben*) rattristare, affliggere **be·küm·mert** ADJ **1** **um j-n/etw ~ sein** essere preoccupato per qn/qc **2** (*betrübt*) afflitto

be·kun·den V/T **1** (*zeigen*) manifestare, mostrare **2** JUR dichiarare, deporre

be·lä·cheln V/T **j-n/etw ~** sorridere di qn/qc

be·la·den V/T ⟨*irr*⟩ caricare (*a. fig*)

Be·lag M ⟨-[e]s; -läge⟩ **1** strato *m*; (*auf der Zunge*) patina *f* **2** rivestimento *m*: **der ~ der Straße** il manto stradale **3** MECH pastiglia *f*

be·la·gern V/T MIL assediare (*a. fig*) **Be·la·ge·rung** F assedio *m*

Be·lang M ⟨-[e]s; -e⟩ **1** significato *m*, importanza *f*: **nichts von ~** niente d'importante **2** *pl* (*Interessen*) interessi *mpl*

be·lan·gen V/T querelare: **j-n gerichtlich ~** citare in giudizio qn

be·lang·los ADJ irrilevante

Be·lang·lo·sig·keit F ⟨-; -en⟩ irrilevanza *f*; cosa *f* irrilevante

be·las·sen V/T ⟨*irr*⟩ lasciare: **wir wollen es dabei ~** lasciamo le cose così come stanno

be·last·bar ADJ **1** con una portata: **eine bis zu 40 Tonnen -e Brücke** un ponte con portata massima di 40 tonnellate **2** *fig* resistente **3** ELEK caricabile **Be·last·bar·keit** F ⟨-; -en⟩ **1** carico *m* ammissibile **2** resistenza *f*: **nervliche ~** resistenza nervosa **3** ELEK caricabilità *f*

be·las·ten V/T **1** caricare (*a.* ELEK *fig*): **sein Gewissen mit Schuldgefühlen ~** gravare la propria coscienza di sensi di colpa **2** (*nervlich*) stressare **3** JUR incriminare **4** WIRTSCH **das Haus ist mit einer Hypothek belastet** sulla casa grava un'ipoteca **5** **das Konto mit einem Betrag ~** addebitare una somma sul conto ♦ **die Abgase ~ die Umwelt** i gas di scarico aggravano le condizioni dell'ambiente

be·läs·ti·gen VT infastidire, disturbare **Be·läs·ti·gung** F ⟨-; -en⟩ fastidio *m*, disturbo *m* ♦ **sexuelle ~** molestie *fpl* sessuali

Be·las·tung F ⟨-; -en⟩ **1** carico *m*, peso *m* (*a. fig*): **nervliche ~** stress **2** HANDEL addebito *m* **3** JUR incriminazione *f*

Be·las·tungs·pro·be F prova *f* di resistenza **Be·las·tungs·zeu·ge** M, **-zeu·gin** F testimone *m/f* a carico

be·laubt ADJ frondoso

be·lau·fen VR ⟨*irr*⟩ **sich ~** ammontare: **die Summe beläuft sich auf 1000 Euro** la somma si aggira sui mille euro

be·lau·schen VT origliare

be·le·ben **A** VT **1** stimolare **2** ravvivare, vivacizzare: **die Stimmung ~** vivacizzare l'atmosfera **B** VR **sich ~** animarsi, vivacizzarsi; ♦ **etw wieder ~** far rivivere qc **be·le·bend** ADJ (*anregend*) stimolante **be·lebt** ADJ animato

Be·leg M ⟨-[e]s; -e⟩ **1** (*Quittung*) ricevuta *f* **2** prova *f*: **als ~ für** a sostegno di

be·le·gen VT **1** (*Fußboden*) rivestire **2** (*Platz*) riservare, occupare **3** **einen Kursus ~** iscriversi a un corso **4** (*nachweisen*) documentare ♦ **einen Kuchen mit Erdbeeren ~** mettere fragole su una torta; **den zweiten Platz ~** arrivare secondo

Be·leg·exemp·lar N copia *f* d'obbligo

Be·leg·schaft F ⟨-; -en⟩ dipendenti *mpl*

be·legt ADJ **1** (*Brötchen*) imbottito **2** MED **eine -e Stimme** una voce velata; **eine -e Zunge** una lingua impastata **3** (*Zimmer*) occupato

be·leh·ren VT **1** (*aufklären*) **j-n über etw** (*akk*) **~** informare qn di qc **2** far ricredere: **j-n eines Besser(e)n ~** far ricredere qn **be·leh·rend** ADJ istruttivo **Be·leh·rung** F ⟨-; -en⟩ **1** (*Verweis*) lezione *f* **2** JUR avvertimento *m*

be·lei·di·gen VT offendere **be·lei·di·gend** ADJ offensivo, ingiurioso **be·lei·digt** ADJ offeso **Be·lei·di·gung** F ⟨-; -en⟩ offesa *f*

be·le·sen ADJ erudito, colto

be·leuch·ten VT **1** illuminare **2** *fig* analizzare **Be·leuch·tung** F ⟨-; -en⟩ illuminazione *f*, luce *f*

Bel·gi·en N ⟨-s⟩ Belgio *m* **Bel·gi·er** M ⟨-s; -⟩, **-in** F belga *m/f* **bel·gisch** ADJ belga

be·lich·ten VT FOTO esporre, impressionare **Be·lich·tung** F ⟨-; -en⟩ FOTO esposizione *f*

Be·lich·tungs·mes·ser M esposimetro *m* **Be·lich·tungs·zeit** F FOTO tempo *m* di esposizione

Be·lie·ben N ⟨-s⟩ piacimento *m*: **je nach ~** secondo i gusti

be·lie·big ADJ **1** qualsiasi: **eine -e Zahl** un numero qualsiasi; **jeder Beliebige** chiunque; **~ viele** quanti se ne vuole **2** a scelta, a piacere: **ein -es Buch** un libro a scelta (*od* a piacere)

be·liebt ADJ **1** amato **2** favorito, preferito ♦ **sich ~ machen** rendersi popolare **Be·liebt·heit** F ⟨-⟩ favore *m*, popolarità *f*

be·lie·fern VT **j-n mit etw ~** rifornire qn di qc **Be·lie·fe·rung** F ⟨-; -en⟩ fornitura *f*

bel·len VI ⟨h.⟩ abbaiare (*a. fig*), latrare

be·loh·nen VT (ri)compensare: **j-n für seine Dienste ~** ricompensare qn dei suoi servizi **Be·loh·nung** F ⟨-; -en⟩ ricompensa *f*: **eine ~ aussetzen** offrire una ricompensa; **als ~ für ...** come ricompensa per ...

be·lüf·ten VT aerare, arieggiare **Be·lüf·tung** F aerazione *f*; TECH ventilazione *f*

be·lü·gen VT ⟨*irr*⟩ **j-n ~** mentire a qn

be·lus·ti·gen VT divertire, rallegrare **Be·lus·ti·gung** F ⟨-; -en⟩ divertimento *m*

be·mäch·ti·gen VR **sich ~** impadronirsi, impossessarsi (*a. fig*): **sich einer Sache ~** impossessarsi di una cosa

be·ma·len VT pitturare, dipingere

be·män·geln VT **etw ~** criticare qc

be·man·nen VT **ein Schiff ~** fornire di equipaggio una nave **be·mannt** ADJ dotato di equipaggio, con equipaggio

be·merk·bar ADJ riconoscibile ♦ **sich ~ machen** farsi notare; manifestarsi

be·mer·ken VT **1** **etw ~** notare (*od* accorgersi di) qc **2** (*äußern*) osservare, notare

be·mer·kens·wert ADJ notevole

Be·mer·kung F ⟨-; -en⟩ **1** (*Äußerung*) osservazione *f* **2** nota *f*, appunto *m*

be·mes·sen VT ⟨*irr*⟩ misurare, calcolare ♦ **knapp ~** scarso; **reichlich ~** abbondante

be·mit·lei·den VT compatire, commiserare **be·mit·lei·dens·wert** ADJ compassionevole, pietoso

be·mü·hen A VR **sich ~** 1 impegnarsi, sforzarsi; **sich um j-n ~** adoperarsi per qn 2 disturbarsi: **bitte bemühe dich nicht!** per favore, non disturbarti! B VT *geh* incomodare: **darf ich Sie noch einmal ~?** posso disturbarla ancora? **Be·mü·hung** F ⟨-; -en⟩ 1 sforzo *m*, fatica *f* 2 (*Dienstleistung*) prestazione *f* (professionale)

be·mü·ßigt ADJ **sich ~ sehen** vedersi costretto, **sich ~ fühlen** sentirsi in obbligo

be·mut·tern VT **j-n ~** fare da madre a qn

be·nach·bart ADJ 1 vicino 2 adiacente

be·nach·rich·ti·gen VT informare, avvisare **Be·nach·rich·ti·gung** F ⟨-; -en⟩ avviso *m*

be·nach·tei·li·gen VT svantaggiare

be·ne·belt ADJ brillo

Be·ne·dik·ti·ner M ⟨-s; -⟩ **-in** F ⟨-; -nen⟩ benedettino *m*, -a *f*

Be·ne·fiz·kon·zert N concerto *m* di beneficenza **Be·ne·fiz·spiel** N partita *f* a scopi benefici

be·neh·men VR ⟨*irr*⟩ **sich ~** comportarsi; **sich höflich j-m gegenüber ~** essere cortese con qn; **sich schlecht ~** comportarsi male; **er kann sich nicht ~** non sa comportarsi **Be·neh·men** N ⟨-s; -⟩ comportamento *m*, condotta *f*, contegno *m* ♦ **kein ~ haben** non conoscere le buone maniere

be·nei·den VT invidiare: **j-n um etw ~** invidiare qc a qn, invidiare qn per qc; **ich beneide dich** ti invidio **be·nei·dens·wert** ADJ invidiabile

Be·ne·lux·staa·ten PL Benelux *m*

be·nen·nen VT ⟨*irr*⟩ 1 **etw/j-n ~** dare un nome a qc/qn; **etw nicht ~ können** non conoscere il nome di qc 2 JUR **einen Zeugen ~** nominare un teste **Be·nen·nung** F ⟨-; -en⟩ denominazione *f*

Ben·gel M ⟨-s; -⟩ birba *f*, birichino *m*

be·nom·men ADJ stordito, intontito **Be·nom·men·heit** F ⟨-⟩ stordimento *m*, intontimento *m*

be·no·ten VT **etw ~** dare un voto a qc

be·nö·ti·gen VT **etw ~** avere bisogno di qc **be·nö·tigt** ADJ necessario, occorrente

be·nut·zen VT 1 usare, adoperare, utilizzare 2 (*ausnutzen*) sfruttare

Be·nut·zer M ⟨-s; -⟩, **-in** F ⟨-; -nen⟩ utente *m/f* **be·nut·zer·de·fi·niert** ADJ IT **-e Konfiguration** configurazione *f* utente **be·nut·zer·freund·lich** ADJ facile da usare: **ein -es Computerprogramm** un programma facile da usare (*od* di facile accesso) **Be·nut·zer·hand·buch** N IT manuale *m* per l'utente **Be·nut·zer·ken·nung** F IT password *f inv* **Be·nut·zer·kon·to** N IT account *m inv* **Be·nut·zer·na·me** M IT nome *m* utente **Be·nut·zer·ober·flä·che** F IT interfaccia *f* utente **Be·nut·zer·pass·wort** N IT password *f inv* (dell')utente **Be·nut·zer·pro·fil** N profilo *m* (dell')utente

Be·nut·zung F ⟨-⟩ uso *m*, utilizzazione *f*

Ben·zin N ⟨-s; -e⟩ benzina *f*: **~ tanken** fare benzina; **bleifreies ~** benzina senza piombo

Ben·zin·fres·ser M *umg* macchina *f* ad alto consumo di benzina **Ben·zin·gut·schein** M buono *m* benzina **Ben·zin·ka·nis·ter** M tanica *f* per la benzina **Ben·zin·lei·tung** F tubo *m* della benzina **Ben·zin·mo·tor** M motore *m* a benzina **Ben·zin·tank** M serbatoio *m* della benzina **Ben·zin·uhr** F indicatore *m* (del livello) della benzina **Ben·zin·ver·brauch** M consumo *m* di benzina

be·ob·ach·ten VT 1 osservare 2 (*bemerken*) notare: **etw an j-m ~** notare qc in qn 3 (*genau*) esaminare, scrutare ♦ **j-n ~ lassen** far spiare qn; **einen Patienten ~** tenere un paziente sotto osservazione

Be·ob·ach·ter M ⟨-s; -⟩, **-in** F ⟨-; -nen⟩ osservatore *m*, -trice *f*

Be·ob·ach·tung F ⟨-; -en⟩ 1 osservazione *f* 2 (*Feststellung*) constatazione *f* **Be·ob·ach·tungs·ga·be** F ⟨-⟩ spirito *m* d'osservazione

be·or·dern VT **j-n wohin ~** ordinare a qn di andare da qualche parte

be·pa·cken VT caricare

be·quat·schen VT *umg* 1 **etw ~** chiacchierare di qc 2 **j-n ~** convincere qn a furia di chiacchiere

be·quem ADJ 1 comodo 2 (*faul*) pigro, indolente ♦ **machen Sie es sich ~** si accomodi

be·que·men VR **sich zu etw ~** degnarsi di (*od* decidersi a) fare qc

Be·quem·lich·keit F ⟨-; -en⟩ 1 comodità *fpl*, agi *mpl* **2** comodità *f*, calma *f*: **in aller ~** con tutta calma **3** (*Trägheit*) indolenza *f*

be·ra·ten ⟨*irr*⟩ **A** VT **1** consigliare: **j-n gut ~** consigliare qn bene **2** **etw ~** deliberare su qc **B** VR **sich mit j-m ~** consultarsi con qn; **sich von einem Anwalt ~ lassen** farsi consigliare da un avvocato

be·ra·tend ADJ consulente, consultivo

Be·ra·ter M ⟨-s; -⟩, **-in** F ⟨-; -nen⟩ consigliere *m*, -a *f*; (*beruflich*) consulente *m/f*

Be·ra·tung F ⟨-; -en⟩ **1** consultazione *f*, consiglio *m* **2** consulto *m*: **eine ~ abhalten** tenere un consulto **3** **ärztliche ~** consulenza *f* medica

be·rau·ben VT **1** derubare, rapinare **2** privare: **j-n seiner Freiheit ~** privare qn della propria libertà

be·rau·schen **A** VT **1** ubriacare **2** *fig* inebriare **B** VR **sich ~** **1** ubriacarsi **2** *fig* **sich an etw** (*dat*) **~** inebriarsi di qc **be·rau·schend** ADJ inebriante ♦ **-e Mittel** stupefacenti *mpl*

be·re·chen·bar ADJ **1** calcolabile **2** (*schätzbar*) valutabile, stimabile, prevedibile

be·rech·nen VT **1** calcolare **2** mettere in conto: **j-m etw ~** conteggiare qc a qn; **ich muss Ihnen das ~** glielo devo far pagare **3** prevedere **be·rech·nend** **A** ADJ calcolatore: **eine -e Person** una persona calcolatrice **B** ADV in modo calcolato **Be·rech·nung** F calcolo *m* (*a. fig*)

be·rech·ti·gen **A** VT **j-n zu etw ~** autorizzare qn a fare qc **B** VI ⟨h.⟩ autorizzare, dare diritto **be·rech·tigt** ADJ giustificato, legittimo **Be·rech·ti·gung** F ⟨-; -en⟩ **1** diritto *m* **2** (*Richtigkeit*) giustificazione *f*

be·re·den **A** VT **1** discutere **2** (*überreden*) persuadere **B** VR **sich mit j-m über etw** (*akk*) **~** consultarsi con qn su qc

Be·red·sam·keit F ⟨-⟩ eloquenza *f*

be·redt ADJ eloquente (*a. fig*)

Be·reich M ⟨-[e]s; -e⟩ **1** territorio *m*, zona *f* **2** *fig* campo *m*, sfera *f*, ambito *m* ♦ **im ~ des Möglichen liegen** essere tra le cose possibili

be·rei·chern **A** VT arricchire (*a. fig*) **B** VR **sich ~** arricchirsi **Be·rei·che·rung** F ⟨-; -en⟩ arricchimento *m*

be·rei·fen VT munire di pneumatici, gommare **Be·rei·fung** F ⟨-; -en⟩ pneumatici *mpl*

be·rei·ni·gen VT sistemare, regolare

be·rei·sen VT **ein Land ~** visitare un paese

be·reit ADJ **1** (*fertig*) pronto, preparato **2** (*willig*) pronto, disposto: **sich** (**zu etw**) **~ erklären** dichiararsi disposto a fare qc ♦ **etw ~ machen** preparare qc; **sich ~ machen** prepararsi

be·rei·ten VT **1** preparare **2** procurare: **j-m Freude ~** recare gioia a qn; **j-m Kummer ~** dare preoccupazioni a qn

be·reit·hal·ten ⟨*irr*⟩ **A** VT tenere pronto **B** VR **sich ~** tenersi pronto **be·reit·lie·gen** VI ⟨*irr*; h.⟩ essere pronto **be·reit·ma·chen** VT & VR → bereit machen

be·reits ADV già

Be·reit·schaft F ⟨-; -en⟩ **1** disponibilità *f*: **etw in ~ halten** tenere qc a disposizione **2** (*beim Handy*) attesa *f*, standby *m* **Be·reit·schafts·arzt** M, **-ärz·tin** F medico *m* di guardia **Be·reit·schafts·dienst** M (*Feuerwehr, Polizei*) servizio *m* di pronto intervento ♦ **ärztlicher ~** guardia *f* medica; **ich habe ~** sono di guardia

be·reit·ste·hen VI ⟨*irr*; h.⟩ essere pronto **be·reit·stel·len** VT mettere a disposizione **Be·reit·stel·lung** F ⟨-; -en⟩ messa *f* a disposizione

be·reit·wil·lig **A** ADJ volenteroso **B** ADV prontamente **Be·reit·wil·lig·keit** F ⟨-⟩ prontezza *f*

be·reu·en VT **etw ~** pentirsi di qc; (*bedauern*) rimpiangere qc

Berg M ⟨-[e]s; -e⟩ monte *m*; montagna *f* (*a. fig*): **in die -e fahren** andare in montagna ♦ **die Haare stehen mir zu -e** mi si rizzano i capelli; **mit etw** (**nicht**) **hinter dem ~ halten** (non) tenere segreto qc; **über den ~ sein** avere superato il peggio; **der Glaube kann -e versetzen** la fede smuove le montagne

berg·ab ADV **1** giù per la montagna, in discesa **2** *fig* male: **mit dem Laden geht es immer mehr ~** il negozio va sempre peggio

Berg·ar·bei·ter M minatore *m*

berg·auf ADV **1** su per la montagna, in salita **2** *fig* bene: **mit seinen Noten geht es ~** i suoi voti sono migliorati

Berg·bahn F (*Zug*) ferrovia *f* di montagna; (*Seilbahn*) funivia *f* **Berg·bau** M ⟨-[e]s⟩ industria *f* mineraria

ber·gen VT ⟨birgt, barg, geborgen⟩ **1** salvare, mettere al riparo **2** (*Tote, Verschüttete*) ricuperare **3** (*enthalten*) racchiudere, contenere **4** (*verbergen*) nascondere **5** (*Segel*) ammainare

Berg·füh·rer M, **-in** F guida *f* alpina
Berg·gip·fel M cima *f* della montagna
Berg·hüt·te F rifugio *m* alpino

ber·gig ADJ montuoso, montagnoso

Berg·ket·te F catena *f* montuosa **Berg·kris·tall** M cristallo *m* di rocca **Berg·mann** M ⟨-[e]s; -leute⟩ minatore *m* **Berg·mas·siv** N massiccio *m* **Berg·pre·digt** F ⟨-⟩ REL discorso *m* della montagna **Berg·rü·cken** M dorso *m* (di montagna) **Berg·rutsch** M frana *f* **Berg·schuh** M scarpone *m*

berg·stei·gen V/I ⟨*nur inf u. pperf*⟩ fare un'ascensione **Berg·stei·gen** N ⟨-s⟩ alpinismo *m* **Berg·stei·ger** M ⟨-s; -⟩, **-in** F ⟨-; -nen⟩ alpinista *m/f*

Berg·tour F escursione *f* in montagna

Berg-und-Tal-Fahrt F *fig* (*von Leistungen*) oscillazioni *fpl*, fluttuazioni *fpl*

Ber·gung F ⟨-; -en⟩ **1** salvataggio *m* **2** (*von Toten, Verschütteten*) recupero *m*, estrazione *f* **Ber·gungs·ar·bei·ten** PL **1** operazioni *fpl* di recupero **2** (*von Menschen*) operazioni *fpl* di salvataggio

Berg·wacht F ⟨-⟩ soccorso *m* alpino

Berg·werk N miniera *f*

Be·richt M ⟨-[e]s; -e⟩ **1** rapporto *m*: **j-m ~ erstatten** fare rapporto a qn; **über etw** (*akk*) **~ erstatten** preparare un rapporto su qc **2** (*Erzählung*) racconto *m* **3** servizio *m*, reportage *m* **be·rich·ten** **A** V/T riferire; (*erzählen*) raccontare **B** V/I ⟨h.⟩ **über etw** (*akk*) **~** riferire su qc, raccontare di qc

Be·richt·er·stat·ter M ⟨-s; -⟩, **-in** F ⟨-; -nen⟩ corrispondente *m/f* **Be·richt·er·stat·tung** F **1** resoconto *m*, rapporto *m* **2** corrispondenza *f*

be·rich·ti·gen **A** V/T rettificare, correggere **B** V/R **sich ~** correggersi **Be·rich·ti·gung** F ⟨-; -en⟩ **1** rettifica *f*, correzione *f* **2** TYPO errata-corrige *f*

be·rie·seln V/T **1** AGR irrigare (per scorrimento) **2** *fig umg* **j-n mit Werbung ~** inondare qn di pubblicità

be·rit·ten ADJ **-e Polizei** polizia a cavallo

Ber·lin N ⟨-s⟩ Berlino *f* **Ber·li·ner** **A** M ⟨-s; -⟩ **1** berlinese *m* **2** GASTR = *dolce simile al krapfen* **B** ADJ ⟨*inv*⟩ di Berlino, berlinese: **die ~ Republik** la Repubblica berlinese **Ber·li·ne·rin** F ⟨-; -nen⟩ berlinese *f*

Ber·mu·da·drei·eck N triangolo *m* delle Bermuda **Ber·mu·da·in·seln** PL, **Bermudas** PL isole *fpl* Bermuda **Ber·mu·da·shorts** PL bermuda *mpl*

Bern N ⟨-s⟩ **1** (*Stadt*) Berna *f* **2** (*Kanton*) Canton *m* Berna

Bern·har·di·ner M ⟨-s; -⟩ (*Hund*) sanbernardo *m inv*

Bern·stein M ⟨-[e]s⟩ ambra *f*

bers·ten V/I ⟨birst/berstet, barst, geborsten; s.⟩ **1** spaccarsi **2** *fig* scoppiare: **vor Ungeduld ~** non stare più in sé dall'impazienza

be·rüch·tigt ADJ famigerato, malfamato

be·rü·ckend ADJ affascinante, seducente

be·rück·sich·ti·gen V/T **j-n/etw ~** considerare qn/qc, tener conto di qn/qc **Be·rück·sich·ti·gung** F ⟨-; -en⟩ considerazione *f*: **unter ~ von** con riguardo a

Be·ruf M ⟨-[e]s; -e⟩ professione *f*, (*Handwerk*) mestiere *m* ♦ **was sind Sie von ~?** che mestiere fa? qual è la sua professione?

be·ru·fen[1] ⟨*irr*⟩ **A** V/T chiamare, nominare: **j-n zum Rektor ~** nominare qn rettore **B** V/R **sich auf etw** (*akk*) **~** richiamarsi (*od* riferirsi) a qc; **sich auf j-n ~** appellarsi a qn

be·ru·fen[2] ADJ competente, valente: **sich zu etw ~ fühlen** sentire la vocazione per qc ♦ **aus -em Munde** da fonte sicura

be·ruf·lich ADJ professionale ♦ **was machen Sie ~?** che lavoro fa?; **~ unterwegs** via per lavoro

Be·rufs·aus·bil·dung F formazione *f* professionale **Be·rufs·aus·sich·ten** PL sbocchi *mpl* professionali **Be·rufs·be·ra·ter** M, **-in** F consulente *m/f* di orientamento **Be·rufs·be·ra·tung** F orientamento *m* professionale **Be·rufs·er·fah·rung** F esperienza *f* professionale **Be·rufs·fach·schu·le** F scuola *f* professionale (a tempo pieno) **Be·rufs·ge·heim·nis** N segreto *m* professionale **Be·rufs·klei·dung** F abbigliamento *m* da lavoro **Be·rufs·krank·heit** F malattia *f* professionale **Be·rufs·le·ben** N vita *f* professionale **Be·rufs·ri·si·ko** N rischio *m* professionale **Be·rufs·schu·le** F scuola *f* professionale con alternanza scuola-lavoro **Be·rufs·sol·dat** M, **-in** F soldato *m*, -essa *f* di carriera **Be·rufs·sport·ler** M, **-in** F (atleta *m/f*) professionista *m/f* **Be·rufs-**

stand M categoria *f* professionale **be·rufs·tä·tig** ADJ attivo: **~ sein** lavorare, esercitare una professione **Be·rufs·ver·kehr** M traffico *m* delle ore di punta

Be·ru·fung F ⟨-; -en⟩ 1 nomina *f*: **eine ~ erhalten** ricevere una nomina 2 (*Befähigung*) vocazione *f*: **eine ~ zum Arzt** una vocazione per la medicina 3 **unter ~ auf j-n/etw** richiamandosi a qn/facendo riferimento a qc 4 JUR **~ einlegen** fare ricorso; **in die ~ gehen** ricorrere in appello **Be·ru·fungs·ver·fah·ren** N procedimento *m* d'appello

be·ru·hen V/I ⟨h.⟩ basarsi, essere fondato: **auf etw** (*dat*) **~** basarsi su qc ♦ **etw auf sich** (*dat*) **~ lassen** lasciar perdere qc

be·ru·hi·gen A V/T tranquillizzare, calmare B V/R **sich ~** calmarsi **be·ru·hi·gend** ADJ tranquillizzante **be·ru·higt** ADJ tranquillo **~ sein** sentirsi tranquillo **Be·ru·hi·gung** F ⟨-; -en⟩ 1 il calmare: **zur ~ der Nerven** per calmare i nervi 2 rassicurazione *f*; (*Trost*) conforto *m*: **zu Ihrer ~ kann ich Ihnen sagen ...** per rassicurarla (*od* tranquillizzarla) posso dirle ... **Be·ru·hi·gungs·mit·tel** N sedativo *m*

be·rühmt ADJ celebre, famoso **Be·rühmt·heit** F ⟨-; -en⟩ 1 celebrità *f*, fama *f*: **~ erlangen** acquistare fama 2 (*Person*) celebrità *f*

be·rüh·ren A V/T 1 toccare: **bitte nicht ~** si prega di non toccare; *fig* **ein Thema ~** toccare un tema 2 *fig* (*seelisch*) toccare, colpire B V/R **sich ~** 1 toccarsi 2 *fig* coincidere

Be·rüh·rung F ⟨-; -en⟩ 1 il toccare 2 contatto *m* (*a. fig*): **mit etw in ~ kommen** venire a contatto con qc **Be·rüh·rungs·angst** F timore *m* (di affrontare qc) **Be·rüh·rungs·bild·schirm** M schermo *m* a contatto, touchscreen *m inv*

be·sa·gen V/T dire: **das will nichts ~** non vuol dire nulla **be·sagt** ADJ suddetto

be·sam·meln V/R *schweiz* **sich ~** radunarsi

be·sänf·ti·gen V/T calmare, placare

Be·satz M (*Nähen*) guarnizione *f*

Be·sat·zung F equipaggio *m*

Be·sat·zungs·macht F potenza *f* occupante **Be·sat·zungs·trup·pen** PL truppe *fpl* d'occupazione

be·sau·fen V/R ⟨*irr*⟩ **sich ~** *umg* sbronzarsi

Be·säuf·nis N ⟨-ses; -se⟩ *umg* bevuta *f*

be·schä·di·gen V/T danneggiare **Be·schä·di·gung** F 1 danneggiamento *m* 2 (*von Menschen*) invalidità *f* 3 (*Schaden*) danno *m*

be·schaf·fen[1] A V/T procurare, fornire B V/R **sich** (*dat*) **etw ~** procurarsi qc

be·schaf·fen[2] ADJ di una data natura (*od* condizione): **so ~, dass ...** tale che ...

Be·schaf·fen·heit F ⟨-; -en⟩ 1 qualità *f* 2 (*einer Person*) natura *f*

Be·schaf·fung F ⟨-⟩ acquisto *m* **Be·schaf·fungs·kri·mi·na·li·tät** F microcriminalità *f* legata alla droga

be·schäf·ti·gen A V/T occupare B V/R **sich ~** occuparsi, dedicarsi **be·schäf·tigt** ADJ 1 impegnato, occupato 2 (*angestellt*) impiegato **Be·schäf·tig·te** M/F ⟨-n; -n⟩ impiegato *m*, -a *f*

Be·schäf·ti·gung F ⟨-; -en⟩ 1 occupazione *f*, attività *f*: **einer ~ nachgehen** seguire un'attività 2 (*Anstellung*) lavoro *m*, impiego *m* ♦ **nach intensiver ~ mit diesem Thema** dopo aver studiato a fondo il tema **Be·schäf·ti·gungs·the·ra·pie** F ergoterapia *f*

be·schä·men V/T 1 **j-n ~** fare vergognare qn 2 (*demütigen*) umiliare **be·schä·mend** ADJ 1 vergognoso 2 umiliante

be·schämt ADJ 1 **über etw** (*akk*) **~ sein** vergognarsi di qc 2 imbarazzato, umiliato

be·schat·ten V/T 1 **etw ~** fare ombra a 2 (*heimlich beobachten*) pedinare

be·schau·lich ADJ 1 placido, tranquillo 2 REL contemplativo **Be·schau·lich·keit** F ⟨-⟩quiete *f*

Be·scheid M ⟨-[e]s; -e⟩ 1 informazione *f*, notizia *f* 2 risposta *f*: **~ bekommen** ricevere risposta ♦ **j-m ~ sagen** informare qn; *umg* dire a qn il fatto suo; **~ wissen** essere al corrente

be·schei·den[1] ⟨*irr*⟩ A V/T *form* avere esito: **sein Gesuch wurde abschlägig beschieden** la sua istanza ha avuto esito negativo B V/R **sich mit wenigem ~** accontentarsi di poco

be·schei·den[2] ADJ 1 modesto 2 (*einfach*) semplice, senza pretese 3 (*gering*) modesto 4 *vulg* infame **Be·schei·den·heit** F ⟨-⟩ modestia *f*

be·schei·nen V/T ⟨*irr*⟩ illuminare, rischiarare

be·schei·ni·gen V/T attestare, certificare ♦ **den Empfang eines Briefes ~** accu-

sare ricevuta di una lettera **Be·schei·ni·gung** F ⟨-; -en⟩ attestazione *f*, certificato *m*
be·schei·ßen V/T ⟨*irr*⟩ *vulg fig* inculare, fottere
be·schen·ken V/T **j-n mit etw ~** regalare qc a qn; **j-n ~** fare regali a qn
be·sche·ren V/T **1** **j-m etw** (*od* **j-n mit etw**) **~** regalare qc a qn per Natale **2** concedere, dare, riservare **Be·sche·rung** F ⟨-; -en⟩ distribuzione *f* delle strenne (natalizie) ♦ *iron umg* **da haben wir die ~!, das ist eine schöne ~!** ci mancava solo questa sorpresa!
be·scheu·ert ADJ *umg* tocco, scemo: **du bist wohl ~!** sei proprio scemo!
be·schich·ten V/T ricoprire, rivestire
be·schie·den ADJ toccato: **mir ist wenig Glück ~** mi è toccata una scarsa fortuna
be·schie·ßen V/T ⟨*irr*⟩ **j-n/etw ~** sparare a qn/qc
be·schil·dern V/T dotare di segnali **Be·schil·de·rung** F ⟨-; -en⟩ segnali *mpl* stradali
be·schimp·fen V/T insultare, offendere **Be·schimp·fung** F ⟨-; -en⟩ ingiuria *f*
Be·schiss M ⟨-es⟩ *vulg* inculata *f* **be·schis·sen** ADJ *vulg* **eine -e Lage** una situazione di merda; **es geht ihm ~** gli va di merda
Be·schlag[1] M ferramento *m*, guarnizione *f* di metallo; (*an Türen*) bandella *f*
Be·schlag[2] M ⟨-[e]s⟩ sequestro *m*: **j-n/etw mit ~ belegen** (*od* **in ~ nehmen**) sequestrare qn/qc
be·schla·gen[1] ⟨*irr*⟩ **A** V/T **1** **etw ~** rivestire (*od* armare) qc di parti metalliche, mettere i ferramenti a qc **2** (*Pferd*) ferrare **3** (*anlaufen lassen*) fare appannare **B** V/I ⟨h.⟩ & V/R **sich ~** appannarsi, coprirsi di umidità
be·schla·gen[2] ADJ *umg* ferrato, esperto
Be·schlag·nah·me F ⟨-; -n⟩ sequestro *m*, confisca *f* **be·schlag·nah·men** V/T sequestrare, confiscare, requisire (*a. fig*)
be·schleu·ni·gen **A** V/T accelerare, affrettare (*a. fig*) **B** V/I ⟨h.⟩ accelerare **C** V/R **sich ~** affrettarsi, accelerarsi **Be·schleu·ni·gung** F ⟨-; -en⟩ **1** acceleramento *m* **2** (*Eile*) fretta *f*, urgenza *f* **3** PHYS accelerazione *f*
be·schlie·ßen ⟨*irr*⟩ **A** V/T **1** decidere **2** (*Gesetz*) decretare **3** (*beenden*) terminare, finire **B** V/I ⟨h.⟩ **über etw** (*akk*) **~** deliberare (su) qc

Be·schluss M decisione *f*, deliberazione *f* **be·schluss·fä·hig** ADJ in numero legale
be·schmie·ren V/T **1** imbrattare **2** (*bestreichen*) spalmare
be·schmut·zen **A** V/T **1** sporcare **2** *fig* macchiare **B** V/R **sich ~** sporcarsi
be·schnei·den V/T ⟨*irr*⟩ **1** tagliare **2** (*Bäume*) potare **3** (*Hecken*) tosare **4** (*gerade schneiden*) raffilare **5** *fig* ridurre **6** MED, REL circoncidere **Be·schnei·dung** F ⟨-; -en⟩ **1** taglio *m* **2** raffilatura *f* **3** *fig* riduzione *f* **4** MED, REL circoncisione *f*
Be·schnei·ungs·an·la·ge F impianto *m* per la neve artificiale
be·schnüf·feln V/T **1** annusare **2** *fig* spiare
be·schnup·pern V/T fiutare, annusare
be·schö·ni·gen V/T abbellire, mascherare **Be·schö·ni·gung** F ⟨-; -en⟩ abbellimento *m*
be·schrän·ken **A** V/T limitare, restringere: **etw auf etw** (*akk*) **~** limitare qc a qc **B** V/R **sich ~** limitarsi; **sich auf das Notwendigste ~** limitarsi allo stretto necessario
be·schrankt ADJ **ein -er Bahnübergang** un passaggio a livello con barriere
be·schränkt ADJ *pej* **der ist ja ~!** è un minorato! (*engstirnig*) è limitato! **Be·schränkt·heit** F ⟨-; -en⟩ **1** limitatezza *f* **2** (*Einfalt*) ristrettezza *f* di vedute
Be·schrän·kung F ⟨-; -en⟩ limitazione *f*: **ohne zeitliche ~** senza limiti di tempo
be·schreib·bar ADJ (*CD, DVD*) riscrivibile
be·schrei·ben V/T ⟨*irr*⟩ **1** (*Papier*) scrivere su **2** (*CD, DVD*) masterizzare **3** (*schildern*) descrivere, rappresentare **Be·schrei·bung** F ⟨-; -en⟩ descrizione *f*
be·schrei·ten V/T ⟨*irr*⟩ **1** percorrere **2** *fig* **neue Wege ~** imboccare nuove vie
Be·schrieb M ⟨-s; -e⟩ *schweiz* descrizione *f*
be·schrif·ten V/T mettere una scritta (*od* un'etichetta) **Be·schrif·tung** F ⟨-; -en⟩ scritta *f*
be·schul·di·gen V/T incolpare, accusare **Be·schul·dig·te** M/F ⟨-n; -n⟩ accusato *m*, -a *f* **Be·schul·di·gung** F ⟨-; -en⟩ accusa *f*, imputazione *f*
be·schum·meln V/T *umg* fregare
Be·schuss M **1** MIL bombardamento *m*, tiro *m* **2** *fig* **etw unter ~ nehmen** pren-

dere qc sotto tiro; **unter ~ geraten** finire sotto tiro

be·schüt·zen VT **j-n vor etw ~** proteggere qn da qc **Be·schüt·zer** M ⟨-s; -⟩, **-in** F ⟨-; -nen⟩ protettore *m*, -trice *f*

be·schwat·zen VT *umg* **1** indurre (*od* convincere) con le chiacchiere **2** (*ausführlich reden*) discutere (ampiamente)

Be·schwer·de F ⟨-; -n⟩ **1** PL (*Schmerzen*) disturbi *mpl*: **-n machen** dare disturbi **2** (*Klage*) reclamo *m*, protesta *f*: **~ einlegen** presentare reclamo; JUR fare ricorso

be·schwer·de·frei ADJ privo di disturbi **Be·schwer·de·füh·rer** M, **-in** F reclamante *m/f*

be·schwe·ren **A** VT **etw ~** mettere un peso su qc, fermare qc con un peso **B** VR **sich ~** lagnarsi; **sich (bei j-m) über j-n/etw ~** lamentarsi (con qn) di qn/qc

be·schwer·lich ADJ gravoso, faticoso **Be·schwer·lich·keit** F ⟨-; -en⟩ fatica *f*, difficoltà *f*, sforzo *m*

be·schwich·ti·gen VT acquietare **Be·schwich·ti·gung** F ⟨-; -en⟩ acquietamento *m*, pacificazione *f* **Be·schwich·ti·gungs·po·li·tik** F politica *f* di distensione

be·schwin·deln VT *umg* infinocchiare

be·schwingt ADJ allegro, pieno di slancio ♦ **-en Schrittes** con le ali ai piedi

be·schwipst ADJ *umg* brillo

be·schwö·ren VT ⟨irr⟩ **1** giurare **2** (*anflehen*) scongiurare, implorare **3** (*Schlangen*) incantare **4** **Geister ~** esorcizzare spiriti **Be·schwö·rung** F ⟨-; -en⟩ **1** implorazione *f* **2** (*Bannung*) esorcizzazione *f*

be·se·hen VT ⟨irr⟩ guardare, esaminare

be·sei·ti·gen VT **1** rimuovere, eliminare **2** *umg* togliere di mezzo; **einen Konkurrenten ~** far fuori un concorrente; *euph* **einen Zeugen ~** far fuori un testimone **Be·sei·ti·gung** F ⟨-; -en⟩ rimozione *f*, eliminazione *f*

Be·sen M ⟨-s; -⟩ **1** scopa *f* **2** *pej* donna *f* scontrosa ♦ *fig* **ich fresse einen ~, wenn** ... che mi venga un accidente, se ...

be·ses·sen ADJ **1** (*von bösem Geist*) ossessionato: **vom Teufel ~** posseduto dal demonio **2** *fig* maniaco: **von etw ~ sein** avere la mania di qc ♦ **wie ~** come un ossesso

be·set·zen VT **1** occupare (*a.* MIL) **2** (*Nähen*) guarnire, ornare **3** (*Posten*) affidare, assegnare

be·setzt ADJ **die Leitung ist ~** la linea è occupata; **voll ~** pieno; THEAT esaurito **Be·setzt·zei·chen** N TEL segnale *m* di occupato

Be·set·zung F ⟨-; -en⟩ **1** occupazione *f* (*a.* MIL): **bei** (*od* **mit**) **voller ~** a pieno carico (di persone) **2** (*von Posten*) assegnazione *f* **3** THEAT, FILM personaggi e interpreti *mpl*, cast *m*

be·sich·ti·gen VT visitare **Be·sich·ti·gung** F ⟨-; -en⟩ visita *f*: **~ mit Führung** visita guidata

be·sie·deln VT **1** colonizzare **2** (*von Tieren, Pflanzen*) popolare ♦ **dicht/dünn besiedelt** densamente/scarsamente popolato

be·sie·geln VT **1** suggellare **2** decidere: **dies besiegelte den weiteren Verlauf** questo decise l'andamento successivo

be·sie·gen VT vincere: **den Gegner ~** battere l'avversario **Be·sieg·te** M/F ⟨-n; -n⟩ vinto *m*, -a *f*

be·sin·gen VT ⟨irr⟩ (*preisen, rühmen*) cantare

be·sin·nen VR ⟨irr⟩ **sich ~** **1** (*überlegen*) riflettere, pensare **2** (*sich erinnern*) ricordarsi: **sich auf etw** (*akk*) **~** ricordarsi di qc ♦ **sich eines Besseren ~** cambiare idea

be·sinn·lich ADJ **1** (*nachdenklich*) riflessivo, meditativo **2** (*Anlass*) meditabondo

Be·sin·nung F ⟨-⟩ **1** (*Bewusstsein*) coscienza *f*, sensi *mpl*: **die ~ verlieren** perdere coscienza; **zur ~ kommen** tornare in sé (*a. fig*) **2** (*Überlegung*) riflessione *f* **be·sin·nungs·los** ADJ **1** privo di sensi **2** (*außer sich*) fuori di sé

Be·sitz M ⟨-es⟩ possesso *m*: **von etw ~ ergreifen** impossessarsi di qc (*a. fig*)

be·sit·zen VT ⟨irr⟩ **1** possedere **2** avere, godere: **j-s Vertrauen ~** godere della fiducia di qn **Be·sit·zer** M ⟨-s; -⟩, **-in** F ⟨-; -nen⟩ proprietario *m*, -a *f*

Be·sitz·er·grei·fung F presa *f* di possesso **be·sitz·los** ADJ nullatenente

be·sof·fen ADJ *umg* sbronzo

be·soh·len VT risuolare

Be·sol·dung F ⟨-; -en⟩ retribuzione *f*, paga *f*

be·son·der... ADJ particolare, speciale ♦ **im Besonderen** in particolare, specialmente; **etwas Besonderes** qualcosa di particolare; **nichts Besonderes** niente di particolare

Be·son·der·heit F ⟨-; -en⟩ particolarità

f

be·son·ders ADV 1 particolarmente 2 (*gesondert*) separatamente

be·son·nen ADJ accorto, avveduto **Be·son·nen·heit** F ⟨-⟩ accortezza *f*, avvedutezza *f*

be·sor·gen V/T 1 procurare 2 (*erledigen*) **etw ~** occuparsi di (*od* provvedere a) qc; **den Haushalt ~** occuparsi della casa; **den Einkauf ~** fare la spesa ♦ *umg* **es j-m ~** dire a qn il fatto suo

Be·sorg·nis F ⟨-; -se⟩ preoccupazione *f* **be·sorg·nis·er·re·gend** ADJ preoccupante, inquietante

be·sorgt ADJ preoccupato

Be·sor·gung F ⟨-; -en⟩ 1 (*Erledigung*) esecuzione *f* 2 (*Einkauf*) acquisto *m*, spesa *f*: **-en machen** fare delle commissioni

be·span·nen V/T 1 rivestire 2 (*mit Saiten*) incordare **Be·spannung** F rivestimento *m*

be·spiel·bar ADJ 1 (*Fußballfeld*) praticabile 2 (*CD*) masterizzabile

be·spie·len V/T 1 (*Fußballfeld*) **wegen des vielen Regens kann der Platz heute nicht bespielt werden** oggi il campo è impraticabile a causa della pioggia intensa 2 (*Tonbänder*) registrare; (*Schallplatten*) incidere; (*CD*) masterizzare

be·spit·zeln V/T spiare

be·spre·chen V/T ⟨*irr*⟩ 1 **etw** (**mit j-m**) **~** parlare di qc (con qn) 2 (*Buch*) recensire **Be·spre·chung** F ⟨-; -en⟩ 1 discussione *f*, colloquio *m* 2 (*Konferenz*) riunione *f* 3 (*von Buch*) recensione *f*

be·spren·gen V/T annaffiare

be·sprit·zen V/T 1 spruzzare (d'acqua) 2 (*beschmutzen*) schizzare (di sporco)

be·sprü·hen V/T spruzzare

bes·ser ⟨*komp von* **gut**⟩ **A** ADJ migliore **B** ADV meglio: **es ist ihm** (**schon**) **~** sta (già) meglio; **tu das ~ nicht!** è meglio che tu non lo faccia! ♦ **~ gesagt** per meglio dire; **~ ist ~** non si sa mai; **~ spät als nie** meglio tardi che mai; **umso ~!** tanto meglio!; **~ werden** migliorare

Bes·se·re N ⟨-n⟩ meglio *m*: **etwas/nichts -s** qualcosa/niente di meglio

bes·sern **A** V/T migliorare **B** V/R **sich ~** migliorare, migliorarsi

Bes·se·rung F ⟨-; -en⟩ miglioramento *m*: **gute ~!** pronta guarigione!

Bes·ser·wes·si M *pej* tedesco (-a) occidentale che fa il saputone *m*, -a *f*

Bes·ser·wis·ser M ⟨-s; -⟩, **-in** F ⟨-; -nen⟩ saputone *m*, -a *f*

best... ⟨*sup von* **gut**⟩ **A** ADJ 1 migliore: **mein -er Freund** il mio migliore amico; **mit den -en Grüßen** con i migliori saluti 2 (*sehr gut*) ottimo 3 (*nach erst..., nächst...*) **die nächste -e Lüge erzählen** dire la prima bugia che viene in mente **B** ADV ⟨**am besten**⟩ meglio, nel miglior modo ♦ **am -en** meglio; **er singt am -en** canta meglio di tutti; **am -en gefällt mir ...** la cosa che preferisco è ...; **es ist am -en, du kommst sofort** è meglio che tu venga subito

Be·stand M 1 stabilità *f*; continuità *f*, durata *f*: **von ~ sein** durare; **nichts ist von ~** niente dura per sempre 2 (*vorhandene Menge*) quantità *f* esistente 3 (*des Lagers*) scorta *f*

be·stän·dig ADJ 1 stabile, costante 2 (*widerstandsfähig*) resistente **Be·stän·dig·keit** F ⟨-⟩ 1 costanza *f* 2 resistenza *f*

Be·stands·auf·nah·me F inventario *m*

Be·stand·teil M parte *f*, elemento *m*

be·stär·ken V/T rafforzare, confermare: **j-n in etw** (*dat*) **~** rafforzare qn in qc

be·stä·ti·gen **A** V/T 1 confermare: **j-m etw ~** confermare qc a qn; IT **bestätigen** (*Befehl*) conferma 2 (*bescheinigen*) attestare, certificare **B** V/R **sich ~** rivelarsi fondato **Be·stä·ti·gung** F ⟨-; -en⟩ 1 conferma *f*: **zur ~ von etw** a conferma di qc 2 attestazione *f*, certificazione *f*

be·stat·ten V/T seppellire, *geh* inumare

Be·stat·tung F ⟨-; -en⟩ funerale *m* **Be·stat·tungs·in·sti·tut** N impresa *f* di pompe funebri

be·stäu·ben V/T 1 spolverare 2 BOT impollinare

be·stau·nen V/T guardare con ammirazione

Bes·te[1] M/F ⟨-n; -n⟩ migliore *m/f*: **den ersten -n fragen** chiedere al primo che passa

Bes·te[2] N ⟨-n⟩ meglio *m*, la cosa migliore: **sein -s tun** fare del proprio meglio; **ich will doch nur dein -s** voglio solo il tuo bene; **ich halte es für das ~ ...** ritengo che la cosa migliore sia ... ♦ **aufs ~** nel modo migliore; **das ~ aus etw machen** trarre il massimo vantaggio da qc

be·ste·chen V/T ⟨*irr*⟩ 1 (*mit Geld*) corrompere 2 (*faszinieren*) affascinare **be·ste·chend** ADJ affascinante

be·stech·lich ADJ corruttibile, venale **Be·stech·lich·keit** F ⟨-⟩ corruttibilità *f*
Be·ste·chung F ⟨-; -en⟩ corruzione *f* **Be·ste·chungs·geld** N tangente *f*
Be·steck N ⟨-[e]s; -e⟩ 1 posate *fpl* 2 MED ferri *mpl*: **chirurgisches ~** ferri chirurgici
be·ste·hen ⟨*irr*⟩ A VT 1 superare, passare 2 **~ lassen** fare perdurare B VI ⟨h.⟩ 1 esistere: **es besteht kein Zweifel** non c'è nessun dubbio 2 essere: **aus Holz/aus drei Teilen ~** essere di legno/constare di tre parti 3 **in etw** (*dat*) **~** consistere in qc 4 (*beharren*) **auf etw** (*dat*) **~** insistere su qc 5 **~ bleiben** ⟨s.⟩ perdurare **Be·ste·hen** N ⟨-s⟩ esistenza *f*: **seit ~ des Instituts** dalla fondazione dell'istituto **be·ste·hend** ADJ esistente, vigente
be·steh·len VT ⟨*irr*⟩ **j-n ~** derubare qn (*a. fig*)
be·stei·gen VT ⟨*irr*⟩ salire, scalare: **einen Berg ~** scalare una montagna; **den Zug ~** salire sul treno **Be·stei·gung** F 1 scalata *f*, ascensione *f* 2 *fig* ascesa *f*: **~ des Thrones** ascesa al trono
be·stel·len VT 1 ordinare 2 (*reservieren*) prenotare 3 (*kommen lassen*) far venire 4 trasmettere: **bestell ihm (von mir), dass …** riferiscigli (da parte mia) che … 5 (*ernennen*) nominare, scegliere 6 AGR coltivare ♦ **um ihn ist es gut/schlecht bestellt** le cose gli vanno bene/male
Be·stel·ler M ⟨-s; -⟩, **-in** F ⟨-; -nen⟩ committente *m/f*
Be·stell·num·mer F numero *m* d'ordinazione **Be·stell·schein** M tagliando *m* per ordinazioni
Be·stel·lung F 1 ordine *m*, ordinazione *f*: **auf ~** dietro (*od* su) ordinazione 2 (*bestellte Ware*) merce *f* ordinata 3 (*Nachricht*) notizia *f* 4 (*Ernennung*) nomina *f* 5 AGR coltivazione *f*
bes·ten·falls ADV nel migliore dei casi
bes·tens ADV nel modo migliore, ottimamente
be·steu·ern VT tassare, gravare d'imposta **Be·steu·e·rung** F ⟨-; -en⟩ tassazione *f*
Best·form F ottima forma *f*: **seine ~ erreichen** raggiungere la miglior forma
bes·ti·a·lisch ADJ 1 brutale, da bestia 2 *umg* bestiale: **eine -e Kälte** un freddo bestiale
be·sti·cken VT guarnire di ricami, ricamare
Bes·tie F ⟨-; -n⟩ 1 bestia *f* feroce, fiera *f* 2 *fig* (*Unmensch*) bestia *f*, bruto *m*
be·stim·men A VT 1 (*festsetzen*) stabilire 2 (*ermitteln*) determinare 3 (*beeinflussen*) influenzare 4 (*vorsehen*) destinare 5 (*ernennen*) designare B VI ⟨h.⟩ **über etw** (*akk*) **frei ~ können** poter disporre liberamente di qc; **über j-n ~** decidere di qn
be·stimmt A ADJ 1 (*feststehend*) stabilito 2 (*gewiss*) determinato, certo 3 (*genau*) preciso 4 (*entschieden*) deciso, risoluto B ADV certamente; **er kommt ~ nicht** di sicuro non viene **Be·stimmt·heit** F ⟨-⟩ 1 determinazione *f*: **etw mit aller ~ ablehnen** rifiutare qc con estrema fermezza 2 (*Gewissheit*) certezza *f*
Be·stim·mung F 1 (*Festsetzen*) determinazione *f* 2 (*Ernennung*) designazione *f* 3 (*Vorschrift*) disposizione *f*, norma *f* 4 (*Klausel*) clausola *f* 5 destinazione *f*: **etw seiner ~ übergeben** inaugurare qc 6 (*Schicksal*) sorte *f*, destino *m* 7 (*Klärung*) definizione *f* **Be·stim·mungs·ort** M destinazione *f*
Best·leis·tung F SPORT prestazione *f* migliore, primato *m* **Best·mar·ke** F SPORT record *m* **best·mög·lich** ADJ meglio possibile
be·stra·fen VT punire, castigare **Be·stra·fung** F ⟨-; -en⟩ 1 punizione *f* 2 (*Strafe*) castigo *m*
be·strah·len VT 1 irradiare, illuminare 2 MED curare con la radioterapia **Be·strah·lung** F 1 illuminazione *f* 2 MED radioterapia *f*
be·strebt ADJ **~ sein** sforzarsi **Be·stre·bung** F ⟨-; -en⟩ sforzo *m*, premura *f*
be·strei·chen VT ⟨*irr*⟩ 1 (*Brot*) spalmare 2 (*mit Salbe*) ungere 3 (*mit Farbe*) tingere
be·strei·ken VT **ein Unternehmen ~** bloccare una ditta con lo sciopero
be·strei·ten VT ⟨*irr*⟩ 1 (*ableugnen*) contestare 2 **die Kosten ~** far fronte alle spese 3 *fig* **eine Unterhaltung ~** sostenere una conversazione
be·streu·en VT cospargere
Best·sel·ler M ⟨-s; -⟩ bestseller *m inv*
be·stü·cken VT **mit etw ~** munire di qc
be·stür·men VT assalire (*a. fig*)

be·stür·zen VT sconvolgere, sgomentare **be·stürzt** ADJ sconvolto, sgomento **Be·stür·zung** F ⟨-⟩ sgomento *m*

Best·zeit F SPORT miglior tempo *m*

Be·such M ⟨-[e]s; -e⟩ **1** visita *f* **2** (*regelmäßiger*) frequenza *f*: **der ~ der Schule** la frequenza scolastica **3** (*Teilnahme*) il frequentare, partecipazione *f* **4** (*Gäste*) ospite *m*, ospiti *mpl*: **hoher ~** illustre ospite ♦ **~ haben** avere visite; **einen ~ bei j-m machen** fare una visita a qn; **bei j-m zu ~ sein** essere in visita da qn

be·su·chen VT **1** **j-n ~** visitare qn, andare (*od* venire) a trovare qn **2** (*Orte, Veranstaltungen*) visitare **3** (*regelmäßig*) frequentare **4** **ein Konzert ~** assistere a un concerto ♦ **gut besucht** molto frequentato

Be·su·cher M ⟨-s; -⟩, **-in** F ⟨-; -nen⟩ **1** ospite *m/f* **2** visitatore *m*, -trice *f*; frequentatore *m*, -trice *f* **3** (*Zuschauer*) spettatore *m* **Be·su·cher·zahl** F numero *m* di visitatori

Be·suchs·er·laub·nis F permesso *m* di visita **Be·suchs·zeit** F orario *m* di visita **Be·suchs·zim·mer** N parlatorio *m*

Be·ta·blo·cker M ⟨-s; -⟩ betabloccante *m*

be·tagt ADJ attempato, anziano

be·tas·ten VT tastare, palpare

be·tä·ti·gen **A** VT azionare **B** VR **sich ~** essere attivo, svolgere un'attività; **sich als etw ~** svolgere l'attività di qc ♦ **sich politisch ~** essere attivo in politica **Be·tä·ti·gung** F ⟨-; -en⟩ **1** azionamento *m* **2** attività *f*

be·täu·ben **A** VT **1** stordire, intontire **2** (*von Lärm*) assordare **3** *fig* sedare **4** MED anestetizzare **B** VR **sich ~** stordirsi; **sich durch Arbeit ~** stordirsi col lavoro

Be·täu·bung F ⟨-; -en⟩ **1** stordimento *m* **2** MED anestesia *f*: **örtliche ~** anestesia locale **Be·täu·bungs·mit·tel** N anestetico *m*

Be·ta·ver·si·on F IT versione *f* beta

Be·te F ⟨-; -n⟩ **Rote ~** barbabietola *f* rossa

be·tei·li·gen **A** VT far partecipare **B** VR **sich an etw** (*dat*) **~** partecipare a qc **be·tei·ligt** ADJ **an etw** (*dat*) **~ sein** partecipare a qc **Be·tei·lig·te** M/F ⟨-n; -n⟩ interessato *m*, -a *f* **Be·tei·li·gung** F ⟨-; -en⟩ partecipazione *f*

be·ten **A** VI ⟨h.⟩ pregare: **zu Gott ~** pregare Dio **B** VT (*Gebet sprechen*) dire, recitare

be·teu·ern VT affermare; (*erklären*) dichiarare **Be·teu·e·rung** F ⟨-; -en⟩ affermazione *f*

Beth·le·hem N ⟨-s⟩ Betlemme *f*

be·ti·teln VT **1** **etw ~** (in)titolare qc **2** **j-n** (**mit**) **Doktor ~** chiamare qn dottore

Be·ton M ⟨-s; -s *u.* -e⟩ calcestruzzo *m*

be·to·nen VT **1** accentare **2** *fig* **etw ~** porre l'accento su qc, sottolineare qc

be·to·nie·ren VT rivestire di calcestruzzo

Be·ton·mi·scher M ⟨-s; -⟩ betoniera *f*

be·tont ADJ **1** LING accentato **2** *fig* marcato, accentuato **Be·to·nung** F ⟨-; -en⟩ **1** accento *m* **2** *fig* accentuazione *f*

be·tö·ren VT affascinare, sedurre

Be·tracht M: (**nicht**) **in ~ kommen** (non) essere in questione; **j-n/etw außer ~ lassen** non prendere in considerazione qn/qc; **j-n/etw in ~ ziehen** considerare qn/qc

be·trach·ten VT **1** guardare (attentamente) **2** *fig* (*untersuchen*) esaminare **3** *fig* (*halten*) ritenere, considerare: **j-n als einen Freund ~** considerare qn un amico

Be·trach·ter M ⟨-s; -⟩, **-in** F ⟨-; -nen⟩ osservatore *m*, -trice *f*

be·träch·tlich ADJ considerevole, notevole

Be·trach·tung F ⟨-; -en⟩ **1** contemplazione *f* **2** *fig* esame *m*; (*Überlegung*) considerazione *f*: **eine ~ über etw** (*akk*) **anstellen** fare una considerazione su qc

Be·trag M ⟨-[e]s; Beträge⟩ importo *m* ♦ **~ erhalten** per quietanza

be·tra·gen ⟨*irr*⟩ **A** VT essere (di), raggiungere **B** VR **sich ~** comportarsi, condursi

Be·tra·gen N ⟨-s⟩ comportamento *m*, condotta *f*

be·trau·en VT incaricare: **j-n mit einer Aufgabe ~** affidare un incarico a qn

be·trau·ern VT piangere

Be·treff M ⟨-[e]s; -e⟩ oggetto *m* ♦ *form* **in diesem ~** a questo riguardo (*od* proposito)

be·tref·fen VT ⟨*irr*⟩ riguardare: **was mich betrifft ...** per quel che mi riguarda ... **be·tref·fend** ADJ **1** riguardante **2** (*zuständig*) competente ♦ **Ihren Brief vom ... ~** in riferimento alla Sua del ... **Be·tref·fen·de** M/F ⟨-n; -n⟩ persona *f* in questione, interessato *m*, -a *f* **be·treffs** PRÄP (+*gen*) riguardo a, riguardante

be·trei·ben VT ⟨*irr*⟩ **1** condurre, eseguire **2** (*Hobby*) praticare; (*Gewerbe*) esercitare **3** gestire: **ein Restaurant ~** gestire un ristorante **4** TECH **etw elektrisch ~** azionare qc con la corrente elettrica **Be·trei·ben** N **auf j-s ~ (hin)** per iniziativa di qn **Be·trei·ber** M ⟨-s; -⟩, **-in** F ⟨-; -nen⟩ (*Leiter*) gestore *m*, -trice *f*

be·tre·ten[1] VT ⟨*irr*⟩ **1** entrare (in) (*a. fig*) **2** (*Rasen*) calpestare; (*Weg*) percorrere

be·tre·ten[2] ADJ imbarazzato, confuso

Be·tre·ten N ⟨-s⟩ entrata *f*, accesso *m*, ingresso *m*: **~ verboten!** vietato l'accesso!

be·treu·en VT **1** **j-n ~** avere cura (*od* occuparsi) di qn **2** **etw ~** curare (*od* occuparsi di) qc

Be·treu·er M ⟨-s; -⟩, **-in** F ⟨-; -nen⟩ assistente *m/f*; (*von Kindern*) accompagnatore *m*, -trice *f*

Be·treu·ung F ⟨-; -en⟩ assistenza *f*, cura *f*

Be·trieb M ⟨-[e]s; -e⟩ **1** impresa *f*, azienda *f*: **landwirtschaftlicher ~** azienda *f* agricola **2** attività *f*, esercizio *m*: **in ~ sein** essere in funzione; **in vollem ~ sein** essere in piena attività; **den ~ aufnehmen** entrare in servizio; **den ~ einstellen** cessare l'attività (*od* il funzionamento); **etw in ~ nehmen** (*Aufzug*) mettere qc in funzione; **die Anlage/das System wird nächsten Monat in ~ genommen** l'impianto/il sistema entrerà in funzione il mese prossimo; **in/außer ~ setzen** attivare/disattivare; **der Aufzug ist außer ~** l'ascensore è fuori servizio **3** *umg* traffico *m*

be·trieb·lich ADJ aziendale **be·trieb·sam** ADJ attivo, laborioso **Be·trieb·sam·keit** F ⟨-⟩ attività *f*, operosità *f* **Be·triebs·an·ge·hö·ri·ge** M/F dipendente *m/f* (d'azienda) **Be·triebs·an·lei·tung** F istruzioni *fpl* per l'uso **Be·triebs·aus·flug** M gita *f* aziendale **Be·triebs·be·reit** ADJ pronto per l'uso **Be·triebs·fe·ri·en** PL chiusura *f* annuale **Be·triebs·ka·pi·tal** N capitale *m* d'impresa **Be·triebs·kli·ma** N ambiente *m* di lavoro **Be·triebs·kos·ten** PL costi *mpl* aziendali **Be·triebs·lei·ter** M, **-in** F dirigente *m/f* d'azienda **Be·triebs·lei·tung** F conduzione *f* aziendale **Be·triebs·rat** M (*Gremium*) consiglio *m* di fabbrica **Be·triebs·rat** M ⟨-[e]s; -räte⟩, **-rä·tin** F ⟨-; -nen⟩ membro *m* del consiglio di fabbrica **Be·triebs·stö·rung** F interruzione *f* del lavoro **Be·triebs·sys·tem** N IT sistema *m* operativo **Be·triebs·un·fall** M infortunio *m* sul lavoro **Be·triebs·ver·samm·lung** F **es wurde eine ~ einberufen** l'azienda ha convocato tutti i dipendenti **Be·triebs·wirt** M, **-in** F diplomato *m*, -a *f* in economia aziendale **Be·triebs·wirt·schaft** F ⟨-⟩ economia *f* aziendale

be·trin·ken VR ⟨*irr*⟩ **sich ~** ubriacarsi

be·trof·fen ADJ confuso, turbato; *fig* **etw macht mich ~** qc mi sconcerta **Be·trof·fen·heit** F ⟨-⟩ stupore *m*, sbigottimento *m*

be·tro·gen → betrügen

be·trü·ben **A** VT contristare **B** VR **sich über etw** (*akk*) **~** affliggersi per qc

be·trüb·lich ADJ triste, spiacevole

Be·trüb·nis F ⟨-; -se⟩ tristezza *f*, dolore *m*

be·trübt ADJ afflitto

Be·trug M ⟨-[e]s⟩ **1** inganno *m*, imbroglio *m*, frode *f* **2** (*in der Ehe*) tradimento *m*

be·trü·gen ⟨*irr*⟩ **A** VT **1** ingannare **2** **seine Frau ~** tradire la propria moglie **3** truffare: **j-n um 100 Euro ~** truffare 100 euro a qn **B** VR **sich (selbst) ~** ingannarsi

Be·trü·ger M ⟨-s; -⟩, **-in** F ⟨-; -nen⟩ imbroglione *m*, -a *f*, truffatore *m*, -trice *f* **be·trü·ge·risch** ADJ **1** ingannatore **2** fraudolento, doloso: **in -er Absicht** con intenzione fraudolenta

be·trun·ken ADJ ubriaco ♦ **in -em Zustand** in stato di ebbrezza **Be·trun·ke·ne** M/F ⟨-n; -n⟩ ubriaco *m*, -a *f*

Bett N ⟨-[e]s; -en⟩ letto *m*: **ins** (*od* **zu**) **~ gehen** andare a letto; **das ~ frisch beziehen** cambiare le lenzuola; **die -en machen** fare i letti ♦ **das ~ hüten (müssen)** essere costretto a letto (*od* essere allettato); *umg* **mit j-m ins ~ gehen** (*od* **steigen**) andare a letto con qn

Bett·be·zug M fodera *f* del piumino **Bett·couch** F divano letto *m* **Bett·de·cke** F **1** coperta *f* **2** (*Tagesdecke*) copriletto *m*

bet·tel·arm ADJ povero in canna **Bet-**

tel·brief M lettera f con richiesta di denaro
bet·teln VI ⟨h.⟩ 1 chiedere l'elemosina, mendicare 2 (*bitten*) chiedere umilmente **Bet·teln** N ⟨-s⟩ accattonaggio *m*
Bet·tel·stab M **j-n an den ~ bringen** gettare (*od* ridurre) qn sul lastrico
bet·ten VT adagiare: **j-n auf eine Bahre ~** adagiare qn in una bara ♦ **wie man sich bettet, so liegt man** ognuno è artefice della propria fortuna
Bett·ge·stell N lettiera *f* **bett·lä·ge·rig** ADJ costretto a letto, allettato **Bett·la·ken** N lenzuolo *m*
Bett·ler M ⟨-s; -⟩, **-in** F ⟨-; -nen⟩ mendicante *m/f*, accattone *m*, -a *f*
Bett·näs·ser M ⟨-s; -⟩, **-in** F ⟨-; -nen⟩ affetto *m*, -a *f* da enuresi **bett·reif** ADJ stanco morto **Bett·ru·he** F riposo *m* a letto **Bett·tuch** N lenzuolo *m* **Bett·vor·le·ger** M scendiletto *m* **Bett·wä·sche** F lenzuola *fpl* **Bett·zeug** N *umg* coperte *fpl* e lenzuola *fpl*
be·tup·fen VT 1 MED tamponare leggermente 2 (*mit Tupfen versehen*) macchiettare
beu·gen A VT 1 piegare, flettere: **den Kopf über etw** (*akk*) **~** chinare il capo su qc 2 (*Recht, Gesetz*) travisare B VR **sich ~** 1 piegarsi, curvarsi 2 *fig* sottomettersi; **sich j-s Willen ~** piegarsi al volere di qn ♦ **sich aus dem Fenster ~** sporgersi dalla finestra; **sich nach vorn ~** chinarsi in avanti
Beu·le F ⟨-; -n⟩ 1 bernoccolo *m*, bozza *f*: **eine ~ am Kopf haben** avere un bernoccolo in testa 2 (*im Blech*) ammaccatura *f*
be·un·ru·hi·gen A VT inquietare, preoccupare B VR **sich ~** inquietarsi, turbarsi **Be·un·ru·hi·gung** F ⟨-; -en⟩ preoccupazione *f*
be·ur·kun·den VT certificare, documentare; (*Geburten*) registrare **Be·ur·kun·dung** F ⟨-; -en⟩ certificazione *f*, documentazione *f*: **notarielle ~** certificazione notarile
be·ur·lau·ben VT (*von einem Amt*) sospendere (temporaneamente) **Be·ur·lau·bung** F ⟨-; -en⟩ aspettativa *f*, congedo *m*
be·ur·tei·len VT giudicare, valutare **Be·ur·tei·lung** F ⟨-; -en⟩ 1 giudizio *m* 2 critica *f*: **eine gute ~ bekommen** ricevere una buona critica
Beu·te F ⟨-⟩ 1 bottino *m* 2 preda *f* (*a. fig*): **eine leichte ~ sein** essere una facile preda
Beu·tel M ⟨-s; -⟩ borsa *f*, sacchetto *m*
beu·teln VT *umg* (*schütteln*) strapazzare (*a. fig*)
Beu·tel·tier N marsupiale *m*
be·völ·kern A VT 1 popolare 2 (*füllen, beleben*) affollare B VR **sich ~** popolarsi ♦ **dicht/dünn bevölkert** densamente/scarsamente popolato **Be·völ·ke·rung** F ⟨-; -en⟩ popolazione *f*
Be·völ·ke·rungs·dich·te F densità *f* di popolazione **Be·völ·ke·rungs·ex·plo·si·on** F ⟨-⟩ esplosione *f* demografica, boom *m* demografico **Be·völ·ke·rungs·po·li·tik** F politica *f* demografica **Be·völ·ke·rungs·rück·gang** M calo *m* demografico
be·voll·mäch·ti·gen VT autorizzare **Be·voll·mäch·tig·te** M/F ⟨-n; -n⟩ incaricato *m*, -a *f* **Be·voll·mäch·ti·gung** F ⟨-; -en⟩ autorizzazione *f*, delega *f*
be·vor KONJ prima che, prima di: **nicht öffnen, ~ der Wagen hält** non aprire, prima che la vettura si fermi
be·vor·mun·den VT 1 mettere (*od* tenere) sotto tutela 2 *fig* dominare, comandare **Be·vor·mun·dung** F ⟨-⟩ 1 tutela *f* 2 *fig* dominio *m*
be·vor·ste·hen VI ⟨*irr*; h.⟩ essere imminente ♦ **j-m ~** attendere qn; **ihr steht eine glänzende Zukunft bevor** ha davanti a sé un futuro brillante; **uns steht viel Arbeit bevor** abbiamo molto lavoro da fare; **ihm steht eine Enttäuschung bevor** avrà una delusione **be·vor·ste·hend** ADJ imminente, prossimo
be·vor·zu·gen VT 1 preferire 2 (*begünstigen*) favorire **be·vor·zugt** ADJ preferito; **eine -e Lage** una posizione privilegiata **Be·vor·zu·gung** F ⟨-; -en⟩ il privilegiare
be·wa·chen VT sorvegliare, custodire **Be·wa·cher** M ⟨-s; -⟩, **-in** F ⟨-; -nen⟩ custode *m/f* **Be·wa·chung** F ⟨-; -en⟩ 1 custodia *f* 2 (*Wache*) guardia *f*
be·waff·nen A VT armare B VR **sich ~** armarsi (*a. fig*) **Be·waff·nung** F ⟨-; -en⟩ armamento *m*
be·wah·ren VT 1 (*schützen*) proteggere, preservare: **j-n vor etw** (*dat*) **~** proteggere qn da qc 2 (*aufbewahren*) custodire 3 *fig* conservare, serbare, mantene-

re: **etw in guter Erinnerung ~** serbare un buon ricordo di qc; **die Haltung ~** mantenere un contegno ♦ (**Gott**) **bewahre!** per carità! Dio ce ne guardi!

be·wäh·ren VR **sich ~** affermarsi; **sich gut/schlecht ~** dare buoni/cattivi risultati

be·wahr·hei·ten VR **sich ~** verificarsi

be·währt ADJ 1 (*erprobt*) provato, sperimentato 2 (*erfahren*) esperto, valido

Be·wah·rung F ⟨-; -en⟩ conservazione *f*

Be·wäh·rung F ⟨-; -en⟩ JUR (sospensione *f*) condizionale *f*: **ein Jahr Gefängnis ohne ~** un anno di prigione senza la condizionale

Be·wäh·rungs·frist F termine *m* di sospensione condizionale (di una pena) **Be·wäh·rungs·hel·fer** M, **-in** F JUR assistente *m/f* sociale preposto (-a) al reinserimento di delinquenti minorenni **Be·wäh·rungs·pro·be** F prova *f*

be·wal·det ADJ boscoso, coperto di boschi

be·wäl·ti·gen VT 1 **etw ~** venire a capo di qc, finire qc; (*Problem*) risolvere qc 2 (*überwinden*) superare

be·wan·dert ADJ esperto, pratico, versato: **auf einem Gebiet ~ sein** essere esperto in un settore

Be·wandt·nis F ⟨-; -se⟩ **damit hat es folgende ~** le cose stanno così; **das hat seine eigene** (*od* **besondere**) **~** questo ha il suo motivo

be·wäs·sern VT irrigare **Be·wäs·se·rung** F ⟨-; -en⟩ irrigazione *f*

be·we·gen[1] A VT 1 muovere 2 (*in Gang bringen*) azionare 3 *fig* (*rühren*) commuovere B VR **sich ~** 1 muoversi (*a. fig*) 2 (*sich belaufen*) aggirarsi ♦ **sich hin und her ~** andare su e giù; **sich im Kreis ~** girare a vuoto

be·we·gen[2] VT ⟨bewog, bewogen⟩ indurre

Be·weg·grund M motivo *m*, movente *m*

be·weg·lich ADJ 1 mobile; TECH movibile 2 (*wendig*) vivace, sveglio **Be·weg·lich·keit** F ⟨-; -en⟩ 1 mobilità *f* 2 vivacità *f*

be·wegt ADJ 1 mosso 2 *fig* movimentato, agitato 3 (*gerührt*) commosso

Be·we·gung F ⟨-; -en⟩ 1 movimento *m* (*a.* POL, HIST), moto *m* (*a.* PHYS): **etw in ~ setzen** mettere in moto qc; **sich in ~ setzen** mettersi in moto 2 (*Gebärde*) gesto *m* 3 (*Rührung*) commozione *f*, emozione *f* ♦ **sich** (*dat*) **~ machen** fare del moto; **du brauchst mehr ~** hai bisogno di un po' di moto; **keine ~!** fermo! non un gesto!

Be·we·gungs·frei·heit F libertà *f* di movimento **be·we·gungs·los** ADJ immobile **Be·we·gungs·mel·der** M ⟨-s; -⟩ sensore *m* di prossimità **be·we·gungs·un·fä·hig** ADJ incapace di muoversi, immobilizzato

be·wei·nen VT piangere, lamentare

Be·weis M ⟨-es; -e⟩ prova *f*: **als/zum ~ seiner Aussage** a/come prova delle sue affermazioni; **den ~ liefern** fornire la prova; **etw unter ~ stellen** mettere qc alla prova

Be·weis·auf·nah·me F assunzione *f* di prove **be·weis·bar** ADJ provabile, dimostrabile

be·wei·sen VT ⟨irr⟩ provare, (di)mostrare (*a. fig*): **Mut ~** dimostrare coraggio

Be·weis·füh·rung F 1 argomentazione *f* 2 produzione *f* di prove **Be·weis·kraft** F ⟨-⟩ efficacia *f*, forza *f* probatoria **be·weis·kräf·tig** ADJ probatorio, probante **Be·weis·la·ge** F ⟨-⟩ stato *m* delle prove **Be·weis·mit·tel** N (mezzo *m* di) prova *f* **Be·weis·stück** N JUR 1 documento *m* probatorio 2 corpo *m* del reato

be·wen·den VI **es bei** (*od* **mit**) **etw ~ lassen** accontentarsi di qc

be·wer·ben VR ⟨irr⟩ **sich ~** 1 candidarsi: **sich um einen Posten ~** aspirare a un posto 2 **sich bei einer Firma ~** fare domanda presso una ditta (per avere un posto)

Be·wer·ber M ⟨-s; -⟩, **-in** F ⟨-; -nen⟩ candidato *m*, -a *f*, aspirante *m/f*, concorrente *m/f*

Be·wer·bung F 1 candidatura *f* 2 domanda *f* **Be·wer·bungs·schrei·ben** N domanda *f* d'impiego **Be·wer·bungs·un·ter·la·gen** PL documenti *mpl* allegati alla domanda d'impiego

be·wer·fen VT ⟨irr⟩ **j-n mit etw ~** tirare qc contro (*od* addosso a) qn

be·werk·stel·li·gen VT attuare, effettuare ♦ **wie soll ich das ~?** come potrei farlo?

be·wer·ten VT 1 valutare, quotare 2 (*beurteilen*) giudicare ♦ **etw zu hoch ~** sopravvalutare qc; **etw zu niedrig ~** sottovalutare qc **Be·wer·tung** F **1** valutazione *f* **2** (*Urteil*) giudizio *m* **3** (*Note*) voto *m*

be·wil·li·gen V/T **1** accordare, concedere: **eine Bitte ~** accondiscendere a una preghiera **2** (*genehmigen*) autorizzare **Be·wil·li·gung** F ⟨-; -en⟩ **1** concessione *f* **2** autorizzazione *f*

be·wir·ken V/T causare, provocare

be·wir·ten V/T **1** **j-n mit Getränken ~** offrire da bere a qn **2** (*aufnehmen*) ospitare

be·wirt·schaf·ten V/T **1** amministrare; (*Gaststätte*) gestire **2** AGR coltivare **3** (*rationieren*) contingentare, razionare

Be·wir·tung F ⟨-; -en⟩ accoglienza *f* ospitale; (*in Gaststätten*) servizio *m*

be·wog, be·wo·gen → bewegen[2]

be·wohn·bar ADJ abitabile

be·woh·nen V/T abitare, occupare

Be·woh·ner M ⟨-s; -⟩, **-in** F ⟨-; -nen⟩ abitante *m/f*; (*eines Hauses*) inquilino *m*, -a *f*

be·wöl·ken V/R **sich ~** annuvolarsi **be·wölkt** ADJ nuvoloso **Be·wöl·kung** F ⟨-⟩ **1** annuvolamento *m* **2** nuvolosità *f*

Be·wun·de·rer M ⟨-s; -⟩ ammiratore *m* **Be·wun·de·rin** F ⟨-; -nen⟩ ammiratrice *f* **be·wun·dern** V/T ammirare **be·wun·derns·wert** ADJ ammirevole **Be·wun·de·rung** F ⟨-⟩ ammirazione *f*

be·wusst ADJ **1** consapevole, cosciente: **sich** (*dat*) **einer Sache ~ werden** diventare consapevole di una cosa; **j-m etw ~ machen** far capire qc a qn **2** (*absichtlich*) intenzionale **3** (*besagt*) **die -e Angelegenheit** la faccenda in questione

be·wusst·los ADJ **1** privo di sensi: **~ werden** svenire **2** (*unbewusst*) inconscio, inconsapevole **Be·wusst·lo·sig·keit** F ⟨-⟩ **1** svenimento *m* **2** inconsapevolezza *f* ♦ *umg* **bis zur ~** a più non posso

Be·wusst·sein N **1** coscienza *f*: **etw ist mir zu(m) ~ gekommen** ho preso coscienza di qc; **das politische ~** la coscienza politica **2** sensi *mpl*, conoscenza *f*: **das ~ verlieren** perdere i sensi; **wieder zu(m) ~ kommen** riaversi, tornare in sé ♦ **bei ~ sein** essere in sé

be·zah·len V/T pagare (*a. fig*): **es teuer ~** pagarla salata (*od* cara) ♦ **das macht sich (nicht) bezahlt** questo (non) conviene; **bitte ~!** il conto per favore **Be·zah·lung** F pagamento *m*

be·zäh·men **A** V/T domare, frenare **B** V/R **sich ~** frenarsi, contenersi

be·zau·bern V/T incantare, affascinare **be·zau·bernd** ADJ incantevole

be·zeich·nen V/T **1** (contras)segnare **2** indicare: **j-m den genauen Weg ~** indicare a qn la strada giusta **3** (*benennen*) designare, denominare, chiamare **be·zeich·nend** ADJ caratteristico, tipico **be·zeich·nen·der·wei·se** ADV significativamente **Be·zeich·nung** F **1** segno *m*, indicazione *f* **2** (*Name*) denominazione *f*

be·zeu·gen V/T **1** testimoniare, attestare **2** (*urkundlich*) certificare, documentare

be·zich·ti·gen V/T incolpare, accusare **Be·zich·ti·gung** F ⟨-; -en⟩ **1** l'incolpare, accusa *f* **2** (*Äußerung*) dichiarazione *f* compromettente

be·zie·hen ⟨*irr*⟩ **A** V/T **1** coprire, rivestire **2** **eine Wohnung ~** entrare in un appartamento **3** MIL **eine Stellung ~** appostarsi in una posizione **4** (*erhalten*) ricevere **5** (*in Zusammenhang bringen*) riferire **B** V/R **sich ~** **1** (*Himmel*) coprirsi **2** **sich auf j-n/etw ~** riferirsi a qn/qc ♦ **das Bett ~** cambiare le lenzuola

Be·zie·her M ⟨-s; -⟩, **-in** F ⟨-; -nen⟩ chi riceve qc; (*von Waren*) cliente *m/f*; (*von Zeitungen*) abbonato *m*, -a *f*

Be·zie·hung F relazione *f*, rapporto *m*: **diplomatische -en** relazioni *fpl* diplomatiche ♦ **-en haben** essere ammanigliato; **keine ~ zur Musik haben** non avere nessun senso musicale; **in dieser/jeder ~** sotto questo aspetto/sotto ogni aspetto

Be·zie·hungs·kis·te F *umg* = *rapporto di coppia* **be·zie·hungs·voll** ADJ pieno di riferimenti **be·zie·hungs·wei·se** KONJ **1** (*besser gesagt*) cioè, anzi, o meglio **2** (*oder, anderenfalls*) oppure, o, altrimenti

be·zif·fern **A** V/T **1** numerare **2** (*schätzen*) valutare (in cifre), calcolare **B** V/R **sich auf etw** (*akk*) **~** ammontare a qc

Be·zirk M ⟨-[e]s; -e⟩ **1** zona *f*, regione *f*, territorio *m* **2** *fig* (*Bereich*) campo *m*, sfera *f*, settore *m* **3** distretto *m*

Be·zug ⟨-[e]s; -züge⟩ M **1** rivestimento *m*, copertura *f* **2** (*Erhalt*) ricevimento *m*, acquisto *m* **3** (*von Zeitungen*) abbonamento *m* **4** *pl* (*Einkommen*) stipendio *m*; reddito *m* **5** (*Beziehung*) relazione *f*, riferimento *m*: **auf etw** (*akk*) **~ nehmen** fare riferimento a qc; **mit/in ~ auf etw**

(*akk*) con/in riferimento a ♦ **den ~ zu etw verlieren** perdere il contatto con qc
Be·zü·ger M ⟨-s; -⟩, **-in** F ⟨-; -nen⟩ *schweiz* **1** beneficiario *m*, -a *f* **2** (*Abonnent*) abbonato *m*, -a *f*
be·züg·lich PRÄP (+*gen*) *form* riguardo a, con riferimento a
Be·zug·nah·me F ⟨-; -n⟩ *form* riferimento *m*: **unter ~ auf etw** (*akk*) con riferimento a qc
Be·zugs·per·son F figura *f* di riferimento **Be·zugs·punkt** M punto *m* di riferimento
be·zu·schus·sen V/T sovvenzionare
be·zwe·cken V/T **etw ~** mirare a qc
be·zwei·feln V/T mettere in dubbio
be·zwin·gen V/T ⟨*irr*⟩ vincere (*a. fig*)
BH M ⟨-s; -s⟩ reggiseno *m*
bi ADJ *umg* (*bisexuell*) bisex
Bi·ath·lon M ⟨-s; -s⟩ biathlon *m*
bib·bern V/I ⟨h.⟩ *umg* tremare
Bi·bel F ⟨-; -n⟩ Bibbia *f* (*a. fig*)
bi·bel·fest ADJ che conosce bene la Bibbia **Bi·bel·spruch** M detto *m* della Bibbia
Bi·ber M ⟨-s; -⟩ castoro *m*
Bib·lio·gra·fie F ⟨-; -n⟩ bibliografia *f*
Bib·lio·thek F ⟨-; -en⟩ biblioteca *f*
Bib·li·o·the·kar M ⟨-s; -e⟩, **-in** F ⟨-; -nen⟩ bibliotecario *m*, -a *f*
bib·lisch ADJ biblico: **Biblische Geschichte** la storia sacra
Bi·det [bi'de:] N ⟨-s; -s⟩ bidè *m inv*
bie·der ADJ semplice, bonario, (da) piccolo borghese: **eine -e Einrichtung** un arredamento piccolo borghese
bie·gen ⟨bog, gebogen⟩ **A** V/T piegare; (*krümmen*) (in)curvare **B** V/R **sich ~** piegarsi, (in)curvarsi **C** V/I ⟨s.⟩ **1** piegare, fare una curva **2** (*einbiegen*) svoltare, girare: **um die Ecke ~** girare l'angolo ♦ **auf Biegen oder Brechen** a tutti i costi
bieg·sam ADJ pieghevole, flessibile
Bieg·sam·keit F ⟨-⟩, flessibilità *f*
Bie·gung F ⟨-; -en⟩ curva *f*, (in)curvatura *f*
Bie·ne F ⟨-; -n⟩ ape *f*
Bie·nen·haus N apiario *m* **Bie·nen·ho·nig** M miele *m* d'api **Bie·nen·korb** M arnia *f* (a forma di cesto) **Bie·nen·schwarm** M sciame *m* d'api **Bie·nen·stock** M alveare *m* **Bie·nen·volk** N colonia *f* d'api **Bie·nen·wachs** N cera *f* d'api **Bie·nen·zucht** F apicoltura *f* **Bie·nen·züch·ter** M, **-in** F apicoltore *m*, -trice *f*
Bier N ⟨-[e]s; -e⟩ birra *f*: **helles/dunkles ~** birra chiara/scura; **~ vom Fass** birra alla spina ♦ *fig* **das ist (nicht) mein ~** = (*non*) *è roba che fa per me*
Bier·brau·er M ⟨-s; -⟩, **-in** F ⟨-; -nen⟩ birraio *m*, -a *f* **Bier·brau·e·rei** F birrificio *m*, fabbrica *f* di birra **Bier·de·ckel** M sottobicchiere *m* **Bier·do·se** F lattina *f* di birra **Bier·fass** N botte *f* da birra **Bier·fla·sche** F bottiglia *f* di birra **Bier·gar·ten** M birreria *f* all'aperto **Bier·glas** N boccale *m* (di vetro), bicchiere *m* da birra **Bier·kel·ler** M birreria *f* **Bier·krug** M boccale *m* (di terracotta)
Biest N ⟨-[e]s; -er⟩ *pej* **1** bestiaccia *f* **2** (*Mensch*) bestia *f*, carogna *f* **3** *hum* bestiola *f*: **so ein süßes ~** che dolce bestiolina
bie·ten ⟨bot, geboten⟩ **A** V/T **1** offrire: **j-m etw ~** offrire qc a qn; *fig* **j-m eine Gelegenheit/Schutz ~** offrire un'occasione/protezione a qn **2** (*zeigen*) presentare: **diese Übung bietet keine Schwierigkeit** questo esercizio non presenta alcuna difficoltà **B** V/I ⟨h.⟩ fare un'offerta: **wer bietet mehr?** chi offre di più? **C** V/R **sich ~** **1** offrirsi, presentarsi **2** **sich** (*dat*) **alles ~ lassen** incassare tutto; **das lasse ich mir nicht ~** questo non lo accetto
Bi·ga·mie F ⟨-; -n⟩ bigamia *f*
bi·gott ADJ bigotto
Bi·ki·ni M ⟨-s; -s⟩ bikini *m*, due pezzi *m*
Bi·lanz F ⟨-; -en⟩ bilancio *m* (*a. fig*): **die ~ (aus etw) ziehen** fare il bilancio (di qc), tirare le somme (di qc)
Bild N ⟨-[e]s; -er⟩ **1** immagine *f* (*a. fig*) **2** (*in einem Buch*) illustrazione *f* **3** (*Gemälde*) quadro *m* **4** FOTO foto *f* ♦ **ein ~ des Jammers** uno spettacolo desolante; **sich** (*dat*) **ein ~ von j-m/etw machen** farsi un'idea di qn/qc; (**über j-n/etw**) **im -e sein** essere informato (su qn/di qc); **j-n** (**über etw** [*akk*]) **ins ~ setzen** informare qn (di qc), mettere qn al corrente (di qc)
Bild·band M ⟨-[e]s; -bände⟩ volume *m* illustrato **Bild·be·ar·bei·tung** F IT elaborazione *f* immagini **Bild·be·richt** M servizio *m* fotografico
bil·den **A** V/T **1** formare: **einen Kreis/einen Ausschuss ~** formare un cerchio/una commissione **2** (*darstellen*) costituire **3** *fig* educare: **seinen Geist ~** coltivare il

proprio spirito **B** VR **sich ~** **1** (*entstehen*) formarsi **2** (*geistig*) istruirsi: **sich durch Lesen ~** istruirsi leggendo **3** farsi: **sich** (*dat*) **ein Urteil über j-n/etw ~** formarsi un giudizio su qn/qc **bil·dend** ADJ **1** figurativo: **die -e Kunst** l'arte figurativa **2** (*erzieherisch*) istruttivo

Bil·der·buch N libro *m* illustrato **Bil·der·rät·sel** N rebus *m* **bil·der·reich** ADJ **1** riccamente illustrato **2** (*Sprache*) ricco d'immagini **Bil·der·stür·mer** M, **-in** F iconoclasta *m/f*

Bild·flä·che F piano *m* dell'immagine; *fig* **von der ~ verschwinden** scomparire dalla scena **bild·haft** ADJ immaginoso, plastico **Bild·hau·er** M ⟨-s; -⟩ scultore *m* **Bild·hau·e·rei** F ⟨-; -en⟩ scultura *f* **Bild·hau·e·rin** F ⟨-; -nen⟩ scultrice *f* **bild·hübsch** ADJ bellissimo **bild·lich** ADJ **1** figurato, per immagini: **-e Darstellung** rappresentazione figurata **2** (*Ausdruck*) metaforico; (*Vergleich*) simbolico

Bild·nis N ⟨-ses; -se⟩ *geh* ritratto *m*

Bild·re·por·ter M, **-in** F fotoreporter *m/f* **Bild·röh·re** F TV tubo *m* catodico **Bild·schär·fe** F nitidezza *f* dell'immagine **Bild·schirm** M video *m*, schermo *m*: **am ~ arbeiten** lavorare a video; **geteilter ~** schermo *m* sdoppiato (*od* divisibile) **Bild·schirm·ar·beit** F lavoro *m* al videoterminale **Bild·schirm·scho·ner** M ⟨-s; -⟩ IT salvaschermo *m inv* **bild·schön** ADJ bellissimo **Bild·stö·rung** F TV disturbo *m* dell'immagine **Bild·te·le·fon** N videotelefono *m*

Bil·dung F ⟨-; -en⟩ **1** formazione *f*, educazione *f*: **eine politische ~** un'educazione politica **2** cultura *f*: **ein Mensch von ~** una persona di cultura; **ohne ~** incolto **3** (*Schaffung*) costituzione *f*, creazione *f* **4** (*Formung*) formazione *f*: **die ~ der öffentlichen Meinung** la formazione dell'opinione pubblica

Bil·dungs·bür·ger M, **-in** F borghese *m/f* colto (-a) **bil·dungs·feind·lich** ADJ anticulturale **Bil·dungs·gang** M processo *m* educativo **Bil·dungs·lü·cke** F lacuna *f* culturale **Bil·dungs·ni·veau** [-nivo:] N livello *m* culturale **Bil·dungs·po·li·tik** F politica *f* culturale **Bil·dungs·rei·se** F viaggio *m* d'istruzione **Bil·dungs·ur·laub** M vacanza *f* studio **Bil·dungs·weg** M corso *m* di studi: **der zweite ~** scuola (superiore) serale **Bil·dungs·we·sen** N ⟨-s⟩ istruzione *f*

Bild·ver·ar·bei·tung F IT computer graphics *f*

Bil·lard ['bɪljart] N ⟨-s; -e⟩ biliardo *m* **Bil·lard·ku·gel** F palla *f* da biliardo **Bil·lard·stock** M stecca *f* da biliardo **Bil·lard·tisch** M tavolo *m* da biliardo

Bil·lett [bɪl'jɛt] N ⟨-[e]s; -s *u.* -e⟩ *schweiz* biglietto *m*

Bil·li·ar·de F ⟨-; -n⟩ mille bilioni *mpl*

bil·lig **A** ADJ **1** a buon mercato, conveniente, economico **2** *pej* da poco, da quattro soldi **3** *fig* meschino: **ein -er Trick** un trucco meschino; **eine -e Ausrede** una magra scusa **B** ADV a buon mercato, con poco: *fig* **~ davonkommen** cavarsela a buon mercato ♦ **recht und ~ sein** essere giusto **Bil·lig·an·bie·ter** M discount *m inv*

bil·li·gen VT approvare, trovare ragionevole

Bil·lig·flie·ger M *umg* compagnia *f* aerea lowcost **Bil·lig·lohn·land** N paese *m* a basso costo del lavoro **Bil·lig·ta·rif** M tariffa *f* economica

Bil·li·gung F ⟨-; -en⟩ approvazione *f*

Bil·lig·wa·re F merce *f* a basso costo

Bil·li·on F ⟨-; -en⟩ bilione *m*

bim·meln VI ⟨h.⟩ *umg* scampanellare

Bims·stein M pietra *f* pomice, pomice *f*

bi·när ADJ binario

Bin·de F ⟨-; -n⟩ **1** MED fascia *f*, fasciatura *f* **2** benda *f*: **eine schwarze ~ vor den Augen haben** avere una benda nera sull'occhio **3** (*Damenbinde*) assorbente *m* (igienico)

Bin·de·ge·we·be N ANAT tessuto *m* connettivo **Bin·de·ge·webs·mas·sa·ge** F massaggio *m* del tessuto connettivo **Bin·de·glied** N anello *m* di congiunzione **Bin·de·haut** F congiuntiva *f* **Bin·de·haut·ent·zün·dung** F congiuntivite *f* **Bin·de·mit·tel** N legante *m*, agglutinante *m*

bin·den ⟨band, gebunden⟩ **A** VT **1** legare (*a. fig*) **2** **einen Strauß/eine Schleife/die Krawatte ~** fare un mazzo di fiori/un fiocco/il nodo alla cravatta **3** (*Buch*) rilegare **B** VI ⟨h.⟩ (*Gips, Leim*) fare presa **C** VR **sich ~** legarsi, impegnarsi **bin·dend** ADJ impegnativo, vincolante; (*zwangsmäßig*) obbligatorio

Bin·de·strich M LING trattino *m*

Bin·de·wort N congiunzione *f*

Bind·fa·den M spago *m*

Bin·dung F ⟨-; -en⟩ **1** legame *m*: **eine starke ~ an seine Eltern haben** avere un forte legame con i propri genitori **2** (*Beziehung*) relazione *f* **3** (*am Ski*) attacco *m*

bin·nen PRÄP (+*dat*) entro, fra: **~ Kurzem** fra poco; **~ zwei Jahren** entro due anni

Bin·nen·ge·wäs·ser N acque *fpl* continentali **Bin·nen·ha·fen** M porto *m* interno **Bin·nen·han·del** M commercio *m* interno **Bin·nen·markt** M mercato *m* nazionale ♦ **Europäischer ~** mercato *m* unico europeo **Bin·nen·schiff·fahrt** F navigazione *f* interna **Bin·nen·ver·kehr** M traffico *m* interno

Bin·se F ⟨-; -n⟩ giunco *m* ♦ **in die -n gehen** andare perduto (*od* in malora)

Bin·sen·weis·heit F verità *f* lapalissiana

Bio·che·mie F biochimica *f* **Bio·che·mi·ker** M, **-in** F biochimico *m*, -a *f* **bio·dy·na·misch** ADJ biodinamico **bio·ener·ge·tisch** ADJ bioenergetico **Bio·ethik** F bioetica *f* **Bio·gas** N biogas *m*

Bio·graf M ⟨-en; -en⟩ biografo *m*

Bio·gra·fie F ⟨-; -n⟩ biografia *f*

Bio·gra·fin F ⟨-; -nen⟩ biografa *f*

bio·gra·fisch ADJ biografico

Bio·kost F cibi *mpl* biologici **Bio·la·den** M negozio *m* di prodotti biologici

Bio·lo·ge M ⟨-n; -n⟩ biologo *m* **Bio·lo·gie** F ⟨-⟩ biologia *f* **Bio·lo·gin** F ⟨-; -nen⟩ biologa *f* **bio·lo·gisch** ADJ biologico

bio·lo·gisch-dy·na·misch ADJ biodinamico

Bio·mas·se F ⟨-⟩ biomassa *f* **bio·met·risch** ADJ biometrico: **-e Daten** dati *mpl* biometrici **Bio·müll** M rifiuti *mpl* biologici **Bio·phy·sik** F biofisica *f* **Bio·rhyth·mus** M bioritmo *m* **Bio·sphä·re** F ⟨-⟩ biosfera *f* **Bio·sprit** M *umg* biocarburante *m* **Bio·tech·nik** F ⟨-⟩ biotecnica *f* **Bio·ton·ne** F bidone *m* per rifiuti biodegradabili **Bio·top** M/N ⟨-s; -e⟩ biotopo *m*

Bir·ke F ⟨-; -n⟩ betulla *f*

Birn·baum M pero *m* **Bir·ne** F ⟨-; -n⟩ **1** pera *f* **2** (*Glühlampe*) lampadina *f* **3** *umg pej* (*Kopf*) zucca *f*

bis **A** PRÄP (+*akk*) **1** (*lokal*) fino a, sino a: **~ dahin/hierher** fino a lì/a qui; **von Bonn ~ Köln** da Bonn a Colonia; **von unten ~ oben** dal basso in alto **2** (*temporal*) fino a: **~ heute** fino a oggi; **von 2 ~ 3 Uhr** dalle 2 alle 3; **von Anfang ~ Ende** dall'inizio alla fine; **~ wann?** fino a quando?; **der Rasen muss ~ Montag gemäht sein** il prato deve essere falciato entro lunedì; **~ nach Mitternacht** fin dopo mezzanotte **3** (*mit Zahlen*) **in 2 ~ 3 Stunden** fra 2 e 3 ore; **Jugendliche ~ zu 18 Jahren** giovani fino ai 18 anni **B** KONJ **1** finché, fino a che: **warte, ~ er zurückkommt** aspetta finché torna **2** (*bevor nicht*) finché non, se non: **ich spreche nicht mit ihm, ~ er sich entschuldigt hat** non gli parlo, finché non chiede scusa ♦ **~ auf** (*einschließlich*) fino a; (*außer*) tranne: **~ auf zwei sind alle da** tranne due sono tutti presenti; **~ auf Weiteres** fino a nuovo ordine; **~ bald! ~ gleich!** a presto!; **~ dann! ~ nachher!** a dopo!

Bi·sam M ⟨-s; -e *u.* -s⟩ **1** muschio *m* **2** (*Pelz*) rat musqué *m* **Bi·sam·rat·te** F topo *m* muschiato

Bi·schof M ⟨-s; Bischöfe⟩ vescovo *m* **Bi·schö·fin** F ⟨-; -nen⟩ vescova *f* (*nelle Chiese riformate*)

bi·schöf·lich ADJ episcopale, vescovile

Bi·schofs·amt N episcopato *m* **Bi·schofs·müt·ze** F mitra *f* **Bi·schofs·sitz** M sede *f* vescovile **Bi·schofs·stab** M pastorale *m*

bi·se·xu·ell ADJ bisessuale, bisessuato

bis·her ADV finora, sinora **bis·he·rig** ADJ **der -e Direktor** il direttore sinora in carica

Bis·ka·ya F **der Golf von ~** il Golfo di Biscaglia

Bis·kuit N/M ⟨-[e]s; -s *u.* -e⟩ pan *m* di Spagna

Bi·son M ⟨-s; -s⟩ bisonte *m*

biss → beißen

Biss M ⟨-es; -e⟩ morso *m*; morsicatura *f* ♦ *umg* **~ haben** avere grinta

biss·chen **A** ADJ ⟨*inv*⟩ poco **B** INDEF PR ⟨*inv*⟩ **ein ~** un poco, un po'; **ein ~ Brot** un po' di pane; **ein klein ~** un pochino

Bis·sen M ⟨-s; -⟩ boccone *m*

bis·sig ADJ **1** mordace: **Achtung, -er Hund!** attenti al cane! **2** (*Bemerkung*) pungente **3** SPORT grintoso, aggressivo

Bis·tum N ⟨-s; Bistümer⟩ vescovado *m*

bis·wei·len ADV talvolta, talora

Bit N ⟨-s; -s⟩ IT bit *m inv*

Bitt·brief M supplica *f*

bit·te INT **1** per favore, per piacere: **können Sie mir ~ sagen, wann ...?** può dirmi per favore quando ...? **2** prego: **~ neh-**

men Sie Platz! prego, si accomodi! (*am Telefon*); **ja, ~?** sì, pronto?; **~, Sie wünschen?** desidera, prego? **3** (*als Antwort*) **möchten Sie Bier oder Wein? – Wein, ~!** desidera birra o vino? – vino, grazie!; **vielen Dank! – ~ sehr** (*od* **~ schön**)! molte grazie! – prego! **4** (**wie**) **~?** come (ha detto)? prego? ♦ **na ~!** ecco!
Bit·te F ⟨-; -n⟩ preghiera *f*; (*Aufforderung*) richiesta *f*; (*Gesuch*) domanda *f*: **ich habe eine ~ an Sie** vorrei chiederle un favore
bit·ten ⟨bat, gebeten⟩ **A** V/T **1** **j-n um etw ~** pregare qn per qc, chiedere qc a qn **2** **j-n zum Kaffee ~** invitare qn a prendere un caffè **3** **j-n zu sich ~** fare venire qn **B** V/I ⟨h.⟩ **um Hilfe/Verzeihung ~** chiedere aiuto/scusa ♦ **darf ich ~?** vuole ballare?
bit·ter ADJ **1** amaro (*a. fig*) **2** grande: **-e Not** grande miseria ♦ **es ist mein -er Ernst!** non sto scherzando!; **etw ~ nötig haben** avere assolutamente bisogno di qc
bit·ter·bö·se ADJ **1** furioso **2** (*boshaft*) malvagio **bit·ter·kalt** ADJ freddissimo **Bit·ter·keit** F ⟨-; -en⟩ amarezza *f* (*a. fig*) **bit·ter·lich** ADV amaramente: **~ weinen** piangere lacrime amare **bit·ter·süß** ADJ dolceamaro
Bitt·ge·such N, **Bitt·schrift** F supplica *f*, petizione *f* **Bitt·stel·ler** M ⟨-s; -⟩, **-in** F ⟨-; -nen⟩ richiedente *m/f*
Bi·wak N ⟨-s; -s *u.* -e⟩ bivacco *m*
bi·zarr ADJ bizzarro
Bi·zeps M ⟨-[es]; -e⟩ bicipite *m*
Black·out [blɛk'aut] N/M ⟨-; -s⟩ blackout *m*
blä·hen **A** V/T & V/I ⟨h.⟩ gonfiare **B** V/R **sich ~** gonfiarsi (*a. fig*)
Blä·hung F ⟨-; -en⟩ flato *m*, flatulenza *f*
bla·ma·bel ADJ vergognoso **Bla·ma·ge** [bla'maːʒə] F ⟨-; -n⟩ figuraccia *f*
bla·mie·ren **A** V/T **j-n ~** far fare una brutta figura a qn **B** V/R **sich ~** fare una figuraccia
blan·chie·ren [blɑ̃'ʃiːrən] V/T sbollentare
blank ADJ **1** (*glänzend*) lucido **2** (*bloß*) nudo **3** (*rein*) puro, palese: **-er Hass** odio puro; **-er Unsinn** pure sciocchezze
blan·ko ADV in bianco, (allo) scoperto
Blan·ko·kre·dit M credito *m* scoperto **Blan·ko·scheck** M assegno *m* in bianco **Blan·ko·voll·macht** F procura *f* in bianco
Bla·se F ⟨-; -n⟩ **1** bolla *f* **2** ANAT vescica *f* (urinaria)
Bla·se·balg M soffietto *m*, mantice *m*
bla·sen V/T & V/I ⟨bläst, blies, geblasen; h.⟩ **1** soffiare: **der Wind bläst** il vento soffia **2** suonare: **ein Lied ~** suonare una canzone; **auf der Flöte ~** suonare il flauto ♦ **Trübsal ~** = *essere triste*
Bla·sen·ent·zün·dung F cistite *f* **Bla·sen·schwä·che** F incontinenza *f* **Bla·sen·stein** M calcolo *m* vescicale
Blä·ser M ⟨-s; -⟩, **-in** F ⟨-; -nen⟩ suonatore *m*, -trice *f* (di strumento a fiato) **Blä·ser·quar·tett** N quartetto *m* di fiati
bla·siert ADJ blasé, snob
Blas·in·stru·ment N strumento *m* a fiato: **-e** fiati *mpl* **Blas·ka·pel·le** F banda *f* di fiati **Blas·rohr** N cerbottana *f*
blass ADJ **1** pallido (*a. fig*): **keine -e Ahnung haben** non avere la più pallida idea **2** (*nichtssagend*) sbiadito
Blatt N ⟨-[e]s; Blätter⟩ **1** BOT foglia *f* **2** (*Papier*) foglio *m* **3** (*Zeitung*) giornale *m* **4** (*beim Kartenspiel*) **ein gutes ~ haben** avere delle buone carte **5** (*von Sägen*) lama *f* **6** (*vom Ruder*) pala *f* ♦ **vom ~ spielen** suonare a prima vista; **kein ~ vor den Mund nehmen** non avere peli sulla lingua
blät·tern **A** V/I **1** ⟨h.⟩ sfogliare: **in einem Buch ~** sfogliare un libro **2** ⟨h.⟩ IT fare scorrere: **nach oben/unten ~** fare scorrere in su/in giù **3** ⟨s.⟩ (*sich ablösen*) sfaldarsi **B** V/T **Geldscheine auf den Tisch ~** mettere banconote una per una sul tavolo
Blät·ter·teig M pasta *f* sfoglia
Blatt·gold N oro *m* in foglie **Blatt·grün** N clorofilla *f* **Blatt·laus** F pidocchio *m* delle piante **Blatt·sa·lat** M insalata *f* in foglia **Blatt·spi·nat** M spinaci *mpl* in foglie
blau ADJ blu, azzurro: **-es Meer** mare blu; **-e Augen** occhi azzurri; **-e Lippen haben** avere le labbra livide (per il freddo); **ein -er Fleck** un livido; **ein -es Auge** un occhio nero ♦ **Forelle ~** trota bollita; *umg* **~ sein** essere ubriaco
Blau N ⟨-s; -⟩ blu *m*, azzurro *m* ♦ **ins -e hinein** senza meta; **ins -e hinein reden** parlare a vanvera; **ins -e fahren** andare a zonzo
blau·äu·gig ADJ **1** dagli occhi azzurri **2** *fig* credulone, ingenuo **Blau·bee·re** F

mirtillo *m* **blau·grau** ADJ grigio-azzurro **Blau·helm** M POL casco *m* blu
bläu·lich ADJ azzurrognolo, bluastro
Blau·licht N luce *f* lampeggiante (azzurra) **blau·ma·chen** V/I ⟨h.⟩ *umg* = *stare a casa* **Blau·mann** M *umg* tuta *f* (da meccanico) **Blau·mei·se** F cinciarella *f* **Blau·pau·se** F cianografica *f* **Blau·säu·re** F acido *m* cianidrico **Blau·wal** M balenottera *f* azzurra
Bla·zer ['ble:zɐ] M ⟨-s; -⟩ blazer *m inv*
Blech N ⟨-[e]s; -e⟩ **1** latta *f*, lamiera *f* **2** (*Backblech*) piastra *f* **3** *umg* **~ reden** dire sciocchezze **Blechblä·ser** M ⟨-s; -⟩, **-in** F ⟨-; -nen⟩ suonatore *m*, -trice *f* di ottoni **Blech·blas·in·stru·ment** N ottone *m*
ble·chen V/T *umg* (*zahlen*) sborsare, scucire
Blech·do·se F scatola *f*, barattolo *m* di latta; (*von Getränken*) lattina *f*
ble·chern ADJ **1** di latta, di lamiera **2** metallico: **ein -er Klang** un suono metallico
Blech·scha·den M danni *mpl* alla carrozzeria **Blech·sche·re** F cesoie *fpl* per lamiera
ble·cken V/T **die Zähne ~** digrignare i denti
Blei N ⟨-[e]s; -e⟩ piombo *m* ♦ **etw liegt wie ~ im Magen** qc è come piombo (*od* un mattone) nello stomaco; *fig* qc pesa molto
Blei·be F ⟨-; -n⟩ alloggio *m*: (*Obdach*) tetto *m*; **ohne ~ sein** essere senza domicilio
blei·ben V/I ⟨blieb, geblieben; s.⟩ **1** restare, rimanere: **draußen ~** restare fuori; **am Leben/in Übung ~** rimanere vivo/in esercizio; **sitzen/stehen ~** restare seduto/in piedi; **beim Thema/bei der Wahrheit ~** rimanere in tema/attenersi al vero **2** *unpers* **es ~ noch 10 Euro** restano ancora 10 euro; **es bleibt mir nichts anderes übrig** non mi rimane altra possibilità **3** **es bleibt zu hoffen, dass ...** resta da sperare che ...; **es bleibt zu wünschen, dass ...** c'è da augurarsi che ... **4** **~ lassen** *umg* lasciar perdere, smettere: **er sollte das Trinken ~ lassen** dovrebbe smettere di bere; **lass das ~!** lascia perdere! finiscila! ♦ **das bleibt abzuwarten** stiamo a vedere; **es bleibt dabei!** (siamo) intesi!; **wo bleibt er nur?** dov'è?; **das bleibt unter uns** questo rimane fra noi
blei·bend ADJ durevole: **-er Wert** valore durevole; **-e Schäden** danni permanenti
bleich ADJ pallido
blei·chen V/T (*Haar*) schiarire; (*Wäsche*) candeggiare
Bleich·mit·tel N candeggiante *m*
blei·ern ADJ **1** di piombo **2** (*lastend*) pesante (come il piombo), molto pesante: *fig* **eine -e Müdigkeit** una tremenda stanchezza
blei·frei ADJ senza piombo **blei·hal·tig** ADJ piomboso **Blei·kris·tall** N cristallo *m* al piombo **Blei·stift** M matita *f* **Blei·stift·spit·zer** M temperamatite *m* **Blei·ver·gif·tung** F intossicazione *f* da piombo, saturnismo *m*
Blen·de F ⟨-; -n⟩ **1** (*Lichtschutz*) schermo *m* **2** FOTO diaframma *m*; (*Blendenzahl*) luminosità *f* **3** (*Nähen*) guarnizione *f*
blen·den **A** V/T **1** abbagliare (*a. fig*): **sich vom Erfolg ~ lassen** lasciarsi abbagliare dal successo **2** (*blind machen*) accecare (*a. fig*) **B** V/I ⟨h.⟩ **1** (*spiegeln*) brillare, abbagliare **2** *fig* (*täuschen*) abbagliare, ingannare
blen·dend ADJ **1** accecante **2** *fig* splendido: **eine -e Erscheinung** un aspetto splendido **3** (*von Personen*) brillante, che spicca: **ein -er Redner** un brillante oratore ♦ **~ aussehen** avere un'aria splendida
blend·frei ADJ **1** antiabbagliante; AUTO anabbagliante **2** **~es Glas** vetro antiriflesso
Blend·schutz M protezione *f* antiabbagliante **Blend·werk** N *geh pej* illusione *f*, inganno *m*
Blick M ⟨-[e]s; -e⟩ **1** sguardo *m*, occhiata *f*: **ein sanfter ~** uno sguardo dolce; **einen ~ auf etw** (*akk*) **werfen** dare un'occhiata a qc; **auf den ersten ~** al primo sguardo, a prima vista **2** (*Ausblick*) vista *f*, veduta *f* **3** (*Urteil*) occhio *m*: **einen geschulten ~ haben** avere un occhio esperto ♦ **der böse ~** il malocchio
bli·cken V/I ⟨h.⟩ guardare: **auf etw** (*akk*) **~** guardare qc; **um sich ~** guardarsi intorno; **finster/heiter ~** avere lo sguardo torvo/sereno ♦ **sich ~ lassen** farsi vedere; **das lässt tief ~** questo è molto significativo
Blick·fang M richiamo *m* **Blick·feld** N **1** campo *m* visivo **2** *fig* orizzonte *m*: **j-n ins ~ rücken** porre qn al centro del-

l'attenzione **Blick·kon·takt** M contatto *m* visivo **Blick·punkt** M **1** punto *m* prospettico, prospettiva *f* **2** (*Gesichtspunkt*) punto *m* di vista ♦ **im ~ stehen** essere al centro dell'attenzione **Blick·win·kel** M prospettiva *f* (*a. fig*)

blieb → bleiben

blies → blasen

blind ADJ **1** cieco (*a. fig*): **auf einem Auge ~ sein** essere cieco da un occhio; **-en Gehorsam leisten** obbedire ciecamente **2** (*Spiegel*) appannato **3** finto, falso: **eine -e Tür** una falsa porta; **-er Alarm** falso allarme ♦ **für etw ~ sein** non avere occhi per qc; **ein -er Passagier** un passeggero clandestino → blindschreiben

Blind·darm M ANAT intestino *m* cieco **Blind·darm·ent·zün·dung** F appendicite *f*

Blin·de M/F ⟨-n; -n⟩ cieco *m*, -a *f* **Blin·de·kuh** F ⟨-⟩ **~ spielen** giocare a mosca cieca

Blin·den·heim N istituto *m* per ciechi **Blin·den·hund** M cane *m* guida per i ciechi **Blin·den·schrift** F scrittura *f* per ciechi

Blind·flug M volo *m* cieco (*od* strumentale) **Blind·gän·ger**[1] M ⟨-s; -⟩ MIL proiettile *m* inesploso **Blind·gän·ger**[2] M ⟨-s; -⟩, **-in** F ⟨-; -nen⟩ *umg fig* fallito *m*, -a *f*, buono *m*, -a *f* a nulla **Blind·heit** F ⟨-⟩ cecità *f* (*a. fig*) **blind·lings** ADV alla cieca **Blind·schlei·che** F ⟨-; -n⟩ orbettino *m* **blind·schrei·ben** V/I ⟨*irr*; h.⟩ scrivere a macchina senza guardare la tastiera

blin·ken **A** V/I ⟨h.⟩ **1** brillare **2** AUTO lampeggiare **3** (*Signal geben*) fare segnali luminosi **B** V/T segnalare: **SOS ~** lanciare l'SOS con segnali luminosi **Blin·ker** M ⟨-s; -⟩ **1** AUTO freccia *f* **2** (*beim Angeln*) cucchiaino *m*

Blink·licht N **1** luce *f* intermittente, segnale *m* luminoso **2** AUTO freccia *f*, indicatore *m* di direzione **Blink·zei·chen** N lampeggio *m*

blin·zeln V/I ⟨h.⟩ socchiudere gli occhi: **in die Sonne ~** strizzare gli occhi guardando il sole

Blitz M ⟨-es; -e⟩ **1** lampo *m*, fulmine *m*: **vom ~ getroffen werden** essere colpito dal fulmine **2** *umg* FOTO flash *m* **Blitz·ab·lei·ter** M parafulmine *m* (*a. fig*) **blitz·blank** ADJ *umg* lustro come uno specchio, splendente (di pulito)

blit·zen V/I ⟨h.⟩ **1** *unpers* **es blitzt** lampeggia **2** (*glänzen*) splendere, brillare **3** *umg* FOTO fotografare col flash; (*Radarkontrolle*) **man hat ihn geblitzt** è beccato dall'Autovelox

Blit·zer M ⟨-s; -⟩ *umg* (*Radargerät*) Autovelox® *m inv*

Blitz·ge·rät N FOTO flash *m* **Blitz·krieg** M guerra *f* lampo **Blitz·licht** N FOTO (luce *f* del) flash *m* **Blitz·schach** N partita *f* blitz **Blitz·schlag** M folgore *f*, fulmine *m* **blitz·schnell** **A** ADJ veloce come un fulmine **B** ADV in un lampo

Bliz·zard ['blɪzet] M ⟨-s; -s⟩ bufera *f*

Block[1] M ⟨-[e]s; Blöcke⟩ **1** blocco *m* (*a.* TECH) **2** (*aus Holz*) ceppo *m*

Block[2] M ⟨-[e]s; -s *u.* Blöcke⟩ **1** POL, WIRTSCH blocco *m*, gruppo *m* **2** (*Häuserblock*) isolato *m*, blocco *m* (di case) **3** (*von Papier*) blocco *m*

Blo·cka·de F ⟨-; -n⟩ blocco *m*

Block·flö·te F flauto *m* dolce (*od* a becco) **block·frei** ADJ POL non allineato **Block·haus** N costruzione *f* con tronchi d'albero

blo·ckie·ren **A** V/T bloccare (*a. fig*) **B** V/I ⟨h.⟩ TECH bloccarsi

Block·schrift F stampatello *m*: **in ~ schreiben** scrivere stampatello

blöd ADJ **1** *umg* (*dumm*) stupido: **ein -er Kerl** uno scemo **2** *umg* (*unangenehm*) spiacevole: **eine -e Lage** una situazione spiacevole

blö·deln V/I ⟨h.⟩ dire sciocchezze

Blöd·heit F ⟨-; -en⟩ stupidità *f*, sciocchezza *f* **Blöd·mann** M *umg* scemo *m* **Blöd·sinn** M *umg* sciocchezza *f*: **so ein ~!** che stupidaggine! **blöd·sin·nig** ADJ *umg* idiota

blö·ken V/I ⟨h.⟩ belare; muggire

blond ADJ biondo **blon·die·ren** V/T ossigenare **Blon·di·ne** F ⟨-; -n⟩ biond(in)a *f*

bloß **A** ADJ **1** nudo; (*Füße*) scalzo; (*Kopf*) scoperto: *fig* **mit -em Auge** a occhio nudo **2** solo, semplice: **die -e Vorstellung** la sola idea; **auf -en Verdacht** su un semplice sospetto **B** ADV *umg* (*nur*) solo, soltanto

Blö·ße F ⟨-; -n⟩ (*Nacktsein*) nudità *f* ♦ **sich** (*dat*) **eine ~ geben** esporsi, compromettersi

bloß·le·gen V/T scoprire, portare alla luce (*a. fig*) **bloß·stel·len** V/T compromettere

Blou·son [blu'zõ:] N/M ⟨-[s]; -s⟩ giubbotto *m*

Blue·jeans ['blu:dʒi:ns] PL blue-jeans *mpl*

Bluff [blʊf] M ⟨-s; -s⟩ bluff *m* **bluf·fen** ['blʊfn] A V/T ingannare B V/I ⟨h.⟩ bluffare

blü·hen V/I ⟨h.⟩ 1 fiorire (*a. fig*) 2 *umg* (*widerfahren*) accadere, capitare ♦ **wer weiß, was uns noch blüht** chissà che cosa ci aspetta ancora **blü·hend** ADJ 1 in fiore: *fig* **eine -e Fhantasie** una fervida fantasia 2 (*gedeihend*) fiorente, florido, prospero: **eine -e Stadt** una città fiorente

Blu·me F ⟨-; -n⟩ 1 fiore *m* 2 (*Bierschaum*) schiuma *f* 3 (*bei Wein*) bouquet *m*

Blu·men·beet N aiuola *f* fiorita **Blu·men·er·de** F terra *f* per fiori **Blu·men·ge·schäft** N negozio *m* di fiori (*od* di fioraio) **Blu·men·kohl** M cavolfiore *m* **Blu·men·mus·ter** N motivo *m* floreale **Blu·men·stän·der** M portafiori *m* **Blu·men·strauß** M mazzo *m* di fiori **Blu·men·topf** M vaso *m* da fiori **Blu·men·zucht** F floricoltura *f* **Blu·men·zwie·bel** F bulbo *m* (di fiore)

Blu·se F ⟨-; -n⟩ camicia *f*, camicetta *f*

Blut N ⟨-[e]s⟩ sangue *m*: **~ spenden/vergießen** donare/versare sangue; **~ bildend** → blutbildend ♦ **bis aufs ~** a sangue; *fig* a morte; **etw liegt j-m im ~** qn ha qc nel sangue; **~ und Wasser schwitzen** sudare freddo

Blut·ab·nah·me F prelievo *m* di sangue **blut·arm** ADJ anemico **Blut·ar·mut** F anemia *f* **Blut·bad** N bagno *m* di sangue **Blut·bank** F ⟨-; -en⟩ banca *f* del sangue **blut·be·fleckt** ADJ macchiato di sangue **blut·bil·dend** ADJ em(at)opoietico **Blut·bu·che** F faggio *m* rosso **Blut·druck** M pressione *f* sanguigna: **hoher ~** pressione alta **Blut·druck·mes·ser** M ⟨-s; -⟩ sfigmomanometro *m* **blut·druck·sen·kend** ADJ ipotensivo **blut·dürs·tig** ADJ assetato di sangue

Blü·te F ⟨-; -n⟩ 1 fiore *m*: **-n treiben** mettere i fiori (*od* fiorire) 2 fioritura *f* (*a. fig*): **in voller ~ stehen** essere in piena fioritura; **in der ~ seiner Jahre sterben** morire nel fiore degli anni 3 *umg* (*gefälschte Banknote*) banconota *f* falsa

Blut·egel M sanguisuga *f*

blu·ten V/I ⟨h.⟩ sanguinare (*a. fig*): **mir blutet das Herz** mi sanguina il cuore ♦ **schwer ~ müssen** doverla pagare cara

Blü·ten·blatt N petalo *m* **Blü·ten·kelch** M BOT calice *m* **Blü·ten·knos·pe** F bocciolo *m* **Blü·ten·stand** M infiorescenza *f* **Blü·ten·staub** M polline *m*

Blu·ter M ⟨-s; -⟩ emofiliaco *m*

Blut·er·guss M ematoma *m*

Blü·te·zeit F 1 fioritura *f* 2 *fig* periodo *m* aureo

Blut·farb·stoff M emoglobina *f* **Blut·ge·fäß** N vaso *m* sanguigno **Blut·grup·pe** F gruppo *m* sanguigno **Blut·hoch·druck** M pressione *f* alta, ipertensione *f*

blu·tig A ADJ 1 insanguinato 2 (*mit Blutvergießen verbunden*) sanguinoso 3 assoluto: **ein -er Anfänger** un principiante assoluto; **es ist mir -er Ernst** dico proprio sul serio B ADV **j-n ~ schlagen** picchiare qn a sangue

Blut·kon·ser·ve F sangue *m* conservato (per trasfusioni) **Blut·kör·per·chen** N ⟨-s; -⟩ globulo *m*: **rote/weiße ~** globuli rossi/bianchi, MED eritrociti/leucociti **Blut·kreis·lauf** M circolazione *f* del sangue **blut·leer** ADJ esangue (*a. fig*) **Blut·oran·ge** F arancia *f* sanguigna **Blut·plätt·chen** N ⟨-s; -⟩ piastrina *f*, trombocito *m* **Blut·pro·be** F prelievo *m* di sangue **Blut·ra·che** F vendetta *f* di sangue **Blut·rausch** M follia *f* omicida **blut·rot** ADJ rosso sangue **blut·rüns·tig** ADJ 1 sanguinoso, truculento: **ein -er Film** un film truculento 2 (*von Menschen*) sanguinario **Blut·sau·ger**[1] M ⟨-s; -⟩ M ZOOL vampiro *m* **Blut·sau·ger**[2] M ⟨-s; -⟩, **-in** F ⟨-; -nen⟩ *fig* sanguisuga *f* **Blut·schan·de** F incesto *m* **Blut·sen·kung** F sedimentazione *f* dei globuli rossi, MED eritrosedimentazione *f* **Blut·spen·der** M, **-in** F donatore *m*, -trice *f* di sangue **blut·stil·lend** ADJ emostatico, antiemorragico

Bluts·trop·fen M goccia *f* di sangue **bluts·ver·wandt** ADJ consanguineo **Bluts·ver·wandt·schaft** F consanguineità *f*

Blut·tat F fatto *m* di sangue **Blut·trans·fu·si·on** F trasfusione *f* di sangue **blut·über·strömt** ADJ coperto di sangue

Blu·tung F ⟨-; -en⟩ **1** emorragia *f* **2** (*Menstruation*) mestruazione *f*

blut·un·ter·lau·fen ADJ ecchimotico, livido **Blut·ver·gie·ßen** N ⟨-s; -⟩ spargimento *m* di sangue **Blut·ver·gif·tung** F infezione *f* del sangue, MED setticemia *f* **Blut·wä·sche** F lavaggio *m* del sangue, emodialisi *f* **Blut·wurst** F sanguinaccio *m* **Blut·zu·cker** M glicemia *f* **Blut·zu·cker·spie·gel** M MED tasso *m* glicemico **Blut·zu·fuhr** F apporto *m* di sangue

BLZ F → (Bankleitzahl) codice *m* di avviamento bancario (CAB)

b-Moll N MUS si *m* bemolle minore

Bö F ⟨-; -en⟩ folata *f* di vento

Bob M ⟨-s; -s⟩ bob *m* **Bob·bahn** F pista *f* per bob **Bob·fah·rer** M, **-in** F bobbista *m/f*

Boc·cia ['bɔtʃa] N ⟨-s; -⟩ gioco *m* delle bocce: **~ spielen** giocare a bocce

Bock M ⟨-[e]s; Böcke⟩ **1** ZOOL maschio *m* **2** (*Ziegenbock*) caprone *m* **3** (*Schafbock*) montone *m* **4** (*Gestell*) cavalletto *m* **5** SPORT cavallina *f* **6** (*Kutschersitz*) cassetta *f* ♦ **den ~ zum Gärtner machen** fare il lupo pecoraio; **null ~ haben** non aver nessuna voglia

Bock·bier N = *birra forte*

bo·cken V/I ⟨h.⟩ **1** recalcitrare **2** *umg* (*Auto*) fare le bizze **3** *umg fig* fare il testardo

bo·ckig ADJ caparbio, cocciuto

Bocks·horn N corno *m* del caprone ♦ *umg* **sich (nicht) ins ~ jagen lassen** = (*non*) *lasciarsi intimidire*

Bock·sprin·gen N ⟨-s⟩ salto *m* della cavallina

Bo·den M ⟨-s; Böden⟩ **1** terreno *m* (*a. fig*) **2** (*Fußboden*) pavimento *m* **3** (*Gebiet*) territorio *m* **4** fondo *m*: **mit doppeltem ~** col doppio fondo **5** *fig* (*Grundlage*) piano *m*, terreno *m*: **auf dem ~ der Tatsachen** sul piano dei fatti ♦ **etw aus dem ~ stampfen** creare qc dal nulla; **~ gewinnen** guadagnare terreno

Bo·den·be·lag M rivestimento *m* del pavimento **Bo·den·flä·che** F **1** AGR superficie *f* di terreno **2** superficie *f* del pavimento **Bo·den·frost** M gelo *m* al suolo **Bo·den·haf·tung** F AUTO aderenza *f* **Bo·den·hal·tung** F (*von Hühnern*) allevamento *m* a terra **bo·den·los** ADJ **1** (*abgrundtief*) senza fondo **2** *umg* inaudito, enorme **Bo·den·ne·bel** M nebbia *f* bassa **Bo·den·per·so·nal** N FLUG personale *m* di terra **Bo·den·re·form** F riforma *f* agraria **Bo·den·satz** M deposito *m*, sedimento *m* **Bo·den·schät·ze** PL ricchezze *fpl* del sottosuolo **Bo·den·see** M Lago *m* di Costanza **bo·den·stän·dig** ADJ autoctono, locale, indigeno **Bo·den·tur·nen** N ginnastica *f* a terra

Bo·dy ['bɔdi] M ⟨-s; -s⟩ body *m inv*

Bo·dy·buil·ding ['bɔdibɪldɪŋ] N ⟨-s⟩ body building *m inv*

Bo·dy·guard [bɔdi'ga:d] M ⟨-s; -s⟩ guardaspalle *m*

bog → biegen

Bo·gen M ⟨-s; - u. Bögen⟩ **1** arco *m* **2** (*Biegung*) curva *f* **3** (*Blatt*) foglio *m*

Bo·gen·fens·ter N finestra *f* ad arco **bo·gen·för·mig** ADJ ad arco, arcuato **Bo·gen·gang** M arcata *f*, portico *m* **Bo·gen·schie·ßen** N ⟨-s⟩ tiro *m* con l'arco **Bo·gen·schüt·ze** M, **-schüt·zin** F arciere *m*, -a *f*, tiratore *m*, -trice *f* d'arco

Boh·le F ⟨-; -n⟩ tavolone *m*, asse *m*

Böh·men N ⟨-s⟩ Boemia *f* **böh·misch** ADJ boemo, di Boemia ♦ **für j-n -e Dörfer sein** essere arabo per qn

Boh·ne F ⟨-; -n⟩ **1** fagiolo *m* **2** (*Kaffeebohne*) chicco *m* (di caffè) ♦ **dicke -n** fave; **grüne -n** fagiolini; **weiße -n** fagioli bianchi

Boh·nen·kaf·fee M **1** caffè *m* in chicchi **2** (*Getränk*) vero caffè *m* **Boh·nen·kraut** N santoreggia *f* **Boh·nen·stan·ge** F **1** pertica *f* per pianta di fagioli **2** *hum* spilungone *m*

boh·nern V/T **etw ~** dare la cera a qc

Boh·ner·wachs N cera *f* per pavimenti

boh·ren **A** V/T **1** perforare, trapanare: **ein Loch ~** fare un buco **2** (*Schacht*) scavare **3** **einen Pfahl in die Erde ~** far penetrare un palo nel terreno **4** MECH alesare **B** V/I ⟨h.⟩ **1** **an/in etw** (*dat*) **~** trapanare qc **2** **nach Erdöl ~** trivellare in cerca di petrolio **3** *fig* (*Schmerz*) **in j-m ~** tormentare qn **4** *umg* (*drängen*) insistere; (*hartnäckig forschen*) indagare ostinatamente **C** V/R **sich durch etw/in etw** (*akk*) **~** conficcarsi in qc ♦ **in der Nase ~** mettersi le dita nel naso

boh·rend ADJ **1** (*Blick*) penetrante **2** (*Frage*) indagatrice **3** (*quälend*) tormentoso

Boh·rer M ⟨-s; -⟩ trapano *m*

Bohr·in·sel F piattaforma f di estrazione **Bohr·loch** N foro m trivellato **Bohr·ma·schi·ne** F trapano m meccanico, perforatrice f **Bohr·turm** M torre f di trivellazione

Boh·rung F ⟨-; -en⟩ 1 trivellazione f, perforazione f 2 (*Bohrloch*) foro m di trivellazione

bö·ig ADJ **ein -er Wind** un vento a folate

Boi·ler M ⟨-s; -⟩ boiler m, scaldaacqua m; (*im Badezimmer*) scaldabagno m

Bo·je F ⟨-; -n⟩ boa f, gavitello m

Bo·li·vi·en N Bolivia f

Boll·werk N baluardo m (a. *fig*)

Bol·zen M ⟨-s; -⟩ 1 MECH perno m 2 (*Schraube*) bullone m 3 (*Pfeil*) bolzone m

bom·bar·die·ren V/T bombardare (a. *fig*): **j-n mit Fragen ~** bombardare qn di domande

bom·bas·tisch ADJ ampolloso

Bom·be F ⟨-; -n⟩ bomba f: **-n legen** mettere bombe; *fig* **wie eine ~ einschlagen** essere una bomba

Bom·ben·an·griff M bombardamento m **Bom·ben·an·schlag** M attentato m dinamitardo **Bom·ben·dro·hung** F minaccia f di un attentato dinamitardo **Bom·ben·er·folg** M *umg* successo m strepitoso **Bom·ben·form** F *umg* forma f fantastica **Bom·ben·ge·schäft** N affare m d'oro, affarone m **bom·ben·si·cher** ADJ 1 a prova di bomba 2 *umg* sicurissimo **Bom·ben·stim·mung** F *umg* clima m euforico, atmosfera f fenomenale (*od* fantastica)

Bom·ber M ⟨-s; -⟩ *umg* FLUG bombardiere m **Bom·ber·ja·cke** F (giubbotto m) bomber m *inv*

bom·big ADJ *umg* fantastico, sensazionale

Bon [bɔŋ] M ⟨-s; -s⟩ 1 buono m 2 (*Kassenzettel*) scontrino m (di cassa)

Bon·bon [bɔŋ'bɔŋ] M/N ⟨-s; -s⟩ 1 caramella f, confetto m 2 *fig* chicca f

Bo·nus M ⟨- u. Bonusses; - u. Bonusse⟩ bonus m

Bon·ze M ⟨-n; -n⟩ *pej* pezzo m grosso

boo·lesch ['bu:lʃ] IT booleano: **-er Operator** operatore m booleano

Boom [bu:m] M ⟨-s; -s⟩ boom m *inv*

Boot N ⟨-[e]s; -e⟩ barca f: **das ~ ins** (*od* **zu**) **Wasser lassen** mettere in acqua la barca

boo·ten ['bu:tən] A V/I ⟨h.⟩ IT avviare il sistema, fare il boot: **neu ~** fare il reboot B V/T avviare **Boot·sek·tor** ['bu:t-] M settore m (di) boot

Boots·haus N capannone m per barche **Boots·mann** M ⟨-[e]s; -leute⟩ battelliere m **Boots·ver·leih** M noleggio m barche

Bord[1] N ⟨-[e]s; -e⟩ mensola f

Bord[2] M ⟨-[e]s; -e⟩ SCHIFF, FLUG bordo m: **an ~ gehen** salire a bordo; **etw über ~ werfen** *fig* buttare a mare qc; **Mann über ~!** uomo in mare!; **von ~ gehen** sbarcare, scendere a terra **Bord·buch** N libro m di bordo **Bord·com·pu·ter** M computer m di bordo

Bor·dell N ⟨-s; -e⟩ bordello m

Bord·funk M radio m di bordo **Bord·kar·te** F FLUG carta f d'imbarco

Bord·stein M ARCH cordone m

bor·gen V/T 1 (*verleihen*) dare in prestito, prestare 2 (*entleihen*) prendere in prestito: **sich** (*dat*) **etw ~** prendere in prestito qc

Bor·ke F ⟨-; -n⟩ 1 (*Rinde*) corteccia f 2 (*von Wunden*) crosta f **Bor·ken·kä·fer** M bostrico m

bor·niert ADJ ristretto, ottuso

Bör·se F ⟨-; -n⟩ borsa f

Bör·sen·be·richt M bollettino m di borsa **Bör·sen·gang** M debutto m in borsa **Bör·sen·ge·schäft** N operazione f di borsa **Bör·sen·krach** M crollo m della borsa **Bör·sen·kurs** M quotazione f di borsa **Bör·sen·mak·ler** M, **-in** F agente m/f di borsa **Bör·sen·no·tie·rung** F quotazione f di borsa **Bör·sen·spe·ku·lant** M, **-in** F borsista m/f

Bör·si·a·ner M ⟨-s; -⟩, **-in** F ⟨-; -nen⟩ *umg* operatore m, -trice f di borsa

Bors·te F ⟨-; -n⟩ setola f **bors·tig** ADJ 1 setoloso, irsuto 2 (*rau*) ispido; *fig* scontroso

Bor·te F ⟨-; -n⟩ (*Nähen*) passamano m

bös·ar·tig ADJ 1 cattivo 2 MED maligno **Bös·ar·tig·keit** F ⟨-; -en⟩ 1 cattiveria f, malignità f 2 MED carattere m maligno

Bö·schung F ⟨-; -en⟩ scarpata f; pendìo m

bö·se A ADJ 1 cattivo, malvagio 2 brutto: **~ Zeiten** brutti tempi 3 *umg* (*zornig*) arrabbiato: **auf j-n ~ sein** essere arrabbiato con qn; **~ werden** arrabbiarsi 4 *umg* (*entzündet*) malato: **einen -n Finger haben** avere male a un dito B ADV con cattiveria: **es war nicht ~ gemeint** non era inteso con cattiveria ♦ **er ist ~ dran**

si trova a mal partito

Bö·se[1] M/F ⟨-n; -n⟩ cattivo *m*, -a *f*

Bö·se[2] N ⟨-n⟩ male *m*: **etw -s tun** fare qc di male ♦ **im -n und im Guten** con le buone e con le cattive

Bö·se·wicht M ⟨-[e]s; -er *u.* -e⟩ **1** *obs* malvagio *m* **2** *hum* (*Kind*) briccone *m*

bos·haft ADJ maligno **Bos·heit** F ⟨-; -en⟩ cattiveria *f*: **aus reiner ~** per pura cattiveria

Bos·ni·en N ⟨-s⟩ Bosnia *f* **Bos·ni·en-Her·ze·go·wi·na** N ⟨-s⟩ Bosnia Erzegovina *f* **Bos·ni·er** M ⟨-s; -⟩, **-in** F bosniaco *m*, -a *f* **bos·nisch** ADJ bosniaco

Bos·po·rus M ⟨-⟩ Bosforo *m*

Boss M ⟨-es; -e⟩ *umg* boss *m*, capo *m*; (*einer Firma*) principale *m*

bös·wil·lig ADJ **1** malevolo, malintenzionato **2** JUR intenzionale, doloso

bot → bieten

Bo·ta·nik F ⟨-⟩ botanica *f* **Bo·ta·ni·ker** M ⟨-s; -⟩, **-in** F ⟨-; -nen⟩ botanico *m*, -a *f* **bo·ta·nisch** ADJ botanico: **-er Garten** orto *m* botanico

Bo·te M ⟨-n; -n⟩ **1** messaggero *m* **2** (*Laufbursche*) fattorino *m* **3** *fig* annuncio *m* **Bo·ten·gang** M commissione *f*, incarico *m*

Bo·tin F ⟨-; -nen⟩ **1** messaggera *f* **2** (*Laufmädchen*) fattorina *f*

Bo·tox N ⟨-⟩ MED botulino *m*

Bot·schaft F ⟨-; -en⟩ **1** (*Nachricht*) messaggio *m* **2** POL ambasciata *f* **Bot·schaf·ter** M ⟨-s; -⟩, **-in** F ⟨-; -nen⟩ ambasciatore *m*, -trice *f*

Bött·cher M ⟨-s; -⟩, **-in** F ⟨-; -nen⟩ bottaio *m*, -a *f*

Bot·tich M ⟨-s; -e⟩ tino *m*; mastello *m*

Bouil·lon [bul'jɔŋ] F ⟨-; -s⟩ brodo *m*

Bou·le·vard·blatt [bulə'vaːɐ-] N giornale *m* scandalistico **Bou·le·vard·pres·se** F stampa *f* scandalistica (*od* rosa) **Bou·le·vard·the·a·ter** N teatro *m* leggero

Bou·tique [bu'tiːk] F ⟨-; -n⟩ boutique *f inv*

Bow·le ['boːlə] F ⟨-; -n⟩ bowle *m*

Bow·ling ['boːlɪŋ] N ⟨-s⟩ bowling *m inv*

Box F ⟨-; -en⟩ **1** (*beim Autorennen*) box *m* **2** (*Behälter*) scatola *f* **3** (*Lautsprecher*) cassa *f* (acustica)

bo·xen **A** V/I ⟨h.⟩ tirare di boxe **B** V/T **1** SPORT **j-n ~** fare del pugilato con qn **2** **j-n an die Stirn ~** colpire qn alla fronte con un pugno **Bo·xen** N ⟨-s⟩ boxe *f*, pugilato *m*

Bo·xen·stopp M sosta *f* ai box

Bo·xer[1] M ⟨-s; -⟩ (*Hund*) boxer *m inv*

Bo·xer[2] M ⟨-s; -⟩, **-in** F ⟨-; -nen⟩ pugile *m/f* **Bo·xer·shorts** PL boxer *mpl*

Box·hand·schuh M guantone *m* da boxe **Box·kampf** M incontro *m* di pugilato (*od* di boxe) **Box·ring** M ring *m*, quadrato *m*

Boy M ⟨-s; -s⟩ boy *m*, ragazzo *m*

Boy·kott M ⟨-[e]s; -s *u.* -e⟩ boicottaggio *m*

boy·kot·tie·ren V/T boicottare

Bo·zen N ⟨-s⟩ Bolzano *f*

brach › brechen

Bra·chi·al·ge·walt F forza *f* bruta

brach·le·gen V/T mettere a maggese

brach·lie·gen V/I ⟨*irr*; h.⟩ **1** essere (*od* restare) a maggese **2** *fig* restare inutilizzato (*od* improduttivo)

brach·te → bringen

Brack·was·ser N acqua *f* salmastra

Brain·stor·ming ['breːnstoːɐmɪŋ] N ⟨-s⟩ brain storming *m inv*

Bran·che ['brãːʃə] F ⟨-; -n⟩ branca *f*, ramo *m*, settore *m*: **die ~ wechseln** cambiare ramo

Bran·chen·kennt·nis F conoscenza *f* del ramo **bran·chen·üb·lich** ADJ usuale nel ramo **Bran·chen·ver·zeich·nis** N elenco *m* per categorie

Brand M ⟨-[e]s; Brände⟩ **1** incendio *m* **2** *umg* (*Durst*) arsura *f* **3** MED cancrena *f* **4** AGR carbonchio *m*; golpe *f* ♦ **in ~ geraten** prendere fuoco; **etw in ~ setzen** incendiare qc

brand·ak·tu·ell ADJ *umg* attualissimo, di grande attualità **Brand·bla·se** F vescica *f* ustoria **Brand·bom·be** F bomba *f* incendiaria

bran·den V/I ⟨h.⟩ (*Meer*) infrangersi

Bran·den·burg N ⟨-s⟩ Brandeburgo *m*

Brand·ge·fahr F pericolo *m* d'incendio **Brand·ge·ruch** M puzzo *m* di bruciato **Brand·herd** M focolaio *m* d'incendio **Brand·ka·ta·stro·phe** F incendio *m* catastrofico **Brand·mal** N ⟨-s; -e *u.* -mäler⟩ segno *m* di bruciatura **brand·mar·ken** V/T HIST *fig* bollare **Brand·mau·er** F muro *m* spartifuoco **brand·neu** ADJ *umg* nuovo fiammante **Brand·sal·be** F pomata *f* contro le ustioni **Brand·stif·ter** M, **-in** F piromane *m/f* **Brand·stif·tung** F **1** (*vorsätzlich*) incendio *m* doloso **2** (*fahrlässig*) incen-

dio *m* colposo
Bran·dung F ⟨-; -en⟩ frangente *m*, risacca *f*
Brand·ur·sa·che F causa *f* di un incendio **Brand·wun·de** F ustione *f* **Brand·zei·chen** N marchio *m* a fuoco
brann·te → brennen
Brannt·wein M acquavite *f*
Bra·si·li·a·ner M ⟨-s; -⟩, **-in** F ⟨-; -nen⟩ brasiliano *m*, -a *f* **bra·si·li·a·nisch** ADJ brasiliano **Bra·si·li·en** N ⟨-s⟩ Brasile *m*
bras·sen V/T SCHIFF bracciare
brät → braten
Brat·ap·fel M mela *f* al forno
bra·ten ⟨brät, briet, gebraten⟩ **A** V/T **1** **etw knusprig ~** arrostire bene qc **2** (*im Ofen*) cuocere al forno; **etw am Spieß ~** cuocere qc allo spiedo **3** **etw auf dem Rost ~** fare qc ai ferri (*od* alla griglia) **4** (*in der Pfanne*) friggere **B** V/I ⟨h.⟩ *umg fig* **in der Sonne ~** arrostirsi al sole
Bra·ten M ⟨-s; -⟩ arrosto *m* **Bra·ten·saft** M, **Bra·ten·so·ße** F sugo *m* dell'arrosto
Brat·fett N grasso *m* per arrostire **Brat·fisch** M pesce *m* fritto **Brat·hähn·chen** N pollo *m* arrosto **Brat·he·ring** M aringa *f* fritta **Brat·kar·tof·feln** PL patate *fpl* arrosto **Brat·pfan·ne** F padella *f* **Brat·röh·re** F forno *m* **Brat·rost** M graticola *f*
Brat·sche F ⟨-; -n⟩ MUS viola *f*
Brat·spieß M spiedo *m* **Brat·wurst** F salsiccia *f* arrosto
Brauch M ⟨-[e]s; Bräuche⟩ uso *m*, usanza *f*
brauch·bar **A** ADJ **1** (*nützlich*) utilizzabile **2** (*geeignet*) utile, adatto **B** ADV *fig* abilmente, bene: **er schreibt ganz ~** scrive bene
brau·chen V/T **1** **etw ~** avere bisogno di qc **2** richiedere: **diese Arbeit braucht (ihre) Zeit** questo lavoro richiede tempo **3** impiegare: **der Bus braucht eine Stunde** l'autobus (ci) impiega un'ora; **wie lange braucht man (dazu)?** quanto tempo ci si mette? **4** (*benutzen*) **etw/j-n (zu etw/als) ~** utilizzare qc/qn (per qc/come) **5** (*verbrauchen*) consumare **6** (*müssen*) **du brauchst es nur zu sagen** basta che tu lo dica; **ich habe nicht zu warten ~** non ho avuto bisogno di aspettare **7** *unpers* (*bedürfen*) **es braucht** è necessario, occorre, bisogna
Brauch·tum N ⟨-s; -tümer⟩ usanze *fpl*, usi e costumi *mpl*
Braue F ⟨-; -n⟩ sopracciglio *m*: **die -n runzeln** aggrottare le sopracciglia
brau·en V/T **Bier ~** fare (*od* fabbricare) la birra **Brau·er** M ⟨-s; -⟩ birraio *m* **Brau·e·rei** F ⟨-; -en⟩ fabbrica *f* di birra **Brau·e·rin** F ⟨-; -nen⟩ birraia *f*
braun ADJ **1** marrone **2** (*Haar*) castano, bruno **3** (*Haut*) scuro, abbronzato: **~ gebrannt** abbronzato **Braun** N ⟨-s; -[s]⟩ marrone *m*
Braun·bär M orso *m* bruno
Bräu·ne F ⟨-⟩ colore *m* scuro (della pelle); (*Sonnenbräune*) abbronzatura *f*
bräu·nen **A** V/T **1** colorare di marrone **2** (*Haut*) abbronzare **3** GASTR (far) rosolare **B** V/I ⟨h.⟩ abbronzare **C** V/R **sich ~** abbronzarsi
Braun·koh·le F lignite *f*
bräun·lich ADJ marroncino
Bräu·nungs·mit·tel N abbronzante *m* **Bräu·nungs·stu·dio** N solarium *m*
Brau·se F ⟨-; -n⟩ **1** → Brauselimonade **2** (*Dusche*) doccia *f* **Brau·se·li·mo·na·de** F limonata *f* effervescente
brau·sen V/I **1** ⟨h.⟩ (*tosen*) mugghiare; (*wallen*) (ri)bollire; (*schäumen*) spumeggiare; (*Wasserfälle*) scrosciare **2** *fig* strepitare, risuonare fragorosamente; (*Beifall*) scrosciare **3** ⟨s.⟩ correre a grande velocità: **mit dem Auto ~** sfrecciare con l'auto **Brau·se·tab·let·te** F compressa *f* effervescente
Braut F ⟨-; Bräute⟩ **1** sposa *f* **2** (*Verlobte*) fidanzata *f* **3** *umg pej* (*Mädchen*) ragazza *f*, pupa *f*
Bräu·ti·gam M ⟨-s; -e⟩ **1** sposo *m* **2** (*Verlobter*) fidanzato *m*
Braut·jung·fer F ⟨-; -n⟩ damigella *f* della sposa **Braut·kleid** N abito *m* della (*od* da) sposa **Braut·paar** N coppia *f* di sposi **Braut·schlei·er** M velo *m* nuziale
brav **A** ADJ **1** bravo, buono: **sei ~!** fai il bravo! comportati bene! **2** (*bieder*) ordinario, mediocre **B** ADV (*artig*) da bravo, bene
bra·vo [-v-] INT **~!** bravo!
Bra·vour [bra'vu:ɐ] F ⟨-; -en⟩ **1** bravura *f* **2** (*Tapferkeit*) coraggio *m* **bra·vou·rös** ADJ magistrale **Bra·vour·stück** N pezzo *m* di bravura
Bra·vur... → Bravour...
Brech·durch·fall M diarrea *f* con vomi-

to **Brech·ei·sen** N piede *m* di porco

bre·chen ⟨bricht, brach, gebrochen⟩ **A** V/T **1** rompere, spezzare (*a. fig*): **das Schweigen/einen Eid ~** rompere il silenzio/un giuramento; **j-s Widerstand ~** spezzare la resistenza di qn **2** PHYS rifrangere **3** (*erbrechen*) vomitare **B** V/I **1** ⟨s.⟩ rompersi **2** (*rissig werden*) creparsi **3** ⟨s.⟩ uscire (fuori): **die Sonne bricht durch die Wolken** il sole erompe attraverso le nuvole **4** ⟨h.⟩ **mit j-m ~** rompere con qn; **mit einer Gewohnheit ~** infrangere una consuetudine **5** *umg* ⟨h.⟩ (*erbrechen*) vomitare **C** V/R **sich ~** **1** rompersi: **sich** (*dat*) **den Arm ~** rompersi (*od* fratturarsi) il braccio **2** (*Wellen*) (in)frangersi **3** PHYS rifrangersi ♦ **die Ehe ~** commettere adulterio; **das Gesetz ~** infrangere la legge; **einen Rekord ~** battere un record; **sein Wort ~** non mantenere la parola

Bre·cher M ⟨-s; -⟩ frangente *m*

Brech·mit·tel N emetico *m* ♦ **er ist das reinste ~** = *fa veramente vomitare*

Brech·reiz M conato *m* di vomito

Brech·stan·ge F piede *m* di porco

Bre·chung F ⟨-; -en⟩ PHYS rifrazione *f*

Brei M ⟨-[e]s; -e⟩ **1** pappa *f*, poltiglia *f* **2** (*von Kartoffeln, Erbsen*) purè *m*, purea *f*

brei·ig ADJ pastoso, poltiglioso

breit ADJ **1** largo; **etw -er machen** allargare qc: **-er werden** allargarsi **2** grande, vasto: **die -e Masse** la grande massa; **-e Schichten der Bevölkerung** vasti strati della popolazione **3** **~ gefächert** vario; → breitmachen

breit·bei·nig ADV a gambe larghe

Brei·te F ⟨-; -n⟩ **1** larghezza *f*: **eine ~ von 10 m** una larghezza di 10 m **2** **in epischer ~** dettagliatamente **3** GEOG latitudine *f*

Brei·ten·grad M grado *m* di latitudine

Brei·ten·sport M sport *m* molto diffuso

breit·ma·chen V/R *umg* **sich ~** allargarsi (*a. fig*); (*sich häuslich niederlassen*) installarsi **breit·schla·gen** V/T ⟨*irr*⟩ *umg fig* persuadere **breit·schul·te·rig** ADJ dalle spalle larghe **Breit·sei·te** F **1** fianco *m* **2** bordata *f* (*a. fig*): **eine ~ (ab)feuern** sparare una bordata (su) **breit·tre·ten** V/T ⟨*irr*⟩ *umg* **1** trattare ampiamente **2** diffondere, divulgare **Breit·wand·film** M film *m inv* in cinemascope

Bre·men N ⟨-s⟩ Brema *f*

Brems·be·lag M guarnizione *f* dei freni

Brem·se[1] F ⟨-; -n⟩ freno *m* (*a. fig*): **die ~ betätigen/(an)ziehen** azionare/tirare il freno

Brem·se[2] F ⟨-; -n⟩ ZOOL tafano *m*

brem·sen **A** V/T & V/I ⟨h.⟩ frenare (*a. fig*) **B** V/R **sich ~** frenarsi, trattenersi

Brems·flüs·sig·keit F liquido *m* dei freni **Brems·licht** N luce *f* di arresto

Brems·pe·dal N pedale *m* del freno

Brems·schei·be F disco *m* del freno

Brems·spur F traccia *f* di frenata

Brems·trom·mel F tamburo *m* del freno

Brem·sung F ⟨-; -en⟩ frenata *f*, frenatura *f*

Brems·vor·rich·tung F dispositivo *m* frenante **Brems·weg** M lunghezza *f* di frenata

brenn·bar ADJ combustibile; (*entzündbar*) infiammabile **Brenn·ele·ment** N barra *f* di combustibile

bren·nen ⟨brannte, gebrannt⟩ **A** V/I ⟨h.⟩ **1** (*Feuer, Material*) bruciare (*a. fig*): **vor Ungeduld ~** bruciare dall'impazienza; **die Sonne brennt** il sole brucia; **mir ~ die Augen** mi bruciano gli occhi **2** (*Licht, Ofen*) essere acceso: **das Licht ~ lassen** lasciare accesa la luce **3** **auf etw** (*akk*) **~** ardere dal desiderio di (fare) qc **4** **etw brennt gut** qc prende fuoco bene **5** (*leuchten*) ardere **B** V/T **1** bruciare **2** IT **eine CD ~** masterizzare un CD **3** (*Keramik*) cuocere **4** (*Schnaps*) distillare **5** (*Kaffee*) tostare ♦ **mit der Zigarette ein Loch in etw** (*akk*) **~** fare un buco in qc con la sigaretta; **es brennt!** al fuoco!; **wo brennt's (denn)?** cos'è successo?

bren·nend ADJ **1** in fiamme: **eine -e Zigarette** una sigaretta accesa **2** *fig* (*Problem*) scottante; (*Wunsch*) ardente

Bren·ner M ⟨-s; -⟩ **1** bruciatore *m* **2** (*Destillierapparat*) distillatore *m*

Bren·ne·rei F ⟨-; -en⟩ distilleria *f*

Brenn·holz N legna *f* **Brenn·ma·te·ri·al** N combustibile *m* **Brenn·nes·sel** F ortica *f* **Brenn·ofen** M forno *m* di cottura **Brenn·punkt** M punto *m* focale (*a. fig*) **Brenn·spi·ri·tus** M alcol *m inv* etilico **Brenn·stab** M NUKL barra *f* combustibile **Brenn·stoff** M combustibile *m* **Brenn·stoff·zel·le** F pila *f* a combustibile **Brenn·wei·te** F OPT distanza *f* focale

brenz·lig ADJ *fig* preoccupante, sospetto

Bre·sche F ⟨-; -n⟩ breccia *f* ♦ **für j-n/etw eine ~ schlagen** aprire la strada a qn/qc
Bre·ta·g·ne F ⟨-⟩ Bretagna *f* **Bre·to·ne** M ⟨-n; -n⟩, **-nin** F ⟨-; -nen⟩ bretone *m/f* **bre·to·nisch** ADJ bretone
Brett N ⟨-[e]s; -er⟩ 1 asse *f*, tavola *f* 2 (*Bord*) mensola *f* 3 (*Spiel*) tavoliere *m*; (*Schachbrett*) scacchiera *f* 4 *pl umg* sci *mpl*: **die -er anschnallen** allacciare gli sci ♦ **ein ~ vor dem Kopf haben** avere il paraocchi; **Schwarzes ~** albo *m*, bacheca *f* **Brett·spiel** N gioco *m* da scacchiera
Bre·vier N ⟨-s; -e⟩ breviario *m*
Bre·zel F ⟨-; -n⟩ = *ciambella salata a forma di otto*
Brief M ⟨-[e]s; -e⟩ lettera *f*
Brief·be·schwe·rer M ⟨-s; -⟩ fermacarte *m* **Brief·bo·gen** M foglio *m* di carta da lettere **Brief·bom·be** F lettera *f* esplosiva **Brief·freund** M, **-in** F amico *m*, -a *f* di penna **Brief·ge·heim·nis** N segreto *m* epistolare
Brie·fing N ⟨-s; -s⟩ briefing *m inv*
Brief·kas·ten M buca *f* delle lettere: **elektronischer ~** casella *f* di posta elettronica **Brief·kopf** M intestazione *f* **brief·lich** ADV per lettera **Brief·mar·ke** F francobollo *m* **Brief·mar·ken·au·to·mat** M distributore *m* automatico di francobolli **Brief·öff·ner** M tagliacarte *m* **Brief·pa·pier** N carta *f* da lettere **Brief·ta·sche** F portafoglio *m* **Brief·tau·be** F piccione *m* viaggiatore **Brief·trä·ger** M, **-in** F postino *m*, -a *f* **Brief·um·schlag** M busta *f* **Brief·waa·ge** F pesalettere *m/f* **Brief·wahl** F voto *m* per corrispondenza **Brief·wech·sel** M corrispondenza *f*
Bries N ⟨-es; -e⟩ animella *f*
briet → braten
Bri·kett N ⟨-s; -s *u.* -e⟩ bricchetta *f*
bril·lant [brɪl'jant] ADJ brillante, splendido
Bril·lant M ⟨-en; -en⟩ brillante *m*
Bril·le F ⟨-; -n⟩ occhiali *mpl*: **eine ~ tragen** portare gli occhiali
Bril·len·etui N astuccio *m* (per occhiali) **Bril·len·ge·stell** N montatura *f* per occhiali **Bril·len·glas** N lente *f* **Bril·len·schlan·ge** F 1 serpente *m* dagli occhiali 2 *umg pej* occhialuta *f*
brin·gen VT ⟨brachte, gebracht⟩ 1 portare: **j-m eine Nachricht ~** portare una notizia a qn; **etw auf den Markt ~** lanciare qc sul mercato; *fig* **j-n auf einen Gedanken ~** far venire un'idea (in mente) a qn 2 (*begleiten*) portare, accompagnare: **j-n nach Hause ~** portare qn a casa 3 **j-n zu etw ~** indurre qn a qc; **j-n zum Schweigen ~** far tacere qn; **j-n zur Verzweiflung ~** portare qn alla disperazione 4 (*Geld, Gewinn*) rendere, dare 5 (*verursachen*) causare: **etw bringt j-m Freude/Sorgen** qc porta gioia/preoccupazioni a qn; **das bringt nichts!** questo non porta a nulla! 6 *umg* (*veröffentlichen*) riportare 7 (*senden*) trasmettere, dare ♦ **etw an sich** (*akk*) **~** impadronirsi di qc; **j-n auf etw** (*akk*) **~** far venire in mente qc a qn; **etw ans Licht ~** riportare qc alla luce; *fig* **etw mit sich ~** comportare qc; **es so weit ~, dass ...** arrivare al punto di ...; **etw (nicht) über sich ~** (non) farcela; **j-n um etw ~** togliere qc a qn; **es zu etwas ~** diventare qualcuno; **j-n wieder zu sich ~** fare riprendere coscienza a qn
bri·sant ADJ 1 altamente esplosivo 2 *fig* esplosivo, scottante **Bri·sanz** F ⟨-; -en⟩ forza *f* esplosiva (*a. fig*)
Bri·se F ⟨-; -n⟩ brezza *f*
Bri·te M ⟨-n; -n⟩ britanno *m* **Bri·tin** F ⟨-; -nen⟩ britanna *f* **bri·tisch** ADJ britannico
Bri·xen N ⟨-s⟩ Bressanone *f*
brö·cke·lig ADJ friabile
brö·ckeln A VI 1 ⟨h.⟩ (*zerfallen*) spezzettarsi, sbriciolarsi 2 ⟨s.⟩ (*sich ablösen*) staccarsi B VT spezzettare: **Brot ~** sbocconcellare il pane
Bro·cken M ⟨-s; -⟩ 1 pezzo *m* 2 *umg fig* pezzo *m* d'uomo ♦ *fig* **ein harter ~** un osso duro; **ein paar ~ Deutsch können** masticare un po' di tedesco; *umg* **ein ~ von Mann** un bel pezzo d'uomo
bro·deln VI ⟨h.⟩ ribollire ♦ **es brodelt in der Firma** nella fabbrica qualcosa bolle in pentola
Bro·kat M ⟨-[e]s; -e⟩ broccato *m*
Brok·ko·li PL broccoli *mpl*
Brom N ⟨-s⟩ bromo *m*
Brom·bee·re F mora *f*
Brom·beer·strauch M rovo *m*
bron·chi·al ADJ bronchiale **Bron·chie** F ⟨-; -n⟩ bronco *m* **Bron·chi·tis** F ⟨-; Bronchitiden⟩ bronchite *f*
Bron·ze ['brõːsə] F ⟨-; -n⟩ bronzo *m* **Bron·ze·me·dail·le** F medaglia *f* di bronzo **Bron·ze·zeit** F età *f* del bronzo
Bro·sa·me F ⟨-; -n⟩ *geh* briciola *f*

Bro·sche F ⟨-; -n⟩ spilla *f*, fermaglio *m* **bro·schiert** ADJ in brossura, brossurato **Bro·schü·re** F ⟨-; -n⟩ opuscolo *m* **Brot** N ⟨-[e]s; -e⟩ 1 pane *m* 2 (*Laib Brot*) pagnotta *f* 3 **belegtes ~** panino *m* imbottito; **-e machen** fare panini 4 *fig* **sich** (*dat*) **sein ~ verdienen** guadagnarsi il pane (*od* da vivere); **das tägliche ~** il pane quotidiano
Brot·auf·strich M alimenti *mpl* da spalmare sul pane **Brot·be·lag** M companatico *m*
Bröt·chen N ⟨-s; -⟩ panino *m* **Bröt·chen·ge·ber** M, **-in** F *hum* datore *m*, -trice *f* di lavoro, padrone *m*, -a *f*
Brot·ein·heit F unità *f* pane (*la quantità di cibo in grammi che contiene 12 g di carboidrati*) **Brot·kas·ten** M cassetta *f* portapane **Brot·korb** M cestino *m* per il pane **Brot·kru·me** F, **Brot·krü·mel** M briciola *f* di pane **brot·los** ADJ **eine -e Kunst** un'attività che non dà da vivere **Brot·mes·ser** N coltello *m* da pane **Brot·schei·be** F, **Brot·schnit·te** F fetta *f* di pane **Brot·zeit** F merenda *f*
brow·sen ['brauzən] V/I ⟨h.⟩ IT navigare **Brow·ser** M ⟨-s; -⟩ IT browser *m inv*
Bruch M ⟨-[e]s; Brüche⟩ 1 rottura *f* 2 *fig* violazione *f* 3 (*Beenden*) rottura *f*, taglio *m*: **der ~ mit j-m/mit der Vergangenheit** la rottura (dei rapporti) con qn/il taglio con il passato 4 MED frattura *f* 5 (*Eingeweidebruch*) ernia *f*: **sich** (*dat*) **einen ~ heben** farsi venire un'ernia sollevando un peso 6 MATH frazione *f* ♦ **in die Brüche gehen** rompersi (*a. fig*)
Bruch·bu·de F *pej* catapecchia *f*
brü·chig ADJ 1 fragile; (*Gestein*) friabile, sfaldabile 2 *fig* (*Beziehung*) in pericolo 3 (*Stimme*) malfermo, vacillante
Bruch·lan·dung F atterraggio *m* di fortuna **Bruch·rech·nen** N calcolo *m* con numeri frazionari **Bruch·rech·nung** F operazione *f* con numeri frazionari **bruch·si·cher** ADJ infrangibile; (*Verpackung*) a prova di rottura **Bruch·stel·le** F punto *m* di rottura **Bruch·strich** M MATH segno *m* di frazione **Bruch·stück** N frammento *m* (*a. fig*) **bruch·stück·haft** ADJ frammentario **Bruch·teil** M frazione *f*; piccolissima parte *f* **Bruch·zahl** F frazione *f*
Brü·cke F ⟨-; -n⟩ 1 ponte *m* (*a.* MED, SPORT *fig*): **-n schlagen zwischen Ost und West** gettare ponti tra est e ovest 2 (*Teppich*) passatoia *f* **Brü·cken·kopf** M MIL testa *f* di ponte **Brü·cken·sprin·gen** N ⟨-s⟩ bungee jumping *m inv* dai ponti
Bru·der M ⟨-s; Brüder⟩ 1 fratello *m* (*a. fig*): **mein älterer** (*umg* **großer**) **~** il mio fratello più grande, mio fratello maggiore 2 (*Ordensbruder*) fratello *m*, frate *m*: **~ Johannes** fra Giovanni 3 *pej* tipo *m* ♦ *hum* **unter Brüdern** tra amici, tra di noi
Bru·der·krieg M guerra *f* fratricida
brü·der·lich A ADJ fraterno B ADV da (buoni) fratelli **Brü·der·lich·keit** F ⟨-⟩ fratellanza *f*
Bru·der·mord M fratricidio *m* **Bru·der·mör·der** M, **-in** F fratricida *m/f*
Bru·der·schaft F ⟨-⟩ confraternita *f*
Brü·der·schaft F ⟨-; -en⟩ fratellanza *f*: **~ trinken** bere insieme per fraternizzare (passando a darsi del tu)
Brü·he F ⟨-; -n⟩ 1 brodo *m* 2 *umg* broda *f*
brü·hen V/T 1 (*überbrühen*) sbollentare 2 **Kaffee/Tee ~** preparare il caffè/il tè
brüh·heiß ADJ bollente **brüh·warm** *umg* ADV (*sofort*) subito, immediatamente: **etw ~ erzählen** raccontare una notizia calda calda **Brüh·wür·fel** M dado *m* per brodo
brül·len A V/I ⟨h.⟩ 1 (*Vieh*) muggire; (*Löwe*) ruggire 2 urlare, gridare: **vor Schmerzen ~** urlare dal dolore 3 *umg pej* strillare: **das Kind brüllt wie am Spieß** il bambino strilla come un'aquila B V/T **j-m etw ins Ohr ~** gridare qc a qn nelle orecchie ♦ **das ist ja zum Brüllen!** è tutta da ridere!; **Brüllen des Gelächters** una fragorosa risata
Brumm·bär M *umg* brontolone *m*, orso *m*
brum·men A V/I 1 ⟨h., s.⟩ (*Insekten*) ronzare 2 ⟨h.⟩ (*Bären*) bramire; (*Motoren*) rombare 3 *umg* ⟨h.⟩ (*im Gefängnis sein*) essere in gattabuia B V/T brontolare: **etw in den Bart ~** borbottare qc fra i denti ♦ **mir brummt der Kopf** sento un ronzio in testa
Brum·mer M ⟨-s; -⟩ *umg* 1 (*Fliege*) moscone *m* 2 (*Lastzug*) camion *m* **brum·mig** *umg* ADJ brontolone **Brumm·krei·sel** M trottola *f* **Brumm·schä·del** M *umg* testa *f* pesante
Brunch [brantʃ] N ⟨-[e]s; -[e]s⟩ brunch *m inv*

brü·nett ADJ bruno, moro
Brunft F ⟨-; Brünfte⟩ JAGD fregola *f*
Brun·nen M ⟨-s; -⟩ **1** pozzo *m*: **einen ~ graben** scavare un pozzo **2** (*eingefasst*) fontana *f*: **Wasser am ~ holen** prendere l'acqua alla fontana **3** (*Quelle*) fonte *f*, sorgente *f* (*a. fig*)
Brunst F ⟨-; Brünste⟩ fregola *f*, calore *m*
brüns·tig ADJ in calore
brüsk ADJ brusco
brüs·kie·ren V/T trattare bruscamente, bistrattare, offendere
Brüs·sel N ⟨-s⟩ Bruxelles *f*
Brust F ⟨-; Brüste⟩ **1** petto *m* **2** seno *m*: **dem Kind die ~ geben** dare il seno al bambino ♦ **mit geschwellter ~** impettito; **sich in die ~ werfen** andare pettoruto
Brust·bein N sterno *m* **Brust·beu·tel** M borsellino *m* appeso al collo **Brust·bild** N mezzo busto *m*
brüs·ten V/R **sich ~** darsi delle arie; **sich mit etw ~** pavoneggiarsi per qc
Brust·fell N ⟨-s⟩ pleura *f* **Brust·fell·ent·zün·dung** F pleurite *f* **Brust·korb** M gabbia *f* toracica **Brust·krebs** M carcinoma *m* mammario **brust·schwim·men** V/I ⟨*irr*; h.⟩ nuotare a rana: **er schwimmt Brust** nuota a rana **Brust·schwim·men** N (nuoto *m* a) rana *f* **Brust·stim·me** F voce *f* di petto **Brust·ta·sche** F taschino *m* interno della giacca **Brust·ton** M nota *f* di petto ♦ **etw im ~ der Überzeugung sagen** dire qc con la massima convinzione
Brüs·tung F ⟨-; -en⟩ parapetto *m*
Brust·war·ze F capezzolo *m*
Brut F ⟨-; -en⟩ **1** cova *f*: **in der ~ sein** covare **2** covata *f*: **eine ~ aufziehen** allevare una covata **3** (*Vögel*) nidiata *f* **4** (*Fische*) avannotti *mpl* **5** *pej* (*Gesindel*) genia *f*
bru·tal ADJ brutale
Bru·ta·li·tät F ⟨-; -en⟩ brutalità *f*
brü·ten **A** V/I ⟨h.⟩ **1** covare **2** *fig* (*Hitze*) gravare, pesare (su) **3** *fig* **über etw** (*dat*) **~** meditare (*od* rimuginare) su qc **B** V/T covare: **Rache/Hass ~** covare vendetta/odio ♦ **es ist -d heiß** c'e un caldo soffocante
Brü·ter M ⟨-s; -⟩ NUKL **schneller ~** reattore *m* autofertilizzante a neutroni veloci
Brut·hen·ne F chioccia *f* **Brut·kas·ten** M incubatrice *f* **Brut·platz** M luogo *m* di cova **Brut·stät·te** F **1** luogo *m* di cova **2** focolaio *m* (*a. fig*): **eine ~ des Lasters** un covo di peccatori
brut·to ADV HANDEL lordo **Brut·to·ein·kom·men** N reddito *m* lordo **Brut·to·ge·halt** N retribuzione *f*lorda **Brut·to·ge·wicht** N peso *m* lordo **Brut·to·in·lands·pro·dukt** N prodotto *m* interno lordo **Brut·to·lohn** M salario *m* lordo **Brut·to·so·zi·al·pro·dukt** N reddito *m* nazionale lordo
BSE F → (bovine spongiforme Enzephalopathie) (*Rinderwahnsinn*) ESB
Bub M ⟨-en; -en⟩ *österr schweiz* ragazzo *m*
Bu·be M ⟨-n; -n⟩ (*Spielkarte*) fante *m*
Bu·bi M ⟨-s; -s⟩ *umg pej* bamboccio *m*
Buch N ⟨-[e]s; Bücher⟩ libro *m* (*a.* HANDEL): **über etw** (*akk*) **~ führen** tenere la contabilità di qc ♦ *fig* **zu -e schlagen** avere il proprio peso; **wie es im -e steht** a regola d'arte
Buch·be·spre·chung F recensione *f* **Buch·bin·der** M ⟨-s; -⟩, **-in** F ⟨-; -nen⟩ rilegatore *m*, -trice *f* **Buch·druck** M stampa *f* di libri **Buch·dru·cke·rei** F tipografia *f*
Bu·che F ⟨-; -n⟩ faggio *m*
Buch·ecker F faggiola *f*
Buch·ein·band M copertina *f* (di libro)
bu·chen V/T **1** registrare: **das Gehalt aufs Konto ~** registrare lo stipendio sul conto **2** *fig* **etw als Erfolg ~** registrare qc come un successo **3** (*vorbestellen*) prenotare
Bü·cher·brett N mensola *f* per libri
Bü·che·rei F ⟨-; -en⟩ biblioteca *f*
Bü·cher·lieb·ha·ber M, **-in** F bibliofilo *m*, -a *f* **Bü·cher·narr** M, **-när·rin** F bibliomane *m/f* **Bü·cher·re·gal** N scaffale *m* per libri **Bü·cher·schrank** M libreria *f* **Bü·cher·stüt·ze** F reggilibri *m* **Bü·cher·wurm** M *hum* topo *m* di biblioteca
Buch·fink M fringuello *m*
Buch·füh·rung F contabilità *f*: **doppelte ~** (contabilità a) partita doppia **Buch·ge·mein·schaft** F club *m* del libro **Buch·hal·ter** M, **-in** F contabile *m/f* **Buch·hal·tung** F WIRTSCH **1** contabilità *f* **2** (*Abteilung*) (reparto *m* di) contabilità *f* **Buch·han·del** M commercio *m* librario **Buch·händ·ler** M, **-in** F libraio *m*, -a *f* **Buch·hand·lung** F libreria *f* **Buch·ma·cher** M allibratore *m*, bookmaker *m* **Buch·mes·se** F fiera *f* del libro **Buch·prü·fer** M, **-in** F re-

visore *m* dei conti **Buch·prü·fung** F revisione *f* dei conti

Buchs·baum M BOT bosso *m*

Buch·se F ⟨-; -n⟩ **1** MECH boccola *f* **2** ELEK presa *f*

Büch·se F ⟨-; -n⟩ **1** scatola *f*: **Tomaten in -n** pomodori in scatola **2** *umg* (*Sammelbüchse*) bussola *f* **3** (*Gewehr*) fucile *m*

Büch·sen·fleisch N carne *f* in scatola **Büch·sen·milch** F latte *m* condensato **Büch·sen·öff·ner** M apriscatole *m*

Buch·sta·be M ⟨-ns; -n⟩ lettera *f*: **großer/kleiner ~** lettera maiuscola/minuscola

buch·sta·ben·ge·treu ADJ letterale

buch·sta·bie·ren V/T compitare

buch·stäb·lich ADV letteralmente

Bucht F ⟨-; -en⟩ baia *f*, insenatura *f*

Buch·um·schlag M sopraccoperta *f*

Bu·chung F ⟨-; -en⟩ **1** WIRTSCH registrazione *f* **2** (*Vorbestellung*) prenotazione *f*

Buch·wei·zen M grano *m* saraceno

Bu·ckel M ⟨-s; -⟩ **1** gobba *f*, MED gibbosità *f*: **die Katze macht einen ~** il gatto inarca la schiena **2** *umg* (*Rücken*) groppone *m*: **schon seine 80 Jahre auf dem ~ haben** avere già 80 anni sulla groppa ♦ *umg* **rutsch mir den ~ runter!** va' a quel paese! **Bu·ckel·ski·fah·ren** N freestyle *m inv*

bü·cken V/R **sich ~** chinarsi, curvarsi; **sich nach etw ~** chinarsi per raccogliere qc

buck·lig ADJ **1** (*Mensch*) gobbo **2** (*Fläche*) gibboso, a gobbe **Buck·li·ge** M/F ⟨-n; -n⟩ gobbo *m*, -a *f*

Bück·ling M ⟨-s; -e⟩ **1** (*Verbeugung*) inchino *m* (profondo), riverenza *f* **2** GASTR aringa *f* affumicata

bud·deln V/T *umg* scavare

Bud·dhis·mus M ⟨-⟩ budd(h)ismo *m* **Bud·dhist** M ⟨-en; -en⟩, **-in** F ⟨-; -nen⟩ budd(h)ista *m/f* **bud·dhis·tisch** ADJ budd(h)ista

Bu·de F ⟨-; -n⟩ **1** (*Verkaufsbude*) chiosco *m*, banco *m* **2** *umg pej* baracca *f* **3** *umg* (*Zimmer*) camera *f* (ammobiliata) ♦ **sturmfreie ~** casa libera

Bud·get [by'de:] N ⟨-s; -s⟩ budget *m*, bilancio *m* preventivo

Bü·fett N ⟨-[e]s; -s *u.* -e⟩ **1** buffet *m*: **kaltes ~** buffet freddo **2** (*Verkaufstisch*) banco *m*

Büf·fel M ⟨-s; -⟩ bufalo *m* (*a. fig*)

büf·feln *umg* **A** V/T **Latein ~** sgobbare (*od* sudare) sul latino **B** V/I ⟨h.⟩ studiare molto, sgobbare

Bug M ⟨-[e]s; -e *u.* Büge⟩ **1** SCHIFF, FLUG prora *f* **2** (*vom Pferd, Rind*) (parte *f* di) spalla *f* ♦ **j-m eine vor den ~ knallen** *fig* (*durch Worte*) inveire contro qn

Bü·gel M ⟨-s; -⟩ **1** (*Kleiderbügel*) stampella *f* (per abiti) **2** (*Steigbügel*) staffa *f* **3** (*Brillenbügel*) stanghetta *f* **4** (*Henkel*) manico *m* **Bü·gel-BH** M reggiseno *m* con ferretto

Bü·gel·brett N asse *f* da stiro **Bü·gel·ei·sen** N ferro *m* da stiro **Bü·gel·fal·te** F piega *f* (dei pantaloni) **Bü·gel·ma·schi·ne** F stiratrice *f*

bü·geln V/T stirare

Bug·gy ['bagi] M ⟨-s; -s⟩ **1** (*Auto*) = *piccolo fuoristrada aperto* **2** (*Kinderwagen*) passeggino *m* (pieghevole)

bug·sie·ren V/T **1** SCHIFF rimorchiare **2** *umg* portare (con fatica): **das Klavier durch die Tür ~** far passare il pianoforte per la porta

bu·hen V/I ⟨h.⟩ *umg* gridare buh

buh·len V/I ⟨h.⟩ *pej* **um etw ~** cercare di conquistare qc; **mit j-m um die Gunst einer Frau ~** rivaleggiare con qn per una donna

Buh·mann M **1** spauracchio *m*, babau *m* **2** (*Prügelknabe*) capro *m* espiatorio

Buh·ne F ⟨-; -n⟩ SCHIFF argine *m*, diga *f*

Büh·ne F ⟨-; -n⟩ **1** THEAT palcoscenico *m*, scena *f*: **die ~ betreten** entrare in scena; **etw für die ~ bearbeiten** adattare qc per il teatro; *fig* **sich hinter der ~ abspielen** svolgersi dietro le scene **2** METALL piano *m* di caricamento ♦ **etw über die ~ bringen** condurre in porto qc

Büh·nen·an·wei·sung F didascalia *f* **Büh·nen·ar·bei·ter** M, **-in** F tecnico *m* di scena **Büh·nen·be·ar·bei·tung** F adattamento *m* teatrale **Büh·nen·be·leuch·tung** F luci *fpl* **Büh·nen·bild** N scenario *m* **Büh·nen·bild·ner** M ⟨-s; -⟩, **-in** F ⟨-; -nen⟩ scenografo *m*, -a *f* **büh·nen·reif** ADJ **1** pronto per la scena **2** *fig* **das ist ~** è di una comicità travolgente **Büh·nen·stück** N lavoro *m* teatrale **büh·nen·wirk·sam** ADJ di buon effetto scenico

Buh·ruf M fischio *m*: **er hat viele -e bekommen** è stato fischiato a lungo

buk → backen

Bu·kett N ⟨-s; -s *u.* -e⟩ bouquet *m*

Bu·le̲t·te F ⟨-; -n⟩ polpetta *f*
Bul·ga̲·re M ⟨-n; -n⟩ bulgaro *m* **Bul·ga̲·ri·en** N ⟨-s⟩ Bulgaria *f* **Bul·ga̲·rin** F ⟨-; -nen⟩ bulgara *f* **bul·ga̲·risch** ADJ bulgaro, della Bulgaria
Bu·li·mie̲ F ⟨-⟩ bulimia *f*
Bu̲ll·au·ge N SCHIFF occhio *m* di bue, oblò *m* **Bu̲ll·dog·ge** F ⟨-; -n⟩ bulldog *m* **Bu̲ll·do·zer** ['bʊldo:zɐ] M ⟨-s; -⟩ bulldozer *m inv*
Bu̲l·le[1] M ⟨-n; -n⟩ **1** toro *m* **2** (*männliches Tier*) maschio *m* **3** *umg pej* toro *m*, omaccione *m* **4** (*Polizist*) piedipiatti *m*, sbirro *m*
Bu̲l·le[2] F ⟨-; -n⟩ HIST, REL bolla *f*
Bul·le·ti̲n [byl'tɛ̃:] N ⟨-s; -s⟩ bollettino *m*
bu̲l·lig ADJ *umg* **1** taurino **2** (*Hitze*) infernale
Bu̲·me·rang M ⟨-s; -s⟩ boomerang *m inv*
Bu̲m·mel M ⟨-s; -⟩ *umg* giro *m*, giretto *m*: **einen ~ machen** fare un giro (per i negozi)
Bu̲m·me·lant M ⟨-en; -en⟩, **-in** F ⟨-; -nen⟩ bighellone *m*, -a *f*, fannullone *m*, -a *f*
Bum·me·le̲i F ⟨-; -en⟩ *umg* **1** lentezza *f*, flemma *f* **2** (*Faulenzen*) fiacca *f*, indolenza *f*
bu̲m·meln V/I **1** ⟨s.⟩ *umg* gironzolare **2** ⟨h.⟩ *umg pej* (*trödeln*) cincischiare, battere la fiacca **3** ⟨h.⟩ (*faulenzen*) gingillarsi, prendersela comoda
Bu̲m·mel·streik M sciopero *m* bianco **Bu̲m·mel·zug** M *umg* treno *m* accelerato
Bu̲mm·ler M ⟨-s; -⟩, **-in** F ⟨-; -nen⟩ *umg* **1** (*langsamer Mensch*) posapiano *m/f inv*, gironzolone *m*, bighellone *m* **2** (*Faulpelz*) fanullone *m*, -a *f*
bu̲ms INT bum, patatrac
bu̲m·sen V/I **1** ⟨s.⟩ (*prallen*) cozzare: **gegen etw ~** cozzare contro qc **2** ⟨h.⟩ *umg* chiavare, scopare: **mit j-m ~** chiavare con qn, scopare con qn
Bu̲nd[1] M ⟨-[e]s; Bünde⟩ **1** POL patto *m*, alleanza *f*, lega *f* **2** (*Staat*) (con)federazione *f* **3** (*Nähen*) cintura *f*
Bu̲nd[2] N ⟨-[e]s; -e⟩ **1** (*von Holz, Stroh*) fascina *f*, fastello *m* **2** (*von Radieschen*) mazzo *m*
Bü̲nd·chen N ⟨-s; -⟩ **1** (*Armbündchen*) polsino *m* **2** (*Halsbündchen*) colletto *m*
Bü̲n·del N ⟨-s; -⟩ **1** (*Pack*) pacco *m*, fagotto *m* **2** (*Reisig, Getreide*) fascio *m*, fascina *f* ♦ *fig* **sein ~ schnüren** fare fagotto
bü̲n·deln V/T **1** **etw ~** legare insieme qc in fasci; fare un fagotto di qc **2** PHYS focalizzare, concentrare
Bu̲n·des·amt N ufficio *m* federale
Bu̲n·des·bank F banca *f* federale
Bu̲n·des·bür·ger M, **-in** F cittadino *m*, -a *f* federale **deutsche ~** cittadini tedeschi **Bu̲n·des·ge·biet** N territorio *m* federale **Bu̲n·des·ge·nos·se** M, **-ge·nos·sin** F confederato *m*, -a *f* **Bu̲n·des·haupt·stadt** F capitale *f* federale **Bu̲n·des·haus** N **1** (*in Deutschland*) sede *f* del governo centrale **2** (*in der Schweiz*) palazzo *m* del governo federale svizzero **Bu̲n·des·heer** N (*in Österreich*) forze *fpl* armate federali austriache **Bu̲n·des·kanz·ler** M, **-in** F cancelliere *m*, -a *f* federale; *schweiz* cancelliere *m*, -a *f* della Confederazione **Bu̲n·des·land** ⟨-[e]s; -länder⟩ N **1** stato *m* membro di una federazione **2** Land *m*: **die neuen Bundesländer** i nuovi Länder (tedeschi) **Bu̲n·des·li·ga** F SPORT = *serie A*: **in die ~ aufsteigen** salire alla Bundesliga **Bu̲n·des·nach·rich·ten·dienst** M servizi *mpl* segreti (tedeschi) **Bu̲n·des·prä·si·dent** M, **-in** F **1** (*in Deutschland*) presidente *m/f* della Repubblica Federale **2** (*in der Schweiz*) presidente *m/f* della confederazione **Bu̲n·des·rat** M ⟨-[e]s; -räte⟩ **1** = *camera alta, consiglio federale* **2** *schweiz* governo *m* federale **3** *österr schweiz* (*Mensch*) consigliere *m* federale **Bu̲n·des·rä·tin** F ⟨-; -nen⟩ *österr schweiz* consigliera *f* federale **Bu̲n·des·re·gie·rung** F governo *m* federale **Bu̲n·des·re·pu·blik** F ⟨-⟩ repubblica *f* federale: **die ~ Deutschland** la Repubblica Federale Tedesca **Bu̲n·des·staat** M **1** stato *m* federale **2** (*Gliedstaat*) stato *m* membro di una federazione **Bu̲n·des·stra·ße** F strada *f* statale **Bu̲n·des·tag** M = *Camera dei deputati* **Bu̲n·des·tags·wahl** F elezioni *fpl* politiche della dieta federale tedesca **Bu̲n·des·ver·fas·sung** F costituzione *f* federale **Bu̲n·des·ver·fas·sungs·ge·richt** N corte *f* costituzionale federale **Bu̲n·des·wehr** F ⟨-⟩ forze *fpl* armate
Bu̲nd·fal·ten·ho·se F pantaloni *mpl* con le pince
bü̲n·dig ADJ **1** (*kurz und bestimmt*) conciso **2** (*überzeugend*) convincente, con-

cludente ♦ **kurz und ~** chiaro e tondo
Bünd·nis N ⟨-ses; -se⟩ patto *m*, alleanza *f*, coalizione *f*: **ein ~ schließen** stringere un'alleanza **bünd·nis·frei** ADJ POL non allineato
Bun·gee·jum·ping [bandʒidʒampɪŋ] N ⟨-s⟩ bungee jumping *m*
Bun·ker M ⟨-s; -⟩ **1** MIL bunker *m inv* **2** (*beim Golf*) bunker *m inv*
bunt **A** ADJ **1** a colori; multicolore **2** (*buntscheckig*) pezzato **3** (*abwechslungsreich*) vario, svariato **4** *fig* (*durcheinander*) disordinato, confuso **B** ADV **1** **~ bemalt** (dipinto) a colori; *fig* **~ gemischt** variegato; **~ gemustert** a disegni colorati **2** *fig* alla rinfusa, disordinatamente ♦ **-er Abend** serata di varietà; *fig* **bekannt wie ein -er Hund** conosciuto più della bettonica; **das wird mir zu ~** mi scappa la pazienza; **es zu ~ treiben** passare la misura (*od* il segno)
Bunt·stift F matita *f* colorata
Bunt·wä·sche F capi *mpl* colorati
Bür·de F ⟨-; -n⟩ carico *m*, peso *m* (*a. fig*)
Burg F ⟨-; -en⟩ rocca(forte) *f*, castello *m*
Bür·ge M ⟨-n; -n⟩ **1** garante *m* **2** JUR fideiussore *m*; (*eines Wechsels*) avallante *m*
bür·gen V/I ⟨h.⟩ garantire (per): **für einen Wechsel ~** avallare una cambiale; **für j-n ~** garantire per qn
Bur·gen·land N Burgenland *m*
Bür·ger M ⟨-s; -⟩ **1** cittadino *m* **2** **die ~ der Stadt** la cittadinanza
Bür·ger·be·geh·ren N referendum *m*
Bür·ge·rin F ⟨-; -nen⟩ cittadina *f*
Bür·ger·ini·ti·a·ti·ve F iniziativa *f* popolare **Bür·ger·krieg** M guerra *f* civile
bür·ger·lich ADJ **1** civile: **Bürgerliches Gesetzbuch** Codice Civile **2** borghese: **ein -es Leben** una vita (da) borghese **3** *pej* (*spießig*) piccolo borghese, da borghesuccio ♦ **die -e Küche** la cucina casalinga
Bür·ger·meis·ter M, **-in** F sindaco *m*, -a *f* **Bür·ger·pflicht** F dovere *m* civico **Bür·ger·recht** N diritto *m* del cittadino: *pl* diritti *mpl* civili; **j-m das ~ verleihen** naturalizzare qn **Bür·ger·recht·ler** M ⟨-s; -⟩, **-in** F ⟨-; -nen⟩ esponente *m/f* del movimento per i diritti civili **Bür·ger·schaft** F ⟨-; -en⟩ cittadinanza *f* **Bür·ger·schafts·wahl** F elezione *f* del senato cittadino (*nelle città anseatiche*)
Bür·ger·steig M ⟨-[e]s; -e⟩ marciapiede *m* **Bür·ger·tum** N ⟨-s⟩ borghesia *f*
Burg·frie·de(n) M tregua *f* nella lotta politica **Burg·gra·ben** M fossato *m* del castello
Bür·gin F ⟨-; -nen⟩ **1** garante *f* **2** JUR fideiussore *m*; (*eines Wechsels*) avallante *f*
Bürg·schaft F ⟨-; -en⟩ **1** garanzia *f*: **für etw ~ leisten** farsi garante di qc; **eine ~ übernehmen** farsi garante **2** JUR fideiussione *f*; (*von Wechseln*) avallo *m*
Bur·gund N ⟨-s⟩ Borgogna *f*
bur·lesk ADJ KIRCHE burlesco
Bur·les·ke F ⟨-; -n⟩ **1** THEAT burlesque *m* **2** MUS burlesca *f*
Burn-out ['bø:enaut] M ⟨-s; -s⟩ MED esaurimento *m*
Bü·ro N ⟨-s; -s⟩ **1** ufficio *m* **2** (*Geschäftsstelle*) agenzia *f*
Bü·ro·an·ge·stell·te M/F impiegato *m*, -a *f* **Bü·ro·be·darf** M materiale *m* per ufficio **Bü·ro·haus** N palazzo *m* per uffici **Bü·ro·kauf·frau** F, **Bü·ro·kauf·mann** M perito *m* aziendale **Bü·ro·klam·mer** F grafetta *f* **Bü·ro·kraft** F impiegato *m*, -a *f*
Bü·ro·krat M ⟨-en; -en⟩ *pej* burocrate *m*
Bü·ro·kra·tie F ⟨-; -n⟩ burocrazia *f*
Bü·ro·kra·tin F ⟨-; -nen⟩ *pej* burocrate *f* **bü·ro·kra·tisch** ADJ burocratico (*a. pej*)
Bü·ro·schluss M orario *m* di chiusura dell'ufficio **Bü·ro·stun·den** PL orario *m* d'ufficio **Bü·ro·vor·ste·her** M, **-in** F capoufficio *m*
Bur·sche M ⟨-n; -n⟩ **1** ragazzo *m*; giovanotto *m* **2** *pej* tipo *m*: **ein übler ~** un brutto tipo, un cattivo soggetto
Bur·schen·schaft F ⟨-; -en⟩ HIST = *associazione studentesca o goliardica*
bur·schi·kos ADJ da maschiaccio: **ein -es Mädchen** una ragazza che si comporta da maschiaccio
Bürs·te F ⟨-; -n⟩ spazzola *f* (*a.* ELEK)
bürs·ten V/T spazzolare
Bu·run·di N ⟨-s⟩ Burundi *m*
Bür·zel M ⟨-s; -⟩ codione *m*, codrione *m*
Bus[1] M ⟨-ses; -se⟩ bus *m*, autobus *m*
Bus[2] M ⟨-⟩ IT bus *m inv*
Bus·bahn·hof M stazione *f* degli autobus
Busch M ⟨-[e]s; Büsche⟩ **1** cespuglio *m* **2** (*Dickicht*) boscaglia *f* **3** GEOG savana *f* ♦ **es ist etw im ~** qc bolle in pentola
Bü·schel N ⟨-s; -⟩ ciuffo *m*

Mit dem Bus unterwegs

Fahrkarten kauft man nicht im Bus, sondern in Bars, Tabakläden oder Geschäften, die in der Nähe der Bushaltestelle sind.

Wo hält der Bus nach ...?	**Dove ferma l'autobus per ... ?**
Welcher Bus fährt nach ...?	**Quale autobus va a ... ?**
Der Bus Nummer ...	**Il numero ...** *oder* **La linea ...**
Wann fährt der nächste Bus nach ... ab?	**Quando parte il prossimo bus per ...?**
Wann fährt der letzte Bus zurück?	**Quando è l'ultimo autobus?**
Fährt dieser Bus nach ...?	**Questo autobus va a ... ?**
Muss ich nach ... umsteigen?	**Per andare a ... devo cambiare?**
Sagen Sie mir bitte, wo ich aussteigen/umsteigen muss?	**Per favore, mi dice dove devo scendere/cambiare?**
Wo gibt es die Fahrkarten?	**Dove si comprano i biglietti?**
Bitte eine Fahrkarte nach ...	**Un biglietto per ..., per favore.**

bu·schig ADJ **1** coperto di cespugli, cespuglioso **2** (*Haar*) folto, arruffato
Busch·mann M ⟨-[e]s; -männer⟩ boscimano *m* **Busch·mes·ser** N machete *m* **Busch·wind·rös·chen** N ⟨-s; -⟩ anemone *m* dei boschi
Bu·sen M ⟨-s; -⟩ seno *m* **Bu·sen·freund** M, **-in** F amico *m*, -a *f* intimo (-a)
Bus·fah·rer M, **-in** F autista *m/f* d'autobus **Bus·hal·te·stel·le** F fermata *f* dell'autobus
Bu·si·ness·class ['bɪznɪsklaːs] F ⟨-⟩ business *f inv* business class *f inv*
Bus·sard M ⟨-s; -e⟩ poiana *f*
Bu·ße F ⟨-; -n⟩ **1** penitenza *f*: **~ tun** fare penitenza **2** JUR multa *f*, ammenda *f*
bus·seln V/T *österr* baciare
bü·ßen **A** V/T pagare (per), espiare: **das soll er mir ~!** questa me la paga! **B** V/I ⟨h.⟩ **für etw ~** scontare (*od* pagare per) qc
Bü·ßer M ⟨-s; -⟩, **-in** F ⟨-; -nen⟩ penitente *m/f*
buß·fer·tig ADJ contrito, pentito **Buß·geld** N ammenda *f*, multa *f* **Buß·geld·be·scheid** M multa *f* **Buß·tag** M giorno *m* di penitenza ♦ **Buß- und Bettag** giorno di penitenza e preghiera
Büs·te F ⟨-; -n⟩ **1** KUNST busto *m* **2** (*weibliche Brust*) seno *m* **Büs·ten·hal·ter** M reggiseno *m*
Bus·tier [bʏs'tjeː] N ⟨-s; -s⟩ bustier *m inv*
Bu·tan·gas N butano *m*
But·ler ['batlɐ] M ⟨-s; -⟩ maggiordomo *m*
Butt M ⟨-[e]s; -e⟩ rombo *m*
Büt·te F ⟨-; -n⟩ (*Fass*) mastello *m*, tinozza *f*
Büt·ten·pa·pier N ⟨-[e]s⟩ carta *f* a mano
But·ter F ⟨-⟩ burro *m* **But·ter·berg** M burro *m* in eccedenza **But·ter·blu·me** F ranuncolo *m* **But·ter·brot** N pane *m* imburrato: *fig* **für** (*od* **um**) **ein ~** per un tozzo di pane **But·ter·brot·pa·pier** N carta *f* oleata **But·ter·do·se** F burriera *f* **But·ter·krem** F crema *f* al burro **But·ter·milch** F latticello *m*
but·tern **A** V/T **1** imburrare **2** *umg* **Geld in etw** (*akk*) **~** investire denaro in qc **B** V/I ⟨h.⟩ fare il burro
but·ter·weich ADJ morbido come il burro, morbidissimo
But·ton ['batn] M ⟨-s; -s⟩ **1** (*Anstecker*) distintivo *m* **2** IT pulsante *m*
But·zen·schei·be F vetro *m* a tondi
b. w. → (bitte wenden) segue
By·pass ['baipas] M ⟨-es; Bypässe⟩ MED, TECH by-pass *m inv*
Byte [bait] N ⟨-[s]; -[s]⟩ byte *m*
By·zan·ti·ner M ⟨-s; -⟩, **-in** F ⟨-; -nen⟩ bizantino *m* (-a *m*) **by·zan·ti·nisch** ADJ bizantino, di Bisanzio
bzw. → beziehungsweise

C

c, C N ⟨-; -⟩ ❶ (*Buchstabe*) c, C, ci *f/m*: **C wie Cäsar** C come Como ❷ MUS do *m*
Cache [kɛʃ] M ⟨-⟩ IT memoria *f* cache
CAD N (computer-aided design) CAD *m inv*
Cad·mi·um N ⟨-s⟩ CHEM cadmio *m*
Ca·fé [ka'fe:] N ⟨-s; -s⟩ caffè *m*, bar *m*
Ca·fe·te·ria F ⟨-; -s⟩ tavola *f* calda
Call·boy ['ko:lbɔy] M ragazzo *m* squillo
Call·cen·ter ['ko:lsɛnte] N ⟨-s; -⟩ call center *m inv*
Call·girl ['ko:lgø:el] N ⟨-s; -s⟩ ragazza *f* squillo
Cam·cor·der ['kamkɔrde] M ⟨-s; -⟩ camcorder *m inv*, videocamera *f* portatile
cam·pen ['kɛmpn] V/I ⟨h.⟩ fare campeggio, campeggiare
Cam·per M ⟨-s; -⟩, **-in** F ⟨-; -nen⟩ campeggiatore *m*, -trice *f*
cam·pie·ren V/I ⟨h.⟩ *schweiz* fare campeggio, campeggiare
Cam·ping ['kɛmpɪŋ] N ⟨-s⟩ camping *m*, campeggio *m* **Cam·ping·bus** M camper *m* **Cam·ping·ko·cher** M fornello *m* da campeggio **Cam·ping·platz** M campeggio *m*
Can·na·bis M ⟨-⟩ cannabis *f*, canapa *f* indiana
Can·yo·ning ['kɛnjənɪŋ] N ⟨-s⟩ canyoning *m inv*
Cape ['ke:p] N ⟨-s; -s⟩ cappa *f*, mantellina *f*
Cap·ri N ⟨-s⟩ Capri *f*
Car M ⟨-s; -s⟩ *schweiz* (*Reisebus*) corriera *f*
Ca·ra·van ['karavan] M ⟨-s; -s⟩ (*Wohnwagen*) caravan *m*, roulotte *f*
Car·sha·ring ['ka:eʃɛ:rɪŋ] N ⟨-[s]⟩ car sharing *m inv*
Car·toon [kar'tu:n] M/N ⟨-[s]; -s⟩ ❶ strip *f*, striscia *f* ❷ caricatura *f* ❸ cartoni *mpl* animati **Car·too·nist** M ⟨-en; -en⟩, **-in** F ⟨-; -nen⟩ ❶ disegnatore *m*, -trice *f* di fumetti ❷ caricaturista *m/f*
Car·ving ['ka:evɪŋ] N ⟨-s⟩ carving *m inv* **Car·ving·ski** M sci *m inv* (da) carving
Cä·si·um ['tsɛ:ziʊm] N ⟨-s⟩ CHEM cesio *m*
Cas·ting·show ['ka:stɪŋʃɔ:] F casting show *m*, programma *m* televisivo per la ricerca di nuove star
Ca·yenne·pfef·fer [ka'jɛn-] M pepe *m* di Caienna
CB-Funk M RADIO banda *f* cittadina (CB)
CD F ⟨-; -s⟩ cd *m*, CD *m*: **eine ~ brennen** masterizzare un CD **CD-Bren·ner** M masterizzatore *m* **CD-Play·er** [-ple:ər] M ⟨-s; -⟩ lettore *m* di compact disc **CD-Roh·ling** M CD *m* vergine
CD-ROM F ⟨-; -s⟩ IT cd rom *m*, CD-ROM *m*: **auf ~** su CD-ROM **CD-ROM-Lauf·werk** N lettore *m* CD-ROM, unità *f* CD--ROM, CD-ROM drive *m inv*
CD-Spie·ler M lettore *m* (di) CD
C-Dur N MUS do *m* maggiore
Cel·list [tʃɛ'lɪst] M ⟨-en; -en⟩, **-in** F ⟨-; -nen⟩ violoncellista *m/f*
Cel·lo ['tʃɛlo] N ⟨-s; -s *u.* Celli⟩ violoncello *m*
Cel·lo·phan® N ⟨-[e]s⟩ cellofan *m*
Cel·si·us·grad M grado *m* Celsius
Cem·ba·lo ['tʃɛmbalo] N ⟨-s; -s *u.* Cembali⟩ (clavi)cembalo *m*
Cent [sɛnt] M ⟨-[s]; -s⟩ cent *m inv*, centesimo *m*
ces, Ces N ⟨-; -⟩ MUS do *m* bemolle
Cha·let [ʃa:'le:] N ⟨-s; -s⟩ ❶ *schweiz* (*Sennhütte*) baita *f* alpina, rifugio *m* ❷ (*Landhaus*) chalet *m*
Cha·mä·le·on [ka-] N ⟨-s; -s⟩ camaleonte *m*
Cham·pag·ner [ʃam'panjər] M ⟨-s; -⟩ champagne *m*
Cham·pig·non ['ʃampɪnjɔŋ] M ⟨-s; -s⟩ prataiolo *m*, champignon *m*
Cham·pi·on ['tʃɛmpiən] M ⟨-s; -s⟩ SPORT campione *m* **Cham·pi·ons League** [-li:k] F ⟨-⟩ Champions League *f inv*
Chan·ce ['ʃã:sə] F ⟨-; -n⟩ chance *f inv*, probabilità *f*: **j-m eine ~ geben** dare una chance a qn; **seine -n stehen gut** ha (buone) probabilità di successo; *umg* **bei j-m (keine) -n haben** (non) avere chance con qn
Chan·cen·gleich·heit F parità *f* di condizioni
Chan·son [ʃã'sõ:] N ⟨-s; -s⟩ canzone *f*
Cha·os [ka-] N ⟨-⟩ caos *m*: **Ordnung in das ~ bringen** mettere ordine nel caos
Cha·ot [ka-] M ⟨-en; -en⟩, **-in** F ⟨-; -nen⟩ ❶ POL anarchico *m*, -a *f* ❷ *umg* persona *f* caotica, casinista *m/f* **cha·o·tisch** ADJ caotico
Cha·rak·ter [ka-] M ⟨-s; -e⟩ ❶ carattere

C

m; personalità *f*: **etw verdirbt den ~** qc corrompe il carattere; **ein Mann mit ~** un uomo di carattere **2** (*Mensch*) soggetto *m*: **ein übler ~** un cattivo soggetto; **ein anständiger ~** una persona perbene
Cha·rak·ter·bild N ritratto *m*, profilo *m* morale **Cha·rak·ter·dar·stel·ler** M, **-in** F THEAT caratterista *m/f* **Cha·rak·ter·ei·gen·schaft** F qualità *f* morale **Cha·rak·ter·feh·ler** M difetto *m* di carattere **cha·rak·ter·fest** ADJ (di carattere) fermo, risoluto
cha·rak·te·ri·sie·ren V/T caratterizzare
Cha·rak·te·ris·tik F ⟨-; -en⟩ ritratto *m*, profilo *m* **cha·rak·te·ris·tisch** ADJ caratteristico, particolare: **ein -es Merkmal** una caratteristica
cha·rak·ter·los ADJ & ADV senza carattere **Cha·rak·ter·rol·le** F THEAT ruolo *m* di caratterista **Cha·rak·ter·schwä·che** F debolezza *f* di carattere **Cha·rak·ter·stär·ke** F forza *f* di carattere **Cha·rak·ter·zug** M tratto *m* del carattere; caratteristica *f*
Cha·ris·ma ['ça:rɪsma] N ⟨-s; Charismen⟩ carisma *m* **cha·ris·ma·tisch** ADJ carismatico
char·mant [ʃ-] ADJ affascinante
Charme [ʃ-] M ⟨-s⟩ charme *m*, fascino *m*: **seinen ~ spielen lassen** usare il proprio fascino
Char·ta [ka-] F ⟨-; -s⟩ POL carta *f*, statuto *m*
Char·ter·flug [tʃarte-] M volo *m* charter **Char·ter·flug·zeug** N charter *m inv*
char·tern V/T FLUG, SCHIFF noleggiare
Chas·sis [ʃa'si:] N ⟨-; -⟩ AUTO telaio *m*
Chat [tʃɛt] M ⟨-s; -s⟩ IT chat *f inv* **Cha·ti·quet·te** [tʃɛtɪ'kɛtə] F ⟨-⟩ chattiquette *f inv* **Chat·pro·gramm** N programma *m* per chattare **Chat·room** [-ru:m] M ⟨-s; -s⟩ chat room *f inv* **chat·ten** V/I chattare
Chauf·feur [ʃɔ'fø:ɐ] M ⟨-s; -e⟩, **-in** F ⟨-; -nen⟩ autista *m/f*
Chau·vi ['ʃɔ:vi] M ⟨-s; -s⟩ *umg* maschilista *m*
Chau·vi·nis·mus M ⟨-; Chauvinismen⟩ sciovinismo *m*: **männlicher ~** maschilismo *m* **Chau·vi·nist** M ⟨-en; -en⟩, **-in** F ⟨-; -nen⟩ **1** POL sciovinista *m/f* **2** *pej* (*Mann*) maschilista *m*, fallocrate *m* **chau·vi·nis·tisch** ADJ *pej* **1** POL sciovinistico **2** *pej* fallocratico

che·cken [tʃɛ-] V/T **1** TECH controllare, verificare **2** *umg* capire
Check-in M ⟨-s; -s⟩ check-in *m inv* **Check-in-Schal·ter** M (banco *m* del) check-in *m inv* **Check·lis·te** F FLUG lista *f* di controllo
Chef [ʃɛf] M ⟨-s; -s⟩ **1** (*Leiter*) capo *m* **2** (*einer Firma*) principale *m*, titolare *m*
Chef·arzt M, **-ärz·tin** F primario *m*
Che·fin F ⟨-; -nen⟩ direttrice *f*: **meine ~ gibt mir keinen Urlaub** la mia capa non mi dà le vacanze
Chef·re·dak·teur [-tø:ɐ] M, **-in** F caporedattore *m*, -trice *f* **Chef·sek·re·tär** M, **-in** F segretario *m*, -a *f* di direzione
Che·mie [çe:'mi:] F ⟨-⟩ chimica *f*: **(an)organische ~** chimica (in)organica ♦ *umg* **bei denen stimmt die ~** sono in sintonia **Che·mie·fa·ser** F fibra *f* sintetica
Che·mi·ka·lie F ⟨-; -n⟩ prodotto *m* chimico
Che·mi·ker M ⟨-s; -⟩, **-in** F ⟨-; -nen⟩ chimico *m*, -a *f*
Che·mi·née ['ʃmine:] N ⟨-s; -s⟩ *schweiz* camino *m*
che·misch ADJ chimico ♦ **etw ~ reinigen lassen** far lavare a secco qc
Che·mo·tech·ni·ker M, **-in** F ingegnere *m* chimico **Che·mo·the·ra·pie** F chemioterapia *f*
Chi·co·rée [ʃiko're:] F ⟨-⟩ *u.* M ⟨-s⟩ cicoria *f*
Chiff·re ['ʃɪfrə] F ⟨-; -n⟩ cifra *f*
chiff·rie·ren V/T cifrare
Chi·le ['tʃi:le] N ⟨-s⟩ Cile *m* **Chi·le·ne** M ⟨-n; -n⟩, **-nin** F ⟨-; -nen⟩ cileno *m*, -a *f* **chi·le·nisch** ADJ cileno
Chi·na [ç-] N ⟨-s⟩ Cina *f* **Chi·na·kohl** M cavolo *m* verza
Chi·ne·se M ⟨-n; -n⟩, **-sin** F ⟨-; -nen⟩ cinese *m/f* **chi·ne·sisch** ADJ cinese
Chi·nin [ç-] N ⟨-s⟩ chinina *f*; chinino *m*
Chip [tʃɪp] M ⟨-s; -s⟩ **1** (*beim Roulette*) gettone *m*, fiche *f* **2** *pl* GASTR patatine *fpl* **3** ELEK, IT chip *m* **Chip·kar·te** F tesserino *m* elettronico, tessera *f* magnetica
Chi·ro·prak·ti·ker M ⟨-s; -⟩, **-in** F ⟨-; -nen⟩ chiropratico *m*, -a *f*
Chi·rurg M ⟨-en; -en⟩, **-in** F ⟨-; -nen⟩ chirurgo *m*
chi·rur·gisch ADJ chirurgico
Chlor [klo:ɐ] N ⟨-s⟩ cloro *m*
chlo·ren V/T **1** sterilizzare con cloro, clorare **2** CHEM clorurare

C

Chlo·rid N ⟨-s; -e⟩ cloruro *m*
Chlo·ro·form N ⟨-s⟩ CHEM cloroformio *m*
Chlo·ro·phyll N ⟨-s⟩ clorofilla *f*
Cho·le·ra [k-] F ⟨-⟩ colera *m*
cho·le·risch [k-] ADJ collerico
Cho·les·te·rin [ç-, k-] N ⟨-s⟩ colesterolo *m* **Cho·les·te·rin·spie·gel** M colesterolemia *f*
Chor [koːɐ] M ⟨-[e]s; Chöre⟩ coro *m* (*a.* ARCH) ♦ **im ~ sprechen** parlare in coro
Cho·ral M ⟨-s; Choräle⟩ corale *m*
Cho·reo·graf [k-] M ⟨-en; -en⟩ coreografo *m* **Cho·reo·gra·fie** F ⟨-; -n⟩ coreografia *f* **Cho·re·o·gra·fin** F ⟨-; -nen⟩ coreografa *f*
Chor·ge·stühl N stalli *mpl* da coro; coro *m* **Chor·kna·be** M ragazzo *m* corista **Chor·sän·ger** M, **-in** F corista *m/f*
Christ [k-] M ⟨-en; -en⟩ cristiano *m*
Christ·baum M albero *m* di Natale
Chris·ten·heit F ⟨-⟩ cristianità *f*
Chris·ten·tum N ⟨-s⟩ cristianesimo *m*
Chris·tin F ⟨-; -nen⟩ cristiana *f*
Christ·kind N Gesù *m* Bambino
christ·lich ADJ cristiano
Christ·mes·se F, **Christ·met·te** F ⟨-; -n⟩ messa *f* di mezzanotte **Christ·ro·se** F rosa *f* di Natale
Chris·tus M (*Christi*) Cristo *m*: **vor/nach Christi Geburt** avanti/dopo Cristo
Chrom [k-] N ⟨-s⟩ cromo *m*
chro·ma·tisch ADJ cromatico
Chro·mo·som N ⟨-s; -en⟩ cromosoma *m*
Chro·nik [ˈkroːnɪk] F ⟨-; -en⟩ cronaca *f*
chro·nisch ADJ cronico
Chro·no·lo·gie F ⟨-; -en⟩ cronologia *f*
chro·no·lo·gisch ADJ cronologico
Chry·san·the·me F ⟨-; -n⟩ BOT crisantemo *m*
cir·ca [ˈtsɪrka] ADV circa, pressappoco
cis, Cis N ⟨-; -⟩ MUS do *m* diesis
Ci·ty [ˈsɪti] F ⟨-; -s⟩ centro *m* (degli affari) della città; (*in London*) city *f*
clean [kliːn] ADJ *sl* pulito, disintossicato
Cle·men·ti·ne F → Klementine
cle·ver [ˈklɛvɐ] ADJ **1** (*schlau*) furbo, scaltro **2** (*wendig*) abile, bravo: **ein -er Schachzug** un'abile mossa (*a. fig*)
Cli·ché [kliˈʃeː] → Klischee
Clinch [klɪntʃ] M ⟨-[e]s⟩ *umg* **mit j-m im ~ liegen** essere ai ferri corti con qn
Cli·que [ˈklɪkə] F ⟨-; -n⟩ **1** *pej* cricca *f* **2** (*Freundeskreis*) combriccola *f*
Clou [kluː] M ⟨-s; -s⟩ *umg* clou *m* ♦ **jetzt kommt der ~ des Ganzen** adesso viene il bello
Clown [klaun] M ⟨-s; -s⟩, **-in** F ⟨-; -nen⟩ pagliaccio *m*, -a *f*
c-Moll N MUS do *m* minore
Co·cker·spa·ni·el M ⟨-[s]; -s⟩ cocker *m inv*
Cock·pit N ⟨-s; -s⟩ **1** FLUG cabina *f* di pilotaggio **2** AUTO posto *m* di guida **3** SCHIFF pozzetto *m*
Cock·tail [ˈkɔkteːl] M ⟨-s; -s⟩ cocktail *m inv* **Cock·tail·par·ty** F cocktail *m inv*, ricevimento *m* **Cock·tail·to·ma·te** F pomodorino *m* da cocktail
Code [koːt] M ⟨-s; -s⟩ IT, LING codice *m*
co·die·ren V/T codificare, cifrare
Cof·fe·in N ⟨-s⟩ caffeina *f*
Coif·feur [koaˈføːɐ] M ⟨-s; -e⟩ **Coif·feu·se** [koaˈføːzə] F ⟨-; -n⟩ *schweiz* parrucchiere *m*, -a *f*
Co·la F ⟨-; -s⟩ coca *f*
Col·la·ge [kɔˈlaːʒə] F ⟨-; -n⟩ collage *m inv*
Come-back [kamˈbɛk] N ⟨-[s]; -s⟩ ritorno *m*, rentrée *f*: **ein ~ erleben** tornare alla ribalta
Co·mic·heft N giornalino *m* a fumetti, fumetto *m* **Co·mic·strip** M ⟨-s; -s⟩ fumetto *m*
Com·pact Disc F → CD
Com·pi·ler [kɔmˈpailɐ] M ⟨-s; -⟩ IT compiler *m inv*, compilatore *m*
Com·pu·ter [kɔmˈpjuːtɐ] M ⟨-s; -⟩ computer *m* → *S. 882* **Com·pu·ter·ani·ma·ti·on** F ⟨-; -en⟩ animazione *f* al computer **Com·pu·ter·di·ag·nos·tik** F MED diagnostica *f* computerizzata **Com·pu·ter·freak** [-friːk] M ⟨-s; -s⟩ fanatico *m* del computer **com·pu·ter·ge·steu·ert** ADJ computerizzato **Com·pu·ter·gra·fik** F grafica *f* elettronica **com·pu·ter·les·bar** ADJ leggibile dal computer, leggibile dalla macchina **Com·pu·ter·netz** N rete *f* di computer **Com·pu·ter·si·mu·la·ti·on** F simulazione *f* elettronica **Com·pu·ter·spiel** N videogioco *m* **Com·pu·ter·to·mo·gra·fie** F tomografia *f* computerizzata, tac *f* **Com·pu·ter·vi·rus** M/N virus *m* (informatico), baco *m*
Con·fi·se·rie [ˈkõfizəriː] F ⟨-; -n⟩ *schweiz* **1** (*Geschäft*) pasticceria *f* **2** (*Konfekt*) dolci *mpl*
Con·tai·ner [kɔnˈteːnɐ] M ⟨-s; -⟩ **1** (*zum*

C

Rund um den Computer

abstürzen	**andare in tilt**
Alt-Taste	**l'alt** *m*
Anwendung	**l'applicazione** *f*
Arbeitsspeicher	**la memoria RAM**
bespielbar (CD); beschreibbar (CD-ROM)	**masterizzabile**
Betriebssystem	**il sistema operativo**
Bildschirm	**lo schermo del monitor**
Bildschirmschoner	**il salvaschermo**
booten	**eseguire il Reboot**
auf CD-ROM	**nel disco CD-ROM** *oder* **in CD-ROM**
(*eine CD*) brennen	**masterizzare**
CD-Rohling	**il CD masterizzabile**
CD-ROM-Laufwerk	**il CD-ROM-drive**
Datenaustausch	**la trasmissione dei dati**
Datenbank	**la banca dati**
Diskette	**il dischetto**
Diskettenlaufwerk	**il disk drive** *oder* **l'unità disco**
Drucker	**la stampante**
Enter-Taste	**l'invio** *m*
Erweiterung	**l'estensione** *f*
Escape-Taste	**l'escape** *m*
Festplatte	**l'hard disk** *m oder* **il disco rigido**
Grafikkarte	**la scheda grafica**
Großbildschirm	**il maxischermo**
Handbuch	**il manuale**
Hardware	**l'hardware**
IBM-kompatibel	**compatibile con IBM**
Icon	**l'icona** *f*
individuell	**personalizzato**
Laptop	**il laptop**
Laufwerk	**il drive**
Lautsprecher	**l'altoparlante** *m*
Lernprogramm	**l'esercitazione** *f*
Link	**il collegamento ipertestuale**
Maus	**il mouse**
Mauspad	**il tappetino per il mouse**
Modem	**il modem**
Modemanschluss	**il collegamento modem**
Notebook	**il (computer) portatile**
Passwort	**la password**
plattformunabhängig	**multipiattaforma**
Programm	**il programma**
Return-Taste	**il return**
scannen	**scannerizzare**
Schnittstelle	**l'interfaccia** *f*
Shift-Taste	**lo shift**
Sicherungskopie	**la copia di sicurezza**
Software	**il software**
Soundkarte	**la scheda audio**
Speicher(kapazität)	**la memoria**
Spracherkennung	**il riconoscimento vocale**
Strg-Taste	**il control**
Tastatur	**la tastiera**
Taste	**il tasto**
Treiber	**il driver**

▶▶

Update | l'aggiornamento *m*
(manueller) Wechsel | l'interruzione *f*
Zugriff | l'accesso *m*

Transport) container *m inv* **2** (*für Pflanzen*) fioriera *f*, cassetta *f* da *od* per fiori **3** (*für Bauschutt, Müll*) cassonetto *m*

Cont·rol·ler M ⟨-s; -⟩, **-in** F ⟨-; -nen⟩ controller *m/f inv* **Cont·rol·ling** N ⟨-s⟩ controllo *m* di gestione

Cont·rol-Tas·te F IT tasto *m* control

Coo·kie ['kʊki] N ⟨-s; -s⟩ IT cookie *m inv*

cool [ku:l] ADJ **1** freddo, calmo, cool, rilassato **2** *sl* (*riskolos*) sicuro **3** (*fantastisch*) fantastico, eccezionale

Co·pi·lot M, **-in** F copilota *m/f*

Co·py·right ['kɔpirait] N ⟨-s; -s⟩ copyright *m inv*

Co·py-shop ['kɔpiʃɔp] M ⟨-s; -s⟩ copisteria *f*

Cor·ner ['kɔ:nɐ] M ⟨-s; -⟩ SPORT **1** corner *m*, angolo *m* **2** (*beim Boxen*) angolo *m* (del ring)

Corn·flakes ['kɔ:nfle:ks] PL cornflakes *mpl*, fiocchi *mpl* di granturco

Cos·ta Ri·ca N ⟨-s⟩ Costa Rica *m/f*

Couch [kautʃ] F ⟨-; -s *u.* -en⟩ divano *m*

Cou·chette [ku'ʃɛt] F ⟨-; -n⟩ *schweiz* (*Platz*) cuccetta *f*; (*Abteil*) scompartimento *m* del vagone cuccette

Couch·gar·ni·tur F salotto *m* (divano e due poltrone) **Couch·tisch** M tavolino *m* da salotto

Count-down ['kaunt'daun] M/N ⟨-[s]; -s⟩ conto *m* alla rovescia, countdown *m*

Coup [ku:] M ⟨-s; -s⟩ colpo *m*: **einen ~ landen** fare un colpo

Cou·pon [kup'õ:] M ⟨-s; -s⟩ tagliando *m*

Cou·ra·ge [ku'ra:ʒə] F ⟨-⟩ *umg* coraggio *m*, risolutezza *f* **cou·ra·giert** ADJ coraggioso

Cou·sin [ku'zɛ̃:] M ⟨-s; -s⟩ cugino *m*

Cou·si·ne [ku'zi:nə] F ⟨-; -n⟩ cugina *f*

Co·ver ['kavɐ] N ⟨-s; -[s]⟩ cover *f*, copertina *f*

Cow·boy ['kaubɔy] M ⟨-s; -s⟩ cowboy *m inv*

Crack[1] [krɛk] M ⟨-s; -s⟩ SPORT campione *m*, asso *m*

Crack[2] [krɛk] N ⟨-s⟩ (*Rauschgift*) crack *m inv*

Crash [krɛʃ] M ⟨-s; -s⟩ **1** (*von Autos*) scontro *m* **2** WIRTSCH crac *m* **Crash·test** M crashtest *m*

Creme [kre:m] F ⟨-; -s⟩ crema *f* (*a. fig*): **die ~ der Gesellschaft** la crema della società

cre·mig ADJ cremoso

Crêpe [krɛp] M ⟨-; -s⟩ **1** GASTR crêpe *f* **2** (*Stoff*) → Krepp

Creutz·feldt-Ja·kob-Krank·heit F malattia *f* di Creutzfeldt-Jakob

Crew [kru:] F ⟨-; -s⟩ **1** SCHIFF, FLUG equipaggio *m* **2** (*Arbeitsgruppe*) équipe *f*

Crois·sant [kroa'sã:] N ⟨-s; -s⟩ cornetto *m*, croissant *m inv*

Crou·pier [kru'pie:] M ⟨-s; -s⟩ croupier *m inv*

Cup [kap] M ⟨-s; -s⟩ SPORT cup *f*, coppa *f*

Cur·ry ['kari] N/M ⟨-s⟩ curry *m inv* **Cur·ry·pul·ver** N curry *m inv* **Cur·ry·wurst** F salsiccia *f* con salsa al curry

Cur·sor ['kø:ɐze] M ⟨-s; -s⟩ IT cursore *m*

cut·ten ['katn] V/T FILM montare **Cut·ter** ['kate] M ⟨-s; -⟩, **-in** F ⟨-; -nen⟩ montatore *m*, -trice *f*

Cy·ber·ca·fé ['saibɐkafe:] N Internet cafè *m inv* **Cy·ber·geld** N moneta *f* elettronica **Cy·ber·space** ['saibɐspe:s] M ⟨-; -s⟩ ciberspazio *m*, cyberspazio *m*

D

d, D N ⟨-; -⟩ **1** (*Buchstabe*) d, D, di *f/m*: **D wie Dora** D come Domodossola **2** MUS re *m*

da **A** ADV **1** (*lokal: hier*) qui, qua: **bleib ~!** resta qua!; **~ bin ich!** sono qua! eccomi!; **~ hast du das Buch!** eccoti (qui) il libro! **2** (*dort*) là, lì: **ich wohne nicht mehr ~** non abito più là; **~ draußen/oben** là fuori/lassù; **~ drüben** (**hinüber**) di là **3** (*temporal*) allora: **von ~ an** da allora in poi **4** **was gibt's ~ zu lachen?** allora, che c'è da ridere? **5** **~ sein** esserci: **es ist keine Milch mehr ~** non c'è più latte; **alle sind ~** sono tutti presenti; **ich bin gleich wieder ~!** torno subito!; **ist Maria**

D

~ **gewesen?** è venuta Maria?; **ich bin für dich ~** puoi contare su di me **6** *umg* **~ sein** (*bei Bewusstsein*) essere in sé: **er ist geistig noch voll ~** è ancora molto lucido **B** KONJ **1** (*kausal*) siccome, visto che **2** (*temporal*) (dal momento) che: **jetzt, ~ wir fertig sind, …** ora che abbiamo finito … ♦ **~ und dort/hier und ~** qua e là; **~ haben wir es!** ecco qua! ci siamo!; **ist jemand ~?** c'è qualcuno?; **nichts ~!** no! non si fa!; **~ nimm's!** to'! prendi!; **sieh ~!** guarda!; **weg ~!** via di là!; **wer ist ~?** chi è?

da·bei ADV & PRON **1** (*nahe, daneben*) accanto, vicino: **ganz nah ~** molto vicino **2** **~ sein** esserci, essere allegato (*od* presente) **3** **~ sein, etw zu tun** essere sul punto di fare qc; **ich bin gerade ~ zu packen** sto per fare i bagagli **4** (*gleichzeitig*) contemporaneamente, intanto **5** (*damit, daran*) con questo, in questo: **ich verdiene nichts ~** non ci guadagno nulla; **es ist nichts Schlimmes ~** non c'è nulla di male ♦ **ich bin ~!** ci sto!; **es bleibt ~!** restiamo d'accordo così!; **ohne sich viel ~ zu denken** senza stare a pensarci molto; **was ist denn da schon ~?** cosa ci vuole? (*was ist schlimm daran?*) che male c'è?; **was hast du dir ~ gedacht?** che ti è saltato in mente?

da·bei·ha·ben V/T ‹*irr*› avere con sé: **sie wollten sie nicht ~** non la volevano con loro **da·bei·ste·hen** V/I ‹*irr*; h.› assistere: **er hat während der Diskussion dabeigestanden** ha assistito alla discussione

da·blei·ben V/I ‹*irr*; s.› rimaner(vi), restar(vi)

Dach N ‹-[e]s; Dächer› tetto *m* ♦ **etw unter ~ und Fach bringen** *fig* mandare in porto qc; **(k)ein ~ über dem Kopf haben** (non) avere un tetto sulla testa

Dach·an·ten·ne F antenna *f* esterna **Dach·bo·den** M soffitta *f*, solaio *m* **Dach·de·cker** M ‹-s; -›, **-in** F ‹-; -nen› copritetto (*od* -i) *m/f* **Dach·fens·ter** N abbaino *m* **Dach·gar·ten** M giardino *m* pensile **Dach·ge·päck·trä·ger** M AUTO portabagagli *m* **Dach·ge·schoss**, *österr* **Dach·ge·schoß** N mansarda *f*; (*Speicher*) soffitta *f* **Dach·kam·mer** F soffitta *f* **Dach·lu·ke** F lucernario *m* **Dach·or·ga·ni·sa·ti·on** F confederazione *f* **Dach·pap·pe** F cartone *m* catramato **Dach·rin·ne** F grondaia *f*

Dachs M ‹-es; -e› tasso *m*

Dach·stuhl M BAU orditura *f*

dach·te → denken

Dach·ter·ras·se F terrazza *f* sul tetto **Dach·ver·band** M federazione *f* centrale, confederazione *f* **Dach·woh·nung** F attico *m*, soffitta *f* (abitabile) **Dach·zie·gel** M tegola *f*

Da·ckel M ‹-s; -› bassotto *m*

da·durch ADV & PRON **1** (*lokal*) per di là (*od* di qua) **2** perciò; così: **~, dass er so jung ist, …** essendo (*od* poiché è) così giovane, …

da·für ADV & PRON **1** per questo: **ich gebe kein Geld ~ aus** non spenderò denaro per questo **2** **ich bin ~** sono a favore **3** in cambio di: **was hast du ~ bekommen?** cosa hai avuto in cambio? **4** (*stattdessen*) invece, in compenso: **heute geht es nicht, ~ aber morgen** oggi non va, domani invece sì **5** *umg* (*dagegen*) **~ gibt es kein Mittel** non c'è rimedio ♦ **~, dass er stahl, wurde er bestraft** è stato punito perché rubava; **nichts ~ können** non averne colpa; **er ist klug, aber niemand hält ihn ~** è sveglio, ma nessuno lo ritiene tale

Da·für·hal·ten N ‹-s› parere *m*, opinione *f*

da·ge·gen ADV & PRON **1** (*lokal*) lì: **stell die Bretter ~** appoggia le assi lì **2** contro, a sfavore: **~ stimmen** votare a sfavore; **ich habe nichts ~** non ho nulla in contrario **3** (*im Austausch*) in cambio **4** (*hingegen*) invece ♦ **~ sind wir machtlos** non possiamo farci niente; **es gibt kein Mittel ~** non c'è rimedio

da·ge·gen·hal·ten ‹*irr*› **A** V/I ‹h.› obiettare **B** V/T (*vergleichen*) metter(vi) a confronto

da·heim ADV a casa: **bei mir ~** a casa mia

Da·heim N ‹-s› casa *f*, focolare *m* domestico

da·her **A** ADV **1** (*lokal*) da lì: **ich komme gerade ~** vengo proprio da lì **2** *fig* (*Ursache*) da ciò **B** KONJ perciò, di conseguenza

da·her·ge·lau·fen ADJ *pej* **~ kommen** saltare fuori da chissà dove

da·hin ADV **1** (*lokal*) là, lì: **ich gehe oft ~** vado spesso là, ci vado spesso **2** (*in Richtung*) in quella direzione **3** in tal senso: **sie haben sich ~ (gehend) geäußert** si sono espressi in tal senso ♦ **bis ~** fin là;

(*temporal*) fino ad allora; (*innerhalb einer Frist*) entro allora; **j-n ~ bringen, dass ...** indurre qn a ...; **~ sein** essere svanito, essere finito; **sein Vertrauen ist ~** la sua fiducia è svanita; **dein guter Ruf ist endgültig ~** il tuo buon nome è definitivamente compromesso

da·hin·ge·hen VI ⟨*irr; s.*⟩ passare (*a. fig*): **so gingen die Tage dahin** così passavano i giorni **da·hin·ge·stellt** PPERF **~ sein** (*od* **bleiben**) essere (*od* rimanere) in sospeso; **etw ~ sein lassen** lasciare qc in sospeso

da·hin·ten ADV là dietro

da·hin·ter ADV & PRON (la) dietro **da·hin·ter·klem·men** V/R *umg* **sich ~** darsi da fare **da·hin·ter·kom·men** VI ⟨*irr; s.*⟩ *umg* scoprire; (*erfassen*) capire **da·hin·ter·ste·cken** VI ⟨h.⟩ esserci dietro (*od* sotto): **wer steckt dahinter?** chi c'è dietro (a questa faccenda)?; **es steckt nicht viel dahinter** non c'è sotto nulla **da·hin·ter·ste·hen** VI ⟨*irr; h.*⟩ (*befürworten*) sostenere: **die Arbeit, die dahintersteht, ist enorm** è enorme il lavoro che ci sta dietro

Dah·lie F ⟨-; -n⟩ dalia *f*

Dak·ty·lo F ⟨-; -s⟩ *schweiz* dattilografa *f*

da·las·sen VT ⟨*irr*⟩ lasciare là (*od* qua)

da·lie·gen VI ⟨*irr; h.*⟩ essere disteso là (*od* qua)

dal·li ADV *umg* in fretta: **~!** forza! dai!

Dal·ma·ti·ner M ⟨-s; -⟩ (*Hund*) dalmata *m*

da·ma·lig ADJ di allora: **in der -en Zeit** a quei tempi **da·mals** ADV allora

Da·mast M ⟨-[e]s; -e⟩ (*Stoff*) damasco *m*

Da·me F ⟨-; -n⟩ **1** signora *f*: **meine -n und Herren!** signore e signori!; **die ~ des Hauses** la padrona di casa **2** (*Spiel*) donna *f* **3** (*Brettspiel*) dama *f*: **~ spielen** giocare a dama **Da·me·brett** N damiere *m*

Da·men·be·kannt·schaft F amicizia *f* femminile **Da·men·bin·de** F assorbente *m* **Da·men·dop·pel** N SPORT doppio *m* femminile **Da·men·ein·zel** N SPORT singolo *m* femminile **da·men·haft** ADJ **1** da signora **2** femminile **Da·men·mann·schaft** F squadra *f* femminile **Da·men·mo·de** F moda *f* per signora **Da·men·toi·let·te** F (*WC*) toilette *f* delle signore **Da·men·wahl** F scelta *f* del cavaliere (da parte della donna)

Da·me·spiel N (gioco *m* della) dama *f*

da·mit **A** ADV & PRON **1** con questo: **~ ist alles gesagt** con questo si è detto tutto; **was soll ich ~?** che me ne faccio? **2** (*somit*) dunque, quindi **B** KONJ affinché, perché: **ich sage es, ~ alle die Wahrheit kennen** lo dico perché tutti conoscano la verità ♦ **her ~!** da' qua!; **heraus ~!** avanti, parla!; **hör auf ~!** basta! smettila!; **wie steht es ~?** come va la faccenda?

däm·lich ADJ stupido; (*ungeschickt*) goffo

Damm M ⟨-[e]s; Dämme⟩ **1** terrapieno *m*; argine *m*, diga *f* (*a. fig*) **2** ANAT perineo *m* ♦ *umg* **nicht auf dem ~ sein** non essere in buona salute

däm·men VT **1** arginare (*a. fig*) **2** TECH isolare

Däm·mer·licht N **1** (*abends*) luce *f* del crepuscolo **2** (*Halbdunkel*) (luce *f* di) penombra *f*

däm·mern VI ⟨h.⟩ **1** *unpers* **es dämmert** (*abends*) imbrunisce, si fa sera; (*morgens*) si fa giorno **2** *umg* chiarirsi: **jetzt dämmert es** (**bei**) **mir** ora comincio a capire **3** (*im Halbschlaf*) essere nel dormiveglia, dormicchiare ♦ **vor sich hin ~** essere assopito (*od* trasognato)

Däm·me·rung F ⟨-; -en⟩ **1** crepuscolo *m*: **die ~ bricht an** cala il crepuscolo **2** (*Halbdunkel*) penombra *f*

dämm·rig ADJ **1** crepuscolare **2** (*halbdunkel*) semibuio, in penombra ♦ **es wird schon ~** si fa già giorno; (*am Abend*) si fa già notte

Däm·mung F ⟨-; -en⟩ isolamento *m*

Dä·mon M ⟨-s; -en⟩ demone *m* **dä·mo·nisch** ADJ demoniaco; (*teuflisch*) diabolico

Dampf M ⟨-[e]s; Dämpfe⟩ vapore *m* ♦ **~ ablassen** sfogarsi; **j-m ~ machen** mettere fretta a qn

Dampf·an·trieb M trazione *f* a vapore **Dampf·bad** N bagno *m* turco **Dampf·bü·gel·ei·sen** N ferro *m* da stiro a vapore

damp·fen VI ⟨h.⟩ esalare vapore, *umg* fumare: **der Tee dampft noch** il tè fuma ancora

dämp·fen VT **1** GASTR cuocere a vapore **2** (*Kleidung*) stirare a vapore **3** (*Schall*) smorzare; (*Aufprall*) attutire **4** (*ernüchtern*) mitigare: **j-s Begeisterung ~** frenare l'entusiasmo di qn

D

Damp·fer M ⟨-s; -⟩ piroscafo *m*, vapore *m*

Dämp·fer M ⟨-s; -⟩ MUS sordina *f* ♦ **j-m/etw einen ~ aufsetzen** (*od* **geben**) porre un freno a qn/qc; **einen ~ bekommen** prendersi una doccia fredda

Dampf·hei·zung F riscaldamento *m* a vapore **Dampf·koch·topf** M pentola *f* a pressione **Dampf·kraft** F forza *f* (motrice) del vapore **Dampf·ma·schi·ne** F macchina *f* a vapore **Dampf·wal·ze** F rullo *m* compressore a vapore

Dam·wild N daini *mpl*

da·nach ADV & PRON **1** dopo, poi: **erst er, ~ du** prima lui, poi tu; **gleich/lange ~** subito dopo/molto tempo dopo **2** **ich habe nicht ~ gefragt** (questo) non l'ho chiesto; **er war verrückt ~** ne andava pazzo; **das Verlangen ~** il desiderio di ciò **3** adatto, conforme (a questo), tale: **die Zeiten sind nicht ~** non è il momento adatto; **er sieht nicht ~ aus** non ne ha l'aria (*od* l'aspetto) ♦ **mir ist nicht ~** non ne ho voglia

Dä·ne M ⟨-n; -n⟩ danese *m*

da·ne·ben ADV & PRON **1** accanto, vicino (a ciò), lì vicino: **das Gebäude ~** l'edificio accanto **2** a (*od* in) confronto: **seine Arbeit war perfekt, ~ schien die der anderen unzureichend** il suo lavoro era perfetto, in confronto quello degli alti sembrava insufficiente **3** (*außerdem*) e in più **4** *umg* **~ sein** essere fuori fase; *umg* essere proprio fuori **5** *umg* **~ sein** (*von Dingen*) essere un disastro

da·ne·ben·be·neh·men V/R ⟨*irr*⟩ **sich ~** *umg* comportarsi male **da·ne·ben·ge·hen** V/I ⟨*irr; s.*⟩ **1** (*Schuss*) mancare il segno **2** *umg fig* (*misslingen*) fallire **da·ne·ben·grei·fen** V/I ⟨*irr; h.*⟩ mancare la presa (*od* il segno) (*a. fig*): **der Ball war erreichbar, er griff aber daneben** la palla era raggiungibile, ma lui mancò la presa; *umg* **bei seinen Vermutungen greift er ständig daneben** con le sue supposizioni non va mai a segno

Dä·ne·mark N ⟨-s⟩ Danimarca *f* **Dä·nin** F ⟨-; -nen⟩ danese *f* **dä·nisch** ADJ danese

dank PRÄP (*+gen u. dat*) grazie a, a causa di

Dank M ⟨-[e]s⟩ gratitudine *f*, ringraziamento *m*: **j-m seinen ~ aussprechen** esprimere a qn la propria gratitudine; **j-m ~ schulden** dovere riconoscenza a qn ♦ **als** (*od* **zum**) **~ dafür, dass …** per riconoscenza del fatto che …; **herzlichen ~** grazie di cuore; **schönen** (*od* **tausend**) **~** grazie mille; **vielen ~** molte grazie

dank·bar ADJ **1** grato: **ich wäre Ihnen sehr ~, wenn …** Le sarei molto grato se …; **j-m ~ für etw sein** essere grato a qn per qc **2** (*befriedigend*) appagante, che dà soddisfazione **3** *umg* (*Material*) resistente, robusto **Dank·bar·keit** F ⟨-; -en⟩ gratitudine *f*, riconoscenza *f*: **etw aus ~ tun** fare qc per gratitudine

dan·ke INT grazie: **~ gleichfalls!** grazie, altrettanto!; **~ schön! ~ sehr!** molte grazie!; **nein ~** no, grazie

Danke!

Danke!	**Grazie!**
Vielen Dank!	**Molte grazie!**
Tausend Dank!	**Grazie mille!**
Ich danke dir! Ich danke Ihnen!	**Ti ringrazio!** **La ringrazio!**
Bitte!	**Prego!**
Keine Ursache! (*du*) (*Sie*)	 **Ma figurati!,** **Ma si figuri!**
Nichts zu danken!	**Di niente!** *oder* **Non c'è di che!**

dan·ken **A** V/I ⟨h.⟩ **j-m für etw ~** ringraziare qn di qc **B** V/T **1** *fig* ringraziare: **niemand wird dir deine Arbeit ~** nessuno ti ripagherà del tuo lavoro **2** (*verdanken*) **j-m etw ~** dovere qc a qn ♦ **nichts zu ~!** non c'è di che!

dan·kens·wert ADJ degno di riconoscenza

Dan·kes·wort N ⟨-[e]s; -e⟩ parola *f* di ringraziamento

Dank·sa·gung F ⟨-; -en⟩ ringraziamento *m* (scritto)

dann ADV **1** (*danach*) poi, dopo: **was machen wir ~?** e poi, che facciamo?; **noch eine Stunde, ~ sind wir da** ancora un'ora, e poi siamo arrivati **2** (*in diesem Fall*) in questo caso, allora **3** (*außerdem*) poi, inoltre ♦ **bis ~!** a dopo!; **~ und wann** a volte; **erst ~, wenn …** non prima che …

da·ran ADV & PRON **1** (*lokal*) ci, vi, ne: **stell es dicht ~** metticelo bene attaccato; **kleb bitte nichts ~** per favore non attaccarci

 **da(r)...**

Im Italienischen gibt es keine direkte Entsprechung der Pronomen, die im Deutschen mit **da...** (damit, davon usw.) bzw. **dar...** (darüber, daran usw.) anfangen. Man kann dafür folgende Strukturen verwenden:

1. In der Bedeutung **dort, dorthin** kann man **da**(**r**).. mit **lì** + Präposition bzw. Adverb oder mit **ci** übertragen:

Da ist ein Stuhl.	**Ecco una sedia.**
Ein Kind sitzt darauf.	**Un bambino è seduto lì sopra.** *oder* **Un bambino ci è seduto sopra.**
Ich gehe dahin.	**Ci vado.**

2. Wenn **da**(**r**)... etwas Bekanntes ersetzt, so übersetzt man das mit der vom Verb verlangten Präposition + **ciò** *oder* **questo:**

Kümmere dich nicht darum.	**Non occuparti di ciò/di questo.**

3. Man kann **da**(**r**)... mit **ci** bzw. **ne** übersetzten. In der Regel ersetzt **ci** Angaben, die im Italienischen mit **a** ... anfangen, und **ne** Angaben, die mit **di** ... anfangen:

Denkst du daran?	**Ci pensi?** (z. B. **alla ragazza**)
Ich freue mich darüber.	**Me ne rallegro.** (z. B. **della bella notizia**)

→ **ci**; → **ne**

niente **2** ~ **denken/arbeiten** pensarci/lavorarci; **ich erkenne ihn ~, dass ...** lo riconosco perchè ...; ~ **schuld sein** averne colpa **3** a causa di ciò, ne: ~ **sterben** morirne ♦ **komm nicht ~!** non toccare!; **es liegt mir** (**viel**) ~ ci tengo (molto), m'importa (molto); **es liegt mir nichts** ~ non ci tengo, non m'importa; **nahe ~ sein, etw zu tun** essere sul punto di fare qc; **er tut gut ~ abzufahren** fa bene a partire; **es ist etwas Wahres ~** in questo c'è qualcosa di vero

da·ran·ge·hen V/I ⟨*irr*; s.⟩ accingersi: **~, etw zu tun** mettersi a fare qc **da·ran·set·zen** **A** V/T impiegare: **alles ~, zu ...** mettercela tutta per ... **B** V/R **sich ~** *umg* mettersi sotto

da·rauf ADV & PRON **1** (*lokal*) sopra (questo) **2** (*temporal*) dopo, poi: **am Tage ~** il giorno dopo; **bald ~** poco dopo; **~ sagte er** poi disse; **~ folgend** seguente **3** ~ **wollen wir anstoßen** a questo vogliamo brindare; ~ **bestehen** insistere; ~ **wetten** scommetterci; **Lust ~ haben** averne voglia; **stolz ~ sein** esserne fiero **4** (*infolgedessen*) in seguito a ciò, perciò ♦ *umg* **nur ~ aus sein, ...** mirare solo a ...; **wie kommst du ~?** come ti viene quest'idea?; **~ steht Gefängnis** per questo c'è la prigione

da·rauf·hin ADV & PRON **1** (*deshalb*) in seguito a ciò, quindi **2** per questo fine: **etw ~ untersuchen, ob ...** esaminare qc per vedere se ...

da·raus ADV & PRON da questo, ne: **man kann Medizin ~ gewinnen** se ne può ricavare un medicinale; **~ folgt, dass ...** ne consegue che ... ♦ **mach dir nichts ~!** non ti preoccupare! non prendertela!; **was soll ~ werden?** come andrà a finire?; **es ist nichts ~ geworden** non se n'è fatto nulla

dar·bie·ten ⟨*irr*⟩ **A** V/T **1** (*aufführen*) presentare **2** (*anbieten*) offrire **B** V/R **sich ~** presentarsi, offrirsi **Dar·bie·tung** F ⟨-; -en⟩ **1** presentazione *f* **2** (*Vorführung*) spettacolo *m*, rappresentazione *f*

da·rin ADV & PRON **1** in questo, dentro, ci, vi: **ein Geldbeutel mit wenig Geld ~** un borsellino con poco denaro dentro **2** **der Unterschied liegt ~, dass ...** la differenza consiste nel fatto che ...; **~ stimmen wir überein** su questo punto siamo d'accordo; **~ bewandert sein** essere esperto

dar·le·gen V/T esporre, spiegare **Dar·le·gung** F ⟨-; -en⟩ esposizione *f*, spiegazione *f*

Dar·le·hen N ⟨-s; -⟩ mutuo *m*, prestito *m*

Dar·le·hens·ge·ber M, **-in** F mutuante *m/f* **Dar·le·hens·neh·mer** M, **-in** F mutuatario *m*, -a *f*

Darm M ⟨-[e]s; Därme⟩ intestino *m*, *umg* budella *fpl* **Darm·flo·ra** F flora *f* intestinale **Darm·krebs** M tumore *m*

D

intestinale **Darm·sai·te** F MUS corda *f* di budello **Darm·träg·heit** F stitichezza *f* **Darm·ver·schlin·gung** F ⟨-; -en⟩ volvolo *m* **Darm·ver·schluss** M ostruzione *f* intestinale

dar·stel·len **A** V/T **1** (rap)presentare **2** THEAT interpretare **3** (*beschreiben*) descrivere **4** (*bedeuten*) significare **B** V/R **sich ~** **1** presentarsi **2** (*Eindruck erwecken wollen*) suscitare l'impressione (di), voler far credere (di): **sich als Opfer ~** fare la vittima **dar·stel·lend** ADJ ♦ **-e Geometrie** geometria descrittiva; **-e Kunst** arte figurativa **Dar·stel·ler** M ⟨-s; -⟩, **-in** F ⟨-; -nen⟩ THEAT interprete *m/f* **dar·stel·le·risch** ADJ interpretativo **Dar·stel·lung** F **1** rappresentazione *f* **2** THEAT interpretazione *f* **3** (*Beschreibung*) descrizione *f*

da·rü·ber ADV & PRON **1** sopra (questo): **er wohnt im Zimmer ~** abita nella stanza di sopra **2** (*mehr*) oltre, (di) più: **es kostet 20 Euro oder etwas ~** costa 20 euro o poco più **3** **froh ~ sein** esserne contento; **es besteht kein Zweifel ~** non c'è alcun dubbio (a tale proposito) **4** (*währenddessen*) intanto: **sie war ~ eingeschlafen** nel frattempo si era addormentata **5** perciò, per questo: **ich war so aufgeregt, dass ich ~ vergaß, …** ero così eccitato che (per questo) mi sono dimenticato di … ♦ **~ hinaus** inoltre **da·rü·ber·fah·ren** V/I ⟨*irr*; s.⟩ passarci sopra **da·rü·ber·ste·hen** V/I ⟨*irr*; h.⟩ essere superiore (a ciò)

da·rum ADV & PRON **1** intorno (a questo): **ein Arm mit einer Binde ~** un braccio con una fasciatura (intorno) **2** **~ geht es ja gerade!** si tratta proprio di questo!; **ich bitte dich ~** te ne prego **3** ['da:rum] perciò, per questo: **ach, ~ …!** ah, per questo …! ♦ **warum hast du es getan? ~!** perché l'hai fatto? perché sì!

da·run·ter ADV & PRON **1** sotto (questo): **in der Wohnung ~ wohnt die Tante** nell'appartamento (di) sotto abita la zia **2** **~ leiden** soffrirne; **was versteht man ~?** cosa vuol dire?; **~ kann ich mir nichts vorstellen** non riesco proprio a immaginarmelo **3** (*unter dieser Grenze*) (di) meno: **100 Euro, ~ tu ich's nicht** 100 euro, non lo faccio per meno **4** tra cui: **viele Personen, ~ auch Kinder** molte persone, tra cui anche bambini **da·run·ter·blei·ben** V/I ⟨*irr*; s.⟩ restare al di sotto **da·run·ter·fal·len** V/I ⟨*irr*; s.⟩ rientrarci, farne parte **da·run·ter·lie·gen** V/I ⟨*irr*; h.⟩ essere al di sotto

das **A** ART BEST N → der **B** DEM PR **1** questo, questa, quello, quella: **~ sind meine Brüder** questi sono i miei fratelli **2** (*diese Sache*) ciò: **~ ist wahr** (ciò *od* questo) è vero

Da·sein N ⟨-s⟩ **1** esistenza *f* **2** presenza *f*: **sein ständiges ~ nervt mich** la sua continua presenza mi dà sui nervi **Da·seins·be·rech·ti·gung** F ragion *f* d'essere

da·sit·zen V/I ⟨*irr*; h.⟩ **1** starsene là seduto **2** *fig umg* essere, trovarsi

das·je·ni·ge → derjenige

dass KONJ **1** che: **ich weiß, ~ es wahr ist** so che è vero; **es sind schon drei Jahre, ~ …** sono tre anni che …; **das liegt daran, ~ …** dipende dal fatto che …; **gesetzt den Fall, ~** posto il caso che **2** perché; affinché: **lauf, ~ du nicht zu spät kommst** corri, così non arrivi tardi ♦ **es sei denn, ~** a meno che; **nicht ~ ich wüsste** non che io sappia; **ohne ~** senza che; **so ~** così (che), in modo che

das·sel·be → derselbe

da·ste·hen V/I ⟨*irr*; h.⟩ **1** stare là, starsene là **2** *fig* trovarsi: **mittellos ~** essere privo di mezzi; **er steht jetzt glänzend da** ora gli va a meravi[illegible] ♦ **dumm ~** rimanere como uno scem[illegible] **[illegible]e stehe ich denn jetzt (vor ihr) da!** ch[illegible]a ci faccio (con lei)?

DAT N ⟨-; -s⟩ DAT *f inv* audiocass[illegible]digitale

Da·tei F ⟨-; -en⟩ IT file *m*, archivio *m*: **[illegible]ne ~ anlegen** creare un file; **~ öffnen** (*Befehl*) apri il file; **~ schließen** (*Befehl*) chiudi il file **Da·tei·att·ri·but** N attributo *m* del file **Da·tei·en·dung** F estensione *f* del file

Da·tei·en·ver·zeich·nis N lista *f* dei file

Da·tei·er·wei·te·rung F estensione *f* del file **Da·tei·ma·na·ger** M file manager *m inv* **Da·tei·na·me** M nome *m* del file **Da·tei·ver·wal·tungs·pro·gramm** N programma *m* per la gestione dei file

Da·ten PL dati *mpl* **Da·ten·aus·tausch** M scambio *m* (di) dati **Da·ten·au·to·bahn** F autostrada *f* informatica **Da·ten·bank** F ⟨-; -en⟩ banca *f* dati **Da·ten·bank·ad·mi·nis·tra-**

tor M ⟨-s; -⟩, **-in** F ⟨-; -nen⟩ amministratore *m*, -trice *f* del database, data base administrator *m/f inv* **Da·ten·be·stand** M base *f* dati **Da·ten·er·fas·sung** F raccolta *f* dati **Da·ten·fern·über·tra·gung** F teletrasmissione *f* di dati **Da·ten·fern·ver·ar·bei·tung** F teleprocessing *m*, teleelaborazione *f* **Da·ten·hand·schuh** M guanto *m* dati **Da·ten·klau** M ⟨-s⟩ *umg* furto *m* di dati **Da·ten·kom·pri·mie·rung** F compressione *f* dati **Da·ten·miss·brauch** M trattamento *m* illecito di dati **Da·ten·müll** M *umg* spazzatura *f* informatica **Da·ten·pool** M pool *m inv* di dati **Da·ten·schrott** M *umg* file *mpl* illeggibili **Da·ten·schutz** M JUR protezione *f* dei dati **Da·ten·schutz·be·auf·trag·te** M/F ⟨-n; -n⟩ incaricato *m*, -a *f* della protezione dei dati **Da·ten·si·cher·heit** F sicurezza *f* dati **Da·ten·trä·ger** M supporto *m* (dati) **Da·ten·über·tra·gung** F trasmissione *f* dei dati **Da·ten·über·tra·gungs·ra·te** F velocità *f* di trasmissione dati, baud rate *f inv* **Da·ten·ver·ar·bei·tung** F elaborazione *f* dati: **elektronische ~** elaborazione *f* elettronica dei dati **Da·ten·ver·wal·tung** F gestione *f* (dei) dati

da·tie·ren **A** VT datare: **einen Brief (auf den 2. Mai) ~** datare una lettera (2 maggio) **B** VI ⟨h.⟩ **1** risalire: **aus dem 16. Jahrhundert ~** risalire al XVI secolo **2** **der Brief datiert vom 10. Dezember** la lettera è del 10 dicembre

Da·tiv M ⟨-s; -e⟩ dativo *m*

Dat·scha F ⟨-; Datschen⟩ dacia *f*

Dat·tel F ⟨-; -n⟩ dattero *m* **Dat·tel·pal·me** F dattero *m* **Dat·tel·wein** M vino *m* di datteri

Da·tum N ⟨-s; Daten⟩ data *f*: **welches ~ haben wir heute?** che giorno è oggi?; **neueren -s** recente

Dau·er F ⟨-⟩ durata *f*, periodo *m* ♦ **auf (die) ~** a lungo andare; **eine Stelle/Lösung auf ~** un posto a tempo indeterminato/una soluzione durevole; **von kurzer ~** di breve durata

Dau·er·ar·beits·lo·sig·keit F disoccupazione *f* a lungo termine **Dau·er·auf·trag** M FIN ordine *m* permanente (di pagamento) **Dau·er·be·las·tung** F carico *m* permanente **Dau·er·bren·ner** M *umg* classico *m* **Dau·er·gast** M ospite *m/f*, cliente *m/f* fisso (-a) **dau·er·haft** ADJ **1** duraturo, solido **2** (*Material*) resistente; (*Farbe*) inalterabile **Dau·er·haf·tig·keit** F ⟨-; -en⟩ durevolezza *f* **Dau·er·kar·te** F tessera *f*, abbonamento *m* **Dau·er·lauf** M corsa *f* di resistenza

dau·ern VI ⟨h.⟩ durare ♦ **es hat lange gedauert, bis …** c'è voluto molto tempo prima che …; **ein Weilchen wird es noch ~** ci vorrà ancora un momentino

dau·ernd **A** ADJ continuo **B** ADV di continuo

Dau·er·wel·le F permanente *f* **Dau·er·wurst** F salame *m* stagionato **Dau·er·zu·stand** M stato *m* permanente

Dau·men M ⟨-s; -⟩ pollice *m*: **am ~ lutschen** succhiarsi il pollice ♦ **ich drück' dir die ~** in bocca al lupo

Daumen drücken

Italiener drücken nicht die Daumen, um Glück zu wünschen bzw. zu haben, sondern sie kreuzen Zeige- und Mittelfinger.

Dau·ne F ⟨-; -n⟩ piuma *f*

Dau·nen·de·cke F piumino *m* **Dau·nen·ja·cke** F piumino *m*

da·von ADV & PRON **1** (*lokal*) di (*od* da) lì (*od* là): **da ist das Haus, 2 km ~ liegt ein See** là c'è la casa, a 2 km (da lì) c'è un lago **2** **etw ~ wissen** saperne qc; **~ geheilt sein** esserne guarito **3** (*dadurch*) a causa di ciò, per ciò: **das kommt ~, dass …** ecco quel che succede se … **4** di questo, di ciò, ne: **~ kann man nicht leben** non si può vivere di questo ♦ **genug ~!** basta così!; **etw ~ haben** averne vantaggio; **~ hast du doch nichts** non te ne viene nulla; **das hast du ~!** guarda che cosa hai combinato!

da·von·ge·hen VI ⟨*irr*; s.⟩ andarsene

da·von·kom·men VI ⟨*irr*; s.⟩ salvarsi: **glimpflich ~** cavarsela a buon mercato; **mit dem Schrecken ~** cavarsela con un bello spavento **da·von·lau·fen** VI ⟨*irr*; s.⟩ **1** correre via **2** (*verlassen*) lasciare **3** (*unkontrollierbar werden*) sfuggire al controllo ♦ **es ist zum Davonlaufen** è una disperazione **da·von·ma·chen** VR **sich ~** *umg* svignarsela **da·von·steh·len** VR ⟨*irr*⟩ **sich ~** andarsene quatto quatto **da·von·tra·gen** VT ⟨*irr*⟩ **1** portare via (di lì) **2** (*den Sieg*) riportare; (*Schaden*) riportarne

D

da·vor ADV & PRON **1** (*lokal*) davanti (a questo) **2** (*temporal*) prima (di ciò): **~ war er Verkäufer** prima era commesso **3** **hüte dich ~** guardatene; **er hat Angst ~, entdeckt zu werden** ha paura di essere scoperto **da·vor·ste·hen** V/I ⟨*irr*; h.⟩ **1** (*lokal*) star(ci) davanti **2** (*zeitlich*) **sie hat die Prüfung noch nicht gemacht, aber sie steht kurz davor** non ha ancora dato l'esame, ma c'è vicina **da·vor·stel·len** V/R metter(ci)si davanti

DAX [daks] M ⟨-⟩ = *indice azionario tedesco*

da·zu ADV & PRON **1** in più, inoltre: **schön und ~ reich sein** essere bello e in più ricco; **~ kommt, dass …** a ciò si aggiunge che …; **noch ~** per di più **2** per questo: **~ braucht man Geld** per questo ci vogliono soldi; **er ist ~ da** è qui per questo **3** **~ habe ich keine Lust** non ne ho voglia; **sich ~ äußern** esprimersi al riguardo; **du eignest dich nicht ~** non sei fatto per questo; **endlich komme ich ~, zu …** finalmente riesco a …; **~ gehört, …** ci vuole …; **was sagen Sie ~?** cosa ne dice?; **wie kommt er ~?** come gli viene in mente? come si permette?; **~ bereit sein** essere pronto (a ciò) **da·zu·ge·hö·ren** V/T appartenere a, farne parte **da·zu·ge·hö·rig** ADJ relativo **da·zu·kom·men** V/I ⟨*irr*; s.⟩ **1** sopraggiungere **2** (*zugefügt werden*) aggiungersi **da·zu·tun** V/T ⟨*irr*⟩ aggiungere **Da·zu·tun** N ⟨-s⟩ **ohne j-s ~** senza l'intervento di nessuno

da·zwi·schen ADV & PRON **1** (là) in mezzo, tra questi **2** (*zwischendurch*) nel frattempo **da·zwi·schen·fah·ren** V/I ⟨*irr*; s.⟩ intervenire: **bei einer Diskussion ~** intromettersi bruscamente in una discussione **da·zwi·schen·kom·men** V/I ⟨*irr*; s.⟩ capitare improvvisamente, sopravvenire: **wenn nichts dazwischenkommt** salvo imprevisti **da·zwi·schen·re·den** V/I ⟨h.⟩ intromettersi (nel discorso) **da·zwi·schen·tre·ten** V/I ⟨*irr*; s.⟩ intervenire

D-Dur N MUS re *m* maggiore

de·ak·ti·vie·ren V/T IT disattivare; (*als Befehl*) disattiva

Deal [di:l] M ⟨-s; -s⟩ *sl* affare *m*, deal *m inv*

dea·len V/I ⟨h.⟩ spacciare (droga) **Dea·ler** M ⟨-s; -⟩, **-in** F ⟨-; -nen⟩ **1** spacciatore *m*, -trice *f* (di droga) **2** WIRTSCH operatore *m*, -trice *f* di borsa

De·bat·te F ⟨-; -n⟩ discussione *f*, dibattito *m*: **etw steht zur ~** qc è in discussione **de·bat·tie·ren** V/I ⟨h.⟩ **über etw** (*akk*) **~** discutere di (*od* su) qc

De·bet ['de:bɛt] N ⟨-s; -s⟩ WIRTSCH **1** (ad)debito *m* **2** (*Soll*) dare *m*

de·bil ADJ debole di mente

de·bug·gen [di'bagən] V/T IT fare il debugging di

De·büt [de'by:] N ⟨-s; -s⟩ debutto *m*, esordio *m*: **sein ~ geben** (*od* **liefern**) esordire

De·bü·tant M ⟨-en; -en⟩, **-in** F ⟨-; -nen⟩ esordiente *m/f*

Deck N ⟨-[e]s; -s⟩ SCHIFF ponte *m*, coperta *f*: **alle Mann an ~!** equipaggio in coperta!; **auf** (*od* **an**) **~/unter ~** in/sotto coperta

Deck·ad·res·se F indirizzo *m* di copertura **Deck·bett** N piumino *m* **Deck·blatt** N **1** BOT brattea *f* **2** (*von Zigarren*) foglia *f* esterna **3** (*Verlag*) addenda *mpl* **4** (*Titelblatt*) frontespizio *m*

De·cke F ⟨-; -n⟩ **1** coperta *f* **2** (*Tischtuch*) tovaglia *f* **3** (*Zimmerdecke*) soffitto *m* **4** *fig* manto *m* **5** (*von Reifen*) copertone *m* ♦ **an die ~ gehen** andare su tutte le furie; **mir fällt die ~ auf den Kopf!** qui dentro mi sento in gabbia!; **mit j-m unter einer ~ stecken** essere in combutta con qn; **sich nach der ~ strecken** fare il passo secondo la gamba

De·ckel M ⟨-s; -⟩ **1** coperchio *m* **2** (*Verlag*) piatto *m* ♦ *umg* **j-m eins auf den ~ geben** dare una strigliata a qn, fare una lavata di capo a qn

de·cken **A** V/T **1** coprire (*a. fig*): **das Dach ~** coprire il tetto; **den Bedarf ~** coprire il fabbisogno; **einen Komplizen ~** coprire un complice; **j-m den Rücken ~** coprire le spalle a qn **2** **den Tisch ~** apparecchiare la tavola **3** SPORT marcare **4** ZOOL montare; (*Tierzucht*) inseminare **B** V/R **1** **sich gegen einen Angriff ~** difendersi da un attacco **2** (*übereinstimmen*) coincidere **3** MATH essere congruenti

De·cken·ge·mäl·de N soffitto *m* dipinto, affresco *m* **De·cken·lam·pe** F lampada *f* da soffitto

Deck·far·be F colore *m* coprente

Deck·hengst M stallone *m* **Deck·man·tel** M *fig* pretesto *m*: **unter dem ~ der christlichen Nächstenliebe** con il pretesto della carità cristiana **Deck-**

na·me M 1 pseudonimo *m*, nome *m* fittizio 2 MIL nome *m* in codice (*od* convenzionale)

De·ckung F ⟨-; -en⟩ 1 copertura *f* (*a. fig*): **eine ~ aus Stroh** una copertura di paglia; WIRTSCH **mangelnde ~** mancanza di copertura; **als** (*od* **zur**) **~ von etw** come copertura di qc 2 (*geschützter Ort*) riparo *m*: **in ~ bleiben/gehen** restare/mettersi al coperto; **~ bieten** offrire riparo; **alle Mann in ~!** tutti al coperto! 3 MIL (*Feuerschutz*) **j-m ~ geben** coprire qn

de·ckungs·gleich ADJ 1 GEOM congruente 2 (*Ansichten*) concordante **De·ckungs·sum·me** F somma *f* coperta **De·ckungs·zu·sa·ge** F (*von Versicherung*) conferma *f* di copertura

De·co·der M ⟨-s; -⟩ decodificatore *m*, decoder *m inv*

De·fä·tis·mus M ⟨-⟩ disfattismo *m*

de·fä·tis·tisch ADJ disfattista

de·fekt ADJ 1 (*fehlerhaft*) difettoso 2 (*beschädigt*) guasto, rotto **De·fekt** M ⟨-[e]s; -e⟩ 1 (*Fehler*) difetto *m* 2 (*Schaden*) guasto *m* 3 MED infermità *f*, handicap *m*

de·fen·siv A ADJ 1 difensivo, di difesa 2 (*auf Sicherheit bedacht*) prudente: **-e Fahrweise** una guida prudente B ADV sulla difensiva: **sich ~ verhalten** tenersi sulla difensiva **De·fen·si·ve** F ⟨-; -n⟩ difensiva *f*: **in der ~ sein** stare sulla difensiva; **j-n in die ~ drängen** costringere qn alla difensiva

de·fi·nier·bar ADJ definibile

de·fi·nie·ren A V/T 1 (*bestimmen*) definire, determinare 2 (*erklären*) chiarire, spiegare B V/R **sich ~** definirsi, caratterizzarsi **De·fi·ni·ti·on** F ⟨-; -en⟩ definizione *f*

de·fi·ni·tiv ADJ definitivo

De·fi·zit N ⟨-s; -e⟩ 1 deficit *m*, disavanzo *m* 2 (*Mangel*) carenza *f*

De·fla·ti·on F ⟨-; -en⟩ deflazione *f*

de·for·mie·ren V/T 1 deformare 2 (*verunstalten*) sfigurare 3 *fig* alterare **de·for·miert** ADJ 1 (*verunstaltet*) sfigurato 2 *fig* **psychisch ~** psichicamente alterato

de·frag·men·tie·ren V/T IT eseguire la deframmentazione di

def·tig ADJ *umg* 1 (*Speise*) sostanzioso 2 (*derb*) grossolano, pesante: **-e Witze** battute pesanti 3 robusto: **eine -e Ohrfeige** un robusto ceffone

De·gen M ⟨-s; -⟩ spada *f*

De·ge·ne·ra·ti·on F ⟨-; -en⟩ degenerazione *f* **de·ge·ne·rie·ren** V/I ⟨s.⟩ degenerare

de·gra·die·ren V/T degradare **De·gra·die·rung** F ⟨-; -en⟩ degradamento *m*

dehn·bar ADJ 1 estendibile, estensibile; PHYS dilatabile; (*Metall*) duttile 2 *fig* flessibile: **ein -er Begriff** un concetto elastico **Dehn·bar·keit** F ⟨-; -en⟩ 1 estensibilità *f*, dilatabilità *f*; (*von Metall*) duttilità *f* 2 *fig* elasticità *f*, flessibilità *f*

deh·nen A V/T 1 distendere 2 PHYS dilatare 3 LING allungare B V/R **sich ~** 1 distendersi 2 PHYS dilatarsi 3 protrarsi: **die Sitzung dehnt sich** la riunione si protrae 4 (*sich erstrecken*) (e)stendersi **Deh·nung** F ⟨-; -en⟩ dilatazione *f*, allungamento *m*, allargamento *m*

de·hyd·rie·ren V/T deidrogenare

Deich M ⟨-[e]s; -e⟩ diga *f*, argine *m*

Deich·sel F ⟨-; -n⟩ timone *m* (di carro)

deich·seln V/T *fig umg* mandare in porto

dein POSS PR 1 (*attr*) tuo: **~ Haus** la tua casa; **-e Worte** le tue parole 2 (*absolut*) **deiner** (*f* **deine**, *n* **dein[e]s**; *pl* **deine**) il tuo, la tua; **das ist nicht mein Buch, sondern -es** non è il mio libro, ma il tuo ♦ **~ bisschen Deutsch** quel poco di tedesco che sai; (*Briefschluss*) **Deine Karin** tua Karin

dei·ne, Dei·ne N ⟨-n⟩ **das ~** (*das dir Gehörende*) il tuo, i tuoi averi; (*deine Pflicht*) il tuo dovere: **du musst das ~ tun** devi fare il tuo dovere

dei·ner·seits ADV da (*od* per) parte tua **dei·nes·glei·chen** PRON tuo pari **dei·net·we·gen** ADV a causa tua: **~ habe ich den Zug versäumt** per colpa tua ho perso il treno; (*für dich*) per te **dei·ni·ge** POSS PR M/F/N *geh* il tuo, la tua

de·in·stal·lie·ren V/T IT deinstallare

De·ka N ⟨-[s]; -⟩ *österr* decagrammo *m*

de·ka·dent ADJ decadente **De·ka·denz** F ⟨-⟩ 1 decadenza *f* 2 KIRCHE decadentismo *m*

De·ka·gramm N ⟨-s; -e⟩ *österr* decagrammo *m*

De·kan M ⟨-s; -e⟩, **-in** F ⟨-; -nen⟩ decano *m*

De·ka·nat N ⟨-s; -e⟩ decanato *m*

de·kla·mie·ren V/T declamare

De·kla·ra·ti·on F ⟨-; en⟩ dichiarazione *f*

de·kla·rie·ren V/T dichiarare

de·klas·sie·ren V/T declassare

De·kli·na·ti·on F ⟨-; -en⟩ PHYS, LING declinazione *f* **de·kli·nier·bar** ADJ declinabile **de·kli·nie·ren** V/T declinare
de·ko·die·ren V/T decodificare
De·kolle·té [dekɔl'te:] N ⟨-s; -s⟩ decolleté *m*: **ein tiefes ~** una profonda scollatura
de·kom·pri·mie·ren V/T IT decomprimere
de·kon·ta·mi·nie·ren V/T decontaminare
De·kor M/N ⟨-s; -s *u.* -e⟩ **1** decorazione *f* **2** THEAT apparato *m* scenico
De·ko·ra·teur [-'tø:ɐ] M ⟨-s; -e⟩, **-in** F ⟨-; -nen⟩ decoratore *m*, -trice *f*; (*von Schaufenstern*) vetrinista *m/f*
De·ko·ra·ti·on F ⟨-; -en⟩ **1** decorazione *f*, addobbo *m* **2** THEAT scenario *m*, allestimento *m* scenico
de·ko·ra·tiv ADJ decorativo, ornamentale
de·ko·rie·ren V/T decorare; addobbare
Dek·ret N ⟨-[e]s; -e⟩ decreto *m*
De·le·ga·ti·on F ⟨-; -en⟩ delegazione *f*
de·le·gie·ren V/T delegare: **etw an j-n ~** delegare qc a qn; **j-n zu einer Konferenz ~** inviare qn come delegato a una conferenza **De·le·gier·te** M/F ⟨-n; -n⟩ delegato *m*, -a *f*
De·lete-Tas·te [di'li:t-] F IT tasto *m* delete, tasto *m* cancella
Del·fin M ⟨-s; -e⟩ delfino *m* **Del·fin·schwim·men** N nuoto *m* a delfino
de·li·kat ADJ **1** delizioso, squisito **2** (*zart, fein*) delicato, discreto **3** (*anspruchsvoll*) difficile (ad accontentarsi) ♦ **etw ~ behandeln** trattare qc in modo delicato (*od* discreto)
De·li·ka·tes·se F ⟨-; -n⟩ **1** leccornia *f* **2** *geh* (*Zartgefühl*) delicatezza *f*, tatto *m* **De·li·ka·tes·sen·ge·schäft** N negozio *m* di specialità gastronomiche
De·likt N ⟨-[e]s; -e⟩ delitto *m*, reato *m*
De·lin·quent M ⟨-en; -en⟩, **-in** F ⟨-; -nen⟩ delinquente *m/f*
De·li·ri·um N ⟨-s; Delirien⟩ delirio *m*
Del·le F ⟨-; -n⟩ infossamento *m*, ammaccatura *f*
Del·phin... M → Delfin...
Del·ta N ⟨-s; -s *u.* Delten⟩ GEOG delta *m*
De·ma·go·ge M ⟨-n; -n⟩, **-gin** F ⟨-; -nen⟩ demagogo *m*, -a *f*
de·ma·go·gisch ADJ demagogico
de·mas·kie·ren **A** V/T smascherare **B** V/R **sich ~** togliersi la maschera (*a. fig*)
De·men·ti N ⟨-s; -s⟩ smentita *f*
de·men·tie·ren V/T smentire
dem·ent·spre·chend ADJ corrispondente, conforme (a ciò) **dem·ge·gen·über** ADV di fronte a questo; (*andererseits*) d'altra parte **dem·ge·mäß** ADV conformemente a ciò **dem·nach** ADV quindi, dunque **dem·nächst** ADV fra poco, prossimamente
De·mo[1] F ⟨-; -s⟩ *umg* manifestazione *f*
De·mo[2] N ⟨-s; -s⟩ *umg* (*Kassette usw*) demo *f*
De·mo·krat M ⟨-en; -en⟩ democratico *m* **De·mo·kra·tie** F ⟨-; -n⟩ democrazia *f* **De·mo·kra·tin** F ⟨-; -nen⟩ democratica *f* **de·mo·kra·tisch** ADJ democratico **de·mo·kra·ti·sie·ren** V/T democratizzare
de·mo·lie·ren V/T demolire
De·monst·rant M ⟨-en; -en⟩, **-in** F ⟨-; -nen⟩ dimostrante *m/f* **De·monst·ra·ti·on** F ⟨-; -en⟩ **1** dimostrazione *f*, manifestazione *f*: **genehmigte ~** manifestazione autorizzata **2** (*Darlegung*) dimostrazione *f*, prova *f*: **praktische ~** dimostrazione pratica
De·monst·ra·ti·ons·recht N diritto *m* di manifestazione **De·monst·ra·ti·ons·ver·bot** N divieto *m* di manifestazione **De·monst·ra·ti·ons·zug** M corteo *m* di dimostranti
de·monst·ra·tiv ADJ ostentato **De·monst·ra·tiv·pro·no·men** N pronome *m* dimostrativo
de·monst·rie·ren **A** V/T dimostrare, dare prova **B** V/I ⟨h.⟩ **für etw ~** dimostrare per qc
De·mon·ta·ge [demɔn'ta:ʒə] F ⟨-; -n⟩ smontaggio *m*; smantellamento *m* (*a. fig*)
de·mon·tie·ren V/T smontare; smantellare (*a. fig*)
de·mo·ra·li·sie·ren V/T **1** corrompere, depravare **2** (*entnerven*) demoralizzare
De·mos·ko·pie F ⟨-⟩ demoscopia *f* **de·mos·ko·pisch** ADJ demoscopico
de·mo·ti·vie·ren V/T demotivare
De·mut F ⟨-⟩ umiltà *f* **de·mü·tig** ADJ umile **de·mü·ti·gen** **A** V/T umiliare **B** V/R **sich vor j-m ~** umiliarsi di fronte a qn **De·mü·ti·gung** F ⟨-; -en⟩ umiliazione *f*
dem·zu·fol·ge ADV quindi, dunque
de·na·tu·rie·ren V/T denaturare
de·nen → der
Deng·lisch N ⟨-⟩ = *tedesco infarcito di anglicismi*

Den Haag N ⟨-s⟩ L'Aia *f*

Denk·an·stoß M stimolo *m* (*od* impulso *m*) alla riflessione **Denk·art** F modo *m* di pensare, mentalità *f* **Denk·auf·ga·be** F rompicapo *m*

denk·bar A ADJ pensabile, concepibile, immaginabile: **es ist nicht ~** è impensabile B ADV **eine ~ schlechte Erfahrung** un'esperienza bruttissima

Den·ke F ⟨-⟩ *umg* modo *m* di pensare

den·ken ⟨dachte, gedacht⟩ A V/T & V/I ⟨h.⟩ pensare: **gut (über j-n/etw) ~** pensare bene (di qn/qc); **logisch ~** pensare in modo logico, ragionare; **an j-n/etw ~** pensare a qn/qc; **er denkt nur an sich** pensa solo a se stesso; **wir ~ daran, demnächst umzuziehen** pensiamo di trasferirci al più presto B V/R **sich** (*dat*) **etw ~** immaginarsi qc; **das hätte ich mir ~ können!** avrei dovuto immaginarlo! ♦ **ich habe mir nichts dabei gedacht** l'ho fatto senza pensare (*od* in buona fede); **das habe ich mir gedacht!** me l'aspettavo! *umg*; **denkste!** stai fresco, puoi scordartelo!; **j-m zu ~ geben** dare da pensare a qn; **ich denke gar nicht daran!** non ci penso nemmeno; **es ist nicht daran zu ~** neanche a pensarci; **denke daran!** non dimenticartene; **solange ich ~ kann** da sempre; **wenn ich bloß daran denke!** al solo pensiero!; **wo ~ Sie hin!** ma no!

Den·ken N ⟨-s⟩ 1 pensiero *m*: **abstraktes ~** pensiero astratto 2 (*Nachdenken*) riflessione *f* 3 mentalità *f*, modo *m* di pensare

Den·ker M ⟨-s; -⟩, **-in** F ⟨-; -nen⟩ pensatore *m*, -trice *f*

Denk·fä·hig·keit F ⟨-⟩ raziocinio *m* **Denk·faul·heit** F pigrizia *f* mentale **Denk·feh·ler** M errore *m* di ragionamento

Denk·mal N ⟨-s; -mäler⟩ monumento *m* (*a. fig*): **sich** (*dat*) **ein ~ setzen** assicurarsi un posto nella storia **Denk·mal(s)·pfle·ge** F mantenimento *m* dei monumenti **Denk·mal(s)·schutz** M tutela *f* dei monumenti: **unter ~ stehen** essere sotto tutela

Denk·mo·dell N modello *m* concettuale **Denk·pau·se** F pausa *f* di riflessione **Denk·pro·zess** M processo *m* di pensiero **Denk·schrift** F 1 memoriale *m* 2 (*offizielle Schrift*) scritto *m* ufficiale **denk·wür·dig** ADJ memorabile **Denk·zet·tel** M lezione *f*, monito *m*: **j-m einen ~ verpassen** dare una lezione a qn

denn A KONJ 1 perché, poiché 2 (*nach Komparativ*) che, di: **mehr ~ je** più che mai B (*in Fragesätzen*) dunque, allora, poi: **wie geht es dir ~?** allora, come va?; **wer war ~ das?** chi era (poi) quello? ♦ **es sei ~, dass ...** tranne che ..., a meno che ...

den·noch ADV tuttavia, pure, ciononostante, lo stesso: **es ~ versuchen** provare lo stesso

De·nun·zi·ant M ⟨-en; -en⟩, **-in** F ⟨-; -nen⟩ delatore *m*, -trice *f* **de·nun·zie·ren** V/T 1 denunciare (segretamente) 2 (*brandmarken*) stigmatizzare

Deo N ⟨-s; -s⟩, **De·o·do·rant** N ⟨-s; -e *u.* -s⟩ deodorante *m* **Deo·rol·ler** M deodorante *m* roll-on **Deo·spray** M/N spray *m inv* deodorante **Deo·stift** M stick *m inv* deodorante

De·par·te·ment N ⟨-s; -s⟩ *schweiz* dipartimento *m*

de·plat·ziert ADJ spiazzato, fuori posto

De·po·nie F ⟨-; -n⟩ discarica *f* (per rifiuti solidi) **de·po·nie·ren** V/T depositare

De·por·ta·ti·on F ⟨-; -en⟩ deportazione *f* **de·por·tie·ren** V/T deportare **De·por·tier·te** M/F ⟨-n; -n⟩ deportato *m*, -a *f*

De·pot [de'po:] N ⟨-s; -s⟩ deposito *m*

De·pres·si·on F ⟨-; -en⟩ depressione *f* **de·pres·siv** ADJ 1 depresso; PSYCH depressivo 2 WIRTSCH di depressione, recessivo

de·pri·mie·ren V/T deprimere **de·pri·miert** ADJ depresso

der A ART BEST M ⟨*f* die, *n* das⟩ il *m*, lo *m*, la *f*: **~ Mond** la luna; **die Sonne** il sole; **das Fenster** la finestra B REL PR M che, il quale, la quale: **~ Mann, ~ mich begrüßt hat** l'uomo che mi ha salutato; **die Frauen, mit denen ich sprach** le donne con le quali parlavo C DEM PR M questo, questa; quel(lo), quella: **auch ~ hatte keine Zeit** anche quello non aveva tempo; **kennst du die (Frau) da? –ja, die kenne ich gut** conosci quella (signora) là? – sì, la conosco bene; **welcher ist dein Lehrer? – ~ Herr (da)** chi è il tuo insegnante? – quel signore (là) ; ♦ **~ und ~** il tal dei tali; **~ und Advokat?** quello un avvocato?

der·art ADV talmente, così **der·ar·tig** ADJ tale; (*ähnlich*) simile, del genere

D

derb ADJ **1** robusto, solido **2** (*Kost*) sostanzioso, nutriente **3** (*grob*) grossolano, rozzo **4** (*unfreundlich*) scortese, brusco **Derb·heit** F ⟨-; -en⟩ grossolanità *f*, rozzezza *f*

de·re·gu·lie·ren V/T WIRTSCH deregolamentare

de·rent·we·gen **A** REL PR per cui **B** DEM PR *sg* a causa di questo (*od* di questa), *pl* a causa di questi (*od* di queste)

der·glei·chen **A** ADJ ⟨*inv*⟩ simile, del genere, tale: **nichts ~** niente di simile **B** DEM PR una cosa simile (*od* del genere): **~ geschieht oft** cose simili accadono spesso ♦ **und ~ mehr** e simili, e così via, e via dicendo

De·ri·vat N ⟨-[e]s; -e⟩ CHEM, LING derivato *m*

der·je·ni·ge DEM PR M ⟨*f* diejenige, *n* dasjenige⟩ quel(lo), quella; (*nur in Beziehung auf Menschen*) colui, colei: **diejenigen, die etwas wissen, müssen es sagen** coloro che sanno qualcosa devono dirlo; **bitte nimm nur diejenigen Bücher, die du wirklich brauchst** per favore, prendi solo (que)i libri di cui hai davvero bisogno

der·ma·ßen ADV così, talmente

Der·ma·to·lo·ge M ⟨-n; -n⟩, **-gin** F ⟨-; -nen⟩ dermatologo *m*, -a *f*

der·sel·be DEM PR M ⟨*f* dieselbe, *n* dasselbe⟩ lo stesso, la stessa; il medesimo, la medesima: **er ist immer ~** è sempre lo stesso; **welches Buch liest du? – dasselbe, das du liest** quale libro leggi? – lo stesso che leggi tu; **~ Mann** lo stesso uomo; **dieselbe Frau** la stessa donna

der·zeit ADV ora, al momento, attualmente **der·zei·tig** ADJ attuale, presente

des, **Des** N ⟨-; -⟩ MUS re *m* bemolle

De·sas·ter N ⟨-s; -⟩ disastro *m*

De·ser·teur [dezɛr'tøːɐ] M ⟨-s; -e⟩, **-in** F ⟨-; -nen⟩ disertore *m*, -trice *f* **de·ser·tie·ren** V/I ⟨h., s.⟩ disertare ♦ **zum Feind ~** passare al nemico

des·glei·chen ADV e così pure

des·halb ADV & KONJ perciò, per questo (motivo): **gerade ~!** proprio per questo!; **~, um** per; **~, weil** perché

De·sign [di'zain] N ⟨-s; -s⟩ design *m*

De·sig·ner [-ɐ] M ⟨-s; -⟩ designer *m* **De·sig·ner·dro·ge** F droga *f* sintetica

De·sig·ne·rin F ⟨-; -nen⟩ designer *f*

De·sig·ner·klei·dung F abiti *mpl* firmati

de·sig·nie·ren V/T designare

des·il·lu·si·o·nie·ren V/T disilludere

Des·in·fek·ti·on F ⟨-; -en⟩ disinfezione *f* **Des·in·fek·ti·ons·mit·tel** N disinfettante *m*

des·in·fi·zie·ren V/T disinfettare

Des·in·for·ma·ti·on F informazione *f* falsa (*od* tendenziosa *od* sviante)

Des·in·te·res·se N disinteresse *m* **des·in·te·res·siert** ADJ privo d'interesse; (*gleichgültig*) indifferente: **an etw** (*dat*) **~ sein** non essere interessato a qc

Desk·top·pub·li·shing, **Desk·top-Pub·li·shing** ['dɛsktɔp'pabliʃiŋ] N ⟨-⟩ desktop publishing *m inv*

de·so·lat ADJ desolato

Des·or·ga·ni·sa·ti·on F disorganizzazione *f*

Des·ori·en·tie·rung F disorientamento *m*

Des·oxy·ri·bo·nuk·le·in·säu·re F acido *m* desossiribonucleico

Des·pot M ⟨-en; -en⟩, **-in** F ⟨-; -nen⟩ despota *m/f*

des·po·tisch ADJ dispotico

des·sent·we·gen PRON ⟨*inv*⟩ **1** (*demonstrativ*) per questo, per ciò **2** (*relativ*) per il quale, per la quale, per cui

Des·sert [dɛ'seːɐ] N ⟨-s; -s⟩ dessert *m*, dolce *m*: **als** (*od* **zum**) **~** come (*od* per) dessert

Des·til·lat N ⟨-[e]s; -e⟩ distillato *m*

des·til·lie·ren V/T distillare

des·to KONJ **~ besser** tanto meglio; **je mehr ..., ~ ...** quanto più ..., tanto più ...; **je ruhiger, ~ besser** quanto più tranquillo, tanto meglio

de·struk·tiv ADJ distruttivo

des·we·gen ADV & KONJ perciò

De·tail [de'tai] N ⟨-s; -s⟩ dettaglio *m*, particolare *m*: **ins ~ gehen** entrare nel dettaglio; **bis ins kleinste ~** fin nei minimi particolari **de·tail·liert** ADJ dettagliato

De·tek·tiv M ⟨-s; -e⟩ detective *m inv*, investigatore *m* **De·tek·tiv·bü·ro** N agenzia *f* d'investigazioni

De·tek·ti·vin F ⟨-; -nen⟩ detective *f inv*, investigatrice *f*

De·tek·tiv·ro·man M romanzo *m* poliziesco

De·tek·tor M ⟨-s; -en⟩ detector *m*, rivelatore *m*

De·to·na·ti·on F ⟨-; -en⟩ detonazione *f*

de·to·nie·ren V/I ⟨s.⟩ esplodere, defla-

grare
deucht → dünken
deu·teln VI ⟨h.⟩ **an etw** (*dat*) **~** cavillare (*od* sofisticare) su qc; **daran gibt es nichts zu ~** su questo non stiamo a cavillare
deu·ten **A** VT interpretare: **ein Gedicht ~** interpretare una poesia; **j-m die Zukunft ~** predire il futuro a qn **B** VI ⟨h.⟩ **1** **auf j-n/etw ~** indicare qn/qc; **in die andere Richtung ~** indicare l'altra direzione **2** *fig* indicare, far presagire: **alles deutet darauf hin, dass ...** tutto fa supporre che
deut·lich ADJ chiaro ♦ **etw klar und ~ sagen** dire qc in modo chiaro e tondo; **j-m etw ~ machen** far capire qc a qn; *fig* **~ werden** parlar chiaro
Deut·lich·keit F ⟨-; -en⟩ chiarezza *f*: **etw in aller ~ sagen** dire qc molto chiaramente
deutsch **A** ADJ tedesco: **eine -e Übersetzung** una traduzione tedesca (*od* in tedesco) **B** ADV in tedesco: **~ sprechen** parlare in tedesco ♦ **mit j-m ~ reden** parlar chiaro con qn
Deutsch N ⟨-[s]⟩ tedesco *m*, lingua *f* tedesca ♦ *fig* **etw auf (gut) Deutsch sagen** dire qc in parole povere
Deut·sche[1] M/F ⟨-n; -n⟩ tedesco *m*, -a *f*
Deut·sche[2] N ⟨-n⟩ tedesco *m*: **etw aus dem -n** (*od* **vom -n**) **ins Italienische übersetzen** tradurre qc dal tedesco in italiano
deutsch·feind·lich ADJ germanofobo, antitedesco **deutsch·freund·lich** ADJ germanofilo, filotedesco
Deutsch·land N ⟨-s⟩ Germania *f*: **~ ist schön** la Germania è bella; **ich fahre nach ~** vado in Germania; **mir gefällt ~** la Germania mi piace **Deutsch·leh·rer** M, **-in** F insegnante *m/f* di tedesco **deutsch·spra·chig** ADJ **1** di lingua tedesca **2** **-er Unterricht** lezione in tedesco (*od* in lingua tedesca) **Deutsch·un·ter·richt** M lezione *f* di tedesco, insegnamento *m* del tedesco
Deu·tung F ⟨-; -en⟩ interpretazione *f*
De·vi·se F ⟨-; -n⟩ motto *m*, divisa *f*
De·vi·sen PL WIRTSCH divisa *f*, valuta *f* estera **De·vi·sen·bör·se** F borsa *f* dei cambi **De·vi·sen·ge·schäft** N operazione *f* in valuta **De·vi·sen·han·del** M compravendita *f* di valuta **De·vi·sen·kurs** M corso *m* dei cambi **De·vi·sen·schmug·gel** M contrabbando *m* di valuta **De·vi·sen·ver·ge·hen** N JUR illecito *m* valutario
de·vot [-v-] ADJ *pej* ossequioso, servile: **ein -es Benehmen** un comportamento servile; **~ grüßen** salutare in modo ossequioso
De·vo·ti·o·na·li·en PL oggetti *mpl* sacri
De·zem·ber M ⟨-[s]; -⟩ dicembre *m*
de·zent **A** ADJ **1** discreto, delicato, fine **2** (*Licht*) smorzato, soffuso; (*Musik*) sommesso **B** ADV **1** discretamente **2** (*unauffällig*) in modo sobrio
de·zent·ra·li·sie·ren VT decentralizzare **De·zent·ra·li·sie·rung** F ⟨-; -en⟩ decentralizzazione *f*
De·zer·nat N ⟨-[e]s; -e⟩ settore *m* di competenza **De·zer·nent** M ⟨-en; -en⟩, **-in** F ⟨-; -nen⟩ caposezione *m/f*
De·zi·bel N ⟨-s; -⟩ decibel *m*
De·zi·mal·bruch M frazione *f* decimale **De·zi·mal·sys·tem** N sistema *m* decimale **De·zi·mal·zahl** F numero *m* decimale
De·zi·me·ter M/N decimetro *m*
de·zi·mie·ren VT decimare (*a. fig*)
Dia N ⟨-s; -s⟩ diapositiva *f*
Di·a·be·tes M ⟨-⟩ diabete *m*
Di·a·be·ti·ker M ⟨-s; -⟩, **-in** F ⟨-; -nen⟩ diabetico *m*, -a *f*
Dia·be·trach·ter M FOTO visore *m* per diapositive
di·a·bo·lisch ADJ diabolico
Di·a·dem N ⟨-s; -e⟩ diadema *m*
Di·ag·no·se F ⟨-; -n⟩ diagnosi *f*: **eine ~ stellen** emettere (*od* formulare) una diagnosi
di·ag·nos·ti·zie·ren VT diagnosticare
dia·go·nal ADJ diagonale **Diago·na·le** F ⟨-; -n⟩ GEOM diagonale *f* **Dia·go·nal·rei·fen** M pneumatico *m* a tele diagonali
Dia·gramm N ⟨-s; -e⟩ diagramma *m*
Di·a·kon M ⟨-s *u.* -en; -e *u.* -en⟩, **-in** F ⟨-; -nen⟩ **1** (*Geistlicher*) diacono *m* **2** (*karitativ Tätiger*) diacono *m*, -essa *f*
Di·a·ko·nis·se F ⟨-; -n⟩ diaconessa *f*
Di·a·lekt M ⟨-[e]s; -e⟩ dialetto *m* **Di·a·lekt·aus·druck** M espressione *f* dialettale
Di·a·lek·tik F ⟨-⟩ dialettica *f*
Di·a·ler ['daiəle] M ⟨-s; -⟩ IT dialer *m inv*
Di·a·log M ⟨-[e]s; -e⟩ **1** dialogo *m* (*a.* IT) **2** FILM, TV dialoghi *mpl* **Di·a·log-**

D

box F IT box *m inv* di dialogo **Di·a·log·feld** N IT finestra *f* di dialogo
Dia·ly·se F ⟨-; -n⟩ dialisi *f*
Dia·ma·ga·zin N caricatore *m*
Di·a·mant M ⟨-en; -en⟩ diamante *m*
dia·met·ral ADJ diametrale: ~ **entgegengesetzt sein** essere diametralmente opposto
Dia·phrag·ma N ⟨-; Diaphragmen⟩ diaframma *m*
Dia·po·si·tiv N diapositiva *f* **Dia·pro·jek·tor** M proiettore *m* per diapositive **Dia·rah·men** M telaietto *m* per diapositive
Di·ät F ⟨-; -en⟩ dieta *f*: **auf ~ gesetzt werden** essere messo a dieta; **~ leben** essere a dieta
Di·ä·ten PL diaria *f*
Di·ät·kost F ⟨-⟩ alimentazione *f* dietetica **Di·ät·plan** M programma *m* dietetico
dich PERS PR ⟨*akk; nom* du⟩ 1 (*unbetont*) ti: **sie bewundert ~** ti ammira 2 (*reflexiv*) **beweg ~!** muòviti! 3 (*betont und nach Präpositionen*) te: **ohne ~** senza (di) te; **für ~** per te
dicht A ADJ 1 (*Gestrüpp, Nebel*) fitto; (*Haar*) folto 2 denso (*a. fig* PHYS) 3 (*wasserdicht*) impermeabile; (*luftdicht*) ermetico, a tenuta d'aria B ADV 1 densamente: **~ bewachsen** fittamente coperto di vegetazione; **~ besiedelt** densamente popolato 2 (*mit Präpositionen*) **~ bei mir** proprio vicino a me; **~ danach** subito dopo ♦ **die Bäume stehen ~ an ~** gli alberi sono molto fitti; **~ gedrängt stehen** stare pigiato; *umg* **nicht ganz ~ sein** non essere del tutto a posto
Dich·te F ⟨-⟩ densità *f* (*a.* PHYS), fittezza *f*, foltezza *f*
dich·ten[1] VT (*dicht machen*) stagnare; (*Dächer*) impermeabilizzare ♦ SCHIFF **ein Leck ~** turare una falla
dich·ten[2] A VT scrivere (in versi): **Verse ~** comporre versi B VI ⟨h.⟩ scrivere poesie
Dich·ter M ⟨-s; -⟩ poeta *m* **Dich·te·rin** F ⟨-; -nen⟩ poetessa *f* **dich·te·risch** ADJ poetico: **-e Freiheit** licenza poetica
dicht·hal·ten VI ⟨*irr;* h.⟩ *umg* tenere il becco chiuso, mantenere il segreto
Dicht·kunst F arte *f* poetica, poesia *f*
dicht·ma·chen *umg* A VT chiudere (il negozio) B VI ⟨h.⟩ 1 chiudere 2 SPORT chiudersi (in difesa)
Dich·tung[1] F ⟨-; -en⟩ 1 (*Abdichten*) stagnatura *f* 2 (*von Dächern*) impermeabilizzazione *f* 3 (*in Hahn*) guarnizione *f*
Dich·tung[2] F ⟨-; -en⟩ 1 poesia *f*: **lyrische ~** poesia lirica 2 (*Werk*) opera *f* poetica; (*Epos*) poema *m* 3 *umg fig* fantasia *f*
Dich·tungs·mas·se F TECH massa *f* sigillante **Dich·tungs·ring** M, **Dich·tungs·schei·be** F guarnizione *f* ad anello; (*im Motor*) anello *m* di tenuta
dick ADJ 1 grosso: **ein -er Baumstamm** un grosso tronco d'albero; **eine -e Lüge** una grossa bugia 2 (*Mensch*) grasso, corpulento; **~ werden** ingrassare 3 spesso: **das Brett ist 2 cm ~** l'asse è spesso 2 cm 4 (*dickflüssig*) denso 5 *umg* (*dicht*) fitto: **ein -er Nebel** una nebbia fitta 6 (*Haar*) folto 7 *umg* (*geschwollen*) gonfio ♦ **mit j-m durch ~ und dünn gehen** condividere con qn gli alti e i bassi della vita; **-e Freunde** amiconi; *umg* **j-n/etw ~ haben** essere stufo di qn/di qc; *umg* **ein -es Lob** una gran lode
dick·bäu·chig ADJ panciuto
Dick·darm M (intestino *m*) crasso *m*
Di·cke[1] F ⟨-; -n⟩ 1 grossezza *f* 2 (*von Menschen*) grassezza *f*, corpulenza *f* 3 (*Maß*) spessore *m* 4 (*Geschwollenheit*) gonfiore *m*
Di·cke[2] M/F ⟨-n; -n⟩ 1 grasso *m*, -a *f* 2 (*Kosename*) ciccio *m*, -a *f*
Di·cker·chen N ⟨-s; -⟩ grassottello *m*, -a *f*, cicciottello *m*, -a *f*
dick·fel·lig ADJ coriaceo **dick·flüs·sig** ADJ denso, viscoso **Dick·häu·ter** M ⟨-s; -⟩ pachiderma *m* (*a. fig*)
Di·ckicht N ⟨-s; -e⟩ 1 folto *m* 2 (*Wald*) boscaglia *f* 3 macchia *f* 4 (*Gestrüpp*) sterpaglia *f* 5 *fig* groviglio *m*
Dick·kopf M *umg* testa *f* dura **dick·köp·fig** ADJ *umg* testardo, cocciuto
dick·lich ADJ 1 grassoccio, grassottello 2 (*dickflüssig*) denso **Dick·milch** F latte *m* acido (*od* rappreso) **dick·scha·lig** ADJ dalla buccia spessa **Dick·wanst** M *pej* pancione *m*
Di·dak·tik F ⟨-; -en⟩ didattica *f*
di·dak·tisch ADJ didattico
die → der
Dieb M ⟨-[e]s; -e⟩ ladro *m*: **haltet den ~!** al ladro!
Die·bes·ban·de F banda *f* di ladri **Die·bes·beu·te** F, **Die·bes·gut** N ⟨-[e]s⟩ bottino *m*

Die·bin F ⟨-; -nen⟩ ladra *f*
die·bisch A ADJ 1 *obs* ladresco 2 (*heimlich*) intimo: **ein -es Vergnügen** un intimo (*od* segreto) piacere B ADV **sich ~ freuen** gioire intimamente
Dieb·stahl M furto *m*: JUR **einfacher/schwerer ~** furto semplice/aggravato; **räuberischer ~** rapina impropria; **geistiger ~** plagio **Dieb·stahl·schutz** M antifurto *m* **dieb·stahl·si·cher** ADJ antifurto **Dieb·stahl·si·che·rung** F antifurto *m inv*
die·je·ni·ge → derjenige
Die·le F ⟨-; -n⟩ 1 (*Brett*) tavola *f*, assicella *f* 2 (*Vorraum*) atrio *m*, ingresso *m*
die·nen V/I ⟨h.⟩ 1 **bei j-m/etw ~** essere a servizio presso qn/qc 2 servire: **einer großen Sache ~** servire una grande causa 3 MIL prestare servizio 4 **j-m** (**mit etw**) **~** essere d'aiuto (*od* utile) a qn (con qc); **womit kann ich ~?** in cosa posso essere utile? 5 **~ als** servire da (*od* come); **dazu ~, etw zu tun** servire a (*od* per) fare qc ♦ **damit ist mir nicht gedient** non mi serve a niente
Die·ner M ⟨-s; -⟩ 1 domestico *m*, cameriere *m*; servo *m*, servitore *m* (*a. fig*) 2 (*Verbeugung*) inchino *m* **Die·ne·rin** F ⟨-; -nen⟩ domestica *f*, cameriera *f*
dien·lich ADJ **j-m/etw ~ sein** essere utile (*od* d'aiuto) a qn/qc
Dienst M ⟨-[e]s; -e⟩ 1 servizio *m*: **den ~ antreten/quittieren** entrare in servizio/abbandonare il servizio; **im ~ einer Sache stehen** essere al servizio di una causa; **der Offizier vom ~** l'ufficiale di servizio 2 (*berufliche Tätigkeit*) lavoro *m* 3 (*Stellung*) impiego *m*: **j-n in ~ nehmen** assumere qn 4 (*Hilfe*) servizio *m*, aiuto *m* ♦ **außer ~ sein** non essere in servizio; **j-m gute -e tun** essere molto utile a qn; **~ haben** essere di servizio (*od* di turno); **~ habend** → diensthabend; **~ am Kunden** servizio clienti; **der öffentliche ~** la pubblica amministrazione; **j-m mit etw einen schlechten ~ erweisen** rendere un cattivo servizio a qn con qc; **etw in ~ stellen** mettere in funzione qc; **die Beine versagen ihm den ~** le gambe non lo reggono più; **j-m zu -en sein** essere a disposizione di qn
Diens·tag M martedì *m*: **am ~ gehe ich ins Kino** martedì andrò al cinema **Diens·tag·abend** M martedì *m* sera **diens·tags** ADV di (*od* il) martedì
Dienst·al·ter N anzianità *f* di servizio **Dienst·äl·tes·te** M/F il (la) più anziano *m*, -a *f* (per anni di servizio) **Dienst·an·tritt** M entrata *f* in servizio **Dienst·au·to** N auto *f* di servizio **dienst·bar** ADJ servizievole **dienst·be·reit** ADJ aperto, di turno **Dienst·eid** M giuramento *m* d'ufficio **Dienst·ei·fer** M *pej* zelo *m* (eccessivo) nel lavoro **dienst·eif·rig** ADJ (eccessivamente) zelante nel lavoro **dienst·fä·hig** ADJ idoneo al servizio **dienst·frei** ADJ libero (dal servizio, da impegni): **-er Tag** giorno libero; **sich** (*dat*) **~ nehmen** prendere un permesso **Dienst·ge·heim·nis** N segreto *m* d'ufficio **dienst·ha·bend** ADJ (*Arzt*) di turno **Dienst·herr** M, **-in** F padrone *m*, -a *f*, principale *m/f*; (*Arbeitgeber*) datore *m*, -trice *f* di lavoro **Dienst·leis·tung** F prestazione *f*, servizio *m*: **ärztliche -en** assistenza medica
Dienst·leis·tungs·be·trieb M azienda *f* di servizi **Dienst·leis·tungs·ge·sell·schaft** F società *f* di servizi **Dienst·leis·tungs·ge·wer·be** N settore *m* terziario **Dienst·leis·tungs·sek·tor** M terziario *m*
dienst·lich A ADJ di servizio, di ufficio; (*offiziell*) ufficiale: **ein -es Schreiben** una lettera ufficiale B ADV per servizio: **~ verhindert sein** essere impedito per ragioni di servizio
Dienst·mäd·chen N donna *f* di servizio **Dienst·ord·nung** F regolamento *m* di servizio **Dienst·plan** M orario *m* di lavoro **Dienst·rei·se** F viaggio *m* di lavoro (*od* per servizio) **Dienst·schluss** M fine *f* del servizio **Dienst·stel·le** F ufficio *m* **Dienst·stun·den** PL ore *fpl* d'ufficio **dienst·taug·lich** ADJ MIL abile **dienst·un·fä·hig** ADJ non idoneo al servizio (*od* al lavoro) **dienst·un·taug·lich** ADJ MIL inabile **Dienst·ver·hält·nis** N rapporto *m* di servizio **Dienst·weg** M via *f* gerarchica
dies → dieser
dies·be·züg·lich A ADJ relativo a ciò, in merito (a ciò) B ADV al riguardo, in merito
die·se → dieser
Die·sel M ⟨-s; -⟩ diesel *m*
die·sel·be → derselbe
Die·sel·mo·tor M motore *m* diesel
die·ser DEM PR M ⟨*f* diese, *n* dies[es]⟩ 1 questo *m*, -a *f*: **ich will diese oder keine**

voglio questa o nessuna; **dies(es) ist richtig** questo è giusto; **dieses Jahr** quest'anno [2] (*jener*) quello: **an diesem Tag** quel giorno ♦ **dieses hier** questo qui; **dieses dort** quello là; **dies und das** (*od* **dieses und jenes**) questo e quello

die·ses → dieser

die·sig ADJ umido e fosco, caliginoso

dies·jäh·rig ADJ di quest'anno **dies·mal** ADV questa volta **dies·ma·lig** ADJ di questa volta **dies·sei·tig** ADJ da questa parte **dies·seits** ADV di qua **Dies·seits** N ⟨-⟩ mondo *m* terreno

Diet·rich M ⟨-s; -e⟩ grimaldello *m*

dif·fa·mie·ren V/T diffamare

Dif·fe·renz F ⟨-; -en⟩ [1] differenza *f* [2] (*Meinungsverschiedenheit*) controversia *f*

Dif·fe·ren·zi·al·ge·trie·be N MECH differenziale *m* **Dif·fe·ren·zi·al·rech·nung** F calcolo *m* differenziale

dif·fe·ren·zie·ren V/T differenziare

dif·fe·rie·ren V/I ⟨h.⟩ differire

dif·fus ADJ [1] (*Licht*) diffuso [2] *geh* confuso, vago: **-es Gerede** parole a vanvera

di·gi·tal ADJ ANAT, IT digitale

Di·gi·tal·an·zei·ge F display *m* digitale **Di·gi·tal·fern·se·hen** N TV *f inv* digitale

di·gi·ta·li·sie·ren V/T digitalizzare

Di·gi·tal·ka·me·ra F macchina *f* fotografica digitale **Di·gi·tal·rech·ner** M calcolatore *m* digitale **Di·gi·tal·uhr** F orologio *m* digitale

Dik·tat N ⟨-[e]s; -e⟩ [1] dettatura *f*: **nach ~ schreiben** scrivere sotto dettatura [2] dettato *m*: **ein ~ schreiben** fare un dettato [3] *fig* diktat *m*

Dik·ta·tor M ⟨-s; -en⟩, **-to·rin** F ⟨-; -nen⟩ dittatore *m*, -trice *f* (*a. fig*)

dik·ta·to·risch ADJ dittatoriale (*a. fig*)

Dik·ta·tur F ⟨-; -en⟩ dittatura *f* (*a. fig*)

dik·tie·ren V/T dettare

Dik·tier·ge·rät N dittafono *m*

Di·lem·ma N ⟨-s; -s *u.* -ta⟩ dilemma *m*

Di·let·tant M ⟨-en; -en⟩, **-in** F ⟨-; -nen⟩ dilettante *m/f* **di·let·tan·tisch** ADJ dilettantesco

Dill M ⟨-[e]s; -e⟩ BOT aneto *m*

Di·men·si·on F ⟨-; -en⟩ PHYS, KIRCHE dimensione *f*

dim·men V/T smorzare

Dim·mer M ⟨-s; -⟩ ELEK dimmer *m inv*

Ding N ⟨-[e]s; -e *umg* -er⟩ [A] ⟨*pl* -e⟩ [1] cosa *f*: **wertvolle -e** cose di valore [2] *pl* cose *fpl*: **das Wesen der -e** l'essenza delle cose; **nach Lage der -e** stando così le cose [B] ⟨*pl* -er⟩ *umg* (*etwas Unbestimmtes*) cosa *f*, coso *m*: **was ist denn das für ein ~?** che razza di coso è questo? ♦ **das ist ja ein ~!** questa è bella (*od* grossa)!; *umg* **ein ~ drehen** fare un colpo grosso; **guter -e sein** essere di buon umore; **das geht nicht mit rechten -en zu** qui gatta ci cova; **über den -en stehen** essere al di sopra (di tutto); **vor allen -en** soprattutto; **gut ~ will Weile haben** dar tempo al tempo

ding·fest ADJ **j-n ~ machen** arrestare qn

Dings[1], *umg* **Dings·bums**, **Dings·da** N ⟨-⟩ (*Sache*) cosa *f*, coso *m*: **gib mir mal das ~!** dammi quel coso là!

Dings[2], **Dings·bums**, **Dings·da** M/F ⟨-⟩ (*Person*) tizio *m*, -a *f*, tale *m/f*: **wie heißt der ~/die ~?** come si chiama quel tale/quella tizia?

Din·kel M ⟨-s⟩ spelta *f*

Di·no·sau·ri·er M ⟨-s; -⟩ dinosauro *m*

Di·o·de F ⟨-; -n⟩ diodo *m*

Di·oxid N ⟨-s; -e⟩ diossido *m*, biossido *m*

Di·oxin N ⟨-s; -e⟩ diossina *f*

Di·ö·ze·se F ⟨-; -n⟩ diocesi *f*

Diph·the·rie F ⟨-; -n⟩ difterite *f*

Dip·lom N ⟨-s; -e⟩ diploma *m* ♦ **sein ~ als Ingenieur machen** prendere la laurea in ingegneria **Dip·lom·ar·beit** F tesi *f* di laurea

Dip·lo·mat M ⟨-en; -en⟩ diplomatico *m* **Dip·lo·ma·tie** F ⟨-⟩ diplomazia *f* **Dip·lo·ma·tin** F ⟨-; -nen⟩ diplomatica *f* **dip·lo·ma·tisch** ADJ diplomatico **dip·lo·miert** ADJ diplomato, con diploma universitario

dir PERS PR ⟨*dat; nom* du⟩ [1] a te, ti: **ich glaube ~** ti credo [2] (*reflexiv*) **wasch ~ die Hände!** lavati le mani! [3] (*nach Präpositionen*) te: **ich komme mit ~/zu ~** vengo con te/da te ♦ **ein Freund von ~** un tuo amico

di·rekt [A] ADJ diretto [B] ADV [1] direttamente: **der Zug fährt ~ nach München** il treno va direttamente a Monaco [2] RADIO, TV in diretta [3] (*unmittelbar*) proprio: **~ gegenüber** proprio di fronte [4] (*geradezu*) proprio, veramente **Di·rekt·flug** M volo *m* diretto

Di·rek·ti·on F ⟨-; -en⟩ direzione *f*

Di·rek·tor M ⟨-en; -en⟩ [1] direttore *m* [2] preside *m* **Di·rek·to·rat** N ⟨-[e]s; -e⟩ presidenza *f* **Di·rek·to·rin** F ⟨-; -nen⟩ [1] direttrice *f* [2] preside *f* **Di·rek-**

to·ri·um N ⟨-s; Direktorien⟩ organismo *m* direttivo, direzione *f*
Di·rekt·sen·dung F, **Direkt·über·tra·gung** F trasmissione *f* in diretta **Di·rekt·wah·len** PL elezioni *fpl* dirette
Di·ri·gent M ⟨-en; -en⟩, **-in** F ⟨-; -nen⟩ direttore *m*, -trice *f* d'orchestra **di·ri·gie·ren** V/T dirigere
Dirndl N ⟨-s; -⟩ **1** *österr* ragazzina *f* **2** vestito *m* alla tirolese
Dir·ne F ⟨-; -n⟩ prostituta *f*
dis, **Dis** N ⟨-; -⟩ MUS re *m* diesis
Disc·man® ['dıskmɛn] M ⟨-s; -s⟩ discman® *m inv*
Dis·count·markt [dıs'kaunt-] M discount *m inv*
Dis·har·mo·nie F disarmonia *f* (*a. fig*)
dis·har·mo·nisch ADJ disarmonico
Dis·ket·te F ⟨-; -n⟩ IT dischetto *m* **Dis·ket·ten·lauf·werk** N unità *f* disco, drive *m*
Disk·jo·ckey ['dıskdɔke] M ⟨-s; -s⟩ disc jockey *m*
Dis·ko F ⟨-; -s⟩ *umg* disco *f*
Dis·kont M ⟨-s; -e⟩ FIN sconto *m*
dis·kon·tie·ren V/T FIN scontare
Dis·kont·satz M FIN tasso *m* di sconto
Dis·ko·thek F ⟨-; -en⟩ discoteca *f*
Dis·kre·panz F ⟨-; -en⟩ discrepanza *f*
dis·kret ADJ discreto **Dis·kre·ti·on** F ⟨-; -en⟩ discrezione *f*: **~ üben** usare discrezione
dis·kri·mi·nie·ren V/T discriminare **Dis·kri·mi·nie·rung** F ⟨-; -en⟩ discriminazione *f*
Dis·kus M ⟨-ses *u.* -; -se *u.* Disken⟩ SPORT **1** (*Gerät*) disco *m* **2** (*Wurf*) lancio *m* del disco
Dis·kus·si·on F ⟨-; -en⟩ discussione *f*: **etw zur ~ stellen** mettere qc in discussione; **es steht nicht zur ~** non rientra nell'argomento
Dis·kus·si·ons·fo·rum N ⟨-s; -foren⟩ IT newsgroup *m inv* **Dis·kus·si·ons·lei·ter** M, **-in** F moderatore *m*, -trice *f* **Dis·kus·si·ons·part·ner** M, **-in** F interlocutore *m*, -trice *f* **Dis·kus·si·ons·run·de** F gruppo *m* di discussione
Dis·kus·wer·fen N ⟨-s⟩ lancio *m* del disco **Dis·kus·wer·fer** M, **-in** F lanciatore *m*, -trice *f* di disco
dis·ku·ta·bel ADJ degno di considerazione
dis·ku·tie·ren **A** V/T discutere: **ein Thema ~** discutere un tema **B** V/I ⟨h.⟩ **mit j-m über etw** (*akk*) **~** discutere di qc con qn
dis·pen·sie·ren V/T dispensare, esonerare
Dis·play [dıs'ple:] N ⟨-s; -s⟩ display *m inv*
dis·po·nie·ren V/I ⟨h.⟩ **1** **über etw** (*akk*) **~** disporre di qc **2** (*planen*) pianificare
Dis·po·si·ti·on F **1** disposizione *f*: **etw zu seiner ~ haben** avere qc a propria disposizione **2** MED predisposizione *f* ♦ **-en treffen** dare disposizioni
Dis·po·si·ti·ons·kre·dit M credito *m* su base scoperta
Dis·put M ⟨-[e]s; -e⟩ disputa *f*
Dis·qua·li·fi·ka·ti·on F squalifica *f*
dis·qua·li·fi·zie·ren **A** V/T SPORT squalificare **B** V/R **sich ~** squalificarsi, screditarsi
Dis·ser·ta·ti·on F ⟨-; -en⟩ dissertazione *f*, tesi *f* di dottorato
Dis·si·dent M ⟨-en; -en⟩, **-in** F ⟨-; -nen⟩ dissidente *m/f*
Dis·so·nanz F ⟨-; -en⟩ disarmonia *f*
Dis·tanz F ⟨-; -en⟩ distanza *f*: **aus der ~** a distanza; **auf ~ bleiben** restare a distanza; **~ zu j-m/etw gewinnen** prendere le distanze da qn/da qc; **~ wahren** mantenere le distanze **dis·tan·zie·ren** **A** V/T SPORT distanziare **B** V/R **sich von j-m/etw ~** distanziarsi da qn/da qc
Dis·tel F ⟨-; -n⟩ cardo *m*
dis·tin·guiert ADJ distinto, signorile
Dist·rikt M ⟨-[e]s; -e⟩ zona *f*; (*Verwaltung*) distretto *m*
Dis·zip·lin F ⟨-; -en⟩ disciplina *f* **dis·zip·li·na·risch** **A** ADJ disciplinare **B** ADV **1** per via disciplinare **2** (*streng*) severamente
Dis·zip·li·nar·maß·nah·me F misura *f* (*od* provvedimento *m*) disciplinare **Dis·zip·li·nar·stra·fe** F SPORT sanzione *f* disciplinare **Dis·zip·li·nar·ver·fah·ren** N procedimento *m* disciplinare
dis·zip·li·niert ADJ disciplinato **dis·zip·lin·los** ADJ indisciplinato **Dis·zip·lin·lo·sig·keit** F ⟨-; -en⟩ indisciplina *f*
Di·va ['di:va] F ⟨-; -s *u.* Diven⟩ diva *f*
di·ver·gie·ren V/I ⟨h.⟩ divergere, differenziarsi
di·vers ADJ diverso: **Diverses** alcune cose *fpl*, varia *fpl* et alii
di·ver·si·fi·zie·ren V/T diversificare
Di·vi·dend M ⟨-en; -en⟩ **1** dividendo *m* **2** (*Zähler eines Bruchs*) numeratore *m*

Di·vi·den·de F ⟨-; -n⟩ WIRTSCH dividendo *m*
di·vi·die·ren V/T MATH dividere: **durch 2 ~** dividere per 2 **Di·vi·si·on** F ⟨-; -en⟩ MATH, MIL, SPORT divisione *f* **Di·vi·sor** M ⟨-s; -en⟩ 1 divisore *m* 2 (*Nenner eines Bruchs*) denominatore *m*
d-Moll N MUS re *m* minore
DNS F → (Desoxyribonukleinsäure) acido desossiribonucleico (DNA)
doch A ADV 1 (*als positive Antwort auf negative Aussagen*) certo, sicuro: **kommst du nicht mit? – ~, ich komme!** tu non vieni? – certo che vengo! 2 (*trotzdem, dennoch*) però, eppure: **sie geht, ~ kommt sie bestimmt wieder** se ne va, però sicuramente torna 3 (*wirklich*) davvero: **das war dann ~ zu viel** questo era davvero troppo B KONJ però C 1 mica: **er ist ~ kein Kind mehr!** non è mica più un bambino! 2 però, via: **das hast du ~ gewusst!** via, questo (però) lo sapevi! 3 ma: **pass ~ auf!** ma fai attenzione! 4 (*noch*) già: **wie war das ~ ?** come era già? 5 (*in Wunschsätzen*) (se) solo: **wenn er ~ käme!** se solo venisse! 6 (*zur Bestätigung*) vero: **ihr kommt ~ heute Abend?** voi venite stasera vero? 7 (*bittend*) avanti, dai: **komm ~ mal vorbei!** dai, passa di qui una volta o l'altra! ♦ **ja ~** sì, sì, certo; **nein ~! nicht ~!** ma no!; **und ~** e dire che
Docht M ⟨-[e]s; -e⟩ stoppino *m*, lucignolo *m*
Dock N ⟨-s; -s⟩ bacino *m* (di carenaggio)
Dog·ge F ⟨-; -n⟩ alano *m*
Dog·ma N ⟨-s; Dogmen⟩ REL dogma *m* (*a. fig*): **etw zum ~ erheben** elevare qc a dogma **dog·ma·tisch** ADJ dogmatico (*a. fig*)
Doh·le F ⟨-; -n⟩ taccola *f*
Dok·tor M ⟨-s; -en⟩ 1 dottore *m* 2 (*akademischer Titel*) laurea *f*: **den medizinischen ~ haben** avere la laurea in medicina; **seinen ~ machen** conseguire il dottorato ♦ **~ ehrenhalber** dottore honoris causa; **sehr geehrte Frau ~ Maier** gentile dottoressa Maier
Dok·to·rand M ⟨-en; -en⟩, **-in** F ⟨-; -nen⟩ laureando *m*, -a *f*
Dok·tor·ar·beit F tesi *f* (di dottorato) **Dok·tor·va·ter** M relatore *m* **Dok·tor·wür·de** F titolo *m* di dottore
Dokt·rin F ⟨-; -en⟩ 1 dottrina *f*: **etw zur ~ erheben** fare di qc una dottrina 2 POL fondamento *m*, principio *m*
Do·ku·ment N ⟨-[e]s; -e⟩ 1 documento *m*, atto *m* 2 *fig* documento *m*, testimonianza *f*
Do·ku·men·tar·film M documentario *m*
do·ku·men·ta·risch A ADJ documentario: **ein Buch von großem -em Wert** un libro di grande valore documentario B ADV con (*od* da) documenti: **~ belegt** comprovato da documenti; **~ nachweisbar** documentabile
Do·ku·men·ta·ti·on F ⟨-; -en⟩ 1 documentazione *f*: **eine ~ erstellen** produrre una documentazione 2 (*Beweis*) dimostrazione *f* **do·ku·men·tie·ren** V/T 1 (*bekunden*) testimoniare, dimostrare 2 (*beurkunden*) documentare (*a.* IT)
Do·ku·ment·vor·la·ge F IT modello *m* di documento
Dolch M ⟨-[e]s; -e⟩ pugnale *m*: **den ~ ziehen** estrarre il pugnale **Dolch·stoß** M pugnalata *f* (*a. fig*)
Dol·de F ⟨-; -n⟩ BOT ombrella *f*
Do·le F ⟨-; -n⟩ *schweiz* fogna *f*, chiavica *f*
Dol·lar M ⟨-[s]; -s⟩ dollaro *m*
Dol·le F ⟨-; -n⟩ scalmo *m*
dol·met·schen A V/T tradurre (a voce) B V/I ⟨h.⟩ fare da interprete
Dol·met·scher M ⟨-s; -⟩, **-in** F ⟨-; -nen⟩ interprete *m/f*
Do·lo·mi·ten PL Dolomiti *fpl*
Dom M ⟨-[e]s; -e⟩ duomo *m*, cattedrale *f*
Do·main [do'meːn] N ⟨-s; -s⟩ IT dominio *m* **Do·main·na·me** M nome *m* dominio
Do·mä·ne F ⟨-; -n⟩ 1 bene *m* demaniale 2 IT dominio *m* 3 *fig* sfera *f*, campo *m* (di competenza): **das ist eine ~ der Frau** questo è un campo femminile
Dom·herr M canonico *m*
do·mi·nie·ren A V/T dominare B V/I ⟨h.⟩ **in etw** (*dat*) **~** predominare (*od* prevalere) in qc
Do·mi·ni·ka·ner[1] M ⟨-s; -⟩ REL (frate *m*) domenicano *m*
Do·mi·ni·ka·ner[2] M ⟨-s; -⟩, **-in** F ⟨-; -nen⟩ GEOG dominicano *m*, -a *f* **do·mi·ni·ka·nisch** ADJ dominicano: **die Dominikanische Republik** la Repubblica Dominicana
Do·mi·no N ⟨-s; -s⟩ domino *m* **Do·mi·no·stein** M tessera *f* del domino
Do·mi·zil N ⟨-s; -e⟩ domicilio *m*
Dom·pfaff M ⟨-en *u.* -s; -en⟩ ciuffolotto

m
Domp·teur [dɔmp'tøːɐ] M ⟨-s; -e⟩, **-in** F ⟨-; -nen⟩ domatore *m*, -trice *f* **Domp·teu·se** [dɔmp'tøːzə] F ⟨-; -n⟩ domatrice *f*
Do·nau F ⟨-⟩ Danubio *m*
Dö·ner (Ke·bab) M ⟨-s; -⟩ kebab *m inv*
Don·ner M ⟨-s; -⟩ tuono *m* ♦ *fig* **wie vom ~ gerührt dastehen** restare come fulminato
don·nern V/I **1** *unpers* ⟨h.⟩ **es donnert** tuona, ci sono i tuoni **2** ⟨h.⟩ (*von Motoren*) rombare **don·nernd** ADJ fragoroso, rombante
Don·ner·schlag M tuono *m*; *fig* colpo *m*
Don·ners·tag M giovedì *m*: **am ~ gehe ich ins Kino** giovedì andrò al cinema; **eines -s** un giovedì; **jeden ~** ogni giovedì **Don·ners·tag·abend** M giovedì *m* sera
don·ners·tags ADV di (*od* il) giovedì
Don·ner·stim·me F voce *f* tonante **Don·ner·wet·ter** N *umg* sfuriata *f* ♦ **zum ~!** al diavolo!
do·pen ['doːpn] SPORT **A** V/T sottoporre a doping, dopare **B** V/R **sich ~** doparsi
Do·ping ['doːpɪŋ] N ⟨-s; -s⟩ doping *m* **Do·ping·kon·trol·le** F (controllo *m*) antidoping *m*
Dop·pel N ⟨-s; -⟩ **1** copia *f* **2** SPORT doppio *m*: **ein gemischtes ~** un doppio misto
Dop·pel·agent M, **-in** F doppiogiochista *m/f* **Dop·pel·be·las·tung** F doppio peso *m* **Dop·pel·bett** N letto *m* matrimoniale **Dop·pel·de·cker** M ⟨-s; -⟩ **1** biplano *m* **2** *umg* autobus *m* a due piani **dop·pel·deu·tig** ADJ **1** ambiguo **2** a doppio senso: **ein -er Witz** una barzelletta a doppio senso **Dop·pel·fens·ter** N doppia finestra *f* **Dop·pel·gän·ger** M ⟨-s; -⟩, **-in** F ⟨-; -nen⟩ sosia *m/f* **Dop·pel·he·lix** F ⟨-⟩ BIOL doppia elica *f* **Dop·pel·kinn** N doppio mento *m* **Dop·pel·klick** M ⟨-s; -s⟩ doppio clic *m inv* **dop·pel·kli·cken** V/I **A** cliccare due volte **B** V/T cliccare due volte su **Dop·pel·kopf** M = *gioco di carte* **dop·pel·köp·fig** ADJ (*Wappen, Heraldik*) bicipite **Dop·pel·le·ben** N doppia vita *f* **Dop·pel·na·me** M nome *m* doppio; (*Nachname*) cognome *m* doppio **Dop·pel·punkt** M GRAM due punti *mpl* **dop·pel·rei·hig** ADJ in doppia fila: **~ geknöpft** con due file di bottoni **Dop·pel·spiel** N doppiogioco *m* **Dop·pel·ste·cker** M ELEK spina *f* doppia
dop·pelt **A** ADJ doppio **B** ADV il doppio: **~ so groß** grosso il doppio; **~ so viel** il doppio; **etw zählt ~** qc conta doppio ♦ **~ und dreifach** più e più volte; *umg* **~ sehen** vedere doppio; **mit j-m (ein) -es Spiel treiben** fare un doppiogioco con qn
Dop·pel·te N ⟨-n⟩ doppio *m*
Dop·pel·turm M torre *f* binata **Dop·pel·ver·die·ner** M ⟨-s; -⟩, **-in** F ⟨-; -nen⟩ **1** persona *f* con doppio reddito **2** *pl* (*Ehepaar*) coppia *f* con doppio reddito **Dop·pel·zent·ner** M quintale *m* **Dop·pel·zim·mer** N camera *f* doppia
dop·pel·zün·gig ADJ *pej* bifronte, falso **Dop·pel·zün·gig·keit** F ⟨-; -en⟩ *pej* doppiezza *f*
Dorf N ⟨-[e]s; Dörfer⟩ villaggio *m*, paese *m*: **das Olympische ~** il villaggio olimpico
Dorf·ge·mein·de F comune *m* rurale
Dorn[1] M ⟨-[e]s; -en *umg* Dörner⟩ BOT spina *f*
Dorn[2] M ⟨-[e]s; -e⟩ (*Werkzeug*) fustella *f*
Dorn·busch M arbusto *m* spinoso
Dor·nen·kranz M corona *f* di spine **dor·nen·reich** ADJ irto di spine (*a. fig*)
Dorn·rös·chen N ⟨-s⟩ KIRCHE la Bella Addormentata *f*
dör·ren **A** V/T (*Obst*) essiccare **B** V/I ⟨s.⟩ seccarsi **Dörr·pflau·me** F prugna *f* secca
Dorsch M ⟨-[e]s; -e⟩ merluzzo *m*
dort ADV là, lì: **~ drüben/hinten/oben** di là/là dietro/là sopra (*od* lassù); **da und ~** qua e là; (*am Telefon*) **wer ist ~?** chi parla?
dort·her ADV di là, da lì **dort·hin** ADV di là, da quella parte **dort·hi·nab** ADV laggiù, giù di là **dort·hi·nauf** ADV lassù, su di là **dort·hi·naus** ADV per di là **dort·hi·nein** ADV là dentro
dor·tig ADJ di quel luogo, locale
Do·se F ⟨-; -n⟩ **1** barattolo *m*; latta *f* **2** (*Konservendose*) scatola *f*; (*von Getränken*) lattina *f* **3** (*Steckdose*) presa *f*
dö·sen V/I ⟨h.⟩ *umg* sonnecchiare, dormicchiare
Do·sen·bier N birra *f* in lattina **Do·sen·fleisch** N carne *f* in scatola **Do·sen·milch** F latte *m* condensato **Do·sen·öff·ner** M apriscatole *m* **Do·sen·sup·pe** F minestra *f* in scatola
do·sie·ren V/T dosare (*a. fig*) **Do·sie-**

rung F ⟨-; -en⟩ dosaggio *m*
Do·sis F ⟨-; Dosen⟩ dose *f* (*a. fig*): **eine tödliche ~** una dose letale

D

do·tie·ren V/T **1** rimunerare: **etw mit 500 Euro ~** rimunerare qc con 500 euro **2** **einen Preis hoch ~** dotare bene un premio
Dot·ter M/N ⟨-s; -⟩ tuorlo *m* **dot·ter·gelb** ADJ giallo uovo
dou·beln ['du:bln] V/T **1** **einen Hauptdarsteller ~** fare la controfigura di un attore protagonista **2** fornire di controfigura
Doub·le ['du:bl] N ⟨-s; -s⟩ FILM controfigura *f*
Down·load ['daunlo:t] M ⟨-s; -s⟩ IT download *m inv* **down·loa·den** ['daunlo:dn] V/T IT scaricare (dalla rete)
Do·zent M ⟨-en; -en⟩, **-in** F ⟨-; -nen⟩ docente *m/f* **do·zie·ren** V/I ⟨h.⟩ **1** insegnare (all'università) **2** *fig* montare in cattedra
Dr. → (Doktor) dottore (Dr., Dott.)
Dra·che M ⟨-n; -n⟩ drago *m*
Dra·chen M ⟨-s; -⟩ **1** (*Spielzeug*) aquilone *m*: **~ steigen lassen** far volare gli aquiloni **2** *umg* (*zänkische Frau*) megera *f*, strega *f* **3** SCHIFF dragone *m* **4** (*Fluggerät*) deltaplano *m* **Dra·chen·flie·gen** N ⟨-s⟩ volo *m* con il deltaplano **Dra·chen·flie·ger** M, **-in** F deltaplanista *m/f* **Dra·chen·flug** M volo *m* in deltaplano
Dra·gee [dra'ʒe:] N ⟨-s; -s⟩ confetto *m*
Draht M ⟨-[e]s; Drähte⟩ filo *m* (metallico); fil *m* di ferro ♦ **den ~ zu j-m nicht abreißen lassen** non troncare i rapporti con qn; **auf ~ sein** essere in gamba; **einen guten ~ zu j-m haben** essere in buoni rapporti con qn; POL **heißer ~** linea calda; **über ~** telegraficamente
Draht·aus·lö·ser M FOTO scatto *m* flessibile **Draht·bürs·te** F spazzola *f* metallica **Draht·ge·flecht** N rete *f* metallica **Draht·git·ter** N graticola *f*
drah·tig ADJ (*Gestalt*) asciutto
draht·los ADJ senza fili **Draht·sche·re** F pinza *f* tagliafili **Draht·seil** N fune *f* metallica **Draht·seil·akt** M funambolismo *m* (*a. fig*) **Draht·ver·hau** M/N reticolato *m* **Draht·zaun** M rete *f* metallica di recinzione **Draht·zie·her** M ⟨-s; -⟩, **-in** F ⟨-; -nen⟩ *fig* chi tira le fila *m*
Drai·na·ge [drɛ:'na:ʒə] F ⟨-; -n⟩ drenaggio *m* (*a.* MED) **drai·nie·ren** V/T drenare (*a.* MED)
dra·ko·nisch ADJ draconiano
drall ADJ rotondetto, tornito
Drall M ⟨-[e]s; -e⟩ **1** MECH torsione *f* **2** (*von Waffen*) rigatura *f* **3** PHYS momento *m* di rotazione **4** *fig* inclinazione *f*: **ein politischer ~ nach rechts** un'inclinazione politica a destra
Dra·ma N ⟨-s; Dramen⟩ dramma *m* (*a. fig*): **es war ein einziges ~** era una tragedia unica
Dra·ma·tik F ⟨-⟩ **1** drammaticità *f* **2** (*Dichtkunst*) poesia *f* drammatica **Dra·ma·ti·ker** M ⟨-s; -⟩, **-in** F ⟨-; -nen⟩ drammaturgo *m*, -a *f* **dra·ma·tisch** ADJ drammatico **dra·ma·ti·sie·ren** V/T drammatizzare **Dra·ma·ti·sie·rung** F ⟨-; -en⟩ drammatizzazione *f* (*a. fig*)
Dra·ma·turg M ⟨-en; -en⟩, **-in** F ⟨-; -nen⟩ drammaturgo *m*, -a *f*
dran ADV & PRON *umg* → daran ♦ **an ihm ist nichts Besonderes ~** non è niente di speciale; **schlecht/gut ~ sein** stare male/bene; **da ist was Wahres ~** c'è qualcosa di vero; **wer ist ~? – du bist ~** a chi tocca? – tocca a te; *fig* è la tua ora
dran·blei·ben V/I ⟨irr; s.⟩ rimanere vicino (*od* lì); *fig* darsi da fare, non mollare: **bleiben Sie bitte dran** rimanga (*od* resti) in linea, prego
drang → dringen
Drang M ⟨-[e]s; Dränge⟩ **1** impulso *m*, istinto *m*: **ein ~ nach Erkenntnis** un impulso a conoscere; **ein ~ nach Freiheit** un istinto di libertà; **der ~ zum Wasserlassen** lo stimolo di urinare **2** (*Druck*) spinta *f*
dran·ge·ben V/T ⟨irr⟩ sacrificare, rischiare
drän·geln V/T & V/I *umg* **j-n ~** spingere qn (*a. fig*); **drängle nicht so!** non spingere così!
drän·gen **A** V/T **1** spingere: **j-n zur Seite ~** spingere qn da parte **2** *fig* spingere, sollecitare **B** V/I ⟨h.⟩ **1** spingere, premere **2** *fig* insistere, fare pressioni: **auf Lösung des Problems ~** insistere per la soluzione del problema **3** *unpers obs* KIRCHE **C** V/R **sich ~** **1** spingersi; (*von Mengen*) accalcarsi, fare ressa **2** **sich durch die Menge ~** farsi largo tra la folla ♦ **sich zu etw gedrängt fühlen** sentirsi obbligato a (fare) qc; **die Zeit/die Sache drängt** il tempo stringe/la cosa urge

Drän·gen N ⟨-s⟩ 1 ressa *f*, calca *f*, pigia pigia *m* 2 *fig* pressioni *fpl*, insistenze *fpl*: **auf sein ~ hin** in seguito alle sue insistenze

Dräng·ler M ⟨-s; -⟩, **-in** F ⟨-; -nen⟩ = *chi si incolla dietro alle altre auto cercando di sorpassare con abbaglianti accesi e clacson a tutta forza*

Drang·sal F ⟨-; -e⟩ *u.* N ⟨-[e]s; -e⟩ *poet* tormento *m*, tribolazione *f* **drang·sa·lie·ren** V/T tormentare

dran·hal·ten V/R ⟨irr⟩ **sich ~** *umg* affrettarsi **dran·kom·men** V/I ⟨irr; s.⟩ *umg* venire: **ich komme als Erster dran** vengo per primo **dran·krie·gen** V/T *umg* 1 (*erwischen*) **j-n ~** prendere in mezzo qn 2 (*überlisten*) imbrogliare **dran·neh·men** V/T ⟨irr⟩ chiamare (a rispondere)

Drä·nung F ⟨-; -en⟩ ING drenaggio *m*

Dra·pe·rie F ⟨-; -n⟩ drappeggio *m*

dra·pie·ren V/T drappeggiare

dras·tisch ADJ drastico

drauf ADV & PRON *umg* → darauf ♦ **~ und dran sein, etw zu tun** essere sul punto di (*od* stare quasi per) fare qc; **gut ~ sein** stare bene, essere di buon umore

Drauf·ga·be F aggiunta *f* **Drauf·gän·ger** M ⟨-s; -⟩, **-in** F ⟨-; -nen⟩ spavaldo *m*, -a *f* **drauf·gän·ge·risch** ADJ spavaldo, temerario

drauf·ge·ben V/T ⟨irr⟩ aggiungere ♦ **j-m eins ~** dare una pacca a qn; (*zurechtweisen*) fare una lavata di capo a qn

drauf·ge·hen V/I ⟨irr; s.⟩ *umg* 1 partire: **mein ganzes Geld ist draufgegangen** mi sono partiti tutti i soldi 2 (*verdorben werden*) rovinarsi 3 (*sterben*) morire

drauf·los·ge·hen V/I ⟨irr; s.⟩ *umg* 1 procedere deciso, andare dritto 2 (*ohne Ziel gehen*) andare avanti senza meta precisa

Drauf·sicht F vista *f* dall'alto, pianta *f*

drauf·zah·len *umg* A V/T pagare in più B V/I ⟨h.⟩ rimetterci (del denaro)

drau·ßen ADV fuori: **nach ~ gehen** andare fuori, uscire; **von ~** da fuori

drech·seln V/T tornire (*a. fig*)

Dreck M ⟨-[e]s⟩ *umg* 1 sporcizia *f*; (*Straßenschmutz*) fango *m*, melma *f* 2 *pej* (*wertloses Zeug*) robaccia *f* ♦ **mach deinen ~ allein!** arrangiati! sbrigatela da solo!; **j-n wie (den letzten) ~ behandeln** trattare qn come una pezza da piedi; **das geht dich einen ~ an!** non te ne frega niente!; **im ~ sitzen** essere nei guai; **~ am Stecken haben** averne fatte di cotte e di crude; **j-n/etw in** (*od* **durch**) **den ~ ziehen** trascinare qn/qc nel fango

dre·ckig ADJ *umg* sporco: **etw ~ machen** sporcare qc; **ein -er Witz** una barzelletta sporca ♦ **j-m geht es ~** qn se la passa molto male; **~ lachen** ridere in modo perfido

Dreck·spatz M 1 sudicione *m*, sporcaccione *m* 2 (*Kind*) maialino *m*, porcellino *m*

Dreh·ach·se F asse *m* di rotazione **Dreh·bank** F ⟨-; -bänke⟩ tornio *m* **dreh·bar** ADJ girevole **Dreh·be·we·gung** F moto *m* rotatorio **Dreh·buch** N FILM sceneggiatura *f*, copione *m* **Dreh·büh·ne** F palcoscenico *m* girevole

dre·hen A V/T 1 girare: **eine Kurbel/den Kopf/einen Film ~** girare una manovella/la testa/un film 2 *fig* **die Dinge zu seinem Vorteil ~** volgere le cose a proprio favore 3 *umg* **etw niedriger/höher ~** abbassare/alzare qc B V/I ⟨h.⟩ girare: **der Wind hat gedreht** il vento è girato C V/R 1 **sich im Kreise ~** girare in cerchio 2 voltarsi: **sich seitwärts ~** girarsi da una parte 3 (*um seine Achse*) ruotare (*a. fig*): **alles dreht sich um ihn** tutto ruota intorno a lui 4 (*sich handeln*) **sich um etw ~** trattare di qc ♦ **mir dreht sich alles** mi gira la testa; **etw ~ und wenden** girare e rigirare qc

Dreh·knopf M manopola *f* **Dreh·kreuz** N tornello *m* **Dreh·mo·ment** N PHYS momento *m* torcente; MECH coppia *f* **Dreh·or·gel** F organetto *m* **Dreh·schei·be** F 1 piattaforma *f* girevole 2 (*Töpferscheibe*) tornio *m* **Dreh·strom** M ELEK corrente *f* trifase **Dreh·tür** F porta *f* girevole

Dre·hung F ⟨-; -en⟩ 1 giro *m* 2 (*um eine Achse*) rotazione *f* 3 (*um andere Planeten*) rivoluzione *f*

Dreh·zahl F numero *m* di giri **Dreh·zahl·mes·ser** M ⟨-s; -⟩ contagiri *m*

drei NUM 1 tre: **in ~ Tagen** fra tre giorni; **~ viertel Liter Wasser** tre quarti (di litro) d'acqua 2 (*drei Uhr*) le tre: **um ~ (Uhr)** alle tre; **es war halb ~** erano le due e mezza ♦ **aller guten Dinge sind ~** non c'è due senza tre; **ehe man bis ~ zählen kann** in men che non si dica; **nicht bis ~ zählen können** non saper fare due più due

Drei F ⟨-; -en⟩ 1 tre *m* 2 (*Note*) discreto *m*, sette *m* 3 **eine ~ würfeln** fare tre
drei·ar·mig ADJ a tre bracci **drei·bo·gig** ADJ **-es Fenster** (finestra *f*) trifora *f* **drei·di·men·si·o·nal** ADJ tridimensionale **Drei·eck** N ⟨-[e]s; -e⟩ 1 triangolo *m* 2 (*Zeichenwinkel*) squadra *f* **drei·eckig** ADJ triangolare
drei·ein·halb ADJ ⟨*inv*⟩ tre e mezzo: **nach ~ Jahren** dopo tre anni e mezzo
drei·ei·nig ADJ **- er Gott** Dio uno e trino
Drei·ei·nig·keit F ⟨-⟩ Trinità *f*
drei·er·lei ADJ ⟨*inv*⟩ di tre tipi
drei·fach A ADJ triplo, triplice: **in -er Ausfertigung** in triplice copia B ADV in tre **Drei·fa·che** N ⟨-n⟩ triplo *m*: **etw um das ~ erhöhen** moltiplicare qc per tre
drei·far·big ADJ in tre colori, tricolore **Drei·fuß** M 1 treppiede *m* 2 (*Schemel*) sgabello *m* a tre gambe **Drei·ge·stirn** N *fig* triade *f* **drei·hun·dert** NUM trecento **drei·jäh·rig** ADJ di tre anni **Drei·kä·se·hoch** M ⟨-s; -[s]⟩ *hum* soldo *m* di cacio **Drei·klang** M MUS triade *f* **Drei·kö·ni·ge** PL Epifania *f* **drei·köp·fig** ADJ di tre persone **drei·mal** ADV tre volte: **~ so lang** lungo tre volte; **diese Stadt hat ~ so viel Einwohner wie Turin** questa città ha il triplo degli abitanti di Torino **drei·ma·lig** ADJ ripetuto tre volte **Drei·mas·ter** M ⟨-s; -⟩ SCHIFF trealberi **Drei·mei·len·gren·ze** F limite *m* delle tre miglia (delle acque territoriali) **drei·mo·na·tig** ADJ di tre mesi
drein·bli·cken VI ⟨h.⟩ **finster ~** avere uno sguardo cupo; **gutmütig ~** avere uno sguardo bonario
Drei·rad N triciclo *m* **Drei·satz** M MATH regola *f* del tre semplice **drei·sei·tig** ADJ GEOM trilatero **Drei·spitz** M ⟨-es; -e⟩ tricorno *m* **drei·spra·chig** ADJ trilingue; (*von Texten*) in tre lingue **Drei·sprung** M SPORT salto *m* triplo
drei·ßig NUM trenta: **sie ist ~** (**Jahre alt**) ha trent' anni; **er ist Mitte ~** ha circa trentacinque anni **Drei·ßig** F ⟨-⟩ trenta *m*
drei·ßi·ger ADJ ⟨*inv*⟩ 1 (*Zeit*) **die ~ Jahre** gli anni trenta 2 (*Alter*) trentina *f*, trent'anni *mpl* **Drei·ßi·ger** M ⟨-s; -⟩, **-in** F ⟨-; -nen⟩ trentenne *m/f*
Drei·ßi·ger·jah·re anni *mpl* trenta **drei·ßig·jäh·rig** ADJ trentenne, di trent'anni: **der Dreißigjährige Krieg** la guerra dei trent'anni **drei·ßigs·te** ADJ trentesimo
dreist A ADJ 1 (*frech*) impertinente, sfacciato, insolente; arrogante: **ein -es Mädchen** una ragazza sfacciata; **eine -e Äußerung** un commento impertinente 2 (*kühn*) ardito, audace B ADV 1 sfrontatamente, in modo impertinente 2 audacemente
drei·stel·lig ADJ a (*od* di) tre cifre
Dreis·tig·keit F ⟨-; -en⟩ impertinenza *f*
drei·stim·mig ADJ & ADV MUS a tre voci **drei·stö·ckig** ADJ a (*od* di) tre piani **drei·strah·lig** ADJ trireattore **drei·stün·dig** ADJ di tre ore **Drei·ta·ge·bart** M barba *f* di tre giorni **drei·tä·gig** ADJ di tre giorni **drei·tau·send** NUM tremila **drei·tei·lig** ADJ diviso in tre parti, tripartito **Drei·tei·lung** F tripartizione *f*
drei·vier·tel·lang ADJ a tre quarti **Drei·vier·tel·mehr·heit** F maggioranza *f* di tre quarti **Drei·vier·tel·stun·de** F tre quarti *mpl* d'ora: **in einer ~** in tre quarti d'ora **Drei·vier·tel·takt** M MUS tempo *m* in tre quarti **drei·vier·tel·voll** ADJ pieno per tre quarti
Drei·we·ge·ka·ta·ly·sa·tor M catalizzatore *m* a tre vie
drei·wö·chig ADJ di tre settimane
Drei·zack M ⟨-s; -e⟩ tridente *m*
drei·zehn NUM tredici: **er ist ~** ha tredici anni **Drei·zehn** F ⟨-⟩ tredici *m*

Dreizehn

Die Zahl Dreizehn bringt in Italien Glück, während die Siebzehn für Unglück sorgt.

drei·zehn·hun·dert NUM milletrecento **drei·zehn·jäh·rig** ADJ di tredici anni **drei·zehn·te** ADJ 1 tredicesimo 2 (*im Datum*) tredici: **am -n März** il tredici marzo **drei·zei·lig** ADJ di tre righe: **-e Strophe** terzina
Dre·sche F ⟨-⟩ *umg* botte *fpl*: **~ bekommen** (*od* **kriegen**) prendere le botte, prenderle
dre·schen ⟨drischt, drosch, gedroschen⟩ A VT 1 trebbiare 2 *umg* (*prügeln*) menare B VR **sich ~** menarsi ♦ **Phrasen ~** far della retorica
Dresch·fle·gel M correggiato *m*
Dresch·ma·schi·ne F trebbiatrice *f*
Dres·den N ⟨-s⟩ Dresda *f*

Dress M ⟨-es; -e⟩ tenuta *f* sportiva
dres·sie·ren V/T **1** **Löwen** ~ domare leoni **2** **Pferde** ~ addestrare cavalli **3** **Bären** ~ ammaestrare orsi **4** *pej fig* **j-n** ~ educare qn a troppa obbedienza
Dres·sing N ⟨-s; -s⟩ condimento *m* (per l'insalata)
Dress·man ['drɛsmɛn] M ⟨-s; -men⟩ **1** indossatore *m* **2** fotomodello *m*
Dres·sur F ⟨-; -en⟩ addestramento *m*, ammaestramento *m* **Dres·sur·rei·ten** N dressaggio *m*
drib·beln V/I ⟨h.⟩ dribblare
drif·ten V/I ⟨s.⟩ SCHIFF andare alla deriva
Drill M ⟨-[e]s⟩ **1** MIL duro addestramento *m* **2** (*Erziehung*) educazione *f* severa
Drill·boh·rer M trapano *m* a vite
dril·len V/T **1** MIL addestrare, esercitare duramente **2** (*Kinder*) educare rigidamente
Dril·lich M ⟨-s; -e⟩ (*Stoff*) traliccio *m*
Dril·ling M ⟨-s; -e⟩ gemello *m* (di parto trigemino) **Dril·lings·ge·burt** F parto *m* trigemino
drin ADV & PRON *umg* → darin ♦ **das ist nicht mehr** ~ questo non è più possibile
drin·gen V/I ⟨drang, gedrungen⟩ **1** ⟨s.⟩ penetrare, farsi strada: **durch das Gebüsch** ~ penetrare tra i cespugli **2** ⟨s.⟩ **bis zu j-m** ~ giungere (*od* arrivare) fino a qn **3** ⟨s.⟩ **in j-n** ~ fare pressione su qn; **in j-n mit Fragen** ~ sottoporre qn a interrogatorio **4** ⟨h.⟩ **auf etw** (*akk*) ~ richiedere qc; insistere su qc
drin·gend **A** ADJ **1** urgente; (*nachdrücklich*) pressante: **in -en Fällen** in caso d'urgenza **2** (*Gefahr*) immediato **3** (*Verdacht*) grave **B** ADV **1** urgentemente: **etw** ~ **benötigen** avere urgentemente bisogno di qc **2** ~ **verdächtig** gravemente sospettato **3** (*unbedingt*) ~ **nötig** assolutamente necessario **4** drasticamente: **j-n** ~ **warnen** avvertire qn in modo tassativo
dring·lich ADJ pressante, urgente: **es wurde immer -er** diventò sempre più pressante
Dring·lich·keit F ⟨-; -en⟩ urgenza *f*, premura *f* **Dring·lich·keits·an·trag** M POL mozione *f* urgente
drin·nen ADV & PRON *umg* dentro, di dentro
dritt: **zu** ~ in tre; **ein Spiel zu** ~ un gioco a tre **dritt·äl·test...** ADJ terzo in ordine di età
drit·te ADJ **1** terzo **2** (*im Datum*) tre: **am -n März** il tre marzo ♦ **das Dritte Reich** il Terzo Reich; **die Dritte Welt** il terzo mondo
Drit·te M/F ⟨-n; -n⟩ terzo *m*, -a *f*: **er wurde -r** arrivò terzo; **jeder** ~ uno su tre ♦ **Verkauf an** ~ **ist nicht erlaubt** non è consentita la vendita a terzi; **der** ~ **im Bunde** il terzo partecipante; **der lachende** ~ **sein** essere il terzo che gode (fra due litiganti)
drit·tel ADJ ⟨*inv*⟩ terzo: **ein** ~ **Liter** un terzo di litro **Drit·tel** N ⟨-s; -⟩ terzo *m* ♦ **im ersten** ~ **des Monats** nella prima decade del mese
drit·teln V/T dividere in tre
drit·tens ADV terzo, in terzo luogo
dritt·größt... ADJ terzo in ordine di grandezza **dritt·klas·sig** ADJ **ein -es Hotel** un albergo di terza categoria
Dritt·land N POL paese *m* terzo **dritt·letzt...** ADJ terzultimo
Dro·ge F ⟨-; -n⟩ droga *f*, stupefacente *m*: **-n nehmen** drogarsi, fare uso di droga; **weiche/harte -n** droghe leggere/pesanti
dro·gen·ab·hän·gig ADJ drogato, tossicodipendente **Dro·gen·ab·hän·gig·keit** F tossicodipendenza *f*
Dro·gen·be·ra·tungs·stel·le F centro *m* di assistenza per tossicodipendenti
Dro·gen·han·del M traffico *m* di droga **Dro·gen·miss·brauch** M abuso *m* di droga **Dro·gen·sze·ne** F mondo *m* della droga
Dro·ge·rie F ⟨-; -n⟩ drogheria *f*; (*Parfümerie*) profumeria *f*
Dro·gist M ⟨-en; -en⟩, **-in** F ⟨-; -nen⟩ droghiere *m*, -a *f*
Droh·brief M lettera *f* minatoria
dro·hen V/I ⟨h.⟩ **1** **j-m** ~ minacciare qn; **j-m mit dem Tod** ~ minacciare qn di morte; **das Haus droht einzustürzen** la casa minaccia di crollare **2** (*bevorstehen*) incombere: **dem Land droht die Krise** la crisi incombe sul paese **dro·hend** ADJ **1** minaccioso **2** imminente; **-e Gefahren** pericoli incombenti
Droh·ne F ⟨-; -n⟩ **1** fuco *m* **2** *pej* scroccone *m*
dröh·nen V/I ⟨h.⟩ **1** (*laut tönen*) rimbombare; (*Motoren*) rombare **2** rintronare: **mir dröhnt der Kopf von all dem Lärm** tutto quel chiasso mi rintrona la testa **dröh·nend** ADJ **1** rimbombante; (*Stimme*) tonante; (*Motor*) rombante **2** (*unerträglich laut*) rintronante

D

Dro·hung F ⟨-; -en⟩ minaccia *f*
drol·lig ADJ **1** (*spaßig*) divertente **2** (*possierlich*) buffo **3** (*komisch*) strano
Dro·me·dar N ⟨-s; -e⟩ dromedario *m*
drosch → dreschen
Drosch·ke F ⟨-; -n⟩ carrozza *f*
Dros·sel F ⟨-; -n⟩ tordo *m*
Dros·sel·klap·pe F valvola *f* a farfalla
dros·seln V/T **1** (*herabsetzen*) abbassare, ridurre **2** (*einschränken*) contenere, limitare
Dros·sel·ven·til N valvola *f* a farfalla
drü·ben ADV dall'altra parte, al di là: **da ~** da quella parte
Druck[1] M ⟨-[e]s; Drücke *u.* -e⟩ **1** pressione *f* (*a. fig*): **~ hinter etw** (*akk*) **machen** far pressione (*od* premere) per qc **2** **einen ~ im Magen fühlen** sentire un peso sullo stomaco; **~ im Kopf** pesantezza *f* di capo ♦ **mit etw in ~ geraten** trovarsi alle strette (*od* in difficoltà) con qc; *umg* **unter ~ sein** essere sotto pressione
Druck[2] M ⟨-[e]s; -e *u.* -s⟩ **1** stampa *f*: **etw in ~ geben** dare qc alle stampe **2** (*auf Textilien*) fantasia *f* (stampata) ♦ **im ~ erschienen** essere pubblicato
Druck·aus·gleich M equilibratura *f* della pressione **Druck·blei·stift** M portamina *f* **Druck·bo·gen** M (*Verlag*) segnatura *f* **Druck·buch·sta·be** F lettera *f* in stampatello
Drü·cke·ber·ger M ⟨-s; -⟩, **-in** F ⟨-; -nen⟩ *pej* scioperato *m*, -a *f*, scansafatiche *m/f*
dru·cken V/T stampare: IT **drucken** (*Befehl*) stampa
drü·cken **A** V/T **1** premere **2** stringere: **j-m die Hand ~** stringere la mano a qn; **die Mutter drückt das Kind** (**an sich**) la mamma stringe (a sé) il bambino **3** spingere: **j-n an die Mauer ~** spingere qn contro il muro **4** imprimere: **den Stempel auf die Akten ~** imprimere il timbro sui documenti; **j-m einen Kuss auf die Wange ~** imprimere un bacio sulla guancia a qn **5** (*herabsetzen*) ridurre, abbassare **B** V/I ⟨h.⟩ **1** **auf etw** (*akk*) **~** premere (*od* schiacciare) qc **2** (*lasten*) pesare **3** (*von Schuhen*) stringere **C** V/R *umg* **sich vor etw** (*dat*) **~** svignarsela di fronte a qc (*od* da qc) ♦ **j-m etw in die Hand ~** mettere qc in mano a qn
drü·ckend ADJ **1** (*Hitze*) opprimente **2** gravoso: **eine -e Pflicht** un obbligo gravoso

Dru·cker M ⟨-s; -⟩ **1** (*Mensch*) tipografo *m*, stampatore *m* **2** IT stampante *f*
Drü·cker M ⟨-s; -⟩ **1** (*einer Tür*) maniglia *f* **2** (*am Gewehr*) grilletto *m* **3** ELEK pulsante *m* **4** *umg* venditore *m* porta a porta ♦ *umg* **auf den letzten ~** all'ultimo momento
Dru·cke·rei F ⟨-; -en⟩ tipografia *f*, stamperia *f*
Dru·cke·rin F ⟨-; -nen⟩ tipografa *f*
Drü·cke·rin F ⟨-; -nen⟩ *umg* venditrice *f* porta a porta
Dru·cker·pres·se F torchio *m* da stampa **Dru·cker·schwär·ze** F inchiostro *m* nero da stampa **Dru·cker·trei·ber** M IT driver *m inv* stampante
Druck·feh·ler M errore *m* di stampa, refuso *m* **druck·frisch** ADJ fresco di stampa **Druck·gra·fik** F KUNST multiplo *m* **Druck·ka·bi·ne** F cabina *f* pressurizzata **Druck·knopf** M **1** (*Nähen*) (bottone *m*) automatico *m* **2** ELEK bottone *m* interruttore a pulsante **Druck·luft** F aria *f* compressa **Druck·mes·ser** M ⟨-s; -⟩ manometro *m* **Druck·mit·tel** N *fig* mezzo *m* di pressione **Druck·plat·te** F TYPO lastra *f* tipografica **Druck·pro·be** F TYPO prova *f* di stampa **Druck·sa·che** F stampato *m* **Druck·schrift** F **1** carattere *m* di stampa: **in ~ schreiben** scrivere in stampatello **2** (*gedrucktes Werk*) stampato *m*
druck·sen V/I ⟨h.⟩ *umg* tentennare
Druck·stel·le F TECH ammaccatura *f* **Druck·stock** M TYPO cliché *m* **Druck·tas·te** F ELEK tasto *m*, pulsante *m* **Druck·ver·band** M MED fasciatura *f* di compressione **Druck·ver·fah·ren** N tecnica *f* tipografica **Druck·was·ser·re·ak·tor** M NUKL reattore *m* ad acqua pressurizzata **Druck·wel·le** F PHYS onda *f* d'urto **Druck·werk** N opera *f* stampata
drum ADV & PRON *umg* → darum ♦ **sei's ~!** e sia!; **das** (**ganze**) **Drum und Dran** (tutti) gli annessi e connessi
Drum·mer ['drame] M ⟨-s; -⟩, **-in** F ⟨-; -nen⟩ batterista *m/f*
drun·ten ADV laggiù **drun·ter** ADV & PRON *umg* → darunter ♦ **alles geht ~ und drüber** tutto va a catafascio
Drü·se F ⟨-; -n⟩ ghiandola *f* **Drü·sen·funk·ti·on** F funzione *f* ghiandolare
Dschun·gel M ⟨-s; -⟩ giungla *f* (*a. fig*)
Dschun·ke F ⟨-; -n⟩ giunca *f*

du PERS PR **1** tu: ~ **hast recht** hai ragione; **wenn ich ~ wäre** se fossi in te **2** *(man)* si, tu, uno: ~ **kannst machen, was ~ willst** puoi fare come vuoi, si può fare come si vuole ♦ **wie ~ mir, so ich dir** chi la fa l'aspetti

Du N ⟨-[s]; -[s]⟩ tu *m*: **j-m das ~ anbieten** proporre a qn di darsi del tu; **mit j-m per ~ sein** dare del tu a qn

du·al ADJ duale: **-es System** sistema duale **Du·a·lis·mus** M ⟨-⟩ dualismo *m* **du·a·lis·tisch** ADJ dualistico **Du·al·sys·tem** N MATH sistema *m* binario

Dü·bel M ⟨-s; -⟩ tassello *m*

du·bi·os ADJ *geh* dubbio, equivoco

Dub·let·te F ⟨-; -n⟩ **1** doppione *m* **2** *(von Edelsteinen)* imitazione *f*

du·cken **A** V/T **den Kopf ~** piegare *(od* abbassare) il capo **B** V/R **sich ~** piegarsi *(a. fig)*

Duck·mäu·ser M ⟨-s; -⟩, **-in** F ⟨-; -nen⟩ *pej* sornione *m*, -a *f*

du·deln V/T & V/I ⟨h.⟩ *umg pej* strimpellare

Du·del·sack M cornamusa *f*, zampogna *f* **Du·del·sack·spie·ler** M, **-in** F suonatore *m*, -trice *f* di cornamusa; zampognaro *m*, -a *f*

Du·ell N ⟨-s; -e⟩ duello *m* **Du·el·lant** M ⟨-en; -en⟩ duellante *m* **du·el·lie·ren** V/R **sich mit j-m ~** battersi a duello con qn

Du·ett N ⟨-[e]s; -e⟩ MUS duetto *m*

Duft M ⟨-[e]s; Düfte⟩ **1** odore *m*, profumo *m*: **einen intensiven ~ ausströmen** emanare un profumo intenso **2** fragranza *f*: **der ~ eines Parfüms** la fragranza di un profumo

duf·ten V/I ⟨h.⟩ **1** profumare **2** **nach etw ~** avere un profumo di qc **3** *unpers* **es duftet nach etw** si sente *(od* c'è) un odore di qc **duf·tig** ADJ vaporoso

Duft·no·te F fragranza *f* **Duft·stoff** M BIOL sostanza *f* odorosa; CHEM sostanza *f* aromatica

dul·den **A** V/T **1** *(zulassen)* ammettere: **keinen Aufschub ~** non ammettere rinvii **2** accettare, tollerare: **den Freund der Tochter im Haus nicht ~** non accettare il ragazzo della figlia in casa **B** V/I ⟨h.⟩ soffrire, sopportare

duld·sam ADJ tollerante, indulgente

Dul·dung F ⟨-; -en⟩ tolleranza *f*, accettazione *f*

dumm ADJ **1** stupido: **wie ~!** che stupido!; **-es Geschwätz!** stupide chiacchiere! **2** *(unangenehm)* brutto, seccante: **die Sache wird mir zu ~** la cosa comincia a seccarmi; **eine -e Geschichte** una brutta faccenda ♦ **das kann ~ ausgehen** può finir male; **~ gelaufen** andato male; **sich ~ stellen** fare l'indiano; **rede kein -es Zeug!** non dire sciocchezze!; **zu ~!** che peccato!

dumm·dreist ADJ arrogante, insolente

Dum·me[1] M/F ⟨-n; -n⟩ stupido *m*, -a *f*, cretino *m*, -a *f*: **der ~ sein** essere il cretino di turno; **immer wieder einen -n finden** riuscire sempre a trovare il cretino che ci casca

Dumme[2] N ⟨-n⟩ cosa *f* stupida: **mir ist etwas -s eingefallen** mi è venuta in mente una cosa stupida **das ~ ist, dass ich jetzt alles noch einmal machen muss** la seccatura è che adesso devo rifare tutto da capo

düm·mer *komp von* → dumm

dum·mer·wei·se ADV stupidamente

Dumm·heit F ⟨-; -en⟩ **1** *(mangelnde Intelligenz)* stupidità *f* **2** stupidaggine *f*, sciocchezza *f*: **eine ~ begehen** fare una stupidaggine **Dumm·kopf** M minchione *m*, stupido *m*, cretino *m*

dümm·lich ADJ stupidello, schiocchino

dümmst... *sup von* → dumm

düm·peln V/I ⟨h.⟩ SCHIFF rollare leggermente

dumpf ADJ **1** *(dunkel klingend)* cupo: **ein -er Schlag** un tonfo sordo **2** *(muffig)* che sa di muffa **3** *fig (stumpfsinnig)* **ein -es Schweigen** un silenzio cupo *(od* apatico) **4** *(undeutlich)* **ein -er Schmerz** un dolore sordo **5** *fig* **ein -es Gefühl** una sensazione vaga

Dumpf·ba·cke F *umg* testa *f* di cavolo

Dumpf·heit F ⟨-; -en⟩ **1** cupezza *f (a. fig)* **2** *(von Menschen)* apatia *f*, torpore *m*

Dü·ne F ⟨-; -n⟩ duna *f*

Dung M ⟨-[e]s⟩ letame *m*

dün·gen V/T concimare **Dün·ger** M ⟨-s; -⟩ concime *m*, fertilizzante *m*: **natürlicher ~** concime organico **Dün·gung** F ⟨-; -en⟩ concimazione *f*

dun·kel ADJ **1** buio, oscuro *(a. fig)*: **es wird ~** fa *(od* diventa) buio; **ich habe die dunkle Ahnung, dass …** ho l'oscuro presentimento che … **2** scuro: **ein dunkles Grün** un verde scuro **3** *fig* nero: **der -ste Tag in seinem Leben** il giorno più nero della sua vita ♦ **sich ~ erinnern** ricordarsi vagamente; **j-n im Dunkeln las-**

D

sen lasciare qn all'oscuro; **etw liegt noch im Dunkeln** qc è ancora immerso nel buio (*a. fig*); **im Dunkeln tappen** brancolare nel buio

Dun·kel N ⟨-s⟩ buio *m* (*a. fig*): **das ~ um einen Vorfall lichten** far luce su un fatto

Dün·kel M ⟨-s; -⟩ presunzione *f*, boria *f*

dun·kel·blau ADJ blu scuro **dun·kel·braun** ADJ marrone scuro **dun·kel·grau** ADJ grigio scuro

dün·kel·haft ADJ presuntuoso, altezzoso

Dun·kel·heit F ⟨-; -en⟩ buio *m*, tenebre *fpl* (*a. fig*): **bei einbrechender ~** all'imbrunire, al calare delle tenebre; **im Schutze der ~** col favore delle tenebre

Dun·kel·kam·mer F FOTO camera *f* oscura **Dun·kel·mann** M uomo *m* ombra

dun·keln VI 1 ⟨h.⟩ *unpers* **es dunkelt** si fa buio, annotta 2 ⟨s.⟩ diventare più scuro

Dun·kel·zif·fer F = *dati non rilevati dalle statistiche* **Dun·kel·zo·ne** F zona *f* d'ombra

dün·ken ⟨dünkt, dünkte, gedünkt; *obs* deucht, deuchte, gedeucht⟩ A VT sembrare, parere: **mich dünkt, dass du recht hast** mi sembra che tu abbia ragione B VR **sich ~** credersi

dünn A ADJ 1 sottile: **-e Scheiben** fette sottili 2 (*fein, leicht*) fine, leggero 3 (*spärlich*) rado: **-es Haar haben** avere i capelli radi 4 (*mager*) magro: **er ist -er geworden** è diventato più magro, è dimagrito 5 (*Klang*) debole, fievole 6 (*Kaffee*) leggero; (*Suppe*) acquoso 7 *fig* **eine -e Mehrheit** una leggera maggioranza 8 (*dürftig*) scarso, insufficiente B ADV scarsamente, poco: **er ist zu ~ angezogen** è vestito troppo poco (*od* troppo leggero) ♦ **~ gesät sein** essere scarso (*od* raro)

Dünn·bier N *umg* birra *f* leggera **Dünn·darm** M intestino *m* tenue **Dünn·druck** M ⟨-[e]s; -e⟩ TYPO stampa *f* su carta bibbia **dünn·flüs·sig** ADJ fluido **dünn·häu·tig** ADJ *fig* sensibile, delicato **dünn·ma·chen** VR **sich ~** *umg* sparire inosservato (*od* di nascosto), svignarsela **Dünn·pfiff** M ⟨-[e]s⟩, **Dünn·schiss** M ⟨-es⟩ *vulg* cacarella *f*

Dunst M ⟨-[e]s; Dünste⟩ 1 foschia *f* 2 (*Rauch*) fumo *m* 3 (*Dampf*) vapore *m* ♦ **j-m blauen ~ vormachen** vendere fumo

Dunst·ab·zugs·hau·be F cappa *f* aspirante

düns·ten VT GASTR stufare

Dunst·glo·cke F cappa *f* di smog

duns·tig ADJ 1 brumoso: **ein -er Morgen** un mattino brumoso 2 fumoso, pieno di vapori

Dunst·kreis M *pej* 1 atmosfera *f* 2 sfera *f* di influenza **Dunst·wol·ke** F nuvola *f* di vapore

Dü·nung F ⟨-; -en⟩ risacca *f*

Duo N ⟨-s; -s⟩ MUS 1 duetto *m* 2 (*von Spielern*) duo *m*, coppia *f*

Dup·li·kat N ⟨-[e]s; -e⟩ duplicato *m*

Dur N ⟨-⟩ MUS modo *m* maggiore

durch A PRÄP ⟨*a.* durchs⟩ (+*akk*) 1 (*lokal*) attraverso: **~ die Tür gehen** passare attraverso la porta 2 per: **~ die Straßen wandern** passeggiare per le strade 3 (*modal*) tramite, attraverso, per, con: **ein Land ~ Deiche schützen** proteggere una terra con (*od* per mezzo di) argini 4 (*von*) da 5 (*temporal*) per: **das ganze Jahr ~** (per) tutto l'anno 6 MATH **sechs ~ drei ist zwei** sei diviso tre fa due B ADV **~ sein** *umg* 1 essere passato: **er ist schon ~** (**die Kontrolle**) ha già passato il controllo 2 (**mit etw**) **~ sein** avere finito (qc) 3 *umg* **es ist schon drei** (**Uhr**) **~** sono già le tre passate ♦ **wir müssen da ~** dobbiamo superare questo momento; **~ und ~** completamente; (*bis ins Innerste*) profondamente; **sein Blick ging ihr ~ und ~** il suo sguardo la colpì nel profondo; **bei j-m unten ~ sein** essere caduto in disgrazia presso qn

durch·ackern *umg* A VT esaminare a fondo B VR **sich durch etw ~** studiare a fondo qc **durch·ar·bei·ten** A VT studiare con cura B VI ⟨h.⟩ continuare a lavorare C VR 1 **sich durch die Menge ~** farsi strada fra la folla 2 **sich durch etw ~** studiare a fondo qc **durch·at·men** VI ⟨h.⟩ 1 respirare profondamente 2 *fig* tirare un sospiro di sollievo

durch·aus ADV 1 (*unbedingt*) assolutamente, a ogni costo 2 (*völlig*) totalmente

durch·bei·ßen ⟨*irr*⟩ A VT rompere (*od* spezzare) con i denti B VR **sich ~** *umg* farcela

durch·be·kom·men VT ⟨*irr*⟩ 1 (riuscire a) far passare 2 riuscire a rompere (*od* spezzare)

durch·blät·tern VT sfogliare

Durch·blick M **1** vista *f*, veduta *f* **2** *umg* (*Überblick*) visione *f* d'insieme ♦ *umg* **den ~ haben** vederci chiaro; *umg* **keinen ~ haben** non capirci niente

durch·bli·cken¹ V/I ⟨h.⟩ **1** guardare attraverso **2** *umg* capire: **blickst du da durch?** ci capisci qualcosa?; **etw ~ lassen** far capire (*od* accennare a) qc

durch·bli·cken² V/T intuire, afferrare

Durch·blu·tung F irrorazione *f* sanguigna

durch·boh·ren¹ V/T traforare, perforare

durch·boh·ren² V/T (tra)passare da parte a parte; *fig* **j-n mit Blicken ~** trafiggere qn con lo sguardo

durch·bo·xen *umg* **A** V/T ottenere lottando (*od* a fatica) **B** V/R **sich ~ 1** farsi largo (a fatica, a spintoni) **2** *fig* cavarsela

durch·bra·ten V/T ⟨*irr*⟩ arrostire, cuocere bene

durch·bre·chen¹ ⟨*irr*⟩ **A** V/T (*Stab*) rompere, spezzare in due **B** V/I ⟨s.⟩ **1** rompersi **2 durch etw ~** sfondare qc **3** *fig* esplodere

durch·bre·chen² V/T ⟨*irr*⟩ **1** forzare, rompere (passando attraverso) **2** *fig* trasgredire

durch·bren·nen V/I ⟨*irr*; s.⟩ **1** (*Glühbirne*) bruciarsi **2** *umg* (*entfliehen*) scappare

durch·brin·gen ⟨*irr*⟩ **A** V/T **1** far passare (attraverso) (*a. fig*): **einen Antrag ~** far passare una proposta **2** mandare avanti: **er hat seine Familie mit schwerer Arbeit durchgebracht** ha mandato avanti la famiglia lavorando duramente **3** (*Kranke*) salvare, guarire **4** (*vergeuden*) scialacquare, sperperare **B** V/R **sich ~** campare, tirare avanti

durch·bro·chen ADJ (*mit Lochmuster*) traforato; (*Stickerei*) a giorno

Durch·bruch M **1** rottura *f*, sfondamento *m* **2** (*Öffnung*) apertura *f*; (*Loch*) foro *m* **3 ~ eines Magengeschwürs** perforazione *f* di un'ulcera gastrica **4** MIL breccia *f* ♦ **zum ~ kommen** manifestarsi; **j-m/etw zum ~ verhelfen** portare qn/qc al successo

durch·che·cken V/T controllare a fondo ♦ **sich ~ lassen** fare un check-up completo

durch·den·ken V/T ⟨*irr*⟩ ponderare, studiare a fondo

durch·dre·hen **A** V/T (*Fleisch*) tritare **B** V/I ⟨h.⟩ **1** (*Rad*) girare a vuoto **2** *umg fig* ⟨h., s.⟩ perdere la testa

durch·drin·gen¹ V/I ⟨*irr*; s.⟩ **1** passare, trapelare (attraverso) **2** *fig* **das Gerücht ist bis hierher durchgedrungen** la voce è trapelata fino qui **3** imporsi: **eine Idee dringt durch** un'idea s'impone **4** *fig* **mit seiner Stimme ~** riuscire a far sentire la propria voce

durch·drin·gen² V/T ⟨*irr*⟩ **1** penetrare, attraversare **2** (*innerlich ganz erfüllen*) impregnare

durch·drin·gend **A** ADJ *fig* penetrante **B** ADV **j-n ~ ansehen** scrutare qn

durch·drü·cken V/T **1** (far) passare spremendo **2** (*Knie*) stendere; (*Rücken*) inarcare **3** *umg* **einen Plan ~** far passare un piano

durch·ei·nan·der ADV **1** sottosopra, alla rinfusa **2** (*wahllos*) disordinatamente: **alles ~ essen** mangiare disordinatamente **3** (*Mensch*) essere confuso

Durch·ei·nan·der N ⟨-s⟩ confusione *f*

durch·ei·nan·der·brin·gen V/T ⟨*irr*⟩ mettere in disordine, mettere in confusione, confondere

durch·ei·nan·der·ge·ra·ten V/I ⟨*irr*; s.⟩ *umg* mischiarsi

durch·ei·nan·der·wer·fen V/T ⟨*irr*⟩ buttare all'aria; *fig* (*verwechseln*) confondere

durch·fah·ren¹ V/I ⟨*irr*; s.⟩ **1** passare **2** (*nicht halten*) **der Zug fährt in Hannover durch** il treno passa per Hannover senza fermarsi **3** (*direkt fahren*) **der Zug fährt bis Wien durch** il treno va a Vienna direttamente

durch·fah·ren² V/T ⟨*irr*⟩ attraversare (*a. fig*)

Durch·fahrt F passaggio *m*, transito *m*: **sich auf der ~ befinden** essere di passaggio; **~ verboten!** divieto di transito

Durch·fall M **1** diarrea *f* **2** *umg* (*Misserfolg*) fiasco *m* **3** (*im Examen*) bocciatura *f*

durch·fal·len V/I ⟨*irr*; s.⟩ **1** cadere attraverso **2** *umg* fare fiasco **3** (*im Examen*) essere bocciato

durch·fech·ten V/T ⟨*irr*⟩ **etw ~** combattere fino all'ultimo per qc

durch·fin·den V/I ⟨*irr*; h.⟩ & V/R **sich ~** orientarsi, raccapezzarsi (*a. fig*)

durch·flie·gen V/I ⟨*irr*; s.⟩ **1** FLUG fare un volo diretto **2** *umg* (*im Examen*) essere bocciato

durch·flie·ßen V/I ⟨*irr*; s.⟩ scorrere (attraverso)

Durch·fluss M **1** scorrimento *m* **2** (*Öff-*

nung) passaggio *m* (per lo scorrimento)
durch·for·schen VT studiare (*od* indagare) metodicamente
durch·fra·gen VR **sich nach** (*od* **zu**) **etw ~** chiedere la via per arrivare a qc
durch·fro·ren ADJ congelato, assiderato
durch·führ·bar ADJ eseguibile, fattibile **Durch·führ·bar·keit** F ⟨-⟩ eseguibilità *f*, fattibilità *f*
durch·füh·ren VT **1** (*ausführen*) compiere **2** (*zu Ende führen*) completare **3** (*verwirklichen*) realizzare **4** (*veranstalten*) organizzare
Durch·füh·rung F esecuzione *f*, realizzazione *f*
durch·füt·tern VT *umg* **j-n ~** mantenere qn
Durch·gang M **1** passaggio *m*: **~ verboten!** divieto di passaggio **2** (*Phase*) turno *m*: **im ersten ~** SPORT al primo turno; (*beim Lesen, Arbeiten*) alla prima passata
durch·gän·gig ADJ generale, comune
Durch·gangs·la·ger N campo *m* di transito **Durch·gangs·sta·ti·on** F tappa *f* **Durch·gangs·ver·kehr** M traffico *m* di transito, transito *m*
durch·ge·ben VT ⟨*irr*⟩ trasmettere
durch·ge·führt ADJ condotto
durch·ge·hen ⟨*irr*⟩ **A** VI ⟨s.⟩ **1** passare (attraverso) **2** *fig* (*gebilligt werden*) passare **3** (*direkt gehen*) andare direttamente (*od* senza fermarsi) **4** (*andauern*) continuare **5** *umg* (*heimlich davonlaufen*) scappare **B** VT **1** **etw Punkt für Punkt ~** controllare qc punto per punto **2** (*besprechen*) discutere di ♦ **sie geht für vierzig durch** passa per (una) quarantenne; **j-m etw ~ lassen** lasciar correre qc a qn, chiudere un occhio su qc con qn **durch·ge·hend** ADJ continuo, ininterrotto
durch·geis·tigt ADJ spirituale
durch·ge·knallt ADJ *umg* schizzato, fuori di testa
durch·grei·fen VI ⟨*irr*; h.⟩ intervenire energicamente **durch·grei·fend** ADJ radicale
durch·hal·ten ⟨*irr*⟩ **A** VI ⟨h.⟩ *umg* tener duro, resistere **B** VT sostenere **Durch·hal·te·ver·mö·gen** N ⟨-s⟩ capacità *f* di resistenza
durch·hän·gen VI ⟨*irr*; h.⟩ **1** piegarsi **2** *umg* essere fiacco **3** (*deprimiert sein*) essere giù **Durch·hän·ger** M ⟨-s; -⟩ *umg* fiacca *f*: **einen ~ haben** avere la fiacca
durch·hau·en VT ⟨*irr*⟩ **1** tagliare, spaccare in due **2** *umg* (*verprügeln*) picchiare, bastonare
durch·käm·men VT rastrellare
durch·kämp·fen **A** VT affermare, far valere: **sein Recht ~** far valere il proprio diritto **B** VR **sich ~** farsi largo (*a. fig*): **sich im Leben ~** farsi largo nella vita
durch·kau·en VT **1** masticare bene **2** *fig umg* trattare in modo approfondito, trattare a fondo
durch·klin·gen VI ⟨*irr*⟩ **1** ⟨s.⟩ emergere (fra altri suoni) **2** ⟨s., h.⟩ *fig* trapelare
durch·kom·men VI ⟨*irr*; s.⟩ **1** passare **2** *umg* cavarsela, farcela, arrangiarsi: **mit Englisch kommt man überall durch** con l'inglese ci si arrangia ovunque **3** *umg* passare: **bei einer Prüfung ~** passare a un esame **4** *umg* (*mit einem Anruf*) prendere la linea (telefonica)
durch·kön·nen VI ⟨*irr*; h.⟩ *umg* poter passare: **kann ich bitte durch?** permesso!
durch·kreu·zen[1] VT segnare, marcare con una crocetta
durch·kreu·zen[2] VT (*vereiteln*) contrastare, intralciare
Durch·lass M ⟨-es; -lässe⟩ **1** passo *m*: **j-m den ~ gewähren** cedere il passo a qn **2** (*Durchgang*) passaggio *m*, transito *m*
durch·las·sen VT ⟨*irr*⟩ far (*od* lasciare) passare: **würden Sie mich ~?** mi farebbe passare?; **Licht ~** lasciar passare la luce **durch·läs·sig** ADJ **1** (*undicht*) permeabile, poroso; (*von Gefäßen*) non stagno **2** *fig* aperto
Durch·lauf M **1** IT svolgimento *m* di un programma **2** SPORT manche *f*
durch·lau·fen[1] ⟨*irr*⟩ **A** VI ⟨s.⟩ passare; (*durchrinnen*) colare **B** VT consumare: **die Schuhe ~** consumare le scarpe
durch·lau·fen[2] VT ⟨*irr*⟩ **1** attraversare (di corsa) **2** *fig geh* percorrere: **ein Schauder durchlief mich** mi percorse un brivido **3** (*absolvieren*) compiere
Durch·lauf·er·hit·zer M ⟨-s; -⟩ scaldabagno *m*, scaldaacqua *m* istantaneo
durch·le·ben VT vivere: **eine schreckliche Angst ~** passare un brutto spavento
durch·lei·den VT ⟨*irr*⟩ *geh* soffrire, patire
durch·le·sen VT ⟨*irr*⟩ leggere (per intero)

durch·leuch·ten VT **1** (*Fall, Angelegenheit*) chiarire, far luce su **2** MED **die Lunge ~** fare una radioscopia ai polmoni

durch·lie·gen ⟨*irr*⟩ **A** VR **sich ~** avere piaghe da decubito **B** VT (*ein Bett*) sfondare

durch·lö·chern VT **1** bucherellare **2** (*durchbohren*) perforare

durch·lüf·ten **A** VT arieggiare; ventilare (*a.* TECH) **B** VI ⟨h.⟩ cambiare l'aria

durch·ma·chen VT *umg* **1** (*durchlaufen*) portare a termine, compiere **2** *fig* (*erleiden*) soffrire: **viel ~** passarne tante **3** (*durchfeiern*) **die Nacht ~** festeggiare tutta la notte

Durch·marsch M marcia *f*: **auf dem ~ sein** essere in marcia ♦ *umg* **~ haben** avere la dissenteria **durch·mar·schie·ren** VI ⟨s.⟩ passare in marcia: **durch etw ~** marciare attraverso qc

Durch·mes·ser M ⟨-s; -⟩ diametro *m*

durch·müs·sen VI ⟨*irr*; h.⟩ **1** dover passare **2** *fig* **durch etw ~** dover superare qc

durch·nässt ADJ fradicio, zuppo

durch·neh·men VT ⟨*irr*⟩ trattare, svolgere; (*erklären*) spiegare

durch·num·me·rie·ren VT numerare dall'inizio alla fine

durch·pau·sen VT ricalcare

durch·peit·schen VT **1** frustare (a sangue) **2** (*schnell erledigen*) sbrigare (*od* trattare) in fretta **3** (*Gesetze*) far approvare in tutta fretta **durch·pro·bie·ren** VT provare; (*durchkosten*) assaggiare (di) tutto **durch·prü·geln** VT *umg* picchiare di santa ragione

durch·que·ren VT attraversare **Durch·que·rung** F ⟨-; -en⟩ attraversamento *m*

durch·ras·seln VI ⟨s.⟩ *umg* essere stangato **durch·rech·nen** VT controllare (calcolando), calcolare da cima a fondo **durch·reg·nen** VI ⟨h.⟩ *unpers* **es regnet durch** piove dentro **Durch·rei·che** F ⟨-; -n⟩ passavivande *m* **Durch·rei·se** F passaggio *m*, transito *m*: **auf der ~ sein** essere di passaggio (*od* in transito)

durch·rei·sen[1] VT attraversare

durch·rei·sen[2] VI ⟨s.⟩ **1** (*durch einen Ort*) passare **2** (*ohne Unterbrechung*) viaggiare senza interruzione **Durch·rei·sen·de** M/F viaggiatore *m*, -trice *f* in transito

durch·rei·ßen ⟨*irr*⟩ **A** VT strappare in due **B** VI ⟨s.⟩ strapparsi (in due)

durch·rie·seln[1] VI ⟨s.⟩ *Sand* scorrere attraverso

durch·rie·seln[2] VT percorrere: **ein Schauder durchrieselte sie** un brivido la percorse

durch·rin·gen VR ⟨*irr*⟩ **sich zu einem Entschluss ~** giungere con sforzo a una decisione **Durch·sa·ge** F comunicato *m* **durch·sa·gen** VT comunicare

durch·sä·gen VT segare in due

Durch·satz M portata *f*

durch·schau·bar ADJ intuibile

durch·schau·en VT **1** intuire, afferrare, scoprire: **j-s Absichten ~** intuire le intenzioni di qn **2** (*entlarven*) smascherare

durch·schei·nen VI ⟨*irr*; h.⟩ trasparire, trapelare: **etw ~ lassen** lasciare trapelare qc **durch·schei·nend** ADJ semitrasparente

durch·schie·ßen VT ⟨*irr*⟩ **1** perforare (con pallottole) **2** balenare: **ein Gedanke durchschoss ihn** gli balenò un'idea

durch·schim·mern VI ⟨h.⟩ tralucere, trapelare ♦ **~ lassen** lasciare intravedere

Durch·schlag M **1** copia *f* **2** (*Passiersieb*) passaverdura *m*

durch·schla·gen[1] ⟨*irr*⟩ **A** VT **1** spaccare in due **2** (*Wand*) sfondare **B** VI ⟨s.⟩ **1** passare: **die Feuchtigkeit schlägt durch die Wände durch** l'umidità penetra attraverso i muri **2** (*wirksam werden*) manifestarsi, emergere **C** VR **sich ~** **1** cavarsela **2** tirare avanti: **sich mühsam ~** tirare avanti stentatamente **3** **sich durch das feindliche Gebiet ~** farsi strada in territorio nemico

durch·schla·gen[2] VT ⟨*irr*⟩ perforare

durch·schla·gend ADJ **1** (*wirksam*) efficace **2** (*entscheidend*) decisivo **3** (*überzeugend*) convincente **Durch·schlag·pa·pier** N **1** carta *f* velina **2** (*Kohlepapier*) carta *f* carbone **Durch·schlags·kraft** F **1** potenza *f* d'urto, forza *f* di penetrazione **2** (*Überzeugungskraft*) forza *f* persuasiva, efficacia *f*

durch·schlän·geln VR **sich ~** **1** serpeggiare **2** farsi strada: **sich durch die Menge ~** farsi strada tra la folla **3** *fig* arrangiarsi **durch·schlen·dern** VI ⟨s.⟩ passare gironzolando: **durch die Ausstellung ~** fare un giretto per la mostra

durch·schleu·sen VT far passare attraverso (*a. fig umg*) **durch·schlüp·fen** VI ⟨s.⟩ **1** sgattaiolare **2** *fig* (*entkom-*

men) sfuggire **durch·schnei·den** VT ⟨irr⟩ tagliare

Durch·schnitt M media *f*: **über dem ~** al di sopra della media; **im ~** in media **durch·schnitt·lich** ADJ medio **Durch·schnitts·bür·ger** M, **-in** F cittadino *m*, -a *f* medio (-a)

Durch·schrift F copia *f*

Durch·schuss M **1** colpo *m* perforante **2** TYPO interlinea *f* **3** (*Textilien*) trama *f*

durch·se·hen VT ⟨irr⟩ **1** rivedere, controllare **2** (*flüchtig einsehen*) **etw ~** scorrere qc

durch·sei·hen VT filtrare

durch·set·zen[1] **A** VT fare accettare; (*Willen*) imporre: **ich habe es durchgesetzt, dass …** ho ottenuto che … **B** VR **sich ~** imporsi

durch·set·zen[2] VT riempire: **eine Organisation mit Spitzeln ~** infiltrare (*od* inserire) spie in un'organizzazione

Durch·set·zungs·ver·mö·gen N ⟨-s⟩ capacità *f* (*od* potere *m*) d'imporsi

Durch·sicht F ⟨-; -en⟩ **1** esame *m*, controllo *m* **2** (*Durchblick*) vista *f*

durch·sich·tig ADJ trasparente (*a. fig*) **Durch·sich·tig·keit** F ⟨-⟩ trasparenza *f* (*a. fig*)

durch·si·ckern VI ⟨s.⟩ **1** passare attraverso, filtrare **2** *fig* trapelare **durch·sie·ben** VT **1** setacciare **2** (*Flüssigkeiten*) colare **3** *fig* passare al vaglio **durch·spie·len** VT **einen Ernstfall ~** simulare un caso di emergenza **durch·star·ten** VI ⟨s.⟩ **1** FLUG riprendere quota **2** AUTO dare un'accelerata

durch·ste·chen VT ⟨irr⟩ (per)forare

durch·ste·cken VT infilare **durch·ste·hen** VT ⟨irr⟩ reggere, sopportare **durch·stö·bern** VT *umg* rovistare, frugare

durch·sto·ßen[1] ⟨irr⟩ **A** VT **etw durch etw ~** spingere qc attraverso qc **B** VI ⟨s.⟩ spingersi, avanzare: **durch die feindlichen Linien ~** spingersi fra le linee nemiche

durch·sto·ßen[2] VT ⟨irr⟩ sfondare

durch·strei·chen VT ⟨irr⟩ cancellare

durch·strö·men VT **1** attraversare (scorrendo) **2** *fig* pervadere

durch·su·chen VT **j-n/etw nach etw ~** perquisire qn/qc in cerca di qc

Durch·su·chung F ⟨-; -en⟩ perquisizione *f* **Durch·su·chungs·be·fehl** M mandato *m* di perquisizione

durch·tren·nen VT tagliare **durch·tre·ten** VT ⟨irr⟩ premere (*od* spingere) a fondo: **die Kupplung ~** schiacciare la frizione

durch·trie·ben ADJ astuto, scaltro **durch·wach·sen** ADJ **mit etw ~ sein** essere frammisto (*od* mescolato) a qc ♦ **-er Speck** = *pancetta*

Durch·wahl F **1** TEL selezione *f* diretta **2** TEL (*Nummer*) numero *m* diretto, estensione *f*

durch·weg(s) ADV **1** del tutto, completamente **2** (*ausnahmslos*) senza eccezione

durch·wei·chen VT ammollare, inzuppare

durch·wet·zen VT consumare, logorare

durch·wirkt ADJ **mit Goldfäden ~** intessuto d'oro

durch·wüh·len VT rovistare, frugare

durch·zie·hen[1] VT ⟨irr⟩ **1** infilare **2** *umg* (*zu Ende führen*) portare a termine

durch·zie·hen[2] VT ⟨irr⟩ attraversare, percorrere

durch·zu·cken VT **1** attraversare balenando **2** *fig* cogliere (improvvisamente): **ihn durchzuckte ein Gedanke** gli balenò un'idea

Durch·zug M **1** passaggio *m*, transito *m* **2** (*Luft*) corrente *f* (d'aria)

dür·fen **A** V/MOD ⟨darf, durfte; h.⟩ ⟨*mit inf; pperf:* hat … dürfen⟩ potere; dovere: **darf man eintreten?** si può entrare?; **darf ich Sie stören?** posso disturbarla?; **nicht ~** non dovere; **das darf nicht sein!** questo non deve accadere!; **man darf Kinder nicht schlagen!** non si devono picchiare i bambini!; **das dürfte schwierig werden** questo potrebbe (*od* dovrebbe) essere difficile **B** VI ⟨*als Vollverb; pperf:* gedurft⟩ potere: **er darf nicht ins Kino** non può andare al cinema ♦ **wenn ich bitten darf** per favore; **Sie ~ mir glauben** mi creda; **ich darf wohl sagen** mi permetto di dire; **das darf doch nicht wahr sein!** non è possibile! (*beim Einkauf*); **was darf es**

▶ Darf ich?

Wenn man jemanden besucht bzw. eintreten möchte, so sagt man, bevor man ins Haus geht, **Permesso!** und zwar auch, wenn das Gegenüber schon **Avanti!** (Herein!) gesagt hat.

sein? desidera? in cosa posso servirla?
durf·te → dürfen
dürf·tig ADJ **1** (*ärmlich*) povero, misero **2** (*nicht ausreichend*) scarso (*a. fig*)
dürr ADJ **1** (*verdorrt*) secco **2** *fig* **-e Zeiten** periodi di magra **3** (*mager*) asciutto, magro
Dür·re F ⟨-; -n⟩ **1** secchezza *f* **2** (*Witterung*) siccità *f* **3** (*Magerkeit*) magrezza *f*
Durst M ⟨-[e]s⟩ sete *f* (*a. fig*)
durs·tig ADJ assetato: **~ machen** far venire sete; *fig* **nach etw ~ sein** avere sete di qc
Durst·stre·cke F periodo *m* di magra
Du·sche F ⟨-; -n⟩ doccia *f*
du·schen **A** VT lavare sotto la doccia **B** VI ⟨h.⟩ fare la doccia: **kalt/warm ~** fare una doccia fredda/calda **C** VR **sich ~** farsi la doccia
Dusch·gel N docciaschiuma® *f*, gel *m* *inv* (da) doccia **Dusch·ka·bi·ne** F cabina *f* doccia
Dü·se F ⟨-; -n⟩ **1** ugello *m* **2** AUTO spruzzatore *m*; (*von Dieselmotoren*) iniettore *m*
Du·sel M ⟨-s⟩ *umg* **1** fortuna *f*: **mächtigen ~ haben** avere tutte le fortune **2** (*leichter Rausch*) sbornia *f*
Dü·sen·an·trieb M propulsione *f* a getto: **mit ~** a reazione **Dü·sen·flug·zeug** N aereo *m* a reazione
Dus·sel M ⟨-s; -⟩ *umg* stupido *m*, -a *f*
dus·se·lig ADJ *umg* stordito, intontito
düs·ter ADJ buio, tetro; *fig* **ein -er Blick** uno sguardo cupo; **ein -es Bild von etw zeichnen** fare un quadro fosco di qc
Düs·ter·keit F ⟨-⟩ **1** buio *m*, oscurità *f* **2** (*Schwermut*) tetraggine *f*, umore *m* tetro
Dut·zend N ⟨-s; -e⟩ dozzina *f*: **zu -en** a dozzine, a decine **dut·zend·fach** **A** ADJ innumerevole **B** ADV decine di volte
Dut·zend·wa·re F merce *f* dozzinale
dut·zend·wei·se ADV a dozzine (*a. fig*)
du·zen VT **j-n ~** dare del tu a qn **Duz·freund** M, **-in** F amico *m*, -a *f* (a cui si dà del tu)
DV F → (Datenverarbeitung) elaborazione dati
DVD F ⟨-; -s⟩ (Digital Versatile Disc) DVD *m* **DVD-Bren·ner** M masterizzatore *m* di DVD **DVD-Lauf·werk** N drive *m inv* (per) DVD lettore *m* (di) DVD
DVD-Pla·yer [-ple:ɐ] M ⟨-s; -⟩ lettore *m* (di) DVD
Dy·na·mik F ⟨-⟩ **1** PHYS, MUS dinamica *f* **2** (*Schwung*) dinamicità *f*, dinamismo *m*
dy·na·misch ADJ dinamico
Dy·na·mit N ⟨-s⟩ dinamite *f* (*a. fig*)
Dy·na·mo M ⟨-s; -s⟩ dinamo *f*
Dy·nas·tie F ⟨-; -n⟩ dinastia *f*
D-Zug ['de:-] M ⟨-[e]s; -Züge⟩ espresso *m*

E

e, E N ⟨-; -⟩ **1** (*Buchstabe*) e, E *f/m inv*: **E wie Emil** E come Empoli **2** MUS mi *m*
Eb·be F ⟨-; -n⟩ bassa marea *f*, riflusso *m*: **~ und Flut** maree *fpl*
eben[1] ADJ **1** (*flach*) piano **2** (*glatt*) piatto ♦ **zu -er Erde** a pianterreno
eben[2] ADV **1** (*in diesem Augenblick*) proprio adesso, in questo momento **2** (*knapp*) appena: **das Geld reicht ~ noch aus** i soldi bastano appena **3** (*bestätigend*) infatti **4** proprio: **das ist ~ so** è proprio così; **gut, dann ~ nicht!** bene, allora no!
Eben·bild N ritratto *m* **eben·bür·tig** ADJ pari: **j-m ~ sein** essere pari a qn
eben·da·rum ADV & PRON proprio per questo
eben·der·sel·be DEM PR M ⟨*f* ebendieselbe, *n* ebendasselbe⟩ proprio lo stesso *m*, proprio la stessa *f*
Ebe·ne F ⟨-; -n⟩ **1** pianura *f* **2** PHYS *fig* piano *m*: **auf wissenschaftlicher ~** su un piano scientifico; **auf höherer ~** ad alto livello
eben·er·dig ADJ a pianterreno, al piano terra
eben·falls ADV **1** anche, pure **2** altrettanto: **danke, ~** grazie, altrettanto
Eben·holz N ebano *m* **Eben·maß** N simmetria *f*, giuste proporzioni *fpl* **eben·mä·ßig** ADJ regolare, proporzionato
eben·so ADV ugualmente, altrettanto, allo stesso modo: **ich mache es ~** lo faccio lo stesso; **~ wie** così come; **~ gut** altrettanto bene; **~ lang(e)** altrettanto a lungo; **~ sehr** (*od* **viel**) altrettanto; **~ wenig** altrettanto poco
Eber M ⟨-s; -⟩ verro *m*; cinghiale *m*

E

Eber·esche F sorbo *m* selvatico
eb·nen V/T spianare (*a. fig*): **j-m den Weg ~** spianare la strada a qn
E-Cash ['e:kɛʃ] M ⟨-⟩ moneta *f* elettronica
Echo N ⟨-s; -s⟩ eco *m/f* (*a. fig*): **viel/wenig ~ finden** trovare molta/scarsa eco **Echo·lot** N ecometro *m*
Ech·se F ⟨-; -n⟩ sauro *m*
echt A ADJ vero, autentico: **-e Brillanten** brillanti veri; **das ist ein -es Problem** è un vero problema; **-e Seide** seta pura; **die Unterschrift ist ~** la firma è autentica B ADV 1 (*wirklich*) davvero, veramente 2 tipicamente: **~ deutsch** tipicamente tedesco **Echt·heit** F ⟨-; -en⟩ autenticità *f*; purezza *f*; genuinità *f* **Echt·zeit** F IT tempo *m* reale
Eck·ball M SPORT calcio *m* d'angolo **Eck·bank** F ⟨-; -bänke⟩ panchina *f* d'angolo **Eck·da·ten** PL dati *mpl* di riferimento
Ecke F ⟨-; -n⟩ 1 angolo *m*: **um die ~ biegen** svoltare all'angolo 2 (*Kante*) spigolo *m* 3 (*Eckball*) angolo *m*, corner *m* ♦ **an allen -n (und Enden)** in ogni angolo, dappertutto
Eck·haus N casa *f* d'angolo
eckig ADJ 1 (*Möbelstück*) con (*od* ad) angoli, con (*od* a) spigoli 2 (*kantig*) angoloso: **ein -es Gesicht** un viso angoloso 3 *fig* (*Bewegungen*) goffo, rigido
Eck·pfei·ler M 1 BAU pilastro *m* d'angolo 2 *fig* pilastro *m* **Eck·schrank** M angoliera *f* **Eck·stoß** M SPORT calcio *m* d'angolo **Eck·zahn** M (dente *m*) canino *m*
E-Com·merce ['i:kɔmə:s] M ⟨-⟩ commercio *m* elettronico, e-commerce *m inv*
Eco·no·my·class [i'kɔnəmikla:s] F ⟨-⟩ economy *f inv* (class *f inv*)
Ec·sta·sy N ⟨-⟩ ecstasy *m inv*
edel ADJ nobile: **edle Weine** vini nobili; **eine edle Tat** una nobile azione; **edle Hölzer** legni pregiati
Edel·gas N gas *m* nobile **Edel·me·tall** N metallo *m* nobile **Edel·stahl** M acciaio *m* inossidabile **Edel·stein** M pietra *f* preziosa **Edel·weiß** N ⟨-[e]s; -e⟩ edelweiss *m*, stella *f* alpina
Edikt N ⟨-[e]s; -e⟩ editto *m*
edi·tie·ren V/T IT, (*Verlag*) editare **Edi·tor** M ⟨-s; -en⟩ IT editor *m inv*
E-Dur N MUS mi *m* maggiore
Edu·tain·ment [edu'te:nmənt] N ⟨-s⟩ intrattenimento *m* educativo
EDV F → (elektronische Datenverarbeitung) elaborazione elettronica dei dati (EDP)
Efeu M ⟨-s⟩ edera *f*
Eff·eff N *umg* **etw aus dem ~ können** sapere qc a menadito
Ef·fekt M ⟨-[e]s; -e⟩ effetto *m*
Ef·fek·ten PL effetti *mpl* bancari **Ef·fek·ten·bör·se** F borsa *f* valori **Ef·fek·ten·han·del** M commercio *m* in titoli
Ef·fekt·ha·sche·rei F ⟨-; -en⟩ (mera) ricerca *f* dell'effetto
ef·fek·tiv A ADJ 1 (*wirksam*) efficace 2 (*tatsächlich*) effettivo B ADV 1 (*tatsächlich*) effettivamente 2 *umg* davvero, veramente
ef·fekt·voll ADJ di grande effetto
ef·fi·zi·ent ADJ efficiente
Ef·fi·zi·enz F ⟨-; -en⟩ efficienza *f*
egal ADJ 1 uguale, identico 2 *umg* **es ist mir (ganz) ~** mi è (del tutto) indifferente; **das ist ~** fa lo stesso; **~ wie** non importa come
Egel M ⟨-s; -⟩ sanguisuga *f*
Eg·ge F ⟨-; -n⟩ AGR erpice *m*
E-Gi·tar·re F chitarra *f* elettrica
Ego·is·mus M ⟨-; Egoismen⟩ egoismo *m* **Ego·ist** M ⟨-en; -en⟩, **-in** F ⟨-; -nen⟩ egoista *m/f* **ego·is·tisch** ADJ egoistico **Ego·trip** M *sl* **auf dem ~ sein** = *pensare solo a se stessi* **ego·zent·risch** ADJ egocentrico
eh ADV *umg* comunque, tanto: **das nützt ~ nichts!** tanto non serve a nulla! ♦ **seit ~ und je** da sempre; **wie ~ und je** come allora
ehe KONJ prima che, prima di: **~ ich es vergesse, …** prima che mi dimentichi …
Ehe F ⟨-; -n⟩ matrimonio *m*, nozze *fpl*: **Sohn aus erster ~** figlio di prime nozze; **eine zerrüttete ~** un matrimonio fallito ♦ **~ ohne Trauschein** convivenza
ehe·ähn·lich ADJ **-e Gemeinschaft** convivenza *f*, coppia *f* di fatto **Ehe·be·ra·tung** F consulenza *f* matrimoniale **Ehe·bett** N letto *m* matrimoniale **Ehe·bre·cher** M ⟨-s; -⟩, **-in** F ⟨-; -nen⟩ adultero *m*, -a *f* **Ehe·bruch** M adulterio *m*: **~ begehen** commettere adulterio **Ehe·frau** F moglie *f* **Ehe·gat·te** M 1 marito *m* 2 *pl* (*Eheleute*) coniugi *mpl* **Ehe·gat·tin** F moglie *f* **Ehe·krach** M *umg* litigio *m* (fra coniugi) **Ehe·kri·se** F ⟨-; -n⟩ crisi *f* matrimoniale **Ehe·leu·te** PL coniugi *mpl*; (*Ehepaar*) coppia *f*

ehe·lich ADJ 1 matrimoniale, coniugale 2 legittimo: **-e Kinder** figli legittimi **ehe·ma·lig** ADJ 1 di un tempo 2 (*Person*) ex **ehe·mals** ADV un tempo

Ehe·mann M ⟨-es; -männer⟩ marito *m* **Ehe·na·me** M cognome *m* da sposata **Ehe·paar** N coppia *f* di coniugi: **ein frischgebackenes ~** una coppia di sposi novelli **Ehe·part·ner** M, **-in** F coniuge *m/f*, consorte *m/f*

eher ⟨*komp von* bald⟩ ADV 1 (*früher*) prima: **je ~ desto besser** quanto prima tanto meglio 2 (*lieber*) piuttosto 3 (*mehr*) piuttosto, più: **es ist ~ eine Frage des Geschmacks** è piuttosto una questione di gusto 4 (*leichter*) più facilmente

Ehe·recht N diritto *m* matrimoniale **Ehe·ring** M anello *m* nuziale, fede *f*

ehern ADJ *fig* (*Wille*) di ferro; (*Gesetz*) ferreo

Ehe·schei·dung F divorzio *m* **Ehe·schlie·ßung** F (celebrazione *f* del) matrimonio *m*

ehest... ⟨*sup von* bald⟩ A ADJ (il) primo: **zum -en Termin** al più presto B ADV 1 (per) primo: **er ist am -en gekommen** è arrivato primo 2 (*noch am liebsten*) tutt'al più 3 **das ist am -en möglich** questa è la cosa più probabile

Ehe·stand M matrimonio *m* **Ehe·streit** M controversia *f* matrimoniale **Ehe·ver·mitt·lung** F agenzia *f* matrimoniale **Ehe·ver·spre·chen** N promessa *f* di matrimonio **Ehe·ver·trag** M JUR contratto *m* matrimoniale

ehr·bar A ADJ rispettabile: **ein -es Gewerbe** un'attività onesta B ADV onestamente

Eh·re F ⟨-; -n⟩ onore *m*: **seine ~ wahren** salvare il proprio onore; **j-m/etw ~ machen** fare onore a qn/qc; **j-m/etw zu -n** in onore di qn/qc ♦ **j-m die letzte ~ erweisen** rendere a qn l'estremo omaggio

eh·ren V/T 1 onorare: **sein Vertrauen ehrt mich** la sua fiducia mi onora 2 fare onore: **dein Mut ehrt dich** il tuo coraggio ti fa onore

Eh·ren·amt N carica *f* onorifica **eh·ren·amt·lich** A ADJ onorifico B ADV a titolo onorifico

Eh·ren·bür·ger M, **-in** F cittadino *m*, -a *f* onorario (-a) **Eh·ren·dok·tor** M dottore *m* honoris causa **Eh·ren·gast** M ospite *m/f* d'onore **eh·ren·haft** A ADJ onesto, retto; onorevole: **ein -es Verhalten** un comportamento retto B ADV onestamente: **sich ~ benehmen** comportarsi onestamente **eh·ren·hal·ber** ADV honoris causa **Eh·ren·mann** M ⟨-[e]s; -männer⟩ uomo *m* d'onore, galantuomo *m* **Eh·ren·mit·glied** N membro *m* onorario **Eh·ren·platz** M posto *m* d'onore (*a. fig*) **Eh·ren·rech·te** PL JUR diritto *m* onorifico: **bürgerliche ~** diritti *mpl* civili (e politici) **Eh·ren·run·de** F SPORT giro *m* d'onore **Eh·ren·sa·che** F 1 questione *f* d'onore 2 (*selbstverständliche Pflicht*) dovere **Eh·ren·ti·tel** M titolo *m* onorifico **eh·ren·voll** ADJ 1 rispettabile 2 onorevole: **ein -er Frieden** una pace onorevole 3 (*Sieg*) glorioso **eh·ren·wert** ADJ onorato, rispettabile ♦ **die -e Gesellschaft** (*Mafia*) l'onorata società **Eh·ren·wort** N ⟨-[e]s; -e⟩ parola *f* d'onore: **auf mein ~!** parola d'onore!

ehr·er·bie·tig ADJ rispettoso

Ehr·furcht F ⟨-⟩ profondo rispetto *m*: **~ gebietend** che impone rispetto

ehr·fürch·tig ADJ rispettoso; reverenziale

Ehr·ge·fühl N senso *m* dell'onore: **j-s ~ verletzen** ferire l'amor proprio di qn

Ehr·geiz M ambizione *f* **ehr·gei·zig** ADJ ambizioso

ehr·lich A ADJ 1 schietto 2 (*redlich*) onesto B ADV 1 francamente: **~ gesagt** a dire il vero, detto francamente 2 *umg* (*wirklich*) davvero 3 onestamente: **wir haben ~ geteilt** abbiamo diviso onestamente **Ehr·lich·keit** F ⟨-⟩ 1 onestà *f* 2 (*Aufrichtigkeit*) sincerità *f*

Eh·rung F ⟨-; -en⟩ onore *m*; omaggio *m*

Ehr·wür·den M *obs* **Euer ~** reverendo *m*

ehr·wür·dig ADJ 1 venerabile; venerando: **von -em Alter** di veneranda età 2 (*von Geistlichen*) reverendo: **-e Mutter** reverenda madre

ei INT 1 oh, ah; ma: **~ sieh mal an!** ma guarda (un po')! 2 (*Kindersprache*) **ei ei machen** fare le coccole

Ei N ⟨-[e]s; -er⟩ 1 uovo *m*: **die Henne legt das ~** la gallina fa l'uovo; **ein weiches/hartes ~** un uovo bazzotto (*od* alla coque)/sodo 2 BIOL ovulo *m* 3 *pl vulg* coglioni *mpl*, palle *fpl* ♦ **sich gleichen wie ein ~ dem andern** somigliarsi come due gocce d'acqua; **j-n wie ein rohes ~ behandeln** trattare qn coi guanti

Ei·be F ⟨-; -n⟩ BOT tasso *m*

Ei·che F ⟨-; -n⟩ **1** quercia *f* **2** (*Holz*) rovere *m*: **ein Esszimmer in ~** una sala da pranzo in rovere
Ei·chel F ⟨-; -n⟩ **1** ghianda *f* **2** ANAT glande *m*
ei·chen V/T (*Messgeräte*) tarare; (*Gefäße*) stazzare; (*Röhren*) calibrare
Eich·hörn·chen N ⟨-s; -⟩ scoiattolo *m*
Eid M ⟨-[e]s; -e⟩ giuramento *m*: **einen ~ ablegen** prestare (un) giuramento; JUR **an -es statt** in luogo di giuramento; JUR **unter ~ stehen** essere sotto giuramento
Ei·dech·se F ⟨-; -n⟩ lucertola *f*
ei·des·statt·lich ADJ & ADV in luogo di giuramento: **eine -e Erklärung abgeben** fare una dichiarazione in luogo di giuramento
Eid·ge·nos·se M cittadino *m* svizzero **Eid·ge·nos·sen·schaft** F **Schweizerische ~** Confederazione *f* Elvetica (*od* Svizzera) **Eid·ge·nos·sin** F cittadina *f* svizzera **eid·ge·nös·sisch** ADJ elvetico, svizzero
eid·lich **A** ADJ giurato **B** ADV sotto giuramento
Ei·dot·ter M/N tuorlo *m*, rosso *m* d'uovo
Ei·er·be·cher M portauovo *m* **Ei·er·li·kör** M liquore *m* all'uovo **Ei·er·nu·deln** PL pasta *f* all'uovo **Ei·er·scha·le** F guscio *m* d'uovo **Ei·er·spei·se** F piatto *m*, vivanda *f* di uova **Ei·er·stock** M ANAT ovaia *f* **Ei·er·uhr** F contaminuti *m* per le uova
Ei·fer M ⟨-s⟩ zelo *m*: **mit ~ bei der Sache sein** fare qc con zelo; **im ~ etw übersehen** trascurare qc nella fretta
Ei·fe·rer M ⟨-s; -⟩, **Ei·fe·rin** F ⟨-; -nen⟩ *pej* fanatico *m*, -a *f*
Ei·fer·sucht F ⟨-⟩ gelosia *f*: **aus ~** per gelosia **ei·fer·süch·tig** ADJ geloso: **auf j-n/etw ~ sein** essere geloso di qn/qc; **j-n ~ machen** ingelosire qn
ei·för·mig ADJ ovale, ovoidale
eif·rig **A** ADJ zelante, solerte, diligente **B** ADV con zelo, diligentemente
Ei·gelb N ⟨-s; -e⟩ rosso *m* d'uovo
ei·gen ADJ **1** proprio: **eine -e Wohnung haben** avere un appartamento proprio; **aus -er Kraft** con le proprie forze; **etw auf -e Gefahr tun** fare qc a proprio rischio e pericolo **2** (*charakteristisch*) tipico, peculiare: **mit der ihm -en Ausdauer** con la sua tipica perseveranza; **mit der ihr -en Höflichkeit** con la gentilezza che le è propria **3** (*eigenartig*) particolare, strano ♦ **sich** (*dat*) **etw zu ~ machen** appropriarsi di qc; **in -er Sache** per fatto personale
Ei·gen·art F particolarità *f* **ei·gen·ar·tig** ADJ **1** particolare **2** (*merkwürdig*) strano **ei·gen·ar·ti·ger·wei·se** ADV stranamente
Ei·gen·be·darf M proprio fabbisogno *m* **ei·gen·bröt·le·risch** ADJ appartato, che fa da sé **Ei·gen·ge·wicht** N **1** proprio peso *m* (*a. fig*) **2** peso *m* netto
ei·gen·hän·dig ADJ & ADV di propria mano ♦ **-e Unterschrift** firma autografa
Ei·gen·heim N casa *f* propria **Ei·gen·heit** F ⟨-; -en⟩ caratteristica *f*, peculiarità *f* **Ei·gen·le·ben** N proprio modo *m* di vita: **ein ~ führen** vivere a modo proprio **Ei·gen·lie·be** F amor *m* proprio **Ei·gen·lob** N lode *f* di sé
ei·gen·mäch·tig **A** ADJ arbitrario **B** ADV **1** (*willkürlich*) arbitrariamente **2** (*auf eigene Faust*) di propria iniziativa
Ei·gen·na·me M nome *m* proprio **Ei·gen·nutz** M ⟨-es⟩ interesse *m* (personale), egoismo *m* **ei·gen·nüt·zig** ADJ egoistico, interessato
ei·gens ADV **1** (*besonders*) particolarmente **2** (*ausdrücklich*) espressamente **3** (*speziell*) appositamente
Ei·gen·schaft F ⟨-; -en⟩ **1** qualità *f*: **in seiner ~ als ...** in veste (*od* qualità) di ... **2** IT **-en** proprietà *fpl*
Ei·gen·schafts·wort N aggettivo *m*
Ei·gen·sinn M ⟨-[e]s⟩ ostinazione *f*, testardaggine *f* **ei·gen·sin·nig** ADJ ostinato, testardo **ei·gen·stän·dig** ADJ autonomo, indipendente
ei·gent·lich **A** ADJ **1** vero: **sein -er Name ist Mayer** il suo vero nome è Mayer **2** (vero e) proprio: **im -en Sinn** in senso proprio **B** ADV **1** in realtà, veramente: **~ hat er recht** in realtà ha ragione; **ich sollte ~ zu Hause sein, aber ...** veramente dovrei essere a casa, ma ... **2** (*ursprünglich*) originariamente **3** (*überhaupt*) (ma) insomma: **was willst du ~ hier?** ma (insomma) cosa vuoi tu qui?; **wer sind Sie ~ ?** in realtà chi è lei?
Ei·gen·tor N autogol *m*, autorete *f*: **ein ~ schießen** fare autogol (*a. fig*)
Ei·gen·tum N ⟨-s⟩ proprietà *f* **Ei·gen·tü·mer** M ⟨-s; -⟩, **-in** F ⟨-; -nen⟩ proprietario *m*, -a *f* **ei·gen·tüm·lich** ADJ **1** tipico, caratteristico **2** (*seltsam*) stra-

no **Ei·gen·tüm·lich·keit** F ⟨-; -en⟩ 1 particolarità *f* 2 stranezza *f*
Ei·gen·tums·woh·nung F appartamento *m* di proprietà (in condominio)
Ei·gen·wil·le M ostinazione *f* **ei·gen·wil·lig** ADJ 1 ostinato 2 (*originell*) eccentrico **Ei·gen·wil·lig·keit** F ⟨-; -en⟩ originalità *f*
eig·nen V/R **sich ~** adattarsi, essere adatto
Eig·nung F ⟨-; -en⟩ idoneità *f* **Eig·nungs·test** M test *m* attitudinale
Eil·bo·te M, **-bo·tin** F corriere *m* espresso: **durch -n** per corriere espresso **Eil·brief** M espresso *m*
Ei·le F ⟨-⟩ fretta *f*: **in ~ sein** essere di fretta; **in der ~** per la fretta; **es hat keine ~** non c'è fretta; **nur keine ~!** calma!
Ei·lei·ter M ANAT tuba *f*
ei·len V/I ⟨s.⟩ 1 correre: **zum Arzt/nach Hause ~** correre dal medico/a casa 2 **j-m zu Hilfe ~** accorrere in aiuto di qn 3 *unpers* ⟨h.⟩ essere urgente **ei·lends** ADV in fretta
Eil·gut N merce *f* urgente; (*Sendung*) spedizione *f* urgente
ei·lig ADJ 1 frettoloso: **-e Schritte** passi frettolosi 2 (*dringend*) urgente ♦ **es ~ haben** avere fretta; **die Sache ist ~** la cosa urge
ei·ligst ADV in tutta fretta
Eil·sen·dung F spedizione *f* per espresso **Eil·tem·po** N rapidità *f* **Eil·zug** M (treno *m*) diretto *m*
Ei·mer M ⟨-s; -⟩ secchio *m*
ei·mer·wei·se ADV a secchi
ein[1] A ART UNBEST M/N ⟨*f* **eine**⟩ un(o), una: **-e Frau** una donna; **-es Tages** un giorno B INDEF PR (*attr*) 1 un(o), una: **in ~ bis zwei Tagen** entro uno o due giorni; **es war ~ Uhr** era l'una 2 (*einzig*) unico, unica, (un) solo, (una) sola: **er hat nicht -en Fehler gemacht** non ha fatto un solo errore 3 (*gleich*) lo stesso, la stessa: **wir sind -er Meinung** siamo della stessa opinione C INDEF PR **einer** (F **eine**, N **ein[e]s**; PL **eine**) 1 l'uno, l'una: **die -en möchten Kaffee und die anderen Tee** gli uni vogliono caffè e gli altri tè 2 (*jemand*) (qualc)uno, (qualc)una: **das wird kaum -em gefallen** difficilmente (ciò) piacerà a qualcuno 3 (*man*) (si): **wenn -er reich ist** quando si è ricchi ♦ **-s sein** essere d'accordo; **das Ein und Alles für j-n sein** essere tutto per qn; **so -e Überraschung!** che sorpresa!
ein[2] ADV acceso: **Licht ~!** luce!; **~/aus** acceso/spento ♦ **bei j-m ~ und aus gehen** essere di casa da qn; **nicht** (*od* **weder**) **~ noch aus wissen** non sapere dove sbattere la testa
Ein·ak·ter M ⟨-s; -⟩ atto *m* unico
ei·nan·der PRON ⟨*inv*⟩ l'un l'altro, reciprocamente: **~ lieben** amarsi l'un l'altro
ein·ar·bei·ten A V/T **j-n ~** impratichire qn B V/R **sich in ein Gebiet ~** far pratica in un settore (lavorativo)
Ein·ar·bei·tung F ⟨-; -en⟩ introduzione *f* al lavoro, pratica *f* **Ein·ar·bei·tungs·zeit** F periodo *m* di adattamento
ein·ar·mig ADJ 1 con un braccio solo 2 (*Gegenstände*) a un (solo) braccio
ein·äschern V/T 1 ridurre in cenere, incenerire 2 (*Leichen*) cremare **Ein·äsche·rung** F ⟨-; -en⟩ cremazione *f*
ein·at·men A V/I ⟨h.⟩ inspirare: **ein- und ausatmen** inspirare ed espirare B V/T inalare: **schlechte Luft ~** respirare aria viziata
ein·äu·gig ADJ 1 con un occhio solo, monocolo 2 (*blind*) cieco da un occhio
Ein·bahn·stra·ße F (strada *f* a) senso unico
ein·bal·sa·mie·ren V/T imbalsamare
Ein·band M ⟨-[e]s; -bände⟩ (*Verlag*) (ri)legatura *f*
Ein·bau M ⟨-[e]s; -ten⟩ installazione *f*, montaggio *m*
ein·bau·en V/T installare, montare **Ein·bau·kü·che** F cucina *f* componibile (*od* americana) **Ein·bau·schrank** M armadio *m* a muro
ein·be·hal·ten V/T ⟨*irr*⟩ trattenere
ein·bei·nig ADJ con (*od* a) una gamba sola
ein·be·ru·fen V/T ⟨*irr*⟩ 1 convocare 2 MIL (ri)chiamare alle armi **Ein·be·ru·fung** F ⟨-; -en⟩ 1 convocazione *f* 2 MIL chiamata *f* alle armi
ein·bet·ten V/T 1 collocare 2 BAU incassare
Ein·bett·zim·mer N camera *f* singola
ein·be·zie·hen V/T ⟨*irr*⟩ includere
ein·bie·gen V/I ⟨*irr*; s.⟩ svoltare, girare: **nach links ~** svoltare a sinistra
ein·bil·den V/R **sich** (*dat*) **~** 1 immaginarsi, credere: **sich** (*dat*) **Gefahren ~** immaginarsi pericoli; **er bildet sich ein, krank zu sein** crede di essere malato; **bilde dir nur nichts ein** non farti illusioni 2

sich (*dat*) **viel** (**auf etw** [*akk*]) ~ avere un alto concetto di sé (per qc)
Ein·bil·dung F 1 immaginazione *f*, fantasia *f* 2 (*Überheblichkeit*) presunzione *f*, boria *f* **Ein·bil·dungs·kraft** F capacità *f* immaginativa
ein·bin·den V/T ⟨*irr*⟩ 1 (*Verlag*) rilegare 2 legare (*a. fig*): **j-n in eine Familie ~** legare qn a una famiglia
ein·bläu·en V/T *umg* **j-m etw ~** inculcare qc a qn
ein·blen·den FILM, TV A V/T inserire B V/R **sich ~** aprirsi in dissolvenza
ein·bleu·en V/T → einbläuen
Ein·blick M 1 vista *f* (dentro) 2 occhiata *f*: **~ in etw** (*akk*) **nehmen** dare un'occhiata a qc 3 (*Kenntnis*) idea *f*: **einen ~ in etw** (*akk*) **gewinnen** farsi un'idea di qc
ein·bre·chen ⟨*irr*⟩ A V/T sfondare B V/I 1 ⟨s., h.⟩ entrare: **Diebe haben** (*od* **sind**) **in unserer Wohnung eingebrochen** i ladri sono entrati nel nostro appartamento 2 ⟨s.⟩ sopraggiungere: **der Winter brach ein** sopraggiunse l'inverno 3 ⟨s.⟩ **auf dem Eis ~** sprofondare nel ghiaccio 4 ⟨s.⟩ (*einstürzen*) crollare
Ein·bre·cher M ⟨-s; -⟩, **-in** F ⟨-; -nen⟩ scassinatore *m*, -trice *f*
ein·brin·gen ⟨*irr*⟩ A V/T 1 (*Ernte*) mettere al riparo 2 (*Vorschlag*) presentare 3 (*Werte*) portare: **Geld in eine Firma ~** portare soldi in una ditta B V/R **sich ~** coinvolgersi, impegnarsi
ein·bro·cken V/T *umg* **sich** (*dat*) **etwas ~** mettersi nei guai (*od* nei pasticci)
Ein·bruch M 1 irruzione *f* 2 (*in Wohnung*) scasso *m*: **einen ~ verüben** effettuare uno scasso 3 (*Einsturz*) crollo *m* (*a. fig*) 4 *fig* il sopraggiungere, il calare: **bei ~ der Nacht** al calar della notte
Ein·buch·tung F ⟨-; -en⟩ insenatura *f*
ein·bür·gern A V/T 1 **j-n ~** dare la cittadinanza a qn, naturalizzare qn 2 (*heimisch machen*) introdurre, adottare B V/R **sich ~** diventare di uso comune **Ein·bür·ge·rung** F ⟨-; -en⟩ naturalizzazione *f*
Ein·bu·ße F ⟨-; -n⟩ perdita *f*
ein·bü·ßen V/T perdere
ein·che·cken FLUG A V/T fare il check-in B V/I ⟨h.⟩ passare al check-in
ein·cre·men A V/T **etw ~** spalmare, mettere la crema su qc B V/R **sich ~** spalmarsi di crema
ein·däm·men V/T arginare (*a. fig*)
ein·de·cken A V/T *umg* caricare: **j-n mit Arbeit ~** caricare qn di lavoro B V/R **sich ~** rifornirsi
ein·deu·tig ADJ 1 chiaro, evidente 2 (*nicht mehrdeutig*) univoco
ein·deut·schen V/T germanizzare
ein·di·men·si·o·nal ADJ unidimensionale
ein·drin·gen V/I ⟨*irr*; s.⟩ 1 penetrare, entrare 2 (*Diebe*) **bei j-m ~** fare irruzione in casa di qn; **in eine Stadt ~** invadere una città 3 *fig* introdursi 4 *fig* **auf j-n mit Fragen ~** assillare qn con domande
ein·dring·lich ADJ 1 insistente 2 (*überzeugend*) persuasivo
Ein·dring·ling M ⟨-s; -e⟩ 1 intruso *m*, -a *f* 2 invasore *m*
Ein·druck M ⟨-[e]s; -drücke⟩ 1 impressione *f*: **einen schlechten ~ machen** fare brutta figura; **den ~ haben/gewinnen, dass …** avere/ricavare l'impressione che … 2 (*Spur*) impronta *f* ♦ **auf j-n ~ machen** fare colpo su qn
ein·drü·cken V/T 1 comprimere, schiacciare 2 sfondare: **die Tür ~** sfondare la porta
ein·drucks·voll ADJ impressionante, imponente, di grande effetto
ei·ne → ein[1]
ein·eb·nen V/T spianare; *fig* appianare
ein·ei·ig ADJ monovulare, monozigote
ein·ein·halb ADJ ⟨*inv*⟩ uno e mezzo
Ein·el·tern·fa·mi·lie F famiglia *f* monoparentale
ei·nem → ein[1]
ei·nen → ein[1]
ein·en·gen V/T 1 (co)stringere: **die Krawatte engt mich ein** la cravatta mi stringe 2 (*einschränken*) limitare: **j-s Rechte/Freiheit ~** limitare i diritti/la libertà di qn
ei·ner → ein[1]
Ei·ner M ⟨-s; -⟩ 1 MATH unità *f*: **zuerst die ~ und dann die Zehner addieren** sommare prima le unità e poi le decine 2 SPORT (*Ruderboot*) monoposto *m*
ei·ner·lei ADJ ⟨*inv*⟩ 1 (*gleichgültig*) indifferente: **das ist mir ~** (ciò) mi è indifferente 2 (*gleichartig*) dello stesso tipo **Ei·ner·lei** N ⟨-s⟩ monotonia *f*, uniformità *f*
ei·ner·seits ADV **~ …, andererseits …** da un lato …, dall'altro …
ein·fach A ADJ 1 facile, semplice: **ein -es Studium** un corso di studi facile; **es ist gar nicht so ~** non è affatto semplice

2 (*einmal ausgeführt*) semplice: **ein -er Knoten** un nodo semplice; **eine -e Fahrkarte** un biglietto semplice (*od* di andata) 3 (*bescheiden*) modesto, alla buona: **in -en Verhältnissen leben** vivere in condizioni modeste **B** ADV semplicemente, proprio: **die Sache ist ~ unmöglich** la cosa è semplicemente impossibile; **es wäre ~ schön** sarebbe proprio bello ♦ **~ ausgedrückt** detto in modo chiaro; **es sich** (*dat*) **~ machen** rendersi la vita facile; **-e Mehrheit** maggioranza relativa

Ein·fach·heit F ⟨-; -en⟩ semplicità *f*: **der ~ halber** per semplificare le cose

ein·fä·deln **A** VT 1 infilare 2 *umg* tramare, ordire: **eine List ~** tramare un inganno **B** VR **sich ~** infilarsi; **sich in eine Wagenkolonne ~** immettersi in una colonna (di auto)

ein·fah·ren ⟨*irr*⟩ **A** VI ⟨s.⟩ arrivare: **der Zug fährt auf Gleis 8 ein** il treno sta arrivando al binario 8 **B** VT 1 **die Ernte ~** riporre il raccolto 2 (*beschädigen*) sfondare (con l'auto): **das Garagentor ~** sfondare la porta del garage 3 (*neues Fahrzeug*) rodare 4 retrarre: **das Fahrgestell ~** retrarre il carrello ♦ **in die Grube ~** scendere nel pozzo (di una miniera)

Ein·fahrt F 1 arrivo *m*: **Vorsicht bei der ~ des Zuges** attenzione al treno in arrivo 2 ingresso *m*: **die Werkstatt hat eine breite ~** l'officina ha un ampio ingresso 3 (*Autobahn*) raccordo *m* di entrata ♦ **~ frei halten!** lasciare libero il passaggio! (*Schild*) passo carrabile

Ein·fall M 1 idea *f*: **er kam auf den ~, etw zu tun** gli venne l'idea di fare qc 2 (*Überfall*) invasione *f* 3 PHYS incidenza *f* ♦ **ein witziger ~** un'arguzia

ein·fal·len VI ⟨*irr*; s.⟩ 1 (*in den Sinn kommen*) venire in mente 2 (*überfallen*) irrompere, fare irruzione: **in ein fremdes Land ~** fare irruzione in un paese straniero 3 (*zusammenstürzen*) crollare 4 (*Licht*) entrare ♦ *fig* **sich** (*dat*) **etwas ~ lassen** farsi venire in mente qualcosa; **das fällt mir nicht im Traum ein!** nemmeno (*od* neanche) per sogno!; **was fällt dir ein!** ma che ti salta in mente!

ein·falls·los ADJ povero di idee, senza fantasia **ein·falls·reich** ADJ ricco di idee, ingegnoso **Ein·falls·win·kel** M PHYS angolo *m* d'incidenza

Ein·falt F ⟨-⟩ 1 (*Beschränktheit*) dabbenaggine *f* 2 (*Naivität*) ingenuità *f* **ein·fäl·tig** ADJ ingenuo; sempliciotto **Ein·falts·pin·sel** M *umg pej* sempliciotto *m*, -a *f*

Ein·fa·mi·li·en·haus N casa *f* unifamiliare

ein·fan·gen ⟨*irr*⟩ **A** VT 1 catturare: **einen Dieb ~** catturare un ladro 2 *fig* (*Stimmung*) cogliere **B** VR *umg* **sich** (*dat*) **etw ~** prendersi qc

ein·far·big ADJ di un solo colore, in tinta unita; TECH monocromatico

ein·fas·sen VT 1 (*begrenzen*) circondare: **etw mit einem Zaun ~** recintare qc con una staccionata 2 (*Nähen*) bordare 3 (*Edelsteine*) incastonare **Ein·fas·sung** F 1 recinto *m* 2 (*Rahmen*) cornice *f* 3 (*Nähen*) bordo *m* 4 (*Edelsteine*) castone *m*

ein·fet·ten VT 1 ungere 2 MECH lubrificare

ein·fin·den VR ⟨*irr*⟩ **sich ~** 1 trovarsi 2 **sich in etw** (*akk*) **~** adattarsi a qc

ein·flie·ßen VI ⟨*irr*; s.⟩ 1 (*münden*) versarsi 2 (*Luftströme*) affluire 3 *fig* **etw ~ lassen** accennare a (*od* lasciare intendere) qc

ein·flö·ßen VT 1 **j-m Vertrauen ~** ispirare fiducia a qn; **Angst/Ehrfurcht ~** incutere paura/rispetto 2 (*Medikament*) somministrare

Ein·flug·schnei·se F corridoio *m* aereo

Ein·fluss M influsso *m*, influenza *f*: **einen guten ~ auf j-n/etw ausüben** esercitare un influsso positivo su qn/qc; **unter dem ~ eines Beruhigungsmittels stehen** essere sotto l'effetto di un calmante

Ein·fluss·be·reich M sfera *f* d'influenza **ein·fluss·reich** ADJ molto influente

ein·för·mig ADJ uniforme, monotono

ein·frie·ren ⟨*irr*⟩ **A** VT congelare (*a. fig*): **Löhne und Gehälter ~** congelare salari e stipendi **B** VI ⟨s.⟩ 1 gelarsi (*a. fig*): **sein Lächeln fror ein** il sorriso gli si gelò sulle labbra 2 (*Schiffe*) rimanere bloccato (nel ghiaccio)

Ein·fü·ge·mar·ke F IT cursore *m* **Ein·fü·ge·mo·dus** M IT modo *m* inserimento

ein·fü·gen **A** VT inserire (*a.* IT, *fig*): **einfügen** (*Befehl*) incolla **B** VR **sich ~** inserirsi **Ein·fü·ge·tas·te** F tasto *m* inserimento **Ein·fü·gung** F inserimento *m*

ein·füh·len VR **sich in j-n ~** immedesimarsi in qn **ein·fühl·sam** ADJ che sa immedesimarsi (*od* mettersi nei panni di qn); (*Worte*) di partecipazione emotiva **Ein·füh·lungs·ver·mö·gen** N capacità *f* d'immedesimazione

Ein·fuhr F ⟨-; -en⟩ 1 importazione *f* 2 (*eingeführte Waren*) importazioni *fpl* **Ein·fuhr·be·schrän·kung** F restrizione *f* delle importazioni

E

ein·füh·ren V/T 1 (*hineinschieben*) introdurre, mettere 2 (*importieren*) importare 3 (*in Gebrauch nehmen*) introdurre 4 HANDEL lanciare, promuovere 5 iniziare: **die Schüler in die Mathematik ~** iniziare gli scolari alla matematica; **den neuen Mitarbeiter** (**in sein Aufgabengebiet**) ~ avviare il nuovo collaboratore (nei suoi compiti) 6 (*vorstellen*) **j-n bei j-m ~** presentare qn a qn

Ein·fuhr·ge·neh·mi·gung F permesso *m* d'importazione **Ein·fuhr·sper·re** F sospensione *f* (*od* blocco *m*) delle importazioni

Ein·füh·rung F 1 introduzione *f* 2 HANDEL lancio *m*, promozione *f*: **die ~ einer neuen Marke** il lancio di un nuovo marchio 3 (*Amtseinführung*) insediamento *m*

Ein·fuhr·ver·bot N divieto *m* d'importazione **Ein·fuhr·zoll** M dazio *m* d'importazione

ein·fül·len V/T versare: **Mehl** (**in Säcke**) ~ versare farina in sacchi

Ein·ga·be F 1 (*Petition*) petizione *f*, domanda *f*: **eine ~ machen** fare una domanda 2 IT inserimento *m*, immissione *f* 3 input *m* **Ein·ga·be·auf·for·de·rung** F IT prompt *m inv* dei comandi **Ein·ga·be·tas·te** F IT tasto *m* invio

Ein·gang M 1 ingresso *m*, entrata *f*: **der ~ des Museums** l'ingresso del museo; **das Haus hat zwei Eingänge** la casa ha due entrate 2 HANDEL entrata *f*: **Ein- und Ausgänge** entrate e uscite 3 (*Buchhaltung*) **Ein- und Ausgang** carico e scarico 4 (*Post, Waren*) arrivo *m* 5 (*Geld*) incasso *m*: **~ vorbehalten** salvo incasso ♦ **in etw** (*akk, dat*) **~ finden** avere accesso a qc

ein·gangs ADV all'inizio **Ein·gangs·stem·pel** M timbro *m* d'arrivo

ein·ge·ben V/T ⟨*irr*⟩ 1 (*Arznei*) somministrare 2 (*Daten*) immettere 3 ispirare: **j-m eine gute Idee ~** suggerire a qn una buona idea

ein·ge·bil·det ADJ 1 (*nicht echt*) immaginario 2 (*hochmütig*) presuntuoso: **auf seine Herkunft ~ sein** vantarsi della propria origine

ein·ge·bo·ren ADJ indigeno **Ein·ge·bo·re·ne** M/F ⟨-n; -n⟩ indigeno *m*, -a *f*

Ein·ge·bung F ⟨-; -en⟩ ispirazione *f*

ein·ge·denk ADJ ⟨*inv*⟩ memore: **etw** (*gen*) **~ sein** (*od* **bleiben**) essere memore di qc

ein·ge·fal·len ADJ *fig* macilento: **~ aussehen** avere un aspetto macilento; **-e Wangen** guance scavate; **-e Augen** occhi infossati

ein·ge·fleischt ADJ 1 (*unverbesserlich*) inguaribile: **ein -er Optimist** un inguaribile ottimista 2 (*Gewohnheit*) inveterato ♦ **ein -er Junggeselle** uno scapolo impenitente

ein·ge·hen ⟨*irr*⟩ A V/I ⟨s.⟩ 1 (*Geld*) entrare; (*Post, Waren*) arrivare 2 (*Stoff*) restringersi 3 (*Tiere, Pflanzen*) morire 4 **auf j-n/etw ~** interessarsi di qn/qc 5 (*zustimmen*) **auf etw** (*akk*) **~** accogliere qc B V/T stipulare: **einen Vertrag ~** stipulare un contratto ♦ *umg* **die Ehe ~** contrarre matrimonio; **in die Geschichte ~** passare alla storia

ein·ge·hend A ADJ (*ausführlich*) dettagliato; (*gründlich*) approfondito B ADV a fondo

Ein·ge·mach·te N ⟨-n⟩ conserva *f*: **im Keller steht auch -s** in cantina ci sono anche delle conserve ♦ *umg* **ans ~ gehen** intaccare le proprie riserve

ein·ge·mein·den V/T incorporare nel comune

ein·ge·nom·men ADJ **für j-n ~ sein** avere una propensione (*od* un debole) per qn; **gegen j-n ~ sein** essere prevenuto contro qn; **von sich ~ sein** essere pieno di sé

ein·ge·schnappt ADJ *umg* **gleich ~ sein** prendersela per un nonulla

ein·ge·schrie·ben ADJ (*Brief, Sendung*) raccomandato

Ein·ge·ständ·nis N confessione *f*

ein·ge·ste·hen ⟨*irr*⟩ A V/T confessare, ammettere B V/R **sich** (*dat*) **etw ~** riconoscere (*od* ammettere) qc

ein·ge·stellt ADJ orientato: **politisch ist er links ~** politicamente è orientato a sinistra

Ein·ge·wei·de N ⟨-s; -⟩ viscere *m*

Ein·ge·weih·te M/F ⟨-n; -n⟩ 1 REL iniziato *m*, -a *f* 2 esperto, -a *f*

ein·ge·wöh·nen VR **sich ~** ambientarsi

ein·ge·zwängt ADJ ♦ **sich in etw** (*dat*) **~ fühlen** sentirsi costretto in qc

ein·gie·ßen VT ⟨*irr*⟩ versare

ein·gip·sen VT ingessare

ein·glei·sig ADJ a binario unico ♦ **~ denken** ragionare a compartimenti stagni

ein·glie·dern **A** VT inserire **B** VR **sich ~** integrarsi, inserirsi **Ein·glie·de·rung** F integrazione *f*

ein·gra·ben ⟨*irr*⟩ **A** VT sotterrare **B** VR **sich ~** **1** interrarsi **2** *fig* imprimersi: **sich** (**tief**) **in die Seele/ins Gedächtnis ~** imprimersi (profondamente) nell'animo/nella memoria

ein·gra·vie·ren VT incidere

ein·grei·fen VI ⟨*irr*; h.⟩ **1** intervenire **2** **in etw** (*akk*) **~** intaccare (*od* ledere) qc; **die Maßnahme greift in unsere Rechte ein** il provvedimento lede i nostri diritti **Ein·greif·trup·pe** F forza *f* d'intervento (rapido)

Ein·griff M **1** intervento *m* (*a.* MED): **einen ~ vornehmen** praticare un intervento **2** (*Einmischung*) intromissione *f*

ein·ha·ken **A** VT agganciare **B** VR **sich bei j-m ~** prendere qn a braccetto (*od* sottobraccio) **C** VI ⟨h.⟩ *umg* (*im Gespräch*) intervenire

Ein·halt M ⟨-s⟩ **j-m/etw ~ gebieten** (*od* **tun**) porre un freno a qn/qc

ein·hal·ten ⟨*irr*⟩ **A** VT osservare: **eine strenge Diät ~** osservare una dieta stretta; **ein Versprechen ~** rispettare una promessa **B** VI ⟨h.⟩ interrompersi: **in** (*od* **mit**) **der Arbeit ~** interrompersi nel lavoro **Ein·hal·tung** F osservanza *f*, rispetto *m*

ein·han·deln **A** VT barattare: **etw gegen** (*od* **für**) **etw ~** barattare qc con qc **B** VR *umg* **sich** (*dat*) **etw ~** prendersi (*od* buscarsi) qc

ein·hän·dig ADJ & ADV con una mano sola

ein·hän·gen **A** VT **1** (*den Hörer*) attaccare **2** (*Tür*) incardinare **B** VI ⟨h.⟩ riattaccare **C** VR **sich bei j-m ~** prendere a braccetto qn

ein·hei·misch ADJ **1** (*eingeboren*) nativo, indigeno **2** (*des Ortes*) nostrano, locale, del paese **Ein·hei·mi·sche** M/F ⟨-n; -n⟩ nativo *m*, -a *f*, persona *f* del posto

ein·heim·sen VT *umg* (*Erfolge*) mietere, raccogliere; (*Gewinn*) trarre; (*Prügel*) buscarsi

ein·hei·ra·ten VI ⟨h.⟩ entrare (con il matrimonio): **in eine adelige Familie ~** imparentarsi con una famiglia aristocratica

Ein·heit F ⟨-; -en⟩ unità *f* (*a.* MIL; *Maßeinheit*): **zu einer ~ verschmelzen** fondersi in un'unità; **die ~ zerfällt** l'unione crolla

ein·heit·lich **A** ADJ **1** unitario: **ein -es Ganzes** un tutt'uno **2** (*unterschiedslos*) uniforme, omogeneo **3** (*Europäische Union*) **Einheitliche Europäische Akte** Atto *m* unico europeo **B** ADV uniformemente: **~ vorgehen** procedere uniformemente; **etw ~ regeln** uniformare qc

Ein·heits·ta·rif M tariffa *f* unitaria

ein·hei·zen VT **1** accendere: **den Ofen ~** accendere la stufa **2** (*Zimmer*) riscaldare ♦ **j-m ganz schön ~** dire a qn il fatto suo

ein·hel·lig **A** ADJ unanime **B** ADV all'unanimità, di comune accordo

ein·her·ge·hen VI ⟨*irr*; s.⟩ accompagnarsi: **Grippe geht oft mit heftigen Kopfschmerzen einher** l'influenza si accompagna spesso a terribili mal di testa

ein·ho·len VT **1** (*erreichen*) raggiungere **2** riguadagnare: **die verlorene Zeit ~** riguadagnare il tempo perduto **3** ricevere: **einen Rat ~** ricevere un consiglio; **Erkundigungen ~** raccogliere informazioni **4** (*Fahne, Segel*) ammainare ♦ **ärztlichen Rat ~** consultare un medico; *umg* **~ gehen** andare a fare la spesa

Ein·horn N ⟨-[e]s; -hörner⟩ unicorno *m*

ein·hül·len **A** VT avvolgere (*a. fig*) **B** VR **sich ~** avvolgersi; **sich in einen Mantel ~** avvolgersi in un cappotto

ein·hun·dert NUM cento

ei·nig ADJ **1** d'accordo: **sich** (*dat*) **mit j-m in etw** (*dat*); **über etw** (*akk*) **~ werden** mettersi d'accordo con qn su qc **2** (*geeint*) unito

ei·ni·ge PRON **1** qualche: **seit -r Zeit** da qualche tempo; **hier fehlt noch -s** qui manca ancora qualcosa **2** (*mehrere*) alcuni, alcune: **~ Mal**(**e**) alcune volte, qualche volta; **~ von uns** alcuni di noi **3** (*nicht wenig*) un bel po': **das wird sicher -s kosten** costerà sicuramente un bel po'; **mit -m guten Willen** con un po' di buona volontà

ei·ni·gen **A** VT **1** unire, unificare **2** (*Streitende*) conciliare **B** VR **sich auf**

(*od* **über**) **etw** (*akk*) ~ mettersi d'accordo su qc

ei·ni·ger·ma·ßen ADV in certo qual modo, piuttosto ♦ **wie geht's dir?** – ~ come va? – discretamente, abbastanza bene

E

Ei·nig·keit F ⟨-⟩ unione *f*; (*Übereinstimmung*) concordia *f* ♦ ~ **macht stark** l'unione fa la forza

Ei·ni·gung F ⟨-; -en⟩ **1** (*Vereinigung*) unione *f*, unificazione *f* **2** (*von Streitenden*) conciliazione *f*, accordo *m*: **eine ~ erzielen** raggiungere un accordo

ein·ja·gen V/T *fig* incutere: **j-m Angst ~** incutere paura a qn

ein·jäh·rig ADJ di un anno; annuo

ein·kal·ku·lie·ren V/T comprendere (nel prezzo): **ein Risiko ~** calcolare un rischio

Ein·kauf M **1** acquisto *m*, spesa *f*: **Einkäufe machen** fare acquisti **2** (*Einkaufsabteilung*) (reparto *m*) acquisti *mpl*

ein·kau·fen **A** V/T acquistare, comprare **B** V/I ⟨h.⟩ fare la spesa **C** V/R **sich in eine Firma ~** diventare socio di una ditta

Einkaufen

Am Montagvormittag haben Kaufhäuser und am Mittwochnachmittag Lebensmittelgeschäfte (**alimentari**) geschlossen. Zwischen 12:30 und 16:30 ist allgemein Mittagspause. Nur größere Supermärkte (**supermercati, ipermercati**) haben durchgehend geöffnet.
Den Kassenzettel (**scontrino**) muss man immer mitnehmen. Dies zu vergessen, könnte eine Geldstrafe für Käufer und Geschäft bedeuten.

Ein·käu·fer M, **-in** F compratore *m*, -trice *f*

Ein·kaufs·bum·mel M giro *m* dei negozi, shopping *m* **Ein·kaufs·korb** M cesta *f* della spesa **Ein·kaufs·preis** M prezzo *m* di acquisto **Ein·kaufs·ta·sche** F borsa *f* per la spesa, sporta *f* **Ein·kaufs·wa·gen** M carrello *m* (della spesa) **Ein·kaufs·zent·rum** N centro *m* commerciale

ein·keh·ren V/I ⟨s.⟩ **1** fermarsi, fare sosta: **in einem** (*od* **ein**) **Gasthaus ~** fermarsi in una trattoria **2** *geh* giungere, comparire: **da kehrte Ruhe ein** allora venne la calma

ein·ker·ben V/T incidere

ein·kla·gen V/T JUR esigere, rivendicare

Ein·klang M **1** MUS unisono *m* **2** *fig* armonia *f*: **mit j-m/etw im ~ stehen** (*od* **sein**) essere in armonia (*od* in accordo) con qn/qc; **etw in ~ bringen** far concordare (*od* conciliare) qc

ein·kle·ben V/T incollare

ein·klei·den **A** V/T **1** **j-n neu ~** rifare il guardaroba a qn **2** **Soldaten ~** dotare i soldati di divise **B** V/R **sich ~** farsi il guardaroba

ein·klem·men V/T **1** incastrare, schiacciare: **ich habe** (**mir**) **die Finger eingeklemmt** mi sono schiacciato le dita **2** MECH serrare

ein·ko·chen **A** V/T **Obst ~** cuocere frutta (per conservarla) **B** V/I ⟨s.⟩ (*Soße*) addensarsi

Ein·kom·men N ⟨-s; -⟩ reddito *m*

ein·kom·mens·schwach ADJ a basso reddito **ein·kom·mens·stark** ADJ ad alto reddito

Ein·kom·men(s)·steu·er F imposta *f* sul reddito **Ein·kom·men(s)·steu·er·er·klä·rung** F dichiarazione *f* (*od* denuncia *f*) dei redditi

ein·krei·sen V/T **1** segnare (*od* evidenziare) con un cerchio **2** MIL accerchiare **3** *fig* **ein Problem ~** centrare un problema

Ein·künf·te PL redditi *mpl*, entrate *fpl*

ein·la·den[1] V/T ⟨*irr*⟩ (*in Fahrzeug*) caricare

ein·la·den[2] V/T ⟨*irr*⟩ (*Gast*) invitare: **j-n ins Kino ~** invitare qn al cinema **ein·la·dend** ADJ invitante: **ein -es Lächeln** un sorriso invitante; **eine -e Handbewegung** un cenno d'invito **Ein·la·dung** F invito *m*: **auf ~ von** su invito di

Ein·la·ge F **1** GASTR = *tutto ciò che si può cuocere nel brodo* (*pastina, gnocchi …*) **2** intarsio *m*: **-n aus Elfenbein** intarsi in avorio **3** (*Fußstütze*) plantare *m* **4** TV, THEAT intermezzo *m* **5** FIN deposito *m* **6** (*in ein Unternehmen*) apporto *m*, conferimento *m*

Ein·lass M ⟨-es; -lässe⟩ entrata *f*: **~ ab 7 Uhr** entrata dalle ore 7; **kein ~!** vietato l'accesso!

ein·las·sen ⟨*irr*⟩ **A** V/T **1** fare entrare **2** **die Badewanne ~** riempire (d'acqua) la vasca da bagno **B** V/R **1** **sich mit j-m ~** avere rapporti (*od* avere a che fare) con qn **2** **sich auf etw** (*akk*) **~** mettersi (*od* entrare) in qc; **sich auf keine Diskussion ~** non voler entrare in una discussione; **darauf lasse ich mich nicht ein** non ci sto

Ein·lauf M MED clistere *m*

ein·lau·fen ⟨*irr*⟩ **A** V/I ⟨s.⟩ **1** arrivare: SPORT **in die Zielgerade ~** giungere in dirittura d'arrivo **2** (*hineinfließen*) scorrere (*od* fluire) dentro **3** (*Stoff*) restringersi **B** V/R **sich ~** SPORT riscaldarsi (*od* fare riscaldamento) correndo

ein·läu·ten V/T annunciare (col suono)

ein·le·ben V/R **sich ~** ambientarsi

ein·le·gen V/T **1** mettere (dentro): **eine Kassette (in den Rekorder) ~** mettere una cassetta (nel registratore); **den zweiten Gang ~** mettere la seconda **2** (*beilegen*) includere, allegare **3** **eine Pause ~** inserire una pausa **4** **etw in Essig ~** mettere qc sotto aceto; marinare qc **5** FIN depositare **6** presentare: **Beschwerde/Protest (gegen etw) ~** presentare reclamo/elevare una protesta (contro qc) ♦ **ein gutes Wort für j-n ~** mettere una buona parola per qn

Ein·le·ge·soh·le F soletta *f*

ein·lei·ten V/T **1** avviare, iniziare: **diplomatische Verhandlungen ~** avviare trattative diplomatiche; JUR **ein Verfahren gegen j-n ~** avviare un procedimento contro qn **2** (*hineinleiten*) immettere **3** MED **die Geburt ~** provocare il parto **ein·lei·tend** **A** ADJ introduttivo, di introduzione **B** ADV per iniziare **Ein·lei·tung** F **1** inizio *m*, avvio *m*: **die ~ eines Verfahrens fordern** richiedere l'avvio di un procedimento **2** (*Buch*) introduzione *f* **3** (*Abwässer*) immissione *f*

ein·len·ken V/I ⟨h.⟩ *fig* **1** (*nachgeben*) cedere **2** (*sich mäßigen*) cambiar tono, moderarsi

ein·le·sen V/T ⟨*irr*⟩ IT caricare (dati)

ein·leuch·ten V/I ⟨h.⟩ apparire chiaro; (*überzeugen*) persuadere, convincere: **das will mir nicht ~** non mi convince **ein·leuch·tend** ADJ **1** comprensibile **2** plausibile

ein·lie·fern V/T **1** (*abgeben*) consegnare **2** (tras)portare: **j-n ins Krankenhaus ~** portare qn all'ospedale **3** (*ins Gefängnis*) tradurre **Ein·lie·fe·rung** F **1** consegna *f* **2** (*ins Krankenhaus*) trasporto *m*, ricovero *m* **3** (*ins Gefängnis*) trasferimento *m*

ein·lo·chen V/T **1** *umg* sbattere in galera, mettere dentro **2** (*Golf*) infilare una buca

ein·log·gen V/R **sich ~** fare il login; **sich in etw** (*akk*) **~** accedere a qc

ein·lö·sen V/T **1** riscuotere: **einen Gutschein ~** riscuotere un buono **2** (*auszahlen*) **einen Wechsel ~** onorare una cambiale **3** (*Pfand*) riscattare **4** mantenere: **ein Versprechen ~** mantenere una promessa

ein·ma·chen V/T fare una conserva (di qc)

ein·mal **A** ADV **1** una volta: **~ und nicht wieder** una volta e basta **2** (*irgendwann*) **besuchen Sie uns ~!** venga a trovarci una volta! **3** (*eines Tages*) un giorno: **es wird ~ die Zeit kommen, wo ...** verrà il giorno in cui ... **4** (*einst*) un tempo: **es war ~** c'era una volta **B** **1** un po': **kommen Sie ~ her!** venga un po' qui! **2** (*endlich mal*) una volta tanto: **darf ich auch ~ sprechen?** potrei parlare anch'io una volta tanto? ♦ **auf ~** improvvisamente; (**alle**) **auf ~** tutti insieme; **erst ~** innanzi tutto; **nicht ~** neanche; **schon ~** già; **es ist nun ~ so** è così, non ci si può far nulla

Ein·mal·eins N ⟨-⟩ **1** tabellina *f*: **das große ~** le tabelline dall'11 al 20 **2** *fig* abbicì *m* **Ein·mal·hand·schuh** M guanto *m* monouso

ein·ma·lig **A** ADJ **1** unico **2** (*außergewöhnlich*) eccezionale **B** ADV **1** una sola volta **2** straordinariamente

Ein·marsch M ingresso *m* (in marcia) **ein·mar·schie·ren** V/I ⟨s.⟩ entrare marciando; (*Truppen*) entrare, penetrare

ein·mas·sie·ren V/T applicare massaggiando

ein·mi·schen V/R **sich ~** immischiarsi, intromettersi **Ein·mi·schung** F intromissione *f*, ingerenza *f*

ein·mo·na·tig ADJ di un mese

ein·mo·to·rig ADJ monomotore

ein·mot·ten V/T mettere in naftalina

ein·mün·den V/I ⟨s.⟩ sfociare, sboccare

ein·mü·tig ADJ unanime, concorde

Ein·nah·me F ⟨-; -n⟩ **1** incasso *m*; entrata *f* **2** (*Eroberung*) conquista *f* **3** MED ingestione *f*: **die ~ von giftigen Substanzen** l'ingestione di sostanze tossiche

ein·neh·men V/T ⟨*irr*⟩ **1** riscuotere: **die Steuern ~** riscuotere le tasse **2** (*kassieren*) incassare **3** (*verdienen*) guadagnare: **er gibt mehr aus, als er einnimmt** spende più di quanto guadagna **4** assumere:

Arzneimittel ~ assumere medicinali **5** *fig* **eine anmaßende Haltung** ~ assumere un atteggiamento arrogante **6** (*erobern*) conquistare (*a. fig*) **7** prendere, occupare: **die Plätze** ~ occupare i posti ♦ **das Abendessen** ~ cenare; **j-s Stelle** ~ prendere il posto di qn, rimpiazzare qn; **j-n für j-n/etw** ~ influenzare qn a favore di qn/qc; **j-n gegen j-n/etw** ~ influenzare qn contro qn/qc **ein·neh·mend** ADJ avvincente; simpatico

ein·nis·ten V/R **sich** ~ **1** *pej* piantare le tende **2** MED annidarsi

Ein·öde F ⟨-; -n⟩ deserto *m*, luogo *m* desolato

ein·ölen V/T ungere d'olio

ein·ord·nen **A** V/T **1** mettere in ordine: **alphabetisch** ~ mettere in ordine alfabetico **2** (*einreihen*) allineare **B** V/R **sich** ~ **1** incanalarsi: **sich links** ~ incanalarsi a sinistra **2** (*sich einfügen*) inserirsi, inquadrarsi ♦ **ein Kunstwerk zeitlich** ~ datare un'opera d'arte

ein·pa·cken **A** V/T **1** (*einwickeln*) impacchettare, avviluppare **2** (*in den Koffer*) mettere in valigia **B** V/I ⟨h.⟩ fare i bagagli ♦ *umg* **damit kannst du** ~ lascia perdere, non attacca

ein·par·ken V/I ⟨h.⟩ & V/T parcheggiare

ein·pau·ken V/T *umg* ficcare in testa: **j-m etw** ~ ficcare qc in testa a qn

Ein·per·so·nen·haus·halt M nucleo *m* familiare composto da una sola persona

ein·pfer·chen V/T **1** (*Tiere*) chiudere in un recinto **2** (*zusammendrängen*) stipare

ein·pflan·zen V/T **1** piantare **2** *fig* (*anerziehen*) inculcare, instillare **3** MED impiantare

ein·pla·nen V/T **1** contemplare (in un piano) **2** (*vorsehen*) prevedere

ein·prä·gen **A** V/T **1** imprimere: **ein Bild in eine Münze** ~ imprimere un'effigie su una moneta **2** (*anerziehen*) inculcare **B** V/R **sich** (*dat*) ~ mettersi in testa; (*lernen*) imparare a memoria **ein·präg·sam** **A** ADJ facile da ricordare **B** ADV in modo incisivo

ein·quar·tie·ren **A** V/T **1** MIL acquartierare **2** alloggiare **B** V/R **sich** ~ **1** MIL acquartierarsi **2** prendere alloggio

ein·rah·men V/T incorniciare

ein·ras·ten V/I ⟨s.⟩ scattare (in posizione)

ein·räu·men V/T **1** riporre: **das Geschirr in den Küchenschrank** ~ riporre le stoviglie nella credenza **2** (*zugestehen*) concedere: **ein Darlehen** ~ concedere un prestito; **gewisse Freiheiten** ~ accordare certe libertà

ein·re·den **A** V/T **1** **j-m etw** ~ dare ad intendere (*od* far credere) qc a qn **2** convincere, persuadere: **j-m einen Plan** ~ convincere qn ad (appoggiare) un progetto **B** V/I ⟨h.⟩ assillare: **er redet dauernd auf mich ein** mi assilla continuamente con le sue chiacchiere **C** V/R **sich** (*dat*) **etw** ~ mettersi in testa qc

ein·rei·ben V/T ⟨*irr*⟩ far penetrare frizionando

ein·rei·chen V/T presentare, inoltrare: **eine Klage** ~ sporgere querela

ein·rei·hen **A** V/T (*einordnen*) inserire **B** V/R **sich** ~ mettersi in fila

Ein·rei·her M ⟨-s; -⟩ (*Nähen*) monopetto *m*

Ein·rei·se F ingresso *m* (in uno stato straniero) **Ein·rei·se·be·stim·mun·gen** PL disposizioni *mpl* sull'ingresso (in uno stato straniero) **Ein·rei·se·er·laub·nis** F permesso *m* d'ingresso

ein·rei·sen V/I ⟨s.⟩ entrare: **in die Schweiz/nach Italien** ~ entrare in Svizzera/in Italia

ein·rei·ßen ⟨*irr*⟩ **A** V/T **1** (*Haus*) abbattere **2** (*Stoff*) strappare **B** V/I ⟨s.⟩ **1** (*Stoff*) strapparsi; (*Fingernagel*) spezzarsi **2** diffondersi: **eine Unsitte reißt ein** si diffonde un malcostume

ein·ren·ken **A** V/T **1** (*Gelenk*) ridurre: **die Schulter** ~ ridurre la spalla **2** *umg fig* sistemare, mettere a posto **B** V/R **sich** ~ *umg* andare a posto: **das wird sich schon wieder** ~ si rimetterà a posto

ein·rich·ten **A** V/T **1** (*Zimmer*) arredare **2** (*ermöglichen*) fare in modo che: **ich kann es so ~, dass …** posso fare in modo che … **3** (*gründen*) fondare, istituire **B** V/R **1** **sich mit Stilmöbeln** ~ arredare la propria casa con mobili in stile **2** **sich auf etw** (*akk*) ~ prepararsi per (*od* a) qc

Ein·rich·tung F **1** arredamento *m* **2** (*Ausstattung*) allestimento *m* **3** (*Gründung*) fondazione *f* **4** (*Vorrichtung*) dispositivo *m*: **eine automatische** ~ un dispositivo automatico **5** istituzione *f*: **soziale -en** servizi sociali **Ein·rich·tungs·ge·gen·stand** M pezzo *m*, oggetto *m* d'arredamento

ein·rü·cken **A** V/I ⟨s.⟩ **1** MIL entrare

marciando **2** **zum Militär** (*od* **zur Armee**) ~ presentarsi alle armi **B** VT TYPO (*Zeile*) far rientrare; fare un capoverso

eins NUM **1** uno: *umg* **~ zu null für dich!** uno a zero per te! **2** (*ein Uhr*) l'una: **es ist halb ~** sono le dodici e mezza

Eins F ⟨-; -en⟩ **1** uno *m*: **eine arabische/römische ~** un uno arabo/romano **2** (*Note*) nove *m*, dieci *m*, ottimo *m*

ein·sa·cken[1] VT *umg* (*Geld*) intascare

ein·sa·cken[2] VI ⟨s.⟩ *umg fig* insaccarsi

ein·sam **A** ADJ **1** solo: **ein -er Mensch** una persona sola **2** isolato: **ein -er Baum** un albero isolato **3** (*abgelegen*) solitario **4** (*menschenleer*) disabitato, deserto **B** ADV **1** solo: **sich ~ fühlen** sentirsi solo **2** (*abgelegen*) in disparte: **das Haus liegt ziemlich ~** la casa si trova un po' in disparte **Ein·sam·keit** F ⟨-; -en⟩ solitudine *f*, isolamento *m*: **j-n aus seiner ~ reißen** strappare qn dall'isolamento

ein·sam·meln VT raccogliere

Ein·satz M **1** (*vom Topf, Koffer*) parte *f* scomponibile **2** (*Nähen*) applicazione *f*; (*von Blusen*) davanti *m* **3** (*bei Spiel, Wette*) posta *f* **4** (*Pfand*) pegno *m* **5** (*Verwendung*) impiego *m*: **zum ~ kommen** essere impiegato **6** (*Anstrengung*) impegno *m*: **mit ~ aller Kräfte** impegnando tutte le forze; **unter ~ seines Lebens** a rischio della vita **7** MIL missione *f*: **im ~ sein** (*od* **stehen**) essere in azione (*od* in missione) **8** MUS, THEAT entrata *f*, attacco *m*: **den ~ verpassen** sbagliare l'attacco; **den ~ geben** dare l'attacco; *fig* dare il la **Ein·satz·be·fehl** M MIL ordine *m* d'azione **ein·satz·be·reit** ADJ pronto all'azione; pronto a funzionare **ein·satz·freu·dig** ADJ intraprendente **Ein·satz·kom·man·do** N MIL unità *f* operativa **Ein·satz·lei·ter** M, **-in** F comandante *m/f* di un'unità operativa

ein·scan·nen VT scandire, *umg* scannerizzare

ein·schal·ten **A** VT **1** (*Licht, Maschine*) accendere **2** (*Strom*) inserire **3** (*zuziehen*) far intervenire: **Sachverständige/die Polizei ~** far intervenire gli esperti/la polizia **B** VR **sich ~** **1** accendersi **2** intervenire: **sich in die Diskussion ~** inserirsi nella discussione

Ein·schalt·quo·te F indice *m* d'ascolto, audience *f*

ein·schär·fen VT intimare, ingiungere

ein·schät·zen VT (*bewerten*) valutare; (*Steuer*) **j-n hoch ~** fare una stima elevata del reddito di qn **Ein·schät·zung** F **1** valutazione *f*, stima *f* **2** (*Meinung*) parere *m*

ein·schen·ken VT versare, servire

ein·schie·ben VT ⟨*irr*⟩ **1** introdurre **2** inserire, frapporre: **Bilder in den Text ~** inserire illustrazioni nel testo

ein·schif·fen VR **sich ~** imbarcarsi

ein·schla·fen VI ⟨*irr*; s.⟩ **1** addormentarsi: **~ können** (riuscire a) prendere sonno **2** *fig* **schlaf nicht ein!** sveglia! (*mach schnell!*) sbrigati! **3** **mein Fuß ist** (**mir**) **eingeschlafen** mi si è addormentato il piede **4** *fig* far dormire **5** *fig* (*Beziehungen*) raffreddarsi

ein·schlä·fern VT **1** addormentare (*a. fig*): **das Gewissen ~** addormentare la coscienza **2** (*betäuben*) anestetizzare **3** (*Tier*) abbattere **ein·schlä·fernd** ADJ **1** soporifero, che fa venire sonno **2** (*betäubend*) narcotizzante

ein·schla·gen ⟨*irr*⟩ **A** VT **1** conficcare, piantare: **einen Nagel** (**in die Wand**) **~** piantare un chiodo nella parete **2** (*Fenster*) rompere **3** **den Schädel ~** sfondare il cranio **4** (*einwickeln*) avvolgere **5** (*Buch*) foderare **6** prendere: **den kürzesten Weg ~** prendere la strada più breve **B** VI ⟨h.⟩ **1** (*Bomben*) scoppiare, esplodere: *fig* **die Nachricht schlug wie eine Bombe ein** la notizia arrivò come un fulmine a ciel sereno **2** cadere: **der Blitz hat in die Kirche eingeschlagen** il fulmine è caduto sulla chiesa **3** **auf j-n ~** picchiare qn **4** **in j-s Hand ~** stringere la mano a qn (in segno d'intesa) **5** (*Lenkrad*) sterzare **6** (*erfolgreich sein*) riuscire (bene), avere successo

ein·schlä·gig ADJ **1** (*betreffend*) relativo **2** JUR **~ vorbestraft** già punito per lo stesso reato **3** (*Geschäfte*) del ramo, del settore

ein·schlei·chen VR ⟨*irr*⟩ **sich ~** **1** insinuarsi, introdursi furtivamente (*a. fig*): **dieser Verdacht hat sich in seinen Kopf eingeschlichen** questo sospetto si è insinuato nella sua mente **2** (*Fehler*) sfuggire, scappare

ein·schlep·pen VT (*Krankheit*) importare

ein·schleu·sen VT introdurre clandestinamente

ein·schlie·ßen ⟨*irr*⟩ **A** VT **1** rinchiudere, chiudere dentro (*od* a chiave) **2** (*um-*

E

schließen) circondare; (*umzingeln*) accerchiare **3** (*einbeziehen*) comprendere, includere **B** V/R **sich ~** chiudersi: **sich im Haus ~** chiudersi in casa

ein·schließ·lich ADV & PRÄP (*+gen*) incluso, compreso: **~ Mehrwertsteuer** I.V.A. compresa; **~ aller Unkosten** comprensivo di tutte le spese

ein·schmei·cheln V/R **sich bei j-m ~** accattivarsi le simpatie di qn **ein·schmei·chelnd** ADJ **1** insinuante **2** (*angenehm*) soave, carezzevole

ein·schmie·ren V/T *umg* **1** ungere **2** (*auftragen*) spalmare: **j-n mit Creme ~** spalmare qualcuno di crema

ein·schmug·geln **A** V/T (*Waren*) contrabbandare; (*Flüchtlinge*) introdurre clandestinamente **B** V/R **sich ~** introdursi clandestinamente

ein·schnap·pen V/I ⟨s.⟩ **1** chiudersi a scatto **2** *umg* offendersi: **bei** (*od* **wegen**) **einer Kleinigkeit eingeschnappt sein** essere offeso per una sciocchezza

ein·schnei·den ⟨*irr*⟩ **A** V/T incidere, intagliare **B** V/I ⟨h.⟩ tagliare: **der Verband schneidet ins Bein ein** la fascia taglia la gamba **ein·schnei·dend** ADJ **1** incisivo: **eine -e Wirkung** un effetto incisivo **2** decisivo: **eine -e Entscheidung** una decisione radicale

Ein·schnitt M **1** incisione *f*, taglio *m* **2** *fig* (*Veränderung*) taglio *m* netto, svolta *f* **3** (*Kerbe*) tacca *f*; dentello *m* **4** (*Zäsur*) cesura *f*

ein·schrän·ken **A** V/T limitare, ridurre: **j-n in etw** (*dat*) **~** limitare qn in qc **B** V/R **sich ~** (*finanziell*) limitarsi nelle spese **Ein·schrän·kung** F ⟨-; -en⟩ **1** limitazione *f*, restrizione *f* **2** (*Vorbehalt*) riserva *f*

Ein·schrei·ben N, **Ein·schreib·brief** N (lettera *f*) raccomandata *f*: **per** (*od* **als**) **~ schicken** spedire per raccomandata

ein·schrei·ben ⟨*irr*⟩ **A** V/T (*eintragen*) iscrivere: **j-n an der Schule ~** iscrivere qn a scuola **B** V/R **sich ~** iscriversi **Ein·schrei·bung** F iscrizione *f*

ein·schrei·ten V/I ⟨*irr*; s.⟩ intervenire: **gegen j-n/etw streng ~** prendere severi provvedimenti contro qn/qc

ein·schüch·tern V/T intimidire, intimorire

ein·schu·len V/T **ein Kind ~** mandare a scuola un bambino **Ein·schu·lung** F inserimento *m* nella (*od* a) scuola

Ein·schuss M penetrazione *f* (del proiettile); (*Eintrittsstelle*) foro *m* di entrata

ein·schwei·ßen V/T termosigillare; incellofanare

ein·se·hen V/T ⟨*irr*⟩ **1** vedere (dentro) **2** esaminare: **die Akten ~** esaminare gli atti **3** (*erkennen*) riconoscere **4** (*begreifen*) capire, vedere **Ein·se·hen** N (**k**)**ein ~ haben** (non) essere comprensivo

ein·sei·fen V/T **1** insaponare **2** *umg* (*betrügen*) fregare, infinocchiare

ein·sei·tig **A** ADJ **1** di un solo lato **2** parziale, unilaterale: **eine -e Beurteilung** un giudizio unilaterale; **eine -e Ausbildung** una formazione unilaterale **B** ADV **1** da una parte, da un lato **2** unilateralmente **3** (*parteiisch*) in modo parziale

ein·sen·den V/T ⟨*irr*⟩ mandare, inviare

Ein·sen·der M, **-in** F mittente *m/f* **Ein·sen·de·schluss** M termine *m* ultimo di invio **Ein·sen·dung** F invio *m*, spedizione *f*

ein·set·zen **A** V/T **1** (*einfügen*) mettere (dentro), inserire **2** (*ernennen*) designare (come), nominare: **einen Ausschuss ~** nominare una commissione; **j-n in ein Amt ~** insediare qn in una carica **3** impiegare (*a. fig*): **seine ganzen Kräfte** (**für etw**) **~** impiegare tutte le proprie forze (per qc) **4** (*beim Spiel*) giocare **5** *fig* mettere in gioco **B** V/I ⟨h.⟩ **1** (in)cominciare **2** MUS attaccare **C** V/R **1** **sich für etw ~** impegnarsi per qc **2** **sich für j-n ~** intercedere per qn

Ein·sicht F **1** visione *f*: **~ in etw** (*akk*) **nehmen** prendere qc in visione **2** (*Erkenntnis*) conoscenza *f* **3** ragione *f*: **j-n zur ~ bringen** portare qn alla ragione **4** comprensione *f*: **zur ~ kommen, dass ...** comprendere che ...

ein·sich·tig ADJ **1** comprensivo **2** (*vernünftig*) ragionevole **3** (*verständlich*) comprensibile

Ein·sied·ler M, **-in** F eremita *m/f*

ein·sil·big ADJ **1** monosillabo **2** *fig* **eine -e Antwort/Person** una risposta laconica/una persona di poche parole

ein·sin·ken V/I ⟨*irr*; s.⟩ **1** **in etw** (*dat*) **~** affondare, sprofondare in qc **2** (*Boden*) affossarsi **3** (*einfallen*) crollare

ein·sit·zen V/I ⟨*irr*; h.⟩ JUR essere detenuto

Ein·sit·zer M ⟨-s; -⟩ monoposto *m/f*

ein·sor·tie·ren VT assortire; ordinare, dividere (secondo criteri particolari)

ein·span·nen VT 1 (*Zugtiere*) attaccare 2 (*Film*) mettere 3 MECH serrare, montare 4 *umg* **j-n für sich ~** far lavorare qn per sé

ein·spa·ren VT **etw ~** risparmiare qc; **Arbeitsplätze ~** limitare i posti di lavoro **Ein·spa·rung** F ⟨-; -en⟩ risparmio *m*, economia *f*

ein·spei·sen VT 1 TECH alimentare 2 IT immettere

ein·sper·ren VT (rin)chiudere

ein·spie·len A VT (*wieder einbringen*) recuperare, ammortizzare: **der Film hat die Produktionskosten nicht eingespielt** gli incassi del film non hanno coperto i costi di produzione B VR **sich ~** 1 SPORT prepararsi (giocando) 2 (*gut funktionieren*) assestarsi 3 TECH stabilizzarsi ♦ **sich aufeinander ~** affiatarsi

ein·spra·chig ADJ monolingue

ein·sprin·gen VI ⟨*irr*; s.⟩ 1 **für j-n ~** sostituire qn 2 **für j-n mit etw ~** intervenire con qc in aiuto di qn

ein·sprit·zen VT iniettare **Ein·spritz·mo·tor** M motore *m* a iniezione

Ein·spruch M 1 obiezione *f* 2 JUR **gegen etw ~ einlegen** fare ricorso contro qc

Ein·spruchs·frist F termine *m* per la presentazione di, del ricorso **Ein·spruchs·recht** N diritto *m* a presentare ricorso, diritto *m* d'appello

ein·spu·rig ADJ (*Straße*) a una sola corsia

einst ADV 1 un tempo, una volta 2 (*künftig*) in futuro, un giorno

Ein·stand M 1 entrata *f* in servizio 2 SPORT esordio *m* (sportivo) 3 (*beim Tennis*) parità *f* ♦ **seinen ~ geben** = *festeggiare la propria entrata in servizio con una bicchierata*

ein·ste·chen ⟨*irr*⟩ A VT (*Nadel*) infilare B VI ⟨h.⟩ (**mit**) **etw in etw** (*akk*) **~** infilare, conficcare qc in qc

ein·ste·cken VT 1 portare con sé, mettere in tasca (*od* in borsa), prendere: **das Geld ~** prendere il denaro 2 *pej* intascare 3 *umg* incassare: **Beleidigungen ~** incassare offese

ein·ste·hen VI ⟨*irr*; h.⟩ 1 **für j-n ~** garantire per qn 2 rispondere: **für den Schaden ~** rispondere del danno

Ein·stei·ge·kar·te F FLUG carta *f* d'imbarco

ein·stei·gen VI ⟨*irr*; s.⟩ 1 salire: **in den Zug ~** salire sul treno 2 entrare: **in ein Projekt ~** entrare in (*od* partecipare a) un progetto

ein·stel·len A VT 1 mettere 2 (*anstellen*) assumere 3 (*regulieren*) regolare: **die Temperatur höher ~** alzare la temperatura 4 sintonizzare: **das Radio auf einen Sender ~** sintonizzare la radio su un canale 5 (*Zündung*) mettere in fase 6 FOTO **die Entfernung ~** mettere a fuoco la distanza 7 (*aufhören*) interrompere, cessare: **den Betrieb ~** sospendere l'attività 8 JUR **ein Verfahren ~** archiviare un processo 9 SPORT **einen Rekord ~** uguagliare un record B VR **sich ~** 1 (*sich einfinden*) presentarsi 2 (*sich vorbereiten*) **sich auf etw** (*akk*) **~** prepararsi a qc 3 (*sich anpassen*) **sich auf j-n/etw ~** adattarsi a qn/a qc

ein·stel·lig ADJ a una sola cifra

Ein·stel·lung F 1 (*Anstellung*) assunzione *f* 2 (*Regulierung*) regolazione *f*, messa *f* a punto 3 (*Unterbrechung*) interruzione *f*, sospensione *f* 4 (*Beendigung*) cessazione *f* 5 JUR **die ~ eines Verfahrens** l'archiviazione di un processo 6 (*Meinung*) opinione *f*: **er hat eine falsche ~ ihm gegenüber** ha un'opinione sbagliata di lui 7 (*Ansicht*) posizione *f*, idea *f* 8 (*Haltung*) atteggiamento *m*: **eine kritische ~ zur Gesellschaft haben** avere un atteggiamento critico nei confronti della società

Ein·stel·lungs·ge·spräch N colloquio *m* per l'assunzione **Ein·stel·lungs·stopp** M blocco *m* delle assunzioni

Ein·stich M puntura *f*

Ein·stieg M ⟨-[e]s; -e⟩ 1 (*in ein Fahrzeug*) salita *f* 2 accesso *m*: **der ~ in diesen Beruf ist schwierig** l'accesso a questa professione è difficile

eins·tig ADJ di un tempo, passato, ex

ein·stim·men A VT **j-n auf etw** (*akk*) **~** preparare (psicologicamente) qn a qc B VI ⟨h.⟩ unirsi: **in den Gesang ~** unirsi al canto C VR **sich auf etw** (*akk*) **~** prepararsi a qc, entrare nello spirito di qc

ein·stim·mig[1] A ADJ MUS per una sola voce B ADV all'unisono: **~ singen** cantare all'unisono

ein·stim·mig[2] A ADJ (*einmütig*) unanime B ADV all'unanimità **Ein·stim·mig-**

E

keit F ⟨-⟩ unanimità *f*
ein·stö·ckig ADJ a, di un piano
ein·stu·die·ren V/T **1** (*Rolle*) studiare **2** provare: **ein Ballett ~** provare un balletto **ein·stu·diert** ADJ (*Geste*) studiato
ein·stu·fen V/T **1** classificare: **die Waren in Güteklassen ~** classificare le merci secondo la qualità **2** (*Schule*) valutare
Ein·stu·fung F ⟨-; -en⟩ **1** classificazione *f*: **eine ~ vornehmen** operare una classificazione **2** valutazione *f* **Ein·stu·fungs·test** M (*in der Schule*) test *m inv* di valutazione
ein·stün·dig ADJ (della durata) di un'ora
ein·stür·men V/I ⟨s.⟩ **auf j-n** (**mit etw**) **~** gettarsi addosso a qn (con qc) ♦ *fig* **mit Fragen auf j-n ~** subissare qn di domande
Ein·sturz M crollo *m*
ein·stür·zen V/I ⟨s.⟩ crollare
einst·wei·len ADV **1** (*vorläufig*) per il momento, per ora **2** (*inzwischen*) intanto **einst·wei·lig** ADJ *form* provvisorio ♦ **eine -e Verfügung** un provvedimento d'urgenza
ein·tä·gig ADJ di un giorno, di una giornata
Ein·tags·flie·ge F **1** effimera *f* **2** *umg fig* = *cosa* (*od faccenda*) *di breve durata*
ein·tau·chen **A** V/T **1** immergere: **die Füße ins Wasser ~** immergere i piedi nell'acqua **2** (*Pinsel, Brot*) intingere **B** V/I ⟨s.⟩ immergersi
ein·tau·schen V/T scambiare, barattare
ein·tau·send NUM mille
ein·tei·len V/T **1** (sud)dividere **2** classificare: **Pflanzen in** (*od* **nach**) **Gattungen ~** classificare le piante in generi **3** ripartire: **sein Geld gut ~** ripartire bene il proprio denaro **4** assegnare: **j-n für die** (*od* **zur**) **Nachtschicht ~** assegnare qn al servizio di notte
ein·tei·lig ADJ monopezzo, a un pezzo, intero: **-er Badeanzug** costume intero
Ein·tei·lung F **1** (sud)divisione *f* **2** (*Einordnung*) classificazione *f* **3** (*Disponierung*) distribuzione *f*, ripartizione *f* **4** (*Zuweisung*) assegnazione *f*
ein·tip·pen V/T battere, immettere
ein·tö·nig ADJ monotono **Ein·tö·nig·keit** F ⟨-; -en⟩ monotonia *f*
Ein·topf M = *piatto unico con patate, verdure e carne*
Ein·tracht F ⟨-⟩ armonia *f*
ein·träch·tig ADJ armonioso
Ein·trag M ⟨-(e)s; -träge⟩ **1** registrazione *f*, iscrizione *f* **2** (*Vermerk*) nota *f*
ein·tra·gen ⟨*irr*⟩ **A** V/T **1** registrare, iscrivere; **etw auf j-s Namen ~** intestare qc a qn **2** (*Gewinn bringen*) rendere **3** *fig* raccogliere: **sein Verhalten trägt ihm viel Zustimmung ein** col suo comportamento raccoglie molti consensi **B** V/R **sich ~** iscriversi
ein·träg·lich ADJ redditizio, lucroso
Ein·tra·gung F ⟨-; -en⟩ registrazione *f*, iscrizione *f*
ein·tref·fen V/I ⟨*irr*; s.⟩ **1** arrivare **2** (*Prophezeiungen*) avverarsi, accadere, avvenire
ein·trei·ben V/T ⟨*irr*⟩ (*Geld*) riscuotere
ein·tre·ten ⟨*irr*⟩ **A** V/I ⟨s.⟩ **1** entrare: **in ein Zimmer/in eine Partei ~** entrare in una stanza/in un partito **2** (*mit etw beginnen*) **in eine Verhandlung ~** iniziare una trattativa **3** sopraggiungere, venire: **die Krisis ist plötzlich eingetreten** la crisi è venuta improvvisamente **4** **für j-n/etw ~** difendere la causa di qn/qc **B** V/T (*Tür*) sfondare
ein·trich·tern V/T *umg* **1** (*Medizin*) propinare **2** *fig* **j-m etw ~** mettere in testa qc a qn
Ein·tritt M entrata *f*, ingresso *m*: **der ~** (**zu der Veranstaltung/ins Museum**) **ist frei** l'ingresso (allo spettacolo/nel museo) è libero; **~ verboten** vietato l'ingresso ♦ **bei ~ der Nacht** sul far della notte
Ein·tritts·be·din·gun·gen PL (*in EU*) condizioni *fpl* d'ingresso **Ein·tritts·geld** N prezzo *m* dell'ingresso, ingresso *m* **Ein·tritts·kar·te** F biglietto *m* d'ingresso **Ein·tritts·preis** M ingresso *m*, prezzo *m* del biglietto
ein·trock·nen V/I ⟨s.⟩ seccarsi
ein·üben V/T (*Lied, Tanz*) provare
ein·ver·lei·ben **A** V/T incorporare, annettere, assorbire (*a. fig*) **B** V/R *hum* **sich** (*dat*) **den Kuchen ~** ingollarsi il dolce
ein·ver·neh·men V/T *schweiz* interrogare
Ein·ver·neh·men N ⟨-s⟩ accordo *m*: **im ~ mit j-m handeln** agire d'accordo con qn
ein·ver·stan·den ADJ **mit j-m ~ sein** essere d'accordo con qn ♦ **~!** d'accordo!
Ein·ver·ständ·nis N **1** consenso *m* **2** (*Übereinstimmung*) accordo *m*, intesa *f*

Ein·wahl·kno·ten M IT, TEL nodo *m* di accesso alla rete

Ein·wand M ⟨-[e]s; -wände⟩ obiezione *f*

Ein·wan·de·rer M, **-wan·de·rin** F immigrato *m*, -a *f*

ein·wan·dern VI ⟨s.⟩ immigrare

Ein·wan·de·rung F immigrazione *f* **Ein·wan·de·rungs·land** N paese *m* d'immigrazione

ein·wand·frei ADJ 1 perfetto, ineccepibile 2 (*untadelig*) irreprensibile 3 (*eindeutig*) inequivocabile ♦ **es ist ~ erwiesen** è dimostrato in modo inequivocabile

ein·wärts ADV in dentro, verso l'interno

ein·wech·seln VT cambiare (*a.* SPORT)

Ein·weg·fla·sche F vetro *m* (*od* vuoto *m*) a perdere **Ein·weg·sprit·ze** F siringa *f* monouso **Ein·weg·ver·pa·ckung** F imballaggio *m* non riutilizzabile

ein·wei·chen VT 1 (*Wäsche*) mettere in ammollo 2 (*Brot*) ammollare

ein·wei·hen VT 1 (*Gebäude, Gegenstand*) inaugurare 2 iniziare: **j-n in die Kunst der Malerei ~** iniziare qn all'arte della pittura; **j-n in ein Geheimnis ~** mettere a parte qn di un segreto **Ein·wei·hung** F 1 inaugurazione *f* 2 (*Einführung*) iniziazione *f*

ein·wei·sen VT ⟨*irr*⟩ 1 ricoverare: **j-n ins Krankenhaus ~** ricoverare qn in ospedale 2 istruire, addestrare: **j-n in eine neue Arbeit ~** istruire qn in un nuovo lavoro **Ein·wei·sung** F 1 (*ins Krankenhaus*) ricovero *m* 2 (*Einarbeitung*) istruzione *f*

ein·wen·den VT ⟨*irr*⟩ obiettare: **dagegen ist nichts einzuwenden** non c'è nulla da ridire

ein·wer·fen VT ⟨*irr*⟩ 1 (*Brief*) imbucare 2 (*Münze*) introdurre 3 (*Fensterscheibe*) rompere, fracassare 4 *fig* **etw ~** ribattere qc

ein·wi·ckeln A VT 1 avvolgere: **das Kind in eine(r) Decke ~** avvolgere il bambino in una coperta 2 (*Pakete*) incartare 3 *umg fig* (*umgarnen*) abbindolare B VR **sich ~** avvolgersi

ein·wil·li·gen VI ⟨h.⟩ (ac)consentire: **in die Scheidung ~** acconsentire al divorzio **Ein·wil·li·gung** F ⟨-; -en⟩ consenso *m*, approvazione *f*: **~ zu etw** (*od* **in etw**) (*akk*) consenso a qc

ein·wir·ken VI ⟨h.⟩ **auf j-n/etw ~** influenzare qn/qc; **auf die Haut ~ lassen** lasciar agire sulla pelle **Ein·wir·kung** F azione *f*, effetto *m*, influenza *f*

ein·wö·chig ADJ di una settimana

Ein·woh·ner M ⟨-s; -⟩ abitante *m*

Ein·woh·ne·rin F ⟨-; -nen⟩ abitante *f*

Ein·woh·ner·kont·rol·le F *schweiz* anagrafe *f* **Ein·woh·ner·mel·de·amt** N anagrafe *f*, ufficio *m* anagrafico

Ein·wurf M 1 (*am Briefkasten*) buca *f* 2 SPORT rimessa *f* in gioco 3 *fig* (*Bemerkung*) osservazione *f* 4 (*als Antwort*) replica *f*

Ein·zahl F GRAM singolare *m*

ein·zah·len VT versare: **Geld auf ein Konto ~** versare soldi su un conto **Ein·zah·lung** F versamento *m*; pagamento *m*

ein·zäu·nen VT recintare, recingere **Ein·zäu·nung** F ⟨-; -en⟩ (*Zaun*) recinto *m*

ein·zeich·nen VT tracciare, segnare

Ein·zel N ⟨-s; -⟩ SPORT singolare *m*, singolo *m*

Ein·zel·bett N letto *m* singolo **Ein·zel·blatt·ein·zug** M inserimento *m* foglio singolo **Ein·zel·exemp·lar** N esemplare *m* unico **Ein·zel·fall** M 1 caso *m* singolo: **den ~ beurteilen** giudicare il singolo caso 2 (*Ausnahme*) caso *m* particolare (*od* isolato) **Ein·zel·gän·ger** M ⟨-s; -⟩, **-in** F ⟨-; -nen⟩ individualista *m/f* **Ein·zel·han·del** M commercio *m* al minuto **Ein·zel·heit** F ⟨-; -en⟩ dettaglio *m*, particolare *m*: **auf -en eingehen** entrare nei particolari **Ein·zel·kind** N figlio *m* unico; (*Tochter*) figlia *f* unica

Ein·zel·ler M ⟨-s; -⟩ organismo *m* unicellulare **ein·zel·lig** ADJ unicellulare

ein·zeln A ADJ 1 singolo: **die -en Teile eines Motors** le singole parti di un motore 2 (*abgesondert*) solo, isolato: **ein -er Baum** un albero isolato 3 (*ohne Gegenstück*) scompagnato, spaiato 4 *pl* (*manche*) alcuni, alcune B ADV 1 singolarmente, uno per uno: **~ angeben** specificare; **die Fakten ~ betrachten** considerare i fatti singolarmente 2 (*einer nach dem anderen*) uno alla volta: **~ eintreten** entrare uno per volta 3 (*getrennt*) separatamente

Ein·zel·ne[1] M/F ⟨-n; -n⟩ singolo *m*, -a *f*: **ein -r kann wenig ausrichten** uno, da solo, può concludere poco ♦ **jeder ~** ognuno

E

Ein·zel·ne² N ⟨-n⟩ particolare *m*: **das ~ können wir später besprechen** i dettagli li possiamo discutere dopo; **im -n** nel dettaglio; **das kann man nicht generell regeln, sondern im -n** non si può stabilire una regola generale bisogna decidere caso per caso
Ein·zel·platz·li·zenz F IT licenza *f* singolo utente **Ein·zel·stück** N pezzo *m* unico **Ein·zel·teil** N parte *f* (singola): **etw in -e zerlegen** scomporre qc nelle sue singole parti **Ein·zel·zim·mer** N camera *f* singola
ein·zieh·bar ADJ TECH retrattile
ein·zie·hen ⟨irr⟩ **A** VT **1** (*Faden*) infilare **2** (*einbauen*) (fram)mettere, inserire **3** (*einatmen*) inspirare **4** tirare in dentro: **den Bauch ~** tirare in dentro la pancia **5** (*Segel*) ammainare **6** togliere dalla circolazione: **alte Banknoten ~** ritirare vecchie banconote **7** (*beschlagnahmen*) confiscare **8** (*eintreiben*) riscuotere **9** *fig* prendere: **Erkundigungen** (**über j-n/etw**) **~** prendere informazioni (su qn/qc) **10** MIL chiamare alle armi **B** VI ⟨s.⟩ **1** **bei j-m ~** trasferirsi da qn **2** (*einrücken*) arrivare, entrare **3** (*Creme*) essere assorbito
ein·zig **A** ADJ **1** unico, solo: **nicht ein -es Mal** nemmeno una volta **2** **es war eine -e Katastrophe** fu una vera e propria catastrofe **B** ADV **1** solamente, soltanto: **~ er konnte entscheiden** soltanto (*od* solo) lui poteva decidere **2** **das ~ Wahre** la sola (*od* l'unica) cosa vera ♦ **~ und allein** solo e soltanto
ein·zig·ar·tig ADJ unico, incomparabile
Ein·zi·ge¹ M/F ⟨-n; -n⟩ unico *m*, -a *f*: **du bist der ~, der sie kennt** sei l'unico che la conosca
Ein·zi·ge² N ⟨-n⟩ unica cosa *f*
Ein·zim·mer·woh·nung F monolocale *m*
Ein·zug M **1** (*Einkassierung*) riscossione *f*, incasso *m* **2** ingresso *m*: **seinen ~ in die Stadt halten** fare il proprio ingresso in città; **der ~ der Athleten in das Stadion** l'ingresso degli atleti nello stadio **3** *fig* arrivo *m* **4** (*in eine Wohnung*) trasferimento *m*
Ein·zugs·er·mäch·ti·gung F FIN incarico *m* di addebito (su conto corrente)
Ein·zugs·ge·biet N GEOG bacino *m* idrografico
Eis N ⟨-es⟩ **1** ghiaccio *m*: **etw auf ~ legen** mettere qc in ghiaccio; *fig* congelare qc; *fig* **das ~ ist gebrochen** il ghiaccio è rotto **2** (*Speise*) gelato *m*
Eis·bahn F pista *f* di ghiaccio **Eis·bär** M orso *m* bianco (*od* polare) **Eis·be·cher** M coppa *f* di gelato **Eis·bein** N GASTR stinco *m* di maiale (in salamoia)
Eis·be·rei·ter M ⟨-s; -⟩ gelatiera *f* **Eis·berg** M iceberg *m* **Eis·berg·sa·lat** M lattuga *f* a cappuccio **Eis·beu·tel** M borsa *f* del ghiaccio **Eis·blu·men** PL arabeschi *mpl* di ghiaccio **Eis·bom·be** F = *tipo di semifreddo simile allo zuccotto* **Eis·ca·fé** N → Eisdiele
Ei·schnee M chiara *f* d'uovo montata a neve
Eis·die·le F gelateria *f*
Ei·sen N ⟨-s; -⟩ ferro *m*: **aus ~** di ferro; **~ verarbeitende Industrie** industria *f* siderurgica ♦ **mehrere ~ im Feuer haben** avere molta carne al fuoco; **ein heißes ~** una questione scottante, una patata bollente; **zum alten ~ gehören** (*od* **zählen**) essere un ferrovecchio
Ei·sen·bahn F **1** ferrovia *f*; (*Zug*) treno *m* **2** (*Spiel*) trenino *m* ♦ **es ist** (**die**) **höchste ~** è tardi, non c'è tempo da perdere
Ei·sen·bah·ner M ⟨-s; -⟩, **-in** F ⟨-; -nen⟩ ferroviere *m*, -a *f*
Ei·sen·bahn·kno·ten·punkt M nodo *m* ferroviario **Ei·sen·bahn·netz** N rete *f* ferroviaria **Ei·sen·bahn·wa·gen** M carrozza *f* ferroviaria
Ei·sen·erz N minerale *m* di ferro **ei·sen·hal·tig** ADJ ferroso; (*Wasser*) ferruginoso **Ei·sen·hut** M BOT aconito *m* **Ei·sen·hüt·te** F ferriera *f* **Ei·sen·kraut** N BOT verbena *f* **Ei·sen·man·gel** M carenza *f* di ferro **Ei·sen·wa·ren** PL ferramenta *fpl* **Ei·sen·zeit** F ⟨-⟩ età *f* del ferro
ei·sern **A** ADJ **1** di ferro (*a. fig*): **ein -er Wille** una volontà di ferro **2** *umg* (*unnachgiebig*) irremovibile **B** ADV **1** fermamente: **~ entschlossen sein** essere fermamente deciso; **sich ~ an etw** (*akk*) **halten** attenersi strettamente a qc **2** (*hartnäckig*) ostinatamente ♦ MED **-e Lunge** polmone d'acciaio; **-e Ration** razione di riserva; **-e Reserve** riserva *f* intangibile
Eis·fach N freezer *m*, scomparto *m* del ghiaccio **eis·frei** ADJ sgombro dal ghiaccio **eis·ge·kühlt** ADJ ghiacciato **Eis·glät·te** F patina *f* di ghiaccio **Eis·ho-**

ckey N hockey *m* su ghiaccio
ei·sig ADJ gelido (*a. fig*): **ein -er Blick** uno sguardo gelido; **ein -es Schweigen** un silenzio glaciale; **~ kalt** freddo gelido
Eis·kaf·fee M GASTR affogato *m* al caffè
eis·kalt A ADJ 1 (freddo) gelido 2 *fig* spietato: **ein -er Mörder** un assassino spietato 3 (*abweisend*) freddo B ADV **~ handeln** agire a sangue freddo
Eis·krat·zer M raschietto *m* per il ghiaccio **Eis·kunst·lauf** M pattinaggio *m* artistico su ghiaccio **Eis·lauf** M pattinaggio *m* su ghiaccio **Eis·läu·fer** M, **-in** F pattinatore *m*, -trice *f* su ghiaccio **Eis·pi·ckel** M piccozza *f* alpina
Ei·sprung M MED ovulazione *f*
Eis·re·gen M pioggia *f* ghiacciata **Eis·schnell·lauf** M pattinaggio *m* di velocità **Eis·schol·le** F lastrone *m* di ghiaccio **Eis·schrank** M 1 ghiacciaia *f* 2 *obs* (*Kühlschrank*) frigorifero *m* **Eis·sta·di·on** N palazzo *m* del ghiaccio **Eis·tanz** M danza *f* sul ghiaccio **Eis·wür·fel** M cubetto *m* di ghiaccio **Eis·zap·fen** M ghiacciolo *m* **Eis·zeit** F epoca *f* glaciale
ei·tel ADJ vanitoso **Ei·tel·keit** F ⟨-; -en⟩ vanità *f*, presunzione *f*
Ei·ter M ⟨-s⟩ pus *m*, materia *f* purulenta **Ei·ter·bläs·chen** N ⟨-s; -⟩ pustolina *f* **ei·tern** V/I ⟨h.⟩ suppurare **eit·rig** ADJ purulento
Ei·weiß N ⟨-es; -e⟩ 1 albume *m*, chiara *f* d'uovo 2 BIOL proteina *f* **Ei·weiß·be·darf** M fabbisogno *m* proteico **Ei·weiß·man·gel** M carenza *f* proteica **ei·weiß·reich** ADJ ricco di proteine
Ei·zel·le F ovulo *m*
Eja·ku·la·ti·on F ⟨-; -en⟩ eiaculazione *f*
Ekel[1] M ⟨-s⟩ disgusto *m*, schifo *m*; nausea *f*: **~ vor j-m/etw empfinden** provare disgusto per qn/qc; **~ erregen** provocare nausea, nauseare; **~ erregend** → ekelerregend
Ekel[2] N ⟨-s; -⟩ *umg* persona *f* insopportabile
ekel·er·re·gend ADJ nauseante
ekel·haft ADJ, **eke·lig** ADJ schifoso, ributtante, disgustoso; (*Geruch*) nauseante
e·keln A V/I ⟨*unpers* h.⟩ **es ekelt mich** mi fa schifo B V/R **sich ~** provare schifo; **ich ekle mich vor Spinnen** i ragni mi fanno schifo
EKG N ⟨-; -s⟩ (Elektrokardiogramm) ECG *m inv*
Ek·lat [e'kla(:)] M ⟨-s; -s⟩ scalpore *m*, clamore *m*
ek·la·tant ADJ eclatante, clamoroso
ek·lig → ekelhaft, ekelig
Eks·ta·se F ⟨-; -n⟩ estasi *f*: **in ~ versetzen/geraten** mandare/cadere in estasi
Ek·zem N ⟨-s; -e⟩ MED eczema *m*
E·lan [e'la:n] M ⟨-s⟩ slancio *m*
e·las·tisch ADJ elastico (*a. fig*)
E·las·ti·zi·tät F ⟨-; -en⟩ elasticità *f* (*a. fig*)
El·ba N ⟨-s⟩ (*Insel*) Elba *f*, Isola *f* d'Elba
El·be F ⟨-⟩ (*Fluss*) Elba *m*
Elch M ⟨-[e]s; -e⟩ alce *m* **Elch·test** M AUTO test *m inv* dell'alce
Ele·fant M ⟨-en; -en⟩ elefante *m*
Ele·fan·ten·hoch·zeit F WIRTSCH unione *f* di due colossi
ele·gant ADJ elegante
Ele·ganz F ⟨-⟩ eleganza *f*
elekt·ri·fi·zie·ren V/T elettrificare **Elekt·ri·fi·zie·rung** F ⟨-; -en⟩ elettrificazione *f*
Elekt·ri·ker M ⟨-s; -⟩, **-in** F ⟨-; -nen⟩ elettricista *m/f*
elekt·risch A ADJ elettrico: **-er Schlag** scossa elettrica B ADV elettricamente, a corrente elettrica
elekt·ri·sie·ren V/T elettrizzare (*a. fig*)
Elekt·ri·zi·tät F ⟨-⟩ elettricità *f* **Elekt·ri·zi·täts·werk** N centrale *f* elettrica
Elekt·ro·an·trieb M trazione *f* elettrica **Elekt·ro·che·mie** F elettrochimica *f*
Elekt·ro·de F ⟨-; -n⟩ elettrodo *m*
Elekt·ro·fahr·zeug N veicolo *m* elettrico **Elekt·ro·ge·rät** N elettrodomestico *m* **Elekt·ro·herd** M cucina *f* elettrica **Elekt·ro·in·ge·ni·eur** M, **-in** F ingegnere *m* elettrotecnico
Elekt·ro·ly·se F ⟨-; -n⟩ elettrolisi *f*
Elekt·ro·mo·tor M elettromotore *m*
Elekt·ron N ⟨-s; -en⟩ elettrone *m* **Elekt·ro·nen·mik·ro·skop** N microscopio *m* elettronico **Elekt·ro·nik** F ⟨-⟩ elettronica *f* **Elekt·ro·nik·schrott** M rottami *mpl* elettronici **elekt·ro·nisch** ADJ elettronico
Elekt·ro·ofen M forno *m* elettrico **Elekt·ro·ra·sie·rer** M rasoio *m* elettrico **Elekt·ro·schock** M elettroshock *m* **Elekt·ro·smog** M elettrosmog *m inv* **Elekt·ro·tech·nik** F elettrotecnica *f* **Elekt·ro·tech·ni·ker** M, **-in** F elettrotecnico *m*, -a *f*
Ele·ment N ⟨-[e]s; -e⟩ elemento *m* ♦ **die vier -e** i quattro elementi; **sich in seinem**

~ **fühlen** sentirsi nel proprio elemento
ele·men·tar ADJ **1** elementare **2** (*Wissen*) fondamentale **3** impetuoso: **mit -er Kraft** con forza impetuosa **Ele·men·tar·teil·chen** N particella *f* elementare

E

elend ADJ **1** misero, povero **2** (*kümmerlich*) miserabile: **ein -es Leben** una vita miserabile **3** *pej* **-e Lügen** misere bugie ♦ **ich fühle mich ~** mi sento male
Elend N ⟨-s⟩ miseria *f*: **ins ~ geraten** cadere in miseria ♦ **nur noch ein Häufchen ~ sein** essere ridotto a uno straccio
Elends·vier·tel N quartiere *m* povero
elf NUM **1** undici **2** (*elf Uhr*) le undici: **gegen/um ~ Uhr** verso le/alle undici
Elf[1] F ⟨-; -en⟩ **1** undici *m*; *umg* (*Straßenbahn*) **die ~** l'undici **2** SPORT undici *mpl*, squadra *f*
Elf[2] M ⟨-en; -en⟩ (*Kobold*) elfo *m*
El·fe F ⟨-; -n⟩ silfide *f*
El·fen·bein N avorio *m* **El·fen·bein·küs·te** F Costa *f* d'Avorio
elf·hun·dert NUM millecento
Elf·me·ter M SPORT rigore *m*: **einen ~ schießen** tirare un rigore **Elf·me·ter·schie·ßen** N calci *mpl* di rigore, rigori *mpl*
elf·te ADJ **1** undicesimo **2** (*im Datum*) undici: **am -n Mai** l'undici maggio
eli·mi·nie·ren V/T eliminare
eli·tär ADJ elitario **Eli·te** F ⟨-; -n⟩ élite *f*
Eli·xier N ⟨-s; -e⟩ elisir *m*
Ell·bo·gen M ⟨-s; -⟩ gomito *m*: *fig* **seine ~ gebrauchen** (*od* **einsetzen**) farsi largo coi gomiti **Ell·bo·gen·frei·heit** F **1** spazio *m* per muovere le braccia **2** *fig* libertà *f* di movimento
El·le F ⟨-; -n⟩ **1** ANAT ulna *f* **2** (*Längeneinheit*) cubito *m*
el·len·lang ADJ *fig* lunghissimo
El·lip·se F ⟨-; -n⟩ GEOM ellisse *f*
el·lip·tisch ADJ GEOM, LING ellittico
El·sass N ⟨-e *u.*-es⟩ Alsazia *f* **El·säs·ser A** M ⟨-s; -⟩ alsaziano *m* **B** ADJ ⟨*inv*⟩ alsaziano **El·säs·se·rin** F ⟨-; -nen⟩ alsaziana *f*
Els·ter F ⟨-; -n⟩ gazza *f* ♦ **diebische ~** gazza ladra (*a. fig*)
el·ter·lich ADJ **1** di (*od* da) genitore: **seinen -en Pflichten nachkommen** assolvere ai propri doveri di genitore **2** (*den Eltern gehörend*) dei genitori
El·tern PL genitori *mpl* **El·tern·abend** M colloqui *mpl* (dei genitori) coi professori **El·tern·geld** N indennità *f inv* per congedo parentale **El·tern·haus** N **1** casa *f* paterna **2** (*Familie*) famiglia *f* **el·tern·los** ADJ orfano **El·tern·teil** M genitore *m*
Email [e'mai] N ⟨-s; -s⟩ smalto *m*
E-Mail ['i:me:l] F ⟨-; -s⟩ e-mail *m/f*, posta *f* elettronica; (*Nachricht*) messaggio *m* elettronico **E-Mail-Ad·res·se** F indirizzo *m* di posta elettronica, indirizzo *m* e-mail **E-Mail-Emp·fän·ger** M, **-in** F destinatario *m*, -a *f* dell'e-mail
email·lie·ren [ema(l)'i:rən] V/T smaltare
Eman·ze F ⟨-; -n⟩ *pej* suffragetta *f*
Eman·zi·pa·ti·on F ⟨-; -en⟩ emancipazione *f* **eman·zi·pie·ren** V/R **sich ~** emanciparsi **eman·zi·piert** ADJ emancipato
Em·bar·go N ⟨-s; -s⟩ embargo *m*: **ein ~ über ein Land verhängen** imporre un embargo ad un paese
Emb·lem N ⟨-s; -e⟩ emblema *m*
Em·bo·lie F ⟨-; -n⟩ embolia *f*
Emb·ryo M ⟨-s; -nen⟩ embrione *m*
Emig·rant M ⟨-en; -en⟩, **-in** F ⟨-; -nen⟩ **1** emigrante *m/f* **2** (*aus politischen Gründen*) fuoriuscito *m*, -a *f*, profugo *m*, -a *f*
Emig·ra·ti·on F ⟨-; -en⟩ emigrazione *f*
emig·rie·ren V/I ⟨s.⟩ emigrare
Emi·lia-Ro·mag·na F ⟨-⟩ Emilia-Romagna *f*
Emi·rat N ⟨-s; -e⟩ emirato *m*: **Vereinigte Arabische -e** Emirati *mpl* Arabi Uniti
Emis·si·on F ⟨-; -en⟩ WIRTSCH, PHYS emissione *f*
e·mit·tie·ren V/T WIRTSCH, PHYS emettere
Em·men·ta·ler M ⟨-s; -⟩ (*Käse*) Emmental *m*
e-Moll N MUS mi *m* minore
Emo·ti·con N ⟨-s; -s⟩ IT emoticon *m inv*, faccina *f*
Emo·ti·on F ⟨-; -en⟩ emozione *f*
emo·ti·o·nal ADJ emozionale
emp·fahl → empfehlen
emp·fand → empfinden
Emp·fang M ⟨-[e]s; Empfänge⟩ **1** (*Erhalt*) ricevimento *m* **2** RADIO, TV ricezione *f* **3** accoglienza *f*: **j-m einen feierlichen ~ bereiten** fare una festosa accoglienza a qn **4** (*festliche Veranstaltung*) ricevimento *m* **5** (*im Hotel*) reception *f* ♦ **j-n/etw in ~ nehmen** ricevere qn/prendere in consegna qc
emp·fan·gen ⟨empfängt, empfing,

empfangen〉 VT 1 ricevere (a. RADIO, TV) 2 (*aufnehmen*) accogliere. 3 *poet* (*schwanger werden*) concepire

Emp·fän·ger[1] M 〈-s; -〉 RADIO, TV apparecchio *m* ricevente

Emp·fän·ger[2] M 〈-s; -〉, **-in** F 〈-; -nen〉 1 (*von Briefen*) destinatario *m*, -a *f* 2 (*von Waren*) consegnatario *m*, -a *f*

emp·fäng·lich ADJ 1 sensibile: **für Komplimente ~ sein** essere sensibile ai complimenti 2 (*anfällig*) predisposto, soggetto

Emp·fäng·nis F 〈-〉 concepimento *m* ♦ **Unbefleckte ~** Immacolata Concezione **emp·fäng·nis·ver·hü·tend** ADJ contraccettivo **Emp·fäng·nis·ver·hü·tung** F contraccezione *f*

Emp·fangs·be·schei·ni·gung F ricevuta *f* **Emp·fangs·chef** M maître *m*, direttore *m* di sala **Emp·fangs·da·me** F receptionist *f*

emp·feh·len 〈empfiehlt, empfahl, empfohlen〉 A VT raccomandare, consigliare B VR **sich ~** 1 offrirsi: **sich als Facharbeiter ~** offrirsi come operaio specializzato 2 (*sich verabschieden*) accomiatarsi 3 *unpers* **es empfiehlt sich aufzupassen** è consigliabile fare attenzione

emp·feh·lens·wert ADJ consigliabile

Emp·feh·lung F 〈-; -en〉 1 raccomandazione *f*, consiglio *m*: **auf ~ von** dietro raccomandazione di 2 *pl* (*Referenz*) referenze *fpl* ♦ **mit unseren besten -en** con i nostri migliori saluti

emp·fin·den 〈empfand, empfunden〉 VT 1 sentire, provare: **Kälte ~** sentire freddo; **Freude ~** provare gioia; **Liebe für j-n ~** provare amore per qn 2 considerare: **etw als eine Beleidigung ~** considerare qc (come) un'offesa

Emp·fin·den N 〈-s〉 sentimento *m* ♦ **meinem ~ nach** secondo me (*od* sento che …)

emp·find·lich A ADJ 1 sensibile 2 (*reizbar*) suscettibile; (*übel nehmend*) permaloso 3 delicato: **-e Möbel** mobili delicati 4 (*anfällig*) soggetto: **gegen Erkältungen ~ sein** essere soggetto ai raffreddori B ADV 1 sensibilmente: **es war ~ kalt** faceva sensibilmente freddo 2 in modo permaloso: **~ reagieren** reagire in modo permaloso **Emp·find·lich·keit** F 〈-; -en〉 1 sensibilità *f* 2 (*Reizbarkeit*) suscettibilità *f* 3 (*Anfälligkeit*) predisposizione *f*

emp·find·sam ADJ sensibile **Emp·find·sam·keit** F 〈-; -en〉 sensibilità *f*

Emp·fin·dung F 〈-; -en〉 1 (*Wahrnehmung*) sensazione *f* 2 (*Gefühl*) sentimento *m*

emp·fing → empfangen

emp·foh·len → empfehlen

emp·fun·den → empfinden

em·pi·risch ADJ empirico

em·por ADV *geh* in su, all'insù, in alto

Em·po·re F 〈-; -n〉 1 ARCH matroneo *m* 2 THEAT galleria *f*

em·pö·ren A VT (fare) indignare: **sein Verhalten empört mich** il suo comportamento mi fa indignare B VR 1 **sich über j-n/etw ~** indignarsi per qn/qc 2 **sich gegen j-n/etw ~** ribellarsi contro qn/qc **em·pö·rend** ADJ inaudito, vergognoso

Em·por·kömm·ling M 〈-s; -e〉 *pej* arricchito *m*, -a *f*, parvenu *m/f*, nuovo (-a) arrivato *m*, -a *f*

Em·pö·rung F 〈-; -en〉 sdegno *m*, indignazione *f*: **in ~ geraten** indignarsi

em·sig A ADJ solerte B ADV con solerzia

Emul·si·on F 〈-; -en〉 emulsione *f*

En·de N 〈-s; -n〉 1 fine *f*, termine *m*: **etw zu ~ bringen** portare a termine qc 2 **~ Mai** alla fine di maggio; **er ist ~ fünfzig** ha quasi sessant'anni 3 **am ~ der Straße** alla fine della strada, in fondo alla strada 4 (*letztes Stück*) capo *m*: **die beiden -n der Schnur** i due capi della corda 5 *umg* (*Entfernung*) pezzo *m*: **es ist noch ein ganzes ~ bis …** c'è ancora un bel pezzo fino a … ♦ **am ~** alla fine, infine; *umg* **am ~ sein** essere sfinito; **das dicke ~ kommt noch** il peggio deve ancora venire; **letzten -s** alla fin fine, in ultima analisi; **etw** (*dat*) **ein ~ machen** mettere fine a qc; **ein böses ~ nehmen** andare a finir male; **kein ~ nehmen** non aver fine; **am ~ der Welt** in capo al mondo; **etw geht zu ~** qc sta per finire; **zu ~ sein** essere finito

en·den VI 〈h.〉 finire, terminare

End·er·geb·nis N risultato *m* finale

En·de·tas·te F IT tasto *m* fine

End·ge·rät N IT terminale *m*

end·gül·tig ADJ definitivo

En·di·vie F 〈-; -n〉 indivia *f*

End·la·ger N deposito *m* per scorie radioattive **End·la·ge·rung** F stoccaggio *m* finale

end·lich A ADJ finito: **eine -e Zahl** un numero finito B ADV finalmente

end·los A ADJ infinito, interminabile B ADV 1 interminabilmente 2 (*unaufhörlich*) ininterrottamente **End·los·papier** N IT modulo *m* continuo
En·do·skop N ⟨-s; -e⟩ endoscopio *m*
End·pha·se F fase *f* finale **End·produkt** N prodotto *m* finito **End·re·sultat** N risultato *m* finale **End·run·de** F SPORT girone *m* finale **End·spiel** N finale *f* **End·spurt** M scatto *m* finale, sprint *m* **End·sta·di·um** N ultimo stadio *m* **End·sta·ti·on** F capolinea *m* (*a. fig*)
En·dung F ⟨-; -en⟩ 1 LING desinenza *f* 2 IT (*von Datei*) estensione *f*
End·ver·brau·cher M, **-in** F WIRTSCH consumatore *m* finale **End·ziel** N meta *f* finale (*od* ultima)
Ener·gie F ⟨-; -n⟩ energia *f*: **~ sparend** → energiesparend **Ener·gie·be·darf** M fabbisogno *m* di energia **ener·gie·ge·la·den** ADJ pieno d'energia **Ener·gie·kri·se** F crisi *f* energetica **ener·gie·los** ADJ privo di energia, fiacco **Ener·gie·po·li·tik** F politica *f* energetica **Ener·gie·quel·le** F fonte *f* energetica **Ener·gie·spa·ren** N risparmio *m* energetico **ener·gie·spa·rend** ADJ che risparmia energia, a risparmio energetico **Ener·gie·spar·lam·pe** F lampadina *f* a risparmio energetico **Ener·gie·trä·ger** M materiale *m* da cui si ricava energia **Ener·gie·ver·brauch** M consumo *m* energetico **Ener·gie·ver·schwen·dung** F spreco *m* d'energia **Ener·gie·ver·sor·gung** F fornitura *f*energetica
ener·gisch ADJ energico
eng ADJ 1 stretto: **-e Gassen** viuzze strette; **der Rock ist mir zu ~ geworden** la gonna mi è diventata stretta 2 *fig* ristretto, limitato: **einen -en Horizont haben** avere un orizzonte limitato 3 *fig* intimo ♦ **~ anliegend** aderente; **im -sten Kreis feiern** festeggiare tra pochi intimi; **etw -er machen** restringere qc; **etw ~ sehen** prendere qc alla lettera; **in die -ere Wahl kommen** entrare in ballottaggio
En·ga·din N ⟨-s⟩ Engadina *f*
En·ga·ge·ment [ãgaʒə'mã:] N ⟨-s; -s⟩ 1 impegno *m*: **das ~ für die bürgerlichen Rechte** l'impegno per i diritti civili 2 (*Verpflichtung*) ingaggio *m*, scrittura *f*: **ein ~ beim Film wollen** cercare una scrittura cinematografica
en·ga·gie·ren [ãga'ʒi:rən] A V/T 1 scritturare: **j-n ans Burgtheater ~** scritturare qn al Burgtheater 2 **j-n als Privatlehrer ~** assumere qn come insegnante privato B V/R **sich für/in etw** (*dat*) **~** impegnarsi per/in qc
En·ge F ⟨-; -n⟩ 1 strettezza *f* 2 *fig* ristretezza *f* ♦ **j-n in die ~ treiben** mettere qn alle strette
En·gel M ⟨-s; -⟩ angelo *m* **en·gel·haft** ADJ angelico **En·gels·ge·duld** F pazienza *f* di un santo
Eng·land N ⟨-s⟩ Inghilterra *f* **Eng·län·der** M ⟨-s; -⟩, **-in** F ⟨-; -nen⟩ inglese *m/f* **eng·lisch** A ADJ inglese: **die -e Kultur** la cultura inglese B ADV 1 all'inglese 2 **~ sprechen** parlare (in) inglese **Eng·lisch** N ⟨-[s]⟩ (lingua *f*) inglese *m*: **auf ~** in inglese
eng·ma·schig ADJ a maglia stretta, capillare **Eng·pass** M 1 strettoia *f* 2 *fig* impasse *f* **eng·stir·nig** ADJ *pej* di vedute limitate, meschino **Eng·stir·nig·keit** F ⟨-; -en⟩ limitatezza *f* (di vedute), meschinità *f*
En·kel M ⟨-s; -⟩, **-in** F ⟨-; -nen⟩ nipote *m/f*
En·kel·kind N nipote *m/f*, nipotino *m*, -a *f*
enorm A ADJ enorme B ADV 1 enormemente 2 *umg* (*sehr*) molto, terribilmente
En·sem·ble [ã'sã:bl] N ⟨-s; -s⟩ 1 MUS complesso *m*, gruppo *m*; THEAT compagnia *f* teatrale 2 (*Gesamtheit*) insieme *m*, complesso *m*
ent·ar·ten V/I ⟨s.⟩ degenerare
ent·beh·ren V/T rinunciare a, fare a meno di: **ich kann deine Hilfe nicht mehr ~** non posso più fare a meno del tuo aiuto
ent·behr·lich ADJ non indispensabile; superfluo **Ent·beh·rung** F ⟨-; -en⟩ privazione *f*: **große -en auf sich nehmen** (*od* **ertragen**) sopportare grandi privazioni
ent·bin·den ⟨*irr*⟩ A V/T dispensare, esonerare: **j-n von einer Pflicht ~** esonerare qn da un obbligo; **j-n von einem Eid ~** sciogliere qn da un giuramento B V/I ⟨h.⟩ MED partorire **Ent·bin·dung** F 1 esonero *m* 2 MED parto *m*
ent·blö·ßen A V/T 1 denudare 2 *fig* mettere a nudo: **sein Innerstes vor j-m ~** aprire l'animo a qn B V/R **sich ~** denudarsi, spogliarsi (*a. fig*)
ent·de·cken V/T scoprire
Ent·de·cker M ⟨-s; -⟩, **-in** F ⟨-; -nen⟩

scopritore *m*, -trice *f*
Ent·de·ckung F scoperta *f* **Ent·de·ckungs·rei·se** F viaggio *m* di esplorazione

En·te F ⟨-; -n⟩ 1 anatra *f* 2 *umg* (*falsche Meldung*) canard *m* ♦ **lahme ~** polentone *m*

ent·eh·ren V/T disonorare, diffamare

ent·eig·nen V/T espropriare **Ent·eig·nung** F ⟨-; -en⟩ espropriazione *f*, esproprio *m*

ent·ei·sen V/T disgelare, sbrinare

ent·er·ben V/T diseredare

En·ter·ha·ken M raffio *m*

En·te·rich M ⟨-s; -e⟩ anatra *f* maschio

en·tern V/T arrembare

En·ter·tai·ner ['ɛntete:nɐ] M ⟨-s; -⟩, **-in** F ⟨-; -nen⟩ presentatore *m*, -trice *f*, intrattenitore *m*, -trice *f*

En·ter·tas·te F IT tasto *m* d'invio

ent·fa·chen V/T 1 accendere; (*Brand*) appiccare 2 *fig* (*Streit*) scatenare

ent·fal·len V/I ⟨*irr; s.*⟩ 1 sfuggire di mente: **seine Adresse ist mir ~** il suo indirizzo mi è sfuggito di mente 2 **auf j-n ~** spettare (*od* toccare) a qn 3 (*wegfallen*) decadere 4 (*nicht stattfinden*) non aver luogo

ent·fal·ten A V/T 1 (di)spiegare 2 *fig* (di)mostrare, manifestare: **Geschmack ~** dimostrare gusto; **Kraft ~** manifestare forza; **Pracht ~** ostentare sfarzo 3 (*entwickeln*) sviluppare: **seine Persönlichkeit ~** sviluppare la propria personalità B V/R **sich ~** 1 (di)spiegarsi 2 (*aufblühen*) schiudersi 3 (*sich entwickeln*) svilupparsi 4 (*sich verwirklichen*) realizzarsi: **hier kann er sich beruflich ~** qui si può realizzare professionalmente

Ent·fal·tung F ⟨-; -en⟩ 1 *fig* dimostrazione *f*, manifestazione *f* 2 (*Entwicklung*) sviluppo *m* ♦ **zur ~ bringen** (di)spiegare; (*entwickeln*) sviluppare; **zur ~ kommen** (di)spiegarsi; (*sich entwickeln*) svilupparsi

ent·fär·ben A V/T scolorare, scolorire; (*Stoff*) decolorare B V/R **sich ~** scolorirsi, stingersi **Ent·fär·ber** M ⟨-s; -⟩ decolorante *m*

ent·fer·nen A V/T 1 togliere, levare, rimuovere 2 allontanare: **j-n aus der Schule ~** allontanare qn da scuola 3 portare via (*a. fig*) 4 IT (*Buchstaben, Zeile*) cancellare: **entfernen** (*Befehl*) cancella B V/R **sich ~** allontanarsi (*a. fig*)

ent·fernt A ADJ lontano (*a. fig*), distante: **das Dorf ist 2 km ~** il paese è distante 2 km; **ich bin weit davon ~, ihm zu glauben** sono ben lontano dal crederg li; **eine ~e Ähnlichkeit** una lontana somiglianza B ADV 1 **sich ~ an etw** (*akk*) **erinnern** ricordarsi vagamente di qc 2 **nicht ~** (*od* **nicht im Entferntesten**) neppure (*od* nemmeno *od* neanche) lontanamente

Ent·fer·nung F ⟨-; -en⟩ 1 distanza *f*: **in einer ~ von …** a una distanza di … 2 (*Ferne*) lontananza 3 (*Beseitigung*) eliminazione *f* 4 MED asportazione *f* 5 (*Weggehen*) allontanamento *m* **Ent·fer·nungs·mes·ser** M ⟨-s; -⟩ FOTO telemetro *m* **Ent·fer·nungs·tas·te** F IT tasto *m* cancella

ent·fes·seln V/T scatenare, provocare

ent·flech·ten V/T ⟨*irr*⟩ 1 (*entwirren*) districare 2 WIRTSCH decentrare, decentralizzare **Ent·flech·tung** F ⟨-; -en⟩ 1 il districare 2 WIRTSCH decentramento *m*, decentralizzazione *f*

ent·flie·gen V/I ⟨*irr; s.*⟩ volare via ♦ **Kanarienvogel entflogen!** smarrito canarino!

ent·flie·hen V/I ⟨*irr; s.*⟩ 1 fuggire, scappare 2 *fig* **etw** (*dat*) **~** fuggire da qc, sfuggire a qc; **seinem Schicksal ~** sfuggire al proprio destino

ent·frem·den A V/T 1 **j-n j-m ~** allontanare qn da qn; **j-n seiner Familie ~** estraniare qn dalla famiglia 2 **etw seinem Zweck ~** destinare qc a un altro scopo B V/R **sich ~** allontanarsi; **wir haben uns entfremdet** ci siamo allontanati, siamo diventati estranei **Ent·frem·dung** F ⟨-; -en⟩ 1 (e)straniamento *m*, allontanamento *m* 2 PHIL, PSYCH alienazione *f*

Ent·fros·ter M ⟨-s; -⟩ AUTO sbrinatore *m*

ent·füh·ren V/T 1 rapire 2 (*Flugzeug*) dirottare 3 *hum* rubare **Ent·füh·rer** M, **-in** F 1 rapitore *m*, -trice *f* 2 dirottatore *m*, -trice *f* **Ent·füh·rung** F 1 rapimento *m* 2 dirottamento *m*

ent·ge·gen A PRÄP (+*dat*) contro, contrariamente a: **~ seiner Überzeugung handeln** agire contro le proprie convinzioni B ADV 1 incontro: **der Sonne ~** incontro al sole 2 (*dagegen*) contrario

ent·ge·gen·ar·bei·ten V/I ⟨h.⟩ **j-m/etw ~** ostacolare qn/qc **ent·ge·gen·brin·gen** V/T ⟨*irr*⟩ *fig* (di)mostrare: **einer Sache Interesse ~** dimostrare interesse per una cosa **ent·ge·gen·ge·hen** VI ⟨irr; s.⟩ 1 j-m ~ andare incontro a qn 2 *fig* andare incontro: **schweren Zeiten ~** andare incontro a tempi difficili; **etw geht seinem Ende entgegen** qc si avvia al termine

E

ent·ge·gen·ge·setzt ADJ opposto, contrario: **in -er Richtung** in direzione opposta, in senso contrario

ent·ge·gen·hal·ten VT ⟨irr⟩ 1 porgere, (s)tendere: **j-m die Hand ~** tendere (*od* porgere) la mano a qn 2 (*einwenden*) obiettare

ent·ge·gen·kom·men VI ⟨irr; s.⟩ 1 venire incontro (*a. fig*): **j-s Wünschen ~** venire incontro ai desideri di qn 2 (*entsprechen*) (cor)rispondere **Ent·ge·gen·kom·men** N ⟨-s⟩ 1 (ac)condiscendenza *f*; (*Gefälligkeit*) compiacenza *f*, cortesia *f* 2 (*Zugeständnis*) concessione *f*: **zu einem ~ bereit sein** essere disposto a (fare) una concessione **ent·ge·gen·kom·mend** ADJ (ac)condiscendente; (*gefällig*) cortese, gentile

ent·ge·gen·lau·fen VI ⟨irr; s.⟩ 1 correre incontro 2 *fig* andare contro, essere contrario **Ent·ge·gen·nah·me** F ⟨-; -n⟩ ricevimento *m*; (*Annahme*) accettazione *f* **ent·ge·gen·neh·men** VT ⟨irr⟩ ricevere; (*annehmen*) accettare **ent·ge·gen·se·hen** VI ⟨irr; h.⟩ 1 **j-m/etw ~** guardare (verso) qn/qc (che sta arrivando) 2 *fig* **etw** (*dat*) **~** guardare a qc: **der Zukunft ruhig ~** guardare al futuro con serenità; **j-s Entscheidung ~** attendere la decisione di qn **ent·ge·gen·set·zen** A VT 1 opporre: **j-m/etw Widerstand ~** opporre resistenza a qn/qc 2 (*einwenden*) obiettare B VR **sich j-m/etw ~** opporsi a qn/qc **ent·ge·gen·ste·hen** VI ⟨irr; h.⟩ essere contro, opporsi: **dem steht nichts entgegen** non c'è nulla in contrario **ent·ge·gen·tre·ten** VI ⟨irr; s.⟩ 1 **j-m/etw ~** affrontare qn/qc 2 (*ankämpfen*) **j-m ~** lottare contro qn, opporsi a qn **ent·ge·gen·wir·ken** VI ⟨h.⟩ **einer Sache ~** combattere una cosa

ent·geg·nen VI ⟨h.⟩ controbattere, replicare **Ent·geg·nung** F ⟨-; -en⟩ replica *f*

ent·ge·hen VI ⟨irr; s.⟩ sfuggire: **einer Gefahr ~** sfuggire a un pericolo; **dieser Fehler ist mir entgangen** questo errore mi è sfuggito ♦ **sich** (*dat*) **etw** (**nicht**) **~ lassen** (non) perdersi qc, (non) farsi sfuggire qc

ent·geis·tert ADJ 1 (*erstaunt*) attonito, stupefatto 2 (*entsetzt*) costernato

Ent·gelt N ⟨-[e]s; -e⟩ remunerazione *f*, compenso *m*: **gegen ~** dietro compenso

ent·gel·ten VT ⟨irr⟩ remunerare: **etw reichlich/mit Undank ~** remunerare qc abbondantemente/ricompensare qc con l'ingratitudine

ent·gif·ten VT 1 depurare: **Abgase/das Blut ~** depurare i gas di scarico/il sangue 2 *fig* svelenire **Ent·gif·tung** F ⟨-; -en⟩ depurazione *f*

ent·glei·sen VI ⟨s.⟩ 1 deragliare, uscire dai binari 2 *fig* passare la misura **Ent·glei·sung** F ⟨-; -en⟩ deragliamento *m* (*a. fig*); (*taktlose Äußerung*) gaffe *f*

ent·glei·ten VI ⟨irr; s.⟩ scivolare (*a. fig*)

ent·grä·ten VT diliscare, togliere la lisca

ent·haa·ren VT depilare **Ent·haa·rung** F ⟨-; -en⟩ depilazione *f* **Ent·haa·rungs·mit·tel** N depilatorio *m*

ent·hal·ten[1] ⟨irr⟩ A VT contenere, racchiudere (*a. fig*) B VR **sich ~** astenersi; **sich der Süßigkeiten/der Stimme ~** astenersi dai dolci/dal voto

ent·hal·ten[2] ADJ incluso, compreso: **das ist im Preis ~** è compreso nel prezzo

ent·halt·sam ADJ (*abstinent*) astinente **Ent·halt·sam·keit** F ⟨-⟩ (*Abstinenz*) astinenza *f*; (*geschlechtlich*) continenza *f*

Ent·hal·tung F ⟨-; -en⟩ POL astensione *f*

ent·haup·ten VT decapitare

ent·he·ben VT ⟨irr⟩ 1 esentare: **aller Verpflichtungen enthoben** esentato da tutti gli obblighi 2 destituire: **eines Amtes ~** destituire da una carica

ent·hem·men VT PSYCH disinibire

ent·hül·len VT 1 scoprire 2 *fig* (*offenbaren*) svelare, rivelare: **ein Geheimnis ~** svelare un segreto **Ent·hül·lung** F ⟨-; -en⟩ 1 scoprimento *m* 2 *fig* rivelazione *f*

En·thu·si·as·mus M ⟨-⟩ entusiasmo *m*

en·thu·si·as·tisch ADJ entusiastico

ent·jung·fern VT deflorare

ent·kal·ken VT decalcificare

ent·ker·nen VT snocciolare

ent·klei·den VT spogliare, svestire

ent·kof·fe·i·niert ADJ decaffeinato

ent·kom·men VI ⟨irr; s.⟩ sfuggire: **den Verfolgern ~** sfuggire agli inseguitori; **aus dem Gefängnis ~** scappare (*od* eva-

dere) dalla prigione **Ent·kom·men** N ⟨-s⟩ scampo *m*
ent·kor·ken V/T stappare, sturare
ent·kräf·ten V/T **1** indebolire **2** *fig* (*widerlegen*) confutare **3** JUR invalidare **Ent·kräf·tung** F ⟨-; -en⟩ **1** indebolimento *m*; MED debilitazione *f* **2** (*Entkräftetsein*) debolezza *f* **3** *fig* confutazione *f* **4** JUR invalidazione *f*
ent·kramp·fen V/T decontrarre
ent·la·den ⟨*irr*⟩ **A** V/T scaricare (*a.* ELEK) **B** V/R **sich ~** scaricarsi (*a. fig*) **Ent·la·dung** F **1** (*Waren*) scaricamento *m* **2** ELEK *fig* scarica *f*
ent·lang PRÄP & ADV lungo: **am Ufer ~** lungo la riva **ent·lang·ge·hen** V/I ⟨*irr*; s.⟩ andare lungo
ent·lar·ven V/T smascherare
ent·las·sen V/T ⟨*irr*⟩ **1** (*aus Gefängnis*) scarcerare **2** (*aus Krankenhaus*) dimettere **3** (*kündigen*) licenziare **Ent·las·sung** F ⟨-; -en⟩ **1** (*aus Gefängnis*) rilascio *m*, scarcerazione *f* **2** (*aus Krankenhaus*) dimissione *f* **3** (*Kündigung*) licenziamento *m*
ent·las·ten V/T **1** (*Arbeit abnehmen*) **j-n ~** sgravare qn di lavoro **2** **sein Gewissen ~** sgravare la propria coscienza **3** JUR discolpare, scagionare ♦ **die Umwelt ~** gravare meno sull'ambiente
Ent·las·tung F ⟨-; -en⟩ **1** sgravio *m* **2** JUR discolpa *f* **Ent·las·tungs·zeu·ge** M, **-zeu·gin** F testimone *m/f* a discarico
ent·lau·fen V/I ⟨*irr*; s.⟩ **1** correre via **2** (*fliehen*) fuggire **3** **j-m ~** scappare a qn
ent·le·di·gen V/R **sich etw** (*gen*) **~** togliersi (*od* levarsi) qc (di dosso)
ent·lee·ren **A** V/T (s)vuotare **B** V/R **sich ~** andare di corpo
ent·le·gen ADJ distante, lontano, remoto
ent·lei·hen V/T ⟨*irr*⟩ prendere in prestito
ent·lo·cken V/T strappare: **j-m ein Geständnis ~** strappare una confessione a qn
ent·loh·nen V/T pagare, retribuire **Ent·loh·nung** F ⟨-; -en⟩ paga *f*, retribuzione *f*, compenso *m*
ent·lüf·ten V/T **1** aerare **2** TECH deaerare, fare sfiatare **Ent·lüf·tung** F ventilazione *f*
ent·mach·ten V/T spodestare, esautorare
ent·mün·di·gen V/T JUR interdire, inabilitare **Ent·mün·di·gung** F ⟨-; -en⟩ JUR interdizione *f*
ent·mu·ti·gen V/T scoraggiare, demoralizzare **Ent·mu·ti·gung** F ⟨-; -en⟩ scoraggiamento *m*
Ent·nah·me F ⟨-; -n⟩ prelievo *m*
Ent·na·zi·fi·zie·rung F ⟨-; -en⟩ denazificazione *f*
ent·neh·men V/T ⟨*irr*⟩ **1** prelevare **2** (*erfahren*) capire: **seinem Brief entnahm ich, dass …** dalla sua lettera capii che … **3** (*schließen*) desumere, dedurre: **woraus entnimmst du das?** da cosa lo desumi?
ent·ner·ven V/T snervare, estenuare
ent·pa·cken V/T IT unzippare, decomprimere
ent·pup·pen V/R **sich ~** *umg fig* rivelarsi
ent·rei·ßen V/T ⟨*irr*⟩ strappare (di mano) (*a. fig*): **ein Geheimnis ~** strappare un segreto
ent·rich·ten V/T *form* versare, pagare
ent·rie·geln V/T levare il catenaccio
ent·rol·len V/T srotolare
ent·rückt ADJ **1** (*geistesabwesend*) estraniato, assente **2** (*traumverloren*) rapito
ent·rüm·peln V/T sgomberare **Ent·rüm·pe·lung** F ⟨-; -en⟩ sgombero *m*
ent·rüs·ten **A** V/T indignare **B** V/R **sich über etw** (*akk*) **~** indignarsi (*od* sdegnarsi) per qc **ent·rüs·tet** ADJ indignato **Ent·rüs·tung** F indignazione *f*, sdegno *m*
ent·saf·ten V/T **etw ~** estrarre il succo di qc **Ent·saf·ter** M ⟨-s; -⟩ centrifuga *f*
ent·sa·gen V/I ⟨h.⟩ rinunciare
ent·schä·di·gen V/T **1** **j-n für etw ~** risarcire qn per qc **2** *fig* ripagare **Ent·schä·di·gung** F ⟨-; -nen⟩ **1** risarcimento *m* **2** indennità *f*
ent·schär·fen V/T **1** (*Bombe*) disinnescare **2** *fig* sdrammatizzare
Ent·scheid M ⟨-[e]s; -e⟩ JUR sentenza *f*
ent·schei·den ⟨*irr*⟩ **A** V/T **1** decidere: **die Schlacht ~** decidere le sorti della battaglia **2** giudicare: **das Gericht wird den Fall ~** il tribunale giudicherà il caso **B** V/I ⟨h.⟩ POL **über etw** (*akk*) **~** decidere di qc **C** V/R **sich für/gegen etw/j-n ~** decidersi a favore/contro qc/qn **ent·schei·dend** ADJ decisivo
Ent·schei·dung F **1** decisione *f* **2** JUR sentenza *f* **Ent·schei·dungs·trä·ger** M, **-in** F decisore *m*, deciditrice *f*
ent·schie·den ADJ **1** (*beschlossen*) deciso **2** fermo: **ein -er Gegner dieser Politik** un fermo oppositore di questa politica **3**

chiaro: **eine -e Vorliebe für etw** una chiara propensione per qc ♦ **etw ~ ablehnen** rifiutare decisamente qc **Ent·schie·den·heit** F ⟨-; -en⟩ fermezza *f*: **mit ~ sagen** dire con fermezza

ent·schla·cken V/T depurare, disintossicare

ent·schla·fen V/I ⟨*irr; s.*⟩ *euph* (*sterben*) **sanft ~** spegnersi serenamente

ent·schlie·ßen V/R ⟨*irr*⟩ **sich zu etw ~** decidersi a qc; **sich anders ~** cambiare idea **Ent·schlie·ßung** F decisione *f*; risoluzione *f*

ent·schlos·sen ADJ deciso: **fest ~ sein** essere fermamente deciso; **kurz ~** senza esitare **Ent·schlos·sen·heit** F ⟨-⟩ risolutezza *f*, decisione *f*

Ent·schluss M decisione *f*, risoluzione *f*: **einen ~ fassen** prendere una decisione

ent·schlüs·seln V/T **1** (*entziffern*) decifrare **2** (*Rätsel*) chiarire

ent·schuld·bar ADJ scusabile, perdonabile

ent·schul·di·gen **A** V/R **sich wegen** (*od* **für**) **etw ~** scusarsi di (*od* per) qc **B** V/T **1** scusare **2** (*rechtfertigen*) giustificare ♦ **~ Sie bitte!** mi scusi! **Ent·schul·di·gung** F ⟨-; -en⟩ **1** scusa *f*: **um ~ bitten** chiedere scusa; **~!** scusa! scusi! **2** (*Rechtfertigung*) giustificazione *f*

Ent·schwe·fe·lung F ⟨-; -en⟩ desolforazione *f*

ent·sen·den V/T ⟨*irr*⟩ mandare, inviare

ent·set·zen **A** V/T **j-n ~** fare inorridire qn **B** V/R **sich ~** inorridire **Ent·set·zen** N ⟨-s⟩ orrore *m*: **etw mit ~ vernehmen** apprendere con orrore qc **ent·setz·lich** ADJ **1** orribile, terribile **2** *umg* (*sehr groß*) tremendo **ent·setzt** ADJ inorridito; (*entrüstet*) indignato

ent·seu·chen V/T disinfestare

ent·si·chern V/T **eine Waffe ~** togliere la sicura a un'arma

ent·sin·nen V/R ⟨*irr*⟩ **sich an j-n/etw ~** ricordarsi di qn/qc

ent·sor·gen V/T **Müll ~** smaltire (e trattare) i rifiuti; **eine Stadt ~** smaltire e trattare i rifiuti di una città **Ent·sor·gung** F ⟨-; -en⟩ smaltimento *m* e trattamento *m*

ent·span·nen **A** V/T **1** rilassare: **die Muskeln ~** rilassare i muscoli **2** *fig* **die politische Lage ~** ridurre la tensione politica **B** V/R **sich ~** **1** rilassarsi **2** *fig* distendersi **Ent·span·nung** F ⟨-; -en⟩ **1** rilassamento *m*, distensione *f* **2** (*Ausruhen*) riposo *m*, relax *m* **Ent·span·nungs·po·li·tik** F politica *f* di distensione

ent·spie·gelt ADJ antiriflesso

ent·spre·chen V/I ⟨*irr; h.*⟩ **1** corrispondere: **die Abschrift entspricht dem Original** la copia è conforme all'originale **2** accogliere: **einem Antrag ~** accogliere una proposta; **einem Wunsch ~** accondiscendere a un desiderio **3** (*genügen*) soddisfare **ent·spre·chend** **A** ADJ **1** corrispondente **2** adeguato; (*von Behörden*) competente **B** ADV in modo adeguato **C** PRÄP (+*dat*) **1** in conformità a: **den Umständen ~** conformemente alle circostanze **2** secondo: **~ seinem Vorschlag** secondo la sua proposta **Ent·spre·chung** F ⟨-; -en⟩ analogia *f*

ent·sprin·gen V/I ⟨*irr; s.*⟩ **1** (*Flüsse*) nascere **2** *fig* provenire

ent·stam·men V/I ⟨*s.*⟩ **1** discendere: **einer alten Adelsfamilie ~** discendere da una vecchia famiglia nobile **2** (*herrühren*) risalire

ent·ste·hen V/I ⟨*irr; s.*⟩ **1** nascere, formarsi **2** (*Schwierigkeiten*) risultare **Ent-**

Entschuldigung!

(Es) tut mir leid.	**Mi dispiace.** *oder* **Mi spiace.**
Entschuldigen Sie!	**Scusi!** *oder* **Spiacente!**
Entschuldigung!	**Scusa!** *oder* **Pardon!**
Das ist ein Missverständnis!	**È un malinteso!**
Es ist meine Schuld!	**È colpa mia!**
Ich wollte nicht ...	**Non volevo ...**
Ich möchte mich bei Ihnen/bei dir entschuldigen.	**Vorrei chiederLe/chiederti scusa.**
Es war nicht so gemeint.	**Non intendevo questo.**

ste·hung F ⟨-; -en⟩ 1 nascita *f*, origine *f* 2 formazione *f*, sviluppo *m*
ent·stei·nen V/T togliere il nocciolo a
ent·stel·len V/T 1 deturpare, deformare 2 (*fälschen*) alterare, falsare, travisare
Ent·sti·ckuns·an·la·ge F impianto *m* di denitrurazione
ent·stö·ren V/T RADIO, TEL eliminare i disturbi parassiti: **die Leitung ~** sopprimere l'eco
ent·tar·nen V/T smascherare
ent·täu·schen A V/T deludere: **j-n/j-s Vertrauen ~** deludere qn/la fiducia di qn B V/I ⟨h.⟩ **das Fußballspiel enttäuschte** la partita di calcio è stata deludente ♦ **ich bin von dir enttäuscht** sono deluso di te **Ent·täu·schung** F delusione *f*: **mit j-m/etw eine ~ erleben** provare una delusione per qn/qc
ent·thro·nen V/T detronizzare (*a. fig*)
ent·völ·kern V/T spopolare
ent·waff·nen V/T disarmare (*a. fig*) **Ent·waff·nung** F ⟨-; -en⟩ disarmo *m*
ent·war·nen V/T segnalare il cessato allarme (*od* pericolo) **Ent·war·nung** F (segnale *m* di) cessato allarme *m*
ent·wäs·sern V/T 1 (*Sumpf, Wiese*) prosciugare 2 MED drenare **Ent·wäs·se·rung** F ⟨-; -en⟩ 1 prosciugamento *m* 2 MED drenaggio *m* 3 (*Kanalisation*) canalizzazione *f*
ent·we·der KONJ **~ … oder …** (o) … o …; **er kommt ~ heute oder morgen** viene (o) oggi o domani
Ent·we·der-oder N ⟨-; -⟩ aut aut *m*
ent·wei·chen V/I ⟨*irr*; s.⟩ 1 (fuori)uscire (da) 2 (*entfliehen*) fuggire, scappare
ent·wei·hen V/T profanare (*a. fig*) **Ent·wei·hung** F ⟨-; -en⟩ profanazione *f*
ent·wen·den V/T ⟨*irr*⟩ sottrarre, rubare
ent·wer·fen V/T ⟨*irr*⟩ 1 disegnare; TECH progettare 2 (*skizzieren*) abbozzare
ent·wer·ten V/T 1 (*Marken, Fahrkarten*) obliterare 2 (*im Wert mindern*) svalorizzare; (*Geld*) svalutare **Ent·wer·ter** M ⟨-s; -⟩ obliteratrice *f* **Ent·wer·tung** F 1 annullamento *m*; obliterazione *f* 2 (*Wertminderung*) svalorizzazione *f*; svalutazione *f*
ent·wi·ckeln A V/T 1 sviluppare (*a.* FOTO): **Hitze/Fantasie ~** sviluppare calore/fantasia; **eine große Geschwindigkeit ~** raggiungere una grande velocità 2 (*zeigen*) (di)mostrare 3 (*erfinden*) realizzare, ideare 4 **j-n/etw zu etw ~** trasformare qn/qc in qc B V/R **sich ~** 1 svilupparsi 2 (*entstehen*) nascere: **daraus entwickelte sich ein Streit** da ciò nacque una lite 3 (*Fortschritte machen*) evolversi, progredire
Ent·wick·lung F ⟨-; -en⟩ 1 sviluppo *m* (*a.* FOTO) 2 (*Entfalten*) svolgimento *m* 3 (*Erfindung*) realizzazione *f*, elaborazione *f*: **das neue Modell ist noch in der ~** il nuovo modello è ancora in fase di realizzazione
Ent·wi·ck·lungs·dienst M 1 (*in der Dritten Welt*) servizio *m* di volontariato nei paesi in via di sviluppo 2 (*für Fotos*) servizio *m* di sviluppo foto **Ent·wi·ck·lungs·ge·schich·te** F storia *f* dello sviluppo (*od* dell'evoluzione) **Ent·wi·ck·lungs·hel·fer** M, **-in** F (co)operatore *m*, -trice *f* tecnico (-a) per i paesi in via di sviluppo, operatore *m*, -trice *f* dello sviluppo **Ent·wi·ck·lungs·hil·fe** F aiuti *mpl* ai paesi in via di sviluppo **Ent·wi·ck·lungs·land** N paese *m* in via di sviluppo
ent·wir·ren V/T 1 (*Fäden*) sbrogliare (*a. fig*) 2 sciogliere (*a. fig*): **einen Knoten ~** sciogliere un nodo
ent·wi·schen V/I ⟨s.⟩ *umg* fuggire, scappare: *umg* svignarsela; **j-m ~** sfuggire a qn
ent·wöh·nen V/T 1 (*Baby*) svezzare 2 *fig* disabituare **Ent·wöh·nung** F ⟨-; -en⟩ 1 svezzamento *m* 2 *fig* divezzamento *m*
ent·wür·di·gend ADJ umiliante, degradante
Ent·wurf M 1 abbozzo *m*: **der ~ zu einem Vertrag** l'abbozzo di un contratto 2 (*Zeichnung*) disegno *m*; TECH progetto *m* 3 (*Skizze*) schizzo *m* **Ent·wurf·zeich·nung** F KUNST studio *m*
ent·wur·zeln V/T sradicare (*a. fig*)
ent·zau·bern V/T *fig* privare dell'incanto
ent·zie·hen ⟨*irr*⟩ A V/T 1 (*wegziehen*) tirare via: **j-m seine Hand ~** ritrarre la mano da qn 2 (*wegnehmen*) ritirare 3 togliere: **j-m das Sorgerecht ~** togliere l'affidamento dei figli a qn; **j-m das Wort ~** togliere la parola a qn; **j-m seine Hilfe ~** non concedere più il proprio aiuto a qn 4 CHEM sottrarre B V/R **sich ~** 1 liberarsi: **sich j-s Umarmung ~** liberarsi dall'abbraccio di qn 2 sottrarsi: *fig* **sich j-s Einfluss ~** sottrarsi all'influsso di qn; **sich der Verantwortung ~** sottrarsi alle proprie responsabilità

Ent·zie·hungs·er·schei·nung F sintomo *m* da astinenza **Ent·zie·hungs·kur** F cura *f* disintossicante
ent·zif·fern VT decifrare
ent·zip·pen VT IT unzippare, decomprimere
ent·zü·cken VT incantare **Ent·zü·cken** N ⟨-s⟩ incanto *m*, estasi *f*: (**über etw** [*akk*]) **in ~ geraten** andare in estasi (per qc) **ent·zü·ckend** ADJ incantevole, delizioso
Ent·zug M ⟨-[e]s⟩ **1** ritiro *m*, il togliere **2** (*von Drogen*) terapia *f* di disintossicazione: **auf ~ sein** fare una terapia di disintossicazione **Ent·zugs·er·schei·nung** F sindrome *f* da astinenza
ent·zünd·bar ADJ infiammabile (*a. fig*)
ent·zün·den **A** VT accendere, infiammare (*a. fig*) **B** VR **sich ~** **1** prendere fuoco, incendiarsi **2** MED infiammarsi
ent·zünd·lich ADJ **1** infiammabile (*a. fig*) **2** MED infiammatorio
Ent·zün·dung F MED infiammazione *f* **ent·zün·dungs·hem·mend** ADJ antinfiammatorio
ent·zwei ADV in due (pezzi) **ent·zwei·bre·chen** ⟨*irr*⟩ **A** VT rompere (in due) **B** VI ⟨s.⟩ spezzarsi, rompersi (in due)
ent·zwei·en **A** VT separare **B** VR **sich mit j-m ~** rompere con qn, separarsi da qn
ent·zwei·ge·hen VI ⟨*irr*; s.⟩ andare in pezzi
en vogue [ã'vo:k] **~ sein** essere in voga
En·zi·an M ⟨-s; -e⟩ BOT genziana *f*
En·zyk·lo·pä·die F ⟨-; -n⟩ enciclopedia *f*
En·zym N ⟨-s; -e⟩ enzima *m*
Epi·de·mie F ⟨-; -n⟩ epidemia *f*
epi·de·misch ADJ epidemico
Epi·lep·sie F ⟨-; -n⟩ epilessia *f* **Epi·lep·ti·ker** M ⟨-s; -⟩, **-in** F ⟨-; -nen⟩ epilettico *m*, -a *f* **epi·lep·tisch** ADJ epilettico
Epi·log M ⟨-s; -e⟩ epilogo *m*
episch ADJ epico (*a. fig*): **ein -es Gedicht** un poema epico; **-e Dichtung** epos
Epi·so·de F ⟨-; -n⟩ episodio *m*
Epo·che F ⟨-; -n⟩ epoca *f* ♦ **~ machen** fare epoca **epo·che·ma·chend** ADJ sensazionale, memorabile
Epos N ⟨-; Epen⟩ epos *m*, poema *m* epico
Equi·pe [e'kıp] F ⟨-; -n⟩ équipe *f*, squadra *f*
er PERS PR M **1** (*oft ausgelassen*) lui, egli: **~ sagte kein einziges Wort** (egli) non disse nemmeno una parola; **kommt ~ auch?** viene anche lui?; **~ selbst** lui stesso; **da ist ~ ja!** eccolo! **2** (*Sachen und Tiere, meist ausgelassen*) esso, essa: **siehst du diesen Koffer? ~ gehört mir** vedi quella valigia? è mia
Er M ⟨-; -s⟩ *umg* lui *m*: **ein ~ und eine Sie** un lui e una lei
Er·ach·ten N ⟨-s⟩ **meines -s** a mio parere
er·ar·bei·ten **A** VT (*ausarbeiten*) elaborare **B** VR **sich** (*dat*) **etw ~** **1** guadagnarsi qc (lavorando) **2** far proprio qc: **sich** (*dat*) **die Grundlagen einer Wissenschaft ~** far propri i fondamenti di una scienza
Erb·an·la·ge F BIOL disposizione *f* ereditaria, carattere *m* ereditario
er·bar·men **A** VR **sich** (**j-s**) **~** avere pietà (di qn) **B** VT muovere a compassione **Er·bar·men** N ⟨-s⟩ pietà *f*: **zum ~ sein** far pietà
er·bärm·lich ADJ **1** (*elend*) miserevole

Epochen

aus der Renaissance	**rinascimentale**
Barock	**barocco**
byzantinisch	**bizantino**
dorisch	**dorico**
Empirestil	**impero**
etruskisch	**etrusco**
frühchristlich	**paleocristiano**
gotisch	**gotico**
griechisch	**greco**
islamisch	**islamico**
Jugendstil	**liberty** *oder* **floreale**
korinthisch	**corinzio**
manieristisch	**manieristico**
maurisch	**moresco**
neoklassizistisch	**neoclassico**
palladianisch	**palladiano**
postmodern	**postmoderno**
Rokoko	**rococò**
romanisch	**romanico**
römisch	**romano**
vorgeschichtlich	**preistorico**
aus dem 19. Jahrhundert	**dell'Ottocento, dell'800, del secolo XIX**

2 (*schlecht*) pessimo **3** (*verabscheuenswert*) deplorevole **4** (*sehr groß*) tremendo: ~ **frieren** avere un freddo tremendo **Er·bärm·lich·keit** F ⟨-; -en⟩ miseria *f*, povertà *f*

er·bar·mungs·los ADJ spietato

er·bau·en **A** V/T **1** costruire, edificare **2** (*geistig erheben*) edificare **B** V/R **sich** ~ *geh* edificarsi; **sich an guter Musik** ~ ricrearsi con (della) buona musica ♦ **von etw nicht erbaut sein** non essere entusiasta di qc

Er·bau·er M ⟨-s; -⟩, **-in** F ⟨-; -nen⟩ **1** costruttore *m*, -trice *f* **2** (*Gründer*) fondatore *m*, -trice *f*

er·bau·lich ADJ *poet obs* edificante

erb·be·rech·tigt ADJ avente diritto alla successione (*od* eredità)

Er·be[1] N ⟨-s⟩ eredità *f*, patrimonio *m*

Er·be[2] M ⟨-n; -n⟩ erede *m*: **j-n zum** (*od* **als**) **-n einsetzen** (*od* **machen**) nominare (*od* designare) qn come erede

er·ben V/T ereditare

er·bet·teln V/T ottenere mendicando: *fig* **eine Erlaubnis** ~ mendicare un permesso

er·beu·ten V/T catturare, far bottino di

Erb·fak·tor M fattore *m* ereditario **Erb·fol·ge** F successione *f* **Erb·gut** N BIOL patrimonio *m* ereditario

Er·bin F ⟨-; -nen⟩ erede *f*

er·bit·ten V/T ⟨*irr*⟩ pregare: **Hilfe/Verzeihung** ~ implorare aiuto/perdono

er·bit·tern V/T irritare, esasperare **er·bit·tert** ADJ accanito: **ein -er Kampf** una lotta accanita; **sich** ~ **wehren** difendersi con accanimento **Er·bit·te·rung** F ⟨-; -en⟩ esasperazione *f*

Erb·krank·heit F malattia *f* ereditaria

er·blas·sen V/I ⟨s.⟩ impallidire

erb·lich ADJ ereditario ♦ ~ **belastet sein** essere affetto da una tara ereditaria

er·bli·cken V/T scorgere, vedere ♦ *fig* **das Licht der Welt** ~ venire al mondo

er·blin·den V/I ⟨s.⟩ diventare cieco, perdere la vista **Er·blin·dung** F ⟨-; -en⟩ perdita *f* della vista

Erb·mas·se F **1** BIOL patrimonio *m* ereditario **2** JUR asse *m* ereditario

er·bo·sen **A** V/T irritare **B** V/R **sich über j-n/etw** ~ irritarsi con qn/per qc

er·bre·chen ⟨*irr*⟩ **A** V/T **1** (*aufbrechen*) forzare; (*Briefe*) dissigillare **2** (*spucken*) vomitare **B** V/R **sich** ~ vomitare, rigettare ♦ *umg* **bis zum Erbrechen** fino alla nausea

Erb·recht N **1** diritto *m* ereditario **2** (*Recht auf den Nachlass*) diritto *m* di successione

er·brin·gen V/T ⟨*irr*⟩ **1** portare: **die Forschungen haben nichts erbracht** le ricerche non hanno portato a nulla; **einen Beweis** ~ addurre una prova **2** (*Gewinn*) apportare

Erb·schaft F ⟨-; -en⟩ eredità *f*: **eine** ~ **machen** ricevere qc in eredità **Erb·schaft(s)·steu·er** F imposta *f* di successione **Erb·schein** M certificato *m* di successione **Erb·schlei·cher** M ⟨-s; -⟩, **-in** F ⟨-; -nen⟩ cacciatore *m*, -trice *f* di eredità

Erb·se F ⟨-; -n⟩ pisello *m* **Erb·sen·sup·pe** F minestra *f* di piselli

Erb·stück N oggetto *m* di famiglia **Erb·sün·de** F peccato *m* originale **Erb·teil** N parte *f* di eredità

Erd·ach·se F asse *m* terrestre

Erd·an·zie·hung F gravitazione *f* terrestre **Erd·an·zie·hungs·kraft** F forza *f* di gravità

Erd·ap·fel M *österr* patata *f* **Erd·at·mo·sphä·re** F ⟨-⟩ atmosfera *f* terrestre **Erd·ball** M globo *m* terrestre **Erd·be·ben** N terremoto *m* **Erd·bee·re** F fragola *f* **Erd·be·völ·ke·rung** F popolazione *f* della terra **Erd·bo·den** M suolo *m*, terra *f* ♦ **etw dem** ~ **gleichmachen** radere al suolo qc; **wie vom** ~ **verschluckt sein** essere come inghiottito dalla terra

Er·de F ⟨-; -n⟩ **1** terra *f*, terreno *m* **2** (*Erdboden*) suolo *m*, terra *f*: **auf die** ~ **fallen** cadere a terra **3** (*Fußboden*) terra *f*, pavimento *m*: **auf der** ~ **liegen** giacere per terra **4** (*Welt*) terra *f*, mondo *m*

er·den V/T ELEK mettere a terra

er·denk·lich ADJ immaginabile: **alles** ~ **Gute wünschen** augurare tutto il bene possibile

Erd·gas N gas *m* naturale (*od* metano)

Erd·ge·schoss, *österr* **Erd·ge·schoß** N pianterreno *m*, piano *m* terra

er·dig ADJ **1** terroso **2** (*schmutzig*) sporco di terra ♦ **etw schmeckt/riecht** ~ qc sa di terra

Erd·krus·te F crosta *f* terrestre **Erd·ku·gel** F globo *m* terrestre **Erd·kun·de** F ⟨-⟩ geografia *f* **Erd·nuss** F arachide *f*, nocciolina *f* americana **Erd·nuss·but·ter** F burro *m* di arachidi **Erd·ober·flä·che** F ⟨-⟩ superficie *f* terrestre

Erd·öl N ⟨-[e]s⟩ petrolio *m*: ~ **exportierend** esportatore di petrolio

E

E

er·dol·chen VT pugnalare
Erd·öl·in·dust·rie F ⟨-⟩ industria *f* petrolifera **Erd·öl·vor·kom·men** N giacimento *m* petrolifero
er·dreis·ten VR **sich ~** azzardarsi
er·dros·seln VT strozzare, strangolare
er·drü·cken VT 1 schiacciare 2 *fig* (*lasten*) opprimere, soffocare **er·drü·ckend** ADJ opprimente, soffocante; (*Beweis*) schiacciante
Erd·rutsch M frana *f*, smottamento *m* **Erd·rutsch·sieg** M vittoria *f* schiacciante **Erd·schicht** F strato *m* di terra **Erd·stoß** M scossa *f* di terremoto **Erd·teil** M 1 parte *f* del mondo 2 continente *m*
er·dul·den VT sopportare; (*erleiden*) subire
Erd·um·dreh·ung F rotazione *f* terrestre **Erd·um·fang** M circonferenza *f* terrestre **Erd·um·krei·sung** F ⟨-; -en⟩ giro *m* intorno alla terra **Erd·um·lauf·bahn** F orbita *f* terrestre
Er·dung F ⟨-⟩ ELEK messa *f* a terra
er·ei·fern VR **sich über etw/j-n ~** infervorarsi per qc/qn
er·eig·nen VR **sich ~** accadere, verificarsi
Er·eig·nis N ⟨-ses; -se⟩ 1 avvenimento *m*, evento *m*: **ein politisches ~** un evento politico 2 (*Vorfall*) vicenda *f* **er·eig·nis·los** ADJ privo di eventi **er·eig·nis·reich** ADJ ricco di eventi
Erek·ti·on F ⟨-; -en⟩ erezione *f*
Ere·mit M ⟨-en; -en⟩, **-in** F ⟨-; -nen⟩ eremita *m/f*
er·erbt ADJ ereditario
er·fah·ren[1] VT ⟨*irr*⟩ 1 apprendere, venire a sapere: **von etw ~** venire a conoscenza di qc 2 (*fühlen*) provare, sentire: **Leid ~** soffrire 3 subire: **Unrecht ~** subire ingiustizia
er·fah·ren[2] ADJ esperto, pratico **Er·fah·ren·heit** F ⟨-⟩ pratica *f*, esperienza *f*
Er·fah·rung F ⟨-; -en⟩ esperienza *f*: **-en sammeln** accumulare esperienze; **aus eigener ~ sprechen** parlare per esperienza ♦ **etw in ~ bringen** venire a conoscenza di qc; **aus ~ wird man klug** l'esperienza insegna
Er·fah·rungs·aus·tausch M scambio *m* di esperienze **er·fah·rungs·ge·mäß** ADV secondo l'esperienza **Er·fah·rungs·wert** M valore *m* empirico
er·fas·sen VT 1 sopraffare, cogliere, prendere: **Angst erfasste sie** fu sopraffatta dalla paura 2 *fig* (*begreifen*) comprendere: *umg* **hast du es endlich erfasst?** l'hai capito finalmente? 3 registrare, rilevare: **Daten statistisch ~** rilevare dati statistici **Er·fas·sung** F (*von Daten*) rilevamento *m*
er·fin·den VT ⟨*irr*⟩ inventare **Er·fin·der** M, **-in** F inventore *m*, -trice *f* ♦ **das war nicht im Sinne des -s** non era inteso così **Er·fin·der·geist** M ⟨-[e]s⟩ spirito *m* inventivo **er·fin·de·risch** ADJ inventivo, ingegnoso **Er·fin·dung** F ⟨-; -en⟩ invenzione *f* **Er·fin·dungs·ga·be** F inventiva *f*
Er·folg M ⟨-[e]s; -e⟩ 1 successo *m*: **ein voller ~** un successone; **bei j-m/etw ~ haben** avere successo con qn/in qc; **~ versprechend** che promette bene, promettente 2 (*Folge, Ergebnis*) conseguenza *f*, risultato *m*
er·fol·gen VI ⟨s.⟩ 1 seguire 2 *form* (*geschehen*) avvenire, avere luogo
er·folg·los ADJ senza esito (*od* successo), inutile: **-e Bemühungen** sforzi inutili **Er·folg·lo·sig·keit** F ⟨-⟩ insuccesso *m*
er·folg·reich A ADJ 1 di successo: **ein -er Schriftsteller** uno scrittore di successo 2 (*wirksam*) efficace B ADV con successo
Er·folgs·au·tor M, **-in** F autore *m*, -trice *f* di successo **Er·folgs·be·tei·li·gung** F partecipazione *f* agli utili **Er·folgs·er·leb·nis** N esperienza *f* gratificante **Er·folgs·kurs** M strada *f* del successo **Er·folgs·mel·dung** F comunicazione *f* del buon esito **Er·folgs·mensch** M uomo *m* di successo **Er·folgs·quo·te** F percentuale *f* di successi **Er·folgs·re·zept** N ricetta *f* per il successo **Er·folgs·zwang** M obbligo *m* di successo
er·for·der·lich ADJ necessario
er·for·dern VT richiedere **Er·for·der·nis** N ⟨-ses; -se⟩ 1 (*Bedürfnis*) esigenza *f*, necessità *f* 2 (*Voraussetzung*) requisito *m*
er·for·schen VT 1 (*Gebiet*) esplorare 2 indagare: **das Verhalten der Tiere ~** studiare il comportamento degli animali 3 **sein Gewissen ~** esaminare la propria coscienza **Er·for·schung** F 1 ricerca *f*, studio *m*, indagine *f* 2 (*von Ländern*) esplorazione *f*

er·fra·gen VT **1** cercare di sapere (domandando): **den Weg ~** chiedere la strada **2** *(durch Fragen erfahren)* venire a sapere ♦ **etw bei j-m ~** ottenere da qn informazioni su qc

er·freu·en **A** VT rallegrare **B** VR **1** **sich an etw** *(dat)* **~** rallegrarsi per qc **2** godere: **sich bester Gesundheit ~** godere di ottima salute

er·freu·lich ADJ **1** bello: **eine -e Nachricht** una bella notizia **2** *(angenehm)* piacevole **er·freu·li·cher·wei·se** ADV per fortuna

er·freut ADJ **über etw** *(akk)* **~ sein** essere contento di qc ♦ **sehr ~!** molto lieto!

er·frie·ren VI *(irr; s.)* **1** morire assiderato **2** *(vor Kälte erstarren)* congelarsi: **ihm ~ die Finger** gli si congelano le dita **3** *(Pflanzen)* gelare **Er·frie·rung** F ⟨-; -en⟩ assideramento *m*

er·fri·schen **A** VT **1** rinfrescare **2** *(beleben)* ristorare, rivitalizzare **B** VR **sich ~** **1** rinfrescarsi **2** ristorarsi **er·fri·schend** ADJ rinfrancante: **ihre Aufrichtigkeit war ~** la sua sincerità era rinfrancante

Er·fri·schung F ⟨-; -en⟩ **1** ristoro *m*; *(Abkühlung)* rinfrescata *f* **2** **eine ~ anbieten** offrire uno spuntino

Er·fri·schungs·ge·tränk N bibita *f* **Er·fri·schungs·raum** M buffet *m* **Er·fri·schungs·tuch** N salvietta *f* rinfrescante

er·fül·len **A** VT **1** riempire *(a. fig)*: **sein Erfolg erfüllt sie mit Neid** il suo successo la riempie di invidia **2** *(beschäftigen)* occupare, *umg* prendere: **die neue Aufgabe erfüllt sie ganz** il nuovo compito la occupa completamente **3** adempiere: **ein Versprechen/seine Pflicht ~** adempiere una promessa/il proprio dovere; **einen Wunsch ~** esaudire un desiderio **B** VR **sich ~** compiersi

Er·fül·lung F **1** (piena) soddisfazione *f* **2** adempimento *m*: **die ~ einer Aufgabe/Pflicht** l'adempimento di un compito/di un dovere ♦ **in ~ gehen** realizzarsi

er·fun·den ADJ **von A bis Z ~** inventato di sana pianta

er·gän·zen **A** VT **1** completare **2** *(hinzufügen)* aggiungere **B** VR **sich ~** completarsi (a vicenda) **er·gän·zend** **A** ADJ aggiuntivo **B** ADV a *(od* come*)* completamento

Er·gän·zung F ⟨-; -en⟩ completamento *m* **Er·gän·zungs·band** N ⟨-[e]s; -bände⟩ volume *m* supplementare

er·gat·tern VT *umg* acchiappare al volo

er·ge·ben[1] *(irr)* **A** VT **1** rendere, fruttare **2** *(erweisen)* provare, dimostrare **3** MATH fare **B** VR **sich ~** **1** risultare: **daraus ergibt sich, dass ...** ne risulta che ... **2** *(sich hingeben)* darsi, dedicarsi **3** rassegnarsi: **sich seinem** *(od* **in sein***)* **Schicksal ~** rassegnarsi al proprio destino **4** MIL arrendersi, capitolare ♦ **wenn sich die Gelegenheit ergibt** se si presenterà l'occasione

er·ge·ben[2] ADJ *(demütig)* umile, sottomesso **Er·ge·ben·heit** F ⟨-⟩ **1** rassegnazione *f* **2** dedizione *f*: **j-m mit stummer ~ dienen** servire qn con cieca dedizione **3** *(Treue)* fedeltà *f*: **auf j-s ~ zählen** contare sulla fedeltà di qn

Er·geb·nis N ⟨-ses; -se⟩ risultato *m*: **zu einem ~ kommen/führen** giungere/portare a un risultato; **ein ~ erzielen** riportare un risultato **er·geb·nis·los** ADJ senza esito

er·ge·hen *(irr)* **A** VI ⟨s.⟩ **1** *(erlassen)* emanare: **eine Verordnung ~ lassen** emanare un decreto **2** *(gerichtet, geschickt werden)* venire inviato, mandato **3** *unpers* accadere: **wie wird es uns ~?** cosa ci accadrà?; **es ist ihr gut ergangen** le è andata bene **B** VR **sich ~** *(sich umständlich äußern)* profondersi (in) ♦ **etw über sich** *(akk)* **~ lassen** subire pazientemente qc

er·gie·big ADJ **1** *(Produkt)* **~ sein** rendere molto **2** *(fruchtbar)* fertile **3** *(Geschäft)* redditizio; *(Untersuchung)* fruttuoso

er·go·no·misch ADJ ergonomico

Er·go·the·ra·pie F ergoterapia *f*

er·göt·zen **A** VT *poet* divertire **B** VR **sich an etw** *(dat)* **~** divertirsi con qc

er·grau·en VI ⟨s.⟩ incanutire *(a. fig)*

er·grei·fen VT *(irr)* **1** afferrare, prendere **2** *(festnehmen)* catturare **3** *(Gelegenheit)* cogliere **4** *(bewegen)* commuovere, toccare ♦ **einen Beruf ~** intraprendere una professione; **die Flucht/die Initiative/Maßnahmen ~** prendere la fuga/l'iniziativa/provvedimenti **er·grei·fend** ADJ commovente, toccante

er·grif·fen ADJ commosso, toccato **Er·grif·fen·heit** F ⟨-⟩ commozione *f*

er·grün·den VT esaminare (profondamente)

er·ha·ben ADJ **1** *(Gefühl, Gedanke)* sublime **2** (*überlegen*) superiore: **über jeden Verdacht ~ sein** essere al di sopra di ogni sospetto **3** TECH (*erhöht*) in rilievo **Er·ha·ben·heit** F ⟨-; -en⟩ **1** sublimità *f* **2** (*Überlegenheit*) superiorità *f*

Er·halt M ⟨-[e]s⟩ *form* ricevimento *m*

er·hal·ten[1] ⟨*irr*⟩ **A** VT **1** ricevere: **einen Auftrag/einen Brief ~** ricevere un ordine/una lettera **2** (*Genehmigung*) ottenere **3** (*gewinnen*) ricavare **4** (*bewahren*) (man)tenere, conservare: **j-n am Leben ~** tenere qn in vita **B** VR **sich ~** **1** (man)tenersi: **sich gesund ~** mantenersi sano **2** **sich** (*dat*) **etw ~** conservar(si) qc

er·hal·ten[2] ADJ **gut ~** ben conservato

er·hält·lich ADJ disponibile

Er·hal·tung F ⟨-⟩ mantenimento *m*, conservazione *f*: **die ~ des Gleichgewichts** il mantenimento dell'equilibrio; **die ~ eines Kunstwerks** la conservazione di un'opera d'arte

er·hän·gen **A** VT impiccare **B** VR **sich ~** impiccarsi

er·här·ten **A** VT *fig* rafforzare; (*bestätigen*) confermare **B** VR **sich ~** rafforzarsi

er·ha·schen VT *fig* (*Worte*) afferrare; (*Blick*) catturare

er·he·ben ⟨*irr*⟩ **A** VT **1** alzare, (sol)levare: **den Arm/die Stimme ~** alzare il braccio/la voce **2** **j-n in den Adelsstand ~** elevare qn al ceto nobiliare; **etw zum Prinzip ~** fare di qc un principio **3** (*vorbringen*) (sol)levare: **einen Einspruch ~** sollevare un'obiezione; **gegen j-n Anklage ~** levare un'accusa contro qn **4** **Gebühren ~** riscuotere contributi **B** VR **sich ~** **1** alzarsi **2** (*emporragen*) elevarsi, innalzarsi **3** (*aufkommen*) sorgere, sollevarsi: **ein Sturm/ein Geschrei erhebt sich** si leva una tempesta/un grido **4** **sich gegen j-n/etw ~** sollevarsi contro qn/qc

er·he·bend ADJ **1** (*erbaulich*) edificante **2** (*bewegend*) commovente

er·heb·lich ADJ notevole, considerevole

Er·he·bung F **1** rilievo *m*, altura *f* **2** (*Aufstand*) insurrezione *f* **3** (*von Steuern*) riscossione *f* **4** (*Ermittlung*) rilevazione *f*

er·hei·tern **A** VT rallegrare, divertire **B** VR **sich ~** rasserenarsi (*a. fig*) **er·hei·tert** ADJ allegro, divertito **Er·hei·te·rung** F ⟨-; -en⟩ divertimento *m*: **zur allgemeinen ~** con gran divertimento di tutti

er·hel·len **A** VT **1** rischiarare; (*beleuchten*) illuminare (*a. fig*) **2** *fig* (*Problem*) chiarire **B** VR **sich ~** rischiararsi; illuminarsi (*a. fig*)

er·hit·zen **A** VT scaldare (*a. fig*): **etw auf 100° ~** scaldare qc a 100° **B** VR **sich ~** **1** scaldarsi **2** *fig* accendersi, (ri)scaldarsi

er·hof·fen **A** VT sperare **B** VR **sich von j-m etw ~** sperare qc da qn

er·hö·hen **A** VT **1** (ri)alzare, elevare: **das Haus um ein Stockwerk ~** alzare la casa di un piano **2** (*steigern*) aumentare: **die Löhne ~** aumentare i salari; **die Produktion ~** incrementare la produzione **B** VR **sich ~** aumentare, salire **Er·hö·hung** F ⟨-; -en⟩ **1** rialzo *m* **2** (*Steigerung*) aumento *m*, incremento *m*: *fig* **die ~ der Sicherheit** l'aumento di sicurezza

er·ho·len VR **sich ~** riprendersi (*a.* WIRTSCH)

er·hol·sam ADJ che rinvigorisce; (*entspannend*) distensivo, rilassante

Er·ho·lung F ⟨-; -en⟩ **1** recupero *m* (delle forze), ripresa *f* **2** (*Ausruhen*) riposo *m*, relax *m*: **~ nötig haben** aver bisogno di riposo **3** WIRTSCH ripresa *f*

Er·ho·lungs·heim N **1** casa *f* di cura **2** (*für Kinder*) colonia *f* (estiva) **Er·ho·lungs·pau·se** F ricreazione *f*, pausa *f* **Er·ho·lungs·ur·laub** M vacanza *f* di riposo

er·hö·ren VT esaudire, appagare

Eri·ka F ⟨-; -s u. Eriken⟩ BOT erica *f*

er·in·nern **A** VT **1** **j-n an etw** (*akk*) **~** ricordare qc a qn **2** (far) ricordare, richiamare alla memoria: **das erinnert mich an früher** mi fa pensare al passato **B** VR **sich an j-n/etw ~** ricordarsi di qn/qc; **wenn ich mich recht erinnere** se mi ricordo bene

Er·in·ne·rung F ⟨-; -en⟩ **1** (*Gedächtnis*) memoria *f* **2** ricordo *m*: **eine ~ verdrängen** rimuovere un ricordo **3** **die Uhr ist eine ~ an meine Eltern** l'orologio è un ricordo dei miei genitori **4** (*Mahnung*) monito *m*, avvertimento *m* ♦ **j-n/etw in guter/schlechter ~ haben** avere un buon/cattivo ricordo di qn/qc; **zur ~ an j-n/etw** in memoria di qn/qc

Er·in·ne·rungs·ver·mö·gen N memoria *f*, capacità *f* mnemonica **Er·in·ne·rungs·wert** M ⟨-[e]s⟩ valore *m* affettivo

er·kal·ten VI ⟨s.⟩ raffreddarsi (*a. fig*)

er·käl·ten VR **sich ~** raffreddarsi **er·käl·tet** ADJ raffreddato **Er·käl·tung** F ⟨-; -en⟩ raffreddore *m*
er·kämp·fen VT ottenere lottando
er·kau·fen VT **mit etw ~** acquistare a prezzo di qc; **etw mit vielen Opfern ~** ottenere qc a prezzo di molti sacrifici
er·kenn·bar ADJ riconoscibile: **leicht/schwer ~** facile/difficile da riconoscersi; **ohne -en Grund** senza ragione apparente
er·ken·nen ⟨*irr*⟩ **A** VT riconoscere: **seinen Fehler ~** riconoscere il proprio errore **B** VI ⟨h.⟩ JUR **auf Freispruch ~** emettere la sentenza di assoluzione ♦ **sich zu ~ geben** farsi riconoscere
er·kennt·lich ADJ **sich ~ zeigen** mostrarsi riconoscente
Er·kennt·nis F **1** conoscenza *f*: **zu neuen -sen gelangen** raggiungere nuove conoscenze; **zur ~ kommen, dass ...** convincersi del fatto che ... **2** *pl* informazioni *fpl*
Er·ken·nung F ⟨-⟩ individuazione *f*: **in ~ der Lage** rendendosi conto della situazione
Er·ken·nungs·dienst M (polizia *f*) scientifica *f* **Er·ken·nungs·me·lo·die** F sigla *f* musicale **Er·ken·nungs·zei·chen** N segno *m* di riconoscimento
Er·ker M ⟨-s; -⟩ bovindo *m*
er·klär·bar ADJ spiegabile
er·klä·ren **A** VT **1** spiegare: **etw an einem Beispiel ~** spiegare qc con un esempio **2** dichiarare: **etw für ungültig ~** dichiarare nullo qc **B** VR **sich für/gegen j-n/etw ~** dichiararsi a favore/contro qn/qc; **sich einverstanden ~** dichiararsi d'accordo **er·klä·rend** ADJ esplicativo **er·klär·lich** ADJ comprensibile **er·klärt** ADJ **1** (*Feind*) dichiarato **2** (*Ziel*) esplicito **Er·klä·rung** F **1** spiegazione *f* **2** (*Mitteilung*) dichiarazione *f*: **eine ~ abgeben** rilasciare una dichiarazione
er·klim·men VT ⟨erklomm, erklommen⟩ **1** scalare **2** *fig* dare la scalata a: **den Posten des Direktors ~** dare la scalata al posto da direttore
er·klin·gen VI ⟨*irr*; s.⟩ risuonare
er·klomm, **er·klom·men** → erklimmen
er·kran·ken VI ⟨s.⟩ **an etw** (*dat*) **~** ammalarsi di qc **Er·kran·kung** F ⟨-; -en⟩ malattia *f*
er·kun·den VT esplorare
er·kun·di·gen VR **sich ~** informarsi; **sich nach** (*od* **über** (*akk*)) **etw ~** informarsi su qc **Er·kun·di·gung** F ⟨-; -en⟩ informazione *f*: **bei j-m über j-n/etw -en einziehen** prendere informazioni da qn su qn/qc
Er·kun·dung F ⟨-; -en⟩ **1** esplorazione *f* **2** MIL perlustrazione *f*
er·lah·men VI ⟨s.⟩ **1** intorpidirsi, infiacchirsi **2** *fig* raffreddarsi, intiepidirsi
er·lan·gen VT raggiungere, ottenere
Er·lass M ⟨-es; -e⟩ **1** decreto *m* **2** (*das Erlassen*) emanazione *f* **3** (*Verzicht*) esenzione *f*: **der ~ einer Steuer** l'esenzione da una tassa **4** **der ~ einer Strafe** il condono di una pena
er·las·sen VT ⟨*irr*⟩ **1** emanare: **eine Verfügung ~** emanare una disposizione **2** **die Amnestie ~** concedere l'amnistia **3** **j-m etw ~** condonare qc a qn, esonerare qn da qc
er·lau·ben **A** VT permettere **B** VR **sich** (*dat*) **etw ~** permettersi qc ♦ **~ Sie?** permette?, è permesso?; **~ Sie mal!** scusi!
Er·laub·nis F ⟨-; -se⟩ **1** permesso *m*: (**j-n**) **um ~ bitten** chiedere il permesso (a qn) **2** (*Berechtigung*) autorizzazione *f*, concessione *f*
er·läu·tern VT illustrare, spiegare **Er·läu·te·rung** F illustrazione *f*, spiegazione *f*
Er·le F ⟨-; -n⟩ ontano *m*, *poet* alno *m*
er·le·ben VT **1** passare: **Schlimmes ~** passarne delle brutte; **er hat schon viel erlebt** ne ha già viste di tutti i colori; **eine Überraschung ~** avere una sorpresa **2** (*erreichen*) **etw ~** vedere qc, arrivare fino a qc **3** sentire: **den Frühling ~** sentire profondamente la bellezza della primavera **4** (*Menschen*) vedere ♦ **du kannst** (**noch**) **was** (**von mir**) **~!** te la faccio vedere io!; **etw am eigenen Leibe ~** vivere (*od* provare) qc sulla propria pelle
Er·leb·nis N ⟨-ses; -se⟩ **1** esperienza *f* **2** (*Ereignis*) avvenimento *m*
er·le·di·gen **A** VT **1** eseguire, sbrigare: **die Post ~** sbrigare la corrispondenza **2** (*tun*) fare: **ich habe noch viel zu ~** ho ancora molto da fare **3** (*vernichten*) liquidare, distruggere **B** VR **sich ~** risolversi; (*sich klären*) chiarirsi **er·le·digt** ADJ *umg* sfinito **Er·le·di·gung** F ⟨-; -en⟩ **1** disbrigo *m* **2** (*Besorgung*) commissione *f*
er·le·gen VT JAGD abbattere (un animale)
er·leich·tern VT **1** alleggerire **2** *fig*

(*seelisch*) sollevare **3** sgravare: **das Gewissen ~** sgravare la coscienza **4** (*vereinfachen*) facilitare **er·leich·tert** ADJ sollevato ♦ **~ aufatmen** trarre un sospiro di sollievo **Er·leich·te·rung** F ⟨-; -en⟩ **1** alleggerimento *m* **2** (*seelische*) sollievo *m* **3** facilitazione *f*: **-en gewähren** accordare agevolazioni

er·lei·den V/T ⟨irr⟩ subire: **Schaden/Unrecht ~** subire danni/torti; **einen Rückfall ~** avere una ricaduta; **Schmerzen ~** patire dolori

er·ler·nen V/T imparare, apprendere

er·le·sen ADJ squisito, scelto

er·leuch·ten V/T illuminare (*a. fig*) **Er·leuch·tung** F ⟨-; -en⟩ illuminazione *f*, idea *f* brillante

er·lie·gen V/I ⟨irr; s.⟩ **1** soccombere: **einem Gegner ~** soccombere a un avversario; **einer Versuchung ~** cedere a una tentazione **2** **seinen Verletzungen ~** morire per le ferite ♦ **etw zum Erliegen bringen** fermare qc

Er·lös M ⟨-es; -e⟩ ricavo *m*, realizzo *m*

er·lö·schen V/I ⟨erlischt, erlosch, erloschen; s.⟩ **1** spegnersi (*a. fig*) **2** (*Ansprüche*) estinguersi; (*Mandate*) scadere

er·lö·sen V/T **1** salvare: **j-n von einem Zauber ~** liberare qn da un incantesimo **2** redimere (*a.* REL): **j-n von seinen Sünden ~** redimere qn dai peccati **Er·lö·sung** F ⟨-⟩ **1** liberazione *f* **2** REL redenzione *f*

er·mäch·ti·gen V/T **j-n** (**zu etw**) **~** autorizzare qn (a qc) **Er·mäch·ti·gung** F ⟨-; -en⟩ autorizzazione *f* ♦ **umfassende ~** pieni poteri

er·mah·nen V/T **1** **j-n** (**zu etw**) **~** esortare qn (a qc) **2** (*zurechtweisen*) ammonire, riprendere **Er·mah·nung** F **1** esortazione *f* **2** (*Zurechtweisung*) richiamo *m*

Er·man·ge·lung F ⟨-; -en⟩ mancanza *f*: **in ~ einer Sache** (*gen*) in mancanza di qc

er·mä·ßi·gen **A** V/T ridurre, ribassare: **etw um ein Viertel ~** ridurre qc di un quarto **B** V/R **sich ~** ridursi

Er·mä·ßi·gung F ⟨-; -en⟩ riduzione *f*

er·mes·sen V/T ⟨irr⟩ valutare: **die Bedeutung einer Sache ~** valutare il significato di qc **Er·mes·sen** N ⟨-s⟩ giudizio *m*: **in j-s ~ liegen** dipendere da qn; **es liegt in deinem ~, das zu entscheiden** sta a te decidere; **etw in j-s ~ stellen** rimettere qc al giudizio di qn; **aus eigenem ~ handeln** agire a propria discrezione ♦ **nach menschlichem ~** secondo quanto si può prevedere

er·mit·teln **A** V/T **1** rintracciare: **eine Adresse ~** rintracciare un indirizzo **2** (*feststellen*) accertare; (*errechnen*) calcolare **B** V/I ⟨h.⟩ JUR **gegen j-n ~** indagare su qn **Er·mitt·ler** M ⟨-s; -⟩, **-in** F ⟨-; -nen⟩ inquirente *m/f*: **verdeckter ~** agente *m* infiltrato **Er·mitt·lung** F ⟨-; -en⟩ **1** il rintracciare **2** (*Feststellung*) accertamento *m* **3** (*Errechnung*) calcolo *m* **4** JUR indagine *f*, inchiesta *f*: **-en anstellen** fare un'inchiesta

Er·mitt·lungs·aus·schuss M commissione *f* inquirente **Er·mitt·lungs·rich·ter** M, **-in** F giudice *m/f* per le indagini preliminari **Er·mitt·lungs·ver·fah·ren** N procedimento *m* istruttorio, istruttoria *f*

er·mög·li·chen V/T **1** rendere possibile **2** (*erlauben*) permettere, consentire

er·mor·den V/T assassinare **Er·mor·dung** F ⟨-; -en⟩ assassinio *m*

er·mü·den **A** V/I ⟨s.⟩ affaticarsi (*a.* TECH) **B** V/T affaticare **er·mü·dend** ADJ faticoso: **eine -e Arbeit** un lavoro faticoso **Er·mü·dung** F ⟨-⟩ affaticamento *m*, fatica *f* (*a.* TECH)

er·mun·tern V/T incoraggiare, incitare

er·mu·ti·gen V/T incoraggiare, incitare **Er·mu·ti·gung** F ⟨-; -en⟩ incoraggiamento *m*

er·näh·ren **A** V/T **1** nutrire; alimentare: **j-n künstlich ~** alimentare qn artificialmente **2** mantenere: **die Familie ~** mantenere la famiglia **B** V/R **sich ~** nutrirsi

Er·näh·rung F ⟨-; -en⟩ **1** nutrizione *f*, alimentazione *f* **2** mantenimento *m* **er·näh·rungs·wei·se** F regime *m* alimentare **Er·näh·rungs·wis·sen·schaft·ler** M, **-in** F alimentarista *m/f*

er·nen·nen V/T ⟨irr⟩ nominare **Er·nen·nung** F nomina *f*: **~ zu etw** nomina a qc

er·neu·er·bar ADJ rinnovabile: **-e Energiequellen** fonti *fpl* energetiche rinnovabili

er·neu·ern **A** V/T **1** (*auswechseln*) sostituire **2** (*verlängern*) rinnovare **B** V/R **sich ~** rinnovarsi; rigenerarsi: **die Zellen ~ sich** le cellule si rigenerano **Er·neu·e·rung** F **1** sostituzione *f* **2** rinnovo *m*

er·neut **A** ADJ nuovo, ulteriore: **-e Fragen** ulteriori domande **B** ADV di nuovo

er·nied·ri·gen **A** V/T **1** umiliare **2**

(*niedriger machen*) abbassare **B** V/R **sich ~** abbassarsi: **sich vor j-m ~** umiliarsi davanti a qn **Er·nied·ri·gung** F ⟨-; -en⟩ **1** umiliazione *f* **2** riduzione *f*

ernst ADJ serio ♦ **~ gemeint** inteso seriamente; **es ~ meinen** parlare seriamente, fare sul serio; **j-n/etw ~ nehmen** prendere qn/qc sul serio

Ernst M ⟨-es⟩ serietà *f*: **der ~ der Lage** la serietà della situazione ♦ **der ~ des Lebens** la dura realtà; **im ~** sul serio; **mit etw ~ machen** mettere in pratica qc; **es ist mein** (**voller**) **~** sto dicendo (*od* facendo) sul serio **Ernst·fall** M caso *m* di emergenza

ernst·haft ADJ, **ernst·lich** ADJ serio

Ern·te F ⟨-; -n⟩ **1** raccolta; (*Weinernte*) vendemmia *f* **2** *fig* guadagno *m*, frutto *m*: **reiche ~ einbringen** trarre buoni frutti **Ern·te·dank·fest** N REL festa *f* di ringraziamento per il raccolto

ern·ten V/T raccogliere (*a. fig*); (*Getreide*) mietere

er·nüch·tern V/T **1** far passare la sbornia **2** *fig* disincantare, disilludere **Er·nüch·te·rung** F ⟨-; -en⟩ *fig* disillusione *f*, disinganno *m*

Er·obe·rer M ⟨-s; -⟩ conquistatore *m* **Er·obe·rin** F ⟨-; -nen⟩ conquistatrice *f* **er·obern** V/T **1** conquistare (*a. fig*) **2** acquisire, ottenere: **einen Platz ~** ottenere un posto **Er·obe·rung** F ⟨-; -en⟩ conquista *f* (*a. fig*)

er·öff·nen **A** V/T **1** aprire: **ein Restaurant/ein Konto/eine Sitzung ~** aprire un ristorante/un conto/una seduta; MIL **auf etw** (*akk*) **das Feuer ~** aprire il fuoco su qc; **eine Ausstellung ~** inaugurare una mostra **2** (*mitteilen*) comunicare, rivelare **B** V/R **sich ~** **1** aprirsi; (*Möglichkeit*) presentarsi **2** (*sich anvertrauen*) **sich j-m ~** aprirsi con qn

Er·öff·nung F **1** apertura *f*: **die ~ eines Cafés/des Konkursverfahrens** l'apertura di un bar/di procedimento fallimentare **2** (*von Veranstaltungen*) inaugurazione *f* **3** (*Mitteilung*) rivelazione *f* **Er·öff·nungs·an·spra·che** F discorso *m* inaugurale

ero·gen ADJ erogeno

er·ör·tern V/T **1** discutere **2** (*abhandeln*) trattare **Er·ör·te·rung** F ⟨-; -en⟩ **1** discussione *f* **2** (*Untersuchung*) esame *m*

Ero·tik F ⟨-⟩ erotismo *m*

ero·tisch ADJ erotico

Er·pel M ⟨-s; -⟩ anatra *f* maschio

er·picht ADJ avido, assetato: **auf etw** (*akk*) **~ sein** essere avido di qc

er·press·bar ADJ ricattabile

er·pres·sen V/T **1** (*Person*) ricattare **2** estorcere: **von j-m Geld ~** estorcere denaro a qn

Er·pres·ser M ⟨-s; -⟩ ricattatore *m*; estorsore *m* **Er·pres·ser·brief** M lettera *f* ricattatoria

Er·pres·se·rin F ⟨-; -nen⟩ ricattatrice *f*

Er·pres·sung F ⟨-; -en⟩ **1** (*von Personen*) ricatto *m* **2** (*von Sachen*) estorsione *f*

er·pro·ben V/T **1** provare: **j-s Ehrlichkeit ~** mettere alla prova la sincerità di qn **2** (*Medikamente*) testare; (*Geräte*) collaudare **er·probt** ADJ provato, collaudato: **klinisch ~** testato clinicamente **Er·pro·bung** F ⟨-; -en⟩ prova *f*; (*von Geräten*) collaudo *m*

er·ra·ten V/T ⟨*irr*⟩ indovinare, risolvere: **ein Rätsel ~** sciogliere un enigma

er·rech·nen V/T calcolare

er·reg·bar ADJ **1** eccitabile **2** (*reizbar*) irritabile **Er·reg·bar·keit** F ⟨-; -en⟩ **1** eccitabilità *f* **2** irritabilità *f*

er·re·gen **A** V/T **1** stimolare: **j-s Fantasie ~** stimolare la fantasia di qn **2** (*sexuell*) eccitare **3** (*aufregen*) emozionare, agitare **4** (*reizen*) irritare, mandare in collera **5** (*hervorrufen*) provocare, suscitare: **Heiterkeit ~** suscitare ilarità **B** V/R **sich ~** **1** eccitarsi **2** (*sich ärgern*) irritarsi: **sich über etw** (*akk*) **~** irritarsi per qc **Er·re·ger** M ⟨-s; -⟩ MED agente *m* (patogeno) **er·regt** ADJ **1** animato, vivace: **eine -e Debatte** un dibattito animato **2** (*gereizt*) irritato **Er·re·gung** F **1** eccitazione *f* **2** emozione *f* **3** (*Erregtheit*) irritazione *f* **4** (*Verursachung*) il provocare, il suscitare ♦ **~ öffentlichen Ärgernisses** oltraggio *m* al pudore

er·reich·bar ADJ raggiungibile

er·rei·chen V/T **etw ~** raggiungere qc

er·rich·ten V/T **1** (*Denkmal*) erigere; (*Gerüst*) montare **2** (*gründen*) fondare

er·rin·gen V/T ⟨*irr*⟩ conquistare

er·rö·ten V/I ⟨s.⟩ arrossire

Er·run·gen·schaft F ⟨-; -en⟩ **1** conquista *f* **2** *hum* (*Anschaffung*) acquisto

Er·satz M ⟨-es⟩ **1** sostituto *m*: **als ~ für j-n einspringen** sostituire qn; **als ~ für etw** in cambio di qc **2** (*Entschädigung*) risarcimento *m*

E

E

Er·satz·bank F ⟨-; -bänke⟩ SPORT panchina *f* (delle riserve) **Er·satz·be·frie·di·gung** F PSYCH compensazione *f* **Er·satz·dienst** M servizio *m* sostitutivo (del servizio di leva) **er·satz·los** ADJ privo di sostituzione **Er·satz·mann** M ⟨-[e]s; -leute⟩ sostituto *m* **Er·satz·rei·fen** M pneumatico *m* di scorta **Er·satz·spie·ler** M, **-in** F riserva *f* **Er·satz·teil** N pezzo *m* di ricambio **er·satz·wei·se** ADV in cambio

er·sau·fen V/I ⟨*irr;* s.⟩ *umg* annegare

er·säu·fen V/T annegare (*a. fig*)

er·schaf·fen V/T ⟨*irr*⟩ creare **Er·schaf·fung** F ⟨-; -en⟩ creazione *f*

er·schal·len V/I ⟨erscholl/erschallte, erschollen/erschallt; s.⟩ risuonare

er·schei·nen V/I ⟨*irr;* s.⟩ **1** apparire, comparire: **am Horizont ~** apparire all'orizzonte; JUR **als Zeuge vor Gericht ~** comparire in giudizio come testimone **2** (*Verlag*) uscire **Er·schei·nen** N ⟨-s⟩ **1** comparsa *f* **2** JUR comparizione *f* **3** (*Verlag*) uscita *f*, pubblicazione *f*

Er·schei·nung F ⟨-; -en⟩ **1** (*Vorgang*) fenomeno *m* **2** (*Symptom*) sintomo *m* **3** (*Vision*) apparizione *f* **4** figura *f*: **eine stattliche ~** una figura imponente ♦ **in ~ treten** fare la propria apparizione, mostrarsi

Er·schei·nungs·bild N aspetto *m* **Er·schei·nungs·jahr** N anno *m* di pubblicazione

er·schie·ßen ⟨*irr*⟩ **A** V/T **1** uccidere **2** (*hinrichten*) fucilare **B** V/R **sich ~** spararsi **Er·schie·ßung** F ⟨-; -en⟩ fucilazione *f*

er·schlaf·fen V/I ⟨s.⟩ afflosciarsi, cedere: **ihre Beine erschlafften** le cedettero le gambe

er·schla·gen[1] V/T ⟨*irr*⟩ ammazzare, uccidere

er·schla·gen[2] ADJ **1** *umg fig* (*müde*) spossato, sfinito **2** *umg fig* (*fassungslos*) esterrefatto

er·schlei·chen ⟨*irr*⟩ **A** V/T carpire **B** V/R **sich** (*dat*) **etw ~** accaparrarsi qc (con raggiri); *fig* **sich** (*dat*) **j-s Gunst ~** carpire il favore di qn

er·schlie·ßen ⟨*irr*⟩ **A** V/T rendere accessibile **B** V/R **sich ~** desumersi: **die Bedeutung erschließt sich aus dem Kontext** il significato si desume dal contesto ♦ **Bauland ~** infrastrutturare un terreno

er·scholl, er·schol·len → erschallen

er·schöp·fen **A** V/T esaurire: **seine Kräfte ~** esaurire le proprie forze; **j-n zu Tode ~** sfinire qn fino alla morte **B** V/R **sich ~** esaurirsi **er·schöp·fend** ADJ esauriente, esaustivo **Er·schöp·fung** F ⟨-; -en⟩ esaurimento *m*

er·schrak → erschrecken

er·schre·cken **A** V/T **j-n ~** spaventare qn **B** V/I ⟨erschrak, erschrocken; s.⟩ **vor j-m/über etw** (*akk*) **~** spaventarsi per colpa di qn/qc **C** V/R ⟨erschreckte/erschrak, erschreckt/erschrocken⟩ **sich ~** *umg* spaventarsi **er·schre·ckend** ADJ spaventoso

er·schro·cken → erschrecken

er·schüt·tern V/T scuotere (*a. fig*) **erschüt·tert** ADJ scosso, commosso: **über etw** (*akk*) **~ sein** essere scosso per qc **Er·schüt·te·rung** F ⟨-; -en⟩ **1** scossa *f* **2** *fig* commozione *f*

er·schwe·ren V/T rendere (più) difficile, complicare **er·schwe·rend** ADJ aggravante

er·schwing·lich ADJ (finanziariamente) accessibile

er·se·hen V/T ⟨*irr*⟩ (*entnehmen*) apprendere

er·setz·bar ADJ sostituibile

Er·set·ze·be·fehl M IT comando *m* modifica

er·set·zen V/T **1** sostituire **2** rimborsare: **j-m die Auslagen ~** rimborsare le spese a qn; **den Schaden ~** risarcire il danno **Er·set·zung** F ⟨-; -en⟩ **1** sostituzione *f* **2** (*Entschädigung*) rimborso *m*

er·sicht·lich ADJ chiaro, evidente ♦ **daraus wird ~, dass** ... ne risulta che ...

er·sin·nen V/T ⟨*irr*⟩ escogitare, ideare

er·spa·ren V/T risparmiare (*a. fig*): **j-m etw ~** risparmiare qc a qn ♦ **es bleibt uns nichts erspart** non ci viene risparmiato nulla

Er·spar·nis F ⟨-; -se⟩ risparmio *m*

er·sprieß·lich ADJ **1** utile **2** (*fruchtbar*) fruttuoso, redditizio **3** *umg* piacevole

erst ADV **1** (*zunächst*) prima, innanzitutto **2** (*zu Anfang*) all'inizio **3** solo, soltanto: **ich habe sie ~ gestern gesehen** li ho visti solo ieri; **es ist ~ 9 Uhr** sono solo le nove **4** (*in Wunschsätzen*) solo, almeno: **wenn du ~ hier wärst!** se solo fossi qui! **5** (*Steigerung*) ancora di più: **er ist schon unerträglich, aber sie ~!** lui è già insopportabile, ma lei ancora di più! ♦ **~ dann** solo allora; **~ recht** più che mai; **~ recht nicht** meno che mai

er·star·ren V/I ⟨s.⟩ 1 (*Flüssigkeiten*) solidificarsi 2 (*Blut, Milch*) coagularsi 3 (*vor Kälte*) irrigidirsi 4 *fig* raggelare, impietrire: **vor Schreck ~** impietrire per lo spavento **Er·star·rung** F ⟨-; -en⟩ 1 solidificazione *f* 2 (*vor Kälte*) irrigidimento *m* 3 *fig* (*Reglosigkeit*) torpore *m*

er·stat·ten V/T 1 **j-m einen Schaden ~** risarcire un danno a qn 2 (*Unkosten*) rimborsare ♦ **gegen j-n Anzeige ~** sporgere denuncia contro qn; **Bericht über etw** (*akk*) **~** fare rapporto su qc **Er·stat·tung** F ⟨-; -en⟩ 1 risarcimento *m* 2 (*Zurückzahlen*) rimborso *m*

Erst·auf·füh·rung F prima *f*, rappresentazione *f* **Erst·auf·la·ge** F (*Verlag*) prima edizione *f*

er·stau·nen A V/T stupire, meravigliare B V/I ⟨s.⟩ **über etw** (*akk*) **~** stupirsi di qc **Er·stau·nen** N stupore *m*, sorpresa *f* ♦ **j-n in ~** (**ver**)**setzen** stupire qn; **zu meinem großen ~** con mia gran sorpresa

er·staun·lich A ADJ sorprendente B ADV sorprendentemente: **~ jung aussehen** avere un aspetto molto giovane **er·staun·li·cher·wei·se** ADV sorprendentemente

er·staunt ADJ stupito, stupefatto; (*verwundert*) sorpreso: **über etw** (*akk*) **~ sein** essere stupito di qc

Erst·aus·ga·be F prima edizione *f*

erst·best... ADJ primo venuto, primo che capita: **bei der -en Gelegenheit** alla prima occasione (che capita)

ers·te ADJ 1 primo: **zum -n Mal** per la prima volta 2 (*Datum*) **München, den -n Mai** Monaco, primo maggio 3 (*wichtigste*) più importante 4 (*beste*) migliore ♦ **als Erstes** per prima cosa; **der ~ Beste** il primo che capita; **auf den -n Blick** a prima vista; **fürs Erste** per il momento; **Erste Hilfe** pronto soccorso

Ers·te M/F ⟨-n; -n⟩ primo *m*, -a *f*

er·ste·chen V/T ⟨*irr*⟩ trafiggere, pugnalare

er·ste·hen ⟨*irr*⟩ A V/I ⟨s.⟩ risorgere: **zu neuem Leben ~** risorgere a nuova vita B V/T acquistare, comperare

er·stei·gen V/T ⟨*irr*⟩ salire (su), scalare

er·stei·gern V/T comperare a un'asta

er·stel·len V/T 1 costruire, edificare 2 (*verfassen*) redigere, eseguire

ers·tens ADV in primo luogo, per prima cosa

erst·ge·bo·ren ADJ primogenito **erst·ge·nannt** ADJ primo citato (*od* menzionato)

er·sti·cken A V/T 1 soffocare (*a. fig*) 2 reprimere: **etw im Keim ~** reprimere qc in germe B V/I ⟨s.⟩ soffocare: **an etw** (*dat*) **~** restare soffocato da qc; **in Arbeit ~** essere soffocato dal lavoro **Er·sti·ckung** F ⟨-⟩ soffocamento *m* **Er·sti·ckungs·an·fall** M principio *m* di soffocamento

erst·klas·sig ADJ di prima qualità; di prim'ordine **Erst·kom·mu·ni·on** F prima comunione *f* **erst·ma·lig** ADJ primo **erst·mals** ADV per la prima volta

er·stre·ben V/T **etw ~** aspirare a qc **er·stre·bens·wert** ADJ desiderabile, auspicabile

er·stre·cken V/R 1 **sich über etw** (*akk*) **~** estendersi su qc 2 *fig* **sich auf j-n/etw ~** riguardare qn/qc 3 (*dauern*) durare

Erst·schlag M MIL **nuklearer ~** offensiva *f* nucleare **Erst·tags·brief** M busta *f* primo giorno **Erst·tags·stem·pel** M timbro *m* del giorno d'emissione

er·stür·men V/T prendere d'assalto, espugnare

er·su·chen V/T 1 **j-n um etw ~** chiedere qc a qn, pregare qn di (fare) qc 2 (*auffordern*) invitare **Er·su·chen** N ⟨-s; -⟩ richiesta *f*: **auf Ihr ~ hin** dietro Sua richiesta

er·tap·pen A V/T sorprendere: **j-n auf frischer Tat ~** cogliere qn sul fatto B V/R **sich ~** sorprendersi; **sich beim Gedanken ~, dass ...** sorprendersi a pensare che ...

er·tei·len V/T dare; (*Auftrag*) trasmettere; (*Vollmacht*) conferire: **j-m Auskunft ~** dare informazioni a qn; **j-m einen Befehl ~** impartire un ordine a qn

er·tö·nen V/I ⟨s.⟩ risuonare

Er·trag M ⟨-[e]s; -träge⟩ 1 AGR raccolto *m* 2 (*Gewinn*) utile *m*, profitto *m*: **gute Erträge abwerfen** rendere bene ♦ **vom ~ leben** vivere di rendita

er·tra·gen V/T ⟨*irr*⟩ sopportare, reggere

er·träg·lich ADJ 1 sopportabile 2 *umg* (*leidlich*) passabile

er·trag·reich ADJ che rende molto

er·trän·ken A V/T annegare, affogare (*a. fig*) B V/R **sich ~** annegarsi

er·träu·men V/T sognare, immaginare

er·trin·ken V/I ⟨*irr*; s.⟩ affogare (*a. fig*)

Er·trun·ke·ne M/F ⟨-n; -n⟩ annegato *m*, -a *f*

E

E

er·üb·ri·gen A VT risparmiare, avanzare B VR **sich ~** essere superfluo, essere inutile ♦ **Zeit für j-n/etw ~** trovare tempo per qn/qc

eru·ie·ren VT accertare

Erup·ti·on F ⟨-; -en⟩ GEOL, MED eruzione *f*

er·wa·chen VI ⟨s.⟩ (ri)svegliarsi, (ri)destarsi (*a. fig*): **aus der Narkose ~** svegliarsi dalla narcosi; **sein Gewissen erwachte** la sua coscienza si risvegliò **Er·wa·chen** N ⟨-s⟩ risveglio *m* (*a. fig*)

er·wach·sen[1] VI ⟨*irr; s.*⟩ derivare: **daraus ~ hohe Kosten** ne derivano grandi spese

er·wach·sen[2] ADJ adulto, grande

Er·wach·se·ne M/F ⟨-n; -n⟩ adulto *m*, -a *f* **Er·wach·se·nen·bil·dung** F istruzione *f* per adulti

er·wä·gen VT ⟨erwog, erwogen⟩ 1 esaminare: **das Für und Wider ~** ponderare i pro e i contro 2 (*in Betracht ziehen*) considerare, prendere in considerazione (l'idea di) **Er·wä·gung** F ⟨-; -en⟩ considerazione *f*: **etw in ~ ziehen** prendere in considerazione qc

er·wäh·nen VT menzionare: **wie oben erwähnt** come summenzionato **er·wäh·nens·wert** ADJ degno di menzione, rilevante **Er·wäh·nung** F ⟨-; -en⟩ menzione *f*

er·wär·men A VT 1 riscaldare 2 *fig* interessare B VR **sich ~** 1 riscaldarsi 2 *fig* **sich für j-n/etw ~** interessarsi a qn/a qc **Er·wär·mung** F ⟨-; -en⟩ riscaldamento *m*: **die globale ~** il riscaldamento globale

er·war·ten A VT 1 aspettare (*a. fig*) 2 aspettarsi: **das war zu ~** c'era da aspettarselo; **es steht** (*od* **ist**) **zu ~** è probabile B VR **sich** (*dat*) **etw von j-m ~** aspettarsi qc da qn ♦ **ich kann es kaum ~** non vedo l'ora **Er·war·tung** F aspettativa *f*: **-en erfüllen/enttäuschen/hegen** soddisfare/deludere/nutrire aspettative ♦ **in ~ Ihrer Antwort** in attesa di una Sua risposta **er·war·tungs·ge·mäß** ADV secondo le aspettative **er·war·tungs·voll** ADJ impaziente (per l'attesa)

er·we·cken VT 1 risuscitare: **j-n zum Leben ~** risuscitare qn dalla morte 2 *fig* destare: (**falsche**) **Hoffnungen ~** destare (false) speranze ♦ **den Eindruck ~** dare l'impressione; **Vertrauen ~** ispirare fiducia

er·weh·ren VR **sich j-s/etw** (*gen*) **~** difendersi da qn/qc

er·wei·chen VT 1 ammollire 2 *fig* intenerire, commuovere: **sich durch j-s Tränen** (**nicht**) **~ lassen** (non) lasciarsi intenerire dalle lacrime di qn

er·wei·sen ⟨*irr*⟩ A VT 1 (*beweisen*) dimostrare, provare 2 **j-m Achtung/Ehre ~** dimostrare grande rispetto/tributare onori a qn 3 **j-m einen Dienst ~** rendere un servizio a qn B VR **sich ~** (di)mostrarsi, rivelarsi; **sich** (**gegen j-n**) **dankbar ~** mostrarsi riconoscente (verso qn); **sich als wahr ~** rivelarsi vero

er·wei·tern A VT 1 allargare; (*Geschäft*) ingrandire: IT **erweiterte Suche** ricerca *f* avanzata 2 *fig* estendere: **seinen Horizont ~** ampliare i propri orizzonti 3 MED dilatare B VR **sich ~** 1 allargarsi, ingrandirsi 2 *fig* estendersi, ampliarsi 3 MED dilatarsi **Er·wei·te·rung** F ⟨-; -en⟩ 1 allargamento *m*, ingrandimento *m* 2 IT espansione *f* 3 *fig* ampliamento *m*, estensione *f* ♦ **die ~ der EU** l'allargamento della UE

Er·werb M ⟨-[e]s; -e⟩ 1 acquisizione *f*: **der ~ von Kenntnissen** l'acquisizione di conoscenze 2 (*Kauf*) acquisto *m* 3 (*berufliche Arbeit*) occupazione *f* 4 (*Verdienst*) guadagno *m*

er·wer·ben VT ⟨*irr*⟩ 1 **etw ~** acquistare qc 2 *fig* (*sich aneignen*) acquisire

er·werbs·fä·hig ADJ abile al lavoro **Er·werbs·le·ben** N attività *f* professionale **er·werbs·los** ADJ disoccupato **Er·werbs·tä·tig·keit** F attività *f* lavorativa **er·werbs·un·fä·hig** ADJ inabile al lavoro **Er·werbs·zweig** M settore *m* economico

Er·wer·bung F 1 acquisizione *f*, conseguimento *m* 2 (*Kauf*) acquisto *m*

er·wi·dern VT 1 (*sagen*) rispondere 2 ricambiare: **einen Gefallen/einen Gruß ~** ricambiare un favore/un saluto **Er·wi·de·rung** F ⟨-; -en⟩ 1 risposta *f* 2 il ricambiare: **meine Liebe findet keine ~** il mio amore non è ricambiato

er·wie·se·ner·ma·ßen ADV come si è dimostrato

er·wir·ken VT ottenere, conseguire

er·wirt·schaf·ten VT conseguire (con una buona gestione)

er·wi·schen VT *umg* 1 (*festnehmen*) acciuffare 2 (*Bus, Zug*) riuscire a prendere 3 (*ertappen*) beccare, cogliere 4 *unpers* (*Krankheit*) **ausgerechnet jetzt muss es**

mich ~! proprio adesso mi deve beccare! ♦ **ihn hat es erwischt** gli è andata male; (*ist verliebt*) s'è preso una cotta; (*ist tot*) è rimasto

er·wog, **er·wo·gen** → erwägen

er·wor·ben ADJ MED, PSYCH acquisito

er·wünscht ADJ 1 (*erwartet*) atteso, desiderato 2 (*willkommen*) gradito, desiderato

er·wür·gen V/T strozzare, strangolare

Erz N ⟨-es; -e⟩ minerale *m* metallifero

er·zäh·len V/T raccontare ♦ **erzähl mir doch keine Märchen!** non raccontarmi storie! **Er·zäh·ler** M ⟨-s; -⟩, **-in** F ⟨-; -nen⟩ 1 narratore *m*, -trice *f* 2 autore *m* di racconti **Er·zäh·lung** F narrazione *f*, racconto *m*

Erz·bi·schof M arcivescovo *m* **Erz·bis·tum** N arcivescovado *m* **Erz·en·gel** M arcangelo *m*

er·zeu·gen V/T 1 produrre, fabbricare 2 (*entstehen lassen*) generare: **bei j-m Panik ~** creare il panico in qn **Er·zeu·ger** M ⟨-s; -⟩ 1 produttore *m* 2 (*Vater*) genitore *m* **Er·zeu·ge·rin** F ⟨-; -nen⟩ produttrice *f* **Er·zeug·nis** N ⟨-; -se⟩ prodotto *m* **Er·zeu·gung** F ⟨-; -en⟩ produzione *f*, fabbricazione *f*

Erz·feind M, **-in** F nemico *m*, -a *f* giurato (-a) **Erz·ge·bir·ge** N monti *mpl* metalliferi

er·zieh·bar ADJ da educare: **ein schwer -es Kind** un bambino difficile (da educare)

er·zie·hen V/T ⟨*irr*⟩ educare

Er·zie·her M ⟨-s; -⟩, **-in** F ⟨-; -nen⟩ educatore *m*, -trice *f*

er·zie·he·risch ADJ educativo, istruttivo

Er·zie·hung F ⟨-; -en⟩ educazione *f*

er·zie·hungs·be·rech·tigt ADJ **~ sein** essere autorizzato all'educazione **Er·zie·hungs·be·rech·tig·te** M/F ⟨-n; -n⟩ tutore *m*, tutrice *f* **Er·zie·hungs·ur·laub** M congedo *m* parentale

er·zie·len V/T 1 (*erreichen*) ottenere; (*Rekord*) stabilire 2 HANDEL realizzare ♦ **ein Tor ~** segnare una rete

er·zwin·gen ⟨*irr*⟩ A V/T **etw von j-m ~** estorcere qc a qn B V/R **sich** (*dat*) **etw ~** aprirsi (a forza) qc; **sich Zutritt ~** aprirsi l'accesso

es[1] PERS PR N 1 (*als Subjekt, meist ausgelassen*) esso: **was macht das Kind? – ~ spielt** cosa fa il bambino? – gioca; **wer ist da? – ich bin ~** chi è? – sono io 2 questo, ciò: **~ kann sein** (questo) può essere 3 (*bei unpersönlichen Ausdrücken, unübersetzt*) **~ regnet** piove; **~ ist schön, hier zu sein** è bello essere qui 4 (*man*) (si): **~ meldete sich niemand** non si presentò nessuno 5 (*für Satzinhalt, unübersetzt*) **~ freut mich, dass …** mi fa piacere che … 6 (*als Subjektsvorläufer, unübersetzt*) **~ war einmal ein König** c'era una volta un re; **~ ist Nacht** è notte 7 (*als Objekt*) lo, la, ne: **das Kind schläft, wecke ~ nicht auf!** il bimbo dorme, non svegliarlo!; **er wird ~ bereuen** se ne pentirà ♦ **ich bin ~ leid** sono stufo; **~ sei denn, dass …** a meno che …

es[2] N ⟨-⟩ MUS mi *m* bemolle

Es·cape-Tas·te [ɪsˈkeːp-] F IT tasto *m* escape, escape *m inv*

Esche F ⟨-; -n⟩ frassino *m*

Esel M ⟨-s; -⟩ asino *m* (*a. umg fig*): **ich alter ~** che asino che sono! **Ese·lin** F ⟨-; -nen⟩ asina *f* **Esels·brü·cke** F ponte *m* dell'asino **Esels·ohr** N *fig* (*im Buch*) orecchia *f*

Es·ka·la·ti·on F ⟨-; -en⟩ escalation *f*

es·ka·lie·ren V/I ⟨h.⟩ aumentare gradualmente

Es·ki·mo M ⟨-[s]; -[s]⟩ 1 eschimese *m* (*od* esquimese *m*) 2 (*Jacke*) eskimo *m* **Es·ki·mo·frau** F eschimese *f*

Es·kor·te F ⟨-; -n⟩ scorta *f*

es·kor·tie·ren V/T scortare

Eso·te·rik F ⟨-⟩ esoterismo *m*

eso·te·risch ADJ esoterico

Es·pe F ⟨-; -n⟩ pioppo *m* tremolo, tremolo *m* **Es·pen·laub** N fogliame *m* di tremolo ♦ **wie ~ zittern** tremare come una foglia

Es·pres·so M ⟨-[s]; -s⟩ caffè *m* (espresso *m*) **Es·pres·so·ma·schi·ne** F macchina *f* da caffè espresso, macchina *f* per espresso

Es·say [ˈɛse] M/N ⟨-s; -s⟩ saggio *m*

Es·say·ist [ɛseˈɪst] M ⟨-en; -en⟩, **-in** F ⟨-; -nen⟩ saggista *m/f*

ess·bar ADJ commestibile, mangiabile

es·sen V/T ⟨isst, aß, gegessen⟩ mangiare: **italienisch ~** mangiare all'italiana; **zu Mittag/zu Abend ~** pranzare/cenare ♦ **~ gehen** andare a mangiare fuori

Es·sen N ⟨-s; -⟩ 1 mangiare *m*, cibo *m*: **das ~ machen** fare da mangiare; **wir sitzen gerade beim ~** stiamo mangiando 2 (*Mahlzeit*) pasto *m* ♦ **j-n zum ~ einladen**

Essen und Trinken

Zu einem vollständigen Essen gehören in Italien folgende Gänge:

il primo:	der erste Gang:
la minestra	Suppe
la pasta	Nudeln
il risotto	Reis
il secondo:	der zweite Gang:
la carne	Fleisch
il pesce	Fisch
il contorno:	die Beilage:
la verdura	Gemüse
l'insalata	Salat
il dolce	der Nachtisch
il formaggio	der Käse
la frutta	das Obst
il caffè	der Espresso

invitare qn a mangiare; **nach dem ~** dopo mangiato, dopo i pasti; **vor dem ~** prima di mangiare, prima dei pasti
Es·sen·mar·ke F buono *m* pasto **Es·sens·zeit** F ora *f* del pasto, ora *f* di mangiare
Es·senz F ⟨-; -en⟩ essenza *f*
es·sen·zi·ell ADJ essenziale
Es·sig M ⟨-s; -e⟩ aceto *m* **Es·sig·gur·ke** F cetriolo *m* sott'aceto **Es·sig·säu·re** F acido *m* acetico
Ess·kas·ta·nie F castagna *f* **Ess·löf·fel** M cucchiaio *m* da tavola **Ess·stäb·chen** PL bacchette *fpl* cinesi, bastoncini *mpl* cinesi **Ess·tisch** M tavolo *m* da pranzo **Ess·wa·ren** PL generi *mpl* alimentari **Ess·zim·mer** N sala *f* da pranzo
Es·te M ⟨-n; -n⟩, **Es·tin** F ⟨-; -nen⟩ estone *m/f* **Est·land** N ⟨-s⟩ Estonia *f* **est·län·disch** ADJ, **est·nisch** ADJ estone
Est·ra·gon M ⟨-s⟩ dragoncello *m*
Est·rich M ⟨-s; -e⟩ **1** battuto *m* **2** *schweiz* (*Dachraum*) sottotetto *m*
etab·lie·ren **A** VT **1** fondare; stabilire: **eine Ordnung ~** stabilire un ordinamento **2** (*Geschäft*) aprire **B** VR **sich ~** **1** stabilirsi **2** (*sich festsetzen*) affermarsi
Etab·lis·se·ment [etablıs(ə)'mã] N ⟨-s; -s⟩ **1** (*Unternehmen*) attività *f*; (*Betrieb*) stabilimento *m* **2** (*Ort*) locale *m* pubblico **3** (*Bordell*) casa *f* chiusa
Eta·ge [e'ta:ʒə] F ⟨-; -n⟩ piano *m*
Eta·gen·bett N letto *m* a castello **Eta·gen·woh·nung** F appartamento *m*
Etap·pe F ⟨-; -n⟩ tappa *f*
Etat [e'ta:] M ⟨-s; -s⟩ bilancio *m* preventivo; budget *m*
etc. → (**et cetera**) eccetera (ecc., etc.)
Ethik F ⟨-; -en⟩ etica *f* **Ethik·un·ter·richt** M educazione *f* morale **ethisch** ADJ etico
eth·nisch ADJ etnico: **-e Minderheit** minoranza *f* etnica; **-e Säuberungen** pulizie *fpl* etniche
Eth·no·lo·ge M ⟨-n; -n⟩ etnologo *m* **Eth·no·lo·gie** F ⟨-; -n⟩ etnologia *f* **Eth·no·lo·gin** F ⟨-; -nen⟩ etnologa *f*
E-Ti·cket N biglietto *m* elettronico, e-ticket *m*
Eti·kett N ⟨-[e]s; -e[n] *u.* -s⟩ etichetta *f*
Eti·ket·te F ⟨-; -n⟩ (*Zeremoniell*) etichetta *f* **Eti·ket·ten·schwin·del** M contraffazione *f* del marchio
eti·ket·tie·ren VT etichettare (*a. fig*)
et·lich **A** INDEF PR **1** (*attr*) qualche; (*viel*) parecchio: **-e Mängel** parecchie lacune; **-e Mal(e)** diverse volte **2** *pl* (*absolut*) *umg* alcuni; (*viele*) parecchi **B** INDEF PR N **etliches** qualcosa: **das ließ etliches zu wünschen übrig** ci si poteva aspettare qualcosa di meglio
Etsch F ⟨-⟩ GEOG Adige *m*
Etü·de F ⟨-; -n⟩ MUS studio *m*
Etui [ɛt'vi:] N ⟨-s; -s⟩ astuccio *m*, custodia *f*; (*von Zigaretten*) portasigarette *m*
et·wa ADV **1** circa, press'a poco: **wann ~?** press'a poco quando?; **in ~ einem Jahr** circa tra un anno **2** **in ~** a grandi linee **3** (*zum Beispiel*) ad esempio, per esempio **4** (*vielleicht*) forse: **hast du es ~ auch erhalten?** l'hai forse ricevuto anche tu? **5** mica: **ist sie ~ krank?** non è mica malata?; **nicht ~, dass** ... non è mica che ...
et·wa·ig ADJ eventuale, possibile
et·was **A** INDEF PR **1** qualcosa: **~ Gutes** qualcosa di buono; **nun zu ~ anderem** passiamo a qualcos'altro **2** (*ein wenig*) un po' di: **möchtest du ~ Eis?** vuoi un po' di gelato? **B** ADV un po': **es ist schon ~ spät** è già un po' tardi; **~ zu viel** un po' troppo ♦ **das hat ~ für sich** sembra ragionevole; **~ gelten** valere qualcosa; **~ können** essere capace; **das ist doch schon ~!** è già qualcosa!; **so ~!** che roba!; **sonst noch ~?** desidera altro?; **das gewisse Etwas** quel certo non so che
Ety·mo·lo·gie F ⟨-; -n⟩ etimologia *f*
ety·mo·lo·gisch ADJ etimologico

Et·Zei·chen N e f/m inv commerciale

EU F → (Europäische Union) Unione europea (UE): **EU-** ... comunitario, euro..., dell'Unione (europea); **EU-Beitrittsverfahren** procedura f di adesione all'UE; **EU-Fonds** pl fondi mpl comunitari; **EU--Osterweiterung** f allargamento m dell'UE ai paesi dell'Europa dell'Est, allargamento m dell'UE ai paesi dell'Europa orientale

euch PERS PR ⟨dat u. akk; nom ihr⟩ (a) voi, vi: **hat sie ~ noch nicht angerufen?** non vi ha ancora telefonato?; **wascht ~ die Hände!** lavatevi le mani!; **ich komme mit ~/zu ~** vengo con voi/da voi; **ich denke oft an ~** penso spesso a voi

Eu·cha·ris·tie F ⟨-; -n⟩ eucarestia f

eu·er[1] POSS PR (il) vostro: **~ Haus** la vostra casa; **~ Lehrer** il vostro insegnante; **das ist nicht unsere Schuld, sondern eure** non è colpa nostra, ma vostra

eu·er[2] → ihr[1]

Eu·ka·lyp·tus M ⟨-; - u. Eukalypten⟩ eucalipto m **Eu·ka·lyp·tus·öl** N olio m di eucalipto

Eu·le F ⟨-; -n⟩ gufo m; (*Steinkauz*) civetta f

Eu·nuch M ⟨-en; -en⟩ eunuco m

eu·phe·mis·tisch ADJ eufemistico

Eu·pho·rie F ⟨-; -n⟩ euforia f

eu·pho·risch ADJ euforico

eu·re → euer[1] **Eu·re** N ⟨-n⟩ **1** **das ~** il vostro, i vostri averi **2** (*Pflicht*) il vostro dovere, ciò che vi compete: **ihr müsst das ~ tun** dovete fare il vostro dovere

eu·rer·seits ADV da (*od* per) parte vostra

eu·res·glei·chen PRON ⟨inv⟩ vostro pari: **ihr und ~** voi e quelli come voi

eu·ret·we·gen ADV a causa vostra; (*für euch*) per voi **eu·ret·wil·len** ADV **um ~** per voi

Eu·ro M ⟨-[s]; -[s]⟩ euro m: **Einführung des ~** introduzione f dell' Euro

Eu·ro·cent M eurocent m inv **Eu·ro·krat** M ⟨-en; -en⟩, **-in** F ⟨-; -nen⟩ eurocrate m/f **Eu·ro·land** N Eurolandia f

Eu·ro·pa N ⟨-s⟩ Europa f **Eu·ro·pa·ab·ge·ord·ne·te** M/F deputato m, -a f europeo (-a)

Eu·ro·pä·er M ⟨-s; -⟩, **-in** F ⟨-; -nen⟩ europeo m, -a f

eu·ro·pä·isch ADJ europeo, d'Europa ♦ **-er Binnenmarkt** Mercato m interno europeo; **Europäischer Gerichtshof** Corte f di giustizia delle Comunità europee; **Europäische Investitionsbank** Banca f europea per gli investimenti; **Europäische Kommission** Commissione f europea; **Europäisches Parlament** Parlamento m europeo; **Europäischer Rat** Consiglio m europeo; **Europäischer Rechnungshof** Corte f dei Conti; **Europäischer Sozialfonds** Fondo m sociale europeo; **-es System der Zentralbanken** Sistema m europeo di banche centrali; **Europäische Union** Unione f europea; **Europäisches Währungsinstitut** Istituto m Monetario Europeo; **Europäisches Währungssystem** Sistema m Monetario Europeo; **Europäischer Wirtschaftsraum** Area f Economica Europea; **Europäische Wirtschafts- und Währungsunion** Unione f economica e monetaria europea; **Europäische Zentralbank** Banca f centrale europea

Eu·ro·pa·meis·ter M, **-in** F campione m, -essa f europeo (-a) **Eu·ro·pa·meis·ter·schaft** F campionato m europeo **Eu·ro·pa·par·la·ment** N europarlamento m **Eu·ro·pa·po·kal** M coppa f europea **Eu·ro·pa·po·li·tik** F politica f europea **Eu·ro·pa·rat** M ⟨-[e]s⟩ Consiglio m d'Europa **Eu·ro·pa·wah·len** PL elezioni fpl europee

Eu·ro·pol F ⟨-⟩ Europol f

Eu·ro·skep·ti·ker M, **-in** F euroscettico m, -a f **Eu·ro·tun·nel** M Eurotunnel m inv **Eu·ro·vi·si·on** F ⟨-⟩ eurovisione f: **etw in ~ übertragen** trasmettere qc in eurovisione **Eu·ro·zei·chen** N simbolo m dell'euro **Eu·ro·zo·ne** F zona f euro

Eu·ter N ⟨-s; -⟩ ZOOL mammella f

Eu·tha·na·sie F ⟨-⟩ eutanasia f

eva·ku·ie·ren V/T evacuare, sfollare **Eva·ku·ie·rung** F ⟨-; -en⟩ evacuazione f, sfollamento m

evan·ge·lisch ADJ evangelico **Evan·ge·list** M ⟨-en; -en⟩ evangelista m **Evan·ge·li·um** N ⟨-s; Evangelien⟩ vangelo m (a. fig)

Event [i'vɛnt] N/M ⟨-s; -s⟩ evento m

Even·tu·a·li·tät F ⟨-; -en⟩ eventualità f

even·tu·ell **A** ADJ eventuale **B** ADV eventualmente

Evo·lu·ti·on F ⟨-; -en⟩ evoluzione f

ewig **A** ADJ **1** eterno: **-er Frieden** pace eterna; **-er Schnee** nevi perenni; *umg* **ein -er Verlierer** un eterno perdente **2** (*unaufhörlich*) continuo: **-e Klagen** lamenti continui **B** ADV **1** eternamente

2 *umg* per sempre: **etw ~ wiederholen** ripetere qc all'infinito **3** (*dauernd*) continuamente ♦ **für immer und ~** per sempre; **seit -en Zeiten** da tempo immemorabile (*od* da un'eternità) **Ewig·keit** F ⟨-; -en⟩ eternità *f*

E

exakt ADJ esatto; preciso **Exakt·heit** F ⟨-; -en⟩ esattezza *f*; precisione *f*

Exa·men N ⟨-s; -⟩ esame *m* (*a. fig*): **ein mündliches/schriftliches ~ ablegen** (*od* **machen**) sostenere (*od* dare) un esame orale/scritto

exe·ku·tie·ren V/T (*hinrichten*) giustiziare **Exe·ku·ti·on** F ⟨-; -en⟩ esecuzione *f*

Exe·ku·ti·ve F ⟨-; -n⟩ esecutivo *m*

Exemp·lar N ⟨-s; -e⟩ esemplare *m*

exemp·la·risch ADJ esemplare

exer·zie·ren **A** V/T **1** MIL addestrare **2** *umg* (*üben*) esercitare **B** V/I ⟨h.⟩ MIL fare le esercitazioni

Ex·hi·bi·ti·o·nis·mus M ⟨-⟩ esibizionismo *m* **Ex·hi·bi·ti·o·nist** M ⟨-en; -en⟩, **-in** F ⟨-; -nen⟩ esibizionista *m/f*

Exil N ⟨-s; -e⟩ esilio *m* **Exil·re·gie·rung** F governo *m* in esilio

exis·tent ADJ esistente

Exis·tenz F ⟨-; -en⟩ **1** (*Dasein*) esistenza *f* **2** (*Lebensgrundlage*) sostentamento *m*; posizione *f*: **sich** (*dat*) **eine** (**neue**) **~ aufbauen** costruirsi una (nuova) vita **3** (*Mensch*) figura *f*; **eine verkrachte** (*od* **gescheiterte**) **~** un fallito

Exis·tenz·angst F angoscia *f* esistenziale **Exis·tenz·be·rech·ti·gung** F ragion *f* d'essere **Exis·tenz·grün·der** M, **-in** F nuovo (-a) imprenditore *m*, -trice *f* **Exis·tenz·grün·dung** F avvio *m* di una nuova attività

Exis·ten·zi·a·lis·mus M ⟨-⟩ esistenzialismo *m* **exis·ten·zi·ell** ADJ esistenziale

Exis·tenz·kampf M lotta *f* per l'esistenza **Exis·tenz·mi·ni·mum** N minimo *m* indispensabile per vivere

exis·tie·ren V/I ⟨h.⟩ **1** (*vorhanden sein*) esistere **2** (*leben*) vivere

ex·klu·siv ADJ esclusivo **Ex·klu·siv·be·richt** M notizia *f* in esclusiva

ex·kom·mu·ni·zie·ren V/T scomunicare

Ex·kre·ment N ⟨-[e]s; -e⟩ escremento *m*

Ex·kur·si·on F ⟨-; -en⟩ escursione *f*

Exodus M ⟨-; -se⟩ esodo *m*

E·xot M ⟨-en; -en⟩, **-in** F ⟨-; -nen⟩ **1** (*Tier, Pflanze*) specie *f* esotica (animale o vegetale) **2** (*Mensch*) specie *f inv* esotica **exo·tisch** ADJ esotico

Ex·pan·der M ⟨-s; -⟩ SPORT estensore *m* a molla **ex·pan·die·ren** V/I ⟨h., s.⟩ espandersi **Ex·pan·si·on** F ⟨-; -en⟩ espansione *f*

Ex·pe·di·ti·on F ⟨-; -en⟩ **1** spedizione *f* **2** HANDEL (*Abteilung*) reparto *m* spedizioni

Ex·pe·ri·ment N ⟨-[e]s; -e⟩ **1** esperimento *m* **2** impresa *f* arrischiata, rischio *m*: **sich auf keine -e einlassen** non correre rischi

ex·pe·ri·men·tell ADJ sperimentale

ex·pe·ri·men·tie·ren V/T sperimentare

Ex·per·te M ⟨-n; -n⟩ esperto *m* **Ex·per·ten·sys·tem** N IT sistema *m* esperto **Ex·per·tin** F ⟨-; -nen⟩ esperta *f*

ex·plo·die·ren V/I ⟨s.⟩ esplodere (*a. fig*)

Ex·plo·si·on F ⟨-; -en⟩ esplosione *f* (*a. fig*): **eine ~ der Geburtenrate** un'esplosione del tasso di natalità

ex·plo·siv ADJ esplosivo (*a. fig*)

Ex·po·nat N ⟨-[e]s; -e⟩ pezzo *m* d'esposizione (*od* esposto) **Ex·po·nent** M ⟨-en; -en⟩ MATH esponente *m* **ex·po·nie·ren** **A** V/T esporre **B** V/R **sich ~** esporsi

Ex·port M ⟨-[e]s; -e⟩ export *m*, esportazione *f* **Ex·por·teur** [-tøːr] M ⟨-s; -e⟩, **-in** F ⟨-; -nen⟩ esportatore *m*, -trice *f* **ex·por·tie·ren** V/T esportare

Ex·port·über·schuss M esportazioni *fpl* in eccesso, eccedenza *f* d'esportazione

Ex·pres·si·o·nis·mus M ⟨-⟩ espressionismo *m* **Ex·pres·si·o·nist** M ⟨-en; -en⟩, **-in** F ⟨-; -nen⟩ espressionista *m/f* **ex·pres·si·o·nis·tisch** ADJ espressionistico

ex·qui·sit ADJ squisito

Ex·ten·sion [ɪksˈtɛnʃn] F ⟨-; -s⟩ IT estensione *f*

ex·tern ADJ esterno

ext·ra ADV **1** (*gesondert*) a parte **2** (*zusätzlich*) in più **3** (*besonders*) extra: **~ weite Hosen** pantaloni extra large **4** (*eigens*) appositamente

Ext·ra N ⟨-s; -s⟩ accessorio *m*, optional *m* **Ext·ra·blatt** N edizione *f* straordinaria

Ex·trakt M ⟨-[e]s; -e⟩ estratto *m*

Ext·ra·tour F *umg* bizzarria *f*, estrosità *f*

ext·ra·va·gant ADJ stravagante

ext·ra·ver·tiert ADJ PSYCH estroverso

Ext·ra·wurst F *umg* trattamento *m* speciale

ext·rem ADJ estremo **Ext·rem** N ⟨-s; -e⟩ estremo *m*: **von einem ~ ins andere fallen** passare da un estremo all'altro **Ext·re·mis·mus** M ⟨-; Extremismen⟩ estremismo *m* **Ext·re·mist** M ⟨-en; -en⟩, **-in** F ⟨-; -nen⟩ estremista *m/f* **ext·re·mis·tisch** ADJ estremista

Ext·re·mi·tät F ⟨-; -en⟩ estremità *f*: **die unteren/die oberen -en** le estremità inferiori/superiori

Ext·rem·sport M sport *m* estremo

ext·ro·ver·tiert → extravertiert

ex·zel·lent ADJ eccellente **Ex·zel·lenz** F ⟨-; -en⟩ eccellenza *f*: **Eure ~** Sua Eccellenza

Ex·zent·rik F ⟨-⟩ **1** eccentricità *f* **2** clownerie *f* **ex·zent·risch** ADJ eccentrico (*a. fig*)

Ex·zess M ⟨-es; -e⟩ eccesso *m*: **etw bis zum ~ treiben** spingere qc all'eccesso

ex·zes·siv ADJ eccessivo

Eye·li·ner ['ailaine] M ⟨-s; -⟩ eyeliner *m inv*

F

f, F N ⟨-; -⟩ **1** (*Buchstabe*) f, F, effe *f/m*: **F wie Friedrich** F come Firenze **2** MUS fa *m*

Fa·bel F ⟨-; -n⟩ favola *f* **fa·bel·haft** ADJ **1** favoloso **2** *umg* (*außergewöhnlich*) straordinario **Fa·bel·tier** N animale *m* fiabesco

Fab·rik F ⟨-; -en⟩ fabbrica *f* **Fab·rik·an·la·ge** F impianto *m* (*od* stabilimento *m*) industriale **Fab·rik·ar·beit** F lavoro *m* in fabbrica **Fab·rik·ar·bei·ter** M, **-in** F operaio *m*, -a *f* di fabbrica

Fab·ri·kat N ⟨-[e]s; -e⟩ prodotto *m* (industriale) **Fab·ri·ka·ti·on** F ⟨-; -en⟩ produzione *f*

Fab·rik·be·sit·zer M, **-in** F industriale *m/f* **Fab·rik·ge·bäu·de** N stabilimento *m* (industriale) **Fab·rik·hal·le** F capannone *m* (industriale) **fab·rik·neu** ADJ nuovo di fabbrica **Fab·rik·wa·re** F articolo *m* di fabbrica

fab·ri·zie·ren V/T **1** *obs* fabbricare **2** *umg* (*zusammenbasteln*) mettere insieme

Face·lif·ting ['fe:slɪftɪŋ] N ⟨-s; -s⟩ lifting *m inv* facciale

Fa·cet·te [fa'sɛtə] F ⟨-; -n⟩ faccetta *f*; *fig* sfaccettatura *f* **Fa·cet·ten·au·ge** N occhio *m* composto **Fa·cet·ten·schliff** M sfaccettatura *f*

Fach N ⟨-[e]s; Fächer⟩ **1** scomparto *m*: **die Aktentasche hat drei Fächer** la cartella ha tre scomparti **2** (*im Schrank*) ripiano *m* **3** (*Gebiet*) settore *m*; (*Beruf*) mestiere *m*: **vom ~ sein** essere del mestiere; **sein ~ verstehen** essere molto bravo nel proprio campo **4** (*Lehrfach*) materia *f* **5** THEAT genere *m*

Fach·ar·bei·ter M, **-in** F operaio *m*, -a *f* specializzato (-a) **Fach·arzt** M, **-ärz·tin** F (medico *m*) specialista *m/f* **fach·ärzt·lich** ADJ specialistico **Fach·aus·bil·dung** F specializzazione *f* **Fach·aus·druck** M termine *m* tecnico **Fach·be·reich** M **1** settore *m* **2** (*an der Universität*) disciplina *f*

Fä·cher M ⟨-s; -⟩ ventaglio *m* **fä·cher·för·mig** ADJ a ventaglio

fä·chern V/R **sich ~** diramarsi

Fach·fra·ge F questione *f* specialistica **Fach·frau** F esperta *f*, specialista *f* **Fach·ge·biet** N settore *m*, campo *m* **fach·ge·recht** ADV in modo specializzato, a regola d'arte **Fach·ge·schäft** N negozio *m* specializzato **Fach·hoch·schu·le** F accademia *f* tecnica **Fach·idi·ot** M, **-in** F = *persona esperta esclusivamente nel proprio campo* **Fach·kennt·nis** F conoscenza *f* specialistica (*od* tecnica) **Fach·kraft** F specialista *m/f* **Fach·kreis** M cerchia *f* degli esperti: **in -en** nei circoli competenti **fach·kun·dig** ADJ esperto, competente **fach·lich** ADJ professionale, specializzato **Fach·li·te·ra·tur** F letteratura *f* specializzata **Fach·mann** M ⟨-[e]s; -leute⟩ esperto *m*, specialista *m* **fach·män·nisch** ADJ da specialista (*od* esperto), specialistico: **eine -e Arbeit** un lavoro a regola d'arte **Fach·ober·schu·le** F istituto *m* tecnico **Fach·schu·le** F scuola *f* professionale

Fach·sim·pe·lei F ⟨-; -en⟩ *umg* = *conversazione su questioni tecniche*

Fach·spra·che F linguaggio *m* tecnico **Fach·stu·di·um** N studi *mpl* specializzati **Fach·ver·band** M associazione *f* professionale **Fach·welt** F esperti *mpl*, specialisti *mpl* **Fach·werk** N ⟨-[e]s⟩ ARCH intelaiatura *f* **Fach·werk·haus** N casa *f* a pareti intelaiate **Fach·wis·sen** N conoscenze *fpl* specialistiche **Fach·zeit·schrift** F rivista *f* specializzata

Fa·ckel F ⟨-; -n⟩ fiaccola *f*, torcia *f*

fa·ckeln V/I ⟨h.⟩ *umg* tentennare, esitare: **gar nicht lange ~** non esitare a lungo

fad, fa·de ADJ 1 insipido: **diese Suppe ist** (*od* **schmeckt**) **~** questa minestra è insipida 2 (*langweilig*) noioso, insulso

fä·deln V/T infilare

Fa·den M ⟨-s; - *u.* Fäden⟩ 1 filo *m* (*a. fig*): **den ~ der Unterhaltung wieder aufnehmen** riprendere il filo del discorso 2 (*von Käse*) **Fäden ziehen** fare i fili, filare 3 *pl* MED punti *mpl*: **die Fäden ziehen** togliere i punti 4 *pl* fila *fpl*: **er hält alle Fäden in der Hand** tiene le fila di tutto ♦ **an einem** (**seidenen**) **~ hängen** essere appeso a un filo; **der rote ~** il filo rosso

fa·den·för·mig ADJ filiforme **Fa·den·kreuz** N OPT reticolo *m*, croce *f* di collimazione **Fa·den·nu·deln** PL vermicelli *mpl*, capelli *mpl* d'angelo **fa·den·schei·nig** ADJ 1 logoro 2 *fig* misero

fa·di·sie·ren V/R *österr umg* **sich ~** annoiarsi

Fa·gott N ⟨-[e]s; -e⟩ MUS fagotto *m* **Fa·got·tist** M ⟨-en; -en⟩, **-in** F ⟨-; -nen⟩ fagottista *m/f*

fä·hig ADJ (*tüchtig*) capace, bravo; (*geschickt*) abile: **zu etw ~ sein** essere capace di fare qc **Fä·hig·keit** F ⟨-; -en⟩ 1 capacità *f*: **die ~ haben, etw zu tun** avere la capacità di fare qc; **geistige -en** facoltà mentali 2 (*Begabung*) talento *m*, dote *f*

fahl ADJ 1 (*bleich*) pallido: **ein -es Licht** una luce fioca 2 (*Farbe*) smorto

fahn·den V/I ⟨h.⟩ **nach j-m/etw ~** ricercare qn/qc **Fahn·der** M ⟨-s; -⟩, **-in** F ⟨-; -nen⟩ investigatore *m*, -trice *f* **Fahn·dung** F ⟨-; -en⟩ ricerca *f*

Fahn·dungs·fo·to N foto *f* segnaletica **Fahn·dungs·lis·te** F elenco *m* dei ricercati

Fah·ne F ⟨-; -n⟩ 1 bandiera *f* (*a. fig*): **mit fliegenden -n** a bandiere spiegate 2 (*Verlag*) bozza *f* (di stampa) ♦ **eine ~ haben** puzzare di alcool

Fah·nen·eid M giuramento *m* di fedeltà alla bandiera **Fah·nen·flucht** F diserzione *f* **fah·nen·flüch·tig** ADJ che diserta **Fah·nen·mast** M asta *f*, pennone *m* della bandiera

Fahr·aus·weis M 1 (*Fahrschein*) biglietto *m* 2 *schweiz* (*Führerschein*) patente *f* di guida **Fahr·bahn** F carreggiata *f*; (*Spur*) corsia *f*: **von der ~ abkommen** uscire di strada **fahr·bar** ADJ mobile; (*gleitend*) scorrevole

Fäh·re F ⟨-; -n⟩ traghetto *m*

fah·ren

⟨fährt, fuhr, gefahren⟩

A intransitives Verb · B transitives Verb · C reflexives Verb · D Wendungen

— A intransitives Verb —

⟨s.⟩ 1 andare: **dieser Zug fährt nach Bonn** questo treno va a Bonn; **mit dem Auto/mit der Bahn ~** andare in auto/in ferrovia; **zweiter Klasse ~** viaggiare in seconda classe 2 (*Auto fahren*) guidare: **wie der Teufel ~** guidare come un pazzo; **das Auto fährt 150 km in der Stunde** l'auto fa 150 km all'ora 3 (*abfahren*) partire: **sie fährt morgen in die Schweiz** parte domani per la Svizzera, domani va in Svizzera 4 andare a sbattere: **mit dem Auto gegen einen Baum ~** andare a sbattere con l'auto contro un albero 5 passare: **wie oft fährt der Bus?** ogni quanto passa l'autobus?; **mit der Hand durchs Haar ~** passarsi una mano fra i capelli 6 *umg* **gut/schlecht mit j-m ~** andare/non andare d'accordo con qn

— B transitives Verb —

1 guidare: **ein Motorrad ~** guidare una moto 2 (*besitzen*) **einen VW ~** avere una Volkswagen 3 percorrere: **eine Strecke in 2 Stunden ~** percorre un tragitto in due ore 4 (tras)portare: **die Kinder zur Schule ~** portare i bambini a scuola

— C reflexives Verb —

sich ~ andare: **das neue Auto fährt sich ausgezeichnet** la nuova auto va a meraviglia

— D Wendungen —

vulg **einen ~ lassen** fare un peto; **aus der Haut ~** uscire dai gangheri; **in die Höhe ~** balzare in piedi; **fahr zur Hölle!** va' all'inferno!; **was ist denn in dich gefahren?** che ti piglia? che cosa ti è preso?; **zur See ~** fare il marinaio

fah·rend ADJ **1** in moto, in corsa **2** (*nicht sesshaft*) ambulante, girovago: **ein -es Volk** un popolo girovago
Fah·rer M ⟨-s; -⟩ conducente *m*, guidatore *m*; (*als Beruf*) autista *m* **Fah·rer·air·bag** M airbag *m inv* guidatore **Fah·rer·flucht** F fuga *f* del conducente: **~ begehen** darsi alla fuga (dopo aver causato un incidente stradale)
Fah·re·rin F ⟨-; -nen⟩ conducente *f*, guidatrice *f*; (*als Beruf*) autista *f*
Fahr·gast M passeggero *m*, -a *f* **Fahr·geld** N prezzo *m* del biglietto **Fahr·ge·mein·schaft** F = *gruppetto di persone che viaggiano sulla stessa auto* (*per dividere le spese*) **Fahr·ge·stell** N **1** AUTO telaio *m* **2** FLUG carrello *m*
fah·rig ADJ **1** nervoso: **-e Bewegungen** gesti irrequieti **2** (*zerstreut*) svagato
Fahr·kar·te F biglietto *m*

Fahrkarte

⚠ Fahrkarten kauft man in Tabakläden (**tabaccheria**), am Kiosk, oft auch in Bars, aber nur selten an Automaten.

Fahr·kar·ten·au·to·mat M distributore *m* automatico di biglietti **Fahr·kar·ten·kon·trol·le** F controllo *m* dei biglietti **Fahr·kar·ten·schal·ter** M biglietteria *f*
Fahr·kom·fort M comfort *m* di marcia
fahr·läs·sig ADJ **1** trascurato **2** JUR colposo **Fahr·läs·sig·keit** F ⟨-; -en⟩ **1** trascuratezza *f* **2** JUR colpa *f*: **grobe ~** colpa grave
Fahr·leh·rer M, **-in** F AUTO istruttore *m*, -trice *f* di guida
Fähr·mann M barcaiolo *m*
Fahr·plan M orario *m* **Fahr·plan·aus·zug** M estratto *m* dell'orario **fahr·plan·mä·ßig** ADJ in orario
Fahr·pra·xis F pratica *f* di guida **Fahr·preis** M prezzo *m* del biglietto; (*Taxi*) prezzo *m* della corsa **Fahr·prü·fung** F esame *m* di guida **Fahr·rad** N bicicletta *f*: **~ fahren** andare in bicicletta **Fahr·rad·fah·rer** M, **-in** F ciclista *m/f* **Fahr·rad·trä·ger** M portabiciclette *m inv* **Fahr·rad·weg** M pista *f* ciclabile **Fahr·rin·ne** F canale *m* navigabile
Fahr·schein M biglietto *m* **Fahr·schein·au·to·mat** M distributore *m* automatico di biglietti **Fahr·schein·ent·wer·ter** M obliteratrice *f*
Fahr·schu·le F scuola *f* guida **Fahr·schü·ler** M, **-in** F allievo *m*, -a *f* di scuola guida **Fahr·spur** F corsia *f* **Fahr·stuhl** M ascensore *m* **Fahr·stun·de** F lezione *f* di guida
Fahrt F ⟨-; -en⟩ **1** viaggio *m*: **auf der ~ nach Wien** in viaggio verso Vienna **2** corsa *f*: **der Zug ist in** (**voller**) **~** il treno è in (piena) corsa **3** SCHIFF **volle ~ voraus!** avanti a tutta forza! ♦ **eine ~ ins Blaue/ins Grüne** una gita senza meta/in campagna; **freie ~ haben** avere via libera; **gute ~!** buon viaggio! *umg fig;* **in ~ kommen** prendere l'avvio, riscaldarsi; (*in Zorn geraten*) infuriarsi; **in ~ sein** aver preso l'avvio; (*zornig sein*) essere in collera
Fähr·te F ⟨-; -n⟩ traccia *f* (*a. fig*): **j-m auf der ~ sein** essere sulle tracce di qn; **j-n auf eine falsche ~ locken** (*od* **bringen**) mettere qn su una falsa pista
Fahr·ten·buch N tabella *f* di marcia; SCHIFF giornale *m* di bordo **Fahr·ten·schwim·mer** M *umg* secondo patentino *m* di nuoto
Fahrt·kos·ten PL spese *fpl* di viaggio
Fahrt·rich·tung F direzione *f* di marcia; (*von Schiffen*) rotta *f* **Fahrt·rich·tungs·an·zei·ger** M indicatore *m* di direzione, freccia *f*
fahr·tüch·tig ADJ **1** in grado di guidare **2** (*von Fahrzeugen*) in grado di partire
Fahrt·un·ter·bre·chung F interruzione *f* del viaggio **Fahrt·wind** M vento *m*, aria *f*
Fahr·ver·bot N sospensione *f* della patente **Fahr·was·ser** N ⟨-s; -⟩ **1** acqua *f* navigabile **2** *fig* **im richtigen ~ sein** trovarsi nel proprio elemento ♦ **in j-s ~ schwimmen** mettersi sulla scia di qn
Fahr·werk N **1** FLUG carrello *m* **2** AUTO telaio *m*
Fahr·zeug N (auto)veicolo *m* **Fahr·zeug·brief** M libretto *m* di circolazione **Fahr·zeug·hal·ter** M, **-in** F proprietario *m*, -a *f* di veicolo
Fai·ble ['fɛːbl] N ⟨-s; -s⟩ debole *m*
fair [fɛːɐ] ADJ corretto, leale **Fair·ness** F ⟨-⟩ correttezza *f*, lealtà *f*
Fä·ka·li·en PL feci *fpl*
Fa·kir M ⟨-s; -e⟩ fachiro *m*
Fakt M ⟨-s; -en⟩ dato *m* di fatto
fak·tisch ADJ effettivo
Fak·tor M ⟨-s; -en⟩ **1** fattore *m* (*a.*

F

MATH) **2** TYPO proto *m*

Fa̱k·tum N ⟨-s; Fakten⟩ (dato *m* di) fatto *m*

Fa·kul·tä̱t F ⟨-; -en⟩ facoltà *f* (universitaria)

fa·kul·ta·ti̱v ADJ facoltativo

Fa̱l·ke M ⟨-n; -n⟩ falco *m* (*a.* POL)

Fa̱ll M ⟨-[e]s; Fälle⟩ **1** caduta *f* (*a.* WIRTSCH): **der ~ der Aktien** la caduta delle azioni; PHYS **der freie ~** la caduta libera **2** caso *m* (*a.* JUR, MED): **das ist nicht der ~** non è questo il caso; **auf jeden/keinen ~** in ogni/in nessun caso; **im äußersten ~** nel caso estremo; **im schlimmsten ~** nel peggiore dei casi; **gesetzt den ~, dass ...** mettiamo il caso che ... ♦ **zu ~ bringen** far cadere (*a. fig*); **für alle Fälle** per ogni eventualità; **für den ~, dass ...** nel caso che ...; **klarer ~!** (è) chiaro!; **zu ~ kommen** cadere (*a. fig*); **das ist (nicht) mein ~** (non) fa per me, (non) mi piace; **von ~ zu ~** secondo i casi

Fa̱l·le F ⟨-; -n⟩ trappola *f* (*a. fig*): **eine ~ für** (*od* **gegen**) **Mäuse aufstellen** mettere una trappola per topi; **j-m eine ~ stellen** tendere una trappola a qn; **j-m in die ~ gehen** cadere nella trappola di qn

fa̱l·len V/I ⟨fällt, fiel, gefallen; s.⟩ **1** cadere: **j-m fällt etw auf den Boden** a qn cade qc in terra; **~ lassen** lasciare (*od* fare) cadere; *umg* **sich (in den Sessel) ~ lassen** lasciarsi cadere (sulla poltrona); *fig* **seine Pläne ~ lassen** rinunciare ai propri progetti; **j-n ~ lassen** non appoggiare più qn; **im Krieg ~** cadere in guerra **2** (*sinken*) calare, scendere: **die Preise ~** i prezzi scendono; **der Vorhang fällt** cala il sipario **3** (*treffen*) cadere, posarsi: **die Wahl fiel auf ihn** la scelta cadde su di lui; **ihr Blick fiel auf ihn** il suo sguardo si posò su di lui **4** (*in j-s Besitz kommen*) andare: **das Erbe wird an ihn ~** l'eredità andrà a lui **5** (*zu etw gehören*) rientrare (in): **in** (*od* **unter**) **eine Kategorie ~** rientrare in una categoria **6** essere pronunciato: **gestern fiel sein Name** ieri fu fatto il suo nome; **es sind scharfe Worte gefallen** sono volate parole dure **7** essere preso: **die Entscheidung wird morgen ~** la decisione verrà presa domani ♦ **in tiefen Schlaf ~** cadere in un sonno profondo; **dieses Jahr fällt Weihnachten auf einen Freitag** quest'anno Natale cade di venerdì; **ein Schuss fällt** viene sparato un colpo

fä̱l·len V/T **1** abbattere (*a. fig*) **2** (*aussprechen*) pronunciare, emettere: **einen Urteilsspruch ~** emettere un verdetto **3** **eine Entscheidung ~** prendere una decisione

fä̱l·lig ADJ **1** che sta per scadere: **-e Wechsel** cambiali in scadenza; **~ sein** scadere **2** **die Bezahlung ist im April ~** il pagamento deve essere effettuato in aprile; **eine Motorüberholung wird ~** è ora di fare una revisione del motore

Fä̱l·lig·keit F ⟨-; -en⟩ scadenza *f*

Fa̱ll·obst N frutta *f* di casco **Fa̱ll·rück·zie·her** M SPORT rovesciata *f*

fa̱lls KONJ nel caso (che), se: **~ es regnen sollte, fahren wir mit dem Auto** nel caso dovesse piovere, prendiamo la macchina; **~ ich Zeit habe, komme ich bei dir vorbei** se ho tempo faccio un salto da te

Fa̱ll·schirm M paracadute *m*: **mit dem ~ abspringen** lanciarsi con il paracadute

Fa̱ll·schirm·ab·wurf M aviolancio *m*

Fa̱ll·schirm·jä·ger M MIL, **Fa̱ll·schirm·sprin·ger** M, **-in** F paracadutista *m/f*

Fa̱ll·tür F botola *f*; (*Falle*) trabocchetto *m*

fa̱lsch **A** ADJ **1** finto: **ein -er Zahn** un dente finto **2** (*künstlich*) artificiale **3** falso: **unter -em Namen** sotto falso nome; **ein -er Freund** un falso amico **4** (*fehlerhaft*) sbagliato: **die Übung ist ~** l'esercizio è sbagliato **B** ADV male: **~ verstehen** capire male; **~ informiert sein** essere mal informato; **~ handeln** agire in modo non appropriato; **etw ~ schreiben** scrivere qc in modo sbagliato; **~ rechnen** calcolare male ♦ *fig* **an den Falschen/an die Falsche geraten** chiedere alla persona sbagliata, cascare male; **etw ~ machen** sbagliare qc; **~ singen** stonare; **ein -es Spiel mit j-m treiben** condurre un gioco sporco con qn; **~ spielen** barare; **die Uhr geht ~** l'orologio non segna l'ora giusta; **~ verbunden sein** sbagliare numero

Fa̱lsch·aus·sa·ge F JUR falsa testimonianza *f* **Fa̱lsch·eid** M falso giuramento *m*

fä̱l·schen V/T falsificare **Fä̱l·scher** M ⟨-s; -⟩, **-in** F ⟨-; -nen⟩ falsario *m*, -a *f*; falsificatore *m*, -trice *f*

Fa̱lsch·geld N denaro *m* falso

Fa̱lsch·heit F ⟨-; -en⟩ falsità *f*

fälsch·lich A ADJ erroneo B ADV 1 (*irrtümlich*) erroneamente 2 ingiustamente: **~ verdächtigen** sospettare ingiustamente

Falsch·mel·dung F notizia *f* falsa **Falsch·mün·zer** M ⟨-s; -⟩, **-in** F ⟨-; -nen⟩ falsario *m*, -a *f* **Falsch·spie·ler** M, **-in** F baro *m*, -a *f*

Fäl·schung F ⟨-; -en⟩ 1 (*Fälschen*) falsificazione *f* 2 (*Gefälschtes*) falso *m*

Falt·blatt N pieghevole *m*, opuscolo *m*, dépliant *m* **Falt·boot** N canotto *m* pieghevole

Fal·te F ⟨-; -n⟩ 1 piega *f*: **-n werfen** fare pieghe 2 (*Runzel*) ruga *f*: **die Stirn in -n legen** (*od* **ziehen**) corrugare la fronte

fal·ten V/T 1 piegare 2 (*Stirn*) corrugare ♦ **die Hände ~** (con)giungere le mani

Fal·ten·rock M gonna *f* a pieghe

Fal·ter M ⟨-s; -⟩ farfalla *f*

fal·tig ADJ 1 a pieghe 2 (*zerknittert*) sgualcito 3 (*runzelig*) rugoso, grinzoso

Falt·tür F porta *f* a soffietto

Falz M ⟨-es; -e⟩ 1 TYPO piegatura *f* 2 (*Rille*) scanalatura *f* 3 MECH aggraffatura *f* **fal·zen** V/T 1 TYPO piegare 2 MECH aggraffare

fa·mi·li·är ADJ familiare

Fa·mi·lie F ⟨-; -n⟩ famiglia *f*: **eine ~ gründen** mettere su famiglia; **das liegt bei uns in der ~** è tipico della nostra famiglia

Fa·mi·li·en·an·ge·hö·ri·ge M/F componente *m*, membro *m* della famiglia **Fa·mi·li·en·an·ge·le·gen·heit** F questione *f* familiare, affare *m* di famiglia **Fa·mi·li·en·an·schluss** M possibilità *f* di convivere con la famiglia **Fa·mi·li·en·be·trieb** M azienda *f* a conduzione familiare **Fa·mi·li·en·fei·er** F festa *f* di famiglia **Fa·mi·li·en·kreis** M cerchia *f* familiare: **im ~** in famiglia **Fa·mi·li·en·le·ben** N vita *f* familiare (*od* domestica) **Fa·mi·li·en·mit·glied** N membro *m* della famiglia **Fa·mi·li·en·na·me** M cognome *m* **Fa·mi·li·en·ober·haupt** M capofamiglia *m* **Fa·mi·li·en·pla·nung** F pianificazione *f* familiare **Fa·mi·li·en·po·li·tik** F politica *f* della famiglia **Fa·mi·li·en·sinn** M senso *m* della famiglia **Fa·mi·li·en·stand** M stato *m* civile **Fa·mi·li·en·va·ter** M padre *m* di famiglia **Fa·mi·li·en·ver·hält·nis·se** PL situazione *f* familiare

fa·mos ADJ *umg* fantastico, magnifico

Fan [fɛn] M ⟨-s; -s⟩ fan *m/f inv*

Fa·na·ti·ker M ⟨-s; -⟩, **-in** F ⟨-; -nen⟩ fanatico *m*, -a *f*

fa·na·tisch ADJ fanatico

Fa·na·tis·mus M ⟨-⟩ fanatismo *m*

fand → finden

Fan·fa·re F ⟨-; -n⟩ fanfara *f*

Fang M ⟨-[e]s; Fänge⟩ 1 cattura *f* 2 (*Jagd*) caccia *f*: **auf ~ ausgehen** andare a caccia 3 (*Fischfang*) pesca *f* 4 (*Beute*) preda *f*: **der Jäger trägt seinen ~ nach Hause** il cacciatore porta a casa la sua preda 5 *fig* affare *m*: **einen guten ~ machen** fare un buon affare 6 JAGD (*Maul*) fauci *fpl*; (*Krallen*) artigli *mpl* **Fang·arm** M tentacolo *m*

fan·gen ⟨fängt, fing, gefangen⟩ A V/T 1 afferrare: **den Ball ~** afferrare la palla 2 prendere (*a. fig*): **mit der Angel ~** prendere all'amo; **seine Erzählung hat mich gefangen** il suo racconto mi ha preso B V/R **sich ~** 1 rimanere impigliato (*od* preso): **sich in einer Falle ~** rimanere preso in una trappola 2 riprendere l'equilibrio: *fig* **die Börse hat sich gefangen** la borsa si è ripresa 3 (*seelisch*) riprendersi, riaversi

Fan·gen N ⟨-s⟩ **~ spielen** giocare ad acchiapparsi

Fang·fra·ge F domanda *f* capziosa (*od* a trabocchetto) **Fang·netz** N 1 rete *f* da pesca 2 JAGD rete *f* da cattura **Fang·schiff** N peschereccio *m* **Fang·zahn** M zanna *f*

Fan·klub ['fɛn-] M club *m* di fans, fan club *m*

Fan·ta·sie F ⟨-; -n⟩ 1 fantasia *f*: **sich in -n flüchten** abbandonarsi alle proprie fantasie; MUS **eine ~ von Mozart spielen** suonare una fantasia di Mozart 2 *pl* MED allucinazioni *fpl* **fan·ta·sie·ren** V/I ⟨h.⟩ 1 fantasticare: **von seiner Zukunft ~** fantasticare sul proprio futuro 2 MED delirare 3 MUS improvvisare: **auf der Violine ~** improvvisare al violino **fan·ta·sie·voll** ADJ fantasioso

Fan·tast M ⟨-en; -en⟩, **-in** F ⟨-; -nen⟩ sognatore *m*, -trice *f*

fan·tas·tisch ADJ fantastico: **eine -e Person** una persona fantastica; **eine -e Tänzerin** una ballerina formidabile; **seine Geschichte klang ziemlich ~** il suo racconto sembrò abbastanza bizzarro

Farb·auf·nah·me F foto *f* a colori

Farb·band N ⟨-[e]s; -bänder⟩ nastro

m (inchiostrato) **Farb·dru·cker** M stampante *f* a colori

Far·be F ⟨-; -n⟩ 1 colore *m*: **in ~** a colori 2 (*Farbton*) tinta *f* 3 (*Farbstoff*) colorante *m* 4 (*Anstrichfarbe*) vernice *f* 5 (*beim Kartenspiel*) seme *m* ♦ *fig* **~ bekennen** mettere le carte in tavola

farb·echt ADJ che non stinge, inalterabile **Farb·ef·fekt** M effetto *m* coloristico

Fär·be·mit·tel N colorante *m* **fär·ben** A VT 1 colorare 2 (*Stoff*) tingere: **rot ~** tingere di rosso 3 *umg* (*abfärben*) stingere, perdere colore B VR **sich ~** tingersi

far·ben·blind ADJ daltonico **far·ben·freu·dig** ADJ, **far·ben·froh** ADJ a (*od* dai) colori vivaci **Far·ben·leh·re** F teoria *f* dei colori **far·ben·präch·tig** ADJ dai colori sfarzosi **Far·ben·spiel** N gioco *m* di colori

Fär·ber M ⟨-s; -⟩ tintore *m* **Fär·be·rei** F ⟨-; -en⟩ 1 tintura *f* 2 (*Betrieb*) tintoria *f* **Fär·be·rin** F ⟨-; -nen⟩ tintora *f*

Farb·fern·se·hen N televisione *f* a colori **Farb·fern·se·her** M televisore *m* (*od umg* tivù *f*) a colori **Farb·film** M film *m* a colori **Farb·fil·ter** M FOTO filtro *m* colorato **Farb·fo·to·gra·fie** F fotografia *f* a colori **Farb·ge·bung** F ⟨-; -en⟩ coloritura *f*, colore *m*

far·big ADJ 1 colorato, a colori 2 di colore: **eine -e Tänzerin** una ballerina di colore 3 *fig* (*lebhaft*) colorito, vivace **Far·bi·ge** M/F ⟨-n; -n⟩ uomo *m* (*od* donna *f*) di colore

Farb·kas·ten M cassetta *f* dei colori **Farb·ko·pie·rer** M fotocopiatrice *f* a colori

farb·lich ADJ coloristico, cromatico

farb·los ADJ 1 senza colore, incolore (*a. fig*) 2 (*ohne färbende Mittel*) neutro: **-er Nagellack** smalto neutro 3 (*blass*) scolorito: **ein -es Gesicht** un volto pallido

Farb·ska·la F gamma *f* di colori **Farb·spekt·rum** N spettro *m* cromatico **Farb·stift** M penna *f* colorata **Farb·stoff** M 1 colorante *m* 2 BIOL pigmento *m* **Farb·ton** M tinta *f*, tonalità *f*

Fär·bung F ⟨-; -en⟩ 1 (*Färben*) colorazione *f*, tintura *f* 2 (*Farbe*) tinta *f* 3 *fig* sfumatura *f*

Far·ce [-sə] F ⟨-; -n⟩ THEAT farsa *f* (*a. fig*)

Farm F ⟨-; -en⟩ fattoria *f* **Far·mer** M ⟨-s; -⟩, **-in** F ⟨-; -nen⟩ fattore *m*, -essa *f*, proprietario *m*, -a *f* di fattoria

Farn M ⟨-[e]s; -e⟩, **Farn·kraut** N felce *f*

Fa·san M ⟨-[e]s; -e *u.* -en⟩ fagiano *m*

fa·schie·ren VT *österr* tritare **Fa·schier·te** N ⟨-n⟩ *österr* carne *f* tritata

Fa·sching M ⟨-s; -e *u.* -s⟩ carnevale *m* **Fa·schings·diens·tag** M martedì *m* grasso

Fa·schis·mus M ⟨-⟩ fascismo *m* **Fa·schist** M ⟨-en; -en⟩, **-in** F ⟨-; -nen⟩ fascista *m/f* **fa·schis·tisch** ADJ fascista

Fa·se·lei F ⟨-; -n⟩ *umg pej* ciance *fpl*

fa·seln VT *umg pej* sragionare

Fa·ser F ⟨-; -n⟩ fibra *f* (*a.* ANAT): **ein Gewebe aus synthetischen -n** un tessuto di fibre sintetiche; **die -n eines Muskels** le fibre di un muscolo **fa·se·rig** ADJ fibroso **fa·sern** VI ⟨h.⟩ sfilacciarsi

Fass N ⟨-es; Fässer⟩ botte *f*: **ein ~ anstechen** spillare una botte ♦ **Bier vom ~** birra alla spina; *fig* **ein ~ ohne Boden sein** essere un pozzo senza fondo; **das bringt das ~ zum Überlaufen** questo è il colmo

Fas·sa·de F ⟨-; -n⟩ facciata *f* (*a. fig pej*)

fass·bar ADJ concreto, comprensibile

Fass·bier N birra *f* alla spina

fas·sen A VT 1 prendere: **j-n bei** (*od* **an**) **der Hand ~** afferrare qn per la mano; *fig* **einen Beschluss ~** prendere una decisione 2 (*gefangen nehmen*) catturare 3 (*erfassen*) cogliere: **das kalte Grausen fasste ihn** un brivido di terrore lo colse 4 (*verstehen*) comprendere 5 (*aufnehmen können*) contenere, avere una capacità di 6 (*Edelsteine*) montare B VI ⟨h.⟩ 1 **nach etw ~** afferrare qc 2 TECH (*eingreifen*) fare presa, ingranare C VR **sich ~** 1 calmarsi, riprendersi 2 esprimersi: **sich kurz ~** essere breve, esprimersi in poche parole ♦ **das ist nicht zu ~!** è incredibile

Fas·set·te → Facette

fass·lich ADJ comprensibile, intelligibile

Fas·son [fa'sõ:] F ⟨-; -s *u.* -en⟩ 1 (*Nähen*) fattura *f*, taglio *m*, façon *f* 2 (*Form*) forma *f* ♦ **jeder soll nach seiner ~ selig werden** ognuno deve vivere a modo suo

Fas·sung F ⟨-; -en⟩ 1 (*von Brillen, Edelsteinen*) montatura *f* 2 (*Formulierung*) forma *f*: **in kürzerer ~** in forma abbreviata 3 (*Version*) versione *f*, stesura *f* 4 (*Gefasstheit*) padronanza *f* di sé, controllo *m*: **j-n aus der ~ bringen** far perdere il controllo a qn

fas·sungs·los ADJ sbalordito, esterrefatto **Fas·sungs·lo·sig·keit** F ⟨-; -en⟩

sbalordimento *m* **Fas·sungs·ver·mö·gen** N ⟨-s⟩ capacità *f*, capienza *f*
fast ADV quasi, pressoché: **~ wäre ich hin gefallen** c'è mancato poco che cadessi, stavo per cadere
fas·ten V/I ⟨h.⟩ 1 digiunare 2 REL osservare il digiuno quaresimale **Fas·ten** N ⟨-s⟩ digiuno *m* **Fas·ten·zeit** F 1 periodo *m* di digiuno 2 REL quaresima *f*
Fast·food, **Fast Food** ['fa:stfu:t] N ⟨-; -[s]⟩ fast food *m inv*
Fast·nacht F ⟨-⟩ (ultimi giorni *mpl* di) carnevale *m*
Fas·zi·na·ti·on F ⟨-; -en⟩ fascino *m*
fas·zi·nie·ren V/T affascinare, incantare
fa·tal ADJ 1 fatale 2 (*peinlich*) penoso, spiacevole **Fa·ta·lis·mus** M ⟨-⟩ fatalismo *m* **Fa·ta·list** M ⟨-en; -en⟩, **-in** F ⟨-; -nen⟩ fatalista *m/f* **fa·ta·lis·tisch** ADJ fatalistico
fau·chen V/I ⟨h.⟩ soffiare, sbuffare
faul ADJ 1 (*Mensch*) pigro 2 marcio: **-er Geruch** odore di marcio 3 (*Zahn*) cariato 4 *umg pej* **eine -e Ausrede** una scusa che non sta in piedi ♦ **auf der -en Haut liegen** poltrire nell'ozio; **eine -e Sache** una sporca (*od* losca) faccenda; *umg* **daran ist etwas ~** c'è qualcosa che non quadra; *umg* **ein -er Sack** un poltrone; **ein -er Zauber** una ciarlataneria
Fäu·le F ⟨-⟩ putredine *f*, marciume *m*
fau·len V/I ⟨s., h.⟩ 1 marcire 2 MED cariarsi
fau·len·zen V/I ⟨h.⟩ oziare, poltrire
Fau·len·zer M ⟨-s; -⟩, **-in** F ⟨-; -nen⟩ *pej* poltrone *m*, -a *f*
Faul·heit F ⟨-; -en⟩ pigrizia *f*, indolenza *f*
fau·lig A ADJ putrido, marcio B ADV di marcio: **~ riechen** avere odore di marcio
Fäul·nis F ⟨-⟩ putrefazione *f*, marcio *m* (*a. fig*): **in ~ übergehen** putrefarsi
Faul·pelz M *umg pej* pigrone *m* **Faul·tier** N 1 ZOOL bradipo *m* 2 *umg* poltrone *m*
Faun M ⟨-[e]s; -e⟩ fauno *m*
Fau·na F ⟨-; Faunen⟩ fauna *f*
Faust F ⟨-; Fäuste⟩ pugno *m*: **die ~ ballen** stringere il pugno ♦ **auf eigene ~** di testa propria, di propria iniziativa; **das passt wie die ~ aufs Auge** è (come) un pugno in un occhio; (*genau passen*) va benissimo; **mit der ~ auf den Tisch schlagen** battere i pugni sul tavolo
Fäust·chen N ⟨-s; -⟩ pugnetto *m* ♦ **sich** (*dat*) **ins ~ lachen** ridersela sotto i baffi
faust·dick ADJ grosso come un pugno ♦ *umg* **~ auftragen** esagerare; **eine -e Lüge** una bugia grossolana; **es ~ hinter den Ohren haben** essere un furbo matricolato
Faust·hand·schuh M manopola *f*, muffola *f* **Faust·kampf** M incontro *m* di pugilato **Faust·pfand** N JUR pegno *m* mobile **Faust·recht** N diritto *m* del più forte **Faust·re·gel** F regola *f* empirica **Faust·schlag** M pugno *m*
fa·vo·ri·sie·ren V/T favorire
Fa·vo·rit[1] M ⟨-en; -en⟩ IT preferito *m*
Fa·vo·rit[2] M ⟨-en; -en⟩, **-in** F ⟨-; -nen⟩ favorito *m*, -a *f* (*a.* SPORT)
Fax N ⟨-; -[e]⟩ fax *m* **Fax·an·schluss** M linea *f* (per il) fax: **wir haben einen ~** abbiamo il fax
Fa·xe F ⟨-; -n⟩ 1 stupidaggine *f*: *umg* **mach ja keine -n!** non fare stupidaggini! 2 (*Grimasse*) smorfia *f*, boccaccia *f*: **-n machen** fare le boccacce
fa·xen A V/T faxare B V/I ⟨h.⟩ mandare un fax
Fax·ge·rät N fax *m* **Fax·num·mer** F numero *m* di fax
Fa·yence [fa'jã:s] F ⟨-; -n⟩ maiolica *f*
Fa·zit N ⟨-s; -s⟩ risultato *m* ♦ **das ~ aus etw ziehen** tirare le somme di qc
FCKW N ⟨-s⟩ (Fluorchlorkohlenwasserstoff) fluorclorocarburo (CFC)
F-Dur N MUS fa *m* maggiore
Fe·ber M ⟨-s; -⟩ *österr* febbraio *m*
Feb·ru·ar M ⟨-[s]; -e⟩ febbraio *m*
fech·ten V/I ⟨ficht, focht, gefochten; h.⟩ 1 tirare di scherma 2 *poet* **um** (*od* **für**)/**gegen etw ~** combattere per/contro qc **Fech·ten** N ⟨-s⟩ scherma *f*
Fech·ter M ⟨-s; -⟩, **-in** F ⟨-; -nen⟩ schermitore *m*, -trice *f*, spadaccino *m*, -a *f*
Fe·der F ⟨-; -n⟩ 1 (*von Vogel*) penna *f*, piuma *f*: **-n bekommen** mettere le piume 2 TECH molla *f* 3 (*Schreibfeder*) pennino *m* ♦ *fig* **sich mit fremden -n schmücken** coprirsi delle penne del pavone; *umg* **-n lassen** rimetterci le penne; *umg* **in den -n liegen** = *stare a letto*
Fe·der·ball M volano *m* **Fe·der·ball·spiel** N gioco *m* del volano **Fe·der·bett** N piumino *m* **fe·der·füh·rend** ADJ responsabile **Fe·der·ge·wicht** N SPORT peso *m* piuma **Fe·der·hal·ter** M (cannello *m* della) penna *f* **fe·der-**

F

leicht ADJ leggero come una piuma **Fe·der·le·sen** N ⟨-s⟩ **nicht viel -(s) (mit j-m/etw) machen** non fare troppi complimenti (con qn/qc)
fe·dern V/T & V/I ⟨h.⟩ molleggiare: MECH **der Kinderwagen ist gut gefedert** la carrozzina è ben molleggiata; **mit** (*od* **in**) **den Knien ~** molleggiare sulle ginocchia **fe·dernd** ADJ elastico, molleggiante
Fe·der·strich M tratto *m* di penna
Fe·de·rung F ⟨-; -en⟩ MECH sospensione *f* (elastica)
Fe·der·wild N selvaggina *f* a piuma **Fe·der·zeich·nung** F disegno *m* a penna
Fee F ⟨-; -n⟩ fata *f*
Feed·back ['fi:tbɛk] N ⟨-s; -s⟩ feedback *m inv*
Fee·ling ['fi:lɪlɪŋ] N ⟨-s⟩ **1** (*Einfühlsamkeit*) sensibilità *f* **2** (*Gefühl*) sensazione *f* **3** (*Gespür*) sentimento *m*: **er hat mit viel ~ gespielt** ha suonato con trasporto
Fe·ge·feu·er N ⟨-s⟩ purgatorio *m*
fe·gen **A** V/T **1** (*mit Besen*) spazzare, scopare **2** *fig* cacciare (via): **der König wurde vom Thron gefegt** il re fu cacciato dal trono **3** *schweiz* (*feucht wischen*) lavare con uno straccio bagnato **B** V/I ⟨s.⟩ **1** turbinare: **der Wind fegte durch die Straßen** raffiche di vento si scatenavano per le strade **2** sfrecciare: **mit dem Motorrad über die Straßen ~** sfrecciare con la moto per le strade ♦ SPORT **j-n vom Platz ~** sbaragliare qn
Feh·de F ⟨-; -n⟩ faida *f* **Feh·de·hand·schuh** M **j-m den ~ hinwerfen** gettare il guanto a qn
fehl ADV **~ am Platz sein** essere fuori posto; *fig* essere fuori luogo (*od* inopportuno)
Fehl·an·zei·ge F **1** MIL (rapporto *m*) negativo *m* **2** *umg* niente *m*, nulla *m* **fehl·bar** ADJ fallibile **Fehl·bar·keit** F ⟨-; -en⟩ fallibilità *f* **Fehl·be·set·zung** F assegnazione *f* sbagliata (*od* non appropriata) **Fehl·be·trag** M disavanzo *m* **Fehl·di·ag·no·se** F diagnosi *f* sbagliata **Fehl·ein·schät·zung** F valutazione *f* errata
feh·len V/I ⟨h.⟩ mancare: **etw fehlt mir** mi manca qc; **du hast mir sehr gefehlt** mi sei mancato molto; **es fehlte nicht viel, dass ...** poco mancò che ...; **das hat mir/uns gerade noch gefehlt!** questa proprio mi/ci mancava! ♦ **unentschuldigt ~** fare assenze ingiustificate; **was fehlt dir? – mir fehlt nichts** cos'hai? – non ho niente; **wo fehlt's?** cosa c'è che non va? **feh·lend** ADJ **1** mancante **2** (*abwesend*) assente
Fehl·ent·schei·dung F decisione *f* sbagliata
Feh·ler M ⟨-s; -⟩ **1** errore *m*, sbaglio *m*: **ein grober ~** un errore grossolano; **es war ein ~, so schnell nachzugeben** è stato uno sbaglio cedere così in fretta; **einen ~ begehen** commettere un errore **2** (*Schuld*) colpa *f*: **das war mein ~** è stata colpa mia **3** (*Schwäche*) punto *m* debole, difetto *m*: **der ~ bei der Angelegenheit liegt darin, dass ...** il punto debole della questione sta nel fatto che ...; **Ware mit kleinen -n** merce con piccoli difetti ♦ **durch ~ wird man klug** sbagliando s'impara
feh·ler·frei ADJ **1** (*richtig*) privo di errori, corretto **2** (*ohne Mängel*) senza difetti, perfetto **feh·ler·haft** ADJ **1** (*unrichtig*) scorretto, errato **2** (*mangelhaft*) difettoso **Feh·ler·mel·dung** F IT segnalazione *f* di errore **Feh·ler·quel·le** F fonte *f* di errori **Feh·ler·su·che** F ricerca *f* dell'errore (*od* di errori)
Fehl·ge·burt F aborto *m* spontaneo **Fehl·griff** M scelta *f* sbagliata **Fehl·kon·struk·ti·on** F costruzione *f* non riuscita: **das Fahrrad ist eine ~** la bicicletta è mal costruita **Fehl·leis·tung** F PSYCH lapsus *m*: **eine freudsche ~** un lapsus freudiano **fehl·lei·ten** V/T (*Post*) **etw ~** recapitare qc a un indirizzo sbagliato **Fehl·pass** M SPORT passaggio *m* sbagliato **Fehl·schlag** M insuccesso *m* **fehl·schla·gen** V/I ⟨irr; s.⟩ fallire (*a.* IT) **Fehl·start** M falsa partenza *f* **Fehl·ur·teil** N giudizio *m* sbagliato; JUR sentenza *f* sbagliata **Fehl·ver·hal·ten** N comportamento *m* illecito **Fehl·zün·dung** F accensione *f* difettosa
Fei·er F ⟨-; -n⟩ **1** festa *f*: **eine ~ begehen** celebrare una festa **2** cerimonia *f* ♦ **zur ~ des Tages** per festeggiare la ricorrenza
Fei·er·abend M **1** riposo *m* serale **2** (*Arbeitsschluss*) fine *f* dell'orario di lavoro, chiusura *f*: **~ machen** smettere di lavorare
fei·er·lich ADJ solenne ♦ **etw ~ begehen** celebrare qc; *umg* **es ist ja (schon) nicht mehr ~** non è certo divertente **Fei·er·lich·keit** F ⟨-; -en⟩ **1** (*Würde*) solennità *f* **2** (*das Feiern*) festeggiamento *m*: **die**

-**en dauern drei Tage** i festeggiamenti durano tre giorni **2** (*die Feier*) cerimonia *f*, celebrazione *f*

fei·ern **A** VT **1** festeggiare **2** celebrare: **einen Triumph ~** celebrare un trionfo **3** (*ehren*) acclamare: **j-n als Helden ~** acclamare qn (come) eroe **B** VI ⟨h.⟩ far festa, festeggiare

Fei·er·tag M giorno *m* di festa (*od* festivo): **an Sonn- und --en** (la) domenica e (i giorni) festivi; **gesetzlicher ~** festa riconosciuta

fei·ge ADJ vile

Fei·ge F ⟨-; -n⟩ fico *m* **Fei·gen·baum** M fico *m* **Fei·gen·blatt** N foglia *f* di fico

Feig·heit F ⟨-; -en⟩ viltà *f*, vigliaccheria *f* **Feig·ling** M ⟨-s; -e⟩ *pej* vile *m/f*, vigliacco *m*, -a *f*

Fei·le F ⟨-; -n⟩ lima *f* **fei·len** **A** VT limare (*a. fig*) **B** VI ⟨h.⟩ *fig* lavorare di lima

feil·schen VI ⟨h.⟩ mercanteggiare: **um den Preis ~** contrattare sul prezzo

fein **A** ADJ **1** fine, sottile: **-es Haar** capelli sottili; **-er Regen** pioggerella *f*; *fig* **-e Unterschiede** differenze sottili **2** (*erlesen*) squisito, raffinato: **-e Küche** cucina raffinata; **-es Gebäck** pasticceria squisita; **-e Manieren** modi raffinati **3** (*genau*) preciso; (*empfindlich*) sensibile: **ein -es Instrument** uno strumento preciso **4** *umg* bello: **~, dass du wieder da bist!** è bello che tu sia tornato! **B** ADV **1** finemente: **~ geschnitten** tagliato finemente; *fig* **ein ~ geschnittenes Gesicht** un viso fine **2** (*zart*) in modo delicato **3** (*anständig*) con distinzione: **sich ~ benehmen** comportarsi con distinzione ♦ **das hast du ~ gemacht!** ben fatto! *umg*; **~ heraus sein** averla passata liscia; *umg* **sich ~ machen** farsi bello, vestirsi bene

Fein·ab·stim·mung F regolazione *f* precisa; RADIO, TV sintonia *f* di precisione **Fein·ar·beit** F lavoro *m* di precisione

Feind M ⟨-[e]s; -e⟩ nemico *m*, avversario *m* ♦ **sich** (*dat*) **j-n zum ~ machen** inimicarsi qn **Fein·din** F ⟨-; -nen⟩ nemica *f* **feind·lich** ADJ nemico, ostile: **j-m gegenüber eine -e Haltung einnehmen** assumere un comportamento ostile verso qn; **-e Truppen** truppe nemiche **Feind·schaft** F ⟨-; -en⟩ ostilità *f* **feind·se·lig** ADJ ostile **Feind·se·lig·keit** F ⟨-; -en⟩ ostilità *f*

fein·füh·lig ADJ **1** sensibile, delicato **2** (*einfühlsam*) comprensivo **Fein·ge·fühl** N **1** delicatezza *f*, sensibilità *f* **2** (*Takt*) tatto *m* **Fein·ge·halt** M titolo *m* **Fein·gold** N oro *m* fino **Fein·heit** F ⟨-; -en⟩ **1** finezza *f* **2** (*Genauigkeit*) precisione *f* **Fein·kost·ge·schäft** N negozio *m* di specialità gastronomiche

fein·ma·schig ADJ a maglie strette

Fein·me·cha·nik F meccanica *f* di precisione **Fein·schme·cker** M ⟨-s; -⟩, **-in** F ⟨-; -nen⟩ buongustaio *m*, -a *f*

fein·sin·nig ADJ sensibile **Fein·wä·sche** F capi *mpl* delicati **Fein·wasch·mit·tel** N detersivo *m* per capi delicati

feist ADJ *pej* grasso

fei·xen VI ⟨h.⟩ *umg* ghignare

Feld N ⟨-[e]s; -er⟩ **1** campo *m* (*a. fig* SPORT, MIL, PHYS, IT): **auf dem ~ arbeiten** lavorare nei campi; **die Früchte des -es** i frutti della terra; **auf dem ~ der Literatur** in campo letterario, nell'ambito della letteratura **2** (*auf einem Formular, Schachbrett*) casella *f* ♦ **das ~ behaupten** rimanere padrone del campo (*a. fig*); **auf freiem ~** in aperta campagna; **das ~ räumen** cedere il campo; *poet* **für/gegen etw/j-n zu ~ ziehen** combattere per/contro qc/qn

Feld·bett N brandina *f* pieghevole **Feld·fla·sche** F borraccia *f* **Feld·kü·che** F cucina *f* da campo **Feld·la·ger** N accampamento *m* **Feld·la·za·rett** N ospedale *m* da campo **Feld·mar·schall** M feldmaresciallo *m* **Feld·sa·lat** M ⟨-[e]s⟩ BOT valerianella *f*, insalatina *f* verde, dolcetta *f* **Feld·ste·cher** M ⟨-s; -⟩ cannocchiale *m* **Feld·ver·such** M prova *f* in campo **Feld·we·bel** M ⟨-s; -⟩ **1** *obs* maresciallo *m* **2** MIL sergente *m* maggiore **Feld·weg** M viottolo *m* **Feld·zug** M **1** campagna *f* militare **2** *fig* campagna *f*

Fel·ge F ⟨-; -n⟩ cerchione *m* **Fel·gen·brem·se** F freno *m* sul cerchione

Fell N ⟨-[e]s; -e⟩ pelle *f* (di animale); (*dicht behaarte Haut*) pelo *m*, pelliccia *f*: **einem Tier das ~ abziehen** scuoiare un animale ♦ **ein dickes ~ haben** avere la scorza dura; **j-m das ~ über die Ohren ziehen** fregare qn; **j-m schwimmen die** (*od* **alle**) **-e davon** a qn vanno in fumo tutti i sogni

Fels M ⟨-en; -en⟩ roccia *f* **Fels·bild** N pittura *f* rupestre **Fels·block** M masso *m*

Fel·sen M ⟨-s; -⟩ rupe *f* **fel·sen·fest** ADJ fermo **Fel·sen·küs·te** F costa *f* rocciosa

fel·sig ADJ roccioso; (*Landschaft*) rupestre

Fels·klet·tern N ⟨-s⟩ roccia *f* **Fels·spalt** M, **Fels·spal·te** F crepaccio *m*

fe·mi·nin ADJ 1 femminile (*a.* GRAM) 2 (*von Männern*) effeminato **Fe·mi·ni·num** N ⟨-s; -na⟩ femminile *m* **Fe·mi·nist** M ⟨-en; -en⟩, **-in** F ⟨-; -nen⟩ femminista *m/f* **fe·mi·nis·tisch** ADJ femminista

Fen·chel M ⟨-s; -⟩ finocchio *m*

Feng-Shui [fɛŋ'ʃui] N ⟨-⟩ feng shui *m inv*

Fens·ter N ⟨-s; -⟩ 1 *a.* IT finestra *f*: *fig* **ein Umschlag mit ~** una busta con finestra 2 (*von Auto, Zug*) finestrino *m* ♦ **Geld zum ~ hinauswerfen** gettare i soldi dalla finestra; *umg* **weg vom ~ sein** = *non contare più nulla*

Fens·ter·bank F ⟨-; -bänke⟩, **Fens·ter·brett** N davanzale *m* **Fens·ter·he·ber** M ⟨-s; -⟩ AUTO alzacristalli *m* **Fens·ter·la·den** M imposta *f*, battente *m* **Fens·ter·platz** M posto *m* vicino al finestrino **Fens·ter·put·zer** M ⟨-s; -⟩, **-in** F ⟨-; -nen⟩ lavavetri *m/f* **Fens·ter·rah·men** M telaio *m* della finestra **Fens·ter·schei·be** F vetro *m*

Fe·ri·al·ar·beit F *österr* lavoro *m* estivo

Fe·ri·en PL 1 ferie *fpl*: **~ haben** avere le ferie; **~ machen** fare le ferie 2 (*Urlaub*) vacanze *fpl*: **in die ~ fahren** andare in ferie; **die großen ~** le vacanze estive **Fe·ri·en·dorf** N villaggio *m* turistico **Fe·ri·en·haus** N casa *f* (delle) vacanze **Fe·ri·en·job** M lavoretto *m* estivo **Fe·ri·enkurs** M corso *m* estivo **Fe·ri·en·la·ger** N campus *m inv* estivo **Fe·ri·en·ort** M località *f* di villeggiatura **Fe·ri·en·woh·nung** F appartamento *m* per le vacanze **Fe·ri·en·zeit** F (periodo *m* di) vacanze *fpl*

▶ Ferien

Fast alle Italiener haben ihre Ferien im August. Da schließen die meisten Büros, Fabriken und Geschäfte. Überall hängen Schilder, auf denen steht: **chiuso per ferie** (wegen Urlaub geschlossen).

Fer·kel N ⟨-s; -⟩ 1 porcellino *m*, maialino *m* 2 *pej* sporcaccione *m*, -a *f*

Fer·ment N ⟨-s; -e⟩ fermento *m*

fer·men·tie·ren V/T fermentare

fern ADJ & ADV lontano: **-e Länder** paesi lontani; **~ von zu Haus** lontano da casa; **von ~** da lontano, a distanza; **in -er Zukunft** in un lontano futuro; ♦ **von nah und ~** da ogni dove; **Ferner Osten** Estremo Oriente; → fernhalten, fernliegen

Fern·aus·lö·ser M scatto *m* a distanza **Fern·be·die·nung** F telecomando *m* **fern·blei·ben** V/I ⟨*irr*; s.⟩ non andare, mancare **Fern·blei·ben** N ⟨-s⟩ assenza *f*

Fer·ne F ⟨-; -n⟩ lontananza *f*: **aus der ~** da lontano; **in weiter ~** molto lontano

fer·ner, **fer·ner·hin** A ADV poi; (*in Zukunft*) in futuro, in avvenire B KONJ inoltre

Fern·fah·rer M, **-in** F camionista *m/f* **Fern·flug** M volo *m* a lungo raggio **fern·ge·lenkt** ADJ teleguidato **Fern·ge·spräch** N telefonata *f* interurbana **fern·ge·steu·ert** ADJ telecomandato, teleguidato **Fern·glas** N binocolo *m* **fern·hal·ten** V/T ⟨*irr*⟩ tenere lontano **Fern·hei·zung** F teleriscaldamento *m* **Fern·kur·sus** M corso *m* per corrispondenza **Fern·las·ter** M *umg*, **Fern·last·wa·gen** M tir *m*, TIR *m* **Fern·len·kung** F telecomando *m*, teleguida *f* **Fern·licht** N (luce *f*) abbagliante *m* **fern·lie·gen** V/I ⟨*irr*; h.⟩ **es liegt mir fern, das zu tun** non ho nessuna intenzione di farlo

Fern·mel·de·amt N ufficio *m* (delle) poste e telecomunicazioni **Fern·mel·de·tech·nik** F tecnica *f* delle telecomunicazioni

fern·münd·lich ADJ telefonico

Fern·ost M ⟨-⟩ Estremo Oriente *m* **Fern·rohr** N telescopio *m* **Fern·schrei·ben** N telex *m* **Fern·schrei·ber** M telescrivente *f*

Fern·seh·an·sa·ger M ⟨-s; -⟩, **-in** F ⟨-; -nen⟩ annunciatore *m*, -trice *f* televisivo (-a) **Fern·seh·an·stalt** F ente *m* televisivo **Fern·seh·ap·pa·rat** M televisore *m* **Fern·seh·be·richt** M servizio *m* televisivo; (*live*) telecronaca *f* **Fern·seh·de·bat·te** F dibattito *m* televisivo **fern·se·hen** V/I ⟨*irr*; h.⟩ guardare la televisione

Fern·se·hen N 1 televisione *f*: **das ~ bringt einen alten Film** in televisione danno un vecchio film; **was kommt im**

~? cosa c'è in televisione? **2** (*Gerät*) *umg* televisione *f*, *umg* tivù *f*

Fern·se·her¹ M ⟨-s; -⟩ *umg* (*Gerät*) televisore *m*, televisione *f*, *umg* tivù *f*

Fern·se·her² M ⟨-s; -⟩, **-in** F ⟨-; -nen⟩ *umg* (*Zuschauer*) telespettatore *m*, -trice *f*

Fern·seh·nach·rich·ten PL telegiornale *m* **Fern·seh·pro·gramm** N programma *m* televisivo **Fern·seh·sa·tel·lit** M satellite *m* televisivo **Fern·seh·sen·der** M stazione *f* televisiva **Fern·seh·sen·dung** F trasmissione *f* televisiva **Fern·seh·spiel** N teledramma *m* **Fern·seh·über·tra·gung** F teletrasmissione *f* **Fern·seh·über·wa·chungs·an·la·ge** F TV *f inv* a circuito chiuso **Fern·seh·zeit·schrift** F rivista *f* con i programmi TV **Fern·seh·zu·schau·er** M, **-in** F telespettatore *m*, -trice *f*

Fern·sprech·amt N servizi *mpl* telefonici **Fern·spre·cher** M telefono *m*

Fern·sprech·ge·bühr F tariffa *f* telefonica **Fern·sprech·netz** N rete *f* telefonica **Fern·sprech·teil·neh·mer** M, **-in** F abbonato *m*, -a *f* (al telefono), utente *m/f* telefonico

Fern·steu·e·rung F telecomando *m* **Fern·stra·ße** F strada *f* di grande comunicazione **Fern·stu·di·um** N studio *m* (universitario) per corrispondenza **Fern·tou·ris·mus** M viaggi *mpl* con mete lontane **Fern·ver·kehr** M traffico *m* a lunga percorrenza **Fern·weh** N desiderio *m* di viaggiare in paesi lontani **Fern·ziel** N meta *f* futura

Fer·se F ⟨-; -n⟩ calcagno *m* ♦ **j-m auf den -n sein** stare alle costole di qn

fer·tig **A** ADJ **1** pronto: **das Essen ist ~** il pranzo è pronto **2** (*vollendet*) terminato, finito **3** *umg* (*erschöpft*) distrutto, a pezzi **4** *umg* (*verblüfft*) sbalordito **B** ADV **1** fino alla fine: **~ essen** finire di mangiare **2** **~ bekommen** (*beenden*) finire, terminare; **~ bringen** → fertigbringen; **~ machen** (*zu Ende bringen*) finire; **sich ~ machen** prepararsi; **sich zum Ausgehen ~ machen** prepararsi a uscire; → fertigmachen; **~ stellen** → fertigstellen ♦ **~, los!** pronti, via!; **mit j-m ~ sein** non volerne più sapere di qn; **du bleibst zu Hause, und ~!** tu resti a casa e basta!; **mit etw ~ werden** *fig* venire a capo di qc, cavarsela con qc; (*überwinden*) superare qc; **mit j-m ~ werden** spuntarla con qn; **sieh zu, wie du damit ~ wirst!** arrangiati!

Fer·tig·bau M ⟨-[e]s; -ten⟩ **1** costruzione *f* a elementi prefabbricati **2** (*Gebäude*) prefabbricato *m*

fer·tig·brin·gen V/T ⟨irr⟩ **etw ~** (*zustande bringen*) riuscire a (fare) qc; (*imstande sein*) essere capace di qc

fer·ti·gen V/T fabbricare, produrre

Fer·tig·ge·richt N precotto *m* **Fer·tig·haus** N casa *f* prefabbricata **Fer·tig·keit** F ⟨-; -en⟩ **1** abilità *f*; (*Technik*) tecnica *f* **2** (*Fähigkeit*) capacità *f* **fer·tig·ma·chen** V/T *umg* **1** (*erschöpfen*) sfinire **2** (*abkanzeln*) **j-n ~** strapazzare (o maltrattare) qn **3** (*völlig besiegen*) annientare **Fer·tig·pro·dukt** N prodotto *m* finito **fer·tig·stel·len** V/T finire, terminare **Fer·tig·stel·lung** F fine *f*, ultimazione *f*, terminazione *f* **Fer·tig·teil** N elemento *m* prefabbricato

Fer·ti·gung F ⟨-; -en⟩ produzione *f* **Fer·ti·gungs·stra·ße** F linea *f* di lavorazione

Fes M ⟨-[es]; -[e]⟩ fez *m*

fesch ADJ *umg* (*modisch*) elegante, chic

Fes·sel¹ F ⟨-; -n⟩ **1** corda *f*, catena *f*: **j-n in -n legen** mettere qn in catene, legare qn; **die -n sprengen** spezzare le catene **2** *pl* (*Handfesseln*) manette *fpl* **3** *fig* (*Hemmung*) vincolo *m*, pastoia *f*

Fes·sel² F ⟨-; -n⟩ **1** (*bei Huftieren*) pastoia *f* **2** (*bei Menschen*) caviglia *f*

fes·seln V/T **1** incatenare: **j-n an Händen und Füßen ~** legare a qn mani e piedi **2** (*mit Handschellen*) ammanettare **3** *fig* (*faszinieren*) affascinare, avvincere ♦ *fig* **ans Bett ~** inchiodare a letto; **j-n an sich** (*akk*) **~** avvincere, attrarre qn

fes·selnd ADJ avvincente, appassionante

fest **A** ADJ **1** solido (*a. fig*): **-e Nahrung** cibi solidi **2** (*hart*) duro, compatto **3** (*stabil*) resistente, robusto: **-e Schuhe** scarpe resistenti **4** (*eng haftend*) stretto, saldo; (*stark*) forte: **ein -er Händedruck** una forte stretta di mano **5** (*unerschütterlich*) fermo, saldo: **-e Grundsätze** saldi principi; **-e Regeln** regole salde; **ein -er Charakter** un carattere fermo **6** (*konstant*) fisso: **einen -en Arbeitsplatz haben** avere un posto fisso; *umg* **einen -en Freund haben** avere un ragazzo fisso **B** ADV **1** fermamente: **~ versprechen** promettere fermamente; **~ überzeugt** fermamente convinto; **sich** (*dat*) **etw ~ vornehmen** avere il fermo proposito di qc **2** (*sicher*) definitivamente **3** (*ständig*) stabilmente **4** *umg* molto: **~ arbeiten** lavorare duramente **5** **~ angestellt sein** avere un impiego fisso ♦ **auf -em Boden** sulla terra ferma; **-e Gestalt annehmen** prendere una forma definita; **~ schlafen** dormire sodo; *umg* **immer -e drauflos!** sempre avanti, forza!

F

Fest N ⟨-[e]s; -e⟩ festa *f*: **ein ~ geben** dare una festa; **frohes ~!** buone feste!

Fest·akt M cerimonia *f*

Fest·an·ge·bot N offerta *f* definitiva **Fest·be·trag** M importo *m* fisso **fest·bin·den** V/T ⟨*irr*⟩ legare saldamente **fest·blei·ben** V/I ⟨*irr*; s.⟩ rimanere saldo (*od* fermo), non cedere

Fest·es·sen N banchetto *m*

fest·fah·ren V/I ⟨*irr*; s.⟩ & V/R **sich ~** arenarsi (*a. fig*) **fest·fres·sen** V/R ⟨*irr*⟩ **sich ~** **1** AUTO gripparsi **2** attaccarsi: **der Schmutz hat sich auf dem Holz festgefressen** lo sporco si è attaccato al legno **3** *fig* insediarsi, inculcarsi

Fest·geld N FIN deposito *m* vincolato

fest·hal·ten ⟨*irr*⟩ **A** V/T **1** tenere: **j-s Hände ~** tenere le mani di qn **2** (*gefangen halten*) trattenere (in prigione) **3** fissare, fermare: **etw in Wort und Bild ~** fermare qc nelle parole e nelle immagini **4** (*feststellen*) tenere a mente, constatare **B** V/R **sich an j-m/etw ~** appoggiarsi a qn/qc **C** V/I ⟨h.⟩ attenersi: **an einem Grundsatz ~** restare fedele a un principio ♦ *umg* **halt dich fest, wir haben gewonnen!** tienti forte, abbiamo vinto!

fes·ti·gen **A** V/T fortificare, consolidare: **eine Freundschaft ~** consolidare un'amicizia **B** V/R **sich ~** rafforzarsi, consolidarsi; **eine Währung/j-s Gesundheit hat sich gefestigt** una moneta/la salute di qn si è rafforzata

Fes·ti·ger M ⟨-s; -⟩ fissatore *m*

Fes·tig·keit F ⟨-⟩ **1** solidità *f*, stabilità *f* **2** *fig* (*Standhaftigkeit*) saldezza *f*

Fes·ti·val N ⟨-s; -s⟩ festival *m inv*

fest·kle·ben **A** V/T incollare, attaccare **B** V/I ⟨s.⟩ essere incollato (*od* attaccato) **fest·klem·men** **A** V/T bloccare, fermare, serrare **B** V/R **sich ~** bloccarsi, fermarsi

Fest·kör·per M corpo *m* solido

Fest·land N **1** continente *m* **2** (*nicht Meer*) terraferma *f*

fest·le·gen **A** V/T **1** fissare, stabilire: **die Reiseroute ~** stabilire il tragitto del viaggio **2** (*Kapital*) immobilizzare **3** *fig* **j-n auf etw** (*akk*) **~** vincolare qn a qc **B** V/R **sich** (**auf etw** [*akk*]) **~** vincolarsi (in qc) **Fest·le·gung** F ⟨-; -en⟩ **1** determinazione *f* **2** (*von Kapital*) investimento *m* vincolato

fest·lich ADJ festoso, gioioso: **j-n ~ bewirten** dare a qn una splendida ospitalità; **sich ~ kleiden** vestirsi a festa **Fest·lich·keit** F ⟨-; -en⟩ **1** festosità *f* **2** (*Feier*) festività *f*, festa *f*

fest·lie·gen V/I ⟨*irr*; h.⟩ **1** SCHIFF essere arenato **2** (*Kapital*) essere immobilizzato **3** (*bestimmt sein*) essere fissato (*od* stabilito)

fest·ma·chen **A** V/T **1** (*befestigen*) fermare, fissare **2** (*fest vereinbaren*) stabilire **3** SCHIFF ormeggiare **B** V/I ⟨h.⟩ ormeggiarsi, attraccare

Fest·me·ter M/N stero *m*, metro *m* cubo

fest·na·geln V/T inchiodare (*a. umg fig*)

Fest·nah·me F ⟨-; -n⟩ arresto *m*

fest·neh·men V/T ⟨*irr*⟩ arrestare, fermare

Fest·netz N TEL rete *f* telefonica fissa **Fest·plat·te** F IT disco *m* fisso, disco *m* rigido, hard disk *m inv* **Fest·plat·ten·lauf·werk** N drive *m inv* per disco rigido (*od* fisso) **Fest·preis** M prezzo *m* fisso; WIRTSCH calmiere *m* **Fest·re·de** F discorso *m* ufficiale **Fest·red·ner** M, **-in** F oratore *m*, -trice *f* ufficiale **Fest·saal** M salone *m* delle feste

fest·schrau·ben V/T avvitare

fest·schrei·ben V/T ⟨*irr*⟩ fissare (per iscritto)

Fest·schrift F scritto *m* celebrativo

fest·set·zen **A** V/T **1** fissare, stabilire: **ein Datum ~** fissare una data; **die Schadenshöhe ~** stabilire l'entità del danno **2** (*in Haft nehmen*) arrestare **B** V/R **sich ~** attaccarsi **fest·sit·zen** V/I ⟨*irr*; h.⟩ **1** essere saldamente attaccato **2** essere bloccato (*a. fig*) **3** SCHIFF essere arenato

Fest·spiel N **1** THEAT rappresentazione *f* di gala **2** *pl* festival *m* **Fest·spiel·haus** N teatro *m* del festival

fest·ste·hen V/I ⟨*irr*; h.⟩ **1** essere stabilito **2** (*sicher sein*) essere certo

fest·stell·bar ADJ **1** accertabile **2** (*bemerkbar*) constatabile **3** TECH bloccabile, fissabile

fest·stel·len V/T **1** accertare: **j-s Mitschuld ~** accertare la corresponsabilità di qn **2** (*bemerken*) constatare **3** TECH fissare, bloccare **Fest·stell·tas·te** F tasto *m* fissamaiuscole **Fest·stel·lung** F **1** (*Ermittlung*) accertamento *m*: **~ der Todesursache** accertamento delle cause della morte **2** (*Bemerkung*) constatazione *f* **3** dichiarazione *f*: **eine ~ zu etw machen/treffen** fare/rilasciare una dichiarazione su qc

Fest·stoff·ra·ke·te F razzo *m* a propellente solido

Fest·tag M (giorno *m* di) festa *f*: **zu seinem ~ hat er viele Glückwünsche erhalten** per la sua festa ha ricevuto molti auguri; **kirchlicher ~** festa religiosa **fest·täg·lich** **A** ADJ festivo **B** ADV a festa

fest·tre·ten VT ⟨irr⟩ calpestare

Fest·um·zug M processione *f*, corteo *m*

Fes·tung F ⟨-; -en⟩ fortezza *f*

fest·ver·zins·lich ADJ a tasso fisso

fest·wach·sen VI ⟨irr; s.⟩ **an etw** (*dat*) **~** attaccarsi (stabilmente)

Fest·zelt N tendone *m* da fiera

fest·zie·hen VT ⟨irr⟩ stringere

Fe·te ['fe:tə] F ⟨-; -n⟩ *umg* festicciola *f*

Fe·tisch M ⟨-s; -e⟩ feticcio *m*

Fe·ti·schis·mus M ⟨-⟩ feticismo *m*

fett ADJ **1** grasso: **-e Speisen** cibi grassi; **-e Haut** pelle grassa; **~ werden** ingrassare; **~ kochen** cucinare grasso; **~ essen** mangiare cibi grassi **2** (*reich*) ricco, abbondante: **eine -e Beute** un ricco bottino; **eine -e Ernte** un abbondante raccolto **3** TYPO in neretto ♦ *umg* **-e Jahre** anni di vacche grasse

Fett N ⟨-[e]s; -e⟩ grasso *m*: **pflanzliches/tierisches ~** grasso vegetale/animale; **~ ansetzen** ingrassare, *umg* metter su ciccia **Fett·ab·sau·gung** F ⟨-; -en⟩ liposuzione *f* **fett·arm** ADJ povero di grassi **Fett·au·ge** N occhio *m* di grasso **Fett·druck** M TYPO stampa *f* in neretto **Fett·fleck** M macchia *f* di unto **Fett·ge·halt** M contenuto *m* di grassi **Fett·ge·we·be** N tessuto *m* adiposo **fett·hal·tig** ADJ contenente grassi

fet·tig ADJ grasso, unto, untuoso

Fett·le·ber F MED fegato *m* grasso **fett·lei·big** ADJ pingue, obeso **Fett·lei·big·keit** F ⟨-⟩ pinguedine *f*, obesità *f* **fett·lös·lich** ADJ liposolubile **Fett·näpf·chen** N *umg* **bei j-m ins ~ treten** fare una gaffe con qn **Fett·pols·ter** N cuscinetto *m* (di grasso); MED pannicolo *m* adiposo **Fett·säu·re** F acido *m* grasso: **(un)gesättigte -n** acidi grassi (in)saturi **Fett·sucht** F ⟨-⟩ obesità *f* **Fett·wanst** M *umg pej* pancione *m*

fet·zen **A** VT *umg* strappare: **etw in Stücke ~** ridurre qc a brandelli **B** VI **1** ⟨s.⟩ *umg* (*rennen*) correre **2** ⟨h.⟩ *umg* essere uno sballo: **diese Musik fetzt** questa musica è uno sballo

Fet·zen M ⟨-s; -⟩ **1** pezzetto *m*, brandello *m* (*a. fig*): **ein ~ Papier** un pezzetto di carta; **~ eines Gesprächs** brandelli di un discorso **2** *umg pej* (*billiges Kleid*) straccetto *m* ♦ **streiten, dass die ~ fliegen** far volare i piatti

fet·zig ADJ *umg* (*mitreißend*) da sballo

feucht ADJ umido: **~ werden** inumidirsi ♦ **-e Hände** mani sudate **feucht·fröh·lich** ADJ allegro per le abbondanti bevute

Feuch·tig·keit F ⟨-⟩ umidità *f* **Feuch·tig·keits·creme** F crema *f* idratante

feu·dal ADJ **1** feudale **2** *umg* (*prachtvoll*) sontuoso

feu·da·lis·tisch ADJ feudale

Feu·er N ⟨-s; -⟩ **1** fuoco *m*: **~ anzünden/legen** accendere/appiccare il fuoco; **den Topf aufs ~ stellen** mettere la pentola sul fuoco **2** MIL **das ~ eröffnen** aprire il fuoco **3** (*Brand*) incendio *m*: **im ~ umkommen** morire tra le fiamme **4** (*Temperament*) temperamento *m* **5** (*Begeisterung*) ardore *m*: **das ~ der Jugend** l'ardore della gioventù; ♦ *fig* (*Wunde*) **wie ~ brennen** bruciare come fuoco; **~ fangen** prendere fuoco; *fig* infiammarsi; **für j-n durchs ~ gehen** buttarsi nel fuoco per qn; **j-m ~ reichen** fare accendere (la sigaretta) a qn; *fig* **mit dem ~ spielen** scherzare col fuoco; **~ und Flamme sein** essere entusiasta; **~ und Wasser sein** essere come il diavolo e l'acqua santa

Feu·er·alarm M allarme *m* antincendio **Feu·er·an·zün·der** M esca *f* per accendere il fuoco **feu·er·be·stän·dig** ADJ refrattario, resistente al fuoco **Feu·er·be·stat·tung** F cremazione *f* **Feu·er·ei·fer** M fervore *m*, ardore *m* **Feu·er·ein·stel·lung** F cessate *m* il fuoco **feu·er·fest** ADJ resistente al fuoco (*od* al calore del forno) **Feu·er·ge·fahr** F pericolo *m* d'incendio **feu·er·ge·fähr·lich** ADJ infiammabile **Feu·er·ge·fecht** N scontro *m* a fuoco **Feu·er·ha·ken** M attizzatoio *m* **Feu·er·lei·ter** F **1** scala *f* di sicurezza **2** (*Klappleiter*) scala *f* aerea **Feu·er·lö·scher** M

F

⟨-s; -⟩ estintore *m* **Feu·er·mel·der** M ⟨-s; -⟩ allarme *m* antincendio
feu·ern **A** V/I ⟨h.⟩ MIL sparare **B** V/T **1** *umg* (*zornig werfen*) scagliare **2** *umg* **j-n ~** licenziare in tronco qn ♦ *umg* **j-m eine ~** dare uno schiaffo a qn
Feu·er·pro·be F prova *f* del fuoco (*a. fig*) **Feu·er·qual·le** F medusa *f* urticante **feu·er·rot** ADJ rosso fuoco **Feu·er·s·brunst** F *poet* incendio *m* **Feu·er·schiff** N navefaro *f* **Feu·er·schlu·cker** M ⟨-s; -⟩, **-in** F ⟨-; -nen⟩ mangiatore *m*, -trice *f* di fuoco **Feu·er·schutz** M **1** protezione *f* antincendio **2** MIL fuoco *m* di copertura **Feu·er·stät·te** F focolare *m* **Feu·er·stein** M **1** pietra *f* focaia **2** (*vom Feuerzeug*) pietrina *f* **Feu·er·stel·le** F focolare *m* **Feu·er·tau·fe** F battesimo *m* del fuoco **Feu·er·teu·fel** M *umg* incendiario *m* **Feu·er·trep·pe** F scala *f* di sicurezza
Feu·e·rung F ⟨-; -en⟩ **1** impianto *m* di combustione **2** (*Feuerraum*) camera *f* di combustione; fornace *f* **3** (*Brennstoff*) combustibile *m*
Feu·er·ver·si·che·rung F assicurazione *f* contro gli incendi **Feu·er·wa·che** F caserma *f* dei vigili del fuoco **Feu·er·waf·fe** F arma *f* da fuoco **Feu·er·wehr** F ⟨-; -en⟩ vigili *mpl* del fuoco **Feu·er·wehr·au·to** N autopompa *f* **Feu·er·wehr·frau** F pompiera *f* **Feu·er·wehr·mann** M pompiere *m* **Feu·er·werk** N fuochi *mpl* d'artificio **Feu·er·werks·kör·per** M fuoco *m* d'artificio **Feu·er·zan·ge** F molle *fpl* (per il fuoco) **Feu·er·zan·gen·bow·le** F = *tipo di vino brûlé* **Feu·er·zeug** N accendino *m*
Feuil·le·ton [føjə'tõ(:)] N ⟨-s; -s⟩ **1** inserto *m* culturale, pagine *fpl* della cultura **2** (*literarischer Aufsatz*) articolo *m* culturale
feu·rig ADJ **1** (*temperamentvoll*) focoso **2** (*scharf*) piccante **3** (*glühend*) *fig* infuocato: **mit -en Worten** con parole infuocate
Fi·as·ko N ⟨-s; -s⟩ fiasco *m*, insuccesso *m*
Fi·ber·glas N ⟨-es⟩ fibra *f* di vetro
Fich·te F ⟨-; -n⟩ abete *m* rosso
fi·cken V/T *vulg* scopare
fi·del ADJ *umg* allegro, di buon umore
Fie·ber N ⟨-s; -⟩ febbre *f* (*a. fig*): **vierzig Grad ~** febbre a quaranta; **ich habe ~ bekommen** mi è venuta la febbre
Fie·ber·an·fall M attacco *m* di febbre **fie·ber·frei** ADJ senza febbre **fie·ber·haft** ADJ febbrile (*a. fig*): **-e Unruhe** agitazione febbrile **Fie·ber·kur·ve** F diagramma *m* della temperatura **Fie·ber·mit·tel** N febbrifugo *m*
fie·bern V/I ⟨h.⟩ **1** avere la febbre **2** *fig* essere in grande agitazione **3** **nach etw ~** bramare qc, agognare qc
fie·ber·sen·kend ADJ antifebbrile, febbrifugo **Fie·ber·ther·mo·me·ter** N termometro *m* (clinico) **Fie·ber·wahn** M delirio *m* (febbrile)
fieb·rig ADJ **1** febbricitante **2** (*mit Fieber*) **eine -e Erkältung** un raffreddore con febbre **3** *fig* febbrile
Fie·del F ⟨-; -n⟩ *hum pej* violino *m*
fie·deln V/T *hum pej* strimpellare il violino
fiel → fallen
fies ADJ *umg* schifoso, ripugnante; **ich finde das ~** mi fa schifo **Fies·ling** M ⟨-s; -e⟩ *umg pej* persona *f* ripugnante (*od* schifosa)
Fi·gur F ⟨-; -en⟩ **1** figura *f* (*a.* KUNST, GEOM): **eine schlanke ~ haben** avere una figura snella; **auf seine ~ achten** badare alla linea; **-en aus Holz** figure di (*od* in) legno **2** (*Person*) personaggio *m*, figura *f*: **die -en eines Romans** i personaggi di un romanzo; **eine herausragende ~ seiner Zeit** una figura dominante del suo tempo **3** *umg* tipo *m*: **eine verdächtige ~** un tipo sospetto **4** (*beim Schachspiel*) pezzo *m*: **die -en aufstellen** disporre i pezzi ♦ **eine gute/schlechte ~ machen** fare una bella/brutta figura
fi·gu·ra·tiv ADJ KUNST figurativo
fi·gür·lich **A** ADJ KUNST figurativo: **eine -e Darstellung** una raffigurazione **B** ADV (*übertragen*) in senso figurato
Fik·ti·on F ⟨-; -en⟩ finzione *f*: **literarische ~** finzione letteraria **fik·tiv** ADJ fittizio
Fi·let [fi'le:] N ⟨-s; -s⟩ GASTR filetto *m* **Fi·let·steak** [-ste:k] N bistecca *f* di filetto
Fi·li·a·le F ⟨-; -n⟩ filiale *f*, succursale *f* **Fi·li·al·lei·ter** M, **-in** F direttore *m*, -trice *f* di (*od* della) filiale
fi·lig·ran ADJ in (*od* di) filigrana
Film M ⟨-[e]s; -e⟩ **1** (*für Kamera*) rullino *m*, pellicola *f*: **einen neuen ~ in die Kamera einlegen** mettere una nuova pellicola nella macchina fotografica **2** (*Spielfilm*) film *m*: **einen ~ drehen** girare un

film; *umg* **in einen ~ gehen** andare a vedere un film **3** (*Filmindustrie*) cinema *m*: *umg* **zum ~ wollen** voler entrare nel mondo del cinema **4** (*dünne Schicht*) sottile strato *m*, film *m*: **ein öliger ~** un sottile strato oleoso; **ein schützender ~** un film protettivo

Film·ar·chiv N cineteca *f* **Film·auf·nah·me** F ripresa *f* cinematografica **Film·be·richt** M TV filmato *m*

Fil·me·ma·cher M, **-in** F film-maker *m/f inv*

fil·men **A** V/T filmare **B** V/I ⟨h.⟩ fare (*od* girare) un film

Film·fest·spie·le PL festival *m inv* cinematografico

fil·misch ADJ cinematografico

Film·ka·me·ra F macchina *f* da presa, cinepresa *f* **Film·kri·ti·ker** M, **-in** F critico *m* cinematografico **Film·mu·sik** F **1** colonna *f* sonora: **die ~ zu einem Western schreiben** scrivere la colonna sonora di un western **2** (*Gattung*) musica *f* da film **Film·pro·du·zent** M, **-in** F produttore *m*, -trice *f* cinematografico (-a) **Film·pro·jek·tor** M proiettore *m* **Film·riss** M *umg* **einen ~ haben** avere un vuoto (di memoria) **Film·schau·spie·ler** M, **-in** F attore *m*, attrice *f* cinematografico (-a) **Film·star** M stella *f* del cinema, divo *m* (*od* diva *f*) del cinema **Film·stu·dio** N studio *m* cinematografico **Film·ver·leih** M distribuzione *f* cinematografica **Film·vor·führ·gerät** N proiettore *m*

Fil·ter M/N ⟨-s; -⟩ filtro *m* **Fil·ter·ein·satz** M elemento *m* filtrante **Fil·ter·kaf·fee** M = *caffè all'americana*

fil·tern V/T filtrare

Fil·ter·pa·pier N carta *f* da filtro **Fil·ter·tü·te** F filtro *m* di carta **Fil·ter·zi·ga·ret·te** F sigaretta *f* con filtro

filt·rie·ren V/T filtrare

Filz M ⟨-es; -e⟩ **1** feltro *m* **2** POL *pej* consociativismo *m* **fil·zen** **A** V/I ⟨h., s.⟩ infeltrirsi **B** V/T *umg* (*durchsuchen*) perquisire

Filz·hut M cappello *m* di feltro

fil·zig ADJ feltrato, feltroso

Filz·laus F piattola *f* **Filz·schrei·ber** M, **Filz·stift** M pennarello *m*

Fim·mel M ⟨-s; -⟩ *umg* mania *f*, fissa (-zione) *f*, pallino *m*

Fi·na·le N ⟨-s; - *u.* -s⟩ **1** MUS finale *m* **2** SPORT finale *f*: **ins ~ kommen** arrivare in finale; **im ~ stehen** essere in finale

Fi·na·list M ⟨-en; -en⟩, **-in** F ⟨-; -nen⟩ SPORT finalista *m/f*

Fi·nanz·amt N intendenza *f* di finanza **Fi·nanz·aus·gleich** M perequazione *f* fiscale **Fi·nanz·be·am·te** M, **-be·am·tin** F intendente *m/f* di finanza

Fi·nan·zen PL finanze *fpl* **fi·nan·zi·ell** ADJ finanziario **Fi·nan·zi·er** [finan'tsieː] M ⟨-s; -s⟩ **1** (*Geldmann*) finanziere *m* **2** (*Geldgeber*) finanziatore *m*

fi·nan·zie·ren V/T **1** finanziare **2** HANDEL (*auf Kredit kaufen*) comprare a credito

Fi·nan·zie·rung F ⟨-; -en⟩ finanziamento *m* **Fi·nan·zie·rungs·plan** M piano *m* di finanziamenti

Fi·nanz·jahr N anno *m* finanziario **fi·nanz·kräf·tig** ADJ finanziariamente solido **Fi·nanz·mi·nis·ter** M, **-in** F ministro *m*, -a *f* dell'Economia e delle Finanze **Fi·nanz·po·li·tik** F politica *f* finanziaria **fi·nanz·schwach** ADJ finanziariamente debole **Fi·nanz·we·sen** N finanze *fpl* **Fi·nanz·wirt·schaft** F economia *f* finanziaria

Fin·del·kind N trovatello *m*, -a *f*

fin·den ⟨fand, gefunden⟩ **A** V/T **1** trovare (*a. fig*): **keine Worte ~** non trovare le parole; **die Lösung/eine Arbeitsstelle ~** trovare la soluzione/un lavoro **2** (*beurteilen*) trovare, pensare: **ich finde, dass ...** trovo che ...; **ich finde es besser** trovo che sia meglio; **das finde ich auch** anch'io la penso così; **wie findest du meinen Pulli?** che ne pensi del mio pullover? **3** **etw an j-m/etw ~** trovare qc in qn/qc; **nichts Schlimmes daran ~** non trovarci niente di male **4** (*empfinden*) sentire: **ich finde es kalt hier** sento freddo qui **B** V/R **sich ~** **1** ritrovarsi (*a. fig*): **er hat sich (wieder) gefunden** ha (ri)trovato se stesso; **der Schlüssel hat sich gefunden** si è ritrovata la chiave **2** **sich in etw (*akk*) ~** adattarsi (*od* rassegnarsi) a qc **C** V/I ⟨h.⟩ trovare la via: **nach Hause ~** trovare la via di casa; *fig* **zur Musik ~** arrivare alla musica ♦ **Beifall ~** trovare consenso; **das wird sich noch ~** la cosa si aggiusterà

Fin·der M ⟨-s; -⟩, **-in** F ⟨-; -nen⟩ ritrovatore *m*, -trice *f* **Fin·der·lohn** M ricompensa *f* (per chi trova un oggetto smarrito) **fin·dig** ADJ ingegnoso **Find·ling** M ⟨-s; -e⟩ **1** GEOL masso *m* erratico **2** (*Findelkind*) trovatello *m*, -a *f*

Fi·nes·se F ⟨-; -n⟩ **1** (*Trick; Schlauheit*) astuzia *f* **2** (*Feinheit*) finezza *f*

fing → fangen

Fin·ger M ⟨-s; -⟩ dito *m*: ♦ **an den -n abzählen** contare sulle dita; *fig umg* **das kann man sich an den fünf** (*od* **zehn**) **-n abzählen** è facile immaginarlo, si capisce; **j-d bekommt** (*od* **kriegt**) **j-n/etw in die ~** a qn capita qn/qc tra le mani; **der kleine ~** il mignolo; **j-m auf die ~ klopfen** dare una lezione a qn; **keinen ~ rühren** non muovere un dito; **sich** (*dat*) **etw aus den -n saugen** inventare qc di sana pianta; **sich** (*dat*) **nicht gern die ~ schmutzig machen** non (aver voglia di) sporcarsi le mani; **j-m auf die ~ sehen** tenere d'occhio qn; **die ~ im Spiel haben** avere le mani in pasta; **sich** (*dat*) **die ~ verbrennen** scottarsi le dita; **j-n um den** (**kleinen**) **~ wickeln** manovrare qn; **~ weg!** giù le mani!; **wenn man ihm den kleinen ~ gibt, nimmt er gleich die ganze Hand** se gli si dà un dito, si prende il braccio; **einen ~ breit** → Fingerbreit

Fin·ger·ab·druck M impronta *f* digitale: **digitaler ~** impronta digitale genetica **Fin·ger·breit** M ⟨-; -⟩ **einen ~** largo un dito **fin·ger·fer·tig** ADJ dalle dita agili (*od* svelte) **Fin·ger·fer·tig·keit** F ⟨-⟩ destrezza *f* nelle dita **Fin·ger·hut** M **1** ditale *m* **2** BOT digitale *f* **Fin·ger·ling** M ⟨-s; -e⟩ (*als Schutz*) ditale *m*

fin·gern **A** VI ⟨h.⟩ **1** **an etw** (*dat*) **~** gingillarsi con qc, rigirare qc tra le dita **2** **nach etw ~** frugare in cerca di qc **B** VT tirare fuori (a fatica): **ein Geldstück aus der Tasche ~** tirare fuori una moneta dalla tasca

Fin·ger·na·gel M unghia *f*: **an den Fingernägeln kauen** mangiarsi le unghie **Fin·ger·ring** M anello *m* **Fin·ger·spit·ze** F punta *f* delle dita **Fin·ger·spit·zen·ge·fühl** N sensibilità *f* **Fin·ger·übung** F MUS esercizio *m* per le dita **Fin·ger·zeig** M ⟨-[e]s; -e⟩ indicazione *f*, segno *m*

fin·gie·ren VT fingere **fin·giert** ADJ finto

Fi·nish ['fɪnɪʃ] N ⟨-s; -s⟩ **1** rifinitura *f*, tocco *m* finale **2** SPORT finish *m*; finale *f*

Fink M ⟨-en; -en⟩ fringuello *m*

Fin·ne[1] F ⟨-; -n⟩ **1** (*Pustel*) foruncoletto *m* **2** BIOL cisticerco *m* **3** ZOOL pinna *f* dorsale

Fin·ne[2] M ⟨-n; -n⟩ finlandese *m* **Fin·nin** F ⟨-; -nen⟩ finlandese *f* **fin·nisch** ADJ finlandese **Finn·land** N ⟨-s⟩ Finlandia *f*

fins·ter ADJ **1** buio: **eine -e Gasse** una stradina buia; **es wird ~** fa buio **2** *fig* sinistro; malfamato: **ein -er Gesell** un uomo sinistro; **ein -es Lokal** un locale malfamato **3** (*böse*) fosco: **ein -er Blick** uno sguardo fosco

Fins·ter·nis F ⟨-; -se⟩ **1** buio *m*, oscurità *f*, tenebre *fpl* **2** ASTRON eclissi *f*

Fin·te F ⟨-; -n⟩ **1** sotterfugio *m* **2** (*beim Boxen*) finta *f*

Fire·wall ['faɪəwɔːl] F ⟨-; -s⟩ IT firewall *m od f inv*

Fir·le·fanz M ⟨-es; -e⟩ **1** (*Tand*) cianfrusaglia *f* **2** (*Unsinn*) fanfaluca *f*, sciocchezza *f*

firm ADJ **in etw** (*dat*) **~ sein** essere pratico di qc

Fir·ma F ⟨-; Firmen⟩ ditta *f*, impresa *f*

Fir·ma·ment N ⟨-[e]s⟩ *poet* firmamento *m*

fir·men VT cresimare

Fir·men·in·ha·ber M, **-in** F titolare *m/f* della ditta **Fir·men·schild** N insegna *f* della ditta **Fir·men·zei·chen** N marchio *m* di fabbrica

fir·mie·ren VT HANDEL firmare: **der Betrieb firmiert mit** (*od* **unter**) **dem Namen Meyer** l'azienda firma a nome (di) Meyer

Firm·ling M ⟨-s; -e⟩ cresimando *m*, -a *f*

Fir·mung F ⟨-; -en⟩ cresima *f*

Firn M ⟨-[e]s; -e[n]⟩ nevaio *m*

Fir·nis M ⟨-ses; -se⟩ vernice *f* (*a. fig*)

fir·nis·sen VT verniciare

First M ⟨-[e]s; -e⟩ (linea *f* di) colmo *m* **First·bal·ken** M trave *f* di colmo

fis, Fis N ⟨-⟩ MUS fa *m* diesis

Fisch M ⟨-[e]s; -e⟩ **1** pesce *m* **2** *pl* ASTROL Pesci *mpl*: **ich bin ~** sono dei Pesci ♦ **ein dicker** (*od* **ein großer**) **~** un pezzo grosso; **das sind kleine -e!** sono sciocchezze!

Fisch·ad·ler M falco *m* pescatore **Fisch·au·ge** N FOTO occhio *m* di pesce

fi·schen **A** VT **1** pescare (*a. fig*): **im Trüben ~** pescare nel torbido **2** *umg* (*herausholen*) tirare fuori: **j-n/etw aus dem Wasser ~** tirare fuori qn/qc dall'acqua; **einen Keks aus der Dose ~** pescare un biscotto dalla scatola **B** VI ⟨h.⟩ **1** (*nach Fischen*) pescare **2** *umg* frugare: **in der Tasche nach etw ~** frugare nella tasca in cerca di qc

Fi·scher M ⟨-s; -⟩ pescatore *m* **Fi·scher·boot** N battello *m* (*od* barca *f*) da pesca **Fi·scher·dorf** N villaggio *m* di pescatori

Fi·sche·rei F ⟨-⟩ pesca *f* **Fi·sche·rei·flot·te** F flotta *f* peschereccia **Fi·sche·rei·gren·ze** F (limite *m* delle) acque *fpl* di pesca **Fi·sche·rei·recht** N 1 diritto *m* di pesca 2 (*Rechtsvorschriften*) leggi *fpl* sulla pesca

Fi·sche·rin F ⟨-; -nen⟩ pescatrice *f*

Fisch·fang M pesca *f*: **auf ~ gehen** andare a pesca **Fisch·ga·bel** F forchetta *f* da pesce **Fisch·ge·richt** N piatto *m* di pesce **Fisch·ge·schäft** N pescheria *f* **Fisch·grä·ten·mus·ter** N disegno *m* a spina di pesce **Fisch·grün·de** PL fondale *m* pescoso **Fisch·kon·ser·ve** F pesce *m* in scatola **Fisch·kut·ter** M motopeschereccio *m* **Fisch·laich** M uova *fpl* di pesce **Fisch·markt** M mercato *m* del pesce **Fisch·mehl** N farina *f* di pesce **Fisch·mes·ser** N coltello *m* da pesce **Fisch·netz** N rete *f* da pesca **Fisch·ot·ter** M lontra *f* **Fisch·rei·her** M airone *m* **Fisch·ro·gen** N uova *fpl* di pesce (non ancora deposte) **Fisch·schup·pe** F squama *f* **Fisch·stäb·chen** N bastoncino *m* di pesce **Fisch·sup·pe** F zuppa *f* di pesce **Fisch·teich** M vivaio *m* **Fisch·ver·gif·tung** F intossicazione *f* da pesce **Fisch·ver·käu·fer** M, **-in** F pescivendolo *m*, -a *f* **Fisch·zucht** F pescicoltura *f*

fis·ka·lisch ADJ fiscale **Fis·kus** M ⟨-; Fisken *u.* Fiskusse⟩ fisco *m*, erario *m*

Fi·so·le F ⟨-; -n⟩ *österr* fagiolino *m*

Fis·tel F ⟨-; -n⟩ MED fistola *f* **Fis·tel·stim·me** F voce *f* in falsetto

fit ADJ in forma **Fit·ness·raum** M sala *f* fitness **Fit·ness·stu·dio** N (centro *m* (di)) fitness *m inv*

Fit·tich M ⟨-[e]s; -e⟩ *geh* ala *f* ♦ **j-n unter seine -e nehmen** prendere qn sotto la propria ala

fix A ADJ 1 fisso: **eine -e Idee** un'idea fissa 2 *umg* (*flink*) lesto B ADV *umg* (*schnell*) velocemente, in fretta: **mach ~! nun aber ~!** fa' in fretta! sbrigati! ♦ *umg* **~ und fertig** bell'e pronto, bell'e fatto; (*erschöpft*) a pezzi

fi·xen VI ⟨h.⟩ *sl* bucarsi, farsi **Fi·xer** M ⟨-s; -⟩, **-in** F ⟨-; -nen⟩ *sl* tossico *m*, -a *f* **Fi·xer·stu·be** F ritrovo *m* per tossici

Fi·xier·bad N FOTO bagno *m* di fissaggio

fi·xie·ren A VT 1 fissare (*a.* FOTO, TECH): **etw vertraglich ~** fissare qc per contratto; **etw schriftlich ~** mettere qc per iscritto 2 MED **einen Knochenbruch ~** immobilizzare un arto 3 (*anstarren*) fissare B VR **sich auf j-n/etw ~** fissarsi su qn/qc

Fi·xier·mit·tel N FOTO fissativo *m*

Fi·xie·rung F ⟨-; -en⟩ 1 il fissare 2 FOTO fissaggio *m* 3 PSYCH fissazione *f*

Fix·punkt M punto *m* fisso (*od* di riferimento) **Fix·stern** M stella *f* fissa

Fi·xum N ⟨-s; Fixa⟩ fisso *m*

Fjord M ⟨-[e]s; -e⟩ fiordo *m*

FKK F → (Freikörperkultur) nudismo *m*

FKKler [ɛfka:'ka:lɐ] M ⟨-s; -⟩, **-in** F ⟨-; -nen⟩ nudista *m/f*

flach ADJ 1 piatto, piano: **-e Teller** piatti piani; **eine -e Nase** un naso piatto; **eine -e Gegend** una regione piatta 2 (*niedrig*) basso: **ein -es Gebäude** un edificio basso; **-es Gewässer** acque basse 3 *fig* scialbo, monotono, piatto; (*oberflächlich*) superficiale: **eine -e Diskussion** una discussione scialba ♦ **~ atmen** avere un respiro leggero e regolare; **die -e Hand** il palmo della mano; **die -e Klinge** il piatto della lama

Flach·bild·schirm M schermo *m* piatto **Flach·dach** N tetto *m* piano

Flä·che F ⟨-; -n⟩ 1 superficie *f*, area *f* 2 (*ebenes Gebiet*) piano *m*, pianura *f* 3 GEOM superficie *f*; (*Seite*) faccia *f*

Flä·chen·brand M incendio *m* di vaste proporzioni **flä·chen·de·ckend** ADJ esteso a tutta la zona **Flä·chen·in·halt** M MATH superficie *f*, area *f* **Flä·chen·maß** N (unità *f* di) misura *f* di superficie

flach·fal·len VI ⟨*irr*; s.⟩ *umg* andare a monte **Flach·heit** F ⟨-; -en⟩ 1 piattezza *f* (*a. fig*) 2 (*Trivialität*) banalità *f* **Flach·land** N territorio *m* pianeggiante; (*Ebene*) pianura *f* **flach·lie·gen** VI ⟨*irr*; h.⟩ *umg* essere malato **Flach·mann** M ⟨-[e]s; -männer⟩ *hum* = *fiaschetta da liquore* **Flach·re·li·ef** N bassorilievo *m*

Flachs M ⟨-es⟩ 1 lino *m* 2 *umg* scherzo *m*: **~ machen** scherzare

Flach·schuss M SPORT rasoterra *m*

flach·sen VI ⟨h.⟩ *umg* 1 scherzare 2 (*necken*) **mit j-m ~** stuzzicare qn

fla·ckern VI ⟨h.⟩ 1 tremolare: **die Flamme flackert** la fiamma tremola 2 (*elektrisches Licht*) accendersi a intermittenza

Fla·den M ⟨-s; -⟩ **1** focaccia *f*, schiacciata *f* **2** (*Kuhfladen*) sterco *m* (di vacca) **Fla·den·brot** N schiacciata *f*
Fläd·li·sup·pe F *schweiz* = *tipo di minestra con pezzetti di frittata*
Flag·ge F ⟨-; -n⟩ bandiera *f*: **das Schiff fährt unter dänischer ~** la nave batte bandiera danese ♦ **~ zeigen** = *manifestare (apertamente) la propria opinione*
flag·gen V/I ⟨h.⟩ esporre la bandiera
Flagg·schiff N nave *f* ammiraglia
Flair [flɛːɐ] N/M ⟨-s⟩ nota *f*
Fla·kon [fla'kõː] N/M ⟨-s; -s⟩ flacone *m*
flam·biert ADJ alla fiamma, flambé
Fla·me M ⟨-n; -n⟩, **Fla·min** F ⟨-; -nen⟩ fiammingo *m*, -a *f*
Fla·min·go M ⟨-s; -s⟩ fiammingo *m*
flä·misch ADJ fiammingo
Flam·me F ⟨-; -n⟩ **1** fiamma *f*: **in (hellen) -n stehen** essere in fiamme **2** fuoco *m*: **ein Gasherd mit drei -n** una cucina (a gas) a tre fuochi; **auf kleiner/großer ~** a fuoco lento/vivo **flam·mend** ADJ infiammato: **eine -e Rede** un discorso infiammato; **mit -en Worten** con parole infuocate **Flam·men·wer·fer** M MIL lanciafiamme *m*
Fla·nell M ⟨-s; -e⟩ flanella *f*
fla·nie·ren V/I ⟨h.⟩ andare a zonzo
Flan·ke F ⟨-; -n⟩ **1** fianco *m*: **dem Feind in die ~ fallen** attaccare il nemico sul fianco **2** SPORT (*Zuspiel*) cross *m*; (*Sturmteil*) ala *f*; (*beim Turnen*) volteggio *m* di fianco **flan·ken** V/I ⟨h.⟩ SPORT effettuare un cross
flan·kie·ren V/T **j-n ~** affiancare qn **flan·kie·rend** ADJ (*unterstützend*) di appoggio
Flansch M ⟨-[e]s; -e⟩ flangia *f*
flap·sig ADJ *umg* rozzo
Fla·sche F ⟨-; -n⟩ **1** bottiglia *f* **2** (*Saugflasche*) biberon *m* **3** *umg* (*unfähiger Mensch*) buono *m* a nulla **4** *umg* (*Versager*) fallito *m*
Fla·schen·bier N birra *f* in bottiglia **Fla·schen·gas** N gas *m* in bombola **Fla·schen·kind** N = *bambino allattato artificialmente* **Fla·schen·nah·rung** F preparato *m* (alimentare) per biberon **Fla·schen·öff·ner** M apribottiglie *m* **Fla·schen·pfand** N deposito *m* per il vuoto **Fla·schen·to·ma·te** F pomodoro *m* perino **Fla·schen·zug** M carrucola *f*
Flat·rate ['flɛtreːt] F ⟨-; -s⟩ IT, TEL flatrate *f inv* **Flat·rate·sau·fen** N ⟨-s⟩ *umg* all you can drink *m inv*
flat·ter·haft ADJ *pej* volubile **flat·te·rig** ADJ (*unruhig*) irrequieto; (*unregelmäßig*) irregolare **flat·tern** V/I **1** ⟨s.⟩ svolazzare: **das Huhn flattert** il pollo svolazza; **die Blätter ~ durch die Luft** i fogli svolazzano per aria **2** ⟨h.⟩ sventolare: **die Fahne flattert im Wind** la bandiera sventola al vento **3** ⟨h.⟩ (*vom Herz*) palpitare
flau **A** ADJ fiacco: **ich fühle mich ~** mi sento fiacco; WIRTSCH **-e Börse** borsa fiacca; **-e Zeit** stagione morta **B** ADV a rilento: **die Geschäfte gehen ~** gli affari vanno a rilento ♦ **mir ist ~ (im Magen)** ho un languore di stomaco
Flaum M ⟨-[e]s⟩ **1** (*vom Vogel*) piumaggio *m* **2** (*feiner Haarwuchs*) peluria *f*, lanugine *f* **flaum·weich** ADJ morbido come una piuma
Flau·se F ⟨-; -n⟩ idea *f* bizzarra; sciocchezza *f*: **er hat nur -n im Kopf** in testa ha solo sciocchezze
Flau·te F ⟨-; -n⟩ **1** SCHIFF bonaccia *f* **2** WIRTSCH ristagno *m*
Flech·te F ⟨-; -n⟩ **1** BOT lichene *m* **2** MED dermatosi *f* squamosa **flech·ten** V/T ⟨flicht, flocht, geflochten⟩ intrecciare ♦ **einen Zopf ~** fare una treccia
Fleck M ⟨-[e]s; -e[n]⟩ **1** macchia *f* **2** (*Ort*) posto *m*: **ein hübscher ~** un posto grazioso ♦ **-e bekommen** macchiarsi; **sich nicht vom ~ rühren** non muovere un passo; **mit etw (nicht) vom ~ kommen** (non) andare avanti con qc
Fle·cken M ⟨-s; -⟩ **1** (*Fleck*) macchia *f* **2** (*kleine Ortschaft*) borgo *m* **Fle·cken·ent·fer·ner** M ⟨-s; -⟩ smacchiatore *m* **fle·cken·los** ADJ senza macchie; *fig* senza macchia
Fleck·fie·ber N febbre *f* petecchiale
fle·ckig ADJ macchiato, chiazzato
Fle·der·maus F pipistrello *m*
Fleece [fliːs] N ⟨-⟩ pile *m*
Fle·gel M ⟨-s; -⟩ villano *m*, zotico *m*
Fle·ge·lei F ⟨-; -en⟩ villania *f*
fle·gel·haft ADJ villano **Fle·gel·jah·re** PL anni *mpl* della scapigliatura giovanile
fle·hen V/I ⟨h.⟩ **bei j-m um etw ~** implorare qc da qn **fle·hent·lich** ADJ supplichevole
Fleisch N ⟨-[e]s⟩ **1** carne *f* (*a. fig*): **das ~ ist schwach** la carne è debole **2** (*Fruchtfleisch*) polpa *f* ♦ **aus ~ und Blut** in carne e

ossa; *poet* **sein eigen(es) ~ und Blut** sangue del suo sangue; **das geht ihm in ~ und Blut über** gli entra nel sangue; **sich ins eigene ~ schneiden** darsi la zappa sui piedi

Fleisch·brü·he F brodo *m* di carne

Flei·scher M ⟨-s; -⟩, **-in** F ⟨-; -nen⟩ macellaio *m*, -a *f*

Flei·scher·la·den M macelleria *f*

fleisch·far·ben ADJ color carne **Fleisch·fres·ser** M ⟨-s; -⟩, **-in** F ⟨-; -nen⟩ carnivoro *m*, -a *f* **Fleisch·ge·richt** N piatto *m* di carne **Fleisch·hau·er** M ⟨-s; -⟩, **-in** F ⟨-; -nen⟩ *österr* macellaio *m*, -a *f*

flei·schig ADJ carnoso

Fleisch·klop·fer M batticarne *m* **Fleisch·kloß** M polpetta *f* di carne **fleisch·lich** ADJ *poet obs* carnale: **die -en Lüste** i piaceri carnali **fleisch·los** ADJ senza carne **Fleisch·to·ma·te** F pomodoro *m* costoluto (*od* marmande) **Fleisch·ver·gif·tung** F intossicazione *f* da carni avariate, botulismo *m* **Fleisch·vo·gel** M *schweiz* involtino *m* di carne **Fleisch·wolf** M tritacarne *m* **Fleisch·wun·de** F ferita *f* (nella carne) **Fleisch·wurst** F = *tipo di salume*

Fleiß M ⟨-es⟩ diligenza *f*; (*Eifer*) sollecitudine *f* ♦ **mit ~** con intenzione; **ohne ~ kein Preis** chi non semina non raccoglie

flei·ßig ADJ **1** diligente: **ein -er Student** uno studente diligente **2** (*eifrig*) sollecito

flen·nen V/I ⟨h.⟩ *umg pej* frignare

flet·schen V/T **die Zähne ~** digrignare

fle·xi·bel ADJ flessibile (*a. fig*)

Fle·xi·bi·li·tät F ⟨-⟩ flessibilità *f* (*a. fig*)

fli·cken V/T **1** rappezzare, rattoppare **2** *umg* (*reparieren*) riparare

Fli·cken M ⟨-s; -⟩ toppa *f*, pezza *f*

Flick·werk N ⟨-[e]s⟩ *pej* lavoro *m* raffazzonato

Flie·der M ⟨-s; -⟩ lillà *m*

Flie·ge F ⟨-; -n⟩ **1** mosca *f* **2** (*Art von Krawatte*) papillon *m*, farfalla *f* ♦ **zwei -n mit einer Klappe schlagen** prendere due piccioni con una fava

flie·gen ⟨flog, geflogen⟩ **A** V/I ⟨s.⟩ **1** volare: **mit einer Fluggesellschaft ~** volare con una compagnia aerea **2** (*mit Flugzeug*) andare in aereo: **nach Rom ~** andare a Roma in aereo **3** *umg* (*rausfliegen*) essere cacciato via: **aus der Firma ~** essere cacciato dall'azienda **B** V/T **1** (*Flugzeuge*) pilotare **2** (*befördern*) trasportare (in volo) ♦ *umg* **auf j-n/etw ~** andare pazzo per qn/qc; **in die Luft ~** saltare in aria **Flie·gen** N ⟨-s⟩ volo *m*: **beim ~** in volo

Flie·gen·fän·ger M carta *f* moschicida **Flie·gen·fi·schen** N pesca *f* a mosca **Flie·gen·ge·wicht** N SPORT peso *m* mosca **Flie·gen·git·ter** N zanzariera *f* **Flie·gen·klat·sche** F acchiappamosche *m* **Flie·gen·pilz** M ovolo *m* malefico

Flie·ger M ⟨-s; -⟩ **1** pilota *m* **2** *umg* (*Soldat der Luftwaffe*) aviere *m* **3** *umg* (*Flugzeug*) aereo *m* **Flie·ger·alarm** M allarme *m* aereo **Flie·ger·an·griff** M attacco *m* aereo

Fliegerin F ⟨-; -nen⟩ pilota *f*

flie·hen V/I ⟨floh, geflohen; s.⟩ fuggire: **vor der Polizei ~** fuggire davanti alla polizia; **ins Ausland ~** fuggire all'estero; **zu j-m ~** rifugiarsi da qn **flie·hend** ADJ in fuga ♦ **eine -e Stirn** una fronte sfuggente

Flie·se F ⟨-; -n⟩ piastrella *f*, mattonella *f*

flie·sen V/T piastrellare

Flie·sen·le·ger M ⟨-s; -⟩, **-in** F ⟨-; -nen⟩ piastrellista *m/f*

Fließ·band N ⟨-[e]s; -bänder⟩ catena *f* di montaggio **Fließ·band·ar·bei·ter** M, **-in** F operaio *m*, -a *f* in una catena di montaggio **Fließ·band·mon·ta·ge** F montaggio *m* a catena

flie·ßen V/I ⟨floss, geflossen; s.⟩ scorrere (*a. fig*): **der Fluss fließt durch die Stadt** il fiume scorre attraverso la città; **der Fluss fließt ins Meer** il fiume sbocca in mare; **der Champagner floss in Strömen** lo champagne scorreva a fiumi **flie·ßend** ADJ **1** **-es Wasser** acqua corrente **2** *fig* labile, incerto: **-e Grenze** confine labile ♦ **eine Sprache ~ sprechen** parlare correntemente una lingua

flim·mer·frei ADJ (*Bildschirm*) senza sfarfallio

flim·mern V/I ⟨h.⟩ **1** scintillare; (*Licht, Luft*) tremolare **2** (*Bildschirm*) sfarfallare **3** *unpers* **es flimmert mir vor den Augen** mi trema la vista **Flim·mern** N ⟨-s⟩ **1** scintillio *m*, tremolio *m* **2** TV sfarfallio *m*

flink ADJ lesto, svelto, pronto: **-e Hände haben** essere svelto di mano; **eine -e Zunge haben** avere la risposta pronta

Flin·te F ⟨-; -n⟩ fucile *m* (da caccia) ♦ *umg* **die ~ ins Korn werfen** gettare la spugna

Flip·chart ['flɪptʃart] F ⟨-; -s⟩ flipchart *m od f inv*, lavagna *f* a fogli mobili
Flipper M ⟨-s; -⟩ flipper *m inv*
flip·pern V/I ⟨h.⟩ giocare a flipper
flip·pig ADJ *umg* flippato
Flirt [flørt] M ⟨-s; -s⟩ flirt *m*: **einen ~ mit j-m haben** avere un flirt con qn **flir·ten** V/I ⟨h.⟩ flirtare

F

Flitt·chen N ⟨-s; -⟩ *umg* sgualdrina *f*
Flit·ter M ⟨-s; -⟩ **1** paillette *f* **2** *pej* (*wertloser Schmuck*) paccottiglia *f* **Flit·ter·wo·chen** PL luna *f* di miele
flit·zen V/I ⟨s.⟩ sfrecciare, scattare: **um die Ecke ~** sfrecciare dietro l'angolo
Flit·zer M ⟨-s; -⟩ bolide *m*, freccia *f*
floa·ten ['flo:tn] V/I ⟨h.⟩ WIRTSCH fluttuare **Floa·ting** N ⟨-s; -s⟩ WIRTSCH fluttuazione *f*
flocht → flechten
Flo·cke F ⟨-; -n⟩ fiocco *m* **flo·ckig** ADJ fioccoso; a (*od* in) fiocchi
flog → fliegen
floh → fliehen
Floh M ⟨-[e]s; Flöhe⟩ pulce *f* ♦ **j-m einen ~ ins Ohr setzen** mettere un ghiribizzo in testa a qn **Floh·markt** M mercato *m* delle pulci
Flop M ⟨-s; -s⟩ fiasco *m*, insuccesso *m*
Flo·renz N ⟨-⟩ Firenze *f*
Flo·rett N ⟨-[e]s; -e⟩ SPORT fioretto *m* **Flo·rett·fech·ten** N (scherma *f* col) fioretto *m*
flo·rie·ren V/I ⟨h.⟩ fiorire, prosperare
Flos·kel F ⟨-; -n⟩ frase *f* retorica (*od* vuota)
floss → fließen
Floß N ⟨-es; Flöße⟩ zattera *f*, galleggiante *m*
Flos·se F ⟨-; -n⟩ pinna *f*
flö·ßen V/T **1** (*Baumstämme*) far fluitare **2** (*per Floß befördern*) trasportare su zattera
Floß·fahrt F viaggio *m* in zattera
Flö·te F ⟨-; -n⟩ **1** flauto *m* **2** (*Glas*) flûte *m*, calice *m* da spumante
flö·ten V/I ⟨h.⟩ suonare il flauto ♦ *umg* **~ gehen** (*verloren gehen*) andare a farsi benedire
Flö·ten·blä·ser M, **-in** F flautista *m/f* **Flö·ten·kon·zert** N concerto *m* per flauto
flott ADJ *umg* **1** (*schnell*) svelto **2** (*schwungvoll*) vivace, allegro: **eine -e Melodie** un motivetto allegro **3** (*schick*) chic, elegante **4** (*lebenslustig*) spensierato: **ein -es Leben** una vita spensierata **5** SCHIFF **~ sein** essersi disincagliato **6** *fig* **das Motorrad ist wieder ~** la moto è di nuovo a posto; → flottmachen
Flot·te F ⟨-; -n⟩ SCHIFF flotta *f* **Flot·ten·ba·sis** F base *f* navale
flott·ma·chen V/T **1** SCHIFF disincagliare **2** (*reparieren*) rimettere in ordine
Flöz N ⟨-es; -e⟩ strato *m* (di minerale), filone *m*
Fluch M ⟨-[e]s; Flüche⟩ **1** maledizione *f*: **ein ~ liegt auf** (*od* **über**) **j-m/etw** una maledizione grava su qn/qc **2** (*Kraftausdruck*) imprecazione *f*; (*gegen Gott*) bestemmia *f* **flu·chen** V/I ⟨h.⟩ bestemmiare: **auf** (*od* **über**) **j-n/etw ~** imprecare contro qn/qc
Flucht[1] F ⟨-; -en⟩ fuga *f*: **auf der ~ sein** essere in fuga; **j-n in die ~ schlagen** mettere in fuga qn
Flucht[2] F ⟨-; -en⟩ BAU **1** (*Zimmer*) fuga *f*, serie *f* **2** (*Mauern*) filo *m*, allineamento *m*
flucht·ar·tig ADJ precipitoso, frettoloso
flüch·ten **A** V/I ⟨s.⟩ fuggire **B** V/R **sich ~** rifugiarsi; **sich zu j-m ~** rifugiarsi da qn
Flucht·hel·fer M, **-in** F complice *m/f* nella fuga
flüch·tig **A** ADJ **1** fuggitivo; *form* latitante **2** *fig* fugace: **eine -e Begegnung** un incontro fugace **3** superficiale: **eine -e Bekanntschaft** una conoscenza superficiale **4** (*ungenau*) poco accurato, sbrigativo: **eine -e Arbeit** un lavoro sbrigativo **5** CHEM volatile; (*Öl*) essenziale **B** ADV (*schnell*) rapidamente: **etw ~ lesen** leggere rapidamente qc **Flüch·tig·keits·feh·ler** M disattenzione *f*
Flücht·ling M ⟨-s; -e⟩ profugo *m*, -a *f*, fuoruscito *m*, -a *f* **Flücht·lings·la·ger** N campo *m* profughi
Flucht·li·nie F linea *f* di fuga **Flucht·punkt** M punto *m* di fuga **Flucht·ver·such** M tentativo *m* di fuga **Flucht·weg** M via *f* di fuga
Flug M ⟨-[e]s; Flüge⟩ volo *m*: **der ~ nach Frankfurt/zum Mond** il volo per Francoforte/sulla luna; **etw im ~ auffangen** afferrare qc al volo ♦ (**wie**) **im ~ vergehen** volare (via)
Flug·angst F paura *f* di volare **Flug·bahn** F traiettoria *f* **Flug·be·glei·ter** M, **-in** F assistente *m/f* di volo, steward *m*, hostess *f* **Flug·be·trieb** M ⟨-[e]s⟩ **1** servizio *m* aereo **2** arrivi *mpl* e parten-

Fluchen

Man wird in Italien folgende Ausrufe der Wut oft hören. Sie sind nicht besonders stark. Sehr verbreitet ist die Verbindung von **quel cavolo di** (jener Kohl) mit dem, worüber man sich ärgert.

quel cavolo di libro	dieses Scheißbuch
accidenti!	*ungefähr* Donnerwetter!
dannazione!	verdammt!
maledizione!	verdammt!
mannaggia!	verflixt!
cavolo! *oder* **e che cavolo!**	verflixt! So ein Mist!
col cavolo!	von wegen!
porca miseria!	verdammt noch mal!

In vielen Ausdrücken der Wut werden in Italien Götter, Teufel und Heilige in variierter Form genannt (→ **porco**)

madonna! *oder* **madosca!**	*ungefähr* ach du meine Güte!
misericordia!	barmherziger Gott!
perdiana!	*ungefähr* Donnerwetter!
perbacco, che scalogna!	Donnerwetter, so ein Pech!
perdio! *oder* **perdinci!**	Herrgott noch mal!
diavolo! *oder* **diamine!**	Teufel!
per tutti i diavoli!	in drei Teufels Namen!
al diavolo!	zum Teufel!

⚠ Vorsicht! Folgende Ausrufe sind sehr vulgär!

merda!	Scheiße!
cazzo!	(*Penis*) Mist! *oder* Arsch!
fanculo!	Fick dich!
vaffanculo!	Fick dich!

ze *fpl* (di aerei): **es herrscht heute reger ~** oggi ci sono molti arrivi e partenze **Flug·blatt** N volantino *m* **Flug·boot** N idrovolante *m*

Flü·gel M ⟨-s; -⟩ **1** ala *f* (*a. fig*): **der ~ einer Partei** l'ala di un partito; **mit den -n schlagen** battere le ali; **die ~ anlegen** ripiegare le ali **2** MUS piano(forte) *m* a coda ♦ **die ~ hängen lassen** perdersi d'animo

Flü·gel·fens·ter N finestra *f* a due ante **flü·gel·för·mig** ADJ a forma di ala **Flü·gel·mut·ter** F ⟨-; -n⟩ madrevite *f* ad alette **Flü·gel·schlag** M colpo *m* d'ala **Flü·gel·stür·mer** M SPORT, **-in** F ala *f* **Flü·gel·tür** F porta *f* a due ante

flug·fä·hig ADJ (*Tier*) capace di volare; (*Flugzeug*) in grado di volare

Flug·gast M passeggero *m*, -a *f* (di aereo)

flüg·ge ADJ pronto a prendere il volo (*a. umg fig*)

Flug·ge·sell·schaft F compagnia *f* aerea **Flug·ha·fen** M aeroporto *m* **Flug·ha·fen·zu·brin·ger·dienst** M servizio *m* di transfer per l'aeroporto; (*Pendeldienst eines Hotels*) servizio *m* navetta per l'aeroporto **Flug·hö·he** F quota *f* di volo **Flug·ka·pi·tän** M, **-in** F **1** (*einer Passagiermaschine*) comandante *m/f*, pilota *m/f* **2** MIL capitano *m* pilota **Flug·leh·rer** M, **-in** F istruttore *m*, -trice *f* di volo **Flug·lei·ter** M, **-in** F controllore *m*, -a *f* di volo **Flug·lei·tung** F controllo *m* di volo **Flug·li·nie** F **1** (*beflogene Strecke*) linea *f* **2** (*Gesellschaft*) compagnia *f* aerea **Flug·lot·se** M, **-lot·sin** F controllore *m*, -a *f* di volo **Flug·num·mer** F numero *m* di volo **Flug·ob·jekt** N oggetto *m* volante: **unbekanntes ~** oggetto volante non identificato, UFO **Flug·plan** M piano *m* di volo **Flug·platz** M aerodromo *m* **Flug·rei·se** F viaggio *m* (in) aereo **Flug·ret·tungs·dienst** M aerosoccorso *m* **Flug·schein** M **1** biglietto *m* aereo **2** (*Pilotenschein*) brevetto *m* di pilota, brevetto *m* di volo **Flug·schrei·ber** M FLUG scatola *f* nera **Flug·si·che·rung** F controllo *m* del traffico aereo **Flug·steig**

M ⟨-[e]s; -e⟩ molo *m* **flug·taug·lich** ADJ idoneo al volo **Flug·ti·cket** N biglietto *m* aereo **Flug·ver·kehr** M traffico *m* aereo **Flug·zeit** F durata *f* del volo

Flug·zeug N aereo *m* **Flug·zeug·ab·sturz** M caduta *f* di un aereo **Flug·zeug·ent·füh·rung** F dirottamento *m* aereo **Flug·zeug·hal·le** F aviorimessa *f*, hangar *m* **Flug·zeug·trä·ger** M portaerei *f* **Flug·zeug·un·glück** N sciagura *f* aerea

Flu·i·dum N ⟨-s; Fluida⟩ 1 fluido *m* 2 *fig* (*Ausstrahlung*) attrattiva *f*, aura *f*

fluk·tu·ie·ren V/I ⟨h.⟩ fluttuare

Flun·der F ⟨-; -n⟩ passera *f* di mare

flun·kern V/I ⟨h.⟩ *umg* (rac)contare frottole

Flu·or N ⟨-s⟩ fluoro *m* **Flu·or·chlor·koh·len·was·ser·stoff** M clorofluorocarburo *m* **flu·o·res·zie·ren** V/I ⟨h.⟩ essere fluorescente

Flur¹ M ⟨-[e]s; -e⟩ corridoio *m*

Flur² F ⟨-; -en⟩ campagna *f* (coltivata): **durch Feld und ~** per la campagna

Flur·be·rei·ni·gung F JUR ricomposizione *f* fondiaria **Flur·scha·den** M danno *m* alle colture

flu·sen V/I ⟨h.⟩ sfilacciarsi

Fluss M ⟨-es; Flüsse⟩ 1 fiume *m* 2 (*fließende Bewegung*) flusso *m* ♦ **in ~ kommen** avviarsi; **im ~ sein** essere in corso

fluss·ab·wärts ADV secondo corrente; **~ fahren** viaggiare seguendo la corrente **Fluss·arm** M braccio *m* di fiume **fluss·auf·wärts** ADV contro corrente **Fluss·barsch** M pesce *m* persico **Fluss·bett** N alveo *m* (*od* letto *m*) del fiume **Fluss·bie·gung** F ansa *f*

Flüss·chen N ⟨-s; -⟩ fiumicello *m*

Fluss·dia·gramm N diagramma *m* di flusso **Fluss·fahrt** F gita *f* sul fiume

flüs·sig A ADJ 1 liquido (*a. fig*): **-e Gelder** denaro liquido 2 (*fließend*) fluido, scorrevole (*a. fig*): **ein -er Stil** uno stile scorrevole B ADV con scioltezza: **~ schreiben** scrivere in modo scorrevole; *hum* **ich bin nicht ~** sono a secco → flüssigmachen

Flüs·sig·keit F ⟨-; -en⟩ 1 liquido *m* 2 *fig* scorrevolezza *f*: **~ des Stils** fluidità *f* dello stile **Flüs·sig·kris·tall·an·zei·ge** F display *m* a cristalli liquidi

flüs·sig·ma·chen V/T ♦ **Geld ~ machen** mettere a disposizione del denaro

Fluss·krebs M gambero *m* di fiume **Fluss·pferd** N ippopotamo *m*

flüs·tern V/I ⟨h.⟩ sussurrare ♦ **dem werd(e) ich was ~!** gliene dirò quattro! **Flüs·tern** N ⟨-s⟩ sussurrio *m* **Flüs·ter·pro·pa·gan·da** F propaganda *f* in sordina

Flut F ⟨-; -en⟩ 1 alta marea *f*, flusso *m*: **die ~ steigt** si alza la marea 2 acque *fpl*: **das U-Boot taucht in den -en unter** il sottomarino si immerge nelle acque 3 *fig* marea *f* **flu·ten** A V/I ⟨s.⟩ ondeggiare (*a. fig*): **Licht flutete ins Zimmer** la luce inondò la stanza B V/T SCHIFF riempire d'acqua

Flut·licht N illuminazione *f* artificiale **Flut·wel·le** F 1 onda *f* di marea 2 (*bei Seebeben*) onda *f* di maremoto

Fly·er ['flaie] M ⟨-s; -⟩ volantino *m*

f-Moll N MUS fa *m* minore

focht → fechten

Fock F ⟨-; -en⟩ vela *f* di trinchetto

Fö·de·ra·lis·mus M ⟨-⟩ federalismo *m*

fö·de·ra·lis·tisch ADJ federalistico

Fö·de·ra·ti·on F ⟨-; -en⟩ federazione *f*

foh·len V/I ⟨h.⟩ figliare (di cavalli)

Foh·len N ⟨-s; -⟩ puledro *m*

Föhn M ⟨-[e]s; -e⟩ 1 (*Wind*) föhn *m*, foehn *m* 2 (*Haartrockner*) fon *m* **föh·nen** V/T asciugare con il fon

Fo·kus M ⟨-; -se⟩ 1 OPT fuoco *m* 2 MED focus *m*

Fol·ge F ⟨-; -n⟩ 1 conseguenza *f*: **etw zur ~ haben** avere qc come conseguenza; **-n nach sich ziehen** avere delle conseguenze; **in ~ von etw** in conseguenza (*od* in seguito) a qc 2 (*Reihe*) serie *f*: **in rascher ~** in rapida successione 3 (*von Zeitschriften*) numero *m* 4 TV, RADIO puntata *f* ♦ **etw** (*dat*) **~ leisten** aderire a qc; **einem Wunsch ~ leisten** soddisfare un desiderio

fol·gen V/I ⟨s.⟩ 1 (*nachfolgen*) **j-m/etw ~** seguire qn/qc (*a. fig*) 2 (*zeitlich*) succedere, seguire: **j-m in einem Amt ~** succedere a qn in una carica; **ein Unglück folgt dem anderen** le disgrazie si susseguono 3 (*folgern*) **aus etw ~** seguire (*od* derivare) da qc; **daraus folgt, dass ...** ne segue che ... 4 ⟨h.⟩ (*gehorchen*) ubbidire: **gut/schlecht ~** essere/non essere ubbidiente ♦ **wie folgt** come segue

fol·gend ADJ & PRON seguente: **am -en Tag** il giorno seguente; **die Lage ist -e** la situazione è la seguente

Fol·gen·de[1] M/F ⟨-n; -n⟩ seguente *m/f*
Fol·gen·de[2] N ⟨-n⟩ quanto segue: **er sagte -s** disse quanto segue ♦ **im -n** in seguito
fol·gen·der·ma·ßen ADV come segue **fol·gen·schwer** ADJ gravido di conseguenze
fol·ge·rich·tig ADJ conseguente
fol·gern V/T dedurre: **daraus lässt sich ~, dass ...** da ciò si può dedurre che ...
Fol·ge·rung F ⟨-; -en⟩ conclusione *f*
Fol·ge·scha·den M danno *m* conseguente **Fol·ge·zeit** F periodo *m* successivo
folg·lich ADV di conseguenza, quindi
folg·sam ADJ ubbidiente, docile
Fo·lie F ⟨-; -n⟩ plastica *f* da imballaggio; (*für Lebensmittel*) pellicola *f* (trasparente) **Fo·lien·kar·tof·fel** F patata *f* al cartoccio
Folk·lo·re F ⟨-⟩ folclore *m* **folk·lo·ris·tisch** ADJ folcloristico **Folk·sän·ger** M, **-in** F cantante *m/f* folk, folk-singer *m/f inv*
Fol·ter F ⟨-; -n⟩ tortura *f* (*a. fig*) ♦ **j-n auf die ~ spannen** far stare qn sulle spine
fol·tern V/T torturare (*a. fig*)
Fön® → Föhn
Fonds [fõː] M ⟨-; -⟩ 1 WIRTSCH fondo *m*, capitale *m* 2 *pl* (*Anleihen*) prestiti *mpl*
Fon·due [fõˈdyː] N ⟨-s; -s⟩ *u.* F ⟨-; -s⟩ fonduta *f*
fö·nen → föhnen
fon..., Fon... → phon..., Phon...
Font M ⟨-s; -s⟩ (*Schriftart*) carattere *m*, font *m inv*
Fon·tä·ne F ⟨-; -n⟩ 1 getto *m* d'acqua 2 (*Springbrunnen*) fontana *f* a getto
fop·pen V/T burlare, prendere in giro
for·cie·ren [fɔrˈsiːrən] V/T forzare
För·der·band N ⟨-[e]s; -bänder⟩ nastro *m* trasportatore
För·de·rer M ⟨-s; -⟩ promotore *m*, fautore *m* **För·de·rin** F ⟨-; -nen⟩ promotrice *f*, fautrice *f* **för·der·lich** ADJ utile
for·dern V/T 1 chiedere, pretendere: **Schadenersatz ~** chiedere il risarcimento dei danni; **der Lehrer fordert zu viel von seinen Schülern** l'insegnante pretende troppo dai suoi alunni 2 (*herausfordern*) sfidare: **j-n zum Zweikampf ~** sfidare qn a duello ♦ **Menschenleben ~** mietere vite umane
för·dern V/T 1 promuovere, favorire: **die Ausfuhr ~** favorire le esportazioni; **die Künste ~** promuovere le arti 2 sostenere: **junge Talente ~** sostenere giovani talenti 3 (*verstärken*) (as)secondare: **eine Neigung ~** assecondare un'inclinazione 4 (*anregen*) stimolare 5 BERGB estrarre ♦ **zu Tage ~** portare alla luce
För·der·preis M borsa *f* di studio
For·de·rung F ⟨-; -en⟩ 1 (*Antrag*) richiesta *f*; (*Anspruch*) pretesa *f*: **-en (an j-n) stellen** avanzare richieste (a qn); **eine ~ erfüllen** soddisfare una richiesta 2 HANDEL credito *m*
För·de·rung F ⟨-; -en⟩ 1 promozione *f*, incoraggiamento *m*, incremento *m* 2 (*Unterstützung*) sostegno *m* 3 BERGB estrazione *f*
Fo·rel·le F ⟨-; -n⟩ trota *f*
Form F ⟨-; -en⟩ 1 forma *f* (*a.* GASTR, METALL): **etw** (*dat*) **~ geben** dare forma a qc; **in ~ von etw** in forma di qc 2 **gut in ~ sein** essere in forma 3 (*festgelegte Verhaltensweisen*) forme *fpl*: **die ~ wahren** salvare le forme ♦ **in aller ~** nelle debite forme; **feste -en annehmen** prendere forme concrete; **aus der ~ geraten** sformarsi; **der ~ halber** pro forma
for·mal ADJ 1 formale 2 (*äußerlich*) esteriore **For·ma·li·tät** F ⟨-; -en⟩ formalità *f*
For·mat N ⟨-[e]s; -e⟩ 1 formato *m* 2 (*Bedeutung einer Person*) statura *f*: **es fehlt ihm an ~** non ha la statura (necessaria)
for·ma·tie·ren V/T IT formattare: **formatieren** (*Befehl*) formatta
For·ma·ti·on F ⟨-; -en⟩ 1 formazione *f* 2 (*Gruppe*) unità *f*
For·mat·vor·la·ge F IT modello *m* di formato
form·bar ADJ plasmabile (*a. fig*)
Form·blatt N modulo *m*
For·mel F ⟨-; -n⟩ formula *f*: **etw auf eine ~ bringen** ridurre qc a una formula
for·mell ADJ formale
for·men A V/T 1 **etw ~** dare forma a qc, modellare qc 2 (*innerlich bilden*) formare, plasmare: **j-s Persönlichkeit ~** formare la personalità di qn B V/R **sich ~** prendere forma **For·men·leh·re** F LING, BIOL, MUS morfologia *f* **for·men·reich** ADJ multiforme
Form·feh·ler M errore *m* di forma
Form·ge·bung F ⟨-; -en⟩ formatura *f* **Form·ge·stal·tung** F design *m*
for·mie·ren A V/T 1 mettere in formazione 2 (*bilden*) formare B V/R **sich ~** 1

schierarsi, disporsi: **sich zu einer Kolonne ~** disporsi in colonna 2 organizzarsi **förm·lich** ADJ formale ♦ **sie erschrak ~** si è veramente spaventata **Förm·lich·keit** F ⟨-; -en⟩ formalità *f*

form·los ADJ 1 informe 2 informale: **ein -er Antrag** una richiesta informale; **ein -er Empfang** un'accoglienza informale **Form·sa·che** F questione *f* di forma, formalità *f*: **das ist reine ~** è una pura formalità **form·schön** ADJ di bella forma

For·mu·lar N ⟨-s; -e⟩ modulo *m*

for·mu·lie·ren V/T formulare **For·mu·lie·rung** F ⟨-; -en⟩ formulazione *f*

form·voll·en·det ADJ di forma perfetta

forsch ADJ energico, risoluto

for·schen V/I ⟨h.⟩ 1 ricercare: **nach neuen Energiequellen ~** ricercare nuove fonti di energia 2 indagare: **nach den Ursachen von etw ~** indagare sulle cause di qc **for·schend** A ADJ (*Blick*) indagatore B ADV **j-n ~ ansehen** scrutare qn

For·scher M ⟨-s; -⟩ ricercatore *m* **For·scher·geist** M spirito *m* di ricerca

For·sche·rin F ⟨-; -nen⟩ ricercatrice *f*

For·schung F ⟨-; -en⟩ 1 ricerca *f*: **-en betreiben** fare ricerche 2 indagine *f*: **die ~ nach etw** l'indagine su qc

For·schungs·rei·se F viaggio *m* di esplorazione **For·schungs·rei·sen·de** M/F esploratore *m*, -trice *f* **For·schungs·sa·tel·lit** M satellite *m* scientifico

Forst M ⟨-[e]s; -e⟩ foresta *f*

Förs·ter M ⟨-s; -⟩, **-in** F ⟨-; -nen⟩ guardaboschi *m/f inv*

Forst·haus N casa *f* del guardaboschi **Forst·re·vier** N distretto *m* forestale **Forst·wirt·schaft** F economia *f* forestale

fort ADV 1 via: **er ist schon lange ~** è già via da molto tempo; **ich muss ~** devo andarmene 2 (*verschwunden*) **der Ring ist ~** l'anello non si trova più 3 (*weiter*) avanti: **das geht immer so ~** va sempre avanti così ♦ **in einem ~** ininterrottamente; **und so ~** e così via

Fort [foːɐ] N ⟨-s; -s⟩ fortino *m*

fort·be·ge·ben V/R ⟨irr⟩ **sich ~** andarsene

Fort·be·stand M sopravvivenza *f* **fort·be·ste·hen** V/I ⟨irr; h.⟩ sopravvivere

fort·be·we·gen A V/T spostare B V/R **sich ~** procedere, avanzare; **sich mit dem Rollstuhl ~** muoversi sulla sedia a rotelle **Fort·be·we·gung** F il procedere, andatura *f*

fort·bil·den V/R **sich ~** perfezionarsi **Fort·bil·dung** F perfezionamento *m*

fort·blei·ben V/I ⟨irr; s.⟩ non venire

fort·brin·gen V/T ⟨irr⟩ 1 portare via 2 allontanare: **das Kind nicht vom Schaufenster ~ können** non riuscire ad allontanare il bambino dalla vetrina

fort·dau·ern V/I ⟨h.⟩ continuare

fort·fah·ren V/I ⟨irr⟩ 1 ⟨s.⟩ andare via 2 ⟨h., s.⟩ continuare: **~, etw zu tun** continuare a fare qc

fort·fal·len V/I ⟨irr; s.⟩ venire a mancare, cadere, cessare: **~ lassen** lasciar cadere

fort·füh·ren V/T ⟨irr⟩ (*fortsetzen*) continuare, proseguire **Fort·füh·rung** F ⟨-⟩ continuazione *f*

Fort·gang M ⟨-[e]s⟩ continuazione *f*

fort·ge·hen V/I ⟨irr; s.⟩ 1 andare via, andarsene 2 (*weitergehen*) continuare

fort·ge·schrit·ten ADJ evoluto: **ein industriell -es Gebiet** una zona industrialmente evoluta; **in -em Alter** in età avanzata **Fort·ge·schrit·te·ne** M/F ⟨-n; -n⟩ non principiante *m/f*: **ein Kurs für ~** un corso avanzato

fort·ge·setzt ADJ continuo, ininterrotto

Fort·kom·men N ⟨-s; -⟩ avanzamento *m*

fort·lau·fen V/I ⟨irr; s.⟩ 1 fuggire, scappare via: **von zu Hause ~** fuggire di casa; **der Hund ist uns fortgelaufen** ci è scappato il cane 2 (*weitergehen*) continuare **fort·lau·fend** ADJ continuo; progressivo

fort·le·ben V/I ⟨h.⟩ continuare a vivere

fort·pflan·zen V/R **sich ~** 1 riprodursi 2 propagarsi: **der Schall pflanzt sich fort** il suono si propaga **Fort·pflan·zung** F 1 riproduzione *f* 2 propagazione *f*

Fort·pflan·zungs·or·gan N organo *m* riproduttivo **Fort·pflan·zungs·trieb** M istinto *m* riproduttivo

Fort·satz M MED prolungamento *m*

fort·schrei·ten V/I ⟨irr; s.⟩ 1 avanzare, procedere (*a. fig*) 2 (*Zeit*) passare **fort·schrei·tend** ADJ progressivo, crescente

Fort·schritt M progresso *m* **fort·schritt·lich** ADJ progressista

Fort·schritts·an·zei·ge F IT barra *f* d'avanzamento, progress bar *f inv* **fort·schritts·feind·lich** ADJ conservatore

Fort·schritts·glau·be M fede *f* nel progresso
fort·set·zen A V/T continuare B V/R **sich ~** continuare **Fort·set·zung** F ⟨-; -en⟩ 1 continuazione *f* 2 puntata *f*: **in -en gesendet** trasmesso a puntate ♦ **~ folgt** continua
fort·wäh·rend ADJ continuo
Fo·rum N ⟨-s; Foren *u.* Fora⟩ 1 (*öffentliche Diskussion*) forum *m* 2 (*Gremium*) pubblico *m* (competente) 3 (*in altrömischen Städten*) foro *m*
Fos·sil N ⟨-s; -ien⟩ fossile *m*
Fo·to N ⟨-s; -s⟩ foto *f*: **ein ~ von j-m/etw machen** fare una foto a qn/qc **Fo·to·al·bum** N album *m* di (*od* per) fotografie **Fo·to·ap·pa·rat** M macchina *f* fotografica **Fo·to-CD** F foto CD *m inv*
fo·to·gen ADJ fotogenico
Fo·to·graf M ⟨-en; -en⟩ fotografo *m* **Fo·to·gra·fie** F ⟨-; -n⟩ fotografia *f* **fo·to·gra·fie·ren** V/T fotografare **Fo·to·gra·fin** F ⟨-; -nen⟩ fotografa *f* **fo·to·gra·fisch** ADJ fotografico **Fo·to·ko·pie** F fotocopia *f* **fo·to·ko·pie·ren** V/T fotocopiare **Fo·to·ko·pie·rer** M (macchina *f*) fotocopiatrice *f*
Fo·to·la·bor N laboratorio *m* fotografico **Fo·to·mo·dell** N fotomodello *m*, -a *f* **Fo·to·mon·ta·ge** F fotomontaggio *m* **Fo·to·satz** M TYPO fotocomposizione *f* **Fo·to·syn·the·se** F fotosintesi *f*
Fö·tus M ⟨- *u.* -ses; -se *u.* Föten⟩ feto *m*
fot·zen V/T *österr vulg* schiaffeggiare
Foul [faul] N ⟨-s; -s⟩ SPORT fallo *m*
Fo·yer [foa'je:] N ⟨-s; -s⟩ ridotto *m*
Fracht F ⟨-; -en⟩ 1 (*Ladung*) carico *m*; (*Frachtgut*) merce *f* 2 (*Beförderungspreis*) (prezzo *m* del) trasporto *m*; SCHIFF nolo *m* **Fracht·brief** M lettera *f* di vettura
Frach·ter M ⟨-s; -⟩ nave *f* da carico
fracht·frei ADJ franco di porto **Fracht·gut** N merce *f* (da spedire) ♦ BAHN **als ~ schicken** spedire a piccola velocità **Fracht·kos·ten** PL spese *fpl* di trasporto; SCHIFF nolo *m* **Fracht·raum** M area *f* di carico **Fracht·ver·kehr** M traffico *m* di merci
Frack M ⟨-s; Fräcke *u.* -s⟩ frac *m*, marsina *f*
Fra·ge F ⟨-; -n⟩ 1 domanda *f*: **an j-n eine ~ haben/stellen** avere una domanda per qn/porre (*od* fare) una domanda a qn 2 problema *m*, questione *f*: **das ist (nur) eine ~ der Zeit** è (solo) una questione di tempo ♦ **ohne ~** indubbiamente; **das kommt nicht in ~** non se ne parla nemmeno; **etw in ~ stellen** mettere in dubbio qc; **in ~** → infrage
Fra·ge·bo·gen M questionario *m*
fra·gen A V/T chiedere, domandare: **j-n (nach) etw ~** chiedere qc a qn; **(j-n) um Rat ~** chiedere consiglio (a qn); **nach (*od* wegen) Arbeit ~** chiedere lavoro; **j-n nach seinen Eltern ~** chiedere a qn dei suoi genitori B V/I ⟨h.⟩ fare domande: **dumm/klug ~** fare domande stupide/intelligenti C V/R **sich ~** 1 chiedersi 2 *unpers* **es fragt sich, ob …** resta da vedere se … ♦ **frag lieber nicht!** non ne parliamo! *umg;* **da fragst du mich zu viel!** mi chiedi troppo! **fra·gend** ADJ interrogativo
Fra·ge·satz M frase *f* interrogativa **Fra·ge·zei·chen** N punto *m* interrogativo (*a. fig*): **etw mit einem ~ versehen** mettere in dubbio qc
frag·lich ADJ 1 (*ungewiss*) dubbio, incerto 2 (*infrage kommend*) in questione
frag·los ADV indubbiamente, fuor di dubbio
Frag·ment N ⟨-[e]s; -e⟩ frammento *m*
frag·men·ta·risch ADJ frammentario
frag·wür·dig ADJ 1 discutibile, dubbio 2 (*verdächtig*) sospetto, di dubbia fama
Frak·ti·on F ⟨-; -en⟩ frazione *f* (*a.* CHEM), gruppo *m* parlamentare **Frak·ti·ons·vor·sit·zen·de** M/F capogruppo *m/f* (parlamentare)
Frak·tur F ⟨-; -en⟩ MED frattura *f*
Frame [fre:m] M ⟨-s; -s⟩ IT frame *m inv*
Franc [frã] M ⟨-; -s⟩ HIST franco *m*
Fran·chi·sing ['frɛntʃaizɪŋ] N ⟨-s⟩ franchising *m inv*
Fran·ke M ⟨-n; -n⟩ 1 HIST franco *m* 2 abitante *m* della Franconia
Fran·ken M ⟨-s; -⟩ franco *m* (svizzero)
Frank·furt N ⟨-s⟩ Francoforte *f*
fran·kie·ren V/T affrancare
Frän·kin F ⟨-; -nen⟩ abitante *f* della Franconia
fran·ko ADJ HANDEL (*frei*) franco
Frank·reich N ⟨-s⟩ Francia *f*
Fran·se F ⟨-; -n⟩ frangia *f* **fran·sen** V/I ⟨h.⟩ sfrangiarsi **fran·sig** ADJ 1 a (*od* con) frange 2 (*ausgefranst*) sfrangiato
Fran·zis·ka·ner M ⟨-s; -⟩, **-in** F ⟨-; -nen⟩ francescano *m*, -a *f*
Fran·zo·se M ⟨-n; -n⟩ francese *m* **Fran·zö·sin** F ⟨-; -nen⟩ francese *f*

fran·zö·sisch **A** ADJ francese **B** ADV **1** alla francese: **~ essen** mangiare alla francese **2** **~ sprechen** parlare (in) francese **Fran·zö·sisch** N ⟨-[s]⟩ (lingua *f*) francese *m*

frap·pant ADJ sorprendente, impressionante **frap·pie·ren** V/T sorprendere, colpire

F

Frä·se F ⟨-; -n⟩ fresa *f* **frä·sen** V/T fresare **Fräs·ma·schi·ne** F fresatrice *f*

fraß → fressen

Fraß M ⟨-es; -e⟩ **1** pasto *m* (di animali); *fig* **den Zeitungen etw zum ~ vorwerfen** dare qc in pasto ai giornali **2** *umg* schifezza *f*

Frat·ze F ⟨-; -n⟩ **1** (*Grimasse*) smorfia *f* **2** *pej* (*Gesicht*) (brutta) faccia *f*

Frau F ⟨-; -en⟩ **1** donna *f* **2** (*Ehefrau*) moglie *f*: **zur ~ nehmen** prendere in moglie; **zur ~ haben** avere per moglie **3** (*Anrede*) signora *f*: **~ Müller** la signora Müller; **gnädige ~** gentile signora; **~ Richterin** signora giudice

Frau·chen N ⟨-s; -⟩ (*Herrin eines Hundes*) padrona *f* del cane

Frau·en·arzt M, **-ärz·tin** F ginecologo *m*, -a *f* **Frau·en·be·auf·trag·te** F delegata *f* per la tutela dei diritti della donna **Frau·en·be·ruf** M professione *f* femminile **Frau·en·be·we·gung** F movimento *m* delle donne, femminismo *m* **frau·en·feind·lich** ADJ ostile alle donne: **eine -e Entscheidung** una decisione che sfavorisce le donne **Frau·en·fuß·ball** M calcio *m* femminile **Frau·en·has·ser** M ⟨-s; -⟩ misogino *m* **Frau·en·haus** N casa *f* della donna **Frau·en·heil·kun·de** F ginecologia *f* **Frau·en·held** M donnaiolo *m* **Frau·en·recht·le·rin** F ⟨-; -nen⟩ **1** sostenitrice *f* dei diritti delle donne **2** HIST suffragista *f* **Frau·en·zeit·schrift** F rivista *f* femminile **Frau·en·zim·mer** N *pej hum* donna *f*

Fräu·lein N ⟨-s; -⟩ *obs* signorina *f*

frau·lich ADJ femminile, da donna **Frau·lich·keit** F ⟨-⟩ femminilità *f*

Freak [friːk] M ⟨-s; -s⟩ patito *m*, -a *f*; (*Fan*) fissato *m*, -a *f*

frech ADJ **1** sfacciato, impertinente: **ein -er Kerl** un tipo sfacciato **2** (*respektlos*) irriverente: **eine -e Karikatur** una caricatura irriverente **3** (*kühn*) audace, temerario **Frech·heit** F ⟨-; -en⟩ **1** sfacciataggine *f*, impertinenza *f* **2** (*Respektlosigkeit*) irriverenza *f*

Free·clim·bing [ˈfriːklaimɪŋ] N ⟨-s⟩ free climbing *m inv*, arrampicata *f* libera

Free·ware [ˈfriːvɛɐ] F ⟨-; -s⟩ IT freeware *m inv*

Fre·gat·te F ⟨-; -n⟩ SCHIFF fregata *f*

frei **A** ADJ **1** libero: **-e Wahl haben** avere libera scelta; **-e Marktwirtschaft** libera economia di mercato **2** (*befreit*) privo: **~ von Sorgen** privo di preoccupazioni **3** (*unabhängig*) indipendente: **ein -er Journalist** un giornalista indipendente; **ein -er Mitarbeiter** un libero collaboratore **4** (*offen*) aperto: **unter -em Himmel** all'aperto; **auf -er Strecke** in aperta campagna **5** **das Haus steht ~** la casa è isolata **6** (*Sitzplatz*) libero; (*Arbeitsplatz*) vacante **7** (*Eintrittskarte*) gratuito, gratis: **-er Eintritt** ingresso libero **8** (*freimütig*) franco, aperto: **-e Ansichten** idee aperte (*od* liberali) **B** ADV **1** liberamente: **~ entscheiden** decidere liberamente; **~ lebend** (*von Tieren*) libero; **~ herumlaufen** girare liberamente **2** (*offen*) apertamente: **seine Meinung ~ äußern** esprimere apertamente la propria opinione **3** HANDEL franco: **~ Haus** franco domicilio ♦ **der Film ist ~ für Jugendliche ab 14 Jahren** il film è vietato ai minori di 14 anni; **~ erfinden** inventare di sana pianta; **morgen ist ~!** domani è vacanza; **~ machen** (*entblößen*) scoprire, spogliare; **sich ~ machen**; (*sich ausziehen*) svestirsi, spogliarsi; **machen Sie sich für die Untersuchung ~** si spogli per la visita; **~ halten** (*nicht besetzen*) tenere (*od* lasciare) libero; **Einfahrt ~ halten** lasciare libero il passaggio, passo carrabile; **j-m einen Platz ~ halten** tenere il posto a qn; **eine Rede ~ halten** tenere un discorso a braccio; **die Wohnungen stehen ~** gli appartamenti sono liberi; **~ nach Kleist** tratto liberamente da Kleist; CHEM **~ werden** liberarsi; → freihalten, freimachen, freistehen

Frei·bad N piscina *f* all'aperto

frei·be·kom·men V/T ⟨*irr*⟩ **1** avere libero: **einen Tag ~** avere un giorno libero **2** **einen Gefangenen ~** (far) liberare un prigioniero

Frei·be·ruf·ler M ⟨-s; -⟩, **-in** F ⟨-; -nen⟩ libero (-a) professionista *m/f* **frei·be·ruf·lich** ADJ **A** libero professionista **B** ADV come libero professionista

Frei·be·trag M importo *m* esente (da

imposta) **Frei·bier** N ⟨-s⟩ birra *f* gratuita **frei·blei·bend** ADJ HANDEL senza impegno **Frei·brief** M autorizzazione *f*, permesso *m*: **einen ~ für etw haben** avere una speciale autorizzazione per fare qc ♦ **j-m einen ~ ausstellen** dare carta bianca a qn

Frei·burg N ⟨-s⟩ 1 (*Stadt in Deutschland und der Schweiz*) Friburgo *f* 2 (*Kanton*) Canton *m* Friburgo

Frei·den·ker M, **-in** F libero (-a) pensatore *m*, -trice *f*

Freie N ⟨-n⟩ aperto *m*: **im -n** all'aperto; **ins ~ gehen** (*od* **treten**) uscire all'aperto

Frei·er M ⟨-s; -⟩ 1 *obs hum* pretendente *m* 2 cliente *m* (di prostituta)

Frei·exemp·lar N copia *f* (in) omaggio

Frei·ga·be F 1 liberazione *f* 2 WIRTSCH (*von Waren*) svincolo *m*; (*von Mieten*) sblocco *m*; (*von Zinsen*) liberalizzazione *f* 3 (*Aufhebung der Beschlagnahme*) dissequestro *m*; il rendere pubblico

frei·ge·ben V/T ⟨*irr*⟩ 1 (*Gefangene*) liberare, lasciare libero 2 (*Sperre aufheben*) sbloccare, svincolare: **die Drogen ~** liberalizzare le droghe 3 aprire: **für den Verkehr ~** aprire al traffico 4 **j-m einen Tag ~** dare a qn un giorno libero ♦ **etw zum Verkauf ~** permettere la vendita di qc

frei·ge·big ADJ generoso: **gegenüber j-m/mit etw ~ sein** essere generoso con qn/di qc **Frei·ge·big·keit** F ⟨-⟩ generosità *f*

Frei·ge·päck N bagaglio *m* in franchigia: **zulässiges ~** bagaglio ammesso

frei·ha·ben V/I ⟨*irr*⟩ *umg* essere in vacanza, avere il giorno libero

Frei·ha·fen M porto *m* franco

frei·hal·ten V/T ⟨*irr*⟩ (*bezahlen*) **j-n ~** pagare per qn; **die Tischrunde ~** = *pagare per la tavolata*

Frei·han·del M libero scambio *m*

frei·hän·dig ADJ a mano libera ♦ **~ Rad fahren** andare in bicicletta senza mani

Frei·heit F ⟨-; -en⟩ 1 libertà *f*: **~ der Rede** libertà di parola; **sich** (*dat*) **die ~ nehmen, etw zu tun** prendersi la libertà di fare qc 2 privilegio *m*: **-en genießen** godere di privilegi **frei·heit·lich** ADJ liberale

Frei·heits·be·rau·bung F ⟨-; -en⟩ privazione *f* della libertà personale **Frei·heits·ent·zug** M JUR detenzione *f* **Frei·heits·kampf** M lotta *f* per la libertà **Frei·heits·krieg** M guerra *f* d'indipendenza **frei·heits·lie·bend** ADJ amante della libertà **Frei·heits·stra·fe** F JUR pena *f* detentiva

frei·he·raus ADV con franchezza

Frei·kar·te F biglietto *m* gratuito

frei·kau·fen A V/T riscattare B V/R **sich ~** riscattarsi; *fig* **sich von einer Schuld ~** riscattarsi da una colpa

Frei·klet·tern N fare *m* arrampicata libera

frei·kom·men V/I ⟨*irr*; s.⟩ 1 liberarsi 2 (*befreit werden*) essere liberato

Frei·kör·per·kul·tur F nudismo *m*

Frei·land·ei N uovo *m* di gallina allevata a terra **Frei·land·ge·mü·se** N verdura *f* non di serra (*od* di campo) **Frei·land·ver·such** M prova *f* in campo

frei·las·sen V/T ⟨*irr*⟩ rilasciare **Frei·las·sung** F ⟨-; -en⟩ rilascio *m*: **vorläufige ~** libertà provvisoria

Frei·lauf M MECH ruota *f* libera

frei·le·gen V/T scoprire, mettere a nudo; (*ausgraben*) dissotterrare

frei·lich ADV 1 (*jedoch*) ma, però 2 (*bejahend*) certo, naturalmente: **ja ~!** sì, certo!

Frei·licht·the·a·ter N teatro *m* all'aperto

Frei·los N 1 biglietto *m* di lotteria gratuito 2 SPORT passaggio *m* di turno per sorteggio

frei·ma·chen A V/T 1 (*frankieren*) affrancare 2 (*Urlaub machen*) prendere vacanze: **ich habe eine Woche freigemacht** ho preso una settimana di vacanze B V/I ⟨h.⟩ non lavorare C V/R **sich ~** (*dienstfrei*) liberarsi

Frei·mau·rer M massone *m* **Frei·mau·rer·lo·ge** [-'lo:ʒə] F loggia *f* massonica

Frei·mut M franchezza *f*, schiettezza *f*

frei·mü·tig ADJ franco, schietto

frei·neh·men V/T & V/R **sich ~** prender(si) una vacanza; **ich habe eine Woche freigenommen** ho preso una settimana di vacanze

frei·schaf·fend ADJ che lavora in proprio

frei·schal·ten V/T allacciare

frei·schwim·men V/R ⟨*irr*⟩ **sich ~** *fig* rendersi autonomo (*od* indipendente)

Frei·schwim·mer M *umg* patentino *m* (del primo esame) di nuoto

frei·set·zen V/T 1 PHYS, CHEM, MED liberare 2 **Arbeitskräfte für neue Aufgaben**

~ rendere il personale disponibile per nuovi incarichi **3** *euph* (*entlassen*) licenziare

Frei·sprech·an·la·ge F vivavoce *m*

frei·spre·chen V/T ‹*irr*› JUR assolvere (*a. fig*)

Frei·spruch M assoluzione *f*

frei·ste·hen V/I ‹*irr*; h.› essere libero: **es steht ihm frei, zu bleiben** è libero di restare

F

frei·stel·len V/T **1** **j-m ~, etw zu tun** lasciare a qn la scelta di fare qc **2** esonerare: **j-n vom Dienst ~** esonerare qn dal servizio **Frei·stel·lung** F esenzione *f*

Frei·stil·rin·gen N SPORT lotta *f* libera **Frei·stil·schwim·men** N SPORT stile *m* libero

Frei·stoß M SPORT calcio *m* di punizione

Frei·tag M venerdì *m*: **am ~ gehe ich ins Kino** venerdì vado al cinema **Frei·tag·abend** M venerdì *m* sera

frei·tags ADV di (*od* il) venerdì: **~ morgens** il venerdì mattina

frei·tra·gend ADJ portante **Frei·trep·pe** F ARCH scalinata *f* (*od* scala *f*) esterna **Frei·übung** F SPORT esercizio *m* a corpo libero **Frei·um·schlag** M busta *f* affrancata **Frei·wild** N *fig* = *persona indifesa*

frei·wil·lig ADJ volontario **Frei·wil·li·ge** M/F ‹-n; -n› volontario *m*, -a *f*

Frei·zei·chen N TEL segnale *m* di libero

Frei·zeit F ‹-› **1** tempo *m* libero **2** (*Zusammenkunft*) incontro *m* **Frei·zeit·aus·gleich** M compensazione *f* in tempo libero del lavoro straordinario **Frei·zeit·be·schäf·ti·gung** F hobby *m* **Frei·zeit·ge·stal·tung** F impiego *m* del tempo libero **Frei·zeit·in·dust·rie** F industria *f* del tempo libero **Frei·zeit·klei·dung** F (abbigliamento *m*) casual *m inv* **Frei·zeit·park** M parco *m* divertimenti **Frei·zeit·zent·rum** N centro *m* ricreativo

frei·zü·gig ADJ **1** libero: **ein Film, reich an -en Szenen** un film con molte scene spinte **2** (*Kleidung*) succinto **3** (*großzügig*) generoso **Frei·zü·gig·keit** F ‹-; -en› generosità *f*

fremd ADJ **1** (*ausländisch*) straniero **2** (*nicht eigen*) altrui: **-er Besitz** proprietà altrui **3** estraneo: **das Problem ist mir ~** il problema mi è estraneo **4** (*unbekannt*) sconosciuto **5** (*ungewohnt*) inconsueto ♦ **in -e Hände gelangen** cadere in mani estranee; **sich ~ fühlen** sentirsi estraneo; **das ist ihm ~** non è da lui; **ich bin hier ~** non sono di qui

fremd·ar·tig ADJ insolito, strano **Fremd·ar·tig·keit** F ‹-; -en› **1** estraneità *f* **2** (*Ungewöhnlichkeit*) stranezza *f*

Frem·de[1] F ‹-› *poet* paese *m* straniero, estero: **in der ~ leben** vivere all'estero

Frem·de[2] M/F ‹-n; -n› **1** straniero *m*, -a *f* **2** (*Unbekannte*) sconosciuto *m*, -a *f*

Frem·den·feind·lich·keit F xenofobia *f* **Frem·den·füh·rer** M, **-in** F guida *f* (turistica), cicerone *m* **Frem·den·le·gi·on** F legione *f* straniera **Frem·den·ver·kehr** M turismo *m* **Frem·den·ver·kehrs·amt** M ufficio *m* per il turismo **Frem·den·zim·mer** N camera *f* d'albergo; (*als Schild*) affittasi camere

fremd·ge·hen V/I ‹*irr*; s.› andare con un'altra (*od* un altro); fare le corna a qn

Fremd·herr·schaft F POL dominio *m* straniero **Fremd·ka·pi·tal** N capitale *m* di terzi (*od* di prestito) **Fremd·kör·per** M **1** MED, BIOL corpo *m* estraneo **2** *fig* intruso *m* **fremd·län·disch** ADJ straniero, esotico

Fremd·spra·che F lingua *f* straniera **Fremd·spra·chen·kor·res·pon·den·tin** F corrispondente *f* in lingue estere

fremd·spra·chig ADJ, **fremd·sprach·lich** ADJ di (*od* in) lingua straniera

Fremd·wäh·rung F valuta *f* estera **Fremd·wort** N ‹-[e]s; -wörter› parola *f* straniera; LING esotismo *m*

Fre·quenz F ‹-; -en› ELEK, PHYS, MED frequenza *f* **Fre·quenz·be·reich** M gamma *f* di frequenze

Fres·ko N ‹-s; Fresken› affresco *m*

Fres·sa·li·en PL *hum* pappatoria *f*

Fres·se F ‹-; -n› *vulg* **1** (*Mund*) becco *m* **2** (*Gesicht*) muso *m*

fres·sen ‹frisst; fraß; gefressen› **A** V/T **1** (*Tiere*) mangiare **2** *vulg* (*Mensch*) divorare **3** *fig* (*verbrauchen*) consumare **B** V/I ‹h.› (*langsam zerstören*) corrodere **C** V/R **der Rost frisst sich weiter** la ruggine avanza

Fres·sen N ‹-s› (*Futter*) pasto *m*, cibo *m* ♦ **es ist ein gefundenes ~ für mich** è una (vera) manna per me

Fress·gier F voracità *f* **Fress·napf** M ciotola *f* **Fress·sack** M *umg pej* mangione *m*

Frett·chen N ⟨-s; -⟩ furetto *m*

Freu·de F ⟨-; -n⟩ **1** gioia *f*: **außer sich vor ~ sein** essere fuori di sé dalla gioia **2** (*Genugtuung*) piacere *m*: **die ~ über deinen Besuch** il piacere della tua visita; **~ an etw** (*dat*) **haben** essere contento di qc; **ich habe ~ an schönen Dingen** le cose belle mi piacciono; **es ist mir eine ~, Ihnen unser neues Buch vorstellen zu können** è con vero piacere che vi presento il nostro nuovo libro; **es war mir eine ~,Sie als Gast zu haben** è stato un piacere averLa ospite ♦ **j-m eine ~ machen** fare piacere a qn

Freu·den·schrei M grido *m* di gioia **Freu·den·tag** M giorno *m* lieto **Freu·den·tau·mel** M gioiosa ebbrezza *f* **Freu·den·trä·nen** PL lacrime *fpl* di gioia

freu·de·strah·lend ADJ & ADV raggiante di gioia

freu·dig ADJ lieto, gioioso: **ein -es Ereignis** un lieto evento ♦ **~ überrascht** piacevolmente sorpreso

freud·los ADJ infelice, triste

freu·en **A** V/R **sich** (**über j-n/etw**) **~** essere contento (di qn/qc) **B** V/T **1** **j-n ~** fare piacere a qn **2** *unpers* **es freut mich, dass ...** mi fa piacere, che ...; **es hat mich sehr gefreut!** è stato un piacere!; **ich freue mich sehr darauf** non (ne) vedo l'ora ♦ **freut mich sehr** piacere, molto lieto

Freund M ⟨-[e]s; -e⟩ **1** amico *m*: **j-n zum ~ haben** avere qn per amico; **j-n zum ~ gewinnen** diventare amico di qn **2** (*Partner*) ragazzo *m* **3** *fig* (**k**)**ein ~ von etw sein** (non) essere amante di qc **Freun·din** F ⟨-; -nen⟩ **1** amica *f* **2** (*Partnerin*) ragazza *f*

freund·lich ADJ **1** gentile: **zu j-m** (*od* **gegen j-n**) **~ sein** essere gentile verso (*od* con) qn **2** (*angenehm*) piacevole, gradevole **freund·li·cher·wei·se** ADV cortesemente

Freund·lich·keit F ⟨-; -en⟩ **1** gentilezza *f* **2** (*Gefallen*) cortesia *f*, favore *m*: **j-m eine ~ erweisen** fare un favore a qn

Freund·schaft F ⟨-; -en⟩ amicizia *f*: **mit j-m ~ schließen** stringere amicizia con qn; **etw aus ~ tun** fare qc per amicizia **freund·schaft·lich** ADJ amichevole

Freund·schafts·preis M prezzo *m* da amico, buon prezzo *m* **Freund·schafts·spiel** N SPORT partita *f* amichevole **Freund·schafts·ver·trag** M POL patto *m* d'amicizia

Fre·vel M ⟨-s; -⟩ *geh* sacrilegio *m*

fre·vel·haft ADJ infame; delittuoso

Friaul N ⟨-s⟩ Friuli *m* **Friaul-Ju·lisch-Ve·ne·ti·en** N ⟨-s⟩ Friuli-Venezia Giulia *m*

Frie·den M ⟨-s; -⟩ pace *f*: **~ schließen** concludere la pace; **~ stiften** metter pace; **im ~** in pace; **j-n** (**mit etw**) **in ~ lassen** lasciare qn in pace (con qc)

Frie·dens·be·din·gung F condizione *f* di pace **Frie·dens·be·we·gung** F movimento *m* pacifista **Frie·dens·ini·ti·a·ti·ve** F **1** iniziativa *f* di pace **2** movimento *m* pacifista **Frie·dens·kon·fe·renz** F conferenza *f* per la pace **Frie·dens·no·bel·preis** M premio *m* Nobel per la pace **Frie·dens·pfei·fe** F calumet *m* della pace **Frie·dens·po·li·tik** F politica *f* di pace **Frie·dens·rich·ter** M, **-in** F giudice *m/f* di pace **Frie·dens·schluss** M conclusione *f* della pace **Frie·dens·tau·be** F colomba *f* della pace **Frie·dens·trup·pe** F truppe *fpl* di pace **Frie·dens·ver·hand·lun·gen** PL trattative *fpl* di pace **Frie·dens·ver·trag** M trattato *m* di pace **Frie·dens·zeit** F periodo *m* di pace: **in -en** in tempi di pace

fried·fer·tig ADJ pacifico **Fried·fer·tig·keit** F ⟨-⟩ natura *f* pacifica

Fried·hof M cimitero *m*, camposanto *m*: **auf dem ~ liegen** giacere al camposanto

fried·lich ADJ **1** pacifico **2** (*Anblick*) placido, pieno di pace

fried·lie·bend ADJ amante della pace

frie·ren ⟨fror, gefroren⟩ **A** V/I **1** ⟨h.⟩ avere freddo **2** ⟨h.⟩ gelare: **heute Nacht hat es gefroren** questa notte è gelato **3** ⟨s.⟩ (*zu Eis werden*) (con)gelarsi **B** V/T *unpers* **es friert mich** ho freddo

Fries M ⟨-es; -e⟩ ARCH fregio *m*

Fries·land N ⟨-s⟩ GEOG Frisia *f*

fri·gi·de ADJ frigida

Fri·gi·di·tät F ⟨-⟩ frigidità *f*

Fri·ka·del·le F ⟨-; -n⟩ polpetta *f* (di carne)

Fri·kas·see N ⟨-s; -s⟩ fricassea *f*

Fris·bee® ['frısbi] N ⟨-s⟩ frisbee® *m inv*

frisch **A** ADJ **1** fresco (*a. fig*): **-e Erinnerungen** ricordi freschi; **eine -e Wunde** una ferita fresca **2** recente: **ein -er Fleck** una macchia recente **3** (*sauber*) pulito;

nuovo: **ein -es Taschentuch** un fazzoletto pulito; **-e Wäsche** biancheria pulita **B** ADV di fresco, di recente: **Vorsicht, ~ gestrichen!** attenzione, vernice fresca! ♦ **etw ~ halten** tenere qc al fresco; **sich ~ machen** darsi una rinfrescata; *umg* **~ und munter sein** essere vivo e vegeto → frischgebacken

F

Fri·sche F ⟨-⟩ **1** freschezza *f* **2** vigore *m*: **in körperlicher und geistiger ~** nel (pieno) vigore fisico e spirituale

Frisch·fleisch N carne *f* fresca **frisch·ge·ba·cken** ADJ *fig hum* di prima nomina, neoeletto: **ein -er Ehemann** uno sposino novello; **ein -er Doktor** un neolaureato **Frisch·hal·te·fo·lie** F pellicola *f* (per alimenti) **Frisch·hal·te·pa·ckung** F confezione *f* per alimenti a lunga conservazione: **in ~** sigillato **Frisch·kä·se** M formaggio *m* fresco **Frisch·ling** M ⟨-s; -e⟩ JAGD cinghialetto *m* **Frisch·luft** F aria *f* fresca **Frisch·milch** F latte *m* fresco **Frisch·zel·len·the·ra·pie** F trattamento *m* con (trapianto di) cellule vive

Fri·seur [fri'zøːɐ] M ⟨-s; -e⟩, **-in** F ⟨-; -nen⟩ parrucchiere *m*, -a *f*; (*für Männer*) barbiere *m*, -a *f* **Fri·seur·sa·lon** M salone *m* da parrucchiere

Fri·seu·se [fri'zøːzə] F ⟨-; -n⟩ parrucchiera *f*

fri·sie·ren **A** VT **1** pettinare, acconciare **2** *umg fig* truccare: **ein Ergebnis/das Motorrad ~** truccare un risultato/la moto **B** VR **sich ~** pettinarsi

Fri·sör... → Friseur... **Fri·sö·se** → Friseuse

frisst → fressen

Frist F ⟨-; -en⟩ **1** data *f* da rispettare, termine *m*: **eine ~ setzen** fissare un termine; **innerhalb kürzester ~** al più presto **2** (*Aufschub*) proroga *f*

fris·ten VT **sein Leben** (*od* **Dasein**) **~** campare, tirare avanti

frist·ge·mäß ADV, **frist·ge·recht** ADV entro i termini stabiliti **frist·los** ADV senza preavviso

Fri·sur F ⟨-; -en⟩ pettinatura *f*

Frit·teu·se [fri'tøzə] F ⟨-; -n⟩ friggitrice *f*

frit·tie·ren VT friggere

fri·vol ADJ **1** frivolo **2** (*schlüpfrig*) indecente **Fri·vo·li·tät** F ⟨-; -en⟩ **1** frivolezza *f* **2** (*schlüpfrige Äußerung*) scurrilità *f*

froh **A** ADJ **1** contento: **über etw** (*akk*) **~ sein** essere contento di qc **2** (*erfreulich*) lieto **B** ADV **~ gelaunt** allegro; **~ gestimmt** di buon umore

fröh·lich ADJ **1** (*gut gelaunt*) lieto **2** allegro: **eine -e Runde** una allegra compagnia (*od* combriccola) **Fröh·lich·keit** F ⟨-⟩ **1** letizia *f* **2** allegria *f*

froh·lo·cken VI ⟨h.⟩ *poet iron* **1** trionfare **2** (*jubeln*) esultare: **über etw** (*akk*) **~** esultare per qc

Froh·sinn M ⟨-[e]s⟩ serenità *f*, gioiosità *f* **froh·sin·nig** ADJ sereno, gioioso, lieto

fromm ADJ pio: **ein -es Leben** una vita pia; **ein -er Wunsch** un pio desiderio; **eine -e Lüge** una bugia pietosa

Fröm·me·lei F ⟨-; -en⟩ bigotteria *f*

Fröm·mig·keit F ⟨-⟩ devozione *f*

frö·nen VI ⟨h.⟩ **einer Sache** (*dat*) **~** essere schiavo di qc

Fron·leich·nam M ⟨-[e]s⟩ Corpus *m* Domini

Front F ⟨-; -en⟩ **1** (*von Gebäuden*) facciata *f* **2** MIL *fig* fronte *m*: **auf breiter ~** su un ampio fronte; **in vorderster ~** in primissima linea; **die -en verhärten sich** le posizioni si inaspriscono ♦ **gegen j-n/etw ~ machen** far resistenza a qn/qc

fron·tal ADJ frontale **Fron·tal·an·griff** M attacco *m* frontale

Front·an·trieb M trazione *f* anteriore

Front·kämp·fer M, **-in** F soldato *m*, -essa *f* in prima linea

fror → frieren

Frosch M ⟨-[e]s; Frösche⟩ rana *f* ♦ *fig* **einen ~ im Hals haben** avere un rospo in gola; **sei kein ~!** non fare il guastafeste! **Frosch·mann** M ⟨-[e]s; -männer⟩ sommozzatore *m* **Frosch·per·spek·ti·ve** F ⟨-⟩ prospettiva *f* dal basso, da sotto in su

Frost M ⟨-[e]s; Fröste⟩ gelo *m* **frost·be·stän·dig** ADJ resistente al gelo **Frost·beu·le** F gelone *m*

frös·teln VI ⟨h.⟩ *unpers* **es fröstelt mich** ho i brividi di freddo

frost·frei ADJ senza gelo

fros·tig ADJ gelido (*a. fig*)

Frost·scha·den M danno *m* causato dal gelo **Frost·schutz·mit·tel** M antigelo *m*

Frot·té M *österr*, **Frot·tee** N/M ⟨-[s]; -s⟩ (tessuto *m* di) spugna *f*

frot·tie·ren **A** VT frizionare **B** VR **sich ~** asciugarsi (strofinandosi con l'asciugamano) **Frot·tier·hand·tuch** N asciu-

gamano *m* di spugna
Frucht F ⟨-; Früchte⟩ frutto *m* (*a. fig*): **reiche Früchte tragen** dare buoni frutti
frucht·bar ADJ 1 (*Boden*) fertile 2 fecondo: MED **die -en Tage** i giorni fecondi 3 (*nutzbringend*) fruttuoso **Frucht·bar·keit** F ⟨-⟩ fertilità *f*, fecondità *f* (*a. fig*)
Frucht·eis N gelato *m* alla frutta
fruch·ten V/I ⟨h.⟩ fruttare; servire: **deine Worte haben nichts gefruchtet** le tue parole non sono servite a nulla
Frucht·fleisch N polpa *f* della frutta
fruch·tig ADJ (*Wein*) fruttato; che ha un sapore di frutta
frucht·los ADJ 1 (*nutzlos*) infruttuoso 2 (*unfruchtbar*) infruttifero **Frucht·saft** M succo *m* di frutta **Frucht·sa·lat** M macedonia *f* **Frucht·was·ser·un·ter·su·chung** F MED amniocentesi *f inv* **Frucht·zu·cker** M fruttosio *m*
früh A ADJ 1 mattutino: **am -en Morgen** di mattina presto 2 primo: **im -en Mittelalter** nel primo medioevo; **im -en Sommer** all'inizio dell'estate 3 (*vorzeitig*) prematuro, precoce: **ein -er Tod** una morte prematura; **ein -er Winter** un inverno precoce B ADV 1 **morgens ~** di buon mattino; **heute ~** stamattina (presto); **von ~ bis spät** dalla mattina alla sera 2 presto: **es ist noch ~** è ancora presto 3 (*frühzeitig*) per tempo: **etw ~ erfahren** venire a sapere qc per tempo
Früh·auf·ste·her M ⟨-s; -⟩, **-in** F ⟨-; -nen⟩ mattiniero *m*, -a *f*
Frü·he F ⟨-⟩ *geh* mattina *f*: **in aller ~** di buon'ora, di mattina presto
frü·her ⟨*komp von* früh⟩ A ADJ 1 (*ehemalig*) precedente, ex 2 (*vergangen*) di prima, passato B ADV 1 prima: **~ als du** prima di te; **~ oder später** prima o poi 2 prima, una volta: **~ war er Lehrer** una volta era insegnante; **wir kennen uns von ~** ci conosciamo già da prima
Früh·er·ken·nung F riconoscimento *m* precoce
frü·hest... ADJ ⟨*sup von* früh⟩ il primo ♦ **in -en Zeiten** nei tempi più remoti
frü·hes·tens ADV al più presto
Früh·ge·burt F 1 parto *m* prematuro 2 (*Kind*) prematuro *m* **Früh·ge·schich·te** F protostoria *f* **Früh·jahr** N primavera *f* **Früh·kar·tof·fel** F patata *f* novella
Früh·ling M ⟨-s; -e⟩ primavera *f* (*a. fig*): **es wird ~** arriva la primavera
früh·lings·haft ADJ primaverile **Früh·lings·rol·le** F GASTR involtino *m* primavera
Früh·mes·se F KIRCHE messa *f* prima
früh·mor·gens ADV di buon mattino
Früh·ne·bel M nebbia *f* mattutina
früh·reif ADJ 1 precoce 2 (*Obst*) primaticcio **Früh·rei·fe** F precocità *f* **Früh·ren·te** F pensione *f* anticipata **Früh·rent·ner** M, **-in** F baby *m/f inv* pensionato (-a) **Früh·schicht** F primo turno *m* **Früh·sport** M ginnastica *f* mattutina **Früh·start** M SPORT falsa partenza *f*
Früh·stück N (prima) colazione *f*

Das Frühstück

Die Italiener nehmen morgens in der Regel einen **cappuccino** und eine **pastina** (Feingebäck) zu sich, wenn sie in der Bar frühstücken. Zu Hause gibt es entweder gar nichts, oder einen **caffelatte** (Milchkaffee) und **biscotti** (Kekse) oder Brot dazu.

früh·stü·cken A V/T mangiare (*od* bere) a colazione B V/I ⟨h.⟩ fare colazione
Früh·stücks·bü·fett N 1 (*Form der Darreichung*) prima colazione *f* a buffet: **Übernachtung inklusive ~** pernottamento e colazione a buffet 2 (*angerichtetes Frühstück*) buffet *m inv* della colazione: **ein reichhaltiges ~** un ricchissimo buffet della colazione **Früh·stücks·fern·se·hen** N programmi *mpl* del mattino
Früh·ver·ren·tung F ⟨-; -en⟩ prepensionamento *m* **Früh·warn·sys·tem** N sistema *m* di preallarme **Früh·werk** N opera *f* giovanile **Früh·zeit** F primo periodo *m* **früh·zei·tig** A ADJ 1 precoce 2 (*Obst*) primaticcio B ADV 1 prematuramente 2 (*früh*) presto
Frust M ⟨-[e]s⟩ *umg*, **Frust·ra·ti·on** F ⟨-; -en⟩ frustrazione *f* **frust·rie·ren** V/T frustrare
Fuchs M ⟨-es; Füchse⟩ 1 volpe *f* (*a. umg fig*): **ein schlauer ~** una vecchia volpe 2 (*Pferd*) sauro *m* 3 (*Falter*) vanessa *f* **Fuchs·bau** M ⟨-es; -e⟩ tana *f* di volpe
Fuch·sie F ⟨-; -n⟩ fucsia *f*
Fuchs·jagd F caccia *f* alla volpe **Fuchs·pelz** M pelliccia *f* di volpe *f* **Fuchs·schwanz** M 1 coda *f* di volpe (*a.* BOT) 2 (*Säge*) saracco *m* **fuchs·teu·fels-**

wild ADJ furibondo
Fuch·tel F ⟨-; -n⟩ *umg* dominio *m*: **j-n unter der ~ haben** far rigare dritto qn
fuch·teln V/I ⟨h.⟩ *umg* agitare: **mit den Händen ~** gesticolare; **mit den Armen ~** sbracciarsi
Fug M: **mit ~ und Recht** a buon diritto
Fu·ge[1] F ⟨-; -n⟩ commettitura *f*, commessura *f*, giuntura *f* ♦ **aus den -n gehen** (*dick werden*) sconnettersi, venire sconvolto; *umg* ingrassare
Fu·ge[2] F ⟨-; -n⟩ MUS fuga *f*
fü·gen **A** V/T **1** (*zusammenfügen*) commettere, unire: **Steine ~** commettere pietre **2** (*einfügen*) incastrare **B** V/R **sich ~** **1** (*sich einfügen*) inserirsi (*a. fig*) **2** (*sich ergeben*) accadere (casualmente): **es fügte sich, dass …** accadde che … **3** (*nachgeben*) piegarsi: **sich j-s Willen ~** piegarsi alla volontà di qn; **sich in sein Schicksal ~** piegarsi al proprio destino
füg·sam ADJ docile, ubbidiente
Fü·gung F ⟨-; -en⟩ combinazione *f*: **eine glückliche ~** una fortunata combinazione
fühl·bar ADJ sensibile, notevole, rilevante
füh·len **A** V/T **1** (*körperlich*) sentire **2** (*seelisch*) provare, sentire: **Mitleid mit j-m ~** provare compassione per qn **B** V/R **sich ~** sentirsi: **wie ~ Sie sich?** come si sente?; **sich schuldig ~** sentirsi colpevole; **sich als Held ~** sentirsi un eroe
Füh·ler M ⟨-s; -⟩ **1** ZOOL antenna *f* **2** (*Messfühler*) sensore *m* ♦ **seine ~ ausstrecken** drizzare le antenne
Füh·lung F ⟨-; -en⟩ contatto *m*: **mit j-m ~ (auf)nehmen** prendere contatto con qn
fuhr → fahren
Fuh·re F ⟨-; -n⟩ **1** carrata *f*: **eine ~ Sand** un carico di sabbia **2** (*Fahrt*) viaggio *m*, trasporto *m* **3** (*im Taxi*) corsa *f*
füh·ren **A** V/T **1** condurre, portare: **einen Blinden ~** condurre (*od* guidare) un cieco; (*beim Tanzen*) **er kann gut ~** sa portare bene; *fig* **wohin führt Sie die Reise?** dove La porta il viaggio?; **ein Land in den Krieg ~** condurre un paese alla guerra **2** (*leiten*) dirigere: **ein Geschäft ~** dirigere un negozio **3** (*Delegationen*) guidare **4** MIL comandare **5** (*handhaben*) maneggiare, usare **6** (*bedienen*) manovrare **7** (*Fahrzeuge*) guidare **8** avere: **etw bei** (*od* **mit**) **sich ~** avere qc con sé; **eine Ware ~** avere (*od* tenere) una merce **9** avere registrato: **j-n in seiner Kartei ~** avere schedato qn **10** (*betreuen*) tenere, curare: **über etw** (*akk*) **Buch ~** tenere la contabilità di qc **11** **einen Prozess ~** fare un processo; **ein trauriges Leben ~** condurre (*od* fare) una vita triste **B** V/I ⟨h.⟩ **1** portare (*a. fig*): **das führt zu nichts Gutem** ciò non porta a nulla di buono; **die Tür führt in den Garten** la porta conduce in giardino **2** (*an der Spitze sein*) essere al primo posto **3** SPORT condurre: **die Mannschaft führt mit 2:1** la squadra conduce 2 a 1 **C** V/R **sich ~** comportarsi ♦ **das würde zu weit ~** questo (ci) porterebbe troppo lontano; **wohin soll das (noch) ~?** dove si andrà a finire?
füh·rend ADJ **1** (*Person*) eminente: **eine -e Rolle spielen** avere un ruolo di primo piano **2** SPORT in testa ♦ **auf seinem Gebiet ~ sein** primeggiare nel proprio campo
Füh·rer M ⟨-s; -⟩ **1** guida *f*, capo *m*: **ein politischer ~** una guida politica; **sich** (*dat*) **einen ~ für eine Besteigung nehmen** prendere una guida per una scalata **2** (*Reiseführer*) **ein ~ von Berlin** una guida (turistica) di Berlino
Füh·re·rin F ⟨-; -nen⟩ guida *f*, capo *m*
füh·rer·los ADJ **1** senza guida (*od* capo) **2** (*ohne Fahrer*) senza conducente **3** FLUG senza pilota **Füh·rer·na·tur** F **1** leader *m*: **eine ~ sein** essere un leader **2** (*Fähigkeit*) propensione *f* al comando
Füh·rer·schaft F ⟨-⟩ **1** guida *f*, comando *m* **2** (*Führungsspitze*) vertice *m*, capi *mpl* **Füh·rer·schein** M patente *f*: **den ~ machen** prendere la patente
Füh·rer·schein·ent·zug M ritiro *m* della patente
Fuhr·mann M ⟨-[e]; -männer *u.* -leute⟩ carrettiere *m* **Fuhr·park** M parco *m* macchine
Füh·rung F ⟨-; -en⟩ **1** guida *f* (*a.* TECH), direzione *f*, conduzione *f* **2** (*Besichtigung*) visita *f* guidata **3** (*führende Position*) primato *m*: (**auf einem Gebiet**) **die ~ haben** primeggiare (in un campo) **4** WIRTSCH, POL leadership *f* **5** SPORT testa *f* (della classifica): **in ~ gehen** passare in testa **6** SPORT vantaggio *m*: **in der 25. Minute ging die Mannschaft in ~** al 25° (minuto) la squadra si portò in vantaggio **7** (*Verhalten*) condotta *f* **8** HAN-

DEL **die ~ der Bücher** la tenuta dei libri contabili
Füh·rungs·auf·ga·be F mansione *f* direttiva **Füh·rungs·gre·mi·um** N (organo *m*) direttivo *m* **Füh·rungs·kraft** F dirigente *m* **Füh·rungs·schicht** F classe *f* dirigente **Füh·rungs·schwä·che** F incapacità *f* di comandare, mancanza *f* di polso **Füh·rungs·spit·ze** F direzione *f*, vertice *m* **Füh·rungs·zeug·nis** N certificato *m* di buona condotta
Fuhr·un·ter·neh·men N impresa *f* di trasporti **Fuhr·werk** N carro *m*
Fül·le F ⟨-⟩ 1 abbondanza *f*: **eine ~ von Einfällen** un sacco di idee 2 (*körperlich*) corpulenza *f* ♦ **in Hülle und ~** in abbondanza
fül·len A VT 1 riempire: **einen Korb (mit etw) ~** riempire un cesto (di qc) 2 (*ausfüllen*) occupare 3 GASTR farcire 4 (*Zahn*) otturare 5 **etw in Säcke/in Flaschen ~** insaccare/imbottigliare qc B VR **sich ~** riempirsi
Fül·ler M ⟨-s; -⟩ *umg*, **Füll·fe·der·hal·ter** M (penna *f*) stilografica *f*
Füll·sel N ⟨-s; -⟩ riempitivo *m*
Fül·lung F ⟨-; -en⟩ 1 riempimento *m* 2 GASTR ripieno *m* 3 (*von Zahn*) otturazione *f* 4 (*von Kissen*) imbottitura *f*
Füll·wort N ⟨-[e]s; -wörter⟩ riempitivo *m*
ful·mi·nant ADJ brillante, splendido
fum·meln VI ⟨h.⟩ *umg* 1 armeggiare, trafficare: **am Reißverschluss ~** armeggiare con la chiusura lampo 2 **mit j-m ~** pomiciare con qn
Fund M ⟨-[e]s; -e⟩ 1 oggetto *m* ritrovato; ARCHÄOL reperto *m* 2 (*Entdeckung*) scoperta *f*
Fun·da·ment N ⟨-[e]s; -e⟩ fondamenta *fpl*: **ein ~ legen** gettare le fondamenta; *fig* **das ~ zu etw legen** porre le basi per qc
fun·da·men·tal ADJ fondamentale **Fun·da·men·ta·lis·mus** M ⟨-⟩ fondamentalismo *m* **Fun·da·men·ta·list** M ⟨-en; -en⟩, **-in** F ⟨-; -nen⟩ fondamentalista *m/f* **fun·da·men·ta·lis·tisch** ADJ fondamentalista
Fund·bü·ro N ufficio *m* oggetti smarriti
Fund·gru·be F *fig* miniera *f*
fun·die·ren VT 1 (*untermauern*) consolidare 2 WIRTSCH assicurare finanziariamente **fun·diert** ADJ consolidato: **ein gut -es Unternehmen** una ditta ben consolidata; **-e Kenntnisse** solide conoscenze
Fund·ort N luogo *m* del ritrovamento
Fund·sa·che F oggetto *m* ritrovato
Fun·dus M ⟨-; -⟩ 1 THEAT materiale *m* scenico 2 base *f*: **ein reicher ~ von** (*od* **an**) **Erfahrungen** una vasta esperienza
fünf NUM 1 cinque 2 (*fünf Uhr*) le cinque: **um ~ (Uhr)** alle cinque ♦ *umg* **~ gerade sein lassen** lasciar correre
Fünf F ⟨-; -en⟩ 1 cinque *m* 2 (*Note*) cinque *m*, insufficiente *m* **Fünf·eck** N ⟨-[e]s; -e⟩ pentagono *m* **fünf·eckig** ADJ pentagonale **fünf·ein·halb** ADJ ⟨inv⟩ cinque e mezzo
Fün·fer M ⟨-s; -⟩ *umg* 1 moneta *f* da cinque (cent) 2 (*beim Lotto*) cinquina *f*
fün·fer·lei ADJ ⟨inv⟩ di cinque tipi
fünf·fach A ADJ quintuplo B ADV cinque volte **fünf·hun·dert** NUM cinquecento **fünf·jäh·rig** ADJ di cinque anni **Fünf·kampf** M pentathlon *m* **fünf·mal** ADV cinque volte **fünf·mo·na·tig** ADJ di cinque mesi **Fünf·pro·zent·hür·de** F soglia *f* del cinque per cento **Fünf·pro·zent·klau·sel** F POL clausola *f* del cinque per cento **fünf·stel·lig** ADJ di cinque cifre
fünft: **zu ~** in cinque; **sie waren zu ~** erano in cinque
Fünf·ta·ge·wo·che F settimana *f* (lavorativa) di cinque giorni
fünf·tau·send NUM cinquemila
fünf·te ADJ 1 quinto 2 (*im Datum*) cinque: **Berlin, den -n März** Berlino, cinque marzo **Fünf·te** M/F ⟨-n; -n⟩ quinto *m*, -a *f*: **er ist der ~ in der Reihe** è il quinto della fila; **jeder ~** uno su cinque ♦ **Beethovens ~** la Quinta di Beethoven
fünf·tel ADJ ⟨inv⟩ quinto: **ein ~ Liter** un quinto di litro **Fünf·tel** N ⟨-s; -⟩ quinto *m*: **zwei ~** due quinti
fünf·tens ADV in quinto luogo
fünf·wö·chig ADJ di cinque settimane
fünf·zehn NUM quindici **fünf·zehn·hun·dert** NUM millecinquecento **fünf·zehn·jäh·rig** ADJ quindicenne
fünf·zig NUM cinquanta: **Ende (der) ~** alla fine dei cinquanta **Fünf·zig** F ⟨-; -en⟩ cinquanta *m* **fünf·ziger** ADJ ⟨inv⟩ (del) cinquanta: **die ~ Jahre** gli anni cinquanta
Fünf·zi·ger M ⟨-s; -⟩ 1 *umg* moneta *f* da cinquanta (cent) 2 (*Mensch*) cinquan-

tenne *m*
Fünf·zi·ge·rin F ⟨-; -nen⟩ cinquantenne *f*
Fünf·zi·ger·jah·re PL anni *mpl* cinquanta
fünf·zig·jäh·rig ADJ **1** (*Lebensalter*) cinquantenne **2** cinquantenario
fünf·zig·ste ADJ cinquantesimo

F

fun·gie·ren V/I ⟨h.⟩ fungere: **als Ersatz ~** fungere da sostituto
Funk M ⟨-s⟩ radiotrasmissione *f*: **ein Taxi über ~ anfordern** chiamare un taxi via radio **Funk·ama·teur** M, **-in** F radioamatore *m*, -trice *f* **Funk·bild** N radiotelefotografia *f*, telefoto *f*
Fun·ke M ⟨-ns; -n⟩ **1** scintilla *f* **2** *fig* briciolo *m*: **ein ~** (**von**) **Hoffnung** un briciolo (*od* un po') di speranza
fun·keln V/I ⟨h.⟩ scintillare, brillare **fun·kel·na·gel·neu** ADJ *umg* nuovo di zecca
fun·ken V/T trasmettere via radio ♦ **es hat gefunkt** ha funzionato; (*es wurde Liebe daraus*) è stato un colpo di fulmine; **endlich hat es bei ihm gefunkt!** finalmente ha capito!
funk·ent·stö·ren V/T RADIO schermare
Fun·ker M ⟨-s; -⟩, **-in** F ⟨-; -nen⟩ radiotelegrafista *m/f*
Funk·ge·rät N radiotrasmittente *f* **Funk·haus** N studi *mpl*, sede *f* della radio **Funk·kon·takt** M contatto *m* radio **Funk·pei·lung** F radiogoniometria *f* **Funk·ruf** M chiamata *f* radiotelegrafica **Funk·sig·nal** N segnale *m* radio **Funk·sprech·ge·rät** N radiotelefono *m* **Funk·spruch** M radiomessaggio *m* **Funk·sta·ti·on** F stazione *f* radio **Funk·stil·le** F interruzione *f* delle trasmissioni radio **Funk·strei·fe** F pattuglia *f* (della polizia) radioequipaggiata **Funk·ta·xi** N radiotaxi *m* **Funk·tech·nik** F radiotecnica *f*
Funk·ti·on F ⟨-; -en⟩ funzione *f*: **in ~ treten/sein** entrare/essere in funzione; ♦ **außer ~** (**setzen**) (mettere) fuori uso
funk·ti·o·nal ADJ funzionale
Funk·ti·o·när M ⟨-s; -e⟩, **-in** F ⟨-; -nen⟩ funzionario *m*, -a *f*
funk·ti·o·nell ADJ funzionale
funk·ti·o·nie·ren V/I ⟨h.⟩ funzionare (*a. fig*)
funk·ti·ons·fä·hig ADJ in grado di funzionare **Funk·ti·ons·stö·rung** F MED disfunzione *f* **Funk·ti·ons·tas·te** F IT tasto *m* funzione
Funk·turm M torre *f* della (antenna) radio **Funk·über·tra·gung** F radiotrasmissione *f* **Funk·uhr** F orologio *m* a controllo radio **Funk·ver·kehr** M radiocomunicazioni *fpl* **Funk·wa·gen** M autoradio *f*: **die ~ der Polizei** le autoradio della polizia
für PRÄP ⟨*a.* fürs⟩ (+*akk*) **1** per: **der Brief ist ~ dich** la lettera è per te; **das ist ~ mich dasselbe** per me è la stessa cosa; **~ einige Tage** per alcuni giorni; **das Treffen ist ~ Freitag festgelegt** l'incontro è fissato per venerdì; **etw ~ 500 Euro kaufen** comprare qc per 500 euro **2** (*zugunsten*) per (*od* a) favore di: **~ j-n stimmen** votare per qn; **~ Reformen sein** essere a favore di riforme **3** (*wegen*) per, di: **sich ~ die Verspätung entschuldigen** scusarsi per il ritardo **4** (*anstelle*) al posto di: **~ j-n einspringen** subentrare al posto di qn **5** (*gegen*) in cambio di: **j-m ~ das alte Buch ein neues geben** dare a qn un libro nuovo in cambio di quello vecchio **6** **ich ~ meine Person** per quel che mi riguarda **7** (*im Verhältnis zu*) in rapporto a, per: **~ die Jahreszeit ist es zu kühl** fa troppo freddo per la stagione; **~ seine Größe ist er zu dick** è troppo grasso in rapporto alla sua statura **8** **Wort ~ Wort** parola per parola; **Tag ~ Tag dieselbe Strecke fahren** fare ogni giorno lo stesso tragitto **9** (*Zugehörigkeit*) di: **Institut ~ Philosophie** Istituto di Filosofia **10** **~ etw geeignet sein** essere adatto a qc; **~ etw typisch sein** essere tipico di qc; **~ etw schädlich sein** essere dannoso per qc; ♦ **eine Sache ~ sich** una cosa a sé (*od* a parte); **die Sache hat etwas ~ sich** potrebbe darsi benissimo; **~ sich leben** vivere ritirato; **was ~ ein?** quale?; **das Für und Wider** i pro e i contro
Für·bit·te F intercessione *f*: (**bei j-m**) **~ für j-n einlegen** intercedere per qn (presso qn)
Fur·che F ⟨-; -n⟩ AGR, TECH solco *m*
fur·chen V/T **1** solcare **2** **die Stirn ~** corrugare la fronte
Furcht F ⟨-⟩ paura *f*: **~ vor etw** (*dat*) **empfinden/haben** provare/avere paura di qc; **~ einflößend** spaventoso, che incute paura; **~ erregend** → furchterregend
furcht·bar ADJ terribile (*a. fig*)
fürch·ten **A** V/T temere: **ich fürchte, es**

ist zu spät temo (che) sia troppo tardi **B** VI ⟨h.⟩ **für** (*od* **um**) **j-n/etw ~** preoccuparsi per qn/qc **C** V/R **sich vor j-m/etw ~** aver paura di qn/qc

fürch·ter·lich ADJ terribile

furcht·er·re·gend ADJ spaventoso

furcht·los ADJ intrepido, impavido **Furcht·lo·sig·keit** F ⟨-⟩ audacia *f*

furcht·sam ADJ timoroso **Furcht·sam·keit** F ⟨-⟩ timore *m*, paura *f*

für·ei·nan·der ADV l'uno per l'altro

Fu·rie F ⟨-; -n⟩ furia *f* (*a. fig*)

Fur·nier N ⟨-s; -e⟩ impiallacciatura *f*

Fu·ro·re F ⟨-⟩ *u.* N ⟨-s⟩ **~ machen** far furore

Für·sor·ge F ⟨-⟩ **1** cura *f*: **liebende ~** cura amorevole **2** assistenza *f*: **ärztliche ~** assistenza medica **3** (*Sozialamt*) previdenza *f* sociale: *umg* **von der ~ leben** vivere dei sussidi assistenziali

für·sorg·lich ADJ premuroso **Für·sorg·lich·keit** F ⟨-⟩ premura *f*

Für·spra·che F intercessione *f*: **bei j-m** (**für j-n**) **~ einlegen** intercedere presso qn (per qn); **auf j-s ~** per intercessione di qn **Für·spre·cher** M, **-in** F intercessore *m*, interceditrice *f*

Fürst M ⟨-en; -en⟩ principe *m* ♦ **wie ein ~ leben** fare una vita da principe

Fürs·ten·haus N dinastia *f* di principi **Fürs·ten·tum** N ⟨-s; -tümer⟩ principato *m*

Fürs·tin F ⟨-; -nen⟩ principessa *f*

fürst·lich ADJ principesco (*a. fig*) ♦ **j-n ~ bewirten** trattare qn da re

Furt F ⟨-; -en⟩ guado *m*

Fu·run·kel M/N ⟨-s; -⟩ foruncolo *m*

Für·wort N ⟨-[e]s; -wörter⟩ pronome *m*

Furz M ⟨-es; Fürze⟩ *vulg* peto *m*, scoreggia *f*

fur·zen VI ⟨h.⟩ *vulg* scoreggiare, spezzettare

Fu·sel M ⟨-s; -⟩ *umg* acquavite *f* scadente

Fu·si·on F ⟨-; -en⟩ WIRTSCH, NUKL fusione *f*

fu·si·o·nie·ren VI ⟨h.⟩ fondersi, unirsi

Fuß M ⟨-es; Füße⟩ **1** piede *m*: **zu ~ gehen** andare a piedi **2** (*Pfote*) zampa *f* **3** (*von Möbeln*) piede *m*, gamba *f* **4** (*Stütze*) base *f*: **der ~ einer Säule** la base di una colonna **5** (*unterer Teil*) piedi *mpl*: **am ~ des Berges/des Bettes** ai piedi della montagna/del letto ♦ **sich auf eigene Füße stellen** rendersi indipendente; **auf die Füße fallen** cadere in piedi (*a. fig*); (**festen**) **~ fassen** attecchire; (*sich einen festen Platz schaffen*) sistemarsi; **j-m auf dem -e folgen** stare alle calcagna di qn; **auf freien ~ setzen** mettere a piede libero; **auf großem ~ leben** vivere da signore; **auf schwachen Füßen stehen** non aver fondamento; **j-m auf den ~** (*od* **auf j-s Füße**) **treten** pestare i piedi a qn (*a. fig*); *fig* **j-m etw vor die Füße werfen** gettare qc in faccia a qn; **gut/schlecht zu ~ sein** essere un buon/cattivo camminatore

Fuß·ab·druck M impronta *f* del piede

Fuß·an·gel F tagliola *f* **Fuß·bad** N pediluvio *m* **Fuß·ball** M **1** calcio *m*: **~ spielen** giocare a calcio (*od umg* a pallone) **2** (*Ball*) pallone *m* da calcio **Fuß·bal·len** M ANAT eminenze *fpl* della pianta del piede

Fuß·bal·ler M ⟨-s; -⟩, **-in** F ⟨-; -nen⟩ *umg* calciatore *m*, -trice *f*

Fuß·ball·fan M tifoso *m*, -a *f* di calcio **Fuß·ball·mann·schaft** F squadra *f* di calcio **Fuß·ball·platz** M campo *m* da calcio **Fuß·ball·spiel** N partita *f* di calcio **Fuß·ball·spie·ler** M, **-in** F calciatore *m*, -trice *f* **Fuß·ball·sta·di·on** N stadio *m* (di calcio) **Fuß·ball·ver·ein** M società *f* calcistica **Fuß·ball·welt·meis·ter·schaft** F (campionato *m*) mondiale *m* di calcio, mondiali *mpl* di calcio

Fuß·bo·den M pavimento *m* **Fuß·bo·den·hei·zung** F riscaldamento *m* a pavimento

Fuß·breit M ⟨-; -⟩ (larghezza *f* di un) piede *m* ♦ **keinen ~ von etw abweichen** non smuoversi di un millimetro da qc

Fuß·brem·se F freno *m* a pedale

Fus·sel F ⟨-; -n⟩ *u.* M ⟨-s; -[n]⟩ pelucco *m*

fus·se·lig ADJ che fa pelucchi ♦ **sich** (*dat*)**den Mund ~ reden** parlare al vento

fu·ßen VI ⟨h.⟩ basarsi, fondarsi, poggiare

Fuß·en·de N fondo *m*: **am ~ des Bettes** al fondo (*od* ai piedi) del letto

Fuß·gän·ger M ⟨-s; -⟩, **-in** F ⟨-; -nen⟩ pedone *m* **Fuß·gän·ger·strei·fen** M *schweiz* passaggio *m* pedonale, strisce *fpl* pedonali **Fuß·gän·ger·über·weg** M passaggio *m* pedonale, strisce *fpl* pedonali **Fuß·gän·ger·zo·ne** F zona *f* pedonale

Fuß·ge·lenk N caviglia *f* **Fuß·leis·te** F battiscopa *m* **Fuß·mat·te** F **1** stuoino *m*, zerbino *m* 2 AUTO tappetino *m* **Fuß·no·te** F nota *f* a piè di pagina **Fuß·pfle·ge** F pedicure *f* **Fuß·pfle·ger** M, **-in** F pedicure *m/f* **Fuß·pilz** M MED micosi *f* del piede, *umg* fungo *m* al piede **Fuß·re·flex·zo·nen·mas·sa·ge** F MED riflessologia *f* plantare **Fuß·soh·le** F pianta *f* del piede **Fuß·spur** F, **Fuß·stap·fe** F ⟨-; -n⟩ orma *f*, impronta *f* del piede ♦ *fig* **in j-s Fußstapfen treten** seguire le orme di qn **Fuß·stüt·ze** F poggiapiedi *m* **Fuß·tritt** M calcio *m*, pedata *f* (*a. fig*): **j-m einen ~ versetzen** tirare una pedata a qn **Fuß·volk** N (bassa) manovalanza *f* **Fuß·weg** M 1 (*Pfad*) sentiero *m* 2 (*Strecke*) cammino *m*: **das ist zehn Minuten ~ entfernt** ci vogliono dieci minuti a piedi

Fu·ton M ⟨-s; -s⟩ futon *m inv*

futsch ADJ *umg* perduto, perso

Fut·ter[1] N ⟨-s⟩ 1 (*für Haustiere*) cibo *m*, mangiare *m*; (*für Vieh*) foraggio *m*; (*für Geflügel*) becchime *m* 2 *hum* (*Essen*) cibo *m* 3 *fig* nutrimento *m*

Fut·ter[2] N ⟨-s; -⟩ 1 (*Nähen*) fodera *f* 2 (*bei Türen, Fenstern*) rivestimento *m* 3 MECH mandrino *m*

Fut·te·ral N ⟨-s; -e⟩ custodia *f*, astuccio *m*

Fut·ter·mit·tel N foraggio *m*

fut·tern V/I ⟨h.⟩ *umg* rimpinzarsi

füt·tern[1] V/T 1 (*Vieh*) foraggiare; (*Haustiere*) dar da mangiare 2 imboccare: **ein Kind ~** imboccare un bambino 3 **einen Computer mit Daten ~** caricare dati in un computer

füt·tern[2] V/T 1 (*Nähen*) foderare 2 BAU rivestire

Fut·ter·neid M *umg* gelosia *f* **Fut·ter·pflan·ze** F foraggera *f* **Fut·ter·stoff** M stoffa *f* da fodere

Füt·te·rung F ⟨-; -en⟩ foraggiamento *m*

Fu·tur N ⟨-s; -e⟩ GRAM futuro *m*: **erstes ~** (*od* **~ I**) futuro semplice; **zweites ~** (*od* **~ II**) futuro anteriore

Fu·tu·ris·mus M ⟨-⟩ futurismo *m* **Fu·tu·rist** M ⟨-en; -en⟩, **-in** F ⟨-; -nen⟩ futurista *m/f* **fu·tu·ris·tisch** ADJ 1 futurista 2 (*supermodern*) futuristico **Fu·tu·ro·lo·ge** M ⟨-n; -n⟩ futurologo *m* **Fu·tu·ro·lo·gie** F ⟨-⟩ futurologia *f* **Fu·tu·ro·lo·gin** F ⟨-; -nen⟩ futurologa *f*

G

g, G N ⟨-; -⟩ 1 (*Buchstabe*) g, G, gi *f/m*: **G wie Gustav** G come Genova 2 MUS sol *m*

gab → geben

Ga·be F ⟨-; -n⟩ 1 *geh* (*Spende*) offerta *f*: **milde ~** elemosina 2 (*Geschenk*) dono *m* 3 *fig* dote *f* 4 MED dose *f*

Ga·bel F ⟨-; -n⟩ forchetta *f* **ga·beln** V/R **sich ~** biforcarsi **Ga·bel·stap·ler** M ⟨-s; -⟩ carrello *m* elevatore **Ga·be·lung** F ⟨-; -en⟩ biforcazione *f*

ga·ckern V/I ⟨h.⟩ fare coccodè

gaf·fen V/I ⟨h.⟩ **nach etw ~** guardare qc a bocca aperta; fissare incuriosito qc

Gaf·fer M ⟨-s; -⟩, **-in** F ⟨-; -nen⟩ curioso *m*, -a *f*

Ga·ge ['ga:ʒə] F ⟨-; -n⟩ compenso *m*

gäh·nen V/I ⟨h.⟩ 1 sbadigliare 2 *fig* spalancarsi **Gäh·nen** N ⟨-s⟩ sbadiglio *m*

Ga·la F ⟨-⟩ 1 gala *f*: **in großer ~** in gran gala, *umg* in ghingheri 2 (*Galavorstellung*) galà *m* **Ga·la·an·zug** M abito *m* di gala **Ga·la·di·ner** M ⟨-s; -s⟩ pranzo *m* di gala

ga·lant ADJ galante, cortese

Ga·lee·re F ⟨-; -n⟩ HIST galera *f*

Ga·le·rie F ⟨-; -n⟩ ARCH, THEAT, KUNST *fig* galleria *f* **Ga·le·rist** M ⟨-en; -en⟩, **-in** F ⟨-; -nen⟩ gallerista *m/f*

Gal·gen M ⟨-s; -⟩ 1 forca *f* 2 FILM giraffa *f* **Gal·gen·frist** F ultima (breve) dilazione *f* **Gal·gen·hu·mor** M umorismo *m* macabro

Ga·li·ons·fi·gur F 1 polena *f* 2 *fig* personaggio *m* di spicco, bandiera *f*

Gall·ap·fel M galla *f*

Gal·le F ⟨-; -n⟩ 1 bile *f*, fiele *m* 2 (*Organ*) cistifellea *f* ♦ **j-m kommt die ~ hoch** qn vede rosso (per la rabbia)

Gal·len·bla·se F cistifellea *f* **Gal·len·stein** M calcolo *m* biliare

gal·lig ADJ 1 (*gallenbitter*) amaro come il fiele 2 *fig* bilioso, collerico

Ga·lopp M ⟨-s; -s *u.* -e⟩ galoppo *m* (*a. umg fig*): **in vollem ~** al gran galoppo

ga·lop·pie·ren V/I ⟨h.⟩ galoppare

galt → gelten

gal·va·ni·sie·ren V/T galvanizzare

Ga·ma·sche F ⟨-; -n⟩ ghetta *f*

Game·boy® ['ge:mbɔy] M ⟨-s; -s⟩ gameboy® *m inv*
Game·show ['ge:mʃo:] F ⟨-; -s⟩ gameshow *m inv*
Gam·ma·strah·len PL raggi *mpl* gamma
gam·me·lig ADJ *umg* **1** (*Nahrungsmittel*) andato a male **2** (*Kleidung*) trasandato
Gamm·ler M ⟨-s; -⟩, **-in** F ⟨-; -nen⟩ *umg* = *ribelle non violento (-a) che vuole vivere un'esistenza libera, rifiutando qualsiasi lavoro e soprattutto ignorando l'importanza e il valore del denaro*
Gams·bart M pennacchio *m* di peli di camoscio **Gäm·se** F ⟨-; -n⟩ camoscio *m*
gang: ~ **und gäbe sein** essere comune
Gang M ⟨-[e]s; Gänge⟩ **1** andatura *f*: **ein aufrechter** ~ un'andatura eretta **2** (*Besorgung*) commissione *f* **3** **ein** ~ **durch den Park** una passeggiata nel parco **4** (*Ablauf*) corso *m* **5** AUTO marcia *f*: **den** ~ **herausnehmen** disinnestare la marcia; **in den vierten** ~ **schalten** mettere la quarta **6** (*Durchgang*) passaggio *m* **7** (*Flur*) corridoio *m* **8** GASTR portata *f*: **erster** ~ primo *m* (piatto *m*) ♦ **etw in** ~ **setzen** mettere in moto qc; **seinen** ~ **gehen** seguire il proprio corso (*od* cammino); **gegen ihn ist etw im** ~ qn sta progettando qc contro di lui; **im** ~ **sein** essere in movimento; **in** ~ **kommen** avviarsi; **in vollem** ~ in piena azione
Gang·art F andatura *f*, passo *m*
gang·bar ADJ praticabile (*a. fig*)
gän·geln V/T *fig* tenere al guinzaglio
gän·gig ADJ **1** in uso **2** HANDEL richiesto
Gang·schal·tung F cambio *m*
Gang·way ['gɛŋve:] F ⟨-; -s⟩ passerella *f*
Ga·no·ve M ⟨-n; -n⟩, **-vin** F ⟨-; -nen⟩ furfante *m/f*
Gans F ⟨-; Gänse⟩ oca *f* (*a. fig*)
Gän·se·blüm·chen N ⟨-s; -⟩ margheritina *f* **Gän·se·füß·chen** N ⟨-s; -⟩ *umg* virgoletta *f* **Gän·se·haut** F *fig* pelle *f* d'oca: **eine** ~ **bekommen** avere la pelle d'oca **Gän·se·le·ber·pas·te·te** F paté *m* di fegato d'oca **Gän·se·marsch** M **im** ~ in fila indiana **Gän·se·rich** M ⟨-s; -e⟩ maschio *m* dell'oca
ganz **A** ADJ **1** tutto, intero: **die -e Familie** tutta la famiglia, la famiglia intera; **-e Zahlen** numeri interi **2** *umg* notevole: **eine -e Menge** una notevole quantità, un mucchio **3** *umg* soltanto: **-e drei Mann** soltanto tre uomini **4** *umg* (*unbeschädigt*) intero: **etw wieder** ~ **machen** riparare qc **B** ADV **1** (*völlig*) completamente: **etw** ~ **vergessen** dimenticarsi completamente di qc; ~ **voll** tutto pieno, pienissimo; ~ **etwas anderes** tutt'altra cosa **2** (*sehr*) molto: **ein** ~ **großer Dichter** un poeta grandissimo **3** *umg* (*ziemlich*) abbastanza: ~ **erträglich** passabile; ~ **gut** discreto ♦ *umg* **-e Arbeit machen** fare un lavoro perfetto; ~ **und gar** completamente; ~ **und gar nicht** nient'affatto
Gan·ze N ⟨-n⟩ il tutto, l'insieme: **etw als -s betrachten** osservare qc nell'insieme; **das** ~ **hat keinen Sinn** tutto questo non ha senso ♦ **aufs** ~ **gehen** giocare il tutto per tutto; **es geht ums** ~ è in gioco tutto
ganz·heit·lich ADJ complessivo **Ganz·heits·me·di·zin** F medicina *f* olistica
ganz·jäh·rig ADJ che dura tutto l'anno, di durata annuale
gänz·lich ADJ completo, totale
ganz·tä·gig ADJ che dura tutto il giorno; a tempo pieno **Ganz·tags·ar·beit** F lavoro *m* a tempo pieno **Ganz·tags·schu·le** F scuola *f* a tempo pieno
gar[1] ADJ GASTR cotto, pronto
gar[2] ADV affatto: **das ist** ~ **nicht wahr** non è affatto vero ♦ ~ **nicht** niente affatto; ~ **nicht übel** niente male; ~ **nichts** proprio nulla
Ga·ra·ge [ga'ra:ʒə] F ⟨-; -n⟩ garage *m*; (*groß*) autorimessa *f*
Ga·rant M ⟨-en; -en⟩, **-in** F ⟨-; -nen⟩ garante *m/f* **Ga·ran·tie** F ⟨-; -n⟩ garanzia *f* (*a. fig*): **j-m** ~ **auf etw** (*akk*) **geben** garantire qc a qn **ga·ran·tie·ren** **A** V/T **j-m etw** ~ garantire qc a qn **B** V/I ⟨h.⟩ **für etw** ~ garantire per qc
Ga·ran·tie·schein M (certificato *m* di) garanzia *f* **Ga·ran·tie·zeit** F periodo *m* di garanzia
Gar·be F ⟨-n; -n⟩ AGR covone *m*
Gar·de F ⟨-; -n⟩ guardia *f* (del corpo)
Gar·de·ro·be F ⟨-; -n⟩ **1** guardaroba *m*: **etw an die** ~ **hängen** appendere qc in guardaroba; **sich** (*dat*) **eine neue** ~ **zulegen** rifarsi il guardaroba **2** THEAT camerino *m*
Gar·de·ro·ben·frau F guardarobiera *f* **Gar·de·ro·ben·mann** M guardarobiere *m* **Gar·de·ro·ben·mar·ke** F scontrino *m*, contromarca *f* **Gar·de·ro·ben·stän·der** M attaccapanni *m*
Gar·di·ne F ⟨-; -n⟩ tenda *f*, tendina *f*

Gar·di·nen·stan·ge F asta *f* della tendina
gä·ren ⟨gor/gärte, gegoren/gegärt⟩ **A** V/I **1** ⟨s., h.⟩ fermentare **2** ⟨h.⟩ *fig* ribollire: **in ihm gärte der Hass** l'odio ribolliva in lui **3** ⟨h.⟩ *fig* **es gärt im Volk** il popolo è in fermento **B** V/T far fermentare
Garn N ⟨-[e]s; -e⟩ filo *m*; (*Nähen*) filato *m*
Gar·ne·le F ⟨-; -n⟩ gamberetto *m*
gar·nie·ren V/T guarnire, decorare **Gar·nie·rung** F ⟨-; -en⟩ GASTR guarnizione *f*
Gar·ni·son F ⟨-; -en⟩ guarnigione *f*
Gar·ni·tur F ⟨-; -en⟩ **1** completo *m*: **eine ~ Unterwäsche** una parure di biancheria intima **2** (*Satz*) serie *f* **3** GASTR, (*Nähen*) guarnizione *f* ♦ **erste ~** (la) prima scelta
gars·tig ADJ **1** (*unfreundlich*) maleducato **2** (*hässlich*) ripugnante
Gar·ten M ⟨-s; Gärten⟩ **1** giardino *m* **2** (*Nutzgarten*) orto *m* **Gar·ten·bau** M giardinaggio *m* **Gar·ten·er·de** F terriccio *m* **Gar·ten·ge·rät** N attrezzo *m* da giardinaggio **Gar·ten·haus** N casetta *f* in giardino (per attrezzi e mobili da giardino) **Gar·ten·lo·kal** N locale *m* con giardino **Gar·ten·sche·re** F cesoie *fpl* **Gar·ten·schlauch** M tubo *m* d'irrigazione **Gar·ten·tor** N cancello *m* d'ingresso **Gar·ten·zwerg** M nano *m* ornamentale
Gärt·ner M ⟨-s; -⟩ **1** giardiniere *m* **2** (*für Nutzgarten*) ortolano *m* **Gärt·ne·rei** F ⟨-; -en⟩ (*Betrieb*) vivaio *m* **Gärt·ne·rin** F ⟨-; -nen⟩ giardiniera *f*
Gä·rung F ⟨-; -en⟩ fermentazione *f*
Gas N ⟨-es; -e⟩ **1** gas *m* **2** AUTO **~ geben/wegnehmen** accelerare/rallentare ♦ *fig* **~ geben** sbrigarsi
Gas·ab·le·ser M, **-in** F letturista *m/f* del gas **Gas·fla·sche** F bombola *f* (del gas) **gas·för·mig** ADJ gassoso **Gas·hahn** M rubinetto *m* del gas **Gas·hei·zung** F riscaldamento *m* a gas **Gas·herd** M cucina *f* a gas **Gas·kam·mer** F camera *f* a gas **Gas·ko·cher** M fornello *m* a gas **Gas·mas·ke** F maschera *f* antigas **Gas·pe·dal** N pedale *m* dell'acceleratore: **aufs ~ treten** premere sull'acceleratore
Gas·se F ⟨-; -n⟩ **1** via *f*: **eine schmale ~** un vicolo **2** (*Durchgang*) passaggio *m*: **eine ~ bilden** aprire un passaggio
Gast M ⟨-[e]s; Gäste⟩ **1** ospite *m/f*: **bei j-m zu ~ sein** essere ospite di qn; **j-n zu ~ haben** ospitare qn **2** (*im Lokal*) cliente *m* **Gast·ar·bei·ter** M, **-in** F *neg!* lavoratore *m*, -trice *f* straniero (-a)
Gast·do·zent M, **-in** F docente *m/f* ospite
Gäs·te·buch N **1** libro *m* degli ospiti **2** (*in Hotels*) registro *m* **Gäs·te·haus** N foresteria *f* **Gäs·te·zim·mer** N camera *f* degli ospiti
gast·freund·lich ADJ ospitale **Gast·freund·lich·keit** F, **Gast·freund·schaft** F ⟨-⟩ ospitalità *f*
Gast·ge·ber M, **-in** F ospite *m/f* **Gast·haus** N, **Gast·hof** M **1** ristorante *m*, trattoria *f* **2** (*mit Unterkunft*) albergo *m*
Gast·hö·rer M, **-in** F uditore *m*, -trice *f*
gas·tie·ren V/I ⟨h.⟩ essere ospite (straordinario): **das Orchester gastiert in Bonn** l'orchestra si esibisce a Bonn
Gast·land N paese *m* ospitante **gast·lich** ADJ ospitale **Gast·lich·keit** F ⟨-⟩ ospitalità *f* **Gast·recht** N diritto *m* di ospitalità
Gast·ro·nom M ⟨-en; -en⟩ gastronomo *m* **Gast·ro·no·mie** F ⟨-⟩ **1** ristorazione *f* **2** (*Kochkunst*) gastronomia *f* **Gast·ro·no·min** F ⟨-; -nen⟩ gastronoma *f*
gast·ro·no·misch ADJ **1** della ristorazione **2** (*das Kochen betreffend*) gastronomico
Gast·spiel N **1** spettacolo *m* ospite **2** *fig hum* **ein ~ geben** fare una breve apparizione **Gast·stät·te** F ristorante *m*, trattoria *f* **Gast·wirt** M, **-in** F oste *m*, -essa *f* **Gast·wirt·schaft** F trattoria *f*
Gas·ver·gif·tung F intossicazione *f* da gas **Gas·ver·sor·gung** F rifornimento *m* di gas **Gas·werk** N officina *f* (di produzione) del gas **Gas·zäh·ler** M contatore *m* del gas
Gat·te M ⟨-n; -n⟩ *geh iron* consorte *m*, coniuge *m*
Gat·ter N ⟨-s; -⟩ **1** recinto *m*, recinzione *f* **2** (*Gittertor*) cancello *m*
Gat·tin F ⟨-; -nen⟩ *geh iron* consorte *f*
Gat·tung F ⟨-; -en⟩ genere *m* (*a.* BOT, ZOOL)
Gauk·ler M ⟨-s; -⟩, **-in** F ⟨-; -nen⟩ saltimbanco *m*, -a *f*
Gaul M ⟨-[e]s; Gäule⟩ ronzino *m* ♦ **einem geschenkten ~ sieht man nicht ins Maul** a caval donato non si guarda in bocca

Gau·men M ⟨-s; -⟩ palato *m* **Gau·men·freu·de** F *geh* delizia *f* (del palato)
Gau·ner M ⟨-s; -⟩ *pej* 1 (*Betrüger*) imbroglione *m* 2 *umg* (*schlauer Mensch*) furbone *m* **Gau·ne·rei** F ⟨-; -en⟩ (*Betrügerei*) imbroglio *m* **Gau·ne·rin** F ⟨-; -nen⟩ (*Betrügerin*) imbrogliona *f*
Ga·ze ['ga:zə] F ⟨-; -n⟩ garza *f*
Ga·zel·le F ⟨-; -n⟩ gazzella *f*
G-Dur N MUS sol *m* maggiore
Ge·äch·te·te M/F ⟨-n; -n⟩ proscritto *m*, -a *f*
Ge·bäck N ⟨-[e]s; -e⟩ pasticcini *mpl*
Ge·bälk N ⟨-[e]s; -e⟩ travatura *f*, travi *fpl*
ge·bar → gebären
Ge·bär·de F ⟨-; -n⟩ gesto *m*
ge·bär·den V/R **sich** ~ comportarsi
Ge·bär·den·spiel N gestualità *f* **Ge·bär·den·spra·che** F linguaggio *m* gestuale
ge·bä·ren V/T ⟨gebiert, gebar, geboren⟩ partorire
Ge·bär·mut·ter F utero *m*
Ge·bäu·de N ⟨-s; -⟩ edificio *m* (*a. fig*)
Ge·bein N ⟨-[e]s; -e⟩ PL ossa *fpl*
ge·ben ⟨gibt, gab, gegeben⟩ A V/T 1 dare 2 (*am Telefon*) passare: **geben Sie mir bitte Frau Schulz!** mi passi per favore la signora Schulz 3 (*unterrichten*) insegnare 4 fare: **drei mal drei gibt neun** tre per tre fa nove 5 **etw von sich** ~ dire qc 6 *unpers* **es gibt** c'è, ci sono: **was gibt's Neues?** cosa c'è di nuovo?; **was gibt's?** che c'è? B V/I ⟨h.⟩ (**viel/wenig**) **auf etw** (*akk*) ~ dare (molto/poco) valore a qc C V/R **sich** ~ 1 comportarsi: **sich freundlich** ~ comportarsi in modo amichevole 2 (*aufhören*) finire, passare: **alles Übrige wird sich** ~ tutto il resto andrà a posto da solo ♦ **Karten** ~ dare le carte; **es j-m** ~ dirne quattro a qn; (*j-n verprügeln*) picchiare qn; **was wird heute Abend im Theater gegeben?** che cosa danno stasera a teatro?; **nein, das gibt es nicht!** no, non è possibile!; **da gibt's (gar) nichts** non c'è niente da fare
Ge·ber M ⟨-s; -⟩, **-in** F ⟨-; -nen⟩ datore *m*, -trice *f*, donatore *m*, -trice *f*
Ge·bet N ⟨-[e]s; -e⟩ preghiera *f* ♦ *umg* **j-n ins ~ nehmen** fare una paternale a qn **Ge·bet·buch** N libro *m* delle preghiere
ge·be·ten → bitten
ge·biert → gebären
Ge·biet N ⟨-[e]s; -e⟩ 1 zona *f*, regione *f* 2 territorio *m*: **das ~ der Schweiz** il territorio della Svizzera 3 *fig* campo *m*
ge·bie·ten ⟨*irr*⟩ A V/T esigere B V/I ⟨h.⟩ **über etw** (*akk*) ~ dominare qc; (*verfügen*) disporre di qc **ge·bie·te·risch** ADJ imperioso
Ge·biets·an·spruch M rivendicazione *f* territoriale **Ge·biets·ho·heit** F sovranità *f* territoriale **ge·biets·wei·se** ADV in zone
Ge·bil·de N ⟨-s; -⟩ 1 (*Werk*) creazione *f*, prodotto *m* 2 (*Form*) struttura *f*
ge·bil·det ADJ colto, istruito
Ge·bin·de N ⟨-s; -⟩ fascio *m*; (*Strauß*) mazzo *m*; (*Kranz*) ghirlanda *f*
Ge·bir·ge N ⟨-s; -⟩ 1 montagne *fpl* 2 montagna *f* (*a. fig*): **ins ~ fahren** andare in montagna **ge·bir·gig** ADJ montagnoso **Ge·birgs·ket·te** F catena *f* montuosa
Ge·biss N ⟨-es; -e⟩ 1 dentatura *f*, denti *mpl* 2 (*künstlicher Ersatz*) dentiera *f*
ge·bis·sen → beißen
Ge·blä·se N ⟨-s; -⟩ 1 TECH soffieria *f*, mantici *mpl* 2 AUTO ventilatore *m*
ge·blie·ben → bleiben
ge·blümt ADJ a fiori, fiorato
Ge·blüt N ⟨-[e]s⟩ *poet obs* sangue *m*: **von edlem ~** di sangue nobile
ge·bo·gen → biegen
ge·bo·ren A ADJ nato: **ich bin in Köln ~** sono nato a Colonia; **-er Deutscher** tedesco di nascita; **Frau Braun, -e Müller** la Signora Braun, nata Müller B → gebären
ge·bor·gen → bergen
Ge·bor·gen·heit F ⟨-⟩ sicurezza *f*
ge·bors·ten → bersten
Ge·bot N ⟨-[e]s; -e⟩ 1 precetto *m*: **ein sittliches ~** un precetto morale; **die Zehn -e** i dieci comandamenti 2 (*Anweisung*) obbligo *m* 3 HANDEL offerta *f* ♦ **j-m zu -e stehen** essere a disposizione di qn
ge·bo·ten A ADJ necessario; **es ist dringend ~** è urgente B → bieten
ge·bracht → bringen
ge·brannt → brennen
ge·bra·ten → braten
Ge·bräu N ⟨-[e]s; -e⟩ *pej* brodaglia *f*
Ge·brauch M 1 uso *m*: **~ von etw machen** fare uso di qc; **in** (*od* **im**) **~ sein** essere in uso 2 (*Sitten*) *pl* usi *mpl* ♦ **außer ~ kommen** cadere in disuso
ge·brau·chen V/T 1 usare, adoperare

2 *umg* **zu nichts zu ~ sein** non essere buono a nulla 3 (*missbrauchen*) **j-n zu etw ~** approffittare di qn per qc 4 *umg* **etw ~ können** aver bisogno di qc; **ich könnte das Auto** (**gut**) **~** mi servirebbe l'auto

ge·bräuch·lich ADJ usato, in uso

Ge·brauchs·an·wei·sung F istruzioni *fpl* per l'uso **Ge·brauchs·ar·ti·kel** M articolo *m* di consumo **ge·brauchs·fä·hig** ADJ funzionante **ge·brauchs·fer·tig** ADJ pronto per l'uso **Ge·brauchs·ge·gen·stand** M oggetto *m* d'uso comune **Ge·brauchs·wert** M valore *m* d'uso (*od* intrinseco)

ge·braucht ADJ usato, di seconda mano **Ge·braucht·wa·gen** M automobile *f* usata

Ge·bre·chen N ⟨-s; -⟩ acciacco *m*

ge·brech·lich ADJ gracile, debole **Ge·brech·lich·keit** F ⟨-; -en⟩ gracilità *f*, debolezza *f*

ge·bro·chen A ADJ 1 **-e Farben** colori sporchi 2 *fig* (*Mensch*) rovinato, finito 3 stentato: **sich in -em Deutsch verständigen** comunicare in un tedesco stentato B → brechen

Ge·brü·der PL fratelli *mpl*

Ge·bühr F ⟨-; -en⟩ 1 tassa *f*, diritto *m* 2 (*Schuldigkeit*) **nach ~** a dovere; **über ~** più del dovuto **ge·büh·ren** A V/I ⟨h.⟩ spettare, essere dovuto: **dem Alter gebührt Rücksicht** all'età si deve rispetto B V/R *unpers* **es gebührt sich** si conviene **ge·büh·rend** A ADJ dovuto B ADV debitamente

Ge·büh·ren·ein·heit F TEL scatto *m* **ge·büh·ren·frei** ADJ esente da tasse; TEL gratis **Ge·büh·ren·ord·nung** F tariffa *f* dei diritti **ge·büh·ren·pflich·tig** ADJ soggetto a tassa, a pagamento ♦ **-e Verwarnung** contravvenzione *f*

ge·bun·den → binden

Ge·burt F ⟨-; -en⟩ 1 nascita *f* (*a. fig*): **er ist von ~ Schweizer** è svizzero di nascita 2 (*Entbindung*) parto *m* (*a. fig*)

Ge·bur·ten·kon·trol·le F controllo *m* delle nascite **ge·bur·ten·schwach** ADJ con basso tasso di natalità **Ge·bur·ten·über·schuss** M eccedenza *f* delle nascite **Ge·bur·ten·zif·fer** F natalità *f*

ge·bür·tig ADJ nativo: **aus Rom ~** nativo di Roma; **-er Wiener** viennese di nascita

Ge·burts·an·zei·ge F 1 annuncio *m* di nascita 2 (*amtlich*) denuncia *f* di nascita

Ge·burts·da·tum N data *f* di nascita **Ge·burts·haus** N casa *f* natale **Ge·burts·hel·fer** M, **-in** F ostetrico *m*, -a *f* **Ge·burts·hil·fe** F ostetricia *f* **Ge·burts·jahr** N anno *m* di nascita **Ge·burts·ort** M luogo *m* di nascita **Ge·burts·stadt** F città *f* natale

Ge·burts·tag M compleanno *m*: **wann hast du ~?** quand'è il tuo compleanno (*od* quando fai gli anni)?; **herzlichen Glückwunsch zum ~!** tanti auguri di buon compleanno

Ge·burts·tags·fei·er F festa *f* di compleanno **Ge·burts·tags·ge·schenk** N regalo *m* di compleanno **Ge·burts·tags·kind** N *hum* festeggiato *m*, -a *f* **Ge·burts·ur·kun·de** F certificato *m* di nascita **Ge·burts·we·hen** PL doglie *fpl*

Ge·büsch N ⟨-[e]s; -e⟩ cespugli *mpl*

ge·dacht → denken

Ge·dächt·nis N ⟨-ses; -se⟩ 1 memoria *f*: **aus dem ~** a memoria; **etw im ~ behalten** ricordarsi di qc 2 (*Andenken*) ricordo *m*: **zum ~ an** in ricordo di

Ge·dächt·nis·lü·cke F vuoto *m* di memoria **Ge·dächt·nis·schwund** M perdita *f* della memoria **Ge·dächt·nis·stö·rung** F amnesia *f* **Ge·dächt·nis·stüt·ze** F espediente *m* mnemonico **Ge·dächt·nis·übung** F esercizio *m* mnemonico

Ge·dan·ke M ⟨-ns; -n⟩ pensiero *m*, idea *f*: **das bringt mich auf einen -n** questo mi fa venire un'idea; **auf den -n kommen, etw zu tun** avere in mente di fare qc ♦ **j-n auf andere -n bringen** distrarre qn; **etw in -n tun** fare qc senza pensarci; **in -n sein** essere distratto; **sich** (*dat*) **wegen j-m/etw** (*od* **über j-n/etw**) **-n machen** darsi pensiero per qn/qc; **sich über etw** (*akk*) **-n machen** riflettere a lungo su qc

Ge·dan·ken·aus·tausch M scambio *m* di idee **Ge·dan·ken·frei·heit** F libertà *f* di pensiero **Ge·dan·ken·gang** M ragionamento *m* **ge·dan·ken·los** ADJ distratto **Ge·dan·ken·lo·sig·keit** F ⟨-; -en⟩ 1 (*Unüberlegtheit*) sconsideratezza *f* 2 (*Unaufmerksamkeit*) distrazione *f* **Ge·dan·ken·sprung** M salto *m* concettuale; cambiamento *m* di tema improvviso **Ge·dan·ken·strich** M trattino *m* **Ge·dan·ken·über·tra·gung** F telepatia *f* **ge·dan·ken·ver·lo·ren** ADJ assorto in pensieri; distratto **ge-**

dan·ken·voll ADJ assorto in pensieri
ge·dank·lich ADJ 1 mentale, intellettuale 2 concettuale: **der -e Inhalt des Buches** il contenuto concettuale del libro
Ge·därm N ⟨-[e]s; -e⟩ intestino *m*
Ge·deck N ⟨-[e]s; -e⟩ coperto *m* ♦ **zwei -e auflegen** apparecchiare per due
Ge·deih N **auf ~ und Verderb** nella buona e nella cattiva sorte
ge·dei·hen VI ⟨gedieh, gediehen; s.⟩ 1 crescere bene 2 fare progressi: **etw ist so weit gediehen, dass …** qc è giunto al punto che …
ge·den·ken VI ⟨irr; h.⟩ 1 *poet* **j-s/etw ~** commemorare qn/qc 2 **~, etw zu tun** avere intenzione di fare qc
Ge·denk·fei·er F commemorazione *f* **Ge·denk·mi·nu·te** F minuto *m* di silenzio **Ge·denk·stät·te** F monumento *m* commemorativo **Ge·denk·stein** M lapide *f* commemorativa **Ge·denk·tag** M giornata *f* commemorativa
ge·deucht → dünken
Ge·dicht N ⟨-[e]s; -e⟩ poesia *f* ♦ **ein ~ sein** essere un sogno (*od* una meraviglia)
ge·die·gen ADJ 1 (*rein*) puro 2 solido (*a. fig*): **ein -es Wissen** una cultura solida
ge·dieh, **ge·die·hen** → gedeihen
Ge·drän·ge N ⟨-s; -⟩ ressa *f* ♦ **ins ~ geraten** (*od* **kommen**) essere messo alle strette
ge·drängt ADJ 1 (*zusammengepresst*) pigiato 2 *fig* (*gerafft*) conciso, stringato
ge·dro·schen → dreschen
ge·druckt ADJ **wie ~ lügen** mentire spudoratamente; **wie ~ reden** parlare come un libro stampato
ge·drückt ADJ *fig* abbattuto, depresso
ge·drun·gen A ADJ (*Wuchs*) tarchiato B → dringen
Ge·duld F ⟨-⟩ pazienza *f*: **sich in ~ fassen** (*od* **üben**) armarsi di (santa) pazienza; *umg* **mir reißt die ~** mi scappa la pazienza
ge·dul·den VR **sich ~** avere pazienza **ge·dul·det** ADJ tollerato **ge·dul·dig** ADJ paziente
ge·dun·sen ADJ gonfio
ge·ehrt ADJ (*im Brief*) **sehr -e Frau Müller** gentile (*od* egregia) signora Müller; **sehr -er Herr** egregio signore; **sehr -e Damen und Herren** egregi signori; HANDEL spettabile ditta
ge·eig·net ADJ adatto
Ge·fahr F ⟨-; -en⟩ pericolo *m*: **in ~ schweben** essere in pericolo; **j-n/etw in ~ bringen** mettere qn/qc in pericolo; ♦ **auf eigene ~** a proprio rischio; **~ laufen, zu …** correre il rischio di …
ge·fähr·den VT **j-n/die Gesundheit ~** mettere in pericolo qn/la salute; **den Erfolg von etw ~** compromettere il successo di qc **ge·fähr·det** ADJ a rischio, in pericolo
Ge·fähr·dung F ⟨-; -en⟩ pericolo *m*
Ge·fah·ren·quel·le F fonte *f* di pericoli **Ge·fah·ren·stel·le** F punto *m* pericoloso **Ge·fah·ren·zu·la·ge** F indennità *f* per lavori pericolosi
ge·fähr·lich ADJ pericoloso **Ge·fähr·lich·keit** F ⟨-; -en⟩ pericolosità *f*; (*von Krankheit*) gravità *f*
ge·fahr·los A ADJ sicuro B ADV senza pericolo **Ge·fahr·lo·sig·keit** F ⟨-⟩ sicurezza *f*
Ge·fähr·te M ⟨-n; -n⟩ *geh* compagno *m*
Ge·fähr·tin F ⟨-; -nen⟩ *geh* compagna *f*
ge·fahr·voll ADJ pericoloso, rischioso
Ge·fäl·le N ⟨-s; -⟩ 1 pendenza *f*; AUTO **gefährliches ~** discesa pericolosa 2 *fig* disparità *f*, differenza *f*
ge·fal·len[1] ⟨*irr*⟩ A VI ⟨h.⟩ piacere: **das gefällt mir** (**nicht**) questo (non) mi piace B VR **sich** (*dat*) **in etw** (*dat*) **~** provare piacere in qc (*od* a fare qc) ♦ *umg* **sich** (*dat*) **etw ~ lassen** sopportare qc; **wie gefällt es Ihnen hier?** come si trova qui?
ge·fal·len[2] → fallen
Ge·fal·len[1] M ⟨-s; -⟩ favore *m*, piacere *m*: **j-m einen ~ tun** fare un piacere a qn
Ge·fal·len[2] N ⟨-s⟩ **an etw** (*dat*) **~ finden** trovare piacere in qc; **~ erregen** suscitare piacere
Ge·fal·le·ne M ⟨-n; -n⟩ caduto *m*
ge·fäl·lig ADJ 1 cortese; **j-m ~ sein** fare una cortesia a qn 2 (*ansprechend*) gradevole 3 **ein Bier ~?** desidera una birra? **Ge·fäl·lig·keit** F ⟨-; -en⟩ 1 favore *m* 2 cortesia *f*: **etw aus reiner ~ tun** fare qc per pura cortesia **ge·fäl·ligst** ADV **mach ~ die Tür zu!** vuoi chiudere quella porta!?
ge·fan·gen A ADJ 1 (*im Krieg*) prigioniero: **~ halten** tenere prigioniero 2 *fig* **~ nehmen** rapire B → fangen
Ge·fan·ge·ne M/F ⟨-n; -n⟩ 1 (*im Krieg*) prigioniero *m*, -a *f* 2 (*Häftling*) detenuto *m*, -a *f* **Ge·fan·ge·nen·la·ger** N campo *m* di prigionia

Ge·fan·gen·nah·me F ⟨-; -n⟩ cattura *f* **Ge·fan·gen·schaft** F ⟨-; -en⟩ **1** MIL prigionia *f*: **in ~ geraten** cadere prigioniero **2** ZOOL cattività *f*
Ge·fäng·nis N ⟨-ses; -se⟩ prigione *f*, carcere *m*: **j-n ins ~ bringen** mandare qn in prigione; **ins ~ kommen** finire in prigione; **drei Jahre ~ bekommen** essere condannato a tre anni di carcere **Ge·fäng·nis·stra·fe** F pena *f* detentiva **Ge·fäng·nis·wär·ter** M, **-in** F secondino *m*, -a *f* **Ge·fäng·nis·zel·le** F cella *f* (carceraria)

G

Ge·fa·sel N ⟨-s⟩ *umg pej* ciance *fpl*
Ge·fäß N ⟨-es; -e⟩ **1** recipiente *m* **2** ANAT vaso *m* **Ge·fäß·chi·rur·gie** F chirurgia *f* vascolare **Ge·fäß·krank·heit** F angiopatia *f*
ge·fasst ADJ calmo ♦ **sich auf etw** (*akk*) **~ machen** aspettarsi qc; **auf etw** (*akk*) **~ sein** essere preparato a qc; *umg* **mach dich auf was ~!** stai fresco!
Ge·fecht N ⟨-[e]s; -e⟩ combattimento *m* ♦ **j-n außer ~ setzen** mettere qn fuori combattimento (*a. fig*)
ge·fechts·be·reit ADJ pronto al combattimento **Ge·fechts·kopf** M testa *f* esplosiva **Ge·fechts·stand** M posto *m* di comando tattico
ge·feit ADJ **gegen etw ~** immune da qc
Ge·fie·der N ⟨-s; -⟩ piumaggio *m* **ge·fie·dert** ADJ **1** piumato, pennuto **2** BOT pennato
Ge·flecht N ⟨-[e]s; -e⟩ **1** intreccio *m*; reticolato *m* **2** (*Gitterwerk*) graticcio *m*
ge·fleckt ADJ macchiato
ge·flis·sent·lich ADJ intenzionale
ge·floch·ten → flechten
ge·flo·gen → fliegen
ge·flo·hen → fliehen
ge·flos·sen → fließen
Ge·flü·gel N ⟨-s⟩ pollame *m*
ge·flü·gelt ADJ alato ♦ **-es Wort** detto *m*, proverbio *m*
Ge·flü·gel·zucht F avicoltura *f*
ge·foch·ten → fechten
Ge·fol·ge N ⟨-s; -⟩ seguito *m* **Ge·folg·schaft** F ⟨-; -en⟩ **1** seguaci *mpl* **2** fedeltà *f*: **j-m ~ leisten** seguire (fedelmente) qn
ge·fragt ADJ richiesto
ge·frä·ßig ADJ ingordo; vorace **Ge·frä·ßig·keit** F ⟨-⟩ voracità *f*; ingordigia *f*
Ge·frei·te M ⟨-n; -n⟩ MIL caporale *m*
ge·fres·sen PPERF **A** **j-n/etw ~ haben** detestare (*od* non sopportare) qn/qc **B** → fressen
ge·frie·ren ⟨*irr*⟩ **A** V/I ⟨s.⟩ gelare (*a. fig*) **B** V/T congelare
Ge·frier·fach N freezer *m* **Ge·frier·fleisch** N carne *f* congelata **ge·frier·ge·trock·net** ADJ liofilizzato **Ge·frier·punkt** M punto *m* di congelamento **Ge·frier·schrank** M, **Ge·frier·tru·he** F congelatore *m*
ge·fro·ren → frieren
Ge·fü·ge N ⟨-s; -⟩ struttura *f*
ge·fü·gig ADJ arrendevole ♦ **~ werden** arrendersi; **j-n seinem Willen ~ machen** sottomettere qn alla propria volontà
Ge·fühl N ⟨-s; -e⟩ **1** sensibilità *f*; (*Tastsinn*) tatto *m*: **dem ~ nach ist das aus Holz** al tatto questo è di legno **2** sentimento *m*: **seine -e verbergen** nascondere i propri sentimenti **3** (*Empfindung*) sensazione *f*: **ein ~ der Angst** una sensazione di paura **4** (*Ahnung*) **ich habe das ~, dass …** ho la sensazione che … **5** (*Fähigkeit*) senso *m*: **das ~ für Rhythmus** il senso del ritmo
ge·fühl·los ADJ insensibile **Ge·fühl·lo·sig·keit** F ⟨-; -en⟩ insensibilità *f*
Ge·fühls·du·se·lei F ⟨-; -n⟩ *umg* sentimentalismo *m* **Ge·fühls·le·ben** N vita *f* emotiva **ge·fühls·mä·ßig** ADJ emotivo; sentimentale **Ge·fühls·mensch** M sentimentale *m/f*
ge·fühl·voll ADJ pieno di sentimento
ge·füllt ADJ **1** colmo **2** GASTR ripieno
ge·fun·den → finden
ge·gan·gen → gehen
ge·ge·ben **A** ADJ **1** determinato: **unter den Umständen** in determinate condizioni; **etw als ~ voraussetzen** dare qc per scontato **2** adatto, giusto **B** → geben
ge·ge·be·nen·falls ADV all'occorrenza
Ge·ge·ben·heit F ⟨-; -en⟩ **1** (*Tatsache*) dato *m* di fatto **2** condizione *f*
ge·gen **A** PRÄP (+*akk*) **1** (*zu etw hin*) verso, in direzione di **2** contro: **~ den Tisch stoßen** urtare contro il tavolo; **~ etw sein** essere contrario a qc; **ich habe nichts ~ ihn** non ho niente contro di lui **3** (*temporal*) verso: **~ 5 Uhr** verso le cinque; **~Abend** verso sera **4** (*im Vergleich*) rispetto a **5** (*im Austausch*) **~ Zahlung** contro pagamento **B** ADV circa: **~ hundert Mann** circa un centinaio di uomini
Ge·gen·an·griff M contrattacco *m* **Ge·gen·be·we·gung** F movimento *m*

contrario **Ge·gen·be·weis** M prova *f* del contrario; JUR controprova *f*

Ge·gend F ⟨-; -en⟩ 1 regione *f*, zona *f* 2 (*Umgebung*) dintorni *mpl*: **sie wohnen in dieser ~** abitano da queste parti 3 (*Landschaft*) paesaggio *m*

Ge·gen·dar·stel·lung F 1 (*in der Presse*) rettifica *f* 2 replica *f*

ge·gen·ei·nan·der ADV l'uno contro l'altro **ge·gen·ei·nan·der·stel·len** V/T confrontare

Ge·gen·fahr·bahn F corsia *f* opposta **Ge·gen·fra·ge** F domanda *f* **Ge·gen·ge·wicht** N contrappeso *m* (*a. fig*) **Ge·gen·gift** N antidoto *m* **Ge·gen·kan·di·dat** M, **-in** F candidato *m*, -a *f* dell'opposizione **Ge·gen·leis·tung** F contraccambio *m* **Ge·gen·licht** N controluce *f* **Ge·gen·maß·nah·me** F contromisura *f* **Ge·gen·mit·tel** N rimedio *m* **Ge·gen·par·tei** F 1 avversari *mpl* 2 JUR controparte *f* **Ge·gen·pol** M polo *m* opposto **Ge·gen·pro·be** F controprova *f* **Ge·gen·rich·tung** F direzione *f* contraria **Ge·gen·satz** M 1 contrasto *m* 2 (*Gegenteil*) contrario *m* 3 (*Widerspruch*) contraddizione *f*: **im ~ zu etw stehen** essere in contraddizione con qc ♦ **im ~ zu** contrariamente a, a differenza di

ge·gen·sätz·lich ADJ 1 contrario 2 (*widerstreitend*) contrastante **Ge·gen·sätz·lich·keit** F ⟨-; -en⟩ opposizione *f*, contrapposizione *f*

Ge·gen·schlag M contrattacco *m* (*a. fig*): **zum ~ ausholen** preparare un contrattacco **Ge·gen·sei·te** F 1 parte *f* opposta 2 (*Gegenpartei*) parte *f* avversa **ge·gen·sei·tig** ADJ reciproco **Ge·gen·sei·tig·keit** F ⟨-; -en⟩ reciprocità *f*: **auf ~ beruhen** essere reciproco **Ge·gen·spie·ler** M, **-in** F avversario *m*, -a *f*, antagonista *m/f*

Ge·gen·stand M oggetto *m* (*a. fig*): **zum ~ heftiger Kritik werden** diventare oggetto di una dura critica **ge·gen·ständ·lich** ADJ 1 concreto 2 **-e Kunst** arte figurativa **ge·gen·stands·los** ADJ 1 nullo; inutile 2 (*unbegründet*) infondato

Ge·gen·stim·me F voto *m* contrario: **ohne ~** all'unanimità **Ge·gen·strö·mung** F controcorrente *f*, corrente *f* contraria (*a. fig*) **Ge·gen·stück** N 1 riscontro *m*; pendant *m* 2 contrario *m* **Ge·gen·teil** N contrario *m*: **im ~** al contrario; **das genaue ~** l'esatto contrario

ge·gen·tei·lig ADJ contrario, opposto

ge·gen·über A PRÄP (+*dat*) 1 (*lokal*) di fronte a 2 (*in Bezug auf*) nei confronti (*od* verso) di, con 3 (*im Vergleich zu*) in confronto a B ADV di fronte **Ge·gen·über** N ⟨-s; -⟩ persona *f* (che sta *od* che siede) di fronte

ge·gen·über·lie·gen V/I ⟨*irr*; h.⟩ stare (*od* essere) di fronte **ge·gen·über·se·hen** V/R ⟨*irr*⟩ **sich j-m/etw ~** (ri)trovarsi di fronte a qn/qc **ge·gen·über·ste·hen** ⟨*irr*⟩ A V/I ⟨h.⟩ 1 stare di fronte 2 *fig* **j-m/etw feindlich ~** essere ostile a qn/qc B V/R **sich ~** 1 trovarsi a confronto 2 SPORT affrontarsi **ge·gen·über·stel·len** V/T 1 JUR mettere a confronto 2 (*vergleichen*) confrontare 3 (*entgegensetzen*) contrapporre **Ge·gen·über·stel·lung** F 1 confronto *m* 2 contrapposizione *f* **ge·gen·über·tre·ten** V/I ⟨*irr*; s.⟩ 1 **j-m ~** comparire dinanzi a qn 2 **j-m/etw mutig ~** affrontare qn/qc con coraggio

Ge·gen·ver·kehr M traffico *m* in senso contrario **Ge·gen·vor·schlag** M controproposta *f* **Ge·gen·wart** F ⟨-⟩ 1 presente *m* (*a.* GRAM): **die Kunst der ~** l'arte contemporanea 2 presenza *f*: **in meiner ~** alla mia presenza **ge·gen·wär·tig** ADJ attuale **Ge·gen·wehr** F ⟨-⟩ resistenza *f* **Ge·gen·wert** M controvalore *m* **Ge·gen·wind** M vento *m* contrario **Ge·gen·wir·kung** F reazione *f* **ge·gen·zeich·nen** V/T controfirmare **Ge·gen·zug** M 1 contromossa *f* (*a. fig*) 2 BAHN treno *m* in direzione contraria

ge·ges·sen → essen

ge·gli·chen → gleichen

ge·glit·ten → gleiten

ge·glom·men → glimmen

Geg·ner M ⟨-s; -⟩, **-in** F ⟨-; -nen⟩ 1 avversario *m*, -a *f* (*a.* SPORT) 2 (*Feind*) nemico *m*, -a *f* (*a. fig*) **geg·ne·risch** ADJ 1 avversario (*a.* SPORT) 2 nemico **Geg·ner·schaft** F ⟨-; -en⟩ 1 opposizione *f* 2 (*Rivalität*) rivalità *f* 3 (*Menschen*) avversari *mpl*

ge·gol·ten → gelten

ge·go·ren → gären

ge·gos·sen → gießen

ge·grif·fen → greifen

ge·habt PPERF A: **wie ~** come al solito

3 → haben

Ge·hack·te N ⟨-n⟩ carne *f* tritata

Ge·halt¹ M ⟨-[e]s; -e⟩ **1** contenuto *m* **2** (*von Nahrungsmitteln*) valore *m* nutritivo

Ge·halt² N ⟨-[e]s; -hälter⟩ stipendio *m*

ge·halt·los ADJ **1** privo di contenuto, vuoto **2** (*Nahrungsmittel*) povero

Ge·halts·ab·rech·nung F conteggio *m* dello stipendio **Ge·halts·ab·zug** M trattenuta *f* sullo stipendio **Ge·halts·emp·fän·ger** M, **-in** F stipendiato *m*, -a *f* **Ge·halts·er·hö·hung** F aumento *m* di stipendio **Ge·halts·for·de·rung** F richiesta *f* (salariale) **Ge·halts·kür·zung** F riduzione *f* dello stipendio **Ge·halts·zah·lung** F pagamento *m* dello stipendio **Ge·halts·zu·la·ge** F maggiorazione *f* di stipendio

ge·halt·voll ADJ **1** significativo **2** (*Nahrungsmittel*) nutriente, sostanzioso

ge·han·gen → hängen

ge·har·nischt ADJ *fig* energico, duro

ge·häs·sig ADJ odioso; maligno **Ge·häs·sig·keit** F ⟨-; -en⟩ odiosità *f*; malignità *f*

ge·hau·en → hauen

ge·häuft ADJ **1** (*Löffel*) ricolmo **2** (*Vorkommen*) frequente

Ge·häu·se N ⟨-s; -⟩ **1** MECH scatola *f*; (*von Pumpe*) carcassa *f*; (*von Uhr*) cassa *f* **2** (*Schneckenhaus*) guscio *m*

geh·be·hin·dert ADJ impedito nel camminare

Ge·he·ge N ⟨-s; -⟩ **1** JAGD riserva *f* (recintata) **2** (*im Zoo*) recinto *m* ♦ **j-m ins ~ kommen** intralciare i piani a (*od* di) qn, rompere le uova nel paniere a qn

ge·heim ADJ **1** segreto: **-e Wahl** voto segreto **2** (*geheimnisvoll*) misterioso: **-e Kräfte** poteri misteriosi ♦ **etw** (**vor j-m**) **~ halten** tener segreto qc (a qn); **streng ~!** strettamente riservato!

Ge·heim·agent M, **-in** F agente *m/f* segreto (-a) **Ge·heim·bund** M società *f* segreta **Ge·heim·dienst** M servizi *mpl* segreti **Ge·heim·fach** N scomparto *m* segreto **Ge·heim·hal·tung** F segretezza *f*

Ge·heim·nis N ⟨-ses; -se⟩ **1** segreto *m*: **aus etw kein ~ machen** non far segreto di qc; **ein offenes ~** un segreto di Pulcinella **2** (*Unerforschtes*) mistero *m* **Ge·heim·nis·krä·mer** M chi fa il misterioso **Ge·heim·nis·krä·me·rei** F ⟨-; -en⟩ mania *f* di fare misteri **Ge·heim·nis·krä·me·rin** F chi fa la misteriosa **ge·heim·nis·um·wit·tert** ADJ avvolto nel mistero **ge·heim·nis·voll** ADJ misterioso

Ge·heim·po·li·zei F polizia *f* segreta **Ge·heim·schrift** F scrittura *f* cifrata **Ge·heim·tipp** M informazione *f* confidenziale **Ge·heim·zahl** F (*für Geldautomat*) codice *m* segreto

ge·hen ⟨ging, gegangen⟩ **A** V/I ⟨s.⟩ **1** camminare: **barfuß ~** camminare scalzi **2** andare: **zur Arbeit/tanzen ~** andare al lavoro/a ballare; **~ wir?** andiamo (via)? **3** *unpers* **wie geht's? – es geht** come va? – non c'è male; *umg* **die erste Zeit ging es noch, aber dann ...** all'inizio andava benino, ma poi ...; **es wird alles gut ~** andrà tutto bene **4** partire: **der Bus geht in zehn Minuten** l'autobus parte fra dieci minuti **5** **gegen etw/j-n ~** andare contro qc/qn **6** HANDEL vendersi **7** *umg* (**miteinander**) **~** stare (insieme) **8** (*funktionieren*) funzionare (*a. fig*): **etw geht einfach** qc è facile **9** (*möglich sein*) potersi fare: **leider geht es nicht anders** purtroppo non si può fare diversamente **10** (*passen*) stare (*a. fig*): **wie oft geht 3 in 12?** quante volte il 3 sta nel 12? **11** (*reichen*) arrivare: **sein Bruder geht ihm nur bis an die Schultern** suo fratello gli arriva solo (fino) alle spalle **12** **die Wohnung geht auf den Hof** l'alloggio dà sul cortile **B** V/T ⟨s.⟩ fare (a piedi): **gehst du ein Stück mit uns?** fai un pezzo di strada con noi? ♦ *umg* **ach, geh** (**doch**)! ma va' là!; **es sich** (*dat*) **gut ~ lassen** passarsela bene; **in sich** (*akk*) **~** far l'esame di coscienza; riflettere; **sich ~ lassen** lasciarsi andare; (*bei Kleidung*) essere trasandato; **nichts geht mehr** il gioco è fatto; **so gut es geht** alla meglio; **über die Straße ~** attraversare la strada; **es geht nichts über ...** non c'è di meglio che ...; **es geht um etw** si tratta di qc; **es geht**

▶ Kommen oder gehen?

Nur wenn man zum Angesprochenen hingeht, heißt es auf Italienisch **venire**. Wenn man woanders oder zu einer anderen Person hingeht, heißt es immer **andare**:

Ich gehe zu dir.	**Vengo da te.**
Wir gehen zu mir.	**Andiamo da me.**

um seine Karriere è in gioco la sua carriera; vor sich ~ accadere; das geht zu weit questo è troppo; wo man geht und steht dappertutto

Ge·hen N ⟨-s⟩ **1** il camminare **2** SPORT marcia *f*

ge·heu·er ADJ nicht (ganz) ~ sinistro; sospetto ♦ es ist mir nicht ganz ~ non mi sento a mio agio

Ge·hil·fe M ⟨-n; -n⟩, **-fin** F ⟨-; -nen⟩ **1** lavorante *m/f* **2** (*Helfer, Helferin*) assistente *m/f* **3** JUR complice *m/f*

Ge·hirn N ⟨-[e]s; -e⟩ cervello *m* **Ge·hirn·er·schüt·te·rung** F commozione *f* cerebrale **Ge·hirn·haut·ent·zün·dung** F meningite *f* **Ge·hirn·schlag** M ictus *m* cerebrale, *umg* colpo *m* apoplettico **Ge·hirn·tu·mor** M tumore *m* al cervello **Ge·hirn·wä·sche** F lavaggio *m* del cervello

ge·ho·ben **A** ADJ **1** (*ausgesucht*) ricercato **2** elevato: -e Position posizione elevata ♦ -er Dienst impiego di responsabilità; in -er Stimmung sein essere allegro **B** → heben

Ge·höft N ⟨-[e]s; -e⟩ fattoria *f*

ge·hol·fen → helfen

Ge·hölz N ⟨-[e]s; -e⟩ **1** (*Wäldchen*) boschetto *m* **2** *pl* boscaglia *f*

Ge·hör N ⟨-[e]s; -e⟩ **1** udito *m*: ein schlechtes ~ haben avere un udito debole **2** orecchio *m*: nach dem ~ spielen suonare a orecchio **3** ascolto *m*: (kein) ~ finden (non) trovare ascolto; sich (*dat*) ~ verschaffen farsi ascoltare

ge·hor·chen V/I ⟨h.⟩ ubbidire: aufs Wort/blind ~ ubbidire prontamente/ciecamente

ge·hö·ren **A** V/I ⟨h.⟩ **1** j-m ~ appartenere a qn **2** zu j-m/etw ~ fare parte di qn/qc **3** andare (messo); der Kranke gehört ins Bett il malato dovrebbe stare a letto **4** volerci: dazu gehört nicht viel non ci vuole molto **B** V/R sich ~ doversi: wie es sich gehört! come si deve! ♦ das gehört nicht zur Sache questo non c'entra

Wem gehört ...?

'gehören' wird meist durch **essere** + Possessivpronomen übersetzt:

Gehört sie dir?	**È tua?**
Das gehört mir.	**È mio.**

Ge·hör·gang M condotto *m* uditivo

ge·hö·rig **A** ADJ **1** (*gebührend*) dovuto **2** (*beträchtlich*) considerevole, grande **B** ADV come si deve ♦ j-n ~ verprügeln bastonare qn a dovere (*od* di santa ragione)

ge·hör·los ADJ non udente **Ge·hör·lo·sig·keit** F ⟨-⟩ sordità *f*

ge·hor·sam ADJ ubbidiente **Ge·hor·sam** M ⟨-s⟩ ubbidienza *f* ♦ j-m den ~ verweigern ribellarsi a qn

Geh·steig M ⟨-[e]s; -e⟩ marciapiede *m*

Geh·ver·such M tentativo *m* di camminare: die ersten -e i primi passi *mpl*

Gei·er M ⟨-s; -⟩ avvoltoio *m* (*a. fig*) ♦ *umg* weiß der ~ e chi lo sa?

Gei·fer M ⟨-s⟩ **1** bava *f* **2** *fig* veleno *m* **gei·fern** V/I ⟨h.⟩ **1** sbavare **2** *fig* sputare veleno

Gei·ge F ⟨-; -n⟩ violino *m* ♦ *umg fig* die erste ~ spielen essere il numero uno; *umg fig* die zweite ~ spielen non avere molta voce in capitolo

gei·gen V/I ⟨h.⟩ *umg* suonare il violino

Gei·gen·bau·er M ⟨-s; -⟩, **-in** F ⟨-; -nen⟩ liutaio *m*, -a *f* **Gei·gen·kas·ten** M custodia *f* da (*od* del) violino

Gei·ger M ⟨-s; -⟩, **-in** F ⟨-; -nen⟩ violinista *m/f*

Gei·ger·zäh·ler M contatore *m* Geiger

geil ADJ **1** lussurioso: auf j-n/etw ~ sein avere una voglia pazzesca di qn/qc **2** *sl* figo, forte: das ist ~! è una figata! **Geil·heit** F ⟨-; -en⟩ lascivia *f*, lussuria *f*

Gei·sel F ⟨-; -n⟩ ostaggio *m*: j-n als ~ nehmen prendere qn in ostaggio **Gei·sel·nah·me** F ⟨-; -n⟩ presa *f* in ostaggio **Gei·sel·neh·mer** M, **-in** F rapitore *m*, -trice *f*

Geiß F ⟨-; -en⟩ capra *f* **Geiß·bock** M caprone *m*

Gei·ßel F ⟨-; -n⟩ flagello *m* (*a. fig*) **gei·ßeln** V/T fustigare (*a. fig*) **Gei·ße·lung** F ⟨-; -en⟩ fustigazione *f* (*a. fig*)

Geist[1] M ⟨-[e]s⟩ **1** spirito *m*: ein Mann von ~ un uomo di spirito; der ~ der Zeit lo spirito del tempo **2** (*Verstand*) mente *f*: ~ und Körper mente e corpo ♦ *umg* j-m auf den ~ gehen dare sui nervi a qn; im -e col pensiero; in j-s ~ secondo la volontà di qn

Geist[2] M ⟨-[e]s; -er⟩ **1** (*Mensch*) spirito *m*, mente *f*: die großen -er unserer Zeit le grandi menti del nostro tempo **2** anima *f*: der gute ~ des Hauses l'anima del-

la nostra casa **3** (*geistiges Wesen*) spirito *m*: **der Heilige ~** lo Spirito Santo **4** (*Gespenst*) spettro *m*, fantasma *m*
Geis·ter·fah·rer M, **-in** F = *automobilista che ha imboccato l'autostrada contromano* **Geis·ter·glau·be** M credenza *f* negli spiriti **geis·ter·haft** ADJ spettrale **Geis·ter·hand** F **wie von** (*od* **durch**) **~** come mosso da uno spirito
geis·tern VI ⟨s.⟩ aggirarsi: *fig* **dieser Gedanke geistert mir durch den Kopf** questo pensiero mi frulla per la testa
Geis·ter·stadt F città *f* fantasma **Geis·ter·stun·de** F *hum* ora *f* dei fantasmi
geis·tes·ab·we·send ADJ distratto **Geis·tes·blitz** M lampo *m* di genio **Geis·tes·ge·gen·wart** F presenza *f* di spirito **geis·tes·ge·gen·wär·tig** ADV con presenza di spirito **geis·tes·ge·stört** ADJ affetto da disturbi mentali **Geis·tes·hal·tung** F mentalità *f* **geis·tes·krank** ADJ malato di mente **Geis·tes·krank·heit** F malattia *f* mentale **Geis·tes·schwä·che** F debolezza *f* di mente **Geis·tes·stö·rung** F disturbo *m* mentale **Geis·tes·ver·wandt·schaft** F affinità *f* spirituale **Geis·tes·ver·wir·rung** F turba *f* mentale **Geis·tes·wis·sen·schaf·ten** PL scienze *fpl* umane; PHIL scienze *fpl* dello spirito **Geis·tes·zu·stand** M stato *m* mentale
geis·tig ADJ **1** spirituale **2** intellettuale, mentale: **-e Fähigkeiten** facoltà mentali; JUR **-es Eigentum** proprietà intellettuale **3** (*Getränke*) alcolico ♦ **~ behindert/zurückgeblieben sein** essere handicappato/ritardato mentale; **-er Diebstahl** plagio *m*
geist·lich ADJ **1** religioso, sacro: **-e Musik** musica sacra **2** (*kirchlich*) ecclesiastico **Geist·li·che** M ⟨-n; -n⟩ ecclesiastico *m* **Geist·lich·keit** F ⟨-⟩ clero *m* **geist·los** ADJ stupido **Geist·lo·sig·keit** F ⟨-; -en⟩ **1** (*Dummheit*) stupidità *f* **2** (*Bemerkung*) stupidaggine *f* **geist·reich** **A** ADJ ingegnoso; (*witzig*) spiritoso **B** ADV **~ plaudern** conversare brillantemente
Geiz M ⟨-es; -e⟩ avarizia *f* **gei·zen** VI ⟨h.⟩ **mit etw ~** essere avaro di qc **Geiz·hals** M *pej* spilorcio *m*, -a *f* **gei·zig** ADJ avaro, tirchio
Ge·jam·mer N ⟨-s⟩ *umg* lamenti *mpl*
Ge·joh·le N ⟨-s⟩ *umg* urla *fpl* (continue)
ge·kannt → kennen
Ge·ki·cher N ⟨-s⟩ *umg* risatine *fpl*
Ge·klap·per N ⟨-s⟩ *umg* sbatacchio *m*
ge·klun·gen → klingen
ge·knickt ADJ *fig umg* abbacchiato
ge·knif·fen → kneifen
ge·kom·men → kommen
ge·konnt **A** ADJ abile, valente; **eine -e Leistung** una buona prestazione **B** → können
ge·kro·chen → kriechen
ge·krümmt ADJ & ADV curvo
ge·küns·telt ADJ affettato, falso
Gel N ⟨-s; -s⟩ gel *m inv*
Ge·läch·ter N ⟨-s; -⟩ risata *f*: **ein großes ~ anstimmen** farsi grandi risate; **in ~ ausbrechen** scoppiare a ridere
ge·la·den **A** ADJ **1** carico (*a. fig*): **die Atmosphäre war mit Spannung ~** l'atmosfera era carica di tensione **2** *umg* **~ sein** essere furioso (*od* furibondo) **B** → laden
Ge·la·ge N ⟨-s; -⟩ gozzoviglia *f*
ge·lähmt ADJ paralizzato **Ge·lähm·te** M/F ⟨-n; -n⟩ paralitico *m*, -a *f*
Ge·län·de N ⟨-s; -⟩ **1** terreno *m*: **ebenes ~** terreno pianeggiante **2** (*Gebiet*) zona *f* **Ge·län·de·fahr·zeug** N fuoristrada *m* **ge·län·de·gän·gig** ADJ adatto ai percorsi fuoristrada
Ge·län·der N ⟨-s; -⟩ ringhiera *f*; (*an Brücken*) parapetto *m*; (*an Treppen*) corrimano *m*
Ge·län·de·wa·gen M fuoristrada *m inv*
ge·lang → gelingen
ge·lan·gen VI ⟨s.⟩ arrivare: (**bis**) **zu j-m ~** arrivare a qn; **an etw** (*akk*), **zu etw ~** arrivare a qc; **in j-s Hände ~** giungere nelle mani di qn; **zum Abschluss/zur Macht ~** giungere al termine/al potere
ge·las·sen **A** ADJ calmo **B** ADV tranquillamente **C** → lassen **Ge·las·sen·heit** F ⟨-⟩ calma *f*
Ge·la·ti·ne F ⟨-⟩ gelatina *f*
ge·lau·fen → laufen
ge·läu·fig ADJ comune, corrente ♦ **j-m ~ sein** essere familiare a qn
ge·launt ADJ **gut/schlecht ~ sein** essere di buonumore/di cattivo umore; **froh ~** allegro
gelb **A** ADJ giallo: **der -e Sack** il sacco giallo (per la raccolta di rifiuti da riciclare) **B** ADV di giallo
Gelb N ⟨-s; -⟩ giallo *m*: **bei ~ fahren** passare con il giallo **gelb·lich** ADJ giallognolo **Gelb·sucht** F ⟨-⟩ itterizia *f*
Geld N ⟨-es; -er⟩ **1** denaro *m*, soldi *mpl*:

etw für ~ tun fare qc per denaro **2** capitali *mpl*, fondi *mpl*: **festgelegte -er** capitali immobilizzati; **öffentliche -er** fondi pubblici ♦ **ins ~ gehen** costare molto; **etw zu ~ machen** vendere qc
Geld·an·ge·le·gen·heit F questione *f* di denaro **Geld·an·la·ge** F investimento *m* **Geld·an·wei·sung** F vaglia *m* **Geld·au·to·mat** M Bancomat® *m* **Geld·beu·tel** M, **Geld·bör·se** F borsellino *m* **Geld·bu·ße** F multa *f* **Geld·ein·wurf** M fessura *f* per la moneta **Geld·for·de·rung** F credito *m* in denaro **Geld·ge·ber** M, **-in** F finanziatore *m*, -trice *f* **Geld·ge·schäft** N operazione *f* finanziaria **Geld·gier** F *pej* avidità *f* (di denaro) **Geld·in·sti·tut** N istituto *m* finanziario **geld·lich** ADJ finanziario **Geld·markt** M mercato *m* monetario **Geld·mit·tel** PL mezzi *mpl* finanziari **Geld·not** F mancanza *f* di denaro **Geld·quel·le** F risorsa *f* finanziaria **Geld·schein** M banconota *f* **Geld·schrank** M cassaforte *f* **Geld·sen·dung** F rimessa *f* di denaro **Geld·spen·de** F offerta *f*, contributo *m*, donazione *f* (in denaro) **Geld·spiel·au·to·mat** M slot machine *f inv* **Geld·stra·fe** F multa *f*; JUR sanzione *f* pecuniaria **Geld·stück** N moneta *f* **Geld·um·tausch** M cambio *m* di valuta **Geld·ver·le·gen·heit** F difficoltà *fpl* finanziarie **Geld·wä·sche** M riciclaggio *m* di denaro sporco **Geld·wech·sel** M cambio *m* di valuta **Geld·wech·sler**[1] M ⟨-s; -⟩ (*Automat*) automatico *m* per cambio di monete **Geld·wechs·ler**[2] M ⟨-s; -⟩, **-in** F ⟨-; -nen⟩ cambiavalute *m* **Geld·wert** M valore *m* monetario; (*Kaufkraft*) potere *m* d'acquisto
Ge·lee [ʒe'le:] N/M ⟨-s; -s⟩ gelatina *f*
ge·le·gen **A** ADJ opportuno: **das kommt (mir) ~** arriva a proposito; **mir ist nicht daran ~** non m'importa **B** → liegen
Ge·le·gen·heit F ⟨-; -en⟩ occasione *f*: **die ~ ergreifen/nutzen/verpassen** cogliere/sfruttare/perdere l'occasione; **bei passender ~** al momento opportuno; **bei nächster ~** alla prossima occasione; **wenn sich die ~ ergibt** quando si presenterà l'occasione; **ein Anzug für jede ~** un vestito per ogni occasione ♦ **~ macht Diebe** l'occasione fa l'uomo ladro
Ge·le·gen·heits·ar·bei·ter M, **-in** F lavoratore *m*, -trice *f* occasionale **Ge·le·gen·heits·kauf** M occasione *f*
ge·le·gent·lich ADJ occasionale
ge·leh·rig ADJ che impara facilmente, docile
ge·lehrt ADJ erudito, dotto **Ge·lehr·te** M/F ⟨-n; -n⟩ scienziato *m*, -a *f*; studioso *m*, -a *f*
Ge·leit N ⟨-[e]s; -e⟩ *poet* accompagnamento *m*; (*Eskorte*) scorta *f* ♦ **freies** (*od* **sicheres**) **~** salvacondotto, lasciapassare; **j-m das letzte ~ geben** accompagnare qn all'estrema dimora
ge·lei·ten V/T accompagnare, scortare
Ge·leit·schutz M scorta *f*: **j-m ~ geben** scortare qn
Ge·lenk N ⟨-[e]s; -e⟩ **1** ANAT, BOT articolazione *f* **2** TECH giunto *m*, snodo *m* **Ge·lenk·ent·zün·dung** F artrite *f*
ge·len·kig ADJ sciolto, elastico; TECH snodato **Ge·len·kig·keit** F ⟨-⟩ scioltezza *f*, elasticità *f*
Ge·lenk·rheu·ma·tis·mus M reumatismo *m* articolare
ge·lernt ADJ qualificato ♦ **etw will ~ sein** qc richiede molto esercizio (*od* studio)
ge·le·sen → lesen
Ge·lieb·te M/F ⟨-n; -n⟩ **1** amante *m/f* **2** *poet* (*als Anrede*) amore *m*
ge·lie·fert ADJ *umg* **~ sein** essere finito
ge·lie·hen → leihen
ge·lie·ren [ʒe-] V/I ⟨h.⟩ gelatinizzare
ge·lin·de ADJ **1** (*mild*) mite **2** (*nicht streng*) esiguo: **eine ~ Geldstrafe** una piccola multa **3** *umg fig* (*nicht gering*) non poco: **~ Wut** non poca rabbia ♦ **~ gesagt** a dir poco
ge·lin·gen V/I ⟨gelang, gelungen; s.⟩ riuscire: **es gelingt mir (nicht)** (non) ci riesco **Ge·lin·gen** N ⟨-s⟩ riuscita *f*, buon esito *m*
ge·lit·ten → leiden
ge·lo·ben V/T giurare: **j-m Treue ~** giurare fedeltà a qn; **etw feierlich ~** promettere solennemente qc
Ge·löb·nis N ⟨-ses; -se⟩ voto *m*: **ein ~ ablegen** fare un voto
ge·lobt ADJ **das Gelobte Land** la Terra Promessa
ge·lo·gen → lügen
ge·löst ADJ rilassato
gel·ten V/I ⟨gilt, galt, gegolten; h.⟩ **1** valere: **das gilt für ihn** vale per lui; **der Pass gilt nicht mehr** il passaporto non è più valido **2** (*in Kraft sein*) essere in vigore: **die neuen Gesetze ~ ab 2008** le

nuove leggi sono in vigore a partire dal 2008 **3** essere considerato: **als** (*od* **für**) **gescheit ~** essere considerato intelligente **4** (*gerichtet sein*) **j-m/etw ~** essere rivolto a qn/qc **5** *unpers* **es gilt, sich zu entscheiden** bisogna decidersi ♦ **bei j-m viel/wenig/nichts ~** contare molta/poco/nulla per qn; **das gilt nicht!** non vale, non è corretto!; **es gilt!** d'accordo!; **etw ~ lassen** ammettere qc

gel·tend ADJ **1** (*Gesetz*) vigente **2** (*herrschend*) dominante: **die -e Meinung** l'opinione corrente ♦ **etw ~ machen** far valere qc; **sich ~ machen** farsi valere

Gel·tung F ⟨-; -en⟩ valore *m*, validità *f*: **~ haben** (*od* **besitzen**) avere valore (*od* validità) ♦ **zur ~ bringen** far valere; **zur ~ kommen** farsi valere; **an ~ verlieren** perdere peso (*od* autorità *od* influenza); **sich** (*dat*) **~ verschaffen** farsi valere; **etw** (*dat*) **~ verschaffen** far valere qc

Gel·tungs·be·dürf·nis N ambizione *f* di farsi valere (*od* di mettersi in luce)

Ge·lüb·de N ⟨-s; -⟩ voto *m*: **ein ~ ablegen/brechen** fare/rompere un voto

ge·lun·gen → gelingen

ge·lüs·ten V/T *unpers* avere voglia

Ge·mach N ⟨-[e]s; -mächer⟩ *poet iron* stanza *f*

ge·mäch·lich **A** ADJ **1** (*ruhig*) calmo, tranquillo; (*langsam*) lento **2** (*behaglich*) comodo, pacifico **B** ADV **1** con calma; (*langsam*) piano **2** (*behaglich*) comodamente **Ge·mäch·lich·keit** F ⟨-⟩ **1** tranquillità *f* **2** (*Behaglichkeit*) comodità *f*

ge·macht ADJ *umg* **ein -er Mann** un uomo arrivato

Ge·mahl M ⟨-[e]s; -e⟩, **-in** F ⟨-; -nen⟩ consorte *m/f*

Ge·mäl·de N ⟨-[e]s; -⟩ quadro *m* (*a. fig*) **Ge·mäl·de·aus·stel·lung** F mostra *f* di pittura

ge·mäß **A** PRÄP (+*dat*) in conformità a, secondo **B** ADJ adatto, adeguato, conforme: **j-m/etw ~ sein** essere adatto a qn/qc

ge·mä·ßigt ADJ moderato

Ge·mäu·er N ⟨-s; -⟩ **1** muraglia *f* **2** (*Ruine*) rovina *f*

ge·mein ADJ **1** volgare **2** (*niederträchtig*) meschino **3** (*böse*) cattivo **4** *umg* (*unerfreulich*) spiacevole **5** comune (*a.* BOT, ZOOL), semplice: **das -e Volk** la gente comune; **-er Soldat** soldato semplice ♦ **etw** (**mit j-m/etw**) **~ haben** avere qc in comune (con qn/qc)

Ge·mein·de F ⟨-; -n⟩ **1** comune *m*: **eine ländliche ~** un comune rurale **2** (*a.* REL) comunità *f* **Ge·mein·de·ab·ga·be** F imposta *f* comunale **Ge·mein·de·rat** M **1** consiglio *m* comunale **2** (*Ratsmitglied*) consigliere *m* comunale **Ge·mein·de·rä·tin** F (*Ratsmitglied*) consigliera *f* comunale

ge·mein·ge·fähr·lich ADJ che costituisce (un) pericolo pubblico **Ge·mein·gut** N bene *m* comune: **zum ~ werden** diventare di pubblico dominio **Ge·mein·heit** F ⟨-; -en⟩ **1** (*Art*) meschinità *f* **2** (*Handlung*) cattiveria *f* **3** *umg* (*Pech*) **so eine ~!** che scalogna! **ge·mein·hin** ADV comunemente **ge·mein·nüt·zig** ADJ di pubblica utilità **Ge·mein·platz** M luogo *m* comune

ge·mein·sam **A** ADJ comune: **etw mit j-m ~ haben** avere qc in comune con qn **B** ADV insieme ♦ **-e Sache machen** far comunella

Ge·mein·sam·keit F ⟨-; -en⟩ **1** comunanza *f*, affinità *f* **2** (*Verbundenheit*) (com)unione *f*

Ge·mein·schaft F ⟨-; -en⟩ **1** unione *f*: **eheliche ~** unione matrimoniale **2** comunità *f*: **eine kirchliche ~** una comunità religiosa ♦ HIST **Europäische ~** Comunità Europea; **~ Unabhängiger Staaten** Comunità *f* degli Stati Indipendenti; **häusliche ~** nucleo *m* famigliare; **in ~ mit** insieme a, in collaborazione con

ge·mein·schaft·lich **A** ADJ comune, collettivo **B** ADV in comune, insieme

Ge·mein·schafts·ar·beit F lavoro *m* collettivo **Ge·mein·schafts·er·zie·hung** F coeducazione *f* **Ge·mein·schafts·ge·fühl** N spirito *m* di solidarietà **Ge·mein·schafts·geist** M spirito *m* di corpo **Ge·mein·schafts·pra·xis** F poliambulatorio *m* **Ge·mein·schafts·pro·duk·ti·on** F coproduzione *f* **Ge·mein·schafts·raum** M soggiorno *m* comune

Ge·mein·sinn M senso *m* civico **Ge·mein·we·sen** N comunità *f*, collettività *f* **Ge·mein·wohl** N bene *m* comune

ge·mel·det ADJ registrato (all'anagrafe) ♦ **als vermisst ~** dichiarato disperso

Ge·men·ge N ⟨-s; -⟩ miscuglio *m*, mescolanza *f*

ge·mes·sen **A** ADJ compassato, misurato: **in -en Worten** con parole compassate; **-en Schrittes** con passo misurato **B** →

messen
Ge·met·zel N ⟨-s; -⟩ massacro *m*, strage *f*
ge·mie·den → meiden
Ge·misch N ⟨-[e]s; -e⟩ miscela *f*, miscuglio *m*; mistura *f*
ge·mischt ADJ **1** misto **2** **mit -en Gefühlen** con sentimenti contrastanti
Gem·me F ⟨-; -n⟩ cammeo *m*
ge·mocht → mögen
ge·mol·ken → melken
Gem·se → Gämse
Ge·mü·se N ⟨-s; -⟩ verdura *f* **Ge·mü·se·an·bau** M orticoltura *f* **Ge·mü·se·gar·ten** M orto *m* **Ge·mü·se·händ·ler** M, **-in** F erbivendolo *m*, -a *f*, fruttivendolo *m*, -a *f* **Ge·mü·se·la·den** M negozio *m* di fruttivendolo **Ge·mü·se·sup·pe** F minestra *f* di verdura, minestrone *m*
ge·musst → müssen
ge·mus·tert ADJ a disegni
Ge·müt N ⟨-[e]s; -er⟩ **1** animo *m*: **die -er beruhigen** placare gli animi **2** (*Mensch*) anima *f*: **ein empfindliches ~** un'anima sensibile ♦ **sich** (*dat*) **etw zu -e führen** (*genießen*) gustarsi qc; (*aufmerksam lesen*) leggere qc con attenzione
ge·müt·lich ADJ **1** accogliente: **ein -es Lokal** un locale accogliente **2** piacevole: **ein -er Abend** una piacevole serata **3** tranquillo: **ein -es Tempo** una velocità moderata **4** (*umgänglich*) gioviale ♦ **es sich** (*dat*) **~ machen** mettersi comodo
Ge·müt·lich·keit F ⟨-⟩ **1** atmosfera *f* accogliente **2** (*Ruhe*) calma *f*, tranquillità *f*: **in aller ~** in tutta calma, con tutto comodo
Ge·müts·be·we·gung F emozione *f*
ge·müts·krank ADJ malinconico **Ge·müts·mensch** M *umg* persona *f* placida **Ge·müts·ru·he** F calma *f*: **in aller ~** in tutta calma, con comodo
ge·müt·voll ADJ pieno di sentimento
Gen N ⟨-s; -e⟩ gene *m*
ge·nannt → nennen
ge·nas → genesen
ge·nau **A** ADJ esatto, preciso: **die -e Uhrzeit** l'ora esatta; **in allem sehr ~ sein** essere molto preciso in tutto **B** ADV **1** in modo preciso: **ich weiß es nicht ~** non lo so di preciso **2** (*gründlich*) a fondo: **etw ~ untersuchen** esaminare qc a fondo **3** proprio: **~ das wollte ich sagen!** proprio questo volevo dire! **4** (*als Antwort*) **~!** esatto!, esattamente! ♦ **nichts Genaues** nulla di preciso; **~ genommen** a rigore (di termini); **es mit etw** (**nicht so**) **~ nehmen** (non) badare molto a qc; **~ um vier Uhr** alle quattro precise (*od* in punto)
Ge·nau·ig·keit F ⟨-; -en⟩ precisione *f*, esattezza *f*
ge·nau·so ADV altrettanto
ge·nehm ADJ gradito: **j-m ~ sein** essere gradito (*od* andare bene) a qn
ge·neh·mi·gen **A** V/T **1** autorizzare: **eine Veranstaltung ~** autorizzare una manifestazione **2** (*bewilligen*) accogliere **B** V/R **sich** (*dat*) **etw ~** *hum* concedersi qc
Ge·neh·mi·gung F ⟨-; -en⟩ **1** autorizzazione *f*: **eine ~ einholen** chiedere un'autorizzazione **2** accoglimento *m*
ge·neigt ADJ *fig* **zu etw ~** propenso a qc
Ge·ne·ral M ⟨-s; -e⟩ generale *m* **Ge·ne·ral·bass** M MUS basso *m* continuo **Ge·ne·ral·di·rek·tor** M, **-in** F direttore *m*, -trice *f* generale **Ge·ne·ral·pro·be** F prova *f* generale **Ge·ne·ral·stab** M MIL stato *m* maggiore **Ge·ne·ral·streik** M sciopero *m* generale **ge·ne·ral·über·ho·len** V/T ⟨*nur inf u. pperf*⟩ sottoporre a una revisione generale **Ge·ne·ral·ver·sammlung** F assemblea *f* generale **Ge·ne·ral·voll·macht** F procura *f* generale
Ge·ne·ra·ti·on F ⟨-; -en⟩ generazione *f* **Ge·ne·ra·ti·o·nen·ver·trag** M patto *m* generazionale **Ge·ne·ra·ti·ons·wech·sel** M ricambio *m* generazionale
Ge·ne·ra·tor M ⟨-s; -en⟩ generatore *m*
ge·ne·rell ADJ generale
ge·ne·sen V/I ⟨genest, genas, genesen; s.⟩ guarire **Ge·ne·sen·de** M/F ⟨-n; -n⟩ convalescente *m/f* **Ge·ne·sung** F ⟨-⟩ guarigione *f*
Ge·ne·tik F ⟨-⟩ genetica *f* **Ge·ne·ti·ker** M ⟨-s; -⟩, **-in** F ⟨-; -nen⟩ genetista *m/f* **ge·ne·tisch** ADJ genetico: **-er Code** codice *m* genetico; **-er Fingerabdruck** identikit *m inv* genetico
Genf N ⟨-s⟩ **1** (*Stadt*) Ginevra *f* **2** (*Kanton*) Canton *m* Ginevra ♦ **der -er See** il Lago di Ginevra
Gen·for·schung F ricerca *f* genetica
Ge·nick N ⟨-[e]s; -e⟩ nuca *f* ♦ **sich** (*dat*) **das ~ brechen** *fig* andare in malora; *umg* **j-m das ~ brechen** mandare in malora qn; *umg* **ein steifes ~ haben** avere il torcicollo

Ge·nie [ʒe-] N ⟨-s; -s⟩ genio *m*: **ein verkanntes ~** un genio incompreso
ge·nie·ren [ʒe-] V/R **sich** (**vor j-m**) **~** vergognarsi, avere soggezione (di qn); **~ Sie sich nicht!** non faccia complimenti!
ge·nieß·bar ADJ **1** mangiabile; bevibile **2** *fig hum* sopportabile: **er ist heute nicht ~** oggi è insopportabile
ge·nie·ßen V/T ⟨genoss, genossen⟩ **1** godersi: **seine Ferien ~** godersi le vacanze **2** godere di: **j-s Achtung ~** godere del rispetto di qn **3** (*Ausbildung*) ricevere
Ge·ni·ta·le N ⟨-s; Genitalien⟩ organo *m* genitale
Ge·ni·tiv M ⟨-s; -e⟩ genitivo *m*
Gen·ma·ni·pu·la·ti·on F manipolazione *f* genetica **gen·ma·ni·pu·liert** ADJ geneticamente manipolato, transgenico
Ge·nom N ⟨-s; -e⟩ genoma *m* **Ge·nom·ana·ly·se** F analisi *f* del genoma
ge·nom·men → nehmen
ge·noss, **ge·nos·sen** → genießen
Ge·nos·se M ⟨-n; -n⟩ compagno *m* (*a.* POL)
Ge·nos·sen·schaft F ⟨-; -en⟩ cooperativa *f* **Ge·nos·sen·schaft·ler** M ⟨-s; -⟩, **-in** F ⟨-; -nen⟩ socio *m*, -a *f* di una cooperativa **ge·nos·sen·schaft·lich** ADJ cooperativo, consorziale
Ge·nos·sin F ⟨-; -nen⟩ compagna *f* (*a.* POL)
Gen·tech·nik F manipolazione *f* genetica **gen·tech·nisch** ADJ (*Arbeiten, Maßnahmen*) d'ingeneria genetica; (*Modifikation, Veränderung*) genetico: **~ verändert** geneticamente modificato **Gen·tech·no·lo·gie** F ingegneria *f* genetica
Ge·nua N ⟨-s⟩ Genova *f*
ge·nug ADV **1** abbastanza: **~ Zeit** abbastanza tempo; **lang ~** abbastanza lungo; **~ von etw haben** averne abbastanza di qc **2** (*nachgestellt*) **wenig ~** assai poco; **schlimm ~** assai grave
Ge·nü·ge F **etw** (*dat*) **~ tun** appagare qc; **zur ~** a sufficienza
ge·nü·gen V/I ⟨h.⟩ **1** **j-m/etw ~** bastare a qn/qc; **es genügt, ihn zu sehen** basta guardarlo **2** corrispondere: **den Anforderungen nicht ~** non corrispondere alle esigenze **ge·nü·gend** ADJ sufficiente: **~ Zeit haben** avere tempo a sufficienza
ge·nüg·sam **A** ADJ sobrio **B** ADV con poco **Ge·nüg·sam·keit** F ⟨-; -en⟩ sobrietà *f*
Ge·nug·tu·ung F ⟨-⟩ soddisfazione *f*
Ge·nuss M ⟨-es; -nüsse⟩ **1** consumo *m*: **am ~ eines Giftpilzes erkranken** ammalarsi per aver mangiato un fungo velenoso **2** piacere *m*: **ein ästhetischer ~** un piacere estetico ♦ JUR **in den ~ von etw kommen** entrare nel godimento di qc
ge·nüss·lich ADJ godereccio
Ge·nuss·mensch M gaudente *m/f*, edonista *m/f* **Ge·nuss·mit·tel** N genere *m* voluttuario **Ge·nuss·sucht** F avidità *f* di piaceri
Geo·graf M ⟨-en; -en⟩ geografo *m* **Geo·gra·fie** F ⟨-⟩ geografia *f* **Geo·gra·fin** F ⟨-; -nen⟩ geografa *f* **geo·gra·fisch** ADJ geografico **Geo·lo·ge** M ⟨-n; -n⟩ geologo *m* **Geo·lo·gie** F ⟨-⟩ geologia *f* **Geo·lo·gin** F ⟨-; -nen⟩ geologa *f* **geo·lo·gisch** ADJ geologico **Geo·met·rie** F ⟨-⟩ geometria *f* **geo·met·risch** ADJ geometrico **Geo·phy·sik** F geofisica *f*
Ge·or·gi·en N ⟨-s⟩ Georgia *f*
Ge·päck N ⟨-[e]s⟩ bagagli *mpl*, valigie *fpl*: **das ~ aufgeben** consegnare i bagagli **Ge·päck·ab·fer·ti·gung** F spedizione *f* bagagli **Ge·päck·an·nah·me** F accettazione *f* bagagli **Ge·päck·auf·be·wah·rung** F deposito *m* bagagli **Ge·päck·schein** M scontrino *m* bagagli **Ge·päck·stück** N collo *m* **Ge·päck·trä·ger** M **1** (*Mensch*) facchino *m* **2** (*am Fahrrad*) portapacchi *m* **Ge·päck·ver·si·che·rung** F assicurazione *f* (dei) bagagli **Ge·päck·wa·gen** M BAHN bagagliaio *m*
Ge·pard M ⟨-s; -e⟩ ghepardo *m*
ge·pfef·fert ADJ **1** *umg fig* (*Preise*) salato **2** (*schonungslos*) pungente, severo
ge·pfif·fen → pfeifen
ge·pflegt ADJ curato: **eine -e Erscheinung sein** avere un aspetto curato; **eine -e Ausdrucksweise** un linguaggio scelto
Ge·pflo·gen·heit F ⟨-; -en⟩ abitudine *f*
Ge·plän·kel N ⟨-s; -⟩ schermaglia *f* (*a. fig*)
Ge·plap·per N ⟨-s⟩ *umg* ciance *fpl*
ge·prie·sen → preisen
ge·prüft ADJ **staatlich ~** abilitato; (*von Sachen*) a norma di legge
ge·punk·tet ADJ **1** a pois: **eine -e Bluse** una camicia a pois **2** (*Linie*) punteggiato
ge·quält ADJ afflitto ♦ **~ lächeln** fare un sorriso sforzato

ge·quol·len → quellen

ge·ra·de[1] ADJ (*Zahl*) pari

ge·ra·de[2] **A** ADJ **1** diritto: **eine ~ Linie** una linea retta; **in -r Linie von etw abstammen** discendere in linea diretta da qc **2** (*aufrichtig*) retto **B** ADV **1** diritto: **~ halten** tenere diritto; **~ legen** (*od* **stellen**) mettere diritto; **~ sitzen/stehen** sedere/stare diritto; **~ biegen** (*Draht*) raddrizzare; → geradebiegen **2** (*im Moment*) in questo momento; **ich esse ~** sto mangiando **3** (*soeben*) appena; (*knapp*) **er kam ~ rechtzeitig** arrivò appena in tempo **4** (*genau*) proprio: **~ das wollte ich sagen** volevo dire proprio questo; **~ heute muss es regnen!** proprio oggi deve piovere! *umg*; **er ist nicht ~ schnell** non è quel che si dice veloce ♦ **das kommt ~ recht** questo giunge a proposito; **nun ~ nicht** ora meno che mai

> **gerade**
>
> Will man ausdrücken, dass etwas gerade geschieht, so verwendet man im Italienischen folgende Form: **stare** + *Gerundium* (d. h. Verbstamm + **-ando**/**-endo**):
>
> | | |
> |---|---|
> | **Cosa stai facendo?** | Was machst du gerade? |
> | **Sto mangiando.** | Ich esse gerade. |

Ge·ra·de F ⟨-n; -n⟩ **1** MATH retta *f* **2** (*bei Rennstrecken*) dirittura *f* **3** (*beim Boxen*) diretto *m*

ge·ra·de·aus ADV d(i)ritto **ge·ra·de·bie·gen** V/T ⟨irr⟩ *fig* (*Angelegenheit*) sistemare **ge·ra·de·he·raus** ADV francamente

ge·rä·dert ADJ *umg* esausto, stremato

ge·ra·de·ste·hen V/I ⟨*irr; h.*⟩ **für etw ~** rispondere di qc **ge·ra·de·wegs** ADV direttamente **ge·ra·de·zu** ADV addirittura

Ge·rad·heit F ⟨-⟩ rettitudine *f* **ge·rad·li·nig** ADJ rettilineo; *fig* (*aufrichtig*) sincero

ge·ram·melt ADV *umg* **~ voll** pieno zeppo

ge·rannt → rennen

Ge·rät N ⟨-[e]s; -e⟩ **1** attrezzo *m* (*a.* SPORT): **landwirtschaftliches ~** attrezzo agricolo **2** (*Apparat*) apparecchio *m*

ge·ra·ten[1] V/I ⟨s.⟩ **1** finire: **wohin bin ich ~?** dove sono finito?; **in Schwierigkeiten ~** imbattersi in difficoltà **2** essere colto: **in Wut ~** essere colto dalla rabbia **3** cadere: **in Vergessenheit ~** cadere nell'oblio **4** (*gelingen*) riuscire ♦ **an j-n/etw ~** imbattersi in qn/qc; **an den Falschen ~** cascar male; **nach j-m ~** assomigliare a qn; **in Streit ~** mettersi a litigare

ge·ra·ten[2] ADJ (*ratsam*) consigliabile

Ge·rä·te·tur·nen N ginnastica *f* agli attrezzi **Ge·rä·te·tur·ner** M, **-in** F SPORT attrezzista *m/f*

Ge·ra·te·wohl N **aufs ~** a casaccio

ge·raum ADJ lungo: **seit -er Zeit** da molto tempo; **vor -er Zeit** molto tempo fa

ge·räu·mig ADJ spazioso, ampio

Ge·räusch N ⟨-[e]s; -e⟩ rumore *m* **Ge·räusch·däm·mung** F isolamento *m* acustico **Ge·räusch·ku·lis·se** F rumori *mpl* di fondo **ge·räusch·los** ADJ silenzioso **Ge·räusch·pe·gel** M livello *m* del rumore **ge·räusch·voll** ADJ rumoroso

ger·ben V/T conciare **Ger·be·rei** F ⟨-; -en⟩ conceria *f* **Gerb·säu·re** F acido *m* tannico **Gerb·stoff** M conciante *m*

ge·recht ADJ **1** giusto **2** (*gerechtfertigt*) legittimo; (*begründet*) motivato ♦ **einer Anforderung ~ werden** soddisfare un'esigenza; **einer Aufgabe ~ werden** essere all'altezza di un compito; **j-m/etw ~ werden** rendere giustizia a qn/qc

Ge·rech·tig·keit F ⟨-⟩ giustizia *f*: **~ üben** esercitare la giustizia

Ge·re·de N ⟨-s⟩ *umg* chiacchiere *fpl* ♦ **j-n ins ~ bringen** spettegolare su qn; **ins ~ kommen** dar luogo a pettegolezzi

ge·reizt ADJ irritato, nervoso **Ge·reizt·heit** F ⟨-⟩ irritazione *f*

Ge·richt[1] N ⟨-[e]s; -e⟩ **1** (*für Rechtsprechung*) tribunale *m*; giudizio *m*: **j-n vor ~ stellen** (*od* **bringen**) portare qn in tribunale, fare causa a qn; **vor ~ gehen** comparire davanti al tribunale (*od* in giudizio); **das Jüngste ~** il giudizio universale **2** (*Richterkollegium*) corte *f* ♦ **mit j-m scharf** (*od* **hart**) **ins ~ gehen** criticare aspramente qn

Ge·richt[2] N ⟨-[e]s; -e⟩ (*Essen*) piatto *m*, pietanza *f*

ge·richt·lich **A** ADJ giudiziario, legale: **eine -e Verordnung** un decreto giudiziario; **eine -e Bestimmung** una disposizione legale **B** ADV in giudizio, per vie legali: **~ vorgehen** procedere per via legale, adire le vie legali

Ge·richts·bar·keit F ⟨-; -en⟩ giurisdizione *f* **Ge·richts·be·schluss** M decreto *m* giudiziario **Ge·richts·ge·bäu·de** N palazzo *m* di giustizia, tribunale *m* **Ge·richts·hof** M corte *f* di giustizia **Ge·richts·kos·ten** PL spese *fpl* processuali **Ge·richts·me·di·zin** F medicina *f* legale **Ge·richts·saal** M aula *f* **Ge·richts·stand** M foro *m* competente **Ge·richts·ter·min** M data *f* dell'udienza **Ge·richts·ur·teil** N sentenza *f* del tribunale **Ge·richts·ver·fah·ren** N procedimento *m* giudiziario **Ge·richts·ver·hand·lung** F dibattimento *m*, udienza *f* **Ge·richts·voll·zie·her** M, **-in** F ufficiale *m/f* giudiziario (-a) **Ge·richts·weg** M via *f* legale

G

ge·rie·ben → reiben

ge·ring A ADJ 1 piccolo: **er verträgt nicht die -ste Kritik** non sopporta la minima critica 2 poco: **-e Lust haben** avere poca voglia 3 (*niedrig*) basso 4 (*kurz*) breve B ADV 1 (*wenig*) (di) poco 2 **~ achten** (*od* **schätzen**) tenere in poco conto ♦ **nicht das Geringste** assolutamente nulla; **nicht im Geringsten** per niente; **kein Geringerer als …** nientemeno che …

ge·ring·fü·gig A ADJ di poco conto, insignificante B ADV poco, in modo insignificante **Ge·ring·fü·gig·keit** F ⟨-; -en⟩ irrilevanza *f*

ge·ring·schät·zig ADJ sprezzante **Ge·ring·schät·zung** F ⟨-⟩ disprezzo *m*

ge·rin·nen V/I ⟨*irr; s.*⟩ coagulare **Ge·rinn·sel** N ⟨-s; -⟩ coagulo *m*; MED embolo *m* **Ge·rin·nung** F ⟨-⟩ coagulazione *f*

Ge·rip·pe N ⟨-s; -⟩ 1 scheletro *m* 2 (*eines Tieres*) carcassa *f* 3 FLUG, ARCH intelaiatura *f*

ge·rippt ADJ 1 a coste: **-er Samt** velluto a coste 2 BOT nervato

ge·ris·sen A ADJ (*schlau*) astuto, scaltro B → reißen

ge·rit·ten → reiten

Germ M ⟨-[e]s⟩ *österr* lievito *m*

Ger·ma·ne M ⟨-n; -n⟩, **-nin** F ⟨-; -nen⟩ HIST germano *m*, -a *f* **ger·ma·nisch** ADJ germanico

Ger·ma·nist M ⟨-en; -en⟩ germanista *m* **Ger·ma·nis·tik** F ⟨-⟩ germanistica *f* **Ger·ma·nis·tin** F ⟨-; -nen⟩ germanista *f*

Germ·knö·del M *österr* gnocco *m* dolce di pasta lievitata

gern, ger·ne ADV ⟨*komp*: lieber, *sup*: am liebsten⟩ 1 volentieri: **ich koche ~** mi piace cucinare; **ich helfe dir ~** ti do volentieri una mano; **ich komme ~ zu deiner Party** vengo volentieri alla tua festa 2 senz'altro: **das glaube ich ~** ci credo senz'altro 3 **ich hätte ~ ein Bier** vorrei una birra 4 *umg* preferibilmente: **Kakteen wachsen ~ in heißem Klima** i cactus crescono preferibilmente nei climi caldi ♦ **~ geschehen** non c'è di che; **j-n ~ mögen** voler bene a qn; **ich mag das ~** mi piace → gernhaben

Ger·ne·groß M ⟨-; -e⟩ *hum* gradasso *m*

gern·ha·ben V/T ⟨*irr*⟩ **j-n ~** voler bene a qn; **ich habe das gern** mi piace; **er kann mich ~** vada a quel paese

ge·ro·chen → riechen

Ge·röll N ⟨-[e]s; -e⟩ detrito *m*

ge·ron·nen → rinnen

Gers·te F ⟨-; -n⟩ orzo *m* **Gers·ten·korn** N MED orzaiolo *m* **Gers·ten·saft** M *hum* birra *f*

Ger·te F ⟨-; -n⟩ 1 verga *f* 2 (*Reitpeitsche*) frustino *m*

Ge·ruch M ⟨-[e]s; Gerüche⟩ 1 odore *m*: **ein ~ nach** (*od* **von**) **etw** un odore di qc; **übler ~** cattivo odore 2 (*Geruchssinn*) olfatto *m* **ge·ruch·los** ADJ inodore

Ge·ruchs·sinn M olfatto *m*

Ge·rücht N ⟨-[e]s; -e⟩ voce *f*; (*Klatsch*) chiacchiera *f*: **es geht das ~ um, dass …** corre voce che …; **das halte ich für ein ~!** per me è solo una chiacchiera!

ge·ru·fen A ADJ **wie ~ kommen** capitare (*od* arrivare) a proposito B → rufen

ge·ru·hen V/I ⟨h.⟩ *poet obs* degnarsi

ge·ruh·sam ADJ tranquillo

Ge·rüm·pel N ⟨-s⟩ ciarpame *m*

ge·run·gen → ringen

Ge·rüst N ⟨-[e]s; -e⟩ 1 (*Baugerüst*) impalcatura *f* 2 struttura *f*: **das ~ einer Brücke** la struttura portante di un ponte

ges, Ges N ⟨-; -⟩ MUS sol *m* bemolle

ge·sal·zen A ADJ 1 (*Preise*) salato 2 duro: **ein -er Brief** una lettera (molto) dura B → salzen

ge·samt ADJ complessivo, totale, intero

Ge·samt·an·sicht F veduta *f* d'insieme **Ge·samt·aus·ga·be** F edizione *f* completa **Ge·samt·be·trag** M importo *m* totale **ge·samt·deutsch** ADJ della Germania unita **Ge·samt·ein·druck** M impressione *f* generale **Ge·samt·er·geb·nis** N risultato *m* finale **ge·samt-**

eu·ro·pä·isch ADJ paneuropeo **Ge·samt·heit** F ⟨-⟩ totalità *f*, complesso *m*: **in seiner ~** nel suo complesso **Ge·samt·schu·le** F (**integrierte**) ~ scuola *f* media e superiore unificata (*od* integrata) **Ge·samt·sie·ger** M, **-in** F vincitore *m*, -trice *f* assoluto (-a) **Ge·samt·werk** N opera *f* completa **Ge·samt·wer·tung** F classifica *f* generale

ge·sandt → senden

Ge·sand·te M ⟨-n; -n⟩, **-tin** F ⟨-; -nen⟩ inviato *m*, -a *f*

Ge·sandt·schaft F ⟨-; -en⟩ legazione *f*

Ge·sang M ⟨-[e]s; -sänge⟩ canto *m*

Ge·sang(s)·buch N libro *m* dei canti **Ge·sang(s)·ver·ein** M società *f* corale

Ge·säß N ⟨-es; -e⟩ sedere *m* **Ge·säß·ba·cke** F natica *f* **Ge·säß·ta·sche** F tasca *f* posteriore

ge·schaf·fen A ADJ **wie ~ sein für** essere fatto apposta per B → schaffen

ge·schafft ADJ (*erschöpft*) sfinito

Ge·schäft N ⟨-[e]s; -e⟩ 1 affare *m*: **mit j-m** (**dunkle**) **-e machen** fare (loschi) affari con qn; **mit j-m ins ~ kommen** entrare in affari con qn 2 (*Laden*) negozio *m* 3 *umg* (*Büro, Firma*) **ins ~ gehen** andare in ufficio 4 (*Angelegenheit*) faccenda *f*: **ein undankbares ~** una faccenda ingrata ♦ **sein ~ verstehen** sapere il fatto proprio

ge·schäf·tig ADJ attivo, operoso; (*beflissen*) zelante, solerte **Ge·schäf·tig·keit** F ⟨-⟩ attività *f*, operosità *f*; (*Beflissenheit*) zelo *m*, solerzia *f*

ge·schäft·lich 1 ADJ d'affari, commerciale: **in -en Angelegenheiten** per (ragioni di) affari 2 (*formell*) formale, professionale

Ge·schäfts·be·din·gun·gen PL condizioni *fpl* dell'operazione **Ge·schäfts·be·reich** M campo *m* d'attività **Ge·schäfts·be·richt** M resoconto *m* di gestione **Ge·schäfts·be·zie·hung** F relazione *f* d'affari **Ge·schäfts·brief** M lettera *f* commerciale **ge·schäfts·fä·hig** ADJ JUR capace d'agire **Ge·schäfts·frau** F 1 donna *f* d'affari 2 (*Kauffrau*) commercialista *f* 3 (*Geschäftsinhaberin*) negoziante *f* **Ge·schäfts·freund** M, **-in** F amico *m*, -a *f* d'affari **ge·schäfts·füh·rend** ADJ amministrativo **Ge·schäfts·füh·rer** M, **-in** F 1 (*eines Betriebs*) amministratore *m*, -trice *f* delegato (-a) 2 (*eines Verbandes*) segretario *m*, -a *f* generale 3 (*einer Parlamentsfraktion*) capogruppo *m/f inv* parlamentare **Ge·schäfts·füh·rung** F direzione *f*; amministrazione *f* **Ge·schäfts·ge·heim·nis** N segreto *m* aziendale **Ge·schäfts·haus** N 1 palazzo *m* per uffici (*od* negozi) 2 (*Firma*) ditta *f* **Ge·schäfts·in·ha·ber** M, **-in** F titolare *m/f* del negozio **Ge·schäfts·jahr** N anno *m* amministrativo, esercizio *m*: **das ~** (**ab**)**schließen** chiudere l'esercizio **Ge·schäfts·kos·ten** PL spese *fpl* d'esercizio ♦ **auf ~** a carico della ditta **Ge·schäfts·la·ge** F stato *m* degli affari **Ge·schäfts·le·ben** N affari *mpl*: **im ~ stehen** essere negli affari **Ge·schäfts·mann** M ⟨-[e]s; -leute⟩ 1 uomo *m* d'affari 2 (*Kaufmann*) commercialista *m* 3 (*Geschäftsinhaber*) negoziante *m* **ge·schäfts·mä·ßig** ADJ 1 (secondo l'uso) commerciale 2 (*sachlich*) distaccato, impersonale **Ge·schäfts·ord·nung** F regolamento *m* interno **Ge·schäfts·part·ner** M, **-in** F 1 partner *m/f inv* commerciale 2 (*Teilhaber*) socio *m*, -a *f* **Ge·schäfts·rei·se** F viaggio *m* d'affari **Ge·schäfts·schluss** M (ora *f* di) chiusura *f* **Ge·schäfts·sinn** M senso *m* degli affari **Ge·schäfts·sitz** M sede *f* commerciale **Ge·schäfts·stel·le** F sede *f*, ufficio *m* **ge·schäfts·tüch·tig** ADJ abile negli affari **Ge·schäfts·ver·bin·dung** F relazione *f* d'affari **Ge·schäfts·ver·kehr** M movimento *m* d'affari **Ge·schäfts·wert** M WIRTSCH (valore *m* di) avviamento *m* **Ge·schäfts·zweig** M ramo *m* (*od* settore *m*, branca *f*) d'attività

ge·schah → geschehen

ge·scheckt ADJ pezzato, macchiato, a macchie

ge·sche·hen V/I ⟨geschieht, geschah, geschehen; s.⟩ succedere: **es kann dir nichts ~** non ti può succedere nulla ♦ **es muss doch etw ~!** bisogna (*od* si deve) fare qc! *umg*; **das geschieht dir ganz recht!** ti sta proprio bene!; **es ist um ihn ~** per lui è finita; REL **dein Wille geschehe** sia fatta la tua volontà

Ge·sche·hen N ⟨-s; -⟩ avvenimento *m*

ge·scheit ADJ 1 assennato 2 (*klug*) intelligente, arguto 3 *umg* (*vernünftig*) ragionevole

Ge·schenk N ⟨-[e]s; -e⟩ regalo *m*, dono

G

m: **j-m ein ~ machen/geben** fare/dare un regalo a qn; **j-m etw zum ~ machen** regalare qc a qn **Ge·schenk·gut·schein** M buono *m* regalo **Ge·schenk·pa·ckung** F confezione *f* regalo

Geschenke

Italiener sind in der Regel großzügig mit Geschenken: Geschenke verstehen viele als Statussymbol für den, der etwas schenkt. Ist man eingeladen, so muss man ein Mitbringsel dabei haben: Blumen (**fiori**), die man noch verpackt überreicht, Pralinen (**cioccolatini**), eine Flasche Sekt (**spumante**) oder süßes Gebäck (**dolce** oder **pastine**).

Ge·schich·te F ⟨-; -n⟩ **1** storia *f*: **in die ~ eingehen** passare alla storia; **~ machen** fare storia **2** (*Vergangenheit*) passato *m* **3** (*Erzählung*) storia *f*, racconto *m* **4** (*Angelegenheit*) faccenda *f*, storia *f*: **das ist wieder die alte ~** è di nuovo la solita storia

ge·schicht·lich ADJ storico

Ge·schichts·be·wusst·sein N coscienza *f* storica **Ge·schichts·buch** N libro *m* di storia **Ge·schichts·schrei·bung** F storiografia *f*

Ge·schick[1] N ⟨-[e]s; -e⟩ *geh* (*Schicksal*) destino *m*

Ge·schick[2] N ⟨-[e]s⟩ (*Geschicklichkeit*) attitudine *f* **Ge·schick·lich·keit** F ⟨-⟩ destrezza *f*, abilità *f*

ge·schickt ADJ abile

ge·schie·den → scheiden **Ge·schie·de·ne** M/F ⟨-n; -n⟩ divorziato *m*, -a *f*

ge·schie·nen → scheinen

Ge·schirr N ⟨-[e]s; -e⟩ **1** stoviglie *fpl*, piatti *mpl*: **das ~ abwaschen** lavare i piatti **2** (*für Zugtiere*) finimenti *mpl* **Ge·schirr·schrank** M credenza *f* **Ge·schirrspü·ler** M ⟨-s; -⟩, **Geschirr·spül·ma·schi·ne** F lavastoviglie *f* **Ge·schirr·tuch** N canovaccio *m*, straccio *m*

ge·schla·fen → schlafen

ge·schla·gen **A** ADJ **1** *fig* colpito: **mit einer Krankheit ~** colpito da una malattia **2** intero: **er kam eine -e Stunde zu spät** ritardò esattamente di un'ora ♦ **sich ~ geben** (*od* **bekennen**) darsi per vinto **B** → schlagen

Ge·schlecht N ⟨-[e]s; -er⟩ **1** sesso *m*: *fig* **das schöne ~** il gentil sesso **2** GRAM genere *m* **3** (*Sippe*) stirpe *f*: **aus altem ~** di antica stirpe **ge·schlecht·lich** ADJ sessuale

Ge·schlechts·akt M atto *m* sessuale, coito *m* **Ge·schlechts·krank·heit** F malattia *f* venerea **ge·schlechts·los** ADJ asessuato **Ge·schlechts·merk·mal** N carattere *m* sessuale **Ge·schlechts·or·gan** N organo *m* genitale **Ge·schlechts·rei·fe** F maturità *f* sessuale **Ge·schlechts·teil** N/M organo *m* genitale **Ge·schlechts·trieb** M istinto *m* sessuale **Ge·schlechts·um·wan·dlung** F MED cambiamento *m* di sesso **Ge·schlechts·ver·kehr** M rapporto *m* sessuale **Ge·schlechts·wort** N ⟨-[e]s; -wörter⟩ LING articolo *m*

ge·schli·chen → schleichen

ge·schlif·fen **A** ADJ (*vollendet*) forbito, accurato **B** → schleifen

ge·schlos·sen **A** ADJ **1** unito, compatto: **in -en Reihen** a file compatte **2** (*einmütig*) unanime **B** ADV **1** stretto: **~ hinter j-m stehen** stare stretti dietro a qn **2** (*einmütig*) all'unanimità **3** (*alle miteinander*) **~ zu j-m gehen** andare tutti (insieme) da qn ♦ **ein -es Ganzes** un tutto unico **C** → schließen

ge·schlun·gen → schlingen

Ge·schmack M ⟨-[e]s; Geschmäcke *u. hum* Geschmäcker⟩ **1** gusto *m* (*a. fig*): **das ist nach meinem ~** questo è di mio gusto; **~ an etw** (*dat*) **finden** trovare gusto in qc; **auf den ~ kommen** prenderci gusto; **~ haben** avere buon gusto **2** (*von Speisen*) sapore *m* **ge·schmack·los** ADJ **1** insapore; (*fade*) insipido **2** *fig* di cattivo gusto **Ge·schmack·lo·sig·keit** F ⟨-; -en⟩ **1** mancanza *f* di gusto **2** *fig* cosa *f* di cattivo gusto

Ge·schmacks·sa·che F questione *f* di gusti **Ge·schmacks·sinn** M (senso *m* del) gusto *m* **Ge·schmacks·ver·ir·rung** F pervertimento *m*, corruzione *f* del gusto

ge·schmack·voll ADJ di buon gusto

ge·schmei·dig ADJ **1** flessibile **2** (*weich*) morbido: **-es Leder** cuoio morbido **3** (*gelenkig*) agile **4** (*wendig*) versatile **Ge·schmei·dig·keit** F ⟨-⟩ **1** (*Biegsamkeit*) flessibilità *f* **2** (*Gelenkigkeit*) agilità *f* **3** (*Wendigkeit*) versatilità *f*

ge·schmis·sen → schmeißen

ge·schmol·zen → schmelzen

ge·schnie·gelt ADJ *umg* azzimato, agghindato
ge·schnit·ten → schneiden
ge·scho·ben → schieben
ge·schol·ten → schelten
Ge·schöpf N ⟨-[e]s; -e⟩ **1** (*Lebewesen*) creatura *f* **2** individuo *m*, tipo *m*: **ein undankbares ~** un (individuo) ingrato
ge·scho·ren → scheren
Ge·schoss, *österr* **Ge·schoß** N ⟨-es; -e⟩ **1** proiettile *m*; (*Waffe*) proietto *m*; (*Kugel*) pallottola *f* **2** (*Etage*) piano *m*
ge·schos·sen → schießen
Ge·schrei N ⟨-s⟩ **1** grida *fpl*, urla *fpl*: **lautes ~ erheben** levare alte grida **2** rumore *m*, fracasso *m*: **viel ~ über etw** (*akk*) **machen** fare molto rumore per qc
ge·schrie·ben → schreiben
ge·schrien → schreien
ge·schrit·ten → schreiten
Ge·schütz N ⟨-es; -e⟩ pezzo *m* (di artiglieria), bocca *f* da fuoco ♦ **schweres ~ auffahren** ricorrere a mezzi violenti **Ge·schütz·feu·er** N fuoco *m* d'artiglieria **Ge·schütz·stand** M piazzola *f* del cannone
Ge·schwa·der N ⟨-s; -⟩ squadriglia *f*
Ge·schwa·fel N ⟨-s⟩ *umg pej* ciance *fpl*
Ge·schwätz N ⟨-es⟩ **1** *umg* chiacchiere *fpl*, ciance *fpl* **2** (*Klatsch*) pettegolezzi *mpl*
ge·schwät·zig ADJ chiacchierone **Ge·schwät·zig·keit** F ⟨-; -en⟩ loquacità *f*
ge·schwei·ge KONJ **~ denn** tanto meno
ge·schwie·gen → schweigen
Ge·schwin·dig·keit F ⟨-; -en⟩ velocità *f*
Ge·schwin·dig·keits·be·gren·zung F limite *m* di velocità **Ge·schwin·dig·keits·mes·ser** M ⟨-s; -⟩ tachimetro *m* **Ge·schwin·dig·keits·über·schrei·tung** F ⟨-; -en⟩ eccesso *m* di velocità
Ge·schwis·ter PL ⟨-s; -⟩ fratelli *mpl* e sorelle *fpl*, fratelli *mpl*: **Hans und Pia sind ~** Gianni e Pia sono fratello e sorella (*od* sono fratelli) **ge·schwis·ter·lich** ADJ fraterno **Ge·schwis·ter·paar** N fratello *m* e sorella *f*
ge·schwol·len **A** ADJ *fig pej* presuntuoso; (*Ausdrucksweise*) ampolloso **B** → schwellen
ge·schwom·men → schwimmen
ge·schwo·ren → schwören
Ge·schwo·re·ne M/F ⟨-n; -n⟩ giurato *m*, giudice *m* popolare
Ge·schwulst F ⟨-; -schwülste⟩ tumore *m*
ge·schwun·gen **A** ADJ arcuato, ad arco **B** → schwingen
Ge·schwür N ⟨-s; -e⟩ ulcera *f*
ge·seh·en **A** ADJ **auf die Dauer ~** a lungo andare; **gern ~** benvisto; **menschlich ~** dal punto di vista umano **B** → sehen
Ge·selch·te N ⟨-n⟩ *österr* carne *f* affumicata
Ge·sel·le M ⟨-n; -n⟩ **1** operaio *m* specializzato **2** ragazzo *m*: **ein lustiger ~** un compagnone **ge·sel·len** V/R **sich zu j-m/etw ~** unirsi a qn/qc
ge·sel·lig ADJ **1** socievole **2** amichevole, di compagnia **Ge·sel·lig·keit** F ⟨-; -en⟩ socievolezza *f*; vita *f* di società
Ge·sell·schaft F ⟨-; -en⟩ **1** società *f* (*a.* WIRTSCH): **bürgerliche ~** società borghese; **die vornehme ~** la buona società **2** compagnia *f*: **j-m ~ leisten** fare compagnia a qn **3** (*Empfang*) ricevimento *m*: **eine ~ geben** dare un ricevimento ♦ **geschlossene ~** circolo *m* chiuso
Ge·sell·schaf·ter M ⟨-s; -⟩, **-in** F ⟨-; -nen⟩ **1** compagno *m*, -a *f* **2** WIRTSCH socio *m*, -a *f*: **stiller ~** associato; **haftender ~** socio responsabile **ge·sell·schaft·lich** ADJ **1** sociale **2** di (alta) società: **-e Formen besitzen** avere buone maniere *fpl*
Ge·sell·schafts·an·zug M abito *m* da sera **ge·sell·schafts·fä·hig** ADJ presentabile (in società) **Ge·sell·schafts·kri·tik** F critica *f* sociale **Ge·sell·schafts·ord·nung** F ordine *m* sociale **Ge·sell·schafts·schicht** F strato *m* sociale **Ge·sell·schafts·spiel** N gioco *m* di società
ge·ses·sen → sitzen
Ge·setz N ⟨-es; -e⟩ legge *f*: **das ~ über die Ehescheidung** la legge sul divorzio; **das ~ vom freien Fall** la legge di caduta libera **Ge·setz·buch** N codice *m* **Ge·setz·ent·wurf** M disegno *m* di legge **Ge·set·zes·kraft** F vigore *m*: **~ haben** essere in vigore **Ge·set·zes·lü·cke** F vuoto *m* legislativo **Ge·set·zes·no·vel·le** F emendamento *m* **Ge·set·zes·vor·la·ge** F progetto *m* di legge
ge·setz·ge·bend ADJ legislativo **Ge·setz·ge·ber** M legislatore *m* **Ge·setz·ge·bung** F ⟨-; -en⟩ legislazione *f* **ge·setz·lich** ADJ legale; legittimo: **-er Nachfolger** successore legittimo ♦ **~ ge-**

G

schützt brevettato **Ge·setz·lich·keit** F ⟨-⟩ legalità *f* **ge·setz·los** ADJ senza legge **Ge·setz·lo·sig·keit** F ⟨-; -en⟩ mancanza *f* di leggi; anarchia *f* **ge·setz·mä·ßig** ADJ **1** (*regelmäßig*) regolare **2** legittimo, legale **Ge·setz·mä·ßig·keit** F ⟨-⟩ regolarità *f*; legalità *f*

ge·setzt ADJ **1** *fig* posato: **ein -er Typ** un tipo posato **2** **-es Alter** età matura **Ge·setzt·heit** F ⟨-⟩ posatezza *f*

ge·setz·wid·rig ADJ illegale, illegittimo **Ge·setz·wid·rig·keit** F ⟨-; -en⟩ illegalità *f*

G

Ge·sicht[1] N ⟨-[e]s; -er⟩ faccia *f*, viso *m*: **j-m ins ~ sehen** guardare qn in faccia; **ein dummes ~ machen** fare una faccia da stupido ♦ **j-m wie aus dem ~ geschnitten sein** essere tale e quale a qn; **ein langes ~ machen** fare il muso; **ein ~ schneiden** fare delle smorfie; **sein wahres ~ zeigen** mostrare il proprio vero volto; **das zweite ~** la seconda vista

Ge·sicht[2] N ⟨-[e]s; -e⟩ (*Vision*) visione *f*

Ge·sichts·aus·druck M espressione *f* (del viso) **Ge·sichts·creme** F crema *f* per il viso **Ge·sichts·far·be** F colorito *m* **Ge·sichts·feld** N campo *m* visivo **Ge·sichts·kreis** M **1** *fig* vista *f* **2** *fig* orizzonte *m* **Ge·sichts·nerv** M nervo *m* facciale **Ge·sichts·punkt** M punto *m* di vista: **etw unter einem neuen ~ betrachten** vedere qc da un nuovo punto di vista **Ge·sichts·was·ser** N tonico *m* **Ge·sichts·zug** M lineamento *m*

Ge·sims N ⟨-es; -e⟩ cornicione *m*, cornice *f*

Ge·sin·del N ⟨-s⟩ *pej* gentaglia *f*

ge·sinnt ADJ **j-m** (*od* **gegen j-n**) **freundlich/übel ~ sein** essere bendisposto/maldisposto verso qn; **demokratisch ~ sein** essere di idee democratiche

Ge·sin·nung F ⟨-; -en⟩ principi *mpl*; sentimenti *mpl*: **freundschaftliche ~** sentimenti d'amicizia **ge·sin·nungs·los** ADJ senza principi (morali) **Ge·sin·nungs·wan·del** M cambiamento *m* d'idee, voltafaccia *m* (politico)

ge·sit·tet ADJ civile, beneducato

Ge·söff N ⟨-[e]s; -e⟩ *umg* intruglio *m*

ge·sof·fen → saufen

ge·so·gen → saugen

ge·son·dert ADJ separato, a parte

ge·son·nen **A** ADJ **~ sein, etw zu tun** avere intenzione di fare qc **B** → sinnen

ge·sot·ten → sieden

ge·spal·ten ADJ PSYCH **-es Bewusstsein** coscienza dissociata

Ge·spann N ⟨-[e]s; -e⟩ **1** tiro *m*: **ein ~ mit vier Pferden** un tiro a quattro **2** *fig* coppia *f*

ge·spannt ADJ **1** *fig* teso: **-e Beziehungen** rapporti tesi **2** (*neugierig*) curioso, ansioso: **in -er Erwartung** in ansiosa attesa; **auf j-n/etw ~ sein** essere curioso di vedere (*od* conoscere) qn/qc **Ge·spannt·heit** F ⟨-⟩ **1** tensione *f* **2** (*Neugier*) curiosità *f*, ansietà *f*

Ge·spenst N ⟨-[e]s; -er⟩ fantasma *m*, spettro *m*: **wie ein ~ aussehen** parere uno spettro **ge·spens·tisch** ADJ spettrale, pauroso

ge·spie·en → speien

Ge·spinst N ⟨-[e]s; -e⟩ filato *m*, tela *f*

ge·spon·nen → spinnen

Ge·spött N ⟨-[e]s⟩ scherno *m*: **j-n zum ~ machen** mettere qn in ridicolo; **zum ~ werden** diventare lo zimbello di tutti

Ge·spräch N ⟨-[e]s; -e⟩ **1** discorso *m*, dialogo *m*, conversazione *f*: **ein ~ mit j-m über etw** (*akk*) **führen** parlare con qn di qc; **das ~ auf etw** (*akk*) **bringen** far cadere il discorso su qc **2** telefonata *f* ♦ POL **die -e aufnehmen** iniziare i colloqui

ge·sprä·chig ADJ loquace, chiacchierone **Ge·sprä·chig·keit** F ⟨-⟩ loquacità *f*

Ge·sprächs·lei·ter M, **-in** F moderatore *m*, -trice *f* **Ge·sprächs·part·ner** M, **-in** F interlocutore *m*, -trice *f* **Ge·sprächs·stoff** M argomento *m* (di conversazione), tema *m* **Ge·sprächs·the·ra·pie** F PSYCH colloqui *mpl* psicoterapeutici

ge·spro·chen → sprechen

ge·spros·sen → sprießen

ge·sprun·gen → springen

Ge·spür N ⟨-s⟩ senso *m*, fiuto *m*: **ohne ~ für etw sein** non avere il senso di qc

Ge·stalt F ⟨-; -en⟩ **1** forma *f*: **~ annehmen** prendere forma **2** (*äußere Erscheinung*) aspetto *m*: **der Teufel in ~ einer Schlange** il diavolo con l'aspetto di un serpente **3** (*Statur*) figura *f*, statura *f*: **eine schlanke ~** una figura slanciata; **von mittlerer ~** di media statura **4** (*Persönlichkeit*) figura *f*

ge·stal·ten **A** V/T **1** (*formen*) dare forma, formare **2** (*schaffen*) creare, realizzare: **wer hat dieses Schaufenster ge-**

staltet? chi ha realizzato questa vetrina? **3** (*machen*) rendere: **die Geschichte aufregender ~** rendere più emozionante la storia **4** organizzare: **eine Feier ~** organizzare una festa **B** VR **sich ~** prendere forma; **wie wird sich die Zukunft ~?** come sarà il futuro?; **die Sache hat sich dann anders gestaltet** poi la faccenda ha preso una piega diversa

Ge·stal·ter M ⟨-s; -⟩, **-in** F ⟨-; -nen⟩ creatore *m*, -trice *f*, ideatore *m*, -trice *f* **ge·stal·te·risch** ADJ creativo **Ge·stal·tung** F ⟨-; -en⟩ **1** formazione *f*, forma *f* **2** organizzazione *f* **3** (*Aufbau*) struttura *f* **4** (*Schöpfung*) creazione *f* **Ge·stal·tungs·kraft** F forza *f* creativa

ge·stan·den[1] **A** ADJ **offen ~** a dire il vero **B** → gestehen

ge·stan·den[2] **A** ADJ maturo **B** → stehen

ge·stän·dig ADJ (reo) confesso: **~ sein** avere confessato, essere reo confesso

Ge·ständ·nis N ⟨-ses; -se⟩ confessione *f*: **ein ~ ablegen** rendere confessione

Ge·stank M ⟨-[e]s⟩ puzzo *m*

ge·stat·ten **A** VT permettere **B** VR **sich** (*dat*) **~** permettersi ♦ **~ Sie?** permette?

Ges·te F ⟨-; -n⟩ gesto *m* (*a. fig*)

Ge·steck N ⟨-[e]s; -e⟩ composizione *f* floreale

ge·ste·hen VT ⟨*irr*⟩ **1** confessare: **j-m seine Liebe ~** dichiarare a qn il proprio amore **2** (*zugeben*) ammettere, convenire

Ge·stein N ⟨-[e]s; -e⟩ roccia *f*

Ge·steins·kun·de F ⟨-⟩ petrologia *f*

Ge·stell N ⟨-[e]s; -e⟩ **1** sostegno *m*, appoggio *m* **2** (*Unterbau*) piedistallo *m* **3** (*Regal*) scaffale *m* **4** (*Rahmen*) telaio *m*

ge·stellt ADJ **das Foto wirkt ~** la foto sembra innaturale; **gut ~ sein** essere messo bene finanziariamente; **auf sich** (*akk*) **selbst ~ sein** guadagnarsi la vita da sé

ge·stelzt ADJ **1** rigido: **ein -er Gang** un'andatura rigida **2** (*gespreizt*) affettato

ges·tern ADV ieri: **~ Nacht** ieri notte; **~ vor acht Tagen** nove giorni fa ♦ *umg* **nicht von ~ sein** non essere nato ieri; **Ideen von ~** idee antiquate; **das Gestern und das Heute** il passato e il presente

ge·stie·gen → steigen

Ges·tik F ⟨-⟩ gesti *mpl*

ges·ti·ku·lie·ren VI ⟨h.⟩ gesticolare

Ge·stirn N ⟨-[e]s; -e⟩ astro *m*

Ge·stö·ber N ⟨-s; -⟩ bufera *f* di neve

ge·sto·chen **A** ADJ (*sorgfältig*) preciso ♦ **~ scharfe Bilder** immagini molto nitide **B** → stechen

ge·stoh·len **A** ADJ **das kann mir ~ bleiben!** non me ne importa niente!; **du kannst mir ~ bleiben!** vai al diavolo! **B** → stehlen

ge·stor·ben → sterben

ge·stört ADJ *fig* (*getrübt*) turbato ♦ **geistig ~ sein** avere disturbi psichici

ge·sto·ßen → stoßen

ge·streift ADJ a righe, rigato; BOT striato

ge·stri·chen **A** ADJ raso: **ein -er Löffel** (**voll**) **Zucker** un cucchiaio raso di zucchero ♦ **~ voll** pieno fino all'orlo; *umg* **die Nase ~ voll haben** averne le tasche piene **B** → streichen

gest·rig ADJ di ieri

Ge·strüpp N ⟨-[e]s; -e⟩ **1** sterpaglia *f* **2** *fig* (*Gewirr*) groviglio *m*, intrico *m*

Ge·stühl N ⟨-[e]s; -e⟩ sedili *mpl*; (*in der Kirche*) banchi *mpl*; (*im Chor*) stalli *mpl*

ge·stun·ken → stinken

Ge·stüt N ⟨-[e]s; -e⟩ scuderia *f*

Ge·such N ⟨-[e]s; -e⟩ domanda *f*, istanza *f*

ge·sucht ADJ (*begehrt*) richiesto

ge·sund ADJ **1** sano: **-e Zähne** denti sani; **ein -es Klima** un clima sano; *fig* **-e Prinzipien** sani principi **2** (*geheilt*) guarito ♦ **wieder ~ werden** guarire; **das ist** (**ganz**) **~ für ihn** gli servirà da lezione; **j-n ~ pflegen** curare qn fino alla guarigione; **~ und munter** vivo e vegeto; **sonst bist du ~?** sei matto? **ge·sund·be·ten** VT guarire con le preghiere

Ge·sund·heit F ⟨-⟩ **1** salute *f*: **auf j-s ~ trinken** bere alla salute di qn; **bei guter ~ sein** essere in buona salute; **~!** salute! **2** WIRTSCH prosperità *f*: **die ~ der Wirtschaft** la prosperità dell'economia

Gesundheit

In Italien gibt es ein staatliches Gesundheitssystem, das von der sogenannten **cassa mutua** finanziert wird. Sehr viele Ärzte, auch Spezialisten, sind dem angeschlossen, so dass ärztliche kostenfreie Grundversorgung garantiert ist. Da man aber in der Regel sehr lange warten muss, um einen Termin zu bekommen, gehen viele zu privaten Ärzten und zahlen die entsprechenden Gebühren.

ge·sund·heit·lich ADJ & ADV di salute, alla salute: **-e Schäden** danni alla salute; **~ geht es ihm gut** di salute sta bene
Ge·sund·heits·amt N ufficio *m* d'igiene **Ge·sund·heits·farm** F centro *m* benessere **ge·sund·heits·för·dernd** ADJ salutare **ge·sund·heits·schäd·lich** ADJ nocivo alla salute **Ge·sund·heits·we·sen** N ⟨-s⟩ servizi *mpl* sanitari, sanità *f* **Ge·sund·heits·zeug·nis** N certificato *m* di buona salute **Ge·sund·heits·zu·stand** M stato *m* di salute

G

ge·sund·schrei·ben V/T ⟨*irr*⟩ **j-n ~** certificare la sanità (fisica) di qn **ge·sund·schrump·fen** V/T *umg* **etw ~** ridimensionare qc per motivi finanziari **ge·sund·sto·ßen** V/R ⟨*irr*⟩ **sich ~** *umg* ristabilire le proprie finanze
Ge·sun·dung F ⟨-⟩ risanamento *m*; (*Genesung*) guarigione *f*
ge·sun·gen → singen
ge·sun·ken → sinken
ge·tan → tun
ge·teilt ADJ discordante: **-er Meinung sein** avere due opinioni diverse
Ge·tö·se N ⟨-s⟩ fragore *m*, frastuono *m*
ge·tra·gen **A** ADJ MUS sostenuto **B** → tragen
Ge·tränk N ⟨-[e]s; -e⟩ bevanda *f*: **ein alkoholfreies ~** una bibita analcolica; **alkoholische -e** alcolici **Ge·trän·ke·au·to·mat** M distributore *m* automatico di bevande **Ge·trän·ke·kar·te** F lista *f* delle bevande
Ge·trei·de N ⟨-s; -⟩ cereali *mpl* **Ge·trei·de·an·bau** M cerealicoltura *f* **Ge·trei·de·ern·te** F **1** mietitura *f* dei cereali **2** raccolto *m* (dei cereali) **Ge·trei·de·spei·cher** M granaio *m*
ge·treu ADJ fedele: **ein -er Diener** un servitore fedele; **eine -e Reproduktion** una riproduzione fedele; **~ seinen Anweisungen** conforme alle sue indicazioni
Ge·trie·be N ⟨-s; -⟩ **1** MECH ingranaggio *m* (*a. fig*) **2** AUTO cambio *m* **3** (*Triebwerk*) trasmissione *f* **4** *fig* movimento *m*, viavai *m*
ge·trie·ben → treiben
ge·trof·fen[1] → treffen
ge·trof·fen[2] → triefen
ge·tro·gen → trügen
ge·trost **A** ADJ fiducioso **B** ADV fiduciosamente; (*ruhig*) tranquillamente
ge·trübt ADJ *fig* offuscato
ge·trun·ken → trinken
Ge·tue N ⟨-s⟩ *umg* **1** (*Ziererei*) smancerie *fpl* **2** (*Wichtigtuerei*) boriosità *f*, arie *fpl*
Ge·tüm·mel N ⟨-s; -⟩ **1** trambusto *m*, confusione *f*: **sich ins dickste ~ stürzen** buttarsi nella mischia **2** (*Lärmen*) tumulto *m*, baraonda *f*
ge·übt ADJ esperto; abile, pratico
Ge·wächs N ⟨-es; -e⟩ **1** pianta *f* **2** (*Wein*) **das ist ein 1990er ~** è un (vino del) 1990 **3** MED escrescenza *f*
ge·wach·sen PPERF **A** **j-m/etw ~ sein** essere all'altezza di qn/qc **B** → wachsen
Ge·wächs·haus N serra *f*
ge·wagt ADJ **1** (*gefährlich*) azzardato, rischioso **2** (*anzüglich*) osé
ge·wählt ADJ scelto, ricercato
ge·wahr ADJ **j-n/etw** (*od* **j-s/etw**) **~ werden** accorgersi di qn/qc
Ge·währ F ⟨-⟩ garanzia *f*: **für etw keine ~ übernehmen** non assumersi alcuna responsabilità per qc; **diese Auskünfte sind ohne ~** non vengono date garanzie sull'accuratezza delle informazioni
ge·wäh·ren V/T **1** concedere: **Asyl ~** concedere asilo **2** (*erfüllen*) esaudire: **j-m eine Bitte ~** esaudire la preghiera di qn ♦ **j-n ~ lassen** lasciare fare qn
ge·währ·leis·ten V/T garantire
Ge·wahr·sam M ⟨-s⟩ **1** custodia *f*: **etw in ~ geben** dare qc in custodia **2** (*Haft*) arresto *m*
Ge·währs·frau F, **-mann** M garante *m/f*
Ge·walt F ⟨-; -en⟩ **1** (*Macht*) potere *m*: **gesetzgebende ~** potere legislativo **2** (*Herrschaft*) controllo *m*: **in j-s ~ geraten** finire sotto il controllo di qn **3** violenza *f* (*a. fig*): **die ~ eines Gewitters** la violenza di un temporale **4** forza *f*: **~ anwenden** ricorrere alla forza ♦ **mit aller ~** a tutta forza; (*unbedingt*) per forza; **j-m/etw ~ antun** fare violenza a qn/qc; **j-n/etw in seine ~ bringen** impadronirsi di qn/qc; **sich in der ~ haben** controllarsi; **etw in der ~ haben** controllare qc; **höhere ~** forza maggiore
Ge·walt·akt M atto *m* di violenza **Ge·walt·be·reit·schaft** F propensione *f* alla violenza
Ge·wal·ten·tei·lung F divisione *f* (*od* separazione *f*) dei poteri
ge·walt·frei ADJ nonviolento **Ge·walt·herr·schaft** F dispotismo *m* **Ge·walt·herr·scher** M, **-in** F tiranno *m*, -a *f*, de-

spota *m/f*
ge·wal·tig ADJ **1** potente **2** enorme, immenso **3** (*heftig*) violento, forte ♦ **sich ~ irren** sbagliarsi di grosso
ge·walt·los ADJ non violento **Ge·walt·maß·nah·me** F misura *f* coercitiva **ge·walt·sam** **A** ADJ violento: **eines -en Todes sterben** morire di morte violenta **B** ADV con la forza **Ge·walt·tat** F (atto *m* di) violenza *f* **ge·walt·tä·tig** ADJ violento **Ge·walt·tä·tig·keit** F **1** violenza *f* **2** atto *m* di violenza **Ge·walt·ver·bre·chen** N crimine *m* (brutale) **Ge·walt·ver·zicht** M rinuncia *f* all'uso della forza **Ge·walt·vi·deo** N video *m inv* violento
Ge·wand N ⟨-[e]s; -wänder⟩ **1** *geh* vesti *fpl*, abbigliamento *m*: **liturgische Gewänder** vesti liturgiche **2** *fig* veste *f*: **in neuem ~ erscheinen** essere pubblicato in una nuova veste **3** *österr schweiz* (*Kleid*) abito *m*
ge·wandt ADJ **1** (*geschickt*) abile **2** (*gelenkig*) agile **3** (*Ausdrucksweise*) elegante **Ge·wandt·heit** F ⟨-⟩ **1** abilità *f* **2** agilità *f* **3** (*Wendigkeit*) eleganza *f*: **sich mit ~ bewegen** muoversi con eleganza
ge·wann → gewinnen
Ge·wäsch N ⟨-[e]s⟩ *pej* ciance *fpl* inutili
ge·wa·schen → waschen
Ge·wäs·ser N ⟨-s; -⟩ acque *fpl*: **schiffbares/stehendes ~** acque navigabili/stagnanti ♦ **fließende ~** corsi d'acqua
Ge·we·be N ⟨-s; -⟩ tessuto *m* (*a.* MED, BIOL) **Ge·we·be·pro·be** F MED campione *m* di tessuto
Ge·wehr N ⟨-[e]s; -e⟩ fucile *m* **Ge·wehr·kol·ben** M calcio *m* del fucile
Ge·weih N ⟨-[e]s; -e⟩ corna *fpl*
Ge·wer·be N ⟨-s; -⟩ **1** mestiere *m*; (*Beruf*) professione *f*: **ein ~ erlernen** imparare un mestiere **2** attività *f*: **ein einträgliches** (*od* **rentables**) **~** un'attività redditizia **3** (*Kleinbetrieb*) piccola industria *f*
Ge·wer·be·auf·sicht F ispezione *f* (del lavoro) **Ge·wer·be·ge·biet** N zona *f* industriale **Ge·wer·be·schein** M licenza *f* (di esercizio) **Ge·wer·be·schu·le** F istituto *m* professionale **Ge·wer·be·steu·er** F imposta *f* sull'industria **Ge·wer·be·trei·ben·de** M/F ⟨-n; -n⟩ esercente *m/f*; piccolo industriale *m*
ge·werb·lich ADJ industriale; (*Handel*) commerciale; (*Handwerk*) artigiano
ge·werbs·mä·ßig ADJ professionale, di professione, di mestiere
Ge·werk·schaft F ⟨-; -en⟩ sindacato *m* **Ge·werk·schaf·ter** M ⟨-s; -⟩, **-in** F ⟨-; -nen⟩ **1** (*Mitglied*) iscritto *m*, -a *f* al sindacato **2** (*Funktionär*) sindacalista *m/f* **ge·werk·schaft·lich** ADJ sindacale ♦ **~ organisiert sein** essere organizzati in sindacato (*od* sindacalmente)
Ge·werk·schafts·bund M confederazione *f* sindacale **Ge·werk·schafts·füh·rer** M, **-in** F leader *m/f inv* sindacale **Ge·werk·schafts·haus** N sede *f* del sindacato
ge·we·sen **A** ADJ ex, di un tempo **B** → sein
ge·wi·chen → weichen
Ge·wicht N ⟨-[e]s; -e⟩ peso *m* (*a. fig*): **etw** (*dat*) **~ beimessen** dare importanza a qc; **ins ~ fallen** essere importante **Ge·wicht·he·ben** N ⟨-s⟩ SPORT sollevamento *m* pesi **Ge·wicht·he·ber** M ⟨-s; -⟩, **-in** F ⟨-; -nen⟩ SPORT pesista *m/f*
ge·wich·tig ADJ **1** *obs* pesante **2** *hum* corpulento **3** (*wichtig*) importante
ge·wieft ADJ *umg* furbo, scaltro
ge·wie·sen → weisen
ge·willt ADJ **~ sein, etw zu tun** essere intenzionato a fare qc
Ge·wim·mel N ⟨-s⟩ brulichio *m*
Ge·win·de N ⟨-s; -⟩ filetto *m* **Ge·win·de·boh·rer** M MECH maschio *m* per filettare
Ge·winn M ⟨-[e]s; -e⟩ **1** profitto *m*: **aus etw ~ ziehen** trarre profitto da qc **2** WIRTSCH utile *m*: **mit ~ abschließen** chiudere con un utile; **~ bringend** → gewinnbringend **3** (*Nutzen*) vantaggio *m*: **einen ~ von etw haben** trarre vantaggio da qc **4** vincita *f*: **jedes dritte Los ist ein ~** si vince una volta su tre **Ge·winn·an·teil** M quota *f* di utile **Ge·winn·be·tei·li·gung** F partecipazione *f* agli utili **ge·winn·brin·gend** ADJ redditizio; (*nutzbringend*) proficuo
ge·win·nen ⟨gewann, gewonnen⟩ **A** V/T **1** vincere **2** (*erhalten*) ottenere, conquistar(si): **j-s Gunst ~** ottenere il favore di qn; **j-n für sich ~** conquistarsi le simpatie di qn; **j-n für eine Sache ~** conquistare qn per una causa **3** (*verdienen*) guadagnare (*a. fig*): **Zeit ~** guadagnare tempo **4** ricavare: **Zucker aus Rüben ~** ricavare lo zucchero dalle barbabietole **5** BERGB estrarre **B** V/I ⟨h.⟩ acquistare:

an Sicherheit ~ acquistare sicurezza ♦ **an Bedeutung** ~ assumere maggiore importanza; **j-n als Kunden** ~ acquisire qn fra i propri clienti

ge·win·nend ADJ accattivante, attraente

Ge·win·ner M ⟨-s; -⟩, **-in** F ⟨-; -nen⟩ vincitore *m*, vincitrice *f*

Ge·winn·span·ne F margine *m* di profitto **Ge·winn·sucht** F avidità *f* di lucro

G

Ge·winn-und-Ver·lust-Rech·nung F HANDEL conto *m* profitti e perdite

Ge·win·nung F ⟨-⟩ **1** BERGB estrazione *f* **2** (*Erzeugung*) produzione *f*

Ge·winn·zahl F numero *m* vincente

Ge·win·sel N ⟨-s⟩ *pej* mugolio *m*

Ge·wirr N ⟨-[e]s⟩ groviglio *m* (*a. fig*): **ein ~ von Straßen** un labirinto di strade; **ein ~ von Stimmen** un brusio di voci

ge·wiss **A** ADJ **1** certo: **ein -er Herr X** un certo signor X; **in -em Sinn** in un certo senso **2** certo, sicuro: **ich bin meiner Sache ~** sono sicuro del fatto mio **B** ADV certamente, sicuramente: **~ nicht** certamente no; **ich werde ~ kommen** verrò sicuramente ♦ **aber ~** (**doch**)! ma certo!

Ge·wis·sen N ⟨-s; -⟩ coscienza *f*: **ein reines/schlechtes ~ haben** avere la coscienza pulita/sporca; **etw plagt** (*od* **quält**) **mein ~** qc tormenta la mia coscienza ♦ **j-n/etw auf dem ~ haben** avere qn/qc sulla coscienza; **j-m ins ~ reden** fare la morale a qn

ge·wis·sen·haft ADJ coscienzioso, scrupoloso **Ge·wis·sen·haf·tig·keit** F ⟨-⟩ coscienziosità *f* **ge·wis·sen·los** ADJ senza coscienza **Ge·wis·sen·lo·sig·keit** F ⟨-; -en⟩ mancanza *f* di coscienza (*od* di scrupoli)

Ge·wis·sens·biss M rimorso *m* **Ge·wis·sens·fra·ge** F questione *f* di coscienza **Ge·wis·sens·frei·heit** F libertà *f* di coscienza **Ge·wis·sens·grün·de** PL motivi *mpl* di coscienza: **Kriegsdienstverweigerung aus -n** obiezione di coscienza **Ge·wis·sens·not** F conflitto *m* di coscienza: **in ~ geraten** entrare in conflitto con la propria coscienza

ge·wis·ser·ma·ßen ADV per così dire

Ge·wiss·heit F ⟨-⟩ certezza *f*: **~ über etw** (*akk*) **bekommen** raggiungere la certezza riguardo a qc; **sich** (*dat*) **~ über etw** (*akk*) **verschaffen** accertarsi di qc

Ge·wit·ter N ⟨-s; -⟩ temporale *m*; burrasca *f* (*a. fig*) **Ge·wit·ter·wol·ke** F nuvola *f* temporalesca **ge·witt·rig** ADJ temporalesco; di tempesta, burrascoso (*a. fig*)

ge·witzt ADJ scaltro, furbo, astuto

ge·wo·gen **A** ADJ bendisposto: **j-m/etw ~ sein** essere bendisposto verso qn/qc **B** → wiegen

ge·wöh·nen **A** V/T **j-n an etw** (*akk*) **~** abituare qn a qc **B** V/R **sich an etw** (*akk*) **~** abituarsi a qc **Ge·wohn·heit** F ⟨-; -en⟩ abitudine *f*: **aus ~** per abitudine

ge·wohn·heits·mä·ßig ADJ abituale

Ge·wohn·heits·mensch M abitudinario *m*, -a *f* **Ge·wohn·heits·recht** N diritto *m* consuetudinario **Ge·wohn·heits·trin·ker** M, **-in** F bevitore *m*, -trice *f* abituale

ge·wöhn·lich **A** ADJ **1** comune: **ein -er Mensch** un tipo comune; **im -en Leben** nella vita quotidiana **2** (*üblich*) solito **3** (*ordinär*) poco fine **B** ADV **1** (**für**) **~** di solito; **wie ~** come al solito **2** (*ordinär*) in modo ordinario **Ge·wöhn·lich·keit** F ⟨-⟩ grossolanità *f*, ordinarietà *f*

ge·wohnt ADJ **1** abituale, solito: **zur -en Zeit** alla solita ora; **in -er Weise** al solito modo **2** abituato: **ich bin es ~, allein zu sein** sono abituato a stare da solo

Ge·wöh·nung F ⟨-⟩ assuefazione *f*: **die ~ an Alkohol** l'assuefazione all'alcol; **die ~ an ein Klima** l'acclimatazione

Ge·wöl·be N ⟨-s; -⟩ **1** volta *f* **2** (*Raum*) locale *m* con soffitto a volta

ge·wölbt ADJ ARCH a volta

ge·wollt ADJ (*künstlich*) innaturale

ge·won·nen → gewinnen

ge·wor·ben → werben

ge·wor·den → werden

ge·wor·fen → werfen

ge·wrun·gen → wringen

Ge·wühl N ⟨-[e]s⟩ mischia *f*, ressa *f*: **sich ins ~ stürzen** buttarsi nella mischia

ge·wun·den **A** ADJ tortuoso, contorto (*a. fig*) **B** → winden

Ge·würz N ⟨-es; -e⟩ spezie *fpl* **Ge·würz·gur·ke** F cetriolino *m* sott'aceto **Ge·würz·nel·ke** F chiodo *m* di garofano

ge·wusst → wissen

Ge·zei·ten PL maree *fpl* **Ge·zei·ten·kraft·werk** N centrale *f* maremotrice

Ge·ze·ter N ⟨-s⟩ strilli *mpl*, grida *fpl*

ge·zielt ADJ mirato

ge·zie·mend ADJ dovuto
ge·ziert ADJ affettato
ge·zo·gen → ziehen
ge·zwun·gen A ADJ forzato, innaturale B → zwingen **ge·zwun·ge·ner·ma·ßen** ADV forzatamente
Gha·na N ⟨-s⟩ Ghana *m*
Gicht F ⟨-⟩ MED gotta *f* **Gicht·kno·ten** M tofo *m* gottoso
Gie·bel M ⟨-s; -⟩ ARCH 1 pignone *m* 2 (*von Tempeln*) frontone *m* **Gie·bel·dach** N tetto *m* a spioventi **Gie·bel·feld** N ARCH timpano *m* **Gie·bel·sei·te** F lato *m* con frontone
Gier F ⟨-⟩ avidità *f*: **blinde ~ nach etw** cieca avidità di qc **gie·rig** ADJ avido
gie·ßen ⟨goss, gegossen⟩ A V/T 1 versare: **Wasser auf** (*od* **über**) **den Braten ~** versare dell'acqua sull'arrosto 2 (*verschütten*) rovesciare: **Kaffee über die Tischdecke ~** rovesciare del caffè sulla tovaglia 3 annaffiare: **die Pflanzen ~** annaffiare le piante 4 (*in Formen gießen*) colare, gettare 5 (*schmelzen*) fondere B V/I ⟨h.⟩ *unpers* **es gießt in Strömen** piove a dirotto (*od* a catinelle)
Gie·ße·rei F ⟨-; -en⟩ (*Betrieb*) fonderia *f*
Gieß·kan·ne F annaffiatoio *m*
Gift N ⟨-[e]s; -e⟩ veleno *f* (*a. fig*): **ein schleichendes ~** un veleno lento ♦ **blondes ~** una bionda fatale; *umg* **darauf kannst du ~ nehmen!** puoi metterci la mano sul fuoco! **Gift·gas** N gas *m* tossico
gif·tig A ADJ 1 velenoso, tossico: **-e Schlangen** serpenti velenosi; **-e Gase** gas tossici 2 *fig umg* astioso: **eine -e Bemerkung** un'osservazione astiosa B ADV con astio **Gif·tig·keit** F ⟨-⟩ velenosità *f*, tossicità *f*
Gift·mi·scher M ⟨-s; -⟩, **-in** F ⟨-; -nen⟩ *umg* avvelenatore *m*, -trice *f* **Gift·müll** M rifiuti *mpl* tossici **Gift·schlan·ge** F serpente *m* velenoso **Gift·stoff** M sostanza *f* tossica **Gift·zahn** M ZOOL dente *m* velenifero **Gift·zwerg** M *umg* nano *m* malefico
Gi·ga·byte N gigabyte *m inv*, Gbyte *m inv*
Gi·gant M ⟨-en; -en⟩, **-in** F ⟨-; -nen⟩ gigante *m*, -essa *f* (*a. fig*) **gi·gan·tisch** ADJ gigantesco
Gil·de F ⟨-; -n⟩ HIST gilda *f*, corporazione *f*
ging → gehen
Gins·ter M ⟨-s; -⟩ ginestra *f*
Gip·fel M ⟨-s; -⟩ 1 cima *f* 2 *fig* apice *m*, colmo *m*: **auf dem ~ der Macht** all'apice del potere; **das ist der ~!** questo è il colmo! 3 POL vertice *m* **Gip·fel·kon·fe·renz** F conferenza *f* al vertice
gip·feln V/I ⟨h.⟩ **in etw** (*dat*) **~** culminare in qc
Gip·fel·tref·fen N incontro *m* al vertice
Gips M ⟨-es; -e⟩ gesso *m*: **etw in ~ gießen** colare qc in gesso; **den Arm im ~ haben** avere il braccio ingessato **Gips·ab·guss** M calco *m* in gesso **Gips·bein** N *umg* gamba *f* ingessata
gip·sen V/T *umg* MED ingessare
Gips·ver·band M ingessatura *f*
Gi·raf·fe F ⟨-; -n⟩ giraffa *f*
Gir·lan·de F ⟨-; -n⟩ ghirlanda *f*
Gi·ro·kon·to ['ʒi:ro-] N conto *m* corrente
gis, Gis N ⟨-⟩ MUS sol *m* diesis
Gischt M ⟨-[e]s; -e⟩ *u.* F ⟨-; -en⟩ schiuma *f*
Gi·tar·re F ⟨-; -n⟩ chitarra *f*
Gi·tar·rist M ⟨-en; -en⟩, **-in** F ⟨-; -nen⟩ chitarrista *m/f*
Git·ter N ⟨-s; -⟩ 1 grata *f*, inferriata *f* 2 CHEM, PHYS reticolo *m* ♦ *umg* **hinter -n** dietro le sbarre, in prigione
git·ter·ar·tig ADJ a graticcio **Git·ter·bett** N letto *m* a sponde alte **Git·ter·fens·ter** N finestra *f* con inferriata **Git·ter·tor** N cancello *m*
Gla·ce F ⟨-; -s⟩ *schweiz* gelato *m*
Gla·cé·hand·schuh [gla'se:-] M guanto *m* glacé (*od* lucido) ♦ **j-n/etw mit -en anfassen** trattare qn/qc coi guanti
Gla·di·a·tor M ⟨-s; -en⟩ gladiatore *m*
Gla·di·o·le F ⟨-; -n⟩ gladiolo *m*
Glanz M ⟨-es⟩ splendore *m* (*a. fig*) ♦ *umg* **sich in vollem ~ zeigen** mostrarsi in tutto il proprio splendore; *umg* **mit ~ und Gloria** brillantemente (*a. iron*)
glän·zen V/I ⟨h.⟩ 1 splendere (*a. fig*): **vor Freude ~** splendere di gioia 2 (*auffallen*) brillare (*a. iron*): **durch Abwesenheit ~** brillare per l'assenza **glän·zend** A ADJ 1 splendido (*a. fig*): **ein -es Fest** una splendida festa 2 *fig* brillante: **ein -er Schauspieler** un brillante attore B ADV magnificamente ♦ **~ schwarz** nero lucido
Glanz·leis·tung F prestazione *f* splendida **glanz·los** ADJ 1 senza splendore, opaco 2 *fig* smorto **Glanz·num·mer**

G

F attrazione *f* principale **Glanz·pa·pier** N carta *f* patinata **Glanz·punkt** M culmine *m*, clou *m* **Glanz·stück** N capolavoro *m*, pezzo *m* forte **glanz·voll** ADJ splendido

Gla·rus N 1 (*Stadt*) Glarona *f* 2 (*Kanton*) Canton *m* Glarona

Glas N ⟨-es; Gläser⟩ 1 vetro *m*: ~ **blasen** soffiare il vetro 2 (*Trinkgefäß*) bicchiere *m*: **ein ~ Bier** un bicchiere di birra 3 (*Glasbehälter*) vaso *m*, barattolo *m*: **ein ~ Honig** un barattolo di miele 4 (*Brillenglas*) lente *f*: **dicke Gläser tragen** portare lenti spesse **Glas·au·ge** N occhio *m* di vetro **Glas·blä·ser** M, **-in** F soffiatore *m*, -trice *f* **Glas·con·tai·ner** [-kɔn'teːnɐ] M contenitore *m* per il vetro (da riciclare), raccoglitore *m* del vetro, *umg* campana *f*

Gla·ser M ⟨-s; -⟩, vetraio *m* **Gla·se·rei** F ⟨-; -en⟩ vetreria *f* **Gla·se·rin** F ⟨-; -nen⟩ vetraia *f*

glä·sern ADJ 1 di vetro: *fig* **ein -er Mensch** un uomo di vetro 2 (*glasartig*) vitreo: **ein -er Blick** uno sguardo vitreo

Glas·fa·ser F 1 fibra *f* di vetro 2 (*optische Faser*) fibra *f* ottica **Glas·fa·ser·ka·bel** N cavo *m* in fibra ottica

Glas·fens·ter N vetrata *f* **Glas·haus** N serra *f* ♦ **wer (selbst) im ~ sitzt, soll nicht mit Steinen werfen** chi ha la testa di vetro non vada a battaglia di sassi

Glas·hüt·te F vetreria *f*

gla·sie·ren V/T 1 TECH vetrinare, smaltare a vetro 2 GASTR glassare

gla·sig ADJ 1 vitreo: **-e Augen** occhi vitrei 2 (*durchsichtig, klar*) trasparente

Glas·ke·ra·mik F ceramica *f* vetrinata **glas·klar** ADJ chiarissimo (*a. fig*) **Glas·kno·chen** PL osteogenesi *f* imperfetta **Glas·ma·le·rei** F ⟨-⟩ pittura *f* su vetro **Glas·schei·be** F (lastra *f* di) vetro *m* **Glas·schnei·der** M tagliavetro *m* **Glas·schrank** M vetrina *f* **Glas·tür** F vetrata *f*; (*vom Schrank*) anta *f* di vetro

Gla·sur F ⟨-; -en⟩ 1 vetrina *f* 2 GASTR glassa *f*

glas·wei·se ADV a bicchieri

Glas·wol·le F lana *f* di vetro

glatt A ADJ 1 liscio: **-es Haar** capelli lisci 2 *fig* **ein -er Stil** uno stile scorrevole 3 (*rutschig*) scivoloso 4 (*mühelos*) facile, liscio: **eine -e Landung** un facile atterraggio 5 MED **ein -er Bruch** una frattura semplice 6 *umg* (*offensichtlich*) evidente; **das ist eine -e Lüge!** questa è una bugia bell'e buona! 7 (*klar, eindeutig*) netto, chiaro B ADV 1 (*mühelos*) senza complicazioni (*od* difficoltà) 2 *umg* (*offensichtlich*) chiaramente: **das ist ~ erfunden** la (questo) è chiaramente inventato 3 (*eindeutig*) nettamente: **j-m ~ überlegen sein** essere nettamente superiore a qn; **j-m etw ~ ins Gesicht sagen** dire qc chiaramente in faccia a qn 4 (*eindeutig*) decisamente: **etw ~ ablehnen** rifiutare decisamente qc 5 (*ganz*) **ich hatte es ~ vergessen** l'avevo proprio dimenticato 6 **~ polieren** levigare, lucidare; **~ streichen** spianare; **~ ziehen** stirare, (di)stendere tirando; → glattgehen ♦ **~ wie ein Aal** viscido come un'anguilla; **eine -e Eins** un dieci pieno; **die Rechnung geht ~ auf** il calcolo è esatto; **~ links/rechts stricken** lavorare a rovescio/a diritto

Glät·te F ⟨-⟩ 1 levigatezza *f* 2 (*von Eis, Straßen*) scivolosità *f*

Glatt·eis N strato *m* ghiacciato, ghiaccio *m*; METEO gelicidio; **auf dem ~ ausrutschen** scivolare sul ghiaccio *m* ♦ **j-n aufs ~ führen** tendere un tranello a qn **Glatt·eis·ge·fahr** F pericolo *m* di strade ghiacciate

glät·ten A V/T 1 (*Papier, Falten*) stirare, (di)stendere tirando 2 *schweiz* (*bügeln*) stirare B V/R **sich ~** 1 spianarsi, distendersi 2 (*Meer*) calmarsi 3 *fig* calmarsi

glatt·ge·hen V/I ⟨*irr; s.*⟩ *umg* **es ist alles glattgegangen** è andato tutto liscio

glatt·weg ADV *umg* senza esitare, semplicemente

Glat·ze F ⟨-; -n⟩ calvizie *f*: **eine ~ bekommen** diventare calvo **Glatz·kopf** M 1 testa *f* pelata (*od* calva) 2 (*Mensch*) (uomo *m*) calvo *m* **glatz·köp·fig** ADJ calvo

Glau·be M ⟨-ns⟩ 1 fede *f* (*a.* REL): **der ~ an Gott** la fede in Dio; *fig* **j-m/etw -n schenken** prestar fede a qn/qc; **(keinen) -n finden** (non) essere creduto 2 (*Vertrauen*) (ferma) fiducia *f*: **den -n an j-n/etw haben** credere in qn/qc 3 (*Überzeugung*) convinzione *f*: **festen -ns, dass ...** fermamente convinto che ... ♦ **im guten -n handeln** agire in buona fede

glau·ben A V/T credere: **ich glaube, ja!** credo di sì!; **er glaubt ihr jedes Wort** crede a ogni sua parola B V/I ⟨h.⟩ 1 **j-m/etw ~** credere a qn/a qc 2 **an**

j-n/etw ~ credere in qn/qc; **ich glaube (nicht) daran** (non) ci credo **3** (*vertrauen*) avere fiducia (in) ♦ **j-d muss dran ~** qn deve morire; *umg* (*an der Reihe sein*) tocca a qn; **das ist doch nicht zu ~!** incredibile!; **es ist kaum zu ~** è poco credibile; **j-m aufs Wort ~** credere a qn sulla parola

Glau·bens·be·kennt·nis N **1** professione *f* di fede **2** REL *fig* credo *m* **Glau·bens·frei·heit** F libertà *f* religiosa (*od* di culto) **Glau·bens·ge·nos·se** M, **-sin** F correligionario *m*, -a *f* **Glau·bens·krieg** M guerra *f* di religione **Glau·bens·leh·re** F dottrina *f* religiosa

glaub·haft **A** ADJ credibile, attendibile **B** ADV in modo convincente: **j-m etw ~ machen** convincere qn di qc **Glaub·haf·tig·keit** F ⟨-⟩ credibilità *f*

gläu·big ADJ **1** credente **2** (*fromm*) pio, devoto **Gläu·bi·ge** M/F ⟨-n; -n⟩ credente *m/f*, fedele *m/f*

Gläu·bi·ger M ⟨-s; -⟩, **-in** F ⟨-; -nen⟩ creditore *m*, -trice *f*

glaub·wür·dig ADJ degno di fede, credibile, attendibile: **aus -en Quellen** da fonti attendibili **Glaub·wür·dig·keit** F ⟨-⟩ credibilità *f*

gleich **A** ADJ **1** uguale (*a.* MATH), stesso: **-e Kleider tragen** indossare vestiti uguali; **die -e Farbe** lo stesso colore; **im -en Haus** nella stessa casa **2** (*gleichgültig*) indifferente: **ihm ist es ~, was du tust** gli è indifferente quello che fai tu; **ob wir gehen oder nicht, ist mir ~** che andiamo o no, per me è lo stesso **B** ADV **1** (*sofort*) subito **2** (*ebenso*) altrettanto: **~ groß sein** essere altrettanto grande; **~ alt sein** avere la stessa età **3** **~ bleiben** rimanere invariato; *umg* **das bleibt sich ~** è lo stesso; **~ bleibend** → gleichbleibend; **~ gesinnt** con idee (*od* opinioni) affini; **~ lautend** → gleichlautend **4** **~ hinter ihm** subito (*od* appena) dietro di lui **5** (*noch*) già: **wie heißt er ~?** ma com'è che si chiama? **6** (*als Ausdruck von Resignation*) pure, anche: **lass es ~ bleiben** lascia pure stare; **ich habe es ~ gewusst** lo sapevo ♦ **bis ~!** a più tardi!; **~ heute** oggi stesso; **~ welcher/welches** non importa chi/quale; **zur -en Zeit** contemporaneamente; **das Gleiche gilt für alle** lo stesso vale per tutti; **er ist immer der Gleiche** è sempre lo stesso

gleich·alt·rig ADJ coetaneo **gleich·ar·tig** ADJ **1** simile: **-e Fälle** casi simili **2** (*gleich*) uguale: **nicht alle Fälle sind ~** non tutti i casi sono uguali **gleich·be·deu·tend** ADJ **mit etw ~ sein** essere equivalente a (*od* sinonimo di) qc **Gleich·be·hand·lung** F pari trattamento *m* **gleich·be·rech·tigt** ADJ con pari diritti **Gleich·be·rech·ti·gung** F equiparazione *f* dei diritti: **die ~ der Frau** le pari opportunità **gleich·blei·bend** ADJ **von -er Stimmung** di umore costante

glei·chen ⟨glich, geglichen⟩ **A** V/I ⟨h.⟩ **j-m ~** (r)assomigliare a qn **B** V/R **sich** (*dat*) **~** (r)assomigliarsi

glei·cher·ma·ßen ADV, **glei·cher·wei·se** ADV ugualmente, allo stesso modo

gleich·falls ADV parimenti, altrettanto ♦ **danke, ~!** grazie, altrettanto!

gleich·för·mig ADJ **1** uniforme, regolare **2** (*eintönig*) monotono **Gleich·för·mig·keit** F ⟨-⟩ **1** uniformità *f*, regolarità *f* **2** monotonia *f*

Gleich·ge·wicht N equilibrio *m* (*a. fig*): **das ~ halten** mantenere l'equilibrio; **aus dem ~ kommen** perdere l'equilibrio

gleich·gül·tig ADJ indifferente: **gegen etw ~ sein** essere indifferente a qc; **j-m gegenüber ~ sein** essere indifferente nei confronti di qn; **es ist ~, ob …** non importa se …; **er ist ihr nicht ~** non le è indifferente **Gleich·gül·tig·keit** F ⟨-⟩ indifferenza *f*, disinteresse *m*

Gleich·heit F ⟨-; -en⟩ uguaglianza *f* **Gleich·heits·zei·chen** N MATH segno *m* di uguaglianza

gleich·kom·men V/I ⟨*irr*; s.⟩ **1** **etw** (*dat*) **~** equivalere a qc **2** uguagliare: **niemand kommt ihm an Großzügigkeit gleich** in generosità non lo uguaglia nessuno **gleich·lau·tend** ADJ (*mit gleichem Klang*) dallo stesso suono; (*mit gleichem Wortlaut*) con le stesse parole: **-e Aussagen** affermazioni di ugual tenore **gleich·ma·chen** V/T **1** (*angleichen*) uguagliare **2** (*einebnen*) livellare **Gleich·ma·che·rei** F ⟨-; -en⟩ *pej* livellamento *m*

gleich·mä·ßig **A** ADJ **1** (*ebenmäßig*) proporzionato, regolare, armonico **2** regolare, costante **B** ADV **1** equamente: **etw ~ verteilen** suddividere equamente qc **2** (*regelmäßig*) in modo regolare, costantemente **Gleich·mä·ßig·keit** F ⟨-⟩ regolarità *f*

Gleich·mut M imperturbabilità *f* **gleich·mü·tig** ADJ imperturbabile

gleich·na·mig ADJ omonimo

Gleich·nis N ⟨-ses; -se⟩ 1 (*Bibel*) parabola *f* 2 allegoria *f*

gleich·ran·gig ADJ dello stesso rango

Gleich·rich·ter M ELEK raddrizzatore *m*

gleich·sam ADV per così dire, quasi

gleich·schal·ten V/T 1 sincronizzare, coordinare 2 (*vereinheitlichen*) uniformare **Gleich·schritt** M passo *m* (cadenzato): **im ~ marschieren** marciare al passo **gleich·sei·tig** ADJ equilatero **gleich·set·zen** V/T equiparare, mettere sullo stesso piano **Gleich·stand** M SPORT parità *f* **gleich·ste·hen** V/I ⟨irr; h.⟩ essere alla pari: **j-m** (**in etw** [*dat*]) **~** essere allo stesso livello di qn (per qc) **gleich·stel·len** V/T equiparare: **die Arbeiter den** (*od* **mit den**) **Angestellten ~** equiparare gli operai agli impiegati **Gleich·stel·lung** F equiparazione *f* **Gleich·strom** M corrente *f* continua **gleich·tun** V/I ⟨irr; h.⟩ 1 **es j-m ~** uguagliare qn 2 (*nachahmen*) emulare

Glei·chung F ⟨-; -en⟩ equazione *f*

gleich·wer·tig ADJ equivalente **gleich·wohl** ADV tuttavia, ciononostante **gleich·zei·tig** A ADJ contemporaneo B ADV 1 contemporaneamente, insieme 2 (*zugleich*) allo stesso tempo **Gleich·zei·tig·keit** F ⟨-⟩ contemporaneità *f*, simultaneità *f* **gleich·zie·hen** V/I ⟨irr; h.⟩ SPORT **in etw** (*dat*) **mit j-m ~** uguagliare qn in qc

Gleis N ⟨-es; -e⟩ 1 binario *m*: **ein totes ~** un binario morto, *fig* un punto morto 2 (*Schiene*) rotaia *f* ♦ **j-n/etw aus dem ~ bringen** far uscire di carreggiata qn/qc

Gleit·boot N idroscivolante *m*

glei·ten V/I ⟨glitt, geglitten; s.⟩ 1 scivolare: **über das Parkett ~** scivolare sulla pista da ballo; **zu Boden ~** scivolare a terra 2 (*sich leicht bewegen*) scorrere: **der Kolben gleitet gut** lo stantuffo scorre bene 3 (*fliegen*) librarsi: **der Vogel gleitet** (**durch die Luft**) l'uccello si libra (nell'aria) ♦ **die Hand über etw** (*akk*) **~ lassen** fare scorrere la mano sopra qc

glei·tend ADJ 1 WIRTSCH mobile, scalare 2 **-e Arbeitszeit** orario (di lavoro) flessibile

Gleit·flug M volo *m* planato **Gleit·mit·tel** N TECH lubrificante *m* **Gleit·schirm** M parapendio *m* **Gleit·schirm·flie·gen** N volo *m* con il parapendio **Gleit·schutz** M AUTO dispositivo *m* antisdrucciolevole **Gleit·zeit** F orario *m* flessibile

Glet·scher M ⟨-s; -⟩ ghiacciaio *m* **Glet·scher·brand** M eritema *m* solare (prodotto da riverbero sui ghiacciai) **Glet·scher·ski·fah·ren** N ⟨-s⟩ sci *m inv* sul ghiacciaio **Glet·scher·spal·te** F crepaccio *m*

glich → gleichen

Glied N ⟨-[e]s; -er⟩ 1 membro *m*, arto *m* 2 (*von Fingern, Zehen*) falange *f* 3 (*Penis*) membro *m* 4 (*Teil eines Ganzen*) membro *m*: **ein nützliches ~ der Gesellschaft** un membro utile della società 5 (*Teil einer Kette*) anello *m* 6 *poet obs* generazione *f* ♦ **in Reih und ~** in fila; **die Angst fuhr mir in die -er** la paura mi entrò nel corpo

glie·dern A V/T suddividere, articolare B V/R **sich ~** (sud)dividersi, articolarsi

Glie·der·pup·pe F 1 (*Schaufensterpuppe*) manichino *m* 2 marionetta *f* **Glie·der·schmerz** M dolore *m* articolare

Glie·de·rung F ⟨-; -en⟩ 1 articolazione *f* 2 (*Aufbau*) struttura *f* 3 (*Einteilung*) suddivisione *f* 4 (*Gruppe*) gruppo *m*, sezione *f*

Glied·ma·ße F ⟨-; -n⟩ membro *m*, arto *m*

glim·men V/I ⟨glimmte/glomm, geglimmt/geglommen; h.⟩ 1 ardere (senza fiamma), covare: **unter der Asche glimmt noch das Feuer** sotto la cenere c'è ancora della brace 2 *fig* brillare, scintillare: **Hass glimmt in ihren Augen** l'odio brilla nei suoi occhi

Glim·mer M ⟨-s; -⟩ MINER mica *f*

Glimm·stän·gel M *umg* sigaretta *f*

glimpf·lich A ADJ mite, indulgente B ADV 1 con riguardo: **mit j-m ~ umgehen** trattare qn con riguardo 2 senza danno, a buon mercato: **~ davonkommen** cavarsela a buon mercato; **das ging** (*od* **lief**) **noch einmal ~ ab** ce la siamo cavata per un pelo

glit·schig ADJ *umg* sdrucciolevole, liscio

glitt → gleiten

glit·zern V/I ⟨h.⟩ scintillare

glo·bal A ADJ globale: **-e Erwärmung** surriscaldamento globale (*od* terrestre) B ADV 1 in tutto il mondo 2 globalmente

Glo·ba·li·sie·rung F ⟨-⟩ globalizzazione *f*
Glo·be·trot·ter ['glo:bətrɔtə] M ⟨-s; -⟩, **-in** F ⟨-; -nen⟩ giramondo *m/f* **Glo·bus** M ⟨- *u.* -ses; -se *u.* Globen⟩ globo *m*
Glo·cke F ⟨-; -n⟩ campana *f*: **die -n läuten** suonare le campane; **die ~ schlägt zehn (Uhr)** suonano le dieci ♦ *umg* **etw an die große ~ hängen** strombazzare qc ai quattro venti
Glo·cken·blu·me F BOT campanula *f*
glo·cken·för·mig ADJ a campana
Glo·cken·ge·läut N ⟨-[e]s; -e⟩ scampanio *m*; **unter ~** al suono delle campane
Glo·cken·gie·ßer M ⟨-s; -⟩, **-in** F ⟨-; -nen⟩ fonditore *m*, -trice *f* di campane
Glo·cken·schlag M (rin)tocco *m* di campana **Glo·cken·spiel** N carillon *m* **Glo·cken·turm** M campanile *m*
Glöck·ner M ⟨-s; -⟩, **-in** F ⟨-; -nen⟩ campanaro *m*, -a *f*
glomm → glimmen
Glo·rie F ⟨-; -n⟩ **1** *poet* (*Ruhm*) gloria *f*; (*Glanz*) splendore *m* **2** (*Heiligenschein*) aureola *f* **Glo·ri·en·schein** M aureola *f* **glor·reich** ADJ grandioso; (*glanzvoll*) splendido
Glos·sar N ⟨-s; -e⟩ glossario *m*; glosse *fpl*
Glos·se F ⟨-; -n⟩ **1** glossa *f* **2** (*spöttische Bemerkung*) osservazione *f* ironica
Glot·ze F ⟨-; -n⟩ *umg* **1** (*Fernseher*) tivù *f* **2** (*Bildschirm*) computer *m inv* **glot·zen** V/I ⟨h.⟩ *umg* **1** guardare con (gli) occhi fissi: **glotz nicht so blöd** non fare quella faccia stupida **2** (*fernsehen*) guardare la televisione
Glück N ⟨-[e]s; -e⟩ **1** fortuna *f*: **zum ~** per fortuna; **viel ~!** buona fortuna!; **(kein) ~ haben** (non) aver fortuna, essere fortunato (sfortunato); **~ bringend** che porta fortuna; **~ muss man haben** è una questione di fortuna; **j-m zu etw** (*od* **für etw**) **viel ~ wünschen** augurare a qn buona fortuna per qc; **sein ~ versuchen** tentare la fortuna **2** (*Glückseligkeit*) felicità *f*, gioia *f*: **j-s ~ sein** essere la gioia di qn; **häusliches ~** felicità domestica ♦ **es ist dein ~, dass …** per tua fortuna …; **auf gut ~** affidandoci al caso; a caso; **sein ~ machen** far fortuna; **er kann von ~ sagen** può dirsi fortunato
Glu·cke F ⟨-; -n⟩ chioccia *f*
glü·cken V/I ⟨s.⟩ riuscire
glu·ckern V/I **1** ⟨h.⟩ gorgogliare **2** ⟨s.⟩ scorrere gorgogliando
glück·lich **A** ADJ **1** fortunato; (*erfolgreich*) riuscito: **sich ~ schätzen** ritenersi fortunato; **eine -e Landung** un atterraggio riuscito; **einen -en Ausgang haben** avere un buon esito **2** (*vorteilhaft*) favorevole, felice: **eine -e Lage** una situazione favorevole; **ein -er Einfall** un'idea felice **3** (*froh*) felice: **über etw** (*akk*) **~ sein** essere felice di (*od* per) qc; **ein -es neues Jahr!** felice anno nuovo! **B** ADV *umg* (*endlich*) finalmente: **ist er ~ weg?** se n'è andato finalmente?
glück·li·cher·wei·se ADV fortunatamente
Glücks·brin·ger M ⟨-s; -⟩ portafortuna *m*
glück·se·lig ADJ beato **Glück·se·lig·keit** F ⟨-⟩ beatitudine *f*; (*Freude*) felicità *f*
gluck·sen V/I ⟨h.⟩ **1** (*Wasser*) gorgogliare **2** (*lachen*) ridere a singhiozzo
Glücks·fall M caso *m* fortunato, fortuna *f* **Glücks·göt·tin** F dea *f* della fortuna
Glücks·kind N fortunato *m*, -a *f*, chi è nato con la camicia **Glücks·pfen·nig** M moneta *f* portafortuna **Glücks·pilz** M fortunello *m*, -a *f* **Glücks·rit·ter** M avventuriero *m* **Glücks·sa·che** F **das ist reine ~** è solo questione di fortuna
Glücks·spiel N gioco *m* d'azzardo
Glücks·stern M buona stella *f*
Glücks·tag M giorno *m* fortunato
glück·strah·lend ADJ raggiante (di gioia)
Glücks·tref·fer M colpo *m* di fortuna
Glück·wunsch M augurio *m*; congratulazioni *fpl*, felicitazioni *fpl*: **j-m seinen ~ aussprechen** fare gli auguri a qn; **Glückwünsche zum bestandenen Examen** congratulazioni per il buon esito degli esami; **Glückwünsche zur Vermählung** felicitazioni agli sposi; **herzliche Glückwünsche zum Geburtstag** (cari) auguri di buon compleanno **Glück·wunsch·kar·te** F biglietto *m* d'auguri **Glück·wunsch·schrei·ben** N lettera *f* di congratulazioni
Glüh·bir·ne F lampadina *f*
glü·hen **A** V/I ⟨h.⟩ **1** ardere (senza fiamma) (*a. fig*): **vor Zorn ~** farsi rosso dalla rabbia (*od* collera) **2** *fig* essere infocato: **ihr Gesicht glühte** il suo viso era infocato **3** (*heiß sein*) scottare: **vor Fieber ~** scottare dalla febbre **B** V/T arroventare **glü·hend** ADJ **1** incandescente:

-es Metall metallo incandescente 2 fig ardente: -e Liebe amore ardente 3 infocato: ein -es Gesicht un viso infocato ♦ ~ heiß cocente; -e Hitze calura
Glüh·fa·den M ELEK filamento m **Glüh·ker·ze** F candela f (di avviamento) **Glüh·lam·pe** F lampada f a incandescenza **Glüh·wein** M vino m brûlé **Glüh·würm·chen** N ⟨-s; -⟩ umg lucciola f
Glut F ⟨-; -en⟩ 1 brace f: **die ~ schüren** attizzare la brace 2 (*Leidenschaftlichkeit*) ardore m 3 (*Hitze*) grande calura f, arsura f
Glu·ten N ⟨-s⟩ glutine m
Gly·ze·rin N ⟨-s⟩ glicerina f
g-Moll N MUS sol m minore
Gna·de F ⟨-; -n⟩ 1 grazia f, favore m: **um ~ bitten** chiedere grazia; **die ~ des Königs** il favore del re 2 (*Milde*) clemenza f: **um ~ flehen** implorare clemenza; **~ walten lassen** usare clemenza ♦ **ohne ~** senza pietà; **~ vor Recht ergehen lassen** essere clemente; **auf ~ und Ungnade** incondizionatamente
Gna·den·akt M atto m di clemenza **Gna·den·brot** N mantenimento m gratuito ♦ **j-m/einem alten Pferd das ~ geben** mantenere qn/un vecchio cavallo per carità **Gna·den·frist** F dilazione f **Gna·den·ge·such** N domanda f di grazia **gna·den·los** ADJ senza pietà **Gna·den·stoß** M colpo m di grazia
gnä·dig ADJ 1 clemente, indulgente 2 (*wohlwollend*) benevolo 3 (*Anrede*) gentile: **-e Frau** gentile signora
Gnom M ⟨-en; -en⟩ gnomo m
Go·ckel M ⟨-s; -⟩ hum gallo m ♦ **sich aufplustern wie ein ~** fare il galletto
Go·kart ['go:kart] M ⟨-s; -s⟩ go-kart m inv
Gold N ⟨-[e]s⟩ oro m: **24-karätiges ~** oro a 24 carati ♦ **das ist nicht mit ~ aufzuwiegen** vale tant'oro quanto pesa; **flüssiges ~** oro nero, petrolio; **es ist nicht alles ~, was glänzt** non è tutto oro quel che luccica; **das ist -es wert!** questo vale oro! **Gold·ader** F vena f d'oro **Gold·bar·ren** M lingotto m d'oro
gol·den ADJ 1 d'oro (a. fig): **ein -es Gemüt** un cuore d'oro 2 (*goldfarben*) color oro, dorato ♦ **-e Hochzeit** nozze d'oro; **die -e Mitte** il giusto mezzo; MATH **der Goldene Schnitt** la sezione aurea; **der -e Schuss** l'ultimo trip
Gold·fisch M carassio m dorato, umg pesce m rosso **gold·gelb** ADJ giallo oro **Gold·grä·ber** M ⟨-s; -⟩, **-in** F ⟨-; -nen⟩ cercatore m, -trice f d'oro **Gold·gru·be** F miniera f d'oro (a. fig) **Gold·hams·ter** M mesocriceto m
gol·dig ADJ umg (*niedlich*) adorabile
Gold·kro·ne F corona f d'oro **Gold·lack** M BOT violaciocca f gialla **Gold·me·dail·le** [-daljə] F medaglia f d'oro **Gold·mi·ne** F miniera f d'oro **Gold·mün·ze** F moneta f d'oro **Gold·rand** M bordo m dorato **Gold·re·gen** M BOT citiso m **gold·rich·tig** ADJ umg pienamente giusto **Gold·schmied** M, **-in** F orafo m, -a f, orefice m/f **Gold·schnitt** M (*Verlag*) taglio m dorato **Gold·stück** N 1 moneta f d'oro 2 fig (*lieber Mensch*) tesoro m **Gold·waa·ge** F bilancia f dell'orefice ♦ **alles/jedes Wort auf die ~ legen** soppesare ogni cosa/ogni parola **Gold·wäh·rung** F valuta f aurea **Gold·wert** M valore m oro
Golf[1] M ⟨-[e]s; -e⟩ golfo m: **der Persische ~** il Golfo Persico
Golf[2] N ⟨-s⟩ golf m: **~ spielen** giocare a golf **Golf·ball** M palla f da golf **Golf·krieg** M guerra f del Golfo **Golf·platz** M campo m da golf **Golf·schlä·ger** M mazza f da golf **Golf·spie·ler** M, **-in** F golfista m/f **Golf·staat** M stato m del Golfo **Golf·strom** M corrente f del Golfo
Gon·del F ⟨-; -n⟩ 1 gondola f 2 (*am Ballon, von Seilbahn*) navicella f **Gon·del·bahn** F funivia f
Gong M ⟨-s; -s⟩ gong m: **den ~ schlagen** suonare il gong **Gong·schlag** M colpo m di gong
gön·nen A VT 1 **j-m etw ~** compiacersi sinceramente che qn abbia fatto (od ottenuto) qc; **j-m sein Glück ~** compiacersi della felicità di qn; **j-m etw nicht ~** invidiare qc a qn 2 (*zugestehen*) concedere 3 (*erlauben*) permettere B VR **sich** (*dat*) **etw ~** concedersi (od permettersi) qc ♦ iron **das gönne ich ihm!** gli sta bene!
Gön·ner M ⟨-s; -⟩ benefattore m; mecenate m **gön·ner·haft** A ADJ 1 da protettore (od benefattore) 2 (*überheblich*) sufficiente, sussiegoso B ADV con (aria di) sufficienza **Gön·ne·rin** F ⟨-; -nen⟩ benefattrice f; mecenate f **Gön·ner·mie·ne** F pej aria f superiore (od di sufficienza)
gor → gären

Gör N ⟨-[e]s; -en⟩ moccioso *m*; (*Mädchen*) mocciosetta *f*, ragazzetta *f*
Go·ril·la M ⟨-s; -s⟩ gorilla *m* (*a. fig*)
goss → gießen
Gos·se F ⟨-; -n⟩ **1** canaletto *m* di scolo **2** *fig* fango *m*: **in der ~ aufwachsen/landen** crescere/finire nel fango
Go·tik F ⟨-⟩ (periodo *m*) gotico *m*
Gott M ⟨-es; Götter⟩ **1** Dio *m*: **der liebe ~** il buon Dio **2** (*im Polytheismus*) dio *m*, divinità *f* ♦ **ach, du lieber ~!** accidenti!; **~ behüte!** oddio, no!; **~ sei Dank!** grazie a Dio!; **gnade dir ~!** guai a te! (*Eidesformel*); **so wahr mir ~ helfe** con l'aiuto di Dio; **leider -es** purtroppo; **mein ~!** Dio mio!; **in -es Namen** per me, se proprio vuoi; **~ weiß wann/wie …** Dio sa quando/come …; **weiß ~** veramente; **~ und die Welt** = *tutto*; (*alle Leute*) tutti; **um -es willen** per l'amor di Dio! per carità! (*Ausruf der Angst*) Dio mio!
Got·te F ⟨-; -n⟩ *schweiz* madrina *f*
Göt·ter·bild N idolo *m* **Göt·ter·spei·se** F **1** ambrosia *f* (*a. fig*) **2** GASTR = *budino di gelatina* **Göt·ter·trank** M nettare *m* (*a. fig*)
Got·tes·dienst M messa *f*: **den ~ besuchen** andare a messa; **~ halten** dire messa **got·tes·fürch·tig** ADV timorato di Dio **Got·tes·haus** N casa *f* di Dio **Got·tes·läs·te·rer** M ⟨-s; -⟩, **-läs·te·rin** F ⟨-; -nen⟩ bestemmiatore *m*, -trice *f* **Got·tes·läs·te·rung** F ⟨-; -en⟩ bestemmia *f*
Gott·heit F ⟨-; -en⟩ divinità *f*
Göt·ti M ⟨-s; -⟩ *schweiz* padrino *m* **Göt·ti·kind** N *schweiz* figlioccio *m*, -a *f*
Göt·tin F ⟨-; -nen⟩ dea *f* **gött·lich** ADJ divino **gott·los** ADJ empio, blasfemo **gotts·er·bärm·lich** *umg* **A** ADJ **1** pietoso, miserevole **2** (*äußerst groß, stark*) tremendo **B** ADV **1** da far pietà **2** (*sehr*) tremendamente, molto
gott·ver·dammt ADJ *vulg* maledetto
gott·ver·las·sen ADJ **1** abbandonato da Dio **2** (*öde*) dimenticato da Dio, desolato **Gott·ver·trau·en** N fede *f* in Dio **gott·voll** ADJ *umg* divertentissimo, comicissimo
Göt·ze M ⟨-n; -n⟩ idolo *m* (*a. fig*)
Gou·ver·neur [guvɛr'nøːɐ] M ⟨-s; -e⟩, **-in** F ⟨-; -nen⟩ governatore *m*, -trice *f*
Grab N ⟨-[e]s; Gräber⟩ tomba *f*, fossa *f* ♦ **j-n ins ~ bringen** *fig* portare qn alla tomba; **mit einem Fuß im -e stehen** avere un piede nella fossa; **sich** (*dat*) **selbst sein ~ schaufeln** scavarsi la fossa (da sé)
gra·ben ⟨gräbt, grub, gegraben⟩ **A** V/T & V/I ⟨h.⟩ scavare: **ein Loch ~** scavare una buca; *fig* **die Sorgen hatten Falten in sein Gesicht gegraben** le preoccupazioni avevano scavato rughe nel suo viso; **nach etw ~** scavare cercando qc **B** V/R **sich ~** **1** penetrare **2** *fig* imprimersi
Gra·ben M ⟨-s; Gräben⟩ **1** fosso *m*, fossato *m*: **einen ~ ausheben** scavare un fossato; **im ~ landen** finire nel fosso **2** MIL trincea *f* **3** SPORT riviera *f*
Gra·bes·stil·le F silenzio *m* di tomba
Gra·bes·stim·me F voce *f* sepolcrale (*od* cupa)
Grab·hü·gel M tumulo *m* **Grab·in·schrift** F epitaffio *m* **Grab·kam·mer** F camera *f* sepolcrale **Grab·mal** N ⟨-[e]s; -mäler *u.* -e⟩ monumento *m* sepolcrale **Grab·re·de** F orazione *f* funebre **Grab·stät·te** F tomba *f* **Grab·stein** M lapide *f*
Grad M ⟨-[e]s; -e⟩ **1** grado *m*: **Verbrennungen vierten -es** ustioni di quarto grado; **im höchsten -e** in sommo grado **2** (*Rang*) **ein Offizier im ~ eines Majors** un ufficiale col grado di maggiore; **akademischer ~** titolo *m* accademico **3** (*Maßeinheit*) grado *m*: **es sind 40 ~ im Schatten** ci sono 40 gradi all'ombra; **ein Winkel von 45 ~** un angolo di 45 gradi ♦ **bis zu einem gewissen ~ übereinstimmen** essere d'accordo fino a un certo punto **Grad·ein·tei·lung** F graduazione *f*, divisione *f* in gradi **Grad·mes·ser** M ⟨-s; -⟩ indice *m*: **ein ~ für Qualität** un indice di qualità
gra·du·iert ADJ = *in possesso di un titolo accademico*
Graf M ⟨-en; -en⟩ conte *m*
Graf·fi·ti PL graffiti *mpl*
Gra·fik F ⟨-; -en⟩ **1** grafica *f* **2** (*Werk*) opera *f* grafica **Gra·fik·bild·schirm** M schermo *m* grafico, monitor *m inv* grafico **Gra·fi·ker** M ⟨-s; -⟩, **-in** F ⟨-; -nen⟩ grafico *m*, -a *f* **Gra·fik·kar·te** F scheda *f* grafica **Gra·fik·mo·dus** M modo *m* grafico
Grä·fin F ⟨-; -nen⟩ contessa *f*
gra·fisch ADJ grafico: **die -en Künste** le arti grafiche
Gra·fit M ⟨-s; -e⟩ grafite *f*
Graf·schaft F ⟨-; -en⟩ contea *f*
gram ADJ **j-m ~ sein** avere del rancore

verso qn **Gram** M ⟨-[e]s⟩ afflizione *f*, pena *f*: **vor** (*od* **aus**) **~ sterben** morire di crepacuore **grä·men** A V/T crucciare B V/R **sich über** (*od* **um**) **j-n/etw ~** cucciarsi per qn/qc
Gramm N ⟨-s; -e⟩ grammo *m*: **100 ~ Schinken** un etto di prosciutto
Gram·ma·tik F ⟨-; -en⟩ grammatica *f*
gram·ma·tisch ADJ grammaticale, di grammatica
Gram·mel F ⟨-; -n⟩ *österr* 1 (*Griebe*) cicciolo *m* 2 *umg* (*Hure*) prostituta *f*
Gra·nat[1] M ⟨-[e]s; -e⟩ (*Garnele*) gamberetto *m* grigio
Gra·nat[2] M ⟨-[e]s; -e⟩ MINER granato *m*
Gra·nat·ap·fel M melagrana *f* **Granat·ap·fel·baum** M melograno *m*
Gra·na·te F ⟨-; -n⟩ 1 granata *f* 2 *sl* SPORT cannonata *f*
Gra·nat·wer·fer M lanciagranate *m*
gran·di·os ADJ grandioso
Gra·nit M ⟨-s; -e⟩ granito *m*
Gran·ne F ⟨-; -n⟩ (*vom Getreide*) arista *f*
Grant M ⟨-s⟩ *österr umg* malumore *m*
Grape·fruit ['gre:pfru:t] F ⟨-; -s⟩ pompelmo *m*
Gra·phik → Grafik **Gra·phi·ker** → Grafiker **gra·phisch** → grafisch
Gra·ph·it M ⟨-s; -e⟩ → Grafit
Gra·pho·lo·ge M ⟨-n; -n⟩, **-lo·gin** F ⟨-; -nen⟩ grafologo *m*, -a *f*
grap·schen *umg* A V/T acchiappare, afferrare B V/I ⟨h.⟩ **nach etw ~** arraffare qc
Gras N ⟨-es; Gräser⟩ erba *f* (*a. sl Rauschgift*) ♦ *umg* **ins ~ beißen** mordere la polvere; **über etw** (*akk*) **ist ~ gewachsen** è acqua passata
gra·sen V/I ⟨h.⟩ pascolare
Gras·flä·che F superficie *f* (*od* area *f*) erbosa **Gras·halm** M filo *m* d'erba **Gras·hüp·fer** M ⟨-s; -⟩ cavalletta *f* **Gras·nar·be** F zolla *f* erbosa
gras·sie·ren V/I ⟨h.⟩ dilagare
gräss·lich ADJ orribile
Grat M ⟨-[e]s; -e⟩ 1 (*im Gebirge*) cresta *f* 2 TECH bava(tura) *f* ♦ **sich auf schmalem ~ bewegen** essere sul filo del rasoio
Grä·te F ⟨-; -n⟩ lisca *f*, spina *f* (di pesce)
gra·tis A ADJ gratuito B ADV gratis **Gratis·vor·stel·lung** F spettacolo *m* gratuito
Grät·sche F ⟨-; -n⟩ divaricata *f*
grät·schen A V/T divaricare in avanti B V/I ⟨s.⟩ saltare a gambe divaricate
Gra·tu·lant M ⟨-en; -en⟩, **-in** F ⟨-; -nen⟩ chi si congratula **Gra·tu·la·ti·on** F ⟨-; -en⟩ congratulazione *f*
gra·tu·lie·ren A V/I ⟨h.⟩ 1 **j-m zu etw ~** fare le congratulazioni a qn per qc 2 (*Glück wünschen*) **j-m zum Geburtstag ~** fare gli auguri di compleanno a qn B V/R **sich** (*dat*) **zu etw/j-m ~ können** poter essere contento di qc/qn ♦ *umg* **gratuliere!** congratulazioni!
grau ADJ 1 grigio 2 (*fahl*) smorto: **eine ~e Gesichtsfarbe** un colorito smorto 3 (*trostlos*) tetro 4 *umg* (*an der Grenze der Legalität*) ai limiti della legalità ♦ **der -e Alltag** il grigiore della vita quotidiana; **die -e Vorzeit** i tempi più remoti; (**alt und**) **~ werden** incanutire **grau·blau** ADJ grigio-azzurro **Grau·brot** N pane *m* bigio (*od* nero) (misto di segala e frumento)
Grau·bün·den N ⟨-s⟩ (*Kanton*) Grigioni *mpl*, Cantone *m* dei Grigioni
Gräu·el M ⟨-s; -⟩ orrore *m*: **etw ist mir ein ~** provo orrore di qc **Gräu·el·märchen** N storia *f* orripilante **Gräu·el·tat** F atrocità *f*, azione *f* orribile
grau·en[1] V/I ⟨h.⟩ *geh* (*Morgen*) albeggiare
grau·en[2] A V/R **sich** (**vor etw** [*dat*]) **~** avere paura (di qc) B *unpers* **es graut j-m** (*od* **j-n**) **vor etw** (*dat*) qn ha paura di qc
Grau·en N ⟨-s; -⟩ terrore *m*: **von ~ gepackt werden** essere preso dal terrore **grau·en·er·re·gend** ADJ orrendo **grau·en·haft** ADJ, **grau·en·voll** ADJ 1 orrendo, orribile 2 tremendo, spaventoso: **eine -e Unordnung** un disordine spaventoso
grau·haa·rig ADJ dai (*od* con i) capelli grigi
grau·len A V/T **j-n aus einem Ort ~** cacciar via qn da un luogo B V/R & *unpers* → grauen[2]
gräu·lich[1] ADJ (*leicht grau*) grigiastro
gräu·lich[2] ADJ 1 (*grauenhaft*) orribile, orrendo 2 *umg* (*sehr übel*) tremendo, terribile
Grau·pe F ⟨-; -n⟩ grano *m* d'orzo mondato
Grau·pel F ⟨-; -n⟩ chicco *m* di grandine
grau·peln V/I ⟨h.⟩ *unpers* grandinare
Graus M ⟨-es⟩ terrore *m*, orrore *m*: *hum* **o ~!** che orrore!
grau·sam ADJ 1 crudele: **~ gegen j-n**

(*od* **zu j-m**) **sein** essere crudele con qn **2** terribile, tremendo: **eine -e Enttäuschung** una tremenda delusione **Grau·sam·keit** F ⟨-; -en⟩ crudeltà *f*

grau·sen **A** V/R **sich vor etw** (*dat*) **~** **1** avere paura di qc **2** (*sich ekeln*) provare disgusto per qc **B** *unpers* **es graust j-m** (*od* **j-n**) **vor etw** (*dat*) qn ha paura di qc **Grau·sen** N ⟨-s⟩ **1** paura *f*, terrore *m* **2** (*Ekel*) disgusto *m* **grau·sig** **A** ADJ **1** terribile **2** (*eklig*) disgustoso, schifoso **B** ADV *umg* (*überaus*) tremendamente

Gra·veur [gra'vøːɐ] M ⟨-s; -e⟩, **-in** F ⟨-; -nen⟩ incisore *m*, -a *f*

gra·vie·ren V/T incidere **gra·vie·rend** ADJ **1** serio: **ein -es Problem** un problema gravoso **2** (*schwerwiegend*) grave: **ein -er Verlust** una grave perdita **Gra·vie·rung** F ⟨-; -en⟩ incisione *f*

Gra·vi·ta·ti·on F ⟨-⟩ PHYS gravitazione *f*

Gra·zie F ⟨-⟩ grazia *f*: **mit ~** con grazia; *fig hum* abilmente, elegantemente

gra·zil ADJ gracile

gra·zi·ös ADJ grazioso

greif·bar ADJ **1** (*erreichbar*) che si può prendere: **die Unterlagen sind ~** la documentazione è a portata di mano; *umg* **der Arzt war nicht ~** il medico non era reperibile **2** (*konkret*) concreto: **-e Gestalt annehmen** assumere forma concreta; **-e Ergebnisse** risultati tangibili **3** (*offenkundig*) palese: **ein -er Beweis** una prova palese ♦ **~ nahe** vicinissimo

grei·fen ⟨griff, gegriffen⟩ **A** V/T afferrare, prendere: **etw mit der Hand ~** afferrare qc con la mano **B** V/I ⟨h.⟩ **1** **nach etw/j-m ~** stendere la mano per afferrare qc/qn **2** mettere mano a, ricorrere a: **zur Flasche/Feder ~** mettere mano alla bottiglia/alla penna; *fig* **zu strengeren Methoden ~** ricorrere a metodi più rigidi **3** TECH far presa **4** *fig* (*wirken*) essere efficace **C** V/R **sich an die Stirn ~** battersi la mano sulla fronte ♦ MUS **einen Akkord ~** suonare un accordo; **ins Leere ~** mancare la presa; **etw ist aus der Luft gegriffen** qc è stato inventato di sana pianta; **nach der Macht ~** mirare al potere; **nach den Sternen ~** mirare in alto; **um sich ~** propagarsi, estendersi; **das ist zum Greifen nah(e)** è vicinissimo

Grei·fer M ⟨-s; -⟩ TECH benna *f* mordente

Greif·vo·gel M uccello *m* rapace

Greis M ⟨-es; -e⟩ vecchio *m*, vegliardo *m* **Grei·sen·al·ter** N età *f* senile **grei·sen·haft** ADJ vecchio, senile **Grei·sin** F ⟨-; -nen⟩ vecchia *f*, vegliarda *f*

grell ADJ **1** (*Licht*) abbagliante, accecante **2** (*Farbe*) sgargiante **3** (*Stimme*) stridulo

Gre·mi·um N ⟨-s; Gremien⟩ commissione *f*

Grenz·baum M barriera *f* di confine **Grenz·be·reich** M **1** (*Umkreis*) area *f* di confine, di frontiera **2** (*Begrenzung*) limite *m* **Grenz·be·woh·ner** M, **-in** F abitante *m/f* di una zona di confine **Grenz·be·zirk** M distretto *m* di frontiera

Gren·ze F ⟨-; -n⟩ **1** confine *m*, frontiera *f*: **an der ~ mit Frankreich** al confine con la Francia; *fig* **die ~ zwischen Gut und Böse** il confine fra bene e male **2** (*Begrenzung*) limite *m*: **sich in -n halten** essere piuttosto contenuto; **j-m/etw -n setzen** porre dei limiti a qn/qc; **alles hat seine -n** tutto ha un limite; **seine/keine -n kennen** conoscere/non conoscere i propri limiti ♦ **über die grüne ~ gehen** varcare il confine clandestinamente

gren·zen V/I ⟨h.⟩ **1** confinare: **Italien grenzt an die Schweiz** l'Italia confina con la Svizzera **2** (*rühren*) sfiorare: **das grenzt an Frechheit** ciò sfiora la sfacciataggine **gren·zen·los** ADJ **1** sconfinato: **eine -e Freude** una gioia immensa **2** (*maßlos*) smisurato

Grenz·fall M caso *m* limite **Grenz·gän·ger** M ⟨-s; -⟩, **-in** F ⟨-; -nen⟩ frontaliere *m*, -a *f* **Grenz·ge·biet** N zona *f* di confine **Grenz·kon·flikt** M scontro *m* di frontiera **Grenz·kon·trol·le** F controllo *m* alla frontiera **Grenz·li·nie** F linea *f* di confine **Grenz·pos·ten** M posto *m* di frontiera **Grenz·schutz** M **1** difesa *f* della frontiera **2** (*Grenzwache*) guardia *f* confinaria **Grenz·stein** M cippo *m* di confine **Grenz·über·gang** M **1** attraversamento *m* della frontiera **2** (*Grenzposten*) posto *m* di frontiera **Grenz·ver·kehr** M traffico *m* di frontiera **Grenz·wert** M valore *m* limite **Grenz·zwi·schen·fall** M incidente *f* di frontiera (*od* di confine)

Greu·el → Gräuel

greu·lich → gräulich

Grie·be F ⟨-; -n⟩ cicciolo *m*

Grie·che M ⟨-n; -n⟩ greco *m* **Grie-**

chen·land N ⟨-s⟩ Grecia *f* **Grie·chin** F ⟨-; -nen⟩ greca *f* **grie·chisch** ADJ greco **Grie·chisch** N ⟨-[s]⟩ greco *m*

grie·chisch-or·tho·dox ADJ greco-ortodosso **grie·chisch-rö·misch** ADJ greco-romano

Gries·gram M ⟨-[e]s; -e⟩ musone *m* **gries·grä·mig** ADJ musone, di cattivo umore

G

Grieß M ⟨-es; -e⟩ semolino *m* **Grieß·brei** M pappa *f* di semolino

griff → greifen

Griff M ⟨-[e]s; -e⟩ **1** presa *f*: **ein falscher ~** una presa mancata; **einen ~ nach etw tun** stendere la mano per afferrare (*od* prendere) qc; **der ~ zur Flasche** il ricorrere alla bottiglia **2** MUS diteggiatura *f*: **-e üben** fare esercizi di diteggiatura **3** manico: **der ~ eines Koffers** il manico di una valigia **4** (*Klinke*) maniglia *f* ♦ **ein Problem in den ~ bekommen** risolvere un problema; **etw mit geübten -en tun** fare qc con mano esperta; **mit j-m/etw einen guten ~ getan haben** aver avuto la mano felice nella scelta di qn/qc; **etw im ~ haben** avere qc sotto controllo; **mit einem ~** in quattro e quattr'otto, al volo

griff·be·reit ADJ a portata di mano

Grif·fel M ⟨-s; -⟩ **1** gessetto *m* **2** BOT stilo *m*

grif·fig ADJ **1** maneggevole **2** TECH che ha (*od* fa) buona presa, mordente

Grill M ⟨-s; -s⟩ griglia *f*: **Fisch vom ~** pesce alla griglia (*od* ai ferri)

Gril·le F ⟨-; -n⟩ **1** grillo *m* **2** *fig obs* grilli *mpl*: **-n im Kopf haben** avere grilli per la testa

gril·len V/T cuocere alla griglia

Gri·mas·se F ⟨-; -n⟩ smorfia *f*: **-n schneiden** (*od* **ziehen**) fare le smorfie

grim·mig ADJ **1** furibondo; feroce: **ein -er Löwe** un leone feroce **2** (*stark*) tremendo: **ein -er Hunger** una fame tremenda

Grind M ⟨-[e]s; -e⟩ *umg* tigna *f*

grin·sen V/I ⟨h.⟩ ghignare, sogghignare **Grin·sen** N ⟨-s⟩ ghigno *m*, sogghigno *m*

grip·pal ADJ influenzale

Grip·pe F ⟨-; -n⟩ influenza *f* **Grip·pe·an·fall** M attacco *m* d'influenza **grip·pe·krank** ADJ influenzato **Grip·pe·schutz·imp·fung** F vaccinazione *f* antinfluenzale **Grip·pe·vi·rus** N/M virus *m inv* dell'influenza **Grip·pe·wel·le** F ondata *f* d'influenza

Grips M ⟨-es; -e⟩ *umg* comprendonio *m*: **streng mal deinen ~ an!** spremiti un po' le meningi!

grob **A** ADJ **1** grezzo: **ein -er Stoff** una stoffa grezza **2** grosso: **-er Sand** sabbia grossa **3** grossolano: **-e Gesichtszüge** tratti del viso grossolani **4** (*schlimm*) **ein -er Fehler** un errore grossolano **5** *pej* sgarbato: **ein -es Benehmen** un comportamento sgarbato **6** (*ungefähr*) approssimativo: **etw in -en Zügen beschreiben** descrivere qc per sommi capi **B** ADV **1** (*unfreundlich*) sgarbatamente **2** (*schlimm*) gravemente **3** (*ungefähr*) all'incirca ♦ **~ gemahlen** macinato grosso; *umg* **aus dem Gröbsten heraus sein** aver superato il peggio; **-e Späße** scherzi pesanti; **gegen j-n ~ werden** trattare sgarbatamente qn; **-e Worte** parole grosse **Grob·heit** F ⟨-; -en⟩ **1** (*grobe Art*) rozzezza *f* **2** (*Äußerung*) villania *f* **3** (*Handlung*) sgarbataggine *f*

Gro·bi·an M ⟨-[e]s; -e⟩ villanzone *m*, zoticone *m*

grob·kör·nig ADJ a grana grossa (*a.* FOTO)

grog·gy ['grɔgi] ADJ *umg* esausto, sfinito, cotto

grö·len V/T & V/I ⟨h.⟩ sbraitare; (*laut singen*) cantare a squarciagola

Groll M ⟨-[e]s⟩ *geh* rancore *m*, astio *m*

grol·len V/I ⟨h.⟩ **1** nutrire astio, serbare rancore: **j-m wegen etw ~** serbare rancore a qn per qc **2** (*Donner*) brontolare

Gros [gro:] N ⟨-; -⟩ grosso *m*, massa *f*: **das ~ der Truppen** il grosso delle truppe

Gro·schen M ⟨-s; -⟩ **1** *umg* HIST moneta *f* da dieci pfennig **2** HIST (*in Österreich*) centesimo *m* di scellino austriaco **3** *pl hum* soldo *m*: **sich** (*dat*) **ein paar ~ dazu verdienen** guadagnarsi qualche soldo in più ♦ *umg* **endlich ist der ~ bei ihm gefallen!** finalmente l'ha capita! **Gro·schen·ro·man** M *pej* romanzetto *m* da quattro soldi

groß **A** ADJ **1** grande, grosso: **-e Bäume** grandi alberi; **-e Fragen** questioni grosse; **zum -en Teil** in gran parte **2** (*hochgewachsen*) alto, grande: **er ist fast 2 Meter ~** è alto quasi 2 metri; **er ist so ~ wie du** è grande come te **3** (*erwachsen*) grande, adulto: **sie hat schon -e Kinder** ha già dei figli adulti; **wenn ich erst ~ bin** quando sarò grande **4** (*älter*) maggiore: **sein -er** (*od* **größerer**) **Bruder** suo fratello maggiore **5** (*lang*) lungo: **-e Schritte** lunghi passi; **eine -e Pause** un lungo intervallo **6** elevato: **-e Unkosten** spese elevate **7** essenziale, principale: **die -en Zusammenhänge** i nessi principali **8** (*gut*) fantastico: **im Improvisieren ist er** (**ganz**) **~** è molto bravo a improvvisare **9** (*Buchstabe*) maiuscolo **B** ADV **1** in grande (stile): **~ feiern** festeggiare in (*od* alla) grande **2** (*sehr*) molto: **sich ~ freuen** rallegrarsi molto ♦ **j-n ~ ansehen** guardare qn con tanto d'occhi; **etw ~ und breit erzählen** raccontare qc particolareggiatamente; **die -e Dame spielen** fare la gran signora; **im Großen und Ganzen** nell'insieme; **~ gemustert** a grandi disegni; **im Großen verkaufen** vendere all'ingrosso; **Karl der Große** Carlo Magno; **Groß und Klein** grandi e piccoli; **mit -er Mehrheit** a larga maggioranza; **-e Reden schwingen** fare discorsi ampollosi; **er steht jetzt ganz ~ da** sta avendo un grande successo; **mit größtem Vergnügen** con grande piacere

Groß·ab·neh·mer M, **-in** F compratore *m*, -trice *f* all'ingrosso **Groß·ak·ti·o·när** M, **-in** F grande azionista *m/f* **Groß·an·griff** M grande attacco *m* **groß·ar·tig** ADJ **1** grandioso, fantastico: **ein -er Einfall** un'idea grandiosa **2** (*vorzüglich*) eccellente **Groß·auf·nah·me** F **1** FILM primissimo piano *m* **2** FOTO fotografia *f* ingrandita **Groß·auf·trag** M grossa ordinazione *f* **Groß·be·trieb** M grande azienda *f* **Groß·bild·schirm** M maxischermo *m*

Groß·bri·tan·nien N ⟨-s⟩ Gran Bretagna *f*

Groß·buch·sta·be M lettera *f* maiuscola **Groß·bür·ger·tum** M alta borghesia *f*

Grö·ße F ⟨-; -n⟩ **1** grandezza *f*: **in natürlicher ~** a grandezza naturale **2** misura *f*: **Schachteln in allen -n** scatole di tutte le misure **3** *fig* entità *f*: **die ~ eines Verbrechens** l'entità di un crimine **4** (*Kleidung*) taglia *f* **5** (*Körpergröße*) altezza *f*, statura *f*: **ein Mann mittlerer ~** un uomo di media statura **6** (*Bedeutsamkeit*) importanza *f* **7** (*Großartigkeit*) grandezza *f* **8** (*sittlicher Wert*) statura *f*: **die seelische ~ eines Menschen** la statura spirituale di una persona **9** personalità *f*: **eine ~ auf seinem Gebiet sein** essere una personalità nel proprio campo

Größen

In Italien muss man beim Kauf von Damenkleidung immer zwei Größen dazurechnen: deutsch 38 ist italienisch 42 usw.

Groß·ein·kauf M acquisto *m* in grande quantità; (*von Lebensmitteln*) spesa *f* grossa **Groß·el·tern** PL nonni *mpl* **Groß·en·kel** M, **-in** F pronipote *m/f*

Grö·ßen·ord·nung F ordine *m* di grandezza **Grö·ßen·ver·hält·nis** N **1** scala *f*: **im ~ 1 zu 50** in scala 1 a 50 **2** proporzione *f* **Grö·ßen·wahn** M megalomania *f* **grö·ßen·wahn·sin·nig** ADJ megalomane

grö·ßer ADJ ⟨*komp von* groß⟩ maggiore

Groß·fahn·dung F ricerca *f* a tappeto **groß·flä·chig** ADJ vasto, ampio **groß·for·ma·tig** ADJ di grande formato **Groß·grund·be·sitz** M latifondo *m* **Groß·grund·be·sit·zer** M, **-in** F latifondista *m/f* **Groß·han·del** M commercio *m* all'ingrosso **Groß·händ·ler** M, **-in** F grossista *m/f* **Groß·hand·lung** F negozio *m* all'ingrosso **Groß·in·dust·rie** F grande industria *f* **Groß·in·dust·ri·el·le** M/F grande industriale *m/f*

Gros·sist M ⟨-en; -en⟩, **-in** F ⟨-; -nen⟩ grossista *m/f*

Groß·kampf·tag M *umg* giornata *f* campale **Groß·kind** N *schweiz* (*Enkelkind*) nipote *m/f* **Groß·kon·zern** M grande gruppo *m* industriale **groß·kot·zig** ADJ *umg* (da) spaccone **Groß·macht** F POL grande potenza *f* **Groß·manns·sucht** F megalomania *f* **Groß·markt** M mercato *m* all'ingrosso **Groß·maul** N spaccone *m* **Groß·mut** F ⟨-⟩ magnanimità *f* **groß·mü·tig** ADJ magnanimo, generoso **Groß·mut·ter** F ⟨-; -mütter⟩ nonna *f* **Groß·nef·fe** M pronipote *m* **Groß·nich·te** F pronipote *f* **Groß·on·kel** M prozio *m* **Groß·pa·ckung** F confezione *f* famiglia

Groß·raum M vasta area *f*: **im ~ Berlin** nell'area di Berlino **Groß·raum·bü·ro** N ufficio *m* open space **Groß·raum·wa·gen** M **1** tram *m* snodato **2** (*vom Zug*) grande carrozza *f*

Groß·schrei·bung F scrittura *f* con iniziale maiuscola **groß·spre·che·risch** ADJ da fanfarone **groß·spu·rig** ADJ presuntuoso **Groß·stadt** F grande città *f* **Groß·städ·ter** M, **-in** F abitante *m/f* di una grande città **groß·städ·tisch** ADJ di grande città

größt... ADJ ⟨*sup von* groß⟩ (il) maggiore, (il) massimo: **zum -en Teil** in massima parte, la maggior parte; **unser -er Sohn** il nostro figlio maggiore (*od* più grande)

G

Groß·tan·te F prozia *f* **Groß·tat** F grande impresa *f* **Groß·teil** M gran parte *f*; (*Hauptteil*) maggior parte *f*, maggioranza *f*

größ·ten·teils ADV principalmente

Groß·tu·er M ⟨-s; -⟩, **-in** F ⟨-; -nen⟩ spaccone *m*, -a *f*

groß·tun ⟨*irr*⟩ **A** VI ⟨h.⟩ **vor j-m mit etw ~** fare sfoggio di qc con qn **B** VR **sich ~** vantarsi

Groß·un·ter·neh·men N grande impresa *f* **Groß·va·ter** M nonno *m* **Groß·ver·die·ner** M ⟨-s; -⟩, **-in** F ⟨-; -nen⟩ chi guadagna molto **Groß·wild·jagd** F caccia *f* grossa **groß·zie·hen** VT ⟨*irr*⟩ allevare

groß·zü·gig ADJ **1** generoso **2** (*liberal*) tollerante, di larghe vedute, liberale **Groß·zü·gig·keit** F ⟨-⟩ generosità *f*; larghezza *f* di vedute

gro·tesk ADJ grottesco

Grot·te F ⟨-; -n⟩ grotta *f*

grub → graben

Grüb·chen N ⟨-s; -⟩ fossetta *f*

Gru·be F ⟨-; -n⟩ **1** fossa *f* **2** BERGB miniera *f*

Grü·be·lei F ⟨-; -en⟩ lambiccamento *m*

grü·beln VI ⟨h.⟩ lambiccarsi (il cervello): **über etw** (*akk*) **~** rimuginare qc

Gru·ben·ar·bei·ter M minatore *m* **Gru·ben·un·glück** N disgrazia *f* in (una) miniera

Grüb·ler M ⟨-s; -⟩, **-in** F ⟨-; -nen⟩ persona *f* che rimugina

grüe·zi INT *schweiz* ciao

Gruft F ⟨-; Grüfte⟩ **1** sepolcro *m* **2** (*Krypta*) cripta *f*

Gruf·ti M ⟨-s; -s⟩ *sl* mummia *f*, matusa *m*

grün ADJ **1** verde: **Grüner Punkt** punto verde (*contrassegno per confezioni riciclabili*); **-er Salat** insalata verde **2** (*unreif*) acerbo, non maturo: **-es Obst** frutta acerba; *fig* **ein -er Junge** uno sbarbatello ♦ **sich ~ und blau ärgern** essere verde dalla bile; *umg* **j-n ~ und blau schlagen** fare qn nero di botte; **j-m nicht ~ sein** non esser visto di buon occhio da qn; **vom -en Tisch aus** teoricamente; **~ wählen** votare i verdi; **auf keinen -en Zweig kommen** non avere il minimo successo

Grün N ⟨-s⟩ verde *m*: **die Ampel zeigt ~** il semaforo è verde; **bei ~** con il verde; **das erste ~ des Frühlings** il primo verde della primavera ♦ **das ist dasselbe in ~** è la stessa cosa, se non è zuppa è pan bagnato; **im -en** in mezzo alla natura; **ins -e fahren** fare una gita in campagna

Grün·an·la·ge F zona *f*, area *f* verde

Grund M ⟨-[e]s; Gründe⟩ **1** (*Boden*) terreno *m*: **sandiger ~** terreno sabbioso; **~ und Boden** terreni **2** (*Grundbesitz*) proprietà *f* fondiaria **3** fondo *m*: **auf dem ~ des Meeres** sul fondo del mare **4** *fig* **im -e seines Herzens** nell'intimo del suo cuore **5** (*Hintergrund*) sfondo *m*: **blaue Streifen auf rotem ~** strisce blu su sfondo rosso **6** (*Beweggrund*) motivo *m*, ragione *f*; (*Ursache*) causa *f*: **aus welchem ~?** per quale motivo?; **aus zwingenden Gründen** per motivi impellenti; (**keinen**) **~ zur Annahme haben** (non) aver motivo di supporre; **ein ~ zum Feiern** un motivo per festeggiare; **dafür hat er seine Gründe!** ha le sue ragioni!; **aus dem einfachen ~, dass ...** per il semplice motivo che ... ♦ **von ~ auf** completamente; **in ~ und Boden** profondamente, completamente; **einer Sache** (*dat*) **auf den ~ gehen** andare a fondo di una cosa; **im -e genommen** in fondo; **einer Sache auf den ~ kommen** venire a capo di una cosa; SCHIFF **auf ~ laufen** arenarsi; **mit ~** a ragione; **ohne ~** a torto, senza motivo; **den ~ unter den Füßen verlieren** sentirsi mancare il terreno sotto i piedi; **auf ~** (**von**), **zu -e** → aufgrund (von), zugrunde

Grund·an·strich M colore *m* di fondo **Grund·be·deu·tung** F **1** significato *m* fondamentale **2** LING significato *m* originario **Grund·be·din·gung** F condizione *f* essenziale **Grund·be·griff** M **1** concetto *m* fondamentale **2** *pl* basi *fpl* **Grund·be·sitz** M proprietà *f* terriera **Grund·be·sit·zer** M, **-in** F proprietario *m*, -a *f* terriero (-a) **Grund·be·stand·teil** M elemento *m* fondamentale **Grund·buch** N catasto *m* **grund·ehr·lich** ADJ profondamente onesto

grün·den **A** VT **1** (*ins Leben rufen*) fondare **2** (*begründen*) basare **B** VI ⟨h.⟩ & VR **sich ~ auf** fondarsi (*od* basarsi) su; **etw gründet auf einer persönlichen Erfahrung** qc è basato su un'esperienza personale

Grün·der M ⟨-s; -⟩, **-in** F ⟨-; -nen⟩ fondatore *m*, -trice *f*

Grund·er·werb M acquisto *m* di terreni **grund·falsch** ADJ completamente falso **Grund·far·be** F **1** colore *m* primario **2** MAL mestica *f* **Grund·flä·che** F (superficie *f* della) base *f* **Grund·ge·bühr** F tassa *f* fissa **Grund·ge·dan·ke** M idea *f* fondamentale **Grund·ge·halt** N stipendio *m* base **Grund·ge·setz** N **1** legge *f* fondamentale **2** (*Statut*) statuto *m* **3** (*Verfassung der Bundesrepublik*) costituzione *f*

grun·die·ren VT mesticare, dare il colore di fondo **Grun·die·rung** F ⟨-; -en⟩ mano *f* di fondo, prima mano *f* (di colore)

Grund·ka·pi·tal N capitale *m* sociale **Grund·kennt·nis·se** PL nozioni *fpl* fondamentali **Grund·kurs** M corso *m* elementare (*od* di livello base) **Grund·la·ge** F fondamento *m*, base *f*: **auf der ~ von etw** sulla base di qc; **jeder ~ entbehren** essere infondato **grund·le·gend** ADJ fondamentale

gründ·lich ADJ (*Kenntnisse*) approfondito, profondo; (*sorgfältig*) scrupoloso, accurato ♦ *umg* **sich in j-m ~ täuschen** sbagliarsi della grossa su qn **Gründ·lich·keit** F ⟨-⟩ **1** profondità *f* **2** (*Sorgfältigkeit*) scrupolosità *f*, accuratezza *f*

Grund·li·nie F (linea *f* della) base *f* **Grund·lohn** M salario *m* base **grund·los** **A** ADJ infondato **B** ADV senza motivo **Grund·mau·ern** PL fondamenta *fpl* **Grund·nah·rungs·mit·tel** N alimento *m* di base

Grün·don·ners·tag M giovedì *m* santo

Grund·pfei·ler M **1** pilastro *m* di fondazione **2** *fig* pilastro *m* **Grund·prin·zip** N principio *m* basilare **Grund·rech·nungs·art** F operazione *f* fondamentale **Grund·recht** N diritto *m* fondamentale **Grund·re·gel** F regola *f* fondamentale **Grund·ren·te** F pensione *f* minima **Grund·riss** M **1** MATH, BAU pianta *f* **2** (*Abhandlung*) compendio *m*

Grund·satz M principio *m*: **sich** (*dat*) **etw zum ~ machen** farsi di qc un principio **grund·sätz·lich** **A** ADJ **1** di principio, di massima **2** fondamentale: **von -er Wichtigkeit** di fondamentale importanza **B** ADV **1** in linea di principio: **etw ~ ablehnen** rifiutare qc in linea di principio **2** fondamentalmente: **~ einverstanden sein** essere sostanzialmente d'accordo; **ich trinke ~ nicht** non bevo per principio, mai

Grund·schu·le F scuola *f* elementare, le elementari *fpl* **Grund·stein** M BAU prima pietra *f* **Grund·stein·le·gung** F ⟨-; -en⟩ posa *f* della prima pietra **Grund·stock** M fondo *m* **Grund·stück** N terreno *m* **Grund·stu·fe** F livello *m* elementare **Grund·ton** M **1** MUS tonica *f* **2** (*Farbton*) colore *m* di fondo

Grün·dung F ⟨-; -en⟩ fondazione *f*

Grund·ur·sa·che F causa *f* fondamentale **grund·ver·kehrt** ADJ totalmente sbagliato **grund·ver·schie·den** ADJ totalmente diverso **Grund·was·ser** N acqua *f* freatica (*od* sotterranea) **Grund·wehr·dienst** M servizio *m* militare obbligatorio **Grund·zahl** F numero *m* cardinale **Grund·zug** M tratto *m* fondamentale

Grü·ne M/F ⟨-n; -n⟩ POL verde *m/f*: *pl* (*Partei*) **die -n** i verdi

Grün·flä·che F zona *f* verde **Grün·fut·ter** N foraggio *m* fresco **Grün·gür·tel** M = *cintura verde intorno a un centro abitato* **Grün·kohl** M ⟨-[e]s⟩ cavolo *m* verde **grün·lich** ADJ verdognolo **Grün·schna·bel** M pivello *m* **Grün·span** M ⟨-[e]s⟩ verderame *m* **Grün·specht** M picchio *m* verde **Grün·strei·fen** M spartitraffico *m* erboso

grun·zen VI ⟨h.⟩ grugnire

Grup·pe F ⟨-; -n⟩ gruppo *m*: **eine ~ Kinder** (*od* **von Kindern**) un gruppo di bambini; **in der ~** in gruppo; **in -n** a gruppi

Grup·pen·ar·beit F lavoro *m* di gruppo **Grup·pen·dy·na·mik** F dinamica *f* di gruppo **Grup·pen·rei·se** F viaggio *m* di gruppo **Grup·pen·sex** M sesso *m* di gruppo **Grup·pen·the·ra·pie** F terapia *f* di gruppo **grup·pen·wei·se** ADV a gruppi

grup·pie·ren **A** VT raggruppare **B** VR **sich ~** raggrupparsi; **sich zu einem Kreis ~** radunarsi in cerchio **Grup·pie·rung**

G

F ⟨-; -en⟩ raggruppamento *m*
Gru·sel·ge·schich·te F storia *f* dell'orrore **gru·se·lig** ADJ raccapricciante
gru·seln A VI ⟨h.⟩ *unpers* rabbrividire: **es hat mir** (*od* **mich**) **vor** (*od* **bei**) **diesem Anblick gegruselt** a quella vista sono rabbrividito (*od* mi è venuta la pelle d'oca) B VR **sich ~** rabbrividire
Gruß M ⟨-es; Grüße⟩ saluto *m*: **j-m Grüße von j-m bestellen** portare a qn i saluti di qn ♦ **mit freundlichen/herzlichen Grüßen** distinti/cordiali saluti; **viele Grüße** tanti saluti; **~ und Kuss** saluti e baci; **zum ~** in segno di saluto
grü·ßen A VT salutare: **grüße sie vielmals von mir!** salutala tanto da parte mia!; **j-n ~ lassen** mandare i propri saluti a qn B VI ⟨h.⟩ **von j-m ~** portare i saluti di qn, salutare da parte di qn ♦ *umg* **grüß dich!** salve! ciao!; **militärisch ~** fare il saluto militare
gscha·mig ADJ *österr* vergognoso; timido
gu·cken VI ⟨h.⟩ *umg* 1 guardare, vedere: **guck mal hier!** guarda un po' qui!; **lass mich mal ~!** fammi vedere! 2 (*herausragen*) spuntare da
Guck·loch N spioncino *m*
Gue·ril·la·krieg [ge'rılja-] M guerriglia *f*
Gu·gel·hupf M ⟨-[e]s; -e⟩ *österr* = *tipo di dolce con mandorle, uvetta, canditi*
Guil·lo·ti·ne [gıljo'tine] F ⟨-; -n⟩ ghigliottina *f*
Gu·lasch N/M ⟨-[e]s; -e *u.* -s⟩ gulasch *m*
Gül·le F ⟨-⟩ *schweiz* liquame *m*, colaticcio *m*
Gul·ly ['guli] M/N ⟨-s; -s⟩ pozzetto *m* di raccolta
gül·tig A ADJ valido; JUR in vigore B ADV **etw für ~ erklären** convalidare qc
Gül·tig·keit F ⟨-⟩ validità *f*; (*von Geld*) l'essere in corso **Gül·tig·keits·dau·er** F periodo *m* di validità **Gül·tig·keits·prü·fung** F IT validazione *f*
Gum·mi[1] M/N ⟨-s; -[s]⟩ (*Material*) gomma *f*
Gum·mi[2] M ⟨-s; -s⟩ *umg* (*Kondom*) preservativo *m*
Gum·mi[3] N ⟨-s; -s⟩ (*Gummiband*) elastico *m*
gum·mi·ar·tig ADJ gommoso **Gum·mi·band** N ⟨-[e]s; -bänder⟩ elastico *m* **Gum·mi·bär·chen** N ⟨-s; -⟩ orsetto *m* gommoso (*caramella morbida alla frutta*) **Gum·mi·baum** M 1 albero *m* della gomma 2 ficus *m* **Gum·mi·boot** N gommone *m*
gum·mie·ren VT (in)gommare
Gum·mi·hand·schuh M guanto *m* di gomma **Gum·mi·knüp·pel** M sfollagente *m* **Gum·mi·lin·se** F FOTO zoom *m* **Gum·mi·stie·fel** M stivale *m* di gomma **Gum·mi·strumpf** M calza *f* elastica **Gum·mi·zug** M elastico *m*
Gunst F ⟨-⟩ favore *m*: **in j-s ~ stehen** godere il favore di qn ♦ **zu -en** (**von**) → zugunsten (von)
güns·tig A ADJ favorevole; (*vorteilhaft*) vantaggioso: **-e Preise** prezzi vantaggiosi (*od* convenienti); **im -sten Fall** nel migliore dei casi B ADV vantaggiosamente: **hier kauft man ~** qui si compra bene
Günst·ling M ⟨-s; -e⟩ favorito *m* **Günst·lings·wirt·schaft** F *pej* favoritismi *mpl*
Gur·gel F ⟨-; -n⟩ gola *f*: *fig* **j-m an die ~ springen** saltare alla gola di qn
gur·geln VI ⟨h.⟩ 1 (*den Hals spülen*) fare gargarismi 2 (*Wasser*) gorgogliare
Gur·ke F ⟨-; -n⟩ 1 cetriolo *m* 2 *hum* (*große Nase*) peperone *m* 3 *umg pej* (*altes Auto*) carretta *f* **Gur·ken·sa·lat** M insalata *f* di cetrioli
gur·ren VI ⟨h.⟩ tubare
Gurt M ⟨-[e]s; -e⟩ cinghia *f*, cintura *f*: **den ~ anschnallen** (*od* **umschnallen**) allacciare la cintura
Gür·tel M ⟨-s; -⟩ 1 cintura *f* 2 (*umgebende Zone*) cinta *f* ♦ *umg* **den ~ enger schnallen** stringere (*od* tirare) la cinghia **Gür·tel·li·nie** F cintola *f* ♦ *umg* **ein Schlag unter die ~** un colpo basso **Gür·tel·rei·fen** M pneumatico *m* cinturato **Gür·tel·ro·se** F ⟨-⟩ fuoco *m* di Sant'Antonio, MED herpes *m* zoster **Gür·tel·ta·sche** F marsupio *m* **Gür·tel·tier** N armadillo *m*
Gurt·straf·fer M ⟨-s; -⟩ AUTO pretensionatore *m*
Gu·ru M ⟨-s; -s⟩ guru *m inv*
GUS F → (Gemeinschaft Unabhängiger Staaten) Comunità degli Stati Indipendenti (CSI)
Guss M ⟨-es; Güsse⟩ 1 (*das Gießen*) fusione *f*; getto *m*, colata *f* 2 (*Gussstück*) getto *m*, pezzo *m* fuso 3 (*Regenguss*) rovescio *m* 4 (*Zuckerguss*) glassa *f* **Guss·ei·sen** N ghisa *f* **Guss·form** F stampo *m* (da fusione)
gut ⟨*komp*: besser, *sup*: best…⟩ A ADJ 1

buono: **ein -er Wein** un buon vino; **eine -e Gelegenheit** una buona occasione; **für einen -en Zweck** per un buon fine; **zu j-m ~ sein** essere buono con qn; **ein -es Gewissen haben** avere la coscienza pulita **2** (*freundlich*) gentile: **seien Sie bitte so ~ und geben Sie mir …** sia gentile e mi dia … **3** (*fähig*) bravo: **ein -er Arzt** un bravo medico; *iron* **du bist ~!** ma che dici! **4** (*Note*) buono: **sehr ~** ottimo **5** bello: **-es Wetter** bel tempo; **die -e Stube** il salotto buono **6** **ein -er Teil der Schuld** una buona parte di colpa; **eine -e Stunde** almeno un'ora **B** ADV **1** bene: **sich ~ benehmen** comportarsi bene **2** **~ aussehend** di bell'aspetto, bello; **~ bezahlt** ben pagato; **~ gelaunt** di buon umore; **~ gemeint** detto (*od* fatto) con buone intenzioni **3** (*mindestens*) almeno: **das wiegt ~ fünf Kilo** pesa almeno cinque chili **4** (*leicht*) facilmente: **j-m etw nicht ~ sagen können** non riuscire a dire facilmente qc a qn **5** (*abgemacht*) d'accordo; **~, ich komme** va bene, vengo ♦ **also ~!** allora va bene! *umg*; **~ dran sein** aver fortuna; *umg* **~ und gern** per lo meno; **ein -es neues Jahr!** felice anno nuovo!; **mir ist (nicht) ~** (non) sto bene; **es kann ~ sein** può darsi benissimo; **du hast ~ lachen** hai un bel ridere; **lass es ~ sein!** lascia perdere!; **zu -er Letzt** infine; **mach's ~!** stammi bene!; **~ riechen** avere un buon odore; **~ schmecken** avere un buon sapore; **schon ~!** sta bene; **es ist schon alles ~** è tutto a posto; **das ist ja alles ~ und schön, aber …** va tutto bene, ma …; *umg* **j-m ~ sein** voler bene a qn; **~ sitzen** star bene (addosso); **einer ist so ~ wie der andere** uno vale l'altro; **so ~ wie möglich** meglio che si può; **so ~ wie sicher** praticamente sicuro; **mit j-m ~ stehen** essere in buoni rapporti con qn; **~ werden** (*von Wunden*) guarire; *fig* mettersi a posto; *umg* **das kann ja ~ werden!** stiamo freschi! *umg*; **die beiden sind wieder ~ miteinander** i due si sono rappacificati; **wozu ist das ~?** a che serve?; **dafür bin ich mir zu ~** non mi abbasso a far questo; → gutgesinnt, guttun

Gut N ⟨-[e]s; Güter⟩ **1** bene *m*: **(un)bewegliche Güter** beni (im)mobili **2** (*Landgut*) tenuta *f* **3** (*Frachtgut*) merce *f* ♦ **Gesundheit ist das höchste ~** la salute è il bene più prezioso

Gut·ach·ten N ⟨-s; -⟩ perizia *f* **Gut·ach·ter** M ⟨-s; -⟩, **-in** F ⟨-; -nen⟩ perito *m*, -a *f*, esperto *m*, -a *f*

gut·ar·tig ADJ **1** (*Tier*) mansueto **2** MED benigno **Gut·ar·tig·keit** F ⟨-⟩ **1** mansuetudine *f* **2** MED carattere *m* benigno

gut·bür·ger·lich ADJ **1** (*Familie*) perbene **2** casalingo: **-e Küche** cucina casalinga; **-e Gaststätte** ristorante familiare

Gut·dün·ken N ⟨-s⟩ discrezione *f*; arbitrio *m*: **nach deinem ~** a tua discrezione; **nach eigenem ~ entscheiden** decidere di proprio arbitrio

Gu·te N ⟨-n⟩ **1** bene *m*: **alles ~ wünschen** augurare ogni bene; **-s tun** fare del bene **2** (*guter Teil*) (lato *m*) buono *m*: **er hat auch sein -s** ha anche i suoi lati buoni ♦ **sich im -n trennen** separarsi amichevolmente; **alles ~ zum Namenstag** auguri di buon onomastico; *iron* **das ist des -n zu viel!** questo è troppo!

Gü·te F ⟨-⟩ **1** bontà *f* **2** (*von Ware*) (buona) qualità *f*: **von erster ~** di prima qualità ♦ **hätten Sie die ~ …** mi farebbe la cortesia …; *umg* **du liebe ~!** santo cielo!

Gü·te·klas·se F classe *f*, categoria *f*

Gu·te·nacht·kuss M bacio *m* della buona notte **Gu·te·nacht·lied** N ninnananna *f*

Gü·ter·bahn·hof M scalo *m* merci **Gü·ter·ge·mein·schaft** F comunione *f* dei beni **Gü·ter·tren·nung** F separazione *f* dei beni **Gü·ter·wa·gen** M vagone *m* merci **Gü·ter·zug** M treno *m* merci

Gü·te·zei·chen N marchio *m* di qualità

gut·ge·sinnt ADJ ben disposto, bene intenzionato **gut·gläu·big** ADJ (che è) in buona fede **gut·ha·ben** V/T ⟨irr⟩ **etw bei j-m ~** essere in credito di qc verso qn **Gut·ha·ben** N ⟨-s; -⟩ **1** credito *m* **2** (*auf der Bank*) deposito *m* **gut·hei·ßen** V/T ⟨irr⟩ approvare **gut·her·zig** ADJ di buon cuore, buono

gü·tig ADJ benevolo; gentile

güt·lich ADJ amichevole ♦ **sich an etw** (*dat*) **~ tun** gustare (*od* godere di) qc

gut·ma·chen V/T **1** **ein Unrecht ~** riparare un torto; **ein Versehen ~** rimediare a una mancanza **2** (*revanchieren*) ricambiare: **wie kann ich Ihre Hilfe ~?** come posso ricambiare il Suo aiuto?

gut·mü·tig ADJ bonario: **ein -er Mensch** una pasta d'uomo **Gut·mü·tig·keit** F ⟨-⟩ bonarietà *f*, bontà *f*

Guts·be·sit·zer M, **-in** F proprietario

m, -a f terriero (-a)
Gut·schein M buono m **gut·schrei·ben** V/T ⟨irr⟩ accreditare **Gut·schrift** F accredito m, accreditamento m: **zu Ihrer ~** a Suo credito
Guts·haus N casa f padronale **Guts·herr** M, **-in** F proprietario m, -a f di una tenuta **Guts·hof** M tenuta f, podere m
gut·tun V/I ⟨irr; h.⟩ far bene, giovare: **der Tee tut ihm gut** il tè gli fa bene ♦ **das tut nicht gut** non è bello, ha brutte conseguenze
gut·wil·lig A ADJ volenteroso B ADV di buona voglia **Gut·wil·lig·keit** F ⟨-⟩ buona volontà f
Gym·na·si·ast M ⟨-en; -en⟩, **-in** F ⟨-; -nen⟩ liceale m/f; (der Unterstufe) ginnasiale m/f **Gym·na·si·um** N ⟨-s; Gymnasien⟩ liceo m; (Unterstufe) ginnasio m
Gym·nas·tik F ⟨-⟩ ginnastica f
Gy·nä·ko·lo·ge M ⟨-n; -n⟩, **-lo·gin** F ⟨-; -nen⟩ ginecologo m, -a f **gy·nä·ko·lo·gisch** ADJ ginecologico
Gy·ros N ⟨-; -⟩ gyros m inv

H

h, H N ⟨-; -⟩ 1 (Buchstabe) h, H, acca f/m: **H wie Heinrich** H come hotel 2 MUS si m
Haar N ⟨-[e]s; -e⟩ 1 capello m; (Kopfhaare) capelli mpl: **weißes ~** capelli bianchi 2 (Körperhaar) pelo m ♦ **aufs ~** precisamente; **sich in die -e geraten** accapigliarsi; **kein gutes ~ an j-m/etw lassen** dire peste e corna di qn/qc; **an den -en herbeigezogen** tirato per i capelli; fig **sich** (dat) **die -e raufen** mettersi le mani nei capelli; **-e spalten** spaccare il capello in quattro; **um ein ~ wäre er mir entwischt** per un pelo mi sfuggiva
Haar·aus·fall M caduta f dei capelli **Haar·bürs·te** F spazzola f per capelli
haa·ren V/I ⟨h.⟩ & V/R **sich ~** perdere il pelo
Haar·ent·fer·ner M ⟨-s; -⟩ crema f depilatoria **Haa·res·brei·te** F **um ~** per un pelo, per poco
Haar·fär·be·mit·tel N tintura f per capelli **haar·fein** ADJ sottilissimo **Haar·fes·ti·ger** M fissatore m **Haar·gel** N gel m inv (per capelli) **haar·ge·nau** umg A ADJ esattissimo B ADV con grande precisione
haa·rig ADJ 1 peloso 2 fig scabroso
Haar·klam·mer F fermaglio m per capelli **haar·klein** ADJ minuzioso **Haar·na·del** F forcina f **Haar·na·del·kur·ve** F tornante m **Haar·netz** N reticella f per capelli **Haar·riss** M incrinatura f capillare **haar·scharf** A ADJ 1 vicinissimo 2 precisissimo B ADV 1 (sehr nah) a un pelo 2 con massima precisione ♦ **an etw** (dat) **~ vorbeigehen** sfiorare qc
Haar·schnitt M taglio m di capelli
Haar·spal·te·rei F ⟨-; -en⟩ pej cavillosità f, pedanteria f **Haar·span·ge** F fermacapelli m **Haar·spliss** M doppie punte fpl **Haar·spray** M/N lacca f (per capelli) **Haar·spü·lung** F balsamo m (per capelli) **haar·sträu·bend** ADJ orripilante **Haar·teil** N posticcio m **Haar·trock·ner** M fon m **Haar·wasch·mit·tel** N shampoo m **Haar·was·ser** N ⟨-s; -wässer⟩ lozione f per capelli **Haar·wuchs** M 1 crescita f dei capelli 2 (Bestand an Haaren) capigliatura f **Haar·wur·zel** F radice f del capello
Hab N **~ und Gut** averi mpl
Ha·be F ⟨-⟩ bene m, avere m, possesso m
ha·ben ⟨hatte, gehabt⟩ A V/T 1 avere: **Zeit/Hunger/ein Haus ~** avere tempo/fame/una casa; umg **die Polizei hat den Dieb** la polizia ha preso il ladro 2 **wir ~ Sommer** è estate; **wir ~ Donnerstag, den 21. Mai** oggi è giovedì 21 maggio; **heute hat es 30° im Schatten** oggi ci sono 30° all'ombra B V/I ⟨h.⟩ 1 (müssen, sollen) **etw zu tun ~** dovere fare qc; **ich habe viel zu tun** ho molto da fare 2 (als Hilfsverb) avere, essere: **er hat geschlafen** ha dormito; **sie hat sich** (dat) **die Haare schneiden lassen** si è fatta tagliare i capelli ♦ **es am Magen ~** essere malato di stomaco; **was hat es damit auf sich?** cosa significa?; **es bequem ~** avere una vita comoda; **da ~ wir's!** eccoci!; **da hast du es** eccotelo!; **was hast du dagegen?** cos'hai da ridire?; **und damit hat es sich!** e adesso basta!; umg **dich hat's wohl!** tu sei matto!; **einiges** (od **etw**) **für sich ~** essere vantaggioso; **das werden wir gleich ~** lo sistemiamo subito

(*a. fig*); **wo hast du das Geld her?** dove hai preso i soldi?; **das hat es in sich** è difficile; (*Alkohol*) è forte; *iron* **wir ~ es ja!** ce lo possiamo permettere! *umg*; **jetzt hab ich's!** ora ci sono! ho trovato!; **etw nicht ~ können** (*nicht ertragen*) non sopportare qc; **was hast du mit ihm gehabt?** cosa c'è stato tra voi?; **es mit etw ~** avere la passione di qc; **sich ~** fare lo schizzinoso; **j-n unter sich** (*dat*) **~** avere qn sotto di sé; **viel von j-m ~** somigliare molto a qn; **etw vor sich** (*dat*) **~** dover fare qc; **was hast du denn?** che cos'hai?; **wen ~ wir denn da!** guarda un po' chi c'è!; **wer hat, der hat** c'è chi può; **etw nicht ~ wollen** (*nicht zulassen*) non permettere qc; (**noch**) **zu ~ sein** essere (ancora) in vendita; *fig* (*Person*) essere (ancora) libero; **er ist nicht dafür zu ~** non ci sta

Ha·ben N ⟨-s⟩ **1** avere *m*: **Soll und ~** dare e avere **2** (*Guthaben*) deposito *m*

Ha·be·nichts M ⟨-[es]; -e⟩ spiantato *m*

Hab·gier F avidità *f* **hab·gie·rig** ADJ avido **hab·haft** ADJ **j-s ~ werden** acciuffare qn; **einer Sache ~ werden** impadronirsi di qc

Ha·bicht M ⟨-s; -e⟩ astore *m*

Hab·se·lig·keit F ⟨-; -en⟩ beni *mpl*, averi *mpl*

Hab·sucht F ⟨-⟩ avidità *f*

Hack·beil N accetta *f* **Hack·bra·ten** M polpettone *m* **Hack·brett** N **1** tagliere *m* **2** MUS salterio *m* tedesco

Ha·cke[1] F ⟨-; -n⟩ AGR zappa *f*

Ha·cke[2] F ⟨-; -n⟩ **1** (*Ferse*) calcagno *m*, tallone *m* **2** (*vom Schuh*) tacco *m*

ha·cken **A** V/T **1** spaccare: **Holz ~** spaccare legna **2** GASTR tritare **3** AGR zappare **4** **das Unkraut ~** estirpare le erbacce **5** (*Vögel*) beccare **B** V/I ⟨h.⟩ (*Vögel*) **nach j-m/etw ~** dare delle beccate a qn/qc

Ha·cker M ⟨-s; -⟩, **-in** F ⟨-; -nen⟩ IT hacker *m/f inv*, pirata *m/f* informatico (-a)

Hack·fleisch N carne *f* tritata **Hack·mes·ser** N scure *f*, mannaia *f* **Hack·ord·nung** F ⟨-⟩ ZOOL gerarchia *f*

Häck·sel M/N ⟨-s⟩ paglia *f* tritata

Hack·steak N hamburger *m inv*

Ha·fen M ⟨-s; Häfen⟩ porto *m*

Ha·fen·an·la·gen PL opere *fpl* portuali

Ha·fen·ar·bei·ter M, **-in** F portuale *m/f* **Ha·fen·be·cken** N darsena *f* **Ha·fen·ein·fahrt** F entrata *f* del porto

Ha·fen·ge·bühr F diritti *mpl* portuali

Ha·fen·stadt F città *f* portuale

Ha·fer M ⟨-s; -⟩ avena *f* **Ha·fer·brei** M pappa *f* di avena **Ha·fer·flo·cken** PL fiocchi *mpl* di avena

Ha·ferl, **Hä·ferl** N ⟨-s; -n⟩ *österr umg* **1** (*Tasse*) tazza *f* **2** (*Nachttopf*) vaso *m* da notte

Ha·fer·schleim M crema *f* d'avena

Haff N ⟨-[e]s; -s *u.* -e⟩ laguna *f* (baltica)

Haft F ⟨-⟩ **1** arresto *m*: **in ~ sein** essere in stato di arresto; **j-n in ~ nehmen** mettere qn agli arresti **2** (*Haftstrafe*) reclusione *f*, detenzione *f* ♦ **j-n aus der ~ entlassen** rimettere in libertà qn **Haft·an·stalt** F penitenziario *m*

haft·bar ADJ **j-n für etw ~ machen** rendere qn responsabile di qc

Haft·be·fehl M mandato *m* d'arresto

haf·ten[1] V/I ⟨h.⟩ **1** essere attaccato, aderire: **gut/schlecht ~** aderire bene/male **2** **an etw** (*dat*) **~ bleiben** rimanere (*od* stare) attaccato a qc **3** *fig* **im Gedächtnis ~ bleiben** rimanere impresso nella memoria

haf·ten[2] V/I ⟨h.⟩ **für j-n/etw ~** garantire per qn/qc; JUR rispondere di qn/qc

Häft·ling M ⟨-s; -e⟩ detenuto *m*

Haft·no·tiz F post-it® *m inv*, autoadesivo *m* rimovibile **Haft·pflicht** F ⟨-⟩ JUR responsabilità *f* (civile) **haft·pflich·tig** ADJ responsabile **Haft·pflicht·ver·si·che·rung** F assicurazione *f* di responsabilità civile **Haft·stra·fe** F pena *f* detentiva

Haf·tung[1] F ⟨-⟩ aderenza *f*, contatto *m*

Haf·tung[2] F ⟨-; -en⟩ JUR responsabilità *f* civile: **die ~** (**für etw**) **übernehmen** assumere la responsabilità (di qc); **Gesellschaft mit beschränkter ~** società a responsabilità limitata, s.r.l

Ha·ge·but·te F ⟨-; -n⟩ coccola *f* (*od* frutto *m*) della rosa canina

Ha·gel M ⟨-s; -⟩ **1** grandine *f* **2** *fig* grandinata *f* **Ha·gel·korn** N chicco *m* di grandine

ha·geln V/I ⟨h.⟩ **1** *unpers* **es hagelt** grandina **2** *fig* grandinare, piovere

ha·ger ADJ magro, secco, scarno

Hä·her M ⟨-s; -⟩ ghiandaia *f*

Hahn M ⟨-[e]s; Hähne⟩ **1** ZOOL gallo *m* **2** (*Wasserhahn etc.*) rubinetto *m*: **den ~ zudrehen** chiudere il rubinetto (*a. fig*) **3** (*Waffe*) cane *m*: **den ~ spannen** alzare il cane ♦ *umg* **der ~ im Korb sein** essere come il gallo in un pollaio; *umg* **danach**

kräht kein ~ non importa niente a nessuno

Hähn·chen N ⟨-s; -⟩ 1 galletto *m* 2 GASTR pollo *m*

Hah·nen·fuß M BOT ranuncolo *m* **Hah·nen·kampf** M combattimento *m* di galli **Hah·nen·schrei** M canto *m* del gallo

Hai M ⟨-[e]s; -e⟩, **Hai·fisch** M pescecane *m*

Hai·ti N ⟨-s⟩ Haiti *f*

Häk·chen N ⟨-s; -⟩ 1 (*kleiner Haken*) gancetto *m* 2 (*zum Ankreuzen*) segno *m* di spuntato

H

hä·keln A VT fare all'uncinetto B VI ⟨h.⟩ lavorare all'uncinetto

Hä·kel·na·del F uncinetto *m*

ha·ken A VT agganciare (*a.* SPORT) B VI ⟨h.⟩ 1 rimanere agganciato: **der Schlüssel hakt** la chiave è rimasta bloccata 2 *unpers fig* **es hakt** c'è un intoppo

Ha·ken M ⟨-s; -⟩ 1 uncino *m* 2 (*für Kleider*) gancio *m* 3 (*Boxen*) **linker** ~ gancio *m* sinistro ♦ *umg* **die Sache hat einen** ~ ci sono delle difficoltà **Ha·ken·kreuz** N croce *f* uncinata, svastica *f* **Ha·ken·na·se** F naso *m* adunco

halb A ADJ 1 mezzo, metà *f* (di): **ein -er Tag** mezza giornata; **auf -em Weg** a metà strada; **dreieinhalb Meilen** tre miglia e mezza; ~ **Rom** mezza Roma; **alle -e[n] Stunden** ogni mezz'ora; **um** ~ **sieben** alle sei e mezzo; *fig* **eine -e Wahrheit** una mezza verità 2 *fig* (*fast*) mezzo, quasi: **er ist noch ein -es Kind** è ancora quasi un bambino; ~ **automatisch** semiautomatico; ~ **fertig** quasi finito; SPORT ~ **links**/~ **rechts** in posizione di mezzala sinistra/destra; ~ **nackt** seminudo; ~ **offen** semiaperto; ~ **voll** mezzo pieno; **ein Glas** ~ **vollgießen** riempire un bicchiere a metà; ~ **wach** mezzo sveglio B ADV a metà: **etw** ~ **tun** fare qc a metà ♦ **nichts Halbes und nichts Ganzes** (**sein**) non essere né carne né pesce; **dieses Haus ist** ~ **so hoch wie jenes** questa casa è alta la metà di quella; **das ist** ~ **so schlimm** non è così grave; ~ **so viel** la metà; *umg* (**mit j-m**) **halbe-halbe machen** fare a metà con qn; ~ **und** ~ mezzo e mezzo; ~ **lachend**, ~ **weinend** un po' ridendo, un po' piangendo

halb·amt·lich ADJ ufficioso **Halb·bil·dung** F cultura *f* superficiale **halb·bit·ter** ADJ semiamaro **Halb·blut** N mezzosangue *m* **Halb·bru·der** M fratellastro *m* **Halb·dun·kel** N semioscurità *f*

Hal·be M/F/N ⟨-n; -n⟩ *umg* mezzetta *f*

Halb·edel·stein M pietra *f* dura

hal·ber PRÄP (+*gen*) (*posposta*) per: **dringender Geschäfte** ~ per affari urgenti

Halb·fab·ri·kat N semilavorato *m* **halb·fett** ADJ 1 TYPO (in) neretto 2 GASTR parzialmente scremato **Halb·fi·na·le** N semifinale *f* **Halb·gott** M semidio *m* **Halb·heit** F ⟨-; -en⟩ 1 imperfezione *f* 2 (*halbe Maßnahmen*) mezze misure *fpl* **halb·her·zig** ADJ scarsamente interessato, poco entusiasta **halb·hoch** ADJ di mezza altezza

hal·bie·ren VT 1 dividere in due 2 (*um die Hälfte verringern*) dimezzare

Halb·in·sel F penisola *f* **Halb·jahr** N semestre *m*: **im ersten** ~ **2007** nei primi sei mesi del 2007 **halb·jäh·rig** ADJ di sei mesi **halb·jähr·lich** ADJ semestrale, che avviene ogni sei mesi **Halb·kreis** M semicerchio *m* **Halb·ku·gel** F 1 semisfera *f* 2 GEOG emisfero *m* **halb·lang** ADJ a mezza lunghezza ♦ *umg* **mach** (**mal**) ~! adesso non esagerare!

halb·laut ADJ & ADV a mezza voce

Halb·le·der·band M volume *m* in mezza pelle **Halb·lei·nen** N mezza tela *f* **Halb·lei·ter** M ELEK semiconduttore *m* **halb·mast** ADV ~ **flaggen** issare le bandiere a mezz'asta **halb·mo·nat·lich** ADJ quindicinale **Halb·mond** M mezzaluna *f* **Halb·pen·si·on** F mezza pensione *f* **Halb·re·li·ef** N mezzorilievo *m* **halb·rund** ADJ semirotondo; (*halbkreisförmig*) semicircolare **Halb·rund** N ⟨-[e]s; -e⟩ semicerchio *m*

Halb·schat·ten M penombra *f* **Halb·schlaf** M dormiveglia *m* **Halb·schuh** M scarpa *f* bassa **Halb·schwer·ge·wicht** N peso *m* medio-massimo **Halb·schwes·ter** F sorellastra *f* **halb·sei·den** ADJ 1 di mezza seta 2 *fig pej* equivoco **halb·sei·tig** ADJ 1 che interessa mezzo lato: **-e Lähmung** emiplegia 2 (*Verlag*) di mezza pagina **halb·staat·lich** ADJ parastatale **Halb·star·ke** M ⟨-n; -n⟩ teppista *m* **Halb·stie·fel** M stivaletto *m* **halb·stün·dig** ADJ di mezz'ora **halb·stünd·lich** ADJ & ADV ogni mezz'ora **halb·tä·gig** ADJ di mezza giornata

halb·tags ADV (a, per) mezza giornata **Halb·tags·ar·beit** F lavoro *m* a mezza

giornata
Halb·ton M 1 MUS semitono *m* 2 MAL mezza tinta *f* **halb·tro·cken** ADJ semisecco **Halb·wai·se** F orfano *m*, -a *f* di padre (*od* di madre) **halb·wegs** ADV più o meno **Halb·welt** F demi-monde *m* **Halb·werts·zeit** F PHYS tempo *m* di dimezzamento **Halb·wis·sen** N istruzione *f* superficiale **Halb·wüch·si·ge** M/F ⟨-n; -n⟩ adolescente *m/f* **Halb·zeit** F SPORT 1 tempo *m*: **erste/zweite ~** primo/secondo tempo 2 (*Pause*) intervallo *m*

Hal·de F ⟨-; -n⟩ MINER discarica *f* ♦ **auf ~ liegen** essere (disponibile) a magazzino

Hälf·te F ⟨-; -n⟩ metà *f*: **das ist um die ~ billiger** questo costa la metà; **zur ~** a metà

Half·ter[1] F ⟨-; -n⟩ *u.* N ⟨-s; -⟩ (*Pistolentasche*) fondina *f*

Half·ter[2] M/N ⟨-s; -⟩ (*Kopfgeschirr*) cavezza *f*

Hall M ⟨-[e]s; -e⟩ 1 suono *m* 2 eco *m u. f*

Hal·le F ⟨-; -n⟩ 1 (*Messe*) padiglione *m* 2 (*Fabrik*) capannone *m* 3 (*Eingangshalle*) atrio *m*, hall *f* 4 SPORT **in der ~** al coperto

Hal·le·lu·ja N ⟨-s; -s⟩ alleluia *m*

hal·len V/I ⟨h.⟩ risuonare; riecheggiare

Hal·len·bad N piscina *f* coperta **Hal·len·sport** M sport *m* da palestra

hal·lo INT 1 **~ du!** ehi tu! 2 (*am Telefon*) pronto 3 *umg* (*Gruß*) ciao, salve

Hal·lo N ⟨-s; -s⟩ *umg* **j-n mit großem ~ empfangen** accogliere qn con un gran strepito *m*

Hal·lu·zi·na·ti·on F ⟨-; -en⟩ allucinazione *f*

Halm M ⟨-[e]s; -e⟩ (*Getreide*) culmo *m*; (*Gras, Stroh*) filo

Ha·lo·gen·bir·ne F lampadina *f* alogena **Ha·lo·gen·lam·pe** F lampada *f* alogena **Ha·lo·gen·licht** N luce *f* alogena **Ha·lo·gen·schein·wer·fer** M proiettore *m* alogeno

Hals M ⟨-es; Hälse⟩ 1 collo *m*: **bis an den** (*od* **bis zum**) **~** fino al collo; *fig* **bis zum ~ in Arbeit stecken** avere lavoro fin sopra i capelli; **j-m um den ~ fallen** saltare al collo di qn 2 (*Kehle*) gola *f*: **einen trockenen ~ haben** avere la gola secca ♦ **j-n/etw am** (*od* **auf dem**) **~ haben** avere qn/qc a proprio carico; *umg* **bleib mir** (**damit**) **vom ~!** levati di torno! *fig*; **j-m den ~ brechen** mandare in rovina qn; *fig* **etw in den falschen ~ bekommen** fraintendere qc; **sich** (*dat*) **j-n/etw vom ~ halten** tenere lontano qn/qc; **sich** (*dat*) **j-n/etw vom ~ schaffen** levarsi qn/qc di dosso **das hängt mir zum ~ heraus** ne ho fin sopra i capelli; **~ über Kopf** a rompicollo; **einen steifen ~ haben** avere il torcicollo; **aus vollem ~ lachen** ridere a crepapelle; **aus vollem ~ schreien** gridare a squarciagola; **den ~ nicht vollkriegen können** non averne mai abbastanza; **sich j-m an den ~ werfen** *fig* gettarsi al collo di qn

Hals·ab·schnei·der M, **-in** F strozzino *m*, -a *f* **Hals·band** M ⟨-[e]s;-bänder⟩ (*vom Hund*) collare *m* **hals·bre·che·risch** A ADJ pericoloso B ADV a rotta di collo, in modo spericolato

hal·sen V/I ⟨h.⟩ SCHIFF virare di poppa

Hals·ent·zün·dung F infiammazione *f* della gola **Hals·ket·te** F collana *f* **Hals·krau·se** F gorgiera *f* **Hals-Na·sen-Oh·ren-Arzt** M, **-Ärz·tin** F otorinolaringoiatra *m/f* **Hals·schlag·ader** F carotide *f* **Hals·schmer·zen** PL mal *m* di gola **hals·star·rig** ADJ *pej* testardo, caparbio **Hals·tuch** N fazzoletto *m* (da collo) **Hals·wir·bel** M vertebra *f* cervicale

halt[1] ADV *umg* (*unübersetzt*) **das ist ~ so!** è così!

halt[2] INT alt ♦ MIL **~! wer da?** altolà!

Halt M ⟨-[e]s; -e *u.* -s⟩ 1 (*Stütze*) sostegno *m*, appoggio *m* (*a. fig*): **ein moralischer ~** un sostegno morale; **an j-m/etw einen** (**festen**) **~ finden** trovare un (sicuro) appoggio in qn/qc 2 (*Griff*) appiglio *m*: **den ~ verlieren** perdere l'appiglio 3 (*Pause*) sosta *f*: **~ machen** → haltmachen

halt·bar ADJ 1 (*Lebensmittel*) non deperibile, inalterabile 2 (*dauerhaft*) durevole 3 (*widerstandsfähig*) resistente, robusto 4 (*glaubhaft*) valido ♦ **Lebensmittel ~ machen** conservare alimenti; GASTR **lang ~** a lunga conservazione

Halt·bar·keit F ⟨-⟩ 1 (*von Lebensmitteln*) inalterabilità *f* 2 (*Dauerhaftigkeit*) durevolezza *f* 3 (*Widerstandfähigkeit*) resistenza *f* 4 (*Gültigkeit*) validità **Halt·bar·keits·da·tum** N data *f* di scadenza

Hal·te·griff M appiglio *m*, maniglia *f*

hal·ten
⟨hält; hielt; gehalten⟩

A transitives Verb B intransitives Verb
C reflexives Verb D Wendungen

— A transitives Verb —

1 tenere: **j-n an der Hand ~** tenere qn per mano; **etw in der Hand/im Arm ~** tenere qc in mano/in braccio; **den Kopf gerade ~** tenere la testa dritta; **die Vase hält das Wasser nicht** il vaso non tiene l'acqua; **Unterricht ~** tenere lezione; MUS **den Takt ~** tenere il tempo 2 (*stützen*) sorreggere 3 (*aufhalten*) trattenere, fermare: **haltet ihn!** fermatelo!; **was hält dich hier?** che cosa ti trattiene qui? 4 mantenere: **eine Verbindung/den Frieden ~** mantenere un legame/la pace; **etw in Bewegung ~** mantenere qc in movimento; **das hält jung** mantiene giovane 5 SPORT parare 6 considerare, ritenere: **j-n für intelligent ~** ritenere qn intelligente; **er hält dich für seinen Freund** ti considera suo amico 7 (*denken*) pensare: **was hältst du davon?** che cosa ne pensi? 8 (*verwechseln*) **j-n für j-n anders ~** prendere qn per qn; **wofür ~ Sie mich?** per chi mi prende?; **von j-m/etw wenig/viel ~** avere poca/molta considerazione di qn/qc

— B intransitives Verb —

⟨h.⟩ 1 (*anhalten*) fermarsi 2 (*nicht entzweigehen*) tenere 3 *fig* durare: **ihre Ehe hielt nicht lange** il loro matrimonio non durò a lungo

— C reflexives Verb —

sich ~ 1 (*sich festhalten*) reggersi: **sich am Geländer ~** reggersi al corrimano 2 *fig* tenersi: **sich abseits/bereit ~** tenersi in disparte/pronto; **sich in Grenzen ~** mantenersi entro i limiti 3 mantenersi: **sich gesund ~** mantenersi in salute 4 conservarsi (*a. fig*): **sie hat sich gut gehalten** si è conservata bene 5 (*sich beherrschen*) trattenersi: **sich vor Lachen nicht mehr ~ können** non riuscire a trattenersi dal ridere 6 **sich an j-n ~** *fig* appoggiarsi a qn 7 attenersi: **sich an die Gesetze ~** attenersi alla legge 8 **sich** (*dat*) **etw ~** avere (*od* possedere) qc

— D Wendungen —

für wie alt ~ Sie mich? quanti anni mi dà?; **an sich** (*akk*) **~** controllarsi; **auf etw** (*akk*) **~** tener(ci) (molto) a qc; **auf etw** (*akk*) **zu ~** dirigersi verso qc; **etw ans Licht ~** avvicinare qc alla luce; **halt den Mund!** chiudi la bocca! sta' zitto!; **zu j-m ~** stare dalla parte di qn

Hal·ter[1] M ⟨-s; -⟩ 1 (*Griff*) manico *m* 2 (*Stütze*) sostegno *m*

Hal·ter[2] M ⟨-s; -⟩, **-in** F ⟨-; -nen⟩ (*Besitzer*) proprietario *m*, -a *f*

Hal·te·rung F ⟨-; -en⟩ 1 (*Befestigung*) fissaggio *m* 2 (*Stütze*) sostegno *m*, supporto *m*

Hal·te·stel·le F fermata *f* **Hal·te·ver·bot** N (area *f* con) divieto *m* di sosta

halt·los ADJ 1 incostante, instabile 2 (*unbegründet*) infondato **Halt·lo·sig·keit** F ⟨-⟩ 1 incostanza *f* 2 infondatezza *f* **halt·ma·chen** V/I ⟨h.⟩ fermarsi

Hal·tung F ⟨-; -en⟩ 1 portamento *m*: **eine gerade ~** un portamento eretto 2 posizione *f*: **in gebückter ~** in posizione curva 3 (*Auftreten, Einstellung*) atteggiamento *m* 4 (*Verhalten*) contegno *m*: **eine vorbildliche ~** un contegno esemplare 5 (*Beherrschung*) (auto)controllo *m*: **die ~ bewahren** mantenere il controllo **Hal·tungs·scha·den** M vizio *m* di posizione

Ha·lun·ke M ⟨-n; -n⟩ mascalzone *m*

Ham·burg N ⟨-s⟩ Amburgo *f*

Ham·bur·ger[1] M ⟨-s; -⟩ GASTR hamburger *m inv*

Ham·bur·ger[2] A M ⟨-s; -⟩ (*Bewohner*) amburghese *m* B ADJ ⟨*inv*⟩ amburghese

Ham·bur·ge·rin F ⟨-; -nen⟩ amburghese *f*

hä·misch ADJ malizioso

Ham·mel M ⟨-s; -⟩ montone *m* castrato **Ham·mel·keu·le** F cosciotto *m* di montone

Ham·mer M ⟨-s; Hämmer⟩ 1 martello *m* 2 *umg* (*großartige Sache*) cannonata *f* 3 *umg* (*Unverschämtheit*) vergogna *f* ♦ **unter den ~ kommen** essere messo all'asta

häm·mern A V/I ⟨h.⟩ 1 martellare 2 picchiare: **an** (*od* **gegen**) **die Tür ~** picchiare alla porta B V/T martellare

Ham·mer·schlag M martellata *f* **Ham·mer·wer·fen** N ⟨-s⟩ SPORT lancio *m* del martello **Ham·mer·wer·fer** M, **-in** F SPORT martellista *m/f*

Hä·mo·glo·bin N ⟨-s⟩ emoglobina *f*

Hä·mor·rho·i·den, **Hä·mor·ri·den** PL emorroidi *fpl*

Ham·pel·mann M ⟨-[e]s; -männer⟩ burattino *m* (*a. fig*)
ham·peln V/I ⟨h.⟩ *umg* agitarsi, dimenarsi
Hams·ter M ⟨-s; -⟩ criceto *m* **Hams·ter·kauf** M accaparramento *m*, incetta *f*
hams·tern V/T **etw ~** accaparrare qc
Hand F ⟨-; Hände⟩ mano *f*: **j-n die ~ geben** dare la mano a qn; **sich die Hände schütteln** stringersi la mano; **j-m an die ~ nehmen** condurre qn per mano (*a. fig*) ♦ **j-n an der/etw zur ~ haben** avere qn/qc a portata di mano; **bei etw** (**selbst mit**) **~ anlegen** dare una mano in (*od* a fare) qc; *umg* **tausend Euro auf die ~** mille euro sull'unghia; **er bekommt j-n/etw in die Hände** gli capita qn/qc tra le mani; **~ drauf!** qua la mano!; **aus zweiter ~** di seconda mano; **j-m in die Hände fallen** cadere nelle mani di qn; **für j-n/etw die ~ ins Feuer legen** metter la mano sul fuoco per qn/qc; **freie ~ haben** avere carta bianca; **~ und Fuß haben** essere ben pensato; **weder ~ noch Fuß haben** non avere né capo né coda; **seine ~ darauf geben** dare la propria parola; **durch j-s ~** (*od* **Hände**) **gehen** passare fra le mani di qn; **~ in ~ gehen** camminare tenendosi per mano; *fig* **mit etw ~ in ~ gehen** andare di pari passo con qc; **in guten Händen sein** essere in buone mani; **j-n in der ~ haben** tenere qn in pugno; **sich in der ~ haben** controllarsi; **~ aufs Herz!** siamo sinceri!; **von langer ~ vorbereitet** preparato da lungo tempo; **letzte ~ an etw** (*akk*) **legen** dare l'ultima mano a qc; **etw in j-s Hände legen** affidare qc a qn; **ihm geht alles leicht von der ~** gli riesce tutto facilmente; **in j-s ~ liegen** dipendere da qn; **auf der ~ liegen** essere evidente; **von der ~ in den Mund leben** vivere alla giornata; **etw in die ~ nehmen** prendere in mano qc, *fig* occuparsi di qc; **die öffentliche ~** il potere pubblico; **j-s rechte ~ sein** essere il braccio destro di qn; **alle Hände voll zu tun haben** avere molto da fare; avere un gran daffare; **etw unter der Hand verkaufen** vendere qc sottobanco; **mit vollen Händen** a piene mani; **von ~ zu ~ gehen** passare di mano in mano; **Hände weg!** giù le mani!; **zu Händen Herrn M.** alla cortese attenzione del sig. M; **eine ~ voll** → Handvoll
Hand·ar·beit F **1** lavoro *m* manuale **2** (*Gegenstand*) manufatto *m* **3** (*Näharbeit*) cucito *m* ♦ **in ~ hergestellt** fatto a mano
Hand·ball M palla *f* a mano, pallamano *f* **Hand·ball·spie·ler** M, **-in** F giocatore *m*, -trice *f* di palla a mano **Hand·be·sen** M scopino *m* **Hand·be·trieb** M comando *m* manuale **Hand·be·we·gung** F gesto *m*
hand·breit **A** ADJ largo un palmo **B** ADV **das Fenster ~ öffnen** aprire la finestra di un palmo **Hand·breit** F ⟨-; -⟩ palmo *m*: **eine ~ höher sein** essere un palmo più alto
Hand·brem·se F freno *m* a mano: **die ~ ziehen** tirare il freno a mano **Hand·buch** N manuale *m*
Händ·chen N ⟨-s; -⟩ manina *f* ♦ *umg* **~ haltend** tenendosi per mano
Hand·cre·me F crema *f* per le mani
Hän·de·druck M ⟨-[e]s; -drücke⟩ stretta *f* di mano
Han·del M ⟨-s⟩ **1** commercio *m*: **~ und Gewerbe** commercio e industria; **in den ~ bringen/kommen** mettere/entrare in commercio; **aus dem ~ ziehen** mettere fuori commercio; **~ mit dem Ausland treiben** commerciare con l'estero; **~ mit Gebrauchtwagen** commercio di auto usate; **~ mit Waffen** traffico d'armi **2** (*Geschäft*) affare *m*: **einen ~ abschließen** concludere un affare
han·deln **A** V/I ⟨h.⟩ **1** (*tätig werden*) agire **2** commerciare: **mit Wein ~** commerciare in vini **3** (*illegal*) trafficare **4** (*feilschen*) (con)trattare: **um den Preis ~** trattare sul prezzo **5** **von etw ~** trattare di qc **B** V/R *unpers* trattarsi: **worum handelt es sich?** di che si tratta?; **es kann sich nur noch um Minuten ~** è una questione di minuti
Han·dels·be·zie·hung F rapporto *m* commerciale **Han·dels·bi·lanz** F **1** bilancio *m* (di un'impresa commerciale) **2** (*eines Landes*) bilancia *f* commerciale
han·dels·ei·nig ADJ **~ werden** accordarsi **Han·dels·ge·richt** N tribunale *m* commerciale **Han·dels·ge·sell·schaft** F società *f* commerciale **Han·dels·ge·setz·buch** N codice *m* commerciale **Han·dels·kam·mer** F camera *f* di commercio **Han·dels·klas·se** F categoria *f* **Han·dels·ma·ri·ne** F marina *f* mercantile **Han·dels·mar·ke** F marchio *m* di fabbrica **Han·dels·mi·nis·ter** M, **-in** F ministro *m*, -a *f* del

H

Commercio **Han·dels·po·li·tik** F politica *f* commerciale **Han·dels·recht** N diritto *m* commerciale **Han·dels·re·gis·ter** N registro *m* delle imprese **Han·dels·rei·sen·de** M/F commesso *m*, -a *f* viaggiatore (-trice) **Han·dels·schiff** N nave *f* mercantile **Han·dels·schu·le** F scuola *f* commerciale **Han·dels·span·ne** F margine *m* di guadagno **han·dels·üb·lich** ADJ d'uso commerciale **Han·dels·ver·kehr** M scambi *mpl* commerciali **Han·dels·ver·trag** M accordo *m* commerciale; (*zwischen Staaten*) trattato *m* commerciale **Han·dels·ver·tre·tung** F rappresentanza *f* (commerciale) **Han·dels·wa·re** F articolo *m* commerciale **Han·dels·weg** M via *f* commerciale

Han·del·trei·ben·de M/F ⟨-n; -n⟩ commerciante *m/f*; HIST mercante *m/f*

hän·de·rin·gend ADV **1** torcendosi le mani **2** (*verzweifelt*) disperatamente

Hän·de·trock·ner M asciugatore *m*

Hand·fer·tig·keit F manualità *f* **hand·fest** ADJ **1** (*Statur*) robusto **2** grosso: **ein -er Skandal** un grosso scandalo **3** (*deutlich*) evidente: **-e Lügen** evidenti bugie **Hand·feu·er·waf·fe** F arma *f* da fuoco portatile **Hand·flä·che** F palmo *m* della mano **hand·ge·fer·tigt** ADJ lavorato (*od* fatto) a mano **Hand·ge·lenk** N polso *m* ♦ **aus dem ~ (heraus)** estemporaneamente; (*mühelos*) con facilità **Hand·ge·men·ge** N zuffa *f* **Hand·ge·päck** N bagaglio *m* a mano **hand·ge·schrie·ben** ADJ scritto a mano **Hand·gra·na·te** F bomba *f* a mano

hand·greif·lich ADJ **1** (*deutlich*) evidente, chiaro **2** (*tätlich*) manesco: **~ werden** diventare manesco **Hand·greif·lich·keit** F ⟨-; -en⟩ **1** evidenza *f*, chiarezza *f* **2** (*Tätlichkeit*) zuffa *f*

Hand·griff M **1** impugnatura *f*; (*Henkel*) manico *m*; (*Klinke*) maniglia *f*; (*vom Zweirad*) manopola *f* **2** (*greifende Bewegung*) mossa *f* ♦ **etw mit ein paar -en erledigen** sbrigare qc in quattr'e quattr'otto; **keinen ~ tun** non alzare un dito

Hand·ha·be F ⟨-; -n⟩ appiglio *m*, pretesto *m*: **eine juristische ~** un appiglio giuridico **hand·ha·ben** V/T ⟨handhabt, handhabte, gehandhabt⟩ **1** (*Waffe, Gerät*) maneggiare **2** (*gebrauchen*) adoperare, usare **3** (*Gesetz*) applicare **Hand·ha·bung** F ⟨-; -en⟩ **1** maneggio *m* **2** (*Gebrauch*) uso *m* **3** (*von Gesetzen*) applicazione *f*

Hand·kan·ten·schlag M colpo *m* di taglio **Hand·kar·ren** M carriola *f* **Hand·kuss** M baciamano *m* **Hand·lan·ger** M ⟨-s; -⟩, **-in** F ⟨-; -nen⟩ **1** manovale *m/f* **2** *pej* (*Büttel*) gregario *m*, -a *f*

Hand·lauf M corrimano *m*

Händ·ler M ⟨-s; -⟩, **-in** F ⟨-; -nen⟩ commerciante *m/f*: **fliegender ~** venditore ambulante

Hand·le·se·kunst F chiromanzia *f*

hand·lich ADJ maneggevole

Hand·lung F ⟨-; -en⟩ **1** azione *f* (*a. geh*) **2** (*Laden*) negozio *m*

Hand·lungs·be·voll·mäch·tig·te M/F procuratore *m*, mandatario *m*, -a *f* **hand·lungs·fä·hig** ADJ JUR capace d'agire **Hand·lungs·frei·heit** F libertà *f* d'azione **Hand·lungs·rei·sen·de** M/F commesso *m* viaggiatore; (*Vertreter*) rappresentante *m/f* **Hand·lungs·voll·macht** F procura *f* **Hand·lungs·wei·se** F modo *m* d'agire

Hand·pfle·ge F manicure *f* **Hand·pup·pe** F burattino *m*, marionetta *f* **Hand·schel·len** PL manette *fpl* **Hand·schlag** M stretta *f* di mano: **etw durch ~ besiegeln** (*od* **bekräftigen**) sigillare qc con una stretta di mano ♦ *umg* **keinen ~ tun** non alzare un dito

Hand·schrift F **1** scrittura *f*, grafia *f* **2** *fig* mano *f*: **die ~ des Künstlers verraten** tradire la mano dell'artista **3** (*Text*) manoscritto *m* **hand·schrift·lich** ADJ **1** scritto a mano **2** manoscritto: **-e Quellen** fonti manoscritte

Hand·schuh M guanto *m* **Hand·schuh·fach** N vano *m* portaoggetti **Hand·spie·gel** M specchio *m* (con manico), specchietto *m* **Hand·spiel** N SPORT fallo *m* di mano **Hand·stand** M verticale *f* (sulle mani) **Hand·ta·sche** F borsa *f*, borsetta *f* (per signora) **Hand·tel·ler** M palmo *m* della mano **Hand·tuch** M asciugamano *m* ♦ *hum umg* **das ~ werfen** gettare la spugna **Hand·um·dre·hen** N **im ~** in un batter d'occhio **hand·ver·le·sen** ADJ **1** raccolto a mano **2** *fig hum* scelto con cura **Hand·voll** F ⟨-; -⟩ manciata *f*: **eine ~ Münzen** una manciata di spiccioli; *fig* **eine ~ Freiwillige(r)** un pugno di volontari **hand·warm** ADJ tiepido **Hand·wä-**

sche F bucato *m* a mano

Hand·werk N 1 mestiere *m*: **sein ~ verstehen** conoscere il proprio mestiere 2 (*Berufsstand*) artigianato *m* ♦ **j-m das ~ legen** porre fine ai misfatti di qn **Hand·wer·ker** M ⟨-s; -⟩, **-in** F ⟨-; -nen⟩ artigiano *m*, -a *f* **hand·werk·lich** ADJ artigiano, artigianale

Hand·werks·be·trieb M azienda *f* artigiana **Hand·werks·kam·mer** F camera *f* dell'artigianato **Hand·werks·meis·ter** M, **-in** F maestro *m*, -a *f* artigiano (-a) **Hand·werks·zeug** N arnesi *mpl*

Hand·wur·zel F carpo *m*

Han·dy ['hɛndi] N ⟨-s; -s⟩ *umg* cellulare *m*, telefonino *m*

Hand·zei·chen N 1 cenno *m* della (*od* con la) mano 2 (*bei Abstimmungen*) alzata *f* di mano **Hand·zet·tel** M volantino *m*

Hanf M ⟨-[e]s⟩ canapa *f*

Hang M ⟨-[e]s; Hänge⟩ 1 (*Abhang*) pendio *m* 2 inclinazione *f*: **den ~ zu etw haben** avere la tendenza a fare qc

Hän·ge·brü·cke F ponte *m* sospeso **Hän·ge·lam·pe** F lampadario *m*, lampada *f* da soffitto

han·geln V/I ⟨s.⟩ procedere reggendosi a forza di braccia

Hän·ge·mat·te F amaca *f*

hän·gen[1] V/I ⟨hing; gehangen; h.⟩ 1 essere appeso: **die Wäsche hängt auf der Leine** il bucato è appeso sul filo; **das Bild hängt schief** il quadro è storto 2 essere attaccato: **der Köder hängt am Haken** l'esca è attaccata all'amo; **an etw** (*dat*) **~ bleiben** restare attaccato a (*od* in) qc; *fig* **an j-m/etw ~** essere affezionato a qn/qc 3 pendere: **die Lampe hängt von der Decke** la lampada pende dal soffitto ♦ **die Arme ~ lassen** lasciare penzolare le braccia; **sich ~ lassen** lasciarsi andare, buttarsi giù; **j-n ~ lassen** (*im Stich lassen*) piantare in asso qn; *umg* **am Telefon ~** stare attaccato al telefono; **der Baum hängt voller Früchte** l'albero è carico di frutti

hän·gen[2] A V/T 1 appendere: **etw an den Haken ~** appendere qc al gancio 2 (*erhängen*) impiccare B V/R **sich ~** 1 appendersi: **sich ans Reck ~** appendersi alla sbarra 2 attaccarsi (*a. fig*): **das Kind hängt sich an den Rock der Mutter** il bambino si attacca alla gonna della mamma 3 (*verfolgen*) inseguire ♦ **das Herz an j-n/etw ~** affezionarsi a qn/qc; *fig* **etw an den Nagel ~** gettare qc alle ortiche; **mit Hängen und Würgen** con grande fatica

hän·gend ADJ pendente, sospeso, pensile: **-e Gärten** giardini pensili

Hän·ge·oh·ren PL orecchie *fpl* pendenti

Hän·ger M ⟨-s; -⟩ 1 (*Kleidung*) soprabito *m* 2 *umg* (*Anhänger*) rimorchio *m*

Hän·ge·schrank M armadietto *m* pensile

Han·no·ver N ⟨-s⟩ Hannover *f*

Hans·dampf M ⟨-[e]s; -e⟩ *umg* **~ in allen Gassen** faccendone *m*

han·se·a·tisch ADJ anseatico

Hän·se·lei F ⟨-; -en⟩ beffa *f*, canzonatura *f* **hän·seln** V/T canzonare, beffeggiare

Han·se·stadt F città *f* anseatica

Hans·wurst M ⟨-[e]s; -e *u. hum* -würste⟩ 1 = *figura comica del teatro tedesco* 2 *fig* buffone *m*

Han·tel F ⟨-; -n⟩ peso *m*, manubrio *m*

han·tie·ren V/I ⟨h.⟩ 1 trafficare: **am Herd ~** trafficare ai fornelli 2 **mit etw ~** maneggiare qc

ha·pern V/I ⟨h.⟩ *unpers* 1 mancare: **es hapert am Geld** mancano i soldi 2 (*nicht klappen*) *umg* zoppicare: **in** (*od* **mit**) **der Mathematik hapert es bei ihm** in matematica zoppica ♦ **wo hapert's denn?** dov'è il problema?

Häpp·chen N ⟨-s; -⟩ 1 (*Bissen*) bocconcino *m* 2 (*Appetithappen*) stuzzichino *m*

Hap·pen M ⟨-s; -⟩ boccone *m*

hap·pig ADJ *umg* forte, esagerato: **-e Preise** prezzi esagerati (*od* salati) ♦ **das ist ein bisschen ~** questo è un po' troppo

hap·py ['hɛpi] ADJ ⟨*inv*⟩ contentissimo **Hap·py End** [-'ɛnt] N ⟨- -[s]; - -s⟩ lieto fine *m*

Hard·ware ['ha:ɐtwɛɐ] F ⟨-; -⟩ IT hardware *m*

Har·fe F ⟨-; -n⟩ arpa *f* **Har·fe·nist** M ⟨-en; -en⟩, **-in** F ⟨-; -nen⟩ arpista *m/f*

Har·ke F ⟨-; -n⟩ rastrello *m* **har·ken** V/T rastrellare

Har·le·kin M ⟨-s; -⟩ 1 Arlecchino *m* 2 *fig* buffone *m*, pagliaccio *m*

harm·los ADJ 1 (*ungefährlich*) innocuo 2 **eine -e Krankheit** una malattia non grave 3 (*arglos*) privo di malizia, innocente: **eine -e Frage** una domanda innocente; **eine -e Person** una persona senza malizia **Harm·lo·sig·keit** F ⟨-; -en⟩ **1** innocuità *f* **2** (*Arglosigkeit*) innocenza *f*

Har·mo·nie F ⟨-; -n⟩ armonia *f*

har·mo·nie·ren VI ⟨h.⟩ **1** armonizzare **2** (*gut miteinander auskommen*) andare d'accordo, intendersi

har·mo·nisch ADJ armonico

Harn M ⟨-[e]s; -e⟩ MED urina *f*: **~ lassen** urinare **Harn·bla·se** F vescica *f* (urinaria) **Harn·drang** M stimolo *m* alla minzione **Harn·fla·sche** F pappagallo *m*

H

Har·nisch M ⟨-s; -e⟩ corazza *f* ♦ **in ~ geraten** andare in bestia

Harn·lei·ter M uretere *m* **Harn·röh·re** F uretra *f* **Harn·säu·re** F acido *m* urico **harn·trei·bend** ADJ diuretico **Harn·we·ge** PL vie *fpl* urinarie

Har·pu·ne F ⟨-; -n⟩ arpione *m*, fiocina *f*

harsch ADJ *fig* brusco, duro **Harsch** M ⟨-es⟩ neve *f* crostosa (*od* ghiacciata)

hart **A** ADJ **1** duro (*a. fig*): **-e Burschen** tipi duri; **eine -e Arbeit** un lavoro duro; **ein -es Leben** una vita dura; **-e Worte** parole dure; **ein -er Kampf** un duro combattimento, una dura lotta; **~ werden** indurirsi (*a. fig*); **gegen sich/j-n ~ sein** essere duro con se stesso/con qn **2** forte: **-e Farben** colori forti; (*stabil*) **-e Währung** moneta forte **3** **-e Drogen** droghe pesanti; **-e Getränke** superalcolici **4** (*Winter*) rigido **B** ADV **1** duramente: **j-n ~ anfassen** trattare duramente qn; **~ reagieren** reagire duramente; **~ arbeiten** lavorare sodo **2** (*heftig*) violentemente: **~ aufschlagen** colpire violentemente; **~ bremsen** frenare bruscamente **3** **~ an** (*dat*) molto vicino a; *fig* **~ an der Grenze der Legalität** ai limiti estremi della legalità **4** **~ gekocht** (*Ei*) sodo; **~ gesinnt** duro (d'animo); **~ umkämpft** aspramente combattuto ♦ **~ bleiben** rimanere rigido (sulle proprie posizioni), non cedere; **es geht ~ auf ~** il gioco si fa duro; **~ im Nehmen sein** essere corazzato; *fig* **eine -e Nuss** un osso duro; → hartgesotten

Här·te F ⟨-; -n⟩ **1** durezza *f* (*a. fig*): **die ~ des Gesetzes** la durezza della legge; **die ~ des Aufpralls** la durezza dell'impatto **2** **mit äußerster ~ gegen j-n vorgehen** procedere con la massima severità nei confronti di qn **3** *fig* grinta *f*: **er besitzt für dieses Unternehmen nicht die nötige ~** non ha la grinta necessaria per quest'impresa **4** stabilità *f*, solidità *f*: **die ~ des Schweizer Franken** la solidità del franco svizzero **5** condizione *f* difficile: **die sozialen -n** le difficili condizioni sociali ♦ *umg* **das ist die ~!** questo è troppo!

här·ten **A** VT indurire; (*Stahl*) temprare **B** VI ⟨h.⟩ indurirsi **C** VR **sich ~** irrobustirsi

Hart·fa·ser·plat·te F lastra *f* di truciolato **Hart·geld** N moneta *f* **hart·ge·sot·ten** ADJ *fig* indurito **hart·her·zig** ADJ duro di cuore **Hart·holz** N legno *m* duro **Hart·kä·se** M formaggio *m* duro

hart·nä·ckig ADJ ostinato, testardo, insistente **Hart·nä·ckig·keit** F ⟨-⟩ ostinazione *f*, testardaggine *f*; (*Verbissenheit*) accanimento *m*

Hart·scha·len·kof·fer M valigia *f* rigida

Harz[1] N ⟨-es; -e⟩ (*von Baum*) resina *f*

Harz[2] M ⟨-⟩ GEOG selva *f* Ercinia

har·zig ADJ resinoso

Ha·sard·spiel N gioco *m* d'azzardo

Ha·schee N ⟨-s; -s⟩ = *piatto di carne tritata e a piccoli pezzi in salsa piccante*

ha·schen[1] **A** VT (*ergreifen*) acchiappare **B** VI ⟨h.⟩ **nach etw ~** cercare di afferrare qc

ha·schen[2] VI ⟨h.⟩ *umg* fumare hascisc

Ha·schisch N/M ⟨-[s]⟩ hascisc *m*

Ha·se M ⟨-n; -n⟩ lepre *f* ♦ *umg* **ein alter ~** una vecchia volpe; **falscher ~** polpettone; **wo sich Fuchs und ~ gute Nacht sagen** in capo al mondo; *umg* **wissen, wie der ~ läuft** sapere dove il diavolo tiene la coda; *umg* **da liegt der ~ im Pfeffer** qui casca l'asino

Ha·sel·huhn N francolino *m* di monte **Ha·sel·maus** F moscardino *m* **Ha·sel·nuss** F nocciola *f* **Ha·sel·nuss·strauch** M nocciolo *m*

Ha·sen·fuß M *umg fig* coniglio *m* **Ha·sen·schar·te** F labbro *m* leporino

Hä·sin F ⟨-; -nen⟩ lepre *f* femmina

has·peln VI ⟨h.⟩ *umg fig* annaspare

Hass M ⟨-es⟩ **1** odio *m* **2** *umg* (*Zorn*) collera *f*, ira *f* **has·sen** VT odiare ♦ **j-n/etw auf den Tod ~** odiare a morte qn/qc

has·sens·wert ADJ odioso

hass·er·füllt ADJ pieno d'odio

häss·lich ADJ brutto **Häss·lich·keit** F ⟨-; -en⟩ **1** bruttezza *f* **2** cattiveria *f*: **j-m -en sagen** dire cattiverie a qn

Hass·lie·be F amore odio *m*
Hast F ⟨-⟩ fretta *f*: **in großer ~** in gran fretta; **in wilder ~** in fretta e furia (*od* a precipizio) **has·ten** VI ⟨s.⟩ affrettarsi: **nach Hause ~** correre a casa **has·tig** A ADJ affrettato B ADV in fretta
hät·scheln VT 1 accarezzare 2 (*verwöhnen*) viziare
hat·schen VI ⟨s.⟩ *österr* 1 strascicare i piedi 2 (*hinken*) zoppicare
Hatz F ⟨-; -en⟩ 1 JAGD caccia *f* a seguito 2 *fig* caccia *f*, persecuzione *f*
Hau·be F ⟨-; -n⟩ 1 cuffia *f* 2 (*Motorhaube*) cofano *m* 3 (*Trockenhaube*) casco *m* (asciugacapelli) 4 ZOOL ciuffo *m* ♦ **unter die ~ kommen** maritarsi
Hauch M ⟨-[e]s; -e⟩ 1 (*Atem*) alito *m*, fiato *m* 2 *fig* (*Lüftchen*) soffio *m* (di vento) 3 (*Duft*) leggero profumo *m* 4 (*dünne Schicht*) velo *m*: **ein ~ Puder** un velo di cipria 5 (*Anflug*) accenno *m*: **der ~ eines Lächelns** l'accenno di un sorriso
hauch·dünn ADJ sottilissimo
hau·chen A VI ⟨h.⟩ alitare B VT sussurrare (a fior di labbra), bisbigliare: **j-m etw ins Ohr ~** sussurrare qc all'orecchio di qn
hauch·fein ADJ, **hauch·zart** ADJ finissimo
Haue F ⟨-; -n⟩ *umg* botte *fpl*: **~ kriegen/verdienen** prendere/meritarsi le botte
hau·en ⟨hieb/haute, gehauen⟩ A VT 1 *umg* **j-n ~** picchiare qn 2 *umg* (*prät: haute*) ricavare: **eine Figur aus** (*od* **in**) **Marmor ~** ricavare una scultura dal marmo; **Stufen in den Fels ~** scavare gradini nella roccia B VI ⟨h.⟩ 1 *umg* dare un colpo: **j-m auf den Kopf ~** dare un colpo in testa a qn 2 **um sich ~** menare colpi intorno a sé 3 *umg* picchiare, battere: **auf j-n mit einem Stock ~** picchiare qn con un bastone; **gegen die Tür ~** picchiare alla porta; **mit der Faust auf den Tisch ~** battere il pugno sul tavolo 4 ⟨*prät: haute; s.*⟩ **mit dem Knie gegen das Tischbein ~** battere il ginocchio contro la gamba del tavolo C VR *umg* **sich ~** 1 **sich** (**mit j-m**) **~** picchiarsi (con qn) 2 ⟨*prät: haute*⟩ buttarsi: **sich in den Sessel ~** buttarsi sulla poltrona ♦ **j-n übers Ohr ~** imbrogliare qn; **j-m etw um die Ohren ~** sbattere qc in testa a qn
Hau·er M ⟨-s; -⟩ JAGD zanna *f* (del cinghiale)
Häuf·chen N ⟨-s; -⟩ mucchietto *m* ♦ **wie ein ~ Unglück dastehen** (**dasitzen**) starsene lì come un cane bastonato
Hau·fen M ⟨-s; -⟩ 1 mucchio *m*: **etw auf einen ~ legen** ammucchiare qc 2 folla *f*: **ein ~ Neugieriger** una folla di curiosi ♦ **j-n über den ~ fahren** (*od* **rennen** *od* **schießen**) stendere qn; **der Hund muss noch seinen ~ machen** il cane deve ancora fare la cacca; **etw über den ~ werfen** mandare all'aria (*od* stravolgere) qc
häu·fen A VT ammucchiare: **Gemüse auf den Teller ~** riempire il piatto di verdura B VR **sich ~** 1 ammucchiarsi 2 (*zunehmen*) aumentare notevolmente
hau·fen·wei·se ADV 1 a mucchi 2 (*in Mengen*) in gran quantità; in massa **Hau·fen·wol·ke** F METEO cumulo *m*
häu·fig A ADJ frequente B ADV spesso
Häu·fig·keit F ⟨-; -en⟩ frequenza *f*
Häu·fung F ⟨-; -en⟩ 1 (*Anhäufung*) accumulo *m*, ammasso *m* 2 *fig* quantità *f* crescente, aumento *m*; il ripetersi
Haupt N ⟨-[e]s; Häupter⟩ capo *m*, testa *f*: **mit entblößtem ~** a capo scoperto; **erhobenen -es** a testa alta; *fig* **das ~ des Komplotts** il capo del complotto
Haupt·al·tar M altare *m* maggiore
haupt·amt·lich ADJ a tempo pieno
Haupt·an·ge·klag·te M/F principale imputato *m*, -a *f* **Haupt·bahn·hof** M stazione *f* centrale **Haupt·be·stand·teil** M componente *f* principale **Haupt·dar·stel·ler** M, **-in** F protagonista *m/f*
Häup·tel·sa·lat M *österr* lattuga *f*
Haupt·fach N materia *f* principale; (*Universitätsfach*) facoltà *f* **Haupt·ge·richt** M piatto *m* principale **Haupt·ge·schäft** N sede *f* centrale **Haupt·ge·schäfts·zeit** F ora *f* di punta **Haupt·ge·wicht** N massimo peso *m*: **das ~ auf etw** (*akk*) **legen** dare la massima importanza a qc **Haupt·ge·winn** M primo premio *m* **Haupt·ge·win·ner** M, **-in** F vincitore *m*, -trice *f* del primo premio
Haupt·hahn M rubinetto *m* centrale
Haupt·last F carico *m* maggiore
Häupt·ling M ⟨-s; -e⟩ capo *m* (della tribù)
Haupt·mahl·zeit F pasto *m* principale
Haupt·nen·ner M MATH denominatore *m* comune **Haupt·per·son** F FILM, THEAT *fig* protagonista *m/f* **Haupt·post** F posta *f* centrale **Haupt·pro·be** F prova *f* generale **Haupt·quar·tier** N MIL quartier *m* generale **Haupt·rei·se-**

zeit F stagione *f* turistica **Haupt·rol·le** F parte *f* principale: **die ~ spielen** recitare la parte principale (*a. fig*) **Haupt·sa·che** F cosa *f* principale, essenziale: *umg* **~, du kommst** l'importante è che tu venga **haupt·säch·lich** ADJ principale **Haupt·sai·son** F alta stagione *f* **Haupt·satz** M GRAM (proposizione *f*) principale *f* **Haupt·schlag·ader** F aorta *f* **Haupt·schuld** F colpa *f* maggiore **Haupt·schu·le** F = *corso di studi quinquennale che segue la scuola elementare* **Haupt·sitz** M sede *f* centrale **Haupt·spei·cher** M IT memoria *f* principale **Haupt·stadt** F capitale *f* **Haupt·stra·ße** F strada *f* principale **Haupt·ver·hand·lung** F JUR dibattimento *m* **Haupt·ver·kehrs·stra·ße** F strada *f* ad alta densità di circolazione **Haupt·ver·kehrs·zeit** F ora *f* di punta **Haupt·ver·samm·lung** F assemblea *f* generale **Haupt·wort** N ⟨-[e]s; -wörter⟩ sostantivo *m* **Haupt·zeu·ge** M, **-zeu·gin** F testimone *m/f* principale

H

hau ruck INT oh issa

Hau·ruck·ver·fah·ren N **ein Gesetz im ~ durchbringen** forzare l'approvazione di una legge

Haus N ⟨-es; Häuser⟩ 1 casa *f*: **von ~ zu ~ gehen** andare di casa in casa; **zu Haus(e) sein** essere a casa; **nach Haus(e) gehen** andare a casa 2 (*Firma*) ditta *f*: **der Chef ist zur Zeit nicht im ~** il capo in questo momento non è in ditta 3 teatro *m* 4 famiglia *f*: **aus gutem Haus(e)** di buona famiglia 5 (*Dynastie*) **das ~ Habsburg** la casa d'Asburgo 6 POL camera *f*: **das hohe ~** la camera alta ♦ **außer ~ sein** essere fuori (casa); **das ~ hüten** essere obbligato a stare in casa; *umg* **ihm steht etw ins ~** gli si prospetta qc; **von Haus(e) aus reich sein** essere ricco di famiglia; **von Haus(e) aus Arzt sein** essere medico per tradizione familiare **viele Grüße von zu -e** tanti saluti dalla mia famiglia; **das Weiße ~** la Casa Bianca; **in Rom zu -e sein** abitare a Roma; *fig* essere di casa a Roma; *fig* **auf einem bestimmten Gebiet zu -e sein** essere versato in un campo specifico

Haus·an·ge·stell·te M/F domestico *m*, -a *f* **Haus·apo·the·ke** F armadietto *m* farmacia **Haus·ar·beit** F 1 lavori *mpl* di casa, pulizie *fpl* 2 (*schriftliche Arbeit*) compiti *mpl* **Haus·ar·rest** M arresto *m* domiciliare: **unter ~ stellen** mettere agli arresti domiciliari **Haus·arzt** M, **-ärz·tin** F medico *m* di famiglia **Haus·auf·ga·be** F compiti *mpl* **haus·ba·cken** ADJ prosaico **Haus·bar** F (mobile *m*) bar *m* **Haus·be·set·zer** M ⟨-s; -⟩, **-in** F ⟨-; -nen⟩ occupante *m/f* (abusivo) di una casa, squatter *m/f* **Haus·be·sit·zer** M, **-in** F proprietario *m*, -a *f* di una casa, padrone *m*, -a *f* di casa **Haus·be·such** M visita *f* a domicilio **Haus·be·woh·ner** M, **-in** F abitante *m/f*; (*Mieter*) inquilino *m*, -a *f* **Haus·boot** N casa *f* galleggiante

Häus·chen N ⟨-s; -⟩ 1 casetta *f* 2 *umg* (*Toilette*) gabinetto *m* ♦ *umg* **(ganz) aus dem ~ sein** essere fuori di testa; *umg* **j-n aus dem ~ bringen** far andare qn fuori di sé

hau·sen V/I ⟨h.⟩ 1 *umg pej* vivere (miseramente) 2 *hum* (*wohnen*) alloggiare

Häu·ser·block M isolato *m*

Haus·flur M ingresso *m* della casa **Haus·frau** F donna *f* di casa, casalinga *f* **Haus·freund** M amico *m* di famiglia (*a. hum euph*) **Haus·frie·dens·bruch** M JUR violazione *f* di domicilio **Haus·ge·brauch** M uso *m* domestico **Haus·ge·hil·fe** M domestico *m* **Haus·ge·hil·fin** F domestica *f* **haus·ge·macht** ADJ fatto in casa **Haus·ge·mein·schaft** F comunità *f* (familiare); conviventi *mpl*

Haus·halt M ⟨-[e]s; -e⟩ 1 casa *f*: **im ~ helfen** aiutare in casa; **den ~ führen** fare i lavori di casa 2 WIRTSCH bilancio *m* **haus·hal·ten** V/I ⟨*irr*; h.⟩ **mit etw ~** fare economia di qc **Haus·häl·te·rin** F ⟨-; -nen⟩ governante *f* **haus·häl·te·risch** A ADJ economo B ADV **mit etw ~ umgehen** fare economia di qc

Haus·halts·de·fi·zit N disavanzo *m* pubblico **Haus·halts·geld** N denaro *m* per le spese di casa **Haus·halts·ge·rät** N utensile *m* domestico: **elektrische -e** elettrodomestici **Haus·halts·hil·fe** F collaboratrice *f* domestica **Haus·halts·jahr** N (*Verwaltung*) anno *m* finanziario **Haus·halts·plan** M (*Verwaltung*) bilancio *m* preventivo **Haus·halts·wa·ren** PL casalinghi *mpl*

Haus·herr M, **-in** F padrone *m*, -a *f* di casa

haus·hoch A ADJ netto, schiacciante: **ein haushoher Sieg** una vittoria schiacciante **2** ADV nettamente: **j-m ~ überlegen sein** essere di molto superiore a qn ♦ **~ verlieren** straperdere

hau·sie·ren VI ⟨h.⟩ **mit etw ~** (**gehen**) vendere qc girando di casa in casa **Hau·sie·rer** M ⟨-s; -⟩, **-in** F ⟨-; -nen⟩ (venditore *m*) (-trice *f*) ambulante *m/f*

Haus·leh·rer M, **-in** F precettore *m*, istitutrice *f*

häus·lich ADJ domestico; familiare ♦ *hum* **sich bei j-m ~ niederlassen** piantare le tende a casa di qn; **~ sein** essere un tipo casalingo **Häus·lich·keit** F ⟨-⟩ inclinazione *f* alla (*od* amore *m* per la) vita domestica

Haus·ma·cher·art F ⟨-⟩ **nach ~** casareccio **Haus·mäd·chen** N domestica *f* **Haus·mann** M ⟨-[e]s; -männer⟩ casalingo *m* **Haus·manns·kost** F cucina *f* casalinga **Haus·mar·ke** F GASTR (*Wein*) vino *m* della casa **Haus·meis·ter** M, **-in** F portinaio *m*, -a *f*; (*in der Schule*) bidello *m*, -a *f* **Haus·mit·tel** N rimedio *m* popolare (*od* della nonna) **Haus·müll** M rifiuti *mpl* domestici **Haus·mu·sik** F musica *f* in famiglia **Haus·num·mer** F numero *m* civico **Haus·ord·nung** F ordinamento *m* interno **Haus·rat** M ⟨-[e]s⟩ suppellettili *fpl* domestiche **Haus·rats·ver·si·che·rung** F assicurazione *f* per i beni contenuti nell'abitazione **Haus·recht** N JUR diritto *m* del proprietario **Haus·schlüs·sel** M chiave *f* di casa **Haus·schuh** M pantofola *f*, ciabatta *f*

Hausse [ˈ(h)oːs(ə)] F ⟨-; -n⟩ WIRTSCH rialzo *m*

Haus·stand M casa *f*: **einen ~ gründen** metter su casa **Haus·su·chung** F ⟨-; -en⟩ perquisizione *f* domiciliare **Haus·te·le·fon** N telefono *m* interno **Haus·tier** N animale *m* domestico **Haus·tür** F porta *f* di casa **Haus·ver·wal·tung** F amministrazione *f* della casa **Haus·wart** M ⟨-s; -e⟩, **-in** F ⟨-; -nen⟩ **1** *schweiz* portinaio *m*, -a *f* **2** *österr* bidello *m*, -a *f* **Haus·wirt** M, **-in** F padrone *m*, -a *f* di casa **Haus·wirt·schaft** F **1** economia *f* domestica **2** WIRTSCH economia *f* di sussistenza **Haus·zelt** N tenda *f*

Haut F ⟨-; Häute⟩ pelle *f* (*a. fig*): **sich seiner ~ wehren** difendere la propria pelle; **die Häute gerben** conciare le pelli; **die ~ der Tomate** la pelle del pomodoro; **die ~ der Milch** la pelle del latte ♦ **eine ehrliche ~** una persona onesta; **aus der ~ fahren** adirarsi, uscire dai gangheri; **sich in seiner ~ nicht wohl fühlen** non sentirsi bene con se stessi; *umg* **er ist mit heiler ~ davongekommen** l'ha scampata bella; **mit ~ und Haar** completamente; **aus seiner ~ nicht herauskönnen** non poter smentire la propria natura; **nur noch ~ und Knochen sein** essere pelle e ossa; **nass bis auf die ~** bagnato fino alle ossa; **ich möchte nicht in seiner ~ stecken** non vorrei essere nei suoi panni; **j-m unter die ~ gehen** toccare qn da vicino

Haut·arzt M, **-ärz·tin** F dermatologo *m*, -a *f*

Häut·chen N ⟨-s; -⟩ pellicina *f*

Haut·cre·me F crema *f* per la pelle

häu·ten **A** VT spellare **B** VR **sich ~** cambiare pelle

haut·eng ADJ molto aderente (al corpo)

Haute·vo·lee [(h)oːtvoˈleː] F ⟨-⟩ alta società *f*

Haut·far·be F colore *m* della pelle, carnagione *f* **haut·freund·lich** ADJ che non irrita la pelle **Haut·krebs** M cancro *m* della pelle **haut·nah** ADJ immediato, realistico: **-e Darstellung** rappresentazione realistica **Haut·pfle·ge** F cura *f* della pelle **Haut·pilz** M dermatofita *m*, micosi *f* **Haut·trans·plan·ta·ti·on** F trapianto *m* cutaneo

Häu·tung F ⟨-; -en⟩ ZOOL muta *f*

Haut·wun·de F ferita *f* cutanea

Ha·va·rie F ⟨-; -n⟩ **1** SCHIFF, FLUG avaria *f* **2** *österr* (*Unfall*) incidente *m* **3** (*Schaden*) danno *m* alla macchina

Ha·waii N ⟨-s⟩ Hawaii *fpl*

H-Dur N MUS si *m* maggiore

Head·hun·ter [ˈhɛthante] M ⟨-s; -⟩, **-in** F ⟨-; -nen⟩ *fig* cacciatore *m*, -trice *f* di teste, head-hunter *m/f inv*

Hea·ring [ˈhiːrɪŋ] N ⟨-s; -s⟩ hearing *m inv*, udienza *f*

Heb·am·me F ostetrica *f*

He·be·büh·ne F ponte *m* (sollevatore)

He·bel M ⟨-s; -⟩ leva *f* ♦ **alle ~ in Bewegung setzen** usare ogni mezzo; **am längeren ~ sitzen** avere il coltello dalla parte del manico **He·bel·wir·kung** F azione *f* della leva

he·ben ⟨hob, gehoben⟩ **A** VT **1** (sol)levare, alzare (*a. fig*): **ein Gewicht ~** sollevare un peso; **die Hand ~** alzare la mano; **den Blick** (**zu j-m**) ~ levare lo sguardo (verso qn); *fig* **die Stimmung** ~ sollevare il morale **2** (*hochnehmen*) mettere (su): **j-n auf die Schultern** ~ mettersi qn in spalla **3** **ein gesunkenes Schiff** ~ recuperare una nave affondata **4** **einen Schatz** ~ disseppellire un tesoro **5** (*verbessern*) elevare: **das Niveau** ~ elevare il livello **6** (*steigern*) aumentare: **den Umsatz** ~ aumentare il fatturato **7** (*hervorheben*) far risaltare **B** V/R **sich** ~ alzarsi; **sich in die Luft** ~ alzarsi in volo ♦ *umg* **einen** ~ farsi un bicchierino

H

Heb·rä·er M ⟨-s; -⟩, **-in** F ⟨-; -nen⟩ ebreo *m*, -a *f*

heb·rä·isch ADJ ebraico

He·bung F ⟨-; -en⟩ **1** SCHIFF recupero *m* **2** (*von Schätzen*) disseppellimento *m* **3** (*Steigerung*) aumento *m* **4** (*Verbesserung*) elevamento *m*

he·cheln V/I ⟨h.⟩ ansimare (*spec. di cane*)

Hecht M ⟨-[e]s; -e⟩ luccio *m*

hech·ten V/I ⟨h.⟩ fare un tuffo; (*vom Torwart*) **nach dem Ball** ~ parare con un tuffo **Hecht·sprung** M SPORT tuffo *m*; (*beim Turnen*) salto *m* carpiato

Heck N ⟨-[e]s; -e *u.* -s⟩ **1** SCHIFF poppa *f* **2** FLUG coda *f* **3** AUTO parte *f* posteriore **Heck·an·trieb** M trazione *f* posteriore

He·cke F ⟨-; -n⟩ siepe *f*

He·cken·ro·se F rosa *f* selvatica **He·cken·sche·re** F cesoie *fpl* (da siepe) **He·cken·schüt·ze** M, **-schüt·zin** F franco (-a) tiratore *m*, -trice *f*

Heck·klap·pe F portellone *m* **Heck·mo·tor** M AUTO motore *m* posteriore **Heck·schei·be** F lunotto *m* (posteriore) **Heck·tür** F portellone *m* (posteriore)

Heer N ⟨-[e]s; -e⟩ esercito *m* (*a. fig*)

Heer·schar F schiera *f* di soldati ♦ **die himmlischen -en** le schiere celesti

He·fe F ⟨-; -n⟩ lievito *m* **He·fe·pilz** M saccaromicete *m* **He·fe·teig** M pasta *f* lievitata

Heft[1] N ⟨-[e]s; -e⟩ **1** (*Schreibheft*) quaderno *m* **2** (*von Zeitschriften*) fascicolo *m*

Heft[2] N ⟨-[e]s; -e⟩ (*von Messer*) impugnatura *f* ♦ **das** ~ **in die Hand nehmen** assumere il comando; **das** ~ **in der Hand haben** tenere le redini

hef·ten V/T **1** fissare (*a. fig*): **den Blick auf etw** (*akk*) ~ fissare lo sguardo su qc **2** (*Nähen*) imbastire **3** (*Blätter*) pinzare, fissare con graffette ♦ **sich an j-s Fersen** ~ stare alle calcagna di qn

Hef·ter M ⟨-s; -⟩ **1** (*Schnellhefter*) raccoglitore *m* **2** (*Heftmaschine*) pinzatrice *f*, cucitrice *f*

hef·tig **A** ADJ **1** forte, violento **2** (*abrupt*) brusco **3** (*aufbrausend*) impetuoso **B** ADV appassionatamente ♦ ~ **aneinandergeraten** litigare furiosamente; ~ **werden** imbestialire, montare su tutte le furie **Hef·tig·keit** F ⟨-; -en⟩ **1** violenza *f* **2** (*Aufbrausen*) impetuosità *f*, veemenza *f*

Heft·klam·mer F graffetta *f*, punto *m* metallico **Heft·pflas·ter** N cerotto *m* **Heft·zwe·cke** F puntina *f* da disegno

he·gen V/T **1** (*schützen*) proteggere, salvaguardare **2** (*pflegen*) **j-n/etw** ~ prendersi cura di qn/qc **3** nutrire: **Verdacht gegen j-n** ~ nutrire sospetti contro qn

Hehl M **kein**(**en**) ~ **aus etw machen** non fare mistero di qc

Heh·ler M ⟨-s; -⟩ ricettatore *m* **Heh·le·rei** F ⟨-; -en⟩ ricettazione *f* **Heh·le·rin** F ⟨-; -nen⟩ ricettatrice *f*

Hei·de[1] M ⟨-n; -n⟩ pagano *m*

Hei·de[2] F ⟨-; -n⟩ (*Landschaft*) brughiera *f*

Hei·de·kraut N ⟨-[e]s⟩ erica *f*; crecchia *f*

Hei·del·bee·re F mirtillo *m*

Hei·den·angst F *umg* paura *f* tremenda (*od* del diavolo) **Hei·den·spaß** M *umg* gran divertimento *m*, spasso *m*

Hei·den·tum N ⟨-s⟩ paganesimo *m*

Hei·de·rös·chen N ⟨-s; -⟩ rosa *f* canina (*od* selvatica)

Hei·din F ⟨-; -nen⟩ pagana *f*

heid·nisch ADJ pagano

hei·kel ADJ **1** (*Angelegenheit*) spinoso, scabroso **2** (*Frage, Thema*) delicato **3** (*Mensch*) schizzinoso

heil ADJ **1** (*unverletzt*) sano e salvo **2** (*ganz*) intero, intatto **3** (*geheilt*) guarito

Heil N ⟨-s⟩ **1** (*Glück*) fortuna *f* **2** (*Wohlbefinden*) benessere *m* **3** REL salvezza *f* ♦ *umg* **sein** ~ **in der Flucht suchen** cercare scampo nella fuga; **sein** ~ **versuchen** tentare la sorte

Hei·land M ⟨-[e]s; -e⟩ il Salvatore *m*

Heil·an·stalt F casa *f* di cura **heil·bar** ADJ guaribile **Heil·be·hand·lung** F trattamento *m* terapeutico

Heil·butt M ippoglosso *m*

hei·len **A** V/T **1** guarire: **j-n von einer Krankheit** ~ guarire qn da una malattia **2** liberare: **j-n von einem Vorurteil** ~ li-

berare qn da un pregiudizio **B** VI ⟨s.⟩ guarire
Heil·er·de F argilla f medicamentosa **heil·froh** ADJ *umg* contento come una pasqua **Heil·gym·nas·tik** F ginnastica f medica (*od* correttiva)
hei·lig ADJ **1** santo: **die -e Messe** la santa messa; **der Heilige Stuhl** la Santa Sede **2** sacro: **die Heilige Schrift** la Sacra Scrittura; **eine -e Handlung** un'azione sacra ♦ **ihnen ist nichts ~** non hanno rispetto di nulla; → heiligsprechen
Hei·lig·abend M notte f (*od* vigilia f) di Natale
Hei·li·ge M/F ⟨-n; -n⟩ santo m, -a f; (*vor Namen auch*) san, sant'
hei·li·gen VT **1** santificare: **die Feiertage ~** santificare le feste **2** (*weihen*) consacrare ♦ **der Zweck heiligt die Mittel** il fine giustifica i mezzi
Hei·li·gen·bild N santino m **Hei·li·gen·schein** M aureola f (*a. fig*)
Hei·lig·keit F ⟨-⟩ **1** santità f **2** inviolabilità f **hei·lig·spre·chen** VT ⟨*irr*⟩ canonizzare **Hei·lig·spre·chung** F ⟨-; -en⟩ canonizzazione f **Hei·lig·tum** N ⟨-s; -tümer⟩ **1** luogo m sacro; (*Gebäude*) santuario m (*a. fig*) **2** (*Gegenstand*) reliquia f (*a. fig*)
Heil·kli·ma N clima m salutare **Heil·kraft** F virtù f terapeutica **heil·kräf·tig** ADJ curativo **Heil·kun·de** F medicina f, scienza f medica **heil·los** ADJ spaventoso, terribile **Heil·me·tho·de** F metodo m terapeutico **Heil·mit·tel** N rimedio m, farmaco m (*a. fig*) **Heil·pflan·ze** F pianta f officinale **Heil·prak·ti·ker** M, **-in** F naturopata m/f **Heil·quel·le** F fonte f termale **heil·sam** ADJ salutare
Heils·ar·mee F esercito m della salvezza
Hei·lung F ⟨-; -en⟩ **1** guarigione f **2** cura f
Heil·ver·fah·ren N terapia f **Heil·wir·kung** F effetto m terapeutico
heim ADV a casa **Heim** N ⟨-[e]s; -e⟩ **1** (*Zuhause*) casa f **2** (*für Alte, Arme*) ricovero m, ospizio m; (*Erziehungsanstalt*) collegio m; (*für Asylanten*) centro m di accoglienza
Heim·ar·beit F lavoro m a domicilio: **etw in ~ herstellen** fare qc a domicilio **Heim·ar·bei·ter** M, **-in** F lavoratore m, -trice f a domicilio
Hei·mat F ⟨-⟩ patria f: **in der ~** in patria, a casa; **die ~ der Tiger ist Indien** la patria delle tigri è l'India **Hei·mat·dich·tung** F letteratura f regionale **Hei·mat·film** M film m di cultura locale **Hei·mat·ha·fen** M porto m d'immatricolazione **Hei·mat·kun·de** F = *storia, geografia e civiltà della propria regione* **Hei·mat·land** N terra f natale **hei·mat·lich** **A** ADJ natio: **die -en Berge** le montagne natie **B** ADV come a casa propria **hei·mat·los** ADJ senza patria **Hei·mat·mu·se·um** N museo m di storia e cultura locale **Hei·mat·ort** M luogo m natio **Hei·mat·ver·trie·be·ne** M/F HIST profugo m, -a f
heim·be·ge·ben V/R ⟨*irr*⟩ **sich ~** recarsi a casa **heim·brin·gen** VT ⟨*irr*⟩ portare a casa
Heim·chen N ⟨-s; -⟩ **1** grillo m domestico **2** *umg fig* **ein ~ am Herd(e)** donna f tutta casa e famiglia
hei·me·lig ADJ accogliente, intimo
Heim·fahrt F ritorno m (a casa) **heim·fin·den** VI ⟨*irr*; h.⟩ trovare la strada di casa **heim·ge·hen** VI ⟨*irr*; s.⟩ andare a casa
hei·misch ADJ **1** (*einheimisch*) locale **2** (*häuslich*) di casa **3** (*vertraut*) come a casa propria ♦ **sich ~ fühlen** sentirsi a casa; **~ werden** ambientarsi
Heim·kehr F ⟨-⟩ ritorno m **heim·keh·ren** VI ⟨s.⟩ ritornare a casa **Heim·keh·rer** M ⟨-s; -⟩, **-in** F ⟨-; -nen⟩ chi ritorna a casa; MIL reduce m/f
Heim·kind N bambino m, -a f cresciuto (-a) in un brefotrofio **heim·kom·men** VI ⟨*irr*; s.⟩ tornare a casa **Heim·lei·ter** M, **Heim·-in** F direttore m, -trice f (di collegio, ospizio) **heim·leuch·ten** VI ⟨h.⟩ *umg* **j-m ~** aggiustare (*od* sistemare) qn
heim·lich **A** ADJ **1** (*geheim*) segreto **2** furtivo: **-e Blicke** sguardi furtivi **3** (*verborgen*) nascosto; recondito: **-e Gründe** motivi reconditi **B** ADV segretamente, di nascosto; ♦ *umg* **~, still und leise** alla chetichella; → heimlichtun
Heim·lich·keit F ⟨-; -en⟩ **1** segretezza f **2** (*geheimnisvolles Tun*) affari *mpl* segreti
Heim·lich·tu·er M ⟨-s; -⟩ *pej* misterioso m: **er ist ein richtiger ~** è uno che fa sempre il misterioso **Heim·lich·tu·e·rei** F ⟨-; -en⟩ *pej* fare m misterioso **Heim·lich·tu·e·rin** F ⟨-; -nen⟩ misteriosa f

heim·lich·tun VI ⟨irr; h.⟩ fare il misterioso
Heim·rei·se F viaggio *m* di ritorno
Heim·sieg M SPORT vittoria *f* in casa
Heim·spiel N SPORT **ein ~ haben** giocare in casa **Heim·statt** F ⟨-⟩, **Heim·stät·te** F casa *f*, domicilio *m*
heim·su·chen VT *iron* far visita; colpire: **von einer Krankheit heimgesucht werden** essere afflitto da una malattia **Heim·su·chung** F ⟨-; -en⟩ disgrazia *f*; tribolazione *f*
Heim·trai·ner M attrezzo *m* (sportivo) per l'allenamento da camera
Heim·tü·cke F perfidia *f* **heim·tü·ckisch** ADJ perfido; (*schleichend*) insidioso: *fig* **eine -e Krankheit** una malattia insidiosa
Heim·vor·teil M SPORT vantaggio *m* di giocare in casa **heim·wärts** ADJ verso casa **Heim·weg** M **1** via *f* di casa **2** ritorno *m*: **auf dem ~** sulla via del ritorno **Heim·weh** N ⟨-[e]s⟩ nostalgia *f* (di casa) **Heim·wer·ker** M ⟨-s; -⟩, **-in** F ⟨-; -nen⟩ amante *m/f* del fai-da-te **heim·zah·len** VT far pagare: **das werde ich ihm ~!** questa gliela faccio pagare
Hei·ni M ⟨-s; -s⟩ *umg pej* cretino *m*
Hein·zel·männ·chen N ⟨-s; -⟩ gnomo *m*
Hei·rat F ⟨-; -en⟩ matrimonio *m*
hei·ra·ten **A** VT sposare: **j-n ~** sposarsi con qn **B** VI ⟨h.⟩ sposarsi
Hei·rats·an·trag M proposta *f* di matrimonio **Hei·rats·an·zei·ge** F **1** partecipazione *f* di matrimonio **2** (*Heiratsannonce*) annuncio *m* matrimoniale **hei·rats·fä·hig** ADJ (*Frauen*) in età da marito; (*Männer*) in età da prender moglie **Hei·rats·in·sti·tut** N agenzia *f* matrimoniale **Hei·rats·schwind·ler** M chi truffa con promessa di matrimonio **Hei·rats·ur·kun·de** F atto *m* di matrimonio **Hei·rats·ver·mitt·lung** F agenzia *f* matrimoniale
hei·ser **A** ADJ rauco, roco **B** ADV con voce roca **Hei·ser·keit** F ⟨-⟩ raucedine *f*
heiß **A** ADJ **1** caldo; (*Flüssigkeiten*) bollente **2** *fig* acceso, accanito: **ein -es Wortgefecht** un battibecco acceso; **ein -er Kampf** uno scontro accanito **3** (*leidenschaftlich*) appassionato, ardente **4** (*aufregend*) eccitante; caldo **5** (*heikel*) scottante: **-e Ware** merce che scotta **6** *sl* (*großartig*) fantastico **7** (*Tiere*) in calore **B** ADV **1** caldamente: **etw ~ empfehlen** consigliare caldamente qc **2** ardentemente: **etw ~ ersehnen** bramare qc ardentemente; **~ geliebt** amatissimo **3** (*heftig*) in modo accanito; **~ umkämpft** molto conteso ♦ *umg* **auf j-n/etw ~ sein** desiderare ardentemente qn/qc; **heute ist es ~** oggi fa molto caldo; SPORT **ein -er Favorit** un superfavorito; *umg* **hier geht's ~ her!** qui l'atmosfera è infuocata!; **(sich) ~ laufen** surriscaldarsi; **~ machen** riscaldare; **~ werden** scaldarsi
heiß·blü·tig ADJ focoso, impetuoso
hei·ßen ⟨hieß, geheißen⟩ **A** VT **1** chiamare: **j-n einen Freund ~** considerare qn un amico; **j-n einen Dieb ~** dare a qn del ladro **2** (*auffordern*) ordinare a, dire a **B** VI ⟨h.⟩ **1** chiamarsi: **wie heißt du (mit Nachnamen)?** come ti chiami (di cognome)? **2** (*bedeuten*) significare: **was heißt hier Frieden?** che cosa significa qui la parola pace? **3** **wie heißt „guten Tag" auf Italienisch?** come si dice "guten Tag" in italiano?; **wie heißt der genaue Titel?** com'è il titolo esatto? **4** *unpers* correre voce: **es heißt, sie sei krank** corre voce (*od* si dice) che sia malata **5** *unpers* (*nötig sein*) **jetzt heißt es, die Augen aufmachen** ora bisogna aprire gli occhi ♦ **das heißt** cioè; **was soll das ~?** ma come sarebbe a dire?; **das will nicht viel ~** questo non vuol dire molto; **j-n willkommen ~** dare il benvenuto a qn
Heiß·hun·ger M fame *f* da lupo: **einen ~ auf Käse haben** avere una gran voglia di (mangiare del) formaggio **Heiß·luft** F aria *f* calda **Heiß·luft·herd** M forno *m* ad aria
hei·ter ADJ **1** allegro **2** (*wolkenlos*) sereno ♦ **in -er Laune** (*od* **Stimmung**) **sein** essere allegro (*od* di buon umore); *umg iron* **das kann ~ werden** ne vedremo delle belle **Hei·ter·keit** F ⟨-⟩ **1** serenità *f*, allegria *f*: **~ des Gemütes** serenità d'animo; **~ ausstrahlen** diffondere allegria attorno a sé **2** ilarità *f*: **~ erregen** suscitare ilarità
heiz·bar ADJ riscaldabile
Heiz·de·cke F termocoperta *f*
hei·zen **A** VT (ri)scaldare **B** VI ⟨h.⟩ scaldare: **mit etw ~** scaldare con qc **Hei·zer** M ⟨-s; -⟩, **-in** F ⟨-; -nen⟩ fuochista *m*, -a *f*
Heiz·ge·rät N stufetta *f* elettrica **Heiz·kes·sel** M caldaia *f* **Heiz·kis·sen** N

termoforo *m* **Heiz·kör·per** M termosifone *m* **Heiz·kraft** F potere *m* calorifico **Heiz·kraft·werk** N centrale *f* termoelettrica e di riscaldamento **Heiz·lüf·ter** M termoventilatore *m* **Heiz·öl** N olio *m* combustibile

Hei·zung F ⟨-; -en⟩ 1 riscaldamento *m* 2 *umg* (*Heizkörper*) radiatore *m*, termosifone *m*

Hek·tar N ⟨-s; -e⟩ ettaro *m*

Hek·tik F ⟨-⟩ frenesia *f*

hek·tisch ADJ frenetico, febbrile

Hek·to·li·ter M/N ettolitro *m*

Held M ⟨-en; -en⟩ 1 eroe *m*: **den -en spielen** fare l'eroe 2 THEAT protagonista *m*

Hel·den·dich·tung F epica *f* eroica **hel·den·haft** ADJ eroico **Hel·den·mut** M eroismo *m* **Hel·den·sa·ge** F leggenda *f* eroica, saga *f* **Hel·den·tat** F atto *m* eroico **Hel·den·tum** N ⟨-s⟩ eroismo *m*

Hel·din F ⟨-; -nen⟩ eroina *f*

hel·fen V/I ⟨hilft, half, geholfen; h.⟩ 1 aiutare: **j-m beim Einkaufen ~** aiutare qn a fare la spesa 2 servire: **diese Tablette hilft gegen Kopfschmerzen** questa pastiglia serve contro il mal di testa; **das hilft nicht** non serve ♦ **j-m wieder auf die Beine ~** aiutare qn a rialzarsi; *fig* aiutare qn a rimettersi in piedi (finanziariamente); **sich** (*dat*) **nicht anders ~ können** non poter fare altrimenti; **ich kann mir nicht ~, aber ...** dì cosa vuoi, ma ...; **ihm ist nicht zu ~** non si può fare niente per lui; **da hilft alles nichts** non c'è altra possibilità; **sich** (*dat*) **zu ~ wissen** riuscire ad arrangiarsi, sapersela cavare; **ich wusste mir nicht mehr zu ~** non sapevo più che fare

Hel·fer M ⟨-s; -⟩, **-in** F ⟨-; -nen⟩ 1 soccorritore *m*, -trice *f* 2 (*Gehilfe*) assistente *m/f* 3 (*Komplize*) complice *m/f*

Hel·fers·hel·fer M, **-in** F complice *m/f*

Hel·go·land N ⟨-s⟩ Helgoland *f*

He·li·kop·ter M ⟨-s; -⟩ elicottero *m* **He·li·kop·ter-Ski·ing** N ⟨-s⟩ sci *m inv* con elicottero

He·li·um N ⟨-s⟩ elio *m*

hell A ADJ 1 chiaro: **-e Farben** colori chiari; **es wird schon ~** si fa già chiaro; LING **ein -er Vokal** una vocale chiara 2 luminoso: **ein -es Zimmer** una stanza luminosa; **eine -e Glühbirne** una lampadina luminosa 3 intelligente, sveglio: **ein -er Kopf** una mente sveglia 4 enorme: **-e Entrüstung** enorme sdegno 5 puro: **das ist -er Wahnsinn!** questa è pura follia! B ADV 1 **~ getönt sein** avere una tinta chiara 2 **~ leuchtend** luminoso 3 (*Ton*) in modo chiaro (*od* limpido): **ihre Stimme klingt ~** la sua voce ha un suono limpido 4 molto: **~ begeistert** molto entusiasta

hell·auf ADV molto, assai **hell·blau** ADJ azzurro, celeste **hell·blond** ADJ biondo chiaro **Hell·dun·kel** N chiaroscuro *m*

Hel·le[1] F ⟨-⟩ (*Helligkeit*) chiarore *m*, luminosità *f*

Hel·le[2] N ⟨-n; -n⟩ (*Bier*) (birra *f*) chiara *f*, bionda *f*

hell·grün ADJ verde chiaro **hell·häu·tig** ADJ dalla pelle chiara **hell·hö·rig** ADJ **eine -e Wohnung** un appartamento non insonorizzato (bene) ♦ **j-n ~ machen** rendere attento qn

hellicht → helllicht

Hel·lig·keit F ⟨-; -en⟩ luminosità *f* **Hel·lig·keits·re·ge·lung** F regolazione *f* della luminosità

hell·licht ADJ **-er Tag** pieno giorno

hell·se·hen V/I ⟨*irr; nur inf*⟩ avere il dono della chiaroveggenza **Hell·se·her** M, **-in** F chiaroveggente *m/f* **hell·se·he·risch** ADJ da chiaroveggente **hell·sich·tig** ADJ lucido **hell·wach** ADJ sveglissimo

Helm M ⟨-[e]s; -e⟩ 1 elmo *m* 2 (*Kopfschutz*) casco *m* 3 BERGB elmetto *m* **Helm·pflicht** F obbligo *m* del casco

Hemd N ⟨-[e]s; -en⟩ camicia *f* **Hemd·blu·se** F camicia *f* (da donna di taglio maschile) **Hemd·blu·sen·kleid** N chemisier *m*

Hemds·är·mel M manica *f* della camicia **hemds·är·me·lig** ADJ 1 in maniche di camicia 2 *umg* molto disinvolto (*od* informale)

He·mi·sphä·re F emisfero *m*

hem·men V/T 1 (*bremsen*) frenare (*a. fig*) 2 (*behindern*) intralciare: **j-n in seiner Arbeit ~** intralciare qn nel suo lavoro 3 PSYCH inibire **hem·mend** ADJ 1 che ostacola 2 PSYCH inibitore

Hemm·nis N ⟨-ses; -se⟩ ostacolo *m*

Hemm·schuh M 1 TECH scarpa *f* 2 *fig* ostacolo *m* **Hemm·schwel·le** F freni *mpl* inibitori

Hem·mung F ⟨-; -en⟩ 1 arresto *m* 2 (*Verlangsamung*) rallentamento *m* 3

(*Verhinderung*) impedimento *m* **4** *pl* PSYCH inibizioni *fpl* **5** (*Bedenken*) freno *m*, scrupolo *m*: **keine -en haben** non avere scrupoli ♦ **nur keine -en!** non farti (*od* fatevi) problemi! (*bedienen Sie sich*) non fare (*od* fate) complimenti!

hem·mungs·los ADJ **1** sfrenato **2** (*bedenkenlos*) privo di (*od* senza) scrupoli **Hem·mungs·lo·sig·keit** F ⟨-; -en⟩ **1** sfrenatezza *f* **2** mancanza *f* di scrupoli

Hengst M ⟨-[e]s; -e⟩ stallone *m*

Hen·kel M ⟨-s; -⟩ manico *m*, ansa *f*

hen·ken V/T *obs* impiccare

H

Hen·ker M ⟨-s; -⟩ boia *m*, carnefice *m* ♦ *umg* **weiß der ~!** lo sa il diavolo!

Hen·kers·mahl·zeit F HIST ultimo pasto *m* del condannato a morte

Hen·na N ⟨-s⟩ henné *m inv*

Hen·ne F ⟨-; -n⟩ gallina *f*

He·pa·ti·tis F ⟨-⟩ epatite *f*

her ADV **1** qua, qui: **~ zu mir!** vieni qui da me!; **wo sind Sie ~?** di dov'è Lei? **2** (*temporal*) **es ist schon lange ~** è già passato molto tempo; **es ist zwei Jahre ~** sono due anni **3** **von dort ~** di là; **von oben ~** dall'alto; **von der Form ~** per quanto riguarda la forma ♦ **~ damit** da' (*od* date) qua; **es ist eine Ewigkeit ~** è passata un'eternità; **Geld ~!** fuori i soldi!; **hinter etw/j-n ~ sein** star dietro a qc/qn; *fig* **mit seiner Intelligenz ist es nicht weit ~** non è molto intelligente; **wie lange ist es ~, dass ...** quanto tempo è che ...

he·rab ADV giù (da): **bis ins Tal ~** giù fino a valle; **von oben ~** dall'alto verso il basso; *fig* **j-n von oben ~ behandeln** trattare qn dall'alto in basso **he·rab·bli·cken** V/I ⟨h.⟩ guardare giù: *fig* **auf j-n mitleidig ~** guardare qn con un misto di commiserazione e di superiorità **he·rab·hän·gen** V/I ⟨*irr*; h.⟩ pendere, penzolare

he·rab·las·sen ⟨*irr*⟩ **A** V/T calare (giù) **B** V/R **sich ~** **1** calarsi (giù) **2** *fig* **sich ~, etw zu tun** abbassarsi a fare qc **he·rab·las·send** ADJ con arie di superiorità **He·rab·las·sung** F ⟨-⟩ aria *f* di superiorità

he·rab·se·hen V/I ⟨*irr*; h.⟩ → herabblicken **he·rab·set·zen** V/T **1** ridurre, abbassare: **Preise ~** abbassare i prezzi; **Kosten ~** ridurre le spese **2** (*herabwürdigen*) sminuire **He·rab·set·zung** F ⟨-; -en⟩ **1** riduzione *f* **2** (*Herabwürdigung*) discredito *m* **he·rab·wür·di·gen** **A** V/T screditare, svalutare **B** V/R **sich ~** abbassarsi

He·ral·dik F ⟨-⟩ araldica *f*

he·ran ADV (qui) vicino, accanto: **~ zu mir** vieni, venite accanto a me; **nur ~!** avanti!

he·ran·bil·den V/T formare: **j-n zum Wissenschaftler ~** far diventare qn uno scienziato **he·ran·füh·ren** **A** V/T **1** condurre vicino: **j-n an das Ufer ~** condurre qn vicino alla riva **2** (*nahebringen*) avvicinare: *fig* **j-n an ein Problem ~** avvicinare qn ad un problema; **j-n an die Malerei ~** iniziare qn alla pittura **B** V/I ⟨h.⟩ condurre vicino: **die Straße führt an den See heran** la strada porta al lago

he·ran·ge·hen V/I ⟨*irr*; s.⟩ **1** avvicinarsi **2** *fig* **an etw** (*akk*) **~** accingersi (*od* mettersi) a fare qc **he·ran·kom·men** V/I ⟨*irr*; s.⟩ avvicinarsi: **man kann an den Minister nicht ~** il ministro è inavvicinabile ♦ **die Dinge an sich** (*akk*) **~ lassen** aspettare che le cose accadano; **ich lasse nichts an mich ~** non mi faccio toccare da niente e nessuno **he·ran·ma·chen** V/R *umg* **1** **sich an j-n ~** avvicinarsi a qn; *fig* abbordare qn **2** **sich an eine Arbeit ~** mettersi a fare un lavoro **he·ran·rei·chen** V/I ⟨h.⟩ **1** **an etw** (*akk*) **~** arrivare a qc **2** *fig* uguagliare: **an Goethe reicht er nicht heran** non uguaglia Goethe **he·ran·rei·fen** V/I ⟨s.⟩ maturare: **zum Mann ~** diventare uomo **he·ran·rü·cken** **A** V/T accostare **B** V/I ⟨s.⟩ avvicinarsi **he·ran·tas·ten** V/R **sich an etw** (*akk*) **~** avvicinarsi a tastoni (*a. fig*) **he·ran·tre·ten** V/I ⟨*irr*; s.⟩ **1** **an j-n/etw ~** avvicinarsi a qn/qc **2** rivolgersi: **an j-n mit einer Bitte ~** rivolgersi a qn con una preghiera **he·ran·wach·sen** V/I ⟨s.⟩ crescere: **zur Frau ~** diventare donna

He·ran·wach·sen·de M/F ⟨-n; -n⟩ **1** adolescente *m/f* **2** JUR = *giovane fra i 18 e i 21 anni* **he·ran·wa·gen** V/R **1** **sich an j-n/etw ~** osare avvicinarsi a qn/qc **2** *fig* **sich an ein Problem ~** osare affrontare un problema **he·ran·zie·hen** V/T ⟨*irr*⟩ **1** tirare a sé **2** (*großziehen*) tirar su **3** (*ausbilden*) formare **4** consultare: **Fachleute ~** consultare degli esperti **5** impiegare, utilizzare: **etw zum Vergleich ~** utilizzare qc come termine di paragone; **j-n zur Arbeit ~** impiegare qn in un lavoro

he·rauf ADV su, sopra; (*hierher*) quassù: **da** (*od* **dort**) **~** su di là; **vom Tal ~** su per la valle

he·rauf·be·schwö·ren VT ⟨irr⟩ **1** **ein Unglück** ~ provocare una disgrazia **2** **die Geister/die Vergangenheit** ~ evocare gli spiriti/il passato **he·rauf·bit·ten** VT ⟨irr⟩ **j-n zu sich** ~ pregare qn di salire **he·rauf·kom·men** VI ⟨irr; s.⟩ venire su, salire: **komm** (**doch**) **herauf!** vieni su! **he·rauf·set·zen** VT aumentare **he·rauf·stei·gen** VI ⟨irr; s.⟩ salire **he·rauf·zie·hen** ⟨irr⟩ **A** VT tirare su **B** VI ⟨s.⟩ (*Gewitter*) avvicinarsi

he·raus ADV **1** fuori: **von innen** ~ dal di dentro **2** ~ **sein** essere uscito; **aus einer schwierigen Lage noch nicht** ~ **sein** non essere ancora uscito da una difficile situazione **3** ~ **sein** essere (stato) deciso: **es ist noch nicht** ~**, wer seinen Posten übernimmt** non è ancora stato deciso chi prenderà il suo posto ♦ **fein** ~ **sein** essere dalla parte dei vincenti; ~ **mit der Sprache!** su, parla!

he·raus·ar·bei·ten **A** VT ricavare: **eine Statue aus dem Stein** ~ ricavare una statua dalla pietra; *fig* **eine Idee** ~ mettere in chiaro un'idea **B** VR **sich** ~ tirarsi fuori **he·raus·be·kom·men** VT ⟨irr⟩ **1** riuscire a cavare (*od* estrarre); (*erfahren*) venire a sapere: *fig* **aus j-m kein Wort** ~ non riuscire a cavare una parola di bocca a qn; *umg* **ein Geheimnis aus j-m** ~ strappare un segreto a qn **2** (*Geld*) ricevere di resto **3** (*lösen*) risolvere **4** (*entziffern*) decifrare **he·raus·brin·gen** VT ⟨irr⟩ **1** portare fuori **2** *umg* → herausbekommen **3** (*Verlag*) pubblicare **4** HANDEL far uscire **5** (*Wort*) articolare **he·raus·fin·den** ⟨irr⟩ **A** VT scoprire **B** VI ⟨h.⟩ trovare una via d'uscita (*a. fig*)

He·raus·for·de·rer M ⟨-s; -⟩, **-rin** F ⟨-; -nen⟩ sfidante *m/f* **he·raus·for·dern** VT **1** sfidare: **j-n zum Duell** ~ sfidare qn a duello **2** provocare: **einen Protest** ~ provocare una protesta; **herbe Kritik** ~ suscitare aspre critiche **he·raus·for·dernd** ADJ provocatorio **He·raus·for·de·rung** F **1** sfida *f* **2** provocazione *f*

He·raus·ga·be F ⟨-⟩ **1** consegna *f* **2** (*Zurückgabe*) restituzione *f* **3** (*Verlag*) pubblicazione *f* **4** (*von Briefmarken, Münzen*) emissione *f* **he·raus·ge·ben** ⟨irr⟩ **A** VT **1** dare, passare (fuori) **2** consegnare: **die Geiseln** ~ consegnare gli ostaggi **3** (*zurückgeben*) restituire **4** (*Verlag*) pubblicare **5** (*Briefmarken, Münzen*) emettere **B** VI ⟨h.⟩ dare il resto: **auf 15 Euro** ~ dare il resto di 15 euro; **zu viel** ~ dare troppo di resto **He·raus·ge·ber** M, **-in** F **1** curatore *m*, -trice *f* **2** (*Verleger*) editore *m*, -trice *f* **he·raus·ge·ge·ben** ADJ ~ **vom Verlag X** pubblicato dalla casa editrice X; ~ **von Prof. Maier** a cura del Prof. Maier

he·raus·ge·hen VI ⟨irr; s.⟩ **1** uscire **2** (*sich entfernen lassen*) venir fuori; (*Flecken*) andare via **3** **aus sich** ~ aprirsi **he·raus·grei·fen** VT ⟨irr⟩ scegliere (*a. fig*): **ein Beispiel** ~ scegliere (*od* citare) un esempio

he·raus·ha·ben VT ⟨irr⟩ *umg* **1** (*entfernt haben*) avere tolto: **einen Nichtstuer aus dem Büro** ~ **wollen** voler allontanare un fannullone dall'ufficio **2** (*verstanden haben*) aver capito **3** (*gelöst haben*) aver risolto **4** (*entdeckt haben*) avere scoperto

he·raus·hal·ten ⟨irr⟩ **A** VT tenere fuori (*a. umg fig*) **B** VR *umg fig* **sich aus einer Sache** ~ tenersi fuori da una cosa **he·raus·hel·fen** VI ⟨irr; h.⟩ **1** **j-m aus dem Bus** ~ aiutare qn a scendere dall'autobus; **j-m aus dem Mantel** ~ aiutare qn a togliersi il cappotto **2** *fig* **j-m aus der Klemme** ~ tirare qn fuori dai guai

he·raus·ho·len VT **1** tirar fuori **2** *fig* **eine Antwort aus j-m** ~ strappare una risposta a qn; *umg* **man holt aus ihm kein Wort heraus** non gli si cava una parola di bocca **3** (*befreien*) liberare **4** *umg* **das Beste aus sich** ~ dare il meglio di sé; **aus etw das Letzte** ~ trarre il massimo da qc **5** (*erzielen*) ottenere **6** **viel Geld aus etw** ~ ricavare molti soldi da qc

he·raus·hö·ren VT **1** distinguere (fra altri suoni, altre voci) **2** *fig* avvertire: **aus j-s Worten Verwunderung** ~ avvertire stupore nelle parole di qn **he·raus·keh·ren** VT esibire, ostentare: **den Direktor** ~ ostentare la propria carica di direttore; **den starken Mann** ~ darsi arie di uomo forte

he·raus·kom·men VI ⟨irr; s.⟩ **1** uscire (*a.* HANDEL, FILM, *Verlag*): **die Firma wird bald mit einem neuen Produkt** ~ la ditta uscirà presto con un nuovo prodotto; **du kommst viel zu wenig heraus** esci troppo poco **2** *umg* (*entdeckt, bekannt werden*) venir fuori **3** risultare: **wie viel kommt heraus?** quant'è? quanto fa? *umg fig*; **dabei kommt nichts Gutes heraus** non ne

H

uscirà nulla di buono; **das kommt auf dasselbe** (*od* **auf eins**) **heraus** il risultato è sempre quello **2** *umg* non finire (più): **aus dem Erzählen nicht mehr ~** non finirla più di raccontare; *fig* **aus dem Staunen nicht ~** non riprendersi dallo stupore ♦ **groß ~** avere un grande successo

he·raus·kris·tal·li·sie·ren **A** VT enucleare **B** VR **sich ~** delinearsi (nettamente) **he·raus·ma·chen** VR *umg* **1** **sich gut ~** crescere bene **2** (*sich erholen*) rimettersi **3** (*in wirtschaftlicher, sozialer Hinsicht*) **sich toll ~** farsi un'ottima posizione, diventare qn **he·raus·müs·sen** VI ⟨*irr; h.*⟩ *umg* **1** doversi alzare **2** dover essere detto: **die Wahrheit muss heraus** bisogna dire la verità

he·raus·neh·men ⟨*irr*⟩ **A** VT togliere (*a.* MED), tirare fuori **B** VR **sich** (*dat*) **j-m gegenüber zu viele Freiheiten ~** prendersi troppe libertà con qn; **sich** (*dat*) **das Recht ~, etw zu tun** arrogarsi il diritto di fare qc

he·raus·plat·zen VI ⟨*s.*⟩ *umg* uscirsene, saltar fuori: **mit einer Neuigkeit ~** uscirsene con una novità **he·raus·put·zen** VR **sich ~** agghindarsi, farsi bello

he·raus·ra·gen VI ⟨*h.*⟩ **1** innalzarsi **2** (*sich abheben*) distinguersi **he·raus·ra·gend** ADJ straordinario, eccezionale

he·raus·re·den VR **sich ~** *umg* inventare (*od* trovare) una scusa; **er redete sich damit heraus, dass ...** aveva la scusa che ... **he·raus·rei·ßen** VT ⟨*irr*⟩ **1** strappare (*a. fig*): **j-n aus seiner Einsamkeit ~** strappare qn alla sua solitudine **2** *umg* (*von Schwierigkeiten befreien*) cavare dagli impicci, salvare (da) **he·raus·rü·cken** **A** VT *umg* dare (via) **B** VI ⟨*s.*⟩ *umg* **mit einem Wunsch ~** esprimere un desiderio; **mit der Wahrheit ~** confessare la verità **he·raus·schin·den** VT ⟨*irr*⟩ *umg* ricavare: **einen Rabatt ~** strappare uno sconto **he·raus·schla·gen** VT ⟨*irr*⟩ **1** togliere (battendo) **2** *umg* (*gewinnen*) ricavare **he·raus·sprin·gen** VI ⟨*irr; s.*⟩ **1** saltar fuori **2** (*sich aus etw lösen*) saltare (*od* venire) via ♦ **was springt dabei für mich heraus?** che cosa me ne viene (*od* ci guadagno)?

he·raus·stel·len **A** VT **1** metter fuori **2** porre in risalto: **die Ergebnisse ~** sottolineare i risultati **B** VR **sich ~** **1** dimostrarsi: **sich als falsch ~** dimostrarsi falso **2** venire fuori, essere scoperto: **es wird sich ~, ob er die Wahrheit gesagt hat** si scoprirà se ha detto la verità

he·raus·stre·cken VT sporgere (fuori) ♦ **j-m die Zunge ~** tirare fuori la lingua a qn **he·raus·strei·chen** VT ⟨*irr*⟩ *fig* esaltare: **seine eigenen Verdienste ~** vantare i propri guadagni **he·raus·su·chen** VT scegliere **he·raus·tre·ten** VI ⟨*irr; s.*⟩ **1** venire fuori, uscire **2** (*hervortreten*) sporgere

herb ADJ **1** aspro, acre: **ein -er Wein** un vino aspro; **ein -er Geruch** un odore acre; *fig* **-e Worte** parole aspre **2** amaro: **ein -es Parfüm** un profumo amaro **3** *fig* doloroso: **ein -er Verlust** una dolorosa perdita ♦ **~ enttäuscht sein** essere amaramente delusi

her·bei ADV qui, qua

her·bei·füh·ren VT provocare, causare **her·bei·ho·len** VT andare a prendere **her·bei·re·den** VT attirare a forza di parlarne: **Arbeitsplätze lassen sich nicht ~** i posti di lavoro non si creano a parole **her·bei·schaf·fen** VT procurare **her·bei·seh·nen** VT **1** desiderare **2** (*Künftiges*) aspettare con ansia

her·be·kom·men VT ⟨*irr*⟩ **1** trovare: **wo soll ich das denn ~?** e dove dovrei trovarlo? **2** **j-n ~** fare venire (qui) qn **her·be·mü·hen** **A** VT **j-n ~** pregare qn di venire **B** VR **sich ~** scomodarsi (a venire)

Her·ber·ge F ⟨*-; -n*⟩ **1** *obs* locanda *f* **2** (*Jugendherberge*) ostello *m*

Her·bergs·mut·ter F, **-va·ter** M direttore *m*, -trice *f* di ostello

her·be·stel·len VT mandare a chiamare

her·be·ten VT recitare meccanicamente

Herb·heit F ⟨*-*⟩ **1** sapore *m*, odore *m* acre, asprezza *f* **2** *fig* durezza *f*, asprezza *f*

her·bit·ten VT ⟨*irr*⟩ **j-n zu sich ~** pregare qn di venire

her·brin·gen VT ⟨*irr*⟩ portare (qui)

Herbst M ⟨*-[e]s; -e*⟩ autunno *m* (*a. fig*): **im ~** in autunno **Herbst·fe·ri·en** PL vacanze *mpl* autunnali

herbst·lich ADJ autunnale **Herbst·zeit·lo·se** F ⟨*-; -n*⟩ BOT colchico *m*

Herd M ⟨*-[e]s; -e*⟩ **1** cucina *f*: **ein ~ mit vier Flammen** una cucina a quattro fuochi **2** *fig* focolaio *m*: **der ~ der Entzündung** il focolaio dell'infiammazione ♦

am ~ stehen stare ai fornelli; **das Essen auf dem ~ haben** avere il mangiare sul fuoco; **der häusliche ~** il focolare domestico

Her·de F ⟨-; -n⟩ mandria *f*, gregge *m* (*a. fig*): **mit der ~ laufen** seguire il gregge; **eine ~ Elefanten** un branco di elefanti

Her·den·tier N **1** animale *m* di gregge (*od* di branco) **2** *pej* pecorone *m* **Her·den·trieb** M istinto *m* gregario

Herd·plat·te F piastra *f* (elettrica)

he·rein ADV dentro: **~ mit euch!** entrate!; **~!** avanti!; **von draußen ~** dal di fuori

he·rein·be·kom·men VT ⟨irr⟩ *umg* ricevere **he·rein·bit·ten** VT ⟨irr⟩ pregare di entrare **he·rein·bre·chen** VI ⟨irr; s.⟩ **1** (*Wassermassen*) riversarsi **2** abbattersi inaspettatamente: **ein Unheil brach über das Land herein** inaspettatamente una sciagura si abbattè sul paese **3** arrivare improvvisamente: **die Nacht bricht herein** improvvisamente si fa notte; **der Winter bricht herein** arriva l'inverno

he·rein·fal·len VI ⟨irr; s.⟩ *umg fig* farsi imbrogliare; (*auf Scherze*) cascarci: **er ist darauf hereingefallen** ci è cascato **he·rein·ho·len** VT **1** portare dentro, far entrare **2** *umg fig* recuperare **he·rein·kom·men** VI ⟨irr; s.⟩ **1** entrare **2** (*Waren*) arrivare **he·rein·las·sen** VT ⟨irr⟩ *umg* lasciare entrare **he·rein·le·gen** VT *umg* imbrogliare **he·rein·plat·zen** VI ⟨s.⟩ *umg* piombare (dentro) **he·rein·ras·seln** VI ⟨s.⟩ *umg* **1** farsi imbrogliare **2** (*in Schwierigkeiten geraten*) mettersi nei guai **he·rein·schau·en** VT **1** guardare dentro **2** *umg* **bei j-m ~** fare una breve visita a qn **he·rein·schnei·en** VI ⟨s.⟩ **1** *unpers* nevicare dentro **2** *umg* arrivare all'improvviso

her·fah·ren ⟨irr⟩ **A** VI ⟨s.⟩ **1** venire qui (con un veicolo) **2** **hinter j-m ~** seguire qn (con un veicolo) **B** VT portare qui (con un veicolo) **Her·fahrt** F viaggio *m* di andata; (*Rückfahrt*) viaggio *m* di ritorno **her·fal·len** VI ⟨irr; s.⟩ **über j-n/etw ~** avventarsi su qn/qc; *fig* **über j-n mit Fragen ~** assalire qn di domande

her·fin·den VI ⟨irr; h.⟩ trovare la strada per arrivare (qui) **Her·gang** M andamento *m*, svolgimento *m*

her·ge·ben ⟨irr⟩ **A** VT **1** dare (via) **2** *umg* offrire: **dieses Buch gibt nicht viel her** questo libro non offre molto **3** prestare: **seinen Namen zu etw ~** prestare il proprio nome per qc **B** VR **sich zu etw ~** prestarsi a qc ♦ **laufen, was seine Beine ~** correre fino allo stremo delle forze

her·ge·bracht ADJ tradizionale

her·ge·hen VI ⟨irr; s.⟩ **1** **vor j-m ~** camminare davanti a qn; **neben j-m ~** camminare al fianco di qn; **hinter j-m/etw ~** andare dietro a qn/qc **2** *unpers* **es geht hier laut her** c'è chiasso; **auf dem Fest ging es hoch her** alla festa c'era molta animazione **her·ge·hö·ren** VI ⟨h.⟩ essere al proprio posto: **da gehörst du her** il tuo posto è qui

her·ge·lau·fen ADJ di dubbie origini

her·ha·ben VT ⟨irr⟩ aver preso (*a. fig*): **wo hast du diese Begabung her?** da chi hai preso questa capacità?; **wo haben Sie das her?** da chi l'ha avuto? (*wer hat das gesagt*) da chi l'ha sentito? **her·hal·ten** ⟨irr⟩ **A** VT porgere **B** VI ⟨h.⟩ essere usato: **als Vorwand ~ müssen** essere usato come pretesto ♦ **~ müssen** (*büßen*) farne le spese, essere la vittima

her·ho·len VT andare a prendere ♦ **weit hergeholt** tirato per i capelli

He·ring M ⟨-s; -e⟩ **1** aringa *f*: **grüner ~** aringa fresca **2** (*Zeltpflock*) picchetto *m* ♦ **gedrängt wie die -e** pigiati come sardine

her·kom·men VI ⟨irr; s.⟩ **1** venire (qui): **komm her!** vieni qui! **2** derivare: **wo kommt dieser Brauch her?** da dove deriva questa usanza? **3** (*herstammen*) venire: **wo kommst du her?** da dove vieni? di dove sei?

Komm her!

Die Geste zu **Komm her!** sieht in Italien anders aus als in Deutschland: Man hält die Handfläche nach unten gerichtet und bewegt die Finger zu sich heran.

her·kömm·lich ADJ **1** tradizionale **2** convenzionale: **-e Waffen** armi convenzionali

Her·kunft F ⟨-; -künfte⟩ origine *f*

Her·kunfts·be·zeich·nung F denominazione *f* di origine **Her·kunfts·land** N paese *m* d'origine

her·lau·fen VI ⟨irr; s.⟩ **1** venire qui (a piedi) **2** **hinter j-m ~** correre dietro a qn

her·lei·ten **A** VT derivare **B** VR **sich ~ aus** (*od* **von**) derivare da

her·ma·chen *umg* **A** VR **sich ~** **1** (*in*

Angriff nehmen) **sich über etw** (*akk*) **~** cominciare qc; **sich über ein Buch ~** cominciare (a leggere) un libro **2** (*herfallen*) avventarsi: **sich über das Essen ~** avventarsi sul cibo **3** **sich über j-n ~** attaccare qn; **sich über etw ~** buttarsi su qc **B** V/I ⟨h.⟩ **viel/wenig/nichts ~** fare bella/magra/brutta figura

Her·me·lin[1] N ⟨-s; -e⟩ ZOOL ermellino *m*

Her·me·lin[2] M ⟨-s; -e⟩ (*Pelz*) (pelliccia *f* di) ermellino *m*

her·me·tisch ADJ ermetico

her·müs·sen V/I ⟨*irr; h.*⟩ *umg* **1** (*Person*) dover venire (qua): **dafür muss ein Spezialist her** per questo deve venire uno specialista **2** (*Sache*) dover essere portato qua: **es muss Geld her** va procurato del denaro

her·neh·men V/T ⟨*irr*⟩ prendere: **wo soll er das Geld ~?** dove va a prendere il denaro?; **wo nehme ich die Zeit dazu her?** dove trovo il tempo per questo?

her·nie·der ADV quaggiù, giù

He·ro·in N ⟨-s⟩ eroina *f* **he·ro·in·süch·tig** ADJ eroinomane

he·ro·isch ADJ eroico

He·ro·is·mus M ⟨-⟩ eroismo *m*

He·rold M ⟨-[e]s; -e⟩ araldo *m*

Her·pes M ⟨-⟩ herpes *m inv*, erpete *m*

Herr M ⟨-[e]n; -en⟩ **1** signore *m*: **was wünschen Sie, mein ~?** il signore desidera?; **sehr geehrter ~ Müller** egregio signor Müller **2** padrone *m*: **der ~ des Hauses** il padrone di casa **3** REL Signore *m*: **~ Jesus** Nostro Signore Gesù ♦ **sein eigener ~ sein** non dipendere da nessuno; **~ der Lage sein** essere padrone della situazione; **aus aller -en Länder(n)** da ogni dove; *umg* **meine -en!** accidenti! *umg hum*; **die -en der Schöpfung** i signori uomini; **nicht mehr ~ seiner Sinne sein** non essere padrone di sé; **über j-n/etw ~ sein** dominare qn/qc; **etw** (*gen*) **~ werden** padroneggiare qc

Herr·chen N ⟨-s; -⟩ (*Hundebesitzer*) padrone *m*

Her·rei·se F venuta *f*; (*Rückkehr*) (viaggio *m* di) ritorno *m*: **auf der ~** al ritorno

Her·ren·aus·stat·ter M ⟨-s; -⟩ negozio *m* d'abbigliamento maschile **Her·ren·be·kannt·schaft** F amicizia *f* maschile **Her·ren·be·klei·dung** F abbigliamento *m* maschile **Her·ren·dop·pel** N SPORT doppio *m* maschile **Her·ren·ein·zel** N SPORT singolo *m* maschile **Her·ren·haus** N casa *f* padronale **her·ren·los** ADJ senza proprietario **Her·ren·mo·de** F moda *f* maschile **Her·ren·schnei·der** M, **-in** F sarto *m*, -a *f* da uomo **Her·ren·sitz** M residenza *f* signorile **Her·ren·toi·let·te** F toilette *f* per uomini

Herr·gott M ⟨-s⟩ *umg* domineddio *m* ♦ **~ noch mal!** dio santo!

her·rich·ten **A** V/T **1** preparare **2** (*instand setzen*) sistemare **B** V/R **sich ~** prepararsi

Her·rin F ⟨-; -nen⟩ signora *f*: **die ~ des Hauses** la padrona di casa

her·risch ADJ imperioso, dispotico; (*hochmütig*) altero

herr·je·(mi·ne) INT *umg* Dio mio

herr·lich ADJ magnifico; eccellente **Herr·lich·keit** F ⟨-; -en⟩ magnificenza *f*

Herr·schaft F ⟨-; -en⟩ **1** dominazione *f*, dominio *m*: **unter englischer ~ stehen** essere sotto la dominazione inglese **2** (*Macht*) potere *m*: **die ~ antreten** assumere il potere; **die ~ des Volkes** la sovranità popolare **3** *fig* (*Beherrschung*) controllo *m* **4** *pl* signori *mpl*: **meine -en!** signori! **herr·schaft·lich** ADJ **1** padro-

Herr und Frau ...

Wenn man von einer Dame oder einem Herren in der dritten Person spricht, verwendet man den bestimmten Artikel:

Dov'è la signora Bianchi?	Wo ist Frau Bianchi?
Dov'è il signor Rossi?	Wo ist Herr Rossi?

Sprechen Sie die Person direkt an, so steht kein Artikel. **Signore** wird zu **signor. Signora** kann man auch alleine verwenden, **signor(e)** in der Regel in Verbindung mit einem Namen:

Buongiorno, signora!	Guten Tag, Frau (Bianchi)!
Buonasera, signor Rossi!	Guten Abend, Herr Rossi!

nale **2** (*vornehm*) signorile
herr·schen VI ⟨h.⟩ regnare: **über ein Volk ~** regnare su un popolo; **es herrscht Schweigen** regna il silenzio **herr·schend** ADJ **1** al potere, dominante (*a. fig*): **die -e Meinung** l'opinione dominante **2** vigente: **die -en Zustände** le condizioni vigenti
Herr·scher M ⟨-s; -⟩ sovrano *m* **Herr·scher·haus** N casa *f* regnante
Herr·sche·rin F ⟨-; -nen⟩ sovrana *f*
Herrsch·sucht F ⟨-⟩ sete *f* di potere
herrsch·süch·tig ADJ avido di potere
her·rüh·ren VI ⟨h.⟩ **von j-m/etw ~** derivare da qn/qc **her·sa·gen** VT recitare **her·schaf·fen** VT portare qua **her·schie·ben** VT *fig* **etw vor sich** (*dat*) **~** rimandare qc **her·stam·men** VI ⟨h.⟩ **1** (*abstammen*) discendere, derivare **2** (*herkommen*) venire: **wo stammt das her?** da dove viene?
her·stel·len VT **1** produrre, fabbricare: **von Hand ~** fabbricare a mano **2** stabilire: **Beziehungen ~** stabilire rapporti; **den Frieden/die Ordnung ~** ristabilire la pace/l'ordine **Her·stel·ler** M ⟨-s; -⟩, **-in** F ⟨-; -nen⟩ produttore *m*, -trice *f*, fabbricante *m/f* **Her·stel·lung** F **1** produzione *f*, fabbricazione *f* **2** (*Zustandebringen*) lo stabilire; avvio *m*
Her·stel·lungs·kos·ten PL costi *mpl* di produzione **Her·stel·lungs·land** N paese *m* produttore **Her·stel·lungs·preis** M prezzo *m* di fabbrica **Her·stel·lungs·ver·fah·ren** N processo *m* produttivo, di fabbricazione
he·rü·ber ADV da questa parte, di qua
he·rü·ber·kom·men VI ⟨*irr; s.*⟩ venire (qua): **zu j-m ~** venire a trovare qn; **auf einen Drink ~** venire a prendere un drink
he·rum ADV intorno: **dort ~** là intorno; **um das Jahr 1900 ~** intorno al 1900 ♦ **verkehrt ~ sein** essere al contrario
he·rum·är·gern VR **sich ~** *umg* arrabbiarsi (continuamente) **he·rum·brin·gen** VT ⟨*irr*⟩ *umg* **die Zeit ~** far passare il tempo **he·rum·dok·tern** VI ⟨h.⟩ **an etw/j-m ~** armeggiare intorno a qc/qn
he·rum·dre·hen **A** VT girare **B** VI ⟨h.⟩ *umg* **an etw** (*dat*) **~** armeggiare intorno a qc **C** VR **sich ~** girarsi **he·rum·drü·cken** VR **sich ~** **1** **sich um eine Entscheidung ~** evitare una decisione **2** (*sich herumtreiben*) *umg* gironzolare
he·rum·fah·ren ⟨*irr*⟩ **A** VI ⟨s.⟩ **1** fare un giro: **um das Schloss ~** fare un giro intorno al castello **2** (*umherfahren*) girare **3** (*sich umdrehen*) girarsi di scatto **B** VT portare in giro: **j-n in der Stadt ~** portare qn in giro per la città **he·rum·fra·gen** VI domandare qua e là **he·rum·füh·ren** **A** VT **1** condurre in giro **2** **etw um etw ~** far passare qc intorno a qc; **eine Mauer um das Haus ~** costruire un muro attorno alla casa **B** VI ⟨h.⟩ girare: **die Straße führt um die Stadt herum** la strada gira intorno alla città **he·rum·fuhr·wer·ken** VI ⟨h.⟩ *umg* armeggiare
he·rum·ge·hen VI ⟨*irr; s.*⟩ **1** girare, andare in giro: **im Haus ~** andare in giro per la casa; **der Weg geht um den See herum** il sentiero gira intorno al lago; *fig* **die Nachricht ging in der Stadt herum** la notizia fece il giro della città **2** circolare: **eine Liste ~ lassen** far circolare una lista **3** (*ausweichen*) **um etw ~** evitare, girare attorno a qc **4** *umg* (*vergehen*) passare ♦ **etw geht mir im Kopf herum** qc mi gira per la testa
he·rum·ha·cken VI ⟨h.⟩ *umg* **auf j-m ~** trovar da ridire sul conto di qn; **auf etw ~** trovar da ridire su qc **he·rum·kom·man·die·ren** VT dare ordini a **he·rum·kom·men** VI ⟨*irr; s.*⟩ *umg* **1** **um etw ~** evitare (*od* scansare) qc; **um ein Hindernis ~** aggirare un ostacolo **2** girare: **viel** (*od* **weit**) **~** viaggiare molto **he·rum·krie·gen** VT *umg* **1** **j-n ~** far cambiare opinione a qn **2** (*hinter sich bringen*) passare
he·rum·lau·fen VI ⟨*irr; s.*⟩ girare, andare in giro: **so kann er doch nicht ~!** non può mica andare in giro così!; **die Straße läuft um den Park herum** la strada gira intorno al parco **he·rum·lie·gen** VI ⟨*irr; h.*⟩ **1** essere sparso: **etw ~ lassen** lasciare qc in giro **2** (*faul daliegen*) starsene sdraiato (in ozio) **he·rum·lun·gern** VI ⟨s., h.⟩ *umg* bighellonare
he·rum·re·den VI ⟨h.⟩ parlare a vanvera: **um das Thema ~** girare attorno all'argomento **he·rum·rei·chen** VT ⟨h.⟩ *umg* **1** offrire, far passare **2** (*etw umfassen*) riuscire a cingere **he·rum·rei·ten** VI ⟨*irr; s.*⟩ *umg* girare a cavallo ♦ *umg* **auf etw** (*dat*) **~** battere su qc; *umg* **auf j-m ~** dare addosso a qn
he·rum·schnüf·feln VI ⟨h.⟩ *fig* spiare
he·rum·spre·chen VR ⟨*irr*⟩ **es sprach**

sich herum, dass … si è sparsa la voce che … **he·rum·ste·hen** VI ⟨irr; h.⟩ 1 stare attorno 2 (*Sachen*) essere sparso ♦ **müßig ~** starsene in ozio **he·rum·sto·ßen** VI ⟨irr; h.⟩ *umg* sbattere di qua e di là

he·rum·tra·gen VT ⟨irr⟩ 1 (*mit sich tragen*) portarsi dietro 2 portare in giro: **das Kind auf dem Arm ~** portare in giro il bambino in braccio 3 *fig* (*Probleme, Ideen*) rimuginare **he·rum·trei·ben** VR ⟨irr⟩ **sich ~** *umg* vagare, gironzolare: **sich in Kneipen ~** vagare da un bar all'altro **He·rum·trei·ber** M ⟨-s; -⟩, **-in** F ⟨-; -nen⟩ *umg* 1 *pej* vagabondo *m*, -a *f* 2 *hum* gironzolone *m*, -a *f* **he·rum·tre·ten** VI ⟨irr; s.⟩ *umg* **auf etw**/*fig* **auf j-m ~** calpestare qc/qn

he·run·ter ADV giù: **den Weg ~** giù per il sentiero; **~ vom Tisch** giù dal tavolo ♦ *umg* **völlig mit den Nerven ~ sein** avere i nervi a fior di pelle

he·run·ter·fah·ren VT ⟨irr⟩ (*Computer*) spegnere; (*Produktion*) ridurre; (*Kraftwerk*) fermare **he·run·ter·fal·len** VI ⟨irr; s.⟩ cadere **he·run·ter·ge·hen** VI ⟨irr; s.⟩ 1 scendere giù: *umg* **die Straße ~** andare giù per la strada 2 *umg fig* diminuire, andar giù **he·run·ter·ge·kom·men** ADJ malandato **he·run·ter·han·deln** VT *umg* **den Preis ~** tirare sul prezzo **he·run·ter·ho·len** VT 1 andare a prendere, portare giù 2 *umg fig* (*abschießen*) abbattere **he·run·ter·klap·pen** VT abbassare **he·run·ter·kom·men** VI ⟨irr; s.⟩ 1 scendere 2 *umg fig* (*wirtschaftlich*) decadere, andare in rovina 3 *umg fig* andare giù **he·run·ter·la·den** VT ⟨irr⟩ IT scaricare, fare il download di **he·run·ter·las·sen** VT ⟨irr⟩ *umg* far scendere **he·run·ter·ma·chen** VT *umg* **j-n ~** denigrare qn; **etw ~** stroncare qc **he·run·ter·put·zen** VT *umg* **j-n ~** fare una ramanzina a qn **he·run·ter·schal·ten** VI ⟨h.⟩ innestare una marcia inferiore **he·run·ter·schlu·cken** VT *umg* ingoiare (*a. fig*) **he·run·ter·spie·len** VT *umg* 1 suonare meccanicamente 2 *fig* minimizzare **he·run·ter·wirt·schaf·ten** VT *umg* mandare in rovina

her·vor ADV fuori

her·vor·bre·chen VI ⟨irr; s.⟩ 1 sbucare fuori 2 spuntare: **die ersten Blumen brechen hervor** spuntano i primi fiori 3 *fig* (*Gefühle*) prorompere **her·vor·brin·gen** VT ⟨irr⟩ 1 produrre; *fig* **diese Stadt hat viele Dichter hervorgebracht** questa città ha dato i natali a molti poeti 2 *fig* creare 3 tirare fuori: **keinen Laut ~** non dire una sillaba **her·vor·ge·hen** VI ⟨irr; s.⟩ 1 provenire: **aus dieser Beziehung ging ein Kind hervor** da questa relazione nacque un bambino 2 uscire: **aus einem Kampf als Sieger ~** uscire vincitore da una lotta 3 *fig* risultare **her·vor·he·ben** VT ⟨irr⟩ 1 mettere in risalto 2 (*nachdrücklich betonen*) sottolineare **her·vor·ho·len** VT estrarre, tirare fuori

her·vor·ra·gen VI ⟨h.⟩ 1 sporgere fuori 2 (*sich auszeichnen*) spiccare, eccellere: **sie ragt unter den Schülern durch ihren Fleiß hervor** eccelle tra gli scolari per il suo zelo **her·vor·ra·gend** ADJ eccellente, eminente: **ein -er Wissenschaftler** un eminente scienziato **her·vor·ru·fen** VT ⟨irr⟩ suscitare, provocare: **Bewunderung ~** suscitare ammirazione; **Erstaunen ~** provocare stupore

her·vor·ste·chen VI ⟨irr; h.⟩ *fig* spiccare, risaltare **her·vor·ste·chend** ADJ che salta agli occhi **her·vor·tre·ten** VI ⟨irr; s.⟩ 1 venire fuori 2 manifestarsi 3 sporgere: **seine Backenknochen treten hervor** ha gli zigomi sporgenti **her·vor·tun** VR ⟨irr⟩ 1 **sich ~** distinguersi; **sich als brillanter Werbefachmann ~** distinguersi come brillante pubblicitario 2 (*sich wichtig tun*) mettersi in mostra **her·vor·wa·gen** VR **sich ~** osare uscire

Her·weg M venuta *f*; (*Rückweg*) ritorno *m*

Herz N ⟨-e[n]s; -en⟩ 1 cuore *m* (*a. fig*): **kein ~ haben** non avere cuore; **seine Worte kommen von -en** le sue parole vengono dal cuore; **das ~ der Stadt** il cuore (*od* il centro) della città 2 (*im Kartenspiel*) cuori *mpl* ♦ **alles, was das ~ begehrt** tutto quanto si può desiderare; **j-m das ~ brechen** spezzare il cuore a qn; **es nicht übers ~ bringen, …** non avere il coraggio di …; **sich** (*dat*) **ein ~ fassen** farsi coraggio; **von ganzem -en** di tutto cuore; **zu -en gehen** toccare il cuore; **sie ist ihm ans ~ gewachsen** lui le è molto affezionato; **ein ~ für j-n/etw haben** amare qn/qc; **j-m etw ans ~ legen** raccomandare vivamente qc a qn; **leichten -ens** a cuor leggero; **es wurde ihm leichter ums ~** gli si allargò il cuore; **das liegt**

ihm am -en ciò gli sta a cuore; **seinem -en Luft machen** sfogarsi; **sich** (*dat*) **etw zu -en nehmen** prendersi a cuore qc; **j-n in sein ~ schließen** affezionarsi a qn; **schweren -ens** a malincuore; **j-m das ~ schwer machen** rattristare qn; **ein ~ und eine Seele sein** andare d'amore e d'accordo; BOT **Tränendes ~** cuor di Maria; **sein ~ an j-n verlieren** innamorarsi di qn

Herz·an·fall M attacco *m* cardiaco **Herz·be·schwer·den** PL disturbi *mpl* cardiaci **Herz·chi·rurg** M, **-in** F cardiochirurgo *m*

her·zei·gen V/T far vedere, mostrare

her·zen V/T stringere al cuore, abbracciare

Her·zens·an·ge·le·gen·heit F **1** (*Liebe*) affare *m* di cuore **2** (*wichtige Sache*) cosa *f* di grande importanza **Her·zens·bre·cher** M ⟨-s; -⟩ rubacuori *m* **her·zens·gut** ADJ di buon cuore **Her·zens·lust** F **nach ~** a piacere, finché si vuole **Her·zens·wunsch** M intimo desiderio *m*

herz·er·fri·schend ADJ che rallegra il cuore, lieto **herz·er·grei·fend** ADJ commovente **herz·er·schüt·ternd** ADJ straziante

Herz·feh·ler M vizio *m* cardiaco **Herz·flim·mern** N ⟨-s⟩ fibrillazione *f* (cardiaca) **herz·för·mig** ADJ a (forma di) cuore **herz·haft** ADJ forte: **ein -er Händedruck** una forte stretta di mano; **-e Speisen lieben** amare i cibi forti ♦ **ein -er Schluck** una buona sorsata; **ein -es Lachen** una sonora risata

her·zie·hen ⟨*irr*⟩ **A** V/T **1** *umg* tirare in qua: **etw zu sich ~** tirare qc verso di sé **2** **etw hinter sich** (*dat*) **~** tirarsi dietro qc **B** V/I **1** ⟨s.⟩ **hinter j-m/etw ~** procedere dietro qn/qc; **neben j-m/etw ~** procedere di fianco a qn/qc **2** *umg* ⟨h., s.⟩ **über j-n ~** spettegolare su qn

her·zig ADJ grazioso, carino

Herz·in·farkt M infarto *m* cardiaco **Herz·kam·mer** F ventricolo *m* **Herz·klap·pe** F valvola *f* cardiaca **Herz·klap·pen·feh·ler** M vizio *m* valvolare **Herz·klop·fen** N ⟨-s⟩ **1** batticuore *m* **2** MED cardiopalma *m* **herz·krank** ADJ malato di cuore, MED cardiopatico **Herz·krank·heit** F malattia *f* di cuore, MED cardiopatia *f* **Herz·kranz·ge·fäß** N coronaria *f*

Herz-Kreis·lauf-Er·kran·kung F malattia *f* cardiocircolatoria

herz·lich ADJ **1** cordiale; (*liebevoll*) affettuoso: **ein -er Kuss** un bacio affettuoso **2** (*aufrichtig*) sincero: **eine -e Bitte** una preghiera che viene dal cuore ♦ **~ gern** ben volentieri; **j-n aufs Herzlichste begrüßen** salutare qn molto cordialmente; **j-m etw ~ wünschen** augurare di cuore qc a qn; (*in Briefen*) **-st dein/euer Peter** il tuo/il vostro affezionatissimo Peter; **~ willkommen!** benvenuto! benvenuti! **Herz·lich·keit** F ⟨-; -en⟩ **1** cordialità *f* **2** (*Aufrichtigkeit*) sincerità *f*

herz·los ADJ **1** senza cuore, insensibile **2** (*unbarmherzig*) spietato **Herz·lo·sig·keit** F ⟨-; -en⟩ **1** mancanza *f* di cuore **2** (*Unbarmherzigkeit*) spietatezza *f*

Herz-Lun·gen-Ma·schi·ne F macchina *f* cuore-polmoni **Herz·mas·sa·ge** F massaggio *m* cardiaco

Her·zog M ⟨-[e]s; -zöge *u.* -e⟩, **-in** F ⟨-; -nen⟩ duca *m*, duchessa *f* **her·zog·lich** ADJ ducale **Her·zog·tum** N ⟨-[e]s; -tümer⟩ ducato *m*

Herz·ope·ra·ti·on F operazione *f* al cuore **Herz·rhyth·mus·stö·rung** F aritmia *f* cardiaca **Herz·schlag** M **1** battito *m* cardiaco (*od* del cuore) **2** (*Herztod*) arresto *m* cardiaco, *umg* colpo *m* **Herz·schritt·ma·cher** M pace-maker *m* **Herz·schwä·che** F insufficienza *f* cardiaca **Herz·spe·zi·a·list** M, **-in** F cardiologo *m*, -a *f* **Herz·still·stand** M arresto *m* cardiaco **Herz·stück** N ⟨-[e]s⟩ *fig* cuore *m*, parte *m* centrale **Herz·tod** M (morte *f* per) arresto *m* cardiaco **Herz·trans·plan·ta·ti·on** F trapianto *m* di (*od* del) cuore **Herz·ver·sa·gen** N collasso *m* cardiaco **herz·zer·rei·ßend** ADJ straziante

Hes·se M ⟨-n; -n⟩ abitante *m* dell'Assia **Hes·sen** N ⟨-s⟩ Assia *f* **Hes·sin** F ⟨-; -nen⟩ abitante *f* dell'Assia **hes·sisch** ADJ assiano

he·te·ro ADJ *sl* etero **he·te·ro·gen** ADJ eterogeneo **he·te·ro·se·xu·ell** ADJ eterosessuale

Het·ze F ⟨-; -n⟩ **1** (*Eile*) furia *f* **2** persecuzione *f*: **eine ~ gegen j-n/etw betreiben** perseguitare (*od* dare la caccia) a qn/qc

het·zen **A** V/T **1** **ein Tier ~** dare la caccia a un animale; **j-n zu Tode ~** dare la caccia a qn finché non muore **2** **die Polizisten**

H

auf j-n ~ sguinzagliare i poliziotti dietro a qn **3** *fig* (*zur Eile antreiben*) **j-n ~** fare fretta a qn **B** VI ⟨h.⟩ **1** affannarsi; (*hastig arbeiten*) lavorare in fretta e furia **2** **gegen j-n/etw ~** fare una campagna persecutoria contro qn/qc **3** **zum Krieg ~** istigare alla guerra **4** ⟨s.⟩ correre (a perdifiato) **C** V/R **sich ~** affanarsi

Het·zer M ⟨-s; -⟩ istigatore *m* **Het·ze·rei** F ⟨-; -en⟩ **1** istigazione *f* **2** (*Eile*) furia *f* **Het·ze·rin** F ⟨-; -nen⟩ istigatrice *f*

Hetz·jagd F **1** JAGD caccia *f* a inseguimento **2** (*Verfolgung*) caccia *f* **Hetz·kam·pag·ne** F campagna *f* persecutoria

H

Heu N ⟨-[e]s⟩ fieno *m*: **~ machen** fare il fieno ♦ **Geld wie ~** soldi a palate **Heu·bo·den** M fienile *m*

Heu·che·lei F ⟨-; -en⟩ ipocrisia *f*, falsità *f* **heu·cheln** V/T & V/I ⟨h.⟩ fingere **Heuch·ler** M ⟨-s; -⟩, **-in** F ⟨-; -nen⟩ ipocrita *m/f* **heuch·le·risch** ADJ ipocrita, falso

heu·er ADV *österr schweiz* quest'anno

Heu·er F ⟨-; -n⟩ SCHIFF **1** paga *f*, ingaggio *m* **2** (*Anstellung*) imbarco *m* **heu·ern** V/T SCHIFF **1** ingaggiare **2** (*mieten*) noleggiare

Heu·ern·te F raccolta *f* del fieno, fienagione *f* **Heu·ga·bel** F forcone *m*

heu·len VI ⟨h.⟩ **1** (*Tiere, Wind*) ululare **2** (*Sirenen*) urlare **3** (*Motoren*) andare su di giri **4** *umg* (*weinen*) piangere (forte) ♦ **das große Heulen kriegen** scoppiare a piangere; **mit den Wölfen ~** seguire la corrente; **es ist zum Heulen!** c'è da piangere!

Heu·ler M ⟨-s; -⟩ **1** *umg* urlo *m* **2** (*Feuerwerkskörper*) fischione *m* **3** (*junger Seehund*) piccolo *m* di foca

heu·rig ADJ *österr* di quest'anno **Heu·ri·ge** M ⟨-n; -n⟩ *österr* **1** (*Wein*) (vino *m*) novello *m* **2** (*Lokal*) osteria *f* (dove si beve il vino novello)

Heu·schnup·fen M raffreddore *m* da fieno **Heu·scho·ber** M ⟨-s; -⟩ fienile *m* **Heu·schre·cke** F ⟨-; -n⟩ cavalletta *f*

heu·te ADV oggi: **von ~ an** da oggi; **~ in einer Woche** fra una settimana (a partire da oggi); **~ vor einer Woche** una settimana fa; **~ Nachmittag** oggi pomeriggio; **~ Abend** stasera; **die Jugendlichen von ~** i giovani d'oggi; **von ~ auf morgen** dall'oggi al domani; **lieber ~ als morgen** meglio prima che poi

heu·tig ADJ di oggi, odierno: **die -e Zeitung** il giornale di oggi; **die -e Versammlung** la riunione odierna; **bis zum -en Tag** fino ad oggi **heut·zu·ta·ge** ADV oggigiorno

He·xe F ⟨-; -n⟩ strega *f* (*a. fig*)

he·xen VI ⟨h.⟩ fare stregonerie ♦ *umg* **ich kann doch nicht ~** non posso mica fare miracoli; *umg* **wie gehext** come per incanto

He·xen·jagd F caccia *f* alle streghe (*a. fig*) **He·xen·kes·sel** M ginepraio *m* **He·xen·meis·ter** M mago *m*, stregone *m* **He·xen·schuss** M colpo *m* della strega, MED lombaggine *f*

He·xe·rei F ⟨-; -en⟩ stregoneria *f*

Hick·hack N ⟨-s⟩ *umg* **1** (*Gerede*) chiacchiere *fpl* a vuoto **2** (*Streiterei*) battibecco *m* **3** (*Theater*) mucchio *m* di problemi

hieb → hauen

Hieb M ⟨-[e]s; -e⟩ **1** colpo *m*: **ein ~ mit der Peitsche** un colpo di frusta **2** *pl umg* botte *fpl*: **gleich setzt es -e** adesso sono botte **3** *fig* frecciata *f*: **-e austeilen/einstecken** lanciare/subire frecciate ♦ **-e bekommen** prenderle **hieb- und stichfest** ADJ a prova di bomba

hielt → halten

hier ADV **1** qui, qua: **~ draußen** qui fuori; **~ entlang** di qua; **~ oben/~ unten** quassù/quaggiù; **von ~ bis zum Bahnhof** da qui alla stazione; **~ sein** essere qui; **nimm das ~!** prendi questo qui **2** (*zu diesem Zeitpunkt*) a questo punto, qui: **~ beginnt etw Neues** a questo punto inizia qc di nuovo ♦ (*anwesend*) **~!** presente!; **~ bin ich** eccomi qui; **~ und da** qua e là; (*manchmal*) di quando in quando; **~ und heute** (*od* **~ und jetzt**) immediatamente; **von ~ ab** (*od* **an**) da qui in poi

hie·ran ADV **1** qui **2** → daran

Hie·rar·chie F ⟨-; -n⟩ gerarchia *f*

hie·rar·chisch ADJ gerarchico

hie·rauf ADV **1** quassù: **~ legen** mettere quassù **2** **sich ~ berufen** richiamarsi a questo **3** (*danach*) dopo (di ciò) **hie·raus** ADV di qui, da qui, da questo, ne: **~ wird Schokolade gemacht** con (*od* da) questo si fa il cioccolato; **~ geht hervor** ne consegue

hier·bei ADV **1** qui accanto **2** (*währenddessen*) durante ciò, in quest'occasione **3** (*hinsichtlich darauf*) riguardo a ciò

hier·durch ADV **1** per di qua **2** (*infolgedessen*) con ciò, perciò **hier·für** ADV **1**

per questo **2** (*als Gegenleistung*) in cambio (di ciò)

hier·her ADV qua, qui: **bis ~ und nicht weiter** fin qui e non oltre; **~ gehören** far parte di ciò; **du gehörst ~** qui è il tuo posto; **das gehört nicht ~** non c'entra; **~ kommen** venire qui **hier·he·rum** ADV & PRON qui intorno: *umg* **das Büro muss ~ sein** l'ufficio dev'essere qui intorno

hier·hin ADV qua, qui: **~ und dorthin laufen** correre di qua e di là; **bis ~** fin qui **hier·hi·nab** ADV giù di qua **hier·hi·nauf** ADV su di qua **hier·hi·nein** ADV qui dentro (in questa direzione)

hie·rin ADV **1** qui dentro **2** (*in dieser Hinsicht*) in questo **hier·mit** ADV **1** con questo **2** *form* con la presente **hier·nach** ADV **1** (*dementsprechend*) secondo questo **2** (*demnach*) quindi, in conseguenza a ciò **3** (*danach*) dopo di ciò

Hie·ro·gly·phe F ⟨-; -n⟩ geroglifico *m*

Hier·sein N permanenza *f* nel luogo: **der Grund seines -s** il motivo della sua presenza qui

hie·rü·ber ADV **1** qui sopra **2** **~ freue ich mich** me ne rallegro **hie·rum** ADV **1** qui intorno **2** **es geht nicht ~** non si tratta di questo **hie·run·ter** ADV **1** qui sotto **2** (*Anteil*) tra questi, tra queste **3** **~ leidet er schwer** ne soffre gravemente; **was verstehst du ~?** cosa intendi con questo ?

hier·von ADV **1** di questo, ne **2** **~ abgesehen** a parte questo; **~ hängt alles ab** dipende tutto da questo **3** (*Anteil*) di (*od* tra) questi; di (*od* tra) queste **hier·vor** ADV **1** qui davanti, davanti a questo **2** **~ fürchtet er sich** lo teme **hier·zu** ADV **1** a ciò **2** (*zu diesem Zweck*) per questo **3** (*im Hinblick darauf*) riguardo a ciò: **~ kommt, dass** ... inoltre ...

hier·zu·lan·de ADV in questo paese

hie·sig ADJ locale, di qui

hieß → heißen

hie·ven V/T SCHIFF *od umg* issare, tirare su

Hi-Fi-An·la·ge ['haifi-] F, **Hi-Fi-Turm** M impianto *m* hi-fi

high [hai] ADJ *sl* su (di giri)

High·life ['hailaif] N ⟨-s⟩ high life *f inv* ♦ *umg* **~ machen** darsi alla pazza gioia

High·light ['hailait] N ⟨-[s]; -s⟩ apogeo *m*, culmine *m*

High·tech ['haitɛk] N ⟨-[s]⟩ high-tech *f*, alta tecnologia *f*

Hil·fe F ⟨-; -n⟩ **1** aiuto *m*, soccorso *m*: **j-m zu ~ kommen** venire in aiuto di qn; **ärztliche ~** soccorso medico; **(j-m) ~ leisten** prestare aiuto (a qn); **j-n zu ~ rufen** chiamare qn in aiuto; **um ~ rufen** gridare aiuto; **~ suchend** in cerca d'aiuto **2** (*Hilfskraft*) **eine ~ einstellen** assumere un aiutante **3** (*finanzielle Unterstützung*) aiuti *mpl* ♦ **Erste ~** pronto soccorso; **j-n/etw zu ~ nehmen** ricorrere a qn/qc; **(zu) ~!** aiuto!; **mit ~ (von)** → mithilfe (von)

Hil·fe·funk·ti·on F IT help *m inv* **Hil·fe·leis·tung** F (prestazione *f* di) soccorso *m*: **unterlassene ~** omissione di soccorso

Hil·fe·ruf M grido *m* d'aiuto

hilf·los ADJ **1** (*schutzlos*) indifeso **2** (*ratlos*) perplesso **3** (*unbeholfen*) goffo **Hilf·lo·sig·keit** F ⟨-⟩ **1** mancanza *f* d'aiuto **2** (*Unbeholfenheit*) goffaggine *f* **3** PSYCH stato *m* di impotenza **hilf·reich** ADJ **1** (*helfend*) sollecito, caritatevole **2** (*nützlich*) utile

Hilfs·ak·ti·on F azione *f* di soccorso **Hilfs·ar·bei·ter** M, **-in** F manovale *m/f* **hilfs·be·dürf·tig** ADJ bisognoso d'aiuto **Hilfs·be·dürf·tig·keit** F indigenza *f*, bisogno *m* di aiuto **hilfs·be·reit** ADJ pronto ad aiutare, servizievole **Hilfs·be·reit·schaft** F prontezza *f* nell'aiutare **Hilfs·dienst** M servizio *m* ausiliario **Hilfs·fonds** M fondo *m* per l'assistenza **Hilfs·kraft** F personale *m* ausiliario **Hilfs·mit·tel** N **1** strumento *m* (ausiliario): **technische ~** strumenti tecnici **2** (*Zuschuss*) sussidio *m* **Hilfs·mo·tor** M motore *m* ausiliario **Hilfs·or·ga·ni·sa·ti·on** F organizzazione *f* umanitaria **Hilfs·pro·gramm** N IT programma *m* di utilità **Hilfs·quel·le** F risorsa *f* **Hilfs·verb** N verbo *m* ausiliare **Hilfs·werk** N ente *m* assistenziale

Him·bee·re F lampone *m*

Him·beer·eis N gelato *m* al lampone **Him·beer·geist** M ⟨-[e]s; -e⟩ distillato *m* di lampone **Him·beer·saft** M succo *m* di lamponi

Him·mel M ⟨-s; -⟩ cielo *m*: **unter freiem ~** a cielo aperto; REL **in den ~ kommen** andare in paradiso ♦ **den ~ auf Erden haben** avere il paradiso in terra; **j-m den ~ (auf Erden) versprechen** promettere a qn mari e monti; **(wie ein Blitz) aus heiterem ~** (come un fulmine) a ciel sere-

H

no; ~ **und Hölle** (*od* **Erde**) **in Bewegung setzen** muovere mari e monti; (**ach**) **du lieber ~!** santo cielo! (*Fluch*); **~ noch mal!** santo cielo!; **das schreit zum ~** questo grida vendetta; *umg* **das stinkt zum ~** è uno scandalo!; **weiß der ~!** lo sa il cielo!; **um -s willen!** per l'amor del cielo!

him·mel·angst ADJ **j-m ist** (*od* **wird**) **~** ha una paura matta (*od* del diavolo)

Him·mel·bett N letto *m* a baldacchino **him·mel·blau** ADJ celeste **Him·mel·fahrt** F ⟨-⟩ REL Ascensione *f*: **Mariä ~** Assunzione **Him·mel·fahrts·tag** M Ascensione *f* **him·mel·hoch** A ADJ altissimo B ADV di gran lunga: **j-m ~ überlegen sein** essere di gran lunga superiori a qn ♦ **~ jauchzend, zu Tode betrübt sein** = *avere forti sbalzi di umore* **Him·mel·reich** N ⟨-[e]s⟩ regno *m* dei cieli **him·mel·schrei·end** ADJ che grida vendetta (al cielo)

Him·mels·kar·te F carta *f* (*od* planisfero *m*) celeste **Him·mels·kör·per** M corpo *m* celeste **Him·mels·rich·tung** F punto *m* cardinale ♦ **aus allen/in alle -en** da/in ogni direzione

him·mel·wärts ADV verso il cielo **him·mel·weit** ADJ enorme, immenso ♦ **sie sind ~ verschieden** sono diversissimi

himm·lisch ADJ 1 celeste 2 *fig* incantevole ♦ **der -e Vater** il Padre celeste

hin ADV 1 verso (quel luogo): **das Zimmer liegt zur Straße ~** la stanza dà verso la strada 2 (*dahin*) là: **bis zur Mauer ~** fino al muro 3 **nach außen ~** esteriormente, apparentemente; **auf die Zukunft ~ planen** pianificare per il futuro; **auf einen Verdacht ~** sulla base di un sospetto 4 *umg* **~ sein** (*verloren*) essere perduto; **ihr Ansehen ist ~** ha perso credito 5 *umg* (*kaputt*) rotto 6 *umg* (*erschöpft*) sfinito 7 *umg* (*zugrunde gerichtet*) alla fine 8 *umg* **~ und weg** (*hingerissen*) rapito 9 (*dauern*) durare: **bis Weihnachten ist es noch lange ~** fino a Natale ce ne vuole ancora ♦ **~ und her** qua e là, su e giù; **~ und her gehen** camminare su e giù; *fig* un continuo tira e molla; **~ und her überlegen** riflettere in lungo e in largo; **Freund ~, Freund her, er hätte es ihm sagen sollen** amico o non amico, questo avrebbe dovuto dirglielo; **vor sich ~ reden** parlare fra sé e sé; **~ und wieder** di tanto in tanto; **wo ist er ~?** dov'è andato?; **~ und zurück** andata e ritorno

hi·nab ADV (in) giù ♦ **den Strom** (*od* **den Fluss**) **~** seguendo la corrente del fiume

hi·nab·fah·ren V/I ⟨*irr*; s.⟩ andare giù, scendere **hi·nab·stür·zen** A V/T gettare giù B V/I ⟨s.⟩ & V/R **sich ~** precipitare

hin·ar·bei·ten V/I ⟨h.⟩ **auf etw** (*akk*) **~** mirare a (*od* sforzarsi di raggiungere) qc

hi·nauf ADV (in) su: **zum Gipfel ~** su verso la cima; **vom Lehrling bis zum Direktor ~** dall'apprendista su fino al direttore; **etwas weiter ~** un po' più su; **bis ~** fin lassù ♦ **den Fluss ~** contro corrente

hi·nauf·brin·gen V/T ⟨*irr*⟩ 1 portare su 2 (*begleiten*) accompagnare su **hi·nauf·ge·hen** V/I ⟨*irr*; s.⟩ 1 salire: **auf das Podium ~** salire sul podio; **die Treppe ~** salire le scale; *umg* **die Mieten gehen hinauf** gli affitti salgono 2 **mit den Preisen ~** aumentare i prezzi

hi·naus ADV 1 fuori: **zur Tür ~** fuori dalla porta; **dort/hier ~** fuori per di là/per di qua; **~ mit dir!** fuori di qui! 2 **ein Zimmer nach vorn/hinten ~** una camera sul davanti/sul retro; **über die Brücke/über Mittag ~** oltre il ponte/oltre mezzogiorno ♦ **über etw** (*akk*) **~ sein** essere superiore a qc; (*etw überwunden haben*) aver superato qc

hi·naus·brin·gen V/T ⟨*irr*⟩ 1 portare fuori 2 (*begleiten*) accompagnare fuori ♦ *fig* **es über etw** (*akk*) **~** superare qc **hi·naus·ekeln** V/T *umg* **j-n ~** fare scappare qn per il disgusto **hi·naus·fin·den** V/I ⟨*irr*; h.⟩ trovare l'uscita **hi·naus·flie·gen** V/I ⟨*irr*; s.⟩ *umg fig* essere buttato fuori **hi·naus·ge·hen** V/I ⟨*irr*; s.⟩ 1 uscire: **hier geht es hinaus** si esce da questa parte 2 dare: **das Zimmer geht auf den Garten hinaus** la camera dà sul giardino; **nach Norden ~** essere esposto a nord 3 superare: **das geht über meine Kräfte hinaus** questo supera le mie forze

hi·naus·kom·men V/I ⟨*irr*; s.⟩ 1 venire fuori, uscire: **auf die Straße ~** uscire sulla strada; **zur Tür ~** uscire dalla porta 2 **über etw** (*akk*) **~** superare (*a. fig*)

hi·naus·lau·fen V/I ⟨*irr*; s.⟩ 1 uscire di corsa 2 (andare a) finire: **es läuft darauf hinaus, dass ...** andrà a finire (*od* finirà) che ... ♦ **es läuft auf dasselbe hinaus** è la stessa cosa

hi·naus·rei·chen V/I ⟨h.⟩ **über etw** (*akk*) **~** superare (*od* oltrepassare) qc

hi·naus·schie·ben VT ⟨irr⟩ rimandare: **etw um eine Woche ~** rimandare qc di una settimana **hi·naus·schmei·ßen** VT ⟨irr⟩ umg sbattere fuori **hi·naus·wach·sen** VI ⟨irr; s.⟩ **über etw** (*akk*) **~** superare qc (*a. fig*); **über sich selbst ~** superare se stesso **hi·naus·wer·fen** VT ⟨irr⟩ **1** gettare fuori; *fig* **Geld zum Fenster ~** buttare i soldi dalla finestra **2** **j-n ~** buttare fuori qn
hi·naus·wol·len VI ⟨h.⟩ **1** voler uscire **2** *fig* mirare: **auf einen Kompromiss ~** mirare ad un compromesso; (**zu**) **hoch ~** mirare (troppo) in alto
hi·naus·zie·hen ⟨irr⟩ **A** VT **1** tirare per le lunghe; rinviare: **die Abfahrt ~** rinviare la partenza **B** VR **sich ~** **1** protrarsi; **etw zieht sich hinaus** qc va per le lunghe **2** (*sich hinziehen*) essere rimandato **hi·naus·zö·gern** **A** VT rinviare, rimandare **B** VR **sich ~** essere ritardato
hin·be·kom·men VT ⟨irr⟩ *umg* → hinkriegen
hin·bie·gen VT ⟨irr⟩ *umg* (*in Ordnung bringen*) sistemare, mettere a posto
hin·blät·tern VT *umg* sborsare
Hin·blick M **im** (*od* **in**) **~ auf etw** (*akk*) considerando qc; (*in Bezug auf*) in riferimento a qc
hin·brin·gen VT ⟨irr⟩ **1** portare lì **2** *umg* (*fertigbringen*) **etw ~** riuscirci
hin·der·lich ADJ **j-m/etw ~ sein** intralciare (*od* ostacolare) qn/qc; **-e Bekleidung** vestiti scomodi **hin·dern** VT impedire: **j-n an** (*od* **bei**) **etw** (*dat*) **~** impedire qc a qn; **j-n daran ~ zu antworten** impedire a qn di rispondere
Hin·der·nis N ⟨-ses; -se⟩ ostacolo *m*: **ein ~ überwinden** superare un ostacolo; **ein ~ umgehen** aggirare un ostacolo ♦ *fig* **j-m -se in den Weg legen** mettere il bastone tra le ruote a qn
Hin·der·nis·lauf M, **Hin·der·ni·ren·nen** N SPORT corsa *f* a ostacoli
hin·deu·ten VI ⟨h.⟩ **1** **auf j-n/etw ~** indicare qn/qc **2** (*hinweisen*) alludere: **auf eine Tatsache ~** alludere ad un fatto
Hin·du M ⟨-[s]; -[s]⟩ indù *m* **Hin·du·is·mus** M ⟨-⟩ induismo *m* **hin·du·is·tisch** ADJ induista
hin·durch ADV **1** attraverso: **durch die Stadt/die Tür ~** attraverso la città/la porta **2** (*fortwährend*) per: **Monate ~** per mesi (e mesi); **ganze Tage ~** per giornate intere ♦ **hier ~** per di qua; **mitten ~** per il mezzo
hin·durch·ge·hen VI ⟨irr; s.⟩ passare (attraverso), attraversare (*a. fig*)
hi·nein ADV (*oft unübersetzt*) dentro: **~** (**mit dir**)! dentro! entra!; **bis ins Zentrum ~** fin nel centro (*od* nel cuore) della città; **bis tief in die Nacht ~** fino a notte fonda
hi·nein·brin·gen VT ⟨irr⟩ **1** portare dentro **2** *fig* **Ordnung/Schwung in etw** (*akk*) **~** mettere ordine/entusiasmo in qc **3** *umg* riuscire a far entrare (*od* a infilare)
hi·nein·den·ken VR ⟨irr⟩ **1** **sich in j-n** (*od* **in j-s Lage**) **~** immedesimarsi in (*od* con) qn **2** (*sich vertraut machen*) **sich in etw** (*akk*) **~** prendere confidenza con qc
hi·nein·fin·den VR ⟨irr⟩ **1** **sich in etw** (*akk*) **~** adattarsi a (*od* familiarizzare con) qc **2** **sich in sein Los ~** rassegnarsi alla propria sorte **hi·nein·fres·sen** VT ⟨irr⟩ **1** ingurgitare **2** *fig* **seinen Ärger in sich** (*akk*) **~** mandare giù tutta la (propria) rabbia
hi·nein·ge·heim·nis·sen VT **etw in etw** (*akk*) **~** credere di scorgere qc in qc
hi·nein·ge·hen VI ⟨irr; s.⟩ **1** entrare **2** starci: **in die Tasche geht viel hinein** nella borsa ci stanno molte cose **hi·nein·ge·ra·ten** VI ⟨irr; s.⟩ capitare **hi·nein·knien** VR **sich** (**in etw** [*akk*]) **~** darci dentro (con qc)
hi·nein·kom·men VI ⟨irr; s.⟩ **1** entrare **2** (*sich hineinfinden*) familiarizzarsi (con) **3** *umg* andare (messo): **das kommt alles in den Schrank hinein** va tutto nell'armadio **4** (*hineingeraten*) giungere: **in eine ausweglose Situation ~** finire in una situazione senza via d'uscita **hi·nein·le·ben** VI **in den Tag ~** vivere alla giornata **hi·nein·le·gen** VT **1** mettere (dentro) **2** *fig* **alle seine Erwartungen in etw** (*akk*) **~** riporre tutte le proprie speranze in qc **3** *umg* (*hereinlegen*) imbrogliare **hi·nein·pas·sen** VI ⟨h.⟩ **1** starci (dentro), entrare: **hier passt nichts mehr hinein** qui non ci sta più niente **2** **in eine Gesellschaft ~** inserirsi in una compagnia
hi·nein·re·den **A** VI ⟨h.⟩ intromettersi (nel discorso): **da hast du nichts hineinzureden** qui non devi metter bocca; **j-m in etw** (*akk*) **~** immischiarsi negli affari di qn **B** VR **sich in Begeisterung ~** entusiasmarsi parlando **hi·nein·rei·ten** ⟨irr⟩

A VT *umg* **j-n ~** cacciare qn (nei guai) **B** VR **sich ~** *umg* cacciarsi (nei guai) **hi·nein·rie·chen** VI ⟨*irr; h.*⟩ **in etw** (*akk*) ~ farsi un'idea di qc

hi·nein·ste·cken VT **1** metter dentro: **den Schlüssel (ins Schloss) ~** infilare la chiave (nella toppa) **2** *umg* investire: **viel Geld in etw** (*akk*) **~** investire molto denaro in qc **hi·nein·stei·gern** VR **1** **sich in etw** (*akk*) **~** agitarsi per qc **2** **sich in Begeisterung ~** entusiasmarsi molto; **sich in Wut ~** montare in collera **3** **sich in eine Krankheit ~** mettersi in testa di avere una malattia

H

hi·nein·wach·sen VI ⟨*irr; s.*⟩ **1** *umg* **in ein Kleid ~** crescere fino a poter indossare un vestito **2** *fig* **in etw** (*akk*) **~** familiarizzare con qc; **in seine Elternrolle ~** crescere come genitore **hi·nein·zie·hen** VT ⟨*irr*⟩ *fig* trascinare, coinvolgere: **j-n in einen Streit ~** trascinare qn in una lite

hin·fah·ren ⟨*irr*⟩ **A** VI ⟨*s.*⟩ andare (là) **B** VT portare là: **ich fahre dich hin** ti (ci) porto

Hin·fahrt F andata *f*: **auf der ~** all'andata ♦ **Hin- und Rückfahrt** andata e ritorno

hin·fal·len VI ⟨*irr; s.*⟩ cadere per terra

hin·fäl·lig ADJ **1** decrepito **2** (*gegenstandslos*) inconsistente; (*ungültig*) non valido **Hin·fäl·lig·keit** F ⟨-⟩ invalidità *f*

hin·fin·den VI ⟨*irr; h.*⟩ trovare la strada

hin·flie·gen ⟨*irr*⟩ **A** VI ⟨*s.*⟩ **1** volare (là), andare in volo **2** *umg* (*hinfallen*) volare per terra **B** VT trasportare con l'aereo, portare in aereo **Hin·flug** M (volo *m* di) andata *f*: **auf dem ~** all'andata ♦ **Hin- und Rückflug** andata e ritorno

hin·füh·ren **A** VT condurre (là), portare (là) **B** VI ⟨*h.*⟩ portare: **wo soll das (nur) ~?** dove ci porterà (questo)?

hing → hängen[1]

Hin·ga·be F ⟨-⟩ **1** dedizione *f*: **~ an die Arbeit** dedizione al lavoro **2** (*Leidenschaft*) passione *f*; (*Eifer*) zelo *m*: **etw mit ~ tun** fare qc con passione (*od* zelo)

hin·ge·ben ⟨*irr*⟩ **A** VT dare: **sein Leben (für etw) ~** dare la vita (per qc) **B** VR **sich ~** **1** darsi, dedicarsi: **sich einer Arbeit ~** dedicarsi a un lavoro; **sich einer Idee ~** consacrarsi a un'idea **2** *fig* abbandonarsi: **sich einem Laster/seinen Träumen ~** abbandonarsi a un vizio/ai propri sogni; **sich keinen Täuschungen über etw** (*akk*) **~** non farsi illusioni su qc **3** **sich (einem Mann) ~** concedersi (a un uomo) **hin·ge·bungs·voll** ADJ **1** di grande dedizione **2** (*ergeben*) devoto

hin·ge·gen KONJ al contrario, invece

hin·ge·hen VI ⟨*irr; s.*⟩ **1** andar(ci): **wo gehst du hin?** dove vai? **2** (*Zeit*) passare

hin·ge·hö·ren VI ⟨*h.*⟩ *umg* **1** appartenere (a un luogo): **hier gehöre ich hin!** questo è il mio posto! **2** andare (messo): **wo gehört das Buch hin?** dove va (messo) il libro?

hin·ge·ra·ten VI ⟨*irr; s.*⟩ finire, capitare

hin·ge·ris·sen ADJ **von etw ~ sein** essere incantato (*od* rapito) da qc ♦ **hin- und hergerissen sein (zwischen ... und ...)** dibattersi (tra ... e ...)

hin·hal·ten VT ⟨*irr*⟩ **1** porgere: **j-m die Hand ~** porgere la mano a qn **2** *fig* tenere a bada: **j-n mit Versprechungen ~** tenere a bada qn con promesse ♦ **seinen Kopf für etw ~** fare le spese di qc

Hin·hal·te·tak·tik F tattica *f* di temporeggiamento

hin·hau·en ⟨*irr*⟩ **A** VR **sich ~** *umg* **1** buttarsi giù **2** (*zum Schlafen*) buttarsi sul letto **B** VI ⟨*h.*⟩ *umg* **das haut (nicht) hin** (non) va bene, (non) quadra

hin·hö·ren VI ascoltare (attentamente)

hin·ken VI ⟨*h., s.*⟩ zoppicare (*a. fig*): **mit (*od* auf) einem Bein ~** zoppicare con (*od* da) una gamba; **der Vergleich hinkt** il paragone zoppica **hin·kend** ADJ zoppo (*a. fig*)

hin·kom·men VI ⟨*irr; s.*⟩ **1** arrivare: **zu j-m ~** arrivare da qn **2** *umg* andare a finire, andare messo: **wo ist nur mein Füller hingekommen?** ma dov'è andata a finire la mia penna?; **wo kommt das Glas hin?** dove va messo il bicchiere? **3** *umg* (*auskommen*) farcela: **mit dem Geld ~** farcela con i soldi **4** *umg* (*stimmen*) andar bene, essere giusto ♦ **wo kommen, kämen wir hin, wenn ...** dove andremmo a finire, se ...

hin·krie·gen VT *umg* **1** riuscire: **das hat er gut hingekriegt** questo gli è riuscito bene **2** riparare, rimettere a posto

hin·lan·gen VI ⟨*h.*⟩ *umg* **1** toccare, (arrivare a) prendere **2** (*ausreichen*) bastare **3** (*sich bedienen*) servirsi **4** *umg* (*zuschlagen*) **ordentlich ~** darle di santa ragione

hin·läng·lich **A** ADJ sufficiente **B** ADV abbastanza

hin·le·gen A V/T 1 posare 2 *umg* sborsare: **eine Summe ~ müssen** dover sborsare una somma 3 *umg* (*darbieten*) eseguire brillantemente B V/R **sich ~** sdraiarsi; mettersi a letto

hin·neh·men V/T ⟨*irr*⟩ accettare, prendere: **etw gelassen ~** prendere qc con calma

hin·rei·chend ADJ sufficiente

Hin·rei·se F viaggio *m* d'andata: **Hin- und Rückreise** viaggio d'andata e ritorno; **bei** (*od* **auf**) **der ~** durante l'andata

hin·rei·ßen V/T ⟨*irr*⟩ 1 *fig* (*begeistern*) estasiare 2 **sich zu etw ~ lassen** lasciarsi trasportare a fare qc **hin·rei·ßend** ADJ estasiante

hin·rich·ten V/T giustiziare **Hin·rich·tung** F ⟨-; -en⟩ esecuzione *f*

hin·se·hen V/I ⟨*irr*; h.⟩ guardare: **nach** (*od* **zu**) **j-m ~** guardare verso qn

hin·set·zen A V/T posare B V/R **sich ~** 1 sedersi, mettersi a sedere 2 *umg* (*fallen*) cadere

Hin·sicht F ⟨-⟩ riguardo *m*: **in ~ auf etw** (*akk*) riguardo a qc; **in dieser ~** a questo riguardo; **in jeder ~** sotto ogni aspetto; **in vieler ~** per molti aspetti **in gewisser ~** in un certo senso; **in finanzieller ~** dal lato finanziario **hin·sicht·lich** PRÄP (+*gen*) riguardo a, per quanto riguarda

Hin·spiel N partita *f* d'andata

hin·stel·len A V/T 1 mettere, posare 2 presentare: **j-n als Vorbild ~** portare qn ad esempio; **j-n als dumm ~** far passare qn per stupido B V/R **sich ~** 1 mettersi lì: **sich vor j-m ~** mettersi davanti a qn 2 descriversi: **sich als tolerant ~** descriversi come persona tollerante

hint·an·set·zen V/T, **hint·an·stel·len** V/T trascurare

hin·ten ADV (di) dietro: **er wohnt hier ~** abita qui dietro ♦ **sich ~ anstellen** mettersi in coda; *fig* **~ bleiben** rimanere indietro; **nach ~ gehen** andare indietro; **von ~** (**her**) dal di dietro; **j-n von ~ überfallen** assalire qn alle spalle; **von ~ anfangen** cominciare dal fondo; *umg* **sich ~ und vorn nicht auskennen** non intendersene affatto

hin·ten·he·rum ADV *umg* 1 per di dietro 2 (*heimlich*) di nascosto **hin·ten·hin** ADV indietro

hin·ter PRÄP 1 (+*dat od bei Bewegung* +*akk*) (*lokal*) dietro: **einer ~ dem anderen gehen** andare uno dietro l'altro; **~ den Schrank fallen** cadere dietro l'armadio 2 (+*dat*) *fig* sotto: **~ seiner Liebenswürdigkeit steckt eine böse Absicht** sotto la sua gentilezza si nasconde qualche cattiva intenzione 3 (+*dat*) (*temporal*) dietro: **etw ~ sich** (*dat*) **haben** avere qc dietro di sé, aver passato qc 4 (+*dat*) (*nach*) dopo: **~ j-m an die Reihe kommen** venir dopo qn nella fila ♦ *fig* **etw ~ sich** (*akk*) **bringen** superare qc; **~ j-m hergehen** seguire qn; *fig* **j-n ~ sich** (*dat*) **haben** avere qn alle spalle, essere appoggiato da qn; **~ etw** (*akk*) **kommen** scoprire qc; **j-n ~ sich** (*dat*) **lassen** lasciarsi dietro qn; *fig* **~ j-m/etw stehen** appoggiare qn/qc

Hin·ter·ach·se F asse *m* posteriore

Hin·ter·an·sicht F veduta *f* posteriore

Hin·ter·aus·gang M uscita *f* posteriore **Hin·ter·ba·cke** F natica *f* **Hin·ter·bein** N zampa *f* posteriore ♦ *umg fig* **sich auf die -e stellen** impuntarsi

Hin·ter·blie·be·ne M/F ⟨-n; -n⟩ superstite *m/f*, sopravvissuto *m*, -a *f*

hin·ter·brin·gen V/T ⟨*irr*⟩ riferire, riportare

hin·te·re ADJ posteriore, di dietro

hin·ter·ei·nan·der ADV 1 uno dietro l'altro, in fila 2 (*nacheinander*) uno dopo l'altro, di seguito, di fila: **zwei Tage ~** due giorni di fila **hin·ter·ei·nan·der·schal·ten** V/T ELEK collegare in serie

Hin·ter·ein·gang M ingresso *m* posteriore

hin·ter·fra·gen V/T analizzare criticamente

Hin·ter·ge·dan·ke M secondo fine *m*: **ohne -n** senza secondi fini

hin·ter·ge·hen V/T ⟨*irr*⟩ (*betrügen*) ingannare

Hin·ter·glas·ma·le·rei F pittura *f* su vetro

Hin·ter·grund M 1 fondo *m*: **im ~ des Saales** in fondo alla sala 2 sfondo *m* (*a. fig*): **im ~ steht eine Burg** sullo sfondo c'è una rocca; **ein Roman mit geschichtlichem ~** un romanzo a sfondo storico 3 sottofondo *m*: **ein musikalischer ~** un sottofondo musicale 4 (*verborgener Zusammenhang*) retroscena *m* ♦ **im ~ bleiben** restare nell'ombra; **j-n in den ~ drängen** mettere qn in ombra, in disparte; **sich im ~ halten** tenersi nell'ombra; **in den ~ treten** passare in secondo piano

hin·ter·grün·dig ADJ enigmatico

Hin·ter·grund·in·for·ma·ti·on F informazione *f* che fa luce sul contesto **Hin·ter·grund·mu·sik** F musica *f* di sottofondo

Hin·ter·halt M ⟨-[e]s; -e⟩ agguato *m*: **einen ~ legen** tendere un agguato; **im ~ lauern** stare in agguato; **j-n in einen ~ locken** attirare qn in un'imboscata *f* ♦ **j-n aus dem ~ überfallen** assalire qn alle spalle

hin·ter·häl·tig ADJ insidioso, subdolo **Hin·ter·häl·tig·keit** F ⟨-; -en⟩ perfidia *f*

H

Hin·ter·hand F ⟨-⟩ **1** ZOOL zampa *f* posteriore **2** (*beim Kartenspiel*) (giocatore *m*) ultimo *m* di mano ♦ **etw in der ~ haben** avere altro in serbo

Hin·ter·haus N **1** parte *f* posteriore della casa **2** (*Hofgebäude*) casa *f* retrostante

hin·ter·her ADV **1** (*lokal*) dietro **2** (*temporal*) dopo, in seguito **3** *umg* **j-m ~ sein** inseguire qn **4** *umg* **mit seiner Arbeit ~ sein** essere indietro col lavoro

hin·ter·her·kom·men VI ⟨*irr; s.*⟩ seguire **hin·ter·her·lau·fen** VI ⟨*irr; s.*⟩ **1** correre dietro, seguire di corsa **2** *fig* **j-m/etw ~** inseguire qn/qc

Hin·ter·hof M cortile *m* interno

Hin·ter·kopf M occipite *m* ♦ **etw im ~ behalten** (*od* **haben**) ricordarsi di (*od* tenere a mente) qc

Hin·ter·land N (*einer Stadt*) retroterra *f*; (*einer Küste*) entroterra *m*

hin·ter·las·sen VT ⟨*irr*⟩ **1** lasciare: **Spuren/einen guten Eindruck ~** lasciare tracce/una buona impressione **2** (*Nachricht*) lasciare scritto (*od* detto) **Hin·ter·las·sen·schaft** F ⟨-; -en⟩ eredità *f* (*a. fig*)

hin·ter·le·gen VT **1** lasciare: **den Schlüssel beim Nachbarn ~** lasciare la chiave dal vicino **2** FIN depositare **Hin·ter·le·gung** F ⟨-; -en⟩ deposito *m* ♦ **gegen ~ einer Kaution** in cambio di cauzione

Hin·ter·list F ⟨-⟩ perfidia *f*, malignità *f* **hin·ter·lis·tig** ADJ perfido, maligno

Hin·ter·mann M ⟨-[e]s; -männer⟩ **1** chi sta dietro **2** mandante *m*: **die Hintermänner des Attentats** i mandanti dell'attentato **3** (*heimlicher Gewährsmann*) garante *m* segreto

Hin·tern M ⟨-s; -⟩ *umg* didietro *m* ♦ **sich in den ~ beißen** prendersi a schiaffi; *vulg* **j-m in den ~ kriechen** leccare il culo a qn

Hin·ter·rad N ruota *f* posteriore **Hin·ter·rad·an·trieb** M trazione *f* posteriore **Hin·ter·rei·fen** M pneumatico *m* posteriore **hin·ter·rücks** ADV alle spalle: **j-n ~ angreifen** aggredire qn alle spalle **Hin·ter·sei·te** F parte *f* (*od* lato *m*) posteriore

Hin·ters·te M/F ⟨-n; -n⟩ ultimo *m*, -a *f*

Hin·ter·teil N **1** *umg* (*Po*) didietro *m* **2** (*hinteres Teil*) parte *f* posteriore **Hin·ter·tref·fen** N **ins ~ geraten** avere la peggio; **im ~ sein** essere in svantaggio

hin·ter·trei·ben VT ⟨*irr*⟩ mandare all'aria

Hin·ter·trep·pe F scala *f* posteriore

Hin·ter·tür F **1** porta *f* posteriore **2** via *f* di scampo: **sich** (*dat*) **eine ~ offenhalten** lasciarsi aperta una via di scampo ♦ **durch die ~** di straforo

Hin·ter·wäld·ler M ⟨-s; -⟩, **-in** F ⟨-; -nen⟩ zoticone *m*, -a *f*

hin·ter·zie·hen VT ⟨*irr*⟩ evadere: **Steuern ~** evadere il fisco **Hin·ter·zie·hung** F evasione *f*

Hin·ter·zim·mer N **1** camera *f* posteriore (*od* sul retro) **2** (*im Laden*) retro *m*

hin·tre·ten VI ⟨*irr; s.*⟩ **vor j-n ~** presentarsi a qn

hin·tun VT ⟨*irr*⟩ *umg* mettere ♦ **ich weiß nicht, wo ich ihn ~ soll** non so dove l'ho già visto (*od* conosciuto)

hi·nü·ber ADV (al) di là, dall'altra parte ♦ *umg* **~ sein** essere morto; *fig* **er ist völlig ~** è completamente andato

hi·nü·ber·fah·ren ⟨*irr*⟩ **A** VI ⟨*s.*⟩ andare (*od* passare) dall'altra parte **B** VT portare dall'altra parte **hi·nü·ber·ge·hen** VI ⟨*irr; s.*⟩ andare (*od* passare) dall'altra parte **hi·nü·ber·kom·men** VI ⟨*irr; s.*⟩ **1** passare dall'altra parte **2** *umg* (*besuchen*) **zu j-m ~** fare un salto da qn **hi·nü·ber·ret·ten** VT conservare: **ein Kulturgut in unsere Zeit ~** conservare un bene culturale fino ai giorni nostri

Hin und Her N ⟨-[s]⟩ **1** viavai *m*: **ein ewiges ~** un continuo andirivieni **2** *fig* (*ständiger Wechsel*) tira e molla *m*

hin- und her·fah·ren VI ⟨*irr; s.*⟩ andare avanti e indietro **Hin- und Rück·fahrt** F (viaggio *m* di) andata *f* e ritorno *m*

hi·nun·ter ADV giù: **den Fluss ~** giù lungo il fiume; **den Berg ~** giù dal monte; **da**

~! per di là! ♦ **wo geht's ~?** dove si scende?

hi·nun·ter·brin·gen VT ⟨*irr*⟩ 1 portare giù 2 (*begleiten*) accompagnare giù. 3 *umg* (*hinunterschlucken*) riuscire a mandare giù **hi·nun·ter·fah·ren** VI ⟨*irr; s.*⟩ andare giù, scendere: *umg* **nach Sizilien ~** andare giù in Sicilia **hi·nun·ter·ge·hen** VI ⟨*irr; s.*⟩ scendere **hi·nun·ter·lau·fen** VI ⟨*irr; s.*⟩ 1 correre giù 2 (*nach unten fließen*) scorrere giù ♦ **ihr lief es eiskalt den Rücken hinunter** le vennero i brividi **hi·nun·ter·schlu·cken** VT inghiottire (*a. fig*): **die Tränen ~** inghiottire le lacrime **hi·nun·ter·stür·zen** A VI ⟨s.⟩ 1 cadere giù 2 scendere a rotta di collo: **zum Ausgang ~** precipitarsi (giù) all'uscita; **die Treppe ~** scendere le scale a precipizio B VT 1 buttare giù 2 (*hastig trinken*) tracannare C VR **sich ~** buttarsi giù

hin·weg ADV via (di qui): **~ mit euch!** via di qui! ♦ **über die Häuser ~** oltre le case; **über ein Jahr ~** per più di un anno; **über lange Zeit ~** per molto tempo **über alle Schwierigkeiten ~** superando ogni difficoltà; *umg fig* **über ein Unglück ~ sein** aver superato un infortunio

Hin·weg M andata *f*: **auf dem ~** all'andata; **Hin- und Rückweg** andata e ritorno

hin·weg·ge·hen VI ⟨*irr; s.*⟩ **über etw** (*akk*) **~** passare sopra a qc (*a. fig*) **hin·weg·hel·fen** VI ⟨*irr*⟩ **j-m über etw** (*akk*) **~** aiutare qn a superare qc **hin·weg·kom·men** VI ⟨*irr; s.*⟩ **über etw** (*akk*) **~** superare qc **hin·weg·se·hen** VI ⟨*irr; h.*⟩ 1 **über etw** (*akk*) **~** guardare oltre (*od* al di sopra di) qc 2 *fig* **über j-n/etw ~** ignorare (*od* non curarsi di) qn/qc **hin·weg·set·zen** VR **sich über etw** (*akk*) **~** non curarsi di qc **hin·weg·täu·schen** VR **sich über etw** (*akk*) **~** illudersi su qc **hin·weg·trös·ten** VR **sich über etw** (*akk*) **~** consolarsi di qc

Hin·weis M ⟨-es; -e⟩ 1 indicazione *f*: **bibliografische -e** indicazioni bibliografiche 2 consiglio *m*: **-e zur Benutzung** consigli per l'uso; **ein wertvoller ~** un consiglio prezioso 3 (*Andeutung*) accenno *m*, riferimento *m*: **unter ~ auf** in (*od* con) riferimento a

hin·wei·sen ⟨*irr*⟩ A VI ⟨h.⟩ **auf etw** (*akk*) **~** (*zeigen*) indicare qc; (*aufmerksam machen*) richiamare l'attenzione su qc B VT 1 (*hinzeigen*) **j-n auf etw** (*akk*) **~** indicare qc a qn 2 far notare a: **j-n darauf ~, dass …** far notare a qn che …; **j-n auf eine Gefahr ~** richiamare l'attenzione di qn su un pericolo

Hin·weis·schild N segnale *m*

hin·wer·fen ⟨*irr*⟩ A VT 1 buttare per terra 2 (*aufgeben*) *umg* mollare, piantare: **alles/die Arbeit ~** mollare (*od* piantare) tutto/il lavoro 3 (*flüchtig entwerfen*) redigere velocemente: **eine Zeichnung ~** buttare giù un disegno B VR **sich ~** buttarsi per terra

hin·wir·ken VI ⟨h.⟩ **auf etw ~** adoperarsi per ottenere qc

Hinz: **~ und Kunz** Tizio, Caio e Sempronio

hin·zie·hen ⟨*irr*⟩ A VT 1 **j-n zu sich ~** attirare qn a sé (*a. fig*) 2 (*in die Länge ziehen*) protrarre 3 (*hinauszögern*) rimandare B VR **sich ~** 1 protrarsi, andare per le lunghe 2 (*sich verzögern*) essere rimandato 3 (*erstrecken*) estendersi

hin·zu ADV 1 vi 2 (*außerdem*) inoltre

hin·zu·fü·gen VT aggiungere **hin·zu·kom·men** VI ⟨*irr; s.*⟩ 1 sopraggiungere 2 (*dazukommen*) aggiungervisi ♦ **hinzu kommt, dass …** e per di più (*od* inoltre) … **hin·zu·zäh·len** VT aggiungere (contando) **hin·zu·zie·hen** VT ⟨*irr*⟩ consultare

Hi·obs·bot·schaft F notizia *f* funesta

Hirn N ⟨-[e]s; -e⟩ cervello *m* (*a.* GASTR): *umg* **sich** (*dat*) **das ~ zermartern** scervellarsi

Hirn·an·hangs·drü·se F ipofisi *f* **Hirn·ge·spinst** N (assurda) fantasticheria *f* **Hirn·haut·ent·zün·dung** F meningite *f* **hirn·los** ADJ stupido **Hirn·rin·de** F corteccia *f* cerebrale **hirn·ris·sig** ADJ *umg* insensato **Hirn·tod** M morte *f* cerebrale **hirn·ver·brannt** ADJ *umg* pazzo

Hirsch M ⟨-[e]s; -e⟩ cervo *m* **Hirsch·kuh** F cerva *f* **Hirsch·rü·cken** M GASTR lombata *f* di cervo

Hir·se F ⟨-⟩ miglio *m*

Hirt M ⟨-en; -en⟩ pastore *m* (*a. fig* REL)

Hir·ten·brief M REL (lettera *f*) pastorale *f* **Hir·ten·dich·tung** F poesia *f* pastorale (*od* bucolica) *f* **Hir·ten·jun·ge** M pastorello *m*

Hir·tin F ⟨-; -nen⟩ pastora *f*

his, His N ⟨-; -⟩ MUS si *m* diesis

his·sen VT issare: **die Segel ~** issare la vela

His·to·ri·ker M ⟨-s; -⟩, **-in** F ⟨-; -nen⟩

storico *m*, -a *f*

his·to·risch ADJ storico

Hit M ⟨-s; -s⟩ **1** MUS hit *m inv*, successo *m* musicale **2** IT hit *m inv* **3** (*erfolgreiches Produkt*) successo *m* **Hit·lis·te** F, **Hit·pa·ra·de** F classifica *f* degli hit, hit-parade *f*

Hit·ze F ⟨-⟩ **1** (gran) caldo *m*: **bei** (*od* **in**) **dieser ~** con questo caldo **2** *fig* collera *f*: **in ~ geraten** infuriarsi **3** ZOOL calore *m* ♦ **fliegende ~** vampata *f* di calore; *fig* **in der ~ des Gefechts** nella furia del momento

H

hit·ze·be·stän·dig ADJ resistente al calore **Hit·ze·bläs·chen** N ⟨-s; -⟩ sudamina *f* **hit·ze·frei** ADJ **~ haben** non andare a scuola per il gran caldo **Hit·ze·wal·lung** F vampata *f* di calore **Hit·ze·wel·le** F ondata *f* di caldo

hit·zig ADJ **1** (*jähzornig*) irascibile **2** passionale: **ein -es Temperament** un temperamento passionale **3** acceso: **ein -es Gespräch** un'accesa discussione

Hitz·kopf M testa *f* calda **hitz·köp·fig** ADJ collerico, impetuoso **Hitz·schlag** M colpo *m* di sole

HIV-ne·ga·tiv ADJ sieronegativo

HIV-po·si·tiv ADJ sieropositivo

H-Milch F latte *m* a lunga conservazione

h-Moll N MUS si *m* minore

HNO-Arzt M → (Hals-Nasen-Ohren--Arzt) specialista *m* ORL, otorino (-laringoiatra) *m*

hob → heben

Hob·by ['hɔbi] N ⟨-s; -s⟩ hobby *m*: **etw als ~ betreiben** fare qc per hobby

Ho·bel M ⟨-s; -⟩ **1** pialla *f* **2** (*Küchengerät*) affettaverdure *m* **Ho·bel·bank** F ⟨-; -bänke⟩ banco *m* da falegname **Ho·bel·ma·schi·ne** F piallatrice *f* **ho·beln** V/T piallare

hoch **A** ADJ **1** alto (*a. fig*): **das Haus ist fünf Meter ~** la casa è alta cinque metri; **eine hohe Meinung von j-m haben** avere un'alta opinione di qn; **hohe Geschwindigkeit** alta velocità; **hohe Löhne** stipendi alti **2** importante: **ein hoher Gast** un ospite importante; **ein hoher Offizier** un alto ufficiale **3** grosso: **eine hohe Summe** una grossa somma; **hohe Verluste** grandi perdite **4** avanzato: **in hohem Alter** in età avanzata **B** ADV **1** (in) alto: **sehr ~ springen** saltare molto in alto; **die Autofenster ~ drehen** alzare i finestrini dell'auto; **~ gelegen** (situato in) alto **2** (*sehr*) molto, altamente: **~ achten** stimare molto; **~ angesehen** molto stimato; **~ begabt** → hochbegabt; **~ bezahlt** superpagato; **~ entwickelt** molto sviluppato; **~ geehrt** → hochgeehrt; **~ industrialisiert** altamente industrializzato; **~ qualifiziert** altamente specializzato **3** MATH (elevato) alla: **sechs ~ zwei** sei (elevato) alla seconda ♦ **zu ~ gegriffen sein** essere sovrastimato; **Hände ~!** su le mani! mani in alto!; **etw ~ und heilig versprechen** promettere solennemente qc; *umg fig* **~ hinauswollen** mirare (in) alto; **wenn es ~ kommt** al massimo; **zehn Mann ~ sein** essere in dieci; **nach Bremen ~** su (*od* a nord) verso Brema; **im hohen Norden** all'estremo Nord; **auf hoher See** in alto mare; *fig umg* **j-m zu ~ sein** essere troppo difficile per qn; **~ spielen** giocare forte; *umg* **ein hohes Tier** un pezzo grosso; **~ versichert sein** essere assicurato per una grossa somma; **wie ~ ist die Rechnung?** a quanto ammonta la fattura?; **das Hohe Lied** → Hohelied; **der Hohe Priester** → Hohepriester

Hoch N ⟨-s; -s⟩ **1** evviva *m*: **ein zweifaches ~ ausbringen** gridare due volte evviva **2** METEO (zona *f* di) alta pressione *f*

Hoch·ach·tung F (grande) stima *f*: **größte ~ vor j-m haben** avere la massima stima di qn **hoch·ach·tungs·voll** ADV (*in Briefen*) distinti saluti

Hoch·adel M alta nobiltà *f* **hoch·ak·tu·ell** ADJ estremamente attuale **hoch·al·pin** ADJ **1** di alta montagna **2** **eine -e Tour** un'escursione ad alta quota **Hoch·al·tar** M altare *m* maggiore **Hoch·amt** N messa *f* solenne **hoch·an·stän·dig** ADJ onestissimo

hoch·ar·bei·ten V/R **sich ~** farsi strada (col lavoro); **sich zum Abteilungsleiter ~** arrivare alla posizione di caporeparto

hoch·auf·lö·send ADJ ad alta risoluzione

Hoch·bahn F (ferrovia *f*) sopr(a)elevata *f*

Hoch·bau M ⟨-[e]s; -ten⟩ edilizia *f* ♦ **Hoch- und Tiefbau** ingegneria civile

hoch·be·gabt ADJ estremamente dotato **hoch·be·rühmt** ADJ famosissimo **hoch·be·tagt** ADJ molto anziano **Hoch·be·trieb** M *umg* grande movimento *m* **Hoch·blü·te** F ⟨-⟩ massimo splendore *m*

hoch·brin·gen VT ⟨irr⟩ 1 portare (su) 2 **einen Kranken (wieder) ~** rimettere in piedi un malato 3 *fig* **ein Unternehmen wieder ~** risollevare un'impresa
Hoch·burg F rocca *f*, roccaforte *f*
hoch·deutsch ADJ 1 alto-tedesco: **die -e Sprache** la lingua alto-tedesca 2 (*nicht dialektal*) in buon tedesco **Hoch·deutsch** N 1 alto tedesco *m* 2 (*Schriftsprache*) tedesco *m* scritto (*od* standard), buon tedesco *m*
Hoch·druck M 1 METEO, TECH alta pressione *f* 2 MED pressione *f* alta, ipertensione *f* 3 *umg* attività *f* febbrile: **mit ~ arbeiten** lavorare febbrilmente **Hoch·ebe·ne** F altipiano *m* **hoch·emp·find·lich** ADJ estremamente sensibile **hoch·er·freut** ADJ felicissimo
hoch·fah·ren ⟨irr⟩ A VI ⟨s.⟩ 1 sobbalzare: **aus dem Schlaf ~** svegliarsi di soprassalto 2 (*aufbrausen*) montare su tutte le furie B VT TECH portare a regime: *umg* **einen Rechner ~** far partire un computer
hoch·flie·gend ADJ (molto) ambizioso
Hoch·form F piena forma *f* **Hoch·for·mat** N formato *m* verticale **Hoch·fre·quenz** F PHYS alta frequenza *f* **Hoch·ga·ra·ge** F garage *m* sopraelevato **Hoch·ge·bir·ge** N alta montagna *f* **hoch·ge·ehrt** ADJ onoratissimo **Hoch·ge·fühl** N grande gioia *f*, euforia *f*: **im ~ von etw sein** provare una grande euforia, essere euforici per qc
hoch·ge·hen VI ⟨irr; s.⟩ 1 alzarsi: **der Vorhang geht hoch** il sipario si alza 2 *umg* esplodere, saltare in aria: **etw ~ lassen** far saltare qc 3 *umg* (*entdeckt werden*) essere scoperto: **j-n ~ lassen** far arrestare qn
Hoch·ge·nuss M grande piacere *m*; (*Essen*) vera delizia *f* **hoch·ge·schlos·sen** ADJ accollato **Hoch·ge·schwin·dig·keits·zug** M treno *m* ad alta velocità **hoch·ge·stellt** ADJ 1 (*Zahl*) in apice 2 *fig* illustre **hoch·ge·sto·chen** ADJ *umg* 1 pretenzioso 2 (*Person*) presuntuoso **hoch·ge·wach·sen** ADJ grande **hoch·gra·dig** ADJ forte **hoch·hal·ten** VT ⟨irr⟩ 1 tenere (in) alto: **die Arme ~** tenere alte le braccia 2 *fig* tenere alto: **die Tradition ~** onorare la tradizione **Hoch·haus** N palazzo *m*, palazzone *m*; (*Wolkenkratzer*) grattacielo *m*
hoch·he·ben VT ⟨irr⟩ sollevare, alzare
hoch·kant ADV 1 di taglio: **etw ~ stellen** mettere qc di taglio 2 → hochkantig
hoch·kan·tig ADV **j-n ~ hinauswerfen** buttare fuori qn (in malo modo) **hoch·ka·rä·tig** ADJ 1 a molti carati 2 *fig* di grosso calibro **hoch·klapp·bar** ADJ ribaltabile **hoch·klap·pen** A VT tirare su, sollevare B VI ⟨s.⟩ sollevarsi
hoch·kom·men VI ⟨irr; s.⟩ 1 venire su: **willst du noch zu mir ~?** vuoi salire da me? 2 (*auftauchen*) emergere, affiorare 3 (*aufstehen*) alzarsi, sollevarsi 4 (*aufsteigen*) salire in alto ♦ **das Essen kommt mir hoch** mi viene su il mangiare; **wenn es hochkommt** al massimo
Hoch·kon·junk·tur F alta congiuntura *f* **hoch·krie·gen** VT *umg* riuscire ad alzare **Hoch·kul·tur** F civiltà *f* progredita **hoch·la·den** VT ⟨irr⟩ IT caricare, fare l'upload di **Hoch·land** N = *regione di montagne e/o altipiani* **hoch·le·ben** VI **j-d lebe hoch!** (ev)viva qn!
Hoch·leis·tung F alta (*od* grande) prestazione *f* **Hoch·leis·tungs·sport** M sport *m* agonistico
hoch·mo·dern ADJ modernissimo **hoch·mo·disch** ADJ all'ultima moda
Hoch·mut M superbia *f* **hoch·mü·tig** ADJ altezzoso, superbo **hoch·nä·sig** ADJ *umg* altezzoso, sprezzante, arrogante
hoch·neh·men VT ⟨irr⟩ 1 alzare, sollevare 2 *umg* (*verspotten*) prendere in giro
Hoch·ofen M altoforno *m* **hoch·pro·zen·tig** ADJ ad alta percentuale; (*Alkohol*) ad alta gradazione **hoch·ran·gig** ADJ di alto rango **Hoch·rech·nung** F calcolo *m* approssimativo **Hoch·re·li·ef** N altorilievo *m* **hoch·rot** ADJ rosso acceso **Hoch·ruf** M evviva *m* **Hoch·sai·son** F alta stagione *f*
hoch·schau·keln *umg* A VT dare troppa importanza a B VR **sich (gegenseitig) ~** irritarsi a vicenda **hoch·schnel·len** VI ⟨s.⟩ saltare su **hoch·schrau·ben** VT *fig* aumentare
Hoch·schul·ab·schluss M laurea *f*
Hoch·schu·le F istituto *m* superiore; università *f*: **technische ~** facoltà *f* tecnico-scientifica **Hoch·schü·ler** M, **-in** F studente *m*, -essa *f* universitario (-a)
Hoch·schul·leh·rer M, **-in** F professore *m*, -essa *f* universitario (-a) **Hoch·schul·rei·fe** F maturità *f* **Hoch·schul·stu·di·um** N studi *mpl* universitari

hoch·schwan·ger ADJ in stato di gravidanza avanzata
Hoch·see F ⟨-⟩ alto mare *m* **Hoch·see·fi·sche·rei** F pesca *f* d'alto mare **Hoch·see·flot·te** F flotta *f* d'alto mare
Hoch·si·cher·heits·trakt M braccio *m* di massima sicurezza
Hoch·som·mer M piena estate *f*
Hoch·span·nung F alta tensione *f* **Hoch·span·nungs·lei·tung** F linea *f* ad alta tensione
hoch·spie·len V/T *fig* montare, gonfiare
Hoch·spra·che F lingua *f* standard
hoch·sprin·gen V/I ⟨*irr*; s.⟩ 1 saltare in alto: **der Hund sprang an ihm hoch** il cane gli saltò addosso 2 SPORT praticare il salto in alto **Hoch·sprung** M salto *m* in alto
höchst... ⟨*sup von* hoch⟩ A ADJ 1 (il) più alto 2 sommo, supremo: **an -er Stelle vorsprechen** rivolgersi all'autorità suprema; **in -em Grad** in sommo grado B ADV estremamente ♦ **das ist das -e der Gefühle** è il massimo; *fig* **der -e Punkt** l'apice; **es ist -e Zeit** è proprio ora; **es wird -e Zeit** è ora, non c'è tempo da perdere; **-e Zeit, dass du anrufst!** era ora che telefonassi!
Hoch·stap·ler M ⟨-s; -⟩, **-in** F ⟨-; -nen⟩ millantatore *m*, -trice *f*, smargiasso *m*, -a *f*, spaccone *m*, -a *f*
Höchst·be·las·tung F carico *m* massimo **Höchst·be·trag** M importo *m* massimo
Hoch·stell·tas·te F tasto *m* maiuscole
höchs·tens ADV al massimo, tutt'al più
Höchst·fall M **im ~** al massimo **Höchst·form** F piena forma *f* **Höchst·ge·schwin·dig·keit** F velocità *f* massima **Höchst·gren·ze** F limite *m* massimo
Hoch·stim·mung F atmosfera *f* lieta, festosa: **in ~ sein** essere su di giri
Höchst·leis·tung F 1 massimo rendimento *m* 2 SPORT record *m* **Höchst·maß** N massimo *m* **höchst·per·sön·lich** ADV di persona **Höchst·preis** M prezzo *m* massimo
Hoch·stra·ße F (strada *f*) sopraelevata *f*
Höchst·satz M somma *f* massima **Höchst·stand** M massimo *m* **höchst·wahr·schein·lich** ADV con ogni probabilità **Höchst·wert** M (valore *m*) massimo *m* **höchst·zu·läs·sig** ADJ massimo consentito
Hoch·tal N alta valle *f* **Hoch·tech·no·lo·gie** F alta tecnologia *f*, high tech *f*
Hoch·tour F escursione *f* in alta montagna ♦ **auf -en laufen** andare a pieno ritmo; **j-n auf -en bringen** mettere sotto tiro qn; **eine Maschine auf -en bringen** portare una macchina a pieno regime
hoch·tra·bend ADJ roboante, ampolloso **hoch·ver·dient** ADJ benemerito
Hoch·ver·rat M alto tradimento *m* **Hoch·ver·rä·ter** M, **-in** F reo *m*, -a *f* di alto tradimento
hoch·ver·zins·lich ADJ FIN ad alto interesse **Hoch·wald** M bosco *m* di alberi ad alto fusto **Hoch·was·ser** N ⟨-s; -⟩ 1 piena *f* **der Fluss hat** (*od* **führt**) **~** il fiume è in piena 2 (*Flut*) alta marea *f* 3 (*Überschwemmung*) inondazione *f*; (*in Venedig*) acqua *f* alta **hoch·wer·tig** ADJ di grande valore **Hoch·wild** N selvaggina *f* (*od* caccia *f*) grossa
Hoch·wür·den M *obs* **Euer ~** Reverendo
Hoch·zahl F MATH esponente *m*
Hoch·zeit F nozze *fpl*, matrimonio *m*: **~ feiern** celebrare le nozze, sposarsi ♦ *umg* **auf allen -en tanzen** voler essere dappertutto
Hoch·zeits·fei·er F festa *f* di nozze **Hoch·zeits·ge·schenk** N regalo *m* di nozze **Hoch·zeits·kleid** N abito *m* da sposa **Hoch·zeits·nacht** F prima notte *f* di nozze **Hoch·zeits·paar** N coppia *f* di sposi **Hoch·zeits·rei·se** F viaggio *m* di nozze **Hoch·zeits·tag** M giorno *m* delle nozze **Hoch·zeits·tor·te** F torta *f* nuziale
hoch·zie·hen ⟨*irr*⟩ A V/T 1 tirare su 2 alzare: **die Brauen ~** alzare le sopracciglia 3 *sl* BAU erigere B V/R **sich ~** 1 tirarsi su 2 *fig* **sich an Skandalen ~** compiacersi degli scandali
Ho·cke F ⟨-; -n⟩ (posizione *f*) raccolta *f*: **in die ~ gehen** raccogliersi; **in der ~ sitzen** stare (*od* essere) accovacciato **ho·cken** A V/I ⟨h.⟩ 1 stare accovacciato (*od* rannicchiato) 2 *umg* (*sitzen*) stare seduto B V/R **sich ~** accovacciarsi, rannicchiarsi; **sich auf den Boden ~** accovacciarsi sul pavimento
Ho·cker M ⟨-s; -⟩ sgabello *m*
Hö·cker M ⟨-s; -⟩ gobba *f*
Ho·ckey ['hɔke] N ⟨-s⟩ hockey *m* **Ho-**

ckey·schlä·ger M bastone *m* da hockey **Ho·ckey·spie·ler** M, **-in** F giocatore *m*, -trice *f* di hockey

Ho·den M ⟨-s; -⟩ testicolo *m* **Ho·den·bruch** M ernia *f* scrotale **Ho·den·sack** M scroto *m*

Hof M ⟨-[e]s; Höfe⟩ **1** cortile *m*: **auf dem** (*od* **im**) **~ spielen** giocare in (*od* nel) cortile **2** (*Königshof*) corte *f*: **j-n bei** (*od* **am**) **~ einführen** introdurre qn a corte **3** (*Bauernhof*) fattoria *f*; (*kleines Gut*) podere *m* **4** ASTRON (*Aureole*) alone *m* ♦ **j-m den ~ machen** fare la corte a qn

hof·fen **A** V/T sperare: **das hoffe ich** lo spero, spero di sì; **ich hoffe, dass stimmt** spero che sia giusto **B** V/I ⟨h.⟩ **auf j-n/etw ~** sperare in qn/qc ♦ **~ wir das Beste** speriamo in bene; **ich will nicht ~, dass du lügst!** voglio sperare che tu non menta!

hof·fent·lich ADV speriamo: **~ schreibt er bald** speriamo che scriva presto

Hoff·nung F ⟨-; -en⟩ **1** speranza *f*: **seine ~ auf j-n/etw setzen** riporre le proprie speranze in qn/qc; **j-m auf etw** (*akk*) **~ machen** far sperare qc a qn **2** (*Erwartung*) aspettativa *f*: **in seinen -en enttäuscht werden** essere deluso nelle proprie aspettative ♦ **es besteht noch ~** c'è ancora speranza; **j-m falsche -en machen** illudere qn; **in der ~, dass …** sperando che …; **eine leise ~** un filo di speranza; **die letzte ~** l'ultima speranza; **sich** (*dat*) (**keine**) **-en machen** (non) farsi illusioni; **j-m -en machen** dare delle speranze a qn

hoff·nungs·los **A** ADJ disperato **B** ADV **1** senza speranza **2** irrimediabilmente: **~ verloren sein** essere irrimediabilmente perduto **Hoff·nungs·lo·sig·keit** F ⟨-⟩ disperazione *f* **Hoff·nungs·schim·mer** M barlume *m* di speranza **Hoff·nungs·trä·ger** M, **-in** F speranza *f* **hoff·nungs·voll** **A** ADJ **1** pieno di speranza **2** promettente: **ein -er Beginn** un inizio promettente **B** ADV con grande speranza

ho·fie·ren V/T corteggiare

hö·fisch ADJ di corte, cortigiano

höf·lich ADJ cortese **Höf·lich·keit** F ⟨-; -en⟩ cortesia *f*: **in aller ~** con grande cortesia

Hof·narr M buffone *m* di corte

ho·he → hoch

Hö·he F ⟨-; -n⟩ **1** altezza *f* (*a.* MUS): **die ~ beträgt 2 Meter** l'altezza è di 2 metri; **die Post ist auf der ~ der Ampel** la posta è all'altezza del semaforo; **auf** (*od* **in**) **gleicher ~** alla stessa altezza **2** quota *f* (*a.* FLUG), altitudine *f*: **~ über dem Meeresspiegel** altitudine sul livello del mare; **in großen -n** ad alta quota **3** (*Hügel*) altura *f* **4** *fig* apice *m*: **auf der ~ seiner Karriere** all'apice della sua carriera **5** importo *m*: **den Betrag in voller ~ bezahlen** pagare l'intero importo; **in ~ von 1000 Euro** dell'importo di 1000 euro ♦ *umg* **auf der ~ sein** (*sich wohlfühlen*) essere in forma; **in die ~ gehen** infuriarsi; **etw in die ~ heben/werfen** sollevare/lanciare (in alto) qc; *umg* **das ist ja die ~!** è il colmo!; **die -n und Tiefen des Lebens** gli alti e bassi della vita; **die Preise in die ~ treiben** far salire i prezzi; **auf der ~ der Zeit sein** essere al passo con i tempi

Ho·heit F ⟨-; -en⟩ **1** sovranità *f*: **unter j-s ~ stehen** essere sotto la sovranità di qn **2** (*Titel*) Altezza *f*: **Eure ~** Vostra Altezza **ho·heit·lich** ADJ **1** sovrano **2** principesco, regale

Ho·heits·ge·biet N territorio *m* soggetto a sovranità **Ho·heits·ge·wäs·ser** N acque *fpl* territoriali **Ho·heits·recht** N diritto *m* di sovranità **Ho·heits·zei·chen** N **1** simbolo *m* della nazione **2** (*Wappenzeichen*) segno *m* della casata

Ho·he·lied N cantico *m* dei cantici

Hö·hen·angst F acrofobia *f* **Hö·hen·krank·heit** F mal *m* di montagna **Hö·hen·luft** F aria *f* montana **Hö·hen·mes·ser** M ⟨-s; -⟩ altimetro *m* **Hö·hen·ru·der** N FLUG equilibratore *m* **Hö·hen·son·ne** F MED lampada *f* a raggi ultravioletti **Hö·hen·un·ter·schied** M dislivello *m* **Hö·hen·zug** M catena *f* montuosa

Ho·he·pries·ter M (*Bibel*) sommo sacerdote *m*

Hö·he·punkt M culmine *m*: **auf dem ~ der Macht** al culmine del potere; **ein literarischer ~** un momento culminante della letteratura

hö·her ⟨*komp von* hoch⟩ **A** ADJ **1** più alto **2** più elevato, superiore: **-e Mathematik** matematica superiore **B** ADV più in alto **hö·her·stu·fen** V/T fare avanzare di grado, promuovere

hohl ADJ **1** cavo **2** incavato: **-e Wangen**

H

guance incavate **3** (*Klang, Stimme*) cupo **4** *fig* vuoto: **-es Gerede** ciance *fpl* ♦ **in der -en Hand** nel cavo della mano

hohl·äu·gig ADJ con gli occhi infossati

Hohl·block·stein M BAU blocco *m* forato

Höh·le F ⟨-; -n⟩ **1** (*Höhlung*) cavità *f* **2** caverna *f*, grotta *f*: **unterirdische -n** grotte sotterranee **3** (*Tierbehausung*) tana *f*

Höh·len·for·scher M, **-in** F speleologo *m*, -a *f* **Höh·len·ma·le·rei** F pittura *f* rupestre **Höh·len·mensch** M troglodita *m*, cavernicolo *m*

Hohl·kopf M *umg* zucca *f* vuota **Hohl·kör·per** M corpo *m* cavo **Hohl·kreuz** N lordosi *f* **Hohl·maß** N **1** misura *f* di capacità **2** (*Gefäß*) boccale *m* graduato **Hohl·raum** M cavità *f*, vuoto *m* **Hohl·saum** M orlo *m* a giorno **Hohl·spie·gel** M specchio *m* concavo

Höh·lung F ⟨-; -en⟩ cavità *f*, incavo *m*

Hohl·weg M strada *f* incassata; (*Engpass*) gola *f* **Hohl·zie·gel** M mattone *m* forato

Hohn M ⟨-[e]s⟩ scherno *m*, derisione *f* ♦ **das ist der blanke ~** è totalmente assurdo; **Spott und ~ ernten** essere schernito e deriso; **j-m/etw ~ sprechen** essere un oltraggio contro qn/qc; **j-m zum ~** a dispetto di qn

höh·nen **A** VT deridere, schernire **B** VI ⟨h.⟩ dire in tono di scherno

höh·nisch **A** ADJ beffardo, sprezzante **B** ADV in tono di scherno, con scherno

Ho·kus·po·kus M ⟨-⟩ **1** (*Zauberformel*) abracadabra *m* **2** *pej* stregoneria *f*

ho·len **A** VT **1** (andare a) prendere: **den Wein aus dem Keller ~** andare a prendere il vino in cantina **2** *umg* **die Goldmedaille ~** prendere la medaglia d'oro **3** tirare fuori: **etw aus der Tasche ~** tirare fuori qc dalla tasca **4** chiamare: **j-n zu Hilfe ~** chiamare qn in aiuto **B** VR **sich** (*dat*) **~** **1** farsi dare: **sich** (*dat*) **bei j-m die Erlaubnis ~** farsi dare il permesso da qn **2** *umg* (*gewinnen*) conquistarsi **3** *umg* buscarsi: **sich** (*dat*) **die Grippe ~** buscarsi l'influenza ♦ **bei ihm ist nicht viel zu ~** da lui non c'è molto da ricavare

Hol·land N ⟨-s⟩ Olanda *f* **Hol·län·der** **A** M ⟨-s; -⟩ olandese *m* **B** ADJ ⟨*inv*⟩ olandese **Hol·län·de·rin** F ⟨-; -nen⟩ olandese *f* **hol·län·disch** ADJ olandese

Höl·le F ⟨-; -n⟩ inferno *m* (*a. fig*): **j-m das Leben zur ~ machen** rendere la vita di qn un inferno; **hier ist die ~ los** si è scatenato l'inferno; **j-n zur ~ wünschen** mandare all'inferno qn ♦ **die ~ auf Erden haben** fare una vita d'inferno

Höl·len·angst F *umg* paura *f* del diavolo **Höl·len·lärm** M *umg* fracasso *m* infernale **Höl·len·qua·len** PL pene *fpl* dell'inferno **Höl·len·tem·po** N *umg* velocità *f* spaventosa

Hol·ler M ⟨-s; -⟩, **Hol·ler·baum** M *österr* sambuco *m*

höl·lisch **A** ADJ **1** infernale (*a. fig*) **2** *umg* enorme, grandissimo **B** ADV *umg* terribilmente: **~ aufpassen** stare terribilmente attento; **~ wehtun** fare un male cane

Holm M ⟨-[e]s; -e⟩ staggio *m*; (*Handlauf*) mancorrente *m*

Ho·lo·caust M ⟨-[s]; -s⟩ olocausto *m*

Ho·lo·gra·fie F ⟨-; -n⟩ olografia *f*

Ho·lo·gramm N ⟨-s; -e⟩ ologramma *m*

hol·pern VI ⟨h.⟩ sobbalzare, traballare: **der Wagen holpert sehr auf dieser Straße** su questa strada l'auto sobbalza molto

holp·rig ADJ **1** accidentato, irregolare: **ein -er Boden** un terreno accidentato **2** stentato: **in -em Deutsch** in un tedesco stentato

Ho·lun·der M ⟨-s; -⟩, **Ho·lun·der·baum** M sambuco *m* **Ho·lun·der·bee·re** F bacca *f* di sambuco

Holz N ⟨-es; Hölzer⟩ **1** legno *m*: **~ verarbeitend** di (*od* della) lavorazione del legno; **aus ~** di legno **2** (*Brennholz*) legna *f* ♦ **aus anderem ~ (geschnitzt) sein** essere (fatto) di un'altra pasta; **aus hartem ~ (geschnitzt) sein** essere un osso duro; *fig* **auf ~ klopfen** toccare ferro

Holz·bau M ⟨-[e]s; -ten⟩ costruzione *f* in legno **Holz·be·ar·bei·tung** F lavorazione *f* del legno **Holz·blä·ser** M, **-in** F suonatore *m*, -trice *f* di strumento a fiato in legno **Holz·blas·in·stru·ment** N legno *m*, strumento *m* a fiato

höl·zern ADJ **1** di legno **2** *fig* legnoso, rigido

Holz·fäl·ler M ⟨-s; -⟩ tagliaboschi *m*

Holz·fa·ser·plat·te F masonite *f*

holz·frei ADJ **-es Papier** carta senza pasta di legno **Holz·ham·mer·me·tho·de** F maniere *fpl* forti **Holz·han·del** M commercio *m* in legnami

hol·zig ADJ BOT legnoso

Holz·in·dust·rie F industria *f* del legno

Holz·koh·le F carbone *m* di legna

Holz·koh·len·grill M grill *m* a carbonella **Holz·löf·fel** M cucchiaio *m* di legno **Holz·scheit** N pezzo *m* di legno, ciocco *m* **Holz·schnitt** M xilografia *f* **Holz·schnit·zer** M, **-in** F intagliatore *m*, -trice *f* (in legno) **Holz·schuh** M zoccolo *m* **Holz·stoß** M catasta *f* di legna **Holz·tä·fe·lung** F rivestimento *m* di (*od* in) legno **Holz·ver·ar·bei·tung** F lavorazione *f* del legno **Holz·ver·klei·dung** F rivestimento *m* di (*od* in) legno **Holz·weg** M *fig* **auf dem ~ sein** (*od* **sich auf dem ~ befinden**) essere fuori strada, sbagliare di grosso **Holz·wol·le** F trucioli *mpl* di legno **Holz·wurm** M tarlo *m* **Holz·zaun** M steccato *m*

Home·ban·king ['ho:mbɛŋkɪŋ] N ⟨-s⟩ homebanking *m* **Home·page** [-pe:tʃ] F ⟨-; -s⟩ homepage *f inv*

Hom·mage F ⟨-; -n⟩ omaggio *m*: **als ~ für j-n** in omaggio a qn

Ho·mo M ⟨-s; -s⟩ *umg* (*Homosexuelle*) omosex *m*, gay *m*, finocchio *m*

ho·mo·gen ADJ omogeneo **ho·mo·ge·ni·sie·ren** V/T omogeneizzare

Ho·mö·o·path M ⟨-en; -en⟩ omeopata *m* **Ho·mö·o·pa·thie** F ⟨-⟩ omeopatia *f* **Ho·mö·o·pa·thin** F ⟨-; -nen⟩ omeopata *f* **ho·mö·o·pa·thisch** ADJ omeopatico

Ho·mo·se·xu·a·li·tät F omosessualità *f*

ho·mo·se·xu·ell ADJ omosessuale **Ho·mo·se·xu·el·le** M/F ⟨-n; -n⟩ omosessuale *m/f*

Ho·nig M ⟨-s; -e⟩ miele *m* ♦ **j-m ~ um den Bart schmieren** insaponare qn

Ho·nig·ku·chen M panpepato *m* **Ho·nig·ku·chen·pferd** N **wie ein ~ strahlen** essere raggiante di gioia **Ho·nig·le·cken** N *umg* **kein ~ sein** non essere una passeggiata **Ho·nig·me·lo·ne** F melone *m* (amarillo oro) **Ho·nig·wa·be** F favo *m*

Ho·no·rar N ⟨-s; -e⟩ onorario *m*

Ho·no·ra·ti·o·ren PL notabili *mpl*

ho·no·rie·ren V/T **1** pagare: **j-n** (**für eine Arbeitsleistung**) **~** pagare qn per una prestazione d'opera **2** onorare: **j-s Bemühungen ~** onorare l'impegno di qn; HANDEL **einen Wechsel ~** onorare una cambiale

Hop·fen M ⟨-s; -⟩ luppolo *m* ♦ **an ihm ist ~ und Malz verloren** con lui si spreca tempo e fatica

hopp INT hop, oplà; (*schnell*) forza, via

hop·peln V/I ⟨s.⟩ saltellare

hop·sen V/I ⟨s.⟩ saltare, saltellare **Hop·ser** M ⟨-s; -⟩ saltello *m*

hops·ge·hen V/I ⟨*irr*; s.⟩ *umg* **1** (*verloren gehen*) andare perso **2** (*entzweigehen*) rompersi **3** (*umkommen*) andare all'altro mondo **4** (*ertappt werden*) essere beccato sul fatto

hör·bar **A** ADJ udibile **B** ADV rumorosamente **Hör·be·hin·der·te** M/F audioleso *m*, -a *f* **Hör·bril·le** F occhiali *mpl* acustici **Hör·buch** N audiolibro *m*

hor·chen V/I ⟨h.⟩ stare a sentire: (*heimlich*) **an der Tür ~** origliare alla porta

Hor·cher M ⟨-s; -⟩, **-in** F ⟨-; -nen⟩ chi origlia

Horch·pos·ten M **1** MIL sentinella *f* **2** *hum* posto *m* d'intercettazione

Hor·de F ⟨-; -n⟩ orda *f*

hö·ren **A** V/T **1** sentire: **j-n um Hilfe rufen ~** sentire qn gridare aiuto; **hör mal!** senti (un po')! **2** (*erfahren*) **etw von j-m ~** sentire qc da qn **3** ascoltare: **Radio ~** ascoltare la radio; **beide Parteien ~** ascoltare entrambe le parti **B** V/I ⟨h.⟩ **1** **auf etw** (*akk*) **~** sentire qc **2** **gut/schwer ~** sentirci bene/poco **3** dare ascolto, dar retta: **auf j-s Rat ~** dar retta ai consigli di qn **4** *umg* (*gehorchen*) ubbidire **5** (*erfahren*) sentire parlare: **von etw ~** sentir parlare di qc ♦ **der Hund hört auf den Namen Rex** il cane risponde al nome Rex; **er hört bei Prof. Schmidt** frequenta le lezioni del prof. Schmidt; **hört, hört!** senti, senti!; **der kriegt was von mir zu ~** gliene dirò quattro; **nichts von sich ~ lassen** non farsi sentire; **lassen Sie bald etwas von sich ~** si faccia vivo; *umg* **na hör mal!** ma che ti salta in mente!; **er wollte davon nichts mehr ~** non voleva più saperne nulla; **soviel man hört, …** a quanto si sente dire …; **Sie werden noch von mir ~!** avrete ancora mie notizie!

Hö·ren·sa·gen N **vom ~** per sentito dire

Hö·rer[1] M ⟨-s; -⟩ (*Telefonhörer*) ricevitore *m* (del telefono): **den ~ abnehmen** rispondere al telefono; **den ~ auflegen** mettere giù il telefono

Hö·rer[2] M ⟨-s; -⟩, **-in** F ⟨-; -nen⟩ **1** ascoltatore *m*, -trice *f* **2** (*an der Universität*) studente *m*, -essa *f*

Hö·rer·schaft F ⟨-; -en⟩ uditorio *m*
Hör·feh·ler M difetto *m* uditivo **Hör·funk** M radio *m* **Hör·ge·rät** N apparecchio *m* acustico **hör·ge·schä·digt** ADJ audioleso
hö·rig ADJ succube, schiavo: **j-m/etw ~ sein** essere succube di qn/qc **Hö·rig·keit** F ⟨-; -en⟩ soggezione *f*, subalternità *f*
Ho·ri·zont M ⟨-[e]s; -e⟩ orizzonte *m* (*a. fig*): **am ~** all'orizzonte; **ein beschränkter ~** un orizzonte limitato; **seinen ~ erweitern** ampliare i propri orizzonti ♦ **das geht über seinen ~** questo supera le sue capacità
ho·ri·zon·tal ADJ orizzontale **Ho·ri·zon·ta·le** F ⟨-; -n⟩ orizzontale *f* ♦ *hum* **sich in die ~ begeben** sdraiarsi
Hor·mon N ⟨-s; -e⟩ ormone *m* **hor·mo·nal** ADJ ormonale **Hor·mon·haus·halt** M equilibrio *m* ormonale **Hor·mon·spie·gel** M quadro *m* ormonale
Hör·mu·schel F ricevitore *m*
Horn N ⟨-[e]s; Hörner *u.* -e⟩ **1** ⟨*pl* Hörner⟩ corno *m* (*a.* MUS): **der Stier verletzte ihn mit den Hörnern** il toro lo ferì con le corna **2** ⟨*pl* -e⟩ corno *m*: **Knöpfe aus ~** bottoni di corno **3** *umg* ⟨*pl* Hörner⟩ *Beule* bernoccolo *m* ♦ *fig* **sich** (*dat*) **die Hörner abstoßen** rompersi le corna; *fig* **j-m Hörner aufsetzen** mettere le corna a qn; (**mit j-m**) **ins gleiche ~ blasen** essere pienamente d'accordo (con qn)
Horn·bril·le F occhiali *mpl* di corno
Hörn·chen N ⟨-s; -⟩ cornetto *m* (*a.* GASTR)
Hör·nerv M nervo *m* acustico
Horn·haut F **1** (*Schwiele*) callo *m*, durone *m* **2** (*im Auge*) cornea *f*
Hor·nis·se F ⟨-; -n⟩ calabrone *m*
Hor·nist M ⟨-en; -en⟩, **-in** F ⟨-; -nen⟩ cornista *m/f*
Horn·och·se M *umg pej* imbecille *m*
Ho·ro·skop N ⟨-s; -e⟩ oroscopo *m*
hor·rend ADJ enorme, colossale
Hör·rohr N MED stetoscopio *m*
Hor·ror M ⟨-s⟩ **1** orrore *m* **2** avversione *f*: **j-d hat einen ~ vor etw** (*dat*) qc terrorizza qn **Hor·ror·film** M film *m* dell'orrore
Hör·saal M aula *f* (universitaria) **Hör·spiel** N dramma *m* radiofonico, radiodramma *m*
Horst M ⟨-[e]s; -e⟩ **1** nido *m* (di rapaci) **2** FLUG campo *m* d'aviazione militare
Hör·sturz M (improvvisa) perdita *f* dell'udito
Hort M ⟨-[e]s; -e⟩ **1** *poet* tesoro *m* **2** (*Zuflucht*) asilo *m*, rifugio *m* **3** *fig* rifugio *m*, covo *m*: **ein ~ des Lasters** un covo del vizio **4** (*Kinderhort*) asilo *m* infantile
hor·ten V/T accumulare, ammassare
Hör·test M test *m* dell'udito **Hör·ver·mö·gen** N udito *m* **Hör·wei·te** F portata *f* di voce: **in ~** a portata di voce
Ho·se F ⟨-; -n⟩ pantaloni *mpl*: **ein Paar -n** un paio di pantaloni ♦ *umg* **tote ~ sein** essere un mortorio (*od* una pizza); *umg* **in die -n gehen** andare a monte, fallire; **sich** (*dat*) (**vor Angst**) **in die -n machen** farsela sotto (dalla paura); (*Kinder*) **in die -n machen** farsela addosso; *umg fig* **die -n runterlassen** scoprire le carte
Ho·sen·an·zug M tailleur-pantalone *m*
Ho·sen·bein N gamba *f* dei pantaloni
Ho·sen·bo·den M fondo *m* dei pantaloni ♦ **sich auf den ~ setzen** mettersi a studiare con impegno **Ho·sen·rock** M gonna *f* pantalone **Ho·sen·schlitz** M apertura *f* dei pantaloni **Ho·sen·ta·sche** F tasca *f* dei pantaloni **Ho·sen·trä·ger** M bretelle *fpl*
hos·pi·tie·ren V/I ⟨h.⟩ assistere come uditore
Hos·piz N ⟨-es; -e⟩ ospizio *m*
Hos·tie F ⟨-; -n⟩ ostia *f*
Host·rech·ner M host *m inv*
Hot·dog M ⟨-s; -s⟩ hot dog *m inv*
Ho·tel N ⟨-s; -s⟩ albergo *m* **Ho·tel·fach** N **1** settore *m* alberghiero **2** (*Gewerbe*) industria *f* alberghiera **Ho·tel·fach·schu·le** F scuola *f* alberghiera **Ho·tel·ge·wer·be** N industria *f* alberghiera **Ho·tel·hal·le** F hall *f*
Ho·te·li·er [hotəˈlieː] M ⟨-s; -s⟩ albergatore *m*
Ho·tel·kauf·frau F operatrice *f* ai servizi alberghieri **Ho·tel·kauf·mann** M ⟨-[e]s; -leute⟩ operatore *m* ai servizi alberghieri
Hot·key [ˈhɔtkiː] M ⟨-s; -s⟩ tasto *m* di scelta rapida, hotkey *m inv*
Hot·line [ˈhɔtlain] F ⟨-; -s⟩ hot line *f inv*
hü INT ooh ♦ (**ein**)**mal ~ und** (**ein**)**mal hott sagen** dire una volta bianco e una volta nero
Hub M ⟨-[e]s; Hübe⟩ MECH corsa *f*
hü·ben ADV **~ wie drüben** da ambo le parti

Hub·raum M cilindrata *f*
hübsch A ADJ 1 carino: **wie ~!** che carino!; **sich ~ machen** farsi bello 2 (*angenehm*) piacevole: **eine -e Melodie** una piacevole melodia 3 *umg* (*ziemlich groß, lang …*) bel(lo): **eine -e Summe** una bella somma; **ein -es Stück Weg** un bel pezzo di strada B ADV 1 (*ziemlich gut*) benino: **ganz ~ spielen** suonare benino 2 *umg* molto, proprio: **es ist ganz ~ kalt** fa proprio freddo 3 *umg* (*schön*) (ben) bene: **ganz ~ warm hier!** che bel calduccio qui! ♦ **das lass ~ bleiben!** lascia stare!
Hub·schrau·ber M ⟨-s; -⟩ elicottero *m* **Hub·schrau·ber·lan·de·platz** M eliporto *m*
huch INT 1 uh, oh: **~, wie kalt!** uh, che freddo! 2 ih: **~, eine Spinne!** ih, un ragno!
hu·cke·pack ADV **j-n ~ tragen** portare qn sulle spalle (*od* a cavalluccio) **Hu·cke·pack·ver·kehr** M = *trasporto di veicoli per ferrovia*
hu·deln V/I ⟨h.⟩ *umg* fare le cose in fretta e male
Huf M ⟨-[e]s; -e⟩ zoccolo *m*; ZOOL ungola *f*
Huf·ei·sen N ferro *m* di cavallo **huf·ei·sen·för·mig** ADJ a ferro di cavallo
Huf·lat·tich M ⟨-[e]s; -e⟩ farfaro *m*
Hüft·bein N osso *m* iliaco
Hüf·te F ⟨-; -n⟩ anca *f*, fianco *m*
Hüft·ge·lenk N articolazione *f* dell'anca **Hüft·gür·tel** M reggicalze *m* **Hüft·hal·ter** M busto *m*, corsetto *m*, guaina *f* (con giarrettiere) **hüft·hoch** ADJ alto fino ai fianchi
Huf·tier N ungulato *m*
Hüft·lei·den N, **Hüft·schmerz** M coxalgia *f* **Hüft·wei·te** F misura *f* dei fianchi
Hü·gel M ⟨-s; -⟩ collina *f*, colle *m* **Hü·gel·grab** N ARCHÄOL tumulo *m*
hü·ge·lig ADJ collinoso
Hu·ge·not·te M ⟨-n; -n⟩, **-tin** F ⟨-; -nen⟩ ugonotto *m*, -a *f*
Huhn N ⟨-[e]s; Hühner⟩ pollo *m* (*a.* GASTR); (*Henne*) gallina *f* ♦ **mit den Hühnern aufstehen** alzarsi al canto del gallo; **mit den Hühnern zu Bett gehen** andare a letto con le galline; **ein blindes ~ findet auch mal ein Korn!** anche uno stupido ogni tanto ce la fa; **ein dummes ~** un'oca; **da lachen (ja) die Hühner!** roba da far ridere i polli!; **ein verrücktes ~** una testa matta
Hühn·chen N ⟨-s; -⟩ pollastro *m* ♦ **mit j-m ein ~ zu rupfen haben** avere dei conti da regolare con qn
Hüh·ner·au·ge N callo *m* (ai piedi) **Hüh·ner·brü·he** F brodo *m* di pollo **Hüh·ner·brust** F petto *m* di pollo **Hüh·ner·ei** N uovo *m* di gallina **Hüh·ner·farm** F allevamento *m* di polli **Hüh·ner·hof** M 1 cortile *m* dove razzolano i polli 2 allevamento *m* di polli **Hüh·ner·lei·ter** F scaletta *f* del pollaio **Hüh·ner·pest** F peste *f* aviaria **Hüh·ner·stall** M pollaio *m* **Hüh·ner·stan·ge** F posatoio *m* **Hüh·ner·zucht** F pollicoltura *f* **Hüh·ner·züch·ter** M, **-in** F pollicoltore *m*, -trice *f*
hul·di·gen V/I ⟨h.⟩ 1 HIST rendere omaggio (*a. fig*): **dem König ~** rendere omaggio al re 2 **etw** (*dat*) **~** seguire qc; sostenere qc; **einer Mode ~** seguire una moda; **einer These ~** sostenere una tesi 3 (*einem Laster*) indulgere: **dem Alkohol ~** indulgere all'alcol **Hul·di·gung** F ⟨-; -en⟩ omaggio *m*
Hül·le F ⟨-; -n⟩ 1 involucro *m* 2 (*Umschlag*) copertina *f* ♦ *hum* **die -n fallen lassen** spogliarsi; **in ~ und Fülle** a bizzeffe; **die sterbliche ~** le spoglie mortali
hül·len A V/T avvolgere (*a. fig*): **etw in Dunkel ~** avvolgere qc nel mistero B V/R **sich ~** 1 avvolgersi 2 *fig* **sich in Schweigen ~** chiudersi nel silenzio **hül·len·los** A ADJ 1 senza involucro 2 *fig* scoperto 3 *umg* senza vestiti, nudo B ADV scopertamente
Hül·se F ⟨-; -n⟩ 1 astuccio *m*, custodia *f* 2 (*von Geschossen*) bossolo *m* 3 BOT baccello *m* **Hül·sen·frucht** F legume *m*
hu·man ADJ umano
Hu·ma·nis·mus M ⟨-⟩ umanesimo *m*; PHIL umanismo *m* **Hu·ma·nist** M ⟨-en; -en⟩, **-in** F ⟨-; -nen⟩ umanista *m/f* **hu·ma·nis·tisch** ADJ 1 umanistico: **-e Studien** studi umanistici 2 (*Mensch*) umanista
hu·ma·ni·tär ADJ umanitario
Hu·ma·ni·tät F ⟨-⟩ umanità *f*
Hu·man·me·di·zin F medicina *f* (umana)
Hum·bug M ⟨-s⟩ *umg* 1 (*Schwindel*) imbroglio *m*, ciarlataneria *f* 2 (*Dummheit*) sciocchezza *f*, stupidaggine *f*
Hum·mel F ⟨-; -n⟩ bombo *m*

H

Hum·mer M ⟨-s; -⟩ astice *m*

Hu·mor M ⟨-s; -e⟩ **1** (senso *m* dell') umorismo *m*: **etw mit ~ nehmen** prendere qc con umorismo; (**keinen**) **Sinn für ~ haben** (non) avere il senso dell'umorismo **2** (*gute Laune*) buon umore *m*: **den ~ behalten** conservare il buon umore ♦ **du hast ja vielleicht ~!** hai voglia di scherzare!; **schwarzer ~** humour nero

Hu·mo·rist M ⟨-en; -en⟩, **-in** F ⟨-; -nen⟩ **1** umorista *m/f* **2** comico *m*, -a *f*

hu·mo·ris·tisch ADJ umoristico; (*launig*) comico

hu·mor·los ADJ privo di umorismo **hu·mor·voll** ADJ pieno di umorismo, spiritoso

hum·peln V/I ⟨h., s.⟩ zoppicare

Hum·pen M ⟨-s; -⟩ boccale *m* (con coperchio)

Hu·mus M ⟨-⟩ humus *m* **Hu·mus·bo·den** M terreno *m* ricco di humus

Hund M ⟨-[e]s; -e⟩ cane *m* (*a. pej*): **ein scharfer** (*od* **bissiger**) **~** un cane che morde; **elender ~!** figlio d'un cane! ♦ **der arme ~!** poveraccio!; **da liegt der ~ begraben** qui sta il busillis (*od* il problema); **bekannt sein wie ein bunter ~** esser conosciutissimo; *umg* **ein dicker ~** una vera insolenza; **vor die -e gehen** rovinarsi, cadere in miseria; **ein gerissener ~** un volpone; **auf den ~ kommen** cadere in miseria; **damit lockt man keinen ~ hinterm Ofen hervor** con ciò non si cava un ragno dal buco; **-e, die** (**viel**) **bellen, beißen nicht** can che abbaia non morde; **den letzten beißen die -e** chi tardi arriva, male alloggia

hun·de·elend ADJ *umg* da cani **Hun·de·fut·ter** N cibo *m* per cani **Hun·de·hal·ter** M, **-in** F proprietario *m*, -a *f* di un cane **Hun·de·hüt·te** F canile *m* **hun·de·kalt** ADJ *umg* molto freddo: **es ist ~** fa un freddo cane **Hun·de·ku·chen** M biscotto *m* per cani **Hun·de·le·ben** N vita *f* da cani **Hun·de·lei·ne** F guinzaglio *m* per cani **Hun·de·mar·ke** F medaglietta *f* (del cane) **hun·de·mü·de** ADJ *umg* stanco morto **Hun·de·ras·se** F razza *f* canina **Hun·de·ren·nen** N corsa *f* di cani

hun·dert NUM **1** cento: **zwei von ~** due su cento **2** *umg* molti: **~ Sachen zu tun haben** avere molte cose da fare ♦ **an die ~** un centinaio; **j-n auf ~** (*od* **hundertachtzig**) **bringen** fare andare qn su tutte le furie; **einige ~ Menschen** alcune centinaia di persone

Hun·dert[1] N ⟨-s; -e *u.* -⟩ centinaio *m*: **zu -en** (*od* **hunderten**) a centinaia; **in die -e** (*od* **hunderte**) **gehen** ammontare a qualche centinaio, essere nell'ordine delle centinaia; **unter -en** (*od* **hunderten**) **nur einer** solo uno fra centinaia

Hun·dert[2] F ⟨-; -en⟩ cento *m*

hun·dert·ein ADJ centouno

hun·dert·eins NUM centouno

Hun·der·ter M ⟨-s; -⟩ **1** *umg* HIST pezzo *m* da cento marchi **2** MATH centinaio *m*

hun·der·ter·lei ADJ ⟨*inv*⟩ cento: **auf ~ Weise** in cento modi **hun·dert·fach** **A** ADJ centuplo **B** ADV cento volte

Hun·dert·jahr·fei·er F celebrazione *f* per il (*od* festeggiamento *m* del) centenario

hun·dert·jäh·rig ADJ **1** centenario **2** (*hundert Jahre dauernd*) centennale

hun·dert·mal ADV cento volte

Hun·dert·mark·schein M HIST banconota *f* da cento marchi **Hun·dert·me·ter·lauf** M cento metri *mpl* piani

hun·dert·pro·zen·tig **A** ADJ **1** al cento per cento, assoluto: **-er Alkohol** alcool al cento per cento, puro; **mit -er Gewissheit** con assoluta certezza; **eine -e Quelle** una fonte sicura **2** *fig* fedelissimo: **in der Partei gilt er als ~** nel partito è considerato un fedelissimo **B** ADV al cento per cento ♦ **sich ~ für etw einsetzen** impegnarsi totalmente in qc

Hun·dert·schaft F ⟨-; -en⟩ centuria *f*

hun·dertst... ADJ centesimo

Hun·derts·te M/F ⟨-n; -n⟩ centesimo *m*, -a *f* ♦ **vom -n ins Tausendste kommen** perdersi in dettagli

Hun·derts·tel N/M ⟨-s; -⟩ centesimo *m*

hun·dert·tau·send NUM **1** centomila **2** centinaia di migliaia: **viele ~** (*od* **Hunderttausend**) **Menschen** molte centinaia di migliaia di persone **hun·dert·zehn** NUM centodieci

Hun·de·sa·lon M parrucchiere *m* per cani **Hun·de·steu·er** F tassa *f* sui cani **Hun·de·wet·ter** N *umg* tempo *m* da cani **Hun·de·züch·ter** M, **-in** F allevatore *m*, -trice *f* di cani **Hun·de·zwin·ger** M canile *m*

Hün·din F ⟨-; -nen⟩ cagna *f* **hün·disch** ADJ *pej* **1** (*unterwürfig*) servile **2** (*niederträchtig*) vile, basso, abietto

hunds·er·bärm·lich **A** ADJ → hundsmiserabel **B** ADV tremendamente, terribilmente: ~ **frieren** avere un freddo da cani (*od* bestiale)

hunds·ge·mein ADJ *umg* **1** cattivo, perfido **2** (*niederträchtig*) vile **3** (*sehr groß*) bestiale: **eine -e Kälte** un freddo bestiale

hunds·mi·se·ra·bel ADJ *umg* **1** (*sehr schlecht*) miserabile, penoso **2** *pej* (*verabscheuungswürdig*) spregevole **3** grande, molto forte ♦ *umg* **mir geht's ~** sto da cani

Hunds·ta·ge PL canicola *f*

Hun·ger M ⟨-s⟩ fame *f*: **~ leiden** soffrire la fame; **vor ~ sterben** morire di fame; **nach etw** (*dat*), **auf etw** (*akk*) **~ haben** aver fame di qc; *umg* **ich bekomme ~** mi viene fame ♦ *fig* **~ nach Liebe** sete d'amore

Hun·ger·jahr N anno *m* di carestia **Hun·ger·künst·ler** M, **-in** F *hum* digiunatore *m*, -trice *f* **Hun·ger·lei·der** M ⟨-s; -⟩, **-in** F ⟨-; -nen⟩ *umg pej* morto *m*, -a *f* di fame **Hun·ger·lohn** M *pej* paga *f* da fame

hun·gern **A** VI ⟨h.⟩ **1** soffrire la fame **2** *fig* (*begehren*) essere assetato: **nach Rache ~** essere assetato di vendetta **3** (*fasten*) digiunare **B** V/R **sich schlank ~** dimagrire digiunando; **sich krank ~** ammalarsi digiunando; **sich zu Tode ~** morire di fame ♦ **nach etw ~** aver fame di qc

Hun·gers·not F carestia *f*

Hun·ger·streik M sciopero *m* della fame **Hun·ger·tod** M morte *f* per denutrizione **Hun·ger·tuch** N *umg hum* **am ~ nagen** tirare la cinghia

hung·rig ADJ affamato (*a. fig*): **~ nach etw sein** aver fame di qc; **~ wie ein Wolf sein** avere una fame da lupo

Hun·ne M ⟨-n; -n⟩, **-nin** F ⟨-; -nen⟩ unno *m*, -a *f*

Huns·rück M ⟨-s⟩ GEOG Hunsrück *m*

Hu·pe F ⟨-; -n⟩ clacson *m*

hu·pen VI ⟨h.⟩ suonare il clacson

▶ hupen

Italiener hupen mehr als Deutsche: in den Bergen vor Kurven, in der Stadt bei Verkehrsstau oder, allgemein, um anderen Verkehrsteilnehmern etwas mitzuteilen. Da, wo Hupen verboten ist – beispielsweise in der Nähe von Krankenhäusern – ist das extra beschildert.

hüp·fen VI ⟨h.⟩ saltellare

Hup·sig·nal N segnale *m* acustico; colpo *m* di clacson

Hür·de F ⟨-; -n⟩ **1** ostacolo *m* (*a. fig*): **eine ~ nehmen** superare un ostacolo **2** (*Pferch*) stabbio *m* **3** (*Einzäunung*) recinzione *f*

Hür·den·lauf M SPORT corsa *f* a ostacoli **Hür·den·läu·fer** M, **-in** F SPORT ostacolista *m/f*

Hu·re F ⟨-; -n⟩ *pej* puttana *f*

hur·ra INT urrà, hurrà, evviva

Hur·ri·kan M ⟨-s; -e⟩ uragano *m*

husch INT via, presto: **~, ~!** presto!

hu·schen VI ⟨s.⟩ sgusciare, guizzare: *fig* **ein Lächeln huschte über ihr Gesicht** un sorriso attraversò rapidamente il suo viso

hüs·teln VI ⟨h.⟩ tossicchiare

hus·ten VI ⟨h.⟩ **1** tossire **2** avere la tosse ♦ *umg fig* **auf etw** (*akk*) **~** infischiarsene di qc; (*verzichten*) rinunciare a qc; **ich huste dir was!** te lo puoi scordare!

Hus·ten M ⟨-s; -⟩ tosse *f* **Hus·ten·an·fall** M accesso *m* di tosse **Hus·ten·bon·bon** M/N pastiglia *f* per la tosse **Hus·ten·reiz** M stimolo *m* a tossire **Hus·ten·saft** M sciroppo *m* contro la tosse **Hus·ten·tee** M tisana *f* contro la tosse

Hut[1] M ⟨-[e]s; Hüte⟩ cappello *m* (*a.* BOT): **vor j-m den ~ ziehen** levarsi il cappello davanti a qn (*a. fig*) ♦ **~ ab!** tanto di cappello!; **~ ab vor ihm** gli faccio tanto di cappello; **ein alter ~** una vecchia storia; **alle unter einen ~ bringen** mettere tutti d'accordo; **j-m geht der ~ hoch** qn va su tutte le furie; *umg* **seinen ~ nehmen (müssen)** (dover) dimettersi; *umg* **damit hab' ich nichts am ~** questo non mi riguarda; *umg* **das kannst du dir an den ~ stecken** te lo puoi scordare

Hut[2] F ⟨-⟩ custodia *f*: **in guter ~ sein** essere ben custodito ♦ **bei** (*od* **vor**) **j-m/etw auf der ~ sein** stare in guardia da qn/qc

Hut·ab·la·ge F ripiano *m* posacappelli

hü·ten **A** VT **1** sorvegliare, custodire: **die Kinder/das Vieh ~** sorvegliare i bambini/il bestiame **2** *fig* **ein Geheimnis ~** mantenere un segreto **B** V/R **sich vor j-m/etw ~** guardarsi da qn/qc; **sich ~, etw zu tun** guardarsi (bene) dal fare qc

Hü·ter M ⟨-s; -⟩ **1** (*Wächter*) custode *m*, sorvegliante *m* **2** *fig* tutore *m*: **die ~ des Gesetzes** i tutori della legge

Hü·te·rin F ⟨-; -nen⟩ **1** (*Wächterin*) custode *f*, sorvegliante *f* **2** *fig* tutrice *f*
Hut·krem·pe F tesa *f* del cappello **Hut·ma·cher** M, **-in** F ⟨-; -nen⟩ cappellaio *m*, modista *f* **Hut·na·del** F spillone *m* **Hut·schach·tel** F cappelliera *f* **Hut·schnur** F **das geht mir über die ~** questo è troppo
Hüt·te F ⟨-; -n⟩ **1** capanna *f*; (*aus Blech*) baracca *f* **2** (*Berghütte*) rifugio *m* **3** → Hüttenwerk
Hüt·ten·ar·bei·ter M, **-in** F (operaio *m*) (-a *f*) metallurgico *m*, -a *f* **Hüt·ten·in·dust·rie** F industria *f* metallurgica **Hüt·ten·kä·se** M = *formaggio fresco in fiocchi* **Hüt·ten·kun·de** F metallurgia *f* **Hüt·ten·schuh** M babbuccia *f* di lana **Hüt·ten·werk** N stabilimento *m* metallurgico
hut·ze·lig ADJ *umg* grinzoso, rugoso
Hy·ä·ne F ⟨-; -n⟩ iena *f* (*a. fig*)
Hy·a·zin·the F ⟨-; -n⟩ BOT giacinto *m*
Hyb·ri·de F ⟨-n; -n⟩ ibrido *m*
Hyd·rant M ⟨-en; -en⟩ idrante *m* **Hyd·rat** N ⟨-[e]s; -e⟩ idrato *m* **Hyd·rau·lik** F ⟨-⟩ idraulica *f* **hyd·rau·lisch** ADJ idraulico **hyd·rie·ren** V/T idrogenare **Hyd·rier·ver·fah·ren** N processo *m* di idrogenazione
Hyd·ro·dy·na·mik F idrodinamica *f* **hyd·ro·elekt·risch** ADJ idroelettrico
Hyd·ro·kul·tur F idrocoltura *f*
Hyd·ro·ly·se F ⟨-; -n⟩ idrolisi *f* **Hyd·ro·the·ra·pie** F idroterapia *f*
Hy·gi·e·ne F ⟨-⟩ igiene *f*
hy·gi·e·nisch ADJ igienico
Hyg·ro·me·ter N ⟨-s; -⟩ igrometro *m*
Hym·ne F ⟨-; -n⟩ inno *m*
Hy·per·bel F ⟨-; -n⟩ iperbole *f*
hy·per·kor·rekt ADJ super corretto
Hy·per·link ['haipəlɪŋk] M IT link *m inv*
Hy·per·me·dia [haipe'me:dia] PL ipermedia *mpl*
hy·per·mo·dern ADJ ultramoderno
hy·per·sen·si·bel ADJ ipersensibile
Hy·per·text ['haipe-] M ipertesto *m*
Hy·per·to·nie F ⟨-; -n⟩ ipertensione *f*
Hyp·no·se F ⟨-; -n⟩ ipnosi *f* **hyp·no·tisch** ADJ ipnotico **Hyp·no·ti·seur** [hypnoti'zø:ɐ] M ⟨-s; -e⟩, **-in** F ⟨-; -nen⟩ ipnotizzatore *m*, -trice *f* **hyp·no·ti·sie·ren** V/T ipnotizzare (*a. fig*)
Hy·po·chon·der [hypo'xɔndɐ] M ⟨-s; -⟩, **-in** F ⟨-; -nen⟩ ipocondriaco *m*, -a *f* **Hy·po·chond·rie** F ⟨-; -n⟩ ipocondria *f* **hy·po·chond·risch** ADJ ipocondriaco
Hy·po·phy·se F ⟨-; -n⟩ ipofisi *f*
Hy·po·te·nu·se F ⟨-; -n⟩ ipotenusa *f*
Hy·po·thek F ⟨-; -en⟩ ipoteca *f*: **mit einer ~ belasten** ipotecare; **eine ~ aufnehmen** prendere un'ipoteca **hy·po·the·ka·risch** ADJ ipotecario ♦ **~ belastet** gravato d'ipoteca
Hy·po·the·ken·bank F ⟨-; -en⟩ banca *f* di credito ipotecario **Hy·po·the·ken·brief** M certificato *m* d'ipoteca **Hy·po·the·ken·schuld·ner** M, **-in** F debitore *m*, -trice *f* ipotecario (-a)
Hy·po·the·se F ⟨-; -n⟩ ipotesi *f*
hy·po·the·tisch ADJ ipotetico
Hy·po·to·nie F ⟨-; -n⟩ ipotensione *f*
Hys·te·rie F ⟨-; -n⟩ isteria *f*
hys·te·risch ADJ isterico

I

i, I N ⟨-; -⟩ i, I *m/f*: **I wie Ida** I come Imola
ibe·risch ADJ iberico
IC® M ⟨-[s]; -[s]⟩ (Intercityzug) IC *m inv*
ICE® M ⟨-[s]; -[s]⟩ (Intercityexpresszug) treno *m* ad alta velocità delle ferrovie tedesche
ich PERS PR io: **~ bin es** sono io; **~ tue es gern** lo faccio volentieri; **wenn ~ du wäre** se fossi in te ♦ **~ Armer!** povero me!

▶ ich

sowie auch **du, er, sie, es, wir, ihr, sie** und **Sie** werden im Italienischen nur gebraucht, wenn sie betont sind:

Ich gehe nach Hause.	**Vado a casa.**

aber:

Ich bleibe, und du?	**Io resto, e tu?**
du und ich	**tu ed io**
ich und du	**io e te**

Ich N ⟨-[s]; -[s]⟩ io *m*, PHIL, PSYCH Io *m*: **mein besseres ~** la parte migliore di me
ich·be·zo·gen ADJ egocentrico
Icon ['aikən] N ⟨-s; -s⟩ IT icona *f*
IC-Zu·schlag M supplemento *m* intercity

ide·al ADJ ideale **Ide·al** N ⟨-s; -e⟩ ideale *m* **I·de·al·fall** M ideale *m* ♦ **im ~** nel migliore dei casi
ide·a·li·sie·ren V/T idealizzare **Ide·a·lis·mus** M ⟨-⟩ idealismo *m* **Ide·a·list** M ⟨-en; -en⟩, **-in** F ⟨-; -nen⟩ idealista *m/f* **ide·a·lis·tisch** ADJ idealistico
Idee F ⟨-; -n⟩ 1 idea *f*: **wie kommst du denn auf die ~?** come ti è venuto in mente?; **j-n auf eine ~ bringen** far venire a qn un'idea; **eine fixe ~** un'idea fissa 2 *umg* (*ein bisschen*) **eine ~** un'idea, un po'
ide·ell ADJ ideale
iden·ti·fi·zie·ren A V/T identificare B V/R **sich** identificarsi; **sich mit j-m ~** identificarsi in qn
iden·tisch ADJ **mit j-m/etw ~ sein** essere identico a qn/qc
Iden·ti·tät F ⟨-; -en⟩ identità *f*
Ide·o·lo·ge M ⟨-n; -n⟩ ideologo *m* **Ide·o·lo·gie** F ⟨-; -n⟩ ideologia *f* **Ide·o·lo·gin** F ⟨-; -nen⟩ ideologa *f* **ide·o·lo·gisch** ADJ ideologico
idio·ma·tisch ADJ idiomatico
Idi·ot M ⟨-en; -en⟩ idiota *m* **idi·o·ten·si·cher** ADJ *hum* a prova di stupido
Idi·o·tie F ⟨-; -n⟩ idiozia *f*
Idi·o·tin F ⟨-; -nen⟩ idiota *f*
idi·o·tisch A ADJ idiota B ADV da idiota
Idol N ⟨-s; -e⟩ idolo *m* (*a. fig*)
Idyll N ⟨-s; -e⟩, **Idyl·le** F ⟨-; -n⟩ idillio *m*
idyl·lisch ADJ idillico, idilliaco
Igel M ⟨-s; -⟩ riccio *m*
igitt INT ih (che schifo!)
Ig·no·ranz F ⟨-⟩ ignoranza *f*
ig·no·rie·ren V/T ignorare: IT **ignorieren** (*als Befehl*) ignora
ihm PERS PR ⟨*dat; nom* **er** *u.* **es**⟩ 1 a lui, gli: **ich muss ~ schreiben** devo scrivere a lui, scrivergli; **mit ~/zu ~ kommen** venire con lui/da lui; **das ist von ~** è suo 2 a lei, le: **gehört das dem Mädchen? – ja, es gehört ~** appartiene alla bambina? – sì, le appartiene
ihn PERS PR ⟨*akk; nom* **er**⟩ 1 lui, lo: **hast du ~ gesehen?** lo hai visto?; **~ lieben** amare lui, amarlo; **für ~** per lui 2 lei, la: **bekam er deinen Brief? – ja, er bekam ~** ricevette la tua lettera? – sì, la ricevette
ih·nen PERS PR ⟨*dat pl; nom* **sie**⟩ (a) loro, *umg* gli: **~ etw geben** dare loro, dare a loro, *umg* dargli qc; **bei ~** da loro
Ih·nen PERS PR ⟨*nom* **Sie**⟩ A *dat* a Lei, Le: **ich glaube ~** Le credo; **mit ~** con Lei B *dat* PL (a) Loro, *umg* gli: **wer von ~?** chi di Loro?; **ich gebe ~ …** dò Loro …; *umg* gli dò … ♦ **ein Freund von ~** un Suo amico
ihr[1] A PERS PR ⟨*dat; nom* **sie**⟩ 1 a lei, le: **~ etw verkaufen** vendere qc a lei, venderle qc; **mit ~/zu ~** con lei/da lei 2 a lui, gli: **die Katze hat Hunger, gib ~ etwas!** il gatto ha fame, dagli qualcosa! B PERS PR PL voi: **~ habt recht** avete ragione
ihr[2] POSS PR 1 (il) suo: **der Mantel von Ilse/~ Mantel** il cappotto di Elsa/il suo cappotto; **-e Mutter** sua madre; **wessen Buch? – ihrs** il libro di chi? – il suo 2 (*in Bezug auf mehrere Leute*) (i) loro: **Eltern mit -en Kindern** genitori con i loro bambini ♦ **das Ihre** il Suo (*od* quello che le spetta)
Ihr POSS PR 1 (il) Suo, (il) Vostro: **vergessen Sie nicht -en Schirm** non dimentichi il Suo ombrello (*od* non dimenticate il Vostro ombrello); **mit freundlichen Grüßen, -e Ute Meier** distinti saluti, Sua Ute Meier 2 (*in Bezug auf mehrere Leute*) (il) Loro, (il) Vostro ♦ **Ihre Familie** i Suoi
ih·rer·seits ADV 1 da parte sua 2 (*mehrere Personen*) da parte loro **Ih·rer·seits** ADV 1 da parte Sua 2 (*mehrere Personen*) da parte Loro, da parte Vostra
ih·res·glei·chen PRON ⟨*inv*⟩ 1 suo pari 2 (*mehrere Personen*) loro pari **Ih·res·glei·chen** PRON ⟨*inv*⟩ 1 Suo pari 2 (*mehrere Personen*) Loro pari, Vostro pari
ih·ret·we·gen ADV 1 per lei; a causa sua; per colpa sua 2 (*mehrere Personen*) per loro; a causa loro; per colpa vostra
Ih·ret·we·gen ADV 1 per Lei; a causa Sua; per colpa Sua; per Voi; per colpa Vostra 2 (*mehrere Personen*) per Loro, per Voi
ih·ret·wil·len ADV **um ~** per lei; (*mehrere Personen*) per loro
Ih·ret·wil·len ADV **um ~** per Lei, per Voi; (*mehrere Personen*) per Loro, per Voi
Iko·ne F ⟨-; -n⟩ icona *f*
il·le·gal ADJ illegale
Il·lu·si·on F ⟨-; -en⟩ illusione *f*: **sich -en hingeben** illudersi, farsi illusioni
il·lu·si·ons·los ADJ privo di illusioni
il·lu·so·risch ADJ illusorio
Il·lust·ra·ti·on F ⟨-; -en⟩ illustrazione *f*
il·lust·rie·ren V/T illustrare **Il·lust·rier·te** F ⟨-n; -n⟩ rivista *f*, periodico *m* illustrato
Il·tis M ⟨-ses; -se⟩ puzzola *f*
im PRÄP → in[1]

Image ['ɪmɪtʃ] N ⟨-[s]; -s⟩ immagine *f* **Image·pfle·ge** F cura *f* dell'immagine: **~ treiben** curare l'immagine
ima·gi·när ADJ immaginario
Im·biss M ⟨-es; -e⟩ spuntino *m*: **einen ~ (ein)nehmen** fare uno spuntino **Im·biss·stand** M chiosco *m* **Im·biss·stu·be** F tavola *f* calda
Imi·ta·ti·on F ⟨-; -en⟩ imitazione *f*
imi·tie·ren V/T imitare
Im·ker M ⟨-s; -⟩, **-in** F ⟨-; -nen⟩ apicoltore *m*, -trice *f*
Im·mat·ri·ku·la·ti·on F ⟨-; -en⟩ immatricolazione *f* **im·mat·ri·ku·lie·ren** **A** V/T immatricolare **B** V/R **sich ~** immatricolarsi, iscriversi
im·mens ADJ immenso, enorme
im·mer ADV **1** sempre **2** (*noch*) **er ist ~ noch** (*od* **noch ~**) **krank** è ancora malato; **hast du ~ noch** (**noch ~**) **nicht genug?** non ne hai ancora abbastanza?; **er ist ~ noch ihr Sohn** è pur sempre suo figlio ♦ **auf** (*od* **für**) **~** per sempre; **wann auch ~** in qualsiasi momento; **was ~** qualsiasi cosa; **~ wenn …** ogni volta che …; **wer ~ er auch ist** chiunque sia; tanto fa chi è; **wie auch ~ …** ad ogni modo …; **~ wieder** sempre di nuovo, continuamente; **wo ~** tanto fa il luogo; ovunque; **~ während** → immerwährend
im·mer·grün ADJ sempreverde **im·mer·hin** ADV **1** (*wenigstens*) almeno, per lo meno **2** (*trotz allem*) lo stesso, ugualmente **3** (*schließlich*) pur sempre **im·mer·wäh·rend** ADJ continuo **im·mer·zu** ADV *umg* sempre, continuamente
im·mig·rie·ren V/I ⟨s.⟩ immigrare
Im·mo·bi·lie F ⟨-; -n⟩ (bene *m*) immobile *m*
Im·mo·bi·li·en·hai M palazzinaro *m* **Im·mo·bi·li·en·han·del** M compravendita *f* di immobili **Im·mo·bi·li·en·händ·ler** M, **-in** F agente *m/f* immobiliare
im·mun ADJ immune: **gegen etw ~ sein** essere immune da qc
im·mu·ni·sie·ren V/T immunizzare
Im·mu·ni·tät F ⟨-; -en⟩ immunità *f*
Im·mun·schwä·che F immunodeficienza *f* **Im·mun·schwä·che·krank·heit** F sindrome *f* da immunodeficienza **Im·mun·sys·tem** N sistema *m* immunitario
Im·pe·ra·tiv M ⟨-s; -e⟩ imperativo *m*
Im·per·fekt N GRAM imperfetto *m*
Im·pe·ri·a·lis·mus M ⟨-⟩ imperialismo *m* **im·pe·ri·a·lis·tisch** ADJ imperialistico
Im·pe·ri·um N ⟨-s; Imperien⟩ impero *m*
imp·fen V/T vaccinare (*a. fig*): **j-n gegen Tetanus ~** fare a qn l'antitetanica
Impf·pass M certificato *m* di vaccinazione **Impf·stoff** M vaccino *m*
Imp·fung F ⟨-; -en⟩ vaccinazione *f*
Im·plan·tat N ⟨-[e]s; -e⟩ MED (*von Gewebe*) trapianto *m*; (*von Kunstmaterial*) impianto *m* **im·plan·tie·ren** V/T trapiantare; impiantare
im·pli·zie·ren V/T implicare
im·po·nie·ren V/I ⟨h.⟩ **j-m ~** fare un grande effetto su qn, impressionare qn **im·po·nie·rend** ADJ imponente **Im·po·nier·ge·ha·be** N spacconaggine *f*
Im·port M ⟨-[e]s; -e⟩ importazione *f* **Im·por·teur** [-'tøːɐ] M ⟨-s; -e⟩, **-in** F ⟨-; -nen⟩ importatore *m*, -trice *f*
Im·port·ge·schäft N **1** ditta *f* importatrice **2** (*Handel*) commercio *m* d'importazione
im·por·tie·ren V/T importare
im·po·sant ADJ imponente
Im·po·tenz F ⟨-⟩ impotenza *f* (*a. fig*)
im·präg·nie·ren V/T impregnare
Im·pres·si·o·nis·mus M ⟨-⟩ Impressionismo *m* **Im·pres·si·o·nist** M ⟨-en; -en⟩, **-in** F ⟨-; -nen⟩ impressionista *m/f* **im·pres·si·o·nis·tisch** ADJ impressionistico, impressionista
Im·pres·sum N ⟨-s; Impressen⟩ colofone *m*
Im·pro·vi·sa·ti·on F ⟨-; -en⟩ improvvisazione *f* **im·pro·vi·sie·ren** V/T improvvisare
Im·puls M ⟨-es; -e⟩ impulso *m*
im·pul·siv ADJ impulsivo
im·stan·d(e) ADV **~ sein** **1** essere in grado; **sich ~ fühlen, etw zu tun** sentirsi in grado di fare qc **2** (*so dumm, schlecht sein, dass …*) essere capace: **er ist ~ und sagt das weiter** è capace di dirlo in giro
in[1] PRÄP ⟨*a.* im, ins⟩ **1** (+*akk*) (*Richtung*) in, a: **~ die Stadt/ins Büro/ins Theater gehen** andare in città/ in ufficio/a teatro; **die Schlüssel ~ die Tasche stecken** mettere le chiavi nella borsa **2** (+*dat*) (*lokal*) in, a: **im Büro/im Theater sein** essere in ufficio/a teatro; **sie studiert ~ Köln** studia a Colonia; **er wohnt ~ der Schweiz**

abita in Svizzera; **im Park spazieren gehen** passeggiare nel parco; **im Süden** nel sud **3** (+*dat*) (*temporal*) in, a, di: **im Winter/Frühling** d'inverno/in primavera; **im vorigen Jahr** l'anno scorso; **im Mai** a (*od* in) maggio, nel mese di maggio; **~ der Nacht** di notte; **~ dieser Zeit** in questo periodo **4** (+*dat*) (*binnen*) tra, fra: **~ drei Tagen** fra tre giorni **5** (+*dat*) (*innerhalb*) entro **6** (+*akk*) **bis ~ die Nacht** fino a tarda notte; **bis ~ den Herbst** fino in autunno **7** (*modal*) **~ Hemdsärmeln** in maniche di camicia; **~ verschiedenen Farben** in diversi colori; **~ Blau gekleidet** vestito di blu **8** (+*dat*) **tüchtig ~ seinem Beruf sein** essere abili nel proprio lavoro; **sehr gut ~ Mathematik sein** essere ferrato in matematica ♦ **im Fallen** cadendo

in² ADJ *umg* (*in Mode*) **~ sein** essere in

in·ak·tiv ADJ inattivo

in·ak·zep·ta·bel ADJ inaccettabile

In·an·griff·nah·me F ⟨-; -n⟩ l'intraprendere, inizio *m*, avvio *m* **In·an·spruch·nah·me** F ⟨-; -n⟩ **1** utilizzo *m*, ricorso *m*: **die ~ eines Kredits** l'utilizzo di un credito; **die ~ seiner Hilfe** il ricorso al suo aiuto **2** (*Belastung*) carico *m*, sollecitazione *f*

In·be·griff M **1** quintessenza *f*: **der ~ der Reinheit** la quintessenza della purezza **2** incarnazione *f*: **der ~ des Intellektuellen sein** essere l'incarnazione dell'intellettuale

in·be·grif·fen ADJ compreso, incluso

In·be·sitz·nah·me F ⟨-; -n⟩ presa *f* di possesso **In·be·trieb·nah·me** F ⟨-; -n⟩ messa *f* in funzione; (*Eröffnung*) apertura *f*

In·brunst F ⟨-⟩ fervore *m*, ardore *m*

in·brüns·tig ADJ fervido, ardente

in·dem KONJ **1** (*während*) mentre **2** **er entfloh, ~ er aus dem Fenster sprang** fuggì saltando dalla finestra

In·der M ⟨-s; -⟩, **-in** F ⟨-; -nen⟩ indiano *m*, -a *f*, abitante *m/f* dell'India

in·des, **in·des·sen** ADV **1** (*inzwischen*) nel frattempo, intanto **2** (*jedoch*) però

In·dex M ⟨-[es]; -e *u.* Indizes⟩ indice *m* ♦ *fig* **j-n/etw auf den ~ setzen** mettere all'indice (*od* bandire) qn/qc

In·di·a·ner M ⟨-s; -⟩, **-in** F ⟨-; -nen⟩ indiano *m*, -a *f* (d'America) **in·di·a·nisch** ADJ indiano

In·di·en N ⟨-s⟩ India *f*

In·di·ka·ti·on F ⟨-; -en⟩ **1** MED (*Heilanzeige*) indicazione *f* **2** JUR motivazione *f* per l'interruzione di gravidanza

In·di·ka·tiv M ⟨-s; -e⟩ GRAM indicativo *m*

in·di·rekt ADJ indiretto

in·disch ADJ indiano: **der Indische Ozean** l'Oceano *m* Indiano

in·dis·kret ADJ indiscreto **In·dis·kre·ti·on** F ⟨-; -en⟩ indiscrezione *f*

in·dis·ku·ta·bel ADJ inaccettabile

in·dis·po·niert ADJ **1** indisposto **2** (*in schlechter Verfassung*) maldisposto

In·di·vi·du·a·lis·mus M ⟨-⟩ individualismo *m* **In·di·vi·du·a·list** M ⟨-en; -en⟩, **-in** F ⟨-; -nen⟩ individualista *m/f* **in·di·vi·du·a·lis·tisch** ADJ individualistico, individualista **In·di·vi·du·a·li·tät** F ⟨-; -en⟩ individualità *f*

in·di·vi·du·ell ADJ individuale; personalizzato ♦ **das ist ~ verschieden** varia a seconda dei casi

In·di·vi·du·um N ⟨-s; Individuen⟩ individuo *m*

In·diz N ⟨-es; -ien⟩ indizio *m* **In·di·zi·en·be·weis** M prova *f* indiziaria

in·do·eu·ro·pä·isch ADJ indoeuropeo **in·do·ger·ma·nisch** ADJ indogermanico

in·dokt·ri·nie·ren V/T indottrinare

In·do·ne·si·en N ⟨-s⟩ Indonesia *f* **in·do·ne·sisch** ADJ indonesiano

In·duk·ti·on F ⟨-; -en⟩ induzione *f* **In·duk·ti·ons·strom** M corrente *f* indotta

in·dust·ri·a·li·sie·ren V/T industrializzare **In·dust·ri·a·li·sie·rung** F ⟨-⟩ industrializzazione *f*

In·dust·rie F ⟨-; -n⟩ industria *f* **In·dust·rie·an·la·ge** F impianto *m* industriale **In·dust·rie·ar·bei·ter** M, **-in** F lavoratore *m*, -trice *f* dell'industria **In·dust·rie·be·trieb** M impresa *f* industriale **In·dust·rie·ge·biet** N zona *f* industriale

in·dust·ri·ell ADJ industriale **In·dust·ri·el·le** M/F ⟨-n; -n⟩ industriale *m/f*

In·dust·rie·müll M rifiuti *mpl* industriali **In·dust·rie·ro·bo·ter** M robot *m* industriale **In·dust·rie·staat** M paese *m* *inv* industriale

In·dust·rie- und Han·dels·kam·mer F Camera *f* dell'industria e del commercio

In·dust·rie·zweig M ramo *m* (*od* settore *m*) industriale

in·du·zie·ren VT MATH indurre
in·ei·nan·der ADV (l')uno nell'altro ♦ ~ **verliebt sein** essere innamorati l'uno dell'altra **in·ei·nan·der·flie·ßen** VI ⟨irr; s.⟩ confluire; (*Farben*) mescolarsi **in·ei·nan·der·fü·gen** VR **sich** ~ incastrarsi **in·ei·nan·der·grei·fen** VI ⟨irr; h.⟩ ingranare **in·ei·nan·der·schie·ben** VR ⟨irr⟩ **sich** ~ scivolare uno nell'altro; **bei dem Unfall schoben sich die Autos ineinander** nell'incidente le macchine si incastrarono una nell'altra
in·fam ADJ **1** infame **2** *umg* (*sehr stark*) tremendo **In·fa·mie** F ⟨-; -n⟩ infamia *f*
In·fan·te·rie F ⟨-; -n⟩ fanteria *f* **In·fan·te·rist** M ⟨-en; -en⟩, **-in** F ⟨-; -nen⟩ soldato *m*, -essa *f* di fanteria, fante *m*
in·fan·til ADJ MED, PSYCH *umg* infantile
In·farkt M ⟨-[e]s; -e⟩ infarto *m*
In·fek·ti·on F ⟨-; -en⟩ **1** infezione *f* **2** *umg* (*Entzündung*) infiammazione *f*
In·fek·ti·ons·herd M focolaio *m* d'infezione **In·fek·ti·ons·krank·heit** F infezione *f*
in·fek·ti·ös ADJ infettivo, contagioso
in·filt·rie·ren VT **1** infiltrare **2** (*einflößen*) instillare
In·fi·ni·tiv M ⟨-s; -e⟩ GRAM infinito *m*
in·fi·zie·ren **A** VT infettare (*a. fig*): **j-n mit etw** ~ infettare qn con qc **B** VR **sich** ~ infettarsi, contrarre un'infezione
in flag·ran·ti ADV in flagrante: **j-n** ~ **ertappen** cogliere qn in flagrante
In·fla·ti·on F ⟨-; -en⟩ inflazione *f*
in·fla·ti·o·när ADJ inflazionistico
In·fla·ti·ons·ra·te F tasso *m* d'inflazione
In·fo[1] N ⟨-s; -s⟩ *umg* (*Mitteilungsblatt*) foglio *m* informativo
In·fo[2] F ⟨-; -s⟩ (*Nachricht*) informazione *f*
in·fol·ge ADV & PRÄP (*+gen*) in seguito a
in·fol·ge·des·sen ADV perciò, per cui
In·for·mant M ⟨-en; -en⟩, **-in** F ⟨-; -nen⟩ informatore *m*, -trice *f*
In·for·ma·tik F ⟨-⟩ informatica *f* **In·for·ma·ti·ker** M ⟨-s; -⟩, **-in** F ⟨-; -nen⟩ informatico *m*, -a *f*
In·for·ma·ti·on F ⟨-; -en⟩ informazione *f*: **zu Ihrer** ~ per Sua informazione **In·for·ma·ti·ons·blatt** N prospetto *m*, dépliant *m* **In·for·ma·ti·ons·bü·ro** N ufficio *m* informazioni **In·for·ma·ti·ons·fluss** M flusso *m* di informazioni **In·for·ma·ti·ons·fo·rum** N IT forum *m inv* di discussione **In·for·ma·ti·ons·ma·te·ri·al** N materiale *m* informativo **In·for·ma·ti·ons·quel·le** F fonte *f* di informazioni **In·for·ma·ti·ons·stand** M (*Informiertsein*) grado *m* d'informazione **In·for·ma·ti·ons·tech·no·lo·gie** F tecnologia *f* dell'informazione **In·for·ma·ti·ons·ver·ar·bei·tung** F IT trattamento *m* dell'informazione
in·for·mie·ren **A** VT **j-n über etw** (*akk*) ~ informare qn di qc **B** VR **sich** ~ informarsi: **sich aus der Presse** (**über etw** [*akk*]) ~ informarsi dalla stampa (su qc)
In·fo·stand M ufficio *m* (*od* sportello *m*) informazioni; *umg* informazioni *fpl*
In·fo·tain·ment [ɪnfo'te:nmɛnt] N ⟨-s; -s⟩ infotainment *m inv*
in·fra·ge ADV ~ **kommen** essere in questione; **das kommt nicht** ~ questo è fuori discussione; ~ **stellen** mettere in dubbio
inf·ra·rot ADJ infrarosso
Inf·ra·struk·tur F infrastruttura *f*
In·fu·si·on F ⟨-; -en⟩ MED infusione *f*
In·gang·set·zung F ⟨-; -en⟩ messa *f* in funzione, avviamento *m*
In·ge·brauch·nah·me F ⟨-; -n⟩ utilizzazione *f*
In·ge·ni·eur [ɪnʒe'niø:ɐ] M ⟨-s; -e⟩ ingegnere *m* **In·ge·ni·eur·bü·ro** N ufficio *m* tecnico
In·ge·ni·eu·rin F ⟨-; -nen⟩ ingegnere *m*
In·gre·di·enz F ⟨-; -en⟩ ingrediente *m*
Ing·wer M ⟨-s; -⟩ zenzero *m*
In·ha·ber M ⟨-s; -⟩, **-in** F ⟨-; -nen⟩ **1** titolare *m/f*: **der** ~ **einer Firma/eines Amts** il titolare di una ditta/di una carica **2** proprietario *m*, -a *f*: **der** ~ **der Wohnung** il proprietario dell'appartamento **3** (*von Wertpapieren*) portatore *m*, -trice *f*
in·haf·tie·ren VT arrestare **In·haf·tier·te** M/F ⟨-n; -n⟩ detenuto *m*, -a *f* **In·haf·tie·rung** F ⟨-; -en⟩ arresto *m*
In·ha·la·ti·on F ⟨-; -en⟩ inalazione *f* **In·ha·la·ti·ons·ap·pa·rat** M inalatore *m*
in·ha·lie·ren VT **1** inalare **2** *umg* **den Zigarettenrauch** ~ aspirare il fumo della sigaretta
In·halt M ⟨-[e]s; -e⟩ **1** contenuto *m*: **der** ~ **eines Koffers/Romans** il contenuto di una valigia/di un romanzo **2** senso *m*: **seinem Leben einen** ~ **geben** dare un senso alla propria vita **3** MATH (*Raum*) volume *m*; (*Fläche*) area *f*

in·halt·lich ADV per quanto riguarda il contenuto
In·halts·an·ga·be F riassunto *m* **in·halts·los** ADJ privo di contenuto **In·halts·ver·zeich·nis** N **1** (*eines Buches*) indice *m*, sommario *m* **2** HANDEL distinta *f*, elenco *m* del contenuto
in·hu·man ADJ disumano
Ini·ti·a·le F ⟨-; -n⟩ (lettera *f*) iniziale *f*
Ini·ti·a·ti·ve F ⟨-; -n⟩ iniziativa *f*: **auf ~ von** su iniziativa di; **die ~ ergreifen** prendere l'iniziativa; **etw aus eigener ~ tun** fare qc di propria iniziativa
Ini·ti·a·tor M ⟨-s; -en⟩, **-to·rin** F ⟨-; -nen⟩ iniziatore *m*, -trice *f*, promotore *m*, -trice *f* **ini·ti·ie·ren** V/T iniziare
In·jek·ti·on F ⟨-; -en⟩ iniezione *f*
in·ji·zie·ren V/T iniettare
In·kas·so N ⟨-s; -s⟩ incasso *m* **In·kas·so·bü·ro** N ufficio *m* recupero crediti **In·kas·so·voll·macht** F procura *f* per l'incasso
in·klu·si·ve ADV & PRÄP (+*gen*) incluso, compreso: **~ Getränke** bevande incluse; **bis zum 17. Juli ~** fino al 17 luglio compreso
in·kog·ni·to ADV in incognito
in·kom·pa·ti·bel ADJ incompatibile
in·kom·pe·tent ADJ incompetente
in·kon·se·quent ADJ inconseguente **In·kon·se·quenz** F ⟨-; -en⟩ inconseguenza *f*
in·kor·rekt ADJ **1** (*fehlerhaft*) scorretto **2** (*unangemessen*) inadeguato
In-Kraft-Tre·ten N ⟨-s⟩ entrata *f* in vigore
In·ku·ba·ti·on F ⟨-; -en⟩ MED incubazione *f* **In·ku·ba·ti·ons·zeit** F periodo *m* di incubazione
In·land N interno *m*
In·län·der M ⟨-s; -⟩, **-in** F ⟨-; -nen⟩ (abitante *m/f*) nativo *m*, -a *f*
in·län·disch ADJ interno, nazionale
In·lands·ge·spräch N telefonata *f* nazionale **In·lands·markt** M mercato *m* interno
In·lay [ˈɪnleː] N ⟨-s; -s⟩ MED otturazione *f*
In·lett N ⟨-[e]s; -e *u.* -s⟩ federa *f*
In·line·skates [ˈɪnlainskeːts] PL pattini *mpl* in linea
in·mit·ten PRÄP (+*gen*) fra, in mezzo a
in·ne·ha·ben V/T ⟨*irr*⟩ ricoprire: **ein Amt ~** ricoprire una carica; **einen Lehrstuhl ~** essere titolare di una cattedra **in·ne·hal·ten** V/I ⟨*irr*; h.⟩ **in** (*od* **mit**) **etw** (*dat*) **~** interrompere qc; **mit der Arbeit ~** interrompere il lavoro; **im Schreiben ~** smettere di scrivere
in·nen ADV dentro, all'interno: **das Fenster geht nach ~** (**hin**) **auf** la finestra si apre verso l'interno; **beim Gehen die Füße nach ~ setzen** camminare con i piedi all'indentro; **von ~** da dentro
In·nen·ar·chi·tekt M, **-in** F architetto *m* di interni **In·nen·auf·nah·me** F FOTO, FILM interno *m* **In·nen·aus·stat·tung** F **1** arredamento *m* **2** AUTO, (*Nähen*) rifiniture *fpl* interne **In·nen·dienst** M servizio *m* interno: **im ~ arbeiten** lavorare in sede **In·nen·ein·rich·tung** F arredamento *m* **In·nen·hof** M cortile *m* **In·nen·le·ben** N vita *f* interiore **In·nen·mi·nis·ter** M, **-in** F ministro *m*, -a *f* dell' Interno **in·nen·po·li·tisch** ADJ di politica interna **In·nen·raum** M (spazio *m*, ambiente *m*) interno *m* **In·nen·sei·te** F parte *f*, faccia *f* interna **In·nen·stadt** F centro *m* (della città)
in·ne·re ADJ **1** interno: **~ Organe** organi interni; **~ Ordnung** ordinamento interno **2** (*innerlich*) interiore, intimo: **~ Ruhe** tranquillità interiore; **~ Überzeugung** intima convinzione ♦ **~ Abteilung** reparto di medicina interna; **mit -r Anteilnahme** con sentita partecipazione
In·ne·re N ⟨Inner[e]n⟩ **1** interno *m* **2** animo *m*: **j-m sein -s öffnen** aprire il proprio animo a qn **3** (*Kern*) centro *m*, cuore *m*
In·ne·rei·en PL interiora *fpl*
in·ner·halb PRÄP (+*gen*) **1** all'interno di, in **2** (*binnen*) entro: **~ von zwei Wochen** entro due settimane
in·ner·lich ADJ **1** interiore, intimo: **eine -e Verbundenheit** (**mit j-m**) un legame intimo (con qn) **2** (*innen*) interno: MED **zur -en Anwendung** per uso interno ♦ **~ lachen** ridere tra sé e sé
in·nerst... ADJ **1** più interno: **der -e Teil der Stadt** la parte centrale della città **2** *fig* intimo **In·ners·te** N ⟨-n⟩ intimo *m*: **im -n bewegt** (*od* **getroffen**) **sein** essere intimamente commosso
in·nert PRÄP (+*dat*) *schweiz* entro
in·ne·wer·den V/I ⟨*irr*; s.⟩ **einer Sache** (*gen*) **~** avvedersi (*od* rendersi conto) di una cosa
in·ne·woh·nen V/I ⟨h.⟩ **einer Sache** (*dat*) **~** essere insito in qc

in·nig ADJ **1** intimo: **ein -es Gefühl** un sentimento intimo **2** sentito, sincero: **-e Worte** parole sentite (*od* che vengono dal cuore) **3** molto stretto, intimo: **eine -e Verbindung** un intimo legame ♦ **j-n ~ lieben** amare qn profondamente **In·nig·keit** F ⟨-; -en⟩ profondità *f* di sentimento; (*Aufrichtigkeit*) sincerità *f*
In·no·va·ti·on F ⟨-; -en⟩ innovazione *f*
in·no·va·tiv ADJ innovativo
In·nung F ⟨-; -en⟩ associazione *f* di categoria
in·of·fi·zi·ell ADJ non ufficiale
in pet·to ADV *umg* **etw ~ haben** avere un asso nella manica
in punc·to PRÄP (+*gen*) riguardo a
In·qui·si·ti·on F ⟨-; -en⟩ HIST inquisizione *f* **In·qui·si·tor** M ⟨-s; -en⟩ inquisitore *m*
ins → in[1]
In·sas·se M ⟨-n; -n⟩ passeggero *m*; (*einer Anstalt*) ospite *m* **In·sas·sen·ver·si·che·rung** F assicurazione *f* terzi trasportati
In·sas·sin F ⟨-; -nen⟩ passeggera *f*; (*einer Anstalt*) ospite *f*
ins·be·son·de·re ADV in particolare
In·schrift F iscrizione *f*
In·sekt N ⟨-s; -en⟩ insetto *m*: **-en fressend** → insektenfressend
In·sek·ten·be·kämp·fungs·mit·tel N insetticida *m* **in·sek·ten·fres·send** ADJ insettivoro **In·sek·ten·schutz·mit·tel** N protezione *f* dagli insetti
In·sek·ti·zid N ⟨-s; -e⟩ insetticida *m*
In·sel F ⟨-; -n⟩ isola *f*: **auf einer ~ leben** vivere su un'isola (*a. fig*) ♦ **ich bin reif für die ~!** è ora che vada in vacanza! **In·sel·be·woh·ner** M, **-in** F isolano *m*, -a *f* **In·sel·staat** M stato *m* insulare **In·sel·welt** F arcipelago *m*
In·se·rat N ⟨-[e]s; -e⟩ inserzione *f* **In·se·rent** M ⟨-en; -en⟩, **-in** F ⟨-; -nen⟩ inserzionista *m/f* **in·se·rie·ren** **A** V/I ⟨h.⟩ fare un'inserzione **B** V/T mettere un'inserzione: **etw zum Verkauf ~** fare un'inserzione di vendita
ins·ge·heim ADV in segreto, segretamente **ins·ge·samt** ADV complessivamente
In·si·der ['ɪnsaidɐ] M ⟨-s; -⟩, **-in** F ⟨-; -nen⟩ insider *m/f inv*
in·so·fern ADV in (*od* per) questo, in quanto a ciò: **~ als** in quanto (che), poiché
In·sol·venz F ⟨-; -en⟩ insolvenza *f*
in spe ADV futuro
In·spek·teur [-'tøːɐ] M ⟨-s; -e⟩, **-in** F ⟨-; -nen⟩ ispettore *m*, -trice *f* **In·spek·ti·on** F ⟨-; -en⟩ **1** ispezione *f* **2** (*Aufsichtsbehörde*) ispettorato *m*
In·spek·tor M ⟨-s; -en⟩, **-to·in** F ⟨-; -nen⟩ ispettore *m*, -trice *f*
in·spi·rie·ren V/T ispirare: **j-n zu etw ~** ispirare qc a qn
in·spi·zie·ren V/T ispezionare
In·stal·la·teur [-'tøːɐ] M ⟨-s; -e⟩, **-in** F ⟨-; -nen⟩ installatore *m*, -trice *f*; idraulico *m*, -a *f* **In·stal·la·ti·on** F ⟨-; -en⟩ **1** (*Vorgang*) installazione *f* **2** (*Anlage*) impianto *m*
in·stal·lie·ren **A** V/T **1** installare (*a.* IT) **2** (*in ein Amt einsetzen*) insediare **B** V/R **sich ~** insediarsi, sistemarsi
in·stand ADV **etw ~ halten** tenere qc in buono stato; **etw ~ setzen** riparare qc
In·stand·hal·tung F manutenzione *f*
in·stän·dig ADJ insistente
In·stand·set·zung F ⟨-; -en⟩ riparazione *f*
In·stanz F ⟨-; -en⟩ istanza *f*: **einen Prozess in der dritten ~ gewinnen** vincere un processo alla terza istanza; **durch alle -en gehen** percorrere tutte le istanze
In·stan·zen·weg M via *f* gerarchica: **auf dem ~** per via gerarchica
Ins·tinkt M ⟨-[e]s; -e⟩ istinto *m* **ins·tink·tiv** ADJ istintivo **ins·tinkt·los** **A** ADJ privo di istinto **B** ADV senza istinto
In·sti·tut N ⟨-[e]s; -e⟩ istituto *m*
In·sti·tu·ti·on F ⟨-; -en⟩ istituzione *f*
in·sti·tu·ti·o·na·li·sie·ren V/T istituzionalizzare
in·stru·ie·ren V/T **1** **j-n über etw** (*akk*) **~** informare qn di qc **2** (*Anweisungen geben*) **j-n ~** dare istruzioni a qn
In·struk·ti·on F ⟨-; -en⟩ istruzione *f*
In·stru·ment N ⟨-[e]s; -e⟩ strumento *m* (*a. fig*): **ein ~ der Macht** uno strumento di potere; MUS **ein ~ spielen** suonare uno strumento
in·stru·men·tal ADJ strumentale **In·stru·men·tal·stück** N pezzo *m* strumentale
In·stru·men·ta·ri·um N ⟨-s; Instrumentarien⟩ strumenti *mpl* (*a. fig*)
In·stru·men·ten·brett N pannello *m* (dei comandi); AUTO cruscotto *m* **In·stru·men·ten·flug** M volo *m* stru-

mentale **In·stru·men·ten·ma·cher** M, **-in** F costruttore *m*, -trice *f* di strumenti (musicali)

in·stru·men·tie·ren V/T **1** MUS strumentare **2** TECH dotare di strumenti

In·suf·fi·zi·enz F ⟨-; -en⟩ insufficienza *f*

In·su·la·ner M ⟨-s; -⟩, **-in** F ⟨-; -nen⟩ isolano *m*, -a *f*

In·su·lin N ⟨-s⟩ insulina *f* **In·su·lin·man·gel** M ipoinsulinemia *f*

in·sze·nie·ren V/T **1** THEAT mettere in scena **2** *fig* inscenare **In·sze·nie·rung** F ⟨-; -en⟩ THEAT *fig* messa *f* in scena

in·takt ADJ intatto

In·tar·sie F ⟨-; -n⟩ intarsio *m*

in·te·ger ADJ integro

in·teg·ral ADJ integrale ♦ **ein -er Bestandteil** una parte integrante

In·teg·ral N ⟨-s; -e⟩ MATH integrale *m* **In·teg·ral·helm** M casco *m* integrale **In·teg·ral·rech·nung** F calcolo *m* integrale

In·teg·ra·ti·on F ⟨-; -en⟩ integrazione *f*

in·teg·rie·ren **A** V/T integrare **B** V/R **sich ~** integrarsi

In·teg·ri·tät F ⟨-⟩ integrità *f*

In·tel·lekt M ⟨-[e]s⟩ intelletto *m* **in·tel·lek·tu·ell** ADJ intellettuale **In·tel·lek·tu·el·le** M/F ⟨-n; -n⟩ intellettuale *m/f*

in·tel·li·gent ADJ intelligente

In·tel·li·genz F ⟨-; -en⟩ **1** intelligenza *f*: **künstliche ~** intelligenza *f* artificiale **2** (*Menschen*) intellettualità *f*, intellighenzia *f* **In·tel·li·genz·quo·ti·ent** M quoziente *m* d'intelligenza **In·tel·li·genz·test** M test *m* d'intelligenza

In·ten·dant M ⟨-en; -en⟩, **-in** F ⟨-; -nen⟩ RADIO, THEAT, TV direttore *m*, -trice *f* (generale)

In·ten·si·tät F ⟨-; -en⟩ intensità *f*

in·ten·siv ADJ **1** (*gründlich*) intensivo: **eine -e Behandlung** una cura intensiva **2** (*eingehend*) intenso: **ein -es Gespräch** un discorso intenso; **-e Farben** colori intensi **in·ten·si·vie·ren** V/T intensificare **In·ten·si·vie·rung** F ⟨-; -en⟩ intensificazione *f*

In·ten·siv·kurs M corso *m* intensivo **In·ten·siv·sta·ti·on** F (reparto *m* di) rianimazione *f*

in·ter·ak·tiv ADJ interattivo

In·ter·ci·ty® [-'sıti] M ⟨-s; -s⟩ treno *m* ad alta velocità delle ferrovie tedesche

In·ter·ci·ty·ex·press® M treno *m* intercity express

in·te·res·sant ADJ interessante ♦ **~ plaudern** discorrere di cose interessanti; **jetzt wird's ~!** ora la cosa si fa interessante!; **sich ~ machen** rendersi interessante

In·te·res·se N ⟨-s; -n⟩ interesse *m*: **~ an etw** (*dat*)**/für j-n** (*od* **an j-m**) **haben** avere interesse per (*od* essere interessato a) qc/qn; **etw aus ~ tun** fare qc per interesse; **im ~ der Allgemeinheit** nell'interesse della comunità; **in j-s ~ handeln** agire nell'interesse di qn; **gegen j-s ~ handeln** agire contro gli interessi di qn; **seine -n durchsetzen** far valere i propri interessi; **j-s -n vertreten/wahrnehmen/verletzen** curare/tutelare/ledere gli interessi di qn; **es liegt in unser aller ~, dass …** è nel nostro interesse … ♦ **von öffentlichem ~** di pubblico interesse; **für j-n (nicht) von ~ sein** (non) interessare qn **in·te·res·se·los** ADJ senza interesse; (*gleichgültig*) indifferente **In·te·res·se·lo·sig·keit** F ⟨-⟩ mancanza *f* d'interesse; disinteresse *m*

In·te·res·sen·ge·biet N area *f* di interesse **In·te·res·sen·ge·mein·schaft** F **1** comunione *f* di interessi **2** (*Interessengruppe*) gruppo *m* di interessi **In·te·res·sen·kon·flikt** M conflitto *m* d'interesse

In·te·res·sent M ⟨-en; -en⟩, **-in** F ⟨-; -nen⟩ interessato *m*, -a *f*

In·te·res·sen·ver·tre·ter M, **-in** F rappresentante *m/f* degli interessi (di qn)

in·te·res·sie·ren **A** V/T interessare: **j-n für etw ~** interessare qn a qc **B** V/R **sich ~** **1** interessarsi; **sich für Politik ~** interessarsi di politica **2** **sich für ein Auto ~** essere interessato a un'auto **in·te·res·siert** **A** ADJ **1** **an j-m/etw ~ sein** essere interessato a (*od* interessarsi di) qn/qc **2** (*Interesse zeigend*) che mostra interesse **B** ADV con interesse

In·ter·face ['ıntefe:s] N ⟨-; -s⟩ IT interfaccia *f*

In·te·rims·lö·sung F soluzione *f* provvisoria **In·te·rims·re·gie·rung** F governo *m* ad interim

In·ter·mez·zo N ⟨-s; -s *u.* Intermezzi⟩ MUS intermezzo *m*

in·tern ADJ interno

In·ter·nat N ⟨-[e]s; -e⟩ collegio *m*

in·ter·na·ti·o·nal ADJ internazionale:

Internationaler Währungsfonds Fondo *m* Monetario Internazionale **In·ter·nats·schü·ler** M, **-in** F collegiale *m/f* **In·ter·net** N ⟨-s; -s⟩ Internet *m*: **ans ~ angeschlossen** collegato a Internet **In·ter·net·ad·res·se** F indirizzo *m* Internet **In·ter·net·an·schluss** M accesso *m* Internet **In·ter·net·ca·fé** N Internet cafè *m* **In·ter·net·pro·vi·der** M provider *m inv* **In·ter·net·sei·te** F sito *m* Internet **In·ter·net·shop·ping** N commercio *m* elettronico, acquisti *mpl* online **In·ter·net·sur·fer** M, **-in** F internauta *m/f* **In·ter·net·te·le·fon** N telefonia *m* (via) Internet **In·ter·net·zu·gang** M accesso *m* Internet

Internet-Begriffe

@ (at-Zeichen)	**@ (chiocciola)**
boolescher Operator	**l'operatore booleano**
Browser	**il browser**
Button	**il pulsante**
Chat	**il chat**
Cyberspace	**il ciberspazio**
Internet	**l'Internet**
Datenpool	**la** *oder* **il database**
Domäne, Domain	**il dominio**
downloaden	**scaricare**
Einwahlknoten	**il nodo**
E-Mail	**l'e-mail** *oder* **la posta elettronica**
E-Mail (*Nachricht*)	**il messaggio elettronico**
E-Mail-Empfänger	**il destinatario posta**
entpacken, entzippen	**unzippare**
erweiterte Suche	**la ricerca avanzata**
FAQ (häufig gestellte Fragen)	**le domande frequenti**
Favoriten	**i preferiti**
Hacker	**l'hacker** *oder* **il pirata informatico**
Homepage	**la homepage**
HTML	**l'HTML**
HTML-Seite	**la pagina HTML**
Hypertext	**l'ipertesto**
Internetprovider	**il provider**
ISDN	**l'ISDN**
Lies mich	**readme** *oder* **leggimi**
Link	**il link**
Mailingliste	**la mailing list**
Multimedia	**il multimedia**
Multimedia...	**multimediale**
Netiquette	**la netiquette**
Netz	**la Rete** *oder* **il Net**
Netzzugang	**l'accesso** *oder* **il collegamento**
Newsgroup	**il newsgroup**
offline	**off line**
online	**on line**
Onlinesupport	**il supporto tecnico**
Passwort	**la password**
Pfad	**la directory**
Profisuche	**la ricerca avanzata**
Protokoll	**il protocollo**
Schnittstelle	**la porta**
Server	**il server; l'host**
Shareware	**lo shareware**
Site	**il sito**
Startseite	**la home page** *oder* **la pagina iniziale**

▸▸

Suche	**cerca**
Suche (starten)	**trova!**
Suchmaschine	**il motore di ricerca**
surfen	**navigare**
URL	**URL**
User *oder* Anwender	**lo user** *oder* **l'utente**
Virus	**il virus**
Web	**il Web** *oder* **la Rete**
Webmaster	**il webmaster**
Webseite	**la pagina web**
Website	**il sito**
Winzip	**il winzip**
WWW (World Wide Web)	**www** *oder* **la Rete globale**
zippen	**comprimere** *oder* **zippare**

in·ter·nie·ren VT internare **In·ter·nier·te** M/F ⟨-n; -n⟩ internato *m*, -a *f* **In·ter·nie·rung** F ⟨-; -en⟩ internamento *m* **In·ter·nie·rungs·la·ger** M campo *m* d'internamento

In·ter·nist M ⟨-en; -en⟩, **-in** F ⟨-; -nen⟩ internista *m/f*

in·ter·nis·tisch ADJ di medicina interna

In·ter·pret M ⟨-en; -en⟩ interprete *m*

In·ter·pre·ta·ti·on F ⟨-; -en⟩ interpretazione *f*

in·ter·pre·tie·ren VT interpretare: **etw als Vorwurf ~** interpretare qc come un rimprovero; **j-s Worte falsch ~** interpretare male le parole di qn

In·ter·pre·tin F ⟨-; -nen⟩ interprete *f*

In·ter·punk·ti·on F ⟨-⟩ interpunzione *f*

In·ter·rail·kar·te ['intəreil-] F biglietto *m* inter-rail

In·ter·re·gio M ⟨-s; -s⟩ treno *m* interregionale

In·ter·vall N ⟨-s; -e⟩ intervallo *m* (*a.* MUS, MATH): **in kurzen -en** a brevi intervalli **In·ter·vall·schal·tung** F AUTO intermittenza *f*

in·ter·ve·nie·ren VI ⟨h.⟩ **1** intervenire: **in einem Streit ~** intervenire in una lite **2** **für j-n ~** adoperarsi per qn

In·ter·ven·ti·on F ⟨-; -en⟩ intervento *m*

In·ter·view ['intəvju] N ⟨-s; -s⟩ intervista *f*: **j-m ein ~ geben** dare un'intervista a qn **in·ter·view·en** VT intervistare **In·ter·view·er** M ⟨-s; -⟩, **-in** F ⟨-; -nen⟩ intervistatore *m*, -trice *f*

in·tim ADJ **1** intimo: **ein -er Freund** un amico intimo; **-e Angelegenheiten** questioni intime; **eine -e Feier** una cerimonia fra intimi; **ein -es Lokal** un locale intimo **2** (*genau*) profondo: **ein -er Kenner** un profondo conoscitore; **eine -e Kenntnis der Lage** un'approfondita conoscenza della situazione ♦ **mit j-m ~ sein** avere rapporti intimi con qn

In·tim·be·reich M **1** sfera *f* intima **2** (*Geschlechtsorgane*) parti *fpl* intime

In·ti·mi·tät F ⟨-; -en⟩ **1** intimità *f* **2** faccenda *f* personale

In·tim·kon·takt M rapporti *mpl* intimi **In·tim·schmuck** M gioielli *mpl* intimi **In·tim·sphä·re** F ⟨-⟩ privacy *f*, intimità *f*: **j-s ~ verletzen** violare il diritto alla privacy di qn

in·to·le·rant ADJ intollerante **In·to·le·ranz** F ⟨-⟩ intolleranza *f*: **~ gegen etw/j-n** intolleranza nei confronti di qc/qn

in·to·nie·ren VT intonare

Int·ra·net N ⟨-s; -s⟩ rete *f* interna

in·tran·si·tiv ADJ GRAM intransitivo

int·ra·ve·nös **A** ADJ endovenoso **B** ADV per via endovenosa

int·ri·gant ADJ intrigante **Int·ri·gant** M ⟨-en; -en⟩, **-in** F ⟨-; -nen⟩ intrigante *m/f* **Int·ri·ge** F ⟨-; -n⟩ intrigo *m*: **-n spinnen** tessere intrighi **int·ri·gie·ren** VI ⟨h.⟩ intrigare

int·ro·ver·tiert ADJ introverso

In·tu·i·ti·on F ⟨-; -en⟩ **1** intuito *m*: **sich auf seine ~ verlassen** affidarsi al proprio intuito **2** (*Eingebung*) intuizione *f*

in·tu·i·tiv ADJ intuitivo

in·tus ADV **etw ~ haben** aver bevuto qc; *fig* aver capito qc; sapere a memoria qc

In·va·li·de M/F ⟨-n; -n⟩ invalido *m*, -a *f* **In·va·li·den·ren·te** F pensione *f* di invalidità

In·va·li·din F ⟨-; -nen⟩ invalida *f*

In·va·si·on F ⟨-; -en⟩ invasione *f*

In·ven·tar N ⟨-s; -e⟩ inventario *m*: **ein ~**

aufnehmen (*od* **führen**) fare un inventario ♦ **lebendes/totes ~** scorte vive/morte
in·ven·ta·ri·sie·ren VT inventariare
In·ven·tur F ⟨-; -en⟩ inventario *m*: **~ machen** fare l'inventario
in·ves·tie·ren VT investire
In·ves·ti·ti·on F ⟨-; -en⟩ investimento *m*
In·vest·ment·fonds [-mɛntfõː] M fondo *m* di investimento **In·vest·ment·ge·sell·schaft** F società *f* di investimento
In·ves·tor M ⟨-s; -en⟩, **-to·rin** F ⟨-; -nen⟩ investitore *m*, -trice *f*
In-vit·ro-Fer·ti·li·sa·ti·on F ⟨-; -en⟩ fecondazione *f* in vitro (*od* in provetta)
in·vol·vie·ren VT implicare: **j-n in etw** (*akk*) **~** implicare qn in qc
in·wen·dig ADJ interiore ♦ *umg* **etw in- und auswendig kennen** conoscere qc a menadito; *umg* **j-n in- und auswendig kennen** conoscere benissimo qn
in·wie·fern ADV & KONJ in che senso
in·wie·weit ADV & KONJ fino a che punto, in che misura, quanto
In·zest M ⟨-[e]s; -e⟩ incesto *m*
in·zes·tu·ös ADJ incestuoso
In·zucht F ⟨-; -en⟩ BIOL endogamia *f*, riproduzione *f* fra consanguinei
in·zwi·schen ADV intanto, nel frattempo
Ion N ⟨-s; -en⟩ ione *m*
io·ni·sie·ren VT ionizzare
i-Punkt M punto *m* (*od* puntino *m*) sulla i
IQ M ⟨-[s]; -[s]⟩ Q.I. *m*
Irak M ⟨-s⟩ **der ~** l'Irak **Ira·ker** M ⟨-s; -⟩, **-in** F ⟨-; -nen⟩ iracheno *m*, -a *f* **ira·kisch** ADJ iracheno
Iran M ⟨-s⟩ **der ~** l'Iran **Ira·ner** M ⟨-s; -⟩, **-in** F ⟨-; -nen⟩ iraniano *m*, -a *f* **ira·nisch** ADJ iraniano
ir·den ADJ di terracotta
ir·disch ADJ **1** terreno: **die -en Güter** i beni terreni **2** mortale: **die -e Hülle** le spoglie mortali **3** terrestre: **-e Gesteine** rocce terrestri
Ire M ⟨-n; -n⟩ irlandese *m*
ir·gend ADV **1** **so schnell wie ~ möglich** il più presto possibile **2** in qualche modo; **wenn es ~ möglich ist** se fosse possibile
ir·gend·ein INDEF PR **1** uno, un qualche: **aus -em Grund** per un qualche motivo **2** (*ein beliebiger*) uno qualsiasi **ir·gend·et·was** INDEF PR qualche cosa **ir·gend·je·mand** INDEF PR qualcuno: **er ist nicht ~** non è un tipo qualunque **ir·gend·wann** ADV prima o poi **ir·gend·was** INDEF PR *umg* qualcosa **ir·gend·welch** INDEF PR uno qualunque, qualche: (**gibt es**) **-e Fragen?** (c'è) qualche domanda? **ir·gend·wer** INDEF PR *umg* uno qualunque **ir·gend·wie** ADV in qualche modo **ir·gend·wo** ADV da qualche parte **ir·gend·wo·her** ADV da qualche parte **ir·gend·wo·hin** ADV da qualche parte
Irin F ⟨-; -nen⟩ irlandese *f*
Iris F ⟨-; - *u.* Iriden⟩ **1** BOT iris *m*, giaggiolo *m* **2** ANAT iride *f*
irisch ADJ irlandese
iri·sie·ren VI ⟨h.⟩ essere iridescente
Ir·land N ⟨-s⟩ Irlanda *f*
Iro·nie F ⟨-; -n⟩ ironia *f*: **die ~ des Schicksals** l'ironia della sorte **iro·nisch** ADJ ironico **iro·ni·sie·ren** VT **etw ~** ironizzare su qc
ir·ra·ti·o·nal ADJ irrazionale
ir·re **A** ADJ **1** (*verwirrt*) confuso **2** (*wahnsinnig*) pazzo, folle: **~ Reden führen** parlare a vanvera, dire spropositi; **~ vor Angst sein** essere morto di paura; **j-n für ~ halten** considerare pazzo qn **3** *umg fig* (*sehr groß, stark, viel*) pazzesco **4** (*höchst ausgefallen*) incredibile: **ein -r Typ** un tipo incredibile **B** ADV **1** (*wirr*) in modo confuso, confusamente **2** (*verrückt*) come un matto, come un pazzo (*a. fig*): **~ lachen** ridere come un pazzo **3** (*sehr*) terribilmente: **es war ~ kalt** faceva un freddo da cani (*od* terribile)
Ir·re[1] M/F ⟨-n; -n⟩ pazzo *m*, -a *f* (*a. fig*): **wie ein -r arbeiten** lavorare come un pazzo
Ir·re[2] F ⟨-⟩ **in die ~ gehen** smarrirsi; *fig* (*sich irren*) sbagliarsi; **j-n in die ~ führen** fuorviare qn; (*täuschen*) ingannare qn
ir·re·al ADJ irreale
ir·re·füh·ren VT **1** fuorviare **2** (*täuschen*) ingannare **ir·re·füh·rend** ADJ fuorviante; (*täuschend*) ingannevole **Ir·re·füh·rung** F inganno *m* **ir·re·ma·chen** VT confondere
ir·ren **A** VR **sich ~** sbagliarsi; **sich im Datum ~** sbagliare la data; **sich in j-m ~** sbagliarsi sul conto di qn **B** VI **1** ⟨h.⟩ sbagliare **2** ⟨s.⟩ errare: **ziellos durch die Stadt ~** errare senza meta per la città ♦ **Irren ist menschlich** errare humanum est

Ir·ren·an·stalt F ospedale *m* psichiatrico **Ir·ren·haus** N manicomio *m*
ir·re·pa·ra·bel ADJ irreparabile
ir·re·wer·den VI ⟨*irr; s.*⟩ confondersi, non saper che pensare: **an j-m/an etw ~** perdere la fiducia in qn/qc
Irr·fahrt F peregrinazione *f*, vagabondaggio *m* **Irr·gar·ten** M labirinto *m* **Irr·glau·be** M REL eresia *f*
ir·rig ADJ errato, sbagliato **ir·ri·ger·wei·se** ADV erroneamente, per errore
ir·ri·tie·ren VT **1** (*ärgern*) irritare **2** (*stören*) infastidire, molestare
Irr·läu·fer M spedizione *f* a un falso recapito **Irr·leh·re** F **1** dottrina *f* erronea **2** REL eresia *f* **Irr·licht** N fuoco *m* fatuo
Irr·sinn M ⟨-[e]s⟩ pazzia *f* (*a. fig*) **irr·sin·nig** **A** ADJ **1** pazzo (*a. fig*): **vor Schmerz ~ werden** diventare pazzo per il dolore **2** *umg* (*unvorstellbar groß, stark*) pazzesco, tremendo **B** ADV tremendamente
Irr·tum M ⟨-s; -tümer⟩ errore *m*: **im ~ sein** essere in errore **irr·tüm·lich** ADJ erroneo **irr·tüm·li·cher·wei·se** ADV erroneamente, per errore
Irr·weg M *fig* **sich auf einem ~ befinden** essere fuori strada
Is·chi·as M/F/N ⟨-⟩ sciatica *f* **Is·chi·as·nerv** M nervo *m* sciatico
Is·lam M ⟨-[e]s⟩ Islam *m* **is·la·misch** ADJ islamico **Is·la·mi·sie·rung** F ⟨-; -en⟩ islamizzazione *f* **Is·la·mist** M ⟨-en-en⟩, **-in** F ⟨-; -nen⟩ islamista *f*
Is·land N ⟨-s⟩ Islanda *f* **Is·län·der** M ⟨-s; -⟩, **-in** F ⟨-; -nen⟩ islandese *m/f* **is·län·disch** ADJ islandese
Iso·drink M bevanda *f* isotonica
Iso·la·ti·on F ⟨-; -en⟩ **1** isolamento *m*: **j-n in die ~ treiben** spingere qn all'isolamento **2** **die ~ von Wasserleitungen** l'isolamento delle condutture dell'acqua **3** (*Material*) materiale *m* isolante **Iso·la·ti·ons·haft** F (detenzione *f* in) isolamento *m*
Iso·lier·band N ⟨-[e]s; -bänder⟩ nastro *m* isolante
iso·lie·ren **A** VT isolare: **gegen Wärme ~** isolare contro il calore **B** V/R **sich ~** isolarsi
Iso·lier·kan·ne F thermos *m inv*
Iso·lier·schicht F strato *m* isolante
Iso·lier·sta·ti·on F MED reparto *m* di isolamento
Iso·liert·heit F ⟨-⟩ isolamento *m*
Iso·lie·rung F ⟨-; -en⟩ → Isolation
Iso·mat·te F materassino *m* (isolante)
Iso·top N ⟨-s; -e⟩ isotopo *m*
Is·ra·el N ⟨-s⟩ Israele *m* **Is·ra·e·li** M ⟨-[s]; -[s]⟩ *u.* F ⟨-; -[s]⟩ israeliano *m*, -a *f* **is·ra·e·lisch** ADJ israeliano
Is·ra·e·lit M ⟨-en; -en⟩, **-in** F ⟨-; -nen⟩ israelita *m/f* **is·ra·e·li·tisch** ADJ israelitico
Ist·be·stand M HANDEL stock *m*
IT F (Informationstechnologie) tecnologia *f* dell'informazione
Ita·li·en N ⟨-s⟩ Italia *f*: **~ ist schön** l'Italia è bella; **wir sind in ~** siamo in Italia; **ich fahre nach ~** vado in Italia **Ita·li·e·ner** M ⟨-s; -⟩ italiano *m*: **die ~** gli italiani; **er ist ~** è italiano **Ita·li·e·ne·rin** F ⟨-; -nen⟩ italiana *f* **ita·li·e·nisch** ADJ italiano **Ita·li·e·nisch** N ⟨-[s]⟩ italiano *m*: **sprechen Sie ~?** parla italiano?; **wie heißt das auf ~?** come si dice in italiano?; **aus dem -en übersetzt** tradotto dall'italiano
Ita·lo·wes·tern M spaghetti-western *m inv*, western *m inv* all'italiana
i-Tüp·fel·chen N ⟨-s; -⟩ puntino *m* sulla i ♦ **bis aufs ~** fin nei minimi dettagli

J

j, J N ⟨-; -⟩ j, J *m/f*: **J wie Julius** i lunga
ja ADV **1** sì: **ich glaube ~** credo di sì **2** (*Zweifel*) vero: **du bleibst noch, ~?** rimani ancora, vero? **3** (*Mahnung*) solo: **lass das ~ sein!** lascia stare, che è meglio! **4** (*doch*) ma: **ich kenne ihn ~ gar nicht** ma se neanche lo conosco; **ich komme ~ schon** vengo vengo **5** (*Erstaunen*) **da seid ihr ~!** oh, eccovi qui! **6** (*tatsächlich*) proprio: **es schneit ~** nevica davvero ♦ **aber ~ doch** ma sì; **ach ~!** ah sì; bah; **na ~** be'; **nun ~** allora (in conclusione); **Ja zu etw sagen** dire di sì a qc; **~ und?** e allora?; **mit Ja antworten** rispondere di sì
Jacht F ⟨-; -en⟩ yacht *m* **Jacht·ha·fen** M porto *m* turistico
Ja·cke F ⟨-; -n⟩ giacca *f* ♦ *umg* **das ist ~ wie Hose** se non è zuppa è pan bagnato
Ja·ckett [ʒa'kɛt] N ⟨-s; -s *u.* -e⟩ giacca *f*

Ja!

Genau!	**Appunto!** *oder* **Esatto!** *oder* **Eh!**
Du hast recht!	**Hai ragione!**
Sie haben recht!	**Ha ragione!**
Das ist wahr!	**È vero!**
Das stimmt!	**Giusto!**
Gewiss!	**Certo!** *oder* **Certamente!**

(maschile)

Jack·pot ['dʒɛkpɔt] M ⟨-s; -s⟩ jackpot *m inv*

Ja·de M ⟨-[s]⟩ *u.* F ⟨-⟩ giada *f*

Jagd F ⟨-; -en⟩ caccia *f*: **auf die ~ gehen** andare a caccia; *fig* **~ auf einen Dieb machen** dare la caccia a un ladro; *fig* **die ~ nach Gold** la corsa all'oro

Jagd·beu·te F cacciagione *f* **Jagd·bom·ber** M caccia-bombardiere *m* **Jagd·flie·ger** M, **-in** F pilota *m/f* da caccia **Jagd·flug·zeug** M (aereo *m* da) caccia *m* **Jagd·hund** M cane *m* da caccia **Jagd·hüt·te** F capanno *m* di caccia **Jagd·lei·den·schaft** F passione *f* della caccia **Jagd·re·vier** N riserva *f* di caccia **Jagd·schein** M licenza *f* di caccia

ja·gen **A** VT **1** cacciare: *fig* **einen Dieb ~** dare la caccia a un ladro; **j-n aus dem Haus ~** cacciare qn di casa **2** *fig* **ein Ereignis jagt das andere** gli avvenimenti si susseguono freneticamente **B** VI **1** ⟨h.⟩ andare a caccia: *fig* **nach Ruhm ~** andare a caccia di gloria **2** ⟨s.⟩ (*eilen*) andare di corsa ♦ **damit kannst du mich ~!** non ci penso neanche!

Jä·ger M ⟨-s; -⟩ **1** cacciatore *m* **2** *sl* FLUG caccia *m* **Jä·ge·rin** F ⟨-; -nen⟩ cacciatrice *f* **Jä·ger·la·tein** N trovata *f* da cacciatore

Ja·gu·ar M ⟨-s; -e⟩ giaguaro *m*

jäh ADJ **1** repentino **2** (*steil*) scosceso

Jahr N ⟨-[e]s; -e⟩ **1** anno *m*: **alle zwei -e** ogni due anni; **ein halbes ~** sei mesi; **im -e 2007** nel 2007; **einmal im ~** una volta all'anno; **j-m ein gutes neues ~ wünschen** augurare a qn buon anno; **das Kind ist ein ~ (alt)** il bambino ha un anno **2** (*Jahrgang*) annata *f*: **ein ertragreiches ~** un'annata ricca **3** (*Alter*) età *f*: **mit wie viel -en ist er gestorben?** a che età è morto? ♦ **auf -e hinaus** per anni; **er ist in seinen besten -en** è nei suoi anni migliori; **~ für ~** anno per anno; **mit den -en** con l'andare degli anni; (*Alter*) con l'età; **mit dreißig -en** a trent'anni; **das soziale ~** l'anno di volontariato sociale; **von ~ zu ~** di anno in anno; **letztes ~** l'anno scorso; **zwischen den -en** fra Natale e capodanno

jahr·aus ADV **~, jahrein** anno per anno, tutti gli anni **Jahr·buch** N annuario *m*: **statistisches ~** annuario di statistica

jah·re·lang **A** ADJ di anni **B** ADV per anni

jäh·ren V/R **sich ~** ricorrere; **der 10. Todestag jährt sich** ricorre il decimo anniversario della morte; **es jährt sich heute zum 25. Mal** sono oggi 25 anni

Jah·res·ab·rech·nung F HANDEL bilancio *m* annuale **Jah·res·ab·schluss** M HANDEL bilancio *m* di fine anno **Jah·res·be·ginn** M inizio *m* dell'anno **Jah·res·bei·trag** M quota *f* annuale **Jah·res·be·richt** M rapporto *m* annuale **Jah·res·durch·schnitt** M media *f* annua **Jah·res·ein·kom·men** N reddito *m* annuo **Jah·res·en·de** N fine *f* dell'anno **Jah·res·frist** F **binnen/nach ~** entro/dopo un anno **Jah·res·kar·te** F abbonamento *m*, tessera *f* annuale **Jah·res·tag** M anniversario *m* **Jah·res·wech·sel** M capodanno *m* **Jah·res·zahl** F data *f* **Jah·res·zeit** F stagione *f* **jah·res·zeit·lich** ADJ stagionale

Jahr·gang M **1** annata *f* **2** (*im gleichen Jahr Geborene*) classe *f*: **~ 1970** la classe 1970; **er ist dein ~** è tuo coetaneo

Jahr·hun·dert N ⟨-s; -e⟩ secolo *m*

jahr·hun·der·te·lang ADJ secolare

Jahr·hun·dert·fei·er F centenario *m* **Jahr·hun·dert·wen·de** F il volgere del secolo: **um die ~** a cavallo dei due secoli

jähr·lich **A** ADJ annuale, annuo **B** ADV ogni anno

Jahr·markt M fiera *f* (annuale)

Jahr·tau·send N ⟨-s; -e⟩ millennio *m*

Jahr·zehnt N ⟨-[e]s; -e⟩ decennio *m*

jahr·zehn·te·lang ADJ decennale

Jäh·zorn M ⟨-[e]s⟩ ira *f*

jäh·zor·nig ADJ irascibile, collerico

Ja·kobs·mu·schel F GASTR capasanta *f*

Ja·lou·sie [ʒalu-] F ⟨-; -n⟩ veneziana *f*

Jam·mer M ⟨-s⟩ **1** (*Wehklage*) lamenti *mpl* **2** (*elender Zustand*) miseria *f* **3** strazio *m*: **es ist ein ~, sein Unglück mit anzusehen** è uno strazio dover assistere alla sua disgrazia ♦ *umg* **ein Bild des -s** una scena pietosa; **es ist ein ~, dass ...** (è un) peccato che ...

jäm·mer·lich ADJ **1** (*klagend*) lamentoso **2** (*dürftig*) misero **3** (*beklagenswert*) pietoso ♦ **~ aussehen** avere un aspetto da far pietà; **~ frieren** avere un freddo da cani

jam·mern V/I ⟨h.⟩ **1** lamentarsi: **über etw** (*akk*) **~** lamentarsi di qc; **nach etw ~** lamentarsi per avere qc **2** (*weinen*) piangere **3** (*sich betrüben*) affliggersi: **um etw/j-n ~** affliggersi per qc/qn

jam·mer·scha·de ADJ *umg* **es ist ~, dass ...** è un gran peccato che ... **jam·mer·voll** ADJ **1** misero **2** (*klagend*) lamentoso

Jan·ker M ⟨-s; -⟩ *österr* giacca *f* (del costume regionale)

Jän·ner M ⟨-s; -⟩ *österr* gennaio *m*

Ja·nu·ar M ⟨-[s]; -e⟩ gennaio *m*

Ja·pan N ⟨-s⟩ Giappone *m* **Ja·pa·ner** M ⟨-s; -⟩, **-in** F ⟨-; -nen⟩ giapponese *m/f* **ja·pa·nisch** ADJ giapponese

jap·sen **A** V/I ⟨h.⟩ *umg* respirare a fatica, ansimare **B** V/T *umg* dire faticosamente

Jar·gon [ʒarˈgõː] M ⟨-s; -s⟩ gergo *m*

Ja·sa·ger M ⟨-s; -⟩, **-in** F ⟨-; -nen⟩ *pej* = *persona che dice sempre di sì*

Jas·min M ⟨-s; -e⟩ gelsomino *m*

Ja·stim·me F voto *m* a favore

jä·ten V/T **1** AGR sarchiare **2** estirpare: **Unkraut ~** estirpare le erbacce

Jau·che F ⟨-; -n⟩ **1** liquame *m* **2** *umg* (*schmutziges Wasser*) acqua *f* putrida **Jau·che·gru·be** F fossa *f* di (*od* del) liquame

jauch·zen V/I ⟨h.⟩ esultare, giubilare

jau·len V/I ⟨h.⟩ mugolare

Jau·se F ⟨-; -n⟩ *österr* merenda *f*

jaus·nen V/I ⟨h.⟩ *österr* fare merenda

ja·wohl ADV (sì) certo; MIL signorsì

Ja·wort N ⟨-[e]s; -e⟩ consenso *m*

Jazz [dʒɛs] M ⟨-⟩ jazz *m*

Jazz·ka·pel·le F orchestra *f* jazz **Jazz·kel·ler** M locale *m* in cui si suona musica jazz **Jazz·mu·si·ker** M, **-in** F jazzista *m/f*

je **A** ADV **1** (*jemals*) mai: **sie war schöner als ~ zuvor** era più bella che mai; **ohne ~ etwas zu sagen** senza dire mai nulla **2** (*jeweils*) ciascuno: **die Regale sind ~ ein Meter breit** gli scaffali sono larghi un metro ciascuno; **die Zigarren sind in Schachteln zu ~ zehn Stück verpackt** i sigari sono confezionati in scatole da dieci; **~ 100 Personen** ogni 100 persone **3** **~ nach** a seconda di **B** PRÄP (+*akk*) (*pro*) per (ogni), a: **der Eintritt kostet 10 Euro ~ Person** l'ingresso costa 10 euro a persona **C** KONJ **1** **~ mehr ... desto** (*od* **umso**) **mehr** (quanto) più ... (tanto) più; **~ mehr du isst, ~ dicker wirst du** più mangi, più ingrassi; **~ eher du kommst, desto mehr Zeit haben wir** prima vieni, più tempo abbiamo **2** **~ nachdem, ob** a seconda che; **wir entscheiden uns ~ nachdem, ob sie kommt oder nicht** decidiamo a seconda che lei venga o no **3** **~ nachdem, wie** (secondo) come **4** **~ nachdem, wer** a seconda di chi ♦ **~ nachdem** dipende; (*mit Zahlwörtern*) **~ fünf** cinque per volta

Jeans [ˈdʒiːns] F ⟨-; -⟩ jeans *mpl* **Jeans·hemd** N camicia *f* jeans **Jeans·ja·cke** F giacca *f* jeans **Jeans·kleid** N abito *m* jeans **Jeans·rock** M gonna *f* jeans **Jeans·wes·te** F gilet *m inv* jeans

je·de → jeder

je·den·falls ADV **1** in ogni caso, comunque **2** (*zumindest*) almeno

je·der INDEF PR M ⟨*f* jede, *n* jedes⟩ **1** ciascuno, ogni: **~ Gast** ciascun invitato, tutti gli invitati; **~ der Schüler** ciascuno degli alunni; **jedes Mal wenn ...** ogni volta che ...; **~ dritte Reisende** un viaggiatore su tre **2** qualunque: **um jeden Preis** a qualunque prezzo; *fig* ad ogni costo **3** (*in verneinten Sätzen*) alcuno: **ohne jede Angabe** senza alcuna indicazione ♦ **hier kennt ~ jeden** qui tutti si conoscono; **alle und ~** tutti quanti

je·der·art ADJ, **je·der·lei** ADJ ⟨*inv*⟩ ogni genere **je·der·mann** INDEF PR ognuno ♦ **das ist nicht -s Sache** non è (cosa) da tutti **je·der·zeit** ADV sempre, in ogni momento

je·des → jeder

je·des·mal → Mal[1]

je·doch KONJ & ADV ma, però, tuttavia

je·her ADV **von** (*od* **seit**) **~** da sempre

jein ADV ni: **er sagt immer ~** non dice mai né sì, né no, dice sempre ni

je·mals ADV mai

je·mand INDEF PR qualcuno: **~ anders** qualcun altro; **~ Fremdes** qualche estraneo **Je·mand** M ⟨-s⟩ tale *m*

je·ner DEM PR M ⟨*f* jene, *n* jenes⟩ quello

m, -a f
jen·sei·tig ADJ altro, opposto **jen·seits** PRÄP (+*gen*) al di là di ♦ **~ von Gut und Böse** al di là del bene e del male **Jen·seits** N ⟨-⟩ aldilà *m* ♦ *umg* **j-n ins ~ befördern** mandare qn all'altro mondo
Je·su·it M ⟨-en; -en⟩ gesuita *m*
Je·sus Chris·tus M Gesù Cristo *m*
Je·sus·kind N Gesù bambino *m*
Jet·lag ['dʒɛtlɛk] M ⟨-s⟩ jet-lag *m inv*, malessere *m* per il cambiamento di fuso orario
jet·ten ['dʒɛtn] *umg* V/I ⟨s.⟩ volare in jet
jet·zig ADJ attuale
jetzt ADV ora ♦ **bis ~** finora; **erst ~** solo adesso; **gerade ~** proprio adesso; **~ oder nie** ora o mai più; **von ~ an** d'ora in poi
Jetzt N ⟨-⟩ presente *m*: **das Einst und das ~** il passato e il presente; **im Hier und ~ leben** vivere il momento (*od* nell'hic et nunc)
je·wei·lig ADJ (*augenblicklich*) del momento, attuale; (*diensthabend*) di turno; (*in Kraft*) in vigore, vigente
je·weils ADV (*jedes Mal*) ogni volta
Jid·disch N ⟨-[s]⟩ yiddish *m*
Job [dʒɔp] M ⟨-s; -s⟩ *umg* **1** lavoro *m* occasionale: **einen ~ für die Ferien suchen** cercare un lavoretto per le ferie **2** (*Arbeitsplatz, Beruf*) lavoro *m*
job·ben ['dʒɔbn] V/I ⟨h.⟩ *umg* fare lavoretti saltuari: **in den Ferien ~** lavorare nelle vacanze (scolastiche)
Job·sha·ring [-'ʃɛːrɪŋ] N ⟨-[s]⟩ divisione *f* del lavoro, job sharing *m*
Joch N ⟨-[e]s; -e⟩ giogo *m* (*a. fig*)
Joch·bein N zigomo *m*
Jo·ckei ['dʒɔke] M ⟨-s; -s⟩ fantino *m*
Jod N ⟨-[e]s⟩ iodio *m*
jo·deln V/I ⟨h.⟩ cantare jodel
jog·gen ['dʒɔgn] V/I ⟨h.⟩ fare jogging
Jog·ging·an·zug M tuta *f* da jogging
Jo·ghurt M/N ⟨-[s]; -[s]⟩ yogurt *m*
Jo·han·nis·bee·re F ribes *m* **Jo·han·nis·brot** N carruba *f* **Jo·han·nis·kraut** N ⟨-[e]s⟩ iperico *m* **Jo·han·nis·nacht** F notte *f* di san Giovanni
joh·len V/T & V/I ⟨h.⟩ urlare a squarciagola
Joint [dʒɔint] M ⟨-s; -s⟩ spinello *m*, joint *m*
Joint Ven·ture ['dʒɔint'vɛntʃe] N ⟨-[s]; -s⟩ joint venture *f*
Jo·ker ['joːke, dʒoːke] M ⟨-s; -⟩ jolly *m*
Jol·le F ⟨-; -n⟩ SCHIFF iole *f*
Jong·leur [ʒɔŋ'(g)løːe] M ⟨-s; -e⟩, **-in** F ⟨-; -nen⟩ giocoliere *m*, -a *f* **jong·lie·ren** **A** V/T **etw ~** fare il giocoliere con qc **B** V/I ⟨h.⟩ **1** fare giochi di destrezza **2** *fig* **mit Zahlen ~** giocare con i numeri
Jor·dan M ⟨-[s]⟩ Giordano *m* ♦ *fig euph* **über den ~ gehen** andare tra i più
Jor·da·ni·en N ⟨-s⟩ Giordania *f*
Joule [dʒuːl] N ⟨-[s]; -⟩ joule *m inv*
Jour·na·lis·mus [ʒurna'lɪsmʊs] M ⟨-⟩ giornalismo *m* **Jour·na·list** M ⟨-en; -en⟩, **-in** F ⟨-; -nen⟩ giornalista *m/f* **jour·na·lis·tisch** ADJ giornalistico
jo·vi·al ADJ affabile
Ju·bel M ⟨-s⟩ giubilo *m*
ju·beln V/I ⟨h.⟩ giubilare: **vor Freude (über etw** [*akk*]**) ~** esultare di gioia (per qc)
Ju·bi·lar M ⟨-s; -e⟩, **-in** F ⟨-; -nen⟩ festeggiato *m/f*
Ju·bi·lä·um N ⟨-s; Jubiläen⟩ anniversario *m* **Ju·bi·lä·ums·aus·ga·be** F edizione *f* commemorativa
ju·cken **A** V/I ⟨h.⟩ **1** prudere: **mir juckt das Bein** mi prude la gamba **2** dare prurito: **die raue Wolle juckt (ihr) auf dem Rücken** la lana ruvida (le) dà prurito alla schiena **B** V/T **1** **der Mückenstich juckt sie** la puntura di zanzara le prude **2** *fig* (*reizen*) stuzzicare **3** *umg* **die Sache juckt mich nicht** la cosa non m'importa **C** V/R **sich ~** *umg* grattarsi
Ju·cken N ⟨-s⟩, **Juck·reiz** M ⟨-es⟩ prurito *m*
Ju·de M ⟨-n; -n⟩ ebreo *m*
Ju·den·tum N ⟨-s⟩ **1** ebraismo *m*, giudaismo *m* **2** (*Judenheit*) ebrei *mpl* **Ju·den·ver·fol·gung** F persecuzione *f* degli ebrei
Jü·din F ⟨-; -nen⟩ ebrea *f*
jü·disch ADJ ebraico, ebreo: **eine -e Familie** una famiglia ebrea; **die -e Kultur** la cultura ebraica
Judo N ⟨-[s]⟩ judò *m inv*
Ju·gend F ⟨-⟩ **1** giovinezza *f*: **seit früher ~** dalla prima giovinezza; **von ~ an** (*od* **auf**) fin da giovane; **in seiner ~ war er sehr sportlich** da giovane era molto sportivo **2** (*junge Leute*) giovani *mpl*: **die ~ von heute** i giovani d'oggi ♦ SPORT **in der ~ spielen** giocare nella squadra giovanile
Ju·gend·al·ter N età *f* giovanile **Ju·gend·amt** N ufficio *m* di assistenza per minorenni **Ju·gend·buch** N libro *m* per ragazzi **ju·gend·frei** ADJ **ein**

-er Film un film non vietato (ai minori) **Ju·gend·freund** M, **-in** F amico *m*, -a *f* di gioventù **ju·gend·ge·fähr·dend** ADJ antieducativo **Ju·gend·ge·richt** N tribunale *m* minorile **Ju·gend·heim** N centro *m* ricreativo giovanile **Ju·gend·her·ber·ge** F ostello *m* della gioventù **Ju·gend·her·bergs·aus·weis** M tessera *f* degli ostelli della gioventù **Ju·gend·hil·fe** F ⟨-⟩ assistenza *f* (sociale) ai minori a rischio **Ju·gend·kri·mi·na·li·tät** F delinquenza *f* minorile **Ju·gend·la·ger** N colonia *f*

ju·gend·lich ADJ 1 giovane: **im -en Alter** in giovane età 2 giovanile: **-e Begeisterung** entusiasmo giovanile

Ju·gend·li·che M/F ⟨-n; -n⟩ 1 giovane *m/f* 2 JUR minore *m/f* ♦ **~ unter 18 Jahren haben keinen Zutritt** vietato l'ingresso ai minori di diciotto anni

Ju·gend·lich·keit F ⟨-⟩ aspetto *m* giovanile; (*Charakter*) spirito *m* giovanile

Ju·gend·lie·be F 1 amore *m* giovanile 2 (*geliebte Person*) amore *m* di gioventù **Ju·gend·mann·schaft** F SPORT squadra *f* giovanile **Ju·gend·meis·ter** M, **-in** F campione *m*, -essa *f* (del settore) giovanile **Ju·gend·or·ga·ni·sa·ti·on** F organizzazione *f* giovanile **Ju·gend·rich·ter** M, **-in** F giudice *m* del tribunale minorile **Ju·gend·schutz** M tutela *f* dei minori **Ju·gend·stil** M ⟨-[e]s⟩ = *omologo tedesco dello stile liberty o floreale* **Ju·gend·straf·an·stalt** F carcere *m* minorile, riformatorio *m* **Ju·gend·zeit** F giovinezza *f* **Ju·gend·zent·rum** N circolo *m* ricreativo per i giovani

Ju·gos·la·we M HIST jugoslavo *m* **Ju·gos·la·wi·en** N ⟨-s⟩ HIST Jugoslavia *f* **Ju·gos·la·win** F HIST jugoslava *f* **ju·gos·la·wisch** ADJ HIST jugoslavo

Ju·li M ⟨-[s]; -s⟩ luglio *m*

jung A ADJ 1 giovane: **eine -e Dame** una giovane donna; **ein -er Mann** un giovanotto; **die -en Leute** i giovani; **wieder ~ werden** ringiovanire 2 (*seit Kurzem bestehend*) recente: **eine -e Freundschaft** una recente amicizia; **ein -er Staat** uno stato giovane 3 (*Gemüse, Laub*) tenero 4 (*Wein*) nuovo B ADV 1 (da) giovane: **~ sterben** morire giovane 2 (*seit Kurzem*) da poco: **sie sind ~ verheiratet** sono sposati da poco ♦ **man ist so ~, wie man sich fühlt** si hanno gli anni che ci si sente

Jun·ge[1] M ⟨-n; -n⟩ 1 ragazzo *m*: **mein ~!** ragazzo mio! 2 maschio *m*: **-n und Mädchen** maschi e femmine ♦ *umg* **ein schwerer ~** un delinquente

Jun·ge[2] N ⟨-n; -n⟩ cucciolo *m*; piccolo *m*: **~ bekommen** fare i piccoli

jun·gend·haft ADJ 1 da ragazzino: **ein Mann mit -em Aussehen** un uomo con aspetto da ragazzino 2 da ragazzo: **ein Mädchen mit -en Manieren** una bambina con modi da ragazzo (*od pej* da maschiaccio)

jün·ger ADJ ⟨*komp von* jung⟩ 1 più giovane: **die Frisur macht sie ~** la pettinatura la fa più giovane; **sie ist 10 Jahre ~ als ich** ha 10 anni meno di me 2 (*von Geschwistern*) minore 3 (*ziemlich jung*) (piuttosto) giovane ♦ **Plinius der Jüngere** Plinio il Giovane

Jün·ger M ⟨-s; -⟩ discepolo *m*

Jung·fer F ⟨-; -n⟩ *obs* fanciulla *f* ♦ *pej* **eine alte ~** una vecchia zitella

Jung·fern·fahrt F SCHIFF viaggio *m* inaugurale **Jung·fern·häut·chen** N imene *m*

Jung·frau F 1 vergine *f* (*a.* REL): **die ~ Maria** la Vergine Maria 2 ASTROL Vergine *f*: **Birgit ist ~** Birgit è della Vergine

jung·fräu·lich ADJ 1 (di) vergine, verginale 2 *fig* intatto: **ein -er Wald** una foresta vergine **Jung·fräu·lich·keit** F ⟨-⟩ verginità *f*

Jung·ge·sel·le M scapolo *m* **Jung·ge·sel·lin** F ⟨-; -nen⟩ donna *f* nubile (*od* non sposata)

Jüng·ling M ⟨-s; -e⟩ 1 ragazzo *m* 2 *pej iron* ragazzino *m*

jüngst... ⟨*sup von* jung⟩ A ADJ 1 più giovane: **der -e der Schüler** il più giovane degli scolari 2 (*von Geschwistern*) minore 3 più recente, ultimo: **in -er Zeit** negli ultimi tempi B ADV recentemente, ultimamente

Jüngs·te M/F ⟨-n; -n⟩ figlio *m*, -a *f* minore ♦ **er ist nicht mehr der ~** non è più tanto giovane

Jung·stein·zeit F neolitico *m* **Jung·ver·hei·ra·te·te** M/F ⟨-n; -n⟩ novello (-a) sposo *m*, -a *f* **Jung·vieh** N bestiame *m* giovane **Jung·wäh·ler** M, **-in** F nuovo (-a) elettore *m*, -trice *f*

Ju·ni M ⟨-[s]; -s⟩ giugno *m*

ju·ni·or ADJ ⟨*inv*⟩ junior

Ju·ni·or M ⟨-s; -en⟩ 1 (*Sohn*) figlio *m* 2 (*jüngerer Teilhaber*) giovane socio *m* 3 *pl* SPORT juniores *mpl/fpl* **Ju·ni·or·chef**

M, **-in** F figlio *m*, -a *f* del padrone **Ju·ni·or·part·ner** M, **-in** F socio *m*, -a *f* giovane
Junk·food ['dʒaŋkfu:t] N ⟨-s⟩ junk food *m inv*, cibo *m* spazzatura
Jun·kie ['dʒaŋkı] M ⟨-s; -s⟩ *sl* tossico *m*, -a *f*
Jun·ta ['xʊnta] F ⟨-; Junten⟩ giunta *f*
Jupe [ʒy:p] F ⟨-; -s⟩ *u.* M ⟨-s; -s⟩ *schweiz* gonna *f*
Ju·pi·ter M ⟨-s⟩ Giove *m*
Ju·ra M ⟨-[s]⟩ **1** (*Gebirge*) Giura *m* **2** (*Kanton*) Canton *m* Giura **3** (*ohne Artikel*) giurisprudenza *f*: **~ studieren** studiare legge **4** (*erdgeschichtlich*) giurassico *m*
Ju·ra·stu·dent M, **-in** F studente *m*, -essa *f* di giurisprudenza
Ju·rist M ⟨-en; -en⟩ **1** dottore *m* in legge (*od* giurisprudenza *f*) **2** studente *m* di legge (*od* giurisprudenza *f*) **Ju·ris·ten·deutsch** N tedesco *m* giuridico
Ju·ris·tin F ⟨-; -nen⟩ **1** dottoressa *f* in legge (*od* giurisprudenza *f*) **2** studentessa *f* di legge (*od* giurisprudenza *f*)
ju·ris·tisch ADJ giuridico: **-e Personen** persone giuridiche; **-e Fakultät** facoltà di legge (*od* giurisprudenza *f*)
Ju·ry [ʒy'ri] F ⟨-; -s⟩ giuria *f*
Jus N ⟨-⟩ *schweiz österr* giurisprudenza *f*, legge *f*
just ADV *hum* proprio, giusto
jus·tie·ren V/T regolare, registrare: **eine Waage ~** registrare una bilancia **Jus·tie·rung** F ⟨-; -en⟩ regolazione *f*, registrazione *f*
Jus·tiz F ⟨-⟩ giustizia *f* **Jus·tiz·be·hör·de** F autorità *f* giudiziaria **Jus·tiz·irr·tum** M errore *m* giudiziario **Jus·tiz·mi·nis·ter** M, **-in** F ministro *m*, -a *f* della Giustizia
Ju·te F ⟨-⟩ juta *f*, iuta *f f*
Ju·wel[1] N/M ⟨-s; -en⟩ **1** (*Schmuckstück*) gioiello *m* **2** (*Edelstein*) pietra *f* preziosa
Ju·wel[2] N ⟨-s; -e⟩ *fig* **1** (*Meisterwerk*) gioiello *m* **2** (*Mensch*) tesoro *m*: **ein ~ von einem Mädchen** un tesoro di ragazza
Ju·we·lier M ⟨-s; -e⟩, **-in** F ⟨-; -nen⟩ gioielliere *m*, -a *f* **Ju·we·lier·ge·schäft** N, **Ju·we·lier·la·den** M gioielleria *f*
Jux M ⟨-es; -e⟩ *umg* scherzo *m*: **sich** (*dat*) **mit j-m einen ~ machen** fare uno scherzo a qn

K

k, K N ⟨-; -⟩ k, K, cappa (*od* kappa) *f/m*: **K wie Kaufmann** kappa *f*
Ka·ba·rett N ⟨-s; -s *u.* -e⟩ cabaret *m inv*
Ka·ba·ret·tist M ⟨-en; -en⟩, **-in** F ⟨-; -nen⟩ cabarettista *m/f* **ka·ba·ret·tis·tisch** ADJ cabarettistico
Ka·bel N ⟨-s; -⟩ cavo *m* (*a.* SCHIFF, ELEK)
Ka·bel·an·schluss M collegamento *m* alla TV via cavo **Ka·bel·fern·se·hen** N televisione *f* via cavo
Ka·bel·jau M ⟨-s; -e *u.* -s⟩ merluzzo *m*
Ka·bi·ne F ⟨-; -n⟩ cabina *f*
Ka·bi·nen·bahn F cabinovia *f*
Ka·bi·nett N ⟨-s; -e⟩ POL gabinetto *m*, consiglio *m* dei ministri: **ein neues ~ bilden** formare un nuovo gabinetto; **das ~ auflösen** sciogliere il consiglio dei ministri; **ein ~ vorstellen** presentare la lista dei ministri; **ein ~ umbilden** fare un rimpasto governativo
Ka·bi·netts·be·schluss M decisione *f* del gabinetto **Ka·bi·netts·kri·se** F crisi *f* ministeriale **Ka·bi·netts·sit·zung** F seduta *f* di gabinetto
Kab·rio N ⟨-[s]; -s⟩ cabriolet *m inv*, cabriolè *m inv*
Kab·ri·o·lett N ⟨-s; -s⟩ cabriolet *m*
Ka·chel F ⟨-; -n⟩ piastrella *f* (di maiolica) **ka·cheln** V/T piastrellare **Ka·chel·ofen** M stufa *f* di maiolica
Ka·cke F ⟨-⟩ *vulg* merda *f* (*a. fig*) ♦ **die ~ ist am Dampfen** siamo nella merda
ka·cken V/I ⟨h.⟩ *vulg* cacare
Ka·da·ver M ⟨-s; -⟩ **1** cadavere *m* (*a. fig*) **2** (*von Tieren*) carogna *f* **Ka·da·ver·ge·hor·sam** M obbedienza *f* cieca
Ka·denz F ⟨-; -en⟩ cadenza *f*
Ka·der M *u. schweiz* N ⟨-s; -⟩ **1** MIL, POL quadro *m* **2** SPORT gruppo *m*, rosa *f*: **zum ~ der Olympiamannschaft gehören** far parte del gruppo olimpionico
Kad·mi·um N ⟨-s⟩ cadmio *m*
Kä·fer M ⟨-s; -⟩ **1** coleottero *m* **2** *umg* (*Auto*) maggiolino *m*
Kaff N ⟨-s; -s *u.* -e⟩ *umg pej* paesucolo *m*
Kaf·fee M ⟨-s; -s⟩ caffè *m*: **~ kochen** (*od* **machen**) fare il caffè; **~ trinken** bere (*od* prendere) il caffè ♦ *umg* **das ist kalter ~**

questa è vecchia **Kaf·fee·boh·ne** F chicco *m* di caffè

Kaf·fee-Er·satz M surrogato *m* di caffè

Kaf·fee·haus N *österr* caffè *m*: **im ~ sitzen** stare al caffè **Kaf·fee·kan·ne** F bricco *m* del caffè **Kaf·fee·klatsch** M riunione *f* per il caffè: **j-n zum ~ einladen** invitare qn per un caffè **Kaf·fee·kränz·chen** N incontro *m* per il caffè **Kaf·fee·löf·fel** M cucchiaino *m* da caffè **Kaf·fee·ma·schi·ne** F caffettiera *f*, macchina *f* da caffè **Kaf·fee·müh·le** F macinacaffè *m* **Kaf·fee·pau·se** F pausa *f* per il (*od* del) caffè **Kaf·fee·satz** M fondo *m* di caffè **Kaf·fee·ser·vice** N servizio *m* da caffè **Kaf·fee·tas·se** F tazzina *f* (da caffè) **Kaf·fee·tisch** M tavolo *m* apparecchiato per il caffè **Kaf·fee·wär·mer** M ⟨-s; -⟩ copricaffettiera *f* **Kaf·fee·was·ser** N ⟨-s⟩ acqua *f* per il caffè

Kä·fig M ⟨-s; -e⟩ gabbia *f* (*a. fig*) ♦ **im goldenen ~ sitzen** vivere in una gabbia dorata **Kä·fig·hal·tung** F il tenere in gabbia

kahl ADJ **1** (*Kopf*) pelato, calvo: **~ werden** spelarsi, diventare calvo **2** spelato, senza pelo: **der Pelzmantel hat viele -e Stellen** la pelliccia è senza pelo in molti punti **3** (*Vögel*) spiumato **4** (*ohne Pflanzenwuchs*) brullo **5** spoglio, nudo: **-e Äste** rami spogli; **eine -e Wand** una parete spoglia ♦ **eine Pflanze ~ fressen** divorare le foglie di una pianta; **~ scheren** rapare a zero; (*Tiere*) tosare completamente; **~ schlagen** disboscare (completamente)

Kahl·kopf M testa *f* pelata (*a. umg*) **kahl·köp·fig** ADJ calvo **Kahl·schlag** M **1** disboscamento *m* (totale) **2** (*kahle Fläche*) area *f* brulla **3** *fig* zona *f* distrutta

Kahn M ⟨-[e]s; Kähne⟩ **1** barca *f*: **~ fahren** andare in barca **2** (*Schleppkahn*) chiatta *f*, barcone *m* **Kahn·fahrt** F gita *f* in barca

Kai M ⟨-s; -s⟩ banchina *f* **Kai·mau·er** F molo *m*

Kai·ser M ⟨-s; -⟩, **-in** F ⟨-; -nen⟩ imperatore *m*, -trice *f* **Kai·ser·kro·ne** F corona *f* imperiale **kai·ser·lich** ADJ imperiale **Kai·ser·ling** M ⟨-s; -e⟩ BOT ovolo *m* **Kai·ser·reich** N impero *m* **Kai·ser·schmar·ren** M = *frittata dolce spezzettata con uvetta* **Kai·ser·schnitt** M taglio *m* cesareo: **mit ~ entbunden werden** partorire col taglio cesareo **Kai·sertum** N ⟨-s; -tümer⟩ impero *m* (forma di governo)

Ka·jak M/N ⟨-s; -s⟩ kayak *m*

Ka·jal·stift M kajal *m inv*

Ka·jü·te F ⟨-; -n⟩ cabina *f*

Ka·ka·du M ⟨-s; -s⟩ cacatua *m*

Ka·kao [ka'kau] M ⟨-s; -s⟩ **1** cacao *m*: **~ anbauen** piantare cacao **2** (*Getränk*) cioccolata *f* ♦ *umg* **j-n durch den ~ ziehen** ridicolizzare qn

Ka·ker·la·ke F ⟨-; -n⟩ scarafaggio *m*

Kak·tee F ⟨-; -n⟩, **Kak·tus** M ⟨-[ses]; -se *u.* Kakteen⟩ cactus *m*

Kak·tus·fei·ge F fico *m* d'India

Ka·lab·ri·en N ⟨-s⟩ Calabria *f*

Ka·lau·er M ⟨-s; -⟩ freddura *f*

Kalb N ⟨-[e]s; Kälber⟩ **1** vitello *m* (*a.* GASTR) **2** (*Junges vieler Huftiere*) piccolo *m* ♦ **das Goldene ~ anbeten** adorare il vitello d'oro

kal·ben V/I ⟨h.⟩ figliare (delle vacche)

Kalb·fell N pelle *f* di vitello **Kalb·fleisch** N carne *f* di vitello **Kalb·le·der** N (pelle *f* di) vitello *m* **kalb·le·dern** ADJ di vitello

Kalbs·bra·ten M arrosto *m* di vitello **Kalbs·brust** F petto *m* di vitello **Kalbs·hach·se** F ⟨-; -n⟩ stinco *m* di vitello **Kalbs·keu·le** F coscia *f* di vitello **Kalbs·le·ber·wurst** F pâté *m* di fegato di vitello **Kalbs·schnit·zel** N cotoletta *f* di vitello

Kal·dau·ne F ⟨-; -n⟩ trippa *f*

Ka·lei·dos·kop N ⟨-s; -e⟩ caleidoscopio *m*

Ka·len·der M ⟨-s; -⟩ **1** calendario *m*: **hundertjähriger ~** calendario secolare; **ein immerwährender ~** un calendario perpetuo **2** (*Notizkalender*) agenda *f*; agendina *f* **Ka·len·der·jahr** N anno *m* solare (*od* civile) **Ka·len·der·wo·che** F HANDEL settimana *f*

Ka·li N ⟨-s⟩ sali *mpl* di potassio

Ka·li·ber N ⟨-s; -⟩ calibro *m* (*a. fig*): **gleichen -s** (*od* **vom selben ~**) **sein** essere dello stesso calibro ♦ *umg* **mit schwerem ~ kommen** ribattere in modo pesante

Ka·li·dün·ger M concime *m* di potassio

Ka·lif M ⟨-en; -en⟩ califfo *m*

Ka·li·um N ⟨-s⟩ potassio *m*

Kalk M ⟨-[e]s; -e⟩ **1** calce *f*: **gebrannter/gelöschter ~** calce viva/spenta **2** (*Kalkstein*) calcare *m*: **dieses Wasser enthält viel ~** quest'acqua contiene molto calcare **Kalk·ab·la·ge·rung** F deposito *m*

calcareo **Kalk·dün·ger** M concime *m* a base di calcio
kal·ken V/T **1** imbiancare a calce **2** concimare con concime a base di calcio
kalk·hal·tig ADJ calcareo
kal·kig ADJ **1** bianco come la calce **2** (*kalkhaltig*) calcareo
Kalk·man·gel M MED mancanza *f* di calcio **Kalk·stein** M calcare *m*
Kal·kül N/M ⟨-s; -e⟩ calcolo *m*: **etw ins ~ einbeziehen** includere qc nei calcoli
Kal·ku·la·ti·on F ⟨-; -en⟩ **1** calcolo *m*: **die ~ geht nicht auf** il conto non torna **2** (*Kostenvoranschlag*) preventivo *m* dei costi **3** (*Überlegung*) valutazione *f*: **etw in seine ~ mit einbeziehen** nella propria valutazione tener conto di qc **kal·ku·lier·bar** ADJ calcolabile **kal·ku·lie·ren** V/T calcolare: **Kosten ~** calcolare costi; **knapp** (*od* **scharf**) **~** calcolare al minimo (possibile); **ein Risiko ~** calcolare un rischio

kalk·weiß ADJ pallido: **~ werden** impallidire, diventare bianco come un lenzuolo
Ka·lo·rie F ⟨-; -n⟩ caloria *f*
ka·lo·ri·en·arm ADJ ipocalorico, a basso contenuto calorico **Ka·lo·ri·en·be·darf** M fabbisogno *m* calorico **ka·lo·ri·en·be·wusst** ADJ attento al contenuto calorico **Ka·lo·ri·en·ge·halt** M contenuto *m* calorico **ka·lo·ri·en·reich** ADJ ad alto contenuto calorico
kalt **A** ADJ freddo: **ein -er Wind** un vento freddo; **-e Getränke** bevande fredde; **es ist ~** fa freddo; **mir ist ~** ho freddo; *fig* (*nüchtern*) **mit -er Berechnung** con freddo calcolo; (*unfreundlich; gefühllos*) **ein -er Blick** uno sguardo freddo; **ein -es Licht** una luce fredda; **-e Farben** colori freddi **B** ADV **1** **~ essen** mangiare piatti freddi; **~ duschen** fare la doccia fredda **2** al freddo: **~ schlafen** dormire al freddo; **~ aufbewahren** tenere al freddo; **den Wein ~ stellen** mettere il vino in fresco **3** *fig* freddamente: **j-n ~ begrüßen** salutare freddamente qn ♦ **ich bekomme -e Füße** mi si stanno raffreddando i piedi; *fig* mi trovo nei guai (*od* nei pasticci); **~ lächelnd** con freddezza, con indifferenza; **es läuft mir ~ über den Rücken** mi fa rabbrividire; **j-m die -e Schulter zeigen** ignorare qn; **~ werden** raffreddarsi; **~ werden lassen** lasciar raffreddare; **morgen wird es ~** domani farà freddo; → kaltlassen

⚠ kalt ≠ caldo

kalt	=	freddo
caldo	=	warm, heiß

Kalt·blü·ter M ⟨-s; -⟩ animale *m* a sangue freddo **kalt·blü·tig** **A** ADJ (*skrupellos*) che ha sangue freddo **B** ADV a sangue freddo: **~ töten** uccidere a sangue freddo **Kalt·blü·tig·keit** F ⟨-⟩ sangue *m* freddo
Käl·te F ⟨-⟩ **1** freddo *m*: **sibirische ~** freddo polare; **10 Grad ~** 10 gradi sotto zero **2** *fig* freddezza *f* **käl·te·be·stän·dig** ADJ resistente al freddo **Käl·te·ein·bruch** M improvvisa ondata *f* di freddo **käl·te·emp·find·lich** ADJ sensibile al freddo **Käl·te·grad** M grado *m* sotto zero **Käl·te·pe·ri·o·de** F periodo *m* di freddo **Käl·tewel·le** F ondata *f* di freddo
Kalt·front F METEO fronte *m* freddo **kalt·her·zig** ADJ dal cuore di ghiaccio (*od* di pietra) **kalt·las·sen** V/T ⟨*irr*⟩ *umg* **das lässt mich kalt** non mi fa né caldo né freddo **kalt·ma·chen** V/T *umg* fare fuori **Kalt·mie·te** F affitto *m* escluse le spese di riscaldamento **Kalt·scha·le** F GASTR frutta *f* cotta (servita fredda) **kalt·schnäu·zig** ADJ *umg* freddo; (*gleichgültig*) indifferente **Kalt·start** M avviamento *m* a freddo **kalt·stel·len** V/T *umg* **j-n ~** mettere fuori gioco qn
Kal·zi·um N ⟨-s⟩ CHEM calcio *m*
kam → kommen
Ka·mel N ⟨-[e]s; -e⟩ **1** cammello *m* **2** *umg fig* scemo *m*, cretino *m* **Ka·mel·haar** N (pelo *m* di) cammello *m* **Ka·mel·haar·de·cke** F coperta *f* di cammello
Ka·me·lie F ⟨-; -n⟩ camelia *f*
Ka·me·ra F ⟨-; -s⟩ **1** (*Fotoapparat*) macchina *f* fotografica **2** FILM cinepresa *f*, macchina *f* da presa **3** (*Fernsehkamera*) telecamera *f*

⚠ Kamera ≠ camera

die Kamera	=	la macchina fotografica
la camera	=	das Zimmer

Ka·me·rad M ⟨-en; -en⟩, **-in** F ⟨-; -nen⟩ **1** (*Kriegskamerad*) commilitone *m*, -a *f* **2** (*Freund*) compagno *m*, -a *f*
Ka·me·rad·schaft F ⟨-; -en⟩ **1** came-

ratismo *m* **2** (*Menschen*) gruppo *m* (di amici), compagnia *f* **ka·me·rad·schaft·lich** ADJ cameratesco

Ka·me·ra·fahrt F carrellata *f* **Ka·me·ra·frau** F cameraman *f inv* **Ka·me·ra·füh·rung** F manovra *f* della macchina da presa **Ka·me·ra·mann** M cameraman *m inv* **ka·me·ra·scheu** ADJ intimidito dall'obiettivo

Ka·mil·le F ⟨-; -n⟩ camomilla *f* **Ka·mil·len·tee** M camomilla *f*

Ka·min M ⟨-s; -e⟩ camino *m* (*a. Alpinismus*), caminetto *m*, focolare *m*: **am ~ sitzen** sedere davanti al camino **Ka·min·sims** M/N mensola *f* del camino

Kamm M ⟨-[e]s; Kämme⟩ **1** pettine *m* (*a. Nähen*) **2** (*zur Zierde*) pettinino *m*: **sich** (*dat*) **einen ~ ins Haar stecken** mettersi un pettinino nei capelli **3** cresta *f*: **der ~ des Hahnes/einer Welle** la cresta del gallo/di un'onda **4** (*Alpinismus*) crinale *m* **5** GASTR coppa *f* ♦ **alle**(**s**) **über einen ~ scheren** fare di ogni erba un fascio; *fig* **ihm schwillt der ~** si infuria

käm·men **A** V/T pettinare (*a. Stoff*) **B** V/R **sich ~** pettinarsi

Kam·mer F ⟨-; -n⟩ **1** cameretta *f* **2** (*Abstellraum*) ripostiglio *m* **3** (*Hohlraum*) cavità *f* (*a.* ANAT) **4** SCHIFF quadrato *m* **5** TECH camera *f* **6** POL Camera *f*

Kam·mer·jä·ger M, **-in** F disinfestatore *m*, -trice *f* **Kam·mer·mu·sik** F musica *f* da camera **Kam·mer·or·ches·ter** N orchestra *f* da camera **Kam·mer·sän·ger** M, **-in** F cantante *m/f* da camera = *titolo onorifico per cantanti* **Kam·mer·spiel** N **1** dramma *m* **2** *pl* piccolo teatro *m* **Kam·mer·ton** M la *m* diapason

Kamm·garn N filato *m* pettinato **Kamm·garn·wol·le** F filato *m* di lana pettinata

Kam·pag·ne [kam'panjə] F ⟨-; -n⟩ campagna *f*

Kam·pa·ni·en N ⟨-s⟩ Campania *f*

Kampf M ⟨-[e]s; Kämpfe⟩ **1** (*Gefecht*) combattimento *m*; (*Schlacht*) battaglia *f* (*a. fig*): **ideologischer ~** battaglia ideologica **2** (*zwischen zwei oder mehreren persönlichen Gegnern*) lotta *f* (*a. fig*): **ein ungleicher ~** una lotta impari; **der ~ ums Dasein** la lotta per l'esistenza; **der ~ zwischen den Geschlechtern** la lotta fra i sessi **3** (*Streit*) disputa *f*, controversia *f* **4** (*Wettkampf*) gara *f*: **einen ~ bestreiten** disputare una gara ♦ **j-m/etw den ~ ansagen** dichiarare guerra a qn/qc; **den ~ aufnehmen** accettare la sfida

Kampf·ab·stim·mung F votazione *f* aperta **Kampf·an·sa·ge** F sfida *f* **kampf·be·reit** ADJ pronto al combattimento

kämp·fen **A** V/I ⟨h.⟩ combattere, lottare (*a. fig* SPORT): **an vorderster Front ~** combattere in prima linea; **gegeneinander** (*od* **miteinander**) **~** combattersi l'un l'altro; **gegen j-n** (*od* **mit j-m**) **~** lottare con qn; **gegen/für etw ~** lottare contro/per qc; **mit dem Tod ~** lottare con la morte; **um den Sieg ~** combattere per la vittoria **B** V/R **sich ~** farsi strada; **sich durch die Menge ~** farsi strada fra la folla ♦ **wie ein Löwe ~** battersi come un leone

Kamp·fer M ⟨-s⟩ canfora *f*

Kämp·fer M ⟨-s; -⟩, **-in** F ⟨-; -nen⟩ combattente *m/f*

kämp·fe·risch ADJ combattivo, battagliero (*a. fig*): **ein -es Spiel** una partita combattiva; **eine -e Natur** uno spirito battagliero ♦ **~ stark sein** essere forte nel combattimento

Kampf·flug·zeug N aereo *m* da combattimento **Kampf·geist** M spirito *m* combattivo **Kampf·ge·richt** N SPORT giuria *f* **Kampf·ge·sche·hen** N lotta *f* in corso **Kampf·hahn** M **1** gallo *m* da combattimento **2** *fig* attaccabrighe *m* **Kampf·hand·lung** F azione *f* militare **Kampf·hund** M cane *m* da combattimento **kampf·los** ADJ & ADV senza combattere **kampf·lus·tig** ADJ combattivo **Kampf·rich·ter** M, **-in** F SPORT giudice *m/f* di gara **Kampf·sport** M sport *m* di combattimento **Kampf·stoff** M arma *f*: **biologische/chemische -e** armi biologiche/chimiche **kampf·un·fä·hig** ADJ incapace di combattere

kam·pie·ren V/I ⟨h.⟩ **1** campeggiare: **unter freiem Himmel ~** fare campeggio libero **2** *umg* (*übernachten*) **auf dem Fußboden ~** passare la notte sul pavimento

Ka·na·da N ⟨-s⟩ Canada *m* **Ka·na·di·er** M ⟨-s; -⟩ **1** canadese *m* **2** SPORT canoa *f* canadese **Ka·na·di·e·rin** F ⟨-; -nen⟩ canadese *f* **ka·na·disch** ADJ canadese

Ka·nal M ⟨-s; Kanäle⟩ canale *m* (*a. fig*): **sich dunkler Kanäle bedienen** servirsi di

K

oscuri canali; RADIO, TV **einen ~ einstellen** sintonizzarsi su un canale; **auf dem ersten ~** sul primo canale **Ka·nal·ar·bei·ter** M, **-in** F addetto *m*, -a *f* alle fognature **Ka·nal·de·ckel** M coperchio *m* di tombino

Ka·na·li·sa·ti·on F ⟨-; -en⟩ 1 (*von Flüssen*) canalizzazione *f* 2 (*Abwasserableitung*) fognature *fpl* **ka·na·li·sie·ren** V/T 1 canalizzare (*a. fig*): **einen Ort ~** canalizzare un paese 2 *fig* incanalare: **seine Energien ~** incanalare le proprie energie 3 (*schiffbar machen*) rendere navigabile

Ka·nal·schacht M tombino *m* **Ka·nal·tun·nel** M tunnel *m* della Manica

Ka·na·pee N ⟨-s; -s⟩ 1 *obs od iron* (*Sofa*) canapè *m*, divano *m* 2 GASTR tartina *f*

Ka·na·ren PL **die ~** le Canarie

Ka·na·ri·en·vo·gel M canarino *m*

ka·na·risch ADJ delle Canarie: **die Kanarischen Inseln** le Isole Canarie

Kan·da·re F ⟨-; -n⟩ morso *m* ♦ *fig* **j-n an die ~ nehmen** mettere il freno a qn

Kan·de·la·ber M ⟨-s; -⟩ candelabro *m*

Kan·di·dat M ⟨-en; -en⟩, **-in** F ⟨-; -nen⟩ candidato *m*, -a *f* **Kan·di·da·tur** F ⟨-; -en⟩ candidatura *f*: **seine ~ anmelden** presentare la propria candidatura **kan·di·die·ren** V/I ⟨h.⟩ candidarsi, concorrere: **für ein Amt ~** candidarsi per una carica; **gegen j-n ~** concorrere contro qn

kan·diert ADJ candito

Kan·dis·zu·cker M ⟨-s⟩ zucchero *m* candito

Kän·gu·ru N ⟨-s; -s⟩ canguro *m*

Ka·nin·chen N ⟨-s; -⟩ coniglio *m* **Ka·nin·chen·fell** N pelle *f* di coniglio **Ka·nin·chen·stall** M conigliera *f*

Ka·nis·ter M ⟨-s; -⟩ tanica *f*

Känn·chen N ⟨-s; -⟩ bricchetto *m*

Kan·ne F ⟨-; -n⟩ 1 bricco *m*: **eine ~ Kaffee** un bricco di caffè 2 (*für Wein, Bier*) boccale *m*

Kan·ni·ba·le M ⟨-n; -n⟩, **-lin** F ⟨-; -nen⟩ cannibale *m/f* (*a. fig*) **kan·ni·ba·lisch** ADJ cannibalesco **Kan·ni·ba·lis·mus** M ⟨-⟩ cannibalismo *m*

kann·te → kennen

Ka·non M ⟨-s; -s⟩ canone *m*

Ka·no·na·de F ⟨-; -n⟩ 1 cannoneggiamento *m* 2 *fig* SPORT bombardamento *m* 3 *umg* (*Flut*) scarica *f*, raffica *f*: **eine ~ von Schimpfwörtern loslassen** lasciar partire una raffica d'insulti

Ka·no·ne F ⟨-; -n⟩ cannone *m*; *hum* (*Revolver*) **steck die ~ weg!** metti via la pistola! *umg*; **auf seinem Gebiet eine ~ sein** essere un cannone (*od* un asso) nel proprio campo ♦ **unter aller ~** in pessime condizioni; (*sehr schlecht*) malissimo

ka·no·nisch ADJ canonico

Kan·ta·te F ⟨-; -n⟩ MUS cantata *f*

Kan·te F ⟨-; -n⟩ 1 spigolo *m*: **eine scharfe/abgerundete ~** uno spigolo vivo/smussato; GEOM **ein Würfel hat zwölf -n** il cubo ha dodici spigoli 2 (*Rand*) bordo *m*: **die ~ des Bettes/des Ärmels** il bordo del letto/della manica ♦ **etw auf die hohe ~ legen** mettere qc da parte

kan·ten V/T mettere a coltello ♦ **die Skier ~** spigolare con gli sci

kan·tig ADJ spigoloso, angoloso

Kan·ti·ne F ⟨-; -n⟩ mensa *f*

> **⚠ Kantine ≠ cantina**
>
> | | | |
> |---|---|---|
> | die Kantine | = | la mensa |
> | la cantina | = | der Keller |

Kan·ton M ⟨-s; -e⟩ POL cantone *m*

Kan·tons·rat[1] M consiglio *m* cantonale

Kan·tons·rat[2] M, **-rä·tin** F consigliere *m*, -a *f* cantonale

Kan·tor M ⟨-s; -en⟩ 1 = *organista e direttore del coro di una chiesa* 2 *obs* cantore *m* **Kan·to·rin** F ⟨-; -nen⟩ cantora *f*

Ka·nu N ⟨-s; -s⟩ canoa *f*

Ka·nü·le F ⟨-; -n⟩ 1 ago *m* della siringa 2 (*Röhrchen*) cannula *f*

Ka·nu·te M ⟨-n; -n⟩, **-tin** F ⟨-; -nen⟩ SPORT canoista *m/f*

Kan·zel F ⟨-; -n⟩ 1 pulpito *m* 2 (*Cockpit*) cabina *f* (di pilotaggio)

Kanz·lei F ⟨-; -en⟩ 1 cancelleria *f* 2 (*Büro*) ufficio *m*; (*von Rechtsanwalt*) studio *m*

Kanz·ler M ⟨-s; -⟩ cancelliere *m* **Kanz·ler·amt** N 1 cancelleria *f* 2 (*Posten*) carica *f* di cancelliere

Kanz·le·rin F ⟨-; -nen⟩ cancelliera *f*

Kanz·ler·kan·di·dat M, **-in** F candidato *m*, -a *f* alla carica di cancelliere

Kap N ⟨-s; -s⟩ capo *m*, promontorio *m*

Ka·pa·zi·tät F ⟨-; -en⟩ 1 capacità *f*: **eine ~ von 1000 Litern** una capacità di 1000 litri; **geistige ~** capacità intellettuale 2 WIRTSCH (*Produktionsvolumen*) capacità *f* (produttiva) 3 (*Fachmann*) luminare *m*, autorità *f*: **auf einem Gebiet eine ~ sein** essere un'autorità in un campo; **eine**

medizinische ~ un luminare della medicina

Ka·pel·le F ⟨-; -n⟩ **1** cappella *f* **2** MUS orchestrina *f*, complesso *m*

Ka·pell·meis·ter M, **-in** F **1** capobanda *m/f* **2** direttore *m*, -trice *f* d'orchestra

Ka·per F ⟨-; -n⟩ BOT cappero *m*

ka·pern **A** V/T **1** **ein Schiff** ~ catturare (*od* depredare) una nave **2** *umg* **j-n für etw** ~ accaparrarsi qn per qc **B** V/R *umg* **sich** (*dat*) **etw** ~ accaparrarsi qc

ka·pie·ren V/T *umg* capire, arrivarci

Ka·pil·lar·ge·fäß N BIOL (vaso *m*) capillare *m*

ka·pi·tal ADJ *umg* colossale, madornale

Ka·pi·tal N ⟨-s; -e⟩ **1** capitale *m* **2** *fig* bene *m*, ricchezza *f* ♦ ~ **aus etw schlagen** trarre profitto da qc

Ka·pi·tal·ab·wan·de·rung F esodo *m* di capitali **Ka·pi·tal·an·la·ge** F investimento *m* di capitale **Ka·pi·tal·bil·dung** F formazione *f* di capitale **Ka·pi·tal·er·hö·hung** F aumento *m* del capitale (sociale) **Ka·pi·tal·er·trag** M reddito *m* di capitale **Ka·pi·tal·flucht** F fuga *f* di capitali **Ka·pi·tal·ge·ber** M, **-in** F finanziatore *m*, -trice *f* **Ka·pi·tal·ge·sell·schaft** F società *f* di capitali

Ka·pi·ta·lis·mus M ⟨-; Kapitalismen⟩ capitalismo *m* **Ka·pi·ta·list** M ⟨-en; -en⟩, **-in** F ⟨-; -nen⟩ capitalista *m/f* **ka·pi·ta·lis·tisch** ADJ capitalistico

ka·pi·tal·kräf·tig ADJ che dispone di forti capitali **Ka·pi·tal·markt** M mercato *m* finanziario (*od* dei capitali) **Ka·pi·tal·ver·bre·chen** N delitto *m* capitale

Ka·pi·tän M ⟨-s; -e⟩, **-in** F ⟨-; -nen⟩ **1** capitano *m* (*a.* SPORT) **2** (*Flugkapitän*) comandante *m/f*

Ka·pi·tel N ⟨-s; -⟩ capitolo *m* (*a. fig*): **ein dunkles** ~ **in seinem Leben** un oscuro capitolo nella sua vita; **das ist ein** ~ **für sich** questo è un capitolo a sé

Ka·pi·tell N ⟨-s; -e⟩ capitello *m*

Ka·pi·tol N ⟨-s⟩ Campidoglio *m*

Ka·pi·tu·la·ti·on F ⟨-; -en⟩ capitolazione *f*, resa *f*: **die bedingungslose** ~ la resa incondizionata **ka·pi·tu·lie·ren** V/I ⟨h.⟩ capitolare, arrendersi (*a. fig*): **vor etw** (*dat*) ~ arrendersi di fronte a qc

Kap·lan M ⟨-s; Kapläne⟩ cappellano *m*

Kap·pe F ⟨-; -n⟩ **1** (*Mütze*) berretto *m* **2** (*Deckel*) coperchio *m*; (*aufklappbar*) tappo *m* meccanico; (*aufdrehbar*) tappo *m* a vite **3** MECH (*Schutzvorrichtung*) calotta *f* **4** (*am Schuh*) mascherina *f* ♦ **das geht auf seine** ~ ne è lui (il) responsabile; **etw auf seine** ~ **nehmen** assumersi la responsabilità di qc

kap·pen V/T **1** mozzare, tagliare **2** *fig* **eine Beziehung** ~ troncare un rapporto

Käp·pi N ⟨-s; -s⟩ chepì *m*

Kap·ri·o·le F ⟨-; -n⟩ **1** capriola *f*: **-n schlagen** (*od* **machen**) fare capriole **2** (*launenhafter Einfall*) capriccio *m*

kap·ri·zie·ren V/R **sich auf etw** (*akk*) ~ incapricciarsi di qc **kap·ri·zi·ös** ADJ capriccioso

Kap·sel F ⟨-; -n⟩ capsula *f*

ka·putt ADJ **1** rotto: **ein -er Schuh** una scarpa rotta; (*entzwei*) spezzato **2** (*defekt*) guasto **3** distrutto: **ihre Ehe ist** ~ il loro matrimonio è distrutto; *umg* **ein -er Typ** uno scoppiato **4** (*erschöpft*) **er ist von der Arbeit** ~ è distrutto dal lavoro; **sich** ~ **fühlen** sentirsi a pezzi **5** (*mit Verben*) ~ **fahren** distruggere (guidando); ~ **kriegen** (riuscire a) rompere; ~ **machen** spaccare, rompere; (*ruinieren*) distruggere

ka·putt·fah·ren V/T ⟨*irr*⟩ → kaputt **ka·putt·ge·hen** V/I ⟨*irr*; s.⟩ *umg* **1** rompersi **2** (*zugrunde gehen*) fallire **ka·putt·krie·gen** V/T → kaputt **ka·putt·la·chen** V/R **sich über etw** (*akk*) ~ sbellicarsi dalle risate per qc **ka·putt·ma·chen** **A** V/R **sich** ~ rovinarsi, distruggersi **B** V/T → kaputt

Ka·pu·ze F ⟨-; -n⟩ cappuccio *m*

Ka·ra·bi·ner M ⟨-s; -⟩ carabina *f* **Ka·ra·bi·ner·ha·ken** M moschettone *m*

Ka·ra·cho N ⟨-s⟩ *umg* **mit** ~ a tutta birra

Ka·raf·fe F ⟨-; -n⟩ caraffa *f*

Ka·ram·bo·la·ge [-ˈlaːʒə] F ⟨-; -n⟩ *umg* scontro *m* a catena (*a. fig*), carambola *f*

Ka·ra·mell M *u. schweiz* N ⟨-s⟩ caramello *m* **Ka·ra·mell·bon·bon** M/N caramella *f* mou

Ka·ra·o·ke N ⟨-[s]⟩ karaoke *m inv*

Ka·rat N ⟨-[e]s; -e⟩ carato *m*

Ka·ra·te N ⟨-[s]⟩ karatè *m* **Ka·ra·te·kämp·fer** M, **-in** F karateka *m/f*

Ka·ra·wa·ne F ⟨-; -n⟩ carovana *f*

Kar·bid N ⟨-[e]s; -e⟩ carburo *m* **Kar·bid·lam·pe** F lampada *f* a carburo

Kar·dan·ge·lenk N giunto *m* cardanico

Kar·dan·wel·le F albero *m* cardanico

Kar·di·nal M ⟨-s; Kardinäle⟩ cardinale

K

m
Kar·di·nal·feh·ler M errore *m* madornale
Kar·di·nals·hut M cappello *m* cardinalizio **Kar·di·nals·wür·de** F ⟨-⟩ cardinalato *m*
Kar·di·nal·zahl F numero *m* cardinale
Kar·di·o·lo·ge M ⟨-n; -n⟩, **-lo·gin** F ⟨-; -nen⟩ cardiologo *m*, -a *f*
Ka·renz·tag M giorno *m* di aspettativa **Ka·renz·zeit** F periodo *m* di carenza
Kar·fi·ol M ⟨-s⟩ *österr* cavolfiore *m*
Kar·frei·tag M venerdì *m* santo
karg ADJ **1** scarso, magro: **eine -e Mahlzeit** un pasto frugale **2** (*ärmlich*) povero, misero **3** (*wenig fruchtbar*) povero ♦ **~ bemessen** scarso **Karg·heit** F ⟨-⟩ scarsità *f*, scarsezza *f*
kärg·lich ADJ scarso, magro, misero
Ka·ri·bik F ⟨-⟩ **die ~** i Caraibi
ka·riert ADJ a quadri, a quadretti
Ka·ri·es F ⟨-⟩ carie *f*
Ka·ri·ka·tur F ⟨-; -en⟩ caricatura *f* **Ka·ri·ka·tu·rist** M ⟨-en; -en⟩, **-in** F ⟨-; -nen⟩ caricaturista *m/f*
ka·ri·kie·ren VT **j-n/etw ~** fare la caricatura di qn/qc
ka·ri·ös ADJ cariato
ka·ri·ta·tiv ADJ caritatevole, benefico
Kar·me·sin N, **Kar·min** N ⟨-s⟩ carminio *m*
kar·min·rot ADJ rosso carminio
Kar·ne·val M ⟨-s; -e *u.* -s⟩ carnevale *m*
kar·ne·va·lis·tisch ADJ carnevalesco
Kar·ne·vals·um·zug M corteo *m* (*od* sfilata *f*) di carnevale
Kärn·ten N ⟨-s⟩ Carinzia *f*
Ka·ro N ⟨-s; -s⟩ **1** quadrato *m*, rombo *m* **2** (*Karomuster*) quadro *m*, quadretto *m* **3** (*im Kartenspiel*) quadri *mpl* **Ka·ro·mus·ter** N disegno *m* a quadri, a quadretti
Ka·ros·se·rie F ⟨-; -n⟩ carrozzeria *f*
Ka·rot·te F ⟨-; -n⟩ carota *f*
Karp·fen M ⟨-s; -⟩ carpa *f*
Kar·re F ⟨-; -n⟩ **1** carretto *m* **2** (*Schubkarren*) carriola *f* **3** *umg* (*altes Fahrzeug*) carretta *f* ♦ *umg* **die ~ in den Dreck fahren** imbrogliare; *umg* **die ~ (für j-n) aus dem Dreck ziehen** sbrogliare la faccenda (a qn); *umg* **j-m an den -n fahren** pestare i calli a qn
Kar·ree N ⟨-s; -s⟩ quadrato *m*: **sich im ~ aufstellen** disporsi in quadrato
Kar·ren M ⟨-s; -⟩ → Karre
Kar·ri·e·re F ⟨-; -n⟩ carriera *f*: **~ machen** far(e) carriera **Kar·ri·e·re·frau** F donna *f* in carriera **Kar·ri·e·re·ma·cher** M, **-in** F arrivista *m/f*
Kar·sams·tag M sabato *m* santo
Karst M ⟨-[e]s; -e⟩ carso *m*
kars·tig ADJ carsico
Kar·tau·se F ⟨-; -n⟩ certosa *f*
Kar·te F ⟨-; -n⟩ **1** (*Eintrittskarte*) biglietto *m* d'ingresso **2** (*Visitenkarte*) biglietto *m* (da visita) **3** (*Ansichtskarte*) cartolina *f* **4** carta *f* (da gioco): **-n spielen** giocare a carte **5** GASTR menù *m*, lista *f*: **nach der ~ essen** mangiare alla carta **6** (*Landkarte*) carta *f*, cartina *f* (geografica) **7** SPORT cartellino *m*: **die Gelbe/Rote ~** il cartellino giallo/rosso **8** IT scheda *f* ♦ **sich** (*dat*) (**nicht**) **in die -n sehen lassen** (non) svelare le proprie intenzioni; **j-m die -n legen** fare le carte a qn; *fig* **alles auf eine ~ setzen** puntare tutto su una carta; *fig* **mit offenen -n spielen** giocare a carte scoperte
Kar·tei F ⟨-; -en⟩ schedario *m* **Kar·tei·kar·te** F scheda *f* **Kar·tei·kas·ten** M schedario *m* **Kar·tei·lei·che** F *hum* **1** scheda *f* nulla **2** (*passives Mitglied*) peso morto *m*
Kar·tell N ⟨-s; -e⟩ WIRTSCH, POL cartello *m* **Kar·tell·amt** N autorità *f* antitrust
Kar·ten·haus N castello *m* di carte: *fig* **in sich zusammenfallen wie ein ~** crollare come un castello di carte **Kar·ten·in·ha·ber** M, **-in** F (*von Kreditkarte*) titolare *m/f* di carta di credito **Kar·ten·le·ger** M ⟨-s; -⟩, **-in** F ⟨-; -nen⟩ cartomante *m/f* **Kar·ten·spiel** N **1** gioco *m* di carte **2** (*Spielkarten*) mazzo *m* di carte **Kar·ten·te·le·fon** N telefono *m* a scheda **Kar·ten·vor·ver·kauf** M prevendita *f* dei biglietti **Kar·ten·zeich·ner** M, **-in** F cartografo *m*, -a *f*
Kar·tof·fel F ⟨-; -n⟩ patata *f* **Kar·tof·fel·brei** M purè *m* (*od* purea *f*) di patate **Kar·tof·fel·chips** PL patatine *fpl* **Kar·tof·fel·kloß** M (grosso) gnocco *m* di patate **Kar·tof·fel·pres·se** F schiacciapatate *m* **Kar·tof·fel·puf·fer** M frittella *f* di patate **Kar·tof·fel·pü·ree** N purè *m inv* (*od* purea *f*) di patate **Kar·tof·fel·sa·lat** M insalata *f* di patate **Kar·tof·fel·schä·ler** M ⟨-s; -⟩ pelapatate *m* **Kar·tof·fel·stock** M *schweiz* purè *m inv* di patate **Kar·tof·fel·sup·pe** F zuppa *f* di patate
Kar·to·graf M ⟨-en; -en⟩, **-in** F ⟨-;

-nen⟩ cartografo *m*, -a *f*

Kar·ton [-tɔŋ] M ⟨-s; -s⟩ **1** cartone *m* (*a.* MAL); (*steifes Papier*) cartoncino *m* **2** (*Schachtel*) scatola *f* (di cartone), cartone *m*: **drei ~** (*od* **drei -s**) **französischen Wein** tre cartoni di vino francese **3** (*größere Schachtel*) scatolone *m*

kar·to·nie·ren V/T cartonare

Kar·tu·sche F ⟨-; -n⟩ cartuccia *f*

Ka·rus·sell N ⟨-s; -s *u.* -e⟩ giostra *f*: (**mit dem**) **~ fahren** andare in giostra

Kar·wo·che F settimana *f* santa

kar·zi·no·gen ADJ cancerogeno

Kar·zi·nom N ⟨-s; -e⟩ carcinoma *m*

Ka·sach·stan N ⟨-s⟩ Kazakistan *m*

Ka·schem·me F ⟨-; -n⟩ bettola *f*

ka·schie·ren V/T mascherare, nascondere

Kä·se M ⟨-s; -⟩ **1** formaggio *m* **2** *umg* sciocchezze *fpl*: **das ist doch alles ~!** sono tutte sciocchezze! **Kä·se·blatt** N giornaluccio *m* **Kä·se·ge·bäck** N biscotti *mpl* al formaggio **Kä·se·glo·cke** F formaggiera *f* (con coperchio a cupola) **Kä·se·ku·chen** M torta *f* di ricotta

Kä·se·rei F ⟨-; -en⟩ **1** produzione *f* di formaggio **2** (*Betrieb*) caseificio *m*

Kä·se·rin·de F crosta *f* del formaggio

Ka·ser·ne F ⟨-; -n⟩ caserma *f*

ka·ser·nie·ren V/T accasermare

kä·se·weiß ADJ, **kä·sig** ADJ bianco come un lenzuolo

Ka·si·no N ⟨-s; -s⟩ **1** (*Spielkasino*) casinò *m* **2** (*Speiseraum*) mensa *f*

⚠ Kasino ≠ casino

das Kasino	=	il casinò
il casino	=	das Bordell; das Chaos

Kas·ko·ver·si·che·rung F (assicurazione *f*) casco *f*

Kas·per M ⟨-s; -⟩ **1** = *burattino tedesco corrispondente grosso modo a Pulcinella* **2** *umg* (*alberner Mensch*) buffone *m* **Kas·per·the·a·ter** N teatro *m* dei burattini

Kas·sa F ⟨-; Kassen⟩ *österr* → Kasse

Kas·sa·ge·schäft N operazione *f* a pronti (*od* per contanti) **Kas·sa·kurs** M corso *m* contanti **Kas·sa·markt** M mercato *m* pronto

Kas·se F ⟨-; -n⟩ **1** cassa *f*: **das Geld in die ~ legen** mettere i soldi nella cassa; (*Ladenkasse*) **an der ~ bezahlen** pagare alla cassa; (*Schalterraum*) **die Karten an der ~ abholen** ritirare i biglietti alla cassa **2** HANDEL (*Barzahlung*) pronta cassa *f*: **wir liefern gegen ~** consegnamo pronta cassa **3** (pagamento *m* in) contanti *mpl*: **etw gegen ~ verkaufen** vendere qc per contanti **4** *umg* (*Krankenkasse*) mutua *f* ♦ *umg* **gut bei ~ sein** star bene (a soldi); *umg* **schlecht** (*od* **knapp**) **bei ~ sein** essere a corto di soldi; *umg* **j-n zur ~ bitten** battere cassa a qn; **die ~ führen** tenere la cassa; **gemeinsame ~ machen** fare cassa comune; **getrennte ~ haben** ognuno paga per sé

Kas·se·ler → Kassler

Kas·sen·ab·schluss M chiusura *f* di cassa **Kas·sen·arzt** M, **-ärz·tin** F medico *m* della mutua **Kas·sen·be·stand** M fondo *m* (di) cassa **Kas·sen·bon** M scontrino *m* **Kas·sen·er·folg** M THEAT, FILM successo *m* di cassetta **Kas·sen·ge·stell** N *umg pej* montatura *f* (di occhiali) della mutua **Kas·sen·mag·net** M *umg* **ein ~ sein** fare cassetta **Kas·sen·pa·ti·ent** M, **-in** F mutuato *m*, -a *f* **Kas·sen·prü·fung** F revisione *f* di cassa **Kas·sen·schla·ger** M *umg* **1** → Kassenmagnet **2** (*Ware*) articolo *m* di successo **Kas·sen·sturz** M *umg* **~ machen** verificare la cassa **Kas·sen·wart** M ⟨-[e]s; -e⟩, **-in** F ⟨-; -nen⟩ tesoriere *m*, -a *f* **Kas·sen·zet·tel** M scontrino *m* fiscale

Kas·se·rol·le F ⟨-; -n⟩ casseruola *f*

Kas·set·te F ⟨-; -n⟩ **1** (*für Wertsachen*) cassettina *f* (per oggetti di valore) **2** (*für Bücher, Schallplatten*) cofanetto *m* **3** (musi)cassetta *f* **4** (video)cassetta *f* **5** FOTO magazzino *m* **6** ARCH cassettone *m*

Kas·set·ten·deck N piastra *f* di registrazione **Kas·set·ten·re·kor·der** M registratore *m* (a cassette)

kas·sie·ren V/T **1** incassare: **die Miete ~** incassare l'affitto; *umg* **eine Niederlage ~** incassare una sconfitta **2** *umg* (*abkassieren*) **j-n ~** far pagare qn; **darf ich ~?** posso incassare? **3** *umg* (*einnehmen*) intascare: **ein ansehnliches Honorar ~** intascare un onorario coi fiocchi **4** *umg* (*beschlagnahmen*) sequestrare **5** (*sich aneignen*) inglobare **6** (*fangen*) catturare

Kas·sie·rer M ⟨-s; -⟩, **-in** F ⟨-; -nen⟩ cassiere *m*, -a *f*

Kass·ler N ⟨-s; -⟩ = *costata di maiale af-*

K

fumicata
Kas·ta·gnet·te [-an'jɛtə] F ⟨-; -n⟩ castagnetta *f*, nacchere *fpl*
Kas·ta·nie F ⟨-; -n⟩ **1** (*Edelkastanie*) castagno *m*; (*Frucht*) castagna *f*: **-n rösten** arrostire le castagne **2** (*Rosskastanie*) ippocastano *m*; (*Frucht*) castagna *f* d'India ♦ *umg* (**für j-n**) **die -n aus dem Feuer holen** togliere le castagne dal fuoco (per qn)
Kas·ta·ni·en·baum M **1** (*Edelkastanie*) castagno *m* **2** (*Rosskastanie*) ippocastano *m* **kas·ta·ni·en·braun** ADJ castano
Käst·chen N ⟨-s; -⟩ **1** cassettino *m* **2** (*auf Papier*) quadratino *m*; casella *f*
Kas·te F ⟨-; -n⟩ casta *f*
kas·tei·en V/R **sich ~** mortificarsi, punirsi **Kas·tei·ung** F ⟨-; -en⟩ mortificazione *f*
Kas·tell N ⟨-s; -e⟩ **1** HIST fortificazione *f* **2** (*Burg*) castello *m*
Kas·ten M ⟨-s; Kästen *u.* -⟩ **1** cassa *f* **2** (*für Flaschen*) cassetta *f* **3** (*für ein Instrument*) custodia *f* **4** (*Aushänge-, Schaukasten*) bacheca *f*, vetrinetta *f* **5** (*hässliches Gebäude*) casermone *m* **6** *österr* (*Schrank*) cassa *f*, armadio *m* ♦ *umg* **etw auf dem ~ haben** avere del sale in zucca
Kas·ten·brot N pane *m* a cassetta **Kasten·wa·gen** M (*Lieferwagen*) furgone *m* **Kas·ten·we·sen** N sistema *m* di caste
Kast·ra·ti·on F ⟨-; -en⟩ castrazione *f*
kast·rie·ren V/T castrare
Ka·sus M ⟨-; -⟩ caso *m*
Kat M ⟨-s; -s⟩ *umg* **1** (*Katalysator*) marmitta *f* catalitica **2** (*Auto*) auto *m* catalizzata
Ka·ta·kom·be F ⟨-; -n⟩ catacomba *f*
Ka·ta·log M ⟨-[e]s; -e⟩ **1** catalogo *m* **2** *fig* elenco *m*, lista *f*
ka·ta·lo·gi·sie·ren V/T catalogare
Ka·ta·ly·sa·tor M ⟨-s; -en⟩ **1** CHEM catalizzatore *m* **2** AUTO marmitta *f* catalitica **Ka·ta·ly·sa·tor·au·to** N automobile *f* con marmitta catalitica
Ka·ta·ma·ran M/N ⟨-s; -e⟩ catamarano *m*
Ka·ta·pult N/M ⟨-[e]s; -e⟩ catapulta *f*
ka·ta·pul·tie·ren V/T catapultare
Ka·tarr(h) M ⟨-s; -e⟩ MED catarro *m*
Ka·tas·ter M/N ⟨-s; -⟩ catasto *m*
ka·ta·stro·phal ADJ catastrofico
Ka·ta·stro·phe F catastrofe *f*
Ka·ta·stro·phen·alarm M allarme *m* in caso di catastrofe **Ka·ta·stro·phen·ein·satz** M intervento *m* in caso di catastrofi **Ka·ta·stro·phen·schutz** M **1** (servizio *m* di) protezione *f* civile **2** (*Maßnahmen*) misure *fpl* preventive contro una catastrofe
Ka·te·chis·mus M ⟨-; Katechismen⟩ catechismo *m*
Ka·te·go·rie F ⟨-; -n⟩ categoria *f*
ka·te·go·risch ADJ categorico
Ka·ter[1] M ⟨-s; -⟩ gatto *m* ♦ **der Gestiefelte ~** il gatto con gli stivali
Ka·ter[2] M ⟨-s; -⟩ *umg* mal *m* di testa (dopo una sbronza) **Ka·ter·früh·stück** N *umg* = *robusta colazione per smaltire la sbronza*
Ka·the·der N/M ⟨-s; -⟩ cattedra *f*
Ka·thed·ra·le F ⟨-; -n⟩ cattedrale *f*
Ka·the·ter M ⟨-s; -⟩ catetere *m*
Ka·tho·de F ⟨-; -n⟩ catodo *m*
Ka·tho·lik M ⟨-en; -en⟩, **-in** F ⟨-; -nen⟩ cattolico *m*, -a *f*
ka·tho·lisch ADJ cattolico **Ka·tho·li·zis·mus** M ⟨-⟩ cattolicesimo *m*
Katz F ⟨-⟩ **~ und Maus** (**mit j-m**) **spielen** giocare (con qn) come il gatto col topo; **für die ~ sein** = *essere inutile*
Kätz·chen N ⟨-s; -⟩ **1** gattino *m*, micetto *m* **2** BOT amento *m*, gattino *m*
Kat·ze F ⟨-; -n⟩ **1** gatto *m*; (*weibliche Katze*) gatta *f*: **eine getigerte ~** un gatto tigrato **2** (*katzenartiges Raubtier*) felino *m* ♦ **da beißt sich die ~ in den Schwanz** è un gatto che si morde la coda; **um etw herumgehen wie die ~ um den heißen Brei** girare in tondo a qc (e non venire al sodo); *umg* **die ~ aus dem Sack lassen** vuotare il sacco; *umg* **die ~ im Sack kaufen** comprare a scatola chiusa
Kat·zen·au·ge N *umg* (*Rückstrahler*) catarifrangente *m* (posteriore) **kat·zen·haft** ADJ simile a un gatto, felino **Katzen·jam·mer** M *umg* **1** = *postumi della sbronza* **2** (*nach einem Misserfolg*) abbattimento *m* **Kat·zen·min·ze** F (erba *f*) gattaia *f* **Kat·zen·sprung** M *umg fig* tiro *m* di schioppo: **sie wohnen einen ~ von hier** abitano a un tiro di schioppo da qui **Kat·zen·streu** F lettiera *f* per gatti **Kat·zen·tisch** M *umg hum* tavolino *m* da bambini: **am ~ sitzen** sedere in disparte **Kat·zen·wä·sche** F *umg* **~ machen** lavarsi come i gatti
Kau·der·welsch N ⟨-[s]⟩ **1** (*Sprachenmischmasch*) incomprensibile miscuglio

K

m (di lingue) **2** (*Jargon*) gergo *m* incomprensibile: **ein technisches ~** un incomprensibile gergo tecnico

kau·en **A** VT masticare **B** VI ⟨h.⟩ **1** (*beißen*) **auf** (*od* **an**) **etw** (*dat*) **~** masticare lungamente qc; *fig* **an etw** (*dat*) **~** girare e rigirare su qc **2** (*knabbern*) **auf** (*od* **an**) **etw** (*dat*) **~** morsicare qc; **auf** (*od* **an**) **den Lippen ~** morsicarsi le labbra; **auf einem Bleistift ~** rosicchiare una matita

kau·ern **A** VI ⟨h.⟩ stare accovacciato (*od* rannicchiato) **B** VR **sich ~** accovacciarsi

Kauf M ⟨-[e]s; Käufe⟩ acquisto *m*: **einen guten ~ tun** fare un buon acquisto ♦ **etw in ~ nehmen** accettare (*od* accollarsi) qc

kau·fen **A** VT **1** comp(e)rare: **auf Pump ~** comprare a credito **2** (*bestechen*) corrompere **3** (*beim Kartenspiel*) pescare **B** VR **sich** (*dat*) **etw ~** comperarsi qc ♦ *umg* **dafür kann ich mir nichts ~** non so che farmene; **etw wird viel** (*od* **gern**) **gekauft** qc è molto richiesto; *umg* **den werd' ich mir ~** gli darò io una lavata di capo

Käu·fer M ⟨-s; -⟩, compratore *m*, acquirente *m*: **einen ~ suchen** cercare un acquirente **Käu·fe·rin** F ⟨-; -nen⟩ compratrice *f*, acquirente *f*

Kauf·frau F commerciante *f*; commercialista *f* **Kauf·haus** N grandi magazzini *mpl* **Kauf·kraft** F **1** (*Geldwert*) potere *m* d'acquisto **2** (*Zahlungsfähigkeit*) capacità *f* d'acquisto; solvibilità *f* **kauf·kräf·tig** ADJ (*zahlungsfähig*) solvente, solvibile **Kauf·la·den** M *obs* bottega *f*; (*Kinderspielzeug*) negozio *m* **Kauf·leu·te** PL → Kaufmann

käuf·lich ADJ **1** comprabile, acquistabile: **diese Vase ist nicht ~** questo vaso non è in vendita **2** (*bestechlich*) corruttibile ♦ **etw ~ erwerben** acquistare, comp(e)rare qc; **-e Liebe** amore mercenario; **-es Mädchen** ragazza che si vende

Kauf·lust F voglia *f* di comprare **kauf·lus·tig** ADJ interessato all'acquisto

Kauf·mann M ⟨-[e]s; Kaufleute⟩ **1** commercialista *m*; commerciante *m*: **ein geschäftstüchtiger ~** un abile commerciante **2** (*Einzelhändler*) negoziante *m* **kauf·män·nisch** ADJ commerciale: **-er Leiter** direttore commerciale; **-er Angestellter** impiegato di commercio **Kauf·preis** M prezzo *m* d'acquisto **Kauf·rausch** M *hum* frenesia *f* dell'acquisto **Kauf·ver·trag** M contratto *m* di compravendita **Kauf·zwang** M obbligo *m* d'acquisto

Kau·gum·mi M/N gomma *f* da masticare (*od* americana): **~ kauen** masticare chewing-gum

Kaul·quap·pe F ⟨-; -n⟩ girino *m*

kaum ADV **1** appena, quasi (niente): **ich kenne sie ~** la conosco appena; **ich habe ~ etw gegessen** non ho mangiato quasi niente; **es war ~ jemand da** non c'era quasi nessuno; (*gerade*) **sie war ~ ausgegangen, als …** era appena uscita …, quando … **2** (*nicht einmal ganz*) neppure, neanche: **es sind ~ 2 km** non sono neppure 2 km **3** (*nur mit Mühe*) difficilmente: **es ist ~ zu verstehen** è difficilmente comprensibile **4** (*vermutlich nicht*) **wohl ~** difficilmente, probabilmente non; **er wird es ~ tun** difficilmente lo farà ♦ (**es ist**) **~ zu glauben** è da non credere

kau·sal **A** ADJ causale **B** ADV **mit etw ~ zusammenhängen** essere in rapporto di causa ed effetto con qc **Kau·sa·li·tät** F ⟨-; -en⟩ causalità *f* **Kau·sal·zu·sam·men·hang** M nesso *m* causale

Kau·ta·bak M tabacco *m* da masticare

Kau·ti·on F ⟨-; -en⟩ cauzione *f*: **eine ~ stellen** (**leisten**) versare una cauzione; **gegen Zahlung einer ~** dietro pagamento di una cauzione

Kaut·schuk M ⟨-s; -e⟩ caucciù *m*

Kauz M ⟨-es; Käuze⟩ **1** civetta *f* **2** *fig* originale *m* **kau·zig** ADJ originale

Ka·va·lier M ⟨-s; -e⟩ cavaliere *m*, gentiluomo *m*: **den ~ spielen** fare il cavaliere; **ein ~ am Steuer** un gentiluomo al volante **Ka·va·liers·de·likt** M reato *m* non infamante; trasgressione *f* perdonabile **Ka·va·lier(s)·start** M *umg* sgommata *f*

Ka·val·le·rie F ⟨-; -n⟩ cavalleria *f*

Ka·vi·ar M ⟨-s; -e⟩ caviale *m*

Ke·bab M ⟨-[s]; -s⟩ kebab *m inv*

keck ADJ **1** (*unbekümmert*) disinvolto, spigliato **2** (*frech*) sfacciato ♦ **sich über etw** (*akk*) **~ hinwegsetzen** passare sopra a qc con disinvoltura

Ke·gel M ⟨-s; -⟩ **1** cono *m* (*a.* GEOM): **ein stumpfer ~** un tronco di cono **2** (*Spiel*) birillo *m*: **die ~ aufstellen/umwerfen** disporre/far cadere i birilli **Ke·gel·bahn** F pista *f* per (giocare a) birilli **ke·gel·för·mig** ADJ conico **Ke·gel·klub** M circolo *m* per giocare a birilli

ke·geln VI ⟨h.⟩ giocare a birilli
Ke·gel·spiel N gioco *m* dei birilli **Ke·gel·stumpf** M tronco *m* di cono
Keg·ler M ⟨-s; -⟩, **-in** F ⟨-; -nen⟩ giocatore *m*, -trice *f* di birilli
Keh·le F ⟨-; -n⟩ gola *f* (*a.* TECH) ♦ *umg* **etw in die falsche ~ bekommen** andar di traverso; **aus voller ~** a squarciagola; (*lachen*) a crepapelle; **j-m die ~ zuschnüren** far venire un nodo alla gola a qn
keh·lig ADJ gutturale
Kehl·kopf M laringe *f* **Kehl·kopf·ent·zün·dung** F laringite *f* **Kehl·kopf·krebs** M carcinoma *m* laringeo
Kehr·aus M ⟨-⟩ **1** (*letzter Tanz*) ballo *m* finale **2** (*Ende*) chiusura *f* (di una festa, di uno spettacolo) ♦ **(den) ~ machen** fare piazza pulita
Keh·re F ⟨-; -n⟩ (*scharfe Kurve*) tornante *m*
keh·ren¹ **A** VT **1** (*zuwenden*) voltare, volgere: **j-m den Rücken ~** voltare le spalle a qn; **den Blick zum Himmel ~** volgere lo sguardo al cielo **2** (*umdrehen*) rivoltare: **die Taschen nach außen ~** rivoltare le tasche **B** V/R **sich ~** **1** (*sich wenden*) voltarsi, girarsi **2** *fig* rivolgersi: **diese Kritik kehrt sich gegen uns selbst** questa critica si rivolge contro noi stessi **3** *fig* **sich an etw** (*dat*) **nicht ~** non preoccuparsi (*od umg* infischiarsi) di qc; **das kehrt mich nicht** non me ne importa **C** VI ⟨s.⟩ (*zurückkehren*) tornare ♦ MIL **Abteilung kehrt!** dietro front!
keh·ren² VT (*fegen*) scopare ♦ **jeder soll vor seiner eigenen Tür ~** ognuno badi ai fatti suoi
Keh·richt M/N ⟨-s⟩ spazzatura *f* ♦ *umg* **das geht dich einen feuchten ~ an** non sono affari tuoi
Kehr·ma·schi·ne F spazzatrice *f* **Kehr·platz** M *schweiz* spazio *m* per far manovra **Kehr·reim** M ritornello *m* **Kehr·sei·te** F rovescio *m*: **das ist die ~ der Medaille** questo è il rovescio della medaglia ♦ **j-m die ~ zuwenden** voltare le spalle a qn
kehrt·ma·chen VI ⟨h.⟩ fare dietro front (*a. fig*) **Kehrt·wen·dung** F dietro front *m* (*a. fig*): **eine ~ machen** fare dietro front
kei·fen VI ⟨h.⟩ *pej* sbraitare
Keil M ⟨-[e]s; -e⟩ **1** cuneo *m* **2** MECH chiavetta *f* **Keil·ab·satz** M zeppa *f*
Kei·le F ⟨-⟩ *umg* botte *fpl*, legnate *fpl*: **~ beziehen** prenderle, buscarle
kei·len V/R **sich ~** *umg* picchiarsi: **sich um etw ~** picchiarsi per qc
Kei·ler M ⟨-s; -⟩ JAGD cinghiale *m* maschio
Kei·le·rei F ⟨-; -en⟩ *umg* zuffa *f*, rissa *f*
keil·för·mig ADJ cuneiforme **Keil·kis·sen** N traversino *m* **Keil·rie·men** M cinghia *f* trapezoidale **Keil·schrift** F scrittura *f* cuneiforme
Keim M ⟨-[e]s; -e⟩ **1** BOT germoglio *m* **2** *fig* seme *m*: **ein ~ der Hoffnung** un seme di speranza **3** *pl* germi *mpl* (patogeni): **die -e abtöten** uccidere i germi ♦ **etw im ~ ersticken** soffocare qc sul nascere
Keim·blatt N cotiledone *m* **Keim·drü·se** F ghiandola *f* genitale, gonade *f*
kei·men VI ⟨h.⟩ germogliare (*a. fig*)
kei·mend ADJ *fig* nascente: **-er Hass** odio nascente; **-es Leben** nuova vita
keim·fä·hig ADJ germinabile **keim·frei** ADJ sterilizzato: **etw ~ machen** rendere asettico qc **keim·tö·tend** ADJ germicida **Keim·zel·le** F **1** BIOL gamete *m* **2** *fig* germe *m*
kein INDEF PR **A** (*attr*) **1** nessuno, neanche uno: **~ Schüler war da** non c'era nessuno scolaro; **~ Wort sagen** non dire (neanche) una parola; **~ Mensch, ~ Einziger** nessuno **2** non: **-e Angst haben** non avere paura **3** *umg* **das Auto ist noch -e 2 Jahre alt** l'auto non ha ancora 2 anni; **-e halbe Stunde** neanche mezz'ora **B** (*absolut*) **keiner** M, **keine** F, **kein(e)s** N; **keine** PL nessuno: **-er von uns** nessuno di noi; **-em trauen** non fidarsi di nessuno
kei·ne, **kei·ner** → kein
kei·ner·lei ADJ ⟨*inv*⟩ di nessun genere, non alcuno, nessuno: **~ Bedürfnisse haben** non avere alcuna esigenza
kei·nes → kein
kei·nes·falls ADV in nessun caso, non assolutamente: **das darf ~ geschehen** non deve assolutamente succedere **kei·nes·wegs** ADV in nessun modo, assolutamente non, non affatto: **ich habe das ~ vergessen** non l'ho affatto dimenticato
kein·mal ADV neanche una volta
keins → kein
Keks M/N ⟨- *u.* -es; - *u.* -e⟩ biscotto *m* ♦ *umg* **j-m auf den ~ gehen** stare sulle scatole a qn
Kelch M ⟨-[e]s; -e⟩ calice *m* **Kelch·blatt** N sepalo *m* **kelch·för·mig** ADJ

a forma di calice **Kelch·glas** N calice *m*

Kel·le F ⟨-; -n⟩ **1** (*Schöpflöffel*) mestolo *m*, ramaiolo *m* **2** BAU cazzuola *f*

Kel·ler M ⟨-s; -⟩ cantina *f* ♦ *umg* **die Preise sind in den ~ gefallen** i prezzi hanno avuto un tracollo **Kel·ler·as·sel** F porcellino *m* di terra onisco *m*

Kel·le·rei F ⟨-; -en⟩ cantina *f*

Kel·ler·ge·schoss, *österr* **Kel·ler·ge·schoß** N scantinato *m* **Kel·ler·meis·ter** M, **-in** F cantiniere *m*, -a *f* **Kel·ler·woh·nung** F seminterrato *m*

Kell·ner M ⟨-s; -⟩ cameriere *m*

Kell·ne·rin F ⟨-; -nen⟩ cameriera *f*

Kel·ter F ⟨-; -n⟩ (*Weinkunde*) torchio *m*

kel·tern V/T (*Weinkunde*) pigiare: **Trauben ~** pigiare l'uva

kel·tisch ADJ celtico

Ke·nia N ⟨-s⟩ Kenya *m*

ken·nen ⟨kannte, gekannt⟩ **A** V/T **1** conoscere: **j-n vom Sehen ~** conoscere qn di vista; **kein Maß ~** non conoscere misura; **~ lernen** → kennenlernen **2** (*wissen*) sapere **B** V/R **sich ~** conoscersi ♦ **etw wie seine Hosentasche** (*od* **Westentasche**) **~** conoscere qc come le proprie tasche *umg*; *fig umg* **da kenne ich nichts** non guardo in faccia nessuno; *umg* **da kennst du ihn aber schlecht!** allora non lo conosci! **ken·nen·ler·nen** **A** V/T conoscere: **es freut mich, Sie kennenzulernen** mi fa piacere fare la Sua conoscenza **B** V/R **sich ~** conoscersi ♦ *umg* **du wirst mich noch ~!** ti farò vedere io!

Ken·ner M ⟨-s; -⟩ intenditore *m*, esperto *m* **Ken·ner·blick** M occhio *m* esperto

Ken·ne·rin F ⟨-; -nen⟩ intenditrice *f*, esperta *f*

Ken·ner·mie·ne F espressione *f* da intenditore

kennt·lich ADJ riconoscibile: **j-n/etw ~ machen** far riconoscere qn/qc

Kennt·nis F ⟨-; -se⟩ **1** conoscenza *f*: **von etw ~ haben** essere a conoscenza di (*od* sapere) qc; **das entzieht sich meiner ~** questo esula dalle mie conoscenze **2** (*fachliches Wissen*) nozione *f*: **fachliche -se in etw** (*dat*) **haben** avere nozioni specifiche in qc ♦ **nach meiner ~** per quanto ne so; **von etw ~ nehmen** venire a conoscenza di qc; **j-n von etw in ~ setzen** mettere qn a conoscenza di qc; **etw zur ~ nehmen** prendere atto di qc **Kennt·nis·nah·me** F ⟨-⟩ *form* presa *f* d'atto ♦ **zu Ihrer ~** per Vostra conoscenza

Kenn·wort N ⟨-[e]s; -wörter⟩ **1** (*Erkennungszeichen*) sigla *f* **2** MIL parola *f* d'ordine **3** IT codice *m* d'accesso **Kenn·zei·chen** N **1** segno *m* distintivo **2** (*Markierung*) contrassegno *m* **3** MED sintomo *m* **4** AUTO targa *f* **kenn·zeich·nen** V/T **1** contrassegnare: **Waren ~** contrassegnare delle merci **2** (*markieren*) segnalare, indicare: **einen Pfad durch rote Streifen ~** indicare un sentiero con delle strisce rosse **3** (*charakterisieren*) caratterizzare, contraddistinguere **kenn·zeich·nend** ADJ tipico **Kenn·zif·fer** F numero *m* distintivo

ken·tern V/I ⟨s.⟩ ribaltarsi, capovolgersi

Ke·ra·mik F ⟨-; -en⟩ ceramica *f*

Ker·be F ⟨-; -n⟩ tacca *f* ♦ *fig* **in dieselbe ~ hauen wie j-d** seguire le orme di qn

Ker·bel M ⟨-s⟩ cerfoglio *m*

Kerb·holz N **etw auf dem ~ haben** avere un conto (*od* debito) da saldare

Ker·ker M ⟨-s; -⟩ carcere *m*, galera *f*

Kerl M ⟨-s; -e⟩ **1** *umg* tipo *m* (*a. pej*), uomo *m*: **ein ganzer ~** un uomo tutto d'un pezzo; **ein junger/feiner ~** un tipo giovane/in gamba **2** (*sympathischer Mensch*) tipetto *m*, -a *f*: **sie ist ein netter/lieber ~** è una tipetta simpatica/carina ♦ **armer ~!** povero diavolo!; **blöder ~!** cretino!

Kern M ⟨-[e]s; -e⟩ **1** nocciolo *m*: **der ~ der Kirsche** il nocciolo della ciliegia **2** *fig* **hier ist der ~ der Sache** questo è il nocciolo della questione **3** *fig* cuore *m*: **im ~ der Stadt** nel cuore della città **4** seme *m*: **die -e des Apfels** i semi della mela **5** (*von Nüssen*) gheriglio *m* **6** BIOL, PHYS nucleo *m* ♦ **einen guten ~ haben** essere di animo buono; *fig* **der harte ~** l'ala dura; (*die Treusten*) i fedelissimi

Kern·ar·beits·zeit F fascia *f* oraria obbligatoria (per tutto il personale) *all'interno dell'orario flessibile* **Kern·ener·gie** F energia *f* nucleare **Kern·ex·plo·si·on** F esplosione *f* nucleare **Kern·for·schung** F ricerca *f* nucleare **Kern·fra·ge** F questione *f* di fondo **Kern·fu·si·on** F fusione *f* nucleare **Kern·ge·häu·se** N torsolo *m* **kern·ge·sund** ADJ sano come un pesce

ker·nig ADJ **1** (*kraftvoll*) robusto **2** (*urwüchsig*) vigoroso **3** (*markig*) incisivo, energico: **-er Spruch** parole incisive

Kern·kraft F **1** PHYS forza *f* nucleare **2** (*Kernenergie*) energia *f* nucleare (*od* ato-

K

mica) **Kern·kraft·geg·ner** M, **-in** F antinuclearista *m/f* **Kern·kraft·werk** N centrale *f* (termo)nucleare

Kern·obst N frutta *f* con nocciolo; frutta *f* con semi **Kern·phy·sik** F fisica *f* nucleare **Kern·punkt** M nocciolo *m* **Kern·re·ak·tor** M reattore *m* nucleare **Kern·schmel·ze** F fusione *f* del nocciolo (di un reattore nucelare) **Kern·sei·fe** F sapone *m* di Marsiglia **Kern·spal·tung** F fissione *f* nucleare **Kern·stück** N parte *f* centrale, nucleo *m* **Kern·waf·fe** F arma *f* nucleare **kern·waf·fen·frei** ADJ denuclearizzato **Kern·zeit** F orario *m* di lavoro (fisso)

Ke·ro·sin N ⟨-s⟩ cherosene *m*

Ker·ze F ⟨-; -n⟩ candela *f* (*a.* AUTO, SPORT) ♦ **eine elektrische ~** una lampadina a tortiglione

ker·zen·ge·ra·de ADJ d(i)ritto come un fuso **Ker·zen·hal·ter** M candeliere *m* **Ker·zen·leuch·ter** M candelabro *m* **Ker·zen·licht** N, **Ker·zen·schein** M lume *f* di candela: **bei ~** a lume di candela **Ker·zen·stän·der** M candeliere *m*

Ke·scher M ⟨-s; -⟩ (*für Schmetterlinge*) acchiappafarfalle *m*; (*für Fische*) guadino *m*

kess ADJ **1** carino e disinvolto, spigliato **2** (*frech*) sfacciato

Kes·sel M ⟨-s; -⟩ **1** paiolo *m* **2** (*Wasserkessel*) bollitore *m* **3** (*Dampf-, Heiz-, Gaskessel*) caldaia *f* **4** (*Talkessel*) conca *f*, bacino *m* **5** MIL sacca *f*

Kes·sel·stein M incrostazioni *fpl* (di caldaie) **Kes·sel·trei·ben** N **1** JAGD battuta *f* di caccia in cerchio **2** *fig* linciaggio *m* morale: **gegen j-n ein ~ veranstalten** mettere in atto un linciaggio morale ai danni di qn

Ket·chup, **Ket·schup** [ˈkɛtʃap] M/N ⟨-[s]; -s⟩ ketchup *m*

Ket·te F ⟨-; -n⟩ **1** catena *f* (*a.* HANDEL *fig*) **2** (*Schmuck*) collana *f* **3** (*Nähen*) ordito *m*

ket·ten VT *fig* **j-n an sich** (*akk*) **~** incatenare qn a sé

Ket·ten·brief M catena *f* di S. Antonio **Ket·ten·fahr·zeug** N veicolo *m* cingolato **Ket·ten·glied** N maglia *f* di catena **Ket·ten·hund** M cane *m* alla catena **Ket·ten·ka·rus·sell** N giostra *f* delle catene, calcinculo *m* **Ket·ten·rau·cher** M, **-in** F fumatore *m*, -trice *f* accanito (-a) **Ket·ten·re·ak·ti·on** F CHEM, PHYS reazione *f* a catena **Ket·ten·schutz** M carter *m* (della bicicletta)

Ket·zer M ⟨-s; -⟩ eretico *m* (*a. fig*) **Ket·ze·rei** F ⟨-; -en⟩ eresia *f* (*a. fig*) **Ket·ze·rin** F ⟨-; -nen⟩ eretica *f* (*a. fig*) **ket·ze·risch** ADJ eretico

keu·chen VI **1** ⟨h.⟩ ansimare **2** ⟨h.⟩ (*sagen*) dire ansimando **3** ⟨s.⟩ (*sich fortbewegen*) avanzare ansimando **Keu·chen** N ⟨-s⟩ respiro *m* affannoso **keu·chend** ADJ affannoso: **mit -em Atem** con respiro affannoso **Keuch·hus·ten** M pertosse *f*

Keu·le F ⟨-; -n⟩ **1** clava *f* **2** SPORT clavetta *f* **3** GASTR coscia *f*, cosciotto *m* ♦ **chemische ~** candelotto *m* lacrimogeno

keusch ADJ **1** (*sexuell enthaltsam*) casto **2** *obs* (*schamhaft*) pudico **Keusch·heit** F ⟨-⟩ **1** castità *f* **2** pudore *m*

Key·board [ˈkiːboːɐt] N ⟨-s; -s⟩ MUS tastiera *f* (elettronica) **Key·board·spie·ler** M, **-in** F MUS tastierista *m/f*

Kfz N → (Kraftfahrzeug) autoveicolo

Ki·cher·erb·se F cece *m*

ki·chern VI ⟨h.⟩ ridacchiare

Kick M ⟨-[s]; -s⟩ *umg* (*Nervenkitzel*) brivido *m*

ki·cken VI ⟨h.⟩ *umg* giocare (a football)

Ki·cker M ⟨-s; -[s]⟩, **-in** F ⟨-; -nen⟩ *umg* calciatore *m*, -trice *f*

Kick·star·ter M pedale *m* di avviamento

kid·nap·pen [ˈkɪtnɛpn] VT rapire, sequestrare **Kid·nap·per** M ⟨-s; -⟩, **-in** F ⟨-; -nen⟩ rapitore *m*, -trice *f* **Kid·nap·ping** N ⟨-s; -s⟩ rapimento *m*

Kids PL *sl* ragazzi *mpl*

Kie·bitz M ⟨-es; -e⟩ **1** pavoncella *f* **2** *umg* spettatore *m* curioso, importuno

Kie·fer[1] F ⟨-; -n⟩ (*Baum*) pino *m*

Kie·fer[2] M ⟨-s; -⟩ mascella *f* **Kie·fer·höh·le** F seno *m* mascellare **Kie·fer·or·tho·pä·die** F ortodonzia *f*

Kiel M ⟨-[e]s; -e⟩ SCHIFF chiglia *f* **kiel·oben** ADV capovolto, a chiglia in su **Kiel·raum** M sentina *f* **Kiel·was·ser** N ⟨-s; -⟩ scia *f* ♦ *fig* **in j-s ~ segeln** (*od* **schwimmen**) stare nella scia di qn

Kie·me F ⟨-; -n⟩ branchia *f*

Kies M ⟨-es; -e⟩ **1** ghiaia *f* **2** *umg* (*Geld*) grana *f*

Kie·sel M ⟨-s; -⟩ ciottolo *m* **Kie·sel·er·de** F silice *f* **Kie·sel·säu·re** F acido *m* silicico **Kie·sel·stein** M ciottolo *m*, sasso *m*

Kies·gru·be F cava *f* di ghiaia

kie·sig ADJ ghiaioso

Kies·weg M strada *f* ricoperta di ghiaia

kif·fen V/I ⟨h.⟩ *sl* fumare erba, spinellare

kil·len V/T *umg* far fuori **Kil·ler** M ⟨-s; -⟩, **-in** F ⟨-; -nen⟩ killer *m/f inv* **Kil·ler·ins·tinkt** M istinto *m* omicida

Ki·lo N ⟨-s; -[s]⟩ chilo *m*: **60 Kilo wiegen** pesare 60 chili

Ki·lo·byte N kilobyte *m inv*

Ki·lo·gramm N chilogrammo *m*

Ki·lo·joule N kilojoule *m*

Ki·lo·ka·lo·rie F chilocaloria *f*

Ki·lo·me·ter M chilometro *m*: **100 ~ pro Stunde fahren** viaggiare a 100 chilometri all'ora **Ki·lo·me·ter·stand** M chilometraggio *m* **Ki·lo·me·ter·stein** M cippo *m* chilometrico **ki·lo·me·ter·weit** ADV **~ fahren** viaggiare per chilometri (e chilometri); **etw ~ hören** sentire qc a una distanza di chilometri **Ki·lo·me·ter·zäh·ler** M contachilometri *m*

Ki·lo·watt N ⟨-s; -⟩ chilowatt *m* **Ki·lo·watt·stun·de** F chilowattora *m*

Kim·me F ⟨-; -n⟩ tacca *f* di mira: **über ~ und Korn zielen** prendere la mira

Kind N ⟨-[e]s; -er⟩ **1** bambino *m*: **ein ~ erwarten** aspettare un bambino **2** (*Mädchen*) bambina *f* **3** (*Nachkommen*) figlio *m*: **sie hat drei -er** ha tre figli **4** (*Mädchen*) figlia *f*: **sie ist das einzige ~** è figlia unica **5** *pl* (*als Anrede*) ragazzi *mpl*: **kommt, -er!** venite, ragazzi! ♦ **als ~** da bambino, da piccolo; **mit ~ und Kegel** con tutta la famiglia; **seine -er und Kindeskinder** i suoi discendenti; **sich bei j-m lieb ~ machen** ingraziarsi qn; *fig* **j-s liebstes ~ sein** essere la passione di qn; **das ~ im Manne** il bambino che c'è in noi; **das ~ beim rechten Namen nennen** chiamare le cose col loro nome; **kein ~ von Traurigkeit sein** avere una gran gioia di vivere; **von ~ an** (*od* **auf**) fin da piccolo; **das weiß jedes ~!** lo sanno anche i bambini!

Kind·bett·fie·ber N febbre *f* puerperale

Kin·der·ar·beit F lavoro *m* minorile **Kin·der·ar·mut** F povertà *f inv* infantile **Kin·der·arzt** M, **-ärz·tin** F pediatra *m/f* **Kin·der·be·treu·ung** F custodia *f* dei bambini **Kin·der·bett** N lettino *m* (per bambini) **Kin·der·buch** N libro *m* per bambini (*od* per l'infanzia) **Kin·der·dorf** N città *f* dei ragazzi **Kin·de·rei** F ⟨-; -en⟩ **1** bambinata *f* **2** (*kindisches Benehmen*) bambinaggine *f* **Kin·der·fahr·kar·te** F biglietto *m* per bambini **kin·der·feind·lich** ADJ ostile ai bambini **kin·der·freund·lich** ADJ che favorisce i bambini; (*Mensch*) che ama i bambini **Kin·der·gar·ten** M asilo *m* infantile **Kin·der·gärt·ner** M, **-in** F maestro *f*, -a *f* d'asilo **Kin·der·geld** N assegno *m* familiare (per i figli) **Kin·der·heim** N **1** kinderheim *m* **2** (*für Waisenkinder*) orfanotrofio *m* **Kin·der·krank·heit** F **1** malattia *f* infantile **2** *pl fig* difficoltà *fpl* iniziali **Kin·der·kri·mi·na·li·tät** F criminalità *f* infantile **Kin·der·krip·pe** F asilo *m* nido **Kin·der·läh·mung** F poliomielite *f* **kin·der·leicht** ADJ facilissimo **kin·der·lieb** ADJ che ama i bambini **Kin·der·lied** N canzone *f* per bambini **kin·der·los** ADJ senza figli **Kin·der·lo·sig·keit** F ⟨-⟩ mancanza *f* di figli **Kin·der·mäd·chen** N bambinaia *f*, baby-sitter *f* **Kin·der·pfle·ge** F puericultura *f* **Kin·der·psy·cho·lo·gie** F psicologia *f* infantile **kin·der·reich** ADJ con molti figli **Kin·der·reim** M filastrocca *f* **Kin·der·schuh** M scarpa *f* da bambino ♦ **noch in den -en stecken** *fig* essere ancora agli inizi **Kin·der·schwes·ter** F puericultrice *f* **Kin·der·sen·dung** F trasmissione *f* per i bambini **kin·der·si·cher** ADJ non pericoloso per i bambini; (*Verschlüsse*) a prova di bambino **Kin·der·si·che·rung** F chiusura *f* di sicurezza per bambini **Kin·der·sitz** M seggiolino *m* per bambini **Kin·der·spiel** N gioco *m* da ragazzi (*a. fig*) **Kin·der·spra·che** F linguaggio *m* infantile **Kin·der·star** M piccola star *f* **Kin·der·stu·be** F *fig* (buona) educazione *f* **Kin·der·ta·ge** PL periodo *m* dell'infanzia: **eine Erinnerung aus -n** un ricordo d'infanzia **Kin·der·ta·ges·stät·te** F asilo *m* **Kin·der·tel·ler** M porzione *f* da bambino **Kin·der·wa·gen** M carrozzina *f* **Kin·der·zim·mer** N **1** stanza *f* dei bambini **2** (*Einrichtung*) cameretta *f* per bambini

Kin·des·al·ter N età *f* infantile: **noch im ~ sein** essere ancora bambino **Kin·des·bei·ne** PL **von -n an** (fin) dall'infanzia **Kin·des·miss·hand·lung** F maltrattamento *m* ai bambini (*od* JUR ai minori) **Kin·des·mord** M, **Kin-**

des·tö·tung F JUR infanticidio *m* **kind·ge·mäß** ADJ consono a un bambino **kind·ge·recht** ADJ adatto ai bambini, per bambini **Kind·heit** F ⟨-⟩ infanzia *f*: **in früher ~** nella prima infanzia; **von ~ an** fin dall'infanzia

kin·disch ADJ infantile, puerile: **ein -es Benehmen** un comportamento infantile; **sei nicht so ~!** non fare il bambino!

kind·lich ADJ **1** infantile **2** (*gegenüber den Eltern*) filiale: **-e Liebe** amore filiale **Kind·lich·keit** F ⟨-⟩ carattere *m* infantile

Kinds·kopf M bambinone *m* **Kinds·tau·fe** F battesimo *m* (di un neonato) **Kinds·tod** M **plötzlicher ~** morte *f* infantile improvvisa

Ki·ne·tik F ⟨-⟩ cinetica *f* **ki·ne·tisch** ADJ cinetico: **-e Energie** energia cinetica

Kin·ker·litz·chen PL *umg* bazzecole *fpl*

Kinn N ⟨-[e]s; -e⟩ mento *m*: **ein energisches ~** un mento molto pronunciato

Kinn·bart M pizzo *m* **Kinn·ha·ken** M (*Boxen*) gancio *m* al mento **Kinn·la·de** F ⟨-; -n⟩ mandibola *f*

Ki·no N ⟨-s; -s⟩ **1** cinema *m*: **was gibt's** (*od* **läuft**) **im ~?** cosa danno al cinema? **2** spettacolo *m*, film *m*: **das ~ ist um 11 Uhr aus** il film finisce alle 11 **Ki·no·be·su·cher** M, **-in** F spettatore *m*, -trice *f* **Ki·no·cen·ter** N (cinema *f*) multisala *m* **Ki·no·er·folg** M successo *m* cinematografico **Ki·no·film** M film *m* per il cinema **Ki·no·kar·te** F biglietto *m* del cinema **Ki·no·pro·gramm** N programma *m* dei cinema **Ki·no·vor·stel·lung** F spettacolo *m* cinematografico

▶ **Kino**

In Italien gibt es noch viele große Kinosäle. Vor dem Film wird kaum Werbung gezeigt. In der Mitte der Vorstellung gibt es eine kurze Pause. Filme in Originalsprache sind sehr selten. ◀

Ki·osk M ⟨-[e]s; -e⟩ chiosco *m*

Kip·ferl N ⟨-s; -n⟩ *österr* chifel *m*

Kip·pe[1] F ⟨-; -n⟩ *umg* (*Zigarette*) cicca *f*

Kip·pe[2] F ⟨-; -n⟩ BERGB (*Halde*) discarica *f* ♦ **auf der ~ stehen** essere in bilico (*a. fig*)

kip·pen **A** VT **1** (*neigen*) inclinare **2** *umg* cancellare, far saltare: **die Sendung wurde gekippt** la trasmissione è stata cancellata **3** (*entlassen*) licenziare **B** VI ⟨s.⟩ **1** stare per cadere: **Vorsicht, die Kiste kippt!** attenzione, la cassa sta per cadere!; **vom Stuhl ~** cadere dalla sedia **2** rovesciarsi, ribaltarsi: **das Auto kippt auf die Seite** l'auto si ribalta; **das Boot kippt auf die Seite** la barca si rovescia su un fianco ♦ **einen ~** farsi un cicchetto; **ein Glas Bier ~** buttare giù un bicchiere di birra

Kipp·fens·ter N vasistas *m* **Kipp·schal·ter** M interruttore *m* a levetta

Kir·che F ⟨-; -n⟩ **1** chiesa *f*: **eine romanische ~** una chiesa romanica; **die evangelische ~** la Chiesa evangelica **2** (*Gottesdienst*) funzione *f*, messa *f* ♦ **die ~ im Dorf lassen** non esagerare

Kir·chen·äl·tes·te M/F decano *m*, -a *f* **Kir·chen·bann** M scomunica *f* **Kir·chen·buch** N registro *m* parrocchiale **Kir·chen·die·ner** M, **-in** F sagrestano *m*, -a *f* **Kir·chen·ge·mein·de** F parrocchia *f* **Kir·chen·jahr** N anno *m* liturgico **Kir·chen·lied** N canto *m* religioso **Kir·chen·mu·sik** F musica *f* sacra **Kir·chen·rat**[1] M ⟨-[e]s; -räte⟩ (*Gremium*) consiglio *m* delle chiese evangeliche **Kir·chen·rat**[2] M ⟨-[e]s; -räte⟩, **-rä·tin** F ⟨-; -nen⟩ membro *m* del consiglio delle chiese evangeliche **Kir·chen·recht** M diritto *m* canonico **Kir·chen·schiff** N navata *f* **Kir·chen·staat** M HIST Stato *m* Pontificio **Kir·chen·steu·er** F tassa *f* per la Chiesa **Kir·chen·tag** M convegno *m* dei fedeli

Kirch·gän·ger M ⟨-s; -⟩, **-in** F ⟨-; -nen⟩ chi va in chiesa: **sie ist eine eifrige Kirchgängerin** va in chiesa regolarmente

Kirch·hof M *obs* camposanto *m*

kirch·lich **A** ADJ **1** ecclesiastico: **ein -er Würdenträger** un dignitario ecclesiastico **2** religioso: **-er Feiertag** festività religiosa **3** clericale **B** ADV **sich ~ trauen lassen** sposarsi in chiesa; **~ beerdigt werden** essere sepolto cristianamente

Kirch·platz M sagrato *m* **Kirch·turm** M campanile *m* **Kirch·weih** F ⟨-; -en⟩ sagra *f*

Kir·gi·si·en N ⟨-s⟩ **Kir·gi·sis·tan** N ⟨-s⟩ Kirghizistan *m*

Kir·mes F ⟨-; -sen⟩ sagra *f*

Kirsch·baum M ciliegio *m*

Kir·sche F ⟨-; -n⟩ ciliegia *f* ♦ *umg* **mit ihm ist nicht gut -n essen** con lui è difficile andare d'accordo

kirsch·rot ADJ rosso ciliegia **Kirsch·saft** M succo *m* di ciliegia **Kirsch·to·ma·te** F pomodoro *m* ciliegino **Kirsch·was·ser** N ⟨-s; -wässer⟩ acquavite *f* di ciliege, kirsch *m*

Kir·tag M ⟨-[e]s; -e⟩ *österr* sagra *f*

Kis·sen N ⟨-s; -⟩ cuscino *m* **Kis·sen·be·zug** M federa *f*

Kis·te F ⟨-; -n⟩ 1 cassa *f* 2 *hum* (*Fahrzeug*) carretta *f*, macinino *m*; (*Flugzeug*) carcassa *f* 3 *umg* tivù *f* ♦ **in die ~ gehen** andare a nanna (*od* a cuccia)

Kitsch M ⟨-[e]s⟩ kitsch *m* **kit·schig** ADJ 1 kitsch 2 (*rührselig*) sdolcinato

Kitt M ⟨-[e]s; -e⟩ stucco *m*

Kitt·chen N ⟨-s; -⟩ *umg* gattabuia *f*

Kit·tel M ⟨-s; -⟩ 1 (*Arbeitskittel*) camice *m* 2 (*hemdartige Bluse*) casacca *f*, blusa *f*

kit·ten V/T 1 stuccare 2 *fig* saldare: **eine Freundschaft wieder ~** rinsaldare un'amicizia 3 (*kleben*) attaccare con il mastice: **den Henkel an die Tasse ~** (ri)attaccare il manico alla tazza (col mastice)

Kitz N ⟨-es; -e⟩ 1 (*Rehkitz*) cerbiatto *m* 2 (*Zicklein*) capretto *m*

kit·zeln V/T 1 **j-n ~** fare il solletico a qn; **j-n an den Fußsohlen ~** solleticare i piedi a qn 2 *fig* solleticare: **das kitzelt seinen Ehrgeiz** ciò solletica la sua ambizione 3 *unpers* **es kitzelt mich, ihr die Wahrheit zu sagen** mi viene voglia di dirle la verità

Kitz·ler M ⟨-s; -⟩ clitoride *m/f* **kitz·lig** ADJ 1 **bist du ~?** soffri il solletico? 2 *fig* suscettibile: **in diesem Punkt ist er sehr ~** su questo punto è molto suscettibile 3 (*heikel*) delicato

Ki·wi F ⟨-; -s⟩ (*Frucht*) kiwi *m inv*

Klacks M ⟨-es; -e⟩ *umg* poco *m*: **ein ~ Mayonnaise** un po' di maionese ♦ *fig* **das ist doch ein ~!** è una bazzecola!

Klad·de F ⟨-; -n⟩ 1 (*Heft*) quaderno *m* 2 HANDEL brogliaccio *m*, prima nota *f*

Klad·de·ra·datsch M ⟨-[e]s; -e⟩ 1 (*Lärm*) patatrac *m*, sconquasso *m* 2 (*Skandal*) scandalo *m*

klaf·fen V/I ⟨h.⟩ aprirsi, spalancarsi: **eine -de Wunde** una ferita aperta

kläf·fen V/I ⟨h.⟩ *pej* abbaiare

Kla·ge F ⟨-; -n⟩ 1 lamento *m*: **eine stumme ~** un lamento sordo 2 (*Beschwerde*) lagnanza *f* 3 JUR querela *f*; (*Verfahren*) azione *f* legale, causa *f*: **gegen j-n wegen etw ~ erheben** sporgere querela contro qn per qc; **die ~ läuft noch** la causa è ancora in corso **Kla·ge·laut** M tono *m* lamentoso **Kla·ge·lied** N 1 lamentazione *f* 2 *fig* **ein ~ anstimmen** (**über j-n/etw**) attaccare con un piagnisteo (su qn/qc) **Kla·ge·mau·er** F muro *m* del pianto

kla·gen A V/I ⟨h.⟩ 1 lamentarsi: **über j-n/etw ~** lamentarsi di qn/qc; **wie geht's? – ich kann nicht ~** come va? – non mi lamento 2 **um** (*od* **über**) **j-s Verlust ~** lamentare la perdita di qn 3 JUR sporgere querela: **gegen j-n ~** querelare qn B V/T *umg* confidare: **j-m sein Leid ~** confidare la propria pena a qn

Kla·ge·punkt M JUR oggetto *m* della querela

Klä·ger M ⟨-s; -⟩ JUR attore *m*: **als ~ auftreten** presentarsi in giudizio come attore **Klä·ge·rin** F ⟨-; -nen⟩ JUR attrice *f*

Kla·ge·ruf M lamento *m* **Kla·ge·schrift** F JUR citazione *f* **Kla·ge·weg** M via *f* legale

kläg·lich ADJ 1 lamentevole 2 (*elend*) miserabile: **ein -es Ende nehmen** fare una fine miserabile 3 (*beklagenswert*) deplorevole 4 (*dürftig*) misero, scarso: **ein -es Ergebnis** un misero risultato ♦ **~ scheitern** fallire miseramente

klag·los ADV senza lamentarsi

Kla·mauk M ⟨-s⟩ *umg* chiasso *m*, baccano *m* (*a. fig*)

klamm ADJ 1 (*feuchtkalt*) freddo (e umido) 2 (*steif*) irrigidito: **-e Finger haben** avere le dita irrigidite (dal freddo) ♦ *umg* **~ (an Geld) sein** essere a corto di denaro

Klamm F ⟨-; -en⟩ gola *f*, orrido *m*

Klam·mer F ⟨-; -n⟩ 1 (*Wäscheklammer*) molletta *f* 2 (*Haarklammer*) fermaglio *m* 3 (*Heftklammer*) punto *m* metallico, graffetta *f* 4 MED graffa *f* 5 TYPO parentesi *f*: **~ auf/zu** aperta/chiusa parentesi; **etw in -n setzen** mettere qc fra parentesi; **runde/eckige/geschweifte/spitze ~** parentesi tonda/quadra/graffa/uncinata

Klam·mer·af·fe M *umg* (*@-Zeichen*) chiocciola *f* **Klam·mer·griff** M presa *f*

klam·mern A V/T (*mit Klammern befestigen*) fissare, fermare B V/R **sich an etw/j-n ~** aggrapparsi a qc/qn (*a. fig*)

klamm·heim·lich ADV segretamente

Kla·mot·te F ⟨-; -n⟩ 1 PL *umg* stracci *mpl*: **teure -n tragen** indossare roba costosa 2 (*Kram*) carabattole *fpl* 3 *umg* (*Schwank*) farsa *f* **Kla·mot·ten·kis·te** F cesta *f* degli stracci ♦ **aus der ~ stam-**

men = *essere fuori moda*
klang → klingen
Klang M ⟨-[e]s; Klänge⟩ suono *m*: **ein heller ~** un suono cristallino; **beim ~ der Musik** a suon di musica ♦ **seine Bemerkung hatte einen bitteren ~** la sua osservazione aveva un tono amaro; **sein Name hat einen guten ~** il suo nome suona bene
Klang·far·be F timbro *m* **klang·lich** ADJ del suono **klang·los** ADJ (*tonlos*) afono **klang·voll** ADJ **1** sonoro **2** (*berühmt*) famoso
Klapp·bett N letto *m* ribaltabile **Klapp·de·ckel** M coperchio *m* ribaltabile
Klap·pe F ⟨-; -n⟩ **1** sportello *m* **2** TECH (*Deckel*) coperchio *m* a cerniera (*od* ribaltabile) **3** (*Nähen*) pattina *f* **4** TECH, ANAT (*Ventil*) valvola *f* **5** *umg pej* becco *m*: **halt die ~!** chiudi il becco! **6** (*bei Blasinstrumenten*) chiave *f* ♦ *umg* **~ zu, Affe tot!** chiuso! fine!; *umg* **die ~ aufreißen** vantarsi; *umg* **eine große ~ haben** fare lo spaccone
klap·pen **A** VT ribaltare: **nach innen ~** ribaltare verso l'interno; **nach oben ~** sollevare; **nach unten ~** abbassare **B** VI ⟨h.⟩ **1** **mit etw ~** sbattere qc; **man hört eine Tür ~** si sente una porta che sbatte **2** *umg* (*glücken*) andare bene **3** *umg* (*funktionieren*) funzionare
Klap·pen·text M (*Verlag*) risvolto *m*
Klap·per F ⟨-; -n⟩ sonaglio *m* **klap·per·dürr** ADJ magro come un chiodo **Klap·per·kas·ten** M, **Klap·per·kis·te** F *umg* **1** (*altes Auto*) carcassa *f* **2** (*lautes Gerät*) aggeggio *m* infernale
klap·pern VI ⟨h.⟩ **1** (s)battere: **ihm ~ die Zähne vor Angst** gli battono i denti per la paura **2** (*von Huftieren*) scalpitare **3** **mit dem Geschirr ~** acciottolare i piatti
Klap·per·schlan·ge F serpente *m* a sonagli **Klap·per·storch** M *umg* cicogna *f* (che porta i bambini)
Klapp·fahr·rad N bicicletta *f* pieghevole **Klapp·fens·ter** N vasistas *m* **Klapp·mes·ser** N coltello *m* a serramanico **Klapp·rad** N bicicletta *f* pieghevole **klapp·rig** ADJ **1** sgangherato, scassato **2** (*Mensch*) malandato **Klapp·sitz** M sedile *m* ribaltabile **Klapp·stuhl** M sedia *f* pieghevole **Klapp·tisch** M tavolino *m* pieghevole **Klapp·ver·deck** N AUTO tettuccio *m* apribile
Klaps M ⟨-es; -e⟩ *umg* **1** pacca *f*; (*auf die Wange*) buffetto *m* **2** *umg* **einen ~ haben** essere un po' suonato **Klaps·müh·le** F *umg* manicomio *m*
klar ADJ **1** limpido: **-e Luft** aria limpida; **eine -e Stimme** una voce limpida **2** (*deutlich*) chiaro: **ein -er Fall** un caso chiaro; **keinen -en Gedanken mehr fassen können** non riuscire più ad avere le idee chiare; **für -e Verhältnisse sorgen** cercare di avere rapporti chiari; **mit einem -en Ergebnis gewinnen** vincere con un risultato netto **3** SCHIFF, FLUG pronto: **~ zum Start** pronto per il decollo ♦ **(ist) alles ~?** tutto chiaro?; **das ist (doch ganz) ~!** ma è chiaro!; **~ denkend** lucido; **einen -en Kopf bewahren** conservare la mente lucida; **na ~!** sicuro! ma certo!; **-e Sicht** visibilità buona; **sich** (*dat*) **über etw** (*akk*) **~** (*od* **im Klaren**) **sein** veder chiaro in qc; **sich** (*dat*) **über etw** (*akk*) **~ werden** rendersi conto di qc; chiarirsi le idee su qc; → klarsehen
Klär·an·la·ge F impianto *m* di depurazione
Kla·re M ⟨-n; -n⟩ acquavite *f*
klä·ren **A** VT **1** chiarire **2** (*reinigen*) chiarificare, depurare **B** V/R **sich ~** **1** chiarirsi **2** (*sauber werden*) chiarificarsi, depurarsi
klar·ge·hen VI ⟨irr; s.⟩ *umg* andare liscio
Klar·heit F ⟨-; -en⟩ **1** limpidezza *f* **2** (*Verständlichkeit*) chiarezza *f* **3** (*Scharfsinnigkeit*) lucidità *f* ♦ **~ in etw** (*akk*) **bringen** fare luce su qc; **~ schaffen** fare chiarezza; **sich** (*dat*) **über etw** (*akk*) **~ verschaffen** chiarirsi le idee su qc
Kla·ri·net·te F ⟨-; -n⟩ clarinetto *m*
klar·kom·men VI ⟨irr; s.⟩ *umg* **mit etw ~** venire a capo di qc **klar·ma·chen** **A** VT **1** *umg* chiarire, spiegare **2** SCHIFF approntare **3** *umg* pagare **B** V/R **sich** (*dat*) **etw ~** capire qc
Klär·schlamm M fanghi *mpl* di depurazione
klar·se·hen VI ⟨irr; h.⟩ *umg* veder(ci) chiaro
Klar·sicht·fo·lie F pellicola *f* (plastica) trasparente
klar·stel·len VT chiarire **Klar·stel·lung** F chiarimento *m*
Klar·text M **im ~** chiaro e tondo
Klä·rung F ⟨-; -en⟩ **1** chiarimento *m* **2**

(*Reinigung*) chiarificazione *f*, depurazione *f*

klas·se ADJ ⟨*inv*⟩ *umg* grandioso, super

Klas·se F ⟨-; -n⟩ **1** classe *f* (*a.* BIOL): **die zweite ~ besuchen** frequentare la seconda (classe); **die arbeitende ~** la classe lavoratrice; **erster ~ fahren** viaggiare in prima classe; **etw in -n einteilen** classificare qc; **erster/zweiter ~ sein** essere di prima/di seconda classe (*od* qualità); *umg* **der Sänger ist einsame ~** è un cantante di gran classe **2** SPORT categoria *f*: **in der ~ der Junioren** nella categoria juniores ♦ **das ist große ~!** grande! grandioso!

Klas·se·ment [klasə'mã:] N ⟨-s; -s *u.* -e⟩ **1** classificazione *f* **2** SPORT classifica *f*

Klas·sen·ar·beit F compito *m* in classe **Klas·sen·buch** N registro *m* di classe **Klas·sen·ge·sell·schaft** F società *f* classista **Klas·sen·ka·me·rad** M, **-in** F compagno *m*, -a *f* di classe **Klas·sen·kampf** M lotta *f* di classe **Klas·sen·leh·rer** M, **-in** F insegnante *m/f* di classe **klas·sen·los** ADJ senza classi **Klas·sen·lot·te·rie** F lotteria *f* a classi **Klas·sen·spre·cher** M, **-in** F capoclasse *m/f* **Klas·sen·tref·fen** N incontro *m* tra (ex)compagni di classe **Klas·sen·zim·mer** N aula *f*

klas·si·fi·zie·ren VT classificare

Klas·sik F ⟨-⟩ **1** (*klassisches Altertum*) antichità *f* classica **2** (*Epoche kultureller Höchstleistungen*) periodo *m* classico **3** (*Musik*) musica *f* classica **Klas·si·ker** M ⟨-s; -⟩, **-in** F ⟨-; -nen⟩ classico *m* **klas·sisch** ADJ classico

Klas·si·zis·mus M ⟨-; Klassizismen⟩ classicismo *m*; (*am Ende des 18. Jh.*) neoclassicismo *m*, neoclassico *m*

Klatsch M ⟨-[e]s; -e⟩ **1** *umg* pettegolezzi *mpl* **2** (*Plauderei*) chiacchierata *f* **Klatsch·ba·se** F *umg* pettegola *f*, chiacchierona *f*

Klat·sche F ⟨-; -n⟩ schiacciamosche *m*

klat·schen **A** VI ⟨h.⟩ **1** battere: **der Regen klatscht an die Scheibe** la pioggia batte sul vetro **2** (**in die Hände**) **~** battere le mani; THEAT applaudire **3** *umg pej* **über j-n ~** spettegolare su (*od* sparlare di) qn **B** VT *umg* (*werfen*) sbattere, buttare

Klatsch·maul N *pej* pettegola *f* **Klatsch·mohn** M papavero *m* **klatsch·nass** ADJ *umg* bagnato fradicio

Klatsch·spal·te F *umg pej* pagina *f* di pettegolezzi mondani

Klaue F ⟨-; -n⟩ **1** (*Fuß mit Kralle*) branca *f*; (*Kralle*) artiglio *m* **2** *umg* brutta scrittura *f* ♦ *fig* **j-m in die -n geraten** cadere nelle grinfie di qn; *umg pej* **nimm deine -n weg!** togli le tue manacce!

klau·en VT *umg* fregare, rubare, sgraffignare, grattare

Klau·se F ⟨-; -n⟩ **1** (*Einsiedelei*) romitaggio *m*, eremo *m* **2** (*Klosterzelle*) cella *f* **3** (*Schlucht*) chiusa *f*, gola *f*

Klau·sel F ⟨-; -n⟩ clausola *f*

Klau·sur F ⟨-; -en⟩ **1** clausura *f*: **in ~ gehen** entrare in clausura **2** (*schriftliche Arbeit*) (compito *m*) scritto *m* **Klau·sur·ta·gung** F convegno *m* a porte chiuse

Kla·vi·a·tur F ⟨-; -en⟩ tastiera *f*

Kla·vier N ⟨-s; -e⟩ pianoforte *m* **Kla·vier·kon·zert** N **1** concerto *m* per pianoforte e orchestra **2** (*Veranstaltung*) concerto *m* di pianoforte **Kla·vier·spie·ler** M, **-in** F pianista *m/f* **Kla·vier·stim·mer** M ⟨-s; -⟩, **-in** F ⟨-; -nen⟩ accordatore *m*, -trice *f* di pianoforte **Kla·vier·stück** N pezzo *m* per pianoforte **Kla·vier·stuhl** M sgabello *m* da pianoforte **Kla·vier·stun·de** F, **Kla·vier·un·ter·richt** M lezione *f* di pianoforte

Kle·be·band N ⟨-[e]s; -bänder⟩ nastro *m* adesivo

kle·ben **A** VT incollare, attaccare **B** VI ⟨h.⟩ **1** essere attaccato (*od* appiccicato), aderire **2** *umg fig* **am Geld ~** essere attaccato al denaro; **an j-m ~** stare appiccicato a qn **3** attaccar(si): **dieses Pflaster klebt sehr gut** questo cerotto attacca molto bene **4** *umg* (*klebrig sein*) essere appiccicoso ♦ *umg* **j-m eine ~** mollare un ceffone a qn

Kle·ber M ⟨-s; -⟩ **1** colla *f* **2** GASTR glutine *m*

Kle·be·stift M colla *f* stick

kleb·rig ADJ appiccicoso (*a. fig pej*)

Kleb·stoff M colla *f*, adesivo *m* **Kleb·strei·fen** M nastro *m* adesivo

kle·ckern *umg* **A** VI ⟨h.⟩ sbrodolarsi: **beim Essen ~** sbrodolarsi mangiando **B** VT sbrodolare: **Suppe auf die Decke ~** sbrodolare la minestra sulla tovaglia

Klecks M ⟨-es; -e⟩ **1** macchia *f* **2** *umg* poco *m*: **ein ~ Kartoffelbrei** un po' di purè

kleck·sen **A** VI ⟨h.⟩ macchiare **B** VT

umg **2** pej (*schlecht schreiben, malen*) scarabocchiare **3** (*fallen lassen*) fare cadere
Klee M ⟨-s⟩ trifoglio *m* **Klee·blatt** N **1** foglia *f* di trifoglio **2** *umg* terzetto *m* ♦ **vierblättriges ~** quadrifoglio
Kleid N ⟨-[e]s; -er⟩ **1** vestito *m* **2** *pl* vestiti *mpl*: **die -er ablegen** svestirsi ♦ **-er machen Leute** l'abito fa il monaco
klei·den **A** V/T **1** vestire **2** stare bene: **diese Jacke kleidet dich gut** questa giacca ti sta bene **3** *fig* esprimere: **einen Gedanken in passende Worte ~** esprimere un pensiero con parole adatte; **einen Wunsch in passende Worte ~** formulare un desiderio con parole adatte **B** V/R **sich ~** vestirsi: **sich in Blau ~** vestirsi di blu
Klei·der·bü·gel M gruccia *f* **Klei·der·ha·ken** M attaccapanni *m* (a muro) **Klei·der·schrank** M armadio *m* **Klei·der·stän·der** M attaccapanni *m* (a piantana)
kleid·sam ADJ che sta bene, che dona
Klei·dung F ⟨-; -en⟩ abbigliamento *m* **Klei·dungs·stück** N capo *m* d'abbigliamento
Kleie F ⟨-; -n⟩ crusca *f*
klein **A** ADJ **1** piccolo: **-er und -er werden** diventare sempre più piccolo **2** (*von geringer Menge*) esiguo, basso: **eine -e Zahl von etw** un numero esiguo di qc **3** (*jünger*) minore: **ihr -er Bruder** suo fratello minore; **von ~ auf** fin da piccolo; **ein -er Junge** un ragazzino **4** (*kurz*) breve: **eine -e Strecke** un breve tragitto **5** (*unbedeutend*) insignificante; **ein -er Fehler** un errore di poco conto **B** ADV **~ machen** sminuzzare; (*Holz*) spaccare; *fig* → kleinmachen; **~ gedruckt** a caratteri piccoli; **~ gemustert** a piccoli disegni; **~ hacken** (*Holz*) spaccare; (*Fleisch*) tritare; **~ schneiden** tagliuzzare; **~ stellen** abbassare ♦ **~ anfangen** iniziare con pochi mezzi; **~, aber oho** piccolo ma in gamba; **ein ~ wenig** un pochino (di); → kleinschreiben
Klein·ak·ti·o·när M, **-in** F piccolo (-a) azionista *m/f* **Klein·an·zei·ge** F annuncio *m* economico
Klein·asi·en N Asia *f* Minore
Klein·bau·er M ⟨-s; -n⟩, **-bäu·e·rin** F piccolo (-a) agricoltore *m*, -trice *f* **Klein·be·trieb** M **1** piccola impresa *f* **2** AGR piccola azienda *f* agricola **Klein·bild·ka·me·ra** F apparecchio *m* fotografico per formato 24 x 36 **Klein·buch·sta·be** M lettera *f* minuscola **Klein·bür·ger** M, **-in** F **1** piccolo (-a) borghese *m/f* **2** *pej* borghesuccio *m*, -ccia *f* **klein·bür·ger·lich** ADJ piccolo borghese (*a. pej*) **Klein·bus** M pulmino *m*
Klei·ne[1] M/F ⟨-n; -n⟩ **1** (*Kind*) piccolo *m*, -a *f* **2** (*Sohn, Tochter*) figlio *m*, -a *f* più piccolo (-a) ♦ HIST **Pippin der ~** Pipino il breve
Klei·ne[2] N ⟨-n; -n⟩ **1** (*Kind*) piccolo *m* **2** (*kleines Mädchen*) ragazzina *f* ♦ HIST
klei·ner ADJ ⟨*komp von* klein⟩ **1** più piccolo **2** (*geringer*) inferiore, più basso: **-e Kosten** costi inferiori **3** (*jünger*) minore, più giovane ♦ **~ werden** diminuire, rimpicciolirsi
Klein·for·mat N formato *m* ridotto **Klein·ge·druck·te** N ⟨-n⟩ clausole *fpl* stampate a caratteri (più) piccoli **Klein·geist** M ⟨-[e]s; -er⟩ *pej* spirito *m* gretto **Klein·geld** N spiccioli *mpl* **Klein·ge·wer·be** N piccola industria *f* **klein·gläu·big** ADJ *pej* di poca fede **Klein·heit** F ⟨-⟩ piccolezza *f* **Klein·hirn** N cervelletto *m* **Klein·holz** N legna *f* piccola ♦ *umg* **~ aus etw machen** fare a pezzi qc; **~ aus j-m machen** fare a pezzetti qn
Klei·nig·keit F ⟨-; -en⟩ **1** cosetta *f*: **einige -en einkaufen** comprare alcune cosette **2** (*Angelegenheit*) nonnulla *m*, bazzecola *f*: **jede ~ selbst erledigen müssen** doversi occupare di ogni nonnulla; *umg* **das ist für ihn (k)eine ~** per lui (non) è una bazzecola ♦ **sich um jede ~ kümmern** occuparsi di tutto
Klein·in·dust·rie F piccola industria *f* **klein·ka·riert** ADJ *umg* meschino **Klein·kind** N bambino *m*, -a *f* in età prescolare **Klein·kram** M *umg pej* **1** cianfrusaglie *fpl* **2** (*kleine Angelegenheiten*) minuzie *fpl*, stupidaggini *fpl* **Klein·krieg** M **1** guerriglia *f* **2** (*Reibereien*) guerra *f* a colpi di spillo
klein·krie·gen V/T *umg* **1** (riuscire a) rimpicciolire **2** **j-n ~** mettere i piedi in testa a qn; **sich nicht ~ lassen** non lasciarsi mettere i piedi in testa
Klein·kunst F **1** cabaret *m* **2** arte *f* minore, artigianato *m* artistico **klein·laut** ADJ & ADV mogio mogio **klein·lich** ADJ gretto **Klein·lich·keit** F ⟨-; -en⟩ grettezza *f* **klein·ma·chen** V/T *umg* (*Geld*) cambiare **Klein·mut** M pusillanimità

K

f, viltà f **klein·mü·tig** ADJ vile, codardo **Klein·od** N ⟨-[e]s; -e u. -ien⟩ **1** gioiello m **2** fig prezioso m
klein·schrei·ben VT ⟨irr⟩ **1** (mit kleinen Buchstaben) scrivere minuscolo **2** umg (nicht wichtig nehmen) **kleingeschrieben werden** non avere molta importanza **Klein·schrei·bung** F grafia f (con iniziale) minuscola
kleinst... ADJ ⟨sup von klein⟩ il più piccolo, minimo ♦ **bis ins Kleinste** fin nei minimi dettagli (od particolari)
Klein·staat M staterello m **Klein·stadt** F cittadina f **klein·städ·tisch** ADJ di una cittadina; pej provinciale
Kleinst·kind N bebè m **Kleinst·le·be·we·sen** N microrganismo m **kleinst·mög·lich...** ADJ il più piccolo possibile
Klein·vieh N bestiame m minuto ♦ **~ macht auch Mist** tutto fa brodo **Klein·wa·gen** M utilitaria f **klein·wüch·sig** ADJ piccolo (di statura); MED ritardato nella crescita
Kleis·ter M ⟨-s; -⟩ **1** colla f (d'amido) **2** fig pappa f **kleis·tern** VT incollare
Kle·ma·tis F ⟨-; -⟩ clematide f
Kle·men·ti·ne F ⟨-; -n⟩ clementina f
Klemm·brett N portablocco m inv
Klem·me F ⟨-; -n⟩ **1** morsa f **2** umg guaio m: **j-m aus der ~ helfen** tirare fuori qn dai guai **klem·men** **A** VT **1** serrare; (in etw zwängen) incastrare **2** **etw unter den Arm ~** infilarsi qc sotto il braccio **B** V/R **sich** (dat) **den Finger ~** schiacciarsi il dito **C** VI ⟨h.⟩ incastrarsi, bloccarsi ♦ umg **sich hinter etw** (akk) **~** darsi da fare con qc
Klemp·ner M ⟨-s; -⟩ idraulico m; lattoniere m **Klemp·ne·rei** F ⟨-; -en⟩ officina f di idraulico, di lattoniere **Klemp·ne·rin** F ⟨-; -nen⟩ idraulico m; lattoniere m
Klep·to·ma·nie F ⟨-⟩ cleptomania f
kle·ri·kal ADJ clericale
Kle·ri·ker M ⟨-s; -⟩ ecclesiastico m
Kle·rus M ⟨-⟩ clero m
Klet·te F ⟨-; -n⟩ **1** BOT lappola f **2** umg piattola f ♦ umg **wie eine ~ an j-m hängen** attaccarsi a qn come una sanguisuga
Klet·te·rer M ⟨-s; -⟩ arrampicatore m; scalatore m
Klet·ter·gar·ten M palestra f di roccia
Klet·ter·ge·rüst N struttura f per arrampicarsi
Klet·te·rin F ⟨-; -nen⟩ arrampicatrice f; scalatrice f
klet·tern VI ⟨s.⟩ **1** arrampicarsi: **auf das Dach ~** arrampicarsi sul tetto **2** (Alpinismus) ⟨h., s.⟩ arrampicare, scalare, fare roccia **3** **über etw** (akk) **~** scavalcare qc **4** salire (a. fig): **auf den höchsten Gipfel ~** salire sulla vetta più alta
Klet·ter·pflan·ze F pianta f rampicante
Klett·ver·schluss M chiusura f col velcro (od a strappo)
kli·cken VI ⟨h.⟩ **1** fare clic, scattare **2** IT fare clic, cliccare: **auf das Icon ~** cliccare sull'icona
Kli·ent M ⟨-en; -en⟩ cliente m
Kli·en·tel F ⟨-; -en⟩ clientela f
Kli·en·tin F ⟨-; -nen⟩ cliente f
Kli·ma N ⟨-s; -s u. -te⟩ clima m (a. fig)
Kli·ma·an·la·ge F impianto m di condizionamento (dell'aria), aria f condizionata **Kli·ma·kil·ler** M umg killer m inv del klima
Kli·mak·te·ri·um N ⟨-s⟩ climaterio m
kli·ma·tisch ADJ climatico **kli·ma·ti·sie·ren** VT climatizzare **Kli·ma·wech·sel** M cambiamento m di clima
Klimm·zug M sollevamento m sulle braccia (alla sbarra)
klim·pern VI ⟨h.⟩ **1** tintinnare **2** **mit etw ~** fare tintinnare qc **3** umg **auf dem Klavier ~** strimpellare al pianoforte ♦ **mit den Wimpern ~** sbattere gli occhi
Klin·ge F ⟨-; -n⟩ lama f
Klin·gel F ⟨-; -n⟩ campanello m: **die ~ betätigen** suonare il campanello
Klin·gel·beu·tel M borsa f per le offerte **Klin·gel·knopf** M (pulsante m del) campanello m
klin·geln VI ⟨h.⟩ suonare; (Telefon) squillare **Klin·gel·zei·chen** N segnale m acustico
klin·gen VI ⟨klang, geklungen; h.⟩ suonare: **die Glocken ~** le campane suonano; fig **ihre Worte ~ wie ein Vorwurf** le sue parole suonano come un rimprovero; **dunkel ~** avere un suono cupo; **es klang, als ob ...** vi fu un suono (od rumore) come se ... ♦ **eigenartig ~** suonare strano; **es klingt schön, was er erzählt hat** sembra bello da ciò che ha raccontato; **die Gläser ~ lassen** fare cin cin; **die Ohren ~ mir** mi fischiano le orecchie
Kli·nik F ⟨-; -en⟩ clinica f **Kli·ni·kum** N ⟨-s; Klinika u. Kliniken⟩ **1** policlinico m

K

2 (*für Medizinstudenten*) pratica *f* ospedaliera **kli·nisch** ADJ clinico ♦ **~ tot sein** essere clinicamente morto
Klin·ke F ⟨-; -n⟩ maniglia *f*: **die ~ herunterdrücken** abbassare la maniglia ♦ *umg* **-n putzen** vendere porta a porta
Klin·ker M ⟨-s; -⟩ clinker *m*
klipp *umg*: **~ und klar** chiaro e tondo
Klipp M ⟨-s; -s⟩ clip *f*
Klip·pe F ⟨-; -n⟩ scoglio *m* (*a. fig*): **eine ~ umgehen** aggirare uno scoglio
Klips M ⟨-es; -e⟩ clip *f*
klir·ren V/I ⟨h.⟩ 1 tintinnare: **die Gläser ~** i bicchieri tintinnano 2 cigolare: **die Kette klirrt** la catena cigola 3 **mit etw ~** far tintinnare (*od* cigolare) qc **klir·rend** ADJ tremendo: **-er Frost** un gelo tremendo
Kli·schee N ⟨-s; -s⟩ cliché *m* (*a.* TYPO) **Kli·schee·vor·stel·lung** F cliché *m*
Klis·tier N ⟨-s; -e⟩ clistere *m*
Kli·to·ris F ⟨-; - *u.* Klitorides⟩ clitoride *f*/*m*
klitsch·nass ADJ bagnato fradicio
klit·ze·klein ADJ *umg* piccolo piccolo
Klo N ⟨-s; -s⟩ *umg* cesso *m*; → a Klosett
Klo·a·ke F ⟨-; -n⟩ cloaca *f*
Klo·ben M ⟨-s; -⟩ 1 ceppo *m* 2 *umg fig* villano *m*, cafone *m* **klo·big** ADJ massiccio, tozzo: **-e Hände** mani tozze
Klo·bril·le F sedile *m* del gabinetto
Klon M ⟨-s; -e⟩ clone *m*
klo·nen V/T clonare
klop·fen A V/I ⟨h.⟩ 1 bussare: **es klopft** (**an der Tür**) bussano (alla porta) 2 battere, pulsare: **ihr Herz klopft schnell** il cuore le batte forte 3 (*Motor*) battere in testa B V/T 1 battere: **mit dem Fuß den Takt der Musik ~** battere il tempo (della musica) con il piede; **Teppiche ~** battere i tappeti 2 scuotere: **den Schnee vom Mantel ~** scuotere la neve dal cappotto 3 piantare: **einen Nagel in die Wand ~** piantare un chiodo nel muro ♦ *fig* **j-m auf die Finger ~** dare bacchettate sulle dita a qn **klop·fend** ADJ palpitante: **mit -em Herz** col cuore palpitante **Klop·fer** M ⟨-s; -⟩ (*Türklopfer*) batacchio *m*, battiporta *m*
klopf·fest ADJ antidetonante **Klopf·zei·chen** N colpo *m*, segnale *m*
Klöp·pel M ⟨-s; -⟩ 1 (*von Glocken*) batacchio *m* 2 (*Werkzeug*) mazzuolo *m* 3 (*Trommelstab*) bacchetta *f*
Klöp·pel·ar·beit F 1 lavoro *m* al tombolo 2 (*Klöppelei*) pizzo *m* al tombolo
klöp·peln V/T & V/I ⟨h.⟩ lavorare al tombolo
Klops M ⟨-es; -e⟩ polpetta *f*
Klo·sett N ⟨-s; -s *u.* -e⟩ gabinetto *m*, toilette *f*; (*Toilettenbecken*) water *m* **Klo·sett·bürs·te** F scopino *m* (del gabinetto) **Klo·sett·pa·pier** N carta *f* igienica
Kloß M ⟨-es; Klöße⟩ gnocco *m*; (*aus Fleisch*) polpetta *f* ♦ *umg* **einen ~ im Hals haben** avere un nodo alla gola
Klos·ter N ⟨-s; Klöster⟩ convento *m*, monastero *m*: **ins ~ gehen** entrare in convento
Klos·ter·bru·der M frate *m* laico **Klos·ter·frau** F *obs* suora *f* **Klos·ter·kir·che** F chiesa *f* di convento
klös·ter·lich ADJ conventuale, monastico, claustrale
Klos·ter·schu·le F scuola *f* dalle suore **Klos·ter·schwes·ter** F suora *f*
Klotz M ⟨-es; Klötze *u. umg* Klötzer⟩ 1 ceppo *m* 2 (*Bauklotz*) cubetto *m* di legno 3 (*grober Mensch*) balordo *m* ♦ *umg* **j-m ein ~ am Bein sein** essere la palla al piede di qn
klot·zen V/I ⟨h.⟩ 1 (*aufwendig ausführen*) non lesinare i mezzi 2 (*schwer arbeiten*) sgobbare **klot·zig** ADJ 1 massiccio 2 (*plump*) pesante
Klub M ⟨-s; -s⟩ club *m*, circolo *m* **Klub·bei·trag** M quota *f* associativa **Klub·gar·ni·tur** F poltrone *fpl* e divani *mpl* ampi e comodi **Klub·haus** N club *m* **Klub·ja·cke** F giacca *f* sportiva **Klub·ses·sel** M poltrona *f* ampia e comoda
Kluft[1] F ⟨-; -en⟩ *umg* (*Kleidung*) divisa *f*, uniforme *f*
Kluft[2] F ⟨-; Klüfte⟩ 1 (*Spalte*) crepa *f*; (*Abgrund*) crepaccio *m* 2 *fig* abisso *m*; frattura *f*
klug ADJ 1 intelligente: **-e Augen** occhi intelligenti 2 (*vernünftig*) saggio, assennato: **ein -er Rat** un consiglio saggio; **ein -es Verhalten** un comportamento assennato 3 (*schlau*) astuto ♦ **aus etw/j-m nicht ~ werden** non riuscire a capire qc/qn; **durch Schaden ~ werden** imparare a proprie spese; **der Klügere gibt nach** = *il più saggio cede*
klu·ger·wei·se ADV saggiamente
Klug·heit F ⟨-; -en⟩ 1 intelligenza *f*; (*Vernunft*) senno *m*, saggezza *f* 2 *pl iron* (*kluge Bemerkungen*) spiritosaggini *fpl*
Klug·schei·ßer M ⟨-s; -⟩, **-in** F ⟨-;

-nen⟩ *vulg* sputasentenze *m/f*

klum·pen VI ⟨h.⟩ **1** (*Klumpen bilden*) raggrumarsi **2** (*anhängen*) restare attaccato (a grumi *od* a pezzi): **der Schlamm klumpt an den Stiefeln** il fango resta attaccato agli stivali

Klum·pen M ⟨-s; -⟩ **1** (piccolo) ammasso *m*; (*Stück*) pezzo *m* **2** grumo *m*: **~ bilden** formare grumi, raggrumarsi

Klump·fuß M MED piede *m* varo

Klün·gel M ⟨-s; -⟩ *pej* combriccola *f*

Klün·ge·lei F ⟨-; -en⟩ clientelismo *m*

Klun·ker M ⟨-s; -⟩ gioiello *m* vistoso

Klü·ver M ⟨-s; -⟩ SCHIFF fiocco *m*

knab·bern **A** VT sgranocchiare: **Erdnüsse ~** sgranocchiare noccioline **B** VI ⟨h.⟩ **an etw** (*dat*) **~** rosicchiare qc ♦ **an etw** (*dat*) **noch lange zu ~ haben** avere ancora molto da penare per qc

Kna·be M ⟨-n; -n⟩ ragazzo *m*

Kna·ben·al·ter N fanciullezza *f* **Kna·ben·chor** M coro *m* di voci bianche **kna·ben·haft** **A** ADJ dall'aspetto (*od* dalle sembianze) di un ragazzino **B** ADV **~ wirken** sembrare un ragazzino

Knä·cke·brot N = *pane croccante a fette*

kna·cken **A** VI **1** ⟨h.⟩ scricchiolare: **die Treppe knackt** la scala scricchiola **2** *umg* ⟨s.⟩ rompersi: **der Ast ist geknackt** il ramo si è rotto **B** VT **1** schiacciare: **Nüsse ~** schiacciare noci **2** *umg* scassinare: **ein Auto ~** scassinare un'auto ♦ **an etw** (*dat*) **zu ~ haben** avere un bel daffare con qc

Kna·cker M ⟨-s; -⟩ GASTR salsicciotto *m* ♦ **ein alter ~** un vecchio decrepito

Kna·cki M ⟨-s; -s⟩ *umg* detenuto *m*

kna·ckig *umg* ADJ **1** (*Apfel*) croccante **2** (*sexy*) attraente, sexy

Knack·punkt M *umg* punto *m* (cruciale)

Knacks M ⟨-es; -e⟩ *umg* **1** scricchiolio *m*; crac *m* **2** (*Schaden*) (*Riss*) crepa *f* **3** danno *m*: **einen ~ abbekommen** riportare una lesione ♦ **die hat einen ~** quella è picchiata

Knack·wurst F salsicciotto *m*

Knall M ⟨-[e]s; -e⟩ **1** schianto *m* **2** (*Schuss, Explosion*) scoppio *m*, detonazione *f*, colpo *m* **3** *fig* disastro *m*: **die Ehe endete mit einem ~** il matrimonio finì in un disastro ♦ **~ auf Fall** di colpo; *umg* **einen ~ haben** essere tocco

Knall·ef·fekt M *umg* colpo *m* d'effetto; effetto *m* a sorpresa; colpo *m* di scena: **die Show endete mit einem ~** lo show terminò con un colpo di scena

knal·len **A** VI ⟨h.⟩ **1** fare un botto: **die Schüsse ~** gli spari rimbombano; **die Sektkorken ~** i tappi dello spumante saltano **2** (*Tür*) sbattere **3** (*Peitsche*) schioccare **4** **mit etw ~** (s)battere qc; **mit der Peitsche ~** schioccare la frusta **5** *umg* (*schießen*) sparare **6** *umg* ⟨s.⟩ (*prallen*) (andare a) sbattere **7** *umg* ⟨s.⟩ (*explodieren*) scoppiare, esplodere **B** VT sbattere: **etw auf den Tisch ~** sbattere qc sul tavolo ♦ **j-m eine ~** dare un ceffone a qn

Knall·erb·se F castagnola *f*, petardo *m*

Knall·gas N miscela *f* tonante **knall·hart** *umg* ADJ **1** durissimo: **ein -er Job** un lavoro durissimo **2** brutale, molto duro: **eine -e Antwort** una risposta brutale (*od* molto forte); **ein -er Bursche** un duro; **ein -er Thriller** un giallo violento

knal·lig *umg* ADJ (*Farbe*) chiassoso

Knall·kör·per M petardo *m* **knall·rot** ADJ rosso fuoco **knall·voll** ADJ *umg* **1** (*Ort*) pieno zeppo **2** (*betrunken*) ubriaco fradicio

knapp **A** ADJ **1** scarso, misero: **-e Gehälter** stipendi miseri; **-e Portionen** porzioni scarse; **zwei -e Liter Wein** due litri scarsi di vino **2** poco: **in -en Worten** in poche parole; **meine Zeit ist ~** ho poco tempo **3** appena sufficiente, (ri)stretto: **eine -e Mehrheit** una ristretta maggioranza; **ein -er Sieg** una vittoria di (stretta) misura **4** (*bündig*) stringato, conciso; (*kurz*) breve **5** (*eng*) stretto **B** ADV **1** appena: **~ befriedigend** appena sufficiente **2** (*etwas weniger*) poco meno, sì e no: **vor ~ einer Stunde** meno di un'ora fa; **es dauert ~ 10 Minuten** ci vogliono sì e no 10 minuti **3** **~ über dem Knie** poco sopra il ginocchio; **~ hinter j-m** subito dopo qn **4** molto vicino: **der LKW fuhr ganz ~ an ihm vorbei** il camion gli passò molto vicino; ♦ **mit -er Not** a malapena; **~ werden** cominciare a scarseggiare (*od* a mancare) **knapp·hal·ten** VT ⟨*irr*⟩ **j-n im Essen/mit Geld ~** tenere qn a corto di cibo/di denaro **Knapp·heit** F ⟨-; -en⟩ **1** scarsezza *f*: **~ an Geld** scarsezza di denaro **2** (*Gedrängtheit*) stringatezza *f*; (*Kürze*) brevità *f*

Knapp·schaft F ⟨-; -en⟩ corporazione *f* di minatori

Knar·re F ⟨-; -n⟩ **1** raganella *f* **2** MIL *sl*

fucile *m* **knar·ren** VI ⟨h.⟩ scricchiolare

Knast M ⟨-[e]s; Knäste *u.* -e⟩ **1** (*Haftstrafe*) arresto *m* **2** *umg* carcere *m*: **im ~ sitzen** essere in carcere

knat·tern VI **1** ⟨h.⟩ crepitare **2** ⟨s.⟩ scoppiettare: **das Motorrad knatterte davon** la motocicletta si allontanò scoppiettando **Knat·tern** N ⟨-s⟩ crepitio *m*

Knäu·el M/N ⟨-s; -⟩ **1** gomitolo *m* **2** groviglio *m*: **sich zu einem ~ ballen** aggrovigliarsi **3** *fig* assembramento *m*: **ein ~ von Menschen** un assembramento di persone **knäu·eln** V/R **sich ~** aggrovigliarsi

Knauf M ⟨-[e]s; Knäufe⟩ **1** pomo *m*, pomello *m* **2** ARCH capitello *m*

Knau·ser M ⟨-s; -⟩ *umg pej* spilorcio *m* **Knau·se·rei** F ⟨-; -en⟩ *umg pej* spilorceria *f* **knau·se·rig** ADJ *umg pej* spilorcio **Knau·se·rin** F ⟨-; -nen⟩ spilorcia *f* **knau·sern** VI ⟨h.⟩ fare lo spilorcio: **mit etw ~** lesinare su qc

knaut·schen *umg* **A** VT (s)gualcire **B** VI ⟨h.⟩ (s)gualcirsi, stropicciarsi **Knautsch·zo·ne** F AUTO zona *f* accartocciabile

Kne·bel M ⟨-s; -⟩ bavaglio *m*

kne·beln VT imbavagliare (*a. fig*)

Knecht M ⟨-[e]s; -e⟩ **1** *obs* servo *m* **2** (*Gehilfe*) aiutante *m*, garzone *m*

knech·ten VT asservire, assoggettare

knei·fen ⟨kniff, gekniffen⟩ **A** VT **j-n ~** pizzicare qn **B** VI ⟨h.⟩ **1** (*Kleidung*) stringere **2** **vor j-m/etw ~** evitare (*od* scansare) qn/qc

Kneif·zan·ge F tenaglia *f*

Knei·pe F ⟨-; -n⟩ osteria *f*, bar *m*, birreria *f*

Kneipp·kur F cura *f* (idroterapica) di Kneipp

Kne·te F ⟨-⟩ *umg* **1** plastilina *f* **2** (*Geld*) denaro *m* **kne·ten** VT **1** (*Teig*) lavorare **2** modellare **Knet·mas·se** F plastilina *f*

Knick M ⟨-[e]s; -e *u.* -s⟩ **1** (*scharfe Biegung*) gomito *m* **2** (*in Stoff, Papier*) piega *f*

kni·cken **A** VT **1** (*brechen*) spezzare: **Blumenstängel ~** spezzare i gambi dei fiori **2** (*falten*) piegare **3** **Buchseiten ~** spiegazzare le pagine del libro **B** VI ⟨s.⟩ piegarsi ♦ **geknickt sein** essere molto giù

kni·cke·rig ADJ *umg pej* spilorcio

Knicks M ⟨-es; -e⟩ inchino *m*

knick·sen VI ⟨h.⟩ fare un inchino

Knie N ⟨-s; -⟩ **1** ginocchio *m* **2** TECH gomito *m* ♦ *umg* **etw übers ~ brechen** fare qc in fretta e furia; **auf die ~ fallen** inginocchiarsi; **in die ~ gehen** mettersi in ginocchio; **j-n übers ~ legen** sculacciare qn; **auf den -n liegen** stare in ginocchio; *fig* **j-n in die ~ zwingen** mettere in ginocchio qn; *umg* **ich habe weiche ~** ho le gambe che tremano

Knie·beu·ge F ⟨-; -n⟩ piegamento *m* sulle gambe **Knie·fall** M genuflessione *f* **knie·frei** ADJ sopra al ginocchio **knie·hoch** ADJ alto fino alle ginocchia **Knie·keh·le** F poplite *m* **knie·lang** ADJ lungo fino alle ginocchia

knien **A** VI ⟨h.⟩ stare in ginocchio **B** V/R **sich ~** **1** inginocchiarsi **2** *umg* **sich in etw** (*akk*) **~** impegnarsi a fondo in qc

Knie·schei·be F rotula *f* **Knie·scho·ner** M SPORT salvaginocchia *m* **Knie·schüt·zer** M ⟨-s; -⟩ ginocchiera *f* **Knie·strumpf** M calzettone *m* **knie·tief** ADJ che arriva fino alle ginocchia

kniff → kneifen

Kniff M ⟨-[e]s; -e⟩ **1** (*Kneifen*) pizzicotto *m* **2** (*Falte*) piega *f* **3** *umg* trucco *m*

knif·fen VT piegare **kniff·lig** ADJ *umg* **1** difficile, complicato **2** (*heikel*) delicato

knip·sen **A** VT *umg* **1** (*Schalter*) fare scattare **2** (*Tickets*) forare **3** (*Fotos*) scattare, fare **B** VI ⟨h.⟩ **an etw** (*dat*) **~** fare scattare qc

Knirps M ⟨-es; -e⟩ *umg* ragazzino *m*

knir·schen VI ⟨h.⟩ **1** scricchiolare **2** **mit den Zähnen ~** digrignare i denti

knis·tern VI ⟨h.⟩ **1** scricchiolare; (*Stoff*) frusciare: **mit Papier ~** far scricchiolare la carta **2** (*Feuer*) scoppiettare

Knit·ter·fal·te F spiegazzatura *f* **knittern** **A** VT spiegazzare **B** VI ⟨h.⟩ spiegazzarsi **knitt·rig** ADJ spiegazzato

kno·beln VI ⟨h.⟩ **1** **um etw ~** tirare a sorte qc **2** (*würfeln*) giocare a dadi **3** *umg* meditare: **an etw** (*dat*) **~** meditare su qc

Knob·lauch M ⟨-[e]s⟩ aglio *m* **Knob·lauch·pres·se** F spremiaglio *m inv* **Knob·lauch·ze·he** F spicchio *m* d'aglio

Knö·chel M ⟨-s; -⟩ **1** (*Fuß*) caviglia *f*, MED malleolo *m* **2** (*Finger*) nocca *f*

Kno·chen M ⟨-s; -⟩ osso *m*: **kräftige ~** ossa *fpl* robuste; **die ~ abnagen** rosicchiare gli ossi; *fig* **ein harter ~** un osso duro; (*Material*) **eine Nadel aus ~** una spilla di osso ♦ **bis auf die ~ abmagern** ridursi pelle e ossa; **die Erkältung steckt mir noch in den ~** mi sento ancora il raffreddore addosso

Kno·chen·ar·beit F *umg* lavoraccio *m*, lavoro *m* faticoso, fatica *f* **Kno·chen·bau** M ossatura *f* **Kno·chen·bil·dung** F ⟨-⟩ osteogenesi *f* **Kno·chen·bruch** M frattura *f* ossea **Kno·chen·ge·rüst** N scheletro *m* (*a. fig pej*) **Kno·chen·haut** F periosteo *m* **Kno·chen·krebs** M cancro *m* alle ossa **Kno·chen·mark** N MED midollo *m* osseo **Kno·chen·mehl** N AGR farina *f* di ossi **kno·chen·tro·cken** ADJ *umg* completamente secco, asciutto

knö·chern ADJ **1** d'osso **2** (*knochig*) ossuto **kno·chig** ADJ ossuto

Knö·del M ⟨-s; -⟩ gnocco *m*, knödel *m*

Knol·le F ⟨-; -n⟩ BOT tubero *m*, bulbo *m*

Knol·len·blät·ter·pilz M amanita *f*

Knol·len·na·se F nasone *m*

Knopf M ⟨-[e]s; Knöpfe⟩ **1** bottone *m* **2** TECH pulsante *m*: (**auf**) **einen ~ drücken** premere un pulsante **3** (*Schalter*) interruttore *m* **4** (*Knauf*) pomo *m* **Knopf·druck** M pressione *f* (di un pulsante): **auf ~** schiacciando un bottone

knöp·fen V/T **1** abbottonare: **die Schürze wird vorne geknöpft** il grembiule si abbottona (sul) davanti **2** (*befestigen*) fissare con bottoni

Knopf·leis·te F abbottonatura *f* **Knopf·loch** N occhiello *m* **Knopf·zel·le** F piletta *f*

Knor·pel M ⟨-s; -⟩ cartilagine *f* **knorp·lig** ADJ cartilagineo, cartilaginoso

knor·rig ADJ nodoso, bitorzoluto

Knos·pe F ⟨-; -n⟩ bocciolo *m*: **die -n brechen auf** (*od* **sprießen**) i boccioli si schiudono; **-n ansetzen** mettere le gemme

knos·pen V/I ⟨h.⟩ germogliare

kno·ten V/T **1** annodare: **etw fest um** (*od* **an**) **etw** (*akk*) **~** annodare qc saldamente a qc **2** fissare, congiungere con un nodo

Kno·ten M ⟨-s; -⟩ **1** nodo *m* (*a. fig* SCHIFF): **ein fester ~** un nodo stretto; **das Schiff macht 30 ~** la nave viaggia a 30 nodi **2** (*Haartracht*) crocchia *f* **3** BOT nodello *m* **4** MED nodulo *m* ♦ **bei ihm ist endlich der ~ geplatzt** finalmente l'ha capita **Kno·ten·punkt** M nodo *m*

kno·tig ADJ nodoso

Know-how [no:'hau] N ⟨-[s]⟩ know how *m inv*

Knuff M ⟨-[e]s; Knüffe⟩ *umg* spintone *m*

knuf·fen V/T *umg* **j-n ~** spintonare qn

knül·len **A** V/T spiegazzare **B** V/I ⟨h.⟩ spiegazzarsi

Knül·ler M ⟨-s; -⟩ *umg* **1** (*Erfolg*) successo *m*, bomba *f* **2** (*Reportage*) scoop *m inv*

knüp·fen **A** V/T **1** legare, annodare: **Teppiche ~** annodare tappeti; **Netze ~** intrecciare reti; **einen Knoten ~** fare un nodo **2** *fig* **Freundschaftsbande ~** stringere legami d'amicizia **3** **seine Hoffnungen an etw** (*akk*) **~** riporre speranza in qc **4** **Bedingungen an etw** (*akk*) **~** porre condizioni a qc **B** V/R **sich an etw** (*akk*) **~** (col)legarsi a qc

Knüp·pel M ⟨-s; -⟩ randello *m*, bastone *m*; (*Polizeiknüppel*) manganello *m* ♦ *umg* **j-m** (**einen**) **~ zwischen die Beine werfen** mettere i bastoni tra le ruote a qn

knüp·pel·dick ADV *umg* **jetzt kommt's ~** ora viene il peggio **knüp·peln** V/T bastonare; (*von Polizisten*) manganellare

Knüp·pel·schal·tung F cambio *m* a cloche

knur·ren V/I ⟨h.⟩ **1** (*Hund*) ringhiare **2** brontolare: **mir knurrt der Magen** mi brontola lo stomaco; **über etw** (*akk*) **~** brontolare per qc

Knurr·hahn M ZOOL cappone *m*

knur·rig ADJ brontolone

knusp·rig ADJ croccante

knut·schen V/I ⟨h.⟩ & V/R **sich ~** *umg* pomiciare **Knutsch·fleck** M *umg* succhiotto *m*

k. o. [ka:'o:] ADJ SPORT k.o. (*a. fig*): **j-n ~ schlagen** mettere qn k.o.; **durch K. o. gewinnen** vincere per k.o

Ko·a·la M ⟨-s; -s⟩ koala *m inv*

Ko·a·li·ti·on F ⟨-; -en⟩ coalizione *f*: **eine ~ eingehen** entrare in una coalizione; POL **eine große ~** un'ampia coalizione

Ko·balt N ⟨-s⟩ cobalto *m*

Kob·lenz N ⟨-⟩ Coblenza *f*

Ko·bold M ⟨-[e]s; -e⟩ coboldo *m*

Kob·ra F ⟨-; -s⟩ cobra *m inv*

Koch M ⟨-[e]s; Köche⟩ cuoco *m* ♦ **viele Köche verderben den Brei** = *troppi cuochi guastan la salsa*

Koch·buch N libro *m* di cucina **koch·echt** ADJ lavabile a novanta gradi **Koch·ecke** F angolo *m* (di) cottura

kö·cheln VI ⟨h.⟩ cuocere a fuoco lento **ko·chen** A VT 1 cuocere, cucinare: **etw bei mittlerer Hitze ~** cuocere qc a fuoco lento 2 (*im Wasser*) lessare: **Kartoffeln ~** lessare le patate 3 **Kaffee/Tee ~** fare il caffè/il tè; **das Essen ~** fare da mangiare 4 (*Textilien*) lavare a novanta gradi B VI ⟨h.⟩ 1 cucinare: **er kocht gerne** cucina volentieri; **für die Freunde ~** far da mangiare per gli amici 2 bollire: **das Wasser kocht** l'acqua bolle ♦ *umg fig* **er kocht vor Wut** ribolle di rabbia **Ko·chen** N ⟨-s⟩ 1 il cucinare: **Öl zum ~ verwenden** usare l'olio per cucinare 2 ebollizione *f*: **etw zum ~ bringen** portare qc ad ebollizione **ko·chend** ADJ bollente: **~ heiß** bollente, caldissimo

Ko·cher M ⟨-s; -⟩ fornello *m*

Kö·cher M ⟨-s; -⟩ 1 faretra *f* 2 (*Behälter für Ferngläser, Objektive*) custodia *f*

Koch·feld N piano *m* (di) cottura **koch·fer·tig** ADJ pronto (per essere cucinato): **-e Menüs** piatti pronti **Koch·ge·le·gen·heit** F uso *m* cucina

Kö·chin F ⟨-; -nen⟩ cuoca *f*

Koch·kunst F arte *f* culinaria **Koch·löf·fel** M cucchiaio *m* di legno **Koch·ni·sche** F angolo *m* cottura **Koch·re·zept** N ricetta *f* **Koch·salz** N sale *m* da cucina **Koch·salz·lö·sung** F soluzione *f* di sale da cucina **Koch·topf** M pentola *f* **Koch·wä·sche** F bucato *m* lavabile a novanta gradi

Kode [koːt] M ⟨-s; -s⟩ IT codice *m*, code *m*

Kö·der M ⟨-s; -⟩ esca *f* **kö·dern** VT 1 adescare 2 *umg fig* allettare

ko·die·ren VT codificare **ko·diert** ADJ cifrato, in codice **Ko·die·rung** F ⟨-; -en⟩ codificazione *f*

Ko·ef·fi·zi·ent M ⟨-en; -en⟩ coefficiente *m*

Ko·exis·tenz F coesistenza *f*

Kof·fe·in N ⟨-s⟩ caffeina *f* **kof·fe·in·frei** ADJ decaffeinato

Kof·fer M ⟨-s; -⟩ 1 (*Handkoffer*) valigia *f*: **den ~ (aus)packen** (dis)fare la valigia 2 (*Schrankkoffer*) baule *m* ♦ *umg* **aus dem ~ leben** essere sempre in viaggio; *umg* **die ~ packen** fare le valigie, andarsene **Kof·fer·an·hän·ger** M etichetta *f* della valigia **Kof·fer·ku·li** M carrello *m* **Kof·fer·ra·dio** N radio *m* portatile **Kof·fer·raum** M bagagliaio *m*

Kog·nak [ˈkɔnjak] M ⟨-s; -s⟩ cognac *m* **Kog·nak·boh·ne** F cioccolatino *m* con ripieno di cognac **Kog·nak·schwen·ker** M ⟨-s; -⟩ bicchiere *m* da cognac, napoleone *m*

Kohl M ⟨-[e]s; -e⟩ 1 cavolo *m* 2 *umg pej* cavolata *f*: **red keinen ~!** non dire cavolate! ♦ **das macht den ~ (auch) nicht fett** non cambia niente **Kohl·dampf** M *umg* **~ haben** (*od* **schieben**) avere una fame da lupo

Koh·le F ⟨-; -n⟩ 1 carbone *m* 2 (*Zeichenkohle*) carboncino *m* 3 *umg* (*Geld*) grana *f*: **~ machen** fare la grana ♦ **(wie) auf (glühenden) -n sitzen** essere (*od* stare) sui carboni ardenti

Koh·le·hyd·rat N carboidrato *m*

Koh·le·kraft·werk N centrale *f* a carbone

Koh·len·berg·bau M industria *f* estrattiva del carbone **Koh·len·berg·werk** N miniera *f* di carbone **Koh·len·di·oxid** N anidride *f* carbonica, biossido *m* di carbonio **Koh·len·flöz** N filone *m* di carbone **Koh·len·gru·be** F miniera *f* di carbone **Koh·len·hand·lung** F azienda *f* venditrice di carbone **Koh·len·hyd·rat** N carboidrato *m* **Koh·len·mo·no·xid** N (mon)ossido *m* di carbonio **Koh·len·re·vier** N zona *f* carbonifera **Koh·len·säu·re** F acido *m* carbonico ♦ **Mineralwasser ohne ~** acqua *f* minerale non gassata **Koh·len·staub** M polvere *f* di carbone **Koh·len·stoff** M carbonio *m* **Koh·len·was·ser·stoff** M idrocarburo *m*

Koh·le·pa·pier N carta *f* carbone

Köh·ler M ⟨-s; -⟩, **-in** F ⟨-; -nen⟩ carbonaio *m*, -a *f*

Koh·le·stift M carboncino *m* **Koh·le·ta·blet·ten** PL carbone *m* medicinale **Koh·le·vor·kom·men** N giacimento *m* di carbone **Koh·le·zeich·nung** F disegno *m* a carboncino

Kohl·kopf M testa *f* di cavolo (*a. umg fig*) **Kohl·mei·se** F cinciallegra *f* **kohl·ra·ben·schwarz** ADJ nero come la pece

Kohl·ra·bi M ⟨-[s]; -[s]⟩ cavolo *m* rapa

Kohl·rü·be F BOT navone *m* **Kohl·spros·se** F *österr* cavolino *m* di Bruxelles **Kohl·weiß·ling** M ⟨-s; -e⟩ cavolaia *f*

Ko·i·tus M ⟨-; - u. -se⟩ coito *m*

Ko·je F ⟨-; -n⟩ SCHIFF cuccetta *f*; *umg* letto *m*

Ko·ka·in N ⟨-s⟩ cocaina *f*

ko·kett ADJ (*Frau*) civettuola

Ko·ket·te·rie F ⟨-; -n⟩ civetteria *f*
ko·ket·tie·ren V/I ⟨h.⟩ **1** civettare (*a. fig*): **mit seinem Alter ~** civettare con la propria età **2** (*mit etw gedanklich spielen*) **~ mit** giocare con l'idea di
Ko·ko·lo·res M ⟨-⟩ *umg* **1** (*Unsinn*) stupidaggini *fpl* **2** (*Getue*) arie *fpl*: **mach doch keinen ~!** non darti tante arie!
Ko·kon [ko'kõ:] M ⟨-s; -s⟩ bozzolo *m*
Ko·kos·fa·ser F fibra *f* di cocco **Ko·kos·fett** M grasso *m* di cocco **Ko·kos·milch** F latte *m* di cocco **Ko·kos·nuss** F noce *f* di cocco **Ko·kos·pal·me** F cocco *m*
Koks[1] M ⟨-es; -e⟩ (*zum Brennen*) coke *m*
Koks[2] M ⟨-es⟩ *sl* (*Kokain*) coca *f* **kok·sen** V/I ⟨h.⟩ *sl* farsi di coca, sniffare coca **Kok·ser** M ⟨-s; -⟩, **-in** F ⟨-; -nen⟩ *sl* cocainomane *m/f*
Kol·ben M ⟨-s; -⟩ **1** MECH stantuffo *m*; AUTO pistone *m*: **der ~ einer Pumpe** lo stantuffo di una pompa **2** CHEM matraccio *m* **3** BOT pannocchia *f* **Kol·ben·fres·ser** M ⟨-s; -⟩ *sl* grippaggio *m* dei pistoni **Kol·ben·ring** M AUTO fascia *f* elastica **Kol·ben·stan·ge** F asta *f* dello stantuffo; (*von Verbrennungsmotor*) biella *f*
Kol·cho·se F ⟨-; -n⟩ kolchoz *m*
Ko·li·bak·te·rie F colibatterio *m*
Ko·lik F ⟨-; -en⟩ colica *f*
Kol·la·bo·ra·teur [-'tø:ɐ] M ⟨-s; -e⟩, **-in** F ⟨-; -nen⟩ collaborazionista *m/f*
Kol·laps M ⟨-es; -e⟩ MED collasso *m*: **einen ~ erleiden** subire un collasso
Kol·la·te·ral·scha·den M danno *m* collaterale
Kol·le·ge M ⟨-n; -n⟩ collega *m* **kol·le·gi·al** ADJ & ADV da buoni colleghi **Kol·le·gin** F ⟨-; -nen⟩ collega *f* **Kol·le·gi·um** N ⟨-s; Kollegien⟩ **1** collegio *m* **2** (*Körperschaft*) comitato *m*
Kol·leg·stu·fe F = *ultimi due anni del liceo*
Kol·lek·te F ⟨-; -n⟩ colletta *f*
Kol·lek·ti·on F ⟨-; -en⟩ collezione *f*
kol·lek·tiv ADJ collettivo
Kol·lek·tiv N ⟨-s; -e *u.* -s⟩ **1** (*Gemeinschaft*) comunità *f* **2** (*Arbeitsgruppe*) gruppo *m*, équipe *f*, team *m*: **im ~ arbeiten** lavorare in équipe (*od* in gruppo) **3** POL collettivo *m* **Kol·lek·tiv·schuld** F responsabilità *f* collettiva
Kol·lek·tor M ⟨-s; -en⟩ collettore *m*
Kol·ler M ⟨-s; -⟩ *umg* scoppio *m* di rabbia
kol·lern[1] V/I ⟨h.⟩ **1** (*Truthahn*) fare glo glo **2** (*im Bauch*) brontolare
kol·lern[2] **A** V/I ⟨s.⟩ (*rollen*) rotolare: **zu Boden ~** rotolare a terra **B** V/R **sich ~** rotolarsi
kol·li·die·ren V/I **1** ⟨s.⟩ (*Fahrzeuge*) entrare in collisione **2** ⟨h.⟩ *fig* scontrarsi, essere in conflitto
Kol·li·er [kɔ'lie:] N ⟨-s; -s⟩ collier *m*
Kol·li·si·on F ⟨-; -en⟩ **1** (*von Fahrzeugen*) collisione *f* **2** *fig* conflitto *m*, scontro *m*
Kol·li·si·ons·kurs M rotta *f* di collisione: *fig* **auf ~ gehen** (**mit j-m**) mettersi in rotta di collisione (con qn)
Kol·lo·qui·um N ⟨-s; Kolloquien⟩ **1** colloquio *m*: **ein ~ abhalten** dare un colloquio **2** (*Zusammenkunft*) simposio *m*
Köln N ⟨-s⟩ Colonia *f* **Köl·nisch·was·ser** N ⟨-s; -⟩ acqua *f* di Colonia
ko·lo·ni·al ADJ coloniale **Ko·lo·ni·a·lis·mus** M ⟨-⟩ colonialismo *m* **Ko·lo·ni·al·zeit** F periodo *m*, epoca *f* coloniale **Ko·lo·nie** F ⟨-; -n⟩ colonia *f* (*a.* BIOL) **Ko·lo·ni·sa·ti·on** F ⟨-; -en⟩ colonizzazione *f* **ko·lo·ni·sie·ren** V/T colonizzare
Ko·lon·na·de F ⟨-; -n⟩ colonnato *m*
Ko·lon·ne F ⟨-; -n⟩ colonna *f*: (**in**) **~ fahren** viaggiare in colonna
Ko·lo·ra·tur F ⟨-; -en⟩ MUS coloratura *f* **Ko·lo·ra·tur·sop·ran** M soprano *m* coloratura
ko·lo·rie·ren V/T MAL colorare
Ko·lo·rit N ⟨-[e]s; -e *u.* -s⟩ colore *m* (*a.* MAL, MUS)
Ko·loss M ⟨-es; -e⟩ colosso *m* (*a. fig hum*) **ko·los·sal** ADJ **1** colossale **2** *umg* enorme, tremendo ♦ **ich freue mich ~** mi fa un piacere immenso
Kölsch N ⟨-; -⟩ = *birra tipica di Colonia*
Ko·lum·bi·en N ⟨-s⟩ Colombia *f*
Ko·lum·ne F ⟨-; -n⟩ **1** TYPO colonna *f* **2** (*Zeitungsbeitrag*) rubrica *f* **Ko·lum·nen·ti·tel** M **lebender ~** titolo *m* corrente, testatina *f*
Ko·lum·nist M ⟨-en; -en⟩, **-in** F ⟨-; -nen⟩ columnist *m/f inv*
Ko·ma N ⟨-s; -s *u.* -ta⟩ coma *m*: **künstliches ~** coma *m* farmacologico **Ko·ma·sau·fen** N ⟨-s⟩ *umg* bere *m* fino ad andare in coma, bere *m* fino al coma
Kom·bi M ⟨-[s]; -s⟩ station wagon *f*, giardinetta *f*
Kom·bi·na·ti·on[1] F ⟨-; -en⟩ **1** (*Verbindung*) combinazione *f* **2** (*Assoziati-*

K

on) associazione *f* **3** (*Kleidung*) completo *m*; (*Männerkleidung*) spezzato *m*: **eine ~ aus blauer Jacke und grauer Hose** uno spezzato con giacca blu e pantaloni grigi **4** SPORT azione *f* combinata: **die nordische ~** la combinata nordica

Kom·bi·na·ti·on² F ⟨-; -en⟩ **1** (*Schutzanzug*) tuta *f* **2** FLUG combinazione *f* (di volo)

Kom·bi·na·ti·ons·ga·be F capacità *f* associativa **kom·bi·nie·ren** **A** V/T **1** combinare **2** **etw aus Gesprächsfetzen ~** dedurre qc da frammenti di conversazione **B** V/I ⟨h.⟩ **blitzschnell ~** fare fulminee associazioni mentali

Kom·bi·wa·gen M → Kombi **Kom·bi·zan·ge** F pinza *f* universale

Kom·bü·se F ⟨-; -n⟩ cambusa *f*

Ko·met M ⟨-en; -en⟩ cometa *f* **ko·me·ten·haft** ADJ molto rapido, rapidissimo: **ein -er Aufstieg** una rapida ascesa

Kom·fort [kɔm'foːɐ] M ⟨-s⟩ comodità *f*, comfort *m*: **allen ~ bieten** offrire ogni comfort **kom·for·ta·bel** ADJ confortevole, comodo: **ein komfortables Zimmer** una camera confortevole

Ko·mik F ⟨-⟩ comicità *f* **Ko·mi·ker** M ⟨-s; -⟩, **-in** F ⟨-; -nen⟩ comico *m*, -a *f*, attore *m*, -trice *f* comico (-a)

ko·misch ADJ **1** (*eigenartig*) strano: **ein -es Gefühl** una strana sensazione **2** (*zum Lachen*) buffo: **ein -es Gesicht** una faccia buffa **3** (*lächerlich*) ridicolo: **eine -e Figur abgeben** fare una figura ridicola **4** THEAT **eine -e Rolle** una parte comica; MUS **-e Oper** opera buffa ♦ **ich finde das gar nicht ~** non ci trovo niente da ridere; *umg* **mir ist ganz ~** non mi sento bene

⚠ komisch ≠ comico

komisch	=	strano
comico	=	lustig

ko·mi·scher·wei·se ADV *umg* stranamente

Ko·mi·tee N ⟨-s; -s⟩ comitato *m*

Kom·ma N ⟨-s; -s u. -ta⟩ virgola *f*: **fünf ~ zehn** cinque virgola dieci; **etw bis auf zwei Stellen hinter dem ~ ausrechnen** calcolare fino a due cifre dopo la virgola

Kom·man·dant M ⟨-en; -en⟩, **-in** F ⟨-; -nen⟩ comandante *m/f*

Kom·man·deur [-'døːɐ] M ⟨-s; -e⟩, **-in** F ⟨-; -nen⟩ comandante *m/f* **kom·man·die·ren** **A** V/T **1** comandare **2** mandare: **j-n an die Front ~** mandare qn al fronte **B** V/I ⟨h.⟩ comandare, dare ordini

Kom·man·dit·ge·sell·schaft F società *f* in accomandita (semplice) **Kom·man·di·tist** M ⟨-en; -en⟩, **-in** F ⟨-; -nen⟩ accomandante *m/f*

Kom·man·do N ⟨-s; -s⟩ comando *m*: **etw auf ~ tun** fare qc su comando; **unter j-s ~ stehen** essere al comando di qn **Kom·man·do·brü·cke** F ponte *m* di comando

kom·men V/I ⟨kam, gekommen; s.⟩ **1** venire (*a. fig*): **ich komme gleich!** vengo subito!; **woher kommt dieses Geld?** da dove viene questo denaro?; **mir kommt ein Zweifel** mi viene un dubbio **2** (*ankommen*) arrivare: **als Letzter ~** arrivare per ultimo; **wie komme ich zum Flugplatz?** come arrivo all'aereoporto? **3** (*herauskommen*) uscire: **aus dem Haus ~** uscire di casa **4** **durch einen Ort ~** passare da un luogo; **durch die Prüfung ~** passare l'esame **5** **gelaufen** (*od* **geritten**) **~** arrivare correndo (*od* di corsa), arrivare a cavallo **6** **über j-n ~** pervadere qn; **eine tiefe Freude kam über ihn** lo pervase una profonda gioia **7** *fig* **zu etw ~** arrivare a qc; **es kam bald zum Streit** si arrivò presto alla lite **8** *fig* giungere: **das kommt mir gerade recht** questo mi giunge a proposito **9** *umg fig* arrivarsene: **komm mir nicht schon wieder mit deinem Geschwätz** non arrivartene con le tue solite chiacchiere **10** *fig* (*geraten*) (venire a) trovarsi: **in eine schwierige Lage ~** venire a trovarsi in una situazione difficile **11** **wer kommt als Nächster?** chi è il prossimo?; **wer kommt zuerst?** a chi tocca? **12** (*landen*) (andare a) finire: **vor Gericht ~** finire in tribunale; **unter ein Auto ~** andare a finire sotto una macchina **13** (*gehören*) andare (messo): **die Tassen ~ in den Schrank** le tazze vanno nell'armadio **14** *umg* **j-m ~** comportarsi con qn; **j-m frech ~** comportarsi sfacciatamente con qn **15** (*entfallen*) esserci: **auf jeden dritten Einwohner kommt ein Auto** c'è un'auto ogni tre abitanti **16** **an etw** (*akk*) **~** procurarsi qc; **wie bist du an das Foto gekommen?** come ti sei procurato la foto? **17** *umg* (*kosten*) (venire a) costare: **die Reparatur kam mich** (**auf**) **100 Euro** la riparazione mi è costata 100 euro **18** *umg* (*Aufforderung*) **komm, werde nicht so frech!** andiamo, non essere così sfacciato! ♦ **man weiß nicht, wie alles gekommen ist** non si sa come sia successo; **auf etw** (*akk*) (**nicht mehr**) **~** (non) ricordarsi (più) di qc; **es nicht dahin ~ lassen** non permettere che le cose arrivino a tal punto; *umg* **das kommt davon** queste (ne) sono le conseguenze; **dazu ~, etw zu tun** trovare il tempo di fare qc; **zu Geld ~** fare (i) soldi; **wie es gerade kommt** come viene viene; **j-n/etw ~ lassen** far venire qn/qc; **es mag ~, wie es** (**was da**) **will** vada come vuole, accada quel che accada; **das musste ja so ~** era da prevedere; *umg* **das Kind kommt nach dem Vater** il bambino ha molto del padre; **auf j-n nichts ~ lassen** non lasciare che si parli male di qn; **zu nichts ~** non combinare nulla; **um etw ~** perdere qc; **unter die Leute ~** uscire, vedere gente; *umg* **so weit kommt es noch!** a che punto si arriva!; **es ist so weit gekommen, dass …** si è arrivati al punto che …; (**wieder**) **zu sich ~** tornare in sé; **woher kommt es, dass …** com'è che …; **wohin würden wir ~, wenn …** che ne sarebbe di noi se …; **zu etw ~** (*bekommen*) riuscire ad avere qc

Kom·men N ⟨-s⟩ venuta *f* ♦ **ein ständiges ~ und Gehen** un continuo andirivieni (*od* viavai); **lange Röcke sind im ~** andranno di moda le gonne lunghe

kom·mend ADJ **1** (*nächst*) prossimo, seguente **2** (*zukünftig*) futuro: **die -en Zeiten** i tempi a venire

Kom·men·tar M ⟨-s; -e⟩ commento *m*: **kein ~!** no comment! **kom·men·tar·los** **A** ADJ privo di commenti **B** ADV senza commenti

Kom·men·ta·tor M ⟨-s; -en⟩, **-to·rin** F ⟨-; -nen⟩ commentatore *m*, -trice *f*

kom·men·tie·ren V/T commentare, *umg* dire la sua

Kom·merz M ⟨-es⟩ *pej* commercio *m* **kom·mer·zi·a·li·sie·ren** V/T *pej* commercializzare **kom·mer·zi·ell** ADJ commerciale

Kom·mi·li·to·ne M ⟨-n; -n⟩, **-nin** F ⟨-; -nen⟩ *sl* compagno *m*, -a *f* dell' università

Kom·miss M ⟨-es⟩ *sl* MIL (servizio *m*) militare *m*

Kom·mis·sar M ⟨-s; -e⟩ commissario *m*

Kom·mis·sa·ri·at N ⟨-s; -e⟩ commissariato *m* **Kom·mis·sa·rin** F ⟨-; -nen⟩ commissiaria *f* **kom·mis·sa·risch** **A** ADJ temporaneo **B** ADV temporaneamente

Kom·mis·si·on F ⟨-; -en⟩ commissione *f* (*a.* HANDEL): **etw in ~ geben/nehmen** dare/prendere qc in commissione

Kom·mo·de F ⟨-; -n⟩ cassettone *m*, comò *m*

kom·mu·nal ADJ comunale **Kom·mu·nal·ab·ga·ben** PL imposte *fpl* comunali

Kom·mu·ne F ⟨-; -n⟩ comune *m*

Kom·mu·ni·ka·ti·on F ⟨-; -en⟩ comunicazione *f* **Kom·mu·ni·ka·ti·ons·tech·nik** F tecnologia *f* della comunicazione

kom·mu·ni·ka·tiv ADJ comunicativo

Kom·mu·ni·kee → Kommuniqué

Kom·mu·ni·on F ⟨-; -en⟩ (prima) comunione *f*

Kom·mu·ni·qué [kɔmyni'keː] N ⟨-s; -s⟩ comunicato *m*

Kom·mu·nis·mus M ⟨-⟩ comunismo *m* **Kom·mu·nist** M ⟨-en; -en⟩, **-in** F ⟨-; -nen⟩ comunista *m/f* **kom·mu·nis·tisch** **A** ADJ comunista **B** ADV da comunista, secondo il comunismo

kom·mu·ni·zie·ren V/I ⟨h.⟩ comunicare

Ko·mö·di·ant M ⟨-en; -en⟩, **-in** F ⟨-; -nen⟩ commediante *m/f* (*a. fig pej*)

Ko·mö·die F ⟨-; -n⟩ commedia *f* (*a. fig*): **die ~ durchschauen** intuire la commedia; **~ spielen** fare la commedia

Kom·pag·non ['kɔmpanjõ] M ⟨-s; -s⟩ WIRTSCH socio *m*

kom·pakt ADJ compatto

Kom·pa·nie F ⟨-; -n⟩ MIL compagnia *f* **Kom·pa·nie·chef** M, **-in** F comandante *m/f* di compagnia

Kom·pa·ra·tiv M ⟨-s; -e⟩ comparativo *m*

Kom·par·se M ⟨-n; -n⟩, **-sin** F ⟨-; -nen⟩ comparsa *f*

Kom·pass M ⟨-es; -e⟩ bussola *f* **Kom·pass·na·del** F ago *m* della bussola

kom·pa·ti·bel ADJ compatibile

Kom·pen·sa·ti·on F ⟨-; -en⟩ compensazione *f* **kom·pen·sie·ren** V/T compensare

kom·pe·tent ADJ competente **Kom·pe·tenz** F ⟨-; -en⟩ competenza *f* **Kom·pe·tenz·streit** M conflitto *m* di com-

K

petenza
kom·pi·lie·ren VT compilare
kom·ple·men·tär ADJ complementare
Kom·plet [kɔm'ple:] N ⟨-[s]; -s⟩ completo *m*
kom·plett ADJ **1** completo **2** (*gesamt*) intero: **die -e Bibliothek** l'intera biblioteca **3** *umg* **eine -e Dummheit!** una perfetta idiozia!
kom·plex ADJ complesso **Kom·plex** M ⟨-es; -e⟩ complesso *m* (*a.* PSYCH)
Kom·pli·ka·ti·on F ⟨-; -en⟩ complicazione *f* **kom·pli·ka·ti·ons·los** ADJ senza complicazioni
Kom·pli·ment N ⟨-[e]s; -e⟩ complimento *m*
kom·pli·men·tie·ren VT far accomodare (gentilmente): **j-n ins Haus ~** far accomodare qn in casa ♦ **j-n aus dem Zimmer ~** mettere qn alla porta
Kom·pli·ze M ⟨-n; -n⟩ complice *m* **Kom·pli·zen·schaft** F ⟨-⟩ complicità *f*
kom·pli·zie·ren VT complicare **kom·pli·ziert** ADJ complicato; **~ werden** complicarsi **Kom·pli·ziert·heit** F ⟨-; -en⟩ complicatezza *f*
Kom·pli·zin F ⟨-; -nen⟩ complice *f*
Kom·plott N *u. umg* M ⟨-[e]s; -e⟩ complotto *m*: **ein ~ schmieden** ordire un complotto
Kom·po·nen·te F ⟨-; -n⟩ componente *f*
kom·po·nie·ren VT comporre
Kom·po·nist M ⟨-en; -en⟩, **-in** F ⟨-; -nen⟩ compositore *m*, -trice *f* **Kom·po·si·ti·on** F ⟨-; -en⟩ composizione *f*
Kom·post M ⟨-[e]s; -e⟩ compost *m*, composta *f* **Kom·post·hau·fen** M mucchio *m* di rifiuti organici
Kom·pos·tier·an·la·ge F impianto *m* di compostaggio **kom·pos·tier·bar** ADJ che si può ridurre in compost
kom·pos·tie·ren VT ridurre in compost **Kom·pos·tie·rung** F ⟨-; -en⟩ compostaggio *m*
Kom·pott N ⟨-[e]s; -e⟩ composta *f*, frutta *f* cotta
Kom·pres·se F ⟨-; -n⟩ compressa *f*
Kom·pres·si·on F ⟨-; -en⟩ compressione *f* **Kom·pres·si·ons·pro·gramm** N IT programma *m* di compressione **Kom·pres·si·ons·ver·band** M fasciatura *f* compressiva
Kom·pres·sor M ⟨-s; -en⟩ compressore *m*
kom·pri·mie·ren VT **1** comprimere **2** IT zippare, comprimere **kom·pri·miert** ADJ conciso, sintetico: **eine -e Zusammenfassung** un riassunto sintetico
Kom·pro·miss M/N ⟨-es; -e⟩ compromesso *m*: **einen ~ schließen** fare un compromesso **kom·pro·miss·be·reit** ADJ disposto a un compromesso **kom·pro·miss·los** ADJ che non ammette compromessi **Kom·pro·miss·vor·schlag** M proposta *f* di compromesso
kom·pro·mit·tie·ren **A** VT compromettere **B** V/R **sich ~** compromettersi
Kon·den·sa·ti·on F ⟨-; -en⟩ condensazione *f*
kon·den·sie·ren **A** VT condensare **B** VI ⟨h.⟩ condensarsi
Kon·dens·milch F latte *m* condensato **Kon·dens·strei·fen** M FLUG scia *f* di condensazione **Kon·dens·was·ser** N ⟨-s⟩ condensa *f*
Kon·di·ti·on F ⟨-; -en⟩ **1** HANDEL condizione *f* **2** forma *f* (fisica): **keine ~ haben** non essere in forma
Kon·di·ti·o·nal M ⟨-s; -e⟩ condizionale *m*
kon·di·ti·o·nell ADJ relativo alla condizione fisica
kon·di·ti·ons·schwach ADJ in cattiva forma **Kon·di·ti·ons·trai·ning** N allenamento *m* (per mantenersi in forma)
Kon·di·tor M ⟨-s; -en⟩ pasticcere *m* **Kon·di·to·rei** F ⟨-; -en⟩ pasticceria *f* **Kon·di·to·rin** F ⟨-; -nen⟩ pasticciera *f*
Kon·do·lenz·be·such M visita *f* di condoglianza **kon·do·lie·ren** VI ⟨h.⟩ fare (*od* porgere) le condoglianze: **j-m ~** fare le condoglianze a qn
Kon·dom N/M ⟨-s; -e *u.* -s⟩ preservativo *m*
Kon·duk·teur [-'tø:e] M ⟨-s; -e⟩, **-in** F ⟨-; -nen⟩ *schweiz* controllore *m*
Kon·fekt N ⟨-[e]s; -e⟩ cioccolatino *m*
Kon·fek·ti·on F ⟨-; -en⟩ **1** confezione *f* di abiti in serie **2** (*Kleidung*) abiti *mpl* confezionati
Kon·fek·ti·ons·an·zug M abito *m* confezionato **Kon·fek·ti·ons·ge·schäft** N negozio *m* di abbigliamento **Kon·fek·ti·ons·grö·ße** F taglia *f* standard
Kon·fe·renz F ⟨-; -en⟩ conferenza *f* **Kon·fe·renz·schal·tung** F videoconferenza *f*

kon·fe·rie·ren A VI ⟨h.⟩ discutere: **mit j-m über etw** (*akk*) ~ conferire con qn su qc B VT presentare: **eine Sendung** ~ condurre una trasmissione

Kon·fes·si·on F ⟨-; -en⟩ confessione *f* **kon·fes·si·o·nell** ADJ confessionale **kon·fes·si·ons·los** ADJ aconfessionale

Kon·fet·ti N ⟨-[s]; -⟩ coriandoli *mpl*

Kon·fi·gu·ra·ti·on F ⟨-; -en⟩ IT configurazione *f*

kon·fi·gu·rie·ren VT IT configurare

Kon·fir·mand M ⟨-en; -en⟩ cresimando *m* **Kon·fir·man·din** F ⟨-; -nen⟩ cresimanda *f* **Kon·fir·ma·ti·on** F ⟨-; -en⟩ cresima *f*; confermazione *f* **kon·fir·mie·ren** VT cresimare

kon·fis·zie·ren VT confiscare

Kon·fi·tü·re F ⟨-; -n⟩ confettura *f*

Kon·flikt M ⟨-[e]s; -e⟩ conflitto *m*: **in ~ geraten** entrare in conflitto **kon·flikt·fä·hig** ADJ in grado di affrontare conflitti **kon·flikt·scheu** ADJ che rifugge i conflitti **Kon·flikt·stoff** M materia *f*, motivo *m* di conflitto

Kon·fö·de·ra·ti·on F confederazione *f*

kon·form ADJ concorde: **-e Meinungen** opinioni concordi ♦ **mit j-m/etw ~ gehen** concordare con qn/su qc

kon·for·mis·tisch ADJ 1 conformista, conformistico 2 REL anglicano

Kon·fron·ta·ti·on F ⟨-; -en⟩ 1 confronto *m* 2 (*Kampf*) scontro *m* **Kon·fron·ta·ti·ons·kurs** M *fig* rotta *f* di collisione

kon·fron·tie·ren VT 1 confrontare 2 mettere di fronte: **j-n mit der Realität ~** mettere qn di fronte alla realtà

kon·fus ADJ confuso ♦ **j-n ~ machen** confondere qn

Kon·fu·si·on F ⟨-; -en⟩ confusione *f*

Kon·glo·me·rat N ⟨-[e]s; -e⟩ GEOL conglomerato *m*, agglomerato *m* (*a. fig*)

Kon·go M ⟨-s⟩ Congo *m*

Kon·gress M ⟨-es; -e⟩ congresso *m*

kon·gru·ent ADJ 1 concorde 2 MATH congruente **Kon·gru·enz** F ⟨-⟩ congruenza *f*

kon·gru·ie·ren VI ⟨h.⟩ 1 concordare 2 MATH essere congruente

Kö·nig M ⟨-s; -e⟩ re *m* (*a. fig*): **er ist der (ungekrönte) ~ unter den Köchen** è il re dei cuochi ♦ **die Heiligen Drei -e** i (tre) Re Magi

Kö·ni·gin F ⟨-; -nen⟩ regina *f* (*a. fig*)

Kö·ni·gin·mut·ter F ⟨-; -mütter⟩ regina *f* madre

kö·nig·lich ADJ 1 reale 2 (*hoheitsvoll*) regale, maestoso: **in -er Haltung** con portamento regale 3 (*großzügig*) ricco, generoso: **-e Geschenke** ricchi doni ♦ *umg* **ein -es Vergnügen** un piacere immenso; **sich ~ amüsieren** divertirsi un mondo; **ein -es Essen** un pasto da re; **j-n ~ empfangen** accogliere qn come un re

Kö·nig·reich N regno *m*

Kö·nigs·haus N casa *f* reale, reali *mpl* **Kö·nigs·ker·ze** F BOT verbasco *m* **Kö·nigs·ku·chen** M ≈ *tipo di dolce con mandorle, uvetta e canditi* **Kö·nigs·thron** M trono *m* (reale) ♦ **den ~ besteigen** salire al trono **kö·nigs·treu** ADJ monarchico

Kö·nig·tum N ⟨-s; -tümer⟩ 1 (*Königreich*) monarchia *f* 2 (*Würde*) dignità *f* regia, regalità *f*

ko·nisch ADJ conico

Kon·ju·ga·ti·on F ⟨-; -en⟩ coniugazione *f*

kon·ju·gie·ren VT coniugare

Kon·junk·ti·on F ⟨-; -en⟩ congiunzione *f*

Kon·junk·tiv M ⟨-s; -e⟩ congiuntivo *m*

Kon·junk·tur F ⟨-; -en⟩ 1 congiuntura *f*: **eine rückläufige/steigende ~** una congiuntura negativa/in ascesa 2 (*Hochkonjunktur*) congiuntura *f* alta: **die ~ ausnützen** sfruttare l'alta congiuntura ♦ **die ~ ankurbeln/beleben** accelerare/incoraggiare lo sviluppo economico; **~ haben** andare molto

Kon·junk·tur·ab·schwä·chung F rallentamento *m* della congiuntura **Kon·junk·tur·auf·schwung** M ripresa *f* congiunturale, ripresa *f* economica

kon·junk·tu·rell ADJ congiunturale

Kon·junk·tur·la·ge F situazione *f* congiunturale **Kon·junk·tur·sprit·ze** F WIRTSCH *sl* boccata *f* d'ossigeno per la congiuntura

kon·kav ADJ concavo

Kon·kor·dat N ⟨-[e]s; -e⟩ concordato *m*

kon·kret ADJ concreto ♦ **was heißt das ~?** cosa significa concretamente? *umg*; **~ werden** cantarla chiara

kon·kre·ti·sie·ren VT concretare

Kon·kur·rent M ⟨-en; -en⟩, **-in** F ⟨-; -nen⟩ concorrente *m/f*

K

Kon·kur·renz F ⟨-; -en⟩ **1** concorrenza *f*: **j-m ~ (mit etw) machen** fare concorrenza a qn (con qc); **mit j-m in ~ treten** entrare in concorrenza con qn; **bei der ~ kaufen** comprare dalla concorrenza **2** concorso *m* (*a.* SPORT): **außer ~ teilnehmen** partecipare fuori concorso

Kon·kur·renz·be·trieb M azienda *f* concorrente **kon·kur·renz·fä·hig** ADJ competitivo, concorrenziale **Kon·kur·renz·kampf** M lotta *f* concorrenziale **kon·kur·renz·los** **A** ADJ concorrenziale: **~ sein** non avere concorrenti (*od* rivali); **-e Preise** prezzi concorrenziali **B** ADV senza concorrenti

kon·kur·rie·ren V/I ⟨h.⟩ **1** farsi concorrenza **2** competere (*a.* SPORT): **mit j-m/ /um etw ~** competere con qn/per qc

Kon·kurs M ⟨-es; -e⟩ JUR fallimento *m*: **~ anmelden** chiedere la dichiarazione di fallimento; **in ~ gehen** (*od* **~ machen**) fallire **Kon·kurs·an·trag** M richiesta *f* di dichiarazione di fallimento **Kon·kurs·mas·se** F massa *f* fallimentare **Kon·kurs·ver·fah·ren** N procedimento *m* fallimentare **Kon·kurs·ver·wal·ter** M, **-in** F curatore *m*, -trice *f* fallimentare

⚠ Konkurs ≠ concorso

der Konkurs	=	**il fallimento**
il concorso	=	der Wettbewerb

kön·nen ⟨kann, konnte; h.⟩ **A** V/MOD ⟨*mit inf; pperf*: **hat … können**⟩ **1** potere: **ich habe nicht kommen ~** non sono potuto venire; **ich habe ihn sehen ~** l'ho potuto vedere; **es kann (nicht) sein** (non) può essere; *umg* **kann sein!** può darsi! (*möglicherweise*); **er kann jeden Augenblick kommen** può venire da un momento all'altro; **kann ich Ihnen helfen?** posso aiutarLa? (*dürfen*); **kann ich jetzt gehen?** posso andare adesso? (*Vermutung*); **wer kann das gewesen sein?** chi può essere stato? **2** (*imstande sein*) sapere: **weder lesen, noch schreiben ~** non sapere né leggere, né scrivere **B** V/T & V/I ⟨*als Vollverb; pperf*: **gekonnt**⟩ **1** (*beherrschen*) sapere: **er kann gut Deutsch** sa bene il tedesco; **was du alles kannst!** quante cose sai fare! **2** potere: **er lief so schnell, (wie) er konnte** corse più veloce che potè; **sie wollte parken, hat es aber nicht gekonnt** voleva parcheggiare, ma non ci è riuscita ♦ **nicht anders ~** non poter fare altrimenti; *umg* **für etw nichts ~** non aver colpa di qc; **was kann ich für seine Unaufmerksamkeit?** che ci posso fare se non fa attenzione? *vulg*; **du kannst mich mal!** ma va a fa' (in culo)! *umg*; **(es) mit j-m (gut) ~** andare d'accordo con qn; *umg* **ich kann nicht mehr** non ce la faccio più; **so gut ich kann** meglio che posso

Kön·nen N ⟨-s⟩ capacità *f*, abilità *f*: **berufliches ~** capacità professionale; **handwerkliches ~** abilità manuale **Kön·ner** M ⟨-s; -⟩, **-in** F ⟨-; -nen⟩ esperto *m*, -a *f*: **ein großer ~ auf seinem Gebiet sein** essere un grande esperto nel proprio campo

konn·te → können

kon·se·ku·tiv ADJ consecutivo

Kon·sens M ⟨-es⟩ consenso *m*

kon·se·quent **A** ADJ **1** (*folgerichtig*) coerente: **eine -e Entscheidung** una decisione coerente **2** (*beharrlich*) costante, perseverante: **ein -es Vorgehen** un procedere perseverante; **ein -er Vegetarier** un vegetariano convinto **B** ADV **1** coerentemente: **du musst -er handeln** devi essere più coerente **2** con costanza: **~ bleiben** avere costanza; **~ durchgreifen** intervenire con fermezza

Kon·se·quenz F ⟨-; -en⟩ **1** (*Folge*) conseguenza *f* **2** (*Folgerichtigkeit*) consequenzialità *f*: **etw mit logischer ~ entwickeln** sviluppare qc con consequenzialità logica **3** (*Entschlossenheit*) fermezza *f*; (*Beharrlichkeit*) costanza *f* ♦ **(aus etw) die -en ziehen** trarre le conclusioni da qc

kon·ser·va·tiv ADJ conservatore, conservativo: **-e Ansichten** opinioni conservatrici; **-e Techniken** tecniche antiquate; **eine -e Partei** un partito conservatore **Kon·ser·va·ti·ve** M/F ⟨-n; -n⟩ POL conservatore *m*, -trice *f*

Kon·ser·va·to·ri·um N ⟨-s; Konservatorien⟩ conservatorio *m*

Kon·ser·ve [-v-] F ⟨-; -n⟩ conserva *f* ♦ TV, RADIO **Musik aus der ~** musica registrata (su nastri, dischi)

Kon·ser·ven·büch·se F, **Kon·ser·ven·do·se** F scatola *f* di conserva **Kon·ser·ven·fab·rik** F fabbrica *f* di conserve alimentari, conservificio *m*

kon·ser·vie·ren V/T conservare: **etw in**

Essig ~ conservare qc sott'aceto **Kon·ser·vie·rung** F ⟨-; -en⟩ conservazione *f* **Kon·ser·vie·rungs·mit·tel** N conservante *m*

Kon·so·le F ⟨-; -n⟩ (*Möbel*) console *f*

kon·so·li·die·ren **A** V/T consolidare (*a.* WIRTSCH) **B** V/R **sich ~** consolidarsi **Kon·so·li·die·rung** F ⟨-; -en⟩ consolidamento *m* (*a.* WIRTSCH)

Kon·so·nant M ⟨-en; -en⟩ consonante *f*

Kon·sor·ti·um N ⟨-s; Konsortien⟩ consorzio *m*

kon·spi·ra·tiv ADJ cospirativo

kon·stant ADJ costante **Kon·stan·te** F ⟨-[n]; -n⟩ costante *f*

Kon·stanz[1] F ⟨-⟩ (*Stetigkeit*) costanza *f*

Kon·stanz[2] N ⟨-⟩ GEOG Costanza *f*

kon·sta·tie·ren V/T constatare

Kon·stel·la·ti·on F ⟨-; -en⟩ costellazione *f* (*a. fig*)

Kon·sti·tu·ti·on F ⟨-; -en⟩ costituzione *f* **kon·sti·tu·ti·o·nell** ADJ costituzionale

kon·stru·ie·ren V/T costruire **kon·stru·iert** **A** ADJ costruito, artificioso **B** ADV **~ wirken** sembrare artificioso

Kon·struk·teur [-'tøːɐ] M ⟨-s; -e⟩, **-in** F ⟨-; -nen⟩ costruttore *m*, -trice *f*; (*Entwerfer*) progettista *m/f*

Kon·struk·ti·on F ⟨-; -en⟩ costruzione *f* **Kon·struk·ti·ons·bü·ro** N ufficio *m* progettazioni **Kon·struk·ti·ons·feh·ler** M difetto *m* di costruzione

kon·struk·tiv ADJ costruttivo (*a. fig*)

Kon·sul M ⟨-s; -n⟩ console *m* (*a.* HIST) **kon·su·la·risch** ADJ consolare **Kon·su·lat** N ⟨-[e]s; -e⟩ consolato *m* (*a.* HIST) **Kon·su·lin** F ⟨-; -nen⟩ console *m*

Kon·sul·ta·ti·on F ⟨-; -en⟩ **1** consulta *f*: **j-n zur ~ heranziehen** chiamare qn per una consulta **2** POL consultazione *f*

kon·sul·tie·ren V/T consultare

Kon·sum M ⟨-s⟩ consumo *m* **Kon·su·ment** M ⟨-en; -en⟩, **-in** F ⟨-; -nen⟩ consumatore *m*, -trice *f*

Kon·sum·ge·sell·schaft F società *f* dei consumi **Kon·sum·gut** N bene *m* di consumo

kon·su·mie·ren V/T consumare

Kon·sum·ter·ror M martellamento *m* consumistico

Kon·takt M ⟨-[e]s; -e⟩ contatto *m* (*a. fig*): **mit j-m in ~ stehen** essere in contatto con qn; **mit j-m ~ aufnehmen** prendere contatti con qn; **-e zu j-m herstellen** stabilire i contatti con qn; **geschäftliche -e** rapporti d'affari; ELEK (**keinen**) **~ haben** (non) fare contatto

Kon·takt·ab·zug M FOTO copia *f* a contatto **Kon·takt·ad·res·se** F indirizzo *m* utile **kon·takt·arm** ADJ **1** (*menschenscheu*) poco socievole **2** (*wenig kommunikativ*) non molto comunicativo **Kon·takt·frau** F interlocutrice *f* **kon·takt·freu·dig** ADJ comunicativo, socievole

kon·tak·tie·ren V/T contattare

Kon·takt·lin·se F lente *f* a contatto **Kon·takt·mann** M ⟨-[e]s; -männer *u.* -leute⟩ interlocutore *m* **Kon·takt·per·son** F **1** (*Ansprechpartner*) interlocutore *m*, -trice *f* **2** MED persona *f* sospetta di contagio

Kon·ta·mi·na·ti·on F ⟨-; -en⟩ contaminazione *f* **kon·ta·mi·nie·ren** V/T contaminare

Kon·ter·fei N ⟨-s; -s *u.* -e⟩ *obs od hum* ritratto *m*

kon·ter·ka·rie·ren V/T contrastare

kon·tern V/T **1** SPORT colpire di rimessa; (*Schläge*) ricambiare **2** *fig* ribattere

Kon·ter·re·vo·lu·ti·on F controrivoluzione *f*

Kon·text M ⟨-[e]s; -e⟩ contesto *m*: **etw aus dem ~ herausreißen/verstehen** estrapolare/capire qc dal contesto **kon·text·sen·si·tiv** ADJ IT sensibile al contesto

Kon·ti·nent M ⟨-[e]s; -e⟩ continente *m*

kon·ti·nen·tal ADJ continentale

Kon·tin·gent N ⟨-[e]s; -e⟩ contingente *m* **kon·tin·gen·tie·ren** V/T contingentare

kon·ti·nu·ier·lich ADJ continuo

Kon·to N ⟨-s; -s *u.* Konten/Konti⟩ conto *m*: **ein ~ eröffnen/auflösen** aprire/chiudere un conto ♦ *umg* **das geht auf dein ~** lo paghi tu; *fig* ne sei tu responsabile

Kon·to·aus·zug M estratto *m* conto **Kon·to·aus·zugsdru·cker** M stampante *f* dell'estratto conto **Kon·to·füh·rungs·ge·bühr** F competenza *f* per la tenuta del conto **Kon·to·in·ha·ber** M, **-in** F titolare *m/f* di un conto **Kon·to·num·mer** F numero *m* di conto

Kon·to·rist M ⟨-en; -en⟩, **-in** F ⟨-; -nen⟩ impiegato *m*, -a *f* (di commercio)

Kon·to·stand M saldo *m*; situazione *f* del conto

K

kont·ra ADV&PRÄP (+*akk*) contro **Kont·ra** N ⟨-s; -s⟩ contro *m*: **j-m ~ geben** dare contro a qn; **j-m ~ (an)sagen** contrariare qn

Kont·ra·bass M contrabbasso *m*

Kon·tra·hent M ⟨-en; -en⟩, **-in** F ⟨-; -nen⟩ **1** avversario *m*, -a *f*, antagonista *m/f* **2** JUR contraente *m*

Kont·ra·in·di·ka·ti·on F controindicazione *f* **kont·ra·in·di·ziert** ADJ controindicato

kont·ra·pro·duk·tiv ADJ controproducente **Kont·ra·punkt** M **1** MUS contrappunto *m* **2** (*Gegenpol*) contrapposto *m*

kont·rär ADJ contrario, opposto

Kon·trast M ⟨-[e]s; -e⟩ contrasto *m*: **im ~ zu etw stehen** essere in contrasto con qc **kon·trast·arm** ADJ con poco contrasto

kon·tras·tie·ren V/I ⟨h.⟩ contrastare

Kon·trast·mit·tel N MED mezzo *m* di contrasto **Kon·trast·reg·ler** M regolatore *m* del contrasto **kon·trast·reich** ADJ molto contrastato

Kon·troll·ab·schnitt M tagliando *m* di controllo

Kon·trol·le F ⟨-; -n⟩ controllo *m*: **~ über j-n/etw ausüben** esercitare un controllo su qn/qc; **unter ~** sotto controllo; **das ist mir außer ~ geraten** mi è sfuggito di controllo; **zur ~** per controllo

Kon·trol·leur [-ˈløːɐ] M ⟨-s; -e⟩, **-in** F ⟨-; -nen⟩ controllore *m*, -a *f*

Kon·troll·gang M giro *m* di controllo

kon·trol·lie·ren V/T controllare, ispezionare ♦ **etw auf etw** (*akk*) (*od* **nach etw**) **~** sottoporre qc ad un controllo per cercare qc

Kon·troll·lam·pe F spia *f* (luminosa) **Kon·troll·punkt** M punto *m* di controllo

kont·ro·vers ADJ **1** controverso: **eine -e Frage** una questione controversa **2** (*entgegengesetzt*) contrapposto **3** (*umstritten*) discusso, contestato

Kont·ro·ver·se F ⟨-; -n⟩ controversia *f*

Kon·tur F ⟨-; -en⟩ contorno *m*

Kon·ven·ti·on F ⟨-; -en⟩ convenzione *f* (*a.* POL)

Kon·ven·ti·o·nal·stra·fe F JUR penale *f* **kon·ven·ti·o·nell** ADJ convenzionale ♦ **sich ~ kleiden** vestirsi in modo tradizionale

Kon·ver·genz F ⟨-; -en⟩ WIRTSCH convergenza *f* **Kon·ver·genz·kri·te·ri·en** PL criteri *mpl* di convergenza

kon·ver·gie·ren V/I ⟨h.⟩ convergere

Kon·ver·sa·ti·on F ⟨-; -en⟩ conversazione *f* **Kon·ver·sa·ti·ons·le·xi·kon** N dizionario *m* enciclopedico

kon·ver·tier·bar ADJ WIRTSCH convertibile **kon·ver·tie·ren** **A** V/T convertire **B** V/I ⟨h., s.⟩ convertirsi **Kon·ver·tie·rung** F ⟨-; -en⟩ conversione *f*

Kon·ver·tit M ⟨-en; -en⟩, **-in** F ⟨-; -nen⟩ convertito *m*, -a *f*

kon·vex ADJ convesso

Kon·voi M ⟨-s; -s⟩ convoglio *m* (*a.* MIL): **im ~ fahren** viaggiare in convoglio

Kon·zent·rat N ⟨-[e]s; -e⟩ concentrato *m*

Kon·zent·ra·ti·on F ⟨-; -en⟩ concentrazione *f*: **seine ~ lässt nach** la sua concentrazione si allenta; **eine ~ von Kräften** una concentrazione di forze

Kon·zent·ra·ti·ons·la·ger N campo *m* di concentramento **Kon·zent·ra·ti·ons·schwä·che** F difficoltà *f* di concentrazione

kon·zent·rie·ren **A** V/T concentrare **B** V/R **sich auf etw** (*akk*) **~** concentrarsi su qc

kon·zent·risch ADJ concentrico

Kon·zept N ⟨-[e]s; -e⟩ **1** brutta copia *f*, minuta *f* **2** (*von Reden*) appunti *mpl*: **eine Rede ohne ~ halten** tenere un discorso senza (seguire degli) appunti scritti **3** (*Plan*) piano *m* ♦ **j-n aus dem ~ bringen** far perdere il filo (del discorso) a qn; **aus dem ~ geraten** (*od* **kommen**) perdere il filo (del discorso); *umg* **j-m nicht ins ~ passen** disturbare i piani di qn

Kon·zep·ti·on F ⟨-; -en⟩ concezione *f* **kon·zep·ti·ons·los** ADJ privo di un'idea portante

Kon·zern M ⟨-[e]s; -e⟩ complesso *m*, gruppo *m* (industriale): **ein multinationaler ~** un complesso multinazionale

Kon·zert N ⟨-[e]s; -e⟩ concerto *m*: **ins ~ gehen** andare al concerto **Kon·zert·abend** M serata *f* musicale **Kon·zert·agen·tur** F agenzia *f* organizzatrice di concerti

kon·zer·tiert ADJ concertato

Kon·zert·meis·ter M, **-in** F primo violino *m* **Kon·zert·saal** M sala *f* per (*od* dei) concerti

Kon·zes·si·on F ⟨-; -en⟩ concessione *f*: *form* **eine ~ erteilen/erwerben** accordare/ottenere una concessione; **j-m -en machen** fare concessioni a qn; **zu -en bereit** disposto a fare concessioni

Kon·zil N ⟨-s; -e *u.* -ien⟩ KIRCHE concilio *m*

kon·zi·li·ant ADJ conciliante, affabile

kon·zi·pie·ren VT **1** redigere, stendere **2** (*entwerfen*) concepire, ideare

Ko·ope·ra·ti·on F cooperazione *f* (*a.* WIRTSCH), collaborazione *f* **ko·ope·ra·tiv** **A** ADJ collaborativo **B** ADV con la collaborazione: **etw ~ lösen** risolvere qc collaborando **ko·ope·rie·ren** VI ⟨h.⟩ cooperare, collaborare

Ko·or·di·na·te F ⟨-; -n⟩ coordinata *f*

Ko·or·di·na·ti·on F ⟨-; -en⟩ coordinazione *f*

ko·or·di·nie·ren VT coordinare

Ko·pen·ha·gen N ⟨-s⟩ Copenhagen *f*

Kopf M ⟨-[e]s; Köpfe⟩ **1** testa *f*, capo *m* **2** **der ~ eines Nagels** la testa di un chiodo; **der ~ des Festzuges** la testa del corteo; **ein ~ Salat** una testa (*od* cespo) di insalata; (*rundliche Spitze*) **der ~ einer Stecknadel** la capocchia di uno spillo **3** (*Intelligenz, Gedächtnis*) mente *f*, testa *f*: **ein aufgeweckter ~** una mente pronta; **etw frisch im ~ haben** ricordare chiaramente qc; **das will mir nicht aus dem ~ gehen** non riesco a togliermelo dalla testa **4** (*Wille*) testa *f*: **seinen eigenen ~ haben** essere testardo; **seinen ~ durchsetzen** imporre la propria volontà **5** (*Einzelperson*) persona *f*, individuo *m*: **ein fähiger ~** una persona capace; **die Besatzung ist hundert Köpfe stark** l'equipaggio è composto di cento persone **6** (*Leiter*) capo *m*: **der ~ eines Unternehmens** il capo di un'impresa ♦ **~ an ~** testa a testa; **aus dem ~** a memoria; **von ~ bis Fuß** dalla testa ai piedi; (*total*) da cima a fondo; **nicht auf den ~ gefallen sein** non essere nato ieri, non essere stupido; **ich lasse es mir durch den ~ gehen** ci penso su (*od* sopra); **etw geht mir durch den ~** qc mi passa (*od* frulla) per la testa; **wie vor den ~ geschlagen sein** essere stordito, tramortito; **etw im ~ haben** avere in testa qc; *umg* **das hält man im ~ nicht aus** è insopportabile; **den ~ hängen lassen** perdersi d'animo; **Geld auf den ~ hauen** gettare i soldi dalla finestra; **für j-n/etw den ~ hinhalten müssen** dover pagare (*od* fare le spese) per qn/qc; **über j-s ~ hinweg** all'insaputa di qn; **~ hoch!** testa alta! coraggio!; **nicht ganz richtig im ~ sein** non avere il cervello a posto, essere un po' suonato; **~ und Kragen riskieren** rischiare la vita; **10 Euro pro ~** 10 euro a testa (*od* pro capite); **im ~ (aus)rechnen** calcolare mentalmente; **den ~ in den Sand stecken** fare lo struzzo; **sich** (*dat*) **etw aus dem ~ schlagen** togliersi qc dalla testa; **sich** (*dat*) **etw in den ~ setzen** mettersi (*od* ficcarsi) in testa qc; **auf dem ~ stehen** essere capovolto; (*Mensch*) stare a testa in giù; **nicht wissen, wo einem der ~ steht** non sapere dove si ha la testa; **mir steht der ~ nicht nach Ausgehen** non mi va di uscire; **der Ruhm/Wein steigt ihm in den** (*od* **zu**) **~** la fama/il vino gli dà alla testa; **etw auf den ~ stellen** capovolgere qc; *fig* mettere sottosopra qc; **j-n vor den ~ stoßen** fare una brutta sorpresa a qn; **j-m den ~ verdrehen** far perdere la testa a qn; **den ~ verlieren** perdere la testa; **die Arbeit wächst mir über den ~** sono sovraccarico di lavoro; **mit dem ~ durch die Wand wollen** volere l'impossibile; *fig* **j-m den ~ waschen** dare una lavata di capo a qn; **j-m etw an den ~ werfen** *fig* gettare qc in faccia a qn; **das will ihm nicht in den ~** non gli vuole entrare in testa; **~ oder Zahl** testa o croce; **sich** (*dat*) **über etw** (*akk*) **den ~ zerbrechen** rompersi la testa per qc; **j-m den ~ zurechtrücken** mettere la testa a posto a qn; **j-m etw auf den ~ zusagen** dire qc in faccia a qn; → kopfstehen

Kopf-an-Kopf-Ren·nen N corsa *f* testa a testa (*a. fig*)

Kopf·ar·beit F lavoro *m* intellettuale (*od* di testa) **Kopf·bahn·hof** M BAHN stazione *f* di testa **Kopf·ball** M tiro *m* di testa **Kopf·be·de·ckung** F copricapo *m*

Köpf·chen N ⟨-s; -⟩ **1** testolina *f* **2** *umg* cervello *m*: **~ haben** avere cervello

köp·fen VT **1** (*hinrichten*) decapitare **2** SPORT **den Ball ~** colpire il pallone di testa

Kopf·en·de N **1** (*von Bett*) testata *f* (del letto) **2** (*von Tisch*) cima *f*: **am ~ des Tisches** a capotavola **Kopf·geld** N taglia *f*: **auf j-n ist ein ~ ausgesetzt** sulla testa di qn pende una taglia **Kopf·haut** F cuoio *m* capelluto **Kopf·hö·rer** M cuffia *f* **Kopf·kis·sen** N cuscino *m* **kopf-**

K

las·tig ADJ **1** FLUG, SCHIFF appruato **2** *fig* cerebrale
Köpf·ler M ⟨-s; -⟩ *österr* tiro *m* di testa
kopf·los *fig* **A** ADJ sbadato **B** ADV senza testa **Kopf·ni·cken** N ⟨-s⟩ cenno *m* del capo **Kopf·nuss** F *umg* **1** scappellotto *m* (con le nocche, sulla testa) **2** (*Denkaufgabe*) rompicapo *m* **Kopf·rech·nen** N calcolo *m* mentale **Kopf·sa·lat** M (lattuga *f*) cappuccina *f* **kopf·scheu** ADJ *umg* **j-n ~ machen** intimidire qn **Kopf·schmerzen** PL mal *m* di testa ♦ *umg* **etw bereitet** (*od* **macht**) **j-m ~** qc procura grattacapi a qn **Kopf·schuss** M **1** colpo *m* (di arma da fuoco) alla testa **2** (*Schussverletzung*) ferita *f* (da arma da fuoco) alla testa ♦ *umg fig* **einen ~ haben** essere senza cervello **kopf·schüt·telnd** ADV scuotendo il capo **Kopf·sprung** M tuffo *m* di testa **Kopf·stand** M verticale *f* sul capo **kopf·ste·hen** V/I ⟨*irr*; h.⟩ **1** (*einen Kopfstand machen*) fare la verticale sul capo **2** *umg* (*bestürzt, verwirrt sein*) essere sottosopra **Kopf·stein·pflas·ter** N acciottolato *m* **Kopf·stim·me** F voce *f* di testa **Kopf·stüt·ze** F poggiatesta *m* **Kopf·tuch** N fazzoletto *m*, foulard *m* **kopf·über** ADV a capofitto **kopf·un·ter** ADV a testa in giù **Kopf·weh** N ⟨-[e]s⟩ *umg* mal *m* di testa **Kopf·zer·bre·chen** N ⟨-s⟩ rompicapo *m*: **~ bereiten** essere un rompicapo
Ko·pie F ⟨-; -n⟩ copia *f* **Ko·pier·be·fehl** M IT comando *m* copia **ko·pie·ren** V/T copiare (*a.* IT): **kopieren** (*als Befehl*) copia **Ko·pie·rer** M ⟨-s; -⟩ *umg*, **Ko·pier·ge·rät** N fotocopiatrice *f* **Ko·pier·schutz** M IT protezione *f* copia **Ko·pier·stift** M matita *f* copiativa
Ko·pi·lot M, **-in** F copilota *m/f*
Kop·pel¹ N ⟨-s; -⟩ MIL (*Gürtel*) cinturone *m*
Kop·pel² F ⟨-; -n⟩ **1** (*Weide*) pascolo *m* recintato **2** (*von Pferden*) tiro *m* **3** (*Leine*) guinzaglio *m*
kop·peln V/T **1** accoppiare **2** (*Fahrzeuge*) attaccare **3** TECH collegare: **das Telefon an einen Computer ~** collegare il telefono a un computer **4** *fig* porre in relazione, abbinare: **etw an bestimmte Bedingungen ~** porre qc in relazione a determinate condizioni **Kopp·lung** F ⟨-; -en⟩ **1** accoppiamento *m* (*a.* MECH, ELEK) **2** (*von Fahrzeugen*) agganciamento *m* **3** TECH *fig* collegamento *m*
Ko·ral·le F ⟨-; -n⟩ corallo *m*
Ko·ral·len·riff N barriera *f* corallina
Ko·ran M ⟨-s; -e⟩ Corano *m*
Korb M ⟨-[e]s; Körbe⟩ **1** cesto *m*; (*mit Henkel*) paniere *m*: **ein ~ voll**(**er**) **Eier** un cesto pieno di uova **2** (*der Spülmaschine*) cestello *m* **3** (*Korbgeflecht*) vimini *mpl* **4** (*Basketball*) canestro *m*: **einen ~ schießen** fare un canestro ♦ *umg* **einen ~ bekommen** prendersi un bidone; *umg* **j-m einen ~ geben** tirare un bidone a qn
Körb·chen N ⟨-s; -⟩ **1** cestino *m* **2** (*Schlafplatz für Hunde*) cuccia *f* **3** (*vom BH*) coppa *f* **Körb·chen·grö·ße** F misura *f* delle coppe
Korb·fla·sche F fiasco *m* **Korb·ge·flecht** N vimini *mpl* **Korb·ma·cher** M, **-in** F cestaio *m*, -a *f* **Korb·mö·bel** N mobile *m* di vimini **korb·wei·se** ADV a cesti
Kord M ⟨-[e]s; -e *u.* -s⟩ velluto *m* a coste
Kor·del F ⟨-; -n⟩ cordoncino *m*
Ko·rin·the F ⟨-; -n⟩ uva *f* passa
Kork M ⟨-[e]s; -e⟩ sughero *m* **Kork·ei·che** F ⟨-; -n⟩ quercia *f* da sughero
Kor·ken M ⟨-s; -⟩ tappo *m*: **der Wein schmeckt nach ~** il vino sa di tappo **Kor·ken·zie·her** M ⟨-s; -⟩ cavatappi *m*
Korn¹ N ⟨-[e]s; Körner⟩ **1** (*Samenkorn*) chicco *m*: **die Körner des Hafers** i chicchi dell'avena **2** (*Getreide*) grano *m*; cereali *mpl*: (**das**) **~ mähen** mietere il grano **3** granello *m*: **einige Körner Salz** alcuni granelli di sale **4** (*Körnung*) grana *f* (*a.* FOTO) **5** (*in Feuerwaffen*) mirino *m*: **das Ziel aufs ~ nehmen** mirare al bersaglio ♦ *umg* **j-n/etw aufs ~ nehmen** prendere di mira qn/qc
Korn² M ⟨-[e]s; -⟩ *umg* (*Schnaps*) acquavite *f* di grano
Korn·blu·me F fiordaliso *m*
Körn·chen N ⟨-s; -⟩ granellino *m* ♦ **ein ~ Wahrheit** un briciolo di verità
Korn·feld N campo *m* di grano
kör·nig ADJ **1** in grani, granulato **2** (*Oberfläche*) ruvido, granuloso
Korn·kam·mer F granaio *m*
Ko·ro·nar·ge·fäß N coronaria *f*
Kör·per M ⟨-s; -⟩ **1** corpo *m* (*a.* PHYS): **am ganzen ~ frieren** aver freddo in tutto il corpo **2** (*Körperbau*) corporatura *f*, fisico *m* **3** GEOM solido *m*
Kör·per·bau M corporatura *f*, fisico *m*
Kör·per·be·herr·schung F dominio

m del corpo **Kör·per·be·hin·der·te** M/F disabile *m/f*, portatore *m*, -trice *f* di handicap (fisico) **Kör·per·be·hin·de·rung** F disabilità *f*, handicap *m* fisico **Kör·per·chen** N ⟨-s; -⟩ corpuscolo *m* **kör·per·ei·gen** ADJ BIOL proprio dell'organismo **Kör·per·fül·le** F corpulenza *f* **Kör·per·ge·ruch** M odore *m* del corpo **Kör·per·grö·ße** F statura *f* **Kör·per·kraft** F forza *f* fisica

kör·per·lich **A** ADJ **1** corporale **2** fisico: **-e Anstrengungen** sforzi fisici **B** ADV **1** corporalmente: **j-n ~ bestrafen** punire qn corporalmente **2** fisicamente: **j-m ~ überlegen sein** essere superiore fisicamente a qn ♦ **-e Arbeit** lavoro manuale

kör·per·los ADJ incorporeo **Kör·per·öff·nung** F orifizio *m* corporeo **Kör·per·pfle·ge** F igiene *f* personale **Kör·per·pfle·ge·mit·tel** N prodotto *m* per la cura del corpo

Kör·per·schaft F ⟨-; -en⟩ JUR **1** corporazione *f* **2** organo *m*, ente *m*: **eine ~ des öffentlichen Rechts** un ente di diritto pubblico **Kör·per·schaft(s)·steu·er** F imposta *f* sulle imprese

Kör·per·spra·che F linguaggio *m* del corpo **Kör·per·teil** M parte *f* del corpo **Kör·per·ver·let·zung** F lesione *f* (personale): **vorsätzliche ~** lesione dolosa

Korps [koːɐ] N ⟨-; -⟩ **1** corpo *m* (*a.* MIL) **2** associazione *f* studentesca (goliardica)

kor·pu·lent ADJ corpulento

Kor·pu·lenz F ⟨-⟩ corpulenza *f*

kor·rekt ADJ corretto **Kor·rekt·heit** F ⟨-⟩ **1** esattezza *f* **2** (*korrektes Verhalten*) correttezza *f*

Kor·rek·tor M, **-to·rin** F ⟨-; -nen⟩ correttore *m*, -trice *f*

Kor·rek·tur F ⟨-; -en⟩ correzione *f* ♦ **~ lesen** leggere (*od* correggere) bozze

Kor·rek·tur·bo·gen M, **Kor·rek·turfah·ne** F bozza *f* (di stampa) **Kor·rek·tur·le·sen** N ⟨-s⟩ revisione *f* **Kor·rek·tur·zei·chen** N segno *m* di correzione

Kor·res·pon·dent M ⟨-en; -en⟩, **-in** F ⟨-; -nen⟩ corrispondente *m/f*

Kor·res·pon·denz F ⟨-; -en⟩ corrispondenza *f*: **mit j-m in ~ stehen** essere in corrispondenza con qn

kor·res·pon·die·ren V/I ⟨h.⟩ **1** essere in corrispondenza: **mit j-m französisch (über etw** [*akk*]**) ~** corrispondere con qn in francese (su qc) **2** (*entsprechen*) corrispondere: **mit etw ~** corrispondere a qc

Kor·ri·dor M ⟨-s; -e⟩ corridoio *m* (*a.* HIST)

kor·ri·gie·ren V/T correggere; (*verändern*) rettificare; (*Ansichten*) rivedere

kor·ro·die·ren **A** V/T corrodere **B** V/I ⟨s.⟩ corrodersi

Kor·ro·si·on F ⟨-; -en⟩ corrosione *f*

kor·ro·si·ons·be·stän·dig ADJ resistente alla corrosione **Kor·ro·si·ons·schutz** M protezione *f* contro la corrosione

kor·rum·pie·ren V/T corrompere

kor·rupt ADJ corrotto

Kor·rup·ti·on F ⟨-; -en⟩ corruzione *f*

Kor·se M ⟨-n; -n⟩ corso *m*

Kor·sett N ⟨-s; -s⟩ corsetto *m* ♦ *fig* **das starre ~ der Vorschriften** il rigido vincolo delle norme

Kor·si·ka N ⟨-s⟩ Corsica *f* **Kor·sin** F ⟨-; -nen⟩ corsa *f* **kor·sisch** ADJ corso

Kor·so M ⟨-s; -s⟩ **1** corso *m* **2** (*Demonstrationszug*) corteo *m* (di autoveicoli)

Ko·ry·phäe F ⟨-; -n⟩ = *grande esperto*; luminare *m*: **eine wissenschaftliche ~** un luminare della scienza

ko·scher ADJ kasher, kosher: **-e Speisen** cibi kasher ♦ *umg* **das ist nicht ganz ~** è piuttosto sospetto

ko·sen V/T coccolare **Ko·se·na·me** M vezzeggiativo *m*, nome *m* affettuoso

Ko·si·nus M ⟨-; - *u.* -se⟩ coseno *m*

Kos·me·tik F ⟨-⟩ **1** cosmetica *f* **2** *fig* operazione *f* cosmetica **Kos·me·ti·ke·rin** F ⟨-; -nen⟩ estetista *f* **Kos·me·tik·kof·fer** M beauty-case *m* **Kos·me·tik·sa·lon** M salone *m* di bellezza **Kos·me·ti·kum** N ⟨-s; Kosmetika⟩ cosmetico *m* **kos·me·tisch** ADJ cosmetico

kos·misch ADJ cosmico

Kos·mo·naut M ⟨-en; -en⟩, **-in** F ⟨-; -nen⟩ cosmonauta *m/f*

Kos·mo·po·lit M ⟨-en; -en⟩, **-in** F ⟨-; -nen⟩ cosmopolita *m/f* **kos·mo·po·li·tisch** ADJ cosmopolitico

Kos·mos M ⟨-⟩ cosmo *m*

Ko·so·vo M ⟨-s⟩ Kosovo *m*

Kost F ⟨-⟩ **1** (*Ernährung*) alimentazione *f*: **eine gesunde ~** un'alimentazione sana **2** (*Lebensmittel*) cibi *mpl*, alimenti *mpl* **3** *fig* nutrimento *m*: **geistige ~** nutrimento dello spirito ♦ **~ und Logis** vitto e allog-

gio; **j-n auf schmale ~ setzen** mettere qn a dieta
kost·bar ADJ (molto) prezioso **Kost·bar·keit** F ⟨-; -en⟩ **1** (*Gegenstand*) oggetto *m* prezioso (*od* di valore) **2** (*hoher Wert*) (grande) valore *m*, preziosità *f*
kos·ten[1] V/T **1** (*probieren*) assaggiare **2** (*erleben*) assaporare: **alle Vergnügen der Jugend ~** assaporare tutti i piaceri della gioventù
kos·ten[2] V/T (*Preis haben*) costare (*a. fig*): **wie viel** (*od* **was**) **kostet das?** quanto costa?; **etw kostet mich viel Mühe/Geld** qc mi costa molta fatica/molto denaro ♦ **sich eine Sache etwas ~ lassen** non badare a spese per una cosa; **das kostet nicht die Welt** non costa un'esagerazione; **koste es, was es wolle** costi quel che costi
Kos·ten PL spese *fpl*: **~ sparend** → kostensparend ♦ **auf eigene ~** a proprie spese; ♦ **auf j-s ~** a spese di qn; **das geht auf meine ~** questo lo pago io; *fig* **etw geht auf ~ der Gesundheit** qc va a scapito (*od* a spese) della salute; *fig* **auf seine ~ kommen** essere (*od* rimanere) soddisfatto

Kos·ten·auf·wand M costo *m*, spesa *f*: **mit einem ~ von ...** con una spesa di ... **Kos·ten·dämp·fung** F ⟨-⟩ contenimento *m* dei costi **kos·ten·de·ckend** ADJ che copre le spese **kos·ten·güns·tig** ADJ a basso costo **kos·ten·in·ten·siv** ADJ che comporta costi elevati **kos·ten·los** ADJ & ADV gratis **kos·ten·pflich·tig** ADJ con obbligo di pagamento (delle spese); soggetto a spese ♦ **-e Verwarnung** multa, contravvenzione **Kos·ten·punkt** M *umg* costo *m*; (*Preis*) prezzo *m* **kos·ten·spa·rend** ADJ che riduce le spese, in modo economico **Kos·ten·vor·an·schlag** M preventivo *m*
Kost·geld N retta *f*
köst·lich **A** ADJ **1** (*Essen*) squisito, delizioso **2** (*erlesen*) prelibato **3** (*lustig*) divertente **B** ADV **1** **~ schmecken** avere un sapore squisito **2** **sich ~ amüsieren** divertirsi un mondo
Kost·pro·be F **1** assaggio *m* **2** *fig* saggio *m* **kost·spie·lig** ADJ costoso
Kos·tüm N ⟨-s; -e⟩ **1** costume *m* **2** (*Damenbekleidung*) tailleur *m* **Kos·tüm·ball** M ballo *m* mascherato (*od* in maschera)
kos·tü·mie·ren V/R **sich ~** (tra)vestirsi; **sich als Clown ~** vestirsi da clown
Kost·ver·äch·ter M **kein ~ sein** non disprezzare i piaceri della vita
Kot M ⟨-[e]s; -e *u.* -s⟩ escrementi *mpl*
Ko·te·lett [kɔtˈlɛt] N ⟨-s; -s *u.* -e⟩ costoletta *f*
Ko·te·let·ten PL basette *fpl*
Kö·ter M ⟨-s; -⟩ *pej* cagnaccio *m*
Kot·flü·gel M parafango *m*
kot·zen V/I ⟨h.⟩ *umg* vomitare ♦ **etw ist zum Kotzen** qc fa schifo
Krab·be F ⟨-; -n⟩ granchio *m*
krab·beln V/I ⟨s.⟩ **1** camminare (di coleotteri) **2** (*Kind*) camminare a quattro zampe, gattonare
Krach M ⟨-[e]s; Kräche⟩ **1** (*Lärm*) chiasso *m* **2** (*lauter Schlag*) schianto *m* **3** *umg* lite *f*: **mit j-m ~ haben** avere una lite con qn ♦ **~ machen** (*od* **schlagen**) fare chiasso (*od* baccano); *fig* fare un putiferio
kra·chen **A** V/I **1** ⟨h.⟩ esplodere, rimbombare: **der Donner kracht** il tuono rimbomba; **der Schuss kracht** lo sparo esplode **2** *unpers* ⟨h.⟩ **an dieser Ecke kracht es oft** in questo angolo ci sono spesso degli scontri **3** ⟨s.⟩ (*krachend brechen*) rompersi **4** ⟨s.⟩ (*fallen*) abbattersi: **die Eiche krachte zu Boden** la quercia si abbatté a terra **5** ⟨s.⟩ (*kollidieren*) schiantarsi: **das Auto krachte gegen den Baum** l'auto si schiantò contro l'albero **B** V/R **sich** (**mit j-m**) **~** litigare (con qn) ♦ **gleich kracht's** tra un po' son botte
Kra·cherl N ⟨-s; -n⟩ *österr* limonata *f* (gassata)
kräch·zen V/I ⟨h.⟩ gracchiare (*a. fig*)
kraft PRÄP (+*gen*) *form* in virtù di
Kraft F ⟨-; Kräfte⟩ **1** forza *f*: **mit aller ~** con tutte le forze; **mit letzter ~** con le ultime forze rimaste PHYS **magnetische ~** forza magnetica; **elektrische ~** energia elettrica **2** (*Macht*) potere *m*: **alles tun, was in seinen Kräften steht** fare tutto ciò che è in proprio potere **3** (*Arbeitskraft*) lavoratore *m*; *pl* forza *f* lavoro **4** SCHIFF **mit voller/halber ~** a tutta/mezza forza ♦ **außer ~ setzen** invalidare, abolire; **außer ~ treten** cessare di essere in vigore; **aus eigener ~** con le proprie forze; **am Ende meiner ~** allo stremo delle mie forze; **etw in ~ setzen** far entrare in vigore qc; **in ~ treten/sein** entrare/essere in vigore; **wieder zu Kräften kommen** riprendere le forze; **die treibende ~** la forza

trainante; **etw mit vereinten Kräften erreichen** raggiungere qc unendo le forze **Kraft·akt** M atto *m* di forza, sforzo *m* (*a. fig*) **Kraft·an·stren·gung** F sforzo *m* fisico **Kraft·auf·wand** M dispendio *m* di energie **Kraft·aus·druck** M espressione *f* forte, volgare **Kraft·brü·he** F brodo *m* ristretto **Kraft·fah·rer** M, **-in** F autista *m/f*, conducente *m/f*

Kraft·fahr·zeug N autoveicolo *m*, automezzo *m* **Kraft·fahr·zeug·brief** M foglio *m* complementare **Kraft·fahr·zeug·schein** M libretto *m* di circolazione **Kraft·fahr·zeug·steu·er** F tassa *f* di circolazione **Kraft·fahr·zeug·ver·si·che·rung** F assicurazione *f* di autoveicolo

Kraft·feld N PHYS campo *m* di forze **Kraft·fut·ter** N cibo *m* concentrato

kräf·tig A ADJ 1 forte, robusto: **eine -e Konstitution** una costituzione forte (*od* robusta); **-e Farben** colori forti; *fig* **ein -er Ausdruck** un'espressione forte 2 (*Nahrung*) sostanzioso B ADV 1 in modo forte (*od* robusto): **~ gebaut sein** essere robusto; **~ regnen** piovere forte 2 (*energisch*) energicamente, vigorosamente **kräf·ti·gen** A V/T irrobustire, rinforzare B V/R **sich ~** rinforzarsi; (*erholen*) rinvigorirsi **Kräf·ti·gungs·mit·tel** N ricostituente *m*

kraft·los A ADJ 1 debole 2 JUR non valido, nullo B ADV senza forza

Kraft·pro·be F prova *f* di forza **Kraft·protz** M ⟨-en *u.* -es; -e[n]⟩ *umg* bravaccio *m* **Kraft·quel·le** F fonte *f* di energia **Kraft·stoff** M carburante *m* **Kraft·stoff·ver·brauch** M consumo *m* di carburante **kraft·strot·zend** ADJ che sprizza energia **kraft·voll** ADJ energico **Kraft·wa·gen** M autoveicolo *m* **Kraft·werk** N centrale *f* elettrica

Kra·gen M ⟨-s; -⟩ 1 bavero *m*: **den ~ hochschlagen** alzare il bavero 2 (*Hemdkragen*) collo *m*, colletto *m*: **ein steifer ~** un colletto duro; *fig umg* **j-m an den ~ wollen** voler prendere qn per il collo ♦ *umg* **es geht ihm an den ~** ne va della sua pelle; *umg* **ihm platzt der ~** va in bestia **Kra·gen·wei·te** F (misura *f* del) collo *m* ♦ *umg* **etw/j-d ist (nicht) meine ~** qc/qn (non) è di mio gusto

Krä·he F ⟨-; -n⟩ cornacchia *f* ♦ **eine ~ hackt der anderen kein Auge aus** cane non mangia cane

krä·hen V/I ⟨h.⟩ (*Hahn*) cantare **Krä·hen·fü·ße** PL *umg* zampe *fpl* di gallina

Kra·ke M ⟨-n; -n⟩ piovra *f*

kra·kee·len V/I ⟨h.⟩ *umg* fare baccano (*od* chiasso) **Kra·kee·ler** M ⟨-s; -⟩, **-in** F ⟨-; -nen⟩ *umg* chiassone *m*, -a *f*

Kra·ke·lei F ⟨-; -en⟩ *umg pej* 1 sgorbi *mpl*, scritturaccia *f* 2 (*Gekrakeltes*) scritto *m* illeggibile **kra·ke·lig** ADJ *umg* malfermo

Kral·le F ⟨-; -n⟩ 1 artiglio *m* 2 (*Parkkralle*) bloccaruota *m inv* ♦ *umg* **j-m die -n zeigen** mostrare i denti a qn

kral·len A V/T **die Finger** (*od* **Zehen**) **in etw** (*akk*) ~ piantare le unghie in qc; **die Hand um das Geländer ~** aggrapparsi con la mano alla ringhiera B V/R **sich ~** 1 avvinghiarsi: **seine Hand krallte sich um ihren Arm** la sua mano si avvinghiò al suo braccio 2 **sich an etw** (*akk*) **~** aggrapparsi a qc ♦ *umg* **sich** (*dat*) **etw ~** sgraffignare qc

Kram M ⟨-[e]s⟩ *umg pej* 1 (*Zeug*) roba(ccia) *f*, cianfrusaglie *fpl*: **das ist alles alter ~** sono tutte cianfrusaglie; **der ganze ~** tutta questa roba 2 (*Angelegenheit*) faccenda *f*, storia *f* ♦ **mach doch deinen ~ alleine!** sbrigatela da solo! arrangiati!; **j-m nicht in den ~ passen** non andare a genio a qn; **das passt mir in den ~** ciò mi capita proprio a fagiolo

kra·men A V/I ⟨h.⟩ *umg* rovistare, frugare: **in seinen Papieren ~** frugare tra le proprie carte; **nach etw ~** cercare qc rovistando B V/T *umg* scovare: **etw aus der Schublade ~** scovare qc in un cassetto

Krä·mer M ⟨-s; -⟩, **-in** F ⟨-; -nen⟩ bottegaio *m*, -a *f* (*a. pej*)

Kram·pe F ⟨-; -n⟩ graffa *f*

Krampf M ⟨-[e]s; Krämpfe⟩ 1 crampo *m*: **sie hat einen ~ im Bein bekommen** le è venuto un crampo alla gamba 2 (*Spasmus*) convulsione *f*: **von Krämpfen geschüttelt** scosso dalle convulsioni ♦ *umg* **der Film war ein ~!** il film era una schifezza!

Krampf·ader F vena *f* varicosa, varice *f* **Krampf·ader·ver·ödung** F ⟨-; -en⟩ MED angiosclerosi *f*

krampf·ar·tig ADJ spasmodico

kramp·fen A V/T 1 stringere: **die Finger/die Hände um etw ~** stringere le dita/le mani intorno a (*od* su) qc 2 conficcare: **die Finger ins Kissen ~** conficcare le dita nel cuscino B V/R **sich ~** 1 con-

trarsi **2** **sich um etw ~** stringere qc
krampf·haft ADJ **1** spasmodico; MED convulsivo **2** (*verbissen*) accanito, disperato **3** forzato: **ein -es Lächeln** un sorriso forzato **krampf·lö·send** ADJ antispastico
Kran M ⟨-[e]s; Kräne *u.* -e⟩ TECH gru *f*
Kra·nich M ⟨-s; -e⟩ ZOOL gru *f*
krank ADJ **1** (am)malato (*a. fig*): **~ vor Liebe** malato d'amore **2** *fig* in crisi: **ein -es Unternehmen** un'impresa in crisi **3** *umg* (*pervers*) aberrante ♦ **sich ~ fühlen** sentirsi male; *fig* **j-n ~ machen** fare ammalare (*od* fare star male) qn; **~ werden** ammalarsi
Kran·ke M/F ⟨-n; -n⟩ malato *m*, -a *f*
krän·keln V/I ⟨h.⟩ essere malaticcio
kran·ken V/I ⟨h.⟩ *fig* **an etw** (*dat*) **~** soffrire (*od* risentire) di qc
krän·ken V/T offendere
Kran·ken·be·richt M rapporto *m* medico **Kran·ken·be·such** M visita *f* a un malato **Kran·ken·bett** N capezzale *m*: **an j-s ~ sitzen** sedere al capezzale di qn **Kran·ken·blatt** N cartella *f* clinica **Kran·ken·geld** N indennità *f* di malattia **Kran·ken·ge·schich·te** F anamnesi *f* **Kran·ken·gym·nas·tik** F ginnastica *f* medica (*od* correttiva)
Kran·ken·haus N ospedale *m*: **im ~ liegen** essere all'ospedale **Kran·ken·haus·auf·ent·halt** M degenza *f* ospedaliera **kran·ken·haus·reif** ADJ da portare all'ospedale ♦ **j-n ~ schlagen** mandare qn all'ospedale a forza di botte
Kran·ken·kas·se F mutua *f* **Kran·ken·pfle·ge** F assistenza *f* sanitaria **Kran·ken·pfle·ger** M infermiere *m* **Kran·ken·schein** M foglio *m* del libretto della mutua **Kran·ken·schwes·ter** F infermiera *f* **Kran·ken·stand** M numero *m* di (*od* degli) ammalati **kran·ken·ver·si·chert** ADJ assicurato contro le malattie **Kran·ken·ver·si·che·rung** F assicurazione *f* sanitaria **Kran·ken·wa·gen** M autoambulanza *f*
krank·fei·ern V/I ⟨h.⟩ *umg* darsi malato
krank·haft ADJ patologico (*a. fig*)
Krank·heit F ⟨-; -en⟩ malattia *f*: **eine schleichende ~** una malattia subdola; **eine ~ bekommen** prendere una malattia; *fig* **eine ~ unserer Zeit** una malattia del nostro tempo
Krank·heits·bild N quadro *m* clinico **Krank·heits·er·re·ger** M agente *m* patogeno **krank·heits·hal·ber** ADV per (causa di) malattia **Krank·heits·herd** M focolaio *m* di (*od* della) malattia
krank·la·chen V/R *umg* **sich ~** crepare dal ridere, sganasciarsi dalle risa
kränk·lich ADJ malaticcio, cagionevole
krank·ma·chen V/I ⟨h.⟩ darsi malato **krank·mel·den** V/R **sich ~** darsi malato, mettersi in malattia **Krank·mel·dung** F denuncia *f* di malattia **krank·schrei·ben** V/T ⟨*irr*⟩ **j-n ~** certificare la malattia di qn; **j-n zwei Tage ~** prescrivere due giorni di malattia a qn ♦ **sich ~ lassen** mettersi in malattia ♦ **krankgeschrieben sein** essere in malattia
Krän·kung F ⟨-; -en⟩ offesa *f*
Kranz M ⟨-es; Kränze⟩ corona *f*, ghirlanda *f*: **ein ~ aus Tannenzweigen** una corona di ramoscelli di abete; **Blumen zum ~ binden** intrecciare una ghirlanda di fiori
Kränz·chen N ⟨-s; -⟩ cerchia *f* (di signore); riunione *f* (di signore)
Krap·fen M ⟨-s; -⟩ krapfen *m*, crafen *m*
krass **A** ADJ estremo; **ein -er Unterschied** una differenza enorme; **ein -er Irrtum** un errore grossolano **B** ADV **etw zeigt sich sehr ~** qc si presenta con estrema evidenza; **sich sehr ~ ausdrücken** esprimersi in modo molto crudo
Kra·ter M ⟨-s; -⟩ cratere *m*
kratz·bürs·tig ADJ scontroso
Krät·ze F ⟨-⟩ MED scabbia *f*
krat·zen **A** V/T **1** graffiare: **j-n mit den Nägeln ~** graffiare qn con le unghie **2** (*abkratzen*) grattare, raschiare **3** (*einritzen*) incidere **B** V/I ⟨h.⟩ **1** (*mit den Nägeln*) graffiare **2** grattare: **die Feder kratzt** la penna gratta **3** pungere: **der Pullover ~** la maglia punge **4** raschiare: **mit dem Messer im Topf ~** raschiare con il coltello nella pentola; *unpers* **es kratzt mir** (*od* **mich**) **im Hals** sento un raschio in gola **C** V/R **sich ~** grattarsi ♦ *umg* **das kratzt mich nicht** non mi tocca
Krat·zer M ⟨-s; -⟩ **1** (*Kratzspur*) graffio *m* **2** (*Gerät zum Kratzen*) raschietto *m*
krat·zig ADJ ruvido (*a. fig*); (*Wein*) aspro ♦ **eine -e Stimme** una voce roca
Kratz·wun·de F graffiatura *f*
krau·len[1] V/T (*streicheln*) accarezzare, lisciare: **j-n am Bart ~** lisciare la barba a qn
krau·len[2] V/I ⟨h., s.⟩ (*schwimmen*) nuota-

re a stile libero (*od* a crawl) **Kraul·schwim·men** N stile *m* libero, crawl *m*
kraus ADJ **1** (*Haar*) crespo **2** (*verworren*) intricato, arruffato: **-e Reden** discorsi intricati; **-e Gedanken** pensieri confusi → krausziehen
Krau·se F ⟨-; -n⟩ **1** gorgiera *f*, collare *m* increspato **2** *umg* (*Haar*) permanente *f*
kräu·seln **A** V/T increspare **B** V/R **sich ~** **1** incresparsi **2** (*Haar*) arricciarsi
kraus·haa·rig ADJ dai capelli crespi
kraus·zie·hen V/T ⟨*irr*⟩ **die Stirn ~** corrugare la fronte; **die Nase ~** arricciare il naso
Kraut N ⟨-[e]s; Kräuter⟩ **1** erba *f* aromatica **2** (*Kohl*) cavolo *m*; (*Sauerkraut*) crauti *mpl* **3** *umg* tabacco *m* scadente ♦ *umg* **gegen etw ist kein ~ gewachsen** contro qc non c'è rimedio; *umg* **wie ~ und Rüben** sottosopra; **ins ~ schießen** mettere troppe foglie; *fig* crescere a dismisura
Kräu·ter·bad N bagno *m* di erbe curative **Kräu·ter·es·sig** M aceto *m* aromatico **Kräu·ter·kä·se** M formaggio *m* alle erbe **Kräu·ter·li·kör** M liquore *m* alle erbe **Kräu·ter·tee** M infuso *m* d'erbe **Kräu·ter·weib** N *obs* erbaiola *f*
Kra·wall M ⟨-s; -e⟩ **1** tumulto *m* **2** *umg* (*Lärm*) putiferio *m*: **~ machen** fare un putiferio ♦ **~ schlagen** fare una scenata
Kra·wall·ma·cher M *umg*, **-in** F attaccabrighe *m/f*
Kra·wat·te F ⟨-; -n⟩ cravatta *f*: **sich** (*dat*) **die ~ (um)binden** annodarsi la cravatta **Kra·wat·ten·na·del** F fermacravatta *m*
Kra·xe F ⟨-; -n⟩ *österr umg* (*Rückentrage*) gerla *f*
kra·xeln V/I ⟨s.⟩ *umg* arrampicarsi
Kre·a·ti·on F ⟨-; -en⟩ creazione *f* **kre·a·tiv** ADJ creativo **Kre·a·ti·vi·tät** F ⟨-⟩ creatività *f*
Kre·a·tur F ⟨-; -en⟩ creatura *f*: **eine arme ~** un poveraccio; **eine gemeine ~** un farabutto
Krebs M ⟨-es; -e⟩ **1** gambero *m*; (*Krabbe*) granchio *m* **2** MED cancro *m*: **~ haben** avere un cancro; **~ erregend** → krebserregend **3** ASTROL Cancro *m*: **Beate ist ~** Beate è del Cancro **krebs·ar·tig** ADJ canceroso
kreb·sen V/I **1** ⟨h.⟩ *umg* (*sich abmühen*) sfacchinare **2** ⟨s.⟩ *umg* muoversi a fatica (*a. fig*)
krebs·er·re·gend ADJ cancerogeno
Krebs·for·schung F oncologia *f* **Krebs·früh·er·ken·nung** F ⟨-⟩ diagnosi *f* precoce (di cancro) **Krebs·ge·schwulst** F carcinoma *m* **Krebs·ge·schwür** N ulcerazione *f* carcinomatosa **Krebs·kran·ke** M/F malato *m*, -a *f* di cancro **Krebs·vor·sor·ge** F prevenzione *f* del cancro **Krebs·zel·le** F cellula *f* cancerosa
kre·den·zen V/T offrire
Kre·dit M ⟨-[e]s; -e⟩ credito *m*: **einen ~ aufnehmen** accendere un credito; **j-m Kredit geben** fare credito a qn; **auf ~ kaufen** comprare a credito; *fig* **bei j-m ~ genießen** avere credito presso qn **kre·dit·fä·hig** ADJ degno di fido **Kre·dit·ge·ber** M, **-in** F concessionario *m*, -a *f* del credito **Kre·dit·hai** M *umg* strozzino *m*
kre·di·tie·ren **A** V/T **1** dare a credito **2** (*gutschreiben*) accreditare **B** V/I ⟨h.⟩ fare credito: **j-m ~** fare credito a qn
Kre·dit·in·sti·tut N istituto *m* di credito **Kre·dit·kar·te** F carta *f* di credito **Kre·dit·neh·mer** M, **-in** F beneficiario *m*, -a *f* del credito **kre·dit·wür·dig** ADJ degno di credito
Krei·de F ⟨-; -n⟩ **1** GEOL creta *f* **2** (*zum Schreiben, Zeichnen*) gesso *m*, gessetto *m* ♦ *umg* **bei j-m tief in der ~ sein** (*od* **stehen**) essere indebitato fino al collo con qn
krei·de·bleich ADJ bianco come un lenzuolo **Krei·de·fel·sen** M roccia *f* cretacea **Krei·de·zeich·nung** F disegno *m* a gessetto **Krei·de·zeit** F (periodo *m*) cretaceo *m*
kre·ie·ren V/T ideare
Kreis M ⟨-es; -e⟩ **1** cerchio *m* (*a.* GEOM): **im ~ sitzen** essere seduti in cerchio **2** (*Runde*) cerchia *f*, circolo *m*: **ein exklusiver ~** un circolo esclusivo; **der ~ der Leser** la cerchia dei lettori **3** *pl* gruppi *mpl*: **einflussreiche -e** gruppi influenti **4** (*Milieu*) ambiente *m*: **in den besten -en verkehren** frequentare gli ambienti più esclusivi **5** (*Verwaltung*) distretto *m* ♦ **das kommt in den besten -en vor** capita nelle migliori famiglie; **sich im ~ bewegen/drehen** muoversi/girare in cerchio, *fig* girare a vuoto; **im engsten ~** fra pochi intimi; **j-s -e stören** disturbare (i piani di) qn; *fig* (**seine**) **-e ziehen** estendersi, diffondersi
Kreis·ab·schnitt M segmento *m* circo-

K

lare **Kreis·aus·schnitt** M settore *m* circolare **Kreis·bahn** F orbita *f* **Kreis·be·we·gung** F movimento *m* rotatorio
krei·schen V/I ⟨h.⟩ 1 (*schreien*) strillare 2 stridere, cigolare: **die Bremsen ~** i freni stridono **krei·schend** ADJ stridulo
Krei·sel M ⟨-s; -⟩ trottola *f* **Krei·sel·kom·pass** M bussola *f* giroscopica
krei·sen V/I 1 ⟨h., s.⟩ ruotare, girare: **der Mond kreist um die Erde** la luna ruota intorno alla terra; **der Hund kreist um das Beet** il cane gira intorno all'aiuola; *fig* **immer um dieselbe Frage ~** girare sempre intorno allo stesso problema 2 ⟨h., s.⟩ (*fließen*) circolare 3 ⟨h.⟩ fare delle rotazioni: **mit den Armen ~** fare delle rotazioni con le braccia ♦ *fig* **die Flasche ~ lassen** far girare la bottiglia
kreis·för·mig A ADJ (di forma) circolare B ADV in cerchio **Kreis·lauf** M 1 ciclo *m*: **der ~ des Lebens** il ciclo della vita 2 (*Blutkreislauf*) circolazione *f*: **den ~ anregen** stimolare la circolazione 3 TECH circuito *m*
Kreis·lauf·schwä·che F insufficienza *f* circolatoria **Kreis·lauf·ver·sa·gen** N ⟨-s; -⟩ blocco *m* circolatorio
kreis·rund ADJ circolare, rotondo
Kreis·sä·ge F sega *f* circolare
Kreiß·saal M sala *f* parto
Kreis·stadt F capoluogo *m* (del distretto) **Kreis·um·fang** M circonferenza *f* **Kreis·ver·kehr** M circolazione *f* rotatoria **Kreis·ver·wal·tung** F amministrazione *f* distrettuale
Kre·ma·to·ri·um N ⟨-s; Krematorien⟩ (forno *m*) crematorio *m*
Kreml M ⟨-[s]; -⟩ Cremlino *m*
Krem·pe F ⟨-; -n⟩ tesa *f*, falda *f*
Krem·pel M ⟨-s⟩ *pej* roba *f*
Kren M ⟨-[e]s⟩ *österr* cren *m*, barbaforte *m*
kre·pie·ren V/I ⟨s.⟩ 1 scoppiare, esplodere 2 *umg* (*sterben*) crepare
Krepp M ⟨-s; -s *u.* -e⟩ crespo *m*: **~ de Chine** crespo cinese **Krepp·pa·pier** N carta *f* crespata **Krepp·soh·le** F suola *f* di para
Kres·se F ⟨-; -n⟩ lepidio *m*, *umg* crescione *m*
Kre·ta N ⟨-s⟩ Creta *f*
kreuz: **~ und quer** in lungo e in largo
Kreuz N ⟨-es; -e⟩ 1 croce *f* (*a. fig*): **es ist ein ~ mit ihm!** è una bella croce (da sopportare)!; **das ~ schlagen** farsi il segno della croce 2 (*Kruzifix*) crocifisso *m* 3 (*im Kartenspiel*) fiori *mpl* 4 MUS diesis *m* 5 (*Rücken*) reni *fpl*: **Schmerzen im ~ haben** avere dolori alle reni ♦ **aufs ~ fallen** cadere sull'osso sacro; *fig* rimanere di sasso; **zu -e kriechen** umiliarsi; *fig* **j-n aufs ~ legen** fregare qn; **das Rote ~** la croce rossa **Kreuz·band** N ⟨-[e]s; -bänder⟩ ANAT legamento *m* crociato **Kreuz·bein** N osso *m* sacro
kreu·zen A V/T incrociare (*a.* BIOL) B V/I ⟨h., s.⟩ FLUG, SCHIFF incrociare C V/R **sich ~** 1 incrociarsi (*a. fig*) 2 (*zuwiderlaufen*) essere opposto, divergere
Kreu·zer M ⟨-s; -⟩ SCHIFF incrociatore *m*
Kreuz·fah·rer M HIST crociato *m* **Kreuz·fahrt** F 1 (*auf Schiff*) crociera *f* 2 HIST crociata *f* **Kreuz·feu·er** N ⟨-s⟩ fuoco *m* incrociato ♦ **ins ~ (der Kritik) geraten** essere preso di mira (dalla critica) **Kreuz·gang** M chiostro *m* **Kreuz·ge·wöl·be** N ARCH volta *f* a crociera
kreu·zi·gen V/T crocifiggere **Kreu·zi·gung** F ⟨-; -en⟩ crocifissione *f*
Kreuz·ot·ter F ⟨-; -n⟩ marasso *m* **Kreuz·rit·ter** M crociato *m* **Kreuz·schlitz·schrau·ben·dre·her** M cacciavite *m* a croce **Kreuz·schlüs·sel** M chiave *f* a croce **Kreuz·schmerz** M dolore *m* alle reni **Kreuz·spin·ne** F ragno *m* crociato **Kreuz·stich** M punto *m* croce
Kreu·zung F ⟨-; -en⟩ incrocio *m* (*a.* BIOL)
Kreuz·ver·hör N interrogatorio *m* in contraddittorio; *fig* **j-n ins ~ nehmen** fare un interrogatorio a qn **Kreuz·weg** M 1 bivio *m*: **an einem ~ stehen** essere a un bivio (*a. fig*) 2 REL via *f* crucis **Kreuz·wort·rät·sel** N parole *fpl* crociate **Kreuz·zug** M crociata *f* (*a. fig*)
krib·be·lig ADJ *umg* impaziente; (*irritiert*) irritato **krib·beln** V/I 1 ⟨h.⟩ prudere, pungere: **mein Rücken kribbelt** mi prude la schiena; **der Pullover kribbelt** la maglia punge 2 ⟨h.⟩ *fig* **es kribbelt mir in den Fingern, ihm eine runterzuhauen** muoio dalla voglia di dargli uno schiaffo 3 ⟨s.⟩ (*wimmeln*) formicolare, brulicare
krie·chen V/I ⟨kroch, gekrochen; s.⟩ strisciare (*a. fig*): **vor Vorgesetzten ~** strisciare davanti ai superiori ♦ *fig* **die Zeit kriecht** il tempo scorre lentamente
krie·chend ADJ BOT rampicante **Krie-**

K

cher M ⟨-s; -⟩, **-in** F ⟨-; -nen⟩ *pej* leccapiedi *m/f inv* **krie·che·risch** ADJ strisciante, servile
Kriech·spur F **1** strisciata *f* **2** AUTO corsia *f* per veicoli lenti **Kriech·tier** N rettile *m*
Krieg M ⟨-[e]s; -e⟩ guerra *f*: **einem Land den ~ erklären** dichiarare guerra a un paese; **im ~ stehen** essere in guerra; **in den ~ ziehen** andare in guerra; **mit j-m ~ führen** fare guerra a qn; **~ führend** belligerante; **der Kalte ~** la guerra fredda
krie·gen V/T **1** ricevere: **ein Geschenk/einen Befehl ~** ricevere un regalo/un ordine **2** prendere: **30 Euro für die Stunde ~** prendere 30 euro all'ora; **Schläge ~** prendere botte; **ein Jahr Gefängnis ~** beccare un anno di prigione; **einen Schrecken ~** prendersi uno spavento; **Angst ~** prendere paura; **einen Dieb ~** acciuffare un ladro **3** avere: **Gäste ~** avere ospiti; **Risse ~** creparsi; **etw billig ~** avere qc per poco **4** **j-n dazu ~, etw zu tun** portare qn a fare qc **5** **etw durch die Tür ~** riuscire a far passare qc attraverso la porta; **den Ball ins Netz ~** riuscire a far andare la palla in rete **6** **etw zu sehen/zu kaufen ~** avere la possibilità di vedere/di comprare qc **7** **etw geschenkt/geliehen ~** ricevere qc in regalo/in prestito ♦ **es ist zum junge Hunde ~** c'è da impazzire; **es mit j-m zu tun ~** avere presto a che fare con qn; **was ~ Sie?** che cosa desidera? *umg*; **zu viel ~** averne abbastanza
Krie·ger M ⟨-s; -⟩, **-in** F ⟨-; -nen⟩ *obs* guerriero *m*, -a *f*; combattente *m/f* **krie·ge·risch** ADJ **1** bellicoso: **ein -es Volk** un popolo bellicoso **2** (*militärisch*) bellico, militare
Krieg·füh·rung F strategia *f* di guerra ♦ **psychologische ~** guerra psicologica
Kriegs·beil N ascia *f* di guerra: *fig* **das ~ begraben** sotterrare l'ascia di guerra **Kriegs·be·richt·er·stat·ter** M, **-in** F corrispondente *m/f* di guerra **Kriegs·be·schä·dig·te** M/F ⟨-n; -n⟩ mutilato *m*, -a *f* **Kriegs·dienst** M servizio *m* militare **Kriegs·dienst·ver·wei·ge·rer** M ⟨-s; -⟩ obiettore *m* di coscienza **Kriegs·er·klä·rung** F dichiarazione *f* di guerra **Kriegs·film** M film *m* di guerra **Kriegs·flot·te** F flotta *f* militare **Kriegs·fuß** M *fig* (*a. hum*) **mit j-m auf (dem) ~ stehen** essere sul piede di guerra con qn; **mit etw auf (dem) ~ stehen** non riuscire bene in qc **Kriegs·ge·fan·ge·ne** M/F prigioniero *m*, -a *f* di guerra **Kriegs·ge·fan·gen·schaft** F prigionia *f* **Kriegs·geg·ner** M, **-in** F **1** nemico *m*, -a *f* (in guerra) **2** (*Gegner des Kriegs*) pacifista *m/f* **Kriegs·ge·richt** N tribunale *m* militare **Kriegs·ge·winn·ler** M ⟨-s; -⟩, **-in** F ⟨-; -nen⟩ profittatore *m*, -trice *f* (di guerra) **Kriegs·hin·ter·blie·be·ne** PL vedove *fpl* e orfani *mpl* di guerra **Kriegs·in·va·li·de** M, **-din** F invalido *m*, -a *f* di guerra **Kriegs·ka·me·rad** M, **-in** F compagno *m*, -a *f* d'armi **Kriegs·kind** N bambino *m* nato durante la guerra **Kriegs·ma·ri·ne** F marina *f* militare **Kriegs·ma·te·ri·al** N materiale *m* bellico **Kriegs·op·fer** N vittima *f* della guerra **Kriegs·pfad** M *fig* **auf dem ~ sein** essere sul sentiero di guerra **Kriegs·rat** M *fig* **~ abhalten** tenere un consiglio di guerra **Kriegs·recht** N diritto *m* di guerra **Kriegs·schau·platz** M teatro *m* di guerra **Kriegs·schiff** N nave *f* da guerra **Kriegs·schuld** F responsabilità *f* della guerra **Kriegs·spiel** N **1** gioco *m* della guerra **2** MIL simulazione *f* bellica **Kriegs·tanz** M danza *f* di guerra **Kriegs·teil·neh·mer** M, **-in** F combattente *m/f* **Kriegs·to·te** M/F morto *m*, -a *f* in guerra **Kriegs·trei·ber** M, **-in** F guerrafondaio *m*, -a *f* **Kriegs·ver·bre·cher** M, **-in** F criminale *m/f* di guerra **Kriegs·ver·sehr·te** M/F ⟨-n; -n⟩ mutilato *m*, -a *f* di guerra **Kriegs·zu·stand** M stato *m* di guerra
Krim F ⟨-⟩ Crimea *f*
Kri·mi M ⟨-s; -s⟩ giallo *m*, poliziesco *m*
Kri·mi·nal·be·am·te M, **-be·am·tin** F funzionario *m*, -a *f* di polizia giudiziaria **Kri·mi·nal·film** M film *m* giallo **Kri·mi·nal·ge·schich·te** F **1** racconto *m* poliziesco, giallo *m* **2** storia *f* criminale
kri·mi·na·li·sie·ren V/T **1** criminalizzare **2** (*zur Kriminalität verführen*) avviare alla criminalità, indurre al crimine
Kri·mi·na·list M ⟨-en; -en⟩, **-in** F ⟨-; -nen⟩ **1** funzionario *m*, -a *f* di polizia giudiziaria **2** docente *m/f* di diritto penale
Kri·mi·na·li·tät F ⟨-⟩ criminalità *f*, delinquenza *f*
Kri·mi·nal·kom·mis·sar M, **-in** F commissario *m*, -a *f* di polizia giudiziaria **Kri·mi·nal·po·li·zei** F polizia *f* giudi-

ziaria **Kri·mi·nal·po·li·zist** M, **-in** F agente m/f di polizia giudiziaria **Kri·mi·nal·ro·man** M (romanzo *m*) giallo *m*

kri·mi·nell A ADJ 1 criminale, criminoso: **ein -es Verhalten** un comportamento criminoso; **-e Methoden anwenden** usare metodi criminali 2 (*strafbar*) costitutivo di reato B ADV come un criminale ♦ **-e Vereinigung** associazione a delinquere

Kri·mi·nel·le M/F ⟨-n; -n⟩ criminale *m/f*

Krims·krams M ⟨-[es]⟩ *umg* cianfrusaglie *fpl*

Krin·gel M ⟨-s; -⟩ 1 (*Schnörkel*) ghirigoro *m* 2 GASTR ciambella *f*

krin·ge·lig ADJ **sich ~ lachen** sbellicarsi dalle risa

krin·geln V/R **sich ~** 1 arrotolarsi 2 (*Haare*) arricciarsi ♦ *umg* **es ist zum Kringeln** c'è da crepare dal ridere

K

Kri·po F ⟨-; -s⟩ *umg* polizia *f* giudiziaria

Krip·pe F ⟨-; -n⟩ 1 (*Futtertrog*) greppia *f*, mangiatoia *f* 2 (*Weihnachtskrippe*) presepe *m* 3 (*Kinderkrippe*) (asilo *m*) nido *m*

Krip·pen·spiel N recita *f* di Natale

Kri·se F ⟨-; -n⟩ crisi *f* (*a.* MED): **in einer ~ sein** (*od* **stecken**) essere in crisi; **in eine ~ geraten** entrare in (una) crisi **kri·seln** V/I *unpers* **es kriselt** c'è (una) crisi

kri·sen·fest ADJ esente da crisi **Kri·sen·ge·biet** N POL zona *f* di crisi **Kri·sen·herd** M zona *f* di crisi, punto *m* critico **Kri·sen·ma·nage·ment** [-mɛnɛdʒmənt] N POL gestione *f* della crisi **Kri·sen·stab** M comitato *m* anticrisi

Kris·tall[1] M ⟨-s; -e⟩ CHEM cristallo *m*

Kris·tall[2] N ⟨-s⟩ (*Glas*) cristallo *m*

kris·tal·len ADJ di cristallo

Kris·tall·glas N 1 cristallo *m* 2 (*Trinkgefäß*) bicchiere *m* di cristallo

kris·tal·li·nisch ADJ cristallino

Kris·tal·li·sa·ti·on F ⟨-; -en⟩ cristallizzazione *f* **kris·tal·li·sie·ren** V/I ⟨h.⟩ & V/R **sich ~** CHEM *fig* cristallizzarsi

Kri·te·ri·um N ⟨-s; Kriterien⟩ criterio *m*

Kri·tik F ⟨-; -en⟩ 1 critica *f*: **an j-m/etw ~ äußern** (*od* **üben**) fare (*od* muovere) una critica a qn/qc 2 (*Gruppe der Kritiker*) **die ~ beurteilte den Roman unterschiedlich** sul romanzo la critica espresse pareri discordi 3 (*Besprechung*) recensione *f*, critica *f* ♦ *umg* **unter aller ~ sein** essere molto scadente

Kri·ti·ker M ⟨-s; -⟩, **-in** F ⟨-; -nen⟩ critico *m* **kri·tik·los** ADJ privo di senso critico **kri·tisch** ADJ critico; (*entscheidend*) decisivo

kri·ti·sie·ren V/T 1 criticare: **etw scharf ~** criticare qc aspramente 2 (*besprechen*) recensire

Krit·ze·lei F ⟨-; -en⟩ *umg pej* scarabocchio *m* **krit·zeln** V/T scarabocchiare

Kro·a·te M ⟨-n; -n⟩ croato *m* **Kro·a·ti·en** N ⟨-s⟩ Croazia *f* **Kro·a·tin** F ⟨-; -nen⟩ croata *f* **kro·a·tisch** ADJ croato

kroch → kriechen

Kro·kant M ⟨-s⟩ croccante *m*

Kro·ket·te F ⟨-; -n⟩ crocchetta *f* (di patate)

Kro·ko·dil N ⟨-s; -e⟩ coccodrillo *m* **Kro·ko·dils·trä·nen** PL *umg* **~ vergießen** (*od* **weinen**) versare lacrime da coccodrillo

Kro·kus M ⟨-; - *u.* -se⟩ croco *m*

Kro·ne F ⟨-; -n⟩ 1 corona *f* 2 (*von Wellen*) cresta *f* 3 BOT (*von Blumen*) corolla *f* ♦ *umg* **das setzt allem die ~ auf** questo è il colmo; **dir bricht kein Zacken aus der ~** non muori (*od* ti sprechi) mica

krö·nen V/T 1 incoronare (*a. fig*): **j-n zum König ~** incoronare qn re 2 *fig* coronare: **seine Mühen waren von Erfolg gekrönt** i suoi sforzi furono coronati dal successo

Kro·nen·kor·ken M tappo *m* a corona

Kron·ju·wel N/M gioiello *m* della Corona **Kron·kor·ken** M tappo *m* a corona **Kron·leuch·ter** M lampadario *m* **Kron·prinz** M principe *m* ereditario **Kron·prin·zes·sin** F principessa *f* ereditaria

Krö·nung F ⟨-; -en⟩ 1 incoronazione *f* 2 *fig* coronamento *m*

Kron·zeu·ge M, **-zeu·gin** F JUR testimone *m/f* della corona; (*Reumütiger*) pentito *m*, -a *f*

Kropf M ⟨-[e]s; Kröpfe⟩ gozzo *m*

kross ADJ croccante

Krö·sus M ⟨- *u.* -ses; -se⟩ creso *m*

Krö·te F ⟨-; -n⟩ 1 rospo *m* (*a. fig*) 2 *pl umg* (*Geld*) soldi *mpl*, quattrini *mpl*

Krü·cke F ⟨-; -n⟩ 1 gruccia *f*, stampella *f*: **an -n gehen** camminare con le stampelle 2 (*Griff*) manico *m*, impugnatura *f* 3 *umg* (*unfähiger Mensch*) incapace *m*

Krück·stock M bastone *m*

Krug M ⟨-[e]s; Krüge⟩ brocca *f*, boccale *m*: **ein ~ (mit) Wasser** una brocca d'acqua; **ein ~ voll Wein** un boccale pieno di vino

Kru·me F ⟨-; -n⟩ **1** (*Krümel*) briciola *f* **2** (*Inneres vom Brot*) mollica *f* **3** AGR strato *m* superiore del terreno
Krü·mel M ⟨-s; -⟩ briciola *f* **krü·me·lig** ADJ **1** (*was krümelt*) che si sbriciola **2** (*voller Krümel*) coperto di briciole **krü·meln** V/I ⟨h.⟩ **1** sbriciolarsi **2** (*Krümel machen*) fare briciole
krumm ADJ **1** storto: **-e Beine** gambe storte **2** curvo: **-e Linien** linee curve; **ein -er Rücken** una schiena curva **3** (*hakenförmig*) adunco: **eine -e Nase** un naso adunco (*od* aquilino) **4** *umg fig* poco pulito: **eine -e Sache** una faccenda poco pulita ♦ **ein -er Betrag** un importo decimale; **etw ~ biegen** piegare, incurvare qc; **~ gehen** (*gebückt*) camminare gobbo; *fig* → krummgehen **sich ~ halten** stare curvo; *umg fig* **etw auf die -e Tour machen** fare qc di losco; **~ werden** incurvarsi; → krummlegen, krummnehmen
krumm·bei·nig ADJ con le gambe storte
krüm·men **A** V/T **1** piegare: **den kleinen Finger ~** piegare il mignolo **2** (in)curvare (*a. fig*): **das Alter hat ihren Rücken gekrümmt** l'età le ha incurvato la schiena **B** V/R **sich ~** **1** (in)curvarsi, piegarsi **2** (*sich winden*) contorcersi: **sich vor Schmerzen ~** contorcersi dal dolore ♦ **j-m kein Haar ~** non torcere un capello a qn
krumm·ge·hen V/I ⟨*irr*; s.⟩ *fig* (*schieflaufen*) andare storto **krumm·la·chen** V/R *umg* **sich ~** contorcersi dalle risate **krumm·le·gen** V/R *umg* **sich ~** vivere di stenti **krumm·li·nig** ADJ curvilineo **krumm·neh·men** V/T ⟨*irr*⟩ *umg* prendere a male
Krüm·mung F ⟨-; -en⟩ **1** curva *f*, (in)curvatura *f* **2** GEOM curvatura *f*
Krupp M ⟨-s⟩ MED difterite *f* laringea
Krup·pe F ⟨-; -n⟩ groppa *f*
Krüp·pel M ⟨-s; -⟩ storpio *m*, -a *f*: **j-n zum ~ machen** storpiare qn **krüp·pe·lig** ADJ **1** storpio **2** (*Bäume*) deforme, storto
Krus·te F ⟨-; -n⟩ crosta *f* **Krus·ten·tier** N crostaceo *m* **krus·tig** ADJ crostoso
Kru·zi·fix N ⟨-es; -e⟩ crocifisso *m*
Kryp·ta F ⟨-; Krypten⟩ cripta *f*
Ku·ba N ⟨-s⟩ Cuba *f*
Kü·bel M ⟨-s; -⟩ mastello *m*; (*Eimer*) secchio *m*; (*für Pflanzen*) vaso *m* (di legno)
Ku·bik·in·halt M cubatura *f*, capacità *f* (cubica) **Ku·bik·me·ter** M/N metro *m* cubo **Ku·bik·zahl** F numero *m* cubico, cubo *m*
ku·bisch ADJ cubico **Ku·bis·mus** M ⟨-⟩ cubismo *m* **Ku·bist** M ⟨-en; -en⟩, **-in** F ⟨-; -nen⟩ cubista *m/f* **ku·bis·tisch** ADJ cubista
Ku·bus M ⟨-; Kuben⟩ GEOM, MATH cubo *m*
Kü·che F ⟨-; -n⟩ **1** cucina *f*: **in der ~ stehen** stare in cucina **2** **die italienische ~** la cucina italiana **3** piatti *mpl*: **kalte/warme ~** piatti freddi/caldi ♦ **in Teufels ~ kommen** mettersi nei guai
Ku·chen M ⟨-s; -⟩ dolce *m*, torta *f*: **kleine ~** paste, pasticcini
Kü·chen·ab·fäl·le PL rifiuti *mpl* di cucina **Kü·chen·ar·beit** F lavoro *m* di cucina
Ku·chen·bä·cker M, **-in** F pasticciere *m*, -a *f*
Ku·chen·blech N teglia *f* (per dolci)
Kü·chen·chef M, **-in** F capocuoco *m*, -a *f*, chef *m*
Ku·chen·form F forma *f* da dolce **Ku·chen·ga·bel** F forchetta *f* da dolce
Kü·chen·ge·rät N **1** utensile *m* da cucina **2** (*elektrisch*) elettrodomestico *m* da cucina **Kü·chen·hil·fe** F aiuto *m* di cucina **Kü·chen·kräu·ter** PL erbe *fpl* aromatiche **Kü·chen·meis·ter** M, **-in** F capocuoco *m*, -a *f* **Kü·chen·mes·ser** N coltello *m* da cucina **Kü·chen·per·so·nal** N personale *m* di cucina **Kü·chen·scha·be** F scarafaggio *m* **Kü·chen·schrank** M credenza *f*, buffet *m*
Ku·chen·teig M impasto *m* del dolce
Ku·chen·tel·ler M piattino *m* da dolce
Kü·chen·tisch M tavolo *m* da cucina
Kü·chen·tuch N canovaccio *m*, strofinaccio *m* **Kü·chen·zei·le** F monoblocco *m*
Ku·ckuck M ⟨-s; -e⟩ **1** cuculo *m* **2** *hum* sigillo *m* (dell'ufficiale giudiziario) ♦ *umg* **hol's der ~!** al diavolo! ♦ **wer, zum ~, hat das getan?** chi diavolo è stato?
Ku·ckucks·ei N *umg* sorpresa *f* spiacevole, fregatura *f* **Ku·ckucks·uhr** F orologio *m* a cucù
Kud·del·mud·del M/N ⟨-s⟩ confusione *f*, guazzabuglio *m*
Ku·fe F ⟨-; -n⟩ pattino *m*
Kü·fer M ⟨-s; -⟩, **-in** F ⟨-; -nen⟩ cantiniere *m*, -a *f*

Ku·gel F ⟨-; -n⟩ **1** sfera *f* **2** (*beim Kegeln*) boccia *f* **3** (*Weihnachtskugel*) pallina *f* **4** (*Geschoss*) palla *f*, pallottola *f* **5** SPORT peso *m* ♦ *umg* **eine ruhige ~ schieben** battere la fiacca

Ku·gel·fang M **1** parapalle *m* **2** *fig* scudo *m* **ku·gel·för·mig** ADJ sferico **Ku·gel·ge·lenk** N TECH giunto *m* sferico **Ku·gel·ha·gel** M *fig* pioggia *f* di proiettili

ku·ge·lig ADJ **1** sferico, tondo **2** *fig* (*von dicken Menschen*) tondo, rotondetto

Ku·gel·la·ger N cuscinetto *m* a sfere

ku·geln **A** V/T (far) rotolare **B** V/R **sich ~** rotolarsi **C** V/I ⟨s.⟩ rotolare ♦ *umg* **das ist zum Kugeln** c'è da morir dal ridere

ku·gel·rund ADJ **1** rotondo, sferico **2** *hum* (*dick*) rotondetto **Ku·gel·schrei·ber** M penna *f* a sfera, biro *f* **ku·gel·si·cher** ADJ antiproiettile **Ku·gel·sto·ßen** N ⟨-s⟩ SPORT lancio *m* del peso

K

Kuh F ⟨-; Kühe⟩ mucca *f*, vacca *f* ♦ **blöde ~** oca; **heilige ~** vacca sacra

Kuh·dorf N *pej* paesucolo *m* **Kuh·fla·den** M sterco *m* di mucca (*od* di vacca) **Kuh·glo·cke** F campanaccio *m* **Kuh·han·del** M *pej* mercanteggiamento *m* **Kuh·haut** F *umg* **das geht auf keine ~** questo è il colmo

kühl **A** ADJ **1** fresco: **-e Luft** aria fresca **2** freddo (*a. fig*): **~ (zu j-m) sein** essere freddo (nei confronti di qn); *umg* **einen -en Kopf bewahren** conservare la mente lucida **B** ADV **1** al fresco: **etw ~ lagern** tenere qc al fresco **2** **etw ~ servieren** servire qc freddo; *fig* **etw ~ erwidern** ribattere qc freddamente **Kühl·an·la·ge** F impianto *m* di refrigerazione **Kühl·be·cken** N (*in Kernkraftwerk*) piscina *f* di raffreddamento **Kühl·box** F ghiacciaia *f* portatile

Kuh·le F ⟨-; -n⟩ fossa *f*

Küh·le F ⟨-⟩ **1** fresco *m* **2** *fig* freddezza *f*

küh·len V/T **1** raffreddare (*a.* TECH) **2** (*erfrischen*) rinfrescare

Küh·ler M ⟨-s; -⟩ AUTO radiatore *m* **Küh·ler·grill** M griglia *f* del radiatore **Küh·ler·hau·be** F convogliatore *m* (dell'aria) del radiatore

Kühl·haus N magazzino *m* frigorifero **Kühl·mit·tel** N refrigerante *m* **Kühl·raum** M cella *f* frigorifera **Kühl·schrank** M frigorifero *m* **Kühl·ta·sche** F borsa *f* termica **Kühl·tru·he** F congelatore *m* **Kühl·turm** M torre *f* di raffreddamento

Küh·lung F ⟨-; -en⟩ **1** raffreddamento *m* **2** (*Industrie*) refrigerazione *f*

Kühl·wa·gen M carro *m* frigorifero; (*Lkw*) camion *m* frigorifero **Kühl·was·ser** N ⟨-s⟩ AUTO acqua *f* di raffreddamento

kühn ADJ ardito, audace: **eine -e Tat** un'azione ardita; **-e Ideen** idee audaci **Kühn·heit** F ⟨-; -en⟩ ardimento *m*, audacia *f*

Kuh·po·cken PL vaiolo *m* vaccino

k. u. k. (= kaiserlich und königlich) HIST imperiale e regio

Kü·ken N ⟨-s; -⟩ pulcino *m*

ku·lant ADJ HANDEL compiacente, condiscendente: **-e Preise** prezzi modici **Ku·lanz** F ⟨-⟩ compiacenza *f*

Ku·li[1] M ⟨-s; -s⟩ *pej* (*Arbeiter*) facchino *m*: **wie ein ~ arbeiten müssen** dover sfacchinare

Ku·li[2] M ⟨-s; -s⟩ *umg* (*Kugelschreiber*) biro *f*

ku·li·na·risch ADJ culinario

Ku·lis·se F ⟨-; -n⟩ **1** THEAT quinta *f*: **hinter den -n** dietro le quinte (*a. fig*) **2** *fig* scenario *m*: *umg* **das ist doch alles nur ~** è tutta scena

kul·lern *umg* **A** V/T far rotolare **B** V/I ⟨s.⟩ rotolare

kul·mi·nie·ren V/I ⟨h.⟩ culminare

Kult M ⟨-[e]s; -e⟩ culto *m* (*a. fig*): **mit j-m/etw einen (richtigen) ~ treiben** avere un (vero) culto per qn/qc **Kult·fi·gur** F idolo *m* **Kult·film** M cult movie *m* **Kult·hand·lung** F azione *f* rituale

kul·ti·vie·ren V/T *fig* coltivare (*a. fig*)

kul·ti·viert **A** ADJ **1** (*gebildet*) colto **2** (*vornehm*) distinto **B** ADV **1** educatamente: **sich ~ benehmen** comportarsi educatamente **2** (*vornehm*) in modo raffinato

Kul·tur F ⟨-; -en⟩ **1** civiltà *f*: **die altgriechische ~** la civiltà greca antica **2** *bes* PL cultura *f*: **primitive -en** culture primitive **3** (*Bildung*) cultura *f*: **ein Mensch von hoher ~** una persona di grande cultura **4** (*Kultiviertheit*) raffinatezza *f*: **keine ~ besitzen** essere rozzo **5** AGR coltivazione *f* **6** BIOL, MED coltura *f*

Kul·tur·aus·tausch M scambio *m* culturale **Kul·tur·be·trieb** M *umg* vita *f* culturale **Kul·tur·beu·tel** M nécessaire *m* (per la toilette) **Kul·tur·denk·mal** N monumento *m* storico

kul·tu·rell ADJ culturale **Kul·tur·er·be** N eredità *f* culturale **Kul·tur·ge·schich·te** F storia *f* della civiltà **kul·tur·ge·schicht·lich** ADJ storico--culturale **Kul·tur·gut** N bene *m* culturale **Kul·tur·haupt·stadt** F **Europäische** ~ città *f* europea della cultura **Kul·tur·land·schaft** F paesaggio *m* antropizzato **Kul·tur·le·ben** N vita *f* culturale **kul·tur·los** ADJ senza cultura **Kul·tur·pflanze** F pianta *f* coltivata **kul·tur·po·li·tisch** ADJ politico-culturale **Kul·tur·stät·te** F centro *m* (*od* luogo *m*) culturale **Kul·tur·stu·fe** F livello *m* culturale **Kul·tur·trä·ger** M, **-in** F portatore *m*, -trice *f* di cultura **Kul·tur·volk** N popolo *m* civile

Kul·tus·mi·nis·ter M, **-in** F ministro *m*, -a *f* dell'Istruzione **Kul·tus·mi·nis·te·ri·um** N, F ministero *m* dell'Istruzione

Küm·mel M ⟨-s; -⟩ cumino *m*

Kum·mer M ⟨-s⟩ dispiacere *m*, dolore *m*: ~ **haben** avere dei dispiaceri; **vor** ~ **sterben** morire dal (*od* di) dolore ♦ **j-m** ~ **machen** dare preoccupazioni a qn

küm·mer·lich ADJ misero

küm·mern **A** VR **sich um j-n/etw** ~ occuparsi di qn/qc **B** VT riguardare, interessare: **das kümmert dich nicht** questo non ti riguarda; **was kümmert's mich?** che me ne importa?

kum·mer·voll **A** ADJ pieno di dispiaceri, afflitto **B** ADV con afflizione

Kum·pan M ⟨-s; -e⟩, **-in** F ⟨-; -nen⟩ *umg* **1** compagno *m*, -a *f* **2** (*Mittäter*) *pej* compare *m*, comare *f*

Kum·pel M ⟨-s; -⟩ **1** (*Bergmann*) minatore *m* **2** *umg* (*Arbeitskollege*) compagno *m* di lavoro **3** (*Freund*) amico *m* **kum·pel·haft** ADJ da compagnone

künd·bar ADJ **1** revocabile **2** HANDEL redimibile: **eine -e Anleihe** un prestito redimibile **3** (*Person*) licenziabile

Kun·de[1] M ⟨-n; -n⟩ (*in Geschäft*) cliente *m*: **-n werben** attirare clienti; **hier ist der ~ König** il cliente ha sempre ragione

Kun·de[2] F ⟨-⟩ *obs* **1** (*Botschaft*) notizia *f*: **j-m gute ~ bringen** portare buone notizie a qn **2** (*Kenntnis*) conoscenza *f*: **von etw** (*od* **über etw** (*akk*)) ~ **erhalten** venire a conoscenza di qc

Kun·den·dienst M **1** servizio *m* (di assistenza ai) clienti **2** (*Abteilung*) ufficio *m* assistenza (ai clienti) **Kun·den·fang** M accaparramento *m* di clienti **Kun·den·kre·dit·kar·te** F fidelity card *f inv*, carta *f* privativa **Kun·den·kreis** M clientela *f* **Kun·den·wer·bung** F propaganda *f*

Kund·ge·bung F ⟨-; -en⟩ (*Versammlung*) dimostrazione *f*, manifestazione *f*

kun·dig ADJ esperto, competente: **des Deutschen** (**nicht**) ~ **sein** (non) sapere bene il tedesco

kün·di·gen **A** VT **1** (*Vertrag*) disdire; (*Kredit*) revocare; (*Gelder*) richiamare: **j-m die Wohnung** ~ dare lo sfratto a qn **2** *fig* **j-m die Freundschaft** ~ rompere l'amicizia con qn; **j-m den Gehorsam** ~ rifiutarsi di obbedire a qn **3** *umg* **j-n** ~ licenziare qn **B** VI ⟨h.⟩ **1** **j-m** ~ licenziare qn **2** (*sein Arbeitsverhältnis lösen*) dare le dimissioni: **zum Ersten** ~ dare le dimissioni dal primo (del mese)

Kün·di·gung F ⟨-; -en⟩ **1** disdetta *f*, revoca *f* **2** (*Kündigungsfrist*) preavviso *m* **3** (*Entlassung*) licenziamento *m* **4** (*Aufgabe einer Stelle*) dimissioni *fpl* **5** (*Kündigungsschreiben*) lettera *f* di licenziamento; (*von Arbeitnehmerseite*) (lettera *f* di) dimissioni *fpl*

Kün·di·gungs·frist F **1** termine *m* (*od* periodo *m*) di disdetta **2** (*bei Arbeitsverhältnissen*) preavviso *m*: **mit monatlicher** ~ con preavviso di un mese **Kün·di·gungs·schutz** M tutela *f* (*od* protezione *f*) contro licenziamenti ingiustificati

Kun·din F ⟨-; -nen⟩ cliente *f*

Kund·schaft F ⟨-; -en⟩ clientela *f*, clienti *mpl*

Kund·schaf·ter M ⟨-s; -⟩, **-in** F ⟨-; -nen⟩ esploratore *m*, -trice *f*

kund·tun VT ⟨*irr*⟩ comunicare, rendere noto

künf·tig **A** ADJ futuro **B** ADV in (*od* nel) futuro; (*von nun an*) d'ora innanzi

Kunst F ⟨-; Künste⟩ **1** arte *f* (*a. fig*): **die ärztliche** ~ l'arte medica; **seine Künste zeigen** far mostra delle proprie arti **2** opere *fpl* d'arte: ~ **sammeln** collezionare opere d'arte ♦ **Akademie der** (**schönen**) **Künste** Accademia d'Arte (*od* delle Belle Arti); **mit seiner ~ am Ende sein** non sapere più che fare; **das ist keine ~!** non ci vuole molta scienza!; **nach allen Regeln der** ~ a regola d'arte; **die Schwarze** ~ la magia; **was macht die ~?** come va?

Kunst·aka·de·mie F accademia *f* delle Belle Arti **Kunst·dün·ger** M concime *m* artificiale **Kunst·eis·bahn** F pista *f* di ghiaccio artificiale **Kunst·er·zie·hung** F educazione *f* artistica **Kunst·fa·ser** F fibra *f* sintetica **Kunst·feh·ler** M errore *m* (di medico) **kunst·fer·tig** ADJ abile **Kunst·flug** M volo *m* acrobatico **Kunst·ge·gen·stand** M oggetto *m* d'arte **kunst·ge·recht** ADJ (fatto) a regola d'arte **Kunst·ge·schich·te** F storia *f* dell'arte **Kunst·ge·wer·be** N arte *f* applicata (*od* industriale) **Kunst·griff** M artificio *m* **Kunst·han·del** M commercio *m* di oggetti d'arte **Kunst·hand·werk** N artigianato *m* artistico **Kunst·hoch·schu·le** F accademia *f* delle Belle Arti **Kunst·le·der** N finta pelle *f*

Künst·ler M ⟨-s; -⟩ **1** artista *m*: **ein freischaffender ~** un artista indipendente **2** *fig* maestro *m* **Künst·le·rin** F ⟨-; -nen⟩ artista *f* **künst·le·risch** ADJ artistico

künst·lich ADJ **1** artificiale: **-e Intelligenz** intelligenza artificiale **2** (*unecht*) finto: **ein -es Fenster** una finta finestra **3** sintetico **4** (*gekünstelt*) artificioso ♦ **j-n ~ ernähren** nutrire qn artificialmente; **~ schmecken** avere un sapore artefatto; *umg* **sich ~ aufregen** agitarsi inutilmente

Kunst·ma·ler M, **-in** F pittore *m*, -trice *f* **Kunst·pau·se** F pausa *f* a effetto **Kunst·rich·tung** F tendenza *f* artistica **Kunst·samm·ler** M, **-in** F collezionista *m/f* di oggetti d'arte **Kunst·schät·ze** PL patrimonio *m* artistico **Kunst·sei·de** F seta *f* artificiale **Kunst·sprin·gen** N ⟨-s⟩ tuffi *mpl* (artistici) **Kunst·stoff** M (materia *f*) plastica *f* **kunst·stoff·be·schich·tet** ADJ plastificato **kunst·stop·fen** V/T riparare con rammendi invisibili **Kunst·stück** N pezzo *m* di bravura ♦ **akrobatische -e** acrobazie; *umg iron* **das ist kein ~** bella forza! **Kunst·tisch·ler** M, **-in** F ebanista *m/f* **kunst·ver·stän·dig** ADJ intenditore d'arte **kunst·voll** ADJ artistico **Kunst·werk** N **1** opera *f* d'arte **2** (*Meisterwerk*) capolavoro *m*

kun·ter·bunt ADJ *umg* **ein -es Durcheinander** una grande confusione

Kup·fer N ⟨-s; -⟩ rame *m* **Kup·fer·blech** N lamiera *f* di rame **Kup·fer·draht** M filo *m* di rame **kup·fer·hal·tig** ADJ contenente rame **Kup·fer·kes·sel** M paiolo *m* di rame

kup·fern ADJ **1** di rame **2** scintillante come rame, con riflessi ramati

Kup·fer·ste·cher M ⟨-s; -⟩, **-in** F ⟨-; -nen⟩ calcografo *m*, -a *f*, incisore *m*, -a *f* su rame **Kup·fer·stich** M calcografia *f*, incisione *f* su rame

ku·pie·ren V/T mozzare: **einem Hund den Schwanz ~** mozzare la coda a un cane; **kupierte Ohren** orecchie mozze

Ku·pon [kupˈõː] M ⟨-s; -s⟩ tagliando *m*

Kup·pe F ⟨-; -n⟩ **1** (*Bergkuppe*) cocuzzolo *m* **2** (*Fingerkuppe*) polpastrello *m*

Kup·pel F ⟨-; -n⟩ cupola *f*

Kup·pe·lei F ⟨-; -en⟩ **1** *pej* ruffianeria *f* **2** JUR lenocinio *m*

kup·peln **A** V/T **1** (*koppeln*) accoppiare, agganciare **2** TECH (*verbinden*) collegare **B** V/I ⟨h.⟩ **1** AUTO innestare la frizione **2** (*Kuppelei betreiben*) fare il ruffiano

Kupp·ler M ⟨-s; -⟩, **-in** F ⟨-; -nen⟩ ruffiano *m*, -a *f*, mezzano *m*, -a *f*

Kupp·lung F ⟨-; -en⟩ **1** agganciamento *m* **2** AUTO frizione *f*: **die ~ loslassen/treten** lasciar andare/schiacciare la frizione **Kupp·lungs·schei·be** F disco *m* della frizione

Kur F ⟨-; -en⟩ cura *f*: **zur** (*od* **in**) **~ fahren** andare a fare un soggiorno di cura

Kür F ⟨-; -en⟩ SPORT esercizio *m* libero

Ku·ra·tor M ⟨-s; -en⟩, **-to·rin** F amministratore *m*, -trice *f* fiduciario *m*, -a *f* **Ku·ra·to·ri·um** N ⟨-s; Kuratorien⟩ consiglio *m* di amministrazione

Kur·bel F ⟨-; -n⟩ manovella

kur·beln **A** V/I ⟨h.⟩ girare una (*od* la) manovella **B** V/T spostare girando una manovella: **das Fenster in die Höhe ~/nach unten ~** alzare/abbassare il finestrino

Kur·bel·wel·le F MECH albero *m* a gomiti; AUTO albero *m* motore

Kür·bis M ⟨-ses; -se⟩ zucca *f* (*a. umg fig*)

Kur·de M ⟨-n; -n⟩ curdo *m* **Kur·din** F ⟨-; -nen⟩ curda *f* **kur·disch** ADJ curdo

kü·ren V/T eleggere: **j-n zum Mann des Jahres ~** eleggere qn uomo dell'anno

Kur·fürst M HIST principe *m* elettore **Kur·fürs·ten·tum** N HIST elettorato *m*

Kur·gast M ospite *m/f* di un luogo di cura **Kur·haus** N stabilimento *m* terapeutico

Ku·rie F ⟨-; -n⟩ curia *f*

Ku·rier M ⟨-s; -e⟩ fattorino *m* per recapiti rapidi, Pony Express® *m inv* **Ku·rier·dienst** M servizio *m* di recapito rapido,

Pony Espress® *m inv*

ku·rie·ren VT curare, guarire: **j-n** (**von etw**) **~** guarire qn da qc ♦ *umg* **davon bin ich kuriert** questa mi è passata

Ku·rie·rin F ⟨-; -nen⟩ fattorina *f* per recapiti rapidi, Pony Espress® *f inv*

ku·ri·os ADJ curioso, strano

Ku·ri·o·si·tät F ⟨-; -en⟩ curiosità *f*

Kur·ort M luogo *m* di cura **Kur·park** M parco *m* di un luogo *m* di cura **Kur·pfu·scher** M ciarlatano *m*; *umg pej* (*schlechter Arzt*) medicastro *m* **Kur·pfu·sche·rei** F ciarlataneria *f* **Kur·pfu·sche·rin** F ciarlatana *f*; *umg pej* (*schlechte Ärztin*) medicastra *f*

Kurs M ⟨-es; -e⟩ **1** corso *m*: **einen ~ besuchen** frequentare (*od* fare) un corso **2** (*Fahrtrichtung*) rotta *f*: **einen ~ einschlagen** tracciare una rotta; **~ auf Berlin/auf die Antarktis nehmen** fare rotta su Berlino/per l'Antartide **3** *fig* POL indirizzo *m*: **einen bestimmten politischen ~ einschlagen** prendere un determinato indirizzo politico **4** WIRTSCH (*Börsenkurs*) quotazione *f*; (*von Devisen*) cambio *m*: **zum ~ von** al cambio di **5** SPORT percorso *m* (di gara) ♦ *fig* **bei j-m hoch im ~ stehen** essere molto apprezzato da qn

Kurs·än·de·rung F **1** cambiamento *m* di rotta **2** *fig* cambiamento *m* di corso **3** WIRTSCH variazione *f* del corso **Kurs·an·stieg** M rialzo *m* delle quotazioni **Kurs·buch** N orario *m* ferroviario (generale)

Kur·schat·ten M *hum* amante *m/f* (nel periodo delle cure termali)

Kürsch·ner M ⟨-s; -⟩, **-in** F ⟨-; -nen⟩ pellicciaio *m*, -a *f*

kur·sie·ren VI ⟨h., s.⟩ circolare (*a. fig*)

kur·siv **A** ADJ corsivo **B** ADV in corsivo: **~ drucken** stampare in corsivo

Kurs·kor·rek·tur F **1** correzione *f* di rotta (*a. fig*) **2** WIRTSCH correzione *f* del cambio (*od* della quotazione) **Kurs·lei·ter** M, **-in** F docente *m/f* del corso **Kurs·schwan·kung** F oscillazione *f* dei corsi **Kurs·teil·neh·mer** M, **-in** F partecipante *m/f* ad un corso, corsista *m/f*

Kur·sus M ⟨-; Kurse⟩ corso *m*

Kurs·ver·lust M perdita *f* sul cambio **Kurs·wa·gen** M BAHN carrozza *f* diretta **Kurs·wech·sel** M → Kursänderung **Kurs·wert** M quotazione *f* di borsa

Kur·ta·xe F tassa *f* di soggiorno

Kur·ti·sa·ne F ⟨-; -n⟩ cortigiana *f*

Kur·ve F ⟨-; -n⟩ curva *f* (*a.* GEOM): **eine scharfe ~** una curva a gomito; **sich in die ~ legen** piegare in curva; FLUG **eine weite ~ fliegen** fare un'ampia virata; *umg* ♦ **die ~ kratzen** svignarsela; *umg* **die ~** (**nicht**) **kriegen** (non) farcela; **gut/schlecht in der ~ liegen** essere/non essere stabile in curva

kur·ven VI ⟨s.⟩ **1** curvare, svoltare: **um die Ecke ~** voltare l'angolo **2** FLUG virare **3** *umg* **durch eine Stadt ~** girare una città

kur·ven·för·mig ADJ curvilineo

Kur·ver·wal·tung F azienda *f* di cura e soggiorno

kur·vig ADJ **1** curvo **2** (*kurvenreich*) con molte curve

kurz **A** ADJ **1** corto **2** (*nicht ausgedehnt*) breve: **eine -e Strecke** un breve tragitto **3** (*knapp*) **-e Antworten** brevi risposte **4** (*von geringer Dauer*) **ein -er Urlaub** una breve vacanza; **die Zeit** (**dafür**) **ist zu ~** c'è troppo poco tempo (per questo) **5** (*rasch*) rapido: **einen -en Blick auf etw** (*akk*) **werfen** dare una rapida occhiata a qc **B** ADV **1** rapidamente: **etw ~ entscheiden** decidere qc rapidamente **2** (*barsch*) in fretta: **j-n ~ abfertigen** liquidare qn con poche parole **3** (per) poco tempo: **~ an einem Ort bleiben** restare poco in un posto **4** un attimo, un momento: **könntest du das Buch ~ halten?** potresti tenere il libro un momento? **5** (*mit wenigen Worten*) brevemente **6** (*vor Präpositionen*) poco, appena: **~ nach Mitternacht** poco dopo mezzanotte; **~ vor Berlin** poco prima di Berlino ♦ **~ atmen** avere il fiato corto; **~ danach** (*od* **darauf**) poco dopo; **~ davor** poco tempo prima; **~ entschlossen** senza esitare; **ein -es Gedächtnis** una memoria corta; **~** (**gesagt**) per dirla in breve, in due parole; **~ und gut** per farla breve, insomma; **die Haare ~ schneiden** tagliare i capelli corti; **etw ~ und klein schlagen** fare a pezzi qc; (**bei etw**) **zu ~ kommen** essere svantaggiato (in qc); **über ~ oder lang** prima o poi; **um es ~ zu machen** per farla breve; **mach's ~!** falla breve!; **seit Kurzem** da poco (tempo); **vor Kurzem** poco tempo fa; **in -er Zeit** in breve; → kurzfassen, kurzhalten

Kurz·ar·beit F (lavoro *m* a) orario *m* ridotto (obbligato) **Kurz·ar·bei·ter**

K

M, **-in** F chi lavora a orario ridotto **kurz·är·me·lig** ADJ con le maniche corte **kurz·at·mig** ADJ che ha il fiato corto **Kurz·be·richt** M 1 breve resoconto *m* 2 breve servizio *m*

Kur·ze M ⟨-n; -n⟩ *umg* corto *m* (circuito)

Kür·ze F ⟨-⟩ 1 l'essere corto: **die ~ des Haars** i capelli corti 2 (*kurze Dauer, Länge*) brevità *f*: **die ~ einer Strecke/des Lebens** la brevità di un percorso/della vita 3 (*Knappheit*) concisione *f*: **die ~ des Stils** la concisione dello stile ♦ **in aller ~** brevemente; **in ~** tra breve

Kür·zel N ⟨-s; -⟩ 1 stenogramma *m*, segno *m* stenografico 2 (*Abkürzung*) abbreviazione *f*

kür·zen V/T 1 accorciare: **die Ärmel** (**um drei Zentimeter**) **~** accorciare le maniche (di tre centimetri); **einen Text ~** accorciare un testo 2 (*Nägel*) tagliare 3 (*verringern*) ridurre (*a.* MATH)

kür·zer ADJ ⟨*komp von* **kurz**⟩ 1 più corto; più breve 2 (*relativ kurz*) (piuttosto) corto; (piuttosto) breve ♦ **etw ~ machen** accorciare qc; (*zeitlich*) abbreviare qc; **~ werden** diventare più corto, accorciarsi; **den Kürzeren ziehen** avere la peggio, rimetterci, essere svantaggiato; → kürzertreten

kur·zer·hand ADV senza esitare, su due piedi: **sich ~ zu etw entschließen** decidere qc su due piedi

kür·zer·tre·ten V/I ⟨*irr; h.*⟩ fare economie; (*sich schonen*) riguardarsi

kür·zest... ADJ ⟨*sup von* **kurz**⟩ (il) più corto; (il) più breve ♦ **auf dem -en Weg** nel modo più breve (possibile); **in -er Zeit** nel più breve tempo (possibile)

kurz·fas·sen V/R **sich ~** essere breve (*od* conciso) **Kurz·fas·sung** F versione *f* ridotta **Kurz·film** M cortometraggio *m* **Kurz·form** F forma *f* abbreviata **kurz·fris·tig** ADJ 1 (*ohne Ankündigung*) improvviso, dell'ultimo momento 2 a breve termine (*od* scadenza): **ein -er Vertrag** un contratto a breve termine 3 rapido: **-e Lösungen suchen** cercare rapide soluzioni **Kurz·ge·schich·te** F racconto *m* breve **kurz·hal·ten** V/T ⟨*irr*⟩ **j-n ~** dare pochi soldi a qn **kurz·le·big** ADJ effimero

kürz·lich ADV poco tempo fa, di recente

Kurz·park·zo·ne F area *f* di parcheggio a sosta breve **kurz·schlie·ßen** V/T ⟨*irr*⟩ cortocircuitare

Kurz·schluss M cortocircuito *m* **Kurz·schluss·hand·lung** F colpo *m* di testa

Kurz·schrift F ⟨-⟩ stenografia *f*

kurz·sich·tig A ADJ miope (*a. fig*) B ADV da miope (*a. fig*): **~ handeln** agire da miope **Kurz·sich·tig·keit** F ⟨-⟩ miopia *f* (*a. fig*)

Kurz·stre·cke F percorso *m* breve **Kurz·stre·cken·läu·fer** M, **-in** F velocista *m/f*, sprinter *m/f inv* **Kurz·stre·cken·ra·ke·te** F missile *m* a breve gittata

kurz·um ADV in breve, insomma

Kür·zung F ⟨-; -en⟩ riduzione *f*

Kurz·wahl·tas·te F TEL tasto *m* di selezione rapida **Kurz·wa·ren** PL mercerie *fpl* **kurz·wei·lig** ADJ divertente **Kurz·wel·le** F onda *f* corta **Kurz·zeit·ge·dächt·nis** N ⟨-ses⟩ memoria *f* a breve termine (*od* corta) **kurz·zei·tig** ADJ breve

ku·sche·lig ADJ 1 avvolgente: **ein -er Sessel** una poltrona avvolgente 2 (*Stoff*) morbido **ku·scheln** A V/R **sich ~** *umg* accoccolarsi: **sich an j-n ~** stringersi a qn; **sich in eine Wolldecke ~** raggomitolarsi in una coperta di lana B V/I ⟨*h.*⟩ *umg* **im Bett ~** accoccolarsi nel letto; **mit j-m ~** farsi le coccole con qn **Ku·schel·tier** N animale *m* di peluche, peluche *m*

ku·schen V/I ⟨*h.*⟩ *fig* piegarsi, chinare il capo: **vor seinem Vorgesetzten ~** piegarsi davanti al proprio superiore

Ku·si·ne F ⟨-; -n⟩ cugina *f*

Kuss M ⟨-es; Küsse⟩ bacio *m* **Küss·chen** N ⟨-s; -⟩ bacino *m*, bacetto *m*

küs·sen A V/T baciare: **j-m die Hand ~** baciare la mano a qn B V/R **sich ~** baciarsi ♦ *österr* **küss die Hand!** ossequi!

Kuss·hand F bacio *m* con la mano ♦ *umg* **j-n/etw mit ~ nehmen** prendere qn/qc molto volentieri

Küs·te F ⟨-; -n⟩ costa *f*

Küs·ten·be·woh·ner M, **-in** F abitante *m/f* della costa **Küs·ten·fi·sche·rei** F pesca *f* costiera **Küs·ten·ge·biet** N zona *f* costiera **Küs·ten·ge·wäs·ser** N acque *fpl* territoriali **Küs·ten·schiff·fahrt** F grande cabotaggio *m* **Küs·ten·strich** M fascia *f* costiera

Küs·ter M ⟨-s; -⟩, **-in** F ⟨-; -nen⟩ sagre-

stano *m*, -a *f*
Kut·sche F ⟨-; -n⟩ carrozza *f*, vettura *f*
Kut·scher M ⟨-s; -⟩, **-in** F ⟨-; -nen⟩ cocchiere *m*, -a *f*
Kut·te F ⟨-; -n⟩ saio *m*
Kut·tel F ⟨-; -n⟩ trippa *f*
Kut·ter M ⟨-s; -⟩ 1 cutter *m* 2 (*Fischkutter*) motopeschereccio *m*
Ku·vert [ku'veːɐ] N ⟨-[e]s; -s *u.* -e⟩ 1 busta *f* 2 (*Tafelgedeck*) coperto *m*
ku·ver·tie·ren V/T mettere in busta, imbustare
Ku·wait N ⟨-s⟩ Kuwait *m*
Ky·ber·ne·tik F ⟨-⟩ cibernetica *f*
ky·ril·lisch ADJ cirillico
KZ N ⟨-[s]; -[s]⟩ (Konzentrationslager) lager *m*, campo *m* di concentramento **KZ-Häft·ling** M prigioniero *m* di un lager

L

l, L N ⟨-; -⟩ l, L, elle *f*/*m*: **L wie Ludwig** L come Livorno
La·bel ['leːbl] N ⟨-s; -s⟩ etichetta *f*, marchio *m* (*a. fig*)
la·bern V/I ⟨h.⟩ *umg* cianciare
la·bil ADJ 1 PSYCH labile 2 (*leicht veränderbar*) instabile (*a.* CHEM, PHYS) **La·bi·li·tät** F ⟨-⟩ 1 labilità *f* 2 instabilità *f*
La·bor N ⟨-s; -s *u.* -e⟩ laboratorio *m*
La·bo·rant M ⟨-en; -en⟩, **-in** F ⟨-; -nen⟩ assistente *m*/*f* di laboratorio
La·bor·be·fund M reperto *m* di laboratorio
la·bo·rie·ren V/I ⟨h.⟩ *umg* **an etw** (*dat*) ~ affaticarsi su qc; (*an einer Krankheit*) soffrire da tempo di qc
Lab·ra·dor M ⟨-s; -e⟩ (*Hund*) labrador *m inv*
La·by·rinth N ⟨-[e]s; -e⟩ labirinto *m*
Lach·an·fall M risata *f* irrefrenabile
La·che[1] F ⟨-; -n⟩ *umg* (*Lachen*) risata *f*
La·che[2] F ⟨-; -n⟩ (*Pfütze*) pozzanghera *f*
lä·cheln V/I ⟨h.⟩ sorridere **Lä·cheln** N ⟨-s⟩ sorriso *m*
la·chen V/I ⟨h.⟩ ridere: **herzlich ~** ridere di cuore ♦ **das wäre doch gelacht, wenn …** sarebbe da ridere se …; **du hast gut ~** ridi, ridi …; *umg* **hier, bei ihm nichts zu ~ haben** qui, con lui non c'è niente da ridere; **in sich** (*akk*) **hinein ~** ridersela fra sé e sé, ridere sotto i baffi; **dass ich nicht lache!** mi fai proprio ridere!; **wer zuletzt lacht, lacht am besten** ride bene chi ride ultimo **La·chen** N ⟨-s⟩ 1 il ridere, riso *m*: **es ist zum ~** c'è da ridere 2 (*Gelächter*) risata *f*, risa(te) *fpl*
La·cher M ⟨-s; -⟩ 1 (*Mensch*) chi ride 2 (*Lachen*) risatina *f*
Lach·er·folg M successo *m* comico
La·che·rin F ⟨-; -nen⟩ chi ride
lä·cher·lich ADJ ridicolo ♦ **sich ~ machen** rendersi ridicolo; **j-n ~ machen** mettere in ridicolo qn; **etw ~ machen** (*od* **ins Lächerliche ziehen**) mettere qc sul ridere; **er verdient ~ wenig** guadagna una somma ridicola **Lä·cher·lich·keit** F ⟨-; -en⟩ 1 ridicolaggine *f* 2 (*unwichtige Sache*) sciocchezza *f*
Lach·gas N gas *m* esilarante **lach·haft** ADJ ridicolo **Lach·krampf** M risata *f* convulsa
Lachs M ⟨-es; -e⟩ salmone *m*
Lach·sal·ve F scroscio *m* di risa
lachs·far·ben ADJ color salmone **Lachs·fo·rel·le** F trota *f* salmonata **Lachs·schin·ken** M rolata *f* di maiale affumicato
Lack M ⟨-[e]s; -e⟩ 1 lacca *f* 2 (*Anstrichfarbe*) vernice *f*; (*Lackfarbe*) smalto *m* ♦ *umg* **der** (**erste**) **~ ist ab** il primo entusiasmo è passato; il fascino della giovinezza se n'è andato
Lack·af·fe M *umg pej* bellimbusto *m*
la·ckie·ren A V/T 1 laccare: **die Nägel ~** laccare le unghie 2 (*mit Anstrichfarbe*) verniciare; (*mit Lackfarbe*) smaltare B V/R **sich** (*dat*) **die Fingernägel ~** mettersi lo smalto alle unghie **La·ckie·rer** M ⟨-s; -⟩ verniciatore *m* **La·ckie·re·rei** F ⟨-; -en⟩ (*Werkstatt*) verniceria *f* **La·ckie·re·rin** F ⟨-; -nen⟩ verniciatrice *f* **La·ckie·rung** F ⟨-; -en⟩ laccatura *f*; verniciatura *f*; smaltatura *f*
Lack·le·der N cuoio *m* verniciato, pelle *f* verniciata **Lack·mus** N/M ⟨-⟩ tornasole *m* **Lack·scha·den** M graffio *m* nella vernice **Lack·schuh** M scarpa *f* di vernice
La·de·flä·che F superficie *f* per il carico **La·de·ge·rät** N caricabatteria *m* **La·de·hem·mung** F inceppamento *m*; *hum* **eine ~ haben** essersi inceppato

la·den[1] VT ⟨lädt, lud, geladen⟩ **1** caricare (a. IT): **eine Batterie/ein Gewehr ~** caricare una batteria/un fucile; **das Schiff hat Holz geladen** la nave ha un carico di legname **2** (*ausladen*) scaricare: **etw vom Wagen ~** scaricare qc dalla macchina ♦ **j-s Hass auf sich** (*akk*) **~** attirare l'odio di qn su di sé; **eine Schuld auf sich** (*akk*) **~** addossarsi una colpa

la·den[2] VT ⟨lädt, lud, geladen⟩ **1** (*einladen*) invitare **2** JUR **j-n vor Gericht ~** citare qn in giudizio; **als Zeugen ~** chiamare a deporre (come testimone)

La·den M ⟨-s; Läden u. -⟩ **1** (*Geschäft*) negozio *m* **2** *umg* (*Unternehmung*) cosa *f*: **der ~ läuft** la cosa gira (*od* va bene) **3** (*Fensterladen*) imposta *f*; (*Rollladen*) persiana *f* ♦ **den ~ hinschmeißen** chiudere bottega; **den ~ schmeißen** mandare avanti la baracca

La·den·dieb M, **-in** F taccheggiatore *m*, -trice *f* **La·den·dieb·stahl** M taccheggio *m* **La·den·hü·ter** M fondo *m* di magazzino **La·den·ket·te** F catena *f* di negozi **La·den·preis** M prezzo *m* (di vendita) al minuto **La·den·schluss** M chiusura *f* dei negozi **La·den·tisch** M banco *m* (di vendita) ♦ *umg* **unterm ~** sottobanco

La·de·ram·pe F piano *m* di caricamento **La·de·raum** M **1** spazio *m* utile (*od* di carico) **2** SCHIFF stiva *f*

lä·die·ren VT **1** (*beschädigen*) danneggiare **2** (*verletzen*) ledere

La·dung[1] F ⟨-; -en⟩ **1** (*Fuhre*) carico *m*: **eine ~ Holz** un carico di legname **2** carica *f* (a. ELEK): **eine ~ Dynamit** una carica di dinamite **3** *umg* (*Menge*) gran quantità *f*

La·dung[2] F ⟨-; -en⟩ JUR citazione *f*

lag → liegen

La·ge F ⟨-; -n⟩ **1** posizione *f* (a. *Weinkunde*): **eine sonnige ~** una posizione assolata **2** situazione *f*: *umg* **die ~ peilen** esaminare la situazione **3** (*Schicht*) strato *m* **4** MUS registro *m*: **hohe/tiefe ~** registro acuto/grave ♦ **die ~ der Dinge** lo stato delle cose; **nach ~ der Dinge** stando così le cose; **die rechtliche ~** la posizione giuridica; (**nicht**) **in der ~ sein, etw zu tun** (non) essere in grado (*od* in condizione) di fare qc; **versetze dich einmal in meine ~!** mettiti un po' al mio posto!

La·gen·schwim·men N, **La·gen·staf·fel** F staffetta *f* mista (nel nuoto)

La·ge·plan M planimetria *f*

La·ger N ⟨-s; -⟩ **1** campo *m*: **das ~ aufschlagen/abbrechen** piantare/levare il campo; *fig* **ins feindliche ~ übergehen** passare in campo avverso (*od* dalla parte del nemico) **2** (*Ferienlager*) campeggio *m* **3** (*Gefangenenlager*) campo *m* di prigionia **4** (*Arbeitslager*) campo *m* di lavoro **5** (*Bett*) letto *m* **6** HANDEL ⟨*pl* - u. Läger⟩ magazzino *m*: **ab** (*od* **frei**) **~** franco magazzino; **das haben wir auf ~** (ce) l'abbiamo in magazzino; **ein ~ von etw haben** avere un deposito di qc **7** GEOL giacimento *m* **8** MECH cuscinetto *m* **9** BAU appoggio *m* ♦ *umg* **etw auf ~ haben** avere in serbo qc

La·ger·ar·bei·ter M, **-in** F magazziniere *m*, -a *f* **La·ger·bier** N = *tipo di birra* **la·ger·fä·hig** ADJ non deperibile, conservabile **La·ger·feu·er** N falò *m* **La·ger·ge·bühr** F diritto *m* di deposito **La·ger·hal·tung** F magazzinaggio *m* **La·ger·haus** N magazzino *m*

La·ge·rist M ⟨-en; -en⟩, **-in** F ⟨-; -nen⟩ magazziniere *m*, -a *f*

la·gern **A** VT **1** (*Waren*) immagazzinare **2** adagiare: **das verletzte Bein ruhig ~** adagiare la gamba ferita **3** MECH supportare **B** VI ⟨h.⟩ **1** (*Waren*) essere in magazzino **2** (*Wein, Holz*) stagionare **3** MIL essere accampato **4** BAU **auf** (*od* **in**) **etw** (*dat*) **~** appoggiare su qc

La·ger·platz M **1** posto *m* di sosta, campo *m* **2** deposito *m* **La·ger·raum** M deposito *m* **La·ger·stät·te** F GEOL giacimento *m*

La·ge·rung F ⟨-; -en⟩ **1** (*das Legen*) il poggiare, adagiamento *m* **2** (*das Lagern*) immagazzinamento *m*

La·ge·skiz·ze F piantina *f*

La·gu·ne F ⟨-; -n⟩ laguna *f*

lahm ADJ **1** paralizzato: **in der Hüfte ~ sein** avere l'anca paralizzata; **eine -e Frau** una donna paralitica **2** (*kraftlos*) senza forze **3** rigido: **meine Beine sind ganz ~ vom langen Sitzen** ho le gambe rigide a forza di stare seduto **4** *umg pej* misero: **-e Ausflüchte** misere scuse **5** *umg* (*schwach*) debole, fiacco: **eine -e Argumentation** un'argomentazione fiacca **6** *umg* (*langweilig*) noioso ♦ **du hast heute ~ gespielt** oggi hai giocato senza slancio; **eine -e Ente** un tipo senza temperamento; → lahmlegen

lahm·ar·schig ADJ *vulg* smidollato

lah·men VI ⟨h.⟩ zoppicare
läh·men VT bloccare, paralizzare (*a. fig*)
Lahm·heit F ⟨-⟩ 1 l'essere paralizzato 2 *fig* debolezza *f*, fiacchezza *f*
lahm·le·gen VT paralizzare (*a. fig*)
Läh·mung F ⟨-; -en⟩ paralisi *f* (*a. fig*)
Laib M ⟨-[e]s; -e⟩ (*Käse*) forma *f*; (*Brot*) pagnotta *f*
Laich M ⟨-[e]s; -e⟩ uova *mpl* (di pesci e anfibi) **lai·chen** VI ⟨h.⟩ deporre le uova
Laie M ⟨-n; -n⟩ 1 (*Nichtgeistlicher*) laico *m*, -a *f* 2 (*Nichtfachmann*) profano *m* ♦ **ein blutiger ~** un autentico dilettante
lai·en·haft ADJ da profano **Lai·en·pre·di·ger** M, **-in** F pastore *m* laico (donna *f* pastore laica) **Lai·en·rich·ter** M, **-in** F giudice *m/f* popolare **Lai·en·the·a·ter** N teatro *m* filodrammatico
La·kai M ⟨-en; -en⟩ *obs od pej* lacchè *m*
La·ke F ⟨-; -n⟩ salamoia *f*
La·ken N ⟨-s; -⟩ lenzuolo *m*
la·ko·nisch ADJ laconico
Lak·rit·ze F ⟨-; -n⟩ liquirizia *f*
lal·len VT & VI ⟨h.⟩ balbettare
La·ma N ⟨-s; -s⟩ (*Tier*) lama *m inv*
La·mel·le F ⟨-; -n⟩ 1 lamella *f*; (*aus Holz*) listello *m* 2 (*an Heizkörpern*) aletta *f*
la·men·tie·ren VI ⟨h.⟩ lamentarsi
La·met·ta N ⟨-s⟩ 1 fili *mpl* d'argento, argentati 2 *umg iron* (*Orden*) patacche *fpl*
La·mi·nat N ⟨-[e]s; -e⟩ (*Industrie*) laminato *m* **la·mi·nie·ren** VT laminare (*a. Stoff*)
Lamm N ⟨-[e]s; Lämmer⟩ agnello *m*
Lamm·bra·ten M arrosto *m* di agnello **Lamm·fell** N (pelliccia *f* di) agnello *m* **Lamm·fleisch** N carne *f* di agnello **lamm·fromm** ADJ docile come un agnello
Lam·pe F ⟨-; -n⟩ lampada *f*
Lam·pen·fie·ber N febbre *f* della ribalta **Lam·pen·schirm** M paralume *m*, abat-jour *m*
Lam·pi·on [lam'piɔŋ] M/N ⟨-s; -s⟩ lampioncino *m*

⚠ Lampion ≠ lampione

der Lampion	=	il lampioncino
il lampione	=	die Laterne

lan·cie·ren [lã'siːrən] VT lanciare
Land N ⟨-[e]s; Länder⟩ 1 terra *f*: **das ~ bestellen** coltivare la terra 2 (*Festland*) **an ~ gehen** scendere a terra 3 campagna *f*: **das weite ~** l'aperta campagna; **auf dem ~ leben** vivere in campagna 4 (*Staat*) paese *m* 5 (*Bundesland*) Land *m* ♦ *poet* **die Zeit ging ins ~** il tempo passò; **~ sehen** = *vedere profilarsi una via d'uscita*; *umg* **etw an ~ ziehen** impossessarsi di qc; *hum* **j-n an ~ ziehen** assicurarsi la collaborazione di qn; **zu -e** per terra; **andere Länder, andere Sitten** paese che vai, usanza che trovi; **hier zu -e** → hierzulande

Land + Artikel

Ländernamen gebraucht man mit dem bestimmten Artikel, außer nach der Präposition **in**:

L'Italia è bella, la Germania pure.	Italien ist schön, Deutschland auch.
Vengo dalla Germania.	Ich komme aus Deutschland.
Sei mai stato in Italia?	Warst du schon mal in Italien?

Land·ar·bei·ter M, **-in** F lavoratore *m*, -trice *f* agricolo (-a) **Land·arzt** M, **-ärz·tin** F medico *m* di campagna
land·auf ADV: **~, landab** per tutto il paese
Land·be·sitz M proprietà *f* terriera **Land·be·völ·ke·rung** F popolazione *f* rurale **Land·brot** N pane *m* casareccio
Lan·de·bahn F pista *f* di atterraggio
land·ein·wärts ADV (dalla costa) verso l'interno
Lan·de·klap·pe F flap *m*
lan·den VI ⟨s.⟩ 1 FLUG atterrare 2 (*Vögel*) posarsi 3 SCHIFF approdare 4 *umg* (*gelangen*) (andare a) finire: **bei Freunden ~** finire a casa di amici; **das Auto landete an einem Baum** l'auto andò a finire contro un albero ♦ **bei j-m nicht ~ (können)** non aver successo con qn; **bei mir landet er mit seinem Gerede nicht!** coi suoi discorsi con me non attacca!; **einen Sieg ~** riportare una vittoria; **einen Volltreffer ~** SPORT colpire in pieno; *fig* fare centro
Län·de·rei·en PL grandi proprietà *fpl* terriere, latifondi *mpl*
Län·der·fi·nanz·aus·gleich M con-

L

guaglio *m* finanziario fra i Länder
Län·der·kampf M gara *f* internazionale
Län·der·spiel N partita *f* internazionale
Lan·des·gren·ze F confine *m* (dello Stato) **Lan·des·haupt·stadt** F capoluogo *m* di un Land **Lan·des·ho·heit** F ⟨-⟩ sovranità *f* (territoriale) **Lan·des·in·ne·re** N interno *m* del paese **Lan·des·kun·de** F = *studio della storia, geografia, cultura e dei costumi di un paese* **Lan·des·meis·ter** M, **-in** F campione *m*, -essa *f* nazionale (*od* regionale) **Lan·des·re·gie·rung** F governo *m* del (*od* di un) Land **Lan·des·sit·te** F usanza *f* di un paese **Lan·des·spra·che** F lingua *f* nazionale **Lan·des·ver·rä·ter** M, **-in** F traditore *m*, -trice *f* della patria **Lan·des·wäh·rung** F valuta *f* nazionale **lan·des·weit** ADJ diffuso in (*od* relativo a) tutto il paese (*od* tutto il Land)
Land·flucht F esodo *m* dalla campagna **Land·frie·dens·bruch** M **1** HIST violazione *f* della pace pubblica **2** (*heute*) violazione *f* dell'ordine pubblico **Land·ge·richt** N tribunale *m* **Land·gut** N podere *m*, proprietà *f* terriera **Land·haus** N casa *f* di campagna; villa *f* (in campagna) **Land·kar·te** F carta *f* geografica **Land·kreis** M = *unità amministrativa composta da più comuni* **Land·le·ben** N vita *f* in campagna
länd·lich ADJ di campagna; rurale: **-e Gemeinden** comuni rurali
Land·luft F aria *f* di campagna **Land·ma·schi·ne** F macchina *f* agricola **Land·mi·ne** F mina *f* **Land·par·tie** F gita *f* in campagna **Land·pla·ge** F (grave) piaga *f*, calamità *f* (*a. fig*) **Land·rat** M ⟨-[e]s; -räte⟩, **-rä·tin** F ⟨-; -nen⟩ presidente *m/f* di un (*od* del) Landkreis **Land·rats·amt** N ufficio *m* di un (*od* del) Landkreis **Land·rat·te** F SCHIFF *hum* terragnolo *m*, -a *f*
Land·schaft F ⟨-; -en⟩ **1** paesaggio *m* (*a.* MAL) **2** (*Gegend*) regione *f* **3** *fig* panorama *m* **land·schaft·lich** ADJ **1** del paesaggio **2** regionale
Land·schafts·gärt·ner M, **-in** F (architetto *m*) paesaggista *m/f* **Land·schafts·ma·ler** M, **-in** F paesaggista *m/f* **Land·schafts·pfle·ge** F salvaguardia *f* (*od* conservazione *f*) del paesaggio **Land·schafts·schutz·ge·biet** N zona *f* (paesistica) protetta
Land·schul·heim N collegio *m* di campagna **Land·sitz** M residenza *f* di campagna; (*Gut*) tenuta *f*
Lands·mann M ⟨-[e]s; -leute⟩ connazionale *m* ♦ **was bist für ein ~?** di che paese sei? di dove sei? **Lands·män·nin** F ⟨-; -nen⟩ connazionale *f*
Land·spit·ze F punta *f* **Land·stra·ße** F strada *f* secondaria **Land·strei·cher** M ⟨-s; -⟩, **-in** F ⟨-; -nen⟩ vagabondo *m*, -a *f* **Land·streit·kräf·te** PL forze *fpl* di terra **Land·strich** M regione *f* **Land·tag** M POL consiglio *m* del (*od* di un) Land
Lan·dung F ⟨-; -en⟩ **1** FLUG atterraggio *m*: **zur ~ ansetzen** prepararsi all'atterraggio **2** (*auf dem Wasser*) ammaraggio *m* **3** SCHIFF approdo *m*
Lan·dungs·brü·cke F, **Lan·dungs·steg** M pontile *m* di sbarco
Land·ur·laub M SCHIFF permesso *m* (di scendere) a terra, franchigia *f* **Land·ver·mes·ser** M ⟨-s; -⟩, **-in** F ⟨-; -nen⟩ agrimensore *m* **Land·weg** M via *f* terrestre: **auf dem ~** via terra **Land·wein** M vinello *m*; vino *m* locale
Land·wirt M, **-in** F agricoltore *m*, -trice *f* **Land·wirt·schaft** F ⟨-⟩ **1** agricoltura *f* **2** (*kleiner Betrieb*) fattoria *f* **land·wirt·schaft·lich** ADJ agricolo **Land·wirt·schafts·mi·nis·ter** M, **-in** F ministro *m*, -a *f* dell'Agricoltura **Land·wirt·schafts·schu·le** F scuola *f* (di) agraria (*od* per periti agrari)
Land·zun·ge F lingua *f* di terra
lang[1] **A** ADJ **1** lungo: **ein sechs Meter -es Seil** una fune lunga sei metri **2** **-e Zeit** molto tempo **3** *umg* (*hochgewachsen*) alto **B** ADV **1** per: **fünf Tage ~** per cinque giorni; **eine Zeit ~** per qualche tempo **2** **~ gehegt** covato a lungo; **~ gestreckt** lungo, esteso; **ein ~ gezogener Ruf** un lungo grido; **~ ziehen** tirare ♦ **~ und breit erzählen** dilungarsi; (*mit langem Kleid*) **in Lang** in lungo; **seit Langem** da molto tempo
lang[2] ADV lungo: **am Ufer ~** lungo la riva; **hier ~** in questa direzione
lang·är·me·lig ADJ con le maniche lunghe **lang·at·mig** ADJ prolisso **lang·bei·nig** ADJ dalle (*od* con le) gambe lunghe; (*Tier*) con le zampe lunghe
lan·ge ADV **1** (*lange Zeit*) (per) molto tempo **2** (*seit langer Zeit*) da tanto tempo **3** (*bei Weitem*) di gran lunga: **er ist ~**

nicht so reich wie man glaubt è di gran lunga meno ricco di quanto si creda; **das ist für uns noch ~ nicht genug** per noi è tutt'altro che sufficiente; **~ nicht alles verstanden haben** non aver affatto capito tutto ♦ **~ danach** molto tempo dopo; **es wird noch ~ dauern** ci vorrà ancora molto tempo; **es wird nicht mehr ~ dauern** non ci vorrà più molto tempo; *umg* **frag nicht ~** non fare tante domande; **es ist schon ~ her** è stato tanto tempo fa; **so ~ … bis …** fino a quando …; *umg* **darauf kann er ~ warten!** può aspettare quanto gli pare!; **wie ~ soll ich warten?** quanto devo aspettare?

Län·ge F ⟨-; -n⟩ 1 lunghezza *f* (*a.* SPORT): **mit einer ~ gewinnen** vincere di una lunghezza 2 (*Dauer*) durata *f*: **ein Vortrag von einer Stunde ~** una conferenza di un'ora (*od* lunga un'ora) 3 GEOG longitudine *f*: (**auf**) **fünfzehn Grad östlicher ~ liegen** essere a quindici gradi di longitudine est ♦ *umg* **der ~ nach hinfallen** cadere lungo disteso; **in die ~ ziehen** tirare per le lunghe; **sich in die ~ ziehen** andare per le lunghe

lan·gen A V/I ⟨h.⟩ *umg* 1 (*ausreichen*) bastare 2 arrivare: **bis an die Decke ~** arrivare fino al soffitto 3 **nach etw ~** stendere la mano verso qc; **in den Korb ~** allungare la mano nel cesto B V/T prendere ♦ *umg* **jetzt langt's mir aber!** adesso basta! *umg*; **j-m eine ~** mollare uno schiaffo a qn

Län·gen·grad M grado *m* di longitudine **Län·gen·kreis** M GEOG meridiano *m* **Län·gen·maß** N unità *f* di misura di lunghezza

län·ger ⟨*komp von* **lang**⟩ A ADJ 1 più lungo 2 (*relativ lang*) piuttosto lungo B ADV 1 per lungo tempo 2 più, più a lungo: **es nicht mehr ~ aushalten** non poterne più ♦ **ein Kleid ~ machen** allungare un vestito; **~ werden** allungarsi

Lan·ge·wei·le F noia *f*: **vor ~ sterben** morire di noia; **~ haben** annoiarsi

Lang·fin·ger M *umg* borseggiatore *m*, -trice *f* **lang·fris·tig** ADJ & ADV a lungo termine **lang·haa·rig** ADJ 1 dai capelli lunghi 2 (*Fell*) a pelo lungo **lang·jäh·rig** ADJ 1 di (molti) anni: **eine -e Bekanntschaft** una conoscenza di anni 2 vecchio, da (molti) anni: **ein -er Mitarbeiter** un vecchio collaboratore **Lang·lauf** M sci *m* di fondo **Lang·läu·fer** M, **-in** F sciatore *m*, -trice *f* di fondo **Lang·lauf·ski** M sci *m inv* di fondo

lang·le·big ADJ 1 (*lange lebend*) longevo 2 (*lange aktuell*) duraturo 3 (*dauerhaft*) durevole: **-e Güter** beni durevoli **Lang·le·big·keit** F ⟨-⟩ 1 longevità *f* 2 lunga durata *f*

läng·lich ADJ oblungo, bislungo

Lan·go·bar·de M ⟨-n; -n⟩, **-din** F ⟨-; -nen⟩ longobardo *m*, -a *f*

längs A PRÄP (*+gen*) lungo B ADV per lungo: **das Bett ~ stellen** mettere il letto per lungo; **~ gestreift** a righe verticali **Längs·ach·se** F asse *m* longitudinale

lang·sam A ADJ lento B ADV 1 lentamente: **~ voraus/~ zurück** avanti adagio/indietro adagio; **~ fahren!** rallentare! 2 (*allmählich*) a poco a poco: **es wird ~ Zeit zu gehen** fra poco dobbiamo andare ♦ *umg* **~, aber sicher** = *lentamente, ma inesorabilmente* **Lang·sam·keit** F ⟨-⟩ lentezza *f*

Lang·schlä·fer M ⟨-s; -⟩, **-in** F ⟨-; -nen⟩ dormiglione *m*, -a *f* **Lang·spiel·plat·te** F long-playing *m*, 33 giri *m*

Längs·rich·tung F direzione *f* longitudinale **Längs·sei·te** F lato *m* lungo **längs·seits** SCHIFF A PRÄP (*+gen*) lungo il bordo di B ADV a lato

längst… ADV ⟨*sup von* **lang** *u.* **lange**⟩ 1 (*schon lange*) da molto tempo 2 → lange (3) **längs·tens** ADV *umg* 1 (*höchstens*) al massimo 2 (*spätestens*) al più tardi

lang·stie·lig ADJ 1 a stelo lungo (*a.* BOT) 2 (*Werkzeuge*) a (*od* dal) manico lungo

Lang·stre·cken·flug M volo *m* a lungo raggio **Lang·stre·cken·lauf** M corsa *f* di fondo **Lang·stre·cken·läu·fer** M, **-in** F fondista *m/f* **Lang·stre·cken·ra·ke·te** F missile *m* a lunga gittata

Lan·gus·te F ⟨-; -n⟩ aragosta *f*

Lan·gus·ti·no M ⟨-s; Langustini⟩ cicala *f* di mare

lang·wei·len A V/T annoiare B V/R **sich ~** annoiarsi **Lang·wei·ler** M ⟨-s; -⟩, **-in** F ⟨-; -nen⟩ *umg* 1 noioso *m*, -a *f* 2 (*langsamer Mensch*) polentone *m*, -a *f* **lang·wei·lig** ADJ 1 noioso 2 *umg* (*langsam*) lento, tardo ♦ **mir ist ~** mi annoio

Lang·wel·le F onda *f* lunga

lang·wie·rig ADJ lungo (e complicato)

Lang·zeit·ar·beits·lo·se PL disoccupati *mpl* da lungo tempo **Lang·zeit·ge·dächt·nis** N memoria *f* lunga **Lang·zeit·pro·gramm** N programma *m* a lungo termine

Lan·ze F ⟨-; -n⟩ lancia *f*

La-O·la-Wel·le F ola *f*: **eine ~ machen** fare la ola

La·os N ⟨-⟩ Laos *m*

la·pi·dar ADJ lapidario

La·pis·la·zu·li M ⟨-; -⟩ lapislazzuli *m inv*

Lap·pa·lie F ⟨-; -n⟩ bazzecola *f*

Lap·pe M ⟨-n; -n⟩ lappone *m*

Lap·pen M ⟨-s; -⟩ straccio *m* ♦ *umg* **j-m durch die ~ gehen** sfuggire a qn

läp·pern V/T *umg* **es läppert sich** si accumula poco a poco

Lap·pin F ⟨-; -nen⟩ lappone *f* **lap·pisch** ADJ GEOG lappone

läp·pisch ADJ **1** stupido, puerile, sciocco **2** (*lächerlich gering*) misero, ridicolo

Lapp·land N ⟨-s⟩ Lapponia *f* **Lapp·län·der** M ⟨-s; -⟩, **-in** F ⟨-; -nen⟩ lappone *m/f* **lapp·län·disch** ADJ lappone

Lap·top ['lɛptɔp] M ⟨-s; -s⟩ laptop *m inv*

Lär·che F ⟨-; -n⟩ larice *m*

La·ri·fa·ri N ⟨-s⟩ *umg* sciocchezze *fpl*

Lärm M ⟨-s *u.* -es⟩ **1** rumore *m*; (*meist von Personen*) chiasso *m*, baccano *m* **2** (*Geschrei*) schiamazzo *m* ♦ *fig* **~ schlagen** far chiasso; **viel ~ um nichts** molto rumore per nulla **Lärm·be·läs·ti·gung** F inquinamento *m* acustico; *umg* baccano *m*

lär·men V/I ⟨h.⟩ far rumore (*od* chiasso); (*schreien*) schiamazzare

Lärm·pe·gel M (livello *m* di) intensità *f* acustica **Lärm·schutz** M insonorizzante *m*, protezione *f* antirumore **Lärm·schutz·wall** M barriera *f* antirumore

Lar·ve ['larfə] F ⟨-; -n⟩ ZOOL larva *f*

las → lesen

lasch ADJ fiacco (*a. fig*)

La·sche F ⟨-; -n⟩ **1** (*von Schuhen, Kuverts*) linguetta *f* **2** (*von Gürteln*) passante *m*

La·ser ['le:zɐ] M ⟨-s; -⟩ laser *m* **La·ser·dru·cker** M stampante *f* laser **La·ser·strahl** M raggio *m* laser

la·sie·ren V/T MAL velare

las·sen

⟨lässt, ließ⟩

A transitives Verb **B** modales Verb
C intransitives Verb **D** reflexives Verb
E Wendungen

— **A** transitives Verb —

⟨ *als Vollverb; pperf:* gelassen⟩ **1** lasciare: **j-n allein ~** lasciare qn (da) solo **2** (*unterlassen*) **etw ~** smettere con qc (*od* di fare qc); **lass diesen Unsinn!** smettila con queste sciocchezze!; **lass das Weinen!** smettila di piangere! **3** (*hineinlassen*) fare entrare **4** (*herauslassen*) fare uscire

— **B** modales Verb —

⟨*mit inf; pperf:* hat … lassen⟩ **1** fare, lasciare: **j-n gewinnen ~** lasciar vincere qn; **j-n warten ~** far aspettare qn; (**sich** [*dat*]) **einen Anzug machen ~** far(si) fare un vestito **2** (*erlauben*) **lass mich dir helfen!** lascia che ti aiuti! **3** **er lässt mit sich handeln** con lui si può trattare **4** (*Aufforderung*) **lass uns gehen!** andiamo!

— **C** intransitives Verb —

⟨ *pperf:* hat … gelassen⟩ *poet* **1** **von etw ~** smettere con qc (*od* di fare qc) **2** **von j-m ~** lasciar perdere qn

— **D** reflexives Verb —

sich ~ potersi; **das lässt sich nicht beweisen** questo non si può provare; **ich glaube, das lässt sich machen** penso che si possa fare

— **E** Wendungen —

sich (*dat*) **etw nicht anmerken ~** non far vedere qc; **alles beim Alten ~** lasciare le cose come stanno; **lass das** (**sein**)! smettila!; **das lasse ich mir nicht gefallen!** non mi lascio trattare così!; **lass dir das ein für alle Mal gesagt sein!** lasciatelo dire una volta per tutte!; **lass hören!** sentiamo!; **tu, was du nicht ~ kannst!** fallo, se non puoi farne a meno!; **etw** (**einfach**) **nicht ~ können** non poter fare a meno di qc; **hier lässt es sich leben** qui si vive bene; **lass mich nur machen!** lascia fare a me!; **das muss man ihm ~** questo non glielo si può negare; **etw sein ~** lasciar stare (*od*

▶ lassen + Verb

wird mit **lasciare** übersetzt, wenn es ‚nicht hindern', ‚zulassen' bedeutet:

Lass ihn doch gehen!	**Ma lascialo andare!**
Lass mich in Ruhe!	**Lasciami in pace!**

und es wird mit **fare** übersetzt, wenn es ‚in Auftrag geben', ‚veranlassen' bedeutet:

Ich lasse es machen.	**Lo faccio fare.**
Er hat sich einen Anzug machen lassen.	**Si è fatto fare un vestito.**

perdere) qc; **lass ihm seinen Spaß!** lascia che si diverta!; **lass ihm seinen Willen!** lascia che faccia quel che vuole!; **~ wir das!** non ne parliamo più!; **j-m Zeit ~** dare tempo a qn; **lass dir Zeit!** fa' con calma!

läs·sig ADJ disinvolto ♦ **das schaffen wir ~** ce la facciamo senza problemi **Läs·sig·keit** F ⟨-⟩ disinvoltura *f*

Las·so N ⟨-s; -s⟩ lazo *m*, lasso *m*

Last F ⟨-; -en⟩ 1 carico *m* (*a.* ELEK) 2 *fig* peso *m*: **j-m zur ~ fallen** essere un peso per qn ♦ **j-m etw zur ~ legen** addossare qc a qn; **zu j-s -en gehen** andare a carico di qn; **zu -en** → zulasten

Last·au·to N → Lastwagen

las·ten VI ⟨h.⟩ pesare, gravare (*a. fig*)

Las·ten·auf·zug M montacarichi *m*

Las·ter[1] M ⟨-s; -⟩ *umg* camion *m*

Las·ter[2] N ⟨-s; -⟩ vizio *m* **las·ter·haft** ADJ vizioso **Las·ter·höh·le** F *umg* covo *m* di vizi

Läs·ter·maul N *umg* linguaccia *f*

läs·tern VI ⟨h.⟩ **über j-n/etw ~** sparlare di qn/qc

läs·tig ADJ 1 sgradevole 2 (*Menschen*) molesto, fastidioso; (*unerwünscht*) sgradito: **ein -er Besuch** una visita sgradita ♦ **j-m ~ sein** (*od* **fallen**) dare fastidio a qn; **er ist ~** *umg* è un rompiscatole

Last·kahn M chiatta *f* **Last·kraft·wa·gen** M → Lastwagen

Last-Mi·nute-An·ge·bot [last'mɪnɪt-] N offerta *f* last-minute **Last-Mi·nute-Flug** M volo *m* last-minute **Last-Mi·nute-Ti·cket** N biglietto *m* last-minute

Last·schrift F addebito *m*

Last·tier N animale *m* da soma

Last·wa·gen M camion *m*, autocarro *m* **Last·wa·gen·fah·rer** M, **-in** F camionista *m/f*

Last·zug M autotreno *m*

La·sur F ⟨-; -en⟩ 1 vernice *f* trasparente, velatura *f* 2 (*Farbe*) colore *m* trasparente

La·tein N ⟨-s⟩ latino *m*: **~ lernen** studiare il latino ♦ **mit seinem ~ am Ende sein** non saper più andare avanti

La·tein·ame·ri·ka N America *f* Latina **la·tein·ame·ri·ka·nisch** ADJ latinoamericano

la·tei·nisch ADJ latino

la·tent ADJ latente

La·ter·ne F ⟨-; -n⟩ 1 lanterna *f* 2 (*Lampion*) lampioncino *m* 3 (*Straßenlaterne*) lampione *m* **La·ter·nen·pfahl** M (palo *m* del) lampione *m*

La·tex M ⟨-; Latizes⟩ lat(t)ice *m*

La·ti·um N ⟨-s⟩ Lazio *m*

Lat·ri·ne F ⟨-; -n⟩ latrina *f*

Lat·sche F ⟨-; -n⟩ BOT pino *m* mugo

lat·schen VI ⟨s.⟩ *umg* ciabattare, camminare strascicando i piedi

Lat·schen M ⟨-s; -⟩ *umg* ciabatta *f* ♦ *umg* **aus den ~ kippen** svenire

Lat·te F ⟨-; -n⟩ assicella *f* **Lat·ten·rost** M doghe *fpl* **Lat·ten·zaun** M steccato *m*, staccionata *f*

Latz M ⟨-es; Lätze *u.* -e⟩ 1 (*Hose*) pettorina *f* 2 (*an Trachtenhosen*) brachetta *f*, patta *f* ♦ *umg* **j-m eine** (*od* **einen** *od* **eins**) **vor den ~ knallen** spaccare la faccia a qn

Lätz·chen N ⟨-s; -⟩ bavaglino *m*

Latz·ho·se F salopette *f*

lau ADJ tiepido ♦ *fig* **die Nachfrage ist ~** la domanda è scarsa

Laub N ⟨-[e]s⟩ fogliame *m*, foglie *fpl* **Laub·baum** M latifoglia *f*

Lau·be F ⟨-; -n⟩ 1 pergola *f* 2 (*Gartenhäuschen*) chiosco *m* 3 ARCH portico *m*

Lau·ben·gang M 1 ARCH portico *m* 2 (*im Garten*) pergolato *m*

Laub·frosch M raganella *f* **Laub·sä·ge** F seghetto *m* da traforo **Laub·wald** M bosco *m* di latifoglie **Laub·werk** N fogliame *m*

Lauch M ⟨-[e]s; -e⟩ porro *m*

Lau·er F **auf der ~ liegen** stare in agguato

lau·ern VI ⟨h.⟩ stare in agguato (*a. fig*): **auf j-n ~** fare la posta (*od* tendere un agguato) a qn **lau·ernd** ADJ 1 in agguato 2 (*hinterhältig*) insidioso

Lauf M ⟨-[e]s; Läufe⟩ 1 corsa *f* (*a.* SPORT) 2 (*Strecke*) percorso *m* 3 (*von Gewässern*) corso *m* 4 **der ~ der Geschichte** il corso della storia; **im ~ des Tages** nel corso della giornata 5 (*Inbetriebsein*) funzionamento *m* 6 MUS passaggio *m* 7 (*von Schusswaffen*) canna *f* 8 (*Bein von Tieren*) zampa *f* 9 IT operazione *f* ♦ **seinen Gedanken freien ~ lassen** dare libero corso ai propri pensieri; **seinen Gefühlen freien ~ lassen** dare libero sfogo ai propri sentimenti; **den Dingen freien ~ lassen** lasciare andare le cose per il loro verso; **im Lauf(e) des Gesprächs** durante il discorso; **im Lauf(e) der Zeit** col tempo

Lauf·bahn F 1 carriera *f* 2

(*Leichtathletik*) pista *f* **Lauf·bur·sche** M fattorino *m*; *pej* galoppino *m*

lau·fen ⟨läuft, lief, gelaufen⟩ A VI ⟨s.⟩ 1 correre: **aus dem Haus ~** uscire di casa di corsa 2 *fig* **es lief mir eiskalt über den Rücken** un brivido mi corse lungo la schiena 3 (*gehen*) camminare: **wir sind 10 km gelaufen** abbiamo camminato per 10 km 4 (*zu Fuß gehen*) andare (a piedi): **nach Hause ~** andare a casa (a piedi) 5 *fig* andare: **wie ist die Verhandlung gelaufen?** come è andata la trattativa? (*Motor*) girare; **parallel mit etw ~** svolgersi parallelamente a qc 6 (*noch andauern*) essere in corso: **das Verfahren läuft noch** la procedura è ancora in corso 7 valere: **der Vertrag läuft zwei Jahre** (**lang**) il contratto vale (per) due anni 8 (*Film*) essere in programma: TV venire trasmesso; **was läuft heute** (**im Kino**)? cosa danno oggi (al cinema)? 9 *umg* andare avanti: **die Firma läuft auch ohne ihn** la ditta va avanti anche senza di lui 10 (*in Betrieb sein*) funzionare, andare 11 scorrere: **das Seil läuft über Rollen** la fune scorre su carrucole; **das Wasser läuft in die Wanne** l'acqua scorre nella vasca da bagno 12 colare, gocciolare: **der Schweiß läuft ihm von der Stirn** il sudore gli cola dalla fronte; *umg* **der Käse läuft** il formaggio si fonde B VT ⟨s.⟩ 1 SPORT correre 2 percorrere (a piedi) ♦ *umg* **der Abend ist gelaufen** la serata è andata (*a. iron*); *umg* **morgen ist alles gelaufen** domani è tutto chiuso, (*vorbei*) è tutto finito; **da läuft bei mir nichts** su di me non puoi contare; **es läuft** funziona; **gegen etw ~** andare a sbattere contro qc; *umg fig* **~ lassen** lasciar correre; **den Dieb ~ lassen** lasciar scappare (lasciar andare) il ladro; **wie läuft's?** come va? *fig*; **wie geplant ~** procedere secondo i piani; **nach Wunsch ~** procedere come desiderato

lau·fend A ADJ corrente: **die -en Zahlungen** le spese correnti; **am 23.** (**des**) **-en Monats** il 23 (del) corrente mese B ADV continuamente, in continuazione ♦ (**mit etw**) **auf dem Laufenden sein** essere al corrente (su qc); **j-n auf dem Laufenden halten** tenere qn al corrente

Läu·fer M ⟨-s; -⟩ 1 SPORT corridore *m* 2 (*Teppich*) guida *f* 3 (*Schach*) alfiere *m*

Läu·fe·rin F ⟨-; -nen⟩ corridora *f*

Lauf·feu·er N fuoco *m* che si propaga rapidamente ♦ **sich wie ein ~ verbreiten** diffondersi in un baleno

läu·fig ADJ in calore

Lauf·kund·schaft F clientela *f* di passaggio **Lauf·ma·sche** F smagliatura *f* **Lauf·pass** M *umg* **j-m den ~ geben** dare a qn il benservito **Lauf·schritt** M SPORT passo *m* di corsa **Lauf·steg** M passerella *f* (di moda) **Lauf·werk** N 1 meccanismo *m* 2 (*von Uhr*) rotismo *m* 3 IT drive *m* **Lauf·zeit** F 1 FIN scadenza *f* 2 (*Gültigkeitsdauer*) (periodo *m* di) validità *f*

Lau·ge F ⟨-; -n⟩ 1 (*Waschlauge*) liscivia *f*, ranno *m* 2 CHEM soluzione *f* alcalina

Lau·ne F ⟨-; -n⟩ 1 umore *m*: **schlechte/gute ~ haben** essere di cattivo/di buon umore; **in** (*od* **bei**) **~ sein** essere in vena; **j-n bei guter ~ halten** tenere qn di buon umore 2 luna *f*, capriccio *m*: **-n haben** avere la luna; **aus einer ~ heraus** per capriccio; *fig* **die -n des Wetters** i capricci del tempo **lau·nen·haft** ADJ lunatico, capriccioso **lau·nig** ADJ 1 gioviale 2 (*witzig*) divertente, spiritoso **lau·nisch** ADJ lunatico, capriccioso

Laus F ⟨-; Läuse⟩ pidocchio *m*

Laus·bub M *umg* monello *m*, bricconcello *m*

Lausch·ak·ti·on F, **Lausch·an·griff** M intercettazioni *fpl*

lau·schen VI ⟨h.⟩ 1 stare con l'orecchio teso: **auf j-s Schritte ~** stare con l'orecchio teso per sentire i passi di qn 2 (*heimlich*) origliare 3 **j-m/etw ~** ascoltare attentamente qn/qc **Lau·scher** M ⟨-s; -⟩ 1 chi origlia 2 JAGD orecchio *m* **Lau·sche·rin** F ⟨-; -nen⟩ chi origlia

lau·schig ADJ appartato, tranquillo

lau·sen VT spidocchiare

lau·sig ADJ 1 (*schlecht*) brutto 2 *fig* misero: **ein paar -e Euro** due miseri euro 3 tremendo: **eine -e Kälte** un freddo tremendo

laut[1] A ADJ 1 (*kräftig*) forte 2 alto: **-e Musik** musica ad alto volume 3 (*lärmend*) rumoroso: **hier ist es mir zu ~** qui per me è troppo rumoroso B ADV 1 forte: **~ schreien** gridare forte; **~ und deutlich** forte e chiaro 2 **~ sprechen** parlare a voce alta; **~ denken** pensare ad alta voce 3 ad alto volume; **-er stellen** alzare il volume 4 rumorosamente ♦ **etw ~ werden lassen** far sapere qc; **sag das bloß nicht ~** non farlo sapere in giro; **~**

werden alzare la voce

laut² PRÄP (+*gen u. dat*) secondo: **~ Vertrag** secondo il contratto; **~ Gesetz** a norma di legge

Laut M ⟨-[e]s; -e⟩ **1** suono *m*: **vertraute -e** suoni familiari **2** (*Geräusch*) rumore *m* **3** grido *m* ♦ *umg* **~ geben** abbaiare; **keinen ~ von sich geben** non fiatare

Lau·te F ⟨-; -n⟩ liuto *m*

lau·ten V/I ⟨h.⟩ **1** suonare: **der Text lautet folgendermaßen: …** il testo suona come segue: …; **die Lösung lautet …** la soluzione è … **2** **auf etw** (*akk*) **~** parlare di qc; **das Urteil lautet auf drei Jahre** la sentenza è di condanna a tre anni **3** JUR, HANDEL **auf j-n ~** essere intestato a qn

läu·ten V/T & V/I ⟨h.⟩ suonare: **an der Tür ~** suonare alla porta; **hat es geläutet?** hanno suonato? ♦ (**von etw**) **~ hören, dass …** (su qc) sentir dire che …

lau·ter **A** ADJ **1** puro **2** (*aufrichtig*) sincero schietto **B** ADV solo, soltanto **Lau·ter·keit** F ⟨-⟩ **1** purezza *f* **2** schiettezza *f*

läu·tern **A** V/T purificare (*a. fig*), depurare **B** V/R **sich ~** purificarsi **Läu·te·rung** F ⟨-; -en⟩ purificazione *f* (*a. fig*), depurazione *f*

laut·hals ADV a squarciagola **laut·los** **A** ADJ silenzioso **B** ADV in silenzio, senza fare rumore **Laut·schrift** F trascrizione *f* fonetica **Laut·spre·cher** M altoparlante *m* **laut·stark** ADJ forte (*a. fig*) **Laut·stär·ke** F volume *m* **Laut·ver·schie·bung** F rotazione *f* consonantica (germanica)

lau·warm ADJ & ADV tiepido

La·va [-v-] F ⟨-; Laven⟩ lava *f*

La·ven·del [-v-] M ⟨-s; -⟩ lavanda *f*

la·vie·ren [-v-] V/I ⟨h.⟩& V/R **sich ~** barcamenarsi, destreggiarsi; **zwischen seinen Gegnern geschickt ~** destreggiarsi abilmente tra i propri avversari; **sich aus einer verwickelten Lage ~** barcamenarsi per uscire da una situazione intricata

La·wi·ne F ⟨-; -n⟩ valanga *f* (*a. fig*) **La·wi·nen·ge·fahr** F pericolo *m* di valanghe

lax ADJ (*nachlässig*) negligente: **eine -e Arbeitsauffassung** una negligenza nel lavoro

Lay·out ['le:aut] N ⟨-s; -s⟩ layout *m inv*

La·za·rett N ⟨-[e]s; -e⟩ ospedale *m* militare

LCD-An·zei·ge F display *m* a cristalli liquidi

lea·sen ['li:zn] V/T prendere in leasing

Le·be·hoch N evviva *m* **Le·be·mann** M ⟨-[e]s; -männer⟩ *pej* uomo *m* di mondo

le·ben V/I ⟨h.⟩ & V/T vivere: **von etw ~** vivere di qc; **ein erfülltes Leben ~** vivere una vita piena ♦ **es lebe die Freiheit!** viva la libertà!; **wie Gott in Frankreich ~** far una vita da re; **j-n ~ lassen** (*nicht töten*) lasciare qn in vita; **mit etw ~ können** poter accettare qc; *umg* **lebst du noch?** sei ancora vivo?; **zu ~ wissen** sapersi godere la vita; *umg* **leb(e) wohl, ~ Sie wohl!** addio!

Le·ben N ⟨-s; -⟩ **1** vita *f*: **j-m das ~ retten** salvare la vita a qn **2** *fig* vitalità *f*, vivacità *f*: **die Aufführung war ohne ~** la rappresentazione non aveva vivacità **3** (*lebhaftes Treiben*) vita *f*, animazione *f* **4** **j-d/etw ist mein ~** qn/qc è la mia vita (*od* la mia passione) ♦ **am ~ sein/bleiben** essere/rimanere in vita (*od* vivo); **es geht auf ~ und Tod** è questione di vita o di morte; **~ in die Bude bringen** portare allegria (in casa); **mit dem ~ davonkommen** scamparla bella; **Geld oder ~** o la borsa o la vita; **aus dem ~ gegriffen** preso dalla vita reale; **etw für sein ~ gern tun** fare qc molto volentieri; **ich wüsste für mein ~ gern, ob …** pagherei non so cosa, per sapere se …; **nie im ~** mai e poi mai; **sein ~ lang** per tutta la sua vita; **das nackte ~ retten** salvare la pelle; **sich** (*dat*) **das ~ nehmen** togliersi la vita; **das passiert mir zum ersten Mal im ~** è la prima volta che mi succede; **etw ins ~ rufen** dare vita a qc; **einem Kind das ~ schenken** dare alla luce un bambino; **sich durchs ~ schlagen** tirare a campare; **ums ~ kommen** perdere la vita

le·bend ADJ vivente: **ein -er Schriftsteller** uno scrittore vivente ♦ **eine -e Sprache** una lingua viva; **~ gebärend** viviparo

Le·ben·de M/F ⟨-n; -n⟩ vivo *m*, -a *f*

le·ben·dig ADJ **1** vivo, vivente: **mehr tot als ~ sein** essere più morto che vivo **2** (*lebhaft*) vivace (*a. fig*) ♦ **bei -em Leibe verbrannt** bruciato vivo; **etw wieder ~ machen** far rivivere qc; **wieder ~ werden** rivivere **Le·ben·dig·keit** F ⟨-⟩ vivacità *f*

Le·bens·abend M ultimi anni *mpl* di vita, vecchiaia *f* **Le·bens·al·ter** N età *f* **Le·bens·art** F 1 modo *m* di vita 2 buone maniere *fpl*: **eine Person von ~** una persona di buone maniere **Le·bens·auf·fas·sung** F concezione *f* della vita **Le·bens·auf·ga·be** F compito *m* di tutta la vita **le·bens·be·ja·hend** ADJ ottimista **Le·bens·be·reich** M sfera *f* (vitale): **der private ~** la privacy **Le·bens·dau·er** F 1 durata *f* della vita 2 (*Haltbarkeit*) durata *f* **Le·bens·en·de** N fine *f* della vita **Le·bens·er·fah·rung** F esperienza *f* (di vita) **Le·bens·er·war·tung** F durata *f* probabile della vita **le·bens·fä·hig** ADJ vitale **Le·bens·freu·de** F gioia *f* di vivere **Le·bens·füh·rung** F condotta *f* di vita **Le·bens·ge·fahr** F pericolo *m* di morte: **in ~ schweben** essere in pericolo di morte; **außer ~ sein** essere fuori pericolo **le·bens·ge·fähr·lich** ADJ 1 rischiosissimo, letale 2 (*tödlich*) mortale ♦ **~ verletzt** ferito mortalmente **Le·bens·ge·fähr·te** M compagno *m* **Le·bens·ge·fähr·tin** F compagna *f* **Le·bens·ge·fühl** N gusto *m* per la vita **Le·bens·ge·mein·schaft** F convivenza *f* **Le·bens·grö·ße** F **in** (**voller**) **~** a grandezza naturale; *hum* in carne e ossa **Le·bens·hal·tungs·kos·ten** PL costo *m* della vita **Le·bens·in·halt** M vita *f*: **Malen ist sein** (**ganzer**) **~** dipingere è tutta la sua vita **Le·bens·jahr** N anno *m* (di vita) ♦ **er ist im 10. ~** ha nove anni, deve compiere dieci anni **Le·bens·künst·ler** M, **-in** F maestro *m*, -a *f* nell'arte di vivere **Le·bens·la·ge** F situazione *f* (della vita) **le·bens·lang** A ADJ che dura tutta la vita B ADV per tutta la vita **le·bens·läng·lich** ADJ a vita ♦ **~ bekommen** essere condannato all'ergastolo **Le·bens·lauf** M 1 (corso *m* della) vita *f* 2 (*bei Bewerbungen*) curriculum *m* (vitae): **ein tabellarischer ~** un curriculum schematico **Le·bens·lust** F voglia *f* di vivere **le·bens·lus·tig** ADJ pieno di vita

Le·bens·mit·tel PL (generi *mpl*) alimentari *mpl*; MED, BIOL alimenti *mpl* **Le·bens·mit·tel·ge·schäft** N negozio *m* di (generi) alimentari **Le·bens·mit·tel·in·dust·rie** F industria *f* alimentare **Le·bens·mit·tel·ver·gif·tung** F intossicazione *f* da alimenti

le·bens·mü·de ADJ stanco della vita **Le·bens·mut** M coraggio *m* di vivere **le·bens·nah** ADJ realistico **le·bens·not·wen·dig** ADJ vitale **Le·bens·qua·li·tät** F qualità *f* della vita **Le·bens·raum** M 1 spazio *m* vitale 2 BIOL biotopo *m* **Le·bens·stan·dard** M tenore *m* di vita **le·bens·tüch·tig** ADJ che sa cavarsela **le·bens·un·fä·hig** ADJ 1 MED non vitale 2 *fig* incapace di vivere **Le·bens·un·ter·halt** M sostentamento *m* ♦ **sich** (*dat*) **seinen ~** (**selbst**) **verdienen** guadagnarsi da vivere **Le·bens·ver·si·che·rung** F assicurazione *f* sulla vita **Le·bens·wan·del** M modo *m* di vivere; **einen lockeren ~ führen** condurre una vita dissoluta **Le·bens·wei·se** F modo *m* di vivere **Le·bens·werk** N opera *f* di (tutta) una vita **le·bens·wich·tig** ADJ (di importanza) vitale **Le·bens·wil·le** M volontà *f* di vivere **Le·bens·zei·chen** N segno *m* di vita (*a. fig*) **Le·bens·zeit** F (durata *f* della) vita *f*: **auf ~** per tutta la vita, a vita

Le·ber F ⟨-; -n⟩ fegato *m* ♦ *umg* **frei** (*od* **frisch**) **von der ~ weg reden** parlare francamente

Le·ber·fleck M neo *m* **Le·ber·kä·se** M ⟨-⟩ = *tipo di polpettone a base di carne tritata* **Le·ber·krebs** M cancro *m* al fegato **Le·ber·pas·te·te** F pâté *m* di fegato **Le·ber·tran** M olio *m* di fegato di merluzzo **Le·ber·wurst** F salsiccia *f* di fegato **Le·ber·zir·rho·se** F cirrosi *f* epatica

Le·be·we·sen N essere *m* vivente: **einzellige ~** organismi unicellulari

Le·be·wohl N ⟨-[e]s; -s *u.* -e⟩ addio *m*

leb·haft ADJ 1 vivace (*a. fig*) 2 (*rege*) animato 3 (*Verkehr*) intenso 4 WIRTSCH **-e Nachfrage** domanda sostenuta 5 (*deutlich*) vivo: **-e Erinnerungen** vivi ricordi ♦ **das kann ich mir ~ vorstellen!** me lo posso proprio immaginare! **Leb·haf·tig·keit** F ⟨-⟩ 1 vivacità *f* 2 animazione *f*

Leb·ku·chen M = *specie di panpepato*

leb·los A ADJ 1 esanime 2 (*unbewegt*) inanimato; (*Augen*) fisso B ADV senza vita **Leb·zei·ten** PL **zu ~ meines Vaters** ai tempi di mio padre

lech·zen V/I ⟨h.⟩ 1 **nach etw ~** desiderare ardentemente qc 2 (*gierig sein*) essere avido (*od* avere sete) di qc: **nach Rache ~** essere assetato di vendetta

leck ADJ bucato: SCHIFF **~ sein** avere una falla **Leck** N ⟨-[e]s; -s⟩ buco *m*; SCHIFF falla *f*

le·cken[1] **A** VT (*schlecken*) leccare **B** VI ⟨h.⟩ **an etw** (*dat*) **~** leccare qc ♦ *vulg* **leck mich doch!** va a fa' in culo!

le·cken[2] VI ⟨h.⟩ **1** (*undicht sein*) perdere **2** SCHIFF avere una falla, imbarcare (*od* fare) acqua

le·cker ADJ gustoso, delizioso **Le·cker·bis·sen** M **1** leccornia *f* **2** *fig* ghiottoneria *f*

Le·cke·rei F ⟨-; -en⟩ *umg* leccornia *f*

Le·cker·maul N ghiottone *m*, -a *f*

Le·der N ⟨-s; -⟩ **1** pelle *f*: **Kleidung aus (echtem) ~** abbigliamento in (vera) pelle **2** (*festes Leder*) cuoio *m*: **Sohlen aus ~** suole di cuoio **Le·der·ho·se** F **1** pantaloni *mpl* di pelle **2** (*Tracht*) = *pantaloni corti di pelle tipici del costume regionale tirolese e bavarese*

le·dern ADJ **1** di pelle; di cuoio **2** (*zäh*) duro come il cuoio, coriaceo

Le·der·wa·ren PL pelletterie *fpl*

le·dig ADJ **1** (*Mann*) scapolo, *form* celibe **2** (*Frau*) nubile: **eine -e Mutter** una ragazza madre **3 etw** (*gen*) **~ sein** essere libero da qc (*od* essere senza qc)

le·dig·lich ADV solo, soltanto

Lee F ⟨-⟩ *u.* N ⟨-s⟩ SCHIFF (lato *m*) sottovento *m*

leer ADJ **1** vuoto: **ein ~ stehendes Haus** una casa vuota (non abitata) **2** (*unbeschrieben*) bianco **3** *fig* vano, vuoto: **-e Versprechungen** promesse vane; **-e Worte** parole vuote; ♦ **~ ausgehen** restare a mani vuote; **mit -en Händen** a mani vuote; **~ machen** (s)vuotare; → leerlaufen

Lee·re[1] N ⟨-n⟩ vuoto *m*: **ins ~ starren** fissare il vuoto ♦ **ins ~ greifen** mancare la presa

Lee·re[2] F ⟨-⟩ **1** vuoto *m* (*a. fig*) **2** (*Sinn-, Inhaltslosigkeit*) vacuità *f*, vanità *f*

lee·ren **A** VT **1** vuotare **2** (*austrinken*) svuotare **B** VR **sich ~** svuotarsi

Leer·gut N (recipiente *m*) vuoto *m*

Leer·lauf M **1** MECH funzionamento *m* a vuoto: **im ~ rollen** girare a vuoto; AUTO **in den ~ schalten** mettere in folle **2** *fig* (*nutzlose Bemühungen*) **~ haben** fare dei giri a vuoto **leer·lau·fen** VI ⟨irr; s.⟩ svuotarsi: **den Tank ~ lassen** lasciare che la tanica si svuoti **Leer·tas·te** F barra *f* spaziatrice

Lee·rung F ⟨-; -en⟩ **1** (s)vuotamento *m* **2** (*von Briefkästen*) levata *f*

Leer·zei·chen N spazio *m*

le·gal ADJ legale **le·ga·li·sie·ren** VT legalizzare **Le·ga·li·sie·rung** F ⟨-; -en⟩ legalizzazione *f* **Le·ga·li·tät** F ⟨-⟩ legalità *f*

Le·gas·the·nie F ⟨-⟩ dislessia *f*

Le·gat M ⟨-en; -en⟩ REL legato *m*

Le·ge·bat·te·rie F batteria *f* per ovaiole **Le·ge·hen·ne** F gallina *f* ovaiola

le·gen **A** VT **1** mettere: *fig* **j-m etw in den Mund ~** mettere qc in bocca a qn **2** posare: **das Messer aus der Hand ~** posare il coltello; TECH **die Fliesen/Kabel ~** posare le piastrelle/i cavi **B** VR **sich ~** **1** stendersi, sdraiarsi: **sich in die Sonne ~** stendersi al sole; **sich aufs Bett ~** sdraiarsi sul letto; **sich ins Bett ~** andare a letto **2** piegarsi: **das Schiff legt sich auf die Seite** la nave si piega su di un lato **3** pesare, gravare (*a. fig*): **etw legt sich auf j-s Seele** qc pesa sulla coscienza di qn **4** (*aufhören*) calmarsi ♦ **Eier ~** deporre le uova; **die Haare ~** mettere in piega i capelli; **den Hund an die Kette ~** legare il cane alla catena; **ein Kind an die Brust ~** allattare un bambino

le·gen·där ADJ leggendario

Le·gen·de F ⟨-; -n⟩ leggenda *f* (*a. fig*)

le·ger [le'ʒɛːɐ] ADJ **1** (*lässig*) disinvolto **2** (*Kleidung*) comodo

Leg·gin(g)s PL fuseaux *mpl*

le·gie·ren VT METALL, GASTR legare **Le·gie·rung** F ⟨-; -en⟩ METALL lega *f*

Le·gi·on F ⟨-; -en⟩ HIST, MIL legione *f*

Le·gi·o·när M ⟨-s; -e⟩, **-in** F ⟨-; -nen⟩ legionario *m*, -a *f*

Le·gis·la·ti·ve F ⟨-; -n⟩ **1** potere *m* legislativo **2** assemblea *f* legislativa **Le·gis·la·tur·pe·ri·o·de** F legislatura *f*

le·gi·tim ADJ legittimo **Le·gi·ti·ma·ti·on** F ⟨-; -en⟩ **1** legittimazione *f* **2** (*Beglaubigung*) autenticazione *f* **le·gi·ti·mie·ren** **A** VT **1** legittimare **2** (*berechtigen*) autorizzare **B** VR **sich ~** dimostrare la propria identità

Le·gu·an M ⟨-s; -e⟩ iguana *f*

Le·hen N ⟨-s; -⟩ HIST feudo *m*

Lehm M ⟨-[e]s; -e⟩ creta *f*, argilla *f*

Lehm·bo·den M terreno *m* argilloso

Lehm·hüt·te F capanna *f* di argilla

leh·mig ADJ argilloso

Leh·ne F ⟨-; -n⟩ **1** (*für Rücken*) spalliera *f* **2** (*für Arme*) bracciolo *m* **leh·nen** **A** VT appoggiare **B** VR **sich ~** **1** appoggiarsi **2** sporgersi: **sich aus dem Fenster ~** sporgersi dalla finestra **C** VI ⟨h.⟩ essere appoggiato

Lehns·herr M feudatario *m* **Lehns·mann** M ⟨-[e]s; -männer *u.* -; -mannen⟩ vassallo *m*

Lehn·stuhl M poltroncina *f*

Lehn·wort N ⟨-[e]s; -wörter⟩ LING prestito *m*

Lehr·auf·trag M incarico *m* d'insegnamento **Lehr·buch** N libro *m* di testo

Leh·re[1] F ⟨-; -n⟩ **1** dottrina *f*: **die christliche ~** la dottrina cristiana **2** teoria *f* (scientifica) **3** lezione *f*, insegnamento *m*: **aus etw eine ~ ziehen** trarre un insegnamento da qc; **das sollte dir eine ~ sein** che ti serva da lezione **4** (*Lehrzeit*) tirocinio *m*: **in die ~ kommen** mettersi a imparare un mestiere; **in der ~ sein** essere apprendista; **bei j-m in die ~ gehen** imparare da qn

Leh·re[2] F ⟨-; -n⟩ MECH (*zum Messen*) calibro *m*

leh·ren VT insegnare: **j-n etw ~** insegnare qc a qn

Leh·rer M ⟨-s; -⟩, **-in** F ⟨-; -nen⟩ **1** insegnante *m/f*; (*in der Grundschule*) maestro *m*, -a *f*; (*ab 6. Klasse*) professore *m*, professoressa *f*, docente *m/f* **2** (*Lehrmeister*) maestro *m*, -a *f*

Leh·rer·schaft F ⟨-⟩ corpo *m* insegnante **Leh·rer·zim·mer** N sala *f* (dei) professori

Lehr·gang M corso *m* (d'insegnamento) **Lehr·geld** N *fig* **~ zahlen** imparare a proprie spese **Lehr·jahr** N anno *m* di apprendistato **Lehr·kraft** F insegnante *m/f* **Lehr·ling** M ⟨-s; -e⟩ apprendista *m/f* **Lehr·me·tho·de** F metodo *m* didattico **Lehr·mit·tel** N strumento *m* didattico **lehr·reich** ADJ istruttivo **Lehr·satz** M teorema *m* **Lehr·stel·le** F posto *m* da apprendista **Lehr·stoff** M **1** materia *f* dell'insegnamento **2** tema *m* (della lezione) **Lehr·stuhl** M cattedra *f* **Lehr·toch·ter** F *schweiz* (giovane) apprendista *f* **Lehr·zeit** F apprendistato *m*, tirocinio *m*

Leib M ⟨-[e]s; -er⟩ **1** corpo *m*: **am ganzen ~ zittern** tremare in tutto il corpo **2** (*Bauch*) ventre *m* ♦ **etw am eigenen ~ erfahren** provare qc sulla propria pelle; **eine Gefahr für ~ und Leben** un pericolo mortale; *umg* **j-m auf den ~ rücken** assillare qn; **etw mit ~ und Seele tun** dedicarsi anima e corpo a qc; **j-m mit etw vom ~ bleiben** non seccare qn con qc; **sich j-n vom -e halten** tenere qn alla larga; **etw** (*dat*) **zu -e rücken** affrontare qc

Leib·chen N ⟨-s; -⟩ *österr schweiz* canottiera *f* (da uomo)

Leib·ei·ge·ne M/F ⟨-n; -n⟩ servo *m*, -a *f* della gleba

Lei·bes·kräf·te PL **aus -n** a più non posso

Leib·ge·richt N piatto *m* preferito

leib·haf·tig **A** ADJ **1** in persona, personificato **2** *umg* (*echt*) autentico **B** ADV in carne e ossa **Leib·haf·ti·ge** M ⟨-n⟩ **der ~** il demonio

leib·lich ADJ **1** corporale, fisico **2** carnale: **-e Kinder** figli carnali **3** **-e Mutter** madre naturale **Leib·wäch·ter** M, **-in** F guardia *f* del corpo

Lei·che F ⟨-; -n⟩ **1** cadavere *m* **2** (*sterbliche Hülle*) salma *f* ♦ **eine ~ im Keller haben** avere uno scheletro nell'armadio; **über -n gehen** non guardare in faccia a nessuno; **nur über meine ~!** solo sul mio cadavere!

Lei·chen·be·schau·er M ⟨-s; -⟩, **-in** F ⟨-; -nen⟩ medico *m* legale **Lei·chen·be·stat·ter** M ⟨-s; -⟩, **-in** F ⟨-; -nen⟩ impresario *m*, -a *f* di pompe funebri **lei·chen·blass** ADJ pallido come un morto **Lei·chen·hal·le** F camera *f* mortuaria **Lei·chen·schau** F necroscopia *f* **Lei·chen·schau·haus** N obitorio *m* **Lei·chen·schmaus** M banchetto *m* funebre **Lei·chen·star·re** F rigidità *f* cadaverica **Lei·chen·ver·bren·nung** F cremazione *f* **Lei·chen·wa·gen** M carro *m* funebre **Lei·chen·zug** M corteo *m* funebre

Leich·nam M ⟨-s; -e⟩ salma *f*

leicht **A** ADJ **1** leggero: **-es Gepäck** bagaglio leggero; (*dünn*) **-e Stoffe** stoffe leggere; **ein -er Regen** una pioggia leggera; **-e Kost** cibi leggeri; *fig* **-e Musik** musica leggera **2** (*geringfügig*) lieve **3** (*einfach*) facile, semplice: **eine -e Frage** una domanda semplice; **das Problem ist ~ zu lösen** il problema è facile da risolvere **B** ADV **1** (in modo) leggero: **~ bekleidet sein** essere vestito leggero **2** (*nicht schwer*) un po', leggermente: **~ verletzt** leggermente ferito **3** (*schnell*) facilmente, con facilità: **~ lernen** apprendere con facilità; **~ ärgerlich werden** arrabbiarsi facilmente; **etw -er machen** alleggerire qc; (*einfacher machen*) facilitare qc ♦ **nichts -er als das!** niente di più facile!; **das ist -er gesagt als getan** è più facile a dirsi che a farsi; **es** (**nicht**) **~ haben** (non) avere una vita facile; **etw kann ~ danebengehen** ci sono buone probabilità che qc vada storto; **du machst es dir zu ~!** prendi le cose troppo alla leggera! *umg*; **ein -es Mädchen** una ragazza leggera; **das kannst du ~ sagen** fai presto a dirlo; → leichtfallen, leichttun

Leicht·ath·le·tik F atletica *f* leggera **Leicht·bau·wei·se** F costruzione *f* leggera **leicht·fal·len** V/I ‹irr; s.› riuscire facile: **es fällt mir nicht leicht, das zu tun** non mi riesce facile fare ciò **leicht·fer·tig** ADJ sconsiderato; spensierato **Leicht·fer·tig·keit** F ‹-› sconsideratezza *f*; spensieratezza *f* **leicht·fü·ßig** ADJ **-en Schrittes** con (*od* a) passo leggero **Leicht·ge·wicht** N **1** (*Boxen*) pesi *mpl* leggeri **2** *hum* piuma *f*, fuscello *m* **leicht·gläu·big** ADJ credulone **Leicht·gläu·big·keit** F ‹-› credulità *f*

leicht·hin ADV alla leggera

Leich·tig·keit F ‹-› **1** (*geringes Gewicht*) leggerezza *f* **2** facilità *f*: **das geht mit ~** questo è facile

leicht·le·big ADJ spensierato **Leicht·me·tall** N metallo *m* leggero **leicht·neh·men** V/T ‹irr› (*nicht ernst*) prendere alla leggera ♦ **nimm's leicht!** non prendertela! **Leicht·sinn** M ‹-[e]s› leggerezza *f*, incoscienza *f*: **ein sträflicher ~** un'imperdonabile leggerezza; **jugendlicher ~** incoscienza giovanile **leicht·sin·nig** ADJ incosciente; spensierato **leicht·tun** V/R ‹irr› **sich** (*akk, dat*) **bei etw ~** non trovare difficoltà in qc

leid ADJ **ich bin es ~** (**etw zu tun**) sono stufo (di fare qc) → leidtun

Leid N ‹-[e]s› **1** dolore *m*: **ein schweres ~ erfahren** provare un grave dolore **2** male *m*: **j-m ein ~ antun** (*od* **zufügen**) fare del male a qn ♦ **sich** (*dat*) **ein ~ antun** suicidarsi; **zu -e** → zuleide

lei·den ‹litt, gelitten› **A** V/T **1** soffrire **2** **ich kann ihn gut ~** lo trovo simpatico; **j-n/etw nicht ~ können** non (potere) soffrire qn/qc **3** **ich mag etw gut ~** qc mi piace; **ich mag etw nicht ~** qc non mi piace **B** V/I ‹h.› soffrire: **an Rheuma/unter seiner Einsamkeit ~** soffrire di reumatismi/di solitudine

Lei·den N ‹-s; -› **1** sofferenza *f* **2** (*Krankheit*) malattia *f* **Lei·den·schaft** F ‹-; -en› passione *f* **lei·den·schaft·lich** **A** ADJ **1** passionale **2** (*begeistert*) appassionato **B** ADV **1** appassionatamente: **j-n ~ lieben** amare appassionatamente qn **2** (*mit Hingabe*) con passione **3** (*sehr*) **~ gern** molto volentieri **lei·den·schafts·los** ADJ **1** distaccato: **ein -er Mensch** una persona distaccata **2** (*sachlich*) spassionato

Lei·dens·ge·nos·se M, **-ge·nos·sin** F compagno *m*, -a *f* di sventura **Lei·dens·ge·schich·te** F **1** REL passione *f* **2** calvario *m* **Lei·dens·weg** M **1** REL via *f* crucis **2** calvario *m*

lei·der ADV purtroppo; (*unglücklicherweise*) disgraziatamente

leid·ge·prüft ADJ provato dal dolore

lei·dig ADJ increscioso ♦ *umg* **das -e Geld** il maledetto denaro

leid·lich ADJ accettabile, discreto ♦ **es geht ihm ~** sta così così

Leid·tra·gen·de M/F ‹-n; -n› chi paga le conseguenze **leid·tun** V/I ‹irr; h.› **1** dispiacere: **es tut mir leid** mi (di)spiace **2** fare pena: **er tut mir leid** mi fa pena **leid·voll** ADJ doloroso **Leid·we·sen** N **zu j-s ~** con rincrescimento di qn

Lei·er F ‹-; -n› **1** MUS lira *f* **2** *umg pej* (**es ist**) **immer dieselbe ~** è sempre la solita solfa **Lei·er·kas·ten** M *umg* organetto *m* **Lei·er·kas·ten·frau** F, **Lei·er·kas·ten·mann** M ‹-[e]s; -männer› suonatore *m*, -trice *f* di organetto

Leih·ar·beit F lavoro *m* in affitto **Leih·bib·li·o·thek** F biblioteca *f*

lei·hen ‹lieh, geliehen› **A** V/T **1** (*verleihen*) prestare, dare in prestito **2** (*sich ausleihen*) prendere in prestito **3** noleggiare: **einen Frack ~** noleggiare un frac **B** V/R **sich** (*dat*) **etw bei** (*od* **von**) **j-m ~** farsi prestare qc da qn; **sich** (*dat*) **ein Auto ~** noleggiare un'auto

Leih·ga·be F prestito *m* **Leih·ge·bühr** F tariffa *f* di prestito **Leih·haus** N banco *m* dei pegni **Leih·mut·ter** F ‹-; -mütter› madre *f* in affitto **Leih·wa·gen** M automobile *f* a noleggio **leih·wei·se** ADV in prestito

Leim M ‹-[e]s; -e› colla *f* ♦ *umg* **j-m auf den ~ gehen** farsi imbrogliare da qn; *umg* **aus dem ~ gehen** rompersi, sfasciarsi

lei·men V/T **1** incollare **2** *umg* (*hereinle-*

gen) imbrogliare

Lei·ne F ⟨-; -n⟩ **1** corda *f*: **Wäsche auf die ~ hängen** stendere il bucato **2** guinzaglio *m*: **den Hund an der ~ führen** portare il cane al guinzaglio; **den Hund von der ~ losmachen** togliere il guinzaglio al cane **3** SCHIFF cima *f*: **die -n losmachen** gettare le cime ♦ **j-n an die ~ legen** (*od* **an der** (**kurzen**) **~ halten**) tenere qn (stretto) al guinzaglio; *umg* **~ ziehen** tagliare la corda

Lei·nen N ⟨-s; -⟩ lino *m* **Lei·nen·ein·band** M rilegatura *f* in tela **Lei·nen·kleid** N abito *m* di lino

Lein·öl N ⟨-[e]s⟩ olio *m* di (semi di) lino **Lein·saat** F ⟨-⟩, **Lein·sa·men** M seme *m* di lino

Lein·wand F **1** tela *f* (*a.* MAL) **2** (*Projektionswand*) schermo *m*

Leip·zig N ⟨-s⟩ Lipsia *f*

lei·se ADJ **1** basso: **eine ~ Stimme** una voce bassa **2** (*Geräusch*) lieve **3** (*ruhig*) silenzioso **4** (*leicht*) leggero: **ein -r Verdacht** un leggero (*od* vago) sospetto ♦ **nicht die -ste Ahnung haben** non avere la minima idea; **sei ~!** fa' piano!; **~ sprechen** parlare piano; **mit -r Stimme** a bassa voce; **etw -r stellen** abbassare qc

Leis·te F ⟨-; -n⟩ **1** listello *m*, lista *f* **2** ANAT inguine *m* **3** (*Stoff*) orlo *m*

leis·ten **A** V/T **1** fare: **Großes~** fare grandi cose; **gute Arbeit ~** fare un buon lavoro **2** rendere: **wenig ~** rendere poco **B** V/R *umg* **das kann ich mir nicht ~** non me lo posso permettere ♦ **j-m Beistand/Hilfe ~** prestare assistenza/aiuto a qn

Leis·ten M ⟨-s; -⟩ forma *f* ♦ *umg* **alles über einen ~ schlagen** fare di tutte le erbe un fascio

Leis·ten·bruch M ernia *f* inguinale

Leis·tung F ⟨-; -en⟩ **1** prestazione *f*: **gute -en liefern** fornire buone prestazioni; **eine reife ~!** una bella prestazione! **2** (*Ableisten*) adempimento *m*: **die ~ des Ersatzdienstes** l'adempimento del servizio civile **3** (*Arbeitsergebnis*) rendimento *m* **4** (*das Geleistete*) lavoro *m*: **die ~ des Herzens** il lavoro del cuore **5** TECH (*Wirkungsgrad*) resa *f* **6** (*Produktivität*) produttività *f* **7** (*geleisteter Betrag*) contributo *m*: **-en beziehen** ricevere contributi **8** PHYS potenza *f*

Leis·tungs·druck M pressione *f* (psicologica) per aumentare il rendimento **leis·tungs·fä·hig** ADJ **1** produttivo, efficiente **2** (*tüchtig*) capace **Leis·tungs·fä·hig·keit** F efficienza *f*, capacità *f* produttiva **leis·tungs·ge·recht** ADJ confacente al rendimento **Leis·tungs·ge·sell·schaft** F società *f* efficientista **Leis·tungs·kurs** M materie *fpl* (scolastiche) principali **Leis·tungs·ni·veau** N livello *m* di prestazioni **Leis·tungs·prin·zip** N principio *m* della produttività **Leis·tungs·schwä·che** F **1** scarso rendimento *m* **2** WIRTSCH scarsa produttività *f* **Leis·tungs·sport** M sport *m* di competizione **Leis·tungs·sport·ler** M, **-in** F atleta *m/f* **leis·tungs·stark** ADJ **1** efficiente **2** WIRTSCH produttivo **3** (*Sportlern, Schüler*) competitivo **Leis·tungs·test** M test *m* di rendimento **Leis·tungs·zu·la·ge** F premio *m* di rendimento

Leit·ar·ti·kel M editoriale *m*

lei·ten V/T **1** dirigere; guidare **2** condurre (*a.* PHYS): **j-n auf den rechten Weg ~** condurre qn sulla retta via **3** presiedere: **eine Sitzung ~** presiedere una seduta **4** incanalare: **das Wasser durch die Rohre ~** incanalare l'acqua nelle tubature **5** inoltrare: **einen Antrag an die zuständige Stelle ~** inoltrare una domanda all'ufficio competente ♦ PHYS **dieser Stoff leitet gut** questo materiale è un buon conduttore ♦ **sich von etw ~ lassen** lasciarsi guidare da qc

lei·tend ADJ **1** **der -e Diensthabende** il caposervizio; **der -e Ingenieur** l'ingegnere capo; **ein -er Angestellter** un dirigente **2** direttivo: **eine -e Stellung** una posizione direttiva **3** PHYS conduttore

Lei·ter[1] M ⟨-s; -⟩ **1** (*Führer*) capo *m*, guida *f*: **der ~ einer Abteilung** il capo di un reparto **2** (*Direktor*) direttore *m* **3** PHYS conduttore *m*

Lei·ter[2] F ⟨-; -n⟩ scala *f* (*a. fig*)

Lei·te·rin F ⟨-; -nen⟩ direttrice *f*

Lei·ter·spros·se F piolo *m* **Lei·ter·spros·sen·wa·gen** M carro *m* a rastrelliera

Leit·fa·den M guida *f* **leit·fä·hig** ADJ conduttore **Leit·fi·gur** F modello *m* **Leit·ge·dan·ke** M pensiero *m* guida **Leit·ham·mel** M **1** pecora *f* guidaiola **2** *fig pej* capo *m* **Leit·li·nie** F linea *f* (direttrice), direttiva *f* **Leit·mo·tiv** N leitmotiv *m* **Leit·plan·ke** F guardrail *m* **Leit·satz** M principio *m* **Leit·spruch** M motto *m* **Leit·tier** N ZOOL capobranco *m*

Lei·tung F ⟨-; -en⟩ 1 guida *f*, direzione *f*: **die ~ der Expedition** la guida della spedizione; **die ~ des Betriebs** la direzione dell'azienda 2 conduzione *f*: **die ~ des Gesprächs** la conduzione del dibattito 3 (*Führungsgruppe*) direzione *f*; direttivo *m* 4 (*Rohrleitung*) conduttura *f*: **Wasser aus der ~ trinken** bere l'acqua dal rubinetto 5 ELEK, TEL linea *f*: **j-n an der ~ haben** avere qn in linea 6 (*Draht*) filo *m* 7 PHYS conduzione *f* ♦ *umg* **eine lange ~ haben** essere duro di comprendonio

Lei·tungs·mast M traliccio *m* **Lei·tungs·netz** N rete *f* (di distribuzione) **Lei·tungs·was·ser** N acqua *f* del rubinetto

Leit·wäh·rung F valuta *f* guida **Leit·werk** N FLUG impennaggio *m* **Leit·zins** M (*Eckzins*) interesse *m* di riferimento

Lek·ti·on F ⟨-; -en⟩ lezione *f* (*a. fig*)

Lek·tor M ⟨-s; -en⟩, **-to·rin** F ⟨-; -nen⟩ (*Verlag*) editor *m/f inv*; (*Universität*) lettore *m*, -trice *f*

Lek·tü·re F ⟨-; -n⟩ lettura *f*

Lem·ming M ⟨-s; -e⟩ lemming *m inv*

Len·de F ⟨-; -n⟩ ANAT, GASTR lombo *m*

Len·den·schurz M perizoma *m* **Len·den·wir·bel** M vertebra *f* lombare

lenk·bar ADJ 1 che può essere guidato: **leicht ~** facile da guidare 2 *fig* docile

len·ken V/T 1 guidare: **ein Auto ~** guidare un'automobile 2 FLUG, SCHIFF pilotare 3 **einen Staat ~** guidare uno stato; **die Verhandlungen ~** condurre le trattative 4 dirigere: **den Blick auf j-n ~** dirigere lo sguardo verso qn; **die Aufmerksamkeit auf etw** (*akk*) **~** volgere l'attenzione su qc

Len·ker M ⟨-s; -⟩ 1 (*Lenkrad*) volante *m*; (*Lenkstange*) manubrio *m* 2 (*Fahrer*) guidatore *m* **Len·ke·rin** F ⟨-; -nen⟩ guidatrice *f*

Lenk·rad N volante *m* **Lenk·rad·schal·tung** F cambio *m* al (*od* sul) volante **Lenk·rad·schloss** N bloccasterzo *m*

Lenk·stan·ge F manubrio *m*

Len·kung F ⟨-; -en⟩ 1 guida *f*; FLUG pilotaggio *m*; SCHIFF governo *m* 2 (*Leitung*) direzione *f*, conduzione *f* 3 MECH sterzo *m*

Lenz M ⟨-es; -e⟩ *poet* primavera *f*

len·zen V/T SCHIFF vuotare con la pompa

Le·o·pard M ⟨-en; -en⟩ leopardo *m*

Lep·ra F ⟨-⟩ lebbra *f* **lep·ra·krank** ADJ lebbroso **Lep·ra·kran·ke** M/F lebbroso *m*, -a *f*

Ler·che F ⟨-; -n⟩ allodola *f*

lern·be·hin·dert ADJ PSYCH ritardato

Lern·ei·fer M diligenza *f* nello studio

ler·nen V/T & V/I 1 studiare: **bis in die Nacht hinein ~** studiare fino a notte fonda 2 **etw von** (*od* **bei**) **j-m ~** imparare qc da qn; *umg* **Bäcker ~** studiare da panettiere; **gehen ~** imparare a camminare

lern·fä·hig ADJ in grado di apprendere

Lern·pro·gramm N esercitazione *f*

Lern·pro·zess M processo *m* di apprendimento **Lern·soft·ware** F software *m* didattico **Lern·ziel** N obiettivo *m* dell'insegnamento

Les·art F *fig* interpretazione *f*, versione *f*

les·bar ADJ leggibile: **leicht ~** facile da leggere; **eine nicht -e Schrift** una scrittura illeggibile; **eine gut -e Erzählung** un racconto di facile (*od* piacevole) lettura

Les·be F ⟨-; -n⟩ *umg*, **Les·bi·e·rin** F ⟨-; -nen⟩ lesbica *f* **les·bisch** ADJ lesbica

Le·se F ⟨-; -n⟩ raccolta *f*; (*Weinkunde*) vendemmia *f*

Le·se·bril·le F occhiali *mpl* per leggere

Le·se·buch N libro *m* di lettura **Le·se·ge·rät** N IT unità *f* di lettura **Le·se·lam·pe** F lampada *f* da lettura

le·sen[1] ⟨liest, las, gelesen⟩ A V/T (*Buch usw*) leggere (*a. fig*): **etw aus j-s Blick ~** leggere qc nello sguardo di qn B V/I ⟨h.⟩ 1 **von etw ~** leggere (di) qc 2 **über etw** (*akk*) (**an der Universität**) **~** tenere un corso di qc (all'università) ♦ **Gedanken ~ können** riuscire a leggere nel pensiero; **j-m aus der Hand ~** leggere la mano a qn

le·sen[2] V/T ⟨liest, las, gelesen⟩ (*ernten*) raccogliere

Le·ser M ⟨-s; -⟩ lettore *m* (*a.* IT)

Le·se·rat·te F *hum* divoratore *m*, -trice *f* di libri

Le·ser·brief M lettera *f* di un lettore

Le·se·rin F ⟨-; -nen⟩ lettrice *f*

Le·ser·kreis M (numero *m* di) lettori *mpl* **le·ser·lich** ADJ leggibile **Le·ser·lich·keit** F ⟨-⟩ leggibilità *f* **Le·ser·schaft** F ⟨-⟩ lettori *mpl*

Le·se·saal M sala *f* (di) lettura **Le·se·zei·chen** N 1 segnalibro *m* 2 IT preferito *m*, bookmark *m*

Le·sung F ⟨-; -en⟩ lettura *f* (*a.* JUR): **ein Gesetz in zweiter ~** una legge in seconda lettura

L

Le·thar·gie F ⟨-⟩ letargo *m*
le·thar·gisch ADJ letargico
Let·te M ⟨-n; -n⟩, **Let·tin** F ⟨-; -nen⟩ lettone *m/f* **let·tisch** ADJ lettone **Lett·land** N ⟨-s⟩ Lettonia *f*
Lett·ner M ⟨-s; -⟩ ambone *m*
Letzt F **zu guter ~** (proprio) alla fine
letzt... ADJ **1** ultimo: **das -e Mal** (*od* **beim -en Mal**) l'ultima volta **2** (*vergangen*) scorso, passato: **-e Woche** la settimana scorsa **3** estremo; **-en Endes** in fin dei conti
Letz·te[1] M/F ⟨-n; -n⟩ ultimo *m*, -a *f*: **am -n des Monats** l'ultimo del mese; **er kam als -r** arrivò per ultimo; **die drei -n** gli ultimi tre
Letz·te[2] N ⟨-n⟩ **1** ultima cosa *f*: **als -s schloss sie die Tür** per ultima cosa chiuse la porta **2** massimo *m*: **sein -s hergeben** dare il massimo ♦ **bis aufs ~** fino in fondo; **j-n/etw bis ins ~ kennen** conoscere qn/qc a fondo; **bis zum -n gehen** andare fino in fondo
letz·tens ADV **1** ultimamente **2** in ultimo luogo **letz·te·re** ADJ ultimo **Letz·te·re** M/F ⟨-n; -n⟩ quest'ultimo *m*, -a *f*
letzt·ge·bo·ren ADJ ultimogenito **letzt·ge·nannt** ADJ ultimo **letzt·jäh·rig** ADJ dell'anno scorso **letzt·lich** ADV infine, alla fin fine **letzt·ma·lig** ADJ ultimo **letzt·mals** ADV per l'ultima volta **letzt·mög·lich** ADJ ultimo possibile: **zum -en Zeitpunkt** all'ultimo momento
Leucht·an·zei·ge F display *m inv* luminoso **Leucht·buch·sta·be** M lettera *f* per insegne luminose **Leucht·di·o·de** F diodo *m* luminoso
Leuch·te F ⟨-; -n⟩ **1** (*Lampe*) lampada *f*; (*Licht*) lume *m* **2** *fig umg* (*kluger Kopf*) luminare *m*: **er ist keine große ~** non è una cima
leuch·ten V/I ⟨h.⟩ **1** splendere: **der Mond leuchtet** la luna splende **2** *fig* (ri)splendere **3** (*funkeln*) brillare **4** fare luce, illuminare: **j-m ~** fare luce a qn; **j-m ins Gesicht ~** illuminare qn in viso **leuch·tend** **A** ADJ luminoso (*a. fig*) **B** ADV **~ blau** azzurro vivo
Leuch·ter M ⟨-s; -⟩ **1** (*mit Kerzen*) candeliere *m* **2** ELEK lampadario *m*
Leucht·far·be F colore *m* luminescente **Leucht·feu·er** N SCHIFF, FLUG fanale *m*, faro *m* **Leucht·kraft** F intensità *f* luminosa **Leucht·ku·gel** F proiettile *m* illuminante **Leucht·re·kla·me** F pubblicità *f* luminosa **Leucht·spur·ge·schoss**, *österr* **Leucht·spur·ge·schoß** N proiettile *m* tracciante **Leucht·stift** M evidenziatore *m* **Leucht·stoff·röh·re** F tubo *m* fluorescente, neon *m* **Leucht·turm** M faro *m*
leug·nen V/T negare ♦ **es ist nicht zu ~, dass ...** è innegabile che ...
Leu·kä·mie F ⟨-; -n⟩ leucemia *f*
Leu·mund M ⟨-[e]s⟩ reputazione *f* **Leu·munds·zeug·nis** N certificato *m* di buona condotta
Leu·te PL **1** gente *f*: **arme ~** povera gente; **kleine ~** gente modesta; *umg* **was werden die ~ dazu sagen?** che dirà la gente? *umg*; **hört mal her, ~!** ascoltate tutti! **2** persone *fpl* **3** *umg* MIL sottoposti *mpl*: **der Hauptmann mit seinen -n** il capitano con i suoi sottoposti ♦ **die alten ~** gli anziani; **fremde ~** estranei *mpl*; *umg* **etw unter die ~ bringen** rendere noto qc; **unter ~ gehen** *fig* curare i contatti sociali; **vor allen -n** davanti a tutti
Leut·nant M ⟨-s; -s⟩ sottotenente *m*
leut·se·lig ADJ affabile **Leut·se·lig·keit** F ⟨-⟩ affabilità *f*
Le·vel M ⟨-s; -s⟩ livello *m*
Le·vi·ten PL **j-m die ~ lesen** fare la predica a qn
Lev·ko·je F ⟨-; -n⟩ violaciocca *f*
le·xi·ka·lisch ADJ lessicale
Le·xi·ko·gra·fie F ⟨-⟩ lessicografia *f*
Le·xi·kon N ⟨-s; Lexika *u.* Lexiken⟩ **1** enciclopedia *f* **2** *obs* dizionario *m*
Li·a·ne F ⟨-; -n⟩ liana *f*
Li·ba·ne·se M ⟨-n; -n⟩, **-sin** F ⟨-; -nen⟩ libanese *m/f* **li·ba·ne·sisch** ADJ libanese **Li·ba·non** M ⟨-s⟩ Libano *m*
Li·bel·le F ⟨-; -n⟩ **1** ZOOL libellula *f* **2** TECH livella *f* (a bolla d'aria)
li·be·ral ADJ liberale (*a.* POL)
Li·be·ra·le M/F ⟨-n; -n⟩ liberale *m/f*
li·be·ra·li·sie·ren V/T liberalizzare
Li·be·ra·lis·mus M ⟨-⟩ liberalismo *m*
Li·be·ria N ⟨-s⟩ Liberia *f*
Li·be·ro M ⟨-s; -s⟩ (*beim Fußball*) libero *m*
Lib·ret·tist M ⟨-en; -en⟩, **-in** F ⟨-; -nen⟩ librettista *m/f*
Li·by·en N ⟨-s⟩ Libia *f*
licht ADJ **1** luminoso; (*Farbe*) chiaro **2** (*spärlich*) rado ♦ **-e Höhe** diametro interno; **-e Weite** diametro interno; **einen -en Moment haben** avere un momento di lucidità

Licht N ⟨-[e]s; -er⟩ **1** luce *f*: **gedämpftes ~** luce soffusa; **die Lampe gibt ein schlechtes ~** la lampada fa una brutta luce; **das Bild hat kein richtiges ~** il quadro non ha la giusta illuminazione **2** (*Lampe*) **das ~ ausmachen** spegnere la luce; **die -er der Stadt** le luci della città **3** (*mit brennender Flamme*) lume *m*: **das ~ auslöschen** spegnere il lume **4** *pl* JAGD occhi *mpl* ♦ **ans ~ kommen** venire in luce; **bei ~ besehen** a ben pensarci; **etw bei ~ betrachten** osservare qc alla luce; *umg fig* esaminare qc attentamente; **das ~ der Welt erblicken** venire alla luce; **gegen das ~ fotografieren** fotografare (in) controluce; *umg* **kein großes ~ sein** non essere una cima; **grünes ~ geben** dare il via libera; **in einem guten/schlechten ~ erscheinen** (*od* **sich in einem guten/schlechten ~ zeigen**) fare una buona/cattiva impressione; **sich in ein gutes/schlechtes ~ setzen** (*od* **rücken**) mettersi in buona/cattiva luce; **j-n hinters ~ führen** imbrogliare qn; *fig* **etw in rosigem ~ sehen** giudicare positivamente qc; *fig* **alles in rosigem ~ sehen** vedere tutto roseo; **sein ~ unter den Scheffel stellen** mettere la fiaccola sotto il moggio; **in schiefes ~ geraten** suscitare sospetti; **j-m im ~ stehen** fare ombra a qn; **ein gutes/schlechtes ~ auf j-n werfen** mettere qn in buona/cattiva luce

Licht·an·la·ge F impianto *m* d'illuminazione **Licht·bild** N **1** (*Passbild*) fototessera *f* **2** *obs* diapositiva *f* **Licht·blick** M momento *m* di sollievo; (*Trost*) consolazione *f* **Licht·bo·gen** M arco *m* voltaico **Licht·bre·chung** F rifrazione *f* della luce **licht·durch·läs·sig** ADJ diafano, traslucido **licht·echt** ADJ **-e Farben** colori resistenti alla luce **Licht·ef·fekt** M effetto *m* luminoso **licht·emp·find·lich** ADJ **1** fotosensibile **2** (*Haut*) sensibile alla luce

lich·ten[1] **A** V/T **1** (*ausdünnen*) diradare **2** (*heller machen*) rischiarare **B** V/R **sich ~ 1** diradarsi **2** (*heller werden*) rischiararsi

lich·ten[2] V/T **den Anker ~** levare l'ancora, salpare

Lich·ter·ket·te F fiaccolata *f* **lich·ter·loh A** ADJ divampante: **-e Flammen** fiamme che divampano **B** ADV **~ brennen** essere in fiamme **Lich·ter·meer** N mare *m* di luci

Licht·fil·ter M/N filtro *m* ottico **Licht·ge·schwin·dig·keit** F velocità *f* della luce **Licht·grif·fel** M IT penna *f* ottica (*od* luminosa) **Licht·hof** M **1** cortile *m* a lucernario **2** FOTO, OPT alone *m* **Licht·hu·pe** F AUTO **die ~ benutzen** lampeggiare **Licht·jahr** N anno *m* luce **Licht·ke·gel** M cono *m* luminoso **Licht·ma·schi·ne** F dinamo *f* **Licht·mess** F **Mariä ~** Candelora *f* **Licht·mes·ser** M ⟨-s; -⟩ fotometro *m* **Licht·punkt** M punto *m* luminoso **Licht·quel·le** F sorgente *f* luminosa **Licht·schacht** M **1** cortile *m* a lucernario **2** (*vor Kellerfenstern*) pozzo *m* di luce **Licht·schal·ter** M interruttore *m* della luce **Licht·schein** M luce *f*, chiarore *m* **licht·scheu** ADJ **1** che rifugge la luce **2** *fig* losco **Licht·schran·ke** F barriera *f* fotoelettrica **Licht·schutz·fak·tor** M fattore *m* (di) protezione **Licht·sig·nal** N segnale *m* luminoso **Licht·strahl** M raggio *m* di luce **Licht·tech·nik** F illuminotecnica *f* **licht·un·durch·läs·sig** ADJ impenetrabile dalla luce

Lich·tung F ⟨-; -en⟩ radura *f*

Lid N ⟨-[e]s; -er⟩ palpebra *f* **Lid·schat·ten** M ombretto *m*: **~ auflegen** mettersi l'ombretto **Lid·strich** M riga *f* (degli occhi)

lieb ADJ **1** caro: **viele -e Grüße** tanti cari saluti; (*Anrede im Brief*) (**mein**) **-er Peter!** caro Peter! **2** (*freundlich*) gentile: **würden Sie so ~ sein und mir helfen?** sareste così gentile da aiutarmi? **3** (*artig*) buono, bravo **4** (*angenehm*) gradito: **j-m ein -er Gast sein** essere un gradito ospite per qn; **es ist mir ~, dass ...** sono contento che ... **5** *iron* benedetto, santo (*oft unübersetzt*): **den -en langen Tag** tutto il santo giorno; **um des -en Friedens willen** per amor di pace ♦ **j-n/etw ~ gewinnen** affezionarsi a qn/qc; **eine ~ gewordene Gewohnheit** una cara abitudine; **j-n ~ haben** voler bene a qn; **sich ~ haben** volersi bene; **mit** (*od* **zu**) **j-m ~ sein** essere affettuoso con qn; **etw ist mir ~ und teuer** qc mi è molto caro

lieb·äu·geln V/I ⟨h.⟩ **mit dem Gedanken ~, etw zu tun** accarezzare l'idea di fare qc

Lie·be[1] F ⟨-; -n⟩ **1** amore *m*: **die ~ zur Musik** l'amore per la musica **2** (*Barmherzigkeit*) carità *f*: **christliche ~** carità cristiana ♦ **bei aller ~** con tutta la buona

volontà; **eine alte ~ von mir** un mio vecchio amore; **aus ~ (zu j-m)** per amore (di qn); *umg* **~ machen** fare l'amore; **~ macht blind** l'amore è cieco
Lie·be² M/F ⟨-n; -n⟩ caro *m*, -a *f*: **meine ~!** mia cara! ♦ **meine -n** i miei cari
lie·be·be·dürf·tig ADJ bisognoso d'affetto
Lie·be·lei F ⟨-; -en⟩ *pej* flirt *m*
lie·ben A VT amare: **ich liebe dich** ti amo; **zu scherzen ~** amare scherzare; **sie liebt es nicht, gestört zu werden** non le piace essere disturbata; **j-n/etw ~ lernen** affezionarsi a qn/qc B VR **sich ~** amarsi **lie·bend** A ADJ 1 affezionato: **eure euch -e Tochter** la vostra affezionata figlia 2 (*liebevoll, zärtlich*) affettuoso: **eine -e Mutter** una madre affettuosa B ADV **~ gern** con molto piacere
lie·bens·wert ADJ amabile
lie·bens·wür·dig ADJ gentile: **das ist sehr ~ von Ihnen** è molto gentile da parte Sua **lie·bens·wür·di·ger·wei·se** ADV gentilmente **Lie·bens·wür·dig·keit** F ⟨-; -en⟩ cortesia *f*, gentilezza *f*
lie·ber A ADJ ⟨*komp*⟩ → lieb B ADV ⟨*komp von* gern⟩ 1 più volentieri: **etw ~ machen als etwas anderes** fare qc più volentieri di qualcos'altro 2 (*besser*) meglio: **ich hätte es ~ nicht sagen sollen** avrei fatto meglio a non dirlo; **~ nicht** meglio di no; **ich gehe ~ weg** è meglio che me ne vada ♦ **etw ~ haben** (*od* **mögen**) preferire qc; **es wäre mir ~, wenn ...** preferirei (che) ...

Oder hätten Sie lieber Tee?

lieber haben drückt man im Italienischen oft mit dem Verb **preferire** aus:

Möchten Sie lieber Kaffee oder Tee?	**Preferisce caffè o tè?**

Lie·bes·aben·teu·er N avventura *f* amorosa **Lie·bes·af·fä·re** F *umg* storia *f* **Lie·bes·akt** M atto *m* amoroso **Lie·bes·be·zie·hung** F relazione *f* amorosa **Lie·bes·brief** M lettera *f* d'amore **Lie·bes·dienst** M favore *m* **Lie·bes·ent·zug** M carenza *f* affettiva **Lie·bes·er·klä·rung** F dichiarazione *f* d'amore **Lie·bes·ge·dicht** N poesia *f* d'amore **Lie·bes·ge·schich·te** F storia *f* d'amore **Lie·bes·hei·rat** F matrimonio *m* d'amore **Lie·bes·kum·mer** M mal *m* d'amore; problemi *mpl* di cuore **Lie·bes·le·ben** N vita *f* sentimentale **Lie·bes·lied** N canzone *f* d'amore **Lie·bes·müh** F, **verlorene ~** fatica sprecata **Lie·bes·paar** N coppia *f* (di innamorati) **Lie·bes·spiel** N giochi *mpl* d'amore **Lie·bes·sze·ne** F scena *f* d'amore **lie·bes·toll** ADJ pazzo d'amore
lie·be·voll ADJ amorevole, affettuoso ♦ **j-n ~ pflegen** curare qn amorevolmente; **~ verpackt** imballato accuratamente
Lieb·ha·ber M ⟨-s; -⟩ 1 amante *m*: **sich** (*dat*) **einen ~ zulegen** farsi un amante 2 amatore *m*: **ein erfahrener ~** un esperto amatore 3 (*Kenner*) amante *m*: **ein ~ zeitgenössischer Kunst** un amante dell'arte contemporanea; **ein Wein für ~** un vino da intenditori 4 THEAT amoroso *m* **Lieb·ha·be·rei** F ⟨-; -en⟩ passione *f*, hobby *m* **Lieb·ha·be·rin** F ⟨-; -nen⟩ 1 (*Kennerin*) amante *f*: **eine ~ moderner Kunst** un'amante dell'arte contemporanea 2 (*Geliebte*) amante *f*: **sie ist eine gute ~** è una buona amante **Lieb·ha·ber·stück** N pezzo *m* da collezionisti
lieb·ko·sen VT ⟨*pperf:* liebkost/geliebkost⟩ accarezzare **Lieb·ko·sung** F ⟨-; -en⟩ carezze *fpl*
lieb·lich ADJ 1 (*Gestalt*) grazioso 2 (*Landschaft*) ameno 3 (*Duft*) gradevole, delicato 4 (*Wein*) amabile 5 (*Musik*) soave
Lieb·ling M ⟨-s; -e⟩ 1 beniamino *m*, -a *f*: **sie ist der ~ des Publikums** una beniamina del pubblico; **er ist der ~ der Mutter** è il prediletto della mamma 2 (*Anrede*) **mein ~** tesoro mio
Lieb·lings·far·be F colore *m* preferito
lieb·los A ADJ freddo B ADV 1 (*unfreundlich*) senza amore, freddamente 2 (*ohne Sorgfalt*) di malavoglia **Lieb·lo·sig·keit** F ⟨-; -en⟩ 1 (*Unfreundlichkeit*) freddezza *f* 2 (*lieblose Art*) mancanza *f* d'amore **Lieb·reiz** M ⟨-es⟩ grazia *f* **Lieb·schaft** F ⟨-; -en⟩ relazione *f* (amorosa)
liebst... A ADJ ⟨*sup von* lieb⟩ preferito B ADV **am liebsten** (*sup von* **gern**) più di tutto; **ich möchte am liebsten ...** mi piacerebbe più di tutto ...; **am liebsten haben** preferire; **am liebsten würde ich auf die Reise verzichten** avrei proprio voglia di rinunciare al mio viaggio
Liebs·te M/F ⟨-n; -n⟩ amato *m*, -a *f*, amore *m*: **mein -r** amore mio

Liech·ten·stein N ⟨-s⟩ **Fürstentum ~** Principato *m* del Liechtenstein **Liech·ten·stei·ner** M ⟨-s; -⟩, **-in** F ⟨-; -nen⟩ cittadino *m*, -a *f* del Liechtenstein **liech·ten·stei·nisch** ADJ del Liechtenstein

Lied N ⟨-[e]s; -er⟩ **1** canzone *f*: **ein volkstümliches ~** una canzone popolare **2** canto *m*: **ein geistliches ~** un canto sacro **3** (*Kunstlied*) Lied *m*: **die -er Schuberts** i Lieder di Schubert ♦ *umg fig* **es ist immer das alte ~ mit dir** con te è sempre la solita musica; **das ist das Ende vom ~** tutti i salmi finiscono in gloria; **er kann ein ~ davon singen** lui ne sa qualcosa

Lie·der·abend M serata *f* liederistica **Lie·der·buch** N canzoniere *m*

lie·der·lich ADJ **1** disordinato, sciatto; (*nachlässig*) trascurato, negligente **2** *pej* (*ausschweifend*) sregolato: **ein -es Leben führen** vivere da scapestrati

Lie·der·ma·cher M, **-in** F cantautore *m*, -trice *f*

lief → laufen

Lie·fe·rant M ⟨-en; -en⟩, **-in** F ⟨-; -nen⟩ fornitore *m*, -trice *f*

lie·fer·bar ADJ disponibile **Lie·fer·frist** F termine *m* (*od* data *f*) di consegna

lie·fern **A** V/T **1** fornire, consegnare: **etw ins Haus ~** consegnare qc a domicilio **2** (*erzeugen*) produrre **3** fornire: **Beweise ~** fornire delle prove **4** offrire: **j-m Gesprächsstoff ~** offrire materia di conversazione a qn **B** V/R **sich eine Schlacht ~** darsi battaglia

Lie·fer·schein M bolletta *f* di consegna **Lie·fer·ter·min** M termine *m* (*od* data *f*) di consegna **Lie·fe·rung** F ⟨-; -en⟩ **1** consegna *f*: **zahlbar bei ~** pagabile alla consegna **2** fornitura *f*: **die ~ unterbrechen** sospendere la fornitura **Lie·fer·wa·gen** M furgone *m*

Lie·ge F ⟨-; -n⟩ **1** ottomana *f* **2** (*Gartenliege*) lettino *m*

lie·gen V/I ⟨lag, gelegen; h.⟩ **1** stare sdraiato (*od* coricato): **liegst du bequem?** stai comodo?; **Weinflaschen sollen ~** le bottiglie di vino devono stare coricate **2** esserci: **Nebel liegt über der Stadt** c'è nebbia sulla città **3** stare: **die Wahrheit liegt in der Mitte** la verità sta nel mezzo; **so wie die Dinge ~** così come stanno le cose **4** trovarsi, essere: **das Buch liegt auf der Zeitung** il libro è sopra il giornale; **das Geld liegt auf der Bank** il denaro è in banca; **er lag plötzlich am Boden** improvvisamente si trovò per terra; **im Bett ~** essere a letto; GEOM **die Punkte ~ auf der Diagonale** i punti si trovano sulla diagonale; **hast du mein Buch irgendwo ~ sehen?** hai visto il mio libro da qualche parte? **5** essere posto (*od* situato): **die Stadt liegt am See** la città è situata sul lago; **die Küche liegt zur Straße** la cucina dà verso la strada; **schön ~** essere (situato) in un bel posto **6** (*enthalten sein*) essere, esserci: **darin liegt eine Gefahr** in questo c'è un pericolo **7** dipendere: **woran liegt es?** da (che) cosa dipende? **8** (*für wichtig erachten*) tenere: **mir liegt viel an j-m/etw** tengo molto a qn/qc **9** (*zufallen*) essere: **die Verantwortung liegt bei dir** la responsabilità è tua **10** (*gefallen*) andare: **diese Methoden ~ mir nicht** questi metodi non mi vanno **11** (*entsprechen*) essere adatto, addirsi: **diese Rolle liegt ihm** la parte gli si addice **12** SCHIFF essere ormeggiato **13** MIL essere accampato **14** **~ bleiben** (*am Boden*) restare (disteso) a terra **15** **~ bleiben** (*im Bett*) restare a letto **16** **~ bleiben** (*Schnee*) rimanere **17** **~ bleiben** *umg* (*mit einer Panne*) restare bloccato **18** **die Arbeit bleibt ~** il lavoro è fermo **19** **~ lassen** lasciare; **lass das ~!** lascia stare! **20** **~ lassen** (*vergessen*) dimenticare ♦ **auf der Straße ~** essere a spasso (disoccupato); AUTO **gut auf der Straße ~** avere una buona tenuta di strada; *fig* **über/unter etw** (*dat*) **~** essere superiore/inferiore a qc; **das liegt noch in der Zukunft** deve ancora venire

lie·gend **A** ADJ **1** sdraiato **2** (*gelegen*) situato **B** ADV da sdraiato

Lie·gen·schaft F ⟨-; -en⟩ JUR bene *m* immobile; (*Grundstück*) fondo *m*

Lie·ge·platz M **1** BAHN cuccetta *f* **2** SCHIFF ormeggio *m* **Lie·ge·sitz** M AUTO sedile *m* con schienale reclinabile **Lie·ge·stuhl** M (sedia *f* a) sdraio *f* **Lie·ge·stütz** M ⟨-es; -e⟩ **-e machen** fare flessioni sulle braccia **Lie·ge·wa·gen** M BAHN carrozza *f* (con) cuccette **Lie·ge·wie·se** F prato *m* su cui prendere il sole

lieh → leihen

Lies-mich-Da·tei F IT file *m inv* readme (*od* leggimi)

ließ → lassen

L

Lift M ⟨-[e]s; -e *u.* -s⟩ **1** ascensore *m* **2** skilift *m* **3** (*Sessellift*) seggiovia *f* **Lift·boy** M addetto *m* all'ascensore, lift *m*

lif·ten V/T **1** MED stirare **2** TECH sollevare ♦ *umg* **sich ~ lassen** farsi fare il lifting

Li·ga F ⟨-; Ligen⟩ **1** lega *f* **2** SPORT serie *f*: **in die 1. ~ aufsteigen** salire in serie A

Li·gu·ri·en N ⟨-s⟩ Liguria *f*

Li·gus·ter M ⟨-s; -⟩ BOT ligustro *m*

li·ie·ren V/R **sich mit j-m ~** legarsi a qn; (*geschäftlich*) allearsi con qn

Li·kör M ⟨-s; -e⟩ liquore *m*

li·la ADJ ⟨*inv*⟩, **li·la·far·ben** ADJ lilla

Li·lie F ⟨-; -n⟩ giglio *m*

Li·li·pu·ta·ner M ⟨-s; -⟩, **-in** F ⟨-; -nen⟩ lillipuziano *m*, -a *f*

Li·met·te F ⟨-; -n⟩ BOT limetta *f*

Li·mit N ⟨-s; -s *u.* -e⟩ limite *m*: **j-m ein ~ setzen** porre un limite a qn

Li·mi·ta·ti·on F ⟨-; -en⟩ **1** (*Einschränkung*) limitazione *f* **2** (*Begrenzung*) delimitazione *f* **li·mi·tie·ren** V/T **1** (*beschränken*) limitare **2** (*begrenzen*) delimitare

Li·mo F ⟨-; -s⟩ *umg*, **Li·mo·na·de** F ⟨-; -n⟩ gassosa *f*

Li·mo·ne F ⟨-; -n⟩ limetta *f*, lime *m inv*

Li·mou·si·ne [limu-] F ⟨-; -n⟩ berlina *f*; (*Luxusauto*) limousine *f*

lind ADJ **1** (*mild*) mite **2** (*sanft*) dolce

Lin·de F ⟨-; -n⟩ BOT tiglio *m*

Lin·den·blü·ten·tee M tisana *f* al tiglio

lin·dern V/T calmare, mitigare: **die Schmerzen ~** calmare i dolori; **j-s Qual ~** alleviare la pena di qn **lin·dernd** ADJ calmante **Lin·de·rung** F ⟨-; -en⟩ **1** sollievo *m*, lenimento **2** (*Milderung*) mitigazione *f*

lind·grün ADJ verde giallognolo chiaro

Li·ne·al N ⟨-s; -e⟩ riga *f*; (*unter 30 cm*) righello *m*

li·ne·ar ADJ **1** lineare (*a.* MATH) **2** (*geradlinig*) rettilineo **3** KUNST grafico

Lin·gu·is·tik F ⟨-⟩ linguistica *f*

Li·nie F ⟨-; -n⟩ **1** linea *f* (*a.* MIL): **eine ~ ziehen** tracciare una linea; GEOM **eine gebrochene ~** una linea spezzata; *fig* **in auf-/absteigender ~** in linea ascendente/discendente; **die ~ 10 fährt nur feiertags** la linea 10 c'è solo nei giorni festivi; **eine harte ~ vertreten** sostenere una linea dura; **auf die (schlanke) ~ achten** badare alla linea **2** riga *f*: **Briefpapier mit -n** carta da lettera a righe **3** (*Reihe*) fila *f*: **in einer ~ stehen** stare in fila, essere allineati; **sich in einer ~ aufstellen** mettersi in riga ♦ *fig* **in erster ~** anzitutto; *fig* **in zweiter ~** in secondo luogo; **auf der ganzen ~** completamente

Li·ni·en·flug M volo *m* di linea **li·ni·en·för·mig** ADJ lineare **Li·ni·en·füh·rung** F **1** (*Gestaltung der Linien*) disegno *m*, tratteggio *m* **2** (*Verlauf einer Verkehrslinie*) percorso *m* **Li·ni·en·ma·schi·ne** F aereo *m* di linea **Li·ni·en·rich·ter** M, **-in** F SPORT guardalinee *m/f inv* **li·ni·en·treu** ADJ POL fedele alla linea, allineato **Li·ni·en·ver·kehr** M servizio *m* di linea

li·ni·ie·ren V/T rigare **li·ni·iert** ADJ a righe **Li·ni·ie·rung** F ⟨-; -en⟩ rigatura *f*

link ADJ **1** sinistro **2** (*Nähen*) rovescio: **die -e Seite des Stoffes** il rovescio della stoffa; **eine -e Masche** una maglia rovescia **3** POL di sinistra: **-e Zeitungen** giornali di sinistra; **der -e Flügel der Partei** l'ala sinistra del partito **4** *umg* losco: **-e Geschäfte** affari loschi ♦ *umg fig* **heute ist er mit dem -en Bein zuerst aufgestanden** oggi si è alzato con il piede sinistro; **-er** (*od* **zur -en**) **Hand** a sinistra; **zwei -e Hände haben** essere maldestro

Link M ⟨-s; -s⟩ IT link *m*, collegamento *m* ipertestuale

Lin·ke[1] F ⟨-n; -n⟩ **1** sinistra *f*: **mit der -n schreiben** scrivere con la sinistra; **zur -n** a sinistra; POL **die äußerste ~** l'estrema sinistra **2** (*beim Boxen*) sinistro *m*

Lin·ke[2] M/F ⟨-n; -n⟩ POL persona *f* della sinistra: **ein -r sein** essere uno di sinistra

lin·ken V/T imbrogliare

lin·kisch ADJ maldestro

links **A** ADV **1** a sinistra: **von ~ nach rechts** da sinistra a destra; **~ von j-m/etw** a (*od* alla *od* sulla) sinistra di qn/qc; **rechts und ~ verwechseln** confondere la destra con la sinistra **2** *umg* (*mit der linken Hand*) con la sinistra **3** a rovescio: **den Pullover ~ anziehen** mettersi il pullover a rovescio **4** (*beim Stricken*) **zwei rechts, zwei ~** due a diritto, due a rovescio **5** POL di sinistra: **~ stehen** essere di sinistra; **~ orientiert** di sinistra **B** PRÄP (+*gen*) a (*od* sulla) sinistra di: **~ der Straße** a sinistra della strada ♦ **eine Stadt ~ liegen lassen** lasciare una città sulla sinistra; *umg* **j-n ~ liegen lassen** trascurare qn; **etw mit ~ machen können** saper fare qc a occhi chiusi

Links·ab·bie·ger M ⟨-s; -⟩, **-in** F ⟨-; -nen⟩ chi svolta a sinistra **Links·au·ßen** M ⟨-s; -⟩ SPORT ala *f* sinistra **links·bün·dig** ADJ allineato a sinistra **links·ext·re·mis·tisch** ADJ di estrema sinistra **Links·hän·der** M ⟨-s; -⟩, **-in** F ⟨-; -nen⟩ mancino *m*, -a *f* **links·hän·dig** **A** ADJ mancino **B** ADV con la mano sinistra **links·he·rum** ADV a sinistra **Links·kur·ve** F svolta *f* a sinistra **Links·ra·di·ka·le** M/F estremista *m/f* di sinistra **links·sei·tig** **A** ADJ di sinistra **B** ADV a (*od* sulla) sinistra, dal lato sinistro **Links·steu·e·rung** F ⟨-⟩ guida *f* a sinistra **links·um** ADV a (*od* verso) sinistra **Links·ver·kehr** M circolazione *f* a sinistra

Li·no·le·um N ⟨-s⟩ linoleum *m inv*

Li·nol·schnitt M linoleografia *f*

Lin·se F ⟨-; -n⟩ **1** BOT lenticchia *f* **2** OPT lente *f* **3** ANAT lente *f* cristallina

lin·sen·för·mig ADJ **1** a forma di lente **2** a forma di lenticchia **Lin·sen·sup·pe** F minestra *f* di lenticchie

Li·nux® N ⟨-⟩ (*Betriebssystem*) Linux® *m*

Lip·pe F ⟨-; -n⟩ labbro *m*: **etw an die -n setzen** portare qc alle labbra (*od* alla bocca); **sich** (*dat*) **auf die -n beißen** mordersi le labbra; (**j-m etw**) **von den -n ablesen** leggere (qc) sulle labbra (di qn) ♦ **an j-s -n hängen** pendere dalle labbra di qn; **eine dicke** (*od* **kesse**) **~ riskieren** dire spacconate; **kein Wort über die -n bringen** non riuscire a dire una parola; **über j-s -n kommen** uscire dalle labbra di qn

Lip·pen·pfle·ge·stift M burro *m* di cacao **Lip·pen·stift** M rossetto *m*

li·quid ADJ **1** WIRTSCH disponibile; (*Geld*) liquido **2** (*zahlungsfähig*) solvibile

Li·qui·da·ti·on F ⟨-; -en⟩ liquidazione *f*

li·qui·die·ren V/T liquidare

Li·qui·di·tät F ⟨-; -en⟩ WIRTSCH liquidità *f*

Li·ra F ⟨-; Lire⟩ HIST (*italienische Währung*) lira *f*

lis·peln **A** V/I ⟨h.⟩ **1** essere bleso **2** (*flüstern*) sussurrare **B** V/T sussurrare

Lis·sa·bon N ⟨-s⟩ Lisbona *f*

List F ⟨-; -en⟩ **1** (*listiges Wesen*) astuzia *f*: **mit ~ und Tücke** con grande astuzia **2** (*Täuschung*) stratagemma *m*

Lis·te F ⟨-; -n⟩ lista *f* (*a.* POL), elenco *m*: **eine ~ aufstellen** compilare una lista **Lis·ten·platz** M POL posizione *f* in lista **Lis·ten·preis** M prezzo *m* di listino

lis·tig ADJ astuto, scaltro

Li·ta·nei F ⟨-; -en⟩ litania *f*

Li·tau·en N ⟨-s⟩ Lituania *f* **Li·tau·er** M ⟨-s; -⟩, **-in** F ⟨-; -nen⟩ lituano *m*, -a *f* **li·tau·isch** ADJ lituano

Li·ter M/N ⟨-s; -⟩ litro *m*

li·te·ra·risch ADJ letterario **Li·te·ra·tur** F ⟨-; -en⟩ letteratura *f* ♦ **schön(geistig)e ~** belle lettere

Li·te·ra·tur·ge·schich·te F storia *f* della letteratura **Li·te·ra·tur·preis** M premio *m* letterario **Li·te·ra·tur·ver·zeich·nis** N bibliografia *f* **Li·te·ra·tur·wis·sen·schaft** F scienza *f* letteraria **Li·te·ra·tur·wis·sen·schaft·ler** M, **-in** F letterato *m*, -a *f*; dottore *m*, -essa *f* in lettere

Li·ter·fla·sche F bottiglia *f* da (un) litro

li·ter·wei·se ADV a litri

Lit·faß·säu·le F colonna *f* per affissioni

Li·tho N ⟨-s; -s⟩ lito *f* **Li·tho·gra·fie** F ⟨-; -n⟩ litografia *f*

Lit·schi F ⟨-; -s⟩, **Lit·schi·pflau·me** F litchi *m*

litt → leiden

Li·tur·gie F ⟨-; -n⟩ liturgia *f*

li·tur·gisch ADJ liturgico

Lit·ze F ⟨-; -n⟩ **1** MIL gallone *m* **2** ELEK cavetto *m* **3** (*Nähen*) liccio *m*

live [laif] ADV live, dal vivo, in diretta: **~ übertragen** trasmettere in diretta; **~ singen** cantare dal vivo

Liv·ree F ⟨-; -n⟩ livrea *f*

Li·zenz F ⟨-; -en⟩ licenza *f*: **etw in ~ herstellen** fabbricare qc su licenza **Li·zenz·ge·ber** M, **-in** F concedente *m/f* di licenza **Li·zenz·in·ha·ber** M, **-in** F detentore *m*, -trice *f* di licenza **Li·zenz·neh·mer** M, **-in** F licenziatario *m*, -a *f* **Li·zenz·ver·trag** M contratto *m* di licenza

Lkw, LKW ['ɛlkave] M ⟨-[s]; -s *u.* -⟩ → (Lastkraftwagen) camion *m*, autocarro *m*

Lkw-Fah·rer M, **-in** F camionista *m/f*

Lob N ⟨-[e]s; -e⟩ lode *f*, elogio *m*: **ein dickes ~** (**für etw**) **bekommen** ricevere una grossa lode (per qc)

Lob·by ['lɔbi] F ⟨-; -s⟩ **1** POL lobby *f* **2** (*Tribüne*) loggia *f*, tribuna *f* (del Parlamento) **3** (*Wandelhalle*) vestibolo *m*

Lob·by·ist M ⟨-en; -en⟩, **-in** F ⟨-; -nen⟩ lobbista *m/f*

L

lo·ben VT **j-n für** (*od* **wegen**) **etw ~** lodare qn per qc ♦ **da lob' ich mir ein ordentliches Steak** mi piacerebbe (di più) una bella bistecca; **das lob' ich mir!** questo sì che mi piace!; **j-n/etw über den grünen Klee** (*od* **in den höchsten Tönen**) ~ elogiare qn/qc entusiasticamente
lo·bend A ADJ di lode B ADV in modo lusinghiero **lo·bens·wert** ADJ lodevole **Lob·hu·de·lei** F ⟨-; -en⟩ adulazione *f*
löb·lich ADJ *iron* lodevole
Lob·lied N inno *m* di lode: **ein ~ auf j-n/etw singen** cantare le lodi di qn/qc **Lob·re·de** F panegirico *m*
Loch N ⟨-[e]s; Löcher⟩ 1 buco *m*: **ein ~ im Zahn** un buco nel dente; **ein ~ (zu)stopfen** turare un buco (*a. fig*); (*Nähen*) rammendare un buco; *umg pej* **in einem ~ hausen** vivere in un buco 2 foro *m*: **ein ~ bohren** fare un foro (col trapano) 3 (*Erdloch*) buca *f*: **ein ~ graben** scavare una buca *f* ♦ ASTRON **schwarzes ~** buco nero

L

lo·chen VT bucare, (per)forare
Lo·cher M ⟨-s; -⟩ perforatore *m*
lö·che·rig ADJ bucherellato
lö·chern VT *umg* **j-n (mit Fragen) ~** seccare (*od* assillare *od* ossessionare) qn (con domande)
Loch·zan·ge F tenaglia *f* perforatrice
Lo·cke F ⟨-; -n⟩ riccio(lo) *m*
lo·cken[1] VT 1 (*anlocken*) attirare; (*mit einer Lockspeise*) adescare: **den Fuchs aus dem Bau ~** attirare la volpe fuori dalla tana 2 *fig* allettare: **es lockt mich, nach Indien zu fahren** l'idea di andare in India mi alletta ♦ **das schöne Wetter lockt alle ins Freie** il bel tempo invita ad uscire all'aperto
lo·cken[2] A VT (*Haar*) arricciare B VR **sich ~** arricciarsi
Lo·cken·kopf M 1 testa *f* ricciuta 2 (*Mensch*) (bambino *m*) ricciolino *m* **Lo·cken·stab** M arricciacapelli *m* **Lo·cken·wick·ler** M ⟨-s; -⟩ bigodino *m*
lo·cker ADJ 1 malfermo, traballante: **ein -er Zahn** un dente traballante 2 (*lose*) lento, allentato: **ein -es Seil** una fune lenta; **die Schraube ist ~ geworden** la vite si è allentata 3 (*nicht dicht*) rado 4 soffice, morbido: **-es Erdreich** terreno soffice; **ein -er Teig** una pasta morbida 5 rilassato (*a. fig*): **eine -e Haltung/Stimmung** una posizione/un'atmosfera rilassata 6 *fig* non fisso, poco stabile: **eine -e Beziehung** una relazione non fissa; **-e Grundsätze** principi poco stabili (*od* fermi) ♦ *fig* **etw ~ handhaben** fare qc con (troppa) disinvoltura; **etw ~ schaffen** riuscire con disinvoltura in qc
Lo·cker·heit F ⟨-⟩ 1 scioltezza *f* 2 morbidezza *f* 3 *fig* rilassatezza *f* **lo·cker·las·sen** VI ⟨*irr*; h.⟩ *umg* mollare: **er hat nicht lockergelassen, bis ich es ihm sagte** non mi ha lasciato in pace fino a che gliel'ho detto **lo·cker·ma·chen** VT *umg* (*Geld*) mollare, tirare fuori
lo·ckern A VT 1 allentare (*a. fig*): **die Bindungen zu j-m ~** allentare i legami con qn 2 (*Erde*) smuovere 3 sciogliere, rilassare: **die Muskeln ~** sciogliere i muscoli B VR **sich ~** 1 allentarsi 2 (*an Dichte verlieren*) diradarsi 3 (*entspannen*) rilassarsi; *fig* **die Sitten haben sich gelockert** i costumi si sono rilassati ♦ **die Gesetze ~** mitigare il rigore delle leggi
Lo·cke·rung F ⟨-; -en⟩ 1 allentamento *m* 2 (*Entspannung*) rilassamento *m* **Lo·cke·rungs·übung** F esercizio *m* di riscaldamento
lo·ckig ADJ riccio: **-es Haar** capelli ricci
Lock·mit·tel N (*für Jagdtiere*) richiamo *m*; (*Köder*) esca *f* (*a. fig*) **Lock·ruf** M richiamo *m* **Lock·vo·gel** M 1 zimbello *m* 2 *fig* esca *f*
Lo·den M ⟨-s; -⟩ loden *m* **Lo·den·man·tel** M loden *m* **Lo·den·stoff** M loden *m*
lo·dern VI ⟨h., s.⟩ divampare: *fig* **seine Augen ~** i suoi occhi fiammeggiano
Löf·fel M ⟨-s; -⟩ 1 cucchiaio *m* 2 JAGD orecchio *m* (di coniglio, di lepre) ♦ *umg* **den ~ abgeben** crepare **Löf·fel·bis·kuit** [-bɪskviːt] N/M ⟨-s; -s⟩ (biscotto *m*) savoiardo *m*
löf·feln VT 1 mangiare con il cucchiaio 2 (*schöpfen*) scodellare: **die Suppe aus dem Topf ~** scodellare la minestra dalla pentola
löf·fel·wei·se ADV a cucchiaiate
log → lügen
Lo·ga·rith·men·ta·fel F tavola *f* dei logaritmi (*od* logaritmica) **Lo·ga·rith·mus** M ⟨-; Logarithmen⟩ logaritmo *m*
Log·buch N diario *m* di bordo
Lo·ge [ˈloːʒə] F ⟨-; -n⟩ 1 THEAT palco *m* 2 (*von Freimaurern*) loggia *f* **Lo·gen·bru·der** M fratello *m* massone
lo·gie·ren [loˈʒiːrən] VI ⟨h.⟩ alloggiare
Lo·gik F ⟨-⟩ logica *f* **lo·gisch** ADJ logico

lo·gi·scher·wei·se ADV logicamente
Lo·gis·tik F ⟨-⟩ logistica *f*
lo·go ADJ ⟨*inv*⟩ *umg* certo, chiaro
Lo·go N ⟨-s; -s⟩ logo *m inv*
Lo·go·pä·de M ⟨-n; -n⟩ logopedista *m* **Lo·go·pä·die** F ⟨-⟩ logopedia *f* **Lo·go·pä·din** F ⟨-; -nen⟩ logopedista *f*
Lohn M ⟨-[e]s; Löhne⟩ **1** paga *f*, salario *m*: **einen ~ beziehen** percepire un salario; **den ~ drücken** ridurre la paga **2** (*Belohnung*) ricompensa *f*: **zum ~** in compenso **Lohn·ab·kom·men** N accordo *m* collettivo sui salari **Lohn·aus·fall** M perdita *f* di salario **Lohn·aus·gleich** M conguaglio *m* salariale **Lohn·emp·fän·ger** M, **-in** F salariato *m*, -a *f*
loh·nen **A** V/T **1** valere: **das lohnt den Aufwand nicht** non vale la fatica **2** **j-m etw ~** ricompensare qn di qc **B** V/I ⟨h.⟩ & V/R **sich ~** valere la pena; **es lohnt nicht, darüber zu sprechen** non vale la pena parlarne; **der Streik hat sich gelohnt** è valsa la pena di scioperare ♦ **es lohnt sich nicht** non ne vale la pena
loh·nend ADJ vantaggioso, proficuo ♦ **eine -e Aufgabe** un incarico gratificante
Lohn·er·hö·hung F aumento *m* salariale **Lohn·for·de·rung** F richiesta *f* salariale **Lohn·fort·zah·lung** F = *pagamento del salario nei primi giorni di malattia* **Lohn·ge·fäl·le** N disparità *f* salariale **Lohn·grup·pe** F categoria *f* salariale **lohn·in·ten·siv** ADJ WIRTSCH a elevata incidenza salariale sui costi **Lohn·kos·ten** PL costo *m* del lavoro **Lohn·kür·zung** F riduzione *f* salariale (*od* della paga) **Lohn·ne·ben·kos·ten** PL costo *m* del lavoro **Lohn·ni·veau** N livello *m* salariale
Lohn·steu·er F imposta *f* sul salario **Lohn·steu·er·jah·res·aus·gleich** M conguaglio *m* dell'imposta sul salario **Lohn·steu·er·kar·te** F cartella *f* delle trattenute (sul salario)
Lohn·stopp M blocco *m* dei salari **Lohn·strei·fen** M foglio *m* (di) paga **Lohn·ta·rif** M tariffa *f* salariale **Lohn·ver·zicht** M rinuncia *f* all'aumento salariale
Loi·pe F ⟨-; -n⟩ SPORT pista *f* (per lo sci) di fondo
Lok F ⟨-; -s⟩ → Lokomotive
lo·kal ADJ locale, del luogo ♦ **j-n ~ betäuben** fare l'anestesia locale a qn
Lo·kal N ⟨-s; -e⟩ locale *m*
Lo·kal·blatt N giornale *m* locale
lo·ka·li·sie·ren V/T **1** localizzare **2** (*eingrenzen*) circoscrivere, limitare
Lo·ka·li·tät F ⟨-; -en⟩ luogo *m*, località *f*
Lo·kal·ko·lo·rit N ⟨-[e]s⟩ colore *m* locale **Lo·kal·nach·rich·ten** PL notiziario *m* locale **Lo·kal·pat·ri·o·tis·mus** M campanilismo *m* **Lo·kal·sei·te** F pagina *f* (di cronaca) locale **Lo·kal·ter·min** M JUR sopralluogo *m*: **einen ~ anberaumen** fissare (la data di) un sopralluogo
Lok·füh·rer M, **-in** F → Lokomotivführer(in)
Lo·ko·mo·ti·ve F ⟨-; -n⟩ **1** locomotiva *f*; (*elektrische*) locomotrice *f* **2** *fig* motore *m* **Lo·ko·mo·tiv·füh·rer** M, **-in** F BAHN macchinista *m/f*
Lol·lo ros·so M ⟨- -; - -s⟩ (*Salatpflanze*) lollo *f* rossa
Lom·bar·dei F ⟨-⟩ Lombardia *f*
Lom·bard·ge·schäft N operazione *f* di prestito su pegno **Lom·bard·kre·dit** M credito *m* su pegno **Lom·bard·satz** M tasso *m* d'interesse sui crediti pignoratizi
Lon·don N ⟨-s⟩ Londra *f*
long·line ['lɔŋlain] ADV SPORT lungo (la) linea
Lor·beer M ⟨-s; -en⟩ alloro *m*: *fig* (**sich**) **auf seinen -en ausruhen** riposare sugli allori **Lor·beer·baum** M alloro *m* **Lor·beer·blatt** N foglia *f* di alloro **Lor·beer·kranz** M corona *f* d'alloro; *fig* palma *f* della vittoria
Lo·re F ⟨-; -n⟩ vagoncino *m* (ribaltabile)
los **A** ADJ **1** (*abgetrennt*) staccato **2** (*losgebunden*) slegato, sciolto **B** ADV avanti, forza: **~, beeil dich!** avanti, sbrigati! ♦ *umg* **bei ihm ist immer etwas ~** da lui c'è sempre movimento; **mit ihm ist nichts** (*od* **nicht viel**) **~** non è in vena; **mit etw ist nichts** (*od* **nicht viel**) **~** non è poi un gran che; *umg* **etw ~ sein** avere perso qc; *umg* (*befreit*) **j-n/etw ~ sein** essere libero da qn/qc; **hier ist der Teufel ~** qui c'è un finimondo; *umg* **was ist ~?** cosa c'è? cos'è successo?; **was ist denn mit dir ~?** che hai?
Los N ⟨-es; -e⟩ **1** sorte *f*: **durch das ~ entscheiden** tirare a sorte **2** (*Schicksal*) **ein schweres ~ haben** avere una dura sorte **3** (*von Lotterie*) biglietto *m* della lotteria ♦ **das große ~ ziehen** vincere il primo premio, *fig* un terno al lotto;

L

ein ~ ziehen estrarre un numero
lös·bar ADJ 1 (*Problem*) risolvibile 2 (*Substanz*) solubile
los·be·kom·men V/T ⟨irr⟩ umg 1 (*lösen können*) riuscire a sciogliere 2 (*abbekommen*) riuscire a togliere 3 (*frei bekommen*) riuscire a liberare **los·bin·den** V/T ⟨irr⟩ sciogliere, slegare **los·bre·chen** ⟨irr⟩ A V/T rompere, spezzare B V/I ⟨s.⟩ scoppiare: **ein Sturm bricht los** scoppia un temporale
Lösch·blatt N carta *f* assorbente
lö·schen[1] A V/T 1 spegnere: **ein Feuer/das Licht ~** spegnere un fuoco/la luce 2 HANDEL estinguere: **ein Konto ~** estinguere un conto 3 (*Tonband, Datei, Speicher*) cancellare (*a. fig*): **eine Schrift/Kassette/Datei/traurige Erinnerung ~** cancellare una scritta/una cassetta/un file/un triste ricordo; **löschen** (*Befehl*) elimina, cancella B V/I ⟨h.⟩ assorbire: **das Papier löscht schlecht** la carta assorbe male ♦ **den Durst ~** placare la sete
lö·schen[2] V/T SCHIFF (*ausladen*) scaricare
Lösch·fahr·zeug N autopompa *f* **Lösch·ge·rät** N estintore *m* **Lösch·pa·pier** N carta *f* assorbente **Lösch·tas·te** F tasto *m* di cancellazione
los·dre·hen V/T svitare
lo·se A ADJ 1 lento, allentato: **~ Knöpfe** bottoni lenti; **~ werden** allentarsi 2 staccato: **~ Blätter** pagine staccate; **ein -r Saum** un orlo scucito 3 *fig* **eine ~ Beziehung** un rapporto senza impegni 4 (*nicht eng anliegend*) non aderente, dalla linea morbida 5 (*nicht dicht*) rado, sparso 6 (*nicht verpackt*) sciolto: **~ Ware** merce sciolta 7 (*einzeln*) singolo B ADV 1 **einen Knoten ~ binden** fare un nodo lento 2 **~ fallen** cadere morbido 3 **etw ~ in der Tasche haben** avere qc sparso in tasca 4 **etw ~ kaufen** comprare qc sciolto (*od* singolarmente) **Lo·se·blatt·aus·ga·be** F pubblicazione *f* a fogli mobili; pubblicazione *f* a fascicoli
Lö·se·geld N riscatto *m*
los·ei·sen umg A V/T 1 liberare 2 **bei j-m Geld ~** scucire denaro a qn B V/R **sich von etw/j-m ~** liberarsi di qc/qn
lo·sen V/I ⟨h.⟩ tirare a sorte, sorteggiare: **um etw ~** sorteggiare qc
lö·sen A V/T 1 staccare (*a. fig*): **den Blick nicht ~ können von** non riuscire a staccare lo sguardo da 2 liberare: **sie löste ihre Hand aus seiner** liberò la mano dalla sua 3 sciogliere (*a. fig*): **einen Knoten/die Muskelverspannung ~** sciogliere un nodo/la tensione muscolare 4 (*lockern*) allentare (*a. fig*): **eine Schraube ~** allentare una vite 5 (*auflösen*) (far) sciogliere: *fig* **die Verlobung ~** sciogliere il fidanzamento 6 (*klären*) risolvere 7 annullare: **einen Vertrag ~** annullare un contratto 8 **die Beziehungen zu j-m ~** troncare i rapporti con qn 9 **eine Eintrittskarte ~** comprare un biglietto d'ingresso B V/R **sich ~** 1 staccarsi: *fig* **sich aus dem Elternhaus ~** staccarsi dalla casa dei genitori 2 sciogliersi (*a. fig*): **der Knoten/der Krampf löst sich** il nodo/il crampo si scioglie 3 (*sich lockern*) allentarsi 4 liberarsi: **sich aus j-s Umarmung ~** liberarsi dall'abbraccio di qn; **sich von Vorurteilen ~** liberarsi dai pregiudizi 5 (*sich klären*) risolversi 6 (*zergehen*) sciogliersi ♦ **die Handbremse ~** togliere il freno a mano; **etw löst den Husten** qc fa passare la tosse; **ein Schuss löste sich** partì un colpo; **die Zunge ~** sciogliere la lingua
los·fah·ren V/I ⟨irr; s.⟩ partire
los·ge·hen V/I ⟨irr; s.⟩ 1 andare: **ich muss jetzt ~** ora devo andare 2 (*sich auf den Weg machen*) mettersi in cammino 3 **auf j-n ~** scagliarsi contro qn 4 umg cominciare: **jetzt geht's los!** adesso si comincia! 5 umg partire: **ein Schuss geht los** parte un colpo 6 (*explodieren*) scoppiare ♦ **auf los geht's los!** al via si parte!
los·ha·ben V/T ⟨irr⟩ umg **etw ~** intendersene un po'; **auf diesem Gebiet wenig ~** non sapere il fatto proprio in questo campo
los·kau·fen V/T riscattare
los·kom·men V/I ⟨irr; s.⟩ 1 partire, venire via 2 **von j-m/etw ~** liberarsi di qn/qc (*a. fig*); (*sich trennen*) staccarsi da qn/qc; **vom Alkohol nicht ~ können** non riuscire a liberarsi dal vizio dell'alcol
los·krie·gen V/T 1 (*lösen können*) riuscire a staccare 2 (*loswerden*) **j-n/etw ~** liberarsi (*od* sbarazzarsi) di qn/qc 3 (*verkaufen können*) riuscire a vendere
los·las·sen V/T ⟨irr⟩ 1 lasciare (andare), umg mollare: **lass mich los!** lasciami! 2 *fig* abbandonare: **dieser Gedanke lässt mich nicht los** questo pensiero non mi abbandona 3 (*freilassen*) liberare 4 umg scrivere: **eine Protestnote ~** scrive-

re una nota di protesta **5** *umg* raccontare: **einen Witz ~** raccontare una barzelletta; **eine Rede ~** fare un discorso ♦ **j-n auf die Menschheit ~** permettere a qn di girare liberamente; **den Hund auf j-n ~** aizzare il cane contro qn

los·le·gen VI ⟨h.⟩ *umg* **1** (**mit etw**) ~ cominciare a parlare (di qc) **2** **gegen j-n ~** cominciare a insultare qn **3** attaccare: **mit der Arbeit ~** attaccare col lavoro

lös·lich ADJ solubile

los·lö·sen **A** VT staccare (*a. fig*) **B** VR **sich ~** staccarsi **los·ma·chen** **A** VT **1** sciogliere **2** (*loslösen*) staccare **B** VI ⟨h.⟩ **1** SCHIFF salpare **2** *umg* (*sich beeilen*) sbrigarsi **C** VR **sich ~** liberarsi (*a. fig*) **los·plat·zen** VI ⟨s.⟩ **1** (*sagen*) sbottare **2** (*lachen*) scoppiare a ridere **los·rei·ßen** ⟨*irr*⟩ **A** VT tirare via, staccare **B** VR **sich ~** **1** liberarsi (con forza) **2** *fig* staccarsi

los·sa·gen VR **sich von j-m/etw ~** abbandonare qn/qc, staccarsi da qn/qc **los·schie·ßen** VI ⟨*irr*⟩ *umg* **1** ⟨h.⟩ cominciare a sparare **2** *fig* sparare: **nun schieß los!** avanti, spara! **3** ⟨s.⟩ partire a razzo **4** **auf j-n ~** precipitarsi verso qn **los·schla·gen** ⟨*irr*⟩ **A** VT **1** staccare (battendo) **2** (*verkaufen*) vendere (a poco prezzo) **B** VI ⟨h.⟩ **1** **auf j-n ~** picchiare qn **2** MIL attaccare di sorpresa **los·schnal·len** VT slacciare **los·schrau·ben** VT svitare **los·spre·chen** VT ⟨*irr*⟩ assolvere (*a.* REL), liberare **los·steu·ern** VI ⟨s.⟩ **auf j-n/etw ~** dirigersi verso qn/qc **los·stür·men** VI ⟨s.⟩ **1** sfrecciare via **2** **auf j-n/etw ~** precipitarsi verso qn/qc; (*in feindlicher Absicht*) avventarsi su qn/qc

Lo·sung[1] F ⟨-; -en⟩ **1** (*Motto*) motto *m*, divisa *f* **2** MIL (*Kennwort*) parola *f* d'ordine

Lo·sung[2] F ⟨-; -en⟩ JAGD (*Kot*) escrementi *mpl* (della selvaggina)

Lö·sung F ⟨-; -en⟩ soluzione *f* (*a.* CHEM)

Lö·sungs·mit·tel N solvente *m* **Lö·sungs·wort** N ⟨-[e]s; -wörter⟩ (parola *f*) chiave *f*

los·wer·den VT ⟨*irr*; s.⟩ **1** **j-n/etw ~** liberarsi di qn/qc; **einen Gedanken nicht ~** non riuscire a scacciare un pensiero; *umg* **eine Ware nicht ~** non riuscire a vendere una merce **2** *umg* perdere **los·wol·len** VI ⟨h.⟩ **willst du schon los?** vuoi già andartene? **los·zie·hen** VI ⟨*irr*; s.⟩ *umg* **1** partire **2** **gegen j-n/über etw** (*akk*) **~** inveire contro qn/su qc

Lot N ⟨-[e]s; -e *u.* -⟩ **1** piombino *m* **2** **im/außer ~ sein** essere/non essere a piombo **3** SCHIFF scandaglio *m* **4** GEOM perpendicolare *f* **5** TECH lega *f* per saldatura ♦ **j-n aus dem ~ bringen** confondere le idee a qn; **etw aus dem ~ bringen** mettere in disordine qc; **j-n/etw ins** (**rechte**) **~ bringen** mettere a posto qn/qc; **im ~ sein** essere a posto

lo·ten VT SCHIFF scandagliare

lö·ten VT saldare, brasare

Lo·ti·on ⟨-; -en⟩, **Lo·tion** ['lo:ʃən] F ⟨-; -s⟩ lozione *f*

Löt·kol·ben M saldatoio *m*

Löt·lam·pe F lampada *f* per saldare

Lo·tos·blü·te F fiore *m* di loto

lot·recht ADJ verticale, a piombo

Lot·se M ⟨-n; -n⟩ SCHIFF pilota *m* **lot·sen** VT **1** SCHIFF pilotare **2** FLUG dirigere (da terra, via radio) **3** (*leiten*) guidare, condurre **4** *umg* trascinare: **j-n in eine Bar ~** trascinare qn in un bar **Lot·sin** F ⟨-; -nen⟩ SCHIFF pilota *f*

Lot·te·rie F ⟨-; -n⟩ lotteria *f* **Lot·te·rie·los** N biglietto *m* della lotteria **Lot·te·rie·spiel** N gioco *m* della lotteria: *fig* (*Glückssache*) **das ist ein ~** è una lotteria

Lot·ter·le·ben N ⟨-s⟩ vita *f* scioperata

Lot·ter·wirt·schaft F ⟨-⟩ malgoverno *m*

Lot·to N ⟨-s; -s⟩ **1** lotto *m*: (**im**) **~ spielen** giocare al lotto **2** (*Gesellschaftsspiel*) tombola *f*

Lot·to·an·nah·me·stel·le F ricevitoria *f* del lotto **Lot·to·ge·winn** M vincita *f* al lotto **Lot·to·schein** M schedina *f* del lotto **Lot·to·zah·len** PL numeri *mpl* del lotto

Lo·tus M ⟨-; -⟩ loto *m*

Löt·zinn N stagno *m* per saldare

Lö·we M ⟨-n; -n⟩ **1** (*Tier*) leone *m* **2** ASTROL Leone *m*: **Luca ist ~** Luca è del Leone ♦ **in die Höhle des -n gehen** andare nella tana del lupo

Lö·wen·an·teil M parte *f* del leone **Lö·wen·maul** N ⟨-[e]s⟩ BOT bocca *f* di leone **Lö·wen·zahn** M ⟨-[e]s⟩ BOT dente *m* di leone

Lö·win F ⟨-; -nen⟩ leonessa *f*

lo·yal [loa'ja:l] ADJ leale; (*regierungstreu*) lealista **Lo·ya·li·tät** F ⟨-⟩ lealtà *f*; (*Regierungstreue*) lealismo *m*

Lü·beck N ⟨-s⟩ Lubecca *f*
Luchs M ⟨-es; -e⟩ lince *f* ♦ **Augen wie ein ~** occhio di lince
Lü·cke F ⟨-; -n⟩ **1** buco *m*: **eine ~ lassen/füllen** lasciare/riempire un buco; **hier klafft eine ~** qui si apre una falla; *fig* **sein Tod hinterlässt eine ~** la sua morte lascia un vuoto dietro di sé **2** (*Mangel*) lacuna *f*: **eine ~ im Gesetz** una lacuna legislativa
Lü·cken·bü·ßer M, **-in** F tappabuchi *m/f inv* **lü·cken·haft** ADJ **1** con buchi **2** lacunoso: **-e Erinnerungen** ricordi lacunosi **lü·cken·los** **A** ADJ **1** privo di buchi **2** (*vollständig*) privo di lacune, completo **B** ADV **1** senza buchi, senza vuoti **2** senza lacune
lud → laden
Lu·der N ⟨-s; -⟩ *umg pej* carogna *f* ♦ **ein armes ~** un povero diavolo; **ein dummes ~** uno stupido; **ein kleines ~** una birba, un bricconcello
Luft F ⟨-; Lüfte⟩ **1** aria *f*: **frische ~** aria fresca **2** **sich in die ~ erheben** (sol)levarsi in aria **3** aperto *m*: **an der ~ sein** stare all'aria aperta **4** (*Atem*) fiato *m*, respiro *m*: **die ~ anhalten** trattenere il respiro; **ihm bleibt die ~ weg** resta senza fiato **5** *umg* pressione *f*: **die ~ (der Reifen) prüfen lassen** far controllare la pressione (dei pneumatici) **6** (*Platz*) spazio *m*: **in der Schublade ~ schaffen** fare (dello) spazio nel cassetto ♦ **an die ~ gehen** andare all'aria aperta; *umg* **bei etw die ~ anhalten** avere delle perplessità su qc; **halt die ~ an!** chiudi il becco! (*übertreibe nicht so*) non esagerare! *umg*; **sich in ~ auflösen** dileguarsi; (*nicht verwirklicht werden*) andare in fumo; **aus der ~ gemachte Fotos** foto fatte dall'aereo; **keine ~ bekommen** sentirsi mancare il fiato; *umg fig* **hier herrscht dicke ~** c'è aria di tempesta; *umg* **für j-n ~ sein** non esistere per qn; **in die ~ gehen** esplodere; (*wütend werden*) saltar su; **~ haben** non avere troppo da fare; **in der ~ hängen** essere incerto; (*Mensch*) trovarsi in una situazione incerta; **~ holen** (*od* **schöpfen**) prendere fiato; **da ist noch ~ (drin)** c'è ancora spazio d'azione; **etw in die ~ jagen** fare saltare in aria qc; *fig* **in der ~ liegen** essere nell'aria; *umg* **sich** (*dat*) **~ machen** sfogarsi; **seinem Zorn ~ machen** sfogare la propria rabbia; *umg* **aus etw ist die ~ raus** si è sgonfiato; **~ aus dem Reifen lassen** sgonfiare la gomma; **die ~ ist rein** siamo al sicuro, non c'è nulla da temere; **in der ~ schweben** essere campato in aria; *umg* **j-n an die (frische) ~ setzen** mettere qn alla porta; (*entlassen*) licenziare qn; **in die ~ springen** saltare in aria; **vor Freude in die ~ springen** fare salti di gioia; **j-n wie ~ behandeln** ignorare completamente qn
Luft·ab·wehr F difesa *f* antiaerea **Luft·an·griff** M attacco *m* aereo **Luft·auf·nah·me** F fotografia *f* aerea **Luft·bal·lon** M palloncino *m* **Luft·be·feuch·ter** M ⟨-s; -⟩ umidificatore *m* (dell'aria) **Luft·bild** N fotografia *f* aerea **Luft·bla·se** F bolla *f* (d'aria) **Luft·brü·cke** F ponte *m* aereo
Lüft·chen N ⟨-s⟩ venticello *m*
luft·dicht ADJ ermetico **Luft·druck** M pressione *f* atmosferica **Luft·druck·mes·ser** M ⟨-s; -⟩ barometro *m* **luft·durch·läs·sig** ADJ permeabile all'aria
lüf·ten V/T **1** aerare: **die Zimmer ~** aerare le stanze, cambiare aria nelle stanze **2** (*der Luft aussetzen*) **etw ~** far prendere aria a qc **3** (sol)levare: **den Hut ~** alzare il cappello **4** (*enträtseln*) svelare, rivelare
Lüf·ter M ⟨-s; -⟩ ventilatore *m*
Luft·fahrt F aviazione *f*, aeronautica *f* **Luft·fahrt·ge·sell·schaft** F compagnia *f* (di navigazione) aerea **Luft·fahrt·in·dust·rie** F industria *f* aeronautica
Luft·fahr·zeug M aeromobile *m* **Luft·feuch·tig·keit** F umidità *f* dell'aria **Luft·fil·ter** M filtro *m* dell'aria **Luft·flot·te** F flotta *f* aerea **Luft·fracht** F **1** carico *m* aereo **2** trasporto *m* (per) via aerea **luft·ge·kühlt** ADJ raffreddato ad aria **luft·ge·trock·net** ADJ seccato all'aria **Luft·ge·wehr** N fucile *m* ad aria compressa **Luft·herr·schaft** F supremazia *f* aerea **Luft·ho·heit** F ⟨-⟩ sovranità *f* aerea **Luft·hül·le** F atmosfera *f*
luf·tig ADJ **1** arioso: **ein -er Raum** un ambiente arioso **2** ventilato: **ein -er Ort** un luogo ventilato **3** (*Kleidung*) leggero ♦ **in -en Höhen** su alte vette
Luft·kampf M combattimento *m* aereo
Luft·kis·sen N **1** cuscino *m* gonfiabile **2** TECH cuscinetto *m* d'aria **Luft·kis·sen·boot** N hovercraft *m* **Luft·kis·sen·fahr·zeug** N veicolo *m* a cuscino

d'aria, aeroscivolante *m* **Luft·klap·pe** F 1 (*zur Lüftung*) presa *f* d'aria 2 AUTO valvola *f* di chiusura dell'aria **Luft·kor·ri·dor** M corridoio *m* aereo **Luft·krank·heit** F mal *m* d'aria **Luft·krieg** M guerra *f* aerea **Luft·küh·lung** F raffreddamento *m* ad aria **Luft·kur·ort** M stazione *f* climatica **luft·leer** ADJ PHYS *fig* vuoto: **im -en Raum** nel vuoto **Luft·li·nie** F linea *f* d'aria: **eine Distanz von 200 km ~** una distanza di 200 km in linea d'aria **Luft·loch** N 1 foro *m* d'aerazione 2 *umg* FLUG vuoto *m* d'aria **Luft·mat·rat·ze** F materassino *m* (gonfiabile) **Luft·pi·rat** M, **-in** F pirata *m/f* dell'aria **Luft·pis·to·le** F pistola *f* ad aria compressa **Luft·post** F posta *f* aerea **Luft·pum·pe** F pompa *f* pneumatica; (*für Fahrrad*) pompa *f* da bicicletta **Luft·raum** M spazio *m* aereo **Luft·rein·hal·tung** F depurazione *f* dell'aria **Luft·röh·re** F trachea *f* **Luft·röh·ren·schnitt** M tracheotomia *f* **Luft·schacht** M pozzo *m* di ventilazione **Luft·schad·stof·fe** PL inquinanti *mpl* atmosferici **Luft·schiff** N dirigibile *m* **Luft·schlan·ge** F stella *f* filante **Luft·schloss** M castello *m* in aria

Luft·schutz M difesa *f* antiaerea **Luft·schutz·raum** M ricovero *m* antiaereo

Luft·spie·ge·lung F miraggio *m* **Luft·sprung** M salto *m* in aria: (**vor Freude**) **Luftsprünge machen** fare salti di gioia **Luft·streit·kräf·te** PL MIL forze *fpl* aeree **Luft·strom** M corrente *f* d'aria

Lüf·tung F ⟨-; -en⟩ 1 aerazione *f*, ventilazione *f* 2 (*Anlage*) impianto *m* di ventilazione

Luft·ver·än·de·rung F cambiamento *m* d'aria **Luft·ver·kehr** M traffico *m* aereo **Luft·ver·schmut·zung** F inquinamento *m* dell'aria **Luft·ver·tei·di·gung** F difesa *f* antiaerea **Luft·waf·fe** F aeronautica *f* militare **Luft·weg** M 1 via *f* aerea 2 *pl* ANAT vie *fpl* respiratorie **Luft·wi·der·stand** M PHYS resistenza *f* dell'aria **Luft·zu·fuhr** F afflusso *m* d'aria **Luft·zug** M corrente *f* d'aria, aria *f*

Lug M **~ und Trug** menzogne e inganni

Lü·ge F ⟨-; -n⟩ bugia *f* ♦ **j-n/etw -n strafen** smentire qn/qc

lu·gen V/I ⟨h.⟩ 1 (*begierig sehen*) occhieggiare: **nach j-m ~** occhieggiare qn 2 **durch die Gardine ~** sbirciare dalla tenda 3 (*hervorgucken*) fare capolino

lü·gen V/I ⟨log, gelogen; h.⟩ mentire, *umg* dire bugie ♦ *umg* **~ wie gedruckt** mentire spudoratamente; *umg* **das ist gelogen!** è una bugia!

Lü·gen·de·tek·tor M macchina *f* della verità **Lü·gen·ge·schich·te** F frottola *f*

Lüg·ner M ⟨-s; -⟩, **-in** F ⟨-; -nen⟩ bugiardo *m*, -a *f* **lüg·ne·risch** ADJ bugiardo: **-e Reden** discorsi falsi

Lu·ke F ⟨-; -n⟩ 1 (*Dachluke*) lucernario *m* 2 (*Schiffsöffnung*) boccaporto *m*

luk·ra·tiv ADJ lucrativo

Lu·latsch M ⟨-[e]s; -e⟩ *umg* spilungone *m*

Lüm·mel M ⟨-s; -⟩ *pej* villano *m* **lüm·mel·haft** ADJ *pej* villano **lüm·meln** V/R **sich ~** *umg pej* stravaccarsi

Lump M ⟨-en; -en⟩ *umg pej* mascalzone *m*

lum·pen V/I ⟨h.⟩ *umg* **sich nicht ~ lassen** non fare lo spilorcio

Lum·pen M ⟨-s; -⟩ straccio *m* **Lum·pen·samm·ler** M *hum* ultimo autobus *m* (*od* tram *m*, metrò *m*)

lum·pig ADJ 1 *pej* (*niederträchtig*) basso, meschino 2 *umg pej* (*gering*) misero

Lunch·pa·ket ['lantʃ-] N cestino *m* pranzo

Lun·ge F ⟨-; -n⟩ polmone *m*: **eine gute ~ haben** avere buoni polmoni ♦ *fig* **eiserne ~** polmone *m* d'acciaio; **grüne ~** polmone verde; **auf ~ rauchen** aspirare il fumo (della sigaretta)

Lun·gen·bläs·chen N ⟨-s; -⟩ alveolo *m* polmonare **Lun·gen·bra·ten** M *österr* arrosto *m* di lombo **Lun·gen·ent·zün·dung** F polmonite *f* **Lun·gen·flü·gel** M lobo *m* polmonare **lun·gen·krank** ADJ malato di polmoni **Lun·gen·krebs** M cancro *m* ai polmoni **Lun·gen·tu·ber·ku·lo·se** F tubercolosi *f* polmonare **Lun·gen·zug** M tiro *m* (con aspirazione del fumo)

lun·gern V/I ⟨h.⟩ oziare, bighellonare

Lun·te F ⟨-; -n⟩ *obs* miccia *f* ♦ *umg* **~ riechen** = *accorgersi del pericolo*

Lu·pe F ⟨-; -n⟩ lente *f* (d'ingrandimento) ♦ *umg* **j-n/etw unter die ~ nehmen** osservare (*od* esaminare) attentamente qn/qc

lu·pen·rein ADJ 1 (*Diamant*) purissimo 2 *fig* perfetto, ineccepibile

L

Lu·pi·ne F ⟨-; -n⟩ lupino *m*
Lurch M ⟨-[e]s; -e⟩ anfibio *m*
Lust F ⟨-; Lüste⟩ **1** voglia *f*: **~ auf Kaffee haben** avere voglia di caffè **2** (*Verlangen*) desiderio *m*: **seine Lüste befriedigen** soddisfare i propri desideri **3** (*Vergnügen*) piacere *m*: **die ~ an der Arbeit verlieren** perdere il gusto del lavoro **4** (*Wollust*) **sich seiner ~ hingeben** darsi ai piaceri del sesso ♦ **nach ~ und Laune** a piacere; **mit ~ und Liebe bei etw sein** dedicarsi con passione a qc; **ich habe keine ~ mehr!** non ne posso più!
lust·be·tont ADJ edonistico
Lüs·ter M ⟨-s; -⟩ lampadario *m* **Lüs·ter·klem·me** F ELEK morsetto *m* (isolante)
lüs·tern ADJ **1** (*begierig*) avido **2** (*geil*) lascivo **Lüs·tern·heit** F ⟨-; -en⟩ **1** (*Begier*) avidità *f* **2** (*Geilheit*) lascivia *f*
lust·feind·lich ADJ avverso al piacere **Lust·ge·fühl** N sensazione *f*; (senso *m* di) piacere *m* **Lust·ge·winn** M raggiungimento *m* del piacere
lus·tig ADJ **1** (*fröhlich*) allegro **2** (*spaßhaft*) divertente ♦ **da geht's ~ her** c'è molta allegria qui; **sich über j-n ~ machen** prendere in giro qn; *umg iron* **das kann ja ~ werden!** ci sarà da divertirsi!; **wie du ~ bist** come vuoi **Lus·tig·keit** F ⟨-⟩ allegria *f*
Lüst·ling M ⟨-s; -e⟩ *obs od pej* dissoluto *m*
lust·los ADJ **1** svogliato **2** WIRTSCH fiacco **Lust·molch** M *hum* maniaco *m* **Lust·mord** M delitto *m* (a sfondo) sessuale **Lust·ob·jekt** N oggetto *m* di piacere **Lust·prin·zip** N principio *m* di piacere **Lust·schloss** N residenza *f* di campagna **Lust·spiel** N commedia *f*
lust·voll **A** ADJ gioioso, contento **B** ADV di gusto
lut·schen **A** V/T succhiare, (fare) sciogliere in bocca: **ein Bonbon ~** succhiare una caramella **B** V/I ⟨h.⟩ **an etw** (*dat*) **~** succhiare qc; **am Daumen ~** succhiarsi il pollice **Lut·scher** M ⟨-s; -⟩ **1** lecca-lecca *m* **2** *umg* (*Schnuller*) ciuccio *m*
Luv F ⟨-⟩ *u.* N ⟨-s⟩ SCHIFF orza *f*, lato *m* sopravvento **lu·ven** V/I ⟨h.⟩ orzare
Lu·xem·burg N ⟨-s⟩ Lussemburgo *m* **Lu·xem·bur·ger** M ⟨-s; -⟩, **-in** F ⟨-; -nen⟩ lussemburghese *m/f* **lu·xem·bur·gisch** ADJ lussemburghese
lu·xu·ri·ös ADJ **1** lussuoso, di lusso **2** (*prunkvoll*) sfarzoso, sontuoso
Lu·xus M ⟨-⟩ lusso *m*; (*Prunk*) sfarzo *m* **Lu·xus·ar·ti·kel** M articolo *m* di lusso **Lu·xusho·tel** N albergo *m* di lusso **Lu·xus·steu·er** F tassa *f* sui generi di lusso
Lu·zern N ⟨-s⟩ **1** (*Stadt*) Lucerna *f* **2** (*Kanton*) Canton *m* Lucerna
Lymph·drü·se F ghiandola *f* linfatica
Lym·phe F ⟨-; -n⟩ MED linfa *f* vaccinica
Lymph·ge·fäß N vaso *m* linfatico **Lymph·kno·ten** M linfonodo *m*
lyn·chen V/T ['lɪnçn] linciare
Lynch·jus·tiz F linciaggio *m*
Ly·rik F ⟨-⟩ lirica *f* **Ly·ri·ker** M ⟨-s; -⟩, **-in** F ⟨-; -nen⟩ poeta *m*, -essa *f* lirico (-a) **ly·risch** ADJ lirico

M

m, M N ⟨-; -⟩ m, M, emme *f/m*: **M wie Martha** M come Milano
Maas·trich·ter Ver·trag M Trattato *m* di Maastricht
Maat M ⟨-[e]s; -e[n]⟩ SCHIFF **1** nostromo *m* **2** (*Unteroffizier*) sergente *m*
Mach·art F fattura *f* **mach·bar** ADJ fattibile
Ma·che F ⟨-⟩ messinscena *f* ♦ **etw in der ~ haben** stare lavorando a qc; **j-n in der ~ haben** (*od* **in die ~ nehmen**) lavorarsi qn; (*j-n verprügeln*) pestare qn

ma·chen

A transitives Verb **B** reflexives Verb
C intransitives Verb **D** Wendungen

— **A** transitives Verb —

1 fare: **das macht man nicht!** questo non si fa!; **etw aus Holz ~** fare qc in legno **2** (*erzeugen*) produrre: **die Firma macht Schuhe** la ditta produce scarpe **3** (*fungieren als*) **wer macht den Dolmetscher?** chi fa l'interprete? **4** (*mit inf*) **von sich reden ~** far parlare di sé; **j-n etw glauben ~** far credere qc a qn **5** **j-n zum Gefangenen ~** fare prigioniero qn; **j-n zu seinem Vertrauten ~** fare di qn il proprio confidente **6** **wie viel macht das?** quanto fa? (*od* quant'è?); **zwei und drei macht fünf** due più tre fa cinque **7** (*verursachen*) dare: **j-m Sorgen ~** dare delle preoccupazioni a qn **8** **Durst/Hunger ~** far venire sete/fame **9** essere colpa di: **er hat Kopfschmerzen: das macht das Wetter** ha mal di testa: è colpa del tempo **10** rendere: **j-n glücklich ~** rendere (*od* fare) felice qn; **j-n unsicher ~** rendere insicuro qn; **j-m etw schwer ~** rendere difficile qc a qn; **etw schlimmer ~** rendere peggiore qc **11** **j-n böse/krank ~** fare arrabbiare/ammalare qn

B reflexives Verb —

sich ~ **1** farsi: **sich hübsch ~** farsi bello; **sich bei j-m beliebt ~** farsi benvolere da qn; **sich** (*dat*) **Feinde ~** farsi nemici **2** rendersi: **sich nützlich ~** rendersi utile **3** **ich mache mich an die Arbeit** mi metto a lavorare **4** (*passen*) stare: **die Krawatte macht sich schlecht zu dem Anzug** la cravatta sta male sul vestito **5** *umg* (*gedeihen*) crescere (bene), svilupparsi **6** *umg* (*sich bessern*) migliorare, andar meglio

— **C** intransitives Verb —

⟨h.⟩ **1** *umg* occuparsi (di): **in Kunst ~** occuparsi d'arte **2** **~, dass …** cercare (*od* vedere) di …; **mach, dass du nicht zu spät kommst** cerca di non venire tardi; **mach, dass du fortkommst!** vedi di andartene! vattene!

— **D** Wendungen —

etw aus sich ~ diventare qn; **ich mache mir wenig, nichts aus etw** qc non mi piace molto, non mi piace; **mach doch!** avanti! sbrigati!; **es** (**mit jedem**) **~** fare l'amore, farlo (con tutti); **j-n gesund ~** guarire qn; **groß/klein ~** fare (la) popò/(la) pipì; **ins Bett ~** farla nel letto; **in die Hose ~** farsela addosso; **mach nicht so lange!** sbrigati!; **das macht nichts!** non fa niente!; **es macht mir nichts** non m'importa; **da ist nichts mehr zu ~!** non c'è più niente da fare!; **mach schnell!** sbrigati!; **was macht dein Vater?** cosa (*od* che lavoro) fa tuo padre? (*wie geht es deinem Vater?*) come sta (*od* come va) tuo padre?; **was macht das Geschäft?** come vanno gli affari?; **wird gemacht!** sarà fatto!

Ma·chen·schaf·ten PL macchinazioni *fpl*: **dunkle ~ treiben** ordire oscure trame

Ma·cher M ⟨-s; -⟩, **-in** F ⟨-; -nen⟩ **1** (*Hersteller*) artefice *m/f*; realizzatore *m*, -trice *f* **2** (*tatkräftiger Mensch*) uomo *m*, donna *f* risoluto (-a)

Ma·cho M ⟨-s; -s⟩ maschilista *m*

Macht F ⟨-; Mächte⟩ **1** potere *m*: **~ über j-n ausüben** esercitare potere su qn; **die geistliche/weltliche ~** il potere spirituale/secolare; **an die ~ kommen** andare (*od* salire) al potere; (*Befugnis*) **etw liegt** (*od* **steht**) **in meiner ~** qc è in mio potere **2** (*Kraft*) forza *f*, forze *fpl*: **mit aller ~** con tutta la forza; *fig* **die ~ der Gewohnheit** la forza dell'abitudine; **dunkle Mächte** forze oscure **3** (*mächtiger Staat*) potenza *f*: **die verbündeten Mächte** le potenze alleate

Macht·an·spruch M rivendicazione *f* del potere **Macht·be·fug·nis** F potere *m*, autorità *f* **Macht·be·reich** M ambito *m* di potere, sfera *f* di competenza **Macht·er·grei·fung** F ⟨-; -en⟩ presa *f* del potere **Macht·ha·ber** M ⟨-s; -⟩, **-in** F ⟨-; -nen⟩ chi esercita il potere

mäch·tig **A** ADJ **1** potente **2** (*eindrucksvoll*) imponente **3** (*kraftvoll*) possente, (molto) forte **B** ADV molto: **~ erregt** eccitatissimo ♦ **einer Sprache ~ sein** dominare (*od* aver padronanza di) una lingua

Macht·kampf M lotta *f* di (*od* per il) potere **macht·los** ADJ **1** impotente: **~ gegen j-n/etw sein** essere impotente di fronte a qn/qc **2** (*schwach*) senza autorità, debole **Macht·mensch** M assetato *m* di potere **Macht·mit·tel** N strumento *m* di potere **Macht·po·li·tik** F politica *f* di potere; (*unter Staaten*) politica *f* di potenza **Macht·po·si·ti·on** F posizione *f* di forza **Macht·pro·be** F prova *f* di forza **Macht·über·nah·me** F assunzione *f* del potere **macht·voll** ADJ **1** potente **2** (*kraftvoll*) vigoroso, energico **Macht·wech·sel** M cambio *m* di potere **Macht·wort** N ⟨-es; -e⟩ parola *f* decisiva: **ein ~ sprechen** far valere la propria autorità

Mach·werk N lavoro *m* abborracciato

Ma·cke F ⟨-; -n⟩ **1** *umg* (*Defekt*) fisima *f* **2** (*geistig*) difetto *m* ♦ **du hast wohl ne ~!** sei matto (*od* pazzo)!

Ma·cker M ⟨-s; -⟩ *sl* **1** (*Freund*) ragazzo *m* **2** (*Kerl*) tipo *m*, tizio *m*

Ma·da·gas·kar N ⟨-s⟩ Madagascar *m*

Mäd·chen N ⟨-s; -⟩ **1** ragazza *f*: **ein junges ~** una ragazzina **2** femmina *f*: **ein ~ bekommen** avere una femmina (*od* una bambina) ♦ **~ für alles** (donna *f*) tutto-

fare m/f
mäd·chen·haft ADJ di (od da) fanciulla **Mäd·chen·han·del** M tratta f delle bianche **Mäd·chen·na·me** M 1 nome m femminile 2 (vor der Heirat) nome m da ragazza
Ma·de F ⟨-; -n⟩ baco m ♦ **leben wie die ~ im Speck** fare una vita da re
ma·dig ADJ verminoso ♦ **j-n/etw ~ machen** parlare male di (od screditare) qn/qc; **j-m den Urlaub ~ machen** rovinare la vacanza a qn
Ma·don·nen·bild N immagine f della Madonna **ma·don·nen·haft** ADJ come una Madonna
Mad·rid N ⟨-s⟩ Madrid f
Ma·fia F ⟨-⟩ mafia f
Ma·fi·o·so M ⟨-s; Mafiosi⟩ mafioso m
Ma·ga·zin N ⟨-s; -e⟩ 1 (Lager) magazzino m, deposito m 2 (von Diaprojektoren, Waffen) caricatore m 3 (Illustrierte) rivista f (illustrata)
Magd F ⟨-; Mägde⟩ obs serva f, domestica f
Mag·de·burg N ⟨-s⟩ Magdeburgo f
M
Ma·gen M ⟨-s; Mägen u. -⟩ stomaco m: **sich** (dat) **den ~ verderben** guastarsi lo stomaco; **mit vollem/leerem ~** a stomaco pieno/vuoto (od a digiuno); **etw auf nüchternen ~ trinken** bere qc a stomaco vuoto; **etw liegt mir schwer** (od **wie Blei**) **im ~** qc mi è rimasto sullo stomaco ♦ **mir dreht sich der ~ um** mi si rivolta lo stomaco; **nichts im ~ haben** essere a stomaco vuoto
Ma·gen·be·schwer·den PL disturbi mpl di stomaco **Ma·gen·bit·ter** M ⟨-s; -⟩ (amaro m) digestivo m **Ma·gen·drü·cken** N ⟨-s⟩ peso m allo stomaco **Ma·gen·ge·schwür** N ulcera f gastrica **Ma·gen·gru·be** F fossetta f epigastrica **ma·gen·krank** ADJ malato di stomaco **Ma·gen·krebs** M cancro m dello stomaco **Ma·gen·lei·den** N malattia f dello stomaco **Ma·gen·saft** M succo m gastrico **Ma·gen·säu·re** F acido m gastrico
Ma·gen·schleim·haut F mucosa f gastrica **Ma·gen·schleim·haut·ent·zün·dung** F gastrite f
Ma·gen·schmer·zen PL mal m di stomaco **Ma·gen·ver·stim·mung** F indigestione f
ma·ger ADJ magro: **ein -er Mensch** una persona magra; **ein -er Boden/Käse** un terreno/un formaggio magro; fig **ein -es Jahr** un'annata magra; **ein -er Bericht** una relazione scarna **Ma·ger·keit** F ⟨-⟩ 1 magrezza f 2 fig povertà f
Ma·ger·milch F latte m scremato **Ma·ger·mo·tor** M motore m a miscela magra **Ma·ger·quark** M quark m magro **Ma·ger·sucht** F MED anoressia f **ma·ger·süch·tig** ADJ anoressico
Ma·gie F ⟨-⟩ magia f (a. fig): **schwarze ~** magia nera **Ma·gi·er** M ⟨-s; -⟩, **-in** F ⟨-; -nen⟩ mago m, -a f
ma·gisch ADJ magico (a. fig)
Ma·gis·ter M ⟨-s; -⟩ = *laurea in facoltà umanistiche*
Ma·gist·rat M ⟨-[e]s; -e⟩ (Verwaltung) consiglio m comunale
Mag·nat M ⟨-en; -en⟩ magnate m
Mag·ne·si·um N ⟨-s⟩ magnesio m
Mag·net M ⟨-en u. -[e]s; -e u. -en⟩ 1 magnete m 2 fig (anziehende Sache, Person) calamita f **Mag·net·band** N ⟨-[e]s; -bänder⟩ nastro m magnetico
Mag·net·feld N campo m magnetico
mag·ne·tisch ADJ magnetico (a. fig)
Mag·net·kar·te F scheda f (od tessera f) magnetica **Mag·net·na·del** F ago m magnetico **Mag·net·strei·fen** M banda f magnetica
Mag·no·lie F ⟨-; -n⟩ magnolia f
Ma·ha·go·ni N ⟨-s⟩ mogano m
Ma·ha·rad·scha M ⟨-s; -s⟩ maragià m
Mäh·dre·scher M ⟨-s; -⟩ mietitrebbia (-trice) f
mä·hen[1] V/T 1 (Feld, Gras) falciare 2 (Getreide) mietere
mä·hen[2] V/I ⟨h.⟩ (Schaf) belare
Mahl N ⟨-[e]s; Mähler u. -e⟩ pranzo m
mah·len A V/T macinare B V/I ⟨h.⟩ fig ruminare ♦ **wer zuerst kommt, mahlt zuerst** chi prima arriva, meglio alloggia
Mahl·stein M macina f **Mahl·werk** N macina f
Mahl·zeit F pasto m: **eine ~ einnehmen** fare un pasto ♦ **gesegnete ~!** buon appetito!; umg iron (**na dann**) **prost ~!** ma che bella sorpresa! (che pasticcio)
Mäh·ma·schi·ne F 1 mietitrice f 2 (für Gras) falciatrice f, tosaerba m
Mahn·be·scheid M sollecito m di pagamento **Mahn·brief** M sollecito m
Mäh·ne F ⟨-; -n⟩ criniera f
mah·nen V/T 1 esortare: **j-n zur Vorsicht ~** esortare qn alla prudenza 2 ricordare: **j-n an seine Pflichten ~** ricordare a qn i

suoi doveri **3** HANDEL sollecitare (al pagamento)
mah·nend ADJ ammonitorio
Mahn·ge·bühr F tassa *f* d'ingiunzione (di pagamento) **Mahn·mal** N ⟨-s; -e *u.* -mäler⟩ monumento *m* commemorativo
Mah·nung F ⟨-; -en⟩ ammonimento *m*; HANDEL sollecitazione *f*; JUR ingiunzione *f*
Mahn·wa·che F riunione *f* di protesta (silenziosa)
Mai M ⟨-[e]s *u.* -, *poet* -en; -e⟩ maggio *m* ♦ **wie einst im ~** come ai bei tempi
Mai·fei·er·tag M festa *f* del primo maggio **Mai·glöck·chen** N ⟨-s; -⟩ mughetto *m* **Mai·kä·fer** M maggiolino *m* **Mai·kund·ge·bung** F manifestazione *f* del primo maggio
Mail [meːl] F ⟨-; -s⟩ (*E-Mail*) mail *m od f inv*
Mai·land N ⟨-s⟩ Milano *f*
Mail·box ['meːlbɔks] F ⟨-; -en⟩ mail-box *m*, casella *f* postale
mai·len ['meːlən] **A** VI ⟨h.⟩ scrivere mail (*od* e-mail) **B** VT (*per E-Mail schicken*) mandare via mail (*od* e-mail)
Mai·ling ['meːlɪŋ] N ⟨-s; -s⟩ mailing *m inv* **Mai·ling·lis·te** F mailing list *f inv*
Mail·pro·gramm N programma *m* di posta elettronica **Mail·ser·ver** M mail server *m inv*
Main M ⟨-s⟩ Meno *m*
Mainz N ⟨-⟩ Magonza *f*
Mais M ⟨-es⟩ mais *m*, gran(o)turco *m*
Mai·sche F ⟨-; -n⟩ mosto *m*
Mais·kol·ben M pannocchia *f* **Mais·korn** N chicco *m* di granturco **Mais·mehl** N farina *f* di granturco
Mai·so(n)·nette [mɛzɔ'nɛt] F ⟨-; -s⟩ appartamento *m* su due piani
Ma·jes·tät F ⟨-; -en⟩ maestà *f*: **Seine ~ der König** Sua Maestà il re
ma·jes·tä·tisch ADJ maestoso
Ma·jo F ⟨-; -s⟩ *umg* maionese *f*
Ma·jo·nä·se → Mayonnaise
Ma·jor M ⟨-s; -e⟩ MIL maggiore *m*
Ma·jo·ran M ⟨-s; -e⟩ maggiorana *f*
Ma·jo·ri·tät F ⟨-; -en⟩ maggioranza *f*
ma·ka·ber ADJ macabro
Ma·kel M ⟨-s; -⟩ **1** difetto *m* **2** *fig* (*Schandfleck*) macchia *f* **ma·kel·los** ADJ **1** senza difetti, perfetto **2** (*moralisch*) ineccepibile **Ma·kel·lo·sig·keit** F ⟨-⟩ **1** perfezione *f* **2** (*moralisch*) ineccepibilità *f*
mä·keln VI ⟨h.⟩ *pej* **an etw** (*dat*) **zu ~ haben** avere (*od* trovare) da ridire su qc
Make-up [meːk'ap] N ⟨-s; -s⟩ make-up *m*, trucco *m*: **~ tragen** essere truccata
Mak·ka·ro·ni PL maccheroni *mpl*
Mak·ler M ⟨-s; -⟩ mediatore *m* **Mak·ler·ge·bühr** F diritto *m* di mediazione
Mak·le·rin F ⟨-; -nen⟩ mediatrice *f*
Mak·re·le F ⟨-; -n⟩ sgombro *m*
Mak·ro N ⟨-s; -s⟩ IT macro *f inv*
mak·ro·bi·o·tisch ADJ macrobiotico
Mak·ro·ne F ⟨-; -n⟩ = *dolcetto a base di mandorle e cocco*
Ma·ku·la·tur F ⟨-; -en⟩ cartastraccia *f* ♦ *pej* **~ reden** dire sciocchezze
mal ADV **1** MATH (moltiplicato) per **2** *umg* una volta: **er sagt ~ so, ~ so** una volta dice così, una volta cosà **3** **lass ~ wieder von dir hören** fatti sentire una volta o l'altra **4** (*Aufforderung*) su: **ruf doch ~ an!** su, telefona! **5** (*doch*) un po': **komm ~ her!** vieni (un po') qua!; **sag, hör ~ …** di', senti un po' …; **Moment ~!** un momento! ♦ *umg* **es ist nun ~ so** è così; **nicht ~** neanche
Mal[1] N ⟨-[e]s; -e⟩ volta *f*: **mehrere -e** più volte; **viele -e** molte volte; **ein andres ~** un'altra volta; **ein oder das andere ~** una volta o l'altra; **das erste ~** (*od* **beim ersten ~**) la prima volta; **zum dritten ~** per la terza volta; **das vorige ~** la volta scorsa; **das nächste ~** la prossima volta ♦ **ein für alle ~** una volta per tutte; **jedes ~** ogni volta, tutte le volte, sempre; **manches ~** qualche volta; **so manches ~** diverse volte; **mit einem -[e]** tutto in una volta; (*plötzlich*) a un tratto; **von ~ zu ~** di volta in volta; **zum wiederholten ~** più volte
Mal[2] N ⟨-[e]s; -e *u.* Mäler⟩ **1** (*Hautfleck*) macchia *f* (della pelle), neo *m* **2** (*Muttermal*) voglia *f*
Ma·la·ria F ⟨-⟩ malaria *f*
Ma·lay·sia N ⟨-s⟩ Malaysia *f*
Mal·buch N album *m* da colorare
Ma·le·di·ven PL Maldive *fpl*
ma·len VT **1** dipingere: **in Öl ~** dipingere a olio; *fig* **die Zukunft schwarz ~** dipingere il futuro a tinte fosche **2** *umg* (*anstreichen*) pitturare; verniciare **Ma·ler** M ⟨-s; -⟩ **1** pittore *m* **2** (*Anstreicher*) imbianchino *m*, decoratore *m* **Ma·le·rei** F ⟨-; -en⟩ pittura *f* **Ma·le·rin** F ⟨-; -nen⟩ **1** pittrice *f* **2** (*Anstreicherin*) im-

M

bianchina *f* **ma·le·risch** ADJ **1** pittorico: **ein -es Talent** un talento pittorico **2** pittoresco: **ein -es Tal** una valle pittoresca

ma·lern VT *umg* pitturare

Mal·heur [maˈløːɐ] N ⟨-s; -e *u.* -s⟩ *umg* guaio *m*: **das ist doch kein ~!** non è niente di grave!

Mal·kas·ten M cassetta *f*, scatola *f* dei colori

Mal·lor·ca N ⟨-s⟩ Maiorca *f*

mal·neh·men VT ⟨*irr*⟩ moltiplicare

Ma·lo·che F ⟨-⟩ *umg* sfacchinata *f* ♦ **in die** (*od* **zur**) **~ gehen** andare a sgobbare

Mal·ta N ⟨-s⟩ Malta *f*

Mal·te·ser M ⟨-s; -⟩, **-in** F ⟨-; -nen⟩ maltese *m/f*

Mal·te·ser·kreuz N croce *f* di Malta **Mal·te·ser·or·den** M ordine *m* di Malta

mal·te·sisch ADJ maltese

malt·rä·tie·ren VT maltrattare

Mal·ve F ⟨-; -n⟩ malva *f*

Malz N ⟨-es⟩ malto *m* **Malz·bier** N birra *f* di malto **Malzbon·bon** M/N caramella *f* d'orzo **Malz·kaf·fee** M caffè *m* d'orzo

M

Ma·ma F ⟨-s; -s⟩ *umg* mamma *f*

Mam·mon M ⟨-s⟩ REL mammone *m*

Mam·mut N ⟨-s; -e *u.*-s⟩ mammut *m inv* **Mam·mut·baum** M sequoia *f* **Mam·mut·pro·zess** M maxiprocesso *m*

mamp·fen VT *umg* sbafare

man INDEF PR si: **wie sagt ~?** come si dice?; **~ sagt, dass** si dice che; **~ sang und tanzte** si cantò e si ballò, cantarono e ballarono

Ma·nage·ment [ˈmɛnɛdʒmənt] N ⟨-s; -s⟩ management *m*, direzione *f*

ma·na·gen [ˈmɛnɛdn] VT **1** dirigere, organizzare **2** *umg* riuscire a fare

Ma·na·ger M ⟨-s; -⟩, **-in** F ⟨-; -nen⟩ manager *m/f inv*

manch, **man·che** → mancher

man·cher INDEF PR M ⟨*f* manche, *n* manches⟩ **A** (*attr*) **1** qualche, alcuni: **~ gute** (*od* **manch guter**) **Freund** qualche buon amico **2** *pl* **an manchen Stellen** in qualche punto, in alcuni punti **3** **so ~** diversi; (*viele*) molti; **ich habe so manchen Film von ihm gesehen** ho visto diversi suoi film **B** (*absolut*) **1** qualcuno: **das hat schon ~ vor ihm gesagt** questo l'ha già detto qualcuno prima di lui **2** *pl* **manche von euch** alcuni (*od* qualcuno) di voi **3** **so ~** parecchi; (*viele*) molti; **so ~ fährt dieses Jahr nicht in den Urlaub** molti quest'anno non vanno in vacanza **C** N **manches** **1** alcune (*od* diverse) cose: **ich hätte dir manches zu sagen** ho alcune cose da dirti **2** (*mit Attribut*) **manches Interessante hören** sentire alcune cose interessanti **3** **so manches** parecchie (*od* molte) cose ♦ **manch andere(r)** qualcun altro; **manch einer** qualcuno; **manche Leute** alcuni

man·cher·lei **A** ADJ ⟨*inv*⟩ vario, diverso, parecchio: **~ Dinge** parecchie cose **B** INDEF PR parecchio, parecchie cose

man·ches → mancher

manch·mal ADV **1** talvolta, a volte **2** (*einige Male*) qualche volta

Man·dant M ⟨-en; -en⟩, **-in** F ⟨-; -nen⟩ JUR mandante *m/f*

Man·da·ri·ne F ⟨-; -n⟩ mandarino *m*

Man·dat N ⟨-[e]s; -e⟩ **1** JUR, POL mandato *m* **2** (*Abgeordnetenamt*) seggio *m*

Man·da·tar M ⟨-s; -e⟩, **-in** F ⟨-; -nen⟩ **1** mandatario *m*, -a *f* **2** *österr* (*Abgeordnete*) deputato *m*, -a *f*

Man·del F ⟨-; -n⟩ **1** mandorla *f*: **gebrannte -n** mandorle tostate **2** ANAT tonsilla *f*

Man·del·baum M mandorlo *m* **Man·del·ent·zün·dung** F tonsillite *f* **man·del·för·mig** ADJ a mandorla

Man·do·li·ne F ⟨-; -n⟩ mandolino *m*

Ma·ne·ge [maˈneːʒə] F ⟨-; -n⟩ maneggio *m*; (*im Zirkus*) pista *f*: **~ frei!** via dalla pista!

Man·gan N ⟨-s⟩ manganese *m*

Man·gel[1] F ⟨-; -n⟩ (*Wäschemangel*) mangano *m* ♦ **j-n in die ~ nehmen** mettere sotto torchio qn

Man·gel[2] M ⟨-s; Mängel⟩ **1** (*Fehlen*) mancanza *f*: **~ an etw** (*dat*) **haben** mancare di qc **2** (*Knappheit*) carenza *f*: **es besteht ~ an Rohstoffen** c'è carenza di materie prime; **daran besteht kein ~** ce n'è a sufficienza **3** (*Fehler*) difetto *m*: **bauliche Mängel** difetti di costruzione **Man·gel·be·ruf** M = *professione di cui c'è molta richiesta* **Man·gel·er·schei·nung** F MED fenomeno *m* di carenza

man·gel·haft ADJ **1** (*nicht ausreichend*) scarso **2** (*Note*) insufficiente **3** (*mit Fehlern*) difettoso

man·geln[1] VT (*Wäsche*) manganare

man·geln[2] VI ⟨h.⟩ (*fehlen*) mancare: **ihr mangelt die Erfahrung** le manca l'esperienza; **es mangelt an etw** (*dat*) manca qc **man·gelnd** ADJ scarso, insufficiente: **-e Nachfrage** scarsa richiesta **man·gels** PRÄP (+*gen*) in (*od* per) mancanza di, per insufficienza di

Man·gel·wa·re F merce *f* rara

Man·go F ⟨-; -s⟩ mango *m*

Man·gold M ⟨-[e]s; -e⟩ bietola *f*

Ma·nie F ⟨-; -n⟩ mania *f*

Ma·nier F ⟨-; -en⟩ **1** maniera *f*, modo *m*: **in bewährter ~** in (un) modo magistrale **2** *pl* maniere *fpl*, modi *mpl*: **gute -en** buone maniere; **keine -en haben** non sapersi comportare; **j-m -en beibringen** insegnare le buone maniere a qn; **was sind das für -en?** che modi sono questi?

ma·nier·lich **A** ADJ **1** educato **2** *umg* (abbastanza) buono **B** ADV **1** secondo le buone maniere **2** *umg* abbastanza bene

Ma·ni·fest N ⟨-[e]s; -e⟩ KUNST, POL manifesto *m* **ma·ni·fes·tie·ren** **A** V/T manifestare **B** V/R **sich in etw** (*dat*) **~** manifestarsi in qc

Ma·ni·kü·re F ⟨-; -n⟩ manicure *f*: **~ machen** farsi la manicure **ma·ni·kü·ren** **A** V/T **seine Fingernägel ~** farsi la manicure, curarsi le unghie **B** V/R **sich ~** farsi la manicure

Ma·ni·pu·la·ti·on F ⟨-; -en⟩ manipolazione *f* **ma·ni·pu·lie·ren** V/T **1** manipolare **2** (*handhaben*) maneggiare

ma·nisch ADJ maniacale, maniaco: **-es Verhalten** comportamento maniacale

Man·ko N ⟨-s; -s⟩ **1** mancanza *f*; deficit *m*: **~ an etw** (*dat*) deficit di qc **2** WIRTSCH ammanco *m*

Mann M ⟨-[e]s; Männer *u.* -en⟩ **1** ⟨*pl* Männer⟩ uomo *m* **2** ⟨*inv*⟩ **ein Offizier und 50 ~** un ufficiale e 50 uomini **3** (*Ehemann*) marito *m*: **~ und Frau** marito e moglie **4** ⟨*pl* -en⟩ (*Anhänger*) seguace *m*; (*Gefolge*) seguito *m* ♦ **alle ~** tutti; **etw an den ~ bringen** piazzare una merce; **ein ganzer ~** un uomo tutto d'un pezzo; **~ gegen ~** corpo a corpo; **der kleine ~** l'uomo della strada; (**mein lieber**) **~!** accidenti!; **mit ~ und Maus** tutti quanti; **wenn Not am ~ ist** se è urgente; **3 Euro pro ~** 3 euro a testa; **der schwarze ~** l'uomo nero; **selbst ist der ~** chi fa da sé fa per tre; *umg* **den starken ~ markieren** (*od* **spielen**) fare il duro; **seinen ~ stehen** sapere il fatto proprio; **ein ~ der Tat** un uomo d'azione; **ein toter ~ sein** essere un uomo morto (*od* finito); **das ist unser ~** questo è l'uomo che fa per noi; **ein ~ aus dem Volk** un uomo del popolo; **von ~ zu ~** da uomo a uomo; **ein ~, ein Wort** ogni promessa è debito

Männ·chen N ⟨-s; -⟩ **1** (*kleiner Mann*) ometto *m*, omino *m* **2** ZOOL maschio *m* ♦ **~ machen** drizzarsi sulle zampe posteriori

Man·ne·quin ['manəkɛ̃] N ⟨-s; -s⟩ indossatrice *f*, mannequin *f inv*

Män·ner·chor M coro *m* maschile **män·ner·feind·lich** ADJ ostile agli uomini **Män·ner·sa·che** F cosa *f*, faccenda *f* da uomini

Man·nes·al·ter N età *f* virile: **im besten ~** nel pieno vigore degli anni

mann·haft ADJ **1** virile **2** (*tapfer*) coraggioso **3** (*entschlossen*) risoluto

man·nig·fach ADJ molteplice, vario **man·nig·fal·tig** ADJ *poet* svariato, diverso

männ·lich ADJ **1** maschile (*a.* GRAM): **das -e Tier** l'animale maschio **2** mascolino, virile: **ein Gesicht mit -en Zügen** un viso con tratti mascolini; **-e Kraft** forza virile **Männ·lich·keit** F ⟨-⟩ mascolinità *f*, virilità *f*

Manns·bild N *umg* uomo *m*

Mann·schaft F ⟨-; -en⟩ **1** SPORT squadra *f* (*a. fig*) **2** SCHIFF, FLUG equipaggio *m* **3** MIL truppe *fpl* **Mann·schafts·sport** M sport *m* a squadre

manns·hoch ADJ alto quanto un uomo

Mann·stun·de F ora *f* uomo

Mann·weib N *pej* virago *f*

Ma·no·me·ter N ⟨-s; -⟩ manometro *m*

Ma·nö·ver N ⟨-s; -⟩ **1** MIL manovre *fpl*, esercitazioni *fpl*: **ins ~ ziehen** andare a fare le esercitazioni **2** manovra *f*: **ein ~ mit dem Wagen machen** fare una manovra con l'auto; *fig* **geschickte ~** abili manovre

ma·növ·rie·ren **A** V/T **1** guidare, condurre (abilmente): **das Auto durch einen Engpass ~** guidare l'auto attraverso una strettoia; **einen Betrieb in den Konkurs ~** condurre un'azienda al fallimento **2** *fig* **etw an eine Stelle ~** armeggiare per metter qc in un posto; **j-n in eine wichtige Position ~** brigare per mettere qn in una posizione importante **B** V/I ⟨h.⟩ **1** fare una manovra **2** *fig* manovrare, macchinare

ma·növ·rier·fä·hig ADJ manovrabile

Man·sar·de F ⟨-; -n⟩ mansarda *f* **Mansch** M ⟨-[e]s⟩ *pej* poltiglia *f* **man·schen** VI ⟨h.⟩ *umg* fare pasticci: **im Essen ~** pasticciare il cibo nel piatto **Man·schet·te** F ⟨-; -n⟩ **1** (*Nähen*) polsino *m* **2** MED (*bei der Blutdruckmessung*) bracciale *m* **3** (*zur Zierde*) fascetta *f* (decorativa) di carta ♦ *umg* **vor etw** (*dat*) **-n haben** avere paura di qc **Man·schet·ten·knopf** M gemello *m* **Man·tel** M ⟨-s; Mäntel⟩ **1** cappotto *m* **2** TECH (*Umhüllung*) rivestimento *m*, involucro *m* **3** ELEK guaina *f* **4** (*von Reifen*) copertone *m* ♦ **den ~ des Schweigens über etw** (*akk*) **breiten** stendere un velo (pietoso) su qc; *fig pej* **den ~ nach dem Wind hängen** andare dove tira il vento **Man·tel·ta·rif·ver·trag** M contratto *m* collettivo (di lavoro)

⚠ Mantel ≠ mantello

der Mantel	=	il cappotto
il mantello	=	der Umhang

ma·nu·ell **A** ADJ manuale **B** ADV a mano **Ma·nu·fak·tur** F ⟨-; -en⟩ manifattura *f* **Ma·nu·skript** N ⟨-[e]s; -e⟩ **1** manoscritto *m* (*a.* HIST, KUNST) **2** (*Notizen*) appunti *mpl*: **er hat ohne ~ gesprochen** ha parlato a braccio (*od* senza appunti) **Map·pe** F ⟨-; -n⟩ **1** cartellina *f*; (*Sammelmappe*) raccoglitore *m* **2** (*Aktentasche*) cartella *f* (per documenti)

⚠ Mappe ≠ mappa

die Mappe	=	la cartellina
la mappa	=	die Landkarte

Ma·ra·cu·ja F ⟨-; -s⟩ maracuja *f inv* **Ma·ra·thon**[1] M ⟨-s; -s⟩ SPORT maratona *f* **Ma·ra·thon**[2] N ⟨-s; -s⟩ *umg fig* maratona *f* **Ma·ra·thon·lauf** M SPORT maratona *f* **Ma·ra·thon·läu·fer** M, **-in** F maratoneta *m/f* **Ma·ra·thon·sit·zung** F seduta *f* fiume **Mär·chen** N ⟨-s; -⟩ **1** fiaba *f*, favola *f*: **Grimms ~** le fiabe dei fratelli Grimm **2** (*Lüge*) frottola *f*, storia *f* **Mär·chen·buch** N libro *m* di fiabe (*od* di favole) **mär·chen·haft** ADJ **1** fiabesco **2** (*zauberhaft schön, großartig*) favoloso **Mär·chen·prinz** M principe *m* azzurro (*a. fig*) **Mar·der** M ⟨-s; -⟩ martora *f* **Mar·ga·ri·ne** F ⟨-⟩ margarina *f* **Mar·ge** ['marʒə] F ⟨-; -n⟩ margine *m* **Mar·ge·ri·te** F ⟨-; -n⟩ margherita *f* **Ma·ri·en·bild** N KUNST immagine *f* (*od* quadro *m*) di Maria, della Madonna **Ma·ri·en·kä·fer** M coccinella *f* **Ma·ri·hu·a·na** N ⟨-s⟩ marijuana *f* **Ma·ril·le** F ⟨-; -n⟩ *österr* albicocca *f* **Ma·ri·na·de** F ⟨-; -n⟩ GASTR marinata *f* **Ma·ri·ne** F ⟨-; -n⟩ marina *f* **ma·ri·ne·blau** ADJ blu marino **Ma·ri·ne·of·fi·zier** M, **-in** F ufficiale *m* di marina **Ma·ri·ne·stütz·punkt** M base *f* navale **ma·ri·nie·ren** VT GASTR marinare **Ma·ri·o·net·te** F ⟨-; -n⟩ marionetta *f* (*a. fig*) **Ma·ri·o·net·ten·re·gie·rung** F governo *m* fantoccio **Ma·ri·o·net·ten·spiel** N spettacolo *m* di marionette **Ma·ri·o·net·ten·spie·ler** M, **-in** F marionettista *m/f* **Ma·ri·o·net·ten·the·a·ter** N teatro *m* delle marionette **Mark**[1] F ⟨-; - *u. hum* Märker⟩ HIST marco *m*: **die Deutsche ~** il marco tedesco; **das kostet drei ~ zwanzig** costa tre marchi e venti ♦ **jede ~ umdrehen müssen** dover misurare ogni soldo che si spende; **eine schnelle ~ verdienen** far soldi in fretta **Mark**[2] F ⟨-; -en⟩ GEOG marca *f* **Mark**[3] N ⟨-[e]s⟩ **1** (*Knochenmark*) midollo *m* **2** (*konzentriertes Fruchtfleisch*) concentrato *m* ♦ **bis ins ~** fino al midollo; (*bis ins Innerste*) in profondità; **j-m durch ~ und Bein gehen** penetrare nelle ossa **mar·kant** ADJ **1** (*ausgeprägt*) marcato, pronunciato **2** (*bemerkenswert*) rimarchevole, notevole: **ein -es Beispiel** un esempio rimarchevole **Mar·ke** F ⟨-; -n⟩ **1** (*Warensorte*) marca *f* **2** (*Markierung*) segno *m*, tacca *f* **3** *umg* sagoma *f*, bel tipo *m*: **du bist** (**mir**) **vielleicht eine ~!** sei proprio una (bella) sagoma! **Mar·ken** PL GEOG Marche *fpl* **Mar·ken·er·zeug·nis** N, **Mar·ken·fab·ri·kat** N prodotto *m* di marca (*od* di qualità) **Mar·ken·na·me** M nome *m* di marca **Mar·ken·zei·chen** N marchio *m* (di fabbrica): **eingetragenes ~** marchio depositato **Mar·ker** M ⟨-s; -⟩ evidenziatore *m*

mark·er·schüt·ternd ADJ straziante
Mar·ke·ting N ⟨-s⟩ marketing *m inv*
mar·kie·ren V/T **1** marcare, (contras)segnare: **etw auf der Landkarte ~** segnare qc sulla carta; *fig* **dieser Sieg markiert eine bedeutsame Etappe in seiner Laufbahn** questa vittoria segna una tappa importante nella sua carriera **2** *umg* fingere: **den Dummen ~** fare lo stupido ♦ IT **markieren** (*Befehl*) seleziona
Mar·kie·rung F ⟨-; -en⟩ marca *f*, contrassegno *m* **Mar·kie·rungs·li·nie** F linea *f* di demarcazione
mar·kig ADJ energico, vigoroso
Mar·ki·se F ⟨-; -n⟩ marquis(ett)e *f*
Markt M ⟨-[e]s; Märkte⟩ **1** mercato *m*: **auf den ~ gehen** andare al mercato **2** (piazza *f* del) mercato *m*: **am ~ wohnen** abitare sulla piazza del mercato ♦ **der Gemeinsame ~** il Mercato Comune; HANDEL **etw auf den ~ werfen** lanciare qc sul mercato
Markt·an·teil M quota *f* di mercato **Markt·chan·ce** F possibilità *f* di vendita **Markt·ent·wick·lung** F andamento *m* del mercato **Markt·for·schung** F indagine *f* di mercato **Markt·frau** F rivenditrice *f* (al mercato) **Markt·füh·rer** M, **-in** F leader *m/f inv* nel settore **Markt·hal·le** F mercato *m* coperto **Markt·händ·ler** M, **-in** F chi ha una bancarella al mercato **Markt·lü·cke** F lacuna *f* di mercato **Markt·platz** M piazza *f* del mercato **markt·schrei·e·risch** ADJ ciarlatanesco **Markt·stand** M bancarella *f* al (*od* del) mercato **Markt·stu·die** F analisi *f inv* di mercato **markt·üb·lich** ADJ di mercato **Markt·wert** M valore *m* di mercato **Markt·wirt·schaft** F economia *f* di mercato
Mar·me·la·de F ⟨-; -n⟩ marmellata *f* **Mar·me·la·de(n)·brot** N pane *m* e marmellata **Mar·me·la·den·glas** N vasetto *m* di marmellata
Mar·mor M ⟨-s; -e⟩ marmo *m* **mar·mo·rie·ren** V/T marmorizzare **Mar·mo·rie·rung** F ⟨-; -en⟩ marmorizzatura *f*
Ma·rok·ka·ner M ⟨-s; -⟩, **-in** F ⟨-; -nen⟩ marocchino *m*, -a *f* **ma·rok·ka·nisch** ADJ marocchino **Ma·rok·ko** N ⟨-s⟩ Marocco *m*
Ma·ro·ne F ⟨-; -n⟩ marrone *m*
Ma·ro·nen·pilz M boleto *m* dei castagni
Ma·rot·te F ⟨-; -n⟩ mania *f*, ghiribizzo *m*
Mars M ⟨-⟩ MYTH, ASTRON Marte *m*
marsch INT MIL *od hum* marsc', marsch: **~, ins Bett!** marsc', a letto!
Marsch[1] M ⟨-[e]s; Märsche⟩ marcia *f*: **sich in ~ setzen** mettersi in marcia; **einen ~ spielen** suonare una marcia ♦ *umg* **j-m den ~ blasen** richiamare qn all'ordine
Marsch[2] F ⟨-; -en⟩ (*Gegend*) = *regione bassa, molto fertile, lungo le coste del mare del Nord*
Marsch·be·fehl M ordine *m* di marcia **marsch·be·reit** ADJ pronto a partire **Marsch·flug·kör·per** M missile *m* da crociera
mar·schie·ren V/I ⟨s.⟩ marciare
Marsch·mu·sik F marcia *f* **Marsch·ord·nung** F ordine *m* di marcia **Marsch·rou·te** F itinerario *m* di marcia **Marsch·ver·pfle·gung** F razioni *fpl* per la marcia
Mars·mensch M marziano *m*
Mar·ter F ⟨-; -n⟩ tormento *m* (*a. fig*) **mar·tern** **A** V/T torturare, tormentare (*a. fig*) **B** V/R **sich ~** tormentarsi, torturarsi (*a. fig*) **Mar·ter·pfahl** M palo *m* della tortura
Mar·tin-Horn®, **Mar·tins·horn** N = *sirena* (*di ambulanze, polizia*)
Mar·ti·nique N ⟨-s⟩ Martinica *f*
Mär·ty·rer M ⟨-s; -⟩, **-in** F ⟨-; -nen⟩ martire *m/f* (*a. fig*)
Mar·ty·ri·um N ⟨-s; Martyrien⟩ martirio *m* (*a. fig*)
März M ⟨-[es] *u.* -en; -e⟩ marzo *m*
Mar·zi·pan N ⟨-s; -e⟩ marzapane *m*
Ma·sche F ⟨-; -n⟩ **1** maglia *f*: *fig* **durch die -n des Gesetzes schlüpfen** sgusciare tra le maglie della legge **2** *umg* trucco *m*: **eine alte ~** un vecchio trucco; **die ~ raushaben** conoscere il trucco ♦ *umg* **eine bestimmte ~ draufhaben** agire sempre nello stesso modo; *umg* **das ist seine neueste ~** è la sua ultima trovata
Ma·schen·draht M rete *f* metallica
Ma·schi·ne F ⟨-; -n⟩ **1** macchina *f*: **an einer ~ arbeiten** lavorare a una macchina **2** **etw mit der ~ schreiben** scrivere qc a macchina **3** **etw mit der ~ nähen** cucire qc a macchina **4** (*Waschmaschine*) lavatrice *f* **5** (*Flugzeug*) apparecchio *m* **6** *umg* (*Motorrad*) moto *f*
ma·schi·nell ADJ & ADV a macchina
Ma·schi·nen·bau M **1** costruzione *f* di

macchine **2** (*Lehrfach*) ingegneria *f* meccanica **Ma·schi·nen·bau·er** M ⟨-s; -⟩, **-in** F ⟨-; -nen⟩ costruttore *m*, -trice *f* di macchine **Ma·schi·nen·bau·in·ge·ni·eur** M, **-in** F ingegnere *m* meccanico **Ma·schi·nen·fab·rik** F fabbrica *f* di macchinari **ma·schi·nen·ge·schrie·ben** ADJ scritto a macchina **Ma·schi·nen·ge·wehr** N mitragliatrice *f* **ma·schi·nen·les·bar** ADJ leggibile dalla macchina **Ma·schi·nen·park** M parco *m* macchine **Ma·schi·nen·pis·to·le** F pistola *f* mitragliatrice **Ma·schi·nen·raum** M sala *f* macchine **Ma·schi·nen·scha·den** M danno *m* ai macchinari; (*Defekt*) difetto *m* meccanico **Ma·schi·nen·schlos·ser** M, **-in** F meccanico *m*, -a *f* **Ma·schi·nen·schrei·ben** N ⟨-s⟩ dattilografia *f*

Ma·schi·ne·rie F ⟨-; -n⟩ **1** macchinario *m* **2** *fig pej* meccanismo *m*, ingranaggio *m*

Ma·schi·nist M ⟨-en; -en⟩, **-in** F ⟨-; -nen⟩ **1** macchinista *m/f* **2** SCHIFF capomacchinista *m/f*

Ma·ser F ⟨-; -n⟩ venatura *f*, marezzatura *f*

M

Ma·sern PL MED morbillo *m*

Ma·se·rung F ⟨-; -en⟩ marezzatura *f*, venatura *f*

Mas·ke F ⟨-; -n⟩ **1** maschera *f* (*a.* IT) **2** *fig* **sich hinter einer ~ verstecken** nascondersi dietro una maschera; **sein Desinteresse ist nur ~** il suo disinteresse è solo apparenza **3** THEAT trucco *m*, faccia *f* truccata: **~ machen** fare il trucco **4** (*Theaterabteilung*) camerino *m* trucchi

Mas·ken·ball M ballo *m* mascherato **Mas·ken·bild·ner** M ⟨-s; -⟩, **-in** F ⟨-; -nen⟩ truccatore *m*, -trice *f*

Mas·ke·ra·de F ⟨-; -n⟩ mascherata *f* (*a. fig*) **mas·kie·ren** **A** VT mascherare (*a. fig*) **B** VR **sich ~** mascherarsi; (*sich verkleiden*) travestirsi **Mas·kie·rung** F ⟨-; -en⟩ **1** mascheramento *m* (*a. fig*) **2** (*Verkleidung*) travestimento *m*

Mas·kott·chen N ⟨-s; -⟩ mascotte *f*

mas·ku·lin ADJ **1** mascolino: **-e Züge** tratti mascolini **2** (*männlich*) maschile (*a.* GRAM)

Mas·ku·li·num N ⟨-s; -na⟩ maschile *m*

Ma·so·chis·mus M ⟨-⟩ masochismo *m* **Ma·so·chist** M ⟨-en; -en⟩, **-in** F ⟨-; -nen⟩ masochista *m/f* **ma·so·chis·tisch** ADJ masochistico

maß → messen

Maß[1] N ⟨-es; -e⟩ **1** misura *f*: **~ bei j-m nehmen** prendere le misure a qn; **in zunehmendem -e** in misura crescente **2** (*Größenmaß*) dimensione *f* **3** unità *f* di misura: **der Liter ist das ~ für Flüssigkeiten** il litro è l'unità di misura dei liquidi **4** (*Grad*) dose *f*: **ein hohes ~ an Vertrauen** una buona dose di fiducia ♦ **in gleichem -e** altrettanto; **~ halten** → maßhalten; **in hohem/höherem/höchstem -e** in alto grado/in misura maggiore/in sommo grado; **in** (*od* **mit**) **-en** con misura; **alle mit gleichem ~ messen** giudicare tutti alla stessa stregua; **mit zweierlei ~ messen** usare due pesi e due misure; **über alle -en** oltre ogni misura; **das ~ ist voll!** è il colmo!; **in vollem -e** pienamente; **ohne ~ und Ziel** senza il senso della misura; *fig* **in weitem -e** su larga scala

Maß[2] F ⟨-; -[e]⟩ *dial* (*Bierkrug*) boccale *m* di birra da litro

Mas·sa·ge [ma'sa:ʒə] F ⟨-; -n⟩ massaggio *m*

Mas·sa·ker N ⟨-s; -⟩ massacro *m*

mas·sak·rie·ren VT massacrare

Maß·an·zug M abito *m* su misura **Maß·ar·beit** F **1** lavorazione *f* su misura **2** (*Gegenstand*) lavoro *m* (fatto) su misura ♦ *umg* **das ist ~** è perfetto

Mas·se F ⟨-; -n⟩ **1** massa *f* (*a.* PHYS, ELEK) **2** (*Großteil*) **die ~ der Befragten war dagegen** la (gran) massa degli intervistati era contraria **3** **die breite** (*od* **große**) **~** la (grande) massa; **die ~ jubelt** la folla esulta **4** *pl* POL **die -n sind in Bewegung geraten** le masse sono in fermento **5** *umg* mucchio *m*, sacco *m*: **eine ~ Geld** un sacco di soldi ♦ **in -n kommen** venire in massa

Maß·ein·heit F unità *f* di misura

Mas·sen·ab·fer·ti·gung F il liquidare in massa **Mas·sen·an·drang** M afflusso *m* in massa **Mas·sen·ar·beits·lo·sig·keit** F disoccupazione *f* di massa **Mas·sen·ar·ti·kel** M articolo *m* di (largo) consumo **Mas·sen·ent·las·sung** F licenziamento *m* in massa **Mas·sen·grab** N fossa *f* comune **mas·sen·haft** ADJ & ADV in massa, in quantità: **~ Geld haben** avere soldi a palate **Mas·sen·ka·ram·bo·la·ge** F tamponamento *m* a catena **Mas·sen·me·di·en** PL mass media *mpl* **Mas·sen·mord** M massacro *m*, strage *f* **Mas·sen·mör-**

der M, **-in** F 1 pluriomicida *m/f* 2 (*im Krieg*) autore *m*, -trice *f* di massacri **Mas·sen·pro·duk·ti·on** F produzione *f* in massa **Mas·sen·psy·cho·se** F psicosi *f* collettiva **Mas·sen·ster·ben** N ⟨-s⟩ moria *f* **Mas·sen·tier·hal·tung** F allevamento *m* di massa **Mas·sen·ver·nich·tungs·mit·tel** N mezzo *m* per lo sterminio di massa **mas·sen·wei·se** ADV in massa

Mas·seur [ma'søːɐ] M ⟨-s; -e⟩ massaggiatore *m* **Mas·seu·rin** [ma'søːrɪn] F ⟨-; -nen⟩ massaggiatrice *f* **Mas·seu·se** [ma'søːzə] F ⟨-; -n⟩ massaggiatrice *f* (*a. euph*)

Maß·ga·be F **mit der ~ zu ...** a condizione di ...; **nach ~ der Bestimmungen** conforme alle disposizioni **maß·ge·bend**, **maß·geb·lich** A ADJ 1 influente, autorevole: **etw von -er Seite erfahren** apprendere qc da fonte autorevole 2 (*richtungweisend*) normativo 3 (*entscheidend*) determinante B ADV in modo determinante **maß·ge·recht** A ADJ dalle misure richieste B ADV su misura **maß·ge·schnei·dert** ADJ fatto su misura

maß·hal·ten V/I ⟨irr; h.⟩ moderarsi

mas·sie·ren[1] V/T (*Körper*) massaggiare

mas·sie·ren[2] V/T MIL, SPORT concentrare

mas·sig A ADJ massiccio, pesante B ADV *umg* in massa, in gran quantità: **~ Arbeit haben** avere un mucchio (*od* un sacco) di lavoro

mä·ßig ADJ 1 moderato, sobrio: **eine -e Lebensweise** uno stile di vita sobrio 2 (*relativ gering*) modesto 3 (*mittelmäßig*) mediocre **mä·ßi·gen** A V/T moderare B V/R **sich ~** 1 moderarsi 2 (*nachlassen*) mitigarsi **Mä·ßi·gung** F ⟨-⟩ moderazione *f*

mas·siv ADJ 1 massiccio: *fig* **-e Angriffe** attacchi massicci 2 *umg fig* (*grob*) grossolano: **~ werden** diventare grossolano ♦ **~** (*od* **einen -en**) **Druck auf j-n ausüben** esercitare una pesante pressione su qn

Mas·siv N ⟨-s; -e⟩ massiccio *m* (montuoso)

Maß·kon·fek·ti·on F capo *m* su misura **Maß·krug** M boccale *m* (da birra da un litro) **maß·los** ADJ smodato, smisurato: **-er Zorn** ira smodata **Maß·lo·sig·keit** F ⟨-⟩ smodatezza *f*, smisuratezza *f* **Maß·nah·me** F ⟨-; -n⟩ misura *f*, provvedimento *m*: **einschneidende -n** misure radicali; **gesetzgeberische -n** provvedimenti legislativi **Maß·re·gel** F norma *f*, misura *f*: **strenge -n treffen** (*od* **ergreifen**) adottare norme severe **maß·re·geln** V/T **j-n ~** punire qn, infliggere sanzioni disciplinari a qn **Maß·re·ge·lung** F punizione *f* (disciplinare)

Maß·stab M 1 scala *f*: **etw in verkleinertem ~ zeichnen** disegnare qc in scala ridotta 2 norma *f*, criterio *m*: **Maßstäbe setzen** stabilire delle norme; **welche sind die Maßstäbe seines Handelns?** quali sono i criteri del suo comportamento? 3 modello *m* (con cui confrontarsi): **er ist für mich kein ~** per me non è un modello (con cui confrontarmi); **sich** (*dat*) **j-n zum ~ nehmen** prendere qn a modello ♦ **in großem ~** su vasta (*od* larga) scala; **zum ~ werden** diventare un parametro

maß·stab(s)·ge·recht ADJ conforme alla scala, in scala **maß·voll** ADJ moderato; (*beherrscht*) misurato, controllato

Mast[1] F ⟨-; -en⟩ (*von Tieren*) ingrasso *m*

Mast[2] M ⟨-[e]s; -e[n]⟩ 1 palo *m*; (*aus Beton, Metall*) pilone *m*, traliccio *m* 2 SCHIFF albero *m* **Mast·baum** M SCHIFF albero *m*

Mast·darm M (intestino *m*) retto *m*

mäs·ten V/T ingrassare

Mas·tur·ba·ti·on F ⟨-; -en⟩ masturbazione *f* **mas·tur·bie·ren** V/I ⟨h.⟩ masturbarsi

Match [mɛtʃ] N *u. schweiz* M ⟨-[e]s; -s *u.* -e⟩ match *m*, partita *f*, incontro *m*: **ein ~ austragen** disputare un incontro

Match·sack M sacca *f* da viaggio

Ma·te·ri·al N ⟨-s; -ien⟩ materiale *m* **Ma·te·ri·al·be·schaf·fung** F ⟨-; -en⟩ approvvigionamento *m* di materiale **Ma·te·ri·al·er·mü·dung** F affaticamento *m* del materiale **Ma·te·ri·al·feh·ler** M difetto *m* del materiale

Ma·te·ri·a·lis·mus M ⟨-⟩ materialismo *m* **Ma·te·ri·a·list** M ⟨-en; -en⟩, **-in** F ⟨-; -nen⟩ materialista *m/f* **ma·te·ri·a·lis·tisch** ADJ materialistico

Ma·te·ri·al·kos·ten PL costo *m* del materiale **Ma·te·ri·al·prü·fung** F prova *f* dei materiali **Ma·te·ri·al·schlacht** F battaglia *f* di materiali

Ma·te·rie F ⟨-; -n⟩ materia *f* (*a. fig*)

ma·te·ri·ell ADJ 1 materiale 2 *pej* (*materialistisch*) materialista

M

Mathematische Zeichen

Zeichen	Deutsch	Italiano
+	plus	**più**
–	minus	**meno**
· *bzw.* ×	mal	**per**
: *bzw.* ÷	durch	**diviso**
=	ist	**uguale**
%	Prozent	**per cento**
‰	Promille	**per mille**
,	Komma	**virgola**
>	größer	**maggiore**
<	kleiner	**minore**
≥	größer gleich	**maggiore uguale**
≤	kleiner gleich	**minore uguale**
√	Wurzel aus	**radice di**
⊆	Teilmenge aus	**sottoinsieme**
≠	ungleich	**non è uguale**
≈	ungefähr gleich	**circa uguale**
∞	unendlich	**infinito**
{	geschweifte Klammer	**parentesi graffa**
[	eckige Klammer	**parentesi quadra**
(	Klammer	**parentesi**

Ma·the F ⟨-⟩ *sl* mate *f*, matematica *f*

Ma·the·ma·tik F ⟨-⟩ matematica *f*

Ma·the·ma·ti·ker M ⟨-s; -⟩, **-in** F ⟨-; -nen⟩ matematico *m*, -a *f*

ma·the·ma·tisch ADJ matematico

Mat·jes·he·ring M bianchetto *m* (di aringa)

Mat·rat·ze F ⟨-; -n⟩ materasso *m*

Mät·res·se F ⟨-; -n⟩ **1** (*früher*) favorita *f* **2** *pej* amante *f*, mantenuta *f*

Mat·ri·ar·chat N ⟨-[e]s; -e⟩ matriarcato *m*

Mat·rix F ⟨-; Matrizes *u.* Matrizen⟩ matrice *f* **Mat·rix·dru·cker** M stampante *f* a matrice

Mat·ro·se M ⟨-n; -n⟩ marinaio *m* **Mat·ro·sen·an·zug** M (vestito *m* alla) marinara *f*

Mat·ro·sin F ⟨-; -nen⟩ marinaia *f*

Matsch M ⟨-[e]s; -e⟩ *umg* fanghiglia *f*, poltiglia *f* **mat·schig** ADJ *umg* **1** (*breiig*) poltiglioso **2** (*Obst, Gemüse*) molle, marcio **3** (*schlammig*) fangoso

matt ADJ **1** spossato: **vor Hunger ~ sein** essere spossato dalla fame **2** (*schwach*) fiacco (*a.* WIRTSCH), debole: **mit -er Stimme** con voce debole; **ein -er Schluss** un finale fiacco **3** smorto, spento: **-e Augen** occhi spenti; **eine -e Farbe** un colore smorto **4** opaco: **ein -er Lack** una vernice opaca; FOTO **-es Papier** carta opaca; **-es Glas** vetro opaco ♦ **Schach und ~!** scacco matto!; **j-n ~ setzen** dare scacco matto a qn

Mat·te F ⟨-; -n⟩ **1** stuoia *f* **2** SPORT materassino *m* **3** (*Fußmatte*) zerbino *m* ♦ **auf der ~ stehen** essere presente (*od* pronto)

Mat·ter·horn N ⟨-s⟩ (Monte *m*) Cervino *m*

Matt·glas N vetro *m* opaco **mat·tie·ren** V/T opacizzare, rendere opaco

Mat·tig·keit F ⟨-⟩ spossatezza *f*, fiacchezza *f*; (*Müdigkeit*) stanchezza *f*

Matt·lack M smalto *m* opaco **Matt·schei·be** F *umg* schermo *m* (televisivo) ♦ **~ haben** avere la mente annebbiata

Ma·tu·ra F ⟨-⟩ *österr schweiz* maturità *f*

Ma·tu·rand M ⟨-en; -en⟩, **-in** F ⟨-; -nen⟩ maturando *m*, -a *f*

Ma·tu·rant M ⟨-en; -en⟩, **-in** F ⟨-; -nen⟩ *österr* maturando *m*, -a *f*

ma·tu·rie·ren V/I ⟨h.⟩ *österr schweiz* fare la maturità, sostenere l'esame di maturi-

tà
Mätz·chen N ⟨-s; -⟩ *umg* **1** PL sciocchezze *fpl* **2** *pl* storie *fpl*: **mach keine ~!** non fare (tante) storie! **3** (*Tricks*) trucchi *mpl*
Mau·er F ⟨-; -n⟩ **1** muro *m* (*a.* SPORT *fig*) **2** (*von Städten*) mura *fpl* ♦ **die Chinesische ~** la grande muraglia **Mau·er·blüm·chen** N ⟨-s; -⟩ *umg* ragazza *f* che fa tappezzeria: **~ sein** far tappezzeria
mau·ern **A** V/T murare **B** V/I ⟨h.⟩ **1** SPORT barricarsi in difesa **2** *fig* rinchiudersi nel silenzio
Mau·er·werk N opera *f* muraria (*od* in muratura)
Maul N ⟨-[e]s; Mäuler⟩ **1** ZOOL bocca *f*, muso *m* **2** *vulg pej* becco *m*: **halt das ~** chiudi il becco! ♦ *umg* **das ~ aufreißen** fare lo smargiasso; *umg* **ein großes ~ haben** fare lo spaccone; *umg* **sich** (*dat*) **über j-n das ~ zerreißen** spettegolare su qn
Maul·beer·baum M gelso *m*
Maul·bee·re F mora *f* di gelso
mau·len V/I ⟨h.⟩ *umg* brontolare
Maul·esel M bardotto *m* **Maul·held** M, **-in** F *umg* fanfarone *m*, -a *f* **Maul·korb** M museruola *f* **Maul·ta·sche** F = *specie di raviolo da cucinare in brodo* **Maul·tier** N mulo *m* **Maul·trom·mel** F MUS scacciapensieri *m*
Maul- und Klau·en·seu·che F afta *f* epizootica
Maul·wurf M talpa *f* (*a. fig*)
Mau·re M ⟨-n; -n⟩ moro *m*
Mau·rer M ⟨-s; -⟩, **-in** F ⟨-; -nen⟩ muratore *m*, -trice *f*
Mau·rer·meis·ter M, **-in** F capomastro *m*
Mau·re·ta·ni·en N ⟨-s⟩ Mauritania *f*
Mau·rin F ⟨-; -nen⟩ mora *m*
Mau·ri·ti·us N ⟨-⟩ Mauritius *f*, Mauritius *fpl*
Maus F ⟨-; Mäuse⟩ **1** topo *m* **2** IT mouse *m* ♦ **eine graue ~** un tipo ordinario
Mau·se·fal·le F trappola *f* per topi **Mau·se·loch** N tana *f* del topo
mau·sen **A** V/I ⟨h.⟩ (*Katze*) cacciare i topi **B** V/T *umg* rubare, grattare
Mau·ser F ⟨-⟩ muda *f* **mau·sern** V/R **sich ~** **1** fare la muda **2** *umg* farsi: **sie hat sich zu einem schönen Mädchen gemausert** si è fatta una bella ragazza
mau·se ·tot ADJ *umg* (morto) stecchito
Maus·klick M ⟨-s; -s⟩ clic *m inv* con il mouse: **per ~** cliccando con il mouse
Maus·mat·te F tappetino *m* per il mouse
Mau·so·le·um N ⟨-s; Mausoleen⟩ mausoleo *m*
Maus·pad N ⟨-s; -s⟩ IT tappetino *m* per il mouse **Maus·spur** F traccia *f* del mouse **Maus·tas·te** F tasto *m* del mouse **Maus·zei·ger** M puntatore *m* del mouse
Maut(·ge·bühr) F ⟨-; -en⟩ pedaggio *m*
ma·xi·mal **A** ADJ massimo **B** ADV al massimo **Ma·xi·mal·wert** M valore *m* massimo
Ma·xi·me F ⟨-; -n⟩ massima *f*
ma·xi·mie·ren V/T **1** (*Gewinn*) portare al massimo **2** IT massimizzare
Ma·xi·mum N ⟨-s; Maxima⟩ massimo *m*
Ma·xi·rock M maxigonna *f*
Ma·yon·nai·se [majɔ'nɛ:zə] F ⟨-; -n⟩ maionese *f*
Ma·ze·do·ni·en N ⟨-s⟩ Macedonia *f*
Mä·zen M ⟨-s; -e⟩, **-in** F ⟨-; -nen⟩ mecenate *m/f*
Me·cha·nik F ⟨-; -en⟩ **1** meccanica *f* **2** meccanismo *m* **Me·cha·ni·ker** M ⟨-s; -⟩, **-in** F ⟨-; -nen⟩ meccanico *m*, -a *f* **me·cha·nisch** **A** ADJ meccanico (*a. fig*) **B** ADV **1** a macchina **2** *fig* meccanicamente
me·cha·ni·sie·ren V/T meccanizzare **Me·cha·ni·sie·rung** F ⟨-; -en⟩ meccanizzazione *f*
Me·cha·nis·mus M ⟨-; Mechanismen⟩ meccanismo *m* (*a. fig*)
Me·cke·rer M ⟨-s; -⟩, **-rin** F ⟨-; -nen⟩ criticone *m*, -a *f*
me·ckern V/I ⟨h.⟩ **1** belare **2** *umg pej* **über etw** (*akk*) **~** trovare da ridire su qc
Meck·lenburg-Vor·pom·mern N ⟨-s⟩ Meclemburgo-Pomerania Anteriore *m*
Me·dail·le [me'daljə] F ⟨-; -n⟩ medaglia *f*
Me·dail·lon [medal'jõ:] N ⟨-s; -s⟩ medaglione *m* (*a.* GASTR)
Me·di·en PL mass media *mpl* **Me·di·en·ge·sell·schaft** F società *f* dei mass media **me·di·en·wirk·sam** ADJ (*Person*) mediagenico; (*Ereignis*) mediale
Me·di·ka·ment N ⟨-[e]s; -e⟩ farmaco *m*
Me·di·ta·ti·on F ⟨-; -en⟩ meditazione *f*
me·di·ta·tiv ADJ meditativo **me·di·tie·ren** V/I ⟨h.⟩ meditare: **über etw**

(*akk*) ~ meditare su qc
Me·di·um N ⟨-s; Medien *u.* Media⟩ **1** mezzo *m* (espressivo), medium *m* **2** CHEM, PHYS sostanza *f* **3** mezzo *m* di comunicazione; *pl* (mass) media *mpl*
Me·di·zin F ⟨-; -en⟩ medicina *f* **Me·di·zin·ball** M palla *f* medica, medicine ball *m*
Me·di·zi·ner M ⟨-s; -⟩ **1** medico *m*, dottore *m* **2** studente *m* di medicina **Me·di·zi·ne·rin** F ⟨-; -nen⟩ **1** dottoressa *f* **2** studentessa *f* di medicina **me·di·zi·nisch** ADJ **1** medico: **aus -er Sicht** dal punto di vista medico **2** (*arzneilich*) medicinale ♦ **~-technische Assistentin** infermiera specializzata in tecniche di laboratorio
Me·di·zin·mann M ⟨-[e]s; -männer⟩ medico *m* stregone
Meer N ⟨-[e]s; -e⟩ mare *m*: **das Tote/Rote/Schwarze ~** il Mar Morto/Rosso/Nero; *fig* **ein ~ von Blut** un lago di sangue; **ein ~ von Häusern** un mare di case **Meer·äsche** F ⟨-; -n⟩ muggine *m* **Meer·bar·be** F ⟨-; -n⟩ triglia *f* **Meer·bu·sen** M insenatura *f* **Meer·en·ge** F stretto *m*
Mee·res·arm M braccio *m* di mare **Mee·res·bio·lo·gie** F talassobiologia *f* **Mee·res·blick** M vista *f* sul mare **Mee·res·bo·den** M fondo *m* del mare **Mee·res·früch·te** PL GASTR frutti *mpl* di mare **Mee·res·kun·de** F talassografia *f* **Mee·res·leuch·ten** N ⟨-s⟩ fosforescenza *f* marina **Mee·res·spie·gel** M ⟨-s⟩ livello *m* del mare: **800 m über dem ~ liegen** essere a 800 m sul livello del mare
Meer·jung·frau F sirena *f* **Meer·ret·tich** M rafano *m*, cren *m* **Meer·salz** N sale *m* marino **Meer·schaum** M ⟨-[e]s⟩ MINER schiuma *f* di mare **Meer·schwein·chen** N ⟨-s; -⟩ porcellino *m* d'India **Meer·was·ser** N acqua *f* marina (*od* del mare)
Me·ga·byte N megabyte *m inv*
Me·ga·fon N ⟨-s; -e⟩ megafono *m*
Me·ga·hertz N megahertz *m inv*
me·ga-out ADJ *umg* assolutamente out
Me·ga·phon N ⟨-s; -e⟩ → Megafon
Me·ga·star M megastar *f inv*
Mehl N ⟨-[e]s; -e⟩ farina *f*: **grobes ~** farina grossa; **etw in ~ wälzen** infarinare qc
meh·lig ADJ **1** (*bemehlt*) infarinato **2** (*wie Mehl*) farinoso ♦ **-e Äpfel** mele farinose
Mehl·schwit·ze F ⟨-; -n⟩ soffritto *m* con farina **Mehl·spei·se** F **1** farinaceo *m* **2** *österr* (*Süßspeise*) torta *f* **Mehl·tau** M oidio *m*
mehr ⟨*komp von viel*⟩ **A** INDEF PR **1** più: **~ Geld** più soldi; **~ als die Hälfte** più della metà **2** altro, di più: **was willst du (noch) ~?** che altro vuoi (ancora)? **B** ADV più: **du musst ~ aufpassen** devi stare più attento; **du musst ~ lesen** devi leggere di più; **~ tot als lebendig** più morto che vivo; (*mit Negation*) **es war niemand ~ da** non c'era più nessuno; **keine Lust ~ haben** non avere più voglia ♦ **ein bisschen** (*od* **etwas**) **~** un po' di più; **ein Grund ~, nicht zu kommen** un motivo in più per non venire; **~ als je** più che mai; **~ oder minder** (*od* **weniger**) più o meno; **nicht ~ und nicht weniger** né più né meno; (**nicht**) **~ als nötig** (non) più del necessario; **~ als üblich** più del solito; **~ und ~** sempre più; **... und anderes ~** ... e altro ancora; **... und vieles ~** ...e molto di più; **kein Wort ~** non una parola di più; **ein Mehr an Kosten** un'eccedenza di costi
Mehr·ar·beit F (lavoro *m*) straordinario *m* **Mehr·auf·wand** M, **Mehr·aus·ga·be** F maggiorazione *f* della spesa **Mehr·be·darf** M maggiore fabbisogno *m* **Mehr·be·reichs·öl** N olio *m* multigrade **mehr·deu·tig** ADJ ambiguo **mehr·di·men·si·o·nal** ADJ pluridimensionale **Mehr·ein·nah·me** F entrata *f* maggiore
meh·ren **A** V/T accrescere **B** V/R **sich ~** aumentare
meh·re·re INDEF PR parecchi, svariati: **~ Lösungen** svariate soluzioni; **~ hundert Menschen** diverse centinaia di persone; **~ von uns** parecchi di noi
meh·re·res INDEF PR parecchie cose
mehr·fach **A** ADJ **1** molteplice: **in -er Ausfertigung** in più copie **2** (*mehrere*) numeroso **B** ADV ripetutamente, più volte ♦ **ein -er Millionär** un plurimilionario; JUR **-er Mord** omicidio plurimo; **-er Weltmeister** più volte campione del mondo
Mehr·fa·che N ⟨-n⟩ multiplo *m* **Mehr·fa·mi·li·en·haus** N casa *f* plurifamiliare **mehr·far·big** ADJ a più colori, policromo
Mehr·heit F ⟨-; -en⟩ maggioranza *f* (*a.* POL), maggior parte *f*: **bei** (*od* **in**) **der ~ der Fälle** nella maggior parte dei casi;

M

mit großer ~ gewinnen vincere a larga maggioranza; *fig* **die schweigende ~** la maggioranza silenziosa **mehr·heit·lich** **A** ADJ maggioritario **B** ADV a maggioranza **Mehr·heits·be·schluss** M decisione *f* presa a maggioranza **Mehr·heits·wahl·recht** N sistema *m* elettorale maggioritario

mehr·jäh·rig ADJ **1** di molti anni, pluriennale **2** BOT plurienne **Mehr·kampf** M SPORT gara *f* multipla (con prove di diverse discipline) **Mehr·kos·ten** PL WIRTSCH maggiorazione *f* **mehr·ma·lig** ADJ ripetuto **mehr·mals** ADV più volte **Mehr·par·tei·en·sys·tem** N sistema *m* pluripartitico **mehr·platz·fä·hig** ADJ IT multistazione **mehr·sei·tig** ADJ multilaterale **mehr·spra·chig** ADJ **1** (*Mensch*) che parla più lingue, poliglotta **2** (*Gebiet*) plurilingue **3** (*Text*) in più lingue **mehr·stim·mig** ADJ & ADV a più voci **mehr·stu·fig** ADJ **1** ARCH con più gradini **2** (*von Raketen*) pluristadio **mehr·stün·dig** ADJ di parecchie ore **mehr·tä·gig** ADJ di parecchi giorni **Mehr·tei·ler** M ⟨-s; -⟩ *umg* programma *m* televisivo a puntate **mehr·tei·lig** ADJ in più parti, costituito da più parti **Mehr·ver·brauch** M maggior consumo *m*

Mehr·weg·fla·sche F bottiglia *f* con vuoto a rendere **Mehr·weg·ver·pa·ckung** F imballaggio *m* riutilizzabile

Mehr·wert·steu·er F imposta *f* sul valore aggiunto (IVA) **mehr·wö·chig** ADJ di più settimane **Mehr·zahl** F **1** GRAM plurale *m* **2** (*Mehrheit*) maggior parte *f* **Mehr·zweck·ge·rät** N attrezzo *m* multiuso

mei·den ⟨mied, gemieden⟩ *geh* **A** V/T evitare **B** V/R **sich ~** evitarsi

Mei·le F ⟨-; -n⟩ miglio *m*

Mei·len·stein M pietra *f* miliare (*a. fig*)

mei·len·weit ADV **1** *fig* per miglia e miglia **2** *fig* **~ von einer Lösung entfernt sein** essere a mille miglia da una soluzione

Mei·ler M ⟨-s; -⟩ **1** (*Kohlenmeiler*) carbonaia *f* **2** NUKL reattore *m* (nucleare)

mein POSS PR **1** (*attr*) (il) mio: **-e Kleider** i miei vestiti; **-e Mutter** mia madre; **~ Lieber** caro mio; **ja, ~ Herr!** sì signore! **2** (*absolut*) **meiner** (*f* **meine**, *n* **mein[e]s**; *pl* **meine**) il mio; **das ist nicht Ihr Hut, sondern -er** non è il Suo cappello, ma il mio; **die Meinen** i miei

mei·ne, **Mei·ne** N ⟨-n⟩ **1** (*was mir gehört*) **das ~** il mio *m*, i miei averi *mpl* **2** (*Pflicht*) il mio dovere *m*, ciò *m* che mi compete: **ich habe das ~ getan** ho fatto il mio dovere

Mein·eid M spergiuro *m*: **einen ~ leisten** fare uno spergiuro **mein·ei·dig** ADJ spergiuro ♦ **~ werden** fare uno spergiuro

mei·nen V/T **1** pensare, credere: **was meinst du dazu?** che ne pensi?; **er meinte zu träumen** credeva di sognare **2** intendere dire: **wie meinst du das?** cosa intendi dire?; **was meinst du damit?** (con questo) cosa vuoi dire?; **das habe ich nicht (so) gemeint** non intendevo dire questo **3** (*im Sinn haben*) **j-n/etw ~** riferirsi a (*od* parlare di) qn/qc; **~ Sie mich?** si riferisce a me? **4** **es gut/böse (mit j-m) ~** avere buone/cattive intenzioni (con qn); **es ehrlich (mit j-m) ~** avere intenzioni serie (con qn) **5** dire: **er hat es nicht böse gemeint** non l'ha detto con cattiveria ♦ **damit bist du gemeint** questo vale per te; **man könnte ~, dass ...** si direbbe che ...; *umg* **ich meinte ja nur (so)!** l'ho detto (tanto) per dire!; **wenn Sie ~** come vuole, come crede; *umg* **das will ich ~!** lo credo bene!

mei·ner·seits ADV da (*od* per) parte mia: **ich freue mich, dich getroffen zu haben – ganz ~!** mi fa piacere averti incontrato – anche a me! **mei·nes·glei·chen** PRON ⟨*inv*⟩ mio pari: **~ kann sich das nicht leisten** uno come me non se lo può permettere **mei·net·we·gen** ADV **1** (*wegen mir*) a causa mia **2** per me: (*für mich*) **~ brauchst du nicht zu kommen** non è necessario che tu venga per me; *umg* (*von mir aus*) **~ kannst du ruhig bleiben** per me puoi benissimo restare **3** ad esempio: **geh Wein kaufen, ~ Rotwein** vai a comprare del vino, ad esempio del rosso **mei·net·wil·len** ADV **um ~** per me, per amor mio

mei·ni·ge, **Mei·ni·ge** POSS PR M/F/N *geh* il mio, la mia

Mei·nung F ⟨-; -en⟩ **1** opinione *f*, parere *m*: **eine ~ über** (*akk*)**/zu etw haben** avere un'opinione su/di qc; **der gleichen ~ wie j-d sein** essere dello stesso parere di qn **2** (*Achtung*) **eine gute/hohe ~ von j-m/etw haben** avere una buona/ottima opinione di qn/qc ♦ **anderer ~ (als**

Ich meine ...

Meiner Meinung nach ...	**Secondo me ...**
Ich habe den Eindruck, dass ...	**Ho l'impressione che ...**

☺

Gut!	**Bene!**
Sehr gut!	**Benissimo!**
Ich bin sehr zufrieden. *oder* Ich freue mich sehr.	**Sono molto contento.**
Prima!, Klasse!, Super!, Toll!	**Magnifico!, Grande!, Fantastico!, Che figata!**
Das gefällt mir.	**Mi piace.**
Sehr gerne.	**Molto volentieri.**
Eine sehr gute Idee.	**Ottima idea.**
In Ordnung.	**Va bene.**

😐

Das ist mir egal.	**Tanto fa.**
Wie Sie möchten.	**Come vuole.**
Ich würde lieber ...	**Preferirei ...**

☹

Schlecht!	**Male!**
Absurd! Unrealistisch!	**Assurdo!**
Unglaublich!	**Incredibile!**
Scheußlich!	**Che schifo!**
Unmöglich!	**Impossibile!**
Wie schade!	**Che peccato!**
Das geht leider nicht.	**Purtroppo non è possibile.**
Das gefällt mir nicht.	**Non mi piace.**
Das möchte ich lieber nicht.	**Preferirei di no.**
Auf keinen Fall.	**In nessun caso.**

M

j-d) **sein** essere d'altro avviso, pensarla in modo diverso (da qn); **mit j-m einer ~ sein** avere la stessa opinione di qn; **ganz meiner ~!** è esattamente quanto penso io!; **meiner ~ nach** secondo me; **j-m die ~ sagen** dirne quattro a qn; **seine ~ ändern** cambiare idea

Mei·nungs·äu·ße·rung F manifestazione *f* di un'opinione ♦ **das Recht auf freie ~** il diritto alla libertà di parola

Mei·nungs·aus·tausch M scambio *m* di idee **Mei·nungs·for·schung** F demoscopia *f* **Mei·nungs·frei·heit** F libertà *f* d'opinione **Mei·nungs·um·fra·ge** F sondaggio *m* d'opinione **Mei·nungs·ver·schie·den·heit** F divergenza *f* di opinioni

Mei·se F ⟨-; -n⟩ cincia *f* ♦ *umg* **du hast wohl 'ne ~?** ti ha dato di volta il cervello?

Mei·ßel M ⟨-s; -⟩ scalpello *m* (*a.* MED)

mei·ßeln **A** V/T scalpellare **B** V/I ⟨h.⟩ lavorare con lo scalpello (*a.* MED)

meist[1] ADV per lo più, di solito

meist...[2] INDEF PR **A** (*attr*) **1** la maggior parte di, la maggioranza di: **die -e Zeit** la maggior parte del tempo **2** il (*od* la) più grande: **die -e Angst haben** avere una grandissima paura **B** (*absolut*) la maggior parte, quasi tutto: **du hast das -e vergessen** hai dimenticato quasi tutto; **die -en von uns** la maggior parte di noi ♦ **am -en** più di tutto, più di tutti

meist·bie·tend ADJ che offre di più

Meist·bie·ten·de M/F ⟨-n; -n⟩ miglior offerente *m/f*

meis·tens ADV, **meis·ten·teils** ADV per lo più

Meis·ter M ⟨-s; -⟩ **1** maestro *m* (*a.* KUNST *fig*): **ein ~ seines Faches** un maestro nel suo campo **2** *umg* esame *m* di qualifica professionale: **seinen ~ als Automechaniker machen** dare l'esame da meccanico **3** SPORT campione *m*: **ein ~ im Schachspiel** un campione degli scacchi ♦ **Übung macht den ~** val più la pratica della grammatica; **es ist noch kein ~ vom Himmel gefallen** nessuno nasce maestro

Meis·ter·brief M diploma *f* di ma(e)stro **meis·ter·haft** A ADJ 1 magistrale 2 *(Person)* provetto B ADV da maestro

Meis·te·rin F ⟨-; -nen⟩ 1 *(im Handwerk)* maestra *f* 2 SPORT campionessa *f*

meis·tern V/T 1 dominare: **seine Gefühle ~** dominare i propri sentimenti; **sein Schicksal ~** essere padrone del proprio destino 2 superare: **Schwierigkeiten ~** superare le difficoltà 3 *(Sprache, Fachwissen)* saper usare bene, padroneggiare

Meis·ter·prü·fung F esame *m* professionale per diventare maestro (artigiano) **Meis·ter·schaft** F ⟨-; -en⟩ 1 maestria *f* 2 SPORT campionato *m*; *(Titel)* titolo *m* di campione **Meis·ter·stück** N, **Meis·ter·werk** N capolavoro *m*

meist·ver·kauft ADJ più venduto: **das -e Buch** il libro più venduto

Me·lan·cho·lie F ⟨-⟩ malinconia *f*

me·lan·cho·lisch ADJ malinconico

Me·la·nom N ⟨-s; -e⟩ melanoma *m*

Me·lan·za·ni PL *österr* melanzane *fpl*

Mel·de·amt N anagrafe *f* **Mel·de·frist** F 1 termine *m* di denuncia 2 *(für Ausländer)* termine *m* per farsi registrare

mel·den A V/T 1 annunciare: **wen darf ich ~?** chi devo annunciare? 2 *(berichten)* riferire (di): **unser Korrespondent meldet neue Unruhen** il nostro corrispondente riferisce di nuovi disordini 3 *(zur Kenntnis bringen)* segnalare: **einen Unfall ~** segnalare un incidente 4 *(anzeigen)* denunciare: **j-n bei der Polizei ~** denunciare qn alla polizia; **j-n als vermisst ~** denunciare la scomparsa di qn B V/R **sich ~** 1 presentarsi: **sich freiwillig ~** presentarsi volontario; MIL arruolarsi volontario 2 offrirsi: **sich für eine Aufgabe ~** offrirsi per un incarico 3 *(auf ein Inserat; am Telefon)* rispondere 4 *(im Unterricht)* alzare la mano 5 farsi sentire: **melde dich, wenn du etwas brauchst!** fatti sentire, se hai bisogno di qualcosa!; **nichts zu ~ haben** non contare nulla; **sich zu Wort ~** chiedere la parola (alzando la mano)

Mel·de·pflicht F ⟨-⟩ 1 obbligo *m* di denuncia (alle autorità) 2 *(für Ausländer)* obbligo *m* di registrazione anagrafica

Mel·dung F ⟨-; -en⟩ 1 annuncio *m*, comunicato *m* (pubblico): **eine amtliche ~** un comunicato ufficiale 2 *(dienstliche Mitteilung)* comunicazione *f* 3 MIL rapporto *m* 4 *(Nachricht)* notizia *f* 5 *(Anzeige)* segnalazione *f*, denuncia *f* 6 IT messaggio *f* 7 (dichiarazione *f* di) disponibilità *f*: **seine freiwillige ~ bereuen** pentirsi di essersi offerto volontario 8 *(auf ein Inserat)* risposta *f* 9 *(Anmeldung)* domanda *f* (di partecipazione, iscrizione): **es gehen viele -en zum Rennen ein** arrivano molte domande d'iscrizione alla gara

me·liert ADJ mélange: **-e Wolle** lana mélange ♦ **-es Haar** capelli brizzolati

Me·lis·se F ⟨-⟩ melissa *f*

mel·ken V/T ⟨*pperf gemelkt/gemolken*⟩ mungere *(a. fig)*

Me·lo·die F ⟨-; -n⟩ melodia *f* **me·lo·disch** ADJ melodioso

Me·lo·dram N THEAT, FILM *fig* melodramma *m*, drammone *m* **me·lo·dra·ma·tisch** ADJ melodrammatico

Me·lo·ne F ⟨-; -n⟩ 1 melone *m*; *(Wassermelone)* cocomero *m*, anguria *f* 2 *umg (Hut)* bombetta *f*

Memb·ran F ⟨-; -en⟩ membrana *f*

Me·mel F ⟨-⟩ Neman *m*

Mem·me F ⟨-; -n⟩ *pej* fifone *m*, -a *f*

Me·moi·ren [me'moa:rən] PL memorie *fpl*

Me·mo·ran·dum N ⟨-s; Memoranden *u.* Memoranda⟩ memorandum *m*

Men·ge F ⟨-; -n⟩ 1 quantità *f*: **eine große ~ von etw** una gran quantità di qc; **eine ~ Kinder kam zusammen** si radunò un gran numero di bambini 2 *(Menschenmenge)* folla *f* 3 MATH insieme *m* ♦ *umg* **eine ~ zu tun haben** avere un sacco di cose da fare; *umg* **jede ~** (*od* **in rauen -n**) a non finire

Mengenangaben

ein Becher Joghurt	**un vasetto di yogurt**
ein Becher Eis	**una coppetta di gelato**
ein Bund Petersilie	**un mazzetto di prezzemolo**
eine Dose Cola	**una lattina di Coca Cola**
eine Dose Tomaten	**un barattolo di pelati**

▶▶

ein Fläschchen Parfum	**una boccetta di profumo**
eine Flasche Wasser	**una bottiglia d'acqua**
ein Glas Tee	**un bicchiere di tè**
hundert Gramm Schinken	**un etto di prosciutto**
zweihundert Gramm	**due etti**
ein Kilo Äpfel	**un chilo di mele**
anderthalb Kilo Birnen	**un chilo e mezzo di pere**
ein Krug Wasser	**una caraffa d'acqua**
ein Liter Milch	**un litro di latte**
ein Marmeladenglas	**un vasetto di marmellata**
ein Meter Stoff	**un metro di stoffa**
ein Paket Salz	**un pacco di sale**
ein Paket Waschmittel	**una confezione di detersivo**
ein Pfund Kartoffelklößchen	**mezzo chilo di gnocchi**
ein halbes Pfund Käse	**due etti e mezzo di formaggio**
eine Prise Salz	**un pizzico di sale**
eine Schachtel Pralinen	**una scatola di cioccolatini**
eine Schachtel Zigaretten	**un pacchetto di sigarette**
ein Schälchen Oliven	**una vaschetta di olive**
eine Tube Senf	**un tubetto di senape**
eine Tasse Kaffee	**una tazza di caffè**
eine Scheibe Bauchspeck	**una fetta di pancetta**
ein Stück Kuchen	**una fetta di dolce**
ein Stück Käse	**un pezzo di formaggio**

M

men·gen **A** VT mescolare **B** VR **sich ~** **1** mescolarsi **2** confondersi: **sich unter die Leute ~** confondersi tra le gente

Men·gen·leh·re F teoria *f* degli insiemi **men·gen·mä·ßig** ADJ quantitativo **Men·gen·ra·batt** M sconto *m* per quantità

Men·ni·ge F ⟨-⟩ minio *m*

Me·nor·ca N ⟨-s⟩ Minorca *f*

Men·sa F ⟨-; Mensen⟩ mensa *f* universitaria

Mensch M ⟨-en; -en⟩ **1** uomo *m*: **alle -en** tutti (gli uomini) **2** persona *f*: **mit fremden -en** con persone estranee; **gern unter -en gehen** amare la compagnia **3** *umg* (*Anrede*) **~, du bist wohl nicht bei Sinnen** ragazzo, tu non sai quel che fai! ♦ *umg* **wie der erste ~** come un bambino; *umg* **nur** (**noch**) **ein halber ~ sein** essere sfinito (*od* malridotto); **kein ~** nessuno; **ein neuer ~ werden** diventare un altro uomo; **von ~ zu ~** da uomo a uomo; *umg* **wieder ~ sein** sentirsi di nuovo in forma

Men·schen·af·fe M scimmia *f* antropomorfa, antropoide *m* **Men·schen·al·ter** N **1** durata *f* della vita umana **2** generazione *f* **Men·schen·feind** M, **-in** F misantropo *m*, -a *f* **Men·schen·fres·ser** M ⟨-s; -⟩, **-in** F ⟨-; -nen⟩ antropofago *m*, -a *f* **Men·schen·freund** M, **-in** F filantropo *m*, -a *f* **men·schen·freund·lich** ADJ **1** (*Architektur, Gesellschaft, Politik*) a misura d'uomo **2** (*Herrscher, Arbeitsbedingungen*) umano **3** (*Tiere*) amico dell'uomo **Men·schen·ge·den·ken** N **seit ~** da tempo immemorabile **Men·schen·ge·stalt** F figura *f* (*od* forma *f*) umana: **in ~ erscheinen** apparire con sembianze umane **Men·schen·hand** F *fig* **von ~ geschaffen** creato dalla mano dell'uomo **Men·schen·han·del** M tratta *f* degli schiavi **Men·schen·ken·ner** M, **-in** F conoscitore *m*, -trice *f* dell'animo umano **Men·schen·kennt·nis** F conoscenza *f* dell'animo umano: **keine ~ haben** non conoscere l'animo umano **Men·schen·ket·te** F catena *f* umana **Men·schen·le·ben** N vita *f* umana: **ein ganzes ~ lang** (per) una vita intera; **viele ~ opfern** sacrificare molte vite umane **men·schen·leer** ADJ spopolato, deserto **Men·schen·ma·te·ri·al** N risorse *fpl* umane **Men·schen·men·ge** F folla *f* **Men·schen·mög·li·che** N ⟨-n⟩ ciò che è umanamente possibile **Men·schen·op·fer** N **1** (*Opferung von Menschen*) sacrificio *m* umano **2** (*Opfer an Menschenleben*) sacrificio *m* di vite umane

Men·schen·raub M rapimento *m* di persona

Men·schen·recht N diritto *m* dell'uomo **Men·schen·rechts·be·auf·trag·te** M/F ⟨-n; -n⟩ commissario *m*, -a *f* per i diritti dell'uomo **Men·schen·rechts·er·klä·rung** F dichiarazione *f* dei diritti dell'uomo **Men·schen·rechtver·let·zung** F violazione *f* dei diritti umani

men·schen·scheu ADJ timido, poco socievole **Men·schen·schlag** M razza *f* d'uomini **Men·schen·see·le** F anima *f* umana ♦ **es war keine ~ da** non c'era anima viva

Men·schens·kind INT ragazzo mio!

men·schen·un·wür·dig ADJ disumano **men·schen·ver·ach·tend** ADJ disumano **Men·schen·ver·ach·tung** F disprezzo *m* del genere umano **Men·schen·ver·stand** M **der gesunde ~** il buon senso **Men·schen·wür·de** F dignità *f* umana

Mensch·heit F ⟨-⟩ umanità *f*, genere *m* umano: **die ganze ~** l'intera umanità

mensch·lich ADJ umano: **die -e Natur** la natura umana; **die -e Freiheit** la libertà dell'uomo; **seine Reaktion ist ~** la sua reazione è umana; *fig* (*erträglich*) **unter -en Bedingungen leben** vivere in condizioni umane; (*human*) **eine -e Geste** un gesto umano ♦ **j-n ~ behandeln** trattare qn umanamente **Mensch·lich·keit** F ⟨-; -en⟩ umanità *f*

Menst·ru·a·ti·on F ⟨-; -en⟩ mestruazione *f*

menst·ru·ie·ren VI ⟨h.⟩ MED avere le mestruazioni

men·tal **A** ADJ mentale **B** ADV mentalmente

Men·ta·li·tät F ⟨-; -en⟩ mentalità *f*

Men·thol N ⟨-s⟩ mentolo *m*

Me·nü N ⟨-s; -s⟩ menu *m* (*a.* IT) **Me·nü·an·zei·ge** F IT display *m* del menù **Me·nü·be·fehl** M IT comando *m* del menù

Me·nu·ett N ⟨-s; -e *u.* -s⟩ minuetto *m*

me·nü·ge·steu·ert ADJ IT guidato da menù **Me·nü·leis·te** F barra *f* dei me-

Die Menüleiste am PC

Absatz	**il paragrafo**
Änderungen	**le revisioni**
Ansicht	**visualizza**
Ausdruck	**la stampa**
Datei	**il file**
Dokument	**il documento**
Extras	**gli strumenti** *oder* **le opzioni**
Fenster	**la finestra**
Format	**il formato, la formattazione**
Formatvorlage	**lo stile**
Fußzeile	**il piè di pagina**
Grafik	**l'immagine** *f*
Kopfzeile	**l'intestazione** *f*
Lineal	**il righello**
Ordner	**la cartella**
Pfeil	**il puntatore**
Rahmen	**i bordi**
Seitenansicht	**l'anteprima** *f* **di stampa**
Sonderzeichen	**i simboli**
Spalte	**la colonna**
Symbolleiste	**la barra degli strumenti**
Tabelle	**la tabella**
Tabulator	**le tabulazioni**
Textmarke	**il segnalibro**
Toolbox	**la casella degli strumenti**
Verzeichnis	**la directory**
Zeichen	**il carattere** *oder* **il font**
Zentraldokument	**il documento master**
Zwischenablage	**l'archivio** *m* **intermedio**

nù
Mer·chan·di·sing ['mø:etʃndaisıŋ] N ⟨-s⟩ merchandising *m inv*
mer·ci INT *schweiz* grazie
Mer·gel M ⟨-s; -⟩ marna *f*
Me·ri·di·an M ⟨-s; -e⟩ meridiano *m*
merk·bar A ADJ 1 (*wahrnehmbar*) percettibile 2 (*erinnerbar*) facile da ricordare B ADV sensibilmente **Merk·blatt** N foglio *m* di istruzioni
mer·ken A V/T 1 notare: **man merkt den Unterschied** si nota la differenza; **j-s Absichten ~** accorgersi delle intenzioni di qn 2 (*fühlen*) vedere: **ich merke schon, du bist mir böse** vedo che sei arrabbiato con me B V/R **sich** (*dat*) **~** ricordarsi; **sich** (*dat*) **etw ~** tenere a mente qc, ricordare qc; **merk dir das!** ricordatelo! ♦ *iron* **sie merkt aber auch alles!** non le sfugge proprio nulla! *umg*; **ich werd's mir ~** me lo ricorderò; (*das werde ich heimzahlen*) questa me la pagherà
merk·lich A ADJ percettibile; (*erkennbar*) evidente B ADV percettibilmente, sensibilmente **Merk·mal** N ⟨-[e]s; -e⟩ caratteristica *f*: **keine -e aufweisen** non avere caratteristiche particolari
Mer·kur M ⟨-s⟩ MYTH, ASTRON Mercurio *m*
merk·wür·dig ADJ strano, curioso ♦ **~ aussehen** avere un aspetto curioso; **sich ~ verhalten** comportarsi stranamente **merk·wür·di·ger·wei·se** ADV stranamente **Merk·wür·dig·keit** F ⟨-; -en⟩ 1 stranezza *f* 2 (*Ungewöhnlichkeit*) curiosità *f*
Mes·sage ['mɛsıtʃ] F ⟨-; -s⟩ messaggio *m*
Mess·band N ⟨-[e]s; -bänder⟩ metro *m* a nastro **mess·bar** ADJ misurabile **Mess·be·cher** M recipiente *m* graduato **Mess·buch** N messale *m* **Mess·die·ner** M, **-in** F chierichetto *m*, -a *f*
Mes·se[1] F ⟨-; -n⟩ REL messa *f*: **eine ~ halten/lesen** celebrare/dire una messa

⚠ Messe ≠ messa

die Messe	=	la fiera
la messa	=	der Gottesdienst

Mes·se[2] F ⟨-; -n⟩ SCHIFF quadrato *m*
Mes·se[3] F ⟨-; -n⟩ (*Verkaufsmesse*) fiera *f*: **die Leipziger ~** la fiera di Lipsia **Mes·se·ge·län·de** N area *m* della fiera **Mes·se·hal·le** F padiglione *m* fieristico
mes·sen ⟨misst, maß, gemessen⟩ A V/T 1 misurare: **bei j-m Fieber ~** misurare la febbre a qn 2 **j-n/etw an j-m/etw ~** paragonare qn/qc con qn/qc 3 squadrare: **j-n mit Blicken ~** squadrare qn con un'occhiata B V/I ⟨h.⟩ misurare C V/R **sich** (**in etw** [*dat*]) **mit j-m ~** misurarsi con qn (in qc); *fig* **sich mit j-m/etw** (**an** *od* **in etw** [*dat*]) **nicht ~ können** non poter competere con qn/qc (in qc)
Mes·ser N ⟨-s; -⟩ coltello *m* ♦ **bis aufs ~** all'ultimo sangue; **j-n ans ~ liefern** tradire qn; **j-m ins** (**offene**) **~ laufen** prendere il coltello per la lama; **etw steht auf des -s Schneide** qc sta (*od* è) in bilico
mes·ser·scharf ADJ tagliente (*a. fig*) **Mes·ser·spit·ze** F 1 punta *f* del coltello 2 punta *f*: **eine ~ Salz** una punta di sale **Mes·ser·ste·che·rei** F ⟨-; -en⟩ rissa *f* a coltellate **Mes·ser·stich** M coltellata *f*
Mes·se·stand M stand *m* (alla fiera)
Mess·ge·rät N strumento *m* di misura **Mess·ge·wand** N pianeta *f*
Mes·si·as M ⟨-; -se⟩ messia *m* (*a. fig*)
Mes·sing N ⟨-s⟩ ottone *m*
Mess·in·stru·ment N strumento *m* di misura
Mes·sung F ⟨-; -en⟩ misurazione *f*
Mess·wert M valore *m* misurato
Mes·ti·ze M ⟨-n; -n⟩, **-zin** F ⟨-; -nen⟩ meticcio *m*, -a *f*
Met M ⟨-[e]s⟩ idromele *m*
Me·tall N ⟨-s; -e⟩ metallo *m* **Me·tall·ar·bei·ter** M, **-in** F operaio *m*, -a *f* metallurgico (-a)
me·tal·lic ADJ ⟨*inv*⟩ metallizzato
Me·tall·in·dust·rie F industria *f* metallurgica **me·tal·lisch** ADJ metallico (*a. fig*) **Me·tal·lur·gie** F ⟨-⟩ metallurgia *f* **me·tal·lur·gisch** ADJ metallurgico
Me·ta·mor·pho·se F ⟨-; -n⟩ metamorfosi *f*
Me·ta·pher F ⟨-; -n⟩ metafora *f*
me·ta·pho·risch ADJ metaforico
Me·ta·phy·sik F metafisica *f*
Me·tas·ta·se F ⟨-; -n⟩ metastasi *f*
Me·te·or M/N ⟨-s; -e⟩ meteora *f* **Me·te·o·rit** M ⟨-en *u.* -s; -e[n]⟩ meteorite *m/f*, meteora *f*
Me·te·o·ro·lo·ge M ⟨-n; -n⟩ meteorologo *m* **Me·te·o·ro·lo·gie** F ⟨-⟩ meteorologia *f* **Me·te·o·ro·lo·gin** F ⟨-; -nen⟩ meteorologa *f* **me·te·o·ro·lo-**

gisch ADJ meteorologico

Me·ter M/N ‹-s; -› metro: **zwei ~ breit** largo due metri; **am laufenden ~** (*od* **nach -n**) **verkaufen** vendere a metri ♦ *umg fig* **am laufenden ~** continuamente

me·ter·lang ADJ **1** lungo un metro (*od* lungo alcuni metri) **2** (*sehr lang*) lunghissimo **Me·ter·maß** N metro *m* **Me·ter·wa·re** F merce *f* venduta a metri **me·ter·wei·se** ADV a metri

Me·tha·don N ‹-s› metadone *m*

Me·than N ‹-s› metano *m*

Me·tho·de F ‹-; -n› metodo *m* **Me·tho·dik** F ‹-; -en› metodica *f* **me·tho·disch** ADJ metodico ♦ **~ vorgehen** procedere con metodo

Me·tho·dist M ‹-en; -en›, **-in** F ‹-; -nen› metodista *m/f*

Me·thyl·al·ko·hol M alcool *m* metilico

Me·ti·er [me'tie:] N ‹-s; -s› mestiere *m*: **sein ~ beherrschen** conoscere bene il proprio mestiere

Met·rik F ‹-; -en› metrica *f*

met·risch ADJ metrico

Met·ro F ‹-; -s› metrò *m*, metropolitana *f*

Met·ro·po·le F ‹-; -n› metropoli *f*

Met·te F ‹-; -n› **1** KIRCHE mattutino *m* **2** messa *f* di mezzanotte

Met·ze·lei F ‹-; -en› carneficina *f*

met·zeln V/T massacrare, trucidare

Metz·ger M ‹-s; -› macellaio *m* **Metz·ge·rei** F ‹-; -en› macelleria *f* **Metz·ge·rin** F ‹-; -nen› macellaia *f*

Meu·chel·mord M uccisione *f* a tradimento, assassinio *m*

Meu·te F ‹-; -n› **1** JAGD muta *f* **2** *fig* banda *f*, masnada *f*

Meu·te·rei F ‹-; -en› ammutinamento *m*; (*Aufstand*) rivolta *f* **Meu·te·rer** M ‹-s; -›, **-rin** F ‹-; -nen› ammutinato *m*, -a *f*; rivoltoso *m*, -a *f* **meu·tern** V/I ‹h.› **1** ammutinarsi; (*sich auflehnen*) rivoltarsi **2** *umg* **gegen etw ~** protestare contro (*od* per) qc

Me·xi·ka·ner M ‹-s; -›, **-in** F ‹-; -nen› messicano *m*, -a *f* **me·xi·ka·nisch** ADJ messicano **Me·xi·ko** N ‹-s› Messico *m*

MEZ F → (mitteleuropäische Zeit) ora dell'Europa centrale

mi·au·en V/I ‹h.› miagolare

mich PERS PR ‹*akk; nom* ich› **1** mi: **lass ~ in Ruhe!** lasciami in pace! **2** (*reflexiv*) **ich schäme ~** mi vergogno **3** (*nach Präpositionen*) me: **ohne ~** senza (di) me

mick·rig *pej* ADJ **1** (*kümmerlich*) misero **2** (*Menschen, Pflanzen*) rachitico

Mi·cky maus F ‹-› Topolino *m*

mied → meiden

Mie·der N ‹-s; -› busto *m* **Mie·der·ho·se** F guaina *f* **Mie·der·wa·ren** PL corsetteria *f*

Mief M ‹-[e]s› *umg* tanfo *m* (*a. fig*) **mie·fen** V/I ‹h.› *umg* puzzare: **es mieft** c'è puzza

Mie·ne F ‹-; -n› faccia *f*; espressione *f*, aria *f*: **eine böse ~ aufsetzen** (*od* **machen**) fare una faccia cattiva; **keine ~ verziehen** non cambiare espressione, non battere ciglio ♦ **~ machen, etw zu tun** fare l'atto di fare qc; **gute ~ zum bösen Spiel machen** fare buon viso a cattivo gioco

Mie·nen·spiel N mimica *f* facciale **Mie·nen·spra·che** F mimica *f*

mies *umg* **A** ADJ **1** brutto, pessimo: **-e Zeiten** brutti tempi; **-e Laune haben** essere di pessimo umore **2** misero, scadente: **ein -es Ergebnis** un misero risultato; **ein -es Essen** un cibo scadente **B** ADV **sich ~ fühlen** sentirsi male; → miesmachen

Mie·se PL *umg* **in den -n sein** essere in rosso; essere in svantaggio; **in die -n kommen** indebitarsi; andare in svantaggio **Mie·se·pe·ter** M ‹-s; -› *umg* brontolone *m* **mie·se·pet·rig** ADJ eternamente scontento

mies·ma·chen V/T *umg* **1** (*herabsetzen*) parlar male di **2** **j-m etw ~** far passare a qn la voglia di (fare) qc

Mies·mu·schel F mitilo *m*, cozza *f*

Miet·aus·fall M perdita *f* dell'affitto **Miet·au·to** N auto *f inv* a noleggio

Mie·te F ‹-; -n› **1** (*für Wohnung*) affitto *m*: **kalte ~** affitto senza riscaldamento; **zur ~ wohnen** abitare in affitto **2** (*Überlassung zum Gebrauch*) noleggio *m* ♦ **das ist schon die halbe ~** siamo già a metà dell'opera

mie·ten V/T **1** prendere in affitto, affittare **2** (*bewegliche Sachen*) noleggiare

Mie·ter M ‹-s; -›, **-in** F ‹-; -nen› **1** inquilino *m*, -a *f* **2** (*von beweglichen Sachen*) noleggiatore *m*, -trice *f* **Mie·ter·schutz** M JUR tutela *f* del locatario

miet·frei **A** ADJ esente da affitto **B** ADV **~ wohnen** non pagare l'affitto **Miet·kauf** M locazione-vendita *f*

Miets·haus N casa *f* in affitto

M

Miet·spie·gel M tabella *f* degli affitti praticati **Miet·ver·hält·nis** N rapporto *m* locativo **Miet·ver·trag** M **1** contratto *m* d'affitto **2** (*von beweglichen Sachen*) (contratto *m* di) noleggio *m* **Miet·wa·gen** M auto *f* a noleggio **Miet·woh·nung** F appartamento *m* in affitto

Mig·rä·ne F ⟨-; -n⟩ emicrania *f*

Mig·rant M ⟨-en; -en⟩, **-in** F ⟨-; -nen⟩ migrante *m/f* **Mig·ran·ten·kind** N figlio *m*, -a *f* di migranti

Mik·ro N ⟨-s; -s⟩ → Mikrofon

Mik·ro·be F ⟨-; -n⟩ microbo *m*

Mik·ro·bio·lo·gie F microbiologia *f*

Mik·ro·chip [-tʃɪp] M microchip *m*

Mik·ro·chi·rur·gie F microchirurgia *f* **Mik·ro·elekt·ro·nik** F microelettronica *f*

Mik·ro·fa·ser F microfibra *f*

Mik·ro·fon N ⟨-s; -e⟩ microfono *m*: **ins ~ sprechen** parlare al microfono

Mik·ro·kos·mos M microcosmo *m* **Mik·ro·or·ga·nis·mus** microrganismo *m* **Mik·ro·pro·zes·sor** M microprocessore *m*

M

Mik·ro·rol·ler M monopattino *m*

Mik·ro·skop N ⟨-s; -e⟩ microscopio *m*: **etw unter dem ~ betrachten** osservare qc al microscopio **mik·ro·sko·pisch** ADJ microscopico

Mik·ro·wel·le F **1** microonda *f* **2** *umg* (*Gerät*) microonde *m* **Mik·ro·wel·len·herd** M forno *m* a microonde

Mil·be F ⟨-; -n⟩ acaro *m*

Milch F ⟨-; -e[n]⟩ latte *m*: **saure ~** latte acido; **die ~ gerinnt** il latte caglia ♦ **die ~ schießt ein** avere la montata lattea

Milch·bar F milkbar *m* **Milch·brei** M pappa *f* di latte **Milch·drü·se** F ghiandola *f* mammaria **Milch·fla·sche** F **1** bottiglia *f* di (*od* del) latte **2** (*für Säuglinge*) biberon *m* **Milch·ge·sicht** N *pej* sbarbatello *m* **Milch·glas** N **1** (*Trinkglas*) bicchiere *m* per il latte **2** (*Fensterglas*) vetro *m* opalino

mil·chig ADJ lattescente

Milch·kaf·fee M caffelatte *m* **Milch·känn·chen** N lattiera *f* **Milch·kan·ne** F **1** bidone *m* del latte **2** (*Henkelgefäß*) bricco *m* del latte **Milch·kuh** F mucca *f* da latte **Milch·mäd·chen·rech·nung** F *umg* = *conto campato in aria* **Milch·mix·ge·tränk** N frappé *m* **Milch·pro·dukt** N latticinio *m* **Milch·pul·ver** N latte *m* in polvere **Milch·reis** M riso *m* al latte **Milch·säu·re** F acido *m* lattico **Milch·schorf** M lattime *m* **Milch·stra·ße** F via *f* lattea **Milch·wirt·schaft** F industria *f* casearia **Milch·zahn** M dente *m* da latte

mild ADJ **1** dolce: **ein -es Lächeln** un sorriso dolce **2** (*gütig*) benevolo; (*nachsichtig*) clemente **3** blando: **eine -e Strafe** una punizione blanda **4** mite: **ein -es Klima** un clima mite **5** tenue: **-e Farben** colori tenui **6** delicato: **ein -er Käse** un formaggio delicato; **ein -es Waschmittel** un detergente delicato ♦ **~ urteilen** giudicare con clemenza; **~ schmecken** avere un sapore delicato; **-e gesagt** a dir poco

Mil·de F ⟨-⟩ **1** (*Sanftheit*) dolcezza *f* **2** (*Güte*) benevolenza *f*: **es mit ~ versuchen** provare con le buone **3** (*Nachsicht*) clemenza *f* **4** (*Lauheit*) mitezza *f* **5** (*Gedämpftheit*) tenuità *f* **6** (*von Geschmack*) delicatezza *f*

mil·dern **A** V/T **1** mitigare: **eine Strafe ~** mitigare una pena **2** (*abschwächen*) attenuare **3** (*lindern*) lenire: **den Schmerz ~** lenire il dolore **B** V/R **sich ~** mitigarsi, attenuarsi **mil·dernd** ADJ (*von Schmerzen*) lenitivo ♦ JUR **-e Umstände** circostanze attenuanti

Mil·de·rung F ⟨-; -en⟩ **1** (*der Strafe*) mitigazione *f* **2** (*Abschwächung*) attenuazione *f* **3** (*Linderung*) lenimento *m* **Mil·de·rungs·grund** M JUR attenuante *f*

mild·tä·tig ADJ caritatevole, benefico

Mi·li·eu [mi'liø:] N ⟨-s; -s⟩ ambiente *m* (*a.* BIOL) **mi·li·eu·ge·schä·digt** ADJ disadattato

mi·li·tant ADJ militante

Mi·li·tär[1] N ⟨-s⟩ milizia *f*: **beim ~ sein** essere nella milizia

Mi·li·tär[2] M ⟨-s; -s⟩ (*Soldat*) militare *m*

Mi·li·tär·bünd·nis N alleanza *f* militare **Mi·li·tär·dienst** M servizio *m* militare **Mi·li·tär·dik·ta·tur** F dittatura *f* militare **Mi·li·tär·ge·richt** N tribunale *m* militare

mi·li·tä·risch ADJ **1** militare: **ein -er Konflikt** un conflitto militare **2** militaresco: **eine -e Haltung** un atteggiamento militaresco ♦ **~ grüßen** fare il saluto militare

Mi·li·ta·ris·mus M ⟨-⟩ militarismo *m* **Mi·li·ta·rist** M ⟨-en; -en⟩, **-in** F ⟨-; -nen⟩ militarista *m/f* **mi·li·ta·ris·tisch** **A** ADJ militarista **B** ADV da militarista

Mi·li·tär·ka·pel·le F banda *f* militare **Mi·li·tär·ma·schi·ne** F aereo *m* militare **Mi·li·tär·putsch** M putsch *m* militare **Mi·li·tär·re·gi·me** N regime *m* militare **Mi·li·tär·zeit** F (periodo *m* del) servizio *m* militare

Mi·liz F ⟨-; -en⟩ milizia *f*

Mil·li·ar·där M ⟨-s; -e⟩, **-in** F ⟨-; -nen⟩ miliardario *m*, -a *f*

Mil·li·ar·de F ⟨-; -n⟩ miliardo *m*

Mil·li·gramm N milligrammo *m*

Mil·li·me·ter M/N millimetro *m* **mil·li·me·ter·ge·nau** ADJ preciso al millimetro **Mil·li·me·ter·pa·pier** N carta *f* millimetrata

Mil·li·on F ⟨-; -en⟩ milione *m*

Mil·li·o·när M ⟨-s; -e⟩, **-in** F ⟨-; -nen⟩ milionario *m*, -a *f*

Mil·li·o·nen·be·trag M importo *m* di milioni **Mil·li·o·nen·ge·schäft** N affare *m* da milioni **Mil·li·o·nen·hö·he** F **in ~** nell'ordine dei milioni **Mil·li·o·nen·stadt** F metropoli *f*

Mil·li·on(s)·tel N ⟨-s; -⟩ milionesimo *m*

Mil·li·rem N millirem *m inv*

Milz F ⟨-; -en⟩ milza *f*

Milz·brand M ⟨-[e]s⟩ carbonchio *m*

Mi·me M ⟨-n; -n⟩ *poet* attore *m* **mi·men** V/T *umg* fingere: **Freundschaft ~** fingere amicizia; **den Kranken ~** fare il malato

Mi·mik F ⟨-⟩ mimica *f*

Mi·mik·ry F ⟨-⟩ ZOOL *fig* mimetizzazione *f*

mi·misch ADJ mimico

Mi·mo·se F ⟨-; -n⟩ 1 BOT mimosa *f* 2 *fig* mammoletta *f* **mi·mo·sen·haft** ADJ delicatino

Mi·na·rett N ⟨-s; -e⟩ minareto *m*

min·der A ADJ 1 minore: **von -er Bedeutung** di minore importanza 2 inferiore: **von -er Qualität** di qualità inferiore B ADV meno: **das ist nicht ~ schwierig** non è meno difficile **min·der·be·gabt** ADJ meno dotato **min·der·be·mit·telt** ADJ meno abbiente ♦ **geistig ~** deficiente

Min·der·ein·nah·me F WIRTSCH entrata *f* minore **Min·der·heit** F ⟨-; -en⟩ minoranza *f*: **in der ~ bleiben** restare in minoranza; **nationale -en** minoranze etniche

min·der·jäh·rig ADJ minorenne **Min·der·jäh·ri·ge** M/F ⟨-n; -n⟩ minorenne *m/f* **Min·der·jäh·rig·keit** F ⟨-⟩ minore età *f*

min·dern A V/T ridurre B V/R **sich ~** ridursi **Min·de·rung** F ⟨-; -en⟩ riduzione *f*

min·der·wer·tig ADJ di valore (*od* di qualità) inferiore, scadente **Min·der·wer·tig·keit** F ⟨-⟩ minor valore *m* **Min·der·wer·tig·keits·kom·plex** M complesso *m* d'inferiorità

Min·der·zahl F numero *m* minore: **in der ~ sein** essere in minoranza

min·dest... ADJ minimo: **ich habe nicht die -e Ahnung** non ho la minima idea ♦ **das ist das Mindeste, was ...** è il minimo che ...; **nicht im Mindesten** non ... affatto; **zum Mindesten** almeno, per lo meno

Min·dest·al·ter N età *f* minima **Min·dest·be·trag** M importo *m* minimo

min·des·tens ADV almeno

Min·dest·lohn M minimo *m* salariale **Min·dest·maß** N minimo *m* **Min·dest·re·ser·ve** F WIRTSCH riserva *f* minima **Min·dest·stan·dard** M standard *m inv* minimo

Mi·ne F ⟨-; -n⟩ 1 BERGB miniera *f* 2 (*vom Kugelschreiber*) refill *m*; (*vom Bleistift*) mina *f* 3 MIL **eine ~ legen** posare una mina; **-n räumen** sminare

Mi·nen·feld N campo *m* minato **Mi·nen·le·ger** M ⟨-s; -⟩ posamine *m/f* **Mi·nen·su·cher** M dragamine *m*

Mi·ne·ral N ⟨-s; -e *u.* -ien⟩ minerale *m*

mi·ne·ra·lisch ADJ minerale

Mi·ne·ra·lo·ge M ⟨-n; -n⟩ mineralogista *m* **Mi·ne·ra·lo·gie** F ⟨-⟩ mineralogia *f* **Mi·ne·ra·lo·gin** F ⟨-; -nen⟩ mineralogista *f*

Mi·ne·ral·öl N olio *m* minerale **Mi·ne·ral·öl·ge·sell·schaft** F società *f* petrolifera **Mi·ne·ral·öl·steu·er** F tassa *f* sul carburante **Mi·ne·ral·quel·le** F sorgente *f* d'acqua minerale **Mi·ne·ral·was·ser** N acqua *f* minerale

Mi·ni·a·tur F ⟨-; -en⟩ miniatura *f* **Mi·ni·a·tur·aus·ga·be** F versione *f* in miniatura

Mi·ni·bar F (*im Hotel*) frigobar *m inv*, minibar *m inv* **Mi·ni·bus** M minibus *m inv*

mi·ni·mal ADJ minimo

mi·ni·mie·ren V/T 1 (*Verluste*) ridurre al minimo 2 IT minimizzare: **minimieren** (*Befehl*) riduci a icona

Mi·ni·mo·de F moda *f* mini

Mi·ni·mum N ⟨-s; Minima⟩ minimo *m*: **ein ~ an Risiko** un minimo di rischio

Mi·ni·rock M minigonna *f*

Mi·nis·ter M ⟨-s; -⟩ ministro *m*

Mi·nis·te·ri·al·be·am·te M, **-be·am·tin** F impiegato *m*, -a *f* del ministero **mi·nis·te·ri·ell** ADJ ministeriale

Mi·nis·te·rin F ⟨-; -nen⟩ ministra *f*

Mi·nis·te·ri·um N ⟨-s; Ministerien⟩ ministero *m* **Mi·nis·ter·prä·si·dent** M, **-in** F primo (-a) ministro *m*, -a *f* **Mi·nis·ter·rat** M ⟨-[e]s; -räte⟩ consiglio *m* dei ministri

Mi·nist·rant M ⟨-en; -en⟩, **-in** F ⟨-; -nen⟩ chierichetto *m*, -a *f*

mi·nist·rie·ren V/I ⟨h.⟩ servire messa

Min·ne F ⟨-⟩ HIST amore *m* cortese, cavalleresco **Min·ne·sän·ger** M Minnesänger *m*

Mi·no·ri·tät F ⟨-; -en⟩ minoranza *f*

mi·nus **A** KONJ meno: **zehn ~ drei macht sieben** dieci meno tre fa sette **B** ADV (*Zahl kleiner als Null*) **~ fünf** meno cinque; **die Temperatur beträgt drei Grad ~** la temperatura è di tre gradi sotto zero **C** PRÄP (+*gen*) **das Gehalt ~ der festen Ausgaben** lo stipendio meno le spese fisse

M

Mi·nus N ⟨-; -⟩ **1** (*Fehlbetrag*) ammanco *m* **2** *fig* svantaggio *m*, aspetto *m* negativo ♦ **im ~ sein** essere in rosso

Mi·nus·pol M ELEK polo *m* negativo **Mi·nus·punkt** M **1** punto *m* in meno **2** *fig* svantaggio *m* **Mi·nus·zei·chen** N (segno *m* del) meno *m*

Mi·nu·te F ⟨-; -n⟩ minuto *m* (*a.* GEOM): **in letzter ~** all'ultimo minuto ♦ **auf die ~ klappen** riuscire con precisione; **pünktlich auf die ~** puntuale come un orologio

mi·nu·ten·lang ADV per minuti (interi) **Mi·nu·ten·zei·ger** M lancetta *f* dei minuti

mi·nüt·lich ADJ ogni minuto

mi·nu·zi·ös ADJ minuzioso, scrupoloso

Min·ze F ⟨-; -n⟩ menta *f*

mir PERS PR ⟨*dat; nom* **ich**⟩ **1** me, mi: **sag es ~** dillo a me, dimmelo; **er hat ~ einen Gefallen getan** mi ha fatto un piacere **2** (*reflexiv*) mi: **ich wasche ~ das Gesicht** mi lavo la faccia **3** (*nach Präpositionen*) me: **kommst du mit zu ~?** vieni da me? ♦ **~ nichts, dir nichts** di punto in bianco; **ein Freund von ~** un mio amico; **wie du ~, so ich dir** occhio per occhio, dente per dente

Mi·ra·bel·le F ⟨-; -n⟩ mirabella *f*

Misch·ehe F matrimonio *m* misto

mi·schen **A** V/T **1** mischiare, mescolare: **die Farben ~** mescolare i colori; **die Karten ~** mischiare le carte **2** (*um Gemische zu gewinnen*) miscelare **3** incorporare: **die Butter in den Teig ~** incorporare il burro nell'impasto **4** RADIO, TV missare **B** V/R **sich ~** **1** mescolarsi (*a. fig*); **Öl und Wasser ~ sich nicht** olio e acqua non si mescolano; **sich unter die Leute ~** mescolarsi tra la gente **2** unirsi: **in seine Freude mischte sich Erleichterung** alla sua gioia si unì il sollievo **3** (*einmischen*) immischiarsi

Misch·form F forma *f* mista **Misch·ling** M ⟨-s; -e⟩ meticcio *m*, -a *f*; BIOL ibrido *m*, -a *f* **Misch·masch** M ⟨-[e]s; -e⟩ *umg pej* guazzabuglio *m* **Misch·pult** N tavolo *m* di missaggio

Mi·schung F ⟨-; -en⟩ **1** mescolanza *f*, miscuglio *m*, misto *m*: *fig* **eine ~ aus Angst und Neugier** un misto di paura e curiosità **2** (*Tabak, Kaffee, Treibstoff*) miscela *f*

Misch·wald M bosco *m* misto

mi·se·ra·bel **A** ADJ **1** (*sehr schlecht*) pessimo **2** (*gemein*) miserabile **B** ADV **1** malissimo **2** in modo miserabile

Mi·se·re F ⟨-; -n⟩ miseria *f*: **sich in einer ~ befinden** essere in difficoltà

Mis·pel F ⟨-; -n⟩ **1** nespolo *m* **2** (*Frucht*) nespola *f*

miss·ach·ten V/T disprezzare

Miss·ach·tung F disprezzo *m* **Miss·be·ha·gen** N sensazione *f* di malessere, disagio *m* **Miss·bil·dung** F deformità *f*

miss·bil·li·gen V/T disapprovare **Miss·bil·li·gung** F disapprovazione *f*

Miss·brauch M **1** abuso *m*: **~ mit etw treiben** fare abuso di qc **2** abuso *m* sessuale **miss·brau·chen** V/T **1** **etw ~** fare cattivo uso di qc; **einen Weiher als Mülldeponie ~** usare uno stagno come discarica **2** **j-n/etw ~** abusare di qn/qc; **j-n für seine Zwecke ~** usare qn per i propri scopi **3** **j-s Vertrauen ~** ingannare la fiducia di qn **4** (*vergewaltigen*) **j-n ~** abusare di qn **miss·bräuch·lich** ADJ abusivo, indebito

miss·deu·ten V/T interpretare male **Miss·deu·tung** F interpretazione *f* falsa

mis·sen V/T **etw ~** fare a meno di qc

Miss·er·folg M insuccesso *m* **Miss·ern·te** F cattivo raccolto *m*

Mis·se·tat F misfatto *m* **Mis·se·tä·ter** M, **-in** F malfattore *m*, -trice *f*; *fig umg* peccatore *m*, -trice *f*
miss·fal·len V/I ⟨*irr*; h.⟩ non piacere
Miss·fal·len N ⟨-s⟩ **1** dispiacere *m*, malcontento *m* **2** (*Ablehnung*) riprovazione *f*
miss·ge·bil·det ADJ deforme **Miss·ge·burt** F essere *m* malformato, deforme **Miss·ge·schick** N ⟨-[e]s; -e⟩ disavventura *f*; (*Ärgernis*) contrattempo *m*
miss·glü·cken V/I ⟨s.⟩ non riuscire **miss·glückt** ADJ mal riuscito **miss·gön·nen** V/T **j-m etw ~** invidiare qc a qn
Miss·griff M sbaglio *m* **Miss·gunst** F invidia *f* **miss·güns·tig** ADJ invidioso
miss·han·deln V/T maltrattare **Miss·hand·lung** F maltrattamento *m*
Mis·si·on F ⟨-; -en⟩ missione *f*: **eine ~ erfüllen** compiere una missione
Mis·si·o·nar M ⟨-s; -e⟩, **-in** F ⟨-; -nen⟩ missionario *m*, -a *f* **mis·si·o·na·risch** ADJ missionario **mis·si·o·nie·ren** **A** V/I ⟨h.⟩ fare il missionario **B** V/T evangelizzare
Miss·klang M **1** MUS dissonanza *f* **2** *fig* disaccordo *m*, discordanza *f* **Miss·kre·dit** M **j-n in ~ bringen** screditare qn; **in ~ geraten** cadere in discredito
miss·lang → misslingen
miss·lich ADJ spiacevole
miss·lin·gen V/I ⟨misslang, misslungen; s.⟩ fallire, non riuscire **Miss·lin·gen** N ⟨-s⟩ fallimento *m*, mancata riuscita *f*
miss·lun·gen **A** ADJ fallito, non riuscito: **ein -er Versuch** un tentativo fallito; **ein -es Bild** un quadro non riuscito **B** → misslingen
Miss·ma·nage·ment N cattiva gestione *f* **Miss·mut** M malumore *m*, cattivo umore *m* **miss·mu·tig** ADJ & ADV di malumore
miss·ra·ten[1] V/I ⟨*irr*; s.⟩ non riuscire
miss·ra·ten[2] ADJ non riuscito ♦ **ein -es Kind** un bambino difficile
Miss·stand M **1** inconveniente *m*: **einem ~ abhelfen** rimediare a un inconveniente **2** disfunzione *f*, irregolarità *f* ♦ **soziale Missstände** mali della società
Miss·stim·mung F irritazione *f*, malumore *m* **Miss·ton** M stonatura *f* (*a. fig*)
miss·trau·en V/I ⟨h.⟩ **j-m/etw ~** non fidarsi di qn/qc; **seinen Fähigkeiten ~** non avere fiducia nelle proprie capacità
Miss·trau·en N ⟨-s⟩ sfiducia *f*
Miss·trau·ens·an·trag M mozione *f* di sfiducia **Miss·trau·ens·vo·tum** N **1** voto *m* di sfiducia **2** dichiarazione *f* di sfiducia
miss·trau·isch **A** ADJ diffidente **B** ADV con diffidenza **Miss·ver·hält·nis** N sproporzione *f*; **im ~ zu etw stehen** essere sproporzionato rispetto a qc **miss·ver·ständ·lich** ADJ equivoco, che si può fraintendere **Miss·ver·ständ·nis** N ⟨-ses; -se⟩ malinteso *m*, equivoco *m*: **ein ~ beseitigen** eliminare un malinteso; **hier liegt ein ~ vor** ci dev'essere un equivoco **miss·ver·ste·hen** V/T ⟨*irr*⟩ fraintendere
Miss·wahl F elezione *f* della (*od* di una) miss
Miss·wirt·schaft F cattiva amministrazione *f*
Mist M ⟨-[e]s⟩ **1** AGR letame *m* **2** *umg* (*Schund*) porcheria *f*: **was soll der ~?** che è questa porcheria? **3** *umg* (*Unsinn*) cretinate *fpl*, fesseria *f*: **hast du diesen ~ gelesen?** hai letto questa fesseria? **4** *umg* (*Fehler*) **~ bauen** fare una fesseria, fare fesserie ♦ *umg* **das ist nicht auf seinem ~ gewachsen** non è farina del suo sacco; *umg* **so ein** (**verdammter**) **~!** che sfiga!
Mis·tel F ⟨-; -n⟩ vischio *m*
Mist·ga·bel F forcone *m* **Mist·hau·fen** M letamaio *m* **Mist·kä·fer** M scarabeo *m* stercorario **Mist·kerl** M *vulg* pezzo *m* di merda **Mist·kü·bel** M *österr* pattumiera *f* **Mist·stück** N *vulg* pezzo *m* di merda
mit **A** PRÄP (+*dat*) **1** con: **~ j-m reden** parlare con qn **2** **ein Gebäude ~ zwei Eingängen** un edificio con due entrate; **ein Auto ~ drei Rädern** un'auto con (*od* a) tre ruote; **eine Frau ~ grauen Augen** una donna con gli (*od* dagli) occhi grigi **3** (*modal*) **etw ~ Eifer tun** fare qc con zelo **4** (*mittels*) **~ dem Löffel essen** mangiare con il cucchiaio; **~ Bleistift geschrieben** scritto a matita **5** (*per*) in: **~ dem Fahrrad/dem Auto fahren** andare in bicicletta/in auto **6** (*Inhalt*) di: **ein Glas ~ Marmelade** un barattolo di marmellata **7** a, all'età di: **~ 20 Jahren** a 20 anni **8** (*ab*) a partire da: **~ dem heutigen Tag** a partire da oggi; **~ Beginn der Ferienzeit** con l'inizio delle ferie **9** compreso: **~ Bedienung** servizio compreso **B** ADV **1** anche: **das gehört ~**

M

zu deinen Aufgaben anche questo fa parte dei tuoi compiti; **waren Sie ~ dabei?** c'era anche Lei? **2** *umg* (*mit Superlativ*) **das ist ~ unser bester Mitarbeiter** è uno dei nostri migliori collaboratori ♦ **~ den Jahren/der Zeit** con gli anni/col tempo; **raus ~ euch!** andate fuori!; **was ist los ~ dir?** che cos'hai?

Mit·an·ge·klag·te M/F coimputato *m*, -a *f*

Mit·ar·beit F **1** collaborazione *f*: **unter ~ von ...** con la collaborazione di ... **2** partecipazione *f* (attiva): **die ~ im Unterricht** la partecipazione alla lezione **mit·ar·bei·ten** V/I ⟨h.⟩ **1** collaborare: **an etw** (*dat*) **~** collaborare a qc **2** partecipare: **im Unterricht ~** partecipare alla lezione **Mit·ar·bei·ter** M, **-in** F collaboratore *m*, -trice *f*: **freier Mitarbeiter** collaboratore esterno

mit·be·kom·men V/T ⟨irr⟩ **1** ricevere (da portare via) **2** (*fühlen*) sentire (involontariamente) **3** (*begreifen*) capire

mit·be·nut·zen V/T usare (in comune): **darf ich das Telefon ~?** posso usare anch'io il telefono? **mit·be·stim·men** V/I ⟨h.⟩ avere voce in capitolo (*od* potere decisionale) **Mit·be·stim·mung** F **1** decisione *f* (in) comune **2** WIRTSCH cogestione *f* **Mit·be·wer·ber** M, **-in** F concorrente *m/f* **Mit·be·woh·ner** M, **-in** F coinquilino *m*, -a *f*; (*Wohnungsgenosse*) persona *f* con cui si divide la casa, compagno *m*, -a *f* di casa

mit·brin·gen V/T ⟨irr⟩ **1** portare (con sé): **j-m ein Geschenk ~** portare un regalo a qn; **etw in die Ehe ~** portare qc in dote **2** (*als Voraussetzung haben*) avere, mostrare (di avere)

Mit·bring·sel N ⟨-s; -⟩ regalino *m*

Mit·bür·ger M, **-in** F **1** concittadino *m*, -a *f* **2** (*Staatsbürger*) connazionale *m/f*

mit·den·ken V/I ⟨irr; h.⟩ **1** ragionare con la propria testa **2** (*hilfreich sein*) **danke, dass du mitgedacht hast** grazie per averci pensato anche tu; **Synergien durch Mitdenken im Team** sinergie che derivano dalla collaborazione di tutti i componenti del team

Mit·ei·gen·tü·mer M, **-in** F comproprietario *m*, -a *f*; (*Wohnungsbesitzer*) condomino *m*, -a *f*

mit·ei·nan·der ADV **1** l'uno con l'altro: **zwei Dinge ~ verbinden** collegare (fra loro) due cose **2** (*zusammen*) insieme: **~ leben** vivere insieme

mit·emp·fin·den V/T ⟨irr⟩ condividere

mit·er·le·ben V/T **1** (*dabei sein*) **etw ~** assistere a qc **2** (*als Zeitzeuge erleben*) vivere: **er hat den Fall der Mauer noch miterlebt** ha ancora vissuto la caduta del muro (di Berlino) **Mit·es·ser** M ⟨-s; -⟩ punto *m* nero, MED comedone *m*

mit·fah·ren V/I ⟨irr; s.⟩ **1** andare (con) **2** (*mitkommen*) venire (con) ♦ **j-n ~ lassen** dare un passaggio a qn

Mit·fahr·ge·le·gen·heit F passaggio *m* **Mit·fahr·zent·ra·le** F = *agenzia che mette in contatto automobilisti e persone alla ricerca di un passaggio*

mit·füh·len **A** V/T condividere **B** V/I ⟨h.⟩ **mit j-m ~** condividere i sentimenti di qn **mit·füh·lend** ADJ compassionevole **mit·füh·ren** V/T avere (con sé)

mit·ge·ben V/T ⟨irr⟩ dare **Mit·ge·fan·ge·ne** M/F compagno *m*, -a *f* di prigione

Mit·ge·fühl N compassione *f* **mit·ge·hen** V/I ⟨irr; s.⟩ **1** andare (con, anche): **gehst du mit?** vai anche tu? **2** (*sich mitreißen lassen*) farsi trascinare ♦ **etw ~ lassen** fare sparire qc

mit·ge·nom·men ADJ (*Sache*) malridotto; (*Menschen*) deperito, provato

Mit·gift F ⟨-; -en⟩ dote *f*

Mit·glied N ⟨-[e]s; -er⟩ **1** membro *m* **2** (*von Klub*) socio *m* **Mit·glieds·bei·trag** M quota *f* associativa **Mit·glied·schaft** F ⟨-; -en⟩ qualità *f* di socio: **die ~ erwerben** diventare membro (*od* socio); **die ~ beenden** rinunciare a essere socio (*od* POL rinunciare alla tessera del partito)

Mit·glied(s)·staat M stato *m* membro

mit·hal·ten V/I ⟨irr; h.⟩ **bei etw ~** tener dietro a qc, tenere il passo con qc ♦ **mit j-m/etw ~ können** poter star dietro a qn/qc; **das Tempo ~** tenere il ritmo

mit·hel·fen V/I ⟨irr; h.⟩ cooperare ♦ **im Haushalt ~** dare una mano in casa

Mit·he·raus·ge·ber M, **-in** F coeditore *m*, -trice *f*

mit·hil·fe PRÄP (+*gen*) con l'aiuto di

Mit·hil·fe F aiuto *m*, collaborazione *f*: **ohne fremde ~** senza l'aiuto altrui

mit·hin ADV perciò, quindi, dunque

mit·hö·ren V/T **1** (*unabsichtlich*) sentire **2** (*absichtlich*) ascoltare

Mit·in·ha·ber M, **-in** F contitolare *m/f*

mit·kom·men V/I ⟨irr; s.⟩ **1** venire (con, anche): **kommst du auch mit?** vieni anche tu? 2 *umg* tenere il passo, seguire: **in Englisch nicht recht ~** non riuscire a seguire in inglese ♦ *umg* **da komme ich nicht mehr mit** questo non lo capisco proprio

mit·krie·gen VT *umg* → mitbekommen

Mit·läu·fer M, **-in** F chi segue la corrente

Mit·laut M consonante *f*

Mit·leid N compassione *f*, pietà *f*: **~ mit j-m haben** avere compassione di qn; **j-s ~ erregen** destare la compassione di qn; **~ erregend** → mitleiderregend

Mit·lei·den·schaft F **etw in ~ ziehen** danneggiare qc; **j-n in ~ ziehen** compromettere qn

mit·leid·er·re·gend ADJ compassionevole, pietoso

mit·lei·dig A ADJ compassionevole B ADV con compassione **mit·leid(s)·los** A ADJ privo di compassione, spietato B ADV senza pietà **mit·leid(s)·voll** A ADJ pieno di compassione B ADV compassionevolmente, pietosamente

mit·ma·chen A VT 1 **etw ~** partecipare (*od* prendere parte) a qc 2 *umg* passarne: **sie hat viel mitgemacht** ne ha passate tante B VI ⟨h.⟩ 1 *umg* prendere parte, partecipare 2 *umg* starci, essere d'accordo: **da mache ich (nicht) mit** (non) ci sto ♦ **jede Mode ~** seguire tutte le mode; **das Herz macht nicht mehr mit** il cuore non funziona più bene; *umg* **da machst du was mit!** che supplizio!

Mit·mensch M prossimo *m*, simili *mpl*

mit·mi·schen VI ⟨h.⟩ *umg* (*sich einmischen*) immischiarsi

mit·neh·men VT ⟨*irr*⟩ 1 prendere, portare con sé: **j-n zu einem Fest ~** portare qn a una festa 2 (*entwenden*) portare via 3 stancare: **das Laufen nimmt ihn mit** correre lo stanca; **j-n sehr ~** affaticare molto qn; **j-n/etw arg ~** strapazzare qn/qc 4 (*lernen, gewinnen*) ricavare, imparare 5 MECH trascinare ♦ **Pizza zum Mitnehmen** pizza da asporto

mit·nich·ten ADV non … affatto

mit·re·den VI ⟨h.⟩ 1 dire la propria (opinione): **musst du denn überall ~?** devi proprio dire sempre la tua?; **hier kann ich nicht ~** su questo non posso pronunciarmi 2 (*mitbestimmen*) avere voce in capitolo

Mit·rei·sen·de M/F compagno *m*, -a *f* di viaggio

mit·rei·ßen VT ⟨*irr*⟩ 1 trascinare (con sé) 2 *fig* trascinare, entusiasmare, esaltare **mit·rei·ßend** ADJ 1 entusiasmante, esaltante: **ein -es Spiel** un gioco esaltante 2 (*von Menschen*) trascinatore: **ein -es Temperament** un temperamento trascinatore

mit·samt PRÄP (+*gen*) (insieme) con

mit·schlei·fen VT 1 trascinare (con sé): *fig* **j-n ins Kino ~** trascinare qn al cinema 2 *umg* (*mitschleppen*) tirarsi dietro

mit·schlep·pen VT *umg* 1 tirarsi (*od* portarsi) dietro 2 (*Menschen*) portare (*od* far venire) con sé

mit·schnei·den VT ⟨*irr*⟩ RADIO, TV registrare **Mit·schnitt** M RADIO, TV registrazione *f*

mit·schrei·ben VT ⟨*irr*⟩ **einen Vortrag ~** prendere appunti di una conferenza

Mit·schuld F corresponsabilità *f*; (*Mittäterschaft*) complicità *f* **mit·schul·dig** ADJ corresponsabile; (*an einer Straftat*) complice **Mit·schul·di·ge** M/F corresponsabile *m/f*; (*Mittäter*) complice *m/f*

Mit·schü·ler M, **-in** F compagno *m*, -a *f* di scuola

mit·schwin·gen VI ⟨*irr*; h.⟩ *fig* trasparire: **Angst schwang in seinen Worten mit** dalle sue parole trapelava la paura

mit·spie·len A VT **etw ~** partecipare a qc B VI ⟨h.⟩ 1 giocare (con, anche): **möchtest du ~?** vuoi giocare anche tu? 2 (*einverstanden sein*) approvare: **dabei spielt er nicht mit** questo non lo approva, su questo non è d'accordo 3 MUS suonare 4 THEAT recitare 5 SPORT (*in einer Mannschaft*) giocare 6 (*sich mit auswirken*) entrare in gioco ♦ **j-m übel ~** giocare un brutto tiro a qn

Mit·spie·ler M, **-in** F compagno *m*, -a *f* (di gioco)

Mit·spra·che·recht N diritto *m* di parola **mit·spre·chen** ⟨*irr*⟩ A VT recitare (insieme) B VI ⟨h.⟩ → mitreden

Mit·strei·ter M, **-in** F 1 (*Mitkämpfer*) compagno *m*, -a *f* di lotta 2 (*Verbündete*) alleato *m*, -a *f*

Mit·tag M ⟨-s; -e⟩ mezzogiorno *m*: **jeden ~** ogni giorno a mezzogiorno; **heute ~** oggi a mezzogiorno ♦ **zu ~ essen** pranzare

Mit·tag·es·sen N pranzo *m*: **das ~ machen** preparare il pranzo

mit·täg·lich ADJ di mezzogiorno

M

mit·tags ADV a mezzogiorno **Mit·tags·pau·se** F intervallo *m* di mezzogiorno **Mit·tags·ru·he** F riposo *m* pomeridiano: **~ halten** fare la siesta **Mit·tags·schläf·chen** N sonnellino *m*: **ein ~ machen** (*od* **halten**) fare un pisolino **Mit·tags·zeit** F mezzogiorno *m*

Mit·tä·ter M, **-in** F complice *m/f*

Mit·te F ⟨-⟩ **1** centro *m*, mezzo *m*: **in der ~ der Straße** in mezzo alla strada; **in der ~ des Platzes** al centro della piazza **2** metà *f*: **~ Juni** a metà giugno **3** POL, MATH centro *m* ♦ **ab durch die ~** levati di torno!; **in eurer ~** tra di voi; **in der ~ gehen** camminare fra due persone; **j-n in die ~ nehmen** prendere in mezzo qn; **einer aus unserer ~** uno di noi (*od* dei nostri); **~ zwanzig sein** avere circa venticinque anni; **in der ~ zwischen Bonn und Köln** a metà strada tra Bonn e Colonia

mit·tei·len **A** VT **1** comunicare: **j-m etw schonend ~** comunicare qc a qn con riguardo **2** (*erzählen*) far sapere: **j-m eine Neuigkeit ~** raccontare a qn una novità **B** VR **sich j-m ~** confidarsi con qn **mit·teil·sam** ADJ comunicativo, espansivo **Mit·tei·lung** F ⟨-; -en⟩ **1** comunicazione *f* (*a. form*): **j-m eine ~ machen** comunicare qc a qn **2** JUR notifica *f*, avviso *m*

mit·tel ADJ mediocre ♦ **wie geht's dir? – ~!** come va? – così così!

Mit·tel N ⟨-s; -⟩ **1** mezzo *m*: **etw mit allen -n versuchen** tentare qc con ogni mezzo; (**nur**) **~ zum Zweck sein** rappresentare (soltanto) un mezzo per raggiungere lo scopo **2** *pl* mezzi *mpl*; fondi *mpl*: **freie ~** mezzi (*od* fondi) disponibili; **bereitgestellte ~** fondi stanziati **3** (*Heilmittel*) rimedio *m* **4** (*chemisches Mittel*) prodotto *m* **5** (*Durchschnitt*) media *f*: **im ~** in media ♦ **gesetzliche ~** vie legali; **~ und Wege zu etw finden** cercare la strada per fare qc

Mit·tel·al·ter N medioevo *m* **mit·tel·al·ter·lich** ADJ medievale (*a. pej*) **Mit·tel·ame·ri·ka** N America *f* centrale **mit·tel·bar** ADJ indiretto **Mit·tel·ding** N *umg* cosa *f*, via *f* di mezzo **mit·tel·eu·ro·pä·isch** ADJ dell'Europa centrale **Mit·tel·feld** N SPORT **1** centrocampo *m* **2** (*in der Wertung*) gruppo *m*: **im ~ liegen** trovarsi (*od* essere) nel gruppo **Mit·tel·fin·ger** M (dito *m*) medio *m* **mit·tel·fris·tig** ADJ & ADV a media scadenza (*a.* HANDEL) **Mit·tel·ge·wicht** N SPORT **1** (*Klasse*) pesi *mpl* medi **2** (*Sportler*) peso *m* medio **mit·tel·groß** ADJ di media grandezza (*od* statura)

Mit·tel·klas·se F **1** classe *f* media, ceto *m* medio **2** (*von Waren*) media qualità *f* **Mit·tel·klas·se·wa·gen** M auto *f* di media cilindrata

Mit·tel·li·nie F **1** linea *f* mediana (*od* centrale) **2** SPORT linea *f* di metà campo **mit·tel·los** ADJ privo di mezzi **Mit·tel·maß** N mezza misura *f* (*a. pej*) **mit·tel·mä·ßig** ADJ mediocre **Mit·tel·mä·ßig·keit** F mediocrità *f* **Mit·tel·meer** N ⟨-s⟩ Mediterraneo *m* **Mit·tel·meer·kli·ma** N clima *m* mediterraneo **Mit·tel·ohr·ent·zün·dung** F otite *f* media **Mit·tel·punkt** M centro *m* (*a. fig* GEOM): **im ~ des Interesses stehen** essere al centro dell'interesse

mit·tels PRÄP (+*gen*) mediante, tramite, per mezzo di

Mit·tel·schicht F ceto *m* medio

Mit·tel·schu·le F scuola *f* media (di tipo professionale)

Mit·tels·mann M ⟨-[e]s; -männer *u.* -leute⟩ mediatore *m*

Mit·tel·stand M ceto *m* medio **mit·tel·stän·disch** ADJ del ceto medio

Mit·tel·stre·cken·lauf M (corsa *f* di) mezzofondo *m* **Mit·tel·stre·cken·läu·fer** M, **-in** F mezzofondista *m/f* **Mit·tel·stre·cken·ra·ke·te** F missile *m* a gittata intermedia

Mit·tel·strei·fen M **1** mezzeria *f* **2** (*Grünstreifen*) spartitraffico *m* erboso **Mit·tel·stu·fe** F grado *m* intermedio **Mit·tel·stür·mer** M, **-in** F SPORT centravanti *m/f inv* **Mit·tel·teil** M parte *f* centrale **Mit·tel·weg** M via *f* di mezzo **Mit·tel·wel·le** F RADIO onda *f* media **Mit·tel·wert** M **1** MATH media *f* **2** (*einer Skala*) valore *m* medio

mit·ten ADV in mezzo, nel centro, a metà ♦ **~ auf der Straße** in mezzo alla strada; **~ durch die Stadt** attraverso la città; **j-n ~ ins Herz treffen** colpire qn al cuore; **~ in der Versammlung** nel bel mezzo della riunione; **~ in der Arbeit sein** essere molto occupato; **~ in der Nacht** in piena notte; **~ im Leben stehen** stare coi piedi per terra; **~ unter ihnen** in mezzo a loro, fra loro

mit·ten·drin ADV 1 in mezzo 2 (*bei einer Tätigkeit*) nel bel mezzo **mit·ten·durch** ADV 1 nel mezzo: **der Weg führt ~** il sentiero passa nel mezzo 2 a metà: **etw ~ brechen** rompere qc a metà
Mit·ter·nacht F mezzanotte *f* **mit·ter·nächt·lich** ADJ a (*od* di) mezzanotte
Mitt·ler M ⟨-s; -⟩, **-in** F ⟨-; -nen⟩ mediatore *m*, -trice *f*
mitt·le·re ADJ 1 intermedio: **die drei -n Finger** le tre dita intermedie 2 (*zentral*) centrale, di mezzo: **das ~ Fenster** la finestra centrale 3 (*durchschnittlich*) medio ♦ **die ~ Reife** il diploma di scuola media
mitt·ler·wei·le ADV nel frattempo
Mitt·som·mer·nacht F notte *f* di mezza estate
Mitt·woch M ⟨-[e]s; -e⟩ mercoledì *m* **Mitt·woch·abend** M mercoledì *m* sera
mitt·wochs ADV di (*od* il) mercoledì
mit·un·ter ADV talvolta, a volte
mit·ver·ant·wort·lich ADJ corresponsabile **Mit·ver·ant·wor·tung** F corresponsabilità *f*
Mit·ver·fas·ser M, **-in** F coautore *m*, -trice *f* **Mit·ver·schwö·rer** M, **-in** F complice *m/f* in un complotto
mit·wir·ken V/I ⟨h.⟩ 1 cooperare: **an** (*od* **bei**) **etw** (*dat*) **~** collaborare a qc 2 (*mitspielen*) partecipare: **es wirkten mit ...** hanno partecipato ... 3 (*beitragen*) contribuire **Mit·wir·ken·de** M/F ⟨-n; -n⟩ 1 collaboratore *m*, -trice *f* 2 FILM interprete *m/f* **Mit·wir·kung** F 1 cooperazione *f*: **unter ~ von** con la collaborazione di 2 FILM partecipazione *f*
Mit·wis·ser M ⟨-s; -⟩, **-in** F ⟨-; -nen⟩ 1 confidente *m/f* 2 JUR connivente *m/f*
Mix·be·cher M shaker *m*, mixer *m*
mi·xen V/T (*Getränk*) mescolare
Mi·xer M ⟨-s; -⟩ 1 barman *m* 2 (*Gerät*) frullatore *m*
Mix·pi·ckles ['mɪkspɪkls] PL sottaceti *mpl*
Mix·tur F ⟨-; -en⟩ 1 PHARM mistura *f* 2 *fig* miscuglio *m*, miscela *f*
Mob M ⟨-s⟩ plebaglia *f*, canaglia *f*
mob·ben V/T mobbizzare, sottoporre a mobbing
Mob·bing N ⟨-s⟩ mobbing *m inv*
Mö·bel N ⟨-s; -⟩ mobile *m*
Mö·bel·händ·ler M, **-in** F mobiliere *m*, -a *f* **Mö·bel·pa·cker** M, **-in** F operaio *m*, -a *f* di un'impresa di traslochi **Mö·bel·stoff** M tappezzeria *f* (per mobili) **Mö·bel·stück** N mobile *m* **Mö·bel·wa·gen** M furgone *m* per traslochi
mo·bil ADJ 1 mobile (*a.* WIRTSCH) 2 MIL mobilitato 3 *umg* (*munter*) vivace, arzillo ♦ **eine -e Gesellschaft** una società caratterizzata dalla mobilità; **~ telefonieren** telefonare con il cellulare; → mobilmachen
Mo·bil·funk M telefonia *f* mobile **Mo·bil·funk·netz** N rete *f* di telefonia mobile
Mo·bi·li·ar N ⟨-s⟩ mobilia *f*, mobilio *m*
mo·bi·li·sie·ren V/T mobilitare (*a.* MIL, WIRTSCH) **Mo·bi·li·sie·rung** F ⟨-; -en⟩ mobilitazione *f*
mo·bil·ma·chen V/T MIL mobilitare **Mo·bil·ma·chung** F ⟨-; -en⟩ mobilitazione *f*
Mo·bil·te·le·fon N cellulare *m*
möb·lie·ren V/T ammobiliare ♦ **möbliert wohnen** abitare in una stanza ammobilata **Möb·lie·rung** F ⟨-; -en⟩ arredamento *m*
moch·te → mögen
Mo·da·li·tät F ⟨-; -en⟩ modalità *f*
Mo·de F ⟨-; -n⟩ moda *f*: **mit der ~ gehen** seguire la moda; **das ist** (**in**) **~** è di moda; **nach der neuesten ~** all'ultima moda; **aus der ~ kommen** passare di moda **mo·de·be·wusst** ADJ che segue la moda **Mo·de·far·be** F colore *m* di moda
Mo·del N ⟨-s; -s⟩ modella *f*
Mo·dell N ⟨-s; -e⟩ 1 modello *m*: **ein ~ aus Holz** un modello di legno; (*Beispiel*) **nach dem ~ von etw** sul modello di qc 2 KUNST modello *m*, -a *f*: **j-m ~ stehen** fare da modello per qn **Mo·dell·bau** M modellismo *m* **Mo·dell·ei·sen·bahn** F ferrovia *f* in miniatura; (*für Kinder*) trenino *m* elettrico **Mo·dell·fall** M caso *m* tipico, esemplare **Mo·dell·flug·zeug** N aeromodello *m*
mo·del·lie·ren V/T modellare **Mo·del·lier·mas·se** F materiale *m* per modellare
Mo·dell·kleid N modello *m*
Mo·dem N ⟨-s; -s⟩ modem *m*
Mo·de·ma·cher M, **-in** F creatore *m*, -trice *f* di moda
Mo·dem·an·schluss M (*Verbindung durch Modem*) linea *f* modem; (*Stecker*) presa *f* modem
Mo·den·schau F sfilata *f* di moda
Mo·der M ⟨-s⟩ marciume *f*
mo·de·rat ADJ moderato

Mo·de·ra·ti·on F ‹-; -en› RADIO, TV conduzione *f*: **die ~ des Programms** la conduzione del programma **Mo·de·ra·tor** M ‹-s; -en› moderatore *m* (*a.* PHYS) **Mo·de·ra·to·rin** F ‹-; -nen› moderatrice *f* **mo·de·rie·ren** V/T RADIO, TV moderare

mo·de·rig ADJ marcio, putrido

mo·dern[1] V/I ‹h., s.› ammuffire; (*verwesen*) imputridire, marcire

mo·dern[2] ADJ moderno: **-e Gebäude** edifici moderni; **diese Hosen sind nicht mehr ~** questi pantaloni non sono più di moda ♦ **~ denken** avere idee moderne

Mo·der·ne F ‹-› **1** modernità *f* **2** (*moderne Richtung*) nuova (*od* attuale) tendenza *f*

mo·der·ni·sie·ren V/T **1** (*modern machen*) modernizzare **2** rimodernare: **ein altes Haus ~** rimodernare una vecchia casa **Mo·der·ni·sie·rung** F ‹-; -en› **1** modernizzazione *f*: **die ~ der Innenausstattung** la modernizzazione dell'arredamento **2** rimodernamento *m*

Mo·de·sa·lon M salone *m* di moda **Mo·de·schmuck** M bigiotteria *f* di (*od* alla) moda **Mo·de·schöp·fer** M, **-in** F creatore *m*, -trice *f* di moda **Mo·de·wort** N ‹-[e]s; -wörter› parola *f* di moda **Mo·de·zeit·schrift** F rivista *f* di moda

mo·di·fi·zie·ren V/T modificare (*a.* BIOL)

mo·disch ADJ & ADV alla moda

Mo·dul N ‹-s; -e› ELEK, IT modulo *m*

mo·du·lar ADJ modulare

mo·du·lie·ren V/T ELEK, MUS modulare

Mo·dus M ‹-; Modi› modo *m* (*a.* MUS, GRAM, IT), metodo *m*

Mo·fa N ‹-s; -s› *umg* motorino *m*

mo·geln V/I ‹h.› *umg* imbrogliare; (*beim Kartenspiel*) barare; (*bei Klassenarbeiten*) copiare **Mo·gel·pa·ckung** F *sl* HANDEL confezione *f* ingannevole

mö·gen V/MOD ‹mag, mochte; h.› **A** ‹*mit inf; pperf*: hat ... mögen› **1** volere: **er mag nicht nach Hause gehen** non vuole andare a casa; **sie möchte gerne schlafen** vorrebbe dormire **2** potere: **es mag sein, dass ...** può essere (*od* può darsi) che ... **3** **sie mag sagen, was sie will, sie hat trotzdem unrecht** può dire ciò che vuole (*od* dica pure quel che vuole), ha comunque torto; **wo er auch sein mag** dovunque sia **4** **was mag er dazu sagen?** cosa ne dirà?; **wer mag das sein?** chi sarà? **5** (*Wunsch*) **mögest du glücklich sein!** che tu sia felice! **6** (*sollen*) dovere: **mag er nur kommen!** deve solo venire! che venga pure! **B** V/T & V/I ‹*als Vollverb; pperf*: gemocht› **1** **j-d mag etw/j-n** a qn piace qc/qn; **~ Sie Jazz?** le piace il jazz?; **sie hat ihn nie gemocht** non le è mai piaciuto; **sie mag es, spät aufzustehen** le piace alzarsi tardi **2** volere, desiderare, aver voglia di: **magst du einen Kaffee?** vuoi un caffè?; **was möchten Sie? – ich möchte ein Paar Schuhe** cosa desidera? – vorrei un paio di scarpe; **jetzt mag ich keinen Wein** adesso non ho voglia di vino **3** **möchtest du zu ihm?** vorresti andare da lui? ♦ **mag sein** può darsi; **sich ~** piacersi, amarsi

Mog·ler M ‹-s; -›, **-in** F ‹-; -nen› *umg* imbroglione *m*, -a *f*; (*beim Kartenspiel*) baro *m*, -a *f*

mög·lich ADJ possibile: **in allen -en Größen** in tutte le taglie possibili; **das ist mir nicht ~** non mi è possibile, non posso ♦ **morgen wäre es mir besser** (*od* **leichter**) **~** domani per me andrebbe meglio; **das ist gut** (*od* **leicht** *od* **schon**) **~** è possibilissimo; **das ist kaum ~** è quasi impossibile; (**das ist ja gar**) **nicht ~!** non è possibile!; **so lange wie ~** il più a lungo possibile; **so oft wie ~** il più spesso possibile; **so gut/so viel/so wenig wie ~** il meglio/il più/il meno possibile; **bring mir davon so viel wie ~** portamene più che puoi; **wenn ~** se (è) possibile; **alles Mögliche bedenken** considerare tutte le possibilità; **alles Mögliche tun** fare tutto il possibile

mög·li·cher·wei·se ADV forse

Mög·lich·keit F ‹-; -en› possibilità *f*: **j-m eine ~ eröffnen** offrire a qn una possibilità ♦ **ist es die ~?** ma è possibile?; **nach ~** se possibile, per quanto possibile

mög·lichst ‹*sup von* möglich› ADV **1** il più possibile, quanto più possibile: **~ schnell** il più in fretta possibile; **mit ~ großer Sorgfalt** con la massima cura possibile **2** (*wenn m;glich*) se possibile ♦ **~ gut** il meglio possibile, nel miglior modo possibile; **sein Möglichstes tun** fare del proprio meglio; **~ viel** il più possibile, il massimo

Mo·ham·me·da·ner M ‹-s; -›, **-in** F ‹-; -nen› *obs neg!* (*politisch nicht korrekt*) maomettano *m*, -a *f* **mo·ham·me·da·nisch** ADJ maomettano

Rund um den Monat

der Januar	**il mese di gennaio**
im Januar	**in gennaio**
Anfang Januar	**all'inizio di gennaio**
Mitte Januar	**a metà gennaio**
Ende Januar	**alla fine di gennaio**
am sechsten Januar	**il sei (di) gennaio**
seit Januar	**da gennaio**
ab Januar	**(a partire) da gennaio**
bis Januar	**fino a gennaio**
der erste Januar	**il primo gennaio**
der zweite (*oder* dritte ...) Januar	**il due (*oder* tre ...) (di) gennaio**
12. Januar 2009	**12 gennaio 2009**
12.01.09	**12/01/09**

Mohn M ⟨-[e]s; -e⟩ (seme *m* di) papavero *m* **Mohn·bröt·chen** N panino *m* con semi di papavero

Mohr M ⟨-en; -en⟩ *obs* moro *m*

Möh·re F ⟨-; -n⟩ carota *f*

Moh·ren·kopf M = *meringa morbida ricoperta di cioccolato*

Mohr·rü·be F → Möhre

mo·kie·ren V/R **sich über j-n ~** farsi beffe di (*od* canzonare) qn

Mok·ka M ⟨-s; -s⟩ moca *m*

Molch M ⟨-[e]s; -e⟩ tritone *m*

Mol·da·wi·en N ⟨-s⟩ Moldavia *f*

Mo·le F ⟨-; -n⟩ molo *m*

Mo·le·kül N ⟨-s; -e⟩ molecola *f*

mo·le·ku·lar ADJ molecolare

Mo·li·se N ⟨-s⟩ Molise *m*

Mol·ke F ⟨-⟩ siero *m* di latte, lattosiero *m*

Mol·ke·rei F ⟨-; -en⟩ latteria *f*, caseificio *m*

Moll N ⟨-⟩ MUS (tonalità *f*) minore *m*

mol·lig ADJ **1** (*rundlich*) rotondetto, grassottello **2** (*Innenraum*) bello caldo **3** (*weich und wärmend*) soffice e caldo ♦ **hier ist es ~ warm** qui c'è un bel calduccio

Mo·lo·tow·cock·tail [ˈmɔlotɔfkɔkteːl] M (bomba *f*) molotov *f*

Mol·ton M ⟨-s; -s⟩ (*Stoff*) mollettone *m*

Mo·ment[1] N ⟨-[e]s; -e⟩ **1** (*Faktor*) elemento *m*, fattore *m* **2** PHYS momento *m*

Mo·ment[2] M ⟨-[e]s; -e⟩ (*Augenblick*) momento *m*: **~ (mal)!** un momento!; **im ~** per il momento; **im nächsten ~** un istante dopo; **im letzten ~** all'ultimo momento; **jeden ~** a momenti, da un momento all'altro

mo·men·tan ADJ momentaneo

Mo·ment·auf·nah·me F istantanea *f* (*a. fig*)

Mo·na·co N ⟨-s⟩ (Principato *m* di) Monaco *f*

Mo·narch M ⟨-en; -en⟩ monarca *m*, sovrano *m* **Mo·nar·chie** F ⟨-; -n⟩ monarchia *f* **Mo·nar·chin** F ⟨-; -nen⟩ sovrana *f* **Mo·nar·chist** M ⟨-en; -en⟩, **-in** F ⟨-; -nen⟩ monarchico *m*, -a *f* **mo·nar·chis·tisch** ADJ monarchico

Mo·nat M ⟨-[e]s; -e⟩ mese *m* ♦ **auf -e ausgebucht sein** essere tutto esaurito per i prossimi mesi; *umg* **im sechsten ~ sein** essere al sesto mese (di gravidanza)

mo·na·te·lang **A** ADJ di mesi **B** ADV per mesi

mo·nat·lich ADJ mensile

Mo·nats·bin·de F assorbente *m* (igienico) **Mo·nats·blu·tung** F flusso *m* mensile **Mo·nats·ge·halt** N stipendio *m* mensile; **dreizehntes ~** tredicesima **Mo·nats·kar·te** F tessera *f* mensile **Mo·nats·ra·te** F rata *f* mensile

mo·nat(s)·wei·se ADV mese per mese: **~ abrechnen** contare un tanto al mese

Mo·nats·zeit·schrift F mensile *m*

Mönch M ⟨-[e]s; -e⟩ monaco *m*

Mönchs·kut·te F tonaca *f* monastica **Mönchs·or·den** M ordine *m* monastico

Mond M ⟨-[e]s; -e⟩ luna *f*: **abnehmender/zunehmender ~** luna calante/crescente; **zum ~ fliegen** volare (*od* andare) sulla luna ♦ **auf** (*od* **hinter**) **dem ~ leben** vivere sulla luna; **j-n auf den ~ schießen mögen** volere spedire qn a quel paese

mon·dän ADJ mondano

Montag

am Montagmorgen	**(il) lunedì mattina**
am Montagnachmittag	**(il) lunedì pomeriggio**
am Montagabend	**(il) lunedì sera**
montags	**di lunedì, tutti i lunedì**
montagabends	**tutti i lunedì sera**
montagmorgens	**tutti i lunedì mattina**
montagnachmittags	**tutti i lunedì pomeriggio**
jeden Montag	**ogni lunedì**
letzten Montag	**lunedì scorso**
nächsten Montag	**lunedì prossimo**

Mond·fäh·re F modulo *m* lunare **Mond·fins·ter·nis** F eclissi *f* lunare **mond·hell** ADJ illuminato dalla luna **Mond·lan·de·fäh·re** F modulo *m* lunare **Mond·land·schaft** F paesaggio *m* lunare **Mond·lan·dung** F allunaggio *m* **Mond·licht** N luce *f* lunare **Mond·schein** M chiaro *m* di luna: **bei** (*od* **im**) **~** al chiaro di luna **Mond·son·de** F sonda *f* lunare **Mond·stein** M pietra *f* di luna **mond·süch·tig** ADJ sonnambulo

M

Mo·ne·gas·se M ⟨-n; -n⟩, **-gas·sin** F ⟨-; -nen⟩ monegasco *m*, -a *f* **mo·ne·gas·sisch** ADJ monegasco

Mo·ne·ten PL *umg* soldi *mpl*, quattrini *mpl*

Mon·go·le M ⟨-n; -n⟩ mongolo *m* **Mon·go·lei** F ⟨-⟩ Mongolia *f* **Mon·go·lin** F ⟨-; -nen⟩ mongola *f* **mon·go·lisch** ADJ mongolico, mongolo

Mon·go·lis·mus M ⟨-⟩ MED *neg!* mongolismo *m* **mon·go·lo·id** ADJ *neg!* mongoloide

mo·nie·ren V/T **etw ~** protestare (*od* reclamare) contro qc

Mo·ni·tor M ⟨-s; -en *u.* -e⟩ **1** TECH, TV, MED monitor *m* **2** (*von PC*) video *m*

mo·no·gam ADJ monogamo

Mo·no·gra·fie F ⟨-; -n⟩ monografia *f*

Mo·no·gramm N ⟨-s; -e⟩ monogramma *m*

Mo·no·kel N ⟨-s; -⟩ monocolo *m*

Mo·no·lith M ⟨-s *u.* -en; -e[n]⟩ monolito *m*

Mo·no·log M ⟨-[e]s; -e⟩ monologo *m*: **-e halten** fare monologhi

Mo·no·pol N ⟨-s; -e⟩ monopolio *m* (*a. fig*): **ein ~ auf** (*od* **für**) **eine Ware haben** avere (*od* detenere) il monopolio di una merce **mo·no·po·li·sie·ren** V/T monopolizzare

mo·no·ton ADJ monotono **Mo·no·to·nie** F ⟨-; -n⟩ monotonia *f*

Mons·ter N ⟨-s; -⟩ mostro *m*; *hum* mostriciattolo *m*

Monst·ranz F ⟨-; -en⟩ ostensorio *m*

monst·rös ADJ mostruoso

Monst·rum N ⟨-s; Monstren *u.* Monstra⟩ mostro *m*: **diese Statue ist ein ~** questa statua è una mostruosità

Mon·sun M ⟨-s; -e⟩ monsone *m*

Mon·tag M lunedì *m*: **am ~ gehe ich ins Kino** lunedì vado al cinema **Mon·tag·abend** M lunedì *m* sera

Mon·ta·ge [mɔnˈtaːʒə] F ⟨-; -n⟩ **1** montaggio *m* (*a.* FILM): **auf ~ sein** essere impegnato in un montaggio **2** KUNST assemblage *m* **Mon·ta·ge·band** N ⟨-[e]s; -bänder⟩ catena *f* di montaggio **Mon·ta·ge·hal·le** F sala *f* di montaggio

mon·tags ADV di (*od* il) lunedì: **~ morgens** di (*od* il) lunedì mattina **Mon·tags·au·to** N *hum* = *auto nata male*

Mon·teur [mɔnˈtøːɐ] M ⟨-s; -e⟩, **-in** F ⟨-; -nen⟩ montatore *m*, -trice *f*, installatore *m*, -trice *f* **mon·tie·ren** V/T **1** (*zusammenbauen*) montare (*a.* FILM) **2** (*einbauen*) installare **Mon·tur** F ⟨-; -en⟩ *hum* bardatura *f*: **in voller ~** completamente vestito

Mo·nu·ment N ⟨-[e]s; -e⟩ monumento *m*

mo·nu·men·tal ADJ monumentale; grandioso

Moon·boots [ˈmuːnbuːts] PL moon boot® *mpl*, doposcì *mpl*

Moor N ⟨-[e]s; -e⟩ palude *f* **Moor·bad** N bagno *m* di fango **Moor·lei·che** F mummia *f* (rinvenuta in una palude)

Moos N ⟨-es; -e *u.* Möser⟩ **1** BOT muschio *m* **2** *umg* (*Geld*) grana *f*

moo·sig ADJ muscoso

Mop → Mopp
Mo·ped N ⟨-s; -s⟩ *umg* motorino *m*
Mopp M ⟨-s; -s⟩ scopa *f* a frange
Mops M ⟨-es; Möpse⟩ (*Hund*) carlino *m*
mop·sen *umg* V/T sgraffignare
Mo·ral F ⟨-⟩ morale *f*
mo·ra·lisch ADJ morale ♦ **~ handeln** agire secondo la morale
Mo·ra·list M ⟨-en; -en⟩, **-in** F ⟨-; -nen⟩ moralista *m/f*
Mo·ral·pre·digt F predica *f*, ramanzina *f*
Mo·rä·ne F ⟨-; -n⟩ morena *f*
Mo·rast M ⟨-[e]s; -e *u.* Moräste⟩ **1** palude *f* **2** (*Schlamm*) tango *m* (*u. fig*), pantano *m* **mo·ras·tig** ADJ pantanoso
Mor·chel F ⟨-; -n⟩ morchella *f*, spugnola *f*
Mord M ⟨-[e]s; -e⟩ assassinio *m*, omicidio *m*: **einen ~ aufklären** far luce su un omicidio ♦ *umg* **es gab ~ und Totschlag** ci fu un putiferio
Mord·an·kla·ge F accusa *f* di omicidio **Mord·an·schlag** M attentato *m* (mortale) **Mord·dro·hung** F minaccia *f* di morte
mor·den **A** V/I ⟨h.⟩ commettere un omicidio **B** V/T *obs* assassinare, uccidere
Mör·der M ⟨-s; -⟩, **-in** F ⟨-; -nen⟩ assassino *m*, -a *f*, omicida *m/f*
mör·de·risch ADJ **1** omicida: **ein -er Plan** un piano omicida **2** (*tödlich*) micidiale: **-e Waffen** armi micidiali **3** *umg* terribile, tremendo: **-en Hunger haben** avere una fame tremenda; **es war ~ heiß** faceva un caldo micidiale; **in einem -en Tempo fahren** guidare a una velocità pazzesca
Mord·fall M caso *m* di omicidio **Mord·kom·mis·si·on** F squadra *f* omicidi
Mords·angst F *umg* paura *f* tremenda **Mords·ar·beit** F *umg* lavoro *m* bestiale **Mords·ding** N ⟨-s; -er⟩ *umg* cosa *f* enorme **Mords·gau·di** F ⟨-⟩ *u.* N ⟨-s⟩ *umg* divertimento *m* pazzesco **Mords·glück** N *umg* fortuna *f* sfacciata **Mords·kerl** M *umg* **1** (*groß*) omone *m* **2** (*toll*) tipo *m* in gamba **Mords·krach** M *umg* **1** (*Lärm*) baccano *m* infernale **2** (*Streit*) violenta lite *f* **mords·mä·ßig** **A** ADJ *umg* fortissimo **B** ADV *umg* **1** terribilmente, moltissimo **2** violentemente **Mords·schreck** M *umg* spavento *m* bestiale **Mords·tem·po** N *umg* velocità *f* pazzesca
Mord·ver·dacht M sospetto *m* di omicidio **Mord·ver·such** M tentato omicidio *m* **Mord·waf·fe** F arma *f* del delitto
mor·gen ADV domani: **~ früh** domani mattina; **~ Mittag** domani a mezzogiorno; **~ Abend** domani sera; **~ in einer Woche** tra nove giorni; **~ ist auch (noch) ein Tag** c'è tempo anche domani ♦ **die Technik von ~** la tecnica del domani; **an das Morgen glauben** credere nel domani
Mor·gen M ⟨-s; -⟩ **1** mattino *m*, mattina *f*; (*Vormittag*) mattinata *f*: **am nächsten ~** il mattino dopo; **heute ~/gestern ~** questa mattina/ieri mattina **2** (*Feldmaß*) iugero *m* ♦ **j-m guten ~ sagen** dire buon giorno a qn
Mor·gen·an·dacht F mattutino *m* **Mor·gen·däm·me·rung** F crepuscolo *m* mattutino
mor·gend·lich ADJ mattutino, del mattino
Mor·gen·es·sen N *schweiz* prima colazione *f* **Mor·gen·grau·en** N ⟨-s⟩ alba *f*: **im ~** sul fare del giorno **Mor·gen·land** N *obs* oriente *m* **mor·gen·län·disch** ADJ *obs* orientale **Mor·gen·luft** F aria *f* mattutina ♦ **~ wittern** fiutare un buon affare; (*die neue Zeit kommen fühlen*) sentire qc di nuovo nell'aria **Mor·gen·man·tel** M vestaglia *f* **Mor·gen·muf·fel** M *umg* musone *m*, -a *f* al mattino **Mor·gen·rock** M vestaglia *f* **Mor·gen·rö·te** F aurora *f*
mor·gens ADV di mattina: **von ~ bis abends** dalla mattina alla sera; **um sechs Uhr ~** alle sei del mattino
Mor·gen·stern M stella *f* del mattino, Venere *f* **mor·gig** ADJ di domani ♦ **der -e Tag wird ergeben, was passiert** domani sapremo cosa succede
Mor·phi·nist M ⟨-en; -en⟩, **-in** F ⟨-; -nen⟩ morfinomane *m/f* **Mor·phi·um** N ⟨-s⟩ morfina *f*
morsch ADJ marcio
Mor·se·al·pha·bet N (alfabeto *m*) morse *m* **mor·sen** V/T & V/I ⟨h.⟩ telegrafare in morse
Mör·ser M ⟨-s; -⟩ mortaio *m* (*a.* MIL)
Mor·se·zei·chen N segnale *m* morse
Mör·tel M ⟨-s; -⟩ malta *f*
Mo·sa·ik N ⟨-s; -en *u.* -e⟩ mosaico *m*: **ein ~ legen** mettere un mosaico; *fig* **sich zu einem ~ fügen** comporre un mosaico
Mo·sa·ik·stein M tessera *f* di mosaico

Mo·sam·bik N ⟨-s⟩ Mozambico *m*
Mo·schee F ⟨-; -n⟩ moschea *f*
Mo·schus M ⟨-⟩ muschio *m*
Mö·se F ⟨-; -n⟩ *vulg* fica *f*
Mo·sel F ⟨-⟩ Mosella *f* **Mo·sel·wein** M vino *m* della Mosella
mo·sern V/I ⟨h.⟩ *umg* **über etw** (*akk*) **~** brontolare, trovare da ridire su qc
Mos·kau N ⟨-s⟩ Mosca *f*
Mos·ki·to M ⟨-s; -s⟩ zanzara *f* **Mos·ki·to·netz** M zanzariera *f*
Mos·lem M ⟨-s; -s⟩ mus(s)ulmano *m* **mos·le·misch** ADJ mus(s)ulmano
Most M ⟨-[e]s; -e⟩ **1** (*Traubenmost*) mosto *m* **2** (*Apfelmost*) sidro *m*
Mo·tel N ⟨-s; -s⟩ motel *m inv*
Mo·tiv N ⟨-s; -e⟩ motivo *m* (*a.* KUNST, MUS): **j-s -e verstehen** capire i motivi di qn; **dieser Maler liebt einfache -e** questo pittore ama motivi semplici
Mo·ti·va·ti·on F ⟨-; -en⟩ motivazione *f* (*a.* PSYCH) **mo·ti·vie·ren** V/T motivare
Mo·tor M ⟨-s; -en⟩ motore *m* (*a. fig*): **den ~ anlassen** (*od* **anwerfen**) avviare il motore ♦ **der ~ kocht** l'acqua nel radiatore bolle; **mit laufendem ~** con il motore acceso
Mo·tor·boot N motoscafo *m*
Mo·to·renöl N olio *m* lubrificante, lubrificante *m* (per motori)
Mo·tor·fahr·zeug·steu·er F *schweiz* tassa *f* di circolazione **Mo·tor·hau·be** F cofano *m* (del motore)
Mo·to·rik F ⟨-⟩ movimenti *mpl* **mo·to·risch** ADJ motorio: **-e Reflexe** riflessi motori
mo·to·ri·sie·ren V/T motorizzare
Mo·tor·jacht F yacht *m* (a motore) **Mo·tor·öl** N olio *m* lubrificante **Mo·tor·rad** N motocicletta *f* **Mo·tor·rad·fah·rer** M, **-in** F motociclista *m/f* **Mo·tor·rad·ren·nen** N corsa *f*, gara *f* motociclistica **Mo·tor·rol·ler** M scooter *m* **Mo·tor·sä·ge** F motosega *f* **Mo·tor·scha·den** M guasto *m* al motore **Mo·tor·schiff** N motonave *f* **Mo·tor·seg·ler** M aliante *m* con motore ausiliario **Mo·tor·sport** M motorismo *m*
Mot·te F ⟨-; -n⟩ tarma *f*
mot·ten·echt ADJ antitarmico **Mot·ten·fraß** M intarmatura *f* **Mot·ten·ku·gel** F pallina *f* di tarmicida **Mot·ten·pul·ver** N polvere *f* tarmicida **mot·ten·zer·fres·sen** ADJ tarmato
Mot·to N ⟨-s; -s⟩ motto *m*, massima *f*
mot·zen V/I ⟨h.⟩ *umg* brontolare: **gegen alles und jedes ~** brontolare contro tutto e tutti
Moun·tain·bike ['mauntınbaik] N ⟨-s; -s⟩ mountainbike *f*
mous·sie·ren [mʊ'siːrən] V/I ⟨h.⟩ (*Weinkunde*) spumare, spumeggiare
Mö·we F ⟨-; -n⟩ gabbiano *m*
MP3 N ⟨-⟩ Mp3 *m inv*
Mü·cke F ⟨-; -n⟩ zanzara *f* ♦ **aus einer ~ einen Elefanten machen** fare di una sciocchezza una questione di stato
Mu·cken PL *umg* bizze *fpl*, lune *fpl*: **das Auto hat seine -n** l'auto fa le bizze
Mü·cken·stich M puntura *f* di zanzara
Mucks M ⟨-es; -e⟩ *umg* **keinen ~ tun** non fiatare; **ich will keinen ~ hören!** non voglio sentir fiatare (*od* volare una mosca)!
muck·sen V/I ⟨h.⟩ & V/R **sich ~** fiatare; **sich nicht ~** non muoversi; non aprir bocca
mucks·mäus·chen·still ADJ *umg* che non fiata neppure
mü·de ADJ stanco: **~ von der Arbeit sein** essere stanco per il lavoro; **j-s** (*od* **j-n**)/**etw** (*gen*) **~ sein** essere stanco di qn/qc ♦ **keine ~ Mark** nemmeno un centesimo; (**nicht**) **~ werden, etw zu tun** (non) stancarsi (*od* smettere) di fare qc
Mü·dig·keit F ⟨-⟩ stanchezza *f*
Muff[1] M ⟨-[e]s⟩ **1** (*Geruch*) odore *m* di muffa **2** *fig* muffa *f*
Muff[2] M ⟨-[e]s; -e⟩ (*für Hände*) manicotto *m*
Muf·fe F ⟨-; -n⟩ MECH manicotto *m* ♦ *umg* **~ haben** avere fifa
Muf·fel M ⟨-s; -⟩ *umg* musone *m*, -a *f*
muf·fe·lig[1] ADJ *umg* (*Mensch*) scorbutico, scontroso
muf·fe·lig[2] *umg* **A** ADJ *pej* (*Geruch*) che puzza di muffa **B** ADV **~ riechen** puzzare di muffa
muf·fig[1] ADJ → muffelig[1]
muf·fig[2] ADJ → muffelig[2]
Mü·he F ⟨-; -n⟩ **1** fatica *f*: **alle ~ haben** fare molta fatica; **~ machen** costare fatica; **sich** (*dat*) **die ~ sparen** risparmiarsi la fatica **2** (*Anstrengung*) sforzo *m*: **die ~ hat sich gelohnt** ne è valso lo sforzo **3** (*Bemühung*) disturbo *m*: **machen Sie sich bitte keine ~!** non si disturbi! ♦ **sich** (*dat*) **~ geben** darsi pena; (*sich anstrengen*) sforzarsi; **mit ~** a fatica; **mit Müh und Not** a gran fatica; **keine ~ scheuen,**

etw zu erreichen mettere tutto l'impegno possibile per ottenere qc; **die** (*od* **der**) ~ **wert sein** valere la pena

mü·he·los A ADJ facile B ADV senza fatica **Mü·he·lo·sig·keit** F ⟨-⟩ facilità *f*

mu·hen V/I ⟨h.⟩ muggire

mü·he·voll ADJ faticoso

Müh·le F ⟨-; -n⟩ 1 mulino *m*; (*Mühlwerk*) macina *f* 2 (*Haushaltsgerät*) macinino *m* 3 (*Spiel*) filetto *m*, tria *f*: ~ **spielen** giocare a filetto *f* ♦ **in die -n der Justiz geraten** finire nella macchina della giustizia

Mühl·rad N ruota *f* del mulino **Mühl·stein** M macina *f*, mola *f*

Müh·sal F ⟨-; -e⟩ 1 (grande) fatica *f* 2 (*Kummer*) affanni *mpl*: **die ~ des Lebens** gli affanni della vita **müh·sam**, **müh·se·lig** A ADJ faticoso B ADV a fatica

Mu·lat·te M ⟨-n; -n⟩ mulatto *m* **Mu·lat·tin** F ⟨-; -nen⟩ mulatta *f*

Mulch M ⟨-[e]s; -e⟩ pacciame *m*

Mul·de F ⟨-; -n⟩ conca *f*, avvallamento *m*

Mull M ⟨-[e]s; -e⟩ garza *f*

Müll M ⟨-s⟩ 1 rifiuti *mpl* 2 (*Hausmüll*) immondizia *f*: **etw in den ~ werfen** buttare qc nell'immondizia ♦ **radioaktiver ~** scorie *fpl* radioattive

Müll·ab·fuhr F 1 (servizio *m* di) nettezza *f* urbana 2 (*Abtransport*) rimozione *f* dei rifiuti **Müll·ab·la·de·platz** M discarica *f* **Müll·be·sei·ti·gung** F smaltimento *m* dei rifiuti

Mull·bin·de F benda *f* di garza

Müll·con·tai·ner M cassonetto *m* dei rifiuti **Müll·de·po·nie** F discarica *f* **Müll·ei·mer** M pattumiera *f*

Mül·ler M ⟨-s; -⟩, **-in** F ⟨-; -nen⟩ mugnaio *m*, -a *f*

Müll·fah·rer M, **-in** F autista *m/f* della nettezza urbana **Müll·hal·de** F discarica *f* **Müll·hau·fen** M cumulo *m* di immondizie **Müll·kip·pe** F discarica *f* **Müll·mann** M *umg* addetto *m* alla raccolta rifiuti **Müll·schlu·cker** M scarico *m* dell'immondizia **Müll·ton·ne** F bidone *m* dell'immondizia **Müll·tren·nung** F raccolta *f* differenziata dei rifiuti **Müll·ver·bren·nung** F incenerimento *m* dei rifiuti **Müll·ver·bren·nungs·an·la·ge** F inceneritore *m* di rifiuti **Müll·ver·wer·tung** F riciclaggio *m* dei rifiuti **Müll·wa·gen** M camion *m* della nettezza urbana

mul·mig ADJ 1 *umg* pericoloso 2 (*unangenehm*) spiacevole ♦ **j-m wird** (*od* **ist**) **es** ~ qn ha paura, qn si sente a disagio

Mul·ti M ⟨-s; -s⟩ *sl* multinazionale *f*

mul·ti·funk·ti·o·nal ADJ multifunzione

Mul·ti·funk·ti·ons·tas·ta·tur F tastiera *f* multifunzione

mul·ti·kul·tu·rell ADJ multiculturale

Mul·ti·me·dia N ⟨-[s]⟩ multimedialità *f*: **etw per ~ präsentieren** presentare qc con sistemi multimediali; **er arbeitet im Bereich ~** lavora in ambito multimediale **Mul·ti·me·dia·an·ge·bot** N offerta *f* multimediale **Mul·ti·me·dia-CD-ROM** F CD-ROM *m inv* multimediale

mul·ti·me·di·al ADJ multimedia(le)

Mul·ti·mil·li·o·när M, **-in** F multimilionario *m*, -a *f*

mul·ti·pel ADJ multiplo: **multiple Sklerose** sclerosi multipla

Mul·tip·le-Choice-Ver·fah·ren [maltipl'tʃɔys-] N metodo *m* della scelta multipla

Mul·ti·plex·ki·no N cinema *m inv* multisala

Mul·ti·pli·ka·ti·on F ⟨-; -en⟩ moltiplicazione *f* **Mul·ti·pli·ka·tor** M ⟨-s; -en⟩ moltiplicatore *m* **mul·ti·pli·zie·ren** V/T moltiplicare

Mul·ti·tas·king N ⟨-s⟩ IT multitasking *m inv*

Mu·mie F ⟨-; -n⟩ mummia *f*

mu·mi·fi·zie·ren V/T mummificare

Mumm M ⟨-s⟩ *umg* 1 coraggio *m*, fegato *m*: **keinen ~ in den Knochen haben** essere uno smidollato 2 (*Kraft*) energia *f*

Mum·pitz M ⟨-es⟩ *umg* sciocchezze *fpl*

Mumps M ⟨-⟩ orecchioni *mpl*

Mün·chen N ⟨-s⟩ Monaco *f* (di Baviera)

Mund M ⟨-[e]s; Münder⟩ bocca *f*: **den ~ verziehen** storcere la bocca ♦ **sich** (*dat*) **etw vom ~ absparen** togliersi qc di bocca; **in aller -e sein** essere sulla bocca di tutti; ~ **und Nase aufsperren** restare a bocca aperta; **kein Blatt vor den ~ nehmen** non avere peli sulla lingua; **nicht auf den ~ gefallen sein** avere sempre la risposta pronta; **j-m das Wort im -e herumdrehen** rigirare le parole in bocca a qn; **j-m nach dem -e reden** dire cose per far piacere a qn; *fig* **etw in den ~ nehmen** dire qc; **j-m über den ~ fahren** dare sulla voce a qn; *fig* **sich** (*dat*) **den ~ verbrennen** parlare troppo (a proprio danno); *fig* **den ~ voll nehmen** darsi delle

arie
Mund·art F dialetto *m*: ~ **sprechen** parlare in dialetto **mund·art·lich** ADJ dialettale
Mund·du·sche F idropulsore *m*
Mün·del N ⟨-s; -⟩ JUR pupillo *m*, -a *f* **mün·del·si·cher** ADJ di tutto riposo, che offre assoluta sicurezza
mun·den V/I ⟨h.⟩ piacere ♦ **sich** (*dat*) **etw ~ lassen** degustare qc
mün·den V/I ⟨s., h.⟩ sfociare (*a. fig*); (*Straße*) sboccare: **der Fluss mündet ins Meer** il fiume sfocia nel mare
mund·faul ADJ poco loquace **Mund·fäu·le** F stomatite *f* ulcerosa **mund·ge·recht** ADJ **in -en Stücken** a bocconcini **Mund·ge·ruch** M alito *m* cattivo **Mund·har·mo·ni·ka** F armonica *f* a bocca **Mund·höh·le** F cavità *f* orale
mün·dig ADJ 1 (*volljährig*) maggiorenne 2 *fig* maturo **Mün·dig·keit** F ⟨-⟩ 1 (*Volljährigkeit*) maggior età *f* 2 *fig* maturità *f*
münd·lich ADJ 1 orale: **-e Prüfung** esame orale 2 verbale: **-e Vereinbarungen** accordi verbali

M

Mund·pfle·ge F igiene *f* orale **Mund·raub** M HIST furto *m* lieve (di generi alimentari o voluttuari) **Mund·schutz** M ⟨-es; -e⟩ MED mascherina *f* **Mund·stück** N 1 (*von Blasinstrumenten, Tabakspfeifen*) bocchino *m* 2 (*von Atmungsschläuchen*) boccaglio *m* **mund·tot** ADJ **j-n ~ machen** ridurre al silenzio (*od* fare ammutolire) qn
Mün·dung F ⟨-; -en⟩ 1 (*Fluss*) foce *f*, sbocco *m* 2 (*Straße*) sbocco *m* 3 (*Waffe*) bocca *f* **Mün·dungs·arm** M ramo *m* della foce
Mund·was·ser N ⟨-s; -wässer⟩ 1 acqua *f* dentifricia 2 PHARM collutorio *m* **Mund·werk** N *umg* **ein loses ~ haben** avere la parlantina sciolta; **ein freches ~ haben** avere una linguaccia; **ein großes** (*od* **flinkes**) **~ haben** avere sempre la risposta pronta; **j-s ~ steht nie still** qn non tiene mai la bocca chiusa **Mund·win·kel** M angolo *m* della bocca
Mund-zu-Mund-Be·at·mung F ⟨-; -en⟩ respirazione *f* bocca a bocca
Mu·ni·ti·on F ⟨-; -en⟩ munizioni *fpl* (*a. fig*); (*Sprengmaterial*) esplosivi *mpl*: **j-m ~ liefern** fornire qn di munizioni; **seine ~ verschießen** esaurire le munizioni; **scharfe ~** munizioni innescate **Mu·ni·ti·ons·de·pot** N deposito *m* di munizioni
mun·keln *umg* V/T & V/I ⟨h.⟩ mormorare: **es wird gemunkelt, dass ...** si mormora che ...
Müns·ter N ⟨-s; -⟩ 1 (*große Kirche*) collegiata *f* 2 (*Dom*) duomo *m*, cattedrale *f* 3 (*Stiftskirche*) chiesa *f* votiva
mun·ter ADJ 1 (*lebhaft*) vivace 2 (*fröhlich*) allegro 3 (*wach*) sveglio ♦ **Kaffee hält mich ~** il caffè mi tiene sveglio; **~ werden** svegliarsi
Mun·ter·keit F ⟨-⟩ 1 (*Lebhaftigkeit*) vivacità *f* 2 (*Fröhlichkeit*) allegria *f*, buon umore *m* 3 (*Wachsein*) l'essere sveglio **Mun·ter·ma·cher** M *hum* stimolante *m*
Münz·an·stalt F zecca *f* **Münz·au·to·mat** M distributore *m* a monete (*od* a gettoni)
Mün·ze F ⟨-; -n⟩ 1 moneta *f*: **-n prägen** coniare monete 2 (*Münzstätte*) zecca *f* ♦ **j-m etw in** (*od* **mit**) **gleicher ~ heimzahlen** ripagare qn di qc con la stessa moneta; **klingende ~** moneta sonante; **etw für bare ~ nehmen** prendere qc per oro colato
mün·zen A V/T monetare B V/I ⟨h.⟩ coniare moneta ♦ **auf j-n/etw gemünzt sein** alludere (*od* riferirsi) a qn/qc
Münz·fern·spre·cher M telefono *m* a gettoni **Münz·samm·lung** collezione *f* di monete **Münz·tank·stel·le** F distributore *m* (di benzina) automatico **Münz·wechs·ler** M ⟨-s; -⟩ cambiamonete *m* (automatico)
Mu·rä·ne F ⟨-; -n⟩ murena *f*
mür·be ADJ 1 (*Fleisch*) tenero 2 (*leicht zerfallend*) friabile: **~ Kekse** biscotti friabili 3 (*brüchig*) consunto, che si strappa facilmente ♦ **j-n ~ machen** logorare (*od* fiaccare) qn **Mür·be·teig** M pasta *f* frolla
Mu·re F ⟨-; -n⟩ frana *f* (di disgregazione)
Murks M ⟨-es⟩ *umg pej* pasticcio *m*: **~ machen** (*od* **bauen**) fare un pasticcio
murk·sen V/I ⟨h.⟩ *umg pej* pasticciare
Mur·mel F ⟨-; -n⟩ bi(g)lia *f*
mur·meln V/T & V/I ⟨h.⟩ mormorare
Mur·mel·tier N marmotta *f* ♦ **wie ein ~ schlafen** dormire come un ghiro
mur·ren V/I ⟨h.⟩ brontolare: **~ über** brontolare per; **~ gegen** insorgere contro
mür·risch A ADJ 1 (*brummig*) brontolo-

ne **2** imbronciato: **ein -es Gesicht** un viso imbronciato **B** ADV **1** brontolando **2** (*schlecht gelaunt*) con il broncio

Mus N ⟨-es; -e⟩ passato *m*; (*von Kartoffeln*) purè *m*, purea *f*

Mu·schel F ⟨-; -n⟩ **1** mollusco *m* (con conchiglia): **-n essen** mangiare frutti di mare **2** (*Muschelschale*) conchiglia *f*: **-n suchen** cercare conchiglie **3** (*Hörmuschel*) ricevitore *m*; (*Sprechmuschel*) microfono *m* **mu·schel·för·mig** ADJ a forma di conchiglia

Mu·se F ⟨-; -n⟩ musa *f*

Mu·se·um N ⟨-s; Museen⟩ museo *m*

mu·se·ums·reif ADJ *umg iron* da museo

Mu·si·cal N ⟨-s; -s⟩ musical *m inv*, commedia *f* musicale

Mu·sik F ⟨-; -en⟩ **1** musica *f*: **~ studieren** studiare musica; **die ~ zu einem Film schreiben** scrivere la musica per un film **2** *umg* (*Kapelle*) musica *f*, banda *f* (musicale)

mu·si·ka·lisch ADJ musicale: **~ sein** essere musicale **Mu·si·ka·li·tät** F ⟨-⟩ musicalità *f* **Mu·si·kant** M ⟨-en; -en⟩, **-in** F ⟨-; -nen⟩ musicante *m/f*

Mu·sik·be·glei·tung F accompagnamento *m* musicale **Mu·sik·box** F juke-box *m*

Mu·si·ker M ⟨-s; -⟩, **-in** F ⟨-; -nen⟩ musicista *m/f*

Mu·sik·hoch·schu·le F conservatorio *m* (di musica) **Mu·sik·in·stru·ment** N strumento *m* musicale **Mu·sik·ka·pel·le** F orchestrina *f*, complesso *m* **Mu·sik·kas·set·te** F musicassetta *f* **Mu·sik·leh·rer** M, **-in** F insegnante *m/f* di musica **Mu·sik·stück** N brano *m* musicale **Mu·sik·stun·de** F lezione *f* di musica **Mu·sik·un·ter·richt** M insegnamento *m* della musica **Mu·sik·wis·sen·schaft** F musicologia *f*

mu·sisch ADJ **1** artistico: **die -en Fächer** le materie artistiche **2** (*Mensch*) artisticamente dotato

mu·si·zie·ren V/I ⟨h.⟩ fare (della) musica; (*spielen*) suonare

Mus·kat M ⟨-[e]s; -e⟩ noce *f* moscata

Mus·ka·tel·ler M ⟨-s; -⟩ **1** uva *f* moscatella **2** (*Wein*) moscatello *m*

Mus·kat·nuss F noce *f* moscata

Mus·kel M ⟨-s; -n⟩ muscolo *m*: *umg fig* **seine -n spielen lassen** mostrare i muscoli **Mus·kel·fa·ser** F fibra *f* muscolare **Mus·kel·ka·ter** M indolenzimento *m* muscolare: **ich habe ~** sono tutto indolenzito

Mus·kel·mann M *umg* uomo *m* tutto muscoli **Mus·kel·protz** M ⟨-en *u.* -es; -e[n]⟩ *umg* montagna *f* di muscoli, bestione *m* **Mus·kel·riss** M strappo *m* muscolare **Mus·kel·schwund** M atrofia *f* muscolare **Mus·kel·zer·rung** F strappo *m* muscolare

Mus·ku·la·tur F ⟨-; -en⟩ muscolatura *f*

mus·ku·lös ADJ muscoloso

Müs·li N ⟨-s; -⟩ cereali *mpl*

Mus·lim M ⟨-s; -e *u.* -s⟩ mussulmano *m* **Mus·li·me** F ⟨-; -n⟩ **Mus·li·min** F ⟨-; -nen⟩ mussulmana *f* **mus·li·misch** ADJ mussulmano

Muss N ⟨-⟩ necessità *f* (assoluta)

Mu·ße F ⟨-⟩ **1** tempo *m* (libero): (**Zeit und**) **~ zu etw haben** avere tempo di fare qc **2** (*Ruhe*) calma *f*; comodo *m*: **mit aller ~** con tutto comodo; **die nötige ~** la calma necessaria

Mus·se·lin M ⟨-s; -e⟩ mussolina *f*

müs·sen V/MOD ⟨muss, musste; h.⟩ **A** ⟨*mit inf; pperf*: hat … müssen⟩ **1** (*verpflichtet sein, notwendig sein*) dovere: **wir haben es sagen ~** lo abbiamo dovuto dire; **ich muss gehen** devo andare **2** (*gezwungen sein*) essere costretto (*od* obbligato) a: **sie muss nicht, geht aber trotzdem hin** non è obbligata, ma ci va lo stesso **3** (*nötig sein*) bisognare, occorrere: **man muss abwarten können** occorre saper aspettare **4** (*dürfen – verneint*) **das hätte er nicht tun ~** questo non lo avrebbe dovuto fare **5** (*sollen*) **das müsstest du doch wissen!** questo dovresti proprio saperlo! **6** (*sich nicht zurückhalten können*) **ich musste einfach lachen** mi venne da ridere **7** (*sehr wahrscheinlich sein*) **sie muss jeden Augenblick kommen** deve arrivare da un momento all'altro **8** (*Wunsch*) **man müsste mehr Zeit haben** si dovrebbe (*od* bisognerebbe) avere più tempo **B** ⟨*als Vollverb; pperf*: gemusst⟩ **1** dover andare: **er hat zum Bahnhof gemusst** è dovuto andare alla stazione **2** dover essere portato: **dieser Scheck muss zur Bank** questo assegno dev'essere portato in banca **3** dover essere messo: **die Milch muss in den Kühlschrank** il latte dev'essere messo in frigorifero ♦ **so etwas musst du gesehen haben** una cosa così non te la puoi perdere; *umg* **ich muss mal** devo andare al gabinetto;

M

muss das sein? è necessario?
mü·ßig ADJ ozioso (*a. fig*): **-e Fragen** domande oziose ♦ **es ist ~, weiter daran zu denken** è inutile continuare a pensarci; **~ herumstehen** starsene in ozio
Mü·ßig·gang M ⟨-[e]s⟩ ozio *m*
Mü·ßig·gän·ger M ⟨-s; -⟩, **-in** F ⟨-; -nen⟩ fannullone *m*, -a *f*
muss·te → müssen
Mus·ter N ⟨-s; -⟩ **1** modello *m*: **nach ~ stricken** lavorare (a maglia) su modello **2** *fig* **ein ~ an Tugend** un modello di virtù; **nach dem ~ von** sull'esempio di **3** (*Warenprobe*) campione *m*: **~ ohne Wert** campione *m* senza valore **4** disegno *m*, motivo *m*: **das ~ eines Stoffs entwerfen** disegnare il motivo di una stoffa **5** *fig* schema *m*
Mus·ter·bei·spiel N esempio *m* tipico **Mus·ter·be·trieb** M azienda *f* modello **Mus·ter·exemp·lar** N campione *m*, modello *m* (*a. fig*) **Mus·ter·gat·te** M marito *m* modello **mus·ter·gül·tig** ADJ, **mus·ter·haft** ADJ esemplare **Mus·ter·kna·be** M *pej* modello *m* di perfezione; (*Schüler*) scolaro *m* modello **Mus·ter·kof·fer** M valigetta *f* del campionario
mus·tern VT **1** (*mit Muster versehen*) decorare (con disegni) **2** ispezionare (*a.* MIL) **3** (*Menschen*) squadrare **4** (*Wehrpflichtige*) sottoporre alla visita di leva
Mus·ter·pro·zess M processo *m* esemplare **Mus·ter·schü·ler** M, **-in** F allievo *m*, -a *f* modello
Mus·te·rung F ⟨-; -en⟩ **1** ispezione *f* (*a.* MIL) **2** (*von Menschen*) lo squadrare **3** (*von Wehrpflichtigen*) visita *f* di leva **4** (*Design*) disegno *m*
Mut M ⟨-[e]s⟩ coraggio *m*: **~ fassen** prendere coraggio; **j-m ~ machen** fare coraggio a qn ♦ **mit frischem** (*od* **neuem**) **~** con nuova lena; **guten -es sein** essere di buon animo; **j-m den ~ nehmen** togliere il coraggio a qn; **nur ~!** su! coraggio!; **den ~ sinken lassen** scoraggiarsi; **den ~ verlieren** (*verzagen*) perdersi d'animo; **mit dem ~ der Verzweiflung** con il coraggio della disperazione; **zu -e** → zumute
Mu·ta·ti·on F ⟨-; -en⟩ BIOL mutazione *f*
mu·tie·ren VI ⟨h.⟩ BIOL mutare
mu·tig ADJ coraggioso
mut·los ADJ scoraggiato: **~ werden** scoraggiarsi **Mut·lo·sig·keit** F ⟨-⟩ scoraggiamento *m* **mut·ma·ßen** VT presumere, supporre **mut·maß·lich** **A** ADJ presunto; probabile **B** ADV presumibilmente; probabilmente **Mut·ma·ßung** F ⟨-; -en⟩ supposizione **Mut·pro·be** F prova *f* di coraggio
Mut·ter[1] F ⟨-; Mütter⟩ madre *f*, *umg* mamma *f* ♦ **~ Erde/~Natur** madre terra/madre natura; **wie bei -n** come a casa
Mut·ter[2] F ⟨-; -n⟩ TECH madrevite *f*, dado *m*
Mut·ter·bin·dung F PSYCH legame *m* con la madre **Mut·ter·bo·den** M terriccio *m* **Mut·ter·ge·sell·schaft** F società *f* madre
Mut·ter·got·tes F ⟨-⟩ Madonna *f*
Mut·ter·kom·plex M complesso *m* materno **Mut·ter·ku·chen** M placenta *f* **Mut·ter·land** N **1** madrepatria *f* **2** (*Ursprungsland*) patria *f*, terra *f* (d'origine) **Mut·ter·leib** M grembo *m* materno
müt·ter·lich ADJ materno **müt·ter·li·cher·seits** ADV da parte di madre **Müt·ter·lich·keit** F ⟨-⟩ maternità *f*
Mut·ter·lie·be F amore *m* materno **Mut·ter·mal** N ⟨-[e]s; -e⟩ MED voglia *f* **Mut·ter·milch** F latte *m* materno **Mut·ter·mund** M bocca *f* dell'utero **Mut·ter·schaft** F ⟨-⟩ maternità *f* **Mut·ter·schafts·ur·laub** M (congedo *m* di) maternità *f*: **sie ist im ~** è in maternità **Mut·ter·schutz** M tutela *f* della maternità **mut·ter·see·len·al·lein** ADJ *umg* solo soletto **Mut·ter·söhn·chen** N ⟨-s; -⟩ *umg pej* cocco *m* di mamma, mammone *m* **Mut·ter·spra·che** F madrelingua *f* **Mut·ter·tag** M festa *f* della mamma **Mut·ter·tier** N ZOOL madre *f* **Mut·ter·witz** M ⟨-es⟩ arguzia *f* innata; (*natürliche Schlauheit*) innata furbizia *f*
Mut·ti F ⟨-; -s⟩ mamma *f*
mut·wil·lig ADJ intenzionale
Müt·ze F ⟨-; -n⟩ berretto *m* ♦ *umg* **eins auf die ~ bekommen** prendersi un rabbuffo (*od* una ramanzina); *umg* **eine ~ voll Schlaf nehmen** schiacciare un pisolino
MwSt., Mw.-St. → Mehrwertsteuer
My·an·mar N ⟨-s⟩ Myanmar *m*
Myr·re, Myr·rhe F ⟨-; -n⟩ mirra *f*
Myr·te F ⟨-; -n⟩ mirto *m*
mys·te·ri·ös ADJ misterioso
Mys·te·ri·um N ⟨-s; Mysterien⟩ miste-

ro *m*
mys·ti·fi·zie·ren VT mitizzare
Mys·tik F ⟨-⟩ mistica *f* **Mys·ti·ker** M ⟨-s; -⟩, **-in** F ⟨-; -nen⟩ mistico *m*, -a *f*
mys·tisch ADJ **1** mistico **2** (*rätselhaft*) misterioso, oscuro
my·thisch ADJ mitico
My·tho·lo·gie F ⟨-; -n⟩ mitologia *f* **my·tho·lo·gisch** ADJ mitologico
My·thos, **My·thus** M ⟨-; Mythen⟩ mito *m* ♦ **j-n mit einem ~ umgeben** circondare qn di un alone di leggenda

N

n, **N** N ⟨-; -⟩ n, N, enne *f/m*: **N wie Nordpol** N come Napoli
na INT *umg* **1** su, dài, forza: **~, komm** (**schon**)! su, vieni! **2** oh: **~, endlich!** (oh) finalmente! **3** insomma: **~ warte!** (insomma) aspetta! **4** (*Ärger*) e, be', beh: **~ hör mal!** beh senti! **5** (*vertrauliche Anrede*) beh, allora: **~, siehst du?** allora, vedi?; **~, Kleiner?** beh, piccolo? ♦ **~ also!** beh?; **~ bitte!** visto?; **~, dann eben nicht** allora proprio no; **~ gut** va be'; **na, na** eh, eh (attenzione)! (*Beschwichtigung*) su, su (non fare così); **~, so was!** ma come! ma guarda che roba!; **~ und ob!** altroché! eccome!; **~ schön** e va be'; **~, und?** e allora?
Na·bel M ⟨-s; -⟩ ombelico *m* **Na·bel·bruch** M ernia *f* ombelicale **Na·bel·schnur** F cordone *m* ombelicale
nach **A** PRÄP (+*dat*) **1** (*lokal*) a, in, verso: **~ Wien/~ Deutschland fahren** andare a Vienna/in Germania; **~ oben/unten** verso l'alto/il basso (*od* in su/in giù); **von links ~ rechts** da sinistra a destra **2** per: **ein Zug ~ Berlin** un treno per Berlino **3** (*temporal*) dopo: **~ kurzer Zeit** poco dopo; **~ langer Zeit** dopo molto tempo **4** **es ist fünf ~ sechs** sono le sei e cinque **5** (*hinter, folgend*) dopo: **eins ~ dem andern** uno dopo l'altro **6** secondo: **meiner Meinung ~** a mio parere, secondo me; **seinem Aussehen ~** a giudicare dal suo aspetto **7** per, in ordine di: **der Größe ~** per grandezza, in ordine di grandezza **8** *umg* (*wonach*) **~ was suchst du denn?** che cosa stai cercando? **B** ADV dietro: **mir ~!** dietro a me! seguitemi! ♦ **~ dem Gedächtnis** a memoria; **~ und ~** a poco a poco, gradatamente; **~ wie vor** come prima, come sempre
nach·äf·fen VT scimmiottare
nach·ah·men VT **1** **j-n ~** imitare qn **2** contraffare: **j-s Unterschrift ~** contraffare la firma di qn **nach·ah·mens·wert** ADJ degno di essere imitato **Nach·ah·mung** F ⟨-; -en⟩ imitazione *f*
nach·ar·bei·ten VT **1** recuperare: **eine Stunde ~** recuperare un'ora **2** ritoccare: **etw von Hand ~** ritoccare qc a mano **3** (*nachbilden*) riprodurre
Nach·bar M ⟨-n *u.* -s; -n⟩ vicino *m*: **neue -n bekommen** avere dei nuovi vicini; **unser ~ Frankreich** la nostra vicina, la Francia **Nach·bar·haus** N casa *f* accanto ♦ **im ~** nella casa accanto
Nach·ba·rin F ⟨-; -nen⟩ vicina *f*
Nach·bar·land N paese *m* vicino (*od* confinante) **nach·bar·lich** **A** ADJ **1** (del) vicino **2** di vicinato: **ein gutes -es Einvernehmen** un buon rapporto di vicinato **B** ADV **mit j-m ~ verkehren** essere in rapporti di vicinato con qn **Nach·bar·schaft** F ⟨-⟩ **1** vicinato *m*, vicini *mpl* **2** (*Nähe*) vicinanze *fpl*: **in der ~ wohnen** vivere nelle vicinanze **nach·bar·schaft·lich** ADJ di vicinato **Nach·bar·staat** M stato *m* confinante (*od* limitrofo)
nach·bau·en VT imitare, riprodurre
Nach·be·ben N scosse *fpl* di assestamento **nach·be·han·deln** VT **1** trattare ulteriormente **2** MED sottoporre a ulteriore terapia **nach·bes·sern** VT ritoccare, ripassare **nach·be·stel·len** VT **etw ~** fare un'ulteriore ordinazione di qc **Nach·be·stel·lung** F ordine *m* ripetuto **nach·be·ten** VI ⟨h.⟩ *pej* ripetere a pappagallo **nach·bil·den** VT **etw ~** riprodurre (*od* fare una copia di) qc **Nach·bil·dung** F riproduzione *f*, imitazione *f*, copia *f* **nach·bli·cken** VI ⟨h.⟩ **j-m ~** seguire qn con lo sguardo
nach·da·tie·ren VT retrodatare
nach·dem KONJ **1** dopo (che): **~ sie ihr Abitur gemacht hat, geht sie nach Amerika** dopo aver dato la maturità andrà in America; **~er das gemacht hat, ist er nach Hause gegangen** dopo averlo fatto, è andato a casa **2** (*kausal*) poiché

nach·den·ken VI ⟨irr; h.⟩ **über etw** (*akk*) **~** riflettere su qc **nach·denk·lich** **A** ADJ **1** pensoso, pensieroso **2** (*zum Nachdenken geneigt*) riflessivo **B** ADV **j-n ~ stimmen** far riflettere (*od* dare da pensare a) qn **Nach·denk·lich·keit** F ⟨-⟩ pensosità *f*

Nach·druck[1] M ⟨-[e]s; -e⟩ TYPO **1** riproduzione *f*: **~ verboten** riproduzione vietata **2** (*Neudruck*) ristampa *f*

Nach·druck[2] M ⟨-[e]s⟩ **1** accento *m*: **besonderen ~ auf etw** (*akk*) **legen** porre un particolare accento su qc; **seinen Worten** (**mit Gesten**) **~ verleihen** accentuare le proprie parole (con i gesti) **2** energia *f*: **etw mit ~ betreiben** dedicarsi con energia a qc **nach·drück·lich** **A** ADJ **1** (*energisch*) energico **2** (*beharrlich*) insistente **B** ADV insistentemente, con fermezza

nach·ei·fern VI ⟨h.⟩ **j-m** (**in etw** [*dat*]) **~** emulare qn (in qc)

nach·ei·nan·der ADV uno dopo l'altro, di seguito: **die Läufer starten ~** i corridori partono uno dopo l'altro; **zweimal ~** due volte di seguito

nach·emp·fin·den VT ⟨irr⟩ **1** provare, sentire (ciò che sente, prova un altro) **2** KUNST **j-m/etw ein Bild ~** dipingere un quadro rifacendosi (*od* ispirandosi) a qn/qc **nach·emp·fun·den** ADJ KUNST che si rifà

nach·er·zäh·len VT raccontare (con parole proprie) **Nach·er·zäh·lung** F racconto *m* (con parole proprie); (*Inhaltsangabe*) riassunto *m*

nach·fah·ren VI ⟨irr⟩ **1** ⟨s.⟩ (*in Fahrzeug*) seguire **2** ⟨h., s.⟩ (*mit Bleistift*) ripassare (con la matita)

Nach·fol·ge F successione *f*: **j-s ~ antreten** succedere a qn **nach·fol·gen** VI ⟨s.⟩ **1** **j-m/etw ~** seguire qn/qc **2** succedere: **j-m in einem Amt ~** succedere a qn in una carica **nach·fol·gend** ADJ **1** seguente **2** (*darauf folgend*) successivo ♦ **im Nachfolgenden** qui di seguito **Nach·fol·ger** M ⟨-s; -⟩ successore *m* **Nach·fol·ge·rin** F ⟨-; -nen⟩ chi succede: **die ~ in der Direktion** la nuova direttrice

Nach·for·de·rung F richiesta *f* ulteriore

nach·for·schen VI ⟨h.⟩ **1** **j-m/etw ~** indagare (*od* fare delle indagini) su qn/qc **2** (*feststellen*) verificare **Nach·for·schung** F indagine *f*, ricerca *f*: **-en anstellen nach etw** fare delle ricerche su qc

Nach·fra·ge F WIRTSCH domanda *f*, richiesta *f*: **es besteht** (*od* **herrscht**) **eine starke ~ nach diesem Artikel** c'è una forte richiesta di questo articolo; **Angebot und ~** domanda e offerta ♦ **danke der freundlichen ~!** ringrazio del gentile interessamento! **nach·fra·gen** VI ⟨h.⟩ **1** informarsi: **bei j-m ~** informarsi presso qn **2** (*nochmals fragen*) chiedere (di nuovo) **3** (*nachsuchen*) **um etw ~** (ri)chiedere qc

nach·füh·len VT → nachempfinden

nach·fül·len VT **1** riempire di nuovo **2** (*Gasflasche, Feuerzeug*) ricaricare **3** (*dazugeben*) aggiungere: **Benzin ~** mettere ancora un po' di benzina **Nach·füll·pack** M ⟨-s; -s⟩ confezione *f* di ricarica, ecoricarica *f* **Nach·füll·pa·ckung** F confezione *f* di ricambio

nach·ge·ben VI ⟨irr; h.⟩ cedere (*a. fig* WIRTSCH): **j-s Drängen ~** cedere alle insistenze di qn; **die Preise geben nach** i prezzi cedono

Nach·ge·bühr F soprattassa *f*

Nach·ge·burt F **1** (*Vorgang*) espulsione *f* della placenta **2** (*Plazenta*) placenta *f* (espulsa)

nach·ge·hen VI ⟨irr; s.⟩ **1** **j-m/etw ~** seguire qn/qc **2** (*Uhr*) andare (*od* essere) indietro **3** *fig* **etw** (*dat*) **~** approfondire qc **4** (*nachwirken*) rimanere impresso **5** (*sich widmen*) dedicarsi

nach·ge·macht ADJ artificiale, finto

Nach·ge·schmack M **1** retrogusto *m* **2** *fig* bocca *f* amara

nach·ge·wie·se·ner·ma·ßen ADV secondo quanto è stato provato

nach·gie·big ADJ **1** (*weich*) cedevole **2** *fig* arrendevole, (ac)condiscendente: **j-n ~ stimmen** far cedere qn **Nach·gie·big·keit** F ⟨-⟩ **1** cedevolezza *f* **2** *fig* arrendevolezza *f*

nach·ha·ken VI ⟨h.⟩ *umg* **da müssen wir noch mal ~** la questione va ulteriormente approfondita **nach·hal·tig** ADJ **1** (*dauerhaft*) durevole, persistente **2** (*Wirtschaften, Nutzung*) sostenibile **nach·hän·gen** VI ⟨irr; h.⟩ **1** essere assorto: **seinen Gedanken ~** essere assorto nei propri pensieri **2** (*wehmütig denken*) abbandonarsi

nach Hau·se, **nach·hau·se** ADV a casa **Nach·hause·weg** M strada *f* verso

N

casa: **auf dem ~ sein** essere sulla via del ritorno

nach·hel·fen VI ⟨irr; h.⟩ aiutare: **dem Verständnis ~** aiutare la comprensione; (*vorantreiben*) **bei ihm muss man ab und zu ~** ogni tanto bisogna dargli una spinta

nach·her ADV dopo, più tardi, poi

Nach·hil·fe F ripetizione *f*: **in etw** (*dat*) **~ bekommen** prendere ripetizioni di qc **Nach·hil·fe·stun·de** F, **Nach·hil·fe·un·ter·richt** M ripetizione *f*, lezione *f* (privata)

Nach·hi·nein ADV: **im ~** in seguito

nach·hin·ken VI ⟨s.⟩ *fig* **in etw** (*dat*) **~** restare indietro in qc

Nach·hol·be·darf M bisogno *m* di ricuperare **nach·ho·len** VT 1 (*j-n*) fare venire (successivamente) 2 ricuperare: **Schlaf ~** ricuperare il sonno 3 (*Prüfung*) riparare (una materia)

Nach·hut F ⟨-; -en⟩ MIL retroguardia *f*

nach·ja·gen VI ⟨s.⟩ **j-m/etw ~** dare la caccia a qn/qc; *fig* **dem Geld ~** correre dietro ai soldi; *fig* **dem Glück ~** inseguire la fortuna

Nach·klang M risonanza *f*, eco *f u. m* (*a. fig*) **nach·klin·gen** VI ⟨s.⟩ 1 risuonare, riecheggiare 2 *fig* rimanere impresso

Nach·kom·me M ⟨-n; -n⟩ discendente *m*

nach·kom·men VI ⟨irr; s.⟩ 1 (*später kommen*) venire (dopo) 2 tenere il passo: **mit der Arbeit ~** tenere il passo con il lavoro; **beim Diktat nicht ~ können** non riuscire a seguire nel dettato 3 **einer Bitte ~** soddisfare una preghiera; **seinen Verpflichtungen ~** adempiere i propri obblighi ♦ **da kann noch etw ~** (*Komplikation geben*) può ancora succedere qc

Nach·kom·men·schaft F ⟨-⟩ discendenza *f* **Nach·kömm·ling** M ⟨-s; -e⟩ = *figlio nato molto tempo dopo i fratelli*

Nach·kriegs·ge·ne·ra·ti·on F generazione *f* del dopoguerra **Nach·kriegs·zeit** F dopoguerra *m*

Nach·lass M ⟨-es; -e *u.* -lässe⟩ 1 (*Hinterlassenschaft*) lascito *m* 2 HANDEL sconto *m*, riduzione *f* ♦ **künstlerischer/literarischer ~** opere postume *fpl*; **Schriften aus dem ~ herausgeben** pubblicare scritti inediti

nach·las·sen ⟨irr⟩ A VI ⟨h.⟩ 1 diminuire, affievolirsi: **der Schmerz hat nachgelassen** il dolore è diminuito; **sein Eifer hat nachgelassen** il suo zelo si è affievolito 2 (*Regen, Sturm*) calmarsi 3 **seine Leistungen lassen nach** le sue prestazioni calano 4 allentarsi: **die Spannung lässt nach** la tensione si allenta B VT 1 HANDEL ribassare, fare uno sconto di 2 (*lockern*) allentare ♦ **nicht ~!** non mollare!

nach·läs·sig ADJ 1 (*Personen*) negligente 2 (*schlampig*) trascurato: **eine -e Arbeit** un lavoro trascurato 3 (*teilnahmslos*) noncurante **Nach·läs·sig·keit** F ⟨-; -en⟩ 1 negligenza *f* 2 (*ohne Rücksicht auf Formen*) trascuratezza *f* 3 (*Teilnahmslosigkeit*) indifferenza *f*

nach·lau·fen VI ⟨irr; s.⟩ 1 **j-m/etw ~** correre dietro a qn/qc; *fig* **Illusionen ~** rincorrere illusioni 2 (*anhängen*) **j-m ~** essere seguace di qn **nach·le·sen** VT ⟨irr⟩ rileggere **nach·lie·fern** VT fornire in un secondo tempo **nach·lö·sen** VT **die Fahrkarte ~** fare il biglietto sul treno

nach·ma·chen VT 1 imitare: **j-m etw ~** copiare qn in qc 2 (*fälschen*) falsificare ♦ **das macht uns niemand nach** nessuno sa farlo come noi; **versuche mal, mir das nachzumachen** prova un po' a farlo anche tu

nach·mes·sen VT ⟨irr⟩ rimisurare

Nach·mie·ter M, **-in** F inquilino *m*, -a *f* subentrante

Nach·mit·tag M pomeriggio *m*: **am frühen/am späten ~** nel primo/nel tardo pomeriggio **nach·mit·tags** ADV nel (*od* di *od* il) pomeriggio: **~ um drei** alle tre del pomeriggio

Nach·nah·me F ⟨-; -n⟩ HANDEL contrassegno *m*: **per** (*od* **als**) **~ schicken** spedire (in) contrassegno **Nach·nah·me·sen·dung** F spedizione *f* in contrassegno

Nach·na·me M cognome *m*

nach·plap·pern VT *umg* ripetere a pappagallo

Nach·por·to N soprattassa *f*

nach·prüf·bar ADJ verificabile **nach·prü·fen** VT verificare, controllare **Nach·prü·fung** F 1 verifica *f*, controllo *m* 2 (*Schule*) esame *m* di riparazione

nach·rech·nen VT ricontare, rifare i calcoli per controllare

Nach·re·de F **üble ~** maldicenza *f*

nach·rei·chen VT fornire in seguito

nach·rei·sen VI ⟨s.⟩ **j-m ~** seguire qn in un viaggio

Nach·richt F ⟨-; -en⟩ 1 notizia *f*: **neueste -en** ultime notizie; **eine ~ im Rundfunk bringen** dare una notizia alla radio; **keine ~ von j-m haben** non avere notizie di qn 2 messaggio *m*: **eine ~ hinterlassen** lasciare un messaggio 3 *pl* notiziario *m*; TV TG *m*, telegiornale *m*; RADIO giornale *m* radio: **die -en sehen** vedere il telegiornale ♦ **j-m ~ geben, dass ...** comunicare (*od* far sapere) a qn che ...

Nach·rich·ten·agen·tur F agenzia *f* di stampa, agenzia *f* giornalistica **Nachrich·ten·brett** N IT bacheca *f* **Nachrich·ten·dienst** M 1 servizi *mpl* segreti, servizio *m* informazioni 2 → Nachrichtenagentur **Nach·rich·ten·satel·lit** M satellite *m* per telecomunicazioni **Nach·rich·ten·sen·dung** F notiziario *m* **Nach·rich·ten·sper·re** F blocco *m* delle informazioni **Nachrich·ten·spre·cher** M, **-in** F RADIO, TV annunciatore *m*, -trice *f* **Nach·richten·tech·nik** F ⟨-⟩ tecnica *f* delle telecomunicazioni **Nach·rich·ten·wesen** N informazione *f*

nach·rü·cken VI ⟨s.⟩ 1 (*aufrücken*) avanzare 2 MIL seguire 3 **auf j-s Posten ~** subentrare a qn in una carica

N

Nach·ruf M necrologio *m* **nach·rufen** VT ⟨*irr*⟩ **j-m etw ~** gridare qc dietro a qn

nach·rüs·ten A VT attrezzare B VI ⟨h.⟩ 1 potenziare l'attrezzatura (*od* l'equipaggiamento) 2 MIL potenziare gli armamenti **Nach·rüs·tung** F riarmo *m*; potenziamento *m* dell'attrezzatura; potenziamento *m* degli armamenti

nach·sa·gen VT 1 ripetere 2 **j-m etw ~** dire qc di qn (in sua assenza); **j-m große Intelligenz ~** attribuire a qn grande intelligenza ♦ **man kann ihm nichts ~** non gli si può rimproverare nulla

Nach·sai·son F bassa stagione *f* **Nachsatz** M 1 (*Nachtrag*) aggiunta *f* 2 (*Nachschrift*) poscritto *m* 3 GRAM apodosi *f*

nach·schen·ken VT versare ancora

nach·schi·cken VT → nachsenden

nach·schie·ben VT ⟨*irr*⟩ *sl* aggiungere

Nach·schlag M *sl* porzione *f* supplementare **nach·schla·gen** ⟨*irr*⟩ A VT **etw im Wörterbuch ~** cercare qc sul dizionario B VI ⟨h.⟩ consultare: **in einem Handbuch ~** consultare un manuale **Nach·schla·ge·werk** N opera *f* di consultazione

nach·schlei·chen VI ⟨*irr*; s.⟩ **j-m ~** seguire qn di soppiatto, pedinare qn

Nach·schlüs·sel M controchiave *f*

Nach·schrift F 1 poscritto *m* 2 (*Nachtrag*) aggiunta *f* 3 (*schriftliche Wiedergabe*) appunti *mpl*

Nach·schub M rifornimento *m*

nach·se·hen ⟨*irr*⟩ A VI ⟨h.⟩ 1 **j-m/etw ~** seguire qn/qc con lo sguardo 2 andare a vedere: **sieh mal nach, ob die Tür zu ist** va' un po' a vedere se la porta è chiusa B VT 1 controllare: **die Übungen ~** controllare gli esercizi; **die Ware ~** ispezionare la merce 2 (*nachschlagen*) cercare 3 (*nicht übel nehmen*) perdonare **Nachse·hen** N ⟨-s⟩ **das ~ haben** restare con le briciole

nach·sen·den VT ⟨*irr*⟩ inoltrare al nuovo recapito

Nach·sicht F indulgenza *f*: **mit j-m ~ haben** (*od* **üben**) essere indulgente con qn; **ohne ~** severamente, con intransigenza **nach·sich·tig** ADJ indulgente

Nach·sil·be F suffisso *m*

nach·sit·zen VI ⟨h.⟩ rimanere a scuola in (*od* per) castigo

Nach·sor·ge F ⟨-⟩ = *assistenza medica durante la convalescenza*

Nach·spann M titoli *mpl* di coda

Nach·spei·se F dessert *m*, dolce *m*

Nach·spiel N 1 THEAT epilogo *m* 2 MUS postludio *m* 3 strascico *m*: **ein gerichtliches ~** uno strascico giudiziario

nach·spie·len A VT ripetere (suonando) B VI ⟨h.⟩ SPORT giocare i minuti di recupero **Nach·spiel·zeit** F SPORT tempi *mpl* di recupero

nach·spi·o·nie·ren VT spiare

nach·spre·chen VT ⟨*irr*⟩ **etw ~** ripetere qc; **sie müssen es ihm ~** devono ripetere ciò che ha detto

nächst[1] PRÄP (+*dat*) 1 vicino 2 dopo: **der Erste ~ dem König** il primo dopo il re

nächst...[2] ADJ ⟨*sup von* nahe⟩ 1 (*folgend*) seguente: **am -en Tag** il giorno dopo 2 più stretto: **unsere -en Verwandten** i nostri parenti più stretti ♦ **am -en** più vicino; **am -en kommen** avvicinarsi di più; **diese Vermutung liegt am -en** questa congettura è la più ovvia; **in den -en Tagen** nei prossimi giorni; *umg* **der -e Weg** la via più breve; **in -er Zeit** prossimamente

näch̲st·be̲st... ADJ **bei -er Gelegenheit** alla prima occasione **Nä̲chst·be̲s·te** M/F/N primo *m*, -a *f* che capita

Nä̲chs·te[1] M/F ⟨-n; -n⟩ prossimo *m*, -a *f*: **der ~, bitte!** avanti il prossimo!; **jeder ist sich selbst der ~** la prima carità comincia da sé stessi

Nä̲chs·te[2] N ⟨-n⟩ la prossima cosa

na̲ch·ste·hen V/I ⟨*irr*; h.⟩ essere inferiore: **j-m an Tüchtigkeit nicht ~** non essere inferiore a qn per abilità; **j-m in nichts ~** non essere inferiore in nulla a qn **na̲ch·ste·hend** A ADJ seguente B ADV qui di seguito: **aufgeführte Ware** la merce sottoelencata **Na̲ch·ste·hen·de** N ⟨-n⟩ ciò che segue

na̲ch·stel·len A V/T 1 (*Szene*) riprodurre 2 LING posporre 3 TECH regolare, registrare 4 **die Uhr** (**10 Minuten**) **~** mettere indietro l'orologio (di 10 minuti) B V/I ⟨h.⟩ 1 dare la caccia 2 **j-m ~** perseguitare qn **Na̲ch·stel·lung** F persecuzione *f*

Nä̲chs·ten·lie·be F ⟨-⟩ amore *m* per il prossimo

nä̲chs·tens ADV prossimamente

nä̲chst·ge·le·gen ADJ più vicino **nä̲chst·lie·gend** ADJ 1 più vicino 2 (*offensichtlich*) più semplice, ovvia **Nä̲chst·lie·gen·de** N ⟨-n⟩ cosa *f* più evidente, prima cosa *f* **nä̲chst·mö̲g·lich** ADJ prossimo possibile

na̲ch·su·chen V/I ⟨h.⟩ 1 cercare 2 **bei j-m um etw ~** richiedere qc presso qn

Na̲cht F ⟨-; Nächte⟩ notte *f*: **heute ~** stanotte; **in der** (*od* **bei**) **~** di notte; **es wird ~** si fa notte ♦ **gute ~** buona notte; **hässlich wie die ~** brutto come la morte; **Heilige ~** notte di Natale; **bei ~ und Nebel** col favore delle tenebre; segretamente; **schwarz wie die ~** nero come la pece; **die ~ zum Tage machen** fare della notte il giorno; **über ~ bleiben** pernottare, passare la notte

Na̲cht·ar·beit F lavoro *m* notturno **na̲cht·blind** ADJ emeralopo **Na̲cht·blind·heit** F emeralopia *f* **Na̲cht·creme** F crema *f* da notte **Na̲cht·dienst** M servizio *m* notturno

Na̲ch·teil M 1 svantaggio *m*: (**gegenüber j-m/etw**) **im ~ sein** essere in svantaggio (rispetto a qn/qc); **für j-n von ~ sein** essere svantaggioso per qn 2 (*Schaden*) danno *m*: **ein finanzieller ~** un danno finanziario; **j-m zum ~ gereichen** recar danno a qn; **zu j-s ~** a danno di qn ♦ **Vor- und Nachteile abwägen** soppesare i pro e i contro

na̲ch·tei·lig ADJ 1 svantaggioso 2 (*schädlich*) dannoso 3 (*ungünstig*) sfavorevole ♦ **sich auf etw** (*akk*) **~ auswirken** ripercuotersi negativamente su qc

nä̲ch·te·lang A ADJ che dura notti intere, di notti intere B ADV per notti intere

Na̲cht·es·sen N *schweiz* cena *f* **Na̲cht·fal·ter** M falena *f* **Na̲cht·frost** M gelo *m* notturno **Na̲cht·hemd** N camicia *f* da notte

Na̲ch·ti·gall F ⟨-; -en⟩ usignolo *m*

nä̲ch·ti·gen V/I ⟨h.⟩ pernottare

Na̲ch·tisch M dessert *m*, dolce *m*

Na̲cht·klub M locale *m* notturno, night-club *m* **Na̲cht·le·ben** N vita *f* notturna

nä̲cht·lich ADJ notturno

Na̲cht·lo·kal N locale *m* notturno, night-club *m* **Na̲cht·mahl** N *österr* cena *f* **Na̲cht·mensch** M nottambulo *m*, -a *f* **Na̲cht·por·ti·er** [-pɔrtje:] M portiere *m* di notte **Na̲cht·quar·tier** N posto *m* per la notte (*od* per dormire)

Na̲ch·trag M ⟨-[e]s; Nachträge⟩ 1 aggiunta *f* 2 (*Zusatz*) supplemento *m*

na̲ch·tra·gen V/T ⟨*irr*⟩ 1 portare dietro 2 (*später zufügen*) aggiungere (successivamente) 3 *fig* **j-m sein Verhalten ~** serbare rancore a qn per il suo comportamento **na̲ch·tra·gend** ADJ che porta rancore **na̲ch·träg·lich** A ADJ 1 successivo 2 (*zu spät*) ritardato 3 (*zusätzlich*) supplementare B ADV 1 successivamente 2 (*zu spät*) in ritardo 3 (*als Zusatz*) come supplemento, come aggiunta

na̲ch·trau·ern V/I ⟨h.⟩ 1 **j-m ~** piangere (la morte, la scomparsa di) qn 2 **etw** (*dat*) **~** rimpiangere qc

Na̲cht·ru·he F riposo *m* notturno; quiete *f* notturna

na̲chts ADV di notte: **spät ~** a tarda notte

Na̲cht·schicht F turno *m* di notte

Na̲cht·schwär·mer M ⟨-s; -⟩, **-in** F ⟨-; -nen⟩ *hum* nottambulo *m*, -a *f*

Na̲cht·schwes·ter F infermiera *f* di notte **Na̲cht·spei·cher·ofen** M radiatore *m* ad accumulo notturno (di calore) **Na̲cht·strom** M corrente *f* notturna (a tariffa ridotta) **Na̲cht·ta·rif** M tariffa *f* notturna **Na̲cht·tisch** M comodino *m* **Na̲cht·topf** M vaso *m* da notte

N

Nacht·und·Ne·bel·Ak·ti·on F (fulminea) operazione *f* segreta
Nacht·vor·stel·lung F rappresentazione *f* notturna **Nacht·wa·che** F guardia *f* notturna ♦ **die ~ haben** fare servizio di guardia (di notte); **~ halten** fare la veglia **Nacht·wäch·ter** M, **-in** F guardiano *m*, -a *f* notturno (-a) **Nacht·zug** M treno *m* notturno
Nach·un·ter·su·chung F visita *f* di controllo **nach·voll·zie·hen** V/T ⟨*irr*⟩ **1** seguire: **einen Gedankengang ~** seguire un ragionamento **2** (*verstehen*) capire, comprendere **nach·wach·sen** V/I ⟨*irr*; s.⟩ ricrescere **Nach·wahl** F elezione *f* suppletiva **Nach·we·hen** PL **1** MED morsi *mpl* uterini **2** *fig* postumi *mpl* (spiacevoli) **nach·wei·nen** V/I ⟨h.⟩ → nachtrauern ♦ **j-m keine Träne ~** non versare neanche una lacrima per qn
Nach·weis M ⟨-es; -e⟩ **1** prova *f*: **einen ~ erbringen/führen** portare/produrre una prova **2** HANDEL (*Beleg*) pezza *f* d'appoggio **nach·weis·bar** ADJ provabile; (*urkundlich belegbar*) documentabile **nach·wei·sen** V/T ⟨*irr*⟩ **1** provare: **j-m eine Schuld ~** provare la colpa di qn **2** (*belegen*) documentare **nach·weis·lich** **A** ADJ provato **B** ADV **das ist ~ falsch** è provato che ciò è falso
Nach·welt F posteri *mpl*
nach·wir·ken V/I ⟨h.⟩ **etw wirkt nach** l'effetto di qc perdura **Nach·wir·kung** F effetto *m*: **unter den -en des Krieges leiden** risentire degli effetti della guerra; **die -en einer Krankheit** i postumi di una malattia
Nach·wort N ⟨-[e]s; -e⟩ epilogo *m*
Nach·wuchs M ⟨-es⟩ **1** (*junge Kräfte*) nuove leve *fpl*: **der wissenschaftliche ~** le nuove leve della scienza **2** *hum* (*Kind*) rampollo *m*; (*Kinder*) prole *f*: **was macht der ~?** che fa la prole?
Nach·wuchs·au·tor M, **-in** F giovane autore *m*, -trice *f* **Nach·wuchs·bedarf** M bisogno *m* di forze nuove (*od* di giovani) **Nach·wuchs·prob·lem** N problema *m* della mancanza di nuove leve
nach·zah·len V/T **1** (*später*) pagare dopo **2** (*zusätzlich*) pagare in più **nach·zäh·len** V/T ricontare **Nach·zah·lung** F **1** pagamento *m* supplementare **2** (*nachgezahlte Summe*) arretrato *m*
nach·zie·hen ⟨*irr*⟩ **A** V/T **1** (*Fuß, Bein*) trascinare (dietro) **2** (*Linien*) ripassare **3** (*fester anziehen*) stringere (ulteriormente) **B** V/R **sich** (*dat*) **die Lippen ~** ritoccarsi le labbra **C** V/I **1** ⟨s.⟩ **j-m ~** seguire qn **2** *umg* ⟨h.⟩ (*ebenso handeln*) accodarsi
Nach·züg·ler M ⟨-s; -⟩, **-in** F ⟨-; -nen⟩ **1** ritardatario *m*, -a *f* **2** → Nachkömmling
Na·cke·dei N ⟨-s; -s⟩ *hum* nudo *m*
Na·cken M ⟨-s; -⟩ nuca *f* ♦ **einen steifen ~ haben** avere il torcicollo; **j-m im ~ sitzen** stare addosso a qn; **die Angst saß ihm im ~** era in preda alla paura
Na·cken·rol·le F tombolo *m* **Na·cken·schlag** M colpo *m* alla nuca; *fig* colpo *m* **Na·cken·wir·bel** M vertebra *f* cervicale
nackt **A** ADJ **1** nudo: **~ baden** fare il bagno nudo; **-e Wände** pareti nude; **auf der -en Erde** sulla nuda terra **2** (*Schädel*) pelato **3** (*Tiere*) spelato; (*Vögel*) spiumato **B** ADV **sich ~ ausziehen** spogliarsi nudo ♦ **das -e Leben** soltanto la vita; **das ist die -e Wahrheit** questa è la verità nuda e cruda
Nackt·ba·de·strand M spiaggia *f* per nudisti **Nackt·fo·to** N foto *f* di nudo **Nackt·heit** F ⟨-⟩ nudità *f* **Nackt·kul·tur** F nudismo *m* **Nackt·schne·cke** F lumaca *f* senza guscio
Na·del F ⟨-; -n⟩ **1** ago *m* (*a.* MED, BOT) **2** (*Stecknadel*) spillo *m* **3** (*Anstecknadel*) spilla *f* **4** (*Häkelnadel*) uncinetto *m*; (*Stricknadel*) ferro *m* (da calza) **5** (*vom Plattenspieler*) puntina *f* ♦ *sl* **an der ~ hängen** bucarsi
Na·del·baum M conifera *f* **Na·del·dru·cker** M stampante *f* ad aghi **Na·del·öhr** N cruna *f* dell'ago **Na·del·stich** M **1** puntura *f* d'ago **2** (*beim Nähen*) punto *m* (di cucito) **3** *fig* punzecchiatura *f*: **j-m -e versetzen** punzecchiare qn **Na·del·strei·fen** PL (*bei Textilien*) rigatino *m* **Na·del·strei·fen·an·zug** M gessato *m* **Na·del·wald** M bosco *m* di conifere
Na·gel M ⟨-s; Nägel⟩ **1** chiodo *m* **2** unghia *f*: **an den Nägeln kauen** mangiarsi le unghie ♦ **die Sache brennt ihm unter den Nägeln** è una cosa urgente; *fig* **etw an den ~ hängen** attaccare qc al chiodo; **den ~ auf den Kopf treffen** cogliere nel segno; **Nägel mit Köpfen ma-**

chen fare le cose come si deve; **sich** (*dat*) **etw unter den ~ reißen** sgraffignare qc
Na·gel·bett N ‹-[e]s; -en *u.* -e› letto *m* ungueale **Na·gel·bürs·te** F spazzolino *m* per unghie **Na·gel·fei·le** F lima *f* per unghie **Na·gel·haut** F pipita *f*, cuticola *f* (delle unghie) **Na·gel·lack** M smalto *m* (per unghie) **Na·gel·lack·ent·fer·ner** M ‹-s; -› solvente *m* per smalto, acetone *m*
na·geln V/T inchiodare, attaccare con chiodi
na·gel·neu ADJ nuovo di zecca **Na·gel·sche·re** F forbicine *fpl* per unghie
na·gen **A** V/I ‹h.› **1** **an etw** (*dat*) **~** rosicchiare qc; (*Tiere*) rodere qc **2** *fig* (*allmählich zerstören*) corrodere **3** **an j-m ~** rodere qn: **Zweifel ~ an ihm** lo rodono i dubbi **B** V/T **1** rosicchiare, rodere: **das Fleisch vom Knochen ~** rosicchiare la carne dall'osso **2** (*Loch usw*) fare (rosicchiando) **Na·ger** M ‹-s; -›, **Na·ge·tier** N roditore *m*
nah ADJ → nahe
Nah·auf·nah·me F primo piano *m* **Nah·be·reich** M dintorni *mpl*, circondario *m*
na·he ‹*komp*: näher, *sup*: nächst...› **A** ADJ **1** vicino: **~ am Ziel sein** essere vicino alla meta; **der Winter ist ~** l'inverno è vicino; **in -r Zukunft** nel prossimo futuro **2** stretto: **~ Verwandte** parenti stretti **3** (*vertraut*) intimo **B** ADV **1** (*in der Nähe befindlich*) nelle vicinanze, vicino **2** **~ treten** (*sich nähern*) avvicinarsi; *fig* → nahetreten **3** **nah verwandt** strettamente imparentato; → nahebringen, nahegehen, nahekommen, nahelegen, naheliegen(d), nahestehen(d) **C** PRÄP (+*dat*) **1** vicino: **~ dem Hause** vicino alla casa **2** sul punto di, sull'orlo di: **den Tränen ~ sein** essere sul punto di piangere; **der Verzweiflung ~ sein** essere sull'orlo della disperazione; **dem Tode ~ sein** stare per morire ♦ **er war ~ daran, sich zu verraten** ci mancò poco che si tradisse; **~ daran sein, etw zu tun** essere sul punto di fare qc; **j-m zu ~ kommen** stare (troppo) addosso a qn; (*j-n stören*) pestare i piedi a qn; **j-m zu ~ treten** offendere qn; **von Nahem** da vicino (*a. fig*)
Nä·he F ‹-› **1** vicinanza *f*: **j-s ~ suchen** cercare la vicinanza di qn; **in j-s ~ bleiben** (re)stare vicino a qn; **hier in der ~** qui vicino **2** (*Umgebung*) vicinanze *fpl*, dintorni *mpl* ♦ **aus der ~** da vicino; **eine Brille für die ~** occhiali per vedere vicino (*od* da presbite); **ganz in der ~** vicinissimo; **in greifbarer ~** a portata di mano; **aus nächster ~** da molto vicino
na·he·bei ADV nelle vicinanze, vicino
na·he·brin·gen V/T ‹*irr*› **1** avvicinare: **das hat beide einander nahegebracht** ciò li ha avvicinati **2** (*beibringen*) **j-m etw ~** far conoscere qc a qn **na·he·ge·hen** V/I ‹*irr*; s.› **j-m ~** toccare (molto) da vicino **na·he·kom·men** ‹*irr*› **A** V/I ‹s.› avvicinarsi: **das kommt einem Betrug nahe** questo è quasi un imbroglio **B** V/R **sich ~** avvicinarsi **na·he·le·gen** V/T **1** (*empfehlen*) raccomandare, consigliare **2** (*zu etwas veranlassen*) **etw legt den Verdacht nahe, dass ...** qc fa nascere il sospetto che ...; **etw legt die Vermutung nahe, dass ...** qc induce a supporre che ... **na·he·lie·gen** V/I ‹*irr*; h.› essere ovvio (*od* evidente) **na·he·lie·gend** ADJ ovvio, evidente
na·hen V/I ‹s.› avvicinarsi
nä·hen V/T **1** cucire **2** MED suturare
nä·her ‹*komp von nahe*› **A** ADJ **1** più vicino: **in der -en Umgebung von Berlin** negli immediati dintorni di Berlino **2** più stretto: **die -en Angehörigen** i parenti più stretti **3** (*vertraut*) più intimo **4** (*ausführlicher*) più dettagliato **5** (*genauer*) più preciso: **-e Angaben** informazioni più precise **B** ADV **1** (*örtlich*) più vicino: **etw ~ bringen** avvicinare qc; **~ kommen** avvicinarsi; *fig* → näherkommen; **~ stehen** stare piu vicino; *fig* → näherstehen **2** (*besser*) meglio, più da vicino: **j-n ~ kennen(lernen)** conoscere qn più da vicino (*od* meglio) **3** **auf etw** (*akk*) **~ eingehen** occuparsi più da vicino di qc; (*genauer*) più precisamente; → näherliegen(d) **C** PRÄP (+*dat*) più vicino ♦ **bei -er Betrachtung** a un più attento esame; **die -en Einzelheiten** (*od* **Umstände**) i particolari; **treten Sie ~!** venga avanti!; → näherkommen, näherliegen(d), näherstehen **nä·her·brin·gen** V/T ‹*irr*› **j-m etw ~** (*beibringen*) far conoscere qc a qn; (*verständlich machen*) rendere comprensibile
Nä·he·re N ‹-n› particolari *mpl*: **alles ~ besprechen wir morgen** di tutti i particolari parleremo domani; **-s erfahren Sie bei ...** per ulteriori informazioni rivolgersi a ...

Nah·er·ho·lungs·ge·biet N zona *f* ricreativa in prossimità di centri urbani **Nä·he·rin** F ⟨-; -nen⟩ cucitrice *f* **nä·her·kom·men** ⟨irr⟩ **A** V/I ⟨s.⟩ **j-m ~** (*in Beziehung*) avvicinarsi a qn; **j-m menschlich ~** stabilire un rapporto umano con qn **B** V/R **sich ~** avvicinarsi **nä·her·lie·gen** V/I ⟨irr; h.⟩ essere meglio, convenire **nä·her·lie·gend** ADJ più ovvio
nä·hern V/R **sich ~** **1** avvicinarsi: **sich dem Ende ~** avvicinarsi alla meta **2** *fig* accostarsi: **sich einer Idee ~** accostarsi a un'idea
nä·her·ste·hen V/I ⟨irr; h.⟩ **j-m ~** (*in Beziehung*) essere più vicino a qn
Nä·he·rungs·wert M MATH valore *m* approssimativo
na·he·ste·hen V/I ⟨h.⟩ **j-m ~** (*in Beziehung*) essere vicino a qn **na·he·ste·hend** ADJ viciono **na·he·tre·ten** V/I ⟨irr; s.⟩ **j-m ~** (*vertraut werden*) avvicinarsi a qn
na·he·zu ADV quasi, circa
Näh·garn N filo *m* per cucire, cucirino *m*
Nah·kampf M (lotta *f*) corpo a corpo *m*
Näh·kas·ten M cassetta *f* del cucito
nahm → nehmen
Näh·ma·schi·ne F macchina *f* da cucire **Näh·na·del** F ago *m* (da cucire)
Nah·ost M ⟨-⟩ Medio Oriente *m*
Nähr·bo·den M **1** BIOL terreno *m* di coltura **2** *fig* terreno *m* fertile
näh·ren **A** V/T nutrire: **j-n mit etw ~** nutrire qn con qc; *fig* **einen Verdacht ~** nutrire un sospetto **B** V/I ⟨h.⟩ essere nutriente **C** V/R **sich ~** nutrirsi
nahr·haft ADJ nutriente
Nähr·stoff M sostanza *f* nutritiva
Nah·rung F ⟨-⟩ **1** alimentazione *f*: **flüssige ~** alimentazione liquida **2** cibo *m*: **die ~ verweigern** rifiutare il cibo **3** *fig* alimento *m*: **etw** (*dat*) **~ geben** alimentare qc
Nah·rungs·auf·nah·me F assunzione *f* di cibo **Nah·rungs·ket·te** F catena *f* alimentare **Nah·rungs·man·gel** M carenza *f* alimentare **Nah·rungs·mit·tel** N **1** alimento *m* **2** *pl* (*Lebensmittel*) alimentari *mpl* **Nah·rungs·mit·tel·che·mie** F chimica *f* alimentare **Nah·rungs·mit·tel·in·dust·rie** F industria *f* alimentare **Nah·rungs·mit·tel·ver·gif·tung** F intossicazione *f* (*od* avvelenamento *m*) da alimenti **Nah·rungs·quel·le** F fonte *f* di sostentamento **Nah·rungs·su·che** F ricerca *f* di cibo
Nähr·wert M valore *m* nutritivo
Näh·sei·de F cucirino *m* di seta
Naht F ⟨-; Nähte⟩ **1** cucitura *f*: **eine ~ nähen** fare una cucitura **2** MED sutura *f* **3** TECH giuntura *f*; (*Schweißnaht*) cordone *m* ♦ *umg* **aus allen Nähten platzen** non entrare più nei vestiti; **das Büro platzt aus den Nähten** l'ufficio è pieno da scoppiare
naht·los **A** ADJ **1** senza cuciture **2** TECH senza saldature **B** ADV *fig* senza soluzione di continuità ♦ **~ braun sein** = *essere abbronzato in modo uniforme*; **~ ineinander übergehen** susseguirsi senza soluzione di continuità
Nah·ver·kehr M traffico *m* locale **Nah·ver·kehrs·zug** M treno *m* locale
Näh·zeug N **1** occorrente *m* per il cucito **2** (*Näharbeit*) cucito *m*
Nah·ziel N meta *f* vicina (*od* prossima)
na·iv ADJ **1** ingenuo (*a. pej*) **2** KUNST naïf
Na·i·vi·tät F ⟨-⟩ ingenuità *f* (*a. pej*)
Na·me M ⟨-ns; -n⟩ **1** nome *m*: **wie ist Ihr ~?** qual è il suo nome?; **mein ~ ist …** mi chiamo …; **j-n dem -n nach kennen** conoscere qn di nome **2** (*Benennung*) denominazione *f* ♦ *fig* **etw beim -n nennen** dire pane al pane; **im -n des Gesetzes** in nome della legge; **in eigenem/fremden -n handeln** agire in nome proprio/altrui; *hum* **mein ~ ist Hase** non ne so niente; **in j-s -n** a nome di qn; **auf j-s -n laufen** essere intestato a qn; **sich** (*dat*) **einen -n machen** farsi un nome; **j-n beim** (*od* **mit**) **-n rufen** chiamare qn per nome
na·mens **A** ADV di nome **B** PRÄP (+*gen*) in nome
Na·mens·ak·tie F azione *f* nominativa
Na·mens·schild N targhetta *f* con il nome **Na·mens·tag** M onomastico *m*

Namenstag

Der Namenstag wird in Italien gefeiert. Der Glückwunsch dazu ist:
Buon onomastico!

Na·mens·vet·ter M omonimo *m*
na·ment·lich **A** ADJ **1** nominativo: ei-

ne -e Liste un elenco nominativo **2** nominale: **eine -e Abstimmung** una votazione nominale **B** ADV **1** per nome **2** (*besonders*) specialmente

nam·haft **A** ADJ **1** (*berühmt*) rinomato **2** (*ansehnlich*) notevole, considerevole **B** ADV *form* **j-n ~ machen** identificare qn

Na·mi·bia N ⟨-s⟩ Namibia *f*

näm·lich KONJ **1** (*denn*) infatti **2** (*und zwar*) cioè, vale a dire

nann·te → nennen

Na·no·tech·no·lo·gie F nanotecnologia *f*

na·nu INT toh, (ma) quarda un po'

Na·palm® N napalm *m*

Napf M ⟨-[e]s; Näpfe⟩ *dial* ciotola *f*, scodella *f* **Napf·ku·chen** M = *tipo di dolce con mandorle, uvetta, canditi*

Nap·pa·le·der N nappa *f*

Nar·be F ⟨-; -n⟩ **1** cicatrice *f* **2** BOT stigma *m* **nar·big** ADJ pieno di cicatrici

Nar·ko·se F ⟨-; -n⟩ anestesia *f* (totale): **die ~ einleiten** praticare l'anestesia; **in (der) ~ liegen** essere sotto (effetto della) anestesia **Nar·ko·se·arzt** M, **-ärz·tin** F anestesista *m/f*

Nar·ko·ti·kum N ⟨-s; Narkotika⟩ narcotico *m* **nar·ko·tisch** ADJ **1** MED narcotico **2** (*betäubend*) narcotizzante, che stordisce **nar·ko·ti·sie·ren** V/T MED narcotizzare

Narr M ⟨-en; -en⟩ **1** folle *m*, matto *m* **2** (*bei Hofe*) buffone *m* (*a.* THEAT) ♦ **einen -en an etw gefressen haben** andare pazzo per qc; **einen -en an j-m gefressen haben** essere pazzo di qn; **j-n zum -en halten** prendersi gioco di qn; **sich zum -en machen** rendersi ridicolo

nar·ren V/T **j-n ~** prendersi gioco di qn; ingannare qn

Nar·ren·frei·heit F = *licenza di comportarsi in modo stravagante* **nar·ren·si·cher** ADJ *hum* a prova di stupido

När·rin F ⟨-; -nen⟩ pazza *f*, folle *f*

när·risch ADJ **1** (*verrückt*) pazzo **2** (*im Karneval*) carnevalesco ♦ **auf j-n/etw ~ sein** andare pazzo per qn/qc

Nar·zis·se F ⟨-; -n⟩ BOT narciso *m*

nar·ziss·tisch ADJ **1** narcisista **2** (*den Narzissmus betreffend*) narcisistico

na·sal ADJ nasale

na·schen V/T & V/I ⟨h.⟩ mangiucchiare, spiluzzicare (con golosità)

nasch·haft ADJ goloso, ghiotto **Nasch·kat·ze** F, **Nasch·maul** N *umg* ghiottone *m*, -a *f*

Na·se F ⟨-; -n⟩ **1** naso *m*: **sich** (*dat*) **die ~ putzen** soffiarsi il naso; **ihr läuft die ~** le gocciola il naso; **in der ~ bohren** infilarsi le dita nel naso **2** **eine gute** (*od* **feine**) **~ haben** avere buon naso **3** *fig* fiuto *m*: **die richtige ~ für etw haben** avere fiuto per qc ♦ **auf die ~ fallen** sbattere il naso; **fass dich an deine eigene ~!** ficca il naso negli affari tuoi!; **sich** (*dat*) **eine goldene ~ verdienen** farsi una fortuna; **j-n an der ~ herumführen** menare qn per il naso; **j-m auf der ~ herumtanzen** mettere qn sotto i piedi; **die ~ hoch tragen** fare il sostenuto; **die ~ hochziehen** tirare su col naso; **auf der ~ liegen** essere (a letto) ammalato; **immer der ~ nach** sempre diritto; **pro ~** a testa; **j-m etw unter die ~ reiben** rinfacciare qc a qn; **die ~ in etw** (*akk*)**/in alles stecken** ficcare il naso in qc/dappertutto; **die ~ (gestrichen) voll haben von** averne le tasche piene di

na·se·lang ADV **alle ~** a ogni piè sospinto

nä·seln V/I ⟨h.⟩ parlare con voce nasale

Na·sen·bein N osso *m* nasale **Na·sen·blu·ten** N **~ haben** avere il sangue dal naso **Na·sen·flü·gel** M pinna *f* nasale **Na·sen·län·ge** F stretta misura *f*: **um eine ~ gewinnen** vincere di stretta misura **Na·sen·loch** N narice *f* **Na·sen·rü·cken** M dorso *m* del naso **Na·sen·schei·de·wand** F setto *m* nasale **Na·sen·schleim·haut** F mucosa *f* nasale **Na·sen·spit·ze** F punta *f* del naso **Na·sen·trop·fen** PL gocce *fpl* per il naso

Na·se·weis M ⟨-es; -e⟩ saputello *m*

Nas·horn N ⟨-[e]s; -hörner⟩ rinoceronte *m*

nass ADJ **1** bagnato **2** (*regenreich*) piovoso ♦ **-e Füße bekommen** bagnarsi i piedi; **~ geschwitzt** madido di sudore; **~ machen** bagnare; **das Bett ~ machen** bagnare il letto

nas·sau·ern V/I ⟨h.⟩ *umg* vivere a scrocco

Näs·se F ⟨-⟩ bagnato *m*, umidità *f* **näs·sen** V/I ⟨h.⟩ colare: **die Wunde nässt** la ferita cola ♦ **das Bett ~** bagnare il letto

nass·kalt ADJ freddo umido **Nass·ra·sur** F rasatura *f* con schiuma e pennello

Nass·zel·le F locale *m* (adibito) ad uso servizi

Nas·tuch N *schweiz* fazzoletto *m* (da na-

N

so)

Na·ti·on F ⟨-; -en⟩ nazione *f* ♦ **die Vereinten -en** le Nazioni Unite

na·ti·o·nal ADJ nazionale

Na·ti·o·nal·fei·er·tag M festa *f* nazionale **Na·ti·o·nal·flag·ge** F bandiera *f* (nazionale) **Na·ti·o·nal·ge·richt** N piatto *m* nazionale **Na·ti·o·nal·held** M, **-in** F eroe *m*, eroina *f* nazionale **Na·ti·o·nal·hym·ne** F inno *m* nazionale

na·ti·o·na·li·sie·ren V/T nazionalizzare

Na·ti·o·na·lis·mus M ⟨-⟩ nazionalismo *m* **Na·ti·o·na·list** M ⟨-en; -en⟩, **-in** F ⟨-; -nen⟩ nazionalista *m/f* **na·ti·o·na·lis·tisch** ADJ nazionalistico

Na·ti·o·na·li·tät F ⟨-; -en⟩ nazionalità *f*: **spanischer ~** di nazionalità spagnola

Na·ti·o·nal·mann·schaft F (squadra *f*) nazionale *f* **Na·ti·o·nal·park** M parco *m* nazionale **Na·ti·o·nal·rat** M ⟨-[e]s; -räte⟩ **1** consiglio *m* nazionale **2** (*Mitglied*) consigliere *m* nazionale **Na·ti·o·nal·rä·tin** F consigliera *f* nazionale **Na·ti·o·nal·so·zi·a·lis·mus** M nazionalsocialismo *m* **Na·ti·o·nal·so·zi·a·list** M, **-in** F nazionalsocialista *m/f* **na·ti·o·nal·so·zi·a·lis·tisch** ADJ nazionalsocialista **Na·ti·o·nal·spie·ler** M, **-in** F SPORT giocatore *m*, -trice *f* della nazionale, nazionale *m/f* **Na·ti·o·nal·stolz** M orgoglio *m* nazionale

Nat·ri·um N ⟨-s⟩ sodio *m*

Nat·ron N ⟨-s⟩ bicarbonato *m* di sodio

Nat·ter F ⟨-; -n⟩ ZOOL colubro *m*

Na·tur F ⟨-; -en⟩ **1** natura *f*: **zurück zur ~!** ritornare alla natura!; **die menschliche ~** la natura umana; **Fragen grundsätzlicher ~** questioni di natura fondamentale **2** (*Mensch*) indole *f*: **eine kämpferische ~** un'indole combattiva **3** costituzione *f*: **eine kräftige ~** una costituzione robusta ♦ **in die freie** (*od* **in der freien**) **~** all'aperto; **nach der ~ zeichnen** disegnare dal vero; **von ~ aus** (*od* **her**) di (*od* per) natura

Na·tu·ra·li·en PL prodotti *mpl* naturali ♦ **in ~ bezahlen** pagare in natura

na·tu·ra·li·sie·ren V/T naturalizzare

Na·tu·ra·lis·mus M ⟨-; Naturalismen⟩ naturalismo *m* **na·tu·ra·lis·tisch** ADJ naturalistico

na·tur·be·las·sen ADJ allo stato naturale **Na·tur·denk·mal** N meraviglia *f* della natura

Na·tu·rell N ⟨-s; -e⟩ indole *f*

Na·tur·er·eig·nis N evento *m* naturale **Na·tur·er·schei·nung** F fenomeno *m* naturale **na·tur·far·ben** ADJ di colore naturale **Na·tur·fa·ser** F fibra *f* naturale **Na·tur·film** M documentario *m* sulla natura **Na·tur·for·scher** M, **-in** F naturalista *m/f* **Na·tur·for·schung** F studio *m* delle scienze naturali **Na·tur·freund** M, **-in** F amante *m/f* della natura **na·tur·ge·ge·ben** ADJ naturale **na·tur·ge·mäß** **A** ADJ conforme alla natura **B** ADV **1** in modo naturale **2** naturalmente **Na·tur·ge·schich·te** F storia *f* naturale **Na·tur·ge·setz** N legge *f* naturale **na·tur·ge·treu** ADJ fedele (*od* conforme) all'originale **Na·tur·ge·walt** F forza *f* della natura **Na·tur·heil·kun·de** F medicina *f* naturale **Na·tur·heil·ver·fah·ren** N terapia *f* naturale **Na·tur·ka·ta·stro·phe** F calamità *f* naturale **Na·tur·kost** F alimentazione *f* naturale **Na·tur·kun·de** F scienze *fpl* naturali **Na·tur·lehr·pfad** M percorso *m* didattico naturalistico

na·tür·lich **A** ADJ naturale: **ein -er Lebensraum** un ambiente naturale **B** ADV (*selbstverständlich*) naturalmente ♦ **eine -e Art haben** avere modi semplici; **in -er Größe** in grandezza naturale **Na·tür·lich·keit** F ⟨-⟩ naturalezza *f*

Na·tur·me·di·zin F medicina *f* naturale **Na·tur·mensch** M **1** amante *m* della natura **2** (*Angehöriger eines Naturvolks*) (uomo *m*) primitivo *m* **na·tur·nah** **A** ADJ naturale **B** ADV in modo naturale **Na·tur·park** M parco *m* naturale **Na·tur·pro·dukt** N prodotto *m* naturale **na·tur·rein** ADJ GASTR genuino

Na·tur·schutz M tutela *f* della natura (*od* ambientale): **unter ~ stellen/stehen** porre/essere posto sotto tutela ambientale **Na·tur·schutz·ge·biet** N area *f* naturale protetta

Na·tur·ta·lent N **1** dote *f* naturale **2** (*Mensch*) persona *f* di talento naturale **na·tur·ver·bun·den** ADJ legato alla natura **Na·tur·volk** N popolo *m* primitivo **Na·tur·wis·sen·schaft** F scienze *fpl* naturali **Na·tur·wis·sen·schaft·ler** M, **-in** F studioso *m*, -a *f* di scienze naturali **na·tur·wis·sen·schaft·lich** ADJ di (*od* delle) scienze naturali, naturalistico **Na·tur·wun·der** N meraviglia *f* della natura **Na·tur·zu·stand** M stato

N

m di natura

nau·tisch ADJ nautico

Na·vel·oran·ge F arancia *f* brasiliana, arancia *f* Washington Navel

Na·vi M ⟨-s; -s⟩ AUTO *umg* navigatore *m*

Na·vi·ga·ti·on F ⟨-⟩ SCHIFF, FLUG navigazione *f* **Na·vi·ga·ti·ons·in·stru·men·te** PL strumenti *mpl* di navigazione **Na·vi·ga·ti·ons·sys·tem** N sistema *m* di navigazione

Na·vi·ga·tor[1] M ⟨-s; -en⟩ AUTO (*Gerät*) navigatore *m*

Na·vi·ga·tor[2] M ⟨-s; -en⟩, **-to·rin** F ⟨-; -nen⟩ SCHIFF, FLUG navigatore *m*, -trice *f*

na·vi·gie·ren V/I ⟨h.⟩ navigare

Na·zi M ⟨-s; -s⟩ nazista *m/f*

na·zis·tisch ADJ nazista

Na·zi·ver·bre·chen N crimine *m* nazista **Na·zi·zeit** F epoca *f* nazista

Ne·a·pel N ⟨-s⟩ Napoli *f* **ne·a·po·li·ta·nisch** ADJ napoletano

Ne·bel M ⟨-s; -⟩ **1** nebbia *f* **2** ASTRON nebulosa *f* **ne·bel·haft** ADJ (*unklar*) nebuloso **Ne·bel·horn** N sirena *f* da nebbia **Ne·bel·schein·wer·fer** M (faro *m*) antinebbia *m* **Ne·bel·schluss·leuch·te** F luce *f* posteriore antinebbia **Ne·bel·schwa·den** M lembo *m* di nebbia

ne·ben PRÄP **1** (+*dat*) vicino a, accanto a, a fianco di: **er saß ~ ihr** era seduto accanto a lei, al suo fianco **2** (+*akk*) **das Besteck ~ den Teller legen** mettere le posate a fianco del piatto **3** (+*dat*) (*außer*) oltre a **4** (+*dat*) (*verglichen mit*) in confronto a, rispetto a **5** (+*dat*) (*zeitgleich*) mentre: **ich kann ~ dem Arbeiten nicht fernsehen** non riesco a guardare la televisione mentre lavoro

ne·ben·an ADV vicino, accanto: **das Haus ~ steht leer** la casa qui accanto è vuota

Ne·ben·an·schluss M TEL derivazione *f* **Ne·ben·aus·ga·be** F spesa *f* accessoria **Ne·ben·aus·gang** M uscita *f* secondaria

ne·ben·bei ADV **1** (*außerdem*) inoltre, in più **2** (*zusätzlich*) (come) extra: **etw ~ verdienen** avere delle entrate extra **3** (*am Rande*) incidentalmente: **etw ~ bemerken** osservare qc incidentalmente; **~ gesagt** detto per inciso **4** (*gleichzeitig*) contemporaneamente

Ne·ben·be·ruf M secondo lavoro *m* **ne·ben·be·ruf·lich** **A** ADJ secondario **B** ADV come seconda occupazione **Ne·ben·be·schäf·ti·gung** F occupazione *f* secondaria **Ne·ben·buh·ler** M ⟨-s; -⟩, **-in** F ⟨-; -nen⟩ rivale *m/f* (*a.* ZOOL) **Ne·ben·ef·fekt** M effetto *m* secondario

ne·ben·ei·nan·der ADV **1** uno vicino (*od* accanto) all'altro **2** (*gleichzeitig*) contemporaneamente **Ne·ben·ei·nan·der** N ⟨-s⟩ accostamento *m* **ne·ben·ei·nan·der·her** ADV uno accanto all'altro

Ne·ben·ein·gang M entrata *f* secondaria **Ne·ben·ein·künf·te** PL, **Ne·ben·ein·nah·men** PL entrate *fpl* secondarie **Ne·ben·er·schei·nung** F fenomeno *m* secondario **Ne·ben·er·werb** M attività *f* secondaria **Ne·ben·fach** N materia *f* secondaria **Ne·ben·fi·gur** F figura *f* secondaria **Ne·ben·fluss** M affluente *m* **Ne·ben·frau** F concubina *f* **Ne·ben·ge·bäu·de** N edificio *m* annesso **Ne·ben·ge·räusch** N RADIO disturbo *m* **Ne·ben·haus** N casa *f* vicina (*od* attigua)

ne·ben·her ADV inoltre, in più **ne·ben·her·lau·fen** V/I ⟨*irr; s.*⟩ **1** (*rennen*) correre accanto (a qn/qc) **2** (*gehen*) camminare accanto (a qn/qc) **3** (*verlaufen*) procedere parallelamente (*od* contemporaneamente)

Ne·ben·höh·le F ANAT seno *m* paranasale **Ne·ben·job** M lavoro *m* extra **Ne·ben·klä·ger** M, **-in** F parte *f* civile **Ne·ben·kos·ten** PL spese *fpl* (accessorie, secondarie) **Ne·ben·li·nie** F **1** BAHN linea *f* secondaria **2** (*genealogisch*) linea *f* collaterale **Ne·ben·mann** M ⟨-[e]s; -männer *u.* -leute⟩ vicino *m* (nella fila) **Ne·ben·pro·dukt** N sottoprodotto *m* **Ne·ben·raum** M **1** stanza *f* attigua **2** (*kleinerer Abstellraum*) locale *m* di servizio **Ne·ben·rol·le** F parte *f* secondaria, ruolo *m* secondario (*a. fig*): **eine ~ spielen** avere un ruolo secondario **Ne·ben·sa·che** F questione *f* secondaria **ne·ben·säch·lich** ADJ di secondaria importanza **Ne·ben·sai·son** F bassa stagione *f* **Ne·ben·satz** M **1** GRAM proposizione *f* subordinata **2** (*beiläufig Gesagtes*) osservazione *f* marginale **ne·ben·ste·hend** ADJ a lato, in margine **Ne·ben·stel·le** F **1** filiale *f*, succursale *f* **2** TEL derivazione *f* **Ne·ben·stra·ße** F strada *f* secondaria **Ne·ben·stre·cke** F BAHN linea *f* secondaria **Ne·ben·tisch** M tavolo *m* vicino **Ne·ben·ver·dienst** M guadagno *m* a parte **Ne·ben·wir·kung** F effetto *m* secondario (*od* collaterale): **-en haben** avere effetti collaterali

neb·lig ADJ nebbioso

Ne·ces·saire [nesɛˈsɛːɐ] N ⟨-s; -s⟩ necessaire *m*

ne·cken V/T stuzzicare, punzecchiare ♦ **was sich liebt, das neckt sich** l'amore non è bello, se non è litigarello

ne·ckisch ADJ **1** canzonatore **2** (*kokett*) civettuolo

Nef·fe M ⟨-n; -n⟩ nipote *m* (di zio, zia)

Ne·ga·ti·on F ⟨-; -en⟩ negazione *f*

ne·ga·tiv ADJ negativo ♦ **~ geladen sein** avere una carica negativa

Ne·ga·tiv N ⟨-s; -e⟩ FOTO negativo *m*

Ne·ger M ⟨-s; -⟩, **-in** F ⟨-; -nen⟩ *neg!* (*politisch nicht korrekt*) negro *m*, -a *f* **Ne·ger·kuss** M = *meringa morbida ricoperta di cioccolato*

ne·gie·ren V/T negare

Neg·li·gé, **Neg·li·gee** [-ˈʒeː] N ⟨-s; -s⟩ négligé *m*

neh·men V/T ⟨nimmt, nahm, genommen⟩ **1** prendere: **etw vom Regal ~** prendere qc dallo scaffale; (**sich** [*dat*]) **einen Anwalt ~** prender(si) un avvocato; **was** (*od* **wie viel**) **~ Sie für die Stunde?** quanto prende per la lezione?; **Unterricht ~** prendere lezioni; **eine Medizin ~** prendere una medicina; MIL **eine feindliche Stellung ~** prendere una postazione nemica; **das Baby auf den Schoß ~** prendere (*od* mettersi) il bambino in grembo; **j-n zu ~ wissen** saper prendere qn; **j-n ~, wie er ist** prendere qn così com'è; **etw für ein günstiges Omen ~** prendere qc come un buon segno **2** (*weg-, fortnehmen*) togliere: *fig* (**von**) **j-m eine Sorge ~** togliere una preoccupazione a qn **3** privare di: **j-m die Freude ~** privare qn della gioia; **j-m die Lust ~** far passare la voglia a qn **4** (*annehmen*) accettare **5** (*verwenden*) usare **6** (*essen*) **etw zu sich ~** mangiare qc **7** **etw auf sich** (*akk*) **~** assumersi qc **8** **Entbehrungen auf sich** (*akk*) **~** sottoporsi a privazioni; **die Folgen auf sich** (*akk*) **~** accettare le conseguenze **9** **etw an sich** (*akk*) **~** conservare (*od* tenere) qc ♦ **j-n auf den Arm ~** prendere in braccio qn; *fig* prendere in giro qn; **es nicht** (**so/zu**) **genau ~** non andare (tanto/troppo) per il sottile; **sich** (*dat*) **nicht ~ lassen, etw zu tun** non rinunciare a fare qc; **j-n/etw wichtig ~** ritenere importante qn/qc, dare importanza a qn/qc; **wie man es nimmt!** dipende!

Neh·mer M ⟨-s; -⟩, **-in** F ⟨-; -nen⟩ **1** persona *f* che prende **2** (*Käufer*) acquirente *m/f*

Neid M ⟨-[e]s⟩ invidia *f*: **vor ~ erblassen** diventare verde dall'invidia **nei·den** V/T **j-m etw ~** invidiare qc a qn **Nei·der** M ⟨-s; -⟩, **-in** F ⟨-; -nen⟩ invidioso *m*, -a *f*: **sie hat viele ~** è invidiata da molti **nei·disch** **A** ADJ invidioso: **auf j-n/etw ~ sein** essere invidioso di qn/qc **B** ADV con invidia **neid·los** ADJ & ADV senza invidia

Nei·ge F **zur ~ gehen** stare per finire; *fig* **seinen Triumph bis zur ~ auskosten** gustare il proprio trionfo fino in fondo

nei·gen **A** V/T **1** inclinare **2** (*nach unten beugen, senken*) chinare, piegare (in giù): **den Kopf ~** chinare il capo **B** V/R **sich ~** **1** essere inclinato, pendere: **der Turm neigt sich nach einer Seite** la torre pende da un lato **2** (*sich beugen*) chinarsi, piegarsi: **sich nach vorn/über etw** (*akk*) **~** chinarsi in avanti/su qc; **sich zur Seite ~** piegarsi su un lato **3** (*sich senken*) abbassarsi **4** (*schräg abfallen*) digradare **C** V/I ⟨h.⟩ **1** **zu etw ~** tendere a qc; **zu Erkältungen ~** tendere a raffreddarsi facilmente **2** (*geneigt sein*) essere propenso: **ich würde dazu ~, ihr zu glauben** sarei propenso a crederle; **zu einer Ansicht ~** tendere a credere

Nei·gung F ⟨-; -en⟩ **1** (*geneigte Lage*) inclinazione *f*; (*Gefälle*) pendenza *f* **2** tendenza *f*: **~ zum Kritisieren** tendenza a criticare **3** (*Lust*) propensione *f*: **wenig ~ zeigen, etw zu tun** essere poco propenso a fare qc **4** (*Anlage*) **künstlerische -en** inclinazioni artistiche **Nei·gungs·win·kel** M angolo *m* d'inclinazione

nein ADV no: **~, danke!** no, grazie! ♦ **mit Nein antworten** rispondere di no; **zu etw Nein sagen** dire (di) no a qc; **~, so was!** ma guarda un po'!, ma no!

Nein·sa·ger M ⟨-s; -⟩, **-in** F ⟨-; -nen⟩ *pej* bastian contrario *m* **Nein·stim·me** F voto *m* a sfavore

Nek·tar M ⟨-s; -e⟩ nettare *m*

Nek·ta·ri·ne F ⟨-; -n⟩ pesca *f* noce

Nein sagen

Viele Süditaliener schütteln nicht den Kopf, um Nein zu sagen: Sie werfen den Kopf nach hinten und schnalzen eventuell mit der Zunge. Dabei meinen Sie:

Nein, danke.	**No grazie.**
Lieber nicht.	**Preferisco di no.**
Ach wo!	**Macché!**
Ach was ...	**Ma no ...**
Das stimmt doch nicht!	**Non è vero!**
	(*du*) **Ma va là!**

Nel·ke F ⟨-; -n⟩ 1 garofano *m* 2 (*Gewürznelke*) chiodo *m* di garofano

nen·nen ⟨nannte, genannt⟩ A V/T 1 chiamare 2 (*bezeichnen*) dire: **man kann ihn nicht schön ~** non si può dire che sia bello; **das nenne ich Mut!** questo si chiama coraggio! 3 (*betiteln*) intitolare 4 *umg* **j-n einen Faulenzer ~** dare del fannullone a qn 5 (*erwähnen*) citare, menzionare: **sein Name wurde nicht genannt** il suo nome non fu menzionato; **Beispiele ~** citare degli esempi 6 (*angeben*) **j-n/etw ~** fare il nome di qn/qc B V/R **sich ~** 1 (*heißen*) chiamarsi 2 (*sich bezeichnen*) dirsi, proclamarsi: **er nennt sich Christ** si proclama cristiano; **er nennt sich Maler** dice di essere un pittore ♦ **und so was nennt sich dein Freund?** e questo sarebbe un amico?; **keine Namen ~ wollen** non voler fare nomi

nen·nens·wert A ADJ degno di nota, rilevante B ADV in modo considerevole

Nen·ner M ⟨-s; -⟩ 1 MATH denominatore *m* 2 *fig* **einen** (**gemeinsamen**) **~ finden** trovare un denominatore comune

Nen·nung F ⟨-; -en⟩ 1 (*Erwähnung*) menzione *f* 2 (*Angabe*) indicazione *f* 3 SPORT (*Anmeldung*) iscrizione *f*

Nenn·wert M valore *m* nominale ♦ **über dem ~** sopra la pari; **zum ~** alla pari

Neo·fa·schis·mus M neofascismo *m* **Neo·fa·schist** M, **-in** F neofascista *m/f* **neo·fa·schis·tisch** ADJ neofascista

Ne·on N ⟨-s⟩ neon *m*

Neo·na·zi M neonazista *m/f*

Ne·on·licht N luce *f* al neon, neon *m* **Ne·on·röh·re** F tubo *m* al neon

Neo·pren·an·zug M muta *f*

Ne·pal N ⟨-s⟩ Nepal *m*

Nepp M ⟨-s⟩ *umg* ladreria *f*

nep·pen V/T *umg fig* spennare, pelare

Nerv M ⟨-s; -en⟩ nervo *m* (*a.* BOT) ♦ **j-m auf die -en fallen** (*od* **gehen**) dare ai (*od* sui) nervi a qn; *umg* **-en wie Drahtseile** (*od* **aus Stahl**) nervi d'acciaio; *umg* **völlig mit den -en am Ende** (*od* **fertig**) **sein** avere i nervi a pezzi; **du hast** (**vielleicht**) **-en!** ti dà di volta il cervello?! *umg*; **-en zeigen** innervosirsi

ner·ven V/T *umg* 1 (*lästig werden*) **j-n ~** dare sui nervi a qn 2 (*nervlich anstrengen*) snervare; essere snervante

Ner·ven·arzt M, **-ärz·tin** F neurologo *m*, -a *f* **ner·ven·auf·rei·bend** ADJ snervante **Ner·ven·bün·del** N *umg fig* fascio *m* di nervi **Ner·ven·ent·zün·dung** F neurite *f* **Ner·ven·gas** N gas *m* nervino **Ner·ven·gift** N neurotossico *m* **Ner·ven·heil·an·stalt** F clinica *f* neurologica **Ner·ven·kit·zel** M *umg* (gusto *m* del) brivido *m* **Ner·ven·kli·nik** F clinica *f* neurologica **Ner·ven·kos·tüm** N *umg hum* nervi *mpl* **ner·ven·krank** ADJ malato di nervi, nevrotico **Ner·ven·krank·heit** F malattia *f* nervosa **Ner·ven·krieg** M guerra *f* psicologica **Ner·ven·pro·be** F prova *f* dei nervi **Ner·ven·sa·che** F **das ist** (**eine**) **reine ~** è solo una questione nervosa **Ner·ven·sä·ge** F *umg* tormento *m* **ner·ven·schwach** ADJ debole di nervi, nevrastenico **Ner·ven·schwä·che** F nevrastenia *f* **ner·ven·stark** ADJ robusto di nervi **Ner·ven·sys·tem** N sistema *m* nervoso **Ner·ven·zu·sam·men·bruch** M collasso *m* nervoso

ner·vig ADJ *umg* snervante

nerv·lich A ADJ (del sistema) nervoso B ADV dal punto di vista nervoso

ner·vös [-v-] ADJ 1 nervoso 2 MED → nervlich **Ner·vo·si·tät** F ⟨-⟩ 1 nervosismo *m*: **es herrschte ~** c'era nervosismo 2 (*Erregbarkeit*) nervosità *f*

nerv·tö·tend ADJ snervante

Nerz M ⟨-es; -e⟩ visone *m* **Nerz·man·tel** M pelliccia *f* di visone

Nes·sel F ⟨-; -n⟩ ortica *f* ♦ *umg* **sich in die -n setzen** mettersi nei pasticci **Nes·sel·fie·ber** N orticaria *f*

Nes·ses·sär → Necessaire

Nest N ⟨-[e]s; -er⟩ 1 nido *m*: **ein ~ bauen** fare un nido 2 *umg pej* (*kleiner Ort*) buco *m* ♦ **sein eigenes ~ beschmutzen** sputare nel piatto in cui si mangia; *umg* **sich ins gemachte ~ setzen** trovare

la pappa fatta
nes·teln VI ⟨h.⟩ armeggiare
Nest·häk·chen N ⟨-s; -⟩ *fig* ultimo (-a) nato *m*, -a *f* **Nest·wär·me** F calore *m* della famiglia
Ne·ti·quet·te F ⟨-⟩ IT netiquette *f inv*
Net·sur·fer M, **-in** F internauta *m/f*
nett ADJ **1** gentile: **~ zu j-m sein** essere gentile con qn; **sehr ~ von Ihnen!** molto gentile da parte Sua!; **seien Sie bitte so ~ und …** sia così gentile da (+ *inf*) … **2** simpatico: **ein -er Mensch** una persona simpatica **3** carino: **ein -es Kleid** un vestito carino **4** piacevole: **ein -er Abend** una piacevole serata; **ein -es Lokal** un locale simpatico
net·ter·wei·se ADV *umg* gentilmente
net·to ADV (al) netto **Net·to·ein·kom·men** N reddito *m* netto **Net·to·lohn** M salario *m* netto **Net·to·preis** M prezzo *m* netto
Netz N ⟨-es; -e⟩ **1** rete *f* **2** (*Internet*) rete *f*, Internet *m*: **etw ins ~ stellen** mettere qc in rete; **im ~ surfen** navigare in Internet ♦ **ans ~ gehen** (*Kraftwerk*) venire attivato; **j-m ins ~ gehen** cadere nella rete di qn
Netz·an·schluss M allacciamento *m* alla rete (elettrica) **Netz·ball** M net *m* **Netz·be·trei·ber** M ⟨-; -s⟩, **-in** F ⟨-; -nen⟩ **1** (*von Stromnetz*) gestore *m*, -trice *f* di rete **2** (*von Telekommunikationsnetz*) operatore *m*, -trice *f* di rete **netz·för·mig** **A** ADJ retiforme **B** ADV a rete **Netz·haut** F retina *f* **Netz·hemd** N canottiera *f* a rete **Netz·kar·te** F biglietto *m* valido su tutta la rete **Netz·pi·rat** M, **-in** F pirata *m/f* informatico (-a) **Netz·schal·ter** M interruttore *m* generale **Netz·span·nung** F ELEK tensione *f* di rete **Netz·ste·cker** M ELEK spina *f* **Netz·strumpf** M calza *f* a rete **Netz·sur·fer** M, **-in** F IT internauta *m/f*
Netz·werk N **1** reticolo *m*: **ein ~ von Linien** un reticolo di linee **2** *fig* ELEK, IT rete *f* **Netz·werk·kar·te** F IT scheda *f* di rete
Netz·zu·gang M IT accesso *m* alla rete
neu **A** ADJ **1** nuovo: **das ist mir ~** la cosa mi giunge nuova; **ich bin hier ~** sono nuovo di qui **2** (*Kartoffeln, Wein*) novello **3** moderno: **die -e Literatur** la letteratura moderna **4** (*aktuell*) recente: **die -(e)-sten Nachrichten** le ultime notizie **B** ADV **1** da poco, recentemente, di recente; **~ eröffnet** aperto recentemente **2** (*wieder*) di nuovo, nuovamente ♦ **wie ~ aussehen** sembrare nuovo; **~ bearbeiten** rielaborare; **~** *od* **von Neuem beginnen** ricominciare; **seit Neuestem** da poco; **von Neuem** nuovamente, da capo; **in -erer Zeit** recentemente, ultimamente
Neu·an·kömm·ling M nuovo (-a) arrivato *m*, -a *f* **Neu·an·schaf·fung** F nuovo acquisto *m* **neu·ar·tig** ADJ nuovo, di nuovo tipo **Neu·auf·la·ge** F ristampa *f*; *fig* riedizione *f* **Neu·aus·ga·be** F nuova edizione *f*
Neu·bau M ⟨-[e]s; -ten⟩ **1** (nuova) costruzione *f*: **in einem ~ wohnen** abitare in un edificio di nuova costruzione **2** (*Wiedererrichten*) ricostruzione *f* **Neu·bau·woh·nung** F appartamento *m* appena costruito
Neu·be·ar·bei·tung F **1** rifacimento *m* **2** nuova versione *f* **Neu·bil·dung** F **1** nuova formazione *f* **2** LING, MED neoformazione *f* **3** (*Umgestaltung*) trasformazione *f*
Neue[1] N ⟨-n⟩ nuovo *m*: **nichts -s** niente di nuovo ♦ **aufs ~** di nuovo; **auf ein -s!** da capo!
Neue[2] M/F ⟨-n; -n⟩ *umg* nuovo *m*, -a *f*
Neu·ein·stei·ger M ⟨-s; -⟩, **-in** F ⟨-; -nen⟩ persona *f* nuova del mestiere **Neu·ein·stel·lung** F neoassunzione *f*
Neu·en·burg N ⟨-s⟩ **1** (*Stadt*) Neuchâtel *f* **2** (*Kanton*) Canton *m* Neuchâtel
Neu·ent·de·ckung F **1** nuova scoperta *f* **2** *fig* ultima scoperta *f* **neu·er·dings** ADV recentemente **Neu·er·schei·nung** F novità *f* (sul mercato) **Neu·e·rung** F ⟨-; -en⟩ innovazione *f* **Neu·fund·land** N ⟨-s⟩ Terranova *f* **neu·ge·bo·ren** ADJ neonato ♦ *fig* **wie ~** rinato **Neu·ge·bo·re·ne** N ⟨-n; -n⟩ neonato *m*, -a *f* **Neu·ge·stal·tung** F riorganizzazione *f*
Neu·gier F ⟨-⟩ curiosità *f* **neu·gie·rig** **A** ADJ curioso: **ich bin ~, wie sie jetzt aussieht** sono curioso di vedere che aspetto ha **B** ADV con curiosità ♦ **j-n ~ machen** incuriosire qn
Neu·grün·dung F **1** nuova fondazione *f* **2** (*erneute Gründung*) rifondazione *f*
Neu·gui·nea N ⟨-s⟩ Nuova Guinea *f*
Neu·heit F ⟨-; -en⟩ novità *f*
Neu·ig·keit F ⟨-; -en⟩ novità *f*
Neu·jahr N capodanno *m* **Neu·land** N **1** (*für Nutzung*) terra *f* vergine **2** campo *m* nuovo: **wissenschaftliches ~ betre-**

ten entrare in un campo scientifico nuovo **3** (*unerforschtes Land*) terra *f* inesplorata

neu·lich ADV recentemente: **unser Gespräch von ~** il nostro recente colloquio

Neu·ling M ⟨-s; -e⟩ novellino *m*, -a *f*

neu·mo·disch *bes pej* **A** ADJ moderno **B** ADV all'ultima moda **Neu·mond** M novilunio *m*

neun NUM nove: **er ist ~** ha nove anni; **um ~** (**Uhr**) alle nove ♦ **alle -[e]!** (*beim Kegeln*) strike! *hum* patatrac!

Neun F ⟨-; -en⟩ nove *m* **neun·hun·dert** NUM novecento **neun·jäh·rig** ADJ di nove anni **neun·mal klug** ADJ saccente **neun·mo·na·tig** ADJ di nove mesi

neunt: **zu ~** in nove

neun·tau·send ADJ novemila

neun·te ADJ **1** nono **2** nove: **am -n Mai** il nove maggio **Neun·te** M/F ⟨-n; -n⟩ nono *m*, -a *f* **Neun·tel** N ⟨-s; -⟩ nono *m* **neun·tens** ADV nono, in nono luogo

neun·zehn NUM diciannove **neun·zehn·hun·dert** NUM millenovecento

neun·zig NUM novanta: **in die ~ kommen** arrivare ai novanta

Neun·zig F ⟨-; -en⟩ novanta *m*

neun·zi·ger ADJ ⟨*inv*⟩ **1** novanta: **in den ~ Jahren** negli anni novanta **2** (*Alter*) novantina *f*, novant'anni *mpl*

Neun·zi·ger M ⟨-s; -⟩, **-in** F ⟨-; -nen⟩ novantenne *m/f*

Neun·zi·ger·jah·re PL anni *mpl* novanta

Neu·ord·nung F riordinamento *m* **Neu·ori·en·tie·rung** F nuovo orientamento *m* **Neu·phi·lo·lo·ge** M, **-lo·gin** F filologo *m*, -a *f* moderno **Neu·preis** M prezzo *m* da nuovo

Neu·ral·gie F ⟨-; -n⟩ nevralgia *f*

neu·ral·gisch ADJ nevralgico (*a. fig*)

Neu·re·ge·lung F nuova regolamentazione *f*

Neu·rei·che M/F *pej* arricchito *m*, -a *f*, nuovo (-a) ricco *m*, -a *f*

Neu·ro·chi·rurg M, **-in** F neurochirurgo *m*

Neu·ro·lo·ge M ⟨-n; -n⟩, **-lo·gin** F ⟨-; -nen⟩ neurologo *m*, -a *f* **neu·ro·lo·gisch** ADJ neurologico

Neu·ro·se F ⟨-; -n⟩ nevrosi *f* **Neu·ro·ti·ker** M ⟨-s; -⟩, **-in** F ⟨-; -nen⟩ nevrotico *m*, -a *f* **neu·ro·tisch** ADJ nevrotico

Neu·schnee M neve *f* fresca

Neu·see·land N ⟨-s⟩ Nuova Zelanda *f* **Neu·see·län·der** M ⟨-s; -⟩, **-in** F ⟨-; -nen⟩ neozelandese *m/f* **neu·see·län·disch** ADJ neozelandese

neu·sprach·lich ADJ di lingue moderne

Neu·start M IT riavvio *m*: **Neustart** (*Befehl*) riavvia

neut·ral ADJ **1** POL neutrale **2** (*unparteiisch*) imparziale **3** neutro (*a.* GRAM, CHEM, PHYS): **geschmacklich ~** dal gusto neutro ♦ **~ bleiben** restare neutrale

neut·ra·li·sie·ren V/T neutralizzare

Neut·ra·li·tät F ⟨-⟩ neutralità *f*

Neut·ron N ⟨-s; -en⟩ neutrone *m* **Neut·ro·nen·bom·be** F bomba *f* al neutrone

Neut·rum N ⟨-s; Neutra⟩ GRAM neutro *m*

Neu·wahl F nuova elezione *f* **Neu·wert** M valore *m* da nuovo: **der ~ eines Autos** il valore di una macchina nuova (di fabbrica) **neu·wer·tig** ADJ come nuovo

Neu·zeit F ⟨-⟩ età *f* moderna **neu·zeit·lich** ADJ moderno

News·group ['nju:sgru:p] F ⟨-; -s⟩, **News·grup·pe** F IT newsgroup *m inv*

nicht ADV **1** non: **das ist ~ übel** non è male; **bitte ~ berühren** si prega di non toccare **2** no: **ich ~!** io no!; **bestimmt ~!** certo che no! ♦ **ich** (**du, wir ...**) **auch ~** neanche (*od* nemmeno) io (tu, noi ...); **~ besonders** non particolarmente; **~ doch!** ma no!; **ich will das ~ mehr** non lo voglio più; **noch ~** non ancora; **~ ... noch** né ... né; **~ nur** non solo; **~ wahr?** (non è) vero?; **wenn ~** in caso contrario

Nicht·ach·tung F **1** l'ignorare: **j-n mit ~ strafen** punire qn ignorandolo **2** mancanza *f* di rispetto **Nicht·an·griffs·pakt** M patto *m* di non aggressione **Nicht·be·ach·tung** F, **Nicht·be·fol·gung** F ⟨-; -en⟩ inosservanza *f*

Nich·te F ⟨-; -n⟩ nipote *f* (di zio, zia)

Nicht·ein·hal·tung F inosservanza *f* **Nicht·ein·mi·schung** F non intervento *m* **Nicht·er·fül·lung** F inadempimento *m* **Nicht·er·schei·nen** N JUR non comparizione *f*

nich·tig ADJ **1** da nulla, futile: **-e Dinge** cose da nulla **2** JUR (*ungültig*) nullo

Nich·tig·keit F ⟨-; -en⟩ **1**

N

(*Nichtigsein*) nullità *f* (*a.* JUR) **2** (*etwas Nichtiges*) nonnulla *m*
Nicht·mit·glied N non membro *m*
Nicht·rau·cher M, **-in** F non fumatore *m*, -trice *f* **Nicht·rau·cher·flug** M volo *m* (per) non fumatori **Nicht·rau·cher·ge·setz** N legge *f* antifumo **Nicht·rau·cher·zo·ne** F zona *f* per non fumatori
nichts INDEF PR niente, nulla: **~ sagen** non dire niente; **es gibt ~ Besseres** non c'è niente di meglio; **~ ahnend** ignaro; **~ sagend** → nichtssagend ♦ **~ als** nient'altro che; **so tun, als ob ~ wäre** fare come se niente fosse; **sich in ~ auflösen** dissolversi nel nulla; **es zu ~ bringen** non riuscire a combinare nulla; **daraus wird ~!** non se ne fa nulla!; **für ~** (**und wieder ~**) per niente; **das ist ~ für dich** non è per te; *umg* **das sieht nach ~ aus** ha l'aria da poco; **von ~ kommt ~** niente nasce dal nulla
Nichts N ⟨-; -e⟩ **1** niente *m*, nulla *m*: **etw aus dem ~ erschaffen** creare qc dal nulla **2** *pej* (*Mensch*) nullità *f*, zero *m* ♦ **vor dem ~ stehen** essere rovinato
Nicht·schwim·mer M, **-in** F non nuotatore *m*, -trice *f*
nichts·des·to·trotz ADV *umg* ciò nonostante **nichts·des·to·we·ni·ger** ADV ciò nondimeno
Nichts·kön·ner M, **-in** F incapace *m/f* **Nichts·nutz** M ⟨-es; -e⟩ inetto *m* **nichts·nut·zig** ADJ inetto, incapace **nichts·sa·gend** ADJ insignificante: **eine -e Antwort** una risposta inconcludente **Nichts·tu·er** M ⟨-s; -⟩, **-in** F ⟨-; -nen⟩ perdigiorno *m/f* **Nichts·tun** N il non fare niente: **das süße ~** il dolce far niente **nichts·wür·dig** ADJ indegno, infame
Nicht·zu·tref·fen·de N ⟨-n⟩ ciò che non interessa
Ni·ckel N ⟨-s⟩ nichel *m*
ni·cken V/I ⟨h.⟩ annuire, fare cenno di sì (con il capo)
Ni·cker·chen N ⟨-s; -⟩ pisolino *m*
Ni·cki M ⟨-[s]; -s⟩ maglia *f* di ciniglia
Ni·del M ⟨-s⟩ *u.* F ⟨-⟩ *schweiz* panna *f*
Nid·wal·den N ⟨-s⟩ (*Kanton*) Canton *m* Nidwaldo
nie ADV mai: **das wird er ~ vergessen** questo non lo dimenticherà mai ♦ *umg* **~ gehört** mai sentito; **~ und nimmer** mai e poi mai; **~ mehr**, **~ wieder** mai più

 **nie**

Wie im Deutschen steht **mai** (nie) immer nach dem konjugierten Verb. Am Anfang des Satzes muss jedoch immer **non** stehen.

Non ho mai fame.	Ich habe nie Hunger.

nie·der ADJ **1** inferiore (*a.* ZOOL, BIOL), basso: **die -en Schichten** i ceti inferiori; **der -e Adel** la piccola nobiltà **2** (*im Rang untergeordnet*) subalterno **3** umile: **von -er Herkunft** di umili origini; **das -e Volk** il popolino; **-e Arbeiten** lavori umili **4** elementare: **-e Instinkte** istinti elementari ♦ **~ mit dem Diktator!** abbasso il dittatore!
nie·der·bren·nen ⟨*irr*⟩ **A** V/T incenerire **B** V/I ⟨s.⟩ **1** ridursi in cenere **2** (*Kerzen*) consumarsi (bruciando) **nie·der·brül·len** V/T subissare di urla **nie·der·drü·cken** V/T **1** abbassare **2** (*deprimieren*) deprimere **nie·der·fal·len** V/I ⟨*irr*; s.⟩ cadere (giù) **Nie·der·fre·quenz** F bassa frequenza *f* **Nie·der·gang** M decadenza *f*, tramonto *m* **nie·der·ge·drückt** ADJ depresso, abbattuto **nie·der·ge·hen** V/I ⟨*irr*; s.⟩ **1** FLUG scendere, atterrare **2** (*Gewitter, Lawine*) abbattersi **nie·der·ge·schla·gen** ADJ avvilito, abbattuto **Nie·der·ge·schla·gen·heit** F ⟨-⟩ abbattimento *m*, avvilimento *m* **nie·der·kämp·fen** V/T vincere: **die Müdigkeit ~** vincere la stanchezza **nie·der·kni·en** V/I ⟨s.⟩ & V/R **sich ~** inginocchiarsi **nie·der·knüp·peln** V/T *fig* reprimere violentemente **Nie·der·la·ge** F **1** sconfitta *f*: **j-m eine ~ bereiten** infliggere una sconfitta a qn **2** (*Misserfolg*) insuccesso *m*: **seine -n eingestehen** ammettere i propri insuccessi
Nie·der·lan·de PL **die ~** i Paesi Bassi **Nie·der·län·der** M ⟨-s; -⟩, **-in** F ⟨-; -nen⟩ olandese *m/f* **nie·der·län·disch** ADJ olandese, dei Paesi Bassi
nie·der·las·sen V/R ⟨*irr*⟩ **sich ~** **1** (*sich setzen*) sedersi **2** (*Vögel*) posarsi **3** stabilirsi: **sich in der Stadt ~** stabilirsi in città **4** **sich als Arzt/Rechtsanwalt ~** aprire uno studio medico/legale **Nie·der·las·sung** F ⟨-; -en⟩ **1** stabilimento *m* **2** HANDEL sede *f*; filiale *f*, succursale *f* ♦ **seine ~ als Arzt** l'apertura del suo studio medico

nie·der·le·gen A VT 1 posare, deporre: **eine Last ~** posare un carico; **die Waffen ~** deporre le armi 2 (*aufgeben*) abbandonare: **ein Amt ~** abbandonare (*od* rinunciare a) una carica; **das Mandat ~** deporre il mandato 3 **etw schriftlich ~** mettere qc per iscritto B VR **sich ~** 1 coricarsi 2 (*ins Bett*) mettersi a letto ♦ **die Arbeit ~** sospendere il lavoro **Nie·der·le·gung** F ⟨-; -en⟩ 1 deposizione *f* 2 (*Aufgabe*) abbandono *m*, rinuncia *f*
nie·der·ma·chen VT *umg* trucidare
Nie·der·ös·ter·reich N Austria *f* inferiore
nie·der·rei·ßen VT ⟨irr⟩ 1 demolire 2 scaraventare a terra
Nie·der·sach·sen N Bassa Sassonia *f*
Nie·der·schlag M 1 METEO precipitazione *f* 2 (*Bodensatz*) sedimento *m* 3 CHEM precipitato *m* 4 SPORT atterramento *m* 5 *fig* espressione *f*: **das fand ~ in seinen Werken** ciò trovò espressione nei suoi lavori ♦ **radioaktiver ~** pioggia radioattiva
nie·der·schla·gen ⟨*irr*⟩ A VT 1 atterrare, stendere (a terra) 2 (*Blick*) abbassare 3 reprimere: **einen Aufstand blutig ~** stroncare nel sangue una rivolta 4 JUR **ein Verfahren ~** archiviare un procedimento B VR **sich ~** 1 depositarsi, formarsi 2 TECH condensare 3 *fig* trovare espressione
nie·der·schlags·arm ADJ povero di precipitazioni **nie·der·schmet·tern** VT 1 scaraventare a terra 2 *fig* sgomentare, costernare **nie·der·schmet·ternd** ADJ che sgomenta **nie·der·schrei·ben** VT ⟨*irr*⟩ mettere per iscritto, scrivere **Nie·der·schrift** F 1 (*Niederschreiben*) stesura *f* 2 scritto *m* 3 (*Protokoll*) verbale *m*
Nie·der·span·nung F bassa tensione *f*
nie·der·ste·chen VT ⟨*irr*⟩ accoltellare
nie·der·stre·cken VT abbattere, atterrare
Nie·der·tracht F ⟨-⟩ bassezza *f*, viltà *f*
nie·der·träch·tig ADJ basso, vile, abietto, ignobile: **-e Menschen** persone ignobili; **eine -e Behauptung** una bassa insinuazione
Nie·de·rung F ⟨-; -en⟩ depressione *f*, bassura *f*; (*Tiefebene*) bassopiano *m*
nie·der·wer·fen ⟨*irr*⟩ A VT reprimere, soffocare: **einen Aufstand ~** soffocare una rivolta B VR **sich ~** gettarsi a terra; **sich vor j-m ehrfürchtig ~** prostrarsi di fronte a qn in segno di rispetto
nied·lich ADJ carino, grazioso
nied·rig A ADJ 1 basso: **ein -er Stuhl** una sedia bassa; **-e Löhne** stipendi bassi; **-e Geschwindigkeit** bassa velocità; **eine -e Gesinnung** un modo di pensare basso 2 umile: **von -er Herkunft** di umili origini; **-e Arbeiten** lavori umili B ADV basso: **~ fliegen** volare basso; **~ stehend** basso, inferiore; non sviluppato **Nied·rig·keit** F ⟨-⟩ *fig* bassezza *f*
nie·mals ADV mai
nie·mand INDEF PR nessuno: **es war ~ da, den ich kannte** non c'era nessuno che conoscevo; **ein Niemand sein** (non) essere nessuno **Nie·mands·land** N 1 terra *f* di nessuno 2 (*unergründetes Land*) terra *f* vergine
Nie·re F ⟨-; -n⟩ 1 rene *m* 2 GASTR rognone *m* ♦ **j-m an die -n gehen** provare molto qn
Nie·ren·be·cken·ent·zün·dung F pielite *f* **Nie·ren·ent·zün·dung** F nefrite *f* **nie·ren·för·mig** ADJ 1 a forma di fagiolo 2 BOT reniforme **Nie·ren·ko·lik** F colica *f* renale **nie·ren·krank** ADJ malato di reni **Nie·ren·stein** M calcolo *m* renale **Nie·ren·ta·sche** F marsupio *m* **Nie·ren·tisch** M tavolino *m* a forma di fagiolo
nie·seln VI ⟨*unpers; h.*⟩ **es nieselt** pioviggina **Nie·sel·re·gen** M pioggerella *f*, METEO pioviggine *f*
nie·sen VI ⟨h.⟩ starnutire
Nieß·brauch M ⟨-[e]s⟩ usufrutto *m*
Niet M/N ⟨-[e]s; -e⟩ → Niete²
Nie·te¹ F ⟨-; -n⟩ 1 (*Los*) biglietto *m* non vincente 2 *umg* (*unfähiger Mensch*) schiappa *f*, frana *f*
Nie·te² F ⟨-; -n⟩ (*aus Metall*) chiodo *m* (da ribadire), rivetto *m*
nie·ten VT chiodare, rivettare
niet- und na·gel·fest ADJ *umg* **alles, was nicht ~ ist** tutto ciò che si può portare via
Ni·ger M ⟨-s⟩ Niger *m*
Ni·ge·ria N ⟨-s⟩ Nigeria *f*
Ni·hi·lis·mus M ⟨-⟩ nichilismo *m* **Ni·hi·list** M ⟨-en; -en⟩, **-in** F ⟨-; -nen⟩ nichilista *m/f* **ni·hi·lis·tisch** ADJ nichilista
Ni·ko·laus M ⟨-; -e⟩ = *figura della tradizione popolare analoga a Babbo Natale* **Ni·ko·laus·tag** M giorno *m* di Nikolaus

N

Ni·ko·tin N ⟨-s⟩ nicotina *f* **ni·ko·tin·arm** ADJ povero di nicotina **ni·ko·tin·frei** ADJ privo di (*od* senza) nicotina; denicotinizzato
Nil M ⟨-s⟩ Nilo *m* **Nil·pferd** N ippopotamo *m*
Nim·bus M ⟨-; -se⟩ aura *f*, fama *f*; nimbo *m*
Nim·mer·leins·tag M *hum* **am (Sankt)** ~ alle calende greche, il giorno del mai
nim·mer·mü·de ADJ infaticabile
nim·mer·satt ADJ insaziabile, ingordo
Nim·mer·wie·der·se·hen N *umg* **auf ~ verschwinden** sparire per sempre; **auf ~** addio per sempre
Nip·pel M ⟨-s; -⟩ raccordo *m* filettato
nip·pen V/I ⟨h.⟩ **am Wein ~** sorseggiare (*od* centellinare) il vino; **an einem Glas ~** bere da un bicchiere a piccoli sorsi
Nip·pes PL, **Nipp·sa·chen** PL ninnoli *mpl*, gingilli *mpl*, soprammobili *mpl*
nir·gends ADV da nessuna parte: **~ sonst** in nessun altro luogo
nir·gend·wo·her ADV da nessuna parte
nir·gend·wo·hin ADV in nessun luogo, da nessuna parte
Ni·sche F ⟨-; -n⟩ nicchia *f*
nis·ten V/I ⟨h.⟩ fare il nido, nidificare
Nist·platz M luogo *m* di nidificazione
Nit·rat N ⟨-(e)s; -e⟩ nitrato *m*
Nit·ro·gly·ze·rin N nitroglicerina *f*
Ni·veau [niˈvoː] N ⟨-s; -s⟩ **1** livello *m* (*a. fig*): **das ~ halten/steigern** mantenere/elevare il livello; **mit ~** di un certo livello **2** (*geistiger Rang*) levatura *f* ♦ **etw ist unter j-s ~** qc è al di sotto del livello di qn **ni·veau·los** ADJ di basso livello
ni·vel·lie·ren V/T livellare: **ein Gelände ~** livellare un terreno; *fig* **die sozialen Unterschiede ~** eliminare le differenze sociali
Ni·xe F ⟨-; -n⟩ MYTH ondina *f*
Niz·za N ⟨-s⟩ Nizza *f*
no·bel ADJ **1** (*großmütig*) nobile **2** *umg* (*großzügig*) generoso **3** *iron* elegante; lussuoso **No·bel·ho·tel** N hotel *m* di (gran) lusso
No·bel·preis M premio *m* Nobel **No·bel·preis·trä·ger** M, **-in** F premio Nobel *m/f*: **die diesjährige Nobelpreisträgerin** la premio Nobel di quest'anno
noch ADV **1** ancora: **es ist ~ Zeit** c'è ancora tempo; **das wusste ich ~ nicht** non lo sapevo ancora; **ich habe ~ 10 Euro** ho ancora 10 euro; **das ist ~ schöner** è ancora più bello; **~ heute** ancora oggi, oggi stesso; **sie will ~ mehr haben** ne vuole (ancora) di più; **wird er ~ kommen?** arriverà ancora? **2** (*erst*) non più tardi: **~ bis vor drei Tagen** non più tardi di (*od* fino a) tre giorni fa; **~ gestern** soltanto ieri **3** (*egal wie*) per quanto: **jeder Betrag, mag er ~ so gering sein** (*od* **sei er ~ so gering**) qualunque importo per quanto esiguo (*od* per esiguo che sia); **du kannst dich ~ so ärgern ...** puoi arrabbiarti quanto vuoi ... **4** (*außerdem*) in più: **was soll ich ~ tun?** in più che posso fare? **5** (*warnend*) **du erkältest dich ~!** ti prenderai un raffreddore **6** (*mit Negation*) neppure, neanche: **das kostet ~ keine 10 Euro** non costa neppure 10 euro **7** **wie hieß er ~?** ma com'è che si chiamava? ♦ **das auch ~!** ci mancava solo questa!; **~ einmal** ancora una volta; **~ einmal so groß** grande il doppio; **~ einmal so viel** due volte tanto; **es regnet kaum ~** non piove quasi più; **~ und ~** a non finire
noch·ma·lig ADJ nuovo, altro; ripetuto **noch·mals** ADV ancora (una volta), di nuovo
No·cken·wel·le F albero *m* a camme
No·ckerl N ⟨-s; -n⟩ *österr* gnocco *m* (di pasta) ♦ **Salzburger ~** spumino *m*, meringa *f*
No·ma·de M ⟨-n; -n⟩ nomade *m* **No·ma·den·le·ben** N vita *f* nomade **No·ma·din** F ⟨-; -nen⟩ nomade *f* **no·ma·disch** ADJ nomade, dei nomadi
No·mi·nal·wert M valore *m* nominale
No·mi·na·tiv M ⟨-s; -e⟩ nominativo *m*
no·mi·nell ADJ nominale
no·mi·nie·ren V/T nominare: **j-n (als Kandidaten) für die Wahl ~** proporre qn come candidato per le elezioni **No·mi·nie·rung** F ⟨-; -en⟩ nomina *f*
No-Name-Pro·dukt [ˈnoːneːm-] N sottomarca *f*
Non·ne F ⟨-; -n⟩ suora *f*, monaca *f* **Non·nen·klos·ter** N convento *m* di suore
Non·sens M ⟨- *u.* -es⟩ nonsenso *m*: **nur ~ reden** dire cose senza senso
non·stop ADV senza sosta, non stop **Nonstop-Flug** M volo *m* non stop, senza scalo
Nop·pe F ⟨-; -n⟩ **1** (*in Garn, Gewebe*) nodo *m* **2** (*auf einer Oberfläche*) pallina *f*, nodino *m*

Nord·ame·ri·ka N Nord-America *m* **nord·ame·ri·ka·nisch** ADJ nordamericano

nord·deutsch ADJ della Germania settentrionale (*od* del nord) **Nord·deut·sche** M/F tedesco *m*, -a *f* del nord **Nord·deutsch·land** N Germania *f* del nord (*od* settentrionale)

Nor·den M ⟨-s⟩ nord *m*, settentrione *m*

Nord·eu·ro·pa N Nord-Europa *m*, Europa *f* settentrionale **nord·eu·ro·pä·isch** ADJ nordeuropeo, del Nord-Europa

Nord·ir·land N Irlanda *f* del Nord

nor·disch ADJ nordico: **das -e Klima** il clima nordico ♦ **-e Kälte** freddo polare; SPORT **-e Kombination** combinata *f* nordica

Nord·ita·li·en N Italia *f* settentrionale

Nord·ko·rea N Corea *f* del Nord

nörd·lich **A** ADJ **1** del nord **2** settentrionale: **die -e Halbkugel** l'emisfero settentrionale (*od* boreale) **B** ADV & PRÄP (*+gen*) a nord: **~ von Berlin** a nord di Berlino

Nord·licht N aurora *f* boreale

Nord·os·ten M nordest *m* **nord·öst·lich** **A** ADJ nordorientale, di (*od* del) nordest **B** ADV & PRÄP (*+gen*) a nordest

Nord·pol M polo *m* Nord

Nord·rhein-West·fa·len N Renania settentrionale-Vestfalia *f*

Nord·see F mare *m* del Nord **Nord·sei·te** F lato *m* nord **nord·wärts** ADV a nord

Nord·wes·ten M nordovest *m* **nord·west·lich** **A** ADJ di nordovest, nordoccidentale **B** ADV & PRÄP (*+gen*) a nordovest

Nord·wind M vento *m* del nord, da nord

Nör·ge·lei F ⟨-; -en⟩ *pej* **1** l'essere criticone, brontolone **2** *pl* critiche *fpl* continue **nör·geln** V/I ⟨h.⟩ *pej* trovare da ridire, criticare **Nörg·ler** M ⟨-s; -⟩, **-in** F ⟨-; -nen⟩ *pej* criticone *m*, -a *f*

Norm F ⟨-; -en⟩ norma *f*, standard *m*, regola *f*: **-en aufstellen** porre delle norme; **von der ~ abweichen** differire dalla norma

nor·mal ADJ normale ♦ *umg* **bist du noch ~?** sei impazzito?

Nor·mal·ben·zin N benzina *f* normale

nor·ma·ler·wei·se ADV normalmente, di norma

Nor·mal·fall M caso *m* normale: **im ~** di norma, normalmente

nor·ma·li·sie·ren **A** V/T normalizzare **B** V/R **sich ~** normalizzarsi **Nor·ma·li·sie·rung** F ⟨-; -en⟩ normalizzazione *f*

Nor·mal·ver·brau·cher M, **-in** F consumatore *m*, -trice *f* medio, -a *f* ♦ **Otto Normalverbraucher** l'uomo medio

Nor·mal·zu·stand M stato *m* normale

nor·men V/T TECH normalizzare, standardizzare **nor·mie·ren** V/T uniformare alla norma **Nor·mung** F ⟨-; -en⟩ TECH unificazione *f*, standardizzazione *f*

Nor·we·gen N ⟨-s⟩ Norvegia *f* **Nor·we·ger** M ⟨-s; -⟩, **-in** F ⟨-; -nen⟩ norvegese *m/f* **nor·we·gisch** ADJ norvegese, della Norvegia

Nos·tal·gie F ⟨-⟩ nostalgia *f* **nos·tal·gisch** ADJ nostalgico

Not F ⟨-; Nöte⟩ **1** bisogno *m*, difficoltà *f*: **in der Stunde der ~** nel momento del bisogno; **in größter ~ sein** trovarsi in estrema difficoltà **2** (*Gefahr*) pericolo *m* **3** (*Mangel*) miseria *f*, necessità *f*: **wirtschaftliche ~** miseria; **aus ~ stehlen** rubare per necessità **4** (*Bedrängnis*) travaglio *m*, pena *f*: **innere ~** travaglio interiore; **j-m seine ~ klagen** raccontare a qn le proprie pene **5** (*Sorgen*) preoccupazioni *fpl* **6** (*Mühe*) fatica *f*: **~ haben, etw zu tun** fare fatica a fare qc ♦ **~ leiden** patire la miseria; **keine ~ leiden** non mancare di nulla; **~ leidend** bisognoso; **seine (liebe) ~ mit j-m/etw haben** avere un (bel) daffare con qn/qc; **aus der ~ eine Tugend machen** fare di necessità virtù; **zur ~** all'occorrenza; **~ macht erfinderisch** il bisogno aguzza l'ingegno

No·tar M ⟨-s; -e⟩ notaio *m* **No·ta·ri·at** N ⟨-[e]s; -e⟩ notariato *m* **no·ta·ri·ell** ADJ notarile ♦ **~ beglaubigen** legalizzare con atto notarile (*od* dal notaio) **No·ta·rin** F ⟨-; -nen⟩ notaio *m*

Not·arzt M, **-ärz·tin** F medico *m* di turno, medico *m* del pronto soccorso **Not·arzt·wa·gen** M unità *f* mobile di soccorso **Not·auf·nah·me** F pronto soccorso *m* **Not·aus·gang** M uscita *f* di sicurezza **Not·be·helf** M **1** mezzo *m* di fortuna **2** (*vorübergehende Lösung*) ripiego *m* **Not·be·leuch·tung** F illuminazione *f* d'emergenza **Not·brem·se** F freno *m* d'emergenza **Not·dienst** M servizio *m* di pronto intervento **Not·durft** F ⟨-⟩ bisogno *m*: **seine ~ verrichten** fare i propri bisogni **not·dürf·tig**

N

A ADJ **1** appena sufficiente **2** (*behelfsmäßig*) (*behelfsmäßig*) di fortuna **B** ADV **1** a stento, appena **2** sommariamente, alla meno peggio: ~ **reparieren** riparare alla meno peggio ♦ **sich ~ verständigen** farsi capire alla meglio

No·te F ⟨-; -n⟩ **1** MUS *fig* nota *f* **2** *pl* (*Notentext*) spartito *m*: **nach -n spielen** suonare leggendo lo spartito; **-n lesen** leggere le note **3** (*Schulnote*) voto *m* **4** SPORT punteggio *m* **5** (*Banknote*) banconota *f* ♦ MUS **eine ganze ~** una semibreve; **eine halbe ~** una minima

Note·book ['noːtbʊk] N ⟨-s; -s⟩ IT notebook *m inv*

No·ten·bank F ⟨-; -en⟩ banca *f* d'emissione **No·ten·blatt** N spartito *m* **No·ten·heft** N quaderno *m* di musica **No·ten·li·nie** F rigo *m* (musicale) **No·ten·pa·pier** N carta *f* da musica **No·ten·pult** N leggio *m* **No·ten·schlüs·sel** M MUS chiave *f* **No·ten·stän·der** M leggio *m* **No·ten·sys·tem** N **1** MUS sistema *m* di notazione **2** (*zur Benotung*) sistema *m* di valutazione mediante voti

Not·fall M caso *m* di emergenza, necessità; emergenza *f*: **im ~** all'occorrenza, in caso di necessità **not·falls** ADV all'occorrenza **not·ge·drun·gen** **A** ADJ costretto dalla necessità **B** ADV per necessità **Not·gro·schen** M gruzzolo *m*, risparmi *mpl* per i momenti d'emergenza

no·tie·ren **A** V/T **1** annotare, segnare **2** WIRTSCH quotare: **eine Aktie mit 10 Euro ~** quotare un'azione a 10 euro **B** V/I ⟨h.⟩ avere una (*od* la) quotazione **No·tie·rung** F ⟨-; -en⟩ WIRTSCH quotazione *f*

nö·tig ADJ necessario ♦ **etw/j-n ~ haben** aver bisogno di qc/qn; **hast du das ~?** era proprio il caso?

Nö·ti·ge N ⟨-n⟩ necessario *m*: **alles ~ veranlassen** predisporre tutto il necessario; **sich aufs ~** (*od* **Nötigste**) **beschränken** limitarsi al minimo indispensabile

nö·ti·gen V/T **1** **j-n zu etw ~** costringere qn a (fare) qc **2** (*bitten*) pregare, invitare con insistenza: **j-n zum Bleiben ~** pregare qn di rimanere ♦ **sich ~ lassen** farsi pregare

nö·ti·gen·falls ADV in caso di necessità

Nö·ti·gung F ⟨-; -en⟩ JUR costrizione *f*

No·tiz F ⟨-; -en⟩ **1** appunto *m*, nota *f*: (**sich** [*dat*]) **-en machen** prendere appunti **2** (*Zeitungsmeldung*) notizia *f* ♦ **~ von j-m/etw nehmen** prestare attenzione a qn/qc

No·tiz·block M blocco *m* per appunti, bloc(k)-notes *m* **No·tiz·buch** N taccuino *m* **No·tiz·zet·tel** M foglietto *m*, biglietto *m*

Not·la·ge F situazione *f* d'emergenza; condizione *f* di bisogno; **sich in einer finanziellen ~ befinden** trovarsi (*od* essere) in difficoltà finanziarie **Not·la·ger** N letto *m* provvisorio

not·lan·den V/I ⟨s.⟩ compiere un atterraggio di fortuna (*od* d'emergenza) **Not·lan·dung** F atterraggio *m* di fortuna (*od* d'emergenza)

Not·lö·sung F soluzione *f* di ripiego **Not·lü·ge** F bugia *f* necessaria **Not·maß·nah·me** F misura *f* d'emergenza

no·to·risch ADJ **1** (*gewohnheitsmäßig*) accanito **2** *obs* (*allbekannt*) notorio

Not·ruf M **1** chiamata *f* d'emergenza **2** (*Nummer*) numero *m* d'emergenza **Not·ruf·num·mer** F numero *m* d'emergenza **Not·ruf·säu·le** F colonnina *f* di soccorso

Not·sig·nal N segnale *m* di soccorso **Not·si·tu·a·ti·on** F situazione *f* d'emergenza; situazione *f* di bisogno **Not·sitz** M seggiolino *m* (d'emergenza) **Not·stand** M stato *m* d'emergenza: **den ~ ausrufen** (*od* **erklären**) dichiarare lo stato d'emergenza **Not·stands·ge·biet** N zona *f*, area *f* (geografica) sinistrata **Not·stands·ge·setz** N legge *f* sullo stato di emergenza

Not·strom·ag·gre·gat N gruppo *m* elettrogeno d'emergenza **Not·tau·fe** F battesimo *m* in extremis **Not·un·ter·kunft** F alloggio *m* di fortuna; (*für Obdachlose*) ricovero *m* per senzatetto **Not·ver·band** M fasciatura *f* d'emergenza **Not·wehr** F ⟨-⟩ legittima difesa *f*: **aus** (*od* **in**) ~ per legittima difesa

not·wen·dig ADJ necessario ♦ **etw ~ brauchen** avere assolutamente bisogno di qc **not·wen·di·ger·wei·se** ADV necessariamente **Not·wen·dig·keit** F ⟨-; -en⟩ necessità *f*, bisogno *m*

Not·zucht F ⟨-⟩ JUR violenza *f* carnale

Nou·gat → Nugat

No·vel·le F ⟨-; -n⟩ **1** KIRCHE novella *f* **2** JUR legge *f* derogatoria, novella *f*

No·vem·ber M ⟨-[s]; -⟩ novembre *m*

No·vi·ze M ⟨-n; -n⟩ novizio *m* **No·vi·ze** F ⟨-; -n⟩, **No·vi·zin** F ⟨-; -nen⟩ novizia *f*

No·vum N ⟨-s; Nova⟩ novità *f* **NS-Ver·bre·chen** [ɛn'ɛs-] N crimine *m* nazista **Nu** M *umg* **im ~** in un istante, in un battibaleno **Nu·an·ce** ['nyã:sə] F ⟨-; -n⟩ nuance *f*, sfumatura *f* ♦ **(um) eine ~ herber/süßer** appena (un po') piu aspro/dolce **nu·an·cie·ren** V/T sfumare **nüch·tern** ADJ **1** (*nicht betrunken*) sobrio **2** **eine -e Einrichtung** un arredamento sobrio **3** digiuno: **etw auf -en Magen einnehmen** prendere qc a stomaco vuoto **4** *fig* (*knapp*) asciutto **5** (*realistisch*) realistico, obiettivo ♦ **ein ~ denkender Mensch** una persona che ragiona con realismo; (**wieder**) **~ werden** smaltire la sbornia **Nüch·tern·heit** F ⟨-⟩ **1** sobrietà *f* **2** *fig* asciuttezza *f*: **die ~ des Stils** la prosaicità dello stile **3** (*Realismus*) obiettività *f*, realismo *m* **nu·ckeln** V/I ⟨h.⟩ *umg* **an etw** (*dat*) **~** succhiare (*od* ciucciare) qc **Nu·del** F ⟨-; -n⟩ **1** pasta *f*: **-n kochen** cuocere la pasta **2** *umg fig* **eine freche ~** una sfacciata; **eine lustige ~** un tipo divertente **Nu·del·holz** N matterello *m* **Nu·del·sup·pe** F pasta *f* (*od* pastina *f*) in brodo **Nu·gat** M/N ⟨-s; -s⟩ nougat *m* **nuk·le·ar** ADJ nucleare **Nuk·le·ar·macht** F potenza *f* nucleare **Nuk·le·ar·waf·fe** F arma *f* nucleare **null** NUM & ADJ ⟨*inv*⟩ **1** zero: **~ Grad** zero gradi; **auf ~ stehen** essere sullo zero **2** (*kein*) nessuno: **~ Fehler haben** non aver fatto nessun errore; *umg* **ich habe ~ Ahnung** non ne ho la più pallida idea ♦ **bei ~ anfangen** incominciare da zero; *umg* **gleich ~ sein** essere (praticamente) nullo; *umg* **in ~ Komma nichts** in un batter d'occhio; **~ und nichtig** nullo; **etw auf ~ stellen** azzerare qc; **die Stunde ~** l'ora zero; **es ist ~ Uhr** sono le ventiquattro **Null** F ⟨-; -en⟩ **1** zero *m* **2** *umg pej* nullità *f* **null·acht·fünf·zehn** *umg pej* ADJ ⟨*inv*⟩ banale, ordinario **Null-Bock-Ge·ne·ra·ti·on** F generazione *f* di svogliati **Null·di·ät** F dieta *f* rigida (senza cibi solidi) **Null·lö·sung** F POL opzione *f* zero **Null·punkt** M zero *m*: *fig* **auf dem ~ angekommen sein** essere a zero **Null·run·de** F congelamento *m* degli aumenti contrattuali **Null·se·rie** F serie *f* pilota **Null·sum·men·spiel** N gioco *m* a somma zero **Null·ta·rif** M costo *m* zero: **zum ~** gratis; **~ bei öffentlichen Verkehrsmitteln** mezzi pubblici gratuiti **Null·wachs·tum** N crescita *f* zero

nu·me·rie·ren → nummerieren

nu·me·risch ADJ numerico

Nu·me·rus clau·sus M ⟨- -⟩ numero *m* chiuso

Num·mer F ⟨-; -n⟩ **1** numero *m*: **die laufende ~** il numero progressivo **2** TEL **die ~ wählen** fare il numero; **ich bin unter dieser ~ zu erreichen** mi trova a questo numero **3** **auf ~ vier wohnen** abitare al numero quattro **4** AUTO numero *m* (di targa), targa *f* **5** (*Zeitschrift*) **ältere -n** numeri arretrati **6** (*Größe*) **haben Sie die Schuhe eine ~ kleiner?** ha un numero più piccolo (di queste scarpe)? **7** (*Darbietung*) **eine ~ vorführen** eseguire (*od* fare) un numero **8** *umg* tipo *m*: **eine ~ für sich sein** essere un tipo particolare **9** *vulg* scopata *f*: **eine ~ machen** (*od* **schieben**) fare una scopata ♦ *umg* **(s)eine ~ abziehen** mettersi in mostra; **die ~ eins** il numero uno; **auf ~ sicher gehen** andare sul sicuro; *umg* **das ist eine ~** (*od* **einige** *od* **ein paar -n**) **zu groß für mich** questo va oltre le mie possibilità **num·me·rie·ren** V/T numerare **Num·mern·block** M IT tastierino *m* numerico **Num·mern·kon·to** N FIN conto *m* cifrato **Num·mern·schild** N AUTO targa *f*

nun ADV **1** (*jetzt*) ora, adesso **2** (*eben*) appunto: **es ist ~ mal so** è così (e basta) **3** (*doch*) però: **die Frage war ~ wirklich berechtigt** la domanda però era davvero giustificata **4** (*also*) be', allora: **~, was gibt's Neues?** be', che c'è di nuovo? ♦ **~ denn** e allora; **~ erst recht!** ora più che mai!; **~ gut!** e va bene!; **von ~ an** d'ora in poi; **was ~?** e adesso?

nur ADV **1** solo, soltanto, solamente: **~ wenig Zeit haben** avere solo poco tempo; **das habe ich doch ~ so gesagt** l'ho solo detto così per dire; **Sie brauchen es mir ~ zu sagen** basta che me lo dica; **die Wohnung ist schön, ~ müsste sie billiger sein** l'appartamento è bello, solo che dovrebbe costare meno **2** (*außer*) **~ nicht** tranne, fuorché **3** (*Wunsch*) solo: **wenn du ~ nicht so viel trinken würdest!** se solo non bevessi tanto! **4** **wenn ~** purché, basta che; **wenn es ihm ~**

schmeckt! purché gli piaccia! **5** (*Aufforderung*) pure: **sagen Sie es ~!** dica pure!; **warten Sie ~!** aspetti un po'! **6** (*Frage*) **wie kann er das ~ sagen?** ma come può dire questo?; **was hat sie ~?** ma che cos'ha? **7** **ich weiß es ~ zu gut** lo so fin troppo bene ♦ **~ noch** soltanto, solamente; **~ zu!** avanti!

Nürn·berg N ⟨-s⟩ Norimberga *f*

nu·scheln V/T & V/I ⟨h.⟩ farfugliare

Nuss F ⟨-; Nüsse⟩ noce *f* **Nuss·baum** M noce *m* **Nuss·kna·cker** M schiaccianoci *m* **Nuss·scha·le** F guscio *m* di noce

Nüs·ter F ⟨-; -n⟩ frogia *f*

Nut F ⟨-; -en⟩ scanalatura *f*

Nut·te F ⟨-; -n⟩ *umg pej* puttana *f*

Nutz·an·wen·dung F applicazione *f* pratica **nutz·bar** ADJ utilizzabile: **für etw ~ sein** essere utilizzabile per qc ♦ **den Boden ~ machen** rendere il terreno coltivabile **Nutz·bar·keit** F ⟨-⟩ utilizzabilità *f* **Nutz·bar·ma·chung** F ⟨-⟩ utilizzazione *f*, sfruttamento *m*; AGR messa *f* a coltura **nutz·brin·gend** ADJ (*Gewinn bringend*) proficuo; (*ertragreich*) produttivo

nüt·ze ADV (**zu**) **etw ~ sein** servire a qc

nut·zen, nüt·zen **A** V/I ⟨h.⟩ **j-m ~** servire a qn; **zu** (*od* **für**) **etw ~** servire a qc; **bei etw/gegen etw ~** servire per qc/contro qc; **das nützt mir wenig** mi serve poco; **das nützt mir nichts** non mi serve a niente **B** V/T utilizzare, sfruttare: **einen Vorteil ~** utilizzare un vantaggio; **Bodenschätze/jede Minute ~** sfruttare le risorse del terreno/ogni minuto; **eine Gelegenheit ~** approfittare di un'occasione

Nut·zen M ⟨-s⟩ **1** utilità *f*, vantaggio *m*: **j-m von großem ~ sein** essere di grande utilità per qn; **aus etw ~ ziehen** trarre vantaggio da qc **2** (*Gewinn*) profitto *m* ♦ **es wäre von ~, wenn …** sarebbe utile se …

Nut·zer M ⟨-s; -⟩, **-in** F ⟨-; -nen⟩ *form* usufruttuario *m*, -a *f*

Nutz·fahr·zeug N autoveicolo *m* per il trasporto di merci o persone **Nutz·flä·che** F superficie *f* utile; (*vom Erdboden*) superficie *f* coltivabile **Nutz·gar·ten** M orto *m* **Nutz·last** F carico *m* utile: **zulässige ~** carico massimo

nütz·lich ADJ utile, proficuo: **j-m bei einer Arbeit sehr ~ sein** essere molto utile a qn in un lavoro; **sich ~ machen** rendersi utile **Nütz·lich·keit** F ⟨-⟩ utilità *f*

nutz·los ADJ inutile **Nutz·lo·sig·keit** F ⟨-⟩ inutilità *f* **Nutz·nie·ßer** M ⟨-s; -⟩, **-in** F ⟨-; -nen⟩ usufruttuario *m*, -a *f* **Nutz·pflan·ze** F pianta *f* utile **Nutz·tier** N animale *m* utile

Nut·zung F ⟨-; -en⟩ uso *m*, utilizzo *m*, impiego *m*; JUR usufrutto *m*

Ny·lon® ['nailɔn] N ⟨-s⟩ nylon *m* **Ny·lon·strumpf** M calza *f* di nylon

Nym·phe F ⟨-; -n⟩ MYTH, ZOOL ninfa *f*

O

o, O N ⟨-; -⟩ o, O *f*/*m*: **O wie Otto** O come Otranto

o INT o(h), ah: **o ja!** oh sì!

Oa·se F ⟨-; -n⟩ oasi *f* (*a. fig*)

ob KONJ se: **er fragte, ~ sie noch da sei** chiese se era ancora là; **~ es wohl regnen wird?** chissà se pioverà? ♦ **als ~** come se; **er verhält sich** (**so**), **als ~ nichts passiert wäre** si comporta come se non fosse successo niente; **so tun, als ~ …** fare finta che (*od* di *+inf*) … …; **es ist, als ~ …** si direbbe (*od* sembrerebbe) che …; **jeder, ~ groß, ~ klein** tutti, sia grandi che piccini; **und ~!** eccome!

Obacht F ⟨-⟩ attenzione *f*: **auf etw** (*akk*) **~ geben** (*od* **haben**) fare attenzione a qc

Ob·dach N ⟨-[e]s⟩ alloggio *m*, ricovero *m*, asilo *m* **ob·dach·los** ADJ senza casa; senzatetto **Ob·dach·lo·se** M/F ⟨-n; -n⟩ senzacasa *m*/*f*; senzatetto *m*/*f* **Ob·dach·lo·sen·asyl** N ricovero *m* per persone senza fissa dimora, dormitorio *m* pubblico

Ob·duk·ti·on F ⟨-; -en⟩ autopsia *f*, necroscopia *f* **ob·du·zie·ren** V/T **eine Leiche ~** fare l'autopsia di un cadavere

O-bei·ne PL gambe *fpl* storte

oben ADV **1** sopra, su, in alto: **~ links** sopra (*od* su) a sinistra **2** (*an einer hohen Stelle*) in alto, in cima (*a. fig*): **~ auf der Treppe** in cima alle scale; *umg fig* **nach ~ wollen** voler arrivare in alto (*od* in cima) ♦ **~ erwähnt/genannt** succitato/suddetto; **nach ~ blicken** guardare in alto; **nach ~ gehen** andare di sopra;

O

etw nach ~ drehen girare in su (*od* in alto) qc; **eine Tendenz nach ~** una tendenza verso l'alto; *umg* **~ ohne** in topless; **von ~** dall'alto; **Befehl von ~** ordine superiore; **von ~ bis unten** dall'alto in basso; (*von Kopf bis Fuß*) dalla testa ai piedi

oben·auf ADV *fig* **wieder ~ sein** stare di nuovo bene **oben·drauf** ADV sopra

oben·drein ADV per di più, inoltre

Ober M ‹-s; -› cameriere *m*

Ober·arm M (parte *f* superiore del) braccio *m* **Ober·arzt** M, **-ärz·tin** F aiuto *m/f* primario **Ober·be·fehl** M comando *m* supremo **Ober·be·fehls·ha·ber** M, **-in** F comandante *m/f* in capo **Ober·be·griff** M concetto *m* generale **Ober·be·klei·dung** F abbigliamento *m*, vestiti *mpl* **Ober·bür·ger·meis·ter** M, **-in** F sindaco *m*, -a *f*

obe·re ADJ superiore, (in) alto: **die Oberen** i superiori

Ober·flä·che F **1** superficie *f*: **an der ~** in (*od* alla) superficie **2** IT interfaccia *f*

ober·fläch·lich **A** ADJ superficiale **B** ADV **etw ~ behandeln** trattare qc in modo superficiale; **j-n nur ~ kennen** conoscere qn solo superficialmente **Ober·fläch·lich·keit** F ‹-› superficialità *f*

Ober·ge·schoss, *österr* **Ober·ge·schoß** N piano *m* superiore: **drittes ~** terzo piano **Ober·gren·ze** F limite *m* estremo (*od* massimo) **ober·halb** PRÄP (+*gen*) al di sopra (di), sopra: **~ der Taille** sopra la vita; **~ des Dorfes** al di sopra del paese **Ober·hand** F **die ~ über j-n/etw gewinnen** avere il sopravvento su qn/qc **Ober·haupt** N capo *m* **Ober·haus** N Camera *f* Alta **Ober·hemd** N camicia *f* **Ober·herr·schaft** F ‹-› supremazia *f*, dominio *m*; sovranità *f*

Obe·rin F ‹-; -nen› **1** REL (madre *f*) superiora **2** → Oberschwester

ober·ir·disch ADJ **1** sopra il suolo **2** ELEK sopra terra **3** (*in der Luft*) aereo (*a.* BOT)

Ober·ita·li·en N Italia *f* settentrionale (*od* del Nord) **Ober·kell·ner** M, **-in** F capocameriere *m*, -a *f* **Ober·kie·fer** M mascella *f* superiore **Ober·kör·per** M busto *m*: **mit nacktem ~** a torso nudo **Ober·lan·des·ge·richt** N corte *f* d'appello **Ober·lauf** M corso *m* superiore **Ober·le·der** N tomaia *f* **ober·leh·rer·haft** ADJ pedantesco **Ober·lei·tung** F **1** direzione *f* generale **2** ELEK linea *f* aerea **Ober·licht** N **1** luce *f* dall'alto **2** (*Fenster*) lucernario *m* **Ober·li·ga** F SPORT serie *f* C **Ober·lip·pe** F labbro *m* superiore **Ober·ös·ter·reich** N Austria *f* superiore **Ober·pries·ter** M, **-in** F gran sacerdote *m*, -essa *f*

Obers N ‹-› *österr* panna *f*

Ober·schen·kel M coscia *f* **Ober·schicht** F ceto *m* elevato, classe *f* elevata **Ober·schu·le** F *umg* scuola *f* (media) superiore **Ober·schwes·ter** F capoinfermiera *f* **Ober·sei·te** F lato *m* superiore

oberst... ADJ ‹*sup von* obere› supremo, (il) più alto, massimo ♦ **das Oberste zuunterst kehren** mettere tutto sottosopra

Oberst M ‹-en *u.* -s; -en *u.* -e› colonnello *m*

Ober·staats·an·walt M, **-wäl·tin** F procuratore *m*, -trice *f* generale della Repubblica **Ober·stim·me** F voce *f* più alta; soprano *m* **Ober·stu·di·en·di·rek·tor** M, **-in** F preside *m/f* di liceo **Ober·stu·di·en·rat** M, **-rä·tin** F insegnante *m/f* (di ruolo) di scuola superiore **Ober·stu·fe** F **1** corso *m* superiore **2** (*des Gymnasiums*) ultimi tre anni *mpl* (della scuola superiore) **Ober·teil** N/M **1** parte *f* superiore, (di)sopra *m* **2** (*von Kleidung*) pezzo *m* di sopra; (*von Kleid*) corpetto *m* **Ober·ton** M MUS suono *m* armonico **Ober·was·ser** N **~ haben** (*od* **bekommen**) avere il sopravvento **Ober·wei·te** F (*von Frauen*) circonferenza *f* seno; (*von Männern*) circonferenza *f* torace

ob·gleich KONJ → obwohl

Ob·hut F ‹-› **1** custodia *f*: **j-n/etw in seine ~ nehmen** prendere qn/qc in custodia **2** (*fürsorgliche Aufsicht*) sorveglianza *f*, cura *f*: **j-n j-s ~ anvertrauen** affidare qn alle cure di qn; **in j-s ~ sein** essere sotto la protezione di qn; **unter j-s ~ stehen** essere sotto la protezione di qn

obig ADJ suddetto, succitato

Ob·jekt N ‹-[e]s; -e› **1** oggetto *m* **2** GRAM complemento *m* oggetto **3** JUR, HANDEL immobile *m*

ob·jek·tiv **A** ADJ oggettivo; (*unparteiisch*) imparziale **B** ADV oggettivamente: **etw ~ sehen** guardare qc con obiettività

Ob·jek·tiv N ‹-s; -e› obiettivo *m*

ob·jek·ti·vie·ren V/T oggettivare,

O

obiettivare

Ob·jek·ti·vi·tät F ⟨-⟩ obiettività *f*

Ob·la·te F ⟨-; -n⟩ REL ostia *f*; GASTR cialda *f*

ob·lie·gen V/I ⟨*irr; unpers; h.*⟩ toccare: **es obliegt ihm zu schreiben** tocca a lui scrivere; **ihr obliegt die Pflicht** le tocca l'onere

ob·li·gat ADJ d'obbligo (*a. iron*), obbligato

Ob·li·ga·ti·on F ⟨-; -en⟩ JUR, WIRTSCH obbligazione *f*

ob·li·ga·to·risch ADJ obbligatorio

Ob·mann M ⟨-[e]s; Obmänner *u.* Obleute⟩ **1** (*Vorsitzender*) presidente *m*, capo *m* **2** SPORT presidente *m* della giuria

Oboe F ⟨-; -n⟩ MUS oboe *m* **Obo·ist** M ⟨-en; -en⟩, **-in** F ⟨-; -nen⟩ oboista *m/f*, suonatore *m*, -trice *f* di oboe

Ob·rig·keit F ⟨-; -en⟩ *geh* autorità *f*

ob·schon KONJ sebbene: **es gelang ihm nicht, ~ er sich bemühte** non gli riuscì per quanto si desse da fare

Ob·ser·va·to·ri·um N ⟨-s; Observatorien⟩ osservatorio *m*

ob·ser·vie·ren V/T (*polizeilich*) tenere sotto sorveglianza

obs·kur ADJ **1** (*unbekannt*) oscuro, ignoto **2** (*fragwürdig*) equivoco, sospetto, losco

O

Obst N ⟨-[e]s⟩ frutta *f* **Obst·an·bau**, **Obst·bau** M frutticoltura *f* **Obst·baum** M albero *m* da frutta **Obst·ern·te** F ⟨-⟩ raccolta *f* della frutta **Obst·gar·ten** M frutteto *m* **Obst·händ·ler** M, **-in** F commerciante *m/f* di frutta; fruttivendolo *m*, -a *f* **Obst·ku·chen** M dolce *m* di frutta

Obst·ler M ⟨-s; -⟩ acquavite *f* di frutta

Obst·mes·ser N coltello *m* da frutta **Obst·saft** M succo *m* di frutta **Obst·sa·lat** M macedonia *f* **Obst·scha·le** F **1** buccia *f* (della frutta) **2** (*Gefäß*) fruttiera *f*

obs·zön ADJ **1** osceno, scurrile: **-e Witze** barzellette scurrili (*od* sporche) **2** *umg fig* scandaloso: **-e Preise** prezzi scandalosi

Obs·zö·ni·tät F ⟨-; -en⟩ oscenità *f*

Ob·wal·den N ⟨-s⟩ (*Kanton*) Canton *m* Obwaldo

ob·wohl KONJ sebbene, benché: **~ es sehr kalt war, zog sie dünne Kleider an** benché facesse freddo indossò abiti leggeri

Oc·ca·si·on F ⟨-; -en⟩ *österr schweiz* (acquisto *m* d') occasione *f*

Och·se M ⟨-n; -n⟩ bue *m* (*a. fig*): *umg* **du blöder ~!** pezzo di cretino! ♦ **wie der ~ vorm Berg dastehen** non sapere che pesci pigliare

Och·sen·schwanz·sup·pe F minestra *f* di coda di bue **Och·sen·zun·ge** F lingua *f* di bue

Ocker M/N ⟨-s; -⟩ ocra *f*

Ode F ⟨-; -n⟩ ode *f*

öde ADJ **1** (*verlassen*) desolato; (*menschenleer*) deserto **2** (*langweilig*) noioso, monotono

Öde F ⟨-⟩ **1** desolazione *f*, squallore *m* **2** (*Land*) deserto *m* **3** *fig* (*Leere*) vuoto *m* **4** *fig* (*Stumpfsinn*) monotonia *f*

Ödem N ⟨-s; -e⟩ edema *m*

oder KONJ **1** o, oppure: **alles ~ nichts** (o) tutto o niente **2** (*auch ... genannt*) ovvero, ossia **3** (*andernfalls*) altrimenti **4** *umg* (*nachgestellt – nicht wahr*) vero, (o) no ♦ **~ so** all'incirca, più o meno; **es waren Papiere ~ so** erano documenti o qualcosa del genere; **so ~ so** in ogni caso, comunque

Odys·see F ⟨-; -n⟩ KIRCHE *fig* odissea *f*

Ofen M ⟨-s; Öfen⟩ **1** (*Heizofen*) stufa *f* **2** (*Backofen*) forno *m*: **im ~ backen** cuocere in forno **3** (*für Keramik*) fornace *f* ♦ *umg* **jetzt ist der ~ aus** adesso basta; *umg* **ein heißer ~** un bolide

Ofen·kar·tof·fel F patata *f* al cartoccio

Ofen·rohr N tubo *m* della stufa

of·fen **A** ADJ **1** aperto: **bei -en Fenstern** con le finestre aperte; **auf -er See** in mare aperto; **eine -e Kritik** una aperta critica; **für neue Ideen ~ sein** essere aperto a nuove idee **2** POL (*Abstimmung*) palese **3** (*Wagen*) scoperto **4** sfuso: **-er Wein** vino sfuso **5** vacante: **-e Stellen** posti (di lavoro) vacanti **6** non pagato, in sospeso: **eine -e Rechnung** una fattura non pagata **B** ADV **1** apertamente; (*ehrlich*) francamente **2** **~ bleiben** (*nicht geschlossen werden*) restare aperto; *fig* → offenbleiben **3** **~ halten** (*nicht schließen*) tenere aperto; *fig* → offenhalten; **die Augen ~ halten** tenere gli occhi aperti **4** **~ lassen** (*geöffnet lassen*) lasciare aperto; *fig* → offenlassen **5** **~ stehen** (*nicht geschlossen sein*) essere aperto; *fig* → offenstehen ♦ **j-n mit -en Armen empfangen** accogliere qn a braccia aperte; **~ gesagt** (*od* **gestanden**) a dire il vero; **das Haar ~ tragen** portare i capelli sciolti; *fig* **Tag der**

-en Tür giorno di visita aperta a tutti; *fig* **-e Türen einrennen** sfondare una porta aperta

of·fen·bar **A** ADJ evidente, palese, manifesto **B** ADV evidentemente

of·fen·ba·ren **A** VT **1** rivelare: **ein Geheimnis ~** rivelare un segreto **2** (*erkennen lassen*) manifestare, palesare: **seine Absicht ~** manifestare la propria intenzione **B** VR **sich ~** rivelarsi; **sich als Fehler ~** rivelarsi un errore; **sich j-m ~** confidarsi con qn

Of·fen·ba·rung F ⟨-; -en⟩ rivelazione *f* (*a.* REL), palesamento *m* **Of·fen·ba·rungs·eid** M JUR giuramento *m* dichiarativo

of·fen·blei·ben VI ⟨*irr; s.*⟩ (*ungelöst bleiben*) rimanere aperto (*od* in sospeso) **of·fen·hal·ten** VR ⟨*irr*⟩ **1** **sich** (*dat*) **etw ~** (*Möglichkeit*) lasciarsi aperto qc; **sich** (*dat*) **einen Ausweg ~** lasciarsi una via di scampo **2** **sich für etw ~** essere aperto a qc

Of·fen·heit F ⟨-⟩ **1** franchezza *f*: **etw in aller ~ sagen** dire qc in (*od* con) tutta franchezza **2** apertura *f* (mentale)

of·fen·her·zig ADJ aperto, franco **of·fen·kun·dig** ADJ palese, evidente: **es ist ~, dass …** è evidente che … **of·fen·las·sen** VT ⟨*irr*⟩ **1** (*nicht festlegen*) lasciare aperto **2** (*nicht sagen*) non dire **3** (*Frage, Problem*) lasciare in sospeso **of·fen·le·gen** VT *form* rivelare **of·fen·sicht·lich** ADJ evidente, chiaro

of·fen·siv ADJ offensivo (*a.* SPORT) **Of·fen·si·ve** F ⟨-; -n⟩ offensiva *f* (*a.* SPORT)

of·fen·ste·hen VI ⟨*irr; h.*⟩ **1** (*Stelle*) essere vacante **2** (*Rechnung*) non essere pagato **3** (*Frage*) rimanere in sospeso ♦ **alle Türen stehen ihm offen** tutte le porte gli sono aperte; **alle Möglichkeiten stehen ihm offen** ha davanti a sé ogni possibilità; **es steht Ihnen offen, das zu tun** è libero di farlo

öf·fent·lich ADJ pubblico ♦ **~ auftreten** apparire in pubblico; **etw ~ bekannt geben** (*od* **machen**) rendere pubblico qc; **~ bekannt sein** essere noto pubblicamente; **die -e Hand** il potere pubblico

Öf·fent·lich·keit F ⟨-⟩ pubblico *m* ♦ **etw an die ~ bringen** rendere qc di dominio pubblico; **an die ~ dringen** diventare di dominio pubblico; **mit etw an** (*od* **vor**) **die ~ treten** presentarsi al pubblico con qc; **in** (*od* **vor**) **aller ~** in pubblico

Öf·fent·lich·keits·ar·beit F pubbliche relazioni *fpl*

öf·fent·lich-recht·lich ADJ di diritto pubblico

Of·fer·te F ⟨-; -n⟩ HANDEL offerta *f*

of·fi·zi·ell ADJ ufficiale

Of·fi·zier M ⟨-s; -e⟩, **-in** F ⟨-; -nen⟩ ufficiale *m/f* **Of·fi·ziers·ka·si·no** N circolo *m* ufficiali

of·fi·zi·ös ADJ ufficioso

off·line ['ɔflain] ADV off line **Off·line-be·trieb** M modalità *f* off line

öff·nen **A** VT aprire (*a.* IT): IT **öffnen** (*Befehl*) apri **B** VR **sich ~** aprirsi (*a. fig*) ♦ **j-m die Augen ~** aprire gli occhi a qn; **die Grenzen ~** aprire i confini

Öff·ner M ⟨-s; -⟩ apriscatole *m*; apribottiglie *m*; **…öffner** *m* apri… *m*

Öff·nung F ⟨-; -en⟩ apertura *f* (*a. fig*)

Öff·nungs·zeit F orario *m* d'apertura

Off·set·druck M ⟨-[e]s; -e⟩ stampa *f* offset

oft ADV spesso ♦ **sehr ~** spessissimo; **so ~ wie …** tante volte come …; **schon so ~** tante di quelle volte; **wie ~?** quante volte?

öf·ter ADV ⟨*komp von* oft⟩ **1** più spesso **2** (*ziemlich oft*) abbastanza spesso: **j-n ~ besuchen** andare a trovare qn abbastanza spesso ♦ **des Öfteren** più volte

oh INT oh, o: **~, wie schön!** oh, che bello!

Ohm N ⟨-[s]; -⟩ PHYS ohm *m*

ohmsch ADJ ohmico ♦ **das -e Gesetz** la legge di Ohm

oh·ne **A** PRÄP (+*akk*) senza: **Kaffee ~ Zucker** caffè senza zucchero; **~ ihn** senza di lui **B** KONJ **1** **~ dass** senza che: **er tat es, ~ dass ich es wusste** lo fece senza che io lo sapessi **2** **~ zu** senza: **~ etw zu sagen** senza dire nulla ♦ **~ mich!** non ci sto! *umg*; **gar nicht** (**so**) **~ sein** non essere da sottovalutare; (*von Personen, positiv*) non essere poi così male; SPORT **Vierer ~** quattro senza; **~ Weiteres** senz'altro

oh·ne·dies ADV in ogni caso

oh·ne·ei·nan·der ADV l'uno senza l'altro: **wir fahren nie ~ in Urlaub** non facciamo mai vacanze separate

oh·ne·glei·chen ADV senza pari

oh·ne·hin ADV comunque, in ogni caso

Ohn·macht F ⟨-; -en⟩ **1** svenimento *m* **2** (*Machtlosigkeit*) impotenza *f* ♦ **aus der ~ erwachen** rinvenire; **in ~ fallen** svenire; **in** (**tiefer**) **~ liegen** essere svenuto

O

ohn·mäch·tig ADJ **1** svenuto: **~ werden** svenire **2** *(machtlos)* impotente

Ohr N ‹-[e]s; -en› **1** orecchio *m* **2** *(an Heft-, Buchseiten)* orecchia *f* **3** *(an Sesseln)* orecchione *m* ♦ **ganz ~ sein** essere tutt'orecchi; *fig* **mit halbem ~ zuhören** ascoltare solo con un orecchio; **j-m zu -en kommen** giungere alle orecchie di qn; *umg* **sich aufs ~ hauen** (*od* **legen**) andare a dormire; **j-m sein ~ leihen** prestare orecchio a qn; **j-m (mit etw) in den -en liegen** scocciare qn (con qc); **ein offenes ~ für j-n haben** essere disponibili ad ascoltare qn; *fig* **sich** (*dat*) **etw hinter die -en schreiben** ficcarsi bene in testa qc; **seinen -en nicht trauen** non credere alle proprie orecchie; **bis über die -en in der Arbeit stecken** avere lavoro fin sopra i capelli; **bis über die** (*od* **über beide**) **-en verliebt** innamorato pazzo; **viel um die -en haben** avere un sacco di cose da fare

Öhr N ‹-[e]s; -e› cruna *f*

Oh·ren·arzt M, **-ärz·tin** F otoiatra *m/f* **oh·ren·be·täu·bend** ADJ *umg* assordante **Oh·ren·ent·zün·dung** F otite *f* **Oh·ren·sau·sen** N ‹-s› ronzio *m* nelle orecchie **Oh·ren·schmalz** N cerume *m* **Oh·ren·schmaus** M ‹-es› *umg* delizia *f* per le orecchie **Oh·ren·schmerz** M mal *m* d'orecchie **Oh·ren·schüt·zer** PL ‹-s; -› paraorecchie *mpl* **Oh·ren·ses·sel** M poltrona *f* a orecchioni **Oh·ren·zeu·ge** M, **-zeu·gin** F testimone *m/f* auricolare

Ohr·fei·ge F schiaffo *m*: **eine ~ bekommen** prendersi uno schiaffo **ohr·fei·gen** V/T schiaffeggiare, prendere a schiaffi **Ohr·läpp·chen** N ‹-s; -› lobo *m* (dell'orecchio) **Ohr·ring** M orecchino *m* **Ohr·wurm** M **1** forbicina *f* **2** *umg* *(eingängige Melodie)* melodia *f* molto orecchiabile

okay [o'ke:] *umg* **A** ADV okay: **etw ganz ~ machen** fare qc molto bene **B** ADJ **wieder ~ sein** essere di nuovo a posto **Okay** N ‹-[s]; -s› *umg* okay *m*: **das ~ geben** dare l'okay

ok·kult ADJ occulto **Ok·kul·tis·mus** M ‹-› occultismo *m*

Öko·ka·ta·stro·phe F ecocatastrofe *f* **Öko·la·den** M negozio *m* di prodotti biologici

Öko·lo·ge M ‹-n; -n› ecologo *m* **Öko·lo·gie** F ‹-; -n› ecologia *f* **Öko·lo·gin** F ‹-; -nen› ecologa *f* **öko·lo·gisch** ADJ ecologico: **-es Gleichgewicht** equilibrio *m* ecologico

Öko·no·mie F ‹-; -n› economia *f* **ö·ko·no·misch** ADJ economico

Öko·par·tei F partito *m* ecologista **Öko·steu·er** F tassa *f* ecologica **Öko·sys·tem** N ecosistema *m*

Ok·tan·zahl F numero *m* di ottani

Ok·ta·ve [-v-] F ‹-; -n› MUS ottava *f*

Ok·to·ber M ‹-[s]; -› ottobre *m* **Ok·to·ber·fest** N = *festa della birra a Monaco*

Ok·to·pus M pol(i)po *m*

Öku·me·ne F ‹-› ecumene *f* **öku·me·nisch** ADJ ecumenico

Öl N ‹-[e]s; -e› **1** olio *m* (*a.* AUTO): **pflanzliches ~** olio vegetale; **sich mit ~ einreiben** spalmarsi l'olio **2** *(Erdöl)* petrolio *m* **3** *(Heizöl)* olio *m* combustibile; gasolio *m*: **mit ~ heizen** riscaldare a gasolio ♦ **~ ins Feuer gießen** versare olio sul fuoco; **in ~** KUNST a olio; GASTR sott'olio; **das geht mir runter wie ~** questa è musica per le mie orecchie

Öl·baum M olivo *m* **Öl·berg** M *(Bibel)* monte *m* degli ulivi **Öl·bild** N → Ölgemälde **Öl·boh·rung** F trivellazione *f* (petrolifera); *(Erdölquelle)* pozzo *m* petrolifero

Ol·die ['o:ldɪ] M ‹-s; -s› *umg* **1** *(Lied)* canzone *f* intramontabile **2** *(Film)* film *m* intramontabile **3** *hum* *(Mensch)* vecchietto *m*, -a *f*

Old·ti·mer ['o:ldtaime] M ‹-s; -› **1** AUTO auto *f* d'epoca **2** *fig hum* veterano *m*

Ole·an·der M ‹-s; -› oleandro *m*

Öl·em·bar·go N embargo *m* petrolifero

ölen V/T TECH oliare

Öl·far·be F colore *m* a olio **Öl·feld** N giacimento *m* di petrolio **Öl·film** M MECH velo *m* d'olio **Öl·fil·ter** M filtro *m* dell'olio **Öl·ge·mäl·de** N quadro *m* (*od* dipinto *m*) a olio **Öl·göt·ze** M **wie ein ~ dastehen** restare (lì) come un allocco **öl·hal·tig** ADJ oleoso, oleifero **Öl·hei·zung** F riscaldamento *m* a gasolio

ölig ADJ **1** unto **2** *(ölhaltig, wie Öl)* oleoso **3** *pej* *(salbungsvoll)* untuoso

oliv ADJ oliva, (di) color oliva

Oli·ve F ‹-; -n› oliva *f*

Oli·ven·baum M (albero *m* di) olivo *m* **Oli·ven·hain** M oliveto *m* **Oli·ven·öl** N olio *m* d'oliva ♦ **kaltgepresstes ~** olio

extravergine d'oliva
oliv·grün ADJ (color) verde oliva
Öl·ka·nis·ter M, **Öl·kan·ne** F bidone *m* d'olio **Öl·kon·zern** M gruppo *m* petrolifero **Öl·kri·se** F crisi *f* del petrolio **Öl·lam·pe** F lampada *f* a petrolio **Öl·lei·tung** F **1** oleodotto *m* **2** AUTO tubo *m* dell'olio **Öl·ma·le·rei** F pittura *f* a olio **Öl·mess·stab** M asta *f* per controllare il livello dell'olio **Öl·ofen** M forno *m* a nafta **Öl·pest** F onda *f* nera **Öl·quel·le** F pozzo *m* petrolifero **Öl·sar·di·ne** F sardina *f* sott'olio **Öl·scheich** M sceicco *m* del petrolio **Öl·stands·an·zei·ger** M AUTO indicatore *m* del livello dell'olio **Öl·tan·ker** M petroliera *f* **Öl·tep·pich** M chiazza *f* di petrolio
Ölung F ⟨-⟩ oliatura *f*, lubrificazione *f* ♦ **die Letzte ~** l'estrema unzione
Öl·vor·kom·men N giacimento *m* petrolifero **Öl·wan·ne** F coppa *f* dell'olio **Öl·wech·sel** M cambio *m* dell'olio
Olymp M ⟨-s⟩ Olimpo *m*
Olym·pi·a·de F ⟨-; -n⟩ olimpiadi *fpl*: **an der ~ teilnehmen** partecipare alle olimpiadi
Olym·pia·sieg M vittoria *f* olimpica **Olym·pia·sie·ger** M, **-in** F campione *m*, -essa *f* olimpionico (-a) **Olym·pia·sta·di·on** N stadio *m* olimpico **Olym·pia·teil·neh·mer** M, **-in** F olimpionico *m*, -a *f*
olym·pisch ADJ olimpico ♦ **Olympische Spiele** giochi olimpici
Öl·zeug N SCHIFF indumenti *mpl* di tela cerata **Öl·zweig** M ramo *m* d'ulivo
Oma F ⟨-; -s⟩ *umg* nonna *f*
Oman N ⟨-s⟩ Oman *m*
Ome·lett [ɔm(ə)'lɛt] N ⟨-[e]s; -e *u.* -s⟩ omelette *f*
Omen N ⟨-s; - *u.* Omina⟩ segno *m*, presagio *m* **omi·nös** ADJ ominoso
Om·ni·bus M autobus *m* **Om·ni·bus·fah·rer** M, **-in** F conducente *m/f* d'autobus **Om·ni·bus·fahrt** F viaggio *m* in autobus **Om·ni·bus·li·nie** F linea *f* d'autobus
ona·nie·ren V/I ⟨h.⟩ masturbarsi
On·kel M ⟨-s; - *umg* -s⟩ zio *m*
on·line ['ɔnlain] ADV on line **On·line·ban·king** N ⟨-[s]⟩ on-line banking *m* **On·line·be·trieb** M modalità *f* on line **On·line·bib·li·o·thek** F biblioteca *f* on line **On·line·dienst** M servizio *m* on line **On·line·shop·ping** N acquisti *mpl* in rete, online shopping *m* **On·line·sup·port** M assistenza *f* online
Onyx M ⟨-[es]; -e⟩ onice *f*
Opa M ⟨-s; -s⟩ *umg* nonno *m*
Opal M ⟨-s; -e⟩ opale *m/f*
O·pen-Air-Konzert ['o:pn'ɛ:ɐ-] N concerto *m* all'aperto
Oper F ⟨-; -n⟩ opera *f*
Ope·ra·ti·on F ⟨-; -en⟩ operazione *f* (*a.* MIL) **Ope·ra·ti·ons·ba·sis** F base *f* di operazioni **Ope·ra·ti·ons·saal** M sala *f* operatoria **Ope·ra·ti·ons·schwes·ter** F assistente *f* di sala (operatoria) **Ope·ra·ti·ons·tisch** M tavolo *m* operatorio **ope·ra·tiv** ADJ **1** operativo (*a.* MIL) **2** MED operatorio, chirurgico: **ein -er Eingriff** un intervento chirurgico
Ope·ret·te F ⟨-; -n⟩ operetta *f*
ope·rie·ren **A** V/T operare: **einen Patienten** (**an der Leber**) **~** operare un paziente (al fegato) **B** V/I ⟨h.⟩ operare, agire (*a.* MIL)
Opern·arie F aria *f* d'opera **Opern·ball** M ballo *m* dell'opera **Opern·füh·rer** M guida *f* operistica **Opern·glas** N binocolo *m* da teatro **Opern·haus** N (teatro *m* dell') opera *f* **Opern·kom·po·nist** M, **-in** F compositore *m*, -trice *f* di opere musicali **Opern·mu·sik** F musica *f* operistica (*od* lirica) **Opern·sän·ger** M, **-in** F cantante *m/f* lirico (-a)
Op·fer N ⟨-s; -⟩ **1** sacrificio *m*; (*Opfergabe*) offerta *f*: **ein ~ bringen** fare un sacrificio **2** (*Verunglückter*) vittima *f* (*a. fig*): **j-m/etw zum ~ fallen** essere vittima di qn/qc **Op·fer·be·reit·schaft** F spirito *m* di sacrificio **Op·fer·ga·be** F offerta *f* sacrificale
op·fern **A** V/T sacrificare (*a. fig*): *umg* **Geld für etw ~** tirar fuori soldi per qc **B** V/R **sich ~** sacrificarsi **Op·fer·stock** M cassetta *f* delle elemosine **Op·fer·tier** N animale *m* sacrificale **Op·fe·rung** F ⟨-; -en⟩ sacrificio *m*, immolazione *f*
Opi·at N ⟨-[e]s; -e⟩ oppiato *m*
Opi·um N ⟨-s⟩ oppio *m*
Op·po·nent M ⟨-en; -en⟩, **-in** F ⟨-; -nen⟩ oppositore *m*, -trice *f* **op·po·nie·ren** V/I ⟨h.⟩ opporsi; fare opposizione: **gegen etw ~** opporsi a qc
op·por·tun ADJ opportuno
Op·por·tu·nis·mus M ⟨-⟩ opportunismo *m* **Op·por·tu·nist** M ⟨-en; -en⟩,

O

-in F ⟨-; -nen⟩ opportunista *m/f* **op·por·tu·nis·tisch** ADJ opportunistico

Op·po·si·ti·on F ⟨-; -en⟩ opposizione *f*: POL **in die ~ gehen** andare all'opposizione ♦ **aus bloßer ~** per puro spirito di contraddizione

op·po·si·ti·o·nell ADJ di opposizione

Op·po·si·ti·ons·füh·rer M, **-in** F capo *m* dell'opposizione **Op·po·si·ti·ons·par·tei** F partito *m* d'opposizione

Op·tik F ⟨-; -en⟩ **1** PHYS ottica *f* **2** *fig* (*äußeres Erscheinungsbild*) immagine *f*

Op·ti·ker M ⟨-s; -⟩, **-in** F ⟨-; -nen⟩ ottico *m*, -a *f*

op·ti·mal ADJ ottimale **op·ti·mie·ren** VT ottimizzare

Op·ti·mis·mus M ⟨-⟩ ottimismo *m* **Op·ti·mist** M ⟨-en; -en⟩, **-in** F ⟨-; -nen⟩ ottimista *m/f* **op·ti·mis·tisch** ADJ ottimistico, ottimista

Op·ti·mum N ⟨-s; Optima⟩ optimum *m*

Op·ti·on F ⟨-; -en⟩ JUR, HANDEL opzione *f*

op·tisch ADJ ottico (*a.* PHYS)

Opus N ⟨-; Opera⟩ opera *f* (completa): **Beethovens Klaviersonate ~ 111** la sonata (opera) 111 di Beethoven

Ora·kel N ⟨-s; -⟩ oracolo *m* (*a. fig*)

oral **A** ADJ orale: PSYCH **-e Phase** fase orale **B** ADV oralmente; MED per via orale

oran·ge [oˈrãːʒ(ə)] ADJ ⟨*inv*⟩ (di colore) arancione, arancio

Oran·ge[1] N ⟨-; -⟩ (*Farbe*) (colore *m*) arancione *m*

Oran·ge[2] [oˈraŋʒə] F ⟨-; -n⟩ (*Apfelsine*) arancia *f*

Oran·gea·de [oraŋˈʒaːdə] F ⟨-; -n⟩ aranciata *f*

Oran·geat [-ˈʒaːt] N ⟨-s; -e⟩ scorza *f* d'arancia candita

Oran·gen·baum M arancio *m* **Oran·gen·haut** F MED pelle *f* a buccia d'arancia **Oran·gen·mar·me·la·de** F marmellata *f* d'arancia **Oran·gen·saft** M succo *m* d'arancia; (*frisch gepresst*) spremuta *f* d'arancia **Oran·gen·scha·le** F scorza *f* d'arancia

Orang-Utan M ⟨-s; -s⟩ orango *m*, orangutan *m inv*

Ora·to·ri·um N ⟨-s; Oratorien⟩ MUS, REL oratorio *m*

Or·ches·ter [ɔrˈkɛstɐ] N ⟨-s; -⟩ orchestra *f* **Or·ches·ter·gra·ben** M fossa *f* dell'orchestra **Or·ches·ter·mu·si·ker** M, **-in** F orchestrale *m/f*

Or·chi·dee F ⟨-; -n⟩ orchidea *f*

Or·den M ⟨-s; -⟩ **1** ordine *m* **2** (*Auszeichnung*) onorificenza *f*, decorazione *f*

Or·dens·band N ⟨-[e]s; -bänder⟩ nastro *m* di una (*od* dell') onorificenza **Or·dens·bru·der** M **1** frate *m*, monaco *m* **2** (*Mitbruder*) confratello *m* **Or·dens·schwes·ter** F **1** suora *f*, monaca *f* **2** (*Mitschwester*) consorella *f*

or·dent·lich ADJ **1** ordinato: **ein -es Zimmer** una stanza ordinata (*od* in ordine) **2** (*anständig*) perbene **3** (*regelrecht*) regolare **4** ordinario: **-er Professor** professore ordinario **5** *umg* (*richtig*) vero, come si deve **6** *umg* (*gehörig*) bello, buono: **eine -e Tracht Prügel** una buona dose di bastonate **7** *umg* buono: **ein -er Wein** un buon vino ♦ **~ gekleidet** vestito decentemente; *umg* **j-m ~ die Meinung sagen** dire veramente quello che si pensa a qn; **daran hat er ~ verdient** ci ha guadagnato un bel po'

Or·der F ⟨-; -s *u.* -n⟩ ordine *m* (*a.* HANDEL): **eine ~ erteilen** trasmettere un ordine

or·dern VT HANDEL ordinare

Or·di·nal·zahl F numero *m* ordinale

or·di·när ADJ ordinario, grossolano, rozzo: **ein -er Geschmack** un gusto ordinario; **-e Witze** battute grossolane ♦ **~ lachen** ridere in modo sguaiato

Or·di·na·ri·at N ⟨-[e]s; -e⟩ ordinariato *m* **Or·di·na·ri·us** M ⟨-; Ordinarien⟩ ordinario *m*

Or·di·na·te F ⟨-; -n⟩ MATH ordinata *f*

ord·nen VT **1** ordinare, mettere in ordine: **seine Gedanken ~** riordinare le idee **2** disporre: **Blumen zu einem Strauß ~** disporre i fiori in un mazzo **3** (*regeln*) sistemare: **j-s Angelegenheiten ~** sistemare le faccende di qn

Ord·ner[1] M ⟨-s; -⟩ **1** (*für Akten*) raccoglitore *m*: **einen ~ anlegen** fare un dossier **2** IT cartella *f*

Ord·ner[2] M ⟨-s; -⟩, **-in** F ⟨-; -nen⟩ membro *m* del servizio d'ordine

Ord·nung F ⟨-⟩ **1** ordine *m*: **in etw** (*dat*) **~ schaffen/halten** fare/tenere ordine in qc **2** ordinamento *m*: **verfassungsmäßige/soziale ~** ordinamento costituzionale/sociale ♦ *umg* **in bester** (*od* **schönster**) **~** in perfetto ordine; **etw in ~ bringen** mettere in ordine (*od* sistemare) qc; **etw ganz in ~ finden** trovare giusto qc; **der ~ halber** per la (buona) regola; **in ~** d'accordo, va bene; *umg* **in ~ sein** essere a posto, andare bene; **der neue Lehrer ist in ~** il nuovo professore è okay; **da ist etwas nicht in ~** c'è qualcosa che non va; *umg* **in ~ kommen** tornare a posto; **j-n zur ~ rufen** richiamare qn all'ordine

ord·nungs·ge·mäß ADJ regolare **ord·nungs·hal·ber** ADV per regolarità, per la (buona) regola **ord·nungs·lie·bend** ADJ amante dell'ordine **Ord·nungs·stra·fe** F sanzione *f* amministrativa, ammenda *f* **ord·nungs·wid·rig** ADJ contrario all'ordinamento, irregolare **Ord·nungs·zahl** F MATH numero *m* ordinale

Ore·ga·no N ⟨-⟩ origano *m*

Or·gan N ⟨-s; -e⟩ **1** organo *m*: **die inneren -e** gli organi interni **2** (*offizielle Zeitung*) **das ~ der Opposition** l'organo dell'opposizione **3** POL **das ausführende ~** l'organo esecutivo **4** *umg* (*Stimme*) (timbro *m* di) voce *f* **Or·gan·bank** F ⟨-; -en⟩ banca *f* degli organi

Or·ga·ni·sa·ti·on F ⟨-; -en⟩ organizzazione *f* **Or·ga·ni·sa·ti·ons·ta·lent** N talento *m* organizzatore **Or·ga·ni·sa·tor** M ⟨-s; -en⟩, **-to·rin** F ⟨-; -nen⟩ organizzatore *m*, -trice *f* **or·ga·ni·sa·to·risch** ADJ organizzativo

or·ga·nisch ADJ organico

or·ga·ni·sie·ren **A** V/T **1** organizzare: **die Verwaltung neu ~** riorganizzare l'amministrazione **2** *umg* procurare: **etw/sich** (*dat*) **etw ~** procurare/procurarsi qc **B** V/R **sich ~** organizzarsi ♦ **das organisierte Verbrechen** la criminalità organizzata

Or·ga·nis·mus M ⟨-; Organismen⟩ organismo *m*

Or·ga·nist M ⟨-en; -en⟩, **-in** F ⟨-; -nen⟩ organista *m/f*

Or·ga·ni·zer [ɔrga'naizɐ] M ⟨-s; -⟩ agenda *f* (elettronica)

Or·gan·spen·de F donazione *f* di organi **Or·gan·spen·der** M, **-in** F donatore *m*, -trice *f* di organi **Or·gan·ver·pflan·zung** F trapianto *m* di organi

Or·gas·mus M ⟨-; Orgasmen⟩ orgasmo *m*

Or·gel F ⟨-; -n⟩ organo *m* **Or·gel·bau·er** M ⟨-s; -⟩, **-in** F ⟨-; -nen⟩ organaro *m*, -a *f* **Or·gel·kon·zert** N concerto *m* per organo **Or·gel·pfei·fe** F canna *f* d'organo **Or·gel·spie·ler** M, **-in** F organista *m/f*

Or·gie F ⟨-; -n⟩ orgia *f*: **-n feiern** fare le orge

Ori·ent M ⟨-s⟩ oriente *m*, Oriente *m* ♦ **der Vordere ~** il Medio Oriente

Ori·en·ta·le M ⟨-n; -n⟩, **-lin** F ⟨-; -nen⟩ orientale *m/f* **ori·en·ta·lisch** ADJ orientale

ori·en·tie·ren **A** V/R **sich ~** **1** orientarsi: **sich an der Karte ~** orientarsi con la carta **2** **sich über etw** (*akk*) **~** informarsi (*od* mettersi al corrente) su qc **B** V/T **1** **j-n über etw** (*akk*) **~** informare qn su qc; **ich bin vollkommen orientiert** sono perfettamente al corrente **2** (*hinlenken*) orientare, indirizzare

Ori·en·tie·rung F ⟨-; -en⟩ **1** orientamento *m*: **jede ~ verlieren** perdere del tutto l'orientamento **2** (*Information*) informazione *f*: **zur ~** a titolo d'informazione (*od* informativo) **ori·en·tie·rungs·los** **A** ADJ disorientato **B** ADV senza orientamento **Ori·en·tie·rungs·punkt** M punto *m* d'orientamento **Ori·en·tie·rungs·sinn** M senso *m* dell'orientamento

ori·gi·nal **A** ADJ originale: **~ indische Seide** seta originale indiana **B** ADV **1** originalmente **2** (*ursprünglich*) originariamente **3** (*direkt, live*) in diretta, live

Ori·gi·nal N ⟨-s; -e⟩ originale *m* ♦ **etw im ~ lesen** leggere qc nell'originale

Ori·gi·nal·fas·sung F versione *f* originale **ori·gi·nal·ge·treu** ADJ conforme all'originale

Ori·gi·na·li·tät F ⟨-; -en⟩ originalità *f*

Ori·gi·nal·ton M parole *fpl* testuali

ori·gi·nell ADJ originale

Or·kan M ⟨-[e]s; -e⟩ uragano *m* **or·kan·ar·tig** ADJ simile a un uragano

Or·na·ment N ⟨-[e]s; -e⟩ ornamento *m*

or·na·men·tal ADJ ornamentale

Or·nat M ⟨-[e]s; -e⟩ paramenti *mpl* sacerdotali ♦ **in vollem ~** in pompa magna

Or·ni·tho·lo·ge M ⟨-n; -n⟩, **-lo·gin** F ⟨-; -nen⟩ ornitologo *m*, -a *f*

Ort M ⟨-[e]s; -e *u.* Örter⟩ **1** luogo *m*, posto *m*: **~ und Zeit** il tempo e il luogo; **bin ich hier am rechten ~?** sono nel posto giusto? **2** (*Dorf, Stadt*) località *f* ♦ *umg* (*Toilette*) **der gewisse** (*od* **stille**) **~** quel posto; **etw an seinen ~ legen** (*od* **stellen**) mettere qc al proprio posto; **mitten im ~** nel centro del paese; **an ~ und Stel-**

le sul posto, sul luogo; (*sofort*) sui due piedi; *umg* **vor ~** direttamente sul posto
or·ten VT **etw ~** localizzare qc
or·tho·dox ADJ ortodosso
Or·tho·gra·fie F ⟨-; -n⟩ ortografia *f* **or·tho·gra·fisch** ADJ ortografico
Or·tho·pä·de M ⟨-n; -n⟩ MED ortopedico *m* **Or·tho·pä·die** F ⟨-⟩ ortopedia *f* **Or·tho·pä·din** F ⟨-; -nen⟩ ortopedica *f* **or·tho·pä·disch** ADJ ortopedico
ört·lich A ADJ locale (*a.* MED) B ADV 1 localmente 2 **~ verschieden sein** variare da luogo a luogo (*od* a seconda del luogo) **Ört·lich·keit** F ⟨-; -en⟩ località *f*: **mit den -en vertraut sein** essere pratico dei luoghi
Orts·an·ga·be F indicazione *f* del luogo **orts·an·säs·sig** ADJ residente nel luogo, del luogo, locale **Orts·an·säs·si·ge** M/F ⟨-n; -n⟩ residente *m/f* (del luogo)
Ort·schaft F ⟨-; -en⟩ località *f*; (*Dorf*) villaggio *m*
orts·fest ADJ TECH fisso, permanente **orts·fremd** ADJ forestiero; (*nicht ortskundig*) non pratico del luogo **Orts·ge·spräch** N telefonata *f* urbana **Orts·kennt·nis** F conoscenza *f* del luogo **orts·kun·dig** ADJ pratico del posto **Orts·na·me** M nome *m* di luogo **Orts·netz** N TEL rete *f* locale (*od* urbana) **Orts·teil** M quartiere *m*, rione *m* **orts·üb·lich** ADJ di uso locale, consueto **Orts·wech·sel** M cambiamento *m* di luogo; (*Wohnsitzwechsel*) cambiamento *m* di residenza **Orts·zeit** F ora *f* locale
Or·tung F ⟨-; -en⟩ localizzazione *f*, rilevamento *m* della posizione
Os·car·ver·lei·hung F notte *f* degli Oscar, premiazione *f* degli Oscar
Öse F ⟨-; -n⟩ occhiello *m*
Os·lo N ⟨-s⟩ Oslo *f*
Os·mo·se F ⟨-; -n⟩ osmosi *f*
Os·si M ⟨-s; -s⟩ *umg* tedesco *m* della Germania dell'Est
Os·tal·gie F ⟨-⟩ nostalgia *f* della Germania dell'Est
Ost·block M ⟨-[e]s⟩ HIST *neg!* blocco *m* orientale **ost·deutsch** ADJ tedesco orientale, della Germania dell'Est **Ost·deut·sche** M/F abitante *m/f* della Germania dell'Est **Ost·deutsch·land** N Germania *f* dell'Est
Os·ten M ⟨-s⟩ est *m*, oriente *m*: **der Wind weht von** (*od* **aus**) **~** il vento spira da est; **der ~ des Landes** la parte orientale del paese ♦ **der Ferne ~** l'Estremo Oriente; **der Mittlere ~** Asia meridionale; **der Nahe ~** il Medio (*od* Vicino) Oriente
os·ten·ta·tiv ADJ ostentato
Os·ter·ei N uovo *m* pasquale (colorato); (*aus Schokolade*) uovo *m* (di cioccolato) **Os·ter·fest** N Pasqua *f* **Os·ter·glo·cke** F BOT trombone *m* **Os·ter·ha·se** M 1 leprotto *m* pasquale 2 (*aus Schokolade*) leprotto *m* di cioccolata
ös·ter·lich ADJ pasquale
Os·ter·mon·tag M lunedì *m* di Pasqua, Pasquetta *f*
Os·tern N ⟨-; -⟩ Pasqua *f*: **zu** (*od* **an**) **~** a Pasqua ♦ **frohe ~!** buona Pasqua!

Ostern

Zu Ostern isst man in Italien einen taubenförmigen Kuchen: die **colomba**. Für Kinder gibt es große Ostereier aus Schokolade mit einer Überraschung darin. Sowohl der Osterhase als auch die Suche nach Eiern sind in Italien unbekannt.

Ös·ter·reich N ⟨-s⟩ Austria *f*: **~ ist schön** l'Austria è bella; **in ~** in Austria; **ich fahre nach ~** vado in Austria **Ös·ter·rei·cher** M ⟨-s; -⟩, **-in** F ⟨-; -nen⟩ austriaco *m*, -a *f*: **die ~** gli austriaci **ös·ter·rei·chisch** ADJ austriaco
Os·ter·sonn·tag M domenica *f* di Pasqua
Ost·eu·ro·pa N Europa *f* orientale (*od* dell'est) **ost·eu·ro·pä·isch** ADJ dell'Europa orientale
öst·lich A ADJ orientale B ADV & PRÄP (+*gen*) a est: **~ von München** ad est di Monaco
Öst·ro·gen N ⟨-s; -e⟩ estrogeno *m*
Ost·see F (mar *m*) Baltico *m* **ost·wärts** ADV verso est, verso oriente **Ost·wind** M (vento *m* di) levante *m*
O-Ton M parole *fpl* testuali
Ot·ter[1] M ⟨-s; -⟩ lontra *f*
Ot·ter[2] F ⟨-; -n⟩ vipera *f*
Ötz·tal N valle *f* dell'Ötz
out [aut] ADV SPORT fuori (dal campo) ♦ *umg* **~ sein** essere out (*od* superato)
Out·door·ak·ti·vi·tä·ten ['autdɔːe-] PL attività *fpl* sportive all'aperto **Out·door·be·klei·dung** F abbigliamento *m* outdoor
ou·ten ['autən] A VT scoprire B VR **sich ~** dichiararsi omosessuale

Out·fit ['autfɪt] N ⟨-[s]; -s⟩ **1** (*Kleidung*) abbigliamento *m*, tenuta *f* **2** (*Ausrüstung*) equipaggiamento *m*

Ou·ting ['autɪŋ] N ⟨-s⟩ outing *m inv*, pubblica dichiarazione *f* di omosessualità

Out·put ['autput] M ⟨-s; -s⟩ output *m inv*

Out·sour·cing ['autsɔːsɪŋ] N ⟨-s⟩ outsourcing *m inv*, esternalizzazione *f*, terziarizzazione *f*

Ou·ver·tü·re [uvɛr-] F ⟨-; -n⟩ ouverture *f*

oval [-v-] ADJ ovale

Oval N ⟨-s; -e⟩ ovale *m*

Ova·ti·on [-v-] F ⟨-; -en⟩ ovazione *f*

O·ver·all ['oːvərɔːl] M ⟨-s; -s⟩ tuta *f* **o·ver·dressed** [-drɛst] ADJ vestito troppo bene **O·ver·head·fo·lie** ['oːvəhɛt-] F lucido *m* **O·ver·head·pro·jek·tor** ['oːvəhɛt-] M lavagna *f* luminosa

Over·kill ['oːvəkɪl] M ⟨-[s]⟩ **1** MIL potenziale *m* distruttivo ridondante **2** *fig* (*übertriebenes Vorgehen*) esagerazione *f*

Ovu·la·ti·on [-v-] F ⟨-; -en⟩ ovulazione *f*

Oxid N ⟨-[e]s; -e⟩ ossido *m*

Oxi·da·ti·on F ⟨-; -en⟩ ossidazione *f*

oxi·die·ren V/T ossidare

Oxyd *usw* → Oxid *usw*

Oze·an M ⟨-s; -e⟩ oceano *m*: **der Atlantische/Indische ~** l'oceano Atlantico/Indiano; **der Pazifische** (*od* **Stille**) **~** l'oceano Pacifico **Oze·an·damp·fer** M transatlantico *m*

Oze·lot M ⟨-s; -e *u.* -s⟩ ozelot *m*, ocelot *m*

Ozon M/N ⟨-s⟩ ozono *m* **Ozon·alarm** M allarme *m* ozono **Ozon·ge·halt** M contenuto *m* di ozono **ozon·hal·tig** ADJ contenente ozono **Ozon·loch** N buco *m* nell'ozono **Ozon·schicht** F strato *m* dell'ozono (*od* di ozono), ozonosfera *f* **Ozon·schild** M strato *m* di ozono

P

p, P N ⟨-; -⟩ p, P, pi *f/m*: **P wie Paula** P come Padova

paar ADJ ⟨*inv*⟩ un paio (di), alcuni, qualche: **ein ~ Mal(e)** un paio di volte ♦ **ein ~ Schritte gehen** fare quattro passi; **hast du ein ~ Minuten Zeit?** hai due minuti?

Paar N ⟨-[e]s; -e⟩ **1** paio *m*: **drei ~ Handschuhe** tre paia di quanti **2** (*Menschen*) coppia *f*: **zu -en** a coppie; **ein junges ~** una giovane coppia **paa·ren** **A** V/T accoppiare **B** V/R **sich ~** **1** accoppiarsi **2** *fig* unirsi **Paar·lauf** M pattinaggio *m* a coppie **paar·mal** ADV: **ein ~** un paio di volte **Paa·rung** F ⟨-; -en⟩ accoppiamento *m* **paar·wei·se** ADV a coppie, a due a due

Pacht F ⟨-; -en⟩ **1** locazione *f*, affitto *m* **2** (*von Geschäften*) gestione *f* **pach·ten** V/T **1** prendere in affitto **2** (*Unternehmen*) prendere in gestione **3** *umg fig* **etw für sich gepachtet haben** avere (per sé) il monopolio di qc

Päch·ter M ⟨-s; -⟩, **-in** F ⟨-; -nen⟩ **1** affittuario *m*, -a *f*, locatario *m*, -a *f* **2** (*von Geschäften*) gestore *m*

Pacht·ver·trag M contratto *m* di locazione **Pacht·zins** M (canone *m* d') affitto *m*

Pack[1] M ⟨-[e]s; -e *u.* Päcke⟩ **1** pacco *m* **2** (*Bündel*) fascio *m*, fagotto *m*

Pack[2] N ⟨-[e]s⟩ *pej* (*Menschen*) gentaglia *f*, marmaglia *f* ♦ **~ schlägt sich, ~ verträgt sich** cane non mangia cane

Päck·chen N ⟨-s; -⟩ **1** (*Postpäckchen*) pacchetto *m* **2** confezione *m*: **ein ~ Tee** una confezione di tè ♦ *fig* **sein ~ zu tragen haben** dover portare il proprio fardello

Pack·eis N pack *m*, banchisa *f*

pa·cken V/T **1** mettere: **etw in den Koffer ~** mettere qc nella valigia **2** (*verpacken*) impacchettare, imballare: **etw in einen Karton ~** imballare qc in uno scatolone; **etw in Papier ~** incartare qc; **ein Päckchen ~** fare un pacchetto; **die Koffer ~** fare le valigie **3** **seine Sachen ~** raccogliere le proprie cose **4** afferrare: **j-n am Kragen ~** afferrare qn per il collo

5 *fig* cogliere: **die Angst packte ihn** la paura lo colse **6** *umg* (*begreifen*) capire **7** *fig* (*fesseln*) trascinare **8** *fig* prendere: **wissen, wo man j-n ~ kann** sapere come prendere qn **9** *umg* (*schaffen*) **eine Prüfung ~** riuscire (*od* farcela) a dare un esame ♦ **ich muss noch ~** devo ancora fare i bagagli

Pa·cken M ⟨-s; -⟩ **1** → Pack[1] **2** *fig* mucchio *m*

pa·ckend ADJ avvincente

Pa·cker M ⟨-s; -⟩, **-in** F ⟨-; -nen⟩ **1** imballatore *m*, -trice *f* **2** (*Möbelpacker*) operaio *m*, -a *f* di un'impresa di traslochi

Pack·pa·pier N carta *f* da pacchi

Pa·ckung F ⟨-; -en⟩ **1** pacco *m*, pacchetto *m*: **eine ~ Zigaretten** un pacchetto di sigarette **2** MED impacco *m* **Pa·ckungs·bei·la·ge** F foglietto *m* illustrativo

Pä·da·go·ge M ⟨-n; -n⟩ pedagogo *m* **Pä·da·go·gik** F ⟨-⟩ pedagogia *f* **Pä·da·go·gin** F ⟨-; -nen⟩ pedagoga *f* **pä·da·go·gisch** ADJ pedagogico

Pad·del N ⟨-s; -⟩ pagaia *f* **Pad·del·boot** N canoa *f*

pad·deln V/I **1** ⟨*mit Paddeln rudern*; h., s.⟩ remare **2** ⟨s.⟩ andare in canoa

Pa·dua N ⟨-s⟩ Padova *f*

paf·fen *umg* V/T & V/I ⟨h.⟩ fumare (senza aspirare)

Pa·ge ['pa:ʒə] M ⟨-n; -n⟩ **1** (*Diener*) valletto *m* **2** (*im Hotel*) ragazzo *m* d'albergo

Pa·gen·kopf M taglio *m* di capelli alla paggio

Pa·go·de F ⟨-; -n⟩ pagoda *f*

Pa·ket N ⟨-[e]s; -e⟩ **1** pacco *m* **2** (*Packung einer Ware*) scatola *f* **3** WIRTSCH, IT, POL pacchetto *m*: **ein ~ Aktien** un pacchetto azionario **Pa·ket·an·nah·me** F accettazione *f* dei pacchi postali **Pa·ket·aus·ga·be** F distribuzione *f* dei pacchi postali **Pa·ket·bom·be** F pacco *m* bomba pacco *m* esplosivo **Pa·ket·kar·te** F bollettino *m* di spedizione per pacchi postali **Pa·ket·post** F servizio *m* pacchi postali **Pa·ket·schal·ter** M sportello *m* pacchi

Pa·kis·tan N ⟨-s⟩ Pakistan *m*

Pakt M ⟨-[e]s; -e⟩ patto *m*

Pa·last M ⟨-es; Paläste⟩ **1** palazzo *m* **2** *umg fig* (*pompöse Villa*) reggia *f*

Pa·läs·ti·na N ⟨-s⟩ Palestina *f* **Pa·läs·ti·nen·ser** M ⟨-s; -⟩, **-in** F ⟨-; -nen⟩ palestinese *m/f* **Pa·läs·ti·nen·ser·staat** M Stato *m* palestinese **pa·läs·ti·nen·sisch** ADJ palestinese

Pa·lat·schin·ke F ⟨-; -n⟩ *österr* = *specie di omelette ripiena di marmellata*

Pa·la·ver N ⟨-s; -⟩ *umg pej* tiritera *f*: **ein großes ~** (**um**) una lunga tiritera (su)

Pa·ler·mo N ⟨-s⟩ Palermo *f*

Pa·let·te F ⟨-; -n⟩ **1** (*von Maler*) tavolozza *f* **2** *fig* gamma *f* **3** (*Holzuntersatz*) palet *m*

pa·let·ti ADJ *sl* (**es ist**) **alles ~** (è) tutto a posto

Pa·li·sa·de F ⟨-; -n⟩ palizzata *f*

Palm® M ⟨-s; -s⟩ palmare® *m*

Pal·me F ⟨-; -n⟩ palma *f* ♦ **j-n auf die ~ bringen** far inalberare qn

Palm·fett N olio *m* di palma

Palm-PC M palmare *m*, palmtop *m inv*

Palm·sonn·tag M domenica *f* delle Palme

Palm·top M ⟨-s; -s⟩ palmtop *m inv*

Pam·pa F ⟨-; -s⟩ pampa *f* ♦ *hum* **in der ~ wohnen** abitare in mezzo ai campi

Pam·pe F ⟨-⟩ *pej* pappa *f*, poltiglia *f*

Pam·pel·mu·se F ⟨-; -n⟩ pompelmo *m*

Pamph·let N ⟨-[e]s; -e⟩ libello *m*

pam·pig ADJ *umg* (*patzig*) sfacciato

Pa·na·de F ⟨-; -n⟩ impanatura *f*

Pan·da M ⟨-s; -s⟩, **Pan·da·bär** M panda *m inv*

Pa·neel N ⟨-s; -e⟩ pannello *m*

pa·nie·ren V/T (im)panare

Pa·nier·mehl N pangrattato *m*

Pa·nik F ⟨-; -en⟩ panico *m*: **eine ~ bricht aus** esplode il panico; **in ~ geraten** farsi prendere dal panico **pa·nik·ar·tig** **A** ADJ di panico **B** ADV (come) in preda al panico **Pa·nik·ma·che** F ⟨-⟩ *pej* il creare (il) panico

pa·nisch **A** ADJ panico: **-e Angst** timor panico **B** ADV in preda al panico

Pan·ne F ⟨-; -n⟩ **1** panne *f*: **mit einer ~ liegen bleiben** restare in panne **2** (*technischer Schaden*) guasto *m* **3** *fig* intoppo *m*: **diplomatische -n** noie *fpl* diplomatiche

Pan·nen·dienst M soccorso *m* stradale

Pa·no·ra·ma N ⟨-s; Panoramen⟩ panorama *m*

pan·schen **A** V/T annacquare; (*verfälschen*) adulterare **B** V/I ⟨h.⟩ *umg* sguazzare

Pan·ter, **Pan·ther** M ⟨-s; -⟩ pantera *f*

Pan·tof·fel M ⟨-s; -n⟩ ciabatta *f* ♦ *umg* **unter den ~ kommen/unter dem ~ ste-**

P

hen = *diventare/essere succube della moglie* **Pan·tof·fel·held** M *umg pej* fantoccio *m*, uomo *m* di stoppa
Pan·to·mi·me[1] F ⟨-; -n⟩ pantomima *f*
Pan·to·mi·me[2] M ⟨-n; -n⟩, **-mi·min** F ⟨-; -nen⟩ (*Künstler*) pantomimo *m*, -a *f*
pan·to·mi·misch ADJ pantomimico
Pan·zer M ⟨-s; -⟩ **1** HIST, ZOOL corazza *f* **2** (*Panzerung*) corazzatura *f*, blindaggio *m* **3** MIL carro *m* armato **Pan·zer·ab·wehr** F difesa *f* anticarro **Pan·zer·fahr·zeug** N mezzo *m*, veicolo *m* blindato **Pan·zer·faust** F lanciarazzi *m* anticarro **Pan·zer·glas** N vetro *m* blindato
pan·zern **A** V/T corazzare, blindare **B** V/R **sich** ~ *fig* corazzarsi
Pan·zer·schrank M cassaforte *f* **Pan·zer·sper·re** F sbarramento *f* anticarro
Pan·ze·rung F ⟨-; -en⟩ corazzatura *f*, blindatura *f*, blindaggio *m*
Pan·zer·wa·gen M blindato *m*
Pa·pa M ⟨-s; -s⟩ *umg* papà *m*, babbo *m*
Pa·pa·gei M ⟨-en *u.* -s; -en -e⟩ pappagallo *m*
Pa·pa·raz·zi PL paparazzi *mpl*
Pa·paya F ⟨-; -s⟩ papaia *f*
Pa·pe·te·rie F ⟨-; -n⟩ *schweiz* cartoleria *f*
Pa·pier N ⟨-[e]s; -e⟩ **1** carta *f*: **etw zu ~ bringen** mettere qc sulla carta **2** scritto *m*, atto *m*, documento *m*: **ein ~ unterschreiben** firmare un documento **3** *pl* **gefälschte -e** documenti falsi **4** FIN titolo *m*, valore *m*: **ein ~ abstoßen** realizzare un titolo
Pa·pier·con·tai·ner M cassonetto *m* della carta **Pa·pier·fab·rik** F cartiera *f* **Pa·pier·for·mat** N formato *m* pagina **Pa·pier·geld** N cartamoneta *f*, banconote *fpl* **Pa·pier·korb** M cestino *m* per la carta; IT cestino *m* **Pa·pier·krieg** M *pej* contesa *f* cartacea **Pa·pier·ma·schee** N ⟨-s; -s⟩ cartapesta *f* **Pa·pier·schlan·ge** F stella *f* filante **Pa·pier·ser·vi·et·te** F tovagliolo *m* di carta **Pa·pier·stau** M (*des Druckers*) inceppamento *m* carta **Pa·pier·ta·schen·tuch** N fazzoletto *m* di carta **Pa·pier·ton·ne** F bidone *m* per la carta (da riciclare) **Pa·pier·tü·te** F sacchetto *m* di carta **Pa·pier·vor·schub** M IT avanzamento *m* carta **Pa·pier·zu·fuhr** F (*beim Drucker usw*) alimentazione *f* carta
Papp·be·cher M bicchiere *m* di carta
Papp·de·ckel M cartone *m*
Pap·pe F ⟨-; -n⟩ cartone *m*: **steife ~** cartone rigido ♦ **dünne ~** cartoncino; *umg* **nicht von** (*od* **aus**) **~ sein** non essere un pappamolle; (*nicht zu unterschätzen sein*) non essere da buttare via

⚠ Pappe ≠ pappa

die Pappe	=	il cartone
la pappa	=	der Brei

Papp·ein·band M copertina *f* di cartone
Pap·pel F ⟨-; -n⟩ BOT pioppo *m*
pap·pen **A** V/T *umg* incollare, appiccicare **B** V/I ⟨h.⟩ **1** (*kleben*) appiccicarsi: **alles pappt** è tutto appiccicoso **2** (*Schnee*) attaccarsi
Pap·pen·stiel M **kein ~ sein** non essere poco (*od* una nullità)
pap·pig ADJ **1** (*klebrig*) appiccicoso **2** (*breiig*) poltiglioso: **der Reis ist ~** il riso è una poltiglia **3** (*Brot*) gommoso
Papp·ka·me·rad M sagoma *f* di cartone (come bersaglio) **Papp·kar·ton** M scatola *f* di cartone **Papp·ma·ché** [-maˈʃeː], **Papp·ma·schee** → Papiermaschee **papp·satt** ADJ *umg* pieno come un otre **Papp·schnee** M neve *f* poltigliosa **Papp·tel·ler** M piatto *m* di cartone (*od* di carta)
Pap·ri·ka M ⟨-s; -[s]⟩ **1** → Paprikaschote **2** (*Gewürz*) paprica *f* **3** *schweiz* (*Peperoni*) peperoncino *m* **Pap·ri·ka·scho·te** F peperone *m*
Papst M ⟨-[e]s; Päpste⟩ **1** papa *m*, pontefice *m* **2** *fig* principe *m* ♦ **päpstlicher sein als der ~** essere più realisti del re
päpst·lich ADJ papale, pontificio
Papst·tum N ⟨-s⟩ papato *m*
Pa·ra·bel F ⟨-; -n⟩ parabola *f* (*a.* MATH)
Pa·ra·bol·an·ten·ne F antenna *f* parabolica
Pa·ra·de F ⟨-; -n⟩ parata *f* (*a.* SPORT), rivista *f*: **die ~ abnehmen** passare in rivista le truppe; **eine ~ abhalten** fare una parata **Pa·ra·de·bei·spiel** N esempio *m* paradigmatico
Pa·ra·dei·ser M ⟨-s; -⟩ *österr* pomodoro *m*
Pa·ra·dies N ⟨-es; -e⟩ paradiso *m* (*a. fig*): **ins ~ kommen** andare in paradiso ♦ **das ~ auf Erden** il paradiso in terra **pa·ra·die·sisch** ADJ paradisiaco (*a. fig*)
pa·ra·dox ADJ paradossale

Pa·ra·do·xon N ⟨-s; Paradoxa⟩ paradosso *m*
Pa·raf·fin N ⟨-s; -e⟩ paraffina *f*
Pa·ra·gli·ding [-glaidɪŋ] N ⟨-s⟩ parapendio *m*
Pa·ra·graf M ⟨-en; -en⟩ paragrafo *m*; (*eines Gesetzes*) articolo *m*
pa·ral·lel ADJ parallelo ♦ **~ mit** (*od* **zu**) **etw** (**ver**)**laufen** essere parallelo a qc
Pa·ral·le·le F ⟨-; -n⟩ **1** parallela *f*: **zu einer Geraden die ~ ziehen** tracciare la parallela di una retta **2** parallelo *m*: **etw zu etw in ~ bringen** (*od* **setzen**) fare un parallelo fra qc e qc altro **3** (*Vergleich*) paragone *m*
Pa·ral·le·lo·gramm N ⟨-s; -e⟩ parallelogramma *m*
Pa·ral·lel·rech·ner M calcolatore *m* parallelo
Pa·ra·me·ter M ⟨-s; -⟩ parametro *m*
pa·ra·mi·li·tä·risch ADJ paramilitare
Pa·ra·noia F ⟨-⟩ paranoia *f* **pa·ra·no·id** ADJ paranoide **pa·ra·no·isch** ADJ paranoico
Pa·ra·nuss F noce *f* del Brasile
pa·ra·phie·ren V/T *form* paraf(f)are
Pa·ra·psy·cho·lo·gie F parapsicologia *f*
Pa·ra·sit M ⟨-en; -en⟩ parassita *m* (*a. fig*)
pa·rat ADJ pronto, a portata di mano: *fig* **immer eine Antwort/Ausrede ~ haben** avere sempre la risposta/scusa pronta
Pär·chen N ⟨-s; -⟩ coppietta *f*
Par·cours [par'kuːɐ] M ⟨-⟩ percorso *m*
par·don [par'dõː] INT scusi ♦ **kein Pardon kennen** non conoscere pietà
Par·füm N ⟨-s; -e *u.* -s⟩ profumo *m*
Par·fü·me·rie F ⟨-; -n⟩ profumeria *f*
par·fü·mie·ren **A** V/T profumare **B** V/R **sich ~** profumarsi
Pa·ria M ⟨-s; -s⟩ paria *m*
pa·rie·ren **A** V/T parare (*a. fig*) **B** V/I ⟨h.⟩ *umg* obbedire
Pa·ris N ⟨-⟩ Parigi *f* **Pa·ri·ser** M ⟨-s; -⟩ **1** parigino *m* **2** *sl* (*Kondom*) guanto *m* **Pa·ri·se·rin** F ⟨-; -nen⟩ parigina *f*
Pa·ri·tät F ⟨-; -en⟩ JUR, WIRTSCH, IT parità *f*
pa·ri·tä·tisch ADJ paritetico
Park M ⟨-s; -s⟩ parco *m*
Par·ka M ⟨-s; -s⟩ parka *m inv*; (*grün*) eskimo *m inv*
Park·an·la·ge F parco *m* **Park·bank** F ⟨-; -bänke⟩ panchina *f* del parco
Park·bucht F piazzola *f* **Park·deck** N piano *m* di un parcheggio (*od* di un autosilo)
par·ken **A** V/T parcheggiare: **falsch ~** parcheggiare male **B** V/I ⟨h.⟩ essere parcheggiato ♦ **Parken verboten** divieto di sosta; **-de Autos** auto in sosta
Par·kett N ⟨-[e]s; -e *u.* -s⟩ **1** parquet *m* **2** *fig* scena *f*: **sich aufs politische ~ wagen** avventurarsi sulla scena politica **3** THEAT platea *f*: **im ~ sitzen** sedere in platea
Park·ga·ra·ge F, **Park·haus** N autosilo *m*, parcheggio *m* multipiano
par·kie·ren V/T & V/I ⟨h.⟩ *schweiz* → parken
Par·kin·son·krank·heit, **Par·kin·son·sche Krank·heit** F ⟨-⟩ morbo *m* di Parkinson
Park·kral·le F bloccaruote *m inv* **Park·leuch·te** F luce *f* di posizione **Park·lü·cke** F posto *m* per parcheggiare, parcheggio *m* **Park·platz** M parcheggio *m* **Park·schei·be** F disco *m* orario **Park·schein** M biglietto *m* del parcheggio **Park·schein·au·to·mat** M parcometro *m* **Park·sün·der** M, **-in** F *umg* chi parcheggia in divieto (di sosta) **Park·uhr** F parchimetro *m* **Park·ver·bot** N divieto *m* di sosta
Par·la·ment N ⟨-[e]s; -e⟩ parlamento *m* **Par·la·men·ta·ri·er** M ⟨-s; -⟩, **-in** F ⟨-; -nen⟩ parlamentare *m/f* **par·la·men·ta·risch** ADJ parlamentare
Par·la·ments·beschluss M risoluzione *f* del parlamento **Par·la·ments·ge·bäu·de** N palazzo *m* del parlamento **Par·la·ments·sit·zung** F seduta *f* del parlamento **Par·la·ments·wahl** F elezioni *fpl* politiche
Par·me·san M ⟨-[s]⟩ parmigiano *m*
Pa·ro·die F ⟨-; -n⟩ parodia *f* **pa·ro·die·ren** V/T **j-n/etw ~** parodiare qn/qc
Pa·ro·don·to·se F ⟨-; -n⟩ parodontosi *f*
Pa·ro·le F ⟨-; -n⟩ **1** parola *f* d'ordine: **eine ~ ausgeben** dare una parola d'ordine **2** (*Leitspruch*) slogan *m*, motto *m*
Pa·ro·li N **j-m/etw ~ bieten** rispondere picche a qn/qc
Par·sing N ⟨-s⟩ IT analisi *f inv* sintattica
Par·tei F ⟨-; -en⟩ **1** partito *m* (*a.* POL) **2** JUR parte *f* **3** (*Mietpartei*) inquilino *m* ♦ **j-s ~** (*od* **für j-n ~**) **ergreifen** (*od* **nehmen**) prendere le parti di (*od* parteggiare per) qn

Par·tei·buch N tessera *f* del partito **Par·tei·chef** M, **-in** F capo *m* del partito **Par·tei·freund** M, **-in** F compagno *m*, -a *f* di partito **par·tei·isch**, **par·tei·lich** A ADJ parziale B ADV in modo parziale, con parzialità **par·tei·los** ADJ indipendente **Par·tei·nah·me** F ⟨-; -n⟩ presa *f* di posizione **Par·tei·tag** M congresso *m* del partito **par·tei·über·grei·fend** ADJ POL trasversale

Par·ter·re [-'tɛr] N ⟨-s; -s⟩ pianterreno *m*

Par·tie F ⟨-; -n⟩ 1 (*Teil*) parte *f*: **die mittlere ~ des Rückens** la parte centrale della schiena 2 **die ~ der Tosca singen** cantare la parte di Tosca 3 partita *f* (*a.* HANDEL): **eine ~ Billard** una partita a biliardo ♦ **mit von der ~ sein** essere della partita; **eine schlechte/gute ~** un cattivo/buon partito

par·ti·ell ADJ parziale

Par·ti·kel[1] F ⟨-; -n⟩ GRAM particella *f*

Par·ti·kel[2] N ⟨-s; -⟩ *u.* F ⟨-; -n⟩ (*Teilchen*) particella *f*

Par·ti·san M ⟨-s *u.* -en; -en⟩, **-in** F ⟨-; -nen⟩ partigiano *m*, -a *f*

Par·ti·tur F ⟨-; -en⟩ partitura *f*

Par·ti·zip N ⟨-s; -ien⟩ GRAM participio *m*

Part·ner M ⟨-s; -⟩ 1 partner *m*: **ihr ~ beim Tanz** il suo partner (*od* cavaliere) nella danza 2 compagno *m*: **ein ~ fürs Leben** un compagno per la (*od* di) vita 3 HANDEL socio *m* **Part·ner·be·zie·hung** F relazione *f* di coppia

Part·ne·rin F ⟨-; -nen⟩ 1 partner *f*: **seine ~ beim Tanz** la sua partner (*od* dama) nella danza 2 (*Lebenspartnerin*) compagna *f* 3 HANDEL socia *f*

Part·ner·schaft F ⟨-; -en⟩ 1 vita *f* (*od* rapporto *m*) di coppia 2 l'essere partner: **zwischen den Arbeitskollegen gibt es echte ~** tra i colleghi c'è una vera intesa (*od* una bella unione) 3 WIRTSCH partecipazione *f* **part·ner·schaft·lich** ADJ di (*od* da) compagni

Part·ner·stadt F città *f* gemellata

par·tout [-'tu:] ADV *umg* assolutamente

Par·ty ['pa:ɐti] F ⟨-; -s⟩ party *m*, festa *f* **Par·ty·ser·vice** M banqueting *m inv*, catering *m inv*

Par·zel·le F ⟨-; -n⟩ appezzamento *m*, lotto *m*; JUR parcella *f* **par·zel·lie·ren** V/T dividere in parcelle, lottizzare

Pasch M ⟨-[e]s; -e *u.* Päsche⟩ pariglia *f*

Pa·scha M ⟨-s; -s⟩ pascià *m* (*a. fig*)

Pass M ⟨-es; Pässe⟩ 1 passaporto *m*: **der ~ ist abgelaufen/ungültig** il passaporto è scaduto/non è valido 2 (*Gebirgsübergang*) passo *m* 3 SPORT passaggio *m*

pas·sa·bel ADJ passabile

Pas·sa·ge [-ʒə] F ⟨-; -n⟩ 1 passaggio *m* (*a.* MUS) 2 (*überdachte Ladenstraße*) galleria *f* 3 (*Textabschnitt*) passo *m*

Pas·sa·gier [-'ʒi:ɐ] M ⟨-s; -e⟩, **-in** F ⟨-; -nen⟩ passeggero *m*, -a *f* **Pas·sa·gier·damp·fer** M nave *f* passeggeri **Pas·sa·gier·flug·zeug** N aereo *m* passeggeri

Pass·amt N ufficio *m* passaporti

Pas·sant M ⟨-en; -en⟩, **-in** F ⟨-; -nen⟩ passante *m/f*

Pas·sat M ⟨-[e]s; -e⟩ (vento *m*) aliseo *m*

Pass·bild N fototessera *f*

pas·sen V/I ⟨h.⟩ 1 andare (bene): **die Schuhe ~ mir (nicht)** le scarpe (non) mi vanno bene 2 adattarsi, essere adatto, stare (bene): **diese Lampe passt nicht zur Einrichtung** questa lampada non si adatta all'arredamento; **er passt nicht zu dir** non è il tipo giusto per te; **diese Farbe passt nicht zu dir** questo colore non ti sta bene; **sie passt nicht zu ihm** non è adatta a (*od* fatta per) lui 3 (*Platz haben*) starci, entrare: **das Buch passt nicht ins Regal** il libro non ci sta nella libreria 4 (*gefallen*) piacere 5 (*recht sein*) andare (bene): **es passt mir nicht, dass …** non mi va che … 6 (*entsprechend sein*) corrispondere 7 (*Spiel*) passare: **(ich) passe!** passo! 8 *fig* arrendersi: **ich passe, das weiß ich nicht!** mi arrendo, questo non lo so! ♦ **das passt nicht hierher!** questo è fuori luogo!; **das könnte dir so ~!** ti piacerebbe, eh!; **das passt zu ihm!** è tipico di lui!

pas·send A ADJ 1 che va (bene), che è della giusta misura: **gut -e Schuhe** scarpe che vanno bene 2 (*geeignet*) adatto, giusto: **die -en Worte** le parole adatte; **eine zum Hemd -e Krawatte** una cravatta che sta bene con la camicia 3 (*angebracht*) opportuno, conveniente B ADV adeguatamente, in modo adatto ♦ *umg* **hast du's ~?** hai i soldi giusti?; **etw ~ machen** adattare qc

Pass·fo·to N → Passbild

pas·sier·bar ADJ 1 transitabile 2 (*Brücke, Fluss*) attraversabile 3 (*Kontrolle, Sperre*) che si può passare (*od* superare)

pas·sie·ren A V/I ⟨s.⟩ succedere, capita-

P

re: **was ist passiert?** cosa è successo? **B** VT **1** passare (*a.* GASTR): **die Grenze ~** passare il confine **2** attraversare: **eine Brücke ~** attraversare un ponte ♦ **es muss endlich etwas ~!** è ora di fare qualcosa!

Pas·sier·schein M lasciapassare *m;* passi *m*

Pas·si·on F ⟨-; -en⟩ passione *f*

pas·si·o·niert ADJ appassionato

Pas·si·ons·blu·me F fiore *m* della passione, passiflora *f* **Pas·si·ons·frucht** F frutto *m* della passione, maracuja *f inv* **Pas·si·ons·spiel** N THEAT passione *f,* sacra rappresentazione *f*

pas·siv ADJ passivo ♦ **ein -es Mitglied** un socio promotore

Pas·siv N ⟨-s; -e⟩ GRAM passivo *m*

Pas·si·va PL HANDEL passività *fpl,* passivo *m*

Pas·si·vi·tät F ⟨-⟩ passività *f* (*a.* CHEM)

Pas·siv·rau·chen N ⟨-s⟩ fumo *m* passivo

Pass·kon·trol·le F controllo *m* (dei) passaporti **Pass·stel·le** F ufficio *m* passaporti **Pass·stra·ße** F strada *f* di un (*od* del) passo **Pass·wort** N ⟨-[e]s; -wörter⟩ IT password *f* **Pass·wort·schutz** M protezione *f* con password

Pas·te F ⟨-; -n⟩ GASTR, PHARM pasta *f*

Pas·tell N ⟨-[e]s; -e⟩ **1** pastello *m* **2** → Pastellton **Pas·tell·stift** M pastello *m* **Pas·tell·ton** M colore *m* (*od* tinta *f*) pastello

Pas·te·te F ⟨-; -n⟩ **1** vol-au-vent *m* **2** (*Fleischspeise*) pâté *m*

pas·teu·ri·sie·ren VT pastorizzare

Pas·til·le F ⟨-; -n⟩ pastiglia *f,* pasticca *f*

Pas·tor M ⟨-s; -en⟩, **-to·rin** F ⟨-; -nen⟩ KIRCHE pastore *m,* -a *f*

Pa·te M ⟨-n; -n⟩ padrino *m* ♦ *fig* **bei etw ~ stehen** = *influire profondamente su qc*

Pa·ten·kind N figlioccio *m,* -a *f* **Pa·ten·on·kel** M padrino *m* **Pa·ten·schaft** F ⟨-; -en⟩ condizione *f* di padrino o madrina: **die ~ für j-n übernehmen** fare da padrino o madrina a qn ♦ *fig* **die ~ für etw übernehmen** impegnarsi a favore di qc

pa·tent **A** ADJ *umg* **1** (*tüchtig*) bravo, in gamba **2** buono, utile: **ein -er Vorschlag** una buona proposta **B** ADV abilmente: **etw ~ lösen** risolvere qc abilmente

Pa·tent N ⟨-[e]s; -e⟩ **1** brevetto *m*: **ein ~ auf etw** (*akk*) **haben** avere un brevetto su qc; **etw zum ~ anmelden** chiedere il brevetto per qc **2** **das ~ als Steuermann erwerben** prendere il brevetto da pilota

Pa·tent·amt N ufficio *m* (centrale) brevetti

⚠ Patent ≠ patente

das Patent	=	**il brevetto**
la patente	=	der Führerschein

Pa·ten·tan·te F madrina *f*

Pa·tent·an·walt M, **-an·wäl·tin** F avvocato *m* specializzato in brevetti

pa·ten·tie·ren VT brevettare

Pa·tent·lö·sung F soluzione *f* garantita **Pa·tent·re·zept** N sistema *m* garantito (*od* brevettato)

Pa·ter M ⟨-s; - *u.* Patres⟩ REL padre *m*

pa·the·tisch ADJ patetico

Pa·tho·lo·ge M ⟨-n; -n⟩ patologo *m* **Pa·tho·lo·gie** F ⟨-⟩ patologia *f* **Pa·tho·lo·gin** F ⟨-; -nen⟩ patologa *f* **pa·tho·lo·gisch** ADJ patologico

Pa·thos N ⟨-⟩ pathos *m*

Pa·ti·ence [pa'siã:s] F ⟨-; -n⟩ solitario *m*: **eine ~ legen** fare un solitario

Pa·ti·ent M ⟨-en; -en⟩, **-in** F ⟨-; -nen⟩ paziente *m/f*

Pa·tin F ⟨-; -nen⟩ madrina *f*

Pa·ti·na F ⟨-⟩ patina *f*

Pa·tis·se·rie F ⟨-; -n⟩ *schweiz* **1** (*Gebäck*) pasticcini *mpl* **2** (*Geschäft*) pasticceria *f*

Pat·ri·arch M ⟨-en; -en⟩ patriarca *m* **pat·ri·ar·cha·lisch** **A** ADJ patriarcale **B** ADV da patriarca **Pat·ri·ar·chat** N ⟨-[e]s; -e⟩ patriarcato *m*

Pat·ri·ot M ⟨-en; -en⟩, **-in** F ⟨-; -nen⟩ patriota *m/f* **pat·ri·o·tisch** **A** ADJ patriottico **B** ADV da patriota **Pat·ri·o·tis·mus** M ⟨-⟩ patriottismo *m*

Pat·ron M ⟨-s; -e⟩ **1** patrono *m* (*a.* HIST) **2** *umg pej* tipo *m*: **ein widerlicher ~** un tipo disgustoso

Pat·ro·ne F ⟨-; -n⟩ cartuccia *f*

Pat·ro·nen·hül·se F bossolo *m*

Pat·ro·nin F ⟨-; -nen⟩ patrona *f*

Pat·rouil·le [pa'trʊljə] F ⟨-; -n⟩ **1** (*Trupp*) pattuglia *f* **2** ronda *f*: **~ gehen** fare la ronda

pat·rouil·lie·ren VI ⟨h., s.⟩ pattugliare

patsch INT paf, ciaf, ciac

Pat·sche F ⟨-; -n⟩ guaio *m,* impiccio *m*: *umg* **in der ~ sitzen** essere in un bel guaio; **j-m aus der ~ helfen** aiutare qn ad uscire da un impiccio

pat·schen VI ⟨s.⟩ *umg* sguazzare: **durchs Wasser ~** sguazzare nell'acqua

patsch·nass ADJ *umg* bagnato fradicio

Patt N ⟨-s; -s⟩ **1** patta *f* **2** (*beim Schach*) stallo *m* ♦ **nukleares ~** stallo *m* nucleare

pat·zen VI ⟨h.⟩ *umg* (*Fehler machen*) fare pasticci, pasticciare **Pat·zer** M ⟨-s; -⟩ *umg* **1** pasticcione *m* **2** (*Fehler*) piccolo errore *m*

pat·zig ADJ *umg* sfacciato, sfrontato

Pau·ke F ⟨-; -n⟩ MUS timpano *m* ♦ *umg* **mit -n und Trompeten durchfallen** essere clamorosamente stangato; **auf die ~ hauen** (*ausgelassen feiern*) far baldoria; (*großsprecherisch auftreten*) spararle grosse

pau·ken **A** VI ⟨h.⟩ **1** MUS suonare (*od* battere) il timpano **2** *umg* (*intensiv lernen*) sgobbare **B** VT *umg* **Mathe ~** darci dentro in matematica

Pau·ken·schlag M colpo *m* di timpano

Pau·ker M ⟨-s; -⟩, **-in** F ⟨-; -nen⟩ *sl* (*Lehrer*) prof *m/f inv*

paus·bä·ckig ADJ paffutello

pau·schal **A** ADJ **1** forfet(t)ario: **-e Kosten** costi forfettari **2** (*allgemein*) globale **B** ADV **1** in blocco, a forfait: **etw ~ vergüten** rimborsare qc in blocco; **etw ~ bezahlen** pagare qc a forfait **2** (*allgemein*) globalmente: **etw ~ beantworten** rispondere globalmente a qc

Pau·scha·le F ⟨-; -n⟩ somma *f* forfettaria

Pau·schal·ge·bühr F tassa *f* globale **Pau·schal·preis** M prezzo *m* forfettario **Pau·schal·rei·se** F viaggio *m* tutto compreso **Pau·schal·ur·teil** M giudizio *m* sommario

Pau·se[1] F ⟨-; -n⟩ (*Unterbrechung*) pausa *f* (*a.* MUS), intervallo *m*: **sich** (*dat*) **keine ~ gönnen** non concedersi una pausa; **es klingelt zur ~** suona l'intervallo ♦ **ohne ~** ininterrottamente

Pau·se[2] F ⟨-; -n⟩ (*Kopie*) copia *f*, calco *m*

pau·sen VT ricalcare, riprodurre, copiare

pau·sen·los ADJ ininterrotto, senza sosta **Pau·sen·zei·chen** N **1** MUS (segno *m* di) pausa *f* **2** RADIO, TEL segnale *m* d'intervallo

pau·sie·ren VI ⟨h.⟩ fare una pausa

Paus·pa·pier N **1** carta *f* velina **2** (*Kohlepapier*) carta *f* carbone

Pa·vi·an [-v-] M ⟨-s; -e⟩ babbuino *m*

Pa·vil·lon ['pavɪljɔŋ] M ⟨-s; -s⟩ **1** padiglione *m* **2** (*in Gärten*) chiosco *m*

Pay-TV ['pe:tivi:] N ⟨-[s]⟩ TV *f* a pagamento

Pa·zi·fik M ⟨-s⟩ Pacifico *m*

pa·zi·fisch ADJ del Pacifico ♦ **der Pazifische Ozean** l'Oceano Pacifico

Pa·zi·fis·mus M ⟨-⟩ pacifismo *m* **Pa·zi·fist** M ⟨-en; -en⟩, **-in** F ⟨-; -nen⟩ pacifista *m/f* **pa·zi·fis·tisch** ADJ pacifista

PC [pe:'tse:] M ⟨-[s]; -[s]⟩ PC *m*

Pech N ⟨-[e]s; -e⟩ **1** (*Substanz*) pece *f* **2** (*Unglück*) sfortuna *f*, scalogna *f*: (**viel**) **~ haben** avere (molta) sfortuna; **so ein ~!** che sfortuna! ♦ *umg* **~ gehabt!** è andata male!; **zusammenhalten wie ~ und Schwefel** = essere inseparabili **pech·schwarz** ADJ *umg* nero come la pece

Pech·sträh·ne F sfilza *f*, serie *f* di guai

Pech·vo·gel M sfortunato *m*, -a *f* ♦ **ein ~ sein** avere la sfortuna addosso

Pe·dal N ⟨-s; -e⟩ pedale *m* (*a.* MUS) ♦ **in die -e treten** pedalare

Pe·dant M ⟨-en; -en⟩ pedante *m* **Pe·dan·te·rie** F ⟨-; -n⟩ pedanteria *f* **Pe·dan·tin** F ⟨-; -nen⟩ pedante *f* **pe·dan·tisch** **A** ADJ pedante(sco) **B** ADV con pedanteria

Ped·dig·rohr N canna *f* d'India

Pe·di·kü·re F ⟨-; -n⟩ **1** pedicure *m* **2** (*Fußpflegerin*) pedicure *f*, callista *f*

Pee·ling ['pi:lɪŋ] N ⟨-s; -s⟩ peeling *m inv*

Pe·gel M ⟨-s; -⟩ **1** idrometro *m* **2** → Pegelstand **3** PHYS livello *m* **Pe·gel·stand** M livello *m* dell'acqua

pei·len VT **1** SCHIFF (*Standort*) rilevare **2** (*Wassertiefe*) scandagliare ♦ **über den Daumen ~** stimare a occhio e croce (*od* grosso modo); *fig* **die Lage ~** sondare il terreno

Pein F ⟨-⟩ pena *f*

pei·ni·gen VT tormentare, torturare

pein·lich ADJ **1** penoso; (*beschämend*) imbarazzante: **eine -e Lage** una situazione penosa (*od* imbarazzante); **ein -es Gefühl** un senso d'imbarazzo **2** (*äußerst genau*) meticoloso, scrupoloso ♦ **von etw ~ berührt sein** provare un'impressione penosa per qc; **sich ~ an etw** (*akk*) **halten** attenersi scrupolosamente a qc; **~ sauber** estremamente pulito; **~ genau** assolutamente esatto **Pein·lich·keit** F ⟨-; -en⟩ **1** penosità *f*, increscisità *f* **2** (*peinliche Äußerung, Handlung*) cosa *f* imbarazzante

Peit·sche F ⟨-; -n⟩ frusta *f*; (*für Reitpferde*) frustino *m* ♦ *fig* **mit Zuckerbrot und ~** col bastone e la carota
peit·schen **A** V/T frustare, sferzare (*a. fig*) **B** V/I ⟨h.⟩ **1** battere, sbattere: **der Regen peitscht an** (*od* **gegen**) **die Scheiben** la pioggia batte contro i vetri **2** sibilare: **Schüsse ~** sibilano i colpi
Peit·schen·hieb M frustata *f*, sferzata *f*
Pe·king N ⟨-s⟩ Pechino *m*
Pe·li·kan M ⟨-s; -e⟩ pellicano *m*
Pel·le F ⟨-; -n⟩ *dial* buccia *f*; (*Wursthaut*) pelle *f* ♦ *umg* **j-m auf die ~ rücken** stare alle costole di qn
pel·len V/T *dial* pelare, sbucciare
Pell·kar·tof·fel F patata *f* lessata con la buccia
Pelz M ⟨-es; -e⟩ pelliccia *f* ♦ **j-m auf den ~ rücken** stare alle costole di qn
pelz·ge·füt·tert ADJ foderato di pelliccia **Pelz·han·del** M commercio *m* di pellicce **Pelz·händ·ler** M, **-in** F pellicciaio *m*, -a *f*
pel·zig ADJ **1** peloso **2** *fig* stopposo
Pelz·ja·cke F giacca *f* (*od* giaccone *m*) di pelliccia **Pelz·man·tel** M (cappotto *m* di) pelliccia *f* **Pelz·tier** N animale *m* da pelliccia
Pen·del N ⟨-s; -⟩ pendolo *m* **pen·deln** V/I **1** ⟨h.⟩ oscillare, dondolare **2** ⟨s.⟩ fare il pendolare: **zwischen Köln und Bonn ~** fare la spola tra Colonia e Bonn
Pen·del·uhr F pendola *f* **Pen·del·ver·kehr** M **1** traffico *m* pendolare **2** (*von hin- und herfahrenden Verkehrsmitteln*) spola *f*
Pend·ler M ⟨-s; -⟩, **-in** F ⟨-; -nen⟩ pendolare *m/f*
pe·net·rant ADJ **1** penetrante; (*Geruch*) pungente, fastidioso **2** *umg pej* (*aufdringlich*) invadente ♦ **~ nach Fett riechen** avere un forte odore di grasso; **~ nach Fett schmecken** avere un forte sapore di grasso
peng INT bang, bum
pe·ni·bel ADJ meticoloso, scrupoloso
Pe·nis M ⟨-; -se⟩ pene *m*
Pe·ni·zil·lin N ⟨-s; -e⟩ penicillina *f*
pen·nen V/I ⟨h.⟩ *umg* dormire: **mit j-m ~** andare a letto con qn
Pen·ner M ⟨-s; -⟩, **-in** F ⟨-; -nen⟩ *umg* **1** (*Obdachlose*) barbone *m*, -a *f*, vagabondo *m*, -a *f* **2** (*langsamer Mensch*) dormiglione *m*, -a *f*
Pen·si·on [pã'zio:n] F ⟨-; -en⟩ **1** (*Rente*) pensione *f*: **in ~ gehen** andare in pensione; **eine gute ~ beziehen** riscuotere una buona pensione **2** (*Hotel*) **in einer ~ übernachten** pernottare in una pensione
Pen·si·o·när M ⟨-s; -e⟩, **-in** F ⟨-; -nen⟩ pensionato *m*, -a *f* **pen·si·o·nie·ren** V/T pensionare, mandare in pensione; **j-n vorzeitig ~** mandare qn in prepensionamento **pen·si·o·niert** ADJ pensionato, in pensione **Pen·si·o·nie·rung** F ⟨-; -en⟩ pensionamento *m*
pen·si·ons·be·rech·tigt ADJ che ha diritto alla pensione **Pen·si·ons·gast** M pensionante *m/f* **pen·si·ons·reif** ADJ maturo per la pensione
Pen·sum N ⟨-s; Pensen *u.* Pensa⟩ compito *m*; (*Arbeit*) lavoro *m*
Pent·haus N, **Pent·house** ['pɛnthaus] N ⟨-; -s⟩ attico *m*
Pep M ⟨-[s]⟩ slancio *m*
Pe·pe·ro·ni PL **1** (*scharf*) peperoncini *mpl* **2** *schweiz* (*Paprika*) peperoni *mpl*
per PRÄP (+*akk*) per, a mezzo: **~ Bahn** per ferrovia; **~ Bank** a mezzo banca; HANDEL **~ zweiten April** per il due aprile
per·fekt ADJ **1** perfetto **2** concluso, definito, cosa fatta: **der Vertrag ist ~** il contratto è definito ♦ SPORT **die Niederlage ist ~** la sconfitta è definitiva; **einen Kauf ~ machen** portare a termine un acquisto; **in etw** (*dat*) **~ sein** essere bravissimo in qc
Per·fekt N ⟨-s; -e⟩ GRAM perfetto *m*
Per·fek·ti·on F ⟨-⟩ perfezione *f*: **etw bis zur ~ beherrschen** saper fare qc alla perfezione
per·fek·ti·o·nie·ren V/T perfezionare
Per·fek·ti·o·nis·mus M ⟨-⟩ perfezionismo *m* **Per·fek·ti·o·nist** M ⟨-en; -en⟩, **-in** F ⟨-; -nen⟩ perfezionista *m/f*
per·fi·de ADJ perfido
per·fo·rie·ren V/T perforare
Per·ga·ment N ⟨-[e]s; -e⟩ pergamena *f* **Per·ga·ment·pa·pier** N carta *f* pergamena
Pe·ri·o·de F ⟨-; -n⟩ **1** periodo *m* (*a.* MATH, PHYS, MUS) **2** (*Menstruation*) ciclo *m*
pe·ri·o·disch ADJ periodico
pe·ri·pher ADJ periferico (*a.* MED, IT)
Pe·ri·phe·rie F ⟨-; -n⟩ **1** periferia *f* (*a.* IT): **an der ~** in periferia **2** GEOM circonferenza *f* **Pe·ri·phe·rie·ge·rät** N IT (unità *f*) periferica *f*
Pe·ri·skop N ⟨-s; -e⟩ periscopio *m*

P

Per·le F ⟨-; -n⟩ **1** perla *f*: **echte -n** perle vere **2** perlina *f*: **bunte -n** perline colorate **3** (*vom Rosenkranz*) grano *m* **4** (*Bläschen*) bollicina *f* **5** *umg fig* (*Hausgehilfin*) domestica *f* ♦ **-n fischen** (*od* **nach -n tauchen**) pescare perle; **-n vor die Säue werfen** gettare (*od* buttare) le perle ai porci

per·len V/I **1** ⟨h., s.⟩ imperlare: **der Schweiß perlt ihm von der Stirn** il sudore gli imperla la fronte **2** ⟨h.⟩ (*sprudeln*) spumeggiare **3** ⟨s.⟩ **aus etw ~** stillare (*od* gocciolare) da qc

per·len·för·mig ADJ a forma di perla **Per·len·ket·te** F collana *f* di perle

Perl·huhn N (gallina *f*) faraona *f* **Perl·mu·schel** F conchiglia *f* perlifera

Perl·mutt N ⟨-s⟩, **Perl·mut·ter** F ⟨-⟩ *u.* N ⟨-s⟩ madreperla *f*

per·ma·nent **A** ADJ permanente **B** ADV di continuo; permanentemente

Per·mis·si·vi·tät F ⟨-⟩ permissività *f*

per·plex ADJ *umg* perplesso, sbigottito, allibito: **über etw** (*akk*) **~ sein** essere (*od* restare) allibito per qc; **j-n/etw ganz ~ anschauen** guardare sbigottito qn/qc

Per·ron [pɛ'rõ:] M ⟨-s; -s⟩ *schweiz* marciapiede *m* fra i binari

Per·sen·ning F ⟨-; -e[n] *u.* -s⟩ (in)cerata *f*

Per·ser M ⟨-s; -⟩ **1** persiano *m* **2** *umg* (*Teppich*) tappeto *m* persiano **Per·se·rin** F ⟨-; -nen⟩ persiana *f* **Per·ser·tep·pich** M tappeto *m* persiano **Per·si·a·ner** M ⟨-s; -⟩, **Per·si·a·ner·man·tel** M pelliccia *f* di persiano **Per·si·en** N ⟨-s⟩ Persia *f*

Per·sif·la·ge [-'fla:ʒə] F ⟨-; -n⟩ canzonatura *f*: **eine ~ auf j-n/etw** una presa in giro di qn/qc **per·sif·lie·ren** V/T canzonare

per·sisch ADJ persiano: **Persischer Golf** Golfo *m* Persico

Per·son F ⟨-; -en⟩ **1** persona *f*: JUR **natürliche ~** persona fisica; GRAM **in der ersten ~ schreiben** scrivere in prima persona **2** THEAT, KIRCHE personaggio *m* **3** (*Persönlichkeit*) autorità *f*, influenza *f*: **mit seiner ganzen ~ dahinterstehen** sostenere qc con tutta la propria influenza ♦ **Angaben zur ~ machen** fornire dati relativi alla persona; **auf jede ~ entfallen 10 Euro** a ognuno toccano 10 euro; **ich für meine ~** (in) quanto a me; **in ~** in persona; **in** (**eigener**) **~ erscheinen** presentarsi di persona (*od* personalmente); **Regisseur und Schauspieler in einer ~ sein** essere nel contempo regista e attore; **pro ~** a persona

Per·so·nal N ⟨-s⟩ personale *m* **Per·so·nal·ab·bau** M riduzione *f* di (*od* del) personale **Per·so·nal·ab·tei·lung** F ufficio *m* (del) personale **Per·so·nal·aus·weis** M carta *f* d'identità **Per·so·nal·chef** M, **-in** F direttore *m*, -trice *f* del personale

Per·so·nal Com·pu·ter ['pø:ɐsənɛl-] M personal computer *m inv*

Per·so·na·li·en PL generalità *fpl*: **seine ~ angeben** dare le proprie generalità

per·so·nal·in·ten·siv ADJ ad alto impiego di personale **Per·so·nal·kos·ten** PL spese *fpl* per il personale **Per·so·nal·pro·no·men** N GRAM pronome *m* personale

per·so·nell ADJ **1** del personale **2** (*persönlich*) personale

Per·so·nen·auf·zug M ascensore *m* **Per·so·nen·be·för·de·rung** F trasporto *m* (di) passeggeri **Per·so·nen·be·schrei·bung** F connotati *mpl*; (*bei der Polizei*) dati *mpl* segnaletici **Per·so·nen·kraft·wa·gen** M autovettura *f*, automobile *f* **Per·so·nen·kreis** M cerchia *f* (di persone) **Per·so·nen·kult** M culto *m* della personalità **Per·so·nen·scha·den** M danno *m* a (*od* alle) persone **Per·so·nen·stand** M stato *m* civile **Per·so·nen·waa·ge** F (bilancia *f*) pesapersone *m od f inv* **Per·so·nen·zug** M (*nicht Güterzug*) treno *m* passeggeri

per·so·ni·fi·zie·ren V/T personificare

per·sön·lich **A** ADJ **1** personale (*a.* GRAM): **-e Gründe** motivi personali **2** individuale: **-e Freiheit** libertà individuale **3** (*vertraulich*) riservato, confidenziale: (*auf Briefen*) **~!** riservato!; **einen -en Ton anschlagen** assumere un tono confidenziale **4** (*privat*) privato: **-e Gespräche** colloqui privati **B** ADV **1** personalmente: **~ habe ich nichts dagegen** personalmente non ho nulla in contrario **2** in persona: **der Präsident war ~ anwesend** il presidente in persona era presente **3** di persona: **j-n ~ kennen** conoscere qn di persona ♦ **etw** (**nicht**) **~ nehmen** (non) prendere qc come un fatto personale

Per·sön·lich·keit F ⟨-; -en⟩ **1**

(*Eigenschaft*) personalità *f* **2** (*Mensch*) personaggio *m* (importante): **eine historische ~** un personaggio storico; **eine prominente ~** un'eminente personalità; ♦ **eine ~ sein** avere una propria personalità

Per·spek·ti·ve F ⟨-; -n⟩ prospettiva *f*: **etw in** (*od* **aus**) **einer bestimmten ~ aufnehmen** fotografare qc da una certa prospettiva; **für etw keine ~** (**mehr**) **sehen** non vedere (più) prospettive per qc **per·spek·ti·visch** ADJ prospettico ♦ **etw ~ zeichnen** disegnare qc in prospettiva

Pe·ru N ⟨-s⟩ Perù *m*

Pe·rü·cke F ⟨-; -n⟩ parrucca *f*

per·vers **A** ADJ **1** da pervertito; (*Mensch*) pervertito **2** *umg* pazzesco: **das ist echt ~!** ma è pazzesco! **B** ADV **~ veranlagt sein** essere perverso

Per·ver·si·on F ⟨-; -en⟩, **Per·ver·si·tät** F ⟨-; -en⟩ perversione *f*

Pes·sar N ⟨-s; -e⟩ pessario *m*

Pes·si·mis·mus M ⟨-⟩ pessimismo *m* **Pes·si·mist** M ⟨-en; -en⟩, **-in** F ⟨-; -nen⟩ pessimista *m/f* **pes·si·mis·tisch** ADJ pessimistico, pessimista

Pest F ⟨-⟩ peste *f*: **j-n wie die ~ meiden** fuggire qn come la peste ♦ **j-n wie die ~ hassen** odiare a morte qn; **wie die ~ stinken** puzzare come un caprone

Pes·ti·zid N ⟨-s; -e⟩ pesticida *m*

Pe·ter·si·lie F ⟨-; -n⟩ prezzemolo *m*

PET-Fla·sche F bottiglia *f* di plastica

Pe·ti·ti·on F ⟨-; -en⟩ petizione *f*

Pet·ro·che·mie F petro(l)chimica *f* **Pet·ro·dol·lar** M petro(l)dollaro *m*

Pet·ro·le·um N ⟨-s⟩ petrolio *m* **Pet·ro·le·um·lam·pe** F lampada *f* a petrolio

Pet·rus M ⟨-⟩ Pietro *m*

Pet·ze F ⟨-; -n⟩ → Petzer **pet·zen** V/I ⟨h.⟩ *sl* fare la spia **Pet·zer** M ⟨-s; -⟩, **-in** F ⟨-; -nen⟩ *sl* spione *m*, -a *f*

Pfad M ⟨-[e]s; -e⟩ **1** sentiero *m* **2** IT percorso *m*, path *m inv* **3** *fig* via *f*: **vom ~ der Tugend abweichen** deviare dalla retta via **Pfad·fin·der** M ⟨-s; -⟩ (boy) scout *m*: **zu den -n gehen** andare negli scout **Pfad·fin·de·rin** F ⟨-; -nen⟩ scout *f*

Pfahl M ⟨-[e]s; Pfähle⟩ palo *m* ♦ **auf Pfählen gebaut** su palafitte **Pfahl·bau** M ⟨-[e]s; -bauten⟩ palafitta *f*

Pfand N ⟨-[e]s; Pfänder⟩ **1** pegno *m* (*a. fig*): **etw als ~ für etw geben** dare qc in pegno per qc **2** (*auf Gegenstände*) cauzione *f*, deposito *m* ♦ **~ für etw bezahlen** pagare pegno per qc; (*auf Flaschen*) **ohne ~** vuoto a perdere

pfänd·bar ADJ pignorabile

Pfand·brief M lettera *f* di pegno; (*Pfandverschreibung*) obbligazione *f* ipotecaria

pfän·den V/T **j-n ~** pignorare i beni di qn; **etw ~** pignorare (*od* sequestrare) qc

Pfän·der·spiel N gioco *m* dei pegni

Pfand·fla·sche F vuoto *m* a rendere

Pfand·lei·he F ⟨-; -n⟩ **1** prestito *m* su pegno **2** (*Pfandhaus*) banco *m* (*od* monte *m*) dei pegni **Pfand·lei·her** M ⟨-s; -⟩, **-in** F ⟨-; -nen⟩ prestatore *m*, -trice *f* su pegno **Pfand·schein** M atto *m* (*od* polizza *f*) di pegno

Pfän·dung F ⟨-; -en⟩ pignoramento *m*

Pfan·ne F ⟨-; -n⟩ **1** padella *f* **2** (*Dachpfanne*) tegola *f* curva **3** (*Gelenkpfanne*) glene *f* ♦ *umg* **j-n in die ~ hauen** (*hart kritisieren*) strapazzare qn; (*vernichten*) annientare qn

Pfann·ku·chen M **1** (*Eierpfannkuchen*) frittata *f* **2** **Berliner ~** krapfen *m*

Pfarr·amt N **1** ufficio *m* parrocchiale **2** (*Beruf*) ufficio *m* di parroco, attività *f* pastorale **Pfarr·be·zirk** M parrocchia *f*

Pfar·rei F ⟨-; -en⟩ parrocchia *f*

Pfar·rer M ⟨-s; -⟩ **1** parroco *m* **2** (*in der evangelischen Kirche*) pastore *m*

Pfar·re·rin F ⟨-; -nen⟩ pastore *m* donna

Pfarr·ge·mein·de F comunità *f* parrocchiale **Pfarr·haus** N **1** casa *f* parrocchiale **2** (*in der evangelischen Kirche*) casa *f* del pastore **Pfarr·kir·che** F chiesa *f* parrocchiale

Pfau M ⟨-[e]s; -en⟩ pavone *m* (*a. fig*)

Pfau·en·au·ge N pavonia *f*

Pfef·fer M ⟨-s; -⟩ pepe *m* ♦ **geh hin, wo der ~ wächst** va' a quel paese

Pfef·fer·korn N grano *m* di pepe **Pfef·fer·ku·chen** M ≈ *specie di panpepato* **Pfef·fer·minz** N ⟨-es; -e⟩ caramella *f* alla menta **Pfef·fer·min·ze** F menta *f* piperita **Pfef·fer·minz·tee** M tè *m* alla menta **Pfef·fer·müh·le** F macinino *m* per il (*od* da) pepe

pfef·fern V/T **1** pepare **2** *umg* (*mit Wucht werfen*) scaraventare ♦ *umg* **j-m eine ~** mollare un ceffone a qn

Pfef·fer·nuss F ≈ *dolcetto di panpepato*

Pfef·fer·scho·te F peperoncino *m*

Pfef·fer·streu·er M ⟨-s; -⟩ spargipepe *m*

Pfei·fe F ⟨-; -n⟩ **1** piffero *m*: **die ~ blasen** suonare il piffero **2** (*Orgelpfeife*) canna *f* d'organo **3** (*beim Dudelsack*) canna *f* della melodia **4** fischietto *m*: **die ~ des Schiedsrichters** il fischietto dell'arbitro **5** (*Tabakspfeife*) pipa *f*: **~ rauchen** fumare la pipa **6** *umg pej* (*Versager*) schiappa *f* ♦ **nach j-s ~ tanzen** farsi comandare a bacchetta da qn

pfei·fen ⟨pfiff, gepfiffen⟩ **A** V/T fischiare, fischiettare: **eine Melodie ~** fischiettare una melodia; SPORT **einen Elfmeter ~** fischiare un rigore **B** V/I ⟨h.⟩ **1** fischiare: **auf zwei Fingern ~** fischiare con due dita **2** fischiettare: **fröhlich vor sich hin ~** fischiettare allegramente tra sé (e sé) **3** *umg* **auf etw** (*akk*) **~** infischiarsene di qc ♦ **auf** (**aus**) **dem letzten Loch ~** essere agli estremi; *umg* **ich pfeif dir was!** nemmeno per sogno! **Pfei·fen** N ⟨-s⟩ fischio *m*

Pfei·fen·kopf M fornello *m* della pipa **Pfei·fen·rei·ni·ger** M ⟨-s; -⟩ scovolino *m*

Pfeif·kon·zert N salva *f* di fischi

Pfeil M ⟨-[e]s; -e⟩ **1** freccia *f* **2** *fig* frecciata *f*: **giftige -e abschießen** lanciare frecciate velenose ♦ **mit ~ und Bogen** con arco e freccia

Pfei·ler M ⟨-s; -⟩ **1** pilastro *m* (*a. fig*): **die ~ eines Gewölbes** i pilastri di una volta **2** pilone *m*: **die ~ der Brücke** i piloni del ponte

Pfeil·spit·ze F punta *f* di freccia **Pfeil·tas·te** F IT tasto *m* di direzione

Pfen·nig M ⟨-s; -e⟩ HIST **1** pfennig *m* **2** *fig* soldo *m*: **keinen ~** (**bei sich**) **haben** non avere un soldo (con sé); **bis auf den letzten ~, auf den ~ genau** fino all'ultimo centesimo **Pfen·nig·ab·satz** M tacco *m* a spillo **Pfen·nig·stück** N HIST moneta *f* da un pfennig

Pferch M ⟨-[e]s; -e⟩ addiaccio *m*

pfer·chen V/T **1** (*Tiere*) stabbiare **2** *fig* stipare

Pferd N ⟨-[e]s; -e⟩ cavallo *m* (*a.* SPORT): **am ~ turnen** esercitarsi al cavallo ♦ *umg* **ihm gehen die -e durch** perde le staffe; **auf das richtige/falsche ~ setzen** puntare sul cavallo vincente/perdente; *umg* **das beste ~ im Stall** il migliore della scuderia; **mit ihm kann man -e stehlen gehen** con lui si può fare qualunque cosa; *umg* **keine zehn -e bringen mich dahin** non c'è niente che possa convincermi ad andarci; *umg* **keine zehn -e bringen mich dazu** non c'è niente che possa convincermi a farlo

Pfer·de·ap·fel M palla *f* di sterco di cavallo **Pfer·de·fleisch** N carne *f* equina **Pfer·de·fuhr·werk** N carro *m* a cavalli **Pfer·de·fuß** M *fig* svantaggio *m*: **die Sache hat einen ~** la cosa presenta uno svantaggio **Pfer·de·renn·bahn** F ippodromo *m* **Pfer·de·ren·nen** N corsa *f* di cavalli **Pfer·de·schlit·ten** M slitta *f* trainata da cavalli **Pfer·de·schwanz** M (*Frisur*) coda *f* di cavallo **Pfer·de·stär·ke** F PHYS cavallo *m* vapore **Pfer·de·zucht** F allevamento *m* di cavalli

pfiff → pfeifen

Pfiff M ⟨-[e]s; -e⟩ **1** fischio *m* **2** *umg* tocco *m*; garbo *m*: **es fehlt der letzte ~** manca l'ultimo tocco; **etw** (*dat*) **den richtigen ~ geben** dare a qc il giusto garbo

Pfif·fer·ling M ⟨-s; -e⟩ BOT cantarello *m*, gallinaccio *m* ♦ *umg* **keinen ~ wert sein** non valere un fico secco

pfif·fig ADJ furbo, astuto: **ein -er Kerl** un tipo furbo; **eine -e Idee** un'idea astuta

Pfings·ten N ⟨-; -⟩ Pentecoste *f*

Pfingst·mon·tag M lunedì *m* di Pentecoste **Pfingst·och·se** M *umg pej* **wie ein ~ aussehen** essere in ghingheri **Pfingst·ro·se** F peonia *f* **Pfingst·sonn·tag** M domenica *f* di Pentecoste

Pfir·sich M ⟨-s; -e⟩ (*Frucht*) pesca *f* **Pfir·sich·baum** M pesco *m*

Pflan·ze F ⟨-; -n⟩ pianta *f*

pflan·zen **A** V/T piantare **B** V/R **sich ~** *umg* piazzarsi, mettersi (a sedere) ♦ *österr* **j-n ~** prendere in giro qn

Pflan·zen·fett N grasso *m* vegetale **Pflan·zen·fres·ser** M ⟨-s; -⟩ erbivoro *m* **Pflan·zen·kun·de** F botanica *f* **Pflan·zen·öl** N olio *m* vegetale **Pflan·zen·reich** N regno *m* vegetale **Pflan·zen·schutz·mit·tel** N fitofarmaco *m*

pflanz·lich ADJ **1** vegetale **2** vegetariano: **-e Nahrung** alimentazione vegetariana

Pflan·zung F ⟨-; -en⟩ **1** coltivazione *f* **2** (*Plantage*) piantagione *f*

Pflas·ter N ⟨-s; -⟩ **1** (*von Straße*) selciato *m*, lastrico *m* **2** MED cerotto *m* ♦ *umg* **ein gefährliches** (*od* **heißes**) **~** un ambiente pericoloso; *umg* **ein teures ~** una città cara; **~ legen** lastricare una strada **Pflas·ter·ma·ler** M, **-in** F madonnaro *m*, -a *f*

pflas·tern VT lastricare, selciare
Pflas·ter·stein M pietra *f* per pavimentazione
Pflau·me F ⟨-; -n⟩ 1 susina *f*, prugna *f* 2 *umg* (*Versager*) mollusco *m*, pera cotta *f*
Pflau·men·baum M susino *m* **Pflau·men·ku·chen** M torta *f* di prugne **Pflau·men·mus** N passato *m* di prugne
Pfle·ge F ⟨-⟩ 1 (*Fürsorge*) cure *fpl*: **j-m/etw die nötige ~ angedeihen lassen** dedicare a qn/qc le cure necessarie; **j-m ein Kind in ~ geben** affidare alle cure di qn un bambino; JUR dare un bambino in affidamento; **j-n in ~ nehmen** prendere qn in affidamento; **etw in ~ nehmen** prendere qc in custodia 2 cura *f*: **die ~ des Körpers** la cura del corpo; **die ~ des Autos** la manutenzione della macchina 3 (*von Kranken*) assistenza *f* 4 il curare, il coltivare: **die ~ guter nachbarlicher Beziehungen** il coltivare le buone relazioni di vicinato
pfle·ge·be·dürf·tig ADJ bisognoso di cure **Pfle·ge·el·tern** PL genitori *mpl* affidatari **Pfle·ge·fall** M assistito *m* **Pfle·ge·geld** N spese *fpl* di assistenza medica **Pfle·ge·heim** N ricovero *m* **Pfle·ge·kind** N bambino *m* in affidamento **pfle·ge·leicht** ADJ 1 (*Material*) pratico, di facile manutenzione 2 (*Mensch*) facile, poco esigente **Pfle·ge·mut·ter** F ⟨-; -mütter⟩ madre *f* affidataria
pfle·gen A VT 1 curare: **Kranke ~** curare ammalati 2 (*sorglich behandeln*) avere cura di 3 coltivare: **die Wissenschaften ~** coltivare le scienze 4 **etw zu tun ~** essere solito (*od* aver l'abitudine di) fare qc B VR **sich ~** curarsi, avere cura di sé ♦ **j-n gesund ~** guarire qn
Pfle·ge·per·so·nal N personale *m* infermieristico **Pfle·ger** M ⟨-s; -⟩ 1 MED infermiere *m* 2 (*Tierpfleger*) addetto *m* alla cura degli animali 3 JUR curatore *m*, tutore *m* **Pfle·ge·rin** F ⟨-; -nen⟩ MED infermiera *f*
Pfle·ge·satz M retta *f* ospedaliera **Pfle·ge·va·ter** M padre *m* affidatario **Pfle·ge·ver·si·che·rung** F assicurazione *f* per la non autosufficienza
pfleg·lich A ADJ attento, pieno di cure B ADV con cura
Pfleg·schaft F ⟨-; -en⟩ curatela *f*
Pflicht F ⟨-; -en⟩ 1 dovere *m*: **seine ~ erfüllen/tun** compiere/fare il proprio dovere 2 SPORT esercizi *mpl* obbligatori ♦ **sich** (*dat*) **etw zur ~ machen** farsi un dovere di qc; **j-n in** (**die**) **~ nehmen** richiamare qn al dovere; **die ~ ruft** il dovere (mi) chiama
pflicht·be·wusst ADJ conscio del proprio dovere, coscienzioso **Pflicht·be·wusst·sein** N consapevolezza *f* del proprio dovere
Pflicht·er·fül·lung F adempimento *m* del dovere **Pflicht·fach** N materia *f* obbligatoria **Pflicht·ge·fühl** N senso *m* del dovere **pflicht·ge·mäß** ADJ doveroso **pflicht·schul·dig** ADV di prammatica: **~ lächeln** fare un sorriso di prammatica **Pflicht·teil** M/N JUR legittima *f* **Pflicht·übung** F SPORT esercizio *m* obbligatorio **Pflicht·ver·si·che·rung** F assicurazione *f* obbligatoria **Pflicht·ver·tei·di·ger** M, **-in** F difensore *m* d'ufficio
Pflock M ⟨-[e]s; Pflöcke⟩ 1 piolo *m*, paletto *m* 2 (*Zeltpflock*) picchetto *m*
pflü·cken VT (rac)cogliere: **Heidelbeeren** (**vom Strauch**) **~** cogliere mirtilli (dal cespuglio); **Baumwolle/Tee ~** raccogliere il cotone/il tè
Pflug M ⟨-[e]s; Pflüge⟩ aratro *m*
pflü·gen VT 1 arare 2 **Furchen ~** fare (*od* tracciare) solchi con l'aratro
Pfor·te F ⟨-; -n⟩ porta *f* (d'ingresso), ingresso *m* ♦ **seine -n schließen** chiudere bottega
Pfört·ner M ⟨-s; -⟩ 1 portinaio *m*, portiere *m* 2 ANAT piloro *m* **Pfört·ner·haus** N portineria *f*
Pfört·ne·rin F ⟨-; -nen⟩ portinaia *f*, portiera *f*
Pfört·ner·lo·ge F portineria *f*, guardiola *f*
Pfos·ten M ⟨-s; -⟩ 1 montante *m* 2 (*Türpfosten*) stipite *m* 3 SPORT palo *m*
Pfo·te F ⟨-; -n⟩ 1 zampa *f*: **gib ~!** dammi la zampa! 2 *umg* (*Hand*) zampa *f*, manaccia *f*: **tu die -n da weg!** via le mani di lì!
Pfropf M ⟨-[e]s; -e⟩ 1 tampone *m* 2 (*Blutpfropf*) embolo *m*, trombo *m*
pfrop·fen[1] VT AGR innestare (a marza)
pfrop·fen[2] VT 1 (*Flasche*) turare 2 (*hineinpressen*) stipare, pigiare, cacciare
Pfrop·fen M ⟨-s; -⟩ tappo *m*, turacciolo *m*
pfui INT puah, puh: **~, schäme dich!**

puah, vergognati! ♦ ~ **Teufel!** che schifo!

Pfund N ⟨-[e]s; -e⟩ **1** mezzo chilo *m*: **fünf ~ Mehl** due chili e mezzo di farina **2 ein ~ (Sterling)** una (lira) sterlina **pfund·wei·se** ADV **1** a mezzi chili **2** (*in großer Menge*) a chili

Pfusch M ⟨-[e]s⟩ **1** *umg* lavoro *m* mal fatto: **~ machen** tirare via un lavoro **2** *österr* (*Schwarzarbeit*) lavoro *m* nero

pfu·schen V/I ⟨h.⟩ **1** *umg* lavorare male, fare un lavoro abborracciato **2** *österr* lavorare in nero ♦ **j-m ins Handwerk ~** immischiarsi negli affari di qn

Pfu·scher M ⟨-s; -⟩ *umg* **1** guastamestieri *m inv* **2** (*Kurpfuscher*) medicastro *m* **Pfu·sche·rei** F ⟨-; -en⟩ *umg* **1** abborracciamento *m* **2** (*Kurpfuscherei*) ciarlataneria *f* **Pfu·sche·rin** F ⟨-; -nen⟩ *umg* **1** guastamestieri *f inv* **2** (*Kurpfuscherin*) medicastra *f*

Pfüt·ze F ⟨-; -n⟩ pozza *f*; (*schlammige Wasserpfütze*) pozzanghera *f*

Phal·lus M ⟨-; Phalli *u.* Phallen⟩ fallo *m* **Phal·lus·sym·bol** N simbolo *m* fallico

Phä·no·men N ⟨-s; -e⟩ fenomeno *m* **phä·no·me·nal** ADJ fenomenale, eccezionale

Phan·ta·sie *f* → Fantasie

Phan·tom N ⟨-s; -e⟩ fantasma *m* **Phan·tom·bild** N identikit *m* **Phan·tom·schmerz** M MED dolore *m* fantasma

Pha·rao M ⟨-s; Pharaonen⟩ faraone *m*

Pha·ri·sä·er M ⟨-s; -⟩, **-in** F ⟨-; -nen⟩ fariseo *m*, -a *f* (*a. fig*)

Phar·ma·in·dust·rie F industria *f* farmaceutica **Phar·ma·re·fe·rent** M, **-in** F informatore *m*, -trice *f* farmaceutico (-a) **phar·ma·zeu·tisch** ADJ farmaceutico **Phar·ma·zie** F ⟨-⟩ farmacia *f*, farmacologia *f*

Pha·se F ⟨-; -n⟩ fase *f* (*a.* PHYS, ASTRON, ELEK)

Phi·lanth·rop M ⟨-en; -en⟩, **-in** F ⟨-; -nen⟩ filantropo *m*, -a *f*

Phi·la·te·lie F ⟨-⟩ filatelia *f* **Phi·la·te·list** M ⟨-en; -en⟩, **-in** F ⟨-; -nen⟩ filatelista *m/f*, filatelico *m*, -a *f*

Phil·har·mo·nie F ⟨-; -n⟩ filarmonica *f* **Phil·har·mo·ni·ker** M ⟨-s; -⟩, **-in** F ⟨-; -nen⟩ filarmonico *m*, -a *f* ♦ **die Berliner Philharmoniker** la filarmonica di Berlino

Phi·lip·pi·nen PL Filippine *fpl*

Phi·lo·lo·ge M ⟨-n; -n⟩ filologo *m* **Phi·lo·lo·gie** F ⟨-⟩ filologia *f* **Phi·lo·lo·gin** F ⟨-; -nen⟩ filologa *f* **phi·lo·lo·gisch** ADJ filologico

Phi·lo·soph M ⟨-en; -en⟩ filosofo *m* **Phi·lo·so·phie** F ⟨-; -n⟩ filosofia *f* **phi·lo·so·phie·ren** V/I ⟨h.⟩ filosofare **Phi·lo·so·phin** F ⟨-; -nen⟩ filosofa *f* **phi·lo·so·phisch** **A** ADJ **1** filosofico **2** (*nachdenklich*) riflessivo **B** ADV dal punto di vista filosofico

Phleg·ma N ⟨-s⟩ flemma *f*

phleg·ma·tisch ADJ flemmatico

Pho·bie F ⟨-; -n⟩ fobia *f*

Phon N ⟨-s; -s⟩ (*Akustik*) phon *m*

Pho·ne·tik F ⟨-⟩ fonetica *f*

pho·ne·tisch ADJ fonetico

Phö·nix M ⟨-[es]; -e⟩ MYTH fenice *f*

Pho·no·ty·pis·tin F ⟨-; -nen⟩ = *dattilografa che scrive con registratore*

Phos·phat N ⟨-[e]s; -e⟩ fosfato *m* **phos·phat·frei** ADJ senza fosfati

Phos·phor M ⟨-s⟩ fosforo *m* **phos·pho·res·zie·rend** ADJ fosforescente

pho·to..., Pho·to... → foto..., Foto...

Phra·se F ⟨-; -n⟩ **1** *pej* luogo *m* comune, parole *fpl* (vuote) **2** LING parte *f* della proposizione **3** MUS frase *f* **Phra·sen·dre·scher** M, **-in** F *umg* parolaio *m*, -a *f*

pH-Wert M valore *m* del pH

Phy·sik F ⟨-⟩ fisica *f* **phy·si·ka·lisch** ADJ fisico **Phy·si·ker** M ⟨-s; -⟩, **-in** F ⟨-; -nen⟩ fisico *m*

Phy·si·og·no·mie F ⟨-⟩ fisionomia *f* (*a. fig*)

Phy·sio·lo·gie F ⟨-⟩ fisiologia *f* **phy·sio·lo·gisch** ADJ fisiologico

Phy·sio·the·ra·peut M, **-in** F fisioterapista *m/f* **Phy·sio·the·ra·pie** F fisioterapia *f*

phy·sisch ADJ fisico

Pi·a·nist M ⟨-en; -en⟩, **-in** F ⟨-; -nen⟩ pianista *m/f*

pi·cheln V/T *umg* sbevazzare, trincare

Pick M ⟨-s⟩ *österr umg* colla *f*, collante *m*

Pi·ckel[1] M ⟨-s; -⟩ **1** (*Werkzeug*) piccone *m* **2** (*Eispickel*) piccozza *f* (da ghiaccio)

Pi·ckel[2] M ⟨-s; -⟩ (*auf der Haut*) brufolo *m*

pi·cke·lig ADJ pieno di brufoli

pi·cken[1] **A** V/T **1** (*Vogel*) beccare: **die Körner ~** beccare i chicchi **2** *umg* prendere, tirare fuori: **Oliven aus einer Schale ~** prendere le olive da una ciotola (con uno stuzzicadenti) **B** V/I ⟨h.⟩ **nach etw ~** beccare qc

P

pi·cken[2] VI ⟨h.⟩ *österr* (*kleben*) **an etw/j-m ~** essere appiccicato (*od* attaccato) a qc/qn
Pi·ckerl N ⟨-s; -n⟩ *österr* (auto)adesivo *m*
Pick·nick N ⟨-s; -e *u.* -s⟩ picnic *m*
pick·ni·cken VI ⟨h.⟩ fare un picnic
pie·ken VT → piken
piek·fein **A** ADJ *umg iron* finissimo, raffinato **B** ADV in modo molto raffinato; benissimo **piek·sau·ber** ADJ *umg* pulitissimo
Pie·mont N ⟨-s⟩ Piemonte *m*
Piep M ⟨-s; -e⟩ pio *m*, cip *m* ♦ **keinen ~ mehr sagen** non aprir più bocca
piep·egal ADJ *umg* **das ist mir ~** me ne infischio
pie·pen VI ⟨h.⟩ **1** pigolare **2** (*Mäuse*) squittire ♦ *umg* **bei dir piept's wohl** ti ha dato di volta il cervello; *umg* **es ist zum Piepen** c'è da morir dal ridere
piep·sen VI ⟨h.⟩ **1** → piepen **2** (*Mensch*) parlare (*od* cantare) con voce stridula **Piep·ser** M ⟨-s; -⟩ **1** → Piep **2** (*kleines Funkgerät*) cercapersone *m* **piep·sig** ADJ stridulo
Pier M ⟨-s; -e *u.* -s⟩ banchina *f*, molo *m*
pier·cen VT fare il piercing: **sich ~ lassen** farsi il piercing
Pier·cing N ⟨-s; -s⟩ piercing *m inv*
pie·sa·cken VT *umg* tormentare, molestare
Pi·e·tät F ⟨-; -en⟩ rispetto *m*: **~ gegenüber den Toten** rispetto per i morti **pi·e·tät·los** ADJ irrispettoso **pi·e·tät·voll** ADJ rispettoso
Pig·ment N ⟨-[e]s; -e⟩ pigmento *m*
Pik N ⟨-s; -s⟩ (*Spiel*) picche *fpl*
pi·kant ADJ piccante (*a. fig*)
Pi·ke F ⟨-; -n⟩ MIL, HIST picca *f* ♦ *umg* **etw von der ~ auf lernen** studiare qc dall'abbicci
pi·ken **A** VT & VI ⟨h.⟩ *umg* pungere **B** VR **sich mit** (*od* **an**) **etw** (*dat*) **~** pungersi con qc
pi·kiert ADJ risentito: **über etw** (*akk*) **~ sein** essere risentito per qc
Pik·ko·lo M ⟨-s; -s⟩ **1** (*Mensch*) aiuto cameriere *m* **2** (*Sekt*) spumantino *m* **Pik·ko·lo·flö·te** F ottavino *m*, flauto *m* piccolo
pik·sen → piken
Pik·to·gramm N ⟨-s; -e⟩ pittogramma *m*
Pil·ger M ⟨-s; -⟩ pellegrino *m* **Pil·ger·fahrt** F pellegrinaggio *m* **Pil·ge·rin** F ⟨-; -nen⟩ pellegrina *f* **pil·gern** VI ⟨s.⟩ **1** andare in pellegrinaggio **2** (*gemächlich gehen*) peregrinare
Pil·le F ⟨-; -n⟩ pillola *f*: **eine ~ schlucken** ingoiare una pillola; (*Antibabypille*) **die ~ absetzen** smettere (di prendere) la pillola ♦ *fig* **eine bittere ~** un boccone amaro
Pi·lot M ⟨-en; -en⟩, **-in** F ⟨-; -nen⟩ pilota *m/f*
Pi·lot·pro·jekt N progetto *m* pilota
Pils N ⟨-; -⟩ birra *f* di Pilsen
Pilz M ⟨-es; -e⟩ fungo *m* (*a. fig*) ♦ **wie -e aus dem Boden schießen** spuntare (*od* crescere) come i funghi **Pilz·krank·heit** F micosi *f* **Pilz·ver·gif·tung** F avvelenamento *m* (*od* intossicazione *f*) da funghi
Pim·mel M ⟨-s; -⟩ *umg* (*Penis*) uccello *m*
PIN F ⟨-; -s⟩ → (persönliche Identifikationsnummer) numero di identificazione personale
Pi·na·ko·thek F ⟨-; -en⟩ pinacoteca *f*
pin·ge·lig ADJ *umg* pignolo, schizzinoso
Pin·gu·in M ⟨-s; -e⟩ pinguino *m*
Pi·nie F ⟨-; -n⟩ pino *m* **Pi·ni·en·wald** M pineta *f* **Pi·ni·en·zap·fen** M pigna *f*
pink ADJ ⟨*inv*⟩ (rosa) fucsia
Pin·kel M ⟨-s; - *u.* -s⟩ *umg* **ein feiner** (*od* **vornehmer**) **~** un bellimbusto
pin·keln VI ⟨h.⟩ *umg* fare la pipì, pisciare
Pin·ne F ⟨-; -n⟩ SCHIFF barra *f* (del timone)
pin·nen VT *umg* fissare (*od* fermare) con puntine
Pinn·wand F pannello *m* (per affissioni)
Pin·scher M ⟨-s; -⟩ pincer *m*
Pin·sel M ⟨-s; -⟩ **1** pennello *m*: **den ~ führen** maneggiare il pennello **2** *umg pej* sempliciotto *m* **pin·seln** VT *umg* pennellare, dipingere: **ein Bild ~** dipingere un quadro; **etw gelb ~** pennellare qc di giallo **Pin·sel·strich** M pennellata *f*
Pin·zet·te F ⟨-; -n⟩ pinzetta *f*
Pi·o·nier M ⟨-s; -e⟩ pioniere *m* (*a.* MIL) **Pi·o·nier·ar·beit** F opera *f* da pionieri **Pi·o·nier·geist** M ⟨-[e]s⟩ spirito *m* pionieristico
Pi·o·nie·rin F ⟨-; -nen⟩ pioniera *f*
Pi·pa·po N ⟨-s⟩ *umg* **mit allem ~** con tutti gli annessi e connessi
Pipe·line ['paiplain] F ⟨-; -s⟩ pipeline *f*,

oleodotto *m*
Pi·pet·te F ⟨-; -n⟩ CHEM pipetta *f*
Pi·pi N ⟨-s⟩ *umg* pipì *f*: **~ machen** fare (la) pipì
Pi·rat M ⟨-en; -en⟩ pirata *m* **Pi·ra·ten·sen·der** M emittente *f* (*od* radio *f*) pirata **Pi·ra·te·rie** F ⟨-; -n⟩ pirateria *f* **Pi·ra·tin** F ⟨-; -nen⟩ piratessa *f*
Pi·rou·et·te [pi'ruɛtə] F ⟨-; -n⟩ piroetta *f*
Pirsch F ⟨-⟩ JAGD caccia *f* (vagante): **auf die ~ gehen** andare a caccia
pir·schen V/R **sich ~** andare quatto quatto, camminare di soppiatto; **sich in die Nähe der Hütte ~** avvicinarsi di soppiatto alla capanna
Pis·se F ⟨-⟩ *vulg* piscia *f*, piscio *m*
pis·sen V/I ⟨h.⟩ *vulg* pisciare ♦ **es pisst** che schifo di pioggia
Pis·soir [pɪ'soa:ɐ] N ⟨-s; -e *u.* -s⟩ pisciatoio *m*
Pis·ta·zie F ⟨-; -n⟩ pistacchio *m*
Pis·te F ⟨-; -n⟩ pista *f*
Pis·to·le F ⟨-; -n⟩ pistola *f* ♦ *umg fig* **j-m die ~ auf die Brust setzen** mettere il coltello alla gola a qn; *umg* **wie aus der ~ geschossen** di colpo, di botto
pitsch·nass ADJ *umg* zuppo, fradicio
Pi·xel N ⟨-s; -s⟩ IT pixel *m inv*
Piz·za F ⟨-; -s *u.* Pizzen⟩ pizza *f* **Piz·za·bä·cker** M, **-in** F pizzaiolo *m*, -a *f*
Pkw, PKW ['pe:ka:ve:] M ⟨-[s]; -s *u.* -⟩ → (Personenkraftwagen) autovettura *f*
Pla·ce·bo N ⟨-s; -s⟩ placebo *m*
Pla·cke·rei F ⟨-; -en⟩ *umg* faticaccia *f*
plä·die·ren V/I ⟨h.⟩ **1** JUR **auf** (*od* **für**) **etw** (*akk*) **~** perorare (*od* patrocinare) qc **2** (*stimmen für*) **für etw ~** esprimersi a favore di qc
Plä·do·yer [plɛdoa'je:] N ⟨-s; -s⟩ arringa *f*
Pla·ge F ⟨-; -n⟩ **1** piaga *f*, flagello *m*: **die Wespen sind eine wahre ~** le vespe sono un vero flagello **2** (*Qual*) tormento *m* **3** (*schwere Arbeit*) lavoraccio *m* **4** (*große Mühe*) faticaccia *f*
Pla·ge·geist M *umg* seccatore *m*, -trice *f*
pla·gen **A** V/T tormentare **B** V/R **sich ~** faticare, sfacchinare; **sich von früh bis spät ~** sfacchinare dal mattino alla sera; **er hat sich bei dieser Arbeit recht ~ müssen** ha dovuto davvero faticare per questo lavoro
Pla·gi·at N ⟨-[e]s; -e⟩ plagio *m*
Pla·gi·a·tor M ⟨-s; -en⟩, **-to·rin** F ⟨-; -nen⟩ plagiario *m*, -a *f*
pla·gi·ie·ren V/T plagiare
Pla·kat N ⟨-[e]s; -e⟩ manifesto *m*, cartellone *m* (pubblicitario)
pla·ka·tie·ren **A** V/T pubblicizzare con manifesti **B** V/I ⟨h.⟩ affiggere manifesti
pla·ka·tiv ADJ plateale, ostentato; (*Farben*) appariscente
Pla·kat·wand F parete *f* per affissioni
Pla·ket·te F ⟨-; -n⟩ **1** piccola targa *f* (commemorativa) **2** (*Abzeichen*) distintivo *m*
plan **A** ADJ piano, piatto **B** ADV in piano
Plan[1] M ⟨-[e]s; Pläne⟩ **1** piano *m*: **es läuft alles nach ~** va tutto secondo i piani **2** (*Absicht*) progetto *m*, programma *m*: **was sind Ihre weiteren Pläne?** che progetti ha per il futuro?; **auf dem ~ stehen** essere in programma **3** **den ~ (zu) einer Villa entwerfen** fare il progetto di (*od* progettare) una villa **4** (*Stadtplan*) pianta *f*: **ein ~ von Köln** una pianta di Colonia
Plan[2] M ⟨-[e]s⟩ *fig* **auf den ~ treten/rufen** entrare/chiamare in campo
Pla·ne F ⟨-; -n⟩ telone *m* (impermeabile)
pla·nen V/T programmare, progettare: **den Urlaub ~** programmare le vacanze; **einen Überfall ~** progettare un attacco; (*entwerfen*) **etw ~** fare un progetto per qc
Pla·ner M ⟨-s; -⟩, **-in** F ⟨-; -nen⟩ progettista *m/f*
Pla·net M ⟨-en; -en⟩ pianeta *m*
Pla·ne·ta·ri·um N ⟨-s; Planetarien⟩ ASTRON planetario *m*
pla·nie·ren V/T appianare, livellare
Pla·nier·rau·pe F bulldozer *m*, apripista *m*
Plan·ke F ⟨-; -n⟩ tavolone *m*, asse *m*
Plän·ke·lei F ⟨-; -en⟩ scaramuccia *f* (*a. fig*)
plän·keln V/I ⟨h.⟩ fare una scaramuccia
Plank·ton N ⟨-s⟩ plancton *m*
plan·los **A** ADJ privo di metodo, senza un piano (prestabilito) **B** ADV senza metodo, a casaccio **plan·mä·ßig** **A** ADJ conforme ai piani, regolare; (*rechtzeitig*) puntuale **B** ADV **1** conformemente ai piani, come previsto; (*rechtzeitig*) puntualmente **2** (*systematisch*) regolarmente
Plan·quad·rat N riquadro *m* di reticolato geografico
Plansch·be·cken N piscinetta *f* per bambini **plan·schen** V/I ⟨h.⟩ sguazzare
Plan·soll N obiettivi *mpl* di produzione

Plan·spiel N MIL esercitazione *f* sulla carta **Plan·stel·le** F posto *m* in organico
Plan·ta·ge [plan'ta:ʒə] F ⟨-; -n⟩ piantagione *f*
plantschen → planschen
Pla·nung F ⟨-; -en⟩ 1 programmazione *f* 2 (*Entwerfen*) progettazione *f* 3 (*Ersinnen*) ideazione *f*: **die ~ eines Verbrechens** l'ideazione di un crimine 4 (*das Geplante*) piano *m*, progetto *m*
plan·voll ADJ sistematico, metodico **Plan·wa·gen** M carro *m* coperto **Plan·wirt·schaft** F economia *f* pianificata
plap·pern V/I ⟨h.⟩ *umg pej* chiacchierare ♦ **Unsinn ~** blaterare
plär·ren *pej* A V/T cantare in modo sguaiato B V/I ⟨h.⟩ strillare (*a. fig*): **das Kind plärrt** il bambino strilla; **das Radio plärrt** la radio va a tutto volume
Plas·ma N ⟨-s; Plasmen⟩ MED, PHYS plasma *m* **Plas·ma·bild·schirm** M schermo *m* al plasma
Plas·tik[1] F ⟨-; -en⟩ 1 (*Bildhauerei*) (arte *f*) plastica *f*, scultura *f* 2 (*Werk*) scultura *f*
Plas·tik[2] N ⟨-s⟩ TECH plastica *f* **Plas·tik·beu·tel** M sacchetto *m* di plastica **Plas·tik·fo·lie** F foglio *m* di plastica; (*für Nahrungsmittel*) pellicola *f* trasparente **Plas·tik·geld** N *umg* carta *f* di credito **Plas·tik·spreng·stoff** M (esplosivo *m* al) plastico *m* **Plas·tik·tü·te** F borsa *f* (*od* sacchetto *m*) di plastica
Plas·ti·lin N ⟨-s⟩ plastilina *f*
plas·tisch ADJ 1 plastico (*a. fig Chirurgie*) 2 (*bildhauerisch*) scultoreo ♦ **das kann ich mir ~ vorstellen** me lo posso immaginare; **~ wirken** avere un effetto plastico
Pla·ta·ne F ⟨-; -n⟩ platano *m*
Pla·teau [pla:'to:] N ⟨-s; -s⟩ plateau *m*; (*Hochebene*) altipiano *m* **Pla·teau·schu·he** PL scarpe *fpl* con la zeppa **Pla·teau·soh·le** F (suola *f* con la) zeppa *f*
Pla·tin N ⟨-s⟩ platino *m*
pla·to·nisch ADJ platonico
platsch INT splash **plat·schen** V/I ⟨s.⟩ *umg* 1 fare cic ciac: **der Regen platscht auf das Dach** la pioggia fa cic ciac (*od* batte *od* cade) sul tetto 2 (*Wellen*) sciabordare, frangersi 3 fare un tonfo: **ins Wasser ~** fare un tonfo in acqua
plät·schern V/I 1 ⟨h.⟩ gorgogliare: **der Bach plätschert** il ruscello gorgoglia 2 ⟨h.⟩ (*Regen*) scrosciare 3 ⟨h.⟩ (*planschen*) sguazzare 4 ⟨s.⟩ (*plätschernd fließen*) scorrere gorgogliando 5 ⟨s.⟩ *fig* **die Unterhaltung plätschert vor sich hin** la conversazione scorre piacevolmente
platt ADJ 1 (*flach*) piatto 2 (*Reifen*) sgonfio, a terra 3 (*geistlos*) piatto, banale 4 evidente, chiaro: **das ist eine -e Lüge!** è una bugia bella e buona! ♦ **etw ~ drücken** schiacciare qc; **auf dem -en Land** in pianura; *umg* **wir hatten einen Platten** abbiamo bucato (una ruota); *umg* **~ sein** essere sbalordito, rimanere di stucco
Platt N ⟨-[s]⟩, **Platt·deutsch** N basso tedesco *m*
Plat·te F ⟨-; -n⟩ 1 (*Steinplatte*) lastra *f*; (*aus Metall*) piastra *f*; (*aus Gold*) placca *f*: **eine ~ aus Marmor** una lastra di marmo; **eine ~ aus Gold** una placca d'oro; **eine ~ aus Metall** una piastra di metallo 2 (*Holzplatte*) tavola *f* (di legno) 3 (*Herdplatte*) piastra *f* 4 (*Fliese*) piastrella *f* 5 (*Schallplatte*) disco *m* 6 IT disco *m* 7 GASTR piatto *m* (grande): **gemischte -n** piatti misti 8 *umg* (*Glatze*) pelata *f*: **eine ~ bekommen** diventare pelato (*od* calvo) ♦ **ständig die alte** (*od* **gleiche**) **~** (**ablaufen lassen**) (ripetere) sempre la stessa musica (*od* solfa)
Plat·ten·bau·wei·se F ⟨-⟩ costruzione *f* con pannelli prefabbricati **Plat·ten·spie·ler** M giradischi *m* **Plat·ten·tel·ler** M piatto *m* del giradischi
Platt·form F piattaforma *f* (*a.* IT, *fig*) **platt·form·un·ab·hän·gig** ADJ IT multipiattaforma
Platt·fuß M 1 PL piedi *mpl* piatti 2 *umg* (*Reifen*) ruota *f* sgonfia, gomma *f* a terra
Platt·heit F ⟨-; -en⟩ 1 piattezza *f* 2 *fig* → Plattitüde
Plat·ti·tü·de F ⟨-; -n⟩ insulsaggine *f*, banalità *f*: **-n von sich geben** dire banalità
Platz M ⟨-es; Plätze⟩ 1 posto *m*, luogo *m*: **ein schattiger ~** un posto ombroso; **etw an seinen ~ stellen** mettere qc al suo posto; **das beste Restaurant am ~** il miglior ristorante del luogo 2 (*Raum*) spazio *m*: **der Tisch nimmt zu viel ~ weg** il tavolo porta via troppo spazio (*od* occupa troppo posto); **~ sparend** → platzsparend; **~ raubend** → platzraubend 3 **ist der ~ noch frei?** è ancora libero questo posto? 4 **im Kurs sind noch Plätze frei** nel corso ci sono ancora posti liberi 5 **seinen ~ behaupten** conservare il proprio posto; **den ersten ~ einnehmen** oc-

cupare il primo posto **6** (*öffentlicher*) piazza *f*: **auf dem ~ vor der Schule** sulla (*od* nella) piazza davanti alla scuola **7** SPORT campo *m*: **vom ~ gestellt werden** essere espulso dal campo **8** (*Befehl an einen Hund*) **~!** giù!, cuccia! ♦ **auf die Plätze, fertig, los!** ai vostri posti, pronti, via!; **bitte, behalten Sie ~!** prego, stia comodo! resti seduto!; **~ da!** largo!; **j-m** (*od* **für j-n**) **~ machen** fare posto a qn (*a. fig*); **~ nehmen** prendere posto; **nehmen Sie doch ~!** si accomodi!

Platz·angst F ⟨-⟩ claustrofobia *f* **Platz·an·wei·ser** M ⟨-s; -⟩, **-in** F ⟨-; -nen⟩ THEAT maschera *f*

Plätz·chen N ⟨-s; -⟩ **1** (*Ort*) posticino *m* **2** (*Kleingebäck*) pasticcino *m*, biscotto *m*

plat·zen V/I ⟨s.⟩ **1** scoppiare: **der Reifen ist geplatzt** il pneumatico è scoppiato **2** cedere: **die Naht ist geplatzt** la cucitura ha ceduto (*od* si è aperta) **3** *fig* crepare: **vor Lachen/Neid/Wut ~** crepare dal ridere/d'invidia/di rabbia; **vor Neugier/Stolz ~** scoppiare di curiosità/d'orgoglio **4** *umg* saltare, andare a monte: **die Veranstaltung ist geplatzt** lo spettacolo è saltato; **die Verlobung ist geplatzt** il fidanzamento è andato a monte **5** *umg* (*hineinplatzen*) piombare

plat·zie·ren **A** V/T piazzare (*a.* HANDEL, SPORT) **B** V/R **sich ~** piazzarsi **Plat·zie·rung** F ⟨-; -en⟩ piazzamento *m*

Platz·kar·te F BAHN biglietto *m* di prenotazione **Platz·man·gel** M mancanza *f* di posto **Platz·pat·ro·ne** F cartuccia *f* a salve **platz·rau·bend** ADJ ingombrante **Platz·re·gen** M acquazzone *m*, rovescio *m* (di pioggia) **platz·spa·rend** ADJ poco ingombrante **Platz·ver·weis** M SPORT espulsione *f* (dal campo) **Platz·vor·teil** M SPORT fattore *m* campo **Platz·wun·de** F escoriazione *f*

Plau·de·rei F ⟨-; -en⟩ chiacchierata *f*, conversazione *f* (piacevole) **plau·dern** V/I ⟨h.⟩ **1** chiacchierare **2** (*Geheimnisse ausplaudern*) parlare (troppo)

plau·si·bel ADJ plausibile

Plau·si·bi·li·tät F ⟨-⟩ plausibilità *f* **Plau·si·bi·li·täts·kon·trol·le** F IT controllo *m* di plausibilità

Play·back ['ple:bɛk] N ⟨-; -s⟩ playback *m*: **~ singen** cantare in playback

Play·boy M playboy *m*

pla·zie·ren *usw* → platzieren

plei·te ADJ *umg* **~ sein** essere fallito; (*ohne Geld sein*) essere spiantato

Plei·te F ⟨-; -n⟩ *umg* fallimento *m*: **~ machen** andare in (*od* fare) fallimento; **das Fest war eine völlige ~** la festa è stata un completo fiasco

plei·te·ge·hen V/I ⟨*irr*; s.⟩ andare in (*od* fare) fallimento

Ple·nar·sit·zung F seduta *f* plenaria

Ple·num N ⟨-s; Plenen⟩ plenum *m*

Pleu·el M ⟨-s; -⟩, **Pleuel·stan·ge** F biella *f*

Plis·see N ⟨-s; -s⟩ plissé *m*, plissettato *m* **Plis·see·rock** M gonna *f* plissettata (*od* plissé)

Plom·be F ⟨-; -n⟩ **1** piombo *m*, piombino *m* **2** (*Zahnfüllung*) otturazione *f*

plom·bie·ren V/T (im)piombare

Plot·ter M ⟨-s; -⟩ IT plotter *m inv*

plötz·lich **A** ADJ improvviso **B** ADV improvvisamente, all'improvviso, d'un tratto; (*unerwartet*) inaspettatamente ♦ **jetzt aber ~!** presto!

Plug-in ['plagɪn] N ⟨-s; -s⟩ IT plug-in *m inv*

plump ADJ **1** (*dick und unförmig*) tozzo **2** (*unbeholfen*) goffo; (*taktlos*) grossolano **Plump·heit** F ⟨-; -en⟩ **1** forma *f* tozza **2** (*Unbeholfensein*) pesantezza *f* **3** (*Ungeschicktheit*) goffaggine *f* **4** (*Taktlosigkeit*) grossolanità *f*, mancanza *f* di tatto

plumps INT tonfete, patapum **Plumps** M ⟨-es; -e⟩ *umg* tonfo *m* **plump·sen** V/I ⟨s.⟩ *umg* piombare giù (con un tonfo) **Plumps·klo** N *umg* pozzo *m* nero

Plun·der M ⟨-s⟩ *umg pej* ciarpame *m*

Plün·de·rer M ⟨-s; -⟩, **-rin** F ⟨-; -nen⟩ saccheggiatore *m*, -trice *f* **plün·dern** **A** V/T **1** saccheggiare: **die Soldaten haben das Dorf geplündert** i soldati hanno saccheggiato il paese **2** (*ausrauben*) svaligiare: **ein Geschäft ~** svaligiare un negozio **B** V/I ⟨h.⟩ fare razzia (*od* scorrerie) **Plün·de·rung** F ⟨-; -en⟩ **1** saccheggio *m* **2** (*Ausraubung*) svaligiamento *m*

Plu·ral M ⟨-s; -e⟩ plurale *m*

Plu·ra·lis·mus M ⟨-s⟩ pluralismo *m*

plu·ra·lis·tisch **A** ADJ pluralistico **B** ADV **~ denken** pensare in termini pluralistici

plus ADV & PRÄP (+*akk*) più: **drei ~ zwei macht fünf** tre più due fa cinque; (*von Werten größer als null*) **~ fünf** più cinque; **die Temperatur beträgt zwei Grad ~** la temperatura è di due gradi sopra lo zero

Plus N ⟨-; -⟩ **1** (*Mehrbetrag*) eccedenza *f*

P

(di cassa) **2** umg (Vorteil) vantaggio m **3** (Pluspunkt) elemento m, aspetto m positivo

Plüsch M ⟨-[e]s; -e⟩ **1** (Stoff) felpa f **2** (langhaarige Wirkware) peluche m **Plüsch·tier** N (animale m di) peluche m

Plus·pol M polo m positivo **Plus·punkt** M **1** punto m di vantaggio **2** (Vorteil) vantaggio m, elemento m (od aspetto m) positivo

Plus·quam·per·fekt N ⟨-s; -e⟩ GRAM piuccheperfetto m

Plus·zei·chen N più m

Plu·to·ni·um N ⟨-s⟩ plutonio m **Plu·to·ni·um·bom·be** F bomba f al plutonio

PLZ F → (Postleitzahl) codice di avviamento postale (CAP)

Pneu M ⟨-s; -s⟩ schweiz pneumatico m

pneu·ma·tisch ADJ pneumatico

Po M ⟨-s; -s⟩ umg culetto m, popò m

Pö·bel M ⟨-s⟩ pej plebaglia f **Pö·be·lei** F ⟨-; -en⟩ umg **1** il fare il villano **2** (pöbelhafte Handlung) volgarità f **pö·bel·haft** ADJ plebeo, volgare: **ein -es Benehmen** un comportamento villano

po·chen V/I ⟨h.⟩ **1** battere: **ans Fenster ~** battere contro la finestra; **das Herz pocht** il cuore batte **2** bussare: **an die Tür ~** bussare alla porta **3** fig insistere: **auf sein Recht ~** insistere sulle proprie ragioni

po·chie·ren [-ʃi-] V/T GASTR affogare

Po·cke F ⟨-; -n⟩ **1** pustola f vaccinica **2** (Krankheitserscheinung) pustola f del vaiolo

Po·cken PL vaiolo m **Po·cken·imp·fung** F (vaccinazione f) antivaiolosa f **po·cken·nar·big** ADJ butterato

Po·dest N/M ⟨-[e]s; -e⟩ pedana f ♦ fig **j-n aufs ~ stellen** mettere qn su un piedistallo

Po·di·um N ⟨-s; Podien⟩ podio m, palco m **Po·di·ums·dis·kus·si·on** F tavola f rotonda, dibattito m (su un palco)

Po·ebe·ne F pianura f padana

Po·e·sie F ⟨-; -n⟩ poesia f (a. fig) **Po·e·sie·al·bum** N album m delle dediche

Po·et M ⟨-en; -en⟩, **-in** F ⟨-; -nen⟩ poeta f

po·e·tisch ADJ poetico (a. fig)

Pog·rom M/N ⟨-s; -e⟩ pogrom m

Poin·te [poɛ̃:tə] F ⟨-; -n⟩ effetto m (finale), finale m: **die ~ verderben** rovinare l'effetto finale **poin·tiert** ADJ arguto

Po·kal M ⟨-s; -e⟩ coppa f (a. SPORT) **Po·kal·spiel** N partita f (od gara f) di coppa

Pö·kel·fleisch N carne f salmistrata

pö·keln V/T salmistrare

Po·ker M/N ⟨-s⟩ poker m **po·kern** V/I ⟨h.⟩ **1** giocare a poker **2** fig rischiare (molto): **um etw hoch ~** rischiare molto su qc

Pol M ⟨-s; -e⟩ polo m (a. PHYS, ELEK) ♦ **der ruhende ~** = il punto fermo (od saldo)

po·lar ADJ polare (a. fig)

Po·lar·for·scher M, **-in** F esploratore m, -trice f polare **Po·lar·ge·biet** N regione f polare

po·la·ri·sie·ren **A** V/T polarizzare **B** V/R **sich ~** polarizzarsi

Po·lar·kreis M **der nördliche/südliche ~** il circolo m polare artico/antartico **Po·lar·meer** N mar(e) m glaciale **Po·lar·stern** M stella f polare

Po·le M ⟨-n; -n⟩ polacco m

Po·le·mik F ⟨-; -en⟩ polemica f **po·le·misch** ADJ polemico **po·le·mi·sie·ren** V/I ⟨h.⟩ (**gegen j-n/etw**) ~ polemizzare (con qn/su qc)

Po·len N ⟨-s⟩ Polonia f

Po·li·ce [po'li:sə] F ⟨-; -n⟩ polizza f

Po·lier M ⟨-s; -e⟩ capomastro m

po·lie·ren V/T **1** lucidare: **die Schuhe ~** lucidare le scarpe **2** (glätten) levigare: **den Marmor ~** levigare il marmo ♦ **auf Hochglanz ~** lustrare a specchio; umg **j-m die Fresse ~** spaccare il muso a qn

Po·li·kli·nik F policlinico m

Po·lin F ⟨-; -nen⟩ polacca f

Po·li·tes·se F ⟨-; -n⟩ vigilessa f

Po·li·tik F ⟨-; -en⟩ politica f (a. fig)

Po·li·ti·ker M ⟨-s; -⟩ politico m **Po·li·ti·ke·rin** F ⟨-; -nen⟩ politico m (donna)

Po·li·tik·ver·dros·sen·heit F disaffezione f per la politica

po·li·tisch **A** ADJ politico **B** ADV politicamente: **~ korrekt** politicamente corretto; **sich ~ betätigen** svolgere un'attività politica; **ein ~ Verfolgter** un perseguitato politico **po·li·ti·sie·ren** **A** V/I ⟨h.⟩ parlare di politica **B** V/T politicizzare

Po·li·to·lo·ge M ⟨-n; -n⟩, **-lo·gin** F ⟨-; -nen⟩ politologo m, -a f

Po·li·tur F ⟨-; -en⟩ (strato m di) lucido m

Po·li·zei F ⟨-; -en⟩ polizia *f*: **die ~ holen** (*od* **rufen**) chiamare la polizia **Po·li·zei·ak·ti·on** F operazione *f* di polizia **Po·li·zei·au·to** N auto *f* della polizia **Po·li·zei·be·am·te** M, **-be·am·tin** F funzionario *m*, -a *f* di polizia **Po·li·zei·ein·satz** M impiego *m* di forze di polizia **Po·li·zei·funk** M radio *f* della polizia **Po·li·zei·hund** M cane *m* poliziotto

po·li·zei·lich ADJ della polizia ♦**-es Führungszeugnis** casellario *m* giudiziale; **-es Kennzeichen** targa *f* della macchina; **sich ~ anmelden/abmelden** notificare alla polizia il proprio arrivo/il proprio trasferimento

Po·li·zei·prä·si·dent M, **-in** F questore *m* **Po·li·zei·prä·si·di·um** N comando *m* di polizia; (*in Italien*) questura *f* **Po·li·zei·re·vier** N distretto *m* di polizia **Po·li·zei·schutz** M protezione *f* della polizia **Po·li·zei·sper·re** F blocco *m* stradale (della polizia) **Po·li·zei·staat** M stato *m* di polizia **Po·li·zei·strei·fe** F pattuglia *f* di polizia **Po·li·zei·stun·de** F orario *m* di chiusura (dei locali pubblici) **Po·li·zei·wa·che** F posto *m* di polizia

Po·li·zist M ⟨-en; -en⟩ poliziotto *m*, agente *m* di polizia **Po·li·zis·tin** F ⟨-; -nen⟩ donna *f* poliziotto

Po·liz·ze F ⟨-; -n⟩ *österr* polizza *f* (assicurativa)

Pol·len M ⟨-s; -⟩ polline *m* **Pol·len·flug** M concentrazione *f* di polline in aria

pol·nisch ADJ polacco

Po·lo N ⟨-s⟩ polo *m* **Po·lo·hemd** N polo *f*

Pols·ter N ⟨-s; -⟩ **1** imbottitura *f* (*a. Nähen*) **2** *fig* riserva *f* (di denaro) **Pols·ter·gar·ni·tur** F divano *m* e poltrone *fpl*, salotto *m* **Pols·ter·mö·bel** N mobile *m* imbottito

pols·tern V/T imbottire

Pols·ter·ses·sel M poltrona *f* **Pols·ter·stuhl** M sedia *f* imbottita

Pols·te·rung F ⟨-; -en⟩ imbottitura *f*

Pol·ter·abend M festa *f* di addio al celibato **Pol·ter·geist** M ⟨-[e]s; -er⟩ poltergeist *m*

pol·tern V/I **1** ⟨h.⟩ far fracasso **2** *unpers* **draußen poltert es** fuori c'e fracasso **3** ⟨s.⟩ **über etw** (*akk*) **~** passare con fragore su qc **4** ⟨s.⟩ (*geräuschvoll fallen*) cadere rumorosamente **5** ⟨h.⟩ (*laut schelten*) strepitare

Po·ly·ac·ryl N ⟨-s⟩ poliacrilico *m* **Po·ly·amid®** N ⟨-[e]s; -e⟩ poliammide *f* **Po·ly·äthy·len** N ⟨-s; -e⟩ polietilene *m* **Po·ly·es·ter** M ⟨-s; -⟩ poliestere *m* **po·ly·gam** ADJ poligam(ic)o **Po·ly·ga·mie** F ⟨-⟩ poligamia *f* **po·ly·glott** ADJ poliglotta

Po·ly·ne·si·en N ⟨-s⟩ Polinesia *f*

Po·lyp M ⟨-en; -en⟩ **1** ZOOL pol(i)po *m* **2** MED polipo *m* **3** *umg* (*Polizist*) piedipiatti *m*

Po·ma·de F ⟨-; -n⟩ pomata *f* per capelli

Po·me·lo M ⟨-s; -s⟩ pomelo *m*

Pom·mes PL *umg*, **Pommes frites** [pɔm'frɪt] PL patatine *fpl* fritte

Pomp M ⟨-[e]s⟩ pompa *f*, sfarzo *m*

pom·pös ADJ pomposo

Pon·ti·fi·kat N/M ⟨-[e]s; -e⟩ KIRCHE pontificato *m*

Pon·ti·us: **von ~ zu Pilatus laufen** andare da Ponzio a Pilato

Pon·ton [põ'tõː] M ⟨-s; -s⟩ pontone *m* **Pon·ton·brü·cke** F ponte *m* di barche

Po·ny[1] N ⟨-s; -s⟩ (*Pferd*) pony *m*

Po·ny[2] M ⟨-s; -s⟩ (*Haarfransen*) frangia *f*, frangetta *f*: **~ tragen** avere la frangia

Po·ny-Trek·king N escursionismo *m* a cavallo

Pool [puːl] M ⟨-s; -s⟩ *umg* piscina *f*

Pop M ⟨-⟩ MUS pop *m inv*

Pop·corn N ⟨-s⟩ popcorn *m inv*

Po·pel M ⟨-s; -⟩ *umg* caccola *f* **po·pe·lig** ADJ *umg* **1** (*schäbig*) miserabile, povero **2** (*unbedeutend*) insignificante, banale **po·peln** V/I ⟨h.⟩ *umg* scaccolarsi

Pop·mu·sik F musica *f* pop

Po·po M ⟨-s; -s⟩ *umg* popò *m*, culetto *m*

pop·pig ADJ **1** pop **2** (*auffallend, grell*) sgargiante; vistoso, appariscente

Pop·star M pop star *f inv*

po·pu·lär ADJ **1** popolare: **durch etw ~ werden** diventare popolare per qc **2** **-e Maßnahmen ergreifen** emanare provvedimenti popolari **3** (*volkstümlich*) popolaresco **Po·pu·la·ri·tät** F ⟨-⟩ popolarità *f* **po·pu·lär·wis·sen·schaft·lich** ADJ divulgativo

Po·re F ⟨-; -n⟩ poro *m*

Por·no M ⟨-s; -s⟩ *umg* porno *m* **Por·no·film** M pornofilm *m*, film *m* porno (*od* a luci rosse)

Por·no·gra·fie F ⟨-; -n⟩ pornografia *f*

por·no·gra·fisch ADJ pornografico

P

Por·no·heft N rivista *f* porno
po·rös ADJ poroso
Por·ree M ⟨-s; -s⟩ porro *m*
Por·tal N ⟨-s; -e⟩ 1 portale *m*, portone *m*: **aus dem ~ treten** uscire dal portone 2 (*im Internet*) portale *m*
Porte·mon·naie [pɔrtmɔ'ne:] N ⟨-s; -s⟩ portamonete *m*
Por·ti·er [pɔr'tje:] M ⟨-s; -s⟩ 1 portiere *m* (d'albergo) 2 (*Pförtner*) portinaio *m*
Por·ti·on F ⟨-; -en⟩ 1 porzione *f* 2 *fig* dose *f* ♦ *umg fig* **halbe ~** mezza cartuccia; **eine ~ Kaffee** un bricco di caffè (da 2 tazze)
Port·mo·nee → Portemonnaie
Por·to N ⟨-s; -s *u.* Porti⟩ 1 affrancatura *f*, porto *m* 2 spese *fpl* postali: **~ zahlt Empfänger** spese postali a carico del destinatario **por·to·frei** ADJ & ADV franco di porto **Por·to·kas·se** F piccola cassa *f*
Port·rät [-'trɛ:] N ⟨-s; -s⟩ ritratto *m* ♦ **j-m ~ sitzen** farsi ritrarre da qn **Port·rät·auf·nah·me** F ritratto *m* fotografico **port·rä·tie·ren** V/T ritrarre (*a. fig*) **Port·rät·ma·ler** M, **-in** F ritrattista *m/f*
Por·tu·gal N ⟨-s⟩ Portogallo *m* **Por·tu·gie·se** M ⟨-n; -n⟩, **-sin** F ⟨-; -nen⟩ portoghese *m/f* **por·tu·gie·sisch** ADJ portoghese
Port·wein M (*Weinkunde*) porto *m*
Por·zel·lan N ⟨-s; -e⟩ 1 porcellana *f* 2 (*Geschirr*) stoviglie *fpl* di porcellana: **~ sammeln** collezionare porcellane ♦ *fig* **~ zerschlagen** = *provocare danni*
POS1-Tas·te F IT tasto *m* home
Po·sau·ne F ⟨-; -n⟩ trombone *m*
po·sau·nen V/T *umg* **etw in alle Welt ~** gridare qc ai quattro venti
Po·sau·nist M ⟨-en; -en⟩, **-in** F ⟨-; -nen⟩ trombonista *m/f*
Po·se F ⟨-; -n⟩ posa *f* (*a. pej*): **sich in ~ werfen** assumere delle pose
po·sie·ren V/I ⟨h.⟩ mettersi in posa
Po·si·ti·on F ⟨-; -en⟩ posizione *f*: **eine leitende ~ bekleiden** ricoprire una posizione direttiva; **einen Hebel in die richtige ~ bringen** mettere una leva nella giusta posizione; (*Standpunkt*) **eine bestimmte ~ einnehmen** prendere (*od* assumere) una posizione precisa; **die ~ eines Schiffes/Flugzeuges** la posizione di una nave/di un aereo ♦ **~ beziehen** prendere posizione
po·si·ti·o·nie·ren V/T IT posizionare
po·si·tiv ADJ 1 positivo (*a.* MATH, PHYS, MED) 2 (*bejahend*) affermativo: **ein -er Bescheid** una risposta affermativa ♦ **sich ~ auswirken** avere degli effetti positivi; **etw ~ bewerten** valutare qc positivamente
Po·si·tur F ⟨-; -en⟩ *iron* posa *f*: **sich in ~ stellen** (*od* **setzen**) mettersi in posa
Pos·se F ⟨-; -n⟩ THEAT farsa *f*
pos·ses·siv ADJ GRAM possessivo
pos·sier·lich ADJ buffo
Post® F ⟨-⟩ posta *f*: **bei der ~ arbeiten** lavorare alla posta; **ist ~ für mich da?** c'è posta per me? ♦ *umg* **ab** (**geht**) **die ~!** via! partenza! (*beeile dich*) muoviti!; **hier geht die ~ ab** qui sì che c'è vita; **mit getrennter ~** in plico separato; **mit gleicher ~** con lo stesso giro di posta
Post·amt N ufficio *m* postale **Post·an·schrift** F recapito *m* postale, indirizzo

Auf der Post®

Wo ist das nächste Postamt?	**Dov'è la posta più vicina?**
Was kostet ein Brief/eine Karte nach Deutschland?	**Quanto costa spedire una lettera/cartolina per la Germania?**
... nach Österreich?	**... per l'Austria?**
... in die Schweiz?	**... per la Svizzera?**
Fünf Briefmarken zu ...	**Cinque francobolli da ...**
per Einschreiben	**per raccomandata**
per Express	**per espresso**
Ich möchte ein Paket aufgeben.	**Vorrei spedire un pacco.**
Wo ist der Schalter für postlagernde Sendungen?	**Dov'è lo sportello del fermo posta?**
Ich möchte ein Fax schicken.	**Vorrei spedire un fax.**

m **Post·an·wei·sung** F vaglia m postale **Post·bank** F ⟨-; -en⟩ bancoposta m **Post·be·am·te** M, **-be·am·tin** F impiegato m, -a f delle poste **Post·bo·te** M, **-bo·tin** F postino m, -a f

Pos·ten M ⟨-s; -⟩ **1** MIL posto m, postazione f: **auf seinem ~ stehen** stare al proprio posto; **ein vorgeschobener ~** una postazione avanzata **2** MIL (*Wache*) sentinella f: **~ stehen** fare la sentinella **3** (*Stelle*) posto m: **sich um einen ~ bewerben** fare domanda per un posto **4** posizione f: **einen ~ im Außenministerium haben** avere una posizione di prestigio al ministero degli esteri **5** HANDEL (*Partie*) partita f **6** voce f: **die einzelnen ~ der Rechnung** le singole voci della fattura ♦ *umg* **sich nicht** (**ganz**) **auf dem ~ fühlen** non sentirsi (troppo) bene; **auf verlorenem ~ kämpfen** combattere una battaglia perduta

Pos·ter M/N ⟨-s; - *u.* -s⟩ poster m

Post·fach N **1** casella f postale **2** (*im Büro, Hotel*) casella f della posta **Post·gi·ro·amt** N ufficio m dei conti correnti postali **Post·gi·ro·kon·to** N conto m corrente postale

post·hum **A** ADJ postumo **B** ADV dopo la morte

pos·tie·ren **A** V/T piazzare, collocare **B** V/R **sich ~** appostarsi, piazzarsi

Post·kar·te F cartolina f (postale) **post·la·gernd** ADJ & ADV fermo posta **Post·leit·zahl** F codice m di avviamento postale **Post·mas·ter** M ⟨-s; -⟩ IT postmaster m/f *inv* **post·mo·dern** ADJ postmoderno **Post·scheck** M assegno m postale **Post·sen·dung** F spedizione f postale **Post·spar·buch** N libretto m postale di risparmio **Post·spar·kas·se** F cassa f di risparmio postale **Post·stem·pel** M timbro m postale

pos·tum **A** ADJ postumo **B** ADV dopo la morte

Post·weg M **etw auf dem ~ schicken** spedire qc per (*od* a mezzo) posta **post·wen·dend** ADV a (stretto) giro di posta **Post·wert·zei·chen** N valore m postale **Post·wurf·sen·dung** F stampati *mpl*

po·tent ADJ **1** sessualmente potente **2** (*vermögend*) facoltoso

Po·tenz F ⟨-; -en⟩ **1** (*Leistungsfähigkeit*) potenza f **2** MATH **eine Zahl in die zweite/dritte ~ erheben** elevare un numero alla seconda/terza (potenza) **3** (*des Mannes*) potenza f sessuale

Po·ten·zi·al N ⟨-s; -e⟩ potenziale m (*a.* PHYS) **po·ten·zi·ell** ADJ potenziale

po·ten·zie·ren **A** V/T **1** potenziare **2** MATH elevare alla potenza **B** V/R **sich ~** potenziarsi, accrescersi

Po·tenz·pil·le F pillola f per aumentare la potenza sessuale

Pot·pour·ri ['pɔtpuri] N ⟨-s; -s⟩ pot-pourri m

Pott·wal M capodoglio m

Pou·let ['pulɛ] N ⟨-s; -s⟩ *schweiz* pollo m

Pow·er ['pauɐ] F ⟨-⟩ *umg* **1** potenza f **2** (*von Menschen*) energia f, grinta f **Power·frau** F donna f dinamica **pow·ern** ['pauɐn] *umg* V/I ⟨h.⟩ dare il massimo

Po·widl M ⟨-s⟩ *österr* marmellata f di prugne

PR → (Public Relations) pubbliche relazioni *fpl*, PR *fpl*

Pracht F ⟨-⟩ **1** splendore m: **sich in voller ~ zeigen** mostrarsi in tutto il proprio splendore **2** (*Prunk*) sfarzo m, pompa f **Pracht·band** M ⟨-[e]s; -bände⟩ volume m di lusso **Pracht·exemp·lar** N *umg* **1** magnifico esemplare m **2** (*tüchtiger Mensch*) tipo m eccezionale

präch·tig ADJ **1** splendido, magnifico: **-e Kleider** splendidi vestiti; **ein -er Mensch** una persona magnifica **2** (*prunkvoll*) sfarzoso, sontuoso ♦ **sich ~ verstehen** intendersela ottimamente

Pracht·kerl M *umg* tesoro m, perla f **Pracht·stra·ße** F strada f (*od* via f) elegante **Pracht·stück** N esemplare m magnifico **pracht·voll** ADJ → prächtig

prä·des·ti·nie·ren V/T predestinare

Prä·di·kat N ⟨-[e]s; -e⟩ **1** GRAM predicato m **2** (*Bewertung*) giudizio m, valutazione f: **ein Film mit dem ~ „wertvoll"** un film valutato "pregevole" **3** (*vom Wein*) certificato m di garanzia **Prä·di·kats·wein** M = *vino d'origine controllata e garantita*

prä·dis·po·niert ADJ **für eine Krankheit ~ sein** essere predisposto per (*od* a) una malattia

Prä·fix N ⟨-es; -e⟩ prefisso m

Prag N ⟨-s⟩ Praga f

prä·gen V/T **1** imprimere: **ein Bild auf Münzen ~** imprimere un'immagine sulle monete **2** coniare (*a. fig*): **Münzen/ein neues Wort ~** coniare monete/una nuova parola **3** (*Leder*) stampare **4** *fig* plasmare: **die Erfahrungen der Kindheit ~ den Menschen** le esperienze dell'infanzia plasmano l'uomo **5** (*tief beeinflussen*) influenzare (profondamente)

Prag·ma·ti·ker M ⟨-s; -⟩, **-in** F ⟨-; -nen⟩ pragmatista *m/f*

prag·ma·tisch ADJ pragmatico

präg·nant ADJ **1** pregnante; (*knapp*) conciso **2** (*Mensch*) tipico

Prä·gung F ⟨-; -en⟩ **1** coniatura *f*, conio *m* **2** *fig* coniazione *f*: **die ~ neuer Wörter** la coniazione di nuove parole **3** (*von Leder*) stampatura *f* **4** (*Prägebild*) effigie *f* **5** *fig* (*Art*) tipo *m*, stampo *m*

prah·len V/I ⟨h.⟩ vantarsi: **mit etw ~** vantarsi di (*od* ostentare) qc ♦ *umg* **das ist geprahlt** è esagerato, è un'esagerazione **Prah·le·rei** F ⟨-; -en⟩ **1** vanteria *f* **2** (*Äußerung*) spacconata *f*, fanfaronata *f* **prah·le·risch** ADJ borioso

Prak·tik F ⟨-; -en⟩ pratica *f*, metodo *m*

prak·ti·ka·bel ADJ attuabile

Prak·ti·kant M ⟨-en; -en⟩, **-in** F ⟨-; -nen⟩ tirocinante *m/f*

Prak·ti·ker M ⟨-s; -⟩, **-in** F ⟨-; -nen⟩ persona *f* pratica

Prak·ti·kum N ⟨-s; Praktika⟩ tirocinio *m*

prak·tisch **A** ADJ **1** pratico: **-er Unterricht** lezione pratica; **-e Kleidung** vestiti pratici; **ein -er Mensch** una persona pratica **2** concreto: **-e Probleme** problemi concreti **B** ADV **1** praticamente, in pratica: **etw ~ erproben** provare praticamente qc **2** *umg* (*im Grunde*) **~ heißt das, dass ...** in pratica ciò significa che ...; **~ unmöglich** praticamente impossibile **3** in modo pratico: **~ denken** pensare in modo pratico ♦ **-er Arzt** medico generico; **ein -es Jahr ableisten** fare un anno di tirocinio

prak·ti·zie·ren **A** V/T mettere in pratica, praticare **B** V/I ⟨h.⟩ esercitare, praticare: **als Zahnarzt ~** esercitare come dentista **prak·ti·zie·rend** ADJ praticante

Prä·lat M ⟨-en; -en⟩ prelato *m*

Pra·li·ne F ⟨-; -n⟩ pralina *f*, cioccolatino *m*

prall ADJ **1** teso: **ein -es Segel** una vela tesa **2** gonfio: **ein -er Luftballon** un palloncino gonfio **3** (*prall gefüllt*) pieno, rigonfio: **ein -er Sack** un sacco rigonfio **4** (*fest*) sodo: **-e Tomaten** pomodori sodi ♦ **~ gefüllt** stracolmo; **in der -en Sonne** in pieno sole

pral·len V/I ⟨s.⟩ **1** urtare: **mit dem Körper gegen** (*od* **an**) **j-n/etw ~** urtare con il corpo contro qn/qc **2** (*abprallen*) rimbalzare

Prä·mie F ⟨-; -n⟩ **1** premio *m* (*a.* WIRTSCH), ricompensa *f*: **eine ~ für etw aussetzen** offrire una ricompensa per qc **2** taglia *f*: **eine ~ auf j-s Kopf aussetzen** mettere una taglia sulla testa di qn

Prä·mi·en·an·lei·he F prestito *m* a premi **Prä·mi·en·spa·ren** N ⟨-s⟩ risparmio *m* a premi

prä·mi·ie·ren V/T premiare

Prä·mi·ie·rung F ⟨-; -en⟩ premiazione *f*

Pran·ger M ⟨-s; -⟩ HIST *fig* berlina *f*: **j-n an den ~ stellen** mettere qn alla berlina

Pran·ke F ⟨-; -n⟩ **1** ZOOL branca *f*, zampa *f* **2** *umg fig* (*große, grobe Hand*) manaccia *f*

Prä·pa·rat N ⟨-[e]s; -e⟩ preparato *m*

prä·pa·rie·ren **A** V/T **1** (*Leichnam*) imbalsamare **2** (*Tier*) impagliare **3** (*Pflanze*) conservare **4** BIOL, MED anatomizzare **5** (*vorbereiten*) preparare **B** V/R **sich ~** prepararsi

Prä·po·si·ti·on F ⟨-; -en⟩ GRAM preposizione *f*

Prä·rie F ⟨-; -n⟩ prateria *f*

Prä·sens N ⟨-s; Presentia *u.* Presentien⟩ GRAM presente *m*

prä·sent ADJ presente ♦ **etw ~ haben** aver presente qc

Prä·sent N ⟨-[e]s; -e⟩ dono *m*, presente *m*

prä·sen·tie·ren **A** V/T **1** (*darbieten*) offrire **2** (*vorstellen*) presentare: **er präsentierte ihn als seinen Sohn** lo presentò come suo figlio; MIL **das Gewehr ~** presentare le armi **B** V/R **sich ~** presentarsi

Prä·senz F ⟨-⟩ presenza *f* **Prä·senz·die·ner** M österr = *soldato di leva dell'esecito austriaco*

Prä·ser·va·tiv N ⟨-s; -e⟩ preservativo *m*

Prä·si·dent M ⟨-en; -en⟩ **1** presidente *m* **2** (*einer Hochschule*) preside *m* **Prä·si·den·tin** F ⟨-; -nen⟩ **1** presidentessa *f* **2** preside *f* **Prä·si·dent·schaft** F ⟨-; -en⟩ presidenza *f* **prä·si·die·ren** V/I ⟨h.⟩ presiedere

Prä·si·di·um N ⟨-s; Präsidien⟩ **1** (*Gremium*) direttivo *m* **2** (*Gebäude*) pre-

sidenza *f*
pras·seln VI ⟨h., s.⟩ **1** ⟨h.⟩ (*Feuer*) crepitare **2** (*Regen*) battere, picchiare **3** *fig* rovesciarsi, abbattersi
pras·sen VI ⟨h.⟩ **1** scialacquare **2** (*schlemmen*) gozzovigliare
Prä·te·ri·tum N ⟨-s; Präterita⟩ GRAM preterito *m*, passato *m*
Prä·ven·ti·on F ⟨-; -en⟩ prevenzione *f*
prä·ven·tiv ADJ preventivo
Pra·xis F ⟨-; Praxen⟩ **1** pratica *f*: **etw in die ~ umsetzen** mettere qc in pratica; (**keine**) **~ haben** (non) avere pratica; **Beispiele aus der ~** esempi pratici **2** (*bestimmtes Verfahren*) prassi *f*, procedura *f* **3** (*vom Arzt, Anwalt*) studio *m*
pra·xis·be·zo·gen ADJ fondato sulla (*od* orientato alla) pratica **pra·xis·fern** ADJ troppo teorico **pra·xis·ge·bühr** F ticket *m inv* **pra·xis·nah** ADJ vicino alla pratica
Prä·ze·denz·fall M precedente *m*: **einen ~ schaffen** creare un precedente
prä·zi·se ADJ preciso **prä·zi·sie·ren** VT precisare **Prä·zi·si·on** F ⟨-⟩ precisione *f*
pre·di·gen VT & VI ⟨h.⟩ predicare
Pre·di·ger M ⟨-s; -⟩, **-in** F ⟨-; -nen⟩ predicatore *m*, -trice *f*
Pre·digt F ⟨-; -en⟩ predica *f*: **die ~ halten** fare la predica; *umg* (*Ermahnung*) **j-m eine ~ halten** fare una predica a qn
Preis M ⟨-es; -e⟩ **1** prezzo *m*: **j-m einen guten ~ machen** fare un buon prezzo a qn; *fig* **Freiheit hat ihren ~** la libertà ha il suo prezzo **2** premio *m*: **den ersten ~ gewinnen** vincere il primo premio ♦ **einen ~ auf j-n aussetzen** mettere una taglia su qn; **einen ~ auf etw aussetzen** mettere un premio su qc; **der Große ~ von …** il Gran Premio di …; **etw steigt im ~** qc sale di prezzo; *umg* **um jeden ~** a tutti i costi; *umg* **um keinen ~** in nessun caso; **etw unter(m) ~ verkaufen** vendere qc sotto costo; **wie hoch ist der ~?** quanto fa?; **zum halben ~** a metà prezzo
Preis·ab·spra·che F accordo *m* sui prezzi **Preis·an·stieg** M aumento *m* dei prezzi **Preis·auf·schlag** M maggiorazione *f* dei prezzi **Preis·aus·schrei·ben** N ⟨-s; -⟩ concorso *m* a premi **preis·be·wusst** **A** ADJ attento al prezzo (*od* ai prezzi) **B** ADV con attenzione al prezzo, in modo oculato **Preis·bin·dung** F WIRTSCH **1** imposizione *f* del prezzo **2** accordo *m* sui prezzi
Prei·sel·bee·re F mirtillo *m* rosso
prei·sen ⟨pries, gepriesen⟩ **A** VT **1** decantare, lodare **2** (*Menschen*) elogiare **B** VR **sich ~** ritenersi, considerarsi; **sich glücklich ~** ritenersi fortunato
Preis·ent·wick·lung F evoluzione *f* dei prezzi **Preis·er·hö·hung** F rialzo *m* dei prezzi **Preis·fra·ge** F **1** *umg* questione *f* di prezzo **2** (*bei Preisrätsel*) quiz *m* a premi: **eine ~ beantworten** rispondere a un quiz a premi
preis·ge·ben VT ⟨irr⟩ **1** abbandonare, lasciare: **eine Stadt dem Feind ~** lasciare una città al (*od* in balia del) nemico; **die Gebäude dem Verfall ~** abbandonare gli edifici al degrado **2** (*aussetzen*) esporre **3** (*verraten*) rivelare
preis·ge·krönt ADJ premiato **Preis·ge·richt** N giuria *f* **preis·güns·tig** ADJ & ADV a buon prezzo **Preis·klas·se** F categoria *f* di prezzo **Preis·la·ge** F prezzo *m*: **Strümpfe in allen -n** calze di tutti i prezzi **preis·lich** ADJ di prezzo **Preis·lis·te** F listino *m* (dei) prezzi **Preis·nach·lass** M sconto *m* **Preis·rät·sel** N quiz *m* a premi **Preis·rich·ter** M, **-in** F membro *m* della giuria **Preis·schild** N cartellino *m* del prezzo **Preis·schwan·kung** F oscillazione *f* (*od* fluttuazione *f*) dei prezzi **Preis·sen·kung** F ribasso *m* dei prezzi **Preis·sta·bi·li·tät** F stabilità *f* dei prezzi **Preis·stei·ge·rung** F aumento *m* di prezzo **Preis·sturz** M crollo *m* dei prezzi **Preis·trä·ger** M, **-in** F premiato *m*, -a *f* **Preis·trei·be·rei** F ⟨-; -en⟩ gonfiatura *f* dei prezzi **preis·ver·däch·tig** ADJ *hum* = *che ha i numeri per essere premiato* **Preis·ver·fall** M WIRTSCH caduta *f* dei prezzi **Preis·ver·gleich** M confronto *m* dei prezzi **Preis·ver·lei·hung** F premiazione *f* **preis·wert** **A** ADJ conveniente **B** ADV a buon prezzo
pre·kär ADJ precario
prel·len **A** VT **1** (*betrügen*) imbrogliare **2** *umg* **j-n um etw ~** privare qn di qc **3** fare rimbalzare: **den Ball ~** fare rimbalzare la palla **B** VR **sich ~** ferirsi (sbattendo); **sich an der Schulter ~** procurarsi una contusione alla spalla; **sich** (*dat*) **die Hand ~** prendere una botta alla mano ♦ **die Zeche ~** non pagare il conto
Prel·lung F ⟨-; -en⟩ contusione *f*
Pre·mi·e·re F ⟨-; -n⟩ THEAT prima *f*, pre-

mière *f*: ~ **haben** debuttare

Pre·mi·er·mi·nis·ter [prə'mje:-] M, **-in** F primo *m* ministro

pre·schen VI ⟨s.⟩ correre

Pres·se F ⟨-; -n⟩ **1** (*Gerät*) pressa *f*: **etw unter die ~ legen** mettere qc sotto la pressa **2** (*Druckmaschine*) torchio *m* **3** (*Zeitungen*) stampa *f*: **die inländische ~** la stampa nazionale; **er ist von der ~** è della stampa; **in der ~ stehen** essere sui giornali **4** **eine gute ~ haben** avere un buon giudizio della stampa

Pres·se·agen·tur F agenzia *f* (di) stampa **Pres·se·aus·weis** M tessera *f* di giornalista **Pres·se·be·richt** M notizia *f* di stampa **Pres·se·er·klä·rung** F dichiarazione *f* a mezzo stampa **Pres·se·fo·to·graf** M, **-in** F fotoreporter *m/f inv* **Pres·se·frei·heit** F libertà *f* di stampa **Pres·se·kon·fe·renz** F conferenza *f* stampa **Pres·se·mel·dung** F comunicato *m* stampa

pres·sen **A** VT **1** (*mit Druck bearbeiten*) pressare **2** (*formen*) stampare per compressione **3** (*auspressen*) spremere: **Obst ~** spremere della frutta; **Saft aus einer Zitrone ~** spremere un limone **4** (*Wein*) pigiare **5** premere: **die Hände gegen die Scheibe ~** premere le mani contro il vetro; **j-m etw auf den Mund ~** premere qc sulla bocca a qn **6** **j-n an sich** (*akk*) **~** stringere qn a sé **B** VR **sich an j-n/etw ~** stringersi a qn/qc

P

Pres·se·no·tiz F nota *f*, trafiletto *m* **Pres·se·re·fe·rent** M, **-in** F, **Pres·se·spre·cher** M, **-in** F addetto *m*, -a *f* stampa **Pres·se·stel·le** F ufficio *m* stampa **Pres·se·stim·me** F commento *m* **Pres·se·ver·tre·ter** M, **-in** F rappresentante *m/f* della stampa

pres·sie·ren VI ⟨h.⟩ *dial* essere pressante (*od* urgente): **die Sache pressiert** la cosa è pressante; *unpers* **mir pressiert's** ho fretta

Press·luft F aria *f* compressa **Press·luft·boh·rer** M perforatrice *f* pneumatica (*od* ad aria compressa) **Press·luft·ham·mer** M martello *m* pneumatico

Press·sack M ⟨-[e]s⟩ soppressata *f*

Pres·ti·ge [-'ti:ʒə] N ⟨-s⟩ prestigio *m* **Pres·ti·ge·ge·winn** M aumento *m* di prestigio **Pres·ti·ge·ver·lust** M perdita *f* di prestigio

Preu·ße M ⟨-n; -n⟩ prussiano *m* **Preu·ßen** N ⟨-s⟩ Prussia *f* **Preu·ßin** F ⟨-; -nen⟩ prussiana *f* **preu·ßisch** ADJ prussiano

pri·ckeln VI ⟨h.⟩ **1** pizzicare, pungere: **auf der Zunge ~** pizzicare sulla lingua; **die Hände ~ ihm vor Kälte** il freddo gli fa pungere le mani **2** (*perlen*) frizzare

pri·ckelnd ADJ *fig* stuzzicante, solleticante: **ein -es Gefühl** una sensazione stuzzicante

pries → preisen

Pries·ter M ⟨-s; -⟩ sacerdote *m*, prete *m* **Pries·ter·amt** N sacerdozio *m*

Pries·te·rin F ⟨-; -nen⟩ sacerdotessa *f*

Pries·ter·wei·he F ordinazione *f* (sacerdotale)

pri·ma **A** ADJ ⟨*inv*⟩ **1** HANDEL di prima qualità **2** *umg* magnifico, formidabile, eccezionale: **ein ~ Kerl** un tipo eccezionale **B** ADV benissimo: **mir geht es ~** va benissimo

Pri·mar M ⟨-s; -e⟩, **Pri·mar·arzt** M, **-ärz·tin** F, **Pri·ma·ri·us** M ⟨-; Primarien⟩ *österr* (medico *m*) primario *m*

pri·mär ADJ (*wesentlich*) primario

Pri·mar·leh·rer M, **-in** F *schweiz* maestro *m*, -a *f* elementare **Pri·mar·schu·le** F *schweiz* scuola *f* elementare

Pri·mat M ⟨-en; -en⟩ ZOOL primate *m*

Pri·mel F ⟨-; -n⟩ primula *f*

pri·mi·tiv ADJ **1** primitivo: **-e Kulturen** culture primitive **2** (*einfach*) **-e Werkzeuge** attrezzi primitivi **3** (*ursprünglich*) elementare **4** *pej* incivile: **ein -er Mensch** una persona incivile (*od* primitiva) **5** semplice, ingenuo: **-e Ansichten** idee semplici; **-e Fragen** domande ingenue; **die -sten Regeln des Anstandes** le più elementari regole della buona creanza **6** (*elend*) misero, squallido: **-e Unterkünfte** alloggiamenti squallidi

Pri·mi·ti·vi·tät F ⟨-⟩ primitività *f*

Prim·zahl F numero *m* primo

Prinz M ⟨-en; -en⟩ principe *m*

Prin·zes·sin F ⟨-; -nen⟩ principessa *f*

Prin·zip N ⟨-s; -ien *u.* -e⟩ principio *m*: **ein ~ befolgen** attenersi a un principio; **sich** (*dat*) **etw zum ~ machen** farsi un principio di qc ♦ **aus ~** per principio; **im ~** in linea di massima

prin·zi·pi·ell **A** ADJ di principio **B** ADV **1** per principio: **etw ~** (**nicht**) **tun** (non) fare qc per principio **2** (*im Prinzip*) in linea di massima **3** (*immer, ausnahmslos*) regolarmente, immancabilmente

prin·zi·pi·en·los ADJ senza principi

Prin·zi·pi·en·rei·ter M, **-in** F *pej* = *persona ostinatamente attaccata ai propri principi*
Pri·or M ⟨-s; -en⟩ priore *m* **Pri·o·rin** F ⟨-; -nen⟩ priora *f*
Pri·o·ri·tät F ⟨-; -en⟩ priorità *f*: **etw** (*dat*) **~ einräumen** dare priorità a qc; **-en setzen** fissare delle priorità
Pri·se F ⟨-; -n⟩ presa *f*, pizzico *m*: **eine ~ Pfeffer** un pizzico di pepe
Pris·ma N ⟨-s; Prismen⟩ prisma *m*
Prit·sche F ⟨-; -n⟩ **1** pancaccio *m* **2** (*Ladepritsche*) pianale *f* di carico
pri·vat **A** ADJ **1** privato **2** (*persönlich*) personale: **-e Meinungen** opinioni personali **3** (*vertraulich*) confidenziale: **ein -er Ton** un tono confidenziale **B** ADV **1** in privato: **j-n ~ sprechen** parlare a qn in privato **2** (*nicht öffentlich*) privatamente, in forma privata **3** (*als Privatperson*) in veste privata: **er ist ~ hier** è qui in veste privata **4** (*von Privatperson*) da privati: **~ finanziert** finanziato da privati ♦ **ein Fest in -em Kreis** una festa privata; **~ versichert** con assicurazione privata
Pri·vat·ad·res·se F indirizzo *m* privato **Pri·vat·an·ge·le·gen·heit** F faccenda *f* privata (*od* personale) **Pri·vat·be·sitz** M proprietà *f* privata (*od* di privati) ♦ **in ~** in mano privata, in mano a privati, privatizzato **Pri·vat·do·zent** M, **-in** F libero (-a) docente *m/f* **Pri·vat·fern·se·hen** N *umg* televisione *f* (*od* tivù *f*) privata **Pri·vat·ge·spräch** N conversazione *f* privata **Pri·vat·hand** F **aus** (**von**) **~** da privati; **in ~** di proprietà privata
pri·va·ti·sie·ren V/T WIRTSCH privatizzare
Pri·vat·klä·ger M, **-in** F JUR parte *f* civile **Pri·vat·kli·nik** F clinica *f* privata **Pri·vat·le·ben** N vita *f* privata, privacy *f*: **sich ins ~ zurückziehen** ritirarsi a vita privata; **in j-s ~ eindringen** entrare nella privacy di qn **Pri·vat·pa·ti·ent** M, **-in** F paziente *m/f* privato (-a) **Pri·vat·per·son** F privato *m* **Pri·vat·sa·che** F questione *f* (*od* faccenda *f*) privata **Pri·vat·schu·le** F scuola *f* privata **Pri·vat·sek·re·tär** M, **-in** F segretario *m*, -a *f* personale **Pri·vat·sen·der** M TV *f* privata **Pri·vat·sphä·re** F sfera *f* privata **Pri·vat·stun·de** F lezione *f* privata **Pri·vat·ver·gnü·gen** N *umg* piacere *m* personale **Pri·vat·wirt·schaft** F economia *f* privata
Pri·vi·leg N ⟨-[e]s; -ien *u.* -e⟩ privilegio *m*
pri·vi·le·gie·ren V/T privilegiare
pro **A** PRÄP (+*akk*) a, per (ogni): **~ Stück** al pezzo; **zweimal ~ Tag** due volte al giorno; **~ Kopf** a testa **B** ADV a favore, per, pro: **ist er ~ oder kontra?** è a favore o contro?; **~ stimmen** votare pro ♦ **das Pro und Kontra** il pro e il contro, i pro e i contro
Pro·be F ⟨-; -n⟩ **1** prova *f*: **auf** (*od* **zur**) **~** in prova; **j-n auf die ~ stellen** mettere alla prova qn **2** MUS, THEAT prove *fpl*: **die Kapelle hat jeden Abend ~** il complesso prova ogni sera **3** (*Muster*) campione *m* **4** *fig* prova *f*, dimostrazione *f*, saggio *m*: **eine ~ seines Könnens** un saggio della propria bravura; **eine ~ seines Mutes** una prova del proprio coraggio
Pro·be·ab·zug M **1** TYPO prima bozza *f* **2** FOTO provino *m* **Pro·be·alarm** M allarme *m* simulato **Pro·be·auf·nah·me** F **1** prova *f* di registrazione **2** FILM provino *m* **Pro·be·boh·rung** F prova *f* di trivellazione **Pro·be·exemp·lar** N **1** campione *m* **2** (*Verlag*) copia *f* in visione **Pro·be·fahrt** F giro *m* di prova **Pro·be·lauf** M TECH prova *f* di funzionamento
pro·ben V/T provare ♦ **den Ernstfall ~** prepararsi al peggio
Pro·be·num·mer F saggio *m* **pro·be·wei·se** ADV in prova, per prova **Pro·be·zeit** F periodo *m* di prova
pro·bie·ren V/T **1** provare (*a.* THEAT): **ein neues Rezept ~** provare una nuova ricetta **2** **Schuhe ~** provare delle scarpe **3** (*kosten*) assaggiare ♦ **er probiert's bei jeder** ci prova con tutte
Prob·lem N ⟨-s; -e⟩ problema *m* (*a.* MATH): **ein ~ stellt sich** un problema si pone; **zum ~ werden** diventare un problema; **j-m -e machen** causare problemi a qn ♦ **das ist** (**nicht**) **dein ~** (non) sono fatti tuoi, (non) è un tuo problema; **kein ~!** nessun problema!; **-e wälzen** rimuginare problemi
Prob·le·ma·tik F ⟨-⟩ **1** problematica *f* **2** problematicità *f*, carattere *m* problematico **prob·le·ma·tisch** ADJ problematico **prob·le·ma·ti·sie·ren** V/T problematizzare
Prob·lem·fall M caso *m* problematico (*od* difficile) **Prob·lem·film** M film

P

m impegnato **Prob·lem·kreis** M complesso *m* di problemi **prob·lem·los** A ADJ che non crea problemi: **eine -e Zusammenarbeit** una collaborazione senza problemi B ADV senza (alcun) problema
Pro·dukt N ⟨-[e]s; -e⟩ prodotto *m* (*a. fig*): **ein ~ seiner Fantasie** un prodotto della sua fantasia; **ein ~ seiner Erziehung** un frutto della sua educazione **Pro·dukt·er·pres·sung** F avvelenamento *m* di acque o sostanze alimentari a scopo di estorsione **Pro·dukt·haf·tung** F responsabilità *f* del produttore
Pro·duk·ti·on F ⟨-; -en⟩ produzione *f*: **in ~ gehen** andare in produzione; **in der ~ arbeiten** lavorare in produzione
Pro·duk·ti·ons·an·la·ge F impianto *m* di produzione **Pro·duk·ti·ons·kos·ten** PL costi *mpl* di produzione **Pro·duk·ti·ons·stand·ort** M sede *f* di produzione **Pro·duk·ti·ons·stei·ge·rung** F aumento *m* della produzione **Pro·duk·ti·ons·zweig** M settore *m* produttivo
pro·duk·tiv ADJ produttivo
Pro·duk·ti·vi·tät F ⟨-⟩ produttività *f*
Pro·dukt·pa·let·te F gamma *f* di prodotti **Pro·dukt·pi·ra·te·rie** F contraffazione *f* di articoli di marca
Pro·du·zent M ⟨-en; -en⟩, **-in** F ⟨-; -nen⟩ produttore *m*, -trice *f*
pro·du·zie·ren A VT 1 produrre (*a.* FILM) 2 *umg* fare: **Unsinn ~** fare sciocchezze B VR **sich ~** *umg* mettersi in mostra, farsi notare, esibirsi
pro·fan ADJ 1 profano: **-e Kunst** arte profana 2 (*gewöhnlich*) comune, banale, ordinario
pro·fes·si·o·nell ADJ 1 di professione, professionista: **ein -er Sänger** un cantante di professione; **ein -er Killer** un killer professionista 2 professionale: **eine -e Ausbildung** una formazione professionale
Pro·fes·sor M ⟨-s; -en⟩ professore *m* **Pro·fes·so·rin** F ⟨-; -nen⟩ professoressa *f* **Pro·fes·sur** F ⟨-; -en⟩ cattedra *f* (universitaria)
Pro·fi M ⟨-s; -s⟩ professionista *m* (*a.* SPORT) **Pro·fi·bo·xer** M, **-in** F pugile *m/f* professionista **Pro·fi·fuß·ball** M calcio *m* professionistico
Pro·fil N ⟨-s; -e⟩ 1 profilo *m*: **j-n im ~ zeichnen** disegnare qn di profilo 2 (*Persönlichkeit*) carattere *m*, personalità *f*: **~ haben** avere personalità 3 (*von Reifen*) battistrada *m*: **das ~ ist abgefahren** il battistrada è consumato 4 (*von Schuhsohlen*) intaglio *m* 5 TECH profilato *m* ♦ **an ~ gewinnen/verlieren** migliorare/peggiorare la propria immagine
pro·fi·lie·ren A VT profilare B VR **sich ~** profilarsi **pro·fi·liert** ADJ *fig* ben delineato; (*Charaktermerkmal*) spiccato
pro·fil·los ADJ 1 (*Person*) privo di personalità 2 (*Reifen, Sohle*) consumato **Pro·fil·neu·ro·se** F PSYCH bisogno *m* di affermazione (nel lavoro)
Pro·fi·su·che F IT ricerca *f* avanzata
Pro·fit M ⟨-[e]s; -e⟩ profitto *m*: **einen ~ erzielen** ottenere un profitto; **~ machen** guadagnare; **~ bringend** redditizio; **~ aus etw ziehen** (*od* **schlagen**) trarre profitto da qc
pro·fi·tie·ren VI ⟨h.⟩ trarre vantaggio (*od* profitto): **von** (*od* **bei**) **einem Geschäft ~** trarre profitto da un affare
Pro-for·ma-Rech·nung F fattura *f* pro forma
pro·fund ADJ profondo
Prog·no·se F ⟨-; -n⟩ 1 MED prognosi *f* 2 (*Vorhersage*) previsione *f*, pronostico *m*
prog·nosti·zie·ren VT pronosticare, prevedere
Pro·gramm N ⟨-s; -e⟩ 1 programma *m*: **etw ins ~ aufnehmen** mettere qc in programma; **etw vom ~ absetzen** togliere qc dal programma 2 **das ~ ist an der Kasse erhältlich** il programma è disponibile alla cassa 3 IT **ein ~ laden** caricare un programma 4 (*Pläne*) programmi *mpl*: **wie sieht dein ~ für morgen aus?** che programmi hai per domani?; **ein volles ~ haben** essere molto impegnato 5 RADIO, TV programma *m*, canale *m*: **im ersten/zweiten ~** sul primo/secondo (canale); **ein ~ ausstrahlen** trasmettere un programma 6 HANDEL (*Sortiment*) assortimento *m*, serie *f* **Pro·gramm·än·de·rung** F modifica *f* del programma
pro·gram·ma·tisch ADJ programmatico
Pro·gramm·da·tei F IT file *m inv* di programma **Pro·gramm·di·rek·tor** M, **-in** F TV direttore *m*, -trice *f* di rete **pro·gramm·ge·mäß** ADJ & ADV secondo il programma **Pro·gramm·ge·stal·tung** F programmazione *f* **pro·gramm·ge·steu·ert** ADJ TECH, IT comandato da computer **Pro·gramm-**

heft N programma *m* **Pro·gramm·hin·weis** M RADIO, TV sommario *m* dei programmi
pro·gram·mier·bar ADJ programmabile **pro·gram·mie·ren** V/T programmare (*a.* IT): **j-n auf Erfolg ~** programmare qn per vincere **Pro·gram·mie·rer** M ⟨-s; -⟩ IT programmatore *m* **Pro·gram·mie·re·rin** F ⟨-; -nen⟩ programmatrice *f* **Pro·gram·mier·feh·ler** M errore *m* di programmazione **Pro·gram·mier·spra·che** F linguaggio *m* di programmazione **Pro·gram·mie·rung** F ⟨-; -en⟩ programmazione *f*
Pro·gramm·ki·no N cinema *m inv* d'essai **Pro·gramm·steu·e·rung** F IT, TECH controllo *m* da computer **Pro·gramm·vor·schau** F **1** RADIO, TV presentazione *f* dei programmi **2** FILM trailer *m* **Pro·gramm·zeit·schrift** F guida *f* ai programmi radiotelevisivi
Pro·gres·si·on F ⟨-; -en⟩ progressione *f* (*a.* MATH) **pro·gres·siv** ADJ progressivo
Pro·jekt N ⟨-[e]s; -e⟩ progetto *m* **Pro·jekt·grup·pe** F gruppo *m* di lavoro
pro·jek·tie·ren V/T progettare **Pro·jek·ti·on** F ⟨-; -en⟩ proiezione *f* (*a. fig*) **Pro·jek·tor** M ⟨-s; -en⟩ proiettore *m*
pro·ji·zie·ren V/T proiettare (*a. fig*): **seine Ängste auf j-n ~** proiettare le proprie angosce su qn
pro·kla·mie·ren V/T proclamare
Pro-Kopf-Ver·brauch M consumo *m* pro capite
Pro·ku·ra F ⟨-; Prokuren⟩ procura *f*: **in** (*od* **per**) **~** per procura; **~ haben** (*od* **besitzen**) avere la procura **Pro·ku·rist** M ⟨-en; -en⟩, **-in** F ⟨-; -nen⟩ procuratore *m*
Pro·let M ⟨-en; -en⟩ *pej* cafone *m* **Pro·le·ta·ri·at** N ⟨-[e]s⟩ proletariato *m* **Pro·le·ta·ri·er** M ⟨-s; -⟩, **-in** F ⟨-; -nen⟩ proletario *m*, -a *f* **pro·le·ta·risch** ADJ proletario **Pro·le·tin** F ⟨-; -nen⟩ cafona *f*
Proll M ⟨-s; -s⟩ *sl* cafone *m*
prol·lig ADJ *sl* da cafone
Pro·log M ⟨-[e]s; -e⟩ prologo *m*
Pro·me·na·de F ⟨-; -n⟩ passeggiata *f* **Pro·me·na·den·kon·zert** N concerto *m* all'aperto **Pro·me·na·den·mi·schung** F *hum* = *cane bastardo*
Pro·mil·le N ⟨-s⟩ **1** **8 ~ Provision** l'8 per mille di provvigione **2** = *tasso alcolico per mille* (*nel sangue*): **mehr als 0,8 ~** più dello 0,8 per mille di alcol (nel sangue) **Pro·mil·le·gren·ze** F = *limite massimo del tasso alcolico nel sangue* (*consentito ai guidatori*)
pro·mi·nent ADJ (*Persönlichkeit*) eminente; (*Rolle*) rilevante, di primo piano **Pro·mi·nen·te** M/F ⟨-n; -n⟩ personalità *f* eminente **Pro·mi·nenz** F ⟨-; -en⟩ **1** personalità *fpl* (eminenti), celebrità *fpl* **2** (*Prominentsein*) eminenza *f*, importanza *f*
pro·misk ADJ promiscuo **Pro·mis·ku·i·tät** F ⟨-⟩ promiscuità *f*
pro·mo·ten V/T promuovere
Pro·mo·ti·on[1] F ⟨-; -en⟩ (*an der Universität*) dottorato *m*
Pro·mo·tion[2] [prəˈmoːʃən] F ⟨-⟩ (*Werbung*) promotion *f*, promozione *f*: **für ein Buch ~ machen** curare la promozione di un libro
pro·mo·vie·ren **A** V/T **j-n zum Doktor der Philosophie ~** conferire il dottorato in filosofia a qn **B** V/I ⟨h.⟩ conseguire il dottorato: **er hat in Medizin promoviert** ha conseguito il dottorato (*od* è diventato dottore) in medicina
prompt **A** ADJ pronto **B** ADV **1** prontamente, con prontezza: **etw ~ erledigen** sbrigare qc prontamente **2** *umg iron* (*tatsächlich*) subito, immancabilmente: **er ist ~ darauf reingefallen** c'è cascato subito ♦ **-e Bedienung** servizio rapido
Pro·no·men N ⟨-s; - *u.* Pronomina⟩ GRAM pronome *m*
Pro·pa·gan·da F ⟨-⟩ propaganda *f*; (*Werbung*) pubblicità **Pro·pa·gan·da·film** M film *m* propagandistico
pro·pa·gan·dis·tisch ADJ propagandistico; (*in der Werbung*) pubblicitario
pro·pa·gie·ren V/T propagare, diffondere
Pro·pan·gas N gas *m* propano
Pro·pel·ler M ⟨-s; -⟩ FLUG, SCHIFF elica *f* **Pro·pel·ler·flug·zeug** N aeroplano *m* a elica
Pro·phet M ⟨-en; -en⟩, **-in** F ⟨-; -nen⟩ profeta *m*, -essa *f* (*a. fig*)
pro·phe·tisch ADJ profetico (*a. fig*)
pro·phe·zei·en V/T profet(izz)are **Pro·phe·zei·ung** F ⟨-; -en⟩ profezia *f*: **seine ~ ist eingetreten** la sua profezia si è avverata
pro·phy·lak·tisch **A** ADJ profilattico

P

B ADV a scopo profilattico, come profilassi **Pro·phy·la·xe** F ⟨-⟩ profilassi *f*
Pro·por·ti·on F ⟨-; -en⟩ proporzione *f*
pro·por·ti·o·nal **A** ADJ proporzionale: **indirekt** (*od* **umgekehrt**) **~ zueinander sein** essere inversamente proporzionali **B** ADV proporzionalmente, in proporzione **Pro·po·ti·o·nal·schrift** F spaziatura *f* proporzionale
pro·por·ti·o·niert ADJ proporzionato
Pro·porz·wahl F *schweiz* elezione *f* con sistema proporzionale
Pro·sa F ⟨-⟩ prosa *f*
pro·sa·isch ADJ **1** prosaico **2** (*in Prosa abgefasst*) prosastico
pro·sit INT (alla) salute; (*beim Trinken*) prosit, cin cin ♦ **~ Neujahr!** buon anno! *iron*; **na, denn prost!** tanti auguri!
Pro·sit N ⟨-s; -s⟩ brindisi *m*: **ein ~ (auf j-n) ausbringen** fare un brindisi (a qn)
Pros·pekt M ⟨-[e]s; -e⟩ opuscolo *m*; (*Faltblatt*) dépliant *m*: **ein ~ von Rom** un dépliant su Roma
prost → prosit
pros·ten V/I ⟨h.⟩ brindare: **auf j-n/etw ~** brindare a qn/qc
pros·ti·tu·ie·ren V/R **sich ~** prostituirsi **Pros·ti·tu·ier·te** M/F ⟨-n; -n⟩ prostituto *m*, -a *f* **Prosti·tu·ti·on** F ⟨-⟩ prostituzione *f*: **~ (be)treiben** darsi alla prostituzione
pro·te·gie·ren [prote'ʒiːrən] V/T appoggiare
Pro·te·in N ⟨-s; -e⟩ proteina *f* **pro·te·in·reich** ADJ di alto valore proteico
Pro·tek·ti·on F ⟨-; -en⟩ protezione *f*, appoggio *m*
Pro·tek·ti·o·nis·mus M ⟨-⟩ WIRTSCH protezionismo *m* **pro·tek·ti·o·nis·tisch** ADJ protezionistico, protezionista
Pro·tek·to·rat N ⟨-[e]s; -e⟩ protettorato *m*
Pro·test M ⟨-[e]s; -e⟩ protesta *f* ♦ **aus ~** per (*od* in segno di) protesta; **etw unter ~ tun** fare qc protestando
Pro·tes·tant M ⟨-en; -en⟩, **-in** F ⟨-; -nen⟩ protestante *m/f* **pro·tes·tan·tisch** ADJ protestante
pro·tes·tie·ren V/I ⟨h.⟩ protestare
Pro·test·kund·ge·bung F manifestazione *f*, dimostrazione *f* di protesta
Pro·the·se F ⟨-; -n⟩ protesi *f*
Pro·to·koll N ⟨-s; -e⟩ **1** verbale *m*: **etw ins ~ aufnehmen** (*od* **zu ~ nehmen**) mettere qc a verbale **2** (*Zeremoniell*) protocollo *m* **3** IT protocollo *m* ♦ (**das**) **~ führen** tenere il verbale; **zu ~ geben** far mettere (*od* iscrivere) a verbale **Pro·to·koll·chef** [-ʃɛf] M, **-in** F responsabile *m/f* del protocollo **Pro·to·koll·füh·rer** M, **-in** F chi verbalizza
pro·to·kol·lie·ren V/T verbalizzare, mettere a verbale
Pro·ton N ⟨-s; -en⟩ protone *m*
Pro·to·typ M prototipo *m*
prot·zen V/I ⟨h.⟩ *umg* **mit etw ~** vantarsi (*od* fare sfoggio) di qc **prot·zig** ADJ **1** borioso **2** (*übertrieben aufwendig*) vistoso
Pro·vi·ant [-v-] M ⟨-s; -e⟩ provviste *fpl* (di cibo), viveri *mpl*; MIL vettovaglie *fpl*
Pro·vi·der [pro'vaidɐ] M ⟨-s; -⟩ IT provider *m inv*
Pro·vinz [-v-] F ⟨-; -en⟩ provincia *f* ♦ **die hinterste ~** la provincia più remota
pro·vin·zi·ell ADJ provinciale (*a. pej*)
Pro·vinz·ler M ⟨-s; -⟩, **-in** F ⟨-; -nen⟩ *umg pej* provinciale *m/f*
Pro·vi·si·on F ⟨-; -en⟩ provvigione *f*: **auf** (*od* **gegen**) **~ arbeiten** lavorare a provvigione **pro·vi·si·ons·frei** ADJ senza provvigione
pro·vi·so·risch ADJ provvisorio, temporaneo **Pro·vi·so·ri·um** N ⟨-s; Provisorien⟩ soluzione *f* provvisoria
pro·vo·kant ADJ provocatorio
Pro·vo·ka·ti·on F ⟨-; -en⟩ provocazione *f*
pro·vo·zie·ren V/T provocare
Pro·ze·dur F ⟨-; -en⟩ procedura *f* (*a.* IT) ♦ **das war eine ~!** che faticaccia!
Pro·zent N ⟨-[e]s; -e⟩ **1** percentuale *f*: **in -en** in percentuale **2** WIRTSCH **seine -e verlangen** chiedere la percentuale spettante **3** per cento *m* percento *m*: **20 ~ Rabatt** il 20 per cento di sconto **4** grado *m*: **ein Schnaps mit 45 ~** una grappa di 45 gradi **5** *pl umg* sconti *mpl*: (**auf etw** [*akk*]) **-e bekommen** (*od* **kriegen**) ottenere degli sconti (su qc)
Pro·zent·punkt M punto *m* percentuale **Pro·zent·rech·nung** F calcolo *m* percentuale **Pro·zent·satz** M (tasso *m*) percentuale *f*
pro·zen·tu·al **A** ADJ percentuale **B** ADV in percentuale
Pro·zess M ⟨-es; -e⟩ processo *m*: JUR **einen ~ gegen j-n anstrengen** istruire un processo (*od* intentare una causa) contro qn; **chemischer ~** processo chimico ♦ **j-m den ~ machen** fare il processo a

qn; *umg* **mit j-m kurzen ~ machen** farla breve con qn; (*j-n töten*) eliminare qn
Pro·zess·ak·te F atto *m* processuale
Pro·zess·geg·ner M, **-in** F JUR parte *f* avversaria
pro·zes·sie·ren V/I ⟨h.⟩ fare causa: **mit j-m um** (*od* **wegen**) **etw ~** fare causa a qn per qc
Pro·zes·si·on F ⟨-; -en⟩ processione *f*
Pro·zess·kos·ten PL spese *fpl* processuali
Pro·zes·sor M ⟨-s; -en⟩ processore *m*
prü·de ADJ ritroso, prude
Prü·de·rie F ⟨-⟩ pruderie *f*
prü·fen V/T **1** esaminare: **ein Angebot ~** esaminare un'offerta **2** (*kontrollieren*) controllare: **j-s Personalausweis ~** controllare la carta d'identità di qn **3** (*überprüfen*) verificare: **etw auf seine Richtigkeit/Echtheit ~** verificare l'esattezza/l'autenticità di qc **4** (*auf die Probe stellen*) mettere alla prova: **j-s Reaktionsfähigkeit ~** mettere alla prova la capacità di reazione di qn **5** TECH provare, collaudare: **die Qualität des Stahls ~** provare la qualità dell'acciaio; **eine Anlage ~** collaudare un impianto **6** (*in Examen*) interrogare: **j-n in Physik ~** interrogare in fisica qn **7** (*examinieren*) esaminare ♦ **j-n schriftlich und mündlich ~** sottoporre qn a un esame scritto e orale
prü·fend ADJ **ein -er Blick** uno sguardo indagatore
Prü·fer M ⟨-s; -⟩, **-in** F ⟨-; -nen⟩ **1** esaminatore *m*, -trice *f* **2** controllore *m* **3** HANDEL revisore *m* **4** TECH collaudatore *m*, -trice *f*
Prüf·ling M ⟨-s; -e⟩ **1** (*Kandidat*) esaminando *m*, -a *f* **2** TECH pezzo *m* da collaudare
Prüf·stand M banco *m* di prova (*a. fig*)
Prüf·stein M pietra *f* di paragone: **ein ~ für etw/j-n sein** essere una pietra di paragone per qc/qn
Prü·fung F ⟨-; -en⟩ **1** esame *m*: **einer genauen ~ nicht standhalten** non reggere a un esame dettagliato **2** **die ~ in Mathematik** l'esame di matematica; **eine ~ machen** (*od* **ablegen**) dare (*od* sostenere *od* fare) un esame; **die ~ bestehen** superare l'esame; **durch die ~ fallen** essere bocciato all'esame; **mündliche/schriftliche ~** esame orale/scritto **3** (*schicksalhafte Belastung*) prova *f* **4** HANDEL controllo *m*, revisione *f*, verifica *f* **5** TECH prova *f*, collaudo *m*
Prü·fungs·angst F paura *f* dell'esame (*od* degli esami) **Prü·fungs·ar·beit** F prova *f* (d'esame) scritta **Prü·fungs·auf·ga·be** F tema *f* d'esame **Prü·fungs·aus·schuss** M commissione *f* d'esame **Prü·fungs·fach** N materia *f* d'esame **Prü·fungs·ord·nung** F regolamento *m* d'esame **Prü·fungs·zeug·nis** N certificato *m* d'esame
Prü·gel M ⟨-s; -⟩ **1** (*Knüppel*) bastone *m* **2** *pl* botte *fpl*: **~ austeilen** menare; **~ bekommen** prendersi botte **3** *pl* (*mit einem Stock*) bastonate *fpl* ♦ **~ beziehen** prenderle, buscarle; **es gibt ~!** sono botte! *umg*; **eine ordentliche Tracht ~ kriegen** prendersi un sacco di botte
Prü·ge·lei F ⟨-; -en⟩ rissa *f*
Prü·gel·kna·be M capro *m* espiatorio
prü·geln **A** V/T **1** picchiare, bastonare **2** **j-n aus dem Haus ~** buttare qn fuori di casa a bastonate **B** V/R **sich** (**mit j-m**) **um etw ~** picchiarsi (con qn) per qc
Prü·gel·stra·fe F pena *f* corporale
Prunk M ⟨-[e]s⟩ sfarzo *m*, fasto *m*
prun·ken V/I ⟨h.⟩ **mit etw ~** fare sfoggio di qc, sfoggiare (*od* ostentare) qc
Prunk·stück N pezzo *m* (*od* oggetto *m*) pregiato, prezioso **prunk·voll** ADJ sfarzoso
prus·ten **A** V/T spruzzare **B** V/I ⟨h.⟩ sbuffare ♦ **vor Lachen ~** scoppiare dal ridere
PS → (Pferdestärke) cavallo vapore (C.V.)
Psalm M ⟨-s; -en⟩ salmo *m*
Pseudo·krupp M MED laringite *f* stridula, laringite *f* ipoglottica
Pseu·do·nym N ⟨-s; -e⟩ pseudonimo *m*
pst INT st, sst, sss: **~! leise!** sst, piano!
Psy·che F ⟨-; -n⟩ psiche *f*
Psy·chi·a·ter M ⟨-s; -⟩, **-in** F ⟨-; -nen⟩ psichiatra *m/f* **Psy·chi·at·rie** F ⟨-⟩ psichiatria *f* **psy·chi·at·risch** ADJ psichiatrico ♦ **j-n ~ behandeln** sottoporre qn a terapia psichiatrica
psy·chisch ADJ **1** psichico: **-e Störungen** disturbi psichici **2** (*seelisch*) psicologico: **-e Belastung** stress psicologico ♦ **~ labil** psichicamente labile; **sich** (**bei j-m**) **~ auswirken** avere un effetto psicologico (su qn)
Psy·cho·ana·ly·se F psic(o)analisi *f*
Psy·cho·ana·ly·ti·ker M, **-in** F (psico)analista *m/f*, psicanalista *m/f* **Psy·cho·dra·ma** N psicodramma *m* **Psy-**

P

cho·gramm N ⟨-s; -e⟩ psicogramma m **Psy·cho·lo·ge** M ⟨-n; -n⟩ psicologo m **Psy·cho·lo·gie** F ⟨-⟩ psicologia f **Psy·cho·lo·gin** F ⟨-; -nen⟩ psicologa f **psy·cho·lo·gisch** ADJ **1** psicologico **2** *umg* (*psychologisch geschickt*) da psicologo: **ein -es Verhalten** un comportamento da psicologo **Psy·cho·path** M ⟨-en; -en⟩, **-in** F ⟨-; -nen⟩ psicopatico m, -a f **psy·cho·pa·thisch** ADJ psicopatico **Psy·cho·phar·ma·kon** N ⟨-s; Psychopharmaka⟩ psicofarmaco m

Psy·cho·se F ⟨-; -n⟩ psicosi f

psy·cho·so·ma·tisch ADJ psicosomatico

Psy·cho·ter·ror M terrorismo m psicologico

Psy·cho·the·ra·peut M, **-in** F psicoterapeuta m/f, psicoterapista m/f **psy·cho·the·ra·peu·tisch** **A** ADJ psicoterapeutico **B** ADV **j-n ~ behandeln** sottoporre qn a psicoterapia **Psy·cho·the·ra·pie** F psicoterapia f

psy·cho·tisch ADJ psicotico

pu·ber·tär ADJ **1** puberale **2** (*unreif*) immaturo, infantile **Pu·ber·tät** F ⟨-⟩ pubertà f

Pub·lic Do·main [pablık do'me:n] N ⟨- -; - -s⟩ IT public domain m *inv*

Pub·li·ci·ty [pa'blısıtı] F ⟨-⟩ **1** (*Bekanntheit*) popolarità f **2** (*Reklame*) pubblicità f: **für etw ~ machen** fare pubblicità a qc

Pub·lic Re·la·tions ['pablıkri'le:ʃns] PL public relations fpl, pubbliche relazioni fpl

pub·lik ADJ **~ werden** diventare di dominio pubblico; **~ machen** rendere pubblico

Pub·li·ka·ti·on F ⟨-; -en⟩ pubblicazione f

Pub·li·kum N ⟨-s⟩ **1** pubblico m: **im ~ sitzen** sedere fra il pubblico **2** (*Gäste*) ospiti mpl; (*Besucher*) visitatori mpl; (*von Geschäften, Lokalen*) clienti mpl, clientela f

Pub·li·kums·er·folg M successo m di pubblico: **der Film ist ein ~** il film è un grande successo **Pub·li·kums·lieb·ling** M beniamino m, -a f del pubblico

pub·li·zie·ren V/T (*Verlag*) pubblicare

Pub·li·zis·tik F ⟨-⟩ pubblicistica f

Pud·ding M ⟨-s; -e u. -s⟩ budino m

Pu·del M ⟨-s; -⟩ (cane m) barbone m, barboncino m ♦ **wie ein begossener ~ dastehen** starsene lì come un cane bastonato; **des -s Kern** il nocciolo della questione

Pu·del·müt·ze F berretto m di lana **pu·del·nackt** ADJ *umg* nudo come un verme **pu·del·nass** ADJ *umg* bagnato fradicio **pu·del·wohl** ADV *umg* magnificamente (bene)

Pu·der M/N ⟨-s; -⟩ **1** (*für das Gesicht*) cipria f **2** (*für den Körper*) talco m **Pu·der·do·se** F portacipria m

pu·dern **A** V/T **1** (*Gesicht*) incipriare **2** (*mit Talkpuder*) cospargere di talco **B** V/R **sich** (*dat*) **die Nase ~** incipriarsi il naso

Pu·der·zu·cker M zucchero m a velo

Puff[1] M ⟨-[e]s; Püffe u. -e⟩ (*Stoß*) leggera spinta f, colpetto m

Puff[2] M/N ⟨-s; -s⟩ *umg* (*Bordell*) casino m, bordello m: **in den** (*od* **ins**) **~ gehen** andare al casino

Puff[3] M ⟨-[e]s; -e u. -s⟩ **1** (*Wäschepuff*) portabiancheria m **2** (*Sitzkissen*) pouf m

Puff·är·mel M manica f a sbuffo

Puf·fer M ⟨-s; -⟩ **1** BAHN respingente m **2** GASTR frittella f di patate **3** → Pufferspeicher

Puf·fer·spei·cher M IT memoria f tampone **Puf·fer·zo·ne** F zona f cuscinetto

Puff·mais M pop-corn m **Puff·reis** M riso m soffiato

puh INT puah

Pulk M ⟨-[e]s; -s u. -e⟩ ammasso m

Pull-down-Me·nü ['puldaun-] N menù m a discesa

Pul·le F ⟨-; -n⟩ *umg* bottiglia f ♦ **volle ~** a tutta birra

Pul·li M ⟨-s; -s⟩, **Pul·lo·ver** M ⟨-s; -⟩ maglione m, pullover m

Pul·lun·der M ⟨-s; -⟩ pullover m senza maniche, gilet m

Puls M ⟨-es; -e⟩ polso m: **j-m den ~ fühlen** tastare il polso a qn (*a. fig*)

Puls·ader F vena f del polso; MED arteria f radiale: **sich** (*dat*) **die -n aufschneiden** tagliarsi le vene

pul·sie·ren V/I ⟨h.⟩ pulsare: *fig* **das Leben pulsiert in den Straßen** la vita pulsa per le strade, le strade pulsano di vita

Puls·schlag M **1** MED (battito m del) polso m **2** *fig* pulsazione f

Pult N ⟨-[e]s; -e⟩ **1** leggio m **2** (*als Schreibtisch*) scrittoio m (col piano inclinato) **3** (*Lehrerpult*) cattedra f: **ans** (*od*

hinter das) ~ **treten** andare alla cattedra **4** (*für Dirigenten, Redner*) podio *m*

Pul·ver N ⟨-s; -⟩ **1** polvere *f*: **etw zu ~ zerreiben** ridurre in polvere, polverizzare qc **2** PHARM polverina *f* **3** (*Schießpulver*) polvere *f* da sparo ♦ *fig* **sein ~ verschossen haben** aver sparato l'ultima cartuccia; **zu ~ zerfallen** ridursi in polvere

Pul·ver·fass N *fig* polveriera *f*: **auf einem ~ sitzen** stare (*od* essere) seduti su una polveriera **Pul·ver·form** F **in ~** in polvere

pul·ve·rig ADJ in polvere, polverizzato

pul·ve·ri·sie·ren V/T polverizzare

Pul·ver·kaf·fee M caffè *m* in polvere

pul·vern V/T *fig* sprecare, sciupare: **Geld in etw** (*akk*) **~** sprecare soldi per qc

Pul·ver·schnee M neve *f* farinosa

pum·me·lig ADJ *umg* paffuto, grassottello

Pump M ⟨-s⟩ *umg* prestito *m*: **auf ~ leben** vivere di prestiti; **etw auf ~ kaufen** comprare qc a credito

Pum·pe F ⟨-; -n⟩ **1** pompa *f* **2** *umg* (*Herz*) cuore *m*

pum·pen **A** V/T **1** pompare **2** *fig* investire: **viel Geld in ein Projekt ~** investire molto denaro in un progetto **3** *umg* prestare: **j-m Geld ~** prestare soldi a qn **B** V/R *umg* **sich** (*dat*) **bei** (*od* **von**) **j-m etw ~** farsi prestare qc da qn

Pumps [pœmps] M ⟨-; -⟩ = *tipo di scarpa senza stringhe, con tacco piuttosto alto*

Punk [paŋk] M ⟨-[s]; -s⟩ punk *m* **Pun·ker** M ⟨-s; -⟩, **-in** F ⟨-; -nen⟩ punk *m/f inv* **pun·kig** ADJ & ADV punk, da punk

Punkt M ⟨-[e]s; -e⟩ **1** punto *m* (*a.* MUS, MATH): **einen ~ setzen** (*od* **machen**) mettere un punto **2** **an einem ~ sein, wo man nicht mehr weiterkann** essere a un punto, dal quale non si riesce più a proseguire **3** **der erste ~ auf der Tagesordnung** il primo punto all'ordine del giorno; **etw ~ für ~ besprechen** discutere qc punto per punto **4** **-e sammeln/machen** raccogliere/fare punti; **j-n nach -en besiegen** vincere qn ai punti **5** puntino *m*: **eine weiße Bluse mit blauen -en** una camicetta bianca a puntini blu **6** (*Zeitpunkt*) momento *m* **7** **das Konzert beginnt ~ neun Uhr** il concerto inizia alle nove in punto ♦ **etw auf den ~ bringen** puntualizzare qc; **auf den ~ kommen** arrivare al punto; *umg* **ohne ~ und Komma reden** parlare ininterrottamente; *umg* **nun mach mal einen ~!** adesso basta!; **der springende ~** il punto saliente

punk·ten V/I ⟨h.⟩ fare punti

punkt·ge·nau ADJ puntuale, molto preciso **punkt·gleich** ADJ & ADV a pari punti

punk·tie·ren V/T MED fare una puntura

pünkt·lich ADJ puntuale ♦ **~ auf die Minute sein** essere puntuale al minuto; **~ um 20 Uhr** alle otto in punto **Pünkt·lich·keit** F ⟨-⟩ puntualità *f*

Punkt·rich·ter M, **-in** F SPORT giudice *m/f* (di gara) **Punkt·sieg** M SPORT vittoria *f* ai punti

punk·tu·ell **A** ADJ puntuale **B** ADV punto per punto

Punkt·zahl F punteggio *m*

Punsch M ⟨-[e]s; -e *u.* Pünsche⟩ ponce *m*

Pu·pil·le F ⟨-; -n⟩ pupilla *f*

Pup·pe F ⟨-; -n⟩ **1** bambola *f* **2** THEAT pupazzo *m*; marionetta *f* **3** *umg* (*Mädchen*) pupa *f* **4** ZOOL pupa *f*, crisalide *f* ♦ *fig* **die -n tanzen lassen** fare baldoria; *umg* **bis in die -n schlafen** dormire fino a giorno fatto; *umg* **bis in die -n feiern** festeggiare fino all'alba

Pup·pen·spiel N spettacolo *m* di marionette **Pup·pen·spie·ler** M, **-in** F burattinaio *m*, -a *f*; marionettista *m/f* **Pup·pen·stu·be** F stanzetta *f* della bambola (*a. fig*) **Pup·pen·the·a·ter** N teatro *m* delle marionette **Pup·pen·wa·gen** M carrozzina *f* della bambola

Pups M ⟨-es; -e⟩ *umg* peto *m*, pernacchia *f* **pup·sen** V/I ⟨h.⟩ *umg* petare

pur ADJ puro: *fig* **die -e Wahrheit** la pura verità; *umg* **aus -em Zufall** per puro caso ♦ **den Rum ~ trinken** bere il rum puro

Pü·ree N ⟨-s; -s⟩ purè *m*, purea *f*, passato *m*

pü·rie·ren V/T passare, ridurre in purea

pu·ri·ta·nisch ADJ puritano

Pur·pur M ⟨-s⟩ porpora *f* **pur·pur·rot** ADJ (rosso) purpureo

Pur·zel·baum M *umg* capriola *f*: **einen ~ schlagen** fare una capriola

pur·zeln V/I ⟨s.⟩ **1** ruzzolare: **vom Stuhl ~** ruzzolare (giù) dalla sedia **2** *fig* (*Preise*) crollare

pu·shen ['pʊʃn] V/T *sl* HANDEL spingere

Pus·te F ⟨-⟩ *umg* fiato *m*: **ganz aus der** (*od* **außer**) **~ sein** essere senza fiato ♦ *fig* **j-m geht die ~ aus** non ce la fa (finanziariamente)

Pus·tel F ⟨-; -n⟩ MED pustola *f*
pus·ten A V/T soffiare: **j-m den Rauch ins Gesicht ~** soffiare il fumo in faccia a qn B V/I ⟨h.⟩ 1 soffiare 2 (*schwer atmen*) ansimare ♦ *umg* **bei einer Verkehrskontrolle ~ müssen** dover fare la prova del palloncino a un controllo stradale
Pu·te F ⟨-; -n⟩ 1 tacchino *m* 2 *umg pej* oca *f*
Pu·ter M ⟨-s; -⟩ tacchino *m*
pu·ter·rot ADJ rosso come un gambero
Putsch M ⟨-[e]s; -e⟩ colpo *m* di stato **put·schen** V/I ⟨h.⟩ fare un colpo di stato **Put·schist** M ⟨-en; -en⟩, **-in** F ⟨-; -nen⟩ golpista *m/f*
Put·te F ⟨-; -n⟩ putto *m*
Putz M ⟨-es⟩ intonaco *m* ♦ ELEK **auf ~** a giorno; *umg* **auf den ~ hauen** = *vantarsi*; (*ausgelassen sein*) scatenarsi; ELEK **unter ~** sotto intonaco, sotto traccia, incassato
put·zen A V/T 1 pulire: **die Küche/das Gemüse ~** pulire la cucina/la verdura 2 (*Silberzeug*) lucidare 3 (*Schuhe*) lustrare 4 lavare: **die Zähne/das Fenster ~** lavare i denti/i vetri B V/R **sich ~** lavarsi, pulirsi; **die Katze putzt sich** il gatto si lava ♦ **sie geht ~** fa la donna delle pulizie
Putz·frau F donna *f* delle pulizie
put·zig ADJ *umg* buffo; (*nett*) carino, dolce
Putz·lap·pen M straccio *m*, strofinaccio *m* **Putz·mann** M ⟨-[e]s; -männer *u.*-leute⟩ uomo *m* delle pulizie **Putz·mit·tel** N detersivo *m* **putz·mun·ter** ADJ *umg* molto vivace, arzillo
puz·zeln ['puzln] V/I ⟨h.⟩ fare un puzzle
Puz·zle ['puzl] N ⟨-s; -s⟩ puzzle *m*
PVC [pe:fau'tse:] N ⟨-[s]⟩ PVC *m*
Pyg·mäe M ⟨-n; -n⟩, **-ä·in** F ⟨-; -nen⟩ pigmeo *m*, -a *f*
Py·ja·ma [py'(d)ʒa:ma] M ⟨-s; -s⟩ pigiama *m*
Py·ra·mi·de F ⟨-; -n⟩ piramide *f*
Py·re·nä·en PL ⟨-⟩ Pirenei *mpl*
Py·thon M ⟨-s; -s⟩ pitone *m*

Q

q, Q N ⟨-; -⟩ q, Q, cu (*od* qu) *f/m*: **Q wie Quelle** Q come quarto
Quack·sal·ber M ⟨-s; -⟩, **-in** F ⟨-; -nen⟩ ciarlatano *m*, -a *f*
Quad [kvɔt] N ⟨-s; -s⟩ quad *m inv*
Qua·der M ⟨-s; -⟩ 1 pietra *f* squadrata, quadrone *m*, concio *m* 2 GEOM parallelepipedo *m* (a base rettangolare)
Quad·rat N ⟨-[e]s; -e⟩ quadrato *m*: **ein ~ bilden** aver forma di un quadrato; MATH **zwei im** (*od* **zum**) **~ macht vier** due al quadrato fa quattro; **3 Meter im ~** 3 metri quadri ♦ **ums ~ gehen** fare il giro dell'isolato
quad·ra·tisch ADJ 1 quadrato 2 MATH di secondo grado, quadratico **Quad·rat·me·ter** M/N metro *m* quadrato **Quad·ra·tur** F ⟨-; -en⟩ ASTRON, MATH quadratura *f*: **die ~ des Kreises** la quadratura del cerchio
Quad·rat·wur·zel F radice *f* quadrata **Quad·rat·zahl** F quadrato *m*
Quad·ro·fo·nie F ⟨-⟩ quadrifonia *f*
Quai [kɛ:] M/N ⟨-s; -s⟩ 1 banchina *f* 2 *schweiz* strada *f* che costeggia la riva; (*am Meer*) lungomare *m*; (*am See*) lungolago *m*
qua·ken V/I ⟨h.⟩ 1 gracidare, gracchiare 2 (*Ente*) fare qua qua, schiamazzare
quä·ken V/I ⟨h.⟩ 1 gracchiare 2 (*jammernd schreien*) piagnucolare, frignare
Quä·ker M ⟨-s; -⟩, **-in** F ⟨-; -nen⟩ quacchero *m*, -a *f*
Qual F ⟨-; -en⟩ tormento *m*, pena *f*; (*Leiden*) sofferenza *f*: **körperliche/seelische -en** sofferenze fisiche/dell'anima; **j-s -en lindern** alleviare le pene (*od* il tormento) di qn; **das lange Warten war eine einzige ~** la lunga attesa fu un vero tormento; **unter -en sterben** morire fra le sofferenze ♦ **die ~ der Wahl** l'imbarazzo della scelta
quä·len A V/T 1 tormentare: **j-n zu Tode ~** tormentare a morte qn 2 (*lästig fallen*) seccare B V/R **sich ~** 1 tormentarsi; **er quält sich mit diesem Zweifel** è tormentato da questo dubbio 2 penare: **sich mit**

der Arbeit ~ penare a fare un lavoro **3** sich durch den Schnee ~ camminare a fatica nella neve

quä·lend ADJ **1** straziante: -e **Schmerzen** dolori strazianti **2** (*peinigend*) tormentoso, angoscioso **3** (*belästigend*) assillante, molesto

Quä·le·rei F ⟨-; -en⟩ **1** tormento *m* **2** *umg* (*große Anstrengung*) grande fatica *f*

Quäl·geist M ⟨-[e]s; -er⟩ *umg* lagna *f*

Qua·li·fi·ka·ti·on F ⟨-; -en⟩ **1** (*Qualifizierung*) qualificazione *f* (*a.* SPORT) **2** (*beruflich*) qualifica *f* (professionale)

qua·li·fi·zie·ren **A** V/T **1** j n ~ qualificare qn **2** (*befähigen*) abilitare **3** (*beurteilen*) giudicare **B** V/R **sich** ~ **1** ottenere una qualifica **2** (*geeignet sein*) dimostrarsi idoneo (*od* adatto *od* qualificato) **3** SPORT qualificarsi **qua·li·fi·ziert** ADJ qualificato

Qua·li·tät F ⟨-; -en⟩ qualità *f*

qua·li·ta·tiv ADJ qualitativo

Qua·li·täts·be·wusst·sein N attenzione *f* alla qualità **Qua·li·täts·er·zeug·nis** N prodotto *m* di qualità **Qua·li·täts·min·de·rung** F scadimento *m* della qualità

Qual·le F ⟨-; -n⟩ medusa *f*

Qualm M ⟨-[e]s⟩ fumo *m* denso

qual·men **A** V/I ⟨h.⟩ **1** fumare, mandare fumo **2** *unpers* **es qualmt aus dem Ofen** esce (del) fumo dalla stufa; **es qualmt im Zimmer** c'è (del) fumo nella camera **3** *umg* (*stark rauchen*) fumare come una ciminiera **B** V/T fumare

qual·voll ADJ **1** atroce: **ein -er Tod** una morte atroce **2** (*quälend*) tormentoso

Quänt·chen N ⟨-s; -⟩ pizzico *m*: *fig* **ein ~ Glück** un pizzico di fortuna; *fig* **ein ~ Hoffnung** un briciolo di speranza

Quan·ten·sprung M salto *m* quantico **Quan·ten·the·o·rie** F teoria *f* quantistica

Quan·ti·tät F ⟨-; -en⟩ quantità *f*

quan·ti·ta·tiv ADJ quantitativo

Quan·tum N ⟨-s; Quanten⟩ **1** porzione *f*: **von etw sein ~ bekommen** ricevere la propria parte di qc **2** *umg* quantità *f*

Qua·ran·tä·ne [ka-] F ⟨-; -n⟩ quarantena *f*: **unter ~ stellen** mettere in quarantena **Qua·ran·tä·ne·sta·ti·on** F ospedale *m* contumaciale

Quark M ⟨-s⟩ **1** GASTR (*tipo di ricotta*) quark *m* **2** *umg* sciocchezza *f* ♦ *umg* **das interessiert mich einen ~** non mi interessa un fico secco

Quart F ⟨-; -en⟩ MUS, SPORT quarta *f*

Quar·tal N ⟨-s; -e⟩ trimestre *m* **quar·tal(s)·wei·se** ADV trimestralmente

Quar·tett N ⟨-[e]s; -e⟩ quartetto *m* (*a.* MUS)

Quar·tier N ⟨-s; -e⟩ **1** alloggio *m*: **bei j-m ~ nehmen** prendere alloggio presso qn **2** MIL alloggiamento *m*, acquartieramento *m*

Quarz M ⟨-es; -e⟩ quarzo *m* **Quarz·uhr** F orologio *m* al quarzo

qua·si ADV per così dire

quas·seln V/I ⟨h.⟩ *umg* chiacchierare, blaterare ♦ **dummes Zeug ~** dire stupidaggini

Quas·sel·strip·pe F **1** chiacchierone *m*, -a *f* **2** *hum* telefono *m*

Quas·te F ⟨-; -n⟩ nappa *f*

Quatsch M ⟨-[e]s⟩ *umg* **1** scemenze *fpl*, sciocchezze *fpl*: **rede keinen ~!** non dire scemenze!; **mach keinen ~!** non fare sciocchezze! **2** (*Jux*) scherzo *m*

quat·schen *umg* **A** V/T dire: **dummes Zeug ~** dire stupidaggini **B** V/I ⟨h.⟩ **1** chiacchierare: **hört auf zu ~** smettetela di chiacchierare **2** (*tratschen*) spettegolare **3** (*ausplaudern*) spifferare tutto

Quatsch·kopf M *umg pej* chiacchierone *m*

Queck·sil·ber N mercurio *m*

Quell·code M IT codice *m* sorgente **Quell·da·tei** F file *m inv* sorgente

Quel·le F ⟨-; -n⟩ **1** sorgente *f*: **die -n der Mosel** le sorgenti della Mosella **2** *fig* fonte *f*: **neue -n für die Energieversorgung** nuove fonti per il rifornimento energetico; **aus sicherer ~** da fonte sicura **3** (*Lieferant*) fornitore *m* ♦ **an der ~ sitzen** avere una gallina dalle uova d'oro

quel·len[1] V/I ⟨quillt, quoll, gequollen; s.⟩ **1** (*Flüssigkeit*) scaturire, fuoriuscire **2** riversarsi: **die Menge quillt aus dem Stadion** la folla si riversa fuori dallo stadio **3** (*sich ausdehnen*) gonfiarsi **4** GASTR (*von getrockneten Hülsenfrüchten*) ammollarsi

quel·len[2] V/T (*einweichen*) lasciare a bagno, ammollare

Quel·len·an·ga·be F indicazione *f* delle fonti **Quel·len·steu·er** F ritenuta *f* alla fonte **Quel·len·stu·di·um** N studio *m* delle fonti

Quell·ge·biet N regione *f* sorgentifera, sorgenti *mpl* **Quell·lauf·werk** N IT

Q

drive *m inv* sorgente **Quell·was·ser** N acqua *f* di sorgente **Quell·wol·ke** F METEO cumulo *m*

quen·ge·lig ADJ *umg* piagnucoloso

quen·geln V/I ⟨h.⟩ *umg* **1** (*weinen*) piagnucolare **2** (*nörgeln*) lamentarsi, brontolare

Quent·chen → Quäntchen

quer ADV trasversalmaente, di traverso: **den Stoff ~ nehmen** prendere la stoffa di traverso; **~ gestreift** a righe (*od* strisce) trasversali; **~ laufend** trasversale ♦ **~ durch** (*od* **über**) **etw** (*akk*) attraverso qc; *umg* **kreuz und ~ liegen** essere sottosopra; **~ übereinander legen** sovrapporre in modo incrociato; → querlegen, querschießen

Quer·ach·se F asse *m* trasversale **Quer·bal·ken** M BAU trave *f* trasversale, traversa *f* **quer·beet** ADJ *umg* a casaccio **Quer·den·ker** M, **-in** F originale *m/f*

Que·re F ⟨-⟩ *umg* traverso *m* ♦ *umg* **j-m in die ~ kommen** mettere i bastoni fra le ruote a qn; (*j-n zufällig treffen*) incrociare qn; (*in den Weg kommen*) scontrarsi con qn

quer·feld·ein ADV attraverso i campi **Quer·feld·ein·ren·nen** N ciclocampestre *m*

Quer·flö·te F flauto *m* traverso **Quer·for·mat** N formato *m* orizzontale **Quer·kopf** M *umg* bastian *m* contrario **quer·le·gen** V/R *umg* **sich ~ legen** opporsi **quer·schie·ßen** V/I ⟨*irr*; h.⟩ *umg* essere d'intralcio **Quer·schiff** N transetto *m* **Quer·schlä·ger** M colpo *m* di sbieco

Q

Quer·schnitt M **1** GEOM sezione *f* (trasversale), spaccato *m* **2** *fig* rassegna *f*

quer·schnitt(s)·ge·lähmt ADJ paraplegico **Quer·schnitt(s)·läh·mung** F paraplegia *f*

Quer·stra·ße F via *f* trasversale, traversa *f* **Quer·sum·me** F somma *f* delle cifre **Quer·trei·ber** M, **-in** F *umg* intrigante *m/f*

Que·ru·lant M ⟨-en; -en⟩, **-in** F ⟨-; -nen⟩ brontolone *m*, -a *f*

Quer·ver·bin·dung F collegamento *m* trasversale **Quer·ver·weis** M rimando *m* (incrociato)

quet·schen **A** V/T schiacciare: **j-n an** (*od* **gegen**) **die Wand ~** schiacciare qn contro la parete **B** V/R **1** **sich** (*dat*) **etw ~** schiacciarsi qc **2** **sich** (**durch etw**) **~** passare a fatica (attraverso qc)

Quet·schung F ⟨-; -en⟩ MED contusione *f*

Queue [kø:] N ⟨-s; -s⟩ stecca *f* da biliardo

Qui·ckie M ⟨-s; -s⟩ *umg* sveltina *f*

quick·le·ben·dig ADJ *umg* vivacissimo

quie·ken V/I ⟨h.⟩ squittire, stridere (*a. fig*)

quiet·schen V/I ⟨h.⟩ **1** stridere: **die Bremsen ~** i freni stridono **2** cigolare: **die Tür quietscht** la porta cigola **3** *umg* strillare: **vor Vergnügen ~** strillare di gioia

quietsch·ver·gnügt ADJ *umg* contento come una pasqua

Quint F ⟨-; -en⟩, **Quin·te** F ⟨-; -n⟩ MUS **1** (*Ton*) dominante *f* **2** (*Intervall*) quinta *f*

Quint·es·senz F quintessenza *f*

Quin·tett N ⟨-[e]s; -e⟩ MUS quintetto *m*

Quirl M ⟨-[e]s; -e⟩ frullino *m* **quir·len** V/T frullare, sbattere col frullino **quir·lig** ADJ *umg* **ein -es Kind** un trottolino

quitt ADJ *präd umg* pari: (**mit j-m**) **~ sein** essere pari (con qn); (*mit j-m nichts mehr zu tun haben*) non volerne più sapere di qn

Quit·te F ⟨-; -n⟩ **1** (*Baum*) cotogno *m* **2** (*Frucht*) cotogna *f*

quit·tie·ren V/T **1** (*Zahlung bestätigen*) quietanzare; (*Lieferung bestätigen*) accusare ricevuta di **2** (*reagieren auf*) reagire a, ricambiare ♦ **seinen Dienst ~** abbandonare il servizio

Quit·tung F ⟨-; -en⟩ **1** ricevuta *f* **2** (*unangenehme Folgen*) risposta *f* **Quit·tungs·aus·tausch** M IT, TEL controllo *m* di flusso

Quiz [kvɪs] N ⟨-; -⟩ (gioco *m* a) quiz *m* **Quiz·fra·ge** F (domanda *f*) quiz *m* **Quiz·mas·ter** M ⟨-s; -⟩, **-in** F ⟨-; -nen⟩ presentatore *m*, -trice *f* di quiz

quoll → quellen[1]

Quo·te F ⟨-; -n⟩ quota *f*, percentuale *f*

Quo·ten·re·ge·lung F = *regolamentazione della percentuale di donne ammesse* (*a funzioni politiche e amministrative*)

Quo·ti·ent M ⟨-en; -en⟩ MATH quoziente *m*

Quo·tie·rung F ⟨-; -en⟩ WIRTSCH quotazione *f*

R

r, R N ⟨-; -⟩ r, R, erre *f/m*: **R wie Richard** R come Roma

Ra·batt M ⟨-[e]s; -e⟩ sconto *m*: **mit 5% ~** con il 5% di sconto, con uno sconto del 5%

Ra·bat·te F ⟨-; -n⟩ aiuola *f*; (*Randbeet*) bordura *f*

Ra·batz M ⟨-es⟩ *umg* **1** (*Lärm*) chiasso *m*, baccano *m* **2** (*Protest*) protesta *f*

Ra·bau·ke M ⟨-n; -n⟩ *umg* **1** bullo *m*, teppista *m* **2** (*Rüpel*) zoticone *m*

Rab·bi M ⟨-[s]; -s *u*.-nen⟩ rabbi *m*

Rab·bi·ner M ⟨-s; -⟩ rabbino *m*

Ra·be M ⟨-n; -n⟩ corvo *m* ♦ **stehlen wie ein ~** (*od* **die -n**) rubare a destra e a manca

Ra·ben·mut·ter F ⟨-; -mütter⟩ madre *f* snaturata **ra·ben·schwarz** ADJ **1** nero come la pece **2** (*Augen, Haare*) corvino **3** *fig* nerissimo **Ra·ben·va·ter** M padre *m* snaturato

ra·bi·at ADJ **1** (*wütend*) furioso **2** (*brutal*) brutale, violento: **ein -er Kerl** un tipo brutale **3** (*heftig*) rigoroso

Ra·che F ⟨-⟩ vendetta *f*: **an j-m ~ nehmen** vendicarsi di (*od* su) qn **Ra·che·akt** M (atto *m* di) vendetta *f*

Ra·chen M ⟨-s; -⟩ **1** gola *f*, ANAT faringe *f*: **ein geröteter ~** una gola arrossata **2** (*von Raubtieren*) fauci *fpl* ♦ **den ~ nicht voll** (**genug**) **kriegen** non essere mai soddisfatto; *pej* **j-m viel Geld in den ~ werfen** regalare molto denaro a qn

rä·chen **A** V/T vendicare **B** V/R **sich ~** **1** vendicarsi: **sich an j-m für etw ~** vendicarsi su qn per qc **2** *fig* avere conseguenze negative: **deine Fehler werden sich ~!** i tuoi errori ti costeranno cari!

Rä·cher M ⟨-s; -⟩, **-in** F ⟨-; -nen⟩ vendicatore *m*, -trice *f*

Ra·chi·tis F ⟨-; Rachitiden⟩ rachitismo *m*, rachitide *f* **ra·chi·tisch** ADJ rachitico

Rach·sucht F sete *f* di vendetta **rach·süch·tig** ADJ assetato di vendetta

ra·ckern V/I ⟨h.⟩ *umg* sgobbare, sfacchinare: **schwer ~** lavorare sodo

Rad N ⟨-[e]s; Räder⟩ **1** ruota *f*: **unter die Räder eines Autos kommen** finire sotto le ruote di un'auto; **ein ~ schlagen** fare una ruota **2** (*Fahrrad*) bici *f*: (**mit dem**) **~ fahren** andare in bici ♦ *fig* **unter die Räder geraten** (*od* **kommen**) finire male

Ra·dar M/N ⟨-s; -e⟩ radar *m*

Ra·dar·fal·le F *umg* (controllo *m*) radar *m* **Ra·dar·ge·rät** N apparecchio *m* radar, *umg* Autovelox *m* **Ra·dar·kon·trol·le** F controllo *m* radar **Ra·dar·schirm** M schermo *m* radar

Ra·dau M ⟨-s⟩ *umg* casino *m*, chiasso *m*: **~ machen** fare casino

Rad·damp·fer M piroscafo *m* a ruote

ra·de·bre·chen V/T ⟨radebrecht, radebrechte, geradebrecht⟩ storpiare

ra·deln V/I ⟨s.⟩ *umg dial* andare in bici

Rä·dels·füh·rer M, **-in** F *pej* caporione *m*, -a *f*

rad·fah·ren → Rad 2.

Rad·fah·rer M, **-in** F ciclista *m/f* **Rad·fahr·weg** M pista *f* ciclabile

Ra·dic·chio M ⟨-s⟩ (*Salatsorte*) radicchio *m*

ra·die·ren V/T **1** cancellare **2** KUNST incidere (all'acquaforte) **Ra·dier·gum·mi** M gomma *f* per cancellare **Ra·die·rung** F ⟨-; -en⟩ KUNST acquaforte *f*

Ra·dies·chen N ⟨-s; -⟩ ravanello *m* ♦ *umg* **sich** (*dat*) **die ~ von unten ansehen** andare sotto terra

ra·di·kal ADJ radicale **Ra·di·ka·le** M/F ⟨-n; -n⟩ POL radicale *m/f* **Ra·di·ka·len·er·lass** M decreto *m* sugli estremisti **ra·di·ka·li·sie·ren** V/T radicalizzare **Ra·di·ka·lis·mus** M ⟨-; Radikalismen⟩ radicalismo *m* **Ra·di·kal·kur** F cura *f* radicale

Ra·dio N ⟨-s; -s⟩ radio *f*: **das ~ läuft** la radio è accesa; **das ~ bringt eine Sinfonie** la radio trasmette una sinfonia

ra·di·o·ak·tiv ADJ radioattivo **Ra·di·o·ak·ti·vi·tät** F radioattività *f*

Ra·di·o·ap·pa·rat M, **Ra·dio·ge·rät** N (apparecchio *m*) radio *f* **Ra·di·o·hö·rer** M, **-in** F radioascoltatore *m*, -trice *f*

Ra·di·o·lo·ge M ⟨-n; -n⟩ radiologo *m* **Ra·di·o·lo·gie** F ⟨-⟩ radiologia *f* **Ra·di·o·lo·gin** F ⟨-; -nen⟩ radiologa *f*

Ra·di·o·pro·gramm N programma *m* radiofonico **Ra·di·o·re·kor·der** M radioregistratore *m* **Ra·di·o·sen·der** M stazione *f* radio **Ra·di·o·sen·dung** F trasmissione *f* radiofonica **Ra·di·o·we·cker** M *umg* radiosveglia *f*

Ra·di·um N ⟨-s⟩ radio *m*

R

Ra·di·us M ⟨-; Radien⟩ 1 GEOM raggio *m* 2 (*Aktionsradius*) raggio *m* (d'azione)
Rad·kap·pe F AUTO coppa *f* della ruota **Rad·la·ger** N cuscinetto *m* ruota
Rad·ler[1] N ⟨-s; -⟩ *dial* (*Getränk*) = *bevanda a base di birra e gassosa*
Radler[2] M ⟨-s; -⟩ (*Mensch*) ciclista *m*
Rad·ler·ho·se F pantaloni *mpl* da ciclista
Rad·le·rin F ⟨-; -nen⟩ ciclista *f*
Rad·renn·bahn F velodromo *m* **Rad·ren·nen** N gara *f* ciclistica **Rad·renn·fah·rer** M, **-in** F ciclista *m/f* **Rad·sport** M ciclismo *m* **Rad·tour** F gita *f* in bicicletta **Rad·wech·sel** M cambio *m* della ruota
raf·fen V/T 1 arraffare; afferarre (*a. fig*): **die Juwelen an sich** (*akk*) ~ arraffare i gioielli; *umg fig* **hast du's endlich gerafft?** (l')hai afferrato finalmente? 2 (*gierig anhäufen*) accumulare 3 tirare su: **den Rock** ~ tirare su la gonna 4 (*Nähen*) drappeggiare
Raff·gier F avidità *f* di guadagno
Raf·fi·na·de F ⟨-; -n⟩ zucchero *m* raffinato **Raf·fi·ne·rie** F ⟨-; -n⟩ raffineria *f* **Raf·fi·nes·se** F ⟨-; -n⟩ 1 (*Schlauheit*) astuzia *f*, furberia *f* 2 (*Finesse*) accorgimento *m*; optional *m*: **ein Zimmer mit allen -n** una camera con tutti i comfort ♦ **technische** ~ perfezione *f* tecnica
raf·fi·nie·ren V/T TECH, CHEM raffinare; (*von Metallen*) affinare
raf·fi·niert ADJ 1 (*fein*) raffinato 2 (*schlau*) astuto, scaltro
Raf·ting N ⟨-s⟩ rafting *m inv*
Ra·ge ['ra:ʒə] F ⟨-⟩ *umg* rabbia *f*, furore *m* ♦ **j-n in** ~ **bringen** mandare in bestia qn
ra·gen V/I ⟨h.⟩ 1 ergersi: **der Turm ragt in den Himmel** la torre si erge verso il cielo 2 (*hervorkommen*) sporgere
Ra·gout [ra'gu:] N ⟨-s; -s⟩ ragù *m*
Rahm M ⟨-[e]s⟩ panna *f*, crema *f* ♦ **den** ~ **abschöpfen** scremare il latte; *fig* prendersi il meglio, fare la parte del leone
rah·men V/T incorniciare
Rah·men M ⟨-s; -⟩ 1 cornice *f* 2 *fig* **ein feierlicher** ~ una cornice di solennità 3 TECH, AUTO telaio *m* 4 *fig* ambito *m*, quadro *m*: **im** ~ **des Möglichen** nell'ambito delle possibilità; **im** ~ **der Veranstaltung** nel quadro della manifestazione ♦ **aus dem** ~ **fallen** differire dalla media; **den** ~ **sprengen** superare il limite
Rah·men·ab·kom·men N accordo *m* quadro **Rah·men·be·din·gung** F condizione *f* di base (*od* generale) **Rah·men·pro·gramm** N programma *m* quadro
rä·keln → rekeln
Ra·ke·te F ⟨-; -n⟩ missile *m*; razzo *m*
Ra·ke·ten·ab·schuss·ba·sis F base *f* missilistica **Ra·ke·ten·ab·wehr** F difesa *f* antimissile **Ra·ke·ten·ba·sis** F, **Ra·ke·ten·stütz·punkt** M base *f* missilistica
Ral·lye ['rɛli] F ⟨-; -s⟩ rally *m*
ram·men A V/T 1 **etw in etw** (*akk*) ~ conficcare qc in qc 2 (*Fahrzeug*) tamponare B V/I ⟨h.⟩ **gegen** (*od* **auf**) **etw** (*akk*) ~ urtare contro qc
Ram·pe F ⟨-; -n⟩ 1 rampa *f* 2 THEAT ribalta *f*
Ram·pen·licht N luci *fpl* della ribalta ♦ *fig* **im** ~ (**der Öffentlichkeit**) **stehen** avere i riflettori puntati addosso; **das** ~ **scheuen** non amare le luci della ribalta
ram·po·nie·ren V/T guastare, rovinare
Ramsch M ⟨-[e]s; -e⟩ roba *f* di scarto; (*Kram*) robaccia *f* **Ramsch·la·den** M negozio *m* di merce di scarto
ran *umg* → heran
Rand M ⟨-[e]s; Ränder⟩ 1 orlo *m*, bordo *m*, margine *m*: **der** ~ **des Tisches** il bordo del tavolo; **ein Glas bis zum** ~ **füllen** riempire un bicchiere fino all'orlo; **am** ~ **des Waldes** ai margini del bosco; **etw an den** ~ **schreiben** scrivere qc sul margine 2 *fig* **j-n an den** ~ **der Verzweiflung bringen** portare qn sull'orlo della disperazione 3 (*Schmutzrand*) alone *m* ♦ **am -e** (*beiläufig*) marginalmente; **dunkle Ränder um die Augen haben** avere le occhiaie; *umg* **außer** ~ **und Band geraten** (*ausgelassen*) lasciarsi andare; *umg* **außer** ~ **und Band sein** (*ausgelassen*) essere sfrenati; (*vor Freude, Wut*) essere fuori di sé; **am -e seiner Kraft** allo stremo delle forze; **am -e der Stadt** in periferia; **zu -e** → zurande
Ran·da·le F ⟨-⟩ *umg* ~ **machen** far chiasso
ran·da·lie·ren V/I ⟨h.⟩ 1 schiamazzare 2 (*zerstören*) compiere atti di vandalismo **Ran·da·lie·rer** M ⟨-s; -⟩, **-in** F ⟨-; -nen⟩ 1 (*lärmend*) chiassone *m*, -a *f* 2 (*zerstörerisch*) vandalo *m*, -a *f*
Rand·be·mer·kung F 1 (*beiläufig*) osservazione *f* marginale; (*abfällig*) insinua-

R

zione *f* **2** (*Notiz auf dem Rand*) appunto *m* sul margine

Ran·de F ⟨-; -n⟩ *schweiz* barbabietola *f*

Rand·er·schei·nung F fenomeno *m* marginale **Rand·ge·biet** N **1** zona *f* periferica; (*von Städten*) periferia *f* **2** settore *m* marginale **Rand·grup·pe** F gruppo *m* ai margini della società **rand·stän·dig** ADJ emarginato **Rand·stein** M cordone *m* (del marciapiede) **Rand·strei·fen** M striscia *f* che delimita il bordo della carreggiata

rang → ringen

Rang M ⟨-(e)s; Ränge⟩ **1** rango *m*, grado *m*: **den ~ eines Generals haben** avere il grado di generale; **von hohem ~** di alto rango **2** calibro *m*, valore *m*: **ein Dichter vom ~ Goethes** un poeta del calibro di Goethe **3** THEAT galleria *f*: **erster ~** balconata *f*; **zweiter ~** prima galleria **4** SPORT posto *m*: **den 3. ~ belegen** conseguire il terzo posto ♦ **j-m den ~ ablaufen** sorpassare qn; **ersten -es** di prim'ordine; **alles was ~ und Namen hat** tutti i personaggi più importanti; **j-m den ~ streitig machen** entrare in competizione con qn

ran·geln V/I ⟨h.⟩ *umg* azzuffarsi

Rang·fol·ge F gerarchia *f*

Ran·gier·bahn·hof [raŋ'ʒiː-] M stazione *f* di smistamento **ran·gie·ren** **A** V/T BAHN smistare, manovrare **B** V/I ⟨h.⟩ occupare (un posto): **an dritter Stelle** (*od* **auf Platz 3**) **~** occupare il terzo posto **Ran·gier·gleis** N binario *m* di manovra

Rang·lis·te F **1** graduatoria *f* **2** SPORT classifica *f* **Rang·ord·nung** F gerarchia *f* ♦ **der ~ nach** in ordine di grado

ran·hal·ten V/R ⟨*irr*⟩ **sich ~** *umg* darsi da fare

rank ADJ **~ und schlank** agile e snello

Ran·ke F ⟨-; -n⟩ viticcio *m* **ran·ken** **A** V/R **sich um etw ~** arrampicarsi intorno a qc **B** V/I ⟨h.⟩ (*Ranken hervorbringen*) mettere i viticci

Ran·king ['rɛŋkɪŋ] N ⟨-s; -s⟩ (*Bewertung*) ranking *m inv*

ran·klot·zen V/I ⟨h.⟩ *umg* lavorare duramente

ran·ma·chen V/R *umg* **sich ~** → heranmachen

rann → rinnen

rann·te → rennen

Ran·zen M ⟨-s; -⟩ **1** cartella *f* **2** *umg* (*Bauch*) pancia *f*

ran·zig ADJ rancido

Rap [rɛp] M ⟨-[s]; -s⟩ rap *m*

ra·pi·de ADJ rapido

Rap·mu·sik F rap *m inv*

Rap·pe M ⟨-n; -n⟩ morello *m*

Rap·pel M ⟨-s; -⟩ *umg* accesso *m* d'ira; **einen ~ bekommen** avere un accesso di rabbia

rap·pen ['rɛpən] V/I ⟨h.⟩ MUS fare rap

Rap·pen M ⟨-s; -⟩ *schweiz* centesimo *m* (di franco)

Rapper ['rɛpe] M ⟨-s; -⟩, **-in** F ⟨-; -nen⟩ rapper *m/f inv*

Rap·port M ⟨-s; -e⟩ rapporto *m*: **zum ~ erscheinen** comparire a rapporto

Raps M ⟨-es; -e⟩ BOT colza *f*

rar ADJ raro ♦ *umg* **sich ~ machen** fare il prezioso, rendersi prezioso

Ra·ri·tät F ⟨-; -en⟩ rarità *f*

ra·sant ADJ **1** velocissimo, rapidissimo **2** filante: **ein -es Styling** una linea filante ♦ **~ fahren** guidare a grande velocità

rasch ADJ **1** rapido, veloce: **mit -en Schritten** a passi veloci; **in -er Folge** in rapida successione **2** pronto: **eine -e Antwort** una risposta pronta ♦ **~ laufen** camminare in fretta; **mach ~!** sbrigati!

ra·scheln V/I ⟨h.⟩ **1** frusciare: **mit Papier ~** far frusciare la carta **2** *unpers* **es raschelte** ci fu (*od* si sentì) un fruscio

ra·sen V/I **1** ⟨s.⟩ *umg* sfrecciare: **auf der Autobahn ~** sfrecciare sull'autostrada **2** *fig* correre, volare: **die Zeit rast** il tempo vola **3** ⟨h.⟩ essere fuori di sé, smaniare: **vor Zorn ~** essere fuori di sé dall'ira **4** ⟨h.⟩ (*wütend sein*) infuriare ♦ **mit dem Auto gegen eine Mauer ~** (andare a) schiantarsi con la macchina contro un muro

Ra·sen M ⟨-s; -⟩ prato *m* (all'inglese)

ra·send ADJ **1** (*wütend*) furioso, rabbioso **2** fortissimo: **-e Schmerzen** dolori fortissimi ♦ **etw ~ gern tun** fare qc molto volentieri; **j-n ~ machen** fare impazzire qn

Ra·sen·flä·che F superficie *f* erbosa **Ra·sen·mä·her** M ⟨-s; -⟩ tosaerba *m/f* **Ra·sen·platz** M SPORT campo *m* erboso **Ra·sen·spren·ger** M ⟨-s; -⟩ irrigatore *m*

Ra·ser M ⟨-s; -⟩, **-in** F ⟨-; -nen⟩ *chi corre come un pazzo in macchina*

Ra·se·rei F ⟨-; -en⟩ **1** *umg* (*schnelles Fahren*) corsa *f* pazza **2** (*Wahnsinn*) pazzia *f* furiosa ♦ **j-n zur ~ bringen** (*od* **treiben**)

R

portare (*od* spingere) qn alla follia

Ra·sier·ap·pa·rat M rasoio *m* **Ra·sier·creme** F crema *f* da barba

ra·sie·ren **A** V/T **1** radere **2** (*enthaaren*) depilare **B** V/R **sich ~** **1** farsi la barba **2** **sich** (*dat*) **die Beine ~** depilarsi le gambe

Ra·sie·rer M ⟨-s; -⟩ *umg* rasoio *m* elettrico

Ra·sier·klin·ge F lametta *f* da barba **Ra·sier·mes·ser** N rasoio *m* **Ra·sier·pin·sel** M pennello *m* da barba **Ra·sier·schaum** M schiuma *f* da barba **Ra·sier·sei·fe** F sapone *m* da barba **Ra·sier·was·ser** N dopobarba *m*

Rä·son [rɛ'zõː] F **j-n zur ~ bringen** ridurre (*od* ricondurre) qn alla ragione

Ras·pel F ⟨-; -n⟩ **1** raspa *f* **2** (*Küchengerät*) grattugia *f* **ras·peln** V/T **1** raspare **2** GASTR grattugiare ♦ **Süßholz ~** lisciare

Ras·se F ⟨-; -n⟩ **1** razza *f* **2** BIOL sottospecie *f* **Ras·se·hund** M cane *m* di razza

Ras·sel F ⟨-; -n⟩ **1** raganella *f* **2** (*für Babys*) sonaglio *m* **ras·seln** V/I **1** ⟨h.⟩ sferragliare **2** ⟨s.⟩ muoversi facendo un gran fracasso **3** ⟨s.⟩ *umg* **durch die Prüfung ~** essere bocciato all'esame

Ras·sen·dis·kri·mi·nie·rung F discriminazione *f* razziale **Ras·sen·hass** M odio *m* razziale **Ras·sen·tren·nung** F segregazione *f* razziale, apartheid *f*

ras·sig ADJ **1** di razza **2** *fig* (*feurig*) focoso **3** *fig* (*Auto*) grintoso

Ras·sis·mus M ⟨-⟩ razzismo *m* **Ras·sist** M ⟨-en; -en⟩, **-in** F ⟨-; -nen⟩ razzista *m/f* **ras·sis·tisch** ADJ razzistico

Rast F ⟨-; -en⟩ sosta *f*, fermata *f*: **~ machen** fare una sosta

Ras·ta·lo·cken PL capelli *mpl* da rasta

ras·ten V/I ⟨h.⟩ **1** fare una sosta **2** (*sich ausruhen*) riposarsi

Ras·ter N ⟨-s; -⟩ **1** TV barre *fpl* (di colore) **2** griglia *f*, schema *m*: **etw in ein ~ einordnen** inserire qc in una griglia **Ras·ter·fahn·dung** F indagini *fpl* incrociate

Rast·haus N posto *m* di ristoro **Rast·hof** M autogrill *m* **rast·los** ADJ **1** (*unaufhörlich*) continuo **2** (*unermüdlich*) instancabile **3** (*unruhig*) irrequieto **Rast·platz** M **1** luogo *m* di sosta **2** (*an Autobahnen*) piazzola *f* di sosta **Rast·stät·te** F autogrill *m*

Ra·sur F ⟨-; -en⟩ rasatura *f*

Rat[1] M ⟨-[e]s⟩ (*Ratschlag*) consiglio *m*: **j-m einen ~ geben** dare un consiglio a qn; **j-n um ~ fragen** chiedere consiglio a qn ♦ **auf j-s ~ hin** su consiglio di qn; **mit ~ und Tat** con le parole e coi fatti; **sich** (*dat*) **keinen ~ wissen als …** non vedere altra via d'uscita (*od* soluzione) che …; **kommt Zeit, kommt ~** il tempo porta consiglio; **zu -e** → zurate

Rat[2] M ⟨-[e]s; Räte⟩ **1** (*Gremium*) consiglio *m* **2** (*Mitglied eines Rates, Titel*) consigliere *m*

Ra·te F ⟨-; -n⟩ **1** rata *f*: **auf -n kaufen** comprare a rate; **etw in -en bezahlen** pagare qc a rate (*od* ratealmente) **2** (*Anzahl*) tasso *m*: **die ~ der Todesfälle** il tasso di mortalità

ra·ten ⟨rät, riet, geraten⟩ **A** V/T **1** **j-m etw ~** consigliare qc a qn **2** (*erraten*) indovinare **3** (*Rätsel*) risolvere **B** V/I ⟨h.⟩ **1** **j-m ~** consigliare qn **2** (**j-m**) **zu etw/j-m ~** consigliare qc/qn (a qn) **3** indovinare: **richtig ~** indovinare (la risposta); **falsch ~** sbagliare (la risposta); ♦ *umg* **dreimal darfst du ~!** *hum* indovina un po'!; **rat(e) mal, wen ich gesehen habe** indovina un po' chi ho visto; **das möchte ich dir geraten haben!** ti avverto!

ra·ten·wei·se ADV a rate

Ra·ten·zah·lung F pagamento *m* a rate

Ra·te·spiel N quiz *m*

Rat·ge·ber M **1** consigliere *m* **2** (*Buch*) guida *f*, manuale *m* **Rat·ge·be·rin** F consigliera *f*

Rat·haus N **1** municipio *m* **2** consiglio *m* comunale: **j-n ins ~ wählen** eleggere qn consigliere comunale

ra·ti·fi·zie·ren V/T ratificare **Ra·ti·fi·zie·rung** F ⟨-; -en⟩ ratifica *f*

Rä·tin F ⟨-; -nen⟩ (*Mitglied eines Rates, Titel*) consigliera *f*

Ra·ti·on F ⟨-; -en⟩ razione *f*

ra·ti·o·nal ADJ razionale

ra·ti·o·na·li·sie·ren V/T razionalizzare **Ra·ti·o·na·li·sie·rung** F ⟨-; -en⟩ razionalizzazione *f*

Ra·ti·o·na·lis·mus M ⟨-⟩ razionalismo *m* **Ra·ti·o·na·list** M ⟨-en; -en⟩, **-in** F ⟨-; -nen⟩ razionalista *m/f*

ra·ti·o·nell ADJ razionale

ra·ti·o·nie·ren V/T razionare **Ra·ti·o·nie·rung** F ⟨-; -en⟩ razionamento *m*

rat·los ADJ indeciso, irresoluto; (*hilflos*)

perplesso: **ein -er Blick** uno sguardo perplesso **Rat·lo·sig·keit** F ⟨-; -en⟩ indecisione *f*; perplessità *f*

rä·to·ro·ma·nisch ADJ retoromanzo

rat·sam ADJ consigliabile, raccomandabile; (*angezeigt*) opportuno

Rat·schlag M consiglio *m*

Rät·sel N ⟨-s; -⟩ indovinello *m*, enigma *m*; mistero *m*: **ein ~ lösen** risolvere un indovinello; **das ~ der Sphinx** l'enigma della sfinge; **vor einem ~ stehen** trovarsi di fronte a un mistero ♦ **in -n sprechen** parlare per enigmi

rät·sel·haft ADJ **1** misterioso: **unter -en Umständen** in circostanze misteriose **2** enigmatico: **ein -es Lächeln** un sorriso enigmatico **3** (*unverständlich*) incomprensibile: **das ist mir ~** per me è incomprensibile (*od* un mistero)

rät·seln V/I ⟨h.⟩ **über etw** (*akk*) **~** cercare di capire qc

Rät·sel·ra·ten N ⟨-s⟩ congetture *fpl*, supposizioni *fpl*: **das ~ über den Verbleib der Millionen geht weiter** si continuano a fare congetture su dove siano i milioni

Rat·te F ⟨-; -n⟩ ratto *m*

Rat·ten·fän·ger M ⟨-s; -⟩, **-in** F ⟨-; -nen⟩ *fig pej* trascinatore *m*, -trice *f* di folle, demagogo *m*, -a *f* **Rat·ten·gift** N veleno *m* per topi **Rat·ten·schwanz** M **1** coda *f* di topo **2** *hum* (*Haarzopf*) codino *m* **3** *fig* (*endlose Folge*) sequela *f*

rat·tern V/I **1** ⟨h.⟩ fare strepito **2** ⟨h.⟩ (*Zug*) sferragliare **3** ⟨h.⟩ (*Gewehr*) crepitare **4** ⟨s.⟩ passare con strepito (*od* fracasso)

rau ADJ **1** ruvido **2** (*Klima, Landschaft*) aspro **3** (*Stimme, Hals*) rauco **4** ⟨rob⟩ rude: **eine -e Art haben** essere di modi rudi ♦ **ein -er Bart** una barba ispida; **das -e Leben** la vita dura; **die -e See** il mare grosso

Raub M ⟨-[e]s; -e⟩ **1** rapina *f* **2** (*Entführung*) ratto *m* **3** (*Beute*) preda *f*: **auf ~ ausgehen** andare in cerca di preda

Raub·bau M sfruttamento *m* selvaggio: **mit seiner Gesundheit ~ treiben** rovinarsi la salute **Raub·druck** M ⟨-[e]s; -e⟩ edizione *f*, copia *f* pirata

rau·ben V/T ⟨h.⟩ **1** rubare, rapinare **2** (*entführen*) rapire **3** *fig* togliere: **j-m die Hoffnung ~** togliere la speranza a qn

Räu·ber M ⟨-s; -⟩ **1** rapinatore *m*, bandito *m* **2** (*Straßenräuber*) brigante *m* **3** ZOOL (animale *m*) predatore *m* **Räu·be·rin** F ⟨-; -nen⟩ **1** rapinatrice *f*, bandita *f* **2** (*Straßenräuberin*) brigantessa *f*

räu·be·risch ADJ **1** brigantesco **2** ZOOL rapace

Raub·fisch M pesce *m* predatore **Raub·gier** F rapacità *f* (*a. fig*) **Raub·kat·ze** F felino *m* **Raub·ko·pie** F copia *f* pirata; (*Kassette*) cassetta *f* pirata; (*Schallplatte*) disco *m* pirata **Raub·mord** M omicidio *m* a scopo di rapina **Raub·mör·der** M, **-in** F rapinatore *m*, -trice *f* omicida **Raub·rit·ter** M HIST cavaliere *m* predone **Raub·tier** N **1** animale *m* rapace **2** (*wildes Tier*) animale *m* feroce **Raub·über·fall** M rapina *f*: **bewaffneter ~** rapina a mano armata **Raub·vo·gel** M uccello *m* rapace **Raub·zug** M scorreria *f*

Rauch M ⟨-[e]s⟩ fumo *m* ♦ *fig* **sich in ~ auflösen** andare in fumo

rau·chen **A** V/I ⟨h.⟩ **1** fumare **2** *unpers* esserci fumo: **es raucht in der Küche** c'è fumo in cucina **B** V/T fumare ♦ *fig* **mir raucht der Kopf** mi fuma la testa; **das Rauchen aufgeben** smettere di fumare; **Rauchen verboten** vietato fumare

Rau·cher M ⟨-s; -⟩ fumatore *m*: **ein starker ~** un accanito fumatore **Rau·cher·ab·teil** N scompartimento *m* per fumatori **Rau·cher·hus·ten** M tosse *f* da fumatore

Rau·che·rin F ⟨-; -nen⟩ fumatrice *f*

Rau·cher·knei·pe F bar *m* (*od* locale *m*) per fumatori

räu·chern V/T GASTR affumicare

Räu·cher·stäb·chen M bastoncino *m* d'incenso

Rauch·fah·ne F pennacchio *m* di fumo **Rauch·fang** M *österr* camino *m* **Rauch·fang·keh·rer** M ⟨-s; -⟩ *österr* spazzacamino *m* **Rauch·fleisch** N carne *f* affumicata

rau·chig ADJ fumoso ♦ **-e Stimme** voce roca (da fumatore)

Rauch·mel·der M ⟨-s; -⟩ rilevatore *m* di fumo **Rauch·ver·bot** N divieto *m* di fumare **Rauch·ver·gif·tung** F avvelenamento *m* da fumo **Rauch·wol·ke** F nuvola *f* di fumo

rauf ADV *umg* **1** → herauf **2** → hinauf

Rau·fa·ser·ta·pe·te F carta *f* da parati ruvida

Rauf·bold M ⟨-[e]s; -e⟩ *pej* attaccabrighe *m*

rau·fen V/R **sich ~** azzuffarsi ♦ **sich** (*dat*)

R

die Haare ~ strapparsi i capelli
rauf·lus·tig ADJ litigioso, rissoso
rauh *usw* → rau
Rau·haar·da·ckel M bassotto *m* dal pelo ispido
Rau·heit F ⟨-; -en⟩ 1 ruvidezza *f* 2 (*von Klima, Landschaft*) asprezza *f* 3 (*von Stimme, Hals*) raucedine *f* 4 (*Grobheit*) rudezza *f*
Raum M ⟨-[e]s; Räume⟩ 1 spazio *m* (*a. fig*): **der kosmische ~** lo spazio cosmico; *fig* **der Fantasie viel ~ lassen** lasciare molto spazio alla fantasia 2 (*Gebiet*) area *f*, zona *f*: **der arabische ~** l'area araba; **im ~ Frankfurt** nella zona di Francoforte 3 (*Zimmer*) locale *m*, vano *m*: **einen ~ mieten** affittare un locale; **das Haus hat sechs Räume** la casa ha sei stanze ♦ **auf engem ~ leben** vivere allo stretto; **etw** (*dat*) **~ geben** dare spazio a qc; **etw im ~ stehen lassen** lasciare qc in sospeso
Raum·an·zug M tuta *f* spaziale
räu·men VT 1 sgomberare: **das Lager ~** sgomberare il magazzino; **die Polizei hat die Straße geräumt** la polizia ha fatto sgomberare la strada 2 (*aufgeben*) abbandonare: **seinen Platz ~** abbandonare il proprio posto 3 **die Stadt ~** evacuare la città 4 (*wegräumen*) togliere: **etw vom Tisch ~** togliere qc dal tavolo 5 mettere: **etw beiseite ~** mettere qc da parte ♦ **j-n/etw aus dem Weg ~** togliere di mezzo qn/qc
Raum·fäh·re F 1 navicella *f* spaziale 2 (*Raumtransporter*) navetta *f* spaziale
Raum·fah·rer M, **-in** F astronauta *m/f* **Raum·fahrt** F astronautica *f* **Raum·in·halt** M volume *m*, capacità *f* **Raum·kap·sel** F sonda *f* spaziale **Raum·la·bor** N laboratorio *m* spaziale
räum·lich ADJ 1 dello spazio 2 **-es Sehen** visione tridimensionale 3 stereofonico **Räum·lich·keit** F ⟨-; -en⟩ locali *mpl*
Raum·maß N misura *f* di capacità **Raum·me·ter** M/N metro *m* cubo **Raum·ord·nung** F ordinamento *m* territoriale **Raum·pfle·ger** M uomo *m* delle pulizie **Raum·pfle·ge·rin** F donna *f* delle pulizie **Raum·schiff** N astronave *f* **Raum·son·de** F sonda *f* spaziale **Raum·spa·zier·gang** M passeggiata *f* spaziale (*od* nel cosmo) **Raum·sta·ti·on** F stazione *f* spaziale

Räu·mung F ⟨-; -en⟩ 1 (*von Lager*) sgombero *m* 2 evacuazione *f* 3 (*von Wohnungen*) **zwangsweise ~** sfratto *m* **Räu·mungs·kla·ge** F JUR azione *f* per sfratto **Räu·mungs·ver·kauf** M liquidazione *f* totale
rau·nen VT mormorare, bisbigliare
raun·zen VI ⟨h.⟩ *umg* 1 *österr* (*weinerlich klagen*) frignare 2 (*ranzen*) sbraitare
Rau·pe F ⟨-; -n⟩ ZOOL bruco *m*
Rau·pen·fahr·zeug N cingolato *m*
Rau·reif M brina *f*
raus[1] ADV *umg* fuori ♦ **~ mit der Sprache!** su, parla!
raus[2] ADV *umg* 1 → heraus 2 → hinaus
Rausch M ⟨-[e]s; Räusche⟩ 1 (*von Alkohol*) ubriacatura *f*, *umg* sbornia *f* 2 *fig* ebbrezza *f*: **der ~ des Erfolgs** l'ebbrezza del successo ♦ **einen ~ haben** essere ubriaco
rau·schen VI 1 ⟨h.⟩ rumoreggiare 2 ⟨h.⟩ mugghiare: **das Meer rauscht** il mare mugghia 3 ⟨h.⟩ (*murmeln*) mormorare 4 ⟨h.⟩ (*Wasser*) scrosciare 5 ⟨h.⟩ (*Laub*) stormire 6 ⟨s.⟩ **aus dem Zimmer ~** uscire bruscamente dalla stanza ♦ **es rauscht in der Leitung** c'è un disturbo sulla linea **Rau·schen** N ⟨-s⟩ 1 rumore *m* 2 (*Brausen*) mugghio *m* 3 (*Murmeln*) mormorio *m* 4 scroscio *m*: **das ~ des Regens** lo scrosciare della pioggia 5 (*von Laub*) lo stormire 6 RADIO, TV fruscio *m* **rau·schend** ADJ **-er Beifall** applauso scrosciante; **ein -es Fest** una festa sontuosa
Rausch·gift N droga *f*, stupefacente *m* **Rausch·gift·han·del** M traffico *m* di stupefacenti **Rausch·gift·händ·ler** M, **-in** F, **Rausch·gift·schmugg·ler** M, **-in** F trafficante *m/f* di stupefacenti **rausch·gift·süch·tig** ADJ tossicomane **Rausch·gift·süch·ti·ge** M/F drogato *m*, -a *f*, tossicodipendente *m/f*
raus·flie·gen VI ⟨irr; s.⟩ (*hinausgeworfen werden*) *umg* essere buttato fuori
räus·pern V/R **sich ~** schiarirsi la voce
Raus·schmei·ßer M ⟨-s; -⟩, **-in** F ⟨-; -nen⟩ *umg* buttafuori *m/f inv* **Raus·schmiss** M cacciata *f*, espulsione *f*; (*Kündigung*) licenziamento *m*
Rau·te F ⟨-; -n⟩ 1 BOT ruta *f* 2 GEOM rombo *m*
Rave·par·ty ['re:f-] F rave party *m inv*
Raz·zia F ⟨-; Razzien *u.* -s⟩ 1 retata *f*; MIL rastrellamento *m* 2 (*Durchsuchung*) perquisizione *f*

R

Read-me-Da·tei ['ri:tmi:-] F file *m inv* readme (*od* leggimi) **Re·a·genz·glas** N provetta *f* **re·a·gie·ren** V/I ⟨h.⟩ reagire: **auf etw** (*akk*) **~** reagire a qc; **allergisch ~** avere una reazione allergica **Re·ak·ti·on** F ⟨-; -en⟩ reazione *f* (*a.* CHEM): **eine ~ auslösen** provocare una reazione **re·ak·ti·o·när** ADJ reazionario **Re·ak·ti·o·när** M ⟨-s; -e⟩, **-in** F ⟨-; -nen⟩ reazionario *m*, -a *f* **re·ak·ti·vie·ren** V/T riattivare **Re·ak·tor** M ⟨-s; -en⟩ CHEM, NUKL reattore *m* **Re·ak·tor·block** M reattore *m* nucleare **Re·ak·tor·kern** M nucleo *m* del reattore **Re·ak·tor·si·cher·heit** F sicurezza *f* del reattore **re·al** ADJ **1** reale, effettivo **2** (*gegenständlich*) concreto **re·a·li·sier·bar** ADJ realizzabile, attuabile **re·a·li·sie·ren** V/T realizzare **Re·a·li·sie·rung** F ⟨-; -en⟩ realizzazione *f* **Re·a·lis·mus** M ⟨-⟩ realismo *m* **Re·a·list** M ⟨-en; -en⟩, **-in** F ⟨-; -nen⟩ realista *m/f* **re·a·lis·tisch** ADJ realistico **Re·a·li·tät** F ⟨-; -en⟩ **1** realtà *f*: **virtuelle ~** realtà vituale **2** (*Tatsache*) fatto *m*: **wirtschaftliche -en** fatti economici **3** esistenza *f*, l'essere *m* reale **Re·a·li·ty-TV** [ri'ɛlitite:fau] N ⟨-s⟩ reality TV *f inv* **Re·al·po·li·ti·ker** M, **-in** F seguace *m/f* della realpolitik **Re·al·schu·le** F scuola *f* media **Re·be** F ⟨-; -n⟩ BOT vite *f* **Re·bell** M ⟨-en; -en⟩, **-in** F ⟨-; -nen⟩ ribelle *m/f* **re·bel·lie·ren** V/I ⟨h.⟩ ribellarsi: **gegen j-n/etw ~** ribellarsi a qn/qc **Re·bel·li·on** F ⟨-; -en⟩ ribellione *f* **re·bel·lisch** ADJ ribelle **Reb·huhn** N starna *f*, pernice *f* grigia **Reb·stock** M vite *f*, vitigno *m* **Re·chaud** [re'ʃo:] M ⟨-s; -s⟩ scaldavivande *m inv* **Re·chen** M ⟨-s; -⟩ **1** rastrello *m* **2** TECH (*Gitter*) griglia *f* **Re·chen·auf·ga·be** F compito *m* di aritmetica **Re·chen·feh·ler** M errore *m* di calcolo **Re·chen·ma·schi·ne** F calcolatrice *f*; (*elektronisch*) calcolatore *m*, elaboratore *m* **Re·chen·pro·gramm** N programma *m* di calcolo **Re·chen·schaft** F ⟨-⟩ conto *m*: **j-m über etw** (*akk*) **~ ablegen** rendere conto di qc a qn; **j-m über etw** (*akk*) **~ schuldig sein** dover rendere conto di qc a qn; **j-n für etw zur ~ ziehen** chiedere ragione (*od* conto) di qc a qn **Re·chen·schafts·be·richt** M rendiconto *m* **Re·chen·schie·ber** M regolo *m* calcolatore **Re·chen·zent·rum** N centro *m* di calcolo

Re·cher·che [re'ʃɛrʃə] F ⟨-; -n⟩ ricerca *f*, indagine *f* **re·cher·chie·ren** **A** V/I ⟨h.⟩ fare (delle) ricerche (*od* indagini) **B** V/T **einen Fall ~** indagare su un caso **rech·nen** **A** V/T **1** calcolare, fare il calcolo: **5 Euro pro Kopf ~** calcolare 5 euro a testa **2** (*zählen*) annoverare: **wir ~ ihn zu unseren besten Autoren** lo annoveriamo tra i nostri migliori autori **B** V/I ⟨h.⟩ **1** calcolare **2** (*erwarten*) **mit etw ~** aspettarsi (*od* mettere in conto) qc **3** *fig* contare: **auf j-s Hilfe ~** contare sull'aiuto di qn **C** V/R **sich ~** convenire; **etw rechnet sich nicht** qc non conviene ♦ **grob gerechnet** grosso modo; **rund gerechnet** arrotondando; **mit dem Schlimmsten ~** aspettarsi il peggio **Rech·nen** N ⟨-s⟩ **1** calcolo *m* **2** (*Schulfach*) aritmetica *f* **Rech·ner**[1] M ⟨-s; -⟩ **1** (*Gerät*) calcolatrice *f* **2** (*Anlage*) calcolatore *m* **Rech·ner**[2] M ⟨-s; -⟩, **-in** F ⟨-; -nen⟩ **ich bin keine gute Rechnerin** non sono brava in matematica; **Franz ist der beste Rechner in unserer Klasse** Franz è il migliore della classe in matematica ♦ **ein nüchterner Rechner** un freddo calcolatore **Rech·nung** F ⟨-; -en⟩ **1** conto *m* (*a. fig*): **seine ~ stimmt nicht** (*od* **geht nicht auf**) i suoi conti non tornano; **die ~, bitte!** per favore, il conto! **2** HANDEL fattura *f* **3** (*Berechnung*) calcolo *m*, calcoli *mpl*: **seiner ~ nach** secondo i suoi calcoli ♦ *fig* (**mit j-m**) **eine alte ~ begleichen** saldare un vecchio conto (con qn); **das geht auf meine ~** questo va sul mio conto; **eine offene ~** un conto aperto; **etw auf j-s ~ setzen** (*od* **j-m etw in ~ stellen**) addebitare qc a qn; **etw in ~ stellen** mettere in conto qc; **etw** (*dat*) **~ tragen** tener conto di qc **Rech·nungs·be·trag** M importo *m* (della fattura) **Rech·nungs·hof** M corte *f* dei conti **Rech·nungs·jahr** N anno *m* finanziario (*od* fiscale) **Rech-**

R

nungs·prü·fer M, **-in** F revisore *m* dei conti **Rech·nungs·prü·fung** F revisione *f* dei conti **Rech·nungs·we·sen** N contabilità *f*

recht **A** ADJ **1** giusto: **zur -en Zeit** al momento giusto **2** (*richtig*) vero: **ich habe keinen -en Hunger** non ho una vera (e propria) fame **3** destro (*a.* POL): **auf der -en Seite** sul lato destro, sulla destra; **eine -e Zeitung** un giornale di destra **4** (*Stoff, Kleidung*) diritto, esterno: **die -e Seite eines Stoffes/einer Jacke** il diritto di una stoffa/di una giacca; **eine -e Masche** una maglia diritta **5** MATH retto: **-er Winkel** angolo retto **B** ADV **1** bene: **habe ich ~ verstanden?** ho capito bene? **2** **du kommst gerade ~** capiti a proposito **3** (*ziemlich*) abbastanza: **~ schön!** abbastanza bello ♦ **gehe ich ~ in der Annahme ...** è giusta la mia supposizione ...; **~ haben** avere ragione; **j-m ~ geben** dare ragione a qn; **ganz ~!** giusto!; **jetzt erst ~** ora più che mai; **ist es dir ~?** ti va? sei d'accordo?; **das ist mir ~** per me va bene; **etw ins -e Licht rücken** mettere qc nella giusta luce; **es j-m ~ machen** riuscire ad accontentare qn; **so ist es ~!** **~ so!** così va bene!

Recht N ⟨-[e]s; -e⟩ **1** diritto *m*, legge *f*: **das ~ verdrehen** travisare la legge; **sein ~ fordern** esigere il proprio diritto **2** (*Gerechtigkeit*) giustizia *f*: **zu seinem ~ kommen** ottenere giustizia **3** (*Berechtigung*) ragione *f*: **mit/zu ~** con/a ragione ♦ **nach geltendem ~** secondo il diritto vigente; **im ~ sein** essere nel giusto; **~ sprechen** amministrare la giustizia; **gegen das ~ verstoßen** andare contro la legge; **mit vollem ~** a buon diritto; **alle -e vorbehalten** tutti i diritti riservati; **von -s wegen** di diritto

R

Rech·te[1] F ⟨-n; -n⟩ **1** (*rechte Seite, Hand*) destra *f* (*a.* POL): **etw in der -n halten** tenere qc nella (mano) destra; **zu seiner -n sitzen** sedere alla sua destra **2** (*beim Boxen*) destro *m*

Rech·te[2] M/F ⟨-n; -n⟩ **1** POL persona *f* di destra **2** *umg* (*Richtige*) persona *f* giusta

Rech·te[3] N ⟨-n⟩ cosa *f* giusta: **nichts -s gelernt haben** non avere imparato niente di utile ♦ **nach dem -n sehen** guardare se tutto è a posto

Recht·eck N ⟨-s; -e⟩ rettangolo *m* **recht·eckig** ADJ rettangolare

recht·fer·ti·gen **A** V/T giustificare: **etw (vor j-m) ~** giustificare qc (davanti a qn) **B** V/R **sich ~** giustificarsi **Recht·fer·ti·gung** F giustificazione *f* ♦ **etw zu seiner ~ vorbringen** addurre qc a propria discolpa

Recht·ha·be·rei F ⟨-; -en⟩ prepotenza *f* **recht·ha·be·risch** ADJ prepotente, che vuole sempre avere ragione **recht·lich** ADJ giuridico, legale **recht·los** ADJ privo di diritti **recht·mä·ßig** ADJ legittimo ♦ **~ zustehen** spettare di diritto

rechts **A** ADV **1** a destra: **~ vom Fenster** a destra della finestra; **~ von dir** alla tua destra; **von ~ kommen** venire da destra; **sich ~ halten** tenere la destra; **von ~ nach links** da destra a sinistra **2** POL di destra: **~ stehen** essere di destra **3** (*Stoff, Kleidung*) a diritto: **etw (von) ~ bügeln** stirare qc dal diritto; **zwei ~, zwei links stricken** lavorare due maglie a diritto due a rovescio **4** **~ außen** SPORT sulla fascia destra; POL di estrema destra **B** PRÄP (+*gen*) a destra di ♦ **weder ~ noch links schauen** andare dritto allo scopo

Rechts·ab·bie·ger M ⟨-s; -⟩, **-in** F ⟨-; -nen⟩ chi svolta a destra

Rechts·an·spruch M diritto *m* **Rechts·an·walt** M avvocato *m*, legale *m* **Rechts·an·wäl·tin** F avvocatessa *f*, legale *f*

Rechts·au·ßen M ⟨-; -⟩ SPORT ala *f* destra: **~ spielen** giocare da ala destra

Rechts·be·helf M espediente *m* giuridico **Rechts·be·leh·rung** F avvertimento *m* sui diritti di parte **Rechts·be·ra·ter** M, **-in** F consulente *m/f* legale **Rechts·be·schwer·de** F ricorso *m* **Rechts·beu·gung** F = *il piegare la legge agli interessi di una delle parti* **Rechts·bruch** M violazione *f* della legge

rechts·bün·dig ADJ allineato a destra

recht·schaf·fen ADJ **1** retto, probo **2** (*gro-, stark*) grande, forte **Recht·schaf·fen·heit** F ⟨-⟩ rettitudine *f*

Recht·schreib·feh·ler M errore *m* di ortografia **Recht·schreib·hil·fe** F IT correttore *m* ortografico automatico **Recht·schreib·prü·fung** F controllo *m* ortografico **Recht·schreib·re·form** F riforma *f* ortografica

Recht·schrei·bung F ortografia *f*

rechts·ext·rem ADJ di estrema destra **Rechts·ext·re·mis·mus** M ⟨-⟩ estremismo *m* di destra **Rechts·ext·re-**

mist M, **-in** F estremista *m/f* di destra **Rechts·fall** M caso *m* giuridico **Rechts·fin·dung** F accertamento *m* del diritto **Rechts·fra·ge** F questione *f* giuridica **rechts·gül·tig** ADJ valido legalmente **Rechts·gut·ach·ten** N parere *m* legale

Rechts·hän·der M ⟨-s; -⟩, **-in** F ⟨-; -nen⟩ destrimano *m*, -a *f* **rechts·hän·dig** ADV con la (mano) destra **rechts·he·rum** ADV a destra

rechts·kräf·tig ADJ & ADV passato in giudicato

Rechts·kur·ve F curva *f* a destra

Rechts·la·ge F situazione *f* giuridica

Rechts·mit·tel N (mezzo *m* di) impugnazione *f*; ricorso *m*: **ein ~ einlegen** impugnare un ricorso

Rechts·par·tei F partito *m* di destra

Recht·spre·chung F ⟨-⟩ **1** (amministrazione *f* della) giustizia *f* **2** (*gerichtliche Entscheidung*) sentenza *f*

rechts·ra·di·kal ADJ di estrema destra

Rechts·ruck M POL sterzata *f* a destra

Rechts·sa·che F causa *f*: **eine ~ anhängig machen** intentare una causa; (*Streitsache*) lite *f*: **eine ~ beilegen** comporre una lite **Rechts·schutz** M protezione *f* giuridica **Rechts·schutz·ver·si·che·rung** F assicurazione *f* spese legali **Rechts·staat** M stato *m* di diritto **Rechts·streit** M controversia *f* (giuridica), lite *f* **Rechts·ver·dre·her** M ⟨-s; -⟩, **-in** F ⟨-; -nen⟩ **1** chi abusa della legge **2** *hum pej* (*Rechtsanwalt*) leguleio *m*, -a *f*, azzeccagarbugli *m* **Rechts·ver·fah·ren** N procedimento *m* giudiziario

Rechts·ver·kehr M circolazione *f* a destra

Rechts·ver·tre·ter M, **-in** F rappresentante *m/f* legale **Rechts·weg** M via *f* legale: **den ~ beschreiten** adire le vie legali; **auf dem ~** per vie legali; **der ~ ist ausgeschlossen** sono escluse le vie legali **rechts·wid·rig** ADJ contrario alla legge, illegale **Rechts·wid·rig·keit** F illegalità *f*

recht·wink·lig **A** ADJ **1** ad angolo retto **2** GEOM rettangolo **B** ADV ad angolo retto

recht·zei·tig **A** ADJ tempestivo; (*pünktlich*) puntuale **B** ADV in tempo

Reck N ⟨-[e]s; -e⟩ sbarra *f* (fissa)

re·cken VT **1** stirare; (*den Hals*) allungare **2** sporgere: **den Kopf aus dem Fenster ~** sporgere la testa dalla finestra **3** alzare: **den Arm in die Höhe ~** alzare in alto il braccio

Re·cor·der → Rekorder

re·cy·cel·bar [ri'saik-] ADJ riciclabile

re·cy·celn VT riciclare

Re·cyc·ling N ⟨-s⟩ riciclaggio *m* **Re·cyc·ling·pa·pier** N carta *f* riciclata

Re·dak·teur [-'tøːɐ] M ⟨-s; -e⟩, **-in** F ⟨-; -nen⟩ redattore *m*, -trice *f*

Re·dak·ti·on F ⟨-; -en⟩ redazione *f*

re·dak·ti·o·nell ADJ redazionale

Re·de F ⟨-; -n⟩ discorso *m*: **eine ~ halten** tenere un discorso; **die ~ kommt auf etw** (*akk*) il discorso cade su qc; GRAM **(in)direkte ~** discorso (in)diretto ♦ **davon kann gar keine ~ sein!** non se ne parla nemmeno!; **lange ~, kurzer Sinn** in poche parole; **meine ~!** l'ho sempre detto!; **j-m ~ (und Antwort) stehen** rendere conto a qn; **j-n zur ~ stellen** costringere qn a dare spiegazioni (*od* a giustificarsi); **von j-m/etw ist die ~** si parla di qn/qc; **das ist nicht der ~ wert!** non vale la pena parlarne!; **nicht der ~ wert!** non c'è di che!

Re·de·frei·heit F libertà *f* di parola **re·de·ge·wandt** ADJ eloquente

re·den **A** VT dire **B** VI ⟨h.⟩ **1** parlare: **über j-n/etw** (*od* **von j-m/etw**) **~** parlare di qn/qc; **sie ~ nicht mehr miteinander** non si parlano più **2** (*eine Rede halten*) tenere un discorso **C** VR **sich heiser ~** diventare rauco a forza di parlare; **sich in Wut ~** arrabbiarsi parlando ♦ **du hast gut ~ …** hai un bel parlare …; **er lässt mit sich nicht ~!** non intende ragione!; **von sich ~ machen** far parlare di sé

Re·dens·art F **1** modo *f* di dire **2** (*Phrase*) parola *f* vuota, luogo *m* comune

Re·de·wei·se F modo *m* di parlare **Re·de·wen·dung** F locuzione *f*

re·di·gie·ren VT redigere

red·lich ADJ **1** (*rechtschaffen*) retto; (*ehrlich*) onesto **2** *fig* (*groß*) grande: **sich** (*dat*) **-e Mühe geben** darsi un gran daffare

Red·ner M ⟨-s; -⟩, **-in** F ⟨-; -nen⟩ oratore *m*, -trice *f* **Red·ner·pult** N pedana *f*, podio *m* dell'oratore

red·se·lig ADJ *pej* verboso; (*geschwätzig*) ciarliero **Red·se·lig·keit** F ⟨-; -en⟩ *pej* verbosità *f*; l'essere ciarliero *f*

re·du·zie·ren **A** VT ridurre (*a.* CHEM) **B** VR **sich auf etw** (*akk*) **~** ridursi a qc

Ree·de F ⟨-; -n⟩ rada *f* **Ree·der** M ⟨-s; -⟩ armatore *m* **Ree·de·rei** F ⟨-; -en⟩ compagnia *f* armatoriale (*od* armatrice) **Ree·de·rin** F ⟨-; -nen⟩ armatrice *f*

re·ell ADJ **1** reale (*a.* MATH); concreto: **eine -e Möglichkeit** una possibilità concreta **2** (*zuverlässig*) fidato **3** (*Preise*) onesto

Re·fe·rat N ⟨-[e]s; -e⟩ **1** relazione *f*: **ein ~ halten** fare una relazione **2** (*Abteilung*) reparto *m*

Refe·ren·dar M ⟨-s; -e⟩, **-in** F ⟨-; -nen⟩ referendario *m*, -a *f*

Re·fe·ren·dum N ⟨-s; Referenden *u.* Referenda⟩ referendum *m*

Re·fe·rent M ⟨-en; -en⟩, **-in** F ⟨-; -nen⟩ **1** (*Vortragender*) relatore *m*, -trice *f* **2** (*Verantwortlicher*) addetto *m*, -a *f*

Re·fe·renz F ⟨-; -en⟩ referenza *f*

re·fe·rie·ren **A** V/T riferire, relazionare **B** V/I ⟨h.⟩ **über etw** (*akk*) **~** fare una relazione su qc

Re·flek·tor M ⟨-s; -en⟩ riflettore *m*

Re·flex M ⟨-es; -e⟩ riflesso *m* **Re·flex·hand·lung** F (reazione *f* di) riflesso *m*

re·fle·xiv ADJ riflessivo **Re·fle·xiv·pro·no·men** N GRAM pronome *m* riflessivo

Re·flex·zo·nen·mas·sa·ge F massaggio *m* zonale, riflessoterapia *f*

Re·form F ⟨-; -en⟩ riforma *f*

Re·for·ma·ti·on F ⟨-; -en⟩ REL Riforma *f*

Re·form·haus N = *negozio di prodotti naturali*

re·for·mie·ren V/T riformare

Re·form·kost F alimentazione *f* naturale **Re·form·po·li·tik** F politica *f* riformistica **Re·form·stau** M blocco *m* delle riforme

Re·gal N ⟨-s; -e⟩ scaffale *m* **Re·gal·brett** N ripiano *m* di (*od* dello) scaffale

Re·gat·ta F ⟨-; Regatten⟩ regata *f*

re·ge ADJ **1** (*lebhaft*) vivo, vivace **2** intenso: **ein -r Verkehr** un traffico intenso ♦ **~ werden** destarsi; **noch geistig ~ sein** essere ancora vivace intellettualmente

Re·gel F ⟨-; -n⟩ **1** regola *f*: **eine ~ aufstellen** stabilire una regola; **sich** (*dat*) **etwas zur ~ machen** prendersi qc come regola (*od* abitudine) **2** (*Menstruation*) ciclo *m* ♦ **die goldene ~** la regola d'oro; **in der** (*od* **in aller**) **~** di regola, normalmente

re·gel·bar ADJ regolabile **Re·gel·blu·tung** F mestruazione *f* **Re·gel·fall** M caso *m* normale ♦ **im ~** di solito, in genere

re·gel·mä·ßig **A** ADJ **1** regolare: **-e Gesichtszüge** tratti regolari del viso **2** (*geregelt*) regolato **B** ADV **1** regolarmente: **etw ~ tun** fare qc regolarmente **2** regolatamente **Re·gel·mä·ßig·keit** F ⟨-; -en⟩ regolarità *f*

re·geln **A** V/T **1** regolare: **die Ampel regelt den Verkehr** il semaforo regola il traffico; **die Temperatur ~** regolare la temperatura **2** sistemare: **seine Geschäfte ~** sistemare i propri affari **B** V/R **sich ~** **1** regolarsi **2** sistemarsi: **die Sache hat sich von selbst geregelt** la cosa si è sistemata da sé ♦ *umg* **etw geregelt kriegen** saper gestire qc; **irgendwie kriegen wir das schon geregelt** in qualche modo ci arrangiamo

re·gel·recht **A** ADJ **1** (*vorschriftsmäßig*) regolare **2** *umg* (*richtig*) vero (e proprio) **B** ADV *umg* davvero: **~ betrunken sein** essere davvero ubriaco

Re·ge·lung F ⟨-; -en⟩ **1** regolazione *f*, regolamentazione *f* **2** sistemazione *f*: **eine ~ treffen** (*od* **finden**) trovare una sistemazione

re·gel·wid·rig ADJ contrario alle regole

re·gen **A** V/T (*leicht bewegen*) muovere **B** V/R **sich ~** **1** muoversi **2** *fig* ridestarsi: **endlich regte sich sein Gewissen** finalmente la sua coscienza si ridestò

Re·gen M ⟨-s⟩ pioggia *f*: **der ~ fällt** la pioggia cade; **in den ~ kommen** finire sotto la pioggia ♦ *umg* **j-n im ~ stehen lassen** lasciare qn nei guai; **saurer ~** pioggia acida; *umg* **vom ~ in die Traufe kommen** cadere dalla padella nella brace

Re·gen·bo·gen M arcobaleno *m* **Re·gen·bo·gen·far·ben** PL colori *mpl* dell'arcobaleno **Re·gen·bo·gen·pres·se** F stampa *f* rosa

Re·ge·ne·ra·ti·on F ⟨-; -en⟩ rigenerazione *f* (*a.* BIOL, TECH) **Re·ge·ne·ra·ti·ons·fä·hig·keit** F rigenerabilità *f* **re·ge·ne·rie·ren** **A** V/T rigenerare (*a.* BIOL, TECH) **B** V/I ⟨h.⟩ & V/R **sich ~** rigenerarsi (*a.* BIOL, TECH)

Re·gen·fall M rovescio *m* (di pioggia) **Re·gen·guss** M acquazzone *m* **Re·gen·ja·cke** F giacca *f* impermeabile; k-way® *m* **Re·gen·man·tel** M impermeabile *m* **re·gen·reich** ADJ piovoso **Re·gen·rin·ne** F grondaia *f*

R

Re·gens·burg N ⟨-s⟩ Ratisbona *f*
Re·gen·schau·er M scroscio *m* di pioggia **Re·gen·schirm** M ombrello *m*

Regenschirm

Spannen Sie nie einen Regenschirm im Haus eines italienischen Gastgebers auf: Viele behaupten, das würde Unglück bringen!

Re·gent M ⟨-en; -en⟩ **1** sovrano *m* **2** (*Vertreter des Monarchen*) reggente *m*
Re·gen·tag M giorno *m* di pioggia
Re·gen·tin F ⟨-; -nen⟩ sovrana *f*
Re·gen·trop·fen M goccia *f* di pioggia
Re·gent·schaft F ⟨-; -en⟩ **1** regno *m* **2** reggenza *f*
Re·gen·wald M foresta *f* tropicale **Re·gen·was·ser** N acqua *f* piovana **Re·gen·wet·ter** N tempo *m* piovoso **Re·gen·wol·ke** F nuvola *f* che minaccia pioggia **Re·gen·wurm** M lombrico *m* **Re·gen·zeit** F stagione *f* delle piogge
Re·gie [re'ʒiː] F ⟨-⟩ **1** regia *f* (*a. fig*): ~ **führen** avere la regia, essere il regista **2** (*Leitung*) direzione *f*: **ausgeführt in** (*od* **unter**) **städtischer** ~ eseguito sotto la direzione del comune ♦ *umg* **in eigener** ~ in proprio **Re·gie·as·sis·tent** M, **-in** F aiuto *m/f* regista
re·gie·ren **A** VI ⟨h.⟩ **1** governare **2** (*Monarch*) regnare (*a. fig*) **B** VT **1** governare: **einen Staat** ~ governare uno stato; *fig* **ein Haus** ~ governare una casa **2** GRAM reggere
Re·gie·rung F ⟨-; -en⟩ **1** governo *m* **2** (*Regentschaft*) regno *m*
Re·gie·rungs·be·am·te M, **-be·am·tin** F funzionario *m*, -a *f* governativo (-a) **Re·gie·rungs·be·zirk** M distretto *m* governativo **Re·gie·rungs·bil·dung** F formazione *f* del governo **Re·gie·rungs·bünd·nis** N coalizione *f* di governo **Re·gie·rungs·chef** M, **-in** F capo *m* del governo **re·gie·rungs·fä·hig** ADJ in grado di governare **Re·gie·rungs·kri·se** F crisi *f* di governo **Re·gie·rungs·par·tei** F partito *m* di governo **Re·gie·rungs·sitz** M sede *f* del governo **Re·gie·rungs·spre·cher** M, **-in** F portavoce *m/f inv* del governo **Re·gie·rungs·wech·sel** M cambiamento *m* di governo
Re·gime [re'ʒiːm] N ⟨-s; - *u.* -s⟩ regime *m*: **ein** ~ **stürzen** far cadere un regime
Re·gime·kri·ti·ker M, **-in** F oppositore *m*, -trice *f* del regime
Re·gi·ment N ⟨-[e]s; -e *u.* -er⟩ **1** ⟨*pl* -e⟩ (*Herrschaft*) dominio *m*, potere *m* **2** ⟨*pl* -e⟩ (*Führung*) comando *m*, governo *m* **3** MIL ⟨*pl* -er⟩ reggimento *m* **4** *fig hum* ⟨*pl* -er⟩ esercito *m*: **ein** ~ **von Touristen** un esercito di turisti ♦ **ein strenges** (*od* **eisernes**) ~ **führen** comandare a bacchetta
Re·gi·on F ⟨-; -en⟩ **1** regione *f* (*a.* MED), territorio *m* (*a. fig*) **2** *fig* (*Bereich*) sfera *f*, ambito *m* ♦ **in höheren -en schweben** vivere nelle nuvole
re·gi·o·nal ADJ regionale ♦ ~ **begrenzt** limitato (*od* circoscritto) alla regione; ~ **verschieden** diverso da regione a regione
Re·gi·o·nal·pro·gramm N RADIO, TV programma *m* (a diffusione) regionale **Re·gi·o·nal·wah·len** PL elezioni *fpl* regionali
Re·gis·seur [reʒɪ'søːɐ] M ⟨-s; -e⟩, **-in** F ⟨-; -nen⟩ regista *m/f* (*a. fig*)
Re·gis·ter N ⟨-s; -⟩ **1** (*Index*) indice *m* **2** (*Liste*) registro *m* (*a.* MUS): **etw in ein** ~ **eintragen** registrare qc ♦ *fig* **alle** ~ **ziehen** = *ricorrere a ogni mezzo*
re·gist·rie·ren VT **1** registrare: **Daten/Geburten** ~ registrare dati/nascite **2** (*wahrnehmen*) percepire: **ein Geräusch** ~ percepire un rumore **3** **eine Tatsache** ~ registrare un dato di fatto ♦ **Fahrzeuge** ~ immatricolare autoveicoli
Reg·le·ment [reglə'mãː] N ⟨-s; -s⟩ regolamento *m*
reg·le·men·tie·ren VT regolamentare
Reg·ler M ⟨-s; -⟩ TECH regolatore *m*
reg·los ADJ → regungslos
reg·nen VT & VI ⟨*unpers;* h.⟩ piovere: **es regnet** piove; **es hat die ganze Nacht geregnet** è (*od* ha) piovuto tutta la notte; *fig* **es regnet Proteste** piovono proteste ♦ *umg* **es regnet Bindfäden** (*od* **wie aus Eimern**) piove a dirotto (*od* a catinelle)
reg·ne·risch ADJ piovoso
Re·gress M ⟨-es; -e⟩ JUR regresso *m*: **an j-m** ~ **nehmen** agire contro qn in via di regresso **Re·gress·an·spruch** M JUR diritto *m* di regresso **Re·gress·pflicht** F JUR obbligo *m* di rivalsa **re·gress·pflich·tig** ADJ obbligato a rivalsa
re·gu·lär ADJ regolare; (*üblich*) normale
re·gu·lier·bar ADJ regolabile **re·gu·lie·ren** VT regolare **Re·gu·lie·rung**

R

F ⟨-; -en⟩ **1** regolazione *f* **2** (*von Fluss*) regolamento *m*
Re·gung F ⟨-; -en⟩ moto *m* (*a. fig*): **eine ~ des Mitleids** un moto di compassione ♦ **menschliche ~** sentimento *m* umano
re·gungs·los ADJ & ADV immobile
Reh N ⟨-[e]s; -e⟩ capriolo *m*
Re·ha F ⟨-; -s⟩ *umg* MED riabilitazione *f* (fisica)
Re·ha·bi·li·ta·ti·on F ⟨-; -en⟩ riabilitazione *f* (*a.* JUR) **Re·ha·bi·li·ta·ti·ons·zent·rum** N MED centro *m* di riabilitazione
re·ha·bi·li·tie·ren **A** V/T riabilitare **B** V/R **sich ~** riabilitarsi
Reh·bock M capriolo *m* maschio **Reh·kitz** N giovane capriolo *m*
Rei·bach M ⟨-s⟩ *umg* malloppo *m*
Rei·be F ⟨-; -n⟩, **Reib·ei·sen** N grattugia *f*
Rei·be·ku·chen M frittella *f* di patate grattugiate
rei·ben **A** V/T ⟨rieb, gerieben⟩ **1** (s)fregare, strofinare: **die Wäsche beim Waschen ~** strofinare la biancheria durante il lavaggio **2** (*Käse, Karotten*) grattugiare; (*Nüsse*) macinare **3** (*durch Reiben auftragen*) spalmare **B** V/I ⟨h.⟩ **1** **mit einem Tuch über die Schuhe ~** strofinare le scarpe con un panno **2** sfregare: **der Kragen reibt am Hals** il colletto sfrega contro il collo **C** V/R **sich ~** **1** strofinarsi, sfregarsi: **sich** (*dat*) **die Hände ~** sfregarsi le mani; **sich** (*dat*) **die Augen ~** stropicciarsi gli occhi **2** *fig* urtarsi: **sich an** (*od* **mit**) **den Nachbarn ~** urtarsi con i vicini ♦ **blank ~** lucidare; **zu Pulver ~** polverizzare; **trocken ~** strofinare (per asciugare); **sich wund ~** escoriarsi, sbucciarsi
Rei·be·rei F ⟨-; -en⟩ *umg* attrito *m*
Rei·bung F ⟨-; -en⟩ **1** sfregamento *m* **2** (*Streit*) attrito *m*
rei·bungs·los ADV senza intoppi: **alles verlief ~** non ci sono stati intoppi
reich ADJ **1** ricco; abbondante: **~ werden** diventare ricco, arricchirsi; **eine -e Ernte** un raccolto abbondante; **eine -e Ausbeute** un ricco bottino **2** *fig* grande, ampio, vasto: **eine -e Auswahl** un'ampia scelta; **eine -e Erfahrung** una vasta esperienza ♦ **~ an etw** (*dat*) **sein** essere ricco di qc; **j-n ~ beschenken** coprire di regali qn; **~ geschmückt** riccamente ornato; **in -em Maße** in ampia (*od* larga) misura, abbondantemente
Reich N ⟨-[e]s; -e⟩ **1** regno *m* (*a.* HIST *fig*); mondo *m*: **das ~ Gottes** il regno di Dio; **das ~ der Träume** il mondo dei sogni **2** (*Kaiserreich*) impero *m* **3** **das Dritte ~** il Terzo Reich ♦ **das ~ der Mitte** = *la Cina*
Rei·che M/F ⟨-n; -n⟩ ricco *m*, -a *f*
rei·chen **A** V/T **1** passare: **j-m das Salz ~** passare il sale a qn **2** dare, porgere: **j-m die Hand ~** dare la mano a qn **3** (*servieren*) servire **B** V/I ⟨h.⟩ **1** bastare: **das Geld reicht nicht** il denaro non basta; **danke, es reicht!** basta, grazie! **2** (*sich erstrecken*) estendersi, giungere: **das Feld reicht von hier bis zum Fluss** il campo si estende di qui fino al fiume **3** arrivare: **j-m bis zur Schulter ~** arrivare alle spalle di qn ♦ **sich die Hand ~** darsi la mano; **es reicht hinten und vorne nicht** non basta assolutamente; **mir reicht's!** ne ho abbastanza! basta!; **so weit das Auge reicht** fin dove arriva lo sguardo
reich·hal·tig ADJ abbondante: **ein -es Menü** un menu ricco (*od* vario); **eine -e Auswahl** una ricca (*od* ampia) scelta
reich·lich **A** ADJ ricco, abbondante: **-e Portionen** porzioni abbondanti **B** ADV **1** riccamente, abbondantemente **2** molto: **es ist noch ~ Platz** c'è ancora molto posto **3** oltre: **~ die Hälfte** oltre la metà **4** *umg* alquanto; abbastanza: **~ langweilig** alquanto noioso; **es ist ~ früh** è abbastanza presto ♦ **etw ist ~ vorhanden** c'è abbondanza di qc
Reichs·tag M **1** (*Gebäude*) Reichstag *m* **2** (*Regierungssitz*) sede *f* del governo
Reich·tum M ⟨-s; -tümer⟩ ricchezza *f* (*a. fig*); abbondanza *f*
Reich·wei·te F **1** portata *f* (*a.* RADIO): **etw in ~ haben** avere qc a portata di mano; **außer ~** fuori portata **2** (*Aktionsradius*) autonomia *f*
reif ADJ maturo ♦ **im -en Alter** in età matura; *umg* **~ für etw** maturo (*od* pronto) per qc; *iron* **eine -e Leistung** un'ottima prestazione; **~ werden** maturare; **die Zeit ist noch nicht ~** i tempi non sono ancora maturi
Reif[1] M ⟨-[e]s⟩ (*Raureif*) brina *f*
Reif[2] M ⟨-[e]s; -e⟩ (*Ring*) anello *m*
Rei·fe F ⟨-⟩ **1** maturazione *f*: **zur ~ kommen** giungere a maturazione **2** maturità *f* (*a. Schulabschluss*) ♦ **geistige ~** la maturità spirituale
rei·fen V/I ⟨s.⟩ **1** maturare (*a. fig*): **die**

R

Dinge ~ lassen lasciar maturare le cose **2** **zu etw/j-m ~** diventare qc/qn

Rei·fen M ⟨-s; -⟩ **1** TECH cerchio *m*: **~ um das Fass schlagen** mettere cerchi alla botte **2** ruota *f*, gomma *f*: **einen ~ flicken/aufziehen/wechseln** riparare/montare/cambiare una gomma; **das Auto hat abgefahrene ~** l'auto ha le ruote consumate

Rei·fen·druck M ⟨-[e]s; -drücke⟩ pressione *m* (del pneumatico) **Rei·fen·pan·ne** F foratura *f* (di una gomma): **eine ~ haben** avere una gomma a terra **Rei·fen·wech·sel** M cambio *m* della ruota

Rei·fe·prü·fung F esame *f* di maturità

Reif·glät·te F patina *f* di brina

reif·lich ADJ meticoloso: **nach -er Überlegung** dopo un'accurata riflessione

Rei·he F ⟨-; -n⟩ **1** fila *f*: **etw in eine ~ stellen** mettere qc in fila; **sich in zwei -n aufstellen** disporsi in (*od* su) due file; **in der ersten ~ sitzen** sedere in prima fila **2** filare *m*: **eine ~ hoher Bäume** un filare di alti alberi **3** *fig pl* file *fpl*: **aus den -n der Gegner** dalle file degli oppositori **4** serie *f* (*a.* MATH): **eine lange ~ von Unfällen** una lunga serie di incidenti; **nach einer ~ von Jahren** dopo un buon numero di anni **5** collana *f*: **in welcher ~ erscheint der Roman?** in quale collana esce il romanzo? ♦ *umg* **ich bin an der ~** tocca a me; **in Reih und Glied** in fila; *umg* **an die ~ kommen** essere il prossimo; **der ~ nach** uno dopo l'altro; (*ordnungsgemäß*) per ordine; *umg fig* **aus der ~ tanzen** uscire dai ranghi

rei·hen[1] V/T (*Nähen*) imbastire

rei·hen[2] **A** V/T **1** mettere in fila **2** (*aufreihen*) infilare **3** (*einreihen*) inserire **4** (*zuordnen*) annoverare **B** V/R **sich ~** **1** mettersi in fila **2** **sich an etw** (*akk*) **~** seguire qc; **ein Fest reihte sich ans andere** una festa seguiva l'altra

Rei·hen·fol·ge F successione *f*, ordine *f*: **in alphabetischer ~** in ordine alfabetico **Rei·hen·haus** N casa *f* a schiera **rei·hen·wei·se** ADV **1** in file **2** *umg* in gran numero

Rei·her M ⟨-s; -⟩ airone *m*

reih·um ADV in cerchio ♦ **etw ~ gehen lassen** far girare qc

Reim M ⟨-[e]s; -e⟩ rima *f* ♦ **sich** (*dat*) **einen ~ auf etw** (*akk*) **machen** (**können**) riuscire a capirci qc, a vederci chiaro

rei·men **A** V/I ⟨h.⟩ scrivere versi **B** V/T **1** (far) rimare **2** mettere in rima: **einen Text ~** mettere in rima un testo **C** V/R **sich ~** fare rima; **„Gipfel" reimt sich auf** (*od* **mit**) **„Wipfel"** "Gipfel" fa rima con "Wipfel"

rein[1] ADV *umg* **1** → herein **2** → hinein

rein[2] **A** ADJ **1** puro: **-er Alkohol** alcol puro; **-e Seide** seta pura; **eine -e Seele** un'anima pura; **das war -er Zufall** è stato un puro caso **2** (*sauber*) pulito: **ein -es Hemd** una camicia pulita; **ein -er Klang** un suono pulito; *fig* **ein -es Gewissen haben** avere la coscienza pulita **3** *umg* **das ist ja -er Wahnsinn** questa è pura follia; **dein Zimmer ist der -ste Saustall** la tua stanza è proprio un porcile; **es ist eine -e Freude** è una vera gioia, è un vero piacere **B** ADV **1** puramente: **von ~ politischem Charakter** di carattere puramente politico; **~ seiden** di seta pura **2** *umg* assolutamente: **~ unmöglich** assolutamente impossibile; → reinwaschen ♦ **etw ins Reine bringen** mettere qc in chiaro; **mit j-m im Reinen sein** essere d'accordo con qn; **mit etw im Reinen sein** avere chiaro qc; **mit sich selbst ins Reine kommen** chiarirsi le idee; **~ gar nichts** proprio niente; *umg* **mit etw -en Tisch machen** fare piazza pulita di qc; **-er Wein** vino genuino

Reindl N ⟨-s; -⟩ *österr* tegamino *m*

Rein·er·lös M ricavo *m* netto **Rein·er·trag** M rendita *f* netta

Rein·fall M *umg* fregatura *f*: **ein glatter ~** una vera fregatura **rein·fal·len** V/I ⟨*irr*; s.⟩ *umg* → hereinfallen

Rein·ge·winn M guadagno *m* netto

rein·hän·gen V/R *umg* **sich in etw** (*akk*) **~** impegnarsi in qc

Rein·heit F ⟨-⟩ **1** purezza *f* (*a. fig*), limpidezza *f*: **die ~ eines Tons** la purezza di un suono; **die ~ des Wassers** la limpidezza dell'acqua **2** (*von Wein*) genuinità *f* **3** (*Sauberkeit*) pulizia *f*

rei·ni·gen **A** V/T **1** pulire: **das Zimmer/eine Wunde ~** pulire la stanza/una ferita **2** (*Blut*) depurare **3** *fig* **die Atmosphäre ~** migliorare l'atmosfera **B** V/R **sich ~** pulirsi ♦ **Kleidungsstücke chemisch ~ lassen** far lavare a secco i vestiti; **von Flecken ~** smacchiare; *fig* **ein -des Gewitter** un confronto chiarificatore

Rei·ni·gung F ⟨-; -en⟩ **1** pulitura *f* **2** (*Waschen*) lavaggio *m* **3** MED, TECH de-

R

purazione *f* **4** tintoria *f*, lavasecco *m*: **einen Anzug aus der ~ holen** ritirare un abito dalla tintoria

Rei·ni·gungs·milch F latte *m* detergente **Rei·ni·gungs·mit·tel** N detersivo *m*

Re·in·kar·na·ti·on F ⟨-; -en⟩ reincarnazione *f*

Rein·kul·tur F BIOL coltura *f* pura, monocoltura *f* ♦ *fig* **in ~** autentico

rein·le·gen V/T *umg* far cadere in un tranello

rein·lich ADJ pulito **Rein·lich·keit** F ⟨-⟩ pulizia *f*

rein·ras·sig ADJ di razza pura

Rein·schrift F bella *f*, copia *f* **rein·wa·schen** V/R ⟨*irr*⟩ **sich ~** scagionarsi; **sich von einer Anschuldigung ~** scagionarsi da un'accusa

rein·zie·hen ⟨*irr*⟩ **A** V/T *umg* → hineinziehen **B** V/R *sl* **sich** (*dat*) **etw ~** **1** (*Flasche*) scolarsi **2** (*Essen*) mangiarsi **3** (*Video, Film*) guardarsi

Reis[1] M ⟨-es; -e⟩ riso *m*

Reis[2] N ⟨-es; -er⟩ **1** (*kleiner Zweig*) ramoscello *m* **2** (*junger Spross*) pollone *m*

Reis·brei M riso *m* al latte

Rei·se F ⟨-; -n⟩ viaggio *m* (*a. fig*) ♦ **auf -n gehen/sein** andare/essere in viaggio; **-n machen** viaggiare; **sich auf die ~ machen** mettersi in viaggio

Rei·se·an·den·ken N souvenir *m*, ricordino *m* **Rei·se·apo·the·ke** F astuccio *m* di pronto soccorso **Rei·se·be·glei·ter** M, **-in** F **1** compagno *m*, -a *f* di viaggio **2** (*Betreuer*) accompagnatore *m*, -trice *f* **Rei·se·be·kannt·schaft** F conoscenza *f* fatta in viaggio **Rei·se·be·richt** M relazione *f* di un viaggio **Rei·se·bü·ro** N agenzia *f* di viaggi **Rei·se·bus** M pullmann *m* turistico **rei·se·fer·tig** ADJ pronto per il viaggio **Rei·se·fie·ber** N *umg* febbre *f* della partenza **Rei·se·füh·rer** M guida *f* (turistica) **Rei·se·füh·re·rin** F guida *f* turistica **Rei·se·ge·päck** N bagagli *mpl* **Rei·se·grup·pe** F comitiva *f*, gruppo *m* vacanze **Rei·se·kos·ten** PL spese *fpl* di viaggio **Rei·se·krank·heit** F chinetosi *f* **Rei·se·land** N paese *m* turistico, meta *f* di vacanze **Rei·se·lei·ter** M, **-in** F capocomitiva *f/m* **rei·se·lus·tig** ADJ appassionato di viaggi

rei·sen V/I ⟨s.⟩ **1** viaggiare **2** fare un viaggio: **nach Spanien ~** fare un viaggio in Spagna; **zu einem Kongress ~** andare a un congresso **3** (*abreisen*) partire: **in die Ferien ~** partire per le vacanze

Rei·sen·de M/F ⟨-n; -n⟩ **1** viaggiatore *m*, (-trice *f*); (*Fahrgast*) passeggero *m*, -a *f* **2** (*Handelsvertreter*) rappresentante *m/f* di commercio

Rei·se·pass M passaporto *m* **Rei·se·pro·vi·ant** M provviste *fpl* per il viaggio **Rei·se·rou·te** F itinerario *m* di viaggio **Rei·se·rück·tritt·ver·si·che·rung** F assicurazione *f* annullamento viaggio **Rei·se·ruf** M comunicazione *f* (radiofonica) per turisti in viaggio **Rei·se·scheck** M traveller's cheque *m* **Rei·se·ta·sche** F borsa *f* da viaggio **Rei·se·ver·an·stal·ter** M, **-in** F operatore *m*, -trice *f* turistico (-a) **Rei·se·ver·kehr** M traffico *m* (in periodo di vacanze) **Rei·se·ver·si·che·rung** F assicurazione *f* viaggio **Rei·se·we·cker** M sveglia *f* da viaggio **Rei·se·wet·ter** N tempo *m* adatto per viaggiare **Rei·se·wet·ter·be·richt** M previsioni *fpl* del tempo per chi viaggia **Rei·se·zeit** F periodo *m* dei viaggi **Rei·se·ziel** N meta *f* del viaggio

Reis·feld N risaia *f*

Rei·sig N ⟨-s⟩ rami *mpl* secchi, sterpi *mpl*

Reiß·aus M *umg* **~ nehmen** darsela a gambe, svignarsela **Reiß·brett** N tecnigrafo *m*

rei·ßen ⟨riss, gerissen⟩ **A** V/T **1** strappare: **etw mittendurch ~** strappare qc a metà; **j-m etw aus den Händen ~** strappare qc di mano a qn **2** (*aus dem Boden reißen*) sradicare **3** gettare: **j-n/etw zu Boden ~** gettare a terra qn/qc **4** trascinare: **die Strömung reißt j-n/etw mit sich** la corrente trascina qn/qc con sé **5** tirare: **j-n an den Haaren ~** tirare qn per i capelli **6** (*Raubtier*) sbranare **7** (*beim Gewichtheben*) sollevare di strappo **B** V/I **1** ⟨s.⟩ strapparsi; (*Seile, Fäden*) rompersi **2** ⟨h.⟩ (*mit Gewalt ziehen*) dare strappi **C** V/R **sich ~** **1** (*sich ritzen*) graffiarsi, ferirsi **2** **sich um etw ~** far di tutto (*od* farsi in quattro) per qc ♦ **etw an sich** (*akk*) **~** tirare qc a sé; *fig* impadronirsi di qc; *umg* **das reißt ihn vom Hocker** ciò lo entusiasma; **in Stücke ~** fare a pezzi (*a. fig*); **sich für j-n in Stücke ~ lassen** farsi in quattro per qualcuno; **Witze ~** dire spiritosaggini; **aus dem Zusammenhang gerissen** staccato dal contesto **Rei·ßen**

N ⟨-s⟩ **1** lo strappare **2** *umg* reumatismi *mpl*, dolori *mpl* reumatici **3** SPORT strappo *m* **rei·ßend** ADJ (*Fluss*) impetuoso; (*Schmerzen*) lancinante ♦ **-en Absatz finden** andare a ruba
rei·ße·risch ADJ *pej* sensazionale
Reiß·na·gel M puntina *f* da disegno **Reiß·ver·schluss** M cerniera *f* lampo, zip *f* **Reiß·wolf** M distruggi-documenti *m* **Reiß·zwe·cke** F puntina *f* da disegno
Reit·bahn F maneggio *m*, cavallerizza *f*
rei·ten **A** V/I ⟨ritt, geritten; s., h.⟩ andare a cavallo: **auf einem Pferd ~** andare a cavallo, cavalcare un cavallo **B** V/T **1** cavalcare: **ein Kamel ~** cavalcare un cammello **2** (*Strecke*) percorrere a cavallo ♦ **Galopp ~** galoppare; **auf j-s Schultern ~** farsi portare a cavalluccio
Rei·ten N ⟨-s⟩ il cavalcare, equitazione *f*
Rei·ter M ⟨-s; -⟩ **1** cavaliere *m*; fantino *m* **2** (*auf Karteikarten*) cavalierino *m* **Rei·te·rin** F ⟨-; -nen⟩ cavallerizza *f*
Reit·ger·te F frustino *m* **Reit·ho·se** F calzoni *mpl* alla cavallerizza **Reit·leh·rer** M, **-in** F maestro *m*, -a *f* di equitazione **Reit·pferd** N cavallo *m* da sella **Reit·schu·le** F scuola *f* di equitazione **Reit·sport** M ippica *f*, sport *m* equestre **Reit·stall** M scuderia *f* **Reit·stie·fel** M stivale *m* da cavallerizzo **Reit·tur·nier** N concorso *m* ippico **Reit·un·ter·richt** M lezioni *fpl* di equitazione **Reit·weg** M sentiero *m* riservato ai cavalieri
Reiz M ⟨-es; -e⟩ **1** stimolo *m*: **auf einen ~ reagieren** reagire a uno stimolo **2** fascino *m*: **von etw/j-m geht ein großer ~ aus** qc/qn emana un grande fascino ♦ **seine -e zeigen** mostrare le proprie grazie
reiz·bar ADJ irritabile (*a.* BIOL, MED), irascibile **Reiz·bar·keit** F ⟨-⟩ irritabilità *f*, irascibilità *f*
rei·zen V/T **1** irritare, far arrabbiare: **sein Benehmen hat mich schwer gereizt** il suo comportamento mi ha irritato molto; **der Rauch reizt die Augen** il fumo irrita gli occhi **2** (*herausfordern*) provocare: **j-s Zorn ~** provocare la collera di qn; **reize nicht den Hund!** non stuzzicare il cane! **3** (*anreizen*) incitare: **j-n zum Bösen ~** spingere qn al male **4** eccitare, essere stimolante: **die neue Arbeit reizt ihn** trova stimolante il nuovo lavoro; **die Gefahr reizt ihn** il pericolo lo eccita **5** stuzzicare, stimolare: **das reizt die Fantasie** questo stimola la fantasia; **das reizt den Gaumen** questo stuzzica il palato; ♦ **j-n aufs Äußerste ~** esasperare qn; **j-n bis aufs Blut ~** far montare il sangue alla testa a qn; **das reizt mich nicht** non m'ispira
rei·zend ADJ **1** (molto) carino: **es war ~ von ihr, dass sie an uns dachte** è stato molto carino da parte sua pensare a noi **2** (*entzückend*) incantevole **3** (*anziehend*) attraente ♦ **das ist ja ~!** questa è bella!
Reiz·gas N gas *m* irritante **reiz·los** ADJ privo di attrattiva **Reiz·schwel·le** F soglia *f* dello stimolo **Reiz·the·ma** N tema *m* controverso
Rei·zung F ⟨-; -en⟩ **1** stimolazione *f* **2** (*Gereiztheit*) irritazione *f* (*a.* MED)
reiz·voll ADJ **1** delizioso **2** (*interessant*) ricco di attrattive **3** (*verlockend*) allettante **4** (*anziehend*) attraente **Reiz·wä·sche** F biancheria *f* (intima) sexy
re·ka·pi·tu·lie·ren V/T ricapitolare
re·keln V/R **sich ~** stirarsi, stiracchiarsi
Re·kla·ma·ti·on F ⟨-; -en⟩ reclamo *m*
Re·kla·me F ⟨-; -n⟩ pubblicità *f*, réclame *f* (*a. fig*): **für j-n/etw ~ machen** fare pubblicità a qn/qc; **mit etw ~ machen** vantarsi di qc
re·kla·mie·ren V/T **1** **etw ~** reclamare (*od* fare reclamo) per qc **2** (*fordern*) reclamare, (ri)chiedere
re·kon·stru·ie·ren V/T ricostruire **Re·kon·struk·ti·on** F ricostruzione *f*
Re·kord M ⟨-[e]s; -e⟩ record *m*, primato *m*: **einen ~ aufstellen/halten** stabilire/detenere un record ♦ **etw/j-d bricht alle -e** qc/qn batte tutti i record **Re·kord·be·such** M frequenza *f* record
Re·kor·der M ⟨-s; -⟩ registratore *m*
Re·kord·ern·te F raccolto *m* eccezionale **Re·kord·hal·ter** M, **-in** F detentore *m*, -trice *f* di un record, primatista *m*
Re·kord·zeit F tempo *m* record
Rek·rut M ⟨-en; -en⟩, **-in** F ⟨-; -nen⟩ recluta *f*
rek·ru·tie·ren **A** V/T reclutare, arruolare (*a. fig*) **B** V/R **sich ~** comporsi
rek·tal **A** ADJ rettale **B** ADV per via rettale
Rek·tor M ⟨-s; -en⟩ **1** (*der Grundschule*) direttore *m* **2** (*der Haupt-, Realschule*) preside *m* **3** (*der Universität*) rettore *m* **Rek·to·rat** N ⟨-[e]s; -e⟩ **1** direzione *f* **2** presidenza *f* **3** rettorato *m* **Rek·to·rin** F ⟨-; -nen⟩ **1** (*der Grundschule*) direttrice *f*

R

2 (*der Haupt-, Realschule*) preside *f* **3** (*der Universität*) rettrice *f*
Re·lais [rə'lɛ:] N ⟨-; -⟩ relais *m*, relè *m*
Re·la·ti·on F ⟨-; -en⟩ relazione *f* (*a.* MATH), rapporto *m*: **zwei Größen zueinander in ~ setzen** mettere in relazione tra loro due grandezze; **etw in die richtige ~ zu etw bringen** mettere qc nel giusto rapporto con qc
re·la·ti·o·nal ADJ IT relazionale
re·la·tiv ADJ relativo ♦ POL **-e Mehrheit** maggioranza relativa
re·la·ti·vie·ren V/T relativizzare
Re·la·ti·vi·tät F ⟨-; -en⟩ relatività *f* **Re·la·ti·vi·täts·the·o·rie** F ⟨-⟩ teoria *f* della relatività
Re·la·tiv·pro·no·men N GRAM pronome *m* relativo **Re·la·tiv·satz** M GRAM proposizione *f* relativa
re·la·xen [ri'lɛksn] V/I ⟨h.⟩ *umg* rilassarsi
re·le·vant ADJ rilevante
Re·le·vanz F ⟨-⟩ rilevanza *f*
Re·li·ef N ⟨-s; -s *u.* -e⟩ KUNST, GEOG rilievo *m*
Re·li·gi·on F ⟨-; -en⟩ religione *f*: **eine ~ ausüben** praticare una religione

Religion

Circa 83% der Bevölkerung sind römisch-katholisch. Die Zahl der **praticanti** (Praktizierenden) ist weit geringer: Fast alle Italiener werden kirchlich getauft und beerdigt, 84% der Ehen sind kirchlich, trotzdem entschieden sich 59,26% der Italiener für das Scheidungsgesetz (1974) und 67,9% für das Abtreibungsgesetz (1981).

R

Re·li·gi·ons·frei·heit F libertà *f* di culto **Re·li·gi·ons·ge·mein·schaft** F comunità *f* religiosa **Re·li·gi·ons·krieg** M guerra *f* di religione **Re·li·gi·ons·leh·rer** M, **-in** F insegnante *m/f* di religione **Re·li·gi·ons·un·ter·richt** M lezione *f* di religione **Re·li·gi·ons·zu·ge·hö·rig·keit** F appartenenza *f* a una religione
re·li·gi·ös ADJ religioso
Re·likt N ⟨-[e]s; -e⟩ residuo *m*
Re·ling F ⟨-s; -s *u.* -e⟩ SCHIFF parapetto *m*
Re·li·quie [-iə] F ⟨-; -n⟩ reliquia *f* **Re·li·qui·en·schrein** M scrigno *m* per reliquie
Re·make [ri:'me:k] N ⟨-s; -s⟩ remake *m*
re·mis [rə'mi:] ADJ pari, patta: **~ enden** finire pari **Re·mis** N ⟨-; - *u.* -en⟩ parità *f*
Re·mou·la·de [remu-] F ⟨-; -n⟩ salsa *f* remoulade
rem·peln V/T *umg* **1** spintonare **2** SPORT caricare
Ren N ⟨-s; -s *u.* -e⟩ renna *f*
Re·nais·sance [rənɛ'sã:s] F ⟨-; -n⟩ **1** rinascimento *m* **2** (*Wiederaufkommen*) rinascita *f*
Ren·dez·vous [rãdə'vu:] N ⟨-s; -s⟩ rendez-vous *m*, appuntamento *m*
Ren·di·te F ⟨-; -n⟩ rendita *f*
Re·nek·lo·de F ⟨-; -n⟩ reine-claude *f*
Renn·bahn F **1** pista *f* (da corsa) **2** (*für Pferde*) ippodromo *m* **3** (*für Wagen, Motorräder*) autodromo *m* **4** (*für Fahrräder*) velodromo *m*
ren·nen ⟨rannte, gerannt⟩ **A** V/I ⟨s.⟩ **1** correre; fare una corsa: **wie der Blitz ~** correre come il fulmine; *umg fig* **wegen jeder Kleinigkeit zum Arzt ~** correre dal medico per la minima cosa **2** **an** (*od* **gegen**) **etw** (*akk*) **~** andare a sbattere contro qc **B** V/T cacciare, ficcare: **j-m ein Messer in die Brust ~** conficcare un coltello nel petto a qn
Ren·nen N ⟨-s; -⟩ corsa *f*: **er ist ein großartiges ~ gelaufen** ha fatto una grande corsa; **er ist ein großartiges ~ gelaufen/geritten/gefahren** ha corso una grande gara ♦ *umg* **das ~ ist gelaufen** (la cosa) è andata; **gut im ~ liegen** avere buone probabilità di vittoria (*a. fig*); *umg fig* **das ~ machen** andare per la maggiore
Ren·ner M ⟨-s; -⟩ *sl* HANDEL campione *m* di vendita; FILM, THEAT campione *m* d'incassi
Renn·fah·rer M, **-in** F pilota *m/f* automobilistico (-a), pilota *m/f* motociclistico (-a) **Renn·pferd** N cavallo *m* da corsa **Renn·rad** N bicicletta *f* da corsa **Renn·sport** M **1** corse *fpl* **2** (*Pferderennsport*) ippica *f* **3** AUTO automobilismo *m* **4** (*von Motorrädern*) motociclismo *m* **5** (*von Fahrrädern*) ciclismo *m* **Renn·stall** M scuderia *f* (*a.* AUTO) **Renn·stre·cke** F **1** percorso *m* di gara **2** AUTO (*Rundstrecke*) circuito *m* **Renn·wa·gen** M macchina *f* da corsa
Re·nom·mee N ⟨-s; -s⟩ **1** reputazione *f*: **ein zweifelhaftes ~ haben** avere una dubbia reputazione **2** (*guter Ruf*) buon

nome *m*; rinomanza *f*
re·nom·miert ADJ rinomato
re·no·vie·ren V/T **1** (*Gebäude*) restaurare **2** (*Innenausstattung*) rinnovare **Re·no·vie·rung** F ⟨-; -en⟩ restauro *m*; rinnovo *m*
ren·ta·bel ADJ redditizio
Ren·ta·bi·li·tät F ⟨-⟩ redditività *f*
Ren·te F ⟨-; -n⟩ **1** (*Alters-, Invalidenrente*) pensione *f* **2** rendita *f*: **von seiner ~ leben** vivere di rendita; **eine ~ beziehen** percepire una rendita ♦ *umg* **auf** (*od* **in**) **~ gehen/sein** andare/essere in pensione
Ren·ten·al·ter N età *f* pensionabile **Ren·ten·an·spruch** M diritto *m* alla pensione **Ren·ten·emp·fän·ger** M, **-in** F beneficiario *m*, -a *f* di una pensione **Ren·ten·markt** M mercato *m* dei titoli a reddito fisso **Ren·ten·ver·si·che·rung** F previdenza *f* sociale; (*privat*) fondo *m* pensione
Ren·tier N renna *f*
ren·tie·ren V/R **sich ~** rendere, fruttare, essere redditizio; *fig* valere la pena
Rent·ner M ⟨-s; -⟩, **-in** F ⟨-; -nen⟩ pensionato *m*, -a *f*
re·or·ga·ni·sie·ren V/T riorganizzare
re·pa·ra·bel ADJ riparabile
Re·pa·ra·tur F ⟨-; -en⟩ riparazione *f*: **etw in die** (*od* **zur**) **~ geben** dare qc in riparazione **re·pa·ra·tur·an·fäl·lig** ADJ soggetto a riparazioni **re·pa·ra·tur·be·dürf·tig** ADJ che ha bisogno di riparazioni **Re·pa·ra·tur·werk·statt** F officina *f* di riparazioni
re·pa·rie·ren V/T riparare, aggiustare
Re·per·toire [-'toa:ɐ] N ⟨-s; -s⟩ THEAT, MUS repertorio *m*
Re·por·ta·ge [-'ta:ʒə] F ⟨-; -n⟩ reportage *m* **Re·por·ter** M ⟨-s; -⟩, **-in** F ⟨-; -nen⟩ reporter *m/f*
re·prä·sen·ta·bel ADJ di bell'aspetto, di bella presenza **Re·prä·sen·tant** M ⟨-en; -en⟩, **-in** F ⟨-; -nen⟩ rappresentante *m/f* **Re·prä·sen·ta·ti·on** F ⟨-; -en⟩ rappresentanza *f* **re·prä·sen·ta·tiv** ADJ **1** rappresentativo: **-e Demokratie** sistema democratico rappresentativo **2** di rappresentanza: **ein -er Wagen** una macchina di rappresentanza **re·prä·sen·tie·ren** V/T rappresentare; (*darstellen*) costituire
Re·pres·sa·lie [-iə] F ⟨-; -n⟩ rappresaglia *f*
Re·pro·duk·ti·on F riproduzione *f* **re·pro·du·zie·ren** V/T riprodurre
Rep·til N ⟨-s; -ien *u.* -e⟩ rettile *m*
Re·pub·lik F ⟨-; -en⟩ repubblica *f*: **Slowakische ~** Repubblica Slovacca; **Tschechische ~** Repubblica Ceca
Re·pub·li·ka·ner M ⟨-s; -⟩, **-in** F ⟨-; -nen⟩ **1** repubblicano *m*, -a *f* **2** *pl* (*a.* **Reps**) = *partito tedesco di destra* **re·pub·li·ka·nisch** ADJ repubblicano
Re·qui·em ['reqviɛm] N ⟨-s; -s⟩ requiem *m*; (*Totenmesse*) messa *f* di requiem
Re·qui·sit N ⟨-[e]s; -en⟩ **1** requisito *m* **2** THEAT accessorio *m* di scena
resch ADJ *österr* (*knusprig*) croccante
Re·ser·vat N ⟨-[e]s; -e⟩ riserva *f* naturale
Re·ser·ve F ⟨-; -n⟩ **1** riserva *f*: **die -n angreifen** intaccare le riserve **2** MIL **die ~ einsetzen** impegnare le riserve; SPORT **bei** (*od* **in**) **der ~ spielen** giocare da (*od* come) riserva **3** (*Zurückhaltung*) riserbo *m*: **j-n aus der ~ locken** far uscire qn dal riserbo ♦ **auf ~ fahren** viaggiare in riserva; **etw in ~ haben** avere in serbo qc; WIRTSCH **stille -n** riserve occulte
Re·ser·ve·bank F ⟨-; -bänke⟩ SPORT panchina *f* **Re·ser·ve·rad** N ruota *f* di scorta **Re·ser·ve·spie·ler** M, **-in** F riserva *f* **Re·ser·ve·tank** M serbatoio *m* di riserva
re·ser·vie·ren V/T prenotare: **einen Tisch/ein Zimmer ~** prenotare un tavolo/una camera **re·ser·viert** ADJ riservato: **j-m gegenüber ~ sein** essere riservato con qn
Re·ser·vist M ⟨-en; -en⟩, **-in** F ⟨-; -nen⟩ riservista *m/f*
Re·ser·voir [-'voa:ɐ] N ⟨-s; -e⟩ serbatoio *m*
Re·set ['ri:sɛt] N ⟨-s; -s⟩ IT reset *m inv*
Re·si·denz F ⟨-; -en⟩ residenza *f*
re·si·die·ren V/I ⟨h.⟩ risiedere
Re·sig·na·ti·on F ⟨-⟩ rassegnazione *f* **re·sig·nie·ren** V/I ⟨h.⟩ rassegnarsi **re·sig·niert** ADJ rassegnato
re·sis·tent ADJ BIOL, MED resistente
re·so·lut ADJ risoluto
Re·so·lu·ti·on F ⟨-; -en⟩ risoluzione *f*: **eine ~ einbringen** presentare una risoluzione
Re·so·nanz F ⟨-; -en⟩ PHYS, MUS risonanza *f* (*a. fig*): **auf ~ stoßen** suscitare risonanza **Re·so·nanz·bo·den** M, **Re·so·nanz·kas·ten** M cassa *f* armo-

nica
re·so·zi·a·li·sie·ren VT reinserire nella società **Re·so·zi·a·li·sie·rung** F ⟨-; -en⟩ reinserimento *m*
Res·pekt M ⟨-[e]s⟩ rispetto *m*: **~ vor j-m/etw haben** avere rispetto per qn/qc; **~ einflößend** che incute rispetto ♦ **bei allem ~ vor ihm** con tutto il rispetto per lui; **sich** (*dat*) **~ verschaffen** farsi rispettare
res·pek·ta·bel ADJ rispettabile
res·pek·tie·ren VT rispettare
res·pekt·los ADJ irrispettoso **Res·pekt·lo·sig·keit** F ⟨-; -en⟩ mancanza *f* di rispetto
Res·pekts·per·son F persona *f* di riguardo **res·pekt·voll** ADJ pieno di rispetto, rispettoso
Res·sen·ti·ment [rɛsãti'mã:] N ⟨-s; -s⟩ **1** risentimento *m* **2** (*Groll*) rancore *m*
Res·sort [rɛ'so:ɐ] N ⟨-s; -s⟩ **1** competenza *f*: **das fällt nicht in mein ~** questo non è di mia competenza **2** (*Abteilung*) sezione *f*, divisione *f*
Res·sour·ce [rɛ'sʊrsə] F ⟨-; -n⟩ **1** risorsa *f* **2** (*finanziell*) risorse *f* finanziarie, mezzi *mpl*
Rest M ⟨-[e]s; -e⟩ **1** resto *m* (*a.* MATH): **der ~ der Reise** il resto del viaggio; **fossile -e** resti fossili **2** (*Übriggebliebenes*) avanzo *m*: **-e Papier** avanzi di carta; **heute gibt es -e** oggi si mangiano gli avanzi **3** ⟨*von Meterware;* HANDEL *pl* -er, *schweiz* -en⟩ scampolo *m* ♦ **j-m/etw den ~ geben** dare a qn/qc il colpo di grazia
Res·tau·rant [rɛsto'rã:] N ⟨-[e]s; -s⟩ ristorante *m*
res·tau·rie·ren VT restaurare **Res·tau·rie·rung** F ⟨-; -en⟩ **1** restaurazione *f* **2** (*von Kunstwerken*) restauro *m*
Rest·be·trag M saldo *m*, resto *m* **rest·lich** ADJ restante, rimanente, residuo: **die -en Raten** le rate rimanenti; **die -en Schulden** i debiti residui **rest·los** ADV **1** completamente, del tutto: **~ zufrieden** completamente felice **2** assolutamente: **von etw ~ überzeugt sein** essere assolutamente convinti di qc
Rest·pos·ten M saldo *m*, rimanenza *f* **Rest·ri·si·ko** N rischio *m* residuo **Rest·stra·fe** F pena *f* residua
Re·sul·tat N ⟨-[e]s; -e⟩ risultato *m*: **-e bringen** dare risultati
re·sul·tie·ren VI ⟨h.⟩ risultare: **daraus resultiert, dass …** da ciò risulta che …

Re·sü·mee N ⟨-s; -s⟩ **1** riassunto *m*: **ein ~ von etw geben** fare un riassunto di qc **2** succo *m*: **das ~ ziehen** trarre il succo, riassumere
re·sü·mie·ren VT riassumere
Re·tor·te F ⟨-; -n⟩ CHEM storta *f* ♦ **Lebensmittel aus der ~** cibi artificiali
Re·tor·ten·ba·by N *umg* bambino *m* in provetta, figlio *m* della provetta
Re·tour·geld [re'tu:ɐ-] N *schweiz* resto *m* **Re·tour·kut·sche** F *umg* replica *f*
Ret·ro·spek·ti·ve F ⟨-; -n⟩ **1** sguardo *m* retrospettivo: **in der ~** guardando indietro (*od* a posteriori) **2** KUNST retrospettiva *f*
ret·ten **A** VT salvare: **j-n aus dem Feuer/vor dem Untergang ~** salvare qn dalle fiamme/dalla rovina; **j-m das Leben ~** salvare la vita a qn **B** VR **sich ~** salvarsi; **sich ins Freie ~** salvarsi (uscendo) all'aperto ♦ **der -de Engel** l'angelo salvatore; **seine Haut** (*od* **seinen Kopf**) **~** salvare la pelle; **rette sich, wer kann!** si salvi chi può!; **die -de Lösung** la soluzione risolutoria; **sich vor Arbeit nicht mehr zu ~ wissen** essere sommerso dal lavoro; **sich vor Stress nicht mehr zu ~ wissen** essere superstressato; **nicht mehr zu ~ sein** essere irrecuperabile; **bist du** (**denn**) **noch zu ~?** ma sei matto?
Ret·ter M ⟨-s; -⟩, **-in** F ⟨-; -nen⟩ salvatore *m*, -trice *f*
Ret·tich M ⟨-s; -e⟩ rafano *m*
Ret·tung F ⟨-; -en⟩ **1** salvataggio *m* **2** (*Hilfe*) soccorso *m*: **jede ~ kam zu spät** ogni soccorso giunse troppo tardi **3** (*Errettung*) salvezza *f*: **es gibt keine ~!** non c'è (via di) scampo! **4** (*Bewahrung*) conservazione *f*, salvaguardia *f* **5** *österr* → Rettungsdienst; → Rettungswagen ♦ **j-s ~ sein** essere la salvezza di qn
Ret·tungs·ak·ti·on F azione *f* di salvataggio (*od* di soccorso) **Ret·tungs·boot** N **1** imbarcazione *f* di soccorso **2** (*auf Schiffen mitgeführtes Boot*) lancia *f* di salvataggio **Ret·tungs·dienst** M servizio *m* di soccorso **Ret·tungs·flug·zeug** N aeroambulanza *f* **Ret·tungs·hub·schrau·ber** M elicottero *m* di soccorso **Ret·tungs·in·sel** F zattera *f* di salvataggio **ret·tungs·los** ADV irrimediabilmente, senza scampo **Ret·tungs·ring** M salvagente *m* **Ret·tungs·schwim·men** N nuoto *m* di salvataggio **Ret·tungs·schwim·mer**

M, **-in** F bagnino *m*, -a *f* di salvataggio **Ret·tungs·wa·gen** M veicolo *m* di soccorso; (*Ambulanz*) (auto)ambulanza *f*
Re·turn [ri'tœrn] M ⟨-s; -s⟩ SPORT risposta *f* (al servizio) **Re·turntaste** F IT return *m inv*, tasto *m* invio
Reue F ⟨-⟩ pentimento *m*; (*Gewissensbisse*) rimorso *m*: **über etw** (*akk*) **keine ~ empfinden** non provare rimorso (*od* pentimento) per qc
reu·en V/T ⟨h.⟩ **diese Ausgabe reut mich** mi rincresce di questa spesa; *unpers* **es reut mich** mi dispiace, mi rincresce
reu·e·voll ADJ, **reu·ig** ADJ pentito, contrito
reu·mü·tig A ADJ che esprime pentimento, contrito B ADV con pentimento
Reu·se F ⟨-; -n⟩ nassa *f*
Re·van·che [re'vã:ʃ(ə)] F ⟨-; -n⟩ 1 rivincita *f*: **von j-m eine ~ fordern** chiedere la rivincita a qn 2 ricambio *m*: **als ~ für ihre Hilfe …** per ricambiare il suo aiuto …
re·van·chie·ren V/R **sich ~** 1 prendersi la rivincita; (*sich rächen*) vendicarsi 2 *umg* (*sich erkenntlich zeigen*) **sich bei j-m für etw ~** sdebitarsi con qn per qc, dare qc in contraccambio a qn
Re·vers [re'vɛ:ɐ] M/N ⟨-; -⟩ (*Nähen*) revers *m*, risvolto *m*
re·vi·die·ren V/T rivedere (*a. fig*)
Re·vier N ⟨-s; -e⟩ 1 campo *m*, settore *m*: **sein ~ abgrenzen** delimitare il proprio campo 2 regno *m*: **sie betrachtet die Küche als ihr ~** considera la cucina il suo regno 3 (*Polizeirevier*) distretto *m* (di polizia) 4 (*Forstrevier*) distretto *m* forestale 5 (*Jagdrevier*) riserva *f* di caccia 6 ZOOL *hum* territorio *m*: **das ~ markieren** marcare il territorio
Re·vi·si·on F ⟨-; -en⟩ 1 (*Überprüfung*) revisione *f* 2 (*Kontrolle*) controllo *m* 3 (*Änderung*) cambiamento *m*: **zu einer ~ seiner Meinung gezwungen sein** essere costretto a rivedere la propria opinione 4 JUR ricorso *m* in cassazione: **gegen ein Urteil ~ einlegen** fare ricorso in cassazione; **in die ~ gehen** andare in cassazione
Re·vol·te [-v-] F ⟨-; -n⟩ rivolta *f* **re·vol·tie·ren** V/I ⟨h.⟩ rivoltarsi, ribellarsi
Re·vo·lu·ti·on [-v-] F ⟨-; -en⟩ rivoluzione *f* **re·vo·lu·ti·o·när** ADJ rivoluzionario: **eine -e Entdeckung** una scoperta rivoluzionaria **Re·vo·lu·ti·o·när** M ⟨-s; -e⟩, **-in** F ⟨-; -nen⟩ rivoluzionario *m*, -a *f* (*a. fig*) **re·vo·lu·ti·o·nie·ren** V/T rivoluzionare
Re·vo·luz·zer [-v-] M ⟨-s; -⟩, **-in** F ⟨-; -nen⟩ *pej* sovversivo *m*, -a *f*
Re·vol·ver [re'vɔlvɐ] M ⟨-s; -⟩ revolver *m*, rivoltella *f*: **den ~ ziehen/abdrücken** estrarre/scaricare il revolver
Re·vue [rə'vy:] F ⟨-; -n⟩ THEAT rivista *f* ♦ **etw ~ passieren lassen** passare in rivista qc
Re·zen·sent M ⟨-en; -en⟩, **-in** F ⟨-; -nen⟩ recensore *m*, recensitrice *f*
re·zen·sie·ren V/T recensire
Re·zen·si·on F ⟨-; -en⟩ recensione *f*
Re·zept N ⟨-[e]s; -e⟩ ricetta *f*: **ein ~ ausstellen** scrivere una ricetta; **nach bewährtem ~** secondo una ricetta consolidata **re·zept·frei** ADJ da banco **Re·zept·ge·bühr** F ticket *m* sulla ricetta
Re·zep·ti·on F ⟨-; -en⟩ reception *f*, réception *f*: **an der ~** alla reception
re·zept·pflich·tig ADJ da vendersi dietro presentazione di ricetta medica
Re·zes·si·on F ⟨-; -en⟩ WIRTSCH recessione *f*
re·zi·tie·ren V/T recitare
R-Ge·spräch N chiamata *f* a carico del destinatario
Rha·bar·ber M ⟨-s⟩ rabarbaro *m*
Rhap·so·die F ⟨-; -n⟩ rapsodia *f*
Rhein M ⟨-[e]s⟩ Reno *m* **Rhein·land** N Renania *f* **Rhein·län·der** M ⟨-s; -⟩, **-in** F ⟨-; -nen⟩ renano *m*, -a *f* **rhein·län·disch** ADJ renano
Rhein·land-Pfalz F ⟨-⟩ Renania-Palatinato *f*
Rhe·sus·af·fe M reso *m* **Rhe·sus·fak·tor** M fattore *m* Rhesus
Rhe·to·rik F ⟨-⟩ retorica *f* **Rhe·to·ri·ker** M ⟨-s; -⟩, **-in** F ⟨-; -nen⟩ retorico *m* **rhe·to·risch** ADJ retorico
Rheu·ma N ⟨-s⟩ reuma *m*: **~ haben** avere i reumatismi **rheu·ma·tisch** ADJ reumatico **Rheu·ma·tis·mus** M ⟨-; Rheumatismen⟩ reumatismo *m*
Rhi·no·ze·ros N ⟨-[ses]; -se⟩ rinoceronte *m* (*a. umg fig*)
Rho·do·dend·ron M/N ⟨-s; Rhododendren⟩ rododendro *m*
Rhodos N ⟨-⟩ Rodi *f*
rhyth·misch ADJ ritmico
Rhyth·mus M ⟨-; Rhythmen⟩ ritmo *m*: **aus dem ~ kommen** perdere il ritmo
Ri·bi·sel F ⟨-; -n⟩ *österr* ribes *m*
rich·ten A V/T 1 dirigere, (ri)volgere:

den Blick auf j-n/etw ~ volgere lo sguardo verso qn/qc; seine Aufmerksamkeit auf etw (*akk*) ~ rivolgere la propria attenzione a qc **2** puntare: eine Waffe gegen (*od* auf) j-n/etw ~ puntare un'arma contro qn/qc **3** (*äußern*) rivolgere: eine Bitte an j-n ~ rivolgere una preghiera a qn **4** (*Brief*) indirizzare **5** (*gerade richten*) raddrizzare; (*Knochenbrüche*) ridurre **6** *dial* (*vorbereiten*) preparare **7** (*in Ordnung bringen*) riparare, aggiustare: die Zähne ~ aggiustare i denti **B** VI ⟨h.⟩ über j-n/etw ~ esprimere un giudizio su qn/qc **C** VR sich ~ **1** rivolgersi, dirigersi: diese Kritik richtet sich gegen die Regierung questa critica è rivolta al governo **2** sich nach etw ~ orientarsi su (*od* regolarsi secondo) qc; ich richte mich nach dir mi regolo su di te (*od* su ciò che fai tu) **3** (*abhängen*) dipendere: der Preis richtet sich nach der Menge il prezzo dipende dalla quantità ♦ ~ Sie sich bitte danach! si regoli di conseguenza!; der Verdacht richtet sich auf (*od* gegen) j-n i sospetti cadono su qn

Rich·ter M ⟨-s; -⟩ giudice *m* (*a. fig*) **Rich·te·rin** F ⟨-; -nen⟩ giudice *m*, *umg* giudice *f* **rich·ter·lich** ADJ di (*od* del) giudice; giudiziario

Rich·ter·ska·la F scala *f* Richter

Richt·fest N = *festa per la copertura del tetto* **Richt·ge·schwin·dig·keit** F velocità *f* consigliata

rich·tig **A** ADJ **1** giusto: etw für ~ halten ritenere qc giusto **2** esatto: die Lösung ist ~ la soluzione è esatta; ~! esatto! **3** (*geeignet*) opportuno, adatto: den -en Zeitpunkt verpassen lasciarsi sfuggire il momento oppurtuno; der -e Ort il luogo adatto **4** vero; autentico: seine -en Eltern i suoi veri genitori; ein -er Wiener un viennese autentico **5** vero e proprio: das war kein -er Urlaub non è stata una vera e propria vacanza **B** ADV **1** bene: ~ verstehen capire bene; die Uhr geht ~ l'orologio va bene **2** precisamente: etw ~ messen misurare qc con precisione **3** (*fehlerfrei*) correttamente **4** (*tatsächlich*) in effetti: und ~, so geschah es auch e in effetti avvenne proprio questo **5** (*sehr*) proprio, veramente: es war ~ heiß faceva veramente caldo; sie war ~ froh era proprio contenta **6** (*ordentlich*) come si deve: erst mal ~ ausschlafen innanzi tutto una dormita come si deve ♦ -er gesagt più propriamente detto; etw ~ sehen vederci chiaro in qc; → richtigliegen, richtigstellen

Richti·ge[1] M/F ⟨-n; -n⟩ persona *f* giusta ♦ an den -n geraten (*od* kommen) capitare bene (*a. iron*); drei/vier/fünf ~ im Lotto haben fare un terno/una quaterna/una cinquina al lotto; sechs ~ im Lotto haben avere sei numeri esatti al lotto

Rich·ti·ge[2] N ⟨-n; -n⟩ cosa *f* giusta: das ~ tun fare la cosa giusta; das ist das ~ für mich è quello che ci vuole per me

rich·tig·ge·hend **A** ADJ vero (e proprio) **B** ADV veramente, proprio **Rich·tig·keit** F ⟨-⟩ **1** giustezza *f*, esattezza *f*: die ~ ihrer Entscheidung la giustezza della sua decisione; die ~ einer Übersetzung la fedeltà di una traduzione **2** conformità *f*: einen Antrag auf seine ~ prüfen verificare la conformità di una richiesta ♦ seine ~ haben essere giusto; damit hat es seine ~ è giusto così **rich·tig·lie·gen** VI ⟨*irr*; h.⟩ *umg* er liegt richtig è nel giusto **rich·tig·stel·len** VT rettificare, correggere: eine Aussage ~ rettificare una dichiarazione; einen Irrtum ~ correggere un errore

Richt·li·nie F direttiva *f* **Richt·preis** M prezzo *m* indicativo **Richt·schnur** F ⟨-; -en⟩ *fig* norma *f*: als ~ dienen servire di norma

Rich·tung F ⟨-; -en⟩ **1** direzione *f*: die ~ einhalten mantenere la direzione; *fig* ein Versuch in dieser ~ un tentativo in questa direzione (*od* in questo senso) **2** orientamento *m*, taglio *m*: einem Gespräch eine bestimmte ~ geben dare a un discorso un taglio particolare **3** *fig* corrente *f*, tendenza *f*: eine politische ~ vertreten rappresentare una corrente politica; eine neue ~ in der Kunst una nuova tendenza artistica ♦ in alle -en in ogni direzione; aus allen -en da ogni direzione, da tutte le direzioni

rich·tung·wei·send ADJ che indica la direzione

Richt·wert M valore *m* indicativo

rieb → reiben

rie·chen ⟨roch, gerochen⟩ **A** VT **1** sentire l'odore di **2** *umg fig* fiutare: ~, dass etw nicht stimmt fiutare che qc non va **B** VI ⟨h.⟩ **1** odorare, avere odore: etw riecht angebrannt qc odora di bruciato; etw riecht gut qc ha un buon odore; *unpers* es riecht nach Fisch c'è odore

R

di pesce **2** **an etw** (*dat*) ~ annusare qc **3** (*duften*) profumare, avere profumo **4** **übel** ~ avere un cattivo odore, puzzare; **er riecht aus dem Mund** ha l'alito cattivo; *fig* **das riecht nach Betrug** puzza di truffa ♦ *umg* **j-n nicht ~ können** non poter soffrire qn

Rie·cher M ⟨-s; -⟩ *umg* naso *m*: *fig* **einen guten ~ haben** avere buon naso (*od* un buon fiuto)

Ried N ⟨-[e]s; -e⟩ **1** (*Schilf*) canna *f* palustre **2** (*Röhricht*) canneto *m* **3** (*Moor*) palude *f*

rief → rufen

Rie·ge F ⟨-; -n⟩ squadra *f*

Rie·gel M ⟨-s; -⟩ **1** catenaccio *m*; (*aus Holz*) paletto *m*: **den ~ (an der Tür) vorlegen** mettere il catenaccio (alla porta) **2** (*Schokolade*) stecca *f* ♦ *fig* **etw** (*dat*) **einen ~ vorschieben** mettere un freno a qc

Rie·men¹ M ⟨-s; -⟩ (*Gürtel*) cinghia *f* ♦ *umg* **den ~ enger schnallen** tirare la cinghia; *umg* **sich am ~ reißen** fare uno sforzo

Rie·men² M ⟨-s; -⟩ (*Ruder*) remo *m* ♦ **sich in die ~ legen** fare forza sui remi; (*sich anstrengen*) impegnarsi, mettercela tutta

Rie·se M ⟨-n; -n⟩ gigante *m* (*a. fig*)

rie·seln V/I ⟨h., s.⟩ **1** scorrere: **das Wasser rieselt über den Felsen** l'acqua scorre sulla roccia **2** *fig* **ein Schauder rieselte ihm über den Rücken** si sentì correre un brivido lungo la schiena **3** (*Schnee*) nevischiare

Rie·sen·dumm·heit F *umg* castroneria *f* **Rie·sen·er·folg** M *umg* successo *m* colossale **Rie·sen·gar·ne·le** F gamberone *m*, mazzancolle *m* **rie·sen·groß** ADJ *umg* gigantesco, colossale **Rie·sen·krab·be** F grancevola *f* **Rie·sen·rad** N ruota *f* panoramica **Rie·sen·schritt** M *umg* **mit -en** a passi da gigante **Rie·sen·sla·lom** M slalom *m* gigante

rie·sig ADJ **1** gigantesco, colossale, enorme **2** *umg* (*wunderbar*) fantastico ♦ **sich ~ freuen** rallegrarsi enormemente

Rie·sin F ⟨-; -nen⟩ gigantessa *f*

riet → raten

Riff N ⟨-[e]s; -e⟩ **1** scogliera *f* **2** (*von Korallen*) banco *m*

ri·go·ros ADJ rigoroso; (*hart*) duro ♦ **etw ~ ablehnen** rifiutare energicamente qc

Rik·scha F ⟨-; -s⟩ risciò *m*

Ril·le F ⟨-; -n⟩ scanalatura *f*; (*von Schallplatten*) solco *m* (*a.* MECH)

Rind N ⟨-[e]s; -er⟩ **1** (*Tierart*) bovino *m* **2** (*Tier*) bue *m* **3** (*Fleisch*) manzo *m*

Rin·de F ⟨-; -n⟩ corteccia *f*; (*von Brot, Käse*) crosta *f*

Rin·der·bra·ten M arrosto *m* di manzo **Rin·der·fi·let** N filetto *m* di manzo **Rin·der·her·de** F mandria *f* (*od* branco *m*) di bovini **Rin·der·wahn·sinn** M malattia *f* della mucca pazza **Rin·der·zucht** F allevamento *m* di bovini

Rind·fleisch N (carne *m* di) manzo *m*

Rinds·le·der N vacchetta *f*

Rind·sup·pe F *österr* brodo *m* di carne (bovina) **Rind·vieh** N **1** bovini *mpl* **2** *umg pej* scemo *m*, tonto *m*

Ring M ⟨-[e]s; -e⟩ **1** anello *m*: **die -e tauschen** scambiarsi gli anelli **2** (*Kreis*) cerchio *m*: **einen ~ bilden** formare un cerchio **3** (*Ringstraße*) circonvallazione *f* **4** (**schwarze**) **-e unter den Augen haben** avere le occhiaie *fpl* **5** SPORT ring *m*: **in den ~ steigen** salire sul ring **6** **ein ~ von Rauschgifthändlern** una banda di trafficanti di droga *f* ♦ (*beim Boxen*) **~ frei!** fuori i secondi!

Ring·buch N quaderno *m* ad anelli

Rin·gel·blu·me F calendola *f*

rin·geln V/R **sich ~** **1** arricciarsi, attorcigliarsi: **sich um etw ~** attorcigliarsi intorno a qc **2** (*Haar*) formare ricci

Rin·gel·nat·ter F biscia *f* dal collare (*od* d'acqua) **Rin·gel·rei·gen**, **Rin·gel·rei·hen** M ⟨-s; -⟩ girotondo *m* **Rin·gel·spiel** N *österr* giostra *f* **Rin·gel·tau·be** F colombaccio *m*

rin·gen ⟨rang, gerungen⟩ **A** V/I ⟨h.⟩ **1** lottare (*a. fig*): **mit j-m/dem Tode/seinem Schicksal ~** lottare con qn/con la morte/contro il proprio destino **2** **um etw ~** lottare per (ottenere) qc **3** SPORT (*Ringer sein*) praticare la lotta **4** (*kämpfen*) dibattersi, essere combattuto (da): **lange mit sich ~, ob …** essere a lungo combattuto dalla domanda se … **B** V/T strappare: **j-m etw aus der Hand ~** strappare qc di mano a qn ♦ **nach Atem** (*od* **nach Luft**) **~** respirare a fatica, ansare; **die Hände ~** contorcersi le mani; **mit den Tränen ~** trattenere a stento le lacrime; **um Worte ~** cercare affannosamente le parole

Rin·gen N ⟨-s⟩ lotta *f*

Rin·ger M ⟨-s; -⟩, **-in** F ⟨-; -nen⟩ lottatore *m*, -trice *f*

Ring·fin·ger M (dito *m*) anulare *m* **ring·för·mig** ADJ anulare **Ring·kampf** M lotta *f* **Ring·kämp·fer** M, **-in** F lottatore *m*, -trice *f* **Ring·rich·ter** M, **-in** F SPORT arbitro *m* (nella box)

rings ADV (tutto) intorno: **sich ~ im Kreis umsehen** guardarsi (bene) intorno ♦ **der Zaun läuft ~ um den Garten** il recinto corre (tutto) intorno al giardino; **die Kinder standen ~ um den Lehrer** i bambini erano intorno al maestro

rings·he·rum ADV (tutto) intorno

Ring·stra·ße F circonvallazione *f*, Ring *m*: **die Wiener ~** il Ring di Vienna

rings·um ADV → ringsherum

Rin·ne F ⟨-; -n⟩ **1** canaletto *m*; (*Abflussrinne*) canale *m*, fosso *m* di scolo **2** (*Fahrrinne*) canale *m* **3** (*Dachrinne*) grondaia *f*

rin·nen V/I ⟨rann, geronnen⟩ **1** ⟨s.⟩ scorrere (*a. fig*); (*Blut, Schweiß*) colare **2** ⟨s.⟩ scivolare (*a. fig*): **das Geld rinnt ihm durch die Finger** il denaro gli scivola tra le dita **3** ⟨h.⟩ (*undicht sein*) perdere

Rinn·sal N ⟨-[e]s; -e⟩ rivoletto *m*, rigagnolo *m*

Rinn·stein M **1** cunetta *f*, canale(tto) *m* di scolo **2** *fig* fango *m*: **j-n aus dem ~ auflesen** raccogliere qn dal fango

Ripp·chen N ⟨-s; -⟩ costoletta *f*

Rip·pe F ⟨-; -n⟩ **1** costa *f* (*a.* BOT), costola *f* (*a.* ARCH): **sich** (*dat*) **eine ~ brechen** rompersi una costola; **Cord mit breiten -n** velluto a coste larghe **2** (*von Schokolade*) stecca *f* **3** (*von Heizkörpern*) elemento *m*, aletta *f* **4** MECH nervatura *f* ♦ **nichts auf den -n haben** essere (tutto) pelle e ossa

Rip·pen·fell N pleura *f* **Rip·pen·fell·ent·zün·dung** F pleurite *f*

Ri·si·ko N ⟨-s; -s *u.* Risiken⟩ rischio *m*: **ein ~ eingehen/tragen** correre/assumersi un rischio ♦ **auf eigenes/dein eigenes ~** a proprio/tuo rischio (e pericolo); **ein ~ in Kauf nehmen** mettere in conto un pericolo

Ri·si·ko·be·reit·schaft F l'essere pronto ad assumersi un rischio **Ri·si·ko·fak·tor** M fattore *m* (di) rischio **ri·si·ko·freu·dig** ADJ amante del rischio **Ri·si·ko·grup·pe** F gruppo *m* a rischio **Ri·si·ko·ka·pi·tal** N venture capital *m inv* **ri·si·ko·reich** ADJ rischioso

ris·kant ADJ rischioso; (*gewagt*) arrischiato

ris·kie·ren V/T **1** rischiare: **das Äußerste/das Leben ~** rischiare il tutto per tutto/la vita **2** azzardare: **ein Lächeln ~** azzardare un sorriso ♦ *fig* **ein Auge** (*od* **einen Blick**) **~** gettare un'occhiata di soppiatto; **Kopf und Kragen ~** rischiare la pelle

Ris·pe F ⟨-; -n⟩ pannocchia *f*

riss → reißen

Riss M ⟨-es; -e⟩ **1** strappo *m*: **ein ~ im Futter** uno strappo nella fodera **2** (*im Fels, Boden*) spaccatura *f*, fessura *f* **3** crepa *f*: **ein ~ in der Wand** una crepa nel muro **4** *fig* incrinatura *f*: **ihre Beziehung hat Risse bekommen** il loro rapporto si è incrinato **5** (*in der Haut*) screpolatura *f* **6** MED lacerazione *f*

ris·sig ADJ **1** pieno di crepe: **die Decke ist ~** il soffitto è pieno di crepe **2** screpolato: **die Haut ist ~** la pelle è screpolata; **die Haut wird ~** la pelle si screpola **3** (*von Böden, Felsen*) pieno di spaccature (*od* fenditure)

Rist M ⟨-es; -e⟩ **1** (*Spann*) collo *m* del piede **2** (*Handrücken*) dorso *m* della mano **3** ZOOL (*Widerrist*) garrese *m*

ritt → reiten **Ritt** M ⟨-[e]s; -e⟩ cavalcata *f*

Rit·ter M ⟨-s; -⟩ cavaliere *m*: **j-n zum ~ schlagen** fare qn Cavaliere **Rit·ter·burg** F castello *m* (dei cavalieri) **rit·ter·lich** ADJ **1** cavalleresco **2** (*höflich*) galante, nobile **Rit·ter·schlag** M accollata *f* **Rit·ter·sporn** M ⟨-[e]s; -e⟩ BOT delfinio *m* **Rit·ter·tum** N ⟨-s⟩ cavalleria *f*

ritt·lings ADV a cavallo, a cavalcioni

Ri·tu·al N ⟨-s; -e *u.* -ien⟩ rituale *m*: **ein ~ vollziehen** osservare un rituale **ri·tu·ell** ADJ rituale **Ri·tus** M ⟨-, *Riten*⟩ rito *m*

Rit·ze F ⟨-; -n⟩ fessura *f*, fenditura *f*

rit·zen **A** V/T **1** (*aufritzen*) scalfire **2** (*einritzen*) incidere: **seinen Namen in die Rinde ~** incidere il proprio nome nella corteccia **B** V/R **sich ~** scalfirsi; **sich an einem Dorn ~** scalfirsi (*od* graffiarsi) con una spina

Ri·va·le M ⟨-n; -n⟩, **-lin** F ⟨-; -nen⟩ rivale *m/f* **ri·va·li·sie·ren** V/I ⟨h.⟩ rivaleggiare, competere: **mit j-m um etw** (*akk*) **~** competere con qn per qc **Ri·va·li·tät** F ⟨-; -en⟩ rivalità *f*

Ri·zi·nus·öl N olio *m* di ricino

Road·show ['ro:tʃo:] F ⟨-; -s⟩ road show *m inv*

Roa·ming ['ro:mɪŋ] N ⟨-s⟩ TEL roaming *m inv*
Rob·be F ⟨-; -n⟩ foca *f* **rob·ben** V/I ⟨s.⟩ strisciare carponi, avanzare strisciando
Ro·be F ⟨-; -n⟩ **1** vestito *m* della festa **2** (*Abendkleid*) abito *m* da sera **3** (*Talar*) abito *m* talare; (*von Richtern, Rechtsanwälten, Akademikern*) toga *f* ♦ **in großer ~ erscheinen** presentarsi in abiti eleganti
Ro·bo·ter M ⟨-s; -⟩ robot *m*, automa *m* (*a. fig*) **ro·bo·ter·haft** ADJ robotico, da robot
ro·bust ADJ robusto (*a. fig*)
roch → riechen
rö·cheln V/I ⟨h.⟩ rantolare **Rö·cheln** N ⟨-s⟩ rantolo *m* **rö·chelnd** ADJ rantolante
Ro·chen M ⟨-s; -⟩ ZOOL razza *f*
Rock[1] M ⟨-[e]s; Röcke⟩ **1** (*Damenrock*) gonna *f* **2** *dial* (*Jacke*) giacca *f*
Rock[2] M ⟨-s⟩ MUS rock *m*: **~ spielen** suonare il rock **Rock·band** F ⟨-; -s⟩ complesso *m* rock
Ro·cker M ⟨-s; -⟩ rocker *m inv* **Ro·cker·ban·de** F banda *f* di rocker
Ro·cke·rin F ⟨-; -nen⟩ rocker *f inv*
Rock·fes·ti·val N festival *m inv* rock **Rock·grup·pe** F gruppo *m* rock **Rock·mu·sik** F musica *f* rock **Rock·sän·ger** M, **-in** F cantante *m/f* rock
Ro·del M ⟨-s; -⟩ *österr* → Rodelschlitten
Ro·del·bahn F pista *f* per slittini
ro·deln V/I ⟨h., s.⟩ andare in slitta
Ro·del·schlit·ten M slitta *f*, slittino *m*
ro·den V/T **1** dissodare, rendere coltivabile: **einen Wald ~** rendere coltivabile una foresta (disboscando); **Ödland ~** dissodare un terreno incolto **2** (*Bäume, Gehölz*) sradicare
Rod·ler M ⟨-s; -⟩, **-in** F ⟨-; -nen⟩ slittinista *m/f*
Ro·dung F ⟨-; -en⟩ **1** (*von Gegend*) dissodamento *m* **2** (*von Bäumen*) sradicamento *m* **3** (*von Kartoffeln*) raccolta *f* **4** (*gerodetes Land*) terra *f* dissodata
Ro·gen M ⟨-s; -⟩ uovo *m* di pesce
Rog·gen M ⟨-s; -⟩ segale *f*, segala *f* **Rog·gen·brot** N pane *m* di segale
roh ADJ **1** crudo: **ein -es Ei** un uovo crudo **2** grezzo, greggio: **-es Eisen** ferro grezzo **3** grossolano, rozzo: **-e Sitten** costumi rozzi; **-e Umgangsformen** maniere grossolane **4** (*verletzend*) brutale: **~ zu j-m sein** essere brutale con qn ♦ **j-n wie ein -es Ei behandeln** trattare qn con i guanti; **ein -er Entwurf** un progetto appena abbozzato; **mit -er Gewalt** con forza bruta
Roh·bau M costruzione *f* grezza **Roh·di·a·mant** M diamante *m* grezzo
Ro·heit → Rohheit
Roh·er·trag M ricavo *m* lordo **Roh·heit** F ⟨-; -en⟩ **1** rozzezza *f* **2** brutalità *f* **Roh·kost** F vegetali *mpl* crudi **Roh·ling** M ⟨-s; -e⟩ **1** *pej* (*roher Mensch*) bruto *m* **2** TECH pezzo *m* grezzo **3** CD *m inv* vergine **Roh·ma·te·ri·al** N materiale *m* grezzo **Roh·öl** N petrolio *m* greggio
Rohr N ⟨-[e]s; -e⟩ **1** canna *f* **2** (*Röhricht*) canneto *m* **3** (*Hohlkörper*) tubo *m*: **ein verstopftes ~** un tubo intasato; **-e (ver)legen** installare tubi **4** *österr* (*Backrohr*) forno *m* ♦ **spanisches ~** canna d'India; *umg* **volles ~** a tutta birra **Rohr·bruch** M rottura *f* di un tubo
Röh·re F ⟨-; -n⟩ **1** tubo *m* (*a.* ANAT) **2** (*Backofen*) forno *m*: **etw in die ~ schieben** infilare qc nel forno **3** *umg pej* tivù *f*: **in die ~ gucken** (*od* **starren**) guardare la tivù **4** (*Radio-, Fernsehröhre*) tubo *m* elettronico, valvola *f* elettronica ♦ PHYS **kommunizierende -n** vasi comunicanti; *umg fig* **in die ~ sehen** (*od* **gucken**) restare con tanto di naso (*od* a bocca asciutta)
röh·ren V/T **1** bramire **2** *fig* rombare
röh·ren·för·mig ADJ tubolare **Röh·ren·ho·se** F pantaloni *mpl* a sigaretta
Rohr·ge·flecht N canniccio *m* **Rohr·kol·ben** M stiancia *f* **Rohr·lei·tung** F tubazione *f* **Rohr·post** F posta *f* pneumatica **Rohr·spatz** M *umg* **schimpfen wie ein ~** imprecare come un carrettiere **Rohr·stock** M canna *f* **Rohr·zu·cker** M zucchero *m* di canna
Roh·sei·de F ⟨-⟩ seta *f* grezza (*od* cruda) **Roh·stoff** M materia *f* prima **Roh·zu·stand** M stato *m* grezzo: **im ~** allo stato grezzo
Ro·ko·ko N ⟨-s⟩ rococò *m*
Rolla·den → Rollladen
Roll·bahn F FLUG pista *f* di rullaggio
Roll·bra·ten M rolata *f*, rollè *m*
Rol·le F ⟨-; -n⟩ **1** (*Gerolltes*) rotolo *m* **2** spola *f*, rocchetto *m*: **eine ~ Garn** una spola di filo **3** (*Walze*) rullo *m*, cilindro *m* **4** (*von Möbeln*) rotella *f*, ruota *f*: **Tisch auf -n** tavolo con le ruote (*od* rotelle) **5** (*Laufrolle*) carrucola *f*; (*Riemenscheibe*) puleggia *f* **6** THEAT ruolo *m*, parte *f*: **eine**

~ **spielen** fare una parte; **eine ~ (mit j-m) besetzen** assegnare un ruolo (a qn) **7** *fig* **die ~ der Frau** il ruolo della donna **8** SPORT capriola *f*: **eine ~ rückwärts machen** fare una capriola all'indietro ♦ **aus der ~ fallen** sfigurare; **das spielt eine große ~** ha una grande importanza; **das spielt keine ~** non ha alcuna importanza; (*an einer Sache teilhaben*) **dabei spiele ich keine ~** in questo non ho alcuna parte

rol·len **A** VI **1** ⟨s.⟩ rotolare: **der Ball rollt ins Aus** la palla rotola fuori dal campo **2** ⟨s.⟩ *fig* **einige Köpfe müssen ~** alcune teste devono cadere **3** ⟨s.⟩ girare: **die Räder ~** le ruote girano **4** ⟨s.⟩ muoversi: **ein Panzer rollt durch die Straße** un carro armato passa per la strada **5** ⟨s.⟩ FLUG, SCHIFF rollare **6** ⟨h.⟩ rimbombare: **der Donner rollt** il tuono rimbomba **B** VT **1** (far) rotolare: **ein Fass ~** (far) rotolare un barile **2** (*ein-, zusammenrollen*) arrotolare **3** LING arrotare: **das R ~** arrotare la erre ♦ **die Augen ~** roteare gli occhi; *fig* **etw ins Rollen bringen** dare l'avvio a qc; *fig* **ins Rollen kommen** prendere l'avvio, avviarsi

Rol·len·kon·flikt M conflitto *m* di ruolo **Rol·len·spiel** N gioco *m* delle parti; scenetta *f* **Rol·len·tausch** M scambio *m* dei ruoli **Rol·len·ver·hal·ten** N comportamento *m* di ruolo **Rol·len·ver·tei·lung** F THEAT, FILM assegnazione *f* (*od* distribuzione *f*) delle parti

Rol·ler M ⟨-s; -⟩ **1** monopattino *m* **2** (*Motorroller*) scooter *m*

Rol·ler·skate [-ske:t] M ⟨-s; -s⟩ pattino *m* a rotelle

R

Roll·feld N pista *f* di rullaggio **Roll·kra·gen** M (*Nähen*) collo *m* alto **Roll·kra·gen·pul·li** M (maglione *m* a) dolcevita *m inv* **Roll·la·den** M avvolgibile *m*, tapparella *f*; (*von Läden*) serranda *f*: **die Rollläden herunterlassen** tirare giù le tapparelle **Roll·mops** M aringa *f* arrotolata (marinata)

Rol·lo N ⟨-s; -s⟩ tenda *f* a rullo

Roll·schuh M pattino *m* a rotelle: **~ laufen** pattinare, andare sui pattini (a rotelle)

Roll·splitt M pietrisco *m*

Roll·stuhl M sedia *f* a rotelle: **im ~ sitzen** (*od* **fahren**) stare (*od* muoversi) sulla sedia a rotelle **Roll·stuhl·fah·rer** M, **-in** F persona *f* in sedia a rotelle **roll·stuhl·ge·recht** ADJ per chi è in sedia a rotelle

Roll·trep·pe F scala *f* mobile

Rom N ⟨-s⟩ Roma *f*: **das alte ~** l'antica Roma ♦ **alle Wege führen nach ~** tutte le strade portano a Roma

Ro·man M ⟨-s; -e⟩ romanzo *m* ♦ **erzähl keine -e!** taglia corto! stringi!

Ro·man·au·tor M, **-in** F autore *m*, -trice *f* di romanzi **Ro·man·fi·gur** F personaggio *m* da romanzo

Ro·ma·nik F ⟨-⟩ (stile *m*) romanico *m*

ro·ma·nisch ADJ **1** LING romanzo **2** latino: **ein -es Land/Volk** un paese/popolo latino **3** KUNST romanico

Ro·ma·nist M ⟨-en; -en⟩ romanista *m* **Ro·ma·nis·tik** F ⟨-⟩ romanistica *f* **Ro·ma·nis·tin** F ⟨-; -nen⟩ romanista *f*

ro·mansch ADJ *schweiz* ladino

Ro·man·schrift·stel·ler M, **-in** F scrittore, -trice *f m* di romanzi, romanziere *m*, -a *f*

Ro·man·tik F ⟨-⟩ romanticismo *m*: **keinen Sinn für ~ haben** non essere (un) romantico **Ro·man·ti·ker** M ⟨-s; -⟩, **-in** F ⟨-; -nen⟩ romantico *m*, -a *f* **ro·man·tisch** **A** ADJ romantico **B** ADV **~ gelegen** situato in una posizione romantica

Ro·man·ze F ⟨-; -n⟩ **1** KIRCHE, MUS romanza *f* **2** *fig* idillio *m*: **eine ~ mit j-m haben** (*od* **erleben**) avere un idillio con qn

Rö·mer[1] M ⟨-s; -⟩ (*Glas*) = *bicchiere da vino dalla particolare forma a calice*

Rö·mer[2] M ⟨-s; -⟩ romano *m* **Rö·me·rin** F ⟨-; -nen⟩ romana *f* **rö·misch** ADJ romano **rö·misch-ka·tho·lisch** ADJ cattolico-romano

rönt·gen VT **j-n/etw ~** fare una radiografia a qn/qc; **zum Röntgen gehen** andare a fare una radiografia

Rönt·gen·ap·pa·rat M apparecchio *m* radiologico **Rönt·gen·arzt** M, **-ärz·tin** F radiologo *m*, -a *f* **Rönt·gen·auf·nah·me** F, **Rönt·gen·bild** N radiografia *f* **Rönt·gen·strah·len** PL raggi *mpl* X **Rönt·gen·un·ter·su·chung** F esame *m* radiografico (*od* radioscopico)

ro·sa ADJ ⟨inv⟩ rosa **Ro·sa** N ⟨-s; - *u. umg* -s⟩ rosa *m* **ro·sa·rot** ADJ rosso chiaro, rosa ♦ *fig* **eine -e Zukunft** un futuro roseo; *fig* **alles durch die -e Brille** (*od* **in -em Licht**) **sehen** vedere tutto rosa

Ro·se F ⟨-; -n⟩ **1** rosa f **2** MED erisipela f **ro·sé** ADJ ⟨inv⟩ rosato **Ro·sé** M ⟨-s; -s⟩ rosé m

Ro·sen·gar·ten M giardino m di rose, roseto m **Ro·sen·kohl** M cavolini mpl di Bruxelles **Ro·sen·kranz** M rosario m: **den ~ beten** dire (od recitare) il rosario **Ro·sen·mon·tag** M lunedì m grasso **Ro·sen·stock** M rosaio m, rosa f

Ro·set·te F ⟨-; -n⟩ **1** rosetta f (a. ARCH) **2** (Fensterrose) rosone m

ro·sig ADJ roseo: **eine -e Zukunft** un futuro roseo ♦ **j-m geht es nicht gerade ~** le cose per qn non sono proprio rosee

Ro·si·ne F ⟨-; -n⟩ chicco m di uva passa: **-n** uva f passa, uvetta f ♦ **sich** (dat) **die -n herauspicken** prendersi il meglio; (**große**) **-n im Kopf haben** = avere grandi idee in testa; (träumen) sognare, fantasticare

Ros·ma·rin M ⟨-s⟩ rosmarino m

Ross N ⟨-es; -e u. Rösser⟩ **1** poet ⟨pl Rosse⟩ destriero m **2** dial ⟨pl Rösser⟩ cavallo m ♦ **sich aufs hohe ~ setzen** montare in superbia; **auf dem hohen ~ sitzen** darsi delle arie, peccare di presunzione **Ross·haar** N crine m di cavallo **Ross·kas·ta·nie** F **1** ippocastano m **2** (Frucht) castagna f **Ross·kur** F umg cura f drastica

Rost[1] M ⟨-[e]s; -e⟩ (an Metall) ruggine f (a. BOT): **~ ansetzen** prendere la ruggine

Rost[2] M ⟨-[e]s; -e⟩ **1** (Bratrost) griglia f, graticola f: **auf dem ~ braten** cuocere (od fare) alla griglia **2** (von Fenstern) grata f **3** (Bettrost) rete f **Rost·brat·wurst** F salsiccia f alla griglia **rost·braun** ADJ ruggine, di color ruggine

ros·ten V/I ⟨s., h.⟩ arrugginire (a. fig) **ros·tend** ADJ **nicht ~** inossidabile

rös·ten V/T **1** arrostire: **Kastanien ~** arrostire castagne **2** (Brot, Kaffee) tostare **3** (im Ofen braten) cuocere al forno

Rost·fleck M macchia f di ruggine **rost·frei** ADJ **1** inossidabile: **-er Stahl** acciaio inossidabile **2** (ohne Rost) privo di ruggine

Rös·ti PL schweiz = patate bollite, grattugiate e dorate in padella

ros·tig ADJ arrugginito, coperto di ruggine ♦ **~ werden** arrugginire

Röst·kar·tof·feln PL patate fpl arrosto

Rost·lau·be F hum catorcio m **Rost·schutz·mit·tel** N antiruggine m

rot ADJ **1** rosso (a. POL): **-es Haar** capelli rossi **2** (gerötet) **-e Augen haben** avere gli occhi arrossati ♦ **~ glühend** arroventato; **einen -en Kopf bekommen** diventare rosso; **das Rote Meer** il Mar Rosso; **j-d/etw wirkt auf j-n wie ein -es Tuch** qn/qc fa andare in bestia qn; **~ werden** diventare rosso, arrossire

Rote Dessous

Rote Dessous (**mutandine rosse, giarrettiere rosse** usw.) zu Silvester geschenkt zu bekommen, soll Glück bringen, behaupten viele Italiener.

Rot N ⟨-s⟩ rosso m ♦ **die Ampel steht auf** (od **zeigt**) **~** il semaforo è rosso

Ro·ta·ti·on F ⟨-; -en⟩ rotazione f

Rot·bar·be F ⟨-; -n⟩ triglia f **Rot·barsch** M pesce m persico **rot·blond** ADJ biondo rossiccio **rot·braun** ADJ marrone rossiccio **Rot·bu·che** F faggio m comune

Rö·te F ⟨-; -n⟩ **1** rosso m **2** rossore m: **die ~ steigt** (od **schießt**) **ihr ins Gesicht** il rossore le sale alle guance

Rö·tel M ⟨-s; -⟩ sanguigna f

Rö·teln PL rosolia f

rö·ten V/R **sich ~** **1** arrossarsi: **der Hals hat sich gerötet** la gola si è arrossata **2** (sich rötlich färben) tingersi di rosso **3** arrossire: **sein Gesicht rötete sich vor Zorn** il suo viso arrossì di rabbia

Rot·fuchs M **1** volpe f rossa **2** (Pferd) sauro m **rot·haa·rig** ADJ dai capelli rossi **Rot·haa·ri·ge** M/F ⟨-n; -n⟩ rosso m, -a f **Rot·hirsch** M cervo m nobile

ro·tie·ren V/I ⟨h.⟩ **1** ruotare **2** umg fig girare come una trottola ♦ umg **am Rotieren sein** essere preso **ro·tie·rend** ADJ rotante

Rot·käpp·chen N ⟨-s⟩ Cappuccetto m rosso **Rot·kehl·chen** N ⟨-s; -⟩ pettirosso m **Rot·kohl** M, **Rot·kraut** N cavolo m rosso

röt·lich ADJ rossiccio

Rot·licht N luce f rossa **rot·se·hen** V/I ⟨irr; h.⟩ umg fig vedere rosso **Rot·stift** M matita f rossa ♦ **den ~ ansetzen** fare economia; **dem ~ zum Opfer fallen** = venire cancellato (per fare economia)

Rö·tung F ⟨-⟩ arrossamento m

rot·wan·gig ADJ dalle guance (od gote) rosse **Rot·wein** M (vino m) rosso m

Rotz M ⟨-es; -e⟩ *vulg* moccio *m* **Rotz·ben·gel** M *vulg* moccioso *m* **rotz·frech** *vulg* **A** ADJ molto sfacciato **B** ADV **j-m ~ antworten** rispondere a qn con sfacciataggine **Rotz·na·se** F *vulg* **1** naso *m* pieno di moccio **2** (*Rotzbengel, -göre*) moccioso *m*, -a *f*

Rouge [ruːʒ] N ⟨-s⟩ **1** fard *m*: **~ auflegen** darsi il fard **2** (*beim Roulett*) rosso *m*

Rou·la·de F ⟨-; -n⟩ GASTR involtino *m*

Rou·lett [ruˈlɛt] N ⟨-[e]s; -e⟩ roulette *f* ♦ **russisches ~** roulette russa

Rou·te [ˈruːtə] F ⟨-; -n⟩ **1** itinerario *m*, percorso *m*: **die kürzeste ~ nehmen** scegliere il percorso più breve **2** SCHIFF, FLUG rotta *f*: **die ~ ändern** cambiare rotta (*a. fig*) **Rou·ten·pla·ner** M ⟨-s; -⟩ **1** sistema *m* di creazione itinerari via Internet **2** (*Gerät*) navigatore *m* satellitare

Rou·ti·ne [ruˈtiːnə] F ⟨-⟩ **1** routine *f* (*a.* IT): **zur ~ werden** diventare di routine **2** (*Übung*) pratica *f*: **in etw** (*dat*) **~ haben** avere pratica in qc **rou·ti·ne·mä·ßig** ADJ di routine, abituale

rou·ti·niert **A** ADJ esperto, pratico **B** ADV **etw ~ erledigen** avere dimestichezza nel fare qc

Row·dy [ˈraudi] M ⟨-s; -s⟩ teppista *m* **Row·dy·tum** N ⟨-s⟩ teppismo *m*

Ro·ya·list [roaja-] M ⟨-en; -en⟩, **-in** F ⟨-; -nen⟩ POL realista *m/f*

Ru·an·da N ⟨-s⟩ Ruanda *m*

Rub·bel·los N gratta e vinci *m inv*

rub·beln V/T *dial* strofinare

Rü·be F ⟨-; -n⟩ **1** rapa *f* **2** *umg fig* testa *f*, zucca *f*: **eins auf die ~ kriegen** prendersi una botta in testa ♦ *dial* **Gelbe ~** carota *f*; **Rote ~** barbabietola *f*

Ru·bel M ⟨-s; -⟩ rublo *m* ♦ *umg* **bei ihm rollt der ~** non gli mancano i quattrini

rü·ber ADV *umg* **1** → herüber **2** → hinüber **rü·ber·brin·gen** V/T ⟨*irr*⟩ **1** portare (di qua) **2** *sl* trasmettere, far capire: **eine politische Botschaft ~** trasmettere un messaggio politico **rü·ber·kom·men** V/I ⟨*irr*; s.⟩ **1** *umg* → herüberkommen **2** *umg* (*wirken*) **da kommt nichts rüber** non c'è comunicazione **3** *sl* (*herausrücken*) **er kommt mit dem Geld nicht rüber** non sgancia i soldi

Ru·bin M ⟨-s; -e⟩ rubino *m*

Rub·rik F ⟨-; -en⟩ **1** rubrica *f*: **in eine ~ gehören, unter eine ~ fallen** rientrare in una rubrica **2** (*Spalte*) colonna *f*

Ruck M ⟨-[e]s; -e⟩ **1** (*Stoß*) scossa *f* **2** (*Ziehen*) tirata *f*: **ein ~ am Zügel** una tirata alle redini ♦ **auf einen ~** di colpo; **sich** (*dat*) **einen ~ geben** darsi una mossa, scrollarsi; **in einem ~** in un sol colpo, tutto in un colpo

Rück·ant·wort F risposta *f*

ruck·ar·tig ADJ brusco

Rück·be·sin·nung F il richiamarsi, ritorno *m* **rück·be·züg·lich** ADJ GRAM riflessivo **Rück·blen·de** F flashback *m* **Rück·blick** M *fig* sguardo *m* retrospettivo ♦ **im** (*od* **in**) **~ auf etw** (*akk*) considerando a posteriori qc **rück·da·tie·ren** V/T retrodatare

rü·cken **A** V/T **1** muovere, spostare: **einen Schrank an die Wand ~** spostare un armadio alla parete **2** (*schieben*) spingere **3** *fig* mettere, porre: **etw in den Vordergrund ~** mettere qc in primo piano **B** V/I **1** ⟨s.⟩ muoversi, spostarsi: **zur Seite ~** spostarsi da parte **2** ⟨s.⟩ spingersi; **j-m/etw näher ~** avvicinarsi a qn/qc **3** ⟨h.⟩ **an etw** (*dat*) **~** muovere (*od* spostare) qc ♦ **an j-s Stelle ~** prendere il posto di qn, subentrare a qn

Rü·cken M ⟨-s; -⟩ **1** schiena *f*: **ein breiter ~** una schiena larga **2** (*bei Tieren*) dorso *m*, groppa *f* **3** **der ~ der Hand/des Messers/des Buches** il dorso della mano/del coltello/del libro **4** **auf dem ~ schwimmen** nuotare a dorso **5** (*Nähen*) dietro *m* **6** GASTR schienale *m* ♦ **j-m in den ~ fallen** attaccare qn alle spalle; **hinter j-s ~** alle spalle di qn; *umg* **mir läuft es** (**heiß und kalt**) **den ~ hinunter** mi vengono i sudori freddi; **auf dem ~ liegen** stare supino; *fig* **j-m den ~ stärken** dare man forte a qn; *fig* **mit dem ~ zur Wand** con le spalle al muro

Rü·cken·de·ckung F *fig* copertura *f* alle spalle: **j-m ~ geben** coprire le spalle a qn **Rü·cken·leh·ne** F spalliera *f* **Rü·cken·mark** N midollo *m* spinale **Rü·cken·schmerz** M mal *m* di schiena **rü·cken·schwim·men** V/I ⟨*irr*; h., s.⟩ nuotare a dorso **Rü·cken·stär·kung** F ⟨-⟩ incoraggiamento *m* **Rü·cken·wind** M vento *m* alle spalle; SCHIFF vento *m* in poppa **Rü·cken·wir·bel** M vertebra *f* dorsale

rück·er·stat·ten V/T rimborsare, restituire **Rück·er·stat·tung** F rimborso *m*, restituzione *f* **Rück·fahr·kar·te** F biglietto *m* di andata e ritorno **Rück·fahrt** F (viaggio *m* di) ritorno *m* **Rück-**

R

fall M 1 MED ricaduta *f* 2 JUR recidiva *f*: **wiederholter ~** recidiva reiterata **rück·fäl·lig** ADJ MED, JUR recidivo ♦ **~ werden** essere recidivo

Rück·flug M volo *m* di ritorno **Rück·fra·ge** F richiesta *f*, domanda *f* **rück·fra·gen** VI ⟨h.⟩ chiedere ulteriori informazioni **Rück·füh·rung** F POL rimpatrio *m* **Rück·ga·be** F restituzione *f* **Rück·gang** M diminuzione *f*, calo *m* **rück·gän·gig** ADJ 1 JUR **etw ~ machen** annullare qc; (*Vertrag*) rescindere qc 2 IT **~ machen** annullare (operazione precedente); (*Befehl*) annulla **Rück·ge·win·nung** F ricupero *m* **Rück·grat** N ⟨-[e]s; -e⟩ spina *f* dorsale, colonna *f* vertebrale ♦ *fig* **j-m das ~ brechen** tagliare le gambe a qn; *fig* **kein ~ haben** non avere spina dorsale; *fig* **~ zeigen** mostrare carattere, sapere il fatto proprio

Rück·halt M 1 appoggio *m*, sostegno *m*: **einen festen ~ an j-m finden/haben** trovare/avere un forte appoggio in qn 2 MIL riserva *f*, rincalzo *m* **rück·halt·los** ADJ & ADV senza riserve ♦ **j-m ~ vertrauen** fidarsi ciecamente di qn

Rück·hand F SPORT rovescio *m* **Rück·kehr** F ⟨-⟩ ritorno *m*, rientro *m*: **bei seiner ~** al suo ritorno **Rück·kopp·lung** F 1 feedback *m* 2 RADIO accoppiamento *m* controreazionato **Rück·la·ge** F riserva *f* **Rück·lauf** M 1 (*von Gewässern*) riflusso *m* 2 (*von Kassettenrekorder*) riavvolgimento *m* rapido **rück·läu·fig** ADJ 1 regressivo; retrogrado (*a.* ASTRON): **ein -er Prozess** un processo regressivo; **eine -e Bewegung** un movimento retrogrado 2 (*sinkend*) in regresso, in calo **Rück·licht** N 1 AUTO luce *f* posteriore 2 BAHN fanalino *m* di coda

rück·lings ADV 1 con la schiena: **~ an der Wand lehnen** stare appoggiato alla parete con la schiena 2 (*auf dem Rücken*) supino 3 (*nach hinten*) all'indietro: **~ hinfallen** cadere all'indietro 4 (*von hinten*) alle spalle, da dietro: **~ überfallen** assalire alle spalle

Rück·mel·dung F 1 risposta *f* 2 (*an Universität*) rinnovo *m* dell'iscrizione 3 TECH feed-back *m* **Rück·nah·me** F ⟨-; -n⟩ ritiro *m* **Rück·pass** M SPORT passaggio *m* all'indietro **Rück·por·to** N affrancatura *f* per la risposta **Rück·rei·se** F viaggio *m* di ritorno: **sich auf der ~ befinden** essere sulla via del ritorno

Rück·ruf M 1 richiamo *m* 2 (*Telefongespräch*) chiamata *f* (di risposta) **Rück·ruf·ak·ti·on** F ritiro *m* dal mercato

Ruck·sack M zaino *m*: **den ~ packen** preparare lo zaino **Ruck·sack·tou·rist** M, **-in** F saccopelista *m/f*

Rück·schein M ricevuta *f* di ritorno **Rück·schlag** M *fig* colpo *m*, rovescio *m*: **ein schwerer ~** un brutto colpo; **einen geschäftlichen ~ erleiden** subire un dissesto finanziario **Rück·schluss** M deduzione *f*, illazione *f*: **einen ~ aus etw ziehen** trarre una deduzione da qc; **etw lässt auf j-n/etw Rückschlüsse zu** qc dà adito a illazioni su qn/qc **Rück·schritt** M *fig* regresso *m*, passo *m* indietro **rück·schritt·lich** ADJ 1 regressivo, retrogrado: **-e Ideen** idee retrograde 2 POL reazionario **Rück·sei·te** F 1 parte *f* (*od* lato *m*) posteriore 2 rovescio *m*: **die ~ der Medaille** il rovescio della medaglia 3 (*von Blatt*) retro *m*, tergo *m*: **siehe ~** vedi retro **Rück·sen·dung** F restituzione *f*

Rück·sicht F ⟨-; -en⟩ riguardo *m*, rispetto *m*: **mit/aus ~ auf j-n/etw** con/per riguardo a qn/qc; **ohne ~ auf j-n** senza riguardo per qn; **~ auf j-n/etw nehmen** avere riguardo per qc/qn; **~ verlangen** esigere rispetto ♦ *umg* **ohne ~ auf Verluste** senza curarsi di eventuali perdite **Rück·sicht·nah·me** F ⟨-⟩ riguardo *m*

rück·sichts·los A ADJ 1 senza riguardo (*od* rispetto) 2 (*schonungslos*) spietato, duro: **eine -e Kritik** una critica spietata B ADV 1 spietatamente: **j-n ~ ausnutzen** sfruttare qn spietatamente 2 spericolatamente: **~ fahren** guidare in modo spericolato **Rück·sichts·lo·sig·keit** F ⟨-; -en⟩ mancanza *f* di riguardo (*od* rispetto) **rück·sichts·voll** ADJ premuroso, riguardoso

Rück·sitz M sedile *m* posteriore **Rück·spie·gel** M specchietto *m* retrovisore **Rück·spiel** N SPORT partita *f* di ritorno **Rück·spra·che** F colloquio *m*, abboccamento *m*: **mit j-m ~ nehmen** (*od* **halten**) conferire con qn; **nach ~ mit j-m** d'intesa (*od* dopo aver conferito) con qn

Rück·stand M 1 residuo *m* (*a.* CHEM), resto *m* 2 ritardo *m* (*a.* SPORT): **einen ~ wettmachen** annullare un ritardo 3 *pl* (*ausstehende Geldsumme*) arretrati *mpl* ♦ **mit den Zahlungen/mit der Arbeit im**

R

~ sein essere in ritardo con i pagamenti/con il lavoro; **mit den Zahlungen/mit der Arbeit in ~ geraten** venire a trovarsi in ritardo con i pagamenti/con il lavoro
rück·stand·frei ADJ senza residui
rück·stän·dig ADJ arretrato: **-e Ideen** idee arretrate; **ein -es Gebiet** una regione arretrata; **-e Rechnungen** fatture arretrate **Rück·stau** M 1 (*von Gewässern*) rigurgito *m* 2 (*Verkehrsstau*) ingorgo *m* **Rück·stoß** M 1 PHYS reazione *f* 2 (*Waffe*) rinculo *m*, contraccolpo *m* **Rück·strah·ler** M catarifrangente *m* **Rück·tas·te** F tasto *m* di ritorno **Rück·trans·port** M trasporto *m* di ritorno
Rück·tritt M 1 ritiro *m*, rinuncia *f* 2 (*von Amt*) dimissioni *fpl*: **seinen ~ erklären** rassegnare le dimissioni 3 JUR desistenza *f*, recesso *m*: **der ~ von einem Vertrag** il recesso da un contratto **Rück·tritt·brem·se** F freno *m* contropedale **Rück·tritts·recht** N JUR diritto *m* di recesso
rück·ver·gü·ten V/T rimborsare **Rück·ver·gü·tung** F rimborso *m*
rück·ver·si·chern A V/R **sich ~** 1 assicurarsi 2 (*eine Rückversicherung abschließen*) riassicurarsi B V/T riassicurare **Rück·versi·che·rung** F riassicurazione *f*
Rück·wand F parete *f* posteriore
rück·wärts ADV indietro, all'indietro: **einen Schritt ~ machen** fare un passo indietro; **~ gewandt** rivolto all'indietro ♦ **~ einparken** parcheggiare in retromarcia
rück·wärts·fahren V/I ⟨*irr*; s.⟩ fare marcia indietro **Rück·wärts·gang** M ⟨-[e]s⟩ retromarcia *f*, marcia *f* indietro: **den ~ einlegen** innestare la retromarcia; **im ~ fahren** fare retromarcia **rück·wärts·ge·hen** V/I ⟨*irr*; s.⟩ camminare all'indietro
Rück·weg M via *f* del ritorno ♦ **den ~ abschneiden** tagliare la via del ritorno; **auf dem ~** sulla via del ritorno, (ri)tornando
ruck·wei·se ADV a scosse, a strappi
rück·wir·kend ADJ retroattivo: **~ ab 1. April** con validità retroattiva dal primo aprile **Rück·zah·lung** F rimborso *m* **Rück·zie·her** M ⟨-s; -⟩ 1 *umg fig* marcia *f* indietro: **einen ~ machen** fare marcia indietro 2 (*beim Fußball*) rovesciata *f*
ruck, zuck ADV *umg* in un lampo, detto fatto: **das geht ~** detto fatto, si fa in un lampo
Rück·zug M ritirata *f*, *fig* ripiegamento *m*: **ein ~ ins Privatleben** un ripiegamento nella vita privata ♦ **den ~ antreten** battere in ritirata
Ru·co·la M ⟨-⟩ rucola *f*
rü·de ADJ rude
Rü·de M ⟨-n; -n⟩ (*Hund*) cane *m*; (*Wolf*) lupo *m*; (*Fuchs*) volpe *f* maschio
Ru·del N ⟨-s; -⟩ branco *m*
Ru·der N ⟨-s; -⟩ 1 remo *m* 2 (*Steuerruder*) timone *m* ♦ *umg* **ans ~ kommen** salire al potere, assumere il governo; *umg* **am ~ bleiben/sein** tenere/mantenere le leve del comando; **aus dem ~ laufen** = *sfuggire al controllo*; **das ~ herumwerfen** cambiare rotta **Ru·der·boot** N barca *f* a remi
Ru·de·rer M ⟨-s; -⟩ rematore *m*
Ru·der·ge·rät N vogatore *m*
Ru·de·rin F ⟨-; -nen⟩ rematrice *f*
ru·dern A V/I ⟨h., s.⟩ 1 remare; SPORT fare canottaggio 2 ⟨s.⟩ **über den See ~** attraversare il lago (remando) 3 ⟨h.⟩ **mit den Armen ~** agitare le braccia B V/T 1 guidare (remando): **ein Boot ~** guidare una barca 2 remare: **vier Meilen ~** remare (per) quattro miglia
Ru·der·re·gat·ta F gara *f* di canottaggio **Ru·der·sport** M canottaggio *m*
Ruf M ⟨-[e]s; -e⟩ 1 grido *m*: **ein ~ ertönt** risuona un grido; **die -e verhallten** le grida si affievolirono 2 **der ~ des Kuckucks** il verso del cuculo; **der ~ des Hirsches** il grido del cervo 3 **ein ~ nach Freiheit** un grido di libertà 4 chiamata *f*: **der ~ zu den Waffen** la chiamata alle armi 5 **einen ~ an die Universität Bonn erhalten** ricevere una chiamata all'università di Bonn 6 *fig* voce *f*, richiamo *m*: **dem ~ des Herzens folgen** (*od* **gehorchen**) seguire la voce del cuore; **dem ~ der Natur folgen** (*od* **gehorchen**) ubbidire al richiamo della natura 7 reputazione *f*, fama *f*: **einen schlechten/zweifelhaften ~ genießen** (*od* **haben**) godere di (*od* avere) una cattiva/dubbia fama; **das schadet seinem ~** nuoce alla sua reputazione ♦ **j-d ist besser als sein ~** qn è migliore di quel che si dice; **etw ist besser als sein ~** qc è meglio di quel che si dice
ru·fen ⟨rief, gerufen⟩ A V/I ⟨h.⟩ chiamare; (*schreien*) gridare: **laut ~** chiamare forte; **nach j-m ~** chiamare qn B V/T 1

R

chiamare, gridare: **Bravo! ~** gridare bravo!; **den Arzt ~** chiamare il dottore; *fig* **Geschäfte ~ uns nach Frankfurt** affari ci chiamano a Francoforte **2** (*aufrufen*) chiamare, invitare (*a. fig*): **j-n zum Essen ~** chiamare qn a pranzo ♦ **j-m etw in Erinnerung** (*od* **ins Gedächnis**) **~** ricordare qc a qn

Rüf·fel M ⟨-s; -⟩ *umg* lavata *f* di capo, sgridata *f*: **j-m einen ~ erteilen** dare una lavata di capo a qn; **einen ~ bekommen** (*od* **einstecken**) ricevere una sgridata

Ruf·mord M grave calunnia *f*: **~ (an j-m) betreiben** diffamare (qn) calunniando **Ruf·na·me** M nome *m* con cui ci si fa chiamre **Ruf·num·mer** F numero *m* di telefono **Ruf·num·mern·an·zei·ge** F TEL visualizzazione *f* del numero di telefono **Ruf·säu·le** F colonnina *f* di soccorso **Ruf·um·lei·tung** F TEL trasferimento *m* di chiamata **Ruf·wei·te** F **in ~** a portata di voce **Ruf·zei·chen** N TEL segnale *m* di libero

Rü·ge F ⟨-; -n⟩ biasimo *m*, rimprovero *m*

rü·gen VT biasimare, rimproverare: **j-n für** (*od* **wegen**) **etw ~** biasimare qn per (*od* a causa di) qc

Ru·he F ⟨-⟩ **1** quiete *f*: **die nächtliche ~** la quiete notturna; **die ~ vor dem Sturm** la quiete prima della tempesta (*a. fig*) **2** (*Schweigen*) silenzio *m*: **um ~ bitten** chiedere di fare silenzio; **~, bitte!** silenzio, prego! **3** (*Ausruhen*) riposo *m*: **~ brauchen** aver bisogno di riposo **4** **sich zur ~ setzen** mettersi a riposo, andare in pensione **5** calma *f*, tranquillità *f*: **die ~ des Meeres** la calma del mare; **die ~ bewahren/verlieren** mantenere/perdere la calma **6** pace *f*: **keine ~ geben** non dare pace; *umg* **j-n in ~ lassen** lasciare in pace qn ♦ **sich nicht** (*od* **durch nichts**) **aus der ~ bringen lassen** non perdere le staffe (di fronte a nulla); *umg* **~ geben** smetterla; (*still sein*) stare buono; **in** (**aller**) **~** in tutta calma, con comodo; (*ohne sich zu erregen*) con calma, tranquillamente; **j-n zur letzten ~ betten** accompagnare qn all'estrema dimora; *umg* **immer mit der ~!** con calma!; **die ~ selbst sein** essere la calma in persona

ru·he·be·dürf·tig ADJ bisognoso di riposo **ru·he·los** **A** ADJ **1** inquieto **2** (*unruhig*) irrequieto, agitato **B** ADV nervosamente **Ru·he·lo·sig·keit** F ⟨-⟩ **1** inquietudine *f* **2** (*Aufregung*) irrequietezza *f*

ru·hen VI ⟨h.⟩ **1** (*Mensch*) riposare **2** (*nicht weitergehen*) essere sospeso, essere (momentaneamente) fermo: **die Arbeit ruht wegen des Streiks** il lavoro è fermo a causa dello sciopero; **das Verfahren ruht** il procedimento è sospeso **3** (*sich stützen*) **auf etw** (*dat*) **~** poggiare su qc **4** *fig* **die Verantwortung ruht auf j-m** la responsabilità grava su qn ♦ **j-s Blick ruht auf j-m/etw** lo sguardo di qn si posa su qn/qc; **nicht eher ~ bis …** non darsi pace finché ; (*Grabinschrift*) **hier ruht …** qui giace (*od* riposa) …; **in sich** (*dat*) (**selbst**) **~** essere equilibrato; **eine Arbeit ~ lassen** sospendere un lavoro

Ru·he·pau·se F pausa *f* **Ru·he·sitz** M residenza *f* di pensionato **Ru·he·stand** M riposo *m*; (*von Angestellten*) pensione *f*: **im ~** a riposo; **j-n in den ~ versetzen** collocare qn a riposo, mandare qn in pensione **Ru·he·stät·te** F *euph* **die letzte ~** l'estrema dimora **Ru·he·stö·rer** M, **-in** F disturbatore *m*, -trice *f* **Ru·he·stö·rung** F disturbo *m* della quiete ♦ **nächtliche ~** schiamazzi *mpl* notturni **Ru·he·tag** M giorno *m* di riposo

ru·hig **A** ADJ **1** calmo: **die See ist ~** il mare è calmo; **ein -er Typ** un tipo calmo **2** tranquillo: **eine -e Stadt** una città tranquilla; **ein -es Leben führen** condurre una vita tranquilla **3** (*sicher, fest*) fermo: **eine -e Hand haben** avere la mano ferma **B** ADV **1** tranquillamente; con calma **2** *umg* anche, pure, tranquillamente: **heute kann es ~ regnen** oggi può anche piovere; **sie kann ~ mitkommen** può pure venire ♦ **bleib doch ~!** (ma) sta' calmo!; **~ gelegen sein** stare (*od* essere) in una posizione tranquilla; **keine -e Minute haben** non avere un attimo di tranquillità

Ruhm M ⟨-[e]s⟩ **1** fama *f*, celebrità *f*: **zu ~ und Ehren gelangen** raggiungere fama e onori **2** gloria *f*: **sich mit ~ bedecken** coprirsi di gloria ♦ *umg* **er hat sich nicht gerade mit ~ bekleckert** non è che sia proprio coperto di gloria

rüh·men **A** VT celebrare, elogiare, decantare: **j-s Mut ~** celebrare il coraggio di qn; **j-n wegen etw ~** elogiare qn per qc; **etw an j-m ~** decantare qc a qn **B** VR **sich ~** gloriarsi, vantarsi; **sich einer Tat ~** vantarsi di un'azione

R

rühm·lich ADJ **1** (*löblich*) lodevole **2** glorioso: **kein -es Ende nehmen** non avere una fine gloriosa

ruhm·reich ADJ, **ruhm·voll** ADJ glorioso

Ruhr[1] F ⟨-; -en⟩ MED dissenteria *f*

Ruhr[2] F ⟨-⟩ GEOG Ruhr *f*

Rühr·ei N uovo *m* strapazzato

rüh·ren **A** VT **1** muovere: **kein Glied ~ können** non poter muovere un muscolo **2** (*umrühren*) rimestare, mescolare **3** (*emotional*) toccare, commuovere: **j-n zu Tränen ~** commuovere qn fino alle lacrime; **das rührt mich nicht** non mi tocca **B** VI ⟨h.⟩ **1** **an etw** (*akk*) **~** toccare qc (*a. fig*); **an eine heikle Frage ~** toccare una questione spinosa **2** (*umrühren*) rimestare, mescolare: **im Kaffee ~** mescolare il caffè **3** **von etw** (**her**) **~** derivare da qc; **die Schwierigkeit rührt daher, dass …** la difficoltà dipende dal fatto che … **C** VR **sich ~** muoversi (*a. fig*) ♦ *fig* **es rührt sich nichts** non si muove niente; *fig* **die Werbetrommel für j-n/etw ~** fare pubblicità a (*od* per) qn/qc

rüh·rend ADJ toccante, commovente

Ruhr·ge·biet N zona *f* della Ruhr

rüh·rig ADJ **1** attivo, dinamico **2** (*emsig*) laborioso, operoso **3** (*flink*) agile, svelto

rühr·se·lig ADJ **1** (*Mensch*) che si commuove facilmente, facile alle lacrime **2** (*Geschichte*) sentimentale

Rüh·rung F ⟨-⟩ commozione *f*

Ru·in M ⟨-s⟩ rovina *f*: **geschäftlicher ~** rovina negli affari

Ru·i·ne F ⟨-; -n⟩ **1** rovine *fpl*, ruderi *mpl*: **die ~ einer alten Burg** le rovine di una vecchia fortezza **2** *pl* macerie *fpl*: **in -n liegen** essere ridotto in macerie **3** *fig* (*Mensch*) rudere *m* **ru·i·nie·ren** **A** VT rovinare (*a. fig*) **B** VR **sich ~** rovinarsi

ru·i·nös ADJ rovinoso

rülp·sen VI ⟨h.⟩ *umg* ruttare

rum → herum

Rum M ⟨-s; -s⟩ rum *m*

Ru·mä·ne M ⟨-n; -n⟩ rumeno *m* **Ru·mä·ni·en** N ⟨-s⟩ Romania *f* **Ru·mä·nin** F ⟨-; -nen⟩ rumena *f* **ru·mä·nisch** ADJ rumeno

rum·gam·meln VI ⟨h.⟩ *umg* bighellonare **rum·hän·gen** VI ⟨*irr*; h.⟩ *umg* **1** (*nichts zu tun wissen*) stare con le mani in mano **2** (*sich aufhalten*) starsene: **immer im Wirtshaus ~** starsene sempre in osteria **3** (*unordentlich*) essere appeso (in giro): **sie lässt ihre Kleider immer ~** lascia sempre i suoi vestiti (appesi) in giro **rum·krie·gen** VT *umg* **1** passare: **die Zeit ~** passare il tempo **2** (*j-n*) convincere a cambiare opinione **rum·ma·chen** *umg* **A** VT mettere intorno **B** VI ⟨h.⟩ **1** (*herumbasteln*) armeggiare, trafficare: **an etw** (*dat*) **~** trafficare intorno a qc **2** (*verkehren*) **mit j-m ~** girare con qn **3** (*betasten*) **an j-m ~** palpeggiare qn

Rum·mel M ⟨-s⟩ *umg* **1** (*Lärm*) frastuono *m*, baccano *m* **2** (*Treiben*) viavai *m* **Rum·mel·platz** M *umg* **1** piazza *f* della fiera **2** (*Vergnügungspark*) parco *m* dei divertimenti, luna park *m*

ru·mo·ren VI ⟨h.⟩ *umg* **1** rumoreggiare; (*im Magen*) brontolare, gorgogliare **2** *unpers* **unter den Studenten rumort es** fra gli studenti c'è inquietudine

Rum·pel·kam·mer F *umg* ripostiglio *m*

rum·peln VI *umg* **1** ⟨h.⟩ fare baccano (*od* fracasso) **2** ⟨s.⟩ (*rumpelnd fahren*) passare con fracasso

Rumpf M ⟨-[e]s; Rümpfe⟩ **1** busto *m*, tronco *m*: **den ~ beugen/strecken** flettere/stirare il busto **2** KUNST torso *m* **3** SCHIFF scafo *m* **4** FLUG fusoliera *f*

rümp·fen VT **über etw/j-n die Nase ~** arricciare il naso per qc/qn

Run [ran] M ⟨-s; -s⟩ corsa *f*: **der ~ auf etw** (*akk*) la corsa all'acquisto di qc

rund **A** ADJ **1** rotondo, tondo: **ein -es Gesicht** un viso tondo; **die Erde ist ~** la terra è rotonda **2** (*dicklich*) rotondetto, pieno **3** *umg* (*ganz, voll*) tondo: **-e sechs Monate** sei mesi tondi; **eine -e Zahl** una cifra tonda **B** ADV *umg* **1** (*etwa*) (all'in)circa: **in ~ sechs Wochen** fra circa sei settimane **2** **~ um etw** intorno a qc: **eine Reise ~ um die Welt** un viaggio intorno al mondo **3** **~ um j-n/etw** riguardo a qn/qc (*od* su qn/qc); **eine Sendung ~ um die Tierwelt** una trasmissione sul mondo degli animali ♦ **~ gerechnet** all'incirca; *umg* **das ist eine -e Sache** è una cosa giusta, non è male; **am -en Tisch** collegialmente; **Konferenz am -en Tisch** tavola *f* rotonda; **~ um die Uhr** giorno e notte, ventiquattr'ore su ventiquattro

Rund·blick M vista *f*, veduta *f* circolare

Rund·bo·gen M ARCH arco *m* a tutto

sesto **Rund·brief** M (lettera *f*) circolare *f*

Run·de F ⟨-; -n⟩ **1** (*Gesellschaft*) cerchia *f*, compagnia *f*: **eine heitere ~** un'allegra compagnia **2** (*Tour*) giro *m*: **eine ~ durch die Stadt** un giro per la città; SPORT **eine ~ laufen** fare un giro di pista **3** *umg* **eine ~ ausgeben** offrire da bere a tutti **4** SPORT girone *m*: **die dritte ~ erreichen** raggiungere il terzo girone **5** (*beim Boxen*) round *m*, ripresa *f* ♦ **in die ~ blicken** guardarsi intorno; **eine ~ drehen** fare un giro; *umg* **j-m über die -n helfen** aiutare qn a cavarsi fuori dagli impicci; *umg* **über die -n kommen** farcela; **die Nachricht macht die ~** la notizia fa il giro

run·den **A** VT arrotondare: **eine Zahl nach oben/unten ~** arrotondare una cifra per difetto/eccesso **B** VR **sich ~** **1** arrotondarsi (*a. fig*): **er hat sich gerundet** è diventato rotondetto **2** (*Gestalt annehmen*) completarsi ♦ **das Jahr rundet sich** l'anno volge al termine

rund·er·neu·ern VT (*Reifen*) rigenerare **Rund·fahrt** F giro *m* **Rund·flug** M giro *m*, volo *m*: **ein ~ über Frankfurt** un volo su Francoforte **Rund·fra·ge** F inchiesta *f*

Rund·funk M **1** radio *f*: **etw im ~ hören** sentire qc alla radio; **beim ~ arbeiten** lavorare alla radio **2** (*Funkhaus*) studi *mpl* radiofonici **Rund·funk·an·stalt** F ente *m* radiofonico **Rund·funk·ge·bühr** F canone *m* radiofonico **Rund·funk·ge·rät** N apparecchio *m* radiofonico **Rund·funk·pro·gramm** N programma *m* radiofonico **Rund·funk·sen·dung** F trasmissione *f* radiofonica **Rund·funk·spre·cher** M annunciatore *m* della radio **Rund·funk·spre·che·rin** F annunciatrice *f* della radio **Rund·funk·sta·ti·on** F stazione *f* radiofonica **Rund·funk·über·tra·gung** F radiotrasmissione *f*

Rund·gang M **1** giro *m*: **einen ~ machen** fare un giro **2** MIL ronda *f* **3** ARCH deambulatorio *m* **rund·ge·hen** VI ⟨*irr*; *s.*⟩ fare il giro: **die Nachricht ging rund** la notizia fece il giro ♦ *umg* **heute geht's bei uns rund** oggi da noi c'è un gran da fare

rund·he·raus ADV apertamente, chiaramente: **etw ~ zugeben** ammettere qc apertamente **rund·he·rum** ADV **1** (tutt')intorno **2** (*völlig*) completamente, pienamente, del tutto

rund·lich ADJ **1** tondeggiante **2** (*dicklich*) rotondetto

Rund·rei·se F giro *m*: **eine ~ durch Europa** un giro attraverso l'Europa **Rund·schrei·ben** N circolare *f*

rund·um ADV **1** intorno **2** (*völlig*) completamente, del tutto: **~ glücklich** pienamente felice **Rund·um·schlag** M bordata *f*

Run·dung F ⟨-; -en⟩ curvatura *f*, forma *f* arrotondata; *umg* **sie hat beachtliche -en** ha le curve al punto giusto

Rund·wan·der·weg M sentiero *m* (di forma circolare)

rund·weg ADV recisamente: **etw ~ ablehnen** rifiutare recisamente qc

Ru·ne F ⟨-; -n⟩ runa *f*

run·ter ADV *umg* **1** → herunter **2** → hinunter

run·ter·hau·en VT ⟨*irr*⟩ *umg* **1** **j-m eine ~** mollare un ceffone a qn **2** **einen Aufsatz ~** buttar giù un tema **run·ter·ho·len** VR *vulg* **sich** (*dat*) **einen ~** farsi una sega **run·ter·la·den** VT ⟨*irr*⟩ **aus dem Internet ~** scaricare dall'Internet **run·ter·rut·schen** VI ⟨*s.*⟩ *umg* scivolare giù (*od* in basso) ♦ **rutsch mir den Buckel runter!** togliti dai piedi!

Run·zel F ⟨-; -n⟩ ruga *f*, grinza *f*

run·ze·lig ADJ rugoso, grinzoso

run·zeln VT raggrinzire; (*Stirn*) corrugare; (*Brauen*) aggrottare

Rü·pel M ⟨-s; -⟩ *pej* villano *m*, cafone *m*

rü·pel·haft ADJ villano, cafone

rup·pig **A** ADJ **1** (*unfreundlich*) scortese, sgarbato **2** (*ungeschliffen*) villano, zoticone **B** ADV sgarbatamente: **sich ~ benehmen** comportarsi in modo sgarbato

Rü·sche F ⟨-; -n⟩ ruche *f*, gala *f*

Rush·hour [ˈraʃaue] F ⟨-; -s⟩ ora *f* di punta

Ruß M ⟨-es; -e⟩ fuliggine *f*

Rus·se M ⟨-n; -n⟩ russo *m*

Rüs·sel M ⟨-s; -⟩ **1** (*von Elefanten, Insekten*) proboscide *f* **2** (*von Schweinen*) grugno *m* **3** *umg fig* (*Nase*) proboscide *f*

ru·ßen VI ⟨h.⟩ produrre fuliggine

ru·ßig ADJ nero di fuliggine, fuligginoso

Rus·sin F ⟨-; -nen⟩ russa *f* **rus·sisch** ADJ russo **Russ·land** N ⟨-s⟩ Russia *f*

rüs·ten **A** VI ⟨h.⟩ armarsi: **zum** (*od* **für**) **den Krieg ~** armarsi per la guerra **B** VR **sich ~** prepararsi; **sich zur Abreise ~** prepararsi per la partenza ♦ **um die Wette ~**

partecipare alla corsa agli armamenti
rüs·tig ADJ robusto, vigoroso; (*alter Mensch*) vitale, in gamba
rus·ti·kal ADJ **1** (*Einrichtung*) rustico **2** (*ländlich*) campagnolo: **ein -es Mahl** un pasto alla campagnola
Rüs·tung F ⟨-; -en⟩ **1** MIL armamento *m*, armamenti *mpl*: **konventionelle/nukleare ~** armamenti convenzionali/nucleari; **die ~ beschränken** limitare gli armamenti **2** (*Körperschutz, Ritterrüstung*) armatura *f*
Rüs·tungs·in·dust·rie F industria *f* degli armamenti **Rüs·tungs·kon·trol·le** F controllo *m* degli armamenti **Rüs·tungs·wett·lauf** M corsa *f* agli armamenti
Rüst·zeug N *fig* arnesi *mpl*, strumenti *mpl*
Ru·te F ⟨-; -n⟩ **1** (*Zweig*) verga *f*; (*dünner Stock*) bastoncino *m* **2** (*Wünschelrute*) bacchetta *f* rabdomantica **3** JAGD coda *f*
Rutsch M ⟨-[e]s; -e⟩ **1** scivolata *f* **2** *umg* puntata *f*: **auf einen ~ nach Graz fahren** fare una puntata a Graz ♦ **guten ~ ins neue Jahr!** buon inizio (d'anno)! *umg*; **in einem ~** tutto di volata, tutto d'un fiato
Rutsch·bahn F toboga *m*
Rut·sche F ⟨-; -n⟩ scivolo *m* (*a.* TECH)
rut·schen V/I ⟨s.⟩ **1** scivolare: **die Brille rutscht von der Nase** gli occhiali scivolano dal naso **2** (*ausrutschen*) sdrucciolare **3** *umg* (*zur Seite rücken*) spostarsi, scostarsi ♦ **auf dem Stuhl hin und her ~** non stare fermo sulla sedia
Rut·scher M ⟨-s; -⟩ *österr umg* (*kurze Fahrt*) puntata *f*
rutsch·fest ADJ antiscivolo
rut·schig ADJ scivoloso, sdrucciolevole
rüt·teln **A** V/T scuotere, scrollare: **j-n aus dem Schlaf ~** scuotere qn dal sonno **B** V/I ⟨h.⟩ **1** **an etw** (*dat*) **~** scuotere qc (*a. fig*) **2** cambiare qc: **an dieser Entscheidung ist nicht zu ~** questa decisione non si cambia ♦ **daran gibt es nichts zu ~** non ci si può (più) fare nulla

S

s, S N ⟨-; -⟩ s, S, esse *f/m*: **ein scharfes S** una esse zeta; **S wie Siegfried** S come Savona
Saal M ⟨-[e]s; Säle⟩ sala *f*
Saar F ⟨-⟩ Saar *f*
Saar·land N ⟨-s⟩ Saarland *m*
Saat F ⟨-; -en⟩ **1** (*Säen*) semina *f*, seminagione *f* **2** (*Samen*) semente *f*, seme *m*
Saat·gut N ⟨-[e]s⟩ semente *f* **Saat·kar·tof·fel** F patata *f* da semina
Sab·bat M ⟨-s; -e⟩ sabato *m* (ebraico)
sab·bern V/I ⟨h.⟩ *umg* **1** sbavare, sbrodolare **2** (*sabbeln, schwatzen*) cianciare, cicalare
Sä·bel M ⟨-s; -⟩ sciabola *f* ♦ *umg fig* **mit dem ~ rasseln** minacciare guerra **Sä·bel·ras·seln** N ⟨-s⟩ bellicismo *m*
Sa·bo·ta·ge [-'ta:ʒə] F ⟨-⟩ sabotaggio *m*: **~ treiben** (*od* **verüben**) compiere sabotaggi **Sa·bo·ta·ge·akt** M atto *m* di sabotaggio
Sa·bo·teur [-'tø:r] M ⟨-s; -e⟩, **-in** F ⟨-; -nen⟩ sabotatore *m*, -trice *f* **sa·bo·tie·ren** V/T sabotare (*a. fig*)
Sach·be·ar·bei·ter M, **-in** F addetto *m*, -a *f*, incaricato *m*, -a *f* **Sach·be·schä·di·gung** F JUR danno *m* materiale **Sach·buch** N saggio *m* **sach·dien·lich** ADJ opportuno, utile: **-e Hinweise** indicazioni utili
Sa·che F ⟨-; -n⟩ **1** PL (*Gegenstände*) cose *fpl*, roba *f* **2** (*Angelegenheit*) faccenda *f*, affare *m*, storia *f*, cosa *f*: **eine schlimme ~** un brutto affare, una brutta storia; **eine ernste ~** una cosa seria; **eine ~ erledigen** sbrigare una faccenda; **die ~ ist die, dass** … il fatto è che … **3** (*Frage*) questione *f*: **es ist eine ~ des Vertrauens** è questione di fiducia **4** (*Aufgabe*) compito *m*: **das ist ~ der Eltern** è compito dei (*od* spetta ai) genitori **5** (*Rechtssache*) causa *f*: **in eigener ~** in causa propria; **in -n Müller gegen Schulz** nella causa Müller contro Schulz **6** **für eine rechte ~ kämpfen** lottare per una causa giusta ♦ **(nicht) bei der ~ sein** (non) essere attento; **das ist beschlossene ~** questa è ormai cosa fatta; **bei der ~ bleiben** restare in tema;

umg **mit hundertfünfzig -n fahren** andare a centocinquanta; *umg* **was sind das für -n?** che storia è questa?; **das ist eine ~ für sich** (questa) è un'altra faccenda; **keine -n machen** non fare stupidaggini; **keine halben -n machen** non fare le cose a metà; **mach -n!** davvero!?; **das ist (nicht) meine ~** (non) sono affari miei; **seine ~ gut machen** svolgere bene il proprio compito; **das ist so eine ~** la questione è dubbia, è una faccenda complicata; **die ~ steht gut/schlecht** la cosa va bene/male; **das tut nichts zur ~** non c'entra; **seine ~ verstehen** conoscere il proprio mestiere; *umg* **j-m sagen, was ~ ist** dirne quattro a qn; **zur ~ kommen** venire al dunque

Sach·fra·ge F problema *m* materiale

Sach·ge·biet N campo *m*, materia *f* (specifica) **sach·ge·mäß** ADJ, **sach·ge·recht** ADJ appropriato, adeguato

Sach·kennt·nis F conoscenza *f* specifica (di un settore), competenza *f* **sach·kun·dig** ADJ competente, esperto

Sach·la·ge F stato *m* delle cose **Sach·leis·tun·gen** PL prestazioni *fpl* in natura

sach·lich ADJ 1 (*der Sache nach*) reale, materiale 2 obiettivo 3 (*kühl*) impersonale 4 (*schmucklos*) sobrio ♦ **etw ist ~ richtig/falsch** qc è materialmente giusto/sbagliato; **~ bleiben** restare obiettivi

säch·lich ADJ GRAM neutro

Sach·lich·keit F ⟨-⟩ obiettività *f*

Sach·re·gis·ter N indice *m* analitico

Sach·scha·den M danno *m* materiale

Sach·se M ⟨-n; -n⟩ sassone *m* **Sach·sen** N ⟨-s⟩ Sassonia *f* **Sach·sen-An·halt** N ⟨-s⟩ Sassonia-Anhalt *f* **Säch·sin** F ⟨-; -nen⟩ sassone *f* **säch·sisch** ADJ sassone

Sach·spen·de F offerta *f* in natura

sacht A ADJ 1 leggero, delicato: **mit -er Hand** con mano delicata 2 (*langsam*) lento B ADV 1 leggermente, delicatamente: **etw ~ berühren** sfiorare qc leggermente; **etw ~ loslassen** lasciare andare qc delicatamente 2 (*unmerklich*) piano, lentamente ♦ *umg* **-e, (-e,) junger Mann!** piano, (piano,) ragazzo!; **j-n ganz -e aufwecken** svegliare qn piano piano

Sach·ver·halt M ⟨-[e]s; -e⟩ stato *m* di cose, fatti *mpl*, circostanze *fpl* di fatto

Sach·ver·stand M competenza *f* specifica **sach·ver·stän·dig** ADJ competente, esperto **Sach·ver·stän·di·ge** M/F ⟨-n; -n⟩ perito *m*, -a *f*, esperto *m*, -a *f* **Sach·zwang** M obbligo *m* (*od* costrizione *f*) materiale, reale

Sack M ⟨-[e]s; Säcke⟩ 1 sacco *m*: **zwei ~ (*od* Säcke) Gerste** due sacchi d'orzo 2 (*Tränensack*) borsa *f* 3 *vulg* **ein alter ~** un vecchio rincoglionito; *vulg* **ein blöder ~** un coglione ♦ *vulg* **j-m auf den ~ gehen** rompere le (*od* stare sulle) palle a qn; *vulg* **du fauler ~!** pigrone; **mit ~ und Pack** (con) armi e bagagli; *fig* **j-n in den ~ stecken** mettere qn nel sacco

Sack·bahn·hof M stazione *f* di testa

sa·cken V/I ⟨s.⟩ affondare, sprofondare

Sack·gas·se F vicolo *m* cieco (*a. fig*)

Sack·hüp·fen N ⟨-s⟩ corsa *f* nei sacchi

Sa·dis·mus M ⟨-; Sadismen⟩ sadismo *m*

Sa·dist M ⟨-en; -en⟩, **-in** F ⟨-; -nen⟩ sadico *m*, -a *f* **sa·dis·tisch** ADJ sadico

sä·en V/T seminare (*a. fig*)

Sa·fa·ri F ⟨-; -s⟩ safari *m*: **auf ~ gehen** fare un safari **Sa·fa·ri·park** M parco *m* safari

Safe [seːf] M/N ⟨-s; -s⟩ cassetta *f* di sicurezza, cassaforte *f*

Sa·fer Sex [ˈseːfɐ ˈzɛks] M ⟨-⟩ sesso *m* sicuro

Saf·ran M ⟨-s; -e⟩ zafferano *m*

Saft M ⟨-[e]s; Säfte⟩ 1 (*von Früchten*) succo *m* 2 (*von Pflanzen*) linfa *f* 3 (*Fleischsaft*) sugo *m* 4 *umg* (*Strom*) corrente *f* ♦ *fig* **ohne ~ und Kraft** senza sugo; **j-n im eigenen ~ schmoren lassen** lasciare cuocere qn nel suo brodo

saf·tig ADJ 1 succoso 2 *fig* (*derb*) grossolano, pesante ♦ **eine -e Ohrfeige** un sonoro ceffone; **-e Preise** prezzi salati

Saft·la·den M *pej* baracca *f* **saft·los** ADJ senza succo; *fig* **saft- und kraftlos** senza succo e senza nerbo **Saft·pres·se** F spremifrutta *m* **Saft·sack** M *vulg* coglione *m*

Sa·ge F ⟨-; -n⟩ 1 saga *f* 2 *fig* leggenda *f*

Sä·ge F ⟨-; -n⟩ sega *f* **Sä·ge·blatt** N lama *f* della sega **Sä·ge·mehl** N segatura *f*

sa·gen A V/T 1 dire: **j-m etw ~** dire qc a qn; **zu etw nichts zu ~ haben** non avere niente da dire a proposito di (*od* in merito a) qc; **sag ihr/sag ihm bitte, dass ...** per favore dille/digli che ...; **wie sagt man auf Deutsch?** come si dice in tedesco?; **der Film sagt mir nichts** questo film non mi dice niente; (*vorschreiben*) **er hat dir nichts zu ~** non ha niente

S

da dirti **2** (*nennen*) chiamare: **man sagt zu ihm Jim** lo chiamano Jim; **zu einem Gemälde kann man auch Bild ~** un dipinto può anche essere chiamato quadro **3** (*bedeuten*) voler dire: **das sagt doch immerhin, dass ...** questo comunque vuol dire che ... **B** V/R **sich** (*dat*) ~ dirsi; **ich habe mir gesagt: Das ist die beste Lösung** mi sono detta (*od* detto): questa è la soluzione migliore; **sich nichts mehr zu ~ haben** non aver più niente da dirsi ♦ **du sagst es!** esattamente!; **j-m etw ins Gesicht ~** dire qc in faccia a qn; **gesagt, getan** detto, fatto; **es ist** (**noch lange**) **nicht gesagt, dass ...** non è (ancora) detto che ...; **ich will nichts gesagt haben** come non detto; **das kann ich dir ~** te lo assicuro; **sich** (*dat*) **nichts ~ lassen** non intendere ragione; **das kannst du laut ~** puoi dirlo forte; **hier habe ich das Sagen** qui decido (*od* comando) io; **viel zu ~ haben** contare molto; aver voce in capitolo; **was du nicht sagst!** ma non mi dire! *umg*; **na, wer sagt's denn?** beh, che t'avevo detto io?; **was willst du damit ~?** che intendi dire?; **zu j-m Du/Sie ~** dare del tu/del lei a qn

sä·gen **A** V/T segare **B** V/I ⟨h.⟩ *hum* (*schnarchen*) ronfare

Sa·gen·ge·stalt F figura *f* leggendaria **sa·gen·haft** ADJ **1** leggendario **2** *umg* fantastico

Sä·ge·spä·ne PL segatura *f* **Sä·ge·werk** N segheria *f*

sah → sehen

Sa·ha·ra F ⟨-⟩ Sahara *m*

Sah·ne F ⟨-⟩ panna *f*: **saure ~** panna da cucina; **süße ~** panna dolce ♦ *umg* **erste ~** di prima qualità **Sah·ne·eis** N gelato *m* alla panna **Sah·ne·tor·te** F torta *f* alla panna

sah·nig ADJ **1** alla panna **2** cremoso

Sai·son [zɛ'zɔŋ] F ⟨-; -s⟩ **1** stagione *f* **2** (*Hochsaison*) alta stagione *f* ♦ **außerhalb der ~** fuori stagione

sai·son·ab·hän·gig ADJ che dipende dalla stagione **Sai·son·ar·bei·ter** M, **-in** F lavoratore *m*, -trice *f* stagionale, stagionale *m/f* **sai·son·be·dingt** ADJ stagionale **Sai·son·ge·schäft** N attività *f* stagionale

Sai·te F ⟨-; -n⟩ MUS, SPORT corda *f* ♦ *fig* **andere -n aufziehen** mutare registro

Sai·ten·in·stru·ment N strumento *m* a corda

Sak·ko M/N ⟨-s; -s⟩ giacca *f* (di completo maschile)

sak·ral ADJ sacro: **-e Feiern** feste sacre

Sak·ra·ment N ⟨-[e]s; -e⟩ sacramento *m*

Sak·ri·leg N ⟨-s; -e⟩ sacrilegio *m* (*a. fig*)

Sak·ris·tei F ⟨-; -en⟩ sagrestia *f*

Sa·la·man·der M ⟨-s; -⟩ salamandra *f*

Sa·la·mi F ⟨-; -[s]⟩ salame *m* **Sa·la·mi·tak·tik** F *umg* tattica *f* dei piccoli passi

Sa·lär N ⟨-s; -e⟩ *schweiz* retribuzione *f*, paga *f*

Sa·lat M ⟨-[e]s; -e⟩ insalata *f* ♦ *umg* **da haben wir den ~!** (guarda) che bel pasticcio!

Sa·lat·be·steck N posate *fpl* da insalata **Sa·lat·kopf** M cespo *m* di insalata **Sa·lat·ma·yon·nai·se** F maionese *f* per insalata **Sa·lat·rau·ke** F rucola *f* **Sa·lat·schüs·sel** F insalatiera *f* **Sa·lat·so·ße** F condimento *m* per l'insalata

Sal·be F ⟨-; -n⟩ pomata *f*: **etw mit einer ~ einreiben** frizionare qc con una pomata

Sal·bei M ⟨-s⟩ *u.* F ⟨-⟩ salvia *f*

sal·ben V/T impomatare, spalmare di pomata **Sal·bung** F ⟨-; -en⟩ unzione *f*

sal·bungs·voll *pej* ADJ untuoso

Sal·do M ⟨-s; -s *u.* Salden/Saldi⟩ saldo *m*: **einen ~ ausgleichen** fare un saldo ♦ **im ~ bleiben** restare debitore; **per ~** a saldo

Sa·li·ne F ⟨-; -n⟩ salina *f*

Sal·mi·ak M/N ⟨-s⟩ sale *m* ammoniaco **Sal·mi·ak·geist** M ⟨-[e]s⟩ ammoniaca *f* (liquida)

Sal·mo·nel·le F ⟨-; -n⟩ salmonella *f*

Sa·lon M ⟨-s; -s⟩ **1** salotto *m* **2** (*Ausstellungsraum*) salone *m* **sa·lon·fä·hig** ADJ presentabile, decente

sa·lopp ADJ **1** disinvolto, informale: **eine -e Ausdrucksweise** un modo di esprimersi informale **2** (*Kleidung*) casual ♦ **sich ~ benehmen** comportarsi con disinvoltura; **sich ~ kleiden** vestirsi in modo casual

Sal·pe·ter M ⟨-s⟩ salnitro *m*, nitro *m* **Sal·pe·ter·säu·re** F acido *m* nitrico

Sal·sa·mu·sik F salsa *f* **Sal·sa·so·ße** F salsa *f* piccante

Sal·to M ⟨-s; -s *u.* Salti⟩ salto *m*

Sa·lut M ⟨-[e]s; -e⟩ MIL saluto *m*; **~ schießen** salutare con una salva **sa·lu·tie·ren** V/I ⟨h.⟩ fare il saluto militare

Sal·ve [-v-] F ⟨-; -n⟩ salva *f* (*a. fig*)

Salz N ⟨-es; -e⟩ sale *m* **salz·arm** ADJ povero di sale **Salz·berg·werk** N miniera

S

f di salgemma

Salz·burg N ⟨-s⟩ Salisburgo *f*

sal·zen VT ⟨salzte, gesalzen⟩ salare **Sal·zen** N ⟨-s⟩ salatura *f*

Salz·fass N saliera *f* **Salz·ge·bäck** N salatini *mpl* **Salz·ge·halt** M salinità *f* **salz·hal·tig** ADJ salino, salifero **Salz·he·ring** M aringa *f* sotto sale

sal·zig ADJ salato

Salz·kar·tof·feln PL patate *fpl* lesse **Salz·la·ke** F salamoia *f* **salz·los** ADJ senza sale **Salz·säu·le** F **zur ~ erstarren** rimanere di sale **Salz·säu·re** F acido *m* cloridrico **Salz·stan·ge** F bastoncino *m* salato **Salz·streu·er** M ⟨-s; -⟩ saliera *f*, spargisale *m* **Salz·was·ser** N acqua *f* salata

Sa·ma·ri·ter M ⟨-s; -⟩ (buon) samaritano *m* **Sa·ma·ri·ter·dienst** M opera *f* caritatevole

Sam·ba M ⟨-; -s⟩ samba *m od f*

Sam·bia N ⟨-s⟩ Zambia *m*

Sa·me M ⟨-ns; -n⟩, **Sa·men** M ⟨-s; -⟩ seme *m* (*a. fig*); **Samen abtötend** spermicida

Sa·men·bank F ⟨-; -en⟩ banca *f* del seme **Sa·men·er·guss** M eiaculazione *f* **Sa·men·flüs·sig·keit** F liquido *m* seminale **Sa·men·kap·sel** F capsula *f* seminale **Sa·men·strang** M funicolo *m* spermatico **Sa·men·zel·le** F spermatozoo *m*

sä·mig ADJ denso

Sam·mel·al·bum N album *m* (da raccolta) **Sam·mel·band** M ⟨-[e]s; -bände⟩ raccolta *f* (in un volume) **Sam·mel·be·cken** N **1** bacino *m* di raccolta, serbatoio *m* **2** *fig* crogiolo *m* **Sam·mel·be·griff** M concetto *m* generale **Sam·mel·be·stel·lung** F HANDEL ordinazione *f* collettiva **Sam·mel·büch·se** F cassetta *f* per le elemosine **Sam·mel·lei·den·schaft** F passione *f* per il collezionismo **Sam·mel·map·pe** F raccoglitore *m*

sam·meln **A** VT **1** raccogliere (*a. fig*): **Material für eine Doktorarbeit ~** raccogliere materiale per una tesi; **seine Gedanken ~** raccogliere le idee; **für das Rote Kreuz ~** fare una colletta per la Croce Rossa **2** riunire: **die Mehrheit um sich ~** riunire la maggioranza attorno a sé; **Truppen ~** radunare le truppe **3** collezionare: **Briefmarken/Unterschriften ~** collezionare francobolli/firme **4** (*anhäufen*) accumulare: **Erfahrungen ~** accumulare esperienze **B** V/R **sich ~** **1** (*sich versammeln*) radunarsi, riunirsi **2** (*Wasser, Licht*) raccogliersi **3** *fig* concentrarsi, raccogliersi (in sé stesso)

Sam·mel·su·ri·um N ⟨-s; -surien⟩ guazzabuglio *m*

Sam·mel·ta·xi N taxi *m* collettivo

Samm·ler M ⟨-s; -⟩, **-in** F ⟨-; -nen⟩ **1** chi raccoglie raccoglitore *m*, -trice *f* **2** **~ für das Rote Kreuz** chi fa una colletta per la Croce Rossa **3** (*von Briefmarken usw*) collezionista *m/f* **Samm·ler·wert** M valore *m* di mercato (di un oggetto da collezione)

Samm·lung F ⟨-; -en⟩ **1** (*Sammeln*) raccolta *f*; (*von Spenden*) colletta *f* **2** collezione *f*: **eine ~ anlegen** realizzare una collezione **3** (*Anthologie*) raccolta *f* **4** (*Kunstsammlung*) galleria *f*: **eine private ~ besuchen** visitare una galleria privata **5** (*Konzentration*) concentrazione *f*

Sam·ple ['zampl] N ⟨-[s]; -s⟩ WIRTSCH campione *m* **Samp·ler** ['zample] M ⟨-s; -⟩ raccolta *f* di successi, compilation *f*

Sams·tag M sabato *m*: **am ~ haben wir Gäste** sabato avremo ospiti **Sams·tag·abend** M sabato *m* sera

sams·tags ADV di (*od* il) sabato

samt PRÄP (+*dat*) (insieme) con ♦ **~ und sonders** tutti quanti, tutti senza eccezione

Samt M ⟨-[e]s; -e⟩ velluto *m* **Samt·hand·schuh** M guanto *m* di velluto ♦ *fig* **j-n/etw mit -en anfassen** trattare qn/qc coi guanti (di velluto)

sam·tig ADJ vellutato

sämt·lich PRON tutto: **-e vorhandene Energie** tutta l'energia disponibile; **-e Anwesende(n)** tutti i presenti; **die Schüler waren ~ da** gli allievi c'erano tutti ♦ **Schillers -e Werke** opere complete di Schiller

Sa·na·to·ri·um N ⟨-s; Sanatorien⟩ casa *f* di cura; sanatorio *m*

Sand M ⟨-[e]s; -e *u.* Sände⟩ sabbia *f*: (*am Strand*) **im ~ liegen** stare steso sulla sabbia ♦ *umg* **wie ~ am Meer** a bizzeffe, a iosa; *umg* **etw in den ~ setzen** fallire (*od* fare fiasco) in qc; *fig* **j-m ~ in die Augen streuen** gettare polvere negli occhi di qn; *fig* **im ~(e) verlaufen** arenarsi, cessare; **~ in den Augen** caccole negli occhi

San·da·le F ⟨-; -n⟩ sandalo *m* **San·da·let·te** F ⟨-; -n⟩ sandalo *m* (da donna)

Sand·bank F ⟨-; -bänke⟩ banco *m* di

S

sabbia, secca *f*: **auf eine ~ laufen** incagliarsi (in una secca), arenarsi **Sand·bo·den** M terreno *m*, suolo *m* sabbioso **Sand·burg** F castello *m* di sabbia **Sand·dorn** M ⟨-[e]s; -e⟩ BOT olivello *m* spinoso **Sand·dü·ne** F duna *f*

San·del·holz N (legno *m* di) sandalo *m*

Sand·floh M pulce *f* penetrante, sarcopsilla *f* **Sand·förm·chen** N ⟨-s; -⟩ formina *f*

san·dig ADJ sabbioso; impolverato

Sand·kas·ten M recinto *m* con la sabbia: **die Kinder spielten im ~** i bambini giocavano nella (*od* con la) sabbia **Sand·männ·chen** N ⟨-s⟩ mago *m* Sabbiolino **Sand·pa·pier** N carta *f* vetrata **Sand·platz** M SPORT campo *m* da tennis in terra battuta **Sand·sack** M 1 sacco *m* di sabbia 2 (*beim Boxen*) sacco *m*, punching-bag *m* **Sand·stein** M (pietra *f*) arenaria *f* **sand·strah·len** V/T sabbiare **Sand·strahl·ge·blä·se** N sabbiatrice *f* **Sand·strand** M spiaggia *f* (sabbiosa) **Sand·sturm** M tempesta *f* di sabbia

sand·te → senden

Sand·uhr F clessidra *f*

sanft A ADJ 1 (*leicht*) lieve, leggero: **eine -e Berührung** un tocco leggero; **ein -er Regen** una pioggia leggera; **mit -er Gewalt** con lieve costrizione 2 (*Farben, Licht*) tenue 3 dolce, soave: **-er Blick** sguardo dolce; **mit -er Stimme** con voce soave B ADV 1 dolcemente: **~ reden** parlare dolcemente 2 (*ruhig*) tranquillamente ♦ **-e Energie** energia dolce; **-e Geburt** parto dolce

Sänf·te F ⟨-; -n⟩ portantina *f*

Sanft·heit F ⟨-⟩ dolcezza *f*, soavità *f*

Sanft·mut F ⟨-⟩ dolcezza *f*, mitezza *f*

sanft·mü·tig ADJ dolce, mite

sang → singen

Sän·ger M ⟨-s; -⟩, **-in** F ⟨-; -nen⟩ cantante *m/f*

sang·los ADJ *umg* **sang- und klanglos** senza dar nell'occhio, inosservato

Sang·ria F ⟨-; -s⟩ sangria *f*

sa·nie·ren A V/T 1 guarire, (*heilen*) curare 2 BAU, WIRTSCH risanare: **die Altbauwohnungen ~** ristrutturare gli appartamenti di vecchi edifici; **ein Unternehmen ~** risanare un'impresa B V/R **sich ~** WIRTSCH riprendersi **Sa·nie·rung** F ⟨-; -en⟩ 1 guarigione *f* 2 BAU, WIRTSCH risanamento *m* **sa·nie·rungs·be·dürf·tig** ADJ che necessita di un risanamento

sa·ni·tär ADJ sanitario

Sa·ni·tä·ter M ⟨-s; -⟩, **-in** F ⟨-; -nen⟩ 1 infermiere *m*, -a *f* 2 MIL infermiere *m*, -a *f* militare

Sa·ni·täts·dienst M MIL servizio *m* sanitario, sanità *f* **Sa·ni·täts·wa·gen** M autoambulanza *f*

sank → sinken

Sankt ADJ ⟨*inv*⟩ santo, san: **~ Agnes** sant'Agnese; **~ Johannes** san Giovanni

Sankt Gal·len N ⟨- -s⟩ 1 (*Stadt*) San Gallo *f* 2 (*Kanton*) Canton *m* San Gallo

Sank·ti·on F ⟨-; -en⟩ JUR, POL sanzione *f*

sank·ti·o·nie·ren V/T sanzionare

sann → sinnen

Sa·phir M ⟨-s; -e⟩ 1 zaffiro *m* 2 TECH puntina *f* di zaffiro

Sar·de M ⟨-n; -n⟩ sardo *m*

Sar·del·le F ⟨-; -n⟩ acciuga *f*, alice *f*

Sar·din F ⟨-; -nen⟩ sarda *f*

Sar·di·ne F ⟨-; -n⟩ sardina *f* (*a. fig*)

Sar·di·ni·en N ⟨-s⟩ Sardegna *f* **sar·di·nisch, sar·disch** ADJ sardo

Sarg M ⟨-[e]s; Särge⟩ bara *f*, cassa *f* (da morto) **Sarg·trä·ger** M, **-in** F necroforo *m*, -a *f*

Sar·kas·mus M ⟨-; Sarkasmen⟩ sarcasmo *m* **sar·kas·tisch** ADJ sarcastico

Sar·kom N ⟨-s; -e⟩ MED sarcoma *m*

Sar·ko·phag M ⟨-[e]s; -e⟩ sarcofago *m*

saß → sitzen

Sa·tan M ⟨-s; -e⟩ 1 Satana *m* 2 *umg* demonio *m* **sa·ta·nisch** ADJ satanico

Sa·tel·lit M ⟨-en; -en⟩ satellite *m* (*a. fig*)

Sa·tel·li·ten·an·ten·ne F antenna *f* satellitare **Sa·tel·li·ten·auf·nah·me** F immagine *f* dal satellite **Sa·tel·li·ten·fern·se·hen** N televisione *f* via satellite **Sa·tel·li·ten·fo·to** N foto *f* dal satellite **Sa·tel·li·ten·na·vi·ga·ti·on** F navigazione *f* satellitare **Sa·tel·li·ten·na·vi·ga·ti·ons·sys·tem** N sistema *m* di navigazione satellitare **Sa·tel·li·ten·schüs·sel** F antenna *f* parabolica **Sa·tel·li·ten·über·tra·gung** F trasmissione *f* via satellite

sa·ti·nie·ren V/T satinare

Sa·ti·re F ⟨-; -n⟩ satira *f*: **eine ~ auf j-n/etw** una satira contro qn/qc **Sa·ti·ri·ker** M ⟨-s; -⟩, **-in** F ⟨-; -nen⟩ satirico *m* **sa·ti·risch** ADJ 1 satirico 2 (*spöttisch*) beffardo

satt A ADJ 1 sazio 2 *fig* **etw/j-n ~ sein** essere stufo (*od* averne abbastanza) di qc/qn 3 (*Farbe*) intenso B ADV a sazietà: **sich ~ essen** mangiare a sazietà ♦ **-e Gewinne** lauti guadagni; **~ machen** saziare; **eine -e Mehrheit** una maggioranza piena; **~ werden** saziarsi; **nicht ~ werden, etw zu tun/zu hören** non stancarsi mai di fare/ascoltare qc; → satthaben, sattsehen

Sat·tel M ⟨-s; Sättel⟩ sella *f* ♦ *fig* **fest im ~ sitzen** essere a cavallo; *fig* **j-n aus dem ~ heben** sbalzare di sella qn

Sat·tel·dach N tetto *m* a capanna **Sat·tel·de·cke** F gualdrappa *f* **sat·tel·fest** ADJ **in etw** (*dat*) **~ sein** essere ferrato in qc

sat·teln V/T sellare

Sat·tel·schlep·per M autoarticolato *m* **Sat·tel·ta·sche** F 1 bisaccia *f* 2 (*an Fahrrad*) borsa *f* porta-attrezzi **Sat·tel·zeug** N finimenti *mpl* **Sat·tel·zug** M autotreno *m*

satt·ha·ben V/T ⟨*irr*⟩ *umg* essere stufo, averne abbastanza

sät·ti·gen A V/T 1 saziare 2 *fig* soddisfare 3 CHEM, WIRTSCH saturare B V/I ⟨h.⟩ **Kartoffeln ~** le patate saziano C V/R **sich an/mit etw** (*dat*) **~** saziarsi con/di qc

Sät·ti·gung F ⟨-⟩ CHEM, WIRTSCH saturazione *f* **Sät·ti·gungs·ge·fühl** N senso *m* di sazietà

Satt·ler M ⟨-s; -⟩ sellaio *m* **Satt·le·rei** F ⟨-; -en⟩ selleria *f*, sellificio *m* **Satt·le·rin** F ⟨-; -nen⟩ sellaia *f*

satt·se·hen V/R ⟨*irr*⟩ **sich an etw** (*dat*) **~** guardare qc a sazietà

sa·tu·riert ADJ 1 soddisfatto 2 *pej* sazio 3 CHEM, WIRTSCH satur(at)o

Sa·turn M ⟨-s⟩ MYTH, ASTRON Saturno *m*

Sa·tyr M ⟨-s *u.* -n; -n⟩ satiro *m*

Satz M ⟨-es; Sätze⟩ 1 frase *f*; GRAM proposizione *f* 2 PHIL tesi *f* 3 MATH teorema *m* 4 TYPO composizione *f*: **in** (**den**) **~ gehen** andare in composizione 5 MUS movimento *m* 6 (*von Briefmarken*) serie *f*; (*von Geschirr*) servizio *m*; (*von Kochtöpfen*) set *m*; (*von Reifen*) treno *m* 7 (*Bodensatz*) fondo *m* 8 SPORT set *m* 9 (*Sprung*) salto *m*, balzo *m*: **einen ~ zur Seite tun** (*od* **machen**) fare un balzo di lato 10 (*Tarif*) tariffa *f*; (*Spesen-, Beitragssatz*) quota *f*; (*von Zinsen*) tasso *m*

Satz·aus·sa·ge F GRAM predicato *m* **Satz·ball** M set-point *m* **Satz·bau** M costruzione *f* della frase **Satz·feh·ler** M TYPO errore *m* di composizione **Satz·ge·fü·ge** N GRAM periodo *m* **Satz·ge·gen·stand** M GRAM soggetto *m* **Satz·spie·gel** M TYPO luce *f* di composizione **Satz·teil** M parte *f* della proposizione

Sat·zung F ⟨-; -en⟩ statuto *m* **sat·zungs·ge·mäß** ADJ conforme allo statuto

Satz·zei·chen N punteggiatura *f*

Satzzeichen

,	Komma	**virgola**
.	Punkt	**punto**
!	Ausrufezeichen	**punto esclamativo**
?	Fragezeichen	**punto interrogativo**
;	Strichpunkt, Semikolon	**punto e virgola**
:	Doppelpunkt	**due punti**
'	Apostroph	**apostrofo**
„…"	Anführungszeichen	**virgolette**
(…)	Klammern	**parentesi tonde**
[…]	eckige Klammern	**parentesi quadre**
–	Bindestrich, Trennstrich, Gedankenstrich	**trattino**
*	Sternchen	**asterisco**
/	Schrägstrich	**barra**
\	Backslash	**backslash**
…	Auslassungspunkte	**puntini** (**di omissione**)

Sau F ⟨-; Säue⟩ **1** ZOOL scrofa *f* **2** *fig umg* porco *m* ♦ *vulg* **keine ~** neanche un cane; *vulg* **j-n zur ~ machen** fare un cazziatone a qn, prendere qn a pesci in faccia; *umg* **die ~ rauslassen** fare casino; *vulg* **unter aller ~** pessimo, da cani

sau·ber **A** ADJ **1** pulito: **-e Wäsche** biancheria pulita; **ein -es Geschäft** un affare pulito **2** (*sorgfältig*) accurato, ben fatto **B** ADV bene; (*sorgfältig*) con cura, accuratamente: **~ machen** pulire, fare le pulizie; **~ halten** tenere pulito ♦ **bleib ~!** comportati bene!; **das Kind ist schon ~** il bambino non se la fa più addosso

Sau·ber·keit F ⟨-⟩ **1** (*Reinheit*) pulizia *f* **2** (*Genauigkeit*) accuratezza *f* **3** (*Anständigkeit*) onestà *f*

säu·ber·lich ADJ accurato, preciso; (*gewissenhaft*) meticoloso ♦ **etw fein ~ verpacken** imballare qc con molta cura

säu·bern VT **1** pulire **2** ripulire (*a. fig*): **die Stadt von Verbrechern ~** ripulire la città dai delinquenti **3** POL, HIST epurare

Säu·be·rung F ⟨-; -en⟩ **1** pulitura *f* **2** ripulitura *f* (*a. fig*) **3** POL, HIST epurazione *f* ♦ **ethnische ~** pulizia *f* etnica

Sau·boh·ne F fava *f*

Sau·ce → Soße

Sau·ci·e·re [zo'sjɛ:rə] F ⟨-; -n⟩ salsiera *f*

Sau·di-Ara·bi·en N ⟨-s⟩ Arabia *f* Saudita

sau·dumm ADJ *umg* stupidissimo

sau·er **A** ADJ **1** acido (*a.* CHEM) **2** (*herb*) aspro, acerbo: **ein saurer Wein** un vino aspro; **saure Früchte** frutti acerbi **3** (*Geruch*) acre **4** GASTR sottaceto: **saure Gurken** cetrioli sottaceto **5** (*wütend*) arrabbiato: **auf j-n/über etw** (*akk*) **~ sein** essere arrabbiato con qn/per qc **6** **eine saure Miene** un'espressione seccata; **mit saurem Lächeln** con un sorriso acido **7** *dial* salato **B** ADV **1** **~ schmecken** avere un sapore acido (*od* aspro); **~ werden** inacidire **2** (*mühsam*) faticosamente: **~ verdientes Geld** denaro guadagnato faticosamente **3** **~ auf etw** (*akk*) **reagieren** arrabbiarsi per qc ♦ **j-m das Leben ~ machen** rendere la vita dura (*od* difficile) a qn; *umg* **gib ihm Saures!** dagliene un fracco!

Sau·er·bra·ten M = *specie di brasato marinato nell'aceto*

Saue·rei F ⟨-; -en⟩ *umg* **1** porcheria *f* **2** (*Gemeinheit, Unanständigkeit*) porcata *f*

Sau·er·kir·sche F amarena *f*

Sau·er·kraut N crauti *mpl*

säu·er·lich ADJ **1** acidulo **2** (*leicht herb*) asprigno **3** (*Geruch*) leggermente acre **4** *fig* (*missvergnügt*) seccato

Sau·er·milch F latte *m* acido

Sau·er·rahm M panna *f* da cucina

Sau·er·stoff M ossigeno *m* **Sau·er·stoff·fla·sche** F bombola *f* d'ossigeno **Sau·er·stoff·ge·rät** N respiratore *m* a ossigeno **Sau·er·stoff·man·gel** M mancanza *f* d'ossigeno **Sau·er·stoff·mas·ke** F maschera *f* a ossigeno **Sau·er·stoff·zelt** N tenda *f* a ossigeno

Sau·er·teig M lievito *m*

sau·fen ⟨säuft, soff, gesoffen⟩ **A** VT **1** (*Tiere*) bere **2** *pej* trincare: **Unmengen von Kaffee ~** scolarsi litri di caffè **B** VI ⟨h.⟩ bere ♦ **einen ~** berne uno

Säu·fer M ⟨-s; -⟩ *pej* ubriacone *m*

Sau·fe·rei F ⟨-; -en⟩ *vulg* lo sbevazzare, sbevazzamenti *mpl*, bevuta *f*

Säu·fe·rin F ⟨-; -nen⟩ ubriacona *f*

sau·gen ⟨sog/saugte, gesogen/gesaugt⟩ **A** VT **1** succhiare **2** (*Babys*) poppare **3** (*aufsaugen*) assorbire **4** MECH aspirare **5** **den Teppich ~** passare l'aspirapolvere sul tappeto; **das Zimmer ~** passare l'aspirapolvere nella stanza **B** VI ⟨h.⟩ **1** **an etw** (*dat*) **~** succhiare qc **2** (*Babys*) succhiare latte **C** VR **sich voll Wasser ~** assorbire l'acqua ♦ **etw aus dem Internet ~** scaricare qc da Internet

säu·gen VT allattare

Sau·ger M ⟨-s; -⟩ **1** succhietto *m* **2** (*an der Saugflasche*) tettarella *f* **3** (*Saugheber*) sifone *m* **4** *umg* (*Staubsauger*) aspirapolvere *f*

Säu·ge·tier N mammifero *m*

saug·fä·hig ADJ assorbente

Säug·ling M ⟨-s; -e⟩ lattante *m*

Säug·lings·al·ter N primissima infanzia *f* **Säug·lings·aus·stat·tung** F corredino *m* per neonato **Säug·lings·nah·rung** F alimentazione *f* del lattante **Säug·lings·pfle·ge** F puericultura *f* **Säug·lings·schwes·ter** F puericultrice *f* **Säug·lings·sterb·lich·keit** F mortalità *f* neonatale

Saug·napf M ventosa *f* **Saug·rüs·sel** M **1** proboscide *f* **2** (*an der Tankstelle*) tubo *m* di aspirazione

säu·isch **A** ADJ *vulg* sporco **B** ADV (*sehr*) **es tut ~ weh** fa un male cane

sau·kalt ADJ *vulg* freddo cane

Säu·le F ⟨-; -n⟩ colonna *f*; (*Stützbalken*)

pilastro *m*
Säu·len·gang M portico *m*, colonnato *m*, porticato *m* **Säu·len·hal·le** F loggia *f*
Saum M ⟨-[e]s; Säume⟩ orlo *m*
sau·mä·ßig ADJ *umg* 1 (*enorm*) enorme 2 (*sehr schlecht*) pessimo ♦ **es ist ~ kalt** fa un freddo cane; **~ geschlafen haben** aver dormito da cani
säu·men V/T 1 orlare, bordare 2 *fig* fiancheggiare
säu·mig ADJ ritardatario ♦ **-er Schuldner** debitore moroso
Sau·na F ⟨-; -s *u.* Saunen⟩ sauna *f*: **in die ~ gehen** andare a fare la sauna
sau·nie·ren V/I ⟨h.⟩ fare la sauna
Säu·re F ⟨-; -n⟩ 1 acidità *f*; (*vom Wein*) asprezza *f*; (*von Obst*) acerbità *f* 2 CHEM acido *m* **säu·re·be·stän·dig** ADJ, **säu·re·fest** ADJ resistente agli acidi
Sau·re-Gur·ken-Zeit F *umg* stagione *f* morta
säu·re·hal·tig ADJ (contenente) acido
Saus M **in ~ und Braus leben** spassarsela, fare la bella vita
säu·seln A V/I ⟨h.⟩ stormire, mormorare: **die Blätter ~ im Wind** le foglie stormiscono; **die Bäume ~ im Wind** gli alberi mormorano al vento B V/T sussurrare
sau·sen V/I 1 ⟨h.⟩ (*vom Wind*) sibilare 2 ⟨h.⟩ ronzare: **ihm saust der Kopf** gli ronza la testa; **ihm ~ die Ohren** gli fischiano le orecchie 3 ⟨s.⟩ *umg* sfrecciare, volare: **durch die Stadt ~** sfrecciare per la città 4 ⟨s.⟩ *umg* **durch eine Prüfung ~** essere bocciato a un esame ♦ *umg* **j-n/etw ~ lassen** lasciar perdere qn/qc
Sau·stall M porcile *m* (*a. fig*) **Sau·wet·ter** N *vulg* tempo *m* schifoso **sau·wohl** ADV *umg* **sich ~ fühlen** stare benone
Sa·xo·fon, **Sa·xo·phon** N ⟨-s; -e⟩ sassofono *m*, saxofono *m* **Sa·xo·fo·nist**, **Sa·xopho·nist** M ⟨-en; -en⟩, **-in** F ⟨-; -nen⟩ sassofonista *m/f*, saxofonista *m/f*
S-Bahn F = *ferrovia metropolitana che serve grandi aree urbane e suburbane*
scan·nen ['skɛnən] V/T passare allo scanner, scannerizzare
Scan·ner ['skɛnɐ] M ⟨-s; -⟩ scanner *m*
Scene [si:n] F ⟨-; -s⟩ *sl* ambiente *m*
Scha·be F ⟨-; -n⟩ blatta *f*, scarafaggio *m*
scha·ben A V/T raschiare (via) B V/I ⟨h.⟩ fregare: **das Rad schabt am Kotflügel** la ruota frega contro il parafango
Scha·ber·nack M ⟨-[e]s; -e⟩ scherzo *m*: **mit j-m ~ treiben** tirare scherzi a qn
schä·big ADJ 1 (*abgenutzt*) logoro 2 (*armselig*) misero 3 (*unredlich*) spregevole 4 (*knauserig*) tirchio, spilorcio ♦ **sich ~ benehmen** comportarsi in modo meschino **Schä·big·keit** F ⟨-; -en⟩ meschinità *f*
Schab·lo·ne F ⟨-; -n⟩ 1 modello *m* 2 (*Zeichenschablone*) sagoma *f* 3 schema *m*: **in -n denken** ragionare secondo schemi
Schach N ⟨-s; -s⟩ scacchi *mpl*; (*Bedrohung des Königs*) scacco *m*: **j-m ~ bieten** dare scacco a qn; *umg fig* **j-n in ~ halten** tenere qn in scacco
Schach·brett N scacchiera *f* **Schach·brett·mus·ter** N motivo *m* a scacchiera
scha·chern V/I ⟨h.⟩ mercanteggiare: **um etw ~** mercanteggiare su qc
Schach·fi·gur F figura *f* (del gioco) degli scacchi **schach·matt** ADJ 1 scacco matto: **j-n ~ setzen** dare scacco matto a qn (*a. fig*) 2 *umg fig* sfinito, distrutto **Schach·par·tie** F partita *f* a scacchi **Schach·spiel** N 1 gioco *m* degli scacchi 2 (*Partie*) partita *f* a scacchi **Schach·spie·ler** M, **-in** F giocatore *m*, -trice *f* di scacchi
Schacht M ⟨-[e]s; Schächte⟩ 1 BERGB pozzo *m* 2 (*eines Aufzuges*) vano *m*
Schach·tel F ⟨-; -n⟩ 1 scatola *f* 2 pacchetto *m*: **eine ~ Zigaretten** un pacchetto di sigarette ♦ *pej* **alte ~** vecchiaccia *f*
Schach·tel·halm M BOT equiseto *m*
Schach·tel·satz M GRAM periodo *m* complesso (*od pej* involuto)
schäch·ten V/T macellare (secondo le prescrizioni religiose ebraiche)
Schach·tur·nier N torneo *m* di scacchi **Schach·zug** M mossa *f* (a scacchi): *fig* **ein schlauer ~** una mossa astuta
scha·de ADV peccato: (**es ist**) **~ um ihn** è un peccato per lui ♦ **es ist ~, dass …** è un peccato che …; **es ist nicht** (**weiter**) **~ darum** non è una grande perdita; **wie ~!** che peccato!; **zu ~ für** (*od* **zu**) **etw/für j-n sein** essere sprecato per qc/qn; **sich** (*dat*) **für** (*od* **zu**) **etw/für j-n zu ~ sein** non volersi abbassare a qc/qn
Schä·del M ⟨-s; -⟩ 1 cranio *m* 2 (*von Toten*) teschio *m* 3 (*Kopf*) testa *f*: **j-m den ~ einschlagen** spaccare la testa a qn; **sich** (*dat*) **an etw** (*dat*) **den ~ einrennen** andare a sbattere la testa contro qc;

fig uscire da qc con la testa rotta
Schä·del·ba·sis·bruch M frattura *f* della base cranica **Schä·del·bruch** M frattura *f* cranica
scha·den V/I ⟨h.⟩ **j-m/etw ~** danneggiare (*od* fare male a) qn/qc; **ein Glas Wein kann nicht ~** un bicchiere di vino non può fare male; **j-s Interessen ~** danneggiare (*od* pregiudicare) gli interessi di qn ♦ **es hat dir nicht geschadet** male non ti ha fatto; *umg* **das schadet ihm gar nichts** ben gli sta; **was schadet es (schon), wenn …** che male c'è se …
Scha·den M ⟨-s; Schäden⟩ **1** danno *m*: **für einen ~ aufkommen** rispondere di un danno; **einen ~ regulieren** liquidare un danno **2** (*Nachteil*) discapito *m*, svantaggio *m*: **es ist nicht zu seinem ~** non va a suo discapito; **es soll dein ~ nicht sein** non te ne pentirai **3** (*Verletzung*) lesione *f*: **ein ~ an der Wirbelsäule** una lesione alla colonna vertebrale **4** (*Defekt*) guasto *m*: **einen ~ aufweisen** avere un guasto ♦ **durch ~ klug werden** imparare a proprie spese; **durch ~ wird man klug** sbagliando s'impara; (**bei etw**) **zu ~ kommen** subire un danno, essere danneggiato (in qc); (*körperlich*) farsi del male
Scha·den·er·satz M JUR risarcimento *m* (di, dei) danni: **~ verlangen** chiedere i danni; **~ leisten** risarcire **Scha·den·er·satz·pflicht** F JUR obbligo *m* di risarcimento dei danni, obbligo *m* di indennizzo
Scha·den·frei·heits·ra·batt M JUR bonus malus *m* **Scha·den·freu·de** F = *gioia per il male altrui* **scha·den·froh** ADJ maligno
Scha·dens·be·gren·zung F limitazione *f* dei danni **Scha·dens·fall** M JUR (caso *m* di) sinistro *m*: **im ~** in caso di sinistro
schad·haft ADJ **1** danneggiato **2** (*defekt*) difettoso
schä·di·gen V/T danneggiare **Schä·di·gung** F ⟨-; -en⟩ **1** danneggiamento *m* **2** (*Schaden*) danno *m*
schäd·lich ADJ dannoso, nocivo: **für j-n/etw ~ sein** essere dannoso a qn/qc; **-e Gase** gas nocivi; **-e Tiere** animali dannosi **Schäd·lich·keit** F ⟨-⟩ dannosità *f*
Schäd·ling M ⟨-s; -e⟩ parassita *m*
Schäd·lings·be·kämp·fung F disinfestazione *f* **Schäd·lings·be·kämp·fungs·mit·tel** N antiparassitario *m*
schad·los ADJ indenne ♦ **sich an j-m/etw (für etw) ~ halten** rifarsi su qn/qc (per qc)
Schad·stoff M sostanza *f* tossica **schad·stoff·arm** ADJ **1** poco tossico **2** (*wenig umweltschädlich*) poco inquinante **Schad·stoff·aus·stoß** M produzione *f* di sostanze tossiche **Schad·stoff·be·las·tung** F carico *m* di sostanze tossiche **schad·stoff·frei** ADJ non tossico
Schaf N ⟨-[e]s; -e⟩ **1** pecora *f* **2** *umg* (*einfältiger Mensch*) minchione *m* ♦ **das schwarze ~ sein** essere la pecora nera
Schaf·bock M montone *m*
Schäf·chen N ⟨-s; -⟩ pecorella *f* ♦ *umg* **sein(e) ~ ins Trockene bringen** mettersi al riparo, metter da parte un bel gruzzolo **Schäf·chen·wol·ken** PL pecorelle *fpl*
Schä·fer M ⟨-s; -⟩ pastore *m*, pecoraio *m* **Schä·fer·hund** M **1** ZOOL pastore *m* tedesco **2** (*Hütehund*) cane *m* da pastore **Schä·fe·rin** F ⟨-; -nen⟩ pastora *f*, pecoraia *f*
schaf·fen V/T **1** ⟨schuf, geschaffen⟩ (*schöpferisch hervorbringen*) creare **2** ⟨schuf, geschaffen⟩ **Arbeitsplätze ~** creare posti di lavoro **3** ⟨schuf, geschaffen⟩ (*herstellen*) fare: **Platz für etw ~** far posto a qc **4** ⟨schaffte, geschafft⟩ (*bewältigen*) portare a termine, fare: **das hätten wir geschafft, das wäre geschafft** ecco fatto **5** ⟨schaffte, geschafft⟩ **es ~** farcela; **es ~, etw zu tun** riuscire (*od* farcela) a fare qc; **wir haben es geschafft** ce l'abbiamo fatta **6** ⟨schaffte, geschafft⟩ *umg* (*erschöpfen*) sfinire: **die Hitze hat mich geschafft** il caldo mi ha sfinito **7** ⟨schaffte, geschafft⟩ (*bringen*) portare: **j-n ins Krankenhaus ~** portare qn all'ospedale ♦ **gegen etw Abhilfe ~** porre rimedio a qc; **mit j-m/etw nichts zu ~ haben** non avere niente a che fare con qn/qc; **etw macht mir schwer zu ~** qc mi pesa molto; **sich** (*akk*) (**an etw** [*dat*]) **zu ~ machen** darsi da fare (per qc); **die Prüfung nicht ~** non passare l'esame; *umg* **etw auf die Seite ~** portar via (di nascosto) qc; **j-n auf die Seite ~** fare fuori qn; **etw aus der Welt ~** (*regeln*) sistemare qc; (*beseitigen*) eliminare qc
Schaf·fen N ⟨-s⟩ produzione *f*, opere *fpl* ♦ *umg* **frohes ~!** buon lavoro!
Schaf·fens·drang M impulso *m* a produrre (*od* creare) **Schaf·fens·kraft** F forza *f* produttiva, potenza *f* creatrice

Schaff·hau·sen N ⟨-s⟩ **1** (*Stadt*) Sciaffusa *f* **2** (*Kanton*) Canton *m* Sciaffusa

Schaff·ner M ⟨-s; -⟩, **-in** F ⟨-; -nen⟩ controllore *m*, -a *f*, bigliettaio *m*, -a *f*; BAHN conduttore *m*, -trice *f*

Schaf·hirt M, **-in** F pecoraio *m*, -a *f* **Schaf·kä·se** F pecorino *m* **Schaf·kopf** M = *gioco di carte*

Scha·fott N ⟨-[e]s; -e⟩ patibolo *m*

Schaf·pelz M pelle *f* di pecora ♦ **ein Wolf im ~ sein** sembrare un agnellino

Schafs·kä·se → Schafkäse

Schaf·stall M ovile *m*

Schaft M ⟨-[e]s; Schäfte⟩ **1** manico *m*: **der ~ eines Messers/Ruders** il manico di un coltello/di un remo **2** asta *f*: **der ~ einer Fahne** l'asta di una bandiera **3** (*von Säulen, Waffen*) fusto *m* **4** (*von Stiefeln*) gambale *m*

Schaft·stie·fel M stivalone *m*

Schaf·wol·le F lana *f* di pecora **Schaf·zucht** F allevamento *m* di ovini

Schah M ⟨-s; -s⟩ scià *m*

Scha·kal M ⟨-s; -e⟩ sciacallo *m*

schä·kern VI ⟨h.⟩ *umg* **1** (*necken*) scherzare **2** (*flirten*) fare il galante (*od* il cascamorto)

schal ADJ **1** non fresco **2** *fig* (*abgeschmackt*) insipido; (*langweilig, leer*) vuoto

Schal M ⟨-s; -s *u.* -e⟩ **1** scialle *m* **2** (*Halstuch*) sciarpa *f*

Scha·le F ⟨-; -n⟩ **1** (*von Obst, Gemüse*) buccia *f*; (*von Nüssen, Eiern, Tieren*) guscio *m* (*a.* TECH) **2** (*Gefäß*) scodella *f*, ciotola *f* ♦ *umg* **sich in ~ werfen** (*od* **schmeißen**) mettersi in ghingheri; **in einer rauen ~ steckt oft ein weicher Kern** = *sotto una ruvida scorza si nasconde spesso un cuor d'oro*

schä·len **A** VT sbucciare, pelare; (*Eier*) sgusciare **B** VR **sich ~** spellarsi

Scha·len·sitz M sedile *m* avvolgente

Schal·heit F ⟨-⟩ insipidità *f*

schalk·haft ADJ furbo, furbesco

Schall M ⟨-[e]s; -e *u.* Schälle⟩ suono *m* ♦ *fig* **~ und Rauch sein** essere fumo

schall·däm·mend ADJ insonorizzante **Schall·däm·mung** F insonorizzazione *f* **Schall·dämp·fer** M **1** TECH, (*Waffe*) silenziatore *m*; (*Auspufftopf*) marmitta *f* **2** MUS sordina *f* **schall·dicht** ADJ isolato acusticamente, a isolamento acustico

schal·len VI ⟨schallte/scholl, geschallt; h.⟩ risuonare, echeggiare **schal·lend** ADJ **1** sonoro: **eine -e Ohrfeige** un sonoro ceffone **2** (*Beifall*) scrosciante, fragoroso ♦ **~ lachen** ridere sonoramente

Schall·gren·ze F barriera *f* del suono **Schall·mau·er** F muro *m* del suono **Schall·plat·te** F disco *m* **Schall·schutz** M isolamento *m* acustico **Schall·wel·le** F onda *f* sonora

Scha·lot·te F ⟨-; -n⟩ scalogno *m*

schalt → schelten

Schalt·bild N schema *m* elettrico

schal·ten **A** VT **1** regolare: **die Heizung auf „warm" ~** regolare il riscaldamento sul "caldo" **2** inserire (*a.* ELEK) **B** VI ⟨h.⟩ **1** cambiare (marcia), innestare la marcia; **vom vierten in den dritten Gang ~** scalare dalla quarta alla terza; **in den fünften Gang ~** ingranare la quinta **2** collegarsi: **zum Bayrischen Rundfunk ~** collegarsi con la radio bavarese; **nach Wien ~** collegarsi con Vienna **3** scattare: **die Ampel schaltet gleich auf Grün** (al semaforo) sta per scattare il verde **4** *umg* (*begreifen*) capire ♦ **~ und walten** fare e disfare a proprio piacimento (qc)

Schal·ter M ⟨-s; -⟩ **1** ELEK interruttore *m* **2** sportello *m* **Schal·ter·be·am·te** M, **-be·am·tin** F impiegato *m*, -a *f* allo sportello **Schal·ter·schluss** M chiusura *f* degli sportelli **Schal·ter·stun·den** PL orario *m* degli sportelli

Schalt·flä·che F IT barra *f* degli strumenti, barra *f* dei comandi **Schalt·ge·trie·be** N cambio *m* di velocità **Schalt·he·bel** M **1** leva *f* dell'interruttore **2** (*Gangschaltung*) leva *f* del cambio **Schalt·jahr** N anno *m* bisestile **Schalt·kas·ten** M cassetta *f* degli interruttori **Schalt·knüp·pel** M MECH cloche *f* **Schalt·kreis** M ELEK circuito *m* logico **Schalt·plan** M schema *m* elettrico **Schalt·pult** N banco *m* di comando **Schalt·ta·fel** F quadro *m* elettrico **Schalt·tag** M giorno *m* intercalare **Schalt·uhr** F temporizzatore *m*, timer *m*

Schal·tung F ⟨-; -en⟩ **1** collegamento *m*: RADIO, TV **eine ~ ins Stadion** un collegamento con lo stadio **2** ELEK circuito *m* (elettrico): **gedruckte ~** circuito stampato **3** (*Gangschaltung*) cambio *m* di marcia

Scham F ⟨-⟩ **1** vergogna *f*: **aus** (*od* **vor**) **~ erröten** arrossire di (*od* per la) vergo-

S

gna **2** (*Schamgefühl*) pudore *m* **3** *euph* (*Schamgegend*) pudende *fpl* ♦ **vor ~ in die Erde versinken** sprofondare dalla vergogna

Scha·ma·ne M ⟨-n; -n⟩, **-nin** F ⟨-; -nen⟩ sciamano *m*, -a *f*

Scham·bein N osso *m* pubico

schä·men V/R **sich für etw ~** vergognarsi di qc; **sich vor j-m ~** vergognarsi davanti a qn ♦ **schäm dich!** vergogna(ti)!

Scham·ge·fühl N (senso *m* del) pudore *m* **Scham·ge·gend** F pube *m* **Scham·haar** N peli *mpl* del pube **scham·haft** **A** ADJ vergognoso; (*verschämt*) pudico **B** ADV con vergogna; (*sittsam*) pudicamente **Scham·lip·pen** PL ANAT labbra *fpl* **scham·los** ADJ **1** (*im sexuellen Bereich*) impudico **2** (*unverschämt*) spudorato, vergognoso; svergognato: **eine -e Lüge** una spudorata bugia; **ein -er Mensch** uno svergognato ♦ **j-n ~ ausnutzen** sfruttare spudoratamente qn

Scha·mot·te·stein M mattone *m* refrattario

scham·rot ADJ rosso di vergogna: **~ werden** arrossire di vergogna

Schan·de F ⟨-⟩ vergogna *f*: **es ist keine ~, wenn ...** non è mica una vergogna se ... ♦ **j-m ~ machen** disonorare (*od* far disonore a) qn; **zu meiner ~ muss ich gestehen, dass ...** mi vergogno a dirlo, ma devo ammettere che ...; **zu -n** → **zuschanden**

schän·den V/T **1** (*Schande zufügen*) disonorare **2** (*entweihen*) profanare

Schand·fleck M ⟨-[e]s; -e⟩ *fig* macchia *f*, onta *f*: **der ~ der Familie sein** essere la vergogna della famiglia

schänd·lich ADJ vergognoso; ignobile, abietto: **eine -e Tat** un'azione abietta; **ein -es Benehmen** un comportamento ignobile

S

Schand·tat F **1** scelleratezza *f*, infamia *f* **2** *hum* **zu jeder ~ bereit sein** essere sempre pronto a far follie

Schän·dung F ⟨-; -en⟩ profanazione *f*

Schank·wirt·schaft F osteria *f*, birreria *f*, mescita *f*

Schan·ze F ⟨-; -n⟩ SPORT trampolino *m* **Schan·zen·tisch** M SPORT zona *f* di partenza

Schar F ⟨-; -en⟩ schiera *f* ♦ **in -en** a frotte

scha·ren **A** V/T **j-n um sich ~** raccogliere qn intorno a sé **B** V/R **sich um j-n/etw ~** affollarsi intorno a qn/qc

scha·ren·wei·se ADV a schiere, a frotte

scharf ADJ **1** affilato, tagliente: **ein -es Messer** un coltello affilato; **eine -e Klinge** una lama tagliente; **-e Zähne** denti aguzzi **2** *fig* (*durchdringend*) pungente, penetrante **3** GASTR piccante **4** CHEM (*ätzend*) caustico, corrosivo (*a. fig*) **5** FOTO nitido **6** acuto: **-e Augen haben** avere la vista acuta; **ein -er Verstand** una mente acuta **7** (*markant*) marcato, pronunciato: **-e Gesichtszüge** lineamenti pronunciati **8** (*heftig*) aspro, duro: **mit -en Worten** con parole severe **9** (*schnell*) rapido, serrato: **ein -er Trab** un trotto serrato **10** **eine -e Kurve** una curva brusca **11** MIL (*Bomben usw*) innescato **12** *umg* (*großartig*) forte **13** *umg* (*geil*) eccitato ♦ *umg* **~ auf etw** (*akk*) **sein** avere una voglia matta di qc; **~ aufpassen** far ben attenzione; **j-n ~ betrachten** osservare attentamente qn; **unter -er Bewachung** sotto stretta sorveglianza; **~ einstellen** regolare con precisione; FOTO mettere a fuoco; MIL **-e Munition** munizionamento da guerra; **~ nachdenken** pensare intensamente; MIL **~ schießen** sparare a pallottola (*od* a palla)

Scharf·blick M perspicacia *f*

Schär·fe F ⟨-; -n⟩ **1** filo *m*, taglio *m*: **die ~ des Messers** il filo del coltello **2** (*Geschmack*) sapore *m* piccante **3** (*Ätzkraft*) causticità *f* (*a. fig*) **4** intensità *f*: **die ~ eines Geruchs** l'intensità di un odore **5** (*von Tönen*) acutezza *f* **6** (*schonungslose Härte*) asprezza *f*, durezza *f* **7** (*Strenge*) rigidità *f*, severità *f* **8** (*Deutlichkeit*) nitidezza *f* (*a.* FOTO), chiarezza *f*: **die ~ der Umrisse** la chiarezza dei contorni

schär·fen V/T **1** (*Messer*) affilare **2** acuire, affinare: **den Verstand ~** acuire la mente; **das Gehör ~** affinare l'udito **3** **das Auge** (*od* **den Blick**) **~** aguzzare la vista

scharf·kan·tig ADJ a (*od* con) spigoli vivi **scharf·ma·chen** V/T *umg* (*aufhetzen*) sobillare; (*Tier*) aizzare **Scharf·ma·cher** M, **-in** F *umg* sobillatore *m*, -trice *f* **Scharf·rich·ter** M carnefice *m* **Scharf·schüt·ze** M **1** MIL tiratore *m* scelto **2** SPORT cannoniere *m* **scharf·sich·tig** ADJ **1** dalla vista acuta **2** *fig* perspicace

Scharf·sinn M ⟨-[e]s⟩ acume *m* **scharf·sin·nig** ADJ acuto, sagace

Scha·ria F ⟨-⟩ (*islamisches Recht*) sharia *f*

inv

Schar·lach M ⟨-s⟩ MED scarlattina *f* **schar·lach·rot** ADJ rosso scarlatto

Schar·la·tan M ⟨-s; -e⟩, **-in** F ⟨-; -nen⟩ ciarlatano *m*, -a *f*

Schar·nier N ⟨-s; -e⟩ cerniera *f*

Schär·pe F ⟨-; -n⟩ sciarpa *f*

schar·ren A VI ⟨h.⟩ 1 raspare: **an der Tür ~** raspare alla porta 2 (*Hühner*) razzolare 3 **mit den Füßen ~** scalpicciare (con i piedi) B VT 1 scavare raspando: **ein Loch ~** scavare un buco (raspando) 2 **etw aus der Erde ~** dissotterrare qc (raspando)

Schar·te F ⟨-; -n⟩ tacca *f* ♦ **eine ~ auswetzen** = *rimediare a un errore*

schar·wen·zeln VI ⟨h., s.⟩ **um j-n** (*od* **vor j-m**) ~ cercare di accattivarsi qn

Schat·ten M ⟨-s; -⟩ ombra *f*: **~ spenden** fare ombra; **~ spendend** ombreggiante; **im ~, in den ~** all'ombra; **einen ~ auf etw** (*akk*) **werfen** gettare un'ombra su qc (*a. fig*) ♦ **über seinen** (**eigenen**) **~ springen** vincere se stessi (*od* la propria natura); (**lange Zeit**) **in j-s ~ stehen** rimanere (molto tempo) all'ombra di qn; *fig* **j-n/etw in den ~ stellen** mettere in ombra qn/qc

Schat·ten·bo·xen N allenamento *m* con l'ombra **Schat·ten·da·sein** N esistenza *f* oscura: **ein ~ fristen** vivere nell'ombra **Schat·ten·ka·bi·nett** N governo *m* ombra **Schat·ten·riss** M silhouette *f*, siluetta *f* **Schat·ten·sei·te** F 1 lato *m* in ombra 2 (*Nachteil*) lato *m* cattivo (*od* negativo): **Licht- und -n** lati buoni e cattivi **Schat·ten·wirt·schaft** F economia *f* sommersa

schat·tie·ren VT ombreggiare **Schat·tie·rung** F ⟨-; -en⟩ 1 ombreggiamento *m*, ombreggiatura *f* 2 (*Nuance*) sfumatura *f*

schat·tig ADJ ombroso, all'ombra

Scha·tul·le F ⟨-; -n⟩ scrignetto *m*

Schatz M ⟨-es; Schätze⟩ 1 tesoro *m* (*a. fig*): **mein ~!** tesoro mio! 2 (*Fülle*) ricchezza *f*, (vasto) bagaglio *m* **Schatz·an·wei·sung** F buono *m* del tesoro

Schätz·chen N ⟨-s; -⟩ tesorino *m*

schät·zen VT 1 valutare: **eine Entfernung ~** valutare una distanza 2 **das Grundstück wurde auf 8000 Euro geschätzt** il terreno fu valutato 8000 euro 3 *umg* (*vermuten*) pensare 4 (*sehr gern mögen*) apprezzare; (*Menschen*) stimare: **j-n nicht besonders ~** non avere una particolare stima di qn ♦ **wie alt schätzt du mich?** che età (*od* quanti anni) mi dai?; **j-n jünger ~** dare meno anni a qn; **schätz mal!** indovina!

Schät·zer M ⟨-s; -⟩, **-in** F ⟨-; -nen⟩ stimatore *m*, -trice *f*

Schatz·grä·ber M ⟨-s; -⟩, **-in** F ⟨-; -nen⟩ cercatore *m*, -trice *f* di tesori **Schatz·kam·mer** F camera *f* del tesoro **Schatz·meis·ter** M, **-in** F tesoriere *m*, -a *f*

Schät·zung F ⟨-; -en⟩ 1 valutazione *f*; (*von Immobilien*) estimo *m* 2 calcolo *m* (approssimativo): **nach meiner ~ …** secondo il mio calcolo … **schät·zungs·wei·se** ADV approssimativamente

Schätz·wert M valore *m* stimato

Schau F ⟨-; -en⟩ 1 (*Ausstellung*) mostra *f*, esposizione *f* 2 (*Schauspiel*) show *m*, spettacolo *m* 3 *umg* (*großartige Sache, Person*) cannonata *f*, sballo *m* ♦ **eine ~ abziehen** mettersi in mostra; **j-m die ~ stehlen** rubare la scena a qn; **etw zur ~ stellen** mettere in mostra (*od* esporre) qc; (*offen zeigen*) mostrare qc

Schau·bild N diagramma *m*, grafico *m*

Schau·der M ⟨-s; -⟩ brivido *m*: **ein kalter ~** un brivido di freddo; **~ erregend** orrendo **schau·der·haft** ADJ *umg* tremendo, terribile

schau·dern VI ⟨h.⟩ & *unpers* **es schaudert ihn** (*od* **ihm**) **vor Angst** rabbrividisce di paura ♦ **mit Schaudern an etw** (*akk*) **denken** rabbrividire all'idea di qc; **etw mit Schaudern betrachten** inorridire vedendo qc

schau·en VI ⟨h.⟩ 1 guardare 2 *umg* **schau, dass du bald fertig wirst** guarda di finire in fretta 3 (*sich kümmern*) **nach j-m/etw ~** badare a qn/qc 4 (*achten*) **auf Ordnung ~** badare all'ordine 5 (*nachschauen*) vedere ♦ **schau, schau** guarda un po'; **schau** (**mal**) guarda

Schau·er M ⟨-s; -⟩ 1 METEO rovescio *m* 2 → Schauder **schau·er·ar·tig** ADJ **-e Regenfälle** rovesci di pioggia **Schau·er·ge·schich·te** F 1 storia *f* dell'orrore 2 *fig* storia *f* incredibile **schau·er·lich** ADJ orribile, orrendo

Schau·fel F ⟨-; -n⟩ 1 pala *f* (*a.* TECH) 2 palata *f*: **zwei -n** (**voll**) **Erde** due palate di terra 3 (*Kehrichtschaufel*) paletta *f*

schau·feln A VT 1 spalare: **Schnee ~** spalare la neve 2 (*Loch*) scavare con la

S

pala **B** VI ⟨h.⟩ lavorare con la pala
Schau·fens·ter N vetrina *f* **Schau·fens·ter·aus·la·ge** F merce *f* esposta in vetrina **Schau·fens·ter·bum·mel** M passeggiata *f* per guardare le vetrine **Schau·fens·ter·pup·pe** F manichino *m*
Schau·flug M volo *m* dimostrativo **Schau·kampf** M combattimento *m* amichevole **Schau·kas·ten** M vetrina *f*
Schau·kel F ⟨-; -n⟩ altalena *f*
schau·keln **A** VT dondolare **B** VI ⟨h., s.⟩ **1** (*auf der Schaukel*) andare in altalena **2** dondolare, dondolarsi: **mit dem Schaukelstuhl ~** dondolarsi sulla sedia a dondolo **3** (*Schiff*) ballare **4** **im Wind ~** oscillare nel vento ♦ *umg* **wir werden die Sache schon ~** sistemeremo la cosa
Schau·kel·pferd N cavallo *m* a dondolo **Schau·kel·stuhl** M (sedia *f* a) dondolo *f*
Schau·lau·fen N ⟨-s; -⟩ esibizione *f* di pattinaggio artistico **Schau·lus·ti·ge** M/F *pej* curioso *m*, -a *f*
Schaum M ⟨-[e]s; Schäume⟩ schiuma *f*, spuma *f*: **den ~ abschöpfen** schiumare ♦ **zu ~ schlagen** montare a neve
Schaum·bad N **1** (*Badezusatz*) bagnoschiuma *m* **2** (*das Baden*) bagno *m* con la schiuma
schäu·men VI ⟨h.⟩ **1** fare schiuma **2** (*gären*) spumeggiare **3** *fig* schiumare: **vor Wut ~** schiumare di rabbia **schäu·mend** ADJ **1** schiumoso **2** (*Sekt*) spumante; (*Bier*) spumeggiante **3** *fig* schiumante
Schaum·fes·ti·ger M fissatore *m* in schiuma **Schaum·gum·mi** M gommapiuma *f*
schau·mig ADJ schiumoso, spumoso
Schaum·kro·ne F **1** cresta *f* (di onde) spumeggiante **2** (*im Glas*) schiuma *f* **Schaum·schlä·ger** M *fig* montato *m* **Schaum·schlä·ge·rei** F *fig* montatura *f*, esagerazione *f* **Schaum·schlä·ge·rin** F montata *f* **Schaum·stoff** M gommapiuma *f* **Schaum·wein** M (vino *m*) spumante *m*
Schau·platz M scena *f*, teatro *m*: **der ~ der Handlung** (**des Romans**) il teatro dell'azione (del romanzo)
Schau·pro·zess M *pej* processo *m* dimostrativo (a scopo propagandistico)
schau·rig ADJ orribile
Schau·spiel N **1** dramma *m*, opera *f* teatrale **2** *fig* spettacolo *m*
Schau·spie·ler M attore *m* **Schau·spie·le·rei** F ⟨-⟩ *umg* mestiere *m* di attore ♦ *fig pej* **das ist alles nur ~** è tutta scena **Schau·spie·le·rin** F attrice *f* **schau·spie·le·risch** ADJ di attore **schau·spie·lern** VI ⟨h.⟩ *umg* recitare (*a. fig*)
Schau·spiel·haus N teatro *m* di prosa **Schau·spiel·schu·le** F scuola *f* d'arte drammatica
Schau·stel·ler M ⟨-s; -⟩, **-in** F ⟨-; -nen⟩ chi espone attrazioni da baraccone
Schau·ta·fel F bacheca *f*
Scheck M ⟨-s; -s⟩ assegno *m*: **einen ~ einlösen**/(**auf j-n**) **ausstellen** incassare/emettere (a qn) un assegno; (**un**)**gedeckter ~** assegno (s)coperto **Scheck·buch** N, **Scheck·heft** N libretto *m* degli assegni
sche·ckig ADJ **1** pezzato **2** (*voller Flecken*) chiazzato, coperto di macchie
Scheck·kar·te F FIN carta *f* assegni
scheel *umg* **A** ADJ torvo **B** ADV torvamente: **j-n ~ ansehen** guardare qn torvamente
schef·feln VT *umg pej* guadagnare a palate: **Geld ~** far soldi a palate
Schei·be F ⟨-; -n⟩ **1** disco *m* **2** (*Schnitte*) fetta *f* **3** (*Glasscheibe*) vetro *m*: **eine ~ einschlagen** (*od* **einwerfen**) rompere un vetro **4** AUTO finestrino *m* **5** (*Schießscheibe*) bersaglio *m* ♦ *umg* **sich** (*dat*) **von j-m/etw eine ~ abschneiden** prendere ad esempio qn/qc
Schei·ben·brem·se F freno *m* a disco **schei·ben·för·mig** ADJ a forma di disco **Schei·ben·kleis·ter** M *umg euph* porca miseria *f* **Schei·ben·schie·ßen** N tiro *m* a segno **Schei·ben·wasch·an·la·ge** F AUTO lavavetro *m* **Schei·ben·wi·scher** M tergicristallo *m*
Scheich M ⟨-[e]s; -e *u.* -s⟩ sceicco *m* **Scheich·tum** N ⟨-s; -tümer⟩ sceiccato *m*
Schei·de F ⟨-; -n⟩ **1** guaina *f*, fodero *m* **2** ANAT vagina *f*
schei·den ⟨schied, geschieden⟩ **A** VT **1** **eine Ehe ~** sciogliere un matrimonio; **sich ~ lassen** divorziare **2** (*trennen*) separare (*a.* CHEM), dividere **B** VI ⟨s.⟩ separarsi: **im Unfrieden ~** separarsi in disaccordo ♦ **da ~ sich die Geister** qui le opinioni divergono; **aus seinem Amt/**

Dienst ~ lasciare la (propria) carica/il servizio

Schei·de·wand F parete *f* divisoria, muro *m* divisorio **Schei·de·weg** M *fig* **am ~ stehen** trovarsi a un bivio

Schei·dung F ⟨-; -en⟩ divorzio *m*: **die ~ einreichen** fare domanda di divorzio; **in ~ leben** essere in procinto di divorziare

Schei·dungs·an·walt M, **-an·wäl·tin** F divorzista *m/f* **Schei·dungs·grund** M motivo *m* di divorzio **Schei·dungs·kla·ge** F azione *f* di divorzio

Schein M ⟨-[e]s; -e⟩ **1** (*Lichtschein*) luce *f* **2** (*Anschein*) apparenza *f*: **den ~ wahren** salvare l'apparenza (*od* le apparenze) **3** (*Bescheinigung*) certificato *m* **4** (*Zettel*) scontrino *m* **5** (*Universität*) attestato *m* di frequenza di un seminario **6** (*Geldschein*) banconota *f*: **große/kleine -e** banconote di grosso/piccolo taglio ♦ **den ~ erwecken, als ob …** dare l'impressione di (+ *inf*), che …; **etw nur zum ~ tun** fare qc solo per finta

Schein·an·griff M attacco *m* simulato **Schein·ar·gu·ment** N argomento *m* fittizio **Schein·asy·lant** M *neg!* = *finto rifugiato politico*

schein·bar ADJ apparente

schei·nen V/I ⟨schien, geschienen; h.⟩ **1** splendere: **die Sonne scheint** c'è (*od* splende) il sole; **die Lampe scheint mir direkt ins Gesicht** la luce della lampada mi arriva direttamente in faccia **2** (*glänzen*) brillare **3** (*anscheinend sein*) sembrare, parere: **er scheint glücklich zu sein** sembra felice; **er scheint sie zu kennen** sembra che la conosca; **es scheint, dass …** (o **als ob …**) sembra (*od* pare) che …

Schein·fir·ma F ditta *f* fittizia **schein·hei·lig** ADJ *umg* ipocrita, bigotto **Schein·hei·lig·keit** F ipocrisia *f* **Schein·selbst·stän·dig·keit** F lavoro *m* parasubordinato, lavoro *m* in proprio apparente **schein·tot** ADJ morto in apparenza **Schein·to·te** M/F morto *m*, -a *f* apparente

Schein·wer·fer M proiettore *m*, riflettore *m*; AUTO faro *m* **Schein·wer·fer·licht** N luce *f* dei riflettori; AUTO luce *f* dei fari ♦ *fig* **im ~ (der Öffentlichkeit) stehen** avere i riflettori puntati addosso

Scheiß M ⟨-⟩ *vulg* cretinate *fpl*: **mach keinen ~!** non fare puttanate! **Scheiß·dreck** M *vulg* **1** → Scheiße **2** (*wertloses Zeug*) robaccia *f* **3** (*Kleinigkeit*) cazzata *f* ♦ **das geht mich einen ~ an** non me ne frega un cazzo

Schei·ße F ⟨-⟩ *vulg* **1** (*Kot*) merda *f*: **in ~ treten** pestare una merda **2** *fig* cacata *f*: **das Buch ist große ~** il libro è una gran cacata ♦ **~ bauen** fare una cazzata; **in der ~ sitzen** (*od* **stecken**) essere nella merda; **~!, so eine ~!, verfluchte ~!** merda!

scheiß·egal ADJ *vulg* **das ist mir ~** me ne fotto, me ne sbatto

schei·ßen V/I ⟨schiss, geschissen; h.⟩ *vulg* **1** cacare **2** **auf etw/j-n ~** fregarsene di qc/qn; **scheiß drauf!** fregatene!

Schei·ßer M ⟨-s; -⟩, **-in** F ⟨-; -nen⟩ *vulg* (*als Schimpfwort*) stronzo *m*, -a *f*

scheiß·freund·lich ADJ *vulg* schifosamente gentile **Scheiß·hau·fen** M *vulg* mucchio *m* di merda **Scheiß·kerl** M *vulg* stronzo *m*

Scheit N ⟨-[e]s; -e *u.* -er⟩ ciocco *m*

Schei·tel M ⟨-s; -⟩ **1** (*Haarscheitel*) riga *f* **2** → Scheitelpunkt ♦ **vom ~ bis zur Sohle** dalla testa ai piedi

schei·teln V/T **das Haar (in der Mitte) ~** fare la riga (in mezzo)

Schei·tel·punkt M **1** sommità *f*, culmine *m* **2** GEOM vertice *f* **3** ASTRON zenit *m*

Schei·ter·hau·fen M rogo *m*

schei·tern V/I ⟨s.⟩ fallire: **an etw** (*dat*) **~** fallire per (*od* a causa di) qc; **mit etw ~** fallire in (*od* con) qc; **ihre Ehe ist gescheitert** il suo matrimonio è naufragato ♦ **zum Scheitern verurteilt** condannato al fallimento

Schel·lack M gommalacca *f*

Schel·le[1] F ⟨-; -n⟩ TECH fascetta *f*

Schel·le[2] F ⟨-; -n⟩ (*Glocke*) campanella *f*

schel·len V/I ⟨h.⟩ *dial* suonare; (*Telefon*) squillare

Schell·fisch M eglefino *m*

Schelm M ⟨-[e]s; -e⟩, **-in** F ⟨-; -nen⟩ birbante *m/f*

schel·misch ADJ da birbante

schel·ten V/T & V/I ⟨schilt, schalt, gescholten; h.⟩ sgridare

Sche·ma N ⟨-s; -s *u.* Schemata/Schemen⟩ schema *m* ♦ *umg* **nach ~ F** come al solito; (*mechanisch*) meccanicamente

sche·ma·tisch ADJ **1** schematico **2** *pej* meccanico

Sche·mel M ⟨-s; -⟩ sgabello *m*

sche·men·haft ADJ simile a un'ombra, indistinto

Schen·ge·ner Ab·kom·men N trattato *m* di Schengen

Schen·ke F ⟨-; -n⟩ osteria *f*; birreria *f*
Schen·kel M ⟨-s; -⟩ **1** coscia *f* **2** GEOM (*von Winkeln*) lato *m*
schen·ken **A** VT **1** regalare; (*stiften*) donare: **etw geschenkt bekommen** ricevere qc in regalo (*od* in dono) **2** dare, concedere: **j-m die Freiheit ~** concedere a qn la libertà **3** (*erlassen, ersparen*) **j-m etw ~** risparmiare qc a qn, condonare qc a qn **B** VI ⟨h.⟩ fare un regalo (*od* regali): **er schenkt nicht gern** non gli piace fare regali **C** V/R **sich** (*dat*) **etw ~** risparmiarsi qc; **du kannst dir die Mühe ~** puoi risparmiarti la fatica ♦ **j-m/etw Aufmerksamkeit ~** prestare attenzione a qn/qc; **j-m/etw Gehör ~** dare ascolto a qn/qc; **geschenkt!** scordatelo! è scontato; **j-m das Leben ~** risparmiare qn; (*gebären*) dare alla luce qn
Schen·kung F ⟨-; -en⟩ JUR donazione *f*
schep·pern VI ⟨h.⟩ *umg* **1** tintinnare **2** *unpers umg* **auf der Kreuzung hat es gescheppert** all'incrocio hanno bocciato
Scher·be F ⟨-; -n⟩ coccio *m* (*a.* ARCHÄOL) ♦ *umg* **in -n gehen** andare in frantumi, andare distrutto (*a. fig*)
Sche·re F ⟨-; -n⟩ **1** forbici *fpl*: **eine scharfe ~** (un paio di) forbici taglienti **2** ZOOL forbice *f* **3** *fig* (*Diskrepanz*) forbice *f*

Schere

Folgende Substantive stehen in der Regel in der Mehrzahl:

le forbici	die Schere
i pantaloni	die Hose
le mutande	die Unterhose
gli occhiali	die Brille
le stoviglie *oder* **i piatti**	das Geschirr
i baffi	der Schnurrbart
i grandi magazzini	das Kaufhaus
le nozze	die Hochzeit
i soldi	das Geld
gli spiccioli	das Kleingeld
gli spinaci	der Spinat
le Olimpiadi	die Olympiade

⚠ Auch das Verb ist dann im Plural:

Dove sono i miei occhiali?	Wo ist meine Brille?
Gli spinaci non mi piacciono.	Der Spinat schmeckt mir nicht.

Für Dinge, die aus zwei Teilen bestehen, verwendet man **un paio di**:

un paio di pantaloni	eine Hose
un paio di forbici	eine Schere

sche·ren¹ VT ⟨schor, geschoren⟩ **1** tosare: **Schafe ~** tosare le pecore **2** tagliare: **die Haare ~** tagliare i capelli **3** **j-n kahl ~** rasare a zero qn
sche·ren² *umg* **A** VT (*kümmern*) importare: **es schert ihn wenig** gliene importa poco **B** V/R **sich ~** importare; **er schert sich um nichts** non gliene importa nulla ♦ **sich den Teufel um etw ~** fregarsene altamente di qc
sche·ren³ V/R (*verschwinden*) **sich ~** filare, andarsene; **scher dich nach Hause!** fila a casa! ♦ **scher dich zum Teufel!** va' al diavolo!
Sche·ren·schlei·fer M, **-in** F arrotino *m*, -a *f* **Sche·ren·schnitt** M figurina *f* ritagliata (su carta)
Sche·re·rei F ⟨-; -en⟩ *umg* grana *f*, noia *f*: **-en haben/kriegen** avere/beccarsi delle noie; **j-m -en machen** procurare grane a qn
Scherf·lein N ⟨-s⟩ obolo *m*
Scher·maus F *schweiz* talpa *f*
Scherz M ⟨-es; -e⟩ scherzo *m*: **etw aus** (*od* **im** *od* **zum**) **~ sagen** dire qc per scherzo ♦ **mach keine -e!** non fare scherzi! *umg*; **solche und ähnliche -e** queste e altre cose del genere; **seine -e mit j-m treiben** fare degli scherzi a qn; (*verspotten*) prendere in giro qn
Scherz·ar·ti·kel M scherzo *m* di carnevale
scher·zen VI ⟨h.⟩ scherzare: **damit ist nicht zu ~** non c'è niente da scherzare; **du scherzt wohl!** scherzi!
scherz·haft ADJ scherzoso
scheu ADJ **1** (*schüchtern*) timido **2** (*ängstlich*) timoroso; (*Pferd*) ombroso ♦ *umg* **die Pferde ~ machen** = *creare scompiglio*
Scheu F ⟨-⟩ **1** (*Schüchternheit*) timidezza *f* **2** (*Ängstlichkeit*) timore *m*: **ohne ~** senza timore; **~ vor j-m empfinden** provare soggezione di qn
scheu·chen VT **1** (*verscheuchen*) scacciare **2** spingere: **j-n an die Arbeit ~** spingere qn a lavorare **3** **sich ~ lassen**

farsi comandare
scheu·en A VT 1 j-n/etw ~ temere qn/qc 2 (*Scheu empfinden*) avere soggezione di 3 evitare: **keine Mühe ~** non evitare la fatica B VI ⟨h.⟩ (*von Pferden*) (**vor etw** [*dat*]) ~ adombrarsi (di fronte a qc) C VR **sich vor j-m/etw ~** 1 temere qn/qc 2 (*Scheu empfinden*) avere soggezione di qn/qc 3 (*zurückschrecken*) **sich vor nichts ~** non tirarsi indietro di fronte a nulla ♦ **keine Kosten/Opfer ~** non badare a spese/a sacrifici
Scheu·er·lap·pen M strofinaccio *m*
Scheu·er·mit·tel N abrasivo *m*
scheu·ern A VI 1 (*putzen*) strofinare 2 (*entfernen*) togliere sfregando (*od* strofinando) 3 sfregare: **der Kragen scheuert ihn am Hals** il colletto gli sfrega il collo B VI ⟨h.⟩ sfregare C VR **sich ~** sfregarsi ♦ **die Fliesen blank ~** tirare a lucido le piastrelle; *umg* **j-m eine ~** mollare (*od* appioppare) un ceffone a qn
Scheu·klap·pe F paraocchi *m* (*a. fig*)
Scheu·ne F ⟨-; -n⟩ granaio *m*; fienile *m*
Scheu·sal N ⟨-s; - *u. umg* -säler⟩ mostro *m*
scheuß·lich ADJ 1 (*hässlich*) orribile, orrendo 2 (*entsetzlich*) atroce 3 *umg* (*unangenehm*) terribile, tremendo
Scheuß·lich·keit F ⟨-; -en⟩ 1 orrore *m* 2 (*scheußliche Tat*) mostruosità *f*
Schi... → Ski...
Schicht F ⟨-; -en⟩ 1 strato *m* 2 (*Gesellschaftsschicht*) ceto *m* 3 (*Arbeitsschicht*) turno *m*: **in dieser Firma arbeitet man in drei -en** in questa azienda si fanno tre turni (di lavoro) ♦ **~ arbeiten** fare i turni
Schicht·ar·beit F lavoro *m* a turni
Schicht·ar·bei·ter M, **-in** F turnista *m/f* **Schicht·dienst** M servizio *m* di turno
schich·ten VT 1 disporre a strati 2 (*anhäufen*) accatastare
Schicht·wech·sel M cambio *m* di turno **schicht·wei·se** ADV a strati
schick A ADJ chic B ADV in modo chic: **~ aussehen** essere chic
Schick M ⟨-[e]s⟩ eleganza *f*, chic *m*
schi·cken A VT mandare: **etw j-m** (*od* **an j-n**) **~** mandare qc a qn; **j-n zum Arzt ~** mandare qn dal medico; **seine Kinder aufs Gymnasium ~** mandare i propri figli al liceo B VI ⟨h.⟩ **nach j-m ~** mandare a chiamare qn C VR **sich ~** 1 (*sich einfügen*) adattarsi: **sich in die neue Situation ~** adattarsi alla nuova situazione 2 **sich in das Unvermeidliche ~** rassegnarsi all'inevitabile 3 (*schicklich sein*) addirsi: **für sie schickt sich das nicht** questo non le si addice 4 *unpers* **so etwas zu sagen, schickt sich nicht** non si conviene (*od* non sta bene) dire una cosa del genere
Schi·cke·ria F ⟨-⟩ *umg* gente *f* bene
Schi·cki·mi·cki M ⟨-s; -s⟩ *umg* sciccoso *m*
schick·lich ADJ 1 decente, decoroso 2 (*angemessen*) adeguato, conveniente
Schick·sal N ⟨-s; -e⟩ destino *m*, sorte *f*: **ein schweres ~** una dura sorte; **sich mit seinem ~ abfinden** rassegnarsi al proprio destino; **mit dem ~ hadern** compiangere la propria sorte; *umg* **~ spielen** sostituirsi al destino **schick·sal·haft** ADJ fatale
Schick·sals·fra·ge F questione *f* vitale
Schick·sals·ge·mein·schaft F persone *fpl* accomunate dallo stesso destino
Schick·sals·ge·nos·se M, **-ge·nos·sin** F compagno *m*, -a *f* di sventura
Schick·sals·schlag M sventura *f*, disgrazia *f*
Schie·be·dach N AUTO tetto *m* apribile
Schie·be·fens·ter N finestra *f* scorrevole
schie·ben ⟨schob, geschoben⟩ A VT 1 spingere 2 (*stecken*) mettere 3 *fig* attribuire, addossare: **auf j-n die Schuld für etw ~** addossare a qn la colpa di qc 4 **etw von sich ~** allontanare qc da sé; **die Verantwortung von sich ~** respingere la responsabilità 5 *umg* **Devisen ~** trafficare in divise B VI 1 *umg* ⟨s.⟩ (*träge gehen*) trascinarsi 2 *umg* ⟨h.⟩ fare traffici illeciti: **mit Zigaretten ~** trafficare in sigarette C VR **sich ~** spingersi
Schie·ber M ⟨-s; -⟩ 1 (*Riegel*) chiavistello *m* 2 *umg* trafficone *m*, -a *f* 3 *umg* (*Tanz*) one-step *m*
Schie·be·reg·ler M TECH cursore *m*
Schie·be·rin F ⟨-; -nen⟩ *umg* affarista *f*
Schie·be·tür F porta *f* scorrevole
Schie·bung F ⟨-; -en⟩ *umg* 1 manovra *f* 2 (*Schiebergeschäft*) traffico *m* illecito 3 favoritismo *m*: **das ist ~!** questo è (un) favoritismo!
schied → scheiden
Schieds·ge·richt N 1 JUR tribunale *m* arbitrale 2 SPORT giuria *f* **Schieds·rich·ter** M, **-in** F JUR, SPORT arbitro

m; (*Kampfrichter*) giudice *m/f* di gara **schieds·rich·ter·lich** **A** ADJ arbitrale **B** ADV per arbitrato **Schieds·spruch** M giudizio *m* arbitrale, arbitrato *m*

schief ADJ **1** inclinato: **eine -e Ebene** un piano inclinato **2** sghembo: **eine -e Mauer** un muro sghembo **3** (*schräg*) storto: **das Regal hängt** (*od* **ist**) **~** lo scaffale è storto **4** (*krumm*) curvo **5** *fig* distorto: **ein -es Bild von etw haben** avere una visione distorta di qc **6** (*nicht treffend*) improprio ♦ **-e Absätze** tacchi consumati; *umg* **j-n ~ ansehen** guardare storto qn; **etw ~ schneiden** tagliare qc a sghimbescio; → schiefgehen, schiefliegen

Schie·fer M ⟨-s; -⟩ scisto *m*; ardesia *f* **Schie·fer·dach** N tetto *m* di ardesia **Schie·fer·ta·fel** F lavagnetta *f*

schief·ge·hen VI ⟨*irr*; s.⟩ *umg* andare storto, non riuscire: **keine Angst, es wird schon ~!** coraggio, andrà tutto bene! *umg* **schief·la·chen** VR **sich ~** *umg* ridere a crepapelle, sbellicarsi dalle risa, sganasciarsi **schief·lie·gen** VI ⟨*irr*; h.⟩ *umg* sbagliarsi: **da**(**mit**) **liegst du schief** in questo sbagli

schie·len VI ⟨h.⟩ **1** essere strabico: **stark auf einem Auge ~** essere molto strabico da un occhio **2** *umg* **nach j-m/etw ~** sbirciare qn/qc **3** (*haben wollen*) **nach etw ~** mirare a qc **Schie·len** N ⟨-s⟩ strabismo *m*

schien → scheinen

Schien·bein N tibia *f* **Schien·bein·scho·ner** M, **Schien·bein·schüt·zer** M ⟨-s; -⟩ parastinchi *m*

Schie·ne F ⟨-; -n⟩ **1** rotaia *f*: **auf -n laufen** viaggiare su rotaie **2** (*Laufschiene*) guida *f* **3** MED stecca *f* ♦ **auf der gleichen politischen ~** sulla stessa linea politica

schie·nen VT MED steccare

Schie·nen·bus M automotrice *f* leggera **Schie·nen·fahr·zeug** N veicolo *m* su rotaie **Schie·nen·netz** N rete *f* ferroviaria **Schie·nen·strang** M rotaie *fpl* **Schie·nen·ver·kehr** M traffico *m* su rotaie

schier[1] ADV (*fast*) quasi, pressoché: **es ist ~ unmöglich** è pressoché impossibile

schier[2] ADJ (*rein*) puro; *fig* **aus -er Bosheit** per pura (e semplice) cattiveria

Schieß·be·fehl M ordine *m* di sparare **Schieß·bu·de** F baraccone *m* del tiro a segno

schie·ßen ⟨schoss, geschossen⟩ **A** VI **1** ⟨h.⟩ sparare: **auf j-n ~** sparare a qn, fare fuoco su qn **2** tirare: **mit Pfeilen ~** tirare frecce **3** s. (*plötzlich herauskommen*) prorompere; (*Flüssigkeit*) sgorgare **4** ⟨s.⟩ sfrecciare, precipitarsi: **um die Ecke ~** sfrecciare dietro l'angolo; **aus dem Zimmer ~** precipitarsi fuori dalla stanza **B** VT **1** sparare: **j-m eine Kugel in den Kopf ~** sparare un colpo in testa a qn **2** **einen Fuchs ~** abbattere una volpe **3** (*abfeuern*) lanciare **4** SPORT tirare **5** FOTO **ein Bild ~** scattare una fotografia **C** VR **sich ~** spararsi; **sich** (*dat*) **in den Kopf ~** spararsi in testa ♦ *umg* **einen Bock ~** prendere un granchio; **aus dem Boden ~** spuntare (*a. fig*); **in die Höhe ~** lanciare in aria; (*schnell wachsen*) crescere rapidamente; (*aufspringen*) balzare su; *fig* **durch den Kopf ~** passare per la testa; **einen Preis ~** vincere un premio nel tiro al bersaglio; SPORT **aufs Tor ~** tirare in porta; **wild um sich ~** dimenarsi con forza

Schie·ßen N ⟨-s; -⟩ **1** spari *mpl* **2** (*sportliche Veranstaltung*) gara *f* di tiro ♦ **es ist zum ~** c'è da morir dal ridere

Schie·ße·rei F ⟨-; -en⟩ sparatoria *f*

Schieß·hund M *umg* **aufpassen wie ein ~** tenere gli occhi aperti, stare all'erta **Schieß·platz** M poligono *m* di tiro **Schieß·pul·ver** N polvere *f* da sparo **Schieß·schar·te** F feritoia *f* **Schieß·schei·be** F bersaglio *m* **Schieß·stand** M poligono *m* di tiro **Schieß·übung** F esercitazione *f* di tiro

Schiff N ⟨-[e]s; -e⟩ **1** nave *f* **2** (*Kirchenschiff*) navata *f* ♦ **auf dem ~** a bordo; **klar ~ machen** pulire la nave; *umg fig* sistemare una faccenda; **per ~** via mare

Schiffahrt → Schifffahrt

schiff·bar ADJ navigabile **Schiff·bar·keit** F ⟨-⟩ navigabilità *f* **Schiff·bau** M ⟨-[e]s⟩ costruzione *f* navale **Schiff·bruch** M naufragio *m*: **~ erleiden** naufragare (*a. fig*) **schiff·brü·chi·ge** M/F ⟨-n; -n⟩ naufrago *m*, -a *f*

Schiff·chen N ⟨-s; -⟩ **1** piccola nave *f*, navicella *f* **2** (*Nähen*) navetta *f* **3** MIL bustina *f*

schif·fen VI ⟨h.⟩ **1** *vulg* (*urinieren*) pisciare **2** *vulg unpers* (*heftig regnen*) = *piovere forte*

Schif·fer M ⟨-s; -⟩, **-in** F ⟨-; -nen⟩ capitano *m* (di una nave) **Schif·fer·kla·vier** N fisarmonica *f*

Schif·fe·ver·sen·ken N ⟨-s⟩ (*Spiel*) battaglia *f* navale
Schiff·fahrt F ⟨-⟩ navigazione *f*
Schiff·fahrts·ge·sell·schaft F società *f* di navigazione **Schiff·fahrts·li·nie** F linea *f* marittima (*od* di navigazione) **Schiff·fahrts·weg** M via *f* d'acqua
Schiffs·arzt M, **-ärz·tin** F medico *m* di bordo **Schiffs·be·sat·zung** F equipaggio *m* della nave **Schiffs·eig·ner** M ⟨-s; -⟩, **-in** F ⟨-; -nen⟩ proprietario *m*, -a *f* di una nave **Schiffs·jun·ge** M mozzo *m* **Schiffs·koch** M, **-kö·chin** F cuoco *m*, -a *f* di bordo **Schiffs·rumpf** M scafo *m* della nave **Schiffs·unglück** N incidente *m* navale **Schiffs·ver·kehr** M navigazione *f* **Schiffs·werft** F cantiere *m* navale
Schi·it M ⟨-en; -en⟩, **-in** F ⟨-; -nen⟩ sciita *m/f* **schi·i·tisch** ADJ sciita
Schi·ka·ne F ⟨-; -n⟩ **1** angheria *f*, vessazione *f* **2** SPORT chicane *f* ♦ *umg* **mit allen -n** con tutti i comfort
schi·ka·nie·ren V/T vessare, angariare
schi·ka·nös ADJ vessatorio
Schi·ko·ree → Chicorée
Schild[1] M ⟨-[e]s; -e⟩ **1** (*von Ritter*) scudo *m* **2** (*Mützenschirm*) visiera *f* ♦ *fig* **etw (gegen j-n) im -e führen** tramare qc (ai danni di qn)
Schild[2] N ⟨-[e]s; -er⟩ **1** (*Hinweisschild*) insegna *f*: **ein ~ aushängen** appendere un'insegna **2** (*Verkehrsschild*) cartello *m*: **ein ~ am Straßenrand** un cartello al lato della strada **3** (*Türschild*) targhetta *f* **4** (*Etikett*) etichetta *f*
Schild·bür·ger M, **-in** F *pej* filisteo *m*, -a *f* **Schild·drü·se** F (ghiandola *f*) tiroide *f*
schil·dern V/T raffigurare; (*beschreiben*) descrivere **Schil·de·rung** F ⟨-; -en⟩ descrizione *f*
Schil·der·wald M *umg* selva *f* di cartelli (stradali)
Schild·krö·te F ZOOL tartaruga *f*
Schild·laus F coccide *m*, cocciniglia *f*
Schild·patt N ⟨-[e]s⟩ tartaruga *f*
Schilf N ⟨-[e]s; -e⟩ **1** → Schilfrohr **2** (*Röhricht*) canneto *m* **schil·fig** ADJ coperto di canne **Schilf·rohr** N stiancia *f*
schil·lern V/I ⟨h.⟩ avere riflessi cangianti: **ins Grün ~** avere riflessi tendenti al verde; **in allen Farben ~** avere riflessi variopinti ♦ *fig* **ein -der Charakter** un carattere sfuggente
Schil·ling M ⟨-s; -e⟩ HIST scellino *m*
Schim·mel[1] M ⟨-s; -⟩ (*Pferd*) cavallo *m* bianco
Schim·mel[2] M ⟨-s⟩ muffa *f* **schim·me·lig** ADJ **-es Brot** pane ammuffito; **-er Geruch** odore di muffa **schim·meln** V/I ⟨h., s.⟩ ammuffire **Schim·mel·pilz** M muffa *f*
Schim·mer M ⟨-s⟩ **1** (*Schein*) chiarore *m* **2** (*Glanz*) splendore *m*, brillio *m* **3** lucentezza *f*: **der ~ der Seide** la lucentezza della seta **4** *fig* barlume *m*, ombra *f*: **ein ~ von Hoffnung** un barlume di speranza; **der ~ eines Lächelns** l'ombra di un sorriso ♦ **keinen blassen ~ von etw haben** non avere la più pallida idea di qc
schim·mern V/I ⟨h.⟩ **1** rilucere, risplendere: **ihre Wangen ~ rosig** le sue guance hanno un colorito rosa **2** (*glänzen*) brillare **3** **durch etw ~** trapelare attraverso qc
schim·mernd ADJ **1** lucente, splendente **2** (*glänzend*) brillante, luccicante
Schim·pan·se M ⟨-n; -n⟩ scimpanzé *m*
Schimpf M **j-n mit ~ und Schande fortjagen** cacciare qn come un cane
schimp·fen **A** V/I ⟨h.⟩ **1** dire le parolacce, imprecare: **auf** (*od* **über**) **j-n ~** inveire contro qn **2** **mit j-m ~** sgridare qn **B** V/T **1** **j-n wegen etw ~** sgridare qn per qc **2** **j-n einen Dieb ~** dare del ladro a qn **C** V/R **sich ~** *umg iron* dirsi
Schimpf·wort N ⟨-[e]s; -e u.-wörter⟩ insulto *m*; parolaccia *f*
Schin·del F ⟨-; -n⟩ scandola *f*
schin·den ⟨schindete, geschunden⟩ **A** V/T **1** maltrattare, strapazzare: **ein Pferd ~** maltrattare un cavallo; **den Motor ~** strapazzare il motore **2** *umg* **bei j-m Mitleid ~** strappare la compassione di qn **B** V/R **sich ~** **1** *umg* (*sich abplagen*) tribolare **2** (*sich abmühen*) arrabattarsi ♦ **bei j-m Eindruck ~** cercare di fare impressione su qn; **Zeit ~** guadagnare tempo
Schin·der M ⟨-s; -⟩ aguzzino *m* **Schin·de·rei** F ⟨-; -en⟩ **1** maltrattamento *m* **2** (*große Mühe*) tribolazione *f*, faticaccia *f* **Schin·derin** F ⟨-; -nen⟩ aguzzina *f* **Schind·lu·der** N **mit etw ~ treiben** maltrattare qc
Schin·ken M ⟨-s; -⟩ **1** prosciutto *m* **2** *umg* (*dickes Buch*) librone *m*, *pej* mattone *m* **3** *umg* (*Gemälde*) crosta *f* **4** *umg* (*Film*) polpettone *m*

Schip·pe F ⟨-; -n⟩ pala *f*; paletta *f* ♦ *umg* **j-n auf die ~ nehmen** sfottere qn

schip·pen V/T spalare

Schirm M ⟨-[e]s; -e⟩ **1** (*Regenschirm*) ombrello *m*: **den ~ aufspannen** aprire l'ombrello **2** (*Sonnenschirm*) ombrellone *m* **3** (*Lampenschirm*) paralume *m* **4** (*Schutzschild*) schermo *m* **5** (*Mützenschirm*) visiera *f* **6** (*Bildschirm*) schermo *m* **7** (*Fallschirm*) paracadute *m*

Schirm·herr M, **-in** F patrono *m*, -essa *f* **Schirm·herr·schaft** F egida *f*, patrocinio *m* **Schirm·müt·ze** F berretto *m* con visiera **Schirm·stän·der** M portaombrelli *m*

schiss → scheißen **Schiss** M ⟨-es⟩ **1** *vulg* (*Scheiße*) merda *f* **2** *umg* (*Angst*) strizza *f*: **~ vor j-m/etw haben** avere strizza di qn/qc; **~ kriegen** farsela addosso

schi·zo·phren ADJ schizofrenico

Schi·zo·phre·nie F ⟨-⟩ schizofrenia *f*

schlab·bern *umg* **A** V/T (*Tiere*) lappare **B** V/I ⟨h.⟩ **1** sbrodolarsi **2** (*schlottern*) ballare

Schlacht F ⟨-; -en⟩ battaglia *f* (*a. fig*): **eine ~ schlagen** combattere una battaglia; **die ~ bei Marathon/um Verdun** la battaglia di Maratona/di Verdun

Schlacht·bank F ⟨-; -bänke⟩ banco *m* del macellaio

schlach·ten V/T macellare

Schlach·ten·bumm·ler M, **-in** F *sl* SPORT = *tifoso, a che segue la propria squadra nelle trasferte*

Schlach·ter, **Schläch·ter** M ⟨-s; -⟩, **-in** F ⟨-; -nen⟩ macellaio *m*, -a *f*; (*im Schlachthof*) macellatore *m*, -trice *f*

Schlacht·feld N campo *m* di battaglia **Schlacht·hof** M macello *m* **Schlacht·plan** M piano *m* di battaglia (*a. fig*) **Schlacht·plat·te** F GASTR = *piatto misto di carni e insaccati* **Schlacht·ruf** M grido *m* di battaglia **Schlacht·schiff** N nave *f* da guerra

Schlach·tung F ⟨-; -en⟩ macellazione *f*

Schlacht·vieh N bestiame *m* da macello

Schla·cke F ⟨-; -n⟩ METALL scoria *f*

schla·ckern V/I ⟨h.⟩ **1** ciondolare: **mit den Armen ~** far ciondolare le braccia **2** (*wackeln*) traballare: **das Rad schlackert** la ruota traballa ♦ *umg* **mit den Ohren ~** rimanere a bocca aperta

Schlaf M ⟨-[e]s⟩ sonno *m*: **ein leichter/fester ~** un sonno leggero/pesante ♦ **etw im ~ können** sapere (fare) qc ad occhi chiusi; **ein Kind in den ~ singen** cantare la ninna nanna a un bambino; **~ in den Augen** occhi sonnolenti

Schlaf·an·zug M pigiama *m*

Schläf·chen N ⟨-s; -⟩ pisolino *m*: **ein ~ halten** schiacciare un pisolino

Schlaf·couch F divano *m* letto

Schlä·fe F ⟨-; -n⟩ tempia *f*

schla·fen V/I ⟨schläft, schlief, geschlafen; h.⟩ dormire (*a. fig*): **tief** (*od* **fest**) **~** dormire profondamente (*od* della grossa); **~ gehen** andare a dormire; **schlaf gut!** dormi bene! *euph*; **mit j-m ~** andare a letto con qn ♦ **schlaf noch einmal darüber!** dormici sopra!; **noch halb ~** essere ancora mezzo addormentato; **sich ~ legen** coricarsi

Schla·fens·zeit F ora *f* di andare a dormire

Schlä·fer M ⟨-s; -⟩, **-in** F ⟨-; -nen⟩ **1** (*Schlafende*) persona *f* che dorme **2** (*inaktiver Terrorist*) dormiente *m/f*

schlaff **A** ADJ **1** (*nicht gespannt*) lento, allentato **2** debole, fiacco: **ein -er Händedruck** una debole stretta di mano **3** *umg* **ein -es Fest** una festa fiacca **4** flaccido: **-e Haut** pelle flaccida; **-e Brüste** seni cascanti **B** ADV in modo fiacco, senza energia ♦ **~ herabhängen** penzolare; **~ werden** allentarsi; (*schlapp werden*) spossarsi

Schlaff·heit F ⟨-⟩ fiacchezza *f*

Schlaf·for·schung F ⟨-⟩ ipnologia *f* **Schlaf·ge·le·gen·heit** F posto *m* per dormire

Schla·fitt·chen N *umg* **j-n beim ~ packen** (*od* **fassen**) afferrare qn per la collottola

Schlaf·krank·heit F malattia *f* del sonno **Schlaf·lied** N ninna nanna *f* **schlaf·los** **A** ADJ insonne **B** ADV senza (riuscire a) dormire **Schlaf·lo·sig·keit** F ⟨-⟩ insonnia *f* **Schlaf·mit·tel** N sonnifero *m* **Schlaf·müt·ze** F *umg* **1** dormiglione *m*, -a *f* **2** (*träger Mensch*) polentone *m*, -a *f*

schläf·rig **A** ADJ **1** assonnato: **-e Augen** occhi assonnati **2** *fig* (*träge*) sonnolento **B** ADV **1** assonnatamente **2** *fig* (*träge*) con indolenza ♦ **das macht ihn ~** gli fa venire sonno

Schlaf·saal M dormitorio *m* **Schlaf·sack** M sacco *m* a pelo **Schlaf·stadt** F città *f* dormitorio **Schlaf·stö·rung**

F disturbo *m* del sonno **Schlaf·tab·let·te** F sonnifero *m* **Schlaf·trunk** M bevanda *f* (calda) che concilia il sonno **schlaf·trun·ken** ADJ insonnolito **Schlaf·wa·gen** M BAHN vagone *m* letto **schlaf·wan·deln** V/I ⟨h., s.⟩ essere sonnambulo **Schlaf·wan·deln** N ⟨-s⟩ sonnambulismo *m* **Schlaf·wand·ler** M ⟨-s; -⟩, **-in** F ⟨-; -nen⟩ sonnambulo *m*, -a *f* **schlaf·wand·le·risch** ADJ da sonnambulo ♦ **mit -er Sicherheit** con sicurezza assoluta **Schlaf·zim·mer** N camera *f* da letto

Schlag M ⟨-[e]s; Schläge⟩ **1** colpo *m*, botta *f*: **ein harter ~** un colpo duro; *fig* un duro colpo **2** *pl* (*Prügel*) **Schläge austeilen** somministrare botte; **Schläge bekommen** prenderle **3** battito *m*: **der ~ des Herzens** il battito del cuore **4** (*von Glocken, Uhren*) (rin)tocco *m* **5** (*Blitzschlag*) fulmine *f* **6** (*Stromstoß*) scossa *f* **7** *umg* (*Schlaganfall*) colpo **8** (*Typ*) stampo *m*: **ein Lehrer vom alten ~** un insegnante di vecchio stampo **9** MODE **Hosen mit ~** pantaloni a zampa di elefante **10** *umg* (*Portion*) mestolo *m*: **ein ~ Suppe** un mestolo di minestra **11** *österr* panna *f* (montata): **Kaffee mit ~** caffè con panna ♦ **etw auf einen ~ tun** fare qc in un colpo; **es kam ~ auf ~** si succedettero uno dopo l'altro; **ein ~ ins Gesicht** uno schiaffo; *pej* **einen ~ haben** essere tocco; **das war ein ~ ins Kontor** è stato davvero un colpo; **mit einem ~** d'un colpo; *umg fig* **ihn trifft der ~** gli prende un colpo; **~ 7 Uhr** alle sette in punto; **ein ~ ins Wasser sein** essere un buco nell'acqua

Schlag·ab·tausch M **1** SPORT uno--due *m* **2** *fig* battibecco *m* **Schlag·ader** F arteria *f* **Schlag·an·fall** M colpo *m* apoplettico **schlag·ar·tig** **A** ADJ repentino **B** ADV repentinamente; (*plötzlich*) improvvisamente **Schlag·baum** M barriera *f* **Schlag·boh·rer** M trapano *m* a percussione

schla·gen ⟨schlägt, schlug, geschlagen⟩ **A** V/T **1** colpire (*a. fig*): **das Schicksal hat ihn hart geschlagen** il destino lo ha colpito duramente **2** (*prügeln*) picchiare **3** fare (battendo): **Löcher ins Eis ~** fare dei buchi nel ghiaccio **4** (*hineintreiben*) piantare **5** (*wegschlagen*) strappare: **j-m etw aus der Hand ~** strappare qc dalla mano di qn **6** (*anbringen*) attaccare, fissare: **ein Plakat an die Wand ~** affiggere un manifesto al muro **7** (*Holz*) tagliare **8** GASTR montare: **Sahne ~** montare la panna **9** mettere: **ein Tuch um die Schultern ~** mettere un foulard sulle spalle **10** (*Schlaginstrumente*) suonare **11** (*besiegen*) battere: **die gegnerische Mannschaft 2:0 ~** battere la squadra avversaria per 2 a 0 **12** (*Spiel*) mangiare: **den Springer mit der Dame ~** mangiare il cavallo con la regina **13** (*Beute*) abbattere **B** V/I **1** ⟨h.⟩ battere, picchiare: **j-m auf die Finger ~** picchiare qn sulle dita **2** ⟨h., s.⟩ **mit dem Kopf gegen die Wand ~** battere la testa contro il muro **3** *fig* ⟨s.⟩ colpire: **diese Nachricht ist mir aufs Gemüt geschlagen** questa notizia mi ha colpito intimamente **4** ⟨h., s.⟩ uscire, levarsi: **Qualm schlug aus dem Fenster** del fumo usciva dalla finestra **5** ⟨h.⟩ (*Herz, Puls*) battere **6** ⟨h.⟩ (*Glocken, Uhren*) suonare **7** ⟨s.⟩ (*ähneln*) **nach j-m ~** assomigliare a qn **C** V/R **sich ~** **1** (*sich prügeln*) picchiarsi, fare a botte **2** battersi: **die Mannschaft hat sich gut geschlagen** la squadra si è battuta bene; **sich um etw ~** battersi per qc ♦ **j-n zu Boden ~** atterrare qn; **jetzt schlägt's dreizehn!** adesso basta!; **Funken ~** mandare (*od* sprizzare) scintille; **Haken ~** fare uno scarto improvviso; **das lässt mein Herz höher ~** mi fa battere forte il cuore; **etw kurz und klein ~** fare a pezzi qc; **sich auf j-s Seite ~** schierarsi dalla parte di qn

schla·gend ADJ persuasivo, convincente: **ein -er Beweis** una prova convincente

Schla·ger M ⟨-s; -⟩ **1** canzone *f*, canzonetta *f* **2** (*Verkaufserfolg*) successo *m*

Schlä·ger M ⟨-s; -⟩ **1** (*Hockey*) bastone *m*; (*Golf, Baseball*) mazza *f*; (*Tennis*) racchetta *f* **2** (*Raufbold*) attaccabrighe *m inv* **Schlä·ge·rei** F ⟨-; -en⟩ rissa *f* **Schlä·ge·rin** F ⟨-; -nen⟩ attaccabrighe *f inv*

Schla·ger·mu·sik F canzoni *fpl*, canzonette *fpl* **Schla·ger·sän·ger** M, **-in** F cantante *m/f* di musica leggera **Schla·ger·star** M star *f* della canzone

schlag·fer·tig ADJ che ha sempre la risposta pronta: **eine -e Antwort** una risposta pronta **Schlag·fer·tig·keit** F ⟨-⟩ prontezza *f* (di parola)

Schlag·in·stru·ment N MUS strumento *m* a percussione **Schlag·kraft** F **1**

S

forza *f*, potenza *f* **2** (*Kampfstärke*) forza *f* d'urto, efficienza *f* bellica **3** *fig* (*Wirkungskraft*) efficacia *f* **schlag·kräf·tig** ADJ **1** forte, potente **2** *fig* (*überzeugend*) convincente **Schlag·licht** N (fascio *m* di) luce *f*: *fig* **ein ~ auf etw** (*akk*) **werfen** metter in luce qc **Schlag·loch** N buca *f* (nel manto stradale) **Schlag·obers** N *österr*, **Schlagrahm** M → Schlagsahne **Schlag·ring** M pugno *m* di ferro **Schlag·sah·ne** F panna *f* montata **Schlag·sei·te** F SCHIFF sbandamento *m*: *hum* **~ haben** barcollare (per l'ubriachezza) **Schlag·stock** M randello *m*, manganello *m* **Schlag·wort** N **1** ⟨*pl* -e *u.* -wörter⟩ slogan *m*, parola *f* d'ordine **2** ⟨*pl* -e *u.* -wörter⟩ (*Gemeinplatz*) frase *f* fatta, luogo *m* comune **3** ⟨*pl* -wörter⟩ (*in Verzeichnis*) voce *f* **Schlag·zei·le** F titolo *m* a caratteri cubitali ♦ **für -n sorgen** finire sui giornali; *fig* **-n machen** finire in prima pagina **Schlag·zeug** N MUS batteria *f* **Schlag·zeu·ger** M ⟨-s; -⟩, **-in** F ⟨-; -nen⟩ batterista *m/f*

schlak·sig ADJ *umg* **ein -er Bursche** un goffo spilungone

Schla·mas·sel M ⟨-s⟩ *umg* guaio *m*, pasticcio *m*: **so ein ~!** che pasticcio!

Schlamm M ⟨-[e]s; -e *u.* Schlämme⟩ fango *m*, melma *f* **Schlamm·bad** N fanghi *mpl*

schlam·mig ADJ fangoso: **-e Schuhe haben** avere le scarpe piene di fango

Schlamm·pa·ckung F MED fangatura *f* **Schlamm·schlacht** F *fig* campagna *f* denigratoria

Schlam·pe F ⟨-; -n⟩ *umg pej* **1** (*unordentlich*) sciattona *f*, sbrindellona *f* **2** (*liederliche Frau*) donnaccia *f*

schlam·pen V/I ⟨h.⟩ *umg* **1** essere sciatto (*od* disordinato): **mit etw ~** tenere qc in modo sciatto **2** **bei einer Arbeit ~** abborracciare un lavoro

Schlam·per M ⟨-s; -⟩ *pej* sbrindellone *m* **Schlam·pe·rei** F ⟨-; -en⟩ **1** abborracciatura *f* **2** (*große Nachlässigkeit*) sciatteria *f* **3** (*Durcheinander*) disordine *m* **Schlam·pe·rin** F ⟨-; -nen⟩ sbrindellona *f* **schlam·pig** ADJ sciatto ♦ **~ arbeiten** lavorare male, abborracciare

schlang → schlingen

Schlan·ge F ⟨-; -n⟩ **1** serpente *m*, serpe *f* **2** *fig pej* **sie ist eine richtige ~** è una vera serpe **3** (*Menschenreihe*) coda *f*, fila *f*: **~ stehen** stare in coda (*od* fare la fila) **4** TECH serpentina *f* ♦ **falsch/listig wie eine ~** falso/infido come un serpente

schlän·geln V/R **sich ~** **1** strisciare **2** *fig* serpeggiare: **der Weg schlängelt sich bergauf** la strada serpeggia su per il monte **3** intrufolarsi: **sich durch die Menge ~** intrufolarsi tra la folla

Schlan·gen·be·schwö·rer M ⟨-s; -⟩, **-in** F ⟨-; -nen⟩ incantatore *m*, -trice *f* di serpenti **schlan·gen·för·mig** ADJ serpentiforme **Schlan·gen·li·nie** F linea *f* serpeggiante: **in -n fahren** procedere a zig zag **Schlan·gen·mensch** M contorsionista *m/f*

schlank ADJ slanciato, snello: **eine -e Gestalt** una figura slanciata; **-e Beine** gambe snelle ♦ **~ werden** dimagrire

Schlank·heits·kur F cura *f* dimagrante

schlapp ADJ **1** (*ohne Energie*) fiacco **2** (*nicht straff*) flaccido, floscio

Schlap·pe F ⟨-; -n⟩ scacco *m*, batosta *f*: **eine ~ erleiden** (*od* **einstecken**) **müssen** dover subire uno scacco

Schlap·pen M ⟨-s; -⟩ *umg* pantofola *f*

Schlapp·heit F ⟨-⟩ fiacchezza *f* **Schlapp·hut** M cappello *m* a cencio **schlapp·ma·chen** V/I ⟨h.⟩ *umg* crollare, non farcela più **Schlapp·schwanz** M *umg* smidollato *m*

Schla·raf·fen·land N paese *m* della cuccagna, paese *m* di Bengodi

schlau **A** ADJ furbo, scaltro **B** ADV furbescamente, con furbizia: **~ lächeln** sorridere in modo furbo; **sich ~ anstellen** fare il furbo ♦ *umg* **aus j-m/etw nicht ~ werden** non riuscire a capire nulla di qn/qc

Schlau·ber·ger M ⟨-s; -⟩, **-in** F ⟨-; -nen⟩ *hum* furbacchione *m*, -a *f*

Schlauch M ⟨-[e]s; Schläuche⟩ **1** tubo *m* (flessibile) **2** (*von Reifen*) camera *f* d'aria **3** *umg* (*langer, schmaler Raum*) budello *m* ♦ *umg* **auf dem ~ stehen** non arrivarci

Schlauch·boot N canotto *m* pneumatico, gommone *m*

schlau·chen V/T *umg* fare sfacchinare

schlauch·los ADJ (*Reifen*) tubeless, senza camera d'aria

Schläue F ⟨-⟩ → Schlauheit

Schlau·fe F ⟨-; -n⟩ **1** (*Schlinge*) cappio *m* **2** (*Gürtelschlaufe*) passante *m* **3** (*Knopfverschluss*) occhiello *m*

Schlau·heit F ⟨-⟩ furbizia *f*, scaltrezza *f*

Schlau·kopf M, **Schlau·mei·er** M

⟨-s; -⟩, **-in** F ⟨-; -nen⟩, **Schla·wi·ner** M ⟨-s; -⟩, **-in** F ⟨-; -nen⟩ *umg* furbacchione *m*, -a *f*

schlecht **A** ADJ cattivo, brutto: **ein -er Mensch** una persona cattiva; **ein -er Scherz** un brutto scherzo; **-e Ware** merce scadente; **ein -es Zeichen** un cattivo (*od* brutto) segno; **er war ein -er Schüler** non era bravo a scuola **B** ADV **1** male: **~ vorbereitet sein** essere mal preparato; **über j-n ~ reden** parlare male di qn; **es sieht ~ für ihn aus** si mette male per lui; **mir ist ~** sto male; **heute passt es mir ~** oggi non va **2** difficilmente: **etw ~ ablehnen können** poter rifiutare difficilmente qc ♦ **es geht ihm ~** sta male; **keine -e Idee!** un'idea niente male!; **in etw** (*dat*) **~ sein** non essere bravo in qc; **-e Luft** aria viziata; **das ist nicht ~** non è male; **~ und recht** alla meno peggio; **ein -er Trost** una magra consolazione; **~ werden** (*sich verschlechtern*) peggiorare; (*verderben*) andare a male, guastarsi; → schlechtmachen

Schlech·te N ⟨-n⟩ male *m*: **nichts -s im Sinn haben** non avere in mente niente di male

schlech·ter ⟨*komp von* schlecht⟩ **A** ADJ peggiore **B** ADV peggio

schlecht·hin ADV **1** (*an sich*) per eccellenza **2** assolutamente **3** (*einfach*) semplicemente, proprio

Schlech·tig·keit F ⟨-; -en⟩ cattiveria *f*

schlecht·ma·chen V/T denigrare: **j-n beim Chef ~** denigrare (*od* sparlare di) qn con il capo

schle·cken V/T & V/I ⟨h.⟩ leccare

Schleh·dorn M ⟨-s; -e⟩ susino *m* di macchia, prugnolo *m* **Schle·he** F ⟨-; -n⟩ susina *f* selvatica, prugnola *f*

schlei·chen ⟨schlich, geschlichen⟩ **A** V/I ⟨s.⟩ andare quatto quatto; strisciare: **aus dem Haus ~** uscire di casa di soppiatto **B** V/R **1** **sich in etw** (*akk*) **~** entrare furtivamente in qc; **sich aus etw** (*dat*) **~** uscire furtivamente da qc **2** *fig* insinuarsi

schlei·chend ADJ lento: **eine -e Krankheit** una lenta malattia ♦ **eine -e Inflation** un'inflazione strisciante

Schleich·weg M via *f* nascosta (*od* segreta): *fig* **auf -en** per vie traverse **Schleich·wer·bung** F pubblicità *f* indiretta

Schleie F ⟨-; -n⟩ tinca *f*

Schlei·er M ⟨-s; -⟩ **1** velo *m*: **den ~ tragen** portare il velo; **ein ~ von Staub** un velo di polvere **2** (*am Hut*) veletta *f* **3** (*von Dunst*) cortina *f* **Schlei·er·eu·le** F barbagianni *m* **schlei·er·haft** ADJ incomprensibile, enigmatico ♦ **das ist mir ~** mi è incomprensibile

Schlei·fe F ⟨-; -n⟩ **1** fiocco *m* **2** (*am Schuh*) nodo *m* **3** (*starke Biegung*) svolta *f*, curva *f*; (*im Fluss*) ansa *f* **4** FLUG virata *f* **5** IT ciclo *m*

schlei·fen[1] V/T ⟨schliff, geschliffen⟩ **1** (*schärfen*) affilare **2** (*glätten*) levigare **3** (*Glas, Edelsteine*) molare **4** MIL (*drillen*) = *addestrare duramente* **5** MECH rettificare

schlei·fen[2] **A** V/T **1** (*schleppen*) trascinare: **eine Kiste** (**über den Boden**) **~** trascinare una cassa (sul pavimento) **2** MIL (*abreißen*) radere al suolo; (*abbauen*) smantellare **B** V/I ⟨h., s.⟩ strascicare ♦ **alles ~ lassen** lasciar andare tutto; **die Kupplung ~ lassen** far pattinare la frizione

Schlei·fer M ⟨-s; -⟩, **-in** F ⟨-; -nen⟩ MECH rettificatore *m*, -trice *f*

Schleif·lack M vernice *f* carteggiabile **Schleif·ma·schi·ne** F (*für Metall*) rettificatrice *f*; (*für Holz*) levigatrice *f* **Schleif·mit·tel** N abrasivo *m* **Schleif·pa·pier** N carta *f* vetrata **Schleif·schei·be** F mola *f* **Schleif·stein** M **1** cote *f* **2** (*Schleifscheibe*) mola *f*

Schleim M ⟨-[e]s; -e⟩ **1** muco *m* **2** ZOOL bava *f* **3** (*breiartige Speise*) pappa *f*, crema *f* **Schleim·beu·tel** M borsa *f* sinoviale

schlei·men V/I ⟨h.⟩ **1** secernere muco **2** *umg pej* adulare untuosamente

Schlei·mer M ⟨-s; -⟩, **-in** F ⟨-; -nen⟩ (*Schimpfwort*) leccapiedi *m/f inv*

Schleim·haut F mucosa *f*

schlei·mig ADJ **1** mucoso **2** (*glitschig*) viscido (*a. fig*): **ein -er Typ** un tipo viscido; **ein -es Lächeln** un sorriso untuoso

schleim·lö·send ADJ espettorante

schlem·men V/I ⟨h.⟩ banchettare

Schlem·mer M ⟨-s; -⟩ ghiottone *m* **Schlem·me·rei** F ⟨-; -en⟩ mangiata *f* **Schlem·me·rin** F ⟨-; -nen⟩ ghiottona *f*

schlen·dern V/I ⟨s.⟩ **1** (*langsam gehen*) andare lentamente **2** (*bummeln*) bighellonare, gironzolare

Schlend·ri·an M ⟨-[e]s⟩ *umg* tran tran *m*: **im gewohnten ~ leben** vivere nel so-

S

lito tran tran; **Schluss mit diesem ~** basta con questo andazzo
Schlen·ker M ⟨-s; -⟩ umg **1** (*Ausweichbewegung*) scarto *m* **2** (*Umweg*) (piccola) deviazione *f*
schlen·kern **A** V/T far ciondolare, dondolare **B** V/I ⟨h.⟩ **1** **mit den Beinen ~** dondolare le gambe **2** (*schaukeln*) ondeggiare
Schlep·pe F ⟨-; -n⟩ strascico *m*
schlep·pen **A** V/T **1** trascinare: **eine schwere Kiste ~** trascinare una cassa pesante; *umg* **j-n ins Theater ~** trascinare qn a teatro **2** (*tragen*) portare (con fatica) **3** (*Autos, Schiffe*) rimorchiare **B** V/R **sich ~** trascinarsi (a stento) **schlep·pend** ADJ **1** strascicato: **einen -en Gang haben** avere un passo strascicato; **mit -en Schritten** a passi lenti **2** (*langsam vor sich gehend*) stentato, che si trascina ♦ **~ vorankommen** procedere a stento
Schlep·per M ⟨-s; -⟩ **1** (*Schiff*) rimorchiatore *m* **2** (*Zugmaschine*) trattore *m* **3** *umg pej* (*Kundenfänger*) procacciatore *m* di clienti **4** (*Fluchthelfer*) trafficante *m* di vite umane **Schlep·pe·rin** F ⟨-; -nen⟩ **1** *umg pej* (*Kundenfängerin*) procacciatrice *f* di clienti **2** (*Fluchthelferin*) trafficante *f* di vite umane
Schlepp·kahn M barcone *m*, chiatta *f* **Schlepp·lift** M skilift *m* **Schlepp·netz** N rete *f* a strascico **Schlepp·netz·fahn·dung** F indagine *f* per mezzo dell'elaborazione dei dati elettronici **Schlepp·tau** N cavo *m* di traino: **ein Auto ins ~ nehmen** prendere a rimorchio un'auto ♦ *umg* **j-n/etw im ~ haben** avere qn/qc al traino; **j-n/etw ins ~ nehmen** trascinare qn/qc
Schle·si·en N ⟨-s⟩ Slesia *f*
Schles·wig-Hol·stein N ⟨-s⟩ Schleswig-Holstein *m*
Schleu·der F ⟨-; -n⟩ **1** (*Waffe*) fionda *f* **2** (*Zentrifuge, Wäscheschleuder*) centrifuga *f*
Schleu·der·ge·fahr F pericolo *m* di strada sdrucciolevole
schleu·dern **A** V/T **1** (*werfen*) scagliare (*a. fig*), scaraventare **2** SPORT lanciare **3** sbalzare: **vom Motorrad geschleudert werden** essere sbalzato dalla moto **4** FLUG catapultare **5** (*in einer Schleuder bearbeiten*) centrifugare **B** V/I ⟨s.⟩ **1** sbandare: **nach links ~** sbandare a sinistra **2** (*gegen etw*) andare a finire (*od* a sbattere) sbandando ♦ **ins Schleudern geraten** (*od* **kommen**) sbandare; *umg fig* andare nel pallone (*od* in confusione)
Schleu·der·preis M *umg* prezzo *m* stracciato **Schleu·der·sitz** M sedile *m* eiettabile **Schleu·der·trau·ma** N colpo *m* di frusta
schleu·nig **A** ADJ sollecito; (*schnell*) rapido **B** ADV in fretta, subito
schleu·nigst ADV **1** subito **2** (*eilends*) in fretta, al più presto
Schleu·se F ⟨-; -n⟩ **1** chiusa *f* **2** (*Schleusentor*) cateratta *f*: **die -n öffnen** aprire le cateratte **schleu·sen** V/T **1** far passare; (*geleiten*) guidare: **j-n durch eine Kontrolle ~** far passare qn attraverso un controllo; **j-n durch den Verkehr ~** guidare qn attraverso il traffico **2** (*einschleusen*) introdurre, far entrare (segretamente) **Schleu·sen·tor** N cateratta *f*
Schleu·ser M ⟨-s; -⟩, **-in** F ⟨-; -nen⟩ *sl* (*Fluchthelfer*) complice *m/f* in un'evasione
schlich → schleichen
Schli·che PL trucchi *mpl*: **j-m auf die ~ kommen** scoprire i trucchi di qn
schlicht **A** ADJ semplice: **ein -es Mahl** un pasto semplice (*od* frugale); **-e Leute** gente semplice **B** ADV **sich ~ ausdrücken/kleiden** esprimersi/vestirsi semplicemente ♦ **das ist ~ gelogen!** è una bugia bella e buona! *umg*; **~ und einfach**, **~ und ergreifend** semplicemente
schlich·ten V/T appianare, conciliare: **einen Streit ~** appianare una lite
Schlich·ter M ⟨-s; -⟩, **-in** F ⟨-; -nen⟩ conciliatore *m*, -trice *f*
Schlicht·heit F ⟨-⟩ semplicità *f*
Schlich·tung F ⟨-⟩ conciliazione *f* **Schlich·tungs·stel·le** F ufficio *m* arbitrale (*od* d'arbitrato), ufficio *m* di conciliazione
schlicht·weg ADV semplicemente
Schlick M ⟨-[e]s; -e⟩ limo *m*
schlief → schlafen
Schlie·re F ⟨-; -n⟩ stria *f*
Schlie·ße F ⟨-; -n⟩ chiusura *f*
schlie·ßen ⟨schloss, geschlossen⟩ **A** V/T **1** chiudere (*a.* IT): **die Augen/die Grenzen ~** chiudere gli occhi/i confini; **j-n in eine Zelle ~** chiudere qn in una cella; **den Brief mit einer Grußformel ~** chiudere la lettera con una formula di saluto **2** (*anbinden*) legare: **das Fahrrad an einen Pfahl ~** legare la bicicletta a un palo **3** stringere: **j-n in die Arme ~**

stringere qn fra le braccia; **Freundschaft ~** stringere amicizia **4** (*Schlüsse ziehen*) dedurre, concludere: **daraus schließt man, dass ...** da ciò si conclude che ... **5** **ein Abkommen ~** concludere un accordo; **einen Vertrag ~** stipulare un contratto **B** V/I ⟨h.⟩ **1** chiudere: **das Schloss schließt schlecht** la serratura chiude male; **die Post schließt um 17.30** la posta chiude alle 17.30 **2** (*enden*) concludersi, terminare **3** **auf etw** (*akk*) **~** capire qc; **von j-s Handlungsweise auf seinen Charakter ~** capire il carattere di qn dal modo di comportarsi; **du schließt von dir auf andere** = *tu pensi che ciò che vale per te valga anche per gli altri* **C** V/R **sich ~** chiudersi ♦ **eine Ehe ~** contrarre un matrimonio; **Frieden ~** fare la pace; **etw halb ~** socchiudere qc; **das lässt auf einen Irrtum ~** questo fa pensare a un errore; **eine Lücke ~** tappare un buco; **die Reihen ~** stringere (*od* serrare) le file

Schließ·fach N **1** (*in der Bank*) cassetta *f* di sicurezza **2** (*für Gepäck*) armadietto *m* (del deposito bagagli)

schließ·lich ADV **1** (*letztendlich*) alla fine, infine **2** (*im Grunde genommen*) in fondo, pur sempre

Schließ·mus·kel M sfintere *m*

Schlie·ßung F ⟨-; -en⟩ **1** chiusura *f* **2** (*Beendigung*) fine *f* **3** conclusione *f*: **die ~ einer Ehe** il contrarre matrimonio; **die ~ eines Vertrags** la stipulazione di un contratto

schliff → schleifen[1]

Schliff M ⟨-[e]s; -e⟩ **1** affilatura *f*; filo *m*: **der wellige ~ einer Klinge** il filo dentellato di una lama **2** (*von Gläsern*) molatura *f*; (*von Edelsteinen*) sfaccettatura *f* **3** (*Benehmen*) buone maniere *fpl* ♦ **etw** (*dat*) **den letzten ~ geben** dare l'ultimo tocco a qc

schlimm **A** ADJ **1** brutto: **eine -e Nachricht** una brutta notizia **2** (*böse*) cattivo **3** (*schwerwiegend*) grave **4** *umg* (*unangenehm*) spiacevole **5** *umg* dolorante: **ein -er Finger** un dito dolorante **B** ADV male: **~ ausgehen** finire male ♦ **ist es ~, wenn ich nicht komme?** è grave se non vengo?; **ist nicht ~!** non fa niente!; **ich finde daran nichts Schlimmes** non ci trovo niente di male

schlim·mer ⟨*komp von* schlimm⟩ **A** ADJ peggiore **B** ADV peggio: **es wird immer ~** va sempre peggio; **um so ~** tanto peggio ♦ **es hätte ~ kommen können** sarebbe potuta andare peggio; **~ machen** peggiorare; **es gibt Schlimmeres** c'è di peggio

schlimmst... ADJ ⟨*sup von* schlimm⟩ (il) peggiore: **im -en Fall** nel caso peggiore **Schlimms·te** N ⟨-n⟩ il peggio *m*: **auf das ~ gefasst sein** essere preparato al peggio **schlimms·ten·falls** ADV nel peggiore dei casi

Schlin·ge F ⟨-; -n⟩ **1** cappio *m*: **eine ~ zuziehen** stringere un cappio **2** (*Fanggerät*) laccio *m* ♦ **den Hals** (*od* **den Kopf**) **aus der ~ ziehen** cavarsi d'impiccio

Schlin·gel M ⟨-s; -⟩ *hum* birbone *m*

schlin·gen[1] ⟨schlang, geschlungen⟩ **A** V/T **1** (*winden, legen*) avvolgere **2** stringere: **die Arme um j-s Hals ~** stringere le braccia al collo di qn **3** (*flechten*) intrecciare **B** V/R **sich ~** **1** stringersi, avvolgersi **2** BOT avviticchiarsi

schlin·gen[2] ⟨schlang, geschlungen⟩ **A** V/T (*hinunterschlucken*) ingoiare: **die Beute ~** ingoiare la preda; **das Essen ~** trangugiare il cibo **B** V/I ⟨h.⟩ ingozzarsi

schlin·gern V/I ⟨h.⟩ SCHIFF rollare

Schling·pflan·ze F pianta *f* rampicante

Schlips M ⟨-es; -e⟩ *umg* cravatta *f* ♦ *fig* **j-m auf den ~ treten** offendere qn

schlit·teln V/I ⟨s.⟩ *österr schweiz* andare in slitta

Schlit·ten M ⟨-s; -⟩ **1** slitta (*a.* TECH): **~ fahren** andare in slitta *f* **2** *umg* (*Auto*) macchina *f* **Schlit·ten·fahrt** F corsa *f*, giro *m* in slitta

schlit·tern V/I **1** ⟨h.⟩ (*rutschen*) scivolare **2** ⟨s.⟩ (*ausgleiten*) slittare ♦ *fig* **in eine unangenehme Situation ~** finire in una brutta situazione

Schlitt·schuh M pattino *m*: **~ laufen** pattinare sul ghiaccio **Schlitt·schuh·lau·fen** N ⟨-s⟩ pattinaggio *m* (sul ghiaccio) **Schlitt·schuh·läu·fer** M, **-in** F pattinatore *m*, -trice *f* (sul ghiaccio)

Schlitz M ⟨-es; -e⟩ **1** fessura *f*; (*von Briefkasten*) buca *f* **2** MODE spacco *m* **3** *umg* (*Hosenschlitz*) bottega *f* **Schlitz·au·gen** PL occhi *mpl* a mandorla **Schlitz·ohr** N *umg* furbastro *m*

Schlö·gel M ⟨-s; -⟩ *österr* coscia *f*

schloh·weiß ADJ bianchissimo

schloss → schließen

Schloss N ⟨-es; Schlösser⟩ **1** (*Türschloss*) serratura *f* **2** (*Vorhängeschloss*) lucchetto *m* **3** (*Burg*) castello *m*; (*Palast*) palazzo *m* ♦ **ins ~ fallen** chiudersi da sé; *umg* **hinter ~ und Riegel** in galera

Schlos·ser M ⟨-s; -⟩ fabbro *m* **Schlos·se·rei** F ⟨-; -en⟩ bottega *f* di fabbro **Schlos·se·rin** F ⟨-; -nen⟩ fabbro *m*

Schloss·herr M, **-in** F signore *m*, -a *f* del castello

Schlot M ⟨-[e]s; -e *u.* Schlöte⟩ ciminiera *f* ♦ *umg fig* **er raucht wie ein ~** fuma come una ciminiera

schlot·tern VI ⟨h.⟩ **1** tremare: **am ganzen Leib (vor Kälte/Angst) ~** tremare in tutto il corpo (di freddo/di paura) **2** (*Kleider*) ballare

Schlucht F ⟨-; -en⟩ gola *f*, forra *f*

schluch·zen VI ⟨h.⟩ singhiozzare **Schluch·zen** N ⟨-s⟩ singhiozzi *mpl*

Schluck M ⟨-[e]s; -e *u.* Schlücke⟩ sorso *m*: **ein tüchtiger ~** una sorsata **Schluck·auf** M ⟨-s⟩ singhiozzo *m*: **einen ~ haben** avere il singhiozzo **Schluck·be·schwer·den** PL difficoltà *fpl* a deglutire

schlu·cken **A** VT **1** inghiottire, MED deglutire **2** *umg fig* **viel Geld ~** inghiottire un patrimonio **3** *umg fig* ingoiare, mandare giù: **einen Vorwurf ~** mandar giù un rimprovero; **einiges ~ müssen** dover ingoiare qc **4** *umg* (*glauben*) bere (*a. fig*): **er scheint die Geschichte geschluckt zu haben** sembra che abbia bevuto la storia **5** *umg* (*übernehmen*) assorbire: **einen kleineren Betrieb ~** assorbire un'impresa minore; **den Schall ~** assorbire il suono **B** VI ⟨h.⟩ *umg fig* **an etw** (*dat*) **~** far fatica a digerire qc

Schlu·cker M ⟨-s; -⟩ *umg* beone *m* ♦ **armer ~** poveraccio

Schluck·imp·fung F vaccinazione *f* per via orale **schluck·wei·se** ADV a sorsi

schlu·de·rig ADJ *umg* sciatto

schlu·dern VI ⟨h.⟩ *umg* fare (dei) pasticci

schlug → schlagen

schlum·mern VI ⟨h.⟩ **1** essere assopito **2** (*verborgen liegen*) giacere nascosto **3** *fig* essere sopito: **in ihm ~ ungeahnte Kräfte** in lui sono sopite energie insospettate **schlum·mernd** ADJ (*verborgen*) latente, nascosto

Schlund M ⟨-[e]s; Schlünde⟩ **1** gola *f*; (*Rachen*) fauci *fpl* **2** (*Öffnung*) bocca *f*

schlüp·fen VI ⟨s.⟩ **1** sgattaiolare, sgusciare: **durch die Tür ~** sgattaiolare per la porta; **aus einem Loch ~** sgusciare da un buco **2** **aus der Hand ~** scivolare di mano **3** ZOOL sgusciare (fuori); (*Insekten*) uscire dal bozzolo ♦ **unter die Decke ~** infilarsi sotto la coperta; **in die Hose ~** infilarsi i pantaloni; **in die Rolle eines anderen ~** assumere la parte di un altro

Schlüp·fer M ⟨-s; -⟩ (*Unterhose*) culottes *fpl*; (*für Kinder*) mutandine *fpl*

Schlupf·loch N **1** (*Versteck*) nascondiglio *m* **2** (*Durchschlupf*) stretto passaggio *m*

schlüpf·rig ADJ **1** (*Fläche*) sdrucciolevole, scivoloso **2** (*Fisch, Schlange*) viscido **3** *fig* (*anstößig*) scurrile

Schlupf·win·kel M nascondiglio *m*

schlur·fen VI ⟨s.⟩ camminare strascicando i piedi, strascicare i piedi

schlür·fen **A** VT sorbire **B** VI ⟨h.⟩ bere risucchiando (*od* col risucchio)

Schluss M ⟨-es; Schlüsse⟩ **1** (*Ende*) chiusura *f*, termine *m*, fine *f*: **bis zum ~ bleiben** rimanere fino alla fine; **zum ~ kommen** giungere al termine **2** (*letzter Teil*) finale *m* **3** (*Schlussfolgerung*) conclusione *f*: **aus etw einen voreiligen ~ ziehen** trarre una conclusione affrettata da qc **4** (*logische Ableitung*) deduzione *f* ♦ **am** (*od* **zum**) **~** alla fine; **~ damit!** (con questo) basta!; **~ jetzt!** adesso basta!; **mit etw ~ machen** mettere fine a (*od* smettere di fare) qc; **mit j-m/etw ~ machen** farla finita con qn/qc

Schluss·ak·kord M accordo *m* finale **Schluss·akt** M ultimo atto *m* (*a. fig*) **Schluss·be·mer·kung** F osservazione *f* finale

Schlüs·sel M ⟨-s; -⟩ **1** chiave *f* (*a.* MUS) **2** *fig* **der ~ zum Erfolg** la chiave del successo; **etw mit** (*od* **nach**) **einem ~ entziffern** decifrare qc con una chiave **3** MECH chiave *f* (per dadi) **4** (*Verteilerschlüssel*) criterio *m* (di distribuzione)

Schlüs·sel·bein N clavicola *f* **Schlüs·sel·blu·me** F primula *f* **Schlüs·sel·bund** M/N ⟨-[e]s; -e⟩ mazzo *m* di chiavi **Schlüs·sel·er·leb·nis** N PSYCH esperienza *f* chiave **Schlüs·sel·etui** N portachiavi *m* **schlüs·sel·fer·tig** ADJ pronto per la consegna, chiavi in mano

Schlüs·sel·fi·gur F figura *f* chiave **Schlüs·sel·in·dust·rie** F industria *f* chiave **Schlüs·sel·loch** N buco *m* del la serratura, toppa *f* **Schlüs·sel·loch·chi·rur·gie** F chirurgia *f* non invasiva **Schlüs·sel·ring** M 1 anello *m* della chiave 2 (*Schlüsseletui*) (anello *m*) portachiavi *m* **Schlüs·sel·ro·man** M romanzo *m* a chiave **Schlüs·sel·stel·lung** F posizione *f* chiave **Schlüs·sel·wort** N 1 ⟨*pl* -wörter⟩ parola *f* chiave 2 ⟨*pl* -wörter *u.* -worte⟩ (*verschlüsselt*) parola *f* in cifra

Schluss·fei·er F festa *f* di chiusura **Schluss·fol·ge·rung** F conclusione *f*

schlüs·sig ADJ convincente ♦ **sich** (*dat*) **über j-n/etw nicht ~ sein** non essere certo di qn/qc; **sich** (*dat*) **über etw ~ werden** decidersi riguardo a qc; **sich** (*dat*) **nicht darüber ~ sein, was man tun soll** essere indeciso sul da farsi; **ich bin mir nicht ~, ob ich das tun soll** non so se farlo

Schluss·läu·fer M, **-in** F SPORT ultimo, -a *f* frazionista *m/f* **Schluss·licht** N fanalino *m* di coda (*a. fig*) **Schluss·pfiff** M SPORT fischio *m* finale **Schluss·run·de** F ultimo giro *m* **Schluss·satz** M 1 frase *f* conclusiva 2 MUS finale *m* **Schluss·strich** M riga *f*: **einen ~ unter etw** (*akk*) **ziehen** *fig* porre fine a qc, considerare chiuso qc **Schluss·ver·kauf** M svendita *f* di fine stagione, saldi *mpl* **Schluss·wort** N ⟨-[e]s; -e⟩ osservazione *f* conclusiva, ultima parola *f*

Schmach F ⟨-⟩ offesa *f* infamante, umiliazione *f*

schmach·ten V/I ⟨h.⟩ 1 languire 2 **nach j-m ~** struggersi per qn; **nach etw ~** agognare qc **schmach·tend** ADJ languido

schmäch·tig ADJ esile, gracile

schmach·voll A ADJ ignominioso, disonorevole B ADV in modo umiliante

schmack·haft A ADJ saporito, gustoso B ADV **j-m etw ~ machen** rendere allettante (*od* gradevole) qc a qn

schmäh·lich ADJ vergognoso, ignobile

schmal ADJ 1 stretto: **ein -er Weg** una strada stretta; **-e Schultern** spalle strette 2 sottile: **-e Hände** mani sottili 3 (*mager*) magro: **er ist recht ~ geworden** è dimagrito 4 (*knapp, karg*) esiguo, scarso

schmä·lern V/T 1 diminuire, limitare: **j-s Einkünfte ~** diminuire i redditi di qn; **j-s Rechte ~** limitare i diritti di qn 2 (*herabwürdigen*) sminuire ♦ **j-s Vergnügen ~** rovinare il divertimento a qn

Schmal·film M pellicola *f* a passo ridotto **Schmal·spur·bahn** F ferrovia *f* a scartamento ridotto

Schmalz[1] N ⟨-es; -e⟩ (*Fett*) strutto *m*: **~ auslassen** fare sciogliere lo strutto

Schmalz[2] M ⟨-es⟩ *umg* 1 (*sentimental*) sdolcinatezza *f*, sentimentalismo *m* 2 (*Lied*) canzone *f* sdolcinata **schmal·zig** ADJ sdolcinato

schma·rot·zen V/I ⟨h.⟩ 1 vivere da parassita 2 BIOL **auf** (*od* **in**) **j-m ~** essere parassita di qn

Schma·rot·zer[1] M ⟨-s; -⟩ (*Pflanze*) parassita *m*

Schma·rot·zer[2] M ⟨-s; -⟩, **-in** F ⟨-; -nen⟩ *umg pej* scroccone *m*, -a *f*

Schmar·r(e)n M ⟨-s; -⟩ 1 *österr = frittata dolce spezzettata con uvetta* 2 *umg dial* boiata *f*: **red keinen solchen ~!** non dire boiate simili!

schmat·zen V/I ⟨h.⟩ 1 (*mit den Lippen*) schioccare le labbra 2 (*laut essen*) mangiare rumorosamente

schmau·sen V/I ⟨h.⟩ *hum* banchettare

schme·cken A V/T 1 (*kosten*) assaggiare 2 (*den Geschmack wahrnehmen*) sentire il gusto di B V/I ⟨h.⟩ 1 piacere (*a. fig*): **wie schmeckt dir die Torte?** ti piace la torta?; **das schmeckt schlecht** è cattivo; **es schmeckt** (**gut**) è buono; **schmeckt es?** ti piace?, vi piace?, è buono?; **es schmeckt ihm** gli piace 2 (*Geschmack haben*) sapere di: **angebrannt/nach Korken ~** saper di bruciato/di tappo ♦ **lasst es euch ~!** buon appetito!

Schmei·che·lei F ⟨-; -en⟩ lusinga *f*: **j-m -en sagen** fare complimenti a qn **schmei·chel·haft** ADJ lusinghiero **schmei·cheln** V/I ⟨h.⟩ 1 **j-m ~** lusingare (*od* adulare) qn; **es schmeichelt ihm, dass …** lo lusinga il fatto che …; **j-s Eitelkeit ~** stuzzicare la vanità di qn 2 (*gut stehen*) donare: **diese Farbe schmeichelt ihr** questo colore le dona **schmei·chelnd** ADJ 1 adulatore: **-e Worte** parole adulatrici 2 **-e Musik** musica carezzevole **Schmeich·ler** M ⟨-s; -⟩, **-in** F ⟨-; -nen⟩ adulatore *m*, -trice *f* **schmeich·le·risch** A ADJ adulatorio B ADV con lusinghe

schmei·ßen ⟨schmiss, geschmissen⟩ *umg* A V/T 1 scaraventare, scagliare:

etw an die Wand/nach j-m ~ scagliare qc contro il muro/contro qn **2** *fig* **j-n aus dem Zimmer ~** buttare fuori qn dalla stanza **3** (*aufgeben*) smettere: **das Studium ~** smettere gli studi **4** (*zahlen*) pagare: **eine Runde ~** pagare un giro (di bevute) **5** (*regeln*) sistemare: **wir werden die Sache** (*od* **den Laden**) **schon ~** sistemeremo la faccenda **B** VI ⟨h.⟩ **mit etw nach j-m ~** tirare dietro qc a qn **C** VR **sich ~** buttarsi; **sich aufs Sofa ~** buttarsi sul divano

Schmeiß·flie·ge F moscone *m*

Schmelz M ⟨-es; -e⟩ **1** smalto *m* **2** *fig* splendore *m*: **der ~ ihrer Stimme** lo splendore della sua voce **3** (*von Klängen*) soavità *f*

Schmel·ze F ⟨-; -n⟩ **1** (*Flüssigwerden*) scioglimento *m* **2** (*Material*) materiale *m* fuso **3** (*Schneeschmelze*) disgelo *m*

schmel·zen ⟨schmilzt, schmolz, geschmolzen⟩ **A** VT fondere, sciogliere: **Eisen ~** fondere l'acciaio; **Eis ~** sciogliere il ghiaccio **B** VI ⟨s.⟩ fondersi, sciogliersi **schmel·zend** ADJ *fig* languido: **-e Blicke** sguardi languidi; **eine -e Stimme** una voce struggente

Schmelz·kä·se M formaggino *m*; formaggio *m* fondente **Schmelz·punkt** M punto *m* di fusione **Schmelz·tie·gel** M crogiolo *m* (per la fusione) (*a. fig*) **Schmelz·was·ser** N acqua *f* di fusione

Schmerz M ⟨-es; -en⟩ dolore *m*: **wo haben Sie -en?** dove Le fa male? ♦ **geteilter ~ ist halber ~** mal comune mezzo gaudio

schmer·zen **A** VI ⟨h.⟩ dolere, *umg* fare male: **mir** (*od* **mich**) **schmerzt der Rücken** mi duole (*od* mi fa male) la schiena **B** VT addolorare, rattristare **schmerzend** ADJ doloroso **Schmer·zens·geld** N JUR risarcimento *m* per danni morali

schmerz·frei ADJ privo di dolore **Schmerz·gren·ze** F soglia *f* del dolore **schmerz·haft** ADJ doloroso **schmerz·lich** ADJ doloroso, penoso: **ein -er Verlust** una dolorosa perdita; **eine -e Wahrheit** una verità penosa ♦ **j-n ~ vermissen** sentire terribilmente la mancanza di qn **schmerz·lin·dernd** ADJ analgesico, sedativo **schmerz·los** ADJ indolore **Schmerz·mit·tel** N analgesico *m*, sedativo *m* **schmerz·stil·lend** ADJ analgesico, sedativo **Schmerz·tab·let·te** F analgesico *m* **Schmerz·the·ra·peut** M, **-in** F algologo *m*, -a *f* **schmerz·ver·zerrt** ADJ stravolto dal dolore **schmerz·voll** ADJ addolorato

Schmet·ter·ball M SPORT schiacciata *f*

Schmet·ter·ling M ⟨-s; -e⟩ farfalla *f* **Schmet·ter·lings·stil** M SPORT stile *m* a farfalla

schmet·tern **A** VT **1** (*werfen*) scagliare, scaraventare **2** SPORT schiacciare: **einen Ball ~** fare.effettuare una schiacciata **3** (*singen*) cantare ad alta voce **B** VI **1** ⟨s.⟩ (*aufprallen*) (andare a) sbattere **2** ⟨h.⟩ (*laut schallen*) risuonare ♦ **den Gegner zu Boden ~** atterrare l'avversario

Schmied M ⟨-[e]s; -e⟩ fabbro *m*

Schmie·de F ⟨-; -n⟩ **1** bottega *f* del fabbro **2** (*in Betrieben*) fucina *f*

Schmie·de·ei·sen N ferro *m* battuto **schmie·de·ei·sern** ADJ di ferro battuto

schmie·den VT **1** forgiare: **Eisen ~** battere il ferro **2** *fig* ideare: **Pläne ~** ideare progetti **3** ordire: **Intrigen/Ränke ~** ordire intrighi/macchinazioni

Schmie·din F ⟨-; -nen⟩ fabbro *m*

schmie·gen VR **sich ~** **1** adattarsi: **das Kleid schmiegt sich gut an ihren Körper** il vestito si adatta bene al suo corpo **2** **sich an j-n ~** stringersi a qn; **sich in j-s Arme ~** stringersi fra le braccia di qn

schmieg·sam ADJ flessibile (*a. fig*)

Schmie·re[1] F ⟨-; -n⟩ **1** (*Fett*) grasso *m* **2** (*feuchter Schmutz*) sudiciume *m*

Schmie·re[2] F *umg* **~ stehen** fare il palo

schmie·ren VT **1** lubrificare; (*ölen*) oliare; (*einfetten*) ingrassare **2** (*verteilen*) spalmare: **Salbe ins Gesicht ~** spalmare la pomata sul viso; **eine Scheibe Brot ~** spalmare una fetta di pane **3** *umg* (*nachlässig schreiben*) scarabocchiare **4** *umg* (*bestechen*) ungere, corrompere ♦ *umg* **j-m eine ~** dare un ceffone a qn; **das geht** (*od* **läuft**) **wie geschmiert** fila liscio come l'olio

Schmie·re·rei F ⟨-; -en⟩ *umg pej* scarabocchio *m*

Schmier·fett N grasso *m* lubrificante **Schmier·film** M pellicola *f* lubrificante **Schmier·fink** M ⟨-en *u.* -s; -en⟩ *umg pej* **1** (*beim Schreiben*) scarabocchione *m* **2** (*schmutzig*) sporcaccione *m* **3** *pej* (*Graffitimaler*) imbrattamuri *m* **Schmier·geld** N bustarella *f*

schmie·rig ADJ **1** (*unsauber*) sudicio: **-e Hände** mani sudicie **2** (*fettig, unappetit-*

S

lich) untuoso **3** (*unanständig*) sporco ♦ **~ grinsen** sogghignare sordidamente; **ein -er Kerl** un tipo untuoso
Schmier·mit·tel N lubrificante *m*, grasso *m* **Schmier·öl** N (olio *m*) lubrificante *m* **Schmier·pa·pier** N carta usata *f* per appunti (*od* per la brutta) **Schmier·sei·fe** F sapone *m* in pasta
Schmie·rung F ⟨-; -en⟩ lubrificazione *f*
Schmier·zet·tel M foglio *m*, foglietto *m* per (gli) appunti
Schmin·ke F ⟨-; -n⟩ trucco *m* **schmin·ken** **A** VT truccare **B** VR **sich ~** truccarsi
schmir·geln VT smerigliare **Schmir·gel·pa·pier** N carta *f* smeriglio
schmiss → schmeißen
Schmiss M ⟨-es; -e⟩ **1** *umg* (*Schwung*) slancio *m* **2** *sl* (*Narbe*) cicatrice *f*
schmis·sig *umg* **A** ADJ pieno di slancio **B** ADV con slancio
Schmö·ker M ⟨-s; -⟩ *umg* = *librone avvincente* **schmö·kern** VT & VI ⟨h.⟩ *umg* = *sprofondarsi nella lettura* (*di libri di consumo*)
schmol·len VI ⟨h.⟩ tenere il broncio (*od* il muso): **mit j-m ~** tenere il broncio a qn
Schmoll·mund M muso *m* lungo
schmolz → schmelzen
Schmor·bra·ten M stufato *m*
schmo·ren GASTR **A** VT stufare **B** VI ⟨h.⟩ cuocere a fuoco lento ♦ **j-n ~ lassen** lasciar cuocere qn nel suo brodo
Schmuck M ⟨-[e]s⟩ **1** ornamento *m*; (*Verschönerung*) abbellimento *m* **2** (*schmückende Verzierung*) decorazione *f* **3** (*Juwelen*) gioielli *mpl*: **echter ~** gioielli veri
schmü·cken **A** VT **1** (ad)ornare: **das Haar mit Bändern ~** ornare i capelli con nastri **2** decorare, addobbare: **den Christbaum ~** addobbare l'albero di Natale **B** VR **sich ~** (ad)ornarsi
Schmuck·käst·chen N **1** portagioie *m* **2** *fig* gioiello *m* **schmuck·los** ADJ disadorno, spoglio (*a. fig*) **Schmuck·stück** N gioiello *m* (*a. fig*)
schmud·de·lig ADJ *umg* sudicio
Schmug·gel M ⟨-s⟩ contrabbando *m*
schmug·geln **A** VT **1** contrabbandare **2** (*heimlich hineinschaffen*) introdurre (*od* infilare) di nascosto; (*hinausschaffen*) far uscire di nascosto **B** VI ⟨h.⟩ praticare il contrabbando **Schmug·gel·wa·re** F merce *f* di contrabbando **Schmugg·ler** M ⟨-s; -⟩, **-in** F ⟨-; -nen⟩ contrabbandiere *m*, -a *f*
schmun·zeln VI ⟨h.⟩ ridere sotto i baffi; (*lächeln*) sorridere
schmu·sen VI ⟨h.⟩ *umg* scambiar(si) tenerezze, *umg* pomiciare, sbaciucchiarsi ♦ **die Mutter schmust mit ihrem Kind** la mamma coccola il suo bambino
Schmutz M ⟨-es⟩ sporco *m*, sporcizia *f*: **den ~ abwischen** strofinare via lo sporco; **mit ~ bedeckt sein** essere coperto di sporcizia ♦ **~ abweisend** che respinge lo sporco; **j-n/etw durch** (*od* **in**) **den ~ ziehen** trascinare qn/qc nel fango
schmut·zen VI ⟨h.⟩ sporcarsi
Schmutz·fink M ⟨-en *u.* -s; -en⟩ *umg* sporcaccione *m*
schmut·zig ADJ sporco: **-e Hände** mani sporche; (*unlauter*) **-e Geschäfte** affari sporchi (*od* loschi); (*unanständig*) **-e Witze** barzellette sporche; **ein -es Lachen** una risata volgare ♦ **etw ~ machen** sporcare qc; **sich ~ machen** sporcarsi
Schna·bel M ⟨-s; Schnäbel⟩ **1** becco *m* **2** *umg* **halt den ~!** tieni chiuso il becco! **3** (*an Gefäßen*) beccuccio *m*
Schna·ke F ⟨-; -n⟩ tipula *f*, *umg* zanzarone *m*
Schnal·le F ⟨-; -n⟩ fibbia *f* **schnal·len** VT **1** (*befestigen*) legare, allacciare **2** (*losmachen*) slacciare, slegare **3** *umg* (*begreifen*) capire
schnal·zen VI ⟨h.⟩ **mit den Fingern ~** (far) schioccare le dita
Schnäpp·chen N ⟨-s; -⟩ *umg* occasione *f*
schnap·pen **A** VT **1** (*mit den Zähnen packen*) addentare, azzannare **2** *umg* (*schnell ergreifen*) afferrare **3** (*festnehmen*) acciuffare **B** VI **1** ⟨h.⟩ **nach etw ~** cercare di acchiappare, afferrare **2** ⟨s.⟩ scattare: **ins Schloss ~** chiudersi di scatto **C** VR **sich** (*dat*) **j-n/etw ~** agguantarsi qn/qc ♦ **frische Luft ~** prendere una boccata d'aria; **nach Luft ~** boccheggiare
Schnapp·schuss M (fotografia *f*) istantanea *f*
Schnaps M ⟨-es; Schnäpse⟩ acquavite *f*
Schnaps·bren·ne·rei F distilleria *f*
Schnaps·glas N bicchierino *m* da acquavite **Schnaps·idee** F idea *f* balzana
schnar·chen VI ⟨h.⟩ russare, *umg* ronfare
schnat·tern VI ⟨h.⟩ **1** (*Gans*) starnazza-

S

re **2** (*schwatzen*) blaterare, ciarlare
schnau·ben VI ⟨h.⟩ **1** sbuffare **2** *fig* fremere: **vor Wut ~** fremere di rabbia
schnau·fen VI ⟨h.⟩ ansimare, ansare, respirare affannosamente
Schnauz M ⟨-es; Schnäuze⟩ *schweiz,* **Schnauz·bart** M baffi *mpl* **schnauz·bär·tig** ADJ baffuto
Schnau·ze F ⟨-; -n⟩ **1** muso *m* **2** *vulg pej* becco *m*: **halt die ~** chiudi il becco! ♦ *fig umg* **auf die ~ fallen** rompersi le corna; *umg* **eine große ~ haben** fare lo spaccone; *fig umg* **auf der ~ liegen** essere col culo per terra; *umg* **frei (nach) ~** a naso, a caso; *umg* **von etw die ~ voll haben** averne le tasche piene
schnäu·zen V/R **sich ~** soffiarsi il naso
Schnau·zer M ⟨-s; -⟩ **1** schnauzer *m* **2** *umg* (*Schnauzbart*) baffoni *mpl*
Schne·cke F ⟨-; -n⟩ **1** chiocciola *f* (*a.* TECH); (*ohne Schneckenhaus*) lumaca *f* **2** GASTR dolce *m* a spirale **3** ARCH voluta *f* ♦ **j-n zur ~ machen** rimproverare duramente qn
Schne·cken·haus N guscio *m* di chiocciola **Schne·cken·tem·po** N passo *m* di lumaca
Schnee M ⟨-s⟩ **1** neve *f*: **~ fällt, es fällt ~** cade la neve, sta nevicando **2** *sl* (*Kokain*) neve *f* ♦ *umg* **~ von gestern** cose *fpl* passate
Schnee·ball M palla *f* di neve (*a.* BOT) **Schnee·ball·schlacht** F battaglia *f* a palle di neve
schnee·be·deckt ADJ coperto di neve, innevato **Schnee·be·sen** M frusta *f* **schnee·blind** ADJ affetto da oftalmia da neve **Schnee·bob** M bob *m inv* **Schnee·de·cke** F manto *m* di neve **Schnee·fall** M nevicata *f* **Schnee·flo·cke** F fiocco *m* di neve **Schnee·ge·stö·ber** N bufera *f* di neve **Schnee·glöck·chen** N ⟨-s; -⟩ bucaneve *m* **Schnee·gren·ze** F limite *m* della neve **Schnee·ka·no·ne** F cannone *m* da neve (*od* sparaneve) **Schnee·ket·ten** PL catene *fpl* **Schnee·kö·nig** M **sich wie ein ~ freuen** essere contento come una Pasqua **Schnee·mann** M ⟨-[e]s; -männer⟩ pupazzo *m* di neve**Schnee· matsch** M poltiglia *f* di neve **schnee·mo·bil** N ⟨-[e]s; -e⟩ veicolo *m* da neve **Schnee·pflug** M **1** spartineve *m* **2** (*Skifahren*) **(im) ~ fahren** andare a spazzaneve **Schnee·re·gen** M pioggia *f* mista a neve **Schnee·schau·er** M breve e intensa nevicata *f* **Schnee·schmel·ze** F disgelo *m* **Schnee·schuh** M racchetta *m* (da neve) **schnee·si·cher** ADJ dall'innevamento assicurato **Schnee·sturm** M bufera *f* di neve **Schnee·trei·ben** N nevischio *m* **Schnee·ver·hält·nis·se** PL condizioni *mpl* della neve **Schnee·ver·we·hung** F ⟨-; -en⟩ → Schneewehe **Schnee·wäch·te** → Schneewechte **Schnee·wech·te** F ⟨-; -n⟩ cornicione *m* innevato **Schnee·we·he** F ⟨-; -n⟩ duna *f* di neve **schnee·weiß** ADJ bianco come la neve **Schnee·witt·chen** N ⟨-s⟩ Biancaneve *f*
Schneid M ⟨-[e]s⟩ *umg* fegato *m*, coraggio *m* **Schneid·bren·ner** M cannello *m* ossidrico
Schnei·de F ⟨-; -n⟩ **1** filo *m* (di una lama) **2** (*Klinge*) lama *f* ♦ **auf des Messers ~ stehen** essere sul filo del rasoio
schnei·den ⟨schnitt, geschnitten⟩ **A** VT **1** tagliare: **etw in Scheiben ~** tagliare a fette (*od* affettare) qc; *fig* **der Weg schneidet die Bahnlinie** la strada taglia la linea ferroviaria; (*beim Überholen*) **j-n/etw ~** tagliare la strada a qn/qc **2** (*wegschneiden*) tagliare via, togliere (tagliando) **3** FILM montare **4** *fig* **j-n ~** ignorare qn **B** VI ⟨h.⟩ tagliare **C** V/R **sich ~** **1** tagliarsi **2** (*sich kreuzen*) incrociarsi ♦ **Grimassen ~** fare versacci; **hier ist eine Luft zum Schneiden** qui c'è aria molto viziata
schnei·dend ADJ **1** (*scharf*) pungente, tagliente (*a. fig*): **ein -er Spott** uno scherno pungente **2** (*Schmerz*) lancinante
Schnei·der M ⟨-s; -⟩ sarto *m* ♦ *umg* **aus dem ~ sein** esser fuori dalle difficoltà **Schnei·de·rei** F ⟨-; -en⟩ sartoria *f* **Schnei·de·rin** F ⟨-; -nen⟩ sarta *f* **schnei·dern** VT cucire; confezionare **Schnei·der·sitz** M ⟨-es⟩ posizione *f* seduta a gambe incrociate
Schnei·de·tisch M FILM tavolo *m* di montaggio **Schnei·de·zahn** M (dente *m*) incisivo *m*
schnei·dig ADJ baldanzoso, deciso
schnei·en VI **1** *unpers* ⟨h.⟩ nevicare: **es schneit** nevica **2** ⟨s.⟩ (*wie Schnee herabfallen*) piovere ♦ **j-m ins Haus ~** piombare in casa di qn
Schnei·se F ⟨-; -n⟩ sentiero *m* (nel bosco)

S

schnell **A** ADJ **1** veloce, rapido: **eine -e Bewegung** un movimento rapido; **ein -es Auto** un'auto veloce **2** (*rasch*) pronto: **eine -e Antwort** una risposta pronta; **eine -e Entscheidung** una rapida decisione **3** (*flink*) svelto **4** (*plötzlich*) improvviso **B** ADV **1** veloce, velocemente: **~ machen** fare veloce, fare presto; **~ sprechen** parlare velocemente **2** rapidamente, in fretta: **die Zeit vergeht ~** il tempo passa in fretta; **die Nachricht verbreitete sich ~** la notizia si diffuse rapidamente **3** (*sofort*) prontamente, immediatamente ♦ **~, ~!** dai, dai!; **auf die Schnelle** alla svelta; **so ~ wie möglich** il più in fretta (*od* il più presto) possibile; **auf dem -sten Weg** il più presto possibile

Schnell·boot N motovedetta *f* **Schnell·dienst** M servizio *m* rapido

schnel·len **A** V/I ⟨s.⟩ balzare, scattare: **in die Höhe ~** balzare in alto **B** V/R **sich ~** lanciarsi ♦ **die Preise ~ in die Höhe** (*od* **nach oben**) i prezzi vanno alle stelle

Schnell·feu·er·ge·wehr N fucile *m* a tiro rapido **Schnell·gast·stät·te** F fast food *m inv* **Schnell·ge·richt** N **1** JUR tribunale *m* convocato per direttissima **2** GASTR piatto *m* rapido **Schnell·hef·ter** M raccoglitore *m*

Schnel·lig·keit F ⟨-; -en⟩ **1** velocità *f*: **mit großer ~** a gran velocità **2** (*Flinksein*) sveltezza *f*, rapidità *f*

Schnell·im·biss M tavola *f* calda **Schnell·koch·topf** M pentola *f* a pressione **Schnell·kurs** M corso *m* rapido **schnell·le·big** ADJ **1** effimero **2** (*hektisch*) frenetico **Schnell·rei·ni·gung** F lavaggio *m* rapido **Schnell·rück·lauf** M (*von Rekorder*) riavvolgimento *m* rapido

schnells·tens ADV al più presto

schnellst·mög·lich **A** ADJ più veloce (*od* più rapido) possibile **B** ADV il (*od* al) più presto possibile

Schnell·stra·ße F superstrada *f* **Schnell·ver·fah·ren** N **1** procedimento *m* rapido **2** JUR procedura *f* d'urgenza: JUR **im ~** per direttissima **Schnell·vor·lauf** M (*von Rekorder*) avanzamento *m* rapido **Schnell·zug** M (treno *m*) rapido *m*

Schnep·fe F ⟨-; -n⟩ beccaccia *f*

schnet·zeln V/T tagliuzzare

schneu·zen → schnäuzen

Schnick·schnack M ⟨-s⟩ **1** (*technische Spielerei*) aggeggi *mpl* **2** (*Krimskram*) cianfrusaglie *fpl*

schnie·fen V/I ⟨h.⟩ tirare su col naso

Schnipp·chen N *umg* **j-m ein ~ schlagen** giocare un tiro a qn

schnip·peln V/T *umg* tagliuzzare

schnip·pen **A** V/T fare saltare via (col dito, con un colpetto del dito) **B** V/I ⟨h.⟩ *umg* **mit den Fingern ~** schioccare le dita

schnip·pisch ADJ impertinente

Schnip·sel M/N ⟨-s; -⟩ ritaglio *m*, pezzetto *m* **schnip·seln** → schnippeln

schnitt → schneiden

Schnitt M ⟨-[e]s; -e⟩ **1** taglio *m* (*a.* AGR, MODE) **2** MED, KUNST incisione *f* **3** FILM stacco *m*; montaggio *m*, mixing *m* **4** (*Raumaufteilung*) suddivisione *f* interna **5** **der ~ der Augen** il taglio degli occhi; **der ~ des Gesichtes** la linea del viso **6** sezione *f*: **etw im ~ darstellen** rappresentare qc in sezione **7** GEOM intersezione *f* **8** *umg* (*Durchschnitt*) media *f*: **im ~** in media

Schnitt·blu·me F **1** (*zum Abschneiden geeignet*) fiore *m* da taglio **2** (*geschnitten*) fiore *m* reciso **Schnitt·chen** N ⟨-s; -⟩ GASTR tartina *f* **schnitt·fest** ADJ sodo, al taglio, che si taglia bene **Schnitt·flä·che** F **1** superficie *f* di taglio **2** MATH sezione *f*

schnit·tig ADJ dalla linea slanciata

Schnitt·kä·se M formaggio *m* a pasta dura **Schnitt·lauch** M ⟨-[e]s⟩ erba *f* cipollina **Schnitt·mus·ter** N (carta)modello *m* **Schnitt·punkt** M GEOM punto *m* d'intersezione **Schnitt·stel·le** F IT interfaccia *f* **Schnitt·wun·de** F ferita *f* da taglio

Schnitz·ar·beit F (lavoro *m* d') intaglio *m*

Schnit·zel N ⟨-s; -⟩ **1** scaloppina *f*; (*paniert*) cotoletta *f* **2** *n/m* ⟨-s; -⟩ ritaglio *m*, pezzetto *m* ♦ **Wiener ~** cotoletta alla milanese

Schnit·zel·jagd F caccia *f* al tesoro

schnit·zen **A** V/T **1** scolpire **2** intagliare: **Ornamente in eine Tür ~** intagliare ornamenti in una porta **B** V/I ⟨h.⟩ lavorare d'intaglio

Schnit·zer M ⟨-s; -⟩ **1** intagliatore *m* **2** *umg* errore *m* madornale: **sich** (*dat*) **einen groben ~ leisten** prendere un grosso granchio **Schnit·ze·rei** F ⟨-; -en⟩ intaglio *m* **Schnit·zerin** F ⟨-; -nen⟩ inta-

gliatrice *f*
schnod·de·rig ADJ *umg* insolente, sfacciato **Schnod·de·rig·keit** F ⟨-; -en⟩ *umg* insolenza *f*
schnö·de ADJ **1** (*verachtenswert*) vile, basso: **um des -n Mammons willen** per il vile denaro **2** (*beleidigend*) ignobile
Schnor·chel M ⟨-s; -⟩ SPORT respiratore *m* di superficie **schnor·cheln** V/I ⟨h.⟩ immergersi con un respiratore
Schnör·kel M ⟨-s; -⟩ **1** (*von einer Handschrift*) svolazzo *m* **2** (*an Möbeln*) motivo *m* ornamentale **3** (*in einer Rede*) fronzolo *m* **schnör·ke·lig** ADJ **1** con svolazzi **2** con motivi ornamentali **3** fronzuto, fiorito
schnor·ren V/T *umg* scroccare: **bei Freunden Zigaretten ~** scroccare sigarette agli amici **Schnor·rer** M ⟨-s; -⟩, **-in** F ⟨-; -nen⟩ *umg* scroccone *m*, -a *f*
Schnö·sel M ⟨-s; -⟩ *umg* presuntuoso *m*
schnu·cke·lig ADJ *umg* carino
schnüf·feln **A** V/I ⟨h.⟩ **1** fiutare, annusare: **an etw** (*dat*) **~** annusare qc **2** *fig* curiosare: **in fremden Angelegenheiten ~** ficcare il naso negli affari altrui **B** V/T **1** fiutare **2** *sl* (*Lacke, Klebstoffe*) sniffare
Schnüff·ler M ⟨-s; -⟩, **-in** F ⟨-; -nen⟩ *umg pej* **1** ficcanaso *m/f* **2** *sl* (*von Lösungsmitteln*) sniffatore *m*, -trice *f*
Schnul·ler M ⟨-s; -⟩ succhietto *m*, *umg* ciuccio *m*
Schnul·ze F ⟨-; -n⟩ *umg* MUS canzonetta *f* sdolcinata; FILM polpettone *m* sentimentale, drammone *m* zuccheroso
schnup·fen V/I ⟨h.⟩ **1** fiutare tabacco **2** (*Drogen nehmen*) sniffare
Schnup·fen M ⟨-s; -⟩ raffreddore *m*: **einen ~ haben** avere un raffreddore (*od* essere raffreddato)
Schnupf·ta·bak M tabacco *m* da fiuto
schnup·pe ADJ *umg* **das ist mir ~** me ne frego; **er ist mir ~** me ne infischio di lui
schnup·pern **A** V/I ⟨h.⟩ annusare: **an etw** (*dat*) **~** annusare qc **B** V/T sentire l'odore
Schnur F ⟨-; Schnüre *u.* -en⟩ **1** corda *f* **2** (*Bindfaden*) cordino *m*, spago *m* **3** (*Kordel*) cordoncino *m* **4** (*von Perlen*) filo *m* (*a. umg* ELEK)
Schnür·chen N ⟨-s; -⟩ cordoncino *m* ♦ *umg* **wie am ~** liscio come l'olio
schnü·ren V/T **1** allacciare: **die Schuhe ~** allacciare le scarpe **2** (*zusammenbinden*) legare (insieme); fare un fagotto
schnur·ge·ra·de **A** ADJ rettilineo, diritto **B** ADV diritto
schnur·los ADJ senza filo: **-es Telefon** telefono *m* senza fili, cordless *m*
Schnürl·re·gen M *österr* pioggia *f* continua **Schnürl·samt** M *österr* velluto *m* a coste
Schnurr·bart M baffi *mpl*
schnur·ren V/I ⟨h.⟩ **1** (*Kreisel, Spinnrad*) ronzare **2** (*Katze*) fare le fusa
Schnür·rie·men M laccio *m* **Schnür·schuh** M scarpa *f* coi lacci **Schnür·sen·kel** M laccio *m* da scarpe (*od* della scarpa)
schnur·stracks ADV *umg* dritto, difilato
schnurz ADJ *umg* **das ist mir ~** me ne infischio, me ne frego
Schnu·te F ⟨-; -n⟩ **eine ~ ziehen** (*od* **machen**) fare il muso lungo
schob → schieben
Schock M ⟨-[e]s; -s e -e⟩ shock *m*, choc *m*: **einen** (**leichten/schweren**) **~ bekommen** avere un (leggero/forte) choc
scho·cken V/T scioccare
scho·ckie·ren V/T scandalizzare
Schock·the·ra·pie F shockterapia *f*
scho·fel ADJ *umg pej* meschino
Schöf·fe M ⟨-n; -n⟩, **-fin** F ⟨-; -nen⟩ giudice *m/f* popolare
Scho·ko·la·de F ⟨-; -n⟩ **1** cioccolato *m*: **eine Tafel ~** una tavoletta di cioccolato **2** (*Getränk*) cioccolata *f*
Scho·ko·la·de(n)·sei·te F *umg* lato *m* piacevole: **sich von seiner ~ zeigen** mostrare il proprio lato migliore
Scho·ko·rie·gel M barretta *f* di cioccolato
scholl → schallen
Schol·le F ⟨-; -n⟩ **1** zolla *f* (*a.* GEOL) **2** (*Eisscholle*) lastrone *m* (*od* lastra *f*) di ghiaccio **3** ZOOL platessa *f*, passera *f* (di mare)
schon **A** ADV già: **er ist ~ da** è già qui; **er ist ~ ein Mann** è già un uomo, ormai è un uomo; **~ bei dem Gedanken, dass ...** già solo al pensiero che ...; **das muss ich ~ aus Rücksicht auf ihn tun** devo farlo già per riguardo nei suoi confronti **B** (*oft unübersetzt*) **1** (*Bekräftigung*) pure, proprio: **das Leben ist ~ schwer!** la vita è proprio dura!; **das kannst du ~ glauben** puoi (pure) crederci; **ich komme ja ~!** arrivo! **2** (*Ausdruck der Ungeduld*) **mach ~!** dai, sbrigati!; **was machst du denn da ~ wieder?** ma cosa stai combinando? **3** **hast**

du Spaß gehabt? – das ~, aber ... ti sei divertito? – certo, ma ... **4** **sie ist nicht davon überzeugt, ich ~** lei non ne è convinta, io sì **5** **was ist ~ Geld?** cos'è in fondo il denaro?; **was hätte ich ~ tun können?** ma cosa avrei potuto fare? ♦ **allein ~** già solo; **~ als Kind** già (*od* fin) da bambino; **~ als Schüler** già (*od* fin da) quando andavo a scuola; **da** (*od* **weil**) **wir ~ dabei sind ...** già che ci siamo ...; **~ damals** già allora; **das ist doch ~ etwas!** è già qualcosa!; **wenn ich das ~ höre ...** solo a sentirlo ...; **wie ~ so oft** come già altre volte; **~ wieder** di nuovo

schön **A** ADJ **1** bello: **-e Augen** begli occhi; **-e Kinder** bei bambini; **das ist nicht ~ von dir!** non è bello da parte tua!; **du bist mir ja ein -er Freund!** sei proprio un bell'amico! **2** (*angenehm*) buono: **-es Wochenende!** buon fine settimana! **B** ADV **1** bene: **ein ~ eingerichtetes Haus** una casa bene arredata; **das hast du aber ~ gemacht!** come l'hai fatto bene! **2** *umg* per bene, proprio: **j-n (ganz) ~ betrügen** imbrogliare qn per bene; **sie ist ganz ~ mollig** è bella grassottella **3** *umg* (*sehr*) molto, un bel po': **sich ~ anstrengen** faticare un bel po'; **sich ~ ärgern** arrabbiarsi molto **4** *umg* **pass ~ auf!** fai bene attenzione!; **sei ~ artig und komm her!** su, da bravo, vieni qua! ♦ **bitte ~** per favore, per cortesia; (*als Antwort*) prego; **-e Grüße** tanti saluti; **etw ~ machen** (*schmücken*) abbellire qc; **sich ~ machen** farsi bello; **von dir hört man -e Sachen!** se ne sentono delle belle sul tuo conto!; **das ist zu ~, um wahr zu sein** è troppo bello per essere vero; **das wäre ja noch -er!** ci mancherebbe!; (*Wetter*) **-er werden** mettersi al bello, migliorare

Schö·ne N ⟨-n⟩ bello *m*: **das ~ dabei ist, dass ...** il bello è che ...

scho·nen **A** V/T **etw ~** aver cura di (*od* risparmiare) qc; **seine Kräfte ~** risparmiare le proprie forze; **seine Augen ~** non affaticare gli occhi; **j-s Leben ~** risparmiare la vita di qn **B** V/R **sich ~** **1** riguardarsi: **du solltest dich mehr ~!** dovresti riguardarti di più! **2** risparmiarsi

scho·nend ADJ **1** delicato, riguardoso **2** (*behutsam*) cauto, prudente

Scho·ner M ⟨-s; -⟩ SCHIFF schooner *m*

schön·fär·ben V/T abbellire

Schön·geist M ⟨-[e]s; -er⟩ bellospirito *m* **schön·geis·tig** ADJ di bell'ingegno; *pej* affettato ♦ **-e Literatur** belle lettere

Schön·heit F ⟨-; -en⟩ bellezza *f*

Schön·heits·chi·rur·gie F chirurgia *f* estetica **Schön·heits·farm** F istituto *m* di bellezza **Schön·heits·feh·ler** M piccolo difetto *m* (*a. fig*) **Schön·heits·kö·ni·gin** F reginetta *f* di bellezza, miss *f* **Schön·heits·ope·ra·ti·on** F operazione *f* di chirurgia estetica **Schön·heits·pfle·ge** F cosmesi *f* **Schön·heits·re·pa·ra·tur** F ritocco *m* **Schön·heits·sa·lon** M istituto *m* di bellezza **Schön·heits·wett·be·werb** M concorso *m* di bellezza

Schon·kost F alimentazione *f* leggera

schön·ma·chen V/R **sich ~** → schön

schön·re·den V/I, **schön·tun** V/I ⟨*irr; h.*⟩ *umg* **j-m ~** adulare qn

Scho·nung F ⟨-; -en⟩ **1** riguardo *m*, delicatezza *f* **2** (*Pflege*) cura *f*: **~ brauchen** avere bisogno di cure **3** (*Nachsicht*) clemenza *f* **4** (*im Wald*) vivaio *m* forestale

scho·nungs·los ADJ **1** indelicato **2** (*ohne Rücksicht*) irriguardoso, privo di riguardi **3** (*ohne Nachsicht*) inclemente ♦ **j-m ~ die Wahrheit sagen** dire brutalmente la verità

Schon·zeit F periodo *m* di divieto di caccia

Schopf M ⟨-[e]s; Schöpfe⟩ ciuffo *m* (*a.* ZOOL) ♦ **die Gelegenheit beim -(e) packen** cogliere la palla al balzo

schöp·fen V/T **1** attingere: **Wasser aus dem Fluss ~** attingere acqua al fiume **2** (*herausschöpfen*) togliere (con un recipiente) **3** *fig* trarre: **neue Hoffnung/Kraft ~** trarre nuovo coraggio/nuova forza ♦ **Mut ~** farsi (*od* prendere) coraggio; **Verdacht ~** insospettirsi; **aus dem Vollen ~** attingere a piene mani

Schöp·fer M ⟨-s; -⟩, **-in** F ⟨-; -nen⟩ creatore *m*, -trice *f*

schöp·fe·risch ADJ creativo

Schöpf·kel·le F, **Schöpf·löf·fel** M mestolo *m*

Schöp·fung F ⟨-; -en⟩ creazione *f*: **die Wunder der ~** le meraviglie del creato **Schöp·fungs·ge·schich·te** F (la) Genesi

Schop·pen M ⟨-s; -⟩ quartino *m*

schor → scheren[1]

Schorf M ⟨-[e]s; -e⟩ crosta *f*

Schor·le F ⟨-; -n⟩ = *vino o succo di mele con acqua minerale*

Schorn·stein M **1** comignolo *m* **2** BAU camino *m*: **den ~ fegen** spazzare il camino **3** ING, SCHIFF, BAHN ciminiera *f* **Schorn·stein·fe·ger** M ⟨-s; -⟩, **-in** F ⟨-; -nen⟩ spazzacamino *m*

schoss → schießen

Schoß M ⟨-s; Schöße⟩ **1** grembo *m*: **sich auf j-s ~ setzen** sedersi in grembo a qn **2** (*Rockschoß*) falda *f* ♦ *fig* **in den ~ fallen** piovere dal cielo; *fig* **im ~ der Familie** in seno alla famiglia; **die Hände in den ~ legen** stare con le mani in mano

Schöss·ling M ⟨-s; -e⟩ germoglio *m*

Scho·te F ⟨-; -n⟩ baccello *m*

Schott N ⟨-[e]s; -en -e⟩ SCHIFF paratia *f*

Schot·te M ⟨-n; -n⟩ scozzese *m*

Schot·ter M ⟨-s; -⟩ ghiaia *f*

Schot·tin F ⟨-; -nen⟩ scozzese *f* **schot·tisch** ADJ scozzese **Schott·land** N ⟨-s⟩ Scozia *f*

schraf·fie·ren V/T tratteggiare

schräg **A** ADJ **1** (*geneigt*) inclinato **2** obliquo: **eine -e Linie** una linea obliqua; **in -er Richtung verlaufen** procedere in direzione diagonale **3** *umg* (*von der Norm abweichend*) strambo **B** ADV **1** di sbieco: **etw ~ schneiden** tagliare qc di sbieco **2** in obliquo, in diagonale: **~ über die Straße gehen** attraversare la strada in diagonale; **~ gegenüber** di fronte in diagonale

Schrä·ge F ⟨-; -n⟩ **1** (*schräge Beschaffenheit*) obliquità *f*, inclinazione *f* **2** (*schräge Fläche*) piano *m* inclinato

Schräg·strich M barra *f* (trasversale) ♦ **umgekehrter ~** barra *f* inversa

Schram·me F ⟨-; -n⟩ graffio *m*

schram·men **A** V/T graffiare, scalfire **B** V/R **sich** (*dat*) **etw ~** graffiarsi qc

Schrank M ⟨-[e]s; Schränke⟩ armadio *m* ♦ **ein ~** (**von einem Mann**) **sein** essere un armadio; **nicht alle Tassen im ~ haben** non avere tutte le rotelle a posto

Schran·ke F ⟨-; -n⟩ **1** (s)barra *f*, barriera *f* (*a. fig*) **2** (*Grenze*) limite *m*: **j-m/etw -n setzen** porre dei limiti a qn/qc ♦ **sich in ~ halten** mantenersi nei limiti; **j-n in seine -n** (**ver**)**weisen** richiamare qn all'ordine

schran·ken·los ADJ illimitato; smisurato **Schran·ken·wär·ter** M, **-in** F casellante *m/f*

Schrank·fach N scomparto *m* **Schrank·wand** F armadio *m* a muro

Schraub·de·ckel M coperchio *m* a vite

Schrau·be F ⟨-; -n⟩ **1** vite *f* (*a.* SPORT); (*Mutterschraube*) bullone *m* **2** SCHIFF, FLUG elica *f* ♦ **bei ihm ist eine ~ locker** gli manca una rotella, ha una rotella fuori posto

schrau·ben V/T avvitare: **etw auf ein Gerät ~** avvitare qc su un apparecchio ♦ *fig* **die Ansprüche höher/niedriger ~** aumentare/ridurre le esigenze

Schrau·ben·dre·her M ⟨-s; -⟩ cacciavite *m* **schrau·ben·för·mig** ADJ elicoidale, a spirale **Schrau·ben·mut·ter** F ⟨-; -n⟩ dado *m* **Schrau·ben·schlüs·sel** M chiave *f* (per dadi) **Schrau·ben·zie·her** M ⟨-s; -⟩ cacciavite *m*

Schraub·stock M MECH morsa *f* **Schraub·ver·schluss** M tappo *m* a vite

Schre·ber·gar·ten M = *orto comunale in concessione*

Schreck M ⟨-[e]s; -e⟩ spavento *m*: **einen ~ bekommen** (*od* **kriegen**) spaventarsi

schre·cken[1] V/T **1** **j-n mit etw ~** spaventare qn con qc **2** far sobbalzare: **j-n aus seinen Träumen ~** distogliere bruscamente qn dai propri sogni

schre·cken[2] V/I ⟨schrak, erschrocken; s.⟩ sobbalzare di spavento: **aus dem Schlaf ~** svegliarsi di soprassalto

Schre·cken M ⟨-s; -⟩ **1** spavento *m*, paura *f* **2** *pl* (*Gräuel*) orrori *mpl* **3** *fig* terrore *m* **schre·cken·er·re·gend** ADJ spaventoso, terribile

Schre·ckens·bi·lanz F bilancio *m* terribile **Schre·ckens·herr·schaft** F (regime *m* del) terrore *m* **Schre·ckens·mel·dung** F, **Schre·ckens·nach·richt** F notizia *f* terribile

Schreck·ge·spenst N terrore *m*

schreck·haft ADJ pauroso

schreck·lich ADJ terribile, tremendo (*a. fig*): **ein -er Anblick** uno spettacolo terribile; **-en Durst haben** avere una sete tremenda ♦ **sich ~ auf etw** (*akk*) **freuen** rallegrarsi moltissimo di qc; **das ist ja ~!** è davvero terribile!

Schreck·schuss M colpo *m* in aria **Schreck·schuss·pis·to·le** F (pistola *f*) scacciacani *m u. f*

Schreck·se·kun·de F attimo *m* di spavento (*od* terrore)

Schred·der M ⟨-s; -⟩ distruggidocumenti *m inv* **schred·dern** V/T distruggere

Schrei M ⟨-[e]s; -e⟩ grido *m*, urlo *m*: **ein gellender ~** un urlo; **ein durchdringen-**

der ~ uno strillo ♦ **der letzte** ~ l'ultimo grido

Schreib·block M blocco *m* per appunti

Schrei·be F ⟨-⟩ *umg* modo *m* di scrivere

schrei·ben ⟨schrieb, geschrieben⟩ A VT scrivere: **etw mit der Hand** ~ scrivere qc a mano; **j-m** (*od* **an j-n**) **einen Brief** ~ scrivere a qn una lettera B VI ⟨h.⟩ 1 **an etw** (*dat*) ~ lavorare a qc 2 **von j-m/etw** (*od* **über j-n/etw**) ~ scrivere di (*od* su) qn/qc C VR **sich** ~ 1 scriversi, corrispondere 2 *umg* **sein Vorname schreibt sich mit „h"** il suo nome si scrive con la "h" ♦ **etw ins Reine** ~ scrivere qc in bella; **sage und schreibe** nientemeno che

Schrei·ben N ⟨-s; -⟩ 1 lo scrivere, scrittura *f*: **sie hat Talent zum** ~ ha talento nello scrivere 2 HANDEL lettera *f*

Schrei·ber M ⟨-s; -⟩, **-in** F ⟨-; -nen⟩ scrivente *m/f*, autore *m*, -trice *f*

schreib·faul ADJ svogliato nello scrivere **Schreib·feh·ler** M errore *m* di scrittura **schreib·ge·schützt** ADJ IT protetto da scrittura **Schreib·heft** N quaderno *m* (a righe) **Schreib·kraft** F dattilografo *m* **Schreib·map·pe** F cartella *f* per carta da lettere **Schreib·ma·schi·ne** F macchina *f* da scrivere: ~ **schreiben** scrivere (*od* battere) a macchina; **auf der** ~ a macchina **Schreib·pa·pier** N carta *f* per scrivere **Schreib·schrift** F grafia *f* **Schreib·schutz** M IT protezione *f* da scrittura **Schreib·stel·le** F IT posizione *f* di stampa

Schreib·tisch M scrivania *f* **Schreib·tisch·lam·pe** F lampada *f* da tavolo

Schrei·bung F ⟨-; -en⟩ grafia *f*

Schreib·wa·ren PL (articoli *mpl* di) cancelleria *f* **Schreib·wa·ren·ge·schäft** N cartoleria *f*

Schreib·wei·se F grafia *f*, scrittura *f*

schrei·en ⟨schrie, geschrien⟩ A VT gridare, urlare B VI ⟨h.⟩ 1 gridare, urlare 2 (*laut weinen*) strillare: **das Kind schreit nach der Mutter** il bambino strilla chiamando la mamma ♦ *umg* **es ist zum Schreien** c'è da morir dal ridere

schrei·end ADJ 1 (*grell*) stridente: **-e Farben** colori stridenti 2 inaudito, scandaloso; **eine -e Ungerechtigkeit** un'ingiustizia che grida vendetta

Schrei·hals M *umg* strillone *m*, urlone *m*

Schrein M ⟨-[e]s; -e⟩ 1 scrigno *m* 2 (*Reliquienschrein*) reliquiario *m*

Schrei·ner M ⟨-s; -⟩, **-in** F ⟨-; -nen⟩ → Tischler(in)

schrei·ten VI ⟨schritt, geschritten; s.⟩ procedere, avanzare: **aufrecht** ~ procedere diritto; **durch den Saal** ~ attraversare la sala; **zur Abstimmung** ~ procedere alla votazione; **zur Tat** ~ passare all'azione; ♦ **auf und ab** ~ camminare su e giù

schrie → schreien

schrieb → schreiben

Schrift F ⟨-; -en⟩ 1 scrittura *f*: **die kyrillische** ~ la scrittura cirillica 2 (*Aufschrift*) scritta *f*: **die** ~ **auf dem Schild** la scritta sull'insegna 3 (*Handschrift*) (calli)grafia *f*: **eine gut leserliche** ~ una calligrafia leggibile 4 TYPO carattere *m* (di stampa) 5 (*schriftliche Abhandlung*) scritto *m*; (*Werk*) opera *f*

Schrift·art F carattere *m* (di stampa) **Schrift·bild** N 1 TYPO rilievo *m* 2 scrittura *f* **Schrift·deutsch** N tedesco *m* scritto **Schrift·füh·rer** M, **-in** F segretario *m*, -a *f* **Schrift·ge·lehr·te** M HIST scriba *m* **Schrift·grad** M corpo *m* tipografico **schrift·lich** A ADJ scritto B ADV per iscritto: **etw** ~ **machen** mettere qc per iscritto ♦ *umg* **das kann ich dir** ~ **geben** te lo posso mettere per iscritto (*od* nero su bianco) **Schrift·pro·be** F prova *f* di scrittura grafologica **Schrift·rol·le** F rotolo *m* (di scrittura) **Schrift·satz** M 1 TYPO composizione *f* 2 JUR comparsa *f* scritta, atto *m* **Schrift·set·zer** M, **-in** F TYPO compositore *m*, -trice *f* **Schrift·spra·che** F lingua *f* scritta **Schrift·stel·ler** M ⟨-s; -⟩ scrittore *m* **Schrift·stel·le·rin** F ⟨-; -nen⟩ scrittrice *f* **schrift·stel·le·risch** A ADJ di (*od* da) scrittore, letterario: **-es Talent haben** avere talento letterario B ADV come scrittore **Schrift·stück** N *form* atto *m*, documento *m* **Schrift·ver·kehr** M, **Schrift·wech·sel** M corrispondenza *f* **Schrift·zei·chen** N carattere *m*, segno *m* grafico

schrill ADJ stridulo, stridente **schril·len** VI ⟨h.⟩ mandare suoni striduli ♦ **die Klingel schrillt** il campanello squilla

Schrimps PL gamberetti *mpl*

schritt → schreiten

Schritt M ⟨-[e]s; -e⟩ 1 passo *m*: **mit schnellen -en** a passo svelto; **aus dem** ~ **kommen** perdere il passo 2 *fig* **einen entscheidenden** ~ **tun** fare un passo decisivo 3 (*Nähen*) cavallo *m*: **der** ~ **ist zu kurz** il cavallo è troppo stretto ♦ **diplo-**

matische -e einleiten avviare le trattative diplomatiche; ~ für ~ passo a passo; mit j-m/etw ~ halten andare al passo (*od* di pari passo) con qn/qc (*a. fig*); mit der Zeit ~ halten stare al passo con i tempi; im ~ fahren andare (*od* guidare) a passo d'uomo; ein paar -e entfernt a due passi; im ~ reiten andare al passo; j-m auf ~ und Tritt folgen seguire qn passo passo; -e gegen j-n unternehmen prendere provvedimenti contro qn; den ersten ~ tun fare la prima mossa

Schritt·ma·cher M 1 MED pacemaker *m* 2 SPORT battistrada *m* 3 (*fortschrittlicher Mensch*) precursore *m* **Schritt·ma·che·rin** F 1 SPORT battistrada *f* 2 (*fortschrittlicher Mensch*) precorritrice *f*

Schritt·tem·po N, (im) ~ fahren viaggiare a passo d'uomo **schritt·wei·se** A ADJ gradualmente B ADV passo passo; (*allmählich*) gradualmente

schroff ADJ 1 (*steil*) ripido, scosceso 2 *fig* brusco, secco: eine -e Weigerung un secco rifiuto ♦ ein -er Gegensatz un contrasto stridente

schröp·fen V/T salassare (*a. umg fig*)

Schrot M/N ⟨-[e]s; -e⟩ 1 (*von Korn*) = *granaglie macinate grosse* 2 (*Geschoss*) pallini *mpl*: mit ~ schießen sparare a pallini ♦ *fig* von echtem ~ und Korn di vecchio stampo

schro·ten V/T macinare grossolanamente

Schrot·flin·te F fucile *m* a pallini **Schrot·ku·gel** F pallino *m* **Schrot·la·dung** F carica *f* a pallini

Schrott M ⟨-[e]s; -e⟩ 1 rottami *mpl* (metallici): ~ sammeln raccogliere ferri vecchi; ein Auto zu ~ fahren ridurre una macchina a un rottame 2 *umg* (*wertlos*) carabattola *f*: das ist alles ~ sono tutte carabattole **Schrott·händ·ler** M, -in F commerciante *m/f* di ferri vecchi **Schrott·hau·fen** M mucchio *m* di rottami **Schrott·platz** M parco *m* rottami **schrott·reif** ADJ buono come rottame, da rottamare **Schrott·wert** M (nur noch) ~ haben valere (solo) come rottame

schrub·ben V/T *umg* strofinare

Schrub·ber M ⟨-s; -⟩ spazzolone *m*

Schrul·le F ⟨-; -n⟩ 1 capriccio *m*, grillo *m* 2 *umg* (*Frau*) vecchia *f* stravagante

schrul·lig ADJ *umg* 1 strambo, stravagante: ein -er Alter un vecchio strambo 2 (*ausgefallen*) strampalato, bizzarro: eine -e Idee un'idea strampalata

schrum·pe·lig ADJ → schrumplig

schrump·fen V/I ⟨s.⟩ 1 (*leiner werden*) raggrinzirsi 2 (*weniger werden*) diminuire, ridursi 3 (*eingehen*) restringersi

schrump·lig ADJ 1 (*runzlig*) rugoso, grinzoso 2 (*knittrig*) spiegazzato

Schub M ⟨-[e]s; Schübe⟩ 1 spinta *f* (*a.* PHYS) 2 ondata *f*: die Touristen kamen in Schüben i turisti arrivavano a ondate; beim ersten ~ sein essere nel primo gruppo 3 (*Anfall*) attacco *m*

Schu·ber M ⟨-s; -⟩ custodia *f*

Schub·fach N cassetto *m* **Schub·kar·re** F, **Schub·kar·ren** M carriola *f* **Schub·kraft** F spinta *f* **Schub·la·de** F ⟨-; -n⟩ cassetto *m*: eine ~ herausziehen aprire un cassetto

Schubs M ⟨-es; -e⟩ *umg* spinta *f*

schub·sen V/T *umg* spingere

schub·wei·se ADV 1 a ondate 2 (*anfallsweise*) sotto forma di attacchi

schüch·tern ADJ timido **Schüch·tern·heit** F ⟨-⟩ timidezza *f*

schuf → schaffen

Schuft M ⟨-[e]s; -e⟩ canaglia *f*

schuf·ten V/I ⟨h.⟩ *umg* sgobbare

Schuf·te·rei F ⟨-; -en⟩ *umg* sfacchinata *f*

Schuh M ⟨-[e]s; -e *u.* -⟩ scarpa *f*: hohe/flache -e scarpe alte/basse ♦ *umg* wo drückt dich der ~? qual è il problema? *fig*; das sind zwei Paar -e questo è un altro paio di maniche; j-m etw in die -e schieben scaricare su qn la colpa di qc

Schuh·bürs·te F spazzola *f* per le scarpe **Schuh·creme** F crema *f* per calzature; *umg* lucido *m* da scarpe **Schuh·ge·schäft** N negozio *m* di scarpe **Schuh·grö·ße** F numero *m* (di scarpe) **Schuh·löf·fel** M calzante *m* **Schuh·ma·cher** M, -in F calzolaio *m*, -a *f* **Schuh·put·zer** M ⟨-s; -⟩, -in F ⟨-; -nen⟩ lustrascarpe *m/f inv* **Schuh·schrank** M scarpiera *f* **Schuh·soh·le** F suola *f* **Schuh·span·ner** M tendiscarpe *m* **Schuh·werk** N ⟨-[e]s⟩ calzature *fpl*

Schu·ko·ste·cker M spina *f* con messa a terra

Schul·ab·gän·ger M ⟨-s; -⟩, -in F ⟨-; -nen⟩ diplomato *m*, -a *f* **Schul·ab·schluss** M titolo *m* di studio **Schul·al·ter** N età *f* scolare: er kommt bald ins ~

presto avrà l'età per andare a scuola **Schul·an·fän·ger** M, **-in** F alunno *m*, -a *f* che comincia la scuola **Schul·ar·beit** F compito *m*: **-en machen** fare i compiti **Schul·auf·ga·be** F compito *m* **Schul·auf·satz** M tema *m* **Schul·aus·flug** M gita *f* scolastica **Schul·bank** F ⟨-; -bänke⟩ banco *m* (di scuola) ♦ **die ~ drücken** = *andare a scuola* **Schul·be·hör·de** F autorità *f* scolastica; (*Schulamt*) provveditorato *m* agli studi **Schul·bei·spiel** N esempio *m* classico **Schul·be·richt** M documento *m* di valutazione (scolastica) **Schul·be·such** M frequenza *f* scolastica **Schul·bil·dung** F formazione *f* scolastica **Schul·brot** N merenda *f* **Schul·buch** N libro *m* di scuola, *form* libro *m* di testo **Schul·bus** M pulmino *m* della scuola, scuolabus *m*

schuld ADJ **an etw** (*dat*) **~ sein** essere colpevole (*od* avere la colpa) di qc; **sie ist ~** è colpa sua

Schuld F ⟨-; -en⟩ **1** colpa *f*: **die ~ an etw** (*dat*) **haben** (*od* **tragen**) avere la colpa di qc; **j-m die ~ für etw geben** dare a qn la colpa di qc; **wessen ~ ist es?** di chi è la colpa?; **das ist meine ~** è colpa mia **2** JUR colpevolezza *f* **3** *pl* (*Zahlungsverpflichtung*) debito *m*: **-en haben/machen** avere/fare debiti; **in -en geraten** avere dei debiti **4** **-en einfordern** esigere crediti **5** *pl* ipoteca *f*: **das Haus ist frei von -en** la casa è libera da ipoteche ♦ **ohne meine ~** senza colpa da parte mia; *fig* **tief in j-s ~ stehen** essere in debito con qn; **zu -en** → zuschulden

schuld·be·wusst ADJ consapevole della propria colpa **Schuld·be·wusst·sein** N consapevolezza *f* della propria colpa

schul·den V/T dovere (*a. fig*)

schul·den·frei ADJ **1** senza debiti **2** (*Haus*) libero da ipoteche, non ipotecato **Schul·den·kri·te·ri·um** N (*in der EU*) criterio *m* del debito

Schuld·fra·ge F questione *f* della responsabilità **Schuld·ge·fühl** N senso *m* di colpa **schuld·haft** ADJ colpevole

schul·dig **A** ADJ **1** colpevole: **sich eines Vergehens ~ machen** rendersi colpevole di un reato; **j-n für ~ erkennen** dichiarare qn colpevole **2** **j-m etw ~ sein** dovere (dare) qc a qn: **was bin ich (dir) ~?** quanto (ti) devo? **B** ADV **sich ~ bekennen** dichiararsi colpevole; JUR **j-n einer Tat ~ sprechen** riconoscere qn colpevole di un reato ♦ **j-m etw ~ bleiben** dovere qc a qn; **den Beweis für etw ~ sein** dovere ancora provare qc

Schul·di·ge M/F ⟨-n; -n⟩ colpevole *m/f*

Schul·dig·keit F ⟨-; -en⟩ dovere *m*

Schuld·kom·plex M complesso *m* di colpa **schuld·los** ADJ senza colpa, innocente **Schuld·ner** M ⟨-s; -⟩, **-in** F ⟨-; -nen⟩ debitore *m*, -trice *f* **Schuld·schein** M titolo *m* di credito **Schuld·spruch** M verdetto *m* di colpevolezza **schuld·un·fä·hig** ADJ non imputabile **Schuld·ver·schrei·bung** F obbligazione *f* **Schuld·zu·wei·sung** F attribuzione *f* di colpa

Schu·le F ⟨-; -n⟩ scuola *f*: **berufsbildende/höhere ~** scuola professionale/secondaria; **in die** (*od* **zur**) **~ gehen** andare a scuola; **in die ~ kommen** iniziare la scuola; **heute ist** (*od* **haben wir**) **keine ~** oggi non c'è (*od* non abbiamo) scuola; **~ haben** avere lezione; ♦ **ein Maler der alten ~** un pittore della vecchia scuola; **ein Kavalier der alten ~** un cavaliere di vecchio stampo; **harte ~** dura scuola; **~ machen** fare scuola (*a. fig*); **aus der ~ plaudern** spifferare tutto

schu·len V/T **1** formare: **j-n politisch ~** dare una formazione politica a qn **2** (*üben*) esercitare **3** (*dressieren*) addestrare

Schü·ler M ⟨-s; -⟩ scolaro *m*, allievo *m*, alunno *m*; (*nach der Grundschule*) studente *m* **Schü·ler·aus·tausch** M ⟨-[e]s⟩ scambio *m* (internazionale di studenti) **Schü·ler·aus·weis** M tessera *f* scolastica

Schü·le·rin F ⟨-; -nen⟩ scolara *f*, allieva *f*, alunna *f*; (*nach der Grundschule*) studentessa *f*

Schü·ler·kar·te F biglietto *m* per studenti **Schü·ler·lot·se** M, **-lot·sin** F = *scolaro, a che aiuta i compagni ad attraversare la strada* **Schü·ler·mit·ver·wal·tung** F **1** cogestione *f* studentesca **2** (*Schülervertretung*) rappresentanza *f* studentesca **Schü·ler·zei·tung** F giornalino *m* della scuola

Schul·fach N materia *f* d'insegnamento **Schul·fe·ri·en** PL vacanze *fpl* scolastiche **schul·frei** ADJ di vacanza, libero: **heute ist** (*od* **haben wir**) **~** oggi è (*od* facciamo) vacanza, oggi non c'è scuola

Schul·freund M, **-in** F amico *m*, -a *f* di scuola **Schul·geld** N tasse *fpl* scolastiche **Schul·heft** N quaderno *m* di scuola **Schul·hof** M cortile *m* della scuola
schu·lisch ADJ scolastico, di scuola
Schul·jahr N anno *m* (scolastico): **im 3. ~ sein** essere al terzo anno **Schul·junge** M scolaro *m*, scolaretto *m* **Schul·kamerad** M, **-in** F compagno *m*, -a *f* di scuola **Schul·kennt·nis·se** PL nozioni *fpl* scolastiche **Schul·kind** N scolaretto *m*, -a *f* **Schul·klas·se** F classe *f* **Schul·land·heim** N colonia *f* (scolastica) **Schul·lei·ter** M, **-in** F **1** (*der Grundschule*) direttore *m*, -trice *f* **2** (*6. bis 13. Schuljahr*) preside *m/f* **Schul·mäd·chen** N scolara *f*, scolaretta *f* **Schul·map·pe** F cartella *f* **Schul·me·di·zin** F medicina *f* tradizionale **schul·meis·ter·lich** ADJ *pej* pedantesco **Schul·ord·nung** F regolamento *m* scolastico **Schul·pflicht** F obbligo *m* scolastico **schul·pflich·tig** ADJ **1** soggetto all'obbligo scolastico **2** (*Alter*) scolare **Schul·ran·zen** M cartella *f* (portata a zaino) **Schul·rat** M, **-rä·tin** F ispettore *m*, -trice *f* scolastico (-a) **Schul·schiff** N nave scuola *f* **Schul·schluss** M ⟨-es⟩ **1** (*am Tag*) fine *f* delle lezioni **2** fine *f* dell'anno scolastico **Schul·spre·cher** M, **-in** F rappresentante *m/f* degli studenti **Schul·stun·de** F (ora *f* di) lezione *f* **Schul·tag** M giorno *m* di scuola **Schul·ta·sche** F cartella *f*
Schul·ter F ⟨-; -n⟩ spalla *f* (*a.* GASTR): **j-m auf die ~ klopfen** (*od* **schlagen**) dare una pacca sulla spalla a qn ♦ **~ an ~** spalla a spalla (*a. fig*); **die -n hängen lassen** stare con le spalle abbassate; *fig* essere abbattuto; **etw auf die leichte ~ nehmen** prender qc alla leggera
Schul·ter·blatt N scapola *f* **schul·ter·frei** ADJ scollato **Schul·ter·klap·pe** F MIL spallina *f* **schul·ter·lang** ADJ lungo fino alle spalle
schul·tern V/T mettere in spalla
Schul·ter·pols·ter N (*Nähen*) spallina *f* **Schul·ter·rie·men** M spallaccio *m* **Schul·ter·schluss** M spalleggiamento *m*, lo spalleggiarsi **Schul·ter·ta·sche** F tracolla *f*
Schu·lung F ⟨-; -en⟩ **1** (*das Unterweisen*) istruzione *f*, addestramento *m* **2** (*Kurs*) corso *m* di formazione **Schu·lungs·kurs** M corso *m* di formazione
Schul·un·ter·richt M insegnamento *m* scolastico **Schul·weg** M via *f* verso la scuola: **auf dem ~** andando a scuola **Schul·we·sen** N scuola *f* **Schul·zeit** F ⟨-⟩ periodo *m* scolastico **Schul·zeug·nis** N pagella *f*
schum·meln **A** V/I ⟨h.⟩ *umg* imbrogliare; (*beim Kartenspiel*) barare **B** V/T (*schmuggeln*) infilare di nascosto
schum·me·rig, **schumm·rig** ADJ *umg* **1** (*dämmerig*) crepuscolare **2** (*halbdunkel*) con luci basse **3** (*Licht*) debole, fioco
Schund M ⟨-[e]s⟩ robaccia *f*: **~ produzieren** produrre robaccia; **dieses Buch ist der reinste ~** questo libro è un vera porcheria **Schund·heft** N giornalaccio *m* **Schund·li·te·ra·tur** F letteratura *f* scadente
schun·keln V/I ⟨h.⟩ tenersi sottobraccio ondeggiando (ritmicamente)
Schup·pe F ⟨-; -n⟩ **1** (*von Fisch*) squama *f*, scaglia *f* **2** (*im Haar*) forfora *f*: **-n haben** avere la forfora ♦ **es fällt j-m wie -n von den Augen** a qn cade la benda dagli occhi
schup·pen **A** V/T squamare **B** V/I ⟨h.⟩ & V/R **sich ~** squamarsi, sfaldarsi
Schup·pen M ⟨-s; -⟩ **1** capanno *m*, rimessa *f* **2** *umg* (*Tanzlokal*) disco *f* **3** *umg* (*hässliches Gebäude*) topaia *f*
schup·pig ADJ **1** (*Tier*) squamato, squamoso **2** (*Haar*) forforoso, pieno di forfora
Schur F ⟨-; -en⟩ tosatura *f*
schü·ren V/T attizzare (*a. fig*)
schür·fen **A** V/T BERGB estrarre **B** V/I ⟨h.⟩ cercare (scavando): **nach Gold ~** cercare l'oro **C** V/R **sich ~** escoriarsi; **sich am Knie ~** escoriarsi al (*od* il) ginocchio
Schürf·wun·de F escoriazione *f*
Schür·ha·ken M attizzatoio *m*
Schur·ke M ⟨-n; -n⟩, **-kin** F ⟨-; -nen⟩ farabutto *m*, -a *f*, canaglia *f*, mascalzone *m*, -a *f*, furfante *m/f*
Schur·wol·le F lana *f* vergine
Schurz M ⟨-es; -e⟩ **1** (*Arbeitsschürze*) grembiule *m* **2** (*Lendenschurz*) perizoma *m*
Schür·ze F ⟨-; -n⟩ grembiule *m*
schür·zen V/T (*Kleid, Rock*) alzare, tirare su ♦ **die Lippen ~** arricciare le labbra
Schür·zen·jä·ger M *umg* donnaiolo *m*
Schuss M ⟨-es; Schüsse⟩ **1** (*aus Feuerwaffe*) colpo *m*, sparo *m*: **zwei ~** (*od*

S

Schüsse) **auf j-n abgeben** tirare due colpi a qn **2** tiro *m*: **ein ~ mit dem Bogen** un tiro con l'arco **3** **ein ~ aufs Tor** un tiro in porta **4** (*kleine Flüssigkeitsmenge*) goccio *m* **5** *fig* **ein ~ Ironie** un tocco d'ironia **6** (*Nähen*) trama *f* **7** SPORT schuss *m*: **~ fahren** fare uno schuss **8** *sl* (*Heroin*) buco *m*: **sich einen ~ setzen** bucarsi; **j-m einen ~ setzen** fare un buco a qn; ♦ *umg* **einen ~ haben** essere tocco; *fig* **der ~ ging nach hinten los** (la cosa) ha avuto un effetto boomerang; **etw in ~ bringen/halten** mettere/tenere qc in ordine; *umg* **ein ~ in den Ofen** un colpo a vuoto; **in** (*od* **im**) **~ sein** funzionare, essere a posto; (*gesund sein*) essere in forma; (**weit**)**ab vom ~** fuori tiro; in disparte, lontano

schuss·be·reit ADJ **1** pronto per il tiro **2** *umg* FOTO pronto a scattare

Schus·sel M ⟨-s; -⟩ *umg* sbadato *m*, -a *f*

Schüs·sel F ⟨-; -n⟩ **1** scodella *f*, ciotola *f* **2** (*für Suppe*) zuppiera *f*; (*für Salat*) insalatiera *f* **3** *umg* (*Parabolantenne*) parabolica *f*, *umg* parabola *f*

schus·se·lig ADJ *umg* sbadato

Schuss·fahrt F schuss *m* **Schuss·li·nie** F traiettoria *f*: **in j-s ~ geraten** , **sich in j-s ~ begeben** finire sotto il tiro di qn **Schuss·ver·let·zung** F ferita *f* da arma da fuoco **Schuss·waf·fe** F arma *f* da fuoco **Schuss·wech·sel** M conflitto *m* a fuoco **Schuss·wei·te** F gittata *f* ♦ **in/außer ~ sein** essere a tiro/fuori tiro

Schus·ter M ⟨-s; -⟩, **-in** F ⟨-; -nen⟩ calzolaio *m*, -a *f*

Schutt M ⟨-[e]s⟩ macerie *fpl* ♦ **etw in ~ und Asche legen** ridurre qc a un cumulo di macerie (*od* in cenere)

Schutt·ab·la·de·platz M discarica *f*

Schüt·tel·frost M ⟨-[e]s⟩ brividi *mpl* di febbre, tremito *m* convulso **Schüt·tel·läh·mung** F morbo *m* di Parkinson

schüt·teln V/T **1** scuotere: **den Kopf ~** scuotere la testa **2** agitare: **vor Gebrauch ~** agitare prima dell'uso ♦ **etw aus dem Handgelenk ~** fare qc in quattro e quattr'otto

schüt·ten **A** V/T versare **B** V/I ⟨h.⟩ *unpers umg* **es schüttet** piove a dirotto

schüt·ter ADJ rado: **-es Haar** capelli radi

Schutt·hau·fen M mucchio *m* di macerie

Schütt·stein M *schweiz* acquaio *m*

Schutz M ⟨-es⟩ **1** protezione *f*: **~ gegen etw** (*od* **vor etw** (*dat*)) protezione da qc; **j-n in ~ nehmen** difendere qn; **j-n in seinen ~ nehmen** prendere qn sotto la propria protezione; **bei j-m ~ suchen** rifugiarsi presso qn **2** (*Beschützen*) tutela *f*; sorveglianza *f*: **der ~ der Rechte** la tutela dei diritti; **die Kinder j-s ~ anvertrauen** affidare i bambini (alle cure) di qn **3** riparo *m*: **~ vor Regen suchen** cercare un riparo dalla pioggia ♦ **~ vor Ansteckung** prevenzione *f* dal contagio

Schutz·an·zug M tuta *f* protettiva **Schutz·be·foh·le·ne** M/F ⟨-n; -n⟩ JUR protetto *m*, -a *f* **Schutz·blech** N **1** (*an Zweirädern*) parafango *m* **2** (*Blechverkleidung*) lamiera *f* di protezione **Schutz·brief** M AUTO documento *m* di assicurazione **Schutz·bril·le** F occhiali *mpl* di protezione **Schutz·dach** N tettoia *f*, pensilina *f*

Schüt·ze M ⟨-n; -n⟩ **1** tiratore *m* (*a.* SPORT); MIL (*Gewehrschütze*) fuciliere *m* **2** ASTROL Sagittario *m*: **Franz ist ~** Franz è del Sagittario

schüt·zen **A** V/T **1** **j-n vor j-m/etw** (*od* **gegen j-n/etw**) **~** proteggere qn da qn/qc; **die Umwelt ~** proteggere l'ambiente **2** riparare: **die Bäume ~ das Haus vor Wind** gli alberi riparano la casa dal vento **3** (*beschützen*) tutelare, salvaguardare: **das Eigentum ~** tutelare la proprietà; **die Kulturgüter ~** salvaguardare il patrimonio artistico **B** V/R **sich ~** **1** proteggersi: **sich vor** (*od* **gegen**) **Kälte ~** proteggersi dal (*od* contro il) freddo; **sich vor dem Regen ~** ripararsi dalla pioggia **2** tutelarsi: **sich vor Diebstahl ~** tutelarsi contro i furti

schüt·zend ADJ protettivo, protettore

Schutz·en·gel M angelo *m* custode

Schüt·zen·gra·ben M trincea *f* **Schüt·zen·hil·fe** F *umg* aiuto *m*, appoggio *m* **Schüt·zen·kö·nig** M campione *m* di tiro a segno

Schutz·film M pellicola *f* protettiva **Schutz·ge·biet** N area *f* protetta **Schutz·geld** N tangente *f* **Schutz·geld·er·pres·sung** F estorsione *f* di una tangente **Schutz·haft** F JUR custodia *f* cautelare **Schutz·hei·li·ge** M/F santo *m*, -a *f* patrono (-a) **Schutz·helm** M elmetto *m* **Schutz·hül·le** F involucro *m* protettivo; (*von Büchern*) fodera *f*; (*von Instrumenten*) custodia *f* **Schutz·hüt·te** F rifugio *m* **Schutz-**

imp·fung F vaccinazione *f*
Schüt·zin F ⟨-; -nen⟩ tiratrice *f* (*a.* SPORT)
Schutz·klei·dung F indumenti *mpl* protettivi; tuta *f* da lavoro
Schütz·ling M ⟨-s; -e⟩ protetto *m*, -a *f*
schutz·los ADJ privo di protezione, indifeso
Schutz·macht F potenza *f* protettrice **Schutz·mann** M ⟨-es; -leute⟩ *umg* poliziotto *m* **Schutz·mar·ke** F marchio *m* **Schutz·mas·ke** F maschera *f* protettiva **Schutz·maß·nah·me** F misura *f* di protezione (*od* precauzionale) **Schutz·raum** M rifugio *m* **Schutz·schild** M scudo *m* di protezione **Schutz·um·schlag** M sopraccoperta *f*; (*für Schulheft*) copertina *f* **Schutz·vor·rich·tung** F dispositivo *m* di protezione **Schutz·wall** M baluardo *m* **Schutz·zoll** M dazio *m* protettivo
schwab·be·lig ADJ *umg* **1** (*wackelnd*) tremolante **2** (*schlaff*) floscio, flaccido
Schwa·be M ⟨-n; -n⟩ svevo *m* **Schwa·ben** N ⟨-s⟩ Svevia *f* **Schwä·bin** F ⟨-; -nen⟩ sveva *f* **schwä·bisch** ADJ svevo
schwach **A** ADJ **1** debole (*a.* GRAM): **ein -er Wind** un debole vento; **eine -e Hoffnung** una debole (*od* lieve) speranza; **ein -er Charakter** un carattere debole; **~ in Physik sein** essere debole in fisica; **-e Nerven haben** essere debole di nervi **2** (*vage*) vago: **eine -e Erinnerung** un vago ricordo **3** (*leise*) fioco: **eine -e Stimme** una voce fioca; **ein -er Ton** un debole suono **4** (*dünn*) sottile: **-e Wände** pareti sottili **5** (*schlecht*) scarso: **eine -e Leistung** una prestazione scarsa; **die Nachfrage ist ~** la domanda è scarsa **6** (*leicht*) leggero: **einen -en Druck ausüben** esercitare una leggera pressione; **ein -er Kaffee** un caffè leggero **B** ADV **1** (*kraftlos*) debolmente **2** (*wenig*) scarsamente, poco: **~ entwickelt** poco sviluppato ♦ **das -e Geschlecht** il sesso debole; CHEM **eine -e Lösung** una soluzione a bassa concentrazione; **~ machen** (*schwächen*) indebolire; *fig* → schwachmachen; **eine -e Mehrheit** una stretta maggioranza; **er ist ein -er Schüler** non è un bravo alunno; *umg* **ein -er Trost** una magra consolazione; **~ werden** indebolirsi; *fig* (*nachgeben*) cedere
Schwä·che F ⟨-; -n⟩ **1** debolezza *f*: **körperliche ~** debolezza fisica; **j-s -n kennen** conoscere le debolezze di qn **2** debole *m*: **eine ~ für j-n/etw haben** avere un debole per qn/qc **3** (*Mangel*) carenza, difetto **Schwä·che·an·fall** M mancamento *m* **Schwä·che·ge·fühl** N senso *m* (*od* sensazione *f*) di debolezza
schwä·cheln V/I ⟨h.⟩ **1** (*einen Schwächeanfall haben*) perdere le forze **2** *fig* indebolirsi: **du wirst doch jetzt nicht ~!** non vorrai mollare adesso!
schwä·chen V/T **1** indebolire **2** (*mindern*) ridurre, fare calare
Schwach·heit F ⟨-; -en⟩ debolezza *f*
Schwach·kopf M imbecille *f*, cretino *m*
schwäch·lich ADJ deboluccio, gracilino
Schwäch·ling M ⟨-s; -e⟩ **1** debole *m* **2** *pej* rammollito: **du ~!** rammollito!
schwach·ma·chen V/T *umg* (*aufregen*) eccitare, irritare ♦**mach mich nicht schwach!** non mi dire! **Schwach·punkt** M punto *m* debole **Schwach·sinn** M **1** demenza *f* **2** *umg* (*Blödsinn*) idiozia *f* **schwach·sin·nig** ADJ **1** demente, ritardato mentale **2** *umg* (*blödsinnig*) deficiente **Schwach·stel·le** F punto *m* debole **Schwach·strom** M ELEK corrente *f* a bassa tensione
Schwä·chung F ⟨-; -en⟩ indebolimento *m*
Schwa·den M ⟨-s; -⟩ nuvola *f* (di fumo)
schwa·feln V/T & V/I ⟨h.⟩ parlare a vanvera
Schwa·ger M ⟨-s; Schwäger⟩ cognato *m*
Schwä·ge·rin F ⟨-; -nen⟩ cognata *f*
Schwal·be F ⟨-; -n⟩ **1** rondine *f* **2** SPORT fallo *m* simulato (in area di rigore)
Schwall M ⟨-[e]s; -e⟩ **1** getto *m* **2** *fig* **ein ~ von Worten** un fiume di parole
schwamm → schwimmen
Schwamm M ⟨-[e]s; Schwämme⟩ **1** spugna *f* **2** (*Pilzbefall*) muffa *f* ♦ **~ drüber!** mettiamoci una pietra sopra!
Schwam·merl N ⟨-s; -[n]⟩ *österr* fungo *m*
schwam·mig ADJ **1** spugnoso **2** (*aufgedunsen*) gonfio **3** *fig* vago, nebuloso
Schwan M ⟨-[e]s; Schwäne⟩ cigno *m*
schwand → schwinden
schwa·nen V/I ⟨h.⟩ *umg* **j-m schwant etw** qn si aspetta qc; **mir schwant nichts Gutes** ho un cattivo presentimento
schwang → schwingen

S

schwan·ger ADJ incinta: ~ **werden** rimanere incinta; **im dritten Monat ~ sein** essere al terzo mese (di gravidanza) **Schwan·ge·re** F ⟨-n; -n⟩ donna *f* incinta, gestante *f* **schwän·gern** V/T **1** mettere incinta **2** *fig* impregnare **Schwan·ger·schaft** F ⟨-; -en⟩ gravidanza *f*

Schwan·ger·schafts·ab·bruch M interruzione *f* di (*od* della) gravidanza, aborto *m* **Schwan·ger·schafts·gym·nas·tik** F ginnastica *f* preparto **Schwan·ger·schafts·strei·fen** PL smagliature *fpl* conseguenti alla gravidanza **Schwan·ger·schafts·test** M test *m* di gravidanza

Schwank M ⟨-[e]s; Schwänke⟩ **1** KIRCHE facezia *f* **2** THEAT farsa *f* **3** (*Geschichte*) storiella *f*

schwan·ken V/I **1** ⟨h.⟩ ondeggiare, muoversi **2** ⟨h.⟩ tremare: **der Erdboden schwankte unter unseren Füßen** la terra tremò sotto i nostri piedi **3** ⟨h.⟩ (*taumeln*) vacillare, barcollare: **vor Trunkenheit ~** barcollare per l'ubriachezza; *fig* **sein Vertrauen gerät ins Schwanken** la sua fiducia vacilla **4** ⟨s.⟩ (*sich schwankend fortbewegen*) andare barcollando **5** ⟨h.⟩ (*nicht stabil sein*) oscillare, variare; WIRTSCH fluttuare **6** ⟨h.⟩ (*unschlüssig sein*) essere indeciso

schwan·kend ADJ **1** ondeggiante **2** (*taumelnd*) barcollante **3** (*nicht stabil*) oscillante; WIRTSCH fluttuante **4** (*unentschlossen*) indeciso: ~ **in seinen Entschlüssen sein** essere indeciso nelle proprie risoluzioni

Schwan·kung F ⟨-; -en⟩ oscillazione *f*; WIRTSCH fluttuazione *f*

Schwanz M ⟨-es; Schwänze⟩ **1** coda *f* (*a. fig*) **2** *fig* (*Reihe*) serie *f* **3** *vulg* (*Penis*) cazzo *m* ♦ **den ~ einziehen** mettersi la coda fra le gambe; *umg* **kein ~** nemmeno un cane, nessuno

schwän·zen *umg* V/T marinare: **die Schule/den Unterricht ~** marinare la scuola/la lezione; **den Dienst ~** non andare al lavoro

Schwanz·flos·se F **1** pinna *f* caudale **2** SCHIFF pinna *f* di deriva **3** FLUG pinna *f* **schwanz·we·delnd** ADJ scodinzolante

schwap·pen V/I **1** ⟨h.⟩ sciabordare **2** ⟨s.⟩ (fuori)uscire, traboccare: **aus der Tasse ~** traboccare (dalla tazza); **auf den Tisch ~** rovesciarsi sul tavolo

Schwarm M ⟨-[e]s; Schwärme⟩ **1** (*Bienen*) sciame *m*; (*Mücken*) nugolo *m* **2** (*Vögel*) stormo *m* **3** (*Fische*) branco *m* **4** *fig* (*Menschen*) frotta *f* **5** (*jemand, der verehrt wird*) idolo *m*, passione *f*

schwär·men V/I **1** ⟨s.⟩ sciamare; (*von Fliegen, Mücken*) svolazzare: *fig* **die Menge schwärmte aus dem Stadion** la folla sciamò fuori dallo stadio **2** ⟨h.⟩ **für j-n/etw ~** avere una passione per (*od* essere entusiasta di) qn/qc; *umg* andare matto per qn/qc **3** (*verliebt sein*) **für ein Mädchen ~** avere una cotta per una ragazza **4** ⟨h.⟩ (*begeistert reden*) parlare con entusiasmo ♦ **ins Schwärmen geraten** esaltarsi

Schwär·me·rei F ⟨-; -en⟩ **1** passione *f*: **eine jugendliche ~** una passione giovanile **2** (*Begeisterung*) entusiasmo *m*; (*Verzücktheit*) esaltazione *f* **3** (*Träumerei*) fantasticheria *f* **schwär·me·risch** ADJ **1** (*begeistert*) entusiasta **2** (*verzückt*) esaltato **3** (*träumerisch*) sognatore

Schwar·te F ⟨-; -n⟩ **1** cotenna *f* **2** *umg* (*dickes Buch*) volumone *m*

schwarz **A** ADJ **1** nero **2** *sl* POL conservatore cattolico **B** ADV di nero, in nero ♦ **mir wird ~ vor (den) Augen** mi sento svenire; **~ über die Grenze gehen** passare clandestinamente il confine; **den Kaffee ~ trinken** bere caffè nero; **j-n/etw auf die -e Liste setzen** mettere qn/qc sul libro nero; **das Schwarze Meer** il mar Nero; (*Kartenspiel*) **Schwarzer Peter** l'uomo nero; *fig* **j-m den -en Peter zuschieben** passare la patata bollente a qn; **ein -er Tag** una giornata nera; **das kann ich dir ~ auf weiß geben** te lo posso mettere nero su bianco; **~ werden** annerire; *fig* **da kannst du warten, bis du ~ wirst** aspetta e spera!; → schwarzärgern, schwarzmalen, schwarzsehen

Schwarz N ⟨-[e]s; -⟩ nero *m*: **in ~** di nero; **sie trägt gern ~** veste volentieri di nero **Schwarz·af·ri·ka** N Africa *f* nera **Schwarz·ar·beit** F lavoro *m* nero **schwarz·ar·bei·ten** V/I ⟨h.⟩ lavorare in nero **Schwarz·ar·bei·ter** M, **-in** F lavoratore *m*, -trice *f* in nero **schwarzär·gern** V/R *umg* ♦ **sich ~** essere nero di rabbia **Schwarzbrot** N pane *m* nero

Schwar·ze[1] M/F ⟨-n; -n⟩ **1** (*farbiger Mensch*) nero *m*, -a *f*, negro *m*, -a *f* **2**

S

POL conservatore *m*, -trice *f* cattolico (-a)

Schwar·ze² N ⟨-n⟩ centro *m* (di un bersaglio): **ins ~ treffen** far centro (*a. fig*) ♦ **kleines -s** abito *m* da sera nero e corto

Schwär·ze F ⟨-; -n⟩ **1** (*schwarze Farbe*) nero *m*, nerezza *f* **2** (*Dunkelheit*) oscurità *f* **3** TECH nerofumo *m* **schwär·zen** V/T **1** (*schwarz färben*) tingere di nero **2** (*schwarz machen*) annerire

schwarz·fah·ren V/I ⟨*irr*; s.⟩ viaggiare senza biglietto **Schwarz·fah·rer** M, **-in** F chi viaggia senza biglietto **schwarz·haa·rig** ADJ dai capelli neri **Schwarz·han·del** M borsa *f* nera **Schwarz·händ·ler** M, **-in** F borsanerista *m/f*

schwärz·lich ADJ nericcio

schwarz·ma·len V/I ⟨h.⟩ *umg fig* dipingere qc a tinte fosche **Schwarz·markt** M mercato *m* nero **schwarz·se·hen** V/I ⟨*irr*; h.⟩ **1** (*pessimistisch sein*) essere pessimista: **für unsere Reise nach Rom sehe ich schwarz** il nostro viaggio a Roma lo vedo molto male **2** (*fernsehen*) vedere la televisione abusivamente **Schwarz·se·her** M, **-in** F **1** pessimista *m/f* **2** TV = *telespettatore, -trice che non paga il canone* **Schwarz·sen·der** M emittente *f* clandestina **Schwarz·wald** M Foresta *f* (*od* Selva *f*) Nera

schwarz·weiß ADJ **1** bianco e nero **2** FOTO in bianco e nero **Schwarz·weiß·film** M film *m* in bianco e nero

Schwarz·wur·zel F scorzonera *f*

Schwatz M ⟨-es; -e⟩ chiacchierata *f*: **einen kleinen ~ halten** fare quattro chiacchiere

schwat·zen, schwät·zen **A** V/I ⟨h.⟩ **1** chiacchierare **2** (*ausplaudern*) spettegolare **B** V/T raccontare: **Unsinn ~** dire sciocchezze

Schwät·zer M ⟨-s; -⟩, **-in** F ⟨-; -nen⟩ chiacchierone *m*, -a *f*

schwatz·haft ADJ loquace **Schwatz·haf·tig·keit** F ⟨-⟩ loquacità *f*

Schwe·be F **in der ~** (in) sospeso; **in der ~ bleiben** rimanere sospeso; (*offenbleiben*) rimanere in sospeso **Schwe·be·bahn** F funicolare *f*; (*für Lasten*) teleferica *f* **Schwe·be·bal·ken** M asse *m* di equilibrio

schwe·ben V/I **1** ⟨h.⟩ librarsi: **ein Habicht schwebt hoch in der Luft** un astore si libra alto nell'aria **2** ⟨h.⟩ essere sospeso (*a. fig*): **über dem Abgrund ~** essere sospeso sull'abisso **3** ⟨s.⟩ scivolare: **der Ballon schwebt über das Land** il pallone sorvola il paese

Schwe·de M ⟨-n; -n⟩ svedese *m* **Schwe·den** N ⟨-s⟩ Svezia *f* **Schwe·din** F ⟨-; -nen⟩ svedese *f* **schwe·disch** ADJ svedese

Schwe·fel M ⟨-s⟩ zolfo *m* **Schwe·fel·di·oxid** N biossido *m* di zolfo **schwe·fel·hal·tig** ADJ sulfureo, contenente zolfo

schwe·feln V/T **1** solforare: **Reben ~** solforare le viti **2** (*Most, Zucker*) solfitare

Schwe·fel·quel·le F sorgente *f* sulfurea **Schwe·fel·säu·re** F acido *m* solforico **Schwe·fel·was·ser·stoff** M acido *m* solfidrico

Schweif M ⟨-[e]s; -e⟩ coda *f*

schwei·fen V/I ⟨s.⟩ vagare (*a. fig*): **in die Ferne ~** divagare

Schwei·ge·geld N prezzo *m* del silenzio **Schwei·ge·marsch** M marcia *f* silenziosa **Schwei·ge·mi·nu·te** F minuto *m* di silenzio

schwei·gen V/I ⟨schwieg, geschwiegen; h.⟩ tacere, fare silenzio: **über etw** (*akk*) **~** tacere su qc; **zu j-s Vorwürfen ~** tacere (davanti) ai rimproveri di qn ♦ **ganz zu ~ von** per non parlare di **Schwei·gen** N ⟨-s⟩ silenzio *m*; **j-n zum ~ bringen** far tacere qn **schwei·gend** **A** ADJ silenzioso, muto **B** ADV in silenzio **Schwei·ge·pflicht** F (obbligo *m* del) segreto *m* professionale

schweig·sam ADJ taciturno, silenzioso, muto **Schweig·sam·keit** F ⟨-⟩ l'essere *m* taciturno

Schwein N ⟨-[e]s; -e⟩ maiale *m*, porco *m* (*a. vulg fig*) ♦ *umg* **armes ~** povero diavolo; *umg* **~ haben** avere culo; *umg* **kein ~** nemmeno un cane

Schwei·ne·bra·ten M arrosto *m* di maiale **Schwei·ne·fleisch** N carne *f* di maiale **Schwei·ne·hund** M *umg* canaglia *f*, porco *m* ♦ **seinen inneren ~ überwinden** superare la propria debolezza (*od* vigliaccheria)

Schwei·ne·rei F ⟨-; -en⟩ porcheria *f*

Schwei·ne·schmalz N strutto *m* **Schwei·ne·schnit·zel** N cotoletta *f* di maiale **Schwei·ne·stall** M porcile *m* **Schwei·ne·zucht** F allevamento *m* di maiali (*od* di suini)

Schwein·igel M *umg* **1** (*schmutziger*

S

Mensch) sporcaccione *m* **2** (*unanständiger Mensch*) porco *m*
schwei·nisch ADJ *umg* sporco
Schweins·ga·lopp M *hum* **im ~** in fretta e furia **Schweins·ha·xe** F ⟨-; -n⟩ stinco *m* di maiale **Schweins·le·der** N pelle *f* di maiale
Schweiß M ⟨-es; -e⟩ sudore *m* ♦ *fig* **das kostet ihn viel ~** gli costa molta fatica
Schweiß·aus·bruch M accesso *m* di sudore **Schweiß·band** N ⟨-[e]s; -bänder⟩ **1** (*in Hüten*) orlo *m* **2** SPORT fascetta *f* per i polsi **Schweiß·bren·ner** M cannello *m* per saldare **Schweiß·drü·se** F ghiandola *f* sudoripara
schwei·ßen V/T saldare
Schweiß·fuß M piede *m* sudato
schweiß·ge·ba·det **A** ADJ madido di sudore **B** ADV in un bagno di sudore
Schweiß·ge·rät N saldatoio *m*
Schweiß·ge·ruch M puzzo *m* di sudore **Schweiß·naht** F linea *f* della saldatura **Schweiß·per·le** F goccia *f* di sudore **schweiß·trei·bend** ADJ **1** che fa sudare **2** MED sudorifero **schweiß·trie·fend** ADJ grondante di sudore
Schweiß·trop·fen M goccia *f* di sudore
Schweiz F ⟨-⟩ Svizzera *f*: **die ~ ist schön** la Svizzera è bella; **in die ~ fahren** andare in Svizzera; **in der ~** in Svizzera
Schwei·zer[1] M ⟨-s; -⟩ svizzero *m*: **die ~** gli Svizzeri
Schwei·zer[2] ADJ ⟨*inv*⟩ svizzero: **~ Käse** formaggio svizzero **Schwei·zer·deutsch** N tedesco *m* svizzero
Schwei·ze·rin F ⟨-; -nen⟩ svizzera *f*
schwei·ze·risch ADJ svizzero
schwe·len V/I ⟨h.⟩ **1** bruciare senza fiamma **2** *fig* covare (sotto la cenere): **der Konflikt schwelte schon länger** il conflitto era latente da parecchio tempo
schwel·gen V/I ⟨h.⟩ **1** (*üppig essen und trinken*) gozzovigliare **2** **in etw** (*dat*) **~** bearsi di (*od* deliziarsi per) qc
Schwel·le F ⟨-; -n⟩ **1** soglia *f*: **über die ~ treten** varcare la soglia **2** *fig* **an der ~ des neuen Jahrhunderts** alla soglia del nuovo secolo **3** BAHN traversina *f*
schwel·len V/I ⟨schwillt, schwoll, geschwollen; s.⟩ **1** gonfiare, gonfiarsi **2** (*größer werden*) crescere, ingrossarsi
Schwel·len·angst F ⟨-⟩ PSYCH paura *f* di varcare la soglia **Schwel·len·land** N paese *m* emergente
Schwel·lung F ⟨-; -en⟩ **1** (*geschwollene Stelle*) gonfiore *m* **2** ingrossamento *m*: **die ~ der Mandeln** l'ingrossamento delle tonsille
Schwem·me F ⟨-; -n⟩ **1** guazzatoio *m* **2** WIRTSCH invasione *f*, inondazione *f* del mercato **schwem·men** V/T trasportare: **j-n/etw ans Land ~** trasportare qn/qc a terra; (*Holz*) far fluitare
Schwemm·land N terreno *m* alluvionale
Schwen·gel M ⟨-s; -⟩ **1** (*von Glocke*) batacchio *m* **2** (*von Pumpe*) asta *f* della pompa
Schwenk M ⟨-[e]s; -s⟩ **1** (*Drehung*) svolta *f* **2** FILM carrellata *f*: **ein ~ auf j-n/etw** una carrellata su qn/qc **Schwenk·arm** M braccio *m* orientabile **schwenk·bar** ADJ girevole; (*richtbar*) orientabile
schwen·ken **A** V/T **1** (*Fahne, Tuch*) sventolare **2** (*Hut*) agitare **3** (*Schwert*) brandire **4** (*drehen*) orientare, girare: **nach Süden ~** orientare verso sud **5** (*spülen*) (ri)sciacquare **6** **etw in Butter ~** far saltare qc nel burro **B** V/I ⟨s.⟩ **1** svoltare: **nach links ~** svoltare a sinistra **2** TECH girare, ruotare **3** *fig* **ins andere Lager ~** cambiare opinione
schwer **A** ADJ **1** pesante (*a.* MIL): **wie ~ ist das?** quanto pesa?; **ein -er Stoff** una stoffa pesante; **-es Essen** cibo pesante; *fig* **-e Lektüre** lettura pesante **2** grave: **ein -er Verlust** una grave perdita **3** gravoso: **eine -e Pflicht** un dovere gravoso **4** (*schwierig*) difficile, duro: **eine -e Frage** una domanda difficile; **-e Zeiten** tempi difficili (*od* duri); **es ist ~ zu sagen, ob …** è difficile dire, se …; **~ zu behandeln** difficile da trattare **5** (*stark*) forte: **ein -es Gewitter** un forte temporale; **-e Weine** vini forti **B** ADV **1** pesantemente: **er fiel ~ zu Boden** cadde pesantemente a terra **2** gravemente: **~ verletzt** gravemente ferito **3** *umg* **~ aufpassen** stare molto attento; **~ beladen sein** essere molto carico **4** (*mit Mühe*) difficilmente, a fatica: **etw öffnet sich ~** qc si apre a fatica; **sich ~ von etw trennen können** potersi separare solo difficilmente da qc; **etw ~ verstehen** capire qc con difficoltà; **es fällt mir ~, ihn im Stich zu lassen** mi riesce difficile abbandonarlo al suo destino; **j-m etw ~ machen** rendere difficile qc a qn **5** (*hart*) duramente: **~ arbeiten** lavorare duramente ♦ **etw ~ bü-**

ßen müssen dover pagar caro qc; **j-m eine -e Enttäuschung bereiten** dare una grande delusione a qn; ~ **erziehbar** disadattato, ribelle, difficile; ~ **im Irrtum sein** sbagliarsi di grosso; **einen -en Kopf haben** sentirsi la testa pesante; **etw liegt mir ~ im Magen** ho un peso sullo stomaco (*a. fig*); *umg* **es ~ mit j-m haben** avere delle difficoltà con qn; **-e See** mare grosso; ~ **wiegend** → schwerwiegend; → schwernehmen, schwertun

Schwer·ar·beit F lavoro *m* pesante (*od* di fatica) **Schwer·ath·le·tik** F atletica *f* pesante **Schwer·be·hin·der·te** M/F invalido *m*, -a *f* grave, handicappato *m*, -a *f* grave

Schwe·re F ⟨-⟩ **1** peso *m* (*a. fig*): **die ~ der Verantwortung** il peso della responsabilità **2** (*schweres Gewicht*) pesantezza *f*, senso *m* di peso **3** PHYS (*Schwerkraft*) gravità *f* **4** *fig* (*Strenge*) durezza *f*, rigore *m* **5** (*Stärke*) gravità *f* **6** (*Schwierigkeitsgrad*) difficoltà *f* **schwe·re·los** ADJ **1** PHYS privo di gravità **2** *fig* leggero **Schwe·re·lo·sig·keit** F ⟨-⟩ PHYS assenza *f* di gravità **Schwe·re·nö·ter** M ⟨-s; -⟩ *umg* cascamorto *m*, dongiovanni *m*

schwer·fäl·lig ADJ **1** pesante **2** (*Geist, Mensch*) lento **Schwer·fäl·lig·keit** F ⟨-⟩ **1** pesantezza *f* **2** lentezza *f*

Schwer·ge·wicht N **1** (*Sportler*) peso *m* massimo (*a. fig*) **2** (*größte Bedeutung*) maggiore peso *m*: **das ~ auf etw** (*akk*) **legen** dare importanza a qc **schwer·hö·rig** ADJ duro d'orecchio: *umg fig* (**auf einem Ohr**) ~ **sein** essere sordo (da un orecchio) **Schwer·hö·rig·keit** F ⟨-⟩ debolezza *f* d'udito **Schwer·in·dust·rie** F industria *f* pesante **Schwer·kraft** F forza *f* di gravità **schwer·lich** ADV difficilmente **Schwer·me·tall** N metallo *m* pesante **Schwer·mut** F ⟨-⟩ malinconia *f* **schwer·mü·tig** ADJ malinconico **schwer·neh·men** V/T ⟨*irr*⟩ **etw ~** prendersela per qc **Schwer·punkt** M **1** centro *m* di gravità, baricentro *m* **2** *fig* centro *m*: **den ~ auf etw** (*akk*) **legen** dare la massima importanza a qc **schwer·reich** ADJ *umg* straricco

Schwert N ⟨-[e]s; -er⟩ **1** spada *f* **2** SCHIFF deriva *f* mobile **Schwert·fisch** M pesce *m* spada **Schwert·li·lie** F giaggiolo *m*, iris *m*

schwer·tun V/R ⟨*irr*⟩ **er tut sich** (*akk, dat*) **mit etw schwer** gli riesce difficile qc **Schwer·ver·bre·cher** M, **-in** F grande criminale *m/f* **Schwer·ver·letz·te** M/F, **Schwer·ver·wun·de·te** M/F ferito *m*, -a *f* grave **schwer·wie·gend** ADJ grave: **-e Gründe** motivi gravi; **ein -er Entschluss** una decisione di grande peso

Schwes·ter F ⟨-; -n⟩ **1** sorella *f* **2** REL suora *f* **3** (*Krankenschwester*) infermiera *f* **Schwes·ter·fir·ma** F consorella *f*, ditta *f* affiliata **schwes·ter·lich** ADJ di (*od* da) sorelle

schwieg → schweigen

Schwie·ger·el·tern PL suoceri *mpl* **Schwie·ger·mut·ter** F suocera *f* **Schwie·ger·sohn** M genero *m* **Schwie·ger·toch·ter** F nuora *f* **Schwie·ger·va·ter** M suocero *m*

Schwie·le F ⟨-; -n⟩ callo *m*, callosità *f*

schwie·lig ADJ calloso

schwie·rig **A** ADJ difficile **B** ADV con difficoltà, difficilmente **Schwie·rig·keit** F ⟨-; -en⟩ difficoltà *f*: (**keine**) **~ bereiten** (non) presentare difficoltà (*od* problemi); **in -en kommen** trovarsi in difficoltà; **j-n in -en bringen** mettere qn in difficoltà; **j-m -en machen** fare difficoltà a qn

Schwimm·bad N, **Schwimm·be·cken** N piscina *f* **Schwimm·bla·se** F vescica *f* natatoria

schwim·men V/I ⟨schwamm, geschwommen⟩ **1** ⟨h., s.⟩ nuotare: **~ können** saper nuotare; ~ **gehen** andare a nuotare **2** ⟨s.⟩ **ans Ufer ~** nuotare verso riva **3** ⟨h., s.⟩ (*auf, in einer Flüssigkeit treiben*) galleggiare **4** ⟨h.⟩ *umg* (*sehr nass sein*) essere allagato: **der Fußboden schwimmt** il pavimento è allagato **5** ⟨h.⟩ *umg fig* (*unsicher werden*) essere insicuro ♦ **im Geld ~** nuotare nell'oro

Schwim·men N ⟨-s⟩ nuoto *m* ♦ *umg* **ins ~ kommen** andare in confusione, remare

schwim·mend ADJ galleggiante

Schwim·mer[1] M ⟨-s; -⟩ TECH galleggiante *m*

Schwim·mer[2] M ⟨-s; -⟩, **-in** F ⟨-; -nen⟩ nuotatore *m*, -trice *f*

Schwimm·flos·se F pinna *f* **Schwimm·flü·gel** M bracciale *m* (per nuotare) **Schwimm·hal·le** F piscina *f* coperta **Schwimm·haut** F membrana *f* interdigitale **Schwimm·leh·rer** M, **-in** F istruttore *m*, -trice *f* di nuoto **Schwimm·sport** M nuoto

S

m **Schwimm·wes·te** F giubbotto *m* salvagente (*od* di salvataggio)

Schwin·del M ⟨-s⟩ **1** capogiro *m* **2** *umg* (*Betrug*) imbroglio *m*: **den ~ kenne ich!** conosco il trucco!; **auf jeden ~ reinfallen** farsi sempre fregare **3** (*Unwahrheit*) storie *fpl* **Schwin·del·an·fall** M giramento *m* di testa, (attacco *m* di) vertigini *fpl*

Schwin·de·lei F ⟨-; -en⟩ *umg* **1** (*Betrügerei*) piccolo imbroglio *m* **2** (*Lügen*) storie *fpl*, balle *fpl*

schwin·del·er·re·gend ADJ vertiginoso **schwin·del·frei** ADJ che non soffre di vertigini ♦ **ich bin nicht ~** soffro di vertigini

schwin·deln **A** VI ⟨h.⟩ **1** *unpers* **es schwindelt j-m** a qn gira la testa **2** *umg* (*lügen*) raccontare storie (*od* balle): **er schwindelt oft** racconta spesso delle balle **B** VT *umg* inventare (di sana pianta): **das hast du doch geschwindelt!** questo te lo sei inventato!

schwin·delnd ADJ vertiginoso

schwin·den VI ⟨schwand, geschwunden; s.⟩ **1** (*abnehmen*) diminuire **2** (*schwächer werden*) attenuarsi, affievolirsi **3** *fig* svanire: **seine Hoffnung schwindet** la sua speranza svanisce

Schwind·ler M ⟨-s; -⟩, **-in** F ⟨-; -nen⟩ **1** (*Lügner*) mentitore *m*, -trice *f*, bluffatore *m*, -trice *f* **2** (*Betrüger*) imbroglione *m*, -a *f*

schwind·lig ADJ che ha le vertigini: **mir ist ~** mi gira la testa

Schwind·sucht F *obs* tisi *f*

schwin·gen ⟨schwang, geschwungen⟩ **A** VI **1** ⟨h., s.⟩ (*Pendel*) oscillare **2** ⟨h.⟩ vibrare (*a. fig*): **Ungeduld schwang in seiner Stimme** la sua voce vibrava d'impazienza **3** ⟨s.⟩ (*beim Skifahren*) scendere a serpentine **B** VT **1** (*Fahne*) sventolare **2** (*Hut*) agitare **3** brandire: **einen Hammer ~** brandire un martello **C** VR **sich ~** saltare; **sich aufs Fahrrad ~** saltare in (*od* sulla) bici; **sich von Ast zu Ast ~** balzare di ramo in ramo; **sich über etw** (*akk*) **~** superare qc con un balzo ♦ *hum* **eine Rede ~** tenere un discorso; **große Reden ~** dirle grosse

Schwin·ger M ⟨-s; -⟩ SPORT sventola *f*

Schwing·tür F porta *f* a vento

Schwin·gung F ⟨-; -en⟩ **1** oscillazione *f* (*a.* PHYS): **etw in ~ versetzen** far entrare qc in oscillazione **2** vibrazione *f* (*a. fig*)

Schwips M ⟨-es; -e⟩ *umg* leggera sbornia *f*: **einen ~ haben** essere un po' brillo

schwir·ren VI **1** ⟨h.⟩ ronzare: **die Mücken ~** le zanzare ronzano **2** ⟨s.⟩ sibilare: **Pfeile ~ durch die Luft** le frecce sibilano nell'aria **3** ⟨s.⟩ *fig* frullare: **viele Gedanken ~ mir durch den Kopf** molti pensieri mi frullano per il capo **4** ⟨h.⟩ abbondare: **die Stadt schwirrt von Gerüchten** in città abbondano le voci **5** ⟨s.⟩ (*flitzen*) *umg* sfrecciare ♦ **durch die Gegend ~** essere in giro (*od* a zonzo); **mir schwirrt der Kopf** mi gira la testa

schwit·zen VI ⟨h.⟩ **1** sudare **2** trasudare: **die Wände ~** i muri trasudano **3** (*beschlagen*) appannarsi ♦ **ins Schwitzen kommen** cominciare a sudare

Schwitz·kur F cura *f* di essudazione

schwo·fen VI ⟨h.⟩ *umg* ballare

schwoll → schwellen

schwor → schwören

schwö·ren **A** VI ⟨schwor, geschworen; h.⟩ giurare: **auf die Verfassung ~** giurare sulla costituzione; **bei seiner Ehre ~** giurare sul proprio onore; **meine Oma schwört auf dieses Mittel** mia nonna giura sulla validità di questo rimedio **B** VT giurare: **j-m Rache ~** giurare a qn vendetta **C** VR **sich** (*dat*) **~** ripromettersi, giurare

schwul ADJ *umg* gay, omosessuale

schwül ADJ afoso ♦ **es ist ~** c'è afa

Schwu·le M ⟨-n; -n⟩ *umg* gay *m*

Schwü·le F ⟨-⟩ afa *f*

schwüls·tig ADJ ridondante, ampolloso

Schwund M ⟨-[e]s; -e⟩ **1** calo *m*, diminuzione *f* (*a.* HANDEL) **2** (*Verlust*) perdita *f* (*a.* HANDEL) **3** MED atrofia *f* **4** RADIO fading *m*

Schwung M ⟨-[e]s; Schwünge⟩ **1** slancio *m* (*a. fig*): **mit ~ über den Zaun springen** superare la staccionata con uno slancio **2** (*an Schaukeln*) spinta *f* **3** (*Elan*) brio *m*: **seine Musik hat keinen ~** la sua musica non ha alcun brio; **rednerischer ~** foga *f* oratoria **4** (*geschwungene Linienführung*) arcata *f* **5** (*beim Skilaufen*) svolta *f* **6** *umg* (*große Menge*) sacco *m*, mucchio *m* ♦ **etw in ~ bringen** avviare (*od* mettere in moto) qc; **~ holen** darsi lo slancio; **in ~ kommen** prendere l'avvio; *fig* diventare allegro; **in ~ sein** essere lanciato; (*fit sein*) essere in forma

schwung·haft ADJ (*Geschäfte*) vivace,

fiorente **schwung·los** ADJ senza slancio **Schwung·rad** N volano *m* **schwung·voll** ADJ 1 pieno di slancio 2 (*lebhaft*) vivace, pieno di brio 3 (*Linie*) slanciato

Schwur M ⟨-[e]s; Schwüre⟩ giuramento *m* **Schwur·ge·richt** N corte *f* d'assise

Schwyz N ⟨-⟩ 1 (*Stadt*) Svitto *f* 2 (*Kanton*) Canton *m* Svitto

Sci·ence-Fic·tion ['saiəns'fɪkʃən] F ⟨-⟩ fantascienza *f*

Sci·en·to·lo·gy® [saiən'tɔlodʒi] F ⟨-⟩ Scientology® *f*

Scrabb·le® [skrɛbl] N ⟨-s; -s⟩ scarabeo *m*

Screen·shot ['skri:nʃɔt] M ⟨-s; -s⟩ IT screen shot *m inv*

sechs NUM 1 sei: *umg* **sie waren zu -en** erano in sei 2 le sei: **um ~ Uhr** alle sei

Sechs F ⟨-; -en⟩ 1 sei *m*: **eine ~ würfeln** fare sei con i dadi 2 (*Schulnote*) quattro *m*, gravemente insufficiente *m*

Sechs·eck N ⟨-[e]s; -e⟩ esagono *m* **sechs·eckig** ADJ esagonale **sechs·ein·halb** ADJ ⟨*inv*⟩ sei e mezzo

Sech·ser·pack M ⟨-s; -e⟩ confezione *f* da sei

sechs·fach A ADJ sestuplo, di sei volte B ADV sei volte **sechs·hun·dert** NUM seicento **sechs·jäh·rig** ADJ di sei anni **sechs·mal** ADV sei volte **sechs·mo·na·tig** ADJ di sei mesi **sechs·stel·lig** ADJ di sei cifre

sechst: **zu ~** in sei

Sechs·ta·ge·ren·nen N seigiorni *f*

sechs·tä·gig ADJ di sei giorni

sechs·tau·send NUM seimila

sechs·te ADJ 1 sesto; **den -n Sinn für etw haben** avere il sesto senso per qc 2 **am -n Oktober** il sei ottobre **Sechs·te** M/F ⟨-n; -n⟩ sesto *m*, -a *f*: **Beethovens ~** la Sesta di Beethoven **sechs·tel** ADJ ⟨*inv*⟩ sesto: **ein ~ Liter** un sesto di litro **Sechs·tel** N ⟨-s; -⟩ sesto *m*: MATH **zwei ~** due sesti **sechs·tens** ADV in sesto luogo

sechs·wö·chig ADJ di sei settimane

sech·zehn NUM sedici **sech·zehn·hun·dert** NUM milleseicento **sech·zehn·jäh·rig** ADJ sedicenne, di sedici anni

sech·zig NUM sessanta: **Ende (der) ~** alla fine dei sessanta **Sech·zig** F ⟨-; -en⟩ sessanta *m* **sech·zi·ger** ADJ ⟨*inv*⟩ sessanta: **die ~ Jahre** gli anni sessanta

Sech·zi·ger M ⟨-s; -⟩, **-in** F ⟨-; -nen⟩ sessantenne *m/f*

Sech·zi·ger·jah·re PL anni *mpl* sessanta

sech·zig·jäh·rig ADJ di sessant'anni; (*Mensch*) sessantenne

sech·zigs·te ADJ sessantesimo

Se·cond·hand·la·den ['sɛkənd'hɛnt-] M, **Se·cond·hand·shop** [-ʃɔp] M ⟨-s; -s⟩ negozio *m* di vestiti usati

Se·di·ment N ⟨-[e]s; -e⟩ sedimento *m*

See[1] M ⟨-s; -n⟩ (*Binnensee*) lago *m*: **der Genfer ~** il lago di Ginevra; **der Neuenburger ~** il lago di Neuchâtel; **der Züricher ~** il lago di Zurigo

See[2] F ⟨-⟩ (*Meer*) mare *m*: **an die ~ fahren** andare al mare ♦ **auf ~** in mare; **in ~ gehen** (*od* **stechen**) salpare

See·ad·ler M aquila *f* di mare **See·bad** N località *f* balneare **See·bär** M *fig* lupo *m* di mare **See·barsch** M spigola *f* **See·be·ben** N maremoto *m*

See-Ele·fant M elefante *m* marino

See·fah·rer M navigatore *m* **See·fahrt** F 1 navigazione *f* (in mare) 2 (*Reise*) viaggio *m* per mare **see·fest** ADJ (*seetüchtig*) atto a tenere il mare **See·fisch** M pesce *m* di mare **See·gang** M moto *m* ondoso: **hoher** (*od* **schwerer**) **~** mare *m* grosso **See·gras** N BOT zostera *f*, fieno *m* marino **See·ha·fen** M porto *m* marittimo **See·han·del** M commercio *m* marittimo **See·hecht** M nasello *m* **See·herr·schaft** F dominio *m* sui mari **See·hund** M foca *f* **See·igel** M riccio *m* di mare **See·jung·frau** F sirena *f* **See·kar·te** F carta *f* nautica **see·krank** ADJ **ich bin ~** ho il mal di mare **See·lachs** M gado *m* carbonario

See·le F ⟨-; -n⟩ anima *f* (*a. fig*): **die ~ des Unternehmens** l'anima dell'impresa ♦ *hum* **zwei -n wohnen in meiner Brust** in me convivono due anime; **aus** (*od* **mit**) **ganzer ~** con tutta l'anima; **zwei -n und ein Gedanke** due corpi e un'anima sola; **in der/aus tiefster ~** nel (*od* dal) profondo dell'anima; **keine ~ war zu sehen** non si vedeva anima viva; **auf j-s ~ lasten** (*od* **liegen**) angustiare qn; **eine ~ von Mensch** una persona di buon cuore; **j-m aus der ~ sprechen** leggere nell'anima di qn; **eine treue ~ sein** essere una persona fidata; **sich** (*dat*) **etw von der ~ schreiben** sfogarsi scrivendo qc

See·len·frie·den M pace *f* dell'anima (*od* interiore) **See·len·heil** N salvezza *f* dell'anima **See·len·le·ben** N psiche *f* **see·len·los** ADJ **1** senz'anima **2** *fig* (*gefühllos*) freddo **See·len·qual** F tormento *m* dell'anima (*od* interiore) **See·len·ru·he** F tranquillità *f* **see·len·ru·hig** ADJ imperturbabile **See·len·ver·käu·fer** M *pej* **1** SCHIFF carretta *f* **2** *umg fig* giuda *m* **see·len·ver·wandt** ADJ (interiormente) affine **See·len·ver·wandt·schaft** F affinità *f* (spirituale) **see·len·voll** ADJ pieno di sentimento **See·len·wan·de·rung** F trasmigrazione *f* delle anime **See·len·zu·stand** M stato *m* d'animo

see·lisch ADJ **1** psichico: **das -e Gleichgewicht** l'equilibrio psichico **2** (*innerlich*) dell'anima, interiore: **-e Kämpfe** conflitti interiori ♦ **~ bedingt** psicogeno

See·lö·we M leone *m* marino

Seel·sor·ge F ⟨-⟩ assistenza *f* spirituale, *obs* cura *f* d'anime **Seelsor·ger** M ⟨-s; -⟩, **-in** F ⟨-; -nen⟩ guida *f* spirituale **seel·sor·ge·risch** ADJ pastorale

See·luft F aria *f* di mare **See·macht** F potenza *f* marittima **See·mann** M ⟨-[e]s; -leute⟩ marinaio *m* **see·män·nisch** ADJ di (*od* da) marinaio **See·manns·garn** N storie *fpl* di marinai: **~ spinnen** raccontare storie di marinai **See·mei·le** F miglio *m* marino **See·mö·we** F gabbiano *m* di mare

See·not F pericolo *m* di naufragio **See·not·ret·tungs·dienst** M servizio *m* (di) salvataggio marittimo

See·pferd·chen N ⟨-s; -⟩ cavalluccio *m* marino **See·räu·ber** M, **-in** F pirata *m/f* **See·rei·se** F viaggio *m* per mare **See·ro·se** F BOT ninfea *f* **See·sack** M sacca *f* da marinaio **See·schlacht** F battaglia *f* navale **See·stern** M stella *f* marina **See·streit·kräf·te** PL forze *fpl* navali **See·tang** M zostera *f*, alghe *fpl* **See·teu·fel** M ZOOL rana *f* pescatrice **see·tüch·tig** ADJ atto alla navigazione **See·tüch·tig·keit** F navigabilità *f* **See·was·ser** N acqua *f* di mare **See·weg** M **1** **etw auf dem ~ befördern** trasportare qc via mare **2** (*Seeroute*) rotta *f*: **der ~ nach Indien** la rotta delle Indie **See·wind** M vento *m* di mare **See·zei·chen** N segnale *m* marittimo **See·zun·ge** F sogliola *f*

Se·gel N ⟨-s; -⟩ vela *f*: **die ~ streichen** ammainare le vele (*a. fig*); **~ setzen** spiegare le vele (al vento) **Se·gel·boot** N barca *f* a vela **se·gel·flie·gen** VI ⟨*nur inf*⟩ praticare il volo a vela **Se·gel·flie·ger** M, **-in** F volovelista *m/f* **Se·gel·flug** M volo *m* a vela **Se·gelflug·zeug** N aliante *m*

se·geln **A** VI **1** ⟨s.⟩ SCHIFF navigare (a vela), veleggiare (*a.* FLUG): **nach Dänemark ~** veleggiare verso la Danimarca **2** ⟨h., s.⟩ (*segeln gehen*) andare in barca a vela; SPORT fare vela **3** ⟨s.⟩ (*schwebend fliegen*) volare **B** VT **eine Jacht ~** pilotare uno yacht **Se·geln** N ⟨-s⟩ **1** SCHIFF, FLUG navigazione *f* a vela **2** FLUG volo *m* a vela

Se·gel·re·gat·ta F regata *f* velica **Se·gel·schiff** N nave *f* a vela, veliero *m* **Se·gel·sport** M velismo *m* **Se·gel·tuch** N ⟨-[e]s; -e⟩ tela *f* da vele; (*Stoff*) olona *f*

Se·gen M ⟨-s; -⟩ benedizione *f*: **j-m den ~ geben** dare la benedizione a qn; **~ spendend** benefico; *umg* (*Einwilligung*) **meinen ~ hast du!** hai la mia benedizione! ♦ **~ bringen** portare fortuna; **j-m Glück und ~ wünschen** augurare ogni bene a qn

se·gens·reich ADJ **1** benefico **2** (*Glück bringend*) che porta fortuna **Se·gens·wunsch** M augurio *m* di (buona) fortuna

Seg·ler[1] M ⟨-s; -⟩ **1** SCHIFF veliero *m*; (*Segelboot*) barca *f* a vela **2** FLUG aliante *m*

Seg·ler[2] M ⟨-s; -⟩, **-in** F ⟨-; -nen⟩ (*Mensch*) velista *m/f*

Seg·ment N ⟨-[e]s; -e⟩ segmento *m*

seg·nen VT benedire ♦ **das Zeitliche ~** passare ad altra vita

Seg·nung F ⟨-; -en⟩ **1** benedizione *f* **2** *umg* (*segensreiche Wirkung*) beneficio *m*

seh·be·hin·dert ADJ con difetti (*od* disturbi) della vista

se·hen ⟨sieht, sah, gesehen⟩ **A** VT **1** vedere: **ich habe ihn davonlaufen ~** l'ho visto scappare; **die Dinge falsch ~** vedere le cose in modo sbagliato; **in j-m einen Freund ~** vedere in qn un amico; **ich will ~, was sich machen lässt** vedrò che si può fare; (*treffen*) **ich sehe ihn um 9 (Uhr)** lo vedo alle 9 **2** (*betrachten*) guardare: **etw durch eine Lupe ~** guardare qc attraverso una lente **3** (*deutlich in Erinnerung haben*) avere presente (il ricordo), avere davanti agli occhi **4** (*feststellen*) constatare **B** VI ⟨h.⟩ **1** vedere:

S

verschwommen ~ vedere sfocato **2** (*blicken*) guardare: **zum Himmel ~** guardare (verso) il cielo; **j-m in die Augen ~** guardare qn negli occhi **3** (*sich kümmern*) badare: **nach dem Haus ~** badare alla casa; **nach den Kindern ~** andare a controllare i bambini; **nicht auf den Preis ~** non badare al prezzo **4** **an etw** (*dat*) **sieht man, dass …** da qc si vede che … **C** VR **sich ~** vedersi; **wir ~ uns morgen** ci vediamo domani; **sich gezwungen ~** vedersi costretto ♦ **j-n/etw zu ~ bekommen** (riuscire a) vedere qn/qc; **siehst du (wohl)!** visto?; **etw (nicht) gern ~** (non) vedere di buon occhio qc; **etw kommen ~** aspettarsi qc; **sich ~ lassen können** presentarsi bene, essere degno di nota; **sich mit j-m/etw ~ lassen können** potere essere fiero di qn/qc; **sich bei j-m nicht mehr ~ lassen** non farsi più vedere da qn; **sieh mal!** guarda!; **lass mal ~!** fa' vedere!; **j-n/etw nicht (mehr) ~ können** non potere (più) vedere qn/qc; **etw nicht mehr ~ können** non poterne più di qc; **ich kann (es) nicht ~, wenn …** non mi piace che …; **von j-m/etw ist nichts (mehr) zu ~** non si vede (più) qn/qc; **niemand ist zu ~** non si vede nessuno; **siehe oben/unten** vedi sotto/sopra; **scharf ~** avere la vista acuta; **hat man so etwas schon gesehen!** ma guarda che roba!; **wir werden ja** (*od* **schon**) **~!** staremo a vedere!; **wie ich sehe** a quanto vedo; **da sieht man's wieder!** ecco, c'era da aspettarselo!; **etw ist gut/kaum zu ~** qc si vede bene/appena

Se·hen N **j-n vom ~ kennen** conoscere qn di vista

se·hens·wert ADJ, **sehens·wür·dig** ADJ da vedere **Se·hens·wür·dig·keit** F ⟨-; -en⟩ cosa *f* da vedere (*od* interessante): **die -en einer Stadt** le attrazioni di una città

Se·her M ⟨-s; -⟩, **-in** F ⟨-; -nen⟩ veggente *m/f*

Seh·feh·ler M difetto *m* della vista **Seh·kraft** F capacità *f* visiva, vista *f*

Seh·ne F ⟨-; -n⟩ **1** tendine *m* **2** (*Bogensehne*) corda *f* (dell'arco)

seh·nen VR **sich nach j-m/etw ~** avere nostalgia di qn/qc; **sich nach einem Bier ~** avere una gran voglia di una birra

Seh·nen·schei·den·ent·zün·dung F tendinite *f*; tendovaginite *f* **Seh·nen·zer·rung** F stiramento *m* (MED distrazione *f*) del tendine

Seh·nerv M nervo *m* ottico

seh·nig ADJ **1** tendinoso **2** (*Fleisch*) tiglioso, fibroso **3** (*kräftig*) nerboruto

sehn·lich **A** ADJ ardente; trepidante **B** ADV ardentemente: **j-n -st erwarten** aspettare qn con trepidazione **Sehn·sucht** F **1** desiderio *m*: **~ nach Liebe** desiderio d'amore **2** nostalgia *f*: **~ nach der Heimat** nostalgia della patria **sehn·süch·tig** **A** ADJ **1** pieno di desiderio **2** (*brennend*) ardente, smanioso, trepidante **3** nostalgico **B** ADV **1** con (struggente) desiderio **2** ardentemente, con trepidazione: **j-n ~ erwarten** aspettare qn con trepidazione **3** (*voller Heimweh*) con nostalgia

sehr ADV molto: **~ schön** molto bello, bellissimo; **~ oft** molto spesso, spessissimo; **sich ~ freuen** rallegrarsi molto; **~ wohl wissen** sapere molto bene ♦ **~ gut** molto buono, buonissimo, ottimo; (*adverbial*) molto bene, benissimo; **ich wünsche es mir so ~** me lo auguro tanto; **~ viel** moltissimo; **wie ~** quanto; **wie ~ auch …** per quanto …; **zu ~** troppo

Seh·rohr N periscopio *m* **Seh·schär·fe** F acutezza *f* visiva **Seh·schwä·che** F debolezza *f* della vista **Seh·stö·rung** F disturbo *m* della vista **Seh·test** M esame *m* della vista **Seh·ver·mö·gen** N facoltà *f* visiva

seicht ADJ **1** basso **2** *pej* (*oberflächlich*) superficiale; (*flach*) scialbo

Sei·de F ⟨-; -n⟩ seta *f*

sei·den **A** ADJ di seta **B** ADV come la seta **sei·den·matt** ADJ opaco **Sei·den·pa·pier** N carta *f* seta **Sei·den·rau·pe** F baco *m* da seta **Sei·den·strumpf** M calza *f* di seta **Sei·den·tuch** N foulard *m* di seta **sei·den·weich** ADJ morbido come la seta

sei·dig ADJ setoso, di seta, serico

Sei·fe F ⟨-; -n⟩ **1** sapone *m* **2** (*Stück Seife*) (pezzo *m* di) sapone *m*; (*zur Körperpflege*) saponetta *f*

Sei·fen·bla·se F bolla *f* di sapone (*a. fig*) **Sei·fen·lau·ge** F saponata *f*, lisciva *f* di sapone **Sei·fen·oper** F soap-opera *f* **Sei·fen·pul·ver** N detersivo *m* (in polvere) **Sei·fen·scha·le** F portasapone *m* **Sei·fen·spen·der** M dosatore *m*, erogatore *m* (di sapone)

sei·fig ADJ **1** (*voller Seife*) insaponato **2** saponoso: **einen -en Geschmack haben**

S

avere gusto (*od* sapere) di sapone
sei·hen VT *dial* filtrare
Seil N ⟨-[e]s; -e⟩ corda *f* (*a. Alpinismus*); fune *f* ♦ *fig* **in den -en hängen** essere esausto
Seil·bahn F funivia *f*; (*auf Schienen*) funicolare *f*; (*für Materialien*) teleferica *f*
Seil·schaft F ⟨-; -en⟩ **1** (*Alpinismus*) cordata *f* **2** POL équipe *f* **seil·sprin·gen** VI ⟨*nur inf*⟩ saltare la corda **seil·tan·zen** VI ⟨*nur inf*⟩ ballare sulla corda **Seil·tän·zer** M, **-in** F funambolo *m*, -a *f* **Seil·zug** M comando *m* a cavo flessibile
sein[1] VI ⟨ich bin, du bist, er ist, wir sind, ihr seid, sie sind; war, gewesen; s.⟩ **1** essere: **ich bin's** sono io; **traurig ~** essere triste; **es ist besser so** è meglio così; **er war ein Jahr in Bonn** è stato un anno a Bonn; **es waren viele Leute da** c'era molta gente; **was ist das?** che cos'è?; **wer ist das?** chi è? (*gehören*); **das ist meines** questo è mio **2** (*existieren, vorhanden sein*) esistere, esserci **3** fare: **ich bin Angestellter** sono (*od* faccio l')impiegato **4** MATH **drei mal drei ist neun** tre per tre fa nove **5** **das ist noch zu tun** è ancora da farsi **6** (*als Hilfsverb*) essere, avere: **er ist abgefahren** è partito; **ich bin den ganzen Tag gerannt** ho corso tutto il giorno ♦ *umg* **es ist mir** (*od* **mir ist**), **als** (**ob**) ... ho l'impressione di (*od* che) ...; **aus Köln ~** essere di Colonia; **aus England ~** venire dall'Inghilterra; **außer sich ~** essere fuori di sé; **dafür/dagegen ~** essere favorevole/contrario; **kann ~** può darsi; **was ist mit dir?** cos'hai?; **was ist mit ihm?** cos'ha? *umg*; **mir ist heute nicht nach Tanzen** oggi non ho voglia di ballare; **das ist nichts für mich/Sie** non fa per me/Lei; **sei es ... sei es ...** sia ..., sia ...; **es sei denn ...** a meno che ...; **jedes Versehen, sei es auch noch so gering** ogni svista per quanto piccola; **komm, sei nicht so** dai, non fare così; **du warst es!** sei stato tu!; **das wär's** è tutto; **lass es ~!** lascia perdere!
sein[2] POSS PR **A** (*attr*) (il) suo: **~ Mantel** il suo cappotto; **-e Mutter** sua madre **B** (*absolut*) **seiner** (F **seine**, N **sein**[e]**s**, PL **seine**) il suo: **das ist nicht deine Meinung, sondern** (**die**) **-e** questa non è la tua opinione, ma la sua ♦ **das dauert -e Zeit** ci vuole un po' di tempo; **jedem das Seine** a ciascuno il suo; **die Seinen** i suoi (familiari); **er hat das Seine getan** ha fatto la sua parte
Sein N ⟨-s⟩ essere *m* (*a.* PHIL): **~ oder Nichtsein** essere o non essere
sei·ner·seits ADV da parte sua
sei·ner·zeit ADV allora
sei·nes·glei·chen PRON ⟨*inv*⟩ **1** (un) suo pari; (*in Bezug auf Personen*) (i) suoi pari **2** uguale, uguali: **dieses Bauwerk sucht ~** questo edificio non ha uguali
sei·net·we·gen ADV **1** (*ihm zuliebe*) per lui **2** (*wegen ihm*) per colpa sua, a causa sua **sei·net·wil·len** ADV **um ~** per lui, per amor suo
sei·ni·ge, **Sei·ni·ge** POSS PR M/F/N *geh* il suo, la sua
seis·misch ADJ sismico
Seis·mo·graf M ⟨-en; -en⟩ **1** sismografo *m* **2** *fig* indicatore *m*, termometro *m*
seit **A** PRÄP (+*dat*) (a partire) da: **~ seinem 10. Lebensjahr** dall'età di dieci anni; **~ einem Jahr** da un anno; **~ wann bist du hier?** da quanto tempo sei qui? **B** KONJ da quando **seit·dem** **A** ADV da allora **B** KONJ da quando
Sei·te F ⟨-; -n⟩ **1** lato *m*: **auf** (*od* **zu**) **beiden -n der Straße** su entrambi i lati della strada; **auf einer ~ gelähmt sein** essere paralizzato da un lato; **die technische ~ des Problems** il lato tecnico del problema; **sich von der besten ~ zeigen** mostrare il proprio lato migliore **2** (*Richtung*) direzione *f*, parte *f*: **nach allen -n schauen** guardare in tutte le direzioni; **von allen -n zusammenlaufen** affluire da ogni parte **3** (*seitlicher Teil*) fianco *m*: **die ~ eines Bergs** il fianco di un monte; **an j-s ~** a fianco di qn; **auf der linken ~ schlafen** dormire sul fianco sinistro **4** (*von Buch*) pagina *f*: **auf ~ 7** a pagina 7 **5** (*Vorder-, Rückseite*) facciata *f* **6** parte *f*: **auf welcher ~ stehst** (*od* **bist**) **du?** da che parte stai?; **das Recht ist auf seiner ~** la ragione è dalla sua (parte) ♦ **~ an ~** fianco a fianco; **j-n von der ~ ansehen** guardare di traverso qn; **auf der einen ~ ... auf der anderen ~** da un lato ... dall'altro; **j-n auf seine ~ bringen** (*od* **ziehen**) trarre qn dalla propria parte; **etw von dritter ~ erfahren** venire a conoscenza di qc da terzi (*od* da altri); **auf die** (*od* **zur**) **~ gehen** mettersi da parte; **die Gelben -n®** le pagine gialle; **etw auf die ~ legen** mettere da parte qc; **j-n zur ~ nehmen** mettere da parte qn; **das ist**

S

meine schwache ~ è il mio punto debole; **das ist meine starke ~** è il mio forte; **j-m (mit Rat und Tat) zur ~ stehen** assistere (*od* aiutare) qn; **j-m einen Helfer zur ~ stellen** mettere un aiutante accanto a qn; **zur ~ treten** farsi da parte; **von der ~** di lato; **von dieser ~** da questo lato; **von allen -n** da ogni parte; *fig* sotto tutti gli aspetti; **von gut unterrichteter ~** da fonti accreditate; **j-m nicht von der ~ gehen** (*od* **weichen**) seguire qn come un'ombra; **auf -n** → aufseiten; **von -n** → vonseiten

Sei·ten·air·bag M airbag *m inv* laterale **Sei·ten·an·sicht** F vista *f* laterale **Sei·ten·auf·prall·schutz** M protezione *f* laterale antiurto **Sei·ten·blick** M occhiata *f* **Sei·ten·ein·gang** M entrata *f* laterale **Sei·ten·flü·gel** M ARCH ala *m* **Sei·ten·hieb** M **1** (*beim Fechten*) fianconata *f* **2** *fig* frecciata *f* **Sei·ten·ka·nal** M canale *m* secondario **Sei·ten·la·ge** F posizione *f* laterale: **sich in ~ befinden** stare sul fianco **sei·ten·lang** ADJ di molte pagine **Sei·ten·leh·ne** F bracciolo *m* **Sei·ten·li·nie** F **1** SPORT linea *f* laterale (del campo da gioco) **2** (*genealogisch*) linea *f* collaterale **Sei·ten·ru·der** N FLUG timone *m* di direzione

sei·tens PRÄP (+*gen*) da parte di

Sei·ten·schiff N navata *f* laterale **Sei·ten·sprung** M *fig* scappatella *f* **Sei·ten·ste·chen** N fitta *f* alla milza: **vom Laufen ~ haben** avere fitte alla milza per la corsa **Sei·ten·stra·ße** F strada *f* laterale **Sei·ten·strei·fen** M corsia *f* di emergenza **Sei·ten·ta·sche** F tasca *f* laterale **Sei·ten·tür** M porta *f* laterale **sei·ten·ver·kehrt** ADJ & ADV al contrario **Sei·ten·wech·sel** M SPORT cambio *m* di campo **Sei·ten·wind** M vento *m* trasversale **Sei·ten·zahl** F **1** numero *m* di pagine **2** (*Zahl auf einer Seite*) numero *m* della (*od* di) pagina

seit·her ADV da allora

seit·lich **A** ADJ laterale **B** ADV lateralmente, di fianco **C** PRÄP (+*gen*) a fianco di

seit·wärts **A** ADV **1** da una parte **2** (*zur Seite*) di lato **B** PRÄP (+*gen*) a fianco, a lato di

Sek·ret N ⟨-[s]; -e⟩ MED, BIOL secreto *m*

Sek·re·tär M ⟨-s; -⟩ **1** (*Mensch*) segretario *m* **2** (*Möbel*) secrétaire *m* **Sek·re·ta·ri·at** N ⟨-[e]s; -e⟩ segretariato *m* **Sek·re·tä·rin** F ⟨-; -nen⟩ segretaria *f*

Sekt M ⟨-[e]s; -⟩ spumante *m*

Sek·te F ⟨-; -n⟩ setta *f*

Sekt·glas N bicchiere *m* da spumante

Sek·tie·rer M ⟨-s; -⟩, **-in** F ⟨-; -nen⟩ settario *m*, -a *f*

sek·tie·re·risch ADJ settario

Sek·ti·on F ⟨-; -en⟩ **1** (*Abteilung*) sezione *f* **2** MED autopsia *f*

Sek·tor M ⟨-s; -en⟩ settore *m*

se·kun·där ADJ secondario (*a.* CHEM, ELEK)

Se·kun·de F ⟨-; -n⟩ secondo *m* (*a.* GEOM): **auf die ~ (genau)** (giusto) al secondo **Se·kun·den·kle·ber** M colla *f* istantanea **Se·kun·den·zei·ger** M lancetta *f* dei secondi

sel·be DEM PR stesso, medesimo

sel·ber DEM PR ⟨*inv*⟩ *umg* → selbst

Sel·ber·ma·chen N ⟨-s⟩ *umg* **zum ~** da fare (*od* da montare) da soli

selbst **A** DEM PR ⟨*inv*⟩ **1** stesso: **er hat es ~ gesagt** l'ha detto lui stesso; **j-n sich ~ überlassen** abbandonare qn a sé stesso; **du bist nicht mehr du ~** non sei più lo stesso **2** (*allein*) da solo, da sé: **alles ~ machen** fare tutto da sé **3** (*an sich*) in sé: **das Zimmer ~ ist schön, aber die Möbel …** la camera in sé è bella, ma i mobili … **4** *umg* **er ist die Freigebigkeit ~** è la generosità in persona **B** ADV **1** (*eigen*); **~ ernannt** sedicente; **~ gebacken** (*od* **gemacht**) fatto in casa; **~ gebastelt** fatto da solo (*od* da sé); **~ geschneidert** fatto da sé **2** (*sogar*) perfino, persino: **~ sein Vater sagt das** lo dice perfino suo padre ♦ **um deiner ~ willen** nel tuo stesso interesse; *umg* **mir geht's gut, und ~?** – io sto bene, e tu?; **das geht ja wie von ~** va da sé; **das weiß ich ~** lo so da me; **das musst du ~ wissen** questo lo devi sapere tu; **~ wenn** anche se

Selbst N ⟨-⟩ io *m*; PHIL, PSYCH sé *m*, Sé *m*: **sein besseres ~** il suo io migliore; **sein wahres ~ finden** trovare il proprio vero Sé **Selbst·ach·tung** F autostima *f*

selb·stän·dig… → selbstständig…

Selbst·an·kla·ge F autoaccusa *f* **Selbst·aus·lö·ser** M FOTO autoscatto *m* **Selbst·be·die·nung** F ⟨-⟩ self-service *m* **Selbst·be·frie·di·gung** F masturbazione *f* **Selbst·be·herr·schung** F autocontrollo *m*: **die ~ verlieren** perdere il controllo di sé **Selbst·be·stä·ti-**

S

gung F autoaffermazione f **Selbst·be·stim·mung** F autodeterminazione f **Selbst·be·tei·li·gung** F franchigia f **Selbst·be·trug** M autoinganno m, illusione f

selbst·be·wusst A ADJ sicuro di sé B ADV in modo consapevole **Selbst·be·wusst·sein** N autocoscienza f, coscienza f di sé: **ein übersteigertes ~** un orgoglio eccessivo

Selbst·bild·nis N autoritratto m **Selbst·dar·stel·lung** F 1 il mettersi in mostra 2 → Selbstbildnis **Selbst·dis·zip·lin** F autodisciplina f **Selbst·ein·schät·zung** F valutazione f di sé **selbst·ent·pa·ckend** ADJ IT autoestraente **Selbst·er·fah·rungs·grup·pe** F gruppo m di autoanalisi **Selbst·er·hal·tungs·trieb** N istinto m di autoconservazione **Selbst·er·kennt·nis** F conoscenza f di sé

selbst·ge·fäl·lig ADJ pieno di sé, compiaciuto **Selbst·ge·fäl·lig·keit** F ⟨-⟩autocompiacimento m

selbst·ge·recht ADJ presuntuoso, pieno di sé **Selbst·ge·spräch** N monologo m **selbst·herr·lich** ADJ autocratico **Selbst·hil·fe** F 1 iniziativa f personale: **etw in ~ machen** fare qc da sé 2 JUR esercizio m delle proprie ragioni: **zur ~ schreiten** farsi giustizia da sé **Selbst·hil·fe·grup·pe** F gruppo m di auto-aiuto **selbst·kle·bend** ADJ autoadesivo **Selbst·kon·trol·le** F autocontrollo m **Selbst·kos·ten·preis** M prezzo m di costo **Selbst·kri·tik** F autocritica f **Selbst·laut** M vocale f **Selbst·ler·ner** M ⟨-s; -⟩, **-in** F ⟨-; -nen⟩ autodidatta m/f **selbst·los** ADJ disinteressato, altruista **Selbst·mit·leid** N autocommiserazione f

Selbst·mord M suicidio m: **~ verüben** suicidarsi **Selbst·mör·der** M, **-in** F suicida m/f **selbst·mör·de·risch** ADJ suicida **Selbst·mord·kom·man·do** N commando m suicida **Selbst·mord·ver·such** M tentativo m di suicidio

selbst·si·cher ADJ sicuro di sé **Selbst·si·cher·heit** F sicurezza f di sé

selbst·stän·dig ADJ autonomo, indipendente: **-er Beruf** lavoro m autonomo (od da libero professionista) ♦ **sich ~ machen** rendersi indipendente **Selbst·stän·dig·keit** F ⟨-; -en⟩ autonomia f, indipendenza f

Selbst·stu·di·um N studio m autodidattico **Selbst·sucht** F egoismo m **selbst·süch·tig** A ADJ egoista B ADV da egoista **selbst·tä·tig** ADJ automatico **Selbst·täu·schung** F → Selbstbetrug **Selbst·über·schät·zung** F sopravvalutazione f di sé **Selbst·über·win·dung** F sforzo m per dominarsi **selbst·ver·ant·wort·lich** ADJ di propria responsabilità **selbst·ver·ges·sen** ADJ svagato **Selbst·ver·leug·nung** F abnegazione f **selbst·ver·liebt** ADJ narcisista **Selbst·ver·pfle·gung** F vitto m a proprie spese **selbst·ver·schul·det** ADJ per colpa propria **Selbst·ver·sor·ger** M ⟨-s; -⟩, **-in** F ⟨-; -nen⟩ persona f autosufficiente

selbst·ver·ständ·lich ADJ ovvio, naturale: **eine -e Sache** una cosa ovvia; **das ist doch ~** ma è naturale; **für mich ist es ~, das zu tun** per me è ovvio farlo ♦ **~!** naturalmente, si capisce, certo! **Selbst·ver·ständ·lich·keit** F ⟨-; -en⟩ 1 (*offensichtliche Sache*) cosa f ovvia 2 naturalezza f: **etw mit der größten ~ tun** fare qc con la massima naturalezza

Selbst·ver·ständ·nis N coscienza f di sé **Selbst·ver·stüm·me·lung** F autolesione f **Selbst·ver·tei·di·gung** F autodifesa f **Selbst·ver·trau·en** N fiducia f in se stessi **Selbst·ver·wal·tung** F amministrazione f autonoma **Selbst·ver·wirk·li·chung** F autorealizzazione f

Selbst·vor·wurf M rimprovero m a sé stessi **Selbst·wert·ge·fühl** N autostima f **selbst·zer·stö·re·risch** ADJ autodistruttivo **selbst·zu·frie·den** ADJ contento di sé

se·lek·tiv ADJ selettivo

Se·len N ⟨-s⟩ selenio m

se·lig ADJ 1 beato (a. REL), felice: **ein -es Lächeln** un sorriso beato; **~ über etw (akk) sein** essere felice per qc 2 (*gestorben*) povero: **mein -er Onkel** il mio povero zio, la buonanima di mio zio ♦ **Gott hab ihn ~** Dio l'abbia in gloria; **wer's glaubt, wird ~** ma chi ci crede!; → seligsprechen

Se·lig·keit F ⟨-⟩ 1 beatitudine f 2 (*Freude*) gioia f; (*Glück*) felicità f **se·lig·spre·chen** V/T ⟨irr⟩ beatificare **Se·lig·spre·chung** F ⟨-; -en⟩ beatificazione f

Sel·le·rie M ⟨-s; -[s]⟩ sedano m

sel·ten A ADJ raro: **-e Tiere** animali rari; **von -er Schönheit** di rara bellezza B ADV raramente, di rado: **nicht ~** non di rado **Sel·ten·heit** F ⟨-; -en⟩ rarità *f*; caso *m* raro

Sel·ters F/N ⟨-; -⟩, **Sel·ters·was·ser** N sel(t)z *m*

selt·sam ADJ strano ♦ **im Alter ~ werden** diventare bizzarro con l'età **selt·sa·mer·wei·se** ADV stranamente **Selt·sam·keit** F ⟨-⟩ stranezza *f*

Se·mes·ter N ⟨-s; -⟩ semestre *m*: **er ist im vierten ~** è al quarto semestre **Se·mes·ter·fe·ri·en** PL vacanze *fpl* tra due semestri

Se·mi·fi·na·le N SPORT semifinale *f*

Se·mi·ko·lon N ⟨-s; - *u.* -kola⟩ punto *m* e virgola

Se·mi·nar N ⟨-s; -e⟩ 1 seminario *m* 2 (*Institut an der Hochschule*) istituto *m*

Se·mit M ⟨-en; -en⟩, **-in** F ⟨-; -nen⟩ semita *m/f*

se·mi·tisch ADJ semitico

Sem·mel F ⟨-; -n⟩ *dial* panino *m* ♦ **es geht weg wie warme -n** va a ruba **Sem·mel·brö·sel** PL briciole *fpl*; GASTR pangrattato *m*

Se·nat M ⟨-[e]s; -e⟩ 1 senato *m* (*a.* HIST) 2 JUR sezione *f* (del tribunale)

Se·na·tor M ⟨-s; -en⟩, **-to·rin** F ⟨-; -nen⟩ senatore *m*, -trice *f*

Sen·de·be·richt M (*von Faxgerät*) rapporto *m* di trasmissione **Sen·de·ge·biet** N area *f* di diffusione

sen·den V/T ⟨sandte/sendete, gesandt/gesendet⟩ 1 (*schicken*) spedire, inviare: **j-m** (*od* **an j-n**) **einen Brief ~** inviare una lettera a qn; IT **senden an** (*Befehl*) invia a 2 (*übermitteln*) mandare: **j-m Blumen/Grüße ~** mandare fiori/i saluti a qn 3 ⟨*per Funk; prät* sendete, *pperf* gesendet⟩ trasmettere

Sen·de·pau·se F RADIO, TV intervallo *m* ♦ *umg fig* **~ haben** staccare la spina

Sen·der M ⟨-s; -⟩ 1 (*Sendeanlage*) trasmittente *f*, trasmettitore *m* 2 (*Anstalt*) emittente *f* 3 (*Sendestaion*) stazione *f* (televisiva); (*Radio*) stazione *f* radiofonica 4 (*Kanal*) canale *m*: **auf einen anderen ~ umschalten** cambiare canale

Sen·de·raum M studio *m* (radiofonico *od* televisivo) **Sen·de·schluss** M fine *f* delle trasmissioni **Sen·de·zeit** F 1 tempo *m* a disposizione per una (*od* per la) trasmissione 2 (*Zeitpunkt*) orario *m* di trasmissione

Sen·dung F ⟨-; -en⟩ 1 spedizione *f* 2 TV, RADIO trasmissione *f* 3 (*Auftrag*) missione *f* ♦ **auf ~ sein** essere in onda

Sen·dungs·be·wusst·sein N consapevolezza *f* della propria missione

Se·ne·gal M ⟨-s⟩ Senegal *m*

Senf M ⟨-[e]s; -e⟩ senape *f*: **scharfer ~** senape piccante ♦ *umg* **überall seinen ~ dazugeben** mettere il becco in ogni cosa **Senf·gur·ke** F cetriolino *m* ai semi di senape

sen·gend ADJ cocente, ardente

se·nil ADJ senile

Se·ni·or M ⟨-s; -en⟩ 1 HANDEL senior *m*, socio *m* più anziano 2 SPORT senior *m* 3 *pl* (*ältere Menschen*) anziani *mpl* 4 (*Ältester*) veterano *m* **Se·ni·or·chef** M, **-in** F HANDEL direttore *m*, -trice *f* (più anziano) (-a)

Se·ni·o·ren·heim N casa *f* di riposo **Se·ni·o·ren·pass** M BAHN carta *f* d'argento

Se·ni·o·rin F ⟨-; -nen⟩ anziana *f*

Senk·blei N piombino *m*

Sen·ke F ⟨-; -n⟩ avvallamento *m*

Sen·kel M ⟨-s; -⟩ laccio *m*, stringa *f*

sen·ken A V/T 1 abbassare: **den Kopf/die Stimme/die Preise ~** abbassare il capo/la voce/i prezzi; **den Blutdruck ~** ridurre la pressione sanguigna 2 (*hinabgleiten lassen*) calare B V/R **sich ~** 1 abbassarsi 2 (*abfallen*) digradare 3 calare: **der Vorhang senkt sich** cala il sipario

Senk·fuß M piede *m* piatto **Senk·fuß·ein·la·ge** F plantare *m* (per piedi piatti) **Senk·gru·be** F pozzo *m* nero **senk·recht** ADJ 1 perpendicolare (*a.* GEOM) 2 verticale ♦ **~ aufeinander stehen** essere perpendicolari

Senk·rech·te F ⟨-; -n⟩ GEOM perpendicolare *f*

Senk·recht·star·ter[1] M (*Flugzeug*) aereo *m* a decollo verticale

Senk·recht·star·ter[2] M, **-in** F *fig* = *persona di successo travolgente*

Sen·kung F ⟨-; -en⟩ 1 cedimento *m*: **eine ~ des Bodens** un cedimento del terreno 2 (*Herabsetzung*) riduzione *f*

Sen·sa·ti·on F ⟨-; -en⟩ sensazione *f*

sen·sa·ti·o·nell ADJ sensazionale

Sen·sa·ti·ons·gier F, **Sen·sa·ti·ons·lust** F sensazionalismo *m* **Sen·sa·ti·ons·mel·dung** F annuncio *m* sensazionale **Sen·sa·ti·ons·pres·se** F

S

stampa *f* scandalistica (*od* sensazionalistica)
Sen·se F ⟨-; -n⟩ falce *f*: **mit der ~ mähen** falciare ♦ *umg* (**jetzt ist**) **~!** basta!
sen·si·bel ADJ sensibile
Sen·si·bi·li·tät F ⟨-⟩ sensibilità *f*
Sen·sor M ⟨-s; -en⟩, **Sen·sor·ta·ste** F sensore *m*
sen·ti·men·tal ADJ sentimentale **Sen·ti·men·ta·li·tät** F ⟨-; -en⟩ sentimentalismo *m*
se·pa·rat ADJ separato, a parte
Se·pa·ra·tist M ⟨-en; -en⟩, **-in** F ⟨-; -nen⟩ separatista *m/f*
Sep·tem·ber M ⟨-[s]; -⟩ settembre *m*
Se·quenz F ⟨-; -en⟩ sequenza *f*
se·quen·zi·ell ADJ IT sequenziale, in sequenza
Ser·be M ⟨-n; -n⟩ serbo *m* **Ser·bi·en** N ⟨-s⟩ Serbia *f* **Ser·bin** F ⟨-; -nen⟩ serba *f* **ser·bisch** ADJ serbo
ser·bo·kro·a·tisch ADJ serbocroato
Se·re·na·de F ⟨-; -n⟩ serenata *f*
Se·rie F ⟨-; -n⟩ serie *f* ♦ **in ~ bauen/herstellen** costruire/produrre in serie; **in ~ gehen** entrare nella produzione in serie
se·ri·ell ADJ MUS, IT seriale
Se·ri·en·brief M lettera *f* in serie **Se·ri·en·fer·ti·gung** F produzione *f* in serie **se·ri·en·mä·ßig** ADJ **1** in serie **2** (*immer eingebaut*) di serie **se·ri·en·reif** ADJ pronto per la produzione in serie **Se·ri·en·wa·gen** M vettura *f* di serie
se·ri·ös ADJ serio ♦ **einen -en Eindruck machen** dare un'impressione di serietà
Se·ri·o·si·tät F ⟨-⟩ serietà *f*
Ser·pen·ti·ne F ⟨-; -n⟩ **1** (*Windung*) serpentina *f* **2** (*von Straße*) (strada *f* a) serpentina *f*
Se·rum N ⟨-; Seren *u.* Sera⟩ siero *m*
Ser·ver ['zø:ɐvɐ] M ⟨-s; -⟩ server *m*
Ser·vice[1] [zɛr'vi:s] N ⟨-[s]; -⟩ (*Geschirr*) servizio *m*
Ser·vice[2] ['zø:ɐvɪs] M/N ⟨-; -s⟩ **1** (*Kundendienst*) servizio *m* (di assistenza ai) clienti **2** GASTR servizio *m* **3** SPORT (palla *f* di) servizio *m*
ser·vie·ren **A** V/T **1** GASTR, SPORT servire **2** *umg* scodellare: **j-m eine Menge Lügen ~** scodellare a qn un mucchio di bugie **B** V/I ⟨h.⟩ servire a tavola ♦ **es ist serviert!** il pranzo è servito!
Ser·vie·re·rin F ⟨-; -nen⟩ cameriera *f*
Ser·vier·toch·ter F *schweiz* → Serviererin **Ser·vier·wa·gen** M carrello *m* portavivande
Ser·vi·et·te F ⟨-; -n⟩ tovagliolo *m* **Ser·vi·et·ten·ring** M portatovagliolo *m*
Ser·vo·brem·se F servofreno *m* **Ser·vo·len·kung** F servosterzo *m*
ser·vus INT *österr* ciao
Se·sam M ⟨-s; -s⟩ (semi *mpl* di) sesamo *m* ♦ **~, öffne dich!** apriti, sesamo!
Ses·sel M ⟨-s; -⟩ **1** poltrona *f* **2** *österr* sedia *f*
Ses·sel·lift M seggiovia *f*
sess·haft ADJ stanziale: **sich irgendwo ~ machen** stabilirsi da qualche parte **Sess·haf·tig·keit** F ⟨-⟩ stabilità *f* di dimora
Set [sɛt] N/M ⟨-[s]; -s⟩ **1** (*Satz*) set *m* (*a.* FILM) **2** (*Platzdeckchen*) tovaglietta *f* (all'americana)
Set-up ['sɛtap] N ⟨-s; -s⟩ IT setup *m inv*

set·zen

A transitives Verb **B** reflexives Verb
C intransitives Verb **D** Wendungen

— **A** transitives Verb —

1 mettere: **ein Kind auf den Stuhl ~** mettere a sedere (*od* far sedere) un bambino sulla sedia; **Anzeigen in die Zeitung ~** mettere annunci sul giornale **2** **das Glas an den Mund ~** portare il bicchiere alla bocca **3** *fig* riporre: **die Hoffnung auf j-n/etw ~** riporre la speranza in qn/qc **4** (*Grenze, Termin*) fissare, stabilire **5** erigere: **ein Denkmal ~** erigere un monumento **6** (*pflanzen*) piantare **7** TYPO comporre **8** (*wetten*) puntare: **Geld auf ein Pferd ~** puntare denaro su un cavallo

— **B** reflexives Verb —

sich ~ **1** sedersi, mettersi a sedere: **bitte ~ Sie sich** si sieda prego **2** posarsi: **die Vögel ~ sich auf die Zweige** gli uccelli si posano sui rami **3** (*aufsetzen*) mettersi, porsi **4** (*sich niederschlagen*) depositarsi **5** (*eindringen*) penetrare **6** (*sich senken*) assestarsi

— **C** intransitives Verb —

⟨h.⟩ (*wetten*) **auf j-n/etw ~** puntare su qn/qc

— **D** Wendungen —

es setzt Schläge volano botte; **j-n in Freiheit ~** mettere in libertà qn; **keinen Fuß vor die Tür ~** non mettere il naso fuori (di casa); **die Passagiere an Land**

S

~ fare sbarcare a terra i passeggeri; *umg* **j-n vor die Tür ~** mettere qn alla porta; **seinen Namen unter etw** (*akk*) **~** firmare qc; **seine Unterschrift unter etw** (*akk*) **~** apporre la propria firma a qc

Set·zer M ⟨-s; -⟩, **-in** F ⟨-; -nen⟩ TYPO compositore *m*, -trice *f*

Setz·ling M ⟨-s; -e⟩ AGR piantone *m*

Seu·che F ⟨-; -n⟩ **1** epidemia *f* **2** *fig* flagello *m*

seuf·zen V/I ⟨h.⟩ sospirare **Seuf·zer** M ⟨-s; -⟩ sospiro *m*: **einen ~ der Erleichterung tun** tirare un sospiro di sollievo

Sex M ⟨-es⟩ sesso *m*: **~ machen** fare (del) sesso **Sex·bom·be** F sex-symbol *m* **Sex·film** M film *m* erotico

Se·xis·mus M ⟨-⟩ sessismo *m*

se·xis·tisch ADJ sessista

Sex·ma·ga·zin N rivista *f* pornografica

Sex·skan·dal M scandalo *m* sessuale

Sex·tett N ⟨-[e]s; -e⟩ MUS sestetto *m*

Sex·tou·ris·mus M turismo *m* sessuale

Se·xu·al·er·zie·hung F educazione *f* sessuale

Se·xu·a·li·tät F ⟨-⟩ sessualità *f*

Se·xu·al·kun·de F educazione *f* sessuale **Se·xu·al·ob·jekt** N oggetto *m* sessuale **Se·xu·al·straf·tat** F crimine *m* (a sfondo) sessuale **Se·xu·al·ver·bre·cher** M, **-in** F stupratore *m*, -trice *f*

se·xu·ell ADJ sessuale: **-er Missbrauch von Kindern** abuso sessuale di minori

se·xy *umg* **A** ADJ ⟨*inv*⟩ sexy **B** ADV in modo sexy

se·zie·ren V/T MED (dis)sezionare

Se·zier·mes·ser N coltello *m* anatomico

Sham·poo [ʃam'puː] N ⟨-s; -s⟩ shampoo *m inv*

sham·poo·nie·ren [ʃampu-] V/T **1** (*Haar*) **das Haar ~** fare lo shampoo **2** (*Teppich*) trattare con lo shampoo

Share·ware ['ʃɛːveːɐ] F ⟨-; -s⟩ IT shareware *m inv*

She·riff ['ʃɛrɪf] M ⟨-s; -s⟩ sceriffo *m*

Shift-Tas·te ['ʃɪft-] F IT tasto *m* shift

Shirt [ʃøːɐt] N ⟨-s; -s⟩ T-shirt *f*, maglietta *f*

shop·pen ['ʃɔpn] V/I fare spese, fare shopping

Shopping N ⟨-s⟩ shopping *m inv*

Shortcut ['ʃoːɐtkat] M ⟨-; -s⟩ IT tasti *mpl* di scelta rapida, shortcut *m inv*

Shorts [ʃɔrts] PL shorts *mpl*, pantaloncini *mpl* corti, calzoncini *mpl*

Show [ʃoː] F ⟨-; -s⟩ show *m* ♦ **eine ~ abziehen** fare uno show, mettersi in mostra

Shrimps [ʃrɪmps] PL gamberetti *mpl*

Si·bi·ri·en N ⟨-s⟩ Siberia *f* **si·bi·risch** ADJ siberiano ♦ **-e Kälte** freddo polare

sich **A** REFL PR ⟨*akk u. dat; nom* **er, sie, es, Sie**⟩ si, sé, a sé: **er versteckte ~** (**nicht**) (non) si nascose; **er schadet ~ selbst** nuoce a sé stesso; **die Schuld auf ~ nehmen** prendere la colpa su di sé; **es läuft ~ gut mit diesen Schuhen** si cammina bene con queste scarpe **B** PL **sie begegnen ~ oft** si incontrano spesso; **sie trösteten ~ gegenseitig** si consolarono a vicenda ♦ **für ~** da solo, per conto proprio; **das hat etw für ~** sembra convincente

Si·chel F ⟨-; -n⟩ falce *f*

si·cher **A** ADJ sicuro: **eine -e Stelle** un posto sicuro; **seiner Sache ~ sein** essere sicuro del fatto proprio; **es ist ~, dass er kommt** è certo che verrà **B** ADV **1** sicuramente: **das ist ~ falsch** è sicuramente sbagliato **2** (*ungefährlich*) in modo sicuro: **~ Auto fahren** guidare l'auto in modo sicuro **3** (*in Sicherheit*) al sicuro: **dort fühlte er sich ~** là si sentiva al sicuro ♦ **ein -es Auftreten** disinvoltura *f*; **sich in -em Abstand halten** tenersi a distanza di sicurezza; **so viel ist ~, dass** fatto sta che; **vor Dieben ~ sein** essere al sicuro dai ladri; **~ ist ~** la prudenza non è mai troppa

si·cher·ge·hen V/I ⟨*irr; s.*⟩ andare sul sicuro **Si·cher·heit** F ⟨-; -en⟩ **1** sicurezza *f*: **die innere ~** la sicurezza interna; **ich kann es nicht mit ~ sagen** non posso dirlo con sicurezza **2** WIRTSCH garanzia *f* ♦ **j-n in ~ bringen** mettere qn al sicuro

Si·cher·heits·be·auf·trag·te M/F addetto *m*, -a *f* alla sicurezza (in un'azienda) **Si·cher·heits·bin·dung** F attacco *m* di sicurezza (degli sci) **Si·cher·heits·dienst** M servizio *m* di sicurezza **Si·cher·heits·gurt** M cintura *f* di sicurezza: **den ~ anlegen/lösen** mettere/sganciare la cintura di sicurezza **si·cher·heits·hal·ber** ADV per sicurezza, per precauzione **Si·cher·heits·ko·pie** F IT copia *f* di sicurezza, backup *m inv* **Si·cher·heits·kräf·te** PL forze *fpl* dell'ordine **Si·cher·heits·na·del** F spilla *f* da baila **Si·cher·heits·rat** M consiglio *m* di sicurezza **Si·cher·heits·ri·si·ko** N pericolo *m* pubblico **Si·cher·heits·schloss** N serratura *f* di sicurezza **Si-**

S

cher·heits·vor·keh·rung F misura *f* precauzionale
si·cher·lich ADV sicuramente, di sicuro
si·chern **A** V/T **1** assicurare: **die Fensterläden ~** assicurare le persiane; **dem Sohn die Nachfolge ~** assicurare la successione al figlio **2** (*sicher machen*) rendere sicuro: **die Grenzen ~** rendere sicuri i confini **3** (*Waffe*) mettere la sicura **4** (*sicherstellen*) mettere al sicuro: **am Tatort Spuren ~** mettere al sicuro le prove raccolte sul luogo del delitto **5** IT salvare **B** V/R **1** **sich** (*dat*) **etw ~** assicurarsi qc **2** **sich gegen etw** (*akk*) (*od* **vor etw** (*dat*)) **~** assicurarsi (*od* cautelarsi) contro qc
si·cher·stel·len V/T **1** (*beschlagnahmen*) sequestrare **2** (*gewährleisten*) garantire, assicurare **3** (*Beweise*) mettere al sicuro
Si·che·rung F ⟨-; -en⟩ **1** tutela *f*, salvaguardia *f*: **die ~ der Arbeitsplätze** la tutela dei posti di lavoro; **die ~ des Friedens** la salvaguardia della pace **2** ELEK interruttore *m* di sicurezza, salvavita *m*; (*Schmelzsicherung*) fusibile *m*: **die ~ ist herausgesprungen** è saltato il salvavita **3** (*Waffe*) sicura *f* **Si·che·rungs·kas·ten** M le valvole *fpl* **Si·che·rungs·ko·pie** F IT copia *f* di sicurezza, backup *m inv*
Sicht F ⟨-⟩ **1** vista *f*: **es ist außer ~** l'ho perso di vista; *umg fig* **etw ist in ~** c'è qc in vista; WIRTSCH **bei ~** a vista; **zwei Monate nach ~ zahlbar** pagabile a due mesi vista **2** visibilità *f*, visuale *f*: **gute** (*od* **freie**) **~ haben** avere una buona visibilità; **j-m die ~ versperren/nehmen** impedire/togliere la visuale a qn **3** (*Gesichtspunkt*) punto *m* di vista: **aus meiner ~** dal mio punto di vista ♦ **auf lange/kurze ~** a lunga/breve scadenza
sicht·bar ADJ **1** visibile **2** (*deutlich*) evidente ♦ **etw ~ machen** chiarire (*od* visualizzare) qc; **~ werden** manifestarsi
sich·ten V/T **1** avvistare, scorgere **2** (*durchsehen*) esaminare, vagliare **3** (*ordnen*) ordinare, classificare
sicht·lich ADJ visibile, evidente
Sicht·ver·hält·nis·se PL condizioni *fpl* di visibilità **Sicht·ver·merk** M visto *m*: **mit ~ versehen** apporre il visto **Sicht·wei·se** F modo *m* di vedere **Sicht·wei·te** F vista *f*: **in ~** in vista; **außer ~** fuori del campo visivo
si·ckern V/I ⟨s.⟩ filtrare, trapelare (*a. fig*)
sie PERS PR **A** F **1** lei, ella, essa: **geht ~ heute zur Schule?** va a scuola oggi?; **~ selbst** ella (*od* lei) stessa; **da ist ~ ja!** eccola! **2** (*Sachen und Tiere; meist ausgelassen*) essa, esso: **steht die Mauer noch? - Nein, ~ wurde abgerissen** c'è ancora il muro? - No, è stato demolito **B** PL essi *mpl*, esse *fpl*, loro *mpl/fpl*: **~ sind gerade angekommen** sono appena arrivati; **die Verantwortung tragen ~** la responsabilità è loro; **da sind ~ ja!** eccoli!

Sie

Das Pronomen für die Höflichkeitsform ist im Italienischen die dritte Person **lei** für die Einzahl. Für die Mehrzahl wird generell das unformelle **voi** benutzt. **Loro** ist sehr formell.
Diese Anredeformen werden in formellen Schriftstücken groß geschrieben. Der Trend ist jedoch rückläufig.

Sie[1] PERS PR **1** lei: **~ sind wirklich nett, Herr Schultz** lei è molto gentile, signor Schultz; **aber, ich bitte ~!** ma la prego! **2** (*in Bezug auf mehrere Leute*) voi, *form* Loro; HANDEL **wir danken Ihnen im Voraus** Vi ringraziamo anticipatamente ♦ **das förmliche ~** il lei formale; **zu j-m ~ sagen** dare del lei a qn
Sie[2] F ⟨-; -s⟩ *umg* **1** lei *f*: **ein Er und eine ~** un lui e una lei **2** (*Tier*) femmina *f*
Sieb N ⟨-[e]s; -e⟩ **1** setaccio *m*: **etw durch ein ~ streichen** passare al setaccio qc **2** (*klein*) colino *m*, (*groß*) colapasta *m*: **etw durch ein ~ gießen** (s)colare qc **3** TECH (*für Flüssigkeiten*) filtro *m* ♦ *umg* **ein Gedächtnis wie ein ~** la memoria che fa acqua
Sieb·druck M ⟨-[e]s; -e⟩ serigrafia *f*
sie·ben[1] V/T **1** setacciare **2** (*Flüssigkeiten*) (s)colare, filtrare **3** *fig* selezionare
sie·ben[2] NUM **1** sette: **in ~ Tagen** fra sette giorni **2** le sette: **um ~** (**Uhr**) alle sette **Sie·ben** F ⟨-; -⟩ sette *m*
Sie·ben·eck N ⟨-s; -e⟩ ettagono *m* **sie·ben·eckig** ADJ ettagonale **sie·ben·ein·halb** ADJ ⟨inv⟩ sette e mezzo **sie·ben·fach** **A** ADJ settuplo **B** ADV sette volte **sie·ben·hun·dert** NUM settecento **sie·ben·jäh·rig** ADJ di sette anni **sie·ben·mal** ADV sette volte **sie·ben·ma·lig** ADJ che avviene sette volte
Sie·ben·mei·len·stie·fel PL stivali *mpl* delle sette leghe

sie·ben·mo·na·tig ADJ di sette mesi
Sie·ben·sa·chen PL **seine ~ packen** (*od* **zusammensuchen**) raccogliere i propri quattro stracci *mpl*
sie·bent... *obs* → siebt...
sie·ben·tä·gig ADJ di sette giorni
sie·ben·tau·send NUM settemila
siebt: **zu ~** in sette
sieb·te ADJ **1** settimo **2** sette: **am -n Juni** il sette giugno ♦ **im -n Himmel sein** essere al settimo cielo
Sieb·te M/F ⟨-n; -n⟩ settimo *m*, -a *f* **Sieb·tel** N ⟨-s; -⟩ settimo *m*: **zwei ~** due settimi **sieb·tens** ADV in settimo luogo
sieb·zehn NUM diciassette **sieb·zehn·hun·dert** NUM millesettecento
Sieb·zehn·und·vier N ⟨-⟩ (*Spiel*) ventuno *m*
sieb·zig NUM settanta; **er ist an die ~** è sulla settantina **Sieb·zig** F ⟨-; -en⟩ settanta *m* **sieb·zi·ger** ADJ ⟨*inv*⟩ settanta: **in den ~ Jahren** negli anni settanta
Sieb·zi·ger M ⟨-s; -⟩, **-in** F ⟨-; -nen⟩ settantenne *m/f*
Sieb·zi·ger·jah·re PL anni *mpl* settanta
sieb·zig·jäh·rig ADJ di settant'anni; (*Mensch*) settantenne
sieb·zigs·te ADJ settantesimo
Siech·tum N ⟨-s⟩ malattia *f* cronica
sie·deln V/I ⟨h.⟩ stabilirsi (come colono)
sie·den ⟨sott/siedete, gesotten/gesiedet⟩ **A** V/I ⟨h.⟩ bollire **B** V/T lessare, bollire ♦ **-d heiß** bollente, scottante
Sie·de·punkt M punto *m* di ebollizione
Sied·ler M ⟨-s; -⟩, **-in** F ⟨-; -nen⟩ colono *m*, -a *f*
Sied·lung F ⟨-; -en⟩ **1** insediamento *m* **2** (*Wohnsiedlung*) complesso *m* residenziale
Sieg M ⟨-[e]s; -e⟩ vittoria *f*: **einen ~ über j-n erringen** ottenere una vittoria su qn
Sie·gel N ⟨-s; -⟩ sigillo *m* ♦ **ein Buch mit sieben -n** un arcano, un mistero impenetrabile; **unter dem ~ der Verschwiegenheit** in gran segreto **Sie·gel·lack** M ⟨-s⟩ ceralacca *f* **Sie·gel·ring** M anello *m* (con) sigillo
sie·gen V/I ⟨h.⟩ vincere, riportare la vittoria, sconfiggere: **über j-n ~** vincere qn
Sie·ger M ⟨-s; -⟩ vincitore *m* **Sie·ger·eh·rung** F (cerimonia *f* della) premiazione *f*
Sie·ge·rin F ⟨-; -nen⟩ vincitrice *f*
Sie·ger·macht F potenza *f* vincitrice
Sie·ger·po·dest N podio *m* (dei vincitori)
sie·ges·be·wusst ADJ trionfante **Sie·ges·fei·er** F celebrazione *f* della vittoria **Sie·ges·säu·le** F colonna *f* trionfale **sie·ges·si·cher** ADJ sicuro di vincere **Sie·ges·zug** M marcia *f* trionfale
sieg·reich ADJ vittorioso, vincitore
sie·zen V/T **j-n ~** dare del Lei a qn
Sight·see·ing·tour ['zaitzi:ıŋtu:ɐ] F giro *m* turistico
Sig·nal N ⟨-s; -e⟩ segnale *m*
sig·na·li·sie·ren V/T segnalare (*a. fig*)
Sig·nal·wir·kung F effetto *m* di richiamo
Sig·na·tar·macht F potenza *f* firmataria
Sig·na·tur F ⟨-; -en⟩ **1** (*Namenszeichen*) sigla *f* **2** (*Unterschrift*) firma *f* **3** (*in Bibliotheken*) segnatura *f*
sig·nie·ren V/T firmare, siglare
Sil·be F ⟨-; -n⟩ sillaba *f* ♦ **etw mit keiner ~ erwähnen** non fare il minimo accenno a qc; **keine ~** (**davon**) **sagen/verstehen** non dire/capire una sola parola (di questo)
Sil·ben·rät·sel N cruciverba *m* sillabico
Sil·ben·tren·nung F sillabazione *f*
Sil·ber N ⟨-s⟩ **1** argento *m* (*a.* SPORT) **2** (*Silbergeschirr*) argenteria *f* **Sil·ber·be·steck** N posate *fpl* d'argento **Sil·ber·blick** M *hum* strabismo *m* di Venere: **einen ~ haben** essere un po' strabico **Sil·ber·geld** N monete *fpl* d'argento **sil·ber·grau** ADJ grigio-argento, argentato **Sil·ber·hoch·zeit** F nozze *fpl* d'argento **Sil·ber·me·dail·le** F medaglia *f* d'argento **Sil·ber·mö·we** F gabbiano *m* reale **Sil·ber·mün·ze** F moneta *f* d'argento
sil·bern ADJ **1** d'argento **2** (*hell schimmernd*) argenteo, argentato
Sil·ber·pa·pier N foglio *m* di alluminio
Sil·ber·pap·pel F gattice *m* **Sil·ber·streif** M **~ am Horizont** all'orizzonte (c'è) una schiarita
silb·rig ADJ argenteo, argentato
Sil·hou·et·te [zi'luɛtə] F ⟨-; -n⟩ **1** contorno *m*, profilo *m* **2** (*Nähen*) taglio *m*
Si·li·kon N ⟨-s; -e⟩ silicone *m*
Si·li·zi·um N ⟨-s⟩ silicio *m*
Si·lo M/N ⟨-[s]; -s⟩ silo *m*, silos *m*
Sil·ves·ter [-v-] M/N ⟨-s; -⟩, **Sil·ves·ter·a·bend** M Capodanno *m*, san Silvestro *m* **Sil·ves·ter·fei·er** F festa *f* di Capo-

danno (*od* dell'ultimo dell'anno)

Sim·bab·we N ⟨-s⟩ Zimbabwe *m*

SIM-Kar·te F TEL scheda *f* SIM

sim·pel ADJ semplice

Sims M/N ⟨-es; -e⟩ **1** cornicione *m* **2** (*Fenstersims*) davanzale *m*

sim·sen V/I ⟨h.⟩ messaggiare: **ich simse nicht gern** non mi piace mandare messaggini

Si·mu·lant M ⟨-en; -en⟩, **-in** F ⟨-; -nen⟩ simulatore *m*, -trice *f*

Si·mu·la·tor M ⟨-s; -en⟩ TECH simulatore *m*

si·mu·lie·ren V/T simulare

si·mul·tan ADJ simultaneo **Si·mul·tan·dol·met·schen** N ⟨-s⟩ traduzione *f* simultanea

Sin·fo·nie F ⟨-; -n⟩ sinfonia *f* (*a. fig*) **Sin·fo·nie·or·ches·ter** N orchestra *f* sinfonica

sin·fo·nisch ADJ sinfonico

Sin·ga·pur N ⟨-s⟩ Singapore *f*

sin·gen V/T & V/I ⟨sang, gesungen; h.⟩ cantare (*a. umg fig*): **im Verhör hat er gesungen** durante l'interrogatorio ha cantato

Sin·gle[1] [sɪŋl] N ⟨-[s]; -[s]⟩ SPORT singolare *m*, singolo *m*

Sin·gle[2] M ⟨-[s]; -s⟩ single *m/f*: **er/sie ist ein ~** è un/una single

Sin·gle[3] F ⟨-; -[s]⟩ 45 giri *m*

Sing·sang M ⟨-[e]s⟩ cantilena *f*; (*einfache Melodie*) canzoncina *f*

Sin·gu·lar M ⟨-s; -e⟩ singolare *m*: **das Wort steht im ~** la parola è al singolare

Sing·vo·gel M uccello *m* canoro

sin·ken V/I ⟨sank, gesunken; s.⟩ **1** calare, scendere: **der Nebel sinkt** scende la nebbia; **der Vorhang sinkt** cala il sipario; **die Temperatur ist (um 5 Grad) gesunken** la temperatura è scesa (di 5 gradi); **das Fieber sinkt langsam** la febbre cala lentamente **2** (*Schiff*) affondare **3** sprofondar(si): **in den Schnee ~** sprofondare nella neve **4** *fig* lasciarsi cadere: **todmüde sank er ins Bett** stanco morto si lasciò cadere sul letto; **in den Sessel ~** sprofondarsi nella poltrona **5** (*langsam fallen*) cadere (lentamente): **zu Boden ~** cadere a terra **6** diminuire, venire meno: **seine Hoffnung sank** la sua speranza venne meno; **den Mut ~ lassen** perdersi d'animo; **er ist in meiner Achtung gesunken** la mia stima nei suoi confronti è diminuita ♦ **tief ~** cadere in basso; **das -de Schiff verlassen** abbandonare la nave che affonda; **-de Temperaturen** temperature in diminuzione

Sinn M ⟨-[e]s; -e⟩ **1** senso *m*: **die fünf -e** i cinque sensi; **j-m schwinden die -e** qn perde i sensi **2** **~ für Ordnung** senso dell'ordine **3** **sie hat (keinen) ~ für Blumen** (non) le piacciono i fiori **4** **keinen ~ für die Jugend haben** non capire i giovani **5** **der ~ eines Satzes** il senso di una parola; **der ~ einer Geste** il significato di un gesto; ♦ **nicht mehr ganz bei -en sein** non essere più in sé; (*außer sich sein*) essere fuori di sé; *umg* **seine fünf -e zusammennehmen** concentrarsi al massimo; *umg* **seine fünf -e nicht beisammenhaben** perdere la testa; **in dem ~, dass ...** nel senso che ...; JUR **im -e des Gesetzes** ai sensi di legge; **j-m durch den ~ gehen** (*od* **in den ~ kommen**) venire in mente a qn; **er hat ganz in meinem ~ gehandelt** sono perfettamente d'accordo con quello che ha fatto; **etw im ~ haben** avere in mente qc; *umg* **das macht keinen ~** questo non ha senso; **etw ist (nicht) nach meinem ~** qc (non) mi piace; **mit j-m/etw nichts im ~ haben** non (volere) avere nulla a che fare con qn/qc; **j-m steht der ~ nach etw** qn ha voglia di (fare) qc; **das will mir nicht aus dem ~ gehen** non riesco a togliermelo dalla mente; **das will mir nicht in den ~** non vuole entrarmi in testa

Sinn·bild N simbolo *m* **sinn·bild·lich** ADJ simbolico

sin·nen ⟨sann, gesonnen⟩ *geh* **A** V/T **etw ~** pensare a qc **B** V/I ⟨h.⟩ **auf etw** (*akk*) **~** meditare qc; (*planen*) progettare qc **Sin·nen** N **all mein ~ und Trachten** ogni mio pensiero

Sin·nen·freu·de F, **Sin·nen·lust** F **1** sensualità *f* **2** (*leibliche Genüsse*) piacere *m* dei sensi

Sin·nes·ein·druck M impressione *f* (sensoriale) **Sin·nes·or·gan** N organo *m* di senso (*od* sensoriale) **Sin·nes·reiz** M stimolo *m* sensoriale **Sin·nes·wahr·neh·mung** F percezione *f* sensoriale **Sin·nes·wan·del** M cambiamento *m* (di opinione, di idee)

sinn·ge·mäß **A** ADJ (fatto) a senso **B** ADV secondo il senso, a senso: **etw ~ wiedergeben** riprodurre il senso di qc

sin·nie·ren V/I ⟨h.⟩ meditare, riflettere;

(*grübeln*) rimuginare, almanaccare

sin·nig ADJ **1** sensato (*a. iron*): **ein -er Vorschlag** una proposta sensata **2** (*sinnreich*) intelligente, ingegnoso

sinn·lich **A** ADJ **1** sensoriale: **-e Wahrnehmungen** percezioni sensoriali **2** (*wahrnehmbar*) sensibile **3** (*erotisch*) sensuale **B** ADV **1** (*mit den Sinnen*) con (*od* attraverso) i sensi **2** sensualmente: **j-n ~ erregen** eccitare i sensi di qn **Sinn·lich·keit** F ⟨-⟩ sensualità *f*

sinn·los ADJ **1** senza senso, insensato: **-e Reden** discorsi insensati **2 es ist ~, noch auf sie zu warten** non ha senso aspettarla ancora **3** (*zwecklos*) inutile, vano ♦ **~ betrunken** ubriaco fradicio **Sinn·lo·sig·keit** F ⟨-; -en⟩ **1** insensatezza *f*, assurdità *f* **2** (*Zwecklosigkeit*) inutilità *f*

sinn·reich ADJ **1** pensato, intelligente; (*findig*) ingegnoso **2** ricco di significato **Sinn·spruch** M sentenza *f* **sinn·voll** ADJ **1** sensato: **es ist wenig ~, weiter zu leugnen** è poco sensato (*od* non ha molto senso) continuare a negare **2** (*sinnreich*) intelligente; (*findig*) ingegnoso **3** (*befriedigend*) pieno di soddisfazioni

Sint·flut F (*Bibel*) diluvio *m* universale ♦ *fig* **eine ~ von etw** una marea di qc

Si·nus M ⟨-; -⟩ MATH seno *m* **Si·nus·kur·ve** F MATH sinusoide *f*, curva *f* sinusoidale

Si·phon M ⟨-s; -s⟩ sifone *m*

Sip·pe F ⟨-; -n⟩ **1** clan *m* **2** *fig hum* tribù *f* **Sipp·schaft** F ⟨-; -en⟩ *pej* **1** tribù *f* **2** (*Gesindel*) gentaglia *f*

Si·re·ne F ⟨-; -n⟩ MYTH, TECH sirena *f*

Si·rup M ⟨-s; -e⟩ sciroppo *m*

Site [sait] F ⟨-; -s⟩ (*im Internet*) sito *m*

Sit·te F ⟨-; -n⟩ **1** costume *m*, uso *m*: **-n und Gebräuche** usi e costumi **2** (*sittliches Verhalten*) decoro *m*, buon costume *m* ♦ **es ist bei uns (so) ~** da noi si usa così

sit·ten·los ADJ scostumato, dissoluto **Sit·ten·lo·sig·keit** F ⟨-⟩ scostumatezza *f* **Sit·ten·po·li·zei** F squadra *f* della buoncostume **sit·ten·streng** ADJ austero **Sit·ten·strolch** M *umg* depravato *m* **sit·ten·wid·rig** ADJ immorale

Sit·tich M ⟨-s; -e⟩ pappagallino *m*, cocorita *f*

sitt·lich ADJ morale, etico **Sitt·lich·keit** F ⟨-⟩ moralità *f*, morale *f* **Sitt·lich·keits·de·likt** N delitto *m* contro la pubblica morale

sitt·sam ADJ **1** (*wohlerzogen*) beneducato **2** (*schamhaft*) pudico

Si·tu·a·ti·on F ⟨-; -en⟩ situazione *f*: **j-n in eine peinliche ~ bringen** mettere qn in una situazione imbarazzante

si·tu·iert ADJ **gut/schlecht ~ sein** avere una buona/cattiva situazione finanziaria

Sitz M ⟨-es; -e⟩ **1** (*Sitzfläche*) sedile *m* **2** (*Sitzplatz*) posto *m* (a sedere) **3** POL seggio *m* **4** sede *f*: **~ der Firma** sede della ditta **5** modo *m* di sedere: **ein aufrechter ~** una posizione seduta con la schiena dritta ♦ (*Nähen*) **einen guten/schlechten ~ haben** stare (*od* cadere) bene/male

Sitz·bank F ⟨-; -bänke⟩ panca *f*, panchina *f* **Sitz·blo·cka·de** F sit-in *m*

sit·zen V/I ⟨saß, gesessen; h.⟩ **1** sedere, stare (*od* essere) seduto: **am Kamin ~** stare seduto presso il camino; **auf seinem Platz ~ bleiben** rimanere seduto al proprio posto; **am Steuer ~** sedere (*od* stare) al volante; **im Wirtshaus ~** starsene all'osteria **2 im Parlament ~** sedere in parlamento; **in einem Ausschuss ~** essere membro di una commissione **3** (*sich befinden*) stare, essere, esserci **4** *umg* (*sich in Haft befinden*) stare al fresco **5** WIRTSCH avere (la propria) sede **6** (*passen*) stare (bene) **7 sie saßen beim Kaffee** stavano prendendo il caffè **8** *umg* (*richtig treffen*) andare a segno **9** *umg* **~ bleiben** (*in der Schule*) essere bocciato **10 auf etw** (*akk*) **~ bleiben** non riuscire a vendere qc **11** *umg* **~ lassen** piantare; **Frau und Kinder ~ lassen** piantare moglie e figli **12** (*eine Verabredung nicht einhalten*) **j-n ~ lassen** tirare un bidone a qn ♦ *umg* **etw nicht auf sich** (*dat*) **~ lassen** non passar sopra a qc; *umg* **einen ~ haben** essere sbronzo; **jeder Handgriff muss ~** non bisogna sbagliare una mossa; **das Übel sitzt tief** il male ha radici profonde; **über einer Arbeit ~** essere preso da un lavoro; **in -der Stellung** seduto; **eine -de Tätigkeit** un'attività sedentaria

Sitz·fleisch N *umg* **kein ~ haben** non riuscire a star fermo; **~ haben** aver messo radici **Sitz·ge·le·gen·heit** F posto *m* a sedere **Sitz·grup·pe** F salottino *m* (poltrone, divano) **Sitz·ord·nung** F disposizione *f* dei posti **Sitz·platz** M posto *m* (a sedere) **Sitz·streik** M sit-in *m*

Sit·zung F ⟨-; -en⟩ seduta *f*, riunione *f*: **eine öffentliche ~** una seduta pubblica; **auf** (*od* **in**) **einer ~ sein** essere in riunio-

S

ne; **eine ~ abhalten** tenere una riunione; **eine ~ einberufen** (*od* **anberaumen**) convocare (*od* indire) una riunione **Sit·zungs·saal** M sala *f* (delle) conferenze **Sit·zungs·zim·mer** N saletta *f* per riunioni

Si·zi·li·a·ner M ⟨-s; -⟩, **-in** F ⟨-; -nen⟩ siciliano *m*, -a *f* **si·zi·li·a·nisch** ADJ siciliano **Si·zi·li·en** N ⟨-s⟩ Sicilia *f*

Ska·la F ⟨-; Skalen *u.* -s⟩ scala *f*

Skalp M ⟨-[e]s; -e⟩ scalpo *m*

Skal·pell N ⟨-s; -e⟩ bisturi *m*

skal·pie·ren V/T scalpare

Skan·dal M ⟨-s; -e⟩ scandalo *m* **skan·da·lös** ADJ scandaloso **Skan·dal·pres·se** F stampa *f* scandalistica

Skan·di·na·vi·en N ⟨-s⟩ Scandinavia *f* **Skan·di·na·vi·er** M ⟨-s; -⟩, **-in** F ⟨-; -nen⟩ scandinavo *m*, -a *f* **skan·di·na·visch** ADJ scandinavo

Skat M ⟨-[e]s; -e *u.* -s⟩ = *gioco di carte*

Skate·board ['ske:tbɔ:t] N ⟨-s; -s⟩ skate--board *m* **Skate·board·fah·rer** M, **-in** F skater *m/f inv*

Ske·lett N ⟨-[e]s; -e⟩ scheletro *m* (*a. fig*)

Skep·sis F ⟨-⟩ scetticismo *m* **Skep·ti·ker** M ⟨-s; -⟩, **-in** F ⟨-; -nen⟩ scettico *m*, -a *f* **skep·tisch** ADJ scettico

Ski [ʃi:] M ⟨-s; -er *u.* -⟩ sci *m*: **die -er anschnallen/abschnallen** mettere/togliere gli sci; **~ fahren** (*od* **laufen**) sciare **Ski·an·zug** M tuta *f* da sci **Ski·bob** M monopattino *m* da neve **Ski·bril·le** F occhiali *mpl* da sci **Ski·fah·ren** N ⟨-s⟩ **~ ist eine Sportart** sciare è una disciplina sportiva **Ski·fah·rer** M, **-in** F sciatore *m*, -trice *f* **Ski·ge·biet** N zona *f* sciistica **Ski·gym·nas·tik** F presciistica *f* **Ski·kurs** M corso *m* di sci **Ski·lang·lauf** M ⟨-[e]s⟩ sci *m* di fondo **Ski·läu·fer** M, **-in** F sciatore *m*, -trice *f* **Ski·leh·rer** M, **-in** F maestro *m*, -a *f* di sci **Ski·lift** M ski-lift *m*

Skin·(head) ['skınhɛt] M ⟨-s; -s⟩ skinhead *m*

Ski·pass M ski-pass *m* **Ski·pis·te** F pista *f* da (*od* di) sci **Ski·schu·le** F scuola *f* di sci **Ski·sprin·gen** N ⟨-s⟩ salto *m* con gli sci **Ski·sprin·ger** M, **-in** F saltatore *m*, -trice *f* con gli sci **Ski·stie·fel** M scarpone *m* (da sci) **Ski·stock** M bastoncino *m* (da sci) **Ski·trä·ger** M portasci *m inv*

Skiz·ze F ⟨-; -n⟩ **1** schizzo *m* **2** (*Konzept*) abbozzo *m* **Skiz·zen·block** M blocco *m* da disegno **skiz·zen·haft** **A** ADJ abbozzato **B** ADV in abbozzo **skiz·zie·ren** V/T **1** MAL schizzare **2** (*entwerfen*) abbozzare

Skla·ve M ⟨-n; -n⟩ schiavo *m* (*a. fig*)

Skla·ven·han·del M commercio *m* di schiavi **Skla·ven·händ·ler** M mercante *m* di schiavi **Skla·ven·tum** N ⟨-s⟩ schiavitù *f*

Skla·ve·rei F ⟨-⟩ schiavitù *f* (*a. fig*)

Skla·vin F ⟨-; -nen⟩ schiava *f*

skla·visch ADJ **1** servile **2** pedissequo: **eine -e Nachahmung** un'imitazione pedissequa

Skon·to M/N ⟨-s; -s *u.* Skonti⟩ sconto *m*

Skor·but M ⟨-[e]s⟩ scorbuto *m*

Skor·pi·on M ⟨-s; -e⟩ **1** scorpione *m* **2** ASTROL Scorpione *m*: **Christoph ist ~** Christoph è dello Scorpione

Skript N ⟨-[e]s; -en *u.* -s⟩ **1** manoscritto *m*, testo *m* **2** FILM copione *m*, script *m*

Skru·pel M ⟨-s; -⟩ scrupolo *m* **skru·pel·los** ADJ & ADV senza scrupoli: **j-n ~ betrügen** non farsi scrupoli a ingannare qn

Skulp·tur F ⟨-; -en⟩ scultura *f*

skur·ril ADJ strano, strambo

Sla·lom M ⟨-s; -s⟩ slalom *m*: **~ fahren** fare lo slalom **Sla·lom·läu·fer** M, **-in** F slalomista *m/f*

Slang [slɛŋ] M ⟨-s⟩ **1** slang *m* **2** (*Jargon*) gergo *m*

Sla·we M ⟨-n; -n⟩, **-win** F ⟨-; -nen⟩ slavo *m*, -a *f*

sla·wisch ADJ slavo

Slip M ⟨-s; -s⟩ MODE slip *m*, mutandine *fpl* **Slip·ein·la·ge** F salvaslip *m inv*

Slip·per M ⟨-s; -[s]⟩ mocassino *m*

Slo·gan ['slo:gən] M ⟨-s; -s⟩ slogan *m*

Slo·wa·ke M ⟨-n; -n⟩ slovacco *m* **Slo·wa·kei** F ⟨-⟩ Slovacchia *f* **Slo·wa·kin** F ⟨-; -nen⟩ slovacca *f* **slo·wa·kisch** ADJ slovacco

Slo·we·ne M ⟨-n; -n⟩ sloveno *m* **Slo·we·ni·en** N ⟨-s⟩ Slovenia *f* **Slo·we·nin** F ⟨-; -nen⟩ slovena *f* **slo·we·nisch** ADJ sloveno

Sma·ragd M ⟨-[e]s; -e⟩ smeraldo *m* **sma·ragd·grün** ADJ verde smeraldo

smart ADJ **1** (*schlau*) scaltro **2** (*elegant*) elegante, alla moda

Smi·ley ['smaili] M ⟨-s; -s⟩ emoticon *m inv*

Smog [smɔk] M ⟨-[s]; -s⟩ smog *m*

SMS F ⟨-; -⟩ (*Textnachricht*) sms *m*

snif·fen V/T *sl* sniffare

Sno·bis·mus [snɔb-] M ⟨-; Snobismen⟩ snobismo *m* **sno·bis·tisch** ADJ snobistico
Snow·board ['sno:bo:ɐt] N ⟨-s; -s⟩ snowboard *m inv* **Snow·board·fah·ren** N ⟨-s⟩ ~ **ist lustig** andare in snowboard è divertente **Snow·board·fah·rer** M, **-in** F snowboardista *m/f*
so A ADV 1 (*auf diese Weise, so geartet*) così: ~ **geht es nicht** così non va; ~ **einfach ist es nicht** non è (proprio) così semplice; *umg* ~ **ein Auto hätte ich auch gern** un'auto così piacerebbe anche a me; ~ **ein schöner Film!** che bel film!; **das kann ich auch** ~ lo so fare anche così (senza istruzioni, aiuto) 2 (*Vergleich*) ~ ... **wie** ... così ... come ...; **alles** ~ **lassen, wie es ist** lasciare tutto così com'è; **er ist** ~ **groß wie du** è alto come (*od* quanto) te; **er ist** ~ **alt wie du** ha la tua (stessa) età; ~ **viel (wie) du willst** (tanto) quanto vuoi; **das ist** ~ **viel wie ...** equivale a ...; ~ **weit wie möglich** per quanto possibile; **ich habe** ~ **wenig Geld wie du** ho poco denaro come te 3 (*überaus*) molto: **das tut mir (ja)** ~ **leid** mi spiace (davvero) molto; **sie ist (ja)** ~ **glücklich!** è così felice! 4 (*ungefähr*) circa: ~ **an die** (*od* **um die**) **tausend** circa un migliaio 5 (*also gut*) bene: ~, **das ist erledigt** bene, questo è terminato 6 (*dann*) allora: **wenn Sie können,** ~ **kommen Sie** se può allora venga 7 (*wirklich*) proprio: **das ist mir** ~ **egal** mi è proprio indifferente 8 (*endlich*) dai, insomma: ~ **hört doch auf!** dai, smettetela! 9 ~? davvero? B KONJ ~ **dass** → sodass ♦ **ach** ~! adesso capisco!; **wenn dem** ~ **ist** se le cose stanno così; ~ **genannt** → sogenannt; **genau** ~ proprio così; **das ist** ~ **eine Sache** è un bel problema; ~ **sehr** così tanto, molto; **wie geht's? – so lala** come va? – così così; **na** ~ **was!** davvero!; *umg* ~ **was nennt sich Professor!** quello sì che è un professore!; ~ **oder** ~ così o cosà; ~ **weit** a questo punto; **ich bin** ~ **weit** sono pronto; **es ist** ~ **weit** ci siamo; ~ **weit man sehen kann** fin dove arriva lo sguardo
so·bald KONJ (non) appena
So·cke F ⟨-; -n⟩ calzino *f* ♦ *umg* **sich auf die -n machen** levare le tende; *umg* **von den -n sein** restare di stucco
So·ckel M ⟨-s; -⟩ 1 zoccolo *m* (*a.* ELEK) 2 (*von Statuen*) piedistallo *m* 3 (*Fuß von Säulen*) base *f*
so·dass KONJ così (che), in modo che
So·da·was·ser N selz *m inv*
Sod·bren·nen N ⟨-s⟩ bruciore *m* di stomaco
so·eben ADV 1 (*gerade erst*) appena 2 (*im Moment*) in quest'istante, proprio ora: **ich backe** ~ **einen Kuchen** (proprio ora) sto facendo una torta
So·fa N ⟨-s; -s⟩ divano *m*, sofà *m*
so·fern KONJ se, a condizione che
soff → saufen
So·fia N ⟨-⟩ Sofia *f*
so·fort ADV subito ♦ **ab** ~ **gültig** con decorrenza immediata
So·fort·bild·ka·me·ra F macchina *f* fotografica istantanea
so·for·tig ADJ immediato
So·fort·maß·nah·me F provvedimento *m* immediato **So·fort·pro·gramm** N programma *m* di emergenza
soft ADJ 1 MUS soft 2 *sl* (*sanft*) dolce, tenero **Soft·eis** N gelato *m* cremoso
Sof·tie M ⟨-s; -s⟩ *umg* debole *m*, rammolito *m*
Soft·ware ['zɔftvɛ:ɐ] F software *m*
sog → saugen
Sog M ⟨-[e]s; -e⟩ risucchio *m*
so·gar ADV perfino, addirittura
so·ge·nannt ADJ cosiddetto: **die -e Wahrheit** la cosiddetta verità
Soh·le F ⟨-; -n⟩ 1 suola *f* (*a.* BERGB) 2 (*Einlegesohle*) soletta *f* 3 (*Fußsohle*) pianta *f* (del piede) 4 (*eines Tals*) fondovalle *m* ♦ *fig* **auf leisen -n** in punta di piedi
Sohn M ⟨-[e]s; Söhne⟩ figlio *m*
So·ja·boh·ne F 1 (*Pflanze*) soia *f* 2 (*Frucht*) seme *m* di soia **So·ja·so·ße** F salsa *f* di soia **So·ja·spross** M ⟨-es; -en⟩ germoglio *m* di soia
so·lang, so·lan·ge KONJ 1 finché 2 (*während*) quando, mentre
so·lar ADJ solare
So·lar·ener·gie → Sonnenenergie
So·la·ri·um N ⟨-s; Solarien⟩ solarium *m*
So·lar·ple·xus M ⟨-⟩ plesso *m* solare
So·lar·zel·le F cella *f* (*od* cellula *f*) solare
sol·cher DEM PR M ⟨*f* solche, *n* solches; *a. inv* solch⟩ 1 (*attr*) simile, così, del genere 2 (*so stark*) tale ♦ **solch eine Frechheit!** che sfacciataggine!; **die Sache als solche** la cosa come tale (*od* in sé)
sol·cher·lei DEM PR ⟨*inv*⟩ 1 (*attr*) tale 2 (*absolut*) cose *fpl* simili
Sold M ⟨-[e]s; -e⟩ soldo *m*, paga *f*

(militare)

Sol·dat M ⟨-en; -en⟩ soldato *m* **Sol·da·ten·fried·hof** M cimitero *m* di guerra **Sol·da·tin** F ⟨-; -nen⟩ soldatessa *f* **sol·da·tisch** ADJ soldatesco, militaresco

Söld·ner M ⟨-s; -⟩, **-in** F ⟨-; -nen⟩ mercenario *m*, -a *f*

So·le F ⟨-; -n⟩ acqua *f* salata

so·li·da·risch ADJ solidale (*a.* JUR) **so·li·da·ri·sie·ren** **A** V/T solidarizzare **B** V/R **sich ~** solidarizzarsi **So·li·da·ri·tät** F ⟨-⟩ solidarietà *f* **So·li·da·ri·täts·zu·schlag** M = *tassa addizionale di solidarietà tedesca*

so·li·de ADJ **1** solido **2** *fig* **ein -s Wissen** una solida cultura **3** (*anständig*) serio, posato: **eine ~ Lebensweise haben** condurre una vita posata

So·list M ⟨-en; -en⟩, **-in** F ⟨-; -nen⟩ solista *m/f* (*a.* SPORT)

Soll N ⟨-[s]; -[s]⟩ **1** HANDEL dare *m* **2** (*Arbeitssoll*) (prestazione *f* di) lavoro *m* dovuto: **sein ~ erfüllen** compiere il proprio lavoro

sol·len V/MOD ⟨sollte; h.⟩ **A** ⟨*mit inf; pperf*: hat … sollen⟩ **1** (*Auftrag*) dovere: **solltest du nicht bei ihm anrufen?** non dovevi telefonargli? **2** (*Aufforderung*) **ihr sollt nicht so viel fernsehen** non dovete guardare tanto la televisione; **du sollst nicht stehlen!** non rubare! **3** (*Absicht*) **hier soll die neue Schule gebaut werden** qui deve sorgere la nuova scuola **4** **sollte ich morgen nicht kommen, rufe ich dich an** se non dovessi venire domani, ti telefono **5** (*Empfehlung*) **du solltest (einmal) zum Arzt gehen** dovresti andare dal medico **6** **das Bild soll meine Schwester darstellen** il quadro dovrebbe rappresentare mia sorella **7** (*als Ausdruck von Höflichkeit*) potere: **soll ich Ihnen helfen?** posso aiutarLa **8** (*Wunsch, Versprechen*) **du sollst alles haben, was du brauchst** avrai tutto ciò di cui hai bisogno; **wie soll das enden?** come andrà a finire? **B** ⟨*als Vollverb; pperf*: gesollt⟩ **1** dover fare: **gerade das hätte er nicht gesollt** questa poi non avrebbe dovuto farla; **was soll ich hier?** che sto a fare qui?; **was soll ich damit?** che me ne faccio? **2** (*weggehen*) dover andare: **jetzt soll ich weg** ora devo andarmene **3** (*bedeuten*) **was soll denn das?** che vuol dire? (*nützen*) a che serve? ♦ *umg* **jetzt ist er wütend – soll er doch!** adesso è furibondo – non m'importa! (*Ärger*); **das soll er erst mal versuchen!** che ci provi!; **er soll leben!** viva!; **daran/an mir soll es nicht liegen** non dipende da questo/da me; **was soll (mir) das? was soll's?** a che pro?; **was soll ich nur machen?** ma che devo fare?

Soll·zin·sen PL FIN interessi *mpl* debitori

so·lo ADJ ⟨*inv*⟩ & ADV **1** (*als Solist*) come (*od* da) solista **2** *umg* (*allein*) (da) solo

So·lo N ⟨-s; -s *u.* Soli⟩ (as)solo *m*: **ein ~ singen** cantare un assolo **So·lo·stim·me** F voce *f* solista **So·lo·tän·zer** M, **-in** F primo (-a) ballerino *m*, -a *f*

So·lo·thurn N ⟨-s⟩ **1** (*Stadt*) Soletta *f* **2** (*Kanton*) Canton *m* Soletta

sol·vent ADJ WIRTSCH solvibile

so·mit ADV per cui, quindi, dunque

Som·mer M ⟨-s; -⟩ estate *f* (*a. fig*): **der ~ kommt, es wird ~** arriva l'estate; **(mitten) im ~** in (piena) estate **Som·mer·fahr·plan** M orario *m* estivo **Som·mer·fe·ri·en** PL ferie *fpl*, vacanze *fpl* estive **Som·mer·kleid** N abito *m* estivo **som·mer·lich** ADJ estivo, d'estate **Som·mer·loch** N stagione *f* morta **Som·mer·rei·fen** M pneumatico *m* estivo **Som·mer·schluss·ver·kauf** M saldi *mpl* estivi **Som·mer·se·mes·ter** N semestre *m* estivo **Som·mer·spie·le** PL SPORT giochi *mpl* olimpici estivi **Som·mer·spros·se** F lentiggine *f* **som·mer·spros·sig** ADJ lentigginoso **Som·mer·ur·laub** M vacanze *fpl* estive **Som·mer·zeit** F **1** (*Jahreszeit*) estate *f* **2** (*Uhrzeit*) ora *f* legale: **die Uhren auf ~ umstellen** regolare gli orologi sull'ora legale

So·na·te F ⟨-; -n⟩ sonata *f*

Son·de F ⟨-; -n⟩ **1** sonda *f* **2** (*Raumsonde*) sonda *f* spaziale

Son·der·an·fer·ti·gung F produzione *f* straordinaria **Son·der·an·ge·bot** N offerta *f* speciale **Son·der·aus·ga·be** F **1** (*Zeitung*) edizione *f* straordinaria; (*Buch*) edizione *f* speciale **2** WIRTSCH spesa *f* straordinaria **son·der·bar** ADJ strano **son·der·ba·rer·wei·se** ADV stranamente **Son·der·fall** M caso *m* particolare **son·der·glei·chen** ADV unico, senza pari **Son·der·in·te·res·sen** PL interessi *mpl* particolari **son·der·lich** **A** ADJ **1** particolare: **etw ohne -e Mühe schaffen** fare qc senza particolare fatica **2** → sonderbar **B** ADV parti-

S

colarmente: **es geht ihm nicht ~ gut** non sta particolarmente bene **Son·der·ling** M ⟨-s; -e⟩ originale *m/f*, persona *f* stravagante **Son·der·mar·ke** F emissione *f* speciale **Son·der·müll** M rifiuti *mpl* tossici

son·dern KONJ ma, bensì ♦ **nicht** (**nur**) **…, ~** (**auch**) **…** non solo …, ma anche …

Son·der·num·mer F numero *m* speciale **Son·der·schu·le** F scuola *f* speciale (per bambini handicappati o con difficoltà di apprendimento) **Son·der·sit·zung** F seduta *f* straordinaria **Son·der·zei·chen** N IT carattere *m* speciale **Son·der·zug** M treno *m* straordinario

son·die·ren V/T sondare (*a. fig* MED) **Son·die·rung** F ⟨-; -en⟩ sondaggio *m* (*a. fig*)

So·nett N ⟨-[e]s; -e⟩ sonetto *m*

Song [sɔŋ] M ⟨-s; -s⟩ *umg* canzone *f*

Sonn·abend → Samstag

Son·ne F ⟨-; -n⟩ sole *m*: **in der ~ liegen** stare al sole

son·nen V/R **sich ~** 1 prendere il sole 2 *fig* **sich in etw** (*dat*) **~** crogiolarsi in qc, deliziarsi (*od* godere) di qc; **sich in j-s Gunst ~** godere del favore di qn

Son·nen·auf·gang M il sorgere del sole, alba *f* **Son·nen·bad** N bagno *m* di sole **son·nen·ba·den** V/I ⟨h.⟩ prendere il sole **Son·nen·bank** F ⟨-; -bänke⟩ lettino *m* abbronzante **Son·nen·blen·de** F 1 paraluce *m* 2 AUTO aletta *f* parasole **Son·nen·blu·me** F girasole *m* **Son·nen·blu·men·öl** N olio *m* di (semi di) girasole **Son·nen·brand** M scottatura *f* (solare): **einen ~ bekommen** scottarsi **Son·nen·bril·le** F occhiali *mpl* da sole **Son·nen·cre·me** F crema *f* solare **Son·nen·dach** N 1 tenda *f* da sole 2 marquise *f* **Son·nen·deck** N ponte *m* passeggiata **Son·nen·ener·gie** F energia *f* solare **Son·nen·fins·ter·nis** F eclissi *f* solare **Son·nen·ge·flecht** N ANAT plesso *m* solare **Son·nen·hut** M cappello *m* da sole **Son·nen·kol·lek·tor** M collettore *m* solare **Son·nen·kraft·werk** N centrale *f* elioelettrica **Son·nen·licht** N luce *f* solare (*od* del sole) **Son·nen·milch** F latte *m* solare **Son·nen·öl** N olio *m* solare **Son·nen·schein** M (lo splendere del) sole *m*; (*Sonnenlicht*) luce *f* del sole **Son·nen·schirm** M 1 ombrellino *m* 2 (*im Garten, amStrand*) ombrellone *m*

Son·nen·schutz M protezione *f* solare, contro il sole **Son·nen·schutz·mit·tel** N prodotto *m* solare protettivo

Son·nen·se·gel N tenda *f* (da sole) **Son·nen·sei·te** F 1 parte *f* (esposta) al sole 2 *fig* lato *m* buono (*od* positivo) **Son·nen·stich** M insolazione *f*, *umg* colpo *m* di sole **Son·nen·strahl** M raggio *m* di sole **Son·nen·sys·tem** N sistema *m* solare **Son·nen·uhr** F meridiana *f* **Son·nen·un·ter·gang** M tramonto *m* **Son·nen·wen·de** F solstizio *m*

son·nig ADJ 1 soleggiato, assolato: **ein -er Ort** un luogo soleggiato; **ein -er Tag** una giornata di sole 2 *fig* allegro, solare

Sonn·tag M domenica *f*: **am ~ gehe ich in die Messe** domenica vado a messa **Sonn·tag·abend** M domenica *f* sera

sonn·täg·lich ADJ domenicale, di (*od* della) domenica

sonn·tags ADJ di (*od* la) domenica

Sonn·tags·bei·la·ge F inserto *m* domenicale **Sonn·tags·dienst** M turno *m* (*od* servizio *m*) domenicale **Sonn·tags·fah·rer** M, **-in** F *pej* guidatore *m*, -trice *f* della domenica **Sonn·tags·kind** N nato *m*, -a *f* con la camicia

sonst ADV 1 altrimenti, se no 2 (*für gewöhnlich*) solitamente, di (*od* al) solito: **es ist ~ viel kälter hier** di solito qui fa più freddo 3 (*darüber hinaus*) a parte questo: **wenn es ~ nichts ist** se non c'è (nient')altro; (**wünschen Sie**) **~ noch etwas?** desidera altro? 4 (*früher*) un tempo 5 (*anders*) altro: **was will er ~ machen?** che altro vuol fare? (*in Bezug auf Menschen*) altri: **wer ~ hätte es tun können?** chi altri avrebbe potuto farlo (se non lui)? 6 *umg* **~ jemand** (*od* **~ einer** *od* **~ wer**) qualcun altro; (*jemand Besonderer*) chissà chi 7 *umg* **~ was** qualcos'altro, altro; (*etwas Besonderes*) chissà (che) cosa; **die denkt wohl, sie ist ~ was!** quella pensa di essere chissà che cosa! 8 *umg* **~ wie** chissà come; (*anderswie*) in qualche altro modo 9 *umg* **~ wo** chissà dove; (*irgendwo anders*) altrove ♦ **anders als ~** diverso dal solito; **nichts ~/niemand ~** nient'altro/nessun altro; *umg* **~ noch was!** ci mancava proprio questa!

sons·tig ADJ 1 solito, usuale 2 (*weiter*)

S

ulteriore, altro: **-e Unterlagen** ulteriori documenti ♦ **unter der Rubrik „Sonstiges"** nella rubrica "varie"

so·oft KONJ ognìqualvolta

Sop·ran M ⟨-s; -e⟩ soprano *m*: **~ singen** cantare da soprano

Sop·ra·nist M ⟨-en; -en⟩ sopranista *m*

Sop·ra·nis·tin F ⟨-; -nen⟩ soprano *m/f*

Sor·bet ['zɔrbɛt] M/N ⟨-s; -s⟩ sorbetto *m*

Sor·ge F ⟨-; -n⟩ 1 (*Kummer*) preoccupazione *f*: **j-m -n bereiten** suscitare preoccupazioni a qn 2 (*Befürchtungen*) pensiero *m*, apprensione *f*: **sich** (*dat*) **um j-n/tw. -n machen** darsi pensiero per qn/qc; **voller ~ in die Zukunft blicken** guardare al futuro con apprensione 3 (*Fürsorge*) cure *fpl* ♦ **ich habe keine ~, dass er Erfolg hat** non ho dubbi che abbia successo; **dein Aussehen macht mir -n** il tuo aspetto mi preoccupa; **mach dir** (**darüber**) **keine -n** non ti preoccupare (per questo); **lass das nur meine ~ sein!** ci penso io!; **für etw ~ tragen** prendersi cura di qc

sor·gen A V/I ⟨h.⟩ 1 **für j-n/etw ~** pensare (*od* provvedere) a qn/qc 2 *unpers* **es ist dafür gesorgt, dass …** si è provveduto a … 3 procurare: **für unangenehme Überraschungen ~** procurare spiacevoli sorprese B V/R **sich um j-n/etw ~** essere in pensiero (*od* essere preoccupato) per qn/qc ♦ **dafür ~, dass …** far sì che …

sor·gen·frei ADJ spensierato **Sor·gen·kind** N bambino *m*, -a *f* che dà molti pensieri **sor·gen·voll** ADJ pieno di preoccupazioni

Sor·ge·recht N = *diritto di provvedere all'educazione dei figli*

Sorg·falt F ⟨-⟩ cura *f*, accuratezza *f*

sorg·fäl·tig A ADJ accurato, scrupoloso: **ein -er Mensch** una persona scrupolosa B ADV con cura, accuratamente

sorg·los ADJ 1 (*unachtsam*) noncurante 2 (*sorgenfrei*) spensierato **Sorg·lo·sig·keit** F ⟨-⟩ 1 (*Unachtsamkeit*) noncuranza *f* 2 (*Unbekümmertheit*) spensieratezza *f*

sorg·sam A ADJ 1 (*vorsichtig*) cauto 2 (*aufmerksam*) premuroso B ADV con cura, accuratamente; scrupolosamente

Sor·te F ⟨-; -n⟩ 1 qualità *f*, specie *f* 2 BOT varietà *f*, genere *m* 3 *pl* (*Devisen*) valute *fpl* ♦ **ein Betrüger übelster ~** un imbroglione della peggior specie

sor·tie·ren V/T assortire, classificare, ordinare (*a.* IT): **Kleider nach Größe ~** assortire gli abiti secondo la misura; **Briefmarken ~** classificare francobolli; **die Wäsche in den Schrank ~** ordinare la biancheria nell'armadio; **die Briefe ~** smistare le lettere; IT **sortieren** (*Befehl*) ordina

Sor·tier·lauf M IT sort *m inv*

Sor·ti·ment N ⟨-[e]s; -e⟩ assortimento *m*

so·sehr KONJ per quanto: **~ sie ihn auch hasst, sie kann ihn nicht vergessen** per quanto lo odi, non può dimenticarlo

so·so A INT 1 (*Ironie, Zweifel*) dunque 2 (*Gleichgültigkeit*) beh, insomma: **~, du hast es dir anders überlegt?** beh, ci hai ripensato? B ADV *umg* così così: **wie geht's? - ~** come va? - così così

So·ße F ⟨-; -n⟩ 1 salsa *f* 2 *umg* (*Brühe*) brodaglia *f* **So·ßen·schüs·sel** F salsiera *f*

sott → sieden

Souff·leur [zu'fløːɐ] M ⟨-s; -e⟩ suggeritore *m* **Souff·leur·kas·ten** M buca *f* del suggeritore **Souff·leu·se** [zu'fløːzə] ⟨-; -n⟩ suggeritrice *f* **souff·lie·ren** V/T suggerire

Sound·kar·te ['saunt-] F scheda *f* audio

so·und·so *umg* A ADV 1 tanto: **~ lang/~ breit** lungo tanto/largo tanto 2 tot: **mit dem Betrag von ~ viel Euro** con l'importo di tot euro B ADJ (*nachgestellt*) tal dei tali: **Artikel ~** articolo tal dei tali ♦ **~ oft** tante e tante volte; **ein Herr Soundso** un tale

so·und·so·viel·te ADJ *umg* 1 tal e tal: **am -n Juni** il tal e tal giorno di giugno 2 ennesimo: **zum -n Mal** per l'ennesima volta

Sound·track ['sauntrɛk] M colonna *f* sonora

Sou·ta·ne F ⟨-; -n⟩ KIRCHE sottana *f*

Sou·ter·rain [zuːtɛ'rɛ̃ː] N ⟨-s; -s⟩ seminterrato *m*

Sou·ve·nir [zuvə-] N ⟨-s; -s⟩ souvenir *m*

sou·ve·rän [zuvə-] ADJ 1 POL sovrano 2 (*überlegen*) superiore **Sou·ve·rä·ni·tät** F ⟨-⟩ 1 POL sovranità *f* 2 superiorità *f*

so·viel KONJ per quanto: **~ ich weiß, kommen alle** per quanto ne so, vengono tutti; **so viel** → so (1,2)

so·weit A KONJ per quanto: **~ ich es überblicken kann** per quanto posso vedere; **~ ich sehe …** a quanto pare … B ADV abbastanza: **alles läuft ~ gut** procede tutto abbastanza bene; **so weit** → so (1,2)

so·we·nig KONJ per quel poco che; **so wenig** → so (1,2) **so·wie** KONJ **1** (*wie auch*) come pure, nonché, e anche **2** (*sobald*) non appena **so·wie·so** ADV comunque, in ogni caso ♦ **das ~!** s'intende!; **Herr Sowieso** il signor tal dei tali

sow·je·tisch ADJ HIST sovietico

Sow·jet·uni·on F ⟨-⟩ HIST Unione *f* Sovietica

so·wohl KONJ **~ ... als auch** tanto ... quanto, sia ... sia

so·zi·al ADJ sociale ♦ **~ handeln** agire in modo socialmente responsabile

So·zi·al·ab·bau M riduzione *f* delle prestazioni sociali **So·zi·al·ab·ga·ben** PL contributi *mpl* previdenziali **So·zi·al·amt** N ente *m* sociale **So·zi·al·ar·beit** F assistenza *f* sociale **So·zi·al·ar·bei·ter** M, **-in** F assistente *m/f* sociale **So·zi·al·de·mo·krat** M socialdemocratico *m* **So·zi·al·de·mo·kra·tie** F socialdemocrazia *f* **So·zi·al·de·mo·kra·tin** F socialdemocratica *f* **so·zi·al·de·mo·kra·tisch** ADJ socialdemocratico **So·zi·al·hil·fe** F pubblica assistenza *f*

so·zi·a·li·sie·ren V/T WIRTSCH socializzare

So·zi·a·lis·mus M ⟨-; Sozialismen⟩ socialismo *m* **So·zi·a·list** M ⟨-en; -en⟩, **-in** F ⟨-; -nen⟩ socialista *m/f* **so·zi·a·lis·tisch** ADJ socialista

so·zi·al·kri·tisch ADJ di (*od* della) critica sociale **So·zi·al·kun·de** F educazione *f* civica **So·zi·al·part·ner** PL parti *mpl* sociali **so·zi·al·po·li·tisch** ADJ di (*od* della) politica sociale **So·zi·al·staat** M stato *m* sociale **So·zi·al·ver·si·che·rung** F previdenza *f* sociale **So·zi·al·ver·si·che·rungs·kar·te** F libretto *m* di lavoro **so·zi·al·ver·träg·lich** ADJ che tiene conto del sociale **So·zi·al·woh·nung** F casa *f* popolare

So·zi·o·lo·ge M ⟨-n; -n⟩ sociologo *m* **So·zi·o·lo·gie** F ⟨-⟩ sociologia *f* **So·zi·o·lo·gin** F ⟨-; -nen⟩ sociologa *f* **so·zi·o·lo·gisch** ADJ sociologico

So·zi·us M ⟨-; -se *u.* Sozii⟩ WIRTSCH socio *m* (*a. hum*) **So·zi·us·sitz** M sellino *m* posteriore (di una moto)

so·zu·sa·gen ADV per così dire

Spach·tel M ⟨-s; -⟩ *u.* F ⟨-; -n⟩ spatola *f*

Spach·tel·mas·se F mastice *m*

spach·teln **A** V/T **1** (*auftragen*) spalmare con la spatola **2** stuccare: **eine Wand ~** stuccare un muro **B** V/I ⟨h.⟩ *umg* mangiare di gusto

Spa·gat M/N ⟨-[e]s; -e⟩ spaccata *f*

Spa·g(h)et·ti PL spaghetti *mpl*

spä·hen V/I ⟨h.⟩ spiare: **aus dem Fenster ~** spiare dalla finestra; **nach j-m/etw ~** cercare con gli occhi qn/qc

Spa·lier N ⟨-s; -e⟩ **1** AGR spalliera *f* **2** ala *f*: **ein ~ bilden**, **~ stehen** fare ala

Spalt M ⟨-[e]s; -e⟩ **1** (*in der Mauer*) crepa *f* **2** (*im Fels*) fenditura *f* **3** (*von Türen, Fenstern*) spiraglio *m*, fessura *f*

spalt·bar ADJ NUKL fissile

Spalt·breit M ⟨-⟩ **etw einen ~ offen lassen** lasciare qc appena aperto

Spal·te F ⟨-; -n⟩ **1** (*Spalt*) crepa *f* **2** (*in Fels*) fenditura *f* **3** TYPO colonna *f*

spal·ten **A** V/T ⟨pperf: gespalten/gespaltet⟩ **1** spaccare (*a. fig*): **eine Partei in zwei Flügel ~** spaccare un partito in due schieramenti **2** NUKL fissionare **3** CHEM scomporre **B** V/R **sich ~** **1** spaccarsi **2** *fig* dividersi, scindersi **Spal·tung** F ⟨-; -en⟩ **1** scissione *f* (*a.* PSYCH) **2** NUKL fissione *f*

Spam [spɛm] N ⟨-s; -s⟩ IT spam *m inv* **Spam·fil·ter** M filtro *m* spam **Spam·mail** F spam *m inv*

spam·men [ˈspɛmən] V/I ⟨h.⟩ fare spamming **Spam·mer** M ⟨-s; -⟩, **-in** F ⟨-; -nen⟩ spammer *m/f inv* **Spam·ming** N ⟨-s⟩ spamming *m inv*

Span M ⟨-[e]s; Späne⟩ **1** truciolo *m* **2** (*Splitter*) scheggia *f* ♦ **wo gehobelt wird, da fallen Späne** non si fanno frittate senza rompere le uova

Span·fer·kel N porcellino *m* da latte

Span·ge F ⟨-; -n⟩ **1** fermaglio *m* **2** (*Fibel*) fibbia *f* **3** (*Armspange*) braccialetto *m*, bracciale *m* **4** (*Zahnspange*) apparecchio *m*

Spa·ni·en N ⟨-s⟩ Spagna *f* **Spa·ni·er** M ⟨-s; -⟩, **-in** F ⟨-; -nen⟩ spagnolo *m*, -a *f* **spa·nisch** ADJ spagnolo ♦ **das kommt mir ~ vor** mi pare strano; **-e Wand** paravento

spann → spinnen

Spann M ⟨-[e]s; -e⟩ collo *m* del piede

Spann·be·ton M ⟨-s⟩ (calcestruzzo *m*) precompresso *m* **Spann·bett·tuch** N lenzuolo *m* con gli angoli

Span·ne F ⟨-; -n⟩ **1** (*Zeit*) lasso *m* di tempo, periodo *m* **2** (*Handelsspanne*) margine *m* (di guadagno) **3** (*Preisspanne*) differenza *f* di prezzo

span·nen **A** V/T **1** tendere: **ein Seil/den**

S

Bogen ~ tendere una fune/l'arco **2** tirare: **die Gardinen ~** tirare le tende **3** (*festklemmen*) stringere, serrare **4** **ein Gewehr ~** armare un fucile; **eine Waffe ~** caricare un'arma **5** attaccare: **das Pferd an** (*od* **vor**) **den Wagen ~** attaccare il cavallo alla carrozza **B** V/I ⟨h.⟩ stringere: **der Rock spannt** la gonna stringe; *fig* **die Haut spannt** la pelle tira **C** V/R **sich ~** **1** tendersi **2** (*sich wölben*) inarcarsi, stendersi **span·nend** ADJ **1** avvincente: **ein -er Krimi** un giallo avvincente **2** (*aufregend*) emozionante ♦ **mach es nicht so ~!** non farla tanto lunga!; **jetzt wird's ~** stiamo a vedere cosa succede

Span·ner M ⟨-s; -⟩ **1** (*für Hosen*) gruccia *f* per pantaloni **2** (*für Schuhe*) tendiscarpe *m* **3** *umg* (*Mann*) voyeur *m*

Spann·kraft F **1** (forza *f* di) tensione *f* **2** *fig* energia *f*: **ohne/voller ~ sein** essere privo/pieno di energia

Span·nung F ⟨-; -en⟩ **1** tensione *f* (*a. fig* ELEK): **soziale -en** tensioni sociali; **die Leitung steht unter ~** la corrente è sotto tensione **2** (*von Filmen, Romanen*) suspense *f*; ♦ **j-n in ~ halten** (*od* **versetzen**) tenere in sospeso (*od* rendere impaziente) qn; **etw mit ~ verfolgen** seguire qc con eccitazione

Span·nungs·ge·biet N POL area *f* di tensioni **span·nungs·ge·la·den** ADJ *fig* teso, carico di tensione **Span·nungs·mes·ser** M, **Span·nungs·prü·fer** M ⟨-s; -⟩ ELEK tester *m*; voltmetro *m*

Spann·wei·te F **1** (*von Flügeln*) apertura *f* alare (*a.* FLUG) **2** BAU luce *f*, campata *f*

Span·plat·te F pannello *m* di truciolato

Spar·buch N libretto *m* di risparmio: **ein ~ anlegen** aprire un libretto di risparmio **Spar·büch·se** F salvadanaio *m* **Spar·ein·la·ge** F deposito *m* a risparmio

spa·ren **A** V/T risparmiare **B** V/I ⟨h.⟩ **1** fare economie: **am Essen/mit Heizmaterial ~** risparmiare nel mangiare/sul riscaldamento **2** **auf etw** (*akk*) **~** risparmiare per qc **3** lesinare: **er spart nicht mit Anerkennung** non lesina lodi **C** V/R **sich** (*dat*) **~** risparmiarsi; **sich** (*dat*) **die Mühe ~** risparmiarsi la fatica

Spa·rer M ⟨-s; -⟩, **-in** F ⟨-; -nen⟩ risparmiatore *m*, -trice *f* **Spa·rer·frei·be·trag** M quota *f* di risparmio non soggetta a imposte

Spar·flam·me F **1** (*Ofen*) fiamma *f* bassa **2** (*Herd*) fuoco *m* lento ♦ *umg fig* **auf ~ arbeiten** risparmiarsi nel lavoro

Spar·gel M ⟨-s; -⟩ asparago *m*

Spar·gro·schen N *umg* gruzzolo *m* **Spar·gut·ha·ben** N deposito *m* a risparmio **Spar·kas·se** F cassa *f* di risparmio **Spar·kon·to** N conto *m* di risparmio

spär·lich **A** ADJ **1** scarso, magro **2** rado: **-en Haarwuchs haben** avere pochi capelli **B** ADV scarsamente, poco: **~ bekleidet** poco vestito ♦ **~ gesät sein** essere scarso

Spar·maß·nah·me F misura *f* d'economia **Spar·pa·ket** N POL pacchetto *m* di misure per il risparmio **Spar·prä·mie** F premio *m* al risparmio **Spar·pro·gramm** N **1** programma *m* di risparmio **2** (*bei Haushaltsgeräten*) programma *m* economico

spar·sam ADJ **1** (*Mensch*) economo, parsimonioso **2** (*ergiebig*) economico (nell'uso): **das Waschmittel ist ~** (**im Verbrauch**) il detersivo fa economizzare **3** (*spärlich*) scarso **4** (*nüchtern*) essenziale ♦ **-(en) Gebrauch von etw machen** fare poco uso di qc; **~ leben** vivere con parsimonia; **~ wirtschaften** governare la casa con parsimonia; **mit etw ~ sein** (*od* **umgehen**) fare economie (*od* risparmiare) su qc **Spar·sam·keit** F ⟨-⟩ parsimonia *f*

Spar·schwein N *umg* salvadanaio *m*: **sein ~ schlachten** rompere il salvadanaio

spar·ta·nisch ADJ spartano

Spar·te F ⟨-; -n⟩ **1** (*Bereich*) settore *m* **2** (*in der Zeitung*) pagine *fpl*: **die ~ Wirtschaft** le pagine di economia **Spar·ten·ka·nal** M TV canale *m* televisivo specializzato

Spaß M ⟨-es; Späße⟩ **1** scherzo *m*, burla *f*: **etw aus** (*od* **im** *od* **zum**) **~ sagen/tun** dire/fare qc per scherzo **2** (*Vergnügen*) divertimento *m*: **etw macht** (**j-m**) **großen ~** qc fa divertire (*od* diverte) molto (qn); **seinen ~ an etw** (*dat*) **haben, sich** (*dat*) **einen ~ aus etw machen** divertirsi a (fare) qc ♦ **er hat doch nur ~ gemacht!** voleva solo scherzare!; (**keinen**) **~ verstehen** (non saper) stare allo scherzo; **viel ~!** buon divertimento! **Spaß·bad** N acquapark *m inv* **Spaß·brem·se** F *umg* guastafeste *m/f*: **voll**

S

die ~ sein essere proprio un guastafeste; **du bist heute wieder voll die ~** oggi sei proprio il solito guastafeste

spa·ßen VI ⟨h.⟩ scherzare: **Sie ~ wohl!** vuole scherzare, vero?; **mit etw ist nicht zu ~** con qc non c'è da scherzare (*od* non si scherza); **er lässt nicht mit sich ~** con lui non si scherza

spa·ßes·hal·ber ADV **1** *umg* per scherzo **2** (*zum Vergnügen*) per divertimento

Spaß·ge·sell·schaft F società *f* del divertimento

spa·ßig ADJ **1** scherzoso: **ein -er Bursche** un tipo scherzoso **2** divertente: **ein -es Erlebnis** un'esperienza divertente

Spaß·ver·der·ber M ⟨-s; -⟩, **-in** F ⟨-; -nen⟩ guastafeste *m/f inv* **Spaß·vo·gel** M *umg* mattacchione *m*

Spas·ti·ker M ⟨-s; -⟩, **-in** F ⟨-; -nen⟩ spastico *m*, -a *f* (*a. pej*)

spät **A** ADJ **1** tardo, inoltrato: **am -en Nachmittag** nel tardo pomeriggio; **zu -er Stunde** a tarda ora; **bis in die -e Nacht** fino a tarda notte (*od* a notte inoltrata) **2** **im -en Barock** nel tardo barocco **3** (*verspätet*) tardivo (*a. fig*): **-e Reue** pentimento tardivo **B** ADV tardi: **~ am Abend, spätabends** la sera tardi ♦ **wir sind ~ dran** arriviamo tardi, è tardi per noi; **~ im Jahr** alla (*od* verso la) fine dell'anno; **wie ~ ist es?** che ore sono?; **es wird ~** si fa tardi; **zu ~ kommen** arrivare in ritardo; **zu ~** troppo tardi

Spa·tel M ⟨-s; -⟩ *u.* F ⟨-; -⟩ spatola *f*

Spa·ten M ⟨-s; -⟩ vanga *f* **Spa·ten·stich** M colpo *m* di vanga, vangata *f*

Spät·ent·wick·ler M ⟨-s; -⟩, **-in** F ⟨-; -nen⟩ ragazzo *m*, -a *f* dallo sviluppo ritardato

spä·ter ⟨*komp von* spät⟩ **A** ADJ **1** successivo, più tardo **2** (*zukünftig*) futuro **B** ADV **1** più tardi: **zwei Monate ~** due mesi più tardi (*od* dopo) **2** in futuro, più avanti ♦ **bis ~!** a più tardi! a dopo!; **an ~ denken** pensare al futuro (*od* al dopo); **früher oder ~** prima o poi

spä·tes·tens ADV al più tardi

Spät·fol·ge F conseguenza *f* ritardata **Spät·herbst** M tardo autunno *m* **Spät·le·se** F = *vino pregiato di uve vendemmiate tardivamente* **Spät·schicht** F secondo turno *m* **Spät·vor·stel·lung** F spettacolo *m* notturno **Spät·werk** N opera *f* tarda

Spatz M ⟨-en *u.* -es; -en⟩ passero *m* ♦ **das pfeifen die -en von den Dächern** lo sanno anche i polli

Spät·zle PL = *gnocchetti di farina*

Spät·zün·der M ⟨-s; -⟩, **-in** F ⟨-; -nen⟩ *hum* **1** (*begriffsstutziger Mensch*) **sie ist eine Spätzünderin** è lenta di comprendonio **2** → Spätentwickler(in) **Spät·zün·dung** F **1** AUTO accensione *f* ritardata **2** *umg* (*Begriffsstutzigkeit*) = *lentezza di comprendonio*

spa·zie·ren VI ⟨s.⟩ passeggiare: **~ fahren** fare un giro (con un veicolo); **~ gehen** andare a passeggio (*od* a spasso)

Spa·zier·fahrt F gita *f*, giro *m* (in macchina) **Spa·zier·gang** M passeggiata *f*: **~ im All** passeggiata *f* spaziale (*od* nel cosmo) **Spa·zier·gän·ger** M ⟨-s; -⟩, **-in** F ⟨-; -nen⟩ persona *f* che passeggia **Spa·zier·stock** M bastone *m* da passeggio

Specht M ⟨-[e]s; -e⟩ picchio *m*

Speck M ⟨-[e]s; -e⟩ lardo *m* ♦ **~ auslassen** soffriggere la pancetta; **durchwachsener ~** pancetta *f*

spe·ckig ADJ **1** unto e bisunto **2** *umg* (*dick*) grasso

Speck·schwar·te F cotica *f* **Speck·stein** M steatite *f*

Spe·di·teur [-'tøːɐ] M ⟨-s; -e⟩, **-in** F ⟨-; -nen⟩ spedizioniere *m*, -a *f* **Spe·di·ti·on** F ⟨-; -en⟩ **1** (*Versendung*) spedizione *f* **2** (*Firma*) impresa *f* di spedizioni

Speed·da·ting ['spiːdeːtɪŋ] N ⟨-s; -s⟩ speed dating *m inv*

Speer M ⟨-[e]s; -e⟩ giavellotto *m* (*a.* SPORT) **Speer·wer·fen** N ⟨-s⟩ SPORT lancio *m* del giavellotto **Speer·wer·fer** M, **-in** F lanciatore *m*, -trice *f* di giavellotto, giavellottista *m/f*

Spei·che F ⟨-; -n⟩ **1** raggio *m* **2** ANAT radio *m*

Spei·chel M ⟨-s⟩ saliva *f* **Spei·chel·drü·se** F ghiandola *f* salivale **Spei·chel·le·cker** M ⟨-s; -⟩, **-in** F ⟨-; -nen⟩ *pej* leccapiedi *m/f*, leccone *m*, -a *f*

Spei·cher M ⟨-s; -⟩ **1** magazzino *m*; (*für Getreide*) granaio *m* **2** (*Dachboden*) sottotetto *m*, soffitta *f* **3** IT memoria *f* **Spei·cher·be·reich** M IT spazio *m* di memoria **Spei·cher·er·wei·te·rung** F IT ampliamento *m* della memoria **Spei·cher·funk·ti·on** F IT funzioni *fpl* di memorizzazione **Spei·cher·ka·pa·zi·tät** F IT memoria *f*

spei·chern VT **1** immagazzinare: **Wär-**

S

me ~ immagazzinare calore; **elektrische Energie** ~ accumulare energia elettrica **2** ELEK, IT salvare: **speichern** (*Befehl*) salva

Spei·cher·ofen M riscaldamento *m* con accumulatore notturno **Spei·cher·platz** M IT spazio *m* di memoria **Spei·cher·schutz** M IT protezione *f* della memoria

Spei·che·rung F ⟨-; -en⟩ **1** immagazzinamento *m* **2** ELEK, IT memorizzazione *f*

spei·en ⟨spie, gespien⟩ V/I ⟨h.⟩ & V/T sputare: *fig* **Gift und Galle** ~ sputare veleno

Spei·se F ⟨-; -n⟩ **1** (*Gericht*) cibo *m*, piatto *m*: **-n und Getränke** cibi e bevande; **kalte/warme -n** piatti freddi/caldi **2** (*Nahrung*) alimento *m* **Spei·se·eis** N gelato *m* **Spei·se·kam·mer** F dispensa *f* **Spei·se·kar·te** F lista *f*, menù *m*

spei·sen **A** V/I ⟨h.⟩ mangiare **B** V/T **1** (*j-n*) dare da mangiare a **2** TECH alimentare ♦ **zu Mittag /zu Abend** ~ pranzare/cenare

Spei·sen·fol·ge F menù *m*

Spei·se·öl N olio *m* commestibile **Spei·se·röh·re** F esofago *m* **Spei·se·saal** M **1** sala *f* da pranzo **2** (*in Internaten, Klöstern*) refettorio *m* **Spei·se·wa·gen** M vagone *m* ristorante

Spei·sung F ⟨-; -en⟩ alimentazione *f* (*a.* TECH)

Spek·ta·kel[1] M ⟨-s; -⟩ *umg* (*Lärm*) chiasso *m*

Spek·ta·kel[2] N ⟨-s; -⟩ (*Schauspiel*) spettacolo *m*

spek·ta·ku·lär ADJ spettacolare

Spekt·rum N ⟨-s; Spektren *u.* Spektra⟩ PHYS spettro *m* (*a. fig*)

Spe·ku·lant M ⟨-en; -en⟩, **-in** F ⟨-; -nen⟩ speculatore *m*, -trice *f* **Spe·ku·la·ti·on** F ⟨-; -en⟩ speculazione *f* (*a.* WIRTSCH) **spe·ku·la·tiv** ADJ speculativo

spe·ku·lie·ren V/I ⟨h.⟩ **1** speculare: **an der Börse** ~ speculare in borsa **2** *umg* **auf** (*od* **mit**) **etw** ~ contare su qc

Spe·lun·ke F ⟨-; -n⟩ **1** (*Lokal*) bettola *f* **2** (*Unterkunft*) spelonca *f*, tugurio *m*

spen·da·bel ADJ generoso

Spen·de F ⟨-; -n⟩ **1** offerta *f* **2** JUR donazione *f* **spen·den** **A** V/T offrire, donare **B** V/I ⟨h.⟩ ~ (**für**) fare un'offerta (per) ♦ **j-m Beifall** ~ applaudire a qn; **Blut** ~ donare sangue **Spen·den·ak·ti·on** F sottoscrizione *f*

Spen·der[1] M ⟨-s; -⟩ (*Gerät*) distributore *m*, dispenser *m inv*

Spen·der[2] M ⟨-s; -⟩ (*Mensch, der spendet*) donatore *m* (*a.* MED): **vielen Dank dem** ~ ringrazio (*od* ringraziamo) il donatore **Spen·der·herz** N cuore *m* di un donatore di organi

Spen·de·rin F ⟨-; -nen⟩ donatrice *f*: **vielen Dank der** ~ ringrazio (*od* ringraziamo) la donatrice

spen·die·ren V/T *umg* offrire, pagare

Speng·ler M ⟨-s; -⟩, **-in** F ⟨-; -nen⟩ *österr schweiz* idraulico *m*; lattoniere *m*

Sper·ber M ⟨-s; -⟩ sparviero *m*

Sper·ling M ⟨-s; -e⟩ passero *m*

sperr·an·gel·weit ADV spalancato: **etw** ~ **öffnen** spalancare qc

Sper·re F ⟨-; -n⟩ **1** (*Absperrung*) sbarramento *m* **2** blocco *m* (*a.* TECH): **über die Einfuhr von etw eine** ~ **verhängen** imporre il blocco all'importazione di qc **3** SPORT squalifica *f*

sper·ren **A** V/T **1** bloccare: **eine Straße/ein Konto** ~ bloccare una strada/un conto **2** TECH tagliare, chiudere: **das Gas** ~ tagliare il gas **3** (*Telefon*) staccare **4** SPORT squalificare **5** (*einsperren*) (rin)-chiudere **6** TYPO spazieggiare **B** V/R **sich** ~ opporsi

Sperr·frist F JUR periodo *m* di sospensione **Sperr·ge·biet** N zona *f* vietata **Sperr·gut** N merce *f* ingombrante **Sperr·holz** N (legno *m*) compensato *m*

sper·rig ADJ ingombrante

Sperr·kon·to N FIN conto *m* vincolato **Sperr·müll** M rifiuti *mpl* ingombranti **Sperr·sitz** M (posto *m*) distinto *m* **Sperr·stun·de** F ora *f* di chiusura (dei locali pubblici)

Sper·rung F ⟨-; -en⟩ **1** (*Absperrung*) sbarramento *m* **2** WIRTSCH blocco *m* **3** SPORT squalifica *f* **4** TYPO spazieggiatura *f*

Spe·sen PL spese *fpl* ♦ *umg* **außer** ~ **nichts gewesen** è più la spesa che l'impresa

spe·sen·frei ADJ franco (di) spese **Spe·sen·rech·nung** F nota *f* spese

Spe·zi[1] M ⟨-s; -[s]⟩ *österr umg* (*Freund*) = *amico per la pelle*

Spe·zi[2] N ⟨-s; -[s]⟩ *umg* (*Getränk*) = *bibita dissetante a base di limonata e coca-cola*

Spe·zi·al·aus·bil·dung F specializzazione *f* **Spe·zi·al·aus·füh·rung** F versione *f* speciale **Spe·zi·al·ef·fek·te** PL effetti *mpl* speciali **Spe·zi·al·fach** N specialità *f* **Spe·zi·al·ge·biet** N campo *m* specialistico

spe·zi·a·li·sie·ren V/R **sich auf etw** (*akk*) **~** specializzarsi in qc

Spe·zi·a·list M ⟨-en; -en⟩, **-in** F ⟨-; -nen⟩ specialista *m/f*

Spe·zi·a·li·tät F ⟨-; -en⟩ specialità *f*

spe·zi·ell ADJ **1** particolare: **-e Interessen** interessi particolari **2** (*besondere*) specifico: **ein -er Fall** un caso specifico

Spe·zi·es F ⟨-; -⟩ specie *f*, tipo *m*

spe·zi·fisch **A** ADJ specifico (*a.* PHYS) **B** ADV tipicamente

spe·zi·fi·zie·ren V/T specificare

Sphä·re F ⟨-; -n⟩ sfera *f* **sphä·risch** ADJ **1** della sfera celeste **2** MATH sferico

Sphinx F ⟨-; -e⟩ sfinge *f* (*a. fig*)

spi·cken V/T **1** lardellare **2** *umg fig* infarcire: **mit Zitaten ~** infarcire di citazioni **3** (*abschreiben*) copiare

spie → speien

Spie·gel M ⟨-s; -⟩ **1** specchio *m* **2** MED speculum *m* **3** (*Alkohol*, MED *Wert*) tasso *m*

Spie·gel·bild N **1** immagine *f* riflessa **2** *fig* specchio *m* **Spie·gel·ei** N uovo *m* al tegamino **spie·gel·glatt** ADJ liscio come uno specchio

spie·geln **A** V/T **1** rispecchiare, riflettere (*a. fig*) **2** MED esaminare con lo specolo **B** V/R **sich ~** rispecchiarsi, riflettersi (*a. fig*) **C** V/I ⟨h.⟩ risplendere

Spie·gel·re·flex·ka·me·ra F macchina *f* fotografica reflex **Spie·gel·schrift** F scrittura *f* a specchio

Spie·ge·lung F ⟨-; -en⟩ **1** riflesso *m* **2** immagine *f* riflessa **3** MED esame *m* con lo specolo

spie·gel·ver·kehrt ADJ & ADV al contrario

Spiel N ⟨-[e]s; -e⟩ **1** gioco *m*: **in das ~ vertieft sein** essere immerso nel gioco **2** (*Glückspiel*) **dem ~ verfallen sein** avere il vizio del gioco **3** *fig* **das freie ~ der Kräfte** il libero gioco delle forze **4** SPORT *fig* gara *f*, partita *f*: **ein abgekartetes ~** una partita truccata **5** THEAT interpretazione *f*, recitazione *f* **6** MUS esecuzione *f* **7** THEAT opera *f* (*od* rappresentazione *f*) teatrale **8** (*Satz*) serie *f* **9** (*von Karten*) mazzo *m* **10** TECH gioco *m* ♦ **das ~ ist aus** la partita è chiusa; **j-n/etw ins ~ bringen** mettere in gioco qn/qc; **die Finger** (*od* **Hände**) **im ~ haben** avere le mani in pasta; (**mit**) **im ~ sein** essere in gioco; **ins ~ kommen** entrare in gioco; **j-n/etw aus dem ~ lassen** lasciare fuori qn/qc; **mit j-m/etw leichtes ~ haben** avere gioco facile con qn/qc; **das ~ machen** = *vincere*; **etw/alles aufs ~ setzen** mettere in gioco qc/tutto; **auf dem ~ stehen** essere in gioco

Spiel·au·to·mat M slot-machine *f*

Spiel·ball M **1** (*beim Tennis*) match-ball *m* **2** (*machtloser Mensch*) burattino *m* **3** **ein ~ der Wellen sein** essere in balia delle onde **Spiel·bank** F ⟨-; -en⟩ casinò *m*

Spiel·do·se F carillon *m*

Spie·le·kon·so·le F consolle *f inv* di gioco

spie·len **A** V/T **1** giocare: **Schach ~** giocare a scacchi; **Ball ~** giocare a palla **2** suonare: **Klavier/Chopin ~** suonare il piano/Chopin **3** THEAT (*Rolle*) interpretare; (*geben*) dare: **was wird heute** (**im Theater**) **gespielt?** che cosa c'è (*od* danno) oggi (a teatro)? **4** fingersi: **den Unschuldigen ~** fingersi ingenuo; **den großen Herrn ~** fare il gran signore **5** (*zuspielen*) passare **B** V/I ⟨h.⟩ **1** giocare (*a.* SPORT *fig*): **um Geld ~** giocare a soldi; **mit j-s Gefühlen ~** giocare con i sentimenti di qn **2** MUS suonare **3** (*stattfinden*) svolgersi, essere ambientato **4** **ins Rötliche ~** dare sul rossiccio; **in allen Farben ~** brillare di colori cangianti ♦ **seine Beziehungen ~ lassen** sfruttare le proprie conoscenze; **mit dem Gedanken ~** accarezzare l'idea; **j-m etw in die Hände ~** passare qc di nascosto a qn; *fig* **mit seinem Leben ~** giocare con la propria vita; **ein Spiel ~** fare un gioco; *fig* **was wird hier gespielt?** che succede? SPORT; **auf Zeit ~** fare melina

spie·lend ADV come (*od* quasi) per gioco

Spie·ler M ⟨-s; -⟩ giocatore *m* ♦ **zum ~ werden** diventare un giocatore accanito

Spie·le·rei F ⟨-; -en⟩ **1** gioco *m*: **aus ~** per gioco **2** (*unnütze Kleinigkeiten*) sciocchezze *fpl*

Spie·le·rin F ⟨-; -nen⟩ giocatrice *f* ♦ **zur ~ werden** diventare una giocatrice accanita

spie·le·risch **A** ADJ **1** giocoso, ludico **2** (*mühelos*) facile **3** SPORT di gioco **B** ADV **1** in modo giocoso **2** (*mühelos*) come (*od* quasi) per gioco

Spiel·feld N campo *m* di gioco **Spiel·film** M lungometraggio *m* **Spiel·geld** N gettoni *mpl*, fiches *fpl* **Spiel·hal·le** F sala *f* giochi **Spiel·höl·le** F *pej* bisca *f* **Spiel·ka·me·rad** M, **-in** F compagno *m*, -a *f* di giochi **Spiel·kar·te** F carta *f* da gioco **Spiel·ka·si·no** N casinò *m* **Spiel·lei·ter** M, **-in** F **1** TV conduttore *m*, -trice *f* (di un gioco a quiz) **2** SPORT arbitro *m* **Spiel·ma·cher** M, **-in** F uomo *m*, donna *f* di punta **Spiel·mar·ke** F gettone *m* **Spiel·plan** M THEAT cartellone *m*, programma *m* **Spiel·platz** M campo *m* giochi **Spiel·raum** M **1** spazio *m* (*a. fig*): **mehr ~ brauchen** aver bisogno di più spazio **2** margine *m*: **ein paar Tage ~** un margine di un paio di giorni **Spiel·re·geln** PL regole *fpl* del gioco (*a. fig*) **Spiel·sa·chen** PL giocattoli *mpl* **Spiel·the·ra·pie** F ludoterapia *f* **Spiel·tisch** M tavolo *m* da gioco **Spiel·trieb** M desiderio *m* di giocare **Spiel·uhr** F carillon *m* **Spiel·ver·bot** N SPORT squalifica *f* **Spiel·ver·der·ber** M ⟨-s; -⟩, **-in** F ⟨-; -nen⟩ guastafeste *m/f inv* **Spiel·wa·ren** PL giocattoli *mpl* **Spiel·zeit** F **1** THEAT stagione *f* **2** SPORT tempo *m* di gioco

Spiel·zeug N giocattoli *mpl*; (*einzelner Gegenstand*) giocattolo *m* **Spiel·zeug·ei·sen·bahn** F trenino *m* **Spiel·zeug·pis·to·le** F pistola *f* giocattolo

Spieß M ⟨-es; -e⟩ **1** lancia *f* **2** (*Bratspieß*) spiedo *m*, spiedino *m*: **am ~ gebratenes Fleisch** carne allo spiedo **3** *umg* MIL maresciallo *m* ♦ **brüllen wie am ~** strillare come un ossesso; *fig* **den ~ umdrehen** passare al contrattacco

Spieß·bür·ger M, **-in** F borghesuccio *m*, -a *f*, filisteo *m*, -a *f* **spieß·bür·ger·lich** ADJ & ADV da borghesuccio

spie·ßen V/T infilzare: **etw auf die Gabel ~** infilzare qc con la forchetta

Spie·ßer M ⟨-s; -⟩, **-in** F ⟨-; -nen⟩ borghesuccio *m*, -a *f*

spie·ßig ADJ *umg* da borghesuccio, gretto

Spieß·ru·ten PL **~ laufen** essere messo alla gogna

Spike [ʃpaik] M ⟨-s; -s⟩ **1** chiodo *m* **2** *pl* SPORT scarpette *fpl* chiodate **3** *pl* → Spike(s)reifen

Spike(s)·rei·fen M pneumatico *m* chiodato

Spi·nat M ⟨-[e]s; -e⟩ BOT spinacio *m*; (*Gemüse*) spinaci *mpl*

Spind M/N ⟨-[e]s; -e⟩ armadietto *m*

Spin·del F ⟨-; -n⟩ **1** fuso *m* **2** MECH mandrino *m*

Spi·nett N ⟨-[e]s; -e⟩ MUS spinetta *f*

Spin·ne F ⟨-; -n⟩ ragno *m*

spin·nen ⟨spann, gesponnen⟩ **A** V/T **1** filare: **Garn ~** filare il filo **2** tessere: **die Spinne spinnt ihr Netz** il ragno tesse la sua tela; *fig* **ein Netz von Lügen ~** tessere una rete di menzogne **B** V/I ⟨h.⟩ *umg* dare i numeri

Spin·nen·netz N ragnatela *f*

Spin·ner M ⟨-s; -⟩ **1** filatore *m* **2** *umg* (*Verrückter*) svitato *m*

Spin·ne·rei F ⟨-; -en⟩ **1** filatura *f*; (*Betrieb*) **in einer ~ arbeiten** lavorare in una filanda **2** *umg* idea *f* balzana

Spin·ne·rin F ⟨-; -nen⟩ **1** filatrice *f* **2** *umg* (*Verrückte*) svitata *f*

Spinn·rad N ruota *f* dell'arcolaio

Spinn·we·be F ⟨-; -n⟩ ragnatela *f*

Spi·on M ⟨-s; -e⟩ **1** (*Geheimagent, Spitzel*) spia *f* **2** (*Guckloch*) spioncino *m*

Spi·o·na·ge [-'naːʒə] F ⟨-⟩ spionaggio *m* **Spi·o·na·ge·ab·wehr** F controspionaggio *m* **Spi·o·na·ge·ring** M rete *f* di agenti segreti

spi·o·nie·ren V/I ⟨h.⟩ fare dello spionaggio **Spi·o·nin** F ⟨-; -nen⟩ spia *f*

Spi·ra·le F ⟨-; -n⟩ spirale *f* (*a.* GEOM, MED *fig*) **Spi·ral·fe·der** F molla *f* a spirale **spi·ral·för·mig** ADJ, **spi·ra·lig** ADJ a spirale

Spi·ri·tis·mus M ⟨-⟩ spiritismo *m* **Spi·ri·tist** M ⟨-en; -en⟩, **-in** F ⟨-; -nen⟩ spiritista *m/f* **spi·ri·tis·tisch** ADJ spiritistico: **eine -e Sitzung** una seduta spiritica

spi·ri·tu·ell ADJ spirituale

Spi·ri·tu·o·sen PL alcolici *mpl*

Spi·ri·tus M ⟨-; -se⟩ alcol *m*, spirito *m* **Spi·ri·tus·ko·cher** M fornello *m* a spirito

Spi·tal N ⟨-s; Spitäler⟩ *österr schweiz* ospedale *m*

spitz ADJ **1** appuntito: **-e Schuhe** scarpe a punta; **~ zulaufen** finire a punta **2** (*Winkel, Ton*) acuto **3** *fig* (*stichelnd*) pungente **4** **eine -e Zunge** una lingua tagliente **5** *umg* (*mager im Gesicht*) affilato ♦ *umg* **auf etw** (*akk*) **~ sein** aver voglia di qc

Spitz M ⟨-es; -e⟩ (cane *m*) volpino *m*

Spitz·bart M pizzo *m*, pizzetto *m* **Spitz·bauch** M pancia *f* prominente **spitz-**

be·kom·men VT ⟨irr⟩ *umg* riuscire a capire **Spitz·bo·gen** M arco *m* a sesto acuto, arco *m* ogivale **Spitz·bu·be** M **1** furfante *m* **2** *umg* birichino *m* **spitz·bü·bisch** ADJ da birichino

spit·ze ADJ ⟨inv⟩ *umg* fantastico, super

Spit·ze F ⟨-; -n⟩ **1** punta *f* **2** SPORT **die Mannschaft spielt mit zwei -n** la squadra gioca con due punte **3** vertice *m*: **die ~ eines Dreiecks** il vertice di un triangolo; **die ~ eines Konzerns** il vertice di un gruppo industriale **4** testa *f*: **an der ~ der Tabelle stehen** essere in testa alla classifica; **sich an die ~ setzen** passare in testa **5** *pl* (*führende Persönlichkeiten*) massime personalità *fpl* **6** (*Stoff*) pizzo *m*, merletto *m* **7** *fig* (*boshafte Bemerkung*) frecciata *f* **8** *umg* (*Höchstmaß*) massimo *m* **9** (*Höchstgeschwindigkeit*) velocità *f* massima ♦ *umg* **das ist absolute** (*od* **einsame**) **~!** è il massimo! *fig*; **etw** (*dat*) **die ~ nehmen** smussare qc; **die ~ des Eisbergs** la punta dell'iceberg; **auf ~ und Knopf stehen** essere sul filo del rasoio; **etw auf die ~ treiben** spingere qc all'estremo

Spit·zel M ⟨-s; -⟩ spia *f*, informatore *m*

spit·zen VT appuntire ♦ **die Ohren ~** drizzare le orecchie, tendere l'orecchio; **die Lippen ~** protendere le labbra

Spit·zen·be·satz M guarnizione *f* di merletti **Spit·zen·blu·se** F camicetta *f* di pizzo **Spit·zen·er·zeug·nis** N prodotto *m* di ottima qualità **Spit·zen·fah·rer** M, **-in** F pilota *m/f* di gran classe **Spit·zen·ge·schwin·dig·keit** F velocità *f* massima **Spit·zen·grup·pe** F gruppo *m* di testa **Spit·zen·kan·di·dat** M, **-in** F POL capolista *m/f* **Spit·zen·klas·se** F **1** vertici *mpl*: **zur ~ gehören** appartenere ai vertici **2** (*beste Qualität*) primissima qualità *f* **Spit·zen·klöpp·le·rin** F ⟨-; -nen⟩ merlettaia *f* **Spit·zen·leis·tung** F rendimento *m* massimo; record *m*, primato *m*; ottima prestazione *f* **Spit·zen·po·si·ti·on** F posizione *f* al vertice **Spit·zen·rei·ter** M il numero *m* uno, campione *m* **Spit·zen·sport·ler** M, **-in** F campione *m*, -essa *f* **Spit·zen·steu·er·satz** M aliquota *f* d'imposta più alta **Spit·zen·tanz** M ballo *m* sulle punte **Spit·zen·tech·no·lo·gie** F tecnologia *f* avanzata (*od* di punta) **Spit·zen·zeit** F **1** (*Stoßzeit*) ora *f* di punta **2** SPORT tempo *m* record

Spit·zer M ⟨-s; -⟩ *umg* temperino *m*

spitz·fin·dig ADJ cavilloso **Spitz·fin·dig·keit** F ⟨-; -en⟩ cavillosità *f* **Spitz·ha·cke** F piccone *m* **Spitz·keh·re** F curva *f* a U **Spitz·krie·gen** → spitzbekommen **spitz·maus** F toporagno *m* **spitz·na·me** M nomignolo *m*, soprannome *m* **Spitz·wink·lig** ADJ acutangolo

Spleen [ʃpliːn] M ⟨-s; -e *u.* -s⟩ idea *f* balzana **splee·nig** ADJ balzano

Spliss M ⟨-⟩ doppie punte *fpl*

Splitt M ⟨-[e]s; -e⟩ pietrisco *m*

split·ten VT WIRTSCH frazionare

Split·ter M ⟨-s; -⟩ scheggia *f*, scaglia *f*, frammento *m* **Split·ter·bruch** M frattura *f* comminuta **split·ter·frei** ADJ che non si scheggia: **-e Scheiben** vetri stratificati **Split·ter·grup·pe** F POL gruppuscolo *m*

split·tern VI ⟨h., s.⟩ scheggiarsi

split·ter·nackt ADJ *umg* nudo come un verme **Split·ter·par·tei** F partito *m* separatista

Spoi·ler M ⟨-s; -⟩ spoiler *m*, alettone *m*

spon·sern VT sponsorizzare

Spon·sor M ⟨-s; -en⟩, **-so·rin** F ⟨-; -nen⟩ sponsor *m/f inv*

spon·tan ADJ spontaneo

Spon·ta·ne·i·tät F ⟨-⟩ spontaneità *f*

Spon·ti M ⟨-s; -s⟩ *sl* POL spontaneista *m*

spo·ra·disch ADJ sporadico

Spo·re F ⟨-; -n⟩ BOT spora *f*

Spo·ren PL **1** → Spore **2** → Sporn

Sporn M ⟨-[e]s; Sporen *u.* -e⟩ sperone *m* (*a.* ZOOL, BOT, MED, SCHIFF): **dem Pferd die Sporen geben** spronare il cavallo ♦ **sich** (*dat*) **die ersten Sporen verdienen** fare le prime conquiste

Sport M ⟨-[e]s; -e⟩ **1** sport *m*: **~ treiben** praticare (*od* fare) sport **2** hobby *m*: **als** (*od* **zum**) **~** per hobby

Sport·ab·zei·chen N distintivo *m* sportivo **Sport·ang·ler** M, **-in** F pescatore *m*, -trice *f* sportivo (-a) **Sport·art** F tipo *m* di sport **Sport·ar·ti·kel** M articolo *m* sportivo **Sport·arzt** M, **-ärz·tin** F medico *m* sportivo **sport·be·geis·tert** ADJ appassionato di sport **Sport·flug·zeug** N aereo *m* da turismo **Sport·geist** M ⟨-[e]s⟩ spirito *m* sportivo **Sport·ge·rät** N attrezzo *m* sportivo **Sport·ge·schäft** N negozio *m* di articoli sportivi **Sport·hal·le** F pa-

S

lazzetto *m* dello sport **Sport·klei·dung** F abbigliamento *m* sportivo **Sport·klub** M club *m* sportivo **Sport·leh·rer** M, **-in** F insegnante *m/f* di educazione fisica

Sport·ler M ⟨-s; -⟩, **-in** F ⟨-; -nen⟩ sportivo *m*, -a *f*

sport·lich ADJ sportivo ♦ **sich ~ benehmen** comportarsi sportivamente; **sich ~ betätigen** impegnarsi nello sport; **sich ~ kleiden** vestire in modo sportivo

Sport·me·di·zin F medicina *f* sportiva **Sport·nach·rich·ten** PL notizie *fpl* sportive **Sport·platz** M campo *m* sportivo **Sport·re·por·ta·ge** [-taːʒə] F cronaca *f* sportiva **Sport·re·por·ter** M, **-in** F cronista *m/f* sportivo (-a) **Sport·sen·dung** F trasmissione *f* sportiva

Sports·frau F sportiva *f* **Sports·geist** → Sportgeist **Sports·mann** M ⟨-[e]s; -leute *u.* -männer⟩ sportivo *m*

Sport·stu·dio N palestra *f* **Sport·tau·cher** M, **-in** F subacqueo *m*, -a *f*; sub *m/f inv* **Sport·teil** M pagine *fpl* sportive **Sport·un·ter·richt** M lezione *f* di educazione fisica **Sport·ver·an·stal·tung** F manifestazione *f* sportiva **Sport·ver·ein** M circolo *m* sportivo **Sport·wa·gen** M 1 macchina *f* sportiva 2 (*Kinderwagen*) passeggino *m*

Spott M ⟨-[e]s⟩ 1 beffa *f*, derisione *f* 2 (*Gespött*) zimbello *m*: **zum ~ der Leute werden** diventare lo zimbello della gente **Spott·bild** N *fig* caricatura *f* **spott·bil·lig** ADJ & ADV *umg* a (un) prezzo irrisorio

Spöt·te·lei F ⟨-; -en⟩ canzonatura *f*

spöt·teln VI ⟨h.⟩ **über j-n/etw ~** prendere in giro (*od* canzonare) qn/qc

spot·ten VI ⟨h.⟩ **über j-n/etw ~** deridere (*od* prendere in giro) qn/qc, *umg* sfottere qn/qc ♦ **das spottet jeder Beschreibung** è superiore a ogni descrizione

Spöt·ter M ⟨-s; -⟩, **-in** F ⟨-; -nen⟩ (s)beffeggiatore *m*, -trice *f*

spöt·tisch ADJ beffardo, derisorio

Spott·preis M *umg* prezzo *m* irrisorio

sprach → sprechen

Sprach·bar·ri·e·re F barriera *f* linguistica **sprach·be·gabt** ADJ portato per le lingue, che ha predisposizione per le lingue

Spra·che F ⟨-; -n⟩ 1 lingua *f* 2 (*einer bestimmten Gruppe*) linguaggio *m* (*a. fig*): **die ~ der Taubstummen/des Körpers** il linguaggio dei sordomuti/del corpo 3 (*Sprechfähigkeit*) (uso *m* della) parola *f*: **durch einen Unfall die ~ verlieren** perdere l'uso della parola per un incidente 4 (*Sprechweise*) parlata *f* ♦ **die ~ auf etw** (*akk*) **bringen** portare il discorso su qc; **etw spricht eine deutliche ~** qc parla da sé; *umg* (**nicht**) **mit der ~** (**he**)**rausrücken** (non) spiegarsi, (non) parlare; **die ~ kommt auf j-n** il discorso cade su qn; **etw kommt zur ~** si parla di qc; **j-m verschlägt es die ~** qn rimane senza parole; **etw zur ~ bringen** (mettersi a) parlare di qc

Spra·chen·schu·le F scuola *f* di lingue

Sprach·er·ken·nung F IT riconoscimento *m* vocale

Sprach·feh·ler M difetto *m* di pronuncia **Sprach·füh·rer** M manuale *m* di conversazione **Sprach·ge·brauch** M

Sprachen in Italien

In Italien werden außer Italienisch auch folgende Sprachen gesprochen, die sich zum Teil als uralte Sprachinseln gehalten haben, nun aber durch die hohe Mobilität des 20. und 21. Jahrhunderts und die Medien aufgeweicht werden.

Deutsch in Südtirol, in Udine, Belluno, Trento, Vercelli, Aostatal und Val d'Ossola (insgesamt über 300.000 Sprecher);

Französisch im Aostatal und bei Foggia (Apulien) (ca. 300.000 Sprecher);

Albanisch in einigen Dörfern des Aspromonte (Kalabrien) und in der Stadt Piana degli Albanesi (Sizilien);

Slowenisch in der Gegend von Triest (ca. 70.000 Sprecher);

Ladinisch in den Provinzen Bozen, Trient und Belluno (ca. 60.000 Sprecher);

Griechisch östlich von Reggio Calabria (Kalabrien, ca. 20.000 Sprecher);

Katalanisch in Alghero in Sardinien (ca. 18.000 Sprecher);

Kroatisch in einigen Dörfern der Region Molise.

uso *m* linguistico: **allgemeiner ~** lingua *f* comune **Sprach·ge·fühl** N ⟨-[e]s⟩ sensibilità *f* linguistica **sprach·ge·wandt** ADJ eloquente **Sprach·kennt·nis·se** PL conoscenza *f* della (*od* di una) lingua **Sprach·kurs** M corso *m* di lingua **Sprach·la·bor** N laboratorio *m* linguistico **Sprach·leh·rer** M, **-in** F insegnante *m/f* di lingua straniera **sprach·lich** ADJ linguistico

sprach·los A ADJ senza parole: (**vor Verwunderung**) **~ sein** restare senza parole (dallo stupore) B ADV senza parlare, senza parole: **sich ~ ansehen** guardarsi senza parlare

Sprach·ni·veau [-nivo:] N livello *m* (*od* registro *m*) linguistico **Sprach·raum** M area *f* linguistica **Sprach·re·gel** F regola *f* grammaticale **Sprach·rei·se** F vacanza-studio *f* **Sprach·rohr** N 1 megafono *m* 2 *fig* portavoce *m/f* **Sprach·stö·rung** F disturbo *m* del linguaggio **Sprach·un·ter·richt** M lezione *f* (*od* lezioni *fpl*) di lingua **Sprach·wis·sen·schaft** F linguistica *f*

sprang → springen

Spray [ʃpre:] M/N ⟨-s; -s⟩ spray *m inv* **Spray·do·se** F bombola *f* spray

spray·en V/T spruzzare di spray

Spray·er M ⟨-s; -⟩, **-in** F ⟨-; -nen⟩ graffitaro *m*, -a *f*

Sprech·an·la·ge F citofono *m* **Sprech·bla·se** F fumetto *m* **Sprech·chor** M coro *m* (*a.* THEAT): **im ~ rufen** gridare in coro

spre·chen ⟨spricht, sprach, gesprochen⟩ A V/T 1 parlare: **Deutsch/Italienisch ~** parlare tedesco/italiano; **j-n** (**geschäftlich/privat**) **~** parlare a con qn (d'affari/in privato); **wann kann ich Sie ~?** quando Le posso parlare? 2 (*sagen*) dire: **die Wahrheit ~** dire la verità; **ein Gebet ~** dire una preghiera B V/I ⟨h.⟩ 1 parlare: **frei ~** parlare a braccio; **gut/schlecht über j-n/etw** (*od* **von j-m/etw**) **~** parlare bene/male di qn/qc; **sie sprachen lange miteinander** parlarono a lungo 2 **aus ihren Worten sprach Hass** nelle sue parole si leggeva l'odio ♦ **auf j-n/etw schlecht** (*od* **nicht gut**) **zu ~ sein** non vedere qn/qc di buon occhio; **alles spricht dafür, dass ...** tutto fa pensare che ...; **Dialekt ~** parlare (in) dialetto; **das spricht für seine Unschuld** questo è una prova della sua innocenza; *fig* **die Beweise ~ gegen ihn** le prove sono contro di lui; **das Gericht hat gesprochen** il tribunale ha pronunciato la sentenza; **du sprichst mir aus dem Herzen** mi leggi nell'animo; **auf etw** (*akk*) **zu ~ kommen** cominciare a parlare di qc; **das spricht für sich** (**selbst**) questo parla da sé; **mit sich selbst ~** parlare fra sé e sé; **wir ~ uns noch!** ne riparleremo!; **ich spreche kein Wort Deutsch** non so una parola di tedesco; **sprechen Sie Deutsch/Italienisch?** parla il tedesco/l'italiano?; **ich bin für niemanden zu ~!** non ci sono per nessuno!; **ist Herr Schmidt zu ~?** posso parlare col signor Schmidt?

spre·chend ADJ 1 parlante 2 *fig* convincente, eloquente

Spre·cher M ⟨-s; -⟩, **-in** F ⟨-; -nen⟩ 1 POL portavoce *m/f* 2 RADIO, TV speaker *m/f inv*; (*Ansager*) annunciatore *m*, -trice *f* 3 THEAT narratore *m*, -trice *f* 4 LING parlante *m/f* 5 (*Redner*) oratore *m*, -trice *f*

Sprech·er·laub·nis F permesso *m* di visita (in carcere) **Sprech·funk·ge·rät** N walkie-talkie *m* **Sprech·stun·de** F 1 orario *m* di ricevimento 2 MED orario *m* di visita, (orario *m* di) ambulatorio *m*: **der Arzt hat ~ täglich von 9–11** il medico riceve ogni giorno dalle 9 alle 11; **in die ~ gehen** andare in ambulatorio **Sprech·stun·den·hil·fe** F *neg!* assistente *f* di studio medico **Sprech·zim·mer** N 1 studio *m* 2 MED ambulatorio *m*

sprei·zen V/T 1 aprire, allargare: **die Arme ~** allargare le braccia 2 (*Beine*) divaricare 3 (*Flügel*) spiegare

Spreiz·fuß M piede *m* piatto-valgo

spren·gen V/T 1 far saltare: **etw in die Luft ~** far saltare qc in aria; *fig* **die Spielbank ~** far saltare il banco 2 (*aufbrechen*) forzare 3 (*zertrümmern*) spaccare, rompere 4 (*mit Gewalt auflösen*) sciogliere (con la forza), disperdere 5 (*besprengen*) annaffiare; (*Wäsche*) inumidire

Spreng·kap·sel F capsula *f* detonante **Spreng·kopf** M testata *f* **Spreng·kör·per** M ordigno *m* (esplosivo) **Spreng·kraft** F ⟨-⟩ forza *f* esplosiva **Spreng·la·dung** F, **Spreng·satz** M carica *f* esplosiva **Spreng·stoff** M esplosivo *m* **Spreng·stoff·an·schlag** M attentato *m* dinamitardo

Spren·gung F ⟨-; -en⟩ il far saltare (in

S

aria); distruzione *f* (con esplosivi)
Spreu F ⟨-⟩ pula *f*: **die ~ vom Weizen trennen** sceverare il grano dalla pula
Sprich·wort N ⟨-[e]s; -wörter⟩ proverbio *m* **sprich·wört·lich** ADJ proverbiale
sprie·ßen V/I ⟨spross, gesprossen; s.⟩ spuntare, germogliare
Spring·brun·nen M fontana *f* a getto
sprin·gen V/I ⟨sprang, gesprungen; s.⟩ 1 saltare (*a. fig*): **über etw** (*akk*) **~** saltare qc 2 (*Ball*) rimbalzare 3 gettarsi: **ins Wasser ~** gettarsi (*od* buttarsi) in acqua 4 scattare: **die Ampel springt auf Rot** (al semaforo) scatta il rosso 5 *fig* **wenn er befiehlt, ~ alle** quando lui ordina tutti scattano 6 (*zerspringen*) spezzarsi, spaccarsi 7 (*Haut*) screpolarsi 8 (*als Springer arbeiten*) fare il jolly ♦ *fig* **in die Augen ~** saltare all'occhio; **der -de Punkt** il punto saliente
Sprin·ger[1] M ⟨-s; -⟩ (*Schachfigur*) cavallo *m*
Sprin·ger[2] M ⟨-s-⟩, **-in** F ⟨-; -nen⟩ 1 saltatore *m*, -trice *f* 2 (*Angestellte*) jolly *m inv*
Sprin·ger·stie·fel PL anfibi *mpl*
Spring·flut F marea *f* sizigiale **Spring·rei·ten** N salto *m* a ostacoli **Spring·seil** N corda *f* per saltare
Sprint M ⟨-s; -s⟩ corsa *f* di velocità: **einen ~ einlegen** fare uno sprint
sprin·ten V/I ⟨h., s.⟩ fare uno sprint, sprintare **Sprin·ter** M ⟨-s; -⟩, **-in** F ⟨-; -nen⟩ sprinter *m/f inv*, velocista *m/f*
Sprit M ⟨-[e]s⟩ *umg* benzina *f*
Sprit·ze F ⟨-; -n⟩ 1 MED siringa *f*; iniezione *f*, *umg* puntura *f*: **j-m eine ~ geben** fare un'iniezione a qn 2 (*Feuerspritze*) pompa *f* antincendio ♦ *sl* **an der ~ hängen** essere un tossico
sprit·zen A V/T 1 spruzzare 2 (*sprengen*) annaffiare, bagnare 3 (*lackieren*) verniciare (a spruzzo) 4 MED iniettare 5 AGR (*besprühen*) irrorare: **Obstbäume mit Chemikalien ~** trattare gli alberi da frutta con prodotti chimici B V/I 1 ⟨h., s.⟩ schizzare, spruzzare 2 *sl* ⟨h.⟩ (*sich Rauschgift injizieren*) bucarsi C V/R **sich ~** farsi un'iniezione
Sprit·zer M ⟨-s; -⟩ 1 spruzzo *m* 2 (*Schuss*) spruzzata *f*, spruzzatina *f*
Spritz·guss M ⟨-es⟩ pressofusione *f*
sprit·zig ADJ 1 frizzante (*a. fig*) 2 (*schnell*) brioso 3 (*wendig, agil*) scattante
Sprit·zig·keit F ⟨-⟩ *fig* brio *m*, briosità *f*
Spritz·pis·to·le F 1 pistola *f* a spruzzo 2 MAL aerografo *m* **Spritz·tour** [-tuːɐ] F gitarella *f*
sprö·de ADJ 1 (*brüchig*) fragile 2 (*rau*) ruvido: **~ Haut** pelle ruvida 3 (*abweisend*) scostante, ritroso
spross → sprießen
Spross M ⟨-es; -e[n]⟩ 1 germoglio *m* 2 *fig* (*Nachkomme; pl Sprosse*) rampollo *m*
Spros·se F ⟨-; -n⟩ 1 piolo *m* 2 BAU traversa *f* ♦ **die höchste ~** *fig* il vertice
Spros·sen PL (*Soja*) germogli *mpl*
Spros·sen·wand F quadro *m* svedese
Spröss·ling M ⟨-s; -e⟩ *hum* rampollo *m*
Sprot·te F ⟨-; -n⟩ spratto *m*
Spruch M ⟨-[e]s; Sprüche⟩ 1 detto *m*, sentenza *f* 2 *umg* **Sprüche klopfen** dire paroloni **Spruch·band** N ⟨-[e]s; -bänder⟩ striscione *m* **spruch·reif** ADJ maturo (per una decisione)
Spru·del M ⟨-s; -⟩ acqua *f* minerale gassata **spru·deln** V/I 1 ⟨s.⟩ zampillare (*a. fig*): **aus der Felswand ~** zampillare dalla roccia 2 ⟨h.⟩ (*kochendes Wasser*) bollire 3 ⟨h.⟩ (*Blasen bilden*) fare le bollicine 4 *fig* ⟨h.⟩ (*überschäumen*) spumeggiare
Sprüh·do·se F bomboletta *f* spray
sprü·hen A V/T 1 spruzzare 2 sprizzare (*a. fig*): **Funken ~** sprizzare scintille B V/I 1 ⟨s.⟩ sprizzare 2 ⟨h.⟩ brillare (*a. fig*): **vor Geist ~** brillare per intelligenza
sprü·hend ADJ brillante, brioso
Sprüh·ge·rät N spruzzatore *m*
Sprung M ⟨-[e]s; Sprünge⟩ 1 salto *m* 2 *fig* **ein qualitativer ~** un salto di qualità 3 (*kleine Entfernung*) due passi *mpl* 4 *fig* **einen großen ~ nach vorn machen** fare un grande passo avanti 5 (*Riss*) crepa *f*; (*in Tassen, Gläsern*) incrinatura *f* ♦ **zum ~ ansetzen** prendere lo slancio; *umg* **immer auf dem ~ sein** essere sempre di corsa; **auf dem ~ sein, etw zu tun** essere sul punto di fare qc; **j-m auf die Sprünge helfen** venire in aiuto a qn; **auf einen ~ bei j-m vorbeikommen** fare un salto da qn; *umg* **keine großen Sprünge machen können** non potersi permettere grandi cose; *umg fig* **einen ~ in der Schüssel haben** avere qualche rotella fuori posto
Sprung·brett N 1 pedana *f* (per il salto) 2 (*am Sprungbecken*) trampolino *m* (*a. fig*): **etw als ~ für die Karriere benutzen** usare qc come trampolino di lancio per la carriera **Sprung·fe·der** F molla

f (a spirale) **Sprung·ge·lenk** N 1 ANAT articolazione f tibio-tarsale 2 ZOOL garretto m **sprung·haft** ADJ 1 discontinuo 2 **-es Denken** pensiero sconnesso 3 (*Mensch*) incostante 4 (*plötzlich*) improvviso **Sprung·kraft** F slancio m per saltare **Sprung·schan·ze** F trampolino m (per il salto con gli sci) **Sprung·tuch** N telone m di salvataggio **Sprung·turm** M trampolino m

Spu·cke F ⟨-⟩ *umg* sputo m ♦ **j-m bleibt die ~ weg** qn resta di stucco

spu·cken VT & VI ⟨h.⟩ sputare ♦ *fig* **in die Hände ~** rimboccarsi le maniche; *umg* **große Töne ~** fare il gradasso

Spuck·napf M sputacchiera f

Spuk M ⟨-[e]s; -e⟩ 1 apparizione f (di fantasmi) 2 *pej* incubo m **spu·ken** VI ⟨h., s.⟩ 1 (*Gespenst*) apparire 2 **die Kriegsereignisse ~ den Leuten noch in den Köpfen** la gente rivive ancora gli eventi bellici come un incubo

Spu·le F ⟨-; -n⟩ 1 (*Nähen*) rocchetto m 2 ELEK, FILM bobina f

Spü·le F ⟨-; -n⟩ lavandino m, acquaio m

spu·len VT (*Garn, Film*) avvolgere

spü·len A VT 1 **das Geschirr ~** lavare i piatti 2 (*nach dem Waschen*) (ri)sciacquare 3 trascinare: **j-n/etw ans Ufer ~** gettare qn/qc sulla riva B VI 1 ⟨h.⟩ (*in Toiletten*) tirare lo sciacquone 2 ⟨s.⟩ (*sich ergießen*) sciabordare, (in)frangersi

Spül·ma·schi·ne F lavastoviglie f **Spül·mit·tel** N detersivo m (per piatti)

Spü·lung F ⟨-; -en⟩ 1 (*am Wasserklosett*) sciacquone m 2 MED irrigazione f 3 TECH lavaggio m

Spül·was·ser N (ri)sciacquatura f di piatti

S

Spul·wurm M ascaride m; *umg pl* vermi *mpl*

Spur F ⟨-; -en⟩ 1 traccia f, impronta f; (*Fußspur*) orma f: **-en im Sand** impronte sulla sabbia; **j-s ~ folgen** seguire le orme di qn (*a. fig*); **von dem Mörder fehlt jede ~** non c'è traccia dell'assassino 2 (*Überrest*) segno m: **die -en des Krieges** i segni della guerra; **-en einer alten Kultur** tracce di un'antica cultura 3 (*Prise*) pizzico m: **eine ~ Salz** un pizzico di sale 4 (*Fahrbahn*) corsia f 5 (*Loipe*) tracciato m (di una pista da fondo) 6 TECH, IT traccia f, pista f ♦ **j-m/etw auf der ~ sein/bleiben** essere/rimanere sulle tracce di qn/qc; **j-n auf die (richtige) ~ bringen** portare qn sulla strada (giusta); **eine heiße ~** una pista importante; **keine ~** neanche l'ombra; **keine ~ von Talent haben** non avere nessun talento; **j-m/etw auf die ~ kommen** venire sulle tracce di qn/qc; **auf der falschen ~ sein** essere sulla strada sbagliata

spür·bar ADJ 1 percettibile 2 (*merklich*) sensibile 3 (*sichtlich*) visibile

spu·ren A VT (*Loipe, Weg*) tracciare B VI ⟨h.⟩ *umg* (*gehorchen*) rigare dritto

spü·ren VT 1 sentire, avvertire: **sie ~ seine Missbilligung** avvertono la sua disapprovazione; **er spürte Hass in sich** (*dat*) **aufsteigen** sentì l'odio nascere dentro di sé 2 **Hunger ~** avere fame; **Erleichterung ~** provare sollievo ♦ **etw zu ~ bekommen** dover sentire qc; **j-n etw ~ lassen** far capire qc a qn

Spu·ren·ele·ment N microelemento m **Spu·ren·si·che·rung** F 1 rilevamento m delle impronte 2 (*Abteilung der Polizei*) (polizia f) scientifica f

Spür·hund M cane m da seguito

spur·los ADV senza lasciare traccia

Spür·na·se F, **Spür·sinn** M fiuto m

Spurt M ⟨-[e]s; -s⟩ 1 scatto m (finale), sprint m; (*beim Radrennen*) volata f 2 *umg* corsa f **spur·ten** VI 1 ⟨s., h.⟩ scattare, sprintare 2 ⟨s.⟩ fare una corsa veloce

Spur·wei·te F 1 AUTO interasse m 2 BAHN scartamento m

Squash [skvɔʃ] N ⟨-⟩ squash m *inv* **Squash·hal·le** F palestra f di squash **Squash·schlä·ger** M racchetta f da squash

Sri Lan·ka N ⟨- -s⟩ Sri Lanka m

Staat M ⟨-[e]s; -en⟩ 1 stato m: **die Vereinigten Staaten (von Amerika)** gli Stati Uniti (d'America) 2 ZOOL società f 3 *umg* abito m di gala ♦ **(mit etw/j-m) ~ machen** fare colpo (con qc/qn)

Staa·ten·bund M confederazione f di stati **staa·ten·los** ADJ apolide

staat·lich A ADJ 1 statale: **ein -er Betrieb** un'azienda statale 2 dello stato: **-e Interessen** interessi dello stato B ADV 1 **etw ~ subventionieren** sovvenzionare qc con fondi statali 2 **~ anerkannt** riconosciuto dallo Stato; **~ geprüft** con diploma statale

Staats·akt M cerimonia f pubblica **Staats·ak·ti·on** F **eine ~ aus etw machen** fare di qc un affare di stato **Staats-**

an·ge·hö·ri·ge M/F cittadino *m*, -a *f* **Staats·an·ge·hö·rig·keit** F ⟨-; -en⟩ cittadinanza *f*, nazionalità *f* **Staats·an·walt** M, **-an·wäl·tin** F procuratore *m*, -trice *f*, pubblico ministero *m* **Staats·an·walt·schaft** F ⟨-; -en⟩ pubblico ministero *m* **Staats·be·am·te** M, **-be·am·tin** F funzionario *m*, -a *f* statale **Staats·be·such** M visita *f* di stato **Staats·bür·ger** M, **-in** F cittadino *m*, -a *f* **staats·bür·ger·lich** ADJ civico **Staats·bür·ger·schaft** F cittadinanza *f*: **doppelte ~** doppia cittadinanza **Staats·chef** [-ʃɛf] M, **-in** F capo *m* di (*od* dello) Stato **Staats·dienst** M impiego *m* statale **staats·ei·gen** ADJ statale **Staats·exa·men** N esame *m* di stato **Staats·form** F ordinamento *m* di (*od* dello) Stato **Staats·ge·biet** N territorio *m* nazionale **Staats·ge·heim·nis** N segreto *m* di stato (*a. fig*) **Staats·haus·halt** M bilancio *m* pubblico **Staats·kas·se** F casse *fpl* dello stato **Staats·kos·ten** PL **auf ~** a spese dello stato **Staats·mann** M ⟨-es; -männer⟩ uomo *m* di stato **staats·män·nisch** ADJ & ADV da uomo di stato **Staats·mi·nis·ter** M, **-in** F ministro *m*, -a *f* **Staats·mi·nis·te·ri·um** N ministero *m* **Staats·ober·haupt** N capo *m* di (*od* dello) stato **Staats·prä·si·dent** M, **-in** F capo *m* dello stato, presidente *m/f* della repubblica **Staats·recht** N diritto *m* pubblico **Staats·schuld** F debito *m* pubblico **Staats·sek·re·tär** M, **-in** F **1** sottosegretario *m*, -a *f* di stato **2** segretario *m*, -a *f* federale **Staats·streich** M colpo *m* di stato **Staats·trau·er** F lutto *m* nazionale **Staats·ver·schul·dung** F indebitamento *m* dello stato **Staats·ver·trag** M **1** patto *m* sociale **2** trattato *m* internazionale

Stab M ⟨-[e]s; Stäbe⟩ **1** asta *f*, bacchetta *f* **2** (*des Gitters*) sbarra *f* **3** (*Stock*) bastone *m* **4** METALL barra *f* **5** MIL stato *m* maggiore **6** (*Team*) staff *m*, team *m* ♦ **den ~ über j-n/etw brechen** condannare qn/qc

Stäb·chen N ⟨-s; -⟩ **1** PL (*zum Essen*) bacchette *fpl* **2** (*Häkeln*) maglia *f* alta

Stab·hoch·sprin·ger M, **-in** F saltatore *m*, -trice *f* con l'asta, astista *m/f* **Stab·hoch·sprung** M salto *m* con l'asta

sta·bil ADJ **1** stabile (*a. fig* METEO, PHYS), solido **2** (*kräftig*) robusto, resistente

sta·bi·li·sie·ren **A** V/T stabilizzare, rendere stabile **B** V/R **sich ~** stabilizzarsi

Sta·bi·li·tät F ⟨-⟩ **1** stabilità *f* **2** (*Kräftigkeit*) robustezza *f* **Sta·bi·li·täts- und Wachs·tums·pakt** M patto *m* di stabilità e di crescita

stach → stechen

Sta·chel M ⟨-s; -n⟩ **1** BOT spina *f* **2** ZOOL aculeo *m*; (*von Biene, Wespe*) pungiglione *m* **3** (*Metalldorn*) spuntone *m*

Sta·chel·bee·re F uva *f* spina

Sta·chel·draht M filo *m* spinato

sta·che·lig ADJ **1** BOT spinoso **2** (*Tier*) aculeato **3** (*kratzend*) pungente

Sta·chel·schwein N porcospino *m*

Sta·del M ⟨-s; - *u. österr* -n *u. schweiz* Städel⟩ fienile *m*

Sta·di·on N ⟨-s; Stadien⟩ stadio *m*

Sta·di·um N ⟨-s; Stadien⟩ stadio *m*

Stadt F ⟨-; Städte⟩ **1** città *f* **2** *umg* comune *m*: **bei der ~ angestellt** impiegato in comune ♦ **in ~ und Land** in tutto il paese

stadt·aus·wärts ADV verso la periferia

Stadt·au·to·bahn F tangenziale *f* **Stadt·be·zirk** M quartiere *m* **Stadt·bild** N volto *m* della città

Städ·te·bau M urbanistica *f*

stadt·ein·wärts ADV verso il centro della città

Städ·te·part·ner·schaft F gemellaggio *m*

Städ·ter M ⟨-s; -⟩, **-in** F ⟨-; -nen⟩ cittadino *m*, -a *f*

Stadt·flucht F esodo *m* dalle città **Stadt·gas** N ⟨-es⟩ gas *m* di città **Stadt·ge·biet** N territorio *m* comunale **Stadt·ge·spräch** N *fig* **seit gestern ist der Vorfall ~** da ieri questo fatto è sulla bocca di tutti

städ·tisch ADJ **1** cittadino, urbano **2** (*kommunal*) comunale, civico, municipale ♦ **~ verwaltet** amministrato dal comune

Stadt·kern M centro *m* della città **Stadt·mau·er** F mura *fpl* della città **Stadt·mit·te** F centro *m* della città **Stadt·plan** M pianta *f* della città **Stadt·pla·nung** F pianificazione *f* urbanistica **Stadt·rand** M periferia *f* **Stadt·rat** M ⟨-[e]s; -räte⟩ **1** consiglio *m* comunale **2** (*Person*) consigliere *m* comunale; assessore *m* (comunale) **Stadt-**

S

rä·tin F consigliera f comunale; assessore m (comunale) **Stadt·rund·fahrt** F giro m (turistico) della città **Stadt·staat** M città-stato f **Stadt·strei·cher** M ⟨-s; -⟩, **-in** F ⟨-; -nen⟩ vagabondo m, -a f **Stadt·teil** M parte f della città; quartiere m **Stadt·tor** N porta f della città **Stadt·ver·wal·tung** F amministrazione f comunale **Stadt·vier·tel** N quartiere m **Stadt·zent·rum** N centro m della città

Staf·fel F ⟨-; -n⟩ **1** SPORT staffetta f; (*Team*) squadra f **2** FLUG squadriglia f **3** SCHIFF squadra f

Staf·fe·lei F ⟨-; -en⟩ cavalletto m

Staf·fel·lauf M (corsa f a) staffetta f

staf·feln **A** V/T graduare, differenziare **B** V/R **sich ~** essere graduato **Staf·fe·lung** F ⟨-; -en⟩ differenziazione f; (*Gliederung*) graduazione f

Stag·na·ti·on F ⟨-; -en⟩ stagnazione f (*bes* WIRTSCH)

stag·nie·ren V/I ⟨h.⟩ ristagnare

stahl → stehlen

Stahl M ⟨-[e]s; Stähle *u.* -e⟩ acciaio m **Stahl·ar·bei·ter** M, **-in** F operaio m, -a f siderurgico (-a) **Stahl·bau** M ⟨-[e]s; -ten⟩ **1** carpenteria f in acciaio **2** (*Gebäude*) costruzione f in acciaio **Stahl·be·ton** M BAU cemento m armato

stäh·len V/T temprare (*a. fig*)

stäh·lern ADJ **1** di acciaio (*a. fig*) **2** (*stark, fest*) ferreo

Stahl·helm M elmetto m **Stahl·kam·mer** F camera f blindata **Stahl·werk** N acciaieria f

sta·ken V/I ⟨s.⟩ spostarsi con la pertica

stak·sen V/I ⟨s.⟩ *umg* camminare con gambe rigide

Stall M ⟨-[e]s; Ställe⟩ stalla f ♦ *umg* **ein ganzer ~ voll Mädchen** un mucchio di ragazze; *hum* **aus einem guten ~ kommen** essere di buona famiglia

Stall·bur·sche M garzone m di stalla **Stall·meis·ter** M, **-in** F istruttore m, -trice f (in una scuderia)

Stal·lung F ⟨-; -en⟩ stalla f

Stamm M ⟨-[e]s; Stämme⟩ **1** tribù m **2** (*Geschlecht*) stirpe f, famiglia f **3** (*Baumstamm*) tronco m **4** BIOL tipo m, philum m

Stamm·ak·tie F azione f ordinaria **Stamm·baum** M **1** albero m genealogico (*a.* BIOL) **2** (*von Tier*) pedigree m: **Hunde mit ~** cani con pedigree **Stamm·buch** N libro m di famiglia

stam·meln V/T & V/I ⟨h.⟩ balbettare (*a.* MED)

stam·men V/I ⟨h.⟩ **1** (*als Nachkomme*) discendere **2** (*herkommen*) provenire, derivare **3** essere: **der Ausspruch stammt von ...** questo detto è di ...; **das Kind stammt nicht von ihm** (questo) non è suo figlio

Stamm·form F **1** (*Lebewesen*) progenitore m **2** LING (forma f del) paradigma m **Stamm·gast** M cliente m/f fisso (-a) **Stamm·hal·ter** M primogenito m (maschio) **Stamm·haus** N **1** casa f di famiglia **2** (*einer Firma*) casa f madre **Stamm·hirn** N tronco m encefalico

stäm·mig ADJ **1** (*untersetzt*) tarchiato **2** (*Beine*) forte, robusto

Stamm·ka·pi·tal N capitale m sociale **Stamm·knei·pe** F *umg* osteria f abituale **Stamm·kun·de** M, **-kun·din** F cliente m/f fisso (-a) **Stamm·lo·kal** N locale m abituale **Stamm·platz** M posto m fisso **Stamm·tisch** M = *tavolo riservato ai clienti abituali*

stamp·fen **A** V/T **1** (*feststampfen*) comprimere **2** (*zerstampfen*) schiacciare **B** V/I **1** ⟨h.⟩ battere: **mit dem Fuß auf den Boden ~** battere il piede sul pavimento **2** ⟨s.⟩ (*stampfend gehen*) camminare a passi pesanti **3** ⟨h.⟩ (*große Maschine*) lavorare ritmicamente (producendo un rumore ripetuto) **4** SCHIFF ⟨h.⟩ beccheggiare ♦ **etw aus dem Boden** (*od* **aus der Erde**) **~** far nascere (*od* far venir fuori) qc dal nulla

stand → stehen

Stand M ⟨-[e]s; Stände⟩ **1** posizione f (eretta): **einen festen ~ haben** essere in posizione stabile **2** stato m, condizione f: **der ~ der Dinge** lo stato delle cose **3** situazione f: **der ~ der Kasse** la situazione di cassa **4** (*Höhe*) livello m **5** (*Verkaufsstand*) banco m **6** (*Messestand*) stand m **7** (*Schicht*) classe f, ceto m ♦ **aus dem ~** (**heraus**) sul momento, su due piedi; **aus dem ~ springen** saltare da fermo; **das Spiel wurde beim ~ von 2:0 abgebrochen** la partita fu interrotta sul (risultato di) 2 a 0; **den Motor im ~ laufen lassen** far girare il motore in folle; **etw auf den neuesten ~ bringen** aggiornare qc; **bei j-m einen schweren** (*od* **keinen leichten**) **~ haben** non aver vita facile con qn; **außer -e** → außerstande; **im -e** → imstande; **in ~** → instand; **zu -e** → zustande

Stan·dard M ⟨-s; -s⟩ standard *m* ♦ **zum ~ gehören** essere la norma

Stan·dard·brief M lettera *f* con formato standard **Stan·dard·form** F formato *m* standard

stan·dar·di·sie·ren V/T standardizzare **Stan·dar·di·sie·rung** F ⟨-; -en⟩ standardizzazione *f*

Stan·dard·werk N opera *f* fondamentale **Stan·dard·wert** M IT valore *m* default

Stan·dar·te F ⟨-; -n⟩ stendardo *m*

Stand·bein N gamba *f* d'appoggio

Stand·bild N statua *f*

Stand·by-Be·trieb [ʃtɛnt'bai-] M (*von Geräten*) stand by *m inv*, modalità *f* stand by **Stand·by-Flug** M volo *m* in stand by **Stand·by-Mo·dus** M (*von Geräten*) stand by *m inv*, modalità *f* stand by **Stand·by-Ti·cket** N FLUG biglietto *m* stand by, biglietto *m* in lista d'attesa

Ständ·chen N ⟨-s; -⟩ MUS serenata *f*: **j-m ein ~ bringen** fare una serenata a qn

Stän·der M ⟨-s; -⟩ 1 sostegno *m* 2 BAU pilastro *m* 3 MUS leggio *m*

Stan·des·amt N ufficio *m* di stato civile, anagrafe *f* **stan·des·amt·lich** ADJ dell'ufficio di stato civile ♦ **~ getraut werden** sposarsi civilmente; **-e Trauung** matrimonio *m* civile

Stan·des·be·am·te M, **-be·am·tin** F impiegato *m*, -a *f* dell'anagrafe **stan·des·ge·mäß** ADJ conforme alla propria posizione sociale **Stan·des·un·ter·schied** M differenza *f* di ceto

stand·fest ADJ 1 stabile 2 TECH resistente **Stand·fo·to** N foto *f* di scena **Stand·ge·richt** N corte *f* marziale **stand·haft** ADJ fermo; (*beharrlich*) costante ♦ **~ bleiben** rimanere fermo, resistere alle tentazioni **Stand·haf·tig·keit** F ⟨-⟩ 1 fermezza *f* 2 (*Beharrlichkeit*) costanza *f*, perseveranza *f* **stand·hal·ten** V/I ⟨*irr*; h.⟩ resistere, reggere (*a. fig*): **einem Blick ~** reggere uno sguardo; **einer Kritik ~** tenere testa a una critica

stän·dig A ADJ 1 stabile, fisso, permanente: **sein -er Wohnsitz** la sua residenza abituale 2 (*andauernd*) continuo B ADV di continuo, sempre

Stand·lei·tung F IT linea *f* dedicata **Stand·licht** N luce *f* di posizione **Stand·ort** M posizione *f* (*a. fig*), posto *m* **Stand·pau·ke** F *umg* predica *f*, cazziatone *m* **Stand·punkt** M punto *m* di vista: **sich auf den ~ stellen** (*od* **auf dem ~ stehen**), **dass …** essere dell'opinione che … **stand·recht·lich** A ADJ marziale B ADV in base alla legge marziale **Stand·spur** F corsia *f* d'emergenza **Stand·uhr** F pendola *f*

Stan·ge F ⟨-; -n⟩ 1 (*Holzstange*) stanga *f*, palo *m*; pertica *f* 2 (*Metallstange*) (s)barra *f* 3 **eine ~ Siegellack** un bastoncino di ceralacca 4 **eine ~ Zigaretten** una stecca di sigarette 5 **eine ~ Sellerie** un gambo di sedano 6 (*für Gymnastik*) sbarra *f* 7 (*Kletterstange*) pertica *f* ♦ **bei der ~ bleiben** non mollare; **eine (schöne) ~ Geld** un sacco di soldi; **j-m die ~ halten** dare man forte a qn; **j-n bei der ~ halten** convincere qn a non mollare; **ein Anzug von der ~** un abito confezionato

Stän·gel M ⟨-s; -⟩ gambo *m*, stelo *m*

Stan·gen·brot N baguette *f inv*

stank → stinken

stän·kern V/I ⟨h.⟩ *umg* piantare grane

Stan·ni·ol N ⟨-s; -e⟩ stagnola *f*

stan·zen V/T 1 (*Blech*) lavorare a stampo 2 (*Blech schneiden*) tranciare 3 (*Pappe*) fustellare 4 (*prägen*) punzonare

Sta·pel M ⟨-s; -⟩ catasta *f*, pila *f*: **ein ~ Holz** una catasta di legna; **ein ~ Bücher** una pila di libri; ♦ **ein Schiff auf ~ legen/vom ~ lassen** impostare/varare una nave; **vom ~ laufen** essere varato **Sta·pel·lauf** M SCHIFF varo *m*

sta·peln A V/T accatastare, impilare B V/R **sich ~** accatastarsi, impilarsi

stap·fen V/I ⟨s.⟩ camminare faticosamente, affondando

Star[1] M ⟨-[e]s; -e *schweiz* -en⟩ ZOOL storno *m*

Star[2] M ⟨-[e]s⟩ MED cateratta *f*: **grauer ~** cateratta; **grüner ~** glaucoma *m*

Star[3] M ⟨-s; -s⟩ star *f* **Star·al·lü·ren** PL atteggiamenti *mpl* da star (*od* divistici)

starb → sterben

Star·be·set·zung F cast *m* di divi

stark A ADJ 1 forte (*a.* GRAM *fig*): **ein -er Raucher** un forte fumatore; **~ in Latein sein** essere forte in latino 2 (*belastbar*) saldo: **-e Nerven** nervi saldi 3 (*kräftig*) robusto, grosso: **ein -er Ast** un grosso ramo 4 (*extrem*) intenso 5 (*dick*) spesso:

S

eine 30 cm -e Wand una parete spessa 30 cm **6** (*Motor*) potente **7** (*gut*) grande: **eine -e Leistung bieten** offrire una grande prestazione **8** *umg* fantastico: **dein Freund ist echt ~** quel tuo amico è veramente forte! **B** ADV **1** forte, molto: **~ regnen** piovere forte; **~ beschäftigt sein** essere molto occupato **2** *umg* in modo fantastico: **j-n/ etw ~ finden** trovare forte qn/qc ♦ **-es Gefälle** discesa ripida; → starkmachen

Stär·ke F ⟨-; -n⟩ **1** forza *f* **2** (*von Motoren*) potenza *f* **3** (*von Licht, Wind*) intensità *f* **4** (*große Fähigkeit*) capacità *f*: **in etw seine ~ zeigen** mostrare la propria capacità in qc; **seine ~ liegt in etw** (*dat*) il suo forte è qc **5** (*Dicke*) spessore *m* **6** (*Durchmesser*) diametro *m* **7** gradazione *f*: **eine Brille mittlerer ~** occhiali di gradazione media **8** CHEM titolo *m* **9** (*organischer Stoff*) amido *m* **10** GASTR fecola *f*

stär·ken **A** V/T **1** rinforzare, fortificare (*a. fig*) **2** *fig* rafforzare: **j-s Position ~** rafforzare la posizione di qn **3** (*erquicken*) ristorare **4** (*steifen*) inamidare **B** V/R **sich ~** **1** rinforzarsi (*a. fig*) **2** ristorarsi

stark·ma·chen V/R **sich für j-n/etw ~** impegnarsi per qn/qc

Stark·strom M corrente *f* ad alta tensione

Stär·kung F ⟨-; -en⟩ **1** rinvigorimento *m* **2** *fig* rafforzamento *m* **3** (*Erfrischung*) ristoro *m* **Stär·kungs·mit·tel** N ricostituente *m*

starr ADJ **1** rigido: **~ vor Kälte** rigido per il freddo **2** fisso: **mit -em Blick** con sguardo fisso; **-e Regeln** regole fisse (*od* rigide) ♦ **vor Schrecken ~ sein** essere impietrito dallo spavento; **vor Staunen ~ sein** essere sbalordito

star·ren V/I ⟨h.⟩ **1** fissare: **auf j-n ~** fissare qn; **vor sich hin ~** avere lo sguardo perso nel vuoto **2** essere coperto (*od* pieno): **das Zimmer starrt vor** (*od* **von**) **Schmutz** la stanza è lurida

Starr·heit F ⟨-⟩ **1** rigidità *f* (*a.* MED) **2** (*Reglosigkeit*) fissità *f* **starr·köp·fig** ADJ testardo **Starr·sinn** M testardaggine *f*

Start M ⟨-[e]s; -s⟩ **1** SPORT partenza *f*: **den ~ freigeben** dare il via **2** FLUG decollo *m*; (*von Raketen*) lancio *m* **3** (*Anfang*) avvio *m*: **der ~ der neuen Zeitung** l'avvio del nuovo giornale **4** (*von Fahrzeugen*) avviamento *m* **Start·au·to·ma·tik** F AUTO starter *m inv* automatico

Start·bahn F pista *f* di decollo **start·be·reit** ADJ **1** pronto a partire **2** FLUG pronto per il (*od* al) decollo

star·ten **A** V/T **1** dare il via a, far iniziare **2** lanciare: **eine Rakete ~** lanciare un missile **3** avviare: **den Motor ~** avviare il motore **4** **eine große Aktion ~** avviare una grossa iniziativa **5** IT avviare: **neu ~** riavviare **B** V/I ⟨s.⟩ **1** SPORT partire; (*an einem Wettkampf teilnehmen*) gareggiare **2** (*aufbrechen*) partire: **zu einer Expedition ~** partire per una spedizione **3** FLUG decollare **4** (*anlaufen*) avviarsi **Star·ter** M ⟨-s; -⟩, **-in** F ⟨-; -nen⟩ **1** SPORT, AUTO starter *m inv* **2** (*Teilnehmer*) partecipante *m/f*

Start·er·laub·nis F FLUG autorizzazione *f* al decollo **Start·hil·fe** F **1** (*finanziell*) aiuto *m* economico (per l'avvio di un'attività) **2** AUTO **j-m ~ geben** = *aiutare qn ad avviare l'auto* **Start·hil·fe·ka·bel** N cavo *m* per messa in moto auto **Start·ka·pi·tal** N capitale *m* iniziale **Start·num·mer** F pettorale *m* **Start·schuss** M segnale *m* di partenza: *fig* **den ~ zu etw geben** dare il via a qc **Start·sei·te** F (*im Internet*) pagina *f* iniziale

Sta·tik F ⟨-⟩ statica *f*

Sta·ti·on F ⟨-; -en⟩ **1** (*Bahnhof*) stazione *f* (*a.* RADIO, TV) **2** (*Haltestelle*) fermata *f* **3** tappa *f*: **~ machen** fare tappa (*od* sosta) **4** (*im Krankenhaus*) reparto *m*

sta·ti·o·när ADJ **1** stazionario, fisso **2** MED ospedaliero, in ospedale

sta·ti·o·nie·ren V/T destinare; (*Waffen*) dislocare **sta·ti·o·niert** ADJ di stanza; (*Waffen*) dislocato **Sta·ti·o·nie·rung** F ⟨-; -en⟩ destinazione *f*, dislocamento *m*

Sta·ti·ons·arzt M, **-ärz·tin** F medico *m* di reparto **Sta·ti·ons·schwes·ter** F infermiera *f* caposala **Sta·ti·ons·vor·ste·her** M, **-in** F capostazione *m/f*

sta·tisch ADJ statico (*a. fig*)

Sta·tist M ⟨-en; -en⟩ comparsa *f* (*a. fig*)

Sta·tis·tik F ⟨-; -en⟩ statistica *f* **Sta·tis·ti·ker** M ⟨-s; -⟩, **-in** F ⟨-; -nen⟩ statistico *m*

Sta·tis·tin F ⟨-; -nen⟩ comparsa *f*

sta·tis·tisch ADJ statistico

Sta·tiv N ⟨-s; -e⟩ stativo *m*

statt[1] PRÄP **an Eides ~** in luogo di giuramento; **an Kindes ~ annehmen** adottare

statt[2] **A** KONJ invece, anziché: **~ böse zu sein, lachte er** anziché essere arrabbiato rideva; ~ **zu lernen, geht er ins Kino** invece di studiare va al cinema **B** PRÄP (+*gen*) invece di, al posto di: ~ **meiner** al posto mio **statt·des·sen** ADV invece (di ciò)

Stät·te F ⟨-; -n⟩ luogo *m*

statt·fin·den V/I ⟨*irr; h.*⟩ aver(e) luogo

statt·ge·ben V/I ⟨*irr; h.*⟩ JUR **etw** (*dat*) ~ accogliere qc; **einer Bitte** ~ accogliere una preghiera; **einem Gesuch** ~ dar corso a un'istanza **statt·haft** ADJ ammesso, permesso; (*zulässig*) ammissibile

Statt·hal·ter M ⟨-s; -⟩, **-in** F ⟨-; -nen⟩ governatore *m*, -trice *f*

statt·lich ADJ **1** prestante, di bella presenza **2** (*bemerkenswert*) considerevole **3** (*Gebäude*) imponente

Sta·tue F ⟨-; -n⟩ statua *f*

Sta·tur F ⟨-; -en⟩ **1** (*Körperbau*) costituzione *f*: **von zierlicher** ~ di costituzione minuta **2** (*Größe*) statura *f*

Sta·tus M ⟨-; -⟩ **1** (*Lage*) stato *f*, condizione *f* **2** (*Stand*) status *m* (*a.* JUR) **Sta·tus·sym·bol** N status *m* symbol **Sta·tus·zei·le** F IT riga *f* di stato

Sta·tut N ⟨-[e]s; -en⟩ statuto *m*

Stau M ⟨-[e]s; -s *u.* -e⟩ **1** (*von Wasser*) ristagno *m*, rigurgito *m* **2** (*Verkehrsstau*) ingorgo *m*: **2 km** ~ 2 km di coda

Staub M ⟨-[e]s; -e *u.* Stäube⟩ polvere *f* ♦ **sich aus dem** ~ **machen** svignarsela; ~ **wischen** spolverare

Staub·beu·tel M BOT antera *f*

stau·ben V/I ⟨*h.*⟩ **1** essere polveroso **2** *unpers* **es staubt** si solleva polvere

Stau·be·ra·ter M, **-in** F consulente *m/f* del traffico

Staub·ge·fäß N BOT stame *m*

stau·big ADJ polveroso; impolverato

staub·sau·gen V/I ⟨*h.*⟩ passare l'aspirapolvere **Staub·sau·ger** M aspirapolvere *f* **Staub·tuch** N straccio *m* per spolverare **Staub·we·del** M piumino *m*

stau·chen V/T **1** MECH ribadire **2** (*zusammendrücken*) comprimere

Stau·damm M diga *f* di sbarramento

Stau·de F ⟨-; -n⟩ pianta *f* perenne

stau·en **A** V/T **1** arrestare, bloccare, fermare **2** SCHIFF (*verladen*) stivare **B** V/R **sich** ~ **1** (*Wasser usw*) ristagnare **2** (*Menschen*) ammassarsi, accalcarsi

Stau·mau·er F diga *f* di sbarramento

stau·nen V/I ⟨*h.*⟩ stupirsi, meravigliarsi: **über j-n/etw** ~ meravigliarsi di qn/qc **Stau·nen** N ⟨-s⟩ stupore *m*: **j-n in** ~ (**ver**)**setzen** stupire qn **stau·nend** **A** ADJ stupito **B** ADV con stupore

Stau·see M lago *m* artificiale, bacino *m* idrico

Stau·ung F ⟨-; -en⟩ **1** arresto *m*, blocco *m* **2** (*von Wasser*) ristagno *m*; MED stasi *f*

Stau·war·nung F avviso *m* di coda

Steak [ste:k] N ⟨-s; -s⟩ bistecca *f*

Ste·a·rin N ⟨-s; -e⟩ stearina *f*

Stech·ap·fel M stramonio *m*

ste·chen ⟨sticht, stach, gestochen⟩ **A** V/T **1** pungere: **j-n mit einer Nadel** ~ pungere qn con uno spillo **2** scavare: **den Torf** ~ scavare la torba **3** (*Gemüse*) raccogliere, tagliare **4** incidere: **etw in Kupfer** ~ incidere qc su rame **5** (*beim Kartenspiel*) prendere, ammazzare **B** V/I ⟨*h.*⟩ **1** pungere **2** **mit einer Nadel in den Stoff** ~ infilare l'ago nella stoffa **3** *unpers* (*Schmerzen haben*) provare (*od* avere) delle fitte **4** (*die Stechuhr betätigen*) timbrare il cartellino **5** dare: **die Farbe des Anzugs sticht ins Graue** il colore dell'abito dà sul (*od* tende al) grigio **C** V/R **sich** ~ pungersi; **sich** (*dat*) **in den Finger** ~ pungersi un dito ♦ *fig* **in die Augen** ~ saltare agli occhi; **die Sonne sticht** il sole picchia

Ste·chen N ⟨-s⟩ **1** (*Schmerzen*) fitta *f*, puntura *f* **2** SPORT spareggio *m*

ste·chend ADJ **1** *fig* pungente, penetrante **2** (*Schmerz*) acuto, lancinante

Stech·flie·ge F mosca *f* delle stalle **Stech·kar·te** F cartellino *m* orario **Stech·mü·cke** F zanzara *f* **Stech·pal·me** F agrifoglio *m* **Stech·uhr** F orologio *m* marcatempo

Steck·brief M scheda *f* segnaletica

Steck·do·se F ELEK presa *f* (di corrente)

ste·cken **A** V/T **1** infilare, mettere (in, dentro): **den Schlüssel ins Schloss** ~ infilare la chiave nella serratura; *umg* **j-n ins Gefängnis** ~ mettere qn in galera **2** piantare: **einen Stock in die Erde** ~ piantare un bastone nel terreno **3** (*anstecken*) appuntare **4** investire, impiegare: **seine Kräfte in etw** (*akk*) ~ impiegare le proprie forze in qc **5** *umg* **j-m etw** ~ spifferare qc a qn **6** ~ **lassen** lasciare (infilato) **B** V/I ⟨*h.*⟩ **1** essere (infilato) **2** (*festsitzen*) essere piantato (*od* conficcato) **3** (*angesteckt sein*) essere appuntato (*od* infilato) **4** *umg* essere (*a. fig*): **in Schwierigkeiten/in den Anfängen** ~ essere in difficoltà/agli inizi **5** *umg* **wo steckt sie bloß?** dove si sarà cacciata? **6** (*sich verstecken*) nascondersi **7** **~ bleiben** rimanere bloccato; **im Verkehr ~ bleiben** rimanere bloccato nel traffico **8** **~ bleiben** restare (piantato), fermarsi: **ein Bissen bleibt j-m im Hals ~** un boccone si ferma in gola a qn **9** **~ bleiben** arenarsi: **die Verhandlungen bleiben schon wieder ~** le trattative si arenano di nuovo **10** *umg* **~ bleiben** impappinarsi: **beim Aufsagen des Gedichts ~ bleiben** impappinarsi recitando la poesia ♦ **tief** (*od* **mitten**) **in der Arbeit ~** essere immersi nel lavoro; **etw in den Briefkasten ~** imbucare qc; **da steckt er!** eccolo! l'ho trovato!; **dahinter steckt etwas!** c'è sotto qualcosa!; **hinter etw** (*dat*) **~** stare dietro a qc; **etw steckt voller Fehler** qc è pieno di errori

Ste·cken M ⟨-s; -⟩ bastone *m*

Ste·cken·pferd N hobby *m*

Ste·cker M ⟨-s; -⟩ ELEK spina *f*

Steck·ling M ⟨-s; -e⟩ talea *f*

Steck·na·del F spillo *m* **Steck·platz** M IT slot *m inv* **Steck·rü·be** F navone *m* **Steck·schlüs·sel** M chiave *f* a tubo

Steg M ⟨-[e]s; -e⟩ **1** ponticello *m* **2** (*Landungssteg*) pontile *m* **3** (*an Streichinstrumenten, Brillen*) ponticello *m*

Steg·reif M **aus dem ~ reden** improvvisare un discorso; **aus dem ~ entscheiden** decidere su due piedi

Steh·auf·männ·chen N misirizzi *m*

Steh·emp·fang M ricevimento *m* in piedi

ste·hen ⟨stand, gestanden⟩ **A** V/I ⟨h.⟩ **1** stare (in piedi); reggersi in piedi (*od* sulle gambe): **das Kind kann schon ~** il bambino si regge già sulle gambe **2** (*sich befinden*) stare, essere, trovarsi: **das Glas steht auf dem Tisch** il bicchiere è sul tavolo; *fig* **auf der falschen Seite ~** stare dalla parte sbagliata; **vor einer Entscheidung ~** trovarsi di fronte a una decisione **3** esserci: **was steht auf dem Programm?** cosa c'è in programma?; **auf dieses Verbrechen steht Gefängnis** per questo reato c'è il carcere; **was steht in seinem Brief?** che dice nella sua lettera? **4** essere: **das Thermometer steht auf 38°** il termometro è sui (*od* segna) 38°; **wie ~ die BMW-Aktien?** a quanto sono le azioni BMW? **5** collocarsi: **wo ~ Sie politisch?** dove si colloca politicamente? **6** SPORT **zu Beginn der zweiten Halbzeit stand es 2:0** all'inizio del secondo tempo il risultato era di 2 a 0 **7** stare: **der Hut steht dir** (**gut**) il cappello ti sta bene **8** (*stillstehen*) essere fermo **9** **für etw ~** garantire (per) qc **10** *umg* andare: **wie steht's** (**mit deiner Arbeit**)? come va (il tuo lavoro)? **11** *umg* (*fertig, abgeschlossen sein*) essere pronto **12** *umg* **j-d steht auf j-n/etw** qn ha un debole per qn/qc, a qn piace qn/qc **13** **~ bleiben** (*nicht fallen*) rimanere in piedi **14** **~ bleiben** (*anhalten*) fermarsi (*a. fig*) **15** **~ bleiben** (*vergessen, stehen gelassen werden*) essere lasciato **16** **~ bleiben** (*an einem Ort bleiben*) rimanere: **der Schrank soll ~ bleiben** l'armadio deve rimanere qui (*od* lì dov'è) **17** **~ bleiben** (*der Zerstörung entgehen*) restare in piedi **18** (*zurückbleiben*) **in der Entwicklung ~ bleiben** rimanere indietro nella crescita **19** **~ lassen** lasciare (stare) **20** **~ lassen** (*vergessen*) dimenticare **21** **~ lassen** (*nicht anrühren*) non toccare: **sie hat den Nachtisch ~ lassen** non ha toccato il dolce **22** **~ lassen** (*nicht mehr beachten*) piantare, mollare: **er hat mich ganz plötzlich ~ lassen** mi ha mollato lì **23** **alles ~ und liegen lassen** lasciar perdere, mollare tutto **B** V/R *umg* **sich gut ~** stare bene (finanziariamente) ♦ **mit dieser Ansicht stehe ich nicht allein** non sono il solo a pensarla così; **es steht mir bis hier/bis zum Hals** ne ho fin qui/fin sopra i capelli; **es steht zu erwarten/befürchten, dass …** c'è da aspettarsi/da temere che …; **etw steht und fällt mit …** qc dipende da …; **hier steht geschrieben, dass …** qui c'è scritto che …; (**sich**) **gut/schlecht mit j-m ~** trovarsi bene/male con qn; **über j-m/etw ~** essere superiore a qn/qc; (*j-s Vorgesetzter sein*) essere il/un superiore di qn; **es steht schlecht um ihn** (gli) va male; **zu j-m ~** stare dalla parte di (*od* con) qn; **zu seinem Wort ~** mantenere la propria parola; **wie stehst du zu ihm/zu dieser Sache?** che cosa ne pensi di lui/di questa faccenda?

Ste·hen N ⟨-s⟩ **1** lo stare in piedi: **im ~** in piedi **2** **etw zum ~ bringen** far arrestare (*od* fermare) qc (*a. fig*); **zum ~ kommen** arrestarsi, fermarsi (*a. fig*)

ste·hend **A** ADJ **1** (che sta) in piedi **2** (*Gewässer*) stagnante **3** (*Heer*) permanente **4** **eine -e Redensart** una frase fat-

ta **B** ADV in piedi
Steh·im·biss M tavola *f* calda **Steh·kra·gen** M colletto *m* alla coreana **Steh·lam·pe** F lampada *f* a stelo
steh·len V/T ⟨stiehlt, stahl, gestohlen⟩ rubare (*a. fig*): **j-m etw ~** rubare qc a qn
Steh·platz M posto *m* in piedi **Steh·ver·mö·gen** N ⟨-s⟩ *fig* (capacità *f* di) resistenza *f*
Stei·er·mark F ⟨-⟩ Stiria *f*
steif ADJ **1** rigido (*a. fig*) **2** (*förmlich*) freddo, formale **3** (*gezwungen*) compassato **4** denso: **ein -er Pudding** un budino denso **5** *umg* (*erigiert*) duro ♦ **etw ~ und fest behaupten** sostenere qc con fermezza; **~ gefroren sein** essere intirizzito dal freddo; **ich habe einen -en Hals bekommen** mi è venuto il torcicollo; **das Eiweiß ~ schlagen** montare a neve le chiare d'uovo; **~ werden** irrigidirsi **steif·hal·ten** V/T ⟨*irr*⟩ *umg* **die Ohren ~** non perdersi d'animo
Steif·heit F ⟨-⟩ **1** rigidità *f* (*a. fig*) **2** *fig* freddezza *f* **3** (*Förmlichkeit*) formalismo *m*
Steig·bü·gel M staffa *f* (*a.* ANAT) **Steig·ei·sen** N **1** gradino *m* di ferro **2** (*Alpinismus*) rampone *m*
stei·gen V/I ⟨stieg, gestiegen; s.⟩ **1** salire: **aufs Fahrrad/ins Auto/in die Höhe ~** salire sulla bicicletta/in auto/in alto **2** (*sich erhöhen*) aumentare: **die Preise ~** i prezzi aumentano; **das Fieber steigt** la febbre sale; **im Wert ~** aumentare di valore **3** **über etw** (*akk*) **~** scavalcare qc **4** (*aussteigen*) scendere: **von der Leiter/aus dem Auto ~** scendere dalla scala/dall'auto; **aus dem Fenster ~** uscire passando dalla finestra **5** *umg* (*stattfinden*) svolgersi, essere **6** *umg* andare: **ins Bad ~** andare in bagno **stei·gend** ADJ in aumento, crescente
stei·gern **A** V/T aumentare: **den Wert von etw ~** accrescere il valore di qc **B** V/R **sich ~** crescere, aumentare **Stei·ge·rung** F ⟨-; -en⟩ **1** aumento *m* **2** (*Förderung*) incremento *m* **3** GRAM comparazione *f*
Stei·gung F ⟨-; -en⟩ **1** pendenza *f*: **eine sanfte ~** una lieve pendenza **2** (*Anstieg*) salita *f*
steil **A** ADJ **1** (*Steigung*) ripido **2** (*Abhang*) scosceso **3** (*senkrecht*) verticale **B** ADV ripidamente ♦ **eine -e Karriere** una carriera molto rapida
Steil·kur·ve F curva *f* parabolica **Steil·küs·te** F costa *f* a picco (*od* scoscesa) **Steil·pass** M SPORT passaggio *m* in profondità **Steil·ufer** N sponda *f* ripida (*od* scoscesa)
Stein M ⟨-[e]s; -e⟩ **1** sasso *m*: **j-n mit -en bewerfen** lanciare sassi contro qn; **einen ~ im Schuh haben** avere un sassolino nella scarpa **2** (*Gestein*) pietra *f*: **etw in ~ meißeln** scolpire qc nella pietra **3** (*Baustein*) **-e klopfen** spaccare pietre **4** (*Spielstein*) pedina *f* **5** (*Obstkern*) nocciolo *m* **6** MED calcolo *m* ♦ **es friert ~ und Bein** fa un freddo cane; *umg* **~ und Bein schwören** giurare e spergiurare; **bei j-m einen ~ im Brett haben** essere nelle grazie di qn; **ihm fällt ein ~ vom Herzen** s'è levato un peso dal cuore; **j-m -e in den Weg legen** mettere i bastoni fra le ruote a qn
stein·alt ADJ vecchio come Matusalemme **Stein·bock** M **1** stambecco *m* **2** ASTROL Capricorno *m*: **Hans ist ~** Hans è del Capricorno **Stein·bruch** M cava *f* di pietra **Stein·butt** M rombo *m* **Stein·ei·che** F leccio *m*
stei·nern ADJ **1** di pietra **2** (*erstarrt*) impietrito
Stein·er·wei·chen N **zum ~** da spezzare il cuore **Stein·gar·ten** M giardino *m* roccioso **Stein·gut** N ⟨-[e]s; -e⟩ terraglia *f* **stein·hart** ADJ duro come la pietra
stei·nig ADJ **1** pietroso **2** *fig* (*mühevoll*) pieno di ostacoli
stei·ni·gen V/T lapidare
Stein·koh·le F carbon *m* fossile **Stein·metz** M ⟨-en; -en⟩, **-in** F ⟨-; -nen⟩ scalpellino *m*, -a *f* **Stein·obst** N frutta *f* con nocciolo, drupe *fpl* **Stein·pilz** M fungo *m* porcino **stein·reich** ADJ *umg* ricco sfondato **Stein·schlag** M caduta *f* massi **Stein·zeit** F età *f* della pietra
Steiß·bein N coccige *m*
Stel·la·ge [-ˈlaːʒə] F ⟨-; -n⟩ *österr* scaffale *m*
Stel·le F ⟨-; -n⟩ **1** posto *m*, luogo *m* (*a. fig*): **sich an der vereinbarten ~ treffen** incontrarsi nel luogo convenuto; **an oberster ~** al primo posto **2** **eine ~ als Nachtwächter** un posto di guardiano notturno **3** (*Punkt, Bereich*) punto *m*, parte *f* **4** (*Amt*) ufficio *m*: **die zuständige ~** l'ufficio competente **5** MATH cifra *f* ♦ **an erster ~** in primo luogo, innanzitutto; **an**

S

deiner ~ al posto tuo; **an j-s ~ treten** subentrare a qn; **an ~ von** invece di; **auf der ~** all'istante; *umg* **auf der ~ treten** non progredire; **nicht von der ~ kommen** non andare avanti; **zur ~ sein** essere sul posto

stel·len A VT 1 (*hinstellen*) mettere, porre, collocare 2 (*anlehnen*) appoggiare, accostare 3 (*aufrecht*) mettere in piedi 4 produrre: **Zeugen ~** produrre testimoni; **einen Vertreter ~** designare un rappresentante 5 (*bereitstellen*) fornire 6 fare: **eine Prognose/ ein Horoskop/eine Frage ~** fare una prognosi/un oroscopo/una domanda 7 regolare: **die Uhr ~** regolare l'orologio; **den Wecker auf 6 Uhr ~** mettere la sveglia alle sei; **die Heizung höher ~** alzare il riscaldamento; **das Radio leiser ~** abbassare (il volume del)la radio 8 (*fangen*) prendere B VR **sich ~** 1 (*sich hinstellen*) mettersi 2 *fig* **sich gegen j-n/etw ~** mettersi contro qn/qc; **sich auf j-s Seite ~** mettersi dalla parte di qn 3 affrontare: **sich einem Konkurrenten ~** affrontare un concorrente 4 **sich** (**der Polizei**) **~** costituirsi 5 (*so tun*) fingersi: **sich taub ~** fingersi sordo 6 **sich positiv/negativ zu etw ~** avere un'opinione positiva/negativa di qc ♦ **etw in Abrede ~** negare qc; **sich gut mit j-m ~** essere in buoni rapporti con qn; **sich hinter j-n/etw ~** appoggiare qn/qc; **j-n über einen anderen/eine Sache über eine andere ~** preferire qn a un altro/una cosa a un'altra; **sich schützend vor j-n ~** coprire (*od* proteggere) qn

Stel·len·an·ge·bot N offerta *f* d'impiego **Stel·len·an·zei·ge** F inserzione *f* di lavoro **Stel·len·ge·such** N domanda *f* d'impiego **Stel·len·ver·mitt·lung** F (ufficio *m* di) collocamento *m* **stel·len·wei·se** ADV qua e là; parzialmente **Stel·len·wert** M *fig* importanza *f*, valore *m*: **einen hohen ~ haben** essere della massima importanza

Stell·platz M posto *m* auto **Stell·schrau·be** F vite *f* di regolazione

Stel·lung F ⟨-; -en⟩ 1 posizione *f* (*a.* MIL): **in gebückter ~** in posizione incurvata; **seine ~ in der Gesellschaft** la sua posizione nella società 2 (*beruflich*) posto *m*, impiego *m*, carica *f* ♦ **~ beziehen** prendere posizione; **zu etw ~ nehmen** prendere posizione riguardo a qc; **für/gegen etw ~ nehmen** prendere posizione per/contro qc

Stel·lung·nah·me F ⟨-; -n⟩ (presa *f* di) posizione *f*

Stel·lungs·wech·sel M 1 cambiamento *m* di posizione 2 (*beruflich*) cambiamento *m* di posto, cambio *m* di occupazione

stell·ver·tre·tend A ADJ sostituto, vice: **der -e Minister** il viceministro B ADV **etw ~ für j-n tun** fare qc in rappresentanza di qn **Stell·ver·tre·ter** M ⟨-s; -⟩, **-in** F ⟨-; -nen⟩ sostituto *m*, -a *f*, rappresentante *m/f* **Stell·ver·tre·tung** F rappresentanza *f*, sostituzione *f*, supplenza *f*

Stell·werk N BAHN cabina *f* di manovra

Stel·ze F ⟨-; -n⟩ trampolo *m* **stel·zen** VI ⟨s.⟩ 1 camminare sui trampoli 2 (*steif gehen*) camminare in modo rigido

Stemm·bo·gen M stemm cristiania *m* **Stemm·ei·sen** N scalpello *m* (da legno)

stem·men A VT 1 (*Lasten*) sollevare 2 **die Hände in die Hüften ~** puntare le mani sui fianchi B VR 1 **sich gegen etw ~** spingere contro qc 2 *fig* (*widersetzen*) opporsi (energicamente)

Stem·pel M ⟨-s; -⟩ 1 timbro *m* 2 TECH punzone *m* 3 (*auf Edelmetall*) marchio *m* 4 BOT pistillo *m* ♦ **etw** (*dat*) **seinen ~ aufdrücken** dare la propria impronta a qc

Stem·pel·far·be F inchiostro *m* per timbri **Stem·pel·kis·sen** N tampone *m* (per timbri)

stem·peln VT 1 timbrare 2 (*entwerten*) obliterare, convalidare 3 *fig* bollare: **j-n zum Dieb ~** bollare qn come ladro ♦ *umg* **~ gehen** = *percepire il sussidio di disoccupazione*

Stem·pel·uhr F orologio *m* timbratore

Sten·gel → Stängel

Ste·no F ⟨-⟩ *umg* (*Kurzform von Stenographie*) steno *f*: **~ schreiben** stenografare **Ste·no·gra·fie** F ⟨-⟩ stenografia *f* **Ste·no·gramm** N ⟨-s; -e⟩ stenogramma *m*

Stepp·de·cke F trapunta *f*

Step·pe F ⟨-; -n⟩ steppa *f*

step·pen[1] VT (*Nähen*) impuntire, trapuntare

step·pen[2] VI ⟨h.⟩ (*Stepp tanzen*) ballare il tip tap

Stepp·tanz M tip tap *m*

Ster·be·bett N letto *m* di morte ♦ **auf**

dem ~ liegen essere in punto di morte
Ster·be·fall M (caso *m* di) morte *f*
Ster·be·hil·fe F eutanasia *f*
ster·ben V/I ⟨stirbt, starb, gestorben; s.⟩ **1** morire: **an Altersschwäche ~** morire di vecchiaia; *fig* **vor Hunger ~** morire di fame **2** *fig* (*Projekt*) saltare
Ster·ben N ⟨-s⟩ il morire, morte *f*: **im ~ liegen** essere in punto di morte
ster·bens·krank ADJ malato gravissimo
Ster·bens·wort, **Ster·bens·wört·chen** N **kein ~** nemmeno una parola
Ster·be·sak·ra·men·te PL REL estremi conforti *mpl* (della fede) **Ster·be·ur·kun·de** F certificato *m* di morte
sterb·lich ADJ mortale ♦ **ein gewöhnlicher Sterblicher** un comune mortale **Sterb·lich·keit** F ⟨-⟩ mortalità *f*
Ste·reo N ⟨-s; -s⟩ stereofonia *f* **Ste·reo·an·la·ge** F impianto *m* stereo
Ste·reo·skop N ⟨-s; -e⟩ stereoscopio *m*
ste·reo·typ **A** ADJ stereotipato **B** ADV per stereotipi
ste·ril ADJ **1** sterile **2** *fig* asettico
Ste·ri·li·sa·ti·on F ⟨-; -en⟩ sterilizzazione *f* **ste·ri·li·sie·ren** V/T sterilizzare
Stern M ⟨-[e]s; -e⟩ **1** stella *f*: ASTROL **die -e stehen (un)günstig** le stelle sono (s)favorevoli; **unter einem guten ~ stehen** essere sotto una buona stella **2** TYPO asterisco *m* ♦ **nach den -en greifen** chiedere (*od* volere) la luna; **ein Hotel mit drei -en** un hotel a tre stelle; *fig* **-e sehen** vedere le stelle
Stern·bild N costellazione *f* **Stern·deu·tung** F astrologia *f* **Stern·fahrt** F autoraduno *m*, raduno *m* automobilistico **stern·för·mig** ADJ a forma di stella **Stern·frucht** F carambola *f* **stern·ha·gel·voll** ADJ *umg* ubriaco fradicio **Stern·him·mel** M firmamento *m* **Stern·schnup·pe** F ⟨-; -n⟩ stella *f* cadente **Stern·stun·de** F grande momento *m* **Stern·war·te** F osservatorio *m* (astronomico) **Stern·zei·chen** N segno *m* zodiacale

Sternzeichen

Was bist du für ein Sternzeichen?	**Di che segno sei?**
Ich bin ...	**Sono ...**
Fische	**dei Pesci**
Krebs	**del Cancro**
Jungfrau	**della Vergine**
Löwe	**del Leone**
Schütze	**del Sagittario**
Skorpion	**dello Scorpione**
Steinbock	**del Capricorno**
Stier	**del Toro**
Waage	**della Bilancia**
Wassermann	**dell'Acquario**
Widder	**dell'Ariete**
Zwilling	**dei Gemelli**

stet ADJ *geh* → stetig
Ste·tho·skop N ⟨-s; -e⟩ stetoscopio *m*
ste·tig ADJ (*beständig*) costante; (*andauernd*) continuo **Ste·tig·keit** F ⟨-⟩ costanza *f*, continuità *f*
stets ADV sempre
Steu·er¹ N ⟨-s; -⟩ **1** AUTO volante *m*: **am** (*od* **hinter dem**) **~ sitzen** essere al volante; **das ~ herumreißen** sterzare bruscamente **2** SCHIFF timone *m* ♦ **das ~ fest in der Hand haben** avere in pugno la situazione
Steu·er² F ⟨-; -n⟩ (*Abgaben*) tassa *f*, imposta *f*: (**in**)**direkte ~** imposta (in)diretta; **städtische ~** tassa comunale; **etw von der ~ absetzen** detrarre qc dalle tasse; **-n hinterziehen** evadere le tasse (*od* il fisco)
Steu·er·ab·zug M ritenuta *f* fiscale **Steu·er·auf·kom·men** N gettito *m* fiscale **Steu·er·aus·gleich** M perequazione *f* fiscale **steu·er·be·güns·tigt** ADJ che gode di agevolazioni fiscali **Steu·er·be·ra·ter** M, **-in** F fiscalista *m/f* **Steu·er·be·scheid** M cartella *f* delle imposte **Steu·er·be·trug** M frode *f* fiscale **Steu·er·bord** N ⟨-[e]s⟩ dritta *f* **Steu·er·er·hö·hung** F aumento *m* delle tasse **Steu·er·er·klä·rung** F dichiarazione *f* dei redditi **Steu·er·er·leich·te·rung** F agevolazione *f* fiscale **Steu·er·er·mä·ßi·gung** F riduzione *f* d'imposta **Steu·er·fahn·der** M, **-in** F ispettore *m*, -trice *f* tributario (-a) **Steu·er·flucht** F **1** fuga *f* di capitali all'estero **2** (*Verlegen des Unternehmenssitzes*) esterovestizione *f* **steu·er·frei** ADJ esentasse **Steu·er·frei·be·trag** M quota *f* esente da tassa **Steu·er·ge·rät** N **1** RADIO sintonizzatore *m* **2** IT unità *f* di controllo **Steu·er·har·mo·ni·sie·rung** F armonizzazione *f* fiscale **Steu·er·hin·ter·zie·hung** F evasione *f* fiscale **Steu·er·klas·se** F scaglione

S

m (fiscale) **Steu·er·knüp·pel** M cloche *f*: **am ~ sitzen** essere ai comandi **Steu·er·last** F onere *m* fiscale **steu·er·lich** A ADJ fiscale B ADV in materia fiscale **Steu·er·mann** M ⟨-[e]s; -leute *u.* -männer⟩ 1 timoniere *m*, pilota *m* 2 TECH addetto *m* al quadro comandi **Steu·er·mar·ke** F 1 marca *f* da bollo 2 (*für Hunde*) medaglietta *f*

steu·ern A VT 1 AUTO guidare; SCHIFF governare; (*Flugzeug, Sportwagen*) pilotare 2 *fig* **ein Gespräch ~** guidare (*od* condurre) una conversazione 3 (*regulieren*) regolare, controllare: **die Geschwindigkeit eines Fließbands ~** regolare la velocità di una catena di montaggio; **einen Prozess ~** controllare un processo B VI ⟨s.⟩ 1 fare rotta: **nach Norden ~** fare rotta verso nord; *fig* **wohin steuert unsere Politik?** dove va la nostra politica? 2 *umg* (*sich zielstrebig bewegen*) puntare: **nach vorn ~** puntare avanti

Steu·er·num·mer F codice *m* fiscale **steu·er·pflich·tig** ADJ 1 (*Mensch*) che ha l'obbligo di pagare le imposte 2 (*Einnahmen*) soggetto a imposta; **-es Einkommen** reddito imponibile **Steu·er·pro·gramm** N IT programma *m* gestionale **Steu·er·prü·fer** M, **-in** F ispettore *m*, -trice *f* delle imposte **Steu·er·pult** N banco *m* di comando **Steu·er·rad** N 1 AUTO volante *m* 2 SCHIFF ruota *f* del timone **Steu·er·recht** N ⟨-[e]s⟩ diritto *m* tributario **Steu·er·re·form** F riforma *f* tributaria **Steu·er·satz** M aliquota *f* d'imposta **Steu·er·sen·kung** F sgravio *m* fiscale **Steu·er·sys·tem** N 1 sistema *m* fiscale 2 TECH impianto *m* di controllo

Steu·e·rung F ⟨-; -en⟩ 1 guida *f*, comando *m*, controllo *m* 2 SCHIFF governo *m* 3 FLUG pilotaggio *m* 4 TECH regolazione *f* 5 (*Steuergerät*) controllore *m* 6 IT comando *m* **Steu·e·rungs·tas·te** F IT control *m inv*

Steu·er·ver·an·la·gung F determinazione *f* dell'imponibile **Steu·er·ver·ge·hen** N infrazione *f* fiscale **Steu·er·werk** N IT unità *f* di controllo **Steu·er·zah·ler** M ⟨-s; -⟩, **-in** F ⟨-; -nen⟩ contribuente *m/f* **Steu·er·zei·chen** N IT carattere *m* di comando (*od* di controllo)

Ste·ward ['stju:ət] M ⟨-s; -s⟩ steward *m*

Ste·war·dess F ⟨-; -en⟩ hostess *f*

St. Gal·len N ⟨- -s⟩ 1 (*Stadt*) San Gallo *f* 2 (*Kanton*) Canton *m* San Gallo

Stich M ⟨-[e]s; -e⟩ 1 puntura *f*: **der ~ einer Biene/einer Nadel** la puntura di un'ape/un ago 2 (*mit Messern*) coltellata *f* 3 (*Verletzung*) ferita *f* da punta 4 (*Nähen, Spiel*) punto *m* 5 (*stechender Schmerz*) fitta *f* 6 KUNST incisione *f* 7 (*von Speisen*) punta *f*: **die Milch hat einen ~** il latte ha una punta di acido ♦ **einen ~ ins Blaue haben** dare sul blu; *umg* **einen ~ haben** essere picchiato in testa; **j-n im ~ lassen** piantare in asso qn; **sein Gedächtnis ließ ihn im ~** la memoria lo tradì

Sti·che·lei F ⟨-; -en⟩ *umg* (continue) punzecchiature *fpl* **sti·cheln** VI ⟨h.⟩ **gegen j-n ~** punzecchiare qn

Stich·flam·me F fiammata *f* **stich·hal·tig** ADJ convincente, valido, plausibile **Stich·hal·tig·keit** F ⟨-; -en⟩ validità *f*, plausibilità *f* **Stich·ling** M ⟨-s; -e⟩ ZOOL spinarello *m* **Stich·pro·be** F sondaggio *m*, controllo *m* (qualità) a campione **Stich·tag** M giorno *m* di riferimento **Stich·waf·fe** F arma *f* da punta **Stich·wahl** F ballottaggio *m* **Stich·wort** N 1 ⟨*pl* -wörter⟩ voce *f*: **ein ~ nachschlagen** cercare una voce 2 ⟨*pl* -e⟩ THEAT **j-m das ~ geben** dare (*od* porgere) la battuta a qn 3 *fig* spunto *m*: **das war das ~ zum Aufbruch** fu lo spunto per la partenza 4 ⟨*Notiz; pl* -e⟩ appunto *m*: **sich** (*dat*) **für einen Vortrag -e aufschreiben** prendere appunti per una conferenza; **etw in -en festhalten** fissare qc per sommi capi **Stich·wun·de** F ⟨-; -n⟩ ferita *f* da punta

Stick M ⟨-s; -s⟩ IT (*Memorystick*) stick *m inv*

sti·cken VT ricamare

Sti·cker [st-] M ⟨-s; -⟩ autoadesivo *m*

Sti·cke·rei F ⟨-; -en⟩ (lavoro *m* di) ricamo *m*

sti·ckig ADJ soffocante

Stick·mus·ter N modello *m* per ricamo

Stick·oxid N ossido *m* d'azoto

Stick·stoff M azoto *m*

Stief·bru·der M fratellastro *m*

Stie·fel M ⟨-s; -⟩ stivale *m*

Stie·fe·let·te F ⟨-; -n⟩ stivaletto *m*

Stief·el·tern PL patrigno *m* e matrigna *f* **Stief·ge·schwis·ter** PL fratellastri *mpl* (*od* sorellastre *fpl*) **Stief·kind** N 1 figliastro *m* 2 *fig* cenerentola *f* **Stief·mut·ter** F ⟨-; -mütter⟩ matrigna *f*

S

Stief·müt·ter·chen N BOT ⟨-s; -⟩ viola *f* del pensiero **stief·müt·ter·lich** ADJ & ADV da matrigna **Stief·schwes·ter** F sorellastra *f* **Stief·sohn** M figliastro *m* **Stief·toch·ter** F figliastra *f* **Stief·va·ter** M patrigno *m*

stieg → steigen

Stie·ge F ⟨-; -n⟩ 1 (ripida) scaletta *f* di legno 2 *österr* (*Treppe*) scala *f*

Stieg·litz M ⟨-es; -e⟩ cardellino *m*

Stiel M ⟨-[e]s; -e⟩ 1 manico *m* 2 (*von Gläsern*) gambo *m* (*a.* BOT) ♦ **Eis am ~** gelato da passeggio

Stiel·au·gen PL *umg* **~ machen** (*od* **bekommen**) sgranare gli occhi, fare tanto d'occhi

Stier M ⟨-[e]s; -e⟩ 1 toro *m*: *fig* **den ~ bei den Hörnern fassen** (*od* **packen**) prendere il toro per le corna 2 ASTROL Toro *m*: **Susi ist ~** Susi è del Toro

stie·ren V/I ⟨h.⟩ fissare: **ins Leere ~** fissare il vuoto

Stier·kampf M corrida *f*, tauromachia *f* **Stier·kämp·fer** M torero *m*

stieß → stoßen

Stift[1] M ⟨-[e]s; -e⟩ 1 perno *m* 2 TECH spina *f*, spinotto *m* 3 (*Bleistift*) matita *f* 4 *umg* (*Lehrling*) ragazzo *m*

Stift[2] N ⟨-[e]s; -e *u.* -er⟩ 1 fondazione *f*, istituto *m* 2 (*kirchliche Institution*) opera *f* pia

stif·ten V/T 1 istituire: **einen Literaturpreis ~** istituire un premio letterario 2 (*gründen*) fondare 3 (*spenden*) donare, offrire 4 destare: **Unruhe/Verwirrung ~** destare inquietudine/confusione; **Frieden ~** mettere pace ♦ *umg* **~ gehen** svignarsela

Stif·ter M ⟨-s; -⟩, **-in** F ⟨-; -nen⟩ 1 istitutore *m*, -trice *f* 2 (*Gründer*) fondatore *m*, -trice *f*

Stif·tung F ⟨-; -en⟩ 1 (*Spende*) donazione *f* 2 istituzione *f*, fondazione *f*: **eine öffentliche ~** una fondazione pubblica

Stift·zahn M MED dente *m* a perno

Stil M ⟨-[e]s; -e⟩ stile *m*: **das ist nicht sein ~** non è nel suo stile ♦ **im großen ~, großen -s** in grande stile

Stil·blü·te F *iron* perla *f*

Sti·lett N ⟨-s; -e⟩ stiletto *m*

Stil·ge·fühl N ⟨-s⟩ senso *m* dello stile

sti·li·sie·ren V/T stilizzare

Sti·lis·tik F ⟨-; -en⟩ stilistica *f*

sti·lis·tisch ADJ stilistico

still A ADJ 1 (*lautlos*) silenzioso; **es war plötzlich ~** si fece improvvisamente silenzio 2 (*ruhig*) calmo, tranquillo: **ein -es Kind** un bambino tranquillo 3 (*heimlich*) segreto, nascosto: **die -e Hoffnung haben, dass …** nutrire la segreta speranza che … 4 (*stillschweigend*) taciturno, muto: **-es Einvernehmen** tacito accordo B ADV 1 in silenzio: **etw ~ dulden** sopportare qc in silenzio 2 **~ bleiben** (*od* **halten** *od* **stehen**) (*sich nicht bewegen*) star fermo (*od* non muoversi) ♦ **der Stille Ozean** l'Oceano *m* Pacifico; **~!** silenzio!; **im Stillen** in segreto; **um ihn ist es ~ geworden** di lui non si parla più; **~ und leise** di nascosto

Stil·le F ⟨-⟩ 1 silenzio *m* 2 (*Ruhe*) calma *f* quiete *f*, tranquillità *f* ♦ **in aller ~** (*Beerdigung*) in forma privata

Stille·ben → Stillleben

stil·len V/T 1 (*Säugling*) allattare 2 **den Hunger/Durst ~** placare la fame/la sete; **die Neugierde ~** soddisfare la curiosità 3 (*lindern*) **den Schmerz ~** calmare il dolore 4 fermare: **das Blut mit Watte ~** fermare il sangue con il cotone

Still·hal·te·ab·kom·men N WIRTSCH accordo *m* di moratoria **still·hal·ten** V/I ⟨*irr*; h.⟩ (*nichts tun*) non reagire **Still·le·ben** N natura *f* morta **still·le·gen** V/T chiudere **Still·le·gung** F ⟨-; -en⟩ chiusura *f* **still·lie·gen** V/I ⟨*irr*; h.⟩ essere inattivo (*od* fuori servizio)

stil·los ADJ senza stile **Stil·lo·sig·keit** F ⟨-; -en⟩ mancanza *f* di stile

still·schwei·gen V/I ⟨*irr*; h.⟩ tacere **Stillschwei·gen** N silenzio *m*: **über etw** (*akk*) **~ bewahren** mantenere il silenzio su qc **stillschwei·gend** A ADJ tacito B ADV in silenzio: **etw ~ übergehen** passare qc sotto silenzio

Still·stand M 1 arresto *m*: **zum ~ kommen** arrestarsi, fermarsi 2 (*Unterbrechung*) sospensione *f* **still·ste·hen** V/I ⟨*irr*; h.⟩ (*nicht weitergehen*) essere fermo: **die Zeit scheint stillzustehen** il tempo sembra essersi fermato ♦ MIL **stillgestanden!** attenti!

Stil·mö·bel N mobile *m* in stile **stil·voll** A ADJ di buon gusto B ADV con stile

Stimm·ab·ga·be F votazione *f* **Stimm·band** N ⟨-es; -bänder⟩ corda *f* vocale **stimm·be·rech·tigt** ADJ che ha diritto di (*od* al) voto **Stimm·be·zirk** M circoscrizione *f* elettorale

Stimm·bruch M muta *f* (della voce)
Stim·me[1] F ⟨-; -n⟩ 1 voce *f*: **eine tiefe ~** una voce grave; MUS **ein Chor für vier -n** un coro a quattro voci; *fig* **seine ~ gilt viel** la sua voce conta molto 2 (*von Tieren*) verso *m* 3 (*Gesangspartie*) parte *f*
Stim·me[2] F ⟨-; -n⟩ (*Wahlstimme*) voto *m*: **seine ~ abgeben** dare il voto, votare; **sich der ~ enthalten** astenersi dal voto
stim·men[1] V/I ⟨h.⟩ 1 (*richtig sein*) essere giusto 2 (*wahr sein*) essere vero: **stimmt es, dass …?** è vero che …? 3 (*in Ordnung sein*) andare (bene), essere a posto ♦ **stimmt!** giusto!; **da stimmt etwas nicht** (qui) c'è qualcosa che non va, qc non quadra; **der Preis muss ~** il prezzo deve essere adeguato; **stimmt so!** (*Trinkgeld*) il resto mancia!
stim·men[2] A V/T 1 MUS accordare 2 rendere; predisporre: **j-n heiter ~** rendere qn allegro; **j-n schlecht ~** mettere qn di cattivo umore B V/I ⟨h.⟩ **~ auf** accordarsi a
stim·men[3] V/I ⟨h.⟩ (*w'hlen*) votare: **für/gegen j-n/etw ~** votare per/contro qn/qc; **mit Ja/Nein ~** votare sì/no
Stim·men·gleich·heit F parità *f* di voti **Stim·men·mehr·heit** F maggioranza *f* di voti
Stimm·ent·hal·tung F astensione *f* dal voto **Stimm·ga·bel** F diapason *m* **stimm·haft** ADJ LING sonoro
stim·mig ADJ in armonia, armonioso
Stimm·la·ge F registro *m* (vocale) **stimm·los** ADJ sordo (*a.* LING) **Stimm·recht** N diritto *m* di voto
Stim·mung F ⟨-; -en⟩ 1 stato *m* d'animo; (*Laune*) umore *m*: **in schlechter/guter ~ sein** essere di malumore/di buon umore; **der Schauspieler brachte die Zuschauer in ~** l'attore riuscì a coinvolgere gli spettatori 2 *pl* **-en unterworfen sein** essere soggetto a cambiamenti d'umore 3 atmosfera *f* 4 opinione *f* (pubblica): **die ~ ist für j-n** l'opinione pubblica è favorevole a qn ♦ **in der ~ sein, etw zu tun** essere in vena di fare qc; **in ~ kommen** diventare allegro; **für/gegen j-n/etw ~ machen** fare propaganda a favore di/contro qn/qc
Stim·mungs·ka·no·ne F *umg* compagnone *m* **Stim·mungs·mensch** M persona *f* umorale **Stim·mungs·um·schwung** M 1 (*von Laune*) cambiamento *m* d'umore 2 (*von Meinung*) cambiamento *m* di opinione **stim·mungs·voll** ADJ suggestivo
Stimm·zet·tel M scheda *f* (elettorale)
Sti·mu·lans N ⟨-; Stimulanzien *u.* Stimulantia⟩ MED stimolante *m* (*a. fig*)
sti·mu·lie·ren V/T stimolare
Stink·bom·be F fiala *f* puzzolente
Stin·ke·fin·ger M *vulg* ditaccio *m*
stin·ken V/I ⟨stank, gestunken; h.⟩ 1 puzzare: **nach etw ~** puzzare di qc (*a. fig*) 2 *umg* **etw stinkt mir** qc mi rompe 3 *unpers umg* **mir stinkt's** ne ho le scatole piene ♦ **die Sache stinkt** la cosa puzza
stin·kend ADJ puzzolente
stink·faul ADJ pigro da fare schifo **stink·lang·wei·lig** ADJ noioso da morire **stink·sau·er** ADJ *umg* incavolato nero **Stink·tier** N ZOOL moffetta *f* **Stink·wut** F *umg* **eine ~ auf j-n haben** essere incazzato con qn
Sti·pen·di·at M ⟨-en; -en⟩, **-in** F ⟨-; -nen⟩ borsista *m/f*
Sti·pen·di·um N ⟨-s; Stipendien⟩ borsa *f* di studio

⚠ Stipendium ≠ stipendio

das Stipendium	=	la borsa di studio
lo stipendio	=	das Gehalt

Stipp·vi·si·te F visitina *f*, salto *m*
Stirn F ⟨-; -en⟩ fronte *f*: **das steht ihm auf der ~ geschrieben** ce l'ha scritto in fronte ♦ **sich** (*dat*) **an die ~ fassen** mettersi le mani nei capelli; **j-m/etw die ~ bieten** tenere testa a qn/qc; **die ~ haben, etw zu tun** avere la faccia tosta di fare qc
Stirn·band N ⟨-[e]s; -bänder⟩ fascia *f* (per capelli) **Stirn·glat·ze** F fronte *f* calva **Stirn·höh·le** F seno *m* (paranasale) frontale **Stirn·höh·len·ent·zün·dung** F sinusite *f* **Stirn·run·zeln** N ⟨-s⟩ **~ hervorrufen** far aggrottare la fronte **Stirn·sei·te** F fronte *f*
stö·bern V/I ⟨h.⟩ *umg* frugare, rovistare: **in einer Schublade ~** rovistare in un cassetto; **nach etw ~** frugare cercando qc
sto·chern V/I ⟨h.⟩ smuovere (toccando leggermente): **in der Glut ~** smuovere la brace; **in den Zähnen ~** stuzzicarsi i denti; **im Essen ~** spiluccare nel piatto
Stock[1] M ⟨-[e]s; Stöcke⟩ 1 (*Gehstock, zum Schlagen*) bastone *m* 2 (*Takt-, Zeigestock*) bacchetta *f* 3 (*Baumstumpf*) ceppo

m **4** (*Skistock*) bastoncino *m* ♦ **am ~ gehen** camminare con il bastone; *fig* non reggersi in piedi; (*kein Geld haben*) essere povero in canna; **über ~ und Stein** a rompicollo

Stock² M ⟨-[e]s; -⟩ (*Etage*) piano *m*: **im sechsten ~ wohnen** abitare al sesto piano

stock·be·sof·fen ADJ *sl* ubriaco fradicio **Stock·bett** N letto *m* a castello **stock·dun·kel** ADJ, **stock·dus·ter** ADJ buio pesto

Stö·ckel·schuh M scarpa *f* con tacco a spillo

sto·cken V/I ⟨h.⟩ **1** (*aussetzen*) fermarsi **2** interrompersi: **beim Lesen ~** interrompersi mentre si legge **3** ristagnare: **der Handel stockt** il commercio ristagna; **der Verkehr stockt** il traffico è bloccato **4** (*Gespräch*) languire **5** GASTR raddensarsi **Sto·cken** N **ins ~ geraten** (*od* **kommen**) fermarsi; WIRTSCH ristagnare **sto·ckend** ADJ **1** **mit -er Stimme** con voce rotta **2** (*zögernd*) esitante

Stock·en·te F germano *m* reale **stock·fins·ter** ADJ *umg* buio pesto **Stock·fisch** M stoccafisso *m* **Stock·fleck** M macchia *f* di muffa

Stock·holm N ⟨-s⟩ Stoccolma *f*

Stock·ro·se F malva *f* **stock·sau·er** ADJ *umg* incavolato nero, *vulg* incazzato **Stock·schlag** M bastonata *f* **stock·steif** *umg* **A** ADJ rigido **B** ADV **~ dasitzen** sedere tutto impettito **stock·taub** ADJ *umg* sordo come una campana

Sto·ckung F ⟨-; -en⟩ **1** arresto *m* **2** (*Unterbrechung*) interruzione *f* **3** (*Stagnieren*) ristagno *m* **4** (*von Gesprächen*) il languire

Stock·werk N piano *m*

Stock·zahn M *österr* molare *m*

Stoff M ⟨-[e]s; -e⟩ **1** (*textil*) stoffa *f*, tessuto *m*: **ein knitterfreier ~** un tessuto ingualcibile **2** (*Materie*) materia *f* (*a.* PHIL): (**un**)**organischer ~** materia (in)organica **3** (*Material*) materiale *m* (*a. fig*): **ein radioaktiver ~** un materiale radioattivo; **~ für ein Buch sammeln** raccogliere materiale per un libro **4** (*Substanz*) sostanza *f* **5** *fig* tema *m*, argomento *m*: **~ für** (*od* **zu**) **etw liefern** offrire lo spunto per qc **6** FILM soggetto **7** *sl* (*Rauschgift*) roba *f*

stoff·lich ADJ **1** (*der Materie*) di (*od* della) materia, materiale **2** (*des Materials*) di (*od* del) materiale **3** (*der Substanz*) di (*od* della) sostanza **4** (*inhaltlich*) del contenuto, tematico

Stoff·tier N animale *m* di pezza

Stoff·wech·sel M metabolismo *m* **Stoff·wech·sel·krank·heit** F malattia *f* del ricambio

stöh·nen V/I ⟨h.⟩ **1** gemere **2** (*klagen*) **über j-n/etw ~** lamentarsi di qn/per qc

Sto·la F ⟨-; Stolen⟩ MODE, REL stola *f*

Stol·len M ⟨-s; -⟩ **1** GASTR = *tradizionale dolce natalizio* **2** (*unterirdischer Gang*) cunicolo *m* **3** MINER galleria *f* **4** (*an Sportschuhen*) tacchetto *m* **5** (*an Hufeisen*) rampone *m*

stol·pern V/I ⟨s.⟩ **1** inciampare: **über den Teppich/seine eigenen Füße ~** inciampare nel tappeto/da solo **2** *fig* cadere, incappare: **über eine Affäre ~** cadere in seguito a uno scandalo; **über unvorhergesehene Schwierigkeiten ~** incappare in difficoltà impreviste **3** (*nicht verstehen*) bloccarsi: **über einen Fachausdruck ~** bloccarsi su un termine specialistico **4** *umg* **über j-n ~** imbattersi in qn

Stol·per·stein M pietra *f* d'inciampo

stolz **A** ADJ **1** orgoglioso, fiero: **~ auf j-n/etw sein** essere orgoglioso (*od* fiero) di qn/qc **2** (*imposant*) superbo **3** *umg* grosso, bello: **das kostet die -e Summe von 1000 Euro** questo costa la bellezza di 1000 euro **B** ADV **1** orgogliosamente **2** (*hochmütig*) con superbia

Stolz M ⟨-es⟩ **1** orgoglio *m*: **voller ~** (**auf j-n/ etw**) **sein** essere pieno di orgoglio (per qn/qc) **2** vanto *m*: **seine Kinder sind sein größter ~** i suoi figli sono il suo maggior vanto

stol·zie·ren V/I ⟨s.⟩ andare (*od* camminare) tutto impettito, tronfio

stop → stopp **Stop** → Stopp

stop·fen **A** V/T **1** (*mit Nadel und Faden*) rammendare **2** ficcare: **alles in den Koffer ~** ficcare tutto in valigia **3** (*ausstopfen*) riempire: **eine Matratze mit Wolle ~** riempire (*od* imbottire) un materasso di lana **4** **die Pfeife ~** caricare la pipa **5** (*zustopfen*) tappare: **ein Loch ~** tappare un buco (*a. fig*); *fig* **j-m den Mund ~** tappare la bocca a qn **6** *umg* (*mästen*) ingrassare **B** V/I ⟨h.⟩ (*die Verdauung hemmen*) costipare

Stopf·garn N filo *m* da rammendo

stopp INT *umg* **~!** alt! ferma!

Stopp M ⟨-s; -s⟩ fermata *f*, sosta *f*

Stop·pel·bart M *umg* barba *f* ispida (*od*

irsuta) **Stop·pel·feld** N campo *m* di stoppie
stop·pe·lig ADJ ispido, irsuto
stop·pen A VT 1 fermare (*a. fig*) 2 (*mit der Stoppuhr*) cronometrare B VI ⟨h.⟩ fermarsi
Stopp·schild N (cartello *m* dello) stop *m* **Stopp·uhr** F cronometro *m*
Stöp·sel M ⟨-s; -⟩ 1 tappo *m* 2 ELEK banana *f* **stöp·seln** VT 1 **etw ~** tappare qc 2 (*hineinstecken*) mettere, infilare
Stör M ⟨-[e]s; -e⟩ storione *m*
stör·an·fäl·lig ADJ 1 MECH sensibile ai guasti 2 ELEK sensibile ai disturbi
Storch M ⟨-[e]s; Störche⟩ cicogna *f*
Store [ʃtoːɐ] M ⟨-s; -s⟩ tenda *f*
stö·ren A VT 1 disturbare (*a.* RADIO, TV): **j-n bei** (*od* **in**) **etw** (*dat*) **~** disturbare qn in (*od* durante) qc; **lassen Sie sich nicht ~!** non si disturbi! 2 (*belästigen*) dare fastidio a: **es stört mich nicht, wenn du rauchst** non mi dà fastidio (*od* non mi disturba) se fumi 3 (*beeinträchtigen*) turbare: **die öffentliche Ordnung ~** turbare l'ordine pubblico B VI ⟨h.⟩ disturbare, essere di disturbo; (*unterbrechen*) interrompere **stö·rend** ADJ 1 fastidioso 2 (*ungelegen*) importuno **Stö·ren·fried** M ⟨-[e]s; -e⟩, **Stö·rer** M ⟨-s; -⟩, **-in** F ⟨-; -nen⟩ disturbatore *m*, -trice *f*
Stör·fak·tor M fattore *m* di disturbo **Stör·fall** M incidente *m*
stor·nie·ren VT stornare **Stor·nie·rung** F ⟨-; -en⟩ storno *m*; annullamento *m*
stör·risch ADJ caparbio, testardo
Stö·rung F ⟨-; -en⟩ 1 disturbo *m* (*a.* RADIO): **gesundheitliche -en** disturbi (di salute); **seelische -en** disturbi mentali 2 intoppo *m*: **ohne ~ verlaufen** procedere senza intoppi 3 **technische -en** inconvenienti tecnici 4 METEO perturbazione *f* **Stö·rungs·an·zei·ge** F IT segnalazione *f* di guasto **stö·rungs·frei** ADJ privo di inconvenienti **Stö·rungs·stel·le** F TEL segnalazione *f* guasti
Stoß M ⟨-es; Stöße⟩ 1 colpo *m*: **j-m einen ~ versetzen** dare un colpo a qn 2 (*Zusammenprall*) urto *m* 3 pila *f*: **ein ~ Bücher** una pila di libri; **ein ~ Brennholz** una catasta di legna 4 TECH giunto *m*, giunzione *f* 5 MED (*hohe Dosis*) dose *f* d'urto ♦ **sich** (*dat*) **einen ~ geben** darsi una mossa
Stoß·dämp·fer M ammortizzatore *m*
Stö·ßel M ⟨-s; -⟩ 1 pestello *m* 2 (*Ventilstößel*) punteria *f*
sto·ßen ⟨stößt, stieß, gestoßen⟩ A VT 1 colpire: **j-n in die Seite ~** colpire qn al fianco 2 buttare (con una spinta): **j-n von der Leiter ~** buttare qn giù dalla scala 3 (*rammen*) piantare: **j-m ein Messer in die Rippen ~** piantare un coltello nelle costole a qn B VI 1 ⟨s.⟩ urtare: **an eine Vase ~** urtare un vaso 2 ⟨s.⟩ (*unvermutet antreffen*) **auf j-n/etw ~** imbattersi in qn/qc 3 ⟨s.⟩ **die Straße stößt auf den Marktplatz** la strada sbocca nella piazza del mercato 4 ⟨s.⟩ **zu j-m/etw ~** raggiungere qn/qc 5 ⟨h.⟩ (*grenzen*) **an etw** (*akk*) **~** confinare con qc C VR **sich ~** 1 urtare: **sich an der Tischkante ~** urtare contro lo spigolo del tavolo 2 (*Anstoß nehmen*) **sich an etw** (*dat*) **~** essere urtato da qc ♦ **auf Widerstand/Ablehnung ~** incontrare resistenza/un rifiuto
stoß·fest ADJ antiurto **Stoß·ge·bet** N giaculatoria *f*: **ein ~ zum Himmel schicken** levare giaculatorie al cielo **Stoß·kraft** F 1 forza *f* d'urto 2 *fig* forza *f* dirompente **Stoß·seuf·zer** M gran sospiro *m* **Stoß·stan·ge** F paraurti *m* **Stoß·trupp** M reparto *m* d'assalto **Stoß·ver·kehr** M traffico *m* nelle ore di punta **stoß·wei·se** ADV 1 a scatti 2 (*in Stapeln*) a pile, a cataste **Stoß·zahn** M zanna *f* **Stoß·zeit** F ora *f* di punta
Stot·te·rer M ⟨-s; -⟩, **-rin** F ⟨-; -nen⟩ balbuziente *m/f*
stot·tern A VI ⟨h.⟩ 1 balbettare 2 (*Motoren*) scoppiettare B VT **eine Entschuldigung ~** balbettare una scusa
Stot·tern N ⟨-s⟩ balbettamento *m*, balbuzie *f*
Stöv·chen N ⟨-s; -⟩ scaldavivande *m inv*
Straf·an·stalt F penitenziario *m* **Straf·an·trag** M querela *f*: **~ gegen j-n stellen** sporgere querela contro qn **Straf·an·zei·ge** F denuncia *f* **Straf·bank** F ⟨-; -bänke⟩ SPORT panchina *f* (come penalità, nell'hockey ecc.) **straf·bar** ADJ 1 punibile 2 JUR passibile di pena ♦ **-e Handlung** reato; **sich ~ machen** incorrere in un reato **Straf·be·fehl** M ordinanza *f* penale
Stra·fe F ⟨-; -n⟩ 1 punizione *f*; JUR pena *f*: **zur ~** per punizione; **bei ~ von** sotto pena di; **etw unter ~ stellen** prevedere una pena per qc 2 (*Geldbuße*) multa *f*
stra·fen VT 1 **j-n für etw ~** punire qn

S

per qc **2** (*züchtigen*) castigare **3** SPORT penalizzare ♦ **j-d ist mit j-m/etw gestraft** qn/qc è una croce per qn; **-de Blicke/Worte** sguardi/parole di rimprovero
Straf·er·lass M condono *m* della pena
straff ADJ **1** (*gespannt*) (ben) teso **2** (*fest*) sodo: **eine -e Haut** una pelle tesa **3** *fig* rigido: **-e Disziplin** rigida disciplina **4** energico: **-e Haltung** atteggiamento energico ♦ **zu ~ sitzen** essere troppo stretto; **~ ziehen** tendere
straf·fäl·lig ADJ passibile di pena, punibile **Straf·fäl·lig·keit** F ⟨-⟩ punibilità *f*
straf·fen **A** V/T **1** (*spannen*) tendere **2** (*zusammenfassen*) rendere stringato **3** (*Körper*) rassodare **B** V/R **sich ~** tendersi **Straff·heit** F **1** tensione *f* **2** (*Festigkeit*) sodezza *f* **3** *fig* (*Strenge*) rigidità *f*
straf·frei ADJ impunito ♦ **~ ausgehen** (*od* **davonkommen**) rimanere impunito
Straf·frei·heit F ⟨-⟩ impunità *f*, depenalizzazione *f* **Straf·ge·fan·ge·ne** M/F detenuto *m*, -a *f* **Straf·ge·richt** N tribunale *m* penale **Straf·ge·setz** N legge *f* penale **Straf·ge·setz·buch** N codice *m* penale **Straf·kam·mer** F sezione *f* penale (del tribunale)
sträf·lich ADJ imperdonabile
Sträf·ling M ⟨-s; -e⟩ *pej* carcerato *m*, galeotto *m*
Straf·man·dat N contravvenzione *f*, multa *f* **Straf·maß·nah·me** F sanzione *f* **straf·mil·dernd** ADJ JUR attenuante **straf·mün·dig** ADJ JUR in età imputabile **Straf·por·to** N soprattassa *f* (postale) **Straf·pre·digt** F ramanzina *f* **Straf·pro·zess** M processo *m* penale **Straf·pro·zess·ord·nung** F procedura *f* penale **Straf·punkt** M penalità *f*, punto *m* di penalizzazione **Straf·raum** M SPORT area *f* di rigore **Straf·recht** N diritto *m* penale **straf·recht·lich** ADJ (di diritto) penale **Straf·re·gis·ter** N casellario *m* giudiziario **Straf·sa·che** F causa *f* penale **Straf·stoß** M (calcio *m* di) rigore *m* **Straf·tat** F reato *m*, delitto *m* **Straf·tä·ter** M, **-in** F delinquente *m/f*; JUR reo *m*, -a *f* **Straf·ver·fah·ren** N procedimento *m* penale **straf·ver·schär·fend** ADJ aggravante **straf·ver·set·zen** V/T ⟨*nur inf u. pperf*⟩ trasferire per motivi disciplinari **Straf·voll·zug** M esecuzione *f* della pena ♦ **offener ~** regime *m* di semilibertà **Straf·voll·zugs·an·stalt** F istituto *m* di pena **Straf·zet·tel** M *umg* multa *f*
Strahl M ⟨-[e]s; -en⟩ **1** raggio *m* **2** *pl* radiazioni *fpl*: **radioaktive -en** radiazioni radioattive **3** (*von Flüssigkeiten*) getto *m*
strah·len V/I ⟨h.⟩ **1** (ri)splendere; (*glänzen*) brillare **2** (*radioaktiv*) emanare raggi (*od* radiazioni) **3** *fig* essere raggiante: **vor Freude ~** essere raggiante di gioia **Strah·len·be·las·tung** F esposizione *f* alle radiazioni
strah·lend **A** ADJ **1** splendente **2** (*sehr schön*) splendido, radioso **3** (*freudig aussehend*) raggiante **B** ADV **j-n ~ ansehen** guardare qn con occhi raggianti
Strah·len·do·sis F dose *f* di radiazioni **strah·len·för·mig** ADJ disposto a raggiera **Strah·len·krank·heit** F malattia *f* da radiazioni **Strah·len·schutz** M protezione *f* radiologica **Strah·len·the·ra·pie** F radioterapia *f* **strah·len·ver·seucht** ADJ contaminato da radiazioni
Strah·ler M ⟨-s; -⟩ **1** PHYS radiatore *m* **2** (*Infrarotstrahler*) apparecchiatura *f* a raggi infrarossi **3** (*Heizstrahler*) radiatore *m*
Strahl·trieb·werk N motore *m* a getto
Strah·lung F ⟨-; -en⟩ radiazione *f* **strah·lungs·arm** ADJ a bassa emissione di radiazioni **Strah·lungs·ener·gie** F PHYS energia *f* raggiante **Strah·lungs·wär·me** F calore *m* radiante
Sträh·ne F ⟨-; -n⟩ **1** (*Haare*) ciocca *f* **2** (*Phase*) momento *m*, periodo *m*
sträh·nig ADJ a ciocche
stramm ADJ **1** (*straff*) teso **2** (*kräftig*) robusto **3** risoluto, energico: **-e Haltung** atteggiamento risoluto **4** (*streng*) rigoroso **5** *umg* (*unbeirrt*) intransigente ♦ **~ arbeiten** lavorare sodo; **~ ziehen** stringere; **die Hosen sitzen zu ~** i pantaloni sono troppo attillati
stramm·ste·hen V/I ⟨*irr*; h.⟩ stare sull'attenti (*a. fig*)
Stram·pel·an·zug M tutina *f* (per bambini) **Stram·pel·hös·chen** N ⟨-s; -⟩, **Stram·pel·ho·se** F pagliaccetto *m* (per bambini)
stram·peln V/I ⟨h.⟩ **1** sgambettare **2** *umg fig* darsi da fare
Strand M ⟨-[e]s; Strände⟩ spiaggia *f* **Strand·bad** N stabilimento *m* balneare
stran·den V/I ⟨s.⟩ **1** restare in secco, arenarsi **2** *fig* (*scheitern*) fallire

S

Strand·gut N relitti *mpl* (gettati dal mare sulla spiaggia) **Strand·ho·tel** N albergo *m* sul mare **Strand·korb** M poltrona *f* da spiaggia (di vimini) **Strand·läu·fer** M gambecchio *m* **Strand·pro·me·na·de** F lungomare *m*

Strang M ⟨-[e]s; Stränge⟩ 1 (*Seil*) corda *f*, fune *f* 2 ANAT fascio *m* 3 TECH tratto *m* ♦ **über die Stränge schlagen** fare delle scappatelle; **an einem ~ ziehen** = *mirare al medesimo scopo*; **j-n zum Tode durch den ~ verurteilen** condannare qn al capestro

stran·gu·lie·ren V/T strangolare

Stra·pa·ze F ⟨-; -n⟩ fatica *f*, strapazzo *m* **stra·pa·zie·ren** V/T 1 (*Material*) strapazzare, maltrattare 2 (*anstrengen*) affaticare 3 *fig* logorare: **j-s Nerven ~** logorare i nervi di qn 4 (*beanspruchen*) sciupare **stra·pa·zier·fä·hig** ADJ resistente (al logorio), robusto **stra·pa·zi·ös** ADJ che strapazza, faticoso

Straps M ⟨- *u.* -es; -e⟩ 1 giarrettiera *f* 2 (*Strumpfhaltergürtel*) reggicalze *m*

Straß·burg N ⟨-s⟩ Strasburgo *f*

Stra·ße F ⟨-; -n⟩ 1 strada *f*; via *f*: **~ und Hausnummer** via e numero (civico); *fig* **auf der ~ des Erfolgs** sulla via del successo 2 (*Meerenge*) stretto *m* ♦ **auf der ~** in (*od* per) strada; **auf offener ~** in mezzo alla strada; **j-n auf die ~ setzen** mettere qn alla porta

Stra·ßen·an·zug M abito *m* di tutti i giorni **Stra·ßen·ar·bei·ten** PL lavori *mpl* stradali **Stra·ßen·ar·bei·ter** M, **-in** F stradino *m*, -a *f*

Stra·ßen·bahn F tram *m inv* **Stra·ßen·bahn·fah·rer** M, **-in** F tranviere *m*, -a *f* **Stra·ßen·bahn·wa·gen** M vettura *f* tranviaria

Stra·ßen·bau M costruzione *f* di strade **Stra·ßen·be·leuch·tung** F illuminazione *f* stradale **Stra·ßen·ca·fé** N caffé *m* (*od* bar *m*) con dehors **Stra·ßen·ecke** F angolo *m* di una (*od* della) strada **Stra·ßen·fe·ger** M ⟨-s; -⟩ 1 *dial* spazzino *m* 2 *umg* = *trasmissione* (*televisiva*) *che spopola* **Stra·ßen·fest** N festa *f* (all'aperto) del quartiere **Stra·ßen·gra·ben** M fosso *m* (a lato della strada) **Stra·ßen·händ·ler** M, **-in** F venditore *m*, -a *f* ambulante, ambulante *m/f* **Stra·ßen·jun·ge** M ragazzo *m* di strada **Stra·ßen·kar·te** F carta *f* stradale **Stra·ßen·kind** N bambino *m* di strada, monello *m* **Stra·ßen·kreu·zer** M *umg* macchinone *m* **Stra·ßen·la·ge** F tenuta *f* di strada **Stra·ßen·la·ter·ne** F lampione *m* **Stra·ßen·mäd·chen** N ragazza *f* di strada **Stra·ßen·ma·ler** M, **-in** F madonnaro *m*, -a *f* **Stra·ßen·mu·si·kant** M, **-in** F suonatore *m*, -trice *f* ambulante **Stra·ßen·netz** N rete *f* stradale **Stra·ßen·pflas·ter** N selciato *m* **Stra·ßen·raub** M brigantaggio *m* **Stra·ßen·ren·nen** N corsa *f* su strada **Stra·ßen·schild** N targa *f* stradale **Stra·ßen·schlacht** F scontri *mpl* di piazza **Stra·ßen·sei·te** F lato *m* della strada **Stra·ßen·sper·re** F blocco *m* stradale; barricata *f* **Stra·ßen·ver·kehr** M traffico *m* stradale **Stra·ßen·ver·kehrs·ord·nung** F codice *m* stradale **Stra·ßen·wacht** F ⟨-⟩ soccorso *m* stradale **Stra·ßen·zoll** M pedaggio *m*

Stra·te·ge M ⟨-n; -n⟩ stratega *m* **Stra·te·gie** F ⟨-; -n⟩ strategia *f* **Stra·te·gin** F ⟨-; -nen⟩ stratega *f* **stra·te·gisch** ADJ strategico

Stra·to·sphä·re F ⟨-⟩ METEO stratosfera *f*

sträu·ben A V/T (*Gefieder*) (d)rizzare; (*Fell*) arruffare B V/R **sich ~** 1 (d)rizzare, arruffarsi 2 **j-m ~ sich die Haare** a qn si rizzano i capelli 3 *fig* **sich gegen etw ~** opporsi a qc; **sich ~, einen Befehl auszuführen** rifiutarsi di eseguire un ordine

Strauch M ⟨-[e]s; Sträucher⟩ arbusto *m*; (*Busch*) cespuglio *m*

strau·cheln V/I ⟨s.⟩ incespicare, inciampare: **über einen Stein ~** inciampare in un sasso

Strauch·to·ma·te F pomodori *mpl* a grappolo

Strauß[1] M ⟨-es; Sträuße⟩ (*Blumenstrauß*) mazzo *m* (di fiori)

Strauß[2] M ⟨-es; -e⟩ ZOOL struzzo *m*

Strea·mer ['stri:mɐ] M ⟨-s; -⟩ IT streamer *m inv*

Stre·be F ⟨-; -n⟩ 1 puntello *m* 2 BAU saetta *f*

stre·ben V/I 1 ⟨s.⟩ andare (dritto), dirigersi (verso) 2 ⟨h.⟩ **nach etw ~** tendere verso (*od* aspirare a) qc

Stre·ben N ⟨-s⟩ 1 aspirazione *f* 2 sforzo *m*: **sein ganzes ~ auf etw** (*akk*) **richten** volgere tutti i propri sforzi a qc

Stre·ber M ⟨-s; -⟩, **-in** F ⟨-; -nen⟩ *pej* 1

arrivista *m/f* **2** (*in der Schule*) secchione *m*, -a *f*
Stre·ber·tum N ⟨-s⟩ arrivismo *m*
streb·sam ADJ zelante; (*in der Schule*) diligente **Streb·sam·keit** F ⟨-⟩ zelo *m*; diligenza *f*
Stre·cke F ⟨-; -n⟩ **1** percorso *m* (*a.* SPORT), tragitto *m*: **eine große ~ gehen** percorrere un lungo tragitto; **die ~ einer Eisenbahnlinie** il percorso di una linea ferroviaria **2** (*Wegstück*) tratto *m*, *umg* pezzo *m* (di strada): **j-n eine ~ begleiten** accompagnare qualcuno per un tratto di strada; **es ist eine beträchtliche ~ bis dorthin** c'è un bel pezzo (di strada) fino a là; **die ~ Hamburg-Hannover** il tratto Amburgo-Hannover **3** (*Entfernung*) distanza *f* (*a.* SPORT) **4** (*Route*) rotta *f*: **eine bestimmte ~ fliegen** seguire una certa rotta ♦ *fig* **auf der ~ bleiben** fallire; **j-n/ein Tier zur ~ bringen** catturare qn/un animale; (*töten*) uccidere qn/un animale; BAHN **auf freier ~** fuori dalla stazione
stre·cken **A** VT **1** (*in eine gerade Haltung bringen*) (di)stendere **2** (*recken*) stirare **3** stendere: **die Beine unter den Tisch ~** stendere le gambe sotto il tavolo; **den Hals ~, um besser zu sehen** allungare il collo per vedere meglio; **den Kopf aus dem Fenster ~** sporgere la testa dalla finestra **4** GASTR allungare **B** VR **sich ~** **1** stiracchiarsi, (di)stendersi: **sich ins Gras ~** stendersi sull'erba **2** allungarsi ♦ **die Beine von sich ~** distendere le gambe
Stre·cken·ar·bei·ter M, **-in** F = *operaio, -a alla manutenzione di una linea* **Stre·cken·füh·rung** F tracciato *m* (del percorso) **Stre·cken·pos·ten** M SPORT adetto *m* al posto di ristoro **stre·cken·wei·se** ADV a tratti, qua e là
Streck·mus·kel M muscolo *m* estensore **Streck·ver·band** M MED apparecchio *m* a trazione
Street·ball ['stri:t-] M streetball *m inv*
Street·wor·ker ['stri:tvœrke] M ⟨-s; -⟩, **-in** F ⟨-; -nen⟩ educatore *m*, -trice *f* di strada, operatore *m*, -trice *f* di strada
Streich M ⟨-[e]s; -e⟩ **1** scherzo *m*: **dumme -e aushecken** fare scherzi stupidi; **j-m einen schlimmen ~ spielen** giocare un brutto tiro a qn **2** (*von Kindern*) birbonata *f* ♦ **auf einen ~** in un colpo (solo)
Strei·chel·ein·heit F *hum* razione *f* di carezze **strei·cheln** VT (ac)carezzare
strei·chen ⟨strich, gestrichen⟩ **A** VT **1** spalmare: **Butter aufs Brot ~** spalmare burro sul pane **2** (*anmalen*) pitturare, verniciare: **etw rot ~** dipingere di rosso qc; **etw weiß ~** imbiancare qc **3** levare (con la mano): **die Haare aus der Stirn ~** levare i capelli dalla fronte **4** (*ausstreichen*) cancellare **5** (*beenden*) annullare **B** VI **1** ⟨h.⟩ **über etw** (*akk*) **~** passare la mano su qc; **j-m über den Kopf ~** carezzare la testa a qn **2** ⟨s.⟩ girare: **durch den Wald ~** girare per il bosco; **ums Haus ~** aggirarsi intorno alla casa **3** ⟨s.⟩ **die Katze streicht um die Beine** il gatto si struscia contro le gambe
Strei·cher M ⟨-s; -⟩, **-in** F ⟨-; -nen⟩ suonatore *m*, -trice *f* di strumento ad arco
Streich·holz N fiammifero *m* **Streich·in·stru·ment** N strumento *m* ad arco **Streich·käse** M formaggio *m* da spalmare **Streich·or·ches·ter** N orchestra *f* d'archi **Streich·quar·tett** N quartetto *m* d'archi; (*Musikstück*) quartetto *m* per archi
Strei·chung F ⟨-; -en⟩ cancellazione *f*; annullamento *m*
Streich·wurst F salume *m* da spalmare
Streif·band N ⟨-[e]s; -bänder⟩ fascia *f*, fascetta *f*
Strei·fe F ⟨-; -n⟩ **1** (*Personen*) pattuglia *f* **2** (*Rundgang*) perlustrazione *f*: **auf ~ sein/gehen** essere/andare in perlustrazione
strei·fen **A** VT **1** (*berühren*) sfiorare (*a. fig*), toccare (leggermente) **2** (*abstreifen*) togliere **3** (*anziehen*) infilare **B** VI ⟨s.⟩ vagare
Strei·fen M ⟨-s; -⟩ **1** linea *f*, riga *f*: **ein Hemd mit blauen ~** una camicia a righe azzurre **2** striscia *f*: **Speck in ~ schneiden** tagliare il lardo in striscioline **3** *umg* film *m* **strei·fen·för·mig** ADJ a righe, a strisce **Strei·fen·wa·gen** M autopattuglia *f*
Streif·schuss M **1** colpo *m* di striscio **2** (*Wunde*) ferita *f* di striscio **Streif·zug** M **1** escursione *f*, giro *m* **2** *fig* excursus *m*
Streik M ⟨-[e]s; -s⟩ sciopero *m*: **ein wilder ~** uno sciopero selvaggio **Streik·bre·cher** M ⟨-s; -⟩, **-in** F ⟨-; -nen⟩ non scioperante *m/f*, *pej* crumiro *m* **strei·ken** VI ⟨h.⟩ **1** scioperare, fare sciopero **2** *fig umg* rifiutarsi di lavorare: **der Computer streikte** il computer non voleva più

S

saperne di funzionare **Strei·ken·de** M/F ⟨-n; -n⟩ scioperante *m/f* **Streik·pos·ten** M picchetto *m*

Streit M ⟨-[e]s; -e⟩ **1** litigio *m*, baruffa *f*, lite *f*: **~ anfangen** attaccar lite; **mit j-m ~ bekommen** litigare con qn **2** (*Wortgefecht*) disputa *f* **3** conflitto *m*: **im ~ liegen** essere in conflitto

streit·bar ADJ bellicoso, combattivo

strei·ten ⟨stritt, gestritten⟩ **A** V/I ⟨h.⟩ **1** litigare: **mit j-m** (**um etw**) **~** litigare con qn (per qc) **2** **über etw** (*akk*) **~** discutere di (*od* dibattere su) qc; **darüber lässt sich ~** su questo ci sarebbe da discutere **3** (*kämpfen*) lottare: **für/gegen etw** (*akk*) **~** lottare per/contro qc **B** V/R **sich ~** **1** litigare **2** (*verbal*) discutere, dibattere ♦ **wenn zwei sich ~, freut sich der Dritte** tra due litiganti il terzo gode

strei·tend ADJ JUR contendente

Strei·te·rei F ⟨-; -en⟩ litigio *m*

Streit·fall M controversia *f*, conflitto *m*: **im ~** in caso di conflitto **Streit·fra·ge** F controversia *f*, vertenza *f* **Streit·ge·spräch** N disputa *f*, discussione *f* **Streit·hahn** M, **Streit·ham·mel** M *umg* attaccabrighe *m*

strei·tig ADJ controverso ♦ **j-m etw ~ machen** contendere qc a qn

Strei·tig·keit F ⟨-; -en⟩ **1** diverbio *m*, litigio *m* **2** conflitto *m*

Streit·kräf·te PL forze *fpl* armate **streit·lus·tig** ADJ litigioso **Streit·punkt** M punto *m* controverso **Streit·sa·che** F JUR controversia *f* (giuridica) **Streit·schrift** F scritto *m* polemico **Streit·sucht** F ⟨-⟩ indole *f* litigiosa **Streit·wert** M JUR valore *m* in causa

streng **A** ADJ **1** (*Menschen, Sitten*) severo **2** rigoroso: **eine -e Diät** una dieta rigorosa **3** (*strikt*) stretto: **im -en Sinne** in senso stretto **4** (*strenggläubig*) osservante **5** (*rau*) rigido **6** (*herb*) acre, aspro **B** ADV **1** severamente: **das ist ~ verboten** questo è severamente vietato **2** rigorosamente: **sich ~ an etw** (*akk*) **halten** attenersi rigorosamente a qc **3** (*genau*) scrupolosamente: **etw ~ befolgen** seguire scrupolosamente qc ♦ **~ genommen** a stretto rigore; **~ vertraulich** strettamente confidenziale

Stren·ge F ⟨-⟩ **1** severità *f* **2** (*Striktheit*) rigore *m*: **äußerste ~ walten lassen** esercitare il massimo rigore **3** (*Rauheit*) **die ~ des Winters** il rigore dell'inverno **4** (*Herbheit*) asprezza *f*

streng·gläu·big ADJ osservante, ortodosso

Stress M ⟨-es⟩ stress *m*: **im ~ sein** essere stressati; **unter ~ stehen** essere sotto stress **stres·sen** V/T stressare

Stress·fak·tor M fattore *m* di stress **stress·frei** ADJ privo di stress, non stressante **stress·ge·plagt** ADJ stressato

stres·sig ADJ *umg* stressante

Stretch·ho·se F pantaloni *mpl* (in) stretch

Stret·ching N ⟨-s⟩ SPORT stretching *m inv*

Streu F ⟨-⟩ strame *m*, lettiera *f*

streu·en **A** V/T **1** (co)spargere: **Dünger auf das Beet ~** cospargere l'aiuola di concime **2** (*verstreuen*) sparpagliare **3** *umg* diffondere: **Gerüchte unter die Leute ~** diffondere voci tra la gente **B** V/I ⟨h.⟩ **1** (*Schusswaffe*) essere impreciso nel tiro **2** (*Strahlen*) disperdersi **3** MED diffondersi

streu·nen V/I ⟨h., s.⟩ vagabondare **streu·nend** ADJ vagabondo; (*Tier*) randagio

Streu·sel M/N ⟨-s; -⟩ granello *m* (di burro, zucchero e farina)

strich → streichen

Strich M ⟨-[e]s; -e⟩ **1** tratto *m* (*a. fig*): **etw mit groben -en umreißen** delineare qc con pochi tratti **2** (*Linie*) riga *f*, linea *f*: **einen ~ mit dem Lineal ziehen** tirare una linea con la riga; **die -e auf einer Skala** le righe di una scala graduata **3** (*von Haar*) senso *m*: **das Fell mit dem ~ bürsten** spazzolare il pelo nel senso giusto; **das Fell gegen den ~ bürsten** spazzolare contropelo **4** MUS tocco *m*, arcata *f* **5** *umg* (prostituzione *f* da) marciapiede *m*: **auf den ~ gehen** battere il marciapiede ♦ **j-m einen ~ durch die Rechnung machen** mandare all'aria i piani di qn; **j-m gegen den ~ gehen** non andare a genio a qn; **nach ~ und Faden** per bene; **keinen ~ tun** non fare un tubo; **einen ~ unter etw** (*akk*) **machen** metterci una pietra sopra; **unter dem ~** tutto sommato

Strich·code [-koːt] M codice *m* a barre

stri·cheln V/T tratteggiare

Stri·cher M ⟨-s; -⟩, **Strich·jun·ge** M uomo *m* che si prostituisce, *umg* marchetta *f*

Strich·mäd·chen N *umg* battona *f*

Strich·punkt M punto *m* e virgola

Strick M ⟨-[e]s; -e⟩ **1** corda *f*; (*Seil*) fune *f* **2** *hum* (*Schlingel*) briccone *m* ♦ **j-m aus etw einen ~ drehen** = *servirsi di qc per rovinare qn*; **wenn alle -e reißen** nel peggiore dei casi

stri·cken **A** V/T fare a maglia **B** V/I ⟨h.⟩ lavorare (a maglia)

Strick·ja·cke F cardigan *m*, golf *m* **Strick·lei·ter** F scala *f* di corda **Strick·mus·ter** N (carta) modello *m* per lavori a maglia **Strick·na·del** F ferro *m* (da calza) **Strick·zeug** N **1** ferri *mpl* (da calza) **2** (*Handarbeit*) lavoro *m* a maglia

strie·geln V/T strigliare (*a. fig*)

Strie·men M ⟨-s; -⟩ stria *f*, segno *m* (di un colpo, di una frusta)

strikt **A** ADJ stretto, rigoroso **B** ADV rigorosamente, tassativamente; esattamente ♦ **ein -er Befehl** un ordine tassativo; **das -e Gegenteil** l'esatto contrario

Strip·pe F ⟨-; -n⟩ *umg* **1** (*Schnur*) spago *m* **2** telefono *m*: **an der ~ hängen** stare attaccato al telefono

strip·pen V/I ⟨h.⟩ fare lo spogliarello

Strip·per M ⟨-s; -⟩, **-in** F ⟨-; -nen⟩ spogliarellista *m/f*

Strip·tease ['strɪpti:s] M/N ⟨-⟩ strip-tease *m*, spogliarello *m*

stritt → streiten

strit·tig ADJ controverso

Stro·bo·skop·licht N luce *f* stroboscopica

Stroh N ⟨-[e]s⟩ paglia *f* **Stroh·bal·len** M balla *f* di paglia **Stroh·blu·me** F elicriso *m* **Stroh·dach** N tetto *m* di paglia **Stroh·feu·er** N fuoco *m* di paglia (*a. fig*) **Stroh·halm** M **1** filo *m* (*od* fuscello *m*) di paglia **2** (*Trinkhalm*) cannuccia *f* ♦ **sich an einen ~ klammern** aggrapparsi a un fuscello **Stroh·hut** M cappello *m* di paglia **Stroh·mann** M ⟨-[e]s; -männer⟩ *fig* uomo *m* di paglia, prestanome *m* **Stroh·wit·we** F *hum fig* vedova *f* bianca

Strolch M ⟨-[e]s; -e⟩ **1** *pej* malfattore *m*, mascalzone *m* **2** *hum* briccone *m*

Strom M ⟨-[e]s; Ströme⟩ **1** (*Fluss*) (grande) fiume *m* **2** *fig* **ein ~ von Blut** un fiume di sangue; **ein ~ von Menschen** una fiumana di gente **3** (*Strömung*) corrente *f*: **mit dem ~ schwimmen** nuotare seguendo la corrente; *fig* seguire la corrente; **gegen den ~ schwimmen** nuotare contro corrente; *fig* andare contro corrente **4** ELEK corrente *f* (elettrica); TECH energia *f* elettrica: **den ~ ausschalten** staccare la corrente ♦ *fig* **in Strömen fließen** scorrere a fiumi; **es regnet in Strömen** piove a catinelle; ELEK **unter ~ stehen** essere sotto tensione

strom·ab(·wärts) ADV giù per il fiume, con la corrente **strom·auf(·wärts)** ADV risalendo il fiume, contro corrente

Strom·aus·fall M mancanza *f* di corrente, blackout *m* (elettrico)

strö·men V/I ⟨s.⟩ **1** (*fließen*) scorrere **2** **aus etw ~** sgorgare da qc **3** (*austreten*) (fuori)uscire **4** defluire: **die Menge strömt aus dem Stadion** la folla defluisce dallo stadio **5** affluire: **die Demonstranten ~ auf den Platz** i dimostranti affluiscono nella piazza ♦ **bei -dem Regen** con una pioggia torrenziale

Strom·ka·bel N cavo *m* elettrico **Strom·kreis** M circuito *m* elettrico **strom·li·ni·en·för·mig** ADJ aerodinamico **Strom·netz** N rete *f* elettrica **Strom·quel·le** F fonte *f* di energia elettrica **Strom·rech·nung** F bolletta *f* della luce **Strom·schnel·le** F ⟨-; -n⟩ rapida *f*, cateratta *f* **Strom·stär·ke** F amperaggio *m* **Strom·stoß** M impulso *m* di corrente

Strö·mung F ⟨-; -en⟩ corrente *f* (*a. fig*)

Strom·ver·brauch M consumo *m* di energia elettrica **Strom·ver·sor·gung** F fornitura *f* di energia elettrica **Strom·zäh·ler** M contatore *m* elettrico

Stro·phe F ⟨-; -n⟩ strofa *f*

strot·zen V/I ⟨h.⟩ essere pieno: **von** (*od* **vor**) **Fehlern ~** essere pieno d'errori ♦ **von** (*od* **vor**) **Gesundheit ~** scoppiare di salute

Stru·del M ⟨-s; -⟩ **1** vortice *m* (*a. fig*) **2** GASTR strudel *m*

Struk·tur F ⟨-; -en⟩ struttura *f*

struk·tu·rell ADJ strutturale

struk·tu·rie·ren V/T strutturare

Struk·tur·kri·se F crisi *f* strutturale **struk·tur·schwach** ADJ sottosviluppato **Struk·tur·wan·del** M cambiamento *m* strutturale

Strumpf M ⟨-[e]s; Strümpfe⟩ calza *f*; (*Socke*) calzino *m* **Strumpf·band** N ⟨-[e]s; -bänder⟩, **Strumpf·hal·ter** M giarrettiera *f* **Strumpf·ho·se** F **1** collant *m* **2** (*aus Wolle, Baumwolle*) calzamaglia *f*

Strunk M ⟨-[e]s; Strünke⟩ **1** torsolo *m* **2** (*von Bäumen*) ceppo *m*
strup·pig ADJ **1** (*Bart, Fell*) ispido **2** (*Haar*) scarmigliato, arruffato
Strych·nin N ⟨-s⟩ stricnina *f*
Stu·be F ⟨-; -n⟩ *obs* stanza *f* (di soggiorno) ♦ **die gute ~** il salotto buono
Stu·ben·ho·cker M ⟨-s; -⟩, **-in** F ⟨-; -nen⟩ *umg pej* pantofolaio *m*, -a *f* **stu·ben·rein** ADJ pulito (*a. fig*)
Stuck M ⟨-[e]s⟩ stucco *m*
Stück N ⟨-[e]s; -e⟩ **1** pezzo *m*: **in -e schlagen** (*od* **hauen** *od* **brechen**) fare a pezzi; **in -e gehen** andare in pezzi **2** *umg* **die Rosen kosten einen Euro das ~** le rose costano un euro l'una **3** (*vom Kuchen*) fetta *f* **4** capo *m*: **10 ~ Vieh** dieci capi di bestiame **5** tratto *m*: **j-n ein ~ (Weges) begleiten** accompagnare qn per un tratto; **ein ~ mit dem Auto fahren** fare un pezzo in macchina **6** THEAT lavoro *m*, dramma *m* **7** MUS pezzo *m*, brano *m* **8** *pej* (*Mensch*) individuo *m*, essere *m* ♦ **Käse am ~** formaggio in un pezzo intero (*od* non affettato); **aus einem ~** tutto d'un pezzo; **aus freien -en** di propria iniziativa; **große -e auf j-n halten** avere un'alta opinione di qn; **ein kleines ~** un pezzetto; **das ist aber ein starkes ~!** questo è davvero troppo!
Stu·cka·teur [-'tøːɐ] M ⟨-s; -e⟩, **-in** F ⟨-; -nen⟩ stuccatore *m*, -trice *f*
Stück·chen N ⟨-s; -⟩ pezzetto *m*
Stuck·de·cke F soffitto *m* a stucchi
stü·ckeln V/T rappezzare **Stü·cke·lung** F ⟨-; -en⟩ **1** rappezzatura *f* **2** FIN taglio *m*
Stück·gut N collettame *m* **Stück·preis** M prezzo *m* unitario **stück·wei·se** ADJ in pezzi singoli **Stück·werk** N lavoro *m* imperfetto: **~ bleiben** restare incompiuto **Stück·zahl** F numero *m* di (*od* dei) pezzi
Stu·dent M ⟨-en; -en⟩ studente *m*
Stu·den·ten·aus·weis M tessera *f* di studente **Stu·den·ten·be·we·gung** F movimento *m* studentesco **Stu·den·ten·schaft** F ⟨-; -en⟩ studenti *mpl* **Stu·den·ten·ver·bin·dung** F associazione *f* studentesca **Stu·den·ten·wohn·heim** N casa *f* dello studente
Stu·den·tin F ⟨-; -nen⟩ studentessa *f*
Stu·die F ⟨-; -n⟩ studio *m* (*a.* KUNST), saggio *m*: **eine philosophische ~** un saggio filosofico (*od* di filosofia)
Stu·di·en·ab·schluss M diploma *m* universitario **Stu·di·en·auf·ent·halt** M soggiorno *m* di studio **Stu·di·en·be·ra·tung** F consulenza *f* per l'orientamento agli studi **Stu·di·en·di·rek·tor** M, **-in** F preside *m/f* (di liceo) **Stu·di·en·fach** N materia *f* di studio **Stu·di·en·gang** M corso *m* di studi **Stu·di·en·ge·bühr** F tassa *f* d'iscrizione **Stu·di·en·kol·le·ge** M, **-gin** F compagno *m*, -a *f* di università **Stu·di·en·platz** M posto *m* di studi **Stu·di·en·rat** M, **-rä·tin** F insegnante *m/f* (di ruolo) di scuola superiore **Stu·di·en·rei·se** F viaggio *m* di studio **Stu·di·en·zeit** F periodo *m* degli studi (universitari)
stu·die·ren V/I ⟨h.⟩ & V/T studiare (*a. fig*) ♦ **Probieren geht über Studieren** val più la pratica che la grammatica
Stu·dio N ⟨-s; -s⟩ **1** KUNST, FILM studio *m* **2** (*Einzimmerwohnung*) monolocale *m*
Stu·di·um N ⟨-s; Studien⟩ **1** studio *m* **2** (corso *m* di) studi *mpl*: **das ~ dauert zehn Semester** il corso di studi dura cinque anni ♦ **beim ~ der Akten** all'esame degli atti
Stu·fe F ⟨-; -n⟩ **1** (*von Treppe*) gradino *m*: **zwei -n auf einmal nehmen** fare i gradini due alla volta **2** *fig* grado *m* (*a.* MUS), stadio *m*, livello *m*: **die -n der Entwicklung** gli stadi dello sviluppo; **die höchste ~ der Laufbahn** il gradino più alto della carriera; **auf einer hohen/niedrigen ~ stehen** essere a un alto/basso livello ♦ **j-n/etw auf eine ~ stellen (mit)** mettere qn/qc sullo stesso piano (di)
stu·fen V/T **1** (*Gelände*) terrazzare **2** (*abstufen*) graduare, differenziare **Stu·fen·bar·ren** M parallele *fpl* asimmetriche **stu·fen·för·mig** ADJ & ADV a gradini **Stu·fen·heck** N AUTO coda *f* a sbalzo **Stu·fen·lei·ter** F scala *f* **stu·fen·los** ADJ TECH continuo **stu·fen·wei·se** ADV gradualmente
Stuhl M ⟨-[e]s; Stühle⟩ **1** sedia *f*: **j-m einen ~ anbieten** far accomodare qn su una sedia **2** → Stuhlgang ♦ **elektrischer ~** sedia elettrica; **j-n vom ~ reißen** = *entusiasmare qn*; **zwischen zwei Stühlen sitzen** non sapere che pesci pigliare
Stuhl·gang M **1** evacuazione *f* **2** (*Kot*) feci *fpl* ♦ **~ haben** andare di corpo
Stuhl·leh·ne F schienale *m*
Stuk·ka·teur → Stuckateur
stül·pen V/T **1** (*überstülpen*) mettere (so-

pra) **2** (*umstülpen*) rovesciare
stumm **A** ADJ **1** MED muto **2** (*schweigsam*) taciturno, silenzioso (*a. fig*) **B** ADV in silenzio: ~ **dabeistehen** starsene in silenzio ♦ **vor Schreck ~ sein** essere ammutolito dallo spavento
Stum·mel M ⟨-s; -⟩ mozzicone *m* **Stum·mel·schwanz** M coda *f* mozza
Stumm·film M film *m* muto **Stumm·heit** F ⟨-⟩ **1** mutismo *m* **2** (*Schweigen*) silenziosità *f*
Stüm·per M ⟨-s; -⟩ *pej* incapace *m* **Stüm·pe·rei** F ⟨-; -en⟩ *pej* **1** incapacità *f* **2** (*Arbeit*) lavoro *m* da incapaci **stüm·per·haft** *pej* **A** ADJ malfatto **B** ADV ~ **arbeiten** lavorare male, pasticciare **Stüm·pe·rin** F ⟨-; -nen⟩ *pej* incapace *f*
stumpf ADJ **1** senza filo: **ein -es Messer** un coltello che non taglia **2** (*nicht spitz*) spuntato **3** (*abgerundet*) smussato **4** GEOM **ein -er Kegel** un cono tronco; **ein -er Winkel** un angolo ottuso **5** (*glanzlos*) opaco **6** (*teilnahmslos*) indifferente, apatico; (*empfindungslos*) insensibile
Stumpf M ⟨-[e]s; Stümpfe⟩ **1** troncone *m* **2** (*von Kerze*) moccolo *m* **3** (*von Baum*) ceppo *m* **4** (*von Arm, Bein*) moncone *m* ♦ **mit ~ und Stiel** radicalmente
Stumpf·heit F ⟨-⟩ **1** (*von Messer*) mancanza *f* di filo **2** (*von Spitze*) mancanza *f* di punta **3** (*Glanzlosigkeit*) opacità *f* **4** (*Teilnahmslosigkeit*) apatia *f*; (*Empfindungslosigkeit*) insensibilità *f* **Stumpf·sinn** M **1** apatia *f*; (*Dumpfheit*) ottusità *f* **2** (*Langweiligkeit*) noia *f* **stumpf·sin·nig** ADJ **1** apatico; ottuso **2** noioso **stumpf·wink·lig** ADJ GEOM ottusangolo
Stun·de F ⟨-; -n⟩ **1** ora *f* **2** (*Unterricht*) lezione *f* **3** (*Augenblick*) momento *m*: **endlich ist meine ~ gekommen!** è arrivato finalmente il mio momento! ♦ **bis zur ~** fino ad ora; **die Gunst der ~ nutzen** sfruttare il momento favorevole; **seine letzte ~ hat geschlagen!** è giunta la sua ora!
stun·den V/T differire, dilazionare: **eine Zahlung ~** differire un pagamento
Stun·den·ge·schwin·dig·keit F velocità *f* oraria **Stun·den·ki·lo·me·ter** PL chilometri *mpl* orari (*od* all'ora) **stun·den·lang** **A** ADJ che dura ore **B** ADV per (delle) ore **Stun·den·lohn** M paga *f* oraria **Stun·den·plan** M orario *m* **stun·den·wei·se** ADV **1** a ore: ~ **arbeiten** lavorare a ore **2** (*einige Stunden*) qualche ora **Stun·den·zei·ger** M lancetta *f* delle ore
stünd·lich **A** ADJ che avviene ogni ora **B** ADV **1** ogni ora **2** (*jeden Augenblick*) (in) ogni momento **3** (*von Stunde zu Stunde*) di ora in ora
Stun·dung F ⟨-; -en⟩ proroga *f* (del pagamento), dilazione *f*
Stunk M ⟨-s⟩ *umg* lite *f*, litigio *m*: **mit j-m ~ haben** avere una lite con qn ♦ **mach keinen ~!** non piantare grane!
Stunt [stant] M ⟨-s; -s⟩ numero *m* acrobatico
stu·pid, stu·pi·de ADJ **1** (*dumm*) stupido **2** (*langweilig*) noioso
Stups M ⟨-es; -e⟩ *umg* spinta *f*
Stups·na·se F naso *m* all'insù
stur ADJ **1** testardo **2** ottuso: **ein -er Beamter** un impiegato ottuso **Stur·heit** F ⟨-⟩ caparbietà *f*, testardaggine *f*
Sturm M ⟨-[e]s; Stürme⟩ **1** tempesta *f*: **die Ruhe vor dem ~** la quiete prima della tempesta (*a. fig*); *fig* **ein ~ der Leidenschaft** una tempesta di passioni; *fig* **ein ~ des Protests** un uragano di proteste **2** (*Angriff*) attacco *m* (*a.* SPORT): **etw im ~ erobern** prendere d'assalto qc (*a. fig*) ♦ **die Glocken läuten ~** le campane suonano a stormo; **gegen etw ~ laufen** protestare energicamente contro qc
Sturm·bö F violenta raffica *f* (di vento)
stür·men **A** V/T assaltare: **eine Stellung ~** dare l'assalto a una postazione **B** V/I **1** *unpers* ⟨h.⟩ **es stürmt** infuria la tempesta **2** ⟨s.⟩ infuriare **3** ⟨s.⟩ **ins Zimmer ~** entrare come una furia nella stanza; **aus dem Zimmer ~** uscire a precipizio dalla stanza **4** SPORT ⟨h.⟩ giocare in attacco
Stür·mer M ⟨-s; -⟩, **-in** F ⟨-; -nen⟩ SPORT attaccante *m/f*
Sturm·flut F mareggiata *f*
stür·misch **A** ADJ **1** burrascoso, tempestoso: **-e See** mare burrascoso **2** *fig* **eine -e Debatte** un dibattito burrascoso **3** *fig* turbolento: **-e Tage** giorni turbolenti **4** (*leidenschaftlich*) impetuoso **5** veemente: **ein -er Protest** una protesta veemente **6** **-er Beifall** un applauso fragoroso **B** ADV **1** (*leidenschaftlich*) impetuosamente; con veemenza **2** (*heftig*) molto velocemente ♦ **nicht so ~!** calma!
Sturm·schritt M **im ~** a passo di carica
Sturm·spit·ze F SPORT punta *f* avanza-

ta **Sturm·tief** N zona *f* di bassa pressione con forti venti **Sturm·war·nung** F avviso *m* di tempesta

Sturz M ⟨-es; Stürze⟩ **1** caduta *f* (*a. fig*): **zum ~ eines Ministers führen** portare alla caduta di un ministro **2** (*Sinken*) abbassamento *m* improvviso; (*von Preisen*) crollo *m* **Sturz·bach** M torrente *m* ♦ **in Sturzbächen regnen** diluviare

stür·zen **A** V/T **1** buttare (giù): **j-n von einer Brücke ~** buttare qn giù da un ponte **2** *fig* (*aus einem Amt entfernen*) fare cadere **3** (*umkippen*) rovesciare (*a.* GASTR) **B** V/I ⟨s.⟩ **1** precipitare: **aus dem Fenster ~** precipitare dalla finestra **2** (*hinfallen*) cadere **3** (*Preise*) crollare **4** (*rennen*) precipitarsi: **an die Tür ~** precipitarsi alla porta **C** V/R **sich auf j-n/etw ~** buttarsi su qn/qc; *fig* **sich auf das Essen ~** buttarsi sul cibo; *fig* **sich auf die Zeitung ~** precipitarsi sul giornale; *fig* **sich in die Arbeit ~** tuffarsi nel lavoro; ♦ **sich in Schulden ~** indebitarsi; **sich in Unkosten ~** darsi a spese pazze

Sturz·flug M picchiata *f*

Sturz·helm M casco *m*

Stuss M ⟨-es⟩ *umg* sciocchezze *fpl*

Stu·te F ⟨-; -n⟩ cavalla *f*

Stutt·gart N ⟨-s⟩ Stoccarda *f*

Stütz·bal·ken M BAU puntone *m*

Stüt·ze F ⟨-; -n⟩ **1** appoggio *m* (*a. fig*): **für j-n eine ~ sein** essere un appoggio per qn **2** *umg* (*Arbeitslosengeld*) sussidio *m*

stut·zen[1] V/I ⟨h.⟩ (*sich wundern*) fermarsi stupito

stut·zen[2] V/T **1** (*beschneiden*) tagliare **2** (*Pflanzen*) cimare **3** (*kupieren*) mozzare

stüt·zen **A** V/T **1** sorreggere, sostenere: **den Kopf in die Hände ~** sorreggere il capo con le mani **2** *fig* appoggiare: **ein Regime ~** appoggiare un regime **3** WIRTSCH sostenere **B** V/R **sich ~** **1** (ap)poggiarsi: **sich auf einen Stock/auf die Ellenbogen ~** appoggiarsi a un bastone/sui gomiti **2** *fig* basarsi, fondarsi

stut·zig ADJ **~ werden** essere sorpreso; **j-n ~ machen** sorprendere qn

Stütz·pfei·ler M pilastro *m* di sostegno **Stütz·punkt** M **1** (punto *m* d')appoggio *m* **2** MIL base *f*: **militärische -e** basi militari

Sty·ro·por® N ⟨-s⟩ polistirolo *m*

Sub·jekt N ⟨-(e)s; -e⟩ soggetto *m* ♦ *pej* **verdächtige -e** individui sospetti

sub·jek·tiv ADJ soggettivo

Sub·jek·ti·vi·tät F ⟨-⟩ soggettività *f*

Sub·kon·ti·nent M subcontinente *m*

Sub·kul·tur F sottocultura *f*

sub·ku·tan ADJ sottocutaneo

Sub·skrip·ti·on F ⟨-; -en⟩ sottoscrizione *f* (*a. Verlag*)

Sub·stan·tiv N ⟨-s; -e⟩ sostantivo *m*

Sub·stanz F ⟨-; -en⟩ sostanza *f* ♦ *umg* **etw geht j-m an die ~** qc fiacca qn; **von der ~ zehren** vivere delle proprie sostanze

sub·til ADJ **1** sottile **2** raffinato, fine: **-e Methoden** metodi raffinati

sub·tra·hie·ren V/T MATH sottrarre **Sub·trak·ti·on** F ⟨-; -en⟩ MATH sottrazione *f*

sub·tro·pisch ADJ subtropicale

Sub·un·ter·neh·mer M, **-in** F subappaltatore *m*, -trice *f*

Sub·ven·ti·on F ⟨-; -en⟩ sovvenzione *f* **sub·ven·ti·o·nie·ren** V/T sovvenzionare

sub·ver·siv ADJ sovversivo

Su·che F ⟨-; -n⟩ ricerca *f*: **~ starten** (*im Internet*) trova; **auf der ~ nach etw sein** essere alla ricerca (*od* in cerca) di qc; **sich auf die ~ nach etw machen** mettersi alla ricerca di qc

su·chen V/T & V/I ⟨h.⟩ cercare: **eine Stelle/Trost ~** cercare un impiego/consolazione; **was hast du hier zu ~?** che vuoi (*od* cerchi) qui?; **nach j-m/etw ~** cercare qn/qc; IT **suche** (*Befehl*) cerca; **suchen und ersetzen** (*Befehl*) cerca e sostituisci ♦ **Anschluss ~** cercare di farsi degli amici; **bei j-m Rat ~** chiedere consiglio a qn; *umg* **Streit ~** cercare grane; **das Weite ~** prendere il largo, svignarsela; **wer sucht, der findet** chi cerca trova

Su·cher M ⟨-s; -⟩ FOTO mirino *m*

Such·er·geb·nis N IT risultato *m* della ricerca **Such·hil·fe** F IT aiuto *m* ricerca **Such·hund** M cane *m* da cerca **Such·lauf** M RADIO, TV ricerca *f* automatica; IT ricerca *f* **Such·ma·schi·ne** F IT motore *m* di ricerca, search engine *m inv*

Sucht F ⟨-; Süchte *u.* -en⟩ **1** dipendenza *f*, vizio *m*: **an einer ~ leiden** essere dipendente da qc **2** (*Begehren*) brama *f*, avidità *f*: **die ~ nach Geld** l'avidità di denaro; **die ~ nach Anerkennung** la brama di riconoscimento

süch·tig ADJ **1** dipendente: **nach Alkohol ~** dipendente dall'alcol **2** (*begierig*) avido: ~ **nach Süßigkeiten/Erfolg** avido di dolci/di successo **Süch·ti·ge** M/F ⟨-n; -n⟩ **1** (*Rauschgift*) tossicodipendente *m/f* **2** (*Alkohol*) alcolista *m/f* **3** (*Tabletten*) farmacodipendente *m/f*

Sucht·kran·ke M/F → Süchtige **Sucht·mit·tel** N sostanza *f* che dà assuefazione

Süd·af·ri·ka N **1** Sudafrica *m* **2** (*südlicher Teil Afrikas*) Africa *f* del sud **Süd·af·ri·ka·ner** M, **-in** F sudafricano *m*, -a *f* **süd·af·ri·ka·nisch** ADJ sudafricano

Süd·ame·ri·ka N Sudamerica *m* **Süd·ame·ri·ka·ner** M, **-in** F sudamericano *m*, -a *f*

Su·dan M ⟨-s⟩ Sudan *m*

süd·deutsch ADJ della Germania meridionale (*od* del sud) **Süd·deut·sche** M/F tedesco *m*, -a *f* del sud **Süd·deutsch·land** N Germania *f* meridionale

Sü·den M ⟨-s⟩ sud *m*, meridione *m*: **im ~ von Berlin** a sud di Berlino; **von ~ kommen** venire dal sud

Süd·eu·ro·pa N Europa *f* meridionale (*od* del sud) **süd·eu·ro·pä·isch** ADJ dell'Europa meridionale **Süd·frucht** F frutto *m* esotico **Süd·ita·li·en** N Italia *f* meridionale, *umg* meridione *m* **Süd·ko·rea** N Corea *f* del Sud **Süd·küs·te** F costa *f* meridionale **Süd·län·der** M ⟨-s; -⟩, **-in** F ⟨-; -nen⟩ meridionale *m/f* **süd·län·disch** ADJ meridionale **süd·lich** **A** ADJ **1** del sud, meridionale **2** GEOG **die -e Halbkugel** l'emisfero australe **B** ADV & PRÄP (+*gen*) a sud: **~ von Rom** a sud di Roma

Süd·os·ten M sudest *m* **süd·öst·lich** **A** ADJ di (*od* del) sudest, sudorientale **B** ADV & PRÄP (+*gen*) a sudest

Süd·pol M polo *m* Sud **Süd·see** F mari *mpl* del sud **Süd·ti·rol** N Alto Adige *m* **süd·wärts** ADV a sud

Süd·wes·ten M sudovest *m* **süd·west·lich** **A** ADJ di (*od* del) sudovest, sudoccidentale **B** ADV & PRÄP (+*gen*) a sudovest

Suff M ⟨-[e]s⟩ *umg* **1** il bere: **sich dem ~ ergeben** darsi al bere **2** (*Betrunkensein*) ubriachezza *f*

süf·fig ADJ *umg* che si beve bene

süf·fi·sant ADJ di sufficienza

sug·ge·rie·ren V/T **1** indurre a pensare **2** far nascere l'idea di, suggerire

Sug·ges·ti·on F ⟨-; -en⟩ suggestione *f*

sug·ges·tiv ADJ suggestivo

Süh·ne F ⟨-⟩ **1** espiazione *f*: **für etw ~ leisten** espiare qc **2** (*Buße*) penitenza *f*

süh·nen V/T espiare

Sui·te [sviːt(ə)] F ⟨-; -n⟩ suite *f* (*a.* MUS)

Su·jet [zyˈʒeː] N ⟨-s; -s⟩ soggetto *m*

suk·zes·siv ADJ graduale

Sul·fat N ⟨-[e]s; -e⟩ solfato *m*

Sul·fid N ⟨-[e]s; -e⟩ solfuro *m*

Sul·fo·na·mid N ⟨-[e]s; -e⟩ PHARM sulfamidico *m*

Sul·tan M ⟨-s; -e⟩ sultano *m*

Sul·ta·ni·ne F ⟨-; -n⟩ (uva *f*) sultanina *f*

Sül·ze F ⟨-; -n⟩ aspic *m*

sum·ma·risch ADJ sommario

Sum·me F ⟨-; -n⟩ somma *f*: **das ergibt eine ~ von 20** la somma dà 20

sum·men **A** V/I ⟨h.⟩ **1** (*Insekten*) ronzare **2** produrre un ronzio **B** V/T canticchiare a bocca chiusa **Sum·mer** M ⟨-s; -⟩ cicalino *m*

sum·mie·ren **A** V/T **1** sommare **2** *fig* **etw ~** tirare le somme di qc **B** V/R **sich ~** ammontare

Sumpf M ⟨-[e]s; Sümpfe⟩ palude *f*

sump·fen V/I ⟨h.⟩ *umg* fare bisboccia

Sumpf·fie·ber N malaria *f* **sump·fig** ADJ paludoso **Sumpf·land** N terreno *m* paludoso

Sund M ⟨-[e]s; -e⟩ stretto *m* (di mare)

Sün·de F ⟨-; -n⟩ **1** peccato *m* **2** (*Verfehlung*) colpa *f*: **die -n der Gesundheitspolitik** le colpe della politica sanitaria **3** *fig* delitto *m*: **es wäre eine (wahre) ~, wenn wir nicht hingingen** sarebbe un (vero) delitto non andarci ♦ **eine ~ wert sein** essere una vera tentazione

Sün·den·bock M capro *m* espiatorio **Sün·den·fall** M peccato *m* originale **Sün·den·re·gis·ter** N *hum* elenco *m* dei peccati

Sün·der M ⟨-s; -⟩, **-in** F ⟨-; -nen⟩ peccatore *m*, -trice *f*

sünd·haft ADJ **1** peccaminoso **2** *umg* scandaloso ♦ *umg* **~ teuer** terribilmente caro

sün·dig ADJ peccaminoso

sün·di·gen V/I ⟨h.⟩ **1** peccare **2** (*verfehlen*) commettere gravi errori ♦ *hum* **wir haben heute gesündigt** abbiamo ecceduto

su·per ADJ ⟨*inv*⟩ fantastico

Su·per N ⟨-s⟩ (benzina *f*) super *f* **Su·per·la·tiv** M ⟨-s; -e⟩ superlativo *m* **su·per·leicht** ADJ ultraleggero **Su·per-**

Super!

Italiener haben sehr viele Ausdrucksweisen der Begeisterung, z. B.:

super, geil, klasse, cool	**micidiale, schiacciante, una figata, mitico**
großartig	**magnifico, fantastico, stupendo, meraviglioso, eccezionale**
wahnsinnig	**da sballo, da impazzire, esaltante, da delirio, pazzesco, da matti**
stark, toll	**forte, grande**
unglaublich	**incredibile, da non crederci**
tierisch	**bestiale, animale**

macht F superpotenza *f* **Su·per·markt** M supermercato *m* **su·per·mo·dern** ADJ ultramoderno **su·per·schlau** ADJ *iron* **ein -er Mensch** un furbone **su·per·schnell** ADJ *umg* superveloce

Sup·pe F ⟨-; -n⟩ zuppa *f*, minestra *f* ♦ **die ~ auslöffeln** pagare il fio (per il male fatto); **j-m eine schöne ~ einbrocken** cacciare qn in un bel pasticcio; **immer ein Haar in der ~ finden** cercare sempre il pelo nell'uovo

Sup·pen·fleisch M carne *f* da brodo **Sup·pen·grün** N erbe *fpl* aromatiche per minestra **Sup·pen·huhn** N pollo *m* da lessare **Sup·pen·kel·le** F mestolo *m* **Sup·pen·löf·fel** M cucchiaio *m* da minestra **Sup·pen·nu·deln** PL pastina *f* da brodo **Sup·pen·schüs·sel** F zuppiera *f* **Sup·pen·tel·ler** M piatto *m* fondo **Sup·pen·wür·fel** M GASTR dado *m*

Sup·port [zʊ'pɔrt] M ⟨-s; -s⟩ assistenza *f* tecnica

Surf·brett ['zø:ɐf-] N tavola *f* per il (*od* da) surf **sur·fen** V/I **1** ⟨h.⟩ fare surf **2** ⟨s.⟩ andare in surf: **über den See ~** attraversare il lago in surf **3** IT navigare: **im Internet ~** navigare su Internet **Sur·fer** M ⟨-s; -⟩, **-in** F ⟨-; -nen⟩ **1** SPORT surfista *m/f* **2** IT internauta *m/f*

Sur·re·a·lis·mus M surrealismo *m* **sur·re·a·lis·tisch** ADJ surrealistico, surrealista

sur·ren V/I ⟨h.⟩ ronzare

sus·pekt ADJ sospetto

sus·pen·die·ren V/T **1** sospendere: **j-n vom Dienst ~** sospendere qn dal servizio **2** (*befreien*) esentare, esonerare: **j-n vom Schulsport ~** esentare qn dalla ginnastica **Sus·pen·die·rung** F ⟨-; -en⟩ **1** sospensione *f* **2** esenzione *f*

süß ADJ **1** dolce **2** (*lieblich*) soave **3** (*niedlich*) grazioso, tenero ♦ **~ duften** avere un dolce profumo; **meine Süße/mein Süßer** dolcezza (mia); **gern Süßes essen** mangiare volentieri i dolci; **träum ~!** sogni d'oro!

Sü·ße F ⟨-⟩ dolcezza *f* **sü·ßen** V/T dolcificare

Sü·ßig·kei·ten PL dolciumi *mpl*

süß·lich ADJ **1** dolciastro **2** (*zu gefühlvoll*) sdolcinato **3** (*geheuchelt freundlich*) mellifluo **süß·sau·er** ADJ agrodolce (*a. fig*) **Süß·spei·se** F dolce *m* **Süß·stoff** M dolcificante *m* **Süß·was·ser** N ⟨-s; -⟩ acqua *f* dolce **Süß·was·ser·fisch** M pesce *m* d'acqua dolce

Sweat·shirt ['svɛtʃø:ɐt] N felpa *f*

Swim·ming·pool ['svɪmɪŋpu:l] M piscina *f*

Sym·bol N ⟨-s; -e⟩ simbolo *m* **Sym·bol·fi·gur** F figura *f* simbolica **sym·bol·haft** ADJ simbolico

Sym·bo·lik F ⟨-⟩ **1** valore *m* simbolico **2** (*Verwendung von Symbolen*) simbolismo *m*: **die religiöse ~** il simbolismo religioso **sym·bo·lisch** ADJ simbolico

sym·bo·li·sie·ren V/T simboleggiare

Sym·bol·leis·te F IT barra *f* degli strumenti

Sym·met·rie F ⟨-; -n⟩ simmetria *f*

sym·met·risch ADJ simmetrico (*a. fig*)

Sym·pa·thie F ⟨-; -n⟩ simpatia *f*: **j-s ~ erwerben** accattivarsi la simpatia di qn; **sein Vorschlag hat meine (volle) ~** la sua proposta incontra la mia simpatia **Sym·pa·thie·trä·ger** M, **-in** F persona *f* simpatica

Sym·pa·thi·sant M ⟨-en; -en⟩, **-in** F ⟨-; -nen⟩ simpatizzante *m/f*

sym·pa·thisch ADJ simpatico: **sie ist mir (nicht) ~** (non) mi è simpatica; **die Sache ist mir nicht ~** la faccenda non mi piace

sym·pa·thi·sie·ren V/I ⟨h.⟩ **mit j-m/etw ~** simpatizzare per qn/qc

Sym·pho·nie → Sinfonie

Symp·tom N ⟨-s; -e⟩ sintomo *m* (*a. fig*) **symp·to·ma·tisch** ADJ sintomatico

(*a. fig*)
Sy·na·go·ge F ⟨-; -n⟩ sinagoga *f*
syn·chron ADJ sincrono
syn·chro·ni·sie·ren V/T 1 TECH sincronizzare 2 FILM doppiare **Syn·chro·ni·sie·rung** F ⟨-; -en⟩ 1 sincronizzazione *f* 2 doppiaggio *m*
Syn·di·kat N ⟨-[e]s; -e⟩ WIRTSCH cartello *m*
Syn·drom N ⟨-s; -e⟩ sindrome *f*
Sy·ner·gie F ⟨-; -n⟩ sinergia *f*
Sy·no·de F ⟨-; -n⟩ sinodo *m*
sy·no·nym A ADJ sinonimico B ADV come sinonimo **Sy·no·nym** N ⟨-s; -e *u.* Synonyma⟩ sinonimo *m*
Syn·tax F ⟨-; -en⟩ sintassi *f*
Syn·the·se F ⟨-; -n⟩ PHIL, CHEM sintesi *f*
Syn·the·si·zer ['zyntəsaizɐ] M ⟨-s; -⟩ sintetizzatore *m*
Syn·the·tik N ⟨-s⟩ tessuto *m* sintetico
syn·the·tisch ADJ 1 sintetico 2 (*künstlich*) artefatto: **ein -er Geschmack** un sapore artefatto
Sy·phi·lis F ⟨-⟩ sifilide *f*
Sy·ra·kus N ⟨-⟩ Siracusa *f*
Sy·rer M ⟨-s; -⟩, **-in** F ⟨-; -nen⟩ siriano *m*, -a *f* **Sy·ri·en** N ⟨-s⟩ Siria *f* **sy·risch** ADJ siriano
Sys·tem N ⟨-s; -e⟩ sistema *m* (*a.* IT) ♦ **hinter etw** (*dat*) **steckt ~** = *qc ha metodo* **Sys·tem·ab·sturz** M IT crash *m inv* del sistema **Sys·tem·ad·mi·nist·ra·tor** M ⟨-s; -en⟩, **-in** F ⟨-; -nen⟩ IT amministratore *m*, -trice *f* di sistema **Sys·tem·ana·ly·se** F IT analisi *f* di sistemi **Sys·tem·ana·ly·ti·ker** M, **-in** F IT analista *m/f* di sistema
Sys·te·ma·tik F ⟨-⟩ sistematica *f*
sys·te·ma·tisch ADJ sistematico
Sys·tem·in·for·ma·ti·o·nen PL IT informazioni *fpl* di sistema **Sys·tem·kri·ti·ker** M, **-in** F POL critico *m* del sistema, dissidente *m/f* **Sys·tem·steu·e·rung** F IT pannello *m* di controllo
Sze·na·rio N ⟨-s; -s⟩, **Sze·na·ri·um** N ⟨-s; Szenarien⟩ FILM, THEAT *fig* scenario *m*
Sze·ne F ⟨-; -n⟩ 1 scena *f* (*a. fig*): **die ~ betreten** entrare in scena 2 (*Milieu, Gruppe*) ambiente *m*: **in der ~ bekannt sein** essere noto nell'ambiente 3 (*Krach*) scenata *f* ♦ **die ~ beherrschen** dominare la scena (*a. fig*); **j-m eine ~ machen** fare una scenata a qn; **in ~ setzen** mettere in scena; **sich in ~ setzen** mettersi in mostra
Sze·ne·rie F ⟨-; -n⟩ scenario *m* (*a. fig*)
sze·nisch ADJ scenico

T

t, T N ⟨-; -⟩ t, T, ti *f/m*: **T wie Theodor** T come Torino
Ta·bak M ⟨-s; -e⟩ tabacco *m* **Ta·bak·la·den** M tabaccheria *f*
ta·bel·la·risch ADJ in forma di tabella, tabellare
Ta·bel·le F ⟨-; -n⟩ 1 tabella *f* 2 SPORT classifica *f*
Ta·bel·len·füh·rer M, **-in** F SPORT capolista *m/f* **Ta·bel·len·kal·ku·la·ti·on** F IT foglio *m* elettronico **Ta·bel·len·letz·te** M/F ultimo *m*, -a *f* in classifica
ta·bel·lie·ren V/T tabulare
Tab·lar M ⟨-s; -e⟩ *schweiz* scaffale *m*
Tab·lett N ⟨-[e]s; -s *u.* -e⟩ vassoio *m*
Tab·let·te F ⟨-; -n⟩ MED pillola *f*
Tab·stopp M IT tabulazione *f*
ta·bu ADJ ⟨*inv*⟩ tabù **Ta·bu** N ⟨-s; -s⟩ tabù *m*: **ein ~ brechen** infrangere un tabù
ta·bu·i·sie·ren V/T tabuizzare
Ta·bu·la·tor M ⟨-s; -en⟩ tabulatore *m* **Ta·bu·la·tor·tas·te** F tasto *m* tab (*od* di tabulazione)
Ta·cho M ⟨-s; -s⟩, **Ta·cho·me·ter** M/N ⟨-s; -⟩ tachimetro *m*
Ta·cker M ⟨-s; -⟩ (pistola *f*) sparachiodi *f*
Ta·del M ⟨-s; -⟩ 1 biasimo *m*: **ein scharfer ~** un'aspra critica 2 (*Verweis*) rimprovero *m* 3 (*Makel*) macchia *f*: **ohne ~** senza macchia
ta·del·los ADJ ineccepibile; impeccabile ♦ *umg* **~!** ottimo!; **die Jacke sitzt ~** la giacca ti sta a pennello
ta·deln V/T 1 biasimare, criticare: **j-n für sein Benehmen** (*od* **wegen seines Benehmens**) **~** biasimare qn per il suo comportamento 2 (*Verweis erteilen*) rimproverare
ta·delns·wert ADJ deprorevole
Tad·schi·kis·tan N ⟨-s⟩ Tagichistan *m*

Ta·fel F ⟨-; -n⟩ **1** tavola *f* (*a.* MAL): **hölzerne ~** tavola di legno **2** (*aus Stein, Marmor*) lastra *f* **3** (*aus Metall*) piastra *f* **4** (*aus Schokolade*) tavoletta *f* **5** (*Schultafel*) lavagna *f*: **etw an die ~ schreiben** scrivere qc alla lavagna **6** (*gedeckter Tisch*) tavola *f*

Ta·fel·berg M GEOL monte *m* a tavola **ta·fel·fer·tig** ADJ pronto (per essere servito) **Ta·fel·ge·schirr** N servizio *m* da tavola

ta·feln V/I ⟨h.⟩ banchettare

tä·feln V/T ⟨h.⟩ tavolare, rivestire di tavole

Ta·fel·sil·ber N posate *fpl* d'argento

Ta·fel·spitz M ⟨-es⟩ *österr* = *specie di bollito*

Tä·fe·lung F ⟨-; -en⟩ rivestimento *m* di tavole, tavolato *m*

Ta·fel·was·ser N acqua *f* da tavola

Ta·fel·wein M vino *m* da tavola

Taft M ⟨-[e]s; -e⟩ taffetà *m*

Tag M ⟨-[e]s; -e⟩ **1** giorno *m*; (*der ganze Tag*) giornata *f*: **es wird ~** si fa giorno; *fig* **heute ist mein (großer) ~** oggi è la mia (grande) giornata **2** (*Feiertag*) festa *f*: **der ~ der deutschen Einheit** la festa dell'unità tedesca ♦ **es ist noch nicht aller -e Abend** chi vivrà vedrà; **wie in alten -en** come ai vecchi tempi; **am** (*od* **bei**) **-e** di giorno; **zweimal am ~** due volte al giorno; **am ~ seiner Ankunft** il giorno del suo arrivo; **an den ~ bringen** portare alla luce; **an den ~ kommen** venire in luce; **eines (schönen) -(e)s** un (bel) giorno; **guten ~!**, *umg* **~!** buongiorno!; **j-m Guten ~ sagen** dare a qn il buongiorno; **einen guten ~ haben** essere in giornata (*od* ben disposto); *umg* **sie hat ihre -e** ha il ciclo; **seit Jahr und ~** da molti anni; **der Jüngste ~** il giorno del Giudizio; **in den ~ hinein leben** vivere alla giornata; **etw an den ~ legen** manifestare qc; **einen schlechten ~ haben** non essere in giornata; **den ~ über** durante il giorno; BERGB **über ~/unter -(e)** a giorno/sottoterra; **unter -s** durante il giorno; **zu -e** → zutage

tag·aus ADV **~, tagein** tutti i giorni

Ta·ge·bau M ⟨-[e]s; -e⟩ BERGB coltivazione *f* a giorno **Ta·ge·buch** N diario *m* **Ta·ge·dieb** M, **-in** F perdigiorno *m/f inv* **Ta·ge·geld** N **1** diaria *f* **2** *pl* (*Diäten*) indennità *f* di rappresentanza **3** (*bei Krankenhausaufenthalt*) rimborso *m* spese ospedaliere **ta·ge·lang** ADV per giorni e giorni, per parecchi giorni

ta·gen V/I ⟨h.⟩ essere (*od* riunirsi) in seduta

Ta·ges·ab·lauf M corso *m* della giornata **Ta·ges·an·bruch** M lo spuntare del giorno: **bei ~** sul far del giorno **Ta·ges·creme** F crema *f* da giorno **Ta·ges·de·cke** F copriletto *m* **Ta·ges·ein·nah·me** F incasso *m* giornaliero **Ta·ges·form** F SPORT forma *f* del momento **Ta·ges·ge·spräch** N argomento *m* (di conversazione) del giorno **Ta·ges·kar·te** F **1** GASTR menù *m* del giorno **2** (*für Verkehrsmittel*) biglietto *m* giornaliero **Ta·ges·kas·se** F **1** biglietteria *f* **2** (*Einnahmen*) incasso *m* della giornata **Ta·ges·kli·nik** F day hospital *m* **Ta·ges·kurs** M WIRTSCH quotazione *f* del giorno **Ta·ges·licht** N luce *f* del giorno: **bei ~** con la luce del giorno ♦ **etw ans ~ bringen** rendere noto (*od* svelare) qc; **ans ~ kommen** venire alla luce **Ta·ges·licht·pro·jek·tor** M lavagna *f* luminosa **Ta·ges·mut·ter** F ⟨-; -mütter⟩ = *mamma che durante il giorno guarda altri bambini* (*dietro compenso*) **Ta·ges·ord·nung** F ordine *m* del giorno: *fig* **an der ~ sein** essere all'ordine del giorno **Ta·ges·satz** M **1** JUR tasso *m* giornaliero **2** (*tägliche feste Kosten*) tariffa *f* giornaliera **Ta·ges·schau** F telegiornale *m* **Ta·ges·stät·te** F asilo *m* **Ta·ges·tem·pe·ra·tur** F METEO temperatura *f* diurna **Ta·ges·tour** F gita *f* di un giorno **Ta·ges·um·satz** M giro *m* d'affari giornaliero **Ta·ges·zeit** F momento *m* (della giornata) **Ta·ges·zei·tung** F quotidiano *m*

ta·ge·wei·se ADV a giorni

tag·hell **A** ADJ chiaro **B** ADV **~ erleuchten** illuminare a giorno ♦ **es war schon ~** era già giorno fatto (*od* pieno giorno)

täg·lich **A** ADJ giornaliero, quotidiano **B** ADV **1** giornalmente, ogni giorno **2** MED al dì: **einmal ~** una volta al giorno

tags ADV di giorno, durante il giorno ♦ **~ zuvor/darauf** il giorno prima/dopo

Tag·schicht F turno *m* di giorno

tags·über ADV di giorno, durante il giorno

tag·täg·lich ADV ogni giorno

Tag·traum M sogno *m* a occhi aperti

Tag·und·nacht·glei·che F ⟨-; -n⟩ equinozio *m*

T

Ta·gung F ⟨-; -en⟩ convegno *m*; congresso *m*: **auf einer ~ sprechen** parlare a un convegno
Tai·fun M ⟨-s; -e⟩ tifone *m*
Tail·le ['taljə] F ⟨-; -n⟩ vita *f*: **schlanke ~** vita sottile; **auf ~ gearbeitet** stretto in vita; **auf ~ sitzen** essere sfiancato **tail·lie·ren** V/T (*Nähen*) sciancrare
Tai·wan N ⟨-s⟩ Taiwan *f*
Ta·ke·la·ge [-la:ʒə] F ⟨-; -n⟩ SCHIFF attrezzatura *f* **ta·keln** V/T SCHIFF attrezzare
Takt M ⟨-[e]s; -e⟩ **1** MUS tempo *m*, ritmo *m*: **den ~ mit dem Fuß schlagen** battere il tempo con il piede; **im ~ bleiben** andare a tempo; **aus dem ~ kommen** andare fuori tempo **2** MUS battuta *f*: **ein paar -e spielen** suonare un paio di battute **3** (*Feingefühl*) tatto *m* ♦ **den ~ angeben** dare il tempo; *fig* dirigere; **j-n aus dem ~ bringen** far perdere il tempo a qn; *fig* confondere qn; *umg* **mit j-m ein paar -e reden** dire due paroline a qn
Takt·fre·quenz F IT frequenza *f* clock **Takt·ge·fühl** N tatto *m*, delicatezza *f*
tak·tie·ren V/I ⟨h.⟩ avere tattica
Tak·tik F ⟨-; -en⟩ tattica *f* **Tak·ti·ker** M ⟨-s; -⟩, **-in** F ⟨-; -nen⟩ tattico *m* **tak·tisch** ADJ tattico
takt·los **A** ADJ privo di tatto **B** ADV senza tatto **Takt·lo·sig·keit** F ⟨-; -en⟩ **1** mancanza *f* di tatto **2** indiscrezione *f* **Takt·stock** M bacchetta *f* **Takt·strich** M MUS barra *f* **takt·voll** **A** ADJ pieno di tatto **B** ADV con (molto) tatto
Tal N ⟨-[e]s; Täler⟩ valle *f* ♦ **über Berg und ~** per monti e per valli; **zu ~ fahren** andare a valle
Ta·lent N ⟨-[e]s; -e⟩ talento *m*
ta·len·tiert ADJ di talento, dotato
ta·lent·los ADJ privo di talento **Ta·lent·schmie·de** F *sl* vivaio *m* **Ta·lent·su·che** F ricerca *f* di talenti
Tal·fahrt F **1** discesa *f* a valle **2** *fig* caduta *f*: **die ~ des Dollars** la caduta del dollaro
Talg M ⟨-[e]s; -e⟩ sego *m* **Talg·drü·se** F ghiandola *f* sebacea
Ta·lis·man M ⟨-s; -e⟩ talismano *m*
Talk·mas·ter ['tɔ:k-] M ⟨-s; -⟩, **-in** F ⟨-; -nen⟩ conduttore *m*, -trice *f* di talk show
Talk·show ['tɔ:kʃo:] F talk show *m*
Tal·kum M, **Tal·kum·pu·der** N ⟨-s⟩ borotalco *m*
Tal·soh·le F **1** fondovalle *m* **2** *fig* fondo *m*: **in einer ~ sein** aver raggiunto il fondo
Tal·sper·re F diga *f* di sbarramento
Tam·bu·rin N ⟨-s; -e⟩ tamburello *m*
Tam·pon M ⟨-s; -s⟩ tampone *m*
Tam·tam N ⟨-s; -s⟩ *umg* cancan *m*: **großes ~ um etw machen** (*od* **veranstalten**) fare un gran cancan per qc
Tan·dem N ⟨-s; -s⟩ tandem *m* (*a. fig*)
Tand·ler M ⟨-s; -⟩, **-in** F ⟨-; -nen⟩ *österr umg* rigattiere *m*, -a *f*
Tang M ⟨-[e]s; -e⟩ BOT fuco *m*
Tan·gen·te F ⟨-; -n⟩ MATH (retta *f*) tangente *f*
tan·gie·ren V/T tangere, toccare
Tank M ⟨-s; -s⟩ serbatoio *m*; cisterna *f*
tan·ken **A** V/T **1** fare rifornimento di **2** (*auftanken*) rifornire di combustibile **B** V/I ⟨h.⟩ **1** fare benzina **2** *umg fig* (*Alkohol trinken*) fare il pieno ♦ *umg fig* **neue Kräfte ~** fare il pieno di energia; *umg fig* **Mut ~** farsi coraggio
Tan·ker M ⟨-s; -⟩ nave *f* cisterna; (*für Erdöl*) petroliera *f*
Tank·stel·le F distributore *m* (di benzina) **Tank·wa·gen** M autocisterna *f*

An der Tankstelle

In Italien wird man an der Tankstelle von 7:00 bis 12:30 Uhr und von 15:30 bis 19:00 Uhr von einem Tankwart bedient. Selbstbedienung ist nicht üblich, wenn der Tankwart Dienst hat. Der Autofahrer bleibt im Auto sitzen und nennt seine Wünsche.
Nur in Self Service-Tankstellen finden sich Benzinautomaten, die außerhalb der Öffnungszeiten zu bedienen sind.

50 Euro bleifrei, bitte.	**50 Euro di benzina senza piombo, per favore.**
Super bleifrei	**super senza piombo** *oder* **verde**
Super verbleit	**super**
Normalbenzin (verbleit)	**normale**
Gemisch	**miscela**

▶▶

Gas	**gas**
Diesel	**diesel**
Erdgas	**metano**
Volltanken, bitte.	**Il pieno, per favore.**
Können Sie ... nachsehen?	**Può controllare ... per favore?**
das Öl	**l'olio**
die Batterieflüssigkeit	**l'acqua della batteria**
die Bremsflüssigkeit	**il liquido dei freni**
den Reifendruck	**la pressione dei pneumatici**
das Wasser	**l'acqua**
Können Sie das Öl wechseln?	**Può sostituire l'olio?**
den Ölfilter	**il filtro dell'olio**
den Luftfilter	**il filtro dell'aria**
die Reifen	**i pneumatici**
die Scheibenwischer	**le spazzole del tergicristallo**
Können Sie bitte ...	**Per favore, può ...**
die Scheibe putzen?	**pulire il parabrezza?**
die Batterie aufladen?	**caricare la batteria?**
die Glühbirnen austauschen?	**cambiare le lampadine?**

Tank·wart M ⟨-[e]s; -e⟩, **-in** F ⟨-; -nen⟩ benzinaio *m*, -a *f*

Tan·ne F ⟨-; -n⟩ abete *m*

Tan·nen·baum M **1** abete *m* **2** albero *m* di Natale **Tan·nen·na·del** F ago *m* d'abete **Tan·nen·zap·fen** M cono *m* d'abete, pigna *f*

Tan·te F ⟨-; -n⟩ **1** zia *f* **2** *umg* (*Frau*) tizia *f*

Tan·te-Em·ma-La·den M = *negozietto sotto casa*

Tanz M ⟨-es; Tänze⟩ **1** ballo *m*: **j-n zum ~ auffordern** invitare qn a ballare **2** (*Musikstück*) danza *f* **3** *umg* scenata *f*: **einen ~ aufführen** fare una scenata

Tanz·bein N *hum* **das ~ schwingen** fare quattro salti

tän·zeln V/I ⟨h.⟩ ballonzolare, saltellare

tan·zen **A** V/I **1** ⟨h.⟩ ballare (*a. fig*) **2** ⟨s.⟩ danzare, volteggiare: **vor Freude durch das Zimmer ~** volteggiare per la stanza dalla gioia **B** V/T ballare

Tän·zer M ⟨-s; -⟩, **-in** F ⟨-; -nen⟩ ballerino *m*, -a *f*; danzatore *m*, -a *f*

Tanz·flä·che F pista *f* (da ballo) **Tanz·kurs** M corso *m* di danza **Tanz·leh·rer** M, **-in** F maestro *m*, -a *f* di ballo **Tanz·lo·kal** N locale *m* da ballo, dancing *m* **Tanz·mu·sik** F musica *f* da ballo **Tanz·part·ner** M, **-in** F **1** (*einer Frau*) cavaliere *m* **2** (*eines Mannes*) dama *f* **Tanz·schritt** M passo *m* di danza **Tanz·schu·le** F scuola *f* di ballo **Tanz·stun·de** F lezione *f* di ballo **Tanz·tur·nier** N concorso *m* di ballo

Ta·pet N *fig* **etw aufs ~ bringen** intavolare qc

Ta·pe·te F ⟨-; -n⟩ carta *f* da parati, tappezzeria *f* **Ta·pe·ten·wech·sel** M *umg fig* cambiamento *m* d'aria

⚠ Tapete ≠ tappeto

die Tapete	=	la tappezzeria
il tappeto	=	der Teppich

ta·pe·zie·ren V/T tappezzare

tap·fer ADJ **1** valoroso: **-e Soldaten** soldati valorosi **2** (*mutig*) coraggioso **Tap·fer·keit** F ⟨-⟩ valore *m*, coraggio *m*

tap·pen, tap·sen V/I **1** ⟨s.⟩ brancolare, camminare tastoni **2** ⟨h., s.⟩ (*Schritte*) produrre un rumore sordo

Ta·ran·tel F ⟨-; -n⟩ tarantola *f*

Ta·rif M ⟨-s; -e⟩ tariffa *f*: **voller ~** tariffa intera; **neue -e aushandeln** concordare nuove tariffe contrattuali **Ta·rif·au·to·no·mie** F autonomia *f* tariffaria **Ta·rif·ein·heit** F TEL scatto *m* **ta·rif·lich** ADJ tariffario **Ta·rif·lohn** M salario *m* contrattuale **Ta·rif·part·ner** M firmatario *m* di un accordo tariffario **Ta·rif·run·de** F = *trattative annuali per il rinnovo del contratto* **Ta·rif·ver·hand·lung**

F trattativa *f* contrattuale **Ta·rif·ver·trag** M contratto *m* collettivo (di lavoro)

tar·nen A VT 1 MIL mimetizzare 2 *fig* mascherare B VR **sich ~** camuffarsi

Tarn·far·be F colore *m* mimetico **Tarn·kap·pe** F cappa *f* magica che rende invisibili **Tarn·or·ga·ni·sa·ti·on** F organizzazione *f* di copertura

Tar·nung F ⟨-; -en⟩ mimetizzazione *f* (*a.* MIL); camuffamento *m*

Ta·rot [ta'ro:] N/M ⟨-s; -s⟩ tarocco *m*

Ta·sche F ⟨-; -n⟩ 1 (*an Kleidung*) tasca *f*: **eine aufgesetzte/eingesetzte ~** una tasca esterna/ interna 2 (*Handtasche*) borsa *f*: **eine ~ zum Umhängen** una borsa a tracolla 3 (*Schul-, Aktentasche*) cartella *f* ♦ **in die eigene ~ arbeiten** (*od* **wirtschaften**) cercare il proprio tornaconto; **etw aus eigener ~ bezahlen** pagare qc di tasca propria; **tief in die ~ greifen** (**müssen**) sborsare parecchio denaro; *fig* **etw** (**schon**) **in der ~ haben** avere (già) in tasca qc; **j-m auf der ~ liegen** vivere a spese di qn; **sich** (*dat*) **selbst in die ~ lügen** illudersi di qc; *fig* **etw in die eigene ~ stecken** intascare qc; **j-n in die ~ stecken** mettere nel sacco qn

Ta·schen·aus·ga·be F edizione *f* economica **Ta·schen·buch** N (libro *m*) tascabile *m* **Ta·schen·dieb** M, **-in** F borsaiolo *m*, -a *f*, borseggiatore *m*, -trice *f*, scippatore *m*, -trice *f* **Ta·schen·for·mat** N formato *m* tascabile **Ta·schen·geld** N denaro *m* per piccole spese; (*für Kinder*) paghetta *f* **Ta·schen·ka·len·der** M 1 calendarietto *m* 2 (*kleines Notizbuch*) agendina *f* **Ta·schen·lam·pe** F pila *f*; torcia *f* elettrica **Ta·schen·mes·ser** N coltellino *m*, temperino *m* **Ta·schen·rech·ner** M calcolatrice *f* tascabile **Ta·schen·spie·gel** M specchietto *m* **Ta·schen·tuch** N fazzoletto *m*

Task·leis·te F IT barra *f* degli strumenti, toolbar *m inv*

Tas·se F ⟨-; -n⟩ tazza *f*: **eine ~ Kaffee** una tazza di caffè ♦ **eine trübe ~** una lagna

Tas·ta·tur F ⟨-; -en⟩ tastiera *f*

Tas·te F ⟨-; -n⟩ tasto *m*

tas·ten A VT tastare: **man kann die Knoten ~** si possono sentire al tatto i noduli B VI ⟨h.⟩ 1 andare a tentoni: **im Dunkeln ~** andare a tentoni al buio 2 **nach etw ~** tastare per cercare qc C VR **sich ~** andare a tentoni (*od* a tastoni) ♦ **der Blinde tastet mit dem Stock** il cieco tasta il terreno col bastone **tas·tend** ADV a tastoni, a tentoni

Tas·ten·druck M **auf ~** premendo un tasto **Tas·ten·in·stru·ment** N (strumento *m* a) tastiera *f* **Tas·ten·kom·bi·na·ti·on** F IT combinazione *f* di tasti **Tas·ten·te·le·fon** N telefono *m* a tastiera

Tast·sinn M (senso *m* del) tatto *m*

tat → tun

Tat F ⟨-; -en⟩ 1 azione *f*, atto *m*, gesto *m*: **eine mutige ~ vollbringen/eine böse ~ begehen** compiere un'azione coraggiosa/cattiva; **die ~ eines Wahnsinnigen** il gesto di un folle 2 opera *f*: **eine barmherzige ~** un'opera caritatevole 3 (*Straftat*) delitto *m* ♦ **auf frischer ~** sul fatto; JUR in flagranza; **in der ~** in effetti; **ein Mann der ~ sein** essere un uomo d'azione

Ta·tar N ⟨-[s]⟩ GASTR carne *f* alla tartara

Tat·be·stand M stato *m* di cose, fatti *mpl*; JUR fattispecie *f*

Ta·ten·drang M voglia *f* di fare **ta·ten·los** ADV senza far niente, senza agire

Tä·ter M ⟨-s; -⟩, **-in** F ⟨-; -nen⟩ autore *m*, -trice *f* (del delitto), colpevole *m/f*: **mutmaßlicher Täter** autore presunto

tä·tig ADJ attivo: **in der Politik ~ sein** essere attivo in politica; **-e Mitarbeit** collaborazione attiva; **-e Hilfe** aiuto concreto; ♦ **als Journalist ~ sein** essere (un) giornalista; **bei der Gemeinde ~ sein** lavorare presso il comune; **~ werden** intervenire

tä·ti·gen VT 1 effettuare, fare: **Einkäufe ~** fare acquisti 2 (*abschließen*) concludere

Tä·tig·keit F ⟨-; -en⟩ 1 attività *f* 2 (*beruflich*) lavoro *m*, occupazione *f*: **sich** (*dat*) **eine neue ~ suchen** cercare un nuovo lavoro 3 (*Aufgabe*) compito *m* ♦ TECH **in/außer ~ sein** essere in/fuori servizio

Tä·tig·keits·feld N campo *m* d'attività

Tat·kraft F energia *f*, dinamismo *m*

tat·kräf·tig ADJ energico; efficace

tät·lich ADJ violento: **~ werden** passare a vie di fatto **Tät·lich·keit** F ⟨-; -en⟩ (atto *m* di) violenza *f* ♦ **es kam zu -en** si arrivò alle mani

Tat·ort M luogo *m* del delitto (*od* del re-

T

ato)
tä·to·wie·ren VT tatuare
Tä·to·wie·rung F ⟨-; -en⟩ tatuaggio *m*
Tat·sa·che F 1 fatto *m*, realtà *f*: **eine unleugbare ~** un fatto innegabile; **die -n verdrängen** rimuovere la realtà; **es ist (eine) ~, dass ...** fatto sta che ... 2 **~!** davvero! ♦ **den -n ins Auge sehen** guardare in faccia la realtà; **j-n vor vollendete -n stellen** mettere qn di fronte al fatto compiuto
Tat·sa·chen·be·richt M rapporto *m*, resoconto *m* (dei fatti) **Tat·sa·chen·ro·man** M romanzo *m* basato su fatti reali
tat·säch·lich A ADJ reale, vero, effettivo: **die -e Ursache** la vera causa B ADV 1 realmente, effettivamente 2 (*in Wirklichkeit*) in realtà 3 (*verstärkend*) veramente: **ist das ~ wahr?** è proprio vero?; **~?** davvero?
tät·scheln VT carezzare: **j-m die Wangen ~** fare dei buffetti sulle guance a qn
tat·te·rig ADJ *umg* tremante, tremolante
Tat·ze F ⟨-; -n⟩ zampa *f*
Tau[1] M ⟨-[e]s⟩ (*Niederschlag*) rugiada *f*
Tau[2] N ⟨-[e]s; -e⟩ 1 (*Seil*) fune *f* 2 SCHIFF gomena *f*
taub ADJ 1 sordo (*a. fig*): **~ für** (*od* **gegen**) **etw sein** essere sordo a qc 2 (*ohne Empfindung*) insensibile, addormentato ♦ **auf diesem Ohr ist er ~** da questo orecchio non ci sente (*a. fig*)
Tau·be F ⟨-; -n⟩ colombo *m*, piccione *m*
tau·ben·blau, tau·ben·grau ADJ grigio-azzurro **Tau·ben·schlag** M piccionaia *f*
Taub·heit F ⟨-⟩ sordità *f* **taub·stumm** ADJ sordomuto **Taub·stum·me** M/F ⟨-n; -n⟩ sordomuto *m*, -a *f*
tau·chen A VT 1 immergere: **etw ins/unter Wasser ~** immergere qc in/sott'acqua 2 (*tunken*) intingere 3 *fig* inondare B VI 1 ⟨h., s.⟩ immergersi: **20 Meter (tief) ~** immergersi per 20 metri (di profondità); **nach Perlen ~** immergersi in cerca di perle 2 SPORT fare immersioni subacquee **Tau·chen** N ⟨-s⟩ SPORT immersione *f* subacquea
Tau·cher M ⟨-s; -⟩ subacqueo *m*, sub *m inv*
Tau·cher·an·zug M scafandro *m* **Tau·cher·bril·le** F occhiali *mpl* da sub, maschera *f* (da) sub **Tau·cher·glo·cke** F campana *f* d'immersione
Tau·che·rin F ⟨-; -nen⟩ subacquea *f*, sub *m inv*
Tau·cher·mas·ke F maschera *f* subacquea
Tauch·sie·der M ⟨-s; -⟩ bollitore *m* (a immersione)
tau·en VI 1 ⟨s.⟩ (*Schnee, Eis*) sciogliersi, sgelarsi 2 ⟨h.⟩ *unpers* **es taut** sgela
Tauf·be·cken N fonte *m* battesimale
Tau·fe F ⟨-; -n⟩ battesimo *m* ♦ *fig* **etw aus der ~ heben** tenere a battesimo qc
tau·fen VT battezzare: **ein Baby auf den Namen Julius ~** battezzare un bimbo con il nome di Giulio
Täuf·ling M ⟨-s; -e⟩ battezzando *m*, -a *f*
Tauf·na·me M nome *m* di battesimo **Tauf·pa·te** M padrino *m* (di battesimo) **Tauf·pa·tin** F madrina *f* (di battesimo) **Tauf·schein** M certificato *m* di battesimo **Tauf·stein** M fonte *m* battesimale
tau·gen VI ⟨h.⟩ 1 **zu/für etw taugen** essere adatto a/per qc 2 (*brauchbar sein*) servire 3 (*wert sein*) valere
Tau·ge·nichts M ⟨-[es]; -e⟩ buono *m* a nulla
taug·lich ADJ idoneo (*a.* MIL), adatto **Taug·lich·keit** F ⟨-; -en⟩ idoneità *f*
Tau·mel M ⟨-s⟩ 1 (*Schwindel*) vertigine *f* 2 vortice *m*: **ein ~ der Begeisterung** un vortice di entusiasmo ♦ **in einen ~ des Glücks geraten** essere ebbro di felicità
tau·me·lig ADJ 1 **j-m ist ~** qn ha le vertigini 2 ebbro: **ihm wurde ~ vor Freude** era ebbro di gioia 3 (*schwankend*) barcollante **tau·meln** VI ⟨s., h.⟩ barcollare
Tausch M ⟨-[e]s; -e⟩ (s)cambio *m*: **einen schlechten ~ machen** fare un cambio (*od* uno scambio) cattivo **Tausch·bör·se** F (*im Internet*) mercatino *m* (Internet)
tau·schen VT 1 cambiare: **Kleider/Platz ~** cambiare vestiti/posto 2 (*austauschen*) scambiare: *fig* **mit j-m einen Blick ~** scambiare uno sguardo con qn 3 (*miteinander wechseln*) **wollen wir ~?** vogliamo fare cambio? 4 (*ersetzen*) **mit j-m ~** cambiare il turno con qn
täu·schen A VT 1 ingannare: **wenn mich mein Gedächtnis nicht täuscht** se la memoria non mi inganna; **sich in seinen Erwartungen getäuscht sehen** vedere tradite le proprie aspettative 2 (*betrügen*) imbrogliare B VR **sich ~** sbagliarsi; **sich in j-m ~** sbagliarsi su qn ♦

T

wenn mich nicht alles täuscht se non sbaglio
täu·schend A ADJ **eine -e Ähnlichkeit** una sorprendente somiglianza B ADV **~ ähnlich** del tutto somigliante
Tausch·ge·schäft N, **Tausch·han·del** M scambio *m*, baratto *m* **Tausch·ob·jekt** N oggetto *m* di scambio
Täu·schung F ⟨-; -en⟩ inganno *m* ♦ **sich keiner ~ hingeben** non farsi illusioni; **optische ~** illusione ottica
Täu·schungs·ma·nö·ver N manovra *f* diversiva
tau·send NUM mille: *umg* **~ Sachen zu tun haben** aver mille cose da fare ♦ **~ Dank** mille grazie; **an die** (*od* **etwa**) **~** un migliaio; **einige ~ Kinder** alcune migliaia di bambini; **einer unter ~** uno su mille

Tausend

mille bedeutet eintausend, z. B.:
1200 **milleduecento**

Ab 2000 heißt es **...mila**. Das ist die Mehrzahl von **mille:**

2000 **duemila**
3004 **tremila e quattro**

Tau·send A N ⟨-s; -e *u.* -⟩ migliaio *m*: **einige ~(e), tausende** alcune migliaia; **zu -en** (*od* **tausenden**) a migliaia; **in die -e** (*od* **tausende**) **gehen** essere nell'ordine delle migliaia B F ⟨-; -en⟩ (il numero) mille *m*
tau·send·eins NUM milleuno
Tau·sen·der M ⟨-s; -⟩ 1 *umg* banconota *f* (*od* biglietto *m*) da mille 2 MATH migliaio *m*
tau·send·fach A ADJ (di) mille volte tanto B ADV mille volte tanto **Tau·send·fü·ßer**, **Tau·send·füß·ler** M ⟨-s; -⟩ millepiedi *m* **Tau·send·jahr·fei·er** F millenario *m* **tau·send·jäh·rig** ADJ millenario **tau·send·mal** ADV mille volte
tau·sends·te ADJ millesimo
Tau·sends·te M/F ⟨-n; -n⟩ millesimo *m*, -a *f*
Tau·sends·tel N ⟨-s; -⟩ millesimo *m*
Tau·trop·fen M goccia *f* di rugiada **Tau·wet·ter** N disgelo *m* (*a. fig* POL) **Tau·zie·hen** N 1 tiro *m* alla fune 2 *fig* tira e molla *m*
Ta·xa·me·ter N/M ⟨-s; -⟩ tassametro *m*
Ta·xe F ⟨-; -en⟩ 1 (*Gebühr*) tassa *f* 2 → Taxi
Ta·xi N ⟨-s; -s⟩ taxi *m*, tassì *m*: **~ fahren** andare in taxi; (*von Beruf*) fare il tassista
ta·xie·ren V/T 1 stimare, valutare (*a.* WIRTSCH): **auf tausend Euro ~** stimare mille euro; **zu hoch ~** sovrastimare; **zu niedrig ~** sottostimare 2 *umg fig* squadrare
Ta·xi·fah·rer M, **-in** F tassista *m/f* **Ta·xi·stand** M posteggio *m* di taxi
Teak·holz ['ti:k-] N tek *m*
Team [ti:m] N ⟨-s; -s⟩ team *m*, équipe *f*, squadra *f* **Team·ar·beit** F lavoro *m* di équipe **Team·geist** M spirito *m* di squadra
Tech·nik F ⟨-; -en⟩ 1 tecnica *f*: **auf dem neuesten Stand der ~** all'avanguardia della tecnica 2 tecnologie *fpl*
Tech·ni·ker M ⟨-s; -⟩, **-in** F ⟨-; -nen⟩ tecnico *m*
tech·nisch ADJ tecnico
tech·ni·sie·ren V/T tecnicizzare
Tech·no M ⟨-s⟩ MUS techno *f inv*
Tech·no·krat M ⟨-en; -en⟩, **-in** F ⟨-; -nen⟩ tecnocrate *m/f* **Tech·no·lo·gie** F ⟨-; -n⟩ tecnologia *f* **Tech·no·lo·gie·trans·fer** M trasferimento *m* di tecnologie **tech·no·lo·gisch** ADJ tecnologico
Ted·dy M ⟨-s; -s⟩, **Ted·dy·bär** M orsacchiotto *m*
Tee M ⟨-s; -s⟩ 1 tè *m*: **~ kochen** fare il tè; **~ trinken** bere (*od* prendere) il tè; **der ~ zieht** il tè è in infusione 2 (*aus Früchten, Blüten*) tisana *f*
Tee·beu·tel M bustina *f* di tè **Tee-·Ei** N uovo *m* da tè **Tee·ge·bäck** N biscotti *mpl* da tè **Tee·kan·ne** F teiera *f* **Tee·kes·sel** M bollitore *m* **Tee·licht** N ⟨-[e]s; -er *u.* -e⟩ candela *f* per il tè **Tee·löf·fel** M cucchiaino *m* da tè
Tee·na·ger ['ti:ne:dɐ] M ⟨-s; -⟩, **Tee·nie, Tee·ny** ['ti:ni] M ⟨-s; -s⟩ *umg* teen-ager *m*
Teer M ⟨-[e]s; -e⟩ catrame *m* **tee·ren** V/T (in)catramare; (*Straßenbau*) asfaltare
Tee·sieb N colino *m* (per il tè) **Tee·stu·be** F sala *f* da tè **Tee·tas·se** F tazza *f* da tè **Tee·wa·gen** M carrello *m* (di servizio) **Tee·was·ser** N acqua *f* per il tè **Tee·wurst** F = *tipo di salsiccia affumicata*
Teich M ⟨-[e]s; -e⟩ stagno *m*

T

Teig M ⟨-[e]s; -e⟩ pasta *f*
tei·gig ADJ pastoso
Teig·wa·ren PL pasta *f* alimentare
Teil ⟨-[e]s; -e⟩ A M parte *f*: **die Abhandlung besteht aus drei -en** il trattato consiste di tre parti B M/N **j-m sein(en) ~ geben** dare a qn la sua parte (*od* ciò che gli spetta) C N pezzo *m*, parte *f*: **die -e eines Geräts** i pezzi di un apparecchio; **etw in seine -e zerlegen** scomporre qc nelle sue parti ♦ **sein(en) ~ zu etw beisteuern** (*od* **beitragen**) dare (*od* fornire) il proprio contributo per qc; **sich** (*dat*) **sein(en) ~ denken** fare le proprie riflessioni (ma non esprimerle); **ich für mein(en) ~** per conto mio; **zu gleichen -en** in parti uguali; **zum ~** in parte
Teil·an·sicht F visione *f* parziale **teil·bar** ADJ divisibile **Teil·be·trag** M importo *m* parziale
Teil·chen N ⟨-s; -⟩ particella *f* (*a.* PHYS)
tei·len A V/T 1 dividere (*a.* MATH): **12 durch 3 ~** dividere 12 per 3 2 (*aufteilen*) spartire: **die Beute ~** spartire il bottino 3 (*Ansicht, Meinung*) condividere B V/R **sich ~** 1 dividersi: **der Weg teilt sich** il sentiero si divide 2 *fig* divergere 3 spartirsi: **sich** (*dat*) **mit j-m die Arbeit ~** spartirsi il lavoro con qn; **sich die Kosten ~** dividersi le spese ♦ MATH **sich durch … ~ lassen** essere divisibile per …
Tei·ler M ⟨-s; -⟩ MATH divisore *m*
Teil·er·folg M successo *m* parziale
teil·ha·ben V/I ⟨*irr*; h.⟩ **an etw** (*dat*) **~** partecipare a qc **Teil·ha·ber** M ⟨-s; -⟩, **-in** F ⟨-; -nen⟩ WIRTSCH socio *m*, -a *f*: **stiller ~** socio occulto **Teil·ha·ber·schaft** F ⟨-⟩ (com)partecipazione *f*
Teil·kas·ko·ver·si·che·rung F pacchetto *m* assicurativo RC auto; = *casco parziale*
Teil·nah·me F ⟨-; -n⟩ 1 (*Mitmachen*) partecipazione *f* 2 (*Interesse*) interesse *m* 3 (*Mitleid*) simpatia *f*: **~ erwecken** suscitare simpatia 4 (*Beileid*) partecipazione *f* (al dolore)
teil·nah·me·be·rech·tigt ADJ autorizzato a partecipare **teil·nahms·los** ADJ indifferente, apatico **Teil·nahms·lo·sig·keit** F ⟨-⟩ indifferenza *f*, apatia *f* **teil·nahms·voll** ADJ compartecipe
teil·neh·men V/I ⟨*irr*; h.⟩ partecipare: **an j-s Schmerz ~** partecipare al dolore di qn **Teil·neh·mer** M, **-in** F 1 partecipante *m/f* 2 TEL utente *m/f*, abbonato *m*, -a *f*
teils ADV in parte ♦ *umg* **wie geht es dir? – ~, ~** come va? – così così
Teil·stre·cke F tratto *m* (di un percorso) **Teil·strich** M lineetta *f* di graduazione **Teil·stück** N parte *f*, pezzo *m*
Tei·lung F ⟨-; -en⟩ 1 (*Trennung*) divisione *f*, separazione *f* 2 (*Aufteilung*) spartizione *f*, divisione *f*: **~ in … und …** divisione tra … e … 3 (*von Gruppen*) frazionamento *m*
teil·wei·se A ADJ parziale B ADV parzialmente, in parte **Teil·zah·lung** F pagamento *m* a rate **Teil·zeit·ar·beit** F lavoro *m* a tempo parziale, *umg* (lavoro *m*) part time *m* **teil·zeit·be·schäf·tig·te** M/F lavoratore *m*, -trice *f* a tempo parziale
Teint [tɛ̃:] M ⟨-s; -s⟩ carnagione *f*
Te·le·ar·beit F telelavoro *m*
Te·le·fax N fax *m*
Te·le·fon N ⟨-s; -e⟩ telefono *m* **Te·le·fon·an·schluss** M allacciamento *m* del telefono **Te·le·fon·ap·pa·rat** M apparecchio *m* telefonico

Am Telefon

In Italien ist es nicht üblich, sich am Telefon mit dem eigenen Namen zu melden. Generell sagt der, der sich meldet, nur **Pronto?**, der Anrufer stellt sich zuerst vor.
Wenn man nach Italien anruft, muss man 0039 wählen und dann die Vorwahl einschließlich der 0 (aber keine Null, wenn man eine Handy-Nummer wählt). In Italien muss die Vorwahl immer gewählt werden, auch bei Ortsgesprächen.
Die Zahl der Handys (**telefonini, cellulari**) steigt in Italien Tag für Tag.

Hallo!	**Pronto!**
Wer spricht?	**Chi parla?**
Ich möchte ... sprechen.	**Vorrei parlare con ...**
Verbinden Sie mich bitte mit ...	**Mi passa ..., per favore?**

Einen Moment, ich verbinde Sie mit ihr (*oder* mit ihm).	**Un attimo, gliela** (*oder* **glielo**) **passo.**
Darf ich eine Nachricht hinterlassen?	**Posso lasciare un messaggio?**
Bitte, richten Sie ihr (*oder* ihm) aus, dass ... angerufen hat.	**Per favore le** (*oder* **gli**) **dica che ha chiamato ...**
Was ist ihre (*oder* seine) Durchwahl?	**Che interno ha?**
Auf Wiederhören!	**A risentirci!**

Te·le·fo·nat N ⟨-[e]s; -e⟩ telefonata *f*: **ein ~ mit j-m führen** avere una telefonata con qn

Te·le·fon·ban·king [-bɛnkɪŋ] N ⟨-s⟩ banca *f* telefonica **Te·le·fon·buch** N elenco *m* telefonico **Te·le·fon·ge·bühr** F tariffa *f* telefonica **Te·le·fon·ge·spräch** N conversazione *f* telefonica **Te·le·fon·hö·rer** M ricevitore *m*

te·le·fo·nie·ren V/I ⟨h.⟩ telefonare: **mit j-m ~** essere al telefono con qn

te·le·fo·nisch **A** ADJ telefonico **B** ADV al (*od* per) telefono

Te·le·fon·kar·te F scheda *f* telefonica **Te·le·fon·lei·tung** F linea *f* telefonica **Te·le·fon·mar·ke·ting** N telemarketing *m inv*, marketing *m inv* telefonico **Te·le·fon·netz** N rete *f* telefonica **Te·le·fon·num·mer** F numero *m* di telefono **Te·le·fon·sex** M sesso *m* al telefono **Te·le·fon·ter·ror** M *umg* molestie *fpl* telefoniche **Te·le·fon·ver·bin·dung** F linea *f* telefonica **Te·le·fon·zel·le** F cabina *f* (telefonica) **Te·le·fon·zent·ra·le** F centralino *m*

Te·le·graf M ⟨-en; -en⟩ telegrafo *m* **te·le·gra·fie·ren** V/I ⟨h.⟩ telegrafare **te·le·gra·fisch** ADJ telegrafico

Te·le·gramm N ⟨-s; -e⟩ telegramma *m* **Te·le·gramm·stil** M stile *m* telegrafico

Te·le·kom·mu·ni·ka·ti·on F telecomunicazione *f*

Te·le·ob·jek·tiv N teleobiettivo *m*

Te·le·pa·thie F ⟨-⟩ telepatia *f*

te·le·pa·thisch ADJ telepatico

Te·le·promp·ter M ⟨-s; -⟩ telesuggeritore *m*, gobbo *m* **Te·le·shop·ping** N shopping *m inv* telematico

Te·le·skop N ⟨-s; -e⟩ telescopio *m*

te·le·sko·pisch ADJ telescopico

Te·le·spiel N videogioco *m*

Te·lex N ⟨-; -[e]⟩ telex *m*

Tel·ler M ⟨-s; -⟩ piatto *m*: **flacher/tiefer ~** piatto piano/fondo; **kleiner ~** piattino *m*

Tem·pel M ⟨-s; -⟩ tempio *m*

Tem·pe·ra·ment N ⟨-[e]s; -e⟩ temperamento *m* ♦ **das ~ geht mit j-m durch** qn perde le staffe **tem·pe·ra·ment·voll** ADJ (pieno) di temperamento, con molto temperamento

Tem·pe·ra·tur F ⟨-; -en⟩ **1** temperatura *f* **2** MED febbre *f*: **erhöhte ~** febbre leggera **Tem·pe·ra·tur·an·stieg** M aumento *m* di (*od* della) temperatura **Tem·pe·ra·tur·sturz** M abbassamento *m* improvviso di (*od* della) temperatura

tem·pe·rie·ren V/T temperare (*a.* MUS)

Tem·po N ⟨-s; -s *u.* Tempi⟩ **1** ⟨*pl* -s⟩ velocità *f*: **mit hohem ~ fahren** andare ad alta velocità; **~!** muoversi! più in fretta! **2** ⟨*pl* -s⟩ ritmo *m*: **das ~ steigern** aumentare il ritmo **3** MUS ⟨*pl* Tempi⟩ tempo *m* ♦ **das ~ angeben** fare l'andatura; **aufs ~ drücken** aumentare la velocità, accelerare **Tem·po·li·mit** N limite *m* di velocità

tem·po·rär ADJ temporaneo

Tem·po·ta·schen·tuch® N *umg* kleenex® *m*

Ten·denz F ⟨-; -en⟩ tendenza *f*: **fallende/steigende ~** tendenza al ribasso/al rialzo **ten·den·zi·ell** ADJ tendenziale **ten·den·zi·ös** ADJ tendenzioso **ten·die·ren** V/I ⟨h.⟩ tendere: **dazu ~, etw zu tun** tendere a fare qc

Ten·nis N ⟨-⟩ tennis *m inv* **Ten·nis·ball** M palla *f* da tennis **Ten·nis·match** [-mɛtʃ] N incontro *m* di tennis **Ten·nis·platz** M campo *m* da tennis **Ten·nis·schlä·ger** M racchetta *f* da tennis **Ten·nis·spie·ler** M, **-in** F tennista *m/f* **Ten·nis·tur·nier** N torneo *m* di tennis

Te·nor[1] M ⟨-s; Tenöre *u.* -e⟩ MUS tenore *m*: **~ singen** cantare da tenore

Te·nor[2] M ⟨-s⟩ (*Sinn, Inhalt*) tenore *m*

Ten·sid N ⟨-[e]s; -e⟩ tensioattivo *m*

Ten·ta·kel M/N ⟨-s; -⟩ ZOOL, BOT tentacolo *m*

T

Te·nü N ⟨-s; -s⟩ *schweiz* tenuta *f*
Tep·pich M ⟨-s; -e⟩ tappeto *m* ♦ **auf dem ~ bleiben** restare coi piedi per terra; **fliegender ~** tappeto volante; **etw unter den ~ kehren** = *non dare a vedere qc*
Tep·pich·bo·den M moquette *f* **Tep·pich·klop·fer** M battipanni *m*
Ter·min M ⟨-s; -e⟩ **1** termine *m*, data *f*; (*Frist*) scadenza *f*: **einen ~ festsetzen** fissare un termine; **auf einen späteren ~ verlegen** spostare a una data successiva; **einen ~ einhalten** rispettare una scadenza **2** (*Verabredung, beim Arzt*) appuntamento *m*: **einen ~ geben/bekommen** dare/prendere un appuntamento **3** JUR (*Verhandlung*) udienza *f*
Ter·mi·nal ['tøːminəl] **A** M/N ⟨-s; -s⟩ FLUG terminal *m* **B** N ⟨-s; -s⟩ IT terminale *m*
Ter·min·druck M pressione *f*, stress *m* per troppe scadenze **ter·min·ge·bun·den** ADJ a tempo determinato **ter·min·ge·mäß** ADJ & ADV, **ter·min·ge·recht** ADJ & ADV nel termine convenuto **Ter·min·ge·schäft** N operazione *f* a termine **Ter·min·ka·len·der** M agenda *f*
Ter·mi·no·lo·gie F ⟨-; -n⟩ terminologia *f*
Ter·min·pla·ner M ⟨-s; -⟩ agenda *f*
Ter·mi·te F ⟨-; -n⟩ termite *f*
Ter·pen·tin N *u. österr* M ⟨-s; -e⟩ trementina *f*
Ter·rain [tɛ'rɛ̃ː] N ⟨-s; -s⟩ terreno *m*
Ter·ras·se F ⟨-; -n⟩ **1** BAU, GEOL terrazza *f* **2** (*eines Cafés*) dehors *m* **ter·ras·sen·för·mig** ADJ a terrazze, terrazzato
Ter·ri·ne F ⟨-; -n⟩ terrina *f*
ter·ri·to·ri·al ADJ territoriale **Ter·ri·to·ri·um** N ⟨-s; Territorien⟩ territorio *m*
Ter·ror M ⟨-s⟩ terrore *m*: **hier herrscht ~** qui regna il terrore (*od* un regime di terrore) ♦ *umg* **~ machen (wegen)** farla grossa (per) **Ter·ror·an·schlag** M attentato *m* terroristico
ter·ro·ri·sie·ren V/T terrorizzare
Ter·ro·ris·mus M ⟨-⟩ terrorismo *m*
Ter·ro·rist M ⟨-en; -en⟩, **-in** F ⟨-; -nen⟩ terrorista *m/f*
ter·ro·ris·tisch ADJ terroristico
Terz F ⟨-; -en⟩ MUS, KIRCHE, SPORT terza *f*
Ter·zett N ⟨-[e]s; -e⟩ terzetto *m* (*a.* MUS)
Te·sa·film® M scotch® *m inv*
Tes·sin N ⟨-s⟩ Canton *m* Ticino
Test M ⟨-[e]s; -s e -e⟩ test *m*
Tes·ta·ment N ⟨-[e]s; -e⟩ testamento *m*
tes·ta·men·ta·risch **A** ADJ testamentario **B** ADV per testamento
Tes·ta·ments·er·öff·nung F apertura *f* del testamento **Tes·ta·ments·voll·stre·cker** M, **-in** F esecutore *m*, -trice *f* testamentario (-a)
Test·bild N monoscopio *m*
tes·ten V/T sottoporre a (un) test; (*Apparat, Maschine*) testare
Test·flug M volo *m* di collaudo **Test·fra·ge** F domanda *f* di un (*od* del) test **Test·pi·lot** M, **-in** F FLUG, AUTO (pilota *m/f*) collaudatore *m*, -trice *f* **Test·spiel** N SPORT partita *f* di prova
Te·ta·nus·schutz·imp·fung F (vaccinazione *f*) antitetanica *f*
teu·er ADJ **1** costoso, caro: **teure Autos** auto costose; **teure Mieten** affitti cari; **ein teurer Spaß** un divertimento costoso **2** (*lieb*) **eine teure Freundin** una cara amica ♦ **etw ~ bezahlen** pagare caro qc (*a. fig*); **hier ist guter Rat ~** è proprio un bel pasticcio; **das soll dir** (*od* **dich**) **~ zu stehen kommen** questa ti costerà cara, la pagherai cara; **teurer werden** aumentare, rincarare; **wie ~ ist das?** quanto costa?
Teu·e·rung F ⟨-; -en⟩ rincaro *m*
Teu·fel M ⟨-s; -⟩ diavolo *m* ♦ **den ~ austreiben** esorcizzare il maligno; **j-n zum ~ jagen** (*od* **schicken**) mandare al diavolo qn; **auf ~ komm raus** a più non posso; **den ~ an die Wand malen** fare il menagramo; **weiß der ~!** lo sa (solo) Iddio!; **es müsste mit dem ~ zugehen, wenn es nicht klappen sollte** dovrebbe andare bene, se il diavolo non ci mette la coda; **zum ~!** al diavolo!; **zum ~ gehen** andare al diavolo
Teu·fels·kerl M diavolo *m* d'uomo **Teu·fels·kreis** M circolo *m* vizioso
teuf·lisch ADJ **1** diabolico, satanico **2** *umg* (*mächtig*) infernale, tremendo ♦ **~ aufpassen** fare estrema attenzione
Text M ⟨-[e]s; -e⟩ testo *m* ♦ **j-n aus dem ~ bringen** far perdere il filo a qn; **weiter im ~!** avanti! **Text·bau·stein** M IT modulo *m* di testo **Text·buch** N libretto *m* (d'opera)
tex·ten V/I ⟨h.⟩ **1** ideare testi (pubblicitari) **2** MUS scrivere testi

T

(per canzoni)
Tex·ter M ⟨-s; -⟩, **-in** F ⟨-; -nen⟩ **1** copywriter *m/f inv* **2** MUS paroliere *m*, -a *f*
Tex·ti·li·en PL (prodotti *mpl*) tessili *mpl*
Tex·til·in·dust·rie F ⟨-⟩ industria *f* tessile
Text·ver·ar·bei·tung F elaborazione *f* (di) testi **Text·ver·ar·bei·tungs·pro·gramm** N word processor *m inv*, programma *m* di elaborazione testi
Thai·land N ⟨-s⟩ Tailandia *f* **Thai·län·der** M ⟨-s; -⟩, **-in** F ⟨-; -nen⟩ tailandese *m/f* **thai·län·disch** ADJ tailandese
The·a·ter N ⟨-s; -⟩ **1** teatro *m* **2** (*Vorstellung*) spettacolo *m*: **das ~ beginnt um 9 Uhr** lo spettacolo comincia alle 9 **3** *umg* scena *f*, commedia *f*: **j-m ~ vormachen** fare la commedia con qn; **das ist doch alles nur ~!** è tutta scena! **4** *umg* (*Unruhe, Verwirrung*) casino *m* ♦ (**ein**) **~ wegen etw machen** fare una scenata (*od umg* casino) per qc; **~ spielen** recitare (in teatro); *fig* fare la commedia
The·a·ter·kar·te F biglietto *m* del teatro **The·a·ter·kas·se** F biglietteria *f* **The·a·ter·stück** N lavoro *m* teatrale **The·a·ter·vor·stel·lung** F rappresentazione *f* (*od* spettacolo *m*) teatrale
the·at·ra·lisch ADJ teatrale
The·ke F ⟨-; -n⟩ banco *m*
The·ma N ⟨-s; Themen⟩ tema *m* (*a.* MUS), argomento *m*: **das ~ wechseln** cambiare argomento; **das ~ einer Vorlesung** il tema di una lezione ♦ **kein ~ sein** non essere un problema
The·ma·tik F ⟨-; -en⟩, **The·men·kreis** M tematica *f*
Them·se F ⟨-⟩ Tamigi *m*
Theo·lo·ge M ⟨-n; -n⟩ teologo *m* **Theo·lo·gie** F ⟨-; -n⟩ teologia *f* **Theo·lo·gin** F ⟨-; -nen⟩ teologa *f* **theo·lo·gisch** ADJ teologico
The·o·re·ti·ker M ⟨-s; -⟩, **-in** F ⟨-; -nen⟩ teorico *m*, -a *f* **the·o·re·tisch** ADJ teorico **the·o·re·ti·sie·ren** V/I ⟨h.⟩ teorizzare
The·o·rie F ⟨-; -n⟩ teoria *f* ♦ **graue ~** mera teoria
The·ra·peut M ⟨-en; -en⟩, **-in** F ⟨-; -nen⟩ terapeuta *m/f* **the·ra·peu·tisch** ADJ terapeutico **The·ra·pie** F ⟨-; -n⟩ terapia *f* **the·ra·pie·ren** V/T sottoporre a terapia
Ther·mal·bad N **1** bagno *m* termale **2** (*Kurort*) terme *fpl* **Ther·mal·quel·le** F sorgente *f* termale
Ther·me F ⟨-; -n⟩ terme *fpl*
Ther·mik F ⟨-⟩ corrente *f* ascensionale (di aria) calda **ther·misch** ADJ termico
Ther·mo·me·ter N ⟨-s; -⟩ termometro *m*
Ther·mos·tat M ⟨-[e]s *u.* -en; -e[n]⟩ termostato *m*
The·se F ⟨-; -n⟩ tesi *f* (*a.* PHIL)
Thon M ⟨-s; -s⟩ *schweiz* tonno *m*
Throm·bo·se F ⟨-; -n⟩ trombosi *f inv*
Thron M ⟨-[e]s; -e⟩ trono *m* **Thron·be·stei·gung** F ascesa *f* al trono
thro·nen V/I ⟨h.⟩ troneggiare (*a. fig*)
Thron·er·be M, **-er·bin** F erede *m/f* al trono **Thron·fol·ge** F successione *f* al trono: **die ~ antreten** salire al trono (come successore) **Thron·fol·ger** M ⟨-s; -⟩, **-in** F ⟨-; -nen⟩ successore *m* al trono: **seine Tochter ist die Thronfolgerin** la figlia gli succederà al trono
Thun·fisch M tonno *m*
Thur·gau M ⟨-s⟩ (*Kanton*) Canton *m* Turgovia
Thü·rin·gen N ⟨-s⟩ Turingia *f*
Thy·mi·an M ⟨-s; -e⟩ BOT timo *m*
Thy·mus·drü·se F ANAT timo *m*
Ti·a·ra F ⟨-; Tiaren⟩ (*des Papstes*) tiara *f*
Ti·ber M ⟨-s⟩ Tevere *m*
Ti·bet N ⟨-s⟩ Tibet *m*
Tick M ⟨-[e]s; -s⟩ **1** MED tic *m* **2** *umg fig* pallino *m*: **Autos sind ein ~ von ihm** ha il pallino delle auto ♦ *umg fig* **einen ~ besser sein als ...** essere un pelo meglio di ...
ti·cken V/I ⟨h.⟩ ticchettare, fare tic tac: **die Uhr tickt** l'orologio fa tic tac ♦ **bei j-m tickt es wohl nicht ganz richtig** qn ha qualche rotella fuori posto
Ti·cket N ⟨-s; -s⟩ biglietto *m*
Tie·break ['taibre:k] M/N ⟨-s; -s⟩ tie-break *m inv*
tief **A** ADJ **1** profondo: **ein -er Abgrund** un abisso profondo; **der Schrank ist 40 cm ~** l'armadio è profondo 40 cm; **im -en Afrika** nel cuore dell'Africa; *fig* **eine -e Verbeugung** un profondo inchino; **ein -er Seufzer/Sinn** un profondo sospiro/significato; (*intensiv*) **-er Schmerz/Schlaf** profondo dolore/sonno profondo **2** (*niedrig*) basso: **-e Wolken/Temperaturen** nuvole basse/basse temperature; **ein -er Ton** un suono basso **3** (*zeitlich*) pieno: **im -en Winter** in pieno inverno, in inverno inoltrato **4** (*Farben*) scuro, ca-

T

rico **B** ADV **1** (*in die Tiefe*) in profondità: ~ **bohren** perforare in profondità; ~ **gehend** profondo; ~ **greifend** approfondito; ~ **liegend** profondo; (*niedrig*) basso; (*Augen*) infossato; ~ **stehend** profondo; (*niedrig*) basso, inferiore **2** (*intensiv*) profondamente: ~ **einatmen** inspirare profondamente; **j-m ~ in die Augen schauen** guardare qn profondamente negli occhi; ~ **empfunden** profondamente sentito; ~ **erschüttert** profondamente scosso **3** (*niedrig*) basso: ~ **fliegen** volare basso; **sie wohnen einen Stock -er** vivono al piano di sotto ♦ *fig* ~ **gesunken sein** essere caduto in basso; **in -ster Nacht** in piena notte; **-er Schnee/-es Wasser** neve/acqua alta; ~ **in Schulden stecken** essere indebitato fino al collo; **-er singen** abbassare il tono; ~ **unten** giù giù, molto in basso; → tiefschürfend

Tief N ⟨-s; -s⟩ → Tiefdruck **Tief·bau** M costruzioni *fpl* sotto il livello del suolo **tief·blau** ADJ blu intenso **Tief·druck** M METEO bassa pressione *f*

Tie·fe F ⟨-; -n⟩ **1** profondità *f*: **die ~ eines Brunnens messen** misurare la profondità di un pozzo; **die ~ der Wunde/der Stimme** la profondità della ferita/della voce; *fig* **die verborgenen -n der menschlichen Seele** le profondità nascoste dell'animo umano **2** fondo *m*: **aus der ~ des Meeres** dal fondo del mare **3** (*vom Klang*) basso *m* **4** (*von Farben*) intensità *f* ♦ **in die ~ blicken** guardare giù; *fig* **zu sehr in die ~ gehen** andare troppo nei dettagli

Tief·ebe·ne F bassopiano *m*

Tie·fen·psy·cho·lo·gie F psicologia *f* del profondo **Tie·fen·schär·fe** F profondità *f* di campo

tief·ernst ADJ profondamente serio **Tief·flug** M volo *m* a bassa quota **Tief·gang** M immersione *f* **Tief·ga·ra·ge** F garage *m* sotterraneo **tief·ge·fro·ren** ADJ, **tief·ge·kühlt** ADJ surgelato **tief·grün·dig** ADJ penetrante, profondo

Tief·punkt M punto *m* più basso, livello *m* minimo ♦ **einen seelischen ~ haben** essere molto abbattuto **Tief·schlag** M (*beim Boxen*) colpo *m* basso (*a. fig*) **tief·schür·fend** ADJ profondo, approfondito **tief·schwarz** ADJ nero come il carbone **Tief·see** F profondità *fpl* marine **tief·sin·nig** ADJ pensoso **Tief·stand** M **1** livello *m* basso **2** WIRTSCH depressione *f*

Tie·gel M ⟨-s; -⟩ **1** tegame *m* **2** METALL, CHEM crogiolo *m*

Tier N ⟨-[e]s; -e⟩ **1** animale *m*: **-e halten** tenere degli animali **2** (*Stück Vieh*) bestia *f* ♦ *umg* **ein großes** (*od* **hohes**) ~ un pezzo grosso

Tier·art F specie *f* animale **Tier·arzt** M, **-ärz·tin** F veterinario *m*, -a *f* **Tier·freund** M, **-in** F amante *m/f* degli animali, zoofilo *m*, -a *f* **Tier·gar·ten** M giardino *m* zoologico **Tier·hand·lung** F negozio *m* di animali **Tier·heim** N ricovero *m* per animali

tie·risch ADJ **1** animale **2** *pej* bestiale, brutale ♦ *sl* ~ **gut** bestiale; ~ **arbeiten müssen** dover lavorare come bestie

Tier·kreis M zodiaco *m* **Tier·kreis·zei·chen** N segno *m* zodiacale **tier·lieb** ADJ amante degli animali **Tier·me·di·zin** F (medicina *f*) veterinaria *f* **Tier·park** M giardino *m* zoologico, zoo *m* **Tier·pfle·ger** M, **-in** F guardiano *m*, -a *f* (di animali) **Tier·quä·le·rei** F maltrattamento *m* degli animali **Tier·reich** N regno *m* animale **Tier·schutz** M protezione *f* degli animali **Tier·schutz·ver·ein** M (società *f* per la) protezione *f* animali **Tier·ver·such** M esperimento *m* con (*od* su) animali **Tier·ver·suchs·geg·ner** M, **-in** F animalista *m/f*

Ti·ger M ⟨-s; -⟩ tigre *f* **Ti·ger·fell** N pelle *f* di tigre **Ti·ge·rin** F ⟨-; -nen⟩ tigre *f* femmina **ti·gern** V/I ⟨s.⟩ *umg* aggirarsi

Til·de F ⟨-; -n⟩ tilde *m/f*

til·gen V/T **1** cancellare (*a. fig*) **2** HANDEL (*Schulden*) estinguere; ammortizzare: **ein Darlehen ~** ammortizzare un prestito

Til·gung F ⟨-; -en⟩ **1** cancellazione *f* **2** HANDEL estinzione *f*; ammortamento *m*

ti·men ['taimən] V/T (*koordinieren*) programmare, coordinare

Ti·ming ['taimıŋ] N ⟨-s; -s⟩ tempismo *m*; sincronismo *m*

Tink·tur F ⟨-; -en⟩ tintura *f*

Tin·nef M ⟨-s⟩ *umg pej* **1** cianfrusaglie *fpl* **2** (*Unsinn*) scemenza *f*, sciocchezza *f*

Tin·ni·tus M ⟨-⟩ MED acufene *m*

Tin·te F ⟨-; -n⟩ inchiostro *m* ♦ **in der ~ sitzen** essere nei pasticci

Tin·ten·fass N calamaio *m* **Tin·ten·fisch** M seppia *f* **Tin·ten·pat·ro·ne** F cartuccia *f* colore **Tin·ten·strahl-**

dru·cker M stampante *f* a getto d'inchiostro
Tip → Tipp
Tipp M ⟨-s; -s⟩ **1** (*Rat*) consiglio *m* **2** (*in Wettbüros*) soffiata *f* **3** (*Vorhersage*) pronostico **4** (*Wink*) cenno *m*
tip·pen[1] **A** V/I ⟨h.⟩ **1** (*berühren*) **an etw** (*akk*), **auf etw** (*akk*) ~ dare un colpetto su qc **2** (*auf der Schreibmaschine*) scrivere (*od* battere) a macchina **B** V/T **einen Brief** ~ scrivere a macchina una lettera ♦ **sich an die Stirn** ~ picchiare l'indice sulla fronte
tip·pen[2] V/I ⟨h.⟩ **1** (*vorhersagen*) fare un pronostico: **richtig** ~ azzeccare un pronostico **2** (*wetten*) scommettere: (*im Toto, Lotto*) **jede Woche** ~ scommettere ogni settimana
Tipp-Ex® N ⟨-⟩ bianchetto *m*
Tipp·feh·ler M errore *m* di battitura
Tipp·schein M schedina *f*
Tipp·se F ⟨-; -n⟩ *pej* dattilografa *f*
tipp·topp *umg* ADJ perfetto
Ti·rol N ⟨-s⟩ Tirolo *m* **Ti·ro·ler** M ⟨-s; -⟩, **-in** F ⟨-; -nen⟩ tirolese *m/f*
Tisch M ⟨-[e]s; -e⟩ **1** tavolo *m*: **am ~ sitzen** sedere (*od* essere seduto) al tavolo **2** (*Esstisch*) tavola *f*: **bei ~ sitzen** sedere a tavola; **zu ~ gehen** andare a tavola **3** (*Tischrunde*) tavolata *f* ♦ **etw unter den ~ fallen lassen** far passare qc sotto silenzio; **grüner** ~ tavolo delle riunioni; (*Spieltisch*) tavolo verde; *fig* **vom ~ müssen** dover essere risolto; *umg* **j-n über den ~ ziehen** ingannare qn

▶ Tisch

In Italien ist es im Restaurant nicht üblich, sich an einen schon besetzten Tisch dazuzusetzen.

Tisch·da·me F vicina *f* di tavola **Tisch·de·cke** F tovaglia *f* **tisch·fer·tig** ADJ pronto (per essere servito) **Tisch·ge·bet** N preghiera *f* prima del pasto **Tisch·herr** M vicino *m* di tavola **Tisch·kan·te** F angolo *m* del tavolo **Tisch·kar·te** F segnaposto *m*
Tisch·ler M ⟨-s; -⟩ falegname *m* **Tisch·le·rei** F ⟨-; -en⟩ falegnameria *f* **Tisch·le·rin** F ⟨-; -nen⟩ falegname *m* **tisch·lern** V/T costruire (col legno)
Tisch·ord·nung F disposizione *f* dei posti (a tavola) **Tisch·plat·te** F piano *m* del tavolo (*od* della tavola) **Tisch·re·de** F discorso *m* conviviale **Tisch·run·de** F tavolata *f*
Tisch·ten·nis N ping-pong *m* **Tisch·ten·nis·ball** M pallina *f* da ping-pong **Tisch·ten·nis·plat·te** F tavolo *m* da ping-pong
Tisch·tuch N tovaglia *f* **Tisch·wein** M vino *m* da pasto **Tisch·zeit** F ora *f* di pranzo
Ti·tan N ⟨-s⟩ titanio *m*
Ti·tel M ⟨-s; -⟩ titolo *m* (*a.* SPORT, JUR, *Verlag*) **Ti·tel·an·wär·ter** M, **-in** F SPORT aspirante *m/f* al titolo **Ti·tel·bild** N **1** frontespizio *m* **2** (*Abbildung*) foto *f* di copertina **Ti·tel·blatt** N frontespizio *m* **Ti·tel·in·ha·ber** M, **-in** F detentore *m*, -trice *f* del titolo **Ti·tel·kampf** M lotta *f* per il titolo **Ti·tel·rol·le** F FILM ruolo *m* principale (del personaggio che dà il titolo) **Ti·tel·sei·te** F (*Zeitung*) prima pagina *f* **Ti·tel·ver·tei·di·ger** M, **-in** F difensore *m*, difenditrice *f* del titolo

▶ Titel

Italiener sind sehr „titelfreudig". **Dottore** bzw. **dottoressa** werden alle genannt, die studiert haben; **professore** bzw. **professoressa** alle, die unterrichten. Berufsbezeichnungen werden auch als Titel verwendet: **ingegnere** (Ingenieur), **ragioniere** (Buchhalter), **avvocato** (Rechtsanwalt), **direttore** (Direktor), **maresciallo** (Feldwebel) oder **assessore** (Referent). Abgeordnete werden **onorevole** genannt, Bischöfe **eccellenza**, Kardinäle **eminenza**, Träger eines Verdienstkreuzes **commendatore** oder **cavaliere.**
Titel für Herren verlieren auf Italienisch oft den Endvokal vor Eigennamen: **signor Rossi, professor Verdi, dottor Bianchi, ingegner Neri.**

Tit·te F ⟨-; -n⟩ *vulg* tetta *f*
Toast [to:st] M ⟨-[e]s; -e *u.* -s⟩ **1** (fetta *f* di) pane *m* tostato **2** (*Trinkspruch*) brindisi *m*: **einen ~ auf j-n ausbringen** fare un brindisi a qn **Toast·brot** N pane *m* da toast
toas·ten **A** V/T tostare **B** V/I ⟨h.⟩ (**auf j-n/etw**) ~ fare un brindisi (a qn/qc)
Toas·ter M ⟨-s; -⟩ tostapane *m*
to·ben V/I **1** ⟨h.⟩ infuriarsi, essere fuori di sé **2** ⟨h., s.⟩ (*herumtollen*) scatenarsi **3** ⟨h.⟩ (*von Schlachten, Stürmen*) infuriare

tob·süch·tig ADJ furioso **Tob·suchts·an·fall** M accesso *m* di furore (*od* di furia)

Toch·ter F ⟨-; Töchter⟩ figlia *f* **Toch·ter·ge·sell·schaft** F (società *f*) affiliata *f*, consociata *f*, filiale *f*

Tod M ⟨-[e]s; -e⟩ morte *f* ♦ **j-n/etw auf den ~ nicht ausstehen** (*od* **leiden**) **können** non poter assolutamente soffrire qn/qc; **zu -e erschrocken** spaventato a morte; **sich** (*dat*) **den ~ holen** ammalarsi a morte; **tausend -e sterben** avere una paura da morire; *fig* **zu -e** a morte, da morire, moltissimo; **zu -e betrübt** profondamente rattristato; **sich zu -e arbeiten** ammazzarsi di lavoro

tod·ernst ADJ serissimo

To·des·angst F **1** paura *f* della morte **2** (*furchtbare Angst*) paura *f* tremenda (*od* da morire) **To·des·an·zei·ge** F **1** annuncio *m* di (*od* della) morte **2** (*in der Zeitung*) necrologio *m* **To·des·fall** M (caso *m* di) morte *f*: **im ~** in caso di morte ♦ **wegen ~ geschlossen** chiuso per lutto **To·des·jahr** N anno *m* della morte **To·des·kampf** M agonia *f* **To·des·kan·di·dat** M, **-in** F condannato *m*, -a *f* a morte **to·des·mu·tig** ADJ sprezzante del pericolo **To·des·op·fer** N vittima *f* **To·des·stoß** M colpo *m* di grazia (*a. fig*) **To·des·stra·fe** F pena *f* di morte **To·des·stun·de** F ora *f* della morte **To·des·tag** M giorno *m* della morte **To·des·ur·sa·che** F causa *f* di (*od* della) morte **To·des·ur·teil** N condanna *f* a morte **To·des·ver·ach·tung** F sprezzo *m* del pericolo (*a. hum*) **To·des·zel·le** F cella *f* della morte

Tod·feind M, **-in** F nemico *m*, -a *f* mortale **tod·ge·weiht** ADJ destinato alla morte **tod·krank** ADJ **~ sein** essere in fin di vita

T

töd·lich **A** ADJ **1** mortale (*a. fig*): **-e Langeweile** noia mortale **2** *fig* assoluto, massimo: **-er Ernst** massima serietà **B** ADV **1** mortalmente: **j-n ~ treffen** colpire qn mortalmente; **~ verunglücken** avere un incidente mortale **2** **~ wirken** avere un effetto letale **3** (*sehr*) del tutto, assolutamente

tod·mü·de ADJ stanco morto **tod·schick** ADJ elegantissimo **tod·si·cher** **A** ADJ sicurissimo **B** ADV con assoluta certezza **Tod·sün·de** F peccato *m* mortale (*a. fig*)

Töff N ⟨-s; -s⟩ *schweiz* moto *f*

To·fu M ⟨-[s]⟩ tofu *m inv*

To·hu·wa·bo·hu N ⟨-[s]; -s⟩ caos *m*

To·i·let·te [toa-] F ⟨-; -n⟩ toilette *f*: **auf die** (*od* **zur**) **~ gehen** andare alla toilette; **~ machen** fare toilette

To·i·let·ten·frau F donna *f* (addetta) alle toilette **To·i·let·ten·pa·pier** N carta *f* igienica **To·i·let·ten·tisch** M toletta *f*

toi, toi, toi INT *umg* **1** (*Glückwunsch*) in bocca al lupo **2** (*Beschwörung*) tocca ferro

To·kio N ⟨-s⟩ Tokyo *f*

to·le·rant ADJ tollerante **To·le·ranz** F ⟨-; -en⟩ tolleranza *f* (*a.* MED, TECH) **To·le·ranz·gren·ze** F limite *m* di tolleranza **to·le·rie·ren** V/T tollerare

toll **A** ADJ *umg* **1** fantastico **2** *iron* bello: **ein -er Freund bist du!** bell'amico (che) sei! **3** (*unglaublich*) incredibile, pazzesco **4** (*arg, wild*) infernale **B** ADV *umg* (*sehr, viel*) tantissimo ♦ **ein -er Kerl** un tipo in gamba; **es kommt noch -er** e non è tutto; **es zu ~ treiben** permettersi troppo

tol·len V/I ⟨h., s.⟩ scatenarsi, schiamazzare

Toll·kir·sche F belladonna *f* **toll·kühn** ADJ temerario **Toll·kühn·heit** F temerarietà *f* **Toll·patsch** M ⟨-[e]s; -e⟩ persona *f* goffa **Toll·wut** F MED rabbia *f* **toll·wü·tig** ADJ MED rabbioso

Tol·patsch → Tollpatsch

Töl·pel M ⟨-s; -⟩ babbeo *m* **töl·pel·haft** **A** ADJ impacciato **B** ADV da babbeo

To·ma·te F ⟨-; -n⟩ pomodoro *m*

To·ma·ten·mark N conserva *f*, concentrato *m* di pomodoro **To·ma·ten·saft** M succo *m* di pomodoro

Tom·bo·la F ⟨-; -s *u.* Tombolen⟩ tombola *f*

To·mo·graf M ⟨-en; -en⟩ tomografo *m*

To·mo·gra·fie F ⟨-; -n⟩ tomografia *f*

To·mo·gramm N ⟨-s; -e⟩ tomogramma *m*

Ton[1] M ⟨-[e]s; -e⟩ **1** (*Erde*) argilla *f*: **~ formen** (*od* **kneten**) modellare l'argilla **2** **gebrannter ~** terracotta *f*

Ton[2] M ⟨-[e]s; Töne⟩ **1** (*Laut*) suono *m*: **einen ~ hervorbringen** emettere un suono **2** TECH audio *m*: **der ~ ist ausgefallen** l'audio è caduto **3** (*Note*) nota *f* **4** (*Betonung*) accento *m*: **der ~ liegt auf der ersten Silbe** l'accento cade sulla prima sillaba; *fig* **den ~ auf etw** (*akk*) **legen** porre l'accento su qc **5** *umg* parola *f*: **ohne einen ~ zu sagen** senza dire una parola **6** (*Tonfall*) tono *m*: **ich verbitte mir diesen ~!** ti proibisco di parlare con questo tono! **7** (*Farbton*) **warme Töne** toni caldi ♦ **falscher ~** nota stonata; *fig* nota falsa; MUS **ein ganzer ~** un tono; **der gute ~** il bon ton; MUS **ein halber ~** un semitono; *umg* **hast du Töne?** ma veramente?; **~ in ~** tono su tono; **sich im ~ vergreifen** usare un registro sbagliato

Ton·ab·neh·mer M pick-up *m* **ton·an·ge·bend** ADJ che dà il tono **Ton·arm** M braccio *m* (del giradischi) **Ton·art** F **1** MUS tonalità *f* **2** *fig* tono *m* **Ton·auf·nah·me** F registrazione *f* (del suono)

Ton·band N ⟨-[e]s; -bänder⟩ nastro *m* (magnetico) **Ton·band·ge·rät** N registratore *m* (a nastro)

tö·nen **A** V/I ⟨h.⟩ (ri)suonare **B** V/T sfumare: **die Haare ~** fare un cachet (*od* un riflessante)

To·ner M ⟨-s; -⟩ TYPO toner *m inv* **To·ner·kas·set·te** F cartuccia *f* toner

tö·nern ADJ di argilla, di terracotta

Ton·fall M **1** (*Sprechweise*) accento *m*, cadenza *f* **2** (*Tonart*) tono *m* **Ton·film** M film *m* sonoro **Ton·fre·quenz** F frequenza *f* acustica **Ton·ge·fäß** N vaso *m* di terracotta **Ton·hö·he** F altezza *f* del suono

To·nic·wa·ter ['tɔnɪk'vo:tɐ] N ⟨-s⟩ acqua *f* brillante

To·ni·kum N ⟨-s; Tonika⟩ PHARM tonico *m*

Ton·in·ge·ni·eur [-inʒeniø:ɐ] M, **-in** F ingegnere *m* del suono **Ton·ka·me·ra** F cinepresa *f* sonora **Ton·kopf** M testina *f*, pick-up *m* **Ton·la·ge** F tonalità *f*; (*Tonhöhe*) altezza *f* (del suono) **Ton·lei·ter** F scala *f* (musicale) **ton·los** ADJ (*Stimme*) spento

Ton·na·ge [tɔ'na:ʒə] F ⟨-; -n⟩ tonnellaggio *m*

Ton·ne F ⟨-; -n⟩ **1** (*Behälter*) barile *m*, botte *f* **2** (*Maßeinheit*) tonnellata *f* **3** SCHIFF tonnellata *f* di stazza (lorda) **4** (*Seezeichen*) boa *f* **5** (*Mülltonne*) bidone *m* (della spazzatura)

Ton·spur F solco *m* **Ton·stu·dio** N studio *m* di registrazione

Ton·sur F ⟨-; -en⟩ tonsura *f*, chierica *f*

Ton·ta·fel F tavola *f* di terracotta **Ton·tech·ni·ker** M, **-in** F tecnico *m* del suono **Ton·trä·ger** M supporto *m* audio

Tö·nung F ⟨-; -en⟩ **1** colorazione *f*, tinteggiatura *f*, tintura *f* **2** (*Farbton*) tonalità *f*

top ADJ *umg* **~ sein** essere il massimo

Top N ⟨-s; -s⟩ (*Nähen*) top *m inv*

To·pas M ⟨-es; -e⟩ topazio *m*

Topf M ⟨-[e]s; Töpfe⟩ **1** vaso *m* **2** (*Kochtopf*) pentola *f* **3** (*Nachttopf*) vaso *m* da notte; (*für Kinder*) vasino *m* ♦ **alles in einen ~ werfen** mettere tutto nello stesso calderone

Töpf·chen N ⟨-s; -⟩ **1** vasetto *m* **2** (*Kochtopf*) pentolino *m* **3** (*Nachttöpfchen*) vasino *m*: **aufs ~ gehen** fare la pipì (*od* la popò) nel vasino

Top·fen M ⟨-s⟩ GASTR *österr* quark *m*

Töp·fer M ⟨-s; -⟩ vasaio *m* **Töp·fe·rei** F ⟨-; -en⟩ **1** laboratorio *m* (*od* bottega *f*) di vasaio **2** (*Töpferhandwerk*) ceramica *f* **Töp·fe·rin** F ⟨-; -nen⟩ vasaia *f* **Töp·fer·schei·be** F tornio *m* da vasaio **Töp·fer·wa·ren** PL vasellame *m*

top·fit ADJ *umg* in piena forma

Topf·lap·pen M presina *f* **Topf·pflan·ze** F **1** pianta *f* da vaso **2** pianta *f* in vaso

To·po·gra·fie F ⟨-; -n⟩ topografia *f*

topp INT d'accordo

top·pen V/T superare

Tor N ⟨-[e]s; -e⟩ **1** (*große Tür*) portone *m*; (*aus Metall*) cancello *m*: **das ~ der Garage** la porta del garage **2** porta *f*: **das Brandenburger ~** la porta di Brandeburgo; SPORT **im ~ stehen** stare in porta **3** (*Treffer*) rete *f*, goal *m*: **ein ~ schießen** fare un goal (*od* una rete) ♦ **vor den -en der Stadt** alle porte della città

Tor·chan·ce [-ʃã:sə] F occasione *f* da goal **Tor·ein·fahrt** F porta *f* carraia

Torf M ⟨-[e]s; -e⟩ torba *f* **Torf·er·de** F terriccio *m* torboso **Torf·moor** N torbiera *f* **Torf·mull** M ⟨-[e]s⟩ terriccio *m* torboso

Tor·hü·ter M, **-in** F SPORT portiere *m*

tö·richt ADJ **1** stolto, sciocco **2** assurdo: **eine -e Hoffnung** un'assurda speranza

Tor·jä·ger M, **-in** F goleador *m inv*, cannoniere *m*, -a *f*

tor·keln V/I ⟨h., s.⟩ barcollare

Tor·lat·te F traversa *f* (della porta)

Tor·li·nie F SPORT linea *f* di porta

tor·pe·die·ren V/T silurare (*a. fig*)

Tor·pe·do M ⟨-s; -s⟩ siluro *m*
Tor·pfos·ten M SPORT palo *m* **Tor·raum** M area *f* di porta **Tor·schluss·pa·nik** F panico *m* dell'ultimo momento **Tor·schuss** M tiro *m* in porta **Tor·schüt·ze** M, **-schüt·zin** F autore *m*, -trice *f* del goal, marcatore *m*, -trice *f* **Tor·schüt·zen·kö·nig** M, **-in** F capocannoniere *m*, -a *f*
Tor·te F ⟨-; -n⟩ torta *f* **Tor·ten·dia·gramm** N diagramma *m* a torta **Tor·ten·he·ber** M ⟨-s; -⟩ paletta *f* per dolci
Tor·tur F ⟨-; -en⟩ tortura *f*
Tor·wart M ⟨-[e]s; -e⟩, **-in** F ⟨-; -nen⟩ SPORT portiere *m*
to·sen V/I **1** ⟨h.⟩ mugghiare, rumoreggiare **2** ⟨s.⟩ (*sich tosend bewegen*) scatenarsi ♦ **-der Beifall** applauso fragoroso
Tos·ka·na F ⟨-⟩ Toscana *f*
tot ADJ **1** morto: **~ umfallen** cadere morto; **~ geboren** nato morto; **eine -e Stadt** una città morta; **-e Materie** materia morta **2** (*ohne Lebendigkeit*) smorto, spento ♦ **die Leitung ist ~** la linea è interrotta; **an einem -en Punkt sein** essere ad un punto morto; **sich ~ stellen** fare il morto; **-er Winkel** angolo morto
to·tal ADJ totale, completo **To·tal·aus·ver·kauf** M svendita *f* totale
To·ta·le F ⟨-; -n⟩ **1** inquadratura *f* totale **2** (*Gesamtansicht*) veduta *f* d'insieme
to·ta·li·tär ADJ totalitario
To·tal·scha·den M **einen ~ haben** essere completamente sfasciato
tot·ar·bei·ten V/R **sich** (**mit etw**) **~** ammazzarsi di lavoro (facendo qc)
To·te M/F ⟨-n; -n⟩ morto *m*, -a *f*; (*Verstorbene*) defunto *m*, -a *f*
tö·ten V/T uccidere
To·ten·bett N letto *m* di morte **to·ten·blass** ADJ, **to·ten·bleich** ADJ pallido come un morto **To·ten·grä·ber** M ⟨-s; -⟩ becchino *m* **To·ten·hemd** N sudario *m* **To·ten·kopf** M teschio *m* **To·ten·mas·ke** F maschera *f* mortuaria **To·ten·mes·se** F **1** messa *f* funebre **2** MUS requiem *m* **To·ten·schein** M certificato *m* di morte **To·ten·sonn·tag** M giorno *m* dei morti (nella chiesa evangelica) **To·ten·star·re** F ⟨-⟩ rigidità *f* cadaverica **To·ten·stil·le** F silenzio *m* di tomba **To·ten·wa·che** F veglia *f* funebre: **~ halten** vegliare un morto
tot·fah·ren V/T ⟨*irr*⟩ **j-n ~** investire qn uccidendolo **Tot·ge·burt** F **1** parto *m* con feto morto **2** bambino *m* nato morto **tot·krie·gen** V/T *umg hum* **nicht totzukriegen sein** essere indistruttibile
tot·la·chen V/R **sich ~** ridere a crepapelle ♦ **es ist zum Totlachen** c'è da morir dal ridere **tot·lau·fen** V/R ⟨*irr*⟩ **sich ~** finire nel nulla
To·to N/M ⟨-s; -s⟩ totocalcio *m*: **~ spielen, im ~ tippen** giocare al totocalcio **To·to·schein** M schedina *f* (del totocalcio)
tot·schie·ßen V/T ⟨*irr*⟩ uccidere **Tot·schlag** M omicidio *m* preterintenzionale **tot·schla·gen** V/T ⟨*irr*⟩ ammazzare ♦ **j-n halb ~** picchiare qn a sangue; **die Zeit ~** ammazzare il tempo
Tot·schlä·ger[1] M (*Waffe*) mazza *f* ferrata
Tot·schlä·ger[2] M, **-in** F omicida *m/f*, assassino *m*, -a *f*
tot·schwei·gen V/T ⟨*irr*⟩ mettere a tacere **tot·tram·peln** V/T, **tot·tre·ten** V/T ⟨*irr*⟩ uccidere calpestando
Tö·tung F ⟨-⟩ uccisione *f*; (*von Menschen*) omicidio *m*: **vorsätzliche/fahrlässige ~** omicidio *m* doloso/colposo
Touch [tatʃ] M ⟨-s; -s⟩ *umg* tocco *m*
Touch·pad ['tatʃpɛt] N ⟨-s; -s⟩ touchpad *m inv*
Touch·screen ['tatʃskri:n] F ⟨-; -s⟩ touch screen *m inv*
Tou·pet [tu'pe:] N ⟨-s; -s⟩ toupet *m*
tou·pie·ren V/T cotonare
Tour [tu:ɐ] F ⟨-; -en⟩ **1** giro *m* (*a.* TECH): **eine ~ durch Europa** un giro per l'Europa **2** gita *f*: **eine ~ in die Berge machen** fare una gita in montagna **3** (*bestimmte Strecke*) tratto *m* **4** *umg fig* via *f*: **sich auf krumme -en einlassen** prendere vie traverse; **es auf die langsame ~ machen** andar piano; **es auf die gemütliche ~ machen** prendersela comoda; ♦ *umg* **auf -en kommen** andare su di giri; **j-n auf -en bringen** fare andare qn su di giri; **in einer ~** in continuazione; **etw läuft auf vollen -en** qc va a pieno regime (*a. fig*)
Tou·ren·ski M sci *m* da fondoescursionismo **Tou·ren·wa·gen** M auto *f* da rally (in serie limitata) **Tou·ren·zäh·ler** M contagiri *m*
Tou·ris·mus M ⟨-⟩ turismo *m* **Tou·rist** M ⟨-en; -en⟩ turista *m* **Tou·ris·ten·klas·se** F classe *f* turistica **Tou·ris·tik** F ⟨-⟩ turismo *m* **Tou·ris·tin** F ⟨-; -nen⟩ turista *f* **tou·ris·tisch** ADJ turistico
Tour·nee F ⟨-; -s *u.* -n⟩ tournée *f*: **auf ~**

T

gehen/sein andare/essere in tournée
to·xi·ko·lo·gisch ADJ tossicologico
Trab M ⟨-[e]s⟩ trotto *m*: **in leichtem ~ reiten** cavalcare al piccolo trotto ♦ *umg* **j-n auf ~ bringen** far trottare qn
Tra·bant M ⟨-en; -en⟩ ASTRON satellite *m*
Tra·ban·ten·stadt F città *f* satellite
tra·ben V/I ⟨s.⟩ trottare (*a. umg fig*) **Tra·ber** M ⟨-s; -⟩ trottatore *m* **Trab·ren·nen** N gara *f* di trotto, corsa *f* trottistica
Tracht F ⟨-; -en⟩ **1** costume *m* (regionale) **2** **eine ~ Prügel** un fracco di botte
trach·ten V/I ⟨h.⟩ **nach etw ~** mirare (*od* aspirare) a qc; **danach ~, etw zu tun** sforzarsi per fare qc ♦ **j-m nach dem Leben ~** attentare alla vita di qn
Trach·ten·an·zug M abito *m* folcloristico, costume *m* regionale
träch·tig ADJ **1** gravido **2** *fig* pregno
Track·ball ['trɛkbɔ:l] M ⟨-s; -s⟩ IT trackball *f inv*
Tra·di·ti·on F ⟨-; -en⟩ tradizione *f*
tra·di·ti·o·nell ADJ tradizionale
traf → treffen
Tra·fik F ⟨-; -en⟩ *österr* tabaccheria *f*
Tra·fi·kant M ⟨-en; -en⟩, **-in** F ⟨-; -nen⟩ *österr* tabaccaio *m*, -a *f*
Tra·fo M ⟨-[s]; -s⟩ ELEK trasformatore *m*
trag·bar ADJ **1** portatile: **ein -er Fernseher** un televisore portatile **2** (*Kleidung*) portabile **3** (*erträglich*) sostenibile, accettabile
Tra·ge F ⟨-; -n⟩ barella *f*
trä·ge ADJ **1** pigro **2** PHYS inerte
tra·gen ⟨trägt, trug, getragen⟩ **A** V/T **1** portare: **ein Kind auf dem Arm ~** portare un bambino in braccio; **eine Uniform/einen Ehrentitel ~** portare un'uniforme/un titolo onorifico; **der Grabstein trägt eine Inschrift** la lapide porta un'iscrizione **2** (sor)reggere: *fig* **die Knie ~ mich nicht mehr** le ginocchia non mi reggono più **3** tenere: **den Kopf aufrecht ~** tenere la testa diritta **4** (*Früchte*) produrre, dare (*a. fig*) **5** (*erdulden*) sopportare, subire: **die Folgen seines Tuns ~** subire le conseguenze del suo agire **6** (*bezahlen*) sostenere: **die Kosten ~** sostenere le spese; **die Verluste trägt die Versicherung** l'assicurazione si fa carico dei danni **B** V/I ⟨h.⟩ **1** **schwer an etw** (*dat*) **zu ~ haben** avere da soffrire sotto il peso di qc (*a. fig*) **2** reggere: **das Eis trägt nicht** il ghiaccio non regge **C** V/R **sich ~** **1** accarezzare: **sich mit dem Gedanken** (*od* **mit der Absicht**) **~, alles zu verkaufen** accarezzare l'idea di vendere tutto **2** HANDEL rendere: **das Unternehmen trägt sich nicht** l'impresa non rende ♦ **j-n auf Händen ~** tenere qn in palma di mano; **etw kommt zum Tragen** qc ha effetto
Trä·ger[1] M ⟨-s; -⟩ **1** (*an Kleidern*) bretellina *f*, spallina *f* **2** BAU supporto *m*, sostegno *m*
Trä·ger[2] M ⟨-s; -⟩, **-in** F ⟨-; -nen⟩ **1** portatore *m*, -trice *f* (*a.* MED) **2** (*Gepäckträger*) facchino *m*, -a *f* **3** detentore *m*, -trice *f*: **der ~ der politischen Gewalt/des Preises** il detentore del potere politico/del premio **4** (*tragende Körperschaft*) gestore *m*, -trice *f* **5** propugnatore *m*, -trice *f*: **der ~ einer Entwicklung** il propugnatore di uno sviluppo
Trä·ger·kleid N scamiciato *m*; (*Sommerkleid*) prendisole *m* **trä·ger·los** ADJ senza bretelline, senza spalline **Trä·ger·ra·ke·te** F (razzo *m*) vettore *m*
Tra·ge·ta·sche F **1** borsa *f*; (*große Einkaufstasche*) sporta *f* **2** (*Plastiktüte*) sacchetto *m* (di plastica)
trag·fä·hig ADJ **1** in grado di sostenere un carico (*od* carichi) **2** *fig* in grado di reggere, solido **Trag·fä·hig·keit** F ⟨-⟩ portata *f*
Trag·flä·che F FLUG superficie *f* portante **Trag·flä·chen·boot** N, **Trag·flü·gel·boot** N aliscafo *m* **Trag·ge·stell** N barella *f*
Träg·heit F ⟨-⟩ **1** fiacchezza *f* **2** PHYS inerzia *f*
Tra·gik F ⟨-⟩ tragicità *f*
Tra·gi·ko·mik F aspetto *m* tragicomico
Tra·gi·ko·mö·die F tragicommedia *f*
tra·gisch ADJ tragico ♦ **nimm's nicht so ~** non metterla così sul tragico
Tra·gö·die F ⟨-; -n⟩ tragedia *f* (*a. fig*)
Trag·wei·te F portata *f* (*a. fig*)
Trag·werk N **1** BAU struttura *f* portante **2** FLUG cellula *f*
Trai·ler ['tre:lɐ] M ⟨-s; -⟩ **1** AUTO trailer *m* **2** FILM prossimamente *m*; trailer *m*
Trai·ner ['trɛ:nɐ] M ⟨-s; -⟩ allenatore *m* **Trai·ner·bank** F ⟨-; -bänke⟩ SPORT panchina *f*
Trai·ne·rin F ⟨-; -nen⟩ allenatrice *f*
trai·nie·ren [trɛ-] **A** V/T **1** allenare: **Athleten/das Gedächtnis ~** allenare atleti/la memoria **2** (*einüben*) **etw ~** allenarsi in

T

qc **3** istruire: **Verkäufer ~** istruire agenti di commercio **B** VI ⟨h.⟩ allenarsi **Trai·ning** N ⟨-s; -s⟩ allenamento *m*: **nicht im ~ sein** essere fuori allenamento
Trai·nings·an·zug M tuta *f* (sportiva) **Trai·nings·ho·se** F pantaloni *mpl* della tuta
Trakt M ⟨-[e]s; -e⟩ **1** lato *m*, ala *f*: **der nördliche ~** il lato nord **2** MED tratto *m*
trak·tie·ren VT **1** maltrattare **2** *fig* tormentare
Trak·tor M ⟨-s; -en⟩ trattore *m*
träl·lern VT & VI ⟨h.⟩ canticchiare
Tram F ⟨-; -s⟩ *u. schweiz* N ⟨-s; -s⟩ tram *m*
Tram·pel M/N ⟨-s; -⟩ *umg fig* = *persona goffa*
tram·peln **A** VI **1** ⟨h.⟩ battere (*od* pestare) i piedi: **vor Begeisterung ~** battere i piedi per l'entusiasmo **2** *pej* ⟨s.⟩ calpestare (camminando) con passi pesanti: **über den Rasen ~** calpestare il prato con passi pesanti **B** VT **j-n zu Tode ~** calpestare e uccidere qn; **etw platt ~** schiacciare qc
Tram·pel·pfad M sentiero *m* battuto
tram·pen [ˈtrɛmpn] VI ⟨s.⟩ fare l'autostop **Tram·per** M ⟨-s; -⟩, **-in** F ⟨-; -nen⟩ autostoppista *m/f*
Tram·po·lin N ⟨-s; -e⟩ trampolino *m*
Tran M ⟨-[e]s; -e⟩ olio *m* di grasso animale (*od* di pesce) ♦ **im ~ sein** essere intontito
Tran·ce [ˈtrã:s(ə)] F ⟨-; -n⟩ trance *f*: **in ~ versetzen** far cadere in trance
tran·chie·ren [trã:ˈʃi:rən] VT tagliare a fette **Tran·chier·mes·ser** N trinciante *m*
Trä·ne F ⟨-; -n⟩ lacrima *f*: **-n lachen** ridere fino alle lacrime; **ihm kommen (die) -n** gli viene da piangere
trä·nen VI ⟨h.⟩ lacrimare
Trä·nen·drü·se F ghiandola *f* lacrimale ♦ *umg* **auf die -n drücken** commuovere fino alle lacrime **Trä·nen·gas** N gas *m* lacrimogeno **Trä·nen·sack** M sacco *m* lacrimale
trank → trinken **Trank** M ⟨-[e]s; Tränke⟩ bevanda *f*: **heilender ~** bevanda medicinale
Trän·ke F ⟨-; -n⟩ abbeveratoio *m* **tränken** VT **1** abbeverare **2** **mit etw ~** impregnare di qc **3** **in etw** (*dat*) **~** imbevere in qc
Trans·ak·ti·on F HANDEL transazione *f*
trans·at·lan·tisch ADJ transatlantico
Trans·fer M ⟨-s; -s⟩ trasferimento *m* (*a.* WIRTSCH, SPORT) **trans·fe·rie·ren** VT trasferire
Trans·for·ma·tor M ⟨-s; -en⟩ ELEK trasformatore *m* **trans·for·mie·ren** VT **1** trasformare **2** ELEK **etw ~** modificare la tensione corrente di qc
Trans·fu·si·on F trasfusione *f*
Tran·sis·tor M ⟨-s; -en⟩ transistor *m* **Tran·sis·tor·ra·dio** N radio *m* a transistor
Tran·sit M ⟨-s; -e⟩ transito *m*
tran·si·tiv ADJ GRAM transitivo
Tran·sit·raum M sala *f* (d'attesa) per i passeggeri in transito **Tran·sit·ver·kehr** M traffico *m* di (*od* in) transito, transito *m*
Trans·mis·si·on F ⟨-; -en⟩ PHYS, MECH trasmissione *f*
trans·pa·rent ADJ trasparente (*a. fig*)
Trans·pa·rent N ⟨-[e]s; -e⟩ **1** trasparente *m* **2** (*Spruchband*) striscione *m*
Trans·plan·tat N ⟨-[e]s; -e⟩ MED **1** organo *m* trapiantato **2** (*Gewebe*) tessuto *m* trapiantato **Trans·plan·ta·ti·on** F ⟨-; -en⟩ AGR, MED trapianto *m* **trans·plan·tie·ren** VT MED trapiantare
Trans·port M ⟨-[e]s; -e⟩ trasporto *m*: **~ auf der Straße** trasporto su strada; **~ mit der** (*od* **per**) **Bahn** trasporto per ferrovia; **auf dem** (*od* **beim**) **~** nel (*od* durante il) trasporto **trans·por·ta·bel** ADJ trasportabile; portatile **Trans·port·band** N ⟨-[e]s; -bänder⟩ nastro *m* trasportatore **Trans·por·ter** M ⟨-s; -⟩ furgone *m* **Trans·por·teur** [-ˈtøːɐ] M ⟨-s; -e⟩, **-in** F ⟨-; -nen⟩ trasportatore *m*, -trice *f*
trans·port·fä·hig ADJ trasportabile **Trans·port·flug·zeug** N aereo *m* da trasporto
trans·por·tie·ren VT **1** trasportare **2** FOTO trascinare (la pellicola)
Trans·port·mit·tel N mezzo *m* di trasporto **Trans·port·schiff** N nave *f* da trasporto (*od* da carico) **Trans·port·un·ter·neh·men** N impresa *f* di trasporti **Trans·port·ver·si·che·rung** F assicurazione *f* sul trasporto
Trans·ves·tit M ⟨-en; -en⟩ travestito *m*
trans·zen·den·tal ADJ trascendentale
Tra·pez N ⟨-es; -e⟩ trapezio *m* (*a.* GEOM) **tra·pez·för·mig** ADJ trapezoidale
Tra·ra N ⟨-s⟩ *umg* chiasso *m*: **mit großem ~** con grande chiasso; *fig* **um j-n/etw viel ~ machen** fare molto chias-

T

so intorno a qn/qc
Tras·se F ⟨-; -n⟩ tracciato *m*
trat → treten
Tratsch M ⟨-[e]s⟩ *umg* chiacchiere *fpl*, pettegolezzi *mpl* **trat·schen** V/I ⟨h.⟩ *umg* **über j-n/etw ~** spettegolare di qn/qc; (*gehässig*) sparlare di qn/qc
Trau·be F ⟨-; -n⟩ **1** grappolo *m* (*a. fig*) **2** (*Weintraube*) grappolo *m* (d'uva) **3** *pl* (*Wein*) uva *f*: **blaue/grüne -n** uva nera/bianca **Trau·ben·saft** M succo *m* d'uva **Trau·ben·zu·cker** M glucosio *m*
trau·en **A** V/I ⟨h.⟩ **j-m (nicht) ~** (non) fidarsi di qn; **j-s Worten (nicht) ~** (non) prestar fede alle parole di qn **B** V/R **sich ~** fidarsi, osare; **sich nicht über die Straße ~** non fidarsi ad attraversare la strada; **sich nicht zu sprechen ~** non osare parlare **C** V/T sposare ♦ **seinen Augen nicht ~** non credere ai propri occhi; *umg* **dem Frieden nicht ~** essere scettico; **sich kirchlich ~ lassen** sposarsi in chiesa; **j-m nicht über den Weg ~** fidarsi poco di qn
Trau·er F ⟨-⟩ **1** dolore *m*: **~ über etw** (*akk*) **empfinden** provare dolore per qc **2** (*um einen Verstorbenen*) lutto *m*: **~ tragen** portare il lutto ♦ **in ~ sein** essere in lutto; **in stiller** (*od* **tiefer**) **~** con profondo dolore
Trau·er·fall M lutto *m* **Trau·er·fei·er** F funerale *m*, funerali *mpl* **Trau·er·flor** M fascia *f*, nastrino *m* da lutto **Trau·er·klei·dung** F vestiti *mpl* da lutto **Trau·er·kloß** M *hum* musone *m* **Trau·er·marsch** M marcia *f* funebre
trau·ern V/I ⟨h.⟩ **1** essere afflitto: **um j-s Tod/über j-s Verlust ~** essere addolorato per la morte/per la scomparsa di qn **2** (*Trauer tragen, in Trauer sein*) portare (*od* osservare) il lutto
Trau·er·re·de F discorso *m* funebre **Trau·er·schlei·er** M velo *m* da lutto **Trau·er·spiel** N KIRCHE *fig* tragedia *f* **Trau·er·wei·de** F BOT salice *m* piangente **Trau·er·zug** M corteo *m* funebre
Trau·fe F ⟨-; -n⟩ grondaia *f*, gronda *f*
träu·feln V/T versare a gocce: **etw in die Ohren ~** mettere delle gocce nelle orecchie
trau·lich ADJ intimo, accogliente
Traum M ⟨-[e]s; Träume⟩ sogno *m*: **einen bösen ~ haben** fare un brutto sogno ♦ **der Mann meiner Träume** l'uomo dei miei sogni; **nicht im ~** neanche per sogno
Trau·ma N ⟨-s; Traumen *u.* -ta⟩ trauma *m*
trau·ma·tisch ADJ traumatico
Traum·be·ruf M professione *f* sognata
träu·men **A** V/T sognare **B** V/I ⟨h.⟩ **1** **von j-m/etw ~** sognare (di) qn/qc **2** **mit offenen Augen ~** sognare ad occhi aperti ♦ **das hätte ich mir nicht** (*od* **nie**) **~ lassen** non me lo sarei nemmeno sognato
Träu·mer M ⟨-s; -⟩ sognatore *m* **Träu·me·rei** F ⟨-; -en⟩ fantasticheria *f*, sogno *m* **Träu·me·rin** F ⟨-; -nen⟩ sognatrice *f* **träu·me·risch** ADJ sognante
Traum·frau F donna *f* ideale **traum·haft** **A** ADJ di (*od* da) sogno, fantastico **B** ADV come in (un) sogno **Traum·mann** M ⟨-[e]s; -männer⟩ uomo *m* ideale
trau·rig ADJ **1** triste: **über etw** (*akk*) **~ sein** essere triste per qc **2** (*erbärmlich*) misero: **in -en Verhältnissen leben** vivere in misere condizioni ♦ **~ werden** rattristarsi **Trau·rig·keit** F ⟨-; -en⟩ tristezza *f*
Trau·ring M fede *f* nuziale **Trau·schein** M certificato *m* di matrimonio
Trau·ung F ⟨-; -en⟩ matrimonio *m*
Trau·zeu·ge M, **-zeu·gin** F testimone *m/f* di nozze
Tra·ves·tie F ⟨-; -n⟩ parodia *f* **Tra·ves·tie·show** F spettacolo *m* en travesti
Treck M ⟨-s; -s⟩ **1** (*von Siedlern*) carovana *f* **2** (*von Flüchtlingen*) colonna *f*
Tre·cker M ⟨-s; -⟩ trattore *m*
Tre·cking → Trekking
Treff M ⟨-s; -s⟩ *umg* **1** incontro *m* **2** (*Treffpunkt*) punto *m* d'incontro
tref·fen ⟨trifft, traf, getroffen⟩ **A** V/T **1** (*begegnen*) incontrare **2** colpire: **das Ziel ~** colpire il bersaglio **3** *fig* **j-n bis ins Innerste ~** colpire qn nel profondo **4** toccare: **diesmal trifft's dich** 'sta volta tocca a te; **ihn trifft keine Schuld** non è colpa sua **5** (*erraten*) indovinare: **j-s Geschmack ~** indovinare il gusto di qn **6** (*finden*) trovare: **den richtigen Ton ~** trovare il tono giusto **7** prendere: **Maßnahmen/eine Absprache ~** prendere provvedimenti/accordi **B** V/I **1** ⟨h.⟩ colpire nel segno: **der Schuss traf nicht** il colpo non andò a segno **2** ⟨s.⟩ incontrare (*a.* SPORT), imbattersi: **auf j-n ~** imbat-

tersi in (*od* incontrare) qn; **auf Widerstand ~** incontrare resistenza **C** VR **sich ~** **1** incontrarsi, trovarsi **2** capitare: **es traf sich, dass ...** capitò che ... ♦ **es gut/schlecht ~** avere fortuna/sfortuna; **es trifft sich gut** è una fortuna; **auf dem Foto ist sie (nicht) gut getroffen** sulla foto (non) è venuta bene; **wie es sich so trifft** come vuole il caso

Tref·fen N ⟨-s; -⟩ **1** incontro *m*: **ein ~ verabreden** fissare un incontro **2** (*Versammlung*) riunione *f*, raduno *m*

tref·fend ADJ giusto, appropriato

Tref·fer M ⟨-s; -⟩ **1** centro *m*: **auf 10 Schüsse 6 ~ haben** aver fatto 6 centri su 10 colpi **2** (*beim Boxen, Fechten*) colpo *m* **3** (*Tor*) rete *f*, goal *m* **4** (*in der Lotterie*) numero *m* (*od* biglietto *m*) vincente

Treff·punkt M punto *m* di incontro

trei·ben ⟨trieb, getrieben⟩ **A** VT **1** cacciare, spingere: **den Feind aus dem Land ~** cacciare il nemico dal paese; **das Vieh aus dem Stall ~** spingere il bestiame fuori dalla stalla; **das Vieh auf die Weide ~** condurre la mandria al pascolo **2** *fig* **seine Eifersucht hat ihn dazu getrieben** lo ha spinto a farlo la gelosia; **j-n in den Tod/zum Äußersten ~** spingere qn alla morte/all'estremo **3** (*in Gang halten*) muovere, azionare **4** (*hineinschlagen*) conficcare **5** lavorare a sbalzo: **Kupfer ~** sbalzare il rame **6** fare, dedicarsi a: **Handel ~** dedicarsi al commercio; **Sport ~** praticare sport; **was treibst du denn?** che fai di bello? **B** VI **1** ⟨h., s.⟩ galleggiare: **etw treibt auf dem** (*od* **im**) **Wasser** qc galleggia sull'acqua **2** ⟨s.⟩ essere spinto: **ans Ufer ~** essere spinto sulla riva **3** ⟨h.⟩ BOT spuntare, germogliare **4** ⟨h.⟩ *umg* **Bier treibt** la birra stimola ♦ **j-n zur Arbeit ~** incitare qn al lavoro; **j-n zur Eile ~** mettere fretta a qn; *umg* **es toll ~** esagerare; *umg* **es mit j-m ~** farsela con qn; **sich (zu sehr) ~ lassen** lasciarsi andare (troppo); **sich von der Strömung ~ lassen** farsi trascinare dalla corrente; **etw zu weit ~** spingere qc troppo avanti

Trei·ben N ⟨-s; -⟩ **1** movimento *m*, animazione *f*: **es herrscht ein buntes ~** regna una vivace animazione **2** (*Tun*) attività *f*

Trei·ber[1] M ⟨-s; -⟩ IT driver *m inv*

Trei·ber[2] M ⟨-s; -⟩, **-in** F ⟨-; -nen⟩ JAGD battitore *m*

Treib·gas N (*in Spraydosen*) gas *m* propellente **Treib·haus** N serra *f* **Treib·haus·ef·fekt** M effetto *m* serra **Treib·haus·gas** N gas *m* (di) serra **Treib·holz** N legname *m* galleggiante **Treib·jagd** F battuta *f* di caccia **Treib·rad** N ruota *f* motrice **Treib·rie·men** M cinghia *f* di trasmissione **Treib·sand** M sabbia *f* mobile **Treib·stoff** M carburante *m*

Trek·king N ⟨-s; -s⟩ trekking *m*

Trend M ⟨-s; -s⟩ tendenza *f*, trend *m*: **der ~ geht zu ...** la tendenza va verso ...

tren·dig ADJ *umg* trendy, alla moda

Trend·set·ter M ⟨-s; -⟩, **-in** F ⟨-; -nen⟩ chi fa tendenza **Trend·wen·de** F mutamento *m* di tendenza

trenn·bar ADJ separabile, divisibile

tren·nen **A** VT **1** dividere (*a.* GRAM), separare: **ein Kind von seiner Familie ~** dividere un bambino dalla sua famiglia; **die Streitenden ~** separare i litiganti **2** (*abschneiden*) troncare, tagliare **3** (*loslösen*) staccare **4** (*unterscheiden*) distinguere: **die Person von der Sache ~** distinguere la persona dalla cosa **5** TEL **die Verbindung ~** interrompere la comunicazione **B** VR **sich ~** separarsi, dividersi; **unsere Wege ~ sich hier** le nostre strade si dividono qui; **sich von j-m/etw ~** separarsi da qn/qc ♦ **uns ~ Welten** siamo distanti mille miglia

Trenn·kost F dieta *f* dissociata **Trenn·pro·gramm** N IT programma *m* per la divisione sillabica

Tren·nung F ⟨-; -en⟩ **1** separazione *f*, divisione *f* **2** CHEM, POL scissione *f* **3** (*Loslösung*) (di)stacco *m* **4** (*Unterscheidung*) distinzione *f* ♦ **in ~ leben** vivere separati

Tren·nungs·strich M trattino *m* di separazione

Tren·se F ⟨-; -n⟩ filetto *m* (del morso)

Tren·ti·no-Süd·ti·rol N Trentino Alto-Adige *m*

trepp·ab ADV giù per le scale **trepp·auf** ADV su per le scale

Trepp·chen N ⟨-s; -⟩ **1** scaletta *f* **2** SPORT podio *m*

Trep·pe F ⟨-; -n⟩ **1** scala *f*; (*Freitreppe*) scalinata *f* **2** **eine ~ höher/tiefer** un piano sopra/sotto

Trep·pen·ab·satz M pianerottolo *m*

Trep·pen·ge·län·der N ringhiera *f* delle scale **Trep·pen·haus** N (tromba f delle) scale *fpl* **Trep·pen·stu·fe** F gradino *m*

Tre·sor M ⟨-s; -e⟩ cassaforte *f*: **einen ~ knacken** scassinare una cassaforte **Tre·sor·fach** N cassetta *f* di sicurezza **Tre·sor·raum** M camera *f* blindata

Tres·ter M ⟨-s; -⟩ vinaccia *f* **Tres·ter·brannt·wein** M, **Tres·ter·schnaps** M grappa *f*

Tret·boot N pattino *m* a pedali **Tret·ei·mer** M secchio *m* della spazzatura a pedale

tre·ten ⟨tritt, trat, getreten⟩ **A** V/T **1** j-n/etw (**mit dem Fuß**) ~ dare un calcio a qn/qc; **j-n ans** (*od* **gegen**) **das Schienbein ~** dare un calcio negli stinchi a qn **2** SPORT calciare, tirare: **einen Freistoß ~** calciare una punizione; **eine Ecke ~** tirare un calcio d'angolo **B** V/I ⟨s.⟩ **1** andare: **ans Fenster ~** andare alla finestra; **auf die Straße ~** uscire in strada; **nach hinten/vorne ~** andare indietro/avanti **2** (*kommen*) venire **3** (*herauskommen*) uscire: **aus der Tür ~** uscire dalla porta **4** (*eintreten*) entrare: **ins Haus ~** entrare in casa **5** **zu j-m/etw ~** avvicinarsi a qn/qc **6** (*erscheinen*) comparire: **vor das Gericht ~** comparire in tribunale; **tritt mir nicht mehr unter die Augen!** non comparirmi più davanti (agli occhi)!; **~ Sie näher!** si avvicini! **7** *fig* entrare: **in Streik/Verhandlungen ~** entrare in sciopero/in trattative; **in j-s Dienst ~** entrare al servizio di qn **8** (*unabsichtlich*) **in etw** (*akk*) **~** finire (col piede) in qc; **auf etw** (*akk*) **~** (cal)pestare qc; **auf eine Mine ~** finire sopra una mina; **j-m auf den Fuß ~** pestare un piede a qn **9** ⟨h.⟩ **nach j-m/etw ~** dare un calcio (*od* calci) a qn/qc **10** ⟨h.⟩ **gegen die Tür ~** prendere a calci la porta **11** (*mit dem Fuß betätigen*) **auf etw** (*akk*) **~** schiacciare qc (col piede) ♦ *fig* **j-n/j-s Gefühle mit Füßen ~** calpestare qn/i sentimenti di qn; *fig* **nach unten ~** sfogarsi con i propri sottoposti

Tret·müh·le F *umg* trantran *m*

treu ADJ **1** fedele: **j-m/sich selber ~ bleiben** restare fedele a qn/a sé stesso **2** (*zuverlässig*) fidato: **etw zu -en Händen übergeben** consegnare qc in mani fidate ♦ **das Glück blieb ihm ~** la fortuna non lo abbandonò; **ein -er Kunde** un cliente affezionato; **eine -e Seele** un'anima buona

Treue F ⟨-⟩ fedeltà *f*: **j-m die ~ halten** rimanere fedele a qn ♦ **auf Treu und Glauben** in buona fede

Treu·hand F amministrazione *f* fiduciaria **Treu·hän·der** M ⟨-s; -⟩, **-in** F ⟨-; -nen⟩ amministratore *m*, -trice *f* fiduciario (-a), fiduciario *m*, -a *f* **treu·hän·de·risch** ADJ fiduciario **Treu·hand·ge·sell·schaft** F (società *f*) fiduciaria *f*

treu·her·zig ADJ candido, innocente, ingenuo **treu·los** **A** ADJ infedele **B** ADV da infedele, slealmente **Treu·lo·sig·keit** F ⟨-⟩ infedeltà *f*, slealtà *f*

Tri·bu·nal N ⟨-s; -e⟩ tribunale *m*

Tri·bü·ne F ⟨-; -n⟩ tribuna *f*: **auf der ~** in tribuna

Tri·but M ⟨-[e]s; -e⟩ tributo *m* (*u. fig*)

Trich·ter M ⟨-s; -⟩ **1** imbuto *m* **2** (*Schalltrichter*) padiglione *m* **3** (*Bomben-, Vulkantrichter*) cratere *m* **trich·ter·för·mig** ADJ a (forma di) imbuto, imbutiforme

Trick M ⟨-s; -s⟩ trucco *m*: **er ist auf den ~ hereingefallen** ci è cascato **Trick·auf·nah·me** F trucchi *mpl* cinematografici, effetti *mpl* speciali **Trick·film** M film *m* d'animazione, *umg* cartone *m* animato **trick·reich** ADJ che conosce molti trucchi; (*listig*) astuto **Trick·ski·lau·fen** N sci *m* acrobatico

trieb → treiben

Trieb M ⟨-[e]s; -e⟩ **1** impulso *m*, istinto *m*; PSYCH pulsione *f*: **ein innerer ~** una pulsione interiore; **ein natürlicher ~** un istinto naturale; **ein unwiderstehlicher ~** un impulso irresistibile **2** (*Neigung*) forte propensione *f* **3** BOT getto *m*, germoglio *m* **Trieb·fe·der** F *fig* molla *f*, motivo *m* **trieb·haft** ADJ istintivo, impulsivo **Trieb·kraft** F **1** forza *f* motrice **2** → Triebfeder **Trieb·ver·bre·cher** M, **-in** F maniaco *m*, -a *f* sessuale **Trieb·wa·gen** M automotrice *f* **Trieb·werk** N MECH propulsore *m*

trie·fen V/I ⟨triefte/troff, getrieft/getroffen⟩ **1** ⟨s.⟩ grondare: **Schweiß trieft ihm von der Stirn** il sudore gli gronda dalla fronte **2** ⟨h.⟩ **die Stirn trieft von Schweiß** la fronte gronda (di) sudore **3** ⟨h.⟩ essere pieno: **die Spaghetti ~ von** (*od* **vor**) **Öl** gli spaghetti sono pieni d'olio; *fig* **der Roman trieft von Ironie** il romanzo è denso d'ironia **trie·fend** **A** ADJ (bagnato) fradicio **B** ADV **~ nass** completamente bagnato

Tri·ent N ⟨-s⟩ Trento *f*

T

Trier N ⟨-s⟩ Treviri *f*
Triest N ⟨-s⟩ Trieste *f*
trif·tig ADJ valido, fondato; (*überzeugend*) convincente: **-e Einwände** obiezioni fondate; **-e Beweise** prove convincenti
Tri·go·no·met·rie F ⟨-⟩ trigonometria *f*
Tri·kot[1] [tri'ko:] N/M ⟨-s; -s⟩ (*Stoff*) tricot *m*
Tri·kot[2] [tri'ko:] N ⟨-s; -s⟩ tuta *f* aderente (in maglia) ♦ SPORT **das Gelbe ~** la maglia gialla
Tril·ler M ⟨-s; -⟩ trillo *m*
tril·lern V/I ⟨h.⟩ gorgheggiare
Tril·ler·pfei·fe F fischietto *m*
Tril·li·on F ⟨-; -en⟩ trilione *m*
Tri·lo·gie F ⟨-; -n⟩ trilogia *f*
Trimm-dich-Pfad M percorso *m* attrezzato
trim·men A V/T 1 allenare 2 *umg* **j-n auf etw** (*akk*), **zu etw ~** = *educare qn a qc* 3 FLUG, SCHIFF assettare, equilibrare B V/R **sich ~** allenarsi, tenersi in forma ♦ **sich auf jugendlich ~** fare il giovanotto
trink·bar ADJ bevibile; (*Wasser*) potabile
trin·ken V/T & V/I ⟨trank, getrunken; h.⟩ 1 bere 2 (*zu viel*) alzare il gomito 3 (*Sucht*) avere il vizio del bere ♦ **auf j-n/etw ~** brindare a qn/qc; **aus der Flasche ~** bere dalla bottiglia; **Kaffee ~** prendere il caffè; **sich** (*dat*) **das Trinken angewöhnen** prendere l'abitudine di bere
Trin·ker M ⟨-s; -⟩, **-in** F ⟨-; -nen⟩ 1 bevitore *m*, -trice *f*: **ein starker Trinker** un forte bevitore 2 (*Alkoholiker*) alcolizzato *m*, -a *f*: **zum Trinker werden** diventare un alcolizzato
trink·fest ADJ che regge l'alcool **Trink·geld** N mancia *f* **Trink·halm** M cannuccia *f* **Trink·spruch** M brindisi *m*: **einen ~ auf j-n/etw ausbringen** fare un brindisi a qn/qc **Trink·was·ser** N acqua *f* potabile **Trink·was·ser·auf·be·rei·tung** F ⟨-⟩ potabilizzazione *f* delle acque

Das Trinkgeld

La mancia lässt man in einem italienischen Restaurant auf dem Tisch liegen, wenn man geht.

Trio N ⟨-s; -s⟩ trio *m* (*a. fig*)
Trip M ⟨-s; -s⟩ 1 *umg* (*Reise*) viaggio *m*, viaggetto *m* 2 *sl* (*Drogentrip*) trip *m*: **auf dem ~ sein** avere un trip 3 *sl* (*Dosis*) dose *f*: **einen ~ einwerfen** farsi (una dose) ♦ *umg fig* **auf dem religiösen ~ sein** stare attraversando una fase religiosa
trip·peln V/I ⟨s.⟩ camminare a passettini
Trip·per M ⟨-s; -⟩ gonorrea *f*
trist ADJ triste, desolato
tritt → treten
Tritt M ⟨-[e]s; -e⟩ 1 passo *m*: **bei jedem ~** a ogni passo 2 (*Fußtritt*) calcio *m*: **einen ~ bekommen** (*od* **kriegen**) prendersi un calcio; *umg fig* prendersi un calcio nel sedere 3 (*Fußspur*) orma *f* 4 → Trittbrett 5 (*Stufe*) gradino *m* ♦ **~ fassen** rimettersi al passo (*a. fig*); **aus dem ~ kommen** perdere il passo
Tritt·brett N predellino *m*, montatoio *m*
Tritt·brett·fah·rer M, **-in** F *pej* profittatore *m*, -trice *f*
Tritt·lei·ter F scaletta *f*
Tri·umph M ⟨-[e]s; -e⟩ trionfo *m* **tri·um·phal** ADJ trionfale **tri·um·phie·ren** V/I ⟨h.⟩ **über j-n/etw ~** trionfare su qn/qc
tri·vi·al ADJ 1 banale 2 (*gewöhnlich*) comune, solito **Tri·vi·al·li·te·ra·tur** F letteratura *f* d'evasione (*od* di consumo)
tro·cken A ADJ 1 asciutto: **-en Fußes** coi piedi asciutti; **ein -es Klima** un clima asciutto; **die Farbe ist ~ geworden** il colore si è asciugato 2 secco: **-es Brot** pane secco; **-e Lippen** labbra secche; **-er Wein** vino secco 3 (*langweilig*) arido, noioso: **ein -er Vortrag** una conferenza noiosa; **-e Zahlen** aride cifre 4 (*Humor*) sobrio B ADV 1 a secco: **etw ~ reinigen** lavare qc a secco 2 (*gefühllos*) in modo asciutto (*od* sobrio): **etw ~ erzählen** raccontare qc in modo sobrio 3 in tono secco: **etw ~ mitteilen** comunicare qc in tono secco ♦ **im Trockenen** all'asciutto, al riparo; *umg* **seit einem Jahr ~ sein** non bere più un goccio da un anno; **sich ~ rasieren** radersi col rasoio elettrico; **etw ~ reiben** asciugare (strofinando); **auf dem Trockenen sitzen** essere a corto (di qc); essere in bolletta
Tro·cken·dock N bacino *m* di carenaggio **Tro·cken·heit** F ⟨-⟩ 1 asciuttezza *f* 2 (*Dürre*) secchezza *f*, aridità *f* 3 (*Dürreperiode*) periodo *m* di siccità **tro·cken·le·gen** V/T 1 (*Babys*) cambiare 2 (*entwässern*) prosciugare **Tro·cken·milch** F latte *m* in polvere **Tro·cken-**

T

obst N frutta *f* secca **Tro·cken·ra·sie·rer** M *umg* rasoio *m* elettrico **Tro·cken·raum** M stenditoio *m* **tro·cken·rei·ben** V/T ⟨*irr*⟩ → trocken **Tro·cken·tuch** N canovaccio *m* **Tro·cken·übung** F esercizi *mpl* preliminari **Tro·cken·zeit** F stagione *f* secca

trock·nen A V/T 1 asciugare 2 essiccare, seccare: **Blumen ~** seccare fiori; **Fleisch ~** essiccare la carne B V/I ⟨h., s.⟩ asciugarsi

Trock·ner M ⟨-s; -⟩ 1 asciugatore *m* 2 (*Wäschetrockner*) asciugatrice *f*

Trod·del F ⟨-; -n⟩ nappa *f*

Trö·del M ⟨-s⟩ *umg* ciarpame *m* **Trö·del·la·den** M negozio *m* di rigattiere **Trö·del·markt** M mercato *m* delle pulci

trö·deln V/I *umg* 1 ⟨h.⟩ gingillarsi; (*langsam sein*) perder tempo 2 ⟨s.⟩ (*schlendern*) bighellonare **Tröd·ler** M ⟨-s; -⟩, **-in** F ⟨-; -nen⟩ *umg* 1 (*Händler*) rigattiere *m*, robivecchi *m/f inv* 2 (*langsamer Mensch*) perditempo *m/f inv*

troff → triefen

trog → trügen

Trog M ⟨-[e]s; Tröge⟩ 1 trogolo *m* 2 (*Bütte*) tinozza *f* 3 (*Backtrog*) madia *f*

tro·ja·ni·sches Pferd N IT cavallo *m* di Troia

trol·len V/R *umg* **sich ~** andarsene

Trom·mel F ⟨-; -n⟩ 1 tamburo *m* (*a.* TECH) 2 (*von Waschmaschinen*) cestello *m* ♦ *fig* **die ~ für j-n/etw rühren** battere il tamburo per qn/qc

Trom·mel·brem·se F freno *m* a tamburo **Trom·mel·fell** N 1 pelle *f* del tamburo 2 ANAT (membrana *f* del) timpano *m* **Trom·mel·feu·er** N MIL fuoco *m* tambureggiante

trom·meln A V/I ⟨h.⟩ 1 battere (*od* suonare) il tamburo 2 tamburellare: **mit den Fingern auf den Tisch ~** tamburellare con le dita sul tavolo 3 battere, picchiare: **gegen** (*od* **an**) **die Tür ~** picchiare alla porta B V/T 1 battere: **den Takt ~** battere il ritmo 2 **einen Marsch ~** accompagnare una marcia col tamburo ♦ **j-n aus dem Bett ~** tirare giù dal letto qn picchiando alla porta

Trom·mel·schlag M colpo *m* di tamburo **Trom·mel·stock** M bacchetta *f* (del tamburo) **Trom·mel·wir·bel** M rullo *m* di tamburo

Tromm·ler M ⟨-s; -⟩, **-in** F ⟨-; -nen⟩ 1 suonatore *m*, -trice *f* di tamburo 2 MIL tamburino *m*, -a *f*

Trom·pe·te F ⟨-; -n⟩ tromba *f*: **~ blasen** suonare la tromba **trom·pe·ten** A V/I ⟨h.⟩ 1 suonare la tromba 2 (*Elefant*) barrire B V/T suonare con la tromba

Trom·pe·ter M ⟨-s; -⟩, **-in** F ⟨-; -nen⟩ 1 trombettiere *m* 2 (*Jazz*) trombettista *m/f* 3 (*im Sinfonieorchester*) tromba *f*

Tro·pen PL tropici *mpl* **Tro·pen·fie·ber** N malaria *f*, febbre *f* tropicale **Tro·pen·helm** M casco *m* coloniale **Tro·pen·wald** M foresta *f* equatoriale

Tropf M ⟨-[e]s; -e⟩ MED fleboclisi *f*, flebo *f*: **er hängt am ~** gli hanno messo la flebo

tröp·feln V/I 1 ⟨s.⟩ gocciolare 2 *unpers* ⟨h.⟩ piovigginare: **es tröpfelt** pioviggina

trop·fen A V/I 1 ⟨s.⟩ gocciolare: **der Wein ist auf den Tisch getropft** il vino è gocciolato sul tavolo 2 ⟨h.⟩ **der Hahn hat die ganze Nacht getropft** il rubinetto ha gocciolato tutta la notte B V/T versare a gocce

Trop·fen M ⟨-s; -⟩ goccia *f*: **~ gegen den Husten** gocce per la tosse; **bis auf den letzten ~** fino all'ultima goccia; ♦ **ein guter ~** un buon vino; **ein edler ~** un vino nobile; **ein ~ auf den heißen Stein sein** essere come una goccia nel mare

trop·fen·wei·se ADV 1 a gocce, a goccia 2 *umg fig* (*tröpfchenweise*) col contagocce

Tropf·fla·sche F contagocce *m* **tropf·nass** ADJ grondante **Tropf·stein·höh·le** F grotta *f* con stalattiti e stalagmiti

Tro·phäe F ⟨-; -n⟩ trofeo *m*

tro·pisch ADJ tropicale, dei tropici

Trost M ⟨-[e]s⟩ consolazione *f*, conforto *m*: **~ bringend** consolante; **schwacher ~** magra consolazione ♦ *umg* **nicht** (**ganz**) **bei ~ sein** essere un po' suonato; **~ spenden** dare conforto; **zu deinem ~** per consolarti

trös·ten A V/T confortare, consolare B V/R **sich ~** consolarsi **tröst·lich** ADJ confortante, di conforto, consolante

trost·los ADJ 1 sconsolato, sconfortato 2 (*deprimierend schlecht*) sconfortante 3 (*öde*) desolato **Trost·lo·sig·keit** F ⟨-⟩ sconforto *m*; desolazione *f* **Trost·pflas·ter** N *hum* (piccola) consolazione *f* **Trost·preis** M premio *m* di consolazione

Trott M ⟨-[e]s; -e⟩ 1 trotto *m*: **im ~ ge-**

T

hen andare al trotto **2** tran tran *m*: **in den alten ~ verfallen** ricominciare il solito tran tran

Trot·tel M ⟨-s; -⟩ scemo *m*, cretino *m*

trot·te·lig ADJ rimbecillito

trot·ten V/I ⟨s.⟩ camminare con passo lento (*od* pesante)

Trot·ti·nett N ⟨-s; -e⟩ *schweiz* monopattino *m*

trotz PRÄP (*+gen*) nonostante, malgrado: **~ alledem** malgrado tutto

Trotz M ⟨-es⟩ **1** ostinazione *f*: **aus ~** per ostinazione **2** dispetto *m*: **dem Verbot/j-m zum ~** a dispetto del divieto/di qn

trotz·dem **A** ADV ciononostante, malgrado ciò **B** KONJ sebbene

trot·zen V/I ⟨h.⟩ **1 den Gefahren ~** sfidare i pericoli **2** resistere: **der Kälte ~** resistere al freddo **3** (*trotzig sein*) tenere il broncio

trot·zig ADJ caparbio

trü·be ADJ **1** (*Flüssigkeit*) torbido **2** (*Augen*) spento **3** (*Glas*) opaco; offuscato **4** (*beschlagen*) appannato **5** (*grau*) cupo, tetro: **ein -s Licht** una luce cupa; **ein -s Wetter** un tempo grigio (*od* coperto) **6** *fig* **~ Tage** giornate tristi ♦ **im Trüben fischen** pescare nel torbido

Tru·bel M ⟨-s⟩ confusione *f*, baraonda *f*: **es herrschte ein großer ~** c'era una gran confusione; **sie stürzten sich in den ~** si lanciarono nella baraonda

trü·ben **A** V/T **1** intorbidire **2** (*beeinträchtigen*) offuscare **B** V/R **sich ~** **1** intorbidirsi **2** offuscarsi: **der Himmel/j-s Blick/j-s Bewusstsein trübt sich** il cielo/lo sguardo di qn/la coscienza di qn si offusca

Trüb·sal F ⟨-; -e⟩ **1** afflizione *f* **2** tristezza *f* ♦ *umg* **~ blasen** essere avvilito **trüb·se·lig** **A** ADJ **1** desolante, triste; (*Gedanken*) sconfortante **2** (*Ort*) desolato **B** ADV in modo sconfortato (*od* triste) **Trüb·se·lig·keit** F ⟨-⟩ **1** afflizione *f*, sconforto *m* **2** desolazione *f* **Trüb·sinn** M malinconia *f* **trüb·sin·nig** ADJ malinconico, tetro

Trü·bung F ⟨-; -en⟩ **1** intorbidamento *m* **2** offuscamento *m*: **die ~ des Bewusstseins** l'offuscamento della coscienza **3** annebbiamento *m*: **eine ~ der Augen** un annebbiamento della vista

tru·deln V/I ⟨s.⟩ FLUG cadere a vite

Trüf·fel F ⟨-; -n⟩ *u. umg* M ⟨-s; -⟩ tartufo *m*

trug → tragen

Trug·bild N allucinazione *f*, illusione *f*

trü·gen V/T ⟨trog, getrogen⟩ ingannare

trü·ge·risch ADJ ingannevole, illusorio

Trug·schluss M falsa conclusione *f*

Tru·he F ⟨-; -n⟩ cassapanca *f*

Trüm·mer PL **1** rovine *fpl*, macerie *fpl*: **die ~ einer Stadt** le rovine di una città **2** (*Bruchstücke*) frantumi *mpl*; rottami *mpl*: **die ~ eines Flugzeuges** i rottami di un aereo ♦ **in ~ gehen/schlagen** andare/mandare in frantumi; **in -n liegen** essere ridotto a un cumulo di macerie

Trüm·mer·feld N campo *m* di macerie **Trüm·mer·hau·fen** M mucchio *m* di macerie

Trumpf M ⟨-[e]s; Trümpfe⟩ **1** briscola *f*: **Herz ist ~** cuori è la briscola **2** *fig* asso *m* nella manica ♦ **seinen letzten ~ ausspielen** giocare la propria ultima carta; **alle Trümpfe in der Hand haben** avere un asso nella manica; *fig* **~ sein** essere di moda

Trunk M ⟨-[e]s; Trünke⟩ bevanda *f* ♦ **sich dem ~ ergeben** darsi al bere

Trun·ken·heit F ⟨-⟩ ubriachezza *f*, ebbrezza *f* (*a. fig*) ♦ **~ am Steuer** guida in stato di ebbrezza (*od* ubriachezza)

Trunk·sucht F alcolismo *m*

trunk·süch·tig ADJ alcolizzato

Trupp M ⟨-s; -s⟩ **1** drappello *m* (*a.* MIL): **ein ~ Gefangene** un drappello di prigionieri **2** gruppo *m*: **ein ~ Arbeiter** una squadra di lavoratori

Trup·pe F ⟨-; -n⟩ **1** MIL truppe *fpl* **2** THEAT troupe *f*, compagnia *f*

Trup·pen·ab·bau M smobilitazione *f* delle truppe **Trup·pen·teil** M MIL reparto *m* **Trup·pen·trans·por·ter** M trasporto *m* truppe **Trup·pen·übungs·platz** M piazza *f* d'armi

Trut·hahn M tacchino *m*

Trut·hen·ne F tacchina *f*

Tschad M ⟨-s⟩ Ciad *m*

Tsche·che M ⟨-n; -n⟩ ceco *m* **Tsche·chi·en** N ⟨-s⟩ Repubblica *f* ceca **Tsche·chin** F ⟨-; -nen⟩ ceca *f* **tsche·chisch** ADJ ceco

Tsche·tsche·ni·en N ⟨-s⟩ Cecenia *f*

tschüs(s) INT ciao

T-Shirt ['ti:ʃøːɐt] N ⟨-s; -s⟩ T-shirt *f*

Tsu·na·mi M ⟨-s,-[s]⟩ *od* F ⟨-,-[s]⟩ tsunami *m inv*

Tu·be F ⟨-; -n⟩ tubetto *m* ♦ *umg* **auf die ~ drücken** = *accelerare*

T

tu·ber·ku·lös ADJ tubercoloso, tubercolotico **Tu·ber·ku·lo·se** F ⟨-; -n⟩ tubercolosi *f*

Tuch N ⟨-[e]s; Tücher *u.* -e⟩ **1** ⟨*pl* Tücher⟩ panno *m*: **ein wollenes ~** un panno di lana **2** ⟨*pl* Tücher⟩ *Kopftuch* fazzoletto *m*, foulard *m* **3** ⟨*pl* Tücher⟩ (*Schal*) scialle *m* **4** ⟨*pl* -e⟩ (*Stoff*) stoffa *f*, tessuto *m*

Tuch·füh·lung F ⟨-⟩ *hum* = *contatto stretto*: **auf ~ mit j-m sitzen** sedere gomito a gomito con qn; *fig* **auf ~ bleiben** rimanere in contatto

tüch·tig **A** ADJ **1** (*fähig*) abile, capace, bravo **2** (*beachtlich*) buono **3** *umg* bello, grosso: **ein -er Schluck** un bel sorso; **ein -er Esser** un grosso mangiatore **B** ADV **1** bene, per bene **2** (*viel*) molto, tanto **Tüch·tig·keit** F ⟨-⟩ capacità *f*, abilità *f*, bravura *f*

Tü·cke F ⟨-; -n⟩ **1** malvagità *f*, perfidia *f*: **er ist** (*od* **steckt**) **voller ~** è pieno di perfidia; **die -n des Schicksals** le malvagità del destino **2** *fig* magagna *f*: **die -n eines Motors** le magagne di un motore ♦ **seine -n haben** essere difficile (*od* complicato)

tu·ckern VI **1** ⟨h.⟩ scoppiettare **2** ⟨s.⟩ procedere scoppiettando

tü·ckisch ADJ **1** malvagio, perfido **2** (*gefährlich*) insidioso, pericoloso **3** **ein -er Blick** uno sguardo minaccioso

tüf·teln VI ⟨h.⟩ **1** **an etw** (*dat*) **~** lavorare meticolosamente a qc **2** (*grübeln*) **an etw** (*dat*) **~** lambiccarsi il cervello intorno a qc

Tu·gend F ⟨-; -en⟩ virtù *f* **tu·gend·haft** ADJ virtuoso **Tu·gend·haf·tig·keit** F ⟨-⟩ virtù *f*

Tüll M ⟨-s; -e⟩ tulle *m*

Tul·pe F ⟨-; -n⟩ BOT tulipano *m*

tum·meln VR **sich ~** **1** scorrazzare **2** (*im Wasser*) sguazzare **Tum·mel·platz** M (luogo *m* di) ritrovo *m*

Tu·mor M ⟨-s; -en *u.* -e⟩ tumore *m*

Tüm·pel M ⟨-s; -⟩ pozza *f*, pozzanghera *f*

Tu·mult M ⟨-[e]s; -e⟩ tumulto *m*

tun ⟨tat, getan⟩ **A** VT **1** fare: **so etwas tut man nicht** (così) non si fa **2** *umg* (*stellen*) mettere: **etw an seinen Platz ~** mettere qc al suo posto **B** VI ⟨h.⟩ fare, comportarsi: **tu doch nicht so!** non fare così!; **er tut nur so** fa tanto per fare; **geheimnisvoll ~** fare il misterioso; **er tut** (**so**), **als ob ...** si comporta in modo tale che (*od* da *+inf*) ... ♦ **alles ~** fare di tutto; **es mit j-m zu ~ bekommen** avere a che fare con qn; (*funktionieren*) **das Auto tut es noch** l'auto va ancora; (*genügen*) **Versprechen ~ es nicht** le promesse non bastano; *umg* (*Sex*) **es ~** fare l'amore; **nichts zu ~ haben** non avere niente da fare; **viel zu ~ haben** avere molto da fare; **mit j-m/etw nichts zu ~ haben** (**wollen**) non (voler) avere niente a che fare con qn/qc; **man tut, was man kann** si fa quel che si può; **es tat einen Knall** ci fu un botto; **mit etw ist es nicht getan** qc non basta; **was ~?** che fare?; **wer hat das getan?** chi è stato?; **hier tut sich was** qui sta accadendo qualcosa

Tun N ⟨-s⟩ agire *m*

Tün·che F ⟨-; -n⟩ **1** intonaco *m* **2** *fig pej* facciata *f* **tün·chen** VT intonacare

tu·nen ['tju:nən] VT AUTO truccare

Tu·ner ['tju:ne] M ⟨-s; -⟩ tuner *m inv*, sintonizzatore *m*

Tu·ne·si·en N ⟨-s⟩ Tunisia *f* **Tu·ne·si·er** M ⟨-s; -⟩, **-in** F ⟨-; -nen⟩ tunisino *m*, -a *f* **tu·ne·sisch** ADJ tunisino

Tun·fisch → Thunfisch

Tun·ke F ⟨-; -n⟩ salsa *f*, intingolo *m*

tun·ken VT intingere

tun·lichst ADV **1** il più possibile: **etw ~ vermeiden** evitare il più possibile qc **2** (*unbedingt*) assolutamente

Tun·nel M ⟨-s; - *u.* -s⟩ galleria *f*, tunnel *m*

Tüp·fel·chen N ⟨-s; -⟩ **das ~ auf dem i** i puntini sulle i **tüp·feln** VT picchiettare

tup·fen VT **1** (*abtupfen*) asciugare **2** (*auftupfen*) mettere **3** (*tüpfeln*) picchiettare

Tup·fen M ⟨-s; -⟩ punto *m*, puntino *m*

Tup·fer M ⟨-s; -⟩ **1** *umg* → Tupfen **2** MED tampone *m*

Tür F ⟨-; -en⟩ porta *f*; (*von Schrank, Auto usw*) sportello *m* ♦ **~ an ~ mit j-m** porta a porta con qn; *umg* **mit der ~ ins Haus fallen** agire precipitosamente; **etw** (*dat*) **~ und Tor öffnen** spalancare la porta a qc; **Ostern steht vor der ~** Pasqua è alle porte; **vor die ~** fuori

Tur·ban M ⟨-s; -e⟩ turbante *m*

Tur·bi·ne F ⟨-; -n⟩ turbina *f*

Tur·bo M ⟨-s; -s⟩ turbo *m* **Tur·bo·la·der** M ⟨-s; -⟩ turbocompressore *m* **Tur·bo·mo·tor** M motore *m* turbo **Tur·bo-Prop-Flug·zeug** N aereo *m* a turboelica

tur·bu·lent ADJ turbolento (*a.* PHYS)

Tur·bu·lenz F ⟨-; -en⟩ turbolenza *f* (*a.* PHYS)

T

Tu·rin N ⟨-s⟩ Torino *f*
Tür·ke M ⟨-n; -n⟩ turco *m*
Tür·kei F ⟨-⟩ Turchia *f*
tür·ken V/T *umg* fingere
Tür·kin F ⟨-; -nen⟩ turca *f*
Tür·kis[1] M ⟨-es; -e⟩ MINER turchese *m*
Tür·kis[2] N ⟨-⟩ (*Farbe*) (color) turchese *m*
tür·kisch ADJ turco
Tür·klin·ke F maniglia *f* della porta **Tür·klop·fer** M battiporta *m*, batacchio *m*
Turk·me·nis·tan N ⟨-s⟩ Turkmenistan *m*
Turm M ⟨-[e]s; Türme⟩ 1 torre *f*: **einen ~ besteigen** salire su una torre; (*Schach*) **mit dem ~ die Dame schlagen** mangiare la regina con la torre 2 (*Glockenturm*) campanile *m*
tür·men[1] A V/T (*aufhäufen*) ammonticchiare; (*aufstapeln*) accatastare B V/R **sich ~** ammonticchiarsi, accatastarsi
tür·men[2] V/I ⟨s.⟩ *umg* (*weglaufen*) svignarsela, battersela
Turm·spit·ze F cuspide *f* della torre **Turm·sprin·gen** N ⟨-s⟩ SPORT tuffi *mpl* dalla piattaforma **Turm·uhr** F orologio *m* della torre; orologio *m* del campanile
Turn·an·zug M tuta *f* da ginnastica
tur·nen A V/I ⟨h.⟩ 1 fare ginnastica 2 **am Reck/Barren/Pferd/an den Ringen ~** fare esercizi alla sbarra fissa/alle parallele/al cavallo/agli anelli B V/T **eine Übung ~** fare un esercizio (ginnico) **Tur·nen** N ⟨-s⟩ ginnastica *f*
Tur·ner M ⟨-s; -⟩, **-in** F ⟨-; -nen⟩ ginnasta *m/f*
Turn·fest N festa *f* con gare ginniche **Turn·ge·rät** N attrezzo *m* ginnico **Turn·hal·le** F palestra *f* **Turn·ho·se** F calzoncini *mpl* da ginnastica
Tur·nier N ⟨-s; -e⟩ HIST, SPORT torneo *m*
Tur·nier·pferd N cavallo *m* da torneo
Turn·schuh M scarpa *f* da ginnastica **Turn·übung** F esercizio *m* di ginnastica
Tur·nus M ⟨-; -se⟩ turno *m*
tur·nus·mä·ßig ADJ & ADV a turno
Turn·ver·ein M associazione *f* ginnica
Tür·öff·ner M apriporta *m* **Tür·pfos·ten** M stipite *m* della porta **Tür·rah·men** M montante *m* della porta **Tür·schild** N targhetta *f* sulla porta **Tür·schloss** N serratura *f* della porta

tur·teln V/I ⟨h.⟩ *fig hum* tubare
Tur·tel·tau·be F tortora *f*
Tusch M ⟨-[e]s; -e⟩ fanfara *f*; (*im Zirkus, Kabarett*) stacco *m*
Tu·sche F ⟨-; -n⟩ (inchiostro *m* di) china *f*
tu·scheln V/T & V/I ⟨h.⟩ bisbigliare
tu·schen V/T disegnare a china ♦ **sich** (*dat*) **die Wimpern ~** darsi il mascara
Tusch·zeich·nung F (disegno *m* a) china *f*
Tus·si F ⟨-; -s⟩ *umg* tipa *f*
Tü·te F ⟨-; -n⟩ 1 cartoccio *m*: **eine ~ Kirschen** un cartoccio di ciliegie 2 (*Tragtüte*) sacchetto *m*, busta *f* ♦ *umg* **das kommt nicht in die ~** neanche per idea
tu·ten V/I ⟨h.⟩ risuonare
Tü·ten·sup·pe F minestra *f* liofilizzata
TÜV [tyf] M ⟨-⟩ → (Technischer Überwachungs-Verein) Ente per il collaudo tecnico periodico: **durch den ~ kommen** passare il controllo al TÜV
Twen M ⟨-s; -s⟩ ventenne *m/f*
Typ M ⟨-s; -en⟩ tipo *m* ♦ **dein ~ wird verlangt** ti vogliono; *umg* **sie ist mein ~** è il mio tipo
Ty·pe F ⟨-; -n⟩ 1 TYPO carattere *m* 2 *umg* tipo *m*: **eine seltsame ~!** che tipo strano! **Ty·pen·rad** N margherita *f* (per macchina da scrivere)
Ty·phus M ⟨-⟩ MED tifo *m*
ty·pisch ADJ tipico: **das ist ~ für ihn** è tipico suo ♦ *umg* **~ Mann** tipico degli uomini
Ty·rann M ⟨-en; -en⟩ tiranno *m* (*a. fig*) **Ty·ran·nei** F ⟨-; -en⟩ tirannia *f* (*a. fig*) **Ty·ran·nin** F ⟨-; -nen⟩ tiranna *f* **ty·ran·nisch** ADJ tirannico (*a. fig*) **ty·ran·ni·sie·ren** V/T tiranneggiare (*a. fig*)

T

u, U N ⟨-; -⟩ **1** u, U *f/m*: **U wie Ulrich** U come Udine **2** (*U-Bahn*) **die U1** la linea uno

U-Bahn F ⟨-; -en⟩ metropolitana *f*

übel **A** ADJ **1** cattivo: **ein übles Subjekt** un cattivo soggetto; **ein übler Geschmack** un giusto cattivo **2** brutto: **üble Folgen haben** avere brutte conseguenze **B** ADV **1** ~ **riechend** dal cattivo odore **2** male: ~ **ausgehen** finire male ♦ ~ **gelaunt** di cattivo umore; (**j-m**) **etw** ~ **nehmen** prendersela (con qn) per qc; *umg* **nicht** ~ niente male; **in übelster Weise** nel peggiore dei modi; (*sehr gemein*) in modo ignobile; **j-m wird** (**es**) ~ a qn viene la nausea; → übelwollen

Übel N ⟨-s; -⟩ male *m*: **ein notwendiges** ~ un male necessario ♦ **zu allem** ~ per colmo di sventura

Übel·keit F ⟨-; -en⟩ nausea *f* (*a. fig*): ~ **erregen** dare la nausea

Übel·tä·ter M, **-in** F malfattore *m*, -trice *f* **übel·wol·len** V/I ⟨h.⟩ **j-m** ~ volere male a qn

üben **A** V/T **1** esercitare: **das Gedächtnis** ~ esercitare la memoria **2** *fig* **Gerechtigkeit** ~ esercitare la giustizia **3** (*proben*) ripetere, provare (più volte): **eine Szene** ~ ripetere una scena **4** MUS **Klavier** ~ esercitarsi (*od* fare esercizi) al piano **B** V/I ⟨h.⟩ esercitarsi, fare esercizi **C** V/R **sich** ~ esercitarsi; **sich im Schießen** ~ esercitarsi a sparare ♦ **Geduld** ~ avere pazienza; **Kritik an j-m** ~ criticare qn

ü·ber

A Präposition	B Adverb
C Adjektiv	D Wendungen

— **A** Präposition —

(*+akk u. dat*) **1** (*lokal*) sopra, al di sopra di: **er wohnt** ~ **mir** abita sopra di me; **ein Schild** ~ **die Tür hängen** appendere un cartello sopra la porta **2** su: **die Jacke** ~ **die Schulter nehmen** mettersi la giacca sulle spalle **3** dall'altra parte di, sull'altro lato: **j-n** ~ **den Fluss fahren** traghettare qn sull'altro lato del fiume **4** ~ **die Straße gehen** attraversare la strada; **der Zug fährt nicht** ~ **Bonn** il treno non passa per Bonn; **der Flug** ~ **Frankfurt nach Hannover** il volo per Hannover via Francoforte **5** (*temporal*) durante, per: **-s Wochenende bleibe ich zu Hause** durante il weekend resto a casa; ~ **Weihnachten** a (*od* per) Natale **6** ~ **der Arbeit einschlafen** addormentarsi mentre si lavora **7** oltre: **Kinder** ~ **10 Jahre** i bambini oltre i 10 anni; ~ **diese Summe kann ich nicht hinausgehen** non posso andare oltre questa somma **8** su, di: **ein Essay** ~ **Büchner** un saggio su Büchner; ~ **etw** (*akk*) **diskutieren** discutere di qc **9** di, da: **ein Scheck** ~ **100 Euro** un assegno di 100 euro **10** per, tramite: **etw** ~ **j-n bekommen** ricevere qc tramite qn; **etw** ~ **j-n erfahren** sapere qc da qn; ~ **den Rundfunk mitteilen** comunicare per radio **11** via, su: ~ **Satellit** via satellite; ~ **Internet** su Internet **12** su: **Fehler** ~ **Fehler/Schulden** ~ **Schulden machen** fare errori su errori/debiti su debiti **13** ~ **etw** (*akk*) **lachen/staunen** ridere/stupirsi di qc; **erstaunt/glücklich** ~ **etw** (*akk*) **sein** essere stupito/felice per qc

— **B** Adverb —

1 oltre, più di: **Städte von** ~ **100 000 Einwohnern** città con oltre 100 000 abitanti; ~ **40 Jahre alt sein** avere più di 40 anni **2** **die ganze Zeit** ~ (per) tutto il tempo

— **C** Adjektiv —

umg **j-m ist es** ~, **etw zu tun** qn è stufo di fare qc

— **D** Wendungen —

~ **alles** più di tutto; **das geht ihm** ~ **alles** è la cosa che più conta per lui; **das geht** ~ **meine Kräfte** questo è superiore alle mie forze; **1000 m** ~ **dem Meer** 1000 metri sopra il livello del mare; **es sind 10°** ~ **null** ci sono 10°; ~ **und** ~ completamente

über·all ADV dappertutto: **von** ~ **her** da ogni dove **über·all·her** ADV da tutte le parti **über·all·hin** ADV ovunque, dappertutto

über·al·tert ADJ **1** (*Gesellschaft*) composto da molte persone anziane **2** *fig* antiquato

Über·an·ge·bot N offerta *f* eccessiva

über·ängst·lich ADJ **1** eccessivamente

U

pauroso 2 (*besorgt*) troppo apprensivo
über·an·stren·gen A VT affaticare troppo B VR **sich ~** affaticarsi troppo **Über·an·stren·gung** F affaticamento *m* eccessivo
über·ar·bei·ten A VT rielaborare; rifare B VR **sich ~** lavorare troppo **Über·ar·bei·tung** F ⟨-; -en⟩ 1 rielaborazione *f*; rifacimento *m* 2 (*Übermüdung*) affaticamento *m* per il troppo lavoro
über·aus ADV moltissimo, oltremodo
über·ba·cken¹ VT ⟨*irr*⟩ gratinare
über·ba·cken² ADJ al gratin
über·be·an·spru·chen VT 1 sollecitare eccessivamente (*a.* TECH) 2 sovraffaticare: **das Herz ~** sovraffaticare il cuore 3 sovraccaricare: **die Waschmaschine ~** sovraccaricare la lavatrice 4 stressare 5 abusare: **j-s Aufmerksamkeit ~** abusare dell'attenzione di qn
Über·bein N MED ganglio *m*
über·be·le·gen VT sovraffollare
über·be·lich·ten VT sovraesporre
über·be·wer·ten VT sopravvalutare
über·bie·ten VT ⟨*irr*⟩ 1 **j-n um 100 Euro ~** offrire 100 euro più di qn 2 superare: **j-n an Frechheit ~** superare qn in sfacciataggine; **einen Rekord ~** battere un record ♦ **sich gegenseitig an etw** (*dat*) **~** fare a gara in qc
Über·bleib·sel N ⟨-s; -⟩ *umg* avanzo *m*
Über·blick M 1 vista *f*, panorama *m* 2 (*Übersicht*) visione *f* d'insieme: **den ~ verlieren** perdere la visione d'insieme 3 (*Eindruck*) idea *f* generale: **sich** (*dat*) **einen ~ über etw** (*akk*) **verschaffen** farsi un'idea generale di qc 4 (*Zusammenfassung*) sintesi *f*, profilo *m*
über·bli·cken VT 1 abbracciare con lo sguardo 2 *fig* **die Situation ~** avere una visione d'insieme della situazione
über·brin·gen VT ⟨*irr*⟩ portare, consegnare **Über·brin·ger** M ⟨-s; -⟩, **-in** F ⟨-; -nen⟩ portatore *m*, -trice *f*, latore *m*, -trice *f*
U **über·brü·cken** VT superare: **einen Gegensatz ~** superare un contrasto **Über·brü·ckung** F ⟨-; -en⟩ superamento *m* **Über·brü·ckungs·kre·dit** M credito *m* temporaneo
Über·bu·chung F overbooking *m inv*
über·da·chen VT coprire con un tetto
über·dau·ern VT **j-n/etw ~** sopravvivere a qn/qc; (*überstehen*) superare
über·deh·nen VT 1 tendere (*od* tirare) troppo 2 *fig* stiracchiare
über·den·ken VT ⟨*irr*⟩ riesaminare, riconsiderare: **etw ~** ripensare a qc
über·deut·lich ADJ 1 esageratamente chiaro 2 chiarissimo
über·dies ADV inoltre, oltre a ciò
über·di·men·si·o·nal ADJ di dimensioni eccessive
Über·do·sis F dose *f* eccessiva; (*von Rauschgift*) overdose *f*
über·dre·hen VT 1 AUTO far andare fuori giri 2 (*Uhr*) caricare troppo 3 (*Schraube*) spanare **über·dreht** ADJ sovraeccitato; *umg* carico
Über·druck M ⟨-[e]s; -drücke⟩ PHYS sovrappressione *f*, pressione *f* eccessiva **Über·druck·ven·til** N valvola *f* di sicurezza
Über·druss M ⟨-es⟩ disgusto *m*; nausea *f*, noia *f*: **bis zum ~** fino alla nausea
über·drüs·sig ADJ disgustato: **des Lebens ~** disgustato della vita; **j-s/etw ~ sein/werden** essere stanco/stufarsi di qn/qc
Über·dün·gung F eccesso *m* di concimazione
über·durch·schnitt·lich ADJ superiore alla media
Über·ei·fer M zelo *m* eccessivo **über·eif·rig** ADJ troppo zelante
über·eig·nen VT trasferire **Über·eig·nung** F ⟨-; -en⟩ trasferimento *m* di proprietà
über·ei·len VT precipitare **über·eilt** ADJ precipitoso, affrettato
über·ei·nan·der ADV l'uno sull'altro (*od* sopra l'altro): **~ sprechen** parlare (male) l'uno dell'altro; **~ stehen** essere uno sopra l'altro **über·ei·nan·der·le·gen** VT sovrapporre **über·ei·nan·der·schla·gen** VT ⟨*irr*⟩ (*Arme*) incrociare; (*Beine*) accavallare
über·ein·kom·men VI ⟨*irr*; s.⟩ accordarsi **Über·ein·kom·men** N ⟨-s; -⟩, **Über·ein·kunft** F ⟨-; -künfte⟩ accordo *m*: **stillschweigende ~** tacito accordo
über·ein·stim·men VI ⟨h.⟩ 1 essere d'accordo: **mit j-m in etw** (*dat*) **~** convenire con qn su qc 2 (*zueinanderpassen*) intonarsi, andare bene 3 (*gleich sein*) concordare (*a.* GRAM): **die Zeugenaussagen stimmen nicht überein** le testimonianze non concordano **über·ein·stim·mend** ADJ 1 concorde 2 (*gemäß*) conforme **Über·ein·stim·mung** F 1

accordo *m*: **in ~ bringen** accordare **2** (*Gleichheit*) concordanza *f*

über·emp·find·lich ADJ ipersensibile

über·fah·ren VT ⟨*irr*⟩ **1** (*mit Fahrzeug*) investire **2** oltrepassare: **die weiße Linie ~** oltrepassare la linea bianca **3** **die Ampel bei Rot ~** passare col rosso **4** *umg* (*überrumpeln*) sorprendere **Über·fahrt** F traversata *f*

Über·fall M assalto *m*, aggressione *f*: **ein ~ auf j-n** un'aggressione a qn; **ein ~ auf etw** un assalto a qc

über·fal·len VT ⟨*irr*⟩ **1** aggredire, assalire (*a. fig*): **Müdigkeit überfiel ihn** la stanchezza lo assalì **2** (*Bank*) assaltare **3** (*Land*) invadere **4** (*unangemeldet besuchen*) **j-n ~** piombare in casa a qn **5** *fig* (*überraschen*) sorprendere

über·fäl·lig ADJ **1** (*Flugzeug, Schiff*) in ritardo rispetto al previsto **2** (*längst fällig*) atteso a lungo **3** HANDEL sofferente, in sofferenza

Über·fall·kom·man·do N *umg* squadra *f* di pronto intervento, volante *f*

Über·fi·schung F ⟨-; -en⟩ overfishing *m inv*, pesca *m* eccessiva

über·flie·gen VT ⟨*irr*⟩ **1** sorvolare **2** *fig* **einen Text ~** dare una scorsa a un testo

über·flie·ßen VI ⟨*irr; s.*⟩ traboccare: **aus einem Behälter ~** traboccare da un contenitore; *fig* **vor Begeisterung ~** traboccare di entusiasmo

über·flü·geln VT sopravanzare

Über·fluss M ⟨-es⟩ abbondanza *f*: **~ an etw** (*dat*) abbondanza di qc; **im ~** in abbondanza ♦ **im ~ leben** vivere nell'abbondanza; **zu allem ~** per giunta **über·flüs·sig** ADJ superfluo, inutile ♦ **ich komme mir ~ vor** mi sento di troppo

über·flu·ten VT inondare (*a. fig*)

über·for·dern VT **1** **j-n/etw ~** pretendere (*od* esigere) troppo da qn/qc **2** sovraffaticare: **das Herz ~** sovraffaticare il cuore **über·for·dert** ADJ **ich fühle mich ~** da me si pretende troppo; **ich bin mit etw ~** qc è troppo per me

über·fragt ADJ **das weiß ich nicht, da bin ich ~** non lo so, mi chiedi troppo

Über·frem·dung F ⟨-; -en⟩ penetrazione *f* di elementi stranieri, eccessiva presenza di (elementi) stranieri

über·füh·ren[1] VT **j-n ~** (*eines Verbrechens*) dimostrare la colpevolezza di qn

über·füh·ren[2] VT (*an anderen Ort*) trasportare da un luogo all'altro, trasferire

Über·füh·rung F **1** (*Transport*) trasporto *m*, trasferimento *m* **2** (*Nachweis*) dimostrazione *f* della colpevolezza **3** (*Brücke*) cavalcavia *m*

Über·fül·le F sovrabbondanza *f*

über·fül·len VT sovraccaricare **über·füllt** ADJ strapieno, sovraffollato

Über·funk·ti·on F MED iperfunzione *f*

Über·ga·be F **1** consegna *f* **2** MIL resa *f*

Über·gang M **1** attraversamento *m*; passaggio *m* (*a. fig*): **der ~ über den Fluss** il passaggio del fiume; **der ~ vom Wachen zum Schlafen** il passaggio dalla veglia al sonno **2** MUS, LIT transizione *f*

über·gangs·los ADJ & ADV senza transizione **Über·gangs·lö·sung** F soluzione *f* transitoria **Über·gangs·pe·ri·o·de** F periodo *m* di transizione **Über·gangs·re·gie·rung** F governo *m* di transizione **Über·gangs·sta·di·um** N stadio *m* di transizione **Über·gangs·zeit** F **1** periodo *m* di transizione **2** (*Jahreszeit*) mezza stagione *f*

über·ge·ben ⟨*irr*⟩ **A** VT **1** consegnare, dare: **j-m** (*od* **an j-n**) **etw ~** consegnare qc a qn **2** (*anvertrauen*) affidare: **die Rechtssache einem Anwalt ~** affidare la causa a un legale **3** (*weitergeben*) passare: **das Telefongespräch an j-n ~** passare a qn la telefonata **4** (*überlassen*) lasciare, trasferire **B** VR **sich ~** vomitare

über·ge·hen[1] VI ⟨*irr; s.*⟩ **1** passare: **auf den Erben ~** passare all'erede; **vom Vater auf den Sohn ~** passare di padre in figlio; **zur Tagesordnung ~** passare all'ordine del giorno; **man ist dazu übergegangen, etw zu tun** si è passati a fare qc **2** (*sich verwandeln*) trasformarsi ♦ **in Gärung ~** fermentare; **in Fäulnis ~** marcire

über·ge·hen[2] VT ⟨*irr*⟩ **1** (*nicht berücksichtigen*) passare sopra, ignorare: **j-s Einwände ~** ignorare le obiezioni di qn **2** (*überspringen*) tralasciare, saltare **3** trascurare: **j-n im Testament ~** escludere qn dal testamento ♦ **mit Stillschweigen ~** passare sotto silenzio

über·ge·ord·net ADJ superiore

Über·ge·päck N bagaglio *m* eccedente

Über·ge·wicht N **1** sovrappeso *m*: **~ haben** essere (in) sovrappeso **2** (*von Paketen*) peso *m* in eccedenza **3** (*Übermacht*) sopravvento *m*, preponderanza *f*: **~ über j-n gewinnen** prendere il so-

pravvento su qn ♦ ~ **bekommen** (*od* **kriegen**) perdere l'equilibrio

über·glück·lich ADJ felicissimo

über·grei·fen V/I ‹*irr*; h.› **auf etw** (*akk*) ~ estendersi (*od* propagarsi) a qc

Über·griff M **1** violazione *f* **2** (*Missbrauch*) abuso *m*

über·groß ADJ immenso, enorme, eccessivo **Über·grö·ße** F **1** grandezza *f* eccezionale **2** (*in der Konfektion*) taglia *f* forte

über·ha·ben V/T ‹*irr*› *umg* **etw** ~ averne abbastanza di qc

über·hand·neh·men V/I ‹*irr*; h.› aumentare (*od* crescere) eccessivamente, moltiplicarsi; (*sich verbreiten*) propagarsi, diffondersi

über·hän·gen[1] V/I ‹*irr*; h.› (*hinausragen*) sporgere; ARCH aggettare

über·hän·gen[2] V/T (*Kleidungsstück*) mettere addosso (*od* sulle spalle)

über·häu·fen V/T **1** ricolmare: **j-n mit Geschenken** ~ ricolmare qn di regali **2** ingombrare: **den Tisch mit Büchern** ~ ingombrare il tavolo di libri ♦ **mit Arbeit überhäuft sein** essere sovraccarico di lavoro

über·haupt ADV **1** (*im Allgemeinen*) generalmente **2** (*absolut*) assolutamente, affatto: **ich glaube ihm** ~ **nicht** non gli credo affatto **3** (*denn*) ma, poi: **wie konntest du** ~ **so reden** ma come hai potuto parlare così?; **was ist** ~ **sein Beruf?** qual è poi la sua professione?; **wenn es** ~ **möglich ist** se fosse possibile

über·heb·lich ADJ altezzoso, presuntuoso **Über·heb·lich·keit** F ‹-› presunzione *f*

über·hit·zen V/T surriscaldare (*a. fig*)

über·höht ADJ eccessivo, esorbitante

über·ho·len V/T **1** sorpassare **2** (*leistungsmäßig*) superare **3** TECH (*überprüfen*) revisionare **Über·hol·ma·nö·ver** N manovra *f* di sorpasso **Über·hol·spur** F corsia *f* di sorpasso **über·holt** ADJ *fig* sorpassato **Über·ho·lung** F ‹-; -en› TECH revisione *f* **Über·hol·ver·bot** N divieto *m* di sorpasso

über·hö·ren V/T **1** non sentire **2** (*ignorieren*) fare finta di non sentire

über·ir·disch ADJ soprannaturale; divino

Über·ka·pa·zi·tät F WIRTSCH sovraccapacità *f* produttiva, eccesso *m* di capacità

über·kle·ben V/T incollare (sopra)

über·ko·chen V/I ‹s.› **1** traboccare (bollendo) **2** *fig* ribollire

über·kom·men V/T ‹*irr*› invadere: **Panik überkam ihn** un senso di panico lo invase

über·la·den[1] V/T ‹*irr*› sovraccaricare

über·la·den[2] ADJ (*barock*) carico

über·la·gern **A** V/T sovrapporre (*a.* RADIO) **B** V/R **sich** ~ sovrapporsi

Über·land·bus M autobus *m* interurbano **Über·land·lei·tung** F elettrodotto *m*

Über·län·ge F lunghezza *f* eccessiva

über·lap·pen V/R **sich** ~ sovrapporsi

über·las·sen V/T ‹*irr*› **1** cedere **2** (*anvertrauen*) affidare **3** lasciare, rimettere: **nichts dem Zufall** ~ non lasciare niente al caso; **j-s Ermessen** ~ rimettere al giudizio di qn **4** abbandonare: **j-n sich** (*dat*) **selbst** ~ abbandonare qn a sé stesso ♦ **überlass das gefälligst mir!** non impicciarti!

über·las·ten V/T **1** sovraccaricare **2** (*überanstrengen*) sovraffaticare **Über·las·tung** F ‹-; -en› **1** sovraccarico *m* **2** (*Überanstrengung*) sovraffaticamento *m*

über·lau·fen[1] V/I ‹*irr*; s.› **1** (*Gefäß*) traboccare **2** (*zum Gegner*) passare

über·lau·fen[2] V/T ‹*irr*› (*überkommen*) assalire; percorrere: **ein Frösteln überlief sie** un brivido di freddo l'assalì; **ein Schauder überläuft j-n** un brivido percorre qn ♦ **es überläuft mich heiß und kalt, wenn …** rabbrividisco, se …

über·lau·fen[3] ADJ (*überfüllt*) affollato

Über·läu·fer M, **-in** F transfuga *m/f*

über·le·ben **A** V/T **etw/j-n** ~ sopravvivere a qc/qn **B** V/R **sich** ~ passare, essere superato ♦ **der Verletzte wird die Nacht nicht** ~ il ferito non passerà la notte **Über·le·ben·de** M/F superstite *m/f*

über·le·bens·groß ADJ più grande del naturale

über·le·gen[1] **A** V/T **etw** ~ riflettere su qc; **eine bessere Lösung** ~ pensare a una soluzione migliore **B** V/R **sich** (*dat*) ~ pensarci (sopra); **ich muss es mir noch einmal** ~ devo ancora pensarci ♦ **er hat es sich anders überlegt** ci ha ripensato; **sich** (*dat*) **seine Worte gut** ~ ponderare bene le proprie parole

über·le·gen[2] **A** ADJ superiore: **j-m an etw** (*dat*) ~ **sein** essere superiore a qn in qc; **an Intelligenz ist sie ihm weit** ~

U

è molto più intelligente di lui **B** ADV con superiorità: ~ **gewinnen** vincere con netta superiorità **Über·le·gen·heit** F ⟨-⟩ superiorità *f*

über·legt **A** ADJ ponderato, meditato **B** ADV ponderatamente, attentamente **Über·le·gung** F ⟨-; -en⟩ riflessione *f*, considerazione *f*

über·lei·ten VI ⟨h.⟩ passare: **zum nächsten Thema ~** passare al prossimo argomento **Über·lei·tung** F collegamento *m*

über·lie·fern VT tramandare, trasmettere **Über·lie·fe·rung** F tradizione *f*

über·lis·ten VT **j-n ~** ingannare qn

Über·macht F superiorità *f* **über·mäch·tig** ADJ **1** superiore, strapotente **2** (*dringend*) pressante

über·ma·len VT ridipingere

über·man·nen VT sopraffare

Über·maß N eccesso *m*, sovrabbondanza *f* **über·mä·ßig** ADJ **1** eccessivo **2** (*maßlos*) smodato

Über·mensch M superuomo *m* **über·mensch·lich** ADJ sovrumano

über·mit·teln VT trasmettere; inviare **Über·mitt·lung** F ⟨-; -en⟩ **1** trasmissione *f* **2** (*Sendung*) invio *m*

über·mor·gen ADV dopodomani

Über·mü·dung F ⟨-⟩ concimazione *f* eccessiva

Über·mut M esuberanza *f*, sfrenatezza *f* **über·mü·tig** ADJ esuberante, sfrenato

über·nächst... ADJ **1** **-es Jahr** tra due anni; **am -en Tag** tra due giorni **2** secondo: **im -en Haus links** nella seconda casa a sinistra

Über·nacht·bus M pullman *m inv* notturno, corriera *f* notturna

über·nach·ten VI ⟨h.⟩ pernottare, trascorrere la notte **über·näch·tigt** ADJ stanco (per la notte insonne) **Über·nach·tung** F ⟨-; -en⟩ pernottamento *m*

Über·nah·me F ⟨-; -n⟩ **1** rilevamento *m*: **die ~ eines Geschäfts** il rilevamento di un negozio **2** (*Annahme*) accettazione *f*, presa *f* in consegna **3** assunzione *f*: **die ~ eines Amtes** l'assunzione di una carica **4** (*Aneignung*) adozione *f* ♦ **feindliche/freundliche ~** acquisizione *f* ostile/amichevole

über·na·ti·o·nal ADJ sopranazionale

über·na·tür·lich ADJ soprannaturale

über·neh·men ⟨*irr*⟩ **A** VT **1** prendere in consegna, ricevere **2** (*Geschäft, Unternehmen*) rilevare **3** assumere: **einen Auftrag/die Kontrolle ~** assumere un incarico/il controllo **4** assumersi: **die Verantwortung für etw ~** assumersi la responsabilità di qc **5** incaricarsi: **ich übernehme es, ihn anzurufen** mi incarico di telefonargli **6** riprendere: **j-s Ideen ~** riprendere le idee di qn **7** (*sich aneignen*) adottare **B** VR **sich ~** affaticarsi troppo; **sich finanziell ~** impegnarsi troppo finanziariamente

über·ord·nen VT anteporre

über·par·tei·lich ADJ **1** al di sopra delle parti **2** indipendente, autonomo

Über·pro·duk·ti·on F sovrapproduzione *f*

über·prü·fen VT **1** controllare, verificare **2** riesaminare: **einen Vorschlag ~** riesaminare una proposta **3** (*überdenken*) rivedere **Über·prü·fung** F verifica *f*, controllo *m*; (ri)esame *m*; revisione *f*

über·quel·len VI ⟨*irr*; s.⟩ traboccare

über·que·ren VT attraversare **Über·que·rung** F ⟨-; -en⟩ attraversamento *m*

über·ra·gen VT superare (in altezza); *fig* **j-n an Leistung ~** essere superiore a qn in (*od* per) rendimento **über·ra·gend** ADJ (*hervorragend*) eminente, superiore

über·ra·schen VT **1** sorprendere **2** fare una sorpresa ♦ **lassen wir uns ~!** staremo a vedere! **über·ra·schend** ADJ **1** sorprendente **2** inatteso, inaspettato **über·rascht** ADJ **von etw** (*od* **über etw** (*akk*)) **~ sein** essere sorpreso di qc

Über·ra·schung F ⟨-; -en⟩ sorpresa *f*: **zu meiner ~** con mia sorpresa; **j-m eine ~ bereiten** fare una sorpresa a qn **Über·ra·schungs·mo·ment** N fattore *m* sorpresa

über·re·den VT convincere, persuadere **Über·re·dung** F ⟨-; -en⟩ persuasione *f* **Über·re·dungs·kunst** F arte *f* persuasiva

über·reich ADJ ricchissimo

über·rei·chen VT consegnare

über·reif ADJ eccessivamente maturo

über·rei·zen VT sovreccitare

Über·rest M **1** resto *m*, avanzo *m* **2** *pl* **die sterblichen -e** le spoglie mortali

über·rol·len VT travolgere

über·rum·peln VT cogliere di sorpresa, sorprendere

über·run·den VT 1 SPORT doppiare 2 *fig* superare, soppiantare **über·sät** ADJ **~ mit** (*od* **von**) **etw** cosparso di qc **über·sät·ti·gen** VT 1 rimpinzare 2 CHEM soprassaturare **über·sät·tigt** ADJ 1 sazio 2 CHEM soprassaturo **Über·sät·ti·gung** F ⟨-; -en⟩ 1 sazietà *f* 2 CHEM soprassaturazione *f* **über·säu·ert** ADJ molto acido **Über·säu·e·rung** F ⟨-; -en⟩ superacidità *f* **Über·schall·flug·zeug** N aereo *m* supersonico **Über·schall·ge·schwin·dig·keit** F velocità *f* supersonica **über·schat·ten** VT *fig* **etw ~** gettare un'ombra su qc **über·schät·zen** VT sopravvalutare **Über·schät·zung** F sopravvalutazione *f* **über·schau·bar** ADJ 1 (*klar*) chiaro, comprensibile 2 (*gut sichtbar*) ben visibile, valutabile **über·schau·en** VT → überblicken **über·schäu·men** VI ⟨s.⟩ traboccare (spumeggiando) **über·schäu·mend** ADJ *fig* spumeggiante, esuberante **Über·schlag** M 1 (*Rechnung*) calcolo *m* approssimativo 2 (*von Kosten*) preventivo *m* 3 (*ganze Drehung*) volteggio *m* 4 SPORT salto *m* mortale 5 (*Flug*) looping *m* **über·schla·gen** ⟨*irr*⟩ A VT 1 (*auslassen*) saltare 2 (*berechnen*) calcolare approssimativamente B VR **sich ~** 1 rovesciarsi, ribaltarsi 2 (*um sich selbst drehen*) fare una capriola 3 (*mit dem Auto*) capottare 4 *fig* farsi in quattro 5 accavallarsi (*a. fig*): **die Wellen/ die Ereignisse ~ sich** le onde/gli avvenimenti si accavallano **über·schnap·pen** VI ⟨s.⟩ *umg* 1 impazzire 2 (*Stimme*) passare in falsetto **über·schnei·den** VR ⟨*irr*⟩ **sich ~** 1 incrociarsi 2 GEOM intersecarsi 3 (*zeitlich*) coincidere 4 (*sich überlappen*) sovrapporsi **Über·schnei·dung** F ⟨-; -en⟩ 1 intersezione *f* (*a.* GEOM) 2 interferenza *f* 3 (*zeitlich*) coincidenza *f* **über·schrei·ben** VT ⟨*irr*⟩ 1 intitolare 2 JUR intestare: **ein Haus auf j-s Namen ~** intestare una casa a qn 3 IT (*Daten, Diskette*) riscrivere, sovrascrivere **Über·schreib·mo·dus** M IT modalità *f* di sovrascrittura **Über·schrei·bung** F JUR voltura *f*

über·schrei·ten VT ⟨*irr*⟩ 1 attraversare, passare 2 (*höher sein*) superare 3 JUR trasgredire, violare ♦ **seine Befugnisse ~** andare al di là delle proprie competenze **Über·schrift** F titolo *m* **Über·schuss** M 1 eccedenza *f* 2 (*Reingewinn*) profitto *m* 3 WIRTSCH surplus *m* **über·schüs·sig** ADJ 1 eccedente 2 (*überflüssig*) eccessivo **über·schüt·ten** VT coprire: **j-n mit Lob ~** colmare qn di lodi **Über·schwang** M ⟨-[e]s⟩ 1 esuberanza *f* 2 (*Übermaß*) entusiasmo *m* **über·schwäng·lich** ADJ 1 entusiastico 2 (*exaltiert*) esaltato 3 (*übertrieben*) esagerato **über·schwem·men** VT inondare (*a. fig*) **Über·schwem·mung** F ⟨-; -en⟩ inondazione *f* **über·schweng·lich** → überschwänglich **Über·see** F oltreoceano *m*: **aus ~** d'oltreoceano; **in/nach ~** oltreoceano **über·see·isch** ADJ transoceanico **über·seh·bar** ADJ 1 che si può abbracciare con lo sguardo, ben visibile 2 *fig* valutabile 3 (*vorhersehbar*) prevedibile **über·se·hen** VT ⟨*irr*⟩ 1 → überblicken 2 avere chiaro: **das Ausmaß von etw ~** avere chiare le proporzioni di qc 3 (*begreifen*) capire, vedere 4 (*abschätzen*) valutare 5 (*voraussehen*) prevedere 6 (*nicht beachten*) ignorare 7 (*unabsichtlich*) non vedere, lasciarsi sfuggire **über·sen·den** VT ⟨übersandte/übersendete, übersandt/übersendet⟩ spedire, inviare **über·set·zen**[1] A VT (*ans andere Ufer*) portare sull'altra riva B VI ⟨h., s.⟩ passare sull'altra riva **über·set·zen**[2] VT (*in andere Sprache*) tradurre (*a.* MECH) **Über·set·zer** M ⟨-s; -⟩, **-in** F ⟨-; -nen⟩ traduttore *m*, -trice *f* **Über·set·zung** F ⟨-; -en⟩ 1 traduzione *f* 2 TECH rapporto *m* (di trasmissione) **Über·set·zungs·bü·ro** N agenzia *f* di traduzioni **Über·set·zungs·pro·gramm** N IT programma *m* di traduzione **Über·sicht** F ⟨-; -en⟩ 1 visione *f* d'insieme: **sich** (*dat*) **die nötige ~ verschaffen** raggiungere la necessaria visione d'insieme 2 (*Orientierung*) orientamento *m* 3 (*übersichtliche Darstellung*) panoramica *f*

4 (*Zusammenfassung*) sintesi *f* 5 (*Tabelle*) tavola *f* (sinottica) **über·sicht·lich** ADJ 1 ben visibile 2 (*verständlich*) chiaro, comprensibile 3 (*gut strukturiert*) ben ordinato, ben strutturato **Über·sicht·lich·keit** F ⟨-⟩ 1 (buona) visibilità *f* 2 chiarezza *f*

über·sie·deln V/I ⟨s.⟩ trasferirsi **Über·sied·lung** F trasferimento *m*

über·sinn·lich ADJ 1 extrasensibile 2 (*in der Parapsychologie*) extrasensoriale

über·spannt ADJ 1 (*übertrieben*) esagerato 2 (*eigenartig*) stravagante, bizzarro 3 (*überdreht*) esaltato **Über·spannt·heit** F ⟨-⟩ 1 stravaganza *f*, bizzarria *f* 2 esaltazione *f*

über·spie·len V/T 1 celare, nascondere 2 (*CD usw*) riversare, registrare

über·spit·zen V/T esagerare

über·sprin·gen[1] V/I ⟨*irr; s.*⟩ (*Funken*) scoccare ♦ **seine gute Laune springt auf alle über** il suo buonumore contagia tutti

über·sprin·gen[2] V/T ⟨*irr*⟩ (*Hindernis*) saltare (*a. fig*)

über·spru·delnd ADJ esuberante

über·staat·lich ADJ sopra(n)nazionale

über·ste·hen[1] V/I ⟨*irr; h.*⟩ (*hinausragen*) sporgere

über·ste·hen[2] V/T ⟨*irr*⟩ 1 (*überleben*) superare: **eine Gefahr ~** superare un pericolo 2 (*hinter sich bringen*) sopportare: **eine Reise gut ~** sopportare bene (le fatiche di) un viaggio

über·stei·gen V/T ⟨*irr*⟩ superare: **j-s Erwartungen ~** superare le aspettative di qn

über·stei·gert ADJ eccessivo

über·steu·ern A V/T ELEK sovramodulare B V/I ⟨h.⟩ AUTO sovrasterzare

über·stim·men V/T 1 mettere in minoranza 2 respingere

über·strah·len V/T irradiare (*a. fig*)

über·strei·chen V/T ⟨*irr*⟩ ricoprire; (*mit Farbe*) tingere; (*mit Lack*) verniciare

über·strei·fen V/T infilare

Über·stun·de F ora *f* di (lavoro) straordinario: **-n machen** fare gli straordinari

über·stür·zen A V/T precipitare B V/R **sich ~** succedersi rapidamente **über·stürzt** ADJ precipitoso

über·ta·rif·lich ADJ superiore alla tariffa normale

über·teu·ern V/T rincarare **Über·teu·e·rung** F ⟨-; -en⟩ rincaro *m*

über·tö·nen V/T coprire (con suono, voce)

Über·trag M ⟨-[e]s; -träge⟩ HANDEL riporto *m* **über·trag·bar** ADJ 1 trasferibile (*a.* FIN) 2 cedibile: **diese Fahrkarte ist nicht ~** questo biglietto non è cedibile 3 (*infektiös*) trasmissibile **über·tra·gen** A V/T 1 trasmettere (*a.* TV, RADIO, MED *fig*) 2 (*übersetzen*) tradurre 3 trasporre (*a.* MUS) 4 WIRTSCH riportare 5 (*anwenden*) applicare: **eine Methode auf etw** (*akk*) **~** applicare un metodo a qc 6 (*anvertrauen*) conferire, affidare: **j-m ein Amt ~** conferire a qn una carica; **j-m eine Aufgabe ~** affidare un compito a qn 7 JUR (*Rechte*) cedere 8 (*übereignen*) volturare 9 FIN trasferire, girare B V/R **sich ~** trasmettersi ♦ **im -en Sinn** in senso figurato **Über·tra·gung** F ⟨-; -en⟩ 1 TV, RADIO, TECH, MED trasmissione *f* 2 (*Übersetzung*) traduzione *f* 3 (*Umwandlung*) trascrizione *f* 4 MUS trasporto *m* 5 WIRTSCH riporto *m* 6 (*Anwendung*) applicazione *f* 7 (*Erteilen*) conferimento *m*, affidamento *m* 8 PSYCH transfert *m* 9 JUR cessione *f* 10 (*Übereignung*) voltura *f* 11 FIN girata *f* 12 (*Ansteckung*) contagio *m*

Über·tra·gungs·an·zei·ge F IT barra *f* di caricamento **Über·tra·gungs·feh·ler** M IT, TEL errore *m* di trasmissione **Über·tra·gungs·ge·schwin·dig·keit** F velocità *f* di trasmissione **Über·tra·gungs·pro·to·koll** N IT protocollo *m* di trasmissione **Über·tra·gungs·wa·gen** M stazione *f* mobile trasmittente

über·tref·fen V/T ⟨*irr*⟩ superare

über·trei·ben V/T & V/I ⟨*irr; h.*⟩ esagerare **Über·trei·bung** F ⟨-; -en⟩ esagerazione *f*

über·tre·ten[1] V/I ⟨*irr; s.*⟩ 1 (*Fluss*) straripare 2 **zu etw ~** passare a qc 3 REL convertirsi

über·tre·ten[2] V/T ⟨*irr*⟩ violare; (*Gesetz*) trasgredire **Über·tre·tung** F ⟨-; -en⟩ trasgressione *f*, violazione *f*

über·trie·ben ADJ esagerato

über·trump·fen V/T (*weit übertreffen*) superare (di gran lunga)

über·völ·kert ADJ sovrappopolato

über·vor·tei·len V/T imbrogliare (facendo pagare troppo)

über·wa·chen V/T 1 sorvegliare 2 controllare **Über·wa·chung** F ⟨-; -en⟩

sorveglianza *f*, vigilanza *f*; controllo *m* **Über·wa·chungs·staat** M stato *m* totalitario

über·wäl·ti·gen VT sopraffare: *fig* **von Rührung überwältigt werden** essere vinto dalla commozione **über·wäl·ti·gend** ADJ 1 (*außergewöhnlich*) sconvolgente, straordinario 2 **mit -er Mehrheit wählen** eleggere con maggioranza schiacciante

über·wei·sen VT ⟨*irr*⟩ 1 FIN trasferire, rimettere 2 MED mandare **Über·wei·sung** F 1 FIN bonifico *m*, rimessa *f*, trasferimento *m* 2 (*Überweisungsschein*) impegnativa *f*

ü·ber·wer·fen[1] VT ⟨*irr*⟩ (*Kleidungsstück*) mettere addosso

über·wer·fen[2] VR ⟨*irr*⟩ **sich mit j-m ~** litigare con qn

über·wie·gen ⟨*irr*⟩ A VI ⟨h.⟩ prevalere B VT prevalere su, superare **über·wie·gend** A ADJ 1 **der -e Teil** la maggior parte 2 **die -e Mehrheit** la stragrande maggioranza B ADV prevalentemente

über·win·den ⟨*irr*⟩ A VT superare, vincere B VR **sich ~** vincersi; **sich nicht ~ können, etw zu tun** non riuscire a trovare la spinta per fare qc **Über·win·dung** F sforzo *m*, superamento *m* di sé ♦ **es hat mich viel/wenig ~ gekostet, das zu tun** mi è costato molto/poco fare ciò

über·win·tern VI ⟨h.⟩ 1 trascorrere l'inverno 2 ZOOL trascorrere il letargo

über·wu·chern VT ricoprire (di vegetazione)

Über·zahl F 1 maggioranza *f*: **in der ~ sein** essere in maggioranza 2 MIL, SPORT superiorità *f* numerica

über·zäh·lig ADJ in soprannumero

über·zeu·gen A VT & VI ⟨h.⟩ convincere: **j-n von etw ~** convincere qn di qc B VR **sich** (**von etw**) **~** convincersi (di qc); (*vergewissern*) sincerarsi (di qc) ♦ **~ Sie sich selbst!** guardi Lei stesso! **über·zeu·gend** ADJ convincente **über·zeugt** ADJ convinto: **ich bin** (**davon**) **~, dass …** sono convinto che … ♦ **er ist von sich ~** è sicuro di sé

Über·zeu·gung F ⟨-; -en⟩ convinzione *f*: **etw aus** (*od* **mit**) **~ tun** fare qc per (*od* con) convinzione; **ich bin der ~, dass …** sono convinto che …; **zu der ~ kommen, dass …** arrivare a convincersi, acquisire la convinzione che … **Über·zeu·gungs·kraft** F forza *f* di persuasione

über·zie·hen[1] VT ⟨*irr*⟩ (*Kleidungsstück*) mettersi (addosso)

über·zie·hen[2] VT ⟨*irr*⟩ 1 (*bedecken*) ricoprire, rivestire: **etw mit Leder ~** rivestire qc di pelle 2 FIN mandare allo scoperto (*od* in rosso) 3 (*Sendezeit*) protrarre 4 (*zu weit treiben*) **etw ~** eccedere con qc 5 **ein Bett** (**frisch**) **~** cambiare le lenzuola **Über·zie·hung** F FIN scoperto *m* **Über·zie·hungs·kre·dit** M FIN credito *m* su base scoperta **über·zo·gen** ADJ 1 FIN scoperto 2 (*übertrieben*) esagerato, eccessivo

Über·zug M 1 rivestimento *m*, strato *m* (di copertura) 2 (*Bettbezug*) federa *f*

üb·lich ADJ consueto, solito; (*regulär*) normale ♦ **das ist hier/bei uns so ~** qui/da noi si usa così; **wie ~** come al solito

U-Boot N sommergibile *m*

üb·rig A ADJ restante, rimanente: **die -en Sachen** le altre cose; **vom Kuchen ist noch etwas ~** c'è ancora un po' di torta B ADV 1 **etw ~ behalten** avere ancora qc 2 **~ bleiben** rimanere, restare; **mir bleibt nichts anderes ~, als …** non mi resta altro che … 3 **~ lassen** lasciare; **in etw** (*dat*) **zu wünschen ~ lassen** lasciare a desiderare in qc ♦ **alles Übrige** tutto il resto; **im Übrigen** del resto; inoltre; → übrighaben

üb·ri·gens ADV del resto; tra l'altro

üb·rig·ha·ben VT ⟨*irr*⟩ **ich habe etwas für sie übrig** mi piace; **ich habe viel für sie übrig** mi piace molto; **ich habe nichts für sie übrig** non mi piace

Übung F ⟨-; -en⟩ 1 esercizio *m* (*a.* SPORT) 2 MIL esercitazione *f* ♦ **aus der ~ kommen** perdere l'esercizio; **in der ~ bleiben** tenersi in esercizio; **in etw** (*dat*) **~ haben** essere esercitato in qc

Übungs·auf·ga·be F esercizio *m*

Übungs·buch N libro *m* di esercizi

Übungs·ge·län·de N MIL terreno *m* da esercitazioni **Übungs·hang** M pista *f* per principianti, (pista *f*) baby *f*

Übungs·sa·che F **etw ist** (**reine**) **~** qc è solo una questione di esercizio

Ufer N ⟨-s; -⟩ riva *f*: **am anderen ~** sull'altra riva ♦ **über die ~ treten** straripare

ufer·los ADJ senza fine, interminabile ♦ *umg* **ins Uferlose gehen** andare all'infinito

Ugan·da N ⟨-s⟩ Uganda *m*

U

Uhr F ⟨-; -en⟩ 1 orologio *m*: **nach** (*od* **auf**) **meiner ~ ist es 14.30** il mio orologio segna (*od umg* fa) le 14.30; **die ~ geht vor/nach** l'orologio va avanti/indietro 2 (*Uhrzeit*) ora *f*: **wie viel ~ ist es?** – **es ist 8** (**~**) che ora è? (*od* che ore sono?) – sono le 8; **um wie viel ~** a che ora; **rund um die ~** 24 ore su 24 ♦ **auf die ~ sehen** guardare l'ora

Uhr·(arm·)band N cinturino *m* (*od* bracciale *m*) dell'orologio **Uhr·ma·cher** M, **-in** F orologiaio *m*, -a *f* **Uhr·werk** N meccanismo *m* dell'orologio

Uhr·zei·ger M lancetta *f* **Uhr·zei·ger·sinn** M **im ~/entgegen dem ~** in senso orario/in senso anti-orario

Uhr·zeit F ora *f*

Uhu M ⟨-s; -s⟩ gufo *m* (reale)

Uk·ra·i·ne F ⟨-⟩ Ucraina *f*

Ulk M ⟨-s⟩ scherzo *m* **ul·ken** V/I ⟨h.⟩ scherzare **ul·kig** ADJ *umg* comico, buffo

Ul·me F ⟨-; -n⟩ olmo *m*

Ul·ti·ma·tum N ⟨-s; Ultimaten⟩ ultimatum *m*: **j-m ein ~ stellen** dare (*od* porre) un ultimatum a qn

Ult·ra·kurz·wel·len PL PHYS onde *fpl* ultracorte **ult·ra·ma·rin** ADJ oltremarino

Ult·ra·schall M ultrasuono *m* **Ult·ra·schall·auf·nah·me** F ecografia *f* **Ult·ra·schall·di·a·g·nos·tik** F ⟨-⟩ ultrasonografia *f* **Ult·ra·schall·ge·rät** N ecografo *m* **Ult·ra·schall·un·ter·su·chung** F ecografia *f*

ult·ra·vi·o·lett ADJ ultravioletto

um A PRÄP (+*akk*) 1 (*lokal*) intorno, attorno: **eine Reise ~ die Welt** un viaggio intorno al mondo; **~ einen Tisch** (**herum**) **sitzen** sedere attorno a un tavolo; **~ sich schauen** guardarsi intorno 2 (*bezüglich*) su: **Gerüchte ~ etw** dicerie su qc 3 (*temporal; ungefähr*) intorno, verso: **~ Ostern** (**herum**) verso Pasqua 4 (*genau*) a: **~ drei** (**Uhr**) alle tre 5 di: **etw ~ 2 cm kürzen** accorciare qc di 2 cm 6 (*Zweck*) per: **~ j-n/etw kämpfen** combattere per qc/qn; **ich bitte euch ~ Verständnis** vi prego d'essere comprensivi 7 (*wegen*) **es tut mir leid ~ ihn** mi spiace per lui 8 **j-n ~ etw beneiden** invidiare qn per qc; **das Wissen ~ dieses Ereignis** la conoscenza di questa vicenda; **~ j-n weinen** piangere (per) qn B KONJ 1 (*final*) per: **er ist da, ~ Deutsch zu lernen** è qui per imparare il tedesco 2 (*konsekutiv*) **er ist alt genug, ~ sich alleine anzuziehen** è grande abbastanza per vestirsi da solo C ADV circa: **er braucht ~** (**die**) **100 Euro** ha bisogno di circa 100 euro ♦ **~ meinetwillen** per me; *umg* **~ sein** essere finito; **Stunde ~ Stunde** ora dopo ora; **Tag ~ Tag** giorno per giorno

um·ad·res·sie·ren V/T cambiare l'indirizzo di **um·än·dern** V/T 1 cambiare 2 modificare **um·ar·bei·ten** V/T 1 rielaborare, trasformare 2 (*Nähen*) modificare

um·ar·men A V/T abbracciare B V/R **sich ~** abbracciarsi **Um·ar·mung** F ⟨-; -en⟩ abbraccio *m*

Um·bau M 1 ristrutturazione *f*, rinnovo *m* 2 (*Umänderung*) trasformazione *f*

um·bau·en V/T 1 ristrutturare; (*renovieren*) rimodernare 2 *fig* riorganizzare 3 trasformare: **etw zu einem** (*od* **in ein**) **Museum ~** trasformare qc in un museo 4 THEAT **die Bühne ~** cambiare la scena

um·be·nen·nen V/T ⟨*irr*⟩ **etw ~** cambiare nome a qc

um·be·set·zen V/T **alle Rollen ~** cambiare la distribuzione di tutti i ruoli

um·bie·gen V/T ⟨*irr*⟩ piegare; curvare

um·bil·den V/T 1 cambiare: **die Führungsspitze der Firma ~** cambiare i vertici dell'azienda; **eine Regierung ~** fare un rimpasto di governo 2 trasformare **Um·bil·dung** F cambiamento *m*, trasformazione *f*

um·bin·den ⟨*irr*⟩ A V/T annodare (attorno) B V/R **sich** (*dat*) **~** annodarsi; **sich** (*dat*) **eine Schürze ~** mettersi un grembiule

um·blät·tern V/T & V/I ⟨h.⟩ voltare (*od* girare) pagina

um·bli·cken V/R **sich ~** 1 guardarsi intorno 2 (*zurückschauen*) voltarsi indietro

um·bre·chen[1] V/T ⟨*irr*⟩ 1 (*umknicken*) abbattere, schiantare 2 (*umpflügen*) dissodare

um·bre·chen[2] V/T ⟨*irr*⟩ TYPO impaginare

Umb·ri·en N ⟨-s⟩ Umbria *f*

um·brin·gen ⟨*irr*⟩ A V/T uccidere, ammazzare B V/R **sich ~** uccidersi ♦ **nicht umzubringen sein** = *resistere a tutto*

Um·bruch M 1 (*Änderung*) radicale cambiamento *m*, rivolgimento *m* 2 TYPO impaginazione *f*

um·bu·chen V/T 1 **eine Reise ~** cambiare la prenotazione di un viaggio; **den**

Flug ~ cambiare il volo **2** HANDEL trasferire

um·den·ken VI ⟨irr; h.⟩ cambiare modo di pensare

um·dis·po·nie·ren VI ⟨h.⟩ cambiare i propri programmi

um·dre·hen **A** VT **1** girare **2** torcere: **j-m den Hals ~** torcere il collo a qn **3** (*auf die andere Seite*) (ri)voltare **B** VR **sich ~** girarsi, voltarsi; **sich nach j-m/etw ~** girarsi verso qn/qc **C** VI ⟨h., s.⟩ girare, tornare indietro ♦ **jeden Euro ~** rigirare ogni centesimo prima di spenderlo

Um·dre·hung F **1** AUTO giro *m* **2** rotazione *f*

um·ei·nan·der ADV l'uno intorno all'altro: **sich nicht ~ kümmern** non curarsi l'uno dell'altro

Um·er·zie·hung F rieducazione *f*

um·fah·ren[1] VT ⟨irr⟩ (*mit Fahrzeug*) travolgere (con un veicolo), andare a sbattere contro

um·fah·ren[2] VT ⟨irr⟩ (*Hindernis, Ort*) aggirare **Um·fah·rung** F ⟨-; -en⟩ **1** aggiramento *m* **2** *österr* circonvallazione *f*

um·fal·len VI ⟨irr; s.⟩ **1** cadere (a terra), rovesciarsi **2** *umg* (*Meinung ändern*) cambiare improvvisamente idea, fare un voltafaccia ♦ **zum Umfallen müde sein** non reggersi in piedi per la stanchezza

Um·fang M **1** GEOM (*von Vieleck*) perimetro *m*; (*von Kreis*) circonferenza *f* **2** **der ~ eines Baumes** la circonferenza di un albero **3** *fig* (*Ausmaß*) mole *f*, estensione *f*: **der ~ einer Arbeit** la mole di un lavoro; **etw nimmt einen immer größeren ~ an** qc assume un'estensione sempre maggiore **4** (*Summe*) entità *f*: **der ~ des Schadens** l'entità del danno **5** (*Größe*) dimensione *f* **6** (*Dicke*) volume *m* ♦ **in vollem ~** completamente

um·fang·reich ADJ ampio, vasto, esteso

um·fas·sen VT **1** (*mit den Armen*) abbracciare, cingere **2** comprendere: **das Werk umfasst drei Bände** l'opera comprende tre volumi **um·fas·send** ADJ ampio, vasto, esteso; (*vollständig*) completo: **eine -e Bildung haben** avere una formazione completa

Um·feld N ambiente *m*

um·for·men VT trasformare (*a.* ELEK); (*eine neue Form geben*) rimodellare

Um·fra·ge F inchiesta *f*, sondaggio *m*

um·fül·len VT travasare

um·funk·ti·o·nie·ren VT **etw ~** cambiare la funzione di qc

Um·gang M **1** relazioni *fpl*, rapporti *mpl*: **mit j-m freundschaftlichen ~ pflegen** coltivare rapporti amichevoli con qn **2** compagnia *f*: **er ist kein ~ für dich** non è una compagnia adatta a te **3** dimestichezza *f*: **sich im ~ mit Tieren auskennen** avere dimestichezza con gli animali

um·gäng·lich ADJ socievole, affabile

Um·gangs·form F modo *m* (di fare), maniera *f*: **gute -en haben** avere delle buone maniere **Um·gangs·spra·che** F lingua *f* parlata **um·gangs·sprach·lich** ADJ colloquiale, della lingua parlata

um·gar·nen VT adescare, ingannare

um·ge·ben ⟨irr⟩ **A** VT circondare (*a. fig*) **B** VR **sich ~** circondarsi; **sich mit Freunden ~** circondarsi di amici

Um·ge·bung F ⟨-; -en⟩ **1** dintorni *mpl* **2** (*Milieu*) ambiente *m*

um·ge·hen[1] VI ⟨irr; s.⟩ **1** (*die Runde machen*) girare; **ein Gerücht geht um** corre voce **2** (*Gespenster*) aggirarsi **3** (*behandeln*) trattare **4** **mit etw gut/schlecht ~ können** saper maneggiare (*od* usare) qc bene/male ♦ **mit Geld sparsam ~** spendere con parsimonia, gestire i soldi

um·ge·hen[2] VT ⟨irr⟩ **1** (*darum herum*) **etw ~** girare intorno a (*od* aggirare) qc **2** *fig* eludere; (*vermeiden*) evitare: **das Gesetz ~** eludere la legge; **die Antwort ~** evitare di rispondere; **eine Schwierigkeit ~** aggirare una difficoltà

um·ge·hend ADJ pronto, immediato

Um·ge·hung F ⟨-; -en⟩ **1** aggiramento *m* (*a. fig*) **2** *fig* l'eludere: **unter ~ der Gesetze** eludendo le leggi **3** → Umgehungsstraße **Um·ge·hungs·stra·ße** F circonvallazione *f*

um·ge·kehrt **A** ADJ **1** opposto, contrario: **in -er Richtung** in direzione opposta, in senso contrario **2** inverso (*a.* MATH): **im -en Verhältnis** in proporzione inversa **B** ADV **1** in caso contrario **2** inversamente: **~ proportional** inversamente proporzionale ♦ **genau ~** diametralmente opposto; **gerade ~** proprio il contrario; **und ~** e viceversa

um·ge·stal·ten VT trasformare: **einen Raum ~** riorganizzare (*od* ridisegnare) uno spazio

um·gra·ben VT ⟨irr⟩ rivoltare, vangare

um·grup·pie·ren VT raggruppare diversamente **Um·grup·pie·rung** F

nuovo raggruppamento *m*
Um·hang M mantellina *f*
um·hän·gen A VT 1 (*an andere Stelle*) appendere da un'altra parte 2 (*umlegen*) mettere addosso (*od* sulle spalle) 3 (*Kette, Medaille*) mettere al collo B VR **sich** (*dat*) **etw** ~ 1 mettersi addosso qc 2 (*Gewehr, Fotoapparat*) mettersi a tracolla qc **Um·hän·ge·ta·sche** F borsa *f* a tracolla
um·hau·en VT ⟨*irr*⟩ 1 (*Baum*) abbattere (con l'ascia) 2 *umg* (*niederstrecken*) atterrare (con un colpo) 3 *fig* stendere: **ein Glas Wein haut mich um** un bicchiere di vino mi stende
um·her ADV 1 intorno, in giro: **weit** ~ tutt'intorno 2 (*hierhin und dorthin*) qui e là **um·her·fah·ren** VI ⟨*irr; s.*⟩ girare qua e là **um·her·ge·hen** VI ⟨*irr; s.*⟩ andare in giro, girare **um·her·ir·ren** VI ⟨s.⟩ girovagare
um·hin·kön·nen VI ⟨*irr*⟩ **nicht ~, etw zu tun** non poter fare a meno di fare qc
um·hö·ren VR **sich nach etw** ~ informarsi in giro di qc
Um·kehr F ⟨-⟩ ritorno *m*; **zur ~ gezwungen sein** essere costretto a tornare indietro
um·keh·ren A VT 1 rovesciare, capovolgere 2 (*Taschen*) rivoltare 3 (*ins Gegenteil verkehren*) invertire B VI ⟨s.⟩ tornare indietro
um·kip·pen A VI ⟨s.⟩ 1 rovesciarsi 2 (*Auto*) ribaltarsi 3 *umg* (*ohnmächtig werden*) svenire 4 *umg* (*seine Meinung ändern*) fare un voltafaccia 5 *umg* (*plötzlich umschlagen*) mutare (*od* trasformarsi) d'improvviso 6 (*Stimme*) incrinarsi 7 (*Wein*) inacidirsi 8 *sl* (*Gewässer*) = *morire biologicamente* B VT rovesciare, capovolgere: **ein Auto** ~ ribaltare un'auto
um·klam·mern VT 1 stringere forte 2 (*umarmen*) avvinghiare 3 (*einschließen*) accerchiare **Um·klam·me·rung** F ⟨-; -en⟩ 1 forte stretta *f*: **sich aus der ~ lösen** liberarsi dalla stretta 2 (*Umarmung*) abbraccio *m* 3 SPORT clinch *m*
um·klap·pen VT reclinare, ribaltare
Um·klei·de·ka·bi·ne F cabina *f* (spogliatoio) **um·klei·den** VR **sich** ~ cambiarsi (d'abito) **Um·klei·de·raum** M spogliatoio *m*
um·kni·cken A VT 1 piegare 2 (*abknicken*) spezzare B VI ⟨s.⟩ spezzarsi ♦ (**mit dem Fuß**) ~ storcersi la caviglia
um·kom·men VI ⟨*irr; s.*⟩ morire: *fig* **vor Angst** ~ morire di paura
Um·kreis M vicinanze *fpl*: **im** (**näheren**) **~ der Stadt** nelle (immediate) vicinanze della città ♦ **im ~ von 3 km** nel raggio di 3 km; **im weiten** ~ per largo tratto
um·krei·sen VT **etw** ~ girare intorno a qc **Um·krei·sung** F ⟨-; -en⟩ giro *m*
um·krem·peln VT 1 (*aufkrempeln*) rimboccare 2 rivoltare: **Strümpfe** ~ rivoltare le calze 3 *umg* (*ändern*) rifare (*od* cambiare) completamente ♦ **das ganze Haus** ~ mettere sottosopra tutta la casa (alla ricerca di qc)
um·la·den VT ⟨*irr*⟩ trasbordare
Um·la·ge F quota *f*
Um·land N regione *f* circostante
Um·lauf M 1 rotazione *f* 2 circolazione *f*: **in** (*od* **im**) **~ sein** essere in circolazione; **etw in ~ bringen** (*od* **setzen**) mettere qc in circolazione ♦ **in ~ kommen** entrare nell'uso
Um·lauf·bahn F orbita *f* **um·lau·fen** VI ⟨*irr; s.*⟩ circolare **Um·lauf·ver·mö·gen** N capitale *m* circolante
Um·laut M umlaut *m*, metafonia *f*
um·le·gen A VT 1 mettere: **j-m einen Schal** ~ mettere uno scialle a qn 2 (*fällen*) abbattere 3 (*verlegen*) trasferire 4 rovesciare: **einen Kragen** ~ rovesciare un colletto 5 (*verteilen*) dividere 6 *umg* (*niederstrecken*) stendere B VR **sich** (*dat*) **etw** ~ mettersi (addosso) qc ♦ **einen Termin** ~ spostare una data
um·lei·ten VT deviare **Um·lei·tung** F deviazione *f*
um·ler·nen VI ⟨h.⟩ 1 cambiare modo di pensare 2 (*beruflich*) riqualificarsi
um·lie·gend ADJ circostante
Um·luft·herd M forno *m* ad aria calda
um·mel·den A VT **ein Auto** ~ comunicare il cambio di residenza del proprietario di un'auto B VR **sich** ~ comunicare il cambio di residenza
um·mo·deln VT 1 cambiare 2 (*umformen*) rimodellare
um·or·ga·ni·sie·ren VT riorganizzare
um·pa·cken VT 1 spostare, trasferire 2 *umg* **den Koffer** ~ rifare la valigia
um·pflan·zen VT trapiantare
um·quar·tie·ren VT **j-n** ~ far cambiare alloggio a qn
um·ran·den VT contornare, orlare **Um·ran·dung** F ⟨-; -en⟩ orlo *m*, bordo *m*
um·räu·men VT risistemare

um·rech·nen VT convertire: **Franken in Euro ~** convertire franchi in euro; **Zentimeter in Millimeter ~** trasformare centimetri in millimetri **Um·rech·nung** F conversione *f* **Um·rech·nungs·kurs** M (corso *m* del) cambio *m*

um·rei·ßen[1] VT ⟨*irr*⟩ (*zu Boden reißen*) buttare giù

um·rei·ßen[2] VT ⟨*irr*⟩ (*skizzieren*) tracciare, delineare

um·ren·nen VT ⟨*irr*⟩ buttare a terra (correndo)

um·rin·gen VT **j-n/etw ~** fare cerchio intorno a qn/qc

Um·riss M **1** contorno *m*, profilo *m*: **feste -e annehmen** assumere contorni precisi **2** (*Zug*) tratto *m*: **in groben -en zeichnen** disegnare a grandi tratti

um·rüh·ren VT mescolare, rimestare

um·run·den VT **1** fare un giro intorno a **2** (*Planeten*) girare intorno a **3** SPORT doppiare **4** SCHIFF circumnavigare

um·rüs·ten VT TECH convertire

um·sä·gen VT abbattere, segare

um·sat·teln VI ⟨h.⟩ *umg* cambiare mestiere (*od* corso *od* scuola)

Um·satz M giro *m* (*od* volume *m*) d'affari; (*Verkauf*) fatturato *m*, vendite *fpl*: **5000 Euro ~ machen** fare un fatturato di (*od* fatturare) 5000 euro; **der ~ steigt** il volume d'affari aumenta

Um·satz·be·tei·li·gung F partecipazione *f* al fatturato **Um·satz·steu·er** F imposta *f* sugli affari (*od* sull'entrata)

um·schal·ten **A** VT **1** ELEK commutare **2** MECH **etw ~** invertire la marcia di qc **B** VI ⟨h.⟩ passare, cambiare

Um·schalt·tas·te F tasto *m* shift

Um·schau F **nach j-m/etw ~ halten** guardarsi intorno alla ricerca di qn/qc

um·schif·fen VT circumnavigare

Um·schlag M **1** (*von Buch*) copertina *f* **2** (*für Brief*) busta *f* **3** MED impacco *m*, compressa *f*: **kalte Umschläge** impacchi freddi **4** (*Nähen*) risvolto *m* **5** (*plötzliche Veränderung*) cambiamento *m* (repentino) **6** (*Umladen von Waren*) trasbordo *m*; (*Bewegung*) movimento *m* (di merci)

um·schla·gen ⟨*irr*⟩ **A** VT **1** (*Nähen*) rovesciare **2** (*umkrempeln*) rimboccare **3** (*umblättern*) voltare **4** (*fällen*) abbattere **5** (*Güter*) trasbordare **B** VI ⟨s.⟩ **1** cambiare (improvvisamente): **die Sympathie schlug in Hass um** la simpatia si trasformò in odio **2** (*sauer werden*) inacidire

Um·schlag·ha·fen M porto *m* di trasbordo **Um·schlag·platz** M piazza *f* di trasbordo

um·schlie·ßen VT ⟨*irr*⟩ **1** stringere: **etw mit den Händen ~** stringere qc nelle mani **2** (*umgeben*) circondare, cingere **3** (*umzingeln*) accerchiare

um·schlin·gen VT ⟨*irr*⟩ (*umfassen*) cingere, stringere; (*umarmen*) abbracciare ♦ **eng umschlungen** avvinghiato

um·schmei·ßen VT ⟨*irr*⟩ *umg* **1** buttare giù **2** (*aus der Fassung bringen*) stendere **3** (*zunichtemachen*) mandare all'aria

um·schnal·len VT legare, chiudere

um·schrei·ben[1] VT ⟨*irr*⟩ **1** (*neu schreiben*) riscrivere **2** (*überschreiben*) volturare, trasferire: **das Auto ~** volturare la macchina; **ein Grundstück auf j-n ~** trasferire un terreno a qn

um·schrei·ben[2] VT ⟨*irr*⟩ **1** (*mit Worten*) definire, delimitare **2** (*anders ausdrücken*) descrivere con perifrasi **3** GEOM circoscrivere

Um·schrei·bung[1] F **1** riscrittura *f* **2** JUR voltura *f*

Um·schrei·bung[2] F **1** (*mit Worten*) perifrasi *f* **2** GEOM il circoscrivere

Um·schrift F LING trascrizione *f*

Um·schul·dung F ⟨-; -en⟩ WIRTSCH conversione *f* di debiti

um·schu·len **A** VT **1** far cambiare scuola **2** (*ausbilden*) addestrare: **j-n zum Mechaniker ~** avviare qn alla professione di meccanico **B** VI ⟨h.⟩ riqualificarsi (professionalmente) **Um·schu·lung** F **1** cambiamento *m* di scuola **2** (*Ausbildung*) riqualificazione *f* (professionale), riaddestramento *m*

um·schwär·men VT **1** **etw ~** sciamare (*od* svolazzare) intorno a qc **2** *fig* corteggiare: **j-n ~** corteggiare qn

Um·schwei·fe PL **etw ohne ~ erklären** spiegare qc senza giri di parole; **keine ~ machen** non fare giri di parole

um·schwen·ken VI ⟨s.⟩ **1** fare una conversione, fare dietro front **2** *fig* cambiare (opinione)

Um·schwung M svolta *f*

um·se·geln VT circumnavigare

um·se·hen VR ⟨*irr*⟩ **sich ~** **1** guardare (*od* guardarsi) intorno **2** vedere (*od* girare): **sich in einer Stadt ~** girare per una città **3** (*sich umdrehen*) voltarsi: **er hat sich oft nach ihm umgesehen** si è voltato spesso verso di lui **4** **sich nach**

U

etw ~ cercare qc ♦ *umg* **du wirst dich noch ~!** te ne accorgerai!

um·sei·tig ADJ & ADV sul retro

um·set·zen V/T **1** **etw ~** cambiare posto a qc, spostare qc **2** (*umpflanzen*) trapiantare **3** (*übersetzen*) tradurre **4** trasformare: **Energie in Wärme ~** trasformare l'energia in calore **5** (*verkaufen*) fatturare **6** WIRTSCH convertire: **in Geld ~** convertire in denaro ♦ **in die Tat ~** mettere in atto

Um·sicht F circospezione *f*, prudenza *f*

um·sich·tig ADJ circospetto, prudente

um·sie·deln **A** V/T trasferire **B** V/I ⟨s.⟩ trasferirsi **Um·sied·ler** M, **-in** F persona *f* trasferita **Um·sied·lung** F trasferimento *m*

um·so KONJ tanto: **~ besser** tanto meglio; **je ..., ~ ...** quanto più ... tanto più ...

um·sonst ADV **1** gratuitamente, gratis: **etw ~ tun** fare qc gratuitamente **2** (*vergebens*) inutilmente, invano ♦ **es war alles ~** fu tutto inutile

Um·spann·werk N ELEK impianto *m* di trasformazione

um·sprin·gen V/I ⟨irr; s.⟩ **1** (*plötzlich wechseln*) cambiare improvvisamente **2** (*von Ampeln*) scattare **3** (*behandeln*) trattare (male): **mit j-m brutal ~** trattare qn brutalmente

Um·stand M **1** circostanza *f*: **unter diesen Umständen** date le circostanze; JUR **mildernder ~** circostanza attenuante **2** (*Fall*) caso *m*: **unter allen Umständen** in tutti i casi; **unter keinen Umständen** in nessun caso **3** (*Gegebenheit*) condizione *f*: **ihm geht es den Umständen entsprechend gut** considerando le sue condizioni, sta bene **4** *pl* cerimonie *fpl*, convenevoli *mpl*: **ohne viel Umstände** senza tanti convenevoli ♦ **in anderen Umständen sein** essere in stato interessante; **machen Sie meinetwegen keine Umstände** non si disturbi per me; **unter Umständen** eventualmente

um·stän·de·hal·ber ADV per circostanze particolari

um·ständ·lich ADJ **1** pignolo, (*weitschweifig*) prolisso **2** (*mühsam*) scomodo, complicato **3** (*förmlich*) cerimonioso

Um·stands·kleid N (abito *m*) pre-maman *m* **Um·stands·krä·mer** M, **-in** F *umg* persona *f* maldestra **Um·stands·wort** N ⟨-[e]s; -wörter⟩ GRAM avverbio *m*

um·ste·hend **A** ADJ **1** circostante **2** (*umseitig*) sul retro **B** ADV sul retro

um·stei·gen V/I ⟨irr; s.⟩ **1** cambiare **2** trasbordare: **vom Zug in einen Bus ~** trasbordare dal treno su un autobus **3** *umg* passare: **auf vegetarische Ernährung ~** passare all'alimentazione vegetariana

um·stel·len[1] V/T (*umkreisen*) circondare

um·stel·len[2] **A** V/T **1** (*an anderen Ort*) **etw ~** spostare qc **2** **einen Hebel/die Uhr ~** spostare una leva/l'orologio **3** adattare: **die Heizung auf Erdgas ~** adattare il riscaldamento al metano **4** (*ändern*) cambiare **5** WIRTSCH convertire **B** V/R **1** **sich ~** (**auf**) adeguarsi, adattarsi (*akk*) **2** passare: **er hat sich auf eine neue Diät umgestellt** è passato a una nuova dieta **Um·stel·lung** F **1** cambiamento *m* **2** adeguamento *m* **3** WIRTSCH conversione *f*

um·stim·men V/T *fig* **j-n** (**in etw** [*dat*]) **~** far cambiare idea a qn (su qc)

um·sto·ßen V/T ⟨irr⟩ **1** rovesciare, far cadere (urtando) **2** (*rückgängig machen*) annullare, revocare **3** (*zunichtemachen*) sconvolgere

um·strit·ten ADJ controverso, discusso

um·struk·tu·rie·ren V/T ristrutturare

um·stül·pen V/T **1** rovesciare **2** rivoltare: **die Taschen ~** rivoltare le tasche

Um·sturz M **1** rivoluzione *f* (*a. fig*), sovvertimento *m*: **ein politischer ~** un sovvertimento politico **2** rovesciamento *m*

um·stür·zen **A** V/T rovesciare (*a. fig*) **B** V/I ⟨s.⟩ cadere, crollare **Um·stürz·ler** M ⟨-s; -⟩, **-in** F ⟨-; -nen⟩ sovversivo *m*, -a *f*, rivoluzionario *m*, -a *f* **um·stürz·le·risch** ADJ sovversivo, rivoluzionario

Um·tausch M (*von Waren, Geld*) cambio *m*; WIRTSCH conversione *f* ♦ **etw ist vom ~ ausgeschlossen** qc non si può cambiare **um·tau·schen** V/T **1** cambiare: **etw in/gegen etw ~** cambiare qc in/per qc **2** (*Geld*) cambiare; WIRTSCH convertire

um·top·fen V/T rinvasare

Um·trie·be PL intrighi *mpl*, manovre *fpl*, attività *fpl* sovversive

um·tun V/R ⟨irr⟩ *umg* **sich nach etw/j-m ~** darsi da fare per trovare qc/qn

um·ver·tei·len V/T WIRTSCH ridistribuire

um·wäl·zen V/T **1** (*Luft, Wasser*) far circolare **2** *fig* capovolgere, sconvolgere

um·wäl·zend ADJ sconvolgente **Um·wäl·zung** F ⟨-; -en⟩ **1** rivoluzione *f*,

U

sconvolgimento *m* **2** TECH circolazione *f*

um·wan·deln VT **1** trasformare **2** WIRTSCH, PHYS convertire **3** JUR commutare ♦ **wie umgewandelt sein** essere completamente cambiato **Um·wand·lung** F **1** trasformazione *f* **2** WIRTSCH, PHYS conversione *f* **3** JUR commutazione *f*

Um·weg M giro *m*: **einen weiten ~ machen** fare un ampio giro; **etw auf -en erreichen** raggiungere qc facendo la strada più lunga; *fig* **etw auf -en erfahren** venire a sapere qc per vie traverse

Um·welt F ambiente *m* **Um·welt·be·auf·trag·te** M/F responsabile *m/f* ambiente **Um·welt·be·las·tung** F inquinamento *m* ambientale, agenti *mpl* inquinanti **Um·welt·be·wusst·sein** N coscienza *f* ecologica **Um·welt·ein·flüs·se** PL influssi *mpl* dell'ambiente **um·welt·feind·lich** ADJ inquinante **Um·welt·for·schung** F ricerca *f* ambientale, ecologia *f* **um·welt·freund·lich** ADJ ecologico, non inquinante **Um·welt·gift** N sostanza *f* nociva all'ambiente **Um·welt·ka·ta·stro·phe** F disastro *m* ecologico **Um·welt·kri·mi·na·li·tät** F reati *mpl* contro l'ambiente **Um·welt·po·li·tik** F politica *f* ambientale **Um·welt·schä·den** PL danni *mpl* all'ambiente **um·welt·schäd·lich** ADJ inquinante, nocivo (per l'ambiente) **um·welt·scho·nend** ADJ → umweltfreundlich **Um·welt·schutz** M tutela *f* ambientale, ecologismo *m*, ambientalismo *m* **Um·welt·schüt·zer** M ⟨-s; -⟩, **-in** F ⟨-; -nen⟩ ecologista *m/f*, ambientalista *m/f* **Um·welt·schutz·pa·pier** N *umg* carta *f* ecologica **Um·welt·sün·der** M, **-in** F *umg* inquinatore *m*, -trice *f* **Um·welt·tech·no·lo·gie** F tecnologia *f* ambientale **Um·welt·ver·schmut·zung** F inquinamento *m* ambientale **um·welt·ver·träg·lich** ADJ che rispetta l'ambiente

▶ Umwelt

Abfall	**i rifiuti**
Abfallbeseitigung	**lo smaltimento dei rifiuti**
abgasarmes Auto	**l'auto poco inquinante**
Abwasser	**l'acqua di scarico**
industrielle Abwässer	**gli scarichi industriali**
Altglascontainer	**il contenitore per la raccolta del vetro** *oder* **la campana del vetro**
Autoabgase	**i gas di scarico**
entsorgen (*Sondermüll*)	**smaltire e trattare (i rifiuti tossici)**
Erderwärmung	**il riscaldamento terrestre**
FCKW	**il fluorclorocarburo (CFC)**
Kläranlage	**l'impianto di depurazione**
Kohlenmonoxid	**il monossido di carbonio**
krebserregend	**cancerogeno**
Luftverschmutzung	**l'inquinamento (dell'aria)**
Mülldeponie	**la discarica**
Ozonloch	**il buco nell'ozono**
Ozonwerte	**il tasso d'ozono**
saurer Regen	**la pioggia acida**
Schwefeldioxid	**il biossido di zolfo**
Stickoxid	**l'ossido d'azoto**
Treibhauseffekt	**l'effetto serra**
Treibhausgas	**il gas a effetto serra**

U

▶▶

umweltbewusst	**che ha coscienza dell'ambiente** *oder* **ambientalista**
umweltschädlich	**inquinante**
Waldsterben	**la moria delle foreste**
wiederverwertbar	**riciclabile**

um·wen·den ⟨*irr*⟩ **A** VT girare **B** V/R **sich** (**nach j-m**) ~ voltarsi (verso qn)
um·wer·ben VT ⟨*irr*⟩ corteggiare
um·wer·fen VT ⟨*irr*⟩ **1** (*zu Boden werfen*) buttare giù, rovesciare **2** *umg* (*aus der Fassung bringen*) sconvolgere **3** *umg* (*betrunken machen*) mettere k.o. **4** **j-s Pläne** ~ sconvolgere i piani di qn ♦ **-d komisch** di una comicità sconvolgente
um·wi·ckeln VT **1** avvolgere **2** (*mit Mullbinden*) fasciare
Um·zäu·nung F ⟨-; -en⟩ recinzione *f*
um·zie·hen ⟨*irr*⟩ **A** VI ⟨s.⟩ trasferirsi, traslocare: **nach Köln** ~ trasferirsi a Colonia; **sie ist vor Kurzem umgezogen** ha traslocato da poco **B** VT cambiare (d'abito) **C** V/R **sich** ~ cambiarsi (d'abito)
um·zin·geln VT accerchiare, circondare
Um·zug M **1** (*Wohnungsumzug*) trasloco *m* **2** (*Festzug*) corteo *m*: **ein historischer** ~ un corteo storico **3** **ein politischer** ~ una marcia (politica) **4** REL processione *f*
un·ab·än·der·lich ADJ immutabile; (*unwiderruflich*) irrevocabile **un·ab·ding·bar** ADJ imprescindibile, irrinunciabile
un·ab·hän·gig ADJ indipendente: **von j-m/etw** ~ **sein** essere indipendente da qn/qc **Un·ab·hän·gig·keit** F indipendenza *f*
un·ab·kömm·lich ADJ non disponibile, occupato
un·ab·läs·sig ADJ incessante
un·ab·seh·bar ADJ imprevedibile, indeterminato
un·ab·sicht·lich ADV involontariamente
un·ab·wend·bar ADJ inevitabile, ineluttabile
un·acht·sam ADJ disattento, sbadato **Un·acht·sam·keit** F ⟨-; -en⟩ sbadataggine *f*, distrazione *f*
un·ähn·lich ADJ dissimile, diverso: **j-m/etw** ~ **sein** essere diverso da qn/qc
un·an·fecht·bar ADJ incontestabile **un·an·ge·bracht** ADJ inopportuno, fuori luogo **un·an·ge·foch·ten** ADJ **1** incontestato, indiscusso **2** (*unbehindert*) indisturbato **un·an·ge·mel·det** **A** ADJ non annunciato; inatteso **B** ADV senza avvertire **un·an·ge·mes·sen** ADJ inadeguato
un·an·ge·nehm ADJ **1** spiacevole, sgradevole **2** (*ärgerlich*) fastidioso, seccante ♦ ~ **auffallen** fare una cattiva impressione; **das ist mir sehr** ~ mi spiace molto; ~ **werden** arrabbiarsi, diventare cattivo
un·an·ge·tas·tet ADJ **1** intatto **2** inviolato **un·an·greif·bar** ADJ inattaccabile; (*unanfechtbar*) inoppugnabile **un·an·nehm·bar** ADJ inaccettabile **Un·an·nehm·lich·keit** F ⟨-; -en⟩ fastidio *m*, seccatura *f*; inconveniente *m*: **-en bekommen** avere dei fastidi **un·an·sehn·lich** ADJ **1** insignificante, modesto **2** (*Speisen*) non appetitoso **3** (*schäbig*) logoro **un·an·stän·dig** ADJ **1** indecente **2** (*obszön*) sconcio
un·an·tast·bar ADJ **1** intoccabile **2** (*unverletzbar*) inviolabile
un·ap·pe·tit·lich ADJ **1** non appetitoso **2** (*ekelig*) disgustoso
Un·art F **1** cattive maniere *fpl* **2** (*von Kindern*) cattiveria *f* **un·ar·tig** **A** ADJ maleducato **B** ADV da maleducato
un·äs·the·tisch ADJ antiestetico
un·auf·dring·lich ADJ discreto
un·auf·fäl·lig **A** ADJ non appariscente **B** ADV senza dare nell'occhio, senza farsi notare: **sich** ~ **benehmen** comportarsi senza dare nell'occhio; **sich** ~ **entfernen** allontanarsi senza farsi notare
un·auf·find·bar ADJ introvabile, irreperibile
un·auf·ge·for·dert **A** ADJ non richiesto, non sollecitato **B** ADV spontaneamente
un·auf·halt·sam ADJ inarrestabile **un·auf·hör·lich** ADJ incessante **un·auf·lös·bar** ADJ, **un·auf·lös·lich** ADJ **1**

CHEM insolubile **2** (*Knoten*) che non si riesce a slegare **3** *fig* insuperabile, insanabile: **-e Schwierigkeiten** difficoltà insuperabili; **ein -er Widerspruch** una contraddizione insanabile **4** indissolubile: **eine -e Verbindung** un legame indissolubile **5** (*Vertrag*) non rescindibile

un·auf·merk·sam ADJ **1** disattento **2** (*nicht zuvorkommend*) poco attento **Un·auf·merk·sam·keit** F disattenzione *f*; distrazione *f*

un·auf·rich·tig ADJ insincero, falso **Un·auf·rich·tig·keit** F ⟨-; -en⟩ falsità *f*, mancanza *f* di sincerità

un·auf·schieb·bar ADJ improrogabile

un·aus·bleib·lich ADJ inevitabile; immancabile

un·aus·führ·bar ADJ inattuabile

un·aus·ge·füllt ADJ **1** non compilato, in bianco **2** *fig* vuoto: **ein -es Leben** una vita vuota; **sich ~ fühlen** non sentirsi realizzato **un·aus·ge·gli·chen** ADJ **1** (*Wesen*) non equilibrato, instabile **2** (*ungleichmäßig*) non bilanciato, squilibrato **Un·aus·ge·gli·chen·heit** F ⟨-⟩ **1** squilibrio *m*, instabilità *f* **2** mancanza *f* di equilibrio **un·aus·ge·spro·chen** ADJ inespresso, non detto ♦ **~ bleiben** rimanere sottinteso

un·aus·lösch·lich ADJ indelebile **un·aus·rott·bar** ADJ inestirpabile **un·aus·sprech·lich** ADJ **1** inesprimibile **2** (*unsagbar*) immenso **un·aus·steh·lich** ADJ insopportabile **un·aus·weich·lich** ADJ inevitabile

un·bän·dig ADJ **1** (*Gefühl*) irrefrenabile, indomabile **2** (*sehr groß*) enorme **3** (*wild*) turbolento: **ein -es Kind** un bambino turbolento ♦ **sich ~ freuen** essere contentissimo

un·barm·her·zig **A** ADJ spietato **B** ADV senza pietà **Un·barm·her·zig·keit** F ⟨-; -en⟩ spietatezza *f*

un·be·ab·sich·tigt ADJ non intenzionale, involontario

un·be·ach·tet ADJ ignoto, anonimo ♦ **~ bleiben** passare inosservato

un·be·an·stan·det ADJ incontestato **un·be·ant·wor·tet** ADJ (rimasto) senza risposta **un·be·ar·bei·tet** ADJ **1** non lavorato **2** da sbrigare: **-e Akten** pratiche da sbrigare **un·be·auf·sich·tigt** ADJ incustodito **un·be·baut** ADJ **1** non edificato **2** AGR incolto **un·be·dacht** ADJ sconsiderato **un·be·darft** ADJ ingenuo, inesperto **un·be·denk·lich** **A** ADJ che non comporta rischi, sicuro **B** ADV senza pensarci, senza esitazione **un·be·deu·tend** ADJ **1** irrilevante, insignificante **2** (*wenig wert*) di scarso valore **un·be·dingt** **A** ADJ incondizionato, assoluto **B** ADV assolutamente, in ogni caso ♦ **muss er zahlen? – nicht ~** deve pagare? – non necessariamente; **musst du ~ gehen?** devi proprio andartene?

un·be·fahr·bar ADJ impraticabile **un·be·fan·gen** ADJ **1** disinvolto, spontaneo **2** (*unvoreingenommen*) senza pregiudizi **3** (*unparteiisch*) imparziale **Un·be·fan·gen·heit** F **1** disinvoltura *f*, spontaneità *f* **2** mancanza *f* di pregiudizi **3** (*Unparteilichkeit*) imparzialità *f* **un·be·fleckt** ADJ immacolato **un·be·frie·di·gend** ADJ insoddisfacente **un·be·frie·digt** ADJ insoddisfatto **un·be·fris·tet** ADJ (a tempo) indeterminato, illimitato

un·be·fugt ADJ **1** non autorizzato **2** (*unerlaubt*) abusivo, illecito ♦ **~ eingreifen** intervenire senza autorizzazione; **Zutritt für Unbefugte verboten** vietato l'ingresso agli estranei (*od* ai non addetti ai lavori)

un·be·gabt ADJ non dotato: **für** (*od* **zu**) **etw ~ sein** non essere portato per qc **un·be·greif·lich** ADJ **1** incomprensibile, inconcepibile **2** (*unerklärlich*) inspiegabile **un·be·grenzt** ADJ illimitato **un·be·grün·det** ADJ infondato

Un·be·ha·gen N **1** disagio *m*: **j-m ~ bereiten** mettere qn a disagio **2** (*Widerwille*) avversione *f*: **~ an der Politik** avversione verso la politica **un·be·hag·lich** ADJ **1** sgradevole, spiacevole: **etw ist mir ~** qc mi crea disagio **2** (*ungemütlich*) non accogliente ♦ **sich ~ fühlen** sentirsi a disagio

un·be·hel·ligt ADJ **von j-m ~ bleiben** non essere disturbato (*od* seccato) da qn; **j-n ~ lassen** non disturbare (*od* infastidire) qn

un·be·herrscht ADJ **1** incontrollato **2** (*Mensch*) che non sa controllarsi **Un·be·herrscht·heit** F ⟨-; -en⟩ mancanza *f* di autocontrollo

un·be·hol·fen ADJ impacciato, goffo **Un·be·hol·fen·heit** F ⟨-⟩ goffaggine *f*

un·be·irr·bar **A** ADJ imperturbabile; (*fest*) fermo **B** ADV **~ seinen Weg gehen**

U

andare dritto per la propria strada
un·be·irrt ADJ saldo; (*zielstrebig*) imperterrito
un·be·kannt ADJ **1** sconosciuto, ignoto **2** MATH incognito **3** **etw ist j-m ~** qn non conosce qc; **das ist mir ~** questo non lo so, questa mi è nuova ♦ **Anzeige gegen ~** denuncia contro ignoti **Un·be·kann·te** F MATH incognita *f*
un·be·klei·det ADJ nudo **un·be·küm·mert** ADJ **1** incurante, noncurante: **~ um etw sein** essere incurante di qc **2** (*unbeschwert*) spensierato **un·be·las·tet** ADJ **1** non gravato, libero **2** dal passato ineccepibile, pulito: **-e Politiker** politici puliti **3** WIRTSCH libero da ipoteca **4** (*Umwelt*) incontaminato **un·be·lehr·bar** ADJ incorreggibile; (*eigensinnig*) ostinato **un·be·leuch·tet** ADJ **1** non illuminato **2** AUTO con i fari spenti, a fari spenti
un·be·liebt ADJ malvisto ♦ **sich mit etw** (**bei j-m**) **~ machen** rendersi antipatico (a qn) per qc **Un·be·liebt·heit** F impopolarità *f*
un·be·mannt ADJ senza equipaggio **un·be·merkt** **A** ADJ inosservato **B** ADV di soppiatto
un·be·nom·men ADV **j-m ~ sein/bleiben** essere/rimanere lecito (*od* permesso) a qn; **es ist dir ~, das zu tun** sei libero di farlo
un·be·nutzt ADJ **1** inutilizzato **2** (*neu*) nuovo **un·be·ob·ach·tet** ADJ non visto: **in einem -en Moment** quando nessuno sta osservando **un·be·quem** ADJ scomodo **Un·be·quem·lich·keit** F scomodità *f*
un·be·re·chen·bar ADJ imprevedibile
un·be·rech·tigt **A** ADJ **1** non autorizzato **2** **ein -er Besitz** un possesso abusivo **3** (*ungerechtfertigt*) ingiustificato **B** ADV **1** senza autorizzazione **2** in modo ingiustificato **un·be·rech·tig·ter·wei·se** ADV non legittimamente
un·be·rück·sich·tigt ADJ non considerato ♦ **~ bleiben** non essere considerato; **etw ~ lassen** trascurare qc
un·be·ru·fen **A** ADJ non richiesto, non autorizzato **B** INT **~!** tocca ferro! ♦ **in -e Hände fallen** cadere in mani estranee
un·be·rührt ADJ **1** intatto: **sein Essen ~ lassen** non toccare cibo **2** (*jungfräulich*) vergine **3** (*emotional*) insensibile: **das lässt mich ~** questo non mi tocca
un·be·scha·det PRÄP (*+gen*) **1** fatto salvo: **~ meiner Rechte** fatti salvi i miei diritti **2** (*trotz*) nonostante, malgrado
un·be·schä·digt ADJ **1** non danneggiato **2** (*unversehrt*) intatto **un·be·schäf·tigt** ADJ non occupato **un·be·schei·den** ADJ immodesto **Un·be·schei·den·heit** F **1** presunzione *f* **2** esagerazione *f* **un·be·schol·ten** ADJ integro **un·be·schränkt** ADJ **1** illimitato **2** assoluto: **-e Gewalt** potere assoluto
un·be·schreib·lich **A** ADJ **1** indescrivibile **2** (*sehr groß*) enorme, incredibile **B** ADV moltissimo, incredibilmente
un·be·schrie·ben ADJ non scritto ♦ *fig* **ein -es Blatt sein** essere un'incognita
un·be·schwert ADJ spensierato, sereno
un·be·se·hen **A** ADJ non esaminato, non ponderato **B** ADV **1** (*ohne nachzudenken*) senza riflettere **2** (*ohne zu zögern*) senza esitazione, senz'altro **un·be·sieg·bar** ADJ invincibile **un·be·siegt** ADJ **1** non vinto, non sconfitto **2** SPORT imbattuto
un·be·son·nen ADJ sconsiderato **Un·be·son·nen·heit** F ⟨-; -en⟩ sconsideratezza *f* **un·be·sorgt** **A** ADJ non preoccupato **B** ADV senza preoccupazioni: **seien Sie ~** non si preoccupi, stia tranquillo **un·be·stän·dig** ADJ incostante; (*Wetter*) instabile **Un·be·stän·dig·keit** F ⟨-; -en⟩ incostanza *f*; instabilità *f* **un·be·stä·tigt** ADJ non confermato **un·be·stech·lich** ADJ incorruttibile **Un·be·stech·lich·keit** F incorruttibilità *f*
un·be·stimmt ADJ **1** indefinito, indeterminato: **auf -e Zeit** a tempo indeterminato (*od* indefinito) **2** (*ungenau*) vago **3** (*ungewiss*) incerto; **es ist noch ~, ob …** non è ancora certo che …
un·be·streit·bar **A** ADJ incontestabile, indiscutibile **B** ADV indiscutibilmente
un·be·strit·ten **A** ADJ incontestato, indiscusso: **es ist ~, dass …** è indiscusso che … **B** ADV indiscutibilmente, senz'altro **un·be·tei·ligt** ADJ **1** non coinvolto **2** (*teilnahmslos*) distaccato **un·be·tont** ADJ non accentato: **-e Silbe** sillaba atona
un·beug·sam ADJ inflessibile
un·be·wacht ADJ incustodito **un·be·waff·net** ADJ disarmato **un·be·weg·lich** ADJ **1** immobile: WIRTSCH **-e Sachen** (beni) immobili **2** fisso: **mit -em Blick** con sguardo fisso **3** (*träge*) inerte: **geis-**

tig ~ **sein** essere inerte spiritualmente **Un·be·weg·lich·keit** F ⟨-⟩ **1** immobilità *f* **2** fissità *f* **un·be·wegt** ADJ **1** immobile **2** impassibile: **eine -e Miene** un'espressione impassibile

un·be·weis·bar ADJ indimostrabile

un·be·wie·sen ADJ indimostrato

un·be·wohn·bar ADJ inabitabile

un·be·wohnt ADJ disabitato

un·be·wusst ADJ inconscio, inconsapevole

un·be·zahl·bar ADJ **1** (*Preis*) inaccessibile **2** (*Kunstwerk*) (di valore) inestimabile **3** *umg fig* impagabile

un·be·zahlt ADJ non pagato, non saldato

un·be·zähm·bar ADJ indomabile

un·be·zwing·bar ADJ **1** inespugnabile **2** *fig* indomabile, invincibile

un·blu·tig **A** ADJ incruento (*a.* MED) **B** ADV senza spargimento di sangue

un·brauch·bar ADJ inservibile, inutilizzabile **Un·brauch·bar·keit** F ⟨-⟩ inservibilità *f*, inutilizzabilità *f*

un·bü·ro·kra·tisch ADJ non burocratico

un·christ·lich ADJ non cristiano

un·cool ['ʊnku:l] ADJ *umg* palloso

und KONJ **1** e, (*vor Vokal*) ed; MATH più **2** né: **keine Lust ~ keine Zeit haben** non avere né voglia né tempo ♦ **~ dann?** e poi?; **na ~?** ebbene?; **~ ob! ~ wie!** eccome!; **~ so weiter** (*od* **fort**) eccetera, e così via; **~ zwar** e precisamente; **geh ~ kaufe ...** va' a comprare ...; **schöner ~ schöner** sempre più bello

Un·dank M ingratitudine *f* **un·dank·bar** ADJ ingrato **Un·dank·bar·keit** F ⟨-⟩ ingratitudine *f*

un·da·tiert ADJ non datato

un·de·fi·nier·bar ADJ indefinibile

un·de·mo·kra·tisch ADJ non democratico

un·denk·bar ADJ impensabile, inconcepibile **un·denk·lich** ADJ **seit -en Zeiten** da tempo immemorabile

U

Un·der·score ['andeskoːe] M ⟨-s; -s⟩ IT underscore *m inv*, trattino *m* basso

un·deut·lich ADJ confuso, non chiaro, indistinto, vago; (*Schrift*) illeggibile

un·dicht ADJ **1** permeabile **2** non ermetico ♦ **der Wasserhahn ist ~** il rubinetto perde; **eine -e Stelle** una perdita

Un·ding N **ein ~ sein** essere un'assurdità

un·dis·zip·li·niert ADJ indisciplinato

un·duld·sam ADJ intollerante

un·durch·dring·lich ADJ impenetrabile **un·durch·führ·bar** ADJ inattuabile

un·durch·läs·sig ADJ impermeabile

un·durch·sich·tig ADJ **1** non trasparente, opaco **2** (*undurchschaubar*) impenetrabile **3** *fig* poco pulito: **-e Geschäfte** affari poco puliti

un·eben ADJ **1** disuguale, non piano **2** (*holprig*) scabroso

un·echt ADJ **1** falso: **-e Perlen** perle false **2** (*nachgemacht*) finto, artificiale **3** MATH **ein -er Bruch** una frazione impropria

un·ehe·lich ADJ (*Kind*) naturale

un·eh·ren·haft ADJ disonorevole

un·ehr·lich ADJ **1** insincero, falso **2** (*betrügerisch*) disonesto **Un·ehr·lich·keit** F ⟨-; -en⟩ **1** falsità *f* **2** disonestà *f*

un·ei·gen·nüt·zig ADJ disinteressato

un·ein·ge·schränkt **A** ADJ illimitato **B** ADV senza limitazioni, senza riserve

un·ein·ge·weiht ADJ non iniziato, profano

un·ei·nig ADJ discorde: **mit j-m in etw** (*dat*) (*od* **über etw** (*akk*)) **~ sein** non essere d'accordo con qn su qc **Un·ei·nig·keit** F ⟨-; -en⟩ disaccordo *m*, dissenso *m*

un·ein·nehm·bar ADJ inespugnabile

un·emp·find·lich ADJ **1** insensibile: **~ gegen etw sein** essere insensibile a qc **2** (*widerstandsfähig*) resistente **Un·emp·find·lich·keit** F ⟨-⟩ **1** insensibilità *f* **2** resistenza *f*

un·end·lich ADJ infinito (*a.* MATH, FOTO) **Un·end·lich·keit** F ⟨-⟩ infinità *f*

un·ent·behr·lich ADJ indispensabile

un·ent·gelt·lich ADJ gratuito, gratis

un·ent·schie·den **A** ADJ **1** non deciso **2** (*zweifelhaft*) incerto **3** SPORT pari, in parità **4** (*unentschlossen*) indeciso **B** ADV SPORT in parità: **~ enden** finire con un pareggio; **~ spielen** pareggiare; **~ stehen** essere in parità **un·ent·schlos·sen** ADJ **1** indeciso **2** (*unschlüssig*) esitante **Un·ent·schlos·sen·heit** F **1** indecisione *f* **2** esitazione *f* **un·ent·schuld·bar** ADJ imperdonabile **un·ent·schul·digt** ADJ ingiustificato **un·ent·wegt** **A** ADJ infaticabile, imperterrito **B** ADV **1** imperterrito **2** (*fortwährend*) in continuazione **un·ent·wirr·bar** ADJ inestricabile (*a.* *fig*)

un·er·bitt·lich ADJ **1** inesorabile, spietato: **das -e Schicksal** il destino spietato **2** *(unnachgiebig)* inflessibile: **~ bleiben** restare inflessibile

un·er·fah·ren ADJ inesperto **Un·er·fah·ren·heit** F inesperienza *f* **un·er·find·lich** ADJ inspiegabile **un·er·forsch·lich** ADJ imperscrutabile **un·er·forscht** ADJ **1** inesplorato **2** *fig* sconosciuto **un·er·freu·lich** ADJ spiacevole **un·er·füllt** ADJ **1** inesaudito **2** vuoto: **ein -es Dasein** un'esistenza vuota **un·er·gie·big** ADJ improduttivo *(a. fig)*

un·er·gründ·lich ADJ impenetrabile

un·er·heb·lich ADJ irrilevante

un·er·hört ADJ inaudito, incredibile: **eine -e Frechheit** una sfacciataggine inaudita; **-es Glück haben** avere una fortuna incredibile; **etw bleibt ~** qc rimane inesaudito **un·er·kannt** **A** ADJ non riconosciuto **B** ADV in incognito

un·er·klär·lich ADJ inspiegabile

un·er·läss·lich ADJ indispensabile

un·er·laubt **A** ADJ **1** non autorizzato; *(verboten)* vietato **2** *(unbefugt)* illecito **B** ADV **1** senza permesso **2** *(verbotenerweise)* illecitamente **un·er·le·digt** ADJ **1** non sbrigato, inevaso **2** *(in der Schwebe)* irrisolto, in sospeso

un·er·mess·lich ADJ **1** *(überaus groß)* smisurato, enorme, immenso **2** sconfinato: **ein -es Land** una terra sconfinata

un·er·müd·lich ADJ instancabile

un·er·quick·lich ADJ → unerfreulich

un·er·reich·bar ADJ irraggiungibile

un·er·reicht ADJ **1** ineguagliato **2** *fig* ineguagliabile, impareggiabile

un·er·sätt·lich ADJ insaziabile

un·er·schöpf·lich ADJ inesauribile

un·er·schro·cken ADJ intrepido

un·er·schüt·ter·lich ADJ incrollabile, imperturbabile; *(fest)* saldo, fermo: **ein -er Wille** una volontà incrollabile; **eine -e Ruhe** una calma imperturbabile

un·er·schwing·lich ADJ inaccessibile

un·er·setz·lich ADJ **1** insostituibile, indispensabile: **sich für ~ halten** credersi indispensabile **2** irreparabile

un·er·träg·lich ADJ insopportabile

un·er·wähnt ADJ non menzionato: **etw ~ lassen** non menzionare qc **un·er·war·tet** ADJ inaspettato, inatteso **un·er·wi·dert** ADJ **1** non ricambiato; *(Liebe)* non corrisposto **2** *(unbeantwortet)* (rimasto) senza risposta **un·er·wünscht** ADJ non gradito, indesiderato

un·fä·hig ADJ **1** incapace: **zu etw ~ sein** essere incapace di fare qc **2** *(nicht in der Lage)* non in grado: **der Kranke ist ~, allein aufzustehen** il malato non è in grado di alzarsi da solo **Un·fä·hig·keit** F incapacità *f*

un·fair [-fɛːɐ] ADJ scorretto

Un·fall M **1** *(Verkehrsunfall)* incidente *m*: *umg* **einen ~ bauen** causare un incidente **2** infortunio *m*: **einen ~ am Arbeitsplatz haben** avere un infortunio sul lavoro

Un·fall·flucht F ⟨-⟩ → Fahrerflucht **un·fall·frei** ADJ che non ha mai avuto incidenti **Un·fall·kran·ken·haus** N ospedale *m* traumatologico **Un·fall·op·fer** N vittima *f* di un incidente *(od* dell'incidente) **Un·fall·quo·te** F, **Un·fall·ra·te** F percentuale *f* di incidenti **Un·fall·sta·ti·on** F pronto soccorso *m* **Un·fall·stel·le** F luogo *m* dell'incidente **Un·fall·tod** M morte *f* per incidente **un·fall·träch·tig** ADJ con grave pericolo di incidenti **Un·fall·ver·hü·tung** F prevenzione *f* degli infortuni **Un·fall·ver·si·che·rung** F assicurazione *f* contro gli infortuni **Un·fall·wa·gen** M **1** auto *f* incidentata **2** *(Rettungswagen)* mezzo *m* di *(od* del) soccorso stradale; *(Krankenwagen)* ambulanza *f*

un·fass·bar ADJ, **un·fass·lich** ADJ inconcepibile, incomprensibile; *(unglaublich)* incredibile

un·fehl·bar ADJ **1** infallibile **2** *(unweigerlich)* immancabile **Un·fehl·bar·keit** F ⟨-⟩ infallibilità *f*

un·fein ADJ sconveniente

un·fer·tig ADJ **1** incompleto **2** *(unreif)* immaturo

un·flä·tig ADJ sconcio, osceno

un·folg·sam ADJ disubbidiente

un·för·mig ADJ deforme

un·fran·kiert ADJ non affrancato

un·frei ADJ **1** non libero, schiavo **2** *fig* *(befangen)* impacciato **3** *(Post)* non affrancato

un·frei·wil·lig ADJ **1** *(gezwungen)* obbligato **2** *(unbeabsichtigt)* involontario

un·freund·lich ADJ **1** scortese, sgarbato: **eine -e Antwort** una risposta scortese; **-es Personal** personale sgarbato **2** *(Wetter)* brutto **3** *(Gegend)* poco accogliente **Un·freund·lich·keit** F scortesia *f*, sgarbatezza *f*

Un·frie·de M ⟨-ns⟩ discordia *f*, disaccordo *m*: **-n stiften** seminare discordia
un·frucht·bar ADJ sterile (*a. fig* AGR): **die -en Tage der Frau** i giorni non fecondi della donna ♦ **~ machen** sterilizzare **Un·frucht·bar·keit** F sterilità *f* (*a. fig*)
Un·fug M ⟨-[e]s⟩ **1** sciocchezze *fpl*, stupidaggini *fpl*: **~ treiben** fare delle sciocchezze **2** JUR **grober ~** gravi molestie *fpl*
Un·gar M ⟨-n; -n⟩, **-in** F ⟨-; -nen⟩ ungherese *m/f* **un·ga·risch** ADJ ungherese **Un·garn** N ⟨-s⟩ Ungheria *f*
un·gast·lich ADJ inospitale
un·ge·ach·tet PRÄP (*+gen*) nonostante, malgrado: **~ dessen** malgrado ciò **un·ge·ahnt** ADJ imprevisto, insospettato **un·ge·be·ten** ADJ importuno ♦ **-e Gäste** ospiti indesiderati, intrusi
un·ge·bil·det ADJ incolto, rozzo
un·ge·bo·ren ADJ non (ancora) nato ♦ **-es Kind** nascituro
un·ge·bräuch·lich ADJ inusitato, insolito **un·ge·braucht** ADJ inutilizzato; nuovo **un·ge·bun·den** ADJ **1** (*Buch*) non (ri)legato **2** *fig* libero **un·ge·deckt** ADJ **1** scoperto (*a.* MIL, FIN, SPORT) **2** (*Tisch*) non apparecchiato **Un·ge·duld** F impazienza *f* **un·ge·dul·dig** ADJ impaziente **un·ge·eig·net** ADJ inadatto **un·ge·fähr** **A** ADV circa, press'a poco **B** ADJ approssimativo ♦ **so ~** all'incirca; **das kommt nicht von ~** non accade per caso; **~ 100** un centinaio; **~ 50** una cinquantina
un·ge·fähr·det ADJ & ADV senza pericolo **un·ge·fähr·lich** ADJ innocuo, non pericoloso: **völlig ~ sein** essere del tutto innocuo **un·ge·hal·ten** ADJ indignato **un·ge·hemmt** ADJ **1** libero **2** *fig* (*zügellos*) sfrenato
un·ge·heu·er ADJ mostruoso, enorme, straordinario
Un·ge·heu·er N ⟨-s; -⟩ mostro *m* (*a. fig*)
un·ge·heu·er·lich ADJ mostruoso **Un·ge·heu·er·lich·keit** F ⟨-; -en⟩ mostruosità *f*
un·ge·hin·dert **A** ADJ non impedito **B** ADV liberamente **un·ge·ho·belt** ADJ *fig* grossolano **un·ge·hö·rig** ADJ **1** sconveniente, non appropriato **2** (*frech*) insolente **un·ge·hor·sam** ADJ disubbidiente **Un·ge·hor·sam** M disubbidienza *f* **un·ge·klärt** ADJ **1** (*nicht gelöst*) non chiarito, insoluto **2** (*unklar*) non chiaro **3** (*Abwasser*) non depurato **un·ge·küns·telt** ADJ non affettato **un·ge·kürzt** ADJ integrale **un·ge·la·den** ADJ **1** non invitato **2** (*Waffe*) scarico
un·ge·le·gen ADJ inopportuno, poco opportuno: **das kommt** (**mir**) **~** (mi) giunge inopportuno **Un·ge·le·gen·heit** F fastidio *m*, noia *f*: **-en haben** avere delle noie; **j-m -en bereiten** (*od* **machen**) procurare fastidi a qn
un·ge·lenk ADJ goffo **un·ge·lernt** ADJ non qualificato **un·ge·lo·gen** ADV *umg* per davvero **un·ge·löst** ADJ *fig* irrisolto, insoluto **un·ge·mein** **A** ADJ enorme, immenso **B** ADV estremamente, molto **un·ge·müt·lich** ADJ **1** non (*od* poco) accogliente **2** *fig* (*unangenehm*) sgradevole **3** (*misslich*) spiacevole ♦ *umg* **~ werden** reagire in modo sgarbato
un·ge·nannt ADJ anonimo
un·ge·nau ADJ **1** inesatto **2** (*undeutlich*) vago **3** (*nicht präzise*) non accurato, impreciso **Un·ge·nau·ig·keit** F imprecisione *f*, inesattezza *f*
un·ge·niert [-ʒe-] ADJ disinvolto
un·ge·nieß·bar ADJ **1** non commestibile **2** immangiabile; imbevibile **3** *fig hum* insopportabile
un·ge·nü·gend ADJ insufficiente
un·ge·nutzt ADJ non utilizzato: **-e Energiequellen** fonti d'energia inutilizzate; **eine Chance ~ lassen** lasciarsi scappare un'occasione **un·ge·pflegt** ADJ non curato, trascurato **un·ge·ra·de** ADJ MATH dispari **un·ge·recht** ADJ ingiusto **un·ge·recht·fer·tigt** ADJ ingiustificato **Un·ge·rech·tig·keit** F ⟨-; -en⟩ ingiustizia *f* **un·ge·re·gelt** ADJ sregolato **un·ge·reimt** ADJ **1** sciolto: **-e Verse** versi sciolti **2** *fig* (*ohne rechten Sinn*) insensato
un·gern ADV controvoglia, malvolentieri
un·ge·rührt ADJ impassibile, indifferente: **~ von etw bleiben** restare impassibile di fronte a qc **un·ge·sagt** ADJ non detto **un·ge·sal·zen** ADJ senza sale **un·ge·säu·ert** ADJ (*Brot*) azzimo **un·ge·schält** ADJ **1** non sbucciato **2** (*Getreide, Reis*) non mondato **un·ge·sche·hen** ADJ **etw ~ machen** (**wollen**) volere che qc non sia mai successo
Un·ge·schick N inettitudine *f* **Un·ge·schick·lich·keit** F ⟨-; -en⟩ inettitudine *f*

un·ge·schickt ADJ 1 maldestro 2 (*plump*) impacciato, goffo ♦ **sich ~ ausdrücken** esprimersi in modo impacciato
un·ge·schla·gen ADJ SPORT imbattuto
un·ge·schlif·fen ADJ 1 non levigato, grezzo 2 *fig* rozzo **un·ge·schminkt** ADJ 1 non truccato 2 *fig* semplice, puro: **die -e Wahrheit** la pura verità ♦ **j-m ~ seine Meinung sagen** cantarla chiara a qn
un·ge·scho·ren ADJ illeso: **~ davonkommen** uscirne illeso
un·ge·schrie·ben ADJ non scritto: **ein -es Gesetz** una legge non scritta
un·ge·sel·lig ADJ non (*od* poco) socievole, misantropo **Un·ge·sel·lig·keit** F ⟨-⟩ insocievolezza *f*
un·ge·setz·lich ADJ illegale **Un·ge·setz·lich·keit** F ⟨-; -en⟩ illegalità *f*
un·ge·sit·tet ADJ incivile **un·ge·stört** A ADJ indisturbato, non disturbato B ADV indisturbato **un·ge·straft** ADJ impunito
un·ge·stüm ADJ impetuoso, irruente: *fig* **ein -es Temperament** un temperamento irruente **Un·ge·stüm** N ⟨-[e]s⟩ impeto *m*, irruenza *f*
un·ge·sund A ADJ 1 malsano (*a. fig*) 2 insalubre: **ein -es Klima** un clima insalubre 3 (*schädlich*) nocivo 4 (*krank*) malato B ADV in modo malsano: **sich ~ ernähren** nutrirsi in modo poco sano
un·ge·süßt ADJ non dolcificato; senza zucchero **un·ge·teilt** ADJ 1 indiviso 2 *fig* generale, unanime **un·ge·trübt** ADJ limpido, sereno **Un·ge·tüm** N ⟨-s; -e⟩ mostruosità *f* **un·ge·übt** ADJ 1 non esercitato 2 inesperto: **-e Hände** mani inesperte ♦ **in etw** (*dat*) **~ sein** non essere pratico di qc
un·ge·wa·schen ADJ non lavato
un·ge·wiss ADJ 1 incerto, dubbio: **eine -e Zukunft** un futuro incerto 2 vago ♦ **j-n im Ungewissen lassen** lasciare qn nell'incertezza **Un·ge·wiss·heit** F ⟨-; -en⟩ incertezza *f*
un·ge·wöhn·lich A ADJ 1 insolito, inconsueto: **eine -e Frau** una donna insolita; **~ aussehen** avere un aspetto inconsueto 2 (*außergewöhnlich*) straordinario B ADV insolitamente **un·ge·wohnt** ADJ 1 insolito: **mit -er Schärfe** con insolita severità 2 non familiare: **etw ist j-m** (*od* **für j-n**) **noch ~** qc non è ancora familiare a qn **un·ge·wollt** A ADJ 1 non voluto, non desiderato 2 (*unbeabsichtigt*) involontario B ADV senza volere, involontariamente **un·ge·zählt** ADJ innumerevole **un·ge·zähmt** ADJ 1 (*Tier*) non addomesticato 2 *fig* sfrenato
Un·ge·zie·fer N ⟨-s⟩ insetti *mpl* (nocivi)
un·ge·zo·gen ADJ maleducato **Un·ge·zo·gen·heit** F ⟨-; -en⟩ 1 maleducazione *f* 2 (*ungezogene Äußerung*) insolenza *f*, impertinenza *f*
un·ge·zü·gelt ADJ sfrenato
un·ge·zwun·gen ADJ spigliato, disinvolto: **eine -e Konversation** una conversazione spigliata **Un·ge·zwun·gen·heit** F ⟨-⟩ disinvoltura *f*, spigliatezza *f*
un·gif·tig ADJ non velenoso, non tossico
Un·glau·be M incredulità *f*: **auf -n stoßen** incontrare incredulità **un·glaub·haft** ADJ incredibile, inattendibile **un·gläu·big** ADJ incredulo: **ein -er Blick** uno sguardo incredulo **un·glaub·lich** ADJ incredibile **un·glaub·wür·dig** ADJ non degno di fede, non attendibile
un·gleich A ADJ 1 disuguale: **Schachteln von -er Größe** scatole di dimensioni disuguali 2 (*verschieden*) diverso (*a.* MATH), differente 3 impari: **mit -en Mitteln kämpfen** combattere ad armi impari 4 (*unpaarig*) spaiato: **zwei -e Schuhe** due scarpe spaiate B ADV incomparabilmente, infinitamente
Un·gleich·ge·wicht N squilibrio *m*
Un·gleich·heit F 1 disuguaglianza *f* 2 (*Unterschiedlichkeit*) disparità *f* 3 (*Verschiedenheit*) differenza *f*, diversità *f* **un·gleich·mä·ßig** ADJ 1 irregolare 2 (*ungleich*) ineguale
Un·glück N 1 (*Unheil*) sciagura *f*, disgrazia *f* 2 (*Pech*) sfortuna *f*: **j-m ~ bringen** portare sfortuna a qn 3 sventura *f*: **j-n ins ~ stürzen** trascinare qn nella sventura; **in sein ~ rennen** correre dietro alla propria sventura 4 (*Unglücklichsein*) infelicità *f* ♦ **das ist doch kein ~!** non è mica una tragedia!; **zu allem ~** per colmo di sventura
un·glück·lich ADJ 1 infelice, triste: **über etw** (*akk*) **~ sein** essere infelice per qc 2 sfortunato: **ein -er Zufall** un caso sfortunato ♦ **~ stürzen** cadere male
un·glück·li·cher·wei·se ADV sfortunatamente **un·glück·se·lig** ADJ sventurato
Un·glücks·fall M disgrazia *f*, sciagura *f*

U

Un·glücks·ra·be M *umg* scalognato *m*, -a *f* **Un·glücks·stel·le** F luogo *m* della sciagura **Un·glücks·tag** M giorno *m* infausto **Un·glücks·zahl** F numero *m* sfortunato

Un·gna·de F disgrazia *f*: (**bei j-m**) **in ~ fallen** cadere in disgrazia (presso qn)

un·gnä·dig A ADJ 1 irritato, seccato: **ein -er Blick** uno sguardo irritato 2 (*mürrisch*) di cattivo umore 3 *geh* (*erbarmungslos*) spietato B ADV con sfavore

un·gül·tig ADJ 1 non valido, nullo 2 (*nicht mehr gültig*) scaduto ♦ **etw für ~ erklären** dichiarare nullo (*od* annullare) qc; **~ werden** scadere **Un·gül·tig·keit** F non validità *f*, nullità *f*, JUR invalidità *f*

Un·gunst F 1 avversione *f* 2 (*des Wetters*) inclemenza *f* ♦ **zu j-s -en** a sfavore di qn, a svantaggio di qn, a discapito di qn

un·güns·tig ADJ 1 sfavorevole: **der Augenblick ist ~** il momento non è favorevole (*od* è poco propizio) 2 (*Wetter*) avverso ♦ **im -sten Fall** nel peggiore dei casi

un·gut ADJ 1 sgradevole 2 (*schlecht*) brutto, cattivo ♦ **nichts für ~!** non avertene a male! non se ne abbia a male!

un·halt·bar ADJ 1 insostenibile 2 MIL indifendibile

un·hand·lich ADJ poco maneggevole

un·har·mo·nisch ADJ disarmonico

Un·heil N 1 sventura *f* 2 male *m*, malanno *m* ♦ **~ anrichten** arrecare disgrazie (*od* sventure); (*Schaden verursachen*) causare danni; **~ bringend** funesto, nefasto

un·heil·bar ADJ 1 incurabile 2 *fig* inguaribile, incorreggibile ♦ **~ krank sein** avere un male incurabile

un·heil·voll ADJ funesto, nefasto

un·heim·lich A ADJ 1 inquietante, sinistro 2 *umg* tremendo, spaventoso B ADV *umg* tremendamente, terribilmente, da morire: **sich ~ freuen** essere tremendamente contento

un·höf·lich ADJ scortese **Un·höf·lich·keit** F scortesia *f*

U

un·hör·bar ADJ non udibile, impercettibile; (*Schritte*) silenzioso

un·hy·gi·e·nisch ADJ antigienico

uni ['yni] ADJ ⟨*inv*⟩ in (*od* a) tinta unita

Uni F ⟨-; -s⟩ *umg* → Universität

Uni·code-For·mat N IT formato *m* unicode

Uni·form F ⟨-; -en⟩ uniforme *f*, divisa *f* **uni·for·miert** ADJ MIL in divisa, in uniforme

Uni·kat N ⟨-[e]s; -e⟩ 1 copia *f* unica 2 unicum *m* **Uni·kum** N ⟨-s; Unika *u.* -s⟩ *umg fig* ⟨*pl* -s⟩ tipo *m* unico, originale *m*

un·in·te·res·sant ADJ 1 privo d'interesse, poco interessante 2 **es ist** (**für mich**) **völlig ~, was er macht** (mi) è del tutto indifferente cosa fa **un·in·te·res·siert** A ADJ non interessato B ADV senza interesse

Uni·on F ⟨-; -en⟩ unione *f*

uni·ver·sal ADJ universale **Uni·ver·sal·er·be** M, **-er·bin** F erede *m/f* universale **Uni·ver·sal·mit·tel** N rimedio *m* universale, panacea *f*

uni·ver·sell ADJ universale

Uni·ver·si·tät F ⟨-; -en⟩ università *f*: **auf die** (*od* **zur**) **~ gehen** andare all'università

Uni·ver·si·täts·aus·bil·dung F formazione *f* universitaria **Uni·ver·si·täts·pro·fes·sor** M, **-in** F professore *m*, -essa *f* universitario (-a) **Uni·ver·si·täts·stu·di·um** N studi *mpl* universitari

Uni·ver·sum N ⟨-s⟩ universo *m* (*a. fig*)

un·ken V/I ⟨h.⟩ *umg* fare l'uccello del malaugurio

un·kennt·lich ADJ irriconoscibile **Un·kennt·lich·keit** F ⟨-⟩ irriconoscibilità *f*

Un·kennt·nis F ignoranza *f*: **j-n in ~ über etw** (*akk*) **lassen** lasciare qn all'oscuro di qc; **in ~ einer Sache** non essendo a conoscenza di una cosa

un·klar ADJ 1 non chiaro: **das ist mir** (**völlig**) **~** questo non mi è (per niente) chiaro; **es ist noch ~, ob …** non si sa ancora (*od* non è ancora certo) se … 2 (*undurchsichtig*) oscuro: **eine -e Situation** una situazione oscura 3 (*verschwommen*) indistinto 4 *fig* confuso, vago ♦ **j-n über etw** (*akk*) **im Unklaren lassen** lasciare qn all'oscuro di qc; **über etw** (*akk*) **im Unklaren sein** essere all'oscuro di qc

Un·klar·heit F 1 confusione *f*: **über etw** (*akk*) **herrscht ~** su qc c'è poca chiarezza; **es herrscht ~ darüber, ob …** non si sa se, non è certo che … 2 *pl* punti *mpl* oscuri, dubbi *mpl*: **-en beseitigen** chiarire i dubbi

un·klug ADJ sconsiderato; imprudente

un·kom·pli·ziert ADJ non complicato

un·kon·trol·lier·bar ADJ incontrollabile **un·kon·trol·liert** ADJ incontrollato

Un·kos·ten PL spese *fpl*: **hohe ~ haben**

avere alti costi ♦ *hum* **sich in ~ stürzen** fare spese notevoli **Un·kos·ten·bei·trag** M contributo *m* alle spese

Un·kraut N erbacce *fpl* ♦ **~ vergeht nicht** la mala erba non muore mai **Un·kraut·be·kämp·fungs·mit·tel** N erbicida *m*, diserbante *m*

un·kri·tisch ADJ 1 acritico 2 (*ungefährlich*) non critico, non grave

un·kul·ti·viert ADJ incolto, rozzo

un·künd·bar ADJ 1 (*Vertrag*) non revocabile; (*Stellung*) permanente, fisso 2 HANDEL, JUR irredimibile 3 (*Personen*) **er ist ~** non può essere licenziato

un·längst ADV recentemente

un·lau·ter ADJ 1 disonesto, cattivo: **-e Absichten** cattive intenzioni 2 sleale: **-er Wettbewerb** concorrenza sleale

un·le·ser·lich ADJ illegibile

un·lieb ADJ spiacevole: **das ist mir nicht ~** non mi dispiace **un·lieb·sam** ADJ spiacevole, sgradevole

un·li·ni·iert ADJ non rigato, senza righe

un·lo·gisch ADJ illogico

un·lös·bar A ADJ 1 insolubile: **eine -e Aufgabe** un compito insolubile 2 (*nicht trennbar*) indissolubile B ADV indissolubilmente **un·lös·lich** ADJ 1 CHEM non solubile 2 indissolubile

Un·lust F 1 svogliatezza *f*: **etw mit ~ tun** fare qc svogliatamente (*od* senza entusiasmo) 2 (*Abneigung*) avversione *f*

un·ma·nier·lich ADJ maleducato

un·männ·lich ADJ *pej* effemminato

un·maß·geb·lich ADJ ininfluente ♦ *hum* **nach meiner -en Meinung** secondo il mio modesto parere

un·mä·ßig A ADJ smodato B ADV 1 smodatamente 2 (*enorm*) oltre misura, moltissimo: **~ dick** molto grasso **Un·mä·ßig·keit** F ⟨-⟩ smodatezza *f*, intemperanza *f*

Un·men·ge F quantità *f*: **eine ~ Bücher** (*od* **von** *od* **an Büchern**) un sacco di libri; **Wein in -n** vino in quantità

Un·mensch M *pej* mostro *m*, bruto *m* **un·mensch·lich** ADJ disumano, inumano: **eine -e Behandlung** un trattamento inumano **Un·mensch·lich·keit** F disumanità *f*

un·merk·lich ADJ impercettibile

un·me·tho·disch ADJ non metodico

un·miss·ver·ständ·lich ADJ inequivocabile

un·mit·tel·bar A ADJ 1 immediato: **in -er Nähe** nelle immediate vicinanze 2 (*drohend*) incombente B ADV 1 (*gleich*) immediatamente, subito: **~ danach** immediatamente dopo 2 (*genau, direkt*) direttamente ♦ **~ bevorstehen** essere imminente; **~ vor mir** proprio davanti a me

un·möb·liert ADJ non ammobiliato

un·mo·dern ADJ antiquato (*a. fig*); fuori moda

un·mög·lich A ADJ 1 impossibile 2 (*ausgefallen*) impensato: **an den -sten Orten** nei luoghi più impensati B ADV assolutamente: **etw** (*dat*) **~ zustimmen können** non poter assolutamente approvare qc ♦ **~ aussehen** avere un aspetto ridicolo; **j-n ~ machen** compromettere qn; **sich bei** (*od* **vor**) **j-m ~ machen** fare una figuraccia con qn; **Unmögliches leisten** fare l'impossibile **Un·mög·lich·keit** F impossibilità *f*

un·mo·ra·lisch ADJ immorale

un·mo·ti·viert ADJ immotivato

un·mün·dig ADJ minorenne ♦ **j-n für ~ erklären** interdire qn

un·mu·si·ka·lisch ADJ non musicale

Un·mut M malumore *m*

un·nach·ahm·lich ADJ inimitabile **un·nach·gie·big** ADJ intransigente, irremovibile **un·nach·sich·tig** ADJ implacabile

un·nah·bar ADJ inavvicinabile **Un·nah·bar·keit** F ⟨-⟩ inaccessibilità *f*

un·na·tür·lich ADJ 1 (*künstlich*) non naturale; artificiale 2 (*nicht normal*) innaturale, non normale 3 (*gekünstelt*) affettato

un·nor·mal ADJ anormale

un·nö·tig ADJ inutile

un·nütz ADJ inutile, vano

un·or·dent·lich ADJ disordinato

Un·ord·nung F disordine *m*: **etw in ~ bringen** mettere in disordine qc

un·or·ga·nisch ADJ 1 disorganico 2 (*anorganisch*) inorganico

un·or·ga·ni·siert ADJ disorganizzato

un·par·tei·isch ADJ imparziale **Un·par·tei·ische** M/F ⟨-n; -n⟩ SPORT arbitro *m*

un·pas·send ADJ 1 inopportuno: **zur -sten Zeit** nel momento meno opportuno 2 (*unangebracht*) non appropriato, fuori luogo

un·pas·sier·bar ADJ impraticabile

un·päss·lich ADJ indisposto

un·per·sön·lich ADJ impersonale (*a.*

GRAM)

un·po·li·tisch ADJ apolitico

un·po·pu·lär ADJ impopolare

un·prak·tisch ADJ 1 non pratico 2 (*Person*) maldestro: **er ist ~** non è abile

un·prob·le·ma·tisch ADJ non problematico, senza problemi

un·pro·duk·tiv ADJ improduttivo

un·pünkt·lich ADJ non puntuale **Un·pünkt·lich·keit** F mancanza *f* di puntualità

un·qua·li·fi·ziert ADJ non qualificato

un·ra·siert ADJ non rasato

Un·rat M ⟨-[e]s⟩ immondizia *f* ♦ *fig* **~ wittern** fiutare l'inganno

un·ra·ti·o·nell ADJ irrazionale

un·rat·sam ADJ sconsigliabile

un·re·a·lis·tisch ADJ irrealistico

un·recht ADJ 1 sbagliato: **es ist ~, so etwas zu tun** è sbagliato fare una cosa del genere 2 torto *m*: **~ haben** avere torto; **j-m ~ geben** dare torto a qn ♦ **j-m ~ tun** fare un torto a qn; **es ist j-m ~** a qn dispiace; **das ist mir nicht ~** a me sta bene

Un·recht N ⟨-[e]s⟩ 1 ingiustizia *f*: **j-m geschieht (ein) ~** qn subisce un'ingiustizia 2 torto *m*: **j-m ein ~ (an)tun** (*od* **zufügen**) fare un torto a qn; **im ~ sein** essere nel torto ♦ **j-n/sich ins ~ setzen** mettere qn/mettersi dalla parte del torto; **zu ~** a torto

un·recht·mä·ßig ADJ illegittimo

un·red·lich ADJ disonesto **Un·red·lich·keit** F ⟨-⟩ disonestà *f*

un·re·gel·mä·ßig ADJ irregolare **Un·re·gel·mä·ßig·keit** F irregolarità *f*

un·reif ADJ 1 non maturo 2 *fig* immaturo 3 (*unausgereift*) prematuro

un·rein ADJ 1 impuro 2 (*schmutzig*) non pulito, sporco ♦ **ins Unreine schreiben** scrivere in brutta **Un·rein·heit** F ⟨-; -en⟩ impurità *f* (*a. fig*)

un·ren·ta·bel ADJ non redditizio

un·rett·bar A ADJ irrecuperabile B ADV **~ verloren** irrimediabilmente perduto

U

un·rich·tig ADJ inesatto, sbagliato **Un·rich·tig·keit** F ⟨-; -en⟩ inesattezza *f*, scorrettezza *f*

Un·ru·he F ⟨-; -n⟩ 1 inquietudine *f*, agitazione *f*: **j-n in ~ versetzen** mettere in agitazione qn; **in ~ sein** essere inquieto (*od* agitato) 2 (*ständige Bewegung*) irrequietezza *f*, eccitazione *f* 3 confusione *f*: **die ~ der Großstadt** la confusione della metropoli; **in der Klasse herrscht ~** c'è agitazione in classe 4 POL *pl* disordini *mpl*, sommosse *fpl* **Un·ru·he·stif·ter** M, **-in** F sobillatore *m*, -trice *f*

un·ru·hig A ADJ 1 inquieto: **ein -er Geist** uno spirito inquieto 2 irrequieto: **die Kinder sind ~** i bambini sono irrequieti 3 agitato: **eine -e See** un mare agitato 4 (*besorgt*) preoccupato B ADV 1 con inquietudine, nervosamente 2 in modo agitato, irrequieto ♦ **~ werden** agitarsi

un·rühm·lich ADJ inglorioso

uns PERS PR ⟨*dat u. akk; nom* **wir**⟩ 1 a noi, ci: **kannst du ~ helfen?** puoi aiutarci?; **er findet ~ nett** ci trova simpatici; **~ gefällt es nicht** a noi non piace 2 (*reflexiv*) **wir haben ~ geirrt** ci siamo sbagliati 3 (*nach Präpositionen*) noi: **komm mit ~!** vieni con noi!; **das ist von ~** è nostro ♦ **unter ~ gesagt** detto tra noi; **das bleibt unter ~** questo resta fra noi

un·sach·ge·mäß ADJ inappropriato, non idoneo **un·sach·lich** ADJ non oggettivo

un·sag·bar ADJ indicibile

un·säg·lich ADJ ineffabile

un·sanft ADJ brusco, duro

un·sau·ber ADJ 1 sporco 2 *fig* (*Arbeit*) non pulito 3 (*nicht präzise*) impreciso, inesatto 4 *fig* (*unlauter*) poco pulito, disonesto

un·schäd·lich ADJ innocuo, non nocivo ♦ **j-n/etw ~ machen** rendere qn/qc inoffensivo

un·scharf ADJ 1 indistinto, confuso 2 FOTO sfocato

un·schätz·bar ADJ inestimabile

un·schein·bar ADJ poco appariscente

un·schick·lich ADJ 1 sconveniente 2 (*unpassend*) inadeguato, inopportuno

un·schlag·bar ADJ imbattibile

un·schlüs·sig ADJ indeciso, irresoluto **Un·schlüs·sig·keit** F ⟨-⟩ indecisione *f*, irresolutezza *f*

un·schön ADJ brutto

Un·schuld F ⟨-⟩ innocenza *f* ♦ **seine Hände in ~ waschen** lavarsene le mani **un·schul·dig** ADJ 1 innocente 2 **an etw** (*dat*) **~ sein** non avere colpa di qc

un·schwer ADV facilmente

un·selbst·stän·dig ADJ non indipendente: **-e Arbeit** lavoro dipendente

un·se·lig ADJ infelice, sciagurato; (*unglückselig*) funesto

un·ser[1] POSS PR (il) nostro, (la) nostra, (i) nostri, (le) nostre: ~ **Haus** la nostra casa; **-e** (*od* **unsre**) **Worte** le nostre parole; **eure Wohnung ist kleiner als -e** il vostro appartamento è più piccolo del nostro ♦ **die Unseren** i nostri

un·ser[2] → wir

Un·se·re N ⟨-n⟩ nostro *m*: **wir haben das ~ getan** abbiamo fatto il nostro dovere

un·ser·ei·ner INDEF PR, **un·ser·eins** INDEF PR ⟨*inv*⟩ **1** uno come noi **2** (*wir*) noialtri

un·se·rer·seits ADV per (*od* da) parte nostra

un·sert·we·gen ADV per causa nostra; per noi **un·sert·wil·len** ADV **um ~** per noi

un·si·cher ADJ **1** (*gefährlich*) insicuro, malsicuro: **-e Straßen** strade insicure (*od* malsicure); **ein -er Arbeitsplatz** un posto di lavoro insicuro; **ein -es Benehmen** un comportamento insicuro **2** (*fraglich*) incerto, dubbio: **aus -er Quelle** da fonte incerta **3** **eine -e Zukunft** un futuro incerto ♦ **j-n ~ machen** rendere insicuro qn; *hum* **einen Ort ~ machen** divertirsi in un luogo; **sich noch ~ über etw** (*akk*) **sein** essere ancora indeciso su qc **Un·si·cher·heit** F **1** insicurezza *f* **2** incertezza *f*

un·sicht·bar ADJ invisibile **Un·sicht·bar·keit** F ⟨-⟩ invisibilità *f*

Un·sinn M ⟨-[e]s⟩ **1** nonsenso *m*, assurdità *f*: **es ist ein ~ zu glauben/denken, dass …** è assurdo credere/pensare che … **2** (*Unfug*) sciocchezze *fpl*, fesserie *fpl*: **~ machen** (*od* **treiben**) fare fesserie; **rede keinen ~!** non dire sciocchezze! **un·sin·nig** ADJ insensato, assurdo, privo di senso

Un·sit·te F malcostume *m*, cattiva usanza *f*

un·sitt·lich ADJ immorale **Un·sitt·lich·keit** F ⟨-; -en⟩ immoralità *f*

un·so·li·de ADJ **1** *fig* poco solido **2** (*unseriös*) inaffidabile, poco serio: **eine ~ Firma** una ditta poco seria **3** (*Lebensweise*) sregolato

un·so·zi·al ADJ antisociale

un·sport·lich ADJ **1** non sportivo **2** (*unfair*) antisportivo

uns·re → unser[1]

un·sterb·lich ADJ immortale ♦ *umg* **sich ~ verlieben** innamorarsi perdutamente

Un·sterb·lich·keit F immortalità *f*

un·stet ADJ **1** inquieto: **ein -er Blick** uno sguardo inquieto **2** (*ruhelos*) irrequieto: **ein -es Leben** una vita irrequieta **3** (*unbeständig*) discontinuo; volubile

un·still·bar ADJ insaziabile, inestinguibile

Un·stim·mig·keit F ⟨-; -en⟩ **1** discrepanza *f* **2** divergenza *f*, contrasto *m*

Un·sum·me F somma *f* enorme

un·sym·met·risch ADJ asimmetrico

un·sym·pa·thisch ADJ antipatico: **j-m ~ sein** essere antipatico a qn

un·tä·tig ADJ inoperoso; (*müßig*) ozioso **Un·tä·tig·keit** F ⟨-⟩ inoperosità *f*

un·taug·lich ADJ **1** inadatto **2** (*unbrauchbar*) inservibile **3** MIL inabile **Un·taug·lich·keit** F **1** inservibilità *f* **2** (*Nichteignung*) inattitudine *f* ♦ MIL **wegen ~ entlassen werden** essere riformato

un·teil·bar ADJ indivisibile

un·ten ADV **1** sotto, giù, in basso: **nach ~ gehen** andare giù, scendere; **~ links** in basso a sinistra; **~ im Regal** in basso nello scaffale; **~ wohnen** abitare (di) sotto; **von ~ nach oben** di sotto in su **2** in fondo: **~ im Koffer** in fondo alla valigia ♦ **~ erwähnt**, **~ genannt** sottoindicato; **von ~** dal basso; **da ~** laggiù; **hier ~** quaggiù; **siehe ~** vedi sotto; **weiter ~** più giù

un·ter **A** PRÄP (*+dat u. akk*) **1** sotto: **sie wohnen ~ uns** abitano sotto di noi; **den Koffer -s Bett legen** mettere la valigia sotto il letto; **~ dem normalen Wert liegen** essere sotto il (*od* al di sotto del) valore normale; **Kinder ~ 5 Jahren** bambini sotto i cinque anni; **~ j-s Führung** sotto il comando di qn **2** con: **~ Schmerzen** con dolore; **~ Schwierigkeiten** con difficoltà; **~ Verwendung** usando **3** tra, fra: **wir sind ~ uns** siamo tra noi; **einer ~ vielen** uno tra molti **B** ADV meno di: **ein Kind von ~ 10 Jahren** un bambino di meno di 10 anni ♦ **~ Druck stehen** essere sotto pressione (*a. fig*); **~ Lebensgefahr** con pericolo di morte; **~ falschem Namen** sotto falso nome; **~ Tränen** tra le lacrime; **~ dem Vorbehalt, dass …** tenendo presente che …; *umg* **~ der Woche** durante la settimana; **~ null** sotto zero; **~ anderem** tra l'altro

Un·ter·ab·tei·lung F sottosezione *f*; sottodivisione *f* **Un·ter·arm** M avambraccio *m* **Un·ter·art** F sottospecie *f*

U

Un·ter·bau M fondamento *m* (*a. fig*)
un·ter·be·lich·ten V/T FOTO sottoesporre
un·ter·be·schäf·tigt ADJ sottoccupato **un·ter·be·setzt** ADJ ~ **sein** scarseggiare di personale **un·ter·be·wer·ten** V/T sottovalutare **un·ter·be·wusst** ADJ subconscio **Un·ter·be·wusst·sein** N subconscio *m*
un·ter·be·zah·len V/T sottopagare
un·ter·bie·ten V/T ⟨*irr*⟩ **1** offrire a un prezzo inferiore **2** (*Konkurrenz*) battere (offrendo a minor prezzo) **3** SPORT **einen Rekord** ~ battere un record **un·ter·bin·den** V/T ⟨*irr*⟩ impedire **un·ter·blei·ben** V/I ⟨*irr; s.*⟩ non accadere **un·ter·bre·chen** V/T ⟨*irr*⟩ interrompere **Un·ter·bre·chung** F interruzione *f* **Un·ter·bre·chungs·be·fehl** M IT comando *m* di interruzione **Un·ter·bre·chungs·tas·te** F tasto *m* pausa
un·ter·brei·ten V/T sottoporre
un·ter·brin·gen V/T ⟨*irr*⟩ **1** alloggiare, sistemare: **die Gäste im Hotel** ~ sistemare gli ospiti in albergo **2** *umg* **seinen Sohn bei einer Bank** ~ sistemare il proprio figlio in banca **3** *fig* collocare: **er wusste nicht, wo er dieses Gesicht** ~ **sollte** non sapeva dove dovesse collocare quel volto **4** *umg* piazzare: **seinen Aufsatz bei einer bekannten Zeitschrift** ~ piazzare il proprio saggio presso una nota rivista **Un·ter·brin·gung** F ⟨-; -en⟩ sistemazione *f*
un·ter·but·tern V/T *umg* sottomettere
Un·ter·deck N SCHIFF sottocoperta *f*
un·ter·des·sen ADV nel frattempo
un·ter·drü·cken V/T **1** reprimere: **sein Lachen/einen Aufstand** ~ reprimere il riso/una rivolta **2** *fig* nascondere, celare: **Nachrichten** ~ nascondere notizie **3** (*Menschen*) opprimere: **eine Minderheit** ~ opprimere una minoranza **4** (*Tränen*) trattenere **Un·ter·drü·cker** M ⟨-s; -⟩, **-in** F ⟨-; -nen⟩ oppressore *m* **Un·ter·drü·ckung** F ⟨-; -en⟩ **1** repressione *f* **2** (*Unterjochung*) oppressione *f*
un·ter·durch·schnitt·lich ADJ inferiore alla media
un·te·re ADJ **1** inferiore: **die** ~ **Schublade** il cassetto inferiore **2** (posto) in basso: **den -n Knopf drücken** premere il pulsante in basso **3** sottostante: **die** ~ **Seite** il lato sottostante
un·ter·ei·nan·der ADV **1** uno sotto l'altro **2** (*miteinander*) l'uno con l'altro **3** (*unter uns*) fra noi
un·ter·ent·wi·ckelt ADJ **1** WIRTSCH sottosviluppato **2** (*Mensch*) subnormale
un·ter·er·nährt ADJ sottoalimentato, denutrito **Un·ter·er·näh·rung** F denutrizione *f*
Un·ter·fan·gen N ⟨-s; -⟩ impresa *f*
Un·ter·füh·rung F sottopassaggio *m*
Un·ter·funk·ti·on F MED ipofunzione *f*
Un·ter·gang M **1** (*von Sonne, Mond*) tramonto *m* **2** SCHIFF affondamento *m* **3** (*Verfall*) caduta *f* **4** *umg* (*Verderben*) rovina *f*
Un·ter·gat·tung F sottogenere *m*
Un·ter·ge·be·ne M/F ⟨-n; -n⟩ subalterno *m*, -a *f*, sottoposto *m*, -a *f*
un·ter·ge·hen V/I ⟨*irr; s.*⟩ **1** tramontare: **die Sonne geht unter** il sole tramonta **2** SCHIFF affondare, andare a fondo **3** decadere, scomparire: **dieses Reich wird** ~ questo impero scomparirà **4** perdersi: **etw geht im Lärm unter** qc si perde nel rumore ♦ **davon geht die Welt nicht unter** non crolla certo il mondo per questo
un·ter·ge·ord·net ADJ secondario ♦ **etw** (*dat*) ~ **sein** essere soggetto a qc
Un·ter·ge·schoss, *österr* **Un·ter·ge·schoß** N seminterrato *m* **Un·ter·ge·stell** N AUTO (auto)telaio *m* **Un·ter·ge·wicht** N sottopeso *m* ♦ ~ **haben** essere sottopeso
un·ter·glie·dern V/T suddividere
un·ter·gra·ben V/T ⟨*irr*⟩ *fig* indebolire: **Prinzipien** ~ minare i principi
Un·ter·gren·ze F limite *m* inferiore
Un·ter·grund M **1** sottosuolo *m* **2** (*unterste Fläche*) fondo *m* (*a.* MAL) **3** POL clandestinità *f*: **in den** ~ **gehen** entrare in clandestinità **4** → Untergrundbewegung **Un·ter·grund·bahn** F metropolitana *f* **Un·ter·grund·be·we·gung** F movimento *m* clandestino **Un·ter·grund·kämp·fer** M, **-in** F clandestino *m*, -a *f*
un·ter·halb PRÄP (+*gen*) al di sotto di
Un·ter·halt M ⟨-[e]s⟩ **1** mantenimento *m*: **für j-s** ~ **aufkommen** provvedere al mantenimento di qn **2** alimenti *mpl*: **auf** ~ **klagen** chiedere gli alimenti **3** (*Instandhaltung*) manutenzione *f* ♦ **seinen** ~ **bestreiten** provvedere al proprio sostentamento
un·ter·hal·ten ⟨*irr*⟩ **A** V/T **1** mantene-

U

re: **eine Familie ~** mantenere una famiglia; **Kontakte zu j-m ~** mantenere i contatti con qn **2** (*amüsieren*) intrattenere: **seine Gäste ~** intrattenere i propri ospiti **3** (*betreiben*) gestire, condurre **B** V/R **sich ~** **1** intrattenersi: **sich mit j-m über etw** (*akk*) **~** intrattenersi con qn su qc **2** (*sich vergnügen*) divertirsi **3** (*reden*) conversare, parlare **un·ter·hal·tend** ADJ → unterhaltsam **Un·ter·hal·ter** M, **-in** F intrattenitore *m*, -trice *f* **un·ter·halt·sam** ADJ divertente, piacevole

Un·ter·halts·an·spruch M diritto *m* agli alimenti **Un·ter·halts·kos·ten** PL spese *fpl* per gli alimenti **Un·ter·halts·pflicht** F obbligo *m* di passare gli alimenti **Un·ter·halts·zah·lung** F alimenti *mpl*

Un·ter·hal·tung F **1** manutenzione *f* (*a. fig*): **die ~ eines Gebäudes** la manutenzione di un edificio **2** (*Gespräch*) conversazione *f*: **mit j-m über etw** (*akk*) **eine ~ führen** sostenere una conversazione con qn su qc **3** (*Vergnügen*) divertimento *m*

Un·ter·hal·tungs·elekt·ro·nik F elettronica *f* di consumo **Un·ter·hal·tungs·li·te·ra·tur** F letteratura *f* di intrattenimento **Un·ter·hal·tungs·mu·sik** F musica *f* leggera

Un·ter·händ·ler M, **-in** F negoziatore *m*, -trice *f*, mediatore *m*, -trice *f*

Un·ter·haus N POL camera *f* bassa

Un·ter·hemd N canottiera *f*, maglietta *f*

Un·ter·holz N sottobosco *m* **Un·ter·ho·se** F mutande *fpl* **un·ter·ir·disch** **A** ADJ sotterraneo **B** ADV sotto terra

un·ter·jo·chen V/T soggiogare

un·ter·ju·beln V/T *umg* **j-m etw ~** rifilare qc a qn **Un·ter·kie·fer** M mascella *f* inferiore **Un·ter·kleid** N sottoveste *f* **un·ter·kom·men** V/I ⟨*irr*; s.⟩ **1** (*Unterkunft finden*) trovare alloggio **2** *umg* (*Arbeit finden*) trovare un posto ♦ **so etwas ist mir noch nie untergekommen** una cosa del genere non mi è mai capitata **un·ter·krie·gen** V/T *umg* mettere sotto

Un·ter·küh·lung F MED raffreddamento *m*, ibernazione *f*

Un·ter·kunft F ⟨-; -künfte⟩ alloggio *m*: **~ und Verpflegung** vitto e alloggio

Un·ter·la·ge F **1** base *f*, sostegno *m* **2** *pl* documentazione *f*, documenti *mpl*

Un·ter·lass M **ohne ~** ininterrottamente

un·ter·las·sen V/T ⟨*irr*⟩ tralasciare, trascurare, omettere ♦ **~ Sie die Bemerkungen!** lasci perdere i commenti **Un·ter·las·sung** F ⟨-; -en⟩ il tralasciare, omissione *f*

Un·ter·lauf M corso *m* inferiore

un·ter·lau·fen ⟨*irr*⟩ **A** V/T sottrarsi a: **ein Verbot ~** sottrarsi a un divieto **B** V/I ⟨s.⟩ scappare: **ihm ist ein Fehler ~** gli è scappato un errore

un·ter·le·gen[1] V/T (*darunter legen*) mettere sotto

un·ter·le·gen[2] ADJ inferiore **Un·ter·le·ge·ne** M/F ⟨-n; -n⟩ vinto *m*, -a *f*, sconfitto *m*, -a *f* **Un·ter·le·gen·heit** F ⟨-⟩ inferiorità *f*

Un·ter·leib M **1** basso ventre *m* **2** = *organi genitali femminili* **Un·ter·leibs·krank·heit** F malattia *f* ginecologica

un·ter·lie·gen V/I ⟨*irr*⟩ **1** ⟨s.⟩ (*besiegt werden*) soccombere **2** ⟨h.⟩ (*unterworfen sein*) **etw** (*dat*) **~** essere soggetto a qc

Un·ter·lip·pe F labbro *m* inferiore

Un·ter·ma·lung F ⟨-; -en⟩ (**musikalische**) **~** sottofondo *m* (musicale)

un·ter·mau·ern V/T *fig* **etw wissenschaftlich ~** dare un fondamento scientifico a qc

un·ter·men·gen V/T frammischiare

Un·ter·me·nü N IT sottomenù *m inv*

Un·ter·mie·te F subaffitto *m*, JUR sublocazione *f*: **in** (*od* **zur**) **~ wohnen** abitare in subaffitto **Un·ter·mie·ter** M, **-in** F subaffittuario *m*, -a *f*

un·ter·mi·nie·ren V/T minare (*a. fig*)

un·ter·neh·men V/T ⟨*irr*⟩ **1** intraprendere, fare: **was wollen wir heute ~?** cosa facciamo oggi? **2** (*tätig werden*) intervenire: **etwas in einer Sache ~** intervenire in una faccenda ♦ **den Versuch ~, den Fall aufzuklären** tentare di chiarire il caso

Un·ter·neh·men N ⟨-s; -⟩ impresa *f* (*a.* MIL, WIRTSCH) **Un·ter·neh·mens·be·ra·ter** M, **-in** F consulente *m/f* aziendale **Un·ter·neh·mens·füh·rung** F direzione *f* aziendale **Un·ter·neh·mer** M ⟨-s; -⟩, **-in** F ⟨-; -nen⟩ imprenditore *m*, -trice *f* **un·ter·neh·me·risch** **A** ADJ imprenditoriale **B** ADV come un (*od* da) imprenditore

Un·ter·neh·mungs·geist M, **Un-**

ter·neh·mungs·lust F spirito *m* d'iniziativa, intraprendenza *f* **un·ter·neh·mungs·lus·tig** ADJ intraprendente

Un·ter·of·fi·zier M, **-in** F sottufficiale *m/f*; (*Rang*) sergente *m* **un·ter·ord·nen** A V/T subordinare B V/R **sich ~** sottomettersi: **sich j-m ~** sottomettersi a qn; **sich den Konventionen ~** sottostare alle convenzioni **Un·ter·ord·nung** F ⟨-; -en⟩ 1 subordinazione *f* 2 (*Unterwerfung*) assoggettamento *m*

un·ter·pri·vi·le·giert ADJ svantaggiato

Un·ter·re·dung F ⟨-; -en⟩ colloquio *m*

Un·ter·richt M ⟨-[e]s⟩ lezione *f*: **theoretischer ~** lezione teorica; **~ in etw** (*dat*) **geben/nehmen** dare/prendere lezioni di qc

un·ter·rich·ten A V/T & V/I ⟨h.⟩ 1 insegnare: **j-n** (**in etw** [*dat*]) **~** insegnare (qc) a qn, istruire qn (in qc) 2 (*informieren*) informare: **j-n über etw** (*akk*) (*od* **von etw**) **~** informare qn su qc B V/R **sich** (**über etw** [*akk*]) **~** informarsi su qc ♦ **falsch unterrichtet sein** essere male informato

Un·ter·richts·fach N materia *f* d'insegnamento **Un·ter·richts·me·tho·de** F metodo *m* didattico **Un·ter·richts·stun·de** F (ora *f* di) lezione *f*

Un·ter·rock M sottogonna *f*; (*Unterkleid*) sottoveste *f*

un·ter·sa·gen V/T proibire, vietare, interdire: **j-m etw ~** vietare qc a qn; **j-m ~, etw zu tun** proibire a qn di fare qc

Un·ter·satz M supporto *m*, base *f* ♦ *hum* **fahrbarer ~** = *automobile*

un·ter·schät·zen V/T sottovalutare

un·ter·schei·den ⟨*irr*⟩ A V/T & V/I ⟨h.⟩ **etw** (**von etw**) **~** distinguere qc (da qc) B V/R **sich von j-m/etw in etw** (*dat*) **~** distinguersi da qn/qc in qc; **sich durch etw ~** distinguersi per qc **un·ter·schei·dend** ADJ distintivo **Un·ter·schei·dung** F distinzione *f* **Un·ter·schei·dungs·merk·mal** N segno *m* distintivo

Un·ter·schen·kel M gamba *f* (dal ginocchio al piede) **Un·ter·schicht** F ceto *m* (*od* classe *f*) inferiore **un·ter·schie·ben** V/T ⟨*irr*⟩ 1 (*darunter schieben*) mettere sotto 2 (*heimlich*) sostituire (*od* scambiare) di nascosto: **j-m einen Brief ~** sostituire di nascosto una lettera a qn 3 (*zuschreiben*) attribuire falsamente, imputare **Un·ter·schied** M ⟨-[e]s; -e⟩ 1 differenza *f* 2 distinzione *f*: **einen ~ machen in der Beurteilung** fare una distinzione nel giudizio ♦ **es ist ein ~, ob …** è diverso se …; **das macht keinen ~** non fa alcuna differenza; **im ~ zu** a differenza di

un·ter·schied·lich ADJ diverso **un·ter·schieds·los** ADV senza distinzione

un·ter·schla·gen V/T ⟨*irr*⟩ 1 **etw ~** appropriarsi indebitamente di qc 2 (*verheimlichen*) non riferire, tenere nascosto **Un·ter·schla·gung** F ⟨-; -en⟩ appropriazione *f* indebita

Un·ter·schlupf M ⟨-[e]s; -e⟩ nascondiglio *m*, rifugio *m* **un·ter·schlüp·fen** V/I ⟨s.⟩ *umg* rifugiarsi, nascondersi

un·ter·schrei·ben V/T & V/I ⟨*irr*; h.⟩ 1 firmare: **einen Scheck/mit vollem Namen ~** firmare un assegno/con il nome completo 2 *umg fig* (*gutheißen*) approvare

un·ter·schrei·ten V/T ⟨*irr*⟩ **etw ~** risultare (*od* essere) al di sotto di qc

Un·ter·schrift F firma *f* **un·ter·schrifts·be·rech·tigt** ADJ autorizzato a firmare

un·ter·schwel·lig ADJ inconscio, subliminale **Un·ter·see·boot** N sommergibile *m* **un·ter·see·isch** ADJ sottomarino **Un·ter·sei·te** F parte *f* (*od* lato *m*) inferiore

Un·ter·set·zer M 1 (*für Gläser*) sottobicchiere *m* 2 (*für Blumentöpfe*) sottovaso *m* 3 (*für Kochtöpfe*) sottopentola *m*

un·ter·setzt ADJ tarchiato

un·terst… ADJ ⟨*sup von* unter⟩ 1 (il) più basso 2 (*letzte*) ultimo: **die -e Schublade** l'ultimo cassetto ♦ **das Unterste zuoberst kehren** mettere tutto sottosopra

Un·ter·stand M MIL rifugio *m*

un·ter·ste·hen ⟨*irr*⟩ A V/I ⟨h.⟩ 1 **j-m/etw ~** dipendere da qn/qc 2 (*unterliegen*) **etw** (*dat*) **~** essere sottoposto a qc B V/R **sich ~, etw zu tun** avere la sfacciataggine di fare qc ♦ **untersteh dich!** provaci! guai a te!

un·ter·stel·len[1] A V/T 1 (*darunter stellen*) mettere sotto 2 (*zur Aufbewahrung*) mettere al riparo B V/R **sich ~** mettersi al riparo

un·ter·stel·len[2] V/T 1 (*unterordnen*) sottoporre, subordinare 2 (*annehmen*) supporre 3 (*zuschreiben*) attribuire (falsamente): **j-m eine Tat ~** accusare ingiustamente qn di un'azione **Un·ter·stel·lung** F imputazione f; (*falsche Annahme*) insinuazione f

un·ter·strei·chen VT ⟨*irr*⟩ sottolineare

Un·ter·strich M IT underscore m inv, trattino m basso

Un·ter·stu·fe F classi fpl inferiori

un·ter·stüt·zen VT **1** sostenere: **j-n (bei etw) ~** sostenere qn (in qc) **2** (*helfen*) aiutare, assistere **3** (*subventionieren*) sovvenzionare **4** (*begünstigen*) favorire **Un·ter·stüt·zung** F ⟨-; -en⟩ **1** appoggio m **2** (*Hilfe*) aiuto m, assistenza f **3** sovvenzione f: **~ beantragen** chiedere una sovvenzione **4** (*Fürsorge*) sussidio m

un·ter·su·chen VT **1** esaminare, analizzare **2** visitare: **sich ärztlich ~ lassen** farsi visitare dal medico **3** (*überprüfen*) controllare **4** (*wissenschaftlich*) studiare **5** (*polizeilich*) indagare su ♦ **j-n auf seinen Geisteszustand ~** esaminare lo stato mentale di qn

Un·ter·su·chung F ⟨-; -en⟩ **1** esame m (a. MED), analisi f **2** (*von Ärzten*) visita f **3** (*wissenschaftliche Arbeit*) ricerca f, studio m **4** (*polizeilich*) indagine f, inchiesta f

Un·ter·su·chungs·aus·schuss M commissione f d'inchiesta **Un·ter·su·chungs·ge·fan·ge·ne** M/F detenuto m, -a f in custodia preventiva **Un·ter·su·chungs·ge·fäng·nis** N carcere m giudiziario **Un·ter·su·chungs·haft** F custodia f cautelare **Un·ter·su·chungs·rich·ter** M, **-in** F giudice m istruttore **Un·ter·su·chungs·ver·fah·ren** N indagine f

un·ter·tä·nig ADJ pej servile

Un·ter·tas·se F piattino m ♦ **fliegende ~** disco m volante

un·ter·tau·chen VI ⟨s.⟩ **1** immergersi (a. *fig*): **in der Menge ~** immergersi nella folla **2** (*verschwinden*) sparire

Un·ter·teil N/M parte f inferiore

un·ter·tei·len VT suddividere **Un·ter·tei·lung** F suddivisione f

Un·ter·ti·tel M sottotitolo m

Un·ter·ton M (*Beiklang*) punta f

un·ter·trei·ben VT ⟨*irr*⟩ minimizzare, sminuire **Un·ter·trei·bung** F ⟨-; -en⟩ il minimizzare, lo sminuire **un·ter·tun·neln** VT **etw ~** scavare una galleria sotto a qc

un·ter·ver·mie·ten VT subaffittare

Un·ter·ver·sor·gung F sottoalimentazione f; (*mit Nahrung*) denutrizione f

Un·ter·ver·zeich·nis N IT sottodirectory f inv, subdirectory f inv

un·ter·wan·dern VT **etw ~** infiltrarsi in qc **Un·ter·wan·de·rung** F infiltrazione f

Un·ter·wä·sche F biancheria f intima

un·ter·wegs ADV **1** per strada: **sie ist schon ~** è già per strada **2** strada facendo: **~ begegnete er einem Mädchen** strada facendo incontrò una ragazza **3** in viaggio: **nach Wien ~ sein** essere in viaggio per Vienna **4** (*während der Reise*) durante il viaggio **5** (*außer Haus*) fuori casa, in giro: **immer ~ sein** essere sempre in giro

un·ter·wei·sen VT ⟨*irr*⟩ **j-n in etw** (*dat*) **~** istruire qn in qc; (*lehren*) insegnare qc a qn **Un·ter·wei·sung** F istruzione f; (*Lehre*) insegnamento m

Un·ter·welt F **1** inferi mpl **2** (*Verbrecherwelt*) bassifondi mpl, mala (-vita) f

un·ter·wer·fen ⟨*irr*⟩ **A** VT **1** sottomettere **2** (*unterziehen*) sottoporre **B** VR **sich ~** sottomettersi **Un·ter·wer·fung** F ⟨-; -en⟩ sottomissione f **un·ter·wor·fen** ADJ soggetto **un·ter·wür·fig** ADJ pej servile **Un·ter·wür·fig·keit** F ⟨-⟩ servilismo m

un·ter·zeich·nen VT sottoscrivere, firmare **Un·ter·zeich·ner** M, **-in** F firmatario m, -a f **Un·ter·zeich·ne·te** M/F ⟨-n; -n⟩ sottoscritto m, -a f **Un·ter·zeich·nung** F firma f

un·ter·zie·hen[1] VT ⟨*irr*⟩ **1** (*darunter ziehen*) mettere sotto **2** GASTR incorporare

un·ter·zie·hen[2] ⟨*irr*⟩ **A** VT (*durchführen*) sottoporre **B** VR **sich ~** **1** sottoporsi: **sich einer Operation ~** sottoporsi a un'operazione **2** **sich einer Aufgabe ~** assumersi un incarico

Un·tie·fe F bassofondo m, secca f

Un·tier N mostro m, belva f (a. *fig*)

un·trag·bar ADJ **1** insostenibile: **wirtschaftlich ~** economicamente insostenibile **2** **er ist für seine Partei ~** il partito non può più sostenerlo **3** (*unerträglich*) insopportabile

un·trenn·bar ADJ inseparabile

un·treu ADJ non fedele; (*Mensch*) infedele: **j-m ~ sein** essere infedele a qn; **j-m/etw ~ werden** tradire qn/qc **Un·treue** F infedeltà f

un·tröst·lich ADJ inconsolabile

un·trüg·lich ADJ infallibile, certo

un·tüch·tig ADJ incapace, inetto
Un·tu·gend F vizio *m*
un·ty·pisch ADJ atipico
un·über·brück·bar ADJ insuperabile
un·über·legt ADV senza pensarci
un·über·seh·bar ADJ **1** (*sichtbar*) vistoso **2** (*enorm*) immenso; (*unberechenbar*) incalcolabile
un·über·sicht·lich ADJ **1** (*Gelände*) con scarsa visibilità **2** (*nicht klar*) confuso, disordinato, poco chiaro
un·über·treff·lich ADJ insuperabile **un·über·trof·fen** ADJ insuperato, ineguagliato **un·über·wind·lich** ADJ **1** insormontabile, insuperabile **2** (*unbesiegbar*) invincibile
un·üb·lich ADJ inusuale
un·um·gäng·lich ADJ indispensabile, assolutamente necessario **un·um·schränkt** ADJ assoluto **un·um·stöß·lich** ADJ **1** ineluttabile: **eine -e Tatsache** un fatto ineluttabile **2** (*unwiderruflich*) irrevocabile **3** (*zwingend*) perentorio: **ein -es Verbot** un divieto perentorio **un·um·strit·ten** ADJ incontestato
un·um·wun·den ADV francamente
un·un·ter·bro·chen ADJ ininterrotto
un·ver·än·der·lich ADJ invariabile (*a.* MATH, GRAM), immutabile
un·ver·än·dert ADJ immutato
un·ver·ant·wort·lich ADJ **1** (*Tat*) imperdonabile, ingiustificabile **2** (*Mensch*) irresponsabile **un·ver·äu·ßer·lich** ADJ inalienabile **un·ver·bes·ser·lich** ADJ incorreggibile
un·ver·bind·lich ADJ **1** distaccato **2** HANDEL libero, non vincolante
un·ver·bleit ADJ senza piombo
un·ver·blümt ADJ & ADV senza fronzoli ♦ **die -e Wahrheit** la verità nuda e cruda
un·ver·braucht ADJ **1** inutilizzato, non consumato **2** (*frisch*) fresco
un·ver·bürgt ADJ non garantito, non confermato, incerto
un·ver·däch·tig ADJ insospettato **un·ver·dau·lich** ADJ indigesto **un·ver·daut** ADJ non digerito (*a. fig*) **un·ver·dient** ADJ immeritato **un·ver·dien·ter·ma·ßen** ADV immeritatamente **un·ver·dor·ben** ADJ **1** (*Nahrung*) non guasto **2** *fig* integro, incorrotto **3** (*rein*) puro **un·ver·dros·sen** ADJ instancabile
un·ver·ein·bar ADJ incompatibile
un·ver·fälscht ADJ **1** non falsificato **2** (*rein*) genuino **3** (*Wein*) non adulterato
un·ver·fäng·lich ADJ innocente **un·ver·fro·ren** ADJ sfacciato **Un·ver·fro·ren·heit** F ⟨-⟩ sfacciataggine *f* **un·ver·gäng·lich** ADJ intramontabile; (*unsterblich*) immortale **un·ver·ges·sen** ADJ indimenticato
un·ver·gess·lich ADJ indimenticabile **un·ver·gleich·lich** ADJ incomparabile, unico ♦ **~ schön** d'una bellezza senza pari
un·ver·hält·nis·mä·ßig ADJ sproporzionato; (*übertrieben*) esagerato **un·ver·hei·ra·tet** ADJ non sposato; JUR non coniugato **un·ver·hofft** ADJ insperato
un·ver·hoh·len **A** ADJ non celato **B** ADV apertamente
un·ver·käuf·lich ADJ invendibile
un·ver·kenn·bar ADJ inconfondibile
un·ver·letz·lich ADJ inviolabile
un·ver·letzt ADJ **1** illeso, sano e salvo: **~ bleiben** rimanere illeso **2** (*Siegel*) intatto
un·ver·meid·lich ADJ **1** inevitabile **2** *iron* immancabile
un·ver·min·dert ADJ non diminuito, immutato **un·ver·mit·telt** ADV (*plötzlich*) improvvisamente **Un·ver·mö·gen** N ⟨-s⟩ incapacità *f* **un·ver·mu·tet** ADJ inaspettato **Un·ver·nunft** F irragionevolezza *f*, insensatezza *f* **un·ver·nünf·tig** ADJ irragionevole, insensato **un·ver·öf·fent·licht** ADJ inedito
un·ver·rich·tet ADJ **-er Dinge** senza aver ottenuto nulla
un·ver·schämt ADJ **1** sfacciato: *umg* **-es Glück** una fortuna sfacciata **2** (*Preis*) esorbitante: **~ teuer** carissimo **Un·ver·schämt·heit** F ⟨-; -en⟩ sfacciataggine *f*
un·ver·schul·det ADJ **1** (*ohne Schulden*) non indebitato, senza debiti **2** immeritato: **ein -es Unglück** una disgrazia avvenuta senza colpa di nessuno **un·ver·se·hens** ADV improvvisamente **un·ver·sehrt** ADJ → unverletzt **un·ver·söhn·lich** ADJ inconciliabile **un·ver·stan·den** ADJ incompreso **un·ver·stän·dig** ADJ **ein -es Kind** un bambino che non ha (ancora) la capacità di capire **un·ver·ständ·lich** ADJ incomprensibile: **es ist mir ~** non riesco a capire **Un·ver·ständ·nis** N incomprensione *f*
un·ver·steu·ert ADJ non tassato

un·ver·sucht ADJ **nichts ~ lassen** non lasciare nulla di intentato **un·ver·träg·lich** ADJ 1 (*Mensch*) intrattabile 2 (*unvereinbar*) incompatibile

un·ver·wandt ADJ fisso: **j-n -en Blickes ansehen** guardare fisso qn

un·ver·wech·sel·bar ADJ inconfondibile **un·ver·wund·bar** ADJ invulnerabile **un·ver·wüst·lich** ADJ indistruttibile (*a. fig*)

un·ver·zagt ADJ intrepido, impavido

un·ver·zeih·lich ADJ imperdonabile

un·ver·zicht·bar ADJ irrinunciabile

un·ver·zins·lich ADJ infruttifero

un·ver·zollt ADJ non sdoganato

un·ver·züg·lich ADJ immediato

un·voll·en·det ADJ incompleto; (*Fragment*) incompiuto **un·voll·kom·men** ADJ imperfetto **Un·voll·kom·men·heit** F ⟨-; -en⟩ imperfezione *f* **un·voll·stän·dig** ADJ incompleto

un·vor·be·rei·tet A ADJ 1 non preparato, improvvisato 2 impreparato: **die Nachricht traf uns ~** la notizia ci colse impreparati B ADV 1 senza essere preparato 2 (*plötzlich*) all'improvviso, alla sprovvista **un·vor·ein·ge·nom·men** A ADJ non prevenuto, obiettivo B ADV senza preconcetti **un·vor·her·ge·se·hen** ADJ imprevisto **un·vor·her·seh·bar** ADJ imprevedibile

un·vor·sich·tig ADJ imprudente, incauto **Un·vor·sich·tig·keit** F ⟨-; -en⟩ imprudenza *f*

un·vor·stell·bar ADJ inimmaginabile, inconcepibile, incredibile

un·vor·teil·haft ADJ 1 svantaggioso 2 (*optisch*) inadatto, che non valorizza

un·wahr ADJ non vero, falso **Un·wahr·heit** F falsità *f*: **die ~ sagen** dire il falso

un·wahr·schein·lich ADJ 1 improbabile: **es ist ~, dass …** è improbabile che … 2 (*unglaublich*) inverosimile, incredibile

un·weg·sam ADJ impraticabile

un·weib·lich ADJ non, poco femminile

un·wei·ger·lich ADJ immancabile

un·weit ADV & PRÄP non lontano da

Un·we·sen N ⟨-s⟩ **sein ~ treiben** imperversare

un·we·sent·lich A ADJ non sostanziale, secondario B ADV non di molto: **~ besser** non molto meglio

Un·wet·ter N 1 tempesta *f*; (*Gewitter*) temporale *m* 2 *fig* burrasca *f*

un·wich·tig ADJ non, poco importante **Un·wich·tig·keit** F scarsa importanza *f*

un·wi·der·leg·bar ADJ inconfutabile

un·wi·der·ruf·lich ADJ irrevocabile

un·wi·der·steh·lich ADJ irresistibile

un·wie·der·bring·lich ADJ irrecuperabile

Un·wil·le M ⟨-ns⟩ sdegno *m*, risentimento *m*: **j-s -n erregen** suscitare lo sdegno di qn **un·wil·lig** A ADJ 1 sdegnato, risentito: **über etw** (*akk*) **~ werden** seccarsi (*od* risentirsi) di qc 2 (*nicht gewillt*) non intenzionato B ADV **etw ~ tun** fare qc malvolentieri

un·will·kom·men ADJ non gradito

un·will·kür·lich A ADJ involontario B ADV senza volerlo, automaticamente

un·wirk·lich ADJ non reale, irreale

un·wirk·sam ADJ inefficace

un·wirsch ADJ brusco, sgarbato

un·wirt·lich ADJ 1 poco accogliente 2 (*Wetter*) inclemente; (*Landschaft*) aspro

un·wirt·schaft·lich ADJ antieconomico

un·wis·send ADJ ignaro **Un·wis·sen·heit** F ⟨-⟩ ignoranza *f*

un·wis·sen·schaft·lich ADJ non scientifico

un·wis·sent·lich ADJ inconsapevole

un·wohl ADV 1 male, non bene: **mir ist ~** non sto (*od* non mi sento) bene 2 (*unbehaglich*) a disagio **Un·wohl·sein** N indisposizione *f*

un·wür·dig ADJ indegno

Un·zahl F ⟨-⟩ infinità *f* **un·zäh·lig** ADJ 1 innumerevole 2 (*viele*) moltissimi, -e

Un·ze F ⟨-; -n⟩ oncia *f*

un·zer·brech·lich ADJ infrangibile

un·zer·stör·bar ADJ indistruttibile

un·zer·trenn·lich ADJ inseparabile

Un·zucht F ⟨-⟩ JUR atto *m* osceno

un·züch·tig ADJ osceno

un·zu·frie·den ADJ insoddisfatto, scontento **Un·zu·frie·den·heit** F scontentezza *f*

un·zu·gäng·lich ADJ inaccessibile **un·zu·läng·lich** ADJ insufficiente **un·zu·läs·sig** ADJ 1 inammissibile 2 (*unerlaubt*) illecito **un·zu·mut·bar** ADJ che non si può pretendere, inaccettabile **un·zu·rech·nungs·fä·hig** ADJ incapace d'intendere e di volere **un·zu·rei·chend** ADJ insufficiente **un·zu·sam·men·hän·gend** ADJ incoerente

U

un·zu·tref·fend ADJ **1** non appropriato **2** (*inkorrekt*) inesatto ♦ *form* **Unzutreffendes streichen** barrare ciò che non interessa

un·zu·ver·läs·sig ADJ **1** inaffidabile **2** (*unglaubwürdig*) inattendibile **Un·zu·ver·läs·sig·keit** F ⟨-; -en⟩ **1** inaffidabilità *f* **2** inattendibilità *f*

un·zweck·mä·ßig ADJ inadeguato

un·zwei·deu·tig ADJ inequivocabile

un·zwei·fel·haft **A** ADJ indubitabile, indubbio **B** ADV indubbiamente, senza dubbio

Up·date ['apde:t] N ⟨-s; -s⟩ IT update *m inv*, aggiornamento *m*

up·loa·den ['aplo:dən] V/T IT fare l'upload di

üp·pig ADJ **1** (*Vegetation*) rigoglioso **2** (*Haar*) folto **3** (*Frau*) formosa **4** (*Busen*) prosperoso **5** **-e Lippen** labbra carnose **6** (*Essen*) opulento, sontuoso

Ur·ab·stim·mung F votazione *f* della base **Ur·ahn** M, **-in** F avo *m*, progenitore *m*, -trice *f*

Ural M ⟨-s⟩ Urali *mpl*

ur·alt ADJ **1** vecchissimo **2** antichissimo: **in -en Zeiten** in tempi remoti

Uran N ⟨-s⟩ uranio *m* **uran·hal·tig** ADJ uranifero

ur·auf·füh·ren V/T ⟨*nur inf u. pperf*⟩ rappresentare per la prima volta **Ur·auf·füh·rung** F THEAT prima *f*, rappresentazione *f*

ur·bar ADJ **ein Land/ein Moor ~ machen** bonificare un terreno/una palude

ur·ei·gen ADJ personalissimo

Ur·ein·woh·ner M, **-in** F indigeno *m*, -a *f*, aborigeno *m*, -a *f*

Ur·en·kel M, **-in** F pronipote *m/f*

Ur·form F forma *f* originaria

ur·ge·müt·lich ADJ molto accogliente

Ur·ge·schich·te F preistoria *f*

ur·gie·ren V/I ⟨h.⟩ *österr* essere urgente

Ur·groß·el·tern PL bisnonni *mpl* **Ur·groß·mut·ter** F bisnonna *f* **Ur·groß·va·ter** M bisnonno *m*

Ur·he·ber M ⟨-s; -⟩, **-in** F ⟨-; -nen⟩ autore *m*, -trice *f* **Ur·he·ber·recht** N diritto *m* d'autore **ur·he·ber·recht·lich** ADJ tutelato **Ur·he·ber·schaft** F ⟨-⟩ paternità *f* (di un'opera)

Uri N ⟨-s⟩ (*Kanton*) Canton *m* Uri

urig ADJ *umg* **1** tipico **2** (*sonderbar*) originale

Urin M ⟨-s; -e⟩ urina *f*

uri·nie·ren V/I ⟨h.⟩ urinare

Ur·ins·tinkt M istinto *m* primordiale

ur·ko·misch ADJ comicissimo

Ur·kun·de F ⟨-; -n⟩ documento *m*, atto *m*; (*Zeugnis*) certificato *m*: **eine ~ erstellen** rilasciare un documento **Ur·kun·den·fäl·schung** F falso *m* in atto pubblico

ur·kund·lich **A** ADJ documentario, documentato **B** ADV con documenti

Ur·laub M ⟨-[e]s; -e⟩ **1** vacanza *f*, ferie *fpl*: **~ haben** avere le ferie; **in ~ gehen** (*od* **fahren**) andare in vacanza **2** MIL (*Ausgang*) licenza *f* **Ur·lau·ber** M ⟨-s; -⟩, **-in** F ⟨-; -nen⟩ vacanziere *m*, -a *f*, villeggiante *m/f*

Ur·laubs·an·spruch M diritto *m* alle ferie **Ur·laubs·geld** N indennità *f* di ferie **Ur·laubs·zeit** F periodo *m* delle vacanze, vacanze *fpl*, ferie *fpl*

Ur·mensch M uomo *m* primitivo

Ur·ne F ⟨-; -n⟩ urna *f*

Uro·lo·ge M ⟨-n; -n⟩, **-lo·gin** F ⟨-; -nen⟩ urologo *m*, -a *f*

ur·plötz·lich ADJ repentino

Ur·sa·che F causa *f*, motivo *m*, ragione *f* ♦ **keine ~!** non c'è di che!

ur·säch·lich ADJ causale: **in -em Zusammenhang** in nesso causale

Ur·schrift F (testo *m*) originale *m*

Ur·sprung M origine *f* **ur·sprüng·lich** **A** ADJ **1** originario **2** primitivo, naturale **B** ADV originariamente, in origine

Ur·teil N ⟨-s; -e⟩ **1** giudizio *m*: **sich** (*dat*) **über j-n/etw ein ~ bilden** farsi un giudizio su qn/qc **2** (*Standpunkt*) parere *m*: **nach fachmännischem ~** secondo il parere degli esperti **3** JUR sentenza *f*: **über j-n ein ~ sprechen** pronunciare una sentenza su qn

ur·tei·len V/I ⟨h.⟩ **über j-n/etw ~** giudicare qn/qc

Ur·teils·be·grün·dung F motivazione *f* della sentenza **ur·teils·fä·hig** ADJ capace di giudicare **Ur·teils·kraft** F giudizio *m* **Ur·teils·spruch** M sentenza *f*, verdetto *m*

Ur·text M testo *m* originale **Ur·trieb** M impulso *m* ancestrale **ur·tüm·lich** ADJ **1** primitivo **2** naturale, elementare

Ur·ur·en·kel M, **-in** F pronipote *m/f* **Ur·ur·groß·mut·ter** F trisnonna *f* **Ur·ur·groß·va·ter** M trisnonno *m*

Ur·va·ter M progenitore *m*; *fig* capostipite *m* **Ur·volk** N popolo *m* primitivo

Ur·wald M foresta *f* vergine
ur·wüch·sig ADJ **1** primitivo **2** (*unverfälscht*) naturale: **eine -e Landschaft** un paesaggio selvaggio
Ur·zeit F tempi *mpl* (più) remoti ♦ **seit -en** da un'infinità di tempo
Ur·zu·stand M stato *m* primitivo, originario
USA PL USA *mpl*
US-Ame·ri·ka·ner M, **-in** F statunitense *m/f*
Us·be·kis·tan N ⟨-s⟩ Uzbekistan *m*
USB-Stick M IT chiave *f* USB
User ['ju:zɐ] M ⟨-s; -⟩, **-in** F ⟨-; -nen⟩ utente *m/f*
Uten·sil N ⟨-s; -ien⟩ **1** utensile *m*, attrezzo *m* **2** (*Zubehör*) accessorio *m*
Ute·rus M ⟨-; Uteri⟩ utero *m*
Uto·pie F ⟨-; -n⟩ utopia *f*
uto·pisch ADJ utopistico
UV-Strah·len PL raggi *mpl* ultravioletti

V

v, V N ⟨-; -⟩ v, V, vi, vu *f/m*: **V wie Viktor** V come Venezia
Va·ga·bund [v-] M ⟨-en; -en⟩ vagabondo *m* **va·ga·bun·die·ren** VI ⟨h., s.⟩ vagabondare **Va·ga·bun·din** F ⟨-; -nen⟩ vagabonda *f*
Va·gi·na [v-] F ⟨-; Vaginen⟩ vagina *f*
va·kant [v-] ADJ vacante
Va·ku·um [v-] N ⟨-s; Vakuen *u.* Vakua⟩ PHYS *fig* vuoto *m* **va·ku·um·ver·packt** ADJ (confezionato) sottovuoto
Va·len·tins·tag [v-] M giorno *m* di san Valentino
va·li·die·ren [v-] VT IT validare **Va·li·die·rung** F ⟨-; -en⟩ IT validazione *f*
Va·lu·ta [v-] F ⟨-; Valuten⟩ valuta *f*
Vam·pir [v-] M ⟨-s; -e⟩ vampiro *m* (*a.* ZOOL)
Van [vɛn] M ⟨-s; -s⟩ monovolume *f inv*
Van·da·le → Wandale
Van·da·lis·mus [v-] M ⟨-⟩ vandalismo *m*
Va·nil·le [va'nɪljə] F ⟨-⟩ vaniglia *f* **Va·nil·le·eis** N gelato *m* alla vaniglia **Va·nil·le·pud·ding** M budino *m* alla vaniglia **Va·nil·le·so·ße** F salsa *f* alla vaniglia **Va·nil·le·stan·ge** F stecca *f* di vaniglia **Va·nil·le·zu·cker** M zucchero *m* vanigliato
va·ri·a·bel [v-] ADJ variabile (*a.* MATH), instabile **Va·ri·ab·le** F ⟨-n; -n⟩ variabile *f* **Va·ri·an·te** F ⟨-; -n⟩ **1** variante *f* **2** (*Darstellung*) versione *f* **Va·ri·a·ti·on** F ⟨-; -en⟩ variazione *f* (*a.* MUS)
Va·ri·e·té [v-] N ⟨-s; -s⟩ THEAT varietà *m*
va·ri·ie·ren [v-] VT & VI ⟨h.⟩ variare
Va·se·li·ne [v-] F ⟨-⟩ vaselina *f*
Va·ter M ⟨-s; Väter⟩ padre *m*: **er ist ganz der ~** è tutto suo padre ♦ *hum* **~ Staat** stato
Va·ter·fi·gur F figura *f* paterna **Va·ter·haus** N casa *f* paterna **Va·ter·land** N patria *f* **Va·ter·lands·lie·be** F amor *m* patrio
vä·ter·lich ADJ paterno **vä·ter·li·cher·seits** ADV da parte di padre
va·ter·los ADJ senza padre **Va·ter·mord** M parricidio *m* **Va·ter·mör·der** M, **-in** F parricida *m/f* **Va·ter·schaft** F ⟨-; -en⟩ paternità *f* **Va·ter·schafts·kla·ge** F azione *f* di accertamento della paternità **Va·ter·stadt** F città *f* natale **Va·ter·stel·le** F **bei j-m ~ vertreten** fare da padre a qn **Va·ter·tag** M festa *f* del papà
Va·ter·un·ser N ⟨-s; -⟩ padrenostro *m*
Va·ti M ⟨-s; -s⟩ *umg* papà *m*, papi *m*; (*bes in Mittelitalien*) babbo *m*
Va·ti·kan [v-] M ⟨-s⟩ Vaticano *m* **Va·ti·kan·stadt** F città *f* del Vaticano
V-Aus·schnitt M scollo *m* a V
Ve·ga·ner [v-] M ⟨-s; -⟩, **-in** F ⟨-; -nen⟩ vegano *m*, -a *f*, vegetaliano *m*, -a *f*
Ve·ge·ta·ri·er [v-] M ⟨-s; -⟩, **-in** F ⟨-; -nen⟩ vegetariano *m*, -a *f* **ve·ge·ta·risch** ADJ vegetariano
Ve·ge·ta·ti·on [v-] F ⟨-; -en⟩ vegetazione *f*
ve·ge·ta·tiv [v-] ADJ vegetativo ♦ **-es Nervensystem** sistema neurovegetativo
ve·ge·tie·ren [v-] VI ⟨h.⟩ vegetare
ve·he·ment [v-] ADJ veemente
Ve·hi·kel [v-] N ⟨-s; -⟩ **1** macinino *m* **2** *fig* strumento *m*, veicolo *m*
Veil·chen N ⟨-s; -⟩ **1** violetta *f*, viola *f* (mammola) **2** *hum* **ein ~ haben** avere un occhio nero **veil·chen·blau** ADJ violetto
Vek·tor [v-] M ⟨-s; -en⟩ MATH, PHYS vettore *m* **Vek·tor·rech·nung** F calcolo

m vettoriale

Ve·lo [v-] N ⟨-s; -s⟩ *schweiz* bici *f*

Ve·lours [vəˈluːɐ] M ⟨-⟩ velours *m* **Ve·lours·le·der** N pelle *f* scamosciata

Ve·ne [v-] F ⟨-; -n⟩ MED vena *f*

Ve·ne·dig [v-] N ⟨-s⟩ Venezia *f*

Ve·nen·ent·zün·dung F flebite *f*

Ve·ne·ti·en [v-] N ⟨-s⟩ Veneto *m*

Ve·ne·zi·a·ner M ⟨-s; -s⟩, **-in** F ⟨-; -nen⟩ veneziano *m*, -a *f* **ve·ne·zi·a·nisch** ADJ veneziano

Ve·ne·zu·e·la [v-] N ⟨-s⟩ Venezuela *m*

ve·nös [v-] ADJ venoso

Ven·til [v-] N ⟨-s; -e⟩ **1** valvola *f*; *fig* sfogo *m* **2** MUS pistone *m*; (*von Orgeln*) valvola *f*

Ven·ti·la·tor [v-] M ⟨-s; -en⟩ ventilatore *m*

Ve·nus·mu·schel [v-] F vongola *f*

ver·ab·re·den **A** V/T concordare, stabilire: **wir haben doch verabredet, dass …** avevamo deciso che … **B** V/R **sich ~** fissare, darsi un appuntamento ♦ (**mit j-m**) **verabredet sein** avere un appuntamento (con qn) **Ver·ab·re·dung** F ⟨-; -en⟩ **1** (*Vereinbarung*) accordo *m* **2** (*Treffen*) appuntamento *m*

ver·ab·rei·chen V/T **1** somministrare **2** *umg* **j-m eine Tracht Prügel ~** dare un sacco di botte a qn

ver·ab·scheu·en V/T detestare, aborrire

ver·ab·schie·den **A** V/T **1** salutare **2** MIL congedare **3** (*in den Ruhestand versetzen*) mettere a riposo **4** JUR varare; (*annehmen*) approvare **B** V/R **sich ~** **1** accomiatarsi **2** salutare: **sich von j-m ~** congedarsi da qn; **ich muss mich leider ~** devo purtroppo salutare **3** (*sich trennen*) lasciarsi **Ver·ab·schie·dung** F ⟨-; -en⟩ **1** congedo *m*, commiato *m*, saluto *m* **2** JUR varo *m*; approvazione *f*

ver·ach·ten V/T disprezzare: **nicht zu ~ sein** non essere da disprezzare **ver·ach·tens·wert** ADJ spregevole, disprezzabile

Ver·äch·ter M ⟨-s; -⟩, **-in** F ⟨-; -nen⟩ spregiatore *m*, -trice *f*

ver·ächt·lich ADJ **1** sprezzante **2** (*verachtenswert*) spregevole ♦ **j-n ~ machen** screditare qn; **etw ~ machen** denigrare qc

Ver·ach·tung F disprezzo *m* ♦ **j-n mit ~ strafen** ignorare qn

ver·all·ge·mei·nern V/T generalizzare

Ver·all·ge·mei·ne·rung F ⟨-; -en⟩ generalizzazione *f*

ver·al·ten V/I ⟨s.⟩ invecchiare **ver·al·tet** ADJ antiquato; (*überholt*) sorpassato, obsoleto; fuori moda; (*außer Gebrauch*) in disuso

Ve·ran·da [v-] F ⟨-; Veranden⟩ veranda *f*

ver·än·der·lich ADJ variabile, mutevole

ver·än·dern **A** V/T **1** cambiare, mutare: **an einer Sache etw ~** cambiare qc in una cosa **2** modificare: **einen Text ~** modificare un testo **B** V/R **sich ~** cambiare, mutare; **sich zu seinem Vorteil ~** cambiare in meglio ♦ **sich beruflich ~** cambiare lavoro

Ver·än·de·rung F **1** variazione *f*, modifica *f*: **an etw** (*dat*) **eine ~ vornehmen** apportare una modifica a qc **2** cambiamento *m*, trasformazione *f*

ver·ängs·tigt ADJ impaurito, spaurito

ver·an·kern V/T ancorare **ver·an·kert** ADJ **in etw** (*dat*) **~** ancorato a qc, fondato su qc

ver·an·la·gen V/T tassare: **j-n zu einer Steuer ~** tassare qn **ver·an·lagt** ADJ dotato: **für etw ~ sein** essere dotato per qc; **praktisch ~** dotato di senso pratico **Ver·an·la·gung** F ⟨-; -en⟩ **1** predisposizione *f* **2** (*Steuer*) tassazione *f*

ver·an·las·sen V/T **1** **j-n zu etw ~** indurre, spingere qn a qc; **sich veranlasst fühlen, etw zu tun** sentirsi spinto a fare qc **2** (*hervorrufen*) provocare **3** (*befehlen*) ordinare: **das Nötige ~** predisporre il necessario **Ver·an·las·sung** F ⟨-; -en⟩ **1** motivo *m*: **keinerlei ~ haben, etw zu tun** non avere alcun motivo per fare qc **2** iniziativa *f*, disposizione *f*: **auf meine ~** per (*od* su) mia iniziativa, disposizione

ver·an·schau·li·chen V/T dimostrare, illustrare, rendere chiaro **Ver·an·schau·li·chung** F ⟨-; -en⟩ dimostrazione *f*, illustrazione *f*

ver·an·schla·gen V/T valutare, preventivare: **die Kosten auf 3 Millionen ~** preventivare una spesa di 3 milioni; **etw zu hoch/zu niedrig ~** sopravvalutare/sottovalutare qc

ver·an·stal·ten V/T organizzare, preparare

Ver·an·stal·tung F ⟨-; -en⟩ **1** organizzazione *f*, allestimento *m* **2** manifestazione *f*: **eine sportliche ~** una manifestazio-

ne sportiva **Ver·an·stal·tungs·ka·len·der** M calendario *m* delle manifestazioni; (*in der Zeitung*) tamburino *m*
ver·ant·wor·ten A V/T **etw ~** rispondere di qc; giustificare B V/R **sich ~** giustificarsi; **sich für etw ~** rispondere di qc ♦**das kann ich nicht ~** non me ne assumo la responsabilità **ver·ant·wort·lich** ADJ responsabile: **j-n/etw für etw ~ machen** ritenere qn/qc responsabile per (*od* di) qc; **für etw ~ sein** essere responsabile di qc **Ver·ant·wort·lich·keit** F ⟨-; -en⟩ responsabilità *f* **Ver·ant·wor·tung** F ⟨-; -en⟩ responsabilità *f*: **auf eigene ~** sotto la propria responsabilità ♦ **j-n zur ~ ziehen** chiedere conto a qn
ver·ant·wor·tungs·be·wusst ADJ conscio della propria responsabilità, responsabile **Ver·ant·wor·tungs·be·wusst·sein** N senso *m* di responsabilità
ver·ant·wor·tungs·los ADJ irresponsabile **ver·ant·wor·tungs·voll** ADJ 1 di responsabilità: **eine -e Aufgabe** un compito di responsabilità 2 (*Mensch*) molto responsabile
ver·ar·bei·ten V/T 1 (*verwenden*) utilizzare 2 lavorare, trasformare: **die Zutaten zu einem Teig ~** lavorare gli ingredienti per ottenere un impasto 3 (*geistig*) assimilare, elaborare: **Erlebnisse ~** assimilare esperienze 4 IT trattare 5 *fig* (*emotional*) digerire: **er hat dieses Erlebnis noch nicht verarbeitet** non ha ancora elaborato quest'esperienza ♦ **-de Industrie** industria di trasformazione **Ver·ar·bei·tung** F ⟨-; -en⟩ 1 lavorazione *f* 2 (*geistige*) elaborazione *f*, assimilazione *f*
ver·är·gern V/T irritare, stizzire **Ver·är·ge·rung** F ⟨-; -en⟩ irritazione *f*, stizza *f*
ver·ar·men V/I ⟨s.⟩ impoverire (*a. fig*) **Ver·ar·mung** F ⟨-; -en⟩ impoverimento *m*
ver·ar·schen V/T *vulg* prendere per il culo **Ver·ar·schung** F ⟨-; -en⟩ *vulg* presa *f* per il culo
ver·arz·ten V/T *umg* curare, medicare
ver·äs·teln V/R **sich ~** ramificarsi **Ver·äs·te·lung** F ⟨-; -en⟩ ramificazione *f*
ver·aus·ga·ben V/R **sich ~** 1 (*finanziell*) spendere tutto 2 prodigarsi: **sich in/mit etw völlig ~** prodigarsi totalmente in/per qc
ver·äu·ßern V/T JUR alienare, cedere: **Immobilien ~** alienare beni immobili; **Rechte ~** cedere dei diritti **Ver·äu·ße·rung** F alienazione *f*, cessione *f*
Verb [v-] N ⟨-s; -en⟩ GRAM verbo *m*
ver·bal [v-] ADJ verbale **ver·ba·li·sie·ren** V/T esprimere verbalmente
Ver·band M ⟨-[e]s; -bände⟩ 1 MED fasciatura *f*, benda *f* 2 (*Vereinigung*) unione *f*, associazione *f*, federazione *f*, lega *f* 3 MIL unità *f*; formazione *f*
Ver·band(s)·kas·ten M cassetta *f* di pronto soccorso **Ver·band(s)·ma·te·ri·al** N materiale *m* per medicazione **Ver·band(s)·mull** M garza *f* idrofila **Ver·band(s)·wat·te** F cotone *m* idrofilo
ver·ban·nen V/T bandire, esiliare (*a. fig*) **Ver·bann·te** M/F ⟨-n; -n⟩ esiliato *m*, -a *f*, esule *m/f* **Ver·ban·nung** F ⟨-; -en⟩ esilio *m*
ver·bar·ri·ka·die·ren V/T barricare ♦ **sich hinter etw** (*dat*) **~** barricarsi dietro qc
ver·bau·en V/T 1 ostruire: **j-m die Aussicht ~** togliere la vista a qn 2 *fig* precludere: **j-m die Zukunft ~** precludere il futuro a qn 3 (*schlecht bauen*) costruire male 4 **die Landschaft ~** deturpare il paesaggio
ver·be·am·ten V/T assumere di ruolo
ver·bei·ßen ⟨*irr*⟩ A V/T reprimere, contenere B V/R **sich ~** ostinarsi, incaponirsi; **sich in eine Aufgabe ~** ostinarsi in un compito ♦ **sich** (*dat*) **das Lachen nicht ~ können** non potersi trattenere dal ridere
ver·ber·gen V/T ⟨*irr*⟩ nascondere
ver·bes·sern A V/T 1 migliorare 2 (*korrigieren*) correggere B V/R **sich ~** 1 migliorare 2 (*besser leben*) trovarsi in una situazione migliore 3 (*Fehler*) correggersi **Ver·bes·se·rung** F 1 miglioramento *m* 2 (*Korrektur*) correzione *f*
ver·bes·se·rungs·fä·hig ADJ migliorabile **Ver·bes·se·rungs·vor·schlag** M proposta *f* di miglioramento
ver·beu·gen V/R **sich ~** inchinarsi **Ver·beu·gung** F inchino *m*
ver·beu·len V/T ammaccare
ver·bie·gen ⟨*irr*⟩ A V/T piegare (*a. fig*) B V/R **sich ~** piegarsi, flettersi
ver·bie·ten V/T ⟨*irr*⟩ proibire, vietare ♦ **j-m das Wort ~** non permettere a qn di parlare; **j-m den Mund ~** far tacere qn; *umg* (*unmöglich*) **eine verbotene Frisur** una pettinatura assurda; **Rauchen**

verboten vietato fumare

ver·bil·li·gen VT **etw ~** ridurre, ribassare (il prezzo di) qc **ver·bil·ligt** ADJ **-er Eintritt** ingresso ridotto

ver·bin·den ⟨irr⟩ **A** VT **1** (*Wunden*) fasciare **2** (*Augen*) bendare **3** (*vereinigen*) collegare, congiungere **4** *fig* unire, legare: **uns verbindet nichts mehr** non ci lega più nulla **5** TEL mettere in comunicazione, passare: **können Sie mich mit Frau X ~?** mi passa la signora X? **B** VR **sich ~** **1** unirsi: **sich zu einer Koalition ~** unirsi in una coalizione **2** *fig* (*sich assoziieren*) essere legato **3** CHEM combinarsi

ver·bind·lich ADJ **1** compiacente: **-e Worte** parole compiacenti **2** (*verpflichtend*) vincolante: **eine -e Zusage** una promessa vincolante ♦ **-sten Dank!** i più sentiti ringraziamenti **Ver·bind·lich·keit** F ⟨-; -en⟩ **1** obbligatorietà *f*: **diese Norm hat keine ~** questa norma non ha carattere vincolante **2** (*Liebenswürdigkeit*) gentilezza *f* **3** (*Verpflichtung*) obbligo *m*, impegno *m* **4** HANDEL debito *m*: **-en eingehen** contrarre debiti

Ver·bin·dung F **1** unione *f* **2** (*Beziehung*) rapporto *m*, relazione *f* **3** (*Kontakt*) contatto *m*: **mit j-m in ~ treten/stehen** entrare/essere in contatto con qn; **sich mit j-m in ~ setzen** mettersi in contatto con qn **4** collegamento *m* (*a.* ELEK): **etw mit etw in ~ bringen** associare, collegare qc a qc **5** TEL comunicazione *f*: **keine ~ erhalten** non ottenere la comunicazione; **eine ~ herstellen** stabilire un collegamento telefonico **6** (*Zusammenschluss*) associazione *f*, unione *f* **7** CHEM composto *m* **8** MECH raccordo *m* ♦ **in ~ mit** (*zusammen*) insieme a, con; (*zusammenhängend*) in relazione con

Ver·bin·dungs·frau F, **-mann** M ⟨-[e]s; -männer *u.* -leute⟩ agente *m/f* infiltrato **Ver·bin·dungs·of·fi·zier** M, **-in** F ufficiale *m/f* di collegamento **Ver·bin·dungs·stück** N raccordo *m*

ver·bis·sen ADJ accanito; ostinato **Ver·bis·sen·heit** F ⟨-⟩ accanimento *m*; ostinazione *m*

ver·bit·ten VR ⟨irr⟩ **sich** (*dat*) **etw ~** non tollerare qc ♦**das verbitte ich mir!** questo non lo tollero!

ver·bit·tert ADJ amareggiato

Ver·bit·te·rung F ⟨-; -en⟩ amarezza *f*

ver·blas·sen VI ⟨s.⟩ **1** sbiadire: **die Fotos/Erinnerungen ~** le foto/i ricordi sbiadiscono **2** (*blass werden*) impallidire

ver·blei·ben VI ⟨irr; s.⟩ **1** (*an einem Ort*) rimanere, restare **2** rimanere (intesi): **wir sind so verblieben, dass ...** siamo rimasti intesi che ... **3** (*Brief*) ... **verbleiben wir mit freundlichen Grüßen ...** porgiamo cordiali saluti

ver·bleit ADJ con piombo, contenente piombo: **-es Benzin** benzina con piombo

ver·blen·den VT **1** accecare: **sich vom Hass ~ lassen** lasciarsi accecare dall'odio **2** TECH (*verkleiden*) rivestire **Ver·blendung** F ⟨-; -en⟩ **1** accecamento *m* **2** TECH rivestimento *m*

ver·blö·den VT & VI ⟨s.⟩ istupidire

ver·blüf·fen VT **1** confondere **2** (*erstaunen*) sbalordire **ver·blüf·fend** ADJ sbalorditivo **ver·blüfft** ADJ esterrefatto, allibito **Ver·blüf·fung** F ⟨-; -en⟩ sbalordimento *m* ♦ **zu meiner ~** con mio grande stupore

ver·blü·hen VI ⟨s.⟩ sfiorire, appassire

ver·blu·ten VI ⟨s.⟩ morire dissanguato

ver·bo·cken VT *umg* guastare, rovinare

ver·boh·ren VR **sich in etw** (*akk*) **~** fissarsi in qc **ver·bohrt** ADJ *umg* testardo, cocciuto

ver·bor·gen[1] VT (*ausleihen*) prestare

ver·bor·gen[2] ADJ (*versteckt*) nascosto ♦ **im Verborgenen** di nascosto, in segreto

Ver·bot N ⟨-[e]s; -e⟩ divieto *m*, proibizione *f*

ver·bo·ten → verbieten

ver·bo·te·ner·wei·se ADV nonostante il divieto

Ver·bots·schild N segnale *m* di divieto

Ver·brauch M consumo *m* ♦ **sparsam im ~ sein** risparmiare

ver·brau·chen **A** VT consumare (*a. fig*) **B** VR **sich ~** logorarsi, consumarsi

Ver·brau·cher M ⟨-s; -⟩, **-in** F ⟨-; -nen⟩ consumatore *m*, -trice *f* **Verbrau·cher·schutz** M tutela *f* (*od* difesa *f*) dei consumatori **Ver·brau·cher·zent·ra·le** F = *associazione per la difesa del consumatore*

Ver·brauchs·gut N bene *m* di consumo

ver·braucht ADJ **1** (*Luft*) viziato **2** (*abgenutzt*) logoro, consunto **3** *fig* logorato

ver·bre·chen VT ⟨irr⟩ *umg* combinare, fare

Ver·bre·chen N ⟨-s; -⟩ crimine *m*, delitto *m*

Ver·bre·cher M ⟨-s; -⟩ delinquente *m*, criminale *m* **Ver·bre·cher·al·bum** N album *m* segnaletico **Ver·bre·cher·ban·de** F banda *f* di malviventi

Ver·bre·che·rin F ⟨-; -nen⟩ delinquente *f*, criminale *f* **ver·bre·che·risch** ADJ criminale, delittuoso; criminoso

ver·brei·ten A V/T 1 (*bekannt machen*) diffondere, divulgare 2 (*ausbreiten*) propagare: **Krankheiten ~** propagare malattie; **Angst ~** diffondere la paura B V/R **sich ~** 1 propagarsi, diffondersi 2 **sich über etw** (*akk*) **~** dilungarsi a parlare di qc **ver·brei·tern** V/T allargare, ampliare **Ver·brei·tung** F ⟨-; -en⟩ diffusione *f*, divulgazione *f*; propagazione *f*

ver·bren·nen ⟨*irr*⟩ A V/I ⟨s.⟩ 1 bruciare, ardere 2 (*bei Unfällen*) morire carbonizzato B V/T 1 bruciare 2 (*Müll*) incenerire 3 (*Leichen*) cremare C V/R **sich ~** bruciarsi, scottarsi

Ver·bren·nung F ⟨-; -en⟩ 1 bruciatura *f*; MED ustione *f* 2 (*von Müll*) incenerimento *m* 3 (*von Leichen*) cremazione *f* 4 CHEM combustione *f* **Ver·bren·nungs·mo·tor** M motore *m* a combustione **Ver·bren·nungs·ofen** M crematorio *m*

ver·brin·gen V/T ⟨*irr*⟩ trascorrere, passare: **den Sonntag mit Lesen ~** passare la domenica a leggere

ver·brü·dern V/R **sich ~** fraternizzare **Ver·brü·de·rung** F ⟨-; -en⟩ fraternizzazione *f*

ver·brü·hen A V/T scottare (con un liquido) B V/R **sich ~** scottarsi

ver·bum·meln V/T *umg* 1 sciupare 2 (*vergessen, verlieren*) scordarsi

Ver·bund M ⟨-[e]s; -e⟩ WIRTSCH unione *f*: **im ~ arbeiten** collaborare

ver·bun·den PPERF **ich bin Ihnen** (**dafür**) **sehr ~** Le sono molto obbligato (per questo)

ver·bün·den V/R **sich** (**gegen j-n**) **~** allearsi (contro qn)

Ver·bun·den·heit F ⟨-⟩ 1 (com)unione *f* 2 (*Zuneigung*) attaccamento *m*, affetto *m*

Ver·bün·de·te M/F ⟨-n; -n⟩ alleato *m*, -a *f*

Ver·bund·glas N vetro *m* stratificato (*od* laminato)

ver·bür·gen A V/T garantire B V/R **sich für j-n/etw ~** garantire per qn/qc **verbürgt** ADJ autentico

ver·bü·ßen V/T JUR espiare, scontare: **eine Strafe ~** scontare una pena

ver·chro·men V/T cromare

Ver·dacht M ⟨-[e]s; -e *u.* -dächte⟩ sospetto *m*: **den ~ auf j-n lenken** dirigere i sospetti su qn ♦ *umg* **auf ~** a caso, a casaccio; **~ erregen** destare sospetti; **j-n im** (*od* **in**) **~ haben** sospettare di qn; **in ~ kommen** cadere in sospetto; **im** (*od* **unter dem**) **~ der Spionage stehen** essere sospettato di spionaggio

ver·däch·tig ADJ sospetto ♦ **sich ~ machen** destare sospetto; JUR **einer Tat ~ sein** essere sospettato di un crimine **Ver·däch·ti·ge** M/F ⟨-n; -n⟩ sospetto *m*, -a *f* **ver·däch·ti·gen** V/T sospettare: **j-n eines Mordes ~** sospettare qn di un omicidio **Ver·däch·ti·gung** F ⟨-; -en⟩ sospetto *m*

Ver·dachts·mo·ment N indizio *m*

ver·dam·men V/T 1 condannare 2 (*verfluchen*) maledire **ver·dammt** ADJ *umg* maledetto ♦ **es ist ~ kalt** fa un freddo terribile; **~** (**noch mal**)! maledizione!

Ver·dam·mung F ⟨-; -en⟩ 1 condanna *f* 2 REL dannazione *f*

ver·dan·ken V/T **j-m etw ~** dovere qc a qn, essere debitore di qc a qn

Ver·dan·kung F ⟨-; -en⟩ *schweiz* ringraziamento *m*

ver·darb → verderben

ver·dat·tert ADJ *umg* sbalordito

ver·dau·en V/T 1 digerire 2 *fig* assimilare **ver·dau·lich** ADJ digeribile: **leicht ~** facilmente digeribile ♦ **schwer ~** indigesto **Ver·dau·ung** F ⟨-⟩ digestione *f*

Ver·dau·ungs·ap·pa·rat M apparato *m* digerente **Ver·dau·ungs·be·schwer·den** PL disturbi *mpl* digestivi

Ver·deck N ⟨-[e]s; -e⟩ 1 SCHIFF coperta *f*, ponte *m* superiore 2 AUTO capote *f*

ver·de·cken V/T coprire, nascondere: **j-m die Sicht ~** coprire la vista a qn

ver·der·ben ⟨verdirbt, verdarb, verdorben⟩ A V/T rovinare (*a. fig*): **j-m die Freude an etw** (*dat*) **~** rovinare a qn la gioia di qc B V/R **sich** (*dat*) **etw ~** rovinarsi qc C V/I ⟨s.⟩ guastarsi, andare a male ♦ **es mit j-m ~** guastarsi con qn

Ver·der·ben N ⟨-s⟩ rovina *f*: **j-n ins ~ stürzen** mandare qn in rovina; **ins** (*od* **in sein**) **~ rennen** andare in rovina

ver·derb·lich ADJ 1 (*Ware*) deperibile 2 (*unheilvoll*) dannoso, nocivo, deleterio

ver·deut·li·chen V/T chiarire, spiegare

ver·dich·ten A VT 1 condensare (*a. fig*), concentrare 2 PHYS, TECH comprimere B VR **sich ~** 1 addensarsi 2 *fig* intensificarsi, rafforzarsi **Ver·dich·tung** F 1 condensazione *f*, concentrazione *f* 2 PHYS, TECH compressione *f*

ver·di·cken A VT ispessire B VR **sich ~** 1 ispessirsi 2 (*anschwellen*) gonfiarsi

ver·die·nen VT 1 (*Geld*) guadagnare 2 (*würdig sein*) meritare: **Lob ~** meritare un elogio; **du verdienst (es) nicht, dass ...** non ti meriti che ...; **er verdient es nicht besser** se lo merita

Ver·dienst[1] M ⟨-[e]s; -e⟩ 1 (*Einnahmen*) guadagno *m*, profitto *m* 2 (*Gehalt*) stipendio *m*; (*Lohn*) salario *m*

Ver·dienst[2] N ⟨-es; -e⟩ (*Leistung*) merito *m*

Ver·dienst·aus·fall M mancato guadagno *m* **ver·dienst·voll** ADJ meritevole, meritorio

ver·dient ADJ benemerito: **sich um etw ~ machen** rendersi meritevole di qc; **er hat sich um den Frieden in Nahost ~ gemacht** la pace in Medio Oriente è (anche) merito suo **ver·dien·ter·ma·ßen** ADV meritatamente

ver·don·nern VT *umg* 1 condannare, punire: **j-n zu einem Monat Gefängnis ~** condannare qn a un mese di prigione 2 (*zwingen*) costringere, obbligare

ver·dop·peln VT raddoppiare **Ver·dopp·lung** F ⟨-; -en⟩ raddoppiamento *m*

ver·dor·ben ADJ 1 guasto 2 *fig* corrotto ♦ **-e Luft** aria viziata

ver·dor·ren VI ⟨s.⟩ seccare, seccarsi; (*Felder*) inaridire, inaridirsi

ver·drän·gen VT 1 spostare: **j-n aus einem Amt ~** scalzare qn da una carica 2 (*ersetzen*) sostituire 3 scacciare: **die Sorgen ~** scacciare le preoccupazioni 4 PSYCH rimuovere 5 SCHIFF dislocare **Ver·drän·gung** F ⟨-; -en⟩ 1 spostamento *m* 2 (*Ersetzen*) sostituzione *f* 3 PSYCH rimozione *f* 4 SCHIFF dislocamento *m* **Ver·drän·gungs·me·cha·nis·mus** M PSYCH meccanismo *m* di rimozione

ver·dreckt ADJ *umg* sozzo

ver·dre·hen VT 1 storcere: **j-m den Arm ~** storcere il braccio a qn; **die Augen ~** storcere gli occhi 2 (*unrichtig darstellen*) distorcere, travisare ♦ **j-m den Kopf ~** far girare la testa a qn **Ver·dre·hung** F 1 contorcimento *m* 2 distorsione *f*

ver·drei·fa·chen VT triplicare

ver·drie·ßen VT ⟨verdross, verdrossen⟩ seccare, irritare **ver·drieß·lich** ADJ 1 seccato, infastidito 2 (*unangenehm*) spiacevole, seccante **Ver·drieß·lich·keit** F ⟨-; -en⟩ 1 irritazione *f* 2 seccatura *f*, noia *f*

ver·dross → verdrießen

ver·dros·sen A ADJ seccato, irritato; (*lustlos*) svogliato B → verdrießen **Ver·dros·sen·heit** F ⟨-⟩ irritazione *f*, fastidio *m*; (*Missmut*) malumore *m*

ver·drü·cken A VT *umg* ingollare, divorare B VR **sich ~** *umg* squagliarsela, svignarsela

Ver·druss M ⟨-es; -e⟩ irritazione *f* ♦ **j-m ~ bereiten** (far) irritare qn

ver·duf·ten VI ⟨s.⟩ *umg* volatilizzarsi

ver·dum·men VT istupidire, rincretinire

ver·dun·keln A VT oscurare; *fig* offuscare B VR **sich ~** oscurarsi

Ver·dun·ke·lung F ⟨-; -en⟩ oscuramento *m* **Ver·dun·ke·lungs·ge·fahr** F JUR pericolo *m* di collusione e di distorsione delle prove

ver·dün·nen VT 1 (*Flüssigkeiten*) allungare 2 (*Lacke, Farben*) diluire 3 (*Gase*) rarefare **Ver·dün·ner** M ⟨-s; -⟩ diluente *m* **Ver·dün·nung** F ⟨-; -en⟩ 1 l'allungare; diluizione *f* 2 (*von Gasen*) rarefazione *f*

ver·duns·ten VI ⟨s.⟩ evaporare **Ver·duns·tung** F ⟨-⟩ evaporazione *f*

ver·durs·ten VI ⟨s.⟩ morire di sete

ver·düs·tern VR **sich ~** 1 offuscarsi, oscurarsi 2 *fig* rabbuiarsi

ver·dutzt ADJ stupefatto

ver·eb·ben VI ⟨s.⟩ cessare (*od* spegnersi) lentamente, andare morendo

ver·edeln VT 1 nobilitare 2 (*verfeinern*) (r)affinare 3 METALL affinare 4 AGR innestare **Ver·ede·lung** F ⟨-; -en⟩ 1 nobilitazione *f* 2 (*Verfeinern*) affinamento *m* 3 METALL affinazione *f* 4 AGR innesto *m*

ver·eh·ren VT 1 adorare, venerare: *fig* **seine Schüler ~ ihn** i suoi allievi lo adorano 2 *hum* **j-m etw ~** fare omaggio di qc a qn ♦ **verehrte Anwesende!** stimatissimo pubblico!; **sehr verehrter Herr Braun** egregio signor Braun; **sehr verehrte Frau Schwarz** gentile signora Schwarz

Ver·eh·rer M ⟨-s; -⟩, **-in** F ⟨-; -nen⟩ adoratore *m*, -trice *f*

V

Ver·eh·rung F ⟨-⟩ venerazione *f*, ammirazione *f*: **j-m seine ~ bezeigen** mostrare la propria ammirazione a qn

ver·ei·di·gen V/T **j-n ~** far giurare qn; **auf die Verfassung vereidigt werden** giurare sulla Costituzione ♦ **vereidigter Übersetzer** traduttore *m* giurato **Ver·ei·di·gung** F ⟨-; -en⟩ giuramento *m*

Ver·ein M ⟨-[e]s; -e⟩ **1** associazione *f*, unione *f*: **eingetragener ~** associazione registrata; **gemeinnütziger ~** associazione di interesse collettivo **2** (*Klub*) circolo *m* ♦ **im ~ mit** insieme a (*od* con)

ver·ein·bar ADJ conciliabile, compatibile **ver·ein·ba·ren** V/T **1** concordare, stabilire, fissare **2** conciliare: **sich nicht ~ lassen** essere inconciliabile **Ver·ein·ba·rung** F ⟨-; -en⟩ accordo *m*, intesa *f*, patto *m*: **eine ~ treffen** concludere un accordo; **sich an die -en halten** attenersi (*od* stare) ai patti

ver·ei·nen V/T (ri)unire ♦ **wir haben das mit vereinten Kräften geschafft** ce l'abbiamo fatta unendo le forze

ver·ein·fa·chen V/T semplificare **Ver·ein·fa·chung** F ⟨-; -en⟩ semplificazione *f*

ver·ein·heit·li·chen V/T uniformare, standardizzare **Ver·ein·heit·li·chung** F ⟨-; -en⟩ uniformazione *f*, standardizzazione *f*

ver·ei·ni·gen **A** V/T **1** riunire **2** (*in Übereinstimmung bringen*) conciliare **B** V/R **sich ~** **1** unirsi (*a. fig*), allearsi **2** *fig* riunirsi, fondersi ♦ **Vereinigte Arabische Emirate** Emirati *mpl* Arabi Uniti; **die Vereinigten Staaten (von Amerika)** gli Stati Uniti (d'America)

Ver·ei·ni·gung F **1** (ri)unione *f* **2** conciliazione *f* **3** POL unione *f* **4** (*Verein*) associazione *f*; (*Bündnis*) alleanza *f*

ver·ein·nah·men V/T **1** *umg fig* **j-n ~** approfittare di qn **2** **etw ~** appropriarsi di qc

ver·ein·sa·men V/I ⟨s.⟩ isolarsi, restare solo **Ver·ein·sa·mung** F ⟨-⟩ isolamento *m*

Ver·eins·haus N sede *f* del circolo (*od* dell'associazione)

ver·eint ADJ unito: **die Vereinten Nationen** le Nazioni Unite

ver·ein·zelt **A** ADJ isolato, raro, sporadico **B** ADV sporadicamente

ver·ei·sen **A** V/I ⟨s.⟩ gelare **B** V/T MED anestetizzare ♦ **vereiste Straßen** strade gelate

ver·ei·teln V/T sventare, mandare a monte

ver·ei·tern V/I ⟨s.⟩ suppurare

ver·elen·den V/I ⟨s.⟩ impoverirsi **Ver·elen·dung** F ⟨-; -en⟩ impoverimento *m*

ver·en·den V/I ⟨s.⟩ morire, crepare

ver·en·gen **A** V/T restringere **B** V/R **sich ~** restringersi **Ver·en·gung** F ⟨-; -en⟩ **1** restringimento *m* **2** (*verengte Stelle*) strettoia *f*

ver·er·ben **A** V/T **1** lasciare in eredità: **j-m etw ~** lasciare qc in eredità a qn **2** BIOL, MED trasmettersi (per eredità) **B** V/R **sich ~** trasmettersi

Ver·er·bung F ⟨-; -en⟩ trasmissione *f* ereditaria, ereditarietà *f* **Ver·er·bungs·leh·re** F genetica *f*

ver·ewi·gen V/T eternare, immortalare

ver·fah·ren¹ ⟨*irr*⟩ **A** V/I ⟨s.⟩ **1** (*vorgehen*) procedere, agire **2** (*behandeln*) trattare: **mit j-m hart ~** trattare qn duramente **B** V/R **sich ~** perdersi, sbagliare strada

ver·fah·ren² ADJ arenato: **eine -e Lage** una situazione arenata (*od* senza via d'uscita)

Ver·fah·ren N ⟨-s; -⟩ **1** (*Vorgehensweise*) procedimento *m*, metodo *m*, tecnica *f* **2** JUR procedimento *m*, processo *m*: **ein ~ gegen j-n eröffnen** istruire un procedimento contro qn; **gegen ihn läuft ein ~ wegen Diebstahls** contro di lui è in corso un processo per furto **3** procedura *f*: **parlamentarisches ~** procedura parlamentare **Ver·fah·rens·tech·nik** F tecnologia *f* dei procedimenti industriali **Ver·fah·rens·wei·se** F procedimento *m*, metodo *m*

Ver·fall M ⟨-[e]s⟩ **1** rovina *f*: **in ~ geraten** andare in rovina **2** (*Niedergang*) declino *m*, decadenza *f*: **kultureller ~** declino culturale; **sittlicher ~** decadenza morale **3** MED deperimento *m*: **ein körperlicher ~** un deperimento fisico **4** FIN scadenza *f*

ver·fal·len¹ V/I ⟨*irr*; s.⟩ **1** (*Gebäude*) rovinare, andare in rovina **2** (*an Kraft verlieren*) deperire **3** (*untergehen*) decadere, declinare **4** (*ungültig werden*) scadere **5** **in etw** (*akk*) **~** cadere in qc; **in einen alten Fehler ~** cadere in un vecchio errore **6** **j-m/etw ~** abbandonarsi a qc/qn **7** (*er-*

V

sinnen) **auf etw** (*akk*) **~** qc viene in mente
ver·fal·len² ADJ diroccato, in rovina: **ein -es Schloss** un castello diroccato
Ver·falls·da·tum N data *f* di scadenza **Ver·falls·er·schei·nung** F fenomeno *m* di decadenza **Ver·falls·tag** M giorno *m* di scadenza
ver·fäl·schen V/T **1** falsare, alterare: **die Geschichte ~** falsare la storia **2** (*Wein, Lebensmittel*) adulterare **Ver·fäl·schung** F alterazione *f*; adulterazione *f*
ver·fan·gen ⟨*irr*⟩ **A** V/R **sich ~** impigliarsi **B** V/I ⟨h.⟩ servire, essere efficace: **alle Schmeicheleien ~** (**bei mir**) **nicht** i complimenti (su di me) non servono
ver·fäng·lich ADJ **1** insidioso **2** (*peinlich*) imbarazzante
ver·fär·ben V/R **sich ~** cambiare colore
ver·fas·sen V/T **1** scrivere **2** (*Sachtext*) redigere **Ver·fas·ser** M ⟨-s; -⟩, **-in** F ⟨-; -nen⟩ autore *m*, -trice *f* **Ver·fas·sung** F **1** POL costituzione *f* **2** condizioni *fpl*: **in guter ~ sein** essere in buone condizioni ♦ **nicht in der ~ sein, etw zu tun** non essere in vena di fare qc
Ver·fas·sungs·bruch M violazione *f* della costituzione **ver·fas·sungs·feind·lich** ADJ anticostituzionale **Ver·fas·sungs·ge·richt** N corte *f* costituzionale **ver·fas·sungs·mä·ßig** ADJ costituzionale **Ver·fas·sungs·schutz** M tutela *f* costituzionale **ver·fas·sungs·wid·rig** ADJ anticostituzionale: JUR **ein -es Gesetz** una legge incostituzionale
ver·fau·len V/I ⟨s.⟩ marcire, imputridire
ver·fech·ten V/T ⟨*irr*⟩ sostenere, difendere, propugnare: **eine Meinung ~** sostenere un'opinione; **eine Theorie ~** difendere una teoria **Ver·fech·ter** M, **-in** F sostenitore *m*, -trice *f*, difensore *m*, difenditrice *f*
ver·feh·len V/T **1** (*verpassen*) perdere **2** **j-n ~** non incontrare (*od* trovare) qn **3** mancare: **das Ziel ~** mancare il bersaglio; **einen Rekord ~** fallire un record ♦ **seinen Beruf ~** sbagliare mestiere; **das Thema ~** andare fuori tema; **seinen Zweck ~** fallire nel proprio intento
ver·fehlt ADJ **1** (*falsch*) sbagliato: **das halte ich für völlig ~** lo ritengo completamente sbagliato **2** *fig* (*gescheitert*) fallito
Ver·feh·lung F ⟨-; -en⟩ mancanza *f*
ver·fein·den V/R **sich** (**mit j-m**) **~** inimicarsi (qn) **ver·fein·det** ADJ nemico
ver·fei·nern V/T **1** affinare, raffinare, perfezionare **2** (*Speisen*) ingentilire **Ver·fei·ne·rung** F ⟨-; -en⟩ raffinamento *m*
Ver·fet·tung F ⟨-; -en⟩ MED adiposi *f*
ver·feu·ern V/T **1** bruciare: **Holz ~** bruciare legna **2** (*Munition*) esaurire
ver·fil·men V/T trasporre (*od* ridurre) per il cinema **Ver·fil·mung** F ⟨-; -en⟩ riduzione *f* cinematografica
ver·fil·zen V/I ⟨s.⟩ infeltrire, infeltrirsi; (*vom Haar*) arruffarsi
ver·fins·tern V/R **sich ~** **1** oscurarsi **2** ASTRON eclissarsi **3** *fig* rabbuiarsi
Ver·flech·tung F ⟨-; -en⟩ WIRTSCH formazione *f* di consorzi, concentrazione *f*
ver·flie·gen V/I ⟨*irr*; s.⟩ **1** svanire (*a. fig*), dileguarsi: **sein Ärger verflog** la sua irritazione svanì; **der Nebel ist verflogen** la nebbia si è dileguata **2** *fig* volare: **die Zeit verfliegt** il tempo vola
ver·flixt ADJ *umg* maledetto ♦ **das -e siebte Jahr** il settimo anno di matrimonio; **~ noch mal** (**noch eins**)**!** maledizione!
ver·flos·sen ADJ **1** (*vergangen*) trascorso **2** *umg* **ihr -er Freund** il suo ex ragazzo
ver·flu·chen V/T maledire
ver·flucht ADJ *umg* maledetto ♦ **~ und zugenäht!** accidenti al diavolo!
ver·flüch·ti·gen V/R **sich ~** **1** volatilizzarsi (*a. hum*) **2** (*verschwinden*) svanire
ver·flüs·si·gen V/T condensare **Ver·flüs·si·gung** F ⟨-; -en⟩ condensazione *f*
ver·fol·gen V/T **1** inseguire: **einen Flüchtling ~** dare la caccia a un fuggiasco **2** (*nachstellen*) perseguitare **3** seguire: **j-n mit Blicken ~** seguire qn con lo sguardo; **eine falsche Fährte ~** seguire una pista sbagliata **4** (*Zweck, Ziel*) perseguire **5** JUR procedere contro ♦ IT **Änderungen ~** visualizza modifiche; **vom Pech verfolgt sein** essere perseguitato dalla sfortuna
Ver·fol·ger M ⟨-s; -⟩, **-in** F ⟨-; -nen⟩ **1** inseguitore *m*, -trice *f*: **die ~ täuschen/abschütteln** eludere/seminare gli inseguitori **2** POL persecutore *m*, -trice *f*
Ver·folg·te M/F ⟨-n; -n⟩ perseguitato *m*, -a *f*
Ver·fol·gung F ⟨-; -en⟩ **1** inseguimento *m*: **j-s ~ aufnehmen** partire all'inseguimento di qn **2** POL persecuzione *f* **3** JUR procedimento *m* **Ver·fol·gungs·jagd**

F inseguimento *m* **Ver·fol·gungs·wahn** M mania *f* di persecuzione
ver·for·men V/T 1 deformare 2 TECH forgiare **Ver·for·mung** F ⟨-; -en⟩ deformazione *f*
ver·frach·ten V/T 1 (*verschiffen*) imbarcare 2 (*transportieren*) spedire 3 *hum* **ein Kind ins Bett ~** mettere a letto un bambino
ver·frem·den V/T straniare **Ver·frem·dung** F ⟨-; -en⟩ straniamento *m*
ver·fres·sen ADJ mangione, ingordo
ver·fro·ren ADJ 1 (*durchgefroren*) assiderato 2 (*leicht frierend*) freddoloso
ver·früht ADJ prematuro, anticipato
ver·füg·bar ADJ disponibile, a disposizione **Ver·füg·bar·keit** F ⟨-⟩ disponibilità *f*
ver·fu·gen V/T BAU **etw ~** otturare le commessure di qc
ver·fü·gen V/T & V/I ⟨h.⟩ disporre: **über sein Vermögen frei ~ können** disporre liberamente del proprio patrimonio
Ver·fü·gung F disposizione *f*: **etw zur** (*od* **zu seiner**) **~ haben** avere a (propria) disposizione qc; **j-m zur ~ stehen** essere a disposizione di qn; **zur ~ stellen** mettere a disposizione; JUR **eine neue ~ erlassen** emanare una nuova disposizione ♦ **sein Amt zur ~ stellen** rimettere il proprio incarico; **amtliche ~** ordine dell'autorità; **einstweilige ~** provvedimento *m* provvisorio; **gerichtliche ~** decreto giudiziario; **letztwillige ~** disposizione testamentaria
ver·füh·ren V/T 1 sedurre 2 invogliare: **das schöne Wetter verführt zum Nichtstun** il bel tempo invoglia a non far niente **Ver·füh·rer** M ⟨-s; -⟩, **-in** F ⟨-; -nen⟩ seduttore *m*, -trice *f* **ver·füh·re·risch** ADJ seducente **Ver·füh·rung** F seduzione *f*
ver·füt·tern V/T dare (come foraggio)
Ver·ga·be F aggiudicazione *f*
ver·gam·meln A V/I ⟨s.⟩ *umg* 1 (*Nahrungsmittel*) guastarsi, andare a male 2 (*herunterkommen*) andare in rovina B V/T (*vertrödeln*) sprecare, sciupare (*a. fig*)
ver·gam·melt ADJ *pej* trascurato, sciatto
ver·gan·gen ADJ scorso, passato: **im -en Jahr** lo scorso anno **Ver·gan·gen·heit** F ⟨-; -en⟩ passato *m* **Ver·gan·gen·heits·be·wäl·ti·gung** F superamento *m* del passato
ver·gäng·lich ADJ transitorio, fugace **Ver·gäng·lich·keit** F ⟨-⟩ transitorietà *f*, fugacità *f*
ver·ga·sen V/T 1 gas(s)ificare 2 (*durch Giftgas töten*) gasare
Ver·ga·ser M ⟨-s; -⟩ TECH carburatore *m*
ver·gaß → vergessen
Ver·ga·sung F ⟨-; -en⟩ 1 gas(s)ificazione *f* 2 HIST *neg!* (*Tötung*) uccisione *f* col gas
ver·ge·ben[1] ⟨*irr*⟩ A V/T 1 (*erteilen*) assegnare, conferire 2 (*verzeihen*) perdonare: **j-m etw ~** perdonare qc a qn 3 REL rimettere 4 (*nicht nutzen*) sprecare: **eine Chance ~** sprecare una chance B V/I ⟨h.⟩ **j-m ~** perdonare qn C V/R **sich** (*dat*) **nichts ~** non rimetterci nulla
ver·ge·ben[2] ADJ impegnato: **seine Töchter sind alle ~** le figlie sono tutte impegnate
ver·ge·bens ADV invano, inutilmente
ver·geb·lich A ADJ inutile B ADV invano **Ver·geb·lich·keit** F ⟨-⟩ inutilità *f*, vanità *f*
Ver·ge·bung F ⟨-; -en⟩ 1 remissione *f* 2 (*als Ausruf*) perdono *m* ♦ **j-n um ~ bitten** chiedere perdono a qn
ver·ge·gen·wär·ti·gen V/R **sich** (*dat*) **etw ~** rammentare (*od* rammentarsi di) qc
ver·ge·hen ⟨*irr*⟩ A V/I ⟨s.⟩ 1 passare: **wie die Zeit vergeht!** come passa il tempo! 2 passare: **das Lachen wird dir noch ~!** ti passerà la voglia di ridere! 3 *fig* **vor Angst ~** morire di paura B V/R 1 **sich gegen etw ~** violare qc 2 **sich an j-m ~** abusare di qn
Ver·ge·hen N ⟨-s; -⟩ 1 trasgressione *f*, violazione *f* 2 (*Delikt*) delitto *m*, reato *m*
ver·gel·ten V/T ⟨*irr*⟩ 1 ricambiare: **etw mit Undank ~** ricambiare qc con l'ingratitudine 2 (*sich für etw rächen*) (ri)pagare, rendere 3 (*belohnen*) ricompensare: **j-m** (**etw**) **reichlich ~** ricompensare lautamente qn (per qc) ♦ **Gleiches mit Gleichem ~** rendere pan per focaccia
Ver·gel·tung F (*Rache*) vendetta *f*; (*Revanche*) rivincita *f*: **für etw ~ an j-m üben** vendicarsi di qn per qc **Ver·gel·tungs·schlag** M rappresaglia *f*
ver·ges·sen ⟨vergisst, vergaß, vergessen⟩ A V/T **etw ~** dimenticare (*od* dimenticarsi di) qc; **ich habe ~, ihn anzurufen** mi sono (*od* ho) dimenticato di telefonargli; **ich habe es ~** l'ho dimenticato

B VR **sich ~** lasciarsi trasportare; **sich in seiner Wut ~** lasciarsi trasportare dalla propria ira ♦ **das kannst du ~!** lascia perdere!; **das werde ich ihm nie ~** non lo dimenticherò mai

Ver·ges·sen·heit F ⟨-⟩ **in ~ geraten** cadere nell'oblio *m* (*od umg* nel dimenticatoio *m*)

ver·gess·lich ADJ smemorato **Ver·gess·lich·keit** F ⟨-⟩ smemoratezza *f*, smemorataggine *f*

ver·geu·den VT sprecare; (*Geld*) sperperare; (*Vermögen*) dilapidare: **Zeit ~** sprecare tempo **Ver·geu·dung** F ⟨-; -en⟩ spreco *m*; sperpero *m*; dilapidazione *f*

ver·ge·wal·ti·gen VT **1** violentare **2** *fig* **die Sprache ~** far violenza alla lingua **Ver·ge·wal·ti·gung** F ⟨-; -en⟩ violenza *f* carnale, stupro *m*

ver·ge·wis·sern VR **sich ~** accertarsi

ver·gie·ßen VT ⟨*irr*⟩ rovesciare, versare ♦ **Blut/Tränen ~** versare sangue/lacrime

ver·gif·ten **A** VT **1** avvelenare (*a. fig*) **2** (*verdorbenes Essen*) intossicare **B** VR **sich ~** avvelenarsi; intossicarsi **Ver·gif·tung** F ⟨-; -en⟩ avvelenamento *m*; intossicazione *f*

Ver·giss·mein·nicht N ⟨-[e]s; -[e]⟩ nontiscordardimé *m*

vergisst → vergessen

ver·git·tern VT **die Fenster ~** mettere l'inferriata (*od* le inferriate) alle finestre

ver·gla·sen VT invetriare

Ver·gleich M ⟨-[e]s; -e⟩ **1** confronto *m*, paragone *m*: **einen ~ ziehen** stabilire (*od* fare) un paragone **2** JUR composizione *f*, accordo *m*: **einen ~ schließen** concludere un accordo ♦ **im ~ zu** (*od* **mit**) in confronto (*od* rispetto) a

ver·gleich·bar ADJ paragonabile

ver·glei·chen ⟨*irr*⟩ **A** VT confrontare, paragonare, comparare: **sich mit etw ~ lassen** essere paragonabile a qc **B** VR **sich ~** **1** confrontarsi, paragonarsi **2** JUR venire a un accomodamento, trovare un accordo **ver·glei·chend** ADJ comparativo

Ver·gleichs·maß·stab M termine *m* di paragone **ver·gleichs·wei·se** ADV **1** a titolo di paragone, comparativamente **2** (*im Vergleich*) in confronto

ver·glü·hen VI ⟨s.⟩ spegnersi

ver·gnü·gen VR **sich ~** divertirsi

Ver·gnü·gen N ⟨-s; -⟩ **1** divertimento *m*: **aus reinem ~** per puro divertimento; **viel ~!** buon divertimento! **2** (*Freude*) piacere *m*: **es war mir ein ~!** è stato un piacere! ♦ **etw bereitet mir ~** qc mi fa piacere; **das ist kein ~** è tutt'altro che piacevole; **mit ~** con piacere, volentieri; **zum ~** per divertimento; **wir sind nicht zum ~ hier** non siamo qui per divertirci

ver·gnüg·lich ADJ divertente

ver·gnügt ADJ **1** divertito **2** (*heiter*) allegro, contento

Ver·gnü·gung F ⟨-; -en⟩ divertimento *m*

Ver·gnü·gungs·park M parco *m* dei divertimenti, luna park *m* **Ver·gnü·gungs·rei·se** F viaggio *m* di piacere **Ver·gnü·gungs·steu·er** F tassa *f* (*od* imposta *f*) sugli spettacoli **ver·gnü·gungs·süch·tig** ADJ maniaco dei divertimenti

ver·gol·den VT (in)dorare (*a. fig*)

ver·göt·tern VT idolatrare

ver·gra·ben ⟨*irr*⟩ **A** VT **1** sotterrare, seppellire **2** (*bedecken*) coprire, nascondere: **sein Gesicht in die Hände ~** coprirsi il viso con le mani **B** VR **sich ~** **1** seppellirsi **2** (*sich zurückziehen*) ritirarsi **3** sprofondarsi: **sich in die Arbeit ~** sprofondarsi nel lavoro

ver·grä·men VT affliggere

ver·grau·len VT *umg* **j-n ~** allontanare (*od* stancare) qn

ver·grei·fen VR ⟨*irr*⟩ **sich ~** **1** (*danebengreifen*) sbagliare **2** **sich im Ton ~** sbagliare tono (*od* espressione) **3** **sich an etw** (*dat*) **~** mettere le mani su qc **4** **sich an j-m ~** mettere le mani addosso a qn

ver·grei·sen VI ⟨s.⟩ invecchiare

ver·grö·ßern **A** VT **1** ingrandire (*a.* FOTO) **2** (*vermehren*) aumentare, accrescere **B** VR **sich ~** ingrandirsi

Ver·grö·ße·rung F ⟨-; -en⟩ **1** ingrandimento *m* **2** (*Zunahme*) incremento *m*, aumento *m* **Ver·grö·ße·rungs·ap·pa·rat** M ingranditore *m* **Ver·grö·ße·rungs·glas** N lente *f* d'ingrandimento

Ver·güns·ti·gung F ⟨-; -en⟩ agevolazione *f*, facilitazione *f*

ver·gü·ten VT **1** risarcire, rimborsare: **j-m einen Schaden ~** risarcire a qn un danno **2** (*bezahlen*) rimunerare, retribuire **3** TECH bonificare, temprare **Ver-**

V

gü·tung F ‹-; -en› **1** risarcimento *m*, rimborso *m*, indennizzo *m* **2** (*Bezahlung*) retribuzione *f*, compenso *m*, rimunerazione *f* **3** TECH bonifica *f*, tempra *f*
ver·haf·ten V/T arrestare **Ver·haf·te·te** M/F ‹-n; -n› arrestato *m*, -a *f* **Ver·haf·tung** F arresto *m*
ver·hal·len V/I ‹s.› smorzarsi, spegnersi
ver·hal·ten[1] V/R ‹irr› **sich ~** **1** (*sich benehmen*) comportarsi **2** rimanere, restare: **sich ruhig ~** restare tranquillo **3** stare ♦ **die Sache verhält sich so** le cose stanno così; **mit der Sache verhält es sich folgendermaßen: …** il fatto è questo. …
ver·hal·ten[2] ADJ **1** (*unterdrückt*) trattenuto, represso **2** (*gedämpft*) attenuato
Ver·hal·ten N ‹-s; -› comportamento *m*, condotta *f*, contegno *m*
Ver·hal·tens·for·schung F etologia *f* **ver·hal·tens·ge·stört** ADJ caratteriale **Ver·hal·tens·maß·re·gel** F regola *f* di comportamento **Ver·hal·tens·the·ra·pie** F terapia *f* comportamentale **Ver·hal·tens·wei·se** F comportamento *m*
Ver·hält·nis N ‹-ses; -se› **1** rapporto *m*, proporzione *f*: **im ~ von 3 zu 5** in proporzione di 3 a 5; **im ~ zu früher** in rapporto a prima **2** **kein rechtes ~ zu etw haben** non avere un buon rapporto con qc; **in freundschaftlichem ~ zu j-m stehen** essere in rapporti d'amicizia con qn **3** (*Liebesverhältnis*) relazione *f*: **ein ~ mit j-m haben** avere una relazione con qn **4** *pl* (*Umstände*) condizioni *fpl*, circostanze *fpl* ♦ **über seine -se leben** vivere al di sopra delle proprie possibilità
ver·hält·nis·mä·ßig ADV **1** relativamente **2** (*entsprechend*) proporzionatamente **Ver·hält·nis·wahl** F elezioni *fpl* secondo il sistema proporzionale **Ver·hält·nis·wort** N ‹-[e]s; -wörter› GRAM preposizione *f*
ver·han·deln **A** V/T dibattere (*a.* JUR), trattare **B** V/I ‹h.› **1** trattare, negoziare: **mit j-m über den Frieden ~** negoziare la pace con qn **2** JUR **gegen j-n wegen etw ~** dibattere una causa contro qn per qc
Ver·hand·lung F **1** trattativa *f* (*a.* POL): **mit j-m in ~** (*od* **-en**) **stehen** essere in trattative con qn **2** (*Besprechung*) dibattito *m*, discussione *f* **3** JUR dibattimento *m*, udienza *f*
Ver·hand·lungs·ba·sis F base *f* delle trattative **Ver·hand·lungs·be·reit·schaft** F disponibilità *f* a trattare **Ver·hand·lungs·tisch** M **sich an den ~ setzen** sedersi al tavolo delle trattative
ver·han·gen ADJ coperto
ver·hän·gen V/T **1** (*zuhängen*) coprire **2** infliggere: **eine Strafe über j-n ~** infliggere una punizione a qn **3** dichiarare: **den Ausnahmezustand ~** dichiarare lo stato d'emergenza
Ver·häng·nis N ‹-ses; -se› destino *m*: **etw wird mir zum ~** (*od* **ist mein ~**) qc mi è fatale **ver·häng·nis·voll** ADJ fatale
ver·harm·lo·sen V/T minimizzare
ver·härmt ADJ patito
ver·har·schen V/I ‹s.› (*Schnee*) indurirsi
ver·här·ten **A** V/T indurire (*a. fig*) **B** V/I ‹s.› & V/R **sich ~** indurirsi, diventare duro
ver·has·peln V/R **sich ~** *umg* impappinarsi
ver·hasst ADJ **1** odiato: **die -e Diktatur** l'odiata dittatura **2** (*unbeliebt*) odioso
ver·hät·scheln V/T viziare
ver·hau·en *umg* **A** V/T **1** (*schlagen*) picchiare **2** (*schlecht machen*) fare malamente **B** V/R **sich gründlich ~** sbagliarsi di grosso
ver·hed·dern V/R *umg* **sich ~** **1** ingarbugliarsi **2** (*sich verfangen*) impigliarsi **3** (*beim Sprechen*) impappinarsi
ver·hee·rend ADV **1** **sich ~ auf etw auswirken** avere un effetto devastante su qc **2** *umg* **~ aussehen** avere un aspetto disastroso **Ver·hee·rung** F ‹-; -en› devastazione *f*
ver·hei·len V/I ‹s.› **1** guarire (completamente) **2** (*Wunde*) cicatrizzarsi
ver·heim·li·chen V/T nascondere
ver·hei·ra·ten V/R **sich** (**mit j-m**) **~** sposarsi (con qn); **sich wieder ~** risposarsi **ver·hei·ra·tet** ADJ sposato
ver·hei·ßen V/T ‹irr› promettere **Ver·hei·ßung** F ‹-; -en› promessa *f* **ver·hei·ßungs·voll** ADJ promettente, che promette bene
ver·hel·fen V/I ‹irr; h.› aiutare: **j-m zur Flucht ~** aiutare qn a fuggire
ver·herr·li·chen V/T celebrare, esaltare, glorificare **Ver·herr·li·chung** F ‹-; -en› celebrazione *f*, esaltazione *f*, glorificazione *f*
ver·he·xen V/T stregare **ver·hext** ADJ

es ist wie ~ il diavolo ci ha messo la coda
ver·hin·dern VT evitare, impedire: **es lässt sich nicht ~, dass ...** non si può evitare che ... **ver·hin·dert** ADJ 1 impedito 2 *fig* **ein -er Musiker** un musicista mancato **Ver·hin·de·rung** F ⟨-; -en⟩ impedimento *m*
ver·höh·nen VT schernire, deridere **Ver·höh·nung** F ⟨-; -en⟩ scherno *m*, derisione *f*
ver·hö·kern VT *umg* smerciare
Ver·hör N ⟨-[e]s; -e⟩ interrogatorio *m*: **j-n ins ~ nehmen** sottoporre qn a interrogatorio **ver·hö·ren** A VT interrogare, JUR escutere B VR **sich ~** sentire male
ver·hül·len VT 1 velare, coprire: **sein Haupt ~** velarsi il capo 2 avvolgere: **die Wolken ~ die Berge** le nuvole avvolgono le montagne
ver·hun·gern VI ⟨s.⟩ morire di fame
ver·hun·zen VT *umg* guastare
ver·hü·ten VT prevenire; (*verhindern*) impedire, evitare
Ver·hü·tung F ⟨-; -en⟩ 1 prevenzione *f* 2 (*von Schwangerschaft*) contraccezione *f* **Ver·hü·tungs·mit·tel** N anticoncezionale *m*, contraccettivo *m*
ver·hut·zelt ADJ *umg* raggrinzito
ve·ri·fi·zie·ren VT verificare
ver·in·ner·li·chen VT interiorizzare
ver·ir·ren VR **sich ~** smarrirsi, perdersi
ver·ja·gen VT scacciare (*a. fig*)
ver·jäh·ren VI ⟨s.⟩ cadere in prescrizione **ver·jährt** ADJ caduto in prescrizione **Ver·jäh·rung** F ⟨-; -en⟩ prescrizione *f* **Ver·jäh·rungs·frist** F termine *m* di prescrizione
ver·ju·beln VT *umg* sperperare, scialacquare
ver·jün·gen A VT 1 ringiovanire 2 *fig* rinnovare: **das Personal ~** rinnovare il personale B VR **sich ~** 1 ringiovanire 2 (*Gegenstände*) assottigliarsi (verso l'alto) **Ver·jün·gung** F ⟨-; -en⟩ 1 ringiovanimento *m* 2 (*von Gegenständen*) assottigliamento *m*
ver·ka·beln VT cablare **Ver·ka·be·lung** F ⟨-; -en⟩ cablaggio *m*
ver·kal·ken VI ⟨s.⟩ 1 calcificarsi 2 *umg fig* diventare arteriosclerotico
ver·kal·ku·lie·ren VR **sich ~** sbagliarsi nei calcoli, fare male i calcoli (*a. fig*)
Ver·kal·kung F ⟨-; -en⟩ 1 calcificazione *f* 2 *umg fig* (*Senilität*) arteriosclerosi *f*
ver·kappt ADJ mascherato
ver·ka·tert ADJ *umg* **~ sein** soffrire dei postumi di una sbornia
Ver·kauf M 1 vendita *f*: **zum ~ anbieten** mettere in vendita; **zum ~ stehen** essere in vendita 2 (*Abteilung*) (reparto *m*) vendita *f*, vendite *fpl*: **im ~ tätig sein** essere addetto alle vendite
ver·kau·fen VT vendere: **j-m etw ~** vendere qc a qn; **das neue Handy verkauft sich gut** il nuovo cellulare si vende bene ♦ **j-n für dumm ~** prendere qn per scemo
Ver·käu·fer M, **-in** F 1 venditore *m*, -trice *f* 2 (*angestellt*) commesso *m*, -a *f*
ver·käuf·lich ADJ 1 vendibile: **leicht ~** di facile smercio; **schwer ~** difficile da vendere 2 (*zum Verkauf*) in vendita: **~ sein** essere in vendita
ver·kaufs·för·dernd ADJ promozionale **Ver·kaufs·lei·ter** M, **-in** F direttore *m* delle vendite **ver·kaufs·of·fen** ADJ aperto: **-er Samstag** = *sabato con orario di apertura dei negozi prolungato* **Ver·kaufs·preis** M prezzo *m* di vendita **Ver·kaufs·schla·ger** M campione *m* di vendite **Ver·kaufs·stand** M bancarella *f*, banco *m*
Ver·kehr M ⟨-s; -e⟩ 1 traffico *m*, circolazione *f* (*a. fig*): **ein Auto aus dem ~ ziehen** ritirare un'auto dalla circolazione; **Geld aus dem ~ ziehen** ritirare denaro dalla circolazione; **für den ~ gesperrt** chiuso al traffico; **fließender ~** traffico scorrevole; **den ~ umleiten** deviare il traffico 2 (*Handelsverkehr*) traffico *m*, commercio *m* 3 (*Beziehung*) relazione *f*, rapporto *m*: **den ~ mit j-m abbrechen** rompere la relazione con qn 4 (*Geschlechtsverkehr*) rapporti *mpl* ♦ **etw in (den) ~ bringen** mettere qc in circolazione
ver·keh·ren VI ⟨h.⟩ 1 transitare, passare: **dieser Zug verkehrt nicht hier** questo treno non transita qui 2 (*Kontakt pflegen*) frequentare: **bei j-m ~** frequentare la casa di qn 3 **freundschaftlich mit j-m ~** avere rapporti d'amicizia con qn; **geschlechtlich mit j-m ~** avere rapporti sessuali con qn; ♦ **mit j-m brieflich ~** essere in corrispondenza con qn
Ver·kehrs·am·pel F semaforo *m* **Verkehrs·amt** N ente *m* per il (*od* del) turismo **Ver·kehrs·an·bin·dung** F **mit guter ~** ben servito da mezzi pubblici e vicino all'autostrada **ver·kehrs·arm**

ADJ con poco traffico **Ver·kehrs·auf·kom·men** N ⟨-s⟩ densità *f* di traffico **Ver·kehrs·be·hin·de·rung** F intralcio *m* al traffico: **wegen einer Baustelle muss mit -en gerechnet werden** rallentamenti per lavori in corso **ver·kehrs·be·ru·higt** ADJ a traffico limitato: **-e Zone** zona *f* a traffico limitato **Ver·kehrs·be·ru·hi·gung** F decongestione *f* del traffico **Ver·kehrs·be·trieb** M azienda *f* di trasporti pubblici **Ver·kehrs·cha·os** N traffico *m* caotico **Ver·kehrs·de·likt** N infrazione *f* delle norme di circolazione **Ver·kehrs·dich·te** F densità *f* del traffico **Ver·kehrs·durch·sa·ge** F → Verkehrsmeldung **Ver·kehrs·er·zie·hung** F educazione *f* stradale **Ver·kehrs·fluss** M flusso *m* di traffico **ver·kehrs·frei** ADJ non trafficato, privo di traffico **Ver·kehrs·funk** M notiziario *m* (radiofonico) per automobilisti **ver·kehrs·güns·tig** ADJ ben servito (di mezzi pubblici); con buoni collegamenti stradali **Ver·kehrs·hin·dernis** N ostacolo *m* al traffico **Ver·kehrs·hin·weis** M avviso *m* sulla viabilità **Ver·kehrs·in·farkt** M paralisi *f* del traffico **Ver·kehrs·in·sel** F isola *f*, spartitraffico *m*; (*für Fußgänger*) salvagente *m* **Ver·kehrs·lärm** M rumore *m* del traffico **Ver·kehrs·leit·sys·tem** N sistema *m* di direzione del traffico **Ver·kehrs·mel·dung** F annuncio *m* agli automobilisti (per radio) **Ver·kehrs·mi·nis·ter** M, **-in** F ministro *m*, -a *f* dei trasporti **Ver·kehrs·mit·tel** N mezzo *m* di comunicazione: **öffentliche ~** trasporti (*od* mezzi) pubblici **Ver·kehrs·netz** N rete *f* di comunicazione **Ver·kehrs·op·fer** N vittima *f* della strada **Ver·kehrs·ord·nung** F codice *m* stradale **Ver·kehrs·po·li·tik** F politica *f* dei trasporti **Ver·kehrs·po·li·zei** F (polizia *f*) stradale *f* **Ver·kehrs·po·li·zist** M, **-in** F vigile *m*, -essa *f* urbano (-a); (*motorisiert*) agente *m/f* della polizia stradale **Ver·kehrs·re·gel** F norma *f* di circolazione stradale **Ver·kehrs·re·ge·lung** F regolazione *f* del traffico **ver·kehrs·reich** ADJ molto trafficato **Ver·kehrs·schild** N cartello *m* stradale **Ver·kehrs·si·cher·heit** F sicurezza *f* stradale **Ver·kehrs·spra·che** F lingua *f* veicolare **Ver·kehrs·stau** M coda *f* **Ver·kehrs·sün·der** M, **-in** F = *contravventore, -trice al codice della strada* **Ver·kehrs·teil·neh·mer** M, **-in** F utente *m/f* della strada **Ver·kehrs·to·te** M/F morto *m*, -a *f* sulle strade: **die Zahl der -n** il numero dei morti sulle strade **Ver·kehrs·un·fall** M incidente *m* stradale **Ver·kehrs·ver·bund** M associazione *f* di imprese di trasporti **Ver·kehrs·ver·ein** M ufficio *m* turistico, ente *m* per il turismo **Ver·kehrs·wert** M valore *m* di mercato **ver·kehrs·wid·rig** ADJ contrario alle norme di circolazione **Ver·kehrs·zäh·lung** F censimento *m* della circolazione **Ver·kehrs·zei·chen** N segnalazione *f* (*od* segnale *m*) stradale

ver·kehrt ADJ 1 a rovescio, alla rovescia: *fig* **-e Welt** mondo alla rovescia 2 (*falsch*) sbagliato ♦ **~ herum** al contrario; **ein Bild ~ herum hängen** appendere un quadro a testa in giù; **alles ~ machen** fare tutto sbagliato

ver·ken·nen V/T ⟨*irr*⟩ 1 disconoscere 2 **eine Gefahr ~** non avvertire (*od* sottovalutare) un pericolo 3 (*falsch beurteilen*) valutare male

Ver·ket·tung F ⟨-; -en⟩ concatenazione *f*

ver·kla·gen V/T JUR citare, querelare: **j-n auf etw** (*akk*) **~** querelare qn per qc ♦ **j-n wegen etw ~** citare in giudizio qn per qc

ver·klap·pen V/T scaricare in mare

ver·klä·ren V/T 1 trasfigurare 2 *fig* illuminare: **ein Lächeln verklärte ihr Gesicht** un sorriso le illuminò il viso ♦ **ein verklärter Blick** uno sguardo raggiante

ver·klei·den V/T 1 (tra)vestire: **sich als Clown ~** (tra)vestirsi da pagliaccio 2 (*bedecken*) rivestire: **eine Wand mit Holz ~** rivestire una parete di legno **Ver·klei·dung** F 1 travestimento *m* 2 (*Kostümierung*) mascheramento *m* 3 (*von Wand*) rivestimento *m*, copertura *f*

ver·klei·nern V/T 1 rimpicciolire, ridurre 2 diminuire

Ver·klei·ne·rung F ⟨-; -en⟩ 1 rimpicciolimento *m*, riduzione *f* 2 diminuzione *f* **Ver·klei·ne·rungs·form** F diminutivo *m*

ver·klemmt ADJ PSYCH inibito

ver·klin·gen V/I ⟨*irr*; s.⟩ perdersi

ver·knal·len V/R **sich** (**in j-n**) **~** prendersi una cotta (per qn) **ver·knallt** ADJ **in j-n ~ sein** essere cotto di qn

V

Ver·knap·pung F ⟨-; -en⟩ riduzione *f*
ver·knei·fen V/R ⟨irr⟩ **sich** (*dat*) **etw ~** 1 trattenere qc 2 (*sich etw versagen*) rinunciare a qc **ver·knif·fen** ADJ contratto
ver·knö·chern V/I ⟨s.⟩ 1 MED ossificarsi 2 *fig* fossilizzarsi, mummificarsi
ver·knüp·fen A V/T 1 annodare 2 *fig* (col)legare, associare: **etw mit etw ~** combinare qc con qc B V/R **sich ~** legarsi **Ver·knüp·fung** F ⟨-; -en⟩ IT link *m inv*
ver·ko·chen A V/T cuocere B V/I ⟨s.⟩ 1 consumarsi tutto: **das Wasser ist verkocht** l'acqua si è consumata tutta 2 (*zu lange*) stracuocere: **das Fleisch ist völlig verkocht** la carne è stracotta
ver·koh·len V/I ⟨s.⟩ carbonizzarsi
ver·kom·men[1] V/I ⟨irr; s.⟩ 1 ridursi male: **er verkommt immer mehr** è ridotto sempre peggio 2 (*moralisch*) cadere in basso 3 (*verwahrlosen*) andare in rovina 4 (*verderben*) guastarsi 5 **zu j-m/etw ~** diventare qn/qc 6 *fig* degenerare
ver·kom·men[2] ADJ 1 (*verwahrlost*) in rovina, abbandonato 2 (*verdorben*) guasto 3 (*sittlich*) depravato, corrotto **Ver·kom·men·heit** F ⟨-⟩ depravazione *f*
ver·kor·ken V/T turare, tappare
ver·kork·sen V/T *umg* rovinare, pasticciare ♦ **dieses Kind ist völlig verkorkst** questo bambino è molto complessato
ver·kör·pern V/T 1 incarnare, personificare 2 (*Rolle*) impersonare, interpretare **Ver·kör·pe·rung** F ⟨-; -en⟩ 1 incarnazione *f*, personificazione *f* 2 (*Rolle*) interpretazione *f*
ver·kös·ti·gen V/T **j-n ~** fornire il vitto a qn **Ver·kös·ti·gung** F ⟨-; -en⟩ vitto *m*
ver·kra·chen V/R *umg* **sich mit j-m ~** rompere con qn **ver·kracht** ADJ fallito: **er ist eine -e Existenz** è un fallito
ver·kraf·ten V/T *umg* sopportare: **eine Belastung ~** sopportare un peso
ver·kramp·fen V/R **sich ~** 1 contrarsi 2 (*Mensch*) irrigidirsi, bloccarsi **verkrampft** ADJ 1 forzato: **ein -es Lächeln** un sorriso forzato 2 bloccato
ver·krie·chen V/R ⟨irr⟩ **sich ~** 1 rintanarsi, rifugiarsi (*a. fig*) 2 (*sich verstecken*) nascondersi (*a. fig*)
ver·krü·meln V/R **sich ~** *umg* svignarsela
Ver·krüm·mung F ⟨-; -en⟩ 1 curvatura *f* 2 deformazione *f*
ver·krüp·pelt ADJ storpio
ver·krus·ten V/I ⟨s.⟩ 1 incrostarsi: **mit Schlamm ~** incrostarsi di fango 2 (*Wunde*) formare la crosta
ver·küm·mern V/I ⟨s.⟩ 1 intristire 2 MED atrofizzarsi 3 *fig* venire meno
ver·kün·den V/T 1 annunciare: **ein Urteil ~** annunciare una sentenza 2 (*prophezeien*) preannunciare 3 (*ausrufen*) proclamare **ver·kün·di·gen** V/T annunciare **Ver·kün·di·gung** F 1 annuncio *m* 2 **Mariä ~** Annunciazione *f*
Ver·kün·dung F ⟨-; -en⟩ 1 annuncio *m* 2 (*Ausrufung*) proclamazione *f* 3 JUR promulgazione *f*
ver·kup·fern V/T ramare
ver·kup·peln V/T mettere insieme
ver·kür·zen V/T 1 accorciare 2 (*verringern*) ridurre 3 SPORT ridurre il distacco ♦ **sich** (*dat*) **die Zeit ~** ingannare il tempo; **verkürzte Arbeitszeit** orario *m* di lavoro ridotto
ver·la·den V/T ⟨irr⟩ 1 caricare 2 *umg* (*täuschen*) ingannare **Ver·la·dung** F carico *m*, caricamento *m*
Ver·lag M ⟨-[e]s; -e⟩ casa *f* editrice
ver·la·gern V/T spostare **Ver·la·ge·rung** F spostamento *m*
Ver·lags·ka·ta·log M catalogo *m* delle pubblicazioni **Ver·lags·kauf·frau** F, **Ver·lags·kauf·mann** M operatrice *f* (-tore *m*) editoriale **Ver·lags·pro·gramm** N programma *m* editoriale **Ver·lags·recht** N diritto *m* editoriale **Ver·lags·re·dak·teur** M, **-in** F redattore *m*, -trice *f* editoriale **Ver·lags·we·sen** N ⟨-s⟩ editoria *f*
ver·lan·gen A V/T 1 pretendere, esigere: **eine Erklärung ~** pretendere una spiegazione 2 (*erfordern*) richiedere 3 (*erbitten*) chiedere: **die Rechnung ~** chiedere il conto; **er verlangt, vorgelassen zu werden** chiede di essere ricevuto 4 (*einfordern*) reclamare: **sein Recht ~** reclamare i propri diritti B V/I ⟨h.⟩ 1 volere: **nach einem Glas Wasser ~** volere un bicchiere d'acqua; **nach dem Arzt ~** chiamare il medico 2 (*sich sehnen*) desiderare ardentemente ♦ **Sie werden am Telefon verlangt** La vogliono al telefono; **das ist zu viel verlangt** questo è chiedere troppo
Ver·lan·gen N ⟨-s; -⟩ 1 desiderio *m* 2 (*Bitte*) richiesta *f*: **auf j-s ~** dietro richiesta di qn
ver·län·gern V/T 1 allungare 2 (*länger*

dauern lassen) prolungare **3** prorogare: **eine Frist ~** prorogare una scadenza **4** rinnovare: **den Pass ~** rinnovare il passaporto ♦ **ein verlängertes Wochenende** un fine settimana lungo; (*in Zusammenhang mit Feiertag*) un ponte **Ver·län·ge·rung** F ⟨-; -en⟩ **1** allungamento *m* **2** prolungamento *m*: **die ~ einer Straße** il prolungamento di una strada **3** HANDEL proroga *f* **4** TECH prolunga *f*

Ver·län·ge·rungs·ka·bel N, **Ver·län·ger·ungs·schnur** F (cavo *m* di) prolunga *f*

ver·lang·sa·men **A** V/T rallentare **B** V/R **sich ~** decrescere

Ver·lass M **auf j-n/etw ist (kein) ~** (non) si può fare affidamento su qn/qc

ver·las·sen[1] ⟨irr⟩ **A** V/T lasciare, abbandonare **B** V/R **sich ~ 1** confidare: **sich auf j-n/etw ~** confidare in qn/qc **2** fidarsi: **du kannst dich auf sein Urteil ~** puoi fidarti del suo giudizio ♦ **darauf kannst du dich ~** puoi contarci; IT **das Programm ~** (*Befehl*) esci dal programma; **beim Verlassen des Hauses** uscendo di casa

ver·las·sen[2] ADJ **1** abbandonato **2** (*öde*) desolato ♦ **von allen guten Geistern ~ sein** avere perso il buon senso **Ver·las·sen·heit** F ⟨-⟩ abbandono *m* **Ver·las·sen·schaft** F ⟨-; -en⟩ *österr* eredità *f*

ver·läss·lich ADJ **1** fidato **2** (*glaubwürdig*) attendibile

Ver·laub M **mit ~** con permesso

Ver·lauf M **1** tracciato *m*; (*vom Fluss*) corso *m* **2** (*von Krankheiten*) (de)corso *m* **3** (*Ablauf*) andamento *m*, svolgimento *m*: **der ~ einer Reise/der Dinge** l'andamento di un viaggio/delle cose ♦ **im ~ des Abends** nel corso della serata; **im ~ (von) einer Woche** nel giro di una settimana; **einen unglücklichen ~ nehmen** prendere una brutta piega; **im weiteren ~** successivamente

ver·lau·fen ⟨irr⟩ **A** V/I ⟨s.⟩ **1** correre: **parallel ~** correre parallelamente **2** (*Zeit*) passare **3** andare: **alles ist gut ~** tutto è andato bene **4** (*Krankheit*) avere un decorso **5** (*schmelzen*) squagliarsi; (*auseinanderrinnen*) spandersi **B** V/R **sich ~ 1** (*sich verirren*) perdersi, smarrirsi **2** disperdersi: **die Menge verlief sich** la folla si disperse ♦ **tödlich ~** avere un esito letale

ver·laust ADJ infestato dai pidocchi

Ver·laut·ba·rung F ⟨-; -en⟩ annuncio *m* ♦ **amtliche ~** comunicazione *f* ufficiale

ver·lau·ten V/I ⟨s.⟩ **etw ~ lassen** lasciare trapelare qc ♦ **wie verlautet** a quanto si dice

ver·le·ben V/T passare; trascorrere

ver·lebt ADJ sciupato, segnato

ver·le·gen[1] **A** V/T **1** (*an unbekannten Ort*) mettere chissà dove **2** (*verschieben*) spostare, rimandare **3** trasferire: **den Wohnsitz nach Bonn ~** trasferire la residenza a Bonn **4** collocare, ambientare: **die Handlung eines Films in das vorige Jahrhundert ~** ambientare un film nel secolo scorso **5** TECH posare **6** (*Verlag*) pubblicare **B** V/R **sich ~ 1** darsi: **sich auf die Musik ~** darsi alla musica **2** passare, ricorrere: **sich aufs Drohen ~** passare alle minacce

ver·le·gen[2] ADJ impacciato, imbarazzato: **um etw ~ sein** essere imbarazzato per qc ♦ **nie um eine Ausrede ~ sein** aver sempre una scusa; **nie um eine Antwort ~ sein** aver sempre la risposta pronta

Ver·le·gen·heit F ⟨-; -en⟩ **1** imbarazzo *m*: **j-n in ~ bringen** mettere in imbarazzo qn **2** (*Unannehmlichkeit*) impiccio *m*, guaio *m* **Ver·le·gen·heits·lö·sung** F soluzione *f* di ripiego

Ver·le·ger M ⟨-s; -⟩, **-in** F ⟨-; -nen⟩ editore *m*, -trice *f* **ver·le·ge·risch** ADJ editoriale

Ver·le·gung F ⟨-; -en⟩ **1** spostamento *m* **2** (*von Wohnsitz*) trasferimento *m* **3** TECH posa *f*, installazione *f* ♦ **~ auf nächste Woche** rinvio *m* alla settimana prossima

ver·lei·den V/T **j-m etw ~** far passare a qn il piacere di qc; **j-m die Freude an etw** (*dat*) **~** guastare a qn il piacere di qc

Ver·leih M ⟨-[e]s; -e⟩ **1** prestito *m* **2** (*gegen Gebühr*) noleggio *m*, affitto *m*

ver·lei·hen V/T ⟨irr⟩ **1** dare in prestito, prestare **2** (*gegen Gebühr*) noleggiare **3** conferire (*a. fig*): **einen Titel ~** conferire un titolo **Ver·lei·hung** F ⟨-; -en⟩ conferimento *m*, concessione *f*

ver·lei·men V/T incollare

ver·lei·ten V/T indurre, istigare: **j-n zu etw ~** indurre qn a fare qc

ver·ler·nen V/T disimparare, dimenticare

ver·le·sen[1] ⟨irr⟩ **A** V/T **etw ~** dare lettura di qc **B** V/R **sich ~** sbagliarsi leggendo

ver·le·sen[2] VT ⟨irr⟩ (*auslesen*) selezionare

ver·letz·bar ADJ vulnerabile

ver·let·zen **A** VT **1** ferire (*a. fig*): **leicht/schwer verletzt** ferito lieve/grave; **j-s Gefühle ~** ferire i sentimenti di qn **2** violare, infrangere: **die Grenzen ~** violare i confini **3** offendere: **den Geschmack ~** offendere il buon gusto **B** VR **sich ~** ferirsi ♦ **seine Pflicht ~** venir meno al proprio dovere

ver·let·zend ADJ (*Äußerung*) offensivo

ver·letz·lich ADJ vulnerabile, delicato

Ver·letz·te M/F ⟨-n; -n⟩ ferito *m*, -a *f*

Ver·let·zung F ⟨-; -en⟩ **1** ferita *f*, lesione *f*: **innere -en** lesioni interne **2** (*von Gesetzen*) violazione *f*, infrazione *f* **Ver·let·zungs·ge·fahr** F pericolo *m*, rischio *m* di ferirsi

ver·leug·nen VT **1** rinnegare **2** negare: **das lässt sich nicht ~** questo non si può negare ♦ **sich ~ lassen** farsi negare

ver·leum·den VT calunniare, diffamare **Ver·leum·der** M ⟨-s; -⟩, **-in** F ⟨-; -nen⟩ calunniatore *m*, -trice *f*, diffamatore *m*, -trice *f* **ver·leum·de·risch** ADJ calunnioso, diffamatorio **Ver·leum·dung** F ⟨-; -en⟩ calunnia *f*, diffamazione *f* **Ver·leum·dungs·kam·pag·ne** F campagna *f* diffamatoria **Ver·leum·dungs·kla·ge** F querela *f* per diffamazione

ver·lie·ben VR **sich in j-n ~** innamorarsi di qn **ver·liebt** ADJ **in j-n ~ sein** essere innamorato di qn; **~ bis über beide Ohren** innamorato pazzo **Ver·liebt·heit** F ⟨-; -en⟩ innamoramento *m*

ver·lie·ren ⟨verlor, verloren⟩ **A** VT & VI ⟨h.⟩ perdere: **den Kopf ~** perdere la testa; **den Verstand ~** perdere la ragione; **es ist keine Zeit zu ~** non c'è tempo da perdere; **an Bedeutung ~** perdere di significato **B** VR **sich ~** **1** perdersi (*a. fig*) **2** (*vergehen*) svanire ♦ **j-n/etw aus dem Auge ~** perdere di vista qn/qc; *fig* **den Faden/das Gesicht/die Nerven ~** perdere il filo/la faccia/la calma; **hier hat er nichts verloren** qui non ha nulla da cercare

Ver·lie·rer M ⟨-s; -⟩, **-in** F ⟨-; -nen⟩ perdente *m/f*, sconfitto *m*, -a *f* ♦ **sie ist keine gute Verliererin** non sa perdere

Ver·lies N ⟨-es; -e⟩ segrete *fpl*

ver·lo·ben VR **sich (mit j-m) ~** fidanzarsi (con qn) ♦ **verlobt sein** essere fidanzato

Ver·lob·te M/F ⟨-n; -n⟩ fidanzato *m*, -a *f*

Ver·lo·bung F ⟨-; -en⟩ fidanzamento *m* **Ver·lo·bungs·ring** M anello *m* di fidanzamento

ver·lo·cken VT allettare

ver·lo·ckend ADJ allettante

Ver·lo·ckung F ⟨-; -en⟩ allettamento *m*

ver·lo·gen ADJ bugiardo **Ver·lo·gen·heit** F ⟨-; -en⟩ bugia *f*, falsità *f*

ver·lor → verlieren

ver·lo·ren **A** ADJ perduto ♦ GASTR **-e Eier** uova in camicia; **der -e Sohn** il figlio prodigo; **j-n/etw ~ geben** dare qn/qc per perso; **~ gehen** andare perso **B** → verlieren

ver·lo·sen VT estrarre a sorte, sorteggiare **Ver·lo·sung** F sorteggio *m*

ver·lot·tern VI ⟨s.⟩ **1** andare in rovina, rovinarsi **2** (*verkommen*) ridursi male

Ver·lust M ⟨-[e]s; -e⟩ perdita *f*: **mit ~ produzieren/verkaufen** produrre/vendere in perdita; **bei ~** in caso di smarrimento **ver·lust·brin·gend** ADJ in perdita **Ver·lust·ge·schäft** N affare *m* in perdita

ver·ma·chen VT lasciare in eredità

Ver·mächt·nis N ⟨-ses; -se⟩ **1** legato *m*, lascito *m* **2** (*Letzter Wille*) ultime volontà *fpl*

ver·mäh·len VR **sich (mit j-m) ~** sposarsi (con qn) ♦ **jung vermählt sein** essere sposati di fresco, essere giovani sposi **Ver·mäh·lung** F ⟨-; -en⟩ matrimonio *m*

ver·mark·ten VT commercializzare (*a. fig*), mettere sul mercato **Ver·mark·tung** F ⟨-; -en⟩ commercializzazione *f* (*a. fig*)

ver·mas·seln VT *umg* **1** **j-m etw ~** mandare a rotoli qc a qn **2** fallire ♦ **eine Prüfung ~** cannare un esame

ver·meh·ren **A** VT accrescere, aumentare **B** VR **sich ~** **1** crescere, aumentare **2** (*sich fortpflanzen*) riprodursi **Ver·meh·rung** F ⟨-; -en⟩ **1** aumento *m*, crescita *f* **2** riproduzione *f*

ver·meid·bar ADJ evitabile

ver·mei·den VT ⟨irr⟩ evitare: **es lässt sich nicht ~, dass Fehler vorkommen,** è inevitabile che ci siano degli errori; **es lässt sich nicht ~, dass wir darüber reden** non possiamo evitare di parlarne ♦ **um Missverständnisse zu ~** a scanso d'equivoci

ver·meint·lich ADJ presunto

V

ver·men·gen VT mescolare (*a. fig*)
Ver·merk M ⟨-[e]s; -e⟩ annotazione *f*, nota *f* **ver·mer·ken** VT annotare ♦ **am Rande vermerkt** detto fra parentesi
ver·mes·sen[1] VT ⟨*irr*⟩ misurare; (*topographisch*) rilevare: **Land ~** misurare un terreno
ver·mes·sen[2] ADJ temerario **Ver·mes·sen·heit** F ⟨-; -en⟩ temerarietà *f*
Ver·mes·sung F misurazione *f*; (*topographisch*) rilevamento *m*
ver·mie·ten VT **1** dare in affitto, affittare **2** (*Auto usw*) noleggiare ♦ **zu ~** affittasi **Ver·mie·ter** M, **-in** F (*Hauswirt*) proprietario *m*, -a *f*, locatore *m*, -trice *f*
Ver·mie·tung F ⟨-; -en⟩ affitto *m*
ver·min·dern VT diminuire
ver·mi·nen VT minare
ver·mi·schen VT **1** mescolare **2** *fig* confondere
ver·mis·sen VT **1** **j-n/etw ~** sentire la mancanza di qn/qc; **ich vermisse dich** (**sehr**) mi manchi (molto) **2** (*das Fehlen bemerken*) **etw ~** accorgersi della mancanza di qc, non trovare qc; **ich vermisse meine Brille** non trovo gli occhiali; **j-n ~** notare l'assenza di qn **3** (*entbehren*) **etw ~** essere privo di qc **ver·misst** ADJ disperso: **j-n als ~ melden** dare qn per disperso **Ver·miss·te** M/F ⟨-n; -n⟩ scomparso *m*, -a *f*; (*im Krieg*) disperso *m*, -a *f*
Ver·miss·ten·an·zei·ge F denuncia *f* di scomparsa: **eine ~ aufgeben** denunciare la scomparsa di qn
ver·mit·teln **A** VT **1** combinare, organizzare: **eine Ehe ~** combinare un matrimonio **2** (*verschaffen*) procurare **3** **j-n an eine Firma ~** mettere qn in comunicazione con una ditta; **den Verkauf eines Hauses ~** fare da mediatore nella vendita di una casa **4** (*mitteilen*) comunicare: **sein Wissen ~** trasmettere il proprio sapere; **einen guten Eindruck ~** dare un'impressione buona **B** VI ⟨h.⟩ intervenire, fare da mediatore (*od* da tramite)
Ver·mitt·ler M, **-in** F intermediario *m*, -a *f*, mediatore *m*, -trice *f* **Ver·mitt·lung** F ⟨-; -en⟩ **1** mediazione *f*: **durch j-s ~** per intercessione di qn **2** (*Beilegung*) conciliazione *f*, accomodamento *m* **3** TEL centralino *m* **Ver·mitt·lungs·ge·bühr** F provvigione *f* **Ver·mitt·lungs·ver·such** M tentativo *m* di mediazione
ver·mo·dern VI ⟨s.⟩ putrefarsi, marcire
Ver·mö·gen N ⟨-s; -⟩ **1** facoltà *f*, potere *m*: **etw geht über j-s ~** qc va oltre le capacità di qn **2** (*Besitz*) patrimonio *m* ♦ **das kostet ein ~** costa un patrimonio **ver·mö·gend** ADJ facoltoso, benestante
Ver·mö·gens·bil·dung F formazione *f* del patrimonio **Ver·mö·gens·steu·er** F imposta *f* patrimoniale **Ver·mö·gens·ver·hält·nis·se** PL situazione *f* finanziaria **Ver·mö·gens·ver·wal·ter** M, **-in** F consulente *m/f* di gestione patrimoniale **Ver·mö·gens·ver·wal·tung** F gestione *f* patrimoniale **ver·mö·gens·wirk·sam** ADJ **-e Leistungen** contributi *m* del datore di lavoro a forme di risparmio deducibili dalle tasse
ver·mum·men VT **1** imbacuccare **2** (*verkleiden*) mascherare, camuffare
ver·murk·sen VT *umg* guastare, rovinare
ver·mu·ten VT supporre, presumere ♦ **das hätte ich nicht vermutet** non me lo sarei aspettato
ver·mut·lich **A** ADJ presunto, supposto **B** ADV presumibilmente
Ver·mu·tung F ⟨-; -en⟩ **1** supposizione *f*, ipotesi *f* **2** JUR presunzione *f* ♦ **-en über etw** (*akk*) **anstellen** fare congetture su qc
ver·nach·läs·si·gen VT trascurare
Ver·nach·läs·si·gung F ⟨-; -en⟩ trascuratezza *f*
ver·nar·ben VI ⟨s.⟩ cicatrizzarsi **ver·narbt** ADJ pieno di cicatrici
ver·narrt ADJ *umg* **in j-n ~ sein** essere innamorato pazzo di qn
ver·na·schen VT **1** *umg* **j-n ~** avere un'avventuretta con qn **2** *umg* (*mühelos besiegen*) stracciare
ver·ne·beln VT **1** annebbiare (*a. fig*) **2** (*verschleiern*) occultare
ver·nehm·bar ADJ percettibile
ver·neh·men VT ⟨*irr*⟩ **1** (*wahrnehmen*) percepire **2** (*erfahren*) apprendere **3** (*verhören*) interrogare **Ver·neh·men** N **dem ~ nach** a quanto si dice **ver·nehm·lich** ADJ percettibile, distinto
Ver·neh·mung F ⟨-; -en⟩ interrogatorio *m*
ver·neh·mungs·fä·hig ADJ in grado di essere interrogato **ver·neh·mungs·un·fä·hig** ADJ non in grado di essere interrogato
ver·nei·gen VR **sich ~** inchinarsi; **sich vor j-m/etw ~** inchinarsi davanti a qn/qc
Ver·nei·gung F inchino *m*, riverenza *f*

V

ver·nei·nen VT 1 negare (a. GRAM); (*Fragen*) rispondere negativamente 2 (*ablehnen*) rifiutare **ver·nei·nend** ADJ negativo **Ver·nei·nung** F ⟨-; -en⟩ negazione *f*

ver·net·zen VT collegare in rete **Ver·net·zung** F ⟨-; -en⟩ collegamento *m* in rete

ver·nich·ten VT 1 distruggere (*a. fig*) 2 (*ausrotten*) sterminare **ver·nich·tend** ADV in modo distruttivo ♦ **j-m einen -en Blick zuwerfen** annichilare qn con lo sguardo; **eine -e Kritik** una critica distruttiva

Ver·nich·tung F ⟨-; -en⟩ 1 distruzione *f*, annientamento *m* 2 (*Ausrottung*) sterminio *m* **Ver·nich·tungs·la·ger** N campo *m* di sterminio

ver·ni·ckeln VT nichelare

ver·nied·li·chen VT minimizzare

Ver·nis·sa·ge [-'saːʒə] F ⟨-; -n⟩ vernissage *m*

Ver·nunft F ⟨-⟩ 1 ragione *f*: **wider alle ~** contrario alla ragione; **zur ~ kommen** cominciare a ragionare; **j-n zur ~ bringen** ridurre qn alla ragione 2 (*Besonnenheit*) giudizio *m*: **~ annehmen** mettere giudizio **ver·nunft·be·gabt** ADJ dotato di ragione **Ver·nunft·ehe** F matrimonio *m* di convenienza

ver·nünf·tig ADJ ragionevole

Ver·nunft·mensch M persona *f* razionale **ver·nunft·wid·rig** ADJ irrazionale, illogico

ver·öden A VT MED sclerotizzare B VI ⟨s.⟩ 1 (*Gegend*) spopolarsi 2 (*Mensch*) diventare incolto

ver·öf·fent·li·chen VT rendere pubblico; (*Verlag*) pubblicare **Ver·öf·fent·li·chung** F ⟨-; -en⟩ il rendere pubblico; (*Verlag*) pubblicazione *f*

ver·ord·nen VT 1 MED prescrivere 2 (*befehlen*) ordinare **Ver·ord·nung** F 1 MED prescrizione *f*: **nach ärztlicher ~** dietro prescrizione medica 2 (*Befehl*) ordine *m* 3 JUR ordinanza *f* 4 regolamento *m*: **laut ~** ai sensi del regolamento

ver·pach·ten VT affittare, dare in affitto; JUR locare **Ver·päch·ter** M, **-in** F locatore *m*, -trice *f* **Ver·pach·tung** F ⟨-; -en⟩ affitto *m*; JUR locazione *f*

ver·pa·cken VT 1 impacchettare, confezionare 2 (*zum Transport*) imballare **Ver·pa·ckung** F 1 confezione *f* 2 imballaggio *m* **Ver·pa·ckungs·ma·te·ri·al** N materiale *m* di (*od* da, per) imballaggio **Ver·pa·ckungs·müll** M rifiuti *mpl* da imballaggio

ver·pas·sen VT 1 (*Zug, Gelegenheit*) perdere 2 *umg* (*geben*) dare ♦ *fig* **j-m eine ~** dare botte a qn; **j-m eine Ohrfeige ~** mollare un ceffone a qn

ver·pes·ten VT appestare

ver·pet·zen VT *umg* **j-n bei j-m ~** denunciare qn a qn

ver·pfän·den VT 1 dare in pegno, impegnare (*a. fig*) 2 JUR pignorare

ver·pfei·fen VT ⟨*irr*⟩ *umg* denunciare

ver·pflan·zen VT trapiantare (*a.* MED) **Ver·pflan·zung** F trapianto *m* (*a.* MED)

ver·pfle·gen VT 1 nutrire 2 MIL vettovagliare **Ver·pfle·gung** F ⟨-⟩ 1 vitto *m* 2 MIL vettovagliamento *m* ♦ **volle ~** pensione *f* completa

ver·pflich·ten A VT 1 impegnare: **j-n zu etw ~** impegnare qn a fare qc 2 (*zwingen*) obbligare: **das verpflichtet Sie zu nichts** questo non La obbliga a fare nulla B VR **sich ~** impegnarsi ♦ **sich verpflichtet fühlen, etw zu tun** sentirsi obbligato a fare qc; **j-m zu Dank verpflichtet sein** essere obbligato verso qn

Ver·pflich·tung F ⟨-; -en⟩ obbligo *m*; (*Verbindlichkeit*) impegno *m* ♦ **berufliche -en** impegni *mpl* di lavoro; **finanzielle -en** impegni *mpl* finanziari; **seinen -en nachkommen** adempire ai propri impegni

ver·pfu·schen VT *umg* rovinare, sciupare

ver·pis·sen VR *vulg* **verpiss dich!** vattene!

ver·pla·nen VT programmare

ver·plap·pern VR **sich ~** *umg* lasciarsi scappare un segreto

ver·plem·pern VT *umg* sprecare

ver·pönt ADJ malvisto; tabù

ver·pras·sen VT scialacquare

ver·prü·geln VT picchiare; bastonare

ver·puf·fen VI ⟨s.⟩ 1 scoppiare (debolmente) 2 *fig* indebolirsi, non sortire effetto

ver·pul·vern VT *umg* sperperare, mangiarsi

ver·pup·pen VR **sich ~** trasformarsi in crisalide (*od* in pupa), incrisalidarsi

ver·put·zen VT 1 (*Wand, Mauer*) intonacare 2 *umg* (*aufessen*) spolverare 3 *umg* (*vergeuden*) sperperare

ver·qual·men VT *umg pej* affumicare,

appestare di fumo
ver·quol·len ADJ (molto) gonfio
ver·ram·schen V/T *umg* svendere
Ver·rat M ⟨-[e]s⟩ tradimento *m*: **einen ~ an j-m/etw begehen** tradire qn/qc
ver·ra·ten ⟨*irr*⟩ **A** V/T tradire, rivelare: **etw an die Konkurrenz ~** rivelare qc alla concorrenza **B** V/R **sich ~** **1** tradirsi **2** (*sich zeigen*) mostrarsi, rivelarsi
Ver·rä·ter M ⟨-s; -⟩, **-in** F ⟨-; -nen⟩ traditore *m*, -trice *f* **ver·rä·te·risch** ADJ **1** da traditore, proditorio **2** rivelatore: **-e Worte** parole rivelatrici
ver·rau·chen V/I ⟨s.⟩ **1** sfumare, svanire **2** *fig* sbollire **ver·räu·chert** ADJ fumoso
ver·rech·nen **A** V/T **1** (*ausgleichen*) pareggiare, compensare **2** (*nicht bar auszahlen*) accreditare (su un conto) **B** V/R **sich ~** **1** sbagliare i calcoli (*od* i conti) **2** *umg fig* sbagliarsi **Ver·rech·nung** F **1** conteggio *m*, computo *m* **2** (*Ausgleich*) pareggio *m*, compensazione *f* ♦ HANDEL **nur zur ~** (solo) da accreditare
Ver·rech·nungs·kon·to N conto *m* di compensazione **Ver·rech·nungs·scheck** M assegno *m* da accreditare **Ver·rech·nungs·ver·fah·ren** N procedura *f* di compensazione, clearing *m*
ver·re·cken V/I ⟨s.⟩ *umg* crepare
ver·reg·net ADJ **1** rovinato dalla pioggia **2** (*regnerisch*) piovoso
ver·rei·ben V/T ⟨*irr*⟩ spalmare
ver·rei·sen V/I ⟨s.⟩ partire: **dienstlich ~** viaggiare per lavoro; **verreist sein** essere via
ver·rei·ßen V/T ⟨*irr*⟩ *sl* stroncare
ver·ren·ken V/T slogare, lussare **Ver·ren·kung** F ⟨-; -en⟩ slogatura *f*, lussazione *f*
ver·ren·nen V/R ⟨*irr*⟩ **sich ~** fissarsi; **sich in ein Problem ~** fissarsi su un problema
ver·rich·ten V/T eseguire, compiere; (*erledigen*) sbrigare; (*Gebet*) dire
ver·rie·geln V/T sprangare, serrare
ver·rin·gern V/T ridurre, diminuire **Ver·rin·ge·rung** F ⟨-; -en⟩ riduzione *f*, diminuzione *f*
ver·ro·hen V/I ⟨s.⟩ abbrutirsi **Ver·ro·hung** F ⟨-; -en⟩ abbrutimento *m*
ver·ros·ten V/I ⟨s.⟩ arrugginire, arrugginirsi **ver·ros·tet** ADJ arrugginito
ver·rot·ten V/I ⟨s.⟩ **1** marcire, decomporsi **2** (*Gebäude*) sgretolarsi
ver·rü·cken V/T spostare
ver·rückt ADJ **1** matto, pazzo: **auf etw** (*akk*) **~ sein** andare matto per qc; **auf j-n** (*od* **nach j-m**) **~ sein** andare pazzo per qn, essere pazzo di qn **2** *umg* folle, pazzesco ♦ **j-n ~ machen** fare impazzire qn; **~ werden** diventare matto, impazzire
Ver·rück·te M/F ⟨-n; -n⟩ pazzo *m*, -a *f*, matto *m*, -a *f* **Ver·rückt·heit** F ⟨-; -en⟩ pazzia *f*, follia *f* **Ver·rückt·wer·den** N ⟨-s⟩ **das (es) ist ja zum ~** c'è da impazzire
Ver·ruf M ⟨-[e]s⟩ discredito *m*: **in ~ kommen** cadere in discredito; **j-n in ~ bringen** screditare qn, gettare discredito su qn **ver·ru·fen** ADJ malfamato
ver·rut·schen V/I ⟨s.⟩ scivolare
Vers M ⟨-es; -e⟩ **1** verso *m* **2** (*Strophe*) strofa *f* **3** (*Bibel*) versetto *m*
ver·sach·li·chen V/T oggettivare
ver·sa·cken V/I ⟨s.⟩ **1** affondare **2** (*lange feiern*) fare bisboccia
ver·sa·gen **A** V/I ⟨h.⟩ **1** (*scheitern*) fallire, non riuscire **2** (*aufhören zu funktionieren*) incepparsi, guastarsi **3** mancare: **ihre Stimme versagte** le mancò la voce **B** V/T negare, rifiutare: **j-m seine Hilfe ~** negare il proprio aiuto a qn **C** V/R **sich** (*dat*) **etw ~** rinunciare a qc
Ver·sa·gen N ⟨-s⟩ **1** fallimento *m* **2** (*Schaden*) guasto *m* ♦ **auf menschliches ~ zurückzuführen** da ricondurre all'errore umano
Ver·sa·ger M ⟨-s; -⟩, **-in** F ⟨-; -nen⟩ **1** fallito *m*, -a *f*, incapace *m/f* **2** fallimento *m*, fiasco *m*
ver·sal·zen V/T ⟨*irr*⟩ salare troppo ♦ **j-m die Suppe ~** rovinare la festa a qn
ver·sam·meln V/T radunare, riunire
Ver·samm·lung F **1** raduno *m*, adunanza *f* **2** riunione *f*; POL assemblea *f*
Ver·samm·lungs·frei·heit F ⟨-⟩ libertà *f* di riunione **Ver·samm·lungs·lo·kal** N sala *f* riunioni
Ver·sand M ⟨-[e]s⟩ spedizione *f* **Ver·sand·ab·tei·lung** F reparto *m* spedizioni
ver·san·den V/I ⟨s.⟩ insabbiarsi (*a. fig*)
ver·sand·fer·tig ADJ pronto per la spedizione **Ver·sand·han·del** M vendita *f* per corrispondenza (*od* su catalogo) **Ver·sand·haus** N ditta *f* di vendita per corrispondenza
ver·sau·en V/T *vulg* **1** insudiciare, spor-

V

care **2** (*zunichtemachen*) rovinare
ver·sau·ern VI ⟨s.⟩ *umg fig* (*geistig verkümmern*) impoverirsi, inaridirsi
ver·sau·fen VT ⟨*irr*⟩ *umg* (*vertrinken*) bersi
ver·säu·men VT **1** perdere **2** (*nicht dabei sein*) **etw ~** mancare a qc **3** (*unterlassen*) **ich werde nicht ~, das zu tun** non mancherò di farlo ♦ *fig* **du hast nichts versäumt** non hai perso niente
ver·scha·chern VT *umg* mercanteggiare
ver·schach·telt ADJ **1** (*verwinkelt*) **-e Straßen** strade intricate **2** *fig* involuto
ver·schaf·fen **A** VT **j-m etw ~** procurare qc a qn **B** VR **sich** (*dat*) **etw ~** procurarsi qc ♦ **sich** (*dat*) **Recht ~** farsi giustizia
ver·schämt ADJ vergognoso, timido
ver·schan·deln VT *umg* deturpare; (*Personen*) sfigurare
ver·schan·zen VR **sich hinter etw** (*dat*) **~** trincerarsi dietro qc (*a. fig*)
ver·schär·fen **A** VT **1** aumentare: **die Kontrollen ~** aumentare i controlli **2** (*ausgepr'gter machen*) acuire, acutizzare: **die Gegensätze ~** acuire i contrasti **3** (*verschlimmern*) aggravare **B** VR **sich ~** **1** aumentare **2** acuirsi, acutizzarsi **3** (*sich verschlimmern*) aggravarsi ♦ **mit verschärftem Tempo** a velocità superiore; **eine verschärfte Zensur** una censura più rigida (*od* severa)
ver·schar·ren VT sotterrare
ver·schät·zen VR **sich ~** sbagliarsi (valutando)
ver·schau·keln VT *umg* imbrogliare
ver·schen·ken VT regalare, dare via
ver·scher·zen VR **sich** (*dat*) **etw ~** giocarsi qc; **es sich** (*dat*) **bei j-m ~** giocarsi l'amicizia di qn
ver·scheu·chen VT scacciare (*a. fig*)
ver·schi·cken VT inviare, spedire
ver·schie·ben ⟨*irr*⟩ **A** VT **1** (*an anderen Ort*) spostare **2** (*auf später*) rimandare, rinviare: **etw auf später ~** rimandare a dopo **3** IT trascinare: **in Ordner ~** (*Befehl*) drag and drop, trascina e incolla **4** *umg* (*verkaufen*) vendere (di contrabbando), smerciare **B** VR **sich ~** **1** spostarsi, scivolare **2** (*zeitlich*) slittare, spostarsi **Ver·schie·bung** F **1** spostamento *m* **2** (*auf später*) rinvio *m*
ver·schie·den **A** ADJ **1** diverso, differente: **~ von etw sein** essere diverso da qc **2** *pl* (*mehrere*) **-e Mal(e)** diverse volte **3** **an den -sten Stellen** nei posti più disparati **B** PRON N **Verschiedenes** qualcosa; (*als Überschrift*) varie **C** ADV in modo diverso (*od* differente): **~ schwer sein** avere peso diverso; **sie sind ~ groß** sono di diversa grandezza **ver·schie·den·ar·tig** ADJ di diverso tipo, diverso **Ver·schie·den·ar·tig·keit** F ⟨-; -en⟩ diversità *f*, varietà *f* **Ver·schie·den·heit** F ⟨-; -en⟩ diversità *f*, differenza *f*
ver·schie·dent·lich ADV diverse volte
ver·schie·ßen ⟨*irr*⟩ **A** VT **1** utilizzare (come munizione) **2** **seine Munition ~** esaurire le munizioni **B** VI ⟨s.⟩ sbiadire, scolorire
ver·schif·fen VT trasportare per nave **Ver·schif·fung** F ⟨-; -en⟩ trasporto *m* per nave
ver·schim·meln VI ⟨s.⟩ ammuffire
ver·schla·fen[1] **A** VT **1** trascorrere dormendo **2** *umg* (*vergessen*) dimenticare **B** VI ⟨h.⟩ non svegliarsi (in tempo)
ver·schla·fen[2] ADJ **1** (*Mensch*) insonnolito, mezzo addormentato **2** (*ruhig*) sonnolento
Ver·schlag M baracca *f*, capanna *f*
ver·schla·gen[1] VT **1** (*schließen*) chiudere (con assi) **2** togliere, levare: **j-m die Sprache ~** far ammutolire qn **3** (*gelangen lassen*) spingere, gettare
ver·schla·gen[2] ADJ scaltro, furbo
ver·schlam·pen VT *umg* perdere; (*verlegen*) mettere fuori posto
ver·schlech·tern **A** VT peggiorare, aggravare **B** VR **sich ~** peggiorare, aggravarsi; **sich finanziell ~** peggiorare la propria situazione finanziaria **Ver·schlech·te·rung** F ⟨-; -en⟩ peggioramento *m*
ver·schlei·ern VT **1** velare **2** *fig* occultare, coprire
ver·schleimt ADJ pieno di muco
Ver·schleiß M ⟨-es; -e⟩ usura *f*, logoramento *m*, logorio *m*
ver·schlei·ßen ⟨verschliss, verschlissen⟩ **A** VT logorare **B** VI ⟨s.⟩ & VR **sich ~** logorarsi, consumarsi
Ver·schleiß·er·schei·nung F segno *m* di usura (*od* logoramento) **ver·schleiß·fest** ADJ resistente all'usura
ver·schlep·pen VT **1** deportare **2** (*hinauszögern*) rinviare; tirare in lungo **3** MED trascurare **Ver·schlepp·te** M/F

⟨-n; -n⟩ deportato *m*, -a *f* **Ver·schlep·pung** F ⟨-; -en⟩ **1** deportazione *f* **2** rinvio *m*, differimento *m* **3** (*Verbreitung*) diffusione *f*, propagazione *f*

ver·schleu·dern V/T svendere; (*Geld*) dilapidare

ver·schließ·bar ADJ chiudibile

ver·schlie·ßen ⟨*irr*⟩ **A** V/T **1** chiudere (a chiave) **2** (*einschließen*) chiudere, rinchiudere, mettere sotto chiave **B** V/R **sich j-m ~** rimanere inaccessibile a qn ♦ **sich etw** (*dat*) **~, die Augen vor etw** (*dat*) **~** chiudere gli occhi davanti a qc; **sich nicht der Tatsache ~ können, dass …** dover ammettere il fatto che …

ver·schlim·mern V/T & V/R **sich ~** peggiorare **Ver·schlim·me·rung** F ⟨-; -en⟩ peggioramento *m*, aggravamento *m*

ver·schlin·gen[1] V/T ⟨*irr*⟩ (*ineinanderschlingen*) intrecciare, annodare ♦ **die Arme ~** incrociare le braccia

ver·schlin·gen[2] V/T ⟨*irr*⟩ (*gierig essen*) inghiottire, divorare (*a. fig*)

ver·schliss, **ver·schlis·sen** → verschleißen

ver·schlos·sen ADJ **1** (*Tür*) chiuso **2** (*Mensch*) riservato ♦ **hinter -en Türen** a porte chiuse **Ver·schlos·sen·heit** F ⟨-⟩ **1** carattere *m* chiuso **2** (*Wortkargheit*) riservatezza *f*

ver·schlu·cken **A** V/T inghiottire (*a. fig*) **B** V/R **er verschluckte sich beim Essen** gli andò di traverso il cibo; **ich habe mich verschluckt** mi è andato qualcosa di traverso

Ver·schluss M **1** chiusura *f*; (*Pfropfen*) tappo *m*; (*Deckel*) coperchio *m* **2** MED occlusione *f* **3** FOTO, (*Waffe*) otturatore *m* ♦ **etw unter ~ halten** tenere qc sotto chiave

ver·schlüs·seln V/T cifrare ♦ **verschlüsselte Informationen** informazioni *fpl* cifrate; **verschlüsselte Sendung** trasmissione *f* criptata; **eine verschlüsselte Nachricht** un messaggio in codice **Ver·schlüs·se·lung** F ⟨-; -en⟩ cifratura *f*

Ver·schluss·laut M LING occlusiva *f*

Ver·schluss·sa·che F documento *m* segreto

ver·schmach·ten V/I ⟨s.⟩ languire ♦ **vor Durst/Hunger ~** morire di sete/fame

ver·schmä·hen V/T disdegnare, disprezzare: **j-s Hilfe ~** disdegnare l'aiuto di qn ♦ **ein verschmähter Liebhaber** un amante rifiutato

ver·schmel·zen ⟨*irr*⟩ **A** V/T **1** fondere insieme **2** *fig* fondere **B** V/I ⟨s.⟩ fondersi (*a. fig*) **Ver·schmel·zung** F ⟨-; -en⟩ fusione *f* (*a. fig*)

ver·schmer·zen V/T **etw ~** consolarsi di qc ♦ **das ist zu ~** non è una gran perdita

ver·schmie·ren V/T **1** (*zuschmieren*) chiudere (spalmando) **2** (*beschmieren*) imbrattare; (*bekritzeln*) scarabocchiare

ver·schmitzt ADJ scaltro, astuto

ver·schmut·zen V/T insudiciare, sporcare **Ver·schmut·zung** F ⟨-; -en⟩ **1** l'insudiciare **2** (*verschmutzte Stelle*) sporco *m*

ver·schnau·fen V/I ⟨h.⟩ & V/R **sich ~** riprendere fiato **Ver·schnauf·pau·se** F pausa *f* (per riprendere fiato); *fig* (*um zur Besinnung zu kommen*) pausa *f* di riflessione

ver·schnei·den V/T ⟨*irr*⟩ **1** tagliare (*a. Weinkunde*) **2** (*Stoffe*) tagliare male

ver·schneit ADJ innevato

Ver·schnitt M **1** (*Weinkunde*) taglio *m* **2** ritagli *mpl*, avanzi *mpl* di ritagli

ver·schnör·keln V/T ornare di ghirigori (*od* svolazzi)

ver·schnupft ADJ **1** (*böse*) arrabbiato, seccato **2** (*erkältet*) raffreddato

ver·schnü·ren V/T legare (con lo spago)

ver·schol·len ADJ scomparso, disperso

ver·scho·nen V/T risparmiare: **verschone mich mit deinen Fragen** risparmiami le tue domande

ver·schö·nern V/T abbellire **Ver·schö·ne·rung** F ⟨-; -en⟩ abbellimento *m*

ver·schrän·ken V/T incrociare; (*Beine*) accavallare

ver·schrau·ben V/T avvitare

ver·schrei·ben ⟨*irr*⟩ **A** V/T MED prescrivere **B** V/R **sich ~** **1** sbagliare scrivendo **2** **sich etw** (*dat*) **~** dedicarsi (*od* votarsi) a qc **ver·schrei·bungs·pflich·tig** ADJ da vendersi dietro presentazione di ricetta medica

ver·schro·ben ADJ bislacco, strambo **Ver·schro·ben·heit** F ⟨-; -en⟩ bislaccheria *f*

ver·schrot·ten V/T rottamare

ver·schrum·peln V/I ⟨s.⟩ *umg* raggrinzirsi

ver·schüch·tern V/T intimidire

ver·schul·den **A** V/T causare, provocare **B** V/I ⟨s.⟩ indebitarsi **C** V/R **sich ~** far debiti **Ver·schul·den** N ⟨-s⟩ colpa *f*:

durch mein eigenes ~ per mia colpa; **ohne mein ~** senza colpa da parte mia **ver·schul·det** ADJ indebitato: **bei j-m ~ sein** essere indebitato con qn; **hoch ~ sein** essere indebitato fino al collo **Ver·schul·dung** F ⟨-; -en⟩ indebitamento *m*

ver·schüt·ten V/T **1** versare **2** (*begraben*) seppellire

ver·schwä·gert ADJ **mit j-m ~ sein** essere parente acquisito di qn

ver·schwei·gen V/T ⟨*irr*⟩ tacere, nascondere: **j-m die Wahrheit ~** tacere a qn la verità

ver·schwei·ßen V/T saldare

ver·schwen·den V/T sprecare: **seine Mühe ~** fare sforzi inutili **Ver·schwen·der** M ⟨-s; -⟩, **-in** F ⟨-; -nen⟩ sprecone *m*, -a *f* **ver·schwen·de·risch** ADV **mit Geld ~ umgehen** sprecare denaro **Ver·schwen·dung** F ⟨-; -en⟩ sperpero *m*, spreco *m* **Ver·schwen·dungs·sucht** F prodigalità *f*

ver·schwie·gen ADJ **1** (*Mensch*) riservato, discreto **2** (*ruhig*) riparato, tranquillo **Ver·schwie·gen·heit** F ⟨-⟩ discrezione *f*, riservatezza *f*

ver·schwim·men V/I ⟨*irr*; s.⟩ sfumare, confondersi

ver·schwin·den V/I ⟨*irr*; s.⟩ sparire, scomparire ♦ **verschwinde!** sparisci!; **verschwindend klein** infinitamente piccolo; **verschwindend wenig** pochissimo **Ver·schwin·den** N ⟨-s⟩ scomparsa *f*

ver·schwit·zen V/T **1** bagnare di sudore **2** *umg* (*vergessen*) **etw ~** dimenticarsi di qc

ver·schwol·len ADJ gonfio

ver·schwom·men **A** ADJ **1** sfocato **2** *fig* confuso **B** ADV in modo confuso

ver·schwö·ren V/R ⟨*irr*⟩ **sich ~** congiurare; **sich gegen j-n ~** cospirare contro qn; **alles hat sich gegen mich verschworen** tutto congiura contro di me **Ver·schwö·rer** M ⟨-s; -⟩, **-in** F ⟨-; -nen⟩ congiurato *m*, -a *f*, cospiratore *m*, -trice *f* **Ver·schwö·rung** F ⟨-; -en⟩ cospirazione *f*

V

ver·se·hen ⟨*irr*⟩ **A** V/T **1** (*ausstatten*) provvedere, dotare, fornire **2** (*ausüben*) esercitare **B** V/R **sich ~** **1** rifornirsi: **sich (mit etw) ~** rifornirsi (di qc) **2** (*sich irren*) sbagliare, sbagliarsi ♦ **ehe man sich's versieht** quando meno te l'aspetti **Ver·se·hen** N ⟨-s; -⟩ svista *f*; (*Irrtum*) errore *m*, sbaglio *m*: **aus ~** per sbaglio **ver·se·hent·lich** ADV per sbaglio

Ver·sehr·te M/F ⟨-n; -n⟩ invalido *m*, -a *f*

ver·sen·den V/T ⟨*irr*⟩ spedire, inviare **Ver·sen·dung** F spedizione *f*

ver·sen·gen V/T **1** bruciacchiare, strinare **2** (*ausdörren*) seccare, inaridire

ver·sen·ken **A** V/T **1** SCHIFF affondare **2** **etw in die Erde ~** interrare qc **3** TECH incassare **B** V/R **sich ~** sprofondarsi, immergersi **Ver·sen·kung** F **1** affondamento *m* **2** interramento *m* ♦ **in der ~ verschwinden** sparire di scena

ver·ses·sen ADJ ossessionato: **auf j-n/etw ~ sein** andare pazzo per qn/qc

ver·set·zen **A** V/T **1** (*an anderen Ort*) spostare **2** (*in andere Stadt*) trasferire: **j-n nach Rom ~** trasferire qn a Roma **3** (*befördern, in die nächste Klasse*) promuovere: **nicht versetzt werden** venire bocciato **4** AGR trapiantare **5** mettere: **j-n in Angst ~** mettere paura a qn; **j-n in die Lage ~, etw zu tun** mettere qn in condizione di fare qc; **j-n in Unruhe ~** mettere in agitazione qn; **j-n in Wut ~** far arrabbiare qn **6** (*Schlag, Tritt*) assestare **7** (*verpfänden*) impegnare **8** *umg* (*sitzen lassen*) tirare un bidone **9** (*vermischen*) mescolare **B** V/R **sich ~** mettersi; **sich in j-s Lage** (*od* **in j-n**) **~** mettersi nei panni (*od* al posto) di qn **Ver·set·zung** F ⟨-; -en⟩ **1** spostamento *m* **2** trasferimento *m* **3** (*von Schüler*) promozione *f*: **seine ~ ist gefährdet** rischia la bocciatura

ver·seu·chen V/T contaminare **Ver·seu·chung** F ⟨-; -en⟩ contaminazione *f*

Ver·si·che·rer M ⟨-s; -⟩ assicuratore *m*

ver·si·chern **A** V/T assicurare: **j-m ~, dass ...** assicurare a qn che ...; **sein Leben mit 100 000 Euro ~** fare un'assicurazione sulla vita per 100 000 euro **B** V/R **sich ~ (gegen)** assicurarsi (contro); **sich j-s Unterstützung ~** assicurarsi l'aiuto di qn

Ver·si·cher·te M/F ⟨-n; -n⟩ assicurato *m*, -a *f* **Ver·si·cher·ten·kar·te** F tessera *f* sanitaria **Ver·si·che·rung** F **1** assicurazione *f*: **eine ~ abschließen** stipulare un'assicurazione **2** (*Beteuerung*) dichiarazione *f*

Ver·si·che·rungs·an·stalt F istituto *m* di assicurazioni **Ver·si·che·rungs·bei·trag** M quota *f* assicurativa **Ver·si-**

che·rungs·be·trug M frode f assicurativa **Ver·si·che·rungs·fall** M sinistro m **Ver·si·che·rungs·ge·sell·schaft** F società f (od compagnia f) di assicurazioni **Ver·si·che·rungs·kar·te** F = *libretto di lavoro*: **die grüne ~** la carta verde **Ver·si·che·rungs·neh·mer** M, **-in** F assicurato m, -a f **Ver·si·che·rungs·po·li·ce** [-po'li:sə] F polizza f assicurativa **Ver·si·che·rungs·prä·mie** F premio m dell'assicurazione **Ver·si·che·rungs·schutz** M copertura f assicurativa **Ver·si·che·rungs·sum·me** F capitale m assicurato **Ver·si·che·rungs·ver·tre·ter** M, **-in** F agente m/f assicurativo (-a) **Ver·si·che·rungs·we·sen** N assicurazioni *fpl*

ver·si·ckern V/I ⟨s.⟩ disperdersi

ver·sie·geln V/T **1** sigillare **2** TECH laccare: **das Parkett ~** laccare il parquet

ver·sie·gen V/I ⟨s.⟩ esaurirsi (*a. fig*)

ver·siert [v-] ADJ versato

ver·sil·bern V/T **1** placcare in argento **2** *umg* (*zu Geld machen*) **etw ~** vendere qc

ver·sin·ken V/I ⟨*irr*; s.⟩ **1** affondare **2** *fig* sprofondare ♦ **sie war in Gedanken versunken** era assorta nei suoi pensieri

Ver·si·on [v-] F ⟨-; -en⟩ versione f (*a.* IT)

ver·skla·ven V/T rendere schiavo

Vers·maß N metro m, verso m

ver·snobt ADJ snob

ver·sof·fen ADJ **ein -er Kerl** un ubriacone

ver·söh·nen **A** V/T (ri)conciliare (*a. fig*) **B** V/R **sich ~** riconciliarsi (*a. fig*)

ver·söhn·lich ADJ conciliante **Ver·söh·nung** F ⟨-; -en⟩ (ri)conciliazione f

ver·son·nen ADJ trasognato, assorto

ver·sor·gen V/T **1** **j-n/etw ~** provvedere a qn/qc **2** (*ernähren*) mantenere **3** (*Kranke*) assistere, accudire **4** **j-n mit etw ~** rifornire (*od* provvedere) qn di qc

Ver·sor·ger M ⟨-s; -⟩, **-in** F ⟨-; -nen⟩ fornitore m, -trice f

Ver·sor·gung F ⟨-; -en⟩ **1** (*Unterhalt*) mantenimento m, sostentamento m **2** (*Pflege*) assistenza f, cure *fpl* **3** (*Belieferung*) rifornimento m **4** TECH alimentazione f **Ver·sor·gungs·la·ge** F situazione f degli approvvigionamenti **Ver·sor·gungs·lü·cke** F crisi f degli approvvigionamenti

Ver·span·nung F **1** (*Verkrampfung*) contrazione f **2** BAU controvento m

ver·spä·ten V/R **sich ~** ritardare; **sich um 15 Minuten ~** arrivare con 15 minuti di ritardo **ver·spä·tet** ADJ & ADV in ritardo **Ver·spä·tung** F ⟨-; -en⟩ ritardo m: **30 Minuten ~ haben** avere 30 minuti di ritardo

ver·spei·sen V/T consumare (un pasto)

ver·sper·ren V/T sbarrare; *fig* impedire: **j-m den Weg ~** sbarrare la strada a qn ♦ **j-m die Aussicht ~** togliere la visuale a qn

ver·spie·len V/T perdere (al gioco) ♦ *umg* **bei j-m verspielt haben** aver perso il favore di qn

ver·spielt ADJ giocherellone

ver·spot·ten V/T deridere, schernire

ver·spre·chen ⟨*irr*⟩ **A** V/T promettere **B** V/R **sich ~** **1** sbagliarsi (parlando); *umg* prendere una papera **2** **sich** (*dat*) **etw ~** ripromettersi (*od* aspettarsi) qc

Ver·spre·chen N ⟨-s; -⟩ promessa f: **j-m ein ~ geben** promettere qc a qn; **ein ~ halten** mantenere una promessa **Ver·spre·cher** M lapsus m **Ver·spre·chung** F ⟨-; -en⟩ promessa f: **leere -en** promesse vane

ver·sprit·zen V/T, **ver·sprü·hen** V/T spruzzare

ver·staat·li·chen V/T nazionalizzare, statalizzare **Ver·staat·li·chung** F ⟨-; -en⟩ nazionalizzazione f

ver·städ·tern V/I ⟨s.⟩ urbanizzarsi **Ver·städ·te·rung** F ⟨-; -en⟩ urbanizzazione f

Ver·stand M ⟨-[e]s⟩ intelletto m, intelligenza f, mente f: **der menschliche ~** l'intelletto umano; **ein scharfer ~** un'intelligenza (*od* una mente) acuta ♦ **bei klarem ~** a mente fredda; **ohne Sinn und ~** senza alcun senso; **das geht über meinen ~** non ci arrivo; **j-n um den ~ bringen** far perdere il senno a qn; **den ~ verlieren** perdere il lume della ragione

ver·stan·des·mä·ßig ADJ razionale **Ver·stan·des·mensch** M persona f concreta

ver·stän·dig ADJ assennato, giudizioso

ver·stän·di·gen **A** V/T informare: **die Direktion** (**von etw, über etw** [*akk*]) **~** informare la direzione (di qc) **B** V/R **1** **sich mit j-m ~** comunicare con qn **2** **sich über etw** (*akk*) **~** mettersi d'accordo su qc

V

Ver·stän·di·gung F ⟨-; -en⟩ 1 il capirsi: **die ~ mit ihm war schwierig** con lui era difficile capirsi 2 (*am Telefon*) comunicazione *f* 3 (*Einigung*) accordo *m*, intesa *f* **Ver·stän·di·gungs·schwie·rig·kei·ten** PL difficoltà *fpl* di comunicazione, difficoltà *fpl* nel farsi capire

ver·ständ·lich ADJ 1 (*deutlich*) chiaro 2 (*begreiflich*) comprensibile: **leicht/schwer ~ sein** essere facilmente/difficilmente comprensibile ♦ **sich ~ machen** farsi capire; **j-m etw ~ machen** far capire qc a qn

ver·ständ·li·cher·wei·se ADV comprensibilmente

Ver·ständ·nis N ⟨-ses⟩ 1 comprensione *f*: **auf ~ stoßen** trovare comprensione; **zum besseren ~** per una migliore comprensione; **~ für j-n/etw haben** avere comprensione per qn/qc 2 sensibilità *f*: **~ für Kunst haben** avere sensibilità per l'arte; **nach katholischem ~** per la sensibilità cattolica ♦ **für solche Sachen habe ich kein ~** certe cose non le tollero

ver·ständ·nis·los A ADJ che non riesce a comprendere B ADV senza comprendere **ver·ständ·nis·voll** A ADJ pieno di comprensione, comprensivo B ADV con molta comprensione

ver·stär·ken A V/T 1 rinforzare 2 potenziare: **eine Mannschaft ~** potenziare una squadra 3 (*vermehren*) aumentare 4 intensificare: *fig* **seine Bemühungen ~** intensificare i propri sforzi; **einen Eindruck ~** rafforzare un'impressione 5 (*Akustik*) amplificare B V/R **sich ~** 1 rafforzarsi, potenziarsi 2 (*zunehmen*) aumentare (*a. fig*) **Ver·stär·ker** M ⟨-s; -⟩ (*Akustik*) amplificatore *m* **Ver·stär·kung** F 1 rinforzo *m* 2 potenziamento *m*; rinforzi *mpl*: **~ rufen** chiedere rinforzi 3 (*Intensivierung*) intensificazione *f* 4 *fig* rafforzamento *m* 5 (*Akustik*) amplificazione *f*

ver·stau·ben V/I ⟨s.⟩ impolverarsi **ver·staubt** ADJ *fig* antiquato, sorpassato

ver·stau·chen V/R **sich** (*dat*) **etw ~** slogarsi qc

ver·stau·en V/T stipare

Ver·steck N ⟨-[e]s; -e⟩ nascondiglio *m* ♦ **~ spielen** giocare a nascondino

ver·ste·cken A V/T nascondere B V/R **sich ~** nascondersi; **sich vor j-m ~** nascondersi da qn; *fig* **sich hinter j-m/etw ~** nascondersi dietro a qn/qc **Ver·steck·spiel** N nascondino *m*, rimpiattino *m*

ver·steckt ADJ 1 (*nicht direkt*) velato, dissimulato 2 (*heimlich*) segreto

ver·ste·hen ⟨*irr*⟩ A V/T 1 capire, comprendere: **ich kann gut ~, dass …** posso capire che …; **verstanden?** capito?; **ich verstehe (nicht)!** (non ho) capito! (non) capisco! 2 (*beherrschen*) conoscere 3 (*können*) sapere 4 (*Kenntnisse haben*) **etw von einer Sache ~** intendersi di una cosa B V/R **sich ~** intendersi; **sich mit j-m (in etw** [*dat*]**) ~** intendersi con qn (in qc); **sich auf etw** (*akk*) **~** intendersi di qc ♦ **etw als Drohung ~** prendere qc come una minaccia; **das versteht sich (von selbst)!** si capisce, s'intende!; **etw falsch ~** fraintendere qc; **j-m etw zu ~ geben** far capire qc a qn; **wenn ich recht verstehe …** se ho capito bene …; **was versteht man unter …?** cosa s'intende per …, cosa s'intende dire con …?; **wie soll ich das ~?** com'è da intendere?

ver·stei·fen A V/T 1 irrigidire 2 (*abstützen*) puntellare B V/R **sich ~** 1 irrigidirsi 2 **sich auf etw** (*akk*) **~** ostinarsi su qc

Ver·stei·ge·rer M ⟨-s; -⟩, **-in** F ⟨-; -nen⟩ banditore *m*, -trice *f*

ver·stei·gern V/T vendere all'asta (*od* all'incanto) **Ver·stei·ge·rung** F asta *f*

ver·stei·nern V/I ⟨s.⟩ & V/R **sich ~** pietrificarsi, impietrirsi (*a. fig*) **Ver·stei·ne·rung** F ⟨-; -en⟩ 1 pietrificazione *f* 2 fossile *m*

ver·stell·bar ADJ regolabile

ver·stel·len A V/T 1 spostare: **die Uhr ~** spostare l'orologio 2 (*versperren*) sbarrare, bloccare 3 ostacolare, impedire: **die Aussicht auf etw** (*akk*) **~** impedire la visuale su qc 4 (*Stimmen, Schriften*) contraffare B V/R **sich ~** 1 spostarsi 2 (*heucheln*) fingere **Ver·stel·lung** F 1 spostamento *m* 2 TECH regolazione *f* 3 (*Heuchelei*) finzione *f*

ver·step·pen V/I ⟨s.⟩ diventare steppa **Ver·step·pung** F ⟨-; -en⟩ trasformazione *f* in steppa

ver·steu·ern V/T **etw ~** pagare le imposte su qc **Ver·steu·e·rung** F pagamento *m* delle imposte, tassazione *f*

ver·stim·men A V/T fare alterare, irritare B V/R **sich ~** MUS scordarsi **Ver·stim·mung** F irritazione *f*; malumore *m*

V

ver·stockt ADJ **1** (*stur*) testardo **2** (*reuelos*) impenitente
ver·stoh·len ADJ furtivo, segreto
ver·stop·fen V/T **1** (*verschließen*) tappare, turare **2** intasare: **den Ausguss ~** intasare lo scarico **ver·stopft** ADJ **1** intasato **2** MED stitico **Ver·stop·fung** F ⟨-; -en⟩ **1** intasamento *m* **2** MED costipazione *f* ♦ **~ haben** essere stitico
ver·stor·ben ADJ defunto **Ver·stor·be·ne** M/F ⟨-n; -n⟩ defunto *m*, -a *f*, deceduto *m*, -a *f*
ver·stört ADJ sconvolto; (*verwirrt*) turbato **Ver·stört·heit** F ⟨-⟩ turbamento *m*
Ver·stoß M **1** mancanza *f*, fallo *m* **2** JUR infrazione *f*, trasgressione *f*: **ein ~ gegen die Verkehrsordnung** un'infrazione al codice della strada
ver·sto·ßen ⟨*irr*⟩ **A** V/T (s)cacciare, ripudiare **B** V/I ⟨h.⟩ **gegen etw ~** andare contro, trasgredire qc; **gegen ein Tabu ~** violare un tabu; **gegen die Sitten ~** offendere il decoro ♦ **gegen das Gesetz ~** infrangere la legge
ver·strahlt ADJ irraggiato
Ver·strah·lung F contaminazione *f* (radioattiva)
ver·strei·chen ⟨*irr*⟩ **A** V/T **1** (*verteilen*) spalmare, stendere **2** (*abdichten*) (ot)turare **B** V/I ⟨s.⟩ trascorrere ♦ **eine Gelegenheit ungenutzt ~ lassen** lasciarsi scappare un'occasione
ver·streu·en V/T spargere, sparpagliare
ver·stri·cken **A** V/T **j-n in etw** (*akk*) **~** coinvolgere qn in qc **B** V/R **sich ~** (*sich verwickeln*) impegolarsi, invischiarsi
ver·strö·men V/T emanare (*a. fig*)
ver·stüm·meln V/T mutilare (*a. fig*); (*Namen*) storpiare **Ver·stüm·me·lung** F ⟨-; -en⟩ **1** mutilazione *f* **2** (*von Namen*) storpiatura *f*
ver·stum·men V/I ⟨s.⟩ **1** ammutolire **2** (*aufhören*) cessare, tacere (*a. fig*)
Ver·such M ⟨-[e]s; -e⟩ **1** tentativo *m* (*a.* SPORT), prova *f*: **beim ersten ~** al primo tentativo **2** (*Experiment*) esperimento *m*: **-e an Tieren machen** fare esperimenti su animali ♦ **es kommt auf einen ~ an** si tratta di provare
ver·su·chen V/T **1** cercare: **ich will ~ zu kommen** cercherò di venire **2** tentare, provare: **es ~** provarci **3** (*kosten*) provare, assaggiare **4** (*in Versuchung führen*) tentare ♦ **es mit j-m ~** dare una possibilità a qn
Ver·suchs·an·stalt F istituto *m* sperimentale **Ver·suchs·bal·lon** M pallone *m* sonda ♦ *fig* **einen ~ steigen lassen** fare una prova **Ver·suchs·ge·län·de** N campo *m* di prova **Ver·suchs·ka·nin·chen** N *fig* cavia *f* **Ver·suchs·per·son** F soggetto *m* per test **Ver·suchs·rei·he** F serie *f* di esperimenti **Ver·suchs·sta·di·um** N fase *f* di sperimentazione **Ver·suchs·stre·cke** F pista *f* di prova **ver·suchs·wei·se** ADV in via sperimentale; (*probeweise*) per prova **Ver·suchs·zweck** M **zu -en** per scopi sperimentali
Ver·su·chung F ⟨-; -en⟩ tentazione *f*: **j-n in ~ führen** tentare qn; REL indurre qn in tentazione; **in ~ kommen** (*od* **sein**), **etw zu tun** essere tentato di fare qc
ver·sump·fen V/I ⟨s.⟩ **1** impaludarsi **2** *umg* (*viel feiern und trinken*) fare bisboccia
ver·sün·di·gen V/R **sich an j-m/etw ~** peccare contro qn/qc
ver·sun·ken ADJ **1** scomparso: **eine -e Kultur** una cultura scomparsa **2** assorto, immerso: **in Gedanken ~** assorto nei pensieri
ver·sü·ßen V/T (r)addolcire
ver·ta·gen **A** V/T aggiornare, rinviare **B** V/R **sich ~** rinviare la seduta, aggiornarsi
ver·täu·en V/T ormeggiare
ver·tau·schen V/T scambiare
ver·tei·di·gen **A** V/T difendere (*a. fig* SPORT) **B** V/R **sich** (**gegen etw**) **~** difendersi (da qc) **Ver·tei·di·ger** M ⟨-s; -⟩, **-in** F ⟨-; -nen⟩ difensore *m*, -trice *f* (*a.* SPORT, JUR) ♦ SPORT **rechter ~** terzino destro
Ver·tei·di·gung F ⟨-; -en⟩ difesa *f*: **etw zu seiner ~ vorbringen** addurre qc a propria difesa
ver·tei·di·gungs·be·reit ADJ pronto alla difesa **Ver·tei·di·gungs·bünd·nis** N alleanza *f* difensiva **Ver·tei·di·gungs·krieg** M guerra *f* difensiva **Ver·tei·di·gungs·mi·nis·ter** M, **-in** F ministro *m*, -a *f* della difesa **Ver·tei·di·gungs·mi·nis·te·ri·um** N ministero *m* della difesa **Ver·tei·di·gungs·re·de** F difesa *f* **Ver·tei·di·gungs·waf·fe** F arma *f* difensiva
ver·tei·len **A** V/T distribuire: **Flugblätter an die Freunde ~** distribuire volantini agli amici; **die Kosten auf alle Mitglieder**

~ distribuire le spese tra tutti i membri **B** VR **sich ~** distribuirsi, disporsi

Ver·tei·ler M ⟨-s; -⟩ **1** distributore *m* (*a.* TECH) **2** (*Zündverteiler*) spinterogeno *m* **Ver·tei·ler·kas·ten** M cassetta *f* di distribuzione **Ver·tei·ler·netz** N rete *f* di distribuzione (*a.* TECH) **Ver·tei·ler·schlüs·sel** M chiave *f* di distribuzione **Ver·tei·ler·ta·fel** F quadro *m* di distribuzione

Ver·tei·lung F **1** distribuzione *f* **2** (*Umlegung*) ripartizione *f*

ver·teu·ern VT & VR **sich ~** rincarare **Ver·teu·e·rung** F rincaro *m*

ver·teu·feln VT denigrare, calunniare, diffamare **ver·teu·felt** ADJ maledetto

ver·tie·fen **A** VT approfondire (*a. fig*) **B** VR **sich ~** **1** diventare più profondo (*a. fig*) **2** (*sich versenken*) immergersi, sprofondarsi: **sich in etw** (*akk*) ~ immergersi in qc; **sie hatte sich in ihre Arbeit vertieft** era immersa nel lavoro

Ver·tie·fung F ⟨-; -en⟩ **1** approfondimento *m* (*a. fig*) **2** (*Einsenkung*) avvallamento *m* **3** (*Höhlung*) incavo *m*

ver·ti·kal [v-] ADJ verticale **Ver·ti·ka·le** F ⟨-; -n⟩ GEOM verticale *f*

ver·til·gen VT **1** (*Unkraut*) estirpare **2** (*Ungeziefer*) sterminare **3** *hum* divorare **Ver·til·gung** F **1** estirpazione *f* **2** sterminio *m*

ver·tip·pen VR *umg* **sich** (**bei etw**) ~ sbagliarsi a battere (qc) (scrivendo a macchina)

ver·to·nen VT musicare

ver·trackt ADJ **1** (*schwierig*) ingarbugliato, intricato **2** (*unangenehm*) fastidioso, irritante: **das -e Gefühl haben, dass ...** avere la fastidiosa sensazione che ...

Ver·trag M ⟨-[e]s; Verträge⟩ **1** contratto *m*: **einen ~ mit j-m** (**ab**)**schließen** (*od* **eingehen**) stipulare un contratto con qn; **j-n unter ~ nehmen** prendere qn sotto contratto **2** POL trattato *m*; (*Pakt*) patto *m*

ver·tra·gen ⟨*irr*⟩ **A** VT **1** sopportare, tollerare: *umg* **keine Kritik ~** non sopportare le critiche **2** (*Alkohol*) reggere **B** VR **sich ~** andare d'accordo; **sich mit j-m ~** andare d'accordo con qn

ver·trag·lich **A** ADJ contrattuale **B** ADV contrattualmente: **zu etw ~ verpflichtet sein** essere vincolato a qc per contratto

ver·träg·lich ADJ **1** (*Speisen*) digeribile **2** (*Medikamente*) tollerabile **3** (*umgänglich*) affabile, socievole

Ver·trags·ab·schluss M stipulazione *f* del (*od* di un) contratto **Ver·trags·bruch** M rottura *f* del contratto **Ver·trags·ent·wurf** M bozza *f* di contratto **ver·trags·mä·ßig** ADJ conforme al contratto **Ver·trags·par·tei** F, **Ver·trags·part·ner** M, **-in** F parte *f* contraente **Ver·trags·punkt** M articolo *m* del (*od* di un) contratto **Ver·trags·spie·ler** M, **-in** F giocatore *m*, -trice *f* ingaggiato (-a) **Ver·trags·werk** N contratto *m*; POL trattato *m* **Ver·trags·werk·statt** F officina *f* convenzionata **ver·trags·wid·rig** ADJ non conforme ai termini del contratto

ver·trau·en VI ⟨h.⟩ **1** fidarsi: **j-m ~** fidarsi di qn **2** confidare: **auf etw** (*akk*) ~ confidare in qc ♦ **auf sein Glück ~** confidare nella propria fortuna **Ver·trau·en** N ⟨-s⟩ **1** fiducia *f*: **zu j-m ~ haben** avere fiducia in qn; **j-m ~ schenken** concedere fiducia a qn; **~ auf** (*od* **in**) **j-n/etw setzen** riporre la fiducia in qn/qc; **der Regierung das ~ aussprechen** esprimere la fiducia al governo **2** confidenza *f*: **im ~ gesagt** detto in confidenza ♦ **~ erweckend** → vertrauenerweckend; **im ~ auf etw** (*akk*) confidando in qc; **j-n ins ~ ziehen** confidarsi con qn **ver·trau·en·er·we·ckend** ADJ rassicurante: **~ aussehen** sembrare rassicurante

Ver·trau·ens·arzt M, **-ärz·tin** F medico *m* fiscale **Ver·trau·ens·be·weis** M prova *f* di fiducia **Ver·trau·ens·bruch** M abuso *m* di fiducia **Ver·trau·ens·fra·ge** F **die ~ stellen** porre la questione di fiducia **Ver·trau·ens·frau** F, **Ver·trau·ens·mann** M ⟨-[e]s; -leute *u.* -männer⟩ **1** (*Sprecher*) portavoce *m/f*; (*in der Gewerkschaft*) rappresentante *m/f* sindacale **2** donna *f* (uomo *m*) di fiducia **Ver·trau·ens·per·son** F persona *f* di fiducia **Ver·trau·ens·sa·che** F questione *f* di fiducia **Ver·trau·ens·se·lig·keit** F fiducia *f* cieca **Ver·trau·ens·stel·lung** F posto *m* di fiducia **Ver·trau·ens·ver·hält·nis** N rapporto *m* fiduciario **ver·trau·ens·voll** **A** ADJ **1** fiducioso **2** basato sulla fiducia **B** ADV con fiducia **Ver·trau·ens·vo·tum** N voto *m* di fiducia **ver·trau·ens·wür·dig** ADJ degno di fiducia

ver·trau·lich ADJ **1** riservato, confiden-

V

ziale: **-e Mitteilung** confidenza **2** (*freundschaftlich*) confidenziale **Ver·trau·lich·keit** F ⟨-; -en⟩ **1** riservatezza *f* **2** *pl* confidenze *fpl*: **sich** (*dat*) **j-m gegenüber -en herausnehmen** prendersi delle confidenze con qn

ver·träumt ADJ **1** (*Mensch*) trasognato **2** (*Ort*) idillico

ver·traut ADJ **1** intimo: **mit j-m ~ werden** diventare intimo di qn **2** (*bekannt*) familiare: **j-m ~ sein** essere familiare a qn ♦ **mit etw ~ sein** avere dimestichezza con qc; **sich mit j-m/etw ~ machen** familiarizzarsi con qn/qc

Ver·trau·te M/F ⟨-n; -n⟩ confidente *m/f*

Ver·traut·heit F ⟨-; -en⟩ **1** intimità *f* **2** (*Bekanntheit*) familiarità *f*

ver·trei·ben VT ⟨*irr*⟩ **1** cacciare (via), scacciare: **j-n aus seinem Haus ~** cacciare qn di casa; *fig* **die Langeweile ~** scacciare la noia **2** mandar via: **das Fieber ~** mandar via la febbre **3** HANDEL distribuire, vendere ♦ **sich** (*dat*) **die Zeit ~** passare (*od* ingannare) il tempo **Ver·trei·bung** F ⟨-; -en⟩ **1** cacciata *f* **2** (*aus einem Land*) espulsione *f*

ver·tret·bar ADJ sostenibile

ver·tre·ten[1] VT ⟨*irr*⟩ **1** rappresentare **2** (*ersetzen*) **j-n ~** sostituire qn **3** (*verfechten*) sostenere, difendere **4** JUR **eine Sache ~** patrocinare una causa

ver·tre·ten[2] ADJ **~ sein** essere presente, esserci; **durch j-n/etw ~ sein** essere rappresentato da qn/qc

Ver·tre·ter M ⟨-s; -⟩, **-in** F ⟨-; -en⟩ **1** rappresentante *m/f* (*a. fig*) **2** (*Ersatz*) sostituto *m*, -a *f*, supplente *m/f* **3** (*Verfechter*) sostenitore *m*, sostenitrice *f* **Ver·tre·tung** F ⟨-; -en⟩ **1** rappresentanza *f*: **diplomatische ~** rappresentanza *f* diplomatica; **in j-s ~** in rappresentanza di qn **2** (*Ersatz*) sostituzione *f*, supplenza *f*: **j-s ~ übernehmen** sostituire qn **3** (*Person*) supplente *m/f* **4** (*Niederlassung*) filiale *f*

Ver·trieb M ⟨-[e]s⟩ **1** distribuzione *f*, vendita *f* **2** → Vertriebsabteilung

Ver·trie·be·ne M/F ⟨-n; -n⟩ profugo *m*, -a *f*

Ver·triebs·ab·tei·lung F ufficio *m* vendite **Ver·triebs·kos·ten** PL spese *fpl* di distribuzione **Ver·triebs·lei·ter** M, **-in** F direttore *m* commerciale

ver·trock·nen VI ⟨s.⟩ seccarsi, disseccarsi **ver·trock·net** ADJ **1** secco **2** *umg fig* arido

ver·trö·deln VT *umg* sprecare

ver·trös·ten VT dare speranze, fare sperare: **j-n auf einen anderen Tag ~** dare speranze a qn per un altro giorno ♦ **j-n auf später ~** chiedere a qn di pazientare un po'

ver·tun ⟨*irr*⟩ **A** VT sprecare; (*Zeit*) perdere **B** VR **sich ~** sbagliare, sbagliarsi

ver·tu·schen VT tenere segreto, mettere a tacere

ver·übeln VT **j-m etw ~** prendersela con qn per qc

ver·üben VT commettere, compiere

ver·ul·ken VT prendere in giro

ver·un·glimp·fen VT diffamare **ver·un·glü·cken** VI ⟨s.⟩ **1** avere un incidente **2** *hum* non riuscire, fallire ♦ **tödlich ~** morire in un incidente; **schwer ~** avere un incidente grave **Ver·un·glück·te** M/F ⟨-n; -n⟩ infortunato *m*, -a *f*, vittima *f* (di un incidente) **ver·un·rei·ni·gen** VT **1** (*schmutzig machen*) sporcare **2** (*Umwelt*) inquinare **ver·un·si·chern** VT **j-n in etw** (*dat*) **~** dare un senso di insicurezza a qn, disorientare qn in qc **ver·un·stal·ten** VT **1** deturpare **2** imbruttire **ver·un·treu·en** VT JUR **etw ~** sottrarre qc **Ver·un·treu·ung** F ⟨-; -en⟩ JUR appropriazione *f* indebita, sottrazione *f*

ver·ur·sa·chen VT causare, provocare **Ver·ur·sa·cher** M ⟨-s; -⟩, **-in** F ⟨-; -nen⟩ JUR autore *m*, -trice *f* **Ver·ur·sa·cher·prin·zip** N JUR principio *m* di causalità

ver·ur·tei·len VT condannare (*a. fig*): **j-n zu etw ~** condannare qn a qc ♦ **zum Scheitern verurteilt** destinato a fallire **Ver·ur·teil·te** M/F ⟨-n; -n⟩ condannato *m*, -a *f* **Ver·ur·tei·lung** F condanna *f* (*a. fig*)

ver·viel·fäl·ti·gen VT **1** riprodurre **2** (*vermehren*) aumentare, moltiplicare **Ver·viel·fäl·ti·gung** F ⟨-; -en⟩ riproduzione *f*, copia *f*

ver·vier·fa·chen VT quadruplicare

ver·voll·komm·nen VT perfezionare **Ver·voll·komm·nung** F ⟨-; -en⟩ perfezionamento *m*

ver·voll·stän·di·gen VT completare **Ver·voll·stän·di·gung** F ⟨-; -en⟩ completamento *m*

ver·wach·sen[1] ⟨*irr*⟩ **A** VI ⟨s.⟩ **1** (*Wunde*) guarire **2** (*zusammenwachsen*)

unirsi; *fig* **B** VR **sich ~** sparire ♦ **mit etw ~ sein** essere legato a qc; **mit seinem Beruf ~ sein** fare tutt'uno con la propria professione

ver·wach·sen² ADJ storpio, deforme

ver·wa·ckelt ADJ FOTO mosso

ver·wäh·len VR TEL **sich ~** *umg* sbagliare numero

ver·wah·ren **A** VT conservare, custodire **B** VR **sich gegen etw ~** protestare contro (*od* opporsi a) qc

ver·wahr·lo·sen VI ⟨s.⟩ **1** andare in rovina **2** (*Menschen*) cadere in basso, lasciarsi andare **ver·wahr·lost** ADJ trascurato **Ver·wahr·lo·sung** F ⟨-; -en⟩ **1** abbandono *m*, trascuratezza *f* **2** (*moralisch*) depravazione *f*

Ver·wah·rung F ⟨-; -en⟩ **1** custodia *f*, deposito *m*: **etw in ~ nehmen/geben** prendere/dare qc in custodia **2** (*Protest*) protesta *f*

ver·waist ADJ **1** orfano **2** *fig* abbandonato, desolato

ver·wal·ten VT amministrare, gestire (*a.* POL) **Ver·wal·ter** M ⟨-s; -⟩, **-in** F ⟨-; -nen⟩ **1** amministratore *m*, -trice *f* **2** (*von Konkursen*) curatore *m*, -trice *f* **Ver·wal·tung** F ⟨-; -en⟩ amministrazione *f*

Ver·wal·tungs·akt M atto *m* amministrativo **Ver·wal·tungs·ap·pa·rat** M apparato *m* amministrativo **Ver·wal·tungs·be·am·te** M, **-be·am·tin** F impiegato *m*, -a *f* amministrativo (-a) **Ver·wal·tungs·be·zirk** M circoscrizione *f* amministrativa **Ver·wal·tungs·ge·bäu·de** N edificio *m* amministrativo **Ver·wal·tungs·ge·richt** N tribunale *m* amministrativo **Ver·wal·tungs·kos·ten** PL spese *fpl* di amministrazione **Ver·wal·tungs·rat** M, **-rä·tin** F consigliere *m*, -a *f* di amministrazione **ver·wal·tungs·tech·nisch** ADJ amministrativo **Ver·wal·tungs·weg** M **auf dem ~** per via amministrativa

ver·wan·deln **A** VT **1** trasformare **2** PHYS convertire **B** VR **sich in etw** (*akk*) **~** trasformarsi in qc, diventare qc

Ver·wand·lung F **1** trasformazione *f*, cambiamento *m*, metamorfosi *f*: **mit ihm ist eine ~ vorgegangen** ha subito una trasformazione **2** PHYS conversione *f*

ver·wandt ADJ **1** **mit j-m** (**nahe/entfernt**) **~ sein** essere parente (stretto/alla lontana) di qn **2** affine: **-e Ideen** idee affini

Ver·wand·te M/F ⟨-n; -n⟩ parente *m/f*

Ver·wandt·schaft F ⟨-; -en⟩ **1** (*Menschen*) parenti *mpl*, parentela *f* (*a. fig*) **2** *fig* affinità *f* **ver·wandt·schaft·lich** ADJ di parentela ♦ **~ verbunden sein** essere imparentato **Ver·wandt·schafts·grad** M grado *m* di parentela

ver·wanzt ADJ pieno di cimici

ver·war·nen VT **1** avvertire **2** SPORT ammonire ♦ **j-n polizeilich ~** fare una multa (*od* contravvenzione) a qn **Ver·war·nung** F **1** avvertimento *m*, avviso *m* **2** SPORT ammonizione *f* ♦ **gebührenpflichtige ~** multa *f*, contravvenzione *f*

ver·wa·schen ADJ **1** sbiadito **2** (*unklar, verschwommen*) confuso, vago

ver·wäs·sern VT annacquare (*a. fig*)

ver·wech·seln VT confondere, scambiare: **j-n mit j-m ~** scambiare qn per qn ♦ **sich zum Verwechseln ähnlich sehen** (*od* **sein**) essere come due gocce d'acqua

Ver·wechs·lung F ⟨-; -en⟩ confusione *f*, scambio *m*

ver·we·gen ADJ temerario (*a. fig*)

ver·weh·ren VT impedire, vietare; (*verweigern*) negare: **j-m den Zutritt zu etw ~** impedire a qn l'accesso a qc

ver·weich·li·chen **A** VT rammollire **B** VI ⟨s.⟩ rammollirsi

ver·wei·gern VT (**j-m**) **etw ~** rifiutare qc (a qn); **die Annahme ~** rifiutare la merce; **die Aussage ~** rifiutarsi di deporre; **einen Befehl ~** rifiutarsi di eseguire un ordine; **den Wehrdienst ~** rifiutare di prestare il servizio militare

Ver·wei·ge·rung F rifiuto *m*, ricusa *f*: **die ~ der Aussage** il rifiuto di deporre

ver·wei·len VI ⟨h.⟩ **1** trattenersi **2** *fig* soffermarsi: **bei einem Problem ~** soffermarsi su un problema

ver·weint ADJ **-e Augen** occhi gonfi di pianto

Ver·weis M ⟨-es; -e⟩ **1** rimprovero *m*: **j-m einen ~ erteilen** fare un rimprovero a qn **2** (*Hinweis*) rinvio *m*, rimando *m*: **ein ~ auf etw** (*akk*) un rimando a qc

ver·wei·sen VT ⟨*irr*⟩ **1** rimproverare **2** (*hinweisen*) rimandare **3** indirizzare: **j-n an den Geschäftsführer ~** indirizzare qn al titolare **4** espellere: **j-n des Landes ~** espellere qn dal paese

ver·wel·ken VI ⟨s.⟩ appassire (*a. fig*)

Ver·wend·bar·keit F ⟨-⟩ utilizzabilità *f*

ver·wen·den ⟨*irr*⟩ **A** VT usare, utilizzare, adoperare, impiegare: **Geld/Zeit auf** (*od* **für**) **etw** (*akk*) ~ impiegare denaro/tempo per qc **B** VR **sich für j-n/etw** ~ adoperarsi per qn/qc ♦ **viel Mühe auf etw** (*akk*) ~ fare qc con impegno **Ver·wen·dung** F uso *m*, impiego *m* ♦ ~ **finden** trovare un'utilizzazione; **für etw keine** ~ **haben** non sapere cosa farsene di qc

Ver·wen·dungs·mög·lich·keit F possibilità *f* di impiego **Ver·wen·dungs·zweck** M scopo *m* di impiego, uso *m* previsto

ver·wer·fen ⟨*irr*⟩ **A** VT respingere (*a.* JUR) **B** VR **sich** ~ **1** incurvarsi **2** GEOL fagliarsi

ver·werf·lich ADJ riprovevole

Ver·wer·fung F ⟨-; -en⟩ **1** (*Ablehnung*) rifiuto *m* **2** incurvamento *m*; GEOL faglia *f*

ver·wert·bar ADJ utilizzabile, sfruttabile

ver·wer·ten VT **1** (ri)utilizzare, sfruttare **2** valorizzare: **eine Erfindung kommerziell** ~ valorizzare un'invenzione commercialmente **3** WIRTSCH realizzare **Ver·wer·tung** F **1** utilizzazione *f*, sfruttamento *m* **2** valorizzazione *f* **3** WIRTSCH realizzazione *f*

ver·we·sen VI ⟨s.⟩ putrefarsi, imputridire; (*Fleisch*) marcire **Ver·we·sung** F ⟨-⟩ putrefazione *f*, decomposizione *f*

ver·wet·ten VT perdere in scommesse

ver·wi·ckeln **A** VT coinvolgere, implicare: **j-n in ein Gespräch** ~ coinvolgere qn in una discussione **B** VR **sich** ~ **1** (*sich verheddern*) ingarbugliarsi **2** (*sich verfangen*) impigliarsi **3** *fig* imbrogliarsi ♦ **sich in Widersprüche** ~ cadere in contraddizione **ver·wi·ckelt** ADJ *fig* intricato, ingarbugliato **Ver·wick·lung** F ⟨-; -en⟩ **1** complicazione *f* **2** *geh* intreccio *m*

ver·wil·dern VI ⟨s.⟩ **1** inselvatichire **2** *fig* (*verrohen*) inselvatichirsi, imbarbarirsi, abbrutirsi **ver·wil·dert** ADJ **1** incolto, abbandonato **2** (*verroht*) imbarbarito, abbrutito

ver·win·kelt ADJ tortuoso

ver·wir·ken VT perdere

ver·wirk·li·chen **A** VT realizzare **B** VR **sich** ~ realizzarsi **Ver·wirk·li·chung** F ⟨-; -en⟩ realizzazione *f*

ver·wir·ren VT **1** ingarbugliare (*a. fig*) **2** (*irremachen*) confondere, sconcertare **ver·wir·rend** ADJ sconcertante **Ver·wir·rung** F ⟨-; -en⟩ confusione *f* ♦ **j-n in** ~ **bringen** confondere qn; **in** ~ **geraten** confondersi

ver·wi·schen VT cancellare, far sparire

ver·wit·tern VI ⟨s.⟩ disgregarsi, essere rovinato dal tempo, dalle intemperie (*a. fig*)

ver·wit·wet ADJ vedovo

ver·wöh·nen VT viziare **ver·wöhnt** ADJ **1** viziato **2** (*anspruchsvoll*) esigente

ver·wor·ren ADJ confuso **Ver·wor·ren·heit** F ⟨-⟩ confusione *f*

ver·wund·bar ADJ **1** vulnerabile **2** (*empfindlich*) suscettibile, sensibile **Ver·wund·bar·keit** F ⟨-⟩ **1** vulnerabilità *f* **2** suscettibilità *f*

ver·wun·den VT ferire (*a. fig*)

ver·wun·der·lich ADJ sorprendente, stupefacente **ver·wun·dern** **A** VT meravigliare, stupire **B** VR **sich** (**über etw** [*akk*]) ~ meravigliarsi, stupirsi (di qc) **Ver·wun·de·rung** F ⟨-⟩ meraviglia *f*, stupore *m*: **zu meiner großen** ~ con mia grande meraviglia

Ver·wun·de·te M/F ⟨-n; -n⟩ ferito *m*, -a *f*

Ver·wun·dung F ⟨-; -en⟩ ferita *f*

ver·wun·schen ADJ incantato: **ein -es Schloss** un castello incantato; **ein -er Prinz** un principe colpito da incantesimo

ver·wün·schen VT maledire **Ver·wün·schung** F ⟨-; -en⟩ maledizione *f*, imprecazione *f*: **-en ausstoßen** imprecare

ver·wur·zelt ADJ radicato (*a. fig*)

ver·wüs·ten VT devastare (*a. fig*) **Ver·wüs·tung** F ⟨-; -en⟩ devastazione *f*

ver·za·gen VI ⟨s., h.⟩ perdersi d'animo

ver·zäh·len VR **sich** ~ sbagliare a contare

Ver·zah·nung F ⟨-; -en⟩ MECH dentatura *f*

ver·zap·fen VT **1** TECH calettare **2** *umg* dire, tirar fuori: **Unsinn** ~ dire sciocchezze

ver·zau·bern VT **1** incantare (*a. fig*) **2** **j-n in etw** (*akk*) ~ tramutare qn in qc **Ver·zau·be·rung** F ⟨-; -en⟩ **1** incantesimo *m* **2** *fig* l'incantare, lo stregare, affascinamento *m*

ver·zehn·fa·chen VT decuplicare

Ver·zehr M ⟨-[e]s⟩ consumazione *f*; (*Essen*) il mangiare: **zum** ~ **geeignet**

commestibile **ver·zeh·ren** A VT consumare B VR **sich ~** consumarsi; **sich in Liebe (zu j-m) ~** consumarsi d'amore (per qn); **sich nach j-m/etw ~** struggersi per qn/qc
ver·zeich·nen VT annotare, registrare (*a. fig*) ♦ **ist es auf der Landkarte verzeichnet?** c'è sulla carta?
Ver·zeich·nis N ⟨-ses; -se⟩ 1 elenco *m*, lista *f*; HANDEL distinta *f* 2 (*Register*) registro *m* 3 (*Katalog*) catalogo *m* 4 IT directory *f*, indirizzario *m* 5 (*in Büchern*) indice *m*
ver·zei·hen VT ⟨verzieh, verziehen⟩ 1 perdonare: **j-m etw ~** perdonare qc a qn 2 scusare: **~ Sie bitte, wie spät ist es?** (mi) scusi, che ore sono?
ver·zeih·lich ADJ scusabile, veniale
Ver·zei·hung F ⟨-; -en⟩ 1 perdono *m*: **j-n um ~ bitten** chiedere perdono a qn 2 (*als Höflichkeitsformel*) **~!** (mi) scusi!
ver·zer·ren A VT 1 (*verziehen*) storcere 2 (*entstellen*) deformare 3 OPT *fig* distorcere B VR **sich ~** 1 deformarsi 2 **sich** (*dat*) **einen Muskel ~** distorcersi un muscolo **Ver·zer·rung** F deformazione *f*, distorsione *f* (*a. fig*)
ver·zet·teln VR **sich ~** disperdersi
Ver·zicht M ⟨-[e]s; -e⟩ rinuncia *f*: **der ~ auf etw** (*akk*) la rinuncia a qc; **~ leisten** saper fare delle rinunce **ver·zich·ten** VI ⟨h.⟩ (**auf etw** [*akk*]) **~** rinunciare (a qc); **darauf ~, etw zu tun** rinunciare a fare qc ♦ **auf eine Bemerkung ~** astenersi dal fare un'osservazione; **auf Fleisch nicht ~ können** non poter fare a meno della carne **Ver·zicht(s)·er·klä·rung** F dichiarazione *f* di rinuncia
ver·zieh → verzeihen
ver·zie·hen[1] ⟨*irr*⟩ A VT 1 contrarre; (*verzerren*) storcere 2 (*verformen*) deformare 3 (*zu sehr verwöhnen*) viziare (troppo) B VI ⟨s.⟩ (*umziehen*) trasferirsi C VR **sich ~** 1 contrarsi 2 (*Wäsche*) sformarsi 3 deformarsi: **das Bücherbrett hat sich verzogen** il ripiano dei libri si è deformato 4 MECH svergolarsi 5 (*wegziehen*) disperdersi, diradarsi; (*Gewitter, Regen*) cessare lentamente 6 *umg* (*sich zurückziehen*) andarsene, mettersi 7 *umg* sparire, filare: **verzieh dich!** fila! sparisci! ♦ **das Gesicht vor Schmerz ~** fare una smorfia di dolore
ver·zie·hen[2] → verzeihen
ver·zie·ren VT ornare, decorare **Ver·zie·rung** F ⟨-; -en⟩ ornamento *m*, decorazione *f*
ver·zin·ken VT zincare
ver·zin·sen A VT **etw ~** pagare l'interesse per (*od* su) qc B VR **sich ~** dare un interesse, fruttare; **das Kapital verzinst sich mit 6%** il capitale frutta un interesse del 6%
ver·zins·lich ADJ WIRTSCH fruttifero
Ver·zin·sung F ⟨-; -en⟩ WIRTSCH 1 corresponsione *f* d'interessi 2 il fruttare
ver·zo·gen ADJ viziato ♦ **Empfänger ~** destinatario trasferito
ver·zö·gern A VT 1 (far) ritardare 2 (*verlangsamen*) rallentare B VR **sich ~** ritardare, subire un ritardo
Ver·zö·ge·rung F ⟨-; -en⟩ 1 ritardo *m* 2 (*Verlangsamung*) rallentamento *m* **Ver·zö·ge·rungs·tak·tik** F tattica *f* temporeggiatrice
ver·zol·len VT sdoganare ♦ **haben Sie etwas zu ~?** ha qualcosa da dichiarare? **Ver·zol·lung** F ⟨-; -en⟩ sdoganamento
ver·zückt ADJ estasiato **Ver·zü·ckung** F ⟨-⟩ **in ~ geraten** andare in estasi
Ver·zug M ⟨-[e]s⟩ 1 (*Verspätung*) ritardo *m*: **mit etw im ~ sein** essere in ritardo con qc 2 JUR mora *f* ♦ **Gefahr ist im ~** c'è un pericolo imminente **Ver·zugs·zin·sen** PL interessi *mpl* di mora
ver·zwei·feln VI ⟨s.⟩ disperarsi, essere disperato; (*die Hoffnung verlieren*) perdere la speranza: **ich verzweifle an etw** (*dat*) (*od* **über etw** (*akk*)) qc mi fa disperare; **ich verzweifle an euch** non ho più speranze con voi ♦ **es ist zum Verzweifeln** c'è da disperarsi
ver·zwei·felt ADJ disperato
Ver·zweif·lung F ⟨-; -en⟩ disperazione *f* ♦ **j-n zur ~ bringen** far disperare qn; **j-n zur ~ treiben** ridurre qn alla disperazione
Ver·zweif·lungs·tat F atto *m* disperato
ver·zwei·gen VR **sich ~** ramificarsi (*a. fig*) **ver·zweigt** ADJ ramificato **Ver·zwei·gung** F ⟨-; -en⟩ ramificazione *f* (*a. fig*)
ver·zwickt ADJ *umg* intricato, complicato
Ve·suv [v-] M ⟨-[s]⟩ Vesuvio *m*
Ve·te·ran [v-] M ⟨-en; -en⟩ veterano *m*
Ve·te·ri·när [v-] M ⟨-s; -e⟩, **-in** F ⟨-; -nen⟩ veterinario *m*, -a *f*
Ve·to [v-] N ⟨-s; -s⟩ veto *m*: **(s)ein ~ gegen etw einlegen** porre il veto a qc **Ve-**

to·recht N diritto *m* di veto

Vet·ter M ⟨-s; -n⟩ cugino *m* **Vet·tern·wirt·schaft** F nepotismo *m*

via [v-] PRÄP via

Vi·a·dukt [v-] M/N ⟨-[e]s; -e⟩ viadotto *m*

Vi·ag·ra® [v-] N ⟨-s⟩ Viagra® *m*

Vib·ra·ti·on [v-] F ⟨-; -en⟩ vibrazione *f*

vib·rie·ren [v-] V/I ⟨h.⟩ vibrare

Vi·deo [v-] N ⟨-s; -s⟩ **1** (*Videoclip*) video *m* **2** → Videofilm

Vi·de·o·auf·zeich·nung F videoregistrazione *f* **Vi·de·o·band** N ⟨-[e]s; -bänder⟩ videotape *m* **Vi·de·o·clip** M ⟨-s; -s⟩ videoclip *m* **Vi·de·o·film** M **1** filmino *m*; filmato *m* **2** film *m* in (*od* su) videocassetta **Vi·de·o·ge·rät** N videoregistratore *m* **Vi·de·o·ka·me·ra** F videocamera *f* **Vi·de·o·kas·set·te** F videocassetta *f* **Vi·de·o·kon·fe·renz** F videoconferenza *f* **Vi·de·o·re·kor·der** M videoregistratore *m* **Vi·de·o·spiel** N videogioco *m*, videogame *m* **Vi·de·o·tech·nik** F videotecnica *f* **Vi·de·o·text** M televideo *m*, teletext *m* **Vi·de·o·thek** F ⟨-; -en⟩ videoteca *f* **Vi·de·o·über·wa·chung** F sorveglianza *f* con telecamere

Vieh N ⟨-[e]s⟩ **1** bestiame *m*, bestie *fpl* **2** *umg* (*Tier*) animale *m*, bestia *f* (*a. fig pej*) **Vieh·be·stand** M patrimonio *m* zootecnico **Vieh·fut·ter** N cibo *m* per animali **Vieh·han·del** M commercio *m* di bestiame

vie·hisch ADJ bestiale (*a. fig*)

Vieh·markt M mercato *m* del bestiame **Vieh·wa·gen** M, **Vieh·wag·gon** M carro *m* bestiame **Vieh·zucht** F allevamento *m* di (*od* del) bestiame

viel ⟨*komp*: mehr, *sup*: meist...⟩ **A** INDEF PR molto, tanto: **-e neue Freunde** molti nuovi amici; **-e Leute** tanta gente **B** PRON N **vieles**, PL **viele**: **-es wissen** sapere molto (*od* molte cose); **-e der Zuschauer** molti spettatori; **-e von uns** molti di noi **C** PRON ⟨*inv*⟩ molto, tanto, molte (*od* tante) cose: **~ Gutes** molte cose buone; **er hat ~ von seinem Vater** ha molto di suo padre **D** ADV **1** molto, tanto: **~ arbeiten** lavorare molto **2** **~ besser/mehr** molto meglio/di più; **~ zu teuer** troppo caro **3** **~ befahren** molto trafficato; **~ beschäftigt** indaffarato, molto occupato; **~ sagend** → vielsagend; **~ versprechend** → vielversprechend; **~ zitiert** molto citato ♦ **ein bisschen ~** un po' troppo; **gleich ~** altrettanto; **~ Glück!** buona fortuna!; **-e hundert Menschen** molte centinaia di persone; **sehr ~** moltissimo; **so ~ wie** tanto quanto; **um -es** (di) molto; **um so ~** di tanto; **so ~ weiß ich, dass ...** so solo questo, che ...; **wie ~?** quanto?; **wie -e?** quanti?; **ziemlich ~** abbastanza; **~ zu viel** troppo; **~ zu wenig** troppo poco

viel·deu·tig ADJ dai molti significati

vie·le PRON molti

Viel·eck N ⟨-[e]s; -e⟩ poligono *m*

vie·ler·lei **A** ADJ ⟨*inv*⟩ vario, diverso **B** INDEF PR molte (*od* varie *od* diverse) cose *fpl*

vie·ler·orts ADV in molti (*od* vari) luoghi

vie·les PRON molto

viel·fach **A** ADJ multiplo, molteplice **B** ADV **1** più volte **2** *umg* molte volte, spesso ♦ **auf -en Wunsch** a richiesta generale; **das kleinste gemeinsame Vielfache** il minimo comune multiplo; **ein -er Millionär** un plurimiliardario, un multimiliardario; **um ein Vielfaches** di molto

Viel·falt F ⟨-⟩ molteplicità *f*, varietà *f* **viel·fäl·tig** ADJ molteplice, vario **Viel·fraß** M **1** *umg* mangione *m* **2** ZOOL ghiottone *m* **viel·köp·fig** ADJ numeroso

viel·leicht ADV **1** forse **2** (*wirklich*) davvero, proprio: **du bist ~ ein Spinner!** sei proprio uno svitato! **3** (*etwa*) forse, mica: **soll ich dir das ~ glauben?** devo forse crederti

viel·mals ADV tanto, molte volte ♦ **j-m ~ danken** ringraziare vivamente qn; **danke ~!** grazie infinite!

viel·mehr ADV anzi **viel·sa·gend** ADJ significativo: **ein -er Blick** uno sguardo eloquente **viel·schich·tig** ADJ molteplice, complesso **viel·sei·tig** ADJ **1** poliedrico: **ein -er Mensch** una persona poliedrica **2** molteplice, multiforme: **ein -es Programm** un programma multiforme ♦ **~ begabt** eclettico; **~ interessiert** poliedrico **Viel·sei·tig·keit** F ⟨-⟩ **1** poliedricità *f*, eclecticità *f* **2** (*Weite*) complessità *f*, vastità *f* **viel·spra·chig** ADJ poliglotta **viel·stim·mig** ADJ polifonico **viel·ver·spre·chend** ADJ molto promettente

Viel·völ·ker·staat M stato *m* plurinazionale

Viel·zahl F ⟨-⟩ pluralità *f*, molteplicità *f*

vier NUM quattro: **in ~ Tagen** fra quattro giorni; **gegen ~** (**Uhr**) verso le quattro ♦ *umg* **auf allen -en gehen** andare carponi; **unter ~ Augen** a quattr'occhi; *umg* **alle -e von sich strecken** stiracchiarsi per bene

Vier F ⟨-; -en⟩ **1** quattro *m* **2** (*Schulnote*) = *sei* **Vier·bei·ner** M ⟨-s; -⟩ **1** quadrupede *m* **2** *hum* (*Hund*) quattrozampe *m* **vier·blätt·rig** ADJ a (*od* di) quattro foglie **Vier·eck** N ⟨-[e]s; -e⟩ quadrilatero *m*; quadrato *m* **vier·eckig** ADJ quadrangolare, tetragonale **vier·ein·halb** ADJ ⟨*inv*⟩ quattro e mezzo

Vie·rer M ⟨-s; -⟩ **1** (*Ruderboot*) imbarcazione *f* a quattro **2** *umg* (*beim Lotto*) quaterna *f* **Vie·rer·bob** M bob *m* a quattro **vier·fach** **A** ADJ quadruplo **B** ADV quattro volte **Vier·fa·che** N ⟨-n⟩ quadruplo *m*

Vier·far·ben·druck M ⟨-[e]s; -e⟩ quadricromia *f*

Vier·fü·ßer M ⟨-s; -⟩ quadrupede *m* **Vier·gang·ge·trie·be** N cambio *m* a quattro marce **vier·hän·dig** ADV a quattro mani

vier·hun·dert NUM quattrocento

vier·jäh·rig ADJ di quattro anni **vier·kan·tig** ADJ quadro, quadrangolare **Vier·ling** M ⟨-s; -e⟩ gemello *m* (di quattro): **-e** quattro gemelli **vier·mal** ADV (per) quattro volte **vier·ma·lig** ADJ di quattro volte **vier·mo·na·tig** ADJ di quattro mesi **vier·mo·to·rig** ADJ quadrimotore **Vier·rad·an·trieb** M trazione *f* a quattro ruote (*od* integrale) **vier·räd·rig** ADJ a (*od* con) quattro ruote **vier·schrö·tig** ADJ tarchiato **vier·sei·tig** ADJ quadrilatero **Vier·sit·zer** M ⟨-s; -⟩ AUTO quattro posti *f* **vier·spu·rig** ADJ a quattro corsie **vier·stel·lig** ADJ a (*od* di) quattro cifre **vier·stim·mig** ADJ MUS a quattro voci **vier·stö·ckig** ADJ di (*od* a) quattro piani **vier·stün·dig** ADJ di quattro ore

viert: **zu ~** in quattro; **ein Spiel zu ~** un gioco a quattro; **wir waren zu ~** eravamo in quattro

Vier·takt·mo·tor M motore *m* a quattro tempi

vier·tau·send NUM quattromila

vier·te ADJ **1** quarto **2** (*Datum*) quattro: **am -n März** il quattro marzo **Vier·te** M/F ⟨-n; -n⟩ quarto *m*, -a *f*: **jeder ~** uno su quattro **vier·tel** ADJ ⟨*inv*⟩ **1** quarto: **ein ~ Liter** un quarto di litro **2** **in drei ~ Stunden** in tre quarti d'ora

Vier·tel N ⟨-s; -⟩ **1** quarto *m* **2** **es ist** (**ein**) **~ vor drei** sono le tre meno un quarto; **es ist** (**ein**) **~ nach drei** sono le tre e un quarto **3** (*Wein*) quarto *m* (di vino), quartino *m* **4** (*Stadtteil*) quartiere *m*

Vier·tel·fi·na·le N quarti *mpl* di finale **Vier·tel·jahr** N trimestre *m* **vier·tel·jähr·lich** **A** ADJ trimestrale **B** ADV ogni tre mesi **Vier·tel·li·ter** M/N quarto *m* di litro, quartino *m*

vier·teln V/T **1** (*durch vier teilen*) dividere in quattro (parti) **2** (*in vier Teile*) tagliare in quattro

Vier·tel·no·te F MUS semiminima *f* **Vier·tel·pau·se** F pausa *f* di una semiminima **Vier·tel·stun·de** F quarto *m* d'ora **vier·tel·stünd·lich** ADJ & ADV ogni quarto d'ora

vier·tens ADV in quarto luogo

Vier·vier·tel·takt M MUS tempo *m* in quattro quarti

Vier·wald·stät·ter See M Lago *m* dei Quattro Cantoni

vier·zehn NUM quattordici ♦ **~ Tage** quindici giorni, due settimane

vier·zehn·hun·dert NUM millequattrocento **vier·zehn·jäh·rig** ADJ quattordicenne **vier·zehn·tä·gig** ADJ di quindici giorni

Vier·zei·ler M ⟨-s; -⟩ LIT quartina *f*

vier·zig NUM quaranta: **Ende der ~ sein** essere alla fine dei quaranta

Vier·zig F ⟨-; -en⟩ quaranta *m*

vier·zi·ger ADJ ⟨*inv*⟩ quaranta: **die ~ Jahre** gli anni quaranta

Vier·zi·ger M ⟨-s; -⟩, **-in** F ⟨-; -nen⟩ quarantenne *m/f*

Vier·zi·ger·jah·re PL anni *mpl* quaranta

vier·zig·jäh·rig ADJ di quarant'anni; quarantenne

vier·zigs·te ADJ & PRON quarantesimo

Vi·et·nam [v-] N ⟨-s⟩ Vietnam *m* **Vi·et·na·me·se** M ⟨-n; -n⟩, **-me·sin** F ⟨-; -nen⟩ vietnamita *m/f* **vi·et·na·me·sisch** ADJ vietnamita

Vig·net·te [vɪn'jɛtə] F ⟨-; -n⟩ **1** vignetta *f* **2** (*für Autobahn*) bollino *m* (autostradale)

Vi·kar [v-] M ⟨-s; -e⟩ vicario *m*

Vil·la [v-] F ⟨-; Villen⟩ villa *f* **Vil·len·vier·tel** N quartiere *m* signorile

Vi·o·la [v-] F ⟨-; Violen⟩ MUS viola *f*

vi·o·lett [v-] ADJ violetto
Vi·o·lin·bo·gen M archetto *m* del violino
Vi·o·li·ne [v-] F ⟨-; -n⟩ violino *m*
Vi·o·li·nist M ⟨-en; -en⟩, **-in** F ⟨-; -nen⟩ violinista *m/f*
Vi·o·lin·kon·zert N concerto *m* di violino **Vi·o·lin·schlüs·sel** M chiave *f* di violino
Vi·o·lon·cel·lo [v-] N violoncello *m*
Vi·per [v-] F ⟨-; -n⟩ vipera *f*
Vi·ren·such·pro·gramm [v-] N IT programma *m* antivirus
Vi·ro·lo·gie [v-] F ⟨-⟩ virologia *f*
vir·tu·ell [v-] ADJ virtuale
vir·tu·os A ADJ 1 magistrale 2 (*Person*) brillante, eccellente B ADV in modo magistrale, da virtuoso **Vir·tu·o·se** M ⟨-n; -n⟩, **-sin** F ⟨-; -nen⟩ virtuoso *m*, -a *f* **Vir·tu·o·si·tät** F ⟨-⟩ virtuosismo *m*, maestria *f*
vi·ru·lent [v-] ADJ 1 virulento 2 *fig* serio
Vi·rus [v-] N/M ⟨-; Viren⟩ virus *m* (*a.* IT) **Vi·rus·in·fek·ti·on** F infezione *f* virale
Vi·sa·ge [vi'za:ʒə] F ⟨-; -n⟩ *umg pej* faccia *f*
Vi·sier [v-] N ⟨-s; -e⟩ 1 visiera *f* 2 (*Ziel*) mira *f*: *fig* **j-n/etw ins ~ nehmen** prendere di mira qn/qc **vi·sie·ren** V/I ⟨h.⟩ mirare: **auf den Kopf ~** mirare alla testa
Vi·si·on [v-] F ⟨-; -en⟩ visione *f*
vi·si·o·när [v-] ADJ visionario
Vi·sit [v-] N ⟨-s; -s⟩ IT visita *f*
Vi·si·te [v-] F ⟨-; -n⟩ MED visite *fpl* **Vi·si·ten·kar·te** F biglietto *m* da visita
vi·su·ell [v-] ADJ visivo
Vi·sum [v-] N ⟨-s; Visa *u.* Visen⟩ visto *m*
vi·tal [v-] ADJ vitale **Vi·ta·li·tät** F ⟨-⟩ vitalità *f*
Vi·ta·min [v-] N ⟨-s; -e⟩ vitamina *f* ♦ *hum* **~ B** conoscenze (*od* amicizie) influenti
vi·ta·min·arm ADJ povero di vitamine **Vi·ta·min·ge·halt** M ⟨-[e]s; -e⟩ contenuto *m* vitaminico **Vi·ta·min·man·gel** M carenza *f* vitaminica **Vi·ta·min·prä·pa·rat** N preparato *m* vitaminico **vi·ta·min·reich** ADJ ricco di vitamine, vitaminico **Vi·ta·min·stoß** M urto *m* vitaminico
Vit·ri·ne [v-] F ⟨-; -n⟩ vetrina *f*
Vi·ze [f-, v-] M ⟨-s; -s⟩ *umg* vice *m* **Vi·ze·kanz·ler** [f-] M, **-in** F vicecancelliere *m*, -a *f* **Vi·ze·meis·ter** M, **-in** F vicecampione *m*, -essa *f* **Vi·ze·prä·si·dent** M, **-in** F vicepresidente *m/f*
Vo·gel M ⟨-s; Vögel⟩ 1 uccello *m* 2 *umg* (*Mensch*) tipo *m* ♦ **den ~ abschießen** fare centro; *fig* **einen ~ haben** essere picchiato; *fig* **j-m den ~ zeigen** dare del matto a qn
Vo·gel·bau·er M gabbia *f* per uccelli **Vo·gel·bee·re** F sorba *f* **vo·gel·frei** ADJ fuorilegge **Vo·gel·fut·ter** N mangime *m* per uccelli, becchime *m* **Vo·gel·ge·zwit·scher** M ⟨-s⟩ cinguettio *m* **Vo·gel·kä·fig** M gabbia *f* per uccelli **Vo·gel·kun·de** F ornitologia *f* **Vo·gel·mist** M sterco *m* (*od* escrementi *mpl*) di uccelli
vö·geln V/T *vulg* scopare, chiavare
Vo·gel·nest N nido *m* **Vo·gel·per·spek·ti·ve** F prospettiva *f* a volo d'uccello **Vo·gel·scheu·che** F ⟨-; -n⟩ spaventapasseri *m* **Vo·gel·schutz·ge·biet** N riserva *f* ornitologica **Vo·gel·war·te** F stazione *f* ornitologica **Vo·gel·zug** M migrazione *f* degli uccelli
Vo·gerl·sa·lat M *österr* valerianella *f*
Vo·ge·sen [v-] PL Vosgi *mpl*
Voice Mail ['vɔysme:l] F ⟨- -; - -s⟩ voice mail *f inv*
Vo·ka·bel [v-] F ⟨-; -n⟩ vocabolo *m*
Vo·ka·bu·lar [v-] N ⟨-s; -e⟩ vocabolario *m*
Vo·kal [v-] M ⟨-s; -e⟩ vocale *f*
Vo·kal·mu·sik F musica *f* vocale
Volk N ⟨-[e]s; Völker⟩ 1 popolo *m*: **die Völker Europas** i popoli dell'Europa; **ein Mann aus dem ~** un uomo del popolo 2 (*Bevölkerung*) popolazione *f* 3 (*Leute*) gente *f*
Völ·ker·bund M HIST Società *f* delle Nazioni **Völ·ker·kun·de** F etnologia *f* **Völ·ker·mord** M genocidio *m* **Völ·ker·recht** N diritto *m* internazionale **völ·ker·recht·lich** ADJ di diritto internazionale **Völ·ker·ver·stän·di·gung** F comprensione *f* fra i popoli **Völ·ker·wan·de·rung** F 1 migrazione *f* dei popoli 2 *umg* esodo *m*
Volks·ab·stim·mung F plebiscito *m*, referendum *m* **Volks·auf·stand** M insurrezione *f* popolare **Volks·be·fra·gung** F consultazione *f* popolare **Volks·be·geh·ren** N proposta *f* di legge di iniziativa popolare **volks·ei·gen** ADJ nazionalizzato **Volks·ein·kom-**

V

men N reddito *m* nazionale **Volks·ent·scheid** M plebiscito *m* **Volks·feind** M, **-in** F nemico *m*, -a *f* del popolo **Volks·fest** N festa *f* popolare **Volks·grup·pe** F gruppo *m* etnico **Volks·held** M, **-in** F eroe *m*, eroina *f* nazionale **Volks·herr·schaft** F democrazia *f* **Volks·hoch·schu·le** F università *f* popolare **Volks·kam·mer** F HIST = *parlamento* (*della Repubblica Democratica Tedesca*) **Volks·kun·de** F folclore *m*, demologia *f* **Volks·lied** N canto *m* popolare **Volks·mund** M linguaggio *m* popolare **Volks·mu·sik** F musica *f* popolare **volks·nah** ADJ vicino al popolo **Volks·re·pub·lik** F repubblica *f* popolare: **die ~ China** la Repubblica Popolare Cinese **Volks·schu·le** F HIST scuola *f* elementare **Volks·see·le** F anima *f* del popolo **Volks·sport** M sport *m* di massa **Volks·stamm** M stirpe *f*, tribù *f* **Volks·tanz** M danza *f* popolare **Volks·tracht** F costume *m* nazionale **Volks·tum** N ⟨-s⟩ carattere *m* nazionale **volks·tüm·lich** ADJ popolare **Volks·ver·dum·mung** F ⟨-⟩ inganno *m* delle masse **Volks·ver·mö·gen** N patrimonio *m* nazionale **Volks·ver·samm·lung** F 1 POL assemblea *f* nazionale 2 (*Menschenansammlung*) riunione *f* di massa **Volks·ver·tre·ter** M, **-in** F rappresentante *m/f* del popolo, deputato *m*, -a *f* **Volks·ver·tre·tung** F rappresentanza *f* popolare, parlamento *m*

Volks·wirt M, **-in** F economista *m/f* **Volks·wirt·schaft** F economia *f* politica **Volks·wirt·schafts·leh·re** F economia *f* politica

Volks·zäh·lung F censimento *m*

voll A ADJ 1 pieno, colmo; (*Haare*) folto: **ein Korb ~ Nüsse** (*od* **~ (mit) Nüssen**) un cesto pieno di noci; *fig* **-er Freude** pieno di gioia; (*rundlich*) **ein -es Gesicht** un viso pieno; *umg* (*betrunken*) **Mensch, der ist ~!** accidenti, quello ha fatto il pieno! 2 (*uneingeschränkt*) completo, tutto, intero: **er besitzt mein -es Vertrauen** ha la mia completa (*od* piena) fiducia; **eine -e Stunde** un'ora intera; **-e drei Jahre** per tre anni buoni B ADV 1 completamente: **~ besetzt** completamente occupato 2 (*uneingeschränkt*) pienamente: **~ verantwortlich** pienamente responsabile; **~ bezahlen** pagare per intero ♦ **in -em Ernst** in tutta serietà; **~ und ganz** completamente; SCHIFF **-e Kraft voraus/zurück** avanti/indietro tutta; **j-n für voll ~ nehmen** prendere sul serio qn; **mit -en Segeln** a gonfie vele; → vollfüllen, vollgepfropft, vollmachen, vollsaugen, vollschlagen *usw.*

voll·auf ADV pienamente, completamente ♦ **~ genug** di gran lunga, più che abbastanza **voll·au·to·ma·tisch** ADJ totalmente automatico **Voll·bad** N bagno *m* completo **Voll·bart** M barba *f* folta **voll·be·schäf·tigt** ADJ molto occupato **Voll·be·schäf·ti·gung** F piena attività *f* **Voll·be·sitz** M **im ~ seiner Kräfte/Sinne sein** essere nel pieno possesso delle proprie forze/facoltà **Voll·blut** N, **Voll·blü·ter** M ⟨-s; -⟩ purosangue *m* **Voll·brem·sung** F frenata *f* a fondo

voll·brin·gen V/T ⟨*irr*⟩ completare

voll·bu·sig ADJ dal seno pieno

Voll·dampf M **mit ~** a tutto vapore

voll·en·den V/T 1 (*abschließen*) terminare 2 (*zu Ende bringen*) compiere **voll·en·det** ADJ perfetto ♦ **die -e Dame** una vera signora **voll·ends** ADV del tutto **Voll·en·dung** F 1 compimento *m*: **mit/nach ~ des 18. Lebensjahrs** al/dopo il compimento del diciottesimo anno di età 2 perfezione *f*

vol·ler ADJ ⟨*inv*⟩ pieno di: **~ Wasser** pieno (*od* colmo) d'acqua

Völ·le·rei F ⟨-; -en⟩ ingordigia *f*, gozzoviglia *f*

Vol·ley ['vɔlɪ] M ⟨-s; -s⟩ volée *f*

Vol·ley·ball M pallavolo *f*: **~ spielen** giocare a pallavolo

voll·füh·ren V/T 1 fare, realizzare 2 (*vollbringen*) compiere

voll·fül·len V/T riempire **Voll·gas** N **~ geben** dare gas; **mit ~** a tutto gas (*a. fig*) **voll·ge·pfropft** ADJ, **voll·ge·stopft** ADJ pieno zeppo **voll·gie·ßen** V/T ⟨*irr*⟩ riempire fino all'orlo **Voll·gum·mi·rei·fen** M copertone *m* in gomma piena

völ·lig A ADJ pieno, completo; totale B ADV completamente, totalmente; del tutto: **es ist ~ unmöglich** è assolutamente impossibile

voll·jäh·rig ADJ maggiorenne **Voll·jäh·rig·keit** F ⟨-⟩ maggiore età *f*

Voll·kas·ko·ver·si·che·rung F polizza *f* casco

voll·kom·men ADJ 1 perfetto 2

(*völlig*) pieno, completo **Voll·kom·men·heit** F ⟨-⟩ perfezione *f*
Voll·korn·brot N pane *m* integrale
voll·lau·fen V/I ⟨irr; s.⟩ riempirsi completamente **voll·machen** V/T riempire: **das Dutzend ~** completare la dozzina pienamente
Voll·macht F ⟨-; -en⟩ 1 procura *f*, mandato *m*, delega *f*: **in ~** per procura; **j-m (die) ~ für etw erteilen** conferire a qn un mandato per qc 2 (*Gewalt*) potere *m*: **unumschränkte -en** pieni poteri ♦ **~ haben** avere pieni poteri; **j-m ~ geben** dare la procura a qn
Voll·milch F latte *m* intero **Voll·milch·scho·ko·la·de** F cioccolato *m* al latte
Voll·mond M luna *f* piena: **bei ~** con la luna piena; **es ist ~** c'è la luna piena
voll·mun·dig ADJ dal gusto pieno
Voll·nar·ko·se F anestesia *f* totale
voll·pa·cken V/T riempire **Voll·pen·si·on** F pensione *f* completa **voll·sau·gen** V/R **sich mit etw ~** impregnarsi completamente di qc **voll·schla·gen** V/R ⟨irr⟩ ♦ **sich** (*dat*) **den Bauch ~** rimpinzarsi **voll·schlank** ADJ tondetto **voll·stän·dig** ADJ completo **Voll·stän·dig·keit** F ⟨-⟩ completezza *f*: **der ~ halber** per ragioni di completezza **voll·stop·fen** V/R **sich ~** rimpinzarsi
voll·streck·bar ADJ JUR esecutorio
voll·stre·cken V/T JUR eseguire, rendere esecutivo **Voll·stre·cker** M ⟨-s; -⟩, **-in** F ⟨-; -nen⟩ esecutore *m*, -trice *f* **Voll·stre·ckung** F JUR esecuzione *f*
voll·tan·ken V/T **den Wagen ~** fare il pieno (all'auto) **Voll·text·su·che** F IT ricerca *f* completa **Voll·tref·fer** M 1 centro *m* 2 *fig* (*Erfolg*) bel colpo *m* ♦ **einen ~ landen** (*od* **erzielen**) colpire nel segno (*a. fig*) **voll·trun·ken** ADJ completamente ubriaco **Voll·ver·samm·lung** F riunione *f* plenaria **Voll·ver·si·on** F IT versione *f* integrale **Voll·wai·se** F orfano *m*, -a *f* di entrambi i genitori
Voll·wasch·mit·tel N detersivo *m* per tutti i tipi di bucato **voll·wer·tig** ADJ 1 di pieno valore 2 **ein -er Ersatz** un adeguato sostituto **Voll·wert·kost** F cibo *m* a base di alimenti integrali **voll·zäh·lig** A ADJ completo B ADV al completo: **~ (versammelt) sein** esserci tutti **Voll·zeit·be·schäf·ti·gung** F impiego *m* a tempo pieno
voll·zie·hen ⟨irr⟩ A V/T effettuare; eseguire (*a.* JUR) B V/R **sich ~** compiersi, verificarsi **Voll·zie·hung** F messa *f* in atto, effettuazione *f*
Voll·zug M ⟨-[e]s⟩ 1 → Vollziehung 2 (*Strafvollzug*) esecuzione *f* della pena: **offener ~** regime *m* di semilibertà
Voll·zugs·an·stalt F istituto *m* di pena
Voll·zugs·be·am·te M, **-be·am·tin** F agente *m/f* di polizia penitenziaria
Vo·lon·tär [v-] M ⟨-s; -e⟩ praticante *m*; (*in einem Betrieb*) stagista *m* **Vo·lon·ta·ri·at** N ⟨-[e]s; -e⟩ praticantato *m*; stage *m* **Vo·lon·tä·rin** F ⟨-; -nen⟩ praticante *f*; (*in einem Betrieb*) stagista *f*
Volt [v-] N ⟨- *u.* -[e]s; -⟩ volt *m* **Volt·me·ter** N voltmetro *m*
Vo·lu·men [v-] N ⟨-s; -⟩ volume *m*
vo·lu·mi·nös [v-] ADJ voluminoso
von PRÄP ⟨*a.* vom⟩ (+*dat*) 1 (*lokal*) da: **der Zug kommt ~ Bonn** il treno arriva da Bonn; **~ oben/unten/vorn/hinten** da sopra/sotto/davanti/dietro 2 (*temporal*) **~ 10 bis 11 Uhr** dalle 10 alle 11 3 **etw vom Schrank nehmen** prendere qc dall'armadio; **~ seiner Frau getrennt sein** essere separato dalla propria moglie 4 (*Passiv*) **~ einem Auto angefahren werden** essere investito da un'auto 5 (*Genitiv*) di: **die Königin ~ England** la regina d'Inghilterra 6 **schwer ~ Begriff** duro di comprendonio; **er ist Ingenieur ~ Beruf** di professione è ingeniere 7 (*partitiv*) **wer ~ euch** chi di voi; **Hunderte ~ ...** centinaia di ...; **~ Goethe** di Goethe 8 (*modal*) **eine Frau ~ großem Talent** una donna di grande talento 9 (*Größe, Gewicht, Alter*) **ein Kind ~ drei Jahren** un bambino di tre anni; **ein Tisch ~ zwei Meter Breite** un tavolo largo due metri 10 (*partitiver Genitiv*) **ein Freund ~ mir** un mio amico 11 su: **~ zwanzig Schülern sind acht krank** otto allievi su venti sono malati 12 (*kausal*) per: **müde ~ etw sein** essere stanco per qc ♦ **~ gestern** di ieri; **~ heute ab** (*od* **an**) da oggi in poi, a partire da oggi; **~ Anfang an** fin dall'inizio; **~ mir aus** per me; **~ da/dort** di (*od* da) lì/là; **grüßen Sie ihn ~ mir!** lo saluti da parte mia!; **~ sich aus** di sua iniziativa, da solo; **~ nichts wissen** non sapere niente; **~ ... zu ...** di ... in ...; **~ Jahr zu Jahr** di anno in anno; **~ Zeit zu Zeit** di quando in quando, ogni tanto
von·ei·nan·der ADV 1 uno dall'altro:

sie sind ~ abhängig dipendono uno dall'altro; **wir müssen ~ scheiden** dobbiamo separarci **2** uno dell'altro: **wir haben nichts mehr ~ gehört** non abbiamo più sentito niente uno dell'altro

von·stat·ten·ge·hen VI ⟨irr; s.⟩ avere luogo, esserci; (*vorangehen*) andare avanti

vor **A** PRÄP (+*akk u. dat*) **1** (*lokal*) davanti a: **~ dem Fernseher sitzen** sedere davanti al televisore; **setz dich ~ mich!** siediti davanti a me!; **~ einem breiten Publikum** davanti a un folto pubblico **2** (*temporal*) prima di: **~ 1945** prima del 1945; **~ Weihnachten** prima di Natale; **~ Ablauf der Frist** entro la scadenza del termine **3** **~ 10 Minuten/~ einigen Tagen** dieci minuti fa/alcuni giorni fa **4** (*Uhrzeit*) **zehn ~ acht** le otto meno dieci **5** (*Reihenfolge, Rangordnung*) **du bist ~ ihm dran** sei prima di lui **6** (*außerhalb*) **ein Kilometer ~ dem Dorf** un chilometro prima del paese; **j-n bis ~ die Stadt begleiten** accompagnare qn fino alle porte della città **7** (*kausal*) di, da, per: **~ Hunger sterben** morire di fame (*od* dalla fame); **~ Schmerz schreien** urlare dal dolore; **blass ~ Schreck** pallido per lo spavento; **etw ~ lauter Arbeit vergessen** dimenticare qc per il troppo lavoro **B** ADV (in) avanti: **~ und zurück** avanti e indietro; **Freiwillige ~!** avanti i volontari! ♦ **~ Christi Geburt** (*od* **~ Christus**) avanti Cristo; **~ dem Gesetz sind alle gleich** la legge è uguale per tutti; **etw ~ sich** (*dat*) **haben** dover fare qc; **zwei Schritte ~ j-m gehen** camminare due passi avanti a qn, precedere qn di due passi; **~ sich** (*akk*) **hin** fra sé e sé, da solo; **~ der Zeit** prima del tempo

vor·ab ADV **1** (*vor allem*) innanzitutto **2** (*vorher*) in anticipo

Vor·abend M vigilia *f* (*a. fig*)

Vor·ah·nung F presentimento *m*

vo·ran ADV davanti, avanti **vo·ran·brin·gen** VT ⟨irr⟩ portare avanti **vo·ran·ge·gan·gen** ADJ precedente **vo·ran·ge·hen** VI ⟨irr; s.⟩ **1** **j-m/etw ~** andare innanzi a (*od* precedere) qn/qc **2** andare avanti, procedere **vo·ran·ge·hend** ADJ precedente **vo·ran·kom·men** VI ⟨irr; s.⟩ andare avanti, procedere: **beruflich ~** avanzare professionalmente

Vor·an·kün·di·gung F preannuncio *m* **Vor·an·mel·dung** F preavviso *m*

Vor·an·schlag M preventivo *m*

vo·ran·trei·ben VT ⟨irr⟩ accelerare

Vor·ar·beit F lavoro *m* preparatorio

vor·ar·bei·ten **A** VI ⟨h.⟩ **j-m ~** preparare un lavoro a qn **B** VR **sich ~** avanzare, farsi strada (*a. fig*)

Vor·ar·bei·ter M, **-in** F caposquadra *m/f*

Vor·arl·berg M ⟨-s⟩ Vorarlberg *m*

vo·raus ADV avanti, innanzi: **den anderen weit ~ sein** essere molto più avanti degli altri ♦ **im Voraus** in anticipo; **j-m in etw** (*dat*) **~ sein** essere superiore a qn in qc; **seiner Zeit ~ sein** precorrere i tempi

vo·raus·ah·nen VT presentire **vo·raus·be·rech·nen** VT calcolare in anticipo **vo·raus·be·zah·len** VT pagare in anticipo **vo·raus·fah·ren** VI ⟨irr; s.⟩ andare avanti, partire prima **vo·raus·ge·hen** VI ⟨irr; s.⟩ **1** andare avanti **2** **j-m ~** precedere qn (*a. fig*) **3** (*zeitlich*) **etw** (*dat*) **~** essere anteriore (*od* precedente) a, precedere qc

vo·raus·ge·setzt KONJ **~, dass ...** (sup)posto che ..., a condizione che ..., purché ...

vo·raus·ha·ben VT ⟨irr⟩ **j-m etw ~** essere superiore a qn in qc, avere qc in più di qn **Vo·raus·kas·se** F ⟨-⟩ pagamento *m* anticipato **vo·raus·lau·fen** VI ⟨irr; s.⟩ correre avanti **vo·raus·pla·nen** VT programmare in anticipo **Vo·raus·sa·ge** F predizione *f* **vo·raus·sa·gen** VT predire **vo·raus·schau·end** ADJ previdente **vo·raus·schi·cken** VT **1** mandare prima **2** (*sagen*) premettere: **ich muss ~, dass ...** devo premettere che ... **vo·raus·seh·bar** ADJ prevedibile **vo·raus·se·hen** VT ⟨irr⟩ prevedere **vo·raus·set·zen** VT presupporre: **etw als bekannt ~** presupporre che qc sia noto **Vo·raus·set·zung** F ⟨-; -en⟩ presupposto *m*, premessa *f*, condizione *f*: **von falschen -en ausgehen** partire da premesse sbagliate; **die ~ für etw sein** essere il presupposto per qc; **unter der ~, dass ...** a condizione che ... **Vo·raus·sicht** F previsione *f*: **in der ~, dass ...** in previsione del fatto che ... ♦ **aller ~ nach** con ogni probabilità; **in weiser ~** per precauzione **vo·raus·sicht·lich** ADJ prevedibile, presumibile, probabile

Vor·bau M ⟨-[e]s; -ten⟩ **1** (*Vorsprung*) avancorpo *m*, aggetto *m* **2** (*Vorhalle*)

portico *m*
vor·bau·en A VT costruire in aggetto B VI ⟨h.⟩ **etw** (*dat*) ~ prevenire qc
Vor·be·deu·tung F presagio *m* **Vor·be·din·gung** F condizione *f* preliminare, premessa *f* necessaria **Vor·be·halt** M riserva *f*: **-e gegen etw haben** avere delle riserve nei confronti di qc; **ohne ~** senza riserve **vor·be·hal·ten** VR ⟨*irr*⟩ **sich** (*dat*) **etw ~** riservarsi qc ♦ **j-m ~ sein** (*od* **bleiben**) essere riservato a qn; **Änderungen/Irrtum ~** salvo cambiamenti/errori; **alle Rechte ~** tutti i diritti riservati **vor·be·halt·lich** PRÄP (+*gen*) *form* con riserva di, salvo **vor·be·halt·los** ADJ & ADV senza riserve **vor·be·han·deln** VT trattare preventivamente
vor·bei ADV 1 (*lokal*) passato: **der Wagen ist schon** (**an uns**) **~** la macchina è già passata (davanti a noi) 2 (*zeitlich*) finito: **der Sommer ist ~** l'estate è finita; **es ist Mitternacht ~** è mezzanotte passata; (**es ist**) **aus und ~** è finita
vor·bei·fah·ren VI ⟨*irr*; s.⟩ passare **vor·bei·ge·hen** VI ⟨*irr*; s.⟩ 1 **an j-m/etw ~** passare accanto (*od* davanti) a qn/qc 2 *fig* **an den Tatsachen ~** passar sopra ai fatti 3 *umg* **bei der Apotheke ~** passare in farmacia 4 (*vergehen*) finire ♦ **bei j-m ~** (*besuchen*) fare un salto da qn; **im Vorbeigehen** passando **vor·bei·kom·men** VI ⟨*irr*; s.⟩ 1 passare (davanti) 2 *umg* **bei j-m ~** passare (*od* fare un salto) da qn **vor·bei·las·sen** VT ⟨*irr*⟩ *umg* lasciar passare **vor·bei·mar·schie·ren** VI ⟨s.⟩ sfilare: **an etw** (*dat*) **~** sfilare davanti a qn **vor·bei·re·den** VI ⟨h.⟩ **am Thema ~** non centrare un tema; **aneinander ~** parlare ognuno per conto proprio **vor·bei·schie·ßen** VI ⟨*irr*; h.⟩ mancare: **am Ziel ~** mancare il bersaglio **vor·bei·schram·men** VI ⟨s.⟩ **an etw** (*dat*) **~** sfiorare qc **vor·bei·zie·hen** VI ⟨*irr*; s.⟩ 1 passare (davanti) 2 *fig* **~ lassen** lasciar passare
vor·be·las·tet ADJ compromesso
Vor·be·mer·kung F avvertenza *f* (preliminare), premessa *f*
vor·be·rei·ten A VT preparare: **j-n auf etw** (*akk*) **~** preparare qn a qc B VR **sich ~** prepararsi; **sich auf** (*od* **für**) **eine Prüfung ~** prepararsi per un esame **Vor·be·rei·tung** F ⟨-; -en⟩ 1 preparazione *f* 2 preparativo *m*: **-en** (**für etw**) **treffen** fare dei preparativi (per qc)
Vor·be·spre·chung F discussione *f* preliminare
vor·be·stel·len VT prenotare, far riservare **Vor·be·stel·lung** F prenotazione *f*
vor·be·straft ADJ JUR pregiudicato ♦ **nicht ~** incensurato
vor·beu·gen A VR **sich ~** piegarsi in avanti B VI ⟨h.⟩ **etw** (*dat*) **~** prevenire qc **vor·beu·gend** ADJ preventivo; MED profilattico **Vor·beu·gung** F ⟨-; -en⟩ prevenzione *f*: **zur ~ gegen** come prevenzione contro
Vor·bild N modello *m*, esempio *m*: **j-n zum ~ nehmen** prendere qn a modello; **j-m** (**ein**) **~ sein** essere un modello (*od* di esempio) per qn **vor·bild·lich** A ADJ esemplare, modello B ADV in modo esemplare
Vor·bil·dung F preparazione *f*, avviamento *m*
Vor·bo·te M, **-tin** F 1 (*Vorläufer*) precursore *m*, precorritrice *f* 2 (*Anzeichen*) (pre)annuncio *m*
vor·brin·gen VT ⟨*irr*⟩ 1 formulare, esprimere: **einen Wunsch ~** formulare un desiderio 2 addurre: **Gründe für etw ~** addurre le ragioni di qc
vor·christ·lich ADJ precristiano
Vor·dach N tettoia *f*
vor·da·tie·ren VT postdatare
Vor·den·ker M, **-in** F ideologo *m*, -a *f*
Vor·der·ach·se F asse *m* anteriore **Vor·der·an·sicht** F veduta *f* (del lato) anteriore **Vor·der·asi·en** N Asia *f* anteriore **Vor·der·bein** N zampa *f* anteriore **Vor·der·deck** N SCHIFF castello *m* di prora
vor·de·re ADJ anteriore, davanti
Vor·der·fuß M zampa *f* anteriore **Vor·der·grund** M 1 davanti *m* 2 IT finestra *f* in primo piano 3 MAL, FOTO primo piano *m*: **im ~** in primo piano 4 *fig* **in den ~ stellen/treten** mettere/passare in primo piano; **sich in den ~ spielen** mettersi in luce **vor·der·grün·dig** ADJ evidente, palese **Vor·der·lauf** M JAGD → Vorderbein **Vor·der·mann** M ⟨-[e]s; -männer *u.* -leute⟩ chi sta davanti ♦ **j-n auf ~ bringen** mettere in riga qn; **etw auf ~ bringen** mettere in ordine (*od* sistemare) qc
Vor·der·rad N ruota *f* anteriore **Vor-**

der·rad·an·trieb M trazione f anteriore **Vor·der·sei·te** F parte f (od lato m) anteriore **Vor·der·sitz** M sedile m anteriore
vor·derst... ADJ primo
Vor·der·teil N/M parte f anteriore **Vor·der·tür** F porta f d'ingresso, porta f principale **Vor·der·zahn** M (dente m) incisivo m
vor·drän·gen V/R **sich ~** farsi avanti, farsi largo
vor·drin·gen V/I ⟨irr; s.⟩ **1** spingersi, inoltrarsi **2** *fig* **bis zu j-m/etw ~** giungere (*od* arrivare) fino a qn/qc
vor·dring·lich **A** ADJ urgente, pressante **B** ADV con priorità: **etw ~ behandeln** dare la priorità a qc
Vor·druck M ⟨-[e]s; -e⟩ (pre)stampato m
vor·ehe·lich ADJ prematrimoniale
vor·ei·lig ADJ precipitoso **Vor·ei·lig·keit** F ⟨-⟩ precipitazione f
vor·ei·nan·der ADV **1** (l')uno davanti all'altro **2** (l')uno dell'altro, (l')uno per l'altro: **keine Geheimnisse ~ haben** non avere segreti l'uno per l'altro
vor·ein·ge·nom·men ADJ prevenuto: **j-m/etw gegenüber ~ sein** essere prevenuto nei confronti di qn/qc **Vor·ein·ge·nom·men·heit** F ⟨-⟩ preconcetto m, prevenzione f
Vor·ein·stel·lung F IT impostazione f default
vor·ent·hal·ten V/T ⟨irr⟩ **j-m etw ~** nascondere qc a qn **Vor·ent·schei·dung** F decisione f provvisoria
vor·erst ADV per il momento, per ora
Vor·fahr M ⟨-en; -en⟩ antenato m
vor·fah·ren V/I ⟨irr; s.⟩ passare davanti: **vor dem Hotel ~** passare davanti all'hotel
Vor·fah·rin F ⟨-; -nen⟩ antenata f
Vor·fahrt F precedenza f: **~ achten!** dare la precedenza!; **j-m die ~ lassen** dare a qn la precedenza
Vor·fahrt(s)·re·gel F regola f della precedenza **Vor·fahrt(s)·schild** N cartello m di precedenza **Vor·fahrt(s)·stra·ße** F strada f con (diritto di) precedenza
Vor·fall M **1** (*Ereignis*) accaduto m, avvenimento m **2** MED prolasso m
vor·fal·len V/I ⟨irr; s.⟩ accadere, capitare
Vor·feld N campo m, terreno m antistante ♦ *fig* **im ~ von etw** alla vigilia di qc
Vor·film M cortometraggio m
vor·fi·nan·zie·ren V/T prefinanziare
vor·fin·den V/T ⟨irr⟩ trovare
Vor·freu·de F gioia f nell'attesa
vor·füh·len V/I ⟨h.⟩ sondare il terreno
vor·füh·ren V/T **1** condurre (davanti): **j-n dem Richter ~** condurre qn di fronte al giudice **2** (*vorstellen, zeigen*) presentare, esibire, (di)mostrare **3** (*Film*) proiettare **4** *umg* (*bloßstellen*) mettere in ridicolo **Vor·füh·rer** M, **-in** F (*Filmvorführer*) operatore m, -trice f di cabina cinematografica **Vor·führ·raum** M sala f di proiezione **Vor·füh·rung** F **1** (*Vorstellung*) dimostrazione f **2** (*eines Films*) proiezione f **3** THEAT rappresentazione f
Vor·ga·be F **1** SPORT vantaggio m **2** (*Richtlinie*) direttiva f **3** WIRTSCH → Vorgabezeit **Vor·ga·be·zeit** F tempo m indicato
Vor·gang M **1** (*Verlauf*) corso m, svolgimento m **2** (*Prozess*) processo m **3** *form* pratica f
Vor·gän·ger M ⟨-s; -⟩, **-in** F ⟨-; -nen⟩ predecessore m, -a f
Vor·gar·ten M giardino m davanti a una casa
vor·gau·keln V/T far credere
vor·ge·ben V/T ⟨irr⟩ **1** pretendere, dare a intendere (di avere) **2** SPORT dare (*od* concedere) un vantaggio **3** (*im Voraus festlegen*) indicare, (pre)stabilire
Vor·ge·bir·ge N promontorio m
vor·geb·lich ADJ presunto, supposto
vor·ge·fasst ADJ preconcetto
vor·ge·fer·tigt ADJ prefabbricato
Vor·ge·fühl N presentimento m
vor·ge·hen V/I ⟨irr; s.⟩ **1** andare (avanti) **2** (*verfahren*) procedere **3** JUR **gerichtlich gegen j-n ~** procedere legalmente contro qn **4** (*sich abspielen*) accadere, succedere **5** (*Vorrang haben*) venire prima
Vor·ge·hen N ⟨-s⟩ **1** procedimento m **2** (*Handlung*) azione f (*a.* JUR), intervento m: **das ~ der Polizei** l'intervento della polizia **Vor·ge·hens·wei·se** F modo m di procedere
vor·ge·rückt ADJ avanzato, tardo: **zu -er Stunde** a ora tarda
Vor·ge·schich·te F **1** (*historisch*) preistoria f **2** (*einer Angelegenheit*) antefatto m **3** MED anamnesi f **vor·ge·schicht-**

lich ADJ preistorico
Vor·ge·schmack M assaggio *m*: **einen ~ von etw bekommen** avere un assaggio di qc **vor·ge·se·hen** ADJ previsto **Vor·ge·setz·te** M/F ⟨-n; -n⟩ superiore *m/f* **Vor·ge·spräch** N colloquio *m* preliminare
vor·ges·tern ADV ieri l'altro, l'altro ieri: **~ Abend** l'altro ieri sera
vor·gest·rig ADJ dell'altro ieri
vor·ge·zo·gen ADJ **-e Wahlen** elezioni anticipate
vor·grei·fen V/I ⟨irr; h.⟩ precedere; (*beim Sprechen*) anticipare **Vor·griff** M anticipazione *f*, anticipo *m*: **etw im ~ auf etw** (*akk*) **tun** fare qc in anticipo su qc
vor·ha·ben V/T ⟨irr⟩ **etw ~** intendere fare qc, avere l'intenzione (*od* avere in mente) di fare qc; **hast du heute Abend etwas vor?** hai programmi per questa sera?; **ich habe heute schon etwas vor** oggi ho già un impegno
Vor·ha·ben N ⟨-s; -⟩ **1** progetto *m* **2** (*Plan, Absicht*) intenzioni *fpl*, progetti *mpl*
Vor·hal·le F **1** portico *m* **2** (*eines Theaters*) foyer *m* **3** (*eines Hotels*) hall *f*
vor·hal·ten ⟨irr⟩ **A** V/T **1** mettere davanti **2** puntare: **j-m die Pistole ~** puntare la pistola contro qn **3** (*zum Vorwurf machen*) rinfacciare: **j-m etw ~** rinfacciare qc a qn **B** V/I ⟨h.⟩ *umg* durare **Vor·hal·tung** F rimostranza *f*, rimprovero *m*: **j-m -en machen** fare le proprie rimostranze a qn
Vor·hand F **1** SPORT diritto *m* **2** (*beim Kartenspiel*) **in der ~ sein** essere primo di mano **3** (*von Tieren*) zampa *f* anteriore
vor·han·den ADJ **1** esistente, presente **2** (*verfügbar*) disponibile ♦ **~ sein** esserci **Vor·han·den·sein** N presenza *f*
Vor·hang M **1** tenda *f* **2** THEAT sipario *m* ♦ POL **der Eiserne ~** la cortina di ferro
Vor·hän·ge·schloss N lucchetto *m*
Vor·haut F prepuzio *m*
vor·her ADV prima: **kurz ~** poco prima; **am Abend ~** la sera prima
vor·her·be·stim·men V/T determinare (*od* stabilire) in anticipo **vor·her·ge·hen** V/I ⟨irr; s.⟩ **etw** (*dat*) **~** precedere qc
vor·he·rig ADJ precedente
Vor·herr·schaft F predominio *m*, supremazia *f*
vor·herr·schen V/I ⟨h.⟩ predominare
Vor·her·sa·ge F **1** previsione *f* **2** (*Voraussage*) predizione *f* **vor·her·sa·gen** V/T **1** prevedere **2** (*deuten*) predire **vor·her·seh·bar** ADJ prevedibile **vor·her·se·hen** V/T ⟨irr⟩ prevedere
vor·hin ADV poco fa
Vor·hi·nein ADV **im ~** a priori
Vor·hut F ⟨-; -en⟩ avanguardia *f*
vo·rig ADJ scorso: **-e Woche** la settimana scorsa
Vor·jahr N **1** (*voriges Jahr*) anno *m* scorso **2** (*vorhergehendes Jahr*) anno *m* precedente
Vor·kämp·fer M, **-in** F pioniere *m*, -a *f*, battistrada *m/f*
Vor·kas·se F **nur gegen ~** soltanto dietro pagamento anticipato
vor·kau·en V/T **1** premasticare **2** *umg fig* spiegare per filo e per segno
Vor·kaufs·recht N diritto *m* di prelazione
Vor·keh·rung F ⟨-; -en⟩ provvedimento *m*: **-en treffen** prendere provvedimenti
Vor·kennt·nis F nozione *f* di base ♦ **keine ~ besitzen** non avere nessuna preparazione, non avere le basi
vor·knöp·fen V/R *umg* **1** **sich** (*dat*) **j-n ~** strapazzare qn, mettere qn sotto torchio **2** **sich** (*dat*) **etw ~** mettersi a fare qc
vor·kom·men ⟨irr⟩ **A** V/I ⟨s.⟩ **1** accadere, succedere: **so etwas ist mir noch nicht vorgekommen** una cosa così non mi è ancora capitata (*od* successa); **es kommt vor** capita **2** (*zu finden sein*) trovarsi, esserci: **in dieser Gegend kommt Uran vor** in questa regione si trova l'uranio **3** (*scheinen*) sembrare, parere: **die Sache kommt mir verdächtig vor** la cosa mi sembra sospetta; **er kommt mir bekannt vor** mi pare di conoscerlo; **das kommt mir merkwürdig vor** mi pare strano **B** V/R **sich** (*dat*) **~** credersi, ritenersi; **sich** (*dat*) **dumm ~** sentirsi stupido; **sich** (*dat*) **sehr klug ~** credersi molto intelligente ♦ **dass mir so etwas nicht wieder vorkommt!** che questo non si ripeta più!
Vor·kom·men N ⟨-s; -⟩ **1** presenza *f*, esistenza *f* **2** (*Lagerstätte*) giacimento *m*
Vor·komm·nis N ⟨-ses; -se⟩ accaduto *m*, evento *m*, avvenimento *m*
Vor·kriegs·zeit F anteguerra *m*, periodo *m* prebellico
vor·la·den V/T ⟨irr⟩ citare (in giudizio)
Vor·la·dung F **1** citazione *f* (in giudi-

zio) **2** (*Mitteilung*) mandato *m* di comparizione

Vor·la·ge F **1** presentazione *f*: **gegen ~ von etw** dietro presentazione di qc **2** modello *m*: **sich an die ~ halten** attenersi al modello **3** IT modello *m* **4** POL progetto *m*, disegno *m* di legge **5** SPORT (*Ballvorlage*) passaggio *m* **6** (*Ski*) posizione *f* china in avanti

vor·las·sen V/T ⟨*irr*⟩ **1** (*empfangen*) far passare, ammettere, ricevere **2** *umg* **j-n ~** far passare qn

Vor·lauf M **1** SPORT (corsa *f*) eliminatoria *f* **2** (*vom Tonband, Film*) avanzamento *m* rapido

Vor·läu·fer M, **-in** F precursore *m*, precorritrice *f*

vor·läu·fig **A** ADJ provvisorio **B** ADV **1** provvisoriamente **2** (*fürs Erste*) per ora

vor·laut ADJ saccente, impertinente

vor·le·gen V/T **1** presentare **2** (*Dokumente*) esibire **3** (*Gründe, Beweise*) produrre **4** sottoporre, proporre: **j-m etw zur Prüfung ~** sottoporre qc all'esame di qn; **j-m eine Frage ~** sottoporre una questione a qn **5** (*Speisen*) servire **6** **eine Kette ~** mettere un catenaccio ♦ SPORT **einen Ball ~** passare una palla

Vor·le·ger M ⟨-s; -⟩ tappetino *m*; (*Bettvorleger*) scendiletto *m*

vor·leh·nen V/R **sich ~** sporgersi in avanti

Vor·leis·tung F prestazione *f* anticipata

vor·le·sen V/T ⟨*irr*⟩ leggere a voce alta **Vor·le·ser** M, **-in** F lettore *m*, -trice *f* **Vor·le·sung** F **1** (*an der Universität*) lezione *f* **2** (*Vorlesungsreihe*) ciclo *m* di lezioni, corso *m* **3** (*das Vorlesen*) lettura *f* **Vor·le·sungs·ver·zeich·nis** N calendario *m* delle lezioni

vor·letzt... ADJ penultimo

Vor·lie·be F predilezione *f*, preferenza *f* ♦ **mit ~** preferibilmente

vor·lieb·neh·men V/I ⟨*irr*; h.⟩ **mit etw ~** accontentarsi di qc

vor·lie·gen V/I ⟨*irr*; h.⟩ **1** esserci, esistere: **hier liegt ein Irrtum vor** qui c'è un errore; **es liegt nichts gegen ihn vor** non c'è nulla contro di lui **2** **Ihr Antrag liegt mir vor** ho la Sua domanda qui davanti ai miei occhi **vor·lie·gend** ADJ presente: **im -en Fall** nel caso presente

vor·lü·gen V/T ⟨*irr*⟩ **j-m etw ~** dare a intendere qc a qn, mentire a qn

vor·ma·chen V/T *umg* **1** mostrare, far vedere **2** (*vortäuschen*) dare a intendere

Vor·macht F predominio *m*, supremazia *f* **Vor·macht·stel·lung** F posizione *f* di supremazia

vor·ma·lig ADJ precedente, di prima, ex

vor·mals ADV prima, in passato

Vor·marsch M MIL avanzata *f* (*a. fig*): **etw ist auf dem** (*od* **im**) **~** qc sta avanzando

vor·mer·ken V/T **1** annotare, prendere nota di: **einen Termin ~** segnarsi un appuntamento **2** (*reservieren*) prenotare ♦ **sich für etw ~ lassen** prenotarsi per qc

Vor·mie·ter M, **-in** F affittuario *m*, -a *f* precedente

Vor·mit·tag M **1** mattina *f*: **am frühen ~** la mattina presto **2** mattinata *f*: **im Laufe des -s** nel corso della mattinata; **heute ~** stamattina; **morgen ~** domani mattina

vor·mit·tags ADV di (*od* [al]la) mattina

Vor·mund M tutore *m*, -trice *f* **Vor·mund·schaft** F ⟨-; -en⟩ tutela *f*, curatela *f*

vorn ADV **1** davanti: **~ am Haus** davanti alla casa **2** (*an der Spitze*) in testa, davanti ♦ (**wieder**) **von ~ anfangen** (ri)cominciare da capo; **~ im Bild** in primo piano; **~ im Buch** all'inizio del libro; **von ~** (**her**) dal davanti; **von ~ bis hinten** da cima a fondo, completamente; **j-n von ~ bis hinten bedienen** servire qn da capo a piedi; **nach ~ gehen** andare (in) avanti; *umg* **das Zimmer liegt nach ~** (**raus**) la stanza dà sul davanti

Vor·na·me M nome *m* (di battesimo)

vorn·an ADV davanti

vor·ne → vorn

vor·nehm ADJ **1** distinto: **ein -er Herr** un signore distinto **2** (*nobel*) nobile **3** (*der Oberschicht angehörend*) illustre **4** (*kultiviert*) raffinato, esclusivo **5** (*elegant*) elegante ♦ **tu nicht so ~!** non fare tanto il raffinato!

vor·neh·men ⟨*irr*⟩ **A** V/T eseguire, effettuare, fare **B** V/R **sich** (*dat*) **etw ~** **1** proporsi, ripromettersi (di fare) qc **2** (*vorhaben*) avere in programma qc ♦ **sich** (*dat*) **j-n ~** dare una lavata di capo a qn

Vor·nehm·heit F ⟨-⟩ **1** distinzione *f*, signorilità *f* **2** *fig* nobiltà *f* **3** (*Kultiviertheit*) raffinatezza *f*

vor·nehm·lich ADV particolarmente

vorn·he·rein ADV **von ~** (fin) da principio, dall'inizio

V

vorn·über ADV in avanti
Vor·ort M sobborgo *m* **Vor·ort(s)-ver·kehr** M traffico *m* suburbano
Vor·platz M piazza *f* antistante
Vor·pos·ten M MIL avamposto *m*
vor·pro·gram·mie·ren V/T programmare **vor·pro·gram·miert** ADJ programmato, automatico
Vor·prü·fung F 1 esame *m* di ammissione 2 (*zur Vorbereitung der Prüfung*) esame *m* preliminare
vor·ra·gen V/I ⟨h.⟩ sporgere
Vor·rang M priorità *f*, precedenza *f*: **~ vor j-m/etw haben** avere la precedenza su qn/qc; **j-m/etw den ~ geben** dare la priorità a qn/qc **vor·ran·gig** A ADJ prioritario, di favore B ADV prioritariamente, con priorità **Vor·rang·stel·lung** F posizione *f* preminente
Vor·rat M ⟨-[e]s; -räte⟩ scorta *f* (-e *fpl*), provvista *f* (-e *fpl*): **einen ~ anlegen** fare scorta **vor·rä·tig** ADV **etw ~ haben** avere scorte (*od* provviste) di qc
Vor·rats·kam·mer F dispensa *f*
Vor·raum M anticamera *f*
vor·rech·nen V/T **j-m etw ~** mostrare a qn il conto di qc; *fig* enumerare a qn qc
Vor·recht N privilegio *m*
Vor·red·ner M, **-in** F oratore *m*, -trice *f* precedente
Vor·rich·tung F dispositivo *m*, meccanismo *m*, congegno *m*
vor·rü·cken V/T & V/I ⟨s.⟩ avanzare (*a.* MIL): **etw ~** spostare (in) avanti qc
Vor·ru·he·stand M prepensionamento *m*
Vor·run·de F SPORT girone *m* eliminatorio
vor·sa·gen V/T & V/I ⟨h.⟩ suggerire
Vor·sai·son [-zɛzɔŋ] F bassa stagione *f*
Vor·satz M 1 proposito *m*, intenzione *f*: **ein fester ~** un fermo proposito 2 decisione *f*: **den ~ fassen, etw zu tun** prendere la decisione di fare qc 3 JUR premeditazione *f*: **ohne ~** senza premeditazione **vor·sätz·lich** ADJ 1 intenzionale 2 JUR premeditato: **-er Mord** omicidio premeditato
Vor·schau F 1 presentazione *f*, panorama *m* 2 (*von Filmen*) prossimamente *m*, trailer *m*
Vor·schein M **zum ~ bringen/kommen** portare/venire alla luce
vor·schie·ben V/T ⟨irr⟩ 1 spingere (in) avanti 2 (*als Vorwand nehmen*) prendere a pretesto, addurre come scusa 3 **j-n/etw ~** servirsi di qn/qc
vor·schie·ßen V/T ⟨irr⟩ *umg* dare in anticipo
Vor·schlag M proposta *f*: **einen ~ machen** fare una proposta; **auf ~ von ...** su proposta di ...; **auf seinen ~ hin** su sua proposta; **ich hätte da einen ~** avrei una proposta **vor·schla·gen** V/T ⟨irr⟩ proporre: **ich schlage vor, dass wir ins Kino gehen** propongo di andare al cinema; **j-n für den Vorsitz/als Direktor ~** proporre qn alla presidenza/come direttore
vor·schnell ADJ precipitoso
vor·schrei·ben V/T ⟨irr⟩ 1 prescrivere: **das Gesetz schreibt vor, dass ...** la legge prescrive che ... 2 (*bestimmen*) imporre: **die Bedingungen ~** dettare (*od* porre) le condizioni ♦ **sich** (*dat*) (**von j-m**) **nichts ~ lassen** non farsi comandare (da qn)
Vor·schrift F 1 prescrizione *f*: **j-m -en machen** dare disposizioni a qn 2 *pl* **gegen die -en** contro il regolamento ♦ **Dienst nach ~** sciopero *m* bianco
vor·schrifts·mä·ßig ADJ conforme alle disposizioni (*od* alla norma) **vor·schrifts·wid·rig** ADJ contrario alle disposizioni (*od* alla norma)
Vor·schub M 1 **j-m/etw ~ leisten** favorire qn/qc 2 TECH avanzamento *m*
Vor·schul·al·ter N età *f* prescolare
Vor·schu·le F prescuola *f*
Vor·schuss M anticipo *m*
vor·schüt·zen V/T addurre come pretesto
vor·schwe·ben V/I ⟨h.⟩ **j-m schwebt etw vor** qn ha in mente qc
vor·se·hen ⟨irr⟩ A V/T 1 prevedere 2 (*auswählen*) destinare: **j-n für ein Amt ~** destinare qn a un incarico B V/R **sich** (**vor j-m/etw**) **~** cautelarsi (da qn/qc) ♦ **das ist dafür nicht vorgesehen** non è fatto per questo
Vor·se·hung F ⟨-⟩ provvidenza *f*
vor·set·zen V/T 1 mettere (*od* porre) davanti 2 (*anbieten*) servire
Vor·sicht F ⟨-⟩ prudenza *f*, cautela *f*, precauzione *f*: **zur ~** per precauzione ♦ **~!** attenzione! *iron*; **mit ~ zu genießen** da prendere con le molle
vor·sich·tig A ADJ prudente, cauto B ADV con prudenza, con cautela
vor·sichts·hal·ber ADV per prudenza, per precauzione **Vor·sichts·maß-**

nah·me F misura *f* precauzionale, precauzione *f*
Vor·sil·be F prefisso *m*
vor·sin·gen ⟨*irr*⟩ **A** VT cantare **B** VI ⟨h.⟩ **vor j-m ~** fare un'audizione di fronte a qn
vor·sint·flut·lich ADJ antidiluviano
Vor·sitz M presidenza *f*: **unter dem ~ von ...** sotto la presidenza di ... **Vor·sit·zen·de** M/F ⟨-n; -n⟩ presidente *m/f*
Vor·sor·ge F misure *fpl* preventive, provvedimenti *mpl*; **gegen etw ~ treffen** prendere precauzioni contro qc; **für etw ~ treffen** provvedere a qc **vor·sor·gen** VI ⟨h.⟩ **für etw ~** provvedere a qc **Vor·sor·ge·un·ter·su·chung** F esame *m* per la prevenzione di malattie; check-up *m*
vor·sorg·lich ADJ preventivo
Vor·spann M **1** premessa *f*, cappello *m* **2** FILM titoli *mpl* (di testa)
Vor·spei·se F antipasto *m*
vor·spie·geln VT fingere, simulare ♦ **unter Vorspiegelung falscher Tatsachen** travisando i fatti
Vor·spiel N **1** MUS preludio *m* **2** THEAT prologo *m* **3** (*sexuelles*) preliminari *mpl*
vor·spie·len **A** VT **1** **j-m etw ~** suonare qc a qn **2** (*darstellen*) recitare **3** (*vortäuschen*) fingere, simulare, fare finta **B** VI ⟨h.⟩ (**bei**) **j-m ~** MUS fare un'audizione di fronte a qn; THEAT fare un provino di fronte a qn
vor·spre·chen ⟨*irr*⟩ **A** VT **1** pronunciare, dire per primo **2** (*vorspielen*) recitare **B** VI ⟨h.⟩ **1** fare un provino **2** **bei j-m ~** andare a parlare con qn
vor·sprin·gen VI ⟨*irr*; s.⟩ **1** saltare fuori **2** (*herausragen*) sporgere; ARCH aggettare **vor·sprin·gend** ADJ **1** sporgente, prominente **2** ARCH aggettante **Vor·sprung** M **1** sporgenza *f*; ARCH aggetto *m* **2** (*von Felsen*) spuntone *m* **3** vantaggio *m*: **einen ~** (**vor j-m**) **haben** avere un vantaggio (su qn)
Vor·stadt F periferia *f*, sobborgo *m* **vor·städ·tisch** ADJ periferico, suburbano
Vor·stand M consiglio *m* di amministrazione, consiglio *m* direttivo **Vor·stands·mit·glied** N membro *m* del consiglio di amministrazione **Vor·stands·vor·sit·zen·de** M/F presidente *m/f* del consiglio direttivo
vor·ste·hen VI ⟨*irr*; h.⟩ **1** sporgere **2** **etw** (*dat*) **~** dirigere (*od* essere a capo di) qc **vor·ste·hend** ADJ sporgente
Vor·ste·her M ⟨-s; -⟩, **-in** F ⟨-; -nen⟩ capo *m*; (*einer Schule*) direttore *m*, -trice *f*
Vor·ste·her·drü·se F prostata *f*
vor·stell·bar ADJ immaginabile
vor·stel·len **A** VT **1** (*lokal*) mettere davanti, spostare davanti **2** (*Uhr*) mettere avanti **3** presentare: **darf ich Ihnen Herrn Lang ~?** posso presentarLe il signor Lang? **4** (*darstellen*) rappresentare **5** (*bedeuten*) significare **B** VR **sich ~** **1** presentarsi **2** **sich** (*dat*) **etw ~** immaginarsi qc; **das habe ich mir anders vorgestellt** me l'ero immaginato diverso; **stell dir vor!** ma pensa un po'! *umg* figurati!
Vor·stel·lung F **1** presentazione *f* **2** idea *f*: **sich** (*dat*) **falsche -en von etw machen** farsi idee sbagliate di (*od* su) qc **3** (*Einbildungskraft*) fantasia *f*, immaginazione *f*: **das geht über jede ~ hinaus** va oltre ogni immaginazione **4** THEAT rappresentazione *f*, spettacolo *m* **Vor·stel·lungs·ge·spräch** N colloquio *m* (di presentazione)
Vor·stop·per M ⟨-s; -⟩, **-in** F ⟨-; -nen⟩ stopper *m/f inv*
Vor·stoß M **1** avanzata *f* (*a.* SPORT) **2** *fig* iniziativa *f*, tentativo *m*
vor·sto·ßen VI ⟨*irr*; s.⟩ **1** avanzare **2** *fig* addentrarsi, inoltrarsi: **in Neuland ~** inoltrarsi in un campo nuovo
Vor·stra·fe F JUR precedente *m* penale: **keine -n haben** non avere precedenti **Vor·stra·fen·re·gis·ter** N casellario *m* penale
vor·stre·cken VT **1** sporgere (in avanti): **den Kopf ~** allungare il collo **2** (*Geld*) anticipare; *sl* allungare
Vor·stu·fe F stadio *m* (*od* grado *m*) preliminare
vor·stür·men VI ⟨s.⟩ avanzare impetuosamente, lanciarsi all'attacco
Vor·tag M vigilia *f*, giorno *m* precedente (*od* prima)
vor·tas·ten VR **sich ~** procedere a tentoni
vor·täu·schen VT simulare, fingere
Vor·teil M **1** vantaggio *m*: **es hat den ~, dass es klein ist** ha il vantaggio di essere piccolo; **seinen ~ aus etw ziehen** trarre vantaggio (*od* beneficio) da qc; **im ~ sein** essere in vantaggio; **im ~ gegenüber den anderen sein** essere in vantaggio rispetto agli altri **2** interesse *m*: **auf**

seinen eigenen ~ bedacht sein guardare al proprio interesse ♦ **von ~ sein** essere vantaggioso; **sich zu seinem ~ verändern** cambiare in meglio

vor·teil·haft ADJ **1** vantaggioso, conveniente **2** favorevole ♦ **sich auf etw** (*akk*) **~ auswirken** agire favorevolmente su qc

Vor·trag M ⟨-[e]s; -träge⟩ **1** conferenza *f*: **einen ~** (**über etw** [*akk*]) **halten** tenere una conferenza (su qc) **2** (*Aufsagen*) recitazione *f*, declamazione *f* **3** MUS, SPORT esecuzione *f* **4** (*Bericht*) rapporto *m* **5** HANDEL riporto *m*

vor·tra·gen V/T ⟨*irr*⟩ **1** MUS, SPORT eseguire **2** THEAT recitare, declamare **3** (*darlegen*) esporre, riferire **4** HANDEL riportare **Vor·tra·gen·de** M/F ⟨-n; -n⟩ **1** esecutore *m*, -trice *f* **2** (*Redner*) conferenziere *m*, -a *f*, relatore *m*, -trice *f*

Vor·trags·rei·he F ciclo *m* di conferenze **Vor·trags·rei·se** F giro *m* di conferenze

vor·treff·lich ADJ eccellente, perfetto

vor·tre·ten V/I ⟨*irr*; s.⟩ **1** presentarsi, farsi avanti **2** *umg* (*hervortreten*) sporgere (in fuori)

Vor·tritt M precedenza *f* (*a. fig*): **j-m den ~ lassen** dare la precedenza a qn

vo·rü·ber ADV passato **vo·rü·ber·ge·hen** V/I ⟨*irr*; s.⟩ **1** **an j-m/etw ~** passare accanto (*od* davanti) a qn/qc **2** *umg* (*vergehen*) passare **vo·rü·ber·ge·hend** ADJ passeggero, transitorio ♦ **~ geschlossen** provvisoriamente chiuso

Vor·übung F esercizio *m* preparatorio

Vor·un·ter·su·chung F **1** esame *m* preliminare **2** JUR istruzione *f* preliminare

Vor·ur·teil N pregiudizio *m*, preconcetto *m*: **-e gegen j-n haben** avere pregiudizi contro qn

vor·ur·teils·frei, **vor·ur·teils·los** **A** ADJ privo di (*od* libero da) pregiudizi **B** ADV senza pregiudizi

Vor·ver·gan·gen·heit F GRAM piuccheperfetto *m*, trapassato *m* **Vor·ver·hand·lung** F **1** trattativa *f* preliminare **2** JUR udienza *f* preliminare

Vor·ver·kauf M prevendita *f* **Vor·ver·kaufs·kas·se** F biglietteria *f*, botteghino *m*

vor·ver·le·gen V/T anticipare

Vor·ver·trag M contratto *m* preliminare

vor·vor·ges·tern ADV tre giorni fa

vor·vo·rig ADJ *umg* **1** precedente allo scorso, penultimo **2** **-en Montag** due lunedì fa

vor·vor·letzt... ADJ *umg* **1** terzultimo **2** **-es Jahr** tre anni fa

Vor·wahl F **1** TEL teleselezione *f*, prefisso *m* **2** *pl* POL elezioni *fpl* preliminari

vor·wäh·len V/T **für Italien muss man 0039 ~** per chiamare l'Italia bisogna comporre il prefisso 0039; **für Gespräche von Italien nach Großbritannien wählt man 0044 vor** per chiamare la Gran Bretagna dall'Italia, comporre il prefisso internazionale 0044; **für Stuttgart musst du 0711 ~** per Stoccarda bisogna comporre il prefisso 0711

Vor·wahl·num·mer, **Vor·wähl·num·mer** F prefisso *m*

Vor·wand M pretesto *m*, scusa *f*: **unter dem ~** col pretesto

vor·wär·men V/T preriscaldare

Vor·war·nung F preavvertimento *m*

vor·wärts ADV (in) avanti: *fig* **ein großer Schritt ~** un grosso passo avanti

Vor·wärts·gang M AUTO marcia *f* avanti **vor·wärts·ge·hen** V/I ⟨*irr*; s.⟩ andare avanti, procedere **vor·wärts·kom·men** V/I ⟨*irr*; s.⟩ andare avanti, avanzare, procedere; *fig* progredire ♦ **im Leben ~** farsi strada nella vita

Vor·wä·sche F prelavaggio *m*

vor·weg ADV **1** (*zuvor*) prima **2** (*voraus*) avanti, davanti **3** (*vor allem*) anzitutto **Vor·weg·nah·me** F ⟨-; -n⟩ anticipazione *f* **vor·weg·neh·men** V/T ⟨*irr*⟩ anticipare

vor·weih·nacht·lich ADJ prenatalizio **Vor·weih·nachts·zeit** F periodo *m* prenatalizio

vor·wei·sen V/T ⟨*irr*⟩ presentare, esibire

vor·wer·fen ⟨*irr*⟩ **A** V/T **1** (*hinwerfen*) gettare, lanciare **2** (*heftig tadeln*) rinfacciare, rimproverare: **j-m etw ~** rimproverare qc a qn **B** V/R **sich** (*dat*) **~** rimproverarsi; **ich habe mir nichts vorzuwerfen** non ho nulla da rimproverarmi

vor·wie·gend ADJ prevalente ♦ (*Wetter*) **~ heiter** in prevalenza sereno

vor·wit·zig ADJ **1** impertinente **2** (*vorlaut*) saccente

Vor·wort N ⟨-[e]s; -e⟩ prefazione *f*

Vor·wurf M **1** rimprovero *m*: **j-m Vorwürfe machen** rimproverare qn; **j-m etw zum ~ machen** rinfacciare qc a qn; **sich** (*dat*) **wegen etw** (*gen*) **bittere**

Vorwürfe machen rimproverarsi amaramente (di) qc **2** (*Beschuldigung*) accusa *f*
vor·wurfs·voll **A** ADJ pieno di rimprovero **B** ADV con rimprovero: **j-n ~ anblicken** guardare qn con (aria di) rimprovero
Vor·zei·chen N **1** segno *m* (*a.* MATH) **2** MUS accidente *m* **3** (*Anzeichen*) presagio *m*: **unter positivem/negativem ~ stehen** nascere sotto una buona/cattiva stella
vor·zeich·nen V/T **1** schizzare **2** **j-m etw ~** disegnare qc a qn **3** *fig* indicare: **den Weg ~** indicare la via; **seine Laufbahn ist schon vorgezeichnet** la sua carriera è già segnata
vor·zei·gen V/T mostrare, esibire
Vor·zeit F preistoria *f* ♦ **in grauer ~** nella notte dei tempi
vor·zei·tig ADJ **1** (*früher als vorgesehen*) anticipato **2** (*allzu früh*) prematuro ♦ **~ altern** invecchiare prima del tempo
vor·zie·hen V/T ⟨*irr*⟩ **1** preferire: **Bier dem Wein ~** preferire la birra al vino **2** (*vorverlegen*) anticipare **3** (*nach vorn ziehen*) spostare in avanti
Vor·zim·mer N anticamera *f* **Vor·zim·mer·da·me** F *umg* segretaria *f*
Vor·zug M ⟨-[e]s; -züge⟩ **1** preferenza *f*: **j-m/etw den ~ geben** dare la preferenza a qn/qc **2** (*Vorrang*) priorità *f* **3** (*gute Eigenschaft*) pregio *m*, merito *m*
vor·züg·lich ADJ eccellente ♦ **mit -er Hochachtung** (con) i nostri rispetti
Vor·zugs·ak·tie F azione *f* privilegiata
Vor·zugs·preis M prezzo *m* di favore
vor·zugs·wei·se ADV preferibilmente, di preferenza
vo·tie·ren [v-] V/T votare
Vo·tum [v-] N ⟨-s; Voten *u.* Vota⟩ voto *m*: **sein ~ für etw abgeben** votare per qc
Vou·cher ['vautʃɐ] M ⟨-s; -[s]⟩ voucher *m inv*, coupon *m inv*
Vo·yeur [voa'jøːɐ] M ⟨-s; -e⟩, **-in** F ⟨-; -nen⟩ voyeur *m*, voyeuse *f*, guardone *m*, -a *f*
vul·gär [v-] ADJ volgare, grossolano
Vul·kan [v-] M ⟨-s; -e⟩ vulcano *m* (*a. fig*): **ein (un)tätiger/erloschener ~** un vulcano (in)attivo/spento; **ein Feuer speiender ~** un vulcano in eruzione **Vul·kan·aus·bruch** M eruzione *f* vulcanica
vul·ka·nisch ADJ vulcanico
vul·ka·ni·sie·ren V/T vulcanizzare

W

w, W N ⟨-; -⟩ w *f/m*, vu *f* (*od* vi *f*) doppia **W wie Wilhelm** vu doppia
Waadt F ⟨-⟩ (*Kanton*) Canton *m* Vaud
Waa·ge F ⟨-; -n⟩ **1** bilancia *f* **2** ASTRON Bilancia *f*: **Ulla ist ~** Ulla è della Bilancia ♦ **sich die ~ halten** bilanciarsi, equivalersi
waa·ge·recht ADJ orizzontale
Waag·scha·le F piatto *m* della bilancia ♦ **jedes Wort auf die ~ legen** soppesare ogni parola; **etw in die ~ werfen** mettere qc sul piatto della bilancia
wab·be·lig ADJ *umg* **1** tremolante **2** (*Muskeln*) molliccio, floscio
Wa·be F ⟨-; -n⟩ favo *m*
Wa·ben·ho·nig M miele *m* di favo
wach ADJ **1** sveglio: **~ werden** svegliarsi **2** (*ben*) desto: **-e Sinne** sensi desti; **ein -er Geist** una mente sveglia ♦ **~ liegen** non riuscire a dormire; → wachhalten
Wach·ab·lö·sung F cambio *m* della guardia (*a. fig*) **Wa·che** F ⟨-; -n⟩ **1** guardia *f*: **~ halten** fare la guardia; MIL **auf ~ sein**, **~ stehen**, *sl* **~ schieben** essere di sentinella; **die ~ ablösen** dare il cambio alla guardia **2** (*Wachposten*) posto *m* di polizia
wa·chen V/I ⟨h.⟩ **1** stare sveglio **2** **bei j-m ~** vegliare qn **3** **über j-n/etw ~** vigilare (*od* vegliare) su qn/qc: **er wachte darüber, dass ...** vigilò affinché ...
wach·ha·bend ADJ di guardia **wach·hal·ten** V/T ⟨*irr*⟩ **Traditionen ~** mantenere vive le tradizioni **Wach·hund** M cane *m* da guardia **Wach·mann** M ⟨-[e]s; -männer *u.* -leute⟩ **1** guardia *f* **2** *österr* (*Polizist*) poliziotto *m* **Wach·mann·schaft** F (corpo *m* di) guardia *f*
Wa·chol·der M ⟨-s; -⟩ BOT ginepro *m*
Wa·chol·der·schnaps M *umg* acquavite *f* di ginepro
Wach·pos·ten M **1** posto *m* di guardia **2** (*Soldat*) guardia *f*, sentinella *f*
Wachs N ⟨-es; -e⟩ **1** cera *f* **2** (*für Skier*) sciolina *f* **Wachs·ab·druck** M impronta *f* nella cera
wach·sam **A** ADJ vigile, attento: **~ sein** stare all'erta **B** ADV con attenzione

Wach·sam·keit F ⟨-⟩ vigilanza *f*, attenzione *f*
wach·sen[1] VI ⟨wächst, wuchs, gewachsen; s.⟩ 1 (*größer werden*) crescere 2 **j-d wächst an etw** (*dat*), **mit etw** qc matura qn
wach·sen[2] VT 1 (*mit Wachs behandeln*) **etw ~** dare la cera a qc, lucidare qc con la cera 2 (*Skier*) sciolinare
Wachs·fi·gur F statua *f* di cera **Wachs·fi·gu·ren·ka·bi·nett** N museo *m* delle cere **Wachs·ker·ze** F candela *f* di cera **Wachs·tuch** N tela *f* cerata
Wachs·tum N ⟨-s⟩ crescita *f*
wachs·tums·för·dernd ADJ che favorisce la crescita **wachs·tums·hem·mend** ADJ che frena (*od* inibisce) la crescita **Wachs·tums·markt** M mercato *m* in espansione **Wachs·tums·ra·te** F tasso *m* di crescita
wachs·weich ADJ 1 morbido come la cera 2 *fig* arrendevole, condiscendente
Wach·tel F ⟨-; -n⟩ quaglia *f*
Wäch·ter M ⟨-s; -⟩, **-in** F ⟨-; -nen⟩ guardiano *m*, -a *f*
Wacht·meis·ter M, **-in** F (*Polizist*) agente *m/f*; *umg* guardia *f* **Wacht·pos·ten** → Wachposten
Wach·traum M sogno *m* a occhi aperti
Wach(t)·turm M torre *f* di vedetta; HIST guardiola *f*
wa·cke·lig ADJ 1 vacillante, traballante (*a. fig*) 2 *umg* (*kraftlos, hinfällig*) malfermo ♦ **~ auf den Beinen sein** reggersi male sulle gambe
Wa·ckel·kon·takt M contatto *m* difettoso
wa·ckeln VI 1 ⟨h.⟩ (tra)ballare: *umg fig* **seine Position wackelt** il suo posto è traballante 2 ⟨h.⟩ (*zittern*) tremare 3 ⟨h.⟩ *umg* **an etw** (*dat*) **~** scuotere qc 4 ⟨s.⟩ (*taumeln*) barcollare ♦ **mit dem Kopf ~** tentennare il capo; **mit den Ohren ~** muovere le orecchie; **mit den Hüften ~** ancheggiare
Wa·de F ⟨-; -n⟩ polpaccio *m*
Waf·fe F ⟨-; -n⟩ arma *f* (*a. fig*): **zu den -n greifen** prendere le armi; **-n tragen** portare armi ♦ **j-n mit seinen eigenen -n schlagen** battere qn ad armi pari; **die -n strecken** consegnare le armi; *fig* arrendersi
Waf·fel F ⟨-; -n⟩ wafer *m*, cialda *f* **Waf·fel·ei·sen** N stampo *m* per wafer
Waf·fen·be·sitz M detenzione *f* di armi: **unerlaubter ~** detenzione abusiva di armi **Waf·fen·ge·walt** F forza *f* delle armi **Waf·fen·han·del** M traffico *m* d'armi **Waf·fen·kam·mer** F armeria *f* **Waf·fen·la·ger** N deposito *m* di armi, arsenale *m* **Waf·fen·ru·he** F tregua *f* **Waf·fen·schein** M porto *m* d'armi **Waf·fen·still·stand** M armistizio *m* **Waf·fen·sys·tem** N sistema *m* d'arma
wa·ge·mu·tig ADJ ardimentoso, audace
wa·gen A VT 1 rischiare: **sein Leben ~** rischiare la propria vita 2 azzardare: **einen Versuch ~** azzardare un tentativo 3 **~, etw zu tun** osare fare qc B VR **sich ~** osare; **sich nicht unter Menschen ~** non osare andare fra la gente; **sich an etw** (*akk*) **~** ardire affrontare qc ♦ **wer nicht wagt, der nicht gewinnt** chi non risica non rosica
Wa·gen M ⟨-s; -⟩ 1 auto *f*, macchina *f* 2 (*Straßenbahn*) vettura *f* 3 BAHN vagone *m*, carrozza *f* 4 (*Pferdewagen*) carro *m* 5 (*Handwagen*) carriola *f* 6 (*Einkaufs-, Servierwagen*) carrello *m* (*a.* TECH) ♦ ASTRON **der Große ~** il Gran Carro; **der Kleine ~** il Piccolo Carro
Wa·gen·he·ber M ⟨-s; -⟩ martinetto *m*; *umg* cric(co) *m* **Wa·gen·la·dung** F carrata *f* **Wa·gen·rad** N ruota *f* di (*od* del) carro **Wa·gen·wä·sche** F lavaggio *m* dell'automobile
Wag·gon [va'gõ:] M ⟨-s; -s⟩ 1 vagone *m*, carrozza *f* 2 (*Ladung*) vagonata *f*
wag·hal·sig ADJ temerario **Wag·nis** N ⟨-ses; -se⟩ 1 impresa *f* audace 2 rischio *m*: **ein ~ eingehen** correre un rischio
Wa·gon → Waggon
Wahl F ⟨-; -en⟩ 1 scelta *f*: **eine ~ treffen** fare una scelta; **j-n vor die ~ stellen** mettere qn di fronte alla scelta 2 POL elezione *f*: **-en abhalten** fare le elezioni ♦ **zur ~ gehen** andare alle urne; **die ~ haben** potere scegliere; **keine** (**andere**) **~ haben** non avere (altra) scelta; **sich für etw zur ~ stellen** candidarsi per qc; **Waren erster/zweiter ~** merci di prima/di seconda scelta **Wahl·al·ter** N età *f* elettorale
wähl·bar ADJ eleggibile
wahl·be·rech·tigt ADJ con diritto di voto **Wahl·be·tei·li·gung** F partecipazione *f* al voto **Wahl·be·zirk** M distretto *m* elettorale
wäh·len A VT 1 (*auswählen*) scegliere

W

2 eleggere: **j-n zum Vorsitzenden ~** eleggere qn presidente **3** votare: **eine Partei ~** votare un partito **4** TEL **eine Nummer ~** comporre un numero **B** VI ⟨h.⟩ **1** (*auswählen*) scegliere: **unter etw** (*dat*) **~** scegliere fra qc **2** POL votare: **grün ~** votare verde

Wäh·ler M ⟨-s; -⟩ elettore *m*

Wahl·er·folg M successo *m* elettorale **Wahl·er·geb·nis** N risultato *m* elettorale

Wäh·le·rin F ⟨-; -nen⟩ elettrice *f*

wäh·le·risch ADJ **1** difficile: **in etw** (*dat*) **~ sein** essere difficile in qc **2** (*beim Essen*) schizzinoso **3** raffinato: **er ist nicht ~ in seiner Ausdrucksweise** nel modo di parlare non è raffinato

Wäh·ler·schaft F ⟨-; -en⟩ elettorato *m*

Wahl·fach N materia *f* facoltativa **wahl·frei** ADJ facoltativo **Wahl·gang** M votazione *f* ♦ **im ersten ~ gewählt werden** essere votato al primo scrutinio **Wahl·ge·heim·nis** N segreto *m* elettorale **Wahl·hei·mat** F patria *f* d'elezione **Wahl·hel·fer** M, **-in** F volontario *m*, -a *f* **Wahl·jahr** N anno *m* delle elezioni **Wahl·ka·bi·ne** F cabina *f* elettorale **Wahl·kampf** M campagna *f* elettorale **Wahl·kreis** M collegio *m* elettorale **Wahl·lei·ter** M, **-in** F presidente *m/f* di seggio **Wahl·lis·te** F lista *f* elettorale **Wahl·lo·kal** N seggio *m* elettorale

wahl·los **A** ADJ indiscriminato **B** ADV indiscriminatamente, a caso

Wahl·nie·der·la·ge F sconfitta *f* elettorale **Wahl·pe·ri·o·de** F legislatura *f* **Wahl·pla·kat** N manifesto *m* elettorale **Wahl·pro·gramm** N programma *m* elettorale **Wahl·recht** N diritto *m* di voto; **allgemeines ~** suffragio universale ♦ **aktives/passives ~** elettorato attivo/passivo

Wähl·schei·be F TEL disco *m* combinatore

Wahl·sieg M vittoria *f* elettorale **Wahl·spruch** M motto *m* **Wahl·tag** M giorno *m* delle elezioni **Wahl·ur·ne** F urna *f* elettorale **Wahl·ver·an·stal·tung** F manifestazione *f* elettorale **Wahl·ver·spre·chen** N promesse *fpl* elettorali **wahl·wei·se** ADV a scelta **Wahl·wie·der·ho·lung** F TEL ripetizione *f* automatica **Wahl·zet·tel** M scheda *f* elettorale

Wahn M ⟨-[e]s⟩ **1** illusione *f* **2** (*krankhafte Einbildung*) follia *f*, mania *f* **wahn·haft** ADJ paranoico **Wahn·sinn** M ⟨-[e]s⟩ follia *f*, pazzia *f* (*a. fig*) **wahn·sin·nig** ADJ **1** matto, pazzo (*a. fig*) **2** (*unsinnig*) pazzesco **3** *umg* **-en Durst haben** avere una sete pazzesca ♦ **wie ~** come un pazzo; *fig* **j-n ~ machen** fare impazzire qn **Wahn·vor·stel·lung** F vaneggiamento *m*, follia *f*, idea *f* assurda **wahn·wit·zig** ADJ pazzo, folle

wahr ADJ vero ♦ *umg* **das einzig Wahre** l'unica cosa giusta; **etw ~ machen** attuare qc; **nicht ~?** (non è) vero? no?; **~ werden** avverarsi; **im -sten Sinn des Wortes** nel vero senso della parola

wah·ren VT (*Rechte, Interessen*) tutelare, salvaguardare ♦ **eine Frist ~** osservare un termine; **ein Geheimnis ~** mantenere un segreto; **das Gesicht ~** salvare la faccia

wäh·rend **A** PRÄP (+*gen*) durante: **~ des Krieges** durante la guerra; **~ dreier Jahre** per tre anni **B** KONJ mentre

während

kann mit **mentre** und mit **durante** übersetzt werden. Bitte beachten:

mentre + Verb
durante + Substantiv

Mentre mangiavo ho visto la TV.	Während ich gegessen habe, habe ich ferngesehen.
Durante la cena ho visto la TV.	Während des Abendessens habe ich ferngesehen.

wäh·rend·des·sen ADV intanto

wahr·ha·ben VT **etw nicht ~ wollen** non voler riconoscere qc

wahr·haft **A** ADJ vero **B** ADV veramente, davvero **wahr·haf·tig** **A** ADJ veritiero, verace **B** ADV veramente, effettivamente, in realtà

Wahr·heit F ⟨-; -en⟩ verità *f* ♦ **in ~** in verità; **um die ~ zu sagen** a dire il vero

wahr·heits·ge·mäß ADJ conforme al vero **wahr·heits·ge·treu** **A** ADJ veritiero **B** ADV fedelmente **wahr·heits·lie·bend** ADJ amante della verità

wahr·lich ADV veramente

wahr·nehm·bar ADJ percettibile

wahr·neh·men VT ⟨irr⟩ **1** percepire;

W

(*sehen*) scorgere **2** **etw an j-m ~** percepire (*od* notare) qc in qn **3** (*ausnutzen*) approfittare di **4** tutelare, curare: **j-s Interessen ~** curare gli interessi di qn **5** (*Termin*) osservare

Wahr·neh·mung F ⟨-; -en⟩ **1** percezione *f* **2** tutela *f* **3** rispetto *m* **Wahr·neh·mungs·ver·mö·gen** N ⟨-s⟩ facoltà *f* percettiva

wahr·sa·gen VT ⟨*irr*⟩ predire **Wahr·sa·ger** M ⟨-s; -⟩, **-in** F ⟨-; -nen⟩ indovino *m*, -a *f*

wahr·schein·lich **A** ADJ probabile **B** ADV probabilmente **Wahr·schein·lich·keit** F ⟨-⟩ probabilità *f*: **aller ~ nach** con ogni probabilità **Wahr·schein·lich·keits·rech·nung** F calcolo *m* delle probabilità

Wah·rung F ⟨-⟩ **1** mantenimento *m* **2** (*von Rechten, Interessen*) tutela *f*, salvaguardia *f*

Wäh·rung F ⟨-; -en⟩ valuta *f*, moneta *f*: **einheitliche ~** moneta *f* unica

Wäh·rungs·ab·kom·men N accordo *m* monetario **Wäh·rungs·ein·heit** F unità *f* monetaria **Wäh·rungs·fonds** M fondo *m* monetario: **Internationaler ~** Fondo monetario internazionale **Wäh·rungs·po·li·tik** F politica *f* valutaria (*od* monetaria) **Wäh·rungs·raum** M zona *f* monetaria **Wäh·rungs·re·form** F riforma *f* monetaria **Wäh·rungs·schwan·kun·gen** PL oscillazioni *fpl* valutarie **Wäh·rungs·uni·on** F Unione *f* monetaria

Wahr·zei·chen N simbolo *m*

Wai·se F ⟨-; -n⟩ orfano *m*, -a *f*

Wai·sen·haus N orfanotrofio *m* **Wai·sen·kind** N orfanello *m*, -a *f* **Wai·sen·kna·be** M *umg* **gegen j-n ein** (*od* **der reinste**) **~ sein** essere un pivellino nei confronti di qn

Wal M ⟨-[e]s; -e⟩ balena *f*

Wald M ⟨-[e]s; Wälder⟩ **1** bosco *m*; (*großer Wald*) foresta *f*: **der Bayerische/Böhmer/Thüringer ~** la Selva Bavarese/Boema/di Turingia **2** *fig* selva *f* **Wald·brand** M incendio *m* boschivo

Wäld·chen N ⟨-s; -⟩ boschetto *m*

Wald·horn N ⟨-[e]s; -hörner⟩ MUS corno *m*

wal·dig ADJ boscoso, boschivo

Wald·kauz M strige *m* allocco, gufo *m* selvatico **Wald·lauf** M corsa *f* nei boschi **Wald·meis·ter** M BOT asperula *f* **Wald·rand** M **am ~** ai margini del bosco **wald·reich** ADJ boscoso **Wald·ster·ben** N moria *f* (per inquinamento) della foresta (*od* delle foreste)

Wal·fang M caccia *f* alla balena **Wal·fän·ger** M ⟨-s; -⟩ baleniere *m* **Wal·fisch** M *umg* balena *f*

wal·ken VT **1** (*Stoff*) follare **2** (*Leder, Teig*) lavorare

Wal·kie-Tal·kie ['vo:ki'to:ki] N ⟨-[s]; -s⟩ walkie-talkie *m inv*

Walk·man® ['vo:kmɛn] M ⟨-s; -s⟩ Walkman® *m inv*

Wall M ⟨-[e]s; Wälle⟩ argine *m* (*a. fig*)

Wal·lach M ⟨-[e]s; -e⟩ cavallo *m* castrato

wall·fah·ren VI ⟨s.⟩ andare in pellegrinaggio **Wall·fah·rer** M, **-in** F pellegrino *m*, -a *f* **Wall·fahrt** F pellegrinaggio *m*

Wall·fahrts·kir·che F santuario *m* **Wall·fahrts·ort** M luogo *m* di pellegrinaggio

Wal·lis N ⟨-⟩ (*Kanton*) Vallese *m*

Wal·lung F ⟨-; -en⟩ **1** ebollizione *f*: **in ~ geraten** (*a. fig*) andare in ebollizione **2** MED iperemia *f* **3** (*Hitzewallung*) vampata *f*

Wal·nuss F noce *f* **Wal·nuss·baum** M noce *m*

Wal·ross M ⟨-es; -e⟩ tricheco *m*

wal·ten VI ⟨h.⟩ **1** regnare, dominare **2** (*gebieten*) comandare **3** esercitare: **Vorsicht ~ lassen** esercitare prudenza; **Milde ~ lassen** usare clemenza ♦ **seines Amtes ~** adempiere i propri doveri d'ufficio

Wal·ze F ⟨-; -n⟩ TECH rullo *m*, cilindro *m*

wal·zen VT **1** (*im Walzwerk*) laminare **2** (*mit einer Straßenwalze*) spianare

wäl·zen **A** VT **1** (far) rotolare **2** (*drehen*) girare **3** riversare: **die Schuld auf j-n ~** riversare la colpa su qn **4** *umg* (*Bücher*) scartabellare **5** (*Pläne, Probleme*) rimuginare **B** VR **sich ~** **1** rotolarsi **2** **sich hin und her ~** rigirarsi da una parte e dall'altra **3** riversarsi (*a. fig*): **die Lava wälzt sich zu Tal** la lava si riversa a valle ♦ **etw in Mehl ~** infarinare qc

Wal·zer M ⟨-s; -⟩ valzer *m*

Wäl·zer M ⟨-s; -⟩ *umg* librone *m*

Wal·zer·takt M tempo *m* di valzer

Walz·stahl M acciaio *m* laminato **Walz·werk** N laminatoio *m*

Wam·pe F ⟨-; -n⟩ *umg* pancia *f*

wand → winden

Wand F ⟨-; Wände⟩ muro *m* (*a. fig*), parete *f* (*a.* ANAT, *Alpinismus*): **eine tragende ~** un muro portante; **die Wände tapezieren** tappezzare le pareti ♦ **~ an ~** muro a muro; **die Wände hochgehen** sbattere la testa contro il muro; **j-n an die ~ spielen** lasciare al palo qn; **j-n an die ~ stellen** mettere al muro qn; **die eigenen vier Wände** le proprie quattro mura

Wan·da·le M ⟨-n; -n⟩, **-·lin** F ⟨-; -nen⟩ vandalo *m*, -a *f* (*a. fig*)

Wand·be·hang M arazzo *m*

Wan·del M ⟨-s⟩ mutamento *m*, cambiamento *m* **wan·del·bar** ADJ mutevole **Wan·del·hal·le** F **1** portico *m* **2** THEAT foyer *m*

wan·deln **A** V/T trasformare, cambiare: **j-n/etw in etwas anderes ~** mutare qn/qc in qualcos'altro **B** V/R **sich ~** trasformarsi, cambiare; **sich in etw** (*akk*) **~** mutarsi in qc **C** V/I ⟨s.⟩ passeggiare **wan·delnd** ADJ *fig* ambulante

Wan·der·aus·stel·lung F esposizione *f* itinerante **Wan·der·bü·che·rei** F biblioteca *f* circolante

Wan·de·rer M ⟨-s; -⟩, **-rin** F ⟨-; -nen⟩ **1** viandante *m/f* **2** (*Ausflügler*) escursionista *m/f* **Wan·der·kar·te** F carta *f* escursionistica (*od* dei sentieri) **Wan·der·le·ben** N vita *f* nomade

wan·dern V/I ⟨s.⟩ **1** camminare; **im Gebirge ~** fare una camminata in montagna **2** (*umherziehen*) vagare **3** ZOOL migrare **4** *umg* (*landen*) (andare a) finire

Wan·der·po·kal M coppa *f* challenge **Wan·der·preis** M (premio *m*) challenge *m* **Wan·der·schaft** F ⟨-; -en⟩ cammino *m*, viaggio *m* (a piedi): **auf** (**der**) **~ sein** essere in cammino **Wan·der·schuh** M scarponcino *m* da escursione

Wan·de·rung F ⟨-; -en⟩ camminata *f*, escursione *f* (a piedi)

Wan·der·weg M sentiero *m* (dell'escursione) **Wan·der·zir·kus** M ⟨-; -se⟩ circo *m* ambulante

Wand·ge·mäl·de N pittura *f* murale **Wand·ka·len·der** M calendario *m* da parete **Wand·leuch·te** F applique *f*

Wand·lung F ⟨-; -en⟩ **1** trasformazione *f*, mutamento *m* **2** REL consacrazione *f* **wand·lungs·fä·hig** ADJ **1** trasformabile **2** (*Schauspieler*) versatile

Wand·ma·le·rei F pittura *f* murale, murale *m* **Wand·schrank** M armadio *m* a muro **Wand·spie·gel** M specchio *m* da parete **Wand·ta·fel** F lavagna *f* a muro

wand·te → wenden

Wand·tep·pich M arazzo *m*

Wan·ge F ⟨-; -n⟩ guancia *f*

Wan·kel·mut M volubilità *f*, incostanza *f* **wan·kel·mü·tig** ADJ volubile, incostante

wan·ken V/I **1** ⟨h.⟩ vacillare (*a. fig*) **2** ⟨h.⟩ (*taumeln*) barcollare **3** ⟨h.⟩ (*beben*) tremare **4** ⟨s.⟩ (*wankend gehen*) camminare barcollando ♦ **nicht ~ und** (**nicht**) **weichen** essere saldo come una roccia; **ins Wanken geraten** cominciare a vacillare; **ins Wanken bringen** far vacillare

wann ADV quando ♦ **bis ~?** fino a quando?; **seit ~?** da quando?; **von ~ an?** (a cominciare) da quando?

Wan·ne F ⟨-; -n⟩ **1** vasca *f* **2** (*Ölwanne*) coppa *f* (dell'olio) **Wan·nen·bad** N bagno *m* in (*od* nella) vasca

Wanst M ⟨-es; Wänste⟩ *umg pej* pancia *f*

Wan·ze F ⟨-; -n⟩ **1** cimice *f* **2** (*Spion*) microspia *f*, radiospia *f*

WAP [vɛp] N ⟨-⟩ **WAP-Handy** N telefonino *m* WAP

Wap·pen N ⟨-s; -⟩ stemma *m*, blasone *m* **Wap·pen·bild** N figura *f* araldica **Wap·pen·kun·de** F araldica *f* **Wap·pen·schild** M/N ⟨-[e]s; -e⟩ scudo *m* araldico **Wap·pen·spruch** M motto *m* araldico **Wap·pen·tier** N animale *m* araldico

wapp·nen V/R **sich ~** armarsi; **sich mit Geduld ~** armarsi di pazienza

WAP-Tech·no·lo·gie ['vɛp-] F tecnologia *f* WAP

war → sein[1]

warb → werben

Wa·re F ⟨-; -n⟩ **1** merce *f* **2** (*Erzeugnis*) prodotto *m* ♦ *sl* **heiße ~** merce che scotta

Wa·ren·an·ge·bot N offerta *f* (di merce) **Wa·ren·be·stand** M merci *fpl* in magazzino **Wa·ren·bör·se** F borsa *f* merci **Wa·ren·haus** N grande magazzino *m* **Wa·ren·korb** M WIRTSCH paniere *m* **Wa·ren·la·ger** N magazzino *m* **Wa·ren·pro·be** F campione *m* **Wa·ren·ter·min·ge·schäft** N operazione *f* a termine su merci **Wa·ren·zei·chen** N marchio *m* (di fabbrica): **eingetragenes ~** marchio registrato

warf → werfen

warm ADJ **1** caldo: **es ist ~** fa caldo; **mir ist ~** ho caldo; **langsam wurde** (**es**) **mir ~** lentamente mi scaldai **2** (*herzlich*) caloroso ♦ **der Pulli hält ~** il maglione tiene caldo; **das Essen ~ halten** tenere in caldo il mangiare; **~ laufen** (*Motor*) surriscaldarsi; SPORT **sich ~ laufen** riscaldarsi (correndo); **~ machen** (ri)scaldare; **~ werden** (ri)scaldarsi; *fig* conoscersi meglio; → warmhalten

Warm·blut N mezzosangue *m* **Warm·blü·ter** M ⟨-s; -⟩ animale *m* a sangue caldo **Warm·du·scher** M ⟨-s; -⟩ *umg* rammollito *m*

Wär·me F ⟨-⟩ calore *m* (*a. fig* PHYS) **Wär·me·be·hand·lung** F **1** METALL trattamento *m* termico **2** MED termoterapia *f* **wär·me·be·stän·dig** ADJ resistente al calore **Wär·me·däm·mung** F → Wärmeisolation **Wär·me·ein·heit** F unità *f* termica **Wär·me·iso·la·ti·on** F isolamento *m* termico **Wär·me·kraft·werk** N centrale *f* termoelettrica **Wär·me·leh·re** F termodinamica *f* **Wär·me·lei·ter** M termoconduttore *m*

wär·men **A** VT (ri)scaldare **B** VI ⟨h.⟩ tenere caldo **C** VR **sich ~** (ri)scaldarsi

Wär·me·pum·pe F pompa *f* di calore **Wär·me·spei·cher** M accumulatore *m* termico **Wär·me·tau·scher** M ⟨-s; -⟩ scambiatore *m* di calore **Wär·me·tech·nik** F termotecnica *f*

Wärm·fla·sche F borsa *f* dell'acqua calda

Warm·front F fronte *m* caldo **warm·hal·ten** VR ⟨*irr*⟩ *umg* **sich** (*dat*) **j-n ~** tenersi buono qn **Warm·hal·te·plat·te** F scaldavivande *m* **warm·her·zig** ADJ cordiale **Warm·mie·te** F affitto *m* con riscaldamento **Warm·start** M IT partenza *f* a caldo

wärms·tens ADV caldamente

Warm·was·ser·be·rei·ter M ⟨-s; -⟩ boiler *m* **Warm·was·ser·hei·zung** F riscaldamento *m* ad acqua (con radiatori) **Warm·was·ser·spei·cher** M serbatoio *m* dell'acqua calda

Warn·an·la·ge F (dispositivo *m* di) allarme *m* **Warn·blink·an·la·ge** F, **Warn·blin·ker** M lampeggiatori *mpl* di emergenza **Warn·drei·eck** N AUTO triangolo *m*

war·nen VT **1** **j-n vor etw** (*dat*) **~** avvertire qn di qc, mettere in guardia qn da qc **2** (*ermahnen*) ammonire **3** *fig* **ihr Instinkt warnte sie, es nicht zu tun** il suo istinto le disse di non farlo ♦ **ich warne dich!** stai attento!; **ich warne euch!** state attenti!

Warn·kreuz N croce *f* di Sant'Andrea **Warn·lam·pe** F, **Warn·leuch·te** F luce *f* di emergenza **Warn·licht** N **1** spia *f* (luminosa) **2** segnale *m* (lampeggiante) di emergenza **Warn·licht·an·la·ge** F luci *fpl* di emergenza **Warn·mel·dung** F IT segnale *m* di allarme **Warn·ruf** M grido *m* di allarme **Warn·schild** N **1** avviso *m* **2** AUTO segnale *m* di pericolo **Warn·schuss** M colpo *m* in aria **Warn·sig·nal** N segnale *m* d'allarme **Warn·streik** M sciopero *m* di avvertimento

War·nung F ⟨-; -en⟩ **1** avvertimento *m* **2** (*Lehre*) lezione *f*, ammonimento *m*

War·schau N ⟨-s⟩ Varsavia *f*

War·te F ⟨-; -n⟩ **1** punto *m* di osservazione **2** *fig* punto *m* di vista

War·te·häus·chen N fermata *f* coperta **War·te·lis·te** F lista *f* d'attesa

war·ten **A** VI ⟨h.⟩ **auf j-n/etw ~** aspettare qn/qc; **j-n ~ lassen** fare aspettare qn; **auf sich** (*akk*) **~ lassen** farsi aspettare **B** VT TECH **etw ~** eseguire la manutenzione di qc

War·ten N ⟨-s⟩ attesa *f*

Wär·ter M ⟨-s; -⟩, **-in** F ⟨-; -nen⟩ **1** custode *m/f*, guardiano *m*, -a *f* **2** (*Krankenpfleger*) infermiere *m*, -a *f*

War·te·saal M BAHN sala *f* d'aspetto (alla stazione) **War·te·schlan·ge** F **1** coda *f* (di attesa) **2** (*von Drucker, Fax*) coda *f* di stampa **War·te·schlei·fe** F loop *m* di attesa **War·te·zeit** F (periodo *m* di) attesa *f* **War·te·zim·mer** N sala *f* d'aspetto (dal medico)

War·tung F ⟨-; -en⟩ TECH manutenzione *f*

war·tungs·frei ADJ che non richiede manutenzione **war·tungs·freund·lich** ADJ che facilita la manutenzione

wa·rum ADV perché: **~ nicht?** perché no?

War·ze F ⟨-; -n⟩ verruca *f*

was **A** INT & PRON **1** che (cosa), cosa: **~ ist?** che c'è?; **~ ist das?** (che) cos'è (questo)?; **~ gibt es Neues?** che (cosa) c'è di nuovo? **2** (*wie viel*) quanto **B** REL PR ciò che, quello che: **alles, ~** tutto ciò che **C** INDEF PR *umg* (*etwas*) qualcosa **D**

ADV **1** *umg* (*warum*) perché: **~ musst du ihn so provozieren!** perché devi provocarlo così! **2** come: **~ war ich glücklich** com'ero felice ♦ **~ denn?** cosa c'è? (che vuoi?); **~ für ein** quale, che (tipo di); *umg* **~ weiß ich?** e che ne so?; **weißt du ~?** sai una cosa? (*zu tun*) sai che facciamo?

Was?

che cosa?	was?
che?	wie? *oder* was?
a che ora?	um wie viel Uhr?
chi?	wer?
a chi?	wem?
con chi?	mit wem?
cosa?	was?
di chi?	wessen?
per chi?	für wen?
da chi?	von wem?
come?	wie?
dove?	wo? *oder* wohin?
da dove? *oder* **di dove?**	woher?
quale?	welche(r, -s)? *oder* was für ein(e)?
con quale?	mit welchem(-r)?
perché?	warum?
quando?	wann?
da quando?	seit wann?
fino a quando?	bis wann?
quanto (-a) **?**	wie viel?
quanti (-e)?	wie viele?
per quanto?	wie lange?

Wasch·an·la·ge F AUTO stazione *f* di lavaggio; *umg* autolavaggio *m* **Wasch·an·lei·tung** F indicazioni *fpl* di lavaggio **wasch·bar** ADJ lavabile **Wasch·bär** M procione *m* **Wasch·be·cken** N lavandino *m*

Wä·sche F ⟨-; -n⟩ **1** biancheria *f*: **die ~ wechseln** cambiare la biancheria **2** (*Schmutzwäsche*) bucato *m*: **die ~ waschen** fare il bucato **3** (*Waschen*) lavaggio *m* ♦ **etw in die** (*od* **zur**) **~ geben/tun** dare/mettere qc a lavare; *fig* (**seine**) **schmutzige ~ vor anderen Leuten waschen** lavare i panni sporchi davanti a tutti

wasch·echt ADJ **1** (*waschbar*) lavabile **2** (*echt*) vero

Wä·sche·ge·schäft N negozio *m* di biancheria **Wä·sche·klam·mer** F molletta *f* **Wä·sche·korb** M cesto *m* per la biancheria **Wä·sche·lei·ne** F corda *f* per (stendere) il bucato

wa·schen ⟨wäscht, wusch, gewaschen⟩ **A** V/T **1** lavare **2** *umg* (*Geld*) riciclare **B** V/R **sich ~** lavarsi; **sich** (*dat*) **die Hände ~** lavarsi le mani **C** V/I ⟨h.⟩ lavare, fare il bucato ♦ **eine Ohrfeige, die sich gewaschen hat** un sonoro schiaffone; **eine Prüfung, die sich gewaschen hat** un esame coi fiocchi; **Waschen und Legen** (*beim Friseur*) shampoo e piega

Wä·sche·rei F ⟨-; -en⟩ lavanderia *f*

Wä·sche·schleu·der F centrifuga *f* (per il bucato) **Wä·sche·trock·ner** M **1** asciugatrice *f* **2** (*Gestell*) stendibiancheria *m*

Wasch·gang M fase *f* di lavaggio **Wasch·ge·le·gen·heit** F lavandino *m* **Wasch·kü·che** F **1** lavanderia *f* **2** *umg* (*Nebel*) nebbione *m* **Wasch·lap·pen** M **1** panno *m* di spugna (per lavarsi) **2** *umg pej* (*Mensch*) pasta *f* frolla **Wasch·lau·ge** F liscivia *f* **Wasch·ma·schi·ne** F lavatrice *f* **wasch·ma·schi·nen·fest** ADJ lavabile in lavatrice **Wasch·mit·tel** N detersivo *m* **Wasch·pul·ver** N detersivo *m* in polvere **Wasch·raum** M lavatoio *m* **Wasch·sa·lon** M lavanderia *f* a gettone **Wasch·schüs·sel** F bacinella *f* **Wasch·stra·ße** F tunnel *m* (di un autolavaggio) **Wasch·tag** M giorno *m* di bucato

Wa·schung F ⟨-; -en⟩ MED lavatura *f*

Wasch·weib N *umg pej* portinaia *f* **Wasch·zet·tel** M **1** (*Verlag*) risvolto *m* **2** PHARM bugiardino *m* **Wasch·zeug** N occorrente *m* per lavarsi, nécessaire *m* da toeletta

Was·ser N ⟨-s; - *u.* Wässer⟩ acqua *f*: CHEM **hartes/weiches ~** acqua dura/dolce ♦ **~ abstoßend** (*od* **abweisend**) idrorepellente; *fig* **ins ~ fallen** andare in fumo; **mit allen -n gewaschen sein** saperne una più del diavolo; *umg* **das ~ steht ihm bis zum Hals** ha l'acqua alla gola; **sich über ~ halten** tenersi a galla (*a. fig*); **~ lassen** fare acqua; **j-m nicht das ~ reichen können** non essere all'altezza di qn; **etw unter ~ setzen** inondare qc; *fig* **ins kalte ~ springen** fare un salto nel buio; **unter ~ stehen** essere inondato; *fig* **ein stilles ~** un'acqua cheta; **da wird auch nur mit ~ gekocht** nemmeno là si fanno miracoli

Was·ser·ader F vena *f* d'acqua **Was·ser·an·schluss** M allacciamento *m* dell'acqua **was·ser·arm** ADJ povero d'acqua **Was·ser·bad** N GASTR bagnomaria *m* **Was·ser·ball** M **1** pallone *m* da mare **2** SPORT pallanuoto *f* **Was·ser·bett** N letto *m* ad acqua **Was·ser·bob** M hydrospeed *m inv*, hydrobob *m inv* **Was·ser·bom·be** F bomba *f* di profondità

Wäs·ser·chen N **kein ~ trüben können** non essere capace di far male a una mosca

Was·ser·dampf M vapore *m* acqueo **was·ser·dicht** ADJ **1** stagno, a tenuta d'acqua **2** (*Kleidung*) impermeabile **3** *fig* inattaccabile, sicuro **Was·ser·ent·här·ter** M ⟨-s; -⟩ dolcificatore *m* (dell'acqua) **Was·ser·fahr·zeug** N natante *m* **Was·ser·fall** M cascata *f* ♦ **wie ein ~ reden** parlare come una macchinetta **Was·ser·far·be** F acquerello *m* **was·ser·fest** ADJ resistente all'acqua **Was·ser·fla·sche** F bottiglia *f* per l'acqua (*od* dell'acqua) **Was·ser·flug·zeug** N idrovolante *m* **Was·ser·ge·halt** M contenuto *m* d'acqua **was·ser·ge·kühlt** ADJ AUTO raffreddato ad acqua **Was·ser·glas** N bicchiere *m* da acqua ♦ **ein Sturm im ~** una tempesta in un bicchier d'acqua **Was·ser·gra·ben** M fossato *m* **Was·ser·hahn** M rubinetto *m* (dell'acqua) **was·ser·hal·tig** ADJ acquoso **Was·ser·haus·halt** M bilancio *m* idrico **Was·ser·kes·sel** M bollitore *m* (dell'acqua) **Was·ser·kopf** M idrocefalo *m* **Was·ser·kraft** F forza *f* idraulica **Was·ser·kraft·werk** N centrale *f* idroelettrica **Was·ser·küh·lung** F raffreddamento *m* ad acqua **Was·ser·lauf** M corso *m* d'acqua **Was·ser·lei·tung** F conduttura *f* dell'acqua **Was·ser·li·nie** F SCHIFF linea *f* di galleggiamento **was·ser·lös·lich** ADJ solubile in acqua **Was·ser·man·gel** M scarsità *f* d'acqua **Was·ser·mann** M ⟨-[e]s; -männer⟩ ASTROL Acquario *m*: **Luigi ist ~** Luigi è dell'Acquario **Was·ser·me·lo·ne** F cocomero *m*, *dial* anguria *f*

was·sern V/I ⟨h., s.⟩ ammarare

wäs·sern V/T **1** annaffiare **2** (*in Wasser legen*) mettere a bagno (nell'acqua)

Was·ser·pfei·fe F narghilè *m* **Was·ser·pflan·ze** F pianta *f* acquatica **Was·ser·pis·to·le** F pistola *f* ad acqua **Was·ser·rad** N ruota *f* idraulica **Was·ser·rat·te** F **1** ratto *m* d'acqua, arvicola *f* **2** *umg fig* pesce *m* **Was·ser·rohr** N tubo *m* dell'acqua **Was·ser·schei·de** F spartiacque *m* **was·ser·scheu** ADJ che ha paura dell'acqua **Was·ser·schutz·po·li·zei** F polizia *f* fluviale **Was·ser·ski** M sci *m* acquatico **Was·ser·spei·er** M ⟨-s; -⟩ doccione *m* **Was·ser·spie·gel** M **1** superficie *f* (dell'acqua) **2** (*Wasserhöhe*) livello *m* dell'acqua **Was·ser·spü·lung** F sciacquone *m* **Was·ser·stand** M livello *m* dell'acqua **Was·ser·stel·le** F sorgente *f*

Was·ser·stoff M ⟨-[e]s⟩ idrogeno *m* **was·ser·stoff·blond** ADJ *umg* ossigenato **Was·ser·stoff·bom·be** F bomba *f* all'idrogeno **Was·ser·stoff·per·oxid** N *umg* acqua *f* ossigenata

Was·ser·strahl M getto *m* d'acqua **Was·ser·stra·ße** F via *f* d'acqua, idrovia *f* **Was·ser·sucht** F idropisia *f* **Was·ser·tier** N animale *m* acquatico **Was·ser·trop·fen** M goccia *f* d'acqua **Was·ser·turm** M serbatoio *m* d'acqua (sopraelevato) **Was·ser·uhr** F → Wasserzähler

Was·se·rung F ⟨-; -en⟩ ammaraggio *m*

Was·ser·ver·brauch M consumo *m* d'acqua **Was·ser·ver·schmut·zung** F inquinamento *m* idrico (*od* dell'acqua) **Was·ser·ver·sor·gung** F rifornimento *m* idrico **Was·ser·vo·gel** M uccello *m* acquatico **Was·ser·vor·rat** M riserva *f* (*od* provvista *f*) d'acqua **Was·ser·waa·ge** F bilancia *f* idrostatica **Was·ser·weg** M idrovia *f*: **auf dem ~** per via d'acqua **Was·ser·wel·le** F messa *f* in piega **Was·ser·wer·fer** M idrante *m* (della polizia) **Was·ser·werk** N centrale *f* idrica **Was·ser·zäh·ler** M contatore *m* dell'acqua **Was·ser·zei·chen** N filigrana *f*

wäss·rig ADJ acquoso ♦ *fig* **j-m den Mund ~ machen** far venire l'acquolina in bocca a qn

wa·ten V/I ⟨s.⟩ **1** guadare: **durch den Fluss ~** guadare il fiume **2** sprofondare:

im Schlamm ~ sprofondare nel fango
Wat·sche F ⟨-n; -n⟩ *österr* schiaffo *m*
wat·scheln VI ⟨s.⟩ barcollare
wat·schen VT *österr* schiaffeggiare
Watt[1] N ⟨-[e]s; -en⟩ (*Landschaft*) = *bassofondo lungo le coste del mare del Nord*
Watt[2] N ⟨-s; -⟩ ELEK watt *m*
Wat·te F ⟨-; -n⟩ ovatta *f*, cotone *m* **Wat·te·bausch** M ⟨-es; -bäusche⟩ batuffolo *m* di cotone
Wat·ten·meer N mare *m* del Watt
Wat·te·pad [-pɛt] N ⟨-s; -s⟩ dischetto *m* di cotone
wat·tie·ren VT ovattare
WC N ⟨-s; -s⟩ WC *m inv*
Web N ⟨-s⟩ IT rete *f*, Web *m inv* **Web·cam** [ˈvɛpkɛm] F ⟨-; -s⟩ webcam *f inv* **Web·de·sig·ner** M, **-in** F webdesigner *m/f inv*
we·ben VT tessere **We·ber** M ⟨-s; -⟩ tessitore *m* **We·be·rei** F ⟨-; -en⟩ **1** tessitura *f* **2** (*Fabrik*) stabilimento *m* tessile, fabbrica *f* di tessuti **We·be·rin** F ⟨-; -nen⟩ tessitrice *f*
Web·feh·ler M difetto *m* di tessitura **Web·ka·me·ra** F webcam *f inv* **Web·mas·ter** M ⟨-s; -⟩, **-in** F ⟨-, -nen⟩ webmaster *m/f inv* **Web·pelz** M pelliccia *f* finta (di materiale naturale o sintetico) **Web·sei·te** F sito *m* Web **Web·ser·ver** M web-server *m inv*, server *m inv* di rete **Web·site** [ˈvɛpsait] F sito *m* Web **Web·stuhl** M telaio *m* **Web·sur·fer** M, **-in** F internauta *m/f* **Web·surf·pro·gramm** N programma *m* di navigazione (Web)
Wech·sel M ⟨-s; -⟩ **1** (*Änderung*) cambiamento *m* **2** (*Aufeinanderfolge*) alternanza *f*, avvicendamento *m*: **der ~ der Jahreszeiten** l'avvicendarsi delle stagioni; **der ~ von Tag und Nacht** l'alternanza del giorno e della notte **3** IT **manueller ~** interruzione *f* **4** (*Austausch*) cambio *m*, scambio *m* **5** FIN (*Schein*) cambiale *f*: **einen ~ auf j-n ziehen** spiccare una tratta su qn **6** (*Geld*) cambio *m*
Wech·sel·bad N bagno *m* alternato caldo e freddo ♦ **im ~ der Gefühle** con sentimenti contrastanti **Wech·sel·bank** F ⟨-; -en⟩ banca *f* di sconto **Wech·sel·be·zie·hung** F correlazione *f* **Wech·sel·fäl·le** PL alterne vicende *fpl* **Wech·sel·geld** N spiccioli *mpl* **wech·sel·haft** ADJ mutevole, instabile, variabile **Wech·sel·jah·re** PL **1** (*der Frau*) menopausa *f* **2** (*des Mannes*) andropausa *f* **Wech·sel·kurs** M cambio *m* **Wech·sel·kurs·schwan·kun·gen** PL fluttuazione *f* dei cambi
wech·seln **A** VT **1** cambiare **2** (*Worte*) scambiare **B** VI **1** ⟨h.⟩ cambiare, variare **2** ⟨h.⟩ (*sich abwechseln*) alternarsi **3** ⟨s.⟩ passare: **auf die andere Straßenseite ~** passare dall'altra parte della strada ♦ **mit j-m einen Blick ~** scambiarsi un'occhiata con qn; **Entschuldigung, können Sie ~?** scusi, ha da cambiare?
wech·selnd ADJ **1** variabile, mutevole **2** (*nicht gleichbleibend*) incostante; (*wankelmütig*) volubile
Wech·sel·ob·jek·tiv N FOTO obiettivo *m* intercambiabile **Wech·sel·plat·te** F IT disco *m* rimovibile **Wech·sel·schuld** F debito *m* cambiario **wech·sel·sei·tig** ADJ reciproco **Wech·sel·strom** M ELEK corrente *f* alternata **Wech·sel·stu·be** F ufficio *m* di cambio **wech·sel·wei·se** ADV alternatamente **Wech·sel·wir·kung** F interazione *f*, azione *f* reciproca
Weck·dienst M ⟨-[e]s⟩ TEL sveglia *f* (telefonica) **we·cken** VT **1** svegliare **2** *fig* destare, risvegliare, suscitare: **Neugier ~** destare curiosità; **Erinnerungen ~** risvegliare ricordi; **Gefühle in j-m ~** suscitare sentimenti in qn
We·cken M ⟨-s; -⟩ *österr* **1** filone *m* di pane **2** (*Brötchen*) panino *m*
We·cker M ⟨-s; -⟩ sveglia *f* ♦ **j-d/ etw geht mir auf den ~** qn/qc mi dà sui nervi
Weck·ruf M sveglia *f*
we·deln VI ⟨h.⟩ **1** **mit etw ~** agitare qc **2** (**mit dem Schwanz**) ~ scodinzolare **3** (*Ski*) fare lo scodinzolo
we·der KONJ **~ … noch** né … né
weg ADV via: **der Schlüssel ist ~** la chiave non si trova più; **~ da!** via di qui!; **~ mit euch!** via!; **~ damit!** metti via ♦ **~ sein** essere assente, non esserci; **über etw** (*akk*) **~ sein** aver superato qc; **er war schon ~** se n'era già andato; *umg* **von etw** (**hin und**) **~ sein** essere entusiasta di qc; **Finger ~!** giù le mani!
Weg M ⟨-[e]s; -e⟩ **1** via *f*, strada *f* (*a. fig*): **der kürzeste ~ zum Bahnhof** la strada più breve per la stazione; **der ~ zum Erfolg** la via del successo **2** cammino *m*: **sich auf den ~ machen** mettersi in cammino **3** (*Reise*) viaggio *m*: **er ist auf dem ~ nach Bonn** è in viaggio per Bonn **4**

(*Weise*) modo *m*: **auf diesem ~** in questo modo; **auf gesetzlichem -e** per via legale ♦ **auf dem ~(e) der Besserung** in via di miglioramento; *iron* **auf dem besten ~ sein** essere sulla buona strada; **j-m aus dem ~ gehen** scansare qn; *fig* evitare qn; **j-m/etw im ~ sein** (*od* **stehen**) essere d'intralcio a qn/qc; **j-m über** (*od* **in**) **den ~ laufen** imbattersi in qn; **etw in die -e leiten** avviare qc; **an** (*od* **auf**) **dem ~ liegen** essere di strada; **seinen ~ machen** farsi strada; **seine eigenen -e gehen** agire di testa propria; **sich j-m in den ~ stellen** sbarrare la strada a qn; **zu -e** → zuwege

weg·be·kom·men VT ‹irr› *umg* → wegkriegen

Weg·be·rei·ter M ‹-s; -›, **-in** F ‹-; -nen› precursore *m*, precorritrice *f*

weg·bla·sen VT ‹irr› soffiare via ♦ *fig* **seine Sorgen waren wie weggeblasen** le sue preoccupazioni erano svanite

weg·blei·ben VI ‹irr; s.› *umg* **1** (*nicht kommen*) restare lontano; non venire **2** mancare: **die Luft bleibt mir weg** mi manca l'aria **3** (*fortgelassen werden*) essere tralasciato ♦ **über Nacht ~** restare fuori tutta la notte

weg·brin·gen VT ‹irr› **1** portare via **2** (*entfernen*) rimuovere, *umg* togliere, levare

we·gen PRÄP (+*gen u. dat*) **1** (*kausal*) a causa di, per: **~ des schlechten Wetters**, *umg* **~ dem schlechten Wetter** a causa del cattivo tempo **2** (*in Bezug auf*) **~ dieser Sache wenden Sie sich an mich** per questa questione si rivolga a me **3** (*final*) **er arbeitet nur ~ des Geldes** lavora solo per i soldi ♦ **von ~!** neanche per sogno!; *umg* **~ mir** per me

We·ge·rich M ‹-s; -e› piantaggine *f*

weg·fah·ren VI ‹irr; s.› andare via ♦ **der Bus ist ihm vor der Nase weggefahren** l'autobus gli è passato sotto il naso

Weg·fahr·sper·re F (antifurto *m*) immobilizzatore *m*

weg·fal·len VI ‹irr; s.› venire a mancare, cessare

weg·fe·gen VT spazzare via (*a. fig*)

Weg·gang M ‹-[e]s› partenza *f*

weg·ge·ben VT ‹irr› dare via

weg·ge·hen VI ‹irr; s.› andare via, andarsene ♦ **von j-m ~** lasciare qn

weg·ha·ben VT ‹irr› *umg* **1** (*bekommen haben*) essersi (*od* aver) preso **2** **auf einem Gebiet etwas ~** essere esperto in un settore ♦ **sein Fett ~** prendersele; **die Ruhe ~** essere la calma in persona; **j-n/etw ~ wollen** voler allontanare qn/qc

weg·hö·ren VT non ascoltare **weg·kom·men** VI ‹irr; s.› *umg* **1** andare via, andarsene **2** (*loskommen*) liberarsi **3** **vom Alkohol ~** smettere di bere **4** **über etw** (*akk*) **~** superare (*od* dimenticare) qc **5** (*verloren gehen*) andare perso, sparire **6** **bei einer Prüfung gut ~** cavarsela bene a un esame **weg·krie·gen** VT *umg* **1** (*entfernen können*) togliere, levare **2** prendere, buscare: **einen Knacks ~** buscarsi un malanno **weg·las·sen** VT ‹irr› **1** (*gehen lassen*) lasciare andare (via) **2** *umg* (*auslassen*) tralasciare, saltare **weg·lau·fen** VI ‹irr; s.› **1** correre via **2** scappare: **von zu Hause ~** scappare di casa; *fig* **die Arbeit läuft nicht weg** il lavoro non scappa **weg·le·gen** VT mettere via

weg·ma·chen *umg* VT togliere, levare

weg·müs·sen VI ‹irr; h.› dovere andare via: **ich muss weg** devo andare, devo andarmene **weg·neh·men** VT ‹irr› togliere, portare via (*a. fig*) **weg·ra·ti·o·na·li·sie·ren** VT eliminare (nel corso di un processo di razionalizzazione) **weg·räu·men** VT rimuovere; (*aufräumen*) riporre **weg·rei·ßen** VT ‹irr› **1** (*fortreißen*) trascinare (via) **2** (*abreißen*) strappare (via) **weg·ren·nen** VI ‹irr; s.› correre via

weg·schaf·fen VT portare via **weg·sche·ren** VR **sich ~** andarsene via **weg·schi·cken** VT mandare via **weg·schie·ben** VT ‹irr› spingere via **weg·schlep·pen** VT trascinare via; (*gewaltsam*) portare via a forza **weg·schlie·ßen** VT ‹irr› mettere sotto chiave **weg·schnap·pen** VT *umg* soffiare **weg·schüt·ten** VT versare via **weg·se·hen** VI ‹irr; h.› **1** volgere lo sguardo altrove **2** *umg* → hinwegsehen **weg·ste·cken** VT **1** mettere via; (*verbergen*) nascondere **2** (*verkraften*) sopportare, mandar giù **weg·stel·len** VT mettere via **weg·sto·ßen** VT ‹irr› spingere via **weg·tre·ten** VI ‹irr; s.› MIL rompere le righe ♦ *fig* **er ist weggetreten** = *è assente* **weg·tun** VT ‹irr› **1** (*aufräumen*) mettere a posto **2** (*wegwerfen*) buttar via **3** (*sparen*) mettere da parte

Weg·wei·ser M ‹-s; -› segnale *m*

(stradale) indicatore
weg·wer·fen VT ⟨irr⟩ buttare via, gettare via (*a. fig*) **weg·wer·fend** ADJ sprezzante
Weg·werf·fla·sche F bottiglia *f* a perdere **Weg·werf·ge·sell·schaft** F società *f* dello spreco
weg·wi·schen VT togliere (strofinando) ♦ **etw an der Tafel ~** cancellare qc dalla lavagna
weg·zau·bern VT fare sparire (per incanto)
weg·zie·hen ⟨irr⟩ **A** VT tirare (via) **B** VI ⟨s.⟩ trasferirsi **Weg·zug** M partenza *f*
weh ADJ *umg* dolorante, che fa male ♦ **ihm ist ~ ums Herz** gli si stringe il cuore **we·he** INT **1** ahimè: **weh(e) mir!** ahimè! povero me! **2** guai: **~ (dir)!** guai (a te)!
We·he F ⟨-; -n⟩ doglia *f*
we·hen **A** VT spazzare (via) **B** VI ⟨h.⟩ **1** soffiare, spirare **2** (*flattern*) sventolare
Weh·ge·schrei N grida *fpl* di dolore **Weh·kla·ge** F lamento *m* **weh·lei·dig** ADJ lamentoso; (*weinerlich*) piagnucoloso
Weh·mut F ⟨-⟩ malinconia *f* **weh·mü·tig** ADJ malinconico, mesto
Wehr[1] F **sich gegen j-n/etw zur ~ setzen** opporre resistenza contro qn/qc
Wehr[2] N ⟨-[e]s; -e⟩ sbarramento *m*
Wehr·dienst M servizio *m* militare **Wehr·dienst·ver·wei·ge·rer** M ⟨-s; -⟩ obiettore *m* di coscienza
weh·ren **A** VR **1** **sich (gegen etw) ~** difendersi (contro qc) **2** **sich (dagegen) ~, etw zu tun** opporsi a fare qc **B** VI ⟨h.⟩ **etw** (*dat*) **~** opporsi a (*od* impedire) qc ♦ **sich mit Händen und Füßen gegen etw ~** opporsi a qc con tutte le proprie forze
wehr·los ADJ inerme (*a. fig*) **Wehr·macht** F ⟨-⟩ HIST **1** forze *fpl* armate **2** = *forze armate tedesche dal 1935 al 1945* **Wehr·pflicht** F servizio *m* militare obbligatorio **wehr·pflich·tig** ADJ soggetto agli obblighi militari (di leva)
weh·tun ⟨irr⟩ **A** VI ⟨h.⟩ fare male: **es tut weh** fa male; **mir tut der Kopf weh** mi fa male la testa **B** VR **sich** (*dat*) **~** farsi male
Weib N ⟨-[e]s; -er⟩ **1** *umg* donna *f* **2** *pej* femmina *f*, donnetta *f* **3** (*Ehefrau*) moglie *f*
Weib·chen N ⟨-s; -⟩ femmina *f* (*a. pej*)
Wei·ber·feind M misogino *m* **Wei·ber·ge·schich·te** F *umg* storia *f* di donne **Wei·ber·held** M donnaiolo *m*
wei·bisch *pej* ADJ effeminato
weib·lich ADJ femminile (*a.* GRAM) ♦ **ein -es Tier** una femmina
Weibs·bild N *pej* femmina *f*
weich ADJ **1** morbido **2** molle: **-er Käse** formaggio molle **3** tenue: **-es Licht** luce tenue **4** dolce: **-e Gesichtszüge** dolci tratti del viso; **-e Landung** atterraggio morbido (*od* dolce) **5** tenero: **das Gemüse ist noch nicht ~** la verdura non è ancora tenera; **ein -es Herz haben** avere un cuore tenero; **viel zu ~ sein** essere troppo sensibile ♦ **~ machen** ammorbidire; **~ werden** ammorbidirsi (*a. fig*)
Wei·che[1] F ⟨-; -n⟩ (*Flanke*) fianco *m*
Wei·che[2] F ⟨-; -n⟩ BAHN scambio *m* (ferroviario) ♦ *fig* **die -n stellen** preparare il terreno
Weich·ei N *umg pej* pappa molla *m inv*, rammolito *m*
wei·chen[1] VI ⟨wich, gewichen; s.⟩ **1** cedere **2** (*sich entfernen*) allontanarsi **3** (*allmählich nachlassen*) diminuire ♦ **nicht von j-s Seite ~** stare sempre alle calcagna di qn; **nicht von der Stelle ~** non spostarsi di un millimetro
wei·chen[2] **A** VT (*einweichen*) ammollare, mettere a mollo **B** VI ⟨s.⟩ ammollirsi
Weich·heit F ⟨-⟩ **1** morbidezza *f* **2** (*von Gesichtszügen*) dolcezza *f* **3** (*von Herz*) tenerezza *f* **weich·her·zig** ADJ dal cuore tenero **Weich·kä·se** M formaggio *m* morbido (*od* molle) **weich·lich** ADJ rammollito **Weich·ling** M ⟨-[e]s; -e⟩ rammollito *m* **Weich·ma·cher** M CHEM plastificante *m*
Weich·sel F ⟨-; -n⟩ *österr* visciola *f*
Weich·spü·ler M ⟨-s; -⟩ ammorbidente *m* **Weich·tei·le** PL ANAT parti *fpl* molli **Weich·tier** N mollusco *m* **Weich·zeich·ner** M FOTO schermo *m* (*od* filtro *m*) diffusore
Wei·de[1] F ⟨-; -n⟩ BOT salice *m*
Wei·de[2] F ⟨-; -n⟩ (*Grasland*) pascolo *m* **Wei·de·land** N terreno *m* da pascolo
wei·den **A** VI ⟨h.⟩ & VT pascolare **B** VR **sich an etw** (*dat*) **~** **1** pascersi in qc **2** *pej* godere di qc
Wei·den·baum M salice *m* **Wei·den·kätz·chen** N amento *m* (*od* gattino *m*) del salice **Wei·den·korb** M cesto *m* di

W

vimini
weid·lich ADV (per) bene
Weid·manns·heil INT buona caccia
wei·gern V/R **sich ~** rifiutarsi
Wei·ge·rung F ⟨-; -en⟩ rifiuto *m*
Weih·bi·schof M vescovo *m* suffraganeo
Wei·he F ⟨-; -n⟩ **1** consacrazione *f* **2** (*Priesterweihe*) ordinazione *f*: **die niederen -n** gli ordini minori **wei·hen** V/T **1** consacrare (*a. fig*) **2** ordinare: **j-n zum Priester ~** ordinare qn sacerdote **3** (*widmen*) dedicare: **einem Gott einen Tempel ~** dedicare un tempio a una divinità **4** (*segnen*) benedire: **die Kerzen ~** benedire le candele **5** (*für etwas bestimmen*) destinare: **j-n dem Tod ~** destinare qn alla morte
Wei·her M ⟨-s; -⟩ stagno *m*
Weih·nacht F ⟨-⟩, **Weih·nach·ten** N ⟨-; -⟩ Natale *m*: **an Weihnachten** a Natale; **fröhliche ~!** buon Natale! **weih·nacht·lich** ADJ di Natale, natalizio

Weihnachten

wird in Italien am ersten Weihnachtstag mit der Bescherung am frühen Morgen und mit einem großen Weihnachtsessen gefeiert. Typisch sind die Süßigkeiten **il panettone, il pandoro** und **il torrone.**

Weih·nachts·abend M sera *f* (della vigilia) di Natale **Weih·nachts·baum** M albero *m* di Natale **Weih·nachts·fei·er** F festa *f* natalizia **Weih·nachts·fei·er·tag** M giorno *m* di Natale: **der erste ~** il giorno di Natale; **der zweite ~** Santo Stefano **Weih·nachts·fest** N (festa *f* del) Natale *m* **Weih·nachts·geld** N gratifica *f* natalizia **Weih·nachts·ge·schenk** N regalo *m* di Natale **Weih·nachts·ge·schich·te** F (racconto *m* della) nascita *f* di Gesù **Weih·nachts·lied** N canto *m* di Natale **Weih·nachts·mann** M ⟨-[e]s; -männer⟩ babbo *m* Natale **Weih·nachts·markt** M mercatino *m* di Natale **Weih·nachts·stern** M BOT poinsettia *f*, stella *f* di Natale **Weih·nachts·tag** M giorno *m* di Natale: **der erste ~** il giorno di Natale; **der zweite ~** il giorno di Santo Stefano **Weih·nachts·zeit** F periodo *m* natalizio: **zur ~** durante il periodo natalizio
Weih·rauch M ⟨-[e]s⟩ incenso *m* **Weih·was·ser** N acqua *f* santa
weil KONJ **1** (*kausal*) perché **2** dal momento che: **~ ihr gerade davon sprecht, ...** dal momento che ne parlate, ...
Wei·le F ⟨-⟩ **eine kurze** (*od* **kleine**) **~** un attimo ♦ **nach einer ~** dopo un po'; **eine ganze** (*od* **geraume**) **~** un bel po' di tempo
Wei·ler M ⟨-s; -⟩ borgo *m*
Wein M ⟨-[e]s; -e⟩ **1** vino *m* **2** (*Weinrebe*) vite *f*: **~ bauen** coltivare la vite; **wilder ~** vite vergine (*od* del Canada) ♦ **j-m reinen ~ einschenken** dire a qn la pura verità; **~ ernten** (*od* **lesen**) vendemmiare
Wein·bau M viticoltura *f* **Wein·bau·er** M ⟨-n *u.* -s; -n⟩, **-in** F ⟨-; -nen⟩ viticoltore *m*, -trice *f*, vignaiolo *m*, -a *f* **Wein·bee·re** F acino *m* d'uva **Wein·berg** M vigna *f*, vigneto *m* **Wein·berg·schne·cke** F chiocciola *f* **Wein·brand** M acquavite *f* di vino; brandy *m*
wei·nen V/I ⟨h.⟩ piangere: **um j-n ~** piangere (per) qn ♦ **das ist doch zum Weinen!** c'è da piangere!
wei·ner·lich ADJ piagnucoloso
Wein·es·sig M aceto *m* di vino **Wein·fass** N botte *f* da vino **Wein·fla·sche** F bottiglia *f* da (*od* di) vino **Wein·geist** M ⟨-[e]s⟩ spirito *m* di vino **Wein·glas** N bicchiere *m* da vino **Wein·händ·ler** M, **-in** F vinaio *m*, -a *f* **Wein·hand·lung** F negozio *m* di vini **Wein·hau·er** M ⟨-s; -⟩, **-in** F ⟨-; -nen⟩ *österr* → Weinbauer(in) **Wein·kar·te** F lista *f* dei vini **Wein·kel·ler** M cantina *f*
Wein·krampf M crisi *f* di pianto
Wein·le·se F vendemmia *f* **Wein·lo·kal** N enoteca *f* (con mescita) **Wein·pro·be** F degustazione *f* **Wein·re·be** F vite *f* **wein·rot** ADJ rosso vino **Wein·säu·re** F acido *m* tartarico **Wein·stein** M tartaro *m* **Wein·stock** M vite *f* **Wein·stu·be** F → Weinlokal **Wein·trau·be** F grappolo *m* d'uva
wei·se ADJ saggio
Wei·se[1] M/F ⟨-n; -n⟩ (*Mensch*) saggio *m*, -a *f*, sapiente *m/f*
Wei·se[2] F ⟨-; -n⟩ **1** (*Art*) maniera *f*, modo *m*: **auf meine ~** a modo mio; **auf jede ~** in (*od* ad) ogni modo; **in keiner ~** in nessun modo; **auf gleiche ~** allo stesso modo; **in der ~, dass** in modo che; **auf die eine oder andere ~** in un modo o

nell'altro **2** MUS aria *f*

wei·sen ⟨wies, gewiesen⟩ **A** VT **1** indicare: **j-m den Weg ~** indicare la strada a qn; **j-m die Tür ~** indicare la porta a qn (*a. fig*) **2** (*wegschicken*) allontanare, espellere; **etw weit von sich ~** respingere fermamente qc da sé **B** VI ⟨h.⟩ indicare: **nach Norden ~** indicare il nord ♦ **etw von der Hand ~** rifiutare qc

Weis·heit F ⟨-; -en⟩ **1** sapienza *f*: **die göttliche ~** la sapienza divina **2** saggezza *f*: **die ~ des Alters** la saggezza dell'età **3** (*weiser Rat*) cosa *f* saggia, saggio consiglio *m* ♦ **mit seiner ~ am Ende sein** essere arrivato al fondo, non saper più come fare **Weis·heits·zahn** M dente *m* del giudizio

weis·ma·chen VT *umg* **j-m etw ~** far credere (*od* dare a intendere) qc a qn

weiß **A** ADJ bianco **B** ADV di bianco ♦ **~ glühend** incandescente; **~ wie die Wand** bianco come un cencio; **~ werden** imbiancare; **-e Weihnachten** Natale con la neve

Weiß N ⟨-[es]⟩ bianco *m*: **in ~ heiraten** sposarsi in bianco

weis·sa·gen VT profetizzare, predire **Weis·sa·ger** M ⟨-s; -⟩, **-in** F ⟨-; -nen⟩ indovino *m*, -a *f*, veggente *m/f* **Weis·sa·gung** F ⟨-; -en⟩ profezia *f*, predizione *f*

Weiß·bier N → Weizenbier **Weiß·blech** N lamiera *f* stagnata **Weiß·brot** N pane *m* bianco **Weiß·dorn** M ⟨-[e]s; -e⟩ biancospino *m*

Wei·ße[1] M/F ⟨-n; -n⟩ (*Mensch*) bianco *m*, -a *f*

Wei·ße[2] N ⟨-n⟩ **1** (*Farbe*) bianco *m* **2** (*Eiweiß*) chiara *f*

wei·ßen VT imbiancare

Weiß·glut F calore *m* bianco, incandescenza *f* ♦ **j-n bis zur ~ reizen** (*od* **bringen** *od* **treiben**) far infuriare qn

Weiß·gold N oro *m* bianco **weiß·haa·rig** ADJ dai capelli bianchi **Weiß·kohl** M, **Weiß·kraut** N cavolo *m* bianco **weiß·lich** ADJ biancastro **Weiß·ma·cher** M sbiancante *m* **Weiß·russ·land** N Bielorussia *f* **Weiß·wand·ta·fel** F lavagna *f* bianca **Weiß·wein** M vino *m* bianco

Wei·sung F ⟨-; -en⟩ **1** disposizione *f*: **-en erteilen** impartire disposizioni **2** (*Befehl*) ordine *m* **wei·sungs·be·fugt** ADJ che ha diritto di impartire ordini (*od* disposizioni)

weit **A** ADJ **1** (*ausgedehnt*) ampio, vasto: **-e Ebenen** vaste pianure; *fig* **einen -en Horizont haben** avere un vasto orizzonte **2** grande: **aus -er Entfernung** a grande distanza **3** (*locker sitzend*) largo **4** lungo: **über -e Strecken** per lunghi tratti **5** (*entfernt*) lontano, distante **B** ADV **1** lontano: **er kommt von ~ her** viene da lontano **2** a lungo: **sie haben ~ zu laufen** devono camminare a lungo **3** (*sehr viel*) di gran lunga, molto, ben: **er ist ~ älter** è di gran lunga più vecchio; **~ nach Mitternacht** ben oltre mezzanotte ♦ **das ist bei Weitem besser** è di gran lunga migliore; **er singt bei Weitem nicht so gut** alla fine (*od* in fondo) non canta così bene; **~ bekannt** molto conosciuto (*od* noto), conosciutissimo; **~ blickend** → weitblickend; **~ und breit** in lungo e in largo; **von etw ~ entfernt sein** essere ben lontano da qc; *fig* **zu ~ führen** portare troppo lontano; **so ~ gehen** arrivare al punto; *fig* **zu ~ gehen** andare troppo oltre; **das geht zu ~** questo è troppo; **so ~ ist es schon gekommen** a che punto ci siamo ridotti; **~ gereist** che ha viaggiato molto; **so ~, so gut** fin qui tutto bene; **mit j-m/etw ist es nicht ~ her** qn/qc non vale molto; *fig* **~ hergeholt** tirato per i capelli; **bis ~ in die Nacht hinein** fino a notte inoltrata; **~ öffnen** spalancare; **~ reichend** (*Geschütz*) a lunga gittata; *fig* → weitreichend; **~ verbreitet** → weitverbreitet; **~ verzweigt** → weitverzweigt; **von Weitem** da lontano; **wie ~ ist es bis zur nächsten Stadt?** quanto dista la prossima città?; **wie ~ sind Sie mit dem Plan?** a che punto siete con il progetto?

weit·ab ADV lontano

weit·aus ADV di gran lunga

Weit·blick M lungimiranza *f* **weit·blickend** ADJ lungimirante

Wei·te F ⟨-; -n⟩ **1** ampiezza *f*, vastità *f*; (*Ausdehnung*) estensione *f* **2** larghezza *f*, diametro *m*: **lichte ~** diametro interno **3** (*Nähen, Umfang*) circonferenza *f* **4** (*Ferne*) lontananza *f*: **in die ~ schauen** guardare in lontananza **5** SPORT (*Entfernung*) distanza *f* **6** **mit der ~ von 8,32 m siegen** vincere con la misura di 8,32 m

wei·ten **A** VT allargare **B** VR **sich ~** allargarsi; (*Pupillen*) dilatarsi

wei·ter **A** ADJ ulteriore, altro: **die -e Entwicklung abwarten** aspettare gli ulteriori sviluppi; **noch -e Fragen?** ancora altre domande? **B** ADV **1** più in là, più avanti: **nicht ~ sehen als seine Nase** non vedere più in là del proprio naso **2** più: **~ unten/~ vorn** più giù/più avanti **3** altro, di più: **nichts ~?** nient'altro?; **~ nichts** nient'altro; **mir bleibt nichts ~ übrig als ...** non mi resta altro (da fare) che ...; **~ niemand** nessun altro; **kein Wort ~!** non una parola di più! **4** (*weiterhin*) ancora: **er will sich ~ damit beschäftigen** vuole occuparsene ancora; **~ bestehen** continuare a esistere ♦ **~ machen** (*größer machen*) allargare; **das ist nicht ~ schlimm** non è poi una cosa grave; **im -en Sinn** in senso più ampio; **~ werden** allargarsi; **ohne Weiteres** senz'altro

wei·ter·ar·bei·ten VI ⟨h.⟩ continuare a lavorare **wei·ter·bil·den** VT perfezionare; (*fortbilden*) aggiornare **Wei·ter·bil·dung** F perfezionamento *m*; aggiornamento *m* **wei·ter·brin·gen** VT ⟨*irr*⟩ portare avanti

Wei·te·re N ⟨-n⟩ resto *m*, altro *m*

wei·ter·emp·feh·len VT ⟨*irr*⟩ raccomandare ad altri **wei·ter·ent·wi·ckeln** **A** VT sviluppare ulteriormente **B** VR **sich ~** evolversi, svilupparsi **wei·ter·er·zäh·len** VT raccontare **wei·ter·fah·ren** VI ⟨*irr*; s.⟩ proseguire (il viaggio) **Wei·ter·fahrt** F proseguimento *m* del viaggio **wei·ter·füh·ren** VT continuare, proseguire **wei·ter·ge·ben** VT ⟨*irr*⟩ **1** passare **2** inoltrare, trasmettere (ad altri) **wei·ter·ge·hen** VI ⟨*irr*; s.⟩ andare avanti, continuare (*a. fig*): **so kann es nicht ~!** così non si può andare avanti!; **das Leben geht weiter** la vita continua **wei·ter·hel·fen** VI ⟨*irr*; h.⟩ **j-m (bei etw) ~** aiutare qn (a superare qc)

wei·ter·hin ADV **1** (*immer noch*) ancora **2** (*künftig*) in futuro **3** (*außerdem*) inoltre ♦ **etw ~ tun** continuare a fare qc

wei·ter·kom·men VI ⟨*irr*; s.⟩ andare avanti, progredire, fare progressi: **im Beruf ~** fare carriera **wei·ter·lau·fen** VI ⟨*irr*; s.⟩ **1** proseguire, continuare (*a. fig*): **sein Gehalt läuft weiter** continua a percepire lo stipendio **2** restare in funzione **wei·ter·le·ben** VI ⟨h.⟩ continuare a vivere **wei·ter·lei·ten** VT inoltrare, trasmettere **wei·ter·ma·chen** VT **etw ~** continuare (a fare) qc **wei·ter·rei·sen** VI ⟨s.⟩ proseguire il viaggio

wei·ters ADV *österr* → weiterhin

wei·ter·sa·gen VT dire in giro (*od* ad altri) **wei·ter·se·hen** VI ⟨*irr*; h.⟩ vedere (poi) **wei·ter·su·chen** VI ⟨h.⟩ continuare a cercare: IT **weitersuchen** (*Befehl*) nuova ricerca

wei·ter·ver·ar·bei·ten VT **etw ~** lavorare ulteriormente qc **wei·ter·ver·ar·bei·tend** ADJ **-e Industrie** industria manifatturiera **Wei·ter·ver·ar·bei·tung** F ulteriore lavorazione *f*

wei·ter·ver·kau·fen VT rivendere

wei·ter·wis·sen VI ⟨*irr*; h.⟩ saper cosa fare

weit·ge·hend **A** ADJ ampio, vasto, largo **B** ADV ampiamente **weit·her** ADV da lontano **weit·hin** ADV (da) lontano, in lontananza **weit·läu·fig** ADJ **1** (*Gebäude*) spazioso **2** (*ausgedehnt*) esteso, vasto **3** (*Erzählung*) dettagliato **4** (*Verwandte*) lontano: **-e Verwandten** parenti lontani; **~ verwandt sein** essere lontani parenti **weit·rei·chend** ADJ vasto, ampio: **-e Folgen** conseguenze di vasta portata **weit·schwei·fig** ADJ prolisso

weit·sich·tig ADJ **1** presbite **2** *fig* lungimirante **Weit·sich·tig·keit** F ⟨-⟩ presbiopia *f*

Weit·sprin·ger M, **-in** F saltatore *m*, -trice *f* in lungo **Weit·sprung** M salto *m* in lungo **weit·ver·brei·tet** ADJ ampiamente diffuso **weit·ver·zweigt** ADJ molto ramificato **Weit·win·kel·ob·jek·tiv** N (obiettivo *m*) grandangolare *m*, grandangolo *m*

Wei·zen M ⟨-s; -⟩ frumento *m*, grano *m* **Wei·zen·bier** N = *birra chiara di frumento* **Wei·zen·brot** N pane *m* di frumento

welch → welcher

wel·cher ⟨*f* welche, *n* welches⟩ **A** INT & PRON **1** *geh* **welch ein Anblick!** che spettacolo!; **mit ~ Freude!** con quale gioia! **B** REL PR che, il quale **C** INDEF PR *umg* qualcuno: **es gibt welche, die ...** c'è qualcuno che ...; **ich habe kein Geld mehr. Hast du welches?** non ho più soldi. Ne hai tu?; **hast du welche?** ne hai?

welk ADJ (*Haut*) avvizzito; (*Blumen, Pflanzen*) appassito **wel·ken** VI ⟨s.⟩ **1** (*Haut*) avvizzire **2** (*Blumen*) appassire

Well·blech N lamiera *f* ondulata

Wel·le F ⟨-; -n⟩ **1** onda *f* (*a.* PHYS): **die -n gehen hoch** le onde si alzano; *fig* **die ~**

der **Begeisterung** l'onda dell'entusiasmo; **sich** (*dat*) **-n legen lassen** farsi fare le onde **2** RADIO lunghezza *f* d'onda **3** MIL *fig* ondata *f*: **eine ~ von Protesten** un'ondata di proteste **4** (*Erhebung*) ondulazione *f* **5** *fig* linea *f*, tendenza *f* **6** MECH albero *m* ♦ **grüne ~** onda verde; (**hohe**) **-n schlagen** destare (grande) scalpore; (*Auswirkungen haben*) avere ripercussioni

Wel·len·bad N piscina *f* con onde artificiali **Wel·len·be·reich** M gamma *f* di lunghezze d'onda **Wel·len·bre·cher** M ⟨-s; -⟩ **1** frangionde *m* **2** SCHIFF paraonde *m* **wel·len·för·mig** ADJ ondulato, a onde **Wel·len·län·ge** F PHYS lunghezza *f* d'onda (*a. fig*): **die gleiche ~ haben** essere sulla stessa lunghezza d'onda **Wel·len·li·nie** F linea *f* ondulata **Wel·len·rei·ten** N surf *m* **Wel·len·rei·ter** M, **-in** F surfista *m/f* **Wel·len·sit·tich** M pappagallino *m* ondulato

wel·lig ADJ ondulato

Well·ness F ⟨-⟩ benessere *m* **Well·ness·ho·tel** N hotel *m inv* benessere **Well·ness·ur·laub** M vacanza *f* benessere

Well·pap·pe F cartone *m* ondulato

Wel·pe M ⟨-n; -n⟩ cucciolo *m*

Wels M ⟨-es; -e⟩ ZOOL siluro *m* di Europa

welsch ADJ *schweiz* svizzero francese

Welt F ⟨-; -en⟩ mondo *m* ♦ **in aller ~** dappertutto; **was in aller ~?** cosa mai?; **aus aller ~** da ogni parte; **alle ~** tutti; **zur ~ bringen** mettere al mondo; **eine ~ für sich** un mondo a sé; *fig* **die große ~** il gran mondo; **auf die** (*od* **zur**) **~ kommen** venire al mondo; **das ist der Lauf der ~** così va il mondo; **um nichts in der ~** per niente al mondo; **auf der ~ sein** essere al mondo; **etw in die ~ setzen** mettere in giro (*od* diffondere) qc; **ein Mann von ~** un uomo di mondo

Welt·all N universo *m* **Welt·an·schau·ung** F visione *f* (*od* concezione *f*) del mondo **Welt·aus·stel·lung** F esposizione *f* mondiale **Welt·bank** F ⟨-⟩ banca *f* mondiale **welt·be·kannt** ADJ noto in tutto il mondo **welt·be·rühmt** ADJ di fama mondiale, famoso in tutto il mondo **Welt·best·leis·tung** F primato *m* (*od* record *m*) mondiale **welt·be·we·gend** ADJ importante per tutta l'umanità **Welt·bür·ger** M, **-in** F cosmopolita *m/f* **Welt·cup** M [-kap] coppa *f* del mondo

Wel·ten·bumm·ler M, **-in** F giramondo *m/f*

Welt·er·folg M successo *m* mondiale

Wel·ter·ge·wicht N peso *m* welter

welt·fremd ADJ **1** (al di) fuori della realtà **2** (*naiv*) ingenuo, inesperto **Welt·frie·den** M pace *f* mondiale **Welt·ge·schich·te** F storia *f* universale ♦ *umg* **in der ~ herumreisen** viaggiare per il mondo **Welt·ge·sund·heits·or·ga·ni·sa·ti·on** F organizzazione *f* mondiale della sanità **welt·ge·wandt** ADJ esperto (delle cose) del mondo **Welt·han·del** M commercio *m* mondiale **Welt·han·dels·or·ga·ni·sa·ti·on** F organizzazione *f* mondiale del commercio **Welt·herr·schaft** F dominio *m* mondiale **Welt·kar·te** F planisfero *m* **Welt·klas·se·spie·ler** M, **-in** F fuoriclasse *m/f* (internazionale) **Welt·krieg** M guerra *f* mondiale: **der Zweite ~** la seconda guerra mondiale **Welt·ku·gel** F globo *m* terrestre

welt·lich ADJ **1** (*irdisch*) terreno **2** (*nicht geistlich*) secolare, temporale **3** (*nicht kirchlich*) profano, laico: **-e Musik** musica profana

Welt·li·te·ra·tur F letteratura *f* universale **Welt·macht** F potenza *f* mondiale **welt·män·nisch** ADJ da uomo di mondo **Welt·markt** M mercato *m* mondiale **Welt·markt·füh·rer** M, **-in** F leader *m inv* sul mercato internazionale **Welt·meer** N oceano *m* **Welt·meis·ter** M campione *m* mondiale **Welt·meis·te·rin** F campionessa *f* mondiale **Welt·meis·ter·schaft** F campionato *m* mondiale **welt·of·fen** ADJ **1** cosmopolita **2** internazionale **Welt·ord·nung** F ordine *m* cosmico **Welt·po·li·tik** F politica *f* internazionale (*od* mondiale) **Welt·rang·lis·te** F SPORT classifica *f* (internazionale)

Welt·raum M spazio *m*, cosmo *m* **Welt·raum·fahr·zeug** N veicolo *m* spaziale **Welt·raum·rüs·tung** F armi *mpl* spaziali **Welt·raum·sta·ti·on** F stazione *f* spaziale **Welt·raum·waf·fe** F arma *f* spaziale

Welt·reich N impero *m* mondiale **Welt·rei·se** F viaggio *m* intorno al mondo **Welt·re·kord** M record *m* mondiale **Welt·ruf** M, **Welt·ruhm**

M fama *f* mondiale **Welt·schmerz** M dolore *m* universale **Welt·spra·che** F lingua *f* universale **Welt·stadt** F metropoli *f* **welt·städ·tisch** ADJ di una grande metropoli **Welt·star** M star *f* (di fama) mondiale **welt·um·span·nend** ADJ mondiale **Welt·un·ter·gang** M fine *f* del mondo **Welt·ur·auf·füh·rung** F prima *f* mondiale, prima rappresentazione *f* assoluta **Welt·ver·bes·se·rer** M ⟨-s; -⟩, **-rin** F ⟨-; -nen⟩ *iron* riformatore *m*, -trice *f* del mondo

welt·weit A ADJ mondiale B ADV in tutto il mondo

Welt·wirt·schaft F economia *f* mondiale **Welt·wirt·schafts·kri·se** F crisi *f* economica mondiale **Welt·wun·der** N **die sieben ~** le sette meraviglie del mondo

wem → wer

wen → wer

Wen·de F ⟨-; -n⟩ 1 svolta *f*: **eine ~ zum Guten/Schlechten** un cambiamento in meglio/in peggio 2 (*Richtungsänderung*) voltata *f*, giro *m* 3 SCHIFF, FLUG, SPORT virata *f* 4 HIST **die ~** la riunificazione delle due Germanie 5 (*von Jahrhundert*) **an der ~ des 18. zum 19. Jahrhundert** alle soglie del novecento

Wen·de·hals M 1 ZOOL torcicollo *m* 2 *fig* voltagabbana *m/f* **Wen·de·kreis** M 1 diametro *m* di sterzata 2 GEOG Tropico *m*

Wen·del·trep·pe F scala *f* a chiocciola

wen·den ⟨wendete/wandte, gewendet/gewandt⟩ A V/T 1 girare, (ri)voltare: **den Braten ~** girare l'arrosto; **den Kopf ~** voltare il capo; **das Auto ~** girare la macchina 2 (*zuwenden*) rivolgere: **seine Aufmerksamkeit auf j-n/etw ~** rivolgere la propria attenzione a qn/qc 3 distogliere: **keinen Blick von j-m ~** non distogliere lo sguardo da qn 4 *fig* stornare: **die Gefahr von j-m ~** stornare il pericolo da qn B V/I ⟨h.⟩ 1 voltare 2 SCHIFF, FLUG virare C V/R **sich ~** 1 voltarsi 2 *fig* (*sich ändern*) cambiare 3 **sich an j-n ~** rivolgersi a qn; **sich gegen j-n/etw ~** rivolgersi contro qn/qc 4 **sich zum Guten/Bösen ~** volgere al meglio/al peggio; **etw wendet sich ins Gegenteil** qc si volge nel suo contrario ♦ **bitte ~** vedi retro; **etw in Mehl ~** passare qc nella farina

Wen·de·punkt M (punto *m* di) svolta *f*

wen·dig ADJ 1 maneggevole 2 (*geistig*) pronto, svelto **Wen·dig·keit** F ⟨-⟩ 1 maneggevolezza *f* 2 prontezza *f*, sveltezza *f*

Wen·dung F ⟨-; -en⟩ 1 (*Drehung*) rotazione *f* 2 (*Biegung*) curva *f*, svolta *f* 3 (*Veränderung*) cambiamento *m* 4 (*Redewendung*) modo *m* di dire ♦ **eine schlimme ~ nehmen** prendere una brutta piega

we·nig A INDEF PR poco: **mit ~(en) Worten** in poche parole; **das -e Geld** quel poco denaro; **~ Gutes** poco di buono B ADV poco: **~ essen** mangiare poco; **er ist nur ~ größer als ich** è solo (di) poco più alto di me ♦ **ein ~** un po'; **ein ~ Zucker** un po' di zucchero; **nicht ~** non poco, molto; **um ein -es** per poco

we·ni·ge PRON pochi *mpl*; poche persone *fpl*

we·ni·ger A ADV ⟨*komp von* wenig⟩ meno B KONJ (*minus*) meno ♦ **nichts ~ als dumm** tutt'altro che stupido; **viel ~** molto meno; **~ werden** diminuire

We·nig·keit F **meine ~** la mia persona, il qui presente

we·nigst... INDEF PR ⟨*sup von* wenig⟩ 1 pochissimo: **in den -en Fällen** in pochissimi casi 2 minimo: **das -e, was er hätte tun sollen** il minimo che avrebbe dovuto fare; **das ist das -e** questo è il meno 3 *pl* **das glauben die -en** pochissimi (*od* ben pochi) lo credono ♦ **am -en** meno di tutti

we·nigs·tens ADV almeno

wenn KONJ 1 (*konditional*) se: **~ ich Zeit hätte, ...** se avessi tempo ...; **~ nötig** se necessario 2 (*temporal*) quando 3 (*konzessiv*) **~ auch, auch ~** anche se, sebbene ♦ **(und) ~ auch!** (e) allora?; **~ nicht, dann nicht** se è no è no; **wie ~** come se; **es gibt kein Wenn und kein Aber** non ci sono né se né ma, assolutamente no

wenn

kann mit **quando** oder mit **se** übersetzt werden. **Quando** leitet einen zeitlichen Nebensatz ein, **se** führt eine Bedingung ein:

Mangio quando ci sei anche tu.	Ich esse erst, wenn du auch da bist.
Viene solo se non piove.	Er kommt nur, wenn es nicht regnet.

wenn·gleich KONJ sebbene

wenn·schon ADV **na ~** e se anche fosse

così?; **na und ~** che fa! e allora!; **~, denn-schon** se proprio vuoi fare le cose, almeno falle per bene

wer ⟨*gen* wessen, *dat* wem, *akk* wen⟩ **A** INT & PRON chi: **~ ist das?** chi è?; **wem sagst du das!** a chi lo dici! **B** REL PR chi **C** INDEF PR *umg* qualcuno: **ist da ~?** c'è qualcuno? ♦ **~ es auch sei** chiunque sia; **~ noch?** chi altri?; **~ weiß** chissà

Wer·be·agen·tur F agenzia *f* pubblicitaria **Wer·be·ban·ner** N banner *m inv* pubblicitario **Wer·be·fach·frau** F, **-mann** M pubblicitaria *f*, -o *m* **Wer·be·fern·se·hen** N pubblicità *f* televisiva **Wer·be·film** M film *m* pubblicitario **Wer·be·ge·schenk** N regalo *m* promozionale **Wer·be·kam·pag·ne** F campagna *f* pubblicitaria **Wer·be·kos·ten** PL spese *fpl* di pubblicità **Wer·be·mit·tel** N mezzo *m* pubblicitario

wer·ben ⟨wirbt, warb, geworben⟩ **A** V/I ⟨h.⟩ **1** **(für j-n) ~** fare pubblicità (a qn); **für etw ~** pubblicizzare qc **2** **um j-n/etw ~** cercare di conquistare qn/qc **B** V/T **1** procacciarsi: **neue Kunden ~** procacciarsi nuovi clienti **2** (*anwerben*) reclutare

Wer·be·rum·mel M campagna *f* pubblicitaria martellante **Wer·be·spot** M ⟨-s; -s⟩ spot *m* pubblicitario **Wer·be·spruch** M slogan *m inv* pubblicitario **Wer·be·tex·ter** M, **-in** F copywriter *m/f inv* **Wer·be·trä·ger** M medium *m* **Wer·be·trom·mel** F *umg* **die ~ rühren** battere la grancassa **wer·be·wirk·sam** ADJ di grande effetto pubblicitario

Wer·bung F ⟨-; -en⟩ **1** pubblicità *f*: **die ~ für ein Produkt** la pubblicità di un prodotto **2** (*Werben um j-s Gunst*) corteggiamento *m* **3** MIL reclutamento *m*

Wer·de·gang M **1** evoluzione *f* **2** (*Laufbahn*) carriera *f*

wer·den ⟨wird, wurde; s.⟩ **A** V/I ⟨*als Vollverb; pperf*: ist … geworden⟩ **1** diventare: **arm ~** diventare povero; **Vater ~** diventare padre **2** **verrückt ~** diventare pazzo, impazzire **3** *unpers* farsi, venire: **es wird Nacht** si fa notte; **es wird Winter** viene l'inverno; **es ist spät geworden** si è fatto tardi **4** (*Wetter*) fare: **heute wird es heiß** oggi farà caldo **5** essere (quasi): **es wird acht Uhr** sono quasi le otto; **es wird (höchste) Zeit zur Abreise** è quasi ora di partire **6** (*Alter*) compiere: **er ist 60 geworden** ha compiuto 60 anni **7** **zu etw ~** trasformarsi in qc, diventare qc **8** **aus diesem Plan wird nichts** questo progetto non si farà; **was soll aus dir ~?** che cosa ne sarà di te? **9** *umg* riuscire: **sind die Fotos was geworden?** sono riuscite (*od* venute) le foto? **B** ⟨*als Hilfsverb; pperf*: worden⟩ **1** (*Futur*) **ich werde es ausrichten** lo riferirò **2** (*Vermutung*) **sie ~ (wohl) im Kino sein** (probabilmente) saranno al cinema **3** (*Passiv*) **er war gerufen worden** era stato chiamato; **darüber wird viel gesprochen** se ne parla molto **4** (*Konjunktiv*) **was würdest du tun?** che cosa faresti?; **wenn es schön wäre, würde ich ausgehen** se facesse bello, uscirei ♦ **das muss anders ~** le cose devono cambiare; **Erster/Letzter ~** essere primo/ultimo; **es werde Licht!** e luce sia!; **es ward Licht!** e luce fu!; **das wird was ~!** sarà un bel divertimento!; **was nicht ist, kann noch ~** = *non è detta l'ultima parola*; **das Buch ist noch im Werden** il libro è ancora in divenire; **-de Mutter** futura madre

wer·fen ⟨wirft, warf, geworfen⟩ **A** V/T **1** gettare, buttare **2** (*schleudern*) lanciare; tirare: *fig* **einen kurzen Blick in die Zeitung ~** dare una breve occhiata al giornale **3** (*würfeln*) fare **4** (*gebären; für Tiere*) partorire **B** V/I ⟨h.⟩ lanciare, tirare: **mit etw nach j-m ~** tirare qc a qn **C** V/R **sich ~** **1** gettarsi, buttarsi: **sich aufs Bett ~** buttarsi sul letto; **sich j-m in die Arme ~** gettarsi tra le braccia di qn **2** (*sich verziehen*) deformarsi **3** MECH svergolarsi ♦ **j-n aus dem Haus ~** buttare qn fuori di casa; **sich hin und her ~** girarsi e rigirarsi; **die Tür ins Schloss ~** sbattere la porta; **mit Geld um sich ~** buttare via il proprio denaro

Wer·fer M ⟨-s; -⟩, **-in** F ⟨-; -nen⟩ SPORT lanciatore *m*, -trice *f*

Werft F ⟨-; -en⟩ SCHIFF, FLUG cantiere *m*

Werg N ⟨-[e]s⟩ stoppa *f*, filaccia *f*

Werk N ⟨-[e]s; -e⟩ **1** opera *f*, lavoro *m*: **es ist sein ~** è opera sua; **gesammelte -e** (raccolta di) opere **2** (*Fabrik*) fabbrica *f*, stabilimento *m* **3** TECH meccanismo *m* ♦ **sich ans ~ machen** mettersi all'opera (*od* al lavoro); **am ~ sein** essere all'opera; **zu -e gehen** procedere; **gute -e tun** fare opere buone; **etw ins ~ setzen** mettere in opera qc

Werk·an·ge·hö·ri·ge M/F dipendente *m/f* di una fabbrica **Werk·arzt** M, **-ärz-**

W

In der Werkstatt

Der Motor springt nicht an.	**Il motore non parte.**
... verliert Öl.	**... perde olio.**
... funktioniert nicht richtig.	**... non funziona bene.**
Die Bremsen sind nicht in Ordnung.	**I freni non funzionano bene.**
Die Kontrolllampe leuchtet.	**La spia è accesa.**
Der Auspuff ist defekt.	**Il tubo di scappamento è difettoso.**
Der Kühler ist undicht.	**Il radiatore perde.**
Was kostet die Reparatur?	**Quanto viene la riparazione?**
Wann ist das Auto fertig?	**Quando è pronta la macchina?**

tin F medico *m* aziendale **Werk·bank** F ⟨-; -bänke⟩ banco *m* da lavoro **werk·ei·gen** ADJ della fabbrica, aziendale

wer·keln V/I ⟨h.⟩ trafficare, fare lavoretti

wer·ken V/I ⟨h.⟩ lavorare **Wer·ken** N ⟨-s⟩ insegnamento *m* di lavori manuali

Werk·lei·ter M, **-in** F direttore *m*, -trice *f* di stabilimento

Werks·an·ge·hö·ri·ge, **Werks·arzt** usw. → Werkangehörige, Werkarzt usw.

Werk·schutz M servizio *m* di vigilanza aziendale **Werk·spi·o·na·ge** [-ʒə] F spionaggio *m* industriale **Werk·statt** F ⟨-; -stätten⟩ officina *f* **Werk·stoff** M materiale *m* (per la lavorazione) **Werk·stück** N pezzo *m* in lavorazione **Werk·tag** M giorno *m* lavorativo **werk·tags** ADV nei giorni lavorativi (*od* feriali) **werk·tä·tig** ADJ che lavora, attivo **Werk·tä·ti·ge** M/F ⟨-n; -n⟩ lavoratore *m*, -trice *f* **Werk·un·ter·richt** M insegnamento *m* di lavori manuali

Werk·zeug N ⟨-[e]s; -e⟩ 1 attrezzo *m*, strumento *m*, utensile *m* 2 *fig* **ein ~ in j-s Hand sein** essere uno strumento nelle mani di qn 3 (*Gesamtheit der Werkzeuge*) arnesi *mpl*, attrezzi *mpl* **Werk·zeug·kas·ten** M cassetta *f* degli attrezzi **Werk·zeug·ma·cher** M, **-in** F utensilista *m/f* **Werk·zeug·ma·schi·ne** F macchina *f* utensile **Werk·zeug·ta·sche** F borsa *f* degli attrezzi

Wer·mut M ⟨-[e]s; -s⟩ 1 BOT assenzio *m* 2 vermut *m* **Wer·muts·trop·fen** M *fig* punta *f* d'amaro

wert ADJ **~ sein** valere; **es ist viel ~** vale molto; **es ist nichts ~** non vale niente; ♦ **j-n/etw j-s/etw für ~ halten** ritenere qn/qc degno di qn/qc; **das** (*od* **sein**) **Geld ~ sein** valere la spesa; **j-s/etw ~ sein** meritare qn/qc, **es ~ sein, dass ...** meritare di ...

Wert M ⟨-[e]s; -e⟩ valore *m* (*a.* WIRTSCH, MATH, MUS): **von großem/geringem ~** di grande/scarso valore ♦ **an ~ gewinnen** acquistare (di) valore; **etw** (*dat*) (**keinen**) **großen ~ beilegen** (non) dare molto peso a qc; *umg* **keinen ~ haben** non valere la pena; **im ~ von ...** per un (*od* del) valore di ...; **im ~ steigen/fallen** aumentare di/perdere valore (*a.* WIRTSCH); **auf etw** (*akk*) **~ legen** tenere a qc

Wert·an·ga·be F dichiarazione *f* del valore **Wert·ar·beit** F lavoro *m* di qualità **wert·be·stän·dig** ADJ (di valore) stabile

wer·ten V/T valutare: **etw als Erfolg ~** considerare qc un successo; **etw positiv ~** dare una valutazione positiva di qc

wert·frei ADJ libero da giudizi di valore **Wert·ge·gen·stand** M oggetto *m* di valore

Wer·tig·keit F ⟨-; -en⟩ CHEM, LING valenza *f*

wert·los ADJ senza valore **Wert·lo·sig·keit** F ⟨-⟩ mancanza *f* di valore

Wert·maß·stab M metro *m* di valutazione **Wert·min·de·rung** F diminuzione *f* di valore; (*vom Geld*) svalutazione *f* **Wert·pa·pier** N titolo *m*, FIN effetto *m* **Wert·pa·pier·bör·se** F borsa *f* valori **Wert·sa·che** F oggetto *m* di valore **Wert·schät·zung** F stima *f* **Wert·schöp·fung** F valore *m* aggiunto **Wert·sen·dung** F spedizione *f* assicurata **Wert·stei·ge·rung** F rialzo *m* **Wert·stoff** M materiale *m* riciclabile

Wer·tung F ⟨-; -en⟩ valutazione *f* ♦ **in der ~ vorne liegen** essere avanti in classifica

Wert·ur·teil N giudizio *m* di valore

wert·voll ADJ 1 di (grande) valore: **ein künstlerisch -es Werk** un'opera di valore artistico 2 (*kostbar*) pregiato 3 (*nützlich*) valido, utile

Wert·vor·stel·lung F idea *f* del valore

Wert·zu·wachs M incremento *m* di valore

We·sen N ⟨-s; -⟩ 1 essenza *f* (*a.* PHIL), natura *f*: **das ~ der Kunst** l'essenza dell'arte; **im ~ der Dinge liegen** essere nella natura delle cose; **seinem ~ nach** per natura 2 (*Wesensart*) indole *f*; carattere *m*: **ein kindliches ~** un'indole infantile; **ein ungezwungenes ~** un carattere spigliato 3 (*Lebewesen*) essere *m* (vivente): **menschliches ~** essere umano 4 **ein stilles ~** una persona silenziosa; **kleines ~** esserino *m* ♦ **viel ~(s) aus** (*od* **von** *od* **um**) **etw machen** dare grande importanza a qc; **kein ~ aus** (*od* **von** *od* **um**) **etw machen** non dare importanza a qc

We·sens·art F indole *m*, carattere *m*

we·sens·fremd ADJ non confacente alla (propria) natura

We·sens·zug M tratto *m* caratteristico

we·sent·lich ADJ essenziale, sostanziale ♦ **~ schwieriger** notevolmente più difficile

We·sent·li·che N ⟨-n⟩ essenziale *m*: **im -n** essenzialmente

wes·halb A ADV 1 perché 2 (*Relativadverb*) per cui B KONJ per cui, perciò

Wes·pe F ⟨-; -n⟩ vespa *f*

Wes·pen·nest N vespaio *m* ♦ **in ein ~ stechen** sollevare (*od* suscitare) un vespaio con qc

Wes·pen·stich M puntura *f* di vespa

wes·sen → wer

Wes·si M ⟨-s; -s⟩ *umg* tedesco *m* della Germania dell'Ovest

west·deutsch ADJ HIST tedesco occidentale, della Germania occidentale

West·deutsch·land N Germania *f* occidentale

Wes·te F ⟨-; -n⟩ 1 gilet *m*, panciotto *m* 2 giubbotto *m*: **schusssichere ~** giubbotto antiproiettile ♦ **eine reine** (*od* **weiße**) **~ haben** avere la fedina penale pulita

W

⚠ **Weste ≠ veste**

die Weste	=	il gilet
la veste	=	das Gewand

Wes·ten M ⟨-s⟩ ovest *m*, occidente *m*: **das Zimmer geht nach ~** la camera è rivolta verso ovest; **der ~ des Landes** la parte occidentale del paese ♦ **der Wilde ~** il selvaggio West, il Far West

Wes·ten·ta·sche F taschino *m* del gilet (*od* del panciotto) ♦ **etw wie seine ~ kennen** conoscere qc come le proprie tasche

Wes·tern M ⟨-[s]; -⟩ (film *m*) western *m*

West·eu·ro·pa N Europa *f* occidentale (*od* dell'ovest)

west·eu·ro·pä·isch ADJ dell'Europa occidentale

West·fa·len N ⟨-s⟩ Vestfalia *f*

west·fä·lisch ADJ vestfalico, vestfaliano

west·lich A ADJ occidentale, dell'ovest B ADV & PRÄP (+*gen*) a ovest: **~ von Köln** a ovest di Colonia

West·mäch·te PL potenze *fpl* occidentali

west·wärts ADV verso ovest

West·wind M ponente *m*, vento *m* da ovest

wes·we·gen ADV → weshalb

wett ADJ **~ sein** essere pari

Wett·an·nah·me F ricevitoria *f* (di scommesse)

Wett·be·werb M ⟨-s; -e⟩ 1 concorso *m*: **einen ~ ausschreiben** bandire un concorso 2 (*Wettkampf*) gara *f*, competizione *f* 3 WIRTSCH concorrenza *f*: (**mit j-m**) **im ~ stehen** essere in concorrenza (con qn)

Wett·be·wer·ber M, **-in** F concorrente *m/f*

wett·be·werbs·fä·hig ADJ competitivo

Wett·be·werbs·kon·trol·le F controllo *m* sulla concorrenza

Wett·bü·ro N ricevitoria *f* (di scommesse)

Wet·te F ⟨-; -n⟩ scommessa *f*: **mit j-m eine ~ abschließen** fare una scommessa con qn; **was gilt die ~?** che cosa scommettiamo? ♦ **ich gehe jede ~ ein** (*od* **mache jede ~**), **dass ...** scommetto quel che vuoi che ...; **um die ~ fahren** fare una gara; **um die ~ laufen** fare a gara a chi arriva primo

Wett·ei·fer M spirito *m* competitivo

wett·ei·fern V/I ⟨h.⟩ gareggiare, competere

wet·ten A V/T 1 scommettere 2 (*setzen*) puntare: (**zehn Euro**) **auf ein Pferd ~** puntare (10 euro) su un cavallo B V/I ⟨h.⟩ scommettere: **mit j-m** (**um etw**) **~** scommettere (qc) con qn ♦ **so haben wir nicht gewettet!** questo non era nei patti!

 **Das Wetter**

Wie ist das Wetter?	**Che tempo fa?**
Es ist heiß.	**Fa caldo.**
Es ist kalt.	**Fa freddo.**
Es ist frisch *oder* kühl.	**Fa freddino.** *oder* **Fa fresco.**
Es ist schwül.	**C'è afa.**
Es ist windig.	**Tira vento.**
Es ist neblig.	**C'è nebbia.**
Es ist feucht.	**È umido.**
Es ist regnerisch.	**È piovoso.**
Es regnet.	**Piove.**
Es gibt ein Gewitter.	**C'è un temporale.**
Es gibt einen Sturm.	**C'è una tempesta.**
Es hagelt.	**Grandina.**
Es gibt Frost.	**C'è gelo.**
Es schneit.	**Nevica.**
Es scheint die Sonne.	**C'è il sole.**

Insbesondere zwei Winde bestimmen das italienische Wetter:
der **scirocco** (= Südwind aus Nordafrika) und die **bora** (= Nordwind)

Es ist Schirokko.	**È scirocco.**
Es ist Bora.	**Tira la bora.**

Wet·ter¹ M ⟨-s; -⟩ (*Wettende*) scommettitore *m*

Wet·ter² N ⟨-s; -⟩ **1** tempo *m*: **was ist für ~?** che tempo fa?; **bei günstigem ~** se il tempo è bello **2** (*Unwetter*) maltempo *m*; temporale *m* ♦ **bei diesem ~ jagt man keinen Hund vor die Tür** con questo tempaccio non esce (di casa) neanche un cane; **bei j-m gut ~ machen** = *ingraziarsi*, *umg* tenersi buono qn; BERGB **schlagende ~** grisou

Wet·ter·amt N ufficio *m* meteorologico **Wet·ter·aus·sich·ten** PL previsioni *fpl* del tempo **Wet·ter·be·richt** M bollettino *m* meteorologico **Wet·ter·dienst** M servizio *m* meteorologico **Wet·ter·fah·ne** F banderuola *f* **wet·ter·fest** ADJ **1** resistente alle intemperie **2** (*wasserfest*) impermeabile **Wet·ter·frosch** M raganella *f* **wet·ter·füh·lig** ADJ sensibile ai cambiamenti del tempo **Wet·ter·hahn** M galletto *m* (segnavento)

Wet·te·rin F ⟨-; -nen⟩ scommettitrice *f*

Wet·ter·kar·te F carta *f* meteorologica **Wet·ter·kun·de** F meteorologia *f* **Wet·ter·la·ge** F condizioni *fpl* meteorologiche **Wet·ter·leuch·ten** N ⟨-s⟩ bagliori *mpl* in lontananza, balenìo *m*

wet·tern V/I ⟨h.⟩ *umg* tuonare, imprecare

Wet·ter·sa·tel·lit M satellite *m* meteorologico **Wet·ter·sei·te** F lato *m* da cui proviene il maltempo **Wet·ter·sta·ti·on** F stazione *f* meteorologica **Wet·ter·sturz** M caduta *f* della temperatura **Wet·ter·um·schwung** M (improvviso) cambiamento *m* del tempo **Wet·ter·vor·her·sa·ge** F previsioni *fpl* del tempo **Wet·ter·war·te** F stazione *f* meteorologica **wet·ter·wen·disch** ADJ volubile, incostante; (*launisch*) lunatico

Wett·fahrt F gara *f*, corsa *f* **Wett·kampf** M gara *f*, competizione *f* **Wett·kämp·fer** M, **-in** F concorrente *m/f* **Wett·lauf** M (gara *f* di) corsa *f* **Wett·läu·fer** M, **-in** F corridore *m*, corritrice *f* **wett·ma·chen** V/T *umg* **1** compensare **2** (*wiedergutmachen*) riparare **Wett·ren·nen** N → Wettlauf **Wett·rüs·ten** N ⟨-s⟩ corsa *f* agli armamenti **Wett·spiel** N gara *f* **Wett·streit** M competizione *f*

wet·zen **A** V/T affilare **B** V/I ⟨s.⟩ *umg* correre

W

Wetz·stahl M acciaino *m*
WG F ⟨-; -s⟩ → Wohngemeinschaft
Whirl·pool® ['vøːelpuːl] M vasca *f* con idromassaggio
Whis·k(e)y ['vɪski] M ⟨-s; -s⟩ whisky *m*
wich → weichen[1]
wich·sen A V/T *umg* lucidare B V/I ⟨h.⟩ *vulg* (*onanieren*) farsi una sega
Wich·ser M ⟨-s; -⟩ *vulg* (*Schimpfwort*) figlio *m* di puttana, segaiolo *m*
Wicht M ⟨-[e]s; -e⟩ 1 nano *m*; (*Kobold*) folletto *m* 2 *pej* furfante *m*
Wich·tel M ⟨-s; -⟩, **Wich·tel·männ·chen** N gnomo *m*
wich·tig ADJ importante ♦ **das Wichtigste** (*od* **am -sten**) **ist, dass ...** l'importante è che ...; **sich zu ~ nehmen** prendersi troppo sul serio; **nimm die Sache nicht so ~!** non prendere la cosa così seriamente; → wichtigmachen, wichtigtun
Wich·tig·keit F ⟨-; -en⟩ importanza *f*
wich·tig·ma·chen V/R **sich ~** darsi arie di importanza **Wich·tig·tu·er** M ⟨-s; -⟩ chi si dà delle arie **Wich·tig·tu·e·rei** F ⟨-; -en⟩ arie *fpl* **Wich·tig·tu·e·rin** F ⟨-; -nen⟩ chi si dà delle arie **wich·tig·tun** V/I ⟨*irr*; h.⟩ darsi arie di importanza
Wi·cke F ⟨-; -n⟩ veccia *f*
Wi·ckel M ⟨-s; -⟩ MED impacco *m* ♦ **j-n am ~ haben** tirare le orecchie a qn
Wi·ckel·kind N bambino *m*, -a *f* in fasce **Wi·ckel·kom·mo·de** F fasciatoio *m*
wi·ckeln A V/T 1 avvolgere 2 (*Säugling*) fasciare (*a.* MED) B V/R **sich ~** avvolgersi
Wid·der M ⟨-s; -⟩ 1 ZOOL montone *m* 2 ASTROL Ariete *m*: **Anna ist ~** Anna è dell'Ariete
wi·der PRÄP (+*akk*) contro
wi·der·bors·tig ADJ ribelle
wi·der·fah·ren V/I ⟨*irr*; s.⟩ accadere: **j-m Gerechtigkeit ~ lassen** rendere giustizia a qn
Wi·der·ha·ken M uncino *m* **Wi·der·hall** M eco *m u. f*, risonanza *f*: *fig* **~ finden** avere risonanza **wi·der·hal·len** V/I ⟨h.⟩ riecheggiare
wi·der·le·gen V/T confutare **Wi·der·le·gung** F ⟨-; -en⟩ confutazione *f*
wi·der·lich A ADJ disgustoso B ADV disgustosamente: **~ süß** disgustosamente dolce; **~ schmecken** avere un sapore disgustoso; **~ riechen** avere un odore nauseante
wi·der·na·tür·lich ADJ contro natura
wi·der·recht·lich ADJ illegale, illecito ♦ **sich** (*dat*) **etw ~ aneignen** appropriarsi indebitamente di qc
Wi·der·re·de F obiezione *f*
Wi·der·ruf M 1 revoca *f* 2 (*von Aussagen*) smentita *f* ♦ **bis auf ~** fino a nuovo ordine
wi·der·ru·fen V/T ⟨*irr*⟩ 1 revocare 2 ritrattare; (*Nachricht*) smentire
Wi·der·sa·cher M ⟨-s; -⟩, **-in** F ⟨-; -nen⟩ avversario *m*, -a *f* **Wi·der·schein** M riflesso *m*, riverbero *m*
wi·der·set·zen V/R **sich ~** opporsi
wi·der·sin·nig ADJ assurdo **wi·der·spens·tig** ADJ 1 ricalcitrante, ritroso 2 (*Haar*) ribelle **Wi·der·spens·tig·keit** F ⟨-; -en⟩ ritrosia *f* **wi·der·spie·geln** A V/T rispecchiare (*a. fig*) B V/R **sich ~** rispecchiarsi (*a. fig*)
wi·der·spre·chen ⟨*irr*⟩ A V/I ⟨h.⟩ 1 contraddire 2 (*nicht zustimmen*) opporsi B V/R **sich ~** contraddirsi
Wi·der·spruch M 1 contraddizione *f*: **in ~ zu etw stehen** essere in contraddizione con qc; **in krassem ~ zu etw** in stridente contrasto con qc 2 (*Einwand*) obiezione *f*, protesta *f* 3 opposizione *f*: **auf ~ stoßen** incontrare opposizione; **~ gegen etw einlegen** fare opposizione a qc **wi·der·sprüch·lich** ADJ 1 contraddittorio 2 (*inkonsequent*) incongruente **wi·der·spruchs·los** A ADJ privo di contraddizioni B ADV senza contraddizioni
Wi·der·stand M resistenza *f* (*a.* ELEK, PHYS): **j-m/etw ~ leisten** opporre resistenza a qn/qc ♦ JUR **~ gegen die Staatsgewalt** resistenza a pubblico ufficiale; **den Weg des geringsten -(e)s gehen** scegliere la via più facile
Wi·der·stands·be·we·gung F (movimento *m* di) resistenza *f* **wi·der·stands·fä·hig** ADJ resistente **Wi·der·stands·fä·hig·keit** F resistenza *f* **Wi·der·stands·kämp·fer** M, **-in** F combattente *m/f* della resistenza **Wi·der·stands·kraft** F resistenza *f* **wi·der·stands·los** ADV 1 (*ohne Widerstand zu leisten*) senza opporre (*od* fare) resistenza 2 (*ohne auf Widerstand zu treffen*) senza incontrare resistenze
wi·der·ste·hen V/I ⟨*irr*; h.⟩ 1 resistere: **etw** (*dat*) **nicht ~ können** non poter resistere a qc 2 **j-m ~** disgustare qn **wi-**

W

der·stre·ben VI ⟨h.⟩ **1** ripugnare: **es widerstrebt mir, so etwas zu tun** mi ripugna fare una cosa del genere **2** **das widerstrebt seinem Taktgefühl** ciò urta la sua sensibilità **Wi·der·stre·ben** N riluttanza *f*, resistenza *f* **wi·der·stre·bend** **A** ADJ riluttante, restio **B** ADV con riluttanza, controvoglia

wi·der·wär·tig ADJ **1** ripugnante: **das ist mir ~** questo mi ripugna **2** (*Mensch*) antipatico **3** (*Arbeit*) sgradevole

Wi·der·wil·le M ⟨-[n]s⟩ **1** avversione *f* **2** (*Ekel*) ripugnanza *f*

wi·der·wil·lig **A** ADJ **eine -e Antwort** una risposta data controvoglia **B** ADV controvoglia, malvolentieri; (*widerstrebend*) con riluttanza

wid·men **A** VT dedicare **B** VR **sich ~** dedicarsi **Wid·mung** F ⟨-; -en⟩ dedica *f*

wid·rig ADJ contrario

wid·ri·gen·falls ADV in caso contrario

wie **A** ADV **1** come: **~ war es in Paris?** com'è andata a Parigi? **2** come, che: **~ habe ich gelacht, als …!** come ho riso quando …!; **~ schön!** che bello! **3** quanto: **~ alt bist du?** quanti anni hai?; **~ groß bist du?** quanto sei alto?; **~ teuer ist es?** quanto costa? **4** **in dem Maße/der Weise, ~ …** nella misura/maniera in cui … **5** **~ viel** quanto: **~ viele Male?** quante volte?; **~ viel älter ist sie?** (di) quanto è più vecchia? **B** KONJ **1** **sie ist so groß ~ du** è alta come te; **der Wagen ist ~ neu** l'auto è come nuova; **eine Frau ~ sie** una donna come lei; **das weißt du so gut ~ ich** questo lo sai quanto me **2** umg (*temporal*) come, quando: **das sah ich sofort, ~ ich ins Haus kam** questo lo vidi appena entrai in casa **3** **Junge ~ Alte nahmen teil** giovani e vecchi parteciparono **4** (*nach Verben der Wahrnehmung*) **ich sah, ~ er hinfiel** lo vidi cadere; **ich spürte, ~ es kälter wurde** sentii che si stava facendo più freddo ♦ **~ … auch** per quanto …; **~ etw aussehen** sembrare qc; **~ dem auch sei** sia come sia, in ogni caso; **~ schon gesagt** come già detto; **gewusst ~!** basta sapere come si fa!; **~ gut, dass** … meno male che …; **~ kommt es, dass …?** com'è che …? come mai …?; **nichts ~** nient'altro che; **nichts ~ hin!** andiamoci subito!; **~ nichts** come niente, facilmente; **so schön ~ nie** più bello che mai; **so schnell ~ nie** veloce come non mai; **~ viel auch immer** per quanto; **~ wär's mit einem Bier?** che ne diresti di una birra?, ti andrebbe una birra?

Wie·de·hopf M ⟨-[e]s; -e⟩ upupa *f*

wie·der ADV **1** di nuovo, ancora (una volta) **2** **~ aufbauen** ricostruire; THEAT **~ aufführen** riportare in scena; **~ aufnehmen** riprendere; JUR riaprire; (*in eine Gruppe*) riammettere; **~ beleben** fig (*Wirtschaft*) ravvivare; **~ einfallen** ritornare in mente; **~ einführen** reintrodurre; **~ einsetzen** reinsediare; **~ eröffnen** riaprire; **~ finden** ritrovare (*a. fig*); **~ tun** rifare **3** (*andererseits*) d'altra parte, d'altronde, poi: **das ist auch ~ wahr** (d'altronde) anche questo è vero ♦ **alles ist ~ beim Alten** tutto è tornato come prima; **~ gesund werden** guarire; **ich bin gleich ~ da** torno subito; **~ einmal** ancora una volta; **~ und (immer) ~** sempre, continuamente

Wie·der·auf·ar·bei·tung F rigenerazione *f* **Wie·der·auf·bau** M ricostruzione *f* **wie·der·auf·be·rei·ten** VT rigenerare **Wie·der·auf·be·rei·tung** F ⟨-; -en⟩ rigenerazione *f* **Wie·der·auf·be·rei·tungs·an·la·ge** F impianto *m* di ritrattamento **Wie·der·auf·nah·me** F **1** ripresa *f* **2** JUR riapertura *f* **3** (*in eine Gruppe*) riammissione *f* **Wie·der·auf·nah·me·ver·fah·ren** N JUR procedimento *m* di revisione **Wie·der·auf·rüs·tung** F riarmo *m* **wie·der·auf·tau·chen** VI ⟨s.⟩ ricomparire

Wie·der·be·ginn M ripresa *f* **wie·der·be·kom·men** VT ⟨*irr*⟩ (ri)avere indietro **wie·der·be·le·ben** VT (*Patienten*) rianimare **Wie·der·be·le·bung** F ⟨-; -en⟩ **1** rianimazione *f* **2** fig ripresa *f*, rinascita *f* **wie·der·brin·gen** VT ⟨*irr*⟩ **1** (*zurückgeben*) restituire **2** (*zurückbringen*) riportare **Wie·der·ein·glie·de·rung** F reinserimento *m*, reintegrazione *f* **Wie·der·ein·tritt** M rientro *m* **wie·der·ent·de·cken** VT riscoprire **Wie·der·ent·de·ckung** F riscoperta *f* **Wie·der·er·grei·fung** F ⟨-⟩ ricattura *f* **wie·der·er·ken·nen** VT ⟨*irr*⟩ riconoscere **wie·der·er·lan·gen** VT riacquistare **Wie·der·er·öff·nung** F riapertura *f* **Wie·der·er·stat·tung** F rimborso *m* **wie·der·fin·den** VT ⟨*irr*⟩ ritrovare (*a. fig*) **Wie·der·ga·be** F **1** riproduzione *f* (*a.* TECH) **2** (*Schilderung*) descrizione *f* **3** MUS esecu-

Auf Wiedersehen!

Tschüs!	**Ciao!**
Auf Wiedersehen! (*du*)	**Arrivederci!**
Auf Wiedersehen! (*Sie*)	**ArrivederLa!**
Bis bald!	**A presto!**
Bis später!	**A dopo!**
Bis morgen!	**A domani!**
Einen schönen Tag!	**Buona giornata!** *oder* **Buongiorno!**
Gute Nacht!	**Buona notte!**
Gute Reise!	**Buon viaggio!**
Hat mich gefreut, Sie kennenzulernen!	**È stato un piacere conoscerLa!**

zione *f*, interpretazione *f* **4** (*Übersetzung*) resa *f*

wie·der·ge·ben VT ⟨*irr*⟩ **1** (*zurückgeben*) ridare, restituire **2** (*berichten*) riferire, riportare **3** (*ausdrücken*) rendere, esprimere **4** (*darstellen*) riprodurre (*a.* TECH) **Wie·der·ge·burt** F rinascita *f* **wie·der·ge·win·nen** VT ⟨*irr*⟩ recuperare (*a. fig*), riguadagnare

wie·der·gut·ma·chen VT **etw ~** riparare a qc **Wie·der·gut·ma·chung** F riparazione *f*

wie·der·ha·ben VT ⟨*irr*⟩ riavere

wie·der·her·stel·len VT ristabilire ♦ IT **wiederherstellen** (*Befehl*) ripristina; **den ursprünglichen Zustand ~** riportare allo stato originario **Wie·der·her·stel·lung** F ristabilimento *m*

wie·der·hol·bar ADJ ripetibile

wie·der·ho·len¹ **A** VT (*zurückholen*) (andare a) riprendere **B** VR **sich ~** (andare a) riprendersi

wie·der·ho·len² **A** VT **1** (*noch einmal machen, sagen*) ripetere **2** (*Sendung, Aufführung*) replicare **B** VR **sich ~** ripetersi **wie·der·holt** ADV ripetutamente **Wie·der·ho·lung** F ⟨-; -en⟩ **1** ripetizione *f* **2** (*von Sendung*) replica *f*

Wie·der·ho·lungs·fall M **im ~** in caso di recidiva **Wie·der·ho·lungs·spiel** N ripetizione *f* della partita **Wie·der·ho·lungs·tä·ter** M, **-in** F recidivo *m*, -a *f*

Wie·der·hö·ren N **auf ~** a risentirci

wie·der·käu·en VT **1** ruminare **2** *fig* continuare a ripetere **Wie·der·käu·er** M ⟨-s; -⟩ ruminante *m* **Wie·der·kehr** F ⟨-⟩ **1** ritorno *m* **2** (*regelmäßiges Vorkommen*) ricorrenza *f* **wie·der·keh·ren** VI ⟨s.⟩ ritornare: *fig* **so eine Gelegenheit kehrt nie wieder** una tale opportunità non torna più **wie·der·keh·rend** ADJ ricorrente: **ein -es Motiv** un motivo ricorrente **wie·der·kom·men** VI ⟨*irr; s.*⟩ (ri)tornare **wie·der·se·hen** ⟨*irr*⟩ **A** VT rivedere **B** VR **sich ~** rivedersi **Wie·der·se·hen** N ⟨-s; -⟩ il rivedersi; (nuovo) incontro *m* ♦ **(auf) ~!** arrivederci!; **j-m Auf ~ sagen** dire arrivederci a qn, salutare qn

wie·de·rum ADV **1** di nuovo, ancora **2** (*andererseits*) d'altronde, comunque, poi

wie·der·ver·ei·ni·gen VT **1** riunire **2** POL riunificare **Wie·der·ver·ei·ni·gung** F riunificazione *f*

Wie·der·ver·kauf M rivendita *f*

wie·der·ver·wend·bar ADJ **1** riutilizzabile **2** riciclabile **wie·der·ver·wen·den** VT riutilizzare; (*recyceln*) riciclare **Wie·der·ver·wen·dung** F reimpiego *m*, riutilizzo *m*

wie·der·ver·wert·bar ADJ → wiederverwendbar **wie·der·ver·werten** VT → wiederverwenden **Wie·der·ver·wer·tung** F **1** riutilizzo *m* **2** (*Recycling*) riciclaggio *m*

Wie·der·wahl F rielezione *f* **wie·der·wäh·len** VT (*im Amt bestätigen*) rieleggere

Wie·ge F ⟨-; -n⟩ culla *f* (*a. fig*) ♦ **etw ist j-m in die ~ gelegt worden** = *qc è innato in qn, qn ha qc nel sangue*

Wie·ge·mes·ser N mezzaluna *f*

wie·gen¹ ⟨wog, gewogen⟩ **A** VT **1** (*Gewicht haben*) pesare **2** (*mit der Hand*) soppesare **B** VI ⟨h.⟩ **1** pesare **2** *fig* **etw wiegt schwer** qc ha un grosso peso **C** VR **sich ~** pesarsi

wie·gen² **A** VT **1** (*schaukeln*) cullare (*a. fig*): **ein Baby in den Schlaf ~** cullare un

bambino per farlo addormentare **2** GASTR tritare (con la mezzaluna) **B** V/R **sich ~** **1** dondolarsi **2** *fig* **sich in der Hoffnung ~** cullarsi nella speranza; **sich in Sicherheit ~** credersi al sicuro; ♦ **sich in den Hüften ~** ancheggiare

Wie·gen·lied N ninnananna *f*

wie·hern V/I ⟨h.⟩ **1** nitrire **2** *umg* (*schallend lachen*) sghignazzare

Wien N ⟨-s⟩ Vienna *f* **Wie·ner** **A** M ⟨-s; -⟩ **1** viennese *m* **2** GASTR würstel *m* **B** ADJ ⟨*inv*⟩ viennese: **~ Schnitzel** cotoletta *f* alla milanese; **~ Würstchen** würstel *m inv* **Wie·ne·rin** F ⟨-; -nen⟩ viennese *f*

wie·nern V/T *umg* tirare a lucido

wies → weisen

Wie·se F ⟨-; -n⟩ prato *m*

Wie·sel N ⟨-s; -⟩ donnola *f* ♦ **flink wie ein ~** agile come una gazzella

wie·so ADV perché, come mai

wie·viel → wie

wie·viel·mal ADV quanto volte **wie·vielt** INT & PRON **zu ~** (in) quanti **wie·viel·te** ADJ quanto: **zum -n Mal ...?** quante volte ...?; **am -n Mai?** che giorno di maggio? ♦ **an -r Stelle?** in quale posizione?; **der ~ Besucher war er?** quanti visitatori fanno con lui?; **den Wievielten haben wir heute?** quanti ne abbiamo oggi?

wie·weit ADV **1** fin dove **2** *fig* fino a che punto, quanto

Wi·kin·ger M ⟨-s; -⟩, **-in** F ⟨-; -nen⟩ vichingo *m*, -a *f*

wild ADJ **1** BOT, ZOOL selvatico **2** (*Natur, Völker, Pferde*) selvaggio **3** sfrenato: **eine -e Fantasie** una fantasia sfrenata; **-e Gerüchte** voci incontrollate **4** scalmanato: **ein -es Kind** un bambino scalmanato **5** (*ungestüm*) furibondo, furioso, violento **6** feroce: **ein -er Blick** uno sguardo feroce; **-e Tiere** bestie feroci **7** (*ungepflegt*) non curato, incolto **8** (*unerlaubt*) illegale, abusivo ♦ *umg* **~ auf j-n/etw sein** andare matto per qn/qc; **-e Ehe** convivenza; *umg* **~ entschlossen** fermamente deciso; MED **-es Fleisch** escrescenza *f*; **~ lebend** (che vive) allo stato libero; **~ wachsend** che cresce spontaneo; **~ werden** imbizzarrirsi; **wie ~ arbeiten** lavorare come un matto; **~ zelten** fare campeggio abusivo

Wild N ⟨-[e]s⟩ selvaggina *f*

Wild·bach M torrente *m* (di montagna)

Wild·bahn F **in freier ~** allo stato libero (*od* nell'habitat naturale)

Wild·bret N ⟨-s⟩ selvaggina *f*

Wild·dieb M, **-in** F → Wilderer, Wilderin

Wild·en·te F anatra *f* selvatica

Wil·de·rer M ⟨-s; -⟩, **-rin** F ⟨-; -nen⟩ cacciatore *m*, -trice *f* di frodo

wil·dern V/I ⟨h.⟩ cacciare di frodo

wild·fremd ADJ sconosciuto, del tutto estraneo **Wild·gans** F oca *f* selvatica **Wild·ge·he·ge** N recinto *m* per gli animali

Wild·heit F ⟨-⟩ **1** selvatichezza *f* **2** (*Ausgelassenheit*) sfrenatezza *f* **3** (*Ungestüm*) furore *m*, violenza *f* **4** (*Rohheit*) ferocia *f*, brutalità *f*

Wild·hü·ter M, **-in** F guardacaccia *m/f inv* **Wild·le·der** N pelle *f* scamosciata

Wild·nis F ⟨-; -se⟩ regione *f* selvaggia

Wild·park M riserva *f* (per la selvaggina) **Wild·sau** F ⟨-; -säue *u.* -en⟩ femmina *f* di cinghiale **Wild·schwein** N cinghiale *m* **Wild·was·ser** N torrente *m* **Wild·was·ser·fah·ren** N ⟨-s⟩ rafting *m inv* con kayak **Wild·was·ser·raf·ting** N rafting *m inv* **Wild·wech·sel** M passo *m* di selvaggina

Wil·le M ⟨-ns; -n⟩ volontà *f*: **gegen** (*od* **wider**) **j-s -n** contro la volontà (*od* il volere) di qn; **beim besten -n** con tutta la buona volontà; **guter/böser ~** buona/cattiva volontà; **der Letzte ~** le ultime volontà ♦ **den festen -n haben, etw zu tun** avere la ferma intenzione di fare qc; **aus freiem -n** a proprio arbitrio; **wo ein ~ ist, ist auch ein Weg** volere è potere

wil·len PRÄP **um j-s/etw** (*gen*) **~** per amor di qn/qc **Wil·len** M ⟨-s; -⟩ → Wille

wil·len·los **A** ADJ privo di volontà **B** ADV senza volontà **wil·lens** ADJ **~ sein, etw zu tun** avere l'intenzione di fare qc

Wil·lens·äu·ße·rung F manifestazione *f* di volontà **Wil·lens·er·klä·rung** F JUR dichiarazione *f* di volontà **Wil·lens·frei·heit** F libero *m* arbitrio **Wil·lens·kraft** F forza *f* di volontà **wil·lens·schwach** ADJ (dotato) di poca forza di volontà **wil·lens·stark** ADJ dotato di forza di volontà

wil·lent·lich ADV intenzionalmente

will·fäh·rig ADJ compiacente

wil·lig **A** ADJ volenteroso: **ein -er Schüler** un alunno volenteroso; **ein -er Zuhörer** un ascoltatore disponibile **B** ADV volentieri

will·kom·men ADJ **1** (*Gast*) benvenuto **2** felice: **eine -e Gelegenheit** una felice opportunità ♦ **j-n ~ heißen** dare il benvenuto a qn; **herzlich ~!** benvenuto!; **das ist mir sehr ~** mi farebbe un gran favore **Will·kom·men** N/M ⟨-s; -⟩ benvenuto *m*

Will·kür F ⟨-⟩ **1** arbitrio *m* **2** POL dispotismo *m* ♦ **j-s ~ ausgeliefert** (*od* **ausgesetzt**) **sein** essere lasciato in balia di qn

Will·kür·akt M atto *m* arbitrario **Will·kür·herr·schaft** F dispotismo *m* **will·kür·lich** ADJ **1** arbitrario **2** (*gewollt*) volontario

wim·meln V/I ⟨h.⟩ pullulare (*a. fig*): **es wimmelt von j-m/etw** brulica di qn/qc

Wim·merl N ⟨-s; -n⟩ *österr* brufolo *m*

wim·mern V/I ⟨h.⟩ **1** gemere **2** (*weinen*) piagnucolare

Wim·pel M ⟨-s; -⟩ **1** gagliardetto *m* **2** SCHIFF guidone *m*

Wim·per F ⟨-; -n⟩ ciglio *m* (*a.* BIOL)

Wim·pern·tu·sche F mascara *m*

Wind M ⟨-[e]s; -e⟩ vento *m* ♦ **~ von etw bekommen** avere sentore di qc; **frischen ~ in etw** (*akk*) **bringen** portare una ventata d'aria fresca in qc; *fig* **es weht ein frischer ~** tira un'aria nuova; **gegen den ~** contro vento; **mit dem ~** con il vento a favore; (**hart**) **am ~ segeln** navigare di bolina; **vor dem ~ segeln** navigare con il vento in poppa; *umg* **viel ~ machen** esagerare molto; *umg* **j-m den ~ aus den Segeln nehmen** mettere il freno a qn; **in den ~ reden** parlare al vento; **etw in den ~ schlagen** non curarsi di qc; **bei ~ und Wetter** con ogni tempo

Wind·beu·tel M bignè *m* alla panna

Win·de F ⟨-; -n⟩ **1** argano *m* **2** (*Hebevorrichtung*) martinetto *m* **3** BOT convolvolo *m*

Wind·ei N uovo *m* senza guscio ♦ **ein ~ sein** essere un buco nell'acqua

Win·del F ⟨-; -n⟩ pannolino *m* **Win·del·hös·chen** N mutandina *f* pannolino

win·del·weich ADJ *umg pej* molle ♦ **j-n ~ schlagen** picchiare (*od* darle) di santa ragione a qn

W

win·den ⟨wand, gewunden⟩ **A** V/T **1** intrecciare **2** (*schlingen*) avvolgere **3** (*entwinden*) strappare **4** TECH sollevare con un argano **B** V/R **sich ~** **1** (*Schlange*) procedere serpeggiando **2** *fig* serpeggiare **3** (*sich schlängeln*) svicolare: *fig* **er windet sich** svicola **4** (*sich hindurchbewegen*) intrufolarsi **5** (*sich krümmen*) contorcersi

Wind·ener·gie F energia *f* eolica

Win·des·ei·le F **in** (*od* **mit**) **~** con la rapidità del vento, in un battibaleno

Wind·farm F fattoria *f* eolica **wind·geschützt** ADJ riparato dal vento **Wind·hemd** N giacca *f* a vento **Wind·ho·se** F tromba *f* d'aria **Wind·hund** M **1** levriero *m* **2** *pej* scapestrato *m*

win·dig ADJ **1** ventoso **2** (*zweifelhaft*) dubbio **3** (*nicht glaubhaft*) inattendibile

Wind·ja·cke F giacca *f* a vento **Wind·ka·nal** M galleria *f* del vento **Wind·kraft·an·la·ge** F impianto *m* aeroelettrico **Wind·kraft·werk** N centrale *m* eolica **Wind·müh·le** F mulino *m* a vento **Wind·park** M parco *m* eolico **Wind·park·an·la·ge** F parco *m* eolico **Wind·po·cken** PL varicella *f* **Wind·rad** N ruota *f* a vento **Wind·ro·se** F rosa *f* dei venti **Wind·sack** M manica *f* a vento **Wind·schat·ten** M lato *m* riparato (dal vento) **wind·schief** ADJ storto **wind·schlüp·fig** ADJ, **wind·schnit·tig** ADJ aerodinamico **Wind·schutz·schei·be** F parabrezza *m* **Wind·stär·ke** F intensità *f* del vento: **es herrscht ~ 8** c'è forza 8 **wind·still** ADJ senza vento **Wind·stil·le** F calma *f*, bonaccia *f* **Wind·stoß** M raffica *f*

Wind·surf·brett N tavola *f* da surf, windsurf *m inv* **wind·sur·fen** V/I (*nur inf*) praticare il windsurf, fare windsurf **Wind·sur·fen** N windsurf *m inv* **Wind·sur·fer** M, **-in** F surfista *m/f*

Win·dung F ⟨-; -en⟩ **1** incurvatura *f*, sinuosità *f*; (*vom Gehirn, Darm*) circonvoluzione *f* **2** (*vom Fluss*) ansa *f* **3** (*von Wegen*) curva *f* **4** (*von einer Spule*) spira *f*

Wink M ⟨-[e]s; -e⟩ **1** cenno *m*: **auf einen ~ hin** a un cenno **2** *fig* suggerimento *m* ♦ **ein ~ des Schicksals** un segno del destino

Win·kel M ⟨-s; -⟩ **1** angolo *m* (*a.* GEOM) **2** (*Gerät*) squadra *f* **3** MIL gallone *m* **4** (*von Raum*) cantuccio *m* **Win·kel·ad·vo·kat** M ⟨-en; -en⟩, **-in** F ⟨-; -nen⟩ azzeccagarbugli *m* **Win·kel·ei·sen** N ferro *m* angolare **Win·kel·funk·ti·on** F funzione *f* trigonometrica

win·ke·lig ADJ con molti angoli

Win·kel·maß N squadra *f* **Win·kel-**

mes·ser M ⟨-s; -⟩ goniometro *m* **Win·kel·zug** M espediente *m*

win·ken **A** V/I ⟨h.⟩ **1** fare cenno, fare segno: **mit der Hand ~** fare segno con la mano; **mit dem Taschentuch ~** sventolare il fazzoletto; **j-m ~** fare segno a qn **2** (*in Aussicht stehen*) attendere **B** V/T **j-n zu sich ~** fare segno a qn di venire

win·seln V/I ⟨h.⟩ **1** guaire **2** (*flehen*) **um etw ~** implorare qc (piagnucolando)

Win·ter M ⟨-s; -⟩ inverno *m*: **im ~** in inverno **Win·ter·fahr·plan** M orario *m* invernale **win·ter·fest** ADJ per l'inverno, da inverno **Win·ter·gar·ten** M giardino *m* d'inverno **Win·ter·ge·trei·de** N cereali *mpl* vernini **win·ter·hart** ADJ BOT resistente al freddo **win·ter·lich** **A** ADJ invernale **B** ADV da inverno **Win·ter·rei·fen** M pneumatico *m* invernale; *umg* gomma *f* da neve **Win·ter·schlaf** M letargo *m* (invernale) **Win·ter·schluss·ver·kauf** M saldi *mpl* invernali **Win·ter·son·nen·wen·de** F solstizio *m* d'inverno **Win·ter·spie·le** PL giochi *mpl* olimpici invernali **Win·ter·sport** M sport *m* invernale **Win·ter·zeit** F **1** (*Jahreszeit*) stagione *f* invernale **2** (*Uhrzeit*) orario *m* invernale

Win·zer M ⟨-s; -⟩, **-in** F ⟨-; -nen⟩ viticoltore *m*, -trice *f*

win·zig ADJ minuscolo, piccolissimo

Winz·ling M ⟨-s; -e⟩ *umg* **1** (*Person*) affarino *m*, cosettino *m* **2** (*Sache*) cosettina *f*

Wip·fel M ⟨-s; -⟩ cima *f* (di un albero)

Wip·pe F ⟨-; -n⟩ altalena *f* (a bilico)

wip·pen V/I ⟨h.⟩ **1** dondolare: **auf j-s Knien ~** dondolare sulle ginocchia di qn; **mit etw ~** (far) dondolare qc **2** (*sich auf und ab bewegen*) andare su e giù **3** (*schwingen*) ondeggiare

wir PERS PR noi: **~ beide** noi due; **~ fahren morgen** partiamo domani

Wir·bel M ⟨-s; -⟩ **1** vortice *m* (*a. fig*) **2** (*Aufregung*) scalpore *m*: **~ um j-n/etw machen** sollevare un polverone intorno a qn/qc **3** (*im Haar*) cocuzzolo *m* **4** MUS pirolo *m* **5** ANAT vertebra *f*

wir·bel·los ADJ invertebrato

wir·beln **A** V/T far girare in vortici, far turbinare **B** V/I **1** ⟨s.⟩ vorticare, turbinare: *fig* **tausend Gedanken ~ mir durch den Kopf** mille pensieri mi turbinano nella mente **2** ⟨h., s.⟩ (*schnell drehen*) girare (vorticosamente) **3** ⟨h.⟩ *fig* **j-m wirbelt der Kopf** a qn gira la testa

Wir·bel·säu·le F colonna *f* vertebrale **Wir·bel·sturm** M ciclone *m*, uragano *m* **Wir·bel·tier** N vertebrato *m* **Wir·bel·wind** M turbine *m*

wir·ken **A** V/T (*Stoff*) fare a maglia; (*weben*) tessere **B** V/I ⟨h.⟩ **1** operare; (*tätig sein*) essere attivo **2** (*bestimmte Wirkung haben*) avere un effetto: **anregend ~** avere un effetto eccitante; **schmerzstillend ~** calmare il dolore **3** (*nützen*) fare (un) effetto, agire: **das Mittel wirkt gegen Schnupfen** la medicina agisce contro il raffreddore; **es hat gewirkt!** ha funzionato! **4** (*scheinen*) sembrare, avere un aspetto: **kindlich ~** sembrare un bambino; **jugendlich ~** avere un aspetto giovanile; **lächerlich ~** fare un'impressione ridicola **5** (*beeindrucken*) impressionare, colpire ♦ **etw auf sich** (*akk*) **~ lassen** abbandonarsi a qc

wirk·lich **A** ADJ **1** reale **2** (*tatsächlich*) effettivo **3** (*richtig, echt*) vero **B** ADV **1** realmente, in realtà **2** (*tatsächlich*) effettivamente, in effetti **3** (*echt*) veramente, davvero: **nein, ~?** no, davvero? **Wirk·lich·keit** F ⟨-; -en⟩ realtà *f*: **ein Traum wird ~** un sogno si fa realtà ♦ **in ~** in realtà, in verità

wirk·lich·keits·fremd ADJ lontano dalla realtà; (*Mensch*) che vive al di fuori della realtà **wirk·lich·keits·ge·treu** ADJ realistico

wirk·sam ADJ **1** efficace **2** JUR **~ werden** acquistare efficacia **Wirk·sam·keit** F ⟨-⟩ efficacia *f* **Wirk·stoff** M sostanza *f* attiva; PHARM principio *m*

Wir·kung F ⟨-; -en⟩ effetto *m*: **auf j-n/etw ~ ausüben** avere un effetto su qn/qc; **seine ~ verfehlen** non avere effetto; *form* **mit sofortiger ~** con effetto immediato

Wir·kungs·be·reich M campo *m* d'azione **Wir·kungs·grad** M TECH rendimento *m* **Wir·kungs·kraft** F efficacia *f* **Wir·kungs·kreis** M sfera *f* d'azione **wir·kungs·los** ADJ & ADV senza effetto: **bei j-m ~ bleiben** non fare effetto su qn **Wir·kungs·lo·sig·keit** F ⟨-⟩ inefficacia *f* **wir·kungs·voll** ADJ **1** efficace **2** (*mit großer Wirkung*) di (grande) effetto

wirr ADJ **1** disordinato; (*Haar*) scompigliato **2** confuso: **-e Gedanken** pensieri confusi; **mir ist ganz ~ im Kopf** ho una gran confusione in testa; **-es Zeug**

reden sragionare
Wir·ren PL disordini *mpl*
Wirr·kopf M confusionario *m*, -a *f* **Wirr·warr** M ⟨-s⟩ disordine *m*, confusione *f*; caos *m*, casino *m*
Wir·sing M ⟨-s⟩, **Wir·sing·kohl** M verza *f*
Wirt M ⟨-[e]s; -e⟩ **1** oste *m* **2** (*eines Gasthofes*) albergatore *m* **3** (*Hauswirt*) padrone *m* di casa **4** (*Zimmervermieter*) affittacamere *m* ♦ **die Rechnung ohne den ~ machen** fare i conti senza l'oste **Wir·tin** F ⟨-; -nen⟩ **1** ostessa *f*; albergatrice *f* **2** padrona *f* di casa **3** affittacamere *f*
Wirt·schaft F ⟨-; -en⟩ **1** economia *f* **2** (*Hauswirtschaft*) economia *f* domestica: **die ~ führen** occuparsi del governo della casa **3** (*Gaststätte*) trattoria *f* **4** *umg* (*Durcheinander*) confusione *f*
wirt·schaf·ten V/I ⟨h.⟩ **1** amministrare (i beni): **mit dem Geld gut/schlecht ~** amministrare bene/male il denaro **2** (*den Haushalt führen*) governare la casa **3** (*beschäftigt sein*) trafficare ♦ **etw zugrunde ~** mandare in rovina qc
Wirt·schaf·te·rin F ⟨-; -nen⟩ governante *f*
wirt·schaft·lich ADJ economico **Wirt·schaft·lich·keit** F ⟨-⟩ economicità *f*; WIRTSCH redditività *f*
Wirt·schafts·ab·kom·men N accordo *m* economico **Wirt·schafts·auf·schwung** M ripresa *f* economica **Wirt·schafts·be·zie·hun·gen** PL rapporti *mpl* economici **Wirt·schafts·ex·per·te** M, **-tin** F economista *m/f* **Wirt·schafts·flücht·ling** M *oft neg!* immigrato *m*, -a *f* per motivi economici **Wirt·schafts·füh·rer** M, **-in** F capitano *m*, -a *f* d'industria **Wirt·schafts·ge·bäu·de** PL fabbricati *mpl* rurali **Wirt·schafts·geld** N denaro *m* per le spese di casa **Wirt·schafts·gip·fel** M vertice *m* economico **Wirt·schafts·gut** N bene *m* economico **Wirt·schafts·hil·fe** F aiuto *m* economico **Wirt·schafts·jahr** N WIRTSCH anno *m* amministrativo, esercizio *m* **Wirt·schafts·kri·mi·na·li·tät** F criminalità *f* economica **Wirt·schafts·kri·se** F crisi *f inv* economica **Wirt·schafts·la·ge** F situazione *f* economica **Wirt·schafts·macht** F potenza *f* economica **Wirt·schafts·mi·nis·ter** M, **-in** F ministro *m*, -a *f* dell'economia **Wirt·schafts·mi·nis·te·ri·um** N Ministero *m* dell'economia **Wirt·schafts·po·li·tik** F politica *f* economica **wirt·schafts·po·li·tisch** ADJ politico-economico **Wirt·schafts·prü·fer** M, **-in** F revisore *m* dei conti **Wirt·schafts·raum** M **1** (vasta) area *f* economica **2** *pl* → Wirtschaftsgebäude **Wirt·schafts·sys·tem** N sistema *m* economico **Wirt·schafts·teil** M sezione *f* economica **Wirt·schafts- und Wäh·rungs·uni·on** F Unione *f* economica e monetaria **Wirt·schafts·ver·bre·chen** N crimine *m* economico **Wirt·schafts·wachs·tum** N crescita *f* economica **Wirt·schafts·wis·sen·schaf·ten** PL scienze *fpl* economiche **Wirt·schafts·wis·sen·schaft·ler** M, **-in** F economista *m/f* **Wirt·schafts·wun·der** N miracolo *m* economico **Wirt·schafts·zweig** M ramo *m* dell'economia
Wirts·haus N **1** osteria *f* **2** trattoria *f*
Wirts·leu·te PL **1** padroni *mpl* di casa **2** locandieri *mpl* **Wirts·tier** N (animale *m*) ospite *m*
Wisch M ⟨-[e]s; -e⟩ *pej* scartoffia *f*
wi·schen **A** V/T **1** togliere (strofinando): **Staub** (**von etw**) **~** spolverare (qc) **2** (*Tränen usw*) asciugare **3** (*putzen*) pulire (con uno straccio umido): **den Boden** (**feucht**) **~** lavare il pavimento **B** V/I **1** ⟨h.⟩ **mit der Hand über etw** (*akk*) **~** passare la mano su qc **2** ⟨s.⟩ (*sich schnell bewegen*) sgattaiolare (via) **C** V/R **1** **sich** (*dat*) **die Stirn ~** asciugarsi la fronte **2** **sich** (*dat*) **den Mund** (**mit der Serviette**) **~** pulirsi la bocca (col tovagliolo)
Wi·scher M ⟨-s; -⟩ AUTO tergicristallo *m*
Wi·scher·blatt N spazzola *f* (del tergicristallo)
wisch·fest ADJ indelebile
Wisch·tuch N strofinaccio *m*, straccio *m*
Wi·sent M ⟨-s; -e⟩ bisonte *m* (europeo)
wis·pern V/I ⟨h.⟩ bisbigliare, sussurrare
Wiss·be·gier(**·de**) F ⟨-⟩ avidità *f* di sapere, desiderio *m* di conoscere
wis·sen ⟨weiß, wusste, gewusst⟩ **A** V/T **1** sapere: **etw ganz sicher ~** sapere qc per certo; **j-n etw ~ lassen** far sapere qc a qn **2** (*kennen*) conoscere: **den Weg ~** conoscere (*od* sapere) la strada **3** (*sich erinnern*) ricordarsi **4** (*mit inf mit zu*) riuscire a, sapere: **sich zu beherr-**

W

schen/zu benehmen ~ sapersi dominare/comportare **B** V/I ⟨h.⟩ **von** (*od* **um**) **etw** ~ sapere qc, essere a conoscenza di qc ♦ **man kann nie** ~ non si sa mai; **das hätte man** ~ **sollen!** a saperlo! ad averlo saputo!; **nicht, dass ich wüsste** non che io sappia; **von j-m/etw nichts mehr** ~ **wollen** non volerne più sapere di qn/qc; **jetzt will ich's aber** ~ adesso voglio proprio provarci! adesso voglio proprio vedere!; **ich wüsste nicht, dass ich dich gefragt hätte!** non mi sembra di averti chiesto

Wis·sen N ⟨-s⟩ sapere *m*; (*Kenntnis*) conoscenza *f* ♦ **wider besseres** ~ in malafede; **nach bestem** ~ **und Gewissen** secondo scienza e coscienza; **meines -s** per quanto ne so; **ohne mein** ~ senza che lo sapessi, a mia insaputa

Wis·sen·schaft F ⟨-; -en⟩ scienza *f* **Wis·sen·schaft·ler** M ⟨-s; -⟩, **-in** F ⟨-; -nen⟩ scienziato *m*, -a *f* **wis·sen·schaft·lich** ADJ scientifico

Wis·sens·drang M, **Wis·sens·durst** M sete *f* di sapere **Wis·sens·ge·biet** N campo *m* dello scibile **Wis·sens·stand** M stato *m* della conoscenza **wis·sens·wert** ADJ interessante

wis·sent·lich ADJ deliberato, intenzionale; (*bewusst*) consapevole

wit·tern V/T JAGD *fig* fiutare **Wit·te·rung** F ⟨-; -en⟩ **1** tempo *m* (atmosferico) **2** JAGD fiuto *m*: **von etw** ~ **bekommen** fiutare qc (*a. fig*) **3** (*Geruchsspur*) pista *f*; usta *f*

Wit·we F ⟨-; -n⟩ vedova *f*: ~ **werden** rimanere vedova **Wit·wen·ren·te** F pensione *f* vedovile **Wit·wer** M ⟨-s; -⟩ vedovo *m*

Witz M ⟨-es; -e⟩ **1** spirito *m*: **ihm fehlt der** ~ gli manca lo spirito **2** barzelletta *f*: **über einen** ~ **lachen** ridere per una barzelletta **3** (*Scherz*) scherzo *m*: **das soll wohl ein** ~ **sein!** dev'essere uno scherzo! **4** (*Lächerliches*) cosa *f* ridicola **5** (*Clou*) punto *m*: **der** ~ (**der Sache**) **ist nämlich der, dass …** il bello è che … ♦ **-e mit j-m machen** prendere in giro qn; **ohne** ~ sul serio

Witz·blatt N giornale *m* umoristico **Witz·bold** M ⟨-[e]s; -e⟩ burlone *m*

Wit·ze·lei F ⟨-; -en⟩ spiritosaggine *f*

wit·zeln V/I ⟨h.⟩ **über j-n/etw** ~ fare dello spirito (*od* scherzare) su qn/qc

wit·zig ADJ **1** spiritoso **2** *umg* (*merkwürdig*) strano, curioso

witz·los ADJ **1** privo di spirito (*od* d'arguzia) **2** *umg* (*sinnlos*) inutile

wo **A** ADV dove **B** KONJ **1** (*zumal da*) visto che **2** (*während*) mentre, malgrado ♦ **im Augenblick,** ~ nel momento in cui; **die Zeit,** ~ il periodo in cui

wo·an·ders ADV altrove

wo·bei ADV & PRON **1** (*interrogativ*) presso (*od* di, con) che cosa, che cosa **2** (*relativisch*) presso il quale **3** (*während*) mentre

Wo·che F ⟨-; -n⟩ settimana *f*

Wo·chen·bett N puerperio *m*: **im** ~ durante il puerperio **Wo·chen·end·aus·ga·be** F edizione *f* del fine settimana **Wo·chen·en·de** N fine *m* settimana, weekend *m* ♦ **ein langes** (*od* **verlängertes**) ~ un ponte **Wo·chen·end·haus** N seconda casa *f* **Wo·chen·kar·te** F (abbonamento *m*) settimanale *m* **wo·chen·lang** **A** ADJ di (più) settimane **B** ADV per (più) settimane **Wo·chen·markt** M mercato *m* settimanale **Wo·chen·tag** M **1** giorno *m* della settimana **2** (*Werktag*) giorno *m* feriale **wo·chen·tags** ADV nei giorni feriali

wö·chent·lich **A** ADJ settimanale **B** ADV (*pro Woche*) a settimana; (*einmal in der Woche*) tutte le settimane: **zweimal** ~ due volte la settimana

Wo·chen·zei·tung F settimanale *m*

Wöch·ne·rin F ⟨-; -nen⟩ puerpera *f*

Wod·ka M ⟨-s; -s⟩ vodka *f*

wo·durch ADV & PRON **1** (*interrogativ*) come, attraverso (*od* per mezzo di) che cosa **2** (*relativ*) per cui, per mezzo del quale

wo·für ADV & PRON per (*od* di) che cosa

wog → wiegen[1]

Wo·ge F ⟨-; -n⟩ onda *f*, ondata *f* (*a. fig*) ♦ **die -n glätten** = *cercare di appianare i contrasti*

wo·ge·gen **A** ADV & PRON **1** (*interrogativ*) contro che cosa **2** (*relativisch*) contro il quale, contro cui **B** KONJ mentre (invece)

wo·gen V/I ⟨h.⟩ ondeggiare (*a. fig*)

wo·her ADV **1** da dove, di dove: ~ **kommst du?** da dove vieni? **2** come: ~ **soll ich das wissen?** come faccio a saperlo? ♦ **ach** ~ (**denn**), **aber** ~! macché!

wo·hin ADV dove, in quale direzione: ~ **gehst du?** dove vai?

wo·hin·ge·gen KONJ mentre

wohl **A** ADV **1** bene: **mir ist nicht** ~ non

sto bene **2** ~ **behütet** → wohlbehütet; ~ **bekannt** → wohlbekannt; **sich ~ fühlen** → wohlfühlen; ~ **gemeint** → wohlgemeint; ~ **überlegt** → wohlüberlegt; → wohltun **3** ~ **aber** però **4** (*zwar*) certamente, sicuramente **5** (*etwa*) circa **B** ADV probabilmente: **das wird ~ so sein** (probabilmente) sarà così; **das kann ~ sein** può essere; ~ **kaum** probabilmente no ♦ **das ist ~ möglich** è possibilissimo; ~ **oder übel** bene o male; **er weiß das ~** lo sa benissimo

Wohl N ⟨-[e]s⟩ **1** bene *m* **2** (*Wohlbefinden*) benessere *m*: **das körperliche ~** il benessere fisico **3 auf Ihr ~!** alla Sua salute!; **zum ~(e)!** salute!

wohl·auf ADV in buona salute

Wohl·be·fin·den N buona salute *f*, benessere *m* **Wohl·be·ha·gen** N benessere *m* **wohl·be·hal·ten** ADJ **1** sano e salvo **2** (*unbeschädigt*) in buono stato **wohl·be·hü·tet** ADJ sotto una campana di vetro **wohl·be·kannt** ADJ ben noto

Wohl·er·ge·hen N ⟨-s⟩ benessere *m* **wohl·er·zo·gen** ADJ beneducato **Wohl·fahrts·staat** M stato *m* assistenziale (*od* sociale) **wohl·füh·len** V/R **sich ~** sentirsi bene **Wohl·ge·fal·len** N ⟨-s⟩ piacere *m*, compiacimento *m* ♦ *umg* **sich in ~ auflösen** cadere in pezzi; andare a buon fine; perdersi **Wohl·ge·fühl** N senso *m* di benessere

wohl·gemeint ADJ dato (*od* fatto) a fin di bene **wohl·gemerkt** INT nota bene **wohl·genährt** ADJ ben nutrito **wohl·gera·ten** ADJ **1** ben riuscito **2** (*Kinder*) venuto su bene **wohl·gesinnt** ADJ bendisposto, benintenzionato

wohl·ha·bend ADJ benestante

woh·lig ADJ piacevole

Wohl·klang M **1** armonia *f* **2** suono *m* armonioso **wohl·klin·gend** ADJ armonioso, melodioso **wohl·mei·nend** ADJ benevolo **wohl·rie·chend** ADJ odoroso **wohl·schme·ckend** ADJ gustoso, saporito

Wohl·sein N benessere *m* ♦ (**zum**) **~!** salute!

Wohl·stand M agiatezza *f* **Wohl·stands·bür·ger** M, **-in** F *pej* figlio *m*, -a *f* (della società) del benessere **Wohl·stands·ge·sell·schaft** F società *f* del benessere **Wohl·tat** F **1** (opera *f* di) bene *m* **2** *fig* bene *m*, sollievo *m* **Wohl·tä·ter** M, **-in** F benefattore *m*, -trice *f* **wohl·tä·tig** ADJ benefico **Wohl·tä·tig·keit** F beneficenza *f*

wohl·tu·end ADJ **1** benefico **2** piacevole **wohl·tun** V/I ⟨*irr*; h.⟩ **etw tut j-m wohl** qc fa bene a qn **wohl·über·legt** ADJ ben ponderato **wohl·ver·dient** ADJ (ben) meritato **wohl·ver·stan·den** ADV beninteso **wohl·weis·lich** ADV (molto) saggiamente **Wohl·wol·len** N ⟨-s⟩ benevolenza *f*, buona disposizione *f* **wohl·wol·lend** ADJ benevolo

Wohn·an·la·ge F complesso *m* residenziale **Wohn·block** M ⟨-[e]s; -s⟩ isolato *m*

woh·nen V/I ⟨h.⟩ **1** abitare: **ich wohne in der ...straße** abito in via ...; **wir ~ in München/in Deutschland** abitiamo a Monaco/in Germania **2** (*kurzfristig*) alloggiare, stare

Wohn·flä·che F superficie *f* abitabile **Wohn·ge·biet** N zona *f* residenziale **Wohn·geld** N indennità *f* di residenza **Wohn·ge·mein·schaft** F alloggio *m* in comune: **therapeutische ~** comunità *f* alloggio

wohn·haft ADJ residente

Wohn·haus N casa *f* **Wohn·heim** N pensionato *m* **Wohn·kü·che** F cucina *f* abitabile **wohn·lich** ADJ accogliente **Wohn·mo·bil** N ⟨-s; -e⟩ camper *m* **Wohn·ort** M luogo *m* di residenza **Wohn·raum** M **1** camera *f* a uso abitativo **2** (*Wohnungen*) spazi *mpl* abitativi **Wohn·sitz** M residenza *f* **Wohn·sitz·lo·se** M/F ⟨-n; -n⟩ senzatetto *m/f*

Woh·nung F ⟨-; -en⟩ appartamento *m*

Woh·nungs·bau M edilizia *f* abitativa **Woh·nungs·bau·för·de·rung** F interventi *mpl* a sostegno dell'edilizia abitativa **Woh·nungs·man·gel** M carenza *f* di alloggi **Woh·nungs·wech·sel** M trasloco *m*

Wohn·vier·tel N quartiere *m* residenziale **Wohn·wa·gen** M **1** roulotte *f* **2** (*von Zirkus*) carrozzone *m* **Wohn·zim·mer** N soggiorno *m*, salotto *m*

Wok M ⟨-; -s⟩ wok *m inv*

wöl·ben **A** V/T curvare a volta **B** V/R **sich ~** inarcarsi; **sich nach vorn ~** sporgere in avanti inarcandosi **Wöl·bung** F ⟨-; -en⟩ inarcatura *f*, curvatura *f*

Wolf M ⟨-[e]s; Wölfe⟩ **1** lupo *m* **2** *umg* GASTR tritacarne *m* **3** *umg* MED intertrigine *f*

Wolf·ram N ⟨-s⟩ tungsteno *m*
Wolfs·milch F ⟨-⟩ BOT euforbia *f*
Wol·ke F ⟨-; -n⟩ nuvola *f* (*a. fig*) ♦ **aus allen -n fallen** cadere dalle nuvole; **auf -n** (*od* **in den -n**) **schweben** vivere nelle nuvole
Wol·ken·bruch M nubifragio *m* **Wol·ken·de·cke** F ⟨-⟩ cappa *f* di nubi **Wol·ken·krat·zer** M grattacielo *m* **Wol·ken·wand** F cortina *f* di nubi
wol·kig ADJ nuvoloso
Woll·de·cke F coperta *f* di lana
Wol·le F ⟨-; -n⟩ lana *f* ♦ **sich in die ~ kriegen** = *litigare con qn*
wol·len[1] ADJ (*aus Wolle*) di lana
wol·len[2] V/MOD ⟨will, wollte; h.⟩ **A** ⟨*mit inf; pperf*: **hat ... wollen**⟩ **1** volere: **sie ~ ins Ausland fahren** vogliono andare all'estero **2** (*müssen*) richiedere, avere bisogno di: **die Blumen ~ täglich gegossen werden** i fiori devono essere bagnati ogni giorno **3** (*Zweifel, Skepsis*) **er will dich gesehen haben** dice di averti visto **4** (*zur Umschreibung der Zukunft*) **wir ~ sehen** vedremo; **ich wollte gerade ausgehen** stavo per uscire **B** ⟨*als Vollverb; pperf*: **gewollt**⟩ **1** volere: **er weiß, was er will** sa quello che vuole; **was ~ Sie von mir?** che cosa vuole da me? **2** *umg* (*gehen, fahren wollen*) voler andare: **wir ~ nach Hause** vogliamo andare a casa; **~ Sie zu mir?** vuole parlare con me? viene da me? **3** (*irrealer Wunsch*) **ich wollte, es wäre alles schon vorbei** vorrei che fosse già tutto finito ♦ *umg* **na, dann ~ wir mal!** allora, iniziamo!; **das will gekonnt sein** ce ne vuole per fare questo; **so Gott will** se Dio vuole; **es will mir nicht in den Kopf, dass ...** non posso credere che ...; **etw will nicht mehr** qc non va (*od* funziona) più; **nichts zu ~!** niente da fare!
wol·lig ADJ lanoso, lanuto
Woll·sa·chen PL indumenti *mpl* di lana
Wol·lust F voluttà *f*
wol·lüs·tig ADJ voluttuoso
Woll·wä·sche F biancheria *f* di lana
wo·mit ADV & PRON **1** (*interrogativ*) con che (cosa) **2** (*relativisch*) con il quale, con cui
wo·mög·lich ADV possibilmente
wo·nach ADV & PRON **1** (*interrogativ*) che cosa, a (*od* di) che cosa **2** (*relativisch*) dopo di che **3** in base al quale
Won·ne F ⟨-; -n⟩ delizia *f*, piacere *m*
wo·ran ADV & PRON **1** (*interrogativ*) a che cosa, su che cosa, da che cosa: **~ denkst du?** a cosa pensi? **2** (*relativisch*) al (*od* sul) quale, a (*od* su) cui ♦ **nicht wissen, ~ man ist** non sapere che pesci pigliare
wo·rauf ADV & PRON **1** (*interrogativ*) su che cosa, che cosa **2** (*relativisch*) sul quale, su cui **3** (*woraufhin*) dopo di che, per cui
wo·raus ADV & PRON **1** (*interrogativ*) da (*od* di) che cosa **2** (*relativisch*) dal (*od* del) quale
wo·rin ADV & PRON **1** (*interrogativ*) in che cosa **2** (*relativisch*) in cui, nel quale
Work·shop ['vø:ɐkʃɔp] M ⟨-s; -s⟩ workshop *m inv*, seminario *m*
Work·sta·tion ['vø:ɐkste:ʃn] F ⟨-; -s⟩ IT workstation *f inv*, stazione *f* di lavoro
World Wide Web ['vø:ɐlt 'vait 'vɛp] N ⟨-; -⟩ World Wide Web *m*
Wort N ⟨-[e]s; -e *u.* Wörter⟩ **1** ⟨*pl* Wörter⟩ parola *f* **2** ⟨*pl* -e⟩ parola *f*: **seine -e** le sue parole; **davon ist kein ~ wahr** non c'è una parola di vero in questo; **sein ~ halten** mantenere la parola; **j-n beim ~ nehmen** prendere qn in parola **3** (*Ausspruch*) detto *m* ♦ **auf mein ~!** sulla mia parola!; **ein ernstes ~ reden** fare un discorso serio; **j-m ins ~ fallen** troncare la parola in bocca a qn; **in -e fassen** esprimere; (*Zahl*) **in -en** in lettere; **mit einem ~** in una parola; **j-m/etw das ~ reden** parlare in favore di qn/qc; **kein ~ über etw** (*akk*) **verlieren** non sprecare fiato per qc; **zu ~ kommen** riuscire a parlare; **j-n** (**nicht**) **zu ~ kommen lassen** (non) lasciar parlare qn
wort·brü·chig ADJ **an j-m ~ werden** non mantenere la parola data a qn
Wör·ter·buch N dizionario *m*, vocabolario *m* **Wör·ter·ver·zeich·nis** N **1** glossario *m* **2** (*eines Wörterbuchs*) lemmario *m*
Wort·füh·rer M, **-in** F portavoce *m/f*
wort·ge·treu ADJ fedele **wort·ge·wandt** ADJ eloquente **wort·karg** ADJ di poche parole, laconico **Wort·klau·be·rei** F ⟨-⟩ cavillosità *f* **Wort·laut** M testo *m*
wört·lich ADJ letterale ♦ **alles ~ nehmen** prendere tutto alla lettera
wort·los ADJ senza parole, muto **Wort·mel·dung** F richiesta *f* di parola **wort·reich** ADJ (*weitschweifig*) verboso **Wort·schatz** M lessico *m* **Wort·schöp-**

fung F neologismo *m* **Wort·spiel** N gioco *m* di parole **Wort·wech·sel** M diverbio *m* **wort·wört·lich** ADJ & ADV alla lettera (*a. fig*)

wo·rü·ber ADV & PRON **1** (*interrogativ*) su (*od* di) che cosa **2** (*relativisch*) su (*od* di) cui, sul (*od* del) quale **wo·rum** ADV & PRON **1** (*interrogativ*) di (*od* intorno a) che cosa **2** (*relativisch*) di (*od* intorno a) cui, del quale, che: **alles, ~ er bat** tutto ciò che chiedeva **wo·run·ter** ADV & PRON **1** (*interrogativ*) sotto che cosa, tra che cosa, di che cosa **2** (*relativisch*) sotto cui, tra cui, di cui

wo·von ADV & PRON **1** (*interrogativ*) da (*od* di) che cosa **2** (*relativisch*) da (*od* di) cui

wo·vor ADV & PRON **1** (*interrogativ*) di (*od* davanti a) che cosa **2** (*relativisch*) di (*od* davanti a) cui

wo·zu ADV & PRON **1** (*interrogativ*) a (*od* per) che cosa, a quale scopo, perché **2** (*relativisch*) per cui, di cui, a cui

Wrack N ⟨-[e]s; -s *u.* -e⟩ relitto *m* (*a. fig*)

wrang → wringen

wrin·gen VT ⟨wrang, gewrungen⟩ strizzare: **die Wäsche ~** strizzare i panni

Wu·cher M ⟨-s; -⟩ usura *f*: **das ist ~!** questa è usura! questo è strozzinaggio! **Wu·che·rer** M ⟨-s; -⟩, **-rin** F ⟨-; -nen⟩ usuraio *m*, -a *f* **wu·che·risch** ADJ da usuraio; (*Preis*) esoso

wu·chern VI ⟨h., s.⟩ (*sich stark vermehren*) proliferare **wu·chernd** ADJ lussureggiante (*a. fig*) **Wu·che·rung** F ⟨-; -en⟩ escrescenza *f*

Wu·cher·zins M interesse *m* da usuraio

wuchs → wachsen

Wuchs M ⟨-es; Wüchse⟩ **1** crescita *f*, sviluppo *m* **2** (*Gestalt*) forma *f* **3** (*Körperbau*) figura *f*; (*Körperhöhe*) statura *f*: **klein von ~ sein** essere piccolo di statura

Wucht F ⟨-; -en⟩ forza *f*, impeto *m*, violenza *f*: **mit voller ~** con tutta la forza ♦ *umg* **das ist wirklich eine ~** è una vera forza!

wuch·ten VT mettere (a fatica)

wuch·tig ADJ **1** (*voller Wucht*) forte, violento **2** (*groß*) imponente

wüh·len **A** VI ⟨h.⟩ **1** scavare **2** **nach etw ~** cercare qc (scavando) **3** (*suchen*) rovistare, frugare: **in einer Schublade ~** rovistare in un cassetto; **in den Papieren ~** frugare tra le carte **B** VR **sich in die Erde ~** interrarsi

Wühl·maus F topo *m* campagnolo

Wühl·tisch M banco *m* delle occasioni

Wulst M ⟨-[e]s; Wülste *u.* -e⟩ *u.* F ⟨-; Wülste⟩ **1** (*gerundete Verdickung*) cuscinetto *m*, rigonfiamento *m* **2** ANAT protuberanza *f* **3** ARCH (*an Säulen*) toro *m*

wuls·tig ADJ rigonfio, arrotondato; (*Lippe*) tumido

wund **A** ADJ ferito **B** ADV **sich** (*dat*) **die Füße ~ laufen** correre fino a piagarsi i piedi; **sich** (*dat*) **etw ~ liegen** piagarsi qc (per lungo decubito) ♦ **-er Punkt** punto dolente

Wun·de F ⟨-; -n⟩ ferita *f*: *fig* **alte -n aufreißen** riaprire vecchie ferite

Wun·der N ⟨-s; -⟩ miracolo *m*, prodigio *m*: **wie durch ein ~** (come) per miracolo; *fig* **~ wirken** fare miracoli ♦ **sein blaues ~ erleben** avere una brutta sorpresa; **etw ist (k)ein ~** (non) c'è da meravigliarsi; **die ~ der Natur** le meraviglie della natura; *umg* **~ was/wie/wer** chissà cosa/che/chi

wun·der·bar ADJ **1** miracoloso **2** (*prima*) meraviglioso, splendido ♦ **es hat alles ~ geklappt** tutto ha funzionato a meraviglia **wun·der·ba·rer·wei·se** ADV miracolosamente

Wun·der·ding N meraviglia *f* (*a. fig*) **Wun·der·glau·be** M fede *f* nei miracoli **Wun·der·hei·ler** M ⟨-s; -⟩, **-in** F ⟨-; -nen⟩ guaritore *m*, -trice *f* **wun·der·hübsch** ADJ incantevole **Wun·der·ker·ze** F candela *f* magica **Wun·der·kind** N bambino *m*, -a *f* prodigio **wun·der·lich** ADJ stravagante, bizzarro **Wun·der·mit·tel** N rimedio *m* miracoloso, toccasana *m*

wun·dern **A** VT meravigliare, stupire: **es wundert mich, dass ...** mi meraviglia che ... **B** VR **sich ~ (über** [*akk*]**)** meravigliarsi (di)

wun·der·schön ADJ magnifico, meraviglioso **Wun·der·tat** F miracolo *m*, prodigio *m* **Wun·der·tä·ter** M, **-in** F taumaturgo *m*, -a *f* **wun·der·voll** ADJ meraviglioso **Wun·der·werk** N meraviglia *f*

Wund·fie·ber N ⟨-s⟩ febbre *f* traumatica **Wund·mal** N piaga *f* **Wund·starr·krampf** M tetano *m*

Wunsch M ⟨-[e]s; Wünsche⟩ **1** desiderio *m*: **~ nach etw** desiderio di qc; **auf j-s ~** per desiderio di qn **2** *pl* auguri *mpl*: **mit**

den besten Wünschen für ... con i migliori auguri per ... ♦ **auf ~** su (*od* a) richiesta; **haben Sie noch einen ~?** desidera qualcos'altro?

Wunsch·bild N ideale *m* **Wunsch·den·ken** N sogni *mpl*, fantasticherie *fpl*

Wün·schel·ru·te F bacchetta *f* del rabdomante **Wün·schel·ru·ten·gän·ger** M ⟨-s; -⟩, **-in** F ⟨-; -nen⟩ rabdomante *m/f*

wün·schen A VT 1 desiderare, volere: **Sie ~?** desidera? 2 augurare: **j-m gute Nacht ~** augurare buona notte a qn; **ich wünsche Ihnen alles Gute!** Le faccio i miei migliori auguri! B VR **sich** (*dat*) ~ desiderare; **sich** (*dat*) **etw ~** desiderare qc

wün·schens·wert ADJ desiderabile

wunsch·ge·mäß ADJ come richiesto **Wunsch·kind** N bambino *m*, -a *f* desiderato (-a) **wunsch·los** ADJ senza desideri ♦ **ich bin ~ glücklich** non mi manca niente **Wunsch·traum** M sogno *m* **Wunsch·vor·stel·lung** F ideale *m*

wur·de → werden

Wür·de F ⟨-; -n⟩ 1 dignità *f* 2 grado *m*: **akademische -n** grado accademico ♦ **unter j-s ~ sein** non essere degno di qn; **unter aller ~** al di sotto di ogni dignità

wür·de·los ADJ senza dignità

Wür·den·trä·ger M, **-in** F dignitario *m*, -a *f*

wür·de·voll ADJ 1 dignitoso 2 (*gravitätisch*) grave

wür·dig ADJ 1 (*würdevoll*) dignitoso 2 degno: **j-s Vertrauens ~ sein** essere degno della fiducia di qn

wür·di·gen VT 1 apprezzare 2 degnare: **j-n keines Blickes ~** non degnare qn di uno sguardo **Wür·di·gung** F ⟨-; -en⟩ apprezzamento *m*: **in ~ seiner Verdienste** a riconoscimento dei suoi meriti

Wurf M ⟨-[e]s; Würfe⟩ 1 lancio *m* 2 *fig* colpo *m*, trovata *f*: **ein gelungener ~** un colpo riuscito; **ein genialer ~** una trovata geniale 3 ZOOL figliata *f*, cucciolata *f*

Wür·fel M ⟨-s; -⟩ 1 cubo *m* 2 (*Spiel*) dado *m* 3 GASTR dado *m*, dadino *m* ♦ **der ~ ist** (*od* **die ~ sind**) **gefallen** il dado è tratto

Wür·fel·be·cher M bussolotto *m*

wür·feln VI ⟨h.⟩ 1 giocare a dadi: **um Geld ~** giocare soldi a dadi 2 **eine Sechs ~** fare sei con i dadi 3 GASTR tagliare a dadini

Wür·fel·spiel N gioco *m* dei dadi **Wür·fel·zu·cker** M zucchero *m* in zollette

Wurf·ge·schoss, *österr* **Wurf·ge·schoß** N proiettile *m* **Wurf·schei·be** F SPORT disco *m* **Wurf·speer** M giavellotto *m*

Wür·ge·griff M presa *f* alla gola

wür·gen A VT 1 **j-n** (**am Hals**) ~ stringere qn alla gola 2 (*erwürgen*) strangolare, strozzare 3 **es würgt mich** devo vomitare B VI ⟨h.⟩ **an etw** (*dat*) ~ strozzarsi con qc

Wurm[1] M ⟨-[e]s; Würmer⟩ verme *m* ♦ **da ist der ~ drin** qui c'è qualcosa che non va; *umg fig* **j-m die Würmer aus der Nase ziehen** strappare le parole di bocca a qn

Wurm[2] N ⟨-[e]s; Würmer⟩ *umg* (*Mensch*) creatura *f*, piccolo *m* **Würm·chen** N ⟨-s; -⟩ creaturina *f*, piccolino *m*, esserino *m*

wur·men VT rodere: **diese Ungerechtigkeit wurmt mich** questa ingiustizia mi rode

Wurm·fort·satz M appendice *f* (vermiforme)

wur·mig ADJ bacato

Wurm·kur F cura *f* vermifuga **Wurm·mit·tel** N antielmintico *m*, vermifugo *m* **wurm·sti·chig** ADJ 1 bacato 2 (*Holz*) tarlato

Wurst F ⟨-; Würste⟩ salsiccia *f* ♦ *umg* **es geht um die ~** siamo al dunque; *umg* **das ist ihm ~** se ne infischia

Würst·chen N ⟨-s; -⟩ 1 würstel *m* 2 *umg* (*Mensch*) poveretto *m* **Würst·chen·bu·de** F, **Würst·chen·stand** M bancarella *f* (*od* chiosco *m*) delle salsicce

wurs·teln VI ⟨h.⟩ *umg* lavoricchiare

Wurst·haut F budello *m* della salsiccia

wurs·tig ADJ *umg* menefreghista

Wurst·wa·ren PL insaccati *mpl*

Würt·tem·berg N ⟨-s⟩ Württemberg *m*

Wür·ze F ⟨-; -n⟩ 1 condimento *m* 2 (*Geschmack, Geruch*) aroma *m*

Wur·zel F ⟨-; -n⟩ radice *f* (*a.* ANAT, LING *fig*) ♦ MATH **dritte ~** radice cubica; **-n schlagen** mettere (le) radici (*a. fig*); **das Übel an der ~ packen** affrontare il problema alla radice **Wur·zel·bürs·te** F spazzola *f* di saggina

Wur·zel·stock M BOT rizoma *m* **Wur·zel·ver·zeich·nis** N IT directory *f inv* principale, root directory *f inv* **Wur·zel-**

werk N apparato *m* radicale **Wur·zel·zei·chen** N MATH segno *m* di radice

wür·zen V/T condire (*a. fig*), insaporire

wür·zig ADJ saporito, gustoso: **~ schmecken** essere saporito ♦ **die Luft riecht ~** l'aria profuma d'aromi

wusch → waschen

wu·sche·lig ADJ ricciuto, riccioluto

wuss·te → wissen

Wust M ⟨-[e]s⟩ **1** confusione *f*, guazzabuglio *m* **2** *fig* calderone *m*

wüst ADJ **1** deserto **2** (*unordentlich*) caotico, disordinato **3** (*Haar*) scompigliato **4** (*ungezügelt*) sfrenato **5** (*derb*) sguaiato **6** terribile: **ein -es Aussehen** un aspetto terribile

Wüs·te F ⟨-; -n⟩ deserto *m* (*a. fig*): **die ~ Gobi** il deserto dei Gobi ♦ *umg* **j-n in die ~ schicken** mandare all'inferno qn

Wüst·ling M ⟨-s; -e⟩ libertino *m*

Wut F ⟨-⟩ **1** furore *m*, furia *f*: **die ~ des Volkes** il furore del popolo; **die ~ des Unwetters** la furia della tempesta **2** (*Ärger*) rabbia *f*, collera *f* ♦ **seine ~ an j-m auslassen** sfogare la propria rabbia su qn; **~ auf j-n bekommen** arrabbiarsi con qn; **~ auf j-n haben** essere arrabbiato con qn; **j-n in ~ bringen** far andare in collera qn; **in ~ geraten** andare in collera

Wut·an·fall M, **Wut·aus·bruch** M accesso *m* d'ira

wü·ten V/I ⟨h.⟩ **1** essere furente: **gegen j-n/etw ~** essere furente nei confronti di qn/qc **2** *fig* infuriare

wü·tend ADJ furente, infuriato, furioso: **~ auf** (*od* **über**) **j-n sein** essere furioso nei confronti di qn; **~ werden** montare su tutte le furie

wut·ent·brannt ADJ furioso: **~ weglaufen** andarsene infuriato **wut·schäu·mend** ADJ, **wut·schnau·bend** ADJ schiumante di rabbia

x, X N ⟨-; -⟩ x, X, ics *f/m*: **X wie Xanthippe** X come xilofono; **Herr X** il signor X; **die Stunde X** l'ora X; **er hat x Schallplatten** ha x dischi ♦ **j-m ein X für ein U vormachen** abbindolare qn

x-Ach·se ['ɪks-] F MATH asse *m* delle x

Xan·thip·pe F ⟨-; -n⟩ bisbetica *f*

X-Bei·ne PL gambe *fpl* a X

x-bei·nig ADJ con le gambe a X

x-be·lie·big *umg* **A** ADJ qualsiasi: **eine -e Person** un tizio qualsiasi; **ein -es Haus** una casa qualsiasi; **an jedem -en Ort** dovunque; **jeder x-Beliebige** chiunque **B** ADV quanto si vuole, a piacere: **etw ~ verwenden** usare qc quanto si vuole

X-Chro·mo·som N cromosoma *m* X

Xe·non N ⟨-s⟩ xeno *m*

Xe·no·pho·bie F ⟨-⟩ xenofobia *f*

x-fach ADJ & ADV *umg* x volte, mille volte: **ein ~ erprobtes Schema** uno schema sperimentato x volte

x-fa·che N ⟨-n⟩ numero *m* x di volte

x-för·mig ADJ a (forma di) X

x-mal ADV *umg* x volte, mille volte

x-te ADJ ennesimo: **zum -n Male** per l'ennesima volta

Xy·lo·fon N ⟨-s; -e⟩ xilofono *m*

y, Y N ⟨-; -⟩ y, Y, ipsilon *f/m*: **Y wie Ypsilon** Y come yacht

y-Ach·se ['ypsilɔn-] F MATH asse *m* delle y

Yacht F ⟨-; -en⟩ yacht *m*

Y-Chro·mo·som N cromosoma *m* Y

Yen M ⟨-[s]; -[s]⟩ yen *m*

Yo·ga M/N ⟨-[s]⟩ yoga *m*: **~ betreiben** praticare lo yoga **Yo·ga·übung** F esercizio *m* (di) yoga

Yo·gi M ⟨-s; -s⟩ yogin *m*

Youngs·ter ['jʌŋstə] M ⟨-s; -[s]⟩ giovane

giocatore *m*, esordiente *m*
Ysop M ⟨-s; -e⟩ issopo *m*
Yuc·ca F ⟨-; -s⟩ yucca *f*
Yup·pie ['jʊpi] M ⟨-s; -s⟩ yuppie *m*

Z

z, Z N ⟨-; -⟩ z, Z, zeta *f/m*: **Z wie Zeppelin** Z come Zara
zack INT *umg* **~, ~!** su, presto!
Zack M *umg* **1** **auf ~ sein** essere in gamba; funzionare **2** **j-n/etw auf ~ bringen** mettere in quadro qn/qc
Za·cke F ⟨-; -n⟩ **1** dente *m* **2** (*von Kronen, Sternen*) punta *f* **3** (*Spitze*) picco *m*
za·cken V/T dentellare, dentare
Za·cken M ⟨-s; -⟩ *umg* **sich** (*dat*) **keinen ~ aus der Krone brechen** non perdere la faccia
za·ckig ADJ **1** con molte punte; frastagliato **2** *umg* (*schneidig*) baldanzoso
zag·haft ADJ titubante, tentennante
Zag·reb N ⟨-s⟩ Zagabria *f*
zäh ADJ **1** tenace (*a. fig*) **2** duro: **~ wie Leder** duro come cuoio **3** *fig* (*schleppend*) che si trascina, stentato
zäh·flüs·sig ADJ viscoso
Zä·hig·keit F ⟨-⟩ resistenza *f*; tenacia *f*
Zahl F ⟨-; -en⟩ numero *m*: **eine gerade/ungerade ~** un numero pari/dispari ♦ **an der ~** di numero; **in großer ~** in gran numero; **rote -en schreiben** essere in rosso; **in den roten -en stecken** essere in rosso, essere in passivo; **runde ~** cifra tonda; **in voller ~** tutti, al completo
zahl·bar ADJ pagabile
zähl·bar ADJ calcolabile, determinabile
zäh·le·big ADJ **1** resistente **2** *fig* duro a morire
zah·len V/T & V/I ⟨h.⟩ pagare ♦ **bitte ~!** il conto, per favore!
zäh·len **A** V/T **1** contare: (**etw**) **genau ~** fare un conto esatto (di qc) **2** (*rechnen*) annoverare: **j-n zu seinen Freunden ~** annoverare qn fra i propri amici **B** V/I ⟨h.⟩ **1** contare; valere: **das Tor zählt nicht** il gol non conta (*od* non vale) **2** **zu etw ~** fare parte di qc **3** **auf j-n/etw ~** contare su qn/qc
Zah·len·an·ga·be F dato *m* numerico
Zah·len·fol·ge F sequenza *f* di numeri
Zah·len·ge·dächt·nis N memoria *f* per i numeri **Zah·len·kom·bi·na·ti·on** F combinazione *f* **zah·len·mä·ßig** ADJ numerico: **j-m ~ überlegen sein** essere numericamente superiore a qn
Zah·len·schloss N chiusura *f* a combinazione
Zäh·ler M ⟨-s; -⟩ **1** contatore *m* **2** MATH numeratore *m* **3** *sl* SPORT centro *m*; (*Punkt*) punto *m*
Zahl·gren·ze F limite *m* di tratta **Zahl·kar·te** F modulo *m* di versamento **zahl·los** ADJ innumerevole **Zahl·meis·ter** M, **-in** F tesoriere *m*, -a *f* **zahl·reich** **A** ADJ numeroso **B** ADV in gran numero
Zahl·tag M giorno *m* di pagamento
Zah·lung F ⟨-; -en⟩ pagamento *m*: **eine ~ leisten** effettuare un pagamento; **in ~ geben/nehmen** dare/accettare in pagamento
Zäh·lung F ⟨-; -en⟩ conteggio *m*
Zah·lungs·ab·kom·men N accordo *m* di pagamento **Zah·lungs·an·wei·sung** F ordine *m* di pagamento **Zah·lungs·auf·for·de·rung** F **1** avviso *m* di pagamento **2** (*Mahnung*) sollecito *m* **Zah·lungs·auf·schub** M dilazione *f* di pagamento **Zah·lungs·be·din·gun·gen** PL condizioni *fpl* di pagamento **Zah·lungs·bi·lanz** F bilancia *f* dei pagamenti **Zah·lungs·ein·stel·lung** F sospensione *f* dei pagamenti **zah·lungs·fä·hig** ADJ solvente **Zah·lungs·frist** F termine *m* di pagamento **zah·lungs·kräf·tig** ADJ *umg* che ha buone disponibilità finanziarie **Zah·lungs·mit·tel** N mezzo *m* di pagamento **Zah·lungs·schwie·rig·keit** F difficoltà *f* finanziaria **Zah·lungs·ter·min** M scadenza *f* del pagamento **zah·lungs·un·fä·hig** ADJ insolvente **Zah·lungs·ver·kehr** M traffico *m* pagamenti: **elektronischer ~** traffico *m* pagamenti elettronici **Zah·lungs·ver·zug** M ritardo *m* nel pagamento, mora *f* **Zah·lungs·ziel** N termine *m* di pagamento
Zähl·werk N contatore *m*
Zahl·wort N ⟨-[e]s; -wörter⟩ numerale *m*
zahm ADJ **1** domestico, mansueto **2** *fig* docile, mite **zäh·men** **A** V/T addomesticare, domare (*a. fig*) **B** V/R **sich ~** dominarsi, frenarsi **Zahm·heit** F ⟨-⟩ **1** do-

mesticità *f*, domestichezza *f* **2** *fig* docilità *f* **Zäh·mung** F ⟨-; -en⟩ **1** addomesticamento *m*, domatura *f* **2** *fig* dominio *m*

Zahn M ⟨-[e]s; Zähne⟩ dente *m* (*a.* TECH); (*von großen Säugetieren*) zanna *f*: **einen ~ ziehen** estarre un dente; **sich** (*dat*) **die Zähne putzen** lavarsi i denti; **mit den Zähnen klappern** battere i denti ♦ **die dritten Zähne** la dentiera; **sich** (*dat*) **an j-m die Zähne ausbeißen** non spuntarla con qn; **sich** (*dat*) **an etw die Zähne ausbeißen** dannarsi l'anima per qc; **Zähne bekommen** mettere i denti; *umg* **einen schönen ~ draufhaben** andare a tutto gas; **j-m auf den ~ fühlen** tastare il polso a qn; *fig* **j-m die Zähne zeigen** mostrare i denti a qn; **der ~ der Zeit** le ingiurie del tempo; *umg* **einen ~ zulegen** = *aumentare la velocità*; **die Zähne zusammenbeißen** stringere i denti

Zahn·arzt M, dentista *m* **Zahn·arzt·hel·fer** M, **-in** F assistente *m/f* odontoiatrico (-a) **Zahn·ärz·tin** F dentista *f* **zahn·ärzt·lich** ADJ dentistico **Zahn·arzt·pra·xis** F gabinetto *m* dentistico **Zahn·be·hand·lung** F trattamento *m* odontoiatrico **Zahn·be·lag** M placca *f* dentaria **Zahn·bras·se** F dentice *m* **Zahn·bürs·te** F spazzolino *m* da denti **Zahn·creme** F → Zahnpasta

zäh·ne·klap·pernd ADJ battendo i denti **zäh·ne·knir·schend** ADV digrignando i denti; *fig* a denti stretti

zah·nen V/I ⟨h.⟩ mettere i denti

Zahn·er·satz M protesi *f* dentaria **Zahn·fäu·le** F carie *f* dentaria **Zahn·fleisch** N gengiva *f* ♦ *umg* **auf dem ~ daherkommen** essere stanchissimo **Zahn·fleisch·blu·ten** N ⟨-s⟩ sanguinamento *m* delle gengive **Zahn·fül·lung** F otturazione *f* **Zahn·hals** M ANAT colletto *m* **Zahn·im·plan·tat** N impianto *m* (dentario) **Zahn·klam·mer** F apparecchio *m* per i denti **Zahn·kli·nik** F clinica *f* odontoiatrica **Zahn·kranz** M MECH corona *f* dentata **Zahn·kro·ne** F corona *f* dentaria **zahn·los** ADJ sdentato **Zahn·lü·cke** F vuoto *m* tra i denti **Zahn·me·di·zin** F odontoiatria *f* **Zahn·pas·ta** F ⟨-; -pasten⟩ dentifricio *m* **Zahn·pfle·ge** F cura *f* dei denti; igiene *f* dentale **Zahn·pro·the·se** F protesi *f* dentaria **Zahn·putz·be·cher** M bicchiere *m* per sciacquarsi i denti **Zahn·rad** N ruota *f* dentata **Zahn·rad·bahn** F ferrovia *f* a cremagliera **Zahn·schmelz** M smalto *m* dentario **Zahn·schmerz** M mal *m* di denti **Zahn·sei·de** F filo *m* interdentale **Zahn·span·ge** F apparecchio *m* per i denti **Zahn·stein** M tartaro *m* **Zahn·sto·cher** M ⟨-s; -⟩ stuzzicadenti *m* **Zahn·tech·ni·ker** M, **-in** F odontotecnico *m*, -a *f* **Zahn·weh** N *umg* → Zahnschmerz **Zahn·wur·zel** F radice *f* dentaria

Zaire N ⟨-s⟩ Zaire *m*

Zan·der M ⟨-s; -⟩ lu(c)cioperca *m*

Zan·ge F ⟨-; -n⟩ **1** tenaglia *f*, tenaglie *fpl*, pinze *fpl* **2** (*Geburtszange*) forcipe *m* ♦ **j-n in die ~ nehmen** stringere qn in una morsa

Zank M ⟨-[e]s⟩ lite *f*, litigio *m*: **in ~ um etw geraten** attaccar lite su qc **Zank·ap·fel** M pomo *m* della discordia

zan·ken V/R **sich ~** litigare

zän·kisch ADJ litigioso

Zäpf·chen N ⟨-s; -⟩ **1** supposta *f* **2** ANAT ugola *f*

zap·fen V/T spillare

Zap·fen M ⟨-s; -⟩ **1** pigna *f*; (*Frucht*) strobilo *m* **2** (*Stöpsel*) tappo *m* **3** (*aus Holz*) tenone *m* **4** (*Bolzen*) perno *m*

Zap·fen·streich M MIL ritirata *f*

Zapf·hahn M (*für Bier, Wein*) spina *f* **Zapf·pis·to·le** F erogatore *m* di benzina **Zapf·säu·le** F distributore *m* di benzina

zap·pe·lig ADJ *umg* agitato, irrequieto

zap·peln V/I ⟨h.⟩ **1** dibattersi **2** dimenarsi: **vor Ungeduld ~** agitarsi per l'impazienza **3** **mit den Beinen ~** sgambettare ♦ **j-n ~ lassen** tenere qn sulla corda

zap·pen ['zɛpn] V/I ⟨h.⟩ fare lo zapping

Zap·ping N ⟨-s⟩ zapping *m inv*

Zar M ⟨-en; -en⟩ zar *m*

Zar·ge F ⟨-; -n⟩ **1** (*von Türen, Fenstern*) intelaiatura *f*, telaio *m* **2** MUS fascia *f*

Za·rin F ⟨-; -nen⟩ zarina *f*

zart ADJ **1** tenero **2** (*sanft*) delicato (*a. fig*) **3** (*fein*) fine **4** (*Farben, Licht, Klang*) tenue, lieve **5** *fig* discreto: **eine -e Andeutung** un cenno discreto ♦ **~ berühren** toccare leggermente; **~ besaitet** → zartbesaitet; **~ fühlend** → zartfühlend; **mit j-m ~ umgehen** trattare qn con delicatezza

zart·be·sai·tet ADJ ipersensibile **zart-**

bit·ter ADJ leggermente amaro **zart·blau** ADJ azzurro tenue **zart·füh·lend** ADJ delicato; (*empfindlich*) sensibile **Zart·ge·fühl** N delicatezza *f* **zart·glied·rig** ADJ gracile, delicato **Zart·heit** F ⟨-; -en⟩ tenerezza *f*

zärt·lich **A** ADJ tenero: **~ zu j-m sein** essere affettuoso con qn **B** ADV teneramente, affettuosamente; (*liebevoll*) amorevolmente **Zärt·lich·keit** F ⟨-; -en⟩ tenerezza *f*

Zas·ter M ⟨-s⟩ *umg* grana *f*, soldi *mpl*

Zä·sur F ⟨-; -en⟩ MUS, LIT cesura *f*

Zau·ber M ⟨-s; -⟩ **1** incantesimo *m* **2** *fig* incanto *m*, fascino *m* **3** **fauler ~** imbroglio *m*, inganno *m*

Zau·be·rei F ⟨-; -en⟩ **1** magia *f*, incantesimi *mpl* **2** → Zaubertrick

Zau·be·rer M ⟨-s; -⟩ mago *m*

Zau·ber·for·mel F formula *f* magica

zau·ber·haft ADJ incantevole

Zau·be·rin F ⟨-; -nen⟩ maga *f*

Zau·ber·kas·ten M scatola *f* dei trucchi **Zau·ber·kraft** F potere *m* magico **Zau·ber·kunst** F arte *f* magica **Zau·ber·künst·ler** M, **-in** F prestigiatore *m*, -trice *f* **Zau·ber·kunst·stück** N gioco *m* di prestigio

zau·bern **A** VI ⟨h.⟩ **1** fare incantesimi **2** (*Zaubertricks machen*) fare giochi di prestigio **B** VT fare apparire: **etw aus dem Zylinder ~** tirar fuori qc dal cilindro magico ♦ **ich kann doch nicht ~!** non posso fare miracoli!

Zau·ber·spruch M formula *f* magica **Zau·ber·stab** M bacchetta *f* magica **Zau·ber·trank** M pozione *f* magica **Zau·ber·trick** M gioco *m* di prestigio

Zau·de·rer M ⟨-s; -⟩, **-rin** F ⟨-; -nen⟩ persona *f* titubante (*od* tentennante)

zau·dern VI ⟨h.⟩ titubare, tentennare: **mit etw ~** tentennare in qc

Zaum M ⟨-[e]s; Zäume⟩ briglia *f* ♦ **sich im ~(e) halten** frenarsi; **j-n/etw im ~(e) halten** tenere a freno qn/qc

zäu·men VT imbrigliare

Zaum·zeug N briglia *f*

Zaun M ⟨-[e]s; Zäune⟩ recinto *m*: **ein ~ aus Latten** uno steccato ♦ **einen Streit vom ~ brechen** fare scoppiare una lite

Zaun·gast M *umg* = *spettatore, -trice* **Zaun·kö·nig** M ZOOL scricciolo *m* **Zaun·pfahl** M palo *m* di (*od* del) recinto ♦ **mit dem ~ winken** = *fare un'allusione esplicita*

zau·sen VT stropicciare; (*Haar*) arruffare

Zeb·ra N ⟨-s; -s⟩ zebra *f* **Zeb·ra·strei·fen** M zebratura *f* stradale, zebre *fpl*

Ze·che F ⟨-; -n⟩ **1** conto *m* **2** BERGB miniera *f* ♦ *fig* **die ~ bezahlen** pagare lo scotto ♦ **die ~ prellen** non pagare il conto

ze·chen VI ⟨h.⟩ sbevazzare

Ze·cke F ⟨-; -n⟩ zecca *f*

Ze·der F ⟨-; -n⟩ cedro *m* **Ze·dern·holz** N legno *m* di cedro

Zeh M ⟨-s; -en⟩, **Ze·he** F ⟨-; -n⟩ **1** dito *m* del piede: **der große ~** l'alluce; **der kleine ~** il mignolo **2** (*Knoblauch*) spicchio *m* ♦ *umg* **j-m auf die -en treten** pestare i calli a qn

Ze·hen·na·gel M unghia *f* del piede **Ze·hen·spit·ze** F **auf -n** in punta di piedi

zehn NUM dieci: **heute in ~ Tagen** fra dieci giorni; **gegen ~ Uhr** verso le dieci

Zehn F ⟨-; -en⟩ dieci *m*

Zehn·cent·stück N moneta *f* da dieci centesimi

Zeh·ner M ⟨-s; -⟩ decina *f* **Zeh·ner·kar·te** F biglietto *m* da dieci corse; biglietto *m* per dieci ingressi **Zeh·ner·pa·ckung** F confezione *f* da dieci **Zeh·ner·stel·le** F decine *fpl*

Zehn·eu·ro·schein M banconota *f* da dieci euro

zehn·fach **A** ADJ decuplo, di dieci volte **B** ADV dieci volte **Zehn·fa·che** N ⟨-n⟩ decuplo *m*, dieci volte *fpl*: **um das ~ vermehren** decuplicare

zehn·jäh·rig ADJ di dieci anni, decenne

Zehn·kampf M decat(h)lon *m* **Zehn·kämp·fer** M, **-in** F decatleta *m/f* **zehn·mal** ADV dieci volte

zehnt: **zu ~** in dieci; **sie waren zu ~** erano in dieci

zehn·tau·send NUM diecimila ♦ **die oberen Zehntausend** l'alta società

zehn·te ADJ **1** decimo **2** dieci: **am -n März** il dieci marzo

Zehn·tel N ⟨-s; -⟩ decimo *m* **Zehn·tel·se·kun·de** F decimo *m* di secondo

zehn·tens ADV in decimo luogo

zeh·ren VI ⟨h.⟩ **1** consumare: **von den Vorräten ~** consumare le provviste: *fig*; **der Kummer zehrt an ihr** il dolore la consuma **2** *fig* **von etw ~** vivere di qc

Zei·chen N ⟨-s; -⟩ **1** segno *m* (*a.* ASTROL), segnale *m*: **j-m ein ~ geben** dare un segnale a qn; **das ist ein ~ dafür, dass** ... questo è un segno che ...; **als** (*od* **zum**) **~ einer Sache** come segno di qc **2** (*Geste*) gesto *m*, cenno *m*: **j-n durch ein ~ warnen** avvertire qn con un gesto **3** (*Namenszeichen*) sigla *f* **4** (*Symbol*) simbolo: **chemisches ~** simbolo chimico *m* **5** IT carattere *m* **6** HANDEL riferimento *m* ♦ **im ~ von etw stehen** essere all'insegna di qc; **unter einem guten ~ stehen** essere sotto buoni auspici; **die ~ der Zeit** i segni del tempo; **die ~ der Zeit erkennen** riconoscere i segni del tempo

Zei·chen·be·le·gung F IT set *m inv* di caratteri **Zei·chen·block** M blocco *m* da disegno **Zei·chen·brett** N tavoletta *f* da disegno **Zei·chen·drei·eck** N squadra *f* **Zei·chen·er·klä·rung** F legenda *f* **Zei·chen·fe·der** F pennino *m* da disegno **Zei·chen·heft** N quaderno *m* da disegno **Zei·chen·koh·le** F carboncino *m* **Zei·chen·leh·rer** M, **-in** F insegnante *m/f* di disegno **Zei·chen·pa·pier** N carta *f* da disegno **Zei·chen·saal** M aula *f* di disegno **Zei·chen·satz** M IT set *m inv* di caratteri **Zei·chen·set·zung** F ⟨-; -en⟩ interpunzione *f* **Zei·chen·spra·che** F linguaggio *m* dei gesti **Zei·chen·stift** M matita *f* da disegno **Zei·chen·ta·bel·le** F IT mappa *f* dei caratteri **Zei·chen·trick·film** M cartone *m* animato

zeich·nen VT & VI ⟨h.⟩ **1** disegnare (*a. fig*) **2** (*kennzeichnen*) marcare **3** *fig* segnare: **vom Tod gezeichnet** segnato dalla morte **4** (*unterzeichnen*) sottoscrivere **5** (*verantwortlich sein*) firmare: **für etw ~** assumersi la responsabilità di qc ♦ **schön gezeichnet sein** avere dei bei motivi; **das Fell ist interessant gezeichnet** il pelo ha screziature interessanti **Zeich·ner** M ⟨-s; -⟩, **-in** F ⟨-; -nen⟩ **1** disegnatore *m*, -trice *f*: **technischer Zeichner** disegnatore tecnico **2** (*Unterzeichner*) sottoscrittore *m*, -trice *f* **zeich·ne·risch** ADJ grafico ♦ **~ begabt sein** avere talento per il disegno

Zeich·nung F ⟨-; -en⟩ **1** disegno *m* **2** *fig* descrizione *f* **3** (*Unterschreiben*) sottoscrizione *f* **zeich·nungs·be·rech·tigt** ADJ autorizzato a firmare

Zei·ge·fin·ger M indice *m* ♦ *fig* **mit erhobenem ~** con tono moraleggiante

zei·gen **A** VT **1** mostrare **2** (*anzeigen*) segnare, indicare **B** VI ⟨h.⟩ indicare, segnare **C** VR **sich ~** **1** (di)mostrarsi: **sich in der Öffentlichkeit ~** mostrarsi in pubblico; **sich dankbar ~** mostrarsi grato **2** (*erscheinen*) apparire ♦ **es zeigt sich, dass** ... si vede (*od* è chiaro) che ...; **es wird sich ja ~, ob** ... si vedrà (*od* vedremo) se ...

Zei·ger M ⟨-s; -⟩ **1** indicatore *m* **2** (*von Uhr*) lancetta *f*: **der große/kleine ~** la lancetta delle ore/dei minuti

Zei·ge·stock M bacchetta *f*

Zei·le F ⟨-; -n⟩ **1** (*Schriftzeile*) riga *f* **2** (*Reihe*) fila *f* ♦ **zwischen den -n** tra le righe; **ein paar -n schreiben** scrivere due righe

Zei·len·ab·stand M interlinea *f* **Zei·len·um·bruch** M **automatischer ~** ritorno *m* a capo automatico **zei·len·wei·se** ADV a riga

Zei·sig M ⟨-s; -e⟩ lucherino *m*

Zeit F ⟨-; -en⟩ **1** tempo *m* (*a.* GRAM, SPORT); (*Zeitpunkt*) momento *m*: **westeuropäische ~** ora *f* (dell')Europa occidentale; **in ganz kurzer ~** in pochissimo tempo; **seit einiger ~** da un po' di tempo; **seit längerer ~** da parecchio tempo; **vor einiger ~** (qualche) tempo fa; **die ganze ~ hindurch** (*od* **über**) (per) tutto il tempo; **zur rechten ~** al momento opportuno **2** (*Zeitspanne*) periodo *m*: **eine schöne ~ verleben** vivere un bel periodo **3** (*Epoche*) epoca *f*, tempo *m*, età *f* **4** (*Uhrzeit*) ora *f*: **um welche ~?** a che ora? ♦ **für alle ~** per sempre; **es ist an der ~ zu gehen** è ora (*od* tempo) di andare; **auf ~** a termine; **es ist noch ~ genug** c'è ancora tempo; **das hat ~** non c'è fretta; **im Laufe der ~** nel corso del tempo; **in letzter** (*od* **jüngster**) **~** ultimamente; **mit der ~** col (passare del) tempo; **mit der ~ gehen** andare al passo coi tempi; **sich** (*dat*) **~ nehmen** prendere tempo; **zu meiner ~** ai miei tempi; **alles zu seiner ~** ogni cosa a suo tempo; **zur ~** → zurzeit

Zeit·ab·schnitt M periodo *m* **Zeit·al·ter** N **1** età *f* **2** era *f* (*a.* GEOL) **Zeit·an·ga·be** F **1** indicazione *f* temporale **2** (*Uhrzeit*) ora *f* **3** SPORT tempi *mpl* **Zeit·an·sa·ge** F **1** RADIO segnale *m* orario **2** TEL ora *f* esatta **Zeit·ar·beit** F lavoro *m* interinale **Zeit·auf·wand** M dispendio *m* di tempo **zeit·auf·wen·dig** ADJ che richiede molto tempo **Zeit·be·griff** M nozione *f* del tempo **Zeit·bom-**

be F bomba *f* a tempo (*od* a orologeria) **Zeit·dau·er** F durata *f* **Zeit·do·ku·ment** N documento *m* del tempo **Zeit·druck** M **in** (*od* **unter**) ~ sotto pressione **Zeit·ein·tei·lung** F suddivisione *f* del tempo

Zei·ten·fol·ge F GRAM correlazione *f* dei tempi **Zei·ten·wen·de** F svolta *f* epocale

Zeit·er·spar·nis F risparmio *m* di tempo **Zeit·fak·tor** M fattore *m* tempo **Zeit·form** F GRAM tempo *m* **Zeit·fra·ge** F questione *f* di tempo **Zeit·ge·fühl** N senso *m* del tempo **Zeit·geist** M ⟨-[e]s⟩ spirito *m* del tempo (*od* dell'epoca) **zeit·ge·mäß** ADJ **1** conforme ai tempi **2** (*aktuell*) attuale **Zeit·ge·nos·se** M, **-sin** F contemporaneo *m*, -a *f* **zeit·ge·nös·sisch** ADJ contemporaneo **Zeit·ge·sche·hen** N avvenimento *m* attuale **Zeit·ge·schich·te** F storia *f* contemporanea **Zeit·ge·winn** M risparmio *m* di tempo **zeit·gleich** ADJ contemporaneo, simultaneo ♦ ~ **ins Ziel kommen** arrivare insieme al traguardo

zei·tig **A** ADJ **1** (*frühzeitig*) precoce, anticipato **2** (*früh*) primo **B** ADV presto, prima: ~ **aufstehen** alzarsi presto; **es wird jetzt ~ dunkel** adesso diventa buio prima

Zeit·kar·te F abbonamento *m* **zeit·kri·tisch** ADJ critico rispetto ai tempi (attuali)

zeit·le·bens ADV per tutta la vita

zeit·lich **A** ADJ temporale, di tempo **B** ADV per motivi di tempo

zeit·los ADJ **1** senza tempo **2** (*Stil*) sempre attuale, intramontabile

Zeit·lu·pe F rallentatore *m*: **etw in ~ zeigen** mostrare qc al rallentatore **Zeit·man·gel** M mancanza *f* di tempo: **aus ~** per mancanza di tempo **Zeit·not** F mancanza *f* di tempo ♦ **in ~ geraten** avere poco tempo **Zeit·plan** M orario *m* **Zeit·punkt** M momento *m*: **zum jetzigen ~** al momento attuale; **von diesem ~ an** da questo momento in poi **Zeit·raf·fer** M ⟨-s; -⟩ cadenza *f* accelerata **zeit·rau·bend** ADJ con (*od* che richiede) dispendio di tempo **Zeit·raum** M spazio *m* (di tempo) **Zeit·rech·nung** F calendario *m* ♦ **vor unserer ~** avanti Cristo; **nach unserer ~** dopo Cristo **Zeit·schal·ter** M interruttore *m* a tempo **Zeit·schrift** F rivista *f*, periodico *m*

Zeit·span·ne F lasso *m* di tempo **zeit·spa·rend** ADJ che fa risparmiare tempo **Zeit·strö·mung** F corrente *f* del tempo **Zeit·ta·fel** F tavola *f* cronologica, prospetto *m* cronologico **Zeit·takt** M TEL scatto *m*

Zei·tung F ⟨-; -en⟩ giornale *m*: **in der ~ steht, dass …** sul giornale è scritto che …

Zeitungen

Zeitungen erscheinen in Italien auch am Sonntag und werden nur im Tabakladen oder am Zeitungskiosk verkauft.

Zei·tungs·an·zei·ge F annuncio *m* **Zei·tungs·aus·schnitt** M ritaglio *m* di giornale **Zei·tungs·en·te** F *umg* bufala *f*, canard *m* **Zei·tungs·mel·dung** F, **Zei·tungs·no·tiz** F notizia *f* del giornale **Zei·tungs·pa·pier** N carta *f* di (*od* da) giornale **Zei·tungs·stän·der** M espositore *m* di (*od* per) giornali **Zei·tungs·ver·käu·fer** M, **-in** F giornalaio *m*, -a *f* **Zei·tungs·we·sen** N stampa *f*

Zeit·un·ter·schied M differenza *f* di tempo (*od* d'orario) **Zeit·ver·lust** M perdita *f* di tempo **Zeit·ver·schwen·dung** F spreco *m* di tempo **zeit·ver·setzt** **A** ADJ differito **B** ADV **etw ~ senden** trasmettere qc in differita **Zeit·ver·trag** M contratto *m* a tempo determinato **Zeit·ver·treib** M ⟨-[e]s; -e⟩ passatempo *m*: **zum ~** per passatempo **zeit·wei·lig** ADJ **1** temporaneo, momentaneo **2** (*gelegentlich*) occasionale **zeit·wei·se** ADV di tanto in tanto; (*vorübergehend*) temporaneamente **Zeit·wert** M valore *m* attuale **Zeit·wort** N ⟨-[e]s; -wörter⟩ GRAM verbo *m* **Zeit·zei·chen** N RADIO, TEL segnale *m* orario **Zeit·zo·ne** F fuso *m* orario **Zeit·zün·der** M spoletta *f* a tempo

ze·leb·rie·ren V/T celebrare

Zel·le F ⟨-; -n⟩ **1** BIOL, POL cellula *f* **2** (*kleiner Raum*) cella *f* (*a.* ELEK, FOTO) ♦ *hum* **die grauen -n** la materia grigia

Zel·lo·phan N ⟨-s⟩ cellofan(e) *m*

Zell·stoff M cellulosa *f* **Zell·tei·lung** F scissione *f*, divisione *f* della cellula

zel·lu·lar ADJ cellulare **Zel·lu·li·tis** F ⟨-; Zellulitiden⟩ cellulite *f* **Zel·lu·loid** N ⟨-[e]s⟩ celluloide *f* **Zel·lu·lo·se** F ⟨-; -n⟩ cellulosa *f*

Zell·wand F parete *f* cellulare
Zelt N ⟨-[e]s; -e⟩ **1** tenda *f*: *fig* **seine -e abbrechen** levare le tende **2** (*von Zirkus*) tendone *m* **Zelt·bahn** F telo *m* da tenda **Zelt·dach** N ARCH tetto *m* a piramide
zel·ten V/I ⟨h.⟩ campeggiare ♦ ~ (**gehen**) andare in campeggio
Zelt·la·ger N attendamento *m*, campo *m*; accampamento *m* **Zelt·pla·ne** F telone *m* **Zelt·platz** M campeggio *m* **Zelt·stan·ge** F palo *m* della tenda
Ze·ment M ⟨-[e]s; -e⟩ cemento *m*
ze·men·tie·ren V/T cementare (*a. fig*)
Ze·nit M ⟨-[e]s⟩ zenit *m* (*a. fig*): **im ~ stehen** essere allo zenit
zen·sie·ren V/T **1** censurare **2** (*benoten*) valutare **Zen·sur** F ⟨-; -en⟩ **1** censura *f* **2** (*Note*) valutazione *f*, voto *m*
Zen·ti·gramm N centigrammo *m*
Zen·ti·me·ter M/N centimetro *m* **Zen·ti·me·ter·maß** N metro *m*
Zent·ner M ⟨-s; -⟩ **1** mezzo quintale *m* **2** *österr schweiz* (*100 Kilogramm*) quintale *m* **Zent·ner·last** F **1** peso *m* di quintali **2** *fig* macigno *m*, peso *m* enorme **zent·ner·schwer** ADJ di quintali ♦ **j-m ~ auf der Seele liegen** pesare a qn come un macigno
zent·ral **A** ADJ **1** centrale **2** TECH centralizzato **B** ADV **1** al centro, in centro: **~ gelegen sein** essere centrale; **~ wohnen** abitare in centro **2** in modo centralizzato **Zent·ralaf·ri·ka** N Africa *f* centrale **Zent·ralaf·ri·ka·ni·sche Re·pub·lik** F Repubblica *f* Centrafricana **Zent·ral·bank** F ⟨-; -en⟩ banca *f* centrale
Zent·ra·le F ⟨-; -n⟩ (sede *f*) centrale *f*
Zent·ral·hei·zung F riscaldamento *m* centralizzato
zent·ra·li·sie·ren V/T centralizzare
Zent·ra·lis·mus M ⟨-⟩ centralismo *m* **zent·ra·lis·tisch** ADJ centralistico
Zent·ral·ko·mi·tee N comitato *m* centrale **Zent·ral·ner·ven·sys·tem** N sistema *m* nervoso centrale **Zent·ral·rech·ner** M elaboratore *m* centrale **Zent·ral·spei·cher** M IT memoria *f* principale **Zent·ral·ver·rie·ge·lung** F chiusura *f* centralizzata
zent·rie·ren V/T centrare
zent·ri·fu·gal ADJ centrifugo **Zent·ri·fu·gal·kraft** F forza *f* centrifuga
Zent·ri·fu·ge F ⟨-; -n⟩ centrifuga *f*
zent·risch ADJ centrico
Zent·rum N ⟨-s; Zentren⟩ centro *m* (*a. fig*)
Zep·pe·lin M ⟨-s; -e⟩ dirigibile *m*
Zep·ter N/M ⟨-s; -⟩ scettro *m* ♦ **das ~ schwingen** avere il bastone del comando
zer·bei·ßen V/T ⟨irr⟩ sgranocchiare
zer·bom·ben V/T distruggere con bombardamenti (*od* con le bombe)
zer·bre·chen ⟨irr⟩ **A** V/T rompere, spezzare **B** V/I ⟨s.⟩ rompersi, spezzarsi ♦ **an j-s Tod ~** essere distrutto per la morte di qn; **sich den Kopf ~** scervellarsi
zer·brech·lich ADJ fragile **Zer·brech·lich·keit** F ⟨-⟩ fragilità *f*
zer·brö·ckeln **A** V/T sbriciolare **B** V/I ⟨s.⟩ **1** sbriciolarsi **2** (*allmählich zerfallen*) sgretolarsi (*a. fig*)
zer·drü·cken V/T schiacciare
Ze·re·mo·nie F ⟨-; -n⟩ cerimonia *f* **ze·re·mo·ni·ell** ADJ **1** cerimoniale **2** (*steif*) cerimonioso **Ze·re·mo·ni·ell** N ⟨-s; -e⟩ cerimoniale *m*
Zer·fall M **1** decadimento *m* (*a.* PHYS), rovina *f* **2** *fig* caduta *f*, crollo *m*, decadimento *m* **3** (*Verwesung*) decomposizione *f*
zer·fal·len[1] V/I ⟨irr; s.⟩ **1** cadere in rovina, decadere (*a.* PHYS) **2** *fig* (de)cadere **3** dissolversi **4** (*gegliedert sein*) dividersi ♦ **in** (*od* **zu**) **Staub ~** ridursi in polvere
zer·fal·len[2] ADJ in rotta
Zer·falls·pro·dukt N PHYS prodotto *m* di decadimento
zer·fet·zen V/T lacerare, stracciare
zer·flei·schen **A** V/T dilaniare (*a. fig*), sbranare **B** V/R **sich ~** lacerarsi, tormentarsi
zer·flie·ßen V/I ⟨irr; s.⟩ sciogliersi, svanire (*a. fig*): **in Tränen ~** sciogliersi in lacrime
zer·fres·sen V/T ⟨irr⟩ **1** rodere (*a. fig*), rosicchiare **2** (*Metalle*) corrodere
zer·furcht ADJ solcato, segnato
zer·ge·hen V/I ⟨irr; s.⟩ sciogliersi, disfarsi: **Butter in der Pfanne ~ lassen** far sciogliere il burro nel tegame; *fig* **etw zergeht auf der Zunge** qc si scioglie in bocca
zer·ha·cken V/T tagliare, spaccare
zer·hau·en V/T ⟨irr⟩ spaccare, tagliare a pezzi
zer·kau·en V/T masticare
zer·klei·nern V/T **1** spezzettare **2** (*zermahlen*) sminuzzare, frantumare

zer·klüf·tet ADJ pieno di crepacci, con fenditure
zer·knaut·schen V/T *umg* stropicciare
zer·knirscht ADJ contrito, mortificato
zer·knit·tern V/T sgualcire, spiegazzare
zer·knül·len V/T appallottolare
zer·krat·zen V/T graffiare
zer·las·sen V/T ⟨*irr*⟩ GASTR sciogliere
zer·leg·bar ADJ **1** scomponibile **2** (*abmontierbar*) smontabile
zer·le·gen V/T **1** smontare **2** *fig* scomporre **3** GASTR tagliare
zer·lumpt ADJ logoro, frusto
zer·mal·men V/T stritolare, maciullare
zer·mar·tern V/R **sich** (*dat*) **den Kopf** (*od* **das Hirn**) ~ lambiccarsi il cervello
zer·mür·ben V/T logorare, snervare
zer·pflü·cken V/T **1** sfogliare **2** *fig* criticare con malevolenza
zer·plat·zen V/I ⟨s.⟩ scoppiare (*a. fig*)
zer·quet·schen V/T schiacciare
Zerr·bild N caricatura *f*
zer·re·den V/T **etw** ~ dilungarsi troppo su qc, parlare troppo di qc
zer·rei·ben V/T ⟨*irr*⟩ **1** sbriciolare **2** *fig* annientare
zer·rei·ßen ⟨*irr*⟩ **A** V/T **1** strappare, stracciare **2** (*zerfetzen*) dilaniare, lacerare (*a. fig*) **B** V/I ⟨s.⟩ **1** lacerarsi, strapparsi **2** *fig* spezzarsi ♦ *fig* **ich könnte ihn** ~ lo farei a pezzi; **sich für j-n/etw** ~ farsi in quattro per qn/qc; **etw zerreißt j-m das Herz** qc spezza il cuore a qn; **zum Zerreißen gespannt** teso all'inverosimile
zer·reiß·fest ADJ resistente alla trazione **Zer·reiß·pro·be** F TECH prova *f* di trazione
zer·ren **A** V/T **1** tirare **2** (*schleppen*) trascinare (*a. fig*) **B** V/I ⟨h.⟩ **an etw** (*dat*) ~ tirare qc **C** V/R **sich** (*dat*) (**einen Muskel**) ~ stirarsi (un musculo)
zer·rin·nen V/I ⟨*irr*; s.⟩ svanire (*a. fig*)
zer·ris·sen ADJ **1** dilaniato, lacerato (*a. fig*) **2** lacero: **-e Kleider** abiti laceri
Zer·rung F ⟨-; -en⟩ MED strappo *m*
zer·rüt·ten V/T **1** minare, rovinare: **die Gesundheit/eine Ehe** ~ minare la salute/un matrimonio **2** (*erschöpfen*) logorare, sfibrare **zer·rüt·tet** ADJ (*Finanzen*) dissestato; (*Ehe*) a pezzi; (*Gesundheit*) malandato **Zer·rüt·tung** F ⟨-; -en⟩ **1** rovina *f* **2** logorio *m* **3** (*von Finanzen*) dissesto *m*
zer·schel·len V/I ⟨s.⟩ sfracellarsi
zer·schla·gen[1] ⟨*irr*⟩ **A** V/T **1** frantumare, fracassare **2** (*vernichten*) distruggere **B** V/R **sich** ~ andare in fumo, sfumare
zer·schla·gen[2] ADJ distrutto, spossato: **sich** ~ **fühlen** essere distrutto
zer·schmet·tern V/T **1** fracassare **2** (*vernichten*) distruggere, annientare (*a. fig*)
zer·schnei·den V/T ⟨*irr*⟩ tagliare (a pezzi, fette …), tagliuzzare
zer·set·zen V/T **1** scomporre, disgregare; (*auflösen*) dissolvere **2** *fig* minare **Zer·set·zung** F ⟨-; -en⟩ **1** scomposizione *f*, disgregazione *f*; dissolvimento *m* **2** *fig* il minare
zer·split·tern **A** V/T **1** frantumare **2** *fig* disperdere **B** V/I ⟨s.⟩ **1** andare in frantumi, frantumarsi **2** *fig* frammentarsi, dividersi
zer·sprin·gen V/I ⟨*irr*; s.⟩ rompersi, andare in pezzi ♦ *fig* **das Herz zerspringt ihr vor Freude** il cuore le scoppia di gioia
zer·stamp·fen V/T pestare, schiacciare
zer·stäu·ben V/T polverizzare, nebulizzare **Zer·stäu·ber** M ⟨-s; -⟩ polverizzatore *m*, nebulizzatore *m*
zer·ste·chen V/T ⟨*irr*⟩ **1** bucare, forare **2** (*Insekten*) punzecchiare
zer·stö·ren V/T distruggere, rovinare (*a. fig*)
Zer·stö·rer[1] M ⟨-s; -⟩ (*Kriegsschiff*) cacciatorpediniere *m*
Zer·stö·rer[2] M ⟨-s; -⟩, **-in** F ⟨-; -nen⟩ distruttore *m*, -trice *f*
zer·stö·re·risch ADJ distruttivo, distruttore
Zer·stö·rung F distruzione *f* **Zer·stö·rungs·trieb** M impulso *m* distruttivo **Zer·stö·rungs·wut** F furia *f* distruttiva
zer·strei·ten V/R ⟨*irr*⟩ **sich** ~ dividersi in seguito a litigio; **sie hat sich mit ihr zerstritten** ha litigato con lei e non si parlano più
zer·streu·en **A** V/T **1** spargere, sparpagliare **2** (*auseinandertreiben*) disperdere **3** PHYS diffondere **4** dissipare, eliminare: **j-s Zweifel** ~ dissipare i dubbi di qn **5** (*ablenken, unterhalten*) distrarre **B** V/R **sich** ~ **1** disperdersi: **sich in alle Winde** ~ disperdersi ai quattro venti **2** distrarsi: **sich beim Kartenspiel** ~ distrarsi giocando a carte
zer·streut ADJ distratto, sbadato **Zer·streut·heit** F ⟨-⟩ distrazione *f*, sbadataggine *f*

Zer·streu·ung F **1** dispersione *f* (*a.* PHYS) **2** distrazione *f*, svago *m*: **-en suchen** cercare distrazioni
zer·stü·ckeln V/T fare a pezzetti
zer·tei·len **A** V/T dividere, fare a pezzi; (*durch Schneiden*) tagliare (in pezzi) **B** V/R **sich ~** dividersi
Zer·ti·fi·kat N ⟨-[e]s; -e⟩ certificato *m*
zer·tram·peln V/T calpestare
zer·tre·ten V/T ⟨*irr*⟩ (cal)pestare, schiacciare
zer·trüm·mern V/T **1** fracassare, rompere **2** *fig* frantumare **Zer·trüm·me·rung** F ⟨-; -en⟩ il fracassare, rottura *f*
Zer·ve·lat·wurst F cervellata *f*
zer·wüh·len V/T scompigliare, mettere in disordine; (*das Bett*) disfare
Zer·würf·nis N ⟨-ses; -se⟩ rottura *f*; (*Trennung*) separazione *f*
zer·zau·sen V/T scompigliare, arruffare
Ze·ter M **~ und Mord(io) schreien** urlare come un forsennato
ze·tern V/I ⟨h.⟩ urlare
Zet·tel M ⟨-s; -⟩ biglietto *m*, foglietto *m*
Zet·tel·kar·tei F, **Zet·tel·kas·ten** M schedario *m* **Zet·tel·wirt·schaft** F *umg* = *foglietti sparsi e in disordine*
Zeug N ⟨-[e]s⟩ **1** roba *f*, cose *fpl* **2** (*wertloses Zeug*) robaccia *f*, cianfrusaglie *fpl* ♦ **j-m am ~ flicken** trovare da ridire su qn; **das ~ zu etw haben** avere la stoffa di qc; **was das ~ hält** a più non posso; **sich für j-n/etw ins ~ legen** impegnarsi (*od* darsi da fare) per qn/qc; **rede kein (dummes) ~!** non dire sciocchezze!
Zeu·ge M ⟨-n; -n⟩ testimone *m* (*a. fig*) ♦ **die -n Jehovas** i testimoni di Geova
zeu·gen[1] V/I ⟨h.⟩ (*Zeugnis geben*) testimoniare ♦ **von etw ~** essere prova di qc, provare qc
zeu·gen[2] V/T (*Kind*) generare, procreare
Zeu·gen·aus·sa·ge F deposizione *f* **Zeu·gen·stand** M banco *m* dei testimoni
Zeu·gin F ⟨-; -nen⟩ testimone *f* (*a. fig*)
Zeug·nis N ⟨-ses; -se⟩ **1** certificato *m*, attestato *m* **2** (*Schulzeugnis*) pagella *f* **3** *fig* testimonianza *f*: **von etw ~ ablegen** (*od* **geben**) prestare testimonianza su qc
Zeu·gung F ⟨-; -en⟩ procreazione *f*, generazione *f*
Zeu·gungs·akt M atto *m* della procreazione **zeu·gungs·fä·hig** ADJ capace di procreare **zeu·gungs·un·fä·hig** ADJ impotente, sterile **Zeu·gungs·un·fä·hig·keit** F impotenza *f*, sterilità *f*
Zi·cho·rie F ⟨-; -n⟩ cicoria *f*
Zi·cke F ⟨-; -n⟩ **1** capretta *f* **2** *pej* **alte ~** vecchia megera; **dumme ~** oca **3** *pl* storie *fpl*: **mach keine -n!** non fare storie!
zi·ckig ADJ *pej* bisbetico
Zick·lein N ⟨-s; -⟩ caprettino *m*
Zick·zack M ⟨-[e]s; -e⟩ zigzag *m*: **im ~** a zigzag
Zie·ge F ⟨-; -n⟩ capra *f* ♦ *umg* **blöde ~!** brutta scema!
Zie·gel M ⟨-s; -⟩ **1** mattone *m* **2** (*vom Dach*) tegola *f* **Zie·gel·dach** N tetto *m* di tegole
Zie·ge·lei F ⟨-; -en⟩ fornace *f*, fabbrica *f* di mattoni
Zie·gel·stein M → Ziegel 1.
Zie·gen·bock M becco *m*, caprone *m*, capro *m* **Zie·gen·kä·se** M formaggio *m* di capra **Zie·gen·le·der** N capretto *m* **Zie·gen·pe·ter** M ⟨-s; -⟩ *umg* orecchioni *mpl*
Zieh·brun·nen M pozzo *m* a carrucola

zie·hen

⟨zog, gezogen⟩

A transitives Verb **B** reflexives Verb
C intransitives Verb **D** Wendungen

— **A** transitives Verb —

1 tirare: **j-n an den Haaren ~** tirare qn per i capelli **2** (*herausziehen*) estrarre: MATH **die Wurzel ~** estrarre la radice **3** (*wegziehen*) levare, togliere: **den Ring vom Finger ~** togliere l'anello dal dito **4** (*Spielfiguren rücken*) muovere, spostare **5** (*anziehen*) attrarre, attirare: **die Hoffnung auf Arbeit zog viele in die Stadt** la speranza di lavoro attrasse molti in città **6** **die Aufmerksamkeit auf sich** (*akk*) **~** attirare l'attenzione su di sé **7** trarre, ricavare: **einen Vorteil aus etw ~** trarre (*od* ricavare) profitto da qc **8** (*zeichnen*) tracciare, descrivere: **eine Linie ~** tracciare una linea **9** **ein Gesicht ~** fare una faccia scocciata; **eine Grimasse ~** fare una smorfia **10** (*Pflanzen*) coltivare; (*Tiere*) allevare **11** *unpers* avere nostalgia: **es hat ihn nach Hause gezogen** ha avuto nostalgia di casa

— **B** reflexives Verb —

sich ~ **1** allungarsi: **der Heimweg zog sich** il cammino verso casa si allungava; **sich in die Länge ~** andare per le lunghe **2** (*sich erstrecken*) estendersi **3** **sich durch etw ~** attraversare qc (*a. fig*)

— C intransitives Verb —

1 ⟨s.⟩ andare: **in den Krieg ~** andare in guerra; **~ nach** trasferirsi a; **aufs Land ~** andare a stare in campagna; **zu Freunden ~** andare a stare da amici **2** ⟨s.⟩ (*Nebel, Wolken*) passare, muoversi **3** ⟨s.⟩ (*Tiere*) migrare **4** ⟨h.⟩ *unpers* **es zieht** c'è corrente **5** ⟨h.⟩ tirare: **der Hund zieht** (**an der Leine**) il cane tira (al guinzaglio) **6** ⟨h.⟩ **der Ofen zieht gut** la stufa tira bene **7** ⟨h.⟩ **an der Zigarette ~** dare un tiro alla sigaretta **8** ⟨h.⟩ *umg* **diese Ausrede zieht nicht** questa scusa non funziona **9** ⟨h.⟩ (*Tee*) stare in infusione: **den Tee drei Minuten ~ lassen** lasciare il tè in infusione per tre minuti

— D Wendungen —

IT **ziehen und ablegen** drag and drop, trascina e lascia; **j-n an sich/an die Brust ~** stringere qn a sé/al petto; **auf Flaschen ~** imbottigliare; **Kerzen ~** fare candele; **etw nach sich ~** avere come conseguenza qc

Zie·hen N ⟨-s⟩ **1** trazione *f*; (*Schleppen*) traino *m* **2** (*Herausziehen*) estrazione *f* **3** (*Anbau*) coltivazione *f*; (*Zucht*) allevamento *m*

Zieh·har·mo·ni·ka F ⟨-; -s⟩ fisarmonica *f*

Zie·hung F ⟨-; -en⟩ estrazione *f*

Ziel N ⟨-[e]s; -e⟩ **1** meta *f*, destinazione *f*: **ans ~ kommen** (*od* **gelangen**) giungere alla meta (*od* a destinazione) **2** obiettivo *m*, scopo *m*: **sich** (*dat*) **ein ~ setzen** (*od* **stecken**) porsi un obiettivo, prefiggersi uno scopo **3** (*Absicht*) intento *m* **4** SPORT traguardo *m*: **durchs ~ gehen** passare il traguardo; **ins ~ kommen** arrivare al traguardo **5** bersaglio *m* (*a. fig*): **das ~ treffen/verfehlen** colpire/mancare il bersaglio **6** MIL obiettivo *m* ♦ **über das ~ hinausschießen** passare il segno

Ziel·band N ⟨-[e]s; -bänder⟩ SPORT nastro *m* di arrivo **Ziel·da·tei** F file *m inv* di destinazione

zie·len V/I ⟨h.⟩ **1** mirare (*a. fig*): **auf etw** (*akk*) **~** mirare a qc **2** (*anspielen*) **auf j-n/etw ~** alludere a qn/qc

Ziel·fern·rohr N cannocchiale *m* di puntamento **Ziel·fo·to** N fotofinish *m* **ziel·ge·nau** ADJ preciso **Ziel·ge·ra·de** F rettilineo *m* d'arrivo; **in der -n sein** essere in dirittura d'arrivo (*a. fig*) **ziel·ge·rich·tet** ADJ finalizzato, mirato **Ziel·grup·pe** F destinatari *mpl* **ziel·grup·pen·ge·recht** ADJ adatto al gruppo a cui è destinato **Ziel·kur·ve** F curva *f* in dirittura d'arrivo **Ziel·lauf·werk** N drive *m inv* di destinazione **Ziel·li·nie** F linea *f* di arrivo **ziel·los** ADJ senza (una) meta **Ziel·rich·ter** M, **-in** F SPORT giudice *m/f* di arrivo **Ziel·schei·be** F bersaglio *m* (*a. fig*) **Ziel·set·zung** F ⟨-; -en⟩ finalità *f* **ziel·si·cher** **A** ADJ **1** dalla mira sicura **2** *fig* deciso, risoluto **B** ADV con sicurezza **Ziel·spra·che** F lingua *f* di arrivo **ziel·stre·big** ADJ determinato, risoluto

ziem·lich **A** ADJ **1** *umg* (*beträchtlich*) discreto, notevole **2** (*schicklich*) conveniente **B** ADV **1** abbastanza: **~ spät** abbastanza tardi; **~ viel** abbastanza **2** *umg* (*ungefähr*) su per giù, all'incirca **3** (*fast*) quasi

Zier·de F ⟨-; -n⟩ **1** ornamento *m*: **zur ~** come (*od* ad) ornamento **2** *fig* vanto *m*

zie·ren **A** V/T (ad)ornare **B** V/R **sich ~** *pej* fare smancerie

Zier·fisch M pesce *m* ornamentale **Zier·gar·ten** M giardino *m* **Zier·leis·te** F listello *m* ornamentale

zier·lich ADJ fine, grazioso **Zier·lich·keit** F ⟨-⟩ finezza *f*, grazia *f*

Zier·pflan·ze F pianta *f* ornamentale **Zier·strauch** M arbusto *m* ornamentale

Zif·fer F ⟨-; -n⟩ **1** cifra *f*: **in -n** in cifre **2** (*Zahl*) numero *m* **3** (*Unterabschnitt*) comma *m* **Zif·fer·blatt** N quadrante *m*

Zif·fern·block M IT tastierino *m* numerico

zig ADJ ⟨*inv*⟩ *umg* parecchi, abbastanza

Zi·ga·ret·te F ⟨-; -n⟩ sigaretta *f*

Zi·ga·ret·ten·au·to·mat M distributore *m* automatico di sigarette **Zi·ga·ret·ten·etui** N portasigarette *m* **Zi·ga·ret·ten·pa·pier** N cartina *f* (di sigaretta) **Zi·ga·ret·ten·schach·tel** F pacchetto *m* di sigarette **Zi·ga·ret·ten·spit·ze** F bocchino *m* per sigarette

Zigarettenautomat

In Italien gibt es nur wenige Zigarettenautomaten. Tabak ist ein Staatsmonopol, so werden Zigaretten nur im Tabakladen (**tabaccaio** oder **tabaccheria**), von Straßenhändlern oder in Bars mit entsprechender Lizenz verkauft.

Zi·ga·ril·lo M/N ⟨-s; -s⟩ u. *umg* F ⟨-; -s⟩ sigaretto *m*
Zi·gar·re F ⟨-; -n⟩ sigaro *m*
Zi·gar·ren·kis·te F scatola *f* di sigari
Zi·geu·ner M ⟨-s; -⟩, **-in** F ⟨-; -nen⟩ *neg!* (*politisch nicht korrek*) zingaro *m*, -a *f* (*a. umg fig*) **Zi·geu·ner·le·ben** N vita *f* da zingaro (*od* zingaresca) **Zi·geu·ner·mu·sik** F musica *f* zigana
zig·fach *umg* A ADJ multiplo B ADV parecchie volte **zig·mal** ADV *umg* parecchie volte **zig·tau·send** ADJ *umg* parecchie migliaia di
Zi·ka·de F ⟨-; -n⟩ cicala *f*
Zim·mer N ⟨-s; -⟩ camera *f*, stanza *f*: ~ **frei** camere libere **Zim·mer·an·ten·ne** F antenna *f* interna **Zim·mer·hand·werk** N carpenteria *f* **Zim·mer·herr** M affituario *m* di una camera ammobiliata **Zim·mer·kell·ner** M, **-in** F cameriere *m*, -a *f* **Zim·mer·laut·stär·ke** F basso volume *m* **Zim·mer·mäd·chen** N cameriera *f* **Zim·mer·mann** M ⟨-[e]s; -leute⟩ carpentiere *m*
zim·mern V/T 1 costruire (in legno) 2 *fig* fare, costruire
Zim·mer·nach·weis M = *elenco delle camere in affitto* **Zim·mer·num·mer** F numero *m* di camera **Zim·mer·pflan·ze** F pianta *f* da appartamento **Zim·mer·ser·vice** M servizio *m* in camera **Zim·mer·su·che** F ricerca *f* di una camera: **auf ~ sein** essere alla ricerca di una camera **Zim·mer·tem·pe·ra·tur** F temperatura *f* della stanza **Zim·mer·ver·mitt·lung** F servizio *m* di ricerca camere in affitto
zim·per·lich *pej* ADJ 1 (*wehleidig*) delicato, sensibile 2 (*geziert*) smorfioso 3 (*prüde*) ritroso, prude ♦ **nicht** (**gerade**) **~ umgehen** non andare (tanto) per il sottile
Zimt M ⟨-[e]s; -e⟩ cannella *f* **Zimt·stan·ge** F bastoncino *m* di cannella
Zink N ⟨-[e]s⟩ CHEM zinco *m*
Zin·ke F ⟨-; -n⟩ dente *m*; (*von einer Gabel*) rebbio *m*, punta *f*
zin·ken V/T *sl* segnare
Zinn N ⟨-[e]s⟩ stagno *m*
Zin·ne F ⟨-; -n⟩ ARCH merlo *m*
Zin·no·ber M ⟨-s; -⟩ cinabro *m*
Zinn·sol·dat M soldatino *m* di piombo
Zinn·wa·ren PL articoli *mpl* di stagno
Zins M ⟨-es; -en u. -e⟩ 1 ⟨*pl* -en⟩ interesse *m*: **zu 8% -en** con l'interesse dell'8%; **fällige -en** interessi maturati; **auf -en leihen** prestare a interesse; **-en tragen** fruttare interessi 2 *österr schweiz* ⟨*Miete; pl* -e⟩ affitto *m* ♦ **j-m etw mit ~ und Zinseszins zurückzahlen** ricambiare qn della stessa moneta
Zins·ab·schlag·steu·er F ritenuta *f* alla fonte sugli interessi **Zins·be·steu·e·rung** F tassazione *f* dei redditi da risparmio **Zins·er·trag** M provento *m* di interessi
Zin·ses·zins M interesse *m* composto
Zins·fest·schrei·bung F fissazione *f* dei tassi d'interesse **Zins·fuß** M tasso *m* di interesse **zins·güns·tig** ADJ agevolato, a interesse favorevole **Zins·gut·schrift** F accreditamento *m* di interessi **zins·los** ADJ infruttifero **Zins·po·li·tik** F politica *f* dei tassi (di interesse) **Zins·rech·nung** F calcolo *m* degli interessi **Zins·satz** M → Zinsfuß **Zins·sen·kung** F riduzione *f* degli interessi
Zi·o·nis·mus M ⟨-⟩ sionismo *m* **Zi·o·nist** M ⟨-en; -en⟩, **-in** F ⟨-; -nen⟩ sionista *m/f* **zi·o·nis·tisch** ADJ sionistico
ZIP-Dis·ket·te® F dischetto *m* ZIP®
Zip·fel M ⟨-s; -⟩ 1 angolo *m* 2 (*Tuchzipfel*) lembo *m* 3 (*Ende*) punta *f* (*a. fig*)
Zip·fel·müt·ze F berretto *m* a punta
ZIP-Lauf·werk® N unità *f* ZIP®
zip·pen V/T IT comprimere, zippare
Zir·bel·drü·se F ghiandola *f* pineale
zir·ka ADV circa
Zir·kel M ⟨-s; -⟩ 1 compasso *m* 2 (*Gruppe von Personen*) circolo *m*, cerchia *f* **Zir·kel·kas·ten** M custodia *f* del compasso
zir·ku·lie·ren V/I ⟨s., h.⟩ circolare
Zir·kum·flex M ⟨-es; -e⟩ accento *m* circonflesso
Zir·kus M ⟨-; -se⟩ 1 circo *m* 2 *umg* **mach nicht so einen ~** non fare tanto casino
zir·pen V/I ⟨h.⟩ 1 stridere 2 (*Zikaden*) frinire
Zir·rho·se F ⟨-; -n⟩ cirrosi *f*
Zir·rus·wol·ke F cirro *m*
zi·schen V/I 1 ⟨h.⟩ sibilare; (*Gänse*) stridere 2 ⟨h.⟩ (*pfeifen*) fischiare 3 *umg* ⟨s.⟩ (*eilig laufen*) svicolare **Zi·schen** N ⟨-s⟩ sibilo *m*, fischio *m* **Zisch·laut** M LING sibilante *f*
zi·se·lie·ren V/T cesellare
Zis·ter·ne F ⟨-; -n⟩ cisterna *f*
Zi·ta·del·le F ⟨-; -n⟩ cittadella *f*
Zi·tat N ⟨-[e]s; -e⟩ 1 citazione *f* 2

(*bekannter Ausspruch*) detto *m*, sentenza *f*
Zi·ther F ⟨-; -n⟩ cetra *f*
zi·tie·ren V/T citare ♦ **zum Chef zitiert werden** doversi presentare dal capo
Zit·ro·nat N ⟨-[e]s; -e⟩ cedro *m* candito
Zit·ro·ne F ⟨-; -n⟩ limone *m* ♦ *umg* **j-n wie eine ~ auspressen** (*od* **ausquetschen**) spremere qn come un limone
Zit·ro·nen·fal·ter M cedron(c)ella *f* **Zit·ro·nen·li·mo·na·de** F limonata *f* (gassata) **Zit·ro·nen·pres·se** F spremiagrumi *m inv* **Zit·ro·nen·saft** M succo *m* di limone **Zit·ro·nen·säu·re** F acido *m* citrico **Zit·ro·nen·scha·le** F scorza *f* di limone
Zit·rus·frucht F agrume *m* **Zit·rus·pres·se** F spremiagrumi *m inv*
zit·tern V/I ⟨h.⟩ tremare: **vor Kälte/Wut ~** tremare di freddo/di rabbia; **vor j-m ~** tremare davanti a qn; **um etw/für j-n ~** tremare per qc/qn
Zit·tern N ⟨-s⟩ tremore *m*, tremito *m*; (*von Licht, Stimme*) tremolio *m*
zitt·rig ADJ tremante, tremolante: **mit -er Stimme** con voce tremula
Zit·ze F ⟨-; -n⟩ ZOOL capezzolo *m*
Zi·vi [-v-] M ⟨-s; -s⟩ *umg* obiettore *m* (di coscienza)
zi·vil [-v-] ADJ civile ♦ **-e Preise** prezzi *mpl* moderati **Zi·vil** N ⟨-s⟩ civile *m*, borghese *m*: **in ~ sein** essere in civile
Zi·vil·be·ruf M professione *f* da civile **Zi·vil·be·völ·ke·rung** F popolazione *f* civile **Zi·vil·cou·ra·ge** F coraggio *m* civile
Zi·vil·dienst M servizio *m* civile **Zi·vil·dienst·leis·ten·de** M ⟨-n; -n⟩ chi presta servizio civile, obiettore *m* di coscienza
Zi·vi·li·sa·ti·on [-v-] F ⟨-; -en⟩ civiltà *f*, civilizzazione *f*: **eine hohe ~ haben** avere un alto grado di civiltà **Zi·vi·li·sa·ti·ons·krank·heit** F malattia *f* del benessere
zi·vi·li·sie·ren V/T civilizzare **zi·vi·li·siert** ADJ **1** civilizzato **2** (*gesittet*) civile
Zi·vi·list M ⟨-en; -en⟩, **-in** F ⟨-; -nen⟩ civile *m/f*, borghese *m/f*
Zi·vil·kla·ge F JUR azione *f* civile **Zi·vil·klei·dung** F abito *m* civile, abiti *mpl* borghesi **Zi·vil·per·son** F → Zivilist **Zi·vil·pro·zess** M processo *m* civile **Zi·vil·pro·zess·ord·nung** F codice *m* di procedura civile **Zi·vil·recht** N diritto *m* civile **zi·vil·recht·lich** ADJ civilistico, di diritto civile **Zi·vil·schutz** M protezione *f* civile
Zo·bel M ⟨-s; -⟩ zibellino *m*
zo·cken V/I ⟨h.⟩ *umg* giocare d'azzardo
Zo·cker M, **-in** F ⟨-; -nen⟩ *umg* baro *m*, -a *f*
Zo·fe F ⟨-; -n⟩ cameriera *f*
Zoff M ⟨-s⟩ *umg* lite *f*, bisticcio *m* ♦ **~ machen** fare grane; **es gibt ~** ci sono grane
zog → ziehen
zö·ger·lich ADJ esitante
zö·gern V/I ⟨h.⟩ esitare, indugiare: **mit der Antwort ~** esitare a rispondere; **ohne zu ~** senza indugio **Zö·gern** N ⟨-s⟩ esitazione *f*, titubanza *f* **zö·gernd** ADV con esitazione
Zö·li·bat N/M ⟨-[e]s⟩ celibato *m*
Zoll[1] M ⟨-[e]s; -⟩ (*Maß*) pollice *m*
Zoll[2] M ⟨-[e]s; Zölle⟩ **1** (*an der Grenze*) dogana *f* **2** (*Abgabe*) tassa *f* (*od* imposta *f*) doganale **3** *fig* tributo *m* **Zoll·ab·fer·ti·gung** F sdoganamento *m* **Zoll·ab·kom·men** N accordo *m* doganale **Zoll·amt** N ufficio *m* doganale, dogana *f* **Zoll·be·am·te** M, **-·be·am·tin** F doganiere *m*, -a *f* **Zoll·be·hör·de** F autorità *f* doganale **Zoll·er·klä·rung** F dichiarazione *f* alla dogana **Zoll·fahn·der** M, **-in** F doganiere *m*, -a *f* **Zoll·fahn·dung** F ispezione *f* doganale **zoll·frei** **A** ADJ franco di dogana **B** ADV in franchigia **Zoll·frei·heit** F franchigia *f* doganale **Zoll·ge·biet** N territorio *m* doganale **Zoll·gren·ze** F confine *m* doganale **Zoll·kon·trol·le** F controllo *m* doganale
Zöll·ner M ⟨-s; -⟩, **-in** F ⟨-; -nen⟩ *umg* doganiere *m*, -a *f*
zoll·pflich·tig ADJ soggetto a dogana
Zoll·schran·ke F barriera *f* doganale **Zoll·stel·le** F dogana *f* **Zoll·stock** M metro *m* pieghevole **Zoll·uni·on** F unione *f* doganale **Zoll·ver·ge·hen** N infrazione *f* doganale
Zom·bie M ⟨-[s]; -s⟩ zombie *m*
Zo·ne F ⟨-; -n⟩ zona *f*
Zoo M ⟨-s; -s⟩ zoo *m*: **in den ~ gehen** andare allo zoo; **die Tiere im ~** gli animali dello zoo **Zoo·hand·lung** F negozio *m* di animali **Zoo·lo·ge** M ⟨-n; -n⟩ zoologo *m* **Zoo·lo·gie** F ⟨-⟩ zoologia *f* **Zoo·lo·gin** F ⟨-; -nen⟩ zoologa *f* **zoo·lo·gisch** ADJ zoologico
Zoom [zuːm] N ⟨-s; -s⟩ zoom *m* **Zoom·ob·jek·tiv** N zoom *m inv*

Zopf M ⟨-[e]s; Zöpfe⟩ **1** treccia *f* **2** (*von Mann*) codino *m* **Zopf·mus·ter** N motivo *m* a trecce **Zopf·span·ge** F fermaglio *m* per trecce

Zorn M ⟨-[e]s⟩ ira *f*, collera *f*: **der ~ auf j-n/etw** l'ira nei confronti di qn/qc; **im ~** in preda all'ira; **in ~ geraten** andare in collera **Zorn·aus·bruch** M scoppio *m* d'ira **zorn·ent·brannt** ADJ acceso d'ira **zor·nig** **A** ADJ (ad)irato, arrabbiato: **auf j-n/über etw** (*akk*) **~ sein** essere adirato con qn/per qc; **~ werden** adirarsi, arrabbiarsi **B** ADV con ira, con rabbia

Zo·te F ⟨-; -n⟩ sconcezza *f* ♦ **-n reißen** dire oscenità

Zot·tel F ⟨-; -n⟩ *umg* ciuffo *m*, ciocca *f* **zot·tig** ADJ a ciocche arruffate, arruffato

zu

A Präposition | B Adverb
C Konjunktion | D Wendungen

— A Präposition —

⟨*a.* zum, zur⟩ (+*dat*) **1** (*lokal*) a, in: **j-n zum Zug bringen** condurre qn al treno; **j-m ~ Füßen sitzen** sedere ai piedi di qn **2** (*bei Personen*) da: **zum Arzt gehen** andare dal dottore; **komm ~ mir!** vieni da me! **3** (*temporal*) a, in: **~ dieser Zeit** in questo periodo; **~ j-s Zeiten** ai tempi di qn; **~ Beginn des Jahres** all'inizio dell'anno; **~ Weihnachten** a Natale **4** (*Fortbewegung*) a, con: **~ Fuß/~ Pferde** a piedi/a cavallo; **~ Schiff** per (*od* con la) nave **5** (*modal*) a, per: **~ niedrigen Preisen** a prezzi bassi **6** con: **~ meinem Bedauern** con mio rincrescimento; **~ meiner Freude** con mia gioia **7** (*Zweck, Ziel*) per, a, in: **etw ~ Weihnachten schenken** regalare qc per Natale; **~ j-s Ehren** in onore di qn; **zur Strafe** per punizione; **zum Spielen** per giocare **8** (*Ergebnis eines Vorgangs; oft unübersetzt*) in, a: **~ Staub zerfallen** ridursi in polvere; **j-n zum König wählen** eleggere qn re **9** (*Hinzufügung*) con: **Zucker zum Kaffee nehmen** prendere il caffè con lo zucchero **10** (*gegenüber*) per, verso, nei confronti di: **die Liebe ~ ihm** l'amore per lui (*od* nei suoi confronti) **11** con: **freundlich ~ j-m sein** essere gentile con qn **12** (*neben*) accanto a: **sich ~ j-m setzen** sedersi accanto a qn **13** (*Menge, Anzahl, Häufigkeit*) per, a: **zur Hälfte** per metà; **~ dritt** per tre, tre a tre; **~ Tausenden** a migliaia **14** (*Verhältnis*) a: **eins ~ drei** uno a tre **15** (*Preise, Maße, Gewichte*) da, per: **ein Buch ~ vierzig Euro** un libro da quaranta euro; **eine Flasche ~ einem Liter** una bottiglia da un litro

— B Adverb —

1 troppo: **~ groß** troppo grande; **~ sehr, ~ viel** troppo; **~ wenig** troppo poco; **~ spät** troppo tardi **2** (*zumachen*) **Tür ~!** chiudere la porta! **3** **die Tür ist ~** la porta è chiusa **4** (*wirklich*) davvero, molto: **~ schön** davvero bello

— C Konjunktion —

1 (+ *inf*) di, a: **j-m helfen, etw ~ tun** aiutare qn a fare qc; **viel ~ tun haben** avere molto da fare; **nichts ~ sagen haben** non avere niente da dire **2** (*mit sein*) **er ist ~ bedauern** è da compiangere; **die Rechnung ist ~ bezahlen** il conto va pagato, il conto è da pagare

— D Wendungen —

zum Frühstück a colazione; **mir ist heute alles ~ viel** oggi ne ho abbastanza di tutto; **was ~ viel ist, ist ~ viel!** quando è troppo è troppo!; **von … ~ …** di … in …; **von Stunde ~ Stunde** di ora in ora; **~ Wasser und ~ Lande** per terra e per mare

zu·al·ler·erst ADV prima di tutto, anzitutto **zu·al·ler·letzt** ADV alla fine

zu·bau·en V/T chiudere (con una costruzione)

Zu·be·hör N/M ⟨-[e]s; -e⟩ accessori *mpl*

zu·bei·ßen V/I ⟨*irr; h.*⟩ dare un morso

zu·be·kom·men V/T ⟨*irr*⟩ *umg* riuscire a chiudere

zu·be·rei·ten V/T preparare **Zu·be·rei·tung** F ⟨-; -en⟩ **1** preparazione *f* **2** (*Arznei*) preparato *m*

zu·be·we·gen **A** V/T **etw auf j-n/etw ~** spostare qc verso qn/qc **B** V/R **sich auf j-n/etw ~** muoversi verso qn/qc

zu·bil·li·gen V/T concedere, accordare: **j-m etw ~** concedere qc a qn

zu·bin·den V/T ⟨*irr*⟩ legare

zu·blei·ben V/I ⟨*irr; s.*⟩ *umg* restare chiuso

zu·blin·zeln V/I ⟨h.⟩ **j-m ~** strizzare l'occhio a qn

zu·brin·gen V/T ⟨*irr*⟩ trascorrere

Zu·brin·ger M ⟨-s; -⟩ **1** (*Straße*) strada *f* di collegamento **2** (*Verkehrsmittel*) (mezzo *m*) navetta *f* **Zu·brin·ger·dienst**

M servizio *m* navetta **Zu·brin·ger·stra·ße** F strada *f* di collegamento
zu·but·tern VT *umg* aggiungere
Zuc·chet·to M ⟨-s; -ti⟩ *schweiz* zucchino *m*, zucchina *f*
Zuc·chini F ⟨-; -[s]⟩ zucchino *m*, zucchina *f*
Zucht F ⟨-; -en⟩ **1** ZOOL allevamento *m* **2** BOT coltivazione *f* **3** (*von Bakterien*) coltura *f* **4** (*Disziplin*) disciplina *f*: ~ **und Ordnung** ordine e disciplina
Zucht·buch N pedigree *m* **Zucht·bul·le** M toro *m* da monta
züch·ten VT **1** allevare; (*Pflanzen*) coltivare **2** *fig* alimentare, nutrire, coltivare
Züch·ter M ⟨-s; -⟩, **-in** F ⟨-; -nen⟩ allevatore *m*, -trice *f*; coltivatore *m*, -trice *f*
Zucht·haus N HIST penitenziario *m* **Zucht·hengst** M stallone *m* da monta
züch·ti·gen VT punire, castigare **Züch·ti·gung** F ⟨-; -en⟩ punizione *f*, castigo *m*
Zucht·per·le F perla *f* coltivata **Zucht·stier** M toro *m* da monta **Zucht·tier** N animale *m* da riproduzione
Züch·tung F ⟨-; -en⟩ **1** allevamento *m* **2** (*von Pflanzen*) coltivazione *f*, coltura *f*
zu·ckeln VI ⟨s.⟩ *umg* trotterellare
zu·cken VI **1** ⟨h.⟩ contrarsi, tremare **2** ⟨h., s.⟩ balenare; (*Blitze*) guizzare; *fig* **ein Gedanke zuckte ihm durch den Kopf** gli balenò un pensiero per il capo ♦ **mit der Hand** ~ fare un movimento incontrollato con la mano; **ohne mit der Wimper zu** ~ senza battere ciglio; **mit den Schultern** ~ fare spallucce
zü·cken VT estrarre, sguainare
Zu·cker M ⟨-s; -⟩ **1** zucchero *m*: **weißer** ~ zucchero (bianco); **brauner** ~ zucchero di canna **2** *umg* MED diabete *m*: ~ **haben** avere il diabete **Zu·cker·do·se** F zuccheriera *f* **Zu·cker·erb·se** F pisello *m* dolce **Zu·cker·guss** M glassa *f* **Zu·cker·hut** M pan *m* di zucchero
zu·cke·rig ADJ **1** inzuccherato **2** (*aus Zucker*) zuccherino, zuccheroso
zu·cker·krank ADJ *umg* malato di diabete, diabetico: **-e Menschen** diabetici *mpl* **Zu·cker·krank·heit** F *umg* diabete *m*
Zu·ckerl N ⟨-s; -[n]⟩ *österr* **1** bonbon *m* **2** *fig* (*etw Besonderes*) chicca *f*
zu·ckern VT **1** zuccherare **2** (*mit Zucker bestreuen*) cospargere di zucchero
Zu·cker·rohr N canna *f* da zucchero **Zu·cker·rü·be** F barbabietola *f* da zucchero **Zu·cker·stück** N zuccherino *m*
zu·cker·süß ADJ **1** dolcissimo **2** *fig pej* zuccheroso **Zu·cker·wat·te** F zucchero *m* filato **Zu·cker·zan·ge** F mollette *fpl* per le zollette di zucchero
Zu·ckung F ⟨-; -en⟩ spasimo *m*, contrazione *f* ♦ **letzte -en** agonia
zu·de·cken VT coprire (*a. fig*), ricoprire: **sich mit etw** ~ coprirsi con qc
zu·dem ADV inoltre, oltre a ciò
zu·dre·hen VT **1** chiudere (girando) **2** (*zuwenden*) voltare, girare: **j-m den Rücken** ~ voltare le spalle a qn; **sich j-m** ~ girarsi verso qn
zu·dring·lich ADJ importuno ♦ **j-m gegenüber** ~ **werden** importunare qn **Zu·dring·lich·keit** F importunità *f*, invadenza *f*, indiscrezione *f*
zu·drü·cken VT **1** (*schließen*) chiudere (premendo) **2** premere, stringere: **j-m die Kehle** ~ stringere la gola a qn ♦ **ein Auge bei etw** ~ chiudere un occhio su qc
zu·ei·nan·der ADV l'uno verso (*od* con) l'altro: **seid nett** ~! siate carini (tra di voi)! **zu·ei·nan·der·fin·den** VI ⟨*irr*; h.⟩ trovarsi (l'un l'altro) **zu·ei·nan·der·hal·ten** VI ⟨*irr*; h.⟩ sostenersi a vicenda **zu·ei·nan·der·pas·sen** VI ⟨h.⟩ stare bene insieme
zu·er·ken·nen VT ⟨*irr*⟩ (*Preis*) aggiudicare; (*Recht*) accordare; (*Strafe*) infliggere ♦ **j-m eine Entschädigung** ~ stabilire che qn ha diritto a un risarcimento
zu·erst ADV **1** prima, dapprima: ~ **einmal** prima di tutto **2** (*als Erster*) prima, (per) primo
Zu·fahrt F accesso *m* (per le auto): **die** ~ **(ver)sperren** bloccare l'accesso **Zu·fahrts·stra·ße** F strada *f* di accesso
Zu·fall M caso *m*: **durch** ~ per caso ♦ **das ist aber ein** ~! che sorpresa! che caso fortunato!; **so ein** ~! che combinazione!
zu·fal·len VI ⟨*irr*; s.⟩ **1** chiudersi **2** toccare: **ihm fiel die Aufgabe zu** gli toccò il compito **3** (*zuteilwerden*) spettare ♦ **es fällt ihm alles zu** gli riesce tutto al volo (*od* senza fatica)
zu·fäl·lig **A** ADJ casuale, fortuito **B** ADV per caso: **wie** ~ come per caso **Zu·fäl·lig·keit** F ⟨-; -en⟩ casualità *f*, caso *m*
Zu·falls·be·kannt·schaft F conoscenza *f* casuale **Zu·falls·ge·ne·ra·tor** M generatore *m* casuale **Zu·falls·tref·fer** M colpo *m* di fortuna

zu·flie·gen VI ⟨irr; s.⟩ *umg* (*zufallen*) chiudersi da sé ♦ **j-m fliegen alle Herzen zu** qn conquista con facilità i cuori di tutti; **ihm fliegen die Ideen nur so zu** non gli mancano le idee; **auf j-n/etw ~** dirigersi verso qn/qc

Zu·flucht F rifugio *m*, riparo *m* ♦ *fig* **j-m ~ gewähren** dare accoglienza a qn; **die Hütte gewährte ihnen ~** si ripararono nella capanna; (**seine**) **~ zu etw nehmen** ricorrere a qc

Zu·fluchts·ort M rifugio *m*, riparo *m*

Zu·fluss M affluenza *f*, afflusso *m*

zu·flüs·tern VT bisbigliare

zu·fol·ge PRÄP (*+dat*) secondo

zu·frie·den A ADJ soddisfatto, contento: **mit j-m/etw ~** soddisfatto di qn/qc B ADV **sich mit etw ~ geben** accontentarsi di qc; **~ lächeln** sorridere soddisfatto; **~ stellen**(**d**) → zufriedenstellen(d); → zufriedenlassen

Zu·frie·den·heit F ⟨-⟩ soddisfazione *f*: **zu voller ~** con piena soddisfazione

zu·frieden·las·sen VT ⟨irr⟩ lasciare in pace **zu·frieden·stel·len** VT accontentare, soddisfare **zu·frieden·stel·lend** ADJ soddisfacente

zu·frie·ren VI ⟨irr; s.⟩ gelare, ghiacciare

zu·fü·gen VT arrecare, causare: **j-m Schaden ~** causare danni a qn

Zu·fuhr F ⟨-; -en⟩ 1 afflusso *m* 2 TECH alimentazione *f* **zu·füh·ren** A VT 1 portare, inviare 2 TECH **Strom ~** alimentare con energia elettrica B VI ⟨h.⟩ condurre, portare

Zug[1] M ⟨-[e]s; Züge⟩ 1 (*Verkehrsmittel*) treno *m*: **mit dem ~ fahren** andare in treno 2 (*sich fortbewegende Gruppe*) corteo *m*, processione *f*; (*Kolonne*) colonna *f*, fila *f* 3 (*das Ziehen*) il tirare, tirata *f*, tiro *m*: **~ ausüben** tirare 4 *fig* (*Tendenz, Trieb*) tendenza *f*; impulso *m* 5 (*Schwung*) slancio *m*: **in etw** (*dat*) **ist ~** in qc c'è slancio 6 (*bei Brettspielen*) mossa *f* 7 (*Schluck*) sorso *m*, sorsata *f* 8 (*Einziehen von Rauch*) tiro *m* 9 (*Luftzug*) corrente *f* 10 (*im Kamin*) tiraggio *m* 11 (*Linie des Gesichts*) tratto *m*, lineamento *m* 12 *fig* caratteristica *f*, tratto *m* 13 (*beim Schwimmen*) bracciata *f* ♦ *fig* **in den letzten Zügen liegen** essere in agonia; **der ~ ist abgefahren** abbiamo perso il treno; **j-d ist am -e** tocca a qn; **in einem ~** tutto d'un tratto; **die Luft in tiefen Zügen einatmen** respirare a pieni polmoni; **in groben Zügen** a grande linee; *umg* **ein ~ durch die Gemeinde** un giro per locali; **in großen Zügen** a grandi tratti, a grandi linee; **zum ~**(**e**) **kommen** scendere in campo; **in vollen Zügen** *fig* pienamente

Zug[2] N ⟨-s⟩ 1 (*Stadt*) Zugo *f* 2 (*Kanton*) Canton *m* Zugo

Zu·ga·be F 1 aggiunta *f* 2 MUS fuoriprogramma *m*, fuori programma *m* ♦ **~!** bis!

Zug·ab·teil N scompartimento *m*

Zu·gang M accesso *m*: **~ verboten!** vietato l'accesso; **~ zu etw haben** avere ac-

▶ Mit dem Zug unterwegs

Mit der Bahn zu fahren ist in Italien billiger als in Deutschland. Man hat die Auswahl zwischen den **rapidi** (etwa ICs), den **espressi** (Eilzügen) und den **treni ad alta velocità** (etwa ICEs, z. B. **pendolino** und **Eurostar**), die zuschlags- und platzkartenpflichtig sind und manchmal nur über erste Klasse verfügen. Eine Platzreservierung ist zu empfehlen, da die Züge oft überfüllt sind. Die Reservierung kann man bis eine Stunde vor der Abfahrt kaufen. Fahrkarten muss man vor Abfahrt am Automaten im Bahnhof stempeln (**convalidare**).

Wann fährt der Zug nach ... ab?	**Quando parte il treno per ...?**
Von welchem Bahnsteig?	**Da quale binario?**
Wann kommt der Zug aus ... an?	**Quando arriva il treno da ...?**
Eine Fahrkarte nach ...	**Un biglietto per ...**
1. Klasse 2. Klasse	**di prima classe** **di seconda classe**
Ich möchte einen Fensterplatz/ einen Liegeplatz in dem Zug um 22.00 Uhr nach ... reservieren	**Vorrei prenotare un posto al finestrino/una cuccetta nel treno delle 22:00 per ...**
Ist dieser Platz frei?	**È libero questo posto?**

cesso a qc

zu·gan·ge ADJ *umg* **mit j-m/etw ~ sein** avere a che fare con qn/qc

zu·gäng·lich ADJ accessibile (*a. fig*): **für j-n ~ sein** essere accessibile a qn; **für etw ~ sein** essere aperto a qc; **j-m etw ~ machen** mettere qc a disposizione di qn; **er ist für Musik ~** ha il senso della musica **Zu·gäng·lich·keit** F ⟨-⟩ accessibilità *f*

Zug·be·glei·ter M, **-in** F controllore *m*, -a *f* **Zug·brü·cke** F ponte *m* levatoio

zu·ge·ben V/T ⟨*irr*⟩ **1** ammettere: **gib's zu!** ammettilo!; **zugegeben, er hat sich geirrt** ammettiamolo pure, ha sbagliato **2** MUS dare in aggiunta **3** (*hinzufügen*) aggiungere

zu·ge·ge·be·ner·ma·ßen ADV secondo quanto (*od* come) ammesso: **ich habe es ~ vergessen** devo ammettere di essermene dimenticato

zu·ge·gen ADJ (**bei etw**) **~ sein** essere presente (a qualcosa)

zu·ge·hen V/I ⟨*irr; s.*⟩ **1** (*sich nähern*) avvicinarsi, andare verso (*a. fig*): **auf j-n/etw ~** avvicinarsi a qn/qc **2** (*zugesandt werden*) giungere **3** (*sich schließen*) chiudersi **4** *unpers* succedere, accadere: **hier geht es nicht mit rechten Dingen zu** qui accadono cose strane **5** *unpers umg* **hier geht es immer lebhaft/lustig zu** qui c'è sempre vita/allegria ♦ **dem Ende ~** volgere alla fine

zu·ge·hö·rig ADJ relativo ♦ **sich j-m/etw ~ fühlen** sentirsi legato a qn/qc

Zu·ge·hö·rig·keit F ⟨-⟩ appartenenza *f* **Zu·ge·hö·rig·keits·ge·fühl** N senso *m* di appartenenza

zu·ge·knöpft ADJ *umg fig* chiuso

Zü·gel M ⟨-s; -⟩ briglia *f*, redine *f* ♦ **die ~ in der Hand haben** avere le redini in mano; **die ~ lockern** allentare le briglie; **die ~ schießen lassen** sciogliere le redini

zü·gel·los **A** ADJ sbrigliato, senza freno **B** ADV smodatamente, in modo sfrenato **Zü·gel·lo·sig·keit** F ⟨-; -en⟩ sfrenatezza *f*

zü·geln **A** V/T tenere a freno (*a. fig*), trattenere **B** V/R **sich ~** frenarsi, dominarsi

Zu·ge·reis·te M/F ⟨-n; -n⟩ forestiero *m*, -a *f*

Zu·ge·ständ·nis N concessione *f*: **-se an j-n/etw machen** fare concessioni a qn/qc **zu·ge·ste·hen** V/T ⟨*irr*⟩ concedere: **j-m etw ~** concedere qc a qn ♦ **j-m ~, dass ...** riconoscere che ...

zu·ge·tan ADJ **j-m/etw ~ sein** propendere per (*od* prediligere) qn/qc

Zu·ge·winn M **1** aumento *m*, incremento *m* **2** JUR incremento *m* patrimoniale

Zug·füh·rer M, **-in** F **1** BAHN conduttore *m*, -trice *f* **2** MIL caposquadra *m/f*

zu·gie·ßen V/T ⟨*irr*⟩ versare, aggiungere

zu·gig ADJ in corrente, esposto alle correnti d'aria ♦ **es ist ~** c'è corrente

zü·gig ADJ spedito

Zug·kraft F **1** forza *f* di trazione **2** *fig* attrattiva *f* **zug·kräf·tig** ADJ di richiamo

zu·gleich ADV allo (*od* nello) stesso tempo

Zug·luft F corrente *f* d'aria **Zug·ma·schi·ne** F trattore *m*, trattrice *f* **Zug·num·mer** F attrazione *f* **Zug·per·so·nal** N personale *m* viaggiante **Zug·pferd** N cavallo *m* da tiro **Zug·pflas·ter** N MED vescicante *m*

zu·grei·fen V/I ⟨*irr; h.*⟩ **1** (*bei Tisch*) servirsi, prendere **2** *fig* (*nutzen*) approfittare ♦ IT **auf etw** (*akk*) **~** accedere a qc

Zu·griff M **1** presa *f*, stretta *f* **2** (*Verhaftung*) cattura *f* **3** accesso (*a.* IT) ♦ **~ auf etw** (*akk*) **haben** avere accesso a qc; **sich j-s ~ entziehen** sfuggire a qn

Zu·griffs·be·rech·ti·gung F IT autorizzazione *f* di accesso **Zu·griffs·zeit** F IT tempo *m* di accesso

zu·grun·de ADV **an etw** (*dat*) **~ gehen** andare in rovina per qc; **einer Sache** (*dat*) **etw ~ legen** basare una cosa su qc; **etw** (*dat*) **~ liegen** essere alla base di qc; **j-n/etw ~ richten** mandare in rovina qn/qc

Zug·schaff·ner M, **-in** F controllore *m*, -a *f*

Zug·spitze F Zugspitze *f*

Zug·te·le·fon N telefono *m* di bordo **Zug·tier** N animale *m* da tiro **Zug·un·glück** N disastro *m* ferroviario

zu·guns·ten ADV & PRÄP (+*gen*) a favore di

zu·gu·te·hal·ten V/T ⟨*irr*⟩ **j-m etw ~** addurre qc a giustificazione di qn; **sich** (*dat*) **etwas auf etw** (*dat*) **~** farsi vanto di qc **zu·gu·te·kom·men** V/I ⟨*irr; s.*⟩ **j-m/etw ~ kommen** tornare utile a qn/qc **zu·gu·te·tun** V/R ⟨*irr*⟩ **sich** (*dat*) **etw ~ tun** godersi qc

Zug·ver·bin·dung F **1** collegamento

m ferroviario **2** (*von zwei Zügen*) coincidenza *f* **Zug·ver·kehr** M traffico *m* ferroviario **Zug·vo·gel** M uccello *m* migratore **Zug·zwang** M **in ~ sein** essere sollecitato; **j-n in ~ bringen** sollecitare qn ad agire; **unter ~ stehen** essere costretto ad agire

zu·ha·ben ⟨*irr*⟩ *umg* **A** V/T aver chiuso **B** V/I ⟨h.⟩ essere (*od* restare) chiuso

zu·hal·ten ⟨*irr*⟩ **A** V/T tenere chiuso **B** V/R **sich** (*dat*) **~** chiudersi, tapparsi; **sich** (*dat*) **die Nase ~** tapparsi il naso **C** V/I ⟨h.⟩ dirigersi: **auf ein Ziel ~** dirigersi verso una meta

Zu·häl·ter M ⟨-s; -⟩ protettore *m* **Zu·häl·te·rei** F ⟨-⟩ JUR sfruttamento *m* della prostituzione, lenocinio *m* **Zu·häl·te·rin** F ⟨-; -nen⟩ protettrice *f*

zu·hau·se ADV a casa

Zu·hau·se N ⟨-s⟩ casa *f*

zu·hei·len V/I ⟨s.⟩ cicatrizzarsi

Zu·hil·fe·nah·me F ⟨-⟩ ausilio *m*: **unter ~ von etw** con l'ausilio di qc

zu·hin·terst ADV per ultimo, in fondo

zu·hö·ren V/I ⟨h.⟩ **j-m/etw ~** ascoltare qn/qc **Zu·hö·rer** M, **-in** F ascoltatore *m*, -trice *f*

zu·ju·beln V/I ⟨h.⟩ **j-m ~** acclamare qn

zu·keh·ren V/T **j-m den Rücken ~** voltare le spalle a qn

zu·klap·pen **A** V/T chiudere **B** V/I ⟨s.⟩ chiudersi

zu·kle·ben V/T incollare

zu·knal·len V/T chiudere con fracasso, sbattere

zu·knei·fen V/T ⟨*irr*⟩ strizzare

zu·knöp·fen V/T abbottonare

zu·kno·ten V/T annodare

zu·kom·men V/I ⟨*irr*; s.⟩ **1** **auf j-n ~** avvicinarsi a qn **2** *fig* **er ahnt nicht, was auf ihn zukommt** non immagina a cosa va incontro (*od* cosa lo aspetta) **3** (*sich an j-n wenden*) rivolgersi: **ich werde auf Sie ~** mi rivolgerò a Lei **4** **j-m etw ~ lassen** far pervenire (*od* inviare) qc a qn **5** (*zustehen*) **etw kommt j-m zu** qc spetta a qn, qn ha diritto a qc

Zu·kunft F ⟨-; Zukünfte⟩ futuro *m* (*a.* GRAM) ♦ **in die ~ sehen** prevedere il futuro; **optimistisch in die ~ sehen** guardare con ottimismo al futuro; (**keine**) **~ haben** (non) avere (un) futuro; **in** (**ferner/naher**) **~** in (un lontano/prossimo) futuro; **mit/ohne ~** con/senza futuro

zu·künf·tig **A** ADJ futuro **B** ADV in futuro

Zu·kunfts·aus·sich·ten PL prospettive *fpl* future **Zu·kunfts·for·scher** M, **-in** F futurologo *m*, -a *f* **Zu·kunfts·mu·sik** F sogno *m*, utopia *f* ♦ **das ist ~** sono cose ancora da venire **zu·kunfts·ori·en·tiert** ADJ orientato (*od* rivolto) al futuro **Zu·kunfts·per·spek·ti·ve** F prospettiva *f* futura **Zu·kunfts·plan** M progetto *m* futuro **Zu·kunfts·tech·no·lo·gie** F tecnologia *f* del futuro

zu·kunft(s)·wei·send ADJ avveniristico

zu·lä·cheln V/I ⟨h.⟩ sorridere

Zu·la·ge F **1** supplemento *m*, aggiunta *f* **2** (*Gehaltszulage*) maggiorazione *f*, indennità *f* (supplementare)

zu·lan·de → Land

zu·lan·gen V/I ⟨h.⟩ *umg* **1** (*beim Essen*) servirsi (abbondantemente) **2** (*bei Arbeit*) darsi da fare

zu·las·sen V/T ⟨*irr*⟩ **1** ammettere (*a. fig*); (*erlauben*) permettere: **j-n zu etw ~** ammettere qn a qc; **ich lasse nicht zu, dass ...** non permetto che... **2** abilitare: **j-n als Anwalt ~** abilitare qn all'esercizio della professione di avvocato **3** AUTO immatricolare

zu·läs·sig ADJ ammesso, permesso

Zu·las·sung F ⟨-; -en⟩ **1** ammissione *f* (*a. fig*): **die ~ zu etw** l'ammissione a qc **2** abilitazione *f* **3** AUTO immatricolazione *f*

Zu·las·sungs·num·mer F numero *m* di matricola **Zu·las·sungs·pa·pier** N libretto *m* di circolazione **Zu·las·sungs·prü·fung** F esame *m* d'ammissione **Zu·las·sungs·stel·le** F **1** ufficio *m* d'ammissione **2** AUTO ufficio *m* immatricolazioni

zu·las·ten PRÄP (+*gen*) **~ einer Sache** a scapito (*od* a svantaggio) di una cosa

Zu·lauf M afflusso *m* ♦ **großen** (*od* **starken**) **~ haben** avere una vasta clientela; (*an Publikum*) essere molto frequentato

zu·lau·fen V/I ⟨*irr*; s.⟩ **1** **auf j-n/etw ~** correre verso qn/qc **2** (*verlaufen*) andare (verso) **3** **spitz ~** terminare a punta

zu·le·gen V/R **sich** (*dat*) **etw ~** prendersi (*od* comprarsi) qc

zu·lei·de ADV **j-m etw ~ tun** fare del male a qn

zu·letzt ADV **1** (*als Letzter*) per ultimo, da ultimo **2** (*schließlich*) alla fine, infine **3** *umg* (*das letzte Mal*) l'ultima volta ♦ **bis ~** fino all'ultimo; **nicht ~** non da ultimo,

anche
zu·lie·be PRÄP (+dat) per amore di, per il bene di; **ihm ~** per il suo bene
Zu·lie·fer·be·trieb M subfornitore m
Zu·lie·fe·rer M ⟨-s; -⟩, **-rin** F ⟨-; -nen⟩ fornitore m, -trice f **Zu·lie·fer·in·dust·rie** F industria f complementare **Zu·lie·fe·rung** F fornitura f
zum → zu
zu·ma·chen V/T umg **1** chiudere **2** (zuknöpfen) abbottonare ♦ **mach zu!** sbrigati!
zu·mal **A** ADV specialmente, soprattutto **B** KONJ soprattutto perché, tanto più che
zu·mau·ern V/T murare
zu·meist ADV per lo più, in gran parte
zu·min·dest ADV almeno, per lo meno
zu·mül·len V/T (Zimmer, Straße) riempire di immondizia: **j-n mit Spams/Werbung ~** qn riempire di spam/di pubblicità
zu·mut·bar ADJ ragionevolmente esigibile; (Miete, Preis) ragionevole; (Belastung) sopportabile: **diese Arbeit ist für ihn nicht ~** non gli si può far fare questo lavoro
zu·mu·te ADV **j-m ist nicht wohl ~** qn non si sente tranquillo; **mir ist nicht danach ~** non me la sento
zu·mu·ten V/T **j-m etw ~** pretendere qc da qn **Zu·mu·tung** F ⟨-; -en⟩ pretesa f: **so eine ~!** che pretese!
zu·nächst ADV **1** (anfangs) all'inizio **2** (als Erstes) per prima cosa; **~ (einmal)** innanzitutto **3** (vorläufig) per il momento
zu·na·geln V/T inchiodare
zu·nä·hen V/T cucire (insieme)
Zu·nah·me F ⟨-; -n⟩ aumento m, incremento m
Zu·na·me M cognome m
zün·deln V/I ⟨h.⟩ österr giocare col fuoco
zün·den **A** V/T **1** accendere **2** fig (begeistern) elettrizzare **B** V/I ⟨h.⟩ accendersi **zün·dend** ADJ elettrizzante
Zün·der M ⟨-s; -⟩ accenditore m
Zünd·flam·me F fiamma f pilota **Zünd·fun·ke** M scintilla f di accensione **Zünd·holz** N fiammifero m **Zünd·ka·bel** N cavo m di accensione **Zünd·ker·ze** F candela f (di accensione) **Zünd·punkt** M punto m di accensione **Zünd·satz** M dispositivo m di accensione **Zünd·schloss** N blocchetto m dell'accensione **Zünd·schlüs·sel** M chiavetta f dell'accensione **Zünd·schnur** F miccia f **Zünd·spu·le** F bobina f di accensione **Zünd·stoff** M **1** materiale m infiammabile **2** fig materia f esplosiva
Zün·dung F ⟨-; -en⟩ accensione f
zu·neh·men V/I ⟨irr; h.⟩ crescere, aumentare: **an Stärke ~** aumentare di intensità
zu·neh·mend **A** ADJ crescente: **-er Mond** luna crescente; **in -em Maß** in misura crescente, sempre più **B** ADV sempre più ♦ **mit -em Alter** con l'avanzare degli anni
zu·nei·gen **A** V/I ⟨h.⟩ propendere per: **einer Ansicht ~** propendere per un'opinione **B** V/R **sich dem Ende ~** avvicinarsi alla fine **Zu·nei·gung** F ⟨-; -en⟩ simpatia f, affetto m
Zunft F ⟨-; Zünfte⟩ **1** HIST corporazione f **2** fig hum congrega f, combriccola f
zünf·tig ADJ & ADV come si deve
Zun·ge F ⟨-; -n⟩ **1** lingua f **2** (von Schuhen) linguetta f ♦ **es liegt mir auf der ~** ce l'ho sulla punta della lingua; **böse -n** malelingue; **eine scharfe** (od **spitze**) **~** una lingua tagliente (od mordace); **mit schwerer ~ sprechen** parlare con la lingua impastata; **j-m die ~ zeigen** mostrare la lingua a qn
zün·geln V/I ⟨h.⟩ **1** (Schlange) far guizzare la lingua **2** (Flamme) guizzare
Zun·gen·bre·cher M ⟨-s; -⟩ umg scioglilingua m **zun·gen·fer·tig** ADJ con la lingua pronta, eloquente **Zun·gen·kuss** M bacio m con la lingua **Zun·gen·spit·ze** F punta f della lingua
Züng·lein N **das ~ an der Waage sein** essere l'ago della bilancia
zu·nich·te·ma·chen V/T annientare, distruggere; (Plan) far fallire; (Hoffnung) deludere
zu·ni·cken V/I ⟨h.⟩ **j-m ~** fare un cenno col capo a qn
zu·nut·ze ADV **sich** (dat) **etw ~ machen** servirsi (od approfittare) di qc
zu·oberst ADV in cima ♦ **das Unterste ~ kehren** mettere tutto sottosopra
zu·ord·nen V/T **1** correlare, associare **2** (zurechnen) classificare, annoverare
zu·pa·cken V/I ⟨h.⟩ **1** (zugreifen) afferrare **2** (energisch arbeiten) darsi da fare **zu·pa·ckend** ADJ energico
zup·fen V/T **1** tirare: **j-n am Ärmel ~** tirare qn per la manica **2** togliere: **Unkraut ~** togliere le erbacce **3** MUS pizzicare ♦ **sich** (dat) **die Augenbrauen ~**

sfoltire le sopracciglia **Zupf·in·stru·ment** N strumento *m* a pizzico **zu·pros·ten** V/I ⟨h.⟩ **j-m ~** brindare a qn **zur** → zu **zu·ran·de** ADV **mit etw ~ kommen** venire a capo di qc **zu·ra·te** ADV **j-n/etw ~ ziehen** consultare qn/qc **zu·ra·ten** V/I ⟨*irr; h.*⟩ consigliare **zu·rech·nen** V/I ⟨h.⟩ **1** (*zuordnen*) classificare, annoverare **2** (*zuschreiben*) attribuire **zu·rech·nungs·fä·hig** ADJ **1** (*geistig normal*) sano di mente **2** JUR capace di intendere e di volere **Zu·rech·nungs·fä·hig·keit** F capacità *f* di intendere e di volere **zu·recht·bie·gen** V/T ⟨*irr*⟩ raddrizzare (*a. umg fig*) **zu·recht·fin·den** V/R ⟨*irr*⟩ **sich ~ 1** trovarsi **2** (*klarkommen*) cavarsela **3** (*an einem Ort*) trovare la strada (*a. fig*) **zu·recht·kom·men** V/I ⟨*irr; s.*⟩ **mit etw ~** venire a capo di qc **zu·recht·le·gen** **A** V/T preparare **B** V/R **sich** (*dat*) **~** escogitare, architettare; **sich** (*dat*) **eine Ausrede ~** architettare una scusa **zu·recht·ma·chen** *umg* V/T **1** preparare: **sich ~** prepararsi **2** (*verschönen*) sistemare, aggiustare **zu·recht·rü·cken** V/T mettere a posto, sistemare (*a. fig*) **zu·recht·wei·sen** V/T ⟨*irr*⟩ **j-n wegen etw ~** rimproverare qn per qc **Zu·recht·wei·sung** F rimprovero *m* **zu·re·den** V/I ⟨h.⟩ **j-m ~** (cercare di) persuadere qn; **j-m gut ~** cercare di far ragionare qn **Zu·re·den** N ⟨-s⟩ consiglio *m*, esortazione *f* **zu·rei·ten** V/T ⟨*irr*⟩ scozzonare, addestrare **Zü·rich** N ⟨-s⟩ **1** (*Stadt*) Zurigo *f* **2** (*Kanton*) Canton *m* Zurigo **zu·rich·ten** V/T **1** preparare **2** *fig* ridurre male: **j-n** (**übel**) **~** conciar male qn **zu·rie·geln** V/T chiudere con il catenaccio **zür·nen** V/I ⟨h.⟩ essere in collera: (**mit**) **j-m ~** essere in collera con qn **Zur·schau·stel·lung** F esibizione *f* **zu·rück** ADV **1** indietro: **einen Schritt ~!** un passo indietro! **2** (*zurückgekommen*) di ritorno, al ritorno **zu·rück·be·hal·ten** V/T ⟨*irr*⟩ trattenere **zu·rück·be·kom·men** V/T ⟨*irr*⟩ **1** riavere, avere indietro **2** (*Wechselgeld*) ricevere di resto **zu·rück·be·or·dern** V/T **j-n ~** ordinare a qn di ritornare **zu·rück·beu·gen** V/R **sich ~** piegarsi all'indietro **zu·rück·bil·den** V/R **sich ~ 1** regredire **2** (*schrumpfen*) ridursi **zu·rück·blei·ben** V/I ⟨*irr; s.*⟩ **1 hinter j-m/etw ~** rimanere indietro rispetto a qn/qc **2** rimanere **zu·rück·bli·cken** V/I ⟨h.⟩ volgere indietro lo sguardo (*a. fig*) **zu·rück·brin·gen** V/T ⟨*irr*⟩ **1** riportare: *fig* **ins Leben ~** riportare in vita **2** (*zurückbegleiten*) riaccompagnare **zurück·da·tie·ren** V/T retrodatare, antidatare **zurück·den·ken** V/I ⟨*irr; h.*⟩ **an j-n/etw ~** ripensare a qn/qc **zurück·drän·gen** V/T **1** spingere indietro, respingere **2** (*einschränken*) contenere **zurück·dre·hen** V/T **1** girare in senso contrario (*od* antiorario) **2** (*drosseln*) abbassare **zurück·er·o·bern** V/T riconquistare **zurück·er·stat·ten** V/T rimborsare, restituire **zurück·er·war·ten** V/T **j-n ~** aspettare il ritorno di qn **zurück·fah·ren** V/I ⟨*irr; s.*⟩ **1** ritornare, tornare indietro **2** (*zurückweichen*) indietreggiare **zurück·fal·len** V/I ⟨*irr; s.*⟩ **1** cadere all'indietro **2** *fig* **in etw** (*akk*)**/auf j-n ~** ricadere in qc/su qn **3** (*zurückbleiben*) perdere terreno **4** SPORT retrocedere **zurück·fin·den** V/I ⟨*irr; h.*⟩ trovare la strada (del ritorno) **zurück·flie·ßen** V/I ⟨*irr; s.*⟩ rifluire (*a. fig*) **zurück·for·dern** V/T richiedere, chiedere in restituzione; reclamare **zurück·füh·ren** V/T **1** ricondurre, riportare (*a. fig*) **2** (*ableiten*) **etw auf etw** (*akk*) **~** far risalire qc a qc **zu·rückge·ben** V/T ⟨*irr*⟩ restituire, ridare (*a. fig*) **zu·rückge·blie·ben** ADJ ritardato (mentale) **zu·rückge·hen** V/I ⟨*irr; s.*⟩ **1** tornare indietro (*a. fig*) **2** (*geringer werden*) diminuire, calare **3** (*Ursprung haben*) risalire **zu·rückge·zo·gen** ADJ (*Leben*) ritirato: **~ leben** fare vita ritirata **Zu·rückge·zo·gen·heit** F ⟨-⟩ vita *f* ritirata **zu·rückgrei·fen** V/I ⟨*irr; h.*⟩ **1** (*zurückgehen*) risalire **2** ricorrere: **auf ein altes Mittel ~** ricorrere a un vecchio rimedio **zu·rück·hal·ten** ⟨*irr*⟩ **A** V/T trattenere (*a. fig*) **B** V/I ⟨h.⟩ **1 mit etw ~** tenere qc per sé, nascondere qc **2** (*abwarten*) (**mit etw**) **~** andare cauto (in qc) **C** V/R **sich ~ 1** trattenersi **2** (*sich im Hintergrund halten*) tenersi in disparte **zu-**

rück·hal·tend ADJ riservato, discreto

Zu·rück·hal·tung F 1 (*Reserviertheit*) riservatezza *f*, riserbo *m* 2 (*Mäßigung*) moderazione *f*

zu·rück·ho·len VT andare a riprendere

zu·rück·keh·ren VI ⟨s.⟩ (ri)tornare (*a. fig*) **zu·rück·kom·men** VI ⟨*irr*; s.⟩ (ri)tornare (*a. fig*): **auf etw** (*akk*) ~ tornare su qc **zu·rück·las·sen** VT ⟨*irr*⟩ lasciare (*a. fig*) **zu·rück·lau·fen** VI ⟨*irr*; s.⟩ 1 tornare indietro 2 (*zurückfließen*) rifluire ♦ **das Tonband ~ lassen** far riavvolgere il nastro **zu·rück·le·gen** VT 1 riporre, rimettere a posto 2 (*Geld*) mettere da parte 3 (*Wegstrecke*) percorrere **zu·rück·leh·nen** VR **sich** ~ appoggiarsi (all'indietro) **zu·rück·lie·gen** VI ⟨*irr*; h.⟩ essere successo: **es liegt drei Jahre zurück, dass …** sono passati tre anni da quando … **zu·rück·mel·den** VR **sich** ~ annunciare il proprio ritorno **zu·rück·müs·sen** VI ⟨*irr*; h.⟩ dover (ri)tornare **Zu·rück·nah·me** F ⟨-; -n⟩ 1 ritiro *m* (*a. fig*) 2 (*von Beleidigungen*) ritrattazione *f* 3 (*von Klagen*) remissione *f* 4 (*von Anordnungen, Zustimmungen*) revoca *f* **zu·rück·neh·men** VT ⟨*irr*⟩ 1 riprendere 2 ritirare (*a. fig*) 3 (*Beleidigung*) ritrattare

zu·rück·pral·len VI ⟨s.⟩ 1 rimbalzare 2 (*vor Schreck*) indietreggiare di scatto **zu·rück·rei·chen** VI ⟨h.⟩ risalire **zu·rück·rei·sen** VI ⟨s.⟩ ritornare **zu·rück·ru·fen** VT ⟨*irr*⟩ richiamare: **sich** (*dat*) **etw ins Gedächtnis** ~ richiamare qc alla memoria **zu·rück·schal·ten** VI ⟨h.⟩ AUTO scalare (la marcia) **zu·rück·scheu·en** VI ⟨s.⟩ indietreggiare **zu·rück·schi·cken** VT 1 (ri)mandare indietro 2 (*Briefe*) rispedire indietro **zu·rück·schla·gen** ⟨*irr*⟩ A VT 1 (*Angriff, Feind*) respingere 2 (*Ball*) ribattere 3 rivoltare: **den Kragen** ~ rivoltare il colletto B VI 1 ⟨h.⟩ restituire il colpo 2 (*Pendel, Wellen*) tornare indietro 3 **auf etw** (*akk*) ~ ripercuotersi su qc **zu·rück·schrau·ben** VT *fig* limitare, ridurre **zu·rück·schre·cken** VI ⟨s.⟩ 1 (*zurückscheuen*) indietreggiare 2 **vor j-m** ~ avere terrore di qn; **vor etw** ~ aborrire da qc ♦ **vor nichts** ~ non avere scrupoli **zu·rück·seh·nen** VR **sich nach etw/zu j-m** ~ avere nostalgia di qc/qn **zu·rück·set·zen** A VT 1 spostare indietro 2 (*benachteiligen*) trascurare B VI ⟨h.⟩ andare indietro **zu·rück·sprin·gen** VI ⟨*irr*; s.⟩ 1 saltare all'indietro 2 (*Ball*) rimbalzare 3 (*nach hinten versetzt sein*) rientrare **zu·rück·ste·cken** VI ⟨h.⟩ limitarsi, ridurre le pretese **zu·rück·ste·hen** VI ⟨*irr*; h.⟩ 1 stare indietro 2 **hinter j-m** ~ essere inferiore a qn 3 (*verzichten*) rinunciare **zu·rück·stel·len** VT 1 rimettere a posto 2 (*nach hinten stellen*) spostare indietro; (*Uhr*) mettere indietro 3 (*Schüler*) rimandare; MIL dichiarare rivedibile 4 (*aufschieben*) rinviare **zu·rück·sto·ßen** ⟨*irr*⟩ A VT 1 respingere 2 (*abstoßen*) disgustare B VI ⟨s.⟩ andare indietro **zu·rück·stu·fen** VT declassare **zu·rück·trei·ben** VT ⟨*irr*⟩ (*Angreifer*) respingere

zu·rück·tre·ten VI ⟨*irr*; s.⟩ 1 indietreggiare: **einen Schritt** ~ fare un passo indietro 2 **hinter etw** (*dat*) ~ passare in secondo piano rispetto a qc 3 (*vom Amt*) dimettersi 4 (*verzichten*) rinunciare 5 **von einem Vertrag** ~ rescindere un contratto; **von einem Kauf** ~ annullare una vendita

zu·rück·ver·fol·gen VT ricostruire

zu·rück·ver·set·zen A VT 1 rimettere 2 (*niedriger einstufen*) fare retrocedere, declassare 3 (*in Gedanken*) riportare, far ripensare B VR **sich** ~ ripensare

zu·rück·wei·chen VI ⟨*irr*; s.⟩ 1 retrocedere, indietreggiare 2 (*zurückschrecken*) rifuggire ♦ **vor etw** (*dat*) ~ fuggire di fronte a qc **zu·rück·wei·sen** VT ⟨*irr*⟩ 1 rimandare 2 (*ablehnen*) rifiutare, respingere **Zu·rück·wei·sung** F rifiuto *m* **zu·rück·wer·fen** VT ⟨*irr*⟩ 1 buttare indietro 2 (*Ball*) rigettare, rilanciare 3 (*spiegeln*) riflettere 4 (*zurückdrängen*) respingere (*a.* MIL) 5 *fig* fare retrocedere, rimandare indietro **zu·rück·zah·len** VT restituire ♦ *umg* **das werde ich ihm ~!** gliela farò pagare! **Zu·rück·zah·lung** F rimborso *m* **zu·rück·zie·hen** ⟨*irr*⟩ A VT ritirare B VR **sich** ~ 1 ritirarsi 2 (*gesellschaftlich*) isolarsi

Zu·ruf M grido *m* **zu·ru·fen** VT ⟨*irr*⟩ gridare

zur·zeit ADV al momento

Zu·sa·ge F 1 promessa *f* 2 (*Zustimmung*) accettazione *f*, assenso *m*

zu·sa·gen A VT promettere, assicurare B VI ⟨h.⟩ 1 acconsentire 2 accettare: **einer Einladung** ~ accettare un invito

3 (*gefallen*) piacere
zu·sam·men ADV **1** insieme: ~ **mit j-m** insieme a qn **2** (*insgesamt*) in tutto, in totale
Zu·sam·men·ar·beit F collaborazione *f*, cooperazione *f* **zu·sam·men·ar·bei·ten** V/I ⟨h.⟩ **in etw** (*dat*) ~ collaborare in qc; cooperare
zu·sam·men·bal·len **A** V/T appallottolare **B** V/R **sich** ~ ammucchiarsi, addensarsi **zu·sam·men·bau·en** V/T montare, assemblare **zu·sam·men·bei·ßen** V/T ⟨*irr*⟩ **die Zähne** ~ stringere i denti **zu·sam·men·bin·den** V/T ⟨*irr*⟩ legare insieme **zu·sam·men·blei·ben** V/I ⟨*irr*; s.⟩ rimanere insieme **zu·sam·men·brau·en** *umg* **A** V/T (*Getränk*) fare, preparare **B** V/R **sich** ~ prepararsi **zu·sam·men·bre·chen** V/I ⟨*irr*; s.⟩ **1** crollare (*a. fig*) **2** fermarsi, arrestarsi ♦ **für ihn bricht eine Welt zusammen** gli crolla il mondo addosso
zu·sam·men·brin·gen V/T ⟨*irr*⟩ **1** mettere insieme **2** **j-d mit j-m** ~ mettere in contatto qn con qn **Zu·sam·men·bruch** M **1** crollo *m* **2** (*vom Verkehr*) collasso *m* (*a.* MED) **zu·sam·men·drän·gen** V/R **sich** ~ **1** ammassarsi, accalcarsi **2** *fig* concentrarsi **zu·sam·men·drü·cken** V/T comprimere **zu·sam·men·fah·ren** V/I ⟨*irr*; s.⟩ **1** scontrarsi **2** (*zusammenzucken*) trasalire **zu·sam·men·fal·len** V/I ⟨*irr*; s.⟩ **1** crollare **2** (*an Umfang verlieren*) sgonfiarsi **3** (*abmagern*) deperire, dimagrire **4** (*gleichzeitig sich ereignen*) coincidere **zu·sam·men·fal·ten** V/T ripiegare ♦ **die Hände** ~ congiungere le mani
zu·sam·men·fas·sen V/T **1** riunire: **in** (*od* **zu**) **Gruppen** ~ riunire in gruppi **2** riassumere: **etw in einem** (*od* **einen**) **Satz** ~ riassumere qc in una frase **Zu·sam·men·fas·sung** F **1** riunione *f* **2** riassunto *m* **zu·sam·men·fin·den** V/R ⟨*irr*⟩ **sich** ~ ritrovarsi **zu·sam·men·flie·ßen** V/I ⟨*irr*; s.⟩ confluire **Zu·sam·men·fluss** M confluenza *f* **zu·sam·men·fü·gen** V/T **1** (*verbinden*) congiungere, connettere **2** (*zusammensetzen*) combinare **zu·sam·men·füh·ren** V/T ricongiungere **zu·sam·men·ge·hen** V/I ⟨*irr*; s.⟩ (*sich vereinen*) coalizzarsi, allearsi
zu·sam·men·ge·hö·ren V/I ⟨h.⟩ **1** (*eine Einheit bilden*) andare insieme **2** (*Menschen*) andare bene insieme **3** (*Schuhe usw*) essere appaiato **zu·sam·men·ge·hö·rig** ADJ **1** affine **2** appaiato, accoppiato ♦ **sich** ~ **fühlen** sentirsi uniti **Zu·sam·men·ge·hö·rig·keit** F ⟨-⟩ unione *f*, affinità *f*
zu·sam·men·ge·setzt ADJ composto
Zu·sammen·halt M ⟨-[e]s⟩ **1** consistenza *f* **2** (*innere Bindung*) coesione *f* **zu·sammen·hal·ten** ⟨*irr*⟩ **A** V/T **1** tenere insieme (*a. fig*) **2** (*sparen*) tenere stretto **3** (*nebeneinander halten*) tenere vicino **B** V/I ⟨h.⟩ **1** tenere (*od* stare) insieme **2** (*zueinanderstehen*) essere (*od* restare) uniti
Zu·sam·men·hang M **1** relazione *f*, rapporto *m*, connessione *f*, nesso *m*: **etw mit etw in** ~ **bringen** mettere in relazione qc con qc; **das steht im** ~ **damit** è in rapporto (*od* in connessione) con questo **2** (*Kontext*) contesto *m*: **aus dem** ~ **reißen** estrarre dal contesto ♦ **in diesem** ~ a questo proposito
zu·sam·men·hän·gen V/I ⟨*irr*; h.⟩ **1** **mit etw** ~ essere unito (*od* attaccato) a qc **2** **etw hängt mit etw zusammen** qc è in relazione con qc, qc dipende da qc **zu·sam·men·hän·gend** **A** ADJ **1** (*mit etw verbunden*) connesso **2** (*nicht unterbrochen*) continuo **B** ADV coerentemente, ordinatamente **zu·sam·men·hang(s)·los** ADJ sconnesso, incoerente **zu·sam·men·klapp·bar** ADJ pieghevole **zu·sam·men·klap·pen** **A** V/T chiudere (piegando) **B** V/I ⟨s.⟩ (*vor Erschöpfung*) crollare (esausto) **zu·sam·men·kle·ben** **A** V/T incollare insieme, unire incollando **B** V/I ⟨h.⟩ essere incollati insieme **zu·sam·men·knül·len** V/T appallottolare **zu·sam·men·kom·men** V/I ⟨*irr*; s.⟩ **1** riunirsi **2** (*sich treffen*) incontrarsi **3** (*sich gleichzeitig ereignen*) coincidere **4** (*sich ansammeln*) raccogliersi **Zu·sam·men·kunft** F ⟨-; -künfte⟩ riunione *f*, raduno *m* **zu·sam·men·lau·fen** V/I ⟨*irr*; s.⟩ **1** (*herbeiströmen*) affluire **2** (*sich vereinigen*) convergere ♦ **das Wasser läuft mir im Mund zusammen** mi viene l'acquolina in bocca
zu·sam·men·le·ben V/I ⟨h.⟩ convivere **Zu·sam·men·le·ben** N convivenza *f* **zu·sam·men·le·gen** V/T **1** mettere insieme **2** (*zusammenfalten*) ripiegare **3** (*vereinigen*) (ri)unire **zu·sam·men-**

Z

neh·men ⟨irr⟩ **A** V/R **sich ~** dominarsi, controllarsi **B** V/T (*Kraft*) fare appello a ♦ **seinen ganzen Mut ~** prendere il coraggio a quattro mani; **den ganzen Verstand ~** spremersi le meningi; **alles zusammengenommen** tutto sommato **zu·sam·men·pa·cken** V/T impacchettare; (*in Koffer*) mettere insieme; **seine Sachen ~** raccogliere le proprie cose **zu·sam·men·pas·sen** **A** V/I ⟨h.⟩ andare (*od* stare) bene insieme **B** V/T adattare **zu·sam·men·pfer·chen** V/T stipare **Zu·sam·men·prall** M ⟨-s; -e⟩ scontro *m*, urto *m*; collisione *f* **zu·sam·men·pral·len** V/I ⟨s.⟩ scontrarsi, urtarsi, cozzare **zu·sam·men·pres·sen** V/T stringere

zu·sam·men·raf·fen V/T **1** raccogliere alla rinfusa (*od* in fretta) **2** *pej* (*Vermögen, Besitz*) arraffare **zu·sam·men·rech·nen** V/T addizionare, sommare **zu·sam·men·rei·men** V/R *umg* **sich** (*dat*) **etw ~** spiegarsi qc **zu·sam·men·rei·ßen** V/R ⟨irr⟩ **sich ~** *umg* dominarsi, controllarsi **zu·sam·men·rol·len** V/T avvolgere, arrotolare **zu·sam·men·rot·ten** V/R **sich ~** assembrarsi, radunarsi **zu·sam·men·rü·cken** **A** V/T accostare, avvicinare **B** V/I ⟨s.⟩ stringersi (*a. fig*) **zu·sam·men·ru·fen** V/T ⟨irr⟩ convocare **zu·sam·men·sa·cken** V/I ⟨s.⟩ *umg* afflosciarsi **zu·sam·men·schei·ßen** V/T ⟨irr⟩ *vulg* smerdare **zu·sam·men·schla·gen** ⟨irr⟩ **A** V/T **1** battere: **die Hacken ~** battere i tacchi **2** *umg* (*brutal schlagen*) pestare **3** (*zertrümmern*) fracassare **B** V/I ⟨s.⟩ **1** richiudersi **2** *fig* (*Unheil*) **über j-m ~** abbattersi su qn

zu·sam·men·schlie·ßen V/R ⟨irr⟩ **sich ~** unirsi **Zu·sam·men·schluss** M unione *f*, fusione *f*

zu·sam·men·schnü·ren V/T **1** allacciare (insieme) **2** *fig* (*Herz*) stringere **zu·sam·men·schrau·ben** V/T avvitare insieme, unire con viti **zu·sam·men·schrei·ben** V/T ⟨irr⟩ scrivere in un'unica parola **zu·sam·men·schwei·ßen** V/T **1** saldare, unire saldando **2** *fig* unire strettamente **Zu·sam·men·sein** N **1** lo stare insieme **2** (*Treffen*) riunione *f*, incontro *m* **zu·sam·men·set·zen** **A** V/T mettere insieme, montare **B** V/R **sich ~** **1** sedersi insieme **2** (*sich treffen*) riunirsi **3** **sich aus etw ~** comporsi (*od* essere composto) di qc **Zu·sam·men·set·zung** F ⟨-; -en⟩ **1** composizione *f* **2** (*Kompositum*) composto *m* **Zu·sam·men·spiel** N **1** (*Übereinstimmung*) affiatamento *m*; MUS fusione *f*, accordo *m* **2** SPORT gioco *m* d'insieme **3** (*Interaktion*) interazione *f* **zu·sam·men·stau·chen** V/T **1** comprimere **2** *umg* **j-n ~** dare una strigliata a qn **zu·sam·men·ste·cken** V/T appuntare, attaccare (con spilli) ♦ *umg* **die Köpfe ~** confabulare

zu·sam·men·ste·hen V/I ⟨irr; h.⟩ **1** stare insieme: **in Gruppen ~** stare in gruppi **2** (*zusammenhalten*) essere (*od* stare) uniti **zu·sam·men·stel·len** V/T **1** mettere insieme, comporre; (*Menü*) combinare; (*Ware*) assortire **2** (*sammeln*) raggruppare, raccogliere: **alle Daten ~** raggruppare tutti i dati **3** (*verfassen*) compilare **Zu·sam·men·stel·lung** F **1** composizione *f*, combinazione *f*; assortimento *m* **2** (*Sammlung*) raccolta *f* **3** (*Verfassung*) compilazione *f* **4** (*Übersicht*) tavola *f*, prospetto *m* **Zu·sam·men·stoß** M scontro *m*; SCHIFF, FLUG collisione *f* **zu·sam·men·sto·ßen** V/I ⟨irr; s.⟩ **1** scontrarsi (*a. fig*), entrare in collisione; (*Köpfe*) cozzare **2** (*angrenzen*) toccarsi

zu·sam·men·su·chen V/T raccogliere cercando qua e là **zu·sam·men·tref·fen** V/I ⟨irr; s.⟩ **1** incontrarsi, trovarsi insieme **2** (*gleichzeitig stattfinden*) coincidere, concorrere **Zu·sam·men·tref·fen** N ⟨-s⟩ **1** incontro *m* **2** (*gleichzeitiges Geschehen*) coincidenza *f*, concorso *m* **zu·sam·men·trei·ben** V/T ⟨irr⟩ raccogliere, riunire **zu·sam·men·tre·ten** V/I ⟨irr; s.⟩ riunirsi, radunarsi **zu·sam·men·trom·meln** V/T *umg* chiamare a raccolta **zu·sam·men·tun** V/R ⟨irr⟩ *umg* **sich ~** riunirsi **zu·sam·men·wach·sen** V/I ⟨irr; s.⟩ **1** crescere attaccato, concrescere **2** *fig* unirsi crescendo **3** *fig* (*einander anpassen*) affiatarsi **zu·sam·men·wir·ken** V/I ⟨h.⟩ **1** (*zusammenarbeiten*) cooperare **2** (*vereint wirken*) concorrere **zu·sam·men·woh·nen** V/I ⟨h.⟩ coabitare **zu·sam·men·zäh·len** V/T addizionare, sommare **zu·sam·men·zie·hen** ⟨irr⟩ **A** V/T **1** restringere, contrarre **2** (*sammeln*) radunare, concentrare **B** V/I ⟨s.⟩ andare ad

Z

abitare insieme **zu·sam·men·zu·cken** VI ⟨s.⟩ trasalire

Zu·satz M **1** aggiunta *f*: **unter ~ von …** con l'aggiunta di … **2** (*Anhang*) supplemento *m*, appendice *f*; (*bei Briefen*) poscritto *m*; (*beim Vertrag, Testament*) codicillo *m*, corollario *m* **3** CHEM additivo *m* **Zu·satz·ge·rät** N **1** adattatore *m* **2** IT unità *f* ausiliaria

zu·sätz·lich **A** ADJ aggiuntivo, supplementare, addizionale **B** ADV in più, inoltre

Zu·satz·stoff M additivo *m* **Zu·satz·ver·si·che·rung** F assicurazione *f* aggiuntiva

zu·schan·den ADV **~ machen** guastare, rovinare; (*Hoffnungen*) deludere

zu·schan·zen VT *umg* **j-m etw ~** procurare (*od* fare avere) qc a qn

zu·schau·en VI ⟨h.⟩ → zusehen

Zu·schau·er M ⟨-s; -⟩, **-in** F ⟨-; -nen⟩ spettatore *m*, -trice *f*

Zu·schau·er·raum M auditorio *m*

zu·schi·cken VT **j-m etw ~** spedire (*od* inviare) qc a qn

zu·schie·ben VT ⟨*irr*⟩ **1** chiudere (spingendo) **2** **j-m etw ~** spingere qc verso qn **3** *fig* (*Schuld*) addossare, attribuire

zu·schie·ßen ⟨*irr*⟩ **A** VT **1** (*Ball, Blick*) lanciare **2** *umg* (*Geld*) contribuire **B** VI ⟨s.⟩ **auf j-n/etw ~** scagliarsi contro (*od* verso) qn/qc

Zu·schlag M **1** (*Steuer*) soprattassa *f*, sovrattassa *f* **2** BAHN supplemento *m* **3** (*bei Auktionen*) aggiudicazione *f*

zu·schla·gen ⟨*irr*⟩ **A** VT **1** chiudere sbattendo, sbattere **2** (*bei Auktionen*) aggiudicare **B** VI **1** ⟨s.⟩ chiudersi sbattendo **2** ⟨h.⟩ (*Mensch*) colpire (*a. fig*)

Zu·schlag·kar·te F supplemento *m* **zu·schlag·pflich·tig** ADJ con supplemento obbligatorio

zu·schlie·ßen VT ⟨*irr*⟩ chiudere a chiave

zu·schnap·pen VI **1** ⟨s.⟩ chiudersi a scatto, scattare **2** ⟨h.⟩ (*zubeißen*) azzannare

zu·schnei·den VT ⟨*irr*⟩ **1** tagliare **2** *fig* **etw auf j-n/etw ~** improntare qc a qn/qc, fare qc su misura per qn/qc; **etw auf j-s Geschmack ~** fare qc per il gusto di qn

Zu·schnitt M **1** taglio *m* **2** (*Format*) levatura *f*, statura *f* **3** stile *m*

zu·schnü·ren VT legare; (*Schuhe*) allacciare ♦ **j-m die Kehle ~** strangolare qn; *fig* **die Angst schnürte ihm die Kehle zu** la paura gli serrò la gola

zu·schrau·ben VT **1** avvitare **2** (*verschließen*) chiudere (avvitando il coperchio)

zu·schrei·ben VT ⟨*irr*⟩ attribuire: **das Porträt wird Dürer zugeschrieben** il ritratto è attribuito a Dürer ♦ **etw sich** (*dat*) **selbst ~ müssen** dover dare la colpa di qc a sé stessi; **das hat er sich selbst zuzuschreiben** è tutta colpa sua

Zu·schrift F lettera *f*; (*auf Anzeigen*) risposta *f*

zu·schul·den ADV **sich** (*dat*) **etw ~ kommen lassen** rendersi colpevole di qc

Zu·schuss M **1** (*Beitrag*) contributo *m* **2** (*Subvention*) sovvenzione *f* **3** (*Unterstützung*) sussidio *m*

zu·schüt·ten VT **1** (*mit Erde*) riempire di terra, interrare **2** *umg* (*dazugießen*) aggiungere (versando), versare

zu·se·hen VI ⟨*irr*; h.⟩ **1** **j-m/etw ~** (stare a) guardare qn/qc **2** vedere, fare in modo: **sieh zu, dass nichts passiert!** fai in modo (*od* bada) che non succeda nulla!; **ich sehe zu, dass das gemacht wird** faccio in modo che venga fatto ♦ **tatenlos ~** stare a guardare

zu·se·hends ADV a vista d'occhio

zu·sen·den VT **j-m etw ~** spedire qc a qn

zu·set·zen **A** VT aggiungere **B** VI ⟨h.⟩ **1** **j-m** (**mit etw**) **~** assillare qn (con qc) **2** (*Feinden*) incalzare **3** (*negativ auswirken*) **j-m ~** mettere a dura prova qn

zu·si·chern VT assicurare, garantire **Zu·si·che·rung** F assicurazione *f*, garanzia *f*

Zu·spiel N SPORT passaggio *m* **zu·spie·len** VT passare

zu·spit·zen VR **sich ~** **1** terminare a punta **2** *fig* acuirsi, inasprirsi

zu·spre·chen ⟨*irr*⟩ **A** VT **1** infondere, dare, trasmettere (con le parole): **j-m Mut ~** infondere coraggio a qn; **j-m Trost ~** confortare qn **2** (*zuerkennen*) assegnare **B** VI ⟨h.⟩ **1** **j-m gut ~** tranquillizzare qn **2** **dem Essen tüchtig ~** fare onore al pranzo

Zu·spruch M **1** parole *fpl* di conforto (*od* di incoraggiamento) **2** (*Zulauf*) affluenza *f*; (*Besuch*) partecipazione *f*

Zu·stand M **1** stato *m* (*a.* PHYS, IT), condizione *f*, condizioni *fpl*: **gesundheitli-**

cher ~ stato (*od* condizioni) di salute; **die Ware ist in schlechtem ~** la merce è in cattivo stato **2** *pl* (*Lage*) condizioni *fpl*, situazione *f*, stato *m* di cose

zu·stan·de ADV **etw ~ bringen** realizzare qc; **~ kommen** realizzarsi

zu·stän·dig ADJ competente **Zu·stän·dig·keit** F ⟨-; -en⟩ competenza *f* **Zu·stän·dig·keits·be·reich** M sfera *f* di competenza

zu·stat·ten ADV **j-m/etw ~ kommen** tornare utile (*od* vantaggioso) a qn/qc

zu·ste·cken V/T (*heimlich geben*) dare di nascosto

zu·ste·hen V/I ⟨irr; h.⟩ spettare: **dieses Geld steht mir zu** questo denaro mi spetta; **ein Urteil steht dir nicht zu** non hai il diritto di giudicare

zu·stei·gen V/I ⟨irr; s.⟩ salire

zu·stel·len V/T (far) recapitare **Zu·stel·lung** F recapito *m*

zu·steu·ern **A** V/T dirigere **B** V/I ⟨s.⟩ **auf etw** (*akk*) **~** dirigersi verso qc; *fig* portare a qc

zu·stim·men V/I ⟨h.⟩ concordare; (*einwilligen*) acconsentire; (*billigen*) approvare **Zu·stim·mung** F approvazione *f*, consenso *m*: **seine ~ zu etw geben** dare il proprio consenso a qc

zu·sto·ßen ⟨irr⟩ **A** V/T sbattere, chiudere con violenza (*od* con un colpo) **B** V/I **1** ⟨s.⟩ capitare, succedere, accadere **2** ⟨h.⟩ colpire

Zu·strom M afflusso *m*, affluenza *f* **zu·strö·men** V/I ⟨s.⟩ affluire

zu·ta·ge ADV **~ kommen/bringen** venire/portare alla luce; **offen/klar ~ liegen** essere evidente/chiaramente visibile

Zu·tat F **1** ingrediente *m* **2** (*Beiwerk*) accessorio *m*, guarnizione *f*

zu·tei·len V/T **1** assegnare **2** (*austeilen*) distribuire **Zu·tei·lung** F **1** assegnazione *f* **2** (*Austeilen*) distribuzione *f* **3** (*Anteil*) razione *f*, parte *f*

zu·teil·wer·den V/I ⟨irr; s.⟩ **j-m ~** toccare a qn; **j-m etw ~ lassen** far ottenere qc a qn

zu·tiefst ADV profondamente

zu·tra·gen ⟨irr⟩ **A** V/T portare; *fig* riportare **B** V/R **sich ~** avvenire, accadere

zu·träg·lich ADJ **1** salutare **2** (*förderlich*) proficuo, utile

zu·trau·en **A** V/T **j-m etw ~** credere qn capace di qc **B** V/R **sich** (*dat*) **etw ~** ritenersi capace di qc

Zu·trau·en N ⟨-s⟩ ~ (**zu j-m**) fiducia *f* (in qn) **zu·trau·lich** ADJ **1** fiducioso **2** (*zahm*) docile, mansueto **Zu·trau·lich·keit** F ⟨-; -en⟩ **1** docilità *f* **2** mansuetudine *f*

zu·tref·fen V/I ⟨irr; h.⟩ **1** essere vero **2** (*gelten*) valere: **auf j-n/etw ~** valere per qn/qc **3** (*passend sein*) corrispondere **zu·tref·fend** ADJ adeguato, confacente ♦ **Zutreffendes bitte ankreuzen** contrassegnare con una x ciò che interessa

zu·trin·ken V/I ⟨irr; h.⟩ **j-m ~** bere alla salute di qn

Zu·tritt M accesso *m*; ingresso *m*: **~ zu etw haben** poter accedere a qc

Zu·tun N ⟨-s⟩ intervento *m*: **ohne j-s ~** senza l'intervento di qn

zu·un·guns·ten PRÄP & ADV a scapito di, a sfavore di

zu·un·terst ADV in fondo, sotto

zu·ver·läs·sig ADJ fidato, attendibile, affidabile: **aus -er Quelle** da fonte attendibile **Zu·ver·läs·sig·keit** F ⟨-⟩ **1** affidabilità *f* **2** (*von Freunden*) fidatezza *f* **3** (*von Quelle, Informationen*) attendibilità *f*

Zu·ver·sicht F ⟨-⟩ fiducia *f* **zu·ver·sicht·lich** ADJ fiducioso **Zu·ver·sicht·lich·keit** F ⟨-⟩ fiducia *f*

zu·viel → zu

zu·vor ADV prima: **kurz ~** poco prima; **tags/im Jahr ~** il giorno/l'anno prima

zu·vor·kom·men V/I ⟨irr; s.⟩ precedere; prevenire **zu·vor·kom·mend** ADJ premuroso, cortese

Zu·wachs M ⟨-es; -wächse⟩ **1** (*Zunahme*) incremento *m*, aumento *m* **2** crescita *f*: **etw ist auf ~ genäht** qc è (stato fatto) per la crescita; **die Familie hat ~ bekommen** la famiglia è cresciuta

zu·wach·sen V/I ⟨irr; s.⟩ **1** (*Wunde*) rimarginarsi **2** (*mit Pfalnzen*) (ri)coprirsi (di vegetazione) **Zu·wachs·ra·te** F tasso *m* di crescita (*od* d'aumento)

Zu·wan·de·rer M, **-rin** F immigrato *m*, -a *f* **zu·wan·dern** V/I ⟨s.⟩ immigrare **Zu·wan·de·rung** F immigrazione *f*

zu·we·ge ADV **etw ~ bringen** (riuscire ad) ottenere qc, conseguire qc

zu·wei·len ADV talvolta, a volte

zu·wei·sen V/T ⟨irr⟩ assegnare

zu·wen·den ⟨irr⟩ **A** V/T voltare, volgere: **j-m seine Aufmerksamkeit ~** interessarsi a qn **B** V/R **sich ~** *fig* rivolgersi

Zu·wen·dung F **1** (*Gabe*) donazione *f* **2** (*Beachtung*) attenzioni *fpl*, cure *fpl*

zu·we·nig → zu
zu·wer·fen VT ⟨irr⟩ 1 (*schließen*) sbattere 2 j-m den Ball ~ gettare la palla a qn; *fig* **einen Blick** ~ lanciare uno sguardo
zu·wi·der A ADV 1 (*lästig*) fastidioso 2 (*eklig*) disgustoso, ripugnante 3 (*ungünstig*) contrario B PRÄP (+*dat*) contro, contrariamente a ♦ **das ist mir** ~ mi disgusta, mi ripugna
zu·wi·der·han·deln VI ⟨h.⟩ **etw** (*dat*) ~ contravvenire a qc, trasgredire qc; **einem Gesetz** ~ trasgredire una legge **Zu·wi·der·han·deln·de** M/F ⟨-n; -n⟩ contravventore *m*, -trice *f* **Zu·wi·der·hand·lung** F contravvenzione *f*, trasgressione *f* **zu·wi·der·lau·fen** VI ⟨irr; s.⟩ **etw** (*dat*) ~ essere contrario a qc
zu·zie·hen ⟨irr⟩ A VT 1 tirare 2 (*festziehen*) stringere 3 (*hinzuziehen*) chiamare, consultare B VI ⟨s.⟩ trasferirsi: **wir sind zugezogen** veniamo da fuori C VR **sich** (*dat*) **etw** ~ 1 (*Krankheit*) prendersi 2 (*Zorn, Tadel*) tirarsi addosso
Zu·zug M 1 (*von Menschen*) immigrazione *f* 2 (*Zustrom*) affluenza *f*
zu·züg·lich PRÄP (+*gen*) escluso, più
zu·zwin·kern VI ⟨h.⟩ **j-m** ~ ammicare a qn, fare l'occhiolino a qn
zwang → zwingen
Zwang M ⟨-[e]s; Zwänge⟩ 1 costrizione *f*; (*Druck*) pressione *f*: **etw unter ~ tun** fare qc per costrizione; **~ auf j-n ausüben** esercitare una pressione su qn 2 (*Gewalt*) forza *f*, violenza *f* 3 (*Drang*) impulso *m*: **einem inneren ~ folgen** seguire un impulso interiore 4 (*Notwendigkeit*) necessità *f* 5 (*Pflicht*) obbligo *m*: **gesellschaftliche Zwänge** obblighi sociali ♦ **sich** (*dat*) **keinen ~ antun** non avere riguardi
zwän·gen A VT 1 comprimere 2 *fig* forzare, costringere B VR 1 **sich durch etw** ~ passare a fatica attraverso qc 2 **sich in zu enge Jeans** ~ infilarsi a fatica in jeans troppo stretti
zwang·haft ADJ maniacale **zwang·los** ADJ disinvolto, spontaneo **Zwang·lo·sig·keit** F ⟨-⟩ disinvoltura *f*, spontaneità *f*
Zwangs·an·lei·he F JUR prestito *m* forzato **Zwangs·ar·beit** F lavori *mpl* forzati **Zwangs·ein·wei·sung** F ricovero *m* forzato **Zwangs·er·näh·rung** F alimentazione *f* forzata **Zwangs·ja·cke** F camicia *f* di forza **Zwangs·la·ge** F situazione *f* senza vie d'uscita: **sich in einer ~ befinden** essere in un vicolo cieco **zwangs·läu·fig** ADJ inevitabile, obbligatorio **Zwangs·maß·nah·me** F misura *f* coercitiva **Zwangs·neu·ro·se** F nevrosi *f* ossessiva **Zwangs·räu·mung** F sfratto *m* (forzoso) **Zwangs·ver·stei·ge·rung** F asta *f* giudiziaria **Zwangs·voll·stre·ckung** F JUR esecuzione *f* forzata **Zwangs·vor·stel·lung** F ossessione *f*, idea *f* fissa **zwangs·wei·se** ADV con la forza; JUR coercitivamente
zwan·zig NUM venti
Zwan·zig F ⟨-; -en⟩ venti *m*
zwan·zi·ger ADJ ⟨inv⟩ 1 venti: **die ~ Jahre** gli anni venti 2 (*Alter*) ventina *f*, vent'anni *mpl* **Zwan·zi·ger** M ⟨-s; -⟩, **Zwan·zi·ge·rin** F ⟨-; -nen⟩ ventenne *m/f*
Zwan·zi·ger·jah·re PL anni *mpl* venti
Zwan·zig·eu·ro·schein M banconota *f* da venti euro
zwan·zig·jäh·rig ADJ di vent'anni; (*Alter*) ventenne
zwan·zigs·te ADJ ventesimo
zwan·zig·tau·send NUM ventimila
zwar ADV 1 certamente, sì: **er spricht ~ Englisch, aber** (**doch**) **nicht sehr gut** parla sì l'inglese, ma non molto bene 2 **und** ~ e precisamente
Zweck M ⟨-[e]s; -e⟩ 1 fine *m*, scopo *m*: **zu welchem ~?** a che scopo? 2 (*Sinn*) senso *m*: **was hat das alles für einen ~?** che senso ha tutto questo? ♦ **der ~ heiligt die Mittel** il fine giustifica i mezzi; **einem guten ~ dienen** servire una giusta causa
Zweck·bau M ⟨-[e]s; -ten⟩ costruzione *f* funzionale **Zweck·den·ken** N utilitarismo *m* **zweck·dien·lich** ADJ 1 utile: **-e Hinweise** informazioni utili 2 (*passend*) adeguato
Zwe·cke F ⟨-; -n⟩ 1 chiodino *m* 2 (*Heftzwecke*) puntina *f* da disegno
zweck·ent·spre·chend ADJ adeguato, appropriato **zweck·frei** ADJ & ADV senza fine specifico **zweck·fremd** ADJ destinato a scopi diversi (da quelli previsti) **zweck·ge·bun·den** ADJ WIRTSCH a destinazione vincolata **zweck·los** ADJ inutile, vano; senza scopo
zweck·mä·ßig ADJ conveniente; (*sinnvoll*) opportuno; (*nützlich*) utile; (*funktionell*) pratico, funzionale **Zweck·mä-**

ßig·keit F ⟨-; -en⟩ opportunità *f*, convenienza *f*; utilità *f*; praticità *f*, funzionalità *f*

zwecks PRÄP (+*gen*) allo scopo di, al fine di

zweck·wid·rig ADJ inadeguato, inadatto

zwei NUM **1** due: **sie waren zu -en** erano in due; **in ~ Tagen** fra due giorni **2** (*zwei Uhr*) le due: **gegen halb ~** verso l'una e mezza ♦ **dazu gehören immer noch ~** per (fare) questo bisogna essere almeno in due

Zwei F ⟨-; -en⟩ **1** due *m* **2** (*Schulnote*) otto *m*, buono *m* **zwei·ach·sig** ADJ a due assi **zwei·bän·dig** ADJ in due volumi **Zwei·bei·ner** M ⟨-s; -⟩ *hum* bipede *m* **Zwei·bett·zim·mer** N camera *f* a due letti **zwei·deu·tig** ADJ ambiguo, equivoco **Zwei·deu·tig·keit** F ⟨-; -en⟩ ambiguità *f*, equivocità *f* **zwei·di·men·si·o·nal** ADJ bidimensionale

Zwei·drit·tel·mehr·heit F maggioranza *f* di (*od* dei) due terzi

zwei·ei·ig ADJ biovulare, dizigotico

zwei·ein·halb ADJ ⟨*inv*⟩ due e mezzo: **nach ~ Jahren** dopo due anni e mezzo

Zwei·er M ⟨-s; -⟩ **1** due *m* **2** SPORT due *m* (di punta): **~ mit** due con **Zwei·er·be·zie·hung** F rapporto *m* a due (*od* di coppia) **Zwei·er·bob** M bob *m* a due

zwei·er·lei ADJ ⟨*inv*⟩ di due tipi: **~ Stoff** due materiali diversi; **~ Meinung sein** avere opinioni diverse; **auf ~ Art** in due modi (diversi) ♦ **es ist ~, ob** ... sono due cose diverse, se ...

zwei·fach ADJ doppio, duplice

Zwei·fa·mi·li·en·haus N bifamiliare *f*

zwei·far·big ADJ bicolore

Zwei·fel M ⟨-s; -⟩ dubbio *m*: **etw in ~ ziehen** mettere in dubbio qc; **~ haben** avere dubbi; **außer ~ stehen** essere fuor di dubbio ♦ **keinen ~ daran lassen, dass** ... non mettere in dubbio che ...

zwei·fel·haft ADJ **1** dubbio, incerto, non sicuro **2** (*verdächtig*) sospetto

zwei·fel·los ADJ senza dubbio

zwei·feln V/I ⟨h.⟩ **an etw** (*dat*) **~** dubitare di qc

Zwei·fels·fall M caso *m* dubbio

Zweif·ler M ⟨-s; -⟩, **-in** F ⟨-; -nen⟩ scettico *m*, -a *f*

Zweig M ⟨-[e]s; -e⟩ **1** ramo *m* (*a. fig*) **2** (*Gebiet*) ramo *m*, branca *f*

zwei·ge·schlech·tig ADJ BOT bisessuale **zwei·ge·teilt** ADJ diviso in due **zwei·glei·sig** ADJ a doppio binario

Zweig·nie·der·las·sung F, **Zweig·stel·le** F, **Zweig·werk** N filiale *f*, succursale *f*

zwei·hän·dig ADJ & ADV con (*od* a) due mani

zwei·hun·dert NUM duecento

zwei·jäh·rig ADJ **1** di due anni **2** biennale **zwei·jähr·lich** ADJ biennale

Zwei·kampf M duello *m* (*a. fig*)

zwei·mal ADV due volte ♦ **~ so groß** grosso due volte (*od* il doppio)

zwei·ma·lig ADJ ripetuto due volte

zwei·mo·to·rig ADJ bimotore

Zwei·par·tei·en·sys·tem N sistema *m* bipartitico

zwei·po·lig ADJ bipolare **Zwei·rad** N veicolo *m* a due ruote; (*Fahrrad*) bicicletta *f* **zwei·räd·rig** ADJ a (*od* con) due ruote **Zwei·rei·her** M ⟨-s; -⟩ doppiopetto *m* **zwei·rei·hig** ADJ doppiopetto **zwei·schnei·dig** ADJ **ein -es Schwert** *fig* un'arma a doppio taglio **zwei·sei·tig** ADJ bilaterale **zwei·sil·big** ADJ bisillabo **Zwei·sit·zer** M ⟨-s; -⟩ automobile *f* biposto **zwei·spal·tig** ADJ a (*od* di) due colonne **zwei·spra·chig** ADJ & ADV bilingue **Zwei·spra·chig·keit** F ⟨-⟩ bilinguismo *m* **zwei·spu·rig** ADJ a doppio binario **zwei·stel·lig** ADJ a (*od* di) due cifre **zwei·stim·mig** ADJ & ADV MUS a due voci **zwei·stö·ckig** ADJ a (*od* di) due piani **zwei·stu·fig** ADJ a due stadi **zwei·stün·dig** ADJ di due ore

zweit: **zu ~** in due; **sie waren zu ~** erano in due; **ein Spiel zu ~** un gioco a due

zwei·tä·gig ADJ di due giorni

Zwei·takt·mo·tor M motore *m* a due tempi

zweit·äl·test... ADJ secondo per anzianità

zwei·tau·send NUM duemila

zweit·best... ADJ secondo (per qualità, per bravura)

zwei·te ADJ **1** secondo (*a. fig*): **ein -r Paganini** un secondo (*od* un altro) Paganini **2** (*im Datum*) due: **am -n März** il due marzo

Zwei·te M/F ⟨-n; -n⟩ secondo *m*, -a *f*

Zwei·tei·ler M ⟨-s; -⟩ *umg* due pezzi *m* **zwei·tei·lig** ADJ di (*od* in) due parti, bipartito

Z

zwei·tens ADV in secondo luogo, secondo
zweit·größt... ADJ secondo per (*od* in ordine di) grandezza **zweit·höchst...** ADJ secondo per altezza **zweit·klas·sig** ADJ *pej* di second'ordine **zweit·letzt...** ADJ penultimo **zweit·ran·gig** ADJ **1** di secondaria importanza **2** → zweitklassig
Zweit·schlüs·sel M seconda chiave *f* **Zweit·schrift** F duplicato *m*, copia *f* **Zweit·stim·me** F seconda votazione *f*
zwei·tü·rig ADJ a due porte
Zweit·wa·gen M seconda macchina *f* (*od* auto *f*) **Zweit·woh·nung** F seconda casa *f*
Zwei·vier·tel·takt M MUS tempo *m* di due quarti **zwei·wer·tig** ADJ CHEM bivalente **Zwei·zim·mer·woh·nung** F bicamere *m*, bilocale *m*
Zwerch·fell N diaframma *m* **Zwerch·fell·at·mung** F respirazione *f* diaframmatica
Zwerg M ⟨-[e]s; -e⟩ nano *m*
zwer·gen·haft ADJ nano (*a. fig*)
Zwerg·pu·del M barboncino *m* **Zwerg·wuchs** M nanismo *m* **zwerg·wüch·sig** ADJ nanistico
Zwet·sche F ⟨-; -n⟩ prugna *f*, susina *f*
Zwet·schen·baum M prugno *m*, susino *m* **Zwet·schen·was·ser** N ⟨-s; -wässer⟩ acquavite *f* di prugne, prunella *f*
Zwetsch·ge... → Zwetsche...
Zwetsch·ken·knö·del M *österr* = *gnocco di patate con prugna all'interno*
Zwi·ckel M ⟨-s; -⟩ tassello *m*; (*am Strumpf*) sprone *m*; (*am Hemd*) gherone *m*
zwi·cken VT & VI ⟨h.⟩ **1** pizzicare **2** (*wehtun*) fare male **3** *österr* (*Fahrkarte*) forare
Zwick·müh·le F **in einer ~ sein** (*od* **sitzen**) essere (*od* trovarsi) in un bel pasticcio
Zwie·back M ⟨-[e]s; -bäcke *u.* -e⟩ fetta *f* biscottata
Zwie·bel F ⟨-; -n⟩ **1** cipolla *f* **2** BOT bulbo *m* **Zwie·bel·ku·chen** M sformato *m* di cipolle
Zwie·bel·turm M campanile *m* a bulbo
Zwie·licht N penombra *f* ♦ **ins ~ geraten** essere messo in cattiva luce **zwie·lich·tig** ADJ ambiguo, equivoco
Zwie·spalt M ⟨-[e]s; -e *u.* -spälte⟩ conflitto *m* interiore, dilemma *m* **zwie·späl·tig** ADJ **1** conflittuale; (*Charakter*) contradditorio **2** (*Eindrücke*) discordante
Zwil·ling M ⟨-s; -e⟩ **1** gemello *m*, gemella *f* **2** *pl* ASTRON Gemelli *mpl*: **Felix ist ~** Felix è dei Gemelli
Zwil·lings·bru·der M fratello *m* gemello **Zwil·lings·paar** N coppia *f* di gemelli **Zwil·lings·schwes·ter** F sorella *f* gemella
Zwin·ge F ⟨-; -n⟩ **1** morsetto *m* **2** (*Schraubzwinge*) sergente *m* **3** (*am Stock*) puntale *m*; (*ringförmig*) ghiera *f*
zwin·gen ⟨zwang, gezwungen⟩ **A** VT forzare: **j-n zu etw ~** costringere qn a qc **B** VR **sich ~** (s)forzarsi ♦ **j-n in die Knie ~** mettere qn in ginocchio
zwin·gend ADJ **1** coercitivo **2** **-e Gründe** motivi plausibili; **-e Notwendigkeit** forza maggiore; **-e Logik** logica stringente
Zwin·ger M ⟨-s; -⟩ **1** serraglio *m* **2** (*Hundezwinger*) canile *m* **3** (*Käfig*) gabbia *f*
zwin·kern VI ⟨h.⟩ ammiccare: **mit den Augen ~** ammiccare gli occhi
zwir·beln VT **1** attorcigliare **2** **seinen Schnurrbart ~** arricciarsi i baffi
Zwirn M ⟨-[e]s; -e⟩ filo *m* da cucire, refe *m*
zwi·schen PRÄP (*+akk u. dat*) tra, fra
Zwi·schen·ab·la·ge F IT clipboard *m* **Zwi·schen·akt** M THEAT intermezzo *m* **Zwi·schen·auf·ent·halt** M sosta *f*, tappa *f* intermedia **Zwi·schen·be·mer·kung** F obiezione *f*, osservazione *f* **Zwi·schen·be·richt** M relazione *f* provvisoria (*od* interinale) **Zwi·schen·be·scheid** M risposta *f* interlocutoria **Zwi·schen·bi·lanz** F bilancio *m* provvisorio (*od* intermedio) **zwi·schen·blen·den** VT inserire **Zwi·schen·blu·tung** F metrorragia *f* **Zwi·schen·deck** N interponte *m* **Zwi·schen·ding** N cosa *f* intermedia
zwi·schen·durch ADV **1** (*ab und zu*) di tanto in tanto **2** (*in der Zwischenzeit*) frattanto, nel frattempo **3** (*nebenbei*) inoltre, tra l'altro ♦ **du darfst nicht so viel ~ essen** non devi mangiare così tanto tra i pasti
Zwi·schen·er·geb·nis N risultato *m* provvisorio **Zwi·schen·fall** M incidente *m* **Zwi·schen·fi·nan·zie·rung** F prefinanziamento *m* **Zwi·schen·fra-**

ge F domanda *f* (che interrompe) **Zwi·schen·ge·richt** N entremets *m* **Zwi·schen·ge·schoss**, *österr* **Zwi·schen·ge·schoß** N mezzanino *m* **Zwi·schen·glied** N anello *m* di congiunzione **Zwi·schen·grö·ße** F taglia *f*, misura *f* intermedia **Zwi·schen·han·del** M commercio *m* di commissione **Zwi·schen·händ·ler** M, **-in** F intermediario *m*, -a *f* **Zwi·schen·hoch** N alta pressione *f* temporanea **Zwi·schen·la·ger** N deposito *m* temporaneo **zwi·schen·la·gern** VT depositare temporaneamente **Zwi·schen·la·ge·rung** F stoccaggio *m* temporaneo **zwi·schen·lan·den** VI ⟨s.⟩ fare scalo: **in London ~** fare scalo a Londra **Zwi·schen·lan·dung** F scalo *m* **Zwi·schen·lö·sung** F soluzione *f* provvisoria **Zwi·schen·mahl·zeit** F spuntino *m*; (*nachmittags*) merenda *f* **zwi·schen·mensch·lich** ADJ interpersonale **Zwi·schen·prü·fung** F esame *m* preliminare **Zwi·schen·raum** M **1** spazio *m* **2** (*Abstand*) distanza *f* **3** (*zeitlich*) intervallo *m* **Zwi·schen·ruf** M intervento *m* **Zwi·schen·run·de** F SPORT semifinale *f* **zwi·schen·schal·ten** VT ELEK inserire **Zwi·schen·spiel** N MUS, THEAT interludio *m*, intermezzo *m* **Zwi·schen·spurt** M SPORT scatto *m* **zwi·schen·staat·lich** ADJ internazionale **Zwi·schen·sta·di·um** N stadio *m* intermedio **Zwi·schen·sta·ti·on** F fermata *f* intermedia: **~ machen** fare una fermata intermedia **Zwi·schen·stopp** M fermata *f* intermedia **Zwi·schen·stu·fe** F livello *m* intermedio **Zwi·schen·sum·me** F subtotale *m*, totale *m* parziale **Zwi·schen·ton** M sfumatura *f* **Zwi·schen·tür** F porta *f* di comunicazione **Zwi·schen·wand** F parete *f* divisoria **Zwi·schen·zeit** F **in der ~** nel frattempo **zwi·schen·zeit·lich** ADV nel frattempo

Zwist M ⟨-[e]s; -e⟩ disaccordo *m*, dissidio *m*, lite *f*

zwit·schern VI ⟨h.⟩ cinguettare

Zwit·ter M ⟨-s; -⟩ **1** BIOL, BOT ermafrodito *m* **2** *fig* ibrido *m*, incrocio *m*

zwo NUM *umg* → zwei

zwölf NUM **1** dodici: **in ~ Tagen** fra dodici giorni **2** (*zwölf Uhr*) le dodici: **~ Uhr mittags** mezzogiorno; **~ Uhr nachts** mezzanotte ♦ **eine Maßnahme fünf vor ~ treffen** = *prendere un provvedimento all'ultimo momento*

Zwölf F ⟨-; -en⟩ dodici *m*

Zwölf·fin·ger·darm M duodeno *m* **Zwölf·fin·ger·darm·ge·schwür** N ulcera *f* duodenale

zwölf·jäh·rig ADJ di dodici anni

zwölft: **sie waren zu ~** erano in dodici

zwölf·te ADJ **1** dodicesimo **2** (*im Datum*) dodici: **am -n März** il dodici marzo

Zwölf·tel N ⟨-s; -⟩ dodicesimo *m*, dodicesima parte *f*

Zwölf·ton·mu·sik F musica *f* dodecafonica

Zy·an·ka·li N ⟨-s⟩ cianuro *m* di potassio

zyk·lisch ADJ ciclico

Zyk·lon M ⟨-s; -e⟩ ciclone *m* (*a.* TECH)

Zyk·lus M ⟨-; Zyklen⟩ ciclo *m* (*a.* WIRTSCH, MED, MATH)

Zy·lin·der M ⟨-s; -⟩ cilindro *m* **Zy·lin·der·hut** M cappello *m* a cilindro **Zy·lin·der·kopf** M TECH testata *f* **Zy·lin·derkopf·dich·tung** F guarnizione *f* della testata

zy·lind·risch ADJ cilindrico

Zy·ni·ker M ⟨-s; -⟩, **-in** F ⟨-; -nen⟩ cinico *m*, -a *f* **zy·nisch** ADJ cinico **Zy·nis·mus** M ⟨-; Zynismen⟩ cinismo *m*

Zy·pern N ⟨-s⟩ Cipro *m* **Zyp·rer** M ⟨-s; -⟩, **-in** F ⟨-; -nen⟩ cipriota *m/f*

Zyp·res·se F ⟨-; -n⟩ cipresso *m*

Zyp·ri·ot M ⟨-en; -en⟩, **-in** F ⟨-; -nen⟩ cipriota *m/f* **zyp·ri·o·tisch** ADJ cipriota

zyp·risch ADJ cipriota

Zys·te F ⟨-; -n⟩ cisti *f*, ciste *f*

zy·to·lo·gisch ADJ citologico

Anhang

Italienische Abkürzungen

Bei deutschen Kurzwörtern wird in der Regel jeder Buchstabe einzeln (ADAC [adea'-tse]) ausgesprochen, italienische werden dagegen wie ein einziges Wort (AGIP ['adʒip]) gesprochen.

a 1 (**anno**) J. (*Jahr*) 2 (**ara**) a. (*Ar*)

A 1 (**autostrada**) A (*Autobahn*) 2 (**Austria**) A (*Österreich*)

AAST (**Azienda Autonoma di Soggiorno e Turismo**) Fremdenverkehrsverein

ab. (**abitanti**) Ew. (*Einwohner*)

a.c. 1 (**anno corrente**) l. J. (*laufenden Jahres*) 2 (**assegno circolare**) Barscheck

a. C. (**avanti Cristo**) v. Chr. (*vor Christus*)

ACI 1 (**Automobile Club d'Italia**) = ADAC (*Allgemeiner Deutscher Automobilclub*) 2 (**Azione Cattolica Italiana**) Italienischer Katholikenverband

ACLI (**Associazioni Cristiane Lavoratori Italiani**) Christlicher Verband italienischer Arbeiter

A.I.R.E. (**Anagrafe degli Italiani Residenti all'estero**) = Melderegister der Italienischen Staatsbürger mit Wohnsitz im Ausland

AGIP (**Azienda Generale Italiana Petroli**) Italienische Mineralölgesellschaft

AM (**Aeronautica militare**) Italienische Luftwaffe

AN (**Alleanza Nazionale**) Italienische Rechtspartei

ANAS (**Azienda Nazionale Autonoma delle Strade**) Italienische Straßenaufsichtsbehörde

ANSA (**Agenzia nazionale stampa associata**) Italienische Presseagentur

API 1 (**Anonima Petroli Italiana**) Italienische Mineralölverwaltung 2 (**Associazione piccole e medie industrie**) Verband der kleinen und mittleren Unternehmen

APT (**Azienda di Promozione Turistica**) Fremdenverkehrsamt

AR 1 (**Altezza Reale**) Königliche Hoheit 2 (**Avviso di Ricevimento**) Rückschein

ASE (**Agenzia di stampa europea**) EPA (*Europäische Presseagentur*)

AT 1 (**Antico Testamento**) A.T. (*Altes Testament*) 2 (**Alta Tensione**) Hochspannung

attn. (**attenzione**) z. Hd. (*zu Händen*)

AVIS (**Associazione Volontari Italiani del Sangue**) Verein der freiwilligen italienischen Blutspender

BCE (**Banca centrale europea**) EZB (*Europäische Zentralbank*)

BEI (**Banca europea per gli investimenti**) EIB (*Europäische Investitions-*

bank)

BOT (Buono ordinario del tesoro) Einfache Schatzanweisung

BR (Brigate Rosse) Rote Brigaden, italienische Terroristenorganisation

BT (Bassa Tensione) Niederspannung

BTP (Buoni del Tesoro Poliennali) Schatzbriefe mit mehrjähriger Laufzeit

BU (Bollettino Ufficiale) Amtliches Anzeigeblatt

C

c. (circa) ca. (*circa, zirka*)

c.a. 1 **(corrente anno)** d.J. (*dieses Jahr*) 2 **(corrente alternata)** Wechselstrom 3 **(alla cortese attenzione)** z.Hd. (*zu Händen*)

CAB (codice di avviamento bancario) BLZ (*Bankleitzahl*)

CAI (Club Alpino Italiano) Italienischer Alpenverein

CAP (Codice di Avviamento Postale) PLZ (*Postleitzahl*)

Cav. (Cavaliere) Träger eines Verdienstordens

CB (Banda cittadina) CB-Funk

CC 1 **(Carabinieri)** Karabinieri 2 **(Carta Costituzionale)** Verf. (*Verfassung*) 3 **(Codice Civile)** BGB (*Bürgerliches Gesetzbuch*) 4 **(Corte Costituzionale)** VfG (*Verfassungsgericht*) 5 **(Corte dei Conti)** RH (*Rechnungshof*)

c.c. 1 **(conto corrente)** GK (*Girokonto*) 2 **(corrente continua)** Glstr. (*Gleichstrom*)

c/c (conto corrente) GK (*Girokonto*)

CCI (Camera di Commercio Internazionale) IHK (*Internationale Handelskammer*)

c.c.p. (conto corrente postale) PGK (*Postgirokonto*)

CCT (Certificato di Credito del Tesoro) Schatzanweisung

CdS 1 **(Codice della Strada)** StVO (*Straßenverkehrsordnung*) 2 **(Consiglio di sicurazza)** Sicherheitsrat 3 **(Consiglio di Stato)** Staatsrat

CE 1 **(Comunità Europea)** EG (*Europäische Gemeinschaft*) 2 **(Consiglio d'Europa)** ER (*Europarat*)

CECA (Comunità Europea del Carbone e dell'Acciaio) EGKS (*Europäische Gemeinschaft für Kohle und Stahl*)

CEE *hist* **(Comunità Economica Europea)** EWG (*Europäische Wirtschaftsgemeinschaft*)

CEEA (Comunità Europea dell'Energia Atomica) EURATOM (*Europäische Atomgemeinschaft*)

cf., cfr. (confronta) vgl. (*vergleiche*)

CFC (clorofluorocarburi) FCKW (*Fluorkohlenwasserstoffe*)

CGIL (Confederazione Generale Italiana del Lavoro) Allgemeiner italienischer Gewerkschaftsbund

C.ia (compagnia) Komp., Co. (*Kompanie*)

CISL (Confederazione italiana sindacati lavoratori) Italienischer Arbeitergewerkschaftsbund

CIT (Compagnia Italiana Turismo) Italienische Gesellschaft für Fremdenverkehr

CL (**Comunione e Liberazione**) Katholische Laienbewegung in Italien

cm (**centimetro**) cm (*Zentimeter*)

c.m. (**corrente mese**) l. M. (*laufenden Monats*)

CNR (**Consiglio Nazionale delle ricerche**) Nationaler Forschungsrat

c/o bei

COMECON (**Consiglio di mutua assistenza economica**) RGW (*Rat für gegenseitige Wirtschaftshilfe*)

Comm. (**commendatore**) Komtur (*ital. Ehrentitel*)

Confagricoltura (**Confederazione [Generale] dell'Agricoltura [Italiana]**) Allgemeiner Verband der italienischen Landwirtschaft

Confapi (**Confederazione [Generale] della Piccola Industria**) Verband der kleinen Industriebetriebe

Confcommercio (**Confederazione [Generale] del Commercio**) Allgemeiner Verband des italienischen Handels

CONI (**Comitato Olimpico Nazionale Italiano**) Italienisches Nationales Olympisches Komitee

coop. (**cooperativa**) Gen. (*Genossenschaft*)

CP 1 (**Casella Postale**) Pf (*Postfach*) 2 (**Codice Penale**) StGB (*Strafgesetzbuch*)

CRI (**Croce Rossa Italiana**) Italienisches Rotes Kreuz

c.s. (**come sopra**) w. o. (*wie oben*)

CS 1 (**Codice della Strada**) StVO (*Straßenverkehrsordnung*) 2 (**Consiglio di Sicurezza**) SR (*Sicherheitsrat*)

CSCE (**Conferenza sulla Sicurezza e la Cooperazione in Europa**) KSZE (*Konferenz über Sicherheit und Zusammenarbeit in Europa*)

CSI (**Comunità degli Stati Indipendenti**) GUS (*Gemeinschaft Unabhängiger Staaten*)

CSM (**Consiglio Superiore della Magistratura**) Organ der Selbstverwaltung der Justiz

c.to (**conto**) Konto

CV (**cavallo vapore**) PS (*Pferdestärke*)

d.C. (**dopo Cristo**) n. Chr. (*nach Christus*)

DC (**Democrazia Cristiana**) (italienische) Christlich-Demokratische Partei

DIA (**Direzione Investigativa Antimafia**) Polizeiliche Hauptzentrale für die Bekämpfung der Mafia

DIGOS (**Divisione Investigazioni Generali e Operazioni Speciali**) Italienische Antiterrorgruppe der Polizei

DNA (**acido desossiribonucleico**) DNS (*Desoxyribonukleinsäure*)

DOC (**Denominazione d'Origine Controllata**) Qualitätswein aus kontrolliertem Anbau

DOCG (**Denominazione d'Origine Controllata e Garantita**) Qualitätsbezeichnung für Waren aus bestimmten Herkunftsgebieten

dott. (**dottore**) Dr. (*Doktor*)

dott.ssa (**dottoressa**) Frau Doktor

E

E (**est**) O (*Osten*)

EC (**EuroCity**) ≈ IC (*InterCity*)

ecc. (**eccetera**) etc. (*etcetera*), usw. (*und so weiter*)

ed. 1 (**editore**) Hrsg., Hg. (*Herausgeber*) 2 (**edizione**) Ausg. (*Ausgabe*)

EDP (**Electronic Data Processing**) EDV (*Elektronische Datenverarbeitung*)

EFTA (**Associazione Europea di Libero Scambio**) *Europäische Freihandelszone*

egr. (**egregio**) Sehr geehrte(r) (*in Briefen*)

E.I. (**Esercito italiano**) Italienisches Heer

EN (**EuroNotte**) ≈ *IC, der nur nachts fährt*

ENEA (**Energia Nucleare ed Energie Alternative**) (Nationaler Ausschuss für) Kernenergie und alternative Energiequellen

ENEL (**Ente Nazionale per l'Energia Elettrica**) Nationale Elektrizitätsgesellschaft

ENI (**Ente Nazionale Idrocarburi**) Nationale Brennstoffverwaltung

ENIT (**Ente Nazionale Italiano per il Turismo**) Italienischer Fremdenverkehrsverein

es. (**esempio**) Bsp. (*Beispiel*)

ES (**EuroStar**) ≈ ICE (*InterCity Express*)

F

Fatt. (**fattura**) Rech. (*Rechnung*)

f.co (**franco**) frei

Federcalcio (**Federazione Italiana Gioco Calcio**) Italienischer Fußballverband

Federmeccanica (**Federazione Sindacale dell'Industria Metalmeccanica Italiana**) Italienischer Gewerkschaftsbund der Metall verarbeitenden Industrie

FES (**Fondo Europeo per lo Sviluppo**) EEF (*Europäischer Entwicklungsfonds*)

ff, f.f. (**facente funzioni**) i.V. (*in Vertretung*)

FFAA (**Forze Armate**) Streitkräfte

FFSS, FS (**Ferrovie dello Stato**) Italienische Staatseisenbahnen

FI (**Forza Italia**) *ital. Mitte-Rechts-Partei*

FIAT (**Fabbrica italiana automobili Torino**) Italienische Automobilwerke Turin

F.lli (**Fratelli**) Gebr. (*Gebrüder*)

FMI (**Fondo Monetario Internazionale**) IWF (*Internationaler Währungsfonds*)

f.to (**firmato**) gez. (*gezeichnet*)

G

GdF, G.d.F. (**Guardia di Finanza**) Italienisches Polizeikorps für Zoll- und Steuerkontrolle

GIP (**giudice per le indagini preliminari**) Ermittlungsrichter

GPL (**Gas di Petrolio Liquefatto**) Flüssiggas

GR (**Giornale Radio**) Rundfunknachrichten

GU (**Gazzetta Ufficiale**) Amtsblatt der italienischen Regierung

H

h (**ora**) Std. (*Stunde*)
Hz (**hertz**) Hz (*Hertz*)

I

IA (**Intelligenza Artificiale**) KI (*Künstliche Intelligenz*)
IACP (**Istituto Autonomo per le Case Popolari**) Unabhängiges Amt für sozialen Wohnungsbau
ibid. (**ibidem**) ebd. (*ebenda*)
IC (**InterCity**) ≈ ICE (*InterCity Express*)
ICC (**Camera di Commercio Internazionale**) IHK (*Internationale Handelskammer*)
ICI (**Imposta Comunale sugli Immobili**) Kommunale Immobiliensteuer
i.e. (**id est, cioè**) d. h. (*das heißt*)
Ill.mo (**illustrissimo**) hochverehrt (*in Briefen*)
ILOR (**Imposta Locale sui Redditi**) kommunale Einkommenssteuer
IME (**Istituto Monetario Europeo**) EWI (*Europäisches Währungsinstitut*)
IMQ (**Istituto del Marchio di Qualità**) Institut für Gütezeichen
INA (**Istituto Nazionale Assicurazioni**) Nationales Versicherungsinstitut
INPS (**Istituto Nazionale Previdenza Sociale**) Staatliche italienische Sozialversicherungsanstalt
IRPEF (**Imposta sul Reddito delle Persone Fisiche**) Einkommenssteuer; (di lavoro dipendente) Lohnsteuer
ISTAT (**Istituto Centrale di Statistica**) = statistisches Bundesamt
IVA (**Imposta sul Valore Aggiunto**) MwSt. (*Mehrwertsteuer*)

K

km/h (**chilometri all'ora**) km/h (*Stundenkilometer*)
k.o. (**fuori combattimento**) k. o. (*Knock-out*)
kV (**chilovolt**) kV (*Kilovolt*)
kW (**chilowatt**) kW (*Kilowatt*)
kWh (**chilowattora**) kWh (*Kilowattstunde*)

L

l (**lunghezza**) L (*Länge*)
Lit (**lire italiane**) Lit. (*italienische Lire*)
l.m. (**livello del mare**) Meeresspiegel
LN (**Lega Nord**) *ital. Rechtspartei*
loc.cit. (**luogo citato**) a. a. O. (*am angeführten Ort*)

M

m. **1** (**morto**) gest. (*gestorben*) **2** (**mese**) M (*Monat*)
MEC (**Mercato Comune Europeo**) Europäischer Gemeinsamer Markt
MIB (**Milano Indice Borsa**) Börsenindex Mailand
min. (**minuto**) min. (*Minute*)
mitt. (**mittente**) Abs. (*Absender*)
MM (**Marina Militare**) Kriegsmarine

mq (**metro quadrato**) qm (*Quadratmeter*)

N

n. (**nato**) geb. (*geboren*)
n., N° (**numero**) Nr. (*Nummer*)
N (**nord**) N (*Norden*)
NAR (**Nuclei Armati Rivoluzionari**) Italienische Terrororganisation
NAS (**Nucleo Antisofisticazioni**) = Sondereinheit der Karabinieri gegen Lebensmittelverfälschung
NATO (**Organizzazione del Trattato nord-atlantico**) NATO (*Nordatlantikpakt*)
N.d.A. (**nota dell'autore**) Anm. d. Verf. (*Anmerkung des Verfassers*)
N.d.R. (**nota della redazione**) Anm. d. R. (*Anmerkung der Redaktion*)
NE (**nord-est**) NO (*Nordost*)
NO (**nord-ovest**) NW (*Nordwest*)
N.N. (**nomen nescio**) N.N. (*unbekannt*)
ns. (**nostro**) unser
NT 1 (**Nuovo Testamento**) N. T. (*Neues Testament*) 2 *Scheck:* (**non trasferibile**) nicht übertragbar
NU, N.U. 1 (**Nazioni Unite**) UN (*Vereinte Nationen*) 2 (**Nettezza Urbana**) Städtische Müllabfuhr und Straßenreinigung

O

O (**ovest**) W (*West*)
OC (**Onde Corte**) KW (*Kurzwelle*)
OCSE (**Organizzazione per la Cooperazione e lo Sviluppo Economico**) OECD (*Organisation für wirtschaftliche Zusammenarbeit und Entwicklung*)
O.d.G. (**ordine del giorno**) Tagesordnung
OL (**Onde Lunghe**) LW (*Langwelle*)
OLP (**Organizzazione per la Liberazione della Palestina**) PLO (*palästinensische Befreiungsorganisation*)
OM 1 (**Ordinanza Ministeriale**) ministerielle Verordnung 2 (**Onde Medie**) MW (*Mittelwelle*)
OMS (**Organizzazione Mondiale della Sanità**) WHO (*Weltgesundheitsorganisation*)
on. (**onorevole**) Parlamentsabgeordneter
ONU (**Organizzazione delle Nazioni Unite**) UNO (*United Nations Organization*)
op. cit. (**opera citata**) ebd. (*ebenda*)

P

p. (**pagina**) S. (*Seite*)
PA 1 (**Posta Aerea**) LP (*Luftpost*) 2 (**Pubblica Amministrazione**) Ö.V. (*Öffentliche Verwaltung*)
pag. (**pagina**) S. (*Seite*)
pagg. (**pagine**) Seiten
par. (**paragrafo**) Par. (*Paragraph*)
p. c. (**per conoscenza**) z.K. (*zur Kenntnisnahme*)
PD (**Partito Democratico**) Demokratische Partei
PDCI (**Partito dei Comunisti Italiani**)

ital. Linkspartei

p. e., p. es. (**per esempio**) z. B. (*zum Beispiel*)

p. f. (**per favore**) bitte

PG 1 (**Procuratore Generale**) Oberstaatsanwalt 2 (**Polizia Giudiziaria**) Gerichtspolizei

PIL (**Prodotto Interno Lordo**) BIP (*Bruttoinlandsprodukt*)

PM 1 (**Polizia Militare**) M. P. (*Militärpolizei*) 2 JUR (**Pubblico Ministero**) StA (*Staatsanwalt*)

PNL (**Prodotto Nazionale Lordo**) BSP (*Bruttosozialprodukt*)

pp. (**pagine**) Seiten

PPTT (**Poste e Telecomunicazioni**) Post- und Fernmeldewesen

PR 1 (**Procuratore della Repubblica**) Oberstaatsanwalt 2 (**Pubbliche Relazioni**) Public Relations

PRC (**Partito della Rifondazione Comunista**) *ital. Linkspartei*

PS 1 (**post scriptum**) PS (*Postskript*) 2 (**Polizia di Stato**) Staatspolizei

PT 1 (**Poste e Telecomunicazioni**) Post- und Fernmeldewesen 2 (**Polizia Tributaria**) Steuerfahndung

p.v. (**prossimo venturo**) nächst

P.za (**piazza**) Pl. (*Platz*)

Q

q (**quintale**) Dz (*Doppelzentner*)

q. b. (**quanto basta**) n. B. (*nach Bedarf*)

R

R 1 (**raccomandata**) Einschreiben 2 PHYS (**resistenza elettrica**) EW (*elektrischer Widerstand*)

rag. (**ragioniere**) Buchhalter

RAI, RAI-TV (**Radio Audizioni Italiane**) Italienische Rundfunk- und Fernsehanstalt

RDT *hist* (**Repubblica Democratica Tedesca**) DDR (*Deutsche Demokratische Republik*)

RFT (**Repubblica Federale Tedesca**) BRD (*Bundesrepublik Deutschland*)

RI (**Repubblica Italiana**) Italienische Republik

RNA (**acido ribonucleico**) RNS (*Ribonukleinsäure*)

R/REG (**Regionale**) ≈ *Regionalbahn*

RSM (**Repubblica di San Marino**) Republik San Marino

RR (**ricevuta di ritorno**) Rückschein

S

s (**secondo**) s, Sek. (*Sekunde*)

s. (**seguente**) f. (*folgend*)

S (**sud**) S (*Süd*)

S. 1 (**santo**) hl., St. (*heilig, Sankt*)

SA (**Società anonima**) AG (*Aktiengesellschaft*)

S.acc. (**Società in accomandita**) KG (*Kommanditgesellschaft*)

SD (**Sinistra Democratica**) *ital. Linkspartei*

SE 1 (**Sua Eccellenza**) Seine Exzellenz 2 (**sud-est**) SO (*Südost*)

seg. (**seguente**) folg. (*folgend*)
SIAE (**Società Italiana Autori ed Editori**) Italienischer Autoren- und Verlegerverband
sig. (**signore**) H(r). (*Herr*)
sigg. (**signori**) (Damen und) Herren
sig.na (**signorina**) Frl. (*Fräulein*)
sig.ra (**signora**) Fr. (*Frau*)
SME (**Sistema Monetario Europeo**) EWS (*Europäisches Währungssystem*)
SO (**sud-ovest**) SW (*Südwest*)
soc. (**società**) Ges. (*Gesellschaft*)
SP 1 (**Santo Padre**) Heiliger Vater 2 (**Strada Provinciale**) Landstraße
S.p.A. (**Società per Azioni**) AG (*Aktiengesellschaft*)
Spett. (**spettabile**) sehr verehrte(r)
SPM (**Sue Proprie Mani**) z.Hd. (*zu Händen*)
S.P.Q.R. (**Senatus Populusque Romanus**) Senat und Volk von Rom
s.r.l. (**Società a responsabilità limitata**) GmbH (*Gesellschaft mit beschränkter Haftung*)
S.S. 1 (**Sua Santità**) Seine Heiligkeit 2 (**Santa Sede**) Heiliger Stuhl 3 (**Strada Statale**) Staatsstraße
SSN (**Servizio Sanitario Nazionale**) Nationaler Gesundheitsdienst

T

t 1 (**tonnellata**) t (*Tonne*) 2 (**tempo**) t (*Tempo*)
T (**tabacchi**) Tabakwaren (auf Ladenschildern)
TAC (**tomografia assiale computerizzata**) C.T. (*Computertomographie*)
TAR (**Tribunale Amministrativo Regionale**) Regionales Verwaltungsgericht
Tbc, TBC (**tubercolosi**) Tbc, Tb (*Tuberkulose*)
TCI (**Touring Club Italiano**) Italienischer Touring Club
tel. (**telefono**) Tel. (*Telefon*)
TG (**telegiornale**) Fernsehnachrichten
TIR (**Trasporti Internazionali su Strada**) Internationale LKW-Transporte
TMEC (**Tempo Medio dell'Europa Centrale**) MEZ (*Mitteleuropäische Zeit*)
TUS (**Tasso Ufficiale di Sconto**) Diskontsatz
TUT (**Tariffa Urbana a Tempo**) Zeiteinheit für Ortsgespräche

U

UC (**Ufficio di Collocamento**) Arbeitsvermittlungsstelle
UDC (**Unione dei Democratici Cristiani e di Centro**) *ital. Mittepartei*
UE, Ue (**Unione Europea**) EU (*Europäische Union*)
Uem (**Unione economica e monetaria europea**) EWWU (*Europäische Wirtschafts- und Währungsunion*)
UEO (**Unione dell'Europa Occidentale**) WEU (*Westeuropäische Union*)
UIL 1 (**Ufficio internazionale del Lavoro**) Internationales Arbeitsamt 2 (**Unione Italiana del Lavoro**) Allgemeiner italienischer Gewerk-

schaftsbund

URSS *hist* (**Unione delle Repubbliche Socialiste Sovietiche**) UdSSR (*Union der Sozialistischen Sowjetrepubliken*)

u.s. (ultimo scorso) vergangen

US 1 (**Ufficio Stampa**) Pressestelle 2 (**Uscita di Sicurezza**) Notausgang

USA (**Stati Uniti d'America**) USA (*Vereinigte Staaten von Amerika*)

USL (**Unità Sanitaria Locale**) Staatliche lokale medizinische Dienstleistungseinrichtung

V

V 1 (**volt**) V (*Volt*) 2 (**volume**) V (*Volumen*)

v. 1 (**vedi**) s. (*siehe*) 2 (**via**) Str. (*Straße*)

val. 1 (**valore**) Wert 2 (**valuta**) Valuta

ved. 1 (**vedova**) Wwe. (*Witwe*) 2 (**vedovo**) Wwr. (*Witwer*)

Vesc. (**Vescovo**) Bischof

VF (**Vigili del fuoco**) Feuerwehr

v.le (**Viale**) Allee

vol. (**volume**) Bd. (*Band*)

VP 1 (**Vaglia Postale**) Postanweisung 2 (**Vicepresidente**) VP (*Vizepräsident*)

v.r. (**vedi retro**) s. R. (*siehe Rückseite*)

v.s. (**vedi sopra**) s. o. (*siehe oben*)

Vs., VS (**Vostro**) Ihr

VT (**Vecchio Testamento**) A.T. (*Altes Testament*)

VU (**Vigile Urbano**) Verkehrspolizist

W

W 1 (**watt**) W (*Watt*) 2 (**evviva**) es lebe

WC (**water closet**) WC (*Wasserklosett*)

WL (**vagone letto**) Schlafwagen

Abbreviazioni tedesche

A 1 (**Autobahn**) A (*Autostrada*) 2 (**Ampere**) A (*ampere*) 3 (**Austria**) A (*Austria*)

AA (**Auswärtiges Amt**) Ministero degli Affari Esteri

a. a. O. (**am angeführten Ort**) loc. cit. (*al luogo citato*)

Abb. (**Abbildung**) fig. (*figura*)

Abk. (**Abkürzung**) abbr. (*abbreviazione*)

ABM (**Arbeitsbeschaffungsmaßnahme**) provvedimento per l'occupazione

Abs. 1 (**Absatz**) par. (*paragrafo*) 2 (**Absender**) mitt. (*mittente*)

ABS (**Antiblockiersystem**) ABS (*sistema antibloccaggio*)

Abt. (**Abteilung**) sez. (*sezione*); reparto

a. d. GEOGR (**an der**) sul, sulla

a. D. (**außer Dienst**) a r. (*a riposo*)

ADAC (**Allgemeiner Deutscher Automobil-Club**) Automobile club tedesco

AG (**Aktiengesellschaft**) S.p.A. (*Società per Azioni*)

AKW (**Atomkraftwerk**) centrale nucleare

allg. (**allgemein**) generale; generalmente

Anh. (**Anhang**) app. (*appendice*)

Anl. (**Anlage**) all. (*allegato*)

Anm. (**Anmerkung**) N (*nota*)

a. o. Prof. (**außerordentlicher Professor**) prof. (*professore*) straordinario

APO, Apo (**Außerparlamentarische Opposition**) opposizione extraparlamentare

Art. (**Artikel**) art. (*articolo*)

AStA (**Allgemeiner Studentenausschuss**) Comitato generale studentesco

ASU (**Abgassonderuntersuchung**) controllo dei gas di scarico

atü (**Atmosphärenüberdruck**) sovrappressione atmosferica

Aufl. (**Auflage**) ed. (*edizione*)

Ausg. (**Ausgabe**) ed. (*edizione*)

Azubi (**Auszubildende**) apprendista, tirocinante

B

b. (**bei**) presso, da

B (**Bundesstraße**) = S.S. (*strada statale*)

BAB (**Bundesautobahn**) autostrada federale

BAföG, Bafög (**Bundesausbildungsförderungsgesetz**) legge federale sulla promozione dell'istruzione

BAT (**Bundesangestelltentarifvertrag**) tariffario retributivo del pubblico impiego

Bd. (**Band**) vol. (volume)

BE (**Broteinheit**) unità di misura degli idrati di carbonio

bes. (**besonders**) spec. (*speciale, specialmente*)

betr. (**betreffend, betreffs**) riguardante, concernente; **Betr.** (**Betreff**) ogg. (*oggetto*)

bez. 1 (**bezahlt**) pagato 2 (**bezüglich**) rel. (*relativo a*)

Bez. 1 (**Bezeichnung**) denominazione 2 (**Bezirk**) distretto

BGB (**Bürgerliches Gesetzbuch**) C.C. (*codice civile*)

Bhf. (**Bahnhof**) stazione

BKA (**Bundeskriminalamt**) ufficio criminale federale

BLZ (**Bankleitzahl**) CAB (*Codice di Avviamento Bancario*)

BND (**Bundesnachrichtendienst**) Servizi segreti federali

BRD (**Bundesrepublik Deutschland**) RFT (*Repubblica Federale Tedesca*)

BRT (**Bruttoregistertonne**) t.s.l. (*tonnellata di stazza lorda*)

BSP (**Bruttosozialprodukt**) PNL (*prodotto nazionale lordo*)

Btx (**Bildschirmtext**) Videotel®, Videotex®

b. w. (**bitte wenden**) v. r. (vedi retro)

bzw. (**beziehungsweise**) risp. (*rispettivamente*)

C

C (**Celsius**) °C (*Celsius, grado centigrado*)

ca. (**circa, ungefähr**) circa, all'incirca

CAD (**Computer Aided Design**) progettazione computerizzata

CDU (**Christlich-Demokratische Union**) Unione Democratica Cristiana

CH (**Confoederatio Helvetica**) CH (*Confederazione Elvetica*)

Co. (**Kompanie**) C.ia (*compagnia*)

CSU (**Christlich-Soziale Union**) Unione Sociale Cristiana

CVJM (**Christlicher Verein Junger Menschen**) associazione cristiana dei giovani

D (**Deutschland**) D (*Germania*)

d. Ä. (**der Ältere**) il vecchio

DAAD (**Deutscher Akademischer Austauschdienst**) Organizzazione tedesca per gli scambi accademici

DAX (**Deutscher Aktienindex**) indice azionario tedesco

DB (**Deutsche Bahn AG**) Ferrovie Federali Tedesche

DDR *hist* (**Deutsche Demokratische Republik**) RDT (*Repubblica Democratica Tedesca*)

DFB (**Deutscher Fußball-Bund**) Federazione calcistica tedesca

DFÜ (**Datenfernübertragung**) teletrasmissione

DGB (**Deutscher Gewerkschaftsbund**) Confederazione dei sindacati tedeschi

dgl. (**dergleichen**) sim. (*simili*)

d. h. (**das heißt**) cioè

DIN® (**Deutsche Industrie-Norm**) norma industriale tedesca

Dipl.-Ing. (**Diplomingenieur**) laureato in ingegneria

Diss. (**Dissertation**) tesi di dottorato

DJH (**Deutsche Jugendherberge**)

ostello tedesco della gioventù

DLRG (**Deutsche Lebensrettungs--Gesellschaft**) società tedesca per il salvataggio

DM *hist* (**Deutsche Mark**) marco tedesco

DNS (**Desoxiribonukleinsäure**) DNA (*acido desossiribonucleico*)

dpa (**Deutsche Presse-Agentur**) agenzia di stampa tedesca

Dr. (**Doktor**) dott. (*dottore*)

Dr. e.h. (**Doktor ehrenhalber**) dott. h.c. (*Dottore honoris causa*); **Dr. jur.** (**Doktor der Rechte**) dottore in legge; **Dr. med.** (**Doktor der Medizin**) dottore in medicina; **Dr. phil.** (**Doktor der Philosophie**) dottore in (lettere e) filosofia; **Dr. rer. nat.** (**Doktor der Naturwissenschaften**) dottore in scienze naturali

DRK (**Deutsches Rotes Kreuz**) Croce Rossa Tedesca

DSB (**Deutscher Sportbund**) lega sportiva tedesca

dt. (**deutsch**) ted. (*tedesco*)

Dtzd. (**Dutzend**) dozz. (*dozzina*)

d. U. (**der Unterzeichnete**) il sottoscritto

DV (**Datenverarbeitung**) ED (*elaborazione dati*)

dz (**Doppelzentner**) q (*quintale*)

D-Zug (**Durchgangszug, Schnellzug**) (treno) espresso

E

E (**Eilzug**) D (*treno diretto*)

EAN-Code codice a barre, codice EAN

ebd. (**ebenda**) ib., ibid. (*ibidem, ivi*)

EC (**Eurocity-Zug**) treno eurocity

EDV (**Elektronische Datenverarbeitung**) EDP (*elaborazione elettronica dei dati*)

EEF (**Europäischer Entwicklungsfonds**) FES (*Fondo Europeo di Sviluppo*)

EFTA (**European Free Trade Association**) Associazione Europea di Libero Scambio

eG, e. G. (**eingetragene Genossenschaft**) cooperativa registrata

EG (**Europäische Gemeinschaft**) CE (*Comunità Europea*)

EGKS (**Europäische Gemeinschaft für Kohle und Stahl**) CECA (*Comunità Europea del Carbone e dell'Acciaio*)

eGmbH (**eingetragene Genossenschaft mit beschränkter Haftung**) Società cooperativa registrata a responsabilità limitata

e. h. (**ehrenhalber**) h. c. (*honoris causa*); onorario

EIB (**Europäische Investitionsbank**) Banca europea per gli investimenti

eidg. (**eidgenössisch**) della confederazione elvetica

einschl. (**einschließlich**) incl. (*incluso*)

EKD (**Evangelische Kirche Deutschlands**) Chiesa Evangelica Tedesca

EKG (**Elektrokardiogramm**) ecg. (*elettrocardiogramma*)

erl. (**erledigt**) sbrigato

EU (**Europäische Union**) UE (*Unione Europea*)

EuGH (**Europäischer Gerichtshof**) Corte di Giustizia (europea)

EUR (**Euro**) euro

EURATOM (**Europäische Atomgemeinschaft**) Comunità Europea per l'Energia Atomica

ev. (**evangelisch**) protestante

e.V. (**eingetragener Verein**) associazione registrata

evtl. (**eventuell**) eventualmente

EWG *hist* (**Europäische Wirtschaftsgemeinschaft**) CEE (*Comunità Economica Europea*)

EWI (**Europäisches Währungsinstitut**) Ime (*Istituto monetario europeo*)

EWS (**Europäisches Währungssystem**) SME (*Sistema Monetario Europeo*)

EWU, EWWU (**Europäische Wirtschafts- und Währungsunion**) Uem (*Unione economica e monetaria europea*)

Ex. (**Exemplar**) esemplare, copia

EZB (**Europäische Zentralbank**) BCE (*Banca Centrale Europea*)

F

f. (**folgende Seite**) pagina seguente

F **1** (**Frequenz**) f (*frequenza*) **2** (**Fahrenheit**) °F (*Fahrenheit*)

Fa. (*Firma*) ditta

FC (**Fußballclub**) club di calcio

FCKW (**Fluorchlorkohlenwasserstoff**) CFC (*Clorofluorocarburo*)

FDP (**Freie Demokratische Partei**) Partito Liberale Democratico

ff. (**folgende Seiten**) pagine seguenti

FH (**Fachhochschule**) istituto superiore tecnico

FKK (**Freikörperkultur**) nudismo

Forts. (**Fortsetzung**) continuazione

FPÖ (**Freiheitliche Partei Österreichs**) Partito Liberale Austriaco

Fr. **1** (**Frau**) sig.ra (*signora*) **2** (**Franken**) franco (svizzero)

Frl. (**Fräulein**) sig.na (*signorina*)

G

GATT (**General Agreement on Tariffs and Trade**) Accordo Generale sulle Tariffe Doganali ed il Commercio

GAU (**größter anzunehmender Unfall**) massimo incidente (nucleare) ipotizzabile

Gbl (**Gesetzblatt**) **GU** (Gazzetta Ufficiale)

geb. **1** (**geboren**) n. (*nato*) **2** (**gebunden**) ril. (*rilegato*)

Gebr. (**Gebrüder**) F.lli (*fratelli*)

gegr. (**gegründet**) fondato

GEMA (**Gesellschaft für musikalische Aufführungs- und mechanische Vervielfältigungsrechte**) Società per l'esecuzione musicale e i diritti di riproduzione

Ges. **1** (**Gesellschaft**) Soc., S. (*società*) **2** (**Gesetz**) legge

ges. gesch. (**gesetzlich geschützt**) brev. (*brevettato dalla legge, registrato*)

gesch. (**geschieden**) divorziato

gest. (**gestorben**) defunto

gez. (**gezeichnet**) f.to (*firmato*)

GG (**Grundgesetz**) legge fondamentale; costituzione

ggf. (**gegebenenfalls**) eventualmente

GmbH (**Gesellschaft mit beschränkter Haftung**) s.r.l. (*società a responsabilità limitata*)

GUS (**Gemeinschaft Unabhängiger Staaten**) CSI (*Comunità degli Stati Indipendenti*)

H

h 1 (**Höhe**) alt. (*altitudine*) 2 (**Stunde**) ora

H (**Herr**) sig. (*Signore*)

Hbf. (**Hauptbahnhof**) stazione centrale

hg. (**herausgegeben**) pubblicato

HGB (**Handelsgesetzbuch**) codice commerciale

hl. (**heilig**) S. (*santo*)

HNO-Arzt (**Hals-Nasen-Ohren-Arzt**) ORL (*otorinolaringoiatra*)

Hr. (**Herr**) sig. (*signor*)

Hrn. (**Herrn**) sig. (*al signor*)

hrsg. (**herausgegeben**) pubblicato

Hrsg. (**Herausgeber**) ed. (*editore*)

I

i. A. (**im Auftrag**) p.p. (*per procura*)

IAA (**Internationales Arbeitsamt**) UIL (*Ufficio Internazionale del Lavoro*)

IC (**Intercity-Zug**) IC (*treno Intercity*)

ICE (**Intercity-Express**) ≈ ES (*Eurostar*)

IG (**Industriegewerkschaft**) sindacato industriale

IHK (**Industrie- und Handelskammer**) Camera dell'Industria e del Commercio

Inh. (**Inhaber**) titolare

inkl. (**inklusive**) incl. (*incluso*)

INTERPOL (**Internationale Kriminalpolizeiliche Organisation**) Organizzazione Internazionale della Polizia Criminale

IOC (**Internationales Olympisches Comitee**) COI (*Comitato Olimpico Internazionale*)

IQ (**Intelligenzquotient**) Q.I. (*quoziente d'intelligenza*)

i. R. (**im Ruhestand**) a riposo

i. V. 1 (**in Vertretung**) per 2 (**in Vollmacht**) p.p. (*per procura*)

IWF (**Internationaler Währungsfonds**) FMI (*Fondo Monetario Internazionale*)

J

Jb. (**Jahrbuch**) annuario

JH (**Jugendherberge**) ostello per la gioventù

Jh. (**Jahrhundert**) sec. (*secolo*)

jr., jun. (**junior**) junior, figlio

K

K (**Kalorie**) cal. (*caloria*)

Kap. (**Kapitel**) cap. (*capitolo*)

kath. (**katholisch**) catt. (*cattolico*)
Kfm. (**Kaufmann**) commerciante
Kfz (**Kraftfahrzeug**) autovettura
KG (**Kommanditgesellschaft**) S.acc. (*Società in accomandita*)
kgl. (**königlich**) reale
Kl. (**Klasse**) classe
km (**Kilometer**) km (*chilometro*); **km^2** (**Quadratkilometer**) km^2 (*chilometro quadrato*)
Kr. (**Kreis**) distretto
Kripo (**Kriminalpolizei**) polizia criminale
KSZE (**Konferenz über Sicherheit und Zusammenarbeit in Europa**) CSCE (*Conferenza per la Sicurezza e la Cooperazione in Europa*)
Kt. (**Kanton**) Cantone
Kto. (**Konto**) conto
kW (**Kilowatt**) kW (*chilowatt*)
kWh (**Kilowattstunde**) kWh (*chilowattora*)
KZ (**Konzentrationslager**) campo di concentramento

L

l (**Länge**) l. (*lunghezza*)
led. (**ledig**) celibe, nubile
LF (**Lichtschutzfaktor**) fattore protettivo
lfd. (**laufend**) c. (*corrente*)
Lfg., Lfrg. (**Lieferung**) consegna
lg (**Logarithmus**) log. (*logaritmo*)
Lit. (**Literatur**) letteratura
Lkw (**Lastkraftwagen**) camion
LP (**Luftpost**) PA (*posta aerea*)
lt. (**laut**) secondo
luth. (**lutherisch**) luterano
LW (**Langwelle**) OL (*onde lunghe*)

MA (**Mittelalter**) ME (*medioevo*)
MAD (**Militärischer Abschirmdienst**) Servizio di controspionaggio militare
mbH (**mit beschränkter Haftung**) a.r.l. (*a responsabilità limitata*)
Md., Mrd. (**Milliarde**) miliardo
MdB (**Mitglied des Bundestages**) Membro del Bundestag, Deputato
MdL (**Mitglied des Landtages**) Membro del Parlamento del Land
m. E. (**meines Erachtens**) a mio parere
MEZ (**Mitteleuropäische Zeit**) TMG (*Tempo Medio di Greenwich*)
Mill. (**Million**) milione
min. (**minimum**) min. (*minimo*)
Min. (**Minute**) min. (*minuto*)
möbl. (**möbliert**) ammobiliato
Mrd. (**Milliarde**) miliardo
mtl. (**monatlich**) mensile
MW 1 (**Megawatt**) MW (*megawatt*) 2 (**Mittelwelle**) OM (*onde medie*)
MwSt., MWSt. (**Mehrwertsteuer**) IVA (*imposta sul valore aggiunto*)
Mz. (**Mehrzahl**) plurale

N (**Norden**) N (*nord*)
NATO (**Nordatlantikpakt-Organisati-**

on) NATO (Organizzazione del Patto Nordatlantico)

NC (**numerus clausus**) numero chiuso

n. Chr. (**nach Christus**) d. C. (*dopo Cristo*)

NO (**Nordosten**) NE (*nord-est*)

No., Nr. (**Nummer**) numero

NPD (**Nationaldemokratische Partei Deutschlands**) Partito Nazionaldemocratico Tedesco

NS *hist* (**Nationalsozialismus**) Nazionalsocialismo

N. T. (**Neues Testament**) NT (Nuovo Testamento)

NW (**Nordwesten**) NO (*nord-ovest*)

O

O (**Osten**) E (*est*)

o. a. (**oben angeführt**) sopraccitato

o. Ä. (**oder Ähnliche[s]**) o simile

ÖAMTC (**Österreichischer Automobil-, Motorrad- und Touring-Club**) Automobilclub Austria

OB (**Oberbürgermeister**) sindaco

o. B. (**ohne Befund**) esito negativo

ÖBB (**Österreichische Bundesbahnen**) Ferrovie Federali Austriache

od. (**oder**) o

OECD (**Organisation für wirtschaftliche Zusammenarbeit und Entwicklung**) OCSE (*Organizzazione per la Collaborazione e lo Sviluppo Economico*)

ÖTV ([**Gewerkschaft**] **Öffentliche Dienste, Transport und Verkehr**) [sindacato] servizi pubblici e trasporti

OHG (**Offene Handelsgesellschaft**) S.n.c. (*società in nome collettivo*)

OP (**Operationssaal**) sala operatoria

op. (**opus**) opera

ÖVP (**Österreichische Volkspartei**) Partito Popolare Austriaco

P

Pat. (**Patent**) brev. (*brevetto*)

PDS *hist* (**Partei des Demokratischen Sozialismus**) Partito del Socialismo Democratico Tedesco

Pf *hist* **1** (**Pfennig**) pfennig **2** (**Postfach**) C.P. (*Casella Postale*)

Pfd. (**Pfund**) libbra, 500 g

PH (**Pädagogische Hochschule**) Istituto Pedagogico

Pkt. (**Punkt**) punto

Pkw (**Personenkraftwagen**) automobile

PLZ (**Postleitzahl**) CAP (*Codice di Avviamento Postale*)

PR (**Public Relations**) pubbliche relazioni

Prov. (**Provinz**) provincia

PS (**Pferdestärke**) CV (*cavallo vapore*)

Q

q *schweiz, österr* (**Zentner**) q (*quintale*)

qkm (**Quadratkilometer**) chilometro quadrato

qm (**Quadratmeter**) metro quadrato

R

r. (**rechts**) d (*a destra*)

RAF (**Rote-Armee-Fraktion**) organizzazione terroristica tedesca

rd. (**rund** [gerechnet]) in cifre tonde

Reg.-Bez. (**Regierungsbezirk**) distretto amministrativo

Rel. (**Religion**) religione

r.-k. (**römisch-katholisch**) cattolico romano

S

S **1** (**Süden**) sud **2** (**Schilling**) scellino

S. (**Seite**) p., pag. (*pagina*)

s (**Sekunde**) s (*secondo*)

s. (**siehe**) v. (*vedi*)

SAC (**Schweizer Alpenclub**) Club Alpino Svizzero

SB (**Selbstbedienung**) self-service

S-Bahn (**Schnellbahn**) ferrovia rapida

SBB (**Schweizerische Bundesbahnen**) Ferrovie Federali Svizzere

SED *hist* (**Sozialistische Einheitspartei Deutschlands,** *Ex-DDR*) Partito Socialista Unificato della Germania, *ex-RDT*

sek, Sek. (**Sekunde**) secondo

sen. (**senior**) sen. (*padre*)

SO (**Südosten**) SE (*sud-est*)

s. o. (**siehe oben**) v. s. (*vedi sopra*)

sog. (**sogenannt**) cd (*cosiddetto*)

SPD (**Sozialdemokratische Partei Deutschlands**) Partito Socialdemocratico della Germania

SPÖ (**Sozialistische Partei Österreichs**) Partito Socialista Austriaco

SR (**Sicherheitsrat**) CS (*Consiglio di Sicurezza*)

SS(**Sommersemester**) semestre estivo

St. (**Sankt**) S. (*San*)

St., Std. (**Stunde**) h (*ora*)

StGB (**Strafgesetzbuch**) CP (*Codice penale*)

StPO (**Strafprozessordnung**) CPP (*Codice di Procedura Penale*)

Str. (**Straße**) V. (*via*)

StVO (**Straßenverkehrsordnung**) CdS (*Codice Stradale*)

SVP (**Schweizerische Volkspartei**) Partito Popolare Svizzero

SW (**Südwesten**) SO (*sud-ovest*)

T

tägl. (**täglich**) giornalmente; ogni giorno

Tbc (**Tuberkulose**) TBC (*tubercolosi*)

Tel. (**Telefon**) tel. (*telefono*)

TH (**Technische Hochschule**) Politecnico

TU (**Technische Universität**) Università Tecnica

TÜV (**Technischer Überwachungsverein**) Ufficio di controllo tecnico

TV **1** (**Turnverein**) Associazione ginnica **2** (**Television**) tv

u. (**und**) e.

u. a. **1** (**unter anderem**) fra l'altro

2 (**und anderes**) ed altro
u. Ä. (**und Ähnliche[s]**) e simili
U-Bahn (**Untergrundbahn**) metropolitana
ü. d. M. (**über dem Meeresspiegel**) sopra il livello del mare
UdSSR *hist* (**Union der Sozialistischen Sowjetrepubliken**) URSS (*Unione delle Repubbliche Socialiste Sovietiche*)
UKW (**Ultrakurzwelle**) onde ultracorte
U/min (**Umdrehungen pro Minute**) giri/min. (*giri al minuto*)
UNO (**Organisation der Vereinten Nationen**) ONU (*Organizzazione delle Nazioni Unite*)
urspr. (**ursprünglich**) originariamente
usf. (**und so fort**) e così via
usw. (**und so weiter**) ecc. (*eccetera*)
u. U. (**unter Umständen**) circostanze permettendo
u. ü. V. (**unter üblichem Vorbehalt**) con le solite riserve

V

v. (**von**) di; da
V (**Volt**) V (*volt*)
v. a. (**vor allem**) soprattutto
v. Chr. (**vor Christus**) a. C. (*avanti Cristo*)
VEB *hist.* (**Volkseigener Betrieb,** *Ex-DDR*) impresa socializzata, *ex-RDT*
Verf., Vf. (**Verfasser**) autore
verh. (**verheiratet**) sposato
verw. (**verwitwet**) vedovo, -a
vgl. (**vergleiche**) cfr. (*confronta*)
v. g. u. (**vorgelesen, genehmigt, unterschrieben**) letto, approvato, firmato
VHS (**Volkshochschule**) Università Popolare
vorm. **1** (**vormals**) già; ex **2** (**vormittags**) al mattino
Vors. (**Vorsitzender**) presidente

W

W (**Westen**) O (*ovest*)
WEU (**Westeuropäische Union**) UEO (*Unione dell'Europa Occidentale*)
WEZ (**Westeuropäische Zeit**) TMG (*Tempo Medio di Greenwich*)
WG (**Wohngemeinschaft**) comune
WGO (**Weltgesundheitsorganisation**) OMS (*Organizzazione Mondiale della Sanità*)
WM (**Weltmeisterschaft**) campionato del mondo
WS (**Wintersemester**) semestre invernale
Wwe. (**Witwe**) vedova; **Wwr.** (**Witwer**) vedovo

Z

Z. (**Ziffer**) cifra
z. B. (**zum Beispiel**) p. es. (*per esempio*)
ZGB (**Zivilgesetzbuch**) CC (*Codice Civile*)

z. Hd. (**zu Händen von**) c.a. (*alla cortese attenzione*); Sue Proprie Mani

ZPO (**Zivilprozessordnung**) CPC (*Codice di Procedura Civile*)

z. T. (**zum Teil**) in parte

zus. (**zusammen**) insieme

zz., zzt. (**zurzeit**) attualmente

Italienische Kurzgrammatik

Die Deklination im Italienischen

1 Das Genus

Italienische Substantive sind entweder feminin oder maskulin. Das deutsche Neutrum gibt es im Italienischen nicht: das Wetter **il tempo**. Die meisten Substantive auf -**o** sind männlich, die meisten Substantive auf -**a** weiblich. Substantive auf -**e** können je nach ihrer Herkunft feminin oder maskulin sein.

feminin		maskulin	
la finestr**a**	das Fenster	la sorell**a**	die Schwester
la sedi**a**	der Stuhl	la nott**e**	die Nacht
l'uom**o**	der Mann	il lavor**o**	die Arbeit
il bambin**o**	das Kind	il pont**e**	die Brücke

Aber: il pilot**a** der Pilot, il problem**a** das Problem, la man**o** die Hand.

2 Die Bildung des Plurals

Substantive auf -**o** und -**e** sowie männliche Substantive auf -**a** enden in der Mehrzahl auf -**i**:

il lavor**o**	die Arbeit	i lavor**i**	die Arbeiten
la nott**e**	die Nacht	le nott**i**	die Nächte
il turist**a**	der Tourist	i turist**i**	die Touristen

Substantive auf -**a** enden im Plural auf -**e**.

la finestr**a**	das Fenster	le finestr**e**	die Fenster

Besonderheiten

Substantive auf -**co**, -**ca**, -**go** und -**ga** erhalten die Aussprache durch Einschieben eines -**h**:

il bos**co**	der Wald	i bos**chi**	die Wälder
l'ami**ca**	die Freundin	le ami**che**	die Freundinnen
il la**go**	der See	i la**ghi**	die Seen
la colle**ga**	die Kollegin	le colle**ghe**	die Kolleginnen

Aber: l'ami**co** der Freund – gli ami**ci** die Freunde

Substantive auf **-io** und **-ia** und mit betontem **-i** folgen der Grundregel:

lo zio	der Onkel	gli zii	die Onkel
la farmacia	die Apotheke	le farmacie	die Apotheken

Bei Substantiven auf **-io**, und **-ia** und mit unbetontem **-i-** entfällt ein **-i-**:

l'occh**io**	das Auge	gli occhi	die Augen
il figl**io**	der Sohn	i figl**i**	die Kinder
l'aran**cia**	die Orange	le aran**ce**	die Orangen
la vali**gia**	der Koffer	le vali**ge**	die Koffer

Aber: la cami**cia** das Hemd – le cami**cie** die Hemden.

Stark unregelmäßige Pluralendungen werden in diesem Wörterbuch beim entsprechenden Stichwort angegeben.

3 Der Artikel

Die Artikelform richtet sich nach dem grammatischen Geschlecht und dem Anfangslaut des folgenden Wortes.

Der bestimmte Artikel

maskulin

Anfangslaut	Singular	Plural	Singular	Plural
vor Konsonant	**il**	**i**	**il** libro das Buch	**i** libri die Bücher
vor s + Konsonant vor z	**lo**	**gli**	**lo** scolaro der Schüler **lo** zio der Onkel	**gli** scolari die Schüler **gli** zii die Onkel
vor Vokal	**l'**	**gli**	**l'**albero der Baum	**gli** alberi die Bäume

feminin

Anfangslaut	Singular	Plural	Singular	Plural
vor Konsonant	**la**	**le**	**la** pagina die Seite	**le** pagine die Seiten
vor Vokal	**l'**	**le**	**l'**ora die Stunde	**le** ore die Stunden

Die Präpositionen (**a** zu, **di** von, **da** von, aus, **in** in, nach und **su** auf) verschmelzen mit dem bestimmten Artikel zu folgenden Formen:

	il	lo	i	l'	gli	la	le
a zu	**al**	**allo**	**ai**	**all'**	**agli**	**alla**	**alle**
di von	**del**	**dello**	**dei**	**dell'**	**degli**	**della**	**delle**
da von	**dal**	**dallo**	**dai**	**dall'**	**dagli**	**dalla**	**dalle**
in in	**nel**	**nello**	**nei**	**nell'**	**negli**	**nella**	**nelle**
su auf	**sul**	**sullo**	**sui**	**sull'**	**sugli**	**sulla**	**sulle**

Der unbestimmte Artikel

maskulin

Anfangslaut	Singular	Beispiel
vor Konsonant	**un**	**un l**ibro ein Buch
vor s + Konsonant	**uno**	**uno sc**olaro ein Schüler
vor z		**uno z**io ein Onkel

feminin

Anfangslaut	Singular	Beispiel
vor Konsonant	**una**	**una p**agina die Seite
vor Vokal	**un'**	**un'o**ra die Stunde

Der Teilungsartikel

Der Teilungsartikel bezeichnet eine unbestimmte Menge als Teil einer größeren Menge: Er wird gebildet mit **di** und dem bestimmten Artikel. Im Deutschen fehlt der Artikel in diesem Fall ganz.

(di + il) **del pane** Brot
(di + lo) **dello speck** Speck
(di + l' *f*) **dell'insalata** Salat
(di + l' *m*) **dell'aceto** Essig
(di + la) **della carne** Fleisch
(di + i) **dei pomodori** Tomaten
(di + gli) **degli spinaci** Spinat
(di + le) **delle mele** Äpfel

Kein Teilungsartikel steht
- bei der Nennung von Dingen im Allgemeinen:
  vorrei mangiare carne, non pesce ich möchte gerne Fleisch, nicht Fisch
- in Aufzählungen:
  in un cassetto ho trovato buste, carta e francobolli in einer Schublade habe ich Briefumschläge, Papier und Briefmarken gefunden
- in fragenden und verneinenden Sätzen:
  avete pane? Habt ihr Brot?
  non ho più pane ich habe kein Brot mehr
- und nach Präpositionen:
  senza denaro ohne Geld

4 Das Adjektiv

Das Adjektiv richtet sich in Genus und Zahl immer nach seinem Bezugswort. Analog zu den Substantiven bilden Adjektive auf **-o** und auf **-e** den Plural auf **-i**, Adjektive auf **-a** bilden den Plural auf **-e**.

il tappeto **rosso**	der rote Teppich
i tappeti **rossi**	die roten Teppiche
la lampada **rossa**	die rote Lampe
le lampade **rosse**	die roten Lampen
un libro **interessante**	ein interessantes Buch
dei libri **interessanti**	interessante Bücher
una storia **interessante**	eine interessante Geschichte
delle storie **interessanti**	interessante Geschichten

Sonderformen

grande (groß) und **santo** (heilig) werden vor Substantiven, die nicht mit **s** + Konsonant, **gn, pn, ps, x** oder **z** beginnen, zu **gran** bzw. **grand'** (vor Vokal) und **san** bzw. **sant'** (vor Vokal) verkürzt:

una gran gioia eine große Freude
una grand'idea eine gute Idee
San Pietro Sankt Peter
Sant'Antonio Sankt Anton

bello (schön) und **quello** (jener) verhalten sich wie der bestimmte Artikel:

un bel paese ein schönes Land
un bell'albergo ein schönes Hotel
un bello spagnolo ein schöner Spanier
bei paesi schöne Länder
begli alberghi schöne Hotels
una bella macchina ein schönes Auto
delle belle donne schöne Frauen

quel paese jenes Land
quell'albergo jenes Hotel
quello spagnolo jener Spanier
quei paesi jene Länder
quegli alberghi jene Hotels
quella macchina jenes Auto
quelle donne jene Frauen

Besonderheiten in der Pluralbildung

Die Abweichungen in der Pluralbildung erfolgen analog zu den Substantiven auf **-go, -co, -ga, -ca** sowie auf **-io, -ia**:

magnifi**co** herrlich – magnifi**ci**
necessar**io** nötig – necessar**i**
fradi**cio** nass – fradi**ci**

aber: magnifi**ca** – magnifi**che**
aber: pio – p**ii**
aber: fradi**cia** – fradi**ce**

Stark unregelmäßige Adjektivendungen werden in diesem Wörterbuch beim entsprechenden Stichwort angegeben.

Die Steigerung der Adjektive

regelmäßig

Positiv	Komparativ	relativer Superlativ	absoluter Superlativ
bello	**più bello**	**il più bello**	**bellissimo**
schön	schöner	der schönste .../Schönste	am schönsten

unregelmäßig

Positiv	Komparativ	relativer Superlativ	absoluter Superlativ
buono	**migliore**	**il migliore**	**ottimo**
gut	besser	der beste .../Beste	am besten
cattivo	**peggiore**	**il peggiore**	**pessimo**
schlecht	schlechter	der schlechteste .../Schlechteste	am schlechtesten
grande	**maggiore**	**il maggiore**	**massimo**
groß	größer	der größte .../Größte	am größten
piccolo	**minore**	**il minore**	**minimo**
klein	kleiner	der kleinste .../Kleinste	am kleinsten

In ihrer Grundbedeutung können alle Adjektive auch regelmäßig gesteigert werden, z. B.:

Guido è più buono di suo fratello Guido ist braver als sein Bruder
Lucia è più piccola di sua sorella Lucia ist kleiner als ihre Schwester

Nach dem Komparativ wird „als" meistens mit di übersetzt:
Torino è più grande di Siena Turin ist größer als Siena

Statt **di** wird **che** gebraucht, wenn zwei Substantive, zwei Verben, zwei Adjektive oder zwei Adverbien verglichen werden:
C'erano più signore che signori Es waren mehr Damen als Herren da

5 Das Adverb

Das Adverb ist unveränderlich.

Regelmäßige Ableitung von Adjektiven

	Adjektiv	Adverb
Adjektive auf **-o** hängen an die weibliche Form **-mente** an	**sicuro** sicher **vero** wahr	**sicuramente** **veramente**
Adjektive auf **-e** hängen direkt an das Adjektiv **-mente** an	**dolce** süß **felice** glücklich	**dolcemente** **felicemente**
Adjektive auf **-le** und **-re** hängen **-mente** an und verlieren das **-e**	**facile** leicht **particolare** besonders	**facilmente** **particolarmente**

Unregelmäßige Adverbbildung

Adjektiv	Adverb
buono gut	**bene** gut
una buona ricetta ein gutes Rezept	**ho mangiato bene** ich habe gut gegessen
cattivo schlecht	**male** schlecht
un gusto cattivo ein schlechter Geschmack	**mi sento male** ich fühle mich schlecht

6 Pronomen

Das unbetonte Personalpronomen

Akkusativ: wen oder was?	Dativ: wem?
mi mich	**mi** mir
ti dich	**ti** dir
lo/la ihn/sie	**gli/le** ihm/ihr
La Sie	**Le** Ihnen
ci uns	**noi** uns
vi euch	**voi** euch
li, le sie	**loro, gli** ihnen
Li, Le Sie	**Loro** Ihnen

Das betonte Personalpronomen

Subjektform: wer?		Objektform: wem? wen?	
io ich	**noi** wir	**a me**	**a noi**
tu du	**voi** ihr	**a te**	**a voi**
lui/lei er/sie	**loro** sie	**a lui/lei**	**a loro**
Lei Sie	**Loro** Sie	**a Lei**	**a Loro**

Das betonte Personalpronomen steht nur bei Hervorhebung der Person:

Io ci vado. Ich gehe hin.
L'ha detto lui. Er hat das gesagt.

Die betonten Objektformen werden mit Präpositionen verwendet:

questo appartiene a me das gehört mir
secondo me meiner Meinung nach
da te bei dir
per voi für euch

Die Höflichkeitsform ist die großgeschriebene weibliche 3. Person Singular (**Lei, a Lei, La, Le**) bzw. die 2. Person Plural (**Vi, Voi, a Voi**). Selten wird auch die 3. Person Plural verwendet (**Li, Le, Loro, a Loro**):

Lei come si chiama? Wie heißen Sie?

Treffen zwei Personalpronomen zusammen, so steht der Dativ vor dem Akkusativ und **mi, ti, ci, vi** werden zu **me, te, ce, ve**:

Ce lo dai? Gibst du es uns?
Te la compro! Ich kaufe sie dir!
Diglielo! Sag es ihm/ihr!

Possessivpronomen

(**il**) **mio** mein	**i miei** meine	(**la**) **mia** meine	**le mie** meine
(**il**) **tuo** dein	**i tuoi** deine	(**la**) **tua** deine	**le tue** deine
(**il**) **suo** sein/ihr	**i suoi** seine/Ihre	(**la**) **sua** seine/ihre	**le sue** seine/ihre
(**il**) **Suo** Ihr	**i Suoi** Ihre	(**la**) **Sua** Ihre	**le Sue** Ihre
(**il**) **nostro** unser	**i nostri** unsere	(**la**) **nostra** unsere	**le nostre** unsere
(**il**) **vostro** euer	**i vostri** eure	(**la**) **vostra** eure	**le vostre** eure
il loro ihr	**i loro** ihre	**la loro** ihre	**le loro** ihre
il Loro Ihr	**i Loro** Ihre	**la Loro** Ihre	**le Loro** Ihre

Bei Familienbezeichnungen im Singular entfällt der bestimmte Artikel:

mia madre meine Mutter
tuo fratello dein Bruder

Er steht dagegen im Plural, bei erweiterten Bestimmungen und bei **loro**:

le mie sorelle meine Schwestern
la mia cara mamma meine liebe Mama
il loro padre ihr Vater

Wortbildungselemente

Mit folgenden Endungen bzw. Wortanfängen kann man die Bedeutung eines Wortes leicht variieren:

-acchiare	= *Abwertung*	**vivacchiare**	vor sich hinleben
-accia / -accio	= *Abwertung*	**parolaccia**	Schimpfwort
-aglia	= *Abwertung*	**gentaglia**	Gesindel
anti-	gegen	**antinebbia**	gegen den Nebel
anti-	sicher	**antifurto**	diebstahlsicher
anti-	vor	**anticamera**	Vorzimmer
apri-	Öffner	**apriscatole**	Dosenöffner
-atta / -atto	= *Verkleinerung*	**cerbiatto**	Hirschkalb
-attolo	= *Verkleinerung*	**giocattolo**	Spielzeug
auto-	(von) selbst	**autoritratto**	Selbstportrait
auto-	Auto, Wagen	**autoambulanza**	Krankenwagen
bi-	zwei	**bisettimanale**	zweimal wöchentlich
capo-	Chef, Leiter	**caporeparto**	Abteilungsleiter
cine-	Kino	**cineamatore**	Filmamateur
cine-	Bewegungs-	**cinetica**	Kinematik
conta-	Zähler	**contagiri**	Tourenzähler
contro-	wider	**controsenso**	Widerspruch
contro-	gegen	**controcorrente**	gegen den Strom
copri-	Bedeckung	**copricapo**	Kopfbedeckung
copri-	Schutz	**copricatena**	Kettenschutz
dopo-	nach	**dopoguerra**	Nachkriegszeit
-ellina / -ellino	-chen, -lein	**fiorellino**	Blümchen
-ella / -ello	-chen, -lein	**asinello**	Eselchen
-ella / -ello	= *Verniedlichung*	**cattivello**	unartig
-enne	-jährige	**tredicenne**	Dreizehnjährige
-etta / -etto	-chen, -lein	**libretto**	Büchlein
-etta / -etto	= *Verniedlichung*	**furbetto**	kindlich schlau
-ettina / -ettino	-chen, -lein	**pezzettino**	Stücklein
-icchia / -icchio	= *Abwertung*	**dottoricchio**	schlechter Arzt
-iciattola / -iciattolo	= *Abwertung*	**omiciattolo**	Knirps
-iccia / -iccia	= *Abwertung*	**molliccio**	weichlich
il-	un-	**illecito**	unerlaubt

im-	un-	**immorale**	unmoralisch
in-	un-	**incapace**	unfähig
-ina / -ino	-chen, -lein	**tavolino**	Tischchen
-ina / -ino	= *Verniedlichung*	**stupidino**	Dummerchen
-issima / -issimo	sehr	**bellissimo**	sehr schön
lancia-	Werfer	**lanciarazzi**	Raketenwerfer
lava-	Wasch-	**lavatrice**	Waschmaschine
lava-	Spül-	**lavastoviglie**	Spülmaschine
neo-	neu	**neoeletto**	neu gewählt
neo-	frisch	**neodiplomato**	frisch diplomiert
-ona / -one	= *Vergrößerung*	**tavolona**	große Tafel
-otta / -otto	= *Verniedlichung*	**bambolotto**	kleine (männliche) Puppe
-otta / -otto	= *Vergröberung*	**valigiotta**	sperriger Koffer
pluri-	mehr-	**plurilingue**	mehrsprachig
poli-	viel-	**policromo**	vielfarbig
poli-	mehr-	**poliglotta**	mehrsprachig
porta-	Träger	**portabagagli**	Gepäckträger
porta-	= *Behälter*	**portabottiglie**	Flaschengestell
pre-	Vor-	**Prealpi**	Voralpen
quadri-	vier	**quadrifoglio**	vierblättriges Kleeblatt
retro-	rück-	**retroattivo**	rückwirkend
retro-	hinter-	**retrobottega**	Hinterzimmer
ri-	wieder	**ritentare**	wieder versuchen
ri-	immer wieder	**rimescolare**	immer wieder umrühren
ri-	zurück-	**ritornare**	zurückkehren
s-	un-	**sgradevole**	unangenehm
semi-	halb-	**semicerchio**	Halbkreis
stra-	über-	**stracarico**	überladen
-uccia / -uccio	-chen, -lein	**casuccia**	Häuschen
-uccia / -uccio	= *Verniedlichung*	**caruccio**	etwas teuer

Das Verb

Folgend werden einige wichtige Besonderheiten des italienischen Verbs beschrieben:

1 Reflexive Verben

Reflexible Verben erkennt man im Italienischen an der Endung **-rsi**. Die Reflexivpronomen stehen im Aussagesatz immer vor dem konjugierten Verb. Bei der Verneinung geht die Negation **non** dem Reflexivpronomen voraus.

(**non**) **sentirsi bene**	sich (nicht) gut fühlen
(**non**) **mi sento bene**	ich fühle mich (nicht) gut
(**non**) **ti senti bene**	du fühlst dich (nicht) gut
(**non**) **si sente bene**	er, sie, es fühlt sich (nicht) gut
	Sie fühlen sich nicht gut
(**non**) **ci sentiamo bene**	wir fühlen uns (nicht) gut
(**non**) **vi sentite bene**	ihr fühlt euch (nicht) gut
(**non**) **si sentono bene**	sie fühlen sich (nicht) gut

Die Vergangenheit wird, anders als im Deutschen, stets mit **essere** (sein) gebildet. So muss man die Endung des Partizips beugen.

mi sono sentito bene (*Mann*)	ich habe mich gut gefühlt
mi sono sentita bene (*Frau*)	ich habe mich gut gefühlt
ci siamo sentiti bene (*Männer*)	wir haben uns gut gefühlt
ci siamo sentite bene (*Frauen*)	wir haben uns gut gefühlt

Wenn man die Grundform des Verbs oder das Gerundium benutzt, so wird das Reflexivpronomen angehängt:

Posso sedermi?	Darf ich mich hinsetzen?
sedendoci	indem wir uns hinsetz(t)en

2 Infinitivsätze

Auf Italienisch gibt es eine ganze Reihe Präpositionen, mit denen man Infinitivsätze bilden kann. In den meisten Fällen muss man sie mit dem Verb lernen, das diese verlangt. Hier die meistgebrauchten Konstruktionen:

a	nach Verben der Bewegung		**vado a lavorare**	ich gehe arbeiten
	nach Verben des Bleibens		**resto a dormire**	ich übernachte hier
	nach Verben des Beginnens		**comincio a lavorare**	ich fange an zu arbeiten
	nach Verben des Fortsetzens		**continuo a lavorare**	ich arbeite weiter
	nach folgenden Verben + **a**:			
	abituarsi	sich gewöhnen	**impegnarsi**	sich bemühen
	aiutare	helfen	**invitare**	einladen
	cavarsela	zurechtkommen	**obbligare**	zwingen
	convincere	überzeugen	**prepararsi**	sich vorbereiten
	costringere	zwingen	**rassegnarsi**	resignieren
	decidersi	sich entscheiden	**rinunciare**	verzichten
	divertirsi	sich amüsieren	**spingere**	anspornen
	farcela	es schaffen	**tenere**	Wert legen auf
da	als Ausdruck einer Notwendigkeit		**una cosa da fare**	etwas, das getan werden muss
	nach **qualcosa, niente, poco, molto**		**qualcosa da bere**	etwas zu trinken
	nach folgenden Verben + **da**:			
	astenersi	sich enthalten	**guardarsi**	sich hüten
	dissuadere	abraten		
di	nach vielen **Substantiven**		**ho voglia di andarci**	ich habe Lust, dahinzugehen
	nach vielen Adjektiven, die sonst ein **nominales Objekt** mit di anschließen		**sono stufo di** lavorare	ich habe keine Lust mehr zu arbeiten
	nach folgenden Verben + **di**:			
	aspettare	warten	**cessare**	aufhören
	augurarsi	sich wünschen	**confessare**	gestehen
	cercare	versuchen	**consigliare**	raten

credere	glauben	**proibire**	verbieten
decidere	entscheiden	**promettere**	versprechen
dimenticare	vergessen	**ricordarsi**	sich erinnern
evitare	vermeiden	**rifiutare**	ablehnen
fingere	so tun als ob	**ringraziare**	sich bedanken
finire	aufhören	**rischiare**	riskieren
incaricare	beauftragen	**sconsigliare**	abraten
lamentarsi	sich beschweren	**smettere**	aufhören
meravigliarsi	staunen	**sognare**	träumen
meritare	verdienen	**sperare**	hoffen
pentirsi	bereuen	**temere**	fürchten
permettere	erlauben	**tentare**	versuchen
pregare	bitten		

Ohne Konjunktion bildet man italienische Infinitivsätze auch sehr häufig:

- nach unpersönlichen Verben:
  Basta pensarci. Es reicht, daran zu denken.
- nach Ausrufen mit **che:**
  Che bello rivederti! Wie schön, dich wiederzusehen!
- Nach **essere** + Adjektiv/Adverb:
  È meglio andarci domani. Es ist besser, morgen hinzugehen.

3 Passiv

⚠ Die Endung des Partizips richtet sich im Passiv nach Zahl und Geschlecht des Subjektes:

Das Auto wird gewaschen.	**La macchina viene lavata.**
Die Autos sind gewaschen.	**Le macchine sono lavate.**

Bei zusammengesetzten Zeiten richten sich die Endungen beider Partizipien nach Zahl und Geschlecht des Subjektes:

Das Mofa ist geputzt worden.	**Il motorino è stato lavato.**
Die Mofas sind geputzt worden.	**I motorini sono stati lavati.**

Um eine Notwendigkeit auszudrücken, kann man Passiv auch mit **andare** ausdrücken: **andare** + Partizip II entspricht: **dovere** + **essere** + Partizip II:

Die Post muss immer gelesen werden.	**La posta va letta sempre.** *oder* **La posta deve essere letta sempre.**
Die Rechnung musste bezahlt werden.	**Il conto andava pagato.** *oder* **Il conto doveva essere pagato.**

Gerundio

Diese Verbform, die auf **-ando** und **-endo** endet, wird im Deutschen mit einem Nebensatz wiedergegeben:

1. Wenn zwei Handlungen mit gleichem Subjekt gleichzeitig verlaufen:

Giocando si impara.	Beim Spielen lernt man.
Entrò in casa usando la porta posteriore.	Er betrat das Haus, indem er die Hintertür benutzte.

2. Wenn eine Handlung der Haupthandlung vorausgeht:

Avendo finito il liceo ho cominciato ad andare all'università.	Als/Nachdem ich mit der Schule fertig war, habe ich mit der Universität angefangen.

3. Als Angabe des Grundes, der Art und Weise oder einer Bedingung:

Lavorando troppo si è ammalata.	Da sie zu viel gearbeitet hat, ist sie krank geworden.
Passo il tempo suonando il piano.	Ich verbringe die Freizeit mit Klavier spielen.
Continuando così ti ammalerai.	Wenn du so weiter lebst, wirst du krank werden.

4. Pronomen werden an das **gerundio** angehängt:

guidandolo	wenn man damit fährt
vedendola	wenn man sie sieht

Die Konjugation der italienischen Verben

Um die Konjugation eines italienischen Verbes festzustellen, sucht man den betreffenden Infinitiv heraus. Die dem Infinitiv beigefügte Nummer (1, 2, 3, 4) und der Buchstabe verweisen auf die folgenden Musterbeispiele. Verwendete Abkürzungen sind: *pr. ind.* = presente dell'indicativo; *pr. cong.* = presente del congiuntivo; *pass.* = passato.

In den Tabellen der Konjugationen (**1a**, **2a**, **3a**, **4a**) sind die Stämme mit gewöhnlicher und die Endung mit *kursiver* Schrift gedruckt.

Die unterstrichenen Buchstaben werden betont. Soweit kein Buchstabe unterstrichen ist oder einen Akzent hat, wird die vorletzte Silbe der Verbform betont.

1 Erste Konjugation

1a mandare Der Stamm bleibt in Schrift und Aussprache unverändert.

1. Einfache Zeiten

Indicativo				Condizionale
presente	*imperfetto*	*passato remoto*	*futuro*	
mand*o*	mand*avo*	mand*ai*	mander*ò*	mander*ei*
mand*i*	mand*avi*	mand*asti*	mander*ai*	mander*esti*
mand*a*	mand*ava*	mand*ò*	mander*à*	mander*ebbe*
mand*iamo*	mand*avamo*	mand*ammo*	mander*emo*	mander*emmo*
mand*ate*	mand*avate*	mand*aste*	mander*ete*	mander*este*
mand*ano*	mand*avano*	mand*arono*	mander*anno*	mander*ebbero*

Congiuntivo		Imperativo
presente	*imperfetto*	
mand*i*	mand*assi*	–
mand*i*	mand*assi*	mand*a*
mand*i*	mand*asse*	mand*i*
mand*iamo*	mand*assimo*	mand*iamo*
mand*iate*	mand*aste*	mand*ate*
mand*ino*	mand*assero*	mand*ino*

Participio presente: mand*ante*
Participio passato: mand*ato*
Gerundio presente: mand*ando*

2. Zusammengesetzte Zeiten

» Im Aktiv (durch Vorsetzen von **avere**)

Infinito

passato: aver mandato

Gerundio

passato: avendo mandato

Indicativo

passato prossimo: ho mandato

trapassato prossimo: avevo mandato

trapassato remoto: ebbi mandato

futuro anteriore: avrò mandato

Condizionale

passato: avrei mandato

Congiuntivo

passato: abbia mandato

trapassato: avessi mandato

» Im Passiv (durch Vorsetzen von **essere**)

Infinito

presente: essere mandato, *-a, -i, -e*

passato: essere stato (stata, stati, state) mandato, *-a, -i, -e*

Gerundio

presente: essendo mandato, *-a, i, -e*

passato: essendo stato (stata, stati, state) mandato, *-a, -i, -e*

Indicativo

presente: sono mandato, *-a*

imperfetto: ero mandato, *-a*

passato remoto: fui mandato, *-a*

passato prossimo: sono stato (stata), mandato, *-a*

trapassato prossimo: ero stato (stata) mandato, *-a*

trapassato remoto: fui stato (stata) mandato, *-a*

futuro semplice: sarò mandato, *-a*

futuro anteriore: sarò stato (stata) mandato, *-a*

Condizionale

presente: sarei mandato, *-a*

passato: sarei stato (stata) mandato, *-a*

Congiuntivo

presente: sia mandato, *-a*

imperfetto: fossi mandato, *-a*

passato: sia stato (stata) mandato, *-a*

trapassato: fossi stato (stata) mandato, *-a*

Imperativo

sii mandato, *-a*

Nach diesem Muster werden die zusammengesetzten Zeiten aller Verben gebildet.

pr. ind.	*pass. remoto*	*futuro*	*pr. cong.*	*imperativo*

1b celare Betontes geschlossenes Stamm-*e* wird zu offenem *e*.

celo	celai	celerò	celi	–
celiamo	celammo	celeremo	celiamo	celiamo
celano	celarono	celeranno	celino	celino

participio passato: celato

pr. ind.	*pass. remoto*	*futuro*	*pr. cong.*	*imperativo*
1c lodare Betontes geschlossenes Stamm-*o* wird zu offenem *o*.				
lodo	lodai	loderò	lodi	–
lodiamo	lodammo	loderemo	lodiamo	lodiamo
lodano	lodarono	loderanno	lodino	lodino
participio passato: lodato				
1d cercare Der Stammauslaut *c* wird vor *i* und *e* zu *ch*.				
cerco	cercai	cercherò	cerchi	–
cerchiamo	cercammo	cercheremo	cerchiamo	cerchiamo
cercano	cercarono	cercheranno	cerchino	cerchino
participio passato: cercato				
1e pagare Der Stammauslaut *g* wird vor *i* und *e* zu *gh*.				
pago	pagai	pagherò	paghi	–
paghiamo	pagammo	pagheremo	paghiamo	paghiamo
pagano	pagarono	pagheranno	paghino	paghino
participio passato: pagato				
1f baciare Abwerfen des *i*, wenn ein zweites *i* oder *e* unmittelbar darauf folgt.				
bacio	baciai	bacerò	baci	–
baciamo	baciammo	baceremo	baciamo	baciamo
baciano	baciarono	baceranno	bacino	bacino
participio passato: baciato				
1g pigliare Abwerfen des *i*, wenn ein zweites *i* folgt.				
piglio	pigliai	piglierò	pigli	–
pigliamo	pigliammo	piglieremo	pigliamo	pigliamo
pigliano	pigliarono	piglieranno	piglino	piglino
participio passato: pigliato				
1h inviare Die auf *i* betonten Formen behalten das *i* bei, auch wenn ein weiteres *i* folgt.				
invio	inviai	invierò	invii	–
inviamo	inviammo	invieremo	inviamo	inviamo
inviano	inviarono	invieranno	inviino	inviino
participio passato: inviato				
1i annoiare Bei Verben auf *-iare* mit unbetontem *i* und vorhergehendem Vokal fällt ein unmittelbar herantretendes *i* weg.				
annoio	annoiai	annoierò	annoi	–
annoiamo	annoiammo	annoieremo	annoiamo	annoiamo
annoiano	annoiarono	annoieranno	annoino	annoino
participio passato: annoiato				

pr. ind.	*pass. remoto*	*futuro*	*pr. cong.*	*imperativo*

1k studiare Bei Verben auf *-iare* mit unbetontem *i* und vorhergehendem Konsonant fällt meistens das unmittelbar herantretende *i* auch in den stammbetonten Formen weg; also: *tu studi*. Zeitwörter auf *-liare* haben immer *-lii*, z. B.: *esiliare, esilii.*

studio	studiai	studierò	studi	–
studiamo	studiammo	studieremo	studiamo	studiamo
studiano	studiarono	studieranno	studino	studino

participio passato: studiato

1l abitare In den stammbetonten Formen liegt die Betonung auf der ersten Silbe.

abito	abitai	abiterò	abiti	–
abitiamo	abitammo	abiteremo	abitiamo	abitiamo
abitano	abitarono	abiteranno	abitino	abitino

participio passato: abitato

1m collaborare In den stammbetonten Formen liegt die Betonung auf der zweiten Stammsilbe.

collaboro	collaborai	collaborerò	collabori	–
collaboriamo	collaborammo	collaboreremo	collaboriamo	collaboriamo
collaborate	collaborarono	collaboreranno	collaborino	collaborino

participio passato: collaborato

1n aggomitolare In den stammbetonten Formen liegt die Betonung auf der dritten oder vierten Stammsilbe.

aggomitolo	aggomitolai	aggomitolerò	aggomitoli	–
aggomitoliamo	aggomitolammo	aggomitoleremo	aggomitoliamo	aggomitoliamo
aggomitolano	aggomitolarono	aggomitoleranno	aggomitolino	aggomitolino

participio passato: aggomitolato

1o giocare Betontes Stamm-*o* kann zu *-uo* erweitert werden.

gioco	giocai	giocherò	giochi	–
giochiamo	giocammo	giocheremo	giochiamo	giochiamo
giocano	giocarano	giocheranno	giochino	giochino

participio passato: giocato

1p andare Wechsel der Stämme *and-* und *vad-*; im *futuro* und *condizionale* fällt das anlautende *e* der Endung aus.

pr. ind.	*pass. remoto*	*futuro*	*pr. cong.*	*imperativo*
vado	andai	andrò	vada	–
vai	andasti	andrai	vada	va, va', vai
va	andò	andrà	vada	vada
andiamo	andammo	andremo	andiamo	andiamo
andate	andaste	andrete	andiate	andate
vanno	andarono	andranno	vadano	vadano

participio passato: andato

1q stare Stamm *sta*. *Passato remoto* (*stetti* usw.); *imperfetto del congiuntivo* (*stessi* usw.) nach der 2. Konjugation; im *futuro* und *condizionale* Wechsel von *e* in *a*.

pr. ind.	*pass. remoto*	*futuro*	*pr. cong.*	*imperativo*
sto	stetti	starò	stia	–
stai	stesti	starai	stia	sta', stai
sta	stette	starà	stia	stia
stiamo	stemmo	staremo	stiamo	stiamo
state	steste	starete	stiate	state
stanno	stettero	staranno	stiano	stiano

participio passato: stato

1r dare Stamm *da*. *Imperfetto del congiuntivo dessi* usw.; im *passato remoto* die Nebenformen *detti, dette, dettero*.

pr. ind.	*pass. remoto*	*futuro*	*pr. cong.*	*imperativo*
do	diedi, detti	darò	dia	–
dai	desti	darai	dia	da', dai
dà	diede, dette	darà	dia	dia
diamo	demmo	daremo	diamo	diamo
date	deste	darete	diate	date
danno	diedero, dettero	daranno	diano	diano

participio passato: dato

2 Zweite Konjugation I

2 a temere Der Stamm bleibt in Schrift und Aussprache unverändert.

1. Einfache Zeiten

Indicativo				Condizionale
presente	*imperfetto*	*passato remoto*	*futuro*	
temo	temevo	temei, temetti	temerò	temerei
temi	temevi	temesti	temerai	temeresti
teme	temeva	temette	temerà	temerebbe
temiamo	temevamo	tememmo	temeremo	temeremmo
temete	temevate	temeste	temerete	temereste
temono	temevano	temettero, -erono	temeranno	temerebbero

Congiuntivo		Imperativo
presente	*imperfetto*	
tema	temessi	–
tema	temessi	temi
tema	temesse	tema
temiamo	temessimo	temiamo
temiate	temeste	temete
temano	temessero	temano

Participio presente: temente
Participio passato: temuto
Gerundio presente: temendo

2. Zusammengesetzte Zeiten

Hilfsverb *essere* oder *avere*, gefolgt vom *participio passato* (siehe 1a).

pr. ind.	*pass. remoto*	*futuro*	*pr. cong.*	*imperativo*
2 b avere Im *futuro* und *condizionale* Ausfall des anlautenden *e* der Endung.				
ho	ebbi	avrò	abbia	–
hai	avesti	avrai	abbia	abbi
ha	ebbe	avrà	abbia	abbia
abbiamo	avemmo	avremo	abbiamo	abbiamo
avete	aveste	avrete	abbiate	abbiate
hanno	ebbero	avranno	abbiano	abbiano

participio passato: avuto

pr. ind.	*pass. remoto*	*futuro*	*pr. cong.*	*imperativo*
2 c cadere Im *futuro* und *condizionale* Ausfall des anlautenden *e* der Endung.				
cado	caddi	cadrò	cada	–
cadiamo	cademmo	cadremo	cadiamo	cadiamo
cadono	caddero	cadranno	cadano	cadano
participio passato: caduto				
2 d calere Fast nur in der 3. Person Singular gebraucht. Ungebräuchlich.				
gli cale	gli calse	–	gli caglia	–
participio passato: caluto				
2 e dolere Im *presente* tritt *g* zwischen Stamm und Endung *o* oder *a*. Im *futuro* und *condizionale* Wechsel von *l* in *r* und Ausfall des *e* der Endung.				
dolgo	dolsi	dorrò	dolga	–
duole	dolse	dorrà	dolga	dolga
dogliamo	dolemmo	dorremo	dogliamo	dogliamo
dolgono	dolsero	dorranno	dolgano	dolgano
participio passato: doluto				
2 f dovere Wechsel von *o* zu *e* in den stammbetonten Formen. Im *futuro* und *condizionale* Ausfall des *e*.				
devo	dovetti	dovrò	debba, deva	–
devi	dovesti	dovrai	debba, deva	devi
deve	dovette	dovrà	debba, deva	debba, deva
dobbiamo	dovemmo	dovremo	dobbiamo	dobbiamo
dovete	doveste	dovrete	dobbiate	dovete
devono	dovettero	dovranno	debbano, devano	debbano, devano
participio passato: dovuto				
2 g lucere Ungebräuchlich				
2 h parere Im *futuro* und *condizionale* Ausfall des *e* der Endung.				
paio	parvi	parrò	paia	–
pa(r)iamo	paremmo	parremo	pa(r)iamo	–
paiono	parvero	parranno	paiano	–
participio passato: parso				
2 i persuadere				
persuado	persuasi	persuaderò	persuada	–
persuadiamo	persuademmo	persuaderemo	persuadiamo	persuadiamo
persuadono	persuasero	persuaderanno	persuadano	persuadano
participio passato: persuaso				

2k piacere

pr. ind.	*pass. remoto*	*futuro*	*pr. cong.*	*imperativo*
piaccio	piacqui	piacerò	piaccia	–
piacciamo	piacemmo	piaceremo	piacciamo	piacciamo
piacciono	piacquero	piaceranno	piacciano	piacciano

participio passato: piaciuto

2l potere Im *futuro* und *condizionale* Ausfall des *e* der Endung.

pr. ind.	*pass. remoto*	*futuro*	*pr. cong.*	*imperativo*
posso	potei	potrò	possa	–
puoi	potesti	potrai	possa	–
può	poté	potrà	possa	–
possiamo	potemmo	potremo	possiamo	–
potete	poteste	potrete	possiate	–
possono	poterono	potranno	possano	–

participio passato: potuto

2m rimanere Im *presente* tritt *g* zwischen Stamm und Endung *o* oder *a*; *passato remoto* auf -*si* und *participio passato* auf -*sto* mit Ausfall des Stamm-*n*; im *futuro* und *condizionale* Wandel von *n* zu *r*.

pr. ind.	*pass. remoto*	*futuro*	*pr. cong.*	*imperativo*
rimango	rimasi	rimarrò	rimanga	–
rimaniamo	rimanemmo	rimarremo	rimaniamo	rimaniamo
rimangono	rimasero	rimarranno	rimangano	rimangano

participio passato: rimasto

2n sapere Im *futuro* und *condizionale* Wegfall des *e*; 2. Person Plural des *imperativo* aus dem *congiuntivo*.

pr. ind.	*pass. remoto*	*futuro*	*pr. cong.*	*imperativo*
so	seppi	saprò	sappia	–
sai	sapesti	saprai	sappia	sappi
sa	seppe	saprà	sappia	sappia
sappiamo	sapemmo	sapremo	sappiamo	sappiamo
sapete	sapeste	saprete	sappiate	sappiate
sanno	seppero	sapranno	sappiano	sappiano

participio presente: sapiente *participio passato*: saputo

2o sedere Das *e* des Stammes wird *ie* in den stammbetonten Formen; im *presente* Nebenformen auf *segg-*

pr. ind.	*pass. remoto*	*futuro*	*pr. cong.*	*imperativo*
siedo, seggo	sedei	sederò	sieda, segga	–
sediamo	sedemmo	sederemo	sediamo	sediamo
siedono, seggono	sederono	sederanno	siedano, seggano	siedano, seggano

participio passato: seduto

2p solere Ungebräuchlich.

pr. ind.	*pass. remoto*	*futuro*	*pr. cong.*	*imperativo*
soglio	solei	–	soglia	–
sogliamo	–	–	sogliamo	–
sogliono	–	–	sogliano	–

gerundio: solendo *participio passato*: solito

2q tenere Einschiebung von *g* zwischen Stamm und Endung *o* oder *a*. Im *futuro* und *condizionale* Wandel von *n* zu *r*.

pr. ind.	*pass. remoto*	*futuro*	*pr. cong.*	*imperativo*
tengo	tenni	terrò	tenga	–
tieni	tenesti	terrai	tenga	tieni
teniamo	tenemmo	terremo	teniamo	teniamo
tengono	tennero	terranno	tengano	tengano

participio passato: tenuto

2r valere Einschiebung von *g* zwischen Stamm und Endung *o* oder *a*. Im *futuro* und *condizionale* Wandel von *l* zu *r*.

pr. ind.	*pass. remoto*	*futuro*	*pr. cong.*	*imperativo*
valgo	valsi	varrò	valga	–
valiamo	valemmo	varremo	valiamo	valiamo
valgono	valsero	varranno	valgano	valgano

participio passato: valso

2s vedere Im *futuro* und *condizionale* Ausfall des anlautenden *e* der Endung.

pr. ind.	*pass. remoto*	*futuro*	*pr. cong.*	*imperativo*
vedo	vidi	vedrò	veda	–
vediamo	vedemmo	vedremo	vediamo	vediamo
vedono	videro	vedranno	vedano	vedano

participio passato: visto

2t volere Im *futuro* und *condizionale* Wandel von *l* zu *r* und Ausfall des anlautenden *e* der Endung; 2. Person Plural des *imperativo* aus dem *congiuntivo*.

pr. ind.	*pass. remoto*	*futuro*	*pr. cong.*	*imperativo*
voglio	volli	vorrò	voglia	–
vuoi	volesti	vorrai	voglia	vogli
vuole	volle	vorrà	voglia	voglia
vogliamo	volemmo	vorremo	vogliamo	vogliamo
volete	voleste	vorrete	vogliate	vogliate
vogliono	vollero	vorranno	vogliano	vogliano

participio passato: voluto

3 Zweite Konjugation II

3 a vendere Der Stamm bleibt in Schrift und Aussprache unverändert.

1. Einfache Zeiten

Indicativo				Condizionale
presente	imperfetto	passato remoto	futuro	
vendo	vendevo	vendetti, vendei	venderò	venderei
vendi	vendevi	vendesti	venderai	venderesti
vende	vendeva	vendette	venderà	venderebbe
vendiamo	vendevamo	vendemmo	venderemo	venderemmo
vendete	vendevate	vendeste	venderete	vendereste
vendono	vendevano	vendettero, venderono	venderanno	venderebbero

Congiuntivo		Imperativo
presente	*imperfetto*	
venda	vendessi	–
venda	vendessi	vendi
venda	vendesse	venda
vendiamo	vendessimo	vendiamo
vendiate	vendeste	vendete
vendano	vendessero	vendano

Participio presente: vendente
Participio passato: venduto*
Gerundio presente: vendendo

* Von *spandere*: *spanto*.

2. Zusammengesetzte Zeiten

Hilfsverb *essere* oder *avere*, gefolgt vom *participio passato* (siehe 1a).

pr. ind.	*pass. remoto*	*futuro*	*pr. cong.*	*imperativo*
3 b chiudere				
chiudo	chiusi	chiuderò	chiuda	–
chiudiamo	chiudemmo	chiuderemo	chiudiamo	chiudiamo
chiudono	chiusero	chiuderanno	chiudano	chiudano

participio passato: chiuso

3 c prendere

pr. ind.	*pass. remoto*	*futuro*	*pr. cong.*	*imperativo*
prendo	presi	prenderò	prenda	–
prendiamo	prendemmo	prenderemo	prendiamo	prendiamo
prendono	presero	prenderanno	prendano	prendano

participio passato: preso

3 d fingere Das *participio passato* von *stringere* ist *stretto*.

pr. ind.	*pass. remoto*	*futuro*	*pr. cong.*	*imperativo*
fingo	finsi	fingerò	finga	–
fingiamo	fingemmo	fingeremo	fingiamo	fingiamo
fingono	finsero	fingeranno	fingano	fingano

participio passato: finto

3 e addurre Zusammengezogen aus *adducere*.

pr. ind.	*pass. remoto*	*futuro*	*pr. cong.*	*imperativo*
adduco	addussi	addurrò	adduca	–
adduci	adducesti	addurrai	adduca	adduci
adduce	addusse	addurrà	adduca	adduca
adduciamo	adducemmo	addurremo	adduciamo	adduciamo
adducete	adduceste	addurrete	adduciate	adduciate
adducono	addussero	addurranno	adducano	adducano

participio passato: addotto

3 f assistere Im *passato remoto* Nebenformen auf *-etti*.

pr. ind.	*pass. remoto*	*futuro*	*pr. cong.*	*imperativo*
assisto	assistei	assisterò	assista	–
assistiamo	assistemmo	assisteremo	assistiamo	assistiamo
assistono	assisterono	assisteranno	assistano	assistano

participio passato: assistito

3 g assolvere

pr. ind.	*pass. remoto*	*futuro*	*pr. cong.*	*imperativo*
assolvo	assolsi, vetti	assolverò	assolva	–
assolviamo	assolvemmo	assolveremo	assolviamo	assolviamo
assolvono	assolsero, assolvettero	assolveranno	assolvano	assolvano

participio passato: assolto

3 h assumere

pr. ind.	*pass. remoto*	*futuro*	*pr. cong.*	*imperativo*
assumo	assunsi	assumerò	assuma	–
assumiamo	assumemmo	assumeremo	assumiamo	assumiamo
assumono	assunsero	assumeranno	assumano	assumano

participio passato: assunto

pr. ind.	*pass. remoto*	*futuro*	*pr. cong.*	*imperativo*

3 i bere Wird konjugiert nach der Form *bevere*. Im *futuro* und *condizionale* Wandel von *v* zu *r* und Ausfall des *e* der Endung.

bevo	bevvi, bevetti	berrò	beva	–
bevi	bevesti	berrai	beva	bevi
beve	bevve, bevette	berrà	beva	beva
beviamo	bevemmo	berremo	beviamo	beviamo
bevete	beveste	berrete	beviate	bevete
bevono	bevvero, bevettero	berranno	bevano	bevano

participio passato: bevuto

3 k chiedere

chiedo	chiesi	chiederò	chieda	–
chiediamo	chiedemmo	chiederemo	chiediamo	chiediamo
chiedono	chiesero	chiederanno	chiedano	chiedano

participio passato: chiesto

3 l concedere

concedo	concessi, concedetti	concederò	conceda	–
concediamo	concedemmo	concederemo	concediamo	concediamo
concedono	concessero, concedettero	concederanno	concedano	concedano

participio passato: concesso

3 m connettere

connetto	connessi, connettei	connetterò	connetta	–
connettiamo	connettemmo	connetteremo	connettiamo	connettiamo
connettono	connessero, connetterono	connetteranno	connettano	connettano

participio passato: connesso

3 n conoscere

conosco	conobbi	conoscerò	conosca	–
conosciamo	conoscemmo	conosceremo	conosciamo	conosciamo
conoscono	conobbero	conosceranno	conoscano	conoscano

participio passato: conosciuto

pr. ind.	pass. remoto	futuro	pr. cong.	imperativo

3 o correre

corro	corsi	correrò	corra	–
corriamo	corremmo	correremo	corriamo	corriamo
corrono	corsero	correranno	corrano	corrano

participio passato: corso

3 p cuocere Wandel von *uo* zu *o* in unbetonten Silben. *Imperfetto cocevo* bzw. *cocessi*.

cuocio	cossi	cuocerò	cuocia	–
cociamo	cocemmo	cuoceremo	cociamo	cociamo
cuociono	cossero	cuoceranno	cuociano	cuociano

participio passato: cotto

3 q decidere

decido	decisi	deciderò	decida	–
decidiamo	decidemmo	decideremo	decidiamo	decidiamo
decidono	decisero	decideranno	decidano	decidano

participio passato: deciso

3 r deprimere

deprimo	depressi	deprimerò	deprima	–
deprimiamo	deprimemmo	deprimeremo	deprimiamo	deprimiamo
deprimono	depressero	deprimeranno	deprimano	deprimano

participio passato: depresso

3 s devolvere

devolvo	devolvei, devolvetti	devolverò	devolva	–
devolviamo	devolvemmo	devolveremo	devolviamo	devolviamo
devolvono	devolverono, devolvettero	devolveranno	devolvano	devolvano

participio passato: devolto, devoluto

3 t dire Zusammengezogen aus *dicere*. *Imperfetto* regelmäßig nach *dicere*: *dicevo* usw.

dico	dissi	dirò	dica	–
dici	dicesti	dirai	dica	–
dice	disse	dirà	dica	–
diciamo	dicemmo	diremo	diciamo	diciamo
dite	diceste	direte	diciate	dite
dicono	dissero	diranno	dicano	dicano

participio passato: detto

pr. ind.	*pass. remoto*	*futuro*	*pr. cong.*	*imperativo*

3 u dirigere

dirigo	diressi	dirigerò	diriga	–
dirigiamo	dirigemmo	dirigeremo	dirigiamo	dirigiamo
dirigono	diressero	dirigeranno	dirigano	dirigano

participio passato: diretto

3 v discutere

discuto	discussi	discuterò	discuta	–
discutiamo	discutemmo	discuteremo	discutiamo	discutiamo
discutono	discussero	discuteranno	discutano	discutano

participio passato: discusso

3 w esigere

esigo	esigei, esigetti	esigerò	esiga	–
esigiamo	esigemmo	esigeremo	esigiamo	esigiamo
esigono	esigerono, esigettero	esigeranno	esigano	esigano

participio passato: esatto

3 x esimere Ungebräuchlich.

3 y espellere

espello	espulsi	espellerò	espella	–
espelliamo	espellemmo	espelleremo	espelliamo	espelliamo
espellono	espulsero	espelleranno	espellano	espellano

participio passato: espulso

3 z essere Ganz unregelmäßig. *Imperfetto dell'indicativo*: ero, eri, era, eravamo, eravate, erano; *imperfetto del congiuntivo*: fossi, fossi, fosse, fossimo, foste, fossero.

sono	fui	sarò	sia	–
sei	fosti	sarai	sia	sii
è	fu	sarà	sia	sia
siamo	fummo	saremo	siamo	siamo
siete	foste	sarete	siate	siate
sono	furono	saranno	siano	siano

participio passato: stato

pr. ind.	*pass. remoto*	*futuro*	*pr. cong.*	*imperativo*

3 aa fare Zusammengezogen aus *facere*. *Imperfetto* regelmäßig nach der Form *facere*: *facevo* usw.

faccio	feci	farò	faccia	–
fai	facesti	farai	faccia	fa', fai
fa	fece	farà	faccia	faccia
facciamo	facemmo	faremo	facciamo	facciamo
fate	faceste	farete	facciate	fate
fanno	fecero	faranno	facciano	facciano

participio passato: fatto

3 bb fondere

fondo	fusi	fonderò	fonda	–
fondiamo	fondemmo	fonderemo	fondiamo	fondiamo
fondono	fusero	fonderanno	fondano	fondano

participio passato: fuso

3 cc leggere

leggo	lessi	leggerò	legga	–
leggiamo	leggemmo	leggeremo	leggiamo	leggiamo
leggono	lessero	leggeranno	leggano	leggano

participio passato: letto

3 dd mescere

mesco	mescei	mescerò	mesca	–
mesciamo	mescemmo	mesceremo	mesciamo	mesciamo
mescono	mescerono	mesceranno	mescano	mescano

participio passato: mesciuto

3 ee mettere

metto	misi	metterò	metta	–
mettiamo	mettemmo	metteremo	mettiamo	mettiamo
mettono	misero	metteranno	mettano	mettano

participio passato: messo

3 ff muovere

muovo	mossi	muoverò	muova	–
muoviamo	movemmo	muoveremo	muoviamo	muoviamo
muovono	mossero	muoveranno	muovano	muovano

participio passato: mosso

pr. ind.	*pass. remoto*	*futuro*	*pr. cong.*	*imperativo*

3 gg nascere

nasco	nacqui	nascerò	nasca	–
nasciamo	nascemmo	nasceremo	nasciamo	nasciamo
nascono	nacquero	nasceranno	nascano	nascano

participio passato: nato

3 hh nascondere

nascondo	nascosi	nasconderò	nasconda	–
nascondiamo	nascondemmo	nasconderemo	nascondiamo	nascondiamo
nascondono	nascosero	nasconderanno	nascondano	nascondano

participio passato: nascosto

3 ii nuocere

noccio	nocqui	nocerò	noccia	–
nociamo	nocemmo	noceremo	nociamo	nociamo
nocciono	nocquero	noceranno	nocciano	nocciano

participio passato: nociuto

3 kk piovere Nur in der 3. Person Singular und Plural, in den zwei Partizipien und im *gerundio* gebräuchlich: *presente dell'indicativo* piove, piovono; *passato remoto* piovve, piovvero; *futuro* pioverà, pioveranno; *presente del congiuntivo* piova, piovano; *participio passato* piovuto.

3 ll porre Im *futuro* und *condizionale* Wandel von *n* zu *r* unter dem Einfluss des folgenden *r*.

pongo	posi	porrò	ponga	–
poni	ponesti	porrai	ponga	poni
pone	pose	porrà	ponga	ponga
poniamo	ponemmo	porremo	poniamo	poniamo
ponete	poneste	porrete	poniate	ponete
pongono	posero	porranno	pongano	pongano

participio passato: posto

3 mm prefiggere

prefiggo	prefissi	prefiggerò	prefigga	–
prefiggiamo	prefiggemmo	prefiggeremo	prefiggiamo	prefiggiamo
prefiggono	prefissero	prefiggeranno	prefiggano	prefiggano

participio passato: prefisso

pr. ind.	*pass. remoto*	*futuro*	*pr. cong.*	*imperativo*
3 nn recere Ungebräuchlich.				
recio	recetti	recerò	recia	–
reciamo	recemmo	receremo	reciamo	reciamo
reciono	recettero	receranno	reciano	reciano
participio passato: reciuto				
3 oo redigere				
redigo	redassi	redigerò	rediga	–
redigiamo	redigemmo	redigeremo	redigiamo	redigiamo
redigono	redassero	redigeranno	redigano	redigano
participio passato: redatto				
3 pp redimere				
redimo	redensi	redimerò	redima	–
redimiamo	redimemmo	redimeremo	redimiamo	redimiamo
redimono	redensero	redimeranno	redimano	redimano
participio passato: redento				
3 qq riflettere Im *passato remoto* und im *participio passato* in der Bedeutung von „überlegen" meist die Form auf *-ei* und *-uto*; in der Bedeutung von „zurückwerfen" meist *-ssi*, *-sso*.				
rifletto	riflettei, riflessi	rifletterò	rifletta	–
riflettiamo	riflettemmo	rifletteremo	riflettiamo	riflettiamo
riflettono	rifletterono, riflessero	rifletteranno	riflettano	riflettano
participio passato: riflettuto, riflesso				
3 rr rompere				
rompo	ruppi	romperò	rompa	–
rompiamo	rompemmo	romperemo	rompiamo	rompiamo
rompono	ruppero	romperanno	rompano	rompano
participio passato: rotto				
3 ss scegliere Vor den Endungen *o* und *a* verwandelt sich der Stammauslaut *gli* in *lg*.				
scelgo	scelsi	sceglierò	scelga	–
scegli	scegliesti	sceglierai	scelga	scegli
sceglie	scelse	sceglierà	scelga	scelga
scegliamo	scegliemmo	sceglieremo	scegliamo	scegliamo
scegliete	sceglieste	sceglierete	scegliate	scegliete
scelgono	scelsero	sceglieranno	scelgano	scelgano
participio passato: scelto				

pr. ind.	*pass. remoto*	*futuro*	*pr. cong.*	*imperativo*

3 tt scrivere

pr. ind.	*pass. remoto*	*futuro*	*pr. cong.*	*imperativo*
scrivo	scrissi	scriverò	scriva	–
scriviamo	scrivemmo	scriveremo	scriviamo	scriviamo
scrivono	scrissero	scriveranno	scrivano	scrivano

participio passato: scritto

3 uu spargere

pr. ind.	*pass. remoto*	*futuro*	*pr. cong.*	*imperativo*
spargo	sparsi	spargerò	sparga	–
spargiamo	spargemmo	spargeremo	spargiamo	spargiamo
spargono	sparsero	spargeranno	spargano	spargano

participio passato: sparso

3 vv spegnere Vor den Endungen *o* und *a* verwandelt sich der Stammlaut *gn* in *ng*.

pr. ind.	*pass. remoto*	*futuro*	*pr. cong.*	*imperativo*
spengo	spensi	spegnerò	spenga	–
spegni	spegnesti	spegnerai	spenga	spegni
spegne	spense	spegnerà	spenga	spenga
spegniamo	spegnemmo	spegneremo	spegniamo	spegniamo
spegnete	spegneste	spegnerete	spegniate	spegnete
spengono	spensero	spegneranno	spengano	spengano

participio passato: spento

3 ww svellere

pr. ind.	*pass. remoto*	*futuro*	*pr. cong.*	*imperativo*
svello	svelsi	svellerò	svella	–
svelliamo	svellemmo	svelleremo	svelliamo	svelliamo
svellono	svelsero	svelleranno	svellano	svellano

participio passato: svelto

3 xx trarre

pr. ind.	*pass. remoto*	*futuro*	*pr. cong.*	*imperativo*
traggo	trassi	trarrò	tragga	–
trai	traesti	trarrai	tragga	trai
trae	trasse	trarrà	tragga	tragga
traiamo	traemmo	trarremo	traiamo	traiamo
traete	traeste	trarrete	traiate	traete
traggono	trassero	trarranno	traggano	traggano

participio passato: tratto

pr. ind.	*pass. remoto*	*futuro*	*pr. cong.*	*imperativo*

3 yy vigere Nur gebräuchlich 3. Person Singular und Plural des *indicativo presente, imperfetto* und *futuro, condizionale, congiuntivo imperfetto* sowie *participio presente*. *Indicativo presente*: vige, vigono; *imperfetto*: vigeva, vigevano; *futuro*: vigerà, vigeranno. – *Congiuntivo imperfetto*: vigesse, vigessero. – *Condizionale*: vigerebbe, vigerebbero. – *Participio presente*: vigente.

3 zz vivere

vivo	vissi	vivrò	viva	–
viviamo	vivemmo	vivremo	viviamo	viviamo
vivono	vissero	vivranno	vivano	vivano

participio passato: vissuto

4 Dritte Konjugation

4 a partire Der Stamm bleibt in Schrift und Aussprache unverändert.

1. Einfache Zeiten

Indicativo				**Condizionale**
presente	*imperfetto*	*passato remoto*	*futuro*	
parto*	part*ivo*	part*ii*	partir*ò*	partir*ei*
part*i*	part*ivi*	part*isti*	partir*ai*	partir*esti*
part*e*	part*iva*	part*ì*	partir*à*	partir*ebbe*
part*iamo*	part*ivamo*	part*immo*	partir*emo*	partir*emmo*
part*ite*	part*ivate*	part*iste*	partir*ete*	partir*este*
part*ono**	part*ivano*	part*irono*	partir*anno*	partir*ebbero*

Congiuntivo		**Imperativo**
presente	*imperfetto*	
part*a**	part*issi*	–
part*a**	part*issi*	part*i*
part*a**	part*isse*	part*a**
part*iamo*	part*issimo*	part*iamo*
part*iate*	part*iste*	part*ite*
part*ano**	part*issero*	part*ano**

Participio presente: part*ente*
Participio passato: part*ito*
Gerundio presente: part*endo*

* Bei *cucire* und *sdrucire* wird vor *a* und *o* ein *i* eingeschoben: *cucio, sdruciono* usw.

2. Zusammengesetzte Zeiten

Hilfsverb *essere* oder *avere*, gefolgt vom *participio passato* (siehe 1a).

pr. ind.	*pass. remoto*	*futuro*	*pr. cong.*	*imperativo*

4b sentire Betontes geschlossenes Stamm-*e* wird zu offenem *e*.

sento	sentii	sentirò	senta	–
sentiamo	sentimmo	sentiremo	sentiamo	sentiamo
sentono	sentirono	sentiranno	sentano	sentano

participio passato: sentito

4c dormire Betontes geschlossenes Stamm-o wird zu offenem *o*.

dormo	dormii	dormirò	dorma	–
dormiamo	dormimmo	dormiremo	dormiamo	dormiamo
dormono	dormirono	dormiranno	dormano	dormano

participio passato: dormito

4d finire In der 1., 2. und 3. Person Singular und 3. Person Plural des *presente* (*indicativo* und *congiuntivo*) und des *imperativo* tritt *isc* zwischen Stamm und Endung.

finisco	finii	finirò	finisca	–
finisci	finisti	finirai	finisca	finisci
finisce	finì	finirà	finisca	finisca
finiamo	finimmo	finiremo	finiamo	finiamo
finite	finiste	finirete	finiate	finite
finiscono	finirono	finiranno	finiscano	finiscano

participio passato: finito

4e apparire *Presente* nach 4d.

appaio, apparisco	apparvi, apparsi, apparii	apparirò	appaia, apparisca	–
appariamo	apparimmo	appariremo	appariamo	appariamo
appaiono, appariscono	apparvero, apparsero, apparirono	appariranno	appaiano, appariscano	appaiano, appariscano

participio passato: apparso

4f aprire

apro	apersi, aprii	aprirò	apra	–
apriamo	aprimmo	apriremo	apriamo	apriamo
aprono	apersero, aprirono	apriranno	aprano	aprano

participio passato: aperto

pr. ind.	*pass. remoto*	*futuro*	*pr. cong.*	*imperativo*

4g compiere Auch *compire*.

compio	compii	compirò	compia	–
compiamo	compimmo	compiremo	compiamo	compiamo
compiono	compirono	compiranno	compiano	compiano

participio passato: compito, compiuto; *participio presente*: compiente; *gerundio*: compiendo

4h gire Ungebräuchlich.

–	–	girò	–	–
–	gisti	girai	–	–
–	gì	girà	–	–
–	gimmo	giremo	–	–
gite	giste	girete	–	gite
–	girono	giranno	–	–

participio passato: gito

4i ire Ungebräuchlich.

–	isti	–	–	–
–	–	iremo	–	–
ite	–	irete	–	ite
–	irono	iranno	–	–

participio passato: ito

4k morire

muoio	morii	mor(i)rò	muoia	–
moriamo	morimmo	mor(i)remo	moriamo	moriamo
muoiono	morirono	mor(i)ranno	muoiano	muoiano

participio passato: morto

4l olire Ungebräuchlich.

4m salire *Presente* nach 4a mit Einschiebung von *g* vor *o* und *a*.

salgo	salii	salirò	salga	–
saliamo	salimmo	saliremo	saliamo	saliamo
salgono	salirono	saliranno	salgano	salgano

participio passato: salito

4n udire *Presente* nach 4a mit Wandel von *u* in *o* in den stammbetonten Formen.

odo	udii	ud(i)rò	oda	–
udiamo	udimmo	ud(i)remo	udiamo	udiamo
odono	udirono	ud(i)ranno	odano	odano

participio passato: udito

pr. ind.	*pass. remoto*	*futuro*	*pr. cong.*	*imperativo*

4 o uscire Bildet die stammbetonten Formen des *presente* nach *escire* (4a).

esco	uscii	uscirò	esca	–
esci	uscisti	uscirai	esca	esci
esce	uscì	uscirà	esca	esca
usciamo	uscimmo	usciremo	usciamo	usciamo
uscite	usciste	uscirete	usciate	uscite
escono	uscirono	usciranno	escano	escano

participio passato: uscito

4 p venire

vengo	venni	verrò	venga	–
vieni	venisti	verrai	venga	vieni
viene	venne	verrà	venga	venga
veniamo	venimmo	verremo	veniamo	veniamo
venite	veniste	verrete	veniate	venite
vengono	vennero	verranno	vengano	vengano

participio passato: venuto

Italienische Korrespondenz | Corrispondenza italiana

Die höfliche Anrede „Sie“ wird in italienischen Briefen ausgedrückt durch:
Lei + Verb in der 3. Person Singular, wenn es sich um eine einzelne Person handelt;
Voi + Verb in der 2. Person Plural, wenn es sich um mehrere Personen oder um eine Firma handelt.
Die Possessiv- und Personalpronomen in der Höflichkeitsform werden immer großgeschrieben, sogar mitten im Wort.

Anrede | Formula di apertura

An Freunde und gute Bekannte:

Lieber Johannes,	Caro Alberto,
Liebe Karin,	Cara Anna,
Liebe Hilde, lieber Erwin!	Cari Enzo e Renata!
Liebe Familie Meyer,	Cara famiglia Bianchi,
Hallo Markus!	Ciao Marco!

An Bekannte:

Lieber Herr Engel,	Egregio/Gentile Signor Gatti,
Liebe Frau Schulz,	Gentile Signora Monti,
Liebe Frau Eller, lieber Herr Eller,	Gentili Signori Verdi,

Geschäftlich:

Sehr geehrter Herr Müller,	Egregio Signor Palumbo,
Sehr geehrte Frau Klein,	Gentile Signora Cervi,
Sehr geehrter Herr Dr. Huber,	Egr. Dott. Cipriani,
Sehr verehrter Herr Dr. Huber,	Preg.mo Dott. Cipriani,
Sehr geehrte Frau Dr. Liebig,	Gent. Dott.ssa Rocchi,
Sehr geehrter Direktor Busch,	Egregio Direttore Rossi,
Sehr geehrte Damen und Herren,	Egregi Signori ...,
(Schreiben an eine Firma)	Spett.le Ditta,

Briefbeginn | Inizio di una lettera

An Freunde und (gute) Bekannte:

Vielen Dank für Deinen netten Brief vom ...

Grazie per la tua bella lettera del ...

Ich habe Deinen Brief vom ... erhalten und danke Dir.

Ho ricevuto la tua lettera del ... e ti ringrazio.

Endlich habe ich einen Moment Zeit, Dir zu schreiben!

Finalmente ho trovato un attimo per scriverti!

Vielleicht wird Dich dieser Brief überraschen ...

Forse questa lettera ti sorprenderà ...

Es kostet mich viel Überwindung, Dir diesen Brief zu schreiben.

Mi è costato molto scriverti questa lettera.

Geschäftlich:

In Bezug auf Ihr Schreiben vom ...

In riferimento alla Vostra del ...

Ihren Brief vom ... haben wir dankend erhalten.

RingraziandoVi della Vostra lettera del ...,

In Beantwortung Ihres Fax / Ihrer E-Mail ...

In risposta al Suo fax / alla Sua E-mail ...

Vielen Dank für Ihren informativen Anruf vom ...

La ringrazio della Sua telefonata informativa del ...

Hiermit teilen wir Ihnen mit, dass ...

Con la presente Vi comunichiamo che ...

Wir freuen uns, Ihnen mitteilen zu können, dass ...

Siamo lieti / Abbiamo il piacere di poterVi comunicare che ...

Wir bedauern sehr, nicht ... zu können.

Siamo spiacenti di non poter ...

Wie aus Ihrem Schreiben hervorgeht ...

Come da Vs. raccomandata ...

Brieftext | Corpo di una lettera

Geschäftlich:

Wir wären Ihnen dankbar, wenn Sie uns ... liefern könnten.

Vi saremmo grati se vorrete cortesemente fornirci ...

Wir erhalten zum heutigen Datum Ihre Bestellung ...

Riceviamo in data odierna l'ordine conferitoci.

Wir bitten um Bescheid, ob es Ihnen möglich ist ...	Gradiremmo sapere se foste in grado di ...
Auf unser Schreiben vom ... haben wir bis heute keine Antwort erhalten.	Siamo privi a tutt'oggi di una risposta alla ns. del ...
Zu unserem großen Bedauern müssen wir feststellen, dass ...	Con nostro vivo rincrescimento dobbiamo rilevare che ...
Es tut uns leid, Ihnen mitteilen zu müssen, dass ...	Ci rincresce informarVi /comunicarVi che ...

Anlagen | Allegati

Beiliegend / Beigefügt / Als Anlage übersenden wir Ihnen ...	Allegato alla presente Le inviamo ...
Wir fügen dem Schreiben ... bei.	Uniamo alla presente ...
Mit getrennter Post schicken wir Ihnen ...	Con posta separata riceverà ...

Grußformel | Formule di saluto

An Freunde und gute Bekannte:

In der Hoffnung, bald von Dir zu hören ...	Sperando di avere presto tue notizie ...
Viele liebe Grüße von mir an Laura!	Tanti cari saluti a Laura da parte mia!
Einen herzlichen Gruß auch an Deine Familie!	Un cordiale saluto anche alla tua famiglia!
Mach's gut!	Stammi bene!
Liebe Grüße!	Cari saluti!
Ganz liebe Grüße!	Affettuosi saluti!
Alles Liebe!	Ti abbraccio!
Alles Gute, Deine ...	Tante (belle) cose, tua ...

An Bekannte:

Mit herzlichen Grüßen / Herzlich	Cordiali saluti / Cordialmente
Freundliche Grüße	Sinceri saluti
Mit den besten Grüßen	Con i migliori saluti

Geschäftlich:

In Erwartung Ihrer Antwort verbleiben wir ...	In attesa di una Sua risposta porgiamo ...
Mit bestem Dank im Voraus,	RingraziandoLa anticipatamente ...
Für weitere Auskünfte stehen wir Ihnen gerne zur Verfügung.	Per eventuali chiarimenti e/o informazioni siamo sempre a Sua disposizione.
Mit freundlichen Grüßen	Porgiamo distinti saluti Distinti saluti
Mit den besten Grüßen	Con i nostri migliori saluti Vi preghiamo di gradire i nostri migliori saluti
Hochachtungsvoll	Distiniti saluti

Glückwünsche | Auguri

Herzlichen Glückwunsch!	Tanti auguri!
Herzlichen Glückwunsch zum Geburtstag!	Sinceri auguri di buon compleanno!
Alles Gute!	Auguri!
Gute Besserung!	Guarisci (oder Guarisca) presto!
Frohe / Fröhliche Ostern!	Buona Pasqua!
Frohe / Fröhliche Weihnachten!	Buon Natale!
Ein gesegnetes Weihnachtsfest und ein glückliches neues Jahr!	Buon Natale e Felice Anno Nuovo!
Dem glücklichen Paar viel Freude am Hochzeitstag (und viel Glück im künftigen gemeinsamen Leben)!	I migliori auguri agli sposi nel giorno del loro matrimonio (e per il loro avvenire)!
Viel Erfolg bei der bevorstehenden Prüfung!	In bocca al lupo per il tuo esame!
Herzlichste Glückwünsche ... ... zur bestandenen Prüfung! ... zur Geburt von ...	Congratulazioni vivissime ... ... per aver superato l'esame! ... per la nascita di ...

Teilnahme | Partecipazione

Ich hoffe, Du wirst bald gesund!	Spero che tu guarisca presto!
Die Nachricht von dem Verlust, den Sie erfahren haben / Ihr erfahren habt / Du erfahren hast, hat uns tief getroffen.	Abbiamo appreso con forte emozione della perdita che vi / ti ha colpito.
Ich möchte / wir möchten Ihnen / Euch / Dir unser aufrichtiges Beileid ausdrücken.	Vorrei / vorremmo porgere le mie / le nostre più sentite condoglianze.

Einladung | Invito

Wir würden uns sehr freuen, wenn Ihr am nächsten Wochenende zu uns kommen könntet.	Saremmo veramente contenti se poteste venire da noi il prossimo fine settimana.
Ich würde mich sehr freuen, Sie und Ihre Frau am 24. September zum Mittagessen um 12:30 als meine Gäste begrüßen zu dürfen.	Sarei molto lieto (-a) di invitare Lei e Sua moglie il 24 settembre a pranzo alle 12:30.
Ihr seid / Sie sind herzlich eingeladen.	Siete cordialmente invitati.
Wenn Ihr mal in unsere Gegend kommt, besucht uns doch, Ihr könnt gerne bei uns übernachten.	Se passate da queste parti, venite a trovarci, potete fermarvi a dormire da noi.
Wir würden uns sehr freuen, wenn Sie uns besuchen würden.	Saremmo molto lieti (-e) di averLa ospite.
Mit großem Vergnügen habe ich Ihre Einladung erhalten, ich werde sicher kommen.	È con vero piacere che ho ricevuto il Suo invito, verrò senz'altro!
Danke für Deine Einladung, ich komme sehr gerne!	Grazie per l'invito, vengo con molto piacere!
Leider kann ich nicht kommen, weil ich für diesen Abend schon etwas vorhabe.	Purtroppo non posso venire perché ho già un impegno per questa sera.
Wir wären so gerne zu Euch gekommen, aber leider haben die Kinder die Grippe.	Saremmo venuti molto volentieri, ma purtroppo i bambini hanno preso l'influenza.

Musterbriefe | Modelli di lettere

Durch die immer weitere Verbreitung der neuen Kommunikationsmedien sowohl im privaten als auch im geschäftlichen Bereich hat sich in den letzten Jahren der Schwerpunkt der Korrespondenz immer mehr auf Telefax und E-Mail verlagert. Wenn auch vor allem im Bereich der Online-Kommunikation der Ton oft informeller geworden ist, sind doch die Inhalte weitgehend die gleichen geblieben. Die hier angegebenen Briefe können daher auch als Beispiele für Telefax und E-Mail herangezogen werden.

Grazie all'ampia diffusione in costante aumento dei moderni mezzi di comunicazione nella sfera sia privata che professionale, la corrispondenza negli ultimi anni viene sbrigata sempre più frequentemente via fax e per e-mail. Sebbene in particolare la comunicazione online abbia caratteri meno formali, i contenuti sono rimasti prevalentemente gli stessi. I modelli di lettere qui proposti possono perciò essere utilizzati anche per fax e per e-mail.

e-mail

Da: Felice Cavallotti [cavallotti@gte.it] **Oggetto:** ordine 02/765

A: s.heine@wolters.de **Data:** 13.01.20...12:11:45

TELEFAX

Per: Sig. Klaus Thiele, Fokus GmbH
Fax: 00 49 89 5400323
Da: Roberto Zerega, Agriturist s.r.l
Ogg.: conferma ordine
Data: 2 febbraio 20...
Pagine: 1

Bewerbungsschreiben mit tabellarischem Lebenslauf

data

Spett. Ufficio del Personale
della ditta Rossi & Co.
Via Garibaldi, 11
Milano

La sottoscritta Rose Bauer, residente a Freising, Baumweg 1, chiede di essere assunta presso la Vostra ditta in qualità di interprete.
Allega copie dei diplomi e curriculum vitae.
Ringraziando per la cortese attenzione, invia distinti saluti

firma

Indirizzo e numero di telefono

Curriculum vitae

Dati personali
Nome:
Cognome:
Luogo di nascita:
Data di nascita:
Stato civile:
Nazionalità:

Studi
Scuola superiore:
Università:
Corsi di specializzazione:
Esperienze professionali/
Attività di lavoro svolte:
Lingue straniere:
Soggiorni all'estero:

Referenze:

Datum

An die Personalabteilung der
Firma Rossi & Co.
Via Garibaldi, 11
Milano

Die unterzeichnende Rose Bauer, wohnhaft in Freising, Baumweg 1, bittet um Einstellung in Ihrer Firma als Dolmetscherin.
Anbei Zeugnisabschriften und Lebenslauf.
Mit bestem Dank für Ihre geschätzte Aufmerksamkeit,
hochachtungsvoll
Unterschrift

Adresse und Telefonnummer

Tabellarischer Lebenslauf

Persönliche Daten
Vorname:
Familienname:
Geburtsort:
Geburtsdatum:
Familienstand:
Staatsangehörigkeit:

Ausbildung
Höhere Schule:
Universität:
Fachausbildung:
Berufserfahrungen /
Ausgeübte Tätigkeiten:
Fremdsprachen:
Auslandsaufenthalte:

Referenzen:

Info-Material per E-Mail anfordern

Gentili Signori,

sul vostro sito Internet ci sono belle proposte per scoprire itinerari gastronomici ed enologici lontani dal turismo di massa. Mi piacerebbe fare una vacanza del genere, magari in bassa stagione – forse in autunno, il periodo della vendemmia e dei funghi.

Mi potreste mandare via E-mail una documentazione più dettagliata su itinerari in diverse regioni italiane (il mio indirizzo elettronico è ...)? Oppure mi potreste inviare dei depliant degli hotel e dei ristoranti in cui si farà tappa?

Cordiali saluti

Sehr geehrte Damen und Herren,

auf Ihrer Homepage gibt es schöne Vorschläge, auf Wegen abseits des Massentourismus die Küche Italiens und seine Weine zu entdecken. Es würde mir gefallen, einen solchen Urlaub zu verbringen, falls möglich außerhalb der Hochsaison – vielleicht im Herbst, der Zeit der Traubenernte und der Pilze.

Könnten Sie mir näheres Info-Material über Touren durch die einzelnen Regionen Italiens per E-Mail schicken (meine E-Mail Adresse ist ...) oder mir Prospekte der entsprechenden Hotels und Restaurants zukommen lassen?

Herzliche Grüße

Sich über Sprachkurse informieren

Alla Segretaria dell'Università per stranieri di Perugia
Corso Vannucci, 5
Perugia

An das Sekretariat der Università per stranieri di Perugia
Corso Vannucci, 5
Perugia

Gentili Signori,

il prossimo settembre vorrei fare un corso di italiano presso la Vostra Università e vorrei sapere se ci sono ancora posti liberi per un corso intensivo di quattro settimane. Vi sarei quindi grato se mi inviaste informazioni sulla data di iscrizione, sui programmi e prezzi dei corsi e sulle possibilità di alloggio a Perugia. Vorrei sapere inoltre se bisogna sostenere un esame finale e se è possibile conseguire un diploma o un certificato. Ringraziando anticipatamente, vogliate gradire i miei distinti saluti.

Sehr geehrte Damen und Herren,

ich möchte gern kommenden September einen Italienischkurs an Ihrer Universität belegen und hätte gern gewusst, ob für einen vierwöchigen Intensivkurs noch Plätze frei sind. Ich wäre Ihnen daher dankbar für die Zusendung von Informationen über Einschreibetermin, Lehrstoffe und Preise der Kurse sowie über Unterkunftsmöglichkeiten in Perugia. Außerdem bitte ich um Mitteilung, ob man eine Abschlussprüfung ablegen muss und ob es möglich ist, ein Zeugnis oder ein Zertifikat zu erhalten.

Vielen Dank im Voraus.

Mit freundlichen Grüßen

An ein Hotel

(Zimmerbestellung)

Egregi Signori,

Vi ringrazio per la lettera del 16 c.m. contenente le informazioni relative ad un mio soggiorno nel Vostro albergo e per il depliant da Voi inviatomi.
Viste le ottime condizioni offerte, vorrei prenotare per il periodo tra il 15 giugno e il 6 luglio una camera doppia con servizi ai piani ed una camera matrimoniale con bagno. Vorremmo avere delle camere tranquille, preferibilmente che diano sul parco o con vista sul mare.
Faremo colazione in albergo e vi consumeremo anche la maggior parte dei pasti principali. Vi prego inoltre di tener libero un posto in garage per la nostra macchina. Arriveremo il 15 giugno in mattinata, tra le nove e le undici.
Nella attesa di una Vostra conferma, vogliate gradire i migliori saluti.

Sehr geehrte Damen und Herren,

vielen Dank für Ihren Brief vom 16. d.M., der alle für meinen Aufenthalt in Ihrem Hotel wichtigen Informationen enthält, und für den übersandten Prospekt.
Aufgrund des optimalen Angebotes möchte ich gern für die Zeit vom 15. Juni bis zum 6. Juli ein Doppelzimmer mit Etagenbad und ein Doppelbettzimmer mit Bad buchen. Wir hätten gern ruhige Zimmer, am liebsten zum Park oder mit Meerblick.
Wir werden im Hotel frühstücken und dort auch meistens die Hauptmahlzeiten einnehmen. Ferner bitte ich Sie, einen Garagenplatz für unser Auto zu reservieren.
Wir werden am 15. Juni zwischen neun und elf Uhr vormittags ankommen.
In Erwartung Ihrer Bestätigung verbleibe ich

mit besten Grüßen

Geschäftsangebot | Offerta per instaurare relazioni d'affari

Schwerin, 4 marzo ...

Spett.Le
Ditta Palmiro Bruschi
Via G. Maletti, 34
I-18100 IMPERIA/IM

Siamo una nota ditta di compravendita fiori, fornitrice della nostra intera regione, e saremmo interessati ad entrare in relazioni d'affari con Voi.

Abbiamo ricevuto il Vs. listino prezzi e perciò Vi preghiamo di farci avere, a stretto giro di posta, le Vs. condizioni di vendita, soprattutto per quanto riguarda i prezzi all'ingrosso ed i rispettivi sconti da praticare. Inoltre vorremmo conoscere anche i Vs. modi di spedizione (termini e mezzi).

Per quanto concerne le condizioni di pagamento, siamo disposti a pagare la merce tramite il ns. conto corrente in valuta presso il Credito Italiano usufruendo delle nuove forme di pagamento all'interno della UE. In tal caso però, Vi chiediamo di farci sapere qual è lo sconto che ci concedereste.

Per informazioni sul ns. conto potrete rivolgerVi alla Stadtsparkasse di Schwerin oppure al Credito Italiano di Roma.

Se la ns. proposta dovesse interessarVi, Vi saremmo grati di una sollecita risposta e, in attesa di Vs. comunicazioni distintamente Vi salutiamo.

Gerhard Kanzer & Hans Wacht

GK/mv

- **compravendita** *f* An- und Verkauf
- **ditta** *f* **fornitrice** Lieferfirma
- **relazione d'affari** Geschäftsbeziehung
- **listino prezzi** Preisliste
- **a stretto giro di posta** postwendend
- **vendita** *f* Verkauf
- **prezzo all'ingrosso** Großhandelspreis
- **praticare** gewähren
- **termine** *m* Frist
- **condizione di pagamento** Zahlungsbedingung
- **conto corrente in valuta** Devisenkonto
- **usufruire** profitieren
- **sconto** Skonto
- **concedere** gewähren
- **rivolgersi a** sich wenden an
- **sollecito** baldig, rasch

Bestätigung eines Probeauftrags | Conferma di offerta di prova

TELEFAX

Per: Dott. Ginzburg, Mannes GmbH
Fax: 0221-34587
Da: Romeo Baldini, ESTEA s.p.a
Tel. dalla Germania: 00 39 0187 889 003-12
Fax: 00 39 0187 889 003-15
Ogg: conferma ordine di prova
Data: 12 marzo 20...
Pagine: 1

Egregio Dott. Ginzburg,

con la presente confermiamo d'aver ricevuto il vostro gradito ordine del giorno 11 c.m.

La ringraziamo di aver accettato la nostra offerta e confermiamo che l'ordine ha carattere di prova, senza alcun impegno di acquisto da parte Vostra.

L'invio del software richiestro avverrà domani a mezzo corriere.

Nella speranza che la merce sia di Vostro gradimento e che vogliate pertanto entrare in relazione d'affari con noi, Vi ricordiamo che è possibile ordinare on line scrivendo all'indirizzo:

ordini@estea.it

e che per tutti gli ordini in arrivo entro le 11 garantiamo l'esecuzione nel giro di 24 ore.

Per ulteriori informazioni sui nostri prodotti Vi invitiamo inoltre a visitare la nostra home page.

www.estea.uffici.it

Certi di ricevere presto Vostre notizie, cogliamo l'occasione per porgere i nostri migliori saluti.

Romeo Badini
ufficio commerciale, ESTEA s.p.a.

- **con la presente** hiermit
- **confermare** bestätigen
- **avere carattere di prova** zur Probe sein
- **impegno d'acquisto** Kaufverpflichtung
- **a mezzo corriere** per Kurier
- **di Vs. gradimento relazioni d'affari** Geschäftsbeziehung
- **entro le 11** bis 11 Uhr
- **esecuzione** Erledigung
- **nel giro di 24 ore** innerhalb 24 Stunden
- **ulteriori informazioni** zusätzliche Informationen

Zahlwörter | Numerali

Die Grundzahlen | I numeri cardinali

0 *null* zero
1 *eins* uno
2 *zwei* due
3 *drei* tre
4 *vier* quattro
5 *fünf* cinque
6 *sechs* sei
7 *sieben* sette
8 *acht* otto
9 *neun* nove
10 *zehn* dieci
11 *elf* undici
12 *zwölf* dodici
13 *dreizehn* tredici
14 *vierzehn* quattordici
15 *fünfzehn* quindici
16 *sechzehn* sedici
17 *siebzehn* diciassette
18 *achtzehn* diciotto
19 *neunzehn* diciannove
20 *zwanzig* venti
21 *einundzwanzig* ventuno
22 *zweiundzwanzig* ventidue
23 *dreiundzwanzig* ventitré
28 *achtundzwanzig* ventotto
29 *neunundzwanzig* ventinove
30 *dreißig* trenta
40 *vierzig* quaranta
50 *fünfzig* cinquanta
60 *sechzig* sessanta
70 *siebzig* settanta
80 *achtzig* ottanta
90 *neunzig* novanta
100 *hundert* cento
101 *(ein)hunderteins* centouno
102 *(ein)hundertzwei* centodue
200 *zweihundert* duecento
201 *zweihundert(und)eins* duecentouno
300 *dreihundert* trecento
400 *vierhundert* quattrocento
500 *fünfhundert* cinquecento
600 *sechshundert* seicento
700 *siebenhundert* settecento
800 *achthundert* ottocento
900 *neunhundert* novecento
1 000 *tausend* mille
1 001 *tausendeins* milleuno/mille e uno
2 000 *zweitausend* duemila
3 000 *dreitausend* tremila
4 000 *viertausend* quattromila
5 000 *fünftausend* cinquemila
10 000 *zehntausend* diecimila
100 000 *hunderttausend* centomila
1 000 000 *eine Million* un milione
2 000 000 *zwei Millionen* due milioni
1 000 000 000 *eine Milliarde* un miliardo

Die Ordnungszahlen | I numeri ordinali

1. *der, die, das erste* il primo, la prima
2. *zweite* secondo
3. *dritte* terzo
4. *vierte* quarto
5. *fünfte* quinto
6. *sechste* sesto
7. *siebte* settimo
8. *achte* ottavo
9. *neunte* nono
10. *zehnte* decimo
11. *elfte* undicesimo
12. *zwölfte* dodicesimo
13. *dreizehnte* tredicesimo
17. *siebzehnte* diciassettesimo
18. *achtzehnte* diciottesimo
19. *neunzehnte* diciannovesimo
20. *zwanzigste* ventesimo
21. *einundzwanzigste* ventunesimo
22. *zweiundzwanzigste* ventiduesimo
30. *dreißigste* trentesimo
40. *vierzigste* quarantesimo
100. *hundertste* centesimo
101. *hunderterste* centunesimo
103. *hundertdritte* centotreesimo
200. *zweihundertste* duecentesimo
1000. *tausendste* millesimo
1001. *tausenderste* millesimoprimo
2000. *zweitausendste* duemillesimo
1000000. *millionste* milionesimo

Bruchzahlen | Frazioni

$^1/_2$ *ein halb* un mezzo
$^1/_3$ *ein Drittel* un terzo
$^2/_3$ *zwei Drittel* due terzi
$^1/_4$ *ein Viertel* un quarto
$^3/_4$ *drei Viertel* tre quarti
$^1/_5$ *ein Fünftel* un quinto
$^1/_{10}$ *ein Zehntel* un decimo
$1^1/_2$ *anderthalb* uno e mezzo
$2^3/_4$ *zwei drei Viertel* due e tre quarti
$^1/_{100}$ *ein Hundertstel* un centesimo

Sammelzahlen | Numeri collettivi

ein paar	un paio
etwa zehn	una decina
ein Dutzend	una dozzina
etwa zwanzig	una ventina
etwa achtzig	un'ottantina
etwa hundert	un centinaio
Hunderte (von)	centinaia (di)
etwa tausend	un migliaio
Tausende	migliaia

Maße und Gewichte | Misure e pesi correnti

Längenmaße | Misure di lunghezza

1 mm *Millimeter* millimetro
1 cm *Zentimeter* centimetro
1 dm *Dezimeter* decimetro
1 m *Meter* metro
1 km *Kilometer* chilometro
1 sm *Seemeile* (*1852 m*) miglio marino

Raummaße | Misure di volume

1 cm^3 *Kubikzentimeter* centimetro cubo
1 dm^3 *Kubikdezimeter* decimetro cubo
1 m^3 *Kubikmeter* metro cubo
1 rm, fm *Raummeter/Festmeter* metro cubo
1 BRT *Bruttoregistertonne* tonnellata di stazza lorda

Flächenmaße | Misure di superficie

1 cm^2 *Quadratzentimeter* centimetro quadrato
1 dm^2 *Quadratdezimeter* decimetro quadrato
1 m^2 *Quadratmeter* metro quadrato
1 km^2 *Quadratkilometer* chilometro quadrato
1 a *Ar* ara
1 ha *Hektar* ettaro

Hohlmaße | Misure di capacità

1 cl *Zentiliter* centilitro
1 dl *Deziliter* decilitro
1 l *Liter* litro
1 hl *Hektoliter* ettolitro
1 ml *Milliliter* millilitro

Gewichte | Pesi

1 dg *Dezigramm* decigrammo
1 hg *100 Gramm* un etto
1 g *Gramm* grammo
1 Pfd. *Pfund* 500 grammi
1 kg *Kilogramm* chilogrammo
1 Ztr. *Zentner* mezzo quintale
1 dz *Doppelzentner* quintale
1 t *Tonne* tonnellata

Verzeichnis der Info-Fenster